II

社会 政治 法律　1

社会・文化　2
- 本・読書・図書館　2
- マスコミ・マスメディア　9
- 社会・世相・風俗　18
- 社会保障・社会福祉　47
- 各国の社会・文化　82
- 社会思想・社会学　92
- 文化人類学・民俗学　110

政治　120
- 国際政治情勢　120
- 日本政治・行政　137
- 軍事・防衛　162
- 政治学・政治史　169

法律　175
- 公務員試験問題集　184
- 暮らしと法律　190
- ビジネスと法律　193
- 憲法　197
- 行政法　202
- 民法・民事法　203
- 刑法・刑事法　211
- 民事・刑事訴訟法・少年法　214
- 国際法　218
- 外国の法律　219
- 法学・司法・裁判　220
- 資格・試験問題集　230

経済 産業 労働　241

経済　242
- 日本経済事情　242
- 国際経済事情　247
- 経済学・統計・財政学　254
- ビジネス・経営　274
- 企業会計・会計理論　314
- 経営管理　325
- 人事・労務管理　329
- セールス・営業管理　332
- マーケティング　334
- ビジネスライフ　340
- 経営学・経営理論　369
- 金融・マネー・税金　375
- 財テク・マネープラン　387
- 税法　398

産業　414
- 流通・物流産業　417
- 不動産業　418
- サービス業　424
- 交通　429
- 製造・加工業　438
- 資源・エネルギー産業　438
- 電気・電子産業　439
- 建設・住宅産業　440
- 自動車・機械産業　441
- 鉱業・鉄鋼　443
- 食品産業　444
- 農林水産業　445

労働　458

資格・試験問題集　469

テクノロジー サイエンス　511

テクノロジー　512
- 資源・エネルギー　572
- 環境問題・原発・自然保護　573
- 都市開発・都市問題　581
- 技術・発明　584
- 経営工学・生産管理　588
- 電気工学　591
- 電子工学　595
- メカトロ・ロボット・制御工学　597
- 化学工学　598
- 機械工学　600
- 建設・土木工学　604
- 建築工学　616
- 金属工学　623

サイエンス　645
- 数学　650
- 物理　663
- 化学　668
- 天文・宇宙　674
- 地球科学　677
- 生物　681

メディカル　699
- 薬学　710
- 食品・栄養科学　768
- 資格・試験問題集　778

コンピュータ 情報 通信　561

- 資格・試験問題集　561
- オペレーティングシステム　545
- プログラミング　547
- ソフトウェア　536
- パソコン　534
- ネットワーク・通信　526
- コンピュータ・情報処理　516

航空工学・宇宙工学　624
海洋・船・航海　625
資格・試験問題集　627

協力出版社

書名索引　1195
著者名索引　929
事項名索引　785

(1)

JN244236

使い方ガイド

① 本書は２０１７年１月～１２月に出版され店頭で販売された新刊書５５,０００冊を、約１,０００項目に及ぶ見出しのもとに分類し、その要旨、目次などを紹介しています。

② 全体の構成は表紙見返しの分類総目次で、ジャンルごとの詳細な見出しはそれぞれの扉でご覧になれます。

③ お探しの図書がどのジャンル・見出しに該当するかお判りにならないときは、事項名索引をご利用下さい。

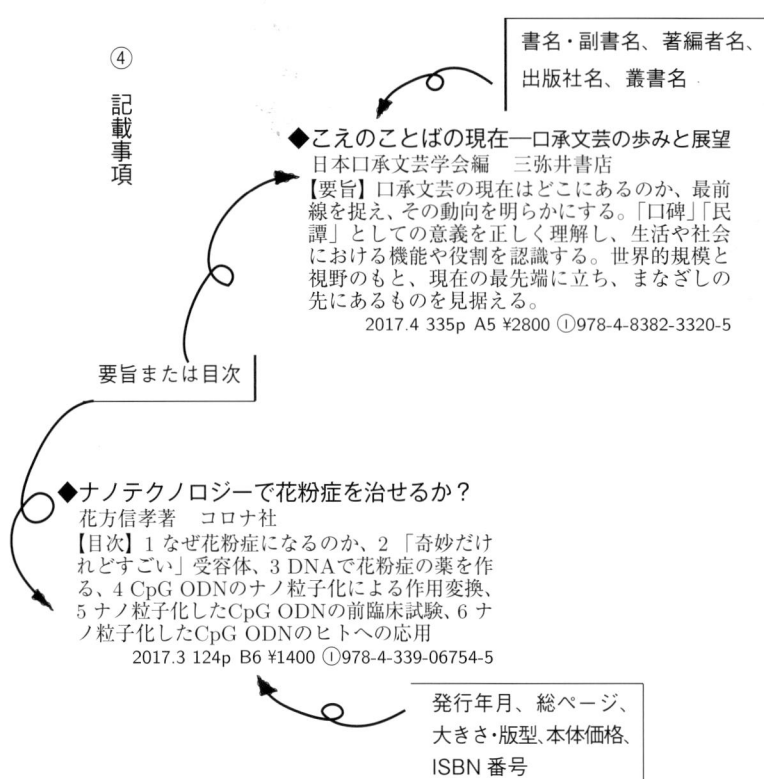

④ 記載事項

> 書名・副書名、著編者名、出版社名、叢書名

◆こえのことばの現在―口承文芸の歩みと展望
日本口承文芸学会編　三弥井書店
【要旨】口承文芸の現在はどこにあるのか、最前線を捉え、その動向を明らかにする。「口碑」「民譚」としての意義を正しく理解し、生活や社会における機能や役割を認識する。世界的規模と視野のもと、現在の最先端に立ち、まなざしの先にあるものを見据える。
2017.4　335p　A5　¥2800　Ⓘ978-4-8382-3320-5

要旨または目次

◆ナノテクノロジーで花粉症を治せるか？
花方信孝著　コロナ社
【目次】1 なぜ花粉症になるのか、2「奇妙だけれどすごい」受容体、3 DNAで花粉症の薬を作る、4 CpG ODNのナノ粒子化による作用変換、5 ナノ粒子化したCpG ODNの前臨床試験、6 ナノ粒子化したCpG ODNのヒトへの応用
2017.3　124p　B6　¥1400　Ⓘ978-4-339-06754-5

> 発行年月、総ページ、大きさ・版型、本体価格、ISBN番号

⑤ それぞれの見出しの中は、書名の読みがなの五十音順に並んでいます。アルファベットの書名は、五十音の最後におきました。なお、「エッセイ」「小説」だけは、作家名の五十音順にしています。

⑥ 「ＢＯＯＫ ＰＡＧＥ」のデータは、㈱トーハン、日本出版販売㈱、㈱紀伊國屋書店、日外アソシエーツ㈱の４社が共同で構築・製作した「ＢＯＯＫ」データベース（新刊図書内容情報）を使用しています。

事項名索引

① 約1,000項目の見出し、およびそれらの見出しと関係の深い言葉（キーワード）を五十音順に並べました。アルファベットの言葉は、五十音の最後に並んでいます。

② 算用数字は、見出しの掲載ページです。

あ

項目	ページ
合気道	①236
あいさつ	①17
アイソトープ	②580
アイドルタレント	①766
アイヌ（民俗）	②119
アウトドアライフ	①234
悪徳商法	②38
アジア（経済）	②249
アジア（社会・文化）	②86
アジア（政治）	②129
アジア人労働者	②45
アジア文学	①918
飛鳥時代	①541
安土桃山時代	①547
アダルトチルドレン	①488
アトピー性皮膚炎	①181
アートフラワー	①72
アナキズム	②173
アニメ・イラスト集	①847
アニメーション	①797
アパート経営	②423
アパレル産業	②428
アフィリエイト	②513
アフリカ（社会・文化）	②86
アフリカ（政治）	②129
アマチュア無線	①262
アマチュア野球	①220
編み物	①81
アメリカ（経済）	②253
アメリカ（社会・文化）	②90
アメリカ（政治）	②134
アメリカ（歴史）	①603
アメリカ文学研究	①922
アメリカンフットボール	①227
アラビア語	①667
アルコール	①43
アレルギー	①181
アロマテラピー	①155

い

項目	ページ
医院経営	②707
医化学	②728
医学	②710
医学史	②725
生き方	①84
イギリス（社会・文化）	②83
イギリス（政治）	②127
イギリス（哲学）	①475
イギリス（歴史）	①604
イギリス文学研究	①920
育児	①8
生け花	①271
囲碁	①246
医師	②702
いじめ（教育）	②710
医者（ガイド）	①154
意匠	②584
異常心理学	①498
イスラエル（政治）	②128
イスラム教	①529
イタリア（社会・文化）	②83
イタリア（政治）	②127
イタリア語	①671
イタリア文学	①925
一太郎	②536
胃腸病	①166
一般常識問題集（就職試験）	①297
一遍	①518
遺伝子（生物学）	②684
遺伝子組み換え作物	②448
遺伝子工学	②571
遺伝病	②728
稲作	②449
犬（ペット）	①263
イベント産業	②427
医薬品	②771
医薬品学	②768
医薬品産業	②707
イラストレーション	①839
医療	②706
医療事務	②707
医療薬	②771
医療倫理	②706
色	①881
インサイダー取引	②381
印刷	②17
印章	①871
飲食店経営	②427
インダストリアル・デザイン	②340
インターネット	②528
インターネットオークション	②529
インターネットショッピング	②529
インディアン（民俗・習慣）	②119
インテリア	①18
インテリアデザイン	②616
インド（宗教）	①499
インド（哲学）	①467
インドネシア語	①667
イントラネット	②528
インフルエンザ	②732

う

項目	ページ
ウェブ	②528
ウォーターフロント	②581
浮世絵	①834
宇宙科学	②674
宇宙工学	②624
うつ病（医学）	②742
うつ病（健康）	①169
占い	①127
占い（児童書）	①439
運勢	①134
運輸	②417

え

項目	ページ
エアロビクス	①216
英英辞典	①663
映画	①788
英会話（一般）	①643
英会話（海外旅行）	①645
英会話（ビジネス）	①646
映画音楽	①766
映画論	①795
営業管理	②332
英語	①637
英語（科学技術）	②588
英語（ビジネス）	①648
英語科教育	①733
英語学	①662
英語学習法	①646
英語検定試験	①655
英語辞典	①663
英語文庫	①649
英作文	①653
衛生学	②759
衛生工学	②606
衛星放送（趣味）	①262
映像産業	②514
映像論	①795
英単語	①652
英文タイプ	①648
英文手紙	①653
英文読解	①649
英文法	①653
英米文学研究	①920
英訳本	①649
栄養学	②775
英和辞典	①662
易	①127
疫学	②759
エコビジネス	②300
エコロジー	②573
エジプト（旅行ガイド）	①210
エステティック	①21

事項名索引

項目	ページ
エスペラント語	①673
エッセイ	①937
エッセイ（海外）	①197
エッセイ（紀行）	①184
エッセイ（食・料理）	①42
エディタ	②536
絵手紙	①839
江戸時代	①556
エネルギー問題	②572
絵本	①302
絵巻物	①834
エレクトロニクス	②595
エレクトロニクス産業	②439
演歌	①803
演芸	①785
園芸（家庭）	①266
演劇	①782
演奏家	①815

お

項目	ページ
黄檗宗	①518
応用心理学	①477
応用数学	②591
大相撲	①237
オカルティズム	①135
オーケストラ	①815
押花	①79
おしゃれ	①28
オゾン層破壊	②573
織田信長	①551
お茶	①46
オーディオ	①262
オートバイガイド	①242
オペラ	①816
オペレーティングシステム	②545
お弁当	①65
おまじない	①127
おまじない（児童書）	①439
おもちゃ	①79
おもちゃ（郷土玩具）	①871
親子関係	①5
オランダ語	①673
おりがみ	①80
おりがみ（児童書）	①439
オリンピック	①213
卸業	②417
音楽	①802
音楽科教育	①738
音楽学	①819
音楽教育	①819
温泉ガイド	①188
オンライン通信	②526

か

項目	ページ
海運	②417
海外勤務	②312
海外経済協力	②247
海外投資	②312
海外取引	②312
海外の民俗・習慣	②119
海外文通	①653
海外留学	①747
海外旅行	①200
絵画表現（イラスト）	①859
絵画表現（西洋画）	①837
絵画表現（東洋・日本画）	①838
会議	②358
会計理論	②314
介護	②48
外交	②137
外国映画	①792
外国為替	②376
外国為替証拠金取引	②397
外国語（学校教育）	①733
外国人（日本語教育）	①635
外国人登録	②218
外国人留学生	②45
外国人労働者（社会）	②45
外国人労働者（労働問題）	②461
外国文学研究	①917
介護保険	②47
介護保険	②72
会社継承	②327
会社設立（経営）	②345
会社設立（法律）	②193
会社年鑑・職員録	②375
会社法	①195
会社訪問	①295
外食産業	②427
解析学	②656
解剖学	②726
海洋学	②677
海洋工学	②625
外来語辞典	①632
カイロプラクティック	②750
カイロプラクティック（家庭医療）	①172
会話	①17
会話（ビジネス）	②358
カウンセリング（教育）	①712
カウンセリング（心理学）	①488
画家（日本画）	①838
画家（洋画・海外）	①836
画家（洋画・日本）	①837
科学	②645
化学	②668
科学技術英語	②588
化学工学	②598
化学産業	②443
化学産業（医薬品）	②707
科学史（通史）	②650
科学論文の書き方	②588
家具	②18
架空戦記	①1116
学習指導	①712
学習漫画	②441
確定申告	②408
家具デザイン	②616
カクテル	①43
楽譜（クラシック）	①817
楽譜（ポピュラー）	①809
冠婚葬祭	①16
確率論	②660
学力づくり	①712
家系図	①616
加工業	②438
家事審判法	①214
家事の知恵	①5
画集（イラスト）	①839
画集（日本画）	①838
画集（洋画・海外）	①836
画集（洋画・日本）	①837
果樹栽培	②449
画商	①825
ガス業界	②438
家政学	①7
家相	①133
画像工学	②595
画像編集ソフト	②539
家族社会学	②93
家族法	②190
過疎問題	②157
肩こり	①172
楽器・器楽	①815
学級経営	①706
学校五日制	①698
学校ガイド	①741
学校教育	①698
家庭医学	①145
家庭園芸・菜園	①266
家庭科教育	①740
家庭教育	①16
家庭生活	①4
家庭の法律	①190
家庭問題	①5
家電業界	②439
カード（クレジット）	②376
カード破産	①38
カナダ（経済）	②253
カナダ（政治）	②137
カバー	②231
歌舞伎	①787
株式市場	②381
株式投資	②392
株主総会	②327
花粉症	①181
鎌倉時代	①547
カメラ	①251
カメラ産業	②441
カメラマン	①254
歌謡曲	①803
カーライフ	①241
カラオケ	①803
ガラス工芸	①871
空手	①237
過労死	②461
カロリーブック	①24
癌	②735
癌（闘病記）	②702
癌（予防法）	①178
肝炎	①180
眼科学	②760
環境教育	①712
環境ビジネス	②300
環境問題	②573
玩具	①79
玩具（工芸）	①871
観光業	②427
官公庁	②151
官公庁（職員録・名鑑・要覧）	
看護学	②762
看護記	②702
韓国（政治）	②131
韓国・北朝鮮（社会・文化）	②88
韓国語	①666
韓国・朝鮮史	①598
看護師	②762
冠婚葬祭	①16
監査（企業会計）	②314
漢詩研究	①920
漢字検定	①625
肝臓病	①180
官能小説	①1396
漢方薬	①174
カンボジア語	①667
観葉植物	①266
管理会計	②314
管理者	②365
官僚	②151
漢和辞典	①631

き

項目	ページ
記憶術	①119
機械工学	②600
機械産業	②441
幾何学	②659
企画	②357
規格	②586
危機管理（経営）	②325
企業会計	②314
企業革新	②308
企業グループ	②303
企業広報	②339
企業小説	①1066
企業診断	②320
企業ダイレクトリー	②375
企業動向	②303
企業と経営	②300
戯曲	①783
紀行（海外）	①197
紀行（日本）	①184
気功法	①161
帰国生教育	①747
技術	②570
技術英語・論文	②588
技術開発	②584
技術科教育	①740
技術史	②570
気象学	②677
寄生虫学	②732
北朝鮮（政治）	②131
着付	①32
切手	①251
きのこ	②686
ギフト	①4
技法書（書）	①871
きもの	①32
客室乗務員	②437
キャンピング	①234
灸	①173
救急治療	②733
旧日本軍	②168
旧約聖書	①529
教育（海外）	①747
教育（日本）	①673
教育学	①748
教育行政	①757
教育権	①757
教育史	①755
教育思想	①748
教育心理学	①757
教育法規	①757
教育理論	①748
狂言	①787
共産主義	②173
共産党	②173
教師	①698
行政	②137
行政法	②202
強制連行（太平洋戦争）	①576
業態開発	②308
競艇	①245
郷土玩具	①871
郷土芸能	①116
郷土史	①535
恐竜	②677
橋梁工学	②606
漁業	②457
魚類	②696
切り絵	①867
ギリシア語	①673
ギリシア神話	①508
ギリシア哲学	①468
ギリシア文学研究	①925
キリスト教	①521
キリスト教史	①526
キルト	①77
金魚（飼育）	①262
銀行	②382
銀行員	②383
銀行業務	②383
金属工学	②623

事項名索引

近代史（日本） ……… ①569
金融 ………………… ②376
金融業務 …………… ②383
金融工学 …………… ②387
金融市場 …………… ②381

く

クイズ ………………… ①274
クイズ番組問答集 …… ①274
空海 ………………… ①517
薬の知識 …………… ①155
クラシック音楽 ……… ①813
暮らしと法律 ………… ②190
グラフィック・デザイン … ①875
グラフソフト ………… ②539
グリーティング ……… ①4
クルド人 …………… ①128
グルメガイド ………… ①40
クレジット・カード（産業） … ②376
クレジット・カード（社会問題）
　　　　　　　　　　……… ②38
クレジット・カード活用法 … ①2
クロスワードパズル … ①274
軍事 ………………… ②164

け

経営学 ……………… ②369
経営管理 …………… ②325
経営工学 …………… ②588
経営者 ……………… ②306
経営診断 …………… ②320
経営戦略 …………… ②300
経営分析 …………… ②320
経営理論 …………… ②369
景気動向 …………… ②242
敬語 ………………… ①17
経済援助 …………… ②247
経済学 ……………… ②254
経済学説 …………… ②267
経済協力 …………… ②247
経済史 ……………… ②268
経済思想 …………… ②267
経済小説 …………… ①1066
経済動向 …………… ②242
経済動向（アジア太平洋） … ②249
経済動向（海外） …… ②247
警察 ………………… ②154
刑事訴訟法 ………… ②214
刑事法 ……………… ②211
芸術 ………………… ①766
芸術（学校教育） …… ①739
芸術論 ……………… ①823
携帯電話 …………… ②531
芸能界 ……………… ①766
競馬 ………………… ①243
系譜学 ……………… ①616
刑法 ………………… ②211
経理 ………………… ②314
競輪 ………………… ①245
外科学 ……………… ②748
劇団 ………………… ①782
華厳経 ……………… ①516
血液疾患 …………… ②738
結婚観（女性） ……… ①112
結婚式 ……………… ①16

ゲーム ……………… ①273
ゲームブック ………… ①279
ケルト（民俗） ……… ①119
原価計算 …………… ①320
健康 ………………… ①145
健康食品 …………… ①162
健康法 ……………… ①155
言語学 ……………… ①620
検察 ………………… ②227
源氏物語論 ………… ①897
現象学 ……………… ①457
原子力産業 ………… ②580
原子力事故 ………… ②580
建設業 ……………… ②440
建設工学 …………… ②604
現代演劇 …………… ①782
現代音楽 …………… ①814
現代史（日本） ……… ①569
現代思想 …………… ①446
現代社会 …………… ②18
現代美術 …………… ①826
現代風俗 …………… ①29
現代用語 …………… ①231
建築家・デザイナー … ①615
建築工学 …………… ①616
建築構造 …………… ②620
建築史 ……………… ②607
建築積算 …………… ②622
建築施工 …………… ②620
建築設計 …………… ①616
建築設備 …………… ②620
建築文化 …………… ②607
建築法規 …………… ②619
剣道 ………………… ①236
原発問題 …………… ②580
憲法 ………………… ②197
憲法（外国） ………… ②219

こ

公害 ………………… ②577
航海学 ……………… ②625
工業 ………………… ②438
鉱業 ………………… ②443
工業基礎 …………… ②591
工業所有権 ………… ②584
工業デザイン ……… ②340
航空工学 …………… ②624
航空産業 …………… ②437
工芸（趣味） ………… ①79
工芸（美術） ………… ①871
高血圧 ……………… ①180
考古学 ……………… ①612
広告 ………………… ②339
工作機械 …………… ②600
皇室 ………………… ①149
公衆衛生学 ………… ②759
交渉術（ビジネス） … ②358
厚生年金 …………… ②72
校則問題 …………… ①709
講談 ………………… ①785
紅茶 ………………… ①46
交通 ………………… ②429
交通事故（法律） …… ②217
交通情報 …………… ①2
香道 ………………… ①271
行動科学 …………… ①477
高度情報化社会 …… ②512
幸福の科学 ………… ①502
高分子化学 ………… ②598
公務員 ……………… ②151
高野山 ……………… ①517
高齢化社会 ………… ②66

呼吸器疾患 ………… ②738
国学 ………………… ①461
国語科教育 ………… ①722
国語学 ……………… ①629
国語辞典 …………… ①631
国際化（社会） ……… ②18
国際協力 …………… ②247
国際経済事情 ……… ②247
国際財務報告基準 … ②314
国際政治情勢 ……… ②120
国際単位 …………… ②586
国際法 ……………… ②218
国法法 ……………… ①631
国民年金 …………… ②72
国連 ………………… ②120
国連英検 …………… ①658
国連平和協力法 …… ②162
古語辞典 …………… ①631
心の病気（健康） …… ①169
古事記 ……………… ①894
故事成語 …………… ①628
古寺名刹ガイド …… ①514
個人情報保護法 …… ①184
個人輸入 …………… ①2
古生物学 …………… ②677
子育て ……………… ①10
古代日本語 ………… ①628
国会 ………………… ②146
国会・政界（要覧） … ②174
国家主義 …………… ②173
古典派音楽 ………… ①814
ことば遊び ………… ①623
子どもの医学 ……… ①168
小鳥（飼育） ………… ①262
ことわざ …………… ①628
コーヒー …………… ①46
コピーライター …… ②339
古墳時代 …………… ①541
コミック論 ………… ①32
ゴミ問題 …………… ②577
コメ問題 …………… ②448
古文書学 …………… ①615
雇用保険 …………… ②72
暦 …………………… ①134
コーラン …………… ①529
ゴルフ ……………… ①218
ゴルフ会員権 ……… ①220
ゴルフ場ガイド …… ①220
コレクション ……… ①285
コンクリート工学 … ②605
昆虫 ………………… ②694
コンビニエンスストア … ②425
コンピュータ ……… ②516
コンピュータウイルス … ②516
コンピュータ・グラフィック（美術）
　　　　　　　　　… ①827
コンピュータグラフィックスソフト
　　　　　　　　　… ②539
コンピュータゲーム … ①279
コンピュータ産業 … ②514
コンピュータミュージック … ①820

さ

サイエンス ………… ②645
災害 ………………… ②582
災害報道 …………… ②40
細菌学 ……………… ②732
サイクリング ……… ①234
債権法 ……………… ②203
サイコセラピー …… ①488
歳時記 ……………… ①960
財政学 ……………… ②271

財政事情 …………… ②271
最澄 ………………… ①517
財テク ……………… ②387
在日外国人 ………… ②45
裁判 ………………… ②227
裁判員 ……………… ②229
財務会計 …………… ②314
財務管理 …………… ②320
財務諸表 …………… ②321
材料力学 …………… ②591
サーカス …………… ①766
作文指導 …………… ①722
作文の書き方（就職試験） … ①297
作物栽培 …………… ②449
酒 …………………… ①43
挿絵 ………………… ①839
サスペンス小説（外国） … ①1341
サスペンス小説（日本） … ①1066
サッカー …………… ①227
雑貨 ………………… ①3
雑学・知識 ………… ②31
雑誌 ………………… ②15
茶道 ………………… ①271
サービス業 ………… ②424
サーフィン ………… ①231
差別問題 …………… ②43
サラリーマンライフ … ②340
サル学 ……………… ②693
産業統計（一般） …… ②415
産業廃棄物 ………… ②577
算数科教育 ………… ①725
サンスクリット語 … ①667
酸性雨 ……………… ②573
産婦人科学 ………… ②760
残留孤児 …………… ②45

し

指圧 ………………… ①173
自衛隊 ……………… ②163
歯科学 ……………… ②753
資格試験 ⇒各ジャンルをも見よ
　　　　　　　　　… ①299
資格習得ガイド …… ①299
史記 ………………… ①594
色彩 ………………… ①881
指揮者 ……………… ①815
死刑 ………………… ②42
事件 ………………… ②38
資源・エネルギー産業 … ②438
資源開発 …………… ②572
シーケンス制御 …… ②597
資源統計 …………… ②269
資源リサイクリング … ②572
自己改革 …………… ①119
四国巡礼 …………… ①514
時刻表 ……………… ①2
自己啓発 …………… ①119
仕事術 ……………… ②346
自己破産 …………… ②38
刺しゅう …………… ①77
詩集 ………………… ①961
時事用語 …………… ②31
市場調査 …………… ②334
地震学 ……………… ②677
地震災害（社会） …… ②40
地震災害（テクノロジー） … ②582
システム監査 ……… ②516
死生観 ……………… ①458
自然観察 …………… ②677
自然保護 …………… ②573
思想 ………………… ①446
時代小説 …………… ①1025

事項名索引

項目	巻・頁
しつけ	①10
漆芸	①871
室内装飾	②616
実用新案	②584
実用文	①17
シティマップ	①213
私鉄	②432
字典（書）	①871
自転車	①234
自動車ガイド	①241
自動車工学	②600
自動車産業	②441
自動車保険	②217
児童書	①387
児童心理学	①498
児童福祉	②48
児童文学	①344
児童文学論	①885
シナリオ	①783
耳鼻咽喉科学	②760
自費出版	②15
司法	②227
シミュレーション戦争小説	①1116
自民党	②146
社員教育	②329
釈迦	①508
社会科教育	②730
社会学	②93
社会教育	①679
社会思想	②92
社会主義	②173
社会小説	①1066
社会心理学	②109
社会人類学	②110
社会・世相	②18
社会福祉	②48
社会・文化（各国）	②82
社会保険	②72
社会保障	②47
社会理論	②93
借地・借家法	②192
社交ダンス	①822
写真	①251
写真集（一般）	①254
写真集（AV・ポルノ）	①779
ジャズ	①812
ジャーナリズム	②12
社民党	②146
シャンソン	①806
獣医ガイド	①262
獣医学	②455
週五日制（教育）	①698
宗教	①499
宗教学	①507
就業規則	②332
就業規程（企業）	②329
宗教史	①507
従軍慰安婦問題	①576
習字	①17
就職ガイド	①288
就職ガイド（マスコミ）	②12
集積回路	②597
住宅	①18
住宅産業	②440
住宅地図	①213
住宅統計	②440
住宅ローン（マネープラン）	①387
柔道	①236
儒教	①464
授業づくり	①712
塾	①741
手芸	①72
受験（小中学校・高校）	①741
受験（大学）	①744
出産	①7
出入国管理	②218
出版	②15
首都圏整備	②581
趣味	①285
樹木	②686
手話	②71
循環器疾患	②738
巡礼	①514
書	①869
省エネルギー	②572
生涯学習	①679
障害児教育	①680
障害者	②71
障害者福祉	②71
消化器疾患	②738
唱歌集	①803
将棋	①248
商業	②424
商業英語	①648
商業デザイン	②340
証券	②381
証券市場	②381
商社	②417
小説（英訳本）	①649
小説（外国）	①1326
商店	②426
浄土教	①518
浄土宗	①518
浄土真宗	①519
小児科学	②747
少年法	②214
消費社会	②38
消費者問題	②38
消費税	②405
商標（デザイン）	②340
商標（特許）	②584
商品開発	②339
商品企画	②339
商法	②195
消防	②154
情報科学	②516
正法眼蔵	①518
情報産業	②514
情報社会	②512
情報処理	②516
情報ネットワーク	②526
縄文時代	①540
昭和史	①574
食玩	①285
食事療法	②164
食生活	①33
食品衛生	②772
食品汚染	②154
食品加工業	②444
食品産業	②444
食品成分表	①165
食品添加物	②154
植物学	②686
食文化	①33
食糧問題	②448
女性史	②36
女性の医学	②167
女性の生き方	②112
女性問題	②36
食器	②143
ショップガイド	①2
書店	②4
書道	①869
所得税	②408
ショービジネス	①766
史料	①615
神学（キリスト教）	①526
進化論	②681
鍼灸	②173
神経科学	②729
神経病学	②742
新劇	①782
人権教育	①679
人権と政治	②120
人権論（差別）	②43
人権論（法学）	②220
新興宗教	①500
人工生命	②522
人工知能	②522
人口統計	②269
真言宗	①517
人材開発・養成	②308
人事管理	②329
人事制度	②329
人事労務	②329
新宗教	①500
人生論	①84
心臓病	①180
新素材	②571
診断学	②733
神道	①505
新聞	②12
人文地理学	①617
人名事典	②7
新約聖書	①529
信用金庫	②382
親鸞	①519
心理学	①477
森林（林業）	②456
人類学	②693
心霊現象	①144
進路指導	①709
神話	①508
神話学	①508

す

項目	巻・頁
水泳	①231
水産学	②458
水産業	②457
水質汚濁	②577
水族館	②690
水墨画	①838
睡眠	①170
推理小説（外国）	①1341
推理小説（日本）	①1066
推理小説論	①885
スウェーデン（政治）	②127
スウェーデン語	②673
数学	②650
数学科教育	①725
スキー	①218
スキューバダイビング	①231
スキンケア	①21
図形ソフト	②539
スケート	①213
図工科教育	①739
スチュワーデス	②437
頭痛	①172
ストレス	①169
スノーボード	①218
スーパーマーケット	②425
スピーチ	①17
スペイン（社会・文化）	②83
スペイン語	②672
スペイン文学研究	①925
スポーツ	①213
スポーツ医学	①215
住まい	①18
スマートフォン	②531
墨画	①838
相撲	①237
3D	①827

せ

項目	巻・頁
性	①184
性（風俗）	②34
生化学	②673
生化学（医学）	②728
声楽家	①816
生活科	①736
生活指導	①709
生活習慣病	①166
生活情報	①2
生活の法律	②190
制御工学	②597
税金対策	②398
整形外科	②750
星座	②674
生産管理	②588
政治家（現代日本）	②147
政治学	②169
政治史	②169
政治情勢	②137
聖書	①528
政治倫理	②120
精神医学	②742
精神障害者	②71
精神分析	①488
税制改革	②398
製造業	②438
製造物責任法	②590
生長の家	①505
性的虐待	②34
政党	②146
生徒指導	①709
性風俗	②34
生物学	②681
税法	②398
性暴力	②34
税務会計	②322
姓名学	②616
姓名判断	①133
生命保険	②385
生命倫理	②706
製薬業界	②707
西洋史	①599
西洋哲学	①467
西洋美術史	①827
生理学	②726
世界遺産	①218
世界史	①586
世界地図	①211
積分	②656
石油化学工業	②443
石油業	②438
石油資源	②572
セキュリティ	②533
セクシャル・ハラスメント	②34
セックス	①184
節税対策	②397
説話文学	①886
セラミック工学	②598
セールス	②332
繊維産業	②428
戦艦	②165
戦記	①585
選挙	②146
戦国時代	①551
禅宗	①518
占星術	①130
戦争	②164
先祖供養	①144
先端技術	②571
宣伝	②339
戦闘機	②165

事項名索引

船舶工学 ②625
専門学校ガイド ①746
川柳(句集) ①971
占領時代 ①576

そ

造園業 ②457
創価学会 ①501
葬式 ①16
創世記 ①529
造船 ②625
相続(法律) ②190
相続税 ②411
相対性理論 ①663
曹洞宗 ①518
贈与(法律) ②190
贈与税 ②411
速読術 ②2
ソーシャル・ワーカー ①48
ソフトウェア ②536
ソフトボール ①220
ソーラーカー ②600
ソ連(歴史) ①608
損害保険 ②385
尊厳死 ②706

た

体育科教育 ①740
体育学 ①215
ダイエット ①24
ダイオキシン ②577
対外関係(政治) ②137
大学ガイド ①746
大学教育 ①676
大学受験 ①744
大学入学資格検定 ①744
大気汚染 ②573
太極拳 ①237
タイ語 ①667
大正時代 ①572
大乗仏典 ①516
代数学 ②659
体操 ①216
台所道具 ①43
ダイビング ①231
太平洋戦争 ①576
太平洋戦争(軍事) ②164
代用監獄 ②42
大リーグ ①222
宝塚歌劇団 ①766
卓球 ①225
脱サラ ②345
ターミナルケア ②702
誕生日占い ①127
ダンス ①822
短大ガイド ①746
歎異抄 ①519

地域開発 ②157
地域活性化 ②157
地域教育 ①679
地域経済動向(日本) ②245
チェーンストア ②425
地価 ②420
地学 ②677
地価税 ②405
地球温暖化 ②573
地球科学 ②677
地球環境 ②573
地球環境とビジネス ②300
畜産業 ②455
地誌学 ①617
知識工学 ②522
地質学 ②677
チーズ ①48
地図 ①211
知的情報処理 ②522
知的所有権 ②584
地方公務員 ②151
地方財政 ②271
地方史 ①535
地方自治体 ②155
地方自治法 ②155
地方文化 ②22
地名 ①617
チャネリング ①135
茶の湯 ②271
中華風料理 ①69
中間管理職 ②365
中国(社会・文化) ②89
中国(政治) ②132
中国拳法 ①237
中国語 ①663
中国語検定試験 ①663
中国史 ①594
中国文学研究 ①918
中小企業 ②300
中小小売店 ②426
中小専門店 ②426
中東(社会・文化) ②85
中東(政治) ②128
中東和平 ②128
中南米(社会・文化) ②90
中南米(政治) ②137
中南米(歴史) ①610
超音波診断(医学) ②733
彫刻 ①868
超自然現象 ①135
朝鮮(社会・文化) ②88
朝鮮語 ①666
朝鮮史 ①598
朝鮮戦争 ①598
朝鮮半島(政治) ②131
超能力 ①135
鳥類 ②696
著作権 ②15
地理学 ①617
地理教育 ①730

ち

つ

通貨 ②376
通貨統合 ②252
通信教育 ①299

通信教育 ①746
通信産業 ②514
ツボ(療法) ①173
釣り ①232

て

庭園 ②457
ディスカウントストア ②425
デイトレード ②392
定年後の生き方 ①108
定年退職金 ②329
手紙 ①17
適性検査(就職試験) ①288
テクノロジー ②570
デザイン(建築作品) ②607
デザイン(商用) ②340
デザイン(都市) ②581
デザイン(美術) ①875
手品 ①273
デスクトップパブリッシング(ソフト) ②539
手相 ①133
データベース ②526
データベースソフト ②537
哲学 ①446
鉄鋼業 ②443
鉄道 ②432
テニス ①225
テーブルマナー ①16
テレビアニメ ①797
テレビドラマ ①780
テレビ番組 ①766
テレマーケティング ②334
天気 ②677
伝記(医学) ②725
伝記(科学者) ②650
伝記(児童書・偉人伝) ①388
電気回路 ②591
電気機器 ②591
電気工学 ②591
電気工事 ②591
電気産業 ②439
篆刻 ①871
電子回路 ②597
電子顕微鏡 ②595
電子工学 ②595
電子産業 ②439
電子出版 ②15
電子デバイス ②597
電子ブック ②512
転職 ②345
伝説(文学) ①886
伝説(民俗) ②119
天体観測 ②674
天台宗 ①517
伝統工芸 ①871
天皇制 ②149
店舗管理 ②426
デンマーク語 ①673
天文学 ②674
天理教 ①501
電力 ②591
電力会社 ②438

と

ドイツ(社会・文化) ②83
ドイツ(政治) ②127
ドイツ(哲学) ①469
ドイツ(歴史) ①606
ドイツ観念論 ①469
ドイツ語 ①668
ドイツ文学研究 ①923
登記法 ②210
東京論 ①185
陶芸 ①873
統計学 ②269
統計学(数理) ②660
統計法 ②269
刀剣 ①871
道元 ①518
唐詩 ①920
投資信託 ②392
道徳 ①476
道徳教育 ①736
糖尿病 ①180
闘病記 ②702
動物(ペット) ①262
動物園 ②690
動物学 ②690
東洋史 ①592
東洋思想 ①460
東洋哲学 ①460
東洋美術史 ①830
道路工学 ②606
道路地図 ①212
童話 ①344
同和教育 ①679
同和問題 ②43
特殊撮影 ①796
読書 ②2
独占禁止法 ②375
毒物試験 ②768
独立・開業 ②345
独立・開業(法律) ②193
登山家 ①233
登山ガイド ①189
登山技術 ①233
都市再開発 ②581
都市デザイン ②581
都市問題 ②581
図書館 ②5
土地税制 ②405
土地税制(節税対策) ②397
土地問題 ②420
特許 ②584
トップマネジメント ②306
土木工学 ②604
ドメスティック・バイオレンス ②36
トライアスロン ①234
ドライビング ①241
ドライブガイド ①188
トランプゲーム ①273
トルコ語 ①667
トレーニング(スポーツ) ①216

な

内科学 ②738
内閣 ②146
ナチズム ①606

事項名索引		
名前の付け方	①133	
奈良時代	①547	
南北朝時代	①547	

に

21世紀論	②18	
ニーチェ哲学	①469	
日米関係	②137	
日米摩擦	②137	
日用品	①3	
日蓮宗	①521	
日蓮正宗	①501	
日中戦争	①576	
ニット	①81	
日本映画	①789	
日本画家	①838	
日本共産党	②173	
日本語	①623	
日本語教育	①635	
日本語教材	①635	
日本史	①530	
日本書紀	①541	
日本人論	②19	
日本神話	①508	
日本地図	①212	
日本的経営	①300	
日本の国際化	②18	
日本の習慣	②116	
日本の民俗	②116	
日本美術史	①830	
日本舞踊	①822	
日本文学研究	①893	
日本論	②19	
ニュービジネス	②274	
ニューミュージック	①804	
ニューメディア	②512	
ニューロコンピュータ	②522	
人形(工芸)	①871	
人形(手芸)	①72	
人間関係(一般)	①84	
人間関係(ビジネス)	②363	
妊娠	①7	
認知症	①166	
認知症	②66	
認知心理学	①498	

ぬ

ぬいぐるみ	①72	
塗り絵	①864	

ね

猫(ペット)	①264	
熱帯魚(飼育)	①262	
ネット株	②392	
ネットワーク管理ソフト	②526	
ネットワーク通信	②526	
ネパール語	①667	
年賀状	①17	
年金	②72	

の

農家	②448	
脳科学	②729	
農学	②450	
能楽	①787	
農協	②448	
農業	②445	
農業政策	②450	
農業統計	②452	
農政	②450	
農村	②448	
農法	②449	
農薬汚染	②577	
脳力	①119	
ノストラダムス	①133	
ノルウェー語	①673	
ノンフィクション(文学)	①926	

は

歯	①182	
バイオエシックス	②706	
バイオサイエンス	②673	
バイオテクノロジー	②571	
俳画	①867	
俳諧	①899	
配色	①881	
ハイテクノロジー	②571	
ハイデッガー哲学	①469	
パイロット	②437	
墓	①16	
はがき作成ソフト	②544	
博物館ガイド	①826	
幕末	①563	
バスケットボール	①226	
パズル	①274	
パソコン	②534	
パソコンゲーム	①279	
パソコンソフト	②536	
パソコンハード	②535	
パソコンCAD	②603	
パチスロ	①245	
パチンコ	①245	
発達心理学	①498	
パッチワーク	①77	
発明	②584	
パーティゲーム	①273	
パーティ・マナー	①16	
ハードボイルド小説(外国)	①1341	
ハードボイルド小説(日本)	①1066	
花(園芸)	①266	
花(植物学)	②686	
花(デザイン)	①269	
話し方	①17	
話し方(ビジネス)	②358	
バブル経済	②242	
ハム無線	①262	
針(療法)	①173	
バレエ	①822	
ハーレクイン・ロマンス	①1373	
パレスチナ問題	②128	
バレーボール	①226	
バロック音楽	①814	
版画	①867	
ハングル語	①666	
犯罪	②38	
阪神・淡路大震災	②40	
反戦運動	②46	
半導体産業	②439	
半導体デバイス	②597	
ハンドボール	①226	
般若心経	①516	
販売管理	②426	
判例集	②229	

ひ

ピアノスコア(ポピュラー)	①809	
ピアノ・レッスン	①820	
比較文化	②82	
比較文学	①884	
美学論	①823	
東日本大震災	②40	
光エレクトロニクス	②595	
ビジネス	②274	
ビジネス(法律)	②193	
ビジネス英会話	①646	
ビジネス英語	①648	
ビジネス会話	②358	
ビジネス交渉術	②358	
ビジネス文書	②362	
ビジネスマナー	②363	
ビジネスライフ	②340	
美術	①823	
美術科教育	②739	
美術館ガイド	①825	
美術史(西洋)	①827	
美術史(東洋・日本)	①830	
美術評論	①823	
美術品売買	①825	
ヒット商品	②339	
ビデオ(趣味)	①262	
ヒトラー	①606	
泌尿器科学	②760	
皮膚科学	②760	
微分	②656	
百人一首	①901	
百貨店	②425	
美容	①21	
病院(ガイド)	①154	
病院経営	②707	
病気の知識	①166	
表計算ソフト	②537	
病理学	②732	
ビル経営	②423	
ビルマ語	①667	
品質管理	②590	
ヒンディー語	①667	

ふ

ファーストフード産業	②427	
ファッション	①28	
ファッション産業	②428	
ファンタジー(外国)	①1357	
ファンタジー(日本)	①1116	
ファンタジー文学論	①885	
フィッシング	②232	
フィリピン語	①667	
フィンランド語	①673	
風水	①133	
フェミニズム	②36	
フォークロア	②110	
フォーミュラワン	①243	
福祉	②48	
福祉教育	①680	
服飾	①28	
仏教	①508	
仏教経典	①516	
仏教研究	①514	
仏教史	①515	
仏教美術	①834	
物権法	②203	
仏像	①834	
ブッダ	①508	
仏典	①516	
物理学	②663	
物流産業	②417	
武道	①236	
不登校	①710	
不動産業	②418	
不動産投資	②420	
不動産法	②192	
不眠症	①170	
舞踊	①822	
部落問題	②43	
フラワーギフト	①269	
フラワー・デザイン	①269	
フランス(社会・文化)	②83	
フランス(政治)	②127	
フランス(哲学)	①473	
フランス(歴史)	①605	
フランス語	①669	
フランス文学研究	①924	
プリペイドカード	②376	
ブルース	①806	
フロイティズム	①488	
ブログ	②529	
プログラミング	②547	
プロゴルフ	①218	
ブロードバンド	②526	
プロ野球	①222	
プロレスリング	①238	
文学	①884	
文学教育	①725	
文化人類学	②110	
分子生物学	②684	
文章	①17	
文章技術	①623	

へ

平安時代	①547	
兵器	②165	
米軍基地問題	②168	
平和運動	②46	
平和教育	①679	
ヘーゲル哲学	①469	
ペット	①262	
ベトナム語	①667	
ペルシア語	①667	
弁護士	②227	
編集	②15	
ペン習字	①17	
ペンションガイド	①191	

ほ

項目	巻・頁
保育園	①687
保育学	①687
保育教材	①698
ボーイズラブノベルズ	①1302
方位学	①133
法医学	②733
防衛	②163
貿易実務	②313
貿易動向	②246
貿易摩擦	②137
法学	②220
邦楽	①819
法学史料	②220
方言	①628
防災	②582
防災（原発）	②580
法社会学	②220
放射性廃棄物	②580
放射線	②580
放射線医学	②733
放射能汚染	②580
法人税	②406
法制史	②220
宝石	①28
放送	②15
法然	①518
法律	②184
法律（外国）	②219
法律家	②227
暴力団	②38
法話	①513
簿記	②320
ボクシング	①238
法華経	①516
保険	②385
保健体育	①740
星占い	①130
ポスト冷戦	②120
ポップアート	①826
ポップス	①803
北方領土問題	②127
ボディビル	①216
ホテルガイド	①191
ホテル業	②427
ボート	①231
ホームページ	②529
ホーム・ヘルパー	②48
ホラー小説（外国）	①1357
ホラー小説（日本）	①1116
ポーランド語	①673
ポルトガル語	①672
ポルノ小説	①1396
ホロスコープ	①130
本	②2
盆栽	①266
翻訳（英語）	①649
翻訳小説	①1326

ま

項目	巻・頁
マイクロマシン	②571
マウンテンバイク	①234
マクロ経済学	②254
マーケティング	②334
マジック	①273
麻雀	①245
麻酔科学	②748
マスコミ	②9
マスコミ就職ガイド	②12
マスメディア	②9
まちづくり	②157
まちづくり	②581
マッサージ	①172
松下幸之助	②306
マナー	①16
マナー（ビジネス）	②363
マネープラン	②387
麻薬（知識）	①155
麻薬（犯罪）	②38
マラソン	①234
マリンスポーツ	①231
マルクス主義	②173
マルチメディア	②513
漫画（学習）	①441
漫画・イラスト集	①847
漫画論	②32
マンション（住まい）	①18
マンション経営	②423
曼荼羅	①517
万葉集研究	①901

み

項目	巻・頁
ミクロ経済学	②254
ミステリー小説（外国）	①1341
ミステリー小説（日本）	①1066
ミステリー論	①885
水問題（環境）	②577
密教	①517
密教（チベット）	①508
ミュージカル	①766
未来予測	②18
ミリタリー	②165
民間信仰（日本）	②116
民間信仰（日本）	①513
民芸	①871
民事訴訟法	②214
民事法	②203
民宿ガイド	①191
民主党	②146
民族音楽	①813
民俗学	②110
民族教育	①679
民俗宗教（日本）	①513
民法	②203
民謡	①819
民話（文学）	①886
民話（民俗）	②116

む

項目	巻・頁
昔話論	②116
無機化学	②668
村おこし	②157
室町時代	①547

め

項目	巻・頁
眼	①183
メイクアップ	①21
明治維新	①563
明治時代	①572
命名法（姓名）	①133
メカトロニクス	②597
メジャーリーグ	①222
メタボリックシンドローム	①181
メディア教育	①676
メルヘン画	①839
免疫学	②732
免許（原付）	①243
免許（二輪車）	①243
免許（普通車）	①242
面接試験（就職試験）	①295

も

項目	巻・頁
黙示録	①529
モータースポーツ	①243
モダンアート	①826
モーツァルト	①814
モトクロス	①243
物語文学	①896
モンゴル語	①667
文様	①881

や

項目	巻・頁
やきもの	①873
野球	①220
薬害エイズ訴訟	②707
薬学	②768
ヤクザ	②38
薬事法	②771
薬膳	①174
薬理学	②768
野菜栽培	②445
野菜栽培（園芸）	①266
野生動物	②690
野鳥	②690
野鳥	②696
薬価	②771
山歩き	①233
山歩き（ガイド）	①189
邪馬台国	①541
弥生時代	①540
ヤング・アダルト小説	①1131

ゆ

項目	巻・頁
遺言（法律）	②190
有機化学	②668
ユーゴスラビア語	①673
ユダヤ教	①526
輸入食品	①154
ユング心理学	①488

よ

項目	巻・頁
洋画家	①836
洋画家（日本）	①837
洋裁	①83
幼児教育	①687
幼児心理学	①498
用字用語辞典	①632
幼稚園	①687
幼稚園受験	①741
腰痛	①172
洋風料理	①68
陽明学	①464
ヨーガ健康法	①161
予言	①133
ヨット	①231
予備校ガイド	①741
ヨーロッパ（経済）	②252
ヨーロッパ（社会・文化）	①83
ヨーロッパ（政治）	②127
四輪駆動車	①241

ら

項目	巻・頁
ライフスタイル論	②18
落語	①785
ラグビー	①227
ラジオ番組	①766
ラッピング	①4
ラテン・アメリカ文学	①925
ラテン語	①673
ラン栽培	①269

り

項目	巻・頁
リウマチ	②741
理科教育	①729
力学	②663
陸運	②417
陸上競技	①234
離婚（法律）	②190
リサイクル	②578
リスクマネジメント	②325
リゾート開発（産業）	②427
リーダーシップ（ビジネスライフ）	②365
リハビリテーション（医学）	②750
リフォーム	①18
留学ガイド	①747
留学生（外国人）	②45
流行	②29
流行語	②31
流体機械	②600
流通	②417
流通産業	②417
量子論	②663
料理	①33
旅館	②427

旅館ガイド	①191	
旅行	①184	
旅行業	②427	
リラクセーション	①169	
林業	②456	
臨済宗	①518	
臨死体験	①458	
臨床医学	②733	
臨床心理学	①488	
倫理学	①476	

る

ルネサンス（美術） … ①827

れ

霊	①144
歴史学	①610
歴史教育	①730
歴史小説	①1025
歴史に学ぶビジネス	②369
歴史年表	①618
レコード業界	①802
レーザー	②595
レジャー産業	②427
レース編み	①81
レストラン飲食店業	②427
レストランガイド	①40
レスリング	①238
レタリング	①875
恋愛論	①112
連立政権	②146

ろ

老化（健康）	①160
老後の生き方	①108
労災保険	②72
老人医学	②741
老人介護	②67
老人福祉	②66
老人ホーム	②66
老人問題	②66
老荘思想	①464
労働	②458
労働衛生	②461
労働組合	②465
労働災害	②461
労働時間	②461
労働統計	②468
労働法	②466
労働問題	②461
労働理論	②461
労務管理	②329
ロシア（経済）	②253
ロシア（社会・文化）	②83
ロシア（政治）	②127
ロシア語	①672
ロシア史	①608
ロシア文学研究	①925
路線価	②405
ロック	①803
六法全書	②184
ロードマップ	①212
ロボット工学	②597
ローマ帝国	①599
ロマンス小説	①1373
ロマン派音楽	①814
ロールシャッハ研究	①488
ロールプレイングゲーム	①277
ローン（社会問題）	②38
論語	①464
論理学	①457

わ

ワイン	①43
和英辞典	①662
和歌研究	①899
話術	①17
話術（ビジネス）	②358
和風料理	①67
ワープロソフト	②536
ワープロ文書	②362
ワールドミュージック	①813

ABC

Access	②537
AI	②522
AV	①262
BASIC	②558
blog	②529
C言語	②558
CAD/CAM	②603
CG（美術）	①827
CGソフト	②539
CIM	②588
CM	②339
CT診断	②733
DNA	②673
DTM	②543
DTPソフト	②539
DV	②36
EU	②252
Excel	②537
F1	①243
Facebook	②529
FC	②425
FX	②397
IC	②597
IE	②588
IFRS	②314
iPad	②536
iPhone	②531
iPod	②535
IT	②512
Jリーグ	①231
JAVA	②559
JIS	②586
JR	②430
LINUX	②547
LSI	②597
Macintosh	②535
MacOS	②546
NIES	②249
OB・OG訪問	①295
ODA	②247
OJT	②329
OLライフ	②345
OS	②545
PKO	②162
PL	②590
PL法	②590
PLO	②128
POP広告	②340
POSシステム	②426
PR	②339
PTA	①698
QC	②590
RPG	①277
SF小説（外国）	①1357
SF小説（日本）	①1116
SF文学論	①885
SI単位	②586
SNS	②529
TOEFL	①658
TOEIC	①658
TQC	②590
TV（報道）	②15
TV番組	①766
Twitter	②529
UFO	①135
UNIX	②547
Web	②528
Windows	②546
Word	②536

実用書

- ◆生活情報 2
- ◆家庭生活 4
  - 妊娠・出産 7
  - 冠婚葬祭・マナー 16
  - 文章・手紙 17
  - 習字・ペン習字 17
  - 住まい・住宅 18
  - 美容 21
  - ファッション 28
- ◆料理・食生活 33
  - クッキング 48
- ◆手芸 72
  - ししゅう・パッチワーク 77
  - クラフト 79
  - 編み物 81
  - 洋裁 83
- ◆人生論・生き方 84
  - 青少年 108
  - 老後・実年 108
  - 女性の生き方・恋愛・結婚 112
  - 能力・自己改革 119
- ◆占い・易・おまじない 127
  - 占星術 130
  - 予言 133
  - 名付け・姓名判断 133
  - 手相・顔相 133
  - 風水 133
  - 暦 134
  - 超自然・超能力・ＵＦＯ 135
  - 霊・霊界 144
- ◆健康・家庭医学 145
  - 健康法 155
  - 健康食 162
  - 病気の知識 166
- ◆旅行 184
  - 紀行・エッセイ（日本） 184
  - 旅行・ドライブガイド 188
  - 紀行・エッセイ（海外） 197
  - 海外旅行ガイド 200
- ◆地図 211
  - 世界地図 211
  - 日本地図 212
  - ロードマップ 212
  - シティマップ・住宅地図 213
- ◆スポーツ 213
  - スケート 218
  - スキー・スノーボード 218
  - ゴルフ 218
  - 野球・ソフトボール 220
  - テニス・卓球・バドミントン 225
  - バスケットボール・バレーボール・ハンドボール 226
  - ラグビー・アメリカンフットボール 227
  - サッカー 228
  - 水泳・ボート・マリンスポーツ 231
  - フィッシング 232
  - 登山・登山家 233
  - アウトドア 234
  - サイクリング・マウンテンバイク 234
  - 陸上競技・マラソン・トライアスロン 234
  - 体操・新体操 235
  - 剣道・柔道・合気道・武道 236
  - 空手・中国拳法 237
  - 相撲 237
  - レスリング・ボクシング 238
  - 挌闘技・護身術 240
  - その他のスポーツ 241
- ◆趣味 241
  - カーライフ 241
  - オートバイ 242
  - モータースポーツ・カーレーシング 243
  - 競馬 243
  - 競輪・競艇 245
  - パチンコ・パチスロ 245
  - 麻雀 245
  - 囲碁 246
  - 将棋 248
  - 切手 251
  - 写真・写真撮影 251
  - アマチュア無線 262
  - オーディオ・ビデオ 262
  - 動物・ペット 262
  - 家庭園芸・家庭菜園 266
  - 香草・山菜ガイド 269
  - フラワー・デザイン 269
  - 生け花 271
  - 茶道・香道 271
  - ゲーム・マジック 273
  - コレクション 285
  - その他の趣味 285
- ◆就職ガイド・問題集 288
  - 大学生むき 298
  - 女子学生むき 298
  - 高校生・専門学校生むき 298
  - 資格 299

生活情報

実用書

生活情報

◆赤ちゃんと暮らす—収納・家事・スペースづくり・モノ選び　本多さおり著　大和書房
【要旨】あたらしい部屋づくり、引っ越しも！育児も暮らしも、工夫を凝らした1年間。ぜーんぶ実体験、リアル情報満載！
2017.3 174p A5 ¥1300 978-4-479-78379-4

◆いつからでも家計上手—家計の出発点と到着点　婦人之友社編　婦人之友社
【目次】1 家庭にほしいもの必要なもの、2 目には見えない家政学校、3 家計簿の創刊、4 家事の急所家計の急所、5 社会の経済史・生活史の誕生、6 家計の到着点
2017.3 149p B5 ¥1000 978-4-8292-0837-3

◆イラストだから簡単！なんでも自分で包む本　サマンサネット、包む監修　洋泉社
【要旨】物を送るときのさまざまな梱包のしかたから、ラッピングの基本、風呂敷の包み方まで。ネットオークションやフリマアプリの商品発送にも便利！PC、服、鉢植え、プラモデル、壊れもの、大きなものも自分で包める！
2017.6 95p B5 ¥1300 978-4-8003-1239-6

◆親が元気なうちに知っておきたい50のこと　東優監修、國廣幸亜漫画・イラスト　ナツメ社
【要旨】考えたくはないけれど誰にも必ずやってくる。いつか「これでよかった」と思えるように…今のうちから知っておきたい制度・手続き・対応を徹底網羅！「もしも」のときの準備ノート付き。
2017.6 191p A5 ¥1400 978-4-8163-6256-9

◆くらしの豆知識　2018年版　国民生活センター編　国民生活センター
【要旨】「自分は大丈夫」は通用しない！消費者トラブル対策本。特集：ネット活用の心得。
2017 175p A5 ¥476 978-4-906051-91-5

◆さよさんの「きれいが続く」収納レッスン—片づけやすさのカギは、グッズ活用術にある！　小西紗代著　講談社　（講談社の実用BOOK）
【要旨】テレビ、雑誌で大活躍！整理収納の達人、さよさんのメソッドで"美収納"に。実例掲載でわかりやすい！
2017.10 127p A5 ¥1200 978-4-06-299883-3

◆知らないと損をする！国の制度をトコトン使う本　清水京武著　KADOKAWA
【要旨】突然失業した！→失業給付金、介護のために休職！→介護給付金、通勤中のケガ！→労災給付金、高額入院費が払えない！→限度額認定証などで、将来の不安を払拭する国の制度の使い方。
2017.4 175p B6 ¥1200 978-4-04-069214-2

◆人生が変わるクローゼット整理—なりたい自分が見つかる、似合う服が選べるようになる　霜鳥まき子著　マイナビ出版　（マイナビ文庫）
【要旨】もう悩まない！今着るべき服が分かる、おしゃれに困らない整理術。
2017.12 227p A6 ¥830 978-4-8399-6497-9

◆そうじ嫌いでも部屋がずっとキレイな収納のきほん—MakeLife+ゆとり時間 - 楽家事収納@北欧モダンなおうち　今井知加著　KADOKAWA
【要旨】ものを残す基準は「必要」ではなく「使う」。下着は「着る場所＝洗面所」に収納。タオルのストックは人数×2枚で十分。一番ラクな収納は「かける」と「引き出す」。ジャンルでまとめず「バラバラ」でいい。無良品、イケア、ニトリ…収納グッズの正解はコレ！ etc.
2017.3 111p A5 ¥1300 978-4-04-895924-7

◆貼るだけ救急マシュマロパッド—つらい靴の痛みがなくなる！　神戸装具製作所編　講談社　（講談社の実用BOOK）　（付属資料あり）
【要旨】5万人の足を診た理学療法士が開発！医療用インソールにも使われる歩行専用素材マシュマロを2種類使用！痛い！むくむ！もう脱ぎたい！にサヨナラ。
2017.4 33p A5 ¥1280 978-4-06-299866-6

◆ボケない片づけ——一生自分で片づけられる5つのステップ　高橋和子著　CCCメディアハウス
【要旨】今からはじめたい！「Before・After 片づけメモ」を使った画期的トレーニング方法が登場!!「毎日の片づけ」が最高の脳トレになる！
2017.4 187p B6 ¥1400 978-4-484-17205-7

◆マンガで古堅式！夢をかなえる片付けのルーティン　古堅純子原作、瀬芹つくねマンガ　G.B.
【要旨】家族の絆が深まる！毎日笑顔はじける!!理想の生き方が見つかる!!!本当の幸せを呼ぶ一生散らからない暮らし方。
2017.1 186p A5 ¥1150 978-4-906993-33-8

◆身内が亡くなった時の手続きハンドブック　奥田周年、山田静江監修　日本文芸社
【要旨】本書は、「将来の相続に備えたい」「すでに相続が発生し不安を持っている」人が、遺産相続と相続税の流れをイメージできるように事例をもとに図解しました。
2017.12 223p 18cm ¥700 978-4-537-21544-1

◆身近な人が亡くなった後の手続のすべて　児島明日美、福田真弓、酒井明日子著　自由国民社　新版
【要旨】期限に間に合うよう、二度手間にならないよう、様々な手続をわかりやすく整理。いつまでに何をしなければならないか、手続の流れがしっかりわかる。備えておきたいいちばん身近な参考書。相続税法、マイナンバー制度、法定相続情報証明制度など、最新の情報を入れた新版！
2017.12 222p A5 ¥1400 978-4-426-12382-6

◆無印良品で片づく部屋のつくり方—シンプルに暮らす　すはらひろこ著　エクスナレッジ
【要旨】みんなが知りたい片づけのコツ、教えます。収納上手のルール＆アイディア100。
2017.5 127p A5 ¥1400 978-4-7678-2338-6

◆モノを探さない部屋づくり—無理して捨てないお片づけ　内山ミエ著　池田書店
【要旨】一生のうちに、5か月間も探し物をしている!?お片づけ実践ワークから、「あれ、どこいったっけ？」の毎日にさようなら。無理してモノを捨てたくない人必見！のお片づけ本。
2017.5 223p A5 ¥1400 978-4-262-16028-3

◆ゆるい片付け—「循環ライフ」で、こんなにキレイ！　小松ゆみ著　大和出版
【要旨】ものが多いと「汚部屋」、捨てすぎると「生活が不便」。じゃあ、ちょうどいい片付けって何？ 一答えは、この本にあります。
2017.1 205p B6 ¥1300 978-4-8047-0532-3

テレフォンガイド・郵便番号簿

◆最新7ケタ版全国郵便番号簿　2017年4月版　山文社編　山文社
【要旨】最新データを本文内に完全収録！
2017.4 383p B5 ¥1300 978-4-87926-105-2

交通情報・時刻表

◆神奈川県内乗合バス・ルートあんない　No.4　神奈川県バス協会監修　JTBパブリッシング
【目次】事業者別バス系統一覧表—系統番号からバス路線を引けます（伊豆箱根バス、江ノ電バス横浜、江ノ電バス藤沢、小田急バス、神奈川中央交通 ほか）、ターミナル駅詳細図—主要駅のバスのりばを詳細案内これでもう迷わない（横浜、川崎、鶴見、桜木町 ほか）、コミュニティバスリスト、高速バス・深夜急行バス・直行バス・空港連絡バス
2017.4 163p A5 ¥1500 978-4-533-11789-3

◆時刻表探検—数字に秘められた謎を解く　「旅と鉄道」編集部編　天夢人、山と溪谷社 発売　（旅鉄BOOKS 001）
【要旨】数字の羅列を読んで何が楽しい？『時刻表』にハマった達人が、その魅力を解き明かす！
2017.7 175p A5 ¥1500 978-4-635-82008-0

◆東京都内乗合バス・ルートあんない　'18～'19年版　東京バス協会監修　JTBパブリッシング
【目次】本書の使い方＆凡例、羽田空港国際線旅客ターミナル、バスタ新宿方面別バス案内、東京都内を走るバス路線がひとめでわかるメッシュ地図、系統番号からバス路線を引けます 事業者別バス系統一覧表、ターミナル駅詳細図、大島・三宅島・八丈島、東京近郊鉄道路線図、コミュニティバスリスト、高速バス・空港連絡バス・深夜急行バス、乗合バスについてのお問い合わせ先
2018.2 161p A5 ¥1200 978-4-533-12375-7

◆フェリー・旅客船ガイド　2017春季号　国土交通省海事局内航課監修　日刊海事通信社
【目次】長距離・幹線航路、青函航路、東日本離島航路、隠岐諸島、淡路・紀伊水道、土佐湾航路、瀬戸内海航路1 家島諸島・小豆島、千島諸島・塩飽諸島、瀬戸内海航路2 芸予諸島東部、瀬戸内海航路3 芸予諸島西部、瀬戸内海航路4 能美島・宮島、防予諸島、瀬戸内海航路5 周防諸島・豊後水道、九州離島航路1 玄界灘、九州離島航路2 西海・五島列島 ［ほか］
2017.4 794p B5 ¥6500 978-4-930734-49-5

◆ヨーロッパ鉄道時刻表 日本語解説版　2017年冬ダイヤ号　地球の歩き方編集室編　ダイヤモンド・ビッグ社、ダイヤモンド社 発売
【基本情報】ヨーロッパ鉄道完全ガイド、本書をご利用になる前に、カレンダー、各国時差表、記号の読み方、時刻表の使い方、時刻表解説辞典、ヨーロッパ景勝ルート、地名索引、主要都市の駅間連絡マップ、座席番号のしくみ、ヨーロッパ鉄道旅行入門、鉄道で使われる言葉6ヶ国語、国際夜行列車一覧表、ニュース（更新情報）、時刻表（国際列車、国別、国際航路）
2017.1 563p A5 ¥2200 978-4-478-04998-3

◆ヨーロッパ鉄道時刻表 日本語解説版　2017年夏ダイヤ号　「地球の歩き方」編集室編　ダイヤモンド・ビッグ社、ダイヤモンド社 発売
【基本情報】基本情報、時刻表（国際列車、国別、国際航路）
2017.7 563p 25×16cm ¥2200 978-4-478-06058-2

◆ヨーロッパ鉄道時刻表 日本語解説版　2018 冬ダイヤ号　「地球の歩き方」編集室編　ダイヤモンド・ビッグ社、ダイヤモンド社 発売
【目次】基本情報、時刻表（国際列車、国別、国際航路）
2018.1 565p 25×16cm ¥2300 978-4-478-82140-4

ショッピングガイド

◆買ったら損する人気商品　鉄人社編集部編　鉄人社　（鉄人文庫）
【要旨】宣伝どおりの効果が出ない、本当は言うほどの効果がない、じつはもっと安く買える類似品が存在している—。本書は、そんな『買ったら損する商品』を選び出し、その実態や効果を解説する本です。トクホ飲料、健康食品、ダイエットサプリ、市販薬、家電などなど。見るからに怪しい商品は取り上げず、コンビニやドラッグストア、ネット通販などで買える有名なものばかりを掲載しました。ぜひ、よりよい買い物の参考にお使いください。
2017.5 221p A6 ¥630 978-4-86537-088-1

◆最上級のプチプラギフト100　裏地桂子著　光文社　（美人時間ブック）
【要旨】女子会、ママ会、仕事仲間に「ちょこっと何か持って行かなきゃ…」1000円までの"お配りもの"ギフトコンシェルジュ厳選！
2017.4 127p A5 ¥1500 978-4-334-97910-2

◆東京うつわさんぽ　うつわさんぽ編集室編著（京都）光村推古書院　改訂版
【要旨】うつわを買いにの旅へ。東京近郊のうつわショップ＆スポット90軒をご紹介。
2017.4 127p A5 ¥1500 978-4-8381-0562-5

◆47 accessories 2　47都道府県のアクセサリー　D&DEPARTMENT PROJECT著　D&DEPARTMENT PROJECT
【要旨】「47都道府県のアクセサリー展」から見る、産地のものづくりの進化。その土地の素材や技術をベースに花開く、47のつくり手のストー

リー。
2016.12 127p 20×15cm ¥1200 ⓘ978-4-903097-57-2

日用品・雑貨

◆アイデアノートで普通の部屋がなぜか可愛くなる　まどなお著　KADOKAWA
【要旨】無印良品フル活用もすっきり収納もノートで実現！ 普通なのになぜか可愛い「居心地がいい部屋」の秘密。
2017.12 111p 19×15cm ¥1280 ⓘ978-4-04-896091-5

◆朝活手帳　2018　池田千恵著　ディスカヴァー・トゥエンティワン
【要旨】朝の時間を上手に使えば人生なんて簡単に逆転できる。早起きを習慣化して、なりたい自分を手に入れよう。「朝活」第一人者が提案する早起きする人のための朝専用手帳。
2017.9 1Vol. B6 ¥1500 ⓘ978-4-7993-2086-0

◆明日を変えるならスポンジから—暮らしの道具を選ぶこと　一田憲子著　マイナビ出版
【要旨】減らさなくても、持ち物から学ぶことは、まだまだたくさんある—。いつもの道具をちょっと変えるだけで、明日の暮らしが、ぐんと良くなる。8人の道具にまつわる物語。
2017.8 159p A5 ¥1420 ⓘ978-4-8399-6304-0

◆「頭」が良くなる文房具　和田哲哉著　双葉社
【要旨】わかる人は買っている価格＆品質＆機能◎製品が満載！「いいモノを正しく使う」と仕事も勉強も驚くほどはかどる！ デジタル時代の新文房具常識。
2017.12 302p B6 ¥1500 ⓘ978-4-575-31327-7

◆いい女.Diary　2018　ディスカヴァー・トゥエンティワン
【要旨】書けば自然に磨かれる。大人気「いい女.bot」完売店続出手帳がさらにバージョンアップ。がんばる私の毎日がもっと楽しくなる「いい女」になるためのダイアリー。
2017.9 1Vol. B6 ¥1500 ⓘ978-4-7993-2093-8

◆ウオッチミュージアム ヴォガ アンティークコレクション　益井俊雄著　シーズ・ファクトリー，日本工業新聞社 発売
【要旨】ミュージアム所蔵のコレクション約800本の詳細を収録。益井俊雄氏のアンティークウオッチディーラー生活30年の軌跡をこの一冊に凝縮。
2017.5 322p B5 ¥4500 ⓘ978-4-8191-1305-2

◆うまくいってる人の手帳　2018　ディスカヴァー・トゥエンティワン
【要旨】この手帳を使えば、毎日がうまくいく。『うまくいっている人の考え方』が実践できる手帳。
2017.9 1Vol. B6 ¥1500 ⓘ978-4-7993-2091-4

◆書きこみ式いいこと日記　2018年版　中山庸子監修　マガジンハウス
【要旨】いいことメインに書く日記で暮らしから、仕事、健康、趣味、子育てまで、自分を整理整頓できる！
2017.9 224p A5 ¥1200 ⓘ978-4-8387-2965-4

◆暮らしの文房具　土橋正著　玄光社
【要旨】じっくり使ってわかった、暮らしに寄り添う本当にいいもの。日常シーンを豊かにする64の逸品。
2017.9 175p 20×16cm ¥1700 ⓘ978-4-7683-0887-5

◆広告チラシのかごと雑貨—好きなサイズで可愛く作れる　寺西恵里子著　主婦の友社
【要旨】広告チラシがよみがえる！ 驚きのリメイクが簡単にできる！
2017.10 79p B5 ¥1300 ⓘ978-4-07-425432-3

◆この椅子が一番！—椅子に関わる専門家100人が本音で選んだシーン別ベストな椅子とは…。　西川栄明編著　誠文堂新光社
【目次】あなたが思う名作椅子ベスト20、あらゆる椅子の中で、座りやすい椅子ベスト10、デザインは素晴らしいけれど、座りにくい（と思われる）椅子ベスト10、仕事がバリバリはかどる椅子、日々の暮らしの中で、ごくふつうに使いたい椅子、疲れた時に癒して、寝転んでくつろげる椅子、腰痛持ちにも心地よい椅子、推理小説を読むのにぴったりの椅子、哲学書を読む時に座る椅子〔ほか〕
2017.9 287p B6 ¥1800 ⓘ978-4-416-61743-4

◆しきたり十二ヵ月手帳　2018　—日本の四季を楽しむ　飯倉晴武監修　ディスカヴァー・トゥエンティワン
【要旨】季節を感じて暮らすよろこび。行事、挨拶、歳時記から旧暦、干支、月の満ち欠け、六曜まで。「四季のリズム」と「生活の節目」を大切に暮らす人の「和の手帳」。
2017.9 1Vol. B6 ¥1600 ⓘ978-4-7993-2088-4

◆ジブン手帳公式ガイドブック　2018　佐久間英彰著　実務教育出版
【目次】巻頭特集 獄年新登場ジブン手帳Biz 徹底試用＆検証！ ビジネスパーソンの本命!?オンとオフが"まとまる"手帳、ジブン手帳とは？、2018ジブン手帳ラインアップ紹介、2018ジブン手帳Goods 大公開、SPECIAL INTERVIEW 1 俳優・聡太郎、SPECIAL INTERVIEW 2 漫画家・藤原嗚呼子、SPECIAL INTERVIEW 3 手帳評論家・舘神龍彦、SPECIAL INTERVIEW 4 フリーアナウンサー・堤信子、ジブン手帳制作者佐久間英彰Presents 世界一くわしいトリセツ、漫画 手帳とわたし、雨のち晴れ。〔ほか〕
2017.9 160p 24×19cm ¥1500 ⓘ978-4-7889-1337-0

◆週末野心手帳—WEEKEND WISH DIARY　2018　ティファニーブルー　村上萌、はあちゅう著　ディスカヴァー・トゥエンティワン
【要旨】やりたいことがどんどん叶っています！ と大反響。「小さな野心を叶えるオンラインサロン」主宰。ブロガー・作家はあちゅう＆NEXT-WEEKEND代表・村上萌が共同プロデュース。ティファニーブルーカラー。
2017.9 1Vol. B6 ¥1800 ⓘ978-4-7993-2089-1

◆週末野心手帳—WEEKEND WISH DIARY　2018　ヴィンテージピンク　村上萌、はあちゅう著　ディスカヴァー・トゥエンティワン
【要旨】やりたいことがどんどん叶っています！ と大反響。「小さな野心を叶えるオンラインサロン」主宰。ブロガー・作家はあちゅう＆NEXT-WEEKEND代表・村上萌が共同プロデュース。ヴィンテージピンクカラー。
2017.9 1Vol. B6 ¥1800 ⓘ978-4-7993-2090-7

◆消浪投でお金がどんどん貯まる！ 明るい貯金生活家計簿　2018　横山光昭著　ディスカヴァー・トゥエンティワン
【要旨】10000人の貯金ゼロ家計を再生。だれでもカンタンに貯められます！
2017.9 1Vol. B6 ¥1300 ⓘ978-4-7993-2084-6

◆大切な靴と長くつきあうための靴磨き・手入れがよくわかる本　飯野高広著　池田書店
【要旨】ライフスタイルにあった靴選びから困ったときのトラブル対処まで、ここで差がつく！ 足元のこだわり度。様々な素材・加工・デザイン・用途別特徴と取り扱い方を紹介。
2017.12 110p A5 ¥1300 ⓘ978-4-262-16031-3

◆椿油のすごい力—ヘアケア、スキンケアから、料理、もののお手入れまで　佐光紀子著　PHP研究所
【要旨】酸化しにくい、べとつかない。艶やかな髪、潤いのある肌へ。使い方次第で、驚きの効果を実感。日本の伝統的な椿油のよさを再発見！
2017.2 191p B6 ¥1400 ⓘ978-4-569-83464-1

◆とことん使える！ 無印良品—人気収納アイテムで「ためない」暮らし　小林尚子著　講談社
【要旨】これからのモノの持ち方、選び方、しまい方の新法則とは？ まずは引き出しひとつから挑戦！ 最強ムジラーの最高の使い方。
2017.12 95p A5 ¥1000 ⓘ978-4-06-220853-6

◆中川政七商店でみつけた、あたりまえの積み重ね　中川みよ子著　PHP研究所
【要旨】人気雑貨「花ふきん」を考案。13代中川政七の母が語る創業300年中川家のモノづくりの原点。
2017.8 127p A5 ¥1400 ⓘ978-4-569-83838-0

◆謎解き手帳（ネイビー）　2018　SCRAP著　SCRAP出版
【要旨】リアル脱出ゲーム。週謎、月謎、年謎合わせて全66問収録。
2017 1Vol. 19×14cm ¥3704 ⓘ978-4-9909004-9-6

◆謎解き手帳（ブラック）　2018　SCRAP著　SCRAP出版
【要旨】リアル脱出ゲーム。週謎、月謎、年謎合わせて全66問収録。
2017 1Vol. 19×14cm ¥3704 ⓘ978-4-9909004-8-9

◆謎解き手帳（ベージュ）　2018　SCRAP著　SCRAP出版
【要旨】リアル脱出ゲーム。週謎、月謎、年謎合わせて全66問収録。
2017 1Vol. 19×14cm ¥3704 ⓘ978-4-909474-10-0

◆20代のうちにやりたいこと手帳　2018　安藤美冬著　ディスカヴァー・トゥエンティワン
【要旨】3年計画を立ててみよう—人生設計はホップ、ステップ、ジャンプの「3年サイクル」で。会いたい人リストを書いてみよう—「あの人に会いたい！」と心に浮かんだ人を書くことで実際に会えるかも！ ビジョンマップをつくってみよう—雑誌を切り抜いて、「ありたいイメージ」をビジュアル化！
2017.9 1Vol. B6 ¥1500 ⓘ978-4-7993-2087-7

◆はじめての子ども手帳（日付フリー式）　石田勝紀著　ディスカヴァー・トゥエンティワン
【要旨】いつの間にか「日々の勉強」「お手伝い」が習慣になる手帳。
2017.9 1Vol. A5 ¥1350 ⓘ978-4-7993-2120-1

◆「ひよりごと」我が家の逸品　ひより著　イースト・プレス
【要旨】人気ブロガーが偏愛する、一生モノの逸品たち。ブログでは紹介されていないアイテム、最新リフォーム報告も収録。
2017.9 189p B6 ¥1400 ⓘ978-4-7816-1574-5

◆フォーサイト ふりかえり力向上手帳　2018　FCEエデュケーション著　ディスカヴァー・トゥエンティワン
【要旨】勉強や部活もこれでばっちり！ 一生役立つチカラが身につく。教師や学生の声で進化し続ける大人気手帳。
2017.9 1Vol. A5 ¥1500 ⓘ978-4-7993-2094-5

◆北欧おみやげ手帖—12年間の「これ、買ってよかった」　森百合子著　ジュウ・ドゥ・ポゥム、主婦の友社 発売
【要旨】旅の後もつづく、北欧の時間。スウェーデン、フィンランド、デンマーク、ノルウェー。北欧でみつけた可愛いものだっておいしいもの。憧れの自分みやげから、大切な人へのギフトまで北欧のお買物が楽しくなる物語＆アドバイス！
2017.10 231p B6 ¥1400 ⓘ978-4-07-421983-4

◆ほぼ日手帳公式ガイドブック2018 LIFEのBOOK　ほぼ日刊イトイ新聞編著　マガジンハウス
【要旨】ロフト手帳部門13年連続第1位。ほぼ日手帳の使い方、まるごとわかります。石田ゆり子さん、坂本真綾さん、こぐれひでこさんほか42人の使い方や、さまざまなたのしみ方を収録。
2017.8 159p 23×19cm ¥1600 ⓘ978-4-8387-2943-2

◆毎日が楽しくなるきらめき文房具　菅未里著　KADOKAWA
【要旨】文房具には、人と人とをつなぐ力がある。文具ソムリエールがお薦めする、可愛くて心地よい文具たち。
2017.2 125p A5 ¥1500 ⓘ978-4-04-104949-5

◆毎日がちょっと楽しくなる！ かわいいmizutama文房具。　mizutama著　G.B.
【要旨】ノートづくり、グッズのアレンジetc. mizutamaさんが教えてくれる、楽しい文房具の使い方。
2017.1 105p 21×21cm ¥1300 ⓘ978-4-906993-32-1

◆マンガでやさしくわかる中学生・高校生のための手帳の使い方　NOLTYプランナーズ監修，日本能率協会マネジメントセンター編，葛城かえで シナリオ制作，姫野よしかず作画　日本能率協会マネジメントセンター
【要旨】PDCAを回す！「書く」→「ふり返る」で毎日が劇的に変わる！ 何を書けばいいの？ 計画ってどう立てるの？ もっとうまく使うには？ いろんな疑問を一気に解決！
2017.3 172p B6 ¥1300 ⓘ978-4-8207-1961-8

◆みらいをひらく、わたしの日用品　川島蓉子著　リトルモア

実用書

◆「無印良品」この使い方がすごい！ 主婦の友社編 主婦の友社
【要旨】無印良品の使い方、新発見！
2017.9 127p A5 ¥1200 ⓘ978-4-07-425202-2

◆夢をかなえる人の手帳 blue 2018 藤沢優月著 ディスカヴァー・トゥエンティワン
【要旨】旬間表、ワクワクリスト、ライフサークルなど、夢をかなえる仕組みがたくさん！
2017.9 1Vol. B6 ¥1500 ⓘ978-4-7993-2080-8

◆夢をかなえる人の手帳 red 2018 藤沢優月著 ディスカヴァー・トゥエンティワン
【要旨】旬間表、ワクワクリスト、ライフサークルなど、夢をかなえる仕組みがたくさん！
2017.9 1Vol. B6 ¥1500 ⓘ978-4-7993-2079-2

◆夢をスタートする人の手帳 2018 藤沢優月著 ディスカヴァー・トゥエンティワン
【要旨】ベストセラー『夢をかなえる人の手帳』のちょっと大きめで書き込みやすい姉妹版。旬間表、ワクワクリスト、ライフサークルなど、夢をかなえる仕組みがたくさん。
2017.9 1Vol. B6 ¥1500 ⓘ978-4-7993-2081-5

◆わたしたちの「愛用品」―人気インスタグラマーのずっと使い続けたい暮らしの道具 わたしたちの編集部編 マイナビ出版
【要旨】20人の暮らしの達人インスタグラマーが登場！好きなものに囲まれて心地よく暮らすヒント集！
2017.9 127p A5 ¥1380 ⓘ978-4-8399-6445-0

◆ALL ABOUT RICHARD MILLE―リシャール・ミルが凄すぎる理由62 川上康介、鈴木裕之著 幻冬舎
【目次】ブランドとして凄すぎる、コンセプターとして凄すぎる、マニュファクチュールが凄すぎる、リシャール・ミルさんが凄すぎる、リシャール・ミルコンプリートカタログ
2017.4 199p 29×22cm ¥4630 ⓘ978-4-344-03076-3

◆bootな金物店主 嘆きの100選 古川勝也著 ミヤオビパブリッシング, (京都)宮帯出版社 発売
【要旨】京都山科三条街道三木屋金物店100周年記念。古井戸をのぞきこんだような金物店の奥の奥。商品にひそむ人々の叡知・幻想・謎。アートな視点で読み解く金物100選。
2017.9 156p B6 ¥1750 ⓘ978-4-8016-0109-3

◆Discover Business Professionals' Diary 2018 ディスカヴァー・トゥエンティワン
【要旨】プロフェッショナルをが毎年愛用する。外資系コンサルのノウハウから生まれたビジネスダイアリー。チャコールグレーカラー。
2017.9 1Vol. A5 ¥3200 ⓘ978-4-7993-2077-8

◆Discover Business Professionals' Diary 2018 ディスカヴァー・トゥエンティワン
【要旨】プロフェッショナルをが毎年愛用する。外資系コンサルのノウハウから生まれたビジネスダイアリー。レッドカラー。
2017.9 1Vol. A5 ¥3200 ⓘ978-4-7993-2078-1

◆DISCOVER DAY TO DAY DIARY 2018 ディスカヴァー・トゥエンティワン
【要旨】A5サイズの1日1ページ手帳。スケジュールを管理する「手帳」にも、日々の出来事を綴る「日記」にも、思いついたことをメモする「ノート」にもなる。アバウトでクリエイティブなオールインワン手帳。チャコールグレーカラー。
2017.9 1Vol. A5 ¥2800 ⓘ978-4-7993-2074-7

◆DISCOVER DAY TO DAY DIARY 2018 ディスカヴァー・トゥエンティワン
【要旨】A5サイズの1日1ページ手帳。スケジュールを管理する「手帳」にも、日々の出来事を綴る「日記」にも、思いついたことをメモする「ノート」にもなる。アバウトでクリエイティブなオールインワン手帳。ファブリックベージュ。
2017.9 1Vol. A5 ¥3200 ⓘ978-4-7993-2075-4

◆DISCOVER DAY TO DAY DIARY 2018 ディスカヴァー・トゥエンティワン
【要旨】小さくてもたっぷり書き込める1日1ページ手帳。スケジュールを管理する「手帳」にも、日々の出来事を綴る「日記」にも、思いついたことをメモする「ノート」にもなる。アバウトでクリエイティブなオールインワン手帳。
2017.9 1Vol. B6 ¥2300 ⓘ978-4-7993-2071-6

◆DISCOVER DAY TO DAY DIARY 2018 ディスカヴァー・トゥエンティワン
【要旨】小さくてもたっぷり書き込める1日1ページ手帳。スケジュールを管理する「手帳」にも、日々の出来事を綴る「日記」にも、思いついたことをメモする「ノート」にもなる。アバウトでクリエイティブなオールインワン手帳。
2017.9 1Vol. B6 ¥2300 ⓘ978-4-7993-2072-3

◆DISCOVER DAY TO DAY DIARY 2018 ディスカヴァー・トゥエンティワン
【要旨】余裕の1日1ページ手帳、自由にたくさん書き込める。スケジュールを管理する「手帳」にも、日々の出来事を綴る「日記」にも、思いついたことをメモする「ノート」にもなる。アバウトでクリエイティブなオールインワン手帳。ネイビーカラー。
2017.9 1Vol. A5 ¥2800 ⓘ978-4-7993-2073-0

◆DISCOVER DIARY 2018 ディスカヴァー・トゥエンティワン(付属資料：別冊1)
【要旨】スケジュールを管理する「手帳」にも、日々の出来事を綴る「日記」にも、思いついたことをメモする「ノート」にもなる。アバウトでクリエイティブなオールインワン手帳。オレンジカラー。
2017.9 1Vol. A5 ¥2300 ⓘ978-4-7993-2065-5

◆DISCOVER DIARY 2018 ディスカヴァー・トゥエンティワン(付属資料：別冊1)
【要旨】スケジュールを管理する「手帳」にも、日々の出来事を綴る「日記」にも、思いついたことをメモする「ノート」にもなる。アバウトでクリエイティブなオールインワン手帳。ネイビーカラー。
2017.9 1Vol. A5 ¥2300 ⓘ978-4-7993-2064-8

◆DISCOVER DIARY 2018 ディスカヴァー・トゥエンティワン(付属資料：別冊1)
【要旨】スケジュールを管理する「手帳」にも、日々の出来事を綴る「日記」にも、思いついたことをメモする「ノート」にもなる。アバウトでクリエイティブなオールインワン手帳。デニムカラー。
2017.9 1Vol. A5 ¥2800 ⓘ978-4-7993-2066-2

◆DISCOVER DIARY 2018 ディスカヴァー・トゥエンティワン(付属資料：別冊1)
【要旨】スケジュールを管理する「手帳」にも、日々の出来事を綴る「日記」にも、思いついたことをメモする「ノート」にもなる。アバウトでクリエイティブなオールインワン手帳。ファブリックベージュカラー。
2017.9 1Vol. A5 ¥2800 ⓘ978-4-7993-2067-9

◆DISCOVER DIARY 2018 ディスカヴァー・トゥエンティワン
【要旨】バッグに入る新書サイズ。スケジュールを管理する「手帳」にも、日々の出来事を綴る「日記」にも、思いついたことをメモする「ノート」にもなる。アバウトでクリエイティブなオールインワン手帳。レッド。
2017.9 1Vol. 18cm ¥2500 ⓘ978-4-7993-2069-3

◆DISCOVER DIARY 2018 ディスカヴァー・トゥエンティワン(付属資料：別冊1)
【要旨】コンパクトに持ち運べるB6サイズ。スケジュールを管理する「手帳」にも、日々の出来事を綴る「日記」にも、思いついたことをメモする「ノート」にもなる。アバウトでクリエイティブなオールインワン手帳。オレンジカラー。
2017.9 1Vol. B6 ¥2200 ⓘ978-4-7993-2068-6

◆DISCOVER DAY WALLET 2018 ディスカヴァー・トゥエンティワン(付属資料：別冊1)
【要旨】A5スリムの分冊手帳。使い方次第で、スケジュールを管理する「手帳」にも、日々の出来事を綴る「日記」にも、思いついたことをメモする「ノート」にもなります。あなたらしく、アバウトにクリエイティブに使う手帳。
2017.9 1Vol. 22×14cm ¥2400 ⓘ978-4-7993-2076-1

◆DISCOVER DOUBLE DIARY 2018 ディスカヴァー・トゥエンティワン
【要旨】使い方次第で、スケジュールを管理する「手帳」にも、日々の出来事を綴る「日記」にも、思いついたことをメモする「ノート」にもなる。アバウトにクリエイティブなオールインワン手帳。
2017.9 1Vol. A5 ¥2700 ⓘ978-4-7993-2070-9

◆MOON BOOK―ムーンブック 2018 岡本翔子著 ディスカヴァー・トゥエンティワン
【要旨】月をあなたの味方にする手帳。月のリズムを取り入れて、毎日を過ごしたいあなたへ。
2017.9 1Vol. B6 ¥1500 ⓘ978-4-7993-2092-1

ギフト・グリーティング

◆おしゃれに簡単DIY ウェディングアイテムBOOK (広島)ザメディアジョンプレス, (広島)ザメディアジョン 発売
【目次】1 簡単DIYできるアイテムをテイストごとに紹介！―DIYウェディングペーパーアイテム、2「春夏秋冬」「和」をテーマ別にわけて紹介！―キットセットを買って叶うワンランク上の簡単ペーパーアイテム(ファルベのアイコン一覧、結婚式招待状＆挨拶文例集、席次表・席札の豆知識 ほか)、3 定番のペーパーアイテムだけじゃない今話題の小物たち―オリジナルウェディングを引き立てる小物アイテムの数々(ウェルカムボード、フォトリースを作ろう、ガーランドを作ろう ほか)、4 感謝の気持ちを込めて―家族に記念品を贈ろう(子育て感謝状を作ってみよう！、ご両親へのプレゼント感謝ボード！、ご両親贈呈人気アイテム ほか)
2017.5 96p B5 ¥1300 ⓘ978-4-86250-494-4

家庭生活

◆かわいい！パーティースタイリング・ブック ダーシー・ミラー編・著・イラスト バイ インターナショナル
【要旨】ソーイング(お裁縫)をテーマに！ケーキの上でもパーティーを！お誕生日会の記念品も楽しく！クッキーでカップケーキをデコレーション。マシュマロをおいしい雪だるまに。『ゴシップ・ガールズ』のブレイク・ライブリーやケイト・スペードなどセレブリティのパーティーを数多く手がけたダーシー・ミラーによる、パーティー・アイデアブック。ウェディングからお誕生日会まで、あらゆる「お祝い」を演出する楽しいアレンジが満載！シェアしたくなる！NY流パーティー・アイデア。
2017.7 275p 24×19cm ¥2300 ⓘ978-4-7562-4938-8

◆子どもが生まれても夫を憎まずにすむ方法 ジャンシー・ダン著, 村井理子訳 太田出版
【要旨】「言ってくれればよかったのに」「言わなくてもわかってくれると思っていた」子育て最後のタブー。母親がしばしばパートナーに対して覚える、ショッキングといってもいい、沸騰するほどの怒りについて！
2017.10 415p B6 ¥1800 ⓘ978-4-7783-1596-2

◆だんなデス・ノート―夫の「死」を願う妻たちの叫び 死神妻 宝島社
【要旨】読めばスッキリ！ゲス夫への"密かな復讐"完全マニュアル。妻たちのホンネ投稿サイトが禁断の書籍化！
2017.11 255p B6 ¥1100 ⓘ978-4-8002-7768-8

◆日々、センスを磨く暮らし方 奥村くみ著 ワニブックス(正しく暮らすシリーズ)
【要旨】「生活はアート」どう暮らしているかはその人のオーラにつながる。衣食住アートすべてを充実させ"LIFE IS ART"を実践するアートアドバイザー・奥村くみ、初の著書。
2017.12 127p A5 ¥1400 ⓘ978-4-8470-9599-3

◆毎日、ハッカ生活。―美容、健康、料理＆家事に 北見ハッカ愛好会著 大和出版
【要旨】さわやかな香りでリフレッシュさせてくれたり、イヤな臭いを消してくれたり、夏の暑い日にひんやりと肌を冷やしてくれたり、肩こりや頭痛、むくみに一役買ってくれたり、虫

よけくれたり…etc. この本では、ハッカ油を上手に暮らしの中で実践できるアイデアをたくさん紹介しています。できるだけ実用的で簡単にできるものばかりを集めました。
2017.4 95p B6 ¥1200 ①978-4-8047-0535-4

◆わるのりてづくり―ハンドメイドで楽しい毎日！ 前川さなえ著 二見書房
【要旨】ハロウィンも毎年本気のゾンビメイク。おもちゃ、日用品、衣類、食べもの、コスプレ衣装…4人家族の爆笑ハンドメイド生活を描いたコミックエッセイ。
2017.1 126p A5 ¥1200 ①978-4-576-16210-2

家庭生活・家族関係

◆「うまくいく夫婦、ダメになる夫婦」の心理 加藤諦三著 PHP研究所 (PHP文庫)
(『うまくいく夫婦、ダメになる夫婦の心理学』改題書)
【要旨】愛し合い、幸せな日々を共に過ごしたのに、いつの間にか一緒にいると不満を抱き、疲れた夫婦生活を見直すための一冊。できれば離婚はしたくない。しかし、問題を放置したまま、空虚に同居するだけならば、いつか夫婦関係そのものを見直すことも必要だ。パートナーにストレスを感じている人、必読。
2017.5 191p A6 ¥640 ①978-4-569-76715-4

◆夫を、金持ちにする妻 貧乏にする妻 鈴木あけみ著 秀和システム
【要旨】あなたが変われば、夫が変わって、そして、収入が増えて、お金の苦労がない幸せな夫婦になれます！ あなたの『金妻度・貧妻度』がすぐわかる！
2017.4 191p B6 ¥1380 ①978-4-7980-5081-2

◆夫が妻に一生ときめく魔法の言葉 芦澤多美著 宝島社
【要旨】男子禁読！ もう『あなた』しか愛せなくなる。夫の愛を引き寄せる49の言葉―。
2017.1 255p B6 ¥1300 ①978-4-8002-6539-5

◆家事も、育児も、お金も、紙に書くだけでお悩みスッキリ！ とにかく書き出し解決術！ うだひろえ著 KADOKAWA
【要旨】赤すぐみんなの体験記で大人気！ ママさん漫画家が捧ぐ、家庭問題でお困りのママたちを助ける超お役立ちメソッド！
2017.9 122p A5 ¥1000 ①978-4-04-072464-5

◆今日も妻のくつ下は、片方ない。一妻のほうが稼ぐので僕が主夫になりました。 剱樹人著 双葉社
【要旨】音楽を生業にしていた僕は、エッセイストの妻と結婚し、兼業主夫になった。慣れない家事の難しさと面白さ。くだらなくて笑える、小さな幸せ。その僕は一「妻に稼いでもらっている」「音楽では食っていけない」。もやもやと過ごしていたある日、妻の妊娠が発覚した…？ ゆるくて時々ヒリつく主夫コミックエッセイ。
2017.6 145p A5 ¥1000 ①978-4-575-31266-9

◆ごきげんな主婦（わたし）でいるための56のアイデア―毎日の家しごと、子育てがあっても 臼井愛美著 KADOKAWA
【要旨】イライラしないのにはコツがある！ 家族5人のごはんも常備菜でラクラク準備。プチブラ服でもバリエ8パターンは必須。年4回の断捨離で、狭い家も広々！ 簡単だけど役に立つ！ 『サンキュ！』人気NO.1ブロガー初の書籍。
2017.3 127p A5 ¥1200 ①978-4-04-601896-0

◆皿洗いするの、どっち？―目指せ、家庭内男女平等！ 山内マリコ著 マガジンハウス
【要旨】結婚って、超ハッピー！ それとも地獄？ 男の実態、女の言い分を30代女子の人気作家が痛快レポート！ 同棲→結婚でわかった、甘くて苦い男と女の真実。
2017.2 207p B6 ¥1200 ①978-4-8387-2909-8

◆スキンシップゼロ夫婦 まゆ著 ワニブックス
【要旨】夫とSEXしたことがありません。シャイすぎる夫婦の実録エッセイ漫画。
2017.3 143p A5 ¥1000 ①978-4-8470-9553-5

◆年の差夫婦はじめました。1 綾乃かずえ著 集英社 (ふんわりジャンプ)
【要旨】旦那57歳、嫁28歳。年の差29歳!!年の離れたカップルの今！ 親の反対や周囲の反応など次々と試練が！ そんな二人の現実を描いたエッセイ漫画!!描き下ろし13P収録!!
2017.10 253p B6 ¥1200 ①978-4-08-780828-5

◆なぜ夫は何もしないのか なぜ妻は理由もなく怒るのか 高草木陽光著 左右社
【要旨】また同じパターンでケンカしてる？ 夫婦のためのクスッと笑えて役に立つ38の処方箋。
2017.4 253p B6 ¥1700 ①978-4-86528-174-3

◆母から子に伝えたい 持たない四季の暮らし マキ著 大和書房
【要旨】思い出を残す方法は、物ではなく、あたたかい記憶。時間や物、スペースはなくても、季節を食し、感じ、選ぶ365日の豊かな暮らし。忘れかけている12カ月の行事、古くから伝わるしきたり、知恵を、気軽に、手軽に。
2017.5 127p B5 ¥1300 ①978-4-479-78381-7

◆夫婦道 がんばらない幸せ―夫婦関係改善マニュアル 夫編&妻編 ザビエル著 青山ライフ出版、星雲社 発売
【要旨】『幸せにしてほしい』は不幸の始まり！ あなたはがんばりすぎている！ 仲の悪い夫婦は、がんばる方向が間違っている。夫婦関係改善の方法を『夫向け』『妻向け』の2部構成で徹底解説！
2017.9 227p B6 ¥1400 ①978-4-434-23073-8

◆離婚約 じゃい著 双葉社
【要旨】ブログに投稿後、ワイドショー、週刊誌、ネット上で話題騒然、賛否両論!!いざというときに揉めない離婚の方法。
2017.9 188p B6 ¥1200 ①978-4-575-31296-6

親子関係

◆親になるまでの時間 前編 ゆるやかな家族になれるかな？ 浜田寿美男著 ジャパンマシニスト社 (ちいさい・おおきい・よわい・つよい 115)
【目次】第1章 人は発達のために生きているのではない（そもそも心理学ってなんだ？、では、『発達』って？、それぞれさまざま、手持ちの力で）／第2章 目の前にいるのはひとりのこの子（『平均』の視線にしくまれた『危険の種』、ことばが生まれてくるところ、ことばは草花のように生い育つ ほか）／第3章 子どもと大人がともに生きあう『選べる』ことの落とし穴、不審者・犯罪情報その遠近を見分ける、怒らないでしかるのだ、というけれど ほか）
2017.4 208p B6 ¥1600 ①978-4-88049-915-4

◆親になるまでの時間 後編 幸福な将来ってなんだろう 浜田寿美男著 ジャパンマシニスト社 (ちいさい・おおきい・よわい・つよい 116)
【目次】第1章 こどもの生活世界のなかで（人はなぜ忘れ物をするのか、かたづけられない！ ほか）／第2章 こころは、状況のなかに生まれる（『つまずく』『傷つく』とはどういうことか、不登校の背後にあるもの ほか）／第3章 まかせる世界を広げる（手持ちの力でいまを生きる、『親子でいっしょ』に始まる親離れ・子離れ ほか）／第4章 思春期はややこしいけれど（男の子が性に目覚めるとき、高校受験、どう臨むか ほか）
2017.7 238p B6 ¥1600 ①978-4-88049-916-1

◆かかわりの糸を結ぶ21の言葉―親から子へ 曽山和彦著 文溪堂 (hito*yume book)
【要旨】なんでこうなるの!?ウチの子、大丈夫？ 叱ったらいいの？ 褒めたらいいの？ あなたが変われば、子どもは変わる…言葉はちゃんと伝わる、今、見ている景色を楽しむ、関係づくりの第一歩は相手への関心から、子どもが持っている『グローブ』に『ボール』を投げる、など…カウンセリング・心理学・特別支援教育の理論から、子どもとの『かかわり』に悩む親へ届けたい21の言葉。
2017 199p A5 ¥1500 ①978-4-7999-0227-1

◆日本一醜い親への手紙―そんな親なら捨てちゃえよ Create Media編 (千葉) dZERO
【要旨】『東大出のクズ』『死んでも許さない』『あんたたちとは違う』『じゃあね、お母さん』『生き抜いてみせる』親からの虐待を生き延びたサバイバーたちが書いた訣別と希望と勇気の100通。
2017.10 259p B6 ¥1800 ①978-4-907623-24-1

家事の知恵・アイディア

◆あした死んでもいい30分片づけ―"完本"すっきり！ 幸せ簡単片づけ術 ごんおばちゃま著 興陽館
【要旨】『片づけられないループ』にはまってしまったあなた。『これならきっと私にもできる！』という具体的で実践的な方法を書きました。あなたがやるのは『一日30分抜くだけ』です。
2017.9 255p B6 ¥1200 ①978-4-87723-219-1

◆忙しくても家事を楽しむ小さな工夫 田中千恵著 KADOKAWA
【要旨】育児や仕事で疲れて、ごはんを作るのもしんどいなあって時。暮らしの中で見つける、小さな楽しみ。
2017.11 127p A5 ¥1200 ①978-4-04-069497-9

◆おさよさんの無理なくつづく家事ぐせ―手間をかけずにスッキリ感が1.5倍 おさよさん著 主婦の友社
【要旨】おさよさんの家事は、誰でも習慣にしやすいヒントがたくさん！ まずは、自分が『やってみたい！』と思うことから実践してみてください。毎日1カ所でも、つづけていくことでその家に合った『家事ぐせ』が育っていきます。
2017.2 127p A5 ¥1200 ①978-4-07-418739-3

◆落ちない汚れをラクに落とす掃除術 茂木和哉著 主婦と生活社
【要旨】掃除は洗剤選びが10割！ 洗剤はあれこれそろえず"たった5種類"でいい。タオル、古歯ブラシ、家にあるものだけでキレイに。汚れとの戦いは超シンプル。正しい戦略を選べば楽勝！
2017.10 143p B6 ¥1200 ①978-4-391-15089-6

◆家事が好きになる暮らしの工夫―面倒くさがりでも、時間がなくてもできる 中山あいこ著 エクスナレッジ
【要旨】毎日忙しい、働くお母さんの24時間を少しでもラクにする！ "ラクしてきちんと！"暮らす、家事の小さなアイデア。
2017.9 127p A5 ¥1400 ①978-4-7678-2378-2

◆家事代行のプロが教えるかしこいそうじ術 家事代行サービスCaSy著 学研プラス
【要旨】力は要らない！ お風呂も窓も、ラクラクぴかぴか！ 特別な道具は不要！ 気づいたときに、すぐきれいに！ 時短だから疲れない！ 平日の夜でも、サッとできる！ あの人気家事代行サービス『CaSy』のベテランキャストが明かす、超・効率的おそうじテクニック!!
2017.11 127p B6 ¥1200 ①978-4-05-800853-9

◆家事の断捨離―モノが減ると、家事も減る やましたひでこ著 大和書房
【要旨】『きちんとしなきゃ』に、縛られていませんか？ 断捨離を通して、思い込みを捨て、手を減らし、身も心も軽くなるために一やましたひでこ流『朝家事』『夜家事』『週末家事』を完全公開！
2017.5 206p B6 ¥1200 ①978-4-479-78384-8

◆家族でつくる心地いい暮らし―みんなの家事ブック 本多さおり著 マイナビ出版
【要旨】『ちょうどいい家事、教えてください』暮らし上手のお母さんたちがぶがんばりすぎない家事の工夫&収納実例320。
2017.7 95p B5 ¥1250 ①978-4-8399-6260-9

◆勝間式 超ロジカル家事 勝間和代著 アチーブメント出版
【要旨】超ロジカル家事で変わること。劇的に時短されます。体が疲れなくなります。脳も疲れなくなります。お金が増えます。世界一カンタンに幸せになれます。
2017.3 266p B6 ¥1500 ①978-4-86643-008-9

◆心がラクになる ドイツのシンプル家事 久保田由希著 大和書房
【要旨】おかずは1品でいい。アイロンがけは必要なものだけ。―『もっと時間がほしい』あなたへ。
2017.4 127p A5 ¥1400 ①978-4-479-78404-3

◆子どもと一緒に身につける！ ラクして時短の『そうじワザ』76―タオル1本洗剤3つからスタート 新津春子著 小学館
【目次】初公開!!新津家のそうじファースト ふだんワザをお見せします！、はじめに一なぜ『そ

家庭生活　　　　　　　　　　　　　　　　　　　　　　　　　　　　6　　　　　　　　　　　　　　　　　　　　　　　　　　BOOK PAGE 2018

実用書

うじ」ができると幸せになれるのか。第1章"そうじ脳"小学生レベル編、第2章"そうじ脳"中学生レベル編、第3章over15の"そうじ脳"、おわりに―子どもも大人も"そうじ"ができると幸せになれる
2017.12 159p A5 ¥1200 ①978-4-09-310863-8

◆子ども3人、狭くても心地よく暮らす
mari著　SBクリエイティブ
【要旨】家族5人、2LDKでもホテルのような清潔感とキレイがずっと続く秘密。人気ブロガーmariさん初の著書！こう見えても「片づけられない女」でした。
2017.3 111p A5 ¥1200 ①978-4-7973-9097-1

◆最新版 プロが教える「15分掃除」がわが家を変える。　日本ハウスクリーニング協会監修　世界文化社
【要旨】使うのは"重曹""クエン酸"などのナチュラル洗剤。"ついで掃除"と"ポイント掃除"で大掃除は不要に！掃除の時間は15分以内！散らからないための収納テクニックも伝授。
2017.3 143p 24×24cm ¥1200 ①978-4-418-17406-5

◆3人子持ち働く母の「追われない家事」
尾崎友吏子著　KADOKAWA
【要旨】子育て盛り3人の子を持つワーママ尾崎さんが気の重い家事と向き合い試行錯誤してたどり着いた「平日たった2時間で整う家事」とは？実際にどう日々を回して効率化を図っているのか考え方や時短のコツが満載。
2017.1 142p A5 ¥1200 ①978-4-04-601878-6

◆365日のとっておき家事―もっと暮らしやすい家と時短のしくみづくり　三條凛花著　三笠書房
【要旨】1日ひとつ。それだけで豊かになる。ラクになる。部屋が片づく、時間が生まれる家事術を大公開！
2017.3 125p A5 ¥1200 ①978-4-8379-2711-2

◆実用家事宝鑑―現代男性生活綱領・家庭における婦女の常識　伊藤春水著、片平俑編　創英社／三省堂書店　復刻版
【要旨】たくあんの漬け方、恋愛問題、嫁姑の人間関係、利息制限法―明治後期・大正・昭和前期の生活のための知恵が詰まった1冊！
2017.7 380, 252, 141pB6 ¥1833 ①978-4-88142-116-1

◆人生を変えるクローゼット整理―本当に似合うが見つかる！　霜鳥まき子著　マイナビ出版
【要旨】もう悩まない！幸せ服を手に入れて、人生を変える。今着るべき服が分かる、おしゃれに困らない整理術をご紹介！1万人の人生を変えたパーソナルスタイリストが教える、今日からはじめるクローゼット術。
2017.3 191p B6 ¥1350 ①978-4-8399-6089-6

◆すごい！セスキ掃除―これ1本で家中ピカピカ！　石鹼百科監修　KADOKAWA
【要旨】ガンコな汚れも激落ち!!重曹を超えたエコ系洗剤「セスキ炭酸ソーダ水」。わたしたちのセスキライフ、インスタグラマーのさっぱり掃除術も紹介。
2017.8 127p A5 ¥1200 ①978-4-04-069411-5

◆すっきり暮らすための掃除・片づけのコツ―人気インスタグラマー25人の我が家の整え方　主婦の友社編　主婦の友社
【要旨】キッチン、洗面所、お手洗い、子ども部屋、玄関、食器、コンロ、洗剤使い分け、愛用グッズ、掃除家電、家族との分担、モチベーションUP、時短掃除、健康、エコ……。家じゅうの掃除・片づけ方法や道具、仕組みづくりを公開！気になるグッズの活用法。100円ショップも大活躍。
2017.11 143p A5 ¥1300 ①978-4-07-425455-2

◆捨てられない人のラク片づけ　小川奈々監修、あきばさやかイラスト　（名古屋）リベラル社　星雲社発売
【要旨】好きなものは捨てなくていいんです。ムリせずできる片づけアイデア110。
2017.11 100p A5 ¥1200 ①978-4-434-24032-4

◆"世界一"のカリスマ清掃員が教える 掃除は「クロス」を使って上手にサボりなさい！―「万能お掃除クロス」付き　新津春子考案・著　主婦と生活社　（付属資料：掃除クロス1）
【要旨】部屋のあらゆる汚れがこすらず、激落ち！一度使うと、もう手放せない「魔法のクロ

ス」。
2017.11 63p A5 ¥1200 ①978-4-391-15123-7

◆掃除の解剖図鑑―やり方次第でこんなに変わる　日本ハウスクリーニング協会著　エクスナレッジ
【要旨】正しくできれば一生役立つ。時短・かんたん・ラクに落とせるプロのワザ。
2017.12 127p A5 ¥1400 ①978-4-7678-2414-7

◆その家事、いらない。　山田綾子著　ワニブックス
【要旨】いつまで、家事に追われてるの？実家なし、夫の手助けなし。日本中のワンオペ育児に悩むママに贈る自分らしく暮らす家事術。
2017.12 183p B6 ¥1200 ①978-4-8470-9624-2

◆小さな工夫で毎日が気持ちいい、ためない暮らし　梶ヶ谷陽子著　マイナビ出版
【要旨】がんばらなくてもすっきり片づく暮らしの仕組みづくり。ついで掃除、片づけやすい収納、ストレスフリーの時間管理術など忙しくても家事に追われない暮らしの整え方。
2017.3 119p A5 ¥1300 ①978-4-8399-6201-2

◆徹底してお金を使わないフランス人から学んだ本当の贅沢　吉村葉子著　主婦の友社
【要旨】フランス流お金をかけない上質な暮らし。手間をかけない丁寧な暮らし。
2017.5 126p A5 ¥1300 ①978-4-07-422385-5

◆とことん収納　本多さおり著　大和書房
【要旨】家のモヤモヤ、収納を変えればすべて解決！ラクな収納なら、片付けは続けられる。自然と片付けられるようになり、「片付けなきゃ！」がなくなる収納を提案。
2017.12 109p B5 ¥1250 ①978-4-479-92119-6

◆土曜日、半日だけ！「きちんと」が続く週末家事　柳沢小実著　大和書房
【要旨】木曜あたりには部屋が散らかっていませんか？忙しいあなたにもできる「5分の家事」も満載！
2017.2 111p A5 ¥1400 ①978-4-479-78374-9

◆トヨタ式おうち片づけ―5つの「しくみ」でみるみる片づく　香村薫著　実務教育出版
【要旨】なぜなぜ分析。見える化。ムダとり。5S。カイゼン。ムリなく捨てられて一生リバウンドしないしくみの作り方。
2017.3 245p B6 ¥1400 ①978-4-7889-1291-5

◆ナチュラル洗剤そうじ術―重曹 セスキ クエン酸 過炭酸ナトリウム 石けん アルコール　本橋ひろえ著　ディスカヴァー・トゥエンティワン　（『家じゅうピカピカ！ラクチン大そうじ虎の巻』加筆・改題書）
【要旨】シンク、食器、コンロ、換気扇、電子レンジ、洗面台、風呂場、フローリング、畳、カーペット、カーテン、エアコン、トイレ。油汚れ・水アカ・ぬめり・カビ・イヤな臭い・ほこり。大そうじにも、毎日のおそうじにも、大活躍！『家じゅうピカピカ！ラクチン大そうじ虎の巻』から、話題のセスキ炭酸ソーダについても紹介するなど内容もより便利に新しくなった最新版。
2017.11 201p A5 ¥1300 ①978-4-7993-2186-7

◆二度と散らからない！夢をかなえる7割収納　石阪京子著　講談社
【要旨】片づけても、また散らかる、そんな悩みを一気に解消する衝撃の収納法。この通りにしまうだけで、家事が劇的にラクになる！
2017.3 237p B6 ¥1300 ①978-4-06-220210-7

◆ネコちゃんのスパルタおそうじ塾―マンガでわかる片づけ　卵山玉子著、伊勢勇司監修　WAVE出版
【要旨】もう三日坊主にならない！今すぐできる、お片づけのコツがいっぱい!!トイレ、寝室、玄関、窓&ベランダ、収納も、今すぐ！
2017.3 147p A5 ¥1300 ①978-4-86621-050-6

◆パリジェンヌの並べて見せる収納術　ジュウ・ドゥ・ボゥム著　ジュウ・ドゥ・ボゥム、主婦の友社　発売
【要旨】お気に入りの雑貨や洋服は、手元に置いておきたい…そんなあなたにぴったりのパリジェンヌ流インテリア。キッチン、リビング、デスク、クローゼットまで「見せる」部屋づくりのポイントをご紹介します。
2017.5 93p A5 ¥1300 ①978-4-07-421492-1

◆フセンと手帳で今度こそ、家が片づく　須藤ゆみ著、浅倉ユキ監修　朝日新聞出版

【要旨】1日の「時間」を見える化する。片づけの習慣を身につけたいときの「シール作戦」。子どもには、「お片づけフセン」で習慣化。家も頭の中も「書くだけ」でスッキリ！「片づけフセン術」人気講師・すどゆみサンの初書籍！
2017.4 159p A5 ¥1200 ①978-4-02-333144-0

◆ほどほど収納が心地いい　後藤由起子著　宝島社
【要旨】お母さんは、毎日忙しい！掃除は、ながら。家事は、ラクに。家族が気持ちよく過ごせる、アイデア集。
2017.3 123p A5 ¥1200 ①978-4-8002-6396-4

◆まさか、汚部屋を卒業できるとは。　やや子著　すばる舎リンケージ，すばる舎　発売
【要旨】働くアラサー女子が陥った「汚部屋地獄」。きっかけは、ちょっとのサボり癖―。ひとりでは到底なし得なかった、彼女の奇跡の物語。
2017.5 126p A5 ¥1300 ①978-4-7991-0591-7

◆魔法の家事ノート―時間が貯まる　三條凛花著　扶桑社
【要旨】わが家の家事を1冊にまとめることで「探す・調べる・迷う」をなくす!!やる気もアップ！家事、収納、家族のサポート、おつきあいまですべてカバー。「家事ノート」があれば、苦手な家事が楽しくはかどる。ノート術で話題の家事ブロガー、初の著書。
2017.3 123p A5 ¥1300 ①978-4-594-07662-7

◆マンガでわかる 片付太郎と汚部屋乱子のお片づけレッスン―すぐできる！続けられる！整理収納のコツ教えます　長浜のり子著　PHPエディターズ・グループ，PHP研究所　発売
【要旨】イケメンのレッスンで部屋がみるみるキレイになる！Amebaブログ片付け・掃除部門1位。人気連載待望の単行本化！
2017.12 157p B6 ¥1300 ①978-4-569-83724-6

◆みんなの家事日記―これからの、シンプルで丁寧な暮らし方。　みんなの日記編集部編　翔泳社
【要旨】55人のシンプル掃除や住まいの工夫、食事作りのマイルール、暮らしの秘訣をご紹介。「正しい家事の方法」ではない、さまざまな暮らしの中での家事のやり方、考え方には、真似したくなるコツがいろいろ。ラクなことばかりじゃない家事も、今より少し楽しくできるようになる。
2017.12 159p 25×19cm ¥1380 ①978-4-7981-5511-1

◆みんなの暮らし日記―家事をシンプルに楽しむための、ちょっとしたこと。　みんなの日記編集部編　翔泳社
【要旨】部屋をシンプルに整えている人。献立作りの工夫がすごい人。季節を取り入れた家しごとを楽しんでいる人…。今日から参考にしたい役立つアイデアとコツ、そして気持ちの持ち方が素敵な人たち48人の暮らし。家事のやる気のスイッチを押してくれるあれこれ話を、たっぷり収録します。
2017.7 151p 25×19cm ¥1380 ①978-4-7981-5003-1

◆みんなの収納・片づけ日記―無理せず「すっきり」が続く、工夫とマイルール。　みんなの日記編集部編　翔泳社
【要旨】モノが捨てられない、せまい部屋で収納場所がない…。暮らしの数だけ片づけ・収納の悩みがあります。それぞれが生活するなかで、すっきりとした部屋をキープしている人たちの写真日記。今日から片づけスイッチがONになる本。人気インスタグラマー22人の美しい暮らし。
2017.11 141p A5 ¥1380 ①978-4-7981-5368-1

◆ムダ家事が消える生活　本間朝子著　サンクチュアリ出版
【要旨】ずっと部屋を片づけている、いつも何かの工夫がすごく！また食品を洗っている、今日も洗濯物をたためないetc…「やってもやっても終わらない」をもうやめる。がんばらなくてもラクとキレイがずっと続く115のコツ。
2018.1 142p A5 ¥1250 ①978-4-8014-0048-1

◆「やらないこと」から決める世界一シンプルな家事―忙しくても家をキレイにしておきたい！　本間朝子著　日本実業出版社
【要旨】掃除、洗濯、料理、片づけ…ムダな動きをなくせば、家事の負担が減らせる！掃除道具をしまわない。洗濯物は立ったまま畳む。キッチンに三角コーナーを置かない。冷蔵庫にはペンを入れておく…生活にゆとりを生み

◆夢を引き寄せる魔法の家事ノートのつくりかた　みしぇる著　エクスナレッジ
【要旨】ノート歴16年の大人気ブロガーみしぇるさんが伝える、かんたん家事ノートのつくりかた。「書くだけで」モノを減らせる、家が片付く…暮らしが明るく整います！
2017.12 125p A5 ¥1400 ①978-4-7678-2419-2

◆ライフオーガナイズの教科書―片づけ、収納が苦手な人ほどうまくいく！　日本ライフオーガナイザー協会監修　主婦の友社
【要旨】もっとラクに、もっと心地いい、自分に合った暮らしの仕組みづくり。
2017.4 95p A5 ¥1500 ①978-4-07-422244-5

◆ラク家事の極意―掃除・洗濯・料理からの解放　辻博文, 辻友美子著　栄光出版社
【要旨】知恵と工夫で家事ラクラク。東芝四日市工場で培った作業時短改善のスキルを、家事時短に応用すると、お金をかけずに究極の時短で掃除・洗濯・料理の家事が実現できます。
2017.8 208p B6 ¥1200 ①978-4-7541-0160-2

◆ラクしてスッキリ シンプル家事―必要なのはやる気じゃなくて効率化　nika著　扶桑社
【要旨】時間もお金も脳も、もう無駄にしない！今どき主婦の家事ワザがスゴい！毎日困らない！だれでもスッキリを実現できる、家事の効率化ワザ53。
2017.8 127p A5 ¥1200 ①978-4-594-07769-3

◆ラクする家事10の法則―家庭科2の私でもうまくいく！　みしぇる著　SBクリエイティブ
【要旨】苦手なままでも大丈夫。料理、片付け、子育てを機嫌よく、サクサクこなすコツ！
2017.2 127p A5 ¥1200 ①978-4-7973-8978-4

◆ルーティン家事―ラクにすっきり暮らす家事の習慣　ryoko著　マイナビ出版
【要旨】男の子2人がいても、フルタイム勤務でもできる、家族みんながが心地いい暮らし。誰かのラクな家事をまねるのではなく、自分がラクできる家事を考えませんか？Instagramで大人気・ryokoさん初めての著書。
2017.4 159p B6 ¥1280 ①978-4-8399-6193-0

◆わたしたちの「掃除と片付け」―ずっときれいを保つコツ。人気インスタグラマーの整理整とん術　わたしたちの編集部編　マイナビ出版
【要旨】日々の掃除と特別な大掃除、捨てる物捨てない物の見分け方、人気アイテムの画期的な使い方、子どものおもちゃの収納術…などなど、マンション住まいから一戸建てまでスッキリ暮らすヒントが満載！
2017.11 143p A5 ¥1380 ①978-4-8399-6446-7

◆わたしのクローゼット―おしゃれ上手さんの収納アイデアと整理術　わたしのクローゼット編集部編　マイナビ出版
【要旨】きれいに収納できるボトムスの畳み方。ハンガー選びのポイント。ごちゃっとしやすいアクセサリーの整理術。使わない靴を管理するコツ。おしゃれで素敵な収納アイデアや心地よい暮らしのヒントがいっぱい！収納上手なインスタグラマーさんのクローゼットも紹介！
2017.4 143p A5 ¥1380 ①978-4-8399-6210-4

◆NHK「あさイチ」スーパー主婦のスゴ家事術　伊豫部紀子著　主婦と生活社
【要旨】苦手な家事が劇的にラクに楽しくなる！さらには…自分のことが好きになる！キレイになる！家族関係が改善する！仕事の悩みが解消する！生きていく希望が見つかる！家事を変えると人生も変わる！
2017.4 173p A5 ¥1200 ①978-4-391-15021-6

家政学

◆楽しもう家政学―あなたの生活に寄り添う身近な学問　『家政学のじかん』編集委員会編　開隆堂出版, 開隆館出版販売　発売
【目次】第1部 命をはぐくむ(基―生活は万物の基礎である、生―胎児の命は誰のものか、悼―大切な人を失う、備―互いに納得できる高齢期の生活)、第2部 人とつながる(結―高齢者が地域で暮らすということ、遊―遊びのスローライフ、連―食べるカタチに「Co・食」の場)、第3部 暮らしをつくる(着―一人によって変わる衣服のはたらき、食―「おふくろの味」と子育て、住―住まいの権利を考えよう、営―障がい者が地域で暮らすということ、学―今こそ家庭科！「生活」することの意味を問う)
2017.4 135p A5 ¥1500 ①978-4-304-02149-7

◆福祉のための家政学―自立した生活者を目指して　中川英子編著　建帛社　新版
【目次】総論(社会福祉の実践と家政学の知識・常識、介護福祉における家政学の重要性、保育専門職のための家政学、看護教育の実践における家政学の重要性、加齢・発達・老化による身体と生活の変化、ワークシート・コラムの登場人物)、各論(生活経営、食生活、被服生活、住生活、福祉専門職)
2017.4 179p B5 ¥2300 ①978-4-7679-3379-5

妊娠・出産

◆赤ちゃんを授かるための検査　不妊治療情報センター編　シオン, 丸善出版 発売　(i-wish…ママになりたい)
【目次】東京・秋葉原に新クリニックが誕生！心と体にやさしい方法で妊娠を目指すことを大切にそれは、これからの赤ちゃんとの生活のためにも、不妊治療のハードル今すぐ子どもはつくらないという方も、卵巣や子宮の検査を一度受けておくことをお勧めします。特集 赤ちゃんを授かるための検査、多くの人に検査を受けてほしい！不妊ドックをスタート‼健康診断を受けるときに特別な理由が要りますか？妊娠の場合も同じ。検査で自分の状態を知りましょう。不妊治療の老舗クリニックこれも吹くん診療！当り前のこと、でも、とても大切なこと。患者さんにとって、いいと思えることを取り入れ、ベストな治療を進めています。きめ細やかに診る、みて、赤ちゃんへとつながっていく治療は、その人自身を診ること。そこにある個性を見極めること。それが自然周期体外受精に必要なこと。不妊治療のエトセトラ 不妊治療+αな話題 あなたは知っていますか？ 赤ちゃんを授かること、私の治療体験談 連載 最終回、i-wish 相談コーナーQ&A集、全国の生殖医療専門医(泌尿器科)リスト、全国で行われている、不妊セミナー・勉強会の紹介 クリニックのセミナーや勉強会に行ってみよう！、夫婦で参加すればさらに理解は深まり、私たちの不妊治療クリニック ピックアップ紹介、ママなり応援レシピ/はなおかIVFクリニック品川オススメのレシピを紹介しています。ママなり応援レシピ
2017.4 142p 29×22cm ¥1200 ①978-4-903598-54-3

◆赤ちゃんができた！さずかり体操―産婦人科医が教える妊娠力の上げ方　佐々木綾著　マキノ出版　(ビタミン文庫)
【要旨】すぐに赤ちゃんをさずかれないのも、不妊治療がうまくいかないのも、あなたのせいではありません。ただ単に、内臓が弱っているからそれだけです。
2017.12 151p A5 ¥1300 ①978-4-8376-1316-9

◆安心すこやか妊娠・出産ガイド―妊娠・出産のすべてがこの1冊でわかる　関沢明彦, 岡井崇監修, 昭和大学病院総合周産期母子医療センター編　メディカ出版(大阪)　新版 第3版
【要旨】この検査は何のため？検査値が異常と言われてしまった…そんな疑問や不安にこたえる。
2017.6 270p A5 ¥1500 ①978-4-8404-6173-3

◆いいお産とは―豊かな人生のはじまり　賀久はつ著　(神戸)アートヴィレッジ
【目次】第1章 いのちを授かる―妊娠中に母性は育まれる、第2章 いのちの誕生―科学と芸術の調和で成立、第3章 いのちを育くむ―赤ちゃんとのいのちの対話を、第4章 いのちのつながり―新しいいのちで家族が育ち合う、第5章 いのちを謳歌する―出産は無上の喜び、第6章 未来のいのちに祈りをこめて―一生物的いのちを重要し
2017.2 194p B6 ¥1300 ①978-4-905247-58-6

◆いちばんハッピーな妊娠・出産BOOK　小川泰吉監修　成美堂出版　(HELLO! BABY)
【要旨】おなかの中で元気に育つ赤ちゃんとママの幸せな10カ月の過ごし方。
2017.4 224p 24×19cm ¥1200 ①978-4-415-32411-1

◆いのちをありがとう―ぬくもりの胎教絵本　奥田朱美監修・作, 大内利絵絵　合同出版

【要旨】ママが泣いてしまう絵本。読んだあと、きっとあなたもわが子をぎゅーっと、抱きしめたくなる。
2017.6 27p A5 ¥1200 ①978-4-7726-1317-0

◆体が硬くてもできる！安産のための骨盤ストレッチ　対馬ルリ子監修, 岡橋優子著　ナツメ社　(ハッピーマタニティBOOK)
【要旨】妊娠初期から産後までサポート‼ほぐし、トレーニング、ストレッチの3種類の骨盤ケアで安産へ導く!!時期にあわせて最適なストレッチを選べる！産後のゆるんだ骨盤を引き締める。
2017.10 159p A5 ¥1300 ①978-4-8163-6323-8

◆軌跡　O介著　幻冬舎メディアコンサルティング, 幻冬舎　発売
【要旨】思いもよらない宣告、度重なる切開手術、授かった生命の流産。それでも、赤ちゃんを諦めることだけは、どうしてもできなかった。―無精子症と診断されてた夫婦が、2人の我が子を授かるまでの7年をつづった、ノンフィクションエッセイ。
2017.1 207p B6 ¥1100 ①978-4-344-91099-7

◆元気に赤ちゃんが育つ妊婦ごはん　長澤池早子監修, 新谷友里江料理　成美堂出版
【要旨】赤ちゃんはママの栄養で成長します！妊娠中の食事と栄養をサポートする安産レシピ。
2017.3 159p 24×19cm ¥1200 ①978-4-415-32279-7

◆最新版 ソフロロジー出産―DVDつき 痛みが少なく赤ちゃんにもママにも優しい　森本紀著　主婦の友社　(付属資料：DVD1)
【要旨】はじめてでも大丈夫！呼吸法とイメージトレーニングでお産とその後の育児が楽になる。
2017.4 111p A5 ¥1300 ①978-4-07-422184-4

◆最新版 らくらくあんしん妊娠・出産―月数ごとによくわかる　荻田和秀監修　学研プラス
【要旨】1ヵ月から出産まで。月数ごとにおなかの赤ちゃんとママの気がかりを解消！月数ごとに知っておきたい、ママの生活と食事&パパができること、もっと妊娠生活を楽しみたい。らくらくあんしんのコツや情報をオールカラーで！実物大シート+妊娠生活10カ月カレンダー見通せるシート、とじ込みシートつき。
2017.4 191p 24×19cm ¥1300 ①978-4-05-800744-0

◆サクラ先生が教える！コウノドリ妊娠・出産Q&Aブック　鴻鳥サクラ著, 鈴ノ木ユウ絵, 宋美玄監修　講談社
【要旨】妊娠・出産を考える、すべての女性に役立つ一冊。
2017.10 187p B6 ¥1200 ①978-4-06-220797-3

◆産後ケアの全て　林謙治監修　財界研究所
【要旨】少子化が成長戦略のカギ。少子・超高齢社会、1億総活躍・働き方改革が言われる時代、ポイントとなるのは優秀な人材の確保。そのためにも子育て支援・産後ケアの重要性はますます高まっている！
2017.1 249p B6 ¥1500 ①978-4-87932-120-6

◆産婆フジヤン―明日を生きる力をくれる、93歳助産師一代記　坂本フジエ著, 今井雅子聞き手　産業編集センター
【要旨】育児書ベストセラー『大丈夫やで』著者、初の自伝！助産師という仕事が教えてくれた、人生で大切なこと。
2017.8 233p B6 ¥1400 ①978-4-86311-159-2

◆姿勢改善とホメオスストレッチで母乳育児が楽しくなる！ストレスケア助産師の「ラクラク授乳法」　内門弘子著, 美野田啓二監修, 重松良子イラスト　ラピュータ
【目次】第1章 お母さん、あきらめないで！、第2章 こんな情報があるのに、ラクになれないお母さん、第3章 ラクラク授乳姿勢とストレッチで楽しい育児、第4章 母乳育児にまつわるQ&A、第5章 助産師からみた母乳育児の環境づくり、資料 ストレスと上手に向き合う自分自身の心と体づくり
2017.12 161p A5 ¥1300 ①978-4-905055-50-1

◆12年母子手帳(日付フリー式)―妊娠期から12歳までをつづる　森戸やすみ監修　ディスカヴァー・トゥエンティワン
【要旨】お母さんになることが決まったら、この一冊。あのときの思い、あの瞬間で、ささやかな日々のこと…、忘れたくないすべてを。いつか子どもに贈りたい、世界でひとつの母子手帳。
2017.9 1Vol. A5 ¥2000 ①978-4-7993-2119-5

家庭生活

実用書

◆出生前診断、受けますか?―納得のいく「決断」のためにできること　NHKスペシャル取材班, 野村優夫著　講談社　(健康ライブラリー)
【要旨】受けるのが不安、検査で異常が見つかったら? 家族と意見が合わない、どうしても決断できない―出生前診断をめぐる「どうすればいい?」へのサポートブック。
2017.8 253p B6 ¥1400 ①978-4-06-259863-7

◆全国体外受精実施施設完全ガイドブック2017―体外受精を考えているみなさまへ　不妊治療情報センター・funin.info編集部制作　シオン, 丸善出版 発売
【目次】特別アンケートでわかる体外受精の現状(体外受精・治療周期を始めるにあたって、誘発方法と使用薬剤について、採卵について、採精について、培養と培養室について、胚移植について、胚移植後の管理について、妊娠判定について、実施数について、最後に)、完全ガイド／治療施設ピックアップ紹介、治療施設の表情、関連企業の紹介、体外受精実施施設全国リスト。
2017.6 178p B5 ¥1500 ①978-4-903598-55-0

◆専門医が答える不妊治療Q&A―赤ちゃんを待つみなさんへ　高橋敬一著　幻冬舎メディアコンサルティング, 幻冬舎 発売
【要旨】どうして不妊症になるの? 夫に原因がある場合はどうすればいい? 妊娠しやすい体づくりのポイントは? "ベビ待ち"女性の疑問と不安をすべて解消!
2017.2 212, 8p A5 ¥1300 ①978-4-344-91064-5

◆断食で子どもができた!―がんばりすぎない"奇跡"の不妊克服法　正木ひろこ著　共栄書房
【要旨】断食で妊娠力が高まる理由―断食とは究極のデトックスとリセット!
2017.11 203p B6 ¥1500 ①978-4-7634-1082-5

◆男性不妊　不妊治療情報センター編　シオン, 丸善出版 発売　(i-wishママになりたい)
【要旨】男性のからだ! そして男性不妊の原因、検査から治療までのことと、卵子と精子、胚と妊娠、ほか夫婦の気持ち…全国不妊治療施設全リスト。全国地方自治体不妊治療助成制度担当窓口リスト。
2017.1 138p A4 ¥1200 ①978-4-903598-53-6

◆つながるお産　盛岡貴著　幻冬舎メディアコンサルティング, 幻冬舎 発売
【要旨】妊娠したら知りたいことがぎゅっと詰まった一冊。
2017.6 97p A5 ¥1300 ①978-4-344-91303-5

◆日本一赤ちゃんが産まれる病院―熊本・わさもん医師の「改革」のヒミツ　亀山早苗著　中央公論新社
【要旨】すべて個室、プール、エステ、フランス料理…「また産みたくなる」と大反響、出生総数10年連続日本一! 熱血ヒューマン・ドキュメント!
2017.6 196p B6 ¥1500 ①978-4-12-005022-5

◆妊活に疲れたら、開く本―妊活ストレスに悩むあなたに　平山史朗著　主婦の友インフォス, 主婦の友社 発売
【要旨】妊活に振り回されている自分…。一度、見つめ直してみませんか。不妊治療の心理カウンセラー第一人者があなたの心に寄り添います。
2017.10 159p B6 ¥1400 ①978-4-07-426851-1

◆妊活風水でしあわせになる! 子宝運アップ25のルール　中島多加仁著　サンワードメディア, 祥伝社 発売
【要旨】寝室のベッドの位置からパジャマの柄、掃除の方法…etc.子宝運アップにはルールがあった! さらに妊活中の生き方・考え方のアドバイスも満載。妊活風水でしあわせになる! 子宝運アップ25のルール。
2017.4 135p B6 ¥1200 ①978-4-396-69218-6

◆妊娠・出産1年生―コミックでかんたん! これだけ読めばあんしん!　メイボランチコミック・イラスト　(名古屋) リベラル社, 星雲社 発売
【要旨】妊娠中の食事は? お金はいくらかかるの? つわりって大変? 妊娠から出産までの不安をスッキリ解決! マタニティカレンダー＆グッズ準備リストつき!
2017.3 175p A5 ¥1100 ①978-4-434-23163-6

◆妊娠出産ホンマの話―嫁ハンの体とダンナの心得　荻田和秀著　講談社　(講談社プラスルファ文庫)　(『嫁ハンをいたわってやりたい―ダンナのための妊娠出産読本』加筆・修正・改題書)
【要旨】「つわりにはポテチとコーラ」「僕が性別告知をしないわけ」「体は痛みよりナンボかマシ、ばあさんの根性論はガン無視を」「実はめっちゃ邪魔です(笑)、立ち会い出産すすめます」「育児雑誌やネットを見て、いらんこと心配する嫁ハンにツッコミを」etc.ドラマ化された人気漫画「コウノドリ」の主人公のモデルとなった産科医が本音で教えるお産のすべて。夫婦で必読!
2017.10 205p A6 ¥660 ①978-4-06-281734-9

◆妊娠体質になる体の温め方―妊活のための生活習慣・食生活・マッサージ　小野里勉著, 中川浩次監修　実業之日本社
【目次】1 不妊治療専門医が語る妊娠できる人、できない人(不妊の原因―男性側と女性側にそれぞれある、受精のメカニズム―妊娠しやすいのはたった2日間 ほか)、2 妊活中の温活ルール 週1回の「1日たっぷり温活」「冷え」はさまざまな体のトラブルを招く、まずは、自分の状態を把握すること ほか)、3 実践!「妊娠体質になるための1日たっぷり温活」1 朝の温活(寝起きのストレッチ―腹式呼吸、白湯を飲む ほか)、4 実践!「妊娠体質になるための1日たっぷり温活」2 午前中の温活(ぽかぽか温活サウナマット・デトックス、ホットストーンによるセルフリンパマッサージ ほか)、5 実践!「妊娠体質になるための1日たっぷり温活」3 午後の温活(温活入浴(ヒマラヤ岩塩によるセルフマッサージ)、生姜ココアを飲む ほか)
2017.5 197p B6 ¥1400 ①978-4-408-45642-3

◆妊娠中から始めるメンタルヘルスケア―多職種で使う3つの質問票　吉田敬子, 山下洋, 鈴宮寛子監修　日本評論社
【目次】妊娠中から始めるメンタルケア、妊産婦と多職種で共有できる質問票の活用、妊産婦のメンタルヘルスと子どもの育ちの基礎知識、3つの質問票の理解と多領域スタッフでの活用と実際、妊娠中から活用できる3つの質問票の組み合わせ、ケースから学ぶ3つの質問票を活用した実際、3つの質問票に関するよくある質問。
2017.6 178p B5 ¥2200 ①978-4-535-98450-9

◆妊娠力を取り戻そう!　不妊治療情報センター編　シオン, 丸善出版 発売　(i-wish…ママになりたい)
【要旨】妊娠しやすいからだづくり。みんな持っている妊娠力。でも、弱まっている人も多い! できることは毎日の生活の中にある。
2017.7 126p 29×21cm ¥1600 ①978-4-903598-56-7

◆初めての妊娠・出産・育児と秘密の産後ダイエット　川上美樹著　幻冬舎メディアコンサルティング, 幻冬舎 発売
【要旨】初めての赤ちゃん、一体どうしたらいい? 妊娠してからの過ごし方、つわり対策からお店や自治体のサポート活用法、便利グッズ、産後の赤ちゃんとのかかわり方、増えてしまった体重の戻し方まで。先輩ママが一からやさしく教えます。
2017.3 158p B6 ¥1400 ①978-4-344-91133-8

◆日めくりマタニティブック　マギー・ブロット監修, 竹内正人日本語版監修, 松浦直美訳　技術評論社
【要旨】この1冊さえあれば、人生の特別なこの時期を安心して過ごせます。パートナーとして正確な情報を得る必要がある男性にも、おすすめ。
2017.9 496p 27×22cm ¥4280 ①978-4-7741-8929-1

◆ふたりで授かる体をつくる妊活レシピ　森本義晴監修　主婦の友社
【要旨】妊娠に一歩近づくカギは「食」。身近な食材でカンタン140品。
2017.3 127p A5 ¥1300 ①978-4-07-419354-7

◆母乳を捨てるフランス人 ヘソの緒に無関心なアメリカ人　江藤亜由美著　雷鳥社
【要旨】心配しすぎなあなたのための幸せでいいかげんな世界のお産。
2017.12 167p B6 ¥1200 ①978-4-8441-3734-4

◆まめ日和　横峰沙弥香著　光文社
【要旨】第二子誕生間近。中から外から蹴られ放題…「WEB女性自身」大好評連載をもとに、新たに描き下ろしました!
2017.12 127p A5 ¥1300 ①978-4-334-97941-6

◆もう命けずらないで―不妊治療の罠　日野勝俊著　ルネッサンス・アイ, 白順社 発売
【要旨】産婦人科医らが警鐘を鳴らす不妊治療と、女性医師が自ら選んだ"鍼灸"による不妊治療を勧める理由。
2017.3 232p B6 ¥1200 ①978-4-8344-0205-6

◆「やっと、妊娠できました。」―とある不妊治療専門鍼灸院の心が前向きになるお話　大村賢秀著　主婦の友社
【目次】プロローグ 自分の体質をチェックしましょう まずは基本の「気」と「血」と「水」のお話、「気」と「血」と「水」のお話、あなたはどのタイプ? 自分のタイプを見つけよう 東洋医学的に見る「不妊6タイプ」の特徴、第1章 かわいい赤ちゃんと会えたママたちの体験談(何かのきっかけで、妊娠のスイッチが入るときがあるのです、まだ20代なのに生殖能力が低下している原因は?、わずか7回の鍼灸治療で体質改善して妊娠 ほか)、第2章 自宅でできるタイプ別カラダケア法(月の満ち欠けと生理周期、基礎体温から見えてくる不妊のタイプ、烏丸御池鍼灸院の陰陽バランス周期療法 "基本的な考え方" ほか)
2017.5 207p B6 ¥1400 ①978-4-07-423806-4

◆私、子ども欲しいかもしれない。―妊娠・出産・育児の"どうしよう"をとことん考えてみました。　犬山紙子著　平凡社
【要旨】子どもって本当に産んで大丈夫!?仕事と両立、本当にできるの!?妊娠、保活、仕事、2人目、自分の人生…、みな、「どうしよう」ばっかり。3年間、悩んで考え続けた、犬山紙子、建前なしの本音の話。完全無痛で挑んだ初めての出産体験記も収録!!
2017.6 223p B6 ¥1300 ①978-4-582-83761-2

◆DVD付きマタニティ・ヨガ安産プログラム　森島圭子監修　成美堂出版　(付属資料: DVD1)
【要旨】マタニティから産後まで使える充実のプログラム。お腹の赤ちゃんと一緒にゆったりと楽しむヨガ。
2017.2 127p 24×19cm ¥1400 ①978-4-415-32173-8

育児

◆赤ちゃんとママがぐっすり眠れる本―人気の夜泣き・発達外来の最新メソッド　小山博史, 三橋美穂, Yuki監修　(名古屋) リベラル社, 星雲社 発売
【要旨】夜泣きの原因は「脳」にあった!「眠る力」を引き出す脳を育てる習慣。ねんねのお守り、月齢ごとの安眠アドバイス、おやすみ前のマッサージetc. 眠りの専門家によるアドバイスで赤ちゃんとママにぴったりのぐっすり眠れる方法が見つかります!
2017.8 159p B6 ¥1300 ①978-4-434-23736-2

◆赤ちゃんの四季　中村肇著, 兵庫県予防医学協会編　(神戸) 兵庫県予防医学協会, (神戸) 神戸新聞総合出版センター 発売
【要旨】「子どもが幸せになる」子育てのヒント。赤ちゃんのすばらしい能力を伸ばし、少子・ネット社会など子どもを取り巻く環境変化に対応するための現代の子育てに、ベテラン小児医がアドバイス。
2017.5 157p B6 ¥1000 ①978-4-343-00948-7

◆赤ちゃんのみつめる目―子育てで不安なお母さんに伝えたい「赤ちゃんの秘密」　井上正信著　現代書林
【要旨】赤ちゃんはなぜ…じーっとみつめるの?「オギャーオギャー」と泣くの? ニッコリとほほえむの?「赤ちゃんの秘密」がわかれば、お母さんの不安は解消されます。「うちの子、大丈夫?」と不安なお母さんへ。じーっとみつめてきますか? 欲求を伝えて泣きますか? あやすと笑ってはしゃぎますか? この3つの行動で障害の早期発見ができます。
2017.11 214p B6 ¥1300 ①978-4-7745-1669-1

◆「育児」と「やりたいこと」を両立するハイブリッドマムのススメ　三宅恵里著　現代書林
【目次】プロローグ 保育園不足問題に思うこと(待機児童問題が解消すれば良いのか?、登園拒否と子どもの心 ほか)、第1章 出産・子育てで大切な仕事(少子化の背景に仕事と育児の両立への不安がある、働くお母さんの現状 ほか)、

実用書

第2章 お父さんとお母さんに伝えたい大切なこと（子どもは神様からの授かりもの、復帰したときに温かく迎えてもらえるかほか）、第3章 ハイブリッドマムの取り組み（すべてはおやこのためにの、ポジティブで人間力のある保育士を育成するために―ハイブリッドマムクレドに託した思いほか）、付章 Q&Aこんなときはどうすればいいの？ 子育てのコツ（子育て中の唯一の息抜きは、スマホでブログやSNSを見ること。ついつい夢中になって、気が付いたら子どもが大泣きしていることがあります。子どもが熱を出して幼稚園にお迎えにいく度に、上司から嫌味を言われます。イライラして家で仕事をしていると、子どもの熱もなかなか下がりませんほか）
2017.3 158p B6 ¥1200 ①978-4-7745-1625-7

◆育児は仕事の役に立つ―「ワンオペ育児」から「チーム育児」へ 浜屋祐子、中原淳著 光文社（光文社新書）
【要旨】残業大国ニッポンの働き方は、「共働き世帯」が変えていく。おなかの中で聞こえるママの声、パパの声、おなかの赤ちゃんへの話しかけ方、心音と美しい自然音などをたっぷり収録。
2017.3 258p 18cm ¥760 ①978-4-334-03977-6

◆いちばんハッピーな育児BOOK 辻祐一郎監修 成美堂出版（HELLO! BABY）
【要旨】"はじめて"であふれた赤ちゃんとの暮らしは、大変だけどすごく楽しい！
2017.11 223p 24×19cm ¥1200 ①978-4-415-32410-4

◆1週間分まとめて作る フリージング&時短離乳食 中村美穂著 池田書店
【要旨】フリージング離乳食のいいところ！ 食材を冷凍しておくことで…食材の鮮度&栄養価もキープできる。ストックを組み合わせるだけで1食分の献立ができる。鍋や耐熱容器にポンと入れて加熱するだけで完成。腹ペコ赤ちゃんを待たせない！ 5カ月〜1歳半、2回食・3回食メニューも紹介。忙しいママのお助け献立。
2017.10 95p 26×21cm ¥1000 ①978-4-262-16436-6

◆うちの子の場合！―子育てが10倍楽しくなる！ 出産&育児コミックエッセイ カフカヤマモト、さーたり、横峰沙弥香、前川さなえ、のばらほか著 KADOKAWA（メディアファクトリーのコミックエッセイ）
【要旨】総勢19人の出産体験&育児テクニック!!「うちだけじゃない！」から「こんなに違うの!?」まで。笑えて、安心して、役に立つ！
2017.4 157p A5 ¥1200 ①978-4-04-069270-8

◆ウラクさんちのふたごちゃん ウラク著 セブン&アイ出版
【要旨】ふたご育児は、ひと味ちがう。じわじわ笑えてクセになる！ ウラクさんの絵日記本。
2017.9 217p 20×15cm ¥1100 ①978-4-86008-739-5

◆おっぱいにあやまれ!!―聖母もももしかの育児絵日記 もももしか著 大誠社（Kirara Comic）
【要旨】神様、どうか一人の時間をください。3歳の兄弟育児。愛する彼女のよりどころは、二人を寝静まらせた夜中にひっそりと描く育児日記だった…。あるあるすぎて笑える！ 描き下ろし大増量での単行本化！
2017.10 241p A5 ¥926 ①978-4-86518-067-1

◆親子で楽しむ！ おむつなし育児―0歳からできるナチュラル・トイレトレーニング ローリー・ブーケ著、三砂ちづる翻訳、望月索訳 河出書房新社 新装版
【要旨】おむつなし育児とは？ 赤ちゃんにトイレのしかたを教える育児法です。できるだけ赤ちゃんにおむつの外で排泄させてあげます。紙おむつや布おむつ、パンツの使用もOKです。新生児から2、3歳の子でもおこなえます。世界中で受けつがれてきた伝統的なトイレトレーニング法ですが、本書では、いまの生活習慣にぴったりなかたちで紹介します。
2017.8 253p B6 ¥1400 ①978-4-309-27875-9

◆家族ほど笑えるものはない カフカヤマモト著 KADOKAWA
【要旨】育児疲れは子供が癒やす！ 優しさと無邪気さを増す息子、大物の貫禄漂う大胆不敵な娘、地味ながら頼りになる夫、そして子供達の笑顔に癒やされる働く母。インスタグラムで12万人が笑った兼業主婦カフカヤマモトの絵日記。描き下ろし満載で念願の書籍化！
2017.3 209p 20×15cm ¥1100 ①978-4-04-069186-2

◆聞くだけで赤ちゃんがすくすく育つCDブック 池川明著 PHPエディターズ・グループ、PHP研究所 発売（付属資料：CD1）
【要旨】子育ては、赤ちゃんがママのおなかにいる時から始まっていく。おなかの中で聞こえるママの声、パパの声、おなかの赤ちゃんへの話しかけ方、心音と美しい自然音などをたっぷり収録。
2017.9 95p A5 ¥1400 ①978-4-569-83671-3

◆きちんとかんたん離乳食―大人ごはんからとり分け！ 中村美穂著 赤ちゃんとママ社（赤ちゃんとママ安心シリーズ）
【要旨】全レシピ315点。離乳食の進め方早見表と食べていいもののダメなものリストつき。
2017.3 191p 24×21cm ¥1300 ①978-4-87014-125-4

◆ぎゅうにゅう日記―わりとどうでもいい育児のキロク ぎゅうにゅう作 主婦と生活社
【要旨】娘・とうにゅうちゃんのかわいさに悶絶!!! Twitterフォロワー15万人。わたしも"かぁあ"って呼ばれたい！ 超脱力系子育てマンガ。
2017.11 143p A5 ¥1000 ①978-4-391-15125-1

◆今日のヒヨくん―新米ママと天パな息子のゆかわ育児絵日記 やまもとりえ著 KADOKAWA
【要旨】「いい母親」を目指すのやめても、笑いのたえない家族になりました！ 初めてだらけで不安でも、私が育児を楽しめば毎日がこんなにおもしろい。ブログで共感の声多数！ 待望の書籍化。
2017.3 159p A5 ¥1000 ①978-4-04-069318-7

◆決定版 作り方・進め方が1冊でわかる はじめてのおいしい離乳食 山口真弓著 ナツメ社（ハッピーマタニティBOOK）
【要旨】「いつから」「何を」「どのくらい」…知りたいことをていねいに解説！ 時短術アイデアも！ フリージング・とり分け食・ベビーフードの活用ワザ。別冊・OK・NG食材リスト付き！
2017.4 207p 24×19cm ¥1380 ①978-4-8163-6331-3

◆子どものための発達トレーニング 岡田尊司著 PHP研究所（PHP新書）
【要旨】「不注意で見落としが多い」「聞き取りが弱い」「言葉の遅れ」「コミュニケーションが一方通行」「人前で話せない」「漢字や図形が苦手」「感情や行動が制御できない」「パニックになる」…。本書では、こうした発達的な子どもの発達の課題に対し、実際に有効なトレーニングを紹介します。自転車に乗れるようになることと同じで、脳に新しい回路ができれば、発達の課題は克服できるのです。発達障害と診断されたお子さんも、少し気がかりなあるお子さんも取り組んでいただきたい、日本を代表する精神科医による決定版です。どうぞご本人の関心に寄り添って、楽しみながら実践してください。
2017.4 359p 18cm ¥860 ①978-4-569-83590-7

◆子どもの肌の一生を決める 0歳からのスキンケア イースト・プレス
【要旨】大切なわが子を「肌トラブル」から守りたいママへ―。ベビー用スキンケアから湿疹やアレルギー体質のことまで、小児科医であり母親である著者が、わが子の肌に不安を抱えるママたちへ贈る子どもの肌の手引書。
2017.3 191p A5 ¥1380 ①978-4-7816-1519-6

◆最新版 らくらくあんしん育児―月齢ごとによくわかる 土屋恵司監修 学研プラス
【要旨】人気病院の先生がはじめてママとパパをやさしくサポート！ 生まれてから3才まで。赤ちゃんの月齢ごとにはじめての育児の気がかり解消！ お世話、発育・発達、病気とケア…。月齢別に知っておきたいこと。もっと育児を楽しみたい。らくらくあんしんなコツや情報をオールカラーで！ 月齢別赤ちゃんのできるようになること見通せるシート＋月齢別赤ちゃんの心と言葉、ママとパパの語りかけのコツよくわかるシート、とじ込みシートつき。
2017.3 191p 24×19cm ¥1300 ①978-4-05-800711-2

◆最新版 らくらくあんしん離乳食―月齢ごとによくわかる 小池澄子監修・指導、検見崎聡美料理 学研プラス
【要旨】小児栄養の専門家がはじめてママとパパをやさしくサポート！ 離乳食スタートから完了まで発達月齢別レシピ345点。もしものときにあんしん。症状別ぐあいが悪いときの離乳食。フリージングやとり分けできる離乳食。らくらく時短レシピ。離乳食の進め方早見表＋時期別食べさせてよい食材一覧表、とじ込みシートつき。
2017.3 191p 24×19cm ¥1300 ①978-4-05-800710-5

◆新「育児の原理」あたたかい心を育てる 赤ちゃん編 内藤寿七郎著、小林登監修、アップリカ育児研究所編 KADOKAWA（角川ソフィア文庫）
【要旨】育児という初めての体験に戸惑い、不安に感じる新米の親たちに向けて、60余年、赤ちゃんを見守り続け、"育児の神様"と呼ばれた小児科医師が、赤ちゃんと母親にとって本当に大切なことをわかりやすく丁寧に綴った育児のバイブル。親として子育てを学ぶことができる哲学が満載。最新の医学に基づいた情報も掲載された改訂版で、赤ちゃん期の日常生活の中で起こる様々な疑問に答えてくれる実用的な側面も充実。
2017.4 301p A6 ¥920 ①978-4-04-400265-7

◆新「育児の原理」あたたかい心を育てる 幼児編 内藤寿七郎著、小林登監修、アップリカ育児研究所編 KADOKAWA（角川ソフィア文庫）
【要旨】"自我の芽が生まれ、心の傷跡が残りやすい1歳半頃から2歳半頃の心の育児は最も大切です"。人格形成に重要な1歳半頃から2歳、3歳、4歳と大きくなるにあわせて、その時々の心の育児と体の成長を具体的にやさしく解説。しかり方やほめ方、しつけなどとどのように接したらよいか、親の心構えを学ぶことができる。最新の医学に基づいた情報も掲載した改訂版です。仕事や育児で悩むお母さんへ、不安を払拭してくれる言葉も収録。
2017.5 293p A6 ¥920 ①978-4-04-400266-4

◆すこやか赤ちゃん肌はママが作る！ 時短・かんたん・幼児食 友利新著 徳間書店
【要旨】離乳食卒業から、大人と同じ食事をとられるまでの「幼児食」の間は、手づかみをしっかりさせないで、好ききらいも激しくなる時期。子どもの食事に頭を悩ませているママも多いはず。友利新さんが、ブログで綴っている「子どものためのごはん」は、かんたんにできて、子どもが喜ぶ工夫が満載！ 食事は毎日のことだから、無理をせずに、子どもとママも楽しい時間であることがいちばん！ そんな思いを込めた子どもごはんレシピ集です。
2017.8 103p A5 ¥1200 ①978-4-19-864457-4

◆スマホ育児に注意！ 親子のためのモーツァルトCDブック 篠原佳年著 主婦の友社（付属資料：CD1）
【要旨】なぜモーツァルトの音楽が胎教や育脳に人気なのか。なぜ聴くだけで元気になるのか？ その理由をモーツァルト音楽療法の第一人者、篠原佳年先生がわかりやすく解説します。
2017.4 63p 19×15cm ¥1200 ①978-4-07-422630-6

◆0・1・2歳未満児の食事―2歳未満の子が"食べてよいもの・悪いもの"食品早見表付き 食べもの文化編集部編 芽ばえ社
【目次】1章 2歳未満児の"食べてよいもの・悪いもの"食品早見表（穀類、芋類、豆類、魚類、肉類、乳類、卵類、野菜類、果物類、離乳食にはお勧めしない果物、きのこ類、海藻類、漬け物、揚げ物、その他）、2章 0歳・1歳・2歳未満離乳期の食事（離乳期の食事 保育園での進め方、幼児期の窒息事故などを起こにくい、離乳期の食事の疑問、保育園での対応の仕方）
2017.7 86p A5 ¥1200 ①978-4-89579-396-4

◆たぶん、なんとかなるでしょう。 堀川真著 福音館書店
【要旨】元気いっぱいの男子2人が繰り広げる、てんやわんやの毎日。ものも片付けない、すぐにケンカする。さらに家の中に秘密基地を作り、スーパーではカートに乗って暴走…。"想定外"続きのこの子育て、"笑える・〜"と人気の、雑誌「母の友」連載の育児エッセイマンガ55話に、描き下ろし作品を加えてお届けします！
2017.6 139p 21×16cm ¥900 ①978-4-8340-8342-2

◆だれでもできるやさしいタッチケア―赤ちゃんとの絆を深めるタッチ&コミュニケーション "DVDブック" 日本タッチケア協会編 合同出版（付属資料：DVD1）
【要旨】タッチケアは赤ちゃんとのコミュニケーション。さわる・なでる・やさしく声をかけることで、赤ちゃんだけでなく、お母さんもお父さんも、みんながやさしい気持ちになります。タッチケアで親子の絆を深めるしあわせなひととき。医師・助産師・看護師・医療保育士、赤ちゃんにかかわる医療のプロが推奨する、安心のベビーマッサージ。
2017.5 55p A5 ¥2000 ①978-4-7726-1308-8

家庭生活 10 BOOK PAGE 2018

実用書

◆ディズニーHAPPYベビーダイアリー──誕生から3歳までのアルバム　講談社編　講談社
【要旨】Hello, my baby. やっと、会えたね！ちっちゃなあなたをおなかの中で育てていた、ドキドキなあのころ。少し大きくなったあなたがママのおなかをぽこぽこ蹴って、「元気だよ」って知らせてくれたころ。おなかが重くて、ふー！な気分だった最後の1か月。あなたが生まれるまでのこと、あなたが生まれてからのこと、話したいことがいっぱいいっぱいあるよ！あなたが大きくなって話を聞いてくれるまで、このダイアリーを書いて待っています。
2017.11 1Vol. 27×22cm ¥1500 ①978-4-06-220801-7

◆でこぼこ子育て日記──うちの子、発達障害？
十子著　宙出版　（Next comics）
【要旨】たくさんの不安と心配。そして喜び。発達障害と診断されるまで、3年間の育児エッセイ。
2017.5 105p A5 ¥1000 ①978-4-7767-9681-7

◆トリペと　7　でこぼこステップ　コンドウアキ著　主婦と生活社
【要旨】大人気！コンドウさん家の育児絵日記第7弾！
2017.9 172p A5 ¥1300 ①978-4-391-15037-7

◆乳児期の親と子の絆をめぐって──しあわせな人を育てるために　澁井展子著　彩流社（フィギュール彩 85）
【要旨】小児科医からのとってもたいせつな提言！
2017.4 205p B6 ¥1800 ①978-4-7791-7078-2

◆マンガ育児ことわざ　マンガ育児ことわざ編集部編　実業之日本社
【要旨】笑いあり！共感あり！カワイさあり！涙あり！漫画家31名の"子育てあるある"描き下ろしコミックエッセイ!!
2017.6 149p A5 ¥1000 ①978-4-408-41464-5

◆もう子育てでは悩まない　この一冊で育児は完結する　田下昌明著　明成社
【目次】第1章 育児の目標と方針の立て方、第2章 妊娠中にしておくこと覚えておくこと、第3章 育児は胎児のときから始まる、第4章 母子は一体、第5章 父親の役割、母親の役割、赤ちゃんの「衣」「食」「住」、第7章 健全な食習慣を養うム、第8章 子供の病気と事故、第9章 母性を超える愛はない
2017.10 359p A5 ¥1800 ①978-4-905410-45-4

◆やさしい心をはぐくむ　赤ちゃんが喜ぶ育児　岩崎さちま著　（武蔵野）武蔵野デジタル出版、星雲社 発売
【要旨】育児・子育てと向き合った50年。変わりゆく育児環境にも、変わらない「赤ちゃんにとって大切なこと」をエッセイで紹介。やさしい心、花を美しいと愛でる心、人を愛する心をはぐくむ。
2017.9 149p B6 ¥1400 ①978-4-434-23827-7

◆ヨチヨチ父──とまどう日々　ヨシタケシンスケ著　赤ちゃんとママ社
【要旨】パパは共感。ママは落胆。ママっていつもイライラしてるよね？パパって何か蚊帳の外だよね…？話題の絵本作家・ヨシタケシンスケが、父になってわかった"トホホな真実"を描く、初の育児イラストエッセイ！
2017.5 123p B6 ¥900 ①978-4-87014-126-1

◆ワンオペ育児──わかってほしい休めない日常　藤田結子と志子著　毎日新聞出版
【要旨】気鋭の社会学者が、朝から晩まで働きづめの母親たちの実情に迫る。経済プレミア連載「育児サバイバル」が大反響、待望の書籍化！
2017.6 215p B6 ¥1300 ①978-4-620-32446-3

◆Baby Book　戸田デザイン研究室　（付属資料：思い出ポケット；書き込む身長計）
【要旨】赤ちゃん誕生の感動と祝福の気持ちを詰め込んで、20年後の子どもへと伝えていくベビーブックです。周りの人たちからのメッセージをいただきましょう。みんなの愛情が詰まったこのベビーブックは、大人になった彼や彼女の、人生の宝物になるはずです。小さな思い出を入れる「思い出ポケット」や、かわいいイラストの「書き込む身長計」付き！
2017 1Vol. 22×16cm ¥1800 ①978-4-924710-72-6

子育て

◆愛と祈りで子どもは育つ　渡辺和子著　PHP研究所　（PHP文庫）
【要旨】子育てとは、一人ひとり違う子どもをありのままに受け入れ、その可能性を引き出すこと─。長年、学生とかかわり続けた著者が、子育てや教育の本質を、身近なエピソードや母との思い出を交えながら綴ったエッセイ集。「上手に育てよう」「誉められる親になろう」「親の期待に応えてほしい」ではなく、親と子どもが共に育ち、子どもに愛を伝え続けていくことの大切さに気づかせてくれる一冊。
2017.8 253p A6 ¥640 ①978-4-569-76767-3

◆頭がよくなる子どもとの遊びかた──1日3分！　小川大介著　大和書房
【要旨】子どもの目がどんどん輝き出す！勉強の前倒しにつながる遊びかたを紹介。ママにしかできない!!2歳～小3まで、役立つ遊び58種類！
2017.11 215p B6 ¥1400 ①978-4-479-78408-1

◆頭のいい子を育てる京大発想パズル　高柳優作著　主婦の友社　新版
【目次】第1章 ヘンゼルとグレーテルの世界「メイロ」で遊ぶ、第2章 金太郎の世界「切り分け」で遊ぶ、第3章 シンデレラの世界「数えて」で遊ぶ、第4章 桃太郎の世界「数」で遊ぶ、第5章 スフィンクスの世界「立体」で遊ぶ、第6章 7ひきの子ヤギの世界「さがして」で遊ぶ、第7章 一休さんの世界「ひらめく力」で遊ぶ、第8章 3びきの子ブタの世界「ホントとウソのパズル」で遊ぶ、第9章 さるかに合戦の世界「クロスワード」で遊ぶ、第10章 ブレーメンの音楽隊の世界「順番当て」で遊ぶ
2017.2 127p B6 ¥800 ①978-4-07-422770-9

◆頭のよい子に育てるために3歳から15歳のあいだに今すぐ絶対やるべきこと──最新脳科学でわかった！　川島隆太郎著　アチーブメント出版
【要旨】子どもの脳にとって最高の習慣とは？今すぐ親がやるべきことは？「脳トレ」先生が最新の脳科学研究から明らかにした、子どもの脳にいい習慣のすべて！
2017.4 220p B6 ¥1300 ①978-4-86643-009-6

◆アドラー式「しない」子育て　向後千春,吉田尚記著　白泉社　（コドモエBOOKS）
【要旨】ほめない、比べない、干渉しない、手助けしない…アドラー心理学の手法「オープンカウンセリング」で、悩みをズバッと解決。ママが今直面している育児の悩みを、座談会形式で具体的に解決。
2017.7 157p B6 ¥1200 ①978-4-592-73289-1

◆あなたが笑うと、あなたの大切な人が笑うよ　毎日かあさん名言集　西原理恵子著　毎日新聞出版
【要旨】子育てに決めごとナシ！累計250万部の人気シリーズ『毎日かあさん』から生まれた、サイバラ流"ゆるゆる"育児のススメ。
2017.11 134p B6 ¥1000 ①978-4-620-32471-5

◆ありがとうのかんづめ──子育て短歌ダイアリー　俵万智著　小学館
【要旨】振り返れば子育ては何もかもが「期間限定」のいとおしい時間です。
2017.11 255p B6 ¥1400 ①978-4-09-388577-5

◆あんた、ご飯食うたん？──子どもの心を開く大人の向き合い方　中本忠子著　カンゼン
【要旨】子どもは信頼できる大人を見抜いている。子育てや親子関係に悩むあなたへ。約40年にわたり、居場所のない子どもたちに手料理を作りつづける、広島のばっちゃんから心に効くメッセージ。
2017.12 187p B6 ¥1400 ①978-4-86255-437-6

◆イェール＋東大、国立医学部に2人息子を合格させた母が考える　究極の育て方　小成富貴子著　ベストセラーズ
【要旨】今、日本人が知るべき育て方！わが子を日米の最難関校に合格させた話題の母。その本書。そのオリジナルメソッドを1冊にまとめました！
2017.3 173p B6 ¥1250 ①978-4-584-13786-4

◆1日7分の絵本で子どもの頭はみるみる良くなる！　浜島代志子著　すばる舎
【要旨】6歳までの「絵本貯金」で子どもの将来は安泰！1日1冊の絵本習慣で一生の土台が築けます！0歳から6歳までに読み聞かせたい厳選絵本リスト210冊も収録。
2017.7 223p B6 ¥1400 ①978-4-7991-0491-0

◆今宿麻美のママライフ 39 Thank you　今宿麻美著　祥伝社
【要旨】妊娠＆出産秘話、息子・青馬くんの成長日記、私服ファッション大公開、本誌撮り下ろし写真＆プライベート写真満載。"ママ"としての今宿麻美がすべてわかる1冊。
2017.1 111p A5 ¥1400 ①978-4-396-43077-1

◆今すぐやめさせたい　子どもを「ダメな大人」にする36の悪い習慣　田嶋英子著　日本実業出版社
【要旨】社会で通用しない大人、すぐにものごとを投げ出す大人、周りと上手くコミュニケーションをとれない大人、成功に縁のない大人、家族を不幸にする大人、こんな大人にはなってほしくない！そのための子どもの育て方のコツが満載。
2017.8 197p B6 ¥1350 ①978-4-534-05511-8

◆イラストでよくわかる感情的にならない子育て　高祖常子著　かんき出版
【目次】第1章 子育ては喜びと自己嫌悪の繰り返し（子どもはなぜ？親を困らせるの？、「いい子」っていったいどんな子？ほか）、第2章 感情的にならないための対策─基本編（爆発寸前！ちょっとだけクールダウンしよう─イライラの抑え方、否定するのではなく、肯定する言葉で伝えてみよう─声がけ ほか）、第3章 「しつけ」っていったい何だろう？（わが子を無条件で受け入れるということ、しつけるべきと思っていることが、多すぎない？ほか）、第4章 感情的にならないための対策─こんな場合（上の子がわざと親を困らせるとき、イヤだと言って聞かないとき ほか）、第5章 ママとパパが幸せであることが子どもの幸せにつながる（ママもパパも自分を犠牲にしないことが、子どもの安心・安全を守る、あなたは1人じゃない ほか）
2017.10 181p B6 ¥1300 ①978-4-7612-7294-4

◆色気は分娩台に置いてきました。　ヤマダモモコ著　三才ブックス
【要旨】ハゲだ！デブだ！ヒゲだ！でも、母だ！見栄や世間体にまみれた現代のおしゃれママたちに一石を投じるイラストエッセイ。Instagramで5万人のママ＆パパが共感！爆笑の嵐。
2017.5 239p A5 ¥925 ①978-4-86199-972-7

◆ウチの子の才能がグングン伸びる0歳から10歳までの子育て習慣─忙しいママでもイラストでわかる！　竹内エリカ監修、トキオ・ナレッジ著　SDP
【要旨】本を"読む"ヒマもないママのために、"見る"だけでわかる本を作りました。ママの声かけ＆接し方ひとつで、子どもは想像以上に変わるんです。
2017.11 157p A5 ¥1400 ①978-4-906953-50-9

◆うちの子、伸びざかり、ボケざかり！　おぐらなおみ著　中央公論新社
【要旨】気がつきゃこんなに育ってた！育児を終えても、日々、子は育つ。小学男子＆10代女子を育てるリアル家庭の母がおくる、爆笑必至のコミックエッセイ。元祖子育てエッセイブログの6年分からよりすぐり！
2017.11 125p A5 ¥1000 ①978-4-12-005024-4

◆ウワサの保護者会 "私の子育て大丈夫？"と思った時に読む本　NHK「ウワサの保護者会」制作班著　マガジンハウス
【要旨】教育評論家・尾木直樹さんと84人の保護者が考える、新しい親の役割。「あなたは、どう思う？」決めつけでなく、問いかけ！NHK Eテレ人気番組、初の単行本化！
2017.3 230p B6 ¥1400 ①978-4-8387-2914-2

◆ウンコのおじさん──子育て指南書　宮台真司,岡崎勝,尹雄大著　ジャパンマシニスト社
【要旨】父親は永遠にサポーターで終わるのか？子どもをコントロールする母親、妄想の玉突き、愛と正しさを失った損得勘定…大丈夫。あなたにも簡単にできることがある。
2017.12 165p 18×13cm ¥1500 ①978-4-88049-328-2

◆運動神経のいい子に育つ親子トレーニング　三木利章著　日本実業出版社
【要旨】ゴールデンエイジ（5～12歳くらい）にコーディネーショントレーニングをさせよう！脳を活性化させるとスポーツ・体育の運動の上達が早くなる。
2017.3 142p A5 ¥1400 ①978-4-534-05478-4

◆笑顔のママと僕と息子の973日間―シングルファーザーは今日も奮闘中　清水健著　小学館
【要旨】乳がんで亡くなった妻・奈緒さん（享年29）。そのとき生後112日だった息子。関西の人気キャスター"シミケン"が退社を決断し、前を向いて歩き始めるまでの973日間。
2017.10 207p B6 ¥1300 ①978-4-09-388582-9

◆え、すごい！何であの子はカシコイの？
河内宏之著　明日香出版社　(アスカビジネス)
【要旨】運の強い子に育てる秘密は、幼児期にあった！医者・弁護士・グローバル企業のエリートなど、いずれ大活躍できる子に育つ、良質な幼児教育法とは？
2017.1 209p B6 ¥1500 ①978-4-7569-1880-2

◆エブリディ・ブレッシングズ―マインドフルネスの子育て　気づきと内なる成長の舞台
ジョン・カバット-ジン, マイラ・カバット-ジン著, 大屋幸子訳　サンガ
【要旨】『マインドフルネス・ストレス低減法』を開発し、世界中にマインドフルネスを紹介したカバット・ジン博士とその夫人による、自らの出産と子育ての経験をマインドフルネスの観点からつづったエッセイ集。養育のさまざまな場面におけるマインドフルネスの実践が、具体的な例を引きながら語られている。出産の瞬間の心の持ちようから、子どもとの心のふれあい、失敗談なども忌憚なく語られる、子育てを通しての内的成長の記録である。
2017.6 561p 18×14cm ¥3600 ①978-4-86564-088-5

◆お母さんのための「くじけない」男の子の育て方　小崎恭弘著　集英社
【要旨】「親離れ、子離れ」を目指した、男子育てのための必読書。
2017.6 219p B6 ¥1300 ①978-4-08-781629-7

◆尾木ママ小学一年生―子育て、学校のお悩み、ぜーんぶ大丈夫！　尾木直樹著　小学館
【要旨】「学校でちゃんと座っていられるかしら？」「朝の支度が遅くて怒ってばかり…」小学校入学直前から1年生のママたちがおちいりがちな不安や心配を、やさしーく解決！ママの心がほっと軽くなる、尾木ママの子育て愛コトバがいっぱい！
2017.3 189p B6 ¥1000 ①978-4-09-840180-2

◆おっぱいがほしい！―男の子育て日記　樋口毅宏著　新潮社
【要旨】ファンも名乗る美人に乞われ、「それならいいか」とその気になった俺なのに、いつのまにか入籍し、住み慣れた東京から妻の生まれ故郷の京都に引っ越し、すべての家事をこなしながら、子育てにいそしんでいる。一体、何故？一東大卒タレント弁護士という華やかな肩書と裏腹に、常識がまるで通用しないぶっ飛んだ妻を「満足させ」つつ、あらゆる家事と育児を「完璧に仕切る」俺のファンキーな毎日。
2017.6 232p B6 ¥1400 ①978-4-10-316933-8

◆男の子の一生を決める6歳から12歳までの育て方　竹内エリカ著　KADOKAWA
【要旨】「短い言葉」で叱る。やってはいけないことを3回繰り返す…小学校で伸びる男の子にする習慣づけ。男の子の特性を生かし、6年間に、勉強とスポーツの力を伸ばして、豊かな友だち関係を築ける具体的な方法。
2017.6 255p B6 ¥1300 ①978-4-04-602004-8

◆男の子の育て方―子どもの潜在意識にこっそり"成功の種"をまく方法　中野日出美著　大和出版
【要旨】打たれ強い＆自立した男は、こうして育つ―。3000件以上のセラピー経験から生み出された画期的な方法を初公開。
2017.12 202p B6 ¥1400 ①978-4-8047-6289-0

◆男の子のやる気を伸ばすお母さんの子育てコーチング術　東ちひろ著　メイツ出版　(マミーズブック)
【要旨】息子をダメにしないために。ママが変わると子どもが変わる！「ココロ貯金」で養う自己肯定感こそ本当のチカラになる！『魔法のコーチング子育て』
2017.11 160p A5 ¥1330 ①978-4-7804-1943-6

◆男の子は「脳の聞く力」を育てなさい―男の子の「困った」の9割はこれで解決する　加藤俊徳著　青春出版社
【要旨】「聞ける脳」が考える力行動する力話す力の要だった！1万人の脳を診断、治療してわかった新事実。
2017.12 174p B6 ¥1300 ①978-4-413-23064-3

◆思いたっちゃんたら吉日―福島で5人の子どもを育てたかあちゃんの記録　大河原多津子著　(大阪)解放出版社
【目次】第1章 畑の中で育った子ども達（畑仕事をするのが夢だった、青柳堂での暮らしが始まり、人形劇が救ってくれた ほか）、第2章 福島原発事故が奪ったもの（三月十一日のこと、アラームがけたたましく鳴って、気が付いたらそこにあった ほか）、第3章 思いたったら吉日（どうやって生活するの？、「あぶくま市民放射能測定所」立ち上げ、「月壱くらぶ」の始まり ほか）、おまけ（『パツー』1幕1場―森の中花が咲いている、『ソラライズ』1幕1場―森の中フークンの家が下手にある）
2017.11 139p A5 ¥1400 ①978-4-7592-6778-5

◆「思わず見ちゃう」のつくりかた一心をつかむ17の「子ども力」　ラッキィ池田著　新潮社
【要旨】秋元康、岡本太郎、永六輔、ゴールデンボンバー…「理屈抜きにすごい」を生み出す天才の発想のヒミツ！
2017.6 190p B6 ¥1200 ①978-4-10-351061-1

◆親子でからだあそび　佐藤弘道著　世界文化社　(PriPriブックス)
【要旨】からだあそびは、親のこころにきくんです！親子であそぶアイデア82！
2017.2 127p A5 ¥1370 ①978-4-418-17402-7

◆おやこデート―こどもと楽しむおでかけガイド　杉浦さやか著　白泉社
【要旨】子どもがよろこんで、親も楽しめるおでかけってむずかしい？そんなことはありません。近所の公園でリフレッシュ、銭湯ではじめてのラムネ、雨のふる日はミュージアム、実は楽しい観光ホテル、おいしいごはんにショッピングetc．ちょっぴり新鮮なアイディアがいっぱい。家族ででかけた思い出は、大人になってからもキラキラ輝く宝物。さあ、一緒に宝物を探しにでかけましょう。おすすめコース＆スポット80件以上収録！
2017.6 127p A5 ¥1400 ①978-4-592-73292-1

◆「折れない子」を育てるアメとムチ　松川武平著　幻冬舎メディアコンサルティング, 幻冬舎 発売
【要旨】失敗しても何度でも挑戦できる子、一度決めたらあきらめない子、我慢強い子を育てるには、「アメ」と「ムチ」のバランスが大切！小児科専門医が教える、0～15歳までの「しつけ」のポイント。
2017.3 233p A5 18cm ¥800 ①978-4-344-91204-5

◆女の子の育て方―子どもの潜在意識にこっそり"幸せの種"をまく方法　中野日出美著　大和出版
【要旨】傷つかない＆舐められない女は、こうして育つ―。3000件以上のセラピー経験から生み出された画期的な方法を初公開。
2017.12 218p B6 ¥1400 ①978-4-8047-6288-3

◆科学が教える、子育て成功への道―強いココロと柔らかいアタマを持つ"超"一流の子を育てる　キャシー・ハーシュ＝パセック, ロバータ・ミシュニック・ゴリンコフ著, 今井むつみ, 市川力訳　扶桑社
【要旨】アメリカの学習科学・発達心理学の第一人者が提ъ言。21世紀スキルを伸ばす道を伝授。会社経営や人材育成にも…役立つ教えが満載。
2017.8 379p B6 ¥1800 ①978-4-594-07782-2

◆過保護化くして親離れはない　河合隼雄著　出版芸術社
【要旨】子育ては愛。頭で考えるな！幼い子どもは、徹底的に可愛がればいい。心理学者・河合隼雄が残した育児名言集。
2017.11 159p 18cm ¥950 ①978-4-88293-503-2

◆聞かせるだけで賢い子に育つ育脳CDブック　小林弘幸, 大谷悟著, 大矢たけはる音楽　アスコム　(付属資料: CD1)
【要旨】「賢い子に育って欲しい」親なら誰しもそう願っているはず。そんな願いを叶える音楽を開発しました。子育ては今日からのスタートが大事です！このCDを聞かせて子どもの脳と心を鍛え、可能性を引き出しましょう！
2017.2 61p 19×16cm ¥1200 ①978-4-7762-0934-8

◆「きたない子育て」はいいことだらけ！―丈夫で賢い子どもを育てる腸内細菌教室　ブレット・フィンレー, マリー＝クレア・アリエッタ著, 熊谷玲音訳　プレジデント社
【要旨】肺炎と抗生物質に注意！ぜんそく・アレルギー・ADHDは予防できる、除菌・殺菌しすぎは万病のもと、飼うならネコよりイヌがいい？最新科学が実証！微生物のすごい力。
2017.11 365p B6 ¥1700 ①978-4-8334-2253-6

◆教育費＆子育て費―賢い家族のお金の"新"ルール　前野彩著　日経BP社, 日経BPマーケティング 発売
【要旨】えっ?!学資保険なのに元本割れ？月4万円で大学まで行けます！児童手当をぜんぶ貯めると200万円！子育て中、3回の貯めどきを逃さないで！ママの収入ごとのベスト家計術＆落とし穴！親世代とは違う、教育費の本当の話！子育て家族に人気のFPがズバリ教える！
2018.1 198p A5 ¥1300 ①978-4-8222-5857-3

◆きょうだいの育て方　小崎恭弘著　洋泉社
【要旨】上の子・下の子・真ん中っ子のきもちがわかる。兄弟姉妹への愛情の伝え方・叱り方がわかる。パパ・ママの「なぜ？」「しんどい」がラクになる。NHK Eテレ「すくすく子育て」講師・三兄弟の父小崎流！
2017.6 190p A5 ¥1300 ①978-4-8003-1047-7

◆京都子育てさんぽ　久保田順子著　ぶんか社
【要旨】美味しいお店、神社仏閣と伝統まで、新たな魅力ぞくぞく発見！2児子育て中の漫画家ママが描く、地元密着コミックエッセイ。
2017.12 147p A5 ¥1000 ①978-4-8211-4469-3

◆強烈なオヤジが高校も塾も通わせずに3人の息子を京都大学に放り込んだ話　宝槻泰伸著　徳間書店　(徳間文庫)
【要旨】本書はウソみたいな話が満載ですが、なんと小学校がホーッキ中の実話です。学校よりクリエイティブな日々にできるなら、無理に行かせなくてもいいのです！世界一面白く簡単な、お子さんの知的探究心に火をつける常識破りの学習法。こっそり、あなただけに教えます。試して成功するか、試さないで後悔するか。あなたもお子さんから、「ありがとう」と言われたくありませんか？
2017.2 284p A5 ¥1300 ①978-4-19-894205-2

◆くわばたりえの子育ての悩みぜーんぶ聞いてみた！　くわばたりえ聞く人, 井桁容子答える人　PHPエディターズ・グループ, PHP研究所 発売
【要旨】育児番組で人気の2人が贈る、今すぐ役立つ子育てのヒント。
2017.2 159p A5 ¥1300 ①978-4-569-83265-4

◆ぐんぐん伸びる子は何が違うのか？―心が強く、頭が良い子に育つ実践的ノウハウ　石田勝紀著　学研プラス
【要旨】親の言葉遣いが、子どもの成績を決めている、伸びる子の親は日々「好奇心」で生きている、など、子育て・教育に頑張る親に向けた珠玉のアドバイス満載。
2017.6 191p A5 ¥1300 ①978-4-05-800790-7

◆経営者を育てるハワイの親 労働者を育てる日本の親　イゲット千恵子著　経済界
【要旨】多くの一流芸能人もわが子を連れて、「ハワイ移住」している理由が今、明らかに！ハワイで出産・起業。今も現地で活躍する著者が教える「最先端の経営者教育」とは？これが「世界で稼げる子」の新基準。
2017.9 195p B6 ¥1400 ①978-4-7667-8612-5

◆健康な子どもを産み、育てるために―子どものために親ができるアメリカ最新自然医療　モーリー・クラーク著, ジュリア・チャン訳　あけび書房
【要旨】深刻な環境汚染、食物アレルギーへの対処、予防接種の危険性など妊娠中から出産・育児に至るまでの注意すべきことと自然医療の有効性を提示。医療関係者と親必読の書。
2017.12 267p A5 ¥2700 ①978-4-87154-157-2

◆合格脳のつくり方　林成之著　(大阪)受験研究社
【要旨】金メダリストもドクターも実践した結果が出る脳の使い方！待望の勉強・受験編登場!!
(17.3) 255p A5 19×16cm ¥1600 ①978-4-424-11602-4

◆心を抱きしめると子育てが変わる―ぴっかりさんの愛情アドバイス 子どもはみんな世界でいちばんママが好き　萩原光著　主婦の友社　復刻版

実用書

家庭生活

家庭生活　　　　　　　　　　　　　　　　　　12　　　　　　　　　　　　　　　　　BOOK PAGE 2018

実用書

【要旨】5万人のママが泣いた！ 救われた！ 気づいてあげたい！ 困ったにその裏にあるホントの気持ち。まぼろしの名著が復刻!!
2017.8 191p B6 ¥1300 ①978-4-07-424898-8

◆心屋先生のお母さんが幸せになる子育て―"子育ての呪い"が解ける魔法の本　心屋仁之助著　WAVE出版
【要旨】「こう育てたから、こうなる」と、親の思いどおりにいかない法則がある。厳しくしようが、優しくしようが、怒ろうが、あまやかそうが、「子どもは子どもの生き方」で育っていきます。
2017.4 223p B6 ¥1300 ①978-4-86621-052-0

◆5歳までにやっておきたい 本当にかしこい脳の育て方　茂木健一郎著　日本実業出版社
【要旨】ワクワクを増やせば、グングン伸びる！ どんな世の中にも強くたくましく生きていける、アタマのよい子に育てる。ドーパミン子育て術！ 一生差がつく！ 0〜5歳児の学ばせ方、遊ばせ方、ほめ方、環境づくり。
2017.8 206p B6 ¥1400 ①978-4-534-05518-7

◆5才までの育脳法―暗算するだけで考える力と算数力がつく　久保田競,久保田カヨ子著　主婦の友リトルランド, 主婦の友社 発売
【要旨】0から9まで数えられたら、ひとけたのたし算ができる！ クボタメソッドによるたし算、かけ算、わり算、ひとけたの暗算。シート付き。
2017.4 71p 26×21cm ¥1100 ①978-4-07-421380-1

◆子育てを元気にすることば―ママ・パパ・保育者へ。　大豆生田啓友著　エイデル研究所
【目次】第1章「子育てっていいな」のキモチを取り戻そう。第2章 子育てに悩むあなたへのことば。第3章 子どもの本質をひも解くことば。第4章 子どもと育ち合う保育者のことば。第5章 子どもと社会を導くことば。第6章 子どもと共にある「幸せ」を広げよう。
2017.6 139p A5 ¥1600 ①978-4-87168-602-0

◆子育てをもっと楽しむ　中村肇著　(神戸)神戸新聞総合出版センター
【要旨】子育てへの自信が湧いてくる100のアドバイス。
2017.11 133p B6 ¥1000 ①978-4-343-00970-8

◆子育てがハッピーになる！ 子どもが望む"8つのこと"　佐藤しもん著　ごま書房新社
【要旨】「ダメ！」「早く！」「あぶない！」この"3つの言葉"で、子どもの「心のバケツ」は空っぽになっています。でも大丈夫！ 子どもが望む8つの"言葉"と"行動"で"心"を満たせば、「心のバケツ」は満たされます。魔法のように、子育ての悩みやイライラが解消され、"子育てをして本当によかった"と子育てが楽になり、親子の愛情も深まります。
2017.9 200p B6 ¥1300 ①978-4-341-08680-0

◆子育てがもっと楽しくなるノート&写真整理術―育児日記、写真・思い出のもの整理、献立ノート…すぐにマネできる！　子育てノート研究会著　KADOKAWA
【要旨】大切な子どもとの時間を、特別なノートにおさめてみませんか？ 達人の18人の実例満載!!写真整理術―シンプルに、センスよく。大人気ブロガーさんが整理&収納法を伝授。育児絵日記―写真以上に思い出に残る。育児系人気インスタグラマーさん集合！ ライフログ―写真やシールをコラージュしたり、とっておきの1冊の作り方を紹介。整理収納―捨てられない、ついつい貯めてしまう思い出のものの収納を。レシピノート―献立ノートや離乳食ノートを書けば、毎日の献立作りに迷わない！
2017.3 127p A5 ¥1200 ①978-4-04-069218-0

◆子育て支援の親子遊び30分プログラム　永野美代子著　チャイルド本社
【要旨】子育て支援の親子遊びにそのまま使える「親子遊び30分プログラム」を具体的な遊びとともに紹介する。0歳児向けと1・2歳児向けに基本・応用・発展と3パターンずつ掲載。さらに、プログラムをアレンジできるような入れ替えの遊びも多数収録しています。親子遊びに初めて取り組む人から経験を積んだ人まで、幅広く活用していただけます。
2017 79p 24×19cm ¥1500 ①978-4-8054-0264-1

◆子育てに効くマインドフルネス―親が変わり、子どもも変わる　山口創著　光文社（光文社新書）
【要旨】今、注目のマインドフルネス。身体心理学である著者によれば、「気づく」「感じる」「受け入れること」を大切にするマインドフルネスが、子育てにこそ役立つという。本書では、さまざまな研究により明らかになってきた、脳レベルでの変化、身体的・心理的な効果を解説し、親自身が、そして子どもにもできるマインドフルネスの方法を紹介。また、著者の専門であるタッチングとマインドフルネスを統合させた「マインドフル・タッチング」も提唱する。
2017.4 193p 18cm ¥740 ①978-4-334-03985-1

◆子育ての視点が変わるホットワーク集―子どもと親に関わるすべての人のために　石井栄子,小山孝子著　コスモス・ライブラリー, 星雲社 発売
【要旨】子育てのイライラに巻き込まれず、問題解決を急がず、ほっとしながら誰でもやさしくできる子育てを応援し、そのための多くのヒントを提供する。
2017.3 162p B6 ¥1400 ①978-4-434-23207-7

◆子育ての大誤解 上―重要なのは親じゃない　ジュディス・リッチ・ハリス著, 石田理恵訳　早川書房（ハヤカワ・ノンフィクション文庫）新版
【要旨】親が愛情をかければ良い子が育ち、育て方を間違えれば子どもは道を踏み外す―この「子育て神話」は、学者たちかって恣意的な学説から生まれたまったくのデタラメだった！ 双子を対象にした統計データからニューギニアに生きる部族の記録まで多様な調査を総動員して、子どもの性格と将来を決定づける真の要因に迫る。センセーショナルな主張が物議を醸す一方、子育てに励む人々を重圧から解放してきた革命的育児論。
2017.8 394p A6 ¥840 ①978-4-15-050505-9

◆子育ての大誤解 下―重要なのは親じゃない　ジュディス・リッチ・ハリス著, 石田理恵訳　早川書房（ハヤカワ・ノンフィクション文庫）新版
【要旨】家庭から解き放たれた子どもは仲間集団の中で自らのキャラクターを獲得し、さらには性別や容姿についての社会的な通念を身につけていく。親はほとんどすべなない。なぜなら人間は元々、進化の過程でそのようにプログラムされているのだから―行動遺伝学や進化心理学の研究結果に裏づけられた「集団社会化説」が、根拠なき教育論に終止符を打つ。新たなまえがきが付され、全篇に加筆修正が施された新版。
2017.8 428p A6 ¥840 ①978-4-15-050506-6

◆子育て・孫育ての忘れ物―必要なのは「さじ加減」です　三浦清一郎著　日本地域社会研究所（コミュニティ・ブックス）
【要旨】ニッポンの未来を拓く子どもたちのために！ 戦前世代には助け合いや我慢を教える「貧乏」という先生がいた。今の親世代に、豊かな時代の子育て・しつけのあり方を説く。こども教育読本。
2017.1 167p B6 ¥1480 ①978-4-89022-193-6

◆子どもを叱り続ける人が知らない「5つの原則」　石田勝紀著　ディスカヴァー・トゥエンティワン
【要旨】それは、「しつけ」か、「押しつけ」か。四六時中、ゲームをしている子にどう対処するか。「勉強しなさい！」と言わないで勉強させるには？ すぐ反抗してくる子に効果的な対処法は？ 会社の部下にも使えるヒントが満載。
2017.9 206p B6 ¥1500 ①978-4-7993-2168-3

◆子どもが育つからだのしつけ　玉木志保美著　ディスカヴァー・トゥエンティワン
【要旨】スポーツの英才教育、早くから始める離乳食、やわらかい靴、開脚抱っこひも…みんながやっているその育て方本当にだいじょうぶ？ いい子に育つのも賢い子になるのもその次第。子どものからだの育て方守り方。
2017.4 183p B6 ¥1500 ①978-4-7993-2063-1

◆子どもがどんどん賢くなる「絶対音感」の育て方―7歳までの"聴く力"が脳の発達を決める　鬼頭敬子著　青春出版社
【要旨】今の"1分"を、わが子の将来のために使ってほしい！ 子の才能を次々と開花させてきたピアノ講師が独自のメソッドを初公開！
2017.4 172p B6 ¥1400 ①978-4-413-11215-4

◆こどもキッチン、はじまります。―2歳からのとっておき台所しごと　石井由紀子著, はまさきはるこ絵　太郎次郎社エディタス

【要旨】料理は体験の宝庫。子育てをおいしくする18のレシピと見守りのコツ。
2017.9 95p A5 ¥1600 ①978-4-8118-0824-6

◆子どもと性 必読25問 タジタジ親にならないために　村瀬幸浩著　子どもの未来社（『性のこと、わが子と話せますか？』加筆修正・改題書）
【要旨】「赤ちゃんはどこから生まれるの？」って聞かれたら、おふろにいっしょに入るのはいつまで？ 息子の部屋でエッチな本を見つけた！ 娘に彼氏ができて心配…こんな時、あんな時、タジタジしないためにこの本でしっかり予習をしておきましょう！
2017.6 164p B6 ¥1200 ①978-4-86412-120-0

◆子どもの一生を決める！「待てる」「ガマンできる」力の育て方―感情や欲求に振り回されない「自制心」の秘密　田嶋英子著　青春出版社
【要旨】1日5分でできる親子の習慣で、子育てはみるみるラクになる！ 日常生活でできるカンタンなことで、「自制心」は楽しく身につけられる！
2017.10 205p B6 ¥1400 ①978-4-413-23056-8

◆子どものこころに伝わる魔法の「ほめ方」「叱り方」　LICO著　主婦の友社
【要旨】この本では、私がふだん意識していることの中から「ほめる」と「叱る」ということに焦点を当て、子育てで起こるさまざまな場面での声かけや伝え方についてまとめています。―子育てアドバイザーLICO魔法のルール。
2017.7 187p B6 ¥1200 ①978-4-07-424906-0

◆子どもの才能を最大限伸ばす子育て　内村周子, 佐藤亮子著　ポプラ社
【要旨】金メダルよりも東大理3よりも大切なこと。勉強もスポーツも母親の愛情次第！「母親にしかできないこと」「母親だからできること」42。
2017.10 363p B6 ¥1500 ①978-4-591-15612-4

◆子どもの才能を引き出すコーチング　菅原裕子著　幻冬舎（幻冬舎文庫）
【要旨】自発的な子どもほど能力が伸びる。やる気を引き出す秘訣は「コーチング」にあった！「迷惑をかけるなということ」「早くしなさい！ きちんとしなさい！」という声かけがやる気を奪う！ 子どもの潜在能力を解放するには、まず親自身が自己肯定する―など、その言葉で数々の親を救ってきた著者が教える37の子育ての心得。
2017.4 216p A6 ¥500 ①978-4-344-42594-1

◆子どもの幸せと親の幸せ―未来を紡ぐ保育・子育てのエッセンス　伊藤良高, 伊藤美佳子著　(京都)晃洋書房　新版
【目次】第1部 子育てのヒント・保育のポイント（子どもの健やかな育ちと子ども・子育て支援、子ども・若者政策の理念と展開、保護者・保育者のための子育てのヒント、保育のポイント）、第2部 子どもの育ち・保育のこころ（親と子の愛着―乳幼児期を中心に、子どもの幸せ・親の幸せと保育実践・子育て支援、地域のオアシスとしての保育園をめざして―桜山保育園の保育・子育て支援、保育園からのメッセージ―桜山保育園「えんだより」）
2017.10 162p A5 ¥1800 ①978-4-7710-2939-2

◆子どもの身長ぐんぐんメソッド―背を伸ばすために今すぐやれること　佐藤詩子, 川口由美子監修　主婦の友社
【要旨】子どもの身長を伸ばすには睡眠、栄養、運動がたいせつです。早寝早起きをして、3食をバランスよく食べて体を十分に動かす。そして欠かせないのが親の愛情。子どもが自ら伸びる力を存分に発揮できるよう、必要なサポートを行いましょう！
2017.3 111p 24×19cm ¥1400 ①978-4-07-420558-5

◆子どもの成績は、お母さんの言葉で9割変わる！　西角けい子著　PHP研究所（PHP文庫）
【要旨】子どもの成績は、お母さんの言葉で9割変わる！「絶対言ってはいけない」NGワード」、「男の子が伸びる言葉、女の子が伸びる言葉」、「子どもをぐんぐん伸ばす叱り方」「子どものやる気を一気に引き出す言葉がけ」を数多く紹介。学力日本一が続出した暗記法、ノートのとり方、作文の書き方という具体的な方法も公開。
2017.7 213p A6 ¥680 ①978-4-569-76746-8

◆子どもの見ている世界―誕生から6歳までの「子育て・親育ち」　内田伸子著　春秋社

家庭生活　実用書

【要旨】同じ目線に立ち、心の声を聴く。心と脳の最新科学をもとに、発達心理学の第一人者が贈る子育てメッセージ。
2017.5 221p B6 ¥1600 ⓘ978-4-393-37329-3

◆子どものやる気を引き出す7つのしつもん──スポーツメンタルコーチに学ぶ！　藤代圭一著　旬報社
【要旨】1日1回の"問いかけ"で、子どもが変わる！スポーツ指導に、教育の現場に、親子のコミュニケーションに。自ら考え、自ら動ける子になるために、今日からできる大人の関わり方。
2017.4 198p B6 ¥1300 978-4-8451-1501-3

◆こどもはママのちっちゃな神さま　長南華香著　ワニブックス
【要旨】親がこどもの才能を引き出す？ いいえ。本当はこどもがママの才能を引き出すんです。帝王切開、ハンディキャップ、アトピー、夜泣き。ぜーんぶ、親子を成長させるメッセージ！そこにあなたへの生きるヒントが隠されています。胎内記憶研究の第一人者、池川明さんとの対談も収録！
2017.4 335p B6 ¥1400 ⓘ978-4-8470-9563-4

◆子どもマネジメント──日本一忙しいワーキングマザーが編み出した　岡本安代著　光文社
【要旨】人気バラエティ番組で大反響を呼んだ大家族女子アナの子育てテクニックを一冊に凝縮!!三男二女を持つ超多忙な"ママウンサー"は「いかに効率的に」「いかに前向きに」家族というチームを運営しているのか？
2017.8 191p B6 ¥1300 978-4-334-97944-7

◆この子は育てにくい、と思っても大丈夫──生まれてきてくれて、ありがとう 子どもに伝えたいあなたのために　星山麻木著　河出書房新社
【要旨】違うってとても素敵なこと。子育てってただありのままのその子を大切にすること。
2017.4 189p B6 ¥1400 978-4-309-24801-1

◆こぼんちゃん日記──自閉症の息子と育つ　小亀文子著（京都）クリエイツかもがわ
【目次】障がいって…、地域の園へ！、パパの涙…？、ばぁばの活躍、フルマラソン走れちゃいました、公文教室へ「いっしょにね!!」との出逢い──紙芝居隊出動！、地域の小学校へ、手紙──保護者のみなさまへ、事件です！、絵本の先生！、水分不足？の卒業式…？、こんなとこ行ってきました！、とうとう中学生、だんじり祭りとこぼんちゃん！プラスわたし、あんなみなさん、ありがとう、「わが家のゆかいな自閉ちゃん」小ネタ編、なっちゃんありがとう
2017.5 215p A5 ¥1800 ⓘ978-4-86342-212-4

◆これが心の育て方　角田春高監修, グッドマム編集部著, えのきのこイラスト　グッドママ, 星雲社 発売
【要旨】乳幼児〜小・中・高校生のお子さんならこんなことで困っていませんか？ 友達をたたく／登園時の泣き別れがおさまらない／かんしゃくもち／こだわりが強い／じっとしていられない／集団行動がとれない／空気が読めない／登校しぶり／スマホ依存…「角田メソッド」なら全ての悩みを改善します。漫画で解説。
2017.6 142p B6 ¥907 ⓘ978-4-434-23317-3

◆「こんな子になってほしい」をかなえる親の服　水谷美加著　サンマーク出版
【要旨】「やさしい子」なら…「人に道を開かれやすい服装」をしよう、「本好きな子」なら…雨の日のレインコートと長靴を味方に！「何でも話してくれる子」なら…暖色系の服やエプロンがいい。親の服装で、子どもの人生が変わる！5000人以上の親子と接してきた著者がたどりついた、ファッションの力を子育てに生かす41の方法。
2017.3 174p B6 ¥1300 978-4-7631-3584-1

◆こんなに違う!?イギリス子育て日記　ララちゃんのママ著　大和書房
【要旨】驚きの連続！ 帝王切開でも3日で退院／予防注射は太もも／赤ちゃんは耳掃除NG／幼稚園でプレゼンの授業…初めての育児、イギリスだとこんなでした。
2017.10 243p A5 ¥1200 ⓘ978-4-479-67100-8

◆3〜6歳のこれで安心子育てハッピーアドバイス　明橋大二著, 太田知子イラスト　1万年堂出版
【要旨】マンガでわかる・育てるほめ方・叱り方・ルールの教え方。
2017.11 302p B6 ¥1300 ⓘ978-4-86626-030-3

◆30日間で身につく「地頭」が育つ5つの習慣　石田勝紀著　KADOKAWA
【要旨】『前を見る』習慣、『脳を動かす』習慣、『観る』習慣、『見抜く』習慣、『話す』習慣。5つの簡単な家庭習慣で「地頭のいい子」になる。優秀な東大生が今も続けている、知力が上がる家庭習慣。
2017.3 223p B6 ¥1300 ⓘ978-4-04-601911-0

◆幸せ親子になれる0歳からのアドラー流怒らない子育て　三宅美絵子著, 岩井俊憲監修　秀和システム
【要旨】本書によって、アドラー心理学の「勇気づけの子育て」が、0歳からの子育てにしっかりと位置づけられました。「共感」を切り口に、具体例が随所に書かれており、「勇気づけの子育て」を読者が実際にどう理解し、どのように対応したらよいかがわかる本です。
2017.2 191p B6 ¥1300 978-4-7980-4957-1

◆しーちゃん ようちえんも、いろいろあるわけ　こつぱん著　ワニブックス
【要旨】幼稚園に通いだしたしーちゃんの毎日はますます笑えて、癒される！ 描き下ろし多数！ちょっぴりオマセな4歳児の愛おしすぎるエピソード121。
2017.12 159p A5 ¥1000 ⓘ978-4-8470-9634-1

◆「自分から勉強する子」の親の言葉 男子編　和田秀樹著　大和書房
【要旨】「毎日遊んでばかりでちっとも勉強しない」「姿勢も悪いし、ノートも汚い。やる気があるのかしら」「勉強は勉強が好きになってくれるの？」だからといって、「勉強しなさい！」と怒鳴っても、意味がないのは、みなさん、ご存知ですよね。では、どうすればいいのか？ 本書でじっくりお伝えします。
2017.11 239p B6 ¥1400 978-4-479-79615-2

◆12歳までに「自信ぐせ」をつけるお母さんの習慣　楠本佳子著　CCCメディアハウス
【要旨】自分から勉強する子の親は、我慢しない。子どもの自信は、お母さんの自信から。話題の「モンテッソーリ教育」をはじめとしたオリジナルメソッドから、心の強い子を育てる！ 子育て経験×家庭教師×塾講師経験のある著者だからわかる、自分から勉強しだす子に共通すること。
2017.12 179p B6 ¥1300 978-4-484-17238-5

◆12歳までの好奇心の育て方で子どもの学力は決まる！　永井伸一著　青春出版社
【要旨】親が子供の興味に共感してあげれば、好奇心はどこまでも伸びていきます。
2017.4 220p B6 ¥1300 978-4-413-23036-0

◆小学生の子どもが勉強せずに困ったとき読む本　嶋美貴著　明日香出版社（アスカビジネス）
【要旨】勉強グセは親の働きかけしだい！ ポイントは、子どもが自発的に勉強したくなる「道すじ」を教えること！ 1万人の子どもを教えた大人気講師の子育て＆勉強法。
2017.11 184p B6 ¥1400 978-4-7569-1898-7

◆小学生までの「男の子」の育て方 『PHPのびのび子育て』編集部編　PHP研究所
【要旨】上手なほめ方、叱り方、学ぶ力の伸ばし方。
2017.8 93p A5 ¥580 ⓘ978-4-569-82997-5

◆小学校ではもう遅い──親子でいられる時間はそう長くない　岸田蘭子著（京都）PHP研究所
【要旨】子育ては自分育て "我が子に合った子育ての答えは、わが子にしか見つけられないのです" 現役の校長先生が教える、子育ての真髄。
2017.12 191p B6 ¥1300 978-4-569-83887-8

◆小学校に入学後、3年間で親がやっておきたい子育て──子どもを"その気"にさせるドリル＆親子の会話例付掲載！　小室尚子著　総合法令出版
【要旨】毎日の"遊び"を一工夫するだけで、「1週間」ですんで勉強する子になる！ 忙しいお母さんでもこれならできる！ 吸収力の高い6〜9歳の間に学力を伸ばす方法。
2017.8 206p B6 ¥1400 978-4-86280-568-3

◆しろめちゃんとおまめさんとおしめちゃん──こじらせ女子、家族をつくる　まきのまや著
【要旨】毒は主婦しろめちゃんと料理人の夫おまめさん、ひょうきん者のベイビーおしめちゃんの、結婚、出産、子育て、笑える日常コミックエッセイ。描き下ろし満載！
2017.10 167p B6 ¥900 978-4-8002-7544-8

◆新米おとうちゃんと小さな怪獣　あおむろひろゆき著　ベストセラーズ
【要旨】しんどい日もある、それでも子育ては楽しい！ 等身大の子育て。パパの育児奮闘記。
2017.4 141p A5 ¥1000 978-4-584-13793-2

◆すくすくスケッチ　杉浦さやか著　祥伝社
【要旨】生意気だけどかわいくて。人気イラストレーター、初めての子育てエッセイ。41歳で出産したふきちゃんの成長の記録を、可愛いイラストとほのぼのとした文章で綴る。
2017.12 127p A5 ¥1400 978-4-396-61635-9

◆すくすくそらまめ──マイペース赤子のあるある成長記　眉屋まゆこ著　KADOKAWA
【要旨】ママ達からハンパない共感の声!!Twitter発「育児あるある」コミックエッセイ。
2017.1 127p A5 ¥1000 978-4-04-895902-5

◆成功する子は食べ物が9割　細川モモ, 宇野薫監修　主婦の友社
【要旨】冷蔵庫の中身がカラダの中身。昨日、何食べた？ 今日、何食べさせる？ 食べたものが子どものカラダをつくります。20年後に後悔しない栄養の話。
2017.12 127p B6 ¥1300 978-4-07-427589-2

◆成長の芽を伸ばす育て方　儀我和代著　創英社／三省堂書店
【要旨】時代は日々、変化し、進化する。時代は母の愛を変化も進化もしなければならない。時には共に居るという濃密な時間だけが、ただ流れていればよい。
2017.12 263p A5 ¥1600 ⓘ978-4-88142-400-1

◆世界で800万人が実践！ 考える力の育て方──ものごとを論理的にとらえ、目標達成できる子になる　飛田基著　ダイヤモンド社
【要旨】考える力を実践することにより、思考力が高まるだけではなく、問題解決力やコミュニケーション力、壁を破る力、創造性、協調性、思いやりの心が育まれることが明らかになっています。それらの結果として、どのような社会になっても前向きにたくましく生き抜いていく力を育てることができます。
2017.7 246p B6 ¥1400 ⓘ978-4-478-10153-7

◆世界のトップ1％に育てる親の習慣ベスト45──地方公立→ハーバード合格！どこの国、会社でも活躍できる子の育て方　廣津留真理著　幻冬舎
【要旨】親こそ究極の教育コンサルタント!!最高の結果を出せるメソッド全部公開！
2017.7 244p 18cm ¥1200 ⓘ978-4-344-03146-3

◆世界標準の子育て　船津徹著　ダイヤモンド社
【要旨】ハーバードでも通用する子どもの3つの資質。北欧の子育てが世界一うまくいっている理由。アジア圏の子育てに共通する落とし穴…環境や時代の変化に負けない、たくましい子どもを育てる方法。
2017.7 303p B6 ¥1500 ⓘ978-4-478-10279-4

◆0〜3才 育脳まとめ。　主婦の友社編　主婦の友社
【要旨】3才までに親がしてあげたいこと全部！ どれも生活の中でできる。
2017.2 189p 15×13cm ¥980 ⓘ978-4-07-420541-7

◆0〜3才 寝かしつけまとめ。　主婦の友社編　主婦の友社
【要旨】睡眠不足で疲れ果てているママ＆パパのための寝かせのワザ集。
2017.2 189p 15×13cm ¥980 978-4-07-420535-6

◆0〜3歳のこれで安心子育てハッピーアドバイス──マンガでわかる　明橋大二著, 太田知子イラスト　1万年堂出版
【要旨】4コママンガでわかる子どもの年齢に合わせたしつけ。どうしたらいい？ 育児の困った！ 泣きやまない／かんしゃく／イヤイヤ期／言うことを聞かない。親の自己肯定感アップのためのアドバイス…3歳までに、最も大切な心の子育て決定版。
2017.7 313p B6 ¥1300 ⓘ978-4-86626-026-6

◆0歳から幼児までの絵本とおもちゃでゆっくり子育て　柿田友広著（静岡）マイルスタッフ, インプレス 発売（momo book）
【要旨】ハイハイ、立っち、イヤイヤ期など、子どもの発達時期に大人はどんな手助けができる

家庭生活　　　　　　　　　　14　　　　　　　　　　BOOK PAGE 2018

実用書

か。スマホよりアナログ子育てしたい。子育てがもっと楽しくラクになる！ 付録・小学校へ入るための準備。
2017.12 143p 19×15cm ¥1500 ①978-4-295-40158-2

◆育てにくい子どもを楽しく伸ばす17のコツ　鈴木昭平, 永池榮吉著　コスモ21
【要旨】発育が悪い・言葉が遅い・学習できない。発達障害＆グレーゾーンのわが子がぐーんと育つヒントがいっぱい。発達検査表（普及版）付き。
2017.8 210p B6 ¥1400 ①978-4-87795-355-3

◆育てにくい子は、挑発して伸ばす　中邑賢龍著　文藝春秋
【要旨】友達が少ない、言うこと聞かない、こだわりが強すぎる—そんな子どもこそ、将来有望!? 東大異才発掘プロジェクトの教育メソッド。
2017.8 221p B6 ¥1300 ①978-4-16-390701-7

◆卒母のススメ　西原理恵子, 卒母ーズ著　毎日新聞出版
【要旨】足かけ16年続いた毎日新聞の大人気漫画『毎日かあさん』が2017年6月に完結。連載終了時、作者の西原理恵子が「子育て終わり」「あとは好きにさせてもらう」と「卒母宣言」し、多くの共感の声が挙がった。それを受け、毎日新聞が「卒母」についての感想、体験談を募集。本書にはTwitterなどのSNSで大きな話題となった投稿や、素晴らしすぎて掲載できなかった衝撃作など傑作実話101編を収録。
2017.11 136p B6 ¥1000 ①978-4-620-32478-4

◆そのイタズラは子どもが伸びるサインです—引っぱりだす！ こぼす！ 落とす！　伊藤美佳著　青春出版社
【要旨】驚くほど「夢中で遊ぶ」と9000人のママが感動！ どうしてティッシュを全部引っぱりだしちゃうの？ わざと物を落とすのはやめて—。片づけが大変！ 「困った！」がやる気に変わる、最高の知育道具メソッド。わが子の発達に合わせて実践する子育て。
2017.2 220p B6 ¥1400 ①978-4-413-23030-8

◆祖父母手帳—もう孫育てで悩まない！ 祖父母＆親世代の常識ってこんなにちがう？　森戸やすみ監修　日本文芸社
【要旨】おなかに赤ちゃんがいるとコーヒーは絶対NG？ 孫をあずかるけどどうしたらいいかわからない！ 赤ちゃんにキスしたり大人と同じ食器を使うのはダメ？ 祖父母と親の育児心得。
2017.4 159p A5 ¥1300 ①978-4-537-21463-5

◆「体幹」を整えると素直に育つ—ぐずる子、夜泣きは「歪み」が原因　露木由美香, 篠浦伸禎監修　廣済堂出版
【要旨】Cカーブとハイハイが、体・脳・心を伸ばす！ 「体幹メソッド」でママも赤ちゃんもハッピーになる！
2017.8 179p B6 ¥1300 ①978-4-331-52107-6

◆大丈夫。あと少しで、きっと解ける。人生はドリル　河内宏之著　幻冬舎
【要旨】昨日より今日、今日より明日向上するがいい。苦難や困難を成長に導く29のヒント。伝説の指導者が語る幸せのルールとは？
2017.3 183p 18cm ¥1143 ①978-4-344-03082-4

◆楽しく遊ぶように勉強する子の育て方　小室尚子著　日本能率協会マネジメントセンター（付属資料：別冊1）
【要旨】毎日イライラしなくなる！ 5000人の子どもが自分から勉強する子に変わった、勉強を遊びに変える家庭学習。3〜10歳対象。
2017.4 159p A5 ¥1400 ①978-4-8207-5975-1

◆父親ができる最高の子育て　高濱正伸著　ポプラ社　（ポプラ新書）
【要旨】育児に関心があるのにうまくいかないのはなぜ？ 時代が変わり、父親が育児に参加することは当たり前になってきている。しかし、父親自身「何をしていいかわからない」というのが本音だ。30年以上にわたり30万人以上の子どもと家族を見てきた花まる学習会の創始者がたどりついた、偏差値エリートではなく、自ら考え行動できる大人を育てるために必要なこと。
2017.4 163p 18cm ¥800 ①978-4-591-15441-0

◆ちりつもばあちゃんのむすんでひらいてまごそだて　たなかともえ著　じゃこめてい出版
【要旨】悩んで、迷って、泣いて、笑っておばあちゃんが教えてくれた子育て、孫育て、自分育て。
2017.4 207p B6 ¥1200 ①978-4-88043-447-6

◆「つい怒ってしまう」がなくなる—子育てのアンガーマネジメント　戸田久実著　青春出版社
【要旨】イラッとしても1分で解決！ 10万人を指導してきたエキスパートが教える、「怒り」と上手につき合い、感情を整理する方法。
2017.9 206p B6 ¥1400 ①978-4-413-23055-1

◆デンマークの親は子どもを褒めない—世界一幸せな国が実践する「折れない」子の育て方　ジェシカ・ジョエル・アレキサンダー, イーベン・ディシング・サンダール著, 鹿田昌美訳　集英社
【要旨】アメリカ、イギリス、中国、フランス、ドイツ、イタリア、韓国…全15カ国以上で翻訳された大ベストセラーがついに日本上陸！ 「未来の幸せな大人」はこうしてつくられる。
2017.7 252p B6 ¥1500 ①978-4-08-789008-2

◆糖質制限で頭がいい子になる三島塾のすごい子育て　三島学著, 江部康二監修　かんき出版
【要旨】「食事×学習指導」の教育で海外からも注目を集める、日本で唯一の「子育て研究所」のすべて！
2017.10 215p B6 ¥1400 ①978-4-7612-7289-0

◆中澤佳子のこのママ子育て一大吟醸、おいしく仕込んでます☆　中澤佳子著　（長野）信濃毎日新聞社
【要旨】アナウンサーだって酒豪（？）だって。子育ては想定外の連続だーっ！ 酒と（涙）とムスコ（大吟醸）とあたし!? "激しく同意"の爆笑エッセイ。
2017.3 221p B6 ¥1200 ①978-4-7840-7303-0

◆なぜか子どもが心を閉ざす親 開く親　加藤諦三著　青春出版社（青春文庫）（『子どもと心の通う親 なぜかスレ違う親』加筆・修正・改題書）
【要旨】わが子に"いい子"を演じさせていませんか。一見、うまくいっている親子が実は危ない。知らずに、子どもの心の毒になる親の共通点とは！
2017.10 237p A6 ¥690 ①978-4-413-09681-2

◆なぜ、「子供部屋」をつくるのか—集中力・思考力は個室でこそ磨かれる　藤原智美著　廣済堂出版
【要旨】マイホームを手に入れようという人たちの念頭にあるのは、じつは「子育て」です。購入動機で一番大きいのは、なにより「子育て」ではないでしょうか。この本は子供部屋について考えることがテーマです。そしてどんな子供部屋が子の成長にいかなるのかを探ろうというものです。
2017.2 191p B6 ¥1500 ①978-4-331-52078-9

◆7歳、長男は理系男子（リケダン）！一可愛くて、ちょっぴりヘン？　HAMAYU著　扶桑社
【要旨】大好きな、宇宙、キラキラした石、昆虫、恐竜、人体のふしぎ、給食、お母さん。ちょっぴり苦手な？ 漢字、女子。小さなリケダンの生態を大解剖!? Instagramで大人気の育て日記。
2017.10 127p A5 ¥1000 ①978-4-594-07828-7

◆日本一勉強が好きな頭脳 東大脳の育て方—10才までが勝負！ 親にしかできない脳育て　瀧靖之監修, 主婦の友社知育・教育取材班編　主婦の友社
【要旨】東大生の子ども時代を分析、東大生の83％がリビングで学習。一お金をかけずに今日からできる！ 必要なのは「親の心がけ」だけ。
2017.9 223p B6 ¥1300 ①978-4-07-424912-1

◆脳の専門家が選んだ「賢い子」を育てることばのえじてん　瀧靖之監修　宝島社
【要旨】16万人の脳画像を見てきた脳医学者が推奨。子どもの好奇心がぐんぐん育つ、初めての辞典。身近な生き物や自然・科学、国内外の文化など、興味を広げる13ジャンル1300語収録！
2017.7 415p A5 ¥1850 ①978-4-8002-7188-4

◆ばあちゃん助産師（せんせい） 10歳からの子育てよろず相談　坂本フジヱ著　産業編集センター
【要旨】ほんとうに大切にされていると感じられる、子どもは強く生きていくことができる。育児書ベストセラー『大丈夫やで』日本最高齢助産師による子育てアドバイス集。
2017.4 224p B6 ¥1400 ①978-4-86311-149-3

◆はじめてママ＆パパのしつけと育脳—0・3才までに絶対しておきたい「脳育て」のコツがよくわかる！　成田奈緒子監修, 主婦の友社編　主婦の友社　（実用No.1）
【要旨】テレビ＆スマホ脳への影響は？ 着がえ、トイレ、歯みがき、あいさつ、片づけ、英語。いつから始める？ 1・2・3才「しつけ」スケジュール。こんなとき…しかる？ ほうとく？ ならない？ 子どもを伸ばす習慣、ダメにする習慣。
2017.9 191p 24×21cm ¥1300 ①978-4-07-422296-4

◆パックンの「伝え方・話し方」の教科書世界に通じる子を育てる　パトリック・ハーラン著　大和書房
【要旨】「自分の意見を言える子」の親は、家で、何をしているの？ ハーバード大卒お笑いコンビで2児の父であるパックンがパックン・ママの教育法＋いま実践する子育て方法を伝授！
2017.6 263p B6 ¥1400 ①978-4-479-78390-9

◆発達障害＆グレーゾーンの3兄妹を育てる母のどんな子もぐんぐん伸ばす120の子育て法　大場美鈴著, 汐見稔幸監修　ポプラ社
【要旨】周囲の人を強い味方に変え、毎日もっとラクラク子育てするための方法。すぐに使える33のツール付き！
2017.2 334p B6 ¥1600 ①978-4-591-15336-9

◆母親が知らないとヤバイ「男の子」の育て方　柳沢幸雄著　秀和システム
【要旨】"開成"の校長先生が語るやさしい子育て論。
2017.5 207p B6 ¥1300 ①978-4-7980-5088-1

◆母親力—息子を「メシが食える男」に育てる　森昌子著　SBクリエイティブ（SB新書）
【要旨】転んでもケガをしないで自分で起き上がらせる—子どものころからの夢だった「よき母」になるため、人気絶頂の27歳で歌手を引退。19年にわたって専業主婦に専念して、現在は歌手での活躍もする3人の息子を育て上げた。「あんたは鬼のような母親だ」と呼ばれるほどのスパルタ教育だった、かなり独創的。そこにあったのは「メシが食える男にして送り出す」という強い信念だった。息子たちが一家の大黒柱になり、長い人生で壁にぶつかっても対処できるようにしたかったという"森昌子流スパルタ子育て術"。偏差値でもない、学歴でもない、人生を決定づける一番大切な力が身につく。
2017.2 211p 18cm ¥800 ①978-4-7973-8976-0

◆母、ぐれちゃった。発達障害の息子と娘を育てた16年　あじろふみこ著　中央公論新社
【要旨】こんな私でも家族はなんとかなってる!? 子育ても夫育て（？）も失敗ばかりでも、かーさんは今日も走っています！
2017.2 221p 20×13cm ¥1500 ①978-4-12-005033-6

◆母脳—母と子のための脳科学　黒川伊保子著　ポプラ社
【要旨】妊娠を知ったその日から、子育ては始まる。思春期を乗り越え、子離れする日まで母親に必要なことのすべて。脳科学の専門家が実践！ 子どもの脳を育む4つの英知。
2017.11 237p B6 ¥1400 ①978-4-591-15575-2

◆「パパは大変」が「面白い！」に変わる本—「仕事も家庭も」世代の新・人生戦略　安藤哲也, NPO法人ファザーリング・ジャパン著　扶桑社
【要旨】「家庭内ぶら下がり社員」になっていませんか？ まずは週1回、家族と帰ることから始めよう。弱音を吐ける「パパ友」をつくろう…パパたちが「自分を取り戻せる」ヒントが満載！ 頑張りすぎるくらい頑張ってもパパママが笑顔になれる30のコツ。「男性学」第一人者・田中俊之氏（武蔵大学助教）との対談も収録。
2017.2 189p B6 ¥1400 ①978-4-594-07652-8

◆パパは脳研究者—子どもを育てる脳科学　池谷裕二著　クレヨンハウス
【要旨】脳研究者・池谷裕二さんが、娘さんの4歳までの成長を、脳の発達と機能の原理から分析、子育てのコツとして惜しみなくご紹介！ 専門家だから伝えられた「脳科学の育児術」は、大人にとっても新しい発見があること、間違いなしです。
2017.8 307p B6 ¥1600 ①978-4-86101-343-0

◆パパ・ママ⇔じいじ・ばあばの子育てギャップこれで解決—マンガで「あるある！」　戸塚芳子文・漫画, 細部千晴監修　扶桑社
【要旨】いまの「小さく生んで大きく育てる」風潮、大丈夫？ 母乳？ 粉ミルク？ それぞれの特

◆「ハンサムマザー」はとまらない　今尾朝子著　朝日新聞出版
【要旨】専業主婦も、働くママも、無理せず「素敵」は実現できる。子育てって青春だ！ VERY編集長が見つけた、今どきママたちのオシャレ＆日々のヒント。井川遙さんとの特別対談も収録！　2017.4 157p B6 ¥1300 ⓘ978-4-02-251457-8

◆ひとのパパ見てわがパパ直せ　山田周平著　メディアソフト, 三交社 発売
【要旨】「ママの苦労, パパ知らず」Webで話題沸騰中の書き下ろしエッセイ!!17文字で綴られた涙アリ！ 笑いアリ！ の子育てストーリー。
2017.6 191p B6 ¥1200 ⓘ978-4-87919-035-2

◆兵教大発 まぁるく子育て　兵庫教育大学「まぁるく子育て」編集委員会編著 (神戸)神戸新聞総合出版センター
【要旨】子どもにとって、本当に必要な情報とは？ 幼児教育に関わる大学教員が、実例を交えて執筆。0歳から小学校低学年の子育てを応援します。
2017.12 119p B6 ¥1200 ⓘ978-4-343-00972-2

◆#ピヨトト家―うちのアホかわ男子たち　ぴよととなつき著　マガジンハウス
【要旨】ピヨトト家のやんちゃ兄弟シンとカイのほのぼの絵日記、初の書籍化。描き下ろしのイラストも多数収録！
2017.6 135p A5 ¥1000 ⓘ978-4-8387-2938-8

◆ふたりは同時に親になる―産後の「ずれ」の処方箋　狩野さやか著　猿江商會
【要旨】「あきらめママ」と「無関係パパ」はもう卒業！ ママの不機嫌ループを断ち切るために、パパの小さな一歩を解説。
2017.12 235p B6 ¥1500 ⓘ978-4-908260-08-7

◆ブッダの智慧に学んで子育てのプロになる―親は子を育て、子は親を育てる　アルボムッレ・スマナサーラ著　サンガ
【要旨】お釈迦様が教えた親子関係の秘訣はまさに子育てのプロの智慧！ その極意を現代のみなさんに、わかりやすくお伝えします。
2017.3 167p 18x14cm ¥1450 ⓘ978-4-86564-072-4

◆部屋を片づけるだけで子どもはぐんぐん伸びる！　佐和田久美都著　キノブックス
【要旨】勉強しない、集中力がない、お手伝いをしない。ぜんぶ"お片づけ"で解決！ 3000件の家庭を見てきた著者が教える片づけ＝子どもの能力アップの法則！
2017.4 190p B6 ¥1300 ⓘ978-4-908059-69-8

◆勉強が好きになり、IQも学力も生き抜く力もグングン伸びる最強の子育て―12歳までに子どもが賢く、強くなる61のリスト　福島美智子著　すばる舎
【要旨】天才児教育の超プロが教える子どもの脳と心を磨く方法。頭がいい子に育つオススメ本・教材123点も紹介！
2017.9 238p B6 ¥1400 ⓘ978-4-7991-0496-5

◆前向きな子はすべてがうまくいく！―子育てに迷ったら読む本　石田勝紀著　海竜社
【要旨】挨拶をすると会話が上がる!?「文脈」で片付けが習慣になる。「勉強しなさい」は禁句です！ 苦手をなくす3つの方法とは？ etc…今日からできるアプローチ満載！ 子育てで最も大切なこと。
2017.6 191p B6 ¥1300 ⓘ978-4-7593-1553-0

◆孫育ての新常識―幸せ祖父母のハッピー子育て術　小屋野恵著　メイツ出版
【要旨】「祖父母力」を上手に発揮して、孫を幸せに育てよう。孫たちが「おじいちゃん・おばあちゃん大好き！」になる。子世代に心から「助かります、ありがとう」と言われる。知っておきたい、「イマドキの子育て」への正しい理解が、家族の笑顔の元！
2017.6 144p A5 ¥1380 ⓘ978-4-7804-1867-5

◆ママ、怒らないで。不機嫌なしつけの連鎖がおよぼす病　斎藤裕、斎藤暁子著　風鳴舎
【要旨】幼かったあの日の私を抱きしめに行こう。本当の私(ママ)になるために。精神科医とカウンセラーによる、幸せ子育てセラピー本。
2017.3 259p B6 ¥1600 ⓘ978-4-907537-03-6

◆ママドクターからの幸せカルテ―子育ても仕事も楽しむために　ウェンディ・スー・スワンソン著, 五十嵐隆総監訳, 吉田穂波監訳　西村書店
【要旨】ママがハッピーなら子どももハッピー！ 小児科医ママが伝授！ 子育て中の人にもこれから親になる人にも役立つ94のヒント。
2017.4 480p B6 ¥1900 ⓘ978-4-89013-473-1

◆ママと子の「ごはんの悩み」がなくなる本―体も心も元気にのびのび育つ63の質問　松丸奨著　サンマーク出版
【要旨】小学生の子をもつ親の間で絶大な人気を集める注目の栄養士がすべて答えます!!小学生が苦手な野菜＆お魚克服レシピ付き。
2017.5 271p B6 ¥1300 ⓘ978-4-7631-3614-5

◆ママ友付き合いのルール　井出聖子著　セルバ出版, 創英社/三省堂書店 発売
【要旨】ママ友トラブルにあっても、それをどの程度深刻に捉えるかはあなた次第！ 少しでも楽観的になるためのヒントとエールをあなたに贈る。
2017.7 191p B6 ¥1600 ⓘ978-4-86367-344-1

◆ママのアンガーマネジメント8つのマジック―子育てのイライラスッキリ！　日本アンガーマネジメント協会監修, 長縄史子, 小尻美奈者　合同出版
【要旨】ママは怒ってもいいんです。でも、怒り方にはコツがある。
2017.3 109p A5 ¥1280 ⓘ978-4-7726-1298-2

◆ママも子どももハッピーになる！ がんばらない子育て　高見知日子著　すばる舎リンケージ, すばる舎 発売
【要旨】カンペキじゃなくていい。どんなママも大好き！ ぐずり、かんしゃく、夜泣き、イヤイヤ期…育児に疲れたら、読んでください。がんばりすぎるお母さんのための、子育てのイライラ・モヤモヤが消えてなくなる本。
2017.1 198p B6 ¥1300 ⓘ978-4-7991-0490-3

◆マンガでなるほど！ 男の子に「すごい」「えらい」はやめなさい。　竹内エリカ著　主婦の友社
【要旨】自己肯定感が高いと、自分を信じることができ他人を信じることができます。そうして、困難を乗り越える力や人を思いやる力も育つのです。「母さんに愛されている」と感じること。この感覚を支えに、自分は失敗を恐れず、いろいろなことにチャレンジしていきます。けれども、この感覚が確かでないと不安となり、自信を持って社会に出ていけないのです。だからこそ、お母さんは子どもが甘えてきたときに、たっぷりと愛する時間を設けて「自分は愛されている」と、子どもに感じさせてあげてください。
2017.2 190p B6 ¥1300 ⓘ978-4-07-422103-5

◆マンガで身につく！ 子どもの力をみるみる伸ばす7つの習慣J　FCEエデュケーション, フランクリン・コヴィー・ジャパン監修, 臼土きね作画, 黒木久勝シナリオ　幻冬舎コミックス, 幻冬舎 発売
【要旨】「あの7つの習慣」の小中高生向けマンガが登場!!受験、スポーツ、人間関係…あらゆる壁を「乗り越える力」が身につく!!
2017.3 137p B6 ¥1200 ⓘ978-4-344-83925-0

◆マンガでやさしくわかるアドラー式子育て　原田綾子著, 潮徳奈和シナリオ制作, 森越ハム作画　日本能率協会マネジメントセンター
【要旨】イライラしないママになる！ 子育てが今よりもっとラクになる！ ほめない、怒らない、比べない、で子どもが伸びる。
2017.11 223p B6 ¥1400 ⓘ978-4-8207-1976-2

◆みるみる絆が深まる親子手帳―心がつながる！ 子どもの学力が向上する！　石田勝紀著　学研プラス
【要旨】著者考案の大人気「子ども手帳」から1歩進んだ魔法の手帳。毎日のやることリストに一言そえるだけで効果絶大！ お母さんも子どもも元気になる！
2017.7 159p A5 ¥1300 ⓘ978-4-05-800795-2

◆みんなで子育て参戦！―「あ・い・う・え・お」が心をつなぐ　荻本悦久著　第三文明社
【要旨】これだけ覚えていれば、大丈夫！ 「ありがとう」は、感謝の言葉。「いいね」は、共感の言葉。「うれしい」は、信頼の言葉。「えらい」は、励ましの言葉。「おはよう」は、あいさつの言葉。元小学校校長が説く、昔も今も変わらない子育ての基本。
2017.1 189p B6 ¥1296 ⓘ978-4-476-03363-2

◆息子とワタシ、ときどきツレ　細川貂々著　新日本出版社
【要旨】自分でできることが増えること、苦手なものを自覚すること、スキ・キライがはっきりすること…一つひとつの変化がオトナに近づいている証なのかな。 小学生になったちーと君。今日もいっしょに成長中。『ツレうつ。』の作者がおくる、等身大の子育てコミックエッセイ！
2017.10 126p B6 ¥1200 ⓘ978-4-406-06170-4

◆離婚家庭の子育て―あなたが悪意ある元夫・元妻に悩んだら　エイミー・J.L.ベイカー, ポール・R.ファイン著, 青木俊伯訳　春秋社
【要旨】子どもの未来のために、今できること。離婚後、わが子が冷たくなった。子どもに思うように会えない…。面会交流支援の専門家とソーシャルワーカーが、悩める別居親にアドバイス。「子どもの最善の利益」を主眼にした親子関係とは。
2017.7 309p B6 ¥1900 ⓘ978-4-393-36544-1

◆両立どころの騒ぎじゃない。―男児2人を育てる母ちゃんドクターのフルスロットルな24時間　須藤暁子著　KADOKAWA
【要旨】5歳＆3歳、男児2人の母ちゃんドクターが綴る「笑える」「泣ける」育児エッセイ。
2017.11 269p 18x14cm ¥1200 ⓘ978-4-04-602167-0

◆わが子が「お友達」関係で悩まない本　風路京輝著　フォレスト出版 (フォレスト2545新書)
【要旨】親の目が届きにくい「わが子の人間関係」介入しすぎず、応援するために、親としてできること。38年に及ぶ教室の現場を通して見いだした「お友達に好かれる子ども」の育て方。
2017.5 200p 18cm ¥900 ⓘ978-4-89451-971-8

◆わが子の「自ら学習するくせ」を育てる親の上手な「促し方」　豊田真彰著　同文舘出版 (DO BOOKS)
【要旨】暗記や試験勉強では、「学習する習慣」は身につかない―家庭でできる子どもの知的好奇心の伸ばし方。自分の力で将来を築いていける子に育てる「促し術」。
2017.11 203p B6 ¥1300 ⓘ978-4-495-53891-0

◆わが子のやる気の育て方　ジョビィキッズ著　マガジンハウス
【要旨】No.1子役タレント事務所・ジョビィキッズの子育てメソッド大公開。読書で伝える力を！ 失敗を恐れない声かけを！ 脱・子供扱いで自立心を！ 子供たちの"がんばり"には、ちゃんと理由がある。
2017.9 175p B6 ¥1200 ⓘ978-4-8387-2952-4

◆『ワーママ』5年目に読む本　パワーママプロジェクト編　光文社
【要旨】子どもが小学校に入る前の今こそ自分らしく働く母であり続けるためのターニングポイント。子どもと自分が後悔しないために今できること、しなくてもいいこと、すっきり整理します！ 専門家と先輩ママが教える、リアルで本音の解決法50。
2017.4 199p B6 ¥1300 ⓘ978-4-334-97923-2

◆CD付 1日5分からの英語で子育て　羽織愛, 山秀玲音著　すばる舎 (付属資料:CD1)
【要旨】子どもの成長に「感激する声」が続出。英語が苦手なママでも、楽しく実践できる方法が満載です！
2017.8 175p A5 ¥1600 ⓘ978-4-7991-0587-0

◆hibi家のムスコとムスメ　hibi_yuu著　河出書房新社
【要旨】描き下ろしも満載！ お調子者の兄と小悪魔な妹のかわいすぎる絵日記、待望の書籍化！
2017.2 143p A5 ¥1000 ⓘ978-4-309-02546-9

◆hibi家のムスコとムスメ―妹よ、兄ちゃんについてこい　hibi_yuu著　河出書房新社
【要旨】ムスメのイヤイヤ期、ムスコの場合・ムスメの場合、パパからのお言葉。5歳のムスコと2歳のムスメ、2人がそろえばこっちに笑えて、泣けて、共感できる！ この本でしか読めない描き下ろし日記＆マンガた〜〜〜〜っぷり掲載！
2017.9 143p A5 ¥1000 ⓘ978-4-309-02609-1

◆My Dad―私のおとうさんの物語　ダン・ゼドラ, クリステル・ウィルス編, 住木美優訳 (武蔵野)海と月社

実用書

家庭生活　16　BOOK PAGE 2018

【要旨】これは「お父さんが完成させる」本。この本をわたして、質問の答えを書いてもらえば、お父さんの少年・青年時代のこと、わが子への想いなどあなたが知らなかったお父さんの人生が見えてきます。—そして、一生の宝物ができあがります。
2017.2 1Vol. 12×17cm ¥1200 ⓘ978-4-903212-58-6

◆My Mom—私のおかあさんの物語　ダン・ゼドラ、クリステル・ウィルス編、住木美優訳（武蔵野）海と月社
【要旨】これは「お母さんが完成させる」本。この本をわたして、質問の答えを書いてもらえば、お母さんが大人になるまでのこと、わが子への想いなどあなたが知らなかったお母さんの人生が見えてきます。—そして、一生の宝物ができあがります。
2017.2 1Vol. 12×17cm ¥1200 ⓘ978-4-903212-57-9

家庭教育

◆子どもの語彙力を伸ばすのは、親の務めです。　齋藤孝著　KADOKAWA
【要旨】寝る前3分の会話で正しく読み、書き、話せる子になる！ 家庭で今すぐできるメソッド満載！
2017.8 175p B6 ¥1300 ⓘ978-4-04-105806-0

◆子どもの成績を「伸ばす親」と「伸ばせない親」の習慣　安村知倫著　明日香出版社（アスカビジネス）
【要旨】親が勉強方法を教えられるのは、小学生のうちだけ！ 親子で力を合わせれば、どんな子でも成績は伸びます！ 教え方を変えれば、苦手科目の成績も伸ばせます！
2017.6 212p B6 ¥1500 ⓘ978-4-7569-1909-0

◆「東大に入る子」は5歳で決まる—"根拠ある自信"を育てる幼児教育　和田秀樹著　小学館
【要旨】どうして東大生に「早生まれ」が少ないのか。生まれた月の差で大きな能力差ができてしまう小学校入学時。この時期に「できる子」にするかしないかで、将来が大きく変わる。親の意識改革で今日から始められる、「人生に勝つ子を育てる」教育法。
2017.9 206p B6 ¥1500 ⓘ978-4-09-388536-2

◆バクノビ—子どもの底力を圧倒的に引き出す339の言葉　坪田信貴著　KADOKAWA
【要旨】忙しい親御さんやお子さんでもスキマ時間にさくっと読めて、親子の関係性や、お子さんの人生を一変させられる「人材が爆発的に伸びる〈バクノビ〉」言葉を339集めました。大ベストセラー『学年ビリのギャルが1年で偏差値を40上げて慶應大学に現役合格した話』著者の魔法をぎゅっと凝縮した、受験を勝ち抜くための"実践篇"！ 最新心理学を駆使し、多くの生徒の偏差値を短期間で急伸させてきた著者の"受験テクニック"、"人材育成メソッド"を、ここにすべて公開！
2017.11 271p B6 ¥1400 ⓘ978-4-04-893322-3

◆マシュマロ・テスト—成功する子・しない子　ウォルター・ミシェル著、柴田裕之訳　早川書房（ハヤカワ・ノンフィクション文庫）
【要旨】目の前のマシュマロを我慢できるかどうかで子どもの将来が決まる？ 人の一生をIQ以上に大きく左右する「意志の力」。その核心は、私たちの脳に備わる二つの認知システム=思慮深い「クールシステム」と衝動的な「ホットシステム」とのせめぎ合いにあった。それをうまく手なずけ、人生を成功にみちびく方法は？ 行動科学史上最も有名な実験の生みの親が、半世紀にわたる追跡調査の成果を明かす。
2017.6 382p A6 ¥900 ⓘ978-4-15-050500-4

◆もしかしてうちの子も？—しのびよるネット中毒の危険と対策　山中千枝子、女子パウロ会共著　女子パウロ会
【目次】1 ネット中毒の危険と対策—星野家のストーリー（ネット・ゲームに夢中になる気持ち、知ってほしいネット・ゲーム中毒のこと、脳への影響は、麻薬や覚醒剤と変わらない、対策は？、スマホ子育て、ゲーム内不登校のコウちゃん、スマホと上手に付き合う法、中毒を乗り越えるために）、2 ネット中毒の子どもたちを見つめて—保護者と子どもの生活から（スマホを止めて、ご飯、おばあちゃん、遊びやスマホ、デジタル・ダイエット・キャンプ）
2017.9 87p B6 ¥900 ⓘ978-4-7896-0786-5

冠婚葬祭・マナー

◆あなたの葬送は誰がしてくれるのか—激変する供養のカタチ　内藤理恵子著　興山舎
【要旨】生涯未婚の者が増え続けている。これが親から子へという葬送に激変をもたらす一要因だ。実は筆者も未婚であり、お墓を持とうとしても継承者がいないという高い壁にぶち当たる。それでもなお、お寺の門に入りたいと、葬送の実態について取材を始めたところ、まさに驚きの連続。一親が死んでも会社を休めない人が少なくない・身内に不幸があっても周囲には隠す・親しい故人のために香典を持っていっても喪主が受け取らない—一体なぜなのか。新進気鋭の宗教学者が穿つ迫真のリポート。
2017.1 377p B6 ¥2900 ⓘ978-4-908027-34-5

◆一生使える！ 大人のマナー大全—特別な日から日ごろのお付き合いまで　岩下宣子監修　PHP研究所
【目次】1 日常の贈り物、2 年中行事を祝ったり、3 人生のお祝い、4 結婚のお祝い、5 弔問・法要・お墓参り、6 食事、7 訪問・もてなし・おでかけ、8 手紙・ネット・電話
2017.9 255p B6 ¥1700 ⓘ978-4-569-83852-6

◆親の葬儀とその後事典—最新版 葬儀・お墓・相続・手続きのすべて　黒澤計男、溝口博敬共著　法研　改訂増補
【要旨】残された子どもが親の遺志を尊重しながら、どのように見送り、死後の始末をすればよいのか、流れに沿って図解で解説します。届け出・手続き、片付け、遺産相続、残された親の扶養と、実際に親が亡くなってから必要となるすべての事項がわかります。
2017.5 263p A5 ¥1500 ⓘ978-4-86513-391-2

◆家族が亡くなったときの手続きどうしたら？ 事典　鈴木敏弘、葬儀支援ネット監修　滋慶出版/つちや書店
【要旨】葬儀、遺族年金、保険、相続…世帯主が亡くなったら何をいつまでに手続きすればいいの？ 手続きの困ったをやさしく説明&解決！
2017.2 191p A5 ¥1750 ⓘ978-4-8069-1600-0

◆現代人のための葬式とお墓の日本史　新谷尚紀監修、古川順弘著　洋泉社（歴史新書）
【要旨】葬式は誰のためにするのか、なぜ墓をつくるのか—日本人の死生観、葬儀形態が変化するなかで、「いま」あらためて、葬送にまつわる「しきたり」、日本人の「死生観」を、歴史からひもとく。
2017.5 203p 18cm ¥900 ⓘ978-4-8003-1240-2

◆国際交流のための現代プロトコール　阿曽村智子著　東信堂
【要旨】VIPの敬称は？ 国旗の並べ方は？ 国際会議やパーティの席順は？ 国際的に相応しい服装は？ 国際的な式典や社交の場における礼儀作法プロトコールを全体にわたって解説。プロトコールは国際社会における平和・自由・人間の尊重のためにあるとする著者渾身の労作。
2017.10 314p A5 ¥2800 ⓘ978-4-7989-1441-4

◆心に響く葬儀・法要のあいさつと手紙—きちんとマナーハンドブック　杉本祐子著　主婦の友社
【要旨】家族葬や直葬がふえている「今」に対応！ 葬儀の流れ。法要の案内状の文例。仏教・キリスト教・神式・無宗教などの違い。香典袋の表書きの基本。喪主のあいさつ文例。遺族からのお礼のマナー。
2017.8 191p B6 ¥1000 ⓘ978-4-07-425225-1

◆子供に迷惑をかけないお葬式の教科書　赤城啓昭著　扶桑社（扶桑社新書）
【要旨】知らないではすまされない！ 日本一よくわかるお葬式の最新知識。「ライブドアブログ OF THE YEAR」受賞。葬儀のプロが明かす「お葬式」の真実。
2017.7 206p 18cm ¥800 ⓘ978-4-594-07741-9

◆知っ得マナー—あなたの未来を素敵に変える　吉友嘉久子著　ダイナミックセラーズ出版
【要旨】「小さな心づかいが人生を変える」あなたが社会でイキイキ輝き充実して活躍できるヒントが一杯！
2017.10 207p B6 ¥1100 ⓘ978-4-88493-359-3

◆13歳からのマナーのきほん50—あたりまえだけど大切なこと　アントラム栢木利美著　海竜社
【要旨】意外と知らない！ 自分の常識を見直そう。どこへ行っても恥ずかしくない！ 困らない！ 人としてのきほんの作法。
2017.3 159p B6 ¥1200 ⓘ978-4-7593-1444-1

◆知らないと恥ずかしい！ おとなのマナー図鑑　トキオ・ナレッジ著　宝島社
【目次】1 職場は学校じゃない！ 社員は友達じゃない！ ビジネスシーンのお作法（いちばんスマートなあいさつ、四季別・温度別ファッション ほか）、2 美味しいご飯は、美しくきれいに平らげよう！ お食事のお作法（エレガントな箸使い・器使い、食事作法のマナー ほか）、3 急な招待状が来ても、もうキョドらない！ 冠婚葬祭のお作法（結婚式に招かれたら、披露宴での上品な振る舞い方 ほか）、4 羽目を外しても、人の道は外さない！ イベントのお作法（お花見の会をスマートにこなす、上手な歓送迎会のテクニック ほか）、5 いつどこで気にしても、上品な礼儀作法を！ 日常生活のお作法（目覚めのよい早起きのコツ、嫌われない遅刻のいい訳 ほか）
2017.3 159p A5 ¥700 ⓘ978-4-8002-6787-0

◆世界一美しいふるまいとマナー　諏内えみ著　高橋書店
【要旨】大人の品と美しさはちょっとしたコツで手に入る！ 大人の女性として常々ふるまいたい56シーンの所作のコツ。多くの女優を指導した著者が教える凛とした女性になるためのふるまいかた。
2017.2 159p B6 ¥1300 ⓘ978-4-471-01148-2

◆世界に通じるマナーとコミュニケーション—つながる心、英語は翼　横手尚子、横山カズ著　岩波書店（岩波ジュニア新書）
【要旨】元国際線CAで接客英会話・接遇マナー講師の横手氏と同時通訳者として活躍する横山氏が、だれもが身につけておくべき基本的なマナー、国際化する社会で欠かすことのできないマナー、英語コミュニケーションの極意を伝授します。基本5原則、敬語の使い方、心をつなぐ英語表現など、実践で役立つマナーの基本を紹介します。
2017.7 193p 18cm ¥860 ⓘ978-4-00-500857-5

◆葬儀屋春秋—ある"おくりびと"の記録　辻井康祐著　新日本出版社
【要旨】丁寧におくる…。亡くなった人のため、残された人のため。お金のない人から大会社の社長まで、人の数だけあるおくり方。悲しいのに温かい、作法から終活案内にもなる葬儀にまつわる70の物語。
2017.5 157p B6 ¥1600 ⓘ978-4-406-06140-7

◆なぜ、一流の人はご先祖さまを大切にするのか？—ご先祖さまこそ、最強の成功応援団です!!　一条真也著　すばる舎
【要旨】ゆかりの地に旅行する、給与明細書を神前・仏前に飾る、モダンな簡易仏壇で気軽にまつり、月を見上げて想いをはせるetc。こんな簡単なことでも大きく変わる！ 感謝のスイッチを入れて幸福のサイクルに入る。
2017.9 195p B6 ¥1400 ⓘ978-4-7991-0625-9

◆日本人のおもてなし練習帖　松平洋史子著　秀和システム
【要旨】徳川270年の伝統、武家の精神に学ぶ！ 「大人の女性」が身につけたい美しい所作と、相手に寄り添う心。日本人だから知っておきたい、ホスピタリティの技術。
2017.10 175p B6 ¥1300 ⓘ978-4-7980-5260-1

◆日本人のこころとかたち—小笠原流礼法入門　小笠原敬承斎著　（京都）淡交社　（『小笠原流礼法入門 美しいふるまい』加筆・修正・改題版）
【要旨】礼儀作法は、ここにある。
2017.3 223p B6 ¥1300 ⓘ978-4-473-04196-8

◆目からうろこ！ 本当の意味やいわれがわかる冠婚葬祭のことば　ことば舎編著　評論社
【要旨】日本の伝統行事と慣習の意味をことばから知ることができる！ 古くからの式次第や作法のわけやいわれを楽しいイラストとともにわかりやすく解説。「冠・婚・葬・祭」の代表的な各20項目収録。付録には「婚礼衣装」「結納品」「冠婚葬祭の表書き一覧」を収載。
2017.1 183p B6 ¥1200 ⓘ978-4-566-05179-9

◆霊園ガイド　2017・上半期号　六月書房
【要旨】首都圏厳選民営霊園400件紹介。
2017.2 220p B5 ¥926 ⓘ978-4-434-22972-5

◆霊園ガイド　2017・下半期号（No.94）
霊園ガイド編集部編　六月書房, 星雲社 発売
【要旨】最新の墓所・霊園の総合情報誌・首都圏版。首都圏厳選民営霊園400件紹介。優良霊園について詳細なデータを掲載。
　　　　2017.9 223p B5 ¥926 ①978-4-434-23820-8

◆DVDで身に付く 美しい振る舞いとマナーがわかる本　岩下宣子著　エクスナレッジ
（付属資料：DVD1）
【要旨】日常・ビジネス・和室のシーン別。大人の魅力は「余裕」から。基本の5つの形で印象を変える。動画で見ると納得！役立つ所作が16通り。
　　　　2017.4 94p B5 ¥1500 ①978-4-7678-2322-5

会話・スピーチ

◆お祝いのスピーチ きちんとマナーハンドブック　杉本祐子著　主婦の友社
【要旨】お祝いに際して、「あいさつをひとことお願いします」と言われることはよくあることです。お祝いだからと、二つ返事で引き受けてはみたものの、いざとなると、何を言えばいいのか、迷うものです。そんなときに役立てていただきたいのが本書です。結婚式だけでなく、開店・開業、周年記念、竣工、就任などのビジネス関係の式典でのお祝い、また、七五三、入学式、成人式、卒業式など成長に伴うお祝い、還暦や卒寿など、長寿にちなんだお祝いなど、多岐にわたるお祝いについてのスピーチを収録しています。
　　　　2017.2 191p B6 ¥1000 ①978-4-07-422221-6

◆さすが！ と言われる 心に響く名スピーチのコツ＆実例集　生島ヒロシ著　日本文芸社
【要旨】誰でもスピーチ名人になれる、すぐ使える「名言」、効果的な「フレーズ」満載！語りの名人が教える、短くても感銘を与えるあいさつ。
　　　　2017.11 223p B6 ¥1200 ①978-4-537-21532-8

◆すぐ役立つ司会進行・あいさつのコツ　すぴーち工房著　法研
【要旨】結婚披露宴、二次会、各種の祝いごと、地域や学校の行事、ビジネス行事、葬儀法要etc. あらゆる行事に役立つ行事ごとの司会進行のコツをアドバイスします。式や会合の進め方が、タイムテーブルを追った展開ですぐにわかります。「明るく」「なごやかに」など、トーンマークが、場の雰囲気にあった進行を示します。「初心者向き」「経験者向き」の表示で、経験度合いに応じたトークを選べます。「アドリブ」マークで機転の利いた判断・トーク、思わぬトラブルへの対処法がわかります。今日の世相を注視し旧版のリニューアル改訂しました。
　　　　2017.12 231p B6 ¥1200 ①978-4-86513-440-7

文章・手紙

◆心が通じる手紙の美しい言葉づかい ひとこと文例集　池田書店編集部編　池田書店
【要旨】書き出し、結び、贈り物、お祝い、お礼、気遣い、お詫び一組み合わせるだけで素敵な文面になる。
　　　　2017.10 223p 20×15cm ¥1050 ①978-4-262-14590-7

◆心が伝わるお礼の手紙・はがきマナーハンドブック　杉本祐子著　主婦の友社
【要旨】手紙やはがきを書こうと思い立つのは、お礼の手紙の場合がとても多いようです。すてきな物をいただいた喜びを伝えたいとき、また、何かお世話になった方に、感謝の気持ちを伝えたいときなど。でも、いざ筆記具を持つと、どう言い表したらいいのか、迷います。いろいろなシチュエーションを想定して、お礼の手紙の文例を掲載しているので、「こういうふうに書けばいいのか」と納得していただけるはずです。
　　　　2017.6 191p B6 ¥1000 ①978-4-07-424378-5

習字・ペン習字

◆今すぐ役立つらくらく字が上手くなるペン字の手本―美しい書き文字 常用漢字 楷書と行書ハンドブック　藤田孝志著（明石市）ペンコム, インプレス 発売　増補改訂版
【目次】本書の「常用漢字表」2, 136字 楷書と行書について、ひらがな・カタカナの書き方、部首の楷行草、120種類の書き方、常用漢字の楷書と行書、のしの書き方、はがきの書き方、常用漢字一覧表索引
　　　　2017.12 187p B6 ¥980 ①978-4-295-40147-6

◆美しい文字が書ける 書き込み式脳活ペン字練習帳　瀧靖之監修, 大平恵理手本・監修　朝日新聞出版　（朝日脳活ブックス）
【要旨】筆圧を意識してみるみる文字が美しくなる！実寸大の封筒、はがき、一筆箋の練習ができる。駅名・地名、歴史のできごとなど「書いて楽しい」手本例が充実！脳イキイキメソッド充実！
　　　　2017.1 103p 26×21cm ¥740 ①978-4-02-333133-4

◆美しく正しい字が書ける 横書きペン字練習帳　和田康子著　新星出版社
【要旨】実寸大でそのまま書ける！封筒宛名、一筆箋、メッセージカード、履歴書など実寸大。ひらがな、カタカナのなぞり書きから、地名や名前、ビジネス用語、結婚套句まで。書き方のポイントがよくわかる！
　　　　2017.11 79p 26×22cm ¥500 ①978-4-405-05572-8

◆書き込み式脳活ペン字実用練習帳―暮らしの文字がみるみる上達　瀧靖之監修, 大平恵理手本・監修　朝日新聞出版　（朝日脳活ブックス）
【要旨】仕事、学校に関する書類の手本例が充実！はがき、封筒、履歴書の練習が実寸大でできる。豆知識、コラムで知的好奇心を刺激！回答欄でエピソード記憶を呼び覚ます！思い出し美文字トレーニングで脳を鍛える！
　　　　2017.4 103p 26×21cm ¥740 ①978-4-02-333134-1

◆書き込み式 ボールペン字 手紙のあいさつ練習帳　岡田崇花著　成美堂出版
【要旨】年賀状や暑中見舞いなど、季節のあいさつ状がきれいに書ける。お祝い・お悔やみ・謝罪。使いやすい例文を多数掲載。手紙のマナーもきちんとわかる。
　　　　2017.11 127p 21×19cm ¥780 ①978-4-415-32356-5

◆書き込み式ゆる文字練習帖―暮らしに彩りを添える筆ペン習字　宇田川一美著　誠文堂新光社
【要旨】書いて楽しく暮らしに役に立つゆる文字を、筆ペンで書き込んで練習できる一冊です。筆ペンがあれば今すぐ気軽にはじめられます。
　　　　2017.10 127p ¥1100 ①978-4-416-61785-4

◆極める！基礎習字練習帳　鈴木曉昇著　光文社
【目次】基礎知識編（習字道具を揃えましょう, 筆について知りましょう, かまえ方・姿勢を確認しましょう, 筆の持ち方を確認しましょう, 筆の動かし方, 筆のおろし方と道具の手入れ）, 基本点画編（強く美しい線の書き方, 基本点画を学ぶ）, ひらがな編（ひらがなの特徴と重要な筆使い, ひらがなを書く）
　　　　2017.8 95p A4 ¥1400 ①978-4-334-97943-0

◆硬筆書写技能検定1・2級合格のポイント 平成29年度版　狩田巻山著　日本習字普及協会
【要旨】受験手続き・方法掲載。最新試験問題収録。模範答案例多数掲載。実物大書き込み練習可能。
　　　　2017.3 260, 32p B5 ¥1800 ①978-4-8195-0332-7

◆硬筆書写技能検定3級合格のポイント 平成29年度版　狩田巻山著　日本習字普及協会
【要旨】受験手続き・方法掲載。最新試験問題収録。模範答案例多数掲載。実物大書き込み練習可能。
　　　　2017.3 196, 32p B5 ¥1200 ①978-4-8195-0333-4

◆硬筆書写技能検定4級合格のポイント 平成29年度版　狩田巻山著　日本習字普及協会
【要旨】受験手続き・方法掲載。最新試験問題収録。模範答案例多数掲載。実物大書き込み練習可能。
　　　　2017.3 128, 32p B5 ¥1000 ①978-4-8195-0334-1

◆心ゆたかにボールペンで楽しむ俳句　渡邊春雪著　日本習字普及協会
【目次】ペンの正しい持ち方・基本線、ひらがなの形、ひらがな、カタカナ、かなの連綿、春、夏、秋、冬、新年、部分の書き方、県名、名字、名前、はがき、一筆箋、月の異称、応用
　　　　2017.8 87p B5 ¥1200 ①978-4-8195-0331-0

◆30日で上達！書き込み式筆ペン字の練習帳　加藤恵美著　成美堂出版
【要旨】筆ペンならではのポイントを解説。表書きでよく使う言葉を多数収録。手紙で使う文例で練習できます。つづけ字・くずし字も身につきます。
　　　　2017.10 95p 26×21cm ¥476 ①978-4-415-32412-8

◆「字」を変えると人生はうまくいく！　小山田香代子著　三笠書房
【要旨】金運UP！自分に合った仕事で毎日充実！人間関係がもっとよくなる！望みどおりの変化が起こる「書き方」の法則。
　　　　2017.3 166p B6 ¥1200 ①978-4-8379-2671-9

◆好かれる大人のほめられ文字LESSON　カタダマチコ著, 神谷慎軒監修　朝日新聞出版（付属資料：別冊1）
【要旨】大人文字へのアップデート、しませんか。コーデやメイク以外にも、好かれる大人になる方法がありました。
　　　　2017.12 127p A5 ¥1200 ①978-4-02-333182-2

◆スマホで学ぶ美文字練習帳　吉田琴泉著　宝島社
【要旨】美文字のコツ、スマホ「動画」で教えます。日本書写書道検定委員会最高師範吉田琴泉が教える洗練された大人文字。
　　　　2017.7 127p 26×21cm ¥1500 ①978-4-8002-6888-4

◆誰でも一瞬で字がうまくなる 大人のペン字練習帳　荻原季実子著　アスコム
【要旨】2000人が効果を実感！4つのポイントをおさえるだけ！「クセ字が直った！」「本当に上達した！」と大好評！テレビで大人気！奇跡の美文字メソッドを教えます！
　　　　2017.11 95p 21×21cm ¥1000 ①978-4-7762-0967-6

◆誰でもカンタン！「いい字」が書ける―双雲流二〇の極意　武田双雲著　筑摩書房（ちくま新書）
【要旨】たとえ上手でなくても、その人らしい「いい字」を書くことは誰にでもできる。今では、少なくなったとはいえ、葉書や、年賀状、メモなど、まだまだ文字を書く機会はある。この本では、書道家である著者のリードのもとに、ひらがな、漢字を書く基本、それから、自分らしく書く楽しみ、伝える楽しみを学んでいきたい。「自分らしい、いい字を書く」そのための極意を、シンプルな言葉で伝える。お手本を見ながらドリルをすることで、すぐに体感できる。
　　　　2018.1 189p 18cm ¥780 ①978-4-480-07115-6

◆艶文字ひらがな練習帳―美文字より上品で色っぽい！　西村真翔著　文藝春秋
【要旨】毛筆のように格調高く、はっとするほど美しい文字が、誰でも簡単にマスターできる！文字を「図形」ととらえる新メソッドだから、今まで挫折してきた人も必ずなくなる！
　　　　2017.11 79p B5 ¥800 ①978-4-16-390755-0

◆なぞって美文字 書いて味わう 芥川龍之介　出口汪監修, 柳田泰山文字指導　水王舎
【要旨】読んでなぞって書くだけで美文字に！『蜘蛛の糸』『藪の中』『河童』『或阿呆の一生』など、芥川龍之介の名作を味わいながら文字が美しくなる！カリスマ講師出口汪のわかりやすい作品解説つき。
　　　　2017.12 62p B5 ¥600 ①978-4-86470-090-0

◆なぞって美文字書いて味わう 太宰治　出口汪監修, 柳田泰山文字指導　水王舎
【要旨】読んでなぞって書くだけで美文字に！『女生徒』『走れメロス』『富岳百景』『人間失格』など太宰治の名作を味わいながら文字が美しくなる！カリスマ講師出口汪のわかりやすい作品解説つき。
　　　　2017.8 62p B5 ¥500 ①978-4-86470-079-5

◆なぞって美文字書いて味わう 夏目漱石　出口汪監修, 柳田泰山文字指導　水王舎
【要旨】読んでなぞって書くだけで美文字に！『吾輩は猫である』『坊っちゃん』『こゝろ』など夏目漱石の名作を味わいながら文字が美しくなる！

家庭生活　18　BOOK PAGE 2018

実用書

◆なぞって美文字 書いて味わう 宮沢賢治
出口汪監修，柳田泰山文字指導　水王舎
【要旨】読んでなぞって書くだけで美文字に！『注文の多い料理店』『よだかの星』『雨ニモマケズ』など宮沢賢治の名作を味わいながら文字が美しくなる！ カリスマ講師出口汪のわかりやすい作品解説つき。美文字と教養が一度に身につくお得な一冊！
2017.7 62p B5 ¥600 ①978-4-86470-080-1

◆美文字の法則 さっと書く一枚の手紙―ボールペン・万年筆・毛筆　根本知著　さくら舎
【要旨】「お礼状」「添え状」「詫び状」「断り状」「依頼状」の短文・長文を、ボールペン・万年筆・毛筆で書いた文例を提示。その文例を見ながら、美文字の法則を伝授！ さらに手紙を書くときに悩ましい時候のあいさつなどを素敵で簡潔な言葉で代替！
2017.6 91p A5 ¥1300 ①978-4-86581-102-5

◆美文字はあきらめなさい―自分らしく上達する10のコツ　清水恵著　白夜書房
【要旨】"個性・クセ"を生かして伸ばす！ うまく見えるコツを伝授！ "文字っく"と称し、10パターンの実践で説明。
2017.7 158p A5 ¥1500 ①978-4-86494-123-5

◆DVD付き 大人の美文字が書ける本　青山浩之著　講談社（講談社の実用BOOK）
（付属資料：DVD1）
【要旨】この一冊で、ペンの持ち方、筆圧、美文字のルール、レイアウト、文例、マナーなど、"大人の美文字"を身につけるためのコツとテクニックが身につきます。さあ、ご一緒に美文字レッスンをはじめましょう！
2017.11 99p 21×19cm ¥1000 ①978-4-06-299888-8

住まい・住宅

◆有元葉子 私の住まい考―家と暮らしのこと
有元葉子著　平凡社
【要旨】インテリア、収納、窓からの景色、ご近所付き合いで幸せに暮らすための家とは。建築家による設計秘話も掲載。
2017.3 167p A5 ¥1600 ①978-4-582-54457-2

◆いい家は注文住宅で建てる　齋藤正臣著　幻冬舎メディアコンサルティング，幻冬舎 発売　改訂版
【要旨】良い見積り、悪い見積りはどう見分ける？ 現場見学でのチェックポイントは？ 信用できる営業マンの条件とは？ 注文住宅のスペシャリストが教える賢い住宅オーダー術！
2017.2 171p B6 ¥1200 ①978-4-344-91191-8

◆家を買って得する人、損する人―人気不動産鑑定士が教える、将来不安がなくなる家の選び方　松本智治著　ダイヤモンド社
【要旨】賃貸と購入、どちらが得なのか。将来も含めたすべての費用を含めて比較ができる！ 損をしないための住宅購入のノウハウがこの1冊でわかる！
2017.5 218p B6 ¥1400 ①978-4-478-10262-6

◆家づくり大百科―写真と図説でわかる「いい家づくり」のコツ、すべて　主婦の友社編　主婦の友社
【要旨】専門家が丁寧に解説。賢い家づくりに必要なコツを680収録!!巻頭特集「4ケース・4タイプの住まい」、巻末総集「絵でわかる家づくりの用語大図鑑」「工夫のある間取り集」。
2018.1 479p 26×21cm ¥3980 ①978-4-07-427810-7

◆家づくりの教科書 vol.2 八尾・東大阪・南大阪（藤井寺・羽曳野・富田林）（広島）ザメディアジョン
【目次】ようこそ！ 子育てを楽しむ家（大阪府八尾市（S様邸）一気兼なく暮らせる二世帯住宅子育てをスタイルで楽しめる！ 大阪府八尾市（I様邸）一ママさん設計士が考えた"遊ぶ"家自分たちのスタイルで楽しめる！ ほか）、23坪以下の小さな住み心地家（大阪府大阪市（O様邸）一開放感ある吹き抜けのリビング光にあふれ、かっこいい家！、大阪府八尾市（S様邸）一17坪の土地でも実現した！ 憧れの広々ガレージライフ ほか）、家づくりSTART BOOK（家づくりのスケジュールを把握しよ

う、家のイメージを具体化しよう ほか）、成功する家づくりの考え方（人生設計編、土地選び編）、思いのままに！ わがままリノベーション（中古物件リノベ、実家&二世帯リノベ、北欧デザイン×自然素材）
2017.9 64p A4 ¥300 ①978-4-86250-508-8

◆家の満足度を高める素材と仕上げのすべてがわかる本　主婦の友社編　主婦の友社（実用No.1）
【要旨】住み始めてからの、家の心地よさを大きく左右するのが「素材」と「仕上げ」。使う木の種類、壁の仕上げ方、天井のデザイン、建具や設備品の風合い、外壁の材料と色合いなど…建築会社、施工会社まかせにせず、自分たちで選べばぐっと家の満足度が上がります。この本では、「素材」の種類と「仕上げ」の方法を選ぶための資料として、たくさんの実例画像を集めて掲載しています。見比べながら、自分たちに合ったものを探し出せます。
2017.8 191p 24×19cm ¥1500 ①978-4-07-425716-4

◆イギリス流小さな家の贅沢な工夫　井形慶子著　KADOKAWA
【要旨】少ないお金で心地良い家を手に入れるには？ 年収300万円でも持てる味わいある家。土日で完成、自分流の整え方。都心郊外の家なら断然庭付き1Fマンションがお得!?家がもっと心地良くなるインテリア&リフォーム。
2017.10 111p A5 ¥1300 ①978-4-04-602035-2

◆いつも満席の自宅サロンマダムが教えるインテリアでおもてなし　主婦の友社編　主婦の友社
【要旨】サロンマダム御用達のインテリア誌「BonChic」で人気の憧れマダム17人が、思わず歓声のあがる空間づくりのコツを伝授！
2017.11 111p B5 ¥1480 ①978-4-07-427247-1

◆イラストだから簡単！ 住まいの修繕&リフォームが自分でできる本　山田芳照監修　洋泉社
【要旨】壁や床のキズ、建具の不具合、水まわりのトラブル、等々。業者に頼むと予想外に費用がかかるうえ、依頼から施工まで日にちがかかってしまいます。しかし、もしも自分の手で修繕できれば、最小限の費用で、今すぐ困りごとを解決できます。この本では、初心者でも知識があれば簡単にできる住まいの修繕術をイラストでわかりやすく解説します！
2017.12 111p B5 ¥1200 ①978-4-8003-1390-4

◆インテリア・ガール―今日もいんてりあがぁる　水上裕著、さとうみね絵　鹿島出版会
【要旨】インテリアのキホンを学ぶと、日々の暮らしがぐっと豊かに。インテリアとうまくつきあって、ワンランク上の暮らしにな。巻末にかわいいおうち型ブックスタンドの付録つき。
2017.2 173p B6 ¥1800 ①978-4-306-04646-7

◆インテリアショップファイル vol.13
ギャップ・ジャパン
【要旨】全国から厳選、注目のショップ323店を掲載。 9つのカテゴリ別に完全収録。 家具、雑貨、照明、ファブリックからコーディネート実例まで、各テイスト別に全国のインテリアショップを網羅。人気エリアが一目でわかるマップや2017年のトレンド情報も掲載。
2017.4 263p 26×19cm ¥1600 ①978-4-86576-089-7

◆インテリアトレンドビジョン 2017　佐戸川和久編著　トーソー出版
【目次】プロローグ、海外インテリア見本市レポート2016（ハイムテキスタイル、ケルン国際家具見本市、メゾン・エ・オブジェ・パリ1月展、メゾン・エ・オブジェ・パリ9月展、ストックホルム・ファニチャー&ライトフェア ほか）、インテリアトップトレンド（カーボナイズブラック、オーガニックネオン、アライクポリゴン、アルゴリズムトリック）
2017.2 160p 30×23cm ¥2400 ①978-4-904403-16-7

◆インドアグリーンのある暮らし―人気インスタグラマー30人、インドアグリーンの選び方、飾り方　主婦の友社編　主婦の友社
【要旨】インスタグラマー30人の「インドアグリーンの楽しみ方」をご紹介！ 自分らしく飾れるDIYテクニック集。無印良品のグリーン&アイテム大活躍！ 選び方、飾り方実例11Styles。

◆海辺のリノベ―やっぱり海のそばに住みたいと思った　石原友知子著　KADOKAWA
【要旨】不動産を見て歩くのが好きで、リノベーションの得意な著者が買ったのは、90m2のメゾ

ネット。みずから設計図をひき、これまでの家作りのノウハウを集結させた最高に居心地のいい空間ができあがった。なんとも自由度の高い大人のリノベーション！ すぐ真似したいアイデアが満載です！
2017.9 79p A5 ¥1300 ①978-4-04-069322-4

◆岡山・倉敷の安心・安全リフォーム―岡山・倉敷の地域密着リフォームを紹介 vol.7 特集 古き家に新たな命を吹き込む3家族の古民家リフォーム　（倉敷）Goodライフ企画岡山，（広島）ザメディアジョン 発売
【目次】古き家に新たな命を吹き込む3家族の古民家リフォーム、古民家をリフォームした住まいを憧れで終わせない方法―古民家リフォーム編、古民家・物件購入編）、鉄骨造の家が激変！ ご主人のDIYが光る家族の安らぎ空間―Design Reform、全国のリフォームコンテスト受賞実例を紹介―大胆チェンジで叶えた理想の住まい、How to Reform―リフォーム費用の目安を知っておこう！、部位別リフォーム（株式会社安藤嘉助商店・カスケホーム）
2017.7 72p A4 ¥300 ①978-4-86250-497-5

◆オークヴィレッジに学ぶ住宅の美しいディテール　オークヴィレッジ木造建築研究所著　エクスナレッジ
【目次】1 内部仕上げ・造作（床、内壁、天井、階段、玄関）、2 外壁・屋根（外部仕上げ）、3 内外建具（内部建具、外部建具）、4 造作家具（造作家具、水廻り）、暖炉）
2017.6 159p 30×23cm ¥2200 ①978-4-7678-2295-2

◆買って得する都心の1LDK―借りるのは「負け組」　櫻井幸雄著　毎日新聞出版
【要旨】少子化でも都心の人口は減りにくい。一人暮らし向け分譲物件自体がレア。低金利&組みやすくなった住宅ローン活用で資産形成…狙い目は1LDK！ 勝ち組物件の見極め術。
2017.7 221p B6 ¥1500 ①978-4-620-32460-9

◆簡単！ 住まいのDIYマニュアル 壁紙（ビニールクロス）（フリース壁紙）　スタジオタッククリエイティブ
【目次】壁紙を貼ろう！、ビニールクロスを貼る（ビニールクロスってなに？、ノリ付き壁紙とは？、必要な道具、ビニールクロスの貼り方、貼った壁紙の修理）、フリース壁紙を貼る（フリース壁紙ってなに？、必要な道具、フリース壁紙の貼り方、壁紙の貼り方 応用編）
2017.6 95p B5 ¥1400 ①978-4-88393-782-0

◆ぎふの木の住まい VOL.9　（岐阜）ぎふの木の住まい協議会，（広島）ザメディアジョン 発売
【要旨】長く使えるもの永く受け継がれるもの、器と古民家、使われ、受け継がれ、受け継がれていく飛騨の木工家具、木の家っていいね。一築11年目の住まいごこち、優良住宅実例集、木の家24
2017.9 94p A4 ¥380 ①978-4-86250-506-4

◆決めました。無印良品の家に　川原亜由子著　ワニブックス
【要旨】「住んでもいい部屋」ではなく "住みたい部屋"を作るための普通の夫婦のちょっとした工夫。30代共働き、ごく普通の年収で知識ゼロから理想の部屋を作りました。
2017.12 159p B6 ¥1300 ①978-4-8470-9641-9

◆現場の職人が教える最高の家づくり　中村光伸著　幻冬舎メディアコンサルティング，幻冬舎 発売
【要旨】設計士・基礎工事屋・とび・大工・現場監督…地域密着の工務店で働く総勢14名のつくり手にインタビュー。
2017.12 152p A5 ¥1400 ①978-4-344-91404-9

◆心地よく暮らす―TOC TOC TOCの部屋づくりのアイデア　パイ インターナショナル編　パイ インターナショナル
【要旨】フランスで生まれ、ヨーロッパで人気のライフスタイル誌『TOC TOC TOC』を日本で再編集！「部屋づくりのヒント」つき。
2017.3 127p 26×19cm ¥1680 ①978-4-7562-4771-1

◆心地よく暮らす 小さな部屋のインテリア　成美堂出版編集部編　成美堂出版
【要旨】24m2のひとり暮らしから43m2のふたり暮らしまで、限られた空間を上手に使って"今の部屋"をもっと素敵に。「レイアウト」「整理・

「収納」「もの選び」の基本がわかる。
　　　　2017.3 127p 26×21cm ¥1200 ①978-4-415-32231-5

◆小屋大全―小屋作りの実例と超実践的ノウハウ集　西野弘章著　山と溪谷社
【要旨】ようこそ！セルフビルドの世界へ！工房やガレージ、菜園小屋など、趣味のための小屋はもちろん、子供部屋、隠れ家、果ては終の棲家まで。セルフビルドで小屋を建てるための軸組み構法、ツーバイ構法、丸太組み構法を徹底解説！
　　　　2017.12 287p B6 ¥3700 ①978-4-635-52104-8

◆これからの賢い家の売り方、買い方　住友不動産販売監修　宝島社
【要旨】立地、設備、建物…家に関する「常識」は間違いだらけ！最新トレンド、成功パターン、売買交渉術、資金計画手順、空き家活用法etc.これだけ知っておけば、家の売買で失敗しない！業界No.1！プロが教える50のポイント。
　　　　2017.3 206p A5 ¥1296 ①978-4-8002-6752-8

◆座敷わらしに好かれる部屋、貧乏神が取りつく部屋―片づけで金運＆幸運をつかむ！　伊藤勇司著　WAVE出版
【要旨】「どうして私ばっかり不幸なの!?」人生のどん底で出会ったのは、座敷わらしと貧乏神のコンビ…!?読んだら二度と「不幸な私」には戻れない、世にも不思議な片づけ物語。8000人の人生を変えた、片づけ×心理学。
　　　　2017.11 237p B6 ¥1400 ①978-4-86621-084-1

◆時間とお金にゆとりができる「小さな家」―働く母の家事が本当にラクになる部屋づくり　尾崎友夫子著　誠文堂新光社
【要旨】暮らしをダウンサイジングすると、心のゆとりはもっと大きくなる。畳のリビング、ファミリークローゼット、時短壁付け式キッチン…、3人の男の子を育てるワーママの住まい観と工夫を紹介。
　　　　2017.6 230p B6 ¥1200 ①978-4-416-51732-1

◆資産になる「いい家」の見つけ方・買い方―住宅選びのプロが教える　大久保恭子著　日本実業出版社
【要旨】「家余り時代」に突入する今、知っておきたい後悔しない家選びのポイント。
　　　　2017.4 238p B6 ¥1500 ①978-4-534-05491-3

◆自宅が一流ホテルに大変身！―素敵な家の片づけ方大公開　辻博文、辻友美子著　栄光出版社
【要旨】今日からホテルのような生活が待っています。東芝四日市工場で300回以上の国内外工場改革指導を行った著者が、自宅の収納や片づけ方を見直し、新しい発想であっと驚く究極の片づけ法を伝授する。
　　　　2017.4 188p B6 ¥1200 ①978-4-7541-0158-9

◆住宅インテリア究極ガイド―店舗を加えて大改訂！間取りから小物、照明、家具デザインまで　住宅＆店舗のいまが分かる！　エクスナレッジ
【目次】巻頭事例　住宅＆店舗デザインのトレンドが掴める！最新インテリア実例6選、1 部屋ごとに学ぶ間取りの基本（リビングルーム、キッチン ほか）、2 平面計画から仕上げまで！店舗デザインの基本（飲食店のデザイン、物販店のデザイン、ヘアサロン・美容室のデザイン ほか）、3 マテリアル別に学ぶ仕上げの基本（木質、左官、塗装 ほか）
　　　　2017.4 223p A4 ¥2600 ①978-4-7678-2167-2

◆10年後に絶対後悔しない中古一戸建ての選び方　2017-2018年版　オウチーノ監修　河出書房新社
【要旨】物件の選び方からリフォーム、ローン、契約の知識まで全ガイド！資金プラン&リフォームガイド付。
　　　　2017.6 221p A5 ¥1800 ①978-4-309-27849-0

◆上質に暮らすおもてなし住宅のつくり方　関本竜太著　エクスナレッジ
【要旨】住宅はただ美しいだけの作品ではなく、毎日を快適に過ごせる家族の器でなければならない。そのような住宅を実現するためには、設計者による「細やかな気配り＝おもてなし」が不可欠です。設計者の配慮と経験の集結ともいえる「おもてなし住宅」は、住まい手の暮らしを豊かに彩り、訪れる人々を温かく迎え入れてくれる。
　　　　2017.9 159p 26×21cm ¥2200 ①978-4-7678-2373-7

◆知らなきゃ損！建てる前に必ず読む本―現場社長がついにマル秘本音を大公開！　仁藤衛著　知道出版
【要旨】家を建てた10人中6人が「知ってればよかった～」と嘆くマル秘情報が満載！プロ中のプロがついに明かす、100点満点の家づくり！
　　　　2017.8 178p B6 ¥1200 ①978-4-88664-303-2

◆人生が変わるリフォームの教科書―片づけなくても片づく住まいに　水越美枝子著　講談社
【要旨】住まいは「間取り」と「動線」で劇的に変わる！ベストを知れば「間取り」は自分でわかる一冊。予約が殺到する建築家水越流テクニックが満載！
　　　　2017.10 159p A5 ¥1600 ①978-4-06-220770-6

◆真・外断熱住宅はもう古い！・危ない！ 2×4工法の家。　松本祐著　エール出版社
【要旨】「築10年で今の家が腐る！？」「性能数値は本当に正しい？」ハウス・オブ・ザ・イヤー8年連続受賞！行列ができる工務店創業者が書き下ろし！究極の家づくり教本。
　　　　2018.1 255p B6 ¥1600 ①978-4-7539-3414-0

◆図解　住まいの寸法―暮らしから考える設計のポイント　日本建築協会企画、堀野和人、黒田吏香著　（京都）学芸出版社
【要旨】住宅の設計には、そこに住む人の暮らしをふまえた寸法への理解が欠かせない。本書では、玄関、階段、トイレ、洗面室など、住まいの13の空間の持つ機能と要素を整理し、そこで行われる生活行為に支障のない、理に適った寸法をわかりやすく2色刷イラストで紹介。寸法という数字の持つ意味を知ることで設計実務に活かせる一冊。
　　　　2017.7 197p A5 ¥2600 ①978-4-7615-2644-3

◆スタイル別にわかるインテリアの基本―自分らしい素敵な部屋をつくりたい！　エクスナレッジ　新装版
【目次】1 好きなインテリアスタイルを見つける（これだけは覚えておきたいインテリアスタイルの3か条、シンプル＆ナチュラルスタイル ほか）、2 カラーコーディネートの基本（色の基礎知識、配色のルール ほか）、3 部屋づくりの基本要素（内装材の基本、照明の基本 ほか）、4 部屋別インテリアのポイント（リビング、ダイニング ほか）、5 家具と収納（家具選びのポイント、レイアウトの基礎知識 ほか）
　　　　2017.1 143p 26×21cm ¥1400 ①978-4-7678-2270-9

◆ずっと美しい人のインテリア―家は人そのもの。13人のマダムのお宅拝見！　「ずっと美しい人」編集部編　集英社
【目次】平松洋子エッセイ「おままごとから始まった」、島田順子 ファッションデザイナー、井手櫻子 チェリーテラス代表、くにひでこ イラストレーター、岩里祐穂 作詞家、高山泰子 ブレインピープルディレクター、オースタン順子 元インテリアデザイナー、岩立マーシャクリエイティブディレクター、北村光世 料理研究家、ユキ・パリス ユキ・パリスコレクションオーナー、押田比呂美 スタイリスト、岩倉瑞江 スポーティアマダム、松本百合子 翻訳家・ドミニクトーキョーマダム、黒田美津子 インテリアスタイリスト　2017.4 153p B6 ¥1500 ①978-4-08-780808-7

◆ストーリーのある50の名作椅子案内　萩原健太郎著　スペースシャワーネットワーク
【要旨】50人のデザイナーから生まれた、50の椅子にまつわる物語。
　　　　2017.12 143p B6 ¥1500 ①978-4-909087-09-6

◆「住まい」選びの教科書　貞松信人著　幻冬舎メディアコンサルティング、幻冬舎 発売
【要旨】買ったほうがいい？このまま借りつづける？一戸建ては無理？やっぱりマンション？数ある「住まい」の選択肢。それぞれのメリット、デメリットを紹介。
　　　　2017.11 222p B6 ¥1200 ①978-4-344-91446-9

◆絶対おトク！賃貸併用で実現する0円マイホーム　金子征司著　幻冬舎メディアコンサルティング、幻冬舎 発売
【要旨】賃貸併用住宅の絶大なメリットと、確実に家賃収入を得るためのノウハウを徹底解説！
　　　　2017.8 202p B6 ¥1400 ①978-4-344-91239-7

◆絶対失敗しない土地と一戸建ての買い方 '17〜'18年版　小野寺範男監修　成美堂出版
【要旨】中古？新築？物件選びのコツがわかる！安全や防犯のチェックポイントがわかる！ローン・税金・法律もよくわかる！便利な返済額早見表付。
　　　　2017.8 239p A5 ¥1300 ①978-4-415-32396-1

◆節電住宅―自然エネルギー利用の家づくり　白岩且久著　同時代社　改訂版
【要旨】脱原発！節電時代の住宅・リフォーム事情。「高断熱高気密」、3 パーツ別種類と選び方＋「自然エネルギー利用」。停電になっても凍えない、暑くない！
　　　　2017.9 190p B6 ¥1200 ①978-4-88683-821-6

◆セルフリノベーションの教科書―「塗る・貼る・つける・飾る」でちょっと内装に手を入れるだけ　坂田夏水著　誠文堂新光社
【要旨】夏水組によるリノベーション実例集、1 坂田夏水流セルフリノベーションBefore&After、2 場所別アイディアと予算（Kitchen、Living&Dining ほか）、4 DIYという選択肢（セルフリノベーションのDIYを始める前に、養生の仕方 ほか）、5 仕事としてセルフリノベをしなければならない人に―内装の学校超ダイジェスト版（不動産×内装の基礎知識、カスタマイズ＆ネット世代を知ろう ほか）
　　　　2017.7 239p B5 ¥2000 ①978-4-416-61728-1

◆タイル張り―玄関・リビング・キッチン・テーブル　スタジオタックリクエイティブ（簡単！住まいのDIYマニュアル）
【要旨】デザインと割り付け、タイルの切り方から、モルタルの処分まで。タイルやブリックで部屋をリノベーション!!
　　　　2017.10 143p B5 ¥1800 ①978-4-88393-788-2

◆小さな家。一時をつむぐ、豊かな暮らし　エクスナレッジ
【要旨】大切なのは、広さより心地よさ。ライフスタイルのある14組が教えてくれる気取らず、無理なく、身の丈に合ったオンリーワンの家と暮らし。
　　　　2017.4 159p B5 ¥1600 ①978-4-7678-2311-9

◆小さな家の間取り解剖図鑑―コンパクトにつくり豊かに暮らす住まいの仕組み　本間至著　エクスナレッジ
【要旨】小さくても快適に過ごせる家…そこには間取りの秘密がありました。部屋をどうレイアウトするかに注視しがちですが、大事なのは部屋どうしのつなぎ方が肝要です。1階と2階など別の空間の同士のつなぎ方、考え方は同じ。親の寝室と子供部屋、サニタリーと個室の関係などなど、それらがきちんと考えられていると家族がバラバラにならない、みんなが心地よく生活できる住まいとなるのです。
　　　　2017.9 184p A5 ¥1800 ①978-4-7678-2333-1

◆つくばで家づくりをするなら。　鈴木尚美著　エル書房、星雲社 発売
【要旨】どんな家をつくればいいのか悩んだら、この本を読んでください。この地域ならではの家づくりの注意点や対策を本にしました。きっとお役に立ちます。
　　　　2017.4 205p 18cm ¥500 ①978-4-434-23206-0

◆天井が低い日本の住まいを素敵にするカーテン＆ウインドウデザインマニュアル　田野口淳子著　主婦の友社
【要旨】建て売りやマンションなど、一般住宅のカーテンや窓まわりデザインのノウハウを明かした指南書。デザイン画、サイズ、使用ファブリックの品番も収録。
　　　　2017.11 223p 31×24cm ¥3800 ①978-4-07-427425-3

◆2000万円で最高の家を建てました！　ササキサキコ著　（立川）けやき出版
【要旨】外壁は木張り、オリジナル木製キッチン、無垢フローリング、薪ストーブetc.マンガでわかるコスト＆オーダーメイドの家づくり＆「DIY」「施主支給」コストダウンのコツ！
　　　　2017.4 143p A5 ¥1300 ①978-4-87751-569-0

◆猫がうれしくなる部屋づくり、家づくり―猫と暮らす建築家が本気で考えた　廣瀬慶二著　プレジデント社
【要旨】アパート、マンション、戸建てをそれぞれ生かす！DIY、リフォーム、新築の得ワザ発見。
　　　　2017.12 157p 20×15cm ¥1700 ①978-4-8334-2261-1

◆燃費半分で暮らす家―新住協の家づくり 四季所々を省エネで快適に過ごす　鎌田紀彦監修　市ケ谷出版社　増補版
【要旨】誰もがつくれる燃費半分の省エネ住宅、それがQ1.0住宅。高断熱住宅家づくり教本52項目。この家にして本当に良かった！5事例。
　　　　2017.1 164p A4 ¥1500 ①978-4-87071-606-3

家庭生活

実用書

◆はじめてのマイホーム購入 税金ガイド—今年だから使える!!知っておきたい特別&メリット 平成29年 柴田知央著, 税務研究会税研情報センター編 税務研究会税研情報センター
【目次】1 住宅ローン控除とは？、2 住宅取得等資金についての贈与税の特例、3 すまい給付金で負担を軽減、4 マイホームを売却したときの特例、5 マイホームと消費税、6 相続税は大増税時代へ、7 マイホームの購入時、購入後にかかる税金の特例
2017 10p A4 ¥150

◆早く家に帰りたくなる！ 最高にハッピーな間取り タブチキヨシ著 KADOKAWA
【要旨】インスタで大人気！ 見れば見るほどウキウキする間取りが全44点！
2017.6 127p A5 ¥1300 ①978-4-04-895994-0

◆必見 よく分かる住まいづくり 2017 Life for Smart 暮らしやすい収納&動線 日本プレハブ新聞社編集部編 日本プレハブ新聞社, 星雲社 発売
【目次】1 Life for Smart 家を建てる前に知っておきたい整理収納基本の話、2 住宅展示場を見学しよう&展示場の歩き方、3 敷地を有効活用できる3・4階建て住宅、4 災害にも安心な住まい（土地編・建物編）、5 今チェックしておきたいおすすめ設備・建材 2017年度版、6 最新の高性能住宅税制・建材、7 早わかり！ マイホーム支援税制など、8 家づくりの基礎知識
2017.5 127p B5 ¥1000 ①978-4-434-23428-0

◆日々を楽しむ10人の暮らしと空間—人気インスタグラマーの自分らしく過ごす家 メディアソフト書籍部編 メディアソフト, 三交社 発売
【要旨】あなたは家をどんな空間にしたいですか？ 自分らしい過ごし方とそれに合った住まいをテーマに10人それぞれの家のカタチを覗いてみました。「心地いいわが家」そんな風に思える暮らしと空間づくりのヒントが見つかりますように。
2017.3 137p A5 ¥1380 ①978-4-87919-869-3

◆ふだんの部屋にちょっと手をいれたらステキになりました—ビフォーアフターでみるインテリアのアイデア 川上ユキ著 大和書房
【要旨】子どもがいても、めんどうがりでも、住み慣れたおうちでも、ステキにできる。「なんかセンスがいいね！」って言われる「片づけ＋インテリア」のヒント、のってます。
2017.2 127p A5 ¥1400 ①978-4-479-78362-6

◆北海道の建築家と家をつくる エイチエス著 （札幌）エイチエス
【要旨】建築家と考える、いい住まい。48人の建築家の素顔と作品実例。
2017.7 311p B5 ¥900 ①978-4-903707-77-8

◆北海道発 ONLY ONEの家づくり Vol.12 新築&リフォーム 米光研監修 （札幌）北海道新聞社
【目次】巻頭特集1 やさしい家—北海道の家づくりは厳しい自然に寄り添いながら強く、そしてやさしく、巻頭特集2 毎日が楽しくなる！ デザインキッチン、1 住まいづくりの前に知っておきたいこと、2 プランニングの基礎知識とアイデア、3 北海道で快適に暮らすための住まい、4 安全・安心な住まいの対策から、5 知ってお得なマネープラン、資料
2017.1 303p A4 ¥1296 ①978-4-89453-853-5

◆ほんとうに使いやすい茶室をつくる—戸建・ビル・新改築、タイプ別プラン13件 淡交社建築部監修 （京都）淡交社
【目次】住まい・ビル内、さまざまなタイプから研究できる施工実例×12件（戸建・改築のくふう—O邸、戸建・改築のくふう—関島邸「久弘庵」、戸建・離れの改修—吉田邸（大阪府）、特別・改装のくふう—山崎邸 ほか、密着ルポ ビル内に茶室ができるまで、実際のプランづくりに役立つアドバイス集、大がかりな改修工事を必要としない、気軽な茶の湯空間のプラン例を紹介します。Q&A 誰もが気になる茶室の疑問にお答えします。（炉を切る位置、据える深さ、炉畳の種類などについて教えてください。床の間のしつらえについて教えてください。（配置、寸法、釘の位置など）。茶室口や貴人口など、躙口以外の茶室の出入口の形状が、どういう約束ごとがあって分けられているのかわかりません。水屋をつくるにあたって、広いスペースを確保できそうにありませんが、よい方法はないでしょうか。ほか）
2017.3 131p A4 ¥2700 ①978-4-473-04169-2

◆マイクロシェルター—自分で作れる快適な小屋、ツリーハウス、トレーラーハウス デレク・ディードリクセン著, 金井哲夫訳 オライリー・ジャパン, オーム社 発売 （Make: Japan Books）
【要旨】ジャンクで作られた、ファンキーでカラフルでアドリブな建物たち。アイデアと驚きに満ちた狭小建築プロジェクトと建築のためのノウハウを紹介する本。廃品や安価な材料を使い、小さく作ることで費用を安価におさえ、自分の居場所をDIYで作ることを可能にする。
2017.5 257p A5 ¥2600 ①978-4-87311-803-1

◆丸林さんちのヴィンテージスタイルな家具と庭づくり 丸林さんち著 エクスナレッジ
【要旨】ディスプレイラックやガラス瓶の照明、温室箱、椅子、収納ベンチから、小屋、ウッドデッキ、ピザ窯まで。DIYの基本、解説付き。
2017.4 159p B5 ¥1600 ①978-4-7678-2310-2

◆満足する家を買いたいならこうしなさい！—不動産屋が本音で教える 近藤利一著 自由国民社 新版
【要旨】家は人生でいちばん大切な買い物。買ってから後悔しないために…物のわりに価格が安いのはどんな家？ 注文住宅や土地の災害情報はある？ 押しの強い営業マンに負けない戦略は？ 不動産屋ならどこでも信用できるのか？ 最近よく聞く「ZEH」とはどんな家？「素人さんの為の不動産学校」の著者が教える良い不動産を安く買うノウハウ！ 家を購入にあたって知っておきたいことが全部わかります！
2017.9 279p B6 ¥1400 ①978-4-426-12299-7

◆「めんどくさい」がなくなる部屋づくり—大人気整理収納アドバイザーの自然に片づく暮らしかた 内山ミエ著 SBクリエイティブ
【要旨】洗濯物はたたまない。「そうじ・片づけ・整理」をがんばらない。うちの家族に「片づけて！」と怒らない…家族3人。ストレスフリーの暮らしの提案。
2017.3 179p B6 ¥1300 ①978-4-7973-8995-1

◆床（フローリング）（クッションフロア）（タイルカーペット） スタジオタッククリエイティブ（簡単！ 住まいのDIYマニュアル）
【目次】リノベーション効果満点 床をDIYしましょう！、フローリングをDIYしよう！（フローリングの基礎知識、フローリング張りに必要な道具、防音フローリングの剥がし方、根太張りフローリングの張り方、根太の組み方、無垢フローリング施工時のポイント、根太張りフローリングの剥がし方、上張りフローリングの張り方、上張りフローリングの剥がし方）、クッションフロア・タイルカーペットをDIYしよう！（クッションフロア・タイルカーペットの基礎知識、クッションフロア張りに必要な道具、クッションフロアの張り方、タイルカーペットの張り方）
2017.12 103p B5 ¥1400 ①978-4-88393-807-0

◆老後をリッチにする家じまい——戸建て、売り逃したら負動産 長谷川裕雅著 イースト・プレス
【要旨】「空き家」「重税」「相続争い」の元凶を処分して豊かなセカンドライフを手に入れる秘策！
2017.10 205p B6 ¥1400 ①978-4-7816-1597-4

◆わたしが安心して家を買えた理由—8つの家族のストーリー 川瀬太志, リライフクラブプロジェクト著 住宅新報社
【要旨】後悔せずに家を手に入れるコツとは？ 家が欲しいと思ったら最初に読んでください！ 8つのストーリーからわかる、安心してマイホームを買う秘訣。
2017.12 165p B6 ¥1200 ①978-4-7892-3883-0

◆「わたしの暮らしにあった家」のつくり方 明野岳司, 明野美佐子著 主婦の友社
【要旨】"わたしにとって"の暮らしやすい家をつくるために、知っておきたいことは？—イメージを描いて伝えることの大切さ、プロセスをていねいに踏めば納得のいく住まいができること、相性のいい設計者・施工業者との出会いが大事、建築家の明野岳司さん、明野美佐子さんが提案する、これまでになかった「お施主さんのための専門書」。
2017.11 191p B6 ¥1500 ①978-4-07-426609-8

◆COOL WOOD JAPAN 木材がつくる居心地の良い空間 日本木材青壮年団体連合会編 リーフ・パブリケーションズ

【要旨】住まいの中に木づかいを使い手の目線で選んだ活用用例を9つのシーンに分けてご紹介。きっと見つかるあなたに合った木質空間。
2017.6 96p A4 ¥1500 ①978-4-908070-35-8

◆Deco Room with Plants the basics—植物と生活をたのしむ、スタイリング&コーディネート 川本諭著 ビー・エヌ・エヌ新社
【要旨】2013年にNYに出店してから4年。様々な国の、様々なクライアントとのプロジェクトを進めるなかで改めて気づく、自身が身につけていた「日本的な繊細さ」と新たに身についていた「引き算の美」を、著者ならではのスタイリングで表現。
2017.11 108p 24×19cm A5 ¥1852 ①978-4-8025-1073-8

◆FLAT HOUSE LIFE 1+2 米軍ハウス、文化住宅、古民家…古くて新しい「平屋暮らし」のすすめ アラタ・クールハンド著 トゥーヴァージンズ
【要旨】新規物件を加えvol.1とvol.2合本復刊！ 古い家好きにはたまらない永久保存版。
2017.4 394p B5 ¥2778 ①978-4-908406-07-2

◆FLAT HOUSE LIFE in KYUSHU—米軍ハウス、文化住宅、古民家…古くて新しい「平屋暮らし」のすすめ 九州編 アラタ・クールハンド著 トゥーヴァージンズ
【要旨】低賃料でこんなに広い！ のびのび暮らす大らか九州人たちのステキな平屋。福岡と東京で「平屋二拠点生活」をおくる著者が4年間の生活の中で出会った九州ならではのFLAT HOUSEと住人たちの暮らしを大公開！
2017.7 159p B5 ¥1600 ①978-4-7778-1617-0

◆Like HOME Life HOME「我が家」をつくる vol.3 エイチエス制作 （札幌）エイチエス
【目次】お気に入りの風景、我が家をつくる、我が家で暮らす、ReForm、One Homes Town、interview 2017.6 63p A4 ¥500 ①978-4-903707-76-1

◆ZIGZAG HOUSE—箱から住具へ、箱箱から環具へ 宇都正行, 丸谷博男著 萌文社（健康な暮らしと住まいをつくる教科書「そらどまの家」読本 1）
【要旨】ZIGZAG HOUSEと屋上緑化&「スカイプロムナード」が、豊かで健康な暮らしと家をつくり出す。
2017.3 104p A5 ¥1500 ①978-4-89491-326-4

マンション

◆これでばっちり!!マンションDIY・リフォームを楽しもう 赤尾宣幸, 竹嶋健生著 セルバ出版, 創英社/三省堂書店 発売
【要旨】リフォームして快適に暮らす。20室のマンションリフォームDIY経験がある赤尾宣幸がそのノウハウを伝え、また、リフォームのプロの事例として（株）ベスティック代表取締役竹嶋健生が施工上好評を博した参考事例を紹介する。
2017.1 167p A6 ¥1500 ①978-4-86367-312-0

◆30年後に絶対後悔しない中古マンションの選び方 2017-2018年版 オウチーノ監修 河出書房新社
【要旨】中古マンション選びの全知識を網羅！ プロが教える、中古マンション購入のバイブル!!特別カラー・リフォーム事例集。
2017.6 220p A5 ¥1800 ①978-4-309-27848-3

◆住んでみなければ絶対にわからない タワーマンションほんとの話 のらえもん監修 メディアソフト, 三交社 発売
【要旨】ネットの悪質な俗説などに惑わされるな。タワーマンションはこれを読んでから買いましょう！
2017.9 189p 18cm ¥833 ①978-4-87919-025-3

◆中古マンション購入のススメ 小島紀昭著 幻冬舎メディアコンサルティング, 幻冬舎 発売
【要旨】絶対トクする住まい選びを不動産のプロが徹底指南。
2017.8 206p B6 ¥1300 ①978-4-344-91331-8

◆都心の小さな家・マンションに住み替える—コンパクトで快適、自由なこれからの暮らし sumica著, 豊田眞弓監修 ダイヤモンド社

【要旨】子ども部屋が余っている、掃除や庭の手入れも面倒、どこへ行くのも不便、街が衰退している、値下がりが止まらない、老朽化してきた、老後のお金や生活が心配…こんな悩みが住み替えで一挙に解決！
2017.6 189p B6 ¥1500 ①978-4-478-06979-0

◆マンションは学区で選びなさい　沖有人著　小学館（小学館新書）
【要旨】「公立小移民」という言葉を知っているだろうか。人気公立小学校の学区に引っ越す家族のことを指し、子どもにより良い教育環境を与えたい「孟母三遷」な親ならでは選択と言える。これまで人気学区は口コミに頼る部分が多かったが、「学区と世帯年収」という新たな指標を与えるのが本書だ。人気学区のマンションは多くの場合、需要が供給を上回るため、資産性が高い。"教育環境がよいほど資産性が高くなるマンション格差の法則" をひもとく一冊。
2017.10 205p 18cm ¥780 ①978-4-09-825307-4

美容

◆あなたの顔がデカイのはストレスが原因でした。顔のストレス筋ほぐし　舟津真里著、小原澤友伸監修　主婦の友インフォス、主婦の友社 発売（付属資料：DVD1）
【要旨】今、あなたの上の歯と下の歯はくっついていますか？くっついていたら食いしばっているかも！ストレス筋をほぐすだけで、たるみが消えてスッキリ小顔になる最高のエイジングケア。
2017.5 71p A5 ¥1400 ①978-4-07-421322-1

◆「あの人すてき！」と思わせる美人な姿勢図鑑　彩希子著　新星出版社
【要旨】人前で堂々としたオーラを出すには？脚を細くキレイに見せるには？女性らしさを強調するには？姿勢美人で印象アップ！モデルが明かす「写真写りのテクニック」収録。
2017.6 207p B6 ¥1400 ①978-4-405-09346-1

◆アン ミカのポジティブ美容事典　アンミカ著　宝島社
【要旨】女性は誰だって、とびきりの美人になれる！「大切なのは、コンプレックスとの向き合い方。そして、自分の見せ方」。
2017.3 206p A5 ¥1300 ①978-4-8002-6604-0

◆池田ことみのリンパビューティブック　池田ことみ著　評言社
【要旨】ケアは1日にほんの数分でOK。キレイスイッチを押すだけ。一瞬でマイナス7歳がかなう、リンパケアの魔法。
2017.4 180p A5 ¥1500 ①978-4-8282-0588-5

◆石井美保のSecret Beauty　石井美保著　宝島社
【要旨】人気美容家・石井美保の「40歳、美の秘訣」。"ストイックだけど、ストイックじゃない。私のルール、全部見せます"。キレイを磨く超実践テクニックを紹介！
2017.5 143p A5 ¥1400 ①978-4-8002-6705-4

◆1週間で美脚になる方法　ちとせ著　総合法令出版
【要旨】曲線とツヤ、しぐさの美しい脚になる最短ルートをお伝えします。
2017.7 126p B6 ¥1300 ①978-4-86280-560-7

◆一生、美しく。―今からはじめる50の美習慣　芳村真理著　朝日新聞出版
【要旨】82歳にして、若さと美しさを保ち続ける著者による、初の美容エッセイ。
2017.9 147p B6 ¥1300 ①978-4-02-251486-8

◆印象美人コーデのつくり方―ベーシックアイテムの着回し＋ヘアスタイルで変える　星玲奈著　KADOKAWA
【要旨】アイテムの選び方、ヘアのバランス、色の使い方。少し意識するだけできれいに見える。35万人超のフォロワーがインスタグラムで注目する素敵コーデが真似できる。
2017.11 127p B5 ¥1300 ①978-4-04-602163-2

◆美しい顔バランスの9割は「あご」でつくられる　進藤充夫、進藤美保子著　青萠堂
【要旨】"輪郭美人" は「噛み合わせ」のバランスが原因だった！顔と体は生まれ変わる口腔バランスの魔法。
2017.6 192p B6 ¥1200 ①978-4-921192-95-2

◆美しく輝く肌をめざす人のためのスポットケア美容液BOOK＋業務用ハイドロキノン　旭研究所著　ディスカヴァー・トゥエンティワン（付属資料：美容液）
【要旨】薬事法改正により化粧品配合が可能に！業務用高濃度ハイドロキノン。現品つき。
2017.3 16p B6 ¥1800 ①978-4-7993-2053-2

◆美しくなる判断がどんな時もできる―こんなことだったのか!?96のメイクテクニック　長井かおり著　ダイヤモンド社
【要旨】「身につけておいて、本当によかった！」どんなときもあなたを裏切らないメイクのテクニック。
2017.8 231p A5 ¥1500 ①978-4-478-10322-7

◆潤うからだ　森田敦子著　ワニブックス
【要旨】生理／排泄／sex／妊娠／出産…女性のからだで一番大事な場所をちゃんとケアしていますか？ 女性のからだ、今、必ず知っておきたい女性の性と膣まわりの話。
2017.7 167p B6 ¥1200 ①978-4-8470-9577-1

◆噂の美容スポット潜入調査―CLASSY.ビューティ班がガチ取材！　CLASSY.ビューティ班著　光文社
【目次】1 楽しみながらダイエット編（エアリアルヨガで不思議体験―エアリアルヨガ・ジャパン、ダンス感覚で気分爽快！TAIKOビクス♪―TAIKO・LAB青山 ほか）、2 つらいけど効く！ハード系エクササイズ編（フィールサイクルで心も体もスッキリ！―FEELCYCLE Ikebukuro、キックボクシングでキレイとストレス発散を両立！―HAYATO GYM ほか）、3 気になる体の不調をチェック（ウミヨガで女子力アップ！―ウミヨガ、アメリカ発祥 "オステオパシー" って何？―AOP・青山オステオパシープラクティス・ほか）、4 もっと美人になりたい編（痛い…！けど劇的変化の小顔矯正サロン―ルポルテ恵比寿店、毛穴専門サロンで肌も心も明るく！―ウビクエ日比谷シャンテ店 ほか）
2017.5 127p 23×18cm ¥1000 ①978-4-334-97928-7

◆小田切流小顔道―自分でつくるキレイで、人生を変える　小田切ヒロ著　講談社（講談社の実用BOOK）
【要旨】小顔道を歩むことで始まる、人生の好転効果を実感してください。
2017.4 95p A5 ¥1200 ①978-4-06-299869-7

◆男の美容武装　KUBOKI著　ワニブックス
【要旨】数々の有名人・芸能人を担当したヘアメイクアップアーティストが教える。第一印象で損しない大人の男になるための入門書。
2017.12 179p B6 ¥1300 ①978-4-8470-9640-2

◆オトナ女子のためのおっぱいケア手帖―お気に入りのおっぱいを手に入れる　北村珠希著　主婦の友インフォス、主婦の友社 発売（健康美人シリーズ）
【要旨】美しく、病気に負けないおっぱいを育てるためのヒントがいっぱい。
2017.7 143p 19×15cm ¥1300 ①978-4-07-421546-1

◆オトナ女子のための美肌図鑑　かずのすけ著　ワニブックス
【要旨】そのスキンケア、ムダ美容かも!? コスメの嘘は化学者に訊けばいい。化学者が「絶対いい！」と断言できる、正解スキンケア。
2017.7 231p B6 ¥1300 ①978-4-8470-9592-4

◆大人女子はブラ・ショーツで体形を変える　國保和子著　主婦の友社
【要旨】試着すべき3本ブラルール。きつくつけてもらうキャミブラでも垂れる本当の理由。下着を変えるだけでダイエット。
2017.8 175p B6 ¥1300 ①978-4-07-425018-9

◆大人のための健康ヘアケア講座　見た目の9割は髪で決まる　稲垣俊彦著　幻冬舎
【要旨】すべての髪の悩みを解決する正しいヘアケア。ブラッシングだけでツヤと輝きがよみがえる！
2017.1 95p A5 ¥1100 ①978-4-344-97897-3

◆大人のための美容本―10年後も自分の顔を好きでいるために　神崎恵著　大和書房
【要旨】大人をキレイにする美容は、「選び方」にも「使い方」にも秘密がある。会うたびに綺麗になっていく―美容を味方につければ、大人の女はまだまだ綺麗になれる。
2017.5 236p B6 ¥1400 ①978-4-479-78382-4

◆大人のプチプラメイク術―美人になれる、たくさんの魔法　hiromi著　KADOKAWA
【要旨】あなたの知らない「若見え」「上品見え」の基本メイクの方法を、厳選したプチプラコスメで教える。100円～2000円台の優秀コスメ！TOPICには、下まぶたは若見えポイントの宝庫／7つのアイテム1週間使い回し／大人にも似合うラメ使い／マンネリメイク脱却法も。
2017.4 127p A5 ¥1200 ①978-4-04-069002-5

◆大人美容―始めること、やめること　地曳いく子、山本浩未著　宝島社
【要旨】大人メイクの失敗パターンは、「やりすぎ」or「やらなすぎ」。できないことはやらない。眉はプロに任せて美人度アップ！ 化粧下地は、大人肌の救世主。首まで塗って透明感をゲット。3年経ったら美容は浦島太郎。2～3年に一度は化粧品を買い換えて「今の顔」を…おしゃれのプロと美容のプロが語る、年齢と共に美しくなること。
2017.4 173p B6 ¥1200 ①978-4-8002-5979-0

◆おとなメイクは白・黒・赤だけでいい　山本浩未著　宝島社
【要旨】特別なコスメやテクニックはいらない！誰でも美人になる自分の顔を生かしたメイク術。自然体でしなやかに生きるおとなに必要なのはあなたらしさを整えて引き立てる「効かせる」ナチュラルメイク。超人気ヘア＆メイクアップアーティストが提案する30歳からのメイクの新常識。
2017.3 175p B6 ¥1200 ①978-4-8002-6673-6

◆「お湯だけ洗い」であなたの肌がよみがえる！　高橋洋子著　サンマーク出版
【要旨】石けんやボディソープを使わなくても、体の汚れは落ちます！20年以上にわたり石けん類を使わずに入浴する医師が、あらゆる肌トラブルを解消する秘訣を公開。
2017.7 158p B6 ¥1200 ①978-4-7631-3629-9

◆女っぽさを作る美髪ケアの基本　田所幸子著　幻冬舎
【要旨】決め手はツヤ・ボリューム・まとまり感。「3分予洗い」はシャンプーより重要。"かっぱのお皿" 部分の毛は重点的に乾かす！ドライヤー乾燥は、まず髪の根元を完全に乾かす！頭皮エッセンスは分け目塗り→マッサージ…etc. 美容師直伝自宅ケアで髪が変わる！
2017.4 167p B6 ¥1100 ①978-4-344-03105-0

◆顔下半分で美人に魅せる！―歯科医が教えるデンタル美顔術　是枝伸子、柏屋コッコマンガ　永岡書店
【要旨】30代からのキレイは口元で9割決まる!! 顔の美人バランスをつくる是枝メソッドを大公開。
2017.4 159p B6 ¥1300 ①978-4-522-43513-7

◆顔ヨガ―しわやたるみが消える究極の若返り術！　アネリス・ハーゲン著、中原尚美監訳（武蔵野）バベルプレス
【要旨】気になるほうれい線や目尻のしわなどの悩みを解消し、魅力的な唇・輝く瞳を自らつくることができる「顔ヨガ」。いつでも、どこでも、日常生活のちょっとした空き時間にできる簡単なエクササイズを継続するだけ。ポーズ（アーサナ）や呼吸法、瞑想などヨガの要素も網羅し、より美しく健やかに生きるためのヒントが盛りだくさん。
2017.5 201p 21×21cm ¥1700 ①978-4-89449-168-7

◆髪をあきらめない人は、3つの生活習慣をもっている　浜中聡子著　学研プラス
【要旨】「地肌の透けが目立ってきた」「髪が細くなり、ボリュームダウン」「抜け毛が増えた」こうした髪のエイジングを止めることはできません。でも、そのスピードを「ゆるやか」にすることは可能です。その基本は、「食」「睡眠」「運動」の3つの「生活習慣」を整えていくこと！この習慣で、髪の健康を取り戻そう！
2017.6 190p B6 ¥1100 ①978-4-05-800784-6

◆カリスマ整体師が教える もっときれいになるカラダ　寺門琢己著　マイナビ出版（マイナビ文庫）
【要旨】骨盤体操の第一人者が、あなた自身を輝かせ続ける！
2017.4 156p A6 ¥680 ①978-4-8399-6302-6

◆河北大人メイク論　河北裕介著　宝島社
【要旨】肌／眉／ヘア／リップetc. 河北メイクで美しい "自分" を手に入れる！シンプル＆時短の「河北メイク」で洒落た顔に。
2017.3 127p 22×18cm ¥1380 ①978-4-8002-6553-1

家庭生活

◆気になるパーツのスキンケア 2週間速効メソッド　高瀬聡子著　宝島社
【要旨】あなたのスキンケア、実は非常識かもしれません！ 美人皮膚科医が教えるお肌との正しい付き合い方。
2017.7 111p A5 ¥1200 ①978-4-8002-7429-8

◆首美人革命—美人は首をさすっている。　中野由紀子著　G.B.
【要旨】顔メイン＆首はついでだと老け顔＆ぽっちゃり体型に…首のお手入れこそ今やるべきスキンケア!!
2017.7 143p A5 ¥1380 ①978-4-906993-42-0

◆化粧品成分表示のかんたん読み方手帳—美肌のために、知っておきたい　久光一誠監修　永岡書店
【要旨】自分の肌に、本当に合うスキンケアがわかる。化粧品に関する不安、誤解、カン違い、これですべて解決します！
2017.1 159p 18cm ¥1200 ①978-4-522-43484-0

◆「健美同源」の新しい可能性を拓く How to 美容鍼灸　北川毅著　BABジャパン
(付属資料：DVD1)
【要旨】鍼灸で皺、たるみ、肌荒れ、むくみ、くすみ、くまを解消。西田真一医師による美容外科からの目線も紹介。頭顔面部の主要45経穴を写真と図で詳しく解説。
2017.3 255p B5 ¥4200 ①978-4-8142-0046-7

◆心とカラダが若返る！ 美女ヂカラ エクセレント　豊田月乃監修（名古屋）リベラル社,星雲社 発売
【要旨】今日から美人になれる43のレッスン—美人になるのに努力はいりません。2万人を美しくした美のカリスマが監修。
2017.5 189p B6 ¥1100 ①978-4-434-23430-9

◆最強！ の毛髪再生医療—豊かな髪と再び出会える本　荒浪暁彦著　ワニブックス（ワニブックスPLUS新書）
【要旨】髪が生えてくる？ 注目の最新再生医療とは？ 発毛はどこまで可能になったのか完全解説！
2017.5 191p 18cm ¥830 ①978-4-8470-6589-7

◆最新版 肌断食—スキンケア、やめました　平野卿子著　河出書房新社
【要旨】美しい肌を手に入れたいならスキンケアをしてはダメ！ メイクはOK。大丈夫、あなたの肌は賢い。実践者のリアルなドキュメントが大きな話題となったベストセラー永久保存版！
2017.3 221p B6 ¥1400 ①978-4-309-27826-1

◆幸せをつかむ人ほど「見た目」にお金を使う—ニューヨーク・ミリオネアの教え　一色由美子著　大和書房
【要旨】大人はテクニックできれいを手に入れる。美容院ではプラス3000円で3万円分の仕上がり、服をあざとさで魅力を200％増しにする…服・メイク・髪型だけで運さえ変えられる。
2017.10 199p B6 ¥1400 ①978-4-479-78396-1

◆四角いお尻を丸くする—今まで誰も教えてくれなかった正しいお尻のつくり方　金井志江著　アイバス出版
【要旨】話題の脚やせのプロが教えるヒップアップ法。
2017.7 111p A5 ¥1200 ①978-4-907322-14-4

◆自分らしく輝く ナチュラルコスメのつくり方　奈緒子著　雷鳥社
【要旨】大地の恵みで肌が輝く。48のスキンケアレシピ。コスメに使われる植物のチカラで心が癒されよう、いつの間にか、内側から光り輝くつや肌に変化しているのです。
2017.1 157p A5 ¥1600 ①978-4-8441-3714-6

◆10歳若返るインナーの魔法！　おねまともこ著　さくら舎
【要旨】大人の女性はラクにおしゃれにスタイルアップ！ 女性の体型・体質のお悩みをカバーするブラジャー、ガードルなどがたくさん！ 10歳若返る選び方、着け方のコツがわかるガイド本！
2017.4 192p B6 ¥1400 ①978-4-86581-098-1

◆女子力UPのための最新入浴法　後藤康彰著　虹有社
【要旨】あなたはお風呂でどんな美人になりますか？ お風呂でキレイになる目的別カンタン入浴法！
2017.4 149p B6 ¥1400 ①978-4-7709-0072-2

◆女性の悩みが消える老けない習慣　平野敦之著　青春出版社（青春新書PLAYBOOKS）
【要旨】大切なのは2つの「女性ホルモン」のバランスを整えること。"見た目"の若々しさを保つ「女性特有の病気」を防ぐ新常識。
2017.4 217p 18cm ¥1000 ①978-4-413-21084-3

◆人生を変えるお顔のつくり方 心に効く開運メイク　大野裕美子著　合同フォレスト,合同出版 発売
【要旨】幸せは"顔"に舞い降りる！ 眉は「喜怒哀楽」、目は「心の窓」、口は「品格」、鼻はメイクの背骨」。本当の意味を知れば、今までのメイク常識が変わる！ 願いを叶える開運メイクの極意。
2017.8 209p A5 ¥1400 ①978-4-7726-6091-4

◆人生が変わる洗顔—顔を洗うだけの銀座の小さなサロンが14万人の肌をきれいにしたシンプルな方法　米澤房昭著　講談社（講談社の実用BOOK）
【要旨】"米澤式健顔"は、特別なことはまったくしていません。ただ丁寧に洗って、肌の新陳代謝を促すことで、肌本来が持つ力を引き出すという、非常にシンプルなもの。肌を本当に美しくしたい、今の「つけるケア」に疑問を感じている…そんな方は、ぜひ一度試してみてください。きっと自分の肌が好きになるはずです。
2017.11 159p A5 ¥1400 ①978-4-06-299886-4

◆人生が変わる、読むやせぐせ—姿勢、食べ物、飲み物、ツボ押し…知ってる人だけ魅せるカラダに。　沢田大作著　主婦の友社
【要旨】暇さえあれば、指で押すだけ！ 小顔になっちゃうツボってドコ!? ハイボールとウーロンハイ、どっちがやせる？ カラダを知り尽くしたゴッドハンドが実証！ 知っているだけで自然と意識し、不調をスッキリとってやせる術。
2017.4 159p 20×15cm ¥1300 ①978-4-07-419839-9

◆水素育毛革命 決定版—「水素」のスーパーパワーが薄毛の黒幕「活性酸素」にアタック　二木昇平監修, 鈴木奈央子著　(堺) 銀河書籍, 星雲社 発売
【要旨】薄毛・白髪の黒幕は「活性酸素」だった！スーパー抗酸化物質「水素」を使った革命的育毛法「水素育毛」。その秘密と方法を世界初公開！
2017.11 187p B6 ¥1200 ①978-4-434-23650-1

◆すごい「デンタル美顔」プログラム—クイーンラインとヴィーナスラインであなたが変わる しわ・たるみ・ねこ背・ぽっこりお腹が改善！　是枝伸子著　PHP研究所
【要旨】モデルや女優もこっそりやっている、伝説のプログラムで驚くほどキレイになる！
2017.4 127p A5 ¥1200 ①978-4-569-83814-4

◆スーパー小顔革命—なりたい顔で人生を変える　河野隆著　リンダパブリッシャーズ, 泰文堂 発売
【目次】1 奇跡の小顔革命スタート！（小顔フルコース！夢の「手のひらサイズ」を手に入れたい、顔のお悩みTOP3第1位 えらの張り一気に なくなるえらが消え、理想の卵形に ほか）、2 小顔＋なりたい顔に大変身！驚きの骨調整マッサージ（ウォーミングアップ1 あごやフェイスラインの筋肉をほぐすこと、顔の横幅を狭くする ほか）、3 素顔系美人、顔まわりのちょっとしたトラブルも解消！（ウォーミングアップ2 頬のまわりの筋肉をほぐしましょう、目元のたるみをとる ほか）、4 目、鼻、口、頭…思いどおりのパーツに生まれ変わる（ウォーミングアップ3 目、鼻まわりの筋肉をほぐしましょう、眉（目）の高さを揃える ほか）
2017.8 79p B5 ¥1500 ①978-4-8030-1090-9

◆ズボラ大人女子の週末セルフケア大全　池田明子著　大和書房
【要旨】じつはスゴい！ 植物の力で自然治癒力をよみがえらせる。ハーブ15種＋精油9種に厳選！ 365日、毎日使って役に立つ！
2017.6 254p B6 ¥1400 ①978-4-479-78391-6

◆ずぼら女子のためのおとなキレイ養成講座—イケメントレーナーpresents　トキオ・ナレッジ著, EPARKスクール協力　G.B.
【目次】1 ビューティートラブル（ぽっこりおなかを何とかしたい、着たい服ほど似合わない、振袖みたいな二の腕をどうにかしたい、老けて見えるほどがイヤすぎる ほか）、2 ヘルストラブル（残念なほど疲れやすい、冷え性すぎて震えが止まらない、引き込むほど眠れない、眠れないほど肩がこる ほか）
2017.12 142p A5 ¥1300 ①978-4-906993-47-5

◆ズボラ美容—ラクしたってキレイになれる！　篠宮志乃著　主婦の友インフォス, 主婦の友社 発売
【要旨】化粧を落とさずに寝てしまった罪悪感まみれの夜をいくつも乗り越えて…。ズボラさんがキレイになれる方法を発案！ 惜しみなく、全てを伝授します！ これぞ究極の時短＆簡単美容テクニック。
2017.12 111p A5 ¥1200 ①978-4-07-426549-7

◆「生活の木」の手作り石けんの基本—CP石けん、MP石けんと液体石けんの詳しいプロセスとレシピ47点　梅原亜也子著　主婦の友社 新版
【要旨】毎日何度も使う石けんだからこそ、洗い心地がよく、肌にやさしく、安心なものを、材料から選んで作ってみませんか？ 本書では、本格的なCP石けん、簡単に作れるMP石けん、人気の液体石けんの詳しい作り方と、多彩なレシピを紹介します。肌にやさしい石けん、抗菌力のある石けん、肌や心にうれしい素材が入った石けん、暮らしに使える石けん、記念日や季節の石けんなど、レシピは47点。オリジナル石けん作りに役立つ色見本帳もプラス。手作り石けんのパイオニア的存在の「生活の木」が指南する信頼性の高い内容。初心者から愛好者まで長く使える手作り石けんのバイブルです。
2017.7 95p B5 ¥1380 ①978-4-07-424355-6

◆世界一シンプルなナチュラルメイクの教科書—自分に一番似合うメイク＆ヘアがひと目でわかる　赤松絵利著　講談社（講談社の実用BOOK）
【要旨】流行に左右されない、歳を重ねても古くならない。ナチュラル美人を目指したいあなたの「基本のメイク」決定版。最小限のテクニック＆アイテムで完成！ 簡単、10分で誰にでもできる。
2017.4 159p A5 ¥1500 ①978-4-06-299872-7

◆セルフアニメネイル—自分でできる推しキャラネイル　ネイルサロンVenusRico著　主婦の友インフォス, 主婦の友社 発売
【要旨】人気TVアニメ『進撃の巨人』、『おそ松さん』、『ユーリ!!! on ICE』のネイルデザインを完全レクチャー。イベントにも普段使いにも使えるデザイン満載！ 自分でアニメネイルができちゃう1冊。
2017.5 109p A5 ¥1200 ①978-4-07-421300-9

◆専門医が徹底解説！ 女性の薄毛解消読本　元神賢太著　幻冬舎メディアコンサルティング, 幻冬舎 発売
【要旨】5万人の女性を救った著者が明かす「女性の薄毛の原因」と「豊かな髪を手に入れる方法」。
2017.4 222p 18cm ¥800 ①978-4-344-91208-3

◆たった一週間で身長を3センチ伸ばしウエストを5センチ減らす骨盤・背骨ストレッチ　福辻鋭記著　アスコム
【要旨】「年齢を重ねるにつれて、身長が縮んできた」「最近、やせにくくなった」「体の不調も多く、肩こりや神経痛がひどい」そんな人は、骨盤が「ゆがみ」、背骨が「つまっている」かもしれません。骨盤と背骨を整えれば、身長が伸び、あっというまにウエストは細く！ そして、腰痛、神経痛、ねこ背、冷え、むくみなどの身体の悩みもなくなります！ ぜひ、本書で魔法のストレッチを体験してください！
2017.7 158p B6 ¥1200 ①978-4-7762-0953-9

◆「他人目線」でたるみケア—周りはあなたの老化に気づいています　江連智暢著　講談社（講談社の実用BOOK）
【要旨】これからは、「自分目線」だけではなく、他人から見て美しいかどうか、「他人目線」でも美しくなることこそが、真実の美容ではないでしょうか？ 資生堂のカリスマ研究者が語る、たるみを改善して若く見える方法を公開！
2017.11 95p A5 ¥1200 ①978-4-06-299885-7

◆手作りスキンケアコスメ 沼ラボ　大沼由樹著　KADOKAWA
【目次】1 Face&Hair 美人になる手作りコスメ、2 Body&Hand 美人になる手作りコスメ、3 リメイクを楽しむ洗顔について、4 肌美人になる手作り入浴剤、5 大沼由樹の体の中からきれい！、6 大沼由樹のカスタム生活。「自分に合う」へのこだわり
2017.11 111p A5 ¥1300 ①978-4-04-896023-6

◆手作り石けんと化粧水でナチュラルスキンケア　栗原冬子著, 佐々木薫監修　マイナビ出

家庭生活　実用書

版（マイナビ文庫）（『手作り石けんと化粧品でナチュラルスキンケアきほんBOOK』改題書）
【目次】prologue 手作りってこんなに楽しい！、1 手作り石けんで洗顔、2 手作りスキンケアで化粧品のきほん、3 手作りコスメでメイクアップ、4 ワンランク上の手作りでスペシャルケア、アレンジが広がる材料カタログ
2017.6 191p A6 ¥840 ①978-4-8399-6353-8

◆なぜか美人に見える人は髪が違う―髪が変わると顔も変わる　津村佳奈著　大和書房
【要旨】誰でも今すぐ可愛くなれる。美容師だけが知っているテクニックがいっぱい！
2017.12 196p B6 ¥1400 ①978-4-479-78407-4

◆奈良裕也 GIRLY HAIR ARRANGE　奈良裕也著　KADOKAWA
【要旨】カリスマヘアスタイリスト奈良裕也の神ワザテクニックを初公開！初心者でもかんたん！今どきアレンジがいっぱい。
2017.1 111p 15×22cm ¥1200 ①978-4-04-601829-8

◆なりたい美人になれる秘密の目元テクニック50　アイ・オブ・ザ・イヤー実行委員会著　幻冬舎
【要旨】−5歳印象。大人きれいな目元のつくり方。
2017.7 110p A5 ¥1100 ①978-4-344-03143-2

◆におわない人の習慣―最新版 加齢臭読本　奈良巧著　草思社
【要旨】セッケンの選び方、体の洗い方、保湿・食事習慣、大人の男の必須エチケット。簡単だけど、効果バツグン。ニオイの不安とサヨナラ！
2017.7 223p B6 ¥1200 ①978-4-7942-2289-3

◆日本の化粧品総覧　2018　週刊粧業
【目次】第1部 粧業界のマーケティング戦略資料（日本の化粧品産業の現状、主な新製品の動向（2016.7～2017.6）、化粧品の主な新製品リスト）、第2部 主要メーカー別販売商品編（伊勢半、井田ラボラトリーズ、エイボン・プロダクツ、SK-2、エフティ資生堂 ほか）
2017.10 165p B5 ¥9000 ①978-4-905104-14-8

◆ハイヒールをはいても脚が痛くならないカラダのつくり方　久優子著　宝島社
【要旨】ハイヒールをはけないのは、「靴」のせいではなく、あなたの「脚」のせい！たった4STEPのエクササイズでやせる！美脚になる！脚の痛みがなくなる！
2017.6 111p A5 ¥1200 ①978-4-8002-7090-0

◆ビジネスメイクの新ルール―第一印象で好感度アップ　尾花ケイコ著　ディスカヴァー・トゥエンティワン　（最高の自分を演出する）（『好感度が10倍アップするビジネスメイク術』改訂・改題書）
【要旨】仕事を成功させるため、職場環境に合わせて自分がどう見られるのか戦略的に考えてこのうのがビジネスメイク。「モテ」でも「カワイイ」でもない大人の女性のメイクを実践。プレゼンメイク、内勤メイク、パーティメイク、婚活メイクetc。シーン別ガイドも満載。
2017.3 199p B6 ¥1500 ①978-4-7993-2051-8

◆美女113人の髪型図鑑―Supported by COVER HAIR　GINGER編集部編　幻冬舎
【要旨】なりたい髪型が見つかれば人生が変わる！アレンジしやすい全193スタイル。
2017.9 84p 24×17cm ¥1300 ①978-4-344-03075-6

◆美人は「鼻」で決まる　杉崎裕স著　幻冬舎メディアコンサルティング，幻冬舎 発売
【要旨】多くの悩める女性を救ってきた美容外科医が明かす美鼻を手に入れる方法。
2017.7 188p 18cm ¥800 ①978-4-344-91317-2

◆人にもお金にも愛される 美開運メイク―最強運を呼ぶ10歳若返る　斎藤一人，舛岡はなゑ著　マキノ出版
【要旨】ツヤを出すだけで福相になれる！シミも不幸もまとめて解消！
2017.2 144p A5 ¥1350 ①978-4-8376-7251-7

◆美肌戦争―肌で運命が変わる！　長嶋まさこ著　講談社エディトリアル
【目次】第1章「汚肌」に苦しめられた私の半生（美肌は生まれつき？いえ、違います！、顔に大ケガを負った幼少期の不幸な事故、みんなに「半魚人」と呼ばれていた私 ほか）、第2章 美！私のエステ道（大手エステ会社に中途採用で入社成功！、前代未聞！全コースの試験に落

ちてしまった私、職場での壮絶ないじめ。そして、無視され続けきた日々 ほか）、第3章 みんなのキレイを応援したい！―独自開発化粧品が生まれるまで（ケイ素に可能性を見いだした、私の背中を押してくれた「大切な人」、独自開発原料 1 Si プラントファーメント ほか）
2017.6 175p B6 ¥1300 ①978-4-907514-84-6

◆美髪はよみがえる―毛の1本1本を元気にする習慣とケア法　山田佳弘著　光文社
【要旨】本当の問題は抜け毛の本数ではありません。「何の抵抗もなくまとまって抜ける」ことにあるのです。ベストセラー「髪は増える！」の著者が髪に悩む女性のために書き下ろしました！もう育毛剤にもウィッグにも頼らない。
2017.12 212p B6 ¥1300 ①978-4-334-97969-0

◆美容格差時代―進化する美容医療、その光と影　大竹奉一著　ディスカヴァー・トゥエンティワン　（ディスカヴァー携書）
【要旨】プチ整形、アンチエイジングなど、美容医療が身近な存在になり、これまで「怖い」と敬遠していた人が、エステ感覚で気軽に受ける時代になってきました。市場規模も、数年前の2000億円から、今や4000億円と言われています。技術は日々進化し、美容外科医自身がその治療を受け、家族・知人にも勧めるほどに、安全・安心に行える治療になったのです。しかし、美容医療の医療事故や医師へのクレームは減らず、逆に増えています。なぜ、日本の美容医療はトラブルが多いのか。発達した技術を上手に使うにはどうしたらいいのか。NHK「クローズアップ現代」にも出演した医療ジャーナリストが美容医療の光と影を語り尽くします。
2017.8 255p 18cm ¥1400 ①978-4-7993-2161-4

◆美容外科医の本音―そろそろ本当のことを話そう！　麻生泰著　白誠社書房，星雲社 発売
【要旨】アジア、欧米を知り尽くした現役美容外科医が語る、日本の美容整形事情。
2017.9 148p B6 ¥1200 ①978-4-434-23730-0

◆美容と東洋医学―人間美と健康美の原点　大形徹監修，王財源著　静風社
【目次】第1章 序論（背景と目的、資料、構成）、第2章「気」と身体について―人体と自然が共生するということ（中国伝統医学の「気」について、身体における「気」の生成と働き、五蔵の「気」とこころの動き）、第3章「気」による養生と「美」の観念―「美」を求めて美しくなるという文化（中医美容の歴史、中医病因と美容、経絡と美容）、第4章 鍼灸学的な身体美の創出―医学と哲学の共生で身体美をつくる（養生による「若返り」の法則、古典文学に秘められた美容、現代に蘇る古代九鍼）
2017.11 263p A5 ¥2400 ①978-4-9909091-1-6

◆美容文藝誌 髪とアタシ　第5刊　音楽と髪　「髪とアタシ」編集部編　（逗子）アタシ社
【目次】尾城世界観、ユザーン、小山田壮平、高橋海、三戸なつめ、鹿野淳、ベッド・イン、桐生綾子、Bose、辻野孝明、あなたとアタシ、映画「ちょき」
2017.1 94p B5 ¥1300 ①978-4-9908436-3-2

◆フェイシャル・フィラー―注入の極意と部位別テクニック　岩城佳津美編　克誠堂出版
【目次】1 フィラー注入の極意（顔面の老化プロセスを理解しよう、フィラーを自在に使いこなそう、患者教育も重要なテクニックのひとつ、頬の形を自在にデザインする、側頭部（こめかみ）と顎は小顔のキーポイント ほか）、2 部位別注入テクニック（鼻唇溝（ほうれい線）への注入、中顔面（ゴルゴライン）への注入、下眼瞼（tear trough）への注入、側頭部（こめかみ）への注入、前額部への注入 ほか）、3 ケーススタディ
2017.4 162p B5 ¥11000 ①978-4-7719-0480-4

◆ブラインドメイク物語―視覚障害者もメイクの力で人生が変わる！　大石華法編著　（大阪）メディカ出版
【要旨】「ブラインドメイク」の化粧技法は、これまで化粧がしたくても、目に障害があることで化粧することを諦めていた視覚障害者の女性たちのために、著者の大石華法氏が二〇一〇年に考案しました。目が見えなくなることで、一度は諦めた女性としての身だしなみの一つである化粧…。「ブラインドメイク」によって、一人で鏡を見ないでフルメーキャップができるようになった。このことで、顔を上げて歩けるようになった。人と話すことができるようになった。もう一度生きてみようと考えることができました。このような彼女たち自らが執筆した涙と感動の物語を一冊の本にまとめました。
2017.8 183p A5 ¥3000 ①978-4-8404-6193-1

◆プレアイロン ストレートパーマ　改訂版　菊地克彦著　新美容出版
【目次】第1章「プレアイロン ストパー」って何？（「プレアイロンストパー」の基礎知識、「プレアイロンストパー」の効果を検証）、第2章「プレアイロン ストパー」の基本プロセス、第3章 プレアイロンを成功させるポイント（毛髪診断1 クセの状態を確認する、毛髪診断2 クセの長さを確認・記録する ほか）、第4章 素材対応ケーススタディ（素材対応で取り上げる6ケース、ケース1 細かい縮毛のノンカラー毛 ほか）、第5章 アイロン操作と薬液塗布の精度を高めるテクニック（アイロン操作1 クセや髪質で2つの方法を使い分ける、アイロン操作2 スライスブロッキングは並べるように留める ほか）
2017.12 101p 28×23cm ¥3800 ①978-4-88030-529-5

◆ヘアゴム1本のゆるアレンジ―ほんのちょっとのコツで毎朝がうんとラクになる　工藤由布著　セブン＆アイ出版
【要旨】どこに行っても恥ずかしくない、無敵アレンジが1つあればいい。巻いてない＆ワックスついてない「すっぴんヘア」だって、キレイにまとまるテクニック。
2017.12 183p B6 ¥1300 ①978-4-86008-748-7

◆ほぼ100均ネイル 1・2・3色でほめられネイル　しずく著　KADOKAWA
【要旨】誰でもおしゃれネイルが作れるようになる！究極の簡単ネイルレシピ100。
2017.6 127p B6 ¥1300 ①978-4-04-602051-2

◆まず、脚からやせる技術―撮影前にモデルが駆け込む治療院の最強メソッド　福辻鋭記著　ワニ・プラス，ワニブックス 発売
【目次】第1章 どんな脚も細くなる！福辻式美脚ケア（あなたは美脚？それともダメ脚？脚の太り方をチェック、脚が太くなる三大理由は、「むくみ」「脂肪」「筋肉」 ほか）、第2章 脚のトラブルを改善 福辻式脚の悩み別ケア（セルライト、扁平足、O脚―セルフケアで悩みを改善！、福辻式脚の悩み別ケア）、第3章 今すぐ真似したい！美脚な人の生活習慣（意識するだけで変えられる！美脚をつくる正しい姿勢とは？、「1日2リットル」は間違っていた！水分のとりすぎは冷え、むくみを招く ほか）、第4章 どんな悩みもおまかせ！+αの脚のセルフケア（あなどってはダメ！脚のトラブルは不調のサイン、+αの脚のセルフケア）
2017.6 127p B6 ¥1300 ①978-4-8470-9570-2

◆ますますキレイになる人 どんどんブサイクになる人―モデル養成専門学校の校長が教える　豊川月乃著　大和書房　（だいわ文庫）
【要旨】美人は"生まれつき"ではなく"なっていく"もの。アイドルでも女優でもないあなたが美人になる38のレッスン。
2017.3 207p A6 ¥650 ①978-4-479-30642-9

◆魔法の表情筋エステ＆若見せメイク　新見千晶著　成美堂出版
【要旨】第1章 魔法の表情筋エステ（ほうれい線があるとそれだけで老けて見える!?、ほうれい線、目元・口元のたるみ、たるみ線は人によって深くなる！、たるみ引き上げのカギを握る"リガメント"徹底解説 ほか）、第2章 たるみを予防する表情筋エステ（目元のたるみを予防するには？、マリオネットラインを予防するには？、フェイスラインのたるみを予防するには？ ほか）、第3章 魔法の若見せメイク（ツヤと透明感を引き出すベースメイク、目元をすっきり明るく見せるアイメイク、顔全体がリフトアップする眉メイク ほか）
2017.3 95p B5 ¥1000 ①978-4-415-32246-9

◆ママになっても美おっぱい―垂れない！しぼまない！　MACO著　PHP研究所
【要旨】元のおっぱいより、ふんわり大きく。出産しても美乳でいたい、すべてのママの夢をかなえます。
2017.5 111p A5 ¥1300 ①978-4-569-83813-7

◆まゆで9割決まる美人メイクのつくり方　西日本ヘアメイクカレッジ著　幻冬舎
【要旨】まゆが決まればメイクが決まる！もっとキレイになりたい！毎朝の基本からプロのマル秘ワザまで。
2017.6 135p A5 ¥1300 ①978-4-344-03127-2

◆見た目が若いは、武器になる。――生劣化せず、今すぐ若返る。禁断の8スキル　八藤浩志著　ワニブックス

家庭生活

実用書

◆「耳たぶくるくる回し」で"顔のしわ"は消せる！　佐藤青児著　PHP研究所
【目次】1「耳たぶ回し」はなぜいいのか（顔のお悩みナンバーワン、「しわ」は消せる！、魔法のタッチ「耳たぶ回し」で驚きの効果が、小顔になって、口角も上がる！、リンパケアで化粧水の効果もアップ！、美容液より30倍の「耳たぶ回し」メソッドが、「耳たぶ回し」メソッドが生まれるまで、なぜ「耳たぶ回し」が身体にいいのか？、身体は「腔」で構成されている、刺激は弱ければ弱いほど効果が高い、筋肉をゆるめると「リンパ間質液」が流れ出す！）、2「耳たぶ回し」でお顔のあらゆる悩みを解決（「耳たぶ回し」基本編、お悩み別お顔改造「耳たぶ回し」編）、3 耳と全身をつなぐ身体の中からきれいになる！（耳を意識しながら姿勢を整える、キラキラパタパタ体操でくずれた姿勢を整える、「耳」「肩」「脚」を一直線にして歩く、45歳過ぎたら「がんばらない」ことが大事、力を入れないから力が出る、「耳たぶ回し」で心身ともに幸福になる！）
2017.6 126p B6 ¥1200 ⓘ978-4-569-83832-8

◆メイクがシニアを元気にする—いくつになってもきれいでいたい　みきしほ著（大阪）メディアイランド
【目次】元気なアクティブシニア、シニアメイクの技法（アクティブシニアのためのメイク、訪問美容で行うメイク）、メイクセラピーってどんなこと？、メイクボランティアグループの声、日本アピアランスセラピー協会の活動
2017.11 119p B6 ¥1400-904678-84-8

◆「目力」アップ3分トレーニング　日比野佐和子著、林田康隆監修　三笠書房（王様文庫）
【要旨】「眼トレドクター」がおしえる。目からイキイキ元気に！簡単トレーニング。
2017.9 206p A6 ¥600 ⓘ978-4-8379-6832-0

◆目元で、美人の9割が決まる　玉村麻衣子著　KADOKAWA
【要旨】眉毛ひとつで、人生がかわる。眉メイクで、色々な顔を持つ。
2017.3 167p B6 ¥1400 ⓘ978-4-04-601904-2

◆やってはいけない肌のケア—行列ができる皮膚科の目からウロコの新常識　村松重勝著　KADOKAWA
【要旨】毎晩のクレンジングが肌の組織を壊す、即効性のある高級化粧品ほど肌に悪い、ニキビは洗いすぎると悪化する—毎晩のクレンジングが、あなたの肌を壊しています。本書では、間違ったケアや習慣を正し、真に健康的な美肌を手に入れるための方法を紹介していきます。
2017.9 199p B6 ¥1200 ⓘ978-4-04-106020-9

◆冷水洗顔＆簡単マッサージでOK！北原式一生美肌メソッド　北原邦子著　大和出版
【要旨】シンプルなのに効果絶大。透き通って輝く「雪肌」は、3ステップだけでつくれる！
2017.10 148p A5 ¥1200 ⓘ978-4-8047-6284-5

◆若くなりたければ水素をとりなさい！　芝岡起世著　アートデイズ
【要旨】健康やアンチエイジングの分野ではもう水素がはずせない。水素水、水素サプリ、水素風呂、水素吸入…。実践的美容家の著者がすすめる、素晴らしい「水素生活」とは？様々な水素の専門家も登場する本書で「水素と体」の全てが分かる。
2017.1 155p B6 ¥1200 ⓘ978-4-86119-259-3

◆和食の食べ方を知れば、女性はもっと美しくなれる　エリカ・アンギャル著　学研プラス
【要旨】予防栄養学のスペシャリストが教える素肌が輝き、キレイにやせる。日本人が知らない新しい和食のとり方と美容パワー。
2017.7 192p B6 ¥1300 ⓘ978-4-05-800791-4

◆akiico HAIR ARRANGE BOOK—朝5分でできる簡単ヘアアレンジ　田中亜希子著　宝島社
【要旨】コツさえつかめば、おしゃれなヘアアレンジはつくれる！遅れ毛やつれ毛のちがいを解説！「こなれ感」をつくる指先の使い方。ピンを使わずヘアゴム1本で仕上げるテク。「小顔見せ」を叶えるバランス黄金比。やりがちなNGバランス。顔まわりの"かわいい"をつくるアイロンテク…and more。おしゃれな大人の

ニュアンスアレンジ。
2017.12 109p 23×19cm ¥1100 ⓘ978-4-8002-7706-0

◆Beauty Science 第5号　ビューティサイエンス学会編　ビューティサイエンス学会、雄山閣 発売
【要旨】巻頭言 旧制高等学校の教育は人間教育であった、第1章 医学（ベルツが日本に残した功績、明治・大正・昭和の製薬王 星一の仕事と生涯 ほか）、第2章 香文化（香炉について、比丘尼御所における雅びの継承—宝鏡寺門跡と源氏香絵図 ほか）、第3章 美容（専門職業大学とは、山野愛子の美道五大原則—髪・顔・装い・精神美・健康美 ほか）、第4章 大正時代（大正期の日本文化に及ぼしたフランスの影響、大正時代の文人漢詩—大正天皇・鷗外・漱石・龍之介 ほか）、第5章 文化（現代に伝わる江戸時代の鑑賞装束—鞠水干 紅上、帽子の多様性とその変遷 ほか）
2017.2 252p A4 ¥2500 ⓘ978-4-639-02461-3

◆Inside my head.—Hana4's Book of Nails　Hana4著　世界文化社
【要旨】いま世界中が注目する気鋭のネイルアーティストHana4、そのデザインのルーツを初公開。ファッションやライフスタイルなど「Hana4の頭の中」を徹底解剖。
2017.12 89p A5 ¥1500 ⓘ978-4-418-17429-4

◆LOVE！NAIL HOLIC　コーセー監修　宝島社
【要旨】プロ仕様のアートもできちゃう！セルフネイルBOOK。今すぐマネしたい！ネイルデザイン83パターン。シーズン、シーン別、アクセサリーに合わせたネイルからフットネイルまで、誰でもカンタンにセルフネイル！
2017.7 95p 23×19cm ¥552 ⓘ978-4-8002-7293-5

◆MAKE UP YOUR LIFE 綺麗の法則—メイクで顔がつくれるように、人生は「願ったとおり」に自分でつくれる　福井美余著　三笠書房
【要旨】あなたの心に自信を育て、「ここ一番」の大切なときに背中を押してくれる、そんな素敵なパワーを持ったあなたの「お守り」なのです！
2017.6 225p B6 ¥1400 ⓘ978-4-8379-2683-2

◆Secretシニアビューティメイク—どうしてそんなにキレイなの？と噂される　えがお写真館、赤坂渉著　扶桑社
【要旨】—17歳からのメイク前の簡単マッサージ。"上品アカ抜け顔"になれる眉の描き方。厚化粧に見えないのにシミが消えるヒミツ。正しくつければチークだけで5歳若返る！幸せオーラをまとうリップ使いetc。ちょっとしたコツで驚くほど若くなれる！同世代と圧倒的な差がつくテクニック。
2017.11 79p B5 ¥1000 ⓘ978-4-594-07855-3

◆TOMOTOMO BASIC SERIES VOL.03　ダウンシェープだけでスタイルの数が増やせるカットの方法　新美容出版
【要旨】作り分けというのは、ベースのスタイルの数を増やすよりも、ひとつのベースをどれだけ切り分けられるかがカギになる。今までとは別の切り方をするためのアイデアや考え方を紹介。
2017.10 116p 26×20cm ¥2500 ⓘ978-4-88030-163-1

◆Vell's MAKEUP MAGIC—ミラクルベルマジックの、メイクでなりたい女の子になれる17の魔法　Miracle Vell Magic著　ワニブックス
【要旨】Tシャツ×○○でつくる、純真無垢でアクティブなプリンセス。目元に○○カラーを使えば妖艶な魔女に…！ボーイッシュな顔立ちメイクは○○がカギ！パーティーにも使える、アニマルメイク！メイク・ヘアアレンジ・ファッションコーデを完全プロデュース！ぜひマネできる！ほぼプチプラのコスメとファッションで17変化のコツを大公開！
2017.12 95p A5 ¥1200 ⓘ978-4-8470-9626-6

ダイエット・シェイプアップ

◆足ぶみ下腹ダイエット—1回30秒！座ったままやせる！　宮腰圭著　池田書店
【要旨】筋肉、骨格、脂肪、便秘。下腹の原因をまとめて解消！ズボラでも続けられる！足ぶみするだけのながらエクササイズ。太ももや二

の腕もやせる！3週間チャレンジをチェック！
2017.11 95p A5 ¥1200 ⓘ978-4-262-16562-2

◆あなたが痩せられないのは、一生懸命ダイエットをしているからだ　鴨頭明子著　かも出版、サンクチュアリ出版 発売
【要旨】人生最後のダイエット！！34歳以下お断り。無理せずに、しっかり、かんたんに。一番キレイな自分に戻れる、かもあきダイエットのススメ。
2017.7 123p A5 ¥1200 ⓘ978-4-86113-408-1

◆あなたの自宅を明日から『ダイエット★ヴィレッジ』にする本　日本テレビ『ダイエット★ヴィレッジ』編　TAC出版
【要旨】どんなにデブでも（もちろん普通の人でも）結果が出る、やせる、人生が変わる！超おデブたちに連帯責任を課し、体重を落とし続けてきた日本で一番パワフルなダイエット番組、『ダイエット★ヴィレッジ』のメソッドを集大成。
2017.11 119p 21×15cm ¥1200 ⓘ978-4-8132-7450-6

◆あなたの味覚にピタッと合う味ダイエット　庄島義博著　かんき出版
【要旨】あなたをやせさせる味がある。ラクにやせる食事のとり方の正解。付録・コンビニ、居酒屋、ファミレス対応！味覚別メニュー早見表。
2018.1 103p A5 ¥1200 ⓘ978-4-7612-7309-5

◆居酒屋ダイエット—「一酒三菜」メニューを食べるだけで、やせる！モテる！若返る！　松田真紀著　三笠書房
【要旨】居酒屋こそ、理想的な「ダイエット食堂」。
2017.7 141p A5 ¥1300 ⓘ978-4-8379-2693-1

◆医師が教える50歳からの超簡単ダイエット　川村昌嗣著　幻冬舎
【要旨】歩きながら腹筋を動かすだけで、腹囲－10cm！食べたい物を我慢したくない！楽に理想の体を手に入れたい、でも運動はしたくない！やらなきゃ損する、50歳からの肉体改造。
2017.8 166p 18cm ¥1000 ⓘ978-4-344-03153-1

◆1日1分 美骨ピラティスダイエット　SATOKO著　光文社
【要旨】骨を動かせば、体は変わる！自宅で職場で簡単にできるストレッチ＆エクササイズ。
2017.7 127p A5 ¥1200 ⓘ978-4-334-97936-2

◆1日5分で家じゅうどこでもダイエット やせる掃除！　清田真未著　かんき出版
【要旨】どんなにずぼらでも、まったく掃除をしない人にいいなずまが。どうせやるなら、やせる掃除！部屋も体もキレイになる、挫折知らずの「ながらダイエット」。
2017.11 119p A5 ¥1100 ⓘ978-4-7612-7297-5

◆一流のコンディション—意志力に頼らず「食」で成功するメソッド　トレイシー・マン著、佐伯葉子訳　大和書房
【要旨】ダイエットをやめればパフォーマンスが上がる！メディアが伝えない真実を最新の心理学、栄養学、脳科学の知見から明かしていく話題の1冊！
2017.5 286p B6 ¥1600 ⓘ978-4-479-78385-5

◆「1か月で5kgダイエット！」と決意したら、毎日玄関の靴を揃えなさい—稲田竜生！夢見る女性のための成幸メソッド！　稲川竜生著　メディキューブ出版、協立コミュニケーションズ 発売（健康美人文庫）（付属資料：CD1）
【要旨】最近、ヤセにくくなったと感じるすべての女性へ。40歳からのダイエットのコツは、愛情ホルモンにあった！全く新しいダイエットメソッド。成功体験者続出！
2017.6 101p A5 ¥1200 ⓘ978-4-9905881-2-0

◆1週間で「やせグセ」がつく自己管理メソッド　久優子著　宝島社
【要旨】あなたの運命を変える、7日間の最強ダイエットプログラム。予約半年待ち！完全予約制サロンを経営する著者による、ダイエットレシピ第2弾！
2017.12 159p B6 ¥1200 ⓘ978-4-8002-6629-3

◆一生太らない魔法の食欲鎮静術　松尾伊津香著　クロスメディア・パブリッシング、インプレス 発売（Business Life）
【要旨】「食べたい！」の欲に振り回されてしまうのは、「本当の味わい方」を知らないから。一度知ったらむしろ太れない、究極の食欲コントロール術。
2017.2 203p B6 ¥1380 ⓘ978-4-295-40059-2

◆奥薗壽子の超かんたん！ 中性脂肪を落とす「楽うま」健康ダイエットレッスン　奥薗壽子著，板倉弘重医学監修　PHP研究所
【要旨】大満足なのに、お腹の脂肪がみるみるとれる奥薗流"食べ方の工夫"大公開！
2017.3 159p 24×19cm ¥1400 ①978-4-569-83485-6

◆押したら、ヤセ。　久優子著　宝島社
【要旨】自身も68kg→48kgのダイエットに成功した著者がたった、ただ押すだけでヤセていく、魔法みたいな究極のダイエットプログラムを大公開！
2017.12 109p A5 ¥1200 ①978-4-8002-7784-8

◆おしりが変われば全身するっとやせる。おしりリセットダイエット　中村奈緒子著　主婦の友インフォス，主婦の友社 発売
【要旨】おしりをリセットすることが、早くてムダのないダイエット。東京・江戸川区の8000人以上のキレイなママが実践！整形級のおしりに！1日3つのエクササイズでがんばらないダイエット。4週間で成功者続出。だら～んとしたおしり、お腹、内臓、背中も解消！！
2017.11 112p A5 ¥1200 ①978-4-07-426532-9

◆おやつで痩せる　安中千絵著　PHP研究所
【要旨】一生お菓子を楽しみながら、上手に体重調整していきましょう！女子栄養大学とタニタで研究した著者が最新の栄養学を指南。目的別ヘルシーおやつも紹介。
2017.3 197p 18cm ¥1000 ①978-4-569-83495-5

◆家計簿つけたら、ヤセました!!　川下和彦著　あさ出版
【要旨】ガマンして、おいしい物やお酒をあきらめなくても。ハードな運動をしなくても。スマホでレシートを撮影するだけで、気づいたら勝手にヤセていく。リバウンドもなし。家計簿をつければ、人生が変わる!!
2017.6 185p B6 ¥1300 ①978-4-86063-990-7

◆下半身だけ即やせる―1日1分植森式PPCメソッド　植森美緒著　宝島社
【要旨】誰も教えてくれなかった、下半身やせ本当の話。「苦労や根性では、下半身やせできません！」大丈夫！本書が、長年の下半身の悩みからあなたを解放します！
2017.3 191p 18cm ¥1000 ①978-4-8002-6577-7

◆カラダが硬い人ほどうまくいく！2週間でやせるストレッチ　和田清香著　宝島社
【要旨】ぽっこりお腹、ふりそで二の腕、むっちり太もも、だるだる膝、たれ尻、猫背、気になる部分をスッキリ解消！お悩みにすぐ効くストレッチ満載！
2017.4 95p A5 ¥600 ①978-4-8002-7372-7

◆簡単ラクラク自分でできる！ 筋膜リリースダイエット完全ガイド　滝澤幸一著　宝島社
【要旨】筋膜のカタイ体はやせない&やせて見えない！固まった筋膜をはがしてゆるトレでやせる!!顔やせ美容、バストアップ、若返り、ヒップアップ、脚やせ。筋膜リリースダイエットは、体のしくみを知りつくしたプロが生み出した無理のない、現実的なダイエット法です。
2017.5 111p A5 ¥1000 ①978-4-8002-7111-2

◆がんばらなくてもやせられる ほめるだけダイエット　小山圭介著　学研プラス
【要旨】1万人が成功！"自分をほめるだけ"で、やせるクセが身につく！
2017.11 175p B6 ¥1300 ①978-4-05-800840-9

◆奇跡の3日腹ペター不調が消える！体がコンパクトに！　森田愛子著　ワニブックス
【要旨】下腹ポッコリが消えた!!4万人の体に革命をおこした"体の圧抜きのプロ"が横隔膜を動かし、内臓下垂も改善！
2017.3 175p B6 ¥1300 ①978-4-8470-9547-4

◆きゅうり食べるだけダイエット　野崎洋光著，工藤孝文監修　KADOKAWA
【要旨】本書のダイエット法は、やせる効果の高い「きゅうり」をきっかけに食生活を変えることを目的としています。1食1～2本食べるだけでやせる体に！きゅうりの酵素ホスホリパーゼが脂肪を分解する。
2017.9 127p A5 ¥1200 ①978-4-04-602100-7

◆キレイ！筋膜リリースBeauty編―筋膜博士が教える決定版　竹井仁著　自由国民社
【要旨】実績豊富な筋膜博士が解剖学・生理学・運動学という医学的知識をもとに考案した美顔・

小顔エクササイズ！科学的根拠が高いメニューであなたもキレイに！
2017.12 159p A5 ¥1200 ①978-4-426-12392-5

◆首 腰 つちふまず「美の三大アーチ」を整えればずっとキレイでいられる！　ホリスティックビューティインターナショナル編著，全国健康生活普及会監修　集英社
【要旨】やせにくい、肌あれ、むくみ…その悩み、み～んな「美の三大アーチ」の崩れが原因かも！おうちでできる美容カイロエステティックで肌もボディもランクアップ！美肌も美ボディも「美の三大アーチ」を整えることで手に入る！
2017.8 128p A5 ¥1200 ①978-4-08-781631-0

◆「くびれ」のしくみ―胸郭を整えると、お腹はどんどん引き締まる　南雅子著　青春出版社（青春新書PLAY BOOKS）
【要旨】あなたのウエストは、本当はもっと細いのです。本来のウエストよりも太くなっている大きな原因は「胸郭」の歪み。胸郭とは、肋骨や背骨で構成される胸まわりにある骨格のこと。胸郭が歪んでいれば、ウエストは"本来の細さ"を発揮できません。しかし、簡単なエクササイズで胸郭を矯正するだけで、美しいウエストラインを取り戻すことができます。本書では、胸郭とくびれの深い関係を説明しながら、くびれを取り戻す簡単なエクササイズを、紹介します。
2017.10 189p 18cm ¥1000 ①978-4-413-21097-3

◆ケトン体でやせる！バターコーヒーダイエット―MCTオイルをプラスでさらに効果的　宗田哲男監修　河出書房新社
【要旨】初級～上級まで3段階。効果をあげたいレベルで選べる！さらに効果アップのレシピも満載！ダイエット献立表&記録表つき。
2017.12 61p B5 ¥920 ①978-4-309-28662-4

◆肥えグセが吹っとぶやせるストレッチ　千波著　ワニブックス
【要旨】しなやか細Bodyに変わる！「モチベーション」から変えていく！
2018.1 127p 19×15cm ¥1300 ①978-4-8470-9648-8

◆骨盤リズムRPBダイエット―「絶対やせる！」とリピーター続出　あめのもりようこ著　大和書房 （DVD book）（付属資料：DVD1）　新装版
【要旨】やっぱり骨盤・肩甲骨・股関節！インナーマッスルを鍛えるから、脂肪が燃える！やせ体質をつくる！
2017.8 63p 26×22cm ¥1200 ①978-4-479-92117-2

◆5秒腹筋 劇的腹やせトレーニング　松井薫著　西東社
【要旨】脳をだましながらお腹を5秒、つぶす運動。お腹にある筋肉を効果的につぶす、8つのメニューを2週間のプログラムに組み込んだ。二の腕やヒップなど気になる部位にピンポイントで効かせるメニューも紹介している。
2017.10 111p A5 ¥1000 ①978-4-7916-2707-3

◆最少の努力でやせる食事の科学　オーガスト・ハーゲスハイマー著　講談社
【要旨】40代からの美しい腹筋はジムではなく食事から作られる！欧米の最先端の栄養学を日本人向けにカスタマイズ。最短でやせる究極の食事法。
2017.8 175p A5 ¥1300 ①978-4-06-299880-2

◆最新！太らない食べ方―「食べないでやせる」は大間違い！　足立香代子著　廣済堂出版（健康人新書）
【要旨】空腹をがまんすると太りやすい体になる。40代以降に向け、空腹をがまんする食事が楽しめて、なおかつ太らず病気にもかかりにくいという"夢のような"食事法を紹介。いずれも最新の栄養学に基づいた信頼できる情報。
2017.7 174p 18cm ¥850 ①978-4-331-52104-5

◆下がらないカラダ　小野咲著　サンマーク出版
【要旨】1日15秒でやせる、引き締まる、体が上向く―成功者、続々のメソッド！巻末にモデルたちとの座談会収録！
2017.7 190p B6 ¥1300 ①978-4-7631-3618-3

◆産後太りからマイナス15キロ 足までやせたすごいダイエット　MONA著　KADOKAWA
【要旨】美ボディになって私の人生大きく変わった！毎日5分のエクササイズとちょっぴり糖質オフだけ！ジムに行かないからお金もかから

し、飽きっぽくても大丈夫！
2017.12 119p A5 ¥1300 ①978-4-04-602179-3

◆39種類のダイエットに失敗した46歳のデブな女医はなぜ1年間で15kg痩せられたのか？―リバウンドなし　日比野佐和子著　マガジンハウス
【要旨】失敗を繰り返したからこそ分かった、絶対にリバウンドしないダイエット。
2017.5 193p A5 ¥1300 ①978-4-8387-2926-5

◆姿勢を直すだけで全身が「上がる」プリエボディエクササイズ　城山珂奈見著，伊藤彰浩監修　ユサブル
【要旨】1日10分の姿勢改善プログラム。3児の母、ミセス日本グランプリの若返りエクササイズ。
2017.11 173p B6 ¥1400 ①978-4-909249-04-3

◆12時前にランチを食べれば太らない。　蓮水カノン著　幻冬舎
【要旨】いつでもラクラク2kg痩せできるダイエットの新常識24。大事なのは「何を食べるか」よりも、「いつ食べるか」。
2017.3 183p 18cm ¥1100 ①978-4-344-03091-6

◆10秒のリンパストレッチで全身がみるみるやせる！　加藤雅俊著　PHP研究所
【要旨】脂肪燃焼が48時間持続！深いリンパと筋肉にアプローチ！やせ体質、部分やせ、不調解消に効果抜群！
2017.3 101p A5 ¥1200 ①978-4-569-83499-3

◆週末脚やせダイエット―モデルも実践！必ず美脚になれる魔法のメソッド　久優子著（京都）PHP研究所
【要旨】歯磨きしながら、ベッドで寝ながら、平日の「ながら」で効果も倍増！6ヶ月で-15キロすっきりやせて、時のキズまで消える！3日ほどうずでも絶対に続く！
2017.12 111p A5 ¥1200 ①978-4-569-83874-8

◆尻トレが最強のキレイをつくる　Testosterone, Miharu著　ユーキャン学び出版，自由国民社 発売
【要旨】ヒップアップと共に人生の運気アップ！信じる者は救われる!?人生を変える究極の尻トレ！
2017.7 127p A5 ¥1300 ①978-4-426-60969-6

◆図解かんたん 23時から食べても太らない方法　伊達友美著　WAVE出版
【要旨】毎日家に帰るのが遅いので、どうしても夜ごはんが23時以降になってしまうあなたに朗報です。こんなことを続けていると、ちっとも理想の体型に近づけないとお悩みでしょう。でも、23時以降の夜ごはんでも、理想体型の実現は十分可能です！食べる種類や組み合わせ、順番をちょっと変えるだけで、太らない食事をすることができるのです。
2017.2 127p A5 ¥670 ①978-4-86621-055-1

◆図解 週3日だけの「食べグセ」ダイエット　山村慎一郎著　青春出版社
【要旨】やせ方の正解は「自分の顔」に出ていた！体質に合うものを食べれば、体が自然とやせていく！1か月で10～15kg減も！砂糖を摂りすぎる、乳製品を食べすぎる、肉を食べすぎる、卵を食べすぎる、水分を摂りすぎる、炭水化物を摂りすぎる…etc. その「食べグセ」を直せば、やせる+きれい+健康3つ同時に叶う！
2018.1 126p A5 ¥1300 ①978-4-413-11241-3

◆図解 食べても食べても太らない法　菊池真由子著　三笠書房
【要旨】焼肉、ラーメン、ビール、スイーツ…大いに結構！1万人の悩みを解決した管理栄養士が教える簡単ダイエット。
2017.6 127p A5 ¥630 ①978-4-8379-2692-4

◆すっきりやせる・健康になるおいしいもち麦ダイエットレシピ　藤田紘一郎監修，田村つぼみレシピ　東京書店
【要旨】炭水化物好きの救世主。藤田式食べ合わせで効果倍増！β-グルカンが血糖値をコントロール！高血圧、高コレステロール、メタボにも効く!!
2017.7 79p B5 ¥1200 ①978-4-88574-574-4

◆スーパー大麦ダイエットレシピーキレイにおいしくやせる！　青江誠一郎監修，庄司いずみ料理　永岡書店
【要旨】最近なかなかヤセにくい！人へ。腸の奥までとどく食物繊維のスーパーフード！でおなかスッキリ話題のダイエット。
2017.11 127p A5 ¥1200 ①978-4-522-43581-6

実用書

家庭生活

家庭生活

実用書

◆ズボラ糖質オフダイエット―運動ゼロ、ご飯もお酒もOK！　牧田善二著　日本文芸社
【要旨】超簡単！外食の糖質ダウン術。最短5分！ラクやせ作りおき。パッと糖質量チェック！食材別糖質量一覧表付き。
2017.10 143p 18cm ¥700 ①978-4-537-21510-6

◆絶対リバウンドしない！　朝・昼・夜のやせルール　ダイエットコーチEICO著、カツヤマケイコ漫画　あさ出版
【要旨】700人以上の「マンツーマン」ダイエット指導で実証済み！ムリなく続くルールが満載!!
2017.6 175p B6 ¥1200 ①978-4-86667-037-9

◆0秒で理想体形メソッド　日常生活の動作でやせ体質をつくる　新保泰秀、佐々木豊監修、主婦の友社編　主婦の友社
【要旨】カラダに円柱を入れるボールウォーキングでやせ体質になれる！ジム通いや運動が継続できない人への最終救済法。
2018.1 111p A5 ¥1111 ①978-4-07-427537-3

◆ダイエットコーチEICOの我慢しないヤセ習慣200　ダイエットコーチEICO著　扶桑社
【要旨】700人を10kg以上ヤセさせたダイエットコーチの、メソッド＆メッセージ。ヤセない理由の9割は、心の問題である。万年ダイエッターこそ、これを試せ。
2017.6 159p 19×13cm ¥1200 ①978-4-594-07735-8

◆ダイエットの科学―「これを食べれば健康になる」のウソを暴く　ティム・スペクター著、熊谷玲美訳　白揚社
【要旨】脂肪の多い食事は体に悪い、朝食はぜひとるべきだ、ビタミンサプリで健康になれる、太る意志が弱いからだ…。これまで正しいとされてきた食事とダイエットの「常識」には、実は間違いがいっぱい！最新科学が解き明かす、本当に体に良い食生活の秘密と、腸内細菌の知られざる力。
2017.4 425p B6 ¥2500 ①978-4-8269-0194-9

◆「出す力」を強めてやせる！　ダイエット新レシピ　石澤清美著　主婦の友社（ゆうゆうBOOKS）
【要旨】デトックス効果の高い食べ物をフル活用！
2017.4 95p A5 ¥1100 ①978-4-07-423025-9

◆出せる！魅せる！二の腕ワークアウト　北島達也著　講談社（講談社の実用BOOK）
【目次】1 workout=1ヵ月で体形は変わる！二の腕ワークアウト（なぜ二の腕はたるむのか、「肩」と「背中」の筋肉がすっきり二の腕のカギ、美腕メイクは全身のキレイにつながる　ほか）、2 ketogenic diet=魅せる二の腕をつくるケトジェニックダイエット（糖質をオフするだけで体が見違える！、米やパンは砂糖と同じ！、「ケトン体」が脂肪を減らすカギ　ほか）、3 life style=ちょっとの工夫で体が変わる！理想の二の腕をつくる生活習慣（「猫背」は二の腕をたるませる！、ワークアウト後には鏡をチェック、ダイエットにランニングは非効率　ほか）
2017.4 79p A5 ¥1200 ①978-4-06-299868-0

◆正しい歩き方で減らない体脂肪がみるみる落ちる　下半身ダイエット　横山摩弥著　つた書房、創英社／三省堂書店　発売
【要旨】歩くだけでどんどん痩せる。日常の歩き方を正しい歩き方にするだけなので、筋トレやウォーキングなどを頑張る必要はありません。正しい歩き方にすれば、自然と姿勢も整い、猫背やがに股、内股も矯正されます。意識するだけで下半身痩せ。続かないダイエットはもうやめませんか？
2017.11 127p A5 ¥1500 ①978-4-905084-24-2

◆食べて飲んでおなかからやせる―ズボラな人に朗報！　柏原ゆきよ著　かんき出版
【要旨】10日でウエスト−5〜8センチ。おなかいっぱい食べているのに、どんどんやせていく。驚くほどカンタンで、一生続けられる最強の食べ方を教えます。
2017.9 237p B6 ¥1380 ①978-4-7612-7267-8

◆超健康！若返る！ブロッコリーご飯ダイエット　田島眞著　宝島社
【要旨】食べたいときにすぐ食べられる！いくら食べてもOK！いちばん簡単な糖質オフ！
2017.1 111p A5 ¥900 ①978-4-8002-6370-4

◆低炭水化物ダイエットへの警鐘　T.コリン・キャンベル、ハワード・ジェイコブソン著、鈴木晴恵訳　評言社
【要旨】アトキンス、ゾーン、サウスビーチ、パレオ…糖質（炭水化物）を制限して動物性タンパク質と脂質を過剰摂取するダイエット法の欺瞞と危険性―史上最大の疫学調査「チャイナ・スタディ」を主導した栄養学の世界的権威が訴える「食と健康」の真実。日本語版には食事療法で疾病を治癒した症例を掲載。
2017.11 167, 11p B6 ¥1500 ①978-4-8282-0592-2

◆デブビンボー思考をやめて一生太らない体になる！　さるわたり著　KADOKAWA（メディアファクトリーのコミックエッセイ）
【要旨】食事はどんぶり飯！家計はどんぶり勘定！太るためにお金を使っている「デブビンボー」のスパイラル、あなたも陥っていませんか？ちょっとした考え方の違いで、「デブビンボー」はやめられます！ゆる〜く頑張りながら、気づけば6キロやせただけでなく家計が100万円プラスに!?今日すぐに始められる、脱デブビンボーのためのお役立ちコミックエッセイ。
2017.7 137p A5 ¥1200 ①978-4-04-069391-0

◆糖質オフなのに満腹ダイエット―我慢なし！成功への近道！　水野雅登、島田淑子監修　主婦の友社
【要旨】1ヵ月で平均ウエスト−5cm以上。脂肪をエネルギーにかえてくれるMCTオイルを味方に！おいしくて満足！簡単な糖質オフレシピを紹介。
2017.7 95p A5 ¥1000 ①978-4-07-424013-5

◆糖質をやめられないオトナ女子のためのヤセ方図鑑　森拓郎著　ワニブックス
【要旨】ダイエットに根性論は一切不要。糖質を食べ続けてヤセる方法だってある。『オトナ女子のための食べ方図鑑』の続編。糖質を食べてOKなのに2ヵ月で−10kg ヤセられる極意。
2017.7 199p B6 ¥1300 ①978-4-8470-9561-0

◆どうしてもヤセられなかった人たちが"おデブ習慣"に気づいたらみるみる10kgヤセました スタート　ダイエットコーチEICO著、いしいまき漫画　扶桑社（『どうしてもヤセられなかった人たちが"おデブ習慣"に気づいたらみるみる10kgヤセました』追記・改題書）
【要旨】マンツーマンダイエット指導により、7年間で700人以上の女性を平均10kgヤセさせた、その経験から、「ヤセない人たちには、驚くほど共通した食の好みや行動パターン、思考法がある」ことに気づきました。たとえば、「糖質制限している」「コーヒーをよく飲む」「いつも荷物が多い」「部屋が汚い」などは典型的な"おデブ習慣"です。これらの"おデブ習慣"に気づくことができれば、ダイエットは成功します。本書では、実際の指導エピソードに基づき、「どうしてもヤセられなかった人たちをいかにしてスリムにしたか」をコミックエッセイで紹介しています。笑いながらも読めて、ダイエット成功のための気づきを与えてくれる一冊。
2017.12 133p A6 ¥600 ①978-4-594-07882-9

◆どうしてもヤセられなかった人たちが"おデブ習慣"に気づいたらみるみる10kgヤセました プレミアム　ダイエットコーチEICO著、いしいまき漫画　扶桑社（扶桑社文庫）
【要旨】無意識の"おデブ習慣"に気づくだけでヤセると大反響を呼んだ実録ダイエット漫画の文庫版。1年間で20kg減量したダイエットコーチEICOが、マンツーマンダイエット指導により、7年間で700人以上を平均10kg ヤセさせました。その究極のメソッドを誰でも自分でできるようにご紹介します。本書に登場する"おデブ習慣"は、「流行りのダイエットにすぐ飛びつく」「茶系のおかずが多い」「忘れ物やなくし物が多い」「無意識に自分より太っている人を探してしまう」「友達は自分に似た体形」etc.もし当てはまるものがあるなら、簡単にできる対策がバッチリ描いてありますよ！
2017.12 126p A6 ¥600 ①978-4-594-07883-6

◆トリプトファンダイエット―食べ方を変えるだけでやせられる　宮川ジュンコ著　講談社（講談社の実用BOOK）
【要旨】"不安遺伝子"の多い日本人がやせる鍵は「肉」！やせたいならやせないために「肉」を積極的に摂るもの。進化しているコンビニをうまく使おう。外食でも思う存分食べてやせることは可能。トリプトファン＝幸せのスイッチ！
2017.6 143p A5 ¥1200 ①978-4-06-299865-9

◆どんなに忙しい人も必ずやせるビジネスマンの最強ダイエット エグゼクティブ・ダイエット―1日2食＆筋トレ5分だけ　土井英司著　マガジンハウス
【要旨】ダイエットもビジネスと思えば、目指すは最小の投資で最大の利益だ。このエグゼクティブ・ダイエットは、あなたのビジネス力を高めるダイエットでもある。
2017.5 150p B6 ¥1200 ①978-4-8387-2929-6

◆西荻式ダイエット―飲み屋通いを続けてもムリなくやせる　千木良淳著　徳間書店
【要旨】糖質制限ダイエットに現役の医師から最終回答！いま話題の「ケトン体」の秘密も教えます。運動や禁酒は一切必要なし！簡単なメソッドでまず2キロ落とす。
2017.9 127p A5 ¥1200 ①978-4-19-864473-4

◆2週間で腸内「ヤセ菌」を増やす最強ダイエットフード10　藤田紘一郎著、金丸絵里加レシピ・料理制作　ワニ・プラス、ワニブックス 発売
【要旨】1 ウエストまわりのお肉を落とすもち麦、2 やせ体質になる酢キャベツ、3 ぜい肉の蓄積を防ぐ酢玉ねぎ、4 満腹への心のスパイラルを断ち切る冷凍キノコ、5 太りすぎの健康害を消すハナビラタケ、6 毎日食べてヤセ菌を育むみそ、7 デブ菌を黙らせるヨーグルト・ホエイ、8 細胞から若返るチアシード、9 腸の冷えを取るガーリックオイル、10 脂肪を寄せつけないウメ干し
2017.7 79p A5 ¥1200 ①978-4-8470-9571-9

◆2週間でヤセる法則―「腸活」＋「便活」で最強ダイエット！　小林弘幸著　ワニブックス（ワニブックスPLUS新書）
【要旨】ダイエット、便秘改善、ヤセ体質へ…朝一杯の水から始めるラクラク健康習慣！ダイエットも仕事も大切なのは、腸と腸内細菌が喜ぶ活動を続けること！腸研究の第一人者が教える、実は脳よりスゴい腸の力!!
2017.9 191p 18cm ¥830 ①978-4-8470-6593-4

◆二度見させるカラダは美尻ヨガでつくる　北村エミ著　KADOKAWA
【目次】1 二度見されるカラダは美尻ヨガでつくる（お尻を鍛えるだけで全身がみるみるヤセる！、インナーマッスルを鍛えて美しすぎる細マッチョに　ほか）、2 着実にカラダを変える美尻ヨガのデイリーメニュー（BEFORE YOGA、YOGA&WORKOUT（お尻を上げたい！、くびれをつくりたい！　ほか）、4 美尻をつくるエミ流ライフスタイル（お尻の肌を守り育てるお風呂の入り方、お尻をすべすべにするお手入れ法　ほか）
2017.6 143p A5 ¥1300 ①978-4-04-069494-8

◆燃焼系ホルモンでやせる！　すごいダイエット　田中賢著　講談社（講談社の実用BOOK）
【要旨】成功率100%のパーソナルトレーナーが考案した、究極＆シンプルなダイエット。やせたかったら、「男性ホルモン」を使うべし。女らしさが損なわれることもありません！
2017.12 79p A5 ¥1200 ①978-4-06-299887-1

◆ノーリバウンド・ダイエット　石川善樹著、なとみみわコミック　法研
【要旨】ダイエットはつらい、続かない…!?でも気づいていたら痩せていた！まったく無理せずに、1ヵ月で体重−2kg、腹囲−4cm。脳の働きを利用して三日坊主やせから脱却。
2017.1 175p A5 ¥1400 ①978-4-86513-304-2

◆美脚思考　吉永桃子著　ミライカナイ
【要旨】下半身太りの人は「下半身太りになる体の使い方」をしている。人間の体は重力にうまく逆らうことで機能し、向上するようにできている。美脚と疲れない・太らない・歪まない・滞らない体は同時に手に入る。本来の理に適った体の使い方を身につければ、リバウンドはゼロ。日常生活がすべて美脚エクササイズになる。カギは足。それも足指の使い方と足裏の筋肉にある。―今までの体の使い方って間違っていた!?がっちり太もも・O脚・むくみ・太い足首・埋もれた膝、下半身太りに悩むすべての人へ。面倒くさい運動はナシ。日常生活だけで叶う美脚メソッド、ついに公開！
2017.2 143p B6 ¥1296 ①978-4-907333-15-7

◆美コア―細くて強い美ボディメイク　山口絵里加著　文藝春秋
【要旨】あなたの「やせない」は冷えた体が原因です。体幹から代謝を上げて効率よくスリムに！気になる8つの部位を美コアで変える。
2018.1 111p A5 ¥1300 ①978-4-16-390780-2

◆ビジネスマンのためのBIG3ダイエットであなたも必ずやせられる！　寺平義和著　同文舘出版
【要旨】BIG3の筋トレ+フードチョイス。しっかり食べてリバウンドしない王道のノウハウを教えます！
2017.9 178p A5 ¥1500 ①978-4-495-53811-8

◆「ひじの向き」を変えるとキレイにやせる！　波多野賢也著　三笠書房（王様文庫）
【要旨】知ってた？ トップモデルの「ひじの内側」はいつも正面を向いている！ 3週間で効果実感！ 2万人をスリムにしてきたカリスマ美容整体トレーナーの魔法の方法！
2017.6 205p 文庫 ¥648 ①978-4-8379-6828-3

◆美尻トレ―究極のヒップメイク　岡部友著　文藝春秋
【要旨】むやみに筋トレだけしても女性らしさは生まれません。桃のように丸くプリンとしたお尻のためには脂肪が必要です。脂肪燃焼ばかり固執せず、女性らしいカーヴィーボディには欠かせないものだということを知っておいてほしいのです。美尻の魔術師・岡部友が教える理想のお尻の作り方。動画が見られるQRコード付き。
2017.12 109p A5 ¥1300 ①978-4-16-390772-7

◆美人はキレイな筋肉でできている　高稲達弥著　KADOKAWA
【要旨】ダイエットの悩みに10年間答え続けてきた大人気トレーナーが教える最強メソッド。
2017.6 127p A5 ¥1400 ①978-4-04-601929-5

◆♯ヒデトレ―痩せる、鍛えるきれいなカラダ作りの新ルール　♯ヒデトレ監修　朝日新聞出版　（付属資料：DVD1）
【要旨】呼吸力、背骨力、足裏力を鍛えれば、カラダはもっときれいになる！ きつくて痛いメニューもある！ 終わった後はスッキリ気持ちいい！ 筋トレ以前のボディメイクメソッド。
2017.2 95p A5 ¥1300 ①978-4-02-333139-6

◆ひとめでわかる100kcalダイエット　後藤恭子著　文響社
【要旨】肉、魚、ごはん、パン、野菜、フルーツ…163食品すべて実寸大の100kcalで掲載！ 163つの食品を、すべて実物大、1食品100kcalで掲載しています。パラパラ見ているだけで、食品ごとのだいたいのカロリーがわかるようになります。レシピに載っていない、「旬じゃない食材」を置き換えたいときの心強い味方にも。CHAPTER1で紹介したバランスをもとに各グループから食品を選ぶと、それだけで栄養バランスが整いやすくなります。「1つの食品は、100kcalまでしか食べちゃダメ」というわけではありません。1日の摂取カロリーの目安は女性なら、たとえばショートケーキを1つ食べても、だいたい300〜400kcalになります。そこから、あと1600〜1700kcalの取り方を考えればOKです。オススメの調理法、マメ知識などの情報もたっぷり。忙しい時に、料理のレパートリーも増えるような、簡単レシピも考えました。電卓もいりません！ 目でカロリー管理ができる、栄養バランスが整う。1冊でたっぷり役立つ、カロリーブックの決定版！「おいしく、楽しく食べる」をコンセプトに、まったく新しいダイエット法を考えました！
2017.3 128p A5 ¥1300 ①978-4-905073-79-6

◆肥満・メタボを解消！ ラクしてやせる101のワザ　主婦の友インフォス編　主婦の友インフォス, 主婦の友社 発売
【要旨】少し太っているだけだから、別に病気じゃないでしょ、と放っておいてはいませんか？ 肥満が進行することで恐ろしいのが、糖尿病、高血圧、関節痛や脳卒中まで…命に関わる病気にも発展しかねないこと。医師・専門家も実践したダイエットから、気になるお腹まわりや二の腕などの部分やせまで、ラクしてやせるワザを集めました。
2017.8 191p A5 ¥1300 ①978-4-07-421687-1

◆太ももにすき間、ほしくありませんか？　金井志江著　PHP研究所
【要旨】「脚やせダイエット」の新常識!!太ももがみるみる5センチ細くなる。1日5分のグーマッサージ＆関節ストレッチ。
2017.4 111p A5 ¥1300 ①978-4-569-83806-9

◆太りたくなければ、体の「毒」を抜きなさい！　賀来怜華著　三笠書房
【要旨】生鮮・加工食品から日用品、家電まで…肥満の原因物質「ゼノビオン」から身を守る法。「肥満大国アメリカ発」の新しいダイエット。
2017.11 245p B6 ¥1400 ①978-4-8379-2706-8

◆"太るクセ→ヤセるクセ" たった30日書くだけで変われる！ キレイをつかむDietNote　本島彩帆里著　主婦の友インフォス, 主婦の友社 発売
【要旨】30日書、きっと体重だけじゃない！ メンタルも体調も変化した自分を実感してください。より具体的な食事の摂り方を解説！ 著者の食事記録を写真で掲載。1週間ダイエットプログラム。
2017.4 95p A5 ¥1000 ①978-4-07-421240-8

◆フリパラツイスト―30秒リンパひねりでみるみるやせる！　高橋義人, 西園寺リリカ著　講談社（講談社の実用BOOK）
【要旨】ハードな運動や食事制限は必要なし。たった30秒、その場でフリフリするだけで、みるみる痩せる！ それだけではなく、免疫力や代謝が上がり、肩コリや姿勢改善効果まで。カリスマトレーナーが初公開、これまでの常識を覆す最強エクササイズ、フリパラツイストです！
2017.6 79p A5 ¥1200 ①978-4-06-299877-2

◆本をパラパラするだけダイエット　中野日出美著, 稲垣行一郎監修　総合法令出版
【要旨】1回10秒！ 写真を見るだけで理想の体になる！ アメリカの最新医療で使われる「言葉の暗示」、「視覚の暗示」で無意識に働きかける。
2017.7 125p B6 ¥1300 ①978-4-86280-557-7

◆毎日の美ボディ習慣―美人オーラが即効でつくれる＆ずーっと続く！　島田ひろみ著（志木）repicbook
【要旨】モデル出身の著者が教えるなりたい自分になれる本。実践したその日から変わる女子力UPの秘密大公開。忙しい・時間がないあなたに送る失敗しない美ボディメソッド。
2018.1 95p A5 ¥1200 ①978-4-908154-09-6

◆魔法の言葉ダイエット―唱えるだけのオノマトペで簡単キレイになる　藤野良孝著　河出書房新社
【要旨】言葉が持つ「音」の力で心と体を調整すればラクに痩せられる！ オノマトペ研究の第一人者が提唱する今すぐできる斬新メソッド。
2017.2 229p B6 ¥1400 ①978-4-309-28621-1

◆マンガでわかる 1カ月3キロやせる ゆるい低糖質ダイエット　金本郁男著, 柳澤英子レシピ, まさきりょう漫画　池田書店
【要旨】白いごはんが大好きなあなたのために考えた、糖質を摂ってもやせられる食事法。ゆるーく食事を変えるだけなので劇的な変化はないけれど、徐々に、確実に体重が落ちていきます。リバウンドもストレスもなし。「一生続くダイエット法」知りたくありませんか？
2017.7 143p A5 ¥1200 ①978-4-262-16563-9

◆ミオドレ式寝るだけダイエット枕　小野晴康著　講談社（講談社の実用BOOK）（付属資料：ダイエット枕）
【目次】ミオドレ式のココがすごい！ 6大ポイント、ダイエット枕で体が変わる！ 10のいいこと、驚きの効果を実感「ダイエット枕を1ヵ月使ってみました！」体験レポート、ダイエット枕でお腹がペタンコ＆姿勢がよくなる理由、枕のふくらませ方、枕の使い方、たったこれだけ！ 寝るだけミオドレ式ダイエット枕ストレッチ、枕で部分やせストレッチ、オフィスでもできる座ってラクラクダイエット、ダイエット枕×ミオドレ式くぼみ押しでさらに効果アップ!!ダイエット枕×ミオドレ式マッサージでお悩み解決！
2017.5 34p 26×22cm ¥1500 ①978-4-06-299870-3

◆ミス・ユニバース・ジャパンが実践 食べる2週間FITNESS　池澤智著　徳間書店（付属資料：DVD1）
【要旨】スーパーフードで最速ダイエット。世界の美を支える最先端の「食」―トータル・ワークアウトの最新メソッドとオリジナルレシピを公開！
2017.8 71p A5 ¥1800 ①978-4-19-864456-7

◆胸は落とさない！ 下腹ペタンコダイエット　Micaco著　サンマーク出版
【要旨】女優、モデルが行列をつくるカリスマが伝授！ 4週間でお腹の指肪をピンポイントで消す超効率的エクササイズ。
2017.7 95p B6 ¥1200 ①978-4-7631-3635-0

◆♯モデルがこっそり飲んでいる3日で2kgやせる魔法のスープ　Atsushi著　宝島社
【要旨】モデルが撮影前に必ず飲んでいる野菜ソムリエプロ考案！ 究極の「やせるスープレシピ」、解禁。腹もちバツグンで、低糖質＆高タンパクだからやせる！ 全44レシピ。
2017.7 127p B6 ¥1200 ①978-4-8002-7877-7

◆モデルが秘密にしたがる体幹リセットダイエット　佐久間健一著　サンマーク出版
【要旨】ぽっこり下腹、極太もも、でか尻だってたちまち解消！ 3万人が生まれ変わり級のやせ効果を実感したすごいダイエット。
2017.9 95p A5 ¥1000 ①978-4-7631-3621-3

◆モデル流！ 体幹革命ストレッチ―ぷよっと感じ始めたカラダが1日5分で引き締まる　武田敏希著　KADOKAWA
【要旨】筋肉ブラ・天使の羽・くびれ美カーブ・ビーナスエクボ・ビューティフルレッグがキーワード！ 有名モデル専属トレーナーのメソッドを初公開！
2017.11 125p A5 ¥1300 ①978-4-04-069548-8

◆森拓郎の読むだけでやせる言葉―キレイになりたい人のためのパーフェクトダイエット　森拓郎著　ディスカヴァー・トゥエンティワン
【要旨】読むだけでやせる！ と大好評。人気ダイエット指導者による人生が変わる言葉。
2017.5 221p B6 ¥1400 ①978-4-7993-2102-7

◆やせぐせがつく糖質オフの作りおき　江部康二著, 高階多美理　宝島社
【要旨】糖質オフ歴15年の医師が実践！ 驚くほどおいしいダイエットレシピ！ 肉、マヨ、揚げ物、チーズ、ぜんぶOK!!砂糖・甘味料なし。効果バツグンの決定版レシピ117品。
2017.3 127p A5 ¥1200 ①978-4-8002-6901-0

◆やせ思考で成功する！ ミア式ダイエット脳　菅野観愛著　扶桑社
【要旨】体脂肪25％を切るまで運動は必要ありません！ 予約待ち200人！ 美容ライターや編集者がこっそり通い、口コミで人気が広がった、少人数制ダイエット教室のメソッドを初公開。
2017.1 159p A5 ¥1300 ①978-4-594-07633-7

◆やせたいなら肛筋を鍛えなさい　久嬢由起子著　KADOKAWA
【要旨】テレビ・雑誌で話題！ ダイエット＆便秘、美尻・美肌・尿モレ・腰痛に効く肛筋ストレッチ本。
2017.7 112p A5 ¥1250 ①978-4-04-896033-5

◆ヤセたければ、腸内「デブ菌」を減らしなさい！―2週間で腸が変わる最強ダイエットフード10　藤田紘一郎著　ワニ・プラス, ワニブックス 発売（ワニブックスPLUS新書）
【要旨】あまり食べないのに太っている人がいたり、よく食べるのにやせている人がいたり…、不思議に思っていませんか？ これは腸内細菌によって起きる現象なのです。脂肪を取り込む働きをする、いわば腸内「デブ菌」が多くなると、太りやすくなるのです。一方、腸内「ヤセ菌」が優勢になれば、自然と太りにくくなります。要は、腸内ヤセ菌を増やす食生活、生活習慣を心がければ無理なくやせることになり、さらに健康にもなるのです。事実、私は40代で肥満、糖尿病を患ったにもかかわらず、腸内デブ菌を減らす食生活を心がけて、血糖値を下げ、体重を落とし、70代の今も健康を維持しています。さあ、リバウンドなしのこのダイエットを始めて、健康的に体重を落としましょう。
2017.2 191p 18cm ¥830 ①978-4-8470-6107-3

◆ヤセたければ走るな、食べろ！―みるみる腹が凹むズルい食ベグセ　森拓郎著　ワニブックス（ワニブックスPLUS新書）
【要旨】ダイエット本でベストセラー連発の運動指導者が断言。「体重を落とす」という結果を出すためには運動は必要ではない。変えてほしいのは、「食に対する意識」と「食習慣」だけ。代謝が落ちた中高年層こそ、「運動0割、食事10割」で結果が出る。
2017.8 223p 18cm ¥880 ①978-4-8470-6592-7

◆ヤセないのは脳のせい　茂木健一郎著　新潮社（新潮新書）
【要旨】成功の鍵は、脳にあり！ どうすればヤセるか頭ではわかっているのに、なぜ上手くいかないのか？ 十キロのダイエットとその後のリバウンドを経験した脳科学者が、自らモニターとなりその理由を徹底分析。「最大の敵はストレス」「やる気は必要ない」「シンプルこそ」など、脳を"その気"にさせるコツを大公開。その先にあるのは、自分を変える勇気の大切さだっ

家庭生活　　　　28　　　　BOOK PAGE 2018

実用書

た。ありそうでなかった、脳に効くダイエット論！
2017.4 221p 18cm ¥760 ①978-4-10-610715-3

◆やせる！ 筋膜リリース ダイエット編―筋膜博士が教える決定版　竹井仁著　自由国民社
【要旨】実績豊富な筋膜博士が解剖学・生理学・運動学という医学的知識をもとに考案したダイエットエクササイズ！ 科学的根拠が高い内容で構成でき安心、筋膜リリース→エクササイズ・ウォーキング→筋膜リリースでダイエット効果が劇的に上がる！
2017.9 167p A5 ¥1200 ①978-4-426-12370-3

◆やせる腸活―その原因、Xにあり！　フジテレビ「その原因、Xにあり！」編　KADOKAWA
【要旨】3週間で腹囲が約10cm減!!本当に効く「カンタン腸活」。
2017.3 92p A5 ¥1200 ①978-4-04-895935-3

◆やせる♯ほめぐせ―がんばれない私を180度変える　本島彩帆里著　ワニブックス　（美人開花シリーズ）
【要旨】サヨナラ、我慢のダイエット。やせたいのに失敗続き…それ、あなたのせいじゃありません！ 努力するより、ワクワクしてみる!?
2017.5 175p B6 ¥1200 ①978-4-8470-9572-6

◆やせる味覚の作り方　小倉朋子著　文響社
【要旨】「お菓子大好き」から「あーー野菜食べたい！」に変わる。おいしくやせる、新ダイエット！ 炭水化物、チョコレート、揚げ物…。おいしいものは、糖質や脂肪の多いものばかり。やせるわけないじゃん！ と解釈してください。評価のポイントだ、世の中には「ヘルシーだけどおいしい」ものが、いっぱいあります。でもまた、あなたはその魅力を知らないだけ。半世紀かけて食と向きあってきた「食オタク」の著者だからこそ語れる五感の魅力たっぷりの「食リポ」を読むと、自然と「おしゃぶり昆布」「生キャベツ」「ささみ」のような低カロリーでヘルシーな食材を「おいしい」「食べたい」と思えるようになってきます。きゅうりを「ポリッ」と噛むとか食べるか、おしゃぶり昆布と無糖カフェオレの相性は最高、チーズはどの歯で噛むかによって食味が変わる…五感を使っておいしく食べれば、2か月でマイナス5キロだって夢じゃない。味覚を変えれば、我慢いらずでやせていける！
2017.3 208p B6 ¥1300 ①978-4-905073-76-5

◆やっぱりおなか、やせるのどっち？―勘違いだらけのエクササイズ　八田永子著　幻冬舎
【要旨】狙った腹筋に100%効かせる！「おなか」をひき上げ、インナーコアを優等筋肉にする！
2017.5 188p 18cm ¥1100 ①978-4-344-03110-4

◆「ゆる糖質オフ」ダイエット―ズボラおやじが15キロ痩せた！　権藤海裕著　新星出版社
【要旨】食べるものや食べ方をちょっと工夫するだけ！ 今まで通りに飲み会もOK。特別なトレーニングやランニングなど一切不要!!姿勢を正すだけで太りにくくなる。
2017.3 167p B6 ¥1300 ①978-4-405-09401-6

◆ゆるやかな糖質制限ダイアリー―90日で健康的にやせる　山田悟著　家の光協会
【要旨】今話題のロカボ（ゆるやかな糖質制限）の基本と最新情報がよくわかる！ 記録するだけで効果アップ！ 食生活を把握できる！糖質量早見表付き！
2017.7 95p A5 ¥800 ①978-4-259-56543-5

◆4日間で脂肪だけをキレイに落とす本　坂田武士著　学研プラス
【要旨】たった4日間で、脂肪が約2kg落ちた！ 筋肉を維持しながら、脂肪だけが落ちる！ 必要な栄養がとれるので、おなかが空きにくくストレスもなし！ 短期間のダイエットプログラム、背中の汚れも取れる、食べて健康になる！成功率98％！ リバウンド知らず、薬をすすめない薬剤師が教える、安心・確実なファスティングプログラム。
2017.9 159p B6 ¥1200 ①978-4-05-800824-9

◆世にも美味しいゆるやかな糖質制限ダイエット　山田悟監修　世界文化社　（家庭画報ビューティウェルネス）
【要旨】ゆるやかな糖質制限ダイエットとはカロリーは気にしないでおなかいっぱい食べる、筋肉をあまりかわからず食べる、シンプルな方法だから続けられる、「食べたい」は我慢しない。心、心臓病、がん、認知症など大病気も予防する。最新の科学に裏付けされた信頼性

の高いダイエット法。
2017.3 143p A5 ¥1300 ①978-4-418-17410-2

◆ラブダイエット―スイーツなしで体と心を満たす美の教科書　エリカ・アンギャル著　幻冬舎
【要旨】5秒ハグすれば、食べすぎない。「性欲を食事、睡眠と同じくらい大切にして！」人気栄養コンサルタントによる、ハグ、キス、メイクラブ…スキンケアでキレイになる方法。
2017.10 212p B6 ¥1300 ①978-4-344-03186-9

◆話題のダイエットを格付けしたら……―科学的に正しい！ やせ方の最新知識　岡田正彦著　三五館
【要旨】本書は、世界中の学術情報にもとづいて、各種ダイエット法を格付けした。最高に優れていれば10点、最低にだめなものは1点です。6点以上あれば試みる価値があり、5点以下はやらないほうがましと解釈してください。評価のポイントは、「健康に悪影響はないか」「長続きできるか」、そして「やせられるか」の3つです。最新の科学的知見満載で送る究極のダイエットBOOK。
2017.6 238p B6 ¥1300 ①978-4-88320-700-8

◆わたしたちの「糖質オフ」―人気インスタグラマーが実際に食べたおかず80と体重記録　水野雅登監修、わたしたちの編集部編　マイナビ出版
【要旨】糖質制限に成功したインスタダイエターの減量の記録とそのヒケツ。
2017.7 143p A5 ¥1380 ①978-4-8399-6307-1

◆AYAボディメソッドBASIC―AYAトレ決定版 ベーシック編　AYA著　講談社　（付属資料：DVD1）
【要旨】大人気「AYAボディメソッド」第2弾！ パーツ集中エクササイズ、ストレッチ、1週間食事レシピを完全公開！
2017.3 79p A5 ¥1800 ①978-4-06-220508-5

◆Aya Body―体を鍛えるファンクショナル・トレーニング　AYA著　朝日新聞出版　（付属資料：DVD1）
【要旨】1 CrossFit Make Aya's Body. クロスフィットでビューティー＆ヘルスを手に入れる（クロスフィットは全身を鍛えるワークアウトで、クロスフィットが目指すのは「フィットネス」、ワークアウトと食事がクロスフィット効果の鍵、クロスフィットで体を変える 目的を明確にしてトライすること。毎日違うトレーニングをすること、"チートデイ"を設けてトレーニングにメリハリをつける。）, 2 WorkOut for Sculpting your parts. 鍛えて、美しくなる！ 部位別オリジナルワークアウト（有酸素運動、腹筋とウエストのワークアウトプログラム、ヒップから脚のワークアウトプログラム、デコルテのワークアウトプログラム、二の腕のワークアウトプログラム）, 3 Check Up Your Daily life style. 心と体を磨くライフスタイルをチェック！（Aya's Food Style. 低糖質・高たんぱくが基本 毎日野菜をたっぷり食べる、Aya's Relaxation Style. 入浴後のリラックスタイムでボディケア 朝はハーブティーで迎える、Aya's Fashion Style. 動きやすくておしゃれ フィットネスミックスが私スタイル）
2017.3 94p B6 ¥1300 ①978-4-02-333143-3

◆Diet Basic Book―JDSA認定ダイエットスペシャリスト公式テキスト　永田孝行著　評言社
【要旨】科学的にダイエットを学ぶ人のための基本テキスト。
2017.8 250p A5 ¥1800 ①978-4-8282-0590-8

ファッション

◆愛されリアルコーデ―出会いを引き寄せる服の選び方　しぎはらひろ子著　朝日新聞出版
【要旨】6人の相談者の人生が劇的に変わった理由とは？ 得するオンナになるための黄金の法則。
2017.6 223p B6 ¥1400 ①978-4-02-251447-9

◆朝1分で服が決まる4つの法則―必ずほめられる「つくりおきコーデ」が誰でもできる！　みなみ佳菜著　小学館
【要旨】3カ月待ちのパーソナルスタイリストが伝授！ クローゼットに必要なのはたったのアイテム！「つくりおき」の月・金コーデで毎朝の

ライラ服選びとサヨナラ！「装いのチカラ」はキャリアアップにつながります。
2017.10 159p B6 ¥1400 ①978-4-09-310859-1

◆あなたの好きな服が、似合う服になる―ベースカラーと骨格バランスをカンタン診断！　小島葉子著　主婦の友インフォス, 主婦の友社発売
【要旨】もう試着室でがっかりしない！「マネキンと違ってスタイルが悪いから」と勘違いしていませんか？ あなたの肌の色"ベースカラー"と体の形"骨格バランス"を知れば、絶対着こなせる！ そのまま使える定番12アイテムを、骨格バランス別に72コーデ掲載。
2017.3 110p A5 ¥1200 ①978-4-07-420890-6

◆アラフォー女性のスタメンアイテム、見つけた！　進藤やす子著　KADOKAWA
【要旨】おしゃれ大好きイラストレーターが迷走する大人の着こなし問題を解決！ 王道セレクトショップから話題のブランドまで一持っていると重宝間違いなし！の服、バッグ、靴を紹介。
2017.3 128p A5 ¥1400 ①978-4-04-068763-6

◆イッセイさんはどこから来たの？―三宅一生の人と仕事　こいけかづこ著　HeHe　（本文：日英両文）
【要旨】1 暁に、2 パリで向き合ったこと、そして、3 同時代感覚の展開、4 アートの主流へ、5 ヴィジュアル・ダイアローグ、6 ものづくり、7 一本の糸 一枚の布、8 文化発信の器、9 承前
2017.12 197p B5 ¥3200 ①978-4-908062-20-9

◆いつも、おしゃれで。　西村玲子著　毎日新聞出版
【要旨】ていねいに暮らす、気持ちよく着こなす。年齢を重ねてからのおしゃれの秘訣。暮らしを豊かにする装いとは。イラストで綴る玲子さん流「おしゃれ術」。
2017.6 127p 19×15cm ¥1400 ①978-4-620-32451-7

◆今まで着ていた服がなんだか急に似合わなくなってきた　海保麻里子著　サンマーク出版
【要旨】「無理したイタい若づくり」と「あか抜けたステキな大人の女性」は何が違うのか？ パーソナルカラー診断×骨格スタイル分析でわかる、自分を史上最高に美しく魅せる「似合う服」の法則。
2017.11 238p B6 ¥1300 ①978-4-7631-3662-6

◆今までの服が似合わないと思ったら…50代からのおしゃれバイブル　西山栄子著　講談社
【要旨】50歳になったら現実を知ること。もうこれまでの私とは違うのだ。悩んだからこそわかった西山流「素敵になる」秘訣教えます。
2017.4 143p B6 ¥1300 ①978-4-06-220468-2

◆色を楽しむ大人のおしゃれ　堀川波著　マイナビ出版
【要旨】人気イラストレーターが考えた、きれいな色・ベーシックな色を着こなす102スタイル。電子書籍ストア「くらしの本棚」で大好評の連載記事も収録!!
2017.10 109p A5 ¥1220 ①978-4-8399-6300-2

◆永遠にカジュアル好き？―Coordinate 200　五明祐子著　集英社
【要旨】モデル歴26年!!こう見えて44歳!!! 女性誌LEEやMarisolでおなじみ"洗練カジュアルの名手"初のスタイルブック。ALL私服&セルフコーデ200スタイル。
2017.10 167p A5 ¥1400 ①978-4-08-780813-1

◆おしゃれターバンとヘアバンド50　寺西恵里子著　主婦と生活社
【要旨】はじめてでも簡単！ ニットと布で作る選りすぐり50点。
2017.11 72p B5 ¥1300 ①978-4-391-15103-9

◆おしゃれな大人のスウィートコーデ―甘テイスト服の甘すぎない着こなしワザ　福田栄華著　主婦と生活社
【要旨】甘い服を着たい。でも、イタく見えるのはイヤ！ 30代、40代がかわいく着こなせる。大人だから知っておきたい、甘めコーデ8つのルール
2017.10 159p B6 ¥1300 ①978-4-391-15095-7

◆おしゃれのパリ流アップデート―「大人っぽい着こなし」ができる38のアイデア　米澤よう子著　大和書房
【要旨】古見え、大人体型、マンネリ…おしゃれの悩みをぜーんぶ解決！ どうしてパリジェンヌ

は何歳になっても服で迷わないの？
2017.5 111p A5 ¥1300

◆おしゃれはほどほどでいい――「最高の私」は「最少の努力」で作る　野宮真貴著　幻冬舎
【要旨】元ピチカート・ファイヴのおしゃれカリスマがたどりついた「見た目」と「幸福」の方程式。
2017.10 229p B6 ¥1300 ①978-4-344-03196-8

◆夫・彼氏のがっかりファッション改造計画
三村愛著　ディスカヴァー・トゥエンティワン
【要旨】愛嬌のある好青年、優しげな王子、落ち着いた皇族、活発な人気者、温厚なお兄さん、上品な貴公子、頼もしい野生児、古風な紳士、厳格な王様。7万人の統計データで似合う服がわかる。お金も時間もかけずにだれでも素敵な男性に！面倒な着こなしテクや高価な服は不要！ムリせずふだん着のままで、だれでもすぐに素敵になれるファッションが見つかる。
2017.12 175p 22×16cm ¥1400 ①978-4-7993-2198-0

◆大人スタイルの新常識　石田純子著　主婦の友社
【要旨】コンプレックスがあるから素敵になれる。2000人の人生を変えた！常識だと思っていたことが、実はあなたを迷わせている、老けさせている？！「何をどう着ればいいかわからない」迷いが晴れる、人気スタイリスト石田純子の、おしゃれルール決定版。
2017.4 191p B6 ¥1300 ①978-4-07-423120-1

◆女らしさはけせない――シンプルなファッションでステキになる！　亘つぐみ著　PHPエディターズ・グループ、PHP研究所　発売
【要旨】多くの女優、モデルから絶大な信頼を得ている大人気スタイリストが初めて明かす着こなしの秘密。
2018.1 174p B6 ¥1300 ①978-4-569-83734-5

◆岸本葉子×石井あすか 50代からのもう悩まない着こなしのコツ　岸本葉子,石井あすか著　主婦の友社、主婦の友社　発売
【要旨】おしゃれを導く方程式は、ひとつじゃない。着まわしの基本ルールから脱マンネリコーデまで。家にある服もアイデアでグッとおしゃれに。私もしんどくなる条件も叶えられる…。いつもの服が、こんなに変わる。今までの自分を否定せずに、新しい自分と出会える。そんな、おしゃれレッスン。
2017.4 95p B5 ¥1300 ①978-4-07-419905-1

◆基本の8着で人生が変わる大人着回し術
akko3839著　幻冬舎
【要旨】44歳（働く主婦・2児のママ）の注目インスタグラマー。"基本の8着"と"定番色"で作る大人着回し図鑑。簡単213コーディネート。
2017.10 127p B6 ¥1400 ①978-4-344-03187-6

◆着るか着られるか――現代男性の服飾入門　穂積和夫著　（草思社文庫）　復刻版
【要旨】日本におけるアイビーの先駆的存在である著者がメンズファッションの極意を説いた、伝説のバイブルの復刻版！時代を超えたスタンダード。
2017.4 295p A6 ¥800 ①978-4-7942-2268-8

◆クローゼットがはちきれそうなのに着る服がない！――そんな私が、1年間洋服を買わないチャレンジをしてわかったこと　松尾たいこ著　扶桑社
【要旨】持っている服の9割は不用。クローゼット整理をいろいろ試したけど、もう限界！たどりきれたのは心から大好きな1着だった。自分らしい洋服スタイル。「限定品」「いまだけ」「最後の一点」こんな言葉に弱いあなたへ。
2017.10 255p B6 ¥1400 ①978-4-594-07857-7

◆クローゼットにはワンピースが10着あればいい――「最強の10着」で着回す365日大人コーディネート帳　福田栄華著　光文社　（美人時間ブック）
【要旨】「最強の10着」で着回す365日大人コーディネート帳。人気スタイリストのファッションBOOK最新刊。
2017.9 127p A5 ¥1400 ①978-4-334-97947-8

◆クローゼットは3色でいい　杉山律子著　KADOKAWA
【要旨】おしゃれになるにはベーシックな色をもつこと。主役の服を際立たせるのに、色は少ないくらいでちょうどいい。人気スタイリストが教える、手持ちの服を着まわして、誰でもかっこいいコーデが組めるステップ。
2017.5 190p B6 ¥1300 ①978-4-04-602005-5

◆小池百合子式着こなしの黄金ルール――大人女性が華的やかスリムに装うための15か条　百合子スタイル研究会編、軍地彩弓監修　扶桑社
【要旨】年齢を重ねても柔らしく装うための「百合子スタイル15の法則」。
2017.6 110p A5 ¥1300 ①978-4-594-07749-5

◆ココ・シャネルの言葉　山口路子著　大和書房　（だいわ文庫）
【要旨】「私は、私の人生を作り上げた。なぜなら、私の人生が気に入らなかったからだ」。貧しい子ども時代を経て、「シャネル帝国」と呼ばれる一大ブランドを築き上げ、莫大な富と成功、愛を手にしたシャネル。彼女は社会の枠組みや常識を嫌った。「私の頭のなかに秩序を押しこもうとする人々が嫌いだ」。コルセットをはずし、大きな帽子、華美なドレスを捨て、シンプルなリトルブラックドレスを作った。富を誇示するものを嫌い、イミテーションジュエリーを大流行させ、お金とおしゃれを分離させた。シャネルは、自分が自由に生きることで、その生き方にふさわしい服を提案し、女性の生き方に革命を起こした。シャネルの生涯で、強く情熱あふれる言葉を集めた一冊。
2017.10 222p A6 ¥680 978-4-479-30672-6

◆50歳から「見た目年齢−10歳」に見える女（ひと）の着こなし　荒川美保著　PHP研究所
【要旨】「変わらないね」よりもっと素敵に変わりたい！骨格タイプとカラータイプでもう着る服に迷わない！
2017.2 127p A5 ¥1300 ①978-4-569-83487-0

◆こだわる男のスタイリングメソッド――ベーシックを自分流に着こなす　鈴木晴生著　講談社
【要旨】スーツ、ジャケット&パンツ、ニット、コート…着こなし秘訣がわかれば、あなたの人生は確実に変わる！メンズファッション界の重鎮が明かすお洒落が身につく方法論。
2017.11 127p A5 ¥1400 ①978-4-06-220845-1

◆骨格診断アドバイザーNAOの本当に「似合う服」で人生が変わる　NAO著　KADOKAWA
【要旨】3タイプの骨格に合ったコーデで高見えスタイル！37の実例集掲載。
2017.9 110p A5 ¥1300 ①978-4-04-896090-8

◆骨格診断×パーソナルカラー 本当に似合うBestアイテム事典　二神弓子著　西東社
【要旨】骨格別似合う服、全195アイテム。4万人が選んだ最強メソッド、骨格診断シリーズ第2弾!!
2017.12 187p B6 ¥1400 ①978-4-7916-2702-8

◆骨格診断ファッションアナリスト 公式テキスト　骨格診断ファッションアナリスト認定協会編　（名古屋）三恵社
【目次】1章 骨格診断とは（骨格診断の概要、骨格タイプについて、身体の特徴、診断方法と手段）、2章 ファッションコーディネート（ファッションコーディネート、素材、柄・模様、ファッションアイテム、アクセサリー、ビューティー）、3章 メンズスタイリング（男性の骨格タイプ別ファッションスタイルについて、ビジネススタイル、カジュアルスタイル）、4章 骨格ウエディング（ウエディングドレス）、5章 骨格診断の実践（骨格診断の実践、ショッピング同行について）
2017.1 109p B5 ¥1200 ①978-4-86487-609-4

◆渋カジが、わたしを作った。――一団塊ジュニア&渋谷発 ストリート・ファッションの歴史と変遷　増田海治郎著　講談社
【要旨】団塊ジュニア世代は不遇の世代ではなく、"七転び八起き世代"である。気鋭のファッションジャーナリスト渾身の一冊！戦後最大のアメカジ・ムーブメントの真実が今、明かされる！
2017.3 298p B6 ¥1600 ①978-4-06-220502-3

◆シューズブック　2017年版　ポスティコーポレーション編
【目次】解説編（21世紀の潮流、総説、紳士・婦人・子ども靴、スポーツシューズ、スニーカー、子ども靴、健康・快適シューズ（高齢者・要介護者用）、アウトドアシューズ、ウォーキングシューズ、ラバー・プラスチックブーツ、ケミカルシューズ、シューケア&フットウェアグッズ、シューズ用マテリアル、企業編、名簿編 2016.11 214p B5 ¥7500 ①978-4-906102-87-7

◆シューズブック　2018年版　ポスティコーポレーションシューズポスト編集部編　ポスティコーポレーション　第56版
【目次】解説編（21世紀の潮流、総説、紳士・婦人・子ども靴、スポーツシューズ、スニーカー、子ども靴、健康・快適シューズ（高齢者・要介護者用）、アウトドアシューズ、ウォーキングシューズ、ラバー・プラスチックブーツ ほか）、企業編、名簿編
2017.12 209p B5 ¥7500 ①978-4-906102-91-4

◆シューフィッターに頼めば歩くことがもっと楽しくなる　足と靴と健康協議会編　キクロス出版、星雲社　発売
【要旨】婦人靴、紳士靴、子ども靴、シニア靴、ウォーキングシューズの現場で活躍するシューフィッターたちが初めて語る最新情報と卓越した技術。
2017.5 155p B6 ¥1400 ①978-4-434-23313-5

◆「好き」と「似合う」がかなう色の組み合わせBOOK　岩崎沙織著　池田書店
【要旨】色のことがわかる！自分に似合う色がわかる！センスのよい色の組み合わせがわかる！贈る相手に喜ばれる色がわかる！買い物に便利な、カラーチャート付き！
2017.9 175p A5 ¥1400 ①978-4-262-16029-0

◆少ない服で自分スタイルを手に入れる方法――似合う服がみつかる「おしゃれ断食」　葉山莉江著　三笠書房　（知的生きかた文庫――わたしの時間シリーズ）　（『似合う服がみつかるおしゃれ断食』加筆・改題書）
【要旨】あなたは必ず、もっとおしゃれになれる。この本では、"なりたい自分"になれる服だけを選ぶメソッドを紹介しています。100％理想に叶う服だけを選ぶことで少ない服でもおしゃれになることができます。流行よりも、自分らしさで素敵になる。
2017.4 190p A6 ¥600 ①978-4-8379-8466-5

◆図説 日本服飾史事典　増田美子編　東京堂出版
【目次】第1章 原始衣服の時代（縄文～弥生時代）、第2章 胡服の時代（古墳～飛鳥時代）、第3章 唐風服飾の時代（白鳳～平安時代前期）、第4章 国風化の時代（平安中期～後期）、第5章 武家服飾の成立と発展の時代（鎌倉～室町時代）、第6章 庶民服飾文化の開花の時代（戦国・安土桃山～江戸時代）、第7章 洋装化の時代（明治～昭和前半）、第8章 ファッションの国際化の時代（昭和後半～現代）
2017.9 297p B5 ¥24000 ①978-4-490-10868-2

◆スタイリスト・栗原登志恵の10年ワードローブ　栗原登志恵著　光文社　（美人時間ブック）
【要旨】私服120点&自宅クローゼット公開！ミラノ在住人気スタイリストの人に愛されて、長く着られる服装術。
2017.3 126p A5 ¥1400 ①978-4-334-97916-4

◆田丸麻紀の春夏秋冬1000コーディネート　田丸麻紀著　大和書房
【要旨】お仕事、パーティー、ママ、友だちランチetc、大人かわいい1000スタイル。田丸流が詰まった集大成！季節を楽しむ、私の着こなし。プチプラからハイブランドまで、田丸麻紀の愛用アイテムを一挙紹介。
2017.12 221p A5 ¥1500 ①978-4-479-92118-9

◆とっておきの「一着」さえあればいい　山田奈央子著　宝島社
【要旨】下着は女の野心。運命の一着こそ人生をドラマチックに変えてくれる。
2017.6 175p B6 ¥1300 ①978-4-8002-7016-0

◆似合う靴の法則でもっと美人になっちゃった！　佐々木恵監修、あきばさやか マンガ・イラスト　（名古屋）リベラル社、星雲社　発売　（付属資料：自分サイズが分かる足長・足囲測定シート）
【要旨】コミックでわかりやすい。人気シューフィッターの法則は、つま先診断×足元コーデ＝似合う靴。
2017.1 141p A5 ¥1100 ①978-4-434-22943-5

◆似合う服のルール――骨格診断とパーソナルカラー診断でわたしの魅力を引き出す 4タイプの布づめ　二神弓子監修、森本のり子著　日本文芸社　（付属資料：布4；「骨格診断とパーソナルカラー診断で見つける似合う服の法則」改訂・再編集・改題書）

家庭生活　　　　　　　　　　　　　　　　　30　　　　　　　　　　　　　　BOOK PAGE 2018

実用書

【要旨】ハズレ服が0になる！最短ルートで垢抜ける！3つの「骨格タイプ」と4つの「カラータイプ」であなたにぴったりの服が見つかる。
2017.10 63p 26×21cm ¥850 978-4-537-21503-8

◆働く女性が知っておくべきビジネスファッション・ルール　大森ひとみ著　ディスカヴァー・トゥエンティワン（最高の自分を演出する）（『ビジネスファッションルール―武器としての服装術』改訂・改題版）
【要旨】仕事ではスカートスーツとパンツスーツ、どちらがよい？ビジネスシーンで許されるスーツの色は、どんな色？黒のストッキングやタイツは履いてもOK？あなたの魅力がもっと輝く！ファッション誌が教えてくれない究極のルール72。
2017.3 237p B6 ¥1500 978-4-7993-2052-5

◆パリジェンヌのあこがれ、"ギャルソンヌ"になるためのレッスン　ナヴァ・パトリワラ著　日本文芸社
【要旨】ギャルソンヌ それは知的で、優雅で誇り高い女性のこと。デザイナー、企業家、アーティスト、コメディエンヌ…自立して生きる14人のライフスタイル。
2017.5 191p A5 ¥1500 978-4-537-21475-8

◆翡翠　飯田孝一著　（京都）亥辰舎（宝石のほんシリーズvol.02）
【目次】1 ヒスイの歴史（中国のネフライト文化―ジェダイト発見前の時代、ジェダイトの発見―新しい玉石の参入）、2 ヒスイの形成と鉱物学（ヒスイという名前、ヒスイの形成、ひすい輝石の位置づけ、ヒスイをひすい輝石から見る、マーケットに流通するヒスイを分類する、ヒスイの産出状態―ミャンマーのヒスイ、ヒスイの産出状態―日本のヒスイ、ミャンマーと新潟県以外のヒスイの産地）、3 ヒスイの宝石学（ヒスイの見方、ヒスイの色を分類する、ヒスイに伴う鉱物、新たな鑑賞法）、4 ヒスイの加工（原石の選出と加工、ヒスイに行われる処理）、5 ヒスイの鑑別（通常範囲での検査、分光光度計による分析）
2017.4 79p B5 ¥1800 978-4-904850-63-3

◆155cm STYLE　長屋なぎさ著　宝島社
【要旨】155cm 以下の女性必見！小柄さんの「なんだかあの人、素敵…」はこう作る。「抜け感」「ハイウエスト」「ベーシックを着回し」「Iライン」「華奢見せヘアメイク」「背高見えヘアメイク」and more！新しい服なんて必要ない！手持ちの服だけで、おしゃれの幅はこんなに広がる！
2017.7 141p A5 ¥1400 978-4-8002-6858-7

◆ファッション・アイコン インタヴューズ―ファーン・マリスが聞く、ファッション・ビジネスの成功 光と影　ファーン・マリス著、桜井真砂美訳　ディスクユニオン
【要旨】NYファッション・ウィークの立役者、ファーン・マリスが聞く、ファッション・ビジネスの成功、光と影。
2017.4 475p 26×20cm ¥3800 978-4-86647-017-7

◆ファッション誌をひもとく　富川淳子著　北樹出版　改訂版
【目次】第1章 日本の女性誌の誕生にみる「雑誌は時代の鏡」、第2章 ファッション誌の歴史、第3章 雑誌のターゲットとコンセプト、第4章 雑誌と広告、第5章 ファッションページの着回し特集、第6章 ファッションページの着回し特集、第7章 おしゃれスナップ特集
2017.5 123p A5 ¥1700 978-4-7793-0541-2

◆ファッションビジネス用語辞典　ファッションビジネス学会監修　日本ファッション教育振興協会　改訂第3版
【要旨】ファッションビジネス関連語、約5300語を収録。
2017.3 379, 69p B6 ¥1700 978-4-931378-34-6

◆服を買うなら、捨てなさい　地曳いく子著　宝島社（宝島社文庫）改訂版
【要旨】日本女性の服への意識を変えた画期的ベストセラー。「おしゃれな人ほど少ない服で生きている」として、少数精鋭のマイスタイルを構築することを提案。「週に3回、同じ服を着てもいい」「鏡の前で脱ぎ捨てた服は即処分」など、「いる服/いらない服」の基準や、服を減らす具体的なアドバイスを豊富に掲載。服はたくさんあるのに着れない服ばかり、という事態を解決し、クローゼットを生まれ変わらせましょう。
2017.10 189p A6 ¥600 978-4-8002-7763-3

◆服はあるのにキマらない！―おしゃれ迷子共感系日記　あきばさやか著　マイナビ出版

【要旨】30年ず～っとおしゃれ迷子です…。そろそろおしゃれしたい！美クローゼットを目指す取材記を収録！アメブロ"OL部門"1位。『しくじりヤマコ』著者オール書き下ろし！
2017.10 135p A5 ¥1110 978-4-8399-6301-9

◆プチプラを上手に取り入れて ふだんの服で大人のおしゃれ　福田栄華監修　朝日新聞出版
【要旨】ユニクロ、無印良品、ZARA etc.の着こなし。グレー、茶、紺、黒の素敵な色使い。人気インスタグラマー・bonpon511さんのふだん着。
2017.10 126p B5 ¥1300 978-4-02-333179-2

◆プチプラ365days オトナ女子の着まわしコーデ　プチプラのあや著　宝島社
【要旨】ネットで話題！「プチプラの神」の初スタイルブック！GU、しまむら、ユニクロ。¥3,000以下アイテムの全身コーデ満載！
2017.2 142p A5 ¥1200 978-4-8002-6609-5

◆プチプラ服でも「おしゃれ！」と言われる人には秘密がある　プチプラのあや著　扶桑社
【要旨】必要なのは「お金」ではなく「テクニック」！全身5000円でもおしゃれは作れる！
2017.11 120p A5 ¥1200 978-4-594-07843-0

◆ふつうの服でおしゃれに見せる大人のプチプラコーデ　早川瑠里子著　三笠書房（王様文庫）
【要旨】「きれいめ」と「カジュアル」のバランスで遊ぶ。トレンドアイテムは全身の中で"3割"まで。小物＆アクセサリーでコーデを「盛る」。服の「デザイン」ではなく「配色」で色気を出す。パンツをはくときは、必ず「足首」を見せて着崩す。「サイズ感」にとことんこだわり、立体的に着回す。一買うときも着るときも、迷わなくなる「おしゃれの法則」。
2017.4 221p ¥760 978-4-8379-6819-1

◆+10 テンモア―台湾うまれ小さな靴下の大きな世界　トゥーヴァージンズ
【要旨】台湾の靴下ブランド+10・テンモアの一本の糸から生まれる靴下に込めた思い。
2017.12 126p 24×19cm ¥1800 978-4-908406-11-9

◆文化ファッション大系 改訂版・服飾関連専門講座 1 アパレル品質論　文化服装学院編　文化出版局
【目次】第1章 アパレルの品質と消費性能、第2章 品質管理、第3章 繊維製品の品質評価、第4章 繊維製品の品質表示、第5章 安全と環境、第6章 繊維製品の取扱い、第7章 アパレルの保証とクレーム
2017.2 103p A4 ¥1700 978-4-579-11599-0

◆干場義雅が教える大人カジュアル 究極の私服　干場義雅著　日本文芸社
【要旨】「休みの日に何を着ればいいかわからない」大人の私服に悩むなら著者と一緒にルールを決めてみませんか？男の魅力を際立たせるカジュアルスタイルをお伝えします。
2017.10 190p B6 ¥1400 978-4-537-21524-3

◆ぽっちゃり女子のファッションbook　大瀧彩乃著　主婦と生活社
【要旨】渡辺直美・柳原可奈子のスタイリストが贈る"ぽっちゃりおしゃれ"の決定版！ぽっちゃりのままでもかわいくなれるおしゃれメソッド満載！
2017.5 128p A5 ¥1300 978-4-391-15050-6

◆ほぼユニクロで男のオシャレはうまくいく スタメン25着で着まわす毎日コーディネート塾　MB著　集英社
【要旨】メンズファッションをロジックで語るMB、初のコーディネート集。コーディネートの正解実例がここに集結！
2017.2 205p B6 ¥1400 978-4-08-781618-1

◆本当に似合う服に出会える魔法のルール―骨格診断×パーソナルカラー　二神弓子著　西東社
【要旨】セルフチェックで骨格＆カラータイプを診断。似合う服を、少なくておしゃれに見える。自分に似合う最強の12着で着回しコーデ。切り取って使えるカラーチップ付き。
2017.4 171p A5 ¥1300 978-4-7916-2525-3

◆毎日おしゃれに暮らす クローゼットのルール　エクスナレッジ
【要旨】収納＆ファッションのプロが教える"Myクローゼット"のつくり方。収納もお手入れも服選びも、自信がもてたら毎日楽しい！服の数、部屋の広さであきらめない！たたみ方、便利グッズ、片づけの工夫、着こなしルールetc.
2017.4 127p B5 ¥1600 978-4-7678-2327-0

◆迷わないおしゃれ　高橋愛著　WAVE出版
【要旨】がんばらなくても、自然とあかぬけて、素敵に見える。一生使える「おしゃれ」の「軸」の作り方。
2017.3 189p B6 ¥1500 978-4-86621-057-5

◆身の丈に合った服で美人になる　小山田早織著　講談社
【要旨】シンプルな小山田理論で、もうおしゃれに悩まない！ユニクロ、ZARA、GU、無印良品、GAP、H&M…コスパブランドコーデ例100。
2017.9 127p A5 ¥1200 978-4-06-220787-4

◆無駄のないクローゼットの作り方―暮らしも生き方も軽やかに　熊倉正子著　講談社
【要旨】仏「VOGUE」、「GUCCIグループ」のディレクターを歴任し、欧米ファッション界で一目置かれる"伝説のマサコ"が明かす、大人の女性の装い方、生き方の極意。
2017.9 120p B6 ¥1400 978-4-06-220766-9

◆メンズスタイリング入門―ラインとカラーで見つける似合う服　川畑たき子監修　繊研新聞社
【目次】第1章 ラインアナリシスの知識（線を分析するラインアナリシス、顔型と体型 ほか）、第2章 色彩の基本知識（色を表示する法、色の三属性 ほか）、第3章 カラーVMDの代表的な9タイプ（カラーVMDの基本知識、VMDの色の重要性 ほか）、第4章 トレンドと流行色の推移（メンズファッション概史、ファッションと流行色の歴史/'45～99 ほか）
2017.9 139p A5 ¥1900 978-4-88124-324-4

◆もう、今日着る服で悩まない―パリジェンヌ流おしゃれのレシピ　イネス・ド・ラ・フレサンジュ, ソフィ・ガシェ著, 喜多川美穂訳　CCCメディアハウス
【要旨】自宅に友だちを呼んで夕食会をするときって、いったい、何を着たらいいのかしら？将来、結婚するかもしれない男の人と初めてデートするときの服装は？この本でお教えするのは、さまざまなシーンや相手に合ったおしゃれな着こなしです。誰もが持っているワードローブの必需品だけを使って、パリジェンヌが実践している方法です。これを読んだあなたはもう二度と、「私には着るものがない！」と悩まなくなるはずです。
2017.10 135p 24×17cm ¥2500 978-4-484-17107-4

◆モード誌クロノロジー―世界と日本を読み解く　横井由利著　北樹出版
【目次】海外ブランド上陸、第1部 フレンチシックを代表する3つのモード誌、第2部 世界のハイエンドモード誌、第3部 強者編集者揃いのインディペンデント系モード誌、第4部 モード誌の新形態、第5部 デジタル時代のモード誌の未来、第6部 モードの流れを変えた6人のファッションエディター、第7部 20世紀パリモードの変遷
2017.10 152p B6 ¥2000 978-4-7793-0556-6

◆ユニクロ9割で超速おしゃれ　大山旬著　大和書房
【要旨】服なんかにお金かけたくない男性、必読！「買ってはいけない服」を知らないと、人生ずっとダサいまま！20～50代まで使える「コスパ最強の服選び」完全決定版。
2017.10 205p B6 ¥1400 978-4-479-78402-9

◆夢の回想録─高田賢三自伝　髙田賢三著　日本経済新聞出版社
【要旨】仕事から私生活まで、遊び心をもって挑んできた。自由に、華やかに、78年を駆け抜けた男の自画像。山本耀司インタビュー、コシノジュンコ対談を収録。
2017.12 275p B6 ¥1900 ⓘ978-4-532-17629-7

◆洋裁文化と日本のファッション　井上雅人著　青弓社
【要旨】女性たちが自分の洋服を自らの手で作る技術を中心とした洋装文化。1940年代後半から60年代半ばまでの間に一気に形成されて、そして消滅したその実態を、デザイナー、ミシン、洋裁学校、スタイルブック、洋装店、ファッションショーなどの事例から立体的に描き出す。
2017.6 267p A5 ¥2600 ⓘ978-4-7872-3417-9

◆洋服で得する人 損する人の服の着方─40歳からの正しいおしゃれ　霜鳥まき子著　大和書房
【要旨】ブラウスはいさぎよくIN。ジャケットで隠さない。大根足もヒールで美脚…「何を着るか」より「どう着るか」！誰も教えてくれなかった大人のおしゃれ。使えるトレンチコートまで、マストアイテム＋小物。お手入れ・収納まで装いのすべて！
2017.4 159p A5 ¥1500 ⓘ978-4-479-78383-1

◆リトル・ブラック・ブック─ファッショニスタだけが知っているワンランク上に見せるベーシックルール　ソフィー・ヴァルキュー著　ディスカヴァー・トゥエンティワン
【要旨】人気セレブのファッションフォトも満載！いつもの服をランクアップさせる着こなし。三浦由美子50歳が辿りついたヘアメイク術。お手軽マル秘セレブ美容法。
2017.3 206p A5 ¥1600 ⓘ978-4-7993-2054-9

◆りんあんコーデ─基本の4着で1か月着まわせる　matsuko著　KADOKAWA
【要旨】ALL3000円以下。ユニクロ、無印良品、GU、ZARA、H&M、西松屋etc. ママがラクする　賢い買い方・選び方。
2017.3 127p A5 ¥1200 ⓘ978-4-04-601801-4

◆ロンドン・コレクション 1984-2017 才気を放つ83人の出発点　若月美奈著、クリス・ムーア写真　繊研新聞社
【目次】1 1984-1993 FRUITS OF THE PUNK MOVEMENT─パンクの落とし子たち、2 1993-2001 COOL BRITANNIA─クールブリタニア、3 2002-2008 THE POST McQUEEN GENERATION─ポストマックイーンたちの揺籃、4 2009-2017 BORN IN THE DIGITAL AGE─デジタル世代のクリエイション、5 FASHION EDUCATION IN THE UK─ファッションカレッジの教授たちが語る教育現場、CHRIS MOORE, HALF CENTURY OF CATWALKS─キャットウォーク写真の第一人者が見たコレクションの半世紀
2017.10 245p 25×19cm ¥3400 ⓘ978-4-88124-325-1

◆わたし史上最高のおしゃれになる！　小林直子著　扶桑社
【要旨】靴とバッグは何色を買えばいいの？ ボーダーと花柄はどっちがおしゃれ？ なんでムダな服ばかり増えるの？…結局、何を買えばいいの？？「おしゃれの疑問」はルールで解決できる。
2017.5 239p B6 ¥1300 ⓘ978-4-594-07675-7

◆わたしに似合う最強コーディネート─骨格診断×パーソナルカラー診断　二神弓子監修、近藤なつこ著　学研プラス
【要旨】もう服に迷わない！色と形のかんたんルール。切り離して使えるカラー診断シート付き。
2017.3 143p A5 ¥1500 ⓘ978-4-05-800734-1

◆Advanced Style：Older&Wiser─世界の上級者おしゃれスナップ　アリ・セス・コーエン著、岡野ひろか訳　大和書房
【要旨】『Advanced Style─ニューヨークで見つけた上級者のおしゃれスナップ』の続編！ 写真集としては異例の7万部のヒットとなった1冊目から4年。ニューヨークのみならず、ロンドン、ケープタウン、東京、ローマ、ブエノスアイレスなど世界中で見つけたスナップが満載。"上級者"たちが知恵とライフスタイルの秘密を綴ったエッセイも22編収録。
2017.4 268p 25×19cm ¥2800 ⓘ978-4-479-92114-1

◆akiico 100 LOOKS─基本10着でも100通りの私になれる！　田中亜希子著　KADOKAWA
【要旨】少ないワードローブでも、小物＆ヘアメイクで印象チェンジ！小柄でもバランス良く着こなすテクニックを大公開。
2017.2 127p A5 ¥1400 ⓘ978-4-04-601806-9

◆A LIGHT UN LIGHT　ANREALAGE著、奥山由之写真　PARCO出版（本文：日英両文）
【要旨】あらゆる境界線を超え続けるブランド、アンリアレイジ。デザイナー・森永邦彦の思考と、写真家・奥山由之の感覚が呼応する。光と影でファッションを変えたアンリアレイジの実像。
2017.11 1Vol. B6 ¥2000 ⓘ978-4-86506-249-6

◆AMETORA─日本がアメリカンスタイルを救った物語　デーヴィッド・マークス著、奥田祐士訳　DU BOOKS、ディスクユニオン発売
【要旨】日本人はどのようにメンズファッション文化を育てたのか？ 戦勝国への憧れから、アメリカが逆輸入している状況を描き、全米で話題になった傑作ノンフィクション。VAN、マガジンハウス、メンズクラブ、石津謙介、穂積和夫、くろすとしゆきなど…先輩たちや、仕掛け人、関係者への取材と資料をもとに、歴史的視点から紐解いた文化史。
2017.9 375p B6 ¥2200 ⓘ978-4-86647-005-4

◆A SIMPLE STYLE　三浦由美子著　宝島社
【要旨】50歳からは10着のシンプル服できれいになる。40代女性誌No.1！『GLOW』で大活躍、スタイリスト三浦由美子50歳が辿りついた、シンプルだけど素敵に見せる秘密。
2017.11 135p A5 ¥1400 ⓘ978-4-8002-6194-6

◆AYAKO's My Style　田中彩子著　ワニブックス
【要旨】オール私服＆オール本人スタイリング、初のスタイルブック。
2017.3 127p A5 ¥1400 ⓘ978-4-8470-9541-2

◆BEAMS ON LIFE　宝島社
【要旨】掲載アイテム430点超！ BEAMSのバイヤー、プレス等が愛用中の生活を豊かにする「日本アイテム」集めました。
2017.12 475p 24×17cm ¥1500 ⓘ978-4-8002-7651-3

◆bonとponふたりの暮らし　bonpon著　主婦の友インフォス、主婦の友社発売
【要旨】Instagram56万フォロワー！ おそろいグレイヘアにリンクコーデ。「こんな夫婦になりたい！」世界が憧れる日本の60代カップルのおしゃれライフ、覗いちゃいます。
2017.11 127p B6 ¥1200 ⓘ978-4-07-426510-7

◆DROPtokyo 2007-2017　Droptokyo著　集英社（本文：日英両文）
【要旨】東京のユースカルチャーをドキュメントするウェブメディアとして2007年にスタートした『Droptokyo（ドロップトーキョー）』。オープン当初から原宿を拠点にストリートファッションを精力的に撮影し、掲載してきた。本書はその10年の歩みの集大成ともいうべきフォトブック。スマホすら普及していなかった時代から、SNSが圧倒的なメジャーツールとなった現在まで、Droptokyoが変わらず行っているのは、"いま"の東京ストリートを象徴する"顔"を誰よりも早く見つけて発信すること。クラブカルチャー、ヒップホップ、モードギャル、ノームコア…いまや世界も注目する東京ストリートファッションの10年はもちろん、東京カルチャーの近代史がここに。
2017.10 303p B6 ¥2200 ⓘ978-4-08-781642-6

◆HIROKO KOSHINO　コシノヒロコ著　丸善プラネット、丸善出版発売（付属資料あり）
【要旨】真の豊かさとは何か、発想の原点（安藤忠雄・建築家）、感性の力（蓑豊・兵庫県立美術館館長）、コシノヒロコの仕事（空、然、素、組、色即是空 空間是色、耕、遊、色、建築と衣服）
2017.12 251p 31×31cm ¥22000 ⓘ978-4-86345-345-6

◆madame Hのおしゃれ図鑑　佐藤治子著　KADOKAWA
【要旨】一生もの、良質、シンプルなら、間違いない。いくつになっても着こなしがステキなmadameHが提案するマイスタイルの作り方。
2017.4 143p B6 ¥1300 ⓘ978-4-04-601914-1

◆madameHのバラ色の人生　佐藤治子著　宝島社
【要旨】ファッション、旅、仕事…経験を積み重ねて到達したスタイル。madameHに学ぶリアルクローズ、リアルライフ。
2017.4 125p A5 ¥1300 ⓘ978-4-8002-6803-7

◆Mila Owen NEXT BASIC STYLE BOOK─大人の女の秋冬ファッションガイド　幻冬舎
【要旨】大人気のファッションブランド、ミラオーウェン発！「ベーシックなのに、とびきりおしゃれ」を作る秋冬コーデ＆着回しテクを解説。
2017.9 161p A5 ¥1300 ⓘ978-4-344-03171-5

◆my BASIC＋―8割ベーシック2割トレンドの加え方　金子麻貴著　KADOKAWA
【要旨】さりげないのにどこか華やかな着こなし。フォロワー15万人の人気インスタグラマー初のスタイルBOOK。
2017.9 127p A5 ¥1400 ⓘ978-4-04-602064-2

◆MY FASHION BOOK─色合わせと着こなしでいつもの服がおしゃれに見える！　日比理子著　大和書房
【要旨】大人気ファッションブロガーで2児の母、日比理子のおしゃれ哲学。本当に役に立った！と好評『MY STYLING BOOK』待望の続編！
2017.5 126p A5 ¥1200 ⓘ978-4-479-92115-8

◆oookickoooのファッション大図鑑─読むだけで「おしゃれ」に悩まない　きくちあつこ著　マガジンハウス
【要旨】なぜか「センスいい人」の秘密を大解剖！真似するだけでいい"魔法"のコーデ100スタイル。
2017.10 143p 21×14cm ¥1200 ⓘ978-4-8387-2966-1

◆oookickooo BEST STYLE BOOK　きくちあつこ著　大和書房
【要旨】センスよく大人カジュアル、洗練された愛されスタイル、大人かわいい甘辛ミックス、上品でカッコいいモードスタイル。その日の気分がアップする、季節ごとのおしゃれ120スタイル。
2017.4 125p A5 ¥1200 ⓘ978-4-591-15438-0

◆REVS JAPAN ISSUE ♯1　SERVE編集部編　NICE TO SEE YOU、河出書房新社発売
【要旨】"あなたを信じてる"ファッションイズアナザーストーリー。2017年春／夏。ヘルシンキ発のプロダクション・クリエイティブエイジェンシーseven。
2017 1Vol. 38×26cm ¥1500 ⓘ978-4-309-92121-1

◆SNEAKERS　ロドリゴ・コラール, アレックス・フレンチ, ホーウィー・カーン著、小澤匡行, 本郷義日本版共同監修、田代文訳　スペースシャワーネットワーク
【要旨】ティンカー・ハットフィールドからヴァージル・アブローまで最前線で活躍する著名クリエイター59名の証言を介して如何に名作モデルは生まれてきたのか？ メーカー、ショップ、コレクター三者の視点により語られる、その舞台裏を完全紹介。かつてこれほどまでにスニーカー愛に溢れた本はあっただろうか？ すべてのキックス・フリークに捧ぐ名著、ここに誕生。
2017.12 311p 25×19cm ¥4200 ⓘ978-4-909087-07-2

◆Sobacus vol.02 特集 レースとわたし　Sobacus books編　ソバカス・ブックス、サンクチュアリ出版発売
【目次】1 Lace & Me─カワイイは永遠（レースとわたしをつなぐ"記憶の細い糸"─Lace & Me、スタンドカラーの魔法─Under a charm of stand collar、着物とレースのステキな関係─Kimono Loves Lace、宝物を探すように見つけて、自分だけのレース服（オルドー、オウテンバール）ほか）、2 Good life for Lovely girls─タノシイは永遠（だって、オンナはいつも、ハンターよ。─3GIRLS Good Hunting！、見せよドアトメ沖縄編─Go traveling！ Ambitious Girls！、裕二となめ子と時々よしえ。女の人生相談Special Version─Life consultation of women、夢子キャサリン（短編小説）─サルビアの味がする ほか）
2017.4 95p 25×19cm ¥1290 ⓘ978-4-86113-325-1

◆STYLE SNAP─大人世代リアルクローズの新ルール　窪田千紘、フォトスタイリングジャパン著　KADOKAWA
【要旨】あなたのカジュアル間違っていませんか？ 何が似合うかわからない！を解決する、今日から使えるテク満載！ 40代ファッションラン

家庭生活　32　BOOK PAGE 2018

実用書

◆THE WORLD OF ANNA SUI（日本語版）　ティム・ブランクス著, 吉үан美智子訳　東京美術
【要旨】ヴィンテージ・スタイルと文化的な神秘を探るために、目を見張るほど多くのリサーチを行い、これを元にコンテンポラリーな洋服を生み出すことで知られるアナスイ。ニューヨークで最も愛され、成功しているファッションデザイナーの一人。アナスイは1970年代に強烈にクリエイティブなカルチュラル・アンダーグランドに参入し、ファッション、写真、アート、音楽、デザインの世界との重要なリレーションシップを着実に醸成してきた。本書は、デザイナーかつアーティストとして、彼女の両親とスタジオの両面から紡いできた彼女の多岐にわたるキャリアにフォーカスしている。ファッションジャーナリストであるティム・ブランクスの取材をベースに、本書は13のファッションテーマを原型とした彼女の生涯にわたる仕事ぶりを探索。13のテーマとはモッズ、パンク、グランジ、ロックスター、ヒッピー、スクールガール、アメリカーナ、サーファー、ノマド、ビクトリアン、レトロ、アンドロジニー、フェアリーテールであり、アナは各テーマにおいて、彼女ならではのインスピレーションと影響力を表現している。
2017.9　287p　28×23cm　¥5400　978-4-8087-1100-9

きもの・着付

◆いしかわ今 キモノの風　北國新聞社出版局編（金沢）北國新聞社
【目次】随想 着物への私の思い 静かに確かに広まることを（石川県中小企業団体中央会会長 前金沢市長 山出保）、第1章 きものの風が吹いてきた、第2章 加賀友禅の今昔と特色、第3章 加賀友禅を支える人々、第4章 きものの石川支える人々、第5章 能登に加賀に広がる輪、付録
2017.11　207p　A5　¥1389　978-4-8330-2121-0

◆一番わかりやすい きもののお手入れ＆お直し―京都・東京ほかプロの知恵と技を満載！　世界文化社
【目次】着る前・着た後のお手入れ（きれいに半衿をつけるには、バイアス芯/差し込み芯 ほか）、劇的！ きものリノベーション（色を替える"長襦袢"、色を替える"紬" ほか）、自分でできる寸法直し（知っておきたい袖のしくみ、寸法直しに使う道具 ほか）、きものまわり手作り小物（道具まくら/針山、お稽古バッグ/草履キーパー ほか）、作り方
2017.6　128p　B5　¥1600　978-4-418-17412-6

◆大久保信子さんに教わる 人に着せる着付けと帯結び　大久保信子監修　世界文化社
【要旨】柔らかものは体の丸みになじむように、織りの着物は折り紙のように。十人十色の、着る人の魅力を最大限に引き出して。着物スタイリストの草分けとして、今も第一線で活躍する大久保信子さんの、四○年を超える現場の経験から生まれた言葉には、ゆるぎない力があります。柔らかでよい着付けは、人に着せてもらう嬉しさにも信頼され、ご指名も多い大久保流。年齢や体型、当日の雰囲気、行く場所など、瞬時に判断して的確に仕上げるプロの技を、徹底公開していただきました。小さいお子さんから、成人式のお嬢さん、花嫁の母やお社母さまなど、着る人に喜ばれる！「大久保信子流・人に着せる着付けと帯結び」をどうぞ。
2017.3　208p　B5　¥2200　978-4-418-17405-8

◆大人きもの おしゃれ事典　上野淳美著　WAVE出版
【要旨】今らしさ＆伝統ルールが身につく、あたらしい着物バイブル。少ないアイテムで自分らしく。リアルコーデ100とおしゃれのコツ。ビギナーさんでも大丈夫！ ラクかっこいい着付け＆帯結び。
2017.2　159p　A5　¥1800　978-4-86621-046-9

◆おとなの着物ことはじめ―難しいこと抜きに！ 今すぐ楽しむ　永岡書店編集部編　永岡書店
【要旨】「着物を着たのは七五三と成人式のときだけ」「浴衣も旅館の寝巻きしか着たことがない」「着物なんて1枚も持っていない」…着物のことを何も知らないまま、おとなになってしまった人へ。知識がなくても、これからでも始められる気軽な着物ライフ入門。
2017.12　143p　A5　¥1300　978-4-522-43548-9

◆おとなのときめきふだん着物　きくちいま著　河出書房新社
【要旨】1枚の着物をカジュアルダウン＆フォーマルアップ！ ふだん使いからよそいきまでどんどん着回す。きくちいま流40歳からのふだん着物術。
2017.11　126p　A5　¥1500　978-4-309-28650-1

◆飾り結びもできるおしゃれな作り帯―帯を切らずにアレンジ自在！　和らく会著　河出書房新社
【要旨】帯を切らずにたたんでぬいとめるだけ。糸をほどけば元に戻ります。柄の出し方も自由自在、体型に合わせたベストサイズで作れます。第2弾となる本書では名古屋帯や袋帯、半幅帯で作る基本の帯結びはもちろん、簡単なアレンジで作れるオリジナルの飾り結びもいろいろ紹介。ふだん使いから冠婚葬祭まで、くわしいプロセス写真でわかりやすい！
2017.4　63p　B5　¥1400　978-4-309-28633-4

◆着付けDVD付き はじめての「男の着物」―Men's Kimono Book　泉二弘明, 泉二啓太著　二見書房（付属資料：DVD1）
【要旨】そろそろ着物、始めませんか？ 行き先別・TPO別に格好良いコーディネートが多数。懇切丁寧な着付け・着こなし・たたみ方のDVD付
2017.11　85p　A4　¥2000　978-4-576-17163-0

◆きもの着付けと帯結び―すぐに着られる、着せてあげる！ 浴衣から留袖、振袖、男物までの基本編　赤平幸枝監修　世界文化社（家庭画報特選きものSalon実用BOOKS）新版
【目次】1 浴衣―半幅帯で一文字、2 小紋―名古屋帯でお太鼓、3 訪問着―袋帯で二重太鼓、4 留袖―袋帯で二重太鼓、5 振袖―袋帯でふくら雀、6 喪服―名古屋帯でお太鼓、7 男の浴衣―兵児帯で挟み込み、8 男の袖―角帯で貝の口、9 男の羽織・袴―角帯で一文字、How to wear a kimono
2017.9　160p　26×22cm　¥1800　978-4-418-17421-8

◆きもの歳時記　山下悦子著　CCCメディアハウス 新装版
【要旨】ふだん着、晴着、礼装、帯、小物…いまや、身近な人から教えてもらうことの少なくなったきもののあれこれ。染め、織り、柄模様など伝統の意匠を通して、四季と人の心と形の結びつきを名随筆で学ぶ。
2017.3　283p　B6　¥1600　978-4-484-17212-5

◆きもののめぐり 誰が袖わが袖　青木奈緒著　（京都）淡交社
【要旨】これから先きものはどうなるのだろう？ 染め・織りの手仕事から最新のデジタルプリントきものまで日本のきものの現場を旅する紀行エッセイ。
2017.3　251p　B6　¥2200　978-4-473-04130-2

◆検定版 きもの知識全書―きもの知識検定公式教本　世界文化社
【要旨】きもの知識検定は、きものに関する価値観が変化した現代社会において、プロフェッショナルな人を対象として実施します。美容サロン、和装販売関連事業、着付け、ブライダル関連、教育関係などの場で必要とされる知識に特化した検定です。きものの一般教養、専門知識の幅を広げ、着付け、きものに関わるキャリアアップに生かすことを通し、信頼できる人材育成に貢献することを目的としています。2020年開催の東京オリンピックを機に、日本文化が注目される中、「きもの文化」でおもてなしの力を発揮できましょう。
2017.9　295p　A4　¥3300　978-4-418-17424-9

◆5・4級〜1級対応 きもの文化検定問題集 2017年版　きもの文化検定委員会監修　ハースト婦人画報社, 講談社 発売
【要旨】2015年・2016年度の問題全問収録。
2017.6　240p　A5　¥1500　978-4-06-399860-3

◆自分でできる＆人に着せる着付け―石田節子流簡単らくらく！　石田節子監修　世界文化社
【要旨】自然な着付けで、自分らしく装うのが、長続きするコツ！ 補整はしません。胸紐は使いません。腰紐を締め直します。衿合わせはもたついのベルトを活用します。ゴム紐付きの帯板を使います。帯結びは仮紐をフル活用します。ポイントは6つ。「衣裳ら小や」着付け教室の教本。
2017.12　175p　B5　¥1800　978-4-418-17428-7

◆庶民の着物 おぼえ帖　福田睦子著　幻冬舎メディアコンサルティング, 幻冬舎 発売
【要旨】かつて、日本人の生活は着物とともにあった。祖母、母、私―三代でなじんだ着物と帯。それで今、孫に伝える"日本の心"。
2017.2　135p　A5　¥1500　978-4-344-91128-4

◆続 きものの仕立て方―職人に学ぶ、あわせ長着・長襦袢、綿入れはんてん・ちゃんちゃんこ　小田美代子著　文化出版局（付属資料：鯨尺ものさし；型紙）
【要旨】詳しい写真プロセスつき。袖丸み型・鯨尺ものさし、実物大型紙つき。
2017.6　139p　25×19cm　¥2300　978-4-579-11608-9

◆直線で作れて素敵に見えるきものリフォーム　ハルメク編集部編　ハルメク
【要旨】50代からの女性誌No.1ハルメクの人気連載が一冊に！ 人気作家のデザインによる服と小物・全25点収録。
2017.5　95p　26×22cm　¥1400　978-4-908762-05-5

◆初めてのリサイクル着物 選び方＆お手入れお直し―人気の悉皆屋女将に教わる　高橋和江監修　世界文化社
【要旨】"ファースト着物"を手に入れよう！ 着物始めのハードルをらくらくクリア！ より気持ちよく着るための、日常のお手入れお直し、眠っていた母譲りの着物、実物大型紙リフォームなど、メンテナンスについてもガイド。
2017.12　94p　B5　¥1500　978-4-418-17430-0

◆花嫁の着物―CUCURUが叶える色あそびコーディネート術　安東夏子著　世界文化社
【要旨】日本の花嫁さんの着物選びを愉しくするSNSでも話題沸騰中、日本初の花嫁着物のためだけに作られた特別な空間。従来のサロンとは一線を画した花嫁着物のためだけに作られた特別な空間「CUCURU」。CUCURU代表兼ブランドマネージャーの安東夏子が提案するコーディネート術を大公開！
2017.9　95p　B5　¥1500　978-4-418-17416-4

◆ふだん着物わくわくアイデア帖　きくちいま著　河出書房新社 増補新版
【要旨】ふだん着物で気軽に楽しく、おしゃれに可愛く！ ふだん着物の揃え方からコーデ、着付けまで。アイデア＆裏ワザを大公開！
2017.8　129p　A5　¥1400　978-4-309-28642-6

◆毎日、きもの　河村公美著　講談社（講談社の実用BOOK）
【要旨】センスあふれるコーディネートの秘密、目にも楽しいきものライフをご紹介します。
2017.4　111p　B5　¥1900　978-4-06-299871-0

◆目で見て学ぶ和装豆知識―WAKU WAKU KIMONO　新美容出版
【要旨】振袖、留袖、訪問着/付け下げ、喪服/色無地、小紋、紬、夏物/単衣、羽織/和装コート、七五三、襦袢、帯、小物
2017.4　180p　22×17cm　¥3500　978-4-88030-435-9

◆もっと素敵に着物リフォーム　藤岡幸子著　成美堂出版
【要旨】柄や風合い、布の種類に合わせて大切な着物を華やかにリフォーム。全27作品。製図付き
2018.1　95p　26×21cm　¥1100　978-4-415-32415-9

◆ヨーロッパに眠る「きもの」―ジャポニスムからみた在欧美術館調査報告　深井晃子, 長崎巌, 周防珠実, 古川咲著　東京美術
【目次】ジャポニスムの時代の「きもの」―在欧美術館所蔵染織品調査報告、明治期における日本の染織品の海外流出、各国における「きもの」および日本染織品所蔵状況（フランス、イギリス、イタリア、オーストリア、ポーランド、ドイツ）、収蔵品リスト
2017.3　159p　B5　¥2400　978-4-8087-1077-4

◆kimono design―An Introduction to Textiles and Patterns　似内惠子著　チャールズ・イー・タトル出版（本文：英文）
【目次】Spring（Tatewaku、Peonies ほか）、Summer（Summer at the Water's Edge、Morning Glories ほか）、Autumn（Rangiku、Hand Drums ほか）、Winter（Rounded Sparrows、Gosho Dolls ほか）
〔17.2〕304p　23×16cm　¥2100　978-4-8053-1428-9

料理・食生活

◆**味の歳時記** 清水桂一著 CCCメディアハウス 新装版
【要旨】春・摘草、赤魚、栄螺、柏餅、鰊。夏・木耳、紫蘇、山椒、牛蒡、鮑、南瓜、衣被、鱧。秋・胡麻、鳩麦、生姜、椎茸、胡桃、蓮根、牡蠣、葱、大根。冬・鮟鱇、海鼠、鮭、屠蘇、雑煮、酒。食べ上手は社交上手。食卓の会話をいっそう豊かにしてくれる一冊。
2017.6 229p B6 ¥1400 ①978-4-484-17218-7

◆**あったら、いいうつわ** 尾関倫衣著 光文社
【要旨】「ざくっと盛りやすく」「ピタッと収納しやすく」—暮らしの中で感じる"あったらいいな"が形になったうつわたち。もちろん！それは作家もの、どんな料理も格上げして見せてくれます。
2017.9 95p 25×19cm ¥1800 ①978-4-334-97951-5

◆**甘みの文化** 山辺規子編 ドメス出版（食の文化フォーラム 35）
【要旨】ときに「あこがれ」、ときに「いやし」、ときに「わるもの」—そんな「甘み」と人間との関係を問い直す。
2017.10 286p B6 ¥2500 ①978-4-8107-0836-3

◆**出雲はなぜ「割子そば」か？ その謎に迫る** 川上正夫著 （出雲）ワン・ライン
【目次】第1章 出雲そばと「わりご」、第2章 そば切りと出雲、第3章 蕎麦と粉挽き臼、第4章 そば屋の変遷（蕎麦は世に連れ）、第5章 松江のそば、第6章 焼畑・ソバ・たたら製鉄、第7章 出雲そばの近隣への伝播を探る（出雲と隣町のそば屋）、第8章 割子の器の考察、第9章 「出雲」を考える、おわりに 推論と結語
2017.8 260p B6 ¥1750 ①978-4-948756-71-7

◆**いただきます図鑑—食べもの"べろっと"まるわかり！** 山本謙治、ぼうずコンニャク監修、長澤真緒理イラスト 池田書店
【要旨】あいびき肉ってなに？ タコってどうやってとるの？ ちくわは魚からできている。いちごって野菜なんだよ…笑えるマンガ、かわいいイラスト。ぼくと冒険に出て、米、魚、エビ・イカ・タコ、肉、野菜、ダイズ、牛乳について知ろうよ！ 食べもののキャラクターが、一生役に立つ食のキホンを教えてくれる、まったく新しい食育の本。
2017.6 79p 19×21cm ¥1200 ①978-4-262-15499-2

◆**イタリア料理小辞典** 吉川敏明著 柴田書店
【要旨】イタリア料理の先駆者として知られる吉川氏が執筆した『イタリア料理教本』から、現場ですぐに役立つエッセンスを抽出したハンディな用語辞典。伊和篇（約3300語）は、アルファベット順に配列、和伊篇（約380語）は、素材名を中心に、肉・野菜・加工品などのジャンル別に掲載。その他、肉の部位のイラストも掲載。DOCGワインリストを収載。
2017.5 319p B5 ¥3900 ①978-4-388-06237-9

◆**イタリア料理のアイデンティティ** マッシモ・モンタナーリ著、正戸あゆみ訳 河出書房新社
【要旨】イタリア料理って、なに？ 食にまつわる歴史的経緯を振り返りながら、イタリア料理がどのようにして現在の形を取るに至ったか、その過程を読み解く決定版！
2017.7 157p B6 ¥2000 ①978-4-309-22708-5

◆**一日の終わりに地味だけど「ほっとする」食べ方** 圓尾和紀著 ワニブックス
【要旨】手っ取り早く、バランスよく。古くて新しい和ごはんとスイーツ！「ごはんと味噌汁」ただそれだけ。ほぼ5分で作れる一汁アイデアつき。
2017.5 190p B6 ¥1200 ①978-4-8470-9568-9

◆**いのちと味覚—「さ、めしあがれ」「イタダキマス」** 辰巳芳子著 NHK出版（NHK出版新書）
【要旨】いのちと味覚は切っても切り離せない。環境汚染によって安心・安全な食材が姿を消し、簡便な「レシピ」の氾濫で、食の本質が失われつつある今、「より良く生きる」にはどうしたらよいのか。その心得を、「畏れ」「感応力」「直感力」「いざのときを迎え撃つ」「優しさ」の五つの指標から説く。著者初の新書エッセイ。
2017.10 209p 18cm ¥780 ①978-4-14-088531-4

◆**今よりもうちょっと幸せになる食べ方のルール** 小倉朋子著 学研プラス
【要旨】食生活を見直せる「リアル」な方法をお教えします。誰も教えてくれなかった"ハッピールール"で人生を変える！「幸せな食べ方しかしない」と決めよう。
2017.10 191p B6 ¥1300 ①978-4-05-800841-6

◆**色の野菜の栄養事典※—やせる！ 若返る！ 病を防ぐ！** 吉田企吏子監修 エクスナレッジ
【要旨】野菜の色別の成分を、詳しく解説！ 緑色は生活習慣病予防がポイント、赤・紫色は疲労回復とアンチエイジングに効果的！ オレンジ・黄色で美肌を叶える、白色でがん予防！ 茶・黒色は免疫力アップして長寿、健康寿命を延ばす！ 糖質量から保存テク、作りおきのコツまで全202種。徹底解説・10分でわかる！ 野菜の力「ファイトケミカル」のすべて。
2017.10 223p B5 ¥1400 ①978-4-7678-2381-2

◆**うま味の秘密** 伏木亨著、和食文化国民会議監修 （京都）思文閣出版（和食文化ブックレット 7）
【目次】1 日本人はなぜうま味を味わいの中心においたのか（うま味しかなかった日本、うま味という言葉）、2 うま味の科学—うま味成分の代表、アミノ酸と核酸（うま味を持つアミノ酸、うま味を持つ核酸、うま味受容体の発見、うま味の相乗効果、うま味物質グルタミン酸はなぜナトリウム塩なのか、うま味成分の工業生産、うま味という感覚の特徴、おいしさの証明）、3 日本で発展しただしや調味料（だしの素材、調味料、三河尾張地方の伝統醸造業—伝統の調味料を今に継ぐ、麹菌という宝物）、4 うま味と日本人の心（うま味がもたらす食材の季節感、郷土の発酵食品、うま味が日本人にもたらした健康的な食）、5 うま味を次世代に伝える（幼児期の体験が、中高年になって戻る場所を教える、幼児期の食体験が重要であることの証明、うま味教育の必要性）
2017.5 94p A5 ¥900 ①978-4-7842-1895-0

◆**英語と日本語で紹介する寿司ネタの魚がわかる本** 野村祐三著 講談社 （本文：日英両文）
【要旨】長年にわたり日本の魚と地魚料理を取材してきた著者が、伝統の江戸前をはじめとするにぎり寿司の魚達を、巧みな技で紹介。にぎり寿司のネタの魚58種を掲載。稀代の魚食いならではの確かな味の表現と魚のうんちく、寿司職人の味へのこだわりがいっぱい詰まった、寿司を味わうときの必携書。英文がついているので外国のお客様やお友達のプレゼントにもってこいです。
2017.5 123p B6 ¥1200 ①978-4-06-220573-3

◆**江崎家へようこそ—芦屋流おもてなし** 江崎美惠子著 中央公論新社
【要旨】お役立ちレシピから、洗練されたテーブルセッティング、ゲストを迎える美しい小物やワイン選びまで。江崎グリコ社長夫人として日々実践してきた「一流のおもてなし」。
2017.3 103p 26×21cm ¥1400 ①978-4-12-004956-9

◆**江戸の魚食文化—川柳を通して** 蟻川トモ子著 雄山閣（雄山閣アーカイブス 食文化篇）
【要旨】日本人にとって最も関係が深い食材の一つであろう魚介類。江戸時代に焦点を絞り、庶民の生活を描写した川柳をもとに同時代史料から、どのような魚介類をどのように調理し食べていたのかを明らかにする。待望の一書、復刊。
2017.1 191p B6 ¥2000 ①978-4-639-02463-7

◆**おいしいものには理由がある** 樋口直哉著 KADOKAWA
【目次】第1章 大豆が繋がっていく味（師匠と弟子—"納豆" 群馬県下仁田納豆、煙突の味—"醬油" 群馬県有田屋、木桶を守る—"醬油" 小豆島ヤマロク醬油）、第2章 出汁、日本人はどこから来たのか（千三百年前の味を現代に—"潮鰹" 西伊豆カネサ鰹節商店、日本から世界へ—"鰹節" 焼津新丸正、昆布も日本人—"昆布" 福井県奥井海生堂）、第3章 海と日本人（東北で牡蠣を食べた"一海苔" 宮城県奥松島水産、また海に出る—"海苔" 宮城県アイザワ水産、江戸前の佃煮—"佃煮" 東京都遠忠食品）、第4章 山と畜産（牛は家族—"短角牛" 岩手県柿木畜産、きんぴらごぼう—"鶏肉" 宮崎県黒岩牧場、白い奇跡—"牛乳" 岩手県なかほら牧場）、第5章 二つの調味料（日本のウスターソース—"ウスターソース" 浜松玉屋食品、マヨネーズのある人生—"マヨネーズ" 埼玉県ななくさの郷）
2017.6 249p B6 ¥1500 ①978-4-04-400270-1

◆**おうちごはんは適宜でおいしい** 菅野彰著 徳間書店
【要旨】細かいレシピなんか気にしない!!材料、分量、適宜でオッケー!!四季折々の東北の食材をお取り寄せ。菅野彰が旬の味を食べ尽くす!!美味しいものには手間隙惜しまない著者が描く極上食べるエッセイ。
2017.11 237p B6 ¥1400 ①978-4-19-864518-2

◆**おかしなパン—菓子パンをめぐるおかしくてためになる対談集** 池田浩明、山本ゆりこ著 誠文堂新光社
【要旨】140軒のパン屋情報つき。
2017.1 223p B6 ¥1500 ①978-4-416-51626-3

◆**おかず指南** 道場六三郎著 中央公論新社（中公文庫）
【要旨】日々の経験から作り出される、家庭それぞれの「おかず」は、余分がそぎおとされ、重厚なおいしさが光る宝もの一皿。肉じゃが、きんぴらごぼうから、気転の効いた小皿まで。人気料理番組で「鉄人」と呼ばれた和食界の長老が、味の決め手となる基本の煮ものだしを紹介し、毎日の「おかず」を語る。
2017.4 249p A6 ¥740 ①978-4-12-206399-0

◆**オーガニック電話帳—オーガニックの水先案内人** 山口タカ、オーガニックヴィレッジジャパン制作 オーガニックヴィレッジジャパン、キラジェンヌ 発売
【目次】農家人—こだわりの方法で有機栽培に挑む篤農家たち、加工食品メーカー—四季折々の自然の恵みを、巧みな技で加工する、酒造メーカー—じっくりと味わいたい"生きたお酒"はここで買えます、食品卸—安心できる食材や製品を消費者の手もとまで、宅配・通販—旬の有機農産物や加工食品を玄関先まで届けてくれる、生協—有機マーケット拡大のカギを握る全国規模のネットワーク、自然食品店自然酒店—有機のある食卓を支える、街のナチュラル・ステーション、国産小麦・天然酵母ベーカリー&洋菓子店—厳選素材でつくられた自然の味が満喫できる、オーガニックレストラン—日々進化するオーガニックのおいしさが堪能できる、オーガニック&エコロジカルな暮らし—豊かな生活環境を守る、地球にやさしい商品が揃う、オーガニック料理の癒しの宿—自然食材のおいしさも、もてなしの心づかいも、安心素材・無添加のペットフード—愛する家族の一員に、安心素材・無添加のペットフードを、教育・普及・研究機関—地道に、確実に、オーガニックを広げ続ける
2017.9 555p A5 ¥3300 ①978-4-906913-71-8

◆**お魚をまいにち食べて健康になる** 鈴木たね子著 キクロス出版、星雲社 発売
【要旨】第1章「お魚好き」の「お魚知らず」、第2章「おさかなマイスター」に学ぶお魚の知識、第3章 お魚をまいにち食べて「健康」になる、第4章「かまぼこ」の健康パワー、第5章 こんな時はこんな「お魚料理」、第6章 魚食には「未来」がある。
2017.6 123p B6 ¥1500 ①978-4-434-23312-8

◆**オトナ女子のための美しい食べ方マナー** 諏内えみ著 三笠書房
【要旨】ナイフとフォークで目玉焼きを優雅に、大皿料理の気の利いたとりわけ方、魅力が際立つ立食パーティでの所作、知っておくとツウ！ れんげの持ち方、乾杯＆お酌のスマートなこなし方、目上の人からも褒められる食べ方のマナー…接待、パーティ、デート、顔合わせ…"食事5分前"のチェックで差がつく大人になる作法。
2017.7 221p 18cm ¥1250 ①978-4-8379-2690-0

◆**おにぎりと日本人** 増淵敏之著 洋泉社（新書y）
【要旨】おにぎりには、日本の歴史と風土が凝縮されている！ 弥生時代の神事に発したおにぎりは、動乱の戦国時代に全国に広がり、江戸時代に大衆食となった。近代に入り、日本人は富国強兵政策のもと、大日本帝国の兵士たちを支えた。日本史の背景には、常におにぎりがあったのだ。同時におにぎりは、無限ともいえるバリエーションを持つに至った。関東、関西、東北では、おにぎりの形も、人も違うのだろうか？ 日本人のソウルフード、おにぎりの謎に迫る！
2017.12 191p 18cm ¥950 ①978-4-8003-1340-9

◆**おばあちゃんとおやつ** 産業編集センター編 産業編集センター
【要旨】おやつの数だけ物語がある。全国各地で大切に作られてきた、おばあちゃんの手作りおやつはなにより思い出の味。全編レシピ付。
2017.12 151p A5 ¥1500 ①978-4-86311-171-4

実用書

料理・食生活

実用書

◆オムライスの秘密 メロンパンの謎―人気メニュー誕生ものがたり　澁川祐子著　新潮社（新潮文庫）（『ニッポン定番メニュー事始め』改題書）
【要旨】食卓の定番、コロッケやナポリタンのルーツは、本当はどこの国？ カレーはなぜ国民食になったのか。肉じゃがは海軍発祥というけれど、ルーツは「唐揚げ」か「空揚げ」か。ハヤシライス誕生をめぐる尽きせぬ不思議…。あなたが大好きな料理は、いったいどうして定番になりえたのだろう。埋もれた真実に迫りつつ、好奇心と食欲を刺激するおいしいコラム集。
2017.2 356p A6 ¥590 ①978-4-10-120681-3

◆おもしろい！ 料理の科学　平松サリー著　講談社（世の中への扉）
【要旨】料理には、たくさんの科学の知識が使われています。マヨネーズやビーフカレーをはじめとする30のレシピや、18の実験、10の研究とともに、料理の科学をわかりやすく解説。この1冊で、きっとあなたも科学が好きになります！
2017.1 175p B6 ¥1200 ①978-4-06-287026-9

◆家庭料理技能検定公式ガイド1級・準1級・2級実技試験編―おいしい家庭料理を極め、みんなの健康をつくる　香川明夫監修、家庭料理技能検定専門委員会編　女子栄養大学出版部
【目次】実技試験と主要な料理・献立のポイント（基礎実技、指定料理、献立調理）、実技試験対策と調理の基本！ 調味パーセント、1級・準1級・2級で、作れるようになりたい料理レシピ集、模擬試験問題
2017.6 109p B5 ¥1500 ①978-4-7895-6016-0

◆家庭料理技能検定公式ガイド1級・準1級・2級筆記試験編―おいしい家庭料理を極め、みんなの健康をつくる　香川明夫監修、家庭料理技能検定専門委員会編　女子栄養大学出版部
【要旨】各級の内容を比較しながら学ぶことができる筆記部分を中心としたガイド。広い視野での食文化、自分やまわりにいるかたの健康を考えた「四群点数法」を活かした食事構成、調理技術の知識、衛生管理をどのように行えばよいかなど、詳細な情報を提供している。
2017.5 159p B5 ¥2200 ①978-4-7895-6015-3

◆家庭料理技能検定公式ガイド3級―料理の基本をマスターし、食と健康の基礎を学ぶ　香川明夫監修、家庭料理技能検定専門委員会編　女子栄養大学出版部
【目次】1 調理の技術Part1（計量器具と計り方、包丁について ほか）、2 食生活と栄養（日本の食文化、食事の計画・準備から調理、後かたづけまで ほか）、3 調理（食品の性質と調理による変化、調理方法の特徴 ほか）、4 調理の技術Part2（身支度・衛生的な調理、基礎実技の練習 ほか）、5 3級模擬試験問題
2017.4 206p B5 ¥2400 ①978-4-7895-6014-6

◆家庭料理技能検定公式ガイド4級―食べることは、未来の自分をつくること　香川明夫監修、家庭料理技能検定専門委員会編　女子栄養大学出版部
【目次】1 食生活と栄養（食事の役割、日本の食文化、五大栄養素とその特徴、食品の分け方、規則正しい食事、献立の立て方）、2 調理と衛生（調理の手順、調理に必要な器具、材料について、調理の基本、日常食の調理）
2017.4 120p 26×21cm ¥1600 ①978-4-7895-6013-9

◆家庭料理技能検定公式ガイド5級―食べるってたのしい！ 作るって楽しい！　香川明夫監修、家庭料理技能検定専門委員会編　女子栄養大学出版部
【目次】1 食生活と栄養（食事の役割、日本の食文化、元気になる食事、規則正しい食事、献立の立て方）、2 調理と衛生（調理の手順、調理に必要な器具、材料について、調理の基本、日常食の調理）
2017.3 120p 26×21cm ¥1400 ①978-4-7895-6012-2

◆カリスマフード―肉・乳・米と日本人　畑中三応子著　春秋社
【要旨】明治維新から150年。長いようで短かったこの期間で、日本ほど食生活を激変させた国は他になかっただろうか。肉・牛乳・米は、ときに奇跡の妙薬として特別なパワーを付与され、時の政策にも深くかかわってきた。私たちの健康信仰と変身願望に火をつけ、食卓を劇的に変えた張本人でもある。これらカリスマフードの受容のドラマから、変わりゆく時代、変わらない人間の精神史をたどる。
2017.1 294p B6 ¥1900 ①978-4-393-75124-4

◆カレーライス進化論　水野仁輔著　イースト・プレス（イースト新書）
【要旨】日本人が愛してやまない国民食・カレーライスとは、いったい何なのか？ インド、イギリスを経て日本にたどり着いた後、独自の進化を遂げ、今や日本オリジナルの料理になっているカレーライス。そんなジャパニーズ・カレー150年の歴史から、世界で日本人だけがこだわっているカレー作りの7つのポイント、カレーのおいしさの構造分析まで、カレーライスの未来につながるアイデアを、カレースター・水野仁輔が大放出。日本のカレーの明日は、この1冊と共にある。
2017.5 237p 18cm ¥840 ①978-4-7816-8029-3

◆カレーライスは日本食―わたしの体験的食文化史　剣持弘子著　女子栄養大学出版部
【要旨】明治生まれの英語教師だった母。その母の料理で育ち、みずからも栄養士の経験をもつ著者が、今も、老人ホームで日本とイタリアの民話の研究をつづけながら、日本の食の特異性に感じ入る。そんな日々から生まれた体験的エッセイ。
2017.12 269p B6 ¥1400 ①978-4-7895-5454-1

◆乾物と保存食材事典―栄養と旨みが凝縮した488種　星名桂治監修　誠文堂新光社　増補改訂版
【要旨】昆布、かつお節、魚の干物などの食材から、調味料・香辛料や保存食材488種を掲載。食材の戻し方や調理のポイント、原材、産地、カロリー、栄養の特徴などさまざまな情報を記載。巻末の五十音順の索引が付く。
2017.11 199p 24×19cm ¥1500 ①978-4-416-71724-0

◆キッチハイク！ 突撃！ 世界の晩ごはん　山本雅也著　集英社
【要旨】450kかけて世界一周、見知らぬ土地のキッチンをヒッチハイクした男がつづる食卓探訪交遊録！ 毎日放送、TOKYO FMなどで話題の "食" コミュニティサイト「Kitch-Hike」はここから始まった！
2017.4 237p B6 ¥1600 ①978-4-08-781626-6

◆木でつくる小さな食器　渡邊浩幸著　河出書房新社　新装版
【要旨】バターナイフ、スプーン、れんげやパン皿…はじめてでもやさしく作れる14レッスン。つくりやすい型紙付き。
2017.6 75p 25×19cm ¥1500 ①978-4-309-28637-2

◆キャビアの歴史　ニコラ・フレッチャー著、大久保庸子訳　原書房（「食」の図書館）
【要旨】帝政ロシアから新生ロシアまで、体制変換の影響を強く受けながらも世界を魅了してきたキャビアの歴史。生産・流通・消費について。もちろん、ロシア以外のキャビア、乱獲問題、代用品、買い方・食べ方他にもふれる。
2017.9 187p B6 ¥2200 ①978-4-562-05409-1

◆牛乳のここが知りたい―気になる女性ホルモン、がんリスク　家庭栄養研究会編　食べもの通信社, 合同出版 発売（食べもの通信ブックレット 2）
【目次】1 日本人の体質になじみにくい牛乳―人類の歴史から考える牛乳との付き合い方、最近の牛乳アレルギーの特徴―1～3歳に目立つ即時型症状、3 乳製品の除去で発達障害が改善―不消化の乳たんぱく質「カゼイン」で脳のトラブル、4 牛乳中の女性ホルモンの影響―第二次性徴を早め、乳がんにも影響、5 世界の研究から 牛乳に劣らない野菜や大豆製品のカルシウム吸収率、6 酪農のあり方を考える、7 学校給食の牛乳を見直す―和食でなぜ牛乳が付くのか？、8 和食文化を伝えるために牛乳を休み時間に提供―現地給食リポート1 新潟県三条市、9 乳製品・卵カットの和食献立でアレルギーの子も同じ給食―現地給食リポート2 北海道千歳市保育所、10 豆乳ヨーグルトのすすめ
2017.2 77p A5 ¥600 ①978-4-7726-7704-2

◆京料理の品格―浜作主人が語る　森川裕之著　PHP研究所（京都しあわせ倶楽部）
【要旨】排他性ゆえの悪さこそが、長年育んできた京都の良さである。それぞれの本分を守り、狭い町の中で棲み分ける秩序と節度が、京都の知恵なのだ。日本最初の板前割烹主人による辛口京都論。
2017.3 229,8p 18cm ¥950 ①978-4-569-83387-3

◆京料理の文化史　上田純一編　（京都）思文閣出版
【目次】総論 京料理の文化史、第1章 古代の「食」と文学表現―木簡・古事記歌謡・万葉集歌、第2章 中世の日記から見る和食、第3章 フロイス『日本覚書』にみる東西食文化、第4章「つくりもの」あるいは「見立て」としての精進料理、第5章 黄檗宗の伝来と普茶料理、第6章 近世京都の料理屋、第7章 近世京都・山城国の産物と鮎、第8章 宇治茶について知っていますか、第9章 食と地域、第10章 食から考えるアメリカ―グローバリゼーションと和食
2017.3 340,10p B6 ¥2300 ①978-4-7842-1889-9

◆キレイに見える食べ方図鑑　ホームライフ取材班編　青春出版社（青春新書PLAYBOOKS）
【要旨】ライスはフォークで、どう食べる？ 握りずしの粋な醤油の付け方、"通" と思われるそばの食べ方、フィッシュスプーンの正しい使い方、立食パーティーでの手慣れた皿とグラスの持ち方、崩れやすいミルフィーユの食べ方、鮎の塩焼きの骨の美しい引き抜き方…仕事ができても、オシャレをしても人の評価は、食べ方しだい！ 恥をかかずにスマートに食べる、コツとワザ。
2017.202p 18cm ¥1000 ①978-4-413-21090-4

◆空想サンドウィッチュリー　池田浩明、西山逸成著　ガイドワークス
【要旨】ダンボールで作った屋台がどこへでも飛んでいく。海、無人駅、小麦畑、戦場、江戸時代!?1日限りの特別なサンドイッチを、人気ベーカリー「ル・プチメック」の西山逸成シェフがこしらえて、パンラボ池田が店長になってご提供。
2017.3 82p B5 ¥2000 ①978-4-86535-469-0

◆ぐっちゃん＆ニコタンのおうちごはん！　堀内三佳著、魚柄仁之助監修　竹書房（すくパラセレクション）
【要旨】お料理偏差値0のぐっちゃんと食べるの専門のニコタンにもできた簡単レシピ。
2017.6 122p A5 ¥1000 ①978-4-8019-1089-8

◆熊倉功夫著作集　第7巻 日本料理文化史　熊倉功夫著　（京都）思文閣出版
【要旨】日本料理は時代の求めに応じ、大きな歴史的変革をとげてきた。その背後にひそむ食の思想や美意識、地域の特質や偉大な料理人の創造力、和菓子や水、茶の文化など食の周辺まで俯瞰する。
2017.10 486,16p A5 ¥7000 ①978-4-7842-1858-5

◆栗の文化史―日本人と栗の寄り添う姿　有岡利幸著　雄山閣（生活文化史叢書）
【要旨】縄文時代から栗林を形成し、食糧として、または材として重用されてきた栗。そして、昔話にも登場する栗。人と栗が寄り添う姿は、日本の原風景でもあった。栗一粒にまつわる日本の姿。
2017.2 278p A5 ¥2800 ①978-4-639-02464-4

◆酵母パン宗像堂―丹精込めたパン作り日々の歩み方　伊藤徹也写真、村岡俊也文　小学館
【目次】宗像堂ができるまで、宗像堂の一日、宗像堂のレシピ、宗像堂のパン、全部、言葉を重ねる。インタビュー宗像みか、インタビュー宗像誉支夫
2017.12 159p 20×16cm ¥2200 ①978-4-09-310861-4

◆コスパ飯　成毛眞著　新潮社（新潮新書）
【要旨】ある時は最高の「牛めし」を決めるべく数十種を食べ比べ、またある時は美味しいサラダのコツを求めて評判のオーベルジュに足を運ぶ。東にいい食材を探し、西で名物料理の味を試す。「うまさ」は前提条件。その上でどれだけ投資効率が良いか、つまりコスパを追求。ネットを駆使して情報や行列を人力全開で工夫も凝らす。持ち前の知的好奇心で数々の「うまい！」に辿りついた軌跡を語る初めての「食」の本。
2017.4 189p 18cm ¥720 ①978-4-10-610714-6

◆古代越中の万葉料理　経沢信弘著　（富山）桂書房
【目次】再現 万葉料理（葦付、鮎、かたくり、しただみ、鯛、鴨、すすたけ、赤米、藻塩、寒天、蘇）、食材と器、論考集（葦附のカワモズク説について、大伴家持の春巡行の鵜飼について）
2017.5 93p 19×15cm ¥1300 ①978-4-86627-026-5

◆子どもの味覚を育てる―親子で学ぶ「ピュイゼ理論」　ジャック・ピュイゼ著、石井克枝、田尻泉日本版監修、鳥取絹子訳　CCCメディアハウス
【要旨】味覚は小学生で決まる。フランスの「食育」、「味覚教育」のスタンダード「味覚の目覚

料理・食生活

◆め10回コース」を日本版に大幅改訂。家庭・学校で実践する、子どもの味覚教育。
2017.10 308p B6 ¥1600 ①978-4-484-17108-1

◆コンニャクと生きる――信州と上州の山里をつなぐ 柏企画編 (長野)柏企画
【要旨】低カロリーのヘルシー食材。コンニャク芋の生産地、楽しいコンニャク製造、コンニャクの料理、食卓の中のコンニャク、ほか。
2016.12 93p A5 ¥1000 ①978-4-907788-28-5

◆最上のおもてなし――20人のテーブルコーディネート 渇口哲也、大橋緑編 草土出版、星雲社 発売
【要旨】トップレベルのデコレーターによるコーディネート例を贅沢に紹介。他に類をみない一冊。「おもてなし」とはどのようなことなのか、総てこの中に答えがあります。
2017.2 149p 28×22cm ¥2800 ①978-4-434-22849-0

◆菜食への疑問に答える13章――生き方が変わる、生き方を変える シェリー・F.コーブ著、井上太一訳 新評論
【要旨】健康はどうするの? お乳や卵はいいんじゃない? 植物も他の動物を食べるけど? 菜食への問いから始まる知的冒険。食生活の次元から非暴力の意味を考える。
2017.4 325p B6 ¥2700 ①978-4-7948-1058-8

◆再発見京の魚――おいしさの秘密 京の魚の研究会者 恒星社厚生閣
【目次】若狭湾と京都、サバのすしとへしこ、若狭からの魚、ハモ、ブリ、クジラ、京・近江の川魚、ウナギ、スッポン、京かまぼこ、身欠きニシン、ちりめんじゃこ、棒ダラ、コンブ、カツオ節、京料理と魚
2017.6 194p B6 ¥2700 ①978-4-7699-1598-0

◆魚っ食いのための珍魚食べ方図鑑 西潟正人著 緑書房
【要旨】マイナーでもとてもおいしい珍魚170種を、料理人から92項目に分類し、写真総数1000枚で解説。姿が似た、比較的一般的な魚も一緒に紹介しています。珍魚独特の体型に合わせた下処理を、より下ろしなどの基本から解説。料理人目線の構図で順を追って説明しています。珍魚の生物学的特徴、食材としての個性、文化的な位置づけについて紹介。魚類143種、イカ類8種、タコ類4種、貝類15種を網羅しています。魚の旬は一概に得えず、特に珍魚では難しいですが、食べごろについても記載しています。
2017.7 221p A5 ¥2700 ①978-4-89531-298-1

◆砂糖の社会史 マーク・アロンソン、マリナ・ブドーズ著、花田知恵訳 原書房
【要旨】奴隷たちの血涙から生まれた砂糖が農業、流通を変え、世界を動かした。人々の欲望は大規模農業を生み、世界に輸送網を開き、その富は、やがて産業革命のエネルギーにもなった。天国と地獄をあわせもつ「完璧な甘味」の社会史を、多くの図版とコラムもまじえ、わかりやすい記述で紹介。
2017.3 202p A5 ¥2500 ①978-4-562-05381-0

◆残念和食にもワケがある――写真で見るニッポンの食卓の今 岩村暢子著 中央公論新社
【要旨】「白いご飯は味がないから苦手」「煮物は家ではつくらない」「ご飯も味噌汁もスプーンで食べる」「大人もお子様用プレートを使う」…400人以上の主婦へのアンケート、1万5000枚以上の食卓写真をもとに、家庭の和食の驚くべき変化を描き出す。
2017.10 197p B6 ¥1500 ①978-4-12-005016-9

◆しあわせをつなぐ台所――人生のちょっと先輩からの知恵 エクスナレッジ
【要旨】人生のちょっと先輩からの知恵。
2017.6 203p A5 ¥1800 ①978-4-7678-2291-4

◆四季を愉しむ手しごと――旬のくだもの、季節の草花とていねいに暮らす 小島喜和著 河出書房新社
【要旨】旬に合わせた果物しごと、それらを使ったお菓子作り。草花を育て、愛でること。とっておきのレシピやアイデアで、季節に寄り添う暮らしを。
2017.2 142p B6 ¥1400 ①978-4-309-28620-4

◆実況・料理生物学 小倉明彦著 文藝春秋(文春文庫)
【要旨】「焼豚には前と後ろがある!?」「牛乳はなぜ白い?」…"知識の身体化"のためには、料理が一番! しかも、大阪大学の教授が、普段何気なく食べている物に対する疑問を科学的に説明するだけでなく、学生と一緒に料理をして学ぶ、実

際にあった名物講義をもとにした、やさしく楽しめる科学本。科学の入り口として、幅広い年齢層で楽しめる一冊。
2017.2 253p A5 ¥780 ①978-4-16-790801-0

◆知っておいしいスパイス事典 実業之日本社編 実業之日本社
【要旨】基本のスパイス43種類に加えて、ミックススパイスも24種類掲載!! 世界のスパイス料理レシピも満載!
2017.6 143p A5 ¥1400 ①978-4-408-00900-1

◆趣味と実用の木工 キッチン小物食器 マックス・ベインブリッジ著、宮田攝子訳 ガイアブックス
【目次】木工の世界へようこそ(木材の調達、木材の選定、樹種 ほか)、作品づくり(食事用スプーン、スパチュラ、料理用スプーン ほか)、仕上げ&道具の手入れ(ファセットカット、焼き仕上げ、エボナイズ ほか)
2017.2 141p 25×20cm ¥2800 ①978-4-88282-977-5

◆昭和の洋食 平成のカフェ飯――家庭料理の80年 阿古真理著 筑摩書房 (ちくま文庫)
【要旨】小津安二郎の映画『お茶漬の味』からテレビドラマ『寺内貫太郎一家』、平成のマンガ『きのう何食べた?』『花のズボラ飯』まで、家庭料理はどのように描かれ、作られてきたのか。女性雑誌やテレビの料理番組、そこに登場する料理研究家たちは、どんな役割を担ったのか。日本の社会や経済、家族のありかたが通り抜けてきた、この80年の変化を食生活から読み解く。
2017.2 365p A6 ¥880 ①978-4-480-43405-0

◆食材と調理 和食文化国民会議監修、大久保洋子、中澤弥子著 (京都)思文閣出版 (和食文化ブックレット 6)
【目次】1 和食の調理は自然の恵みから誕生した(水と熱源、調理と道具、調理の味付けの基本、和食調理の献立)、2 食材と調理(主食の食材と調理、副食の食材と調理、和食と漬物)
2017.2 94p A5 ¥900 ①978-4-7842-1885-1

◆食材別 料理書集成 第1巻 米・麦の料理 江原絢子編・解説 クレス出版
【目次】家庭 鮓のつけかた――小泉清三郎/大倉書店/明治43年/味の素食の文化センター所蔵、家庭応用 飯百珍料理――赤堀峯吉・菊子/朝香屋書店/大正2年/不鮮明部分は味の素の文化センター所蔵書による、家庭で出来る珍らしいお鮨の拵へ方二種――服部茂一/服部式茶葉割烹講習会/大正8年、お寿司のこしらへかた――鈴木又吉/古谷商会/昭和4年、寿司と変り御飯の作り方――主婦之友社編輯局編/主婦之友/昭和5年/国立国会図書館WEBより転載
2017.1 1Vol. A5 ¥21000 ①978-4-87733-944-9

◆食材別 料理書集成 第2巻 いも・豆の料理 江原絢子編・解説 クレス出版
【目次】さつま芋お料理――屋中定吉/宝永館/明治38年(※収録書は:訂正復興一版/六合館/大正14年)、豆腐のお料理――菊池専吉/宝永館/明治38年(※収録書は:訂正復興一版/六合館/大正14年)、豆腐三百珍――横山彦太郎編/敷島屋書房/明治39年、馬鈴薯の料理――東京割烹講習会編/東京割烹講習会/大正9年
2017.1 1Vol. A5 ¥18000 ①978-4-87733-945-6

◆食材別 料理書集成 第3巻 野菜・果物の料理 江原絢子編・解説 クレス出版
【目次】家庭実用 野菜果物料理法――藤村棟太郎/大学館/明治38年、毎日の御惣菜 野菜と摘草の炊法――九州家庭乃顧問社編/九州家庭乃顧問出版部/大正6年、果物の調理と飲物の作り方――亀岡義勢/大日本雄弁会講談社/昭和6年、おいしい漬物のつけかた――川崎甫/泰文館/昭和6年
2017.1 1Vol. A5 ¥18000 ①978-4-87733-946-3

◆食材別 料理書集成 第4巻 魚介類の料理 江原絢子編・解説 クレス出版
【目次】魚貝調味法集 全――池内猪三郎/有隣堂/明治30年/国立国会図書館WEBより転載、欧米魚介新料理――赤堀峯吉/博文館/明治45年/味の素食の文化センター所蔵、魚介料理――材料の選び方と調理法――一戸伊勢子/水産社/昭和12年
2017.1 1Vol. A5 ¥17000 ①978-4-87733-947-0

◆食材別 料理書集成 第5巻 肉・卵・乳の料理 江原絢子編・解説 クレス出版
【目次】肉料理大天狗――橘井山人/自然洞/明治5年/国立国会図書館WEBより転載、玉子料

理鶏肉料理二百種及家庭養鶏法――村井寛・尾崎密蔵/報知出版部/明治37年、牛肉料理 全 附豚肉料理――村井弦齋夫人談・齋藤鹿山編/西川嘉門/明治44年/東京都立中央図書館特別文庫室所蔵、家庭向 牛乳料理 全――津野慶太郎/長隆舎書店/大正10年、和洋 バター料理之栞――北海道製酪販売組合連合会編/北海道製酪販売組合連合会/昭和7年、国民栄養の増進と煉乳――国民栄養保健研究会編/国民栄養保健研究会/昭和10年
2017.1 1Vol. A5 ¥18000 ①978-4-87733-948-7

◆食生活データ総合統計年報 2017 三冬社
【要旨】人口減少で縮小する国内消費。和食文化の国際化と企業の戦略を考えるための幅広い統計集です。
2017.2 345p A4 ¥14800 ①978-4-86563-023-7

◆食でたどるニッポンの記憶 小泉武夫著 東京堂出版
【要旨】終戦直後、野山を駆け回っていた小泉少年のお腹を満たした食べ物、懐かしいふるさとの味、そして戦後西洋化した日本の食卓まで。半世紀以上にわたるさまざまな食べ物との出会いを通して、日本の食文化の移り変わりをたどる。
2017.6 210p B6 ¥1500 ①978-4-490-20966-2

◆食とフレーバーとのおいしい関係――脳による食行動の調節 鳥居邦夫著 フレグランスジャーナル社 (香り新書 4)
【目次】我々は何を食べて来たか?、化学感覚のはじまり、魚が食物を探し食べる仕組み、魚類の索餌行動の仕組み、陸棲動物の摂食行動、上部消化管における化学感覚、消化での化学感覚と消化液のうま味、食事に伴う胃の役割、和食の担い手としてのうま味嗜好性と肥満抑制、食行動におけるグルタミン酸シグナリングの役割と脳機能の変化、消化管におけるグルタミン酸シグナリングの有用性、必須アミノ酸欠乏の認知と適応の仕組み
2017.4 189p 18cm ¥1600 ①978-4-89479-283-8

◆食のリテラシー 魚柄仁之助著 こぶし書房
【要旨】怪しい「健康にいい」情報に煽られていませんか? 食情報を読み解くチカラで生きのびろ! 巷に溢れる食情報、特に「営業を目的とした体にいい食情報」の取扱説明書。
2017.4 168p B6 ¥1600 ①978-4-87559-328-7

◆食の歴史書Hand Book 日本出版制作センター
【要旨】市販されている食品はいつ頃から売られていてどのような歴史があるのか? 10のカテゴリーに分類し約100品目を解説、戦後発売された商品から現在の売れ筋商品まで写真を掲載。巻頭付録に昭和25年から世の中の主な出来事とその時代に活躍した食品を並べた食品年表を掲載。営業トークなどの"話のネタ帳"としても使えます。
2017.3 265p 20cm ¥926 ①978-4-902769-23-4

◆食は「県民性」では語れない 野瀬泰申著 KADOKAWA (角川新書)
【要旨】「お好み焼き発祥の地は大阪でも広島でもない」「鶏を使わない焼き鳥?」「九州でうどんにかけるのは胡椒?」など、食に隠された意外でおもしろい歴史をひもときながら、世界に類を見ないほど複雑で多様性に富んだ日本の食文化を紹介。
2017.8 255p B6 ¥820 ①978-4-04-082142-9

◆食は、しあわせの種――少しだけ、ちゃんと料理しようと思いはじめたあなたへ 高石知枝著 花伝社、共栄書房 発売
【要旨】どんな料理が作れるかということより、まずは、「料理が楽しい」と思って作ること。そう思ってもらえるよう、食に対する考え方、料理の方たを丁寧に書き集めました。
2017.12 211p B6 ¥1500 ①978-4-7634-0839-6

◆新オリーブオイルのすべてがわかる本 奥田佳奈子著 筑摩書房
【要旨】必携の1冊が内容新たに再登場! 正しく深く知り、使いこなす。食に関わるすべての人に贈る究極のガイドブック。
2017.10 215p A5 ¥2200 ①978-4-480-87894-6

◆信州ちくま 食の風土記 千曲市食の風土記編纂委員会編 (千曲)千曲市食の風土記編纂委員会、農山漁村文化協会 発売
【要旨】本書では、食生活が激変しはじめる高度経済成長期の昭和三十年代を軸に、当時一家の食卓を段どりしていたおばあちゃんたちからの聞き書きにより、先祖代々受け継がれてきた千

料理・食生活

実用書

曲市の食べごとの世界を、さまざまな角度から描いている。地域の自然や風土に寄り添いながら、季節ごとにいくつものハレの日をおき、ケ(日常)の中に潤いをたたえ、海を渡った料理人たちの生き様に迫った人間ドキュメンタリー。さらに子々孫々の繁栄を祈ってきた先人たちの暮らしぶりが、食の営みを通じて浮き彫りとなる。
2017.6 176p A5 ¥1600 ①978-4-540-16182-7

◆信州の料理人、海を渡る。——La brise soufflée de Nagano 大友秀俊写真・文 (長野)オフィスエム
【要旨】故郷の山を越え、海を渡った料理人たちの生き様に迫った人間ドキュメンタリー。
2017.10 109p A4 ¥2900 ①978-4-86623-013-9

◆人類はなぜ肉食をやめられないのか——250万年の愛と妄想のはてに マルタ・ザラスカ著, 小野木明恵訳 インターシフト, 合同出版 発売
【要旨】人類が肉食に魅せられる理由—ヒトの進化、栄養の真実、おいしさの秘密、文化や象徴、セックスと権力、アイデンティティ、菜食主義の失敗、など徹底探求！肉食化が進むアジア、食肉がなくなる地球の近未来。「栄養転換ステージ5」へ向けて…壮大なスケール(250万年)で、人類の肉への愛と妄想を、その行き着くはてを描き出す！
2017.6 313p B6 ¥2200 ①978-4-7726-9556-5

◆新 和菓子噺 藪光生著 キクロス出版, 星雲社 発売
【要旨】知るほどに深まる和菓子の愉しみ。
2017.4 182p B6 ¥1200 ①978-4-434-23091-2

◆すし通 永瀬牙之輔著 土曜社 (土曜文庫)
【要旨】おやじが握ってぽんと置くと、ぼくはさっとつまんでぽんと口へほうり込む。ぽんと置く、またぽんと口へ。この気合が客にとって大切なのである。
2017.1 155p A6 ¥795 ①978-4-907511-22-7

◆寿司とワイン——ユニークな楽しみ 江戸西音テキスト, モキュート絵 レーベン, ガイアブックス 発売 (本文:日英両文)
【要旨】フルカラー漫画。英語の勉強にも。日英バイリンガル。
2017.4 71, 71p B6 ¥1400 ①978-4-88282-984-3

◆図説 和菓子の歴史 青木直己著 筑摩書房 (ちくま学芸文庫)
【要旨】舌だけでなく目や耳など五感を使って楽しめる、日本文化の粋を集めた和菓子。羊羹、饅頭、カステラといった日々の生活でおなじみのものから、雛祭や月見などの年中行事にだけ登場する特別なものまで、日本人の生活に欠かせない和菓子はいかにして現在の姿になったのか。その発展は、時代ごとに日本に流入してきた外国文化が大きな影響を与えていた。本書では、唐菓子や点心など中国の影響が大きい古代～鎌倉時代にはじまり、南蛮人との出会いによって日本の菓子の幅が広がった室町時代を経て、日本独自の菓子文化が花開く江戸時代までの和菓子の歩みを、多数の図版とともに解説する。
2017.8 263, 5p A6 ¥1100 ①978-4-480-09792-7

◆齊民要術——現存する最古の料理書 田中静一, 小島麗逸, 太田泰弘編訳 雄山閣 新装版
【要旨】時は六世紀。場所は中国山東省の一地域。農法の一書『齊民要術(せいみんようじゅつ)』。本書は、その後半部分に記された料理篇を訳出したものである。詳細な調理法、そして味わい方が綴られている。
2017.3 339p A5 ¥5800 ①978-4-639-02470-5

◆世界一のレストラン オステリア・フランチェスカーナ 池田匡克著 河出書房新社
【要旨】現存する世界最高の料理人はいかにして生まれたか——丹念に追い豊富な写真で魅せた世界初のドキュメント。マッシモ・ボットゥーラの思考と創造の秘密に迫る。「偉大なる12皿」代表的な料理のレシピも初公開。
2017.11 207p A5 ¥2500 ①978-4-309-28655-6

◆世界でいちばんおいしいお米とごはんの本 澁谷梨絵著 ワニブックス
【要旨】お米屋さんの秘伝がたっぷり！びっくりするほど味が違う！炊き方の極意教えます。古いお米もおいしくなる裏技、あるんです。雑炊、炊き込み、混ぜごはんなどのレシピ付き。
2017.4 127p A5 ¥1200 ①978-4-8470-9538-2

◆世界のサンドイッチ図鑑——意外な組み合わせが楽しいご当地レシピ355 佐藤政人著 誠文堂新光社
【要旨】ヨークシャー・プディング・スモークサーモン・オープンサンドイッチ、ヴォイレイパ、ホルトバジ・パラチンタ、アタイエフ・ビル・アシュタ、プルド・ポーク・サンドイッチ、タコス・デ・ポイヨ、クナーファ・ウィズ・クリーム、ツウ・パイ・パオ…あまり日本人の口には合わなそうなものも、よりみないものをはさんでしまった激うまサンドイッチなど、見ているだけで楽しくなる唯一無二のサンドイッチ図鑑。
2017.3 303p A5 ¥2000 ①978-4-416-61647-5

◆世界のハーブ&スパイス大事典 ジル・ノーマン著, 水野仁輔監修・訳 主婦と生活社
【要旨】283種類のハーブ&スパイスを写真で紹介し味と香り、使い方、栽培法をわかりやすく解説。料理レシピも200種類以上収録！
2017.7 368p 24×20cm ¥3500 ①978-4-391-14987-6

◆世界の有名シェフが語るマンマの味 ミーナ・ホランド著, 川添節子訳 エクスナレッジ
【要旨】世界的ベストセラー『食べる世界地図』の著者が、出身国や背景もさまざまな国々の有名人へのインタビューを軸に、家庭料理についてつづる。著者自身の「マンマの味」への思いやレシピもふんだんに盛り込まれた、味わい深いエッセイ。
2017.12 310p B6 ¥1800 ①978-4-7678-2413-0

◆世界の夢のパン屋さん 大和田聡子監修, 川人わかな取材・文 エクスナレッジ
【要旨】伝統のバゲットから、宝石のような甘いパンまでワクワク、ゆめゆめ、パン屋をめぐる冒険へ。パリ、マドリード、アムステルダム、ベルリン…世界をまるごと召し上がれ。名店エリック・カイザー、ポワラーヌ、ゴントラン・シェリエのインタビュー掲載！
2017.6 176p 25×19cm ¥1800 ①978-4-7678-2317-1

◆戦争がつくった現代の食卓——軍と加工食品の知られざる関係 アナスタシア・マークス・デ・サルセド著, 田沢恭子訳 白揚社
【要旨】プロセスチーズ、パン、成型肉、レトルト食品、シリアルバー、スナック菓子、缶詰…スーパーマーケットでお馴染みの「安くて長持ちする美味しい食品」のルーツは兵士のための糧食だった！身近な食品がどのように開発され、軍と科学技術がどんな役割を果たしたのかを探る。
2017.7 380p B6 ¥2400 ①978-4-8269-0195-6

◆続 あなたのために——お粥は日本のポタージュです 辰巳芳子著 文化出版局
【目次】春(桜の塩漬けの粥、七草粥 ほか)、夏(煎茶粥、ゴーヤジュース、ゴーヤーポタージュ ほか)、秋(菊の粥、さつまいもポタージュ ほか)、冬(牛コンソメの葛引き粥、チキンスープの葛引き粥 ほか)
2017.2 195p 26×20cm ¥2600 ①978-4-579-21291-0

◆続 出会い大和の味 奈良の食文化研究会著 (奈良)奈良新聞社
【要旨】いにしえの都、奈良。奈良時代に国の中心であったその地には、今日の和食にみられる豊富な食材がすでに登場していた。今に息づく「大和の味」をNPO法人「奈良の食文化研究会」のメンバーが取材、奈良新聞の人気連載をまとめた第二弾！新しい奈良の食や施設も紹介。
2017.10 251p A5 ¥1500 ①978-4-88856-147-1

◆そば打ち一代——浅草・蕎麦大黒屋見聞録 上野敏彦著 平凡社
【要旨】「そばは違う。自分の体調や気力で全く違ったものになる」——茶庵創始者・片倉康雄の衣鉢を継ぎ、古希を越えてなお、そばを打ち続ける職人と妻の物語。
2017.5 188p B6 ¥1700 ①978-4-582-83758-2

◆大豆の学校 服部幸應, だいずデイズ大豆研究所監修 オーガニックヴィレッジジャパン, キラジェンヌ 発売 "食育の学校"シリーズ 1
【要旨】もっと大豆を知ろう。大豆から得ることはこんなにある。
2017.9 112p B5 ¥1000 ①978-4-906913-72-5

◆台所重宝記 村井弦齋著, 村井米子編訳 中央公論新社 (中公文庫)
【要旨】食材選びと貯蔵法、料理のコツから衛生まで、台所まわりに知らぬことない妻君が、暮らしの知恵を溢れるごとく開陳する——空前のベストセラーとなった明治時代の新聞小説『食道楽』、その情報部分をトピック別に抽出。往時の食の豊かさを伝え、現代生活にも役立つ"実用書の元祖"、初の文庫化。一年三百六十五日の料理暦付。
2017.8 306p A6 ¥740 ①978-4-12-206447-8

◆だしの神秘 伏木亨著 朝日新聞出版 (朝日新書)
【要旨】日本の風土と職人の誇りが極めた「千年の一滴」。昆布と鰹節で丹念に引いたうまみの深い深いうま味の正体は。日本人の旺盛な探求心のもと積み重ねた食材の選択、独特の加工技術—長い年月の末に完成された、神秘のだしを堪能する。「確実に料亭レベルのだしを引ける」とっておきのレシピも公開。
2017.1 239p 18cm ¥760 ①978-4-02-273702-1

◆タマネギとニンニクの歴史 マーサ・ジェイ著, 服部千佳子訳 原書房 (「食」の図書館)
【要旨】主役ではないが絶対に欠かせず、吸血鬼を撃退し血液と心臓に良い。古代メソポタミアの昔から現代まで、タマネギやニンニクなどのアリウム属との人類の深い関係を描く。暮らし、交易、戦争、医療、魔術…意外な逸話を満載。レシピ付。料理とワインについての良書を選定するアンドレ・シモン賞特別賞を受賞した人気シリーズ。
2017.4 175p B6 ¥2200 ①978-4-562-05400-8

◆地域名菓の誕生 橋爪伸子著 (京都)思文閣出版
【要旨】日本各地にある地域名菓は、われわれにとってごく身近な存在でありながら、その成立の背景について研究した書籍はこれまでなかった。本書は、近世に完成した日本固有の菓子が、近代以降に社会の変動や異文化との接触をへて変化し、新たな展開を迎えるありさまを検討した。そして現在菓子の主要な位置をしめる「地域名菓」が近代において新たに成立したことを、近世からの連続性に注目しつつ実証した。地域そのものを可能な、唯一の食べものである地域名菓。その栄枯盛衰の物語をたどる。
2017.11 457, 16p A5 ¥8000 ①978-4-7842-1900-1

◆地球から愛される「食べ方」——この星を貪らない生き方「ヴィーガン・ライフ」入門 ふかもりふみこ著 現代書林
【要旨】ジョニー・デップ、ナタリー・ポートマン、クリント・イーストウッド、ジェイソン・ムラーズ等、ハリウッド・セレブや一流アスリートたちも続々と選択し始めた、話題のライフ・スタイル「完全菜食主義＝ヴィーガン」とは何か？日本人女性医師による入門書＝実践編。
2017.10 183p B6 ¥1300 ①978-4-7745-1666-0

◆中国語と日本語で紹介する 寿司ネタの魚がわかる本 野村祐三著 講談社 (本文:日中両文)
【要旨】長年にわたり日本の魚と地魚料理を取材してきた著者が、伝統の江戸前をはじめとするにぎり寿司の真髄に迫る。にぎり寿司の代表的なネタの魚58種を掲載。稀代の魚食いならではの的確な表現と魚のうんちく、寿司職人の味へのこだわりがいっぱい詰まった、寿司を味わうときの必携書。中国文(簡体中文)がついているので中国のお客様やお友だちのプレゼントにもってこいです。
2017.5 123p B6 ¥1200 ①978-4-06-220572-6

◆長寿の献立帖——あの人は何を食べてきたのか 樋口直哉著 KADOKAWA
【要旨】いま、人類は歴史上経験したことのない『長生き時代』になっている。老いをいかに生きていくべきか。長寿者の食生活や人生からそのヒントを探ろうというのが本書である。食は人生の一部であり、全体ではない。しかし一方で食べることは、生きることを象徴している。40名あまりの長寿を全うした人々の食事は、まさに生き方を表していた。
2017.12 231p 18cm ¥840 ①978-4-04-082207-5

◆チョコレート検定 公式テキスト 2017年版 明治チョコレート検定委員会監修 学研プラス
【要旨】「チョコレートのことを幅広く知りたい」、「もっと専門的に勉強したい」そんなあなたへ。その不思議な魅力に迫る1冊。基礎から体系的に学べる検定問題集付き。
2017.2 206p A5 ¥1500 ①978-4-05-800719-8

◆チョコレートの歴史 ソフィー・D・コウ, マイケル・D・コウ著, 樋口幸子訳 河出書房新社 (河出文庫)
【要旨】遥か三千年前に誕生し、マヤ・アステカ文明に育まれたチョコレートは、王侯貴族の「飲み物」として長く壮大な歴史をめぐって現代の大衆的「食べ物」となった。原料カカオの植

◆漬け物大全—世界の発酵食品探訪記　小泉武夫著　講談社　（講談社学術文庫）　（『漬け物大全—美味・珍味・怪味を食べ歩く』改題書）
【要旨】素材も漬け床も作り方も多様な世界の漬け物を、発酵・食文化研究の第一人者が食べ歩く。そもそも「漬かる」とは？催涙almosの珍味「ホンオ・フェ」とは？日本列島を縦断し、東南アジアで芳香を楽しみ、ヨーロッパのピクルスに痺れる。さらに熟鮓、くさや、このわたなど、日本特有の「魚介漬け物」を堪能。漬け物なくして人類の食卓は成り立たない・
2017.10 253p A6 ¥900 ①978-4-06-292462-7

◆酒肴ごよみ365日—季節にほろ酔う旬つまみ簡単で旨い味わい方、乙な愉しみ方　萬田康文, 大沼ショージ撮影　誠文堂新光社
2017.9 383p B6 ¥1600 ①978-4-416-51769-7

◆ツレヅレハナコの食いしん坊な台所　ツレヅレハナコ文, キッチンミノル写真　洋泉社
【要旨】大好きな台所道具に囲まれたら、おいしい物の話は尽きない！ 無敵の食いしん坊編集者・ツレヅレハナコが自宅の台所をお腹いっぱいになるようご案内!!
2017.9 143p B6 ¥1500 ①978-4-8003-1226-6

◆天才シェフの絶対温度—「HAJIME」米田肇の物語　石川拓治著　幻冬舎　（幻冬舎文庫）
【要旨】開店から1年5ヶ月の史上最速で、ミシュラン三つ星を獲得したシェフがいる。大卒で企業に勤めた後、料理学校に通い、26歳で仏料理店の門を叩いた遅まきのスタート。しかし塩1粒、0.1度にこだわる圧倒的情熱で、修業時代から現在に至るまで不可能の壁を打ち破ってきた。心を揺さぶる世界最高峰の料理に挑み続けるシェフ・米田肇のドキュメント。
2017.4 346p A6 ¥690 ①978-4-344-42586-6

◆ドイツパン大全—100以上におよぶパンの紹介をはじめ、材料、作り方、歴史や文化背景、食べ方やトレンドまでを網羅　森本智子著　誠文堂新光社
【要旨】ライ麦を使った黒パンからプレーツェル、シュトレン、ドイツでしか知る人ぞ知るマニアックなパンで100種以上を網羅。これが読めればどんなパンのかがわかる、ドイツパンの分類を解説。日本とはタイプが異なる小麦やライ麦をはじめ、パンの材料を紹介。パンにまつわるドイツの食文化や歴史、エリアによる特徴を案内。ヘルシー志向、オーガニック、グルテンフリーのキーワードから今のドイツパンのコツを探る。ドイツパンの世界文化遺産、パン職人になるためのマイスター制度を知る。
2017.6 223p B5 ¥2200 ①978-4-416-51731-4

◆トウガラシの歴史　ヘザー・アーント・アンダーソン著, 服部千佳子訳　原書房　（「食」の図鑑館）
【要旨】マイルドなものから激辛まで数百種類。メソアメリカで数千年にわたり栽培されてきたトウガラシが、スペイン人探検家によってヨーロッパに伝わり、世界中の料理に「なくてはならない」存在になるまでの物語。
2017.8 184p B6 ¥2200 ①978-4-562-05408-4

◆ドキュメント 家庭料理が幸せを呼ぶ瞬間—忘れられないわが家の味　木部克彦編著　言視舎
【要旨】食育の原風景がここにあります。家で料理する、それだけでいいんです。ただのカレーが、どこにでもある卵焼きが、平凡な煮物が感動の一品に変わる—その瞬間を記す。明和学園短大学生による、すべて実話。
2017.6 229p B6 ¥1600 ①978-4-86565-094-5

◆トリュフの歴史　ザッカリー・ノワク著, 富原まさ江訳　原書房　（「食」の図鑑館）
【要旨】かつて「蛮族の食べ物」とされたグロテスクなキノコは、いかに世界のグルメ垂涎の的となったのか。文化・歴史・科学等の幅広い観点から、多くの顔を持つトリュフの謎に迫る。フランス・イタリア以外の世界のトリュフも取り上げる。レシピ付。料理とワインについての良書を選定するアンドレ・シモン賞特別賞を受賞した人気シリーズ。
2017.10 179p B6 ¥2200 ①978-4-562-05410-7

◆ニッポンの主婦100年の食卓　主婦の友社編　主婦の友社
【要旨】ニッポンを支え続けた主婦たちの大正から昭和、平成、そして現在までの100年の暮らしを見つめました。
2017.3 127p B5 ¥1600 ①978-4-07-422468-5

◆にっぽん洋食物語大全　小菅桂子著　筑摩書房　（ちくま文庫）
【要旨】トンカツ、コロッケ、ライスカレーの発明、戦争が需要を増大させた牛肉・豚肉、白く気味悪がられた西洋野菜・白菜、数々の文豪を虜にしたアイスクリーム、明治天皇と福沢諭吉がPRに一役買った牛乳…。素材・料理法からテーブルマナー、はては食堂車まで、日本人は如何にして西洋食を取り入れ、日本独自の食文化「洋食」として育て上げたのか。
2017.8 424p A6 ¥950 ①978-4-480-43465-4

◆日本全国 このパンがすごい！　池田浩明著　朝日新聞出版
【要旨】パンおたく池田浩明が実踏！実食！渾身の感動パン200。パンに人生を捧げた究極の"パンおたく"が贈る一家に一冊、必携のパンガイド！
2017.2 223p 19cm ¥1200 ①978-4-02-333930-9

◆日本のすごい食材　河崎貴一著　文藝春秋　（文春新書）
【要旨】こんなうまいものがあったのか!?最新技術を用いた養殖、伝統的な発酵食品、町おこしの地域食材…日本列島の知られざる食材を求めて生産者を訪ねたルポルタージュ。
2017.11 255p 18cm ¥860 ①978-4-16-661146-1

◆日本料理のコツ　杉田浩一, 比護util子, 畑耕一郎著　KADOKAWA　（角川ソフィア文庫）
【要旨】塩・醤油などの基本調味料、魚介・野菜などの食材、焼く・煮るなどの調理法—各分野にまつわる不思議や疑問の「なぜ？」に答える調理科学の「知識編」と、道具と下ごしらえの基本ノウハウから調理別・美味しく作るためのワザ＆ポイントまでを網羅した「実践編」の2部構成で、日本料理のコツを徹底解説する。料理好き必見！ 直伝と経験則のベールの内で培ってきたプロ秘伝のコツを、調理科学の客観目線で解剖する。目からウロコの快事。
2017.3 265p A6 ¥1200 ①978-4-04-400239-8

◆ねじ曲げられた「イタリア料理」　ファブリツィオ・グラッセッリ著　光文社　（光文社新書）
【目次】第1章 トマトソースは、イタリアの「伝統料理」ではない、第2章 ピッツァは、アメリカからやってきた、第3章 「パスタ」は「麺類」にあらず！、第4章 エクストラ・ヴァージン・オリーブオイルは偽物ばかり、第5章 「地中海式ダイエット」のウソ、第6章 外国人観光客がカプチーノを作った、第7章 スローフード運動は、なぜダメなのか、第8章 「色のよすぎるハム」と「食の支配者たち」
2017.9 265p 18cm ¥900 ①978-4-334-04309-4

◆脳を操る食事術—世界のピークパフォーマーが実践する　石川三知著　SBクリエイティブ
【要旨】15回噛むと翌日疲れない。甘いものは「感情的」になる。デートの前日は「肉+野菜」。ナッツ1粒で瞑想効果アップ。ダイエット・ストレス・持続力・コンディション・見た目・疲労。たった一度の人生で最大限の集中力が上がる！ 最強栄養士が教える、超多忙ビジネスマンに向けた具体的メソッド！
2017.5 176p B6 ¥1300 ①978-4-7973-9004-9

◆農家が教えるもち百珍　農文協編　農山漁村文化協会
【要旨】つき方—プロに教わる杵つきもちのスゴ技/失敗しやすい玄米もちを必ず成功させる秘訣/冷めても固くならない大福もち。素材—ふわっふわで色鮮やかなヨモギもちのつくり方/ミカン、リンゴ、イチゴ、ショウガ、アスパラ、エビ、ワカメなど、もちに合う20種の素材と混ぜ込むコツ。保存—使い捨てカイロでもちのカビを防ぐ/凍みもちをきれいにつくる。ほか、毎日のおやつからハレの日の逸品まで、全国の農家から教わった、秘伝の絶品もちレシピ・技。
2017.11 127p B5 ¥1800 ①978-4-540-17183-3

◆脳にいい食事大全—1分でアタマがよくなる食事の全技術　ミシェル・ショーフロ・クック, 児島修訳　ダイヤモンド社
【要旨】脳のパフォーマンスは大人になってからでも上がることができる！ 脳に効く食事、避けるべき食事はコレ！ 60秒で記憶力・認知力・判

断力が上がる栄養学×自然医学が教える最強の食事術。
2017.11 200, 34p B6 ¥1500 ①978-4-478-10268-8

◆パスタと麺の歴史　カンタ・シェルク著, 龍和子訳　原書房　（「食」の図鑑館）
【要旨】イタリアの伝統的なパスタについてはもちろん、悠久の歴史を誇る中国の麺、アメリカのパスタ事情、アジアや中東の麺料理、日本のそば/うどん/即席麺など、世界中のパスタと麺の進化を追う。図版多数。レシピ付。料理とワインについての良書を選定するアンドレ・シモン賞特別賞を受賞した人気シリーズ。
2017.1 184p B6 ¥2200 ①978-4-562-05330-8

◆ハチミツの歴史　ルーシー・M. ロング著, 大山晶訳　原書房　（「食」の図鑑館）
【要旨】現代人にとっては甘味料だが、ハチミツは古来神々の食べもの、薬、保存料、武器でさえあった。ミツバチと養蜂、食べ方・飲み方の歴史から、政治、経済、文化との関係まで、ハチミツと人間との甘美な歴史を描く。
2017.12 186p B6 ¥2200 ①978-4-562-05411-4

◆ハーブ&スパイス事典—心とカラダにやさしい316種　伊амаш進吾, シャンカール・ノグチ監修　誠文堂新光社　増補改訂版
【目次】アーティチョーク、アーモンド、アイスランドモス、アサフェティダ、アシタバ（明日葉）、アジョワン、アニス、アニスヒソップ、アマチャヅル、アルカネット〔ほか〕
2017.11 207p 24x19cm ¥1800 ①978-4-416-71733-2

◆パンと昭和　小泉和子編　河出書房新社　（らんぷの本）
【要旨】日本人はどのようにしてパン食をするようになったのか？ パンが第二の主食になった昭和。コッペパン、脱脂粉乳、ロバのパン屋、ポップアップ式自動トースター。和食が見直されるいま、改めて「パン」について考える。
2017.2 175p A5 ¥1850 ①978-4-309-75023-1

◆パン入門　井上好文著　日本食糧新聞社　（食品知識ミニブックスシリーズ）　改訂版
【要旨】成熟したパン産業でさらなる技術のイノベーションを目指す。
2016.12 1Vol. ¥1200 ①978-4-88927-258-1

◆パンの図鑑　井上好文監修　マイナビ出版　新版
【要旨】世界のパン113種とパンを楽しむための基礎知識。
2017.1 175p A5 ¥1580 ①978-4-8399-6209-8

◆パンの人—仕事と人生　藤森二郎, 渡辺陸, 池田さよみ, 杉窪章匡, 伊原靖友著　フィルムアート社
【要旨】パンに人生を練り込む5人のプロフェッショナルの本質にせまるロング・インタビュー。
2017.3 195p B6 ¥1600 ①978-4-8459-1625-2

◆パンのペリカンのはなし　渡辺陸ほか著　二見書房
【要旨】商品は、食パンとロールパンだけ。それでも行列ができ昼には売り切れる。浅草で75年続くパン屋さんの物語。
2017.10 230p B6 ¥1600 ①978-4-576-17147-0

◆パン屋の仕事　明石克彦著　旭屋出版
【目次】第1章 味わい深いパンを作る（食事パンがおいしいパン屋を作りたい、材料とレシピだけでは、味わい深いパンは作れない ほか）、第2章 気持ちよく買っていただく（パン屋の売場、理想形、対面販売の良さ、その本当の意味 ほか）、第3章 ぎりぎりを、うまく続ける（リテイルは、ぎりぎりスタートしよう、10年一区切り計画のススメ ほか）、第4章 スタッフといていチーム作りを目指す（チーム人材の基礎作り、新人のうちに伝えること ほか）、第5章 自分の人生を膨らませる（パン屋の役割、プロのパン屋であり続けるために ほか）
2017.3 247p B6 ¥2500 ①978-4-7511-1271-7

◆人と料理　馬場わかな写真・文　KTC中央出版
【要旨】フォトグラファー・馬場わかなが撮り続けてきた日々の何気ない美しく小さい瞬間。料理家、陶芸家、編集者、両親など17組の"人"と"料理"を綴ったフォト＆エッセイ。
2017.4 141p 25x19cm ¥1800 ①978-4-87758-762-8

◆人はこうして「食べる」を学ぶ　ビー・ウィルソン著, 堤理華訳　原書房
【要旨】好き嫌いは遺伝で一生変わらない？ 肥満、偏食、拒食、過食…危険は承知しているが、

料理・食生活

実用書

ではどうすればいい？ 注目のフードジャーナリストが、日本やフィンランドの例も紹介しながら、最新の知見と「食べる技術」「食べさせる知恵」を"母親目線"で探るユニークな書！ ニューヨークタイムズ、ワシントンポスト、ガーディアン他で激賞。料理とワインについての良書を選定するアンドレ・シモン賞特別賞（二〇一五年）受賞。ロンドンの老舗百貨店が主催するフォートナム・アンド・メイソン・フード＆ドリンク賞（フードブック部門／二〇一六年）受賞。
2017.3 419p B6 ¥2800 ①978-4-562-05383-4

◆**ヒトは何故それを食べるのか―食経験を考える63のヒント** 佐竹元吉,正山征洋,和仁皓明著,医療経済研究・社会保険福祉協会編集企画　中央法規出版社
【要旨】人類の食経験の歴史にはドラマがあった。食の起源を歴史から紐解き、人類の食経験さらには食文化の奥深さを語る。人間の持つ知恵、努力そして勇気が満載の全63話。
2017.11 263p B6 ¥1800 ①978-4-8058-5588-1

◆**日々たんたんとパン―気負わず作れる手ごねパンのある生活** 幸栄著　光文社　（美人時間ブック）
【要旨】日々作るパンのレシピはたくさんなくてもいい。シンプルな材料に少しのイーストでゆっくり発酵させるから固くならずにおいしい。人気のパン教室「toiro」主宰者が繰り返し焼いている5つの定番パンレシピと、それにまつわるお話。
2017.12 127p A5 ¥1600 ①978-4-334-97967-6

◆**フランスの素朴な地方菓子―長く愛されてきたお菓子118のストーリー** 下園昌江,深野ちひろ著　マイナビ出版
【要旨】名前の由来と誕生の物語、生地やクリーム、材料のこと。巻末にレシピも掲載。
2017.3 191p A5 ¥1840 ①978-4-8399-5773-5

◆**フランス料理の歴史** ジャン＝ピエール・プーラン,エドモン・ネランク著,山内秀文訳・解説　KADOKAWA　（角川ソフィア文庫）（『プロのためのフランス料理の歴史』加筆・修正・改題書）
【要旨】ギリシャ・ローマ時代からルネサンスを経て19・20世紀の美食の黄金時代に至るフランス料理の発展と洗練化の歴史をつぶさに辿る。加えて20世紀後半を席巻したヌーヴェル・キュイジーヌの変革、そして今世紀初頭に衝撃を与えた「エル・ブリ」現象と北欧「NOMA」を経てラテン・アメリカへと波及した新しい食のシーンまでを俯瞰する。世界の現代料理が抱える、美食テクノロジー、テロワール、フュージョンのせめぎ合いの構図も必読。
2017.3 423p A6 ¥1200 ①978-4-04-400232-9

◆**プリンセスのティーテーブルLesson―マリー・アントワネット、ヴィクトリア女王…憧れのお茶会へようこそ** マユミ・チャップマン著　河出書房新社
【要旨】プリンセスをイメージした、英国スタイルのテーブルコーディネートとエレガントな振る舞いを叶えるマナーのかずかず。
2017.3 109p B5 ¥2000 ①978-4-309-28625-9

◆**文化を食べる 文化を飲む―グローカル化する世界の食とビジネス** 東京工業大学「ぐるなび」食の未来創成寄附講座監修,阿良田麻里子編　ドメス出版
【目次】序 食文化研究とフードビジネス、第1部 食とハラール（グローバル化、近代化と二極化するフードビジネス―日本のムスリム非集住地域から、非集住地域の外国人ムスリム住民と食のローカルビジネス―佐賀県のインドネシア人の事例から、協働・対話・フィードバック―大学学生食堂におけるハラールチキンメニューをめぐって、食のハラール―ウイグル族の事例とコーランとの対比から、ハラール認証ムスリム消費者の食選択行動―インドネシアを中心に）、第2部 食の変容とビジネス（インド、都市新中間層の食文化の変化―インド西部のヒンドゥー教徒の事例から、マレーシア・サバ州・ドゥスン族社会における酒類販売の拡大とその影響、イスラエル・ワインの現代史―ユダヤ人のパレスチナ入植から現代まで、ブルガリアの保存食「リュテニッァ」―グローバル経済と「瓶詰め経済」の狭間で、ミャンマー茶産業の課題と取り組み―シャン州ナムシャン県）、英国ロンドンにおける日本食のグローカライゼーション―ビジネス、文化、「外来食文化」の受容実態―多様化する日本食、維持される食形式）、第3部 境界線を超えて（越境する「故郷の味」―オーストラリアにおけるマレーシアの飲食文化

の展開、パレスチナ・イスラエルのアラブ人キリスト教徒にみられる食文化の特徴とその影響、バナナの比較食文化誌）、資料 「ぐるなび」食の未来創成寄附講座食文化共同研究の概要
2017.3 320p B5 ¥6500 ①978-4-8107-0832-5

◆**ペアリングの技法―フード＆ドリンク** 旭屋出版書籍編集部編　旭屋出版
【目次】1 人気店のペアリング メニューの組み合わせと考え方全81品（sincere、CORK、Portp Bar KNOT ほか）、2 ペアリングの基礎知識＆動向を知る（サービスのプロが伝授―初心者でもわかるペアリングの極意、ペアリングの基礎知識―おいしさを知る、気鋭ソムリエに聞く―ペアリングの意義とノンアルコールペアリングの重要性）、3 すし・中華・焼肉―ワインペアリングの新しいかたち（すし×ワイン―鮨からく、中華（広東料理）×ワイン―楽記、焼肉×ワイン―株式会社トラジ）
2017.5 182p B5 ¥2800 ①978-4-7511-1274-8

◆**北海道ジンギスカン四方山話** 北野麦酒著　彩流社
【要旨】かつて、羊毛を刈るために飼われていた羊を処理するためにジンギスカンが食べられるようになり、食文化となった。安い肉の代表がジンギスカン。庶民の味方であった。北海道はそれぞれの家庭にジンギスカンがある。自分の好きなジンギスカンがある。なんとも奥深いジンギスカンなのだ！ 羊をめぐる人たちのおはなし。
2017.2 142p B6 ¥1800 ①978-4-7791-2302-3

◆**ホットドッグの歴史** ブルース・クレイグ著,田口未和訳　原書房　（「食」の図書館）
【要旨】ドイツからの移民が持ち込んだソーセージをパンにはさむ―この素朴な料理はなぜアメリカのソウルフードにまでなったのか。歴史、つくり方と売り方、名前の由来、世界中のさまざまなバリエーションほか、ホットドッグのすべて！ 図版多数。レシピ付。料理とワインについての良書を選定するアンドレ・シモン賞特別賞を受賞した人気シリーズ。
2017.3 175p B6 ¥2200 ①978-4-562-05407-7

◆**ほとんど毎日、運がよくなる！ 勝負メシ―恋愛・お金・成功…願いが叶う魔法のごはん** 佳川奈未著　青春出版社
【要旨】イタリアンでは、"恋の勝利"の予感がいっぱい。ケーキもフルーツも堪能、デザートで富裕層に!!金持ち・土地持ち・財産持ちになる「偉人の料理」。好きなことして成功する最強の仕事運をGet！ 心と体のデトックスに効果的なものとは!?食べるだけで強運になる、365日まるごと開運習慣。
2017.10 191p B6 ¥1380 ①978-4-413-23060-5

◆**毎日がしあわせになるはちみつ生活** 木村幸子著　主婦の友インフォス　発売 主婦の友社
【要旨】料理に、スイーツに、スキンケアに、心身のケアに…こんな驚きのはちみつの世界。
2017.3 111p A5 ¥1600 ①978-4-07-420676-6

◆**毎日がパン日和―森きみのパンダイアリー** 森貴美子著　文藝春秋
【要旨】行列パン、なつかしパン、ご当地パン、コンビニパン、etc. 大好きなパン、ひとつひとつに込められた"森きみ"のストーリー。子どもの頃に通ったパン屋さんの話、京都で食べたフルーツサンド、お気に入りのトーストの食べ方、とてつもなく分厚いサンドイッチに挑戦…。パンに合わせる、お気に入りのジャムや紅茶も紹介。書き下ろしエッセイ65本。
2017.4 127p 18×14cm ¥1300 ①978-4-16-390625-6

◆**毎日使える！ 野菜の教科書** 川端理香監修　宝島社
【要旨】栄養素、鮮度の見分け方、下ごしらえ、保存方法全120種の野菜の最新お役立ち情報が満載！
2017.7 127p A5 ¥1000 ①978-4-8002-7096-2

◆**毎日のごはんは、これでいい―料理家7人のプライベートごはん** 主婦の友社編　主婦の友社
【要旨】時間がなくても、お金がなくても、体力的にきつくても、子育てに追われていても大丈夫。料理家7人からの、「料理上手」という呪文をとく、料理作りのメッセージ。
2017.8 189p B6 ¥1200 ①978-4-07-424527-7

◆**まるちゃんのはらぺこパンBOOK** まるやまひとみ著　ワニブックス
【要旨】食いしん坊のパン好きイラストレーター・まるやまひとみが日々、試しに試して見つけた美味しいパンの食べ方をご紹介！ パンを最高に

楽しむアイデア＆レシピ154。食パンの焼き方研究、魅惑ののっけトースト、パンの耳の絶品アレンジ、お取り寄せパン実食レポ。
2017.3 127p A5 ¥1000 ①978-4-8470-9554-2

◆**メロンとスイカの歴史** シルヴィア・ラブグレン著,龍和子訳　原書房　（「食」の図書館）
【要旨】おいしいメロンはその昔、「魅力的だがきわめて危険」とされていた!? アフリカからシルクロードを経てアジア、南北アメリカへ…先史時代から現代までの世界のメロンとスイカの複雑で意外な歴史を追う。図版多数。レシピ付。料理とワインについての良書を選定するアンドレ・シモン賞特別賞を受賞した人気シリーズ。
2017.6 179p B6 ¥2200 ①978-4-562-05406-0

◆**麺の歴史―ラーメンはどこから来たか** 安藤百福監修,奥村彪生著　KADOKAWA　（角川ソフィア文庫）（『進化する麺食文化 ラーメンのルーツを探る』加筆・改題書）
【要旨】古代中国で生まれた麺料理の水引餅が、日本へ伝わり進化し、インスタントラーメンが世界中に輸出されるようになるまで…。そこには、人類のいかなる探究の歴史があったのか。「カップヌードル」の生みの親とし、伝承料理研究家が、麺の種類、調理方法、飲食店の歴史、食生活の変遷と家庭での消費の変化など、麺を切り口に食文化の森羅万象を説く。文献調査とフィールドワークによって明らかにされた「麺食文化史」の集大成。
2017.11 313p A6 ¥920 ①978-4-04-400292-3

◆**焼肉大学** 鄭大聲著　筑摩書房　（ちくま文庫）
【要旨】焼き肉店のメニューの一つ一つは、偶然に出来上がったものではない。長い歴史の中で、人々の生活の知恵が積み重なってつくられてきた「文化」なのである。だから、おいしいだけでなく、科学的に見てもすばらしい価値を持つものが多い。焼き肉料理を単に楽しむのもいいけれど、この本を読んでから、また読みながら食べると、いままでとはまた違った味わいを口に感じること、請け合いである。
2017.11 293p A6 ¥780 ①978-4-480-43480-7

◆**焼肉のすべて―オトナのための永久保存版肉大全** 田辺晋太郎著　宝島社
【要旨】最高の味を引き出す食べ方＆焼き方バイブル！
2017.7 127p A5 ¥1000 ①978-4-8002-7295-9

◆**野菜検定公式テキスト** 杉本晃章監修　実業之日本社　改訂版
【要旨】収録98種178品目。栄養素、旬、選び方、調理・保存法etc. 日常でよく使う野菜から、たまに見かけるあの野菜まで紹介！ 大人気のブランド野菜、家庭に届くまでの流通経路、各野菜の雑学も網羅！
2017.7 191p A5 ¥1600 ①978-4-408-00901-8

◆**野菜はすごい！** 藤田智著　実業之日本社　（じっぴコンパクト文庫）
【要旨】野菜は"健康にいい""栄養がある"ということは何となく知っているものの、なぜ栄養があるのか、どのように食べればいいのか、またはその形状、色にどんな秘密があるのかなど、「野菜がすごい」という事実を知らない人が大半である。本書では野菜の原産地、栽培方法、品種改良など、野菜の秘密を、野菜博士である著者がやさしく、面白く解説する。
2017.7 221p A5 ¥1600 ①978-4-408-45689-8

◆**野食のススメ―東京自給自足生活** 茸本朗著　星海社,講談社 発売　（星海社新書）
【要旨】「野食」とは「野生食材をとって食べる」ことを意味する。この耳慣れない言葉に接したとき、都市圏で暮らす人であれば「身近にそんな自然はない」と返すかもしれない。また、「初心者には無理なんじゃないの？」と疑問を持つ人もいるだろう。だが、いずれも答えは「ノー」だ。世界有数の大都市である東京を例にとっても、都市河川はもちろん、街路の植え込みでさえ独自の生態系が形成され、簡単に利用できる美味しい野生食材が多数隠れている。あなたがその気になれば、いつでもこの"都市の食物連鎖"の頂点に立つことができるのだ。「野食」に必要なのは、少しの知識と、一歩踏み出す勇気だけ。さあ、本書を片手にフィールドへ出よう！
2017.9 316p 18cm ¥980 ①978-4-06-510402-6

◆**やる気の続く台所習慣40―1000人が劇的に変わった魔法のレッスン** 高木ゑみ著　扶桑社

料理・食生活

【要旨】予約の取れない熱血教室の料理家が伝授!「すごい台所ルール」決定版!
2017.9 223p B6 ¥1200 ①978-4-594-07784-6

有名チェーン店のびっくりするほどウマイ!!噂のカスタマイズ法、試してみた るるぶ著 扶桑社
【要旨】ハンバーガー、ラーメン、フローズンドリンク、カレー、丼、焼肉、たこ焼き、ドーナツetc. 誰もが知ってるあの店の「知る人ぞ知る」激ウマ115品!
2017.2 119p 19cm ¥900 ①978-4-594-07605-4

◆47都道府県・乾物/干物百科 星名桂治著 丸善出版
【要旨】知りたいことがさがしやすい都道府県別編集!各地の乾物/干物を特色とともに紹介!昔ながらの乾物製法の工程なども掲載!
2017.1 291p B6 ¥3800 ①978-4-621-30047-3

◆ラフカディオ・ハーンのクレオール料理読本 ラフカディオ・ハーン著,河島弘美監修,鈴木あかね訳 CCCメディアハウス
【要旨】ラフカディオ・ハーン(小泉八雲)による唯一の料理指南書・復刻版。亀のさばき方からオクラ入りゴンボ、ジャンバラヤなど、130年以上も昔のニューオーリンズの風景を今に伝える、異国情緒あふれるメニュー400選。ハーンの挿画も多数収録。
2017.3 262p B6 ¥1500 ①978-4-484-17103-6

◆ラーメンを科学する 川口友万著 カンゼン
【要旨】世界で5番目の新たな味覚「UMAMI=うま味」とはどんな味なのか?おいしい「だし」「麺」はいかにして生まれるのか?…ラーメンにまつわる様々な「なぜ?」を科学の力で徹底解明。
2018.1 295p B6 ¥1500 ①978-4-86255-442-0

◆ラーメン超進化論—「ミシュラン一つ星」への道 田中一明著 光文社(光文社新書)
【要旨】日本に3万5000店あると言われるラーメン店でも、特に素晴らしい一杯を作る店が存在する。そういった店主たちは普段でない努力か、他にはない、オリジナルの味をもがき苦しみながら作り上げる。彼らはいかにしてそうなり得たのか。日本最高峰の作り手たちに、「ラーメン官僚」が迫った。
2017.12 203p 18cm ¥780 ①978-4-334-04326-1

料理狂 木村俊介著 幻冬舎(幻冬舎文庫)
【要旨】一九六〇年代から七〇年代にかけての、いわゆる「日本の外食業界」の青春時代に、人生を賭けて修業を積んだ料理人たちです。奴隷労働のような量の手作業を何十年間もこなし、市場を育てる。グルメ大国日本の礎を築いた、ベテラン料理人たちの仕事術。
2017.4 262p A6 ¥580 ①978-4-344-42590-3

料理書のデザイン—いま知っておきたい100冊"おいしさ"を伝える見せ方とアイデア 鈴木めぐみ編 誠文堂新光社
【要旨】長きに渡って名著とされてきたもの、実際に店頭でよく読まれたもの、料理書のデザインを語るうえではずせないものなど、様々な側面での良書を選書し、各ADにインタビュー。
2017.7 251p 24×19cm ¥4800 ①978-4-416-71615-1

料理のすごワザ!500—かんたん・大満足の超ハウツー 平成暮らしの研究会編 河出書房新社(KAWADE夢文庫)
【要旨】定番人気メニュー&おふくろの味をレベルアップする知恵から肉・魚・野菜の味を引き立たせるコツ、お弁当作りや調理・保存のツボまで「難しいことは一切なし」の凄いワザがぎっしり!
2017.11 222p A6 ¥680 ①978-4-309-49979-6

料理は女の義務ですか 阿古真理著 新潮社(新潮新書)
【要旨】「昔から苦手」「とにかく時間がない」—それでも家族のために気分を奮い立たせて、毎日台所に立つ女性たち。一体、どうすれば料理への苦手意識を克服できるのか?おいしいの「スープの底力」「楽しい保存食」「便利な常備菜」といった先人の豊かな知恵に今こそ学ぼう。女性の社会進出と現代の台所事情、「一汁一菜」より大切なこと、料理がつなぐ人間関係など、好きな人も苦手な人もあらためて考える料理論。
2017.10 207p 18cm ¥740 ①978-4-10-610736-8

◆歴史を変えた6つの飲物—ビール、ワイン、蒸留酒、コーヒー、茶、コーラが語るもうひとつの世界史 トム・スタンデージ著, 新井崇嗣訳 楽工社
【要旨】ありふれた飲物が人類に及ぼしてきた驚くべき影響の数々!エジプトのピラミッド、ギリシャ哲学、ローマ帝国、アメリカ独立、フランス革命…。歴史に残る文化・大事件の影には、つねに飲物の存在があった!6つの飲物を主人公として描かれる、人と飲物の1万年史。17カ国語で翻訳版刊行世界的ベストセラー。
2017.6 331p B6 ¥2700 ①978-4-903063-80-5

◆歴史をつくった洋菓子たち—キリスト教、シェイクスピアからナポレオンまで 長尾健二著 築地書館
【要旨】洋菓子の文化が花開く18、19世紀のパリとウィーン。お菓子の都で、洋菓子職人(パティシエ)たちは、今に伝わる洋菓子の傑作をどのように発明し、工夫し、世界中に広がる文化へ昇華させていったのか。クレープ、アップルパイ、ザッハトルテなど身近な洋菓子たちとともに、皇帝、国王、貴族、市民富裕層とパティシエとの関係から、イチゴのショートケーキの由来までを豊富なエピソードを交えてひもとく。
2017.12 305p B6 ¥2400 ①978-4-8067-1549-8

魯山人 美食の名言 山田和著 平凡社(平凡社新書)
【要旨】生涯を懸けて美食を追求した北大路魯山人は、「料理も芸術である」「天然の味に優る美味なし」「もともと美味いものはどうしても料理による」「食器は料理の着物である」「良い材料を作ることは人生を明るくします」など、その本質をずばりと語っている。魯山人の言葉に親しんで、それを生活の中で生かす一食をより楽しむための道はこれだ。
2017.9 229p 18cm ¥840 ①978-4-582-85853-2

和菓子を愛した人たち 虎屋文庫編 山川出版社
【要旨】嬉しいとき悲しいとき、そばにはいつも和菓子があった。歴史上の人物100人と和菓子。天下人・文豪・市井にも生きる人たちの誰にでも、思い出に残る和菓子がある。
2017.5 299p B6 ¥1800 ①978-4-634-15104-8

和菓子 WAGASHI 美術出版社書籍編集部編 美術出版社(TOKYO ARTRIP)(本文:日英両文)
【目次】1 老舗の名品(御菓子処さゝま、桃林堂青山表参道本店ほか)、2 小さな和菓子店の一品(中也、小ざさほか)、3 和菓子のNEWウェーブ(HIGASHIYA man、木ศぷ樹ほか)、4 下町の和菓子(浅草寺 仲見世、木村家本店ほか)
2017.11 123p 21×12cm ¥1500 ①978-4-568-43099-8

わかって食べると続く食習慣 魚肉菜穀 高橋實著・監修 梓書院(福岡)
【目次】第1章 私の食生活—「その人の体は、その人が食べたもので、できている」(朝のルーティン、朝ごはん—「小三菜」ほか)、第2章 何を食べたらいいか—合言葉は「魚肉菜穀」して、「ザ」「マ」「ゴ」「ニ」「ワ」「ヤ」「サ」「シ」「イ」…「タマゴ」と「リンゴ」と覚えよう(「ザ」はThe 雑穀—日本人の主食を支えてきた「雑穀」、はじまりは「マ」=「豆類」—健康食品の代表格「豆」ほか)、第3章 どのように食べたらいいか—新型栄養失調で分かった食事のバランス(「食べ方」ってあるの?、その一 食材はすべて丸ごと食べつくす ほか)、第4章 体を正常に保つしくみとは?—カギを握る「ファイトケミカル」「必須アミノ酸」「脂質と糖質」「ビタミンとミネラル」「酵素」「腸内フローラ」「食物繊維」「脳内ホルモン」「副腎皮質ホルモン」「デトックス」(そもそもファイトケミカルとは?ほか)、第5章 ヘルシーエイジングのために!—延ばそう!「健康寿命」(「骨粗しょう症」にならないために「骨」のことを知っておこう、認知症とは?ほか)
2017.6 147p B5 ¥1800 ①978-4-87035-609-2

◆若者たちの食卓—自己、家族、格差、そして社会 外山紀子, 長谷川智子, 佐藤康一郎編著 ナカニシヤ出版(京都)
【要旨】食の写真が映し出す若者たちの現実が…? 写真、データから若者の食生活を明らかにし、若者の自己、そして家族、格差、社会などを、若者たちを取り巻く現実を心理学・社会学・経営学などを横断して読み解く。食べ物から考えるユニークな若者論。
2017.3 225p A5 ¥3500 ①978-4-7795-1142-4

ワークブック 2 テーブルコーディネーション・食空間コーディネーション・日本の文化 JFFT(ジャパン食空間コーディネート協会)著 優しい食卓
【目次】テーブルコーディネートとは、食卓のコーディネーション、テーブルセッティングの基本、プランニング作成のための4つのイメージ分類、食空間のプランニング、ダイニング空間、色の基礎知識、色の知識、日本の暦について、日本の食文化の知識 ほか
2017.10 87p 25×20cm ¥1500 ①978-4-901359-75-7

和食器のきほん テーブルコーディネートアイテム—豊富な種類と産地、揃え方と扱い方、上手なしつらえまで 浜裕子著 誠文堂新光社 改訂版
【要旨】「和食器は種類がたくさんあって…何から揃えたらよいかわからない。手引書がほしい」という声から生まれた本書。種類や選び方揃え方、お手入れなどの扱い方、上手なセッティングの仕方など、食卓を演出するうえで知っておかなければならない、和食器の基本について丁寧に解説します。テーブルコーディネーターをはじめとした食卓演出の専門家の方や、専門家を目指して勉強をしている学生や教室に通う生徒さん。あるいは、自宅でサロンを開いている方や器が大好きな一般の方まで。和食器に興味がある方にぜひ、手にとって読んでいただきたい1冊です。
2017.11 127p 26×21cm ¥2500 ①978-4-416-71719-6

◆和食を伝え継ぐとはどういうことか—地域がそだてた食のしくみと技に学ぶ 木村信夫著 農山漁村文化協会
【要旨】「和食」とは、単に個々の和風料理のことではなく、日本の地域自然と人間の農林漁業労働の合作、文明の産物である。日本の地域地域で自然を生かし自然に生かされ、個性あふれる四季の食材をつくり活かしきってできた食事の総体であり、日本人の日常生活文化の土台である。引き継ぎ、伝え継ぐべきその内容と今日的意味を、食を大切に思う全ての人びとにお贈りします。
2017.3 209p B6 ¥2000 ①978-4-540-15186-6

◆和食のおさらい事典 後藤加寿子著 光文社
【要旨】親子で学べる「食育の基本」から大人のマナー、レシピまで和食のすべてがこの一冊に!世界が注目する「日本の食卓」の基本がすべてわかります。
2017.10 207p A5 ¥1800 ①978-4-334-97958-4

私が死んでもレシピは残る 小林カツ代伝 中原一歩著 文藝春秋
【要旨】天性の舌を持つ不世出の料理研究家・小林カツ代。その波乱の生涯をレシピと共に描く傑作評伝。
2017.1 254p B6 ¥1600 ①978-4-16-390396-5

「和の食」全史—縄文から現代まで長寿国・日本の恵み 永山久夫著 河出書房新社
【要旨】食文化史の第一人者が解き明かす"和の食"1万年の変遷と真髄。クリやイノシシの肉で作った縄文クッキー、天平貴族が好んだ乳製品、戦国武士の出陣食、平成になりユネスコ無形文化遺産に登録された"和食"…。著者自筆イラスト112点収録。
2017.4 362p B6 ¥3200 ①978-4-309-22698-9

a Table—雅姫のテーブル12カ月 雅姫著 集英社
【要旨】「テーブルコーディネートって、ファッションと違って自分に似合う色や形にとらわれなくてもいい。テーブルの上はすごく自由なんです」季節を感じながら、旬の食材や草花を取り入れて。器は洋も和も、作家ものもチープなものもミックスして。ごはんがもっと楽しくなるコーディネートの秘訣を、たっぷりとご紹介します。
2017.9 125p 21×21cm ¥1500 ①978-4-08-780819-3

◆Finding "Washoku"—Japanese Food Culture Study Group of Japanese Food Culture and Educational Program編, 大谷貴美子, 村元由佳利編 電気書院 (本文:英文)
【目次】Heart of "Washoku" (Heart of "Omotenashi", Basic manners to enjoy "Washoku" ほか), Seasonal Events and Foods(New Year's Day on January 1, "Jinjitsu no Sekku" on January 7 ほか), Arrangement of "Washoku" (Two Basic Principles of "Washoku", Expression of the Sense of Seasons ほか), Foods add color to "Washoku" (Staple Food of "Washoku": Rice, Leading Food of "Washoku": Fish ほか), Foods enhancing the taste of "Washoku" (Water, Dashi ほか) 2017.2 45p B5 ¥900 ①978-4-485-30406-8

料理・食生活

◆NYの「食べる」を支える人々　アイナ・イエロフ著,石原薫訳　フィルムアート社
【要旨】NYと食をつくる、働き者たちの人生。
2017.9 445p B6 ¥2300 ①978-4-8459-1621-4

◆The Kitchen as Laboratory—新しい「料理と科学」の世界　セザール・ベガ、ジョブ・アビンク、エリック・ファン・デル・リンデン編、阿久澤さゆり、石川伸一、寺本明子訳　講談社
【要旨】ガストロノミーの知識はすべての人に必要です。なぜなら、その知識は人々をより幸せへと導くからです。
2017.6 309p A5 ¥3600 ①978-4-06-139848-1

レストラン・グルメガイド

◆あいすくりーむとじょし　イガリシノブ,あいすくりーむとじょし委員会著　講談社
【要旨】あいすくりーむ×女子×メイク。いままでになかった男子禁制のあいすくりーむガイドブック。
2017.4 109p A5 ¥1630 ①978-4-06-220350-0

◆アンジャッシュ渡部の大人のための「いい店」選び方の極意　渡部建著　SBクリエイティブ（SB新書）
【要旨】目の前にもてなしたい女性やクライアント、もしくは上司や部下、あるいは大事な家族や友達がいるとき、「いい店」を知っていると最強の武器になります。本書は芸能界のアテンド王として確固たる地位を確立している著者が、「いい店」の探し方から店内でいい客になってひいきされる方法、そしてデート・会食・出張などにおすすめのいい店を紹介する1冊です。
2018.1 225p 18cm ¥800 ①978-4-7973-9451-1

◆イタリアの地方菓子とパン　須山雄子著　世界文化社
【要旨】素朴、だけどおいしい。イタリア在住30年の食ジャーナリストが、歴史や風土、宗教や暮らしの中から、イタリアの伝統菓子と郷土パンのルーツを探る。イタリア全州から、94品を紹介。全菓子作り方解説付き。
2017.11 191p A5 ¥1800 ①978-4-418-17345-7

◆いっとかなあかん神戸　江弘毅著　140B（大阪）
【要旨】開港150周年を迎えるミナト神戸。いち早く居留地に住んだ外国人がもたらした洋食に中国料理、インド料理、珈琲そして酒場。瀬戸内の魚と神戸牛。焼鳥、餃子、お好み焼き…。三宮、元町、新開地、長田、阪神間、洲本、姫路までどこにもない街「神戸」の店とさし向かいで書きまくる大好評『いっとかなあかん店大阪』に続く第2弾！
2017.8 192p A5 ¥1300 ①978-4-903993-30-0

◆いっとかなあかん店 大阪　江弘毅著（大阪）140B
【要旨】焼肉、ホルモン、てっちり、串カツ、おでん、肉吸い、きつねうどん、鮨に箱寿司、鰻に鯨、お好み焼き、お好み焼き。昼は喫茶でコーヒー、ドーナツ、夜は居酒屋、燗酒にアテ、その後バーでカクテル。食い飲み世界一の大阪、どまん中の店と厳選67話。街の達人によるエッセイ・ガイド。
2017.3 223p A5 ¥1500 ①978-4-903993-27-0

◆愛しの富士そば　鈴木弘毅著　洋泉社
【要旨】富士そば公認ファンブック！ トルネードポテトそば、ポパイそば、ブレーメンそば、鍋焼きうどん…。自由すぎるメニューがうまい！だから僕は、今日も富士そば。立ちぐい界の大横綱を徹底解剖!!
2017.3 287p B6 ¥1300 ①978-4-8003-1170-2

◆茨城 こだわりの美食GUIDE—至福のランチ＆ディナー　ゆたり編集室著　メイツ出版
【要旨】心満たされるひと時が愉しめる、こだわりのある、とすてきな空間を詳しくご紹介します。一度は行きたい老舗の名店から、本当は教えたくない穴場まで、全56軒。
2017.4 128p A5 ¥1630 ①978-4-7804-1852-1

◆大阪 カフェ日和 ときめくCAFEめぐり　あんぐる著　メイツ出版
【要旨】お気に入りと見つかった訪れたい街なかのカフェ78。至福のひとときを求めてこだわりメニューが楽しめるお店や身も心も癒される隠れ家カフェへ。難波・梅田の古き良きレトロ喫茶店、ハイカラ気分でめぐる北浜・淀屋橋カフェ、阪堺電車で行く沿線カフェもご案内。
2017.11 143p A5 ¥1630 ①978-4-7804-1937-5

◆岡山・倉敷カフェ日和 ときめくお店案内　Word inc.著　メイツ出版
【目次】岡山市（城下公会堂、CAFÉ AUX DÉLICES、本町コモンズ ほか）、倉敷市（ANTICA、CAFE REGOD、フューチャーヒャクエカフェ ほか）、その他郊外（THE MINGERING DINER、forza cafe、Café SunLavieen）
2018.1 128p A5 ¥1630 ①978-4-7804-1964-1

◆おひとり京都の晩ごはん—地元民が愛する本当に旨い店50　柏井壽著　光文社（光文社新書）
【要旨】京都ぎらいの人も、味にうるさい京都人も。口コミサイト上位の店はどこも予約困難。さてどうする？
2017.3 186p 18cm ¥740 ①978-4-334-03975-2

◆おみやげのデザイン—パッケージで魅せる全国のおいしいギフト　ビー・エヌ・エヌ新社
【要旨】地域の魅力を包む！ 地元で愛される銘菓から、新しい感性が織り込まれた提案まで。贈る楽しみ、贈られる喜びに満ちた、素敵でおいしい商品事例。和菓子／郷土菓子／焼き菓子／そのほかのお菓子／ジャム、調味料／飲料／加工食品など。
2017.11 157p 24×19cm ¥2600 ①978-4-8025-1074-5

◆外食女子のための太らない選択—毎日忙しい！　手島奈緒子著　サンクチュアリ出版
【要旨】女子におなじみの外食チェーン50店実名で徹底比較！
2017.2 175p B6 ¥1200 ①978-4-8014-0035-1

◆かきごおりすと Vol.5 かき氷食べ歩きガイド決定版2017　かき氷コレクション実行委員会企画・制作　FISH RECORD, メディアパル 発売
【目次】東京、南関東、北関東、東北、中部・北陸、関西、中国・四国、九州
2017.5 181p B6 ¥833 ①978-4-8021-3053-0

◆北九州カフェ日和—すてきなCAFEさんぽ　月刊はかた編集室著　メイツ出版
【要旨】目でも楽しむ極上ラテアート。カウンター越しの会話を楽しんで。自慢の逸品「あれ、食べに行こう！」おいしい発見。モノレール沿線さんぽ。歴史薫る門司港で、こだわりの一杯を。ふと思い立って出かけたお店に、探していた何かが、きっとある…。こだわりがぎっと詰まった、とっておきの57軒を紹介。
2017.11 128p A5 ¥1630 ①978-4-7804-1942-9

◆京都・滋賀 おいしい眺めのいい店　リーフ・パブリケーションズ編（京都）リーフ・パブリケーションズ（Leaf Special！）
【要旨】京都・滋賀を日帰りで楽しめる眺め＆おいしいグルメスポット117軒。
2017.9 111p 26×21cm ¥924 ①978-4-908070-37-2

◆きょうも、せんべろ—千円で酔える酒場の旅　さくらいよしえ文、河井克夫漫画　イースト・プレス
【要旨】立ち飲み、刺身のうまい店、もつ煮の名店…きょうは、どの店にいこうかなあ。安くておいしい、でもそれだけじゃない…！王道から穴場まで、笑いと涙の酒場探訪。
2017.10 159p B6 ¥1000 ①978-4-7816-1600-1

◆漁港食堂—東京湾・相模湾・駿河湾 旨い魚を探す旅　うぬまいちろう著　オークラ出版
【要旨】漁港は僕たちの三ツ星食堂だ！ 首都圏より片道2時間以内！ 旨い魚を知り尽くした著者がとっておきの漁港＆地魚を紹介。
2017.7 175p A5 ¥1600 ①978-4-7755-2670-5

◆倉敷・平翠軒のごちそう宝箱　森田昭一郎著　小学館
【要旨】食のセレクトショップ「平翠軒」百貨店のバイヤーも大注目！ 垂涎のごちそう44品。
2017.2 127p B6 ¥850 ①978-4-09-310854-6

◆ケーキツアー入門—おいしいケーキ食べ歩きのススメ　Nyao著　青弓社
【要旨】200万PVを誇る人気スイーツブロガーが、これまでに食べた3,000個のケーキへの愛を込めた、誰もが楽しめる新しいスタイルのケーキガイド！
2017.6 155p B6 ¥1600 ①978-4-7872-9243-8

◆厳選ショコラ手帖—くらべるともっとおいしい！ 名店の味のこだわり　小方真弓カカオ解説,平岩理緒ショコラ案内人　世界文化社
【要旨】カカオへの探究心と情熱から生まれたチョコレートのサードウエーブ「ビーントゥバー」、サロン・デュ・ショコラで熱狂を巻き起こすトップショコラティエたちの「ボンボンショコラ」、伝統的チョコレート菓子の「ガトーショコラ」や「ザッハトルテ」、さらに「ホットチョコレート」まで、国内外のトップチョコレート職人たちのカカオとおいしさへのこだわりをこの1冊に凝縮！
2017.10 191p 18cm ¥1400 ①978-4-418-17333-4

◆厳選スイーツ手帖—くらべるともっとおいしい！ 名店パティシエの味のこだわり　平岩理緒著　世界文化社
【要旨】国内外のレジェンド・パティシエ42人がスイーツファンに贈る。パティスリーの基本のきシンプルスイーツ12種へのこだわり。原材料、焼き加減から、合う飲み物までここだけの企業秘密をおおいに語ります！
2017.8 192p 19cm ¥1400 ①978-4-418-17326-6

◆神戸・阪神間 美味しい酒場　ウエストプラン編（吹田）西日本出版社
【要旨】神戸・芦屋・西宮・尼崎・伊丹—飲んで、食べて、居心地のいい店。
2017.4 128p A5 ¥1300 ①978-4-908443-07-7

◆古民家カフェ＆レストラン　（広島）ザメディアジョンプレス,（広島）ザメディアジョン発売
【要旨】古民家、蔵や学校などを改修したカフェ＆レストラン、広島県内71軒をご紹介。
2017.4 143p 26×21cm ¥1000 ①978-4-86250-456-2

◆コンビニかけ合わせグルメ　ディスク百合おん著,つきこイラスト　スモール出版
【要旨】コンビニフードが豪華に大変身！ 楽うま！ 禁断のレシピ集。特別収録1Pマンガ「私のコンビニかけ合わせグルメ」。
2017.11 95p A5 ¥1300 ①978-4-905158-49-3

◆斉藤アリスのときめきカフェめぐり　斉藤アリス著　柳出版社
【要旨】東京・鎌倉・名古屋・京都・大阪・金沢・沖縄・フランス・イギリス・イタリア・ハワイ・台湾他の"厳選カフェ"107軒を見どころ満載でお届けします。
2017.4 144p A5 ¥1300 ①978-4-7779-4588-7

◆市民が選んだ三つ星グルメ50選 2017 川口・戸田・蕨・鳩ヶ谷版 Vol.4　（さいたま）埼玉新聞社
【目次】すし、うなぎ、割烹・和食、肉・鉄板料理、居酒屋、焼鳥、中華、多国籍料理、フレンチ・洋食、イタリアン、スイーツ・パン、そば・うどん、カフェ、ラーメン・つけ麺
2017.5 38p A4 ¥556 ①978-4-87889-472-5

◆地元スーパーのおいしいもの、旅をしながら見つけてきました。47都道府県！　森井ユカ著　ダイヤモンド・ビッグ社,ダイヤモンド社 発売
【要旨】雑貨マニアで旅のエキスパート、デザイナーの森井ユカさんが「ゴハン探検隊」として日本一周！
2017.2 206p A5 ¥1600 ①978-4-478-06004-9

◆新 酒場メニュー集　旭屋出版編集部編　旭屋出版
【要旨】グルメ、フォトジェニックetc. 人気絶大な魅惑メニュー210。
2017.6 222p B5 ¥2800 ①978-4-7511-1279-3

◆好きよ、喫茶店　菊池亜希子著　マガジンハウス
【要旨】喫茶店でぼんやりしながら、あちこちに転がる愛おしさのカケラをノンビリ拾う作業は幸せ以外の何ものでもない。そんなささやかな幸せをこっそりお裾分けするような気持ちで作った本。あっこが覗いた喫茶店厳選20。
2017.7 159p A5 ¥1800 ①978-4-8387-2924-1

◆それでも気がつけばチェーン店ばかりでメシを食べている　村瀬秀信著　交通新聞社
【要旨】100円寿司、天ぷら食べ放題、デカ盛ステーキ…終わることなきチェーンデスマッチ36店。単行本、待望の第2弾！ 書き下ろしを含む全36編収録。
2017.4 223p B6 ¥1200 ①978-4-330-76917-2

料理・食生活

◆高松 こだわりの美食GUIDE—至福のランチ＆ディナー　Word inc. 著　メイツ出版
【要旨】お値打ちの本格コースメニュー、心に残る洗練された逸品、一度は訪れたいスペシャルな空間、ここだけの地元素材を味わう。心満たされるひと時が愉しめる、こだわりの味とすてきな空間から、本当は教えたくない穴場まで全55軒。
2017.12　128p　A5　￥1630　①978-4-7804-1953-5

◆傳—進化するトーキョー日本料理　長谷川在佑著　柴田書店　（本文：日英両文）
【目次】1 季節の前菜とお造り（リアルに響く季節感、グローバルな日本料理、お造りの役目をなくす、刺身と刺身を混ぜる）、2 名物をつくる（フォワグラ最中、すっぽん、デンタッキー、季節のサラダ）、3 焼きもの、煮もの（ヤキザカナの価値、「日本料理の肉料理」、昆布ではなく野菜と、かつお節）、4 ごはんとデザート（ごはんはメインディッシュ、ほんのりあくまでも、水菓子）、傳のおせち料理、料理解説、神楽坂から神保町へ、そして神宮前へ。
2017.11　155p　B5　￥2800　①978-4-388-06273-7

◆東京 五つ星の鰻と天麩羅　見田盛夫選　東京書籍　新訂版
【目次】鰻の名店厳選40軒（古格を誇る老舗の名店 明神下神田川本店、本場直送のうなぎを大胆に 神田きくかわ神田店 ほか）、天麩羅の名店厳選52軒（天井の醍醐味を満喫 神田天丼家、名人の技を受け継ぐ 天ぷら天真 ほか）、泥鰌の名店5軒（主人の役目は割下作りと下足番 どぜう飯田屋、越後屋助七の名を継いで200年余 駒形どぜう ほか）、郊外の鰻の名店厳選6軒（一椀で三度楽しいひつまぶし 満寿家、うなぎのために井戸を掘る 鰻十和田 ほか）
2017.7　262p　20×13cm　￥1700　①978-4-487-81087-1

◆東京おいしい老舗散歩　安原眞琴著、鈴木透画　東海教育研究所、（平塚）東海大学出版部発売
【要旨】江戸文化の研究者である著者が、「おいしい味とゆったりした時間を味わえる東京の老舗」12店をセレクト。老舗が守ってきた味とともに、東京の四季折々の表情、歴史の息吹とときめく路地裏歩きが楽しめる、12ヵ月のおすすめ散歩コースを紹介していきます。これを読めば、あなたも東京の老舗も町歩きも通に！
2017.12　207p　B6　￥1800　①978-4-486-03910-5

◆東京最高のレストラン 2018　ぴあ
【要旨】選び続けて17年、本書でしか知りえないグルメ情報が満載！本当に行くべきニューオープン店情報も、さらに充実！特別座談会「私の偏愛レストラン」。
2017.12　303p　19cm　￥1800　①978-4-8356-3838-6

◆東京老舗ごはん　森まゆみ著　ポプラ社　（ポプラ文庫）
【要旨】東京には明治時代に創業し、100年以上の長きにわたって愛されてきた名店が数多くある。東京に生まれ育ち、東京の町をこよなく愛する著者が、老舗ならではの味への思い、店の歴史や創業のエピソードなどを店主への聞き書きでつづり、その魅力を紹介する。
2017.3　207p　A6　￥620　①978-4-591-15410-6

◆東京女子立ち呑み　さいころ文庫著　一迅社
【要旨】上野、新橋、赤羽、新宿、御徒町、秋葉原、神田、日本橋、両国、月島、銀座、赤坂、麻布十番、代々木、渋谷、恵比寿、北沢、中野、吉祥寺、蒲田。お店の数だけ楽しみがある！個性あふれる本格的な郷土料理が安く食べられたり、お店の人や常連さんとの交流が楽しめたり。サク呑み、ハシゴ酒、一人呑み、デート、女子会。立ち呑みって、こんなに楽しい、幅広い！
2017.11　111p　A5　￥1600　①978-4-7580-1576-9

◆東京立ち食いそばジャーニー—行かないと人生損するレベルの名店20+α　東京ソバット団著　スタンダーズ・プレス、スタンダーズ発売
【要旨】誰でも一度は行ったことのある有名店から、超穴場の隠れ名店まで20店+α。
2018.1　125p　A5　￥1000　①978-4-86636-216-4

◆東京とんかつ会議　山本益博、マッキー牧元、河田剛著　ぴあ
【要旨】超一流の大衆料理「とんかつ」愛にあふれた完全ガイド誕生！稀代の食通が東京中のとんかつを食べて、採点。殿堂入りは15軒！
2017.7　159p　A5　￥1400　①978-4-8356-3821-8

◆東京の名店カレー—黄金色のスパイス51粒　小野員裕著　実業之日本社　（じっぴコンパクト文庫）
【要旨】日本に伝えられてから150年、独自の進化をとげる日本のカレーライス。同じカレーライスという名でも、店によってまったく違うものが出てくることも不思議ではない。本書ではカレーマニア垂涎の有名店から、下町の喫茶店のおばちゃん自家製カレーまで、東京のカレー店51店を紹介。ただ、名物のカレーの紹介ではなく、店主の人柄やそのメニューの誕生秘話、外観や客層なども網羅した読み応えのガイドブック。
2017.6　223p　A6　￥850　①978-4-408-45688-1

◆東京の森のカフェ　棚沢永子著　（福岡）書肆侃侃房
【要旨】出かけよう、東京の森へ。そして癒しのカフェへ。豊かな自然に彩られた、新しい出会いの物語、36話。
2017.7　142p　A5　￥1300　①978-4-86385-268-6

◆東京やきとり革命！　はんつ遠藤著　ポプラ社
【要旨】東京で味わえる「全国7大ご当地やきとり」のフードテーマパーク。やきとりのイメージを根底から覆す、変わりダネ店。「新鮮さがネックとなりランチは出せない」という常識をひっくり返した、極うまランチのやきとり店。知ってるようで知らなかった、永遠の老舗から有名店から、フードジャーナリスト、はんつ遠藤が1冊に!!
2017.3　127p　B6　￥1300　①978-4-591-15423-6

◆トーキョー・パティスリー・ガイド　柴田書店編　柴田書店
【要旨】スイーツマニア・プロ必見の102店。関西エリア注目の26店も掲載！
2017.7　185p　B6　￥1600　①978-4-388-06261-4

◆栃木カフェ日和—すてきなCAFEさんぽ　ゆたり編集室著　メイツ出版
【要旨】宇都宮・日光・益子・那須・小山。ふと思い立って出かけたお店に、探していた何かが、きっとある…。こだわりがぎゅっと詰まった、とっておきの52軒。
2017.9　128p　A5　￥1630　①978-4-7804-1931-3

◆トマトが赤くなると医者が青くなる青果店—語り継がれる47都道府県の健康知恵野菜　D&DEPARTMENT PROJECT著　D&DEPARTMENT PROJECT
【目次】北海道—イナズファーム・ミディトマト、青森—弘前シードル工房kimori・リンゴ、岩手—八重樫真純・秘伝豆、宮城—山元いちご農園・イチゴ、秋田—安藤食品・ジュンサイ、山形—金三郎十八代目五十嵐大輔・庄内柿、福島—大野農園・モモ、茨城—石下農場・トマト、栃木—大地・ユウガオ、群馬—堀込農園・コンニャクイモ（ほか）
2016.12　120p　20×15cm　￥1000　①978-4-903097-56-5

◆肉の王国—沖縄で愉しむ肉グルメ　仲村清司、藤井誠二、普久原朝充著　双葉社
【要旨】「沖縄では豚は鳴き声以外すべて食べる」沖縄の肉グルメ＝沖肉！エッセイ＆鼎談ガイド。
2017.6　382p　B6　￥1600　①978-4-575-31270-6

◆肉バカ。—No Meat, No Life.を実践する男が語る和牛の至福　小池克彦著　集英社
【要旨】肉バカが通い詰める究極の17軒。
2017.7　109p　A5　￥1500　①978-4-08-781634-1

◆ニッポン全国和菓子の食べある記—高島屋・和菓子バイヤーがこっそり教える郷土の和菓子500品　畑主税著　誠文堂新光社
【要旨】和菓子バイヤーとして確かな目と舌を持つ著者が、日本全国を自分の足で歩いて探しまわって書いた臨場感あふれる文章で、太鼓判を押す全国の和菓子を紹介します。和菓子好きばかりでなく、手みやげを選ぶときや全国各地を旅するときにも役立つ、ボリューム満点の和菓子ガイドです。
2017.11　399p　B6　￥1800　①978-4-416-51684-3

◆ニッポン定食散歩　今柊二著　竹書房　（竹書房文庫）
【要旨】しみじみ旨い庶民派定食求めてぶらり食べ歩きB級グルメガイドエッセイシリーズ第八弾！！"定食マエストロ"今柊二の食べ歩きシリーズ第一弾『定食ニッポン』が刊行されてから丸十年。今回再びステキな定食求めて山手線1周定食巡りの旅に出発!!10年経っても変わらないもの、地元客で溢れる昔ながらの定食屋やサラリーマンたちがどんどん吸い込まれていく中華屋、おかみさんの温かい人柄が人気の食堂、何度でも通いたい洋食屋…心もお腹もきっと満足できるオススメの名店をご案内します。
2017.12　253p　A6　￥800　①978-4-8019-1287-8

◆沼津・三島・富士 カフェ日和—ときめくお店めぐり　ふじのくに倶楽部著　メイツ出版
【要旨】お気に入りがきっと見つかるい古厳選カフェ。毎日でも味わいたい素材・製法にこだわる絶品パンに、身も心も癒される魅惑のスイーツ。思い立ったら気軽に楽しめる立ち寄り＆テイクアウトのお店をご案内。全62軒。
2017.11　128p　A5　￥1630　①978-4-7804-1938-2

◆猫と呑み助—東京「猫呑み」のススメ　はるやまひろぶみ著　山と溪谷社
【要旨】猫と酔える店で、綴んでみませんか。
2017.12　127p　A5　￥1300　①978-4-635-59045-7

◆ねり肉 Deep　ねりグル編集部著　有峰書店新社
【要旨】練馬区の出版社が教える練馬のディープな肉料理の話題店が満載！
2017.3　94p　21×13cm　￥1000　①978-4-87045-292-3

◆『野武士のグルメ』巡礼ガイド　『野武士のグルメ』制作班著　幻冬舎コミックス、幻冬舎発売
【要旨】ドラマ版『野武士』が喰らった珠玉の名店を完全詳解。
2017.6　112p　A5　￥1000　①978-4-344-83995-3

◆浜松カフェ日和—ときめくCAFEめぐり　ふじのくに倶楽部著　メイツ出版
【要旨】こだわりが詰まった空間で過ごす至福のひととき。いつもの街に、足をのばした先に、とっておきの出合いが待っています。全60軒。上質な時間を求めて「わざわざ行きたいカフェ」に、身も心も癒される「農園カフェ」。さらに、お店で買える自慢の一品もご紹介。
2017.9　128p　A5　￥1630　①978-4-7804-1932-0

◆浜松 至福のランチ　ふじのくに倶楽部著　メイツ出版
【要旨】とっておきが詰まった、心を満たす大人のごちそう55軒。
2017.1　128p　A5　￥1630　①978-4-7804-1830-9

◆100人のトップシェフが選ぶベストレストラン東京 シェフ推し　「ヒトサラ」編集部編　カンゼン
【要旨】グルメサイト「ヒトサラ」が、いま注目の料理人、老舗の料理人ほか、総勢100名の"一流料理人たち"に「本当はお教えたくないおいしい店」を徹底取材！シェフたちが行きつけのお店を紹介してもらいました。高級フレンチから下町の居酒屋まで、560軒のお店を掲載。これ一冊で、仕事の接待、大事な人とのデート、友人との気軽な飲み会など、様々なシーンに役立ちます。
2017.8　319p　19×12cm　￥1700　①978-4-86255-415-4

◆広島カフェ日和—すてきなCAFEさんぽ　広島おさんぽ倶楽部著　メイツ出版
【要旨】休日のおでかけランチ。帰り道にちょっと一息。お気に入りに囲まれて。ふと思い立って出かけたお店に、探していた何かが、きっとある…。こだわりがぎゅっと詰まったとっておきの70軒を紹介。
2017.4　128p　A5　￥1630　①978-4-7804-1836-1

◆福岡カフェ日和—すてきなCAFEさんぽ　月刊はかた編集室著　メイツ出版
【要旨】暮らしを豊かにするこだわりの一杯、ゆったりとした時間が流れる和の空間、幸せいっぱい至福のスイーツ、おいしい発見！メトロ沿線さんぽ、自慢の逸品「あれ、食べに行こう！」。ふと思い立って出かけたお店に探していた何かが、きっとある…。こだわりがぎゅっと詰まった、とっておきの56軒を紹介。
2017.4　126p　A5　￥1630　①978-4-7804-1871-2

◆ぶらり呑舌舌つづみ　篠田静夫著　幻冬舎メディアコンサルティング、幻冬舎発売
【要旨】行くぜ、今日も！旨い酒と美味い飯。飲み歩き歴50年！脱サラ社長イチオシ。インターネットでは分からない本当に美味い店30選。
2017.4　95p　18cm　￥600　①978-4-344-91166-6

◆ぶりっつさんちのぶらりうまいもの散歩　松本ぶりっつ著　KADOKAWA　（メディアファクトリーのコミックエッセイ）

料理・食生活　　　　　　　　　　　　　　　42　　　　　　　　　　　　　　BOOK PAGE 2018

実用書

【要旨】超インドア派のぶりっつさんが、ダイエットと美味しい食べものためにと一念発起!?ダンナさんとの夫婦漫才なノリで、街歩きデビューです！ スカイツリーや新宿御苑など東京のホットなおさんぽスポットから北海道（小樽）・横浜（中華街）・島根県（出雲・玉造温泉街）など日本各地ヘプチ旅気分でGO！ 食いだおれの爆笑さんぽ、はじまりはじまり～。
2017.4 137p A5 ¥1000 ①978-4-04-069173-2

◆ぼくの偏愛食堂案内　日置武晴著
KADOKAWA
【要旨】料理カメラマン歴25年、日置武晴が偏愛する店65。東京、鎌倉でくり返し通う店46軒。京都、大阪、神戸でときどき行く店11軒。番外編、フランスのお気に入り店8軒。
2017.11 159p B6 ¥1400 ①978-4-04-896063-2

◆町田・相模原カフェ日和 すてきなお店案内　ジェイアクト著　メイツ出版
【要旨】ふと思い立ってでかけたお店に、探していた何かがきっとある…。こだわりがぎゅっと詰まったとっておきの58軒をご紹介します。
2017.12 128p A5 ¥1630 ①978-4-7804-1945-0

◆ミシュランガイド北海道　2017特別版
日本ミシュランタイヤ
【要旨】2012年の初版から5年ぶり。ミシュランの社員である調査員たちは、再び北海道へ。ミシュランの5つの基準で調査を行い北海道のいま、おいしい！ レストラン・飲食店をご紹介しています。北海道ならではの味わいを縦横無尽にお楽しみください。
2017.5 399p 20cm ¥3000 ①978-4-904337-22-6

◆ミシュランガイド宮城　2017特別版　日本ミシュランタイヤ
【要旨】宮城県内のレストラン276軒、宿泊施設75軒、ビブグルマン37軒を掲載。
2017.7 239p 20×13cm ¥2700 ①978-4-904337-46-2

◆みんなのジンギスカン 札幌エリアほぼ完全版 2017　日本食糧新聞社北海道支社編　日本食糧新聞社　（「日本食糧新聞」臨時増刊）
【目次】ビール園 ビヤホール（アサヒビール園はまなす館、アサヒビール園羊々亭 ほか）、すすきのエリア（赤レンガジンギスカン倶楽部、アガシ ほか）、すすきの以外 中央区（アルコ、大倉山 ほか）、中央区以外のエリア（あしりべつ、焼肉ぎわ ほか）、札幌近郊エリア（おおむら、ノースヒル茨戸ガーデン ほか）
2017.8 121p A5 ¥722 ①978-4-889272-13-0

◆もう一杯だけ飲んで帰ろう。　角田光代,河野丈洋著　新潮社
【要旨】ずっと別々に行ってた西荻窪の居酒屋に今は一緒に。旅先の味を求めてミャンマー料理を食べ、高円寺の古本酒場で常連たちと盛り上がり、新宿で芝居を観た後は朝まで飲んで話し合う。昼飲みの聖地・立石ではいいご酒、うまい魚を食べるために五反田へ。人と飲むのが大好きなふたりの楽しい酒飲みエッセイ38篇。
2017.11 209p 19×14cm ¥1300 ①978-4-10-434607-3

◆八ヶ岳パン散歩—とっておきのパン店ガイド　山梨日日新聞社編　（甲府）山梨日日新聞社
【目次】❶北杜市大泉町、❷北杜市長坂町、❸北杜市高根町、❹北杜市須玉町、❺明野町・武川町・白州町、❻北杜市小淵沢町、❼韮崎市、❽長野県&東京都
2017.9 127p 23×19cm ¥1400 ①978-4-89710-475-1

◆山小屋ごはん　松本理恵著　山と溪谷社（ヤマケイ文庫）
【要旨】98歳、山小屋をひとりで守る翁が作るおにぎり。標高2307m、雲の上のパン屋さん。苔むす森、リスが訪れる小屋の薪ストーブで焼く厚切りトースト。山と山小屋、ごはんを作る人と食べる人によって紡がれる18の物語を臨場感たっぷりの文章と写真で綴る。2008年に刊行、山の魅力を新しい視点でとらえ、多くの女性を山に誘うきっかけとなった単行本、待望の文庫化。
2017.12 221p A6 ¥1000 ①978-4-635-04794-4

◆予約一名、角野卓造でございます。　京都編　（大阪）京阪神エルマガジン社
【要旨】「年間60日は京都にいるかなぁ。7泊だけのときも2週間いるときもある。仕事じゃないよ？ 京都でひとり飲み遊ぶタダの旅やで。せめて仕事を頑張っているから自分への、いわばご褒美期間なんだよ」。俳優・角野卓造の京都ひとり酒場旅。
2017.12 119p 25×19cm ¥1480 ①978-4-87435-561-9

◆ラーメン記者、九州をすする！　小川祥平（福岡）西日本新聞社
【要旨】聞いてみました店のルーツと味の秘密。おすすめの53軒。
2017.10 221p B6 ¥1400 ①978-4-8167-0944-9

◆流浪のグルメ　2　東北めし　土山しげる著　双葉社
【要旨】トラック野郎が道往く「食べる東北」。盛岡、花巻、遠野のソウルフードを探訪するグルメコミック。
2017.7 188p A5 ¥1200 ①978-4-575-31276-8

◆私が通うウマい店100+80—有名店の常連になれる本　うどんが主食著　扶桑社
【要旨】"常連"しか知り得ない"美味しい"情報がこの1冊でまるわかり!! 全16ジャンル100店+80店、美味しいお店がまるわかり！ 名店の系譜と食材のすべてがまるわかり！ 飲食店にまつわる素朴な疑問がまるわかり！
2017.6 198p B6 ¥1300 ①978-4-594-07678-8

◆私がホレた旨い店 大阪　団田芳子著　（吹田）西日本出版社
【要旨】名店八人ナリ。「あまから手帖」の名物ライターによる50の美味しい物語。食べたくなる。会いたくなる。語りたくなる。
2017.10 327p B6 ¥1300 ①978-4-908443-18-3

◆BAKERS—おいしいパンの向こう側　清水美穂子著　実業之日本社
【要旨】パンは小さいけれど確かな幸せ。つくり手にとっては、生き方そのもの。ブレッドジャーナリスト・清水美穂子が綴る、つくり手の想いを伝える20のストーリー。
2018.1 143p B6 ¥1600 ①978-4-408-00908-7

◆BOYS AND MEN presents—なごやめしのほん　BOYS AND MEN著　世界文化社
【目次】一度は食べてみにゃ人生損だら！ ごめんだけど、そんくらいでらうま 王道なごやめしGUIDE、愛しの君に、この街の魅力に気づいてほしいのさ❤ BOYS AND MENの名古屋でデートしようよ！、名古屋の1日の始まり…レトロモーニングのすすめ、ゆ～ちゃむ直伝！ 恋に効くなごやめしクッキング3、胸アツB級グルメガイド、シメはこれだて！ 名古屋の和スウィーツ最前線ガイド、WEEK-ENDは決まってここっしょ 君と行きたいCOFFEE SHOP ADDRESS
2017.11 111p 24×19cm ¥2300 ①978-4-418-17254-2

◆#currybusy—僕はカレーしか食べません。　岩佐孝人著　トランスワールドジャパン
【要旨】毎日カレーばっかのカレーバカ注目の56店。
2017.6 111p 19cm ¥1300 ①978-4-86256-203-6

◆the RAMEN BOOK—新版ラーメンガイドブック　石山勇人著　実業之日本社　（本文：日英両文）　新版
【目次】1 All ABOUT RAMENラーメン大全（スープ、醤油、塩 ほか）、2 LOCAL RAMENご当地ラーメンとその特徴（ご当地ラーメンマップ、札幌ラーメン、旭川ラーメン ほか）、3 OVERSEAS RAMEN SHOP世界に進出している ラーメン店（らーめん山頭火、豚人、鶴麺 ほか）
2017.12 111p 17×14cm ¥1500 ①978-4-408-33754-8

◆YBSてて！ TV はらペコ横丁！　その新聞社
山梨日日新聞社編　（甲府）山梨日日新聞社
【要旨】YBS山梨放送が平日夕方放送している番組「てて！ TV」の名コーナー「水曜はらペコ横丁！」を書籍化。コーナー開始からの約100店を基本的に紹介順で掲載。
2017.3 119p A5 ¥1200 ①978-4-89710-492-8

食のエッセイ

◆アンコウはアヒージョで—八十五歳の美味しい台所　和仁皓明著　KADOKAWA
【要旨】「コマイの真子煮」「春子のお寿司」「ヨコワの漬け丼」「牡蠣のハオユー仕立て」「温かいコロッケ」…人はおいしいものを毎日食べて過ごせば、穏やかに楽しく幸せに歳をとっていける。春夏秋冬、12か月の、読んだら真似したくなる、料理作法が満載。人生を豊かにする、滋味深い食のエッセイ。
2017.2 182p B6 ¥1300 ①978-4-04-104441-4

◆いかもの喰い—犬・土・人の食と信仰　山田仁史著　亜紀書房
【要旨】気鋭の宗教民族学者が人類3大悪食「犬喰い」「土喰い」「人喰い」に肉薄する。人間のおもしろさ、おかしさ、奥深さが凝縮された食と信仰の関係を追求する！
2017.3 197, 14p B6 ¥1600 ①978-4-7505-1501-4

◆おいしいってなんだろ？　伊藤まさこ著　幻冬舎
【要旨】疑うほどのバターの塊、早弁、つまみ食い、スケート場のカップラーメン、母が作るミートボール・イン・ミートソース…。おいしいものは、きれい。おいしいものは、美しい。
2017.12 315p B6 ¥1300 ①978-4-344-03145-6

◆おーい、丼—満腹どんぶりアンソロジー　ちくま文庫編集部編　筑摩書房　（ちくま文庫）
【要旨】天丼、カツ丼、牛丼、親子丼、海鮮丼、いくら丼、うな丼、そしてアッと驚く珍丼まで。日本人なら誰もが一家言持っている"丼"への熱い想いを、作家・著名人が思い切りぶつけた珠玉の丼エッセイ50篇。誰にもゆずれないこだわりの食べ方から、懐かしい青春の味、絶品ご当地丼まで、あらゆる角度から丼を味わい尽くす。どこから読んでも楽しめる、前代未聞のアンソロジーが文庫オリジナルで登場。
2017.2 317p A6 ¥780 ①978-4-480-43428-9

◆おふくろメシ—80のごはんの物語　峯田淳編・著　トランスワールドジャパン
【要旨】さまざまな分野で活躍する著名人たちの思い出の味。そんな"おふくろメシ"にまつわる話を集めました。
2017.12 239p B6 ¥1200 ①978-4-86256-218-0

◆帰ってきた日々ごはん　3　高山なおみ著　KTC中央出版
【要旨】新しい本が生まれて、また新しい仕事がはじまる。風を感じながら、散歩して、読書して、ときどき山の家に行く。同じように見えながら、刻々と変わりゆく人や暮らし。日記エッセイシリーズ第3弾。
2017.8 234p 17×13cm ¥1300 ①978-4-87758-765-9

◆京大カレー部 スパイス活動　石﨑楓著　世界文化社
【要旨】カレーのことが知りたくて、でも何も知らない私たちのための、カレーのレッスン。カレーが好きなすべての人の心をわしづかみに。
2017.3 143p A5 ¥1300 ①978-4-418-17309-9

◆喰らう！ 国家統一倶楽部 完結編　カスタムメディア企画課著　KADOKAWA
【要旨】西川貴教が行く。たしなみを身にあげる食の雑学本。食事のマナーや調理法、歴史やうんちくなど、大人なら知っていて当然！ 大人のたしなみとして知っておくと自慢できるような雑学を紹介。知ってるようで知らない"あんなこと"や、今更聞けない"こんなこと"まで、西川貴教がまとめて学んできちゃいました！
2017.3 143p 23×17cm ¥2500 ①978-4-04-734584-3

◆小林カツ代の日常茶飯 食の思想　小林カツ代著　河出書房新社
【要旨】家庭料理を刷新し、レシピの中に生きつづける料理研究家・小林カツ代未発表原稿！
2017.4 195p 18cm ¥1300 ①978-4-309-02563-6

◆コンクリンさん、大江戸を食べつくす　デヴィッド・コンクリン著、仁木めぐみ訳　亜紀書房
【要旨】「前世は日本人だった」アメリカ人男性が描く"食と歴史と祭り"に彩られた東京・下町の刺激的な日々—東京・人形町に暮らす米国人グルメガイドの食べもの探検記。
2017.12 315p B6 ¥1800 ①978-4-7505-1524-3

◆昭和の店に惹かれる理由　井川直子著　ミシマ社
【要旨】普段、表に出ることのない10軒の名店の人々。「サービス」では永久にたどりつかない何かを探った。
2017.2 279p B6 ¥1900 ①978-4-903908-88-5

◆シリーズ あたりまえのぜひたく。 一定番、国民食は玉子焼き。　きくち正太著　幻冬舎コミックス, 幻冬舎 発売
【要旨】某日某日の深夜1時、ここはマンガ家の自宅兼仕事場。〆切間近のスタッフ達の胃袋を支える"おカミさん"が動き出します。慣れた手つきで冷蔵庫内をチェックしたかと思えば、すぐに調理開始。たっぷり野菜に鶏肉＆きのこが入った大鍋いっぱいの「特製すいとん」が完成で

す。ちょっとしたひと手間が「食マンガ家」の家めしレシピの隠し味—もう、おかわり必至‼単行本特別描き下ろし編「きくら家の定番、おとなの玉子焼き」収録。至福のコミックエッセイ第3章。
　　　　2017.7 171p A5 ¥1100 ①978-4-344-84023-2

◆世界のミシュラン三ツ星レストランをほぼほぼ食べ尽くした男の過剰なるグルメ紀行
　藤山純二郎著　ベストセラーズ
【要旨】祖父は政治に「全財産」をかけた志士藤山家—元外務大臣、ボクはフツーのサラリーマン。でも、胃袋に落とし込んだ総額6000万円！28年間ミシュラン三ツ星レストラン「制覇」し続ける！日本のサラリーマンが全人生をかけた美食への執念。
　　　　2017.10 256p B6 ¥1250 ①978-4-584-13814-4

◆世界まるごとギョーザの旅　久保えーじ著
東海教育研究所，（平凡）東海大学出版部 発売
【要旨】これまで出かけた国は50以上！ 旅先で出会った料理の再現レシピも80以上！ そんな旅好き夫婦による「世界のギョーザ探訪記」。
　　　　2017.3 252p B6 ¥1800 ①978-4-486-03902-0

◆地域ごはん日記—コミュニティデザイナーのおいしい旅　山崎亮絵・文　パイ インターナショナル
【要旨】くいしん坊コミュニティデザイナー山崎亮が、日本各地から世界まで、地元の特産やお地域密着グルメをいただきながら考えた、まちのこと、ごはんのこと。
　　　　2017.1 252p B6 ¥1500 ①978-4-7562-4814-5

◆捕まえて、食べる　玉置標本著　新潮社
【要旨】え、埼玉でスッポン？ 多摩川で野草？ 無免許捕食の達人が行く、ザ・狩猟＆料理！
　　　　2017.7 158p B6 ¥1300 ①978-4-10-351141-0

◆テーブルの出来事　2　クリエイト・レストランツグループ著　幻冬舎メディアコンサルティング，幻冬舎 発売
【要旨】国内外のレストランや居酒屋、約900店舗から集められた珠玉の16エピソード。
　　　　2017.11 213p 19cm ¥1200 ①978-4-344-91342-4

◆日本のすごい味—土地の記憶を食べる　平松洋子著　新潮社
【要旨】熊鍋。オイルサーディン。かまぼこ—。静岡から沖縄まで舌で発見した15の探訪記。
　　　　2017.9 175p A5 ¥1800 ①978-4-10-306474-9

◆日本のすごい味—おいしさは進化する　平松洋子著　新潮社
【要旨】アスパラガス。鴨鍋。あぶらげ—。北海道から東京まで足で巡った15の探訪記。
　　　　2017.9 175p A5 ¥1800 ①978-4-10-306473-2

◆日本まんじゅう紀行　弟子吉治郎著　青弓社
【要旨】おいしいお茶をいれて、パクッとほおばると口のなかに広がる甘いあんこ。まんじゅうは、お茶請けにも旅のおみやげにも、みんなの顔がほころぶお菓子だ。まんじゅう屋に生まれ、あんこを炊き、餅を蒸す作業を子どもの頃から手伝ってきた著者が、全国各地のまんじゅうをカラー写真を添えて紹介する。
　　　　2017.1 202p A5 ¥1800 ①978-4-7872-2068-4

◆発酵かあさん　加藤マユミ著　リイド社（LEED CAFE COMICS）
【要旨】失敗も成功も盛りだくさん！ 簡単レシピも紹介！ 発酵食品実践コミック‼
　　　　2017.4 142p ¥926 ①978-4-8458-5003-7

◆腹ペコ騒動記—世界満腹食べ歩き　岡崎大五著　講談社
【要旨】読めば空腹、旅グルメエッセー。元・人気添乗員の作家が出会った料理と面白い人々。世界は「うまい」にあふれている。食べるぞ、世界の地元メシ。
　　　　2017.10 285p B6 ¥1600 ①978-4-06-220791-1

◆パンソロジー—パンをめぐるはなし　池田浩明編　平凡社
【要旨】こんなパンがあったのか！ パンラボ池田浩明が誘う古今東西の名作・名言‼私たちの知らないパンの美味しさ、パンの食べ方、パンの魅力に触れることができる、珠玉のエッセイを収録。編者による解説つき。
　　　　2017.8 223p B6 ¥1500 ①978-4-582-63220-0

◆香港風味—懐かしの西多士（フレンチトースト）　野村麻里著　平凡社
【要旨】ストレス蔓延のイメージとは裏腹に、長寿世界一を誇る大都市・香港。極美味の料理の

裏に、独自の哲学や人生観によってたつ医食同源の知恵あり。返還二〇年を機に、かつて香港で暮らし、好奇心旺盛にあらゆる食に触れ、体験と考察を重ねた著者が、食を通じて街と人の魅力を独自の視点で綴る。
　　　　2017.5 253p B6 ¥1600 ①978-4-582-63219-4

📖 食べもの雑学・台所道具

◆暮らしにうつわ　ワニブックス
【要旨】人生をもっと楽しくするうつわの世界へようこそ。陶芸家、料理家、ギャラリーオーナーetc. 達人たちが教える使い方のアイデアがいっぱい！ うつわ愛、あふれる121点。
　　　　2017.9 152p A5 ¥1300 ①978-4-8470-9610-5

◆世界で一番美しい包丁の図鑑　ティム・ヘイワード著，岩田佳代子訳　エクスナレッジ
【目次】包丁／ナイフの構造、持ち方、切り方、素材、包丁／ナイフをつくる、包丁／ナイフメーカー、さまざまな包丁／ナイフ、西洋の包丁／ナイフ、中国の包丁／ナイフ、和包丁、業務用の包丁／ナイフ、特殊な包丁／ナイフ、研ぐ、包丁／ナイフアクセサリー
　　　　2017.5 223p 25×17cm ¥2200 ①978-4-7678-2289-1

◆普段使いの器は5つでじゅうぶん。一器を減らすと暮らしが変わる　江口恵子著　G.B.
【要旨】お気に入りの「使える器」だけ残そう。人気ショップ「無印良品」「イケア」「北欧、暮らしの道具店」のおすすめの器も紹介！ 食事からデザートまで、どんな料理にも使い回す！ 盛りつけやすい器で、ごはんがおいしく見える！「来客用の器」でおもてなし感をアップする！
　　　　2017.5 111p A5 ¥1300 ①978-4-906993-40-6

◆庖丁—和食文化をささえる伝統の技と心　信田圭造著　（京都）ミネルヴァ書房（シリーズ・ニッポン再発見 7）
【要旨】「ものの始まりはなんでも堺」を代表する伝統産業。堺刃司の七代目が語る、プロも認めるホンマモンの世界。
　　　　2017.6 241, 5p 18cm ¥2000 ①978-4-623-08077-9

📖 酒

◆あの頃、レモン・ハートでBARで飲みたい31の名酒　古谷三敏，古谷陸著　双葉社
【要旨】満州で生まれ、混乱の戦後を生き、漫画とBARに注いだ波乱万丈の人生80年。漫画家にしてバーテンダー、古谷三敏が次世代に伝えたいサケとは⁉酒と漫画と仲間と家族—31の酒物語。
　　　　2017.5 186p 18cm ¥1300 ①978-4-575-31260-7

◆アルコール熟成入門　北條正司，能勢晶共著　日本食糧新聞社（食品知識ミニブックスシリーズ）
【目次】序章 自然界の新しいページをめくる、第1章 おいしい水、第2章 おいしい水の中の成分、第3章 酒の熟成とエタノール水溶液、第4章 酒類の熟成と成分、対談 酒とエタノール水溶液の化学一熟成時間と溶存成分、第5章 酒ができるまで、第6章 飲みやすい酒
　　　　2017.4 186p 18cm ¥1200 ①978-4-88927-261-1

◆ウイスキーは楽しい！—絵で読むウイスキー教本　ミカエル・ギド著，ヤニス・ヴァルツィコス絵，河清美訳　パイ インターナショナル
【目次】第1章 ウイスキーを製造する、第2章 ウイスキーを味わう、第3章 ウイスキーを買う、第4章 食材と合わせる、第5章 バー＆カクテル、第6章 ウイスキー産地を巡る、第7章 付録
　　　　2017.12 191p 24×19cm ¥2300 ①978-4-7562-4939-5

◆うまい日本酒をつくる人たち—酒屋万流　増田晶文著　草思社
【要旨】それぞれの深い想いと技が生み出す、百花繚乱の「うまい！」を堪能する。全国各地の銘酒蔵を訪れて知った銘酒に懸ける人たちの心意気。
　　　　2017.10 263p B6 ¥1800 ①978-4-7942-2296-1

◆お酒のはなし—お酒は料理を美味しくする　吉澤淑著　裳華房（シリーズ・生命の神秘と不思議）

【要旨】人との関わりは5000年以上といわれる酒。ワイン、ビール、日本酒などのお酒は、微生物の働きによって栄養価を高め、保存性を増す加工をした発酵食品です。本書は個人、社会、政治、文化など多岐にわたる酒と人との関わりを紹介します。
　　　　2017.7 179p B6 ¥1500 ①978-4-7853-5122-9

◆おじさん酒場　山田真由美文，なかむらるみ絵　亜紀書房
【要旨】人生の大事なことは、お酒とおじさんが教えてくれる。「クローズアップ現代」（NHK）で紹介‼呑むように読みたい居酒屋＆おじさん案内。東京・大阪・鎌倉・下田他、全25軒‼
　　　　2017.10 270p B6 ¥1400 ①978-4-7505-1522-9

◆外国人が驚いた居酒屋の世界—「お通し」を英語で言えますか？　メディアバル編集部編　メディアバル
【要旨】なじみの店も、初めての店も、のれんをくぐれば、そこは陽気でやさしい居酒屋の世界。ひとりで飲むもよし、パクッとほおばり仲間と騒ぐのもまたよし。うまい酒と肴、そして良い店は、知識があれば、さらに美味しく、心地よくなる。さて、今夜は、どこで飲みますか。
　　　　2017.4 81p B6 ¥1300 ①978-4-8021-1003-7

◆カクテルの歴史　ジョセフ・M.カーリン著，甲斐理恵子訳　原書房（「食」の図書館）
【要旨】氷の普及やソーダ水の登場に後押しされて19世紀初頭にアメリカで生まれ、今では世界中で愛されているカクテル。原形となった「パンチ」との関係やカクテル誕生の謎、ファッションその他への影響や最新事情にも言及。レシピ付。料理とワインにかんする最良の書を選定するアンドレ・シモン賞特別賞を受賞した人気シリーズ。
　　　　2017.5 190p B6 ¥2200 ①978-4-562-05404-6

◆基本のカクテル手帖—もれなくもっとおいしい！ 食通の常識　渡辺一也監修　世界文化社
【要旨】奥深いカクテルの世界が、もっと愉しくなる！ 今、人気のカクテルの魅力をより丁寧に紹介。作り方、味わい、個性や歴史がこの一冊でわかる。
　　　　2017.4 191p 18cm ¥1400 ①978-4-418-17311-2

◆きもので酒さんぽ—きものを着て酒蔵めぐり♪　（広島）ザメディアジョンプレス，（広島）ザメディアジョン 発売
【要旨】きものを着て酒蔵をめぐるさんぽに出かけてみませんか？ いつもより少し違う雰囲気を体感できます♪東広島、竹原、五日市、呉、音戸、鞆の浦のさんぽで立ち寄りたい店やスポットも紹介しています！
　　　　2017.5 91p A5 ¥1300 ①978-4-86250-492-0

◆銀座のバーが教える厳選カクテル図鑑—大人がたしなむ究極のカクテル　Cocktail15番地，斎藤都斗武，佐藤淳監修　マイナビ出版
【要旨】カクテルレシピやスピリッツ、バーの楽しみ方までカクテルの基礎知識を徹底解説！
　　　　2017.3 207p 18cm ¥1190 ①978-4-8399-6180-0

◆金賞受賞蔵ガイド　2017　平成28酒造年度・全国新酒鑑評会　フルネット
【目次】1 全国新酒鑑評会の概要、2 平成28酒造年度「全国新酒鑑評会」金賞データ掲載蔵、3 平成28酒造年度「全国新酒鑑評会」金賞蔵242点一覧、4 最近20年間の金賞受賞歴一覧（931蔵）、5 最近20年間の金賞連続受賞蔵（今回含2回以上）、6 最近10年間の都道府県別金賞蔵点数、7 国税局別出品状況
　　　　2017.7 117p 20×12cm ¥1800 ①978-4-938799-72-4

◆5人のバーテンダーが語る もう一つのBar物語　宮之原拓男，平井杜氏，山下和男，長友修一，井伊大輔著　旭屋出版
【目次】カクテルの楽しさが深まる、『BAR ORCHARD GINZA』宮之原拓男（ジントニックの「Yes」or「No」、モスコミュールの魅力を再認識 ほか）、ウイスキー、オールドボトルとは—『BAR BARNS』平井杜氏（オールドボトルの魅力とは、オールドボトルに貼られた「通関シール」の謎 ほか）、BARとノベルティグッズの魅力—『BARスリーマティーニ』山下和男（お店の壁を賑わせるさまざまなノベルティ、ウイスキーノベルティとしてのジャグ ほか）、バーテンダーのカクテルづくりの視点を知る—『Bar Oscar』長友修一（バーテンダーが、カクテルづくりで考えること、シェイクとステア、解説 ほか）、ウイスキーの楽しみが広がる、飲み方・知識—『BAR Keith』井伊大輔（食前・食後に旨く愉しむウイスキー、

料理・食生活　　　　　　　　　　　　　　　　　　　44　　　　　　　　　　　　　　　BOOK PAGE 2018

イタリアの古いリキュールの話 ほか）
2017.4 255p B6 ¥1800 ①978-4-7511-1275-5

◆酒米ハンドブック　副島顕子著　文一総合出版　改訂版
【要旨】清酒の醸造に利用される米の品種のうち、主要な155品種を紹介します。それぞれ、品種名と命名の由来、系譜図、標準の千粒重、育成地、生産地、そしてその品種の特徴を記しました。早晩性や耐寒性、耐病性などの特徴は栽培地や栽培条件によって変わりますが、本書では育成報告書のほか、代表的な生産地におけるデータを参考にしました。写真は玄米の状態で撮影したものです。撮影したサンプルの生産年や千粒重も示しました。千粒重は産地や作柄により変動するため、サンプルの千粒重が標準の値と異なっていることもあります。
2017.7 104p 19cm ¥1400 ①978-4-8299-8153-5

◆酒好き医師が教える最高の飲み方―太らない、翌日に残らない、病気にならない　葉石かおり著、浅部伸一監修　日経BP社、日経BPマーケティング 発売
【要旨】酒のパワーを最大限に引き出そう！「ほどほどに飲む」だけではもったいない！ 自分も酒好きな医師が実践しているカラダにいい飲み方を伝授。
2017.11 285p B6 ¥1400 ①978-4-8222-5893-1

◆35歳からのお酒デビュー　おりはらさちこ著　ぶんか社
【要旨】酒к強くなれば人生変わる！のか!?下戸で仕事ひと筋のアラフォー独女が奔走する自分開花コミックエッセイ!!
2017.10 147p A5 ¥1200 ①978-4-8211-4473-0

◆三田ビール検定公式テキスト　三田ビール検定公式テキスト編集委員会編、田辺眞人監修　三田市、(神戸)神戸新聞総合出版センター 発売
【目次】プロローグ 日本のビールの魁 三田、歴史学―ビール5000年のあゆみ、歴史学―日本のビール150年の歴史、醸造学―ビールづくり探検、文化学―1杯のビールから、食学学―さあ、ビールを飲もう、三田学―ビール文化のまち・三田　2017.4 71p A5 ¥500 ①978-4-343-00946-3

◆地酒人気銘柄ランキング 2017～18年版　守山薫、森雅巳編　フルネット
【要旨】プロが選んだ最新の人気酒331銘柄765商品。
2017.4 223p 21×13cm ¥2000 ①978-4-938799-71-7

◆ジャパニーズウイスキー 第二創世紀　和智英樹、高橋矩彦共著　スタジオタッククリエイティブ
【要旨】山崎のウイスキー蒸溜所稼働から100年を迎えるにあたり、突然のジャパニーズウイスキーブームが勃興。話題となった熟成年表示ボトル高騰を斜めに観ながら、現実的市販ウイスキーボトルを50本かき集めて購入。入手不可能なボトルは、BARのラックから引っ張りだして体験。ドリンカー2名は試飲に試飲を重ねた。平板と思われたテイストにもそれぞれに表情があることに驚愕し、日本のウイスキーの過去、現在を五感で考察してみた。さて、今後日本のウイスキーはどこへ向かうのであろうか？
2017.5 287p A5 ¥2900 ①978-4-88393-776-9

◆新幹線各駅停車 こだま酒場紀行　大竹聡著、矢吹申彦イラスト　ウェッジ
【要旨】酒をこよなく愛する作家が、東京～博多間を新幹線こだまで飲み歩きました。読んでいると旅に出たくなる、酒場ガイドを兼ねたほろ酔いエッセイ！
2017.11 261p B6 ¥1300 ①978-4-86310-193-7

◆シングルモルト&ウイスキー完全バイブル　肥土伊知郎監修　ナツメ社
【要旨】「イチローズモルト」を創ったウイスキー職人が徹底監修！ ウイスキーを愛する人のための教科書。
2017.9 239p A5 ¥1600 ①978-4-8163-6311-5

◆新 酒場入門　黒木ユタカ絵、小宮山雄飛文　マイナビ出版
【要旨】「音楽界のグルメ番長」ホフディラン小宮山雄飛とイラストレーター黒木ユタカがイラストで紹介するまったく新しい酒場本！
2017.12 175p A5 ¥1800 ①978-4-8399-6036-0

◆スコッチ・オデッセイ―1971黄金の特級時代を想う Complete Edition　盛岡スコッチハウス編　(盛岡)盛岡出版コミュニティー (もりおか文庫)

【目次】DCL傘下の各社(ディスティラーズ・エージェンシー社(タリスカー)、エインズリー＆フェイルブロン社(クラインリーシュ) ほか)、その他のブレンド会社とモルト蒸溜所(アーサー・ベル＆サンズ社、ベリー・ブラザーズ＆ラッド社 ほか)、アイリッシュウイスキー、インディペンデント・ボトラーズ各社(ゴードン＆マクファイル社、ウィリアム・ケイデンヘッド社 ほか)、スコッチダイアリー
2017.12 231p A6 ¥1600 ①978-4-904870-43-3

◆図説 ビール　キリンビール著　河出書房新社 (ふくろうの本)
【要旨】ビアスタイルの特徴、つくり方、原料、歴史、おいしい飲み方…今や100種類以上あるビールとの時間を、格別なものにする、ビール好き必携の一冊。明治期の醸造所の写真など、貴重な史料も収録。
2017.11 127p 22×17cm ¥1800 ①978-4-309-76261-6

◆世界ウイスキー大図鑑　チャールズ・マクリーン監修　柴田書店　(原著第2版) 改訂版
【要旨】ウイスキー愛好家に贈る、ウイスキーのすべて。世界各国のモルトウイスキー、ブレンドウイスキー、グレーンウイスキーを紹介。味わう時の参考になるよう、全ウイスキーのテイスティングノートと写真も掲載した。蒸溜所の歴史からウイスキーの色、酒齢、アルコール度数、特徴までをも網羅する。ウイスキーツアーを楽しみたい読者のために、おもな訪問地で立ち寄るべき蒸溜所やパブを紹介する。蒸溜所名や行き方、見どころなど、必須情報を掲載。有名蒸溜所の歴史、製法、造り手ならではの技術をとおし、それぞれの蒸溜所がいかにして独特の味わいや繊細かつ複雑な風味を生みだしているかを探る。世界中のウイスキー生産国を紹介する本書は、名高くも比類なき「ウイスキー」という飲みものを楽しみ、さらに深く知るための必読書である。
2017.6 352p 25×21cm ¥4300 ①978-4-388-35350-7

◆世界が憧れる日本酒78―ロバート・パーカー・ワイン・アドヴォケートが認めた　SAKE RATINGS PROJECT編　CCCメディアハウス
【要旨】パーカーポイントという100点満点の評価法が、日本酒の未来を変える―パーカーポイント90点以上を獲得した日本酒を詳しく紹介！
2017.2 187p A5 ¥2300 ①978-4-484-17207-1

◆世界が認めた日本のウイスキー　ドミニク・ロスクロウ著、清水玲奈訳　エクスナレッジ
【要旨】雑誌「ウイスキーマガジン」「ザ・スピリッツ・ビジネス」の元編集者で、『世界のベストウイスキー』『死ぬ前に一度は飲みたい1001のウイスキー』の著者による、日本での取材記録。日本のウイスキーの起源と、現状に至る道筋をたどる「ゼロから出発した英雄の物語」。その道すがら、日本の蒸溜所を訪問し、日本内外の優れたウイスキー愛好家やレストランにもスポットを当て、日本のウイスキーの革命を引き起こした多数の人たちに話を聞いている。テイスティングノートでは、日本のウイスキーを世界に知らしめた上質のモルトを選んで紹介している。
2017.11 287p 25×21cm ¥3200 ①978-4-7678-2316-4

◆世界最高の日本酒―SAKE COMPETITION 2017　SAKE COMPETITION実行委員会編　ぴあ
【要旨】全受賞酒174銘柄を紹介。2017年最もおいしい日本酒が決定。
2017.9 208p A5 ¥2000 ①978-4-8356-3829-4

◆世界に通用するビールのつくりかた大事典　ジェームズ・モートン著、村松静枝訳　エクスナレッジ
【目次】ビールを好きになろう、キットビールでビールをつくってみよう、キットビールづくりをマスターしよう、缶詰めして保管しよう、オールグレインビールづくりに必要な装備、オールグレインビールづくりに必要な材料、いよいよ醸造の日、困ったときはこちらへ、レシピ編 ブリティッシュ・エールとアイリッシュ・エール、レシピ編 アメリカのエール、レシピ編 ヨーロッパのエールビール、レシピ編 スペシャルティビール、さらにステップアップしよう、上級レシピ編 サワービールとラガービール
2017.4 254p 26×20cm ¥2800 ①978-4-7678-2283-9

◆世界のウイスキー―厳選150本　和智英樹、高橋矩彦共著　スタジオタッククリエイティブ
【目次】アイリッシュ・ウイスキー、スコッチ・シングルモルト、スコッチ・ブレンデッド・ウイスキー、バーボン・ウイスキー/

ライ・ウイスキー、カナディアン・ウイスキー/チャイニーズ/チェコ、ジャパニーズ・ウイスキー/グレーン
2017.12 263p A5 ¥2900 ①978-4-88393-806-3

◆世界のウイスキー図鑑　デイヴ・ブルーム著、橋口孝司日本語版監修、村松静枝、鈴木宏子訳　ガイアブックス
【要旨】世界的に比類なきバイブル。新たに生まれ、成功を納めた蒸溜所の物語も、新しいウイスキーの世界も全て、あなたが手に取った一冊のなかにある！ 世界各地にある200か所以上の蒸溜所を探求した記録と、750種以上のテイスティングノートを紹介した決定版。スコットランド、アイルランド、日本、ケンタッキーとテネシー、そしてオーストラリアとインドにまでわたり豊富な最新情報を増論し、新たな蒸溜所の紹介とともにテイスティングノートを紹介。カナダ、アメリカのクラフト蒸溜所、北欧、フランス、中央ヨーロッパ、そして南アフリカの蒸溜所についての新たな情報を追加したほか、グレーンウイスキーとブレンデッドウイスキーについても新たに加筆。
2017.8 335p 30×24cm ¥7800 ①978-4-88282-989-8

◆世界のビール図鑑　ティム・ウェブ、ステファン・ボーモント著、熊谷陣屋監修、村松静枝訳　ガイアブックス　(原書第2版)
【要旨】ビール新時代に対応した改訂版！ 北欧の民俗色豊かなビールから南アフリカのリアル・エール、ベトナム、ハノイで味わえる本格派のチェコ・ラガーからベルギーならではのフルーツ風味の復興まで、世界で今起こっているビール復興の現状をあますところなく網羅した新時代のビール図鑑の決定版。伝統スタイルから実験精神あふれる斬新なタイプ、さらに多種多様なビールまで、ラガー以降の世界のビアスタイルを徹底的に解説。
2018.1 271p 30×24cm ¥5800 ①978-4-88282-999-7

◆ちょっと知ると、もっと好きになる 日本酒超入門―呑みたい酒の見つけ方　石田洋司著　くびら出版、サンクチュアリ出版 発売
【要旨】居酒屋で！ 酒屋で！ 家飲みで！ 知識ゼロでも「意中の酒」に出会えます。日本酒居酒屋の「酒ソムリエ」が教える、自分好みの酒の選び方。
2017.10 160p B6 ¥1200 ①978-4-86113-329-9

◆ちょっとむかしの酒蔵の旅―古山新平の日本縦断蔵めぐり　古山勝康著　雄山閣
【要旨】ワインとおなじく日本酒の味香に変化をもたせるものとして、その蔵の依ってたつ風土(気候風土と文化風土の双方をも含む)が挙げられた。吟醸酒が花咲いた時代の旅と酒蔵のはなし。「南ே」「食養」との三部作終巻。
2017.9 230p B6 ¥2000 ①978-4-639-02503-0

◆日本禁酒史　萩原曉三著、日高彪編　彗文社　(日本禁酒・断酒・排酒運動叢書 1)
【要旨】「アルコール入りの日本酒お神酒は本来的ではなかった」など、驚きの事実とともに、我が国に古来から脈々と続く「禁酒」の歴史をひもとく。神話の昔から江戸時代まで、日本人がいかに酒害と闘ってきたか、その歴史が数々の文献・史料によって明らかに。宗教家、酒害家、文化史研究家などに必携の書！ 禁酒運動が西洋からの押しつけであるという誤謬を糾す名著！ 読みやすい現代表記の新訂版として待望の復刊！
2017.1 262p A5 ¥6000 ①978-4-86330-180-1

◆日本酒語辞典　こいしゆうか著、SAKE TIMES監修　誠文堂新光社
【要旨】日本酒にまつわる言葉をイラストと豆知識でほろりと読み解く。
2017 179p A5 ¥1400 ①978-4-416-51725-3

◆日本酒のペアリングがよくわかる本　葉石かおり監修・文　シンコーミュージック・エンタテイメント
【要旨】酒と料理の組み合わせで味の可能性を広げる「ペアリング」。その基本から応用までをロジカルにわかりやすく解説する待望の一冊！
2017.7 111p A5 ¥1500 ①978-4-401-64459-9

◆日本酒はじめ―妄想図解！ 知識ゼロでもわかる　SSI認定唎酒師酒GO編、片桐了漫画、SSI日本酒サービス研究会・酒匠研究会連合会監修　JTBパブリッシング
【要旨】マンガで楽しむ日本酒入門！ 吟醸？ 冷やおろし？ 山廃？ 日本酒のラベルにあるいろいろな用語がわかる。4タイプの味がわかれば「おいしい」が見つかる！ 日本酒の醍醐味！ 料理と

◆人気のカクテル ザ・プロフェッショナル メニュー―スタンダードから業種別カクテル作りまで　赤土亮二著　旭屋出版
【目次】業種別基本メニュー・パターン（カフェ（小型店）、カフェ（大型店）ほか）、カクテル・レシピ（オールド・ニュー、ジャスト・オリジナル ほか）、カクテルの技術（シェークとステアーの技術、その他のカクテル技術）、カクテルの知識（グラス、度量衡 ほか）
2017.12 259p B6 ¥3800　①978-4-7511-1284-7

◆バー「サンボア」の百年　新谷尚人著　白水社
【要旨】大阪―堂島サンボア/北サンボア/南サンボア/島之内サンボア/梅田サンボア/サンボア・ザ・ヒルトンプラザ店/北新地サンボア/天神橋サンボア。京都―京都サンボア/祇園サンボア/木屋町サンボア。東京―銀座サンボア/数寄屋橋サンボア/浅草サンボア。「古き良きサンボアのかおり今もなお…」―14店に受け継がれる名門の伝統と心意気。
2017.12 233,7p B6 ¥2000　978-4-560-09589-8

◆ひとりぜいたく晩酌帖　カリッとした毎日。著　セブン&アイ出版
【要旨】体も心も頭もほろりとゆるみ、柔軟になる、ちょっとぜいたくなひと時。それこそが、著者の理想とするひとり晩酌。酒飲み心をくすぐる一冊。
2017.12 158p A5 ¥1300　978-4-86008-754-8

◆ビール大全　ランディ・モーシャー著，日本ビアジャーナリスト協会日本語版監修，土岐田明日香訳　楽工社
【要旨】伝統的なビールから、新潮流「クラフト・ビール」まで。歴史、ビアスタイル、醸造法から、化学、テイスティング法、食べ物との組合せまで。多様なビールの世界をまるごと網羅。ありきたりの情報ではない、深い知識が身につく定番書。世界的に著名なビア・ライターによる本格入門書、待望の邦訳！ カラー図表170点収録！
2017.8 295p B5 ¥5800　①978-4-903063-77-5

◆麦酒（ビール）伝来―森鷗外とドイツビール　村上満著　中央公論新社（中公文庫）
【要旨】横浜の外国人居留地に輸入された英国産エールに始まり、留学エリートたちによってドイツビールを、そして国産の開始を日本人にしかのようにビールを受け入れ、発展させてきたか。鷗外『独逸日記』に見る当時のオクトーバーフェスト、乃木希典が一気飲みのルーツなどのエピソードを交え、長く生産・開発に専従してきた著者が語る日本ビール史を新たに始める。
2017.11 296p A6 ¥920　978-4-12-206479-9

◆ブランデーの歴史　ベッキー・スー・エプスタイン著，大間知知子訳　原書房（「食」の図書館）
【要旨】「ストレートで飲む高級酒」が「最新流行のカクテルベース」に変身…再び脚光を浴びるブランデーの歴史。蒸溜と錬金術、3大ブランデーの歴史、ヒップホップとの関わり、世界のブランデー事情等の興味深い話題満載。
2017.11 186p B6 ¥2200　①978-4-562-05412-1

◆もっと好きになる 日本酒選びの教科書　竹口敏樹監修　ナツメ社
【要旨】日本酒は、自由で、楽しい！ いつも何を飲むか迷って、結局「何となく」で選んでいる人へ。予約の取れないお店のマスターが、誰でも今日からできる「おいしい日本酒の選び方」を教えます。
2018.1 223p A5 ¥1380　978-4-8163-6334-4

◆ラム大全―定番銘柄100本の全知識　日本ラム協会著　誠文堂新光社
【目次】カリブ海地域のラム、中央アメリカ地域のラム、南アメリカ地域のラム、アジア・ヨーロッパ・オセアニア地域のラム、アメリカ合衆国のラム事情、日本のラム、ボトラーズのラム
2017.1 319p 25×19cm ¥3400　978-4-416-51613-3

◆ロマネ・コンティの里から―ぶどう酒の悦しみを求めて　戸塚真弓著　中央公論新社（中公文庫；新装版）
【要旨】ブルゴーニュの酒蔵での利き酒、家庭で工夫するぶどう酒と料理との「結婚」―。「人類最良の飲み物」に魅せられてフランスに暮らす著者が、醸造家と語らい、五感で味わい、歴史に思いを馳せる。ぶどう酒を愛する人へ贈る、銘酒の里からのワインエッセイ。
2017.1 296p A6 ¥640　①978-4-12-206340-2

◆ワイン語辞典―ワインにまつわる言葉をイラストと豆知識で味わい深く読み解く　中濱潤子著，キムコ玉川絵　誠文堂新光社
【目次】A.T.、アイスワイン、IPOB、アイリー・ヴィンヤーズ（ジ.）、アウスブルッフ、赤玉ポートワイン、アカデミー・デュ・ヴァン、アキテーヌ公国、アグリツーリズム、麻井宇介 ほか
2017.6 183p A5 ¥1400　978-4-416-61502-7

◆私をBARに連れてって！―まんがでわかるBAR入門　大谷じろう作画，協力・日本バーテンダー協会協力　小学館
【要旨】BARでお酒を飲んでみたい…でも、敷居が高そう。「とりあえずビール」って、だいじょうぶ？ バーテンダーさんと何を話したらいいの？ ラフな格好で行ってもOK？ etc…BARデビューしたいけど一歩が出ない…そんなあなたのための、この一冊。全ての疑問をまんがで解決！ 今宵からBARが楽しくなること間違いなし！！
2017.9 141p B6 ¥1000　978-4-09-388571-3

◆BARへようこそ―福島勇三のカクテルの愉しみ方　福島勇三著　グリーンキャット
【要旨】白洲次郎、三島由紀夫…バーの名手たちを魅了した伝説の名バーテンダー福島勇三がそっと教えてくれる、BARとカクテルの小粋な愉しみ方。
2017.2 120p A5 ¥1400　978-4-904559-11-6

◆Sherry—Unfolding the Mystery of Wine Culture　中瀬航也著　志學社
【要旨】シェリー酒って何？、シェリー酒とはスペインのアンダルシア地方ヘレスの周辺で造られる白ワインの一種、マデイラやポートと並び酒精強化ワインに分類される、大航海時代に最も重要なワイン、透明で辛口サンマンサニージャやフィノ、琥珀色のアモンティリャードやオロロソ、極甘口のモスカテルやペドロ・ヒメネスなどのタイプ、ブレンドしたもの、フロールと呼ばれる独特の酵母、ソレラ・システムという独特の熟成。
2017.4 271p 21×14cm ¥2500　978-4-904180-70-9

ワイン

◆アウトローのワイン論　勝山晋作著，土田美登世writing　光文社（光文社新書）
【要旨】ワインの官能とは何か？ 昭和の時代から活躍するワインの古典で初めて語る、固定観念に縛られないワインの楽しみ方と、その行き着く先。
2017.7 171p 18cm ¥740　978-4-334-04301-8

◆イタリアワイン 2017年版―プロフェッショナルのためのイタリアワインマニュアル　宮嶋勲監修　ワイン王国、ステレオサウンド発売
【要旨】多様性と豊かな個性で、世界中で愛されているイタリアワイン。その魅力とそれぞれの州の特徴をわかりやすく解説する最新版！
2017.7 183p A4 ¥1500　978-4-88073-405-7

◆男のためのハズさないワイン術　竹内香奈子著　フォレスト出版（フォレスト2545新書）
【要旨】男の武器になるワインの知識&実践法をこの1冊で完全マスター！ 「知識ゼロ」からでも大丈夫！ ワイン入門書の決定版。気鋭の美人ワインコンサルタントが伝授！ 「選び方」「マナー」「楽しみ方」まで完全網羅。超実践的ノウハウ満載！
2017.11 300p 18cm ¥900　978-4-89451-974-9

◆カリフォルニアのワイン王 薩摩藩士・長沢鼎―宗教コロニーに一流ワイナリーを築いた男　上坂昇著　明石書店
【要旨】一八六五年、薩摩藩の留学生として海を渡った長沢鼎は宗教家ハリスに導かれ、カリフォルニアの宗教コロニーでブドウを植えやがて一大ワイナリーの経営者として世に知られることになる。十九世紀末から二十世紀初期、世界が混乱に突入する激動の時代に異国の地の「ユートピア」で静づくりに生涯を捧げたひとりの日本人の波瀾に満ちた足跡をたどる。
2017.5 258p B6 ¥2600　978-4-7503-4517-8

◆基礎から学ぶ田辺由美のワインブック2018年版　田辺由美監修，ワインアンドワインカルチャー企画・制作　飛鳥出版
【要旨】試験によくでる重要ポイントをわかりやすく解説。ソムリエ、ワインエキスパート受験者必携テキスト。
2017.12 219p A4 ¥3800　978-4-7801-0073-0

◆厳選日本ワイン&ワイナリーガイド　玉村豊男監修，鹿取みゆき文　世界文化社
【要旨】5大ワイナリーエリア現地徹底取材。世界が注目の日本ワイン207軒112本掲載。
2017.4 271p A5 ¥1800　①978-4-418-17312-9

◆30日間ワイン完全マスター 2017 ソムリエ、ワインエキスパート呼称資格認定試験の傾向と対策速習講座　塚本悦子著　美術出版社（Winart BOOKS）
【要旨】最新情報を完全網羅。一次、二次試験対策の決定版！ ソムリエ、ワインエキスパートを目指す人たちの必読本。
2017.5 327p A5 ¥2500　①978-4-568-50624-2

◆自然派ワイン入門　イザベル・レジュロン著，清水玲奈訳　エクスナレッジ
【目次】第1部 自然派ワインって何？（ブドウ畑、セラー、味、誤解、健康、結論）、第2部 人、場所、時（人、場所と時）、第3部 自然派ワインのセラー（スパークリング、白ワイン、オレンジワイン、ロゼワイン、赤ワイン、オフドライとスイート）
2017.6 223p 25×20cm ¥2800　①978-4-7678-2280-8

◆受験のプロに教わるソムリエ試験対策講座―ワイン地図帳付き 2017年度版　杉山明日香著　リトルモア
【要旨】大幅改訂の2017年版日本ソムリエ協会教本に早くも対応。過去5年間の出題傾向も徹底分析。「最低限ここだけは！」の学習ポイントを各章に掲載。近年、出題数が増えている地図問題にも完全対応。混乱しやすい、人名、法律、各種数値などを一覧表で整理。習熟度をすばやく確認できる一問一答形式の「Check&Repeat」570題。超難問！ 昨年から、さらにバージョンアップした特製のオリジナル100題。息抜きになるだけじゃない、試験に即効のコラムを22篇掲載。
2017.4 431p B5 ¥3600　①978-4-89815-457-1

◆受験のプロに教わるソムリエ試験対策問題集―ワイン地図問題付き 2017年度版　杉山明日香著　リトルモア
【要旨】大幅改訂の2017年版日本ソムリエ協会教本に早くも対応。最新の問題を反映して作成。新章の問題も掲載しています。5年間の出題傾向を徹底分析し作りあげた、すべて本書独自の問題。（姉妹書とも重複なし）明日香先生の生徒がよくつまずくポイントを反映し、今年の試験に"効く"的確で、超実践的な内容。重要項目で地図問題も50題と大量に掲載。解説篇も充実の内容。要点が凝縮されているので、速習にも役立ちます。
2017 111p A5 ¥2600　①978-4-89815-458-8

◆初級ソムリエ講座　梅田悦生，畑久美子著　時事通信出版局，時事通信社 発売　改訂版
【目次】第1章 ワイン概論、第2章 フランスのワイン、第3章 ドイツのワイン、第4章 イタリアのワイン、第5章 その他の国のワイン、第6章 ワインの管理・ワインの表現法、付録
2017.4 183p A5 ¥1800　978-4-7887-1520-2

◆ジョージアのクヴェヴリワインと食文化―母なる大地が育てる世界最古のワイン伝統製法　島村菜津、合田泰子、北嶋裕著，塚原正章監修　誠文堂新光社
【目次】1 Qvevri Wine in Georgia（ワイン用葡萄品種説明、クヴェヴリとは、クヴェヴリ造りの名人ザリコ・ボジャゼ、クヴェヴリができるまで、クヴェヴリ・ワインの仕込み方、地方別ワイン生産者紹介）、2 Food & Culture in Georgia（おもてなし大国、ジョージアの宴会スプラ、ジョージア料理は、なぜヘルシーなのか？、多様な風土が育む圧倒的な食材力、ジョージアは東と西の文化の交差地点、野菜と果実、生の薬味をこれでもかというほど使うヘルシーな料理、さわやかな酸味のあるソースが消化を助け、食欲をそそる ほか）
2017.4 191p A5 ¥2500　①978-4-416-51635-5

◆地図で識る世界のワイン―ソムリエ・ワインエキスパート試験対応　西村淳一作，レコー

料理・食生活

実用書

ル・デュ・ヴァン監修　講談社ビーシー，講談社 発売
【目次】フランス，ロワール渓谷，シャンパーニュ，アルザス・ロレーヌ，ブルゴーニュ＆ボジョレ，コート・ドール，シャブリ／ジュヴレ・シャンベルタン，モレ・サン・ドニ／シャンボール・ミュジニィ／ヴージョ／ヴォーヌ・ロマネ，コルトン／モンラッシェ，コート・シャロネーズ／マコネ／ボージョレ　ほか
2017.8　60p　B5　¥2200　①978-4-06-220793-5

◆チリワイン　山本博，遠藤誠著　ガイアブックス
【要旨】広大なアンデス山脈から流れる冷気と自然の海風を受けたワイン。今やフランスワインを抜いて，国別輸入量No.1！コストパフォーマンスに優れ，日本で一番親しまれているワインも急上昇。新世界のエースともいえるチリワインについて1冊にまとめた日本で初の書。
2017.7　203p　A5　¥1800　①978-4-88282-980-5

◆独立・起業を目指すワイン通の方へ　あなたもできるワインの輸入販売　藤川進著　幻冬舎メディアコンサルティング，幻冬舎 発売
【要旨】誰も教えてくれないワインビジネスに必要な知識とノウハウ大公開。免許の申請，輸入先の探し方，躓きやすいポイントなど，基礎から実践まで。貿易会社・輸入販売・ワインバー経営の3つを実際に実行できる究極の指南書，この一冊で今すぐ実行できる究極の指南書。
2017.6　155p　B6　¥980　①978-4-344-91293-9

◆ナチュラルワイン入門　藤巻一臣，中尾有，紺野真，岡田悦和監修　地球丸
【目次】1　ナチュラルワインのキホン（"ナチュラルワイン"って何？，ナチュラルワインへと続く7つの扉 ほか），2　ナチュラルワインを楽しむ方法（ここはナチュラルワインが喜ぶ大人の秘密基地。リストは不要 ソムリエと対話する楽しみがある ほか），3　今，飲んでおきたいナチュラルワイン24選（お気に入りの1本に出会うために ほか），4　ナチュラルワインを買いに行こう（良いナチュラルワインは良いワインショップにある ほか），5　おいしいワインと出合うための11のトピック ほか
2017.12　111p　26×21cm　¥1800　①978-4-86067-653-7

◆2017年はここが出る！　ワイン受験直前予想　植野正巳著　誠文堂新光社
【要旨】JSAソムリエ・ワインエキスパート呼称資格認定試験に対応。イラストでわかりやすい。2017年版公式教本に完全準拠！これだけ覚えれば合格へ！ワインテイスティングのポイント／頻出問題集付。赤シート対応。
2017.4　335p　A5　¥2500　①978-4-416-61715-1

◆日日盃盃―ワイン＆スピリッツ100　鈴木美和監（広島）大和プレス，YKG publishing 発売
【目次】一八世紀，一九世紀前半，一九世紀後半，二十世紀前半，二十世紀後半，テイスティング・ノーツ
2017.1　263p　28×18cm　¥3000　①978-4-907966-07-2

◆日本ソムリエ協会教本　2017　日本ソムリエ協会，飛鳥出版 発売
【目次】酒類飲料概論，日本，南アフリカ，ドイツ，アルゼンチン，オーストラリア，オーストリア，ブルガリア，英国上川，カナダ，チリ〔ほか〕
2017　604p　A4　¥4800　①978-4-7801-0072-3

◆日本のワイン WINES of JAPAN―和英対訳　高橋梯二，原田喜美枝，小林和彦，齋藤浩著　イカロス出版（本文／日英両文）
【目次】第1章 日本ワインの概況，第2章 山梨，第3章 長野桔梗ヶ原，第4章 長野千曲川バレー，第5章 山形最上川，第6章 新潟，第7章 北海道
2017.12　465p　19×13cm　¥4000　①978-4-8022-0477-4

◆日本ワインを楽しむ旅　産業編集センター（大人の学び旅 4）
【要旨】今，注目の日本のワインと絶品グルメが楽しめる4つのエリアとワイナリーを紹介。
2017.6　143p　A5　¥1400　①978-4-86311-152-3

◆ニュージーランドのワイン産業―世界最南端のワイン産地　星野ワンケイ，下渡敏治著　筑波書房
【目次】序章 ニュージーランドにおけるワイン産業の展開と本書の構成，第1章 ニュージーランドにおけるワイン産業の歴史的展開，第2章 原料ブドウ生産とワイン製造企業の原料調達，第3章 ニュージーランドにおけるワイン産業組織―市場構造と市場行動，第4章 ワインの流通とサプライチェーン，第5章 ワインの需要構造―国内需要と海外需要，第6章 政府主導によるワイン・クラスターの形成―マールボロ地区の事例分析，第7章 持続可能なワイン生産の展開，第8章 ニュージーランドワインの国際リンケージ，第9章 ワイン産業と政府の政策，終章 ワイン産業の展望と課題
2017.3　179p　A5　¥2800　①978-4-8119-0502-0

◆認定試験合格を目指す田辺由美のWINE NOTE 2018　ソムリエ、ワインエキスパート認定試験合格のための問題と解説　田辺由美のWINE SCHOOL企画制作，田辺由美監修　飛鳥出版　改訂版
【目次】基礎編（ワイン概論，ヨーロッパのワイン，フランスワイン，イタリアワイン，スペイン，ポルトガルワイン ほか），応用編（ワイン概論，ヨーロッパのワイン，フランスワイン，ボルドーのシャトーと格付け，イタリアワイン ほか），認定試験，受験の手引き―認定試験受験の手引き
2017.12　229p　B5　¥2600　①978-4-7801-0074-7

◆はじめてのワイナリー―はすみふぁーむの設計と計算　蓮見よしあき著　左右社
【要旨】小さなワイナリーだからこそ体験できたあらゆることを紹介。
2017.7　153p　B6　¥1800　①978-4-86528-178-1

◆3日目のワインがいちばんおいしい　渡辺良平著　新星出版社
【要旨】家で飲むなら白。持っていくなら赤。赤ワインは冷やしてもおいしい！家飲みも外飲みも格段に楽しくなる！100のお話。
2017.9　213p　B6　¥1300　①978-4-405-09350-8

◆3つの法則で選ぶおいしいワイン―知識ゼロでも、絶対ハズさない！　遠藤誠著　永岡書店
【目次】1 好きな味を選ぶための3つのルール（ワインは難しい？，「アタリ」「ハズレ」はあるの？ ほか），2 ワインの世界をもっと知る＆味わう3つの法則（世界の代表的なワイン産地を知ろう，国によって、どんな違いがある？ ほか），3 価格と味の関係がわかる3つのマジック（ワインの価格はどのように決まる？，原価でおいしさが違う理由 ほか），4 お店でおいしく＆かっこよく飲む3つのコツ（店選び＆楽しみ方のポイントは？，気をつけたい！お店でひかえたい3つのこと ほか），5 家でのくつろぎ飲みも「3」でおいしく（家飲みが断然楽しくなる3つのルール，ワインをおいしくする3種の神器 ほか）
2017.3　239p　B6　¥1200　①978-4-522-43478-9

◆ワイン基礎用語集―ワイン講師陣がセレクト。試験、仕事に役立つ3000語。　遠藤誠監修　柴田書店　新版
【目次】1章 ワインの基礎知識（ワイン・酒類概論），2章 各国の基礎知識（日本，フランス，フランス（ボルドー）ほか），3章 ソムリエの基礎知識（テイスティング，サービスと販売管理，チーズ ほか），4章 ブドウ品種600，付録 各国の主要産地一覧
2017.10　515、12p　B6　¥3200　①978-4-388-35351-4

◆ワイン受験講座　2017　―アカデミー・デュ・ヴァン　吉川直子，矢野恒，アカデミー・デュ・ヴァン著，立花峰夫監修　成隆出版（付属資料：別冊白地図1）
【要旨】J.S.A. 呼称資格試験において、高い合格率で毎年最多の合格者をだすワイン学校「アカデミー・デュ・ヴァン」。本書は、その高度なノウハウを凝縮した受験対策の決定本です！
2017.1　372p　A4　¥4600　①978-4-915348-85-3

◆ワイン受験　ゴロ合わせ暗記法　2017　矢野恒著　アカデミー・デュ・ヴァン，成隆出版 発売
【要旨】試験データを徹底分析。頻出項目を厳選！ストーリー性を重視し、シーンをイラスト化！何を覚えるための「ゴロ合わせ」か、主題が明解！効果的スーパー暗記術＆モチベーションアップの方法も紹介！携帯しやすいサイズ。いつでも、どこでも言葉で言える！世界で唯一のイラスト付きワインゴロ本！
2017.2　274p　18cm　¥2000　①978-4-915348-86-0

◆ワインに染まる一パリから始まる美酒の旅　戸塚真弓著　中央公論新社
【要旨】醸造家との語らい，銘酒の利き酒，スーパーマーケットで探す良質の一本。シャンパーニュやロゼの意外な楽しみ方。南仏、イタリア、グルジア、イスラエルのワイン。古代に思いを馳せ、歴史を旅するひととき…。好奇心と出会いに育まれた、深い味わいの体験的エッセイ。
2017.10　288p　B6　¥1800　①978-4-12-005014-5

◆ワインの香り―日本のワインアロマホイール＆アロマカードで分かる！　東原和成，佐々木佳津子，渡辺直樹，鹿取みゆき，大越基裕著　虹有社　(付属資料：カード12)
【要旨】ワインから、花や果物の香りを探せるのはなぜ？どうしたら嗅ぎ分けられるの？という疑問を徹底解説。香りを知り、実感することでわかるワインの楽しみ方。組み合わせて嗅ぐと香りが変わる！不思議な特製アロマカード付き。
2017.10　95p　B5　¥4000　①978-4-7709-0073-9

◆ワインの神様がおしえてくれたこと　髙岡晃子編著　ゴマブックス
【要旨】各業界で活躍するゲストとオーナーが語る、ワイン1杯から紐解く、人生のエッセンス。ワインをきっかけに、電通から独立した女性オーナーが港区・元麻布に創業したプライベート・レストランCast78。そこは開店から10年間、輝き続ける人たちが集う不思議な社交場。
2017.9　231p　B6　¥1350　①978-4-7771-1925-7

◆ワインのゴロ覚え　2018/19　―ソムリエ、ワインエキスパート試験対策　藤代浩之，藤代美穂著　美術出版社（Winart BOOKS）
【要旨】最新2017年度試験問題を分析！難攻不落のワイン関連語彙をゴロで攻略！過去問より覚えるべき170項目を厳選。
2017.11　219p　18cm　¥2000　①978-4-568-50629-7

お茶・紅茶・コーヒー

◆宇治茶と上林一族　上林春松，上林秀敏著（京都）宮帯出版社
【要旨】直系が語る上林一族と製茶の歴史、そして現在の一利休・織部らと大茶人に重用され、幕府・諸大名の御用を務めた上林家の歴史を解説。お茶にまつわる諸知識―製造法や種類、おいしい淹れ方等も紹介する。
2017.9　149p　A5　¥1700　①978-4-8016-0075-1

◆英国スタイルで楽しむ紅茶―ティータイムのある暮らし　スチュワード麻子著，富岡秀次撮影　河出書房新社　新装改訂版
【要旨】英国ロンドン在住の紅茶研究家・スチュワード麻子による、英国紅茶の魅力をまとめた1冊。英国の人々の生活の中にある紅茶とのかかわり合いから、歴史的背景やその楽しみ方まで、あらゆる角度でご紹介しています。日本ではなかなか知り得ない奥深い紅茶の世界を、美しい写真とともにご堪能ください。
2017.10　143p　A5　¥1600　①978-4-309-27895-7

◆お茶の科学―「色・香り・味」を生み出す茶葉のひみつ　大森正司著　講談社（ブルーバックス）
【要旨】緑茶、紅茶、ウーロン茶…さまざまあるお茶は、すべて同じ「チャ」の樹の葉からできたもの。製造過程で、茶葉の中で多様な変化が起こり、そのお茶らしい色、香り、味が生まれます。「お茶のおいしさ」とは何か？茶のルーツをたどり、最新研究からその秘密に迫ります。科学でわかった「一番おいしいお茶の淹れ方」も伝授！
2017.5　279p　18cm　¥1000　①978-4-06-502016-6

◆お茶の物語　王旭烽著，三瓶はるみ訳　大樟樹出版社，インターブックス 発売
【要旨】茶をめぐる茶文化の遙かなる源流。茶と人間との出会い、中国の文人や皇帝たちの愛した茶、さまざまな宗派の茶藝、日本やヨーロッパに伝わった茶文化の発展など、悠久の歴史を持つ茶の「物語」を作家の感性でいきいきと描く。
2017.9　183p　A5　¥2700　①978-4-909089-10-6

◆基本をおさえてもっとおいしい　紅茶一年生　日本紅茶協会監修　宝島社
【要旨】紅茶検定公認参考書。味わいいろいろ！1年中楽しめるアレンジレシピ18。ほんのひと手間で、いつもの紅茶がこんなに変わる！プロが教える温度、時間、茶葉＆産地の豆知識。
2017.9　127p　A5　¥600　①978-4-8002-7390-1

◆今日からの美味しいコーヒー―「トーチ」のドリッパーで淹れる自分の一杯　中林孝之著　文化出版局

◆極める愉しむ珈琲事典　西東社編集部編　西東社
【要旨】豆選び、焙煎、淹れ方、おいしいコーヒーのすべて。
2018.1 287p A5 ¥1500　978-4-7916-2478-2

◆紅茶 味わいの「こつ」―理解が深まるQ&A89　川﨑武志, 中野地清香, 水野学著　柴田書店
【要旨】今さら聞けない基礎知識も収録！必読の最新「紅茶読本」。人気紅茶専門店の現役バイヤー3人がつづった、「最高の1杯」に出合うための道しるべとなる1冊。
2017.11 205, 6p A5 ¥1800　978-4-388-25120-9

◆紅茶エクスプレス―翡翠色の茶園、琥珀色の時を紡いで　釜中孝彦　セルバ出版, 創英社/三省堂書店 発売
【要旨】本書のテーマは、ズバリ"紅茶"。茶園、紅茶工場、ほかにも紅茶に縁のあるところを、ただただマニアックに、そしてディープに旅する紅茶紀行である。
2017.9 223p B6 ¥1700　978-4-86367-360-1

◆珈琲店エリカの半世紀　川上文子著　草土文化
【目次】1部 珈琲エリカによせて（エリカと私（早乙女勝元）、村ノ塚西口の憩いの場（小林寛知）、青春時代の思い出（鯨井光治）、我が心のオアシス（刈谷夏子）、昔ながらの喫茶店（島崎勝信）、エリカの思い出など（浜野惠男）、エリカ半世紀に寄せて（針谷みきお）、エリカのママと私（江川あや子）、エリカ珈琲店（田山あや子）、癒しのエリカ（中村輝夫）、一九六四（昭和三九）年（あきら〈明〉））、2部 エリカとともに生きる（琥珀色に魅せられて（川上文子））
2017.6 111p B6 ¥1000　978-4-7945-1072-3

◆珈琲の世界史　旦部幸博著　講談社（講談社現代新書）
【目次】コーヒーの基礎知識、コーヒー前史、コーヒーはじまりの物語、イスラーム世界からヨーロッパへ、コーヒーハウスとカフェの時代、コーヒーノキ、世界へはばたく、コーヒーブームはナポレオンが生んだ？、19世紀の生産事情あれこれ、黄金時代の終わりと現代への道、スペシャルティコーヒーをめぐって、コーヒー新世紀の到来
2017.10 254p 18cm ¥800　978-4-06-288445-7

◆咖啡（コーヒー）の旅―吉祥寺・咖啡店「もか」　標宮紀著　いなほ書房, 星雲社 発売
【目次】イギリス、デンマーク、ドイツ、ベルギー、オランダ、オーストリア、トルコ、イタリア、ギリシャ、フランス、スイス
2017.9 299p B6 ¥3000　978-4-434-23744-7

◆コーヒーは楽しい！―絵で読むコーヒー教本　セバスチャン・ラシヌー, チュング・レング・トラン著, ヤニス・ヴァルツィコスイラスト, 河清美訳　パイ インターナショナル
【目次】コーヒーを語る（あなたのコーヒー習慣は？、どこでコーヒーを飲む？ ほか）、コーヒーを淹れる（コーヒー豆を挽く、エスプレッソ ほか）、コーヒーを焙煎する（焙煎、ブレンドか、シングルオリジンか？ ほか）、コーヒーを栽培する（コーヒーの栽培、コーヒーの精製方式 ほか）
2017.5 189p 24×19cm ¥2300　978-4-7562-4832-9

◆シアトル発ちょっとブラックなコーヒーの教科書　岩田リョウコ著・訳　ガイドワークス
【要旨】全米でベストセラー！世界のコーヒーシーンを牽引するアメリカで一番有名な珈琲愛好家は大人気女性だった！大人気サイト「I LOVE COFFEE」を運営するシアトル在住の筆者がアメリカ人に教えたちょっとパワフルで、ちょっとシニカルで、でもコーヒーのことがとてもよくわかる世界一わかりやすいコーヒーの本！世界中で翻訳され、いよいよ日本語版で登場！日本語版限定ボーナスページ付き！
2017.2 107p 21×21cm ¥1480　978-4-86535-432-4

◆図説 紅茶―世界のティータイム　Cha Tea紅茶教室著　河出書房新社　（ふくろうの本）
【要旨】インドの灼熱の暑さの中で愛飲されるチャイ、英国のホテルで楽しむ優雅なアフタヌーンティー、フランスのサロン・ド・テでいただくフレーバードティー。紅茶の歴史、製茶工程、生産国、おいしく淹れるコツ、ティーカップ・ティーポット…紅茶のすべてがわかる決定版！
2017.12 127p 22×17cm ¥1800　978-4-309-76252-4

◆世界の茶文化図鑑　ティーピッグズ, ルイーズ・チードル, ニック・キルビー著, 伊藤はるみ訳　原書房
【要旨】白茶、緑茶、ウーロン茶、プーアル茶、紅茶、ハーブティー。各国のお茶の事情、種類、飲み方やレシピまで、お茶を愉しむヴィジュアルガイド。
2017.9 208p 28×22cm ¥5000　978-4-562-05403-9

◆茶の世界史―緑茶の文化と紅茶の社会　角山榮著　中央公論新社　（中公新書）改版
【要旨】一六世紀に日本を訪れたヨーロッパ人は茶の湯の文化に深い憧憬を抱いた。イギリスも牽かれて茶を求めることから、ヨーロッパの近代史は始まる。やがてイギリスは独特の紅茶文化を創りあげ、茶と綿布を促進剤として伸長した資本主義は、やがて東洋の門戸を叩く。突如世界市場に放り出された"茶"の輸出品は、商品としてはもはや敗勢明らかだった。読者がいま手に茶碗をお持ちなら、その中身は世界史を動かしたのである。
2017.11 239p 18cm ¥760　978-4-12-180596-6

◆茶楽　ジョセフ・ウェズリー・ウール著, 磯淵猛日本語版監修, 岩田佳代子訳　ガイアブックス
【要旨】人々に影響を及ぼす一杯のお茶を理解するために、工程、品種、産地、成分などを、お茶の知識とともに詳しく解説。さらに、お茶を入れるための技法や道具、世界のお茶のレシピもあり、お茶に合う食べ物やお茶を使ったカクテルにいたるまで、幅広く満足いただける内容になっています。
2017.2 159p 26×21cm ¥2800　978-4-88282-975-1

◆日本茶の近代史―幕末開港から明治後期まで　粟倉大輔著　蒼天社出版
【要旨】幕末開港後、居留地における茶再製技術によって飛躍的な産業化、輸出化が進み、それは港湾、鉄道の資本整備など、廻船問屋をはじめとする生産地の人々にも大きな影響をもたらした。生糸と並んで日本の近代化を支えた「お茶」。
2017.7 322p A5 ¥5800　978-4-901916-65-3

◆日本茶の図鑑―全国の日本茶118種と日本茶を楽しむための基礎知識　日本茶業中央会, 日本茶インストラクター協会監修　マイナビ出版　新版
【要旨】茶産地ごとに特色のある日本茶118種をピックアップ。それぞれの日本茶の葉と水色を写真で、味、香りをデータで紹介！日本茶がもっとおいしくなる基礎知識もたっぷり！
2017.7 175p A5 ¥1380　978-4-8399-6354-5

◆日本茶 JAPANESE GREEN TEA　美術出版社　（TOKYO ARTRIP）（本文：日英両文）
【要旨】東京の街を、日本文化、アート&デザインを切り口に遊ぶ、1冊1テーマのガイドブックシリーズ「トーキョー・アートリップ」。毎号、数人のアートリップ・アドバイザーが登場する。日本茶がテーマの今書は、日本茶インストラクターで二級建築士の柳本あかねさん（PART1）、日本茶ソムリエの和多田喜さん（PART2）、日本茶好きの聖地でもある一保堂茶舗・東京丸の内店（PART3）、スウェーデン人日本茶インストラクターのブレケル・オスカルさん（PART4）。日本茶のスペシャリスト3人と1店舗による、"東京での日本茶遊び"をご紹介！
2017.10 123p 21×12cm ¥1500　978-4-568-43098-1

◆僕が恋した日本茶のこと―青い目の日本茶伝道師、オスカル　ブレケル・オスカル著　駒草出版
【要旨】淹れ方により変化する柔軟性や、新潮流のシングルオリジンなど、再発見の多い日本茶の世界。知らないのはもったいない！スウェーデン人、オスカルのお茶への情熱が、日本的なものへの記憶を呼び覚ます。
2017.8 179p B6 ¥1500　978-4-905447-83-2

◆幻の赤い珈琲を求めて―ワダコーヒー百年史　和田康裕著（名古屋）三恵社
【目次】序章 "二人兄弟"に委ねられた会社の針路、第1章 創業期・基盤形成期、第2章 発展期から現在へ、第3章 卸売業としてのワダコーヒー、第4章 外食産業としてのワダコーヒー、第5章 仕掛け人としてのワダコーヒー、第6章 新しいワダコーヒー、ご愛顧様の「ごちそうさま」を聞きたくて
2017.11 157p A5 ¥1600　978-4-86487-750-3

◆三浦義武 缶コーヒー誕生物語　神英雄著　（京都）松籟社
【要旨】第1章 缶コーヒー誕生（若き日の三浦義武、独自のコーヒーをつくる、コーヒーを楽しむ会、浜田でコーヒー店を開く、司馬遼太郎との出会い ほか）、第2章 三浦義武コーヒー「コーヒーの話」原稿（「三浦義武コーヒーを楽しむ会」あいさつ、ラジオ放送「趣味講座コーヒーの話」原稿、コーヒーの話、「コーヒーを楽しむ会」再開のあいさつ）
2017.10 225p A5 ¥1500　978-4-87984-359-3

◆薬膳茶のすべて―基礎知識からレシピまで　辰巳洋著　緑書房
【要旨】身近な食材で手軽に楽しめるものから中薬を使った本格的なものまで185品の薬膳茶レシピを収録。効能・目的別に薬膳茶に使う177種の食薬を解説。肌のトラブル・冷え症・便秘などの症状、貧血・咳・頭痛など体質や身体の状態を改善する薬膳茶レシピを多数掲載。薬膳茶を学ぶうえで知っておきたい知識を詳しく解説。
2017.3 170p B5 ¥2400　978-4-89531-293-6

◆ALL ABOUT COFFEE―コーヒーのすべて　ウィリアム・H・ユーカーズ著, 山内秀文訳・解説　KADOKAWA　（角川ソフィア文庫）
【要旨】歴史・文化・経済・技術ほか、コーヒーに関するあらゆる分野を網羅した空前絶後の大著『ALL ABOUT COFFEE』を、本邦初の文庫化！木の発見、医薬飲料から嗜好品への変化、品種や産地事情、世界への伝播、コーヒー・ハウスの賑わい、器具の進化、抽出・焙煎技術の変遷に至るまで、種類多岐なその内容を、現代の視点と需要に即して、わかりやすく再構成。コーヒー史を概観する。愛飲家垂涎のハンディ版バイブル、ここに誕生！
2017.11 354p A6 ¥1040　978-4-04-400267-1

◆BASIC BARISTA BOOK―BASIC TECHNIQUE&51 RECIPES　澤田洋史著　トランスワールドジャパン　（改訂版）
【要旨】家庭でもできる！バリスタ入門書。世界アートチャンピオン澤田洋史直伝！ホームバリスタからプロバリスタまで基本の技&アレンジコーヒーレシピ。
2017.8 127p A5 ¥1600　978-4-86256-210-4

◆BREW COFFEE TECHNIQUE―「各種の抽出器具と抽出法」　旭屋出版編集部編　旭屋出版
【目次】ペーパードリップ（NEW TYPE）（フラワードリッパー『珈琲豆処夢豚本店』、クリスタルドリッパー『瑠之亜珈琲銀座インズ店』 ほか）、ペーパードリップ（WIRE TYPE）（フレームドリッパー『自家焙煎珈琲豆Honey Beans』、Mt.FUJI DRIPPER『IFNi Roasting&Co.』 ほか）、金属フィルタードリップ（cores ゴールドフィルター『丸山珈琲西麻布店』、カフェメタル『2F coffeee』 ほか）、スタンダードドリップ（カリタ陶器製コーヒーフィルター101ロト『炭火焼珈琲皇琲亭』、メリタコーヒーフィルター『あぶり珈琲』 ほか）、NEW STYLEドリップ（エアロプレス『OGAWA COFFEE京都駅店』、クレバーコーヒードリッパー『LI-MENAS COFFEE』 ほか）
2017.10 144p B5 ¥2000　978-4-7511-1302-8

◆Café Branding　アルファブックス/アルファ企画, 現代企画室 発売　（本文：英文）
【目次】STREET COFFEE SHOP, THEMED COFFEE SHOP, ART COFFEE SHOP, INDEPENDENT COFFEE SHOP, BRANDED COFFEE SHOP, CAFE AND FASTFOOD, OTHER CREATIVE CAFE
2016.11 273p 24×23cm ¥6200　978-4-7738-8150-9

◆Love Coffee―バリスタの秘密 クリエイティブなコーヒーの作り方　ライアン・セーダー, 松野浩平共著　旭屋出版　（付属資料：型紙）
【要旨】最高にクールなシアトルのコーヒーの拠点から、最高に幸せそうなメルボルンのカフェに至るまで、近年はバリスタが創るコーヒーとミルクとの化学反応をどこでも楽しめるようになった。シングル・サーブコーヒーが家庭に広く普及したことで、家に居ながらにして、コーヒーに素敵な仕上げを加えられる。大げさに道具を取

料理・食生活　　48　　BOOK PAGE 2018

実用書

り揃えなくても、自分自身で本格的なコーヒーとラテアートを創ることは可能だ。定番のリーフ柄から花輪に至るまで、必要な道具はフォームドミルク、濃いエスプレッソのベース、そしてしっかりとした手つきだけ。本書は単なるハウツーの案内だけでなく、泡の彫刻家、松野浩平や山本具輝の作品など、世界で指折りのラテ・アーティストの作品群も紹介している。
2017.9　93p　21×15cm　¥2500　978-4-7511-1281-6

◆THE Blue Bottle Craft of Coffee：Growing, Roasting, and Drinking, with Recipes―ブルーボトルコーヒーのフィロソフィー　ジェームス・フリーマン, ケイトリン・フリーマン, タラ・ダガン著, クレイ・マクラーレン撮影　ワニ・プラス, ワニブックス　発売
【要旨】日本の喫茶店文化にインスパイアされた"サードウェーブコーヒー"の最高峰、「ブルーボトルコーヒー」オフィシャルBOOK。
2017.11　229p　25×23cm　¥3600　978-4-8470-9622-8

チーズ

◆知っておいしいチーズ事典　本間るみ子著　実業之日本社
【要旨】知れば知るほど好きになる、75種のナチュラルチーズ。食べ方、料理法、お酒との相性etc. タイプ別に分類されているから、好みのチーズがすぐに見つかる！
2017.6　143p　A5　¥1400　978-4-408-00899-8

◆チーズ入門　西紘平監修, 白石敏夫, 福田みわ, 三浦修司共著　日本食糧新聞社（食品知識ミニブックスシリーズ）改訂4版; 増補新訂版
【要旨】チーズは神から与えられた最高の食の芸術品。乳種、乳質、チーズカード、形や大きさ、熟成条件など多くの要因によって「一村一チーズ」ができあがる。
2017.4　215p　18cm　¥1200　978-4-88927-260-4

◆チーズの教本　2017　「チーズプロフェッショナル」のための教科書　チーズプロフェッショナル協会著　小学館クリエイティブ, 小学館　発売
【要旨】「チーズプロフェッショナル」呼称資格の教本です。資格試験を目指す方はもちろん、一般の愛好家からプロとして活躍中の人まで、チーズを学びたい方すべてに役立つ情報が満載！
2017.2　247p　A4　¥4000　978-4-7780-3527-3

クッキング

◆会津の郷土料理―覚えたい47レシピ　平出美穂子著（会津若松）歴史春秋出版　改訂新版
【目次】こづゆ（会津全域）、おひら（只見町）、つゆ煮染（南会津町田島地域）、ざくざく汁（会津全域）、煮つぼ（只見町）、雪中あさづきの煮びたし（会津全域）、荒久田茎立ちの即席味噌漬け（会津全域）、塩たら（つまみたら）の山菜漬け（喜多方市）、磐梯竹の子とにしんの煮物（会津美里町本郷地域）、山菜おこわ（喜多方市熱塩加納町）〔ほか〕
2017.11　85p　B5　¥1000　978-4-89757-914-6

◆あいちのおかず―郷土の食材と料理　服部一景編著（葉山町）開港舎, 河出書房新社　発売
【目次】愛知の食材図鑑（畑図鑑、果実、山野・畜産、魚図鑑）、春をいただく（キヌ豆と筍さやみの翡翠炒め、グリーンアスパラガスのフリッター ほか）、夏をいただく（スズキとエリンギの蒸し焼き、かりもりの粕漬け ほか）〔ほか〕
2017.6　167p　26×21cm　¥1500　978-4-309-92128-0

◆和えるおかず―野菜をたっぷり、肉や魚をもっとおいしく　坂田阿希子著　世界文化社
【目次】肉の"和え"おかず（豚しゃぶとみょうがの胡麻和え、ローストポークのオリーブ和え、ゆで豚と細切り大根の甘酢和え、魚の"和え"おかず（いわしのたっぷりハーブ和え、揚げさんまと揚げ里いものわた和え、蒸し魚と薬味なすのベトナム風 ほか）、野菜の"和え"おかず（アスパラガスの卵和え、揚げかまぼことしいたけ、三つ葉のからしじょうゆ和え、キャベツのふんわりしょうがオイル和え ほか）
2017.7　94p　B5　¥1300　978-4-418-17316-7

◆和えるからおいしいおかず―少ない素材でささっと作れて、おかず、お弁当、おつまみに！　堤人美著　学研プラス
【目次】1 おかず和え、つまみ和え（即席塩豚・ゴーヤ・グレープフルーツのナンプラー和え、豚しゃぶと春菊のナムル ほか）、2 堤流定番和えものレシピ（ごま和え、白和え ほか）、3 モリモリ食べたい野菜の和えもの（ほうれん草とちくわのナムル、キャベツのクミン和え ほか）、4 レパートリーが広がる手作りオイル（アンチョビと焼きにんにくのペースト、アンチョビと焼きにんにくのペーストを使って ほか）
2017.6　95p　B5　¥1300　978-4-05-800776-1

◆アクアパッツァ 日髙良実 パスタの秘伝　日髙良実著　光文社
【要旨】オリジナルメニューから定番まで、パスタ＆サラダ46品。これは便利！つくりおき・うま味の素。
2017.5　143p　A5　¥1300　978-4-334-97927-0

◆「あさこ食堂」ごはん帖　シラサカアサコ著　光文社（美人時間ブック）
【要旨】がんばりすぎない献立だから、かんたん、楽しい、いつでもおいしい。話題のブログ「あさこ食堂」の人気レシピ155。
2017.3　127p　A5　¥1300　978-4-334-97917-1

◆アジアのサラダ　ワタナベマキ著　主婦と生活社
【要旨】香草天国アジアならではの、香りも食感もいい絶品サラダ。エスニックな味つけで肉や魚介のうまみを引き出し、くせになる、旅に出たくなる80品。
2017.6　95p　B5　¥1300　978-4-391-14992-0

◆明日、何を作ろう　松浦弥太郎著　KADOKAWA（くらしの手帖）
【目次】主食（やさしく、かるく、ふわっと おむすび、ちいさな発明 ウインナーのケチャップ和え ほか）、肉のおかず（ご飯にのせてみたり 焼き玉、奇跡のおいしさ 鶏のから揚げ ほか）、洋のおかず（甘くてさわやか おいしいキャロット・ラペ、ふわふわでクリーミー スクランブルエッグ ほか）、おやつ（冷たくて甘いデザート オレンジのシロップ漬け：わたしにもできる ドーナツ ほか）
2017.4　158p　A5　¥1400　978-4-04-601861-8

◆明日のおかずも一緒に仕込める 忙しい人のための「ついでレシピ」　笠原将弘著　家の光協会
【要旨】今日のおかずを作るついでにささっと下ごしらえするだけで明日のごはん作りがぐっとラクに！
2017.9　95p　B5　¥1300　978-4-259-56548-0

◆芦屋の給食―オシャレな街のおいしい献立　兵庫県芦屋市教育委員会著　カナリアコミュニケーションズ
【要旨】全国の給食関係者の中で「すごーいしい」と話題の給食が、レシピ本として遂に登場！一流シェフたちを唸らせる、体にやさしく、とびきりおいしい「芦屋の給食」とは？「一生忘れない」と子どもたちも感動の、給食と食育の秘密を完全収録！
2017.5　111p　26×21cm　¥1000　978-4-7782-0396-2

◆アス飯レシピ―アスリートの体をつくる、おうちごはん みんなのスポーツライフを応援　山瀬理恵子著　京都新聞出版センター
【要旨】「山瀬功治（サッカー選手・元日本代表）を支えてきた愛情あふれる栄養テク」日々の体づくり、試合直前の食事、回復力アップなど、スポーツシーンによって必要な食事が一目瞭然。アスリートはもちろん、運動習慣のある人や運動系クラブ活動に励む子どもたちにおすすめしたいレシピ85品＆栄養アドバイス。
2017.8　171p　A5　¥1600　978-4-7638-0695-6

◆あたらしい一汁三菜　上田淳子著　文化出版局
【目次】第1章 主菜（ダイレクトに焼く、煮る、つけ込み、作りおき）、第2章 副菜1・副菜2（副菜1・野菜一つで作るおかず、今日作らないおかず）、第3章 汁物（汁物シンプル、汁物具だくさん）
2017.11　95p　B5　¥1500　978-4-579-21312-2

◆新しい食べ方でやせる＆健康になる 寒天レシピ　石澤清美著　主婦の友社
【目次】第1章 寒天を味わう（甘納豆入りみつ豆、甘くしても、辛くしても、おいしい！ ほか）、第2章 おなじみ料理も寒天を加えれば低カロリー＆より健康的に（ふっくらハンバーグ、きのこ入りミートローフ ほか）、第3章 大活躍再発見！寒天寄せ（だし寒、豆乳寒 ほか）、第4章 寒天で体にやさしいスイーツを楽しむ！（にんじんとオレンジの水ようかん、りんごジュースのクラッシュ寒 ほか）
2017.7　95p　A5　¥1100　978-4-07-424562-8

◆あふれる元気！ しらせの絶品力めし　田村つぼみ監修, 海上自衛隊協力　日東書院本社
【要旨】乗組員の過酷なミッションを支える、給養員さん自慢のスタミナレシピ初公開！激うまメニューで日々の活力がみなぎる!!主菜レシピ/副菜レシピ/麺＆丼レシピ/汁物レシピ/航海中の献立日記/女性給養員インタビュー…etc.興味深い各種コラムなどもいっぱい!!
2017.4　95p　B5　¥1300　978-4-528-02137-2

◆甘酒で作る麹のおいしいおかず＆スイーツ―白砂糖なし、乳製品なし、卵なし　小紺有花著　河出書房新社
【要旨】甘酒はうまみ、栄養たっぷりの発酵食！飲むだけでなく、毎日のおかずやスイーツ、ドリンクに活用しましょう！本書では、甘酒料理をさらにおいしくするための塩、しょうゆ、みそをプラスしたレシピや、ビーガン、グルテンフリーのスイーツやドリンクまでをご紹介しています。しかも乳製品なし、白砂糖なし、卵もいっさいなし！アレルギーのある方から、健康、美容に気をつかう方まで幅広く使っていただけます。
2017.4　79p　A5　¥1300　978-4-309-28626-6

◆有元葉子の「バーミキュラ」を囲む食卓　有元葉子著　文化出版局
【要旨】「バーミキュラ」はメイド・イン・ジャパンの鋳物ほうろう鍋。
2017.1　95p　B5　¥1500　978-4-579-21288-0

◆有元葉子の料理教室―春夏秋冬レシピ　有元葉子著　KADOKAWA
【要旨】玉川田園調布で人気のレッスン。告知と同時に満席になる憧れ料理教室。季節ごとの献立やテーマ、盛りつけ、テーブルコーディネイトまでを公開。
2017.11　123p　24×19cm　¥1800　978-4-04-602152-6

◆有元葉子 のり、わかめ、ひじき、昆布、もずく　有元葉子著　家の光協会（有元葉子の和の食材）
【要旨】基本の扱い方から、和食の定番、洋風料理まで。毎日の食卓で海藻を楽しむ知恵とレシピ。
2017.12　95p　B5　¥1500　978-4-259-56559-6

◆アレクサンダーの夫婦円満 おうちごはん　アレクサンダー著　扶桑社
【要旨】テレビやブログで話題のアレクのレシピがついに書籍化！これが仲良しの秘訣！ヘルシーでおしゃれな家庭料理56点を大公開。元AKBの女社長のんちゃんとの対談や自宅公開も収録。
2017.2　95p　A5　¥1200　978-4-594-07658-0

◆アレンジで2倍楽しむわたしの好きな煮込み料理　ワタナベマキ著　家の光協会
【要旨】火にかけるだけ、あとは鍋まかせ。ひとつの煮込みから楽しみが広がる。
2017.10　95p　26×19cm　¥1300　978-4-259-56549-7

◆「阿波や壱兆」の一年中そうめん　田中嘉織著　文化出版局
【目次】1章 肉のそうめん（牛肉、豚肉 ほか）、2章 魚介のそうめん（魚介のサルサぶっかけ、うな玉温めん ほか）、3章 野菜のそうめん（夏野菜の冷やしだしカレーそうめん、ガスパチョめん ほか）、4章 簡単・変わり麺のそうめん（かつおの茶ずまし温めん、トマトぶっかけ ほか）
2017.6　95p　21×22cm　¥1300　978-4-579-21303-0

◆アンティパストの技術　旭屋出版編集部編　旭屋出版
【目次】"RISTORANTE AL PONTE"―イタリア文化をベースに、一皿の中に物語性を加えた前菜を、"RISTORANTE Le Acacie"―素材や調理法も冒険もできる前菜は「郷土料理」をベースに、"Angela 神楽坂"―毎日変わる前菜で飽きさせない。デリを前提にした調理法も、"Taverna I"―タヴェルナの前菜は、ワインが進む味、手軽で印象的な料理、"Ristorante Ogawa"―地元・埼玉県の素材で、視覚でも味覚でも楽しませる前菜を、"Cucina Italiana Ristorante CASTELLO"―前菜の魅力は、常連客の獲得にもつながる重要な要素になる、"Delica and Ristorantino Italiano La Farfalla"―旬の食材をイタリアの技法で工夫し、

料理・食生活

常連客を飽きさせない、"Ristorante ACQUAPAZZA"—「期待感」を高める一皿。季節感と自由な発想で、店らしさを—"PRESENTE Sugi"—素材、調理法、盛り付け、店でも「ワクワク感」を前菜の魅力に、"RISTORANTE ITALIANO LA COMETA"—素材、伝統、現代性、「遊び心」の4つを調和させ組み合わせる
2017.11 230p 26×19cm ¥3500 ①978-4-7511-1313-4

◆家にあるものだけ！ 野菜たっぷり作りおき303—家族もよろこぶボリューム満点おかず 学研プラス編 学研プラス （料理コレ1冊！）
【要旨】にんじん、玉ねぎ、じゃがいもetc. あれば大丈夫！「野菜×肉」「野菜×魚介」のシンプルレシピだからもう考えない！悩まない！
2017.11 143p 24×19cm ¥1200 ①978-4-05-800856-0

◆居酒屋・ビストロ・バルのおでん料理 旭屋出版編集部編 旭屋出版
【要旨】人気店のレシピとバリエーション100品。
2017.9 199p B5 ¥2800 ①978-4-7511-1297-7

◆忙しい人でもすぐに作れるあると便利なお漬けもの 大原千鶴著 家の光協会
【要旨】大原千鶴さんの漬けものは新しいカタチの日本の野菜料理。いつもの素材で、調味料で気軽に作れ、野菜のフレッシュなおいしさが楽しめます。
2017.3 95p B5 ¥1300 ①978-4-259-56533-6

◆忙しい日のスピードごはん—帰って20分で3品作る ぱお著 KADOKAWA
【要旨】包まない＆揚げない＆煮込まない!!目からウロコの時短テク。家族が喜ぶ、野菜がたっぷり、アイデア満載レシピ101品！
2017.5 127p A5 ¥1300 ①978-4-04-601996-7

◆一汁一菜 日々ごはん 大庭英子著 主婦の友社
【目次】シンプルがおいしい一汁一菜（焼き魚とみそ汁で和定食風、おかずサラダとかき玉汁でさっぱり ほか）、人気の具だくさん汁で一汁一菜（豚汁の一汁一菜、春の一汁一菜、春のおかず・春の汁 ほか）、季節の味を楽しむ一汁一菜（春の一汁一菜、春のおかず・春の汁 ほか）、食べたいおかずで一汁一菜（鶏のから揚げで、ハンバーグで ほか）、ピンチの日には救いの一汁一菜（とにかくお急ぎの日、もう、ヘトヘトな日 ほか）
2017.12 95p B5 ¥1400 ①978-4-07-427885-5

◆いちどで覚えるフライパンレシピ 浜このみ著 （長野）信濃毎日新聞社
【要旨】春・夏・秋・冬、季節の食材を駆使。いちど作れば覚えられるシンプルレシピ100。
2017.7 111p 24×19cm ¥1300 ①978-4-7840-7309-2

◆一度は作ってみたい!!ぼくの魔法のおやつ ぼく著 ワニブックス
【要旨】19.5万フォロワー！ Twitter で「いいね」の多かったレシピ大公開！！ オーブン不使用など65。
2017.11 95p A5 ¥1200 ①978-4-8470-9632-7

◆1日がんばって1カ月ラクする手作り冷凍食品の365日 吉田瑞子著 宝島社
【要旨】忙しい時、急な来客時、お弁当おかずにもとっても便利な冷凍ストック。特売の食材をまとめ買いし、冷凍保存しておけば節約もできるスグレモノ！ 本書を活用して365日、毎日のおかずに役立てよう！
2017.6 143p 24×19cm ¥1100 ①978-4-8002-7324-6

◆いちばんおいしい家カレーをつくる 水野仁輔著 プレジデント社
【要旨】普通の材料でつくる極限の味。その名もファイナルカレー。カレーの達人が20年以上かけてたどり着いた究極のレシピ！
2017.5 120p A5 ¥1500 ①978-4-8334-2235-2

◆いちばんくわしいスパイス便利帳 世界文化社
【要旨】スーパーにずらりと並んだスパイス。「どんな香りがするんだろう？」「どうやって使うの？」その悩みにおこたえしましょう！ 日本で手に入りやすいスパイスの基礎知識から、スパイスのプロが教える使いこなし術、人気シェフのスパイス料理レシピまでご紹介。
2017.6 175p A5 ¥1600 ①978-4-418-17307-5

◆いちばんやさしいスパイスの教科書 水野仁輔著 パイ インターナショナル
【要旨】イラストと図で解説する、スパイス入門書の決定版！ 68のテーマ別にスパイスについて徹底解説。48のスパイス活用レシピ、67種のスパイス＆ハーブ事典も収録！
2017.7 207p B5 ¥2500 ①978-4-7562-4906-7

◆いちばんよくわかるはじめての料理120—これならできる！ 今泉久美著 学研プラス （料理コレ1冊！）
【要旨】やわらかハンバーグ、ほくほくポテトサラダ、シャキシャキ肉野菜炒め、とろとろオムライス…調理道具は1つ！ あと片づけもラク！ 使う食材は3つでOK。おいしく作れるQ＆Aつき。
2017.4 127p B5 ¥1100 ①978-4-05-800733-4

◆一番わかりやすいきほんの料理と献立 市瀬悦子著 日本文芸社
【要旨】レシピをマネする＋必ず上達するコツ174で驚くほどおいしい食卓に！ 定番をアレンジ、1WEEK献立メニュー付き！
2017.3 191p 24×19cm ¥1300 ①978-4-537-21462-8

◆1食分糖質15g以下のやせおかず 村田裕子料理・献立作成, 栗原毅監修 成美堂出版
【要旨】主食を食べてもOK！「プチ糖質オフ」なら確実にやせる！ 続けられる！ 糖質15g以下やせおかず＋ごはん・パン×3食＝一日糖質200g以下、自然にやせる！
2017.4 127p B5 ¥1000 ①978-4-415-32259-9

◆イトキトのフレンチスタイルサンドイッチ 勝野真一著 マイナビ出版 新版
【目次】1 はさむだけ！ SIMPLE SANDWICH（BLT, コンビーフきゅうりトマト, セミドライトマトクリームチーズ, アボカドロースハムピクルス, パルミジャーノベーコン ほか), 2 FRENCH STYLE SANDWICH（カマンベールとハムときゅうり, ホワイトアスパラと生ハム, 空豆とペコリーノチーズ, 生ハムとプルーン, たまごとロースハムサンド ほか）
2017.5 95p B5 ¥1300 ①978-4-8399-6327-9

◆愛しのから揚げレシピ94 今井亮著 立東舎, リットーミュージック 発売
【目次】第1章 から揚げ七変化（基本のから揚げ, 鶏もも丸ごと揚げ ほか）、第2章 下味バリエ38（和風, 洋風 ほか）、第3章 変わりごろも12（アーモンドスライス/柿ピー, 玄米フレーク/とんがりコーン ほか）、第4章 ソースバリエ21（鶏の丸ごと揚げ 油淋鶏ソースがけ, から揚げのミントライムソースあえ ほか）、第5章 から揚げリメイク16（から揚げサラダ, から揚げ入りスパニッシュオムレツ ほか）
2017.12 95p A5 ¥1360 ①978-4-8456-3163-6

◆いとしの自家製—手がおいしくするもの。 山脇りこ著
【要旨】「自家製」ってだけでおいしさ5割増し！ ゆずこしょう・梅干しはもちろん、マヨネーズ・ケチャップも実はかんたん。
2017.3 112p B5 ¥1500 ①978-4-8356-3816-4

◆いのちのごはん—食べるだけで幸せになる ちこ著 青春出版社 新装版
【要旨】すべては、ここから始まった—神様に捧げるように、祈るように、食と向き合うこととは？ 感謝して食べたら命に変わる。考えて食べたら愛に変わる。何を作るか…ではなく、誰のために作るか…が大切。感情に振り回されている浅い料理、感情を超えている深い料理。心が満たされるレシピ付き。
2017.5 205p A5 ¥1560 ①978-4-413-11214-7

◆命の食事 最強レシピ—がんを寄せつけないからだを作る 南雲吉則著 ワニブックス
【要旨】今すぐ始めたい、命の食事三大原則が詰まったレシピ、満載。専門医が自ら実践する病気知らずの献立決定版。
2017.2 127p A5 ¥1300 ①978-4-8470-9539-9

◆茨木のり子の献立帖 茨木のり子著, 平松勲写真 平凡社 （コロナ・ブックス）
【要旨】「倚りかからず」の詩人は料理上手だった—。自筆レシピ/茨木家の台所実測図/日記抄録。
2017.1 143p 22×17cm ¥1600 ①978-4-582-63505-8

◆今すぐ食べたい！ 作ってみたい！ おうちでおいしい韓国ごはん 重信初江著 主婦の友社 （実用No.1）
【要旨】すっかり定着した韓国ドラマやK-POPの人気とともに、韓国料理に親しむ人がふえました。ショッピングモールでも、ビビンパやスンドゥブチゲを気軽に注文できるように。舌が覚えたあの味をおうちでも再現したい！ そんな要望におこたえるべく、本書には、入

りやすい材料とやさしい手順で作れる、選りすぐりの韓国ごはんレシピを集めました。
2017.8 143p 24×19cm ¥1100 ①978-4-07-425739-3

◆井村屋さんの毎日ほっこりあずきレシピ 岩崎啓子, 栗山善四郎料理, 井村屋制作協力, 主婦の友社編 主婦の友社
【要旨】キンパ、あずきの豚汁、あずきとあさりのエスニックトマト煮、小倉フルーツサンド…主食・主菜からスイーツまで、食物繊維、ポリフェノール、サポニンなど、あずきパワーで、おいしく健康に！ 簡単＆おいしい！ 井村屋人気商品を使った68レシピ。
2017.11 79p B5 ¥1200 ①978-4-07-425774-4

◆イ・ヨンエの晩餐—韓国の美しい食べ物のお話 イヨンエ, ホンジュヨン著 ブックマン社
【要旨】本書は、韓国で放送されたドキュメンタリー番組「イ・ヨンエの晩餐」の6カ月間に及ぶ撮影を通し、女優イ・ヨンエが、朝鮮時代の王家と両班の家、そして庶民を越えて料理の交流をしてきた韓国食文化の「疎通と分かち合い」の歴史を辿ったもの。
2017.9 235p 26×20cm ¥2400 ①978-4-89308-885-7

◆飲食店のためのハラル対策ハンドブック—レシピ30付 ハラル・ジャパン協会著 柴田書店
【要旨】ムスリム向け「インバウンド対策」を網羅。和・洋・中・デザートのハラルメニュー30品分も掲載した外食・宿泊関係者必読のレシピ付きハンドブック。
2017.2 127p A5 ¥1500 ①978-4-388-06260-7

◆ウィークックナビの一週間de食材使い切りレシピ ウィークックナビ監修 主婦の友社
【要旨】休日下準備60分！ 平日スピード仕上げ！ 一週間分の食材を使い切る！ 段取り上手で無駄なく時短！ 人気サイトの簡単レシピ。
2017.4 111p A5 ¥1200 ①978-4-07-422570-5

◆うえむらちかのカープごはん。 うえむらちか著, ザメディアジョン編, 近藤こうじ漫画 （広島）ザメディアジョン
【要旨】お好み焼き・焼き鳥・ラーメン・スイーツ…地元、カープファンに愛され続ける、おいしいグルメ情報の決定版。実在のお店が漫画で登場！
2017.9 151p A5 ¥1111 ①978-4-86250-503-3

◆うきごはん（UKI GOHAN）—夫婦2人と1匹の食卓 うきこ著 オーバーラップ
【要旨】おしゃれインスタグラマーたちが絶対支持！ 見ているだけでワクワクする、センスにあふれた食卓がついに1冊に。お皿やインテリアも掲載！「オレオパウンド」やビジュアル系ボリュームサンド「うきサンド」も収録。
2017.11 127p A5 ¥1200 ①978-4-86554-276-9

◆うちごはんのゆる基本—美味しいには理由がある！ セブン＆アイ出版
【要旨】家のキッチン、限られた時間、料理初心者でも、絶対失敗しない調理のコツ28個と、今すぐ作れる125品がギッシリ！"今日のごはんが楽に簡単に作れる力"が身につく、一生もののレシピ本。主婦の台所ルールを見直せば、料理はみるみるうまくなる！ 大人気ブログ「るぅのおいしいうちごはん」待望の料理の基本BOOK。
2017.9 127p A5 ¥1200 ①978-4-86008-740-1

◆宇宙のレシピ—作って食べて人生が変わる『幸せごはん』 カノウユミコ著 ヒカルランド
【要旨】料理は宇宙が教えてくれる！「食べる」を変えれば、運命はみるみる動き出す!!食材選び、献立、調理法、キッチン…人気料理研究家が教える誰でもできる「食」で毎日が輝く方法。
2017.1 195p B6 ¥1400 ①978-4-86471-464-8

◆うまい餃子—日本一予約の取れない餃子レストランの パラダイス山元著 宝島社
【目次】第1章 蔓餃苑の「うまい餃子」（シン・ギョーザの作り方、スイートバジルチーズポーク餃子 ほか）、第2章 お惣菜を使った簡単美味餃子（簡単すぎるねぎチャーシュー餃子、ゲンコツでもジャンボでもかにクリーミーでもコロッケならなんでもよし餃子 ほか）、シン・タレ19番勝負（シン・シン・ギョーザ、現る!!）、第3章 糖質控えめ餃子（しらたき大葉餃子、チキン＆もずくのブール餃子 ほか）、第4章 市販の餃子アレンジレシピ（餃子ドッグ、麻婆餃子 ほか）
2017.7 111p A5 ¥800 ①978-4-8002-7228-7

◆海辺暮らし 季節のごはんとおかず 飛田和緒著 女子栄養大学出版部

料理・食生活

【要旨】春夏秋冬、季節ごとに楽しみにしているおいしいものや、大切にしている食の行事、旬素材で作る毎日のおかずや保存食など124レシピ。
2017.3 127p A5 ¥1400 ①978-4-7895-4505-1

◆うれしい副菜―材料2つ3つで、すぐできる！ 瀬尾幸子著　新星出版社
【要旨】メインは決まったけど、あとどうしよう。今日の夕飯は、軽くすませたいな。お酒メインだから、何かちょこっとだけあれば…。こんなときも、そんなときも。いろいろ使える、うれしい床です。
2017.10 127p A5 ¥1200 ①978-4-405-09348-5

◆江上料理学院 90年のベストレシピ100 江上栄子、江上佳奈美著　東京書店
【要旨】日本のおふるさとの味から世界の伝統料理まで、12万のレシピから選りすぐった、珠玉のメニュー大公開。
2017.8 127p 26x21cm ¥1300 ①978-4-88574-576-8

◆エスニックつくりおき エダジュン著　PARCO出版
【要旨】ごはんにもお酒にも合うつくりおきレシピの新定番！野菜たっぷり全100品。
2017.3 127p A5 ¥1400 ①978-4-86506-212-0

◆絵で見てわかる定番おかずをおいしく減塩―計量スプーンでできる味つけのコツ　松田康子著　女子栄養大学出版部
【目次】どうして減塩が必要なのでしょうか、適塩・減塩のコツとポイント12（調味料、材料や道具をきちんと計る、新鮮なものや季節（旬）の食材を使う、うま味（だし）を利用する、うま味を感じる食品を使う、調味料の塩分を知る、食卓で使う調味料は計って使う、塩分が多い食品とじょうずなつき合い方、減塩のポイント、減塩できる献立のポイント、減塩できる調理のコツと食べ方、調味パーセントについて）、定番おかずの適塩・減塩レシピにするポイント（主菜、副菜、主食、主菜＆主食、汁物）、定番おかずの適塩・減塩料理レシピ。
2017.9 111p B5 ¥1600 ①978-4-7895-4747-5

◆江戸流そば打ち・うどん打ち 鵜飼良平監修・指導、荒井正憲イラスト・解説　柴田書店（完全イラスト図解）
【目次】江戸流そば打ち（木鉢、延し、包丁、釜）、江戸流うどん打ち（準備、加水、まとめ、くくり、でっちあげ、足踏み、鏡出し、丸出し、四つ出し、たたみ、包丁、茹で）。
2017.4 119p 28x21cm ¥1800 ①978-4-388-06262-1

◆おいしい圧力鍋おかず―切って鍋に入れてできるから！ 瀬尾幸子著　池田書店
【要旨】スピーディ！しかもシンプル！栄養もまるごといただくカンタンでおいしい圧力鍋レシピ集。
2017.9 111p 24x19cm ¥980 ①978-4-262-13032-3

◆おいしいオリーブ料理 木村かほる著　創森社
【目次】序章 知っておきたいオリーブABC（オリーブ果実＆オイルの成分、効用、オリーブ漬けの種類と生かし方 ほか）、第1章 オリーブ果実が引き立つ自慢レシピ（つまみにパーティメニューに ピンチョス、ペーストの底力 トマトとアボカドのブルスケッタ ほか）、第2章 オリーブオイルが主役の最強レシピ（シンプルだから風味が引き立つ フレッシュサラダ、おもてなしにいい華やかな一皿 タイのカルパッチョ ほか）、第3章 オリーブのドリンク・デザート（フルーツやホットドリンクにフルフルオリーブソース、ふんわりふわふわの食感に シフォンケーキ ほか）、第4章 もっと知りたいオリーブの世界（オリーブ果実加工品の種類・特徴、オリーブオイルの呼称と種類・特徴 ほか）
2017.6 95p A5 ¥1400 ①978-4-88340-316-5

◆おいしい牛乳料理帳 浜内千波著　オーバーラップ
【要旨】だしがいらない！ みそ、しょうゆに代わって、牛乳が活躍する。カルシウムが補える。定番のシチュー、グラタンから驚きの中華・和食レシピまで90品!!クックパッドつくれぽ1000超えの大人気レシピも掲載！
2017.5 127p A5 ¥1200 ①978-4-86554-223-3

◆「おいしいの素」帖 地球丸（天然生活ブックス）
【要旨】おもてなしのごちそうだったり、日々のごはんのおかずだったりひと手間加えるだけで、手軽にアレンジできる「おいしいの素」36品。1品のつくりおきが、いくつもの料理に変身する万能レシピ。人気料理家8人による保存食と常備菜。
2017.11 127p A5 ¥1400 ①978-4-86067-648-3

◆おいしい発酵生活 意外と簡単 体に優しい FERMENTED FOOD RECIPES 真藤舞衣子著　講談社
【目次】1 自家製発酵食品＆アレンジメニュー（MISO、KOUJI、TSUKEMONO）、2 市販の発酵食品を使った料理レシピ（酒粕「鶏つくね粕汁・酒粕グラタン・酒粕わさび和え」、納豆「納豆ばくだん・納豆とかりかりじゃこのサラダ・納豆チャーハン」、ヨーグルト「チキンカレー・ヨーグルトサラダ（ライタ）、ブルーチーズとヨーグルトのドレッシング」「グリルチキンサラダ」、水切りヨーグルト「フォンテーヌブロー・エビとアボカドのタルティーヌ」、発酵ベジココバター「ガーリックハーブ発酵ベジココバター、ハニー発酵ベジココバター、ベリー発酵ベジココバター」、テンペ「テンペサンドイッチ・テンペスパイスフリット」、みりん粕「みりん粕レーズンサンド：みりん粕トリュフ」、トマトとぶどうのモッツァレラサラダ・チーズと生ハムのちらし）。
2017.2 80p B5 ¥1400 ①978-4-06-220479-8

◆おいしいもの好きが集まる店の 全部、自家製 野々下イリ著　講談社（講談社のお料理BOOK）
【要旨】夜な夜な日本の、そして世界のおいしいもの好きが目指す場所、ガストロパブ、BESPOQUE。すべて自家製、すべておいしい。その味を再現した初のレシピ集。
2017.11 95p A5 ¥1400 ①978-4-06-509105-0

◆おいしさを伝えるレシピの書き方 Handbook レシピ校閲者の会編　辰巳出版
【要旨】料理本、料理雑誌のレシピ10万件以上を校閲してきたベテラン校閲者がコツを伝授。
2017.7 175p A5 ¥1280 ①978-4-7778-1890-7

◆おうち割烹――一流に教わる基本のレシピ 中嶋貞治著　ナツメ社
【要旨】今日から作れる本格和食87。きんぴら、白和え、ぶり大根、お味噌汁…定番料理をさらに深める新宿割烹中嶋の「当たり前」！
2017.7 175p A5 ¥1500 ①978-4-8163-6341-2

◆おうちで作る世界の朝ごはん WORLD BREAKFAST ALLDAY著　スペースシャワーネットワーク
【要旨】世界10カ国の定番朝ごはんレシピ。
2017.6 135p 20x15cm ¥1500 ①978-4-907435-98-1

◆おうちでワイン――料理とワイン組み合わせメソッド 大橋みちこ著（大阪）ぴあ関西支社
【要旨】参加リピート率95%の大人気料理教室「マリアージュキッチン」主宰の大橋みちこが教える5つの法則。色で合わせる、産地で合わせる、香りで合わせる…などなど、日本の旬を使いこなす、ワインと料理のペアリング例。
2017.7 95p B5 ¥1400 ①978-4-8356-3825-6

◆大阪天神橋昆布問屋の昆布水レシピ 喜多條清光著 KADOKAWA 増補・改訂版
【要旨】10gで3週間！だしがらも使いきる。刻んだ昆布を水に漬けるだけ。「昆布水」があれば、季節の味をラクにおいしく！天才調味料「昆布水」の極うまヘルシー80品。
2017.9 127p A5 ¥1200 ①978-4-04-602180-9

◆大原千鶴の酒肴になる「おとな鍋」 大原千鶴著　世界文化社
【要旨】呑みながらちょっとずつ作り、食べながらすこしずつ味を変化させてタップリ味わい尽くす。「土鍋ひとつあれば一年中楽しい」。小さな土鍋で作る酒肴版。自由奔放な大人のための鍋本。
2017.11 95p A5 ¥1300 ①978-4-418-17341-9

◆大麦粉レシピ集 食べられることで救える食べものの研究会（食救研）、麦類特性実用化研究会（麦特研）著（大阪）日中言語文化出版社
【目次】第1部 ドラフト大麦粉の調製法（大麦粒の新加工法―ドラフト大麦分級粉砕装置、大麦の新加工法―ドラフト大麦分級法、ドラフト大麦粒各部位の一般成分、大麦粉（ドラフト大麦粉）とおば粉の食品特性）、第2部 大麦粉によるレシピ（パン、洋菓子、和菓子、料理、大麦の効用）
2017.9 95p A4 ¥1800 ①978-4-905013-11-2

◆お母さんおやつ―いつもおいしい。ホッとする。 主婦の友社編、トミタセツ子監修　主婦の友社
【要旨】記憶の中にある「おやつ」の原風景といえば、お母さんが作ってくれた焼き方がまだらなホットケーキに、ちょっぴり気泡が残ったプリン、山盛りできたてのドーナツ…。お母さんのおやつは、目新しさはないかわりに、いつも安心、いつもおいしい。懐かしの大学いも、シベリア、フルーツサンドもかんたん。
2017.11 95p 24x18cm ¥1200 ①978-4-07-426644-9

◆緒方―野趣と料理 緒方俊郎著（京都）青幻舎（本文：日英両文）
【目次】食材と人間の技が生み出すアート（坂本龍一）、野趣と料理（緒方俊郎）、水 Water、土 Soil、香 Aroma、火 Heat、塩 Salt、切 Cuts、器 Vessels
2017.7 1Vol. 30x28cm ¥12000 ①978-4-86152-588-9

◆おかわり！山グルメ 小雀陣二著　枻（えい）出版社
【要旨】山登りにはたくさんの食材や調理道具を背負っていくことはできません。そこで、手に入りやすくて日持ちする食材から考えてみた、簡単で山向きなレシピを考えてみました。家庭での時短、手抜き料理の参考にもなるアイデアが満載。簡単なのに驚くほどおいしい90レシピ。
2017.11 144p B6 ¥1000 ①978-4-7779-4865-9

◆おかん飯 3 てんこもり編 西原理恵子、枝元なほみ著　毎日新聞出版
【要旨】名（迷）言特盛り！描き下ろしマンガ大爆走!!第3弾！
2017.3 127p A5 ¥1000 ①978-4-620-32293-3

◆荻山和也のパン作りの教科書―パン作りが劇的に上達！基本から応用まで解説！ 荻山和也著　日東書院本社
【要旨】人気パン教室のレシピ公開！1100点以上の工程写真で基本から応用まですべてわかる！初心者でも手ごねパンが簡単でおいしく作れる！
2017.2 207p B5 ¥1600 ①978-4-528-02139-6

◆教えて！笠原さん はじめてでもおいしく作れる魚料理 笠原将弘著　家の光協会
【要旨】くり返し作りたい！定番メニュー、火を使わずに、焼く、煮る、炒める、揚げる、蒸す
2017.3 95p B5 ¥1300 ①978-4-259-56537-4

◆おしゃれソトごはん―アウトドアをもっと楽しむ 松尾真里子著　オーバーラップ
【要旨】カフェスタイルで週末は、ソトごはん。市販の調味料で簡単に。カリスマ・キャンパーmarimariさんがスタイリングのコツを伝授！
2017.4 127p A5 ¥1200 ①978-4-86554-207-3

◆小田真規子の シンプルなのに「おいしいね」と言われる基本の料理 小田真規子著　宝島社
【要旨】この1冊だけでずっと長く使える、料理のコツがわかる決定版！3つの材料＆基本調味料だけで作る、自慢の74レシピ。
2017.10 127p 26x21cm ¥1000 ①978-4-8002-6665-1

◆おつかれ。ワインつまみ―1000円以下のワイン編、高橋善郎料理指導　主婦の友社
【要旨】おなじみの野菜や肉・魚がパパッとお店の料理になる、誰にでもできる味付け、盛り付けのヒントをお教えします。
2017.9 143p 18cm ¥1100 ①978-4-07-426377-6

◆お父さんのための日本一やさしい料理本 青木敦子著　扶桑社（60歳からの入門書）
【要旨】大きな文字と写真でわかりやすく、料理の手順を解説しました。料理をしたことがない男性も、美味しくできる昼ごはんレシピ38品収録！
2017.3 95p B5 ¥1500 ①978-4-594-07660-3

◆オードブル――一流に学ぶ発想とテクニック 高山英紀、池田泰優、永島健志、岩坪滋著　新星出版社
【目次】フランス料理（グリーンアスパラガスのスフレ、黒トリュフのグラス添え、季節野菜のフリカッセとポーチドエッグ、アニスの香るビーツのピュレと共に ほか）、日本料理（とうもろこし豆腐、なすの素麺 ほか）、イタリア料理（かぼちゃのスープカクテル、ポルチーニスニッフほか）、桜エビと米のテーブル、焼き筍ふきのとうのクレーマとクロッカンテ、グアンチャーレと田ぜりを添えて ほか）
2017.4 239p B5 ¥2800 ①978-4-405-09279-2

◆驚くほどおいしい電子レンジ料理100 上島亜紀著　学研プラス

【要旨】STEP1：材料を入れて→STEP2：レンジでチン→STEP3：余熱でおいしく。火を使わずに簡単時短クッキング。
2017.8 119p 15×22cm ¥1100 ①978-4-05-800796-9

◆お肉屋さんがおすすめする全国和牛レシピ50　中央畜産会
【目次】サーロイン、肩ロース、リブロース、バラ、ランプ、内モモ、外モモ、ひき肉
2017.6 1Vol. A5 ¥500 ①978-4-901311-68-7

◆おひとりさま節約Deli　up – on Girl Friends編　アップオン、主婦の友社 発売
【要旨】ひとり暮らしのごはん作りは、ふたり暮らしより不経済。特に大根、白菜、キャベツは、余って捨てることも多く、もったいない!!長いひとり暮らしのベテランが、「もったいない」精神で、キャベツ、大根、白菜や安い材料で作る節約レシピをご紹介。
2017.2 123p A5 ¥1300 ①978-4-07-420506-6

◆おひとりさまのあったか1ヶ月食費2万円生活 四季の野菜レシピ　おづまりこ著　KADOKAWA　（メディアファクトリーのコミックエッセイ）
【要旨】自炊1万円、外食1万円で暮らすおづさん。ささやかな節約生活の秘訣は「四季の野菜」にあった！春はキャベツ、新じゃが。夏はナスにトマト。秋はさつまいも、かぼちゃ。冬は白菜に大根、鍋料理！今日から作ってみたくなる旬の野菜1週間使い切りレシピが満載！ほっこり美味しいお料理コミックエッセイ。
2017.4 146p A5 ¥1100 ①978-4-04-069271-5

◆オーブン料理とっておき―じんわり焼くだけでおいしさ新発見　野口真紀著　主婦と生活社
【要旨】日々のおかずとごはんもの、スイーツまでこんがり65品。
2017.11 87p 22×21cm ¥1350 ①978-4-391-15077-3

◆表参道バンブー Toast Sandwich bamboo―ごちそう！　サンドイッチ　表参道バンブー著　辰巳出版
【目次】肉がメインのサンドイッチ、魚介を味わうサンドイッチ、野菜がメインのサンドイッチ、卵がメインのサンドイッチ、サンドイッチのある暮らし、表参道バンブー伝説のレシピ
2017.10 87p 24×19cm ¥1400 ①978-4-7778-1946-1

◆おやこの薬膳ごはん―季節のからだを整える　山田奈美著　クレヨンハウス
【要旨】毎日の食事で子どもが整っていく！国際中医薬膳師・山田奈美さんに学ぶ、わかりやすくておいしい"子どもの薬膳56レシピ"。
2017.9 111p B5 ¥1600 ①978-4-86101-344-7

◆海軍さんの料理帖―明治～昭和まで歴史で辿る日本海軍レシピ46品　有馬桓次郎執筆　ホビージャパン
【要旨】西洋料理から和食、中華、カレー、オリジナルレシピ、バリエーション豊かな日本海軍の"食"を完全再現！時代とともに変化した海軍の"食"を46レシピで識る。
2017.8 104p 25×19cm ¥1900 ①978-4-7986-1483-0

◆帰ったら15分で作れる！夜ラクごはん　秋元薫著　ナツメ社
【要旨】「主菜」「副菜」「汁物」を調理法別に紹介！調理法が重ならないように組み合わせれば、毎日の献立もラクラク時短！
2017.5 143p 24×19cm ¥1300 ①978-4-8163-6230-9

◆帰ってからすぐにできるおかず400レシピ　市瀬悦子著　学研プラス　（料理コレ1冊！）
【要旨】プロの料理家が考えた、いそがしい毎日にうれしいワザありレシピ。フライパンひとつで、切り方に工夫あり、簡単ソースで、ワンプレートだから。家族にできたてのおいしさを！
2017.2 191p 24×19cm ¥1300 ①978-4-05-800725-9

◆科学が創造する新しい味―おいしさと驚きの料理を作るサイエンス・レシピ　オフィスSNOW編　旭屋出版
【目次】「生体制御学」から見るおいしさの法則（サルキッチン・内藤泰治）、「いま」しか味わえない料理（レストランエール・山本英男）、食材の潜在的な力を引き出す原始的な火入れ術（鳴神・鳴神style）、感性を形で支える科学（81・永島健志）、必要な香りだけをふくらませる引き算と温度（マルゴット・エ・バッチャーレ・加山賢太）、味を統一する実験（アビス・目黒浩太郎）、食感の変化で、これまでにない組み合わせを成立（虎

峰・山本雅）
2017.11 243p A4 ¥3500 ①978-4-7511-1309-7

◆かけ焼きおかず―かけて焼くだけ！至極カンタン！アツアツ「オーブン旨レシピ」　山田英季著　グラフィック社
【要旨】鍋いらず、手間いらず、かけて焼いたらあとは待つだけ！忙しい家事の合間にチャチャッと作れるのに、かなりの旨旨！
2017.1 95p B5 ¥1600 ①978-4-7661-3121-5

◆重ねて煮るだけ！おいしいおかず　牛尾理恵子著　学研プラス
【要旨】切った材料を番号順に鍋に重ねて調味し、ふたをして10分火にかけるだけ！鍋ひとつで絶品おかずができ上がり！
2017.11 95p B5 ¥1400 ①978-4-05-800828-7

◆笠原将弘のさしすせそうざい―砂糖・塩・酢・醤油・味噌の力でおいしくなるおかず100　笠原将弘著　主婦と生活社
【要旨】笠原、初の調味料完全使いこなし本！"日本人でよかったなと思えるレシピが満載！"
2017.6 95p B5 ¥1300 ①978-4-391-15009-4

◆家庭のオーブンで作る食パン　ムラヨシマサユキ著　成美堂出版
【目次】食パンを知る、LESSON1 この食パンを作る！、LESSON2 好みの食パンを作る！、LESSON3 自家製酵母で食パンを作る！、LESSON4 食パンバリエーション、粉を知る、粉を選ぶ、自家製ビール酵母、あこ天然酵母
2017.10 95p B5 ¥1400 ①978-4-415-32307-7

◆家庭のオーブンで作るスポンジ生地　ムラヨシマサユキ著　成美堂出版
【目次】スポンジ生地を知る（「共立て法」「別立て法」、材料を知る ほか）、1 このスポンジ生地を作る！（共立て法で作る基本の生地 フルーツの風味が引き立つ生地、別立て法で作る基本の生地 甘く しっとりめのカステラのような生地、2 好みのスポンジ生地を作る！（粉の旨味が強く、ホロッと崩れる生地、アーモンドパウダーを加えたリッチな生地 ほか）、3 デコレーションをする（フルーツの風味が引き立つ生地を組み立てる、甘くしっとりめのカステラのような生地を組み立てる ほか）、粉を知る、粉を選
2017.11 95p B5 ¥1400 ①978-4-415-32308-4

◆カニカマ100皿　カニカマファンクラブ著　文藝春秋
【要旨】カニを超えた存在。世界で人気の"スーパー食材"を使った美味レシピ。100皿全部カニカマ料理！
2017.4 103p A5 ¥1400 ①978-4-16-390639-3

◆鎌倉・不識庵 宗哲和尚の精進レシピ―旬の野菜で心身を養う　藤井宗哲, 藤井まり著　河出書房新社　（『宗哲和尚の精進レシピ』新装・改題版）
【要旨】禅寺の伝統料理、和尚のとっておき、30分で作る四季の献立、もどき料理、乾物を使いこなして、フルーツが生まれ変わる、こころ豊かに和尚の精進の知恵レシピ、家庭で作る精進のおやつ、精進料理でおもてなし
2017.11 107p B5 ¥1600 ①978-4-309-28657-0

◆かみやすい、飲み込みやすい健康ごはん―いくつになっても食べる幸せをかみしめたい　山田晴子料理指導, 主婦の友社編　主婦の友社
【要旨】シニア世代のみなさん。歯が弱くなってきて、毎日の食事に困っていませんか？やわらかなものばかり食べていませんか？わざわざ特別なものを作る必要はありません。いつもの料理をひと工夫して、かみやすく、飲みやすくする。健康な食の秘訣です！それがいつまでもおいしいものを楽しむ、健康な食の秘訣です！
2017.10 79p B5 ¥1300 ①978-4-07-425828-4

◆辛くておいしい調味料ハリッサレシピ―オリーブオイル、とうがらし、スパイスが効く！減塩や代謝を上げる効果も！　誠文堂新光社編　誠文堂新光社
【要旨】人気急上昇中！北アフリカ生まれの、辛くてスパイシーな万能調味料ハリッサ。エスニックはもちろん、和風・洋風・中華、どんな料理も引き立て、クセになるおいしさです。市販のハリッサのほか、料理家オリジナルのハリッサの作り方も紹介し、さまざまな楽しみ方を提案する一冊です。多彩な効能、四季を通じて、ハリッサが食卓に欠かせない調味料になること請け合いです。
2017.8 95p B5 ¥1300 ①978-4-416-61779-3

◆からだを整えるお手当て料理　ウーウェン著　地球丸　（天然生活ブックス）
【要旨】中国の家庭に伝わる「医食同源」の知恵。それをベースにした、季節ごとのお手当ての考え方と、体に寄り添う、やさしい料理67品を紹介します。
2017.1 95p 24×19cm ¥1600 ①978-4-86067-592-9

◆からだがよろこぶ！朝のスムージー　金丸絵里加著　ナツメ社
【要旨】目覚めの一杯で、1日の始まりが変わる！48種の食材栄養カタログを掲載。忙しい朝でもパパッとつくれる123レシピ。
2017.6 175p A5 ¥1200 ①978-4-8163-6252-1

◆からだが喜ぶ！藤井恵の豆腐レシピ　藤井恵著　世界文化社
【要旨】食べるだけでキレイになるバリエ豊富な122品。
2017.2 95p B5 ¥1300 ①978-4-418-17300-6

◆からだにおいしい発酵生活　栗生隆子著　宝島社
【要旨】毎日の食事から健康になる、菌のめぐみ。疲れが抜けない、お肌の問題、添加物が気になる、健康になりたい。さまざまな悩みに「菌の力」が応えます。
2017.7 159p B6 ¥1300 ①978-4-8002-7227-0

◆からだに効く！おいしく食べるあま酒レシピ　舘野真知子著　東邦出版　新装版
【要旨】500mlの保温水筒で手軽に。スムージーにも！おかずの調味料にも！簡単！ラクラク！元気になるドリンク&料理レシピ満載！
2017.3 95p A5 ¥1200 ①978-4-8094-1479-4

◆からだに！暮らしにも!!魔法のように効くスープ　牧野直子著　新星出版社
【要旨】5分で作れる朝スープ、眠りに誘うスープ…etc. おいしくて、元気になるレシピ&ヒント集です。
2017.10 127p A5 ¥1300 ①978-4-405-09349-2

◆からだの中から、キレイになる 毎日ベジレシピ　植木ももこ著　清流出版
【要旨】ちょっとした心がけしだいで、健康が維持できるのです。野菜や果物がもっている有効成分を、より効果的に摂れるように、野菜をたくさん食べていただけるようにと、おいしいレシピづくりに励みました。野菜を食べないのはもったいない！と声を大にしてお伝えしたいと思っています。
2017.4 125p A5 ¥1400 ①978-4-86029-460-1

◆体の中からきれいになれる保存食と発酵食　主婦の友社編　主婦の友社　（実用No.1）
【要旨】免疫力向上、腸内環境アップ、疲労回復、美肌、デトックス…無添加で安心。
2017.3 143p 24×19cm ¥1100 ①978-4-07-422020-5

◆柑橘料理の本　尾field衣子著　オーバーラップ
【要旨】レモン、オレンジ、ライム、グレープフルーツ、みかん…etc. 肉に魚に、ごはんにめん。柑橘を足すだけでこんなにおいしくなるなんて！レモンそば、柑橘ゼリーポンチ、冬柑橘のせ鍋、チキンのゆず胡椒グリル、ライムうどん、みりんレモン、シトラスフレンチトースト…etc. 身近な柑橘をとことん楽しむ春夏秋冬、年間通して使える80のレシピとアイディア。
2017.7 111p A5 ¥1400 ①978-4-86554-242-4

◆神田裕行のおそうざい十二ヵ月　神田裕行著　暮しの手帖社
【要旨】『暮しの手帖』連載、家庭料理の新決定版。得意料理は五品で充分。十年連続ミシュラン三つ星、「かんだ」主人初のレシピ集。
2017.5 180p A5 ¥2200 ①978-4-7660-0203-4

◆かんたん！美味しい！旬の食材で作る養生レシピ　はらゆうこ著　マガジンランド
【目次】春（ひじき、春キャベツ ほか）、夏（豚肉、きゅうり ほか）、秋（にんじん、ささみ ほか）、冬（ほうれん草、鱈 ほか）、節句と行事食（1月7日 人日・七草の節句「七草がゆ」、3月3日 上巳・桃の節句「はまぐりのお吸い物」 ほか）
2017.3 87p A5 ¥1380 ①978-4-86546-145-9

◆簡単！お寺ご飯　飯沼康祐著　徳間書店
【要旨】和食に思われがちな精進料理ですが、本書の中にはひょっとしたら精進料理に見えない料理もあり、驚かれることもあるかもしれません。私は日ごろより決めつけないよと戒めています。同じような毎日でも、その心がけ次第できっと違う過ごし方ができるはず

料理・食生活

◆かんたん！かわいい！3×3の朝ごパン
あや著　光文社　(美人時間ブック)
【要旨】日曜日の朝ごはんくらい、楽しく作りたい！そんなところから始まった休日限定の我が家の朝ごパン。例えばミニサイズの食パンに、昨日の残り物や冷蔵庫の定番食材を切って並べるだけで…。インスタ撮影時の飾り方のコツや小道具も公開！朝がときめく全162レシピ。
2017.11　127p　B5　¥1300　978-4-334-97962-1

◆簡単！絶品！キャンプのつまみ料理―超速でおいしい缶詰レシピ！焚き火で味わう丸ごと野菜！
月刊ガルヴィ編集部編　実業之日本社
【要旨】焚き火やシングルバーナーで作る80のつまみレシピ！
2017.3　95p　A5　¥980　978-4-408-02614-5

◆かんたん絶品！タイごはん90レシピ―本場の味をおうちで手軽に！
味澤ペンシー著　主婦の友社
【要旨】ガパオ、生春巻き、パクチー汁めん、グリーンカレー、イエローカレー、パッタイ、トムヤムクン、ヤムウンセンほか。パクチレシピも充実！スーパーでも手に入る材料だけで、本場のタイの味。タイ料理研究家・直伝の絶品レシピ90品。
2017.5　95p　B5　¥1300　978-4-07-424237-5

◆簡単なのにごちそう。和とアジアのオーブンレシピ―なじみの味だから美味しい！ごはんにあう新・オーブン料理
ワタナベマキ著　宙出版
【要旨】しょうゆ、みそ、ナンプラー。食材1〜2品でちゃちゃっとごちそう！和とアジアのかわりグラタン、ごはんが主役のオーブン料理も。
2017.11　95p　B5　¥1300　978-4-7767-9687-9

◆かんたん、なのに満足！スープでごはん
みないきぬこ著　池田書店
【要旨】一汁一飯の野菜がおいしいレシピ。
2017.9　111p　A5　¥1150　978-4-262-13031-6

◆簡単！ヘルシー！まいにちカレー
小宮山雄飛著　主婦と生活社
【目次】1　まいにちカレー(玉子カレー、ビーフカレー、エビのリッチココナッツカレーほか)　2　まいにちカレー七変化(とうもろこしとトマトのカレー炒め定食、なす豚カレー炒め、カレー肉豆腐ほか)　3　まいにちカレーに合う副菜(ポルサンボル(ココナッツサンボル)、カレーカリフラワー、マッシュポテトほか)
2017.6　111p　B5　¥1600　978-4-391-15024-7

◆がんばらなくていい！楽シニアの作りおき
藤野嘉子著　講談社　(講談社のお料理BOOK)
【目次】第1章　野菜メインの作りおき(とりあえず素材を冷凍、そのまま食べてもおいしい)、第2章　ご飯がすすむ作りおき(たっぷりしょうがと豚肉のしょうゆ煮、肉みそほか)、第3章　つけて楽ちん、作りおき(豚肉のおろし玉ねぎづけ、タンドリーチキン風ヨーグルトほか)、第4章　残り素材で小さな作りおき(なすのレンジ蒸し、きゅうりのおかかしょうゆほか)
2017.3　79p　B5　¥1300　978-4-06-299690-7

◆がんばりすぎないごはん
近藤幸子著　主婦と生活社
【要旨】料理研究家だって日々の料理は大変！2人の子どもを育てながら働く近藤さんの結論。そうだ、前向きに手を抜こう。時間も手間もかけない代わりに、たくさんのアイデアを込めて。毎日おいしい簡単料理、104レシピ。
2017.9　127p　A5　¥1300　978-4-391-15075-9

◆季節をたのしむ　ジャムと果実酒
谷島せい子著　成美堂出版
【要旨】旬の果物でつくる保存食100レシピ。
2017.5　143p　24×19cm　¥1000　978-4-415-32167-7

◆きちんとおいしく作れる漬け物
舘野真知子著　成美堂出版
【要旨】山形・三五八漬け、東京・福神漬け、長野・野沢菜漬け、京都・千枚漬け、熊本・高菜漬け、ふるさと漬けもいろいろ。旬を長く楽しむ129品。
2017.5　143p　24×19cm　¥1200　978-4-415-32174-5

◆きちんと切ると料理はもっとおいしい
中村奈津子著　主婦と生活社
【要旨】50年の名門料理教室の確かなワザとレシピ180。
2017.9　95p　B5　¥1350　978-4-391-15049-0

◆キッシュトーストとオープンサンド
みなくちなほこ著　日東書院本社
【要旨】くぼみを作るのがコツ！食パンがあれば両方つくれる！シンプルステップでバリエーションは無限大！
2017.3　95p　24×18cm　¥1300　978-4-528-02153-2

◆今日を特別な日にするレシピ―「ちょっといい」暮らしをつくる
小堀紀代美、高谷亜由、野口日出子、若山曜子、ワタナベマキ著　日本文芸社
【要旨】毎日料理を作るあなたには、今日という日を特別する力がある。料理家になったきっかけ、子ども時代のこと、今の自分につながった出来事、料理との向きあい方、忘れられない料理にまつわる思い出…。専門家5人の「食」をめぐるゆるぎない生き方とレシピ集。
2017.5　159p　A5　¥1500　978-4-537-21476-5

◆きょうこばぁのちょっとの工夫でいつものごはんが「わぁ！ごちそう」になるレシピ
きょうこばぁ著　ワニブックス
【要旨】Instagramで人気！簡単、手間いらずなのに、いつもと違うkyokoba_baの料理がついに書籍化。「ばぁばのレシピを教えて！」コメントが殺到した秘伝メニュー100品。
2017.8　127p　A5　¥1200　978-4-8470-9601-3

◆きょうのカラダを、起動しよう。―カラダ・ココロ・マインドが整う食べ方と暮らし
アントレックス監修　キラジェンヌ　(veggy Books)
【要旨】さぁ、朝を変えよう「バイタミックス」でつくるおいしいレシピ32。
2017.4　103p　24×19cm　¥926　978-4-906913-60-2

◆『今日も、ごはん作らなきゃ』のため息がふっとぶ本
田内しょうこ著　主婦の友インフォス
【要旨】家に「ない」ものは、「ある」もので作れる、包丁とまな板を使わずに切れば、料理上手になれる！切るのがめんどうなお肉こそ、かたまりでまとめ調理、「塩だけ」の味つけを試してみる、肉や魚を焼いている時間でできる料理、同じ野菜でも「煮る」「焼く」「揚げる」で味が変わる！今すぐごはんを作りたくなる50のアイデアと96のレシピ。
2017.4　127p　B5　¥1400　978-4-07-420222-5

◆切り口ひとつで美味しく見せる驚きの魅せレシピ
市瀬悦子著　家の光協会
【要旨】カラフルな切り口と盛りつけワザで歓声が上がるひと皿！ふだんのおかずやお弁当、おもてなし、作りおきにも。
2017.11　95p　B5　¥1400　978-4-259-56557-2

◆切り身で、刺身で、ストックで…サルビア給食室のやさしいお魚料理
ワタナベマキ著　マイナビ出版　新版
【要旨】少しのくふうで手軽においしく魚を食べる60レシピ。
2017.6　95p　B5　¥1450　978-4-8399-6366-8

◆「銀座鮨青木」主人のやさしく教えるすしのきほん
青木利勝著　世界文化社　(おうちで作れる専門店の味)
【要旨】「こんなにくわしく教えていいの？」銀座の人気店が、惜しみなく教えるすしの極意。作り方のプロセス写真が豊富だから、まるで動画みたいによく分かる！
2017.6　127p　B5　¥1600　978-4-418-17323-5

◆クッキングピープル　ちび
たけだみりこ著　実業之日本社　(じっぴコンパクト文庫)
【要旨】まさにセイシュンど真ん中のキミにもできる！もはやセイシュンが遠く霞むあなただって大丈夫！ひとり暮らしの聖書「セイシュンの食卓」作者による、ひとり暮らしのいちばん(当社比)ハードルの低いレシピコミック!!
2017.8　221p　A6　¥680　978-4-408-45684-3

◆クッ↑しが―地産地消食材かんたん新レシピ
滋賀の食事文化研究会食事バランス部会編　(彦根)サンライズ出版
【目次】魚介類(フナ、イサザほか)、野菜類(赤丸かぶ、北之庄菜ほか)、穀類(近江米、もち米ほか)、肉類・卵(牛肉(近江牛)、豚肉ほか)、伝統食類(フナずし/シジミ飯、アメノイオご飯/コアユの山椒炊きほか)
2017.10　136p　A5　¥1800　978-4-88325-625-9

◆クックパッドのおいしい厳選！ご飯・丼ものレシピ
クックパッド監修　新星出版社
【要旨】プレミアムサービスの会員だけが検索できる人気上位のレシピが満載。260万品超の料理からの厳選76レシピ。
2017.4　127p　A5　¥1000　978-4-405-09333-1

◆クックパッドの名作レシピまとめました。
クックパッド監修　扶桑社
【要旨】日本最大の料理レシピサービス「クックパッド」。月間6000万人以上の方に利用されています。レシピ作者の皆さんは、ほとんどが一般の投稿者です。そして、投稿されたレシピを見て実際に料理した人が、レシピ作者に写真と感想を「つくれぽ」で伝えることができます。こうしたユーザーの同士のコミュニケーションを通じて、家庭で作りやすいレシピがたくさん集まり、毎日の料理の楽しみが広がっていっています。その中でも、「鶏ハム」、「ベジ点心」、「無限ピーマン」、「スコップコロッケ」、「スタンディングねぎ鍋」など、クックパッドはもちろん、SNSやテレビなど巷で話題になり、簡単でおいしく作れると圧倒的な支持を受けた100レシピを集めました。どれも、誰もが愛してやまない、代々読み継がれていくであろう名作レシピがエントリーしています。
2017.8　160p　B6　¥1100　978-4-594-07768-6

◆組み合わせ自由自在　作りおきおかず374
食のスタジオ編　西東社
【要旨】メインおかず：スピード、ヘルシー、長持ち、変身。サブおかず：サラダ・マリネ、めしとも、ボリューム、ラクラク。おかずが目的別に分かれているので選びやすく、1週間分の作りおきもラクラク。
2017.4　191p　25×19cm　¥1300　978-4-7916-2551-2

◆組み合わせ自由自在　作りおき野菜おかず357
食のスタジオ編　西東社
【要旨】5つのタイプ×4つの章ですべてがととのう。おかずが目的別に分かれているので便利に使える＆章が栄養素別で分かれているので体もよろこぶ。
2017.12　191p　25×19cm　¥1300　978-4-7916-2698-4

◆暮らしかさねて―四季に寄り添い
横山タカ子著　(長野)信濃毎日新聞社
【要旨】信州の料理研究家が日々の暮らしを綴る初のエッセイ集。旧暦とともに日々を愉しみ、健気に応えてくれる信州の自然を慈しむ。楽しいことばかりじゃないからこそ、味わいがうれしい。「趣味、暮らし」。そう語る著者が四季折々に書き留めた、4年分の記録。味わい豊かな季節の最新レシピ60品も紹介。
2017.10　167p　B5　¥1700　978-4-7840-7318-4

◆暮らし上手、育て上手の　ひぐま家ごはん日記
ひぐまあさこ著　KADOKAWA
【要旨】大人気ブロガー書籍化第2弾！丁寧なお母さん仕事で人気！3人の子どもを育てるひぐまさんの、日々のごはんネタ90。手抜きに見えない、具沢山の一汁一丼、余った野菜でなんでもポタージュ…春夏秋冬、食卓の記録とレシピたち。
2017.2　127p　A5　¥1200　978-4-04-068782-7

◆くり返し作りたい一生もの野菜レシピ―いつもおなじみの野菜がもっとおいしくなる152品
石原洋子著　学研プラス
【目次】第1章　いろいろ野菜でおいしい料理、野菜1つのおいしい食べ方(いろいろ野菜でおいしい料理、野菜1つのおいしい食べ方)、第2章　大型野菜のおかず―大根、キャベツ、白菜(大根、キャベツ、白菜)、第3章　おなじみ野菜のおかず(ほうれん草、小松菜、チンゲン菜ほか)
2017.10　127p　B5　¥1400　978-4-05-800805-8

◆くりかえし料理
飛田和緒著　地球丸　(天然生活ブックス)
【要旨】大切な、家族のために。失敗と工夫を重ねて、くりかえし作り続けてきた家庭料理の定番、107品。
2017.3　111p　B5　¥1400　978-4-86067-606-3

◆栗原心平のとっておき「パパごはん」
栗原心平著　講談社　(講談社のお料理BOOK)
【要旨】(1)男性が思わず作りたくなる憧れ料理。(2)初心者でも作りやすい魔法の道具。(3)お子さんも一緒に作れるお手伝いポイント。パパが料理を作る3つの工夫！
2017.4　79p　B5　¥1300　978-4-06-299689-1

◆グルテンフリーのパンとスープ―マクロビだからカンタン。
上原まり子著　文化出版局

【要旨】「マクロビだからカンタン。グルテンフリーのお菓子」の続編。今回は、さらにパワーアップして、パンやピザ、フォッカチャ、甘くない蒸しパンなど、おやつだけでなく食事にも活用できるラインナップを紹介。
2017.11 71p 24×19cm ¥1400 ①978-4-579-21309-2

◆ぐんまの野菜で美人になれる理由（わけ）
竹下裕理著 （前橋）上毛新聞社
【要旨】ぐんまの新鮮野菜が体に良いわけ。野菜の栄養、旬、キレイポイントを野菜ソムリエ上級プロが解説！ 簡単！ おいしい、3ステップの美活レシピとベジフルビューティージュース「菜食健美」で20代のお肌をキープ！
2017.6 111p 18×15cm ¥1400 ①978-4-86352-182-7

◆決定版 糖質オフのラクやせレシピ—すぐでき・かんたん！ 好きなものを好きなだけ食べてやせる！ 学研プラス編 学研プラス
【要旨】糖質量がひと目でわかる一覧シート付き！ 定番料理からおやつまで！ 167品をご紹介！ 最短5分で作れる、かんたんダイエットレシピ！
2017.12 127p 24×19cm ¥1100 ①978-4-05-800854-6

◆決定版！ 毎日食べたい！ 作りおきのラクうま野菜おかず350 平岡淳子著 ナツメ社（ほめられHappyレシピ）
【要旨】栄養も彩りも1品でバランスUP！ たっぷり野菜をおいしく食べる簡単作りおきアイデアが満載！ 家族にうれしい！ おすすめシーンのアイコン付き。
2017.10 207p 24×19cm ¥1400 ①978-4-8163-6343-6

◆元気ごはん—日赤健康薬膳 管理栄養士が作るカラダ喜ぶレシピ 組み合わせ自由自在！ 日本赤十字社熊本健康管理センター監修 熊本日日新聞社,（熊本）熊日出版 発売
【目次】主菜（春の主菜、夏の主菜、秋の主菜、冬の主菜）、副菜（春の副菜、夏の副菜、秋の副菜、冬の副菜）、汁物（春の汁物、夏の汁物、秋の汁物、冬の汁物）、デザート（春のデザート、夏のデザート、秋のデザート、冬のデザート、休日に作りたいデザート）
2017.3 95p A4 ¥1200 ①978-4-87755-554-2

◆健康効果がひと目でわかる！ 食材＆料理知恵袋 食の栄養と効能を科学する食生活研究会著、藤井真枝監修 秀和システム
【要旨】カラダを元気にする素材200＋定番料理250選！ 素材のすごいパワーを引き出す！
2018.1 159p B6 ¥1100 ①978-4-7980-5310-3

◆げんさんとよーこさんの山ごはん げんさん,蓮池陽子著 山と渓谷社
【要旨】簡単でおいしい絶品メニュー85。
2017.8 128p 22×14cm ¥1400 ①978-4-635-45024-9

◆コウケンテツのおやつめし 2—「食べたがらない子」も大よろこび！ コウケンテツ著 クレヨンハウス
【要旨】子どものおやつは「甘いお菓子」より栄養を補う「おやつめし」！ 食材・食感でも探せるお悩み別レシピが24種！ わが子のかわいさを言いたくなる!?「食育児」エッセイ収録。
2017.5 79p B5 ¥1400 ①978-4-86101-342-3

◆麹甘酒パワーレシピ—オウチで簡単、体に効く！ 石澤清美著 学研プラス
【要旨】お手軽ドリンクから、おかず、スイーツまで！ 甘酒は栄養満点の飲む点滴！ 血流アップで若返る！ 健康になる！
2017.4 95p A5 ¥1000 ①978-4-05-800746-4

◆糀のある豊かな食卓—糀と甘酒を使って、カラダの中からきれいになる「幸腹」レシピ かわなべみゆき著 誠文堂新光社
【要旨】カラダの中からきれいになる、糀と甘酒を使った料理とデザートが満載です。糀は料理に少し加えるだけで味にグンと深みが出ます。甘酒を使ってデザートに応用すれば、白砂糖を使わなくても十分甘くなり、とてもおいしくなります。肉、魚介類、卵、乳製品、白砂糖を使っていませんので、ヴィーガンやベジタリアンの方にもぴったり。今日から糀のある豊かな食卓を実践してみましょう！
2017.3 95p B5 ¥1000 ①978-4-416-91731-2

◆香草・ハーブレシピ ワタナベマキ著 産業編集センター
【要旨】料理の幅が広がる、まったく新しい香草・ハーブの調理法。総菜、肉・魚を使ったおかずからごはんものまで、四季を通して使えるレシピ45。
2017.11 118p 23×19cm ¥1600 ①978-4-86311-167-7

◆極上外ごはん—屋外で楽しむ季節のレシピ みなくちなほこ著 世界文化クリエイティブ,世界文化社 発売
【要旨】海にしようか、山にしようか、森にしようか？ それとも高層ビルを眺めながら？ みんなで作って、みんなで食べる。そんな時間がたまらなく愛おしい、とびっきりの外ごはん。
2017.7 109p 20×19cm ¥1300 ①978-4-418-17329-7

◆コスメキッチンアダプテーション KYOKO NAKAMOTO'S シンプルオーガニックキッチン 中本恭子著 主婦の友社
【要旨】美しい心と体のための、オーガニックレシピ。
2017.8 95p B5 ¥1380 ①978-4-07-423462-2

◆こだわり麺—ラクチンおいしい！ 堤人美著 講談社（講談社のお料理BOOK）
【要旨】少ない材料すぐできるから、麺！ ちょっと凝った麺はおもてなしにも。ソースを作りおけば、本格麺も時短で。麺×食材の意外なコンビもおいしい。パスタ、うどん、そば、中華麺、ビーフン、簡単ですぐに食べられるものから、お客様をもてなすものまで、麺大好きな著者のお気に入り麺レシピ。
2017.3 79p B5 ¥1200 ①978-4-06-299691-4

◆子どもに食べさせたいすこやかごはん おかあさんの輪著 暮しの手帖社
【要旨】子どもの体質改善に取り組むおかあさんたちが考えました。健康に育つカギは「和食」でした。身近な食材でのかんたん調理。大人もうれしい、昔ながらの86品。
2017.11 112p 26×21cm ¥1800 ①978-4-7660-0205-8

◆このひと皿でパーフェクト、パワーサラダ 坂田阿希子著 文化出版局
【目次】パリパリチキンのシーザーサラダ、ベトナム風チキンサラダ、鶏肉とにんじんのサラダ・四川風ドレッシング、鶏肉と香味野菜の和風サラダ、砂肝のビストロ風サラダ、ポークソテーとロースト野菜のサラダ、カリカリ豚と紫キャベツのサラダ、豚肉のエスニックサラダ、ひき肉のラープ風サラダ、肉だんごとなますのアジアンサラダ ほか
2017.6 79p B5 ¥1400 ①978-4-579-21305-4

◆小春ちゃん＠ぽかぽかびよりの作りおきで一汁多菜献立 小春著 KADOKAWA
【要旨】すきま時間のゆる〜い作りおきで、毎日のごはんがラクラク！ 97レシピ。
2017.3 95p 25×19cm ¥1400 ①978-4-04-895933-9

◆米粉100％のパンとレシピ—作業時間10分サクッと手作りグルテンフリー 高橋ヒロ著 イカロス出版
【要旨】米粉100％ミニ食パン、米粉食パン、米粉ホットドッグ、米粉100％一斤食パン、米粉サラダうどん、米粉ピザ、米粉スパイスカレー、米粉肉まん、米粉ベーグルサンド、米粉シフォンケーキ、米粉カスタードクリーム、米粉チョコクリーム…料理教室で人気の米粉レシピを掲載。104レシピ。
2017.10 95p B5 ¥1400 ①978-4-8022-0434-7

◆最強バーベキュー—簡単＆おしゃれBBQレシピ79 たけだバーベキュー監修 宝島社
【要旨】年間250回のBBQを行う、たけだバーベキューが「いつものBBQ」がひと手間で劇的に変化するテクニックを伝授！ 珠玉のBBQレシピを79種類掲載。
2017.7 111p B5 ¥780 ①978-4-8002-7484-7

◆最新版 計算いらずコレステロール・中性脂肪対策のおいしいレシピ 横手幸太郎監修,金丸絵里加料理 学研プラス
【要旨】主菜からデザートまで！ 血管を守る工夫が満載のおいしいレシピを紹介。
2017.3 159p A5 ¥1400 ①978-4-05-800724-2

◆最新版 身長を伸ばす栄養とレシピ—栄養のプロが教える 石川三知著 学研プラス
【要旨】人気メニューを栄養満点にアレンジ。可能性を引き出すレシピとコツ、守りたい生活習慣を大紹介！
2017.8 95p 24×19cm ¥1400 ①978-4-05-800801-0

◆材料＆調味料まとめて 冷凍おかず 阪下千恵著 日本文芸社
【要旨】ラクしておいしい！ 絶品レシピ90。
2017.7 95p 24×19cm ¥1200 ①978-4-537-21486-4

◆魚料理の教科書 川上文代著 新星出版社（『イチバン親切な魚料理の教科書』改題書）新装版
【要旨】基本的な魚のおろし方から、魚介の人気メニューまで、豊富な手順写真で、丁寧に解説。この一冊で魚を極める。
2017.3 223p B5 ¥2100 ①978-4-405-09340-9

◆雑穀をおいしく食べるRECIPE BOOK 田中雅子監修 朝日新聞出版
【要旨】雑穀の使い方がわかるレシピ集。ダイエット食になるもち麦、プチプチ食感のアマランサス、肉の代わりになるたかきび、煮汁の旨みを吸うキヌア、とろみを加えるひえ…。
2017.10 139p A5 ¥1400 ①978-4-02-333181-5

◆さっと煮サラダ 冷水希三子料理,加藤新作写真 グラフィック社
【要旨】生では味わえない、野菜の旨み、甘みを楽しむ優しいサラダの提案。
2017.6 143p A5 ¥1500 ①978-4-7661-2973-1

◆里山料理ノオト 江南和幸著 （彦根）サンライズ出版
【目次】春の百くさ（ナズナ・スカシタゴボウ、セリ科植物 ほか）、初夏〜真夏（ツルアジサイ・イワガラス、ウド ほか）、秋の恵み（エゴマ・レモンエゴマ、ヤマボウシ ほか）、冬の野山（サネカズラ、フユイチゴ・ミヤマフユイチゴ ほか）、キノコの誘い（アミガサタケ、ヤナギマツタケ ほか）
2017.10 154p A5 ¥2400 ①978-4-88325-627-3

◆さばかない・おろさない！ 魚のおかず90 ベターホーム協会編 ベターホーム協会
【要旨】さばかず、おろさず、かんたん調理！ バリエーション豊かなお魚レシピが満載。
2017.3 191p 17×12cm ¥1200 ①978-4-86586-030-6

◆ザ・フード・ラボ—料理は科学だ J.ケンジ・ロペス＝アルト著・写真,上川典子訳 岩崎書店
【要旨】科学者にして、キッチン系オタクの著者は、普段の料理メニューの裏にある科学に注目し、熱、エネルギー、分子がどのように関わり合って美味しさを生み出すのか徹底的に掘り下げた。昔ながらのやり方が必ずしも正しくないことを示し、もっとうまくいく新たな—しかも家庭で簡単にできる—テクニックを紹介している。
2017.9 431p 28×23cm ¥6000 ①978-4-265-85104-1

◆サラダ漬けで、すぐ野菜おかず—ポリ袋でラクラク作りおき 岩崎啓子著 河出書房新社
【目次】いつもの野菜で作る！ 万能サラダ漬け10（キャベツのスパイス塩漬け、玉ねぎのはちみつレモン漬け、にんじんのラペ漬け ほか）、2 和中イタリアンがすぐできる！ ミックスサラダ漬け（和風ミックス漬け、中華ミックス漬け、イタリアンミックス漬け）、3 まとめて作れば使える！ 乾物＆薬味のサラダ漬け（切り干し大根のマスタードドレッシング漬け、ひじきの韓国風漬け、刻み昆布の南蛮漬け ほか）
2017.3 127p A5 ¥1300 ①978-4-309-28623-5

◆サラダ定食—管理栄養士が栄養バランスを考えた 中津川かおり著 中日映画社,桜雲社 発売
【要旨】野菜で腸スッキリ！ 肉、魚などタンパク質プラスで代謝アップ。献立がすぐ決まる。
2017.5 95p A5 ¥1400 ①978-4-908290-31-2

◆30分で3品！ 作りおき野菜おかず231 大庭英子著 西東社
【要旨】休日に時間をかけて十数品—そんな作りおきが注目を集めています。けれど、平日忙しいわたしたちは、休日だってやることははたくさんあるんですし、くつろぐ時間や楽しむ時間だって確保したい！ 平日のために無理する作りおきは長続きしません。でも、冷蔵庫に作りおきおかずがあるのは確かに便利です。そこで本書は、無理のない「作りおき野菜おかず生活」を提案します。
2017.6 143p A5 ¥1200 ①978-4-7916-2550-5

◆30秒から作れて、毎日食べたくなる！ すぐウマごはん 今泉マユ子著 SBクリエイティブ
【要旨】10分で5品も作れる！ 混ぜてレンジでチンするだけ！ 包丁も火も使わず！ などの超簡単レシピ集。
2017.12 135p 18×12cm ¥1100 ①978-4-7973-9520-4

◆「365日」のパン暮らし 杉窪章匡著 世界文化社

料理・食生活

実用書

◆賛否両論 おもてなしうらもてなし　笠原将弘著　KADOKAWA
【要旨】ボイル帆立で「ほお葉焼き風」、とり皮で「北京ダック風」。"賛否両論"店主の俺流「もてなしワザ」。表ワザも裏ワザも。残った料理でもう1品の俺流マジックも。
2017.12　127p　26×19cm　¥1500　978-4-04-896149-3

◆賛否両論笠原将弘 鶏大事典　笠原将弘著　KADOKAWA
【目次】第1章 鶏むね肉（鶏むねの天ぷら、鶏むね磯辺揚げ ほか）、第2章 鶏もも肉（鶏ももの塩焼き、鶏むね黄身おろし ほか）、第3章 手羽（手羽塩山椒焼き、手羽先塩麹焼き ほか）、第4章 鶏皮等（つくねとり将風、つくね棒 ほか）
2017.9　207p　B5　¥3000　978-4-04-896076-2

◆三陸わかめと昆布―浜とまちのレシピ80　婦人之友社編集部編　婦人之友社
【目次】海のしごと三陸のくらし、わかめと昆布みんなのレシピ（みんなのわかめレシピ、みんなの茎わかめレシピ、みんなの昆布レシピ、料理のプロの若い世代のレシピ）、東日本大震災後の支援から交友へ
2017.3　95p　B5　¥1400　978-4-8292-0836-6

◆シェフに学ぶスーパーフード大麦の調理法―フレンチ、イタリアン、中国料理、お菓子のレシピ＋大麦の知識　旭屋出版編集部編　旭屋出版
【目次】1 Barley（大麦ってなあに？、世界のスーパーフード大麦の効能、大麦のパワー、大麦の仕組み、大麦の品質と品種、レストランメニューに生かしたい大麦1次加工品、大麦の食物繊維は精製した押し麦で白米の約19倍以上、水に溶ける水溶性食物繊維の主な役割、水に溶けない不溶性食物繊維の役割 ほか）、2 Chef recipe（Le coq、Piatto Suzuki、芳園、ARTISAN Patissier ITABASHi、Passo a Passo ほか）
2017.4　207p　27×22cm　¥3000　978-4-7511-1272-4

◆時間差ごはん読本　ベターホーム協会編　ベターホーム協会
【要旨】あとで食べる家族のために、時間がたってもおいしいレシピ61品。
2017.6　80p　B5　¥602　978-4-86586-032-0

◆四季を味わう にっぽんのパスタ　スズキエミ著　リトルミュージック
【要旨】菜の花、たけのこ、さんま、れんこん、ゆずetc. 旬の野菜と肉・魚介のうまみを、麺にしっかりまとわせて…。和パスタ＆和おかず58品＋季節のサラダ＆スープ24品、計82の絶品レシピをご紹介します。
2017.9　95p　B5　¥1400　978-4-8456-3087-5

◆知っておいしい保存食事典　実業之日本社編　実業之日本社
【要旨】66種類の世界の保存食図鑑と、55種類のレシピを掲載！ジャム、ピクルス、ドライフルーツ…。作り置き食品として、非常食として、万能の保存食がいっぱい！
2017.8　143p　A5　¥1400　978-4-408-00903-2

◆失敗しないバーベキュー炉作りの基本　バーベキュー炉作り研究倶楽部編著　日東書院本社
【要旨】プロや経験者の実例から学ぶバーベキュー炉オーナーズガイド。炉ができていく全課程を詳細解説。運用からメンテナンスまで完全詳解！
2017.3　127p　B5　¥1400　978-4-528-02146-4

◆実力詐称レシピ 定番編　岩崎啓子料理指導　学研プラス
【要旨】料理が苦手？そんなの、なんとかなるって！そう、ポイントさえ押さえれば、きっと大丈夫。料理の腕を"詐称"したい人のためのズルくて役に立つ1冊！！
2017.9　111p　16×15cm　¥880　978-4-05-800820-1

◆実力詐称レシピ ランクアップ編　岩崎啓子料理指導　学研プラス
【要旨】料理の「あれ食べたい」にも、余裕で「OK」！人気メニューに挑戦したものの悲惨なできあがりにうちのめされたアナタ。この本の魔法を信じてレッツ・リベンジ!!
2017.9　111p　16×15cm　¥880　978-4-05-800821-8

◆しない料理―余分な手間はぜーんぶカット！　マキ著　扶桑社
【要旨】切らない！量らない！献立を考えない！ご飯作りが苦じゃなくなる目からウロコのワザ＆テク公開！
2017.11　125p　A5　¥1300　978-4-594-07841-6

◆シニアの簡単！おいしい！老けない献立　武蔵裕子著　成美堂出版
【要旨】免疫力アップ、血液サラサラ、骨や歯を強化、腸イキイキ。若さを保つ栄養素がしっかりとれる健康おかず109品。
2017.7　111p　26×22cm　¥1000　978-4-415-32336-7

◆老舗に教わる抹茶おやつ―抹茶が濃い、茶舗の秘密レシピ。　京都・丸久小山園監修　世界文化社（『京都・丸久小山園に教わる老舗の抹茶おやつ』再構成・改題書）
【要旨】知っておきたい抹茶のこと（抹茶の基本、お菓子作りでの抹茶の扱い、抹茶そのものを味わう、お薄の点て方／お濃茶の練り方）、老舗の抹茶おやつレシピ（京都・丸久小山園とお薄のレアチーズ、香ばしい抹茶フィナンシェ、シンプルな抹茶バロア、抹茶クランブルのパウンドケーキ、お濃茶ガナッシュのトリュフ ほか）
2017.12　95p　24×19cm　¥1500　978-4-418-17346-4

◆シニフィアンシニフィエ パンと料理 おいしく食べる最高の組み合わせ　志賀勝栄著　家の光協会
【要旨】人気パン店のカリスマシェフが教える、パンのある食卓をもっと楽しく充実させる、毎日のおかず。
2017.5　95p　B5　¥1500　978-4-259-56540-4

◆自分で作ればとびきりうまい！ 俺ごはん　ベターホーム協会著　ベターホーム協会
【要旨】酒のつまみがほしいときや、家族や友人をもてなしたいとき、ちゃちゃっと料理ができたらかっこいい。そして、何よりも自分で作る料理はおいしくて、体にいい。身につけた料理の技術は一生もの。今は包丁のにぎり方すら知らなくても、基本に忠実に一歩ずつ進めば、着実に腕は上がる。「料理をしてみたい」そう思ったら、始めよう。ページをめくって、始めよう。とびきりうまい、"俺"の味が見つかるはずだ。レベル別に料理を紹介。料理初心者でも順に作ればOK。毎日の料理作りに役立つ！
2017.12　95p　A4　¥1200　978-4-86586-034-4

◆志麻さんのプレミアムな作りおき　志麻著　ダイヤモンド社
【要旨】いつもの冷蔵庫の食材が簡単！贅沢レシピに大変身！にんじんがキャロット・ラペに、じゃがいもがピュレに、鶏肉をタンドリーチキン、トマト缶をラタトゥイユに。少ない材料で多彩な料理！プロの味を手早く簡単に家庭で再現しよう！
2017.9　111p　A5　¥1300　978-4-478-10246-6

◆週一回の作りおき 漬けおきレシピ　検見崎聡美著　青春出版社
【要旨】「食材」は、ゆでたり焼いたりするだけ。"漬けだれ"は、調味料を混ぜるだけ。"食材"を"漬けだれ"に漬けたあとは「時間がおいしく」してくれる！ごはんのおかずにもお弁当にもおつまみにも大活躍！
2017.10　94p　A5　¥1280　978-4-413-11230-7

◆自由学園 最高の「お食事」―95年間の伝統レシピ　学校法人自由学園協力、JIYU5074Labo著　新潮社
【要旨】シェパーズパイ、希望満充、チキンピラフのホワイトソースがけ、マカロニメキシカン、れんこんのあちゃら漬け、味噌スープ…創立以来、生徒が作ってきた家庭の味！
2017.3　95p　B5　¥1400　978-4-10-350861-8

◆15分で一汁一菜―毎日のごはんはこれでいい！　武蔵裕子著　講談社（講談社のお料理BOOK）
【要旨】作りおきさえ必要なくなる時短のアイデアが満載！大満足のレシピ155品。
2017.12　79p　B5　¥1200　978-4-06-509107-4

◆主菜別 献立がすぐ決まる副菜レシピ帖　堤人美著　家の光協会
【要旨】この本では、おなじみの主菜ごとに定番から、少し味違うものまで、相性のよい副菜を3～5品ずつ紹介しました。今晩の主菜が決まったら、あとは好みの副菜を選ぶだけ。それ悩むことなく、バランスがよくておいしい献立になります。主菜は同じでも、副菜が変わるだけで、献立の雰囲気はガラッと変わるもの。ぜひ、いろいろな副菜に挑戦して新しい組み合わせを楽しんでください。
2017.2　95p　B5　¥1300　978-4-259-56528-2

◆主婦が知らないとヤバイ料理の基本とコツ　武蔵裕子監修　秀和システム
【要旨】塩、ひとつまみ？適量？適宜？コトコト煮るって弱火？中火？ひたひたの水ってどのくらい？フライパンは油を入れてから熱する？魚焼きグリルに皮がくっつかない方法は？食材の洗い方、切り方、保存方法、調理のコツまで最新の料理の常識をイラストでやさしく解説。
2017.12　144p　A5　¥1300　978-4-7980-5278-6

◆主婦の友 365日きょうのおかず大百科　主婦の友社編　主婦の友社　新装版
【要旨】基本のおかずからおもてなしメニューまで950レシピを紹介。特別付録、食材の組み合わせですぐ作る、きょうのおかず即決ノート。
2017.8　415p　26×22cm　¥2700　978-4-07-425745-4

◆主婦A子の絶品おうちごはん　主婦A子著　KADOKAWA
【要旨】マンネリの定番メニューが、ひと工夫でグッとおいしく！アクセス数TOP100レシピ。大人気サイト主婦のミカタ、ついに書籍化!!
2017.7　127p　A5　¥1300　978-4-04-896034-2

◆「旬」おかずで今日も元気！　高城順子著　講談社（講談社のお料理BOOK）
【要旨】「旬の食材」は、おいしくて、栄養豊富で、お買い得。でも食品売り場では、年中同じ野菜が並んでいるように見える。「いつ、何を、どう食べればよい？」というお悩みに答えます！
2017.11　175p　A5　¥1200　978-4-06-220846-8

◆旬がおいしい台所―いいことだらけの旬野菜で、今日なに作ろう。　井上裕美子著　ワニブックス
【要旨】安くて、おいしくて、栄養豊富！夜遅くに食べても、罪悪感なし！春夏秋冬の野菜が主役、我が家のレシピ108。WEBサイト「BOOKOUT」人気レシピ連載が待望の書籍化。
2017.3　127p　B6　¥1000　978-4-8470-9543-6

◆春夏秋冬 おいしい手帖　野村友里著　マガジンハウス
【要旨】山菜弁当／鰯のつみれ汁／たけのこの木の芽焼き／鰈の一夜干し／鯵の南蛮漬け／梅と豚の角煮／とうもろこしの天婦揚げ／冷や汁／湯葉丼／菊のお椀／おでん／常夜鍋／鰤雑煮／百合根の花びら餅飯／味噌仕込み／すき焼き―母から伝わる、日本のごはん130。料理人・野村友里が旬の食材を選んで作る、現代の食卓に受け継ぎたい和食とは。Case BRUTUSの連載に新たな料理を多数追加した、四季折々のレシピ、完全保存版。
2017.12　165p　23×19cm　¥2900　978-4-8387-2979-1

◆食材たった10アイテムで献立コーディネート7days　武蔵裕子著　主婦の友社
【目次】少なく買って、いっぱいできる！がんばらなくても、おいしい健康メニューができる9の秘訣、春のぐるぐる献立コーディネート、夏のぐるぐる献立コーディネート、秋のぐるぐる献立コーディネート、冬のぐるぐる献立コーディネート、目的別献立コーディネート・ダイエット、目的別献立コーディネート・節約、目的別献立コーディネート・ボリューム、目的別献立コーディネート・子育て、献立コーディネートでお弁当
2017.8　95p　B5　¥1200　978-4-07-425372-2

◆食材まるごと、ぜんぶ、おいしく！使いきり！レシピ　関好江著　マガジンハウス
【要旨】ステナイおばさんのワザあり！ステナイ料理。
2017.9　111p　A5　¥1200　978-4-8387-2953-1

◆食材3つで簡単ごちそう小鍋　ワタナベマキ著　宝島社
【要旨】ちょっとオシャレな1人鍋、いつもと違う2人鍋。食材3つと簡単スープ、小鍋だけで大満足！1～2人分60レシピ。
2017.11　159p　A5　¥1000　978-4-8002-7377-2

◆食のアトリエ―おそうざいからおもてなし料理まで　井口千里著　学芸みらい社
【目次】日本料理（きんめだいの磯蒸し、いかと長ねぎの串焼き ほか）、中国料理（たいの刺身

料理・食生活

と彩り野菜の冷菜、鶏のピリ辛五色和え ほか)、欧風料理(ツナのゼリー寄せ、トマトだけのサラダ ほか)、おつまみ(たいのしそ巻き揚げ、うずくほか)、デザート(マドレーヌ/リンゴ入りマフィン/プチマフィン、グレープフルーツカップ ほか)
2016.12 127p 26×21cm ¥1800 978-4-908637-29-2

◆食パンがあれば 山崎佳著 ジュウ・ドゥ・ポゥム,主婦の友社 発売
【要旨】食パン1枚からはじまる、ちょっと気分のいい一яй朝。ワンプレートごはんのように「デイリーに使う」という提案。山崎佳さんが提案する「これなら私にもできそう」な食パン・アレンジ52レシピ。
2017.6 93p B6 ¥900 978-4-07-421500-3

◆女子栄養大学栄養クリニックのやせぐせがつくレシピ145 女子栄養大学栄養クリニック監修,今泉久美料理 主婦の友社 (健康 Cooking)
【要旨】ふやすのは野菜! 減らすのは塩分! 油脂! やせぐせをつける基本は3つ。絶対やせる! やせぐせPointつき。ムリしないからリバウンドしないやせぐせバイブル。
2017.7 159p A5 ¥1200 ①978-4-07-424504-8

◆女子のやせ定食 金丸絵里加著 光文社 (美人時間ブック)
【要旨】糖質とカロリーは控えめ、栄養価と満足度は高め。段取り表がついて、短時間で手際よく献立が作れます。ダイエットのプロによる実録食事ダイアリーもご紹介。忙しい日々を過ごすあなたの、食生活のお手本に。
2017.2 127p A5 ¥1300 ①978-4-334-97909-6

◆女性のための養生ごはん―食べて元気になる韓方の知恵 青山有紀著 マイナビ出版
【要旨】韓国の薬膳"韓方"で巡りをよくして体をととのえる72レシピ。
2017.1 139p A5 ¥1520 ①978-4-8399-6124-4

◆信州やしょうまレシピ帖 松本博子著 (長野)しなのき書房
【要旨】信州の春を彩る郷土食。お米のやさしい甘さ、天然色素の自然な色合い。小川村のやしょうま名人が教える、すぐに作れる35種のレシピ。
2017.6 95p A5 ¥1200 978-4-903002-53-8

◆身体にやさしい信州のおやつ 横山タカ子監修,下平みさ子著 (長野)しなのき書房
【要旨】健康長寿のコツは毎日のおやつにあり。信州の旬の素材で作る簡単おやつレシピ。
2017.6 123p 26×21cm ¥1400 978-4-903002-56-9

◆シンプルだから飽きない! 〆まで美味しい! 1肉1野菜鍋 堤人美著 グラフィック社
【要旨】メイン素材は2つだけ! だから買い物もラク! 調理もラク! その上〆も楽しめる!
2017.12 94p 26×19cm ¥1400 978-4-7661-3113-0

◆スグでき! 離乳食アイデアBOOK―まとめて冷凍! →アレンジするだけ! 太田百合子監修,上島亜紀料理 ナツメ社
【要旨】取り分け離乳食、チキンカレー&寄せ鍋、具合が悪いときの離乳食、赤ちゃんも大喜び♪アニバーサリー離乳食'etc. 下ごしらえ→完成までラクラク! 5ヵ月～1才半までのレシピが満載! カンタンなのに栄養満点! フリージングしたものから作れる平日5日分の献立を紹介!
2017.6 127p 24×19cm ¥1400 978-4-8163-6333-7

◆すぐやせる! 糖質オフレシピ―おいしい&ボリューム満点! 牧田善ニ著,太田晶子料理 日本文芸社
【要旨】メイン料理にもおつまみにも! 最短5分で絶品料理に! 味のバリエーション満載! ハンドブックで充実の90レシピ。
2017.6 159p 18cm ¥800 978-4-537-21481-9

◆少しのことでラクになる ごはんづくり帖 ワタナベマキ著 大和書房
【要旨】「休日」はないのが、毎日のごはんづくり。だからこそ、もっとスムーズに、ラクにできるように見直してみませんか? 仕込み、常備菜、冷凍法、味つけ、味つぎ…私たちがずっと知りたかったのはこういうこと! 人気料理家の著者が、本当にしていることばかり。これを知れば、食卓の工夫、毎日のごはんづくりが変わります。
2017.3 111p A5 ¥1400 ①978-4-479-92112-7

◆スタジオm'のうつわと食事―マルミツ社員食堂 マルミツポテリ著 (名古屋)ぴあ

【要旨】「もっと食事を楽しくしたい」。食器ブランドstudio m'を運営するマルミツ陶器の思いは、ただそれだけ。その思いを実践するために2012年から始まった「マルミツ社員食堂」を1冊にまとめました。
2017.9 89p 26×22cm ¥1400 ①978-4-8356-3824-9

◆ずっと使ってきた私のベストレシピ 平野由希子のル・クルーゼ料理 平野由希子著 KADOKAWA
【要旨】炒める・焼く・蒸す・煮る…いい鍋こそ、フライパンごはんのように「デイリーに使う」という提案。ル・クルーゼ料理の第一人者によるベストオブベストレシピ。
2017.5 111p A5 ¥1400 978-4-04-895970-4

◆ストウブレシピ100―食材のおいしさを日々満喫する、staubのあるくらし。 栁川かおり著 学研プラス
【要旨】蒸す・煮る・焼く・揚げる・ゆでる・炊く・燻す…素材の持ち味を最大限に活かす、極上のストウブレシピをご紹介します。
2017.11 95p B5 ¥1400 ①978-4-05-800831-7

◆スパイスカレー―人気店の「香味×辛味」の技術 旭屋出版編集部編 旭屋出版
【目次】多様化している「本場」のスパイスカレー、主材料別の掲載カレーのさくいん、解説 北インド、南インド、スリランカのカレーの特徴(インド・スリランカ料理教室Kumbura(クンブラ)主宰 古積由美子)、人気店のスパイスカレー(ドゥルガダイニング(神奈川・茅ヶ崎)、南印度ダイニング(東京・中野)、スパイスヴィレッジインドテイ、マサラワーラー、スリランカの家庭料理シーギリヤ(大阪・阿波座)ほか)
2017.6 191p 26×20cm ¥2800 978-4-7511-1287-8

◆スパイス&ハーブの使いこなし事典―スパイス&ハーブ検定1級、2級、3級公式テキスト 毎日の暮らしに役立つ80種の基本と楽しみ方 主婦の友社編 主婦の友社 新装版
【要旨】食の多様化が進むなか、健康への関心が高まるなか、スパイスとハーブが、毎日の食卓に登場する機会が多くなりました。本書はスパイス&ハーブの詳しくて、わかりやすい入門書です。全80種のスパイス&ハーブのプロフィールと使い方、また、スパイス&ハーブの歴史とのつながり、世界の食文化とのかかわり、料理レシピ、手作り調味料などとのつきあいかた、暮らしの中での役立て方、ハーブの栽培方法、と盛りだくさん。スパイス&ハーブ検定事務局(山崎香辛料振興財団)の『スパイス&ハーブ検定』の公式テキストとしても使えます。
2017.6 143p A5 ¥1500 ①978-4-07-424510-9

◆スパイスボックスのカレーレシピ―じっくり仕込んで、煮込まない はじめてでも本格的に作れる南インドカレー 斗内暢明著 マイナビ出版
【要旨】本格的な南インドカレーを家庭でも作りやすいレシピで再現。
2017.7 111p B5 ¥1500 ①978-4-8399-6336-1

◆スーパーはちみつマヌカハニー使いこなしBOOK 佐々木薫監修 主婦の友社
【要旨】ニュージーランドに自生するマヌカの花からとれるマヌカハニー。ほかのはちみつにない強いパワーを持つ"スーパーはちみつ"として注目されています。その特徴、選び方、濃度の違いによる使い方をわかりやすく解説しました。いつ、どれだけ、どうやって食べるのかなど、暮らしへの役立て方も指南。簡単でおいしいマヌカハニーレシピもいっぱいです。ニュージーランドへの取材も敢行。マヌカハニーのバイブル的な一冊。
2017.5 79p A5 ¥1200 978-4-07-426199-4

◆スープの時間 地球丸 (天然生活ブックス)
【要旨】おいしいスープの先には、幸せな時間が待っています。16人のスープのレシピと4人のエッセイ。
2017.9 127p A5 ¥1400 978-4-86067-642-1

◆ズボラ缶詰めし―3ステップで料亭の味!! 舘野雄二監修 宝島社
【要旨】糖質OFFからスイーツまで! おいしい缶詰レシピ70品。
2017.3 111p 16×15cm ¥980 ①978-4-8002-6710-8

◆3ステップで簡単! ご馳走 山料理 小雀陣二著,永易量行写真 山と渓谷社
【要旨】登山雑誌「ワンダーフォーゲル」の人気連載「モテ食」が待望の書籍化! 山仲間に「モ

てる」料理を作る極意は? 日帰り登山のランチやテント場のディナー。自宅で仕込む手作り行動食レシピまで。早い! 簡単! でもおいしい～。小雀陣二が作る厳選53レシピ。
2017.6 128p A5 ¥1200 978-4-635-45022-5

◆スロークッカーのごちそうレシピ 田中優子著 成美堂出版
【要旨】1 肉のごちそう煮込み(牛すね肉の赤ワイン煮、牛タンシチュー ほか)、2 毎日のおかず(牛すじおでん、さんまのしょうが煮 ほか)、3 酒のつまみ(パテ・ド・カンパーニュコンビーフ、コンフィ4種 ほか)、4 朝ごはんとスープ(鶏飯風スープかけごはん鶏ガラスープ、生野菜たっぷりの牛肉フォー牛テールスープ ほか)、5 活用レシピ(カルボナーラポテト、ミートローフサンド ほか)
2017.10 127p B5 ¥1200 978-4-415-32357-2

◆瀬尾幸子の料理の教科書 瀬尾幸子著 KADOKAWA
【要旨】身につけたら、一生食べるのに困りません。ご飯、汁もの、定番のおかず…。ここから何か引いたら料理にならない、最小限のレシピだけを紹介。おいしく作るポイントは、写真やイラストで分かりやすく解説しました。
2017.6 127p 15×22cm ¥1200 978-4-04-895972-8

◆世界一美味しい「どん二郎」の作り方―誰も思いつかなかった激ウマ! B級フードレシピ 野島慎一郎著 宝島社
【要旨】「どん兵衛」に牛脂を入れたらあの名店「ラーメン二郎」の味に。ほかネットで大反響! 衝撃の激ウマB級レシピ60。ちょいアレンジで日常を楽しく幸せに!
2018.1 159p 18cm ¥900 978-4-8002-7913-2

◆世界一美味しい煮卵の作り方―家メシ食堂ひとりぶん100レシピ はらぺこグリズリー著 光文社 (光文社新書)
【要旨】人気レシピブログを運営する著者が行き着いた哲学は、「適当で楽で安く済んで、でも美味しい料理こそ、本当に必要な料理なのだろうか?」ということだった。「ひとりぶん」レシピで、材料はスーパーで手に入るもの、かつ一円単位で値段も明記。「適量」や「少々」という表記も一切なし! 簡単で美味しいからこそ、料理のモチベーションが湧いてくる。「ひとりで食事をする時間」を最高に楽しくて美味しい時間にするための最高の一冊、ここに誕生!
2017.2 164p 18cm ¥900 ①978-4-334-03973-8

◆世界でいちばんやさしい料理教室 ベターホーム協会編 ベターホーム協会 改訂版
【要旨】すべての手順が写真でわかる料理教室のようなライブ感!
2017.2 227p 21×19cm ¥1300 978-4-86586-031-3

◆世界の作りおき野菜―みんなに愛される味付けの魔法 フレディー・ジャンセン著,清水玲奈訳 エクスナレッジ
【要旨】ピクルスと発酵食品の魅力にとりつかれたオランダ人シェフによる世界の作りおき野菜レシピ60をご紹介。奇想天外の美味しさにあなたも驚く!
2017.3 143p 24×20cm ¥2200 978-4-7678-2249-5

◆世界の野菜ごはん―人気クッキング・スタジオのヴィーガンレシピ 庄司いずみ,ベジタブル・クッキング・スタジオ編著 旭屋出版
【目次】スペイン、モロッコ、トルコ、イスラエル、スーダン、北インド、南インド、ベトナム、タイ、インドネシア、韓国、台湾
2017.7 136p B5 ¥1400 978-4-7511-1273-1

◆ゼクシィキッチン基本のお料理 ゼクシィキッチン監修 宝島社
【要旨】有名料理家が教える誰が作っても失敗しない定番&アイデアレシピ90。
2017.8 127p B5 ¥900 978-4-8002-7441-0

◆絶対失敗しないコツがみえるおうちごはんレシピ 石原洋子著 永岡書店
【要旨】1 炒める、揚げる、焼く一元気とやる気がモリモリのおかず集(炒める、揚げる、焼く)、2 煮る、蒸す、あえる―心がホのぼの温かくなるおかず集(煮る、蒸す、あえる)、3 ご飯、パスタ、汁もの―いつもの味がおいしいと幸せ! (ご飯、パスタ、汁もの)
2017.3 143p 24×18cm ¥1300 ①978-4-522-43495-6

◆絶品! とっておきのうちカレー 堤人美,上島亜紀,つむぎや,平岡淳子,植松良枝著 ナツメ社

料理・食生活

【要旨】本書では、カレー好きな人気料理家5組がいつも作っている、自慢のカレーレシピを紹介してもらっている。かざらないいつものカレー、スパイスをきかせた本格カレー、おもてなしにぴったりのじっくり作るカレー、子供のために作ったカレー…。それぞれのエピソードとともに、様々なバリエーションが楽しめる。さらに、カレーのアレンジレシピや、カレーによく合う副菜レシピも掲載。"カレー愛"あふれる1冊
2017.7 127p B5 ¥1500 ①978-4-8163-6270-5

◆**狭すぎキッチンでもサクサク作れる 超高速レシピ** 今井亮著 大和書房
【要旨】ひとり暮らしでキッチンがめちゃくちゃ小さい、多忙でヘトヘト…作る気力も時間もない、健康も気にしたい、節約もしたい―こんな人のためのレシピです。
2017.3 127p B6 ¥1200 ①978-4-479-92113-4

◆**全196ヵ国 おうちで作れる世界のレシピ** 本山尚義著 (明石市)ライツ社
【要旨】生姜焼きよりごはんがすすむ島国の鶏肉煮込み、モンテネグロのおしゃれなチキン南蛮、肉じゃがより懐かしいミャンマーの母の味、ハンバーグより手間いらず！南アフリカのミートローフ、オランダの新食感『モッチリピザ、カレーとシチューの間アメリカ南部のソウルフード、地中海の絶品イカめしetc…見たこともない料理をスーパーの材料で作れる！パーティーや晩酌、お弁当やふだんごはんなど、どんな場面にぴったりなレシピが見つかる、食品や食材に、食卓に映える「シーン別さくいん」、主菜や副菜など献立を考えるのに便利な「献立別さくいん」、シェフが考えた3点セットをまとめた「シェフのおすすめレシピ」つき。
2017.12 240p A5 ¥1600 ①978-4-909044-10-5

◆**ぜんぶ簡単どんぶり** きじまりゅうた著 世界文化社 (はらぺこスピードレシピ)
【要旨】すぐに作れる。つ、めに、おいしい！材料二つのお手軽レシピから、いま話題のローカーボ、リメイクレシピまで。
2017.11 159p 18cm ¥1100 ①978-4-418-17342-6

◆**ぜんぶ小鍋** 大庭英子著 世界文化社 (はらぺこスピードレシピ)
【要旨】晩ごはんはこれだけ！帰ってから20分で「いただきます！」毎日でも飽きない！レパートリーが広がる!!
2017.11 159p 18cm ¥1100 ①978-4-418-17344-0

◆**ぜんぶ卵レシピ** 重信初江著 世界文化社 (はらぺこスピードレシピ)
【要旨】バリエ無限大！プラス一品のお手軽レシピから、おつまみレシピ、世界の卵料理まで。重信マジックで卵料理が大変身！
2017.12 159p 18cm ¥1100 ①978-4-418-17349-5

◆**ぜんぶもやしレシピ** きじまりゅうた著 世界文化社 (はらぺこスピードレシピ)
【要旨】究極レシピから、お酒がすすむおつまみ、保存可能なおかずの素まで。絶対おいしい新アイディアがいっぱい！
2017.12 159p 18cm ¥1100 ①978-4-418-17348-8

◆**続 豆腐百珍 百番勝負** 花福こざる著 イースト・プレス (コミックエッセイの森)
【要旨】江戸時代のベストセラー『豆腐百珍 続編』に挑戦！お江戸の豆腐料理、おいしく作って食べる挑戦!!意外と使えるレシピ満載！お豆腐料理コミックエッセイ。
2017.9 245p B6 ¥1102 ①978-4-7816-1588-2

◆**その調理、9割の栄養捨ててます！** 東京慈恵会医科大学附属病院栄養部監修 世界文化社
【要旨】ほうれん草の赤い部分は捨てちゃダメ！鶏肉+お酢でカルシウムが4倍。焼肉にあつあつご飯で食べると栄養価ほぼゼロ！しょうがは一度加熱すると効果は30倍。ピーマンを切り方で栄養価が変わる！いちごはヘタを包丁で切るとビタミンが半分に。りんごの切り方でビタミン摂取量が変わる！茹で方、焼き方、切り方。ちょっとしたコツで摂れる栄養が大幅UP。体が変わる食べ方の本。
2017.3 144p A5 ¥1400 ①978-4-418-17308-2

◆**そのまま食べる作りおき** ベターホーム協会編 ベターホーム協会
【要旨】冷蔵庫から出してすぐに。ちょっと温めるだけで。
2017.9 111p B5 ¥1200 ①978-4-86586-033-7

◆**大豆粉でできる糖質オフのお菓子&パン** 真藤舞衣子著 河出書房新社

【目次】大豆粉のお菓子(ブルーベリーとクリームチーズのマフィン、スコーン―紅茶&抹茶、大豆粉キャロットケーキ、ケークサレースパイスカレー&ベーコンブロッコリー、ベリーのショートケーキ ほか) 大豆粉のパン(基本の丸パン、パン・ド・ミ、パン・オ・ノワ、パン・オ・レザン、プルーンとカカオニブのパン ほか)
2017.12 79p B5 ¥1400 ①978-4-309-28663-1

◆**大切な人がきっと喜ぶもてなし&持ちよりレシピ** 小堀紀代美、瀬戸口しおり、八木佳奈、石黒裕紀料理 成美堂出版
【要旨】気の置けない友人同士、家族同士で集まるホームパーティー。招く側、招かれる側ともにちょっと緊張しつつも、みんなで食卓を囲む時間はかけがえのないものです。この本では"おもてなし上手"の4人の料理家に、食卓に映えるとっておきのレシピと、背伸びしすぎない、自然体のテーブルコーディネート術をうかがいました。急なお呼ばれの日に便利な「持ちよりレシピ」も満載です。
2017.11 127p B5 ¥1000 ①978-4-415-32414-2

◆**タイ料理大全―家庭料理・地方料理・宮廷料理の調理技術から食材、食文化まで。本場のレシピ100** 味澤ペンシー、ヴィチアン・リアムテッド、ナルナート・スクサワン著 誠文堂新光社
【要旨】辛味・甘味・酸味・塩味にハーブやスパイスの香りが加わり、複雑で個性的な味わいを持つタイ料理は、世界の人々を魅了しています。本書は、定番のタイ料理に加え、さまざまな地方料理の紹介にも力を入れています。タイ料理の歴史や食文化に関する読み物、食材の解説なども数多く盛り込みました。ハーブや果物使いなど日本とは異なる食文化の豊かさを感じる一方で、発酵食品の多様さには日本との共通点を見出すのではないでしょうか。
2018.1 207p 25×19cm ¥2800 ①978-4-416-51800-7

◆**台湾の朝ごはんが恋しくて―おいしい朝食スポット20と、簡単ウマい！思い出再現レシピ** 台湾大好き編集部編 誠文堂新光社
【要旨】夜明け前から店主たちが汗をかいて作り上げる味わいは、周りのお客さんのざわめきと相まって最高においしく感じる。あの空気を思い出しながら、しばしの台湾朝ごはんトリップを。
2018.1 189p A5 ¥1500 ①978-4-416-71717-2

◆**たかこさんが教えてくれた、ボウル1つで手づくりおやつ** 稲田多佳子著 学研プラス
【要旨】まいにち食べたい簡単お菓子&パン厳選55レシピ。
2017.3 95p 22×19cm ¥1200 ①978-4-05-800732-7

◆**だし検定公式テキスト** だしソムリエ協会、鵜飼真妃監修 実業之日本社
【要旨】だしのとりかたの基本を、手順の解説つきで紹介！昆布、鰹節、煮干し…主要なだし素材の図鑑つき。
2017.9 143p A5 ¥1400 ①978-4-408-00902-5

◆**ターシャ・テューダーのファミリー・レシピ** ウィンズロー・テューダー著、ターシャ・テューダーレシピ考案・絵、食野雅子訳 主婦と生活社
【要旨】朝食メニュー、昼食メニュー、スープ、野菜とサラダ、パンとマフィン、お菓子、飲み物、ホームパーティに使える基本レシピ
2017.11 175p 24×22cm ¥1800 ①978-4-391-15117-6

◆**ただ、美味しいだけの晩ごはん―地味で、茶色くて、ありふれてるけど、一番ほっとするMAYA家の食卓** MAYA著 ワニブックス
【要旨】冷蔵庫で寝かせてふんわりジューシーに。和風出汁+魚河岸揚げで旨味たっぷり。こく旨ミートソースの秘訣は味噌一ちょっとのコツとかくし味で、とびきり美味しい！
2017.11 127p A5 ¥1200 ①978-4-8470-9630-3

◆**食べ方帖―自分を養う毎日のメニュー** 長尾智子著 文化出版局
【目次】1 いたわりたい日のスープ食、2 楽しいご飯炊き、3 漬物あれこれ、4 毎日の「お助け」、5 野菜のひと皿、6 自前の調味料で、7 パン粉百珍、8 煮込み料理はすべて「肉じゃが」である、9 オーブン、トースター、フライパンまかせ、10 ほっとする飲み物あれこれ、11 気楽にお食事中
2017.3 110p B5 ¥1600 ①978-4-579-21293-4

◆**たべてしあわせおいしいノート** Tamy著 メディアソフト、三交社 発売

【要旨】Instagramで大人気！食いしん坊主婦のおいしい絵日記が遂に書籍化！簡単レシピ、もう一度食べたい名店の味、人気のスイーツまで見ているだけでお腹が空いてくる「食への愛」がいっぱいのイラスト&エッセイ集！
2017.5 128p A5 ¥1300 ①978-4-87919-873-0

◆**食べるクスリ 甘酒ヨーグルト** 落合敏監修、主婦の友社編 主婦の友社
【要旨】甘酒+ヨーグルトのW発酵で究極の発酵食品が誕生しました。ノンアルコールだから子どもも安心！簡単に手作りできて、びっくりするおいしさ。
2017.9 125p B6 ¥1100 ①978-4-07-426182-6

◆**卵アレルギーの子どものためのおいしいおやつとごはん** 大矢幸弘監修、hiro料理 成美堂出版
【要旨】プリン、ハンバーグ、ショートケーキ、お好み焼き、ホットケーキ…ぜーんぶ卵なし！かんたんでかわいい93レシピ。
2017.5 95p 24×19cm ¥1000 ①978-4-415-32275-8

◆**たまサン** たまごサンド愛好会著 宝島社
【要旨】ほんわり甘くてお弁当にもランチにもぴったり！基本からアイデアレシピまで！見た目もかわいい53レシピ。
2017.11 16×15cm ¥920 ①978-4-8002-7740-4

◆**玉ねぎヨーグルト―腸を整える&血液サラサラ効果で健康に！** 井上裕美子著、木村郁夫医学監修 ワニブックス
【要旨】10分で作れておいしく健康に！アレルギー緩和、アンチエイジング、コレステロール値が下がる、美肌―2週間で体がかわる最強の組み合わせ!!38レシピ。
2017.7 87p A5 ¥1000 ①978-4-8470-9600-6

◆**♯ダレカッキング―キレイになれて、彼氏の胃袋もつかめる** ダレカガレ明美著 KADOKAWA
【要旨】料理初心者でも、おいしく作れて腕が上がる！インスタで大注目の『♯ダレカッキング』レシピを初公開!!「やせる」を叶える。デトックスレシピも収録。自慢の54レシピ。
2017.4 94p 25cm ¥1300 ①978-4-04-601872-4

◆**探究するシェフ―美味への創造力と情熱** 旭屋出版編集部編 旭屋出版
【要旨】野菜を魅力たる人気メニュー。減圧加熱調理器を使った魅力料理。
2017.10 175p 28×21cm ¥3000 ①978-4-7511-1306-6

◆**短時間で栄養バランス朝ごはん―パンと牛乳からのステップアップ** 吉田朋子著 芽ばえ社
【目次】朝ごはんに卵を加えましょう、ながら・まとめ調理一手間も省略、だしを取る、毎日作る蒸し野菜、ストック食材、丸ごと野菜の下処理、青菜ざんまい、肉のパレード、魚のまとめ買い、厚揚げ・豆腐を使って、おかずもたっぷり炊き込みごはん、ひじきもまとめて煮ておく
2017.11 87p A5 ¥1300 ①978-4-89579-394-0

◆**男子ごはんの本 その9** 国分太一、栗原心平著 MCO、KADOKAWA 発売
【要旨】じっくり煮込んだ牛肉の旨味に、赤唐辛子&花椒のピリ辛が美味しい"牛の角煮旨辛丼"、麺つゆと和の食材を使って、和風にアレンジした"三つ葉だれの和風餃子&和風チャーハン"、スキレットで簡単作れる本格レシピ"ねぎクリームチーズソースのホイル焼きハンバーグ"、牛すじカレーにトマトソースをかけて食べる"牛すじカレーのトマトソースがけ"、ビール、日本酒、焼酎、ワインなど、飲みたいお酒に合わせて作る"季節のおつまみシリーズ"、四季折々の食材をたっぷり使った、やさしい味わいの主菜・副菜・汁物"季節の和定食"、and more！テレビ東京系料理番組『男子ごはん』のレシピ集、番組1年分を収録！掲載レシピ数、100以上！スペシャル企画&書籍限定レシピ!!『男子ごはんのシーサイドグランピングのススメ』。
2017.4 143p 22×22cm ¥1800 ①978-4-04-895503-4

◆**力尽きたときのための簡単ズボラレシピ** 犬飼つな著 ソーテック社
【要旨】料理ってこんなに簡単だったの!?ズボラによる、ズボラのための、究極の手間抜き料理術。やる気が出ない・時間がないときに読んでください。今日の残り体力に応じて選べる、53レシピ。
2017.11 215p B6 ¥1300 ①978-4-8007-3008-4

料理・食生活

◆チーズ☆マジック―おいしい、みんな大好き！ごちそう家ごはん　小野孝予著　清流出版
【要旨】いつものおかずを、もっとおいしく！チーズを加えて、コク、風味、おいしさアップ!!あっという間に、劇的においしくなる、それが「チーズ☆マジック」！
2017.12 111p A5 ¥1500 ①978-4-86029-470-0

◆超簡単「ちょい足し酵母」のパン作り―失敗なしでおいしさUP！　吉永麻衣子著　新潮社
【要旨】ジュース、果物の皮、ヨーグルト…。四季折々の身近な食材で簡単に作る自家製酵母。オーブントースターやフライパンでも焼ける！「ちょい足し」するだけで、広がる手作りパンの世界！初心者でも失敗なしのレシピを紹介！
2017.8 95p B5 ¥1400 ①978-4-10-339413-6

◆超豪快バーベキューアイデアレシピ　たけだバーベキュー監修　池田書店
【要旨】年間250回焼く！BBQ芸人の人気レシピ大公開！
2017.4 127p 15×21cm ¥1200 ①978-4-262-16273-7

◆超シニア社会を生きる知恵　食べたい力　辻中美緒, 辻中俊樹著　アートダイジェスト
【要旨】高級食材は使わない、繰返し食べても心にも身体にも優しい、おまけに財布にも優しい料理の本。
2017.4 155p B5 ¥1500 ①978-4-86292-029-4

◆長寿県信州の作りおき　下平みさ子著　（長野）リンデン舎, サンクチュアリ出版
【要旨】ふだんのおかずが健康長寿の第一歩！手軽にできる身体にやさしい信州の作りおき。
2017.8 103p A5 ¥1200 ①978-4-86113-392-3

◆超詳細！きほんの料理　重信初江著　成美堂出版
【要旨】写真が多いからよくわかる！はじめてだって美味しくできる56品。
2017.3 191p 24×19cm ¥1200 ①978-4-415-32268-1

◆ちょこっと仕込みで時短ごはん　堀江ひろ子, ほりえさわこ料理・指導, 主婦の友社編　主婦の友社（実用No.1シリーズ）
【目次】1 肉をちょこっと仕込み＆おかず（塩漬け豚、ゆで豚 ほか）　2 ちょこっと仕込みのメインに添えたいすぐでき副菜（豆とセロリのサラダ、かぶとにんじんのサラダ ほか）　2 野菜のちょこっと仕込み＆おかず（ラタトゥイユ、トマトソース ほか）　3 魚のちょこっと仕込み＆おかず（鮭そぼろ、さばの竜田揚げ ほか）　4 ちょこっと仕込みおかずで作るおべんとう（鶏の照り焼き弁当、塩漬け豚で巻き巻き弁当 ほか）
2017.8 143p 24×19cm ¥1100 ①978-4-07-425722-5

◆ちょこっとだけ漬けもの―いろんな味で少しだけつくる　沼津りえ著　学研プラス
【要旨】キャベツのカレーピクルス、大根とトマトのピクルス、白菜の簡単浅漬け、紫キャベツとくるみの塩漬け、セロリのぬか漬け、アボカドのぬか漬け、赤じそ梅干し、はちみつ梅干し、チーズのハーブオイル漬け、ほたての香りオイル漬け、ゴーヤのしょうゆ漬け、卵のみそ漬け、ルッコラのしょうゆ漬け、たっぷりきのこのオイル漬けetc.和風・洋風・エスニック…ジッパーつき保存袋や小さな保存びんを使うから、少量を小スペースでつくれる漬けものアイデア102。セロリのみそ漬けのチーズ焼き、ザワークラウトスープ、ぬか漬けピザ、ピクルス液パンケーキetc.漬けものの世界をもっと楽しむための展開レシピも掲載。
2017.3 95p A5 ¥1000 ①978-4-05-800752-5

◆ちょこっと楽しむ保存食―少量だから手軽でおいしい　伊藤玲子著　家の光協会
【要旨】イチゴ1パックでできるジャムから、保存袋で作る梅干し、冷蔵庫で熟成させるみそまで。保存しやすく、特別な道具がいらない！はじめてでもかんたんに作れる！少量だから季節の保存食が、ふだんのおかず感覚で作れます。
2017.12 95p A5 ¥1000 ①978-4-259-56558-0

◆疲れた胃腸を元気にする　週末ビーガン野菜レシピ　本道佳子著　新潮社
【要旨】肉抜きでもボリューミーで美味しい、奇跡のヘルシーメニュー。主菜から副菜、ごはんにスープ、スイーツ、作り置きまで、世界で活躍する「野菜の伝道師」が75レシピを紹介。毎日は難しくても、週末なら始められる菜食生活。
2017.4 95p A5 ¥1300 ①978-4-10-350921-9

◆築地居留地の料理人―宣教師マダム・ペリーの料理レシピ126　野村高治著, 村上百合子, 村上隆編著　（大阪）清風堂書店出版
【要旨】これが西洋料理の事始め!?明治16年、宣教師館の元サムライ料理人が遺した開化の料理手引き126。子牛の頭四つ、羊の腎臓四つ、豚生まれて三日以内のものを殺して間もなく用うべし…などの豪快レシピが満載！
2017.5 147p A5 ¥1700 ①978-4-88313-855-5

◆築地めし―魚河岸のプロが教える簡単でウマい魚料理　福地享子著　小学館（小学館文庫プレジデントセレクト）
【要旨】築地の仲卸が自宅でつくっているおかずは簡単で旨い！魚河岸のプロが教える、「日本一」簡単で"世界一"旨い厳選レシピをご紹介。築地の春夏秋冬をせいいっぱい描いた旬の「海岸ばなし」を収録。魚河岸のこと、魚のこと…旬の話がわかって魚料理の達人にもなれる、珠玉のレシピ＆エッセイ集。
2017.5 205p A6 ¥700 ①978-4-09-470018-3

◆月たった2万円のふたりごはん　奥田けい著　幻冬舎
【要旨】1人あたり1日わずか333円で、たっぷりしあわせを摑めるごはん。超カンタン節約レシピ60。
2017.8 143p A5 ¥1000 ①978-4-344-03162-3

◆つくおき　3　時短、かんたん、パターンいろいろ　nozomi著　光文社（美人時間ブック）
【要旨】週末にまとめてたっぷりつくおき、空いた時間にちょこっと作り足し、時間をかけず、適量つくおき、食べ方いろいろアレンジおかず！暮らしに合わせた作り置きのコツがたっぷり!!
2017.5 143p A5 ¥1300 ①978-4-334-97922-5

◆作りおきおかずで簡単！朝・昼・晩 糖質オフのダイエット献立　江部康二, 大庭英子著　家の光協会
【要旨】忙しい人でもラクに作れる、2～3品のボリューム献立。1食の糖質20g以下。おいしく食べて確実にやせられます！
2017.11 95p A5 ¥1300 ①978-4-259-56556-5

◆つくりおきを楽しむ暮らし―台所仕事を一番幸せな時間に　伊藤茜著　すばる舎
【要旨】大好評！『簡単なのに本格！絶品つくりおき』著者が、キッチンの裏側を大公開。早く台所に立ちたくなる！絶品レシピ52。
2017.8 127p A5 ¥1300 ①978-4-7991-0635-8

◆つくりおき五味薬味でずぼらやせごはん―まさかのおいしいダイエット！　番場智子著　主婦の友インフォス, 主婦の友社 発売
【要旨】五味薬味を使った『MOCO流ずぼらやせごはん』。コンセプトはおいしい、楽しい、つらくない、めんどくさくない、つまり"ノーストレス"でやせるごはん。手間がかからず簡単だから、ラクに続けられる。美味しいから楽しく食べ続けているうちに体が変わり、心も変わるのを実感できるはず！薬味のパワーで体が健康的になり、自然にやせモードに入っていきます。
2017.7 127p A5 ¥1400 ①978-4-07-421530-0

◆作りおきサラダSPECIAL　主婦の友社編　主婦の友社
【要旨】もっと野菜が食べたい人へ。ねかせておけばおいしくなる、最新200品。
2017.7 207p A5 ¥1380 ①978-4-07-425685-3

◆作りおきの黄金比レシピ300―基本のたれで便利な常備菜がすぐ完成！　主婦と生活社編　主婦と生活社
【要旨】煮物は肉じゃが、かぼちゃの甘煮、大根と豚肉のあっさり煮、いかのトマト煮、さけとかぶのスープ煮など。炒め物は、炒め物はきんぴらごぼう、ハンバーグ、なすの肉みそ焼き、鶏の照り焼き、カリフラワーのキッシュなど。マリネ・酢の物・和え物は魚介のマリネ、きゅうりの酢の物、ブロッコリーのからし和え、もやしのナムルなど。ドレッシングはコールスローの素、マヨネーズソース、南蛮酢だれ、和風から揚げだれなど。調味料の計量比率がよくわかる
2017.2 127p A5 ¥1300 ①978-4-391-14968-5

◆つくりおき野菜ペーストレシピ―ミキサーを使えば時短でプロの味！　横山剛, 梶原政之著　幻冬舎
【要旨】トマト、キャベツ、にんじん、ほうれん草、ごぼう、とうもろこし、ブロッコリー、きのこ。魔法のペーストが冷凍庫にあるだけで1ヵ月の食卓が簡単！ヘルシー！美味しい！アレンジ無限大！
2017.10 109p 20×15cm ¥1200 ①978-4-344-03198-2

◆作りおき やせおかず 簡単おいしい250品　大森真帆ダイエット監修　学研プラス
【要旨】糖質オフ＆野菜たっぷりの作りおきやせおかずで今度こそ、やせる宣言！さまざまなダイエット法の中でも、本書がおすすめのダイエット法の中でも、本書がおすすめのダイエット外来の大森真帆先生による失敗しないダイエットのコツをベースに、この条件を満たす食生活さえできれば、今からでも遅くありません！あなたは必ずやせられます!!週末に数種類作っておいて、それらを組み合わせて毎日食べるだけだから、本当にラクチン！また、メインとサブの作りおきおかずから、汁もの、しらたき麺、レンチン、デザートまで、なんと250品ものバラエティに富んだレシピを紹介！
2017.5 143p A5 ¥1000 ①978-4-05-800761-7

◆作りおきレシピ300―野菜、肉、魚、乾物の下ごしらえがすべてわかる　フルタニマサエ著　日東書院本社
【目次】1 野菜（キャベツ、白菜 ほか）、2 肉・魚（鶏肉、豚肉 ほか）、3 乾物・豆類（大豆、小豆、ひじき ほか）、4 たれ・ソース・ドレッシング、漬けおき下ごしらえ（たれ・ソース・ドレッシング、漬けおき下ごしらえ）
2017.6 128p 26×22cm ¥1300 ①978-4-528-02156-3

◆作る・食べる・保存がこれ1つで 毎日のホーローレシピ　真藤舞衣子著　講談社（講談社のお料理BOOK）
【要旨】ホーローってもっと使える！直火調理、オーブン料理OK。そのまま保存、冷凍保存もOK。前菜、メイン、お菓子作りまで大活躍。
2017.7 79p A5 ¥1300 ①978-4-06-299699-0

◆つくわけrecipe―1度の仕込みで4度おいしい。　伊藤茜著　ワニブックス
【要旨】働くママなら、예약분も3食分作ってしまえば保育園のお迎えまで思いっきり働ける。スーパーで半額のお肉を買いだめした時は、一気に半調理して、冷凍しておけば一安心。自分の未来を助ける、ほんの少しの先回り。それが「つくわけ」です。下準備から作りおきおかずと、飽きない味になる「一石四鳥レシピ」のご紹介。
2017.12 127p A5 ¥1300 ①978-4-8470-9625-9

◆ツレヅレハナコの小どんぶり　ツレヅレハナコ著　宝島社
【要旨】明太子ディルバター、生ハムゆずこしょう、トマトしょうが焼き、溶けるチーズとキムチ、温泉卵とレモン、ねぎ塩からのとろとろ天津飯…茶碗にも、どんぶり未満がちょうどいい。和食でも、エスニックでもない。クセになる味72レシピ。
2017.7 111p A5 ¥926 ①978-4-8002-6668-2

◆てふや食堂 レベル0からはじめる勇者ごはん　てふや食堂著　一迅社
【要旨】調理器具・調味料、材料の計り方、買い物の仕方。大根と豆腐のおかかサラダ、レンジで蒸しなす、ほうれん草とベーコンと卵の炒め物、レタスのガーリックオイルがけ、ドライカレー、チキンピカタなど。自炊超初心者向け、はじめての人もこれ1冊でOK！勇者たちが家庭料理に奮闘する漫画も付いた、異色のレシピ本!!
2017.4 96p A5 ¥1300 ①978-4-7580-3261-2

◆手間いらず、味が決まる 漬け床で絶品おかず　しらいのりこ, 寺田聡美, 山田奈美, 植松良枝著　家の光協会
【要旨】合わせた調味料に漬けるだけ。忙しい人のおいしい味方！
2017.8 95p B5 ¥1400 ①978-4-259-56547-3

◆デリおき―毎日カンタン！作りおき洋風惣菜　依田隆著　秀和システム
【要旨】大人の隠れ家レストランのとっておき！ひと工夫で手軽に本格的な味が楽しめる、"魔法"の作りおきレシピ。
2017.3 127p A5 ¥1300 ①978-4-7980-5034-8

◆てんきち母ちゃんの茶色いおかずばっかり！　井上かなえ著　扶桑社
【要旨】地味だけど、おいしい。簡単おかずも、作りおきも、お弁当もおまかせ!!レシピブログ殿堂入り大人気ブロガーの最新作。
2017.6 125p A5 ¥1400 ①978-4-594-07719-8

◆電子レンジでつくるシニアのらくらく1人分ごはん―大きな文字でよみやすい！　村田裕子著　PHP研究所

料理・食生活

実用書

◆糖質オフのおいしい小鍋―すぐできる！栄養たっぷり！　チームローカーボ著　河出書房新社
【要旨】身近なスーパー＆コンビニ食材で誰でも失敗なし！10分で完成！糖質オフなのに、たんぱく質と野菜たっぷり。満腹感も味わえて、バリエーションもいろいろ。健康にもダイエットにもよく、おいしくて食べ飽きない…。いいとこづくめの糖質オフの小鍋のレシピ集です。
2017.12 143p 18×12cm ¥1100 ①978-4-309-28656-3

◆糖質オフの夏ごはん　金丸絵里加著　宝島社
【要旨】高タンパク、ビタミン、ミネラル豊富な食事で疲れない体に！ダイエットしながら夏バテ対策！全レシピ糖質20g 以下。
2017.7 111p 27×22cm ¥800 ①978-4-8002-7420-5

◆得するごはん―得損ヒーローズ「時間・お金・基本の得ワザ」大全集　「得する人損する人」編　マガジンハウス
【要旨】サクサクジューシーな新定番から揚げ、ふわふわエアリーな新型オムレツ、魔法の隠し味コクたっぷりカレー、輪切りにしてコロコロなすゼリー、漬物を使えば、安くておいしい弁当ができる10分で作れる！ギトギト汚れにはゴミ袋が大活躍…時間・お金・基本、良いとこ取りの得ワザレシピを大公開！番組唯一の公式本『得する家事』第2弾‼
2017.3 203p B6 ¥1300 ①978-4-8387-2908-1

◆とにかくかんたんゆるーっとはじめる10分自炊　島本美由紀著　東京書籍
【要旨】ぜ～んぶ10分以内！電子レンジとひと口コンロだけ！わたしでもできるかんたんレシピ78。
2017.6 127p B5 ¥1300 ①978-4-88574-575-1

◆トマト、冷蔵庫に入れてませんか？　竹森美佐子監修、えのきのこイラスト・漫画（名古屋）リベラル社、星雲社 発売
【要旨】いろいろな食材の栄養を逃さない調理と保存の方法がよくわかる！
2017.11 167p A5 ¥1000 ①978-4-434-24051-5

◆とりあえず野菜食BOOK―とにかく簡単。見た目もおいしいベジ料理レシピ　植木俊裕著　学研プラス
【要旨】ベジ生春巻き／豆腐と野菜のハンバーグ／シシリアンカポナータ／パワーサラダ／かぶとさつまいもとベーコンのグリル／ほうれん草としめじの春雨スープ／ほうれん草パンケーキのワンプレート／半分サンド／刻み野菜のミートソースパスタ／ミニトマトのマリネ／パプリカのマリネ／ラディッシュのマリネetc. 発案者utoshによる未公開photo＆新作レシピを初披露！驚くほど簡単なのにフォトジェニック。思わず写真に撮りたくなる、おいしい野菜レシピ。
2017.6 127p A5 ¥1300 ①978-4-05-800727-3

◆とりにく屋さんの本―長野県に根付いて60年 お惣菜の本郷鶏肉監修 つくりたい、つくれる！　本郷鶏肉監修　（松本）本郷鶏肉、（長野）信毎書籍出版センター 発売
【要旨】いつものとり肉料理が、いつもと違う！だれもが、カンタンに本格的な味を出せるとり肉専門店のプロのレシピ満載。鶏への愛情とこだわりがたくさんの一冊！
2017.10 71p B5 ¥1667 ①978-4-88411-149-6

◆とりわけごはん―赤ちゃんもママもうれしい　熊谷しのぶ著　（札幌）北海道新聞社
【要旨】札幌の人気子連れカフェ発！大人ごはんを作っている途中で赤ちゃんごはんもできちゃう！離乳食の基本からおすすめ食材まで、しあわせな食卓づくりを応援するレシピ45品。
2017.12 95p B5 ¥1500 ①978-4-89453-882-5

◆ないしょの夜おやつ―今日も一日、おつかれさまでした。　藤吉陽子料理、近藤順子小説　ナツメ社
【要旨】本書で紹介するレシピは、15分前後で完成する簡単なものばかり。夜にぴったりの、素材にも体にもやさしいおやつを集めました。おつまみになるものや、飲み物のレシピも紹介しています。
2017.3 143p B6 ¥1000 ①978-4-8163-6201-9

◆夏つまみ―暑い季節を美味しくすごす　きじまりゅうた著　池田書店
【要旨】シュワッとしたお酒とともに、夏を楽しむつまみ本。スパイスや辛味の効いたもの、しょうがやパクチーなどを使ったもの、あっさり、さっぱり味のものなどなど、夏に美味しいつまみを厳選して紹介しています。ビールはもちろん、レモンサワーなど炭酸系のお酒と合わせて、暑い夏こそ、美味しいひと時を。
2017.6 159p 18cm ¥1000 ①978-4-262-13030-9

◆鍋ごとオーブンで、ごちそう煮込み料理　上島亜紀著　学研プラス
【要旨】オーブン×鍋だから、ほったらかしで極上煮込み。コトコト火にかけるより短時間で、プロ並みの絶品煮込みが完成！毎日の定番から、カレーやシチュー、特別な日のごちそうまで、コツいらず失敗知らずのレシピ満載。
2017.10 127p 19×23cm ¥1300 ①978-4-05-800797-6

◆ナンシーさんの和の台所仕事　ナンシー八須著　ワニブックス
【要旨】アメリカから来たからこそわかったていねいな日本のごはん作りの秘訣。
2017.11 119p A5 ¥1400 ①978-4-8470-9612-9

◆なんでも小鍋―毎日おいしい10分レシピ　小田真規子著　ダイヤモンド社
【要旨】小鍋ひとつでなんでもできちゃう！パスタにカレー、麻婆豆腐にプリンまで！朝も、ランチも、晩酌も。「10分で」「本格的な」驚きレシピ。
2017.10 159p 18cm ¥1100 ①978-4-478-10391-3

◆肉サラダ―1肉1野菜で作る！主役級！堤人美著　グラフィック社
【要旨】メイン素材は2つだけ！だから買い物もラク！調理もラク！その上ごはんもビールも進みます！
2017.5 111p 26×20cm ¥1500 ①978-4-7661-3045-4

◆肉料理―絶対に失敗しない「焼き方」「煮込み方」55　柴田書店編　柴田書店
【要旨】トップシェフの、火入れと仕立ての秘訣を全公開。厨房で日々直面する疑問と悩みを一挙に解決します。この一冊であなたも明日から「肉料理マスター」に！
2017.8 272p 26×21cm ¥3700 ①978-4-388-06270-6

◆2時間で3日分の献立づくり―7人家族、ゆーママの台所しごと 下ごしらえ、作りおき、使いきり　ゆーママ著　KADOKAWA
【要旨】今日のごはん、どうしよう…がなくなります。4つの鍋で一気に下ごしらえ。作りおきもプラスした献立。次の日のお弁当で使いきり。買いものから始まる献立づくり…それぞれの朝ごはんから7人分の夜ごはんまで、冷蔵の作りおきも、とことん活用！無駄なく、かんたん、おいしい料理計画です。
2017.11 126p A5 ¥1300 ①978-4-04-069072-8

◆2週間で体が変わる グルテンフリーの毎日ごはん　溝口徹、大柳珠美著　青春出版社
【要旨】疲れがとれない、太りやすい、アレルギー、便秘、イライラする…小麦抜き、乳製品抜きで心と体の不調が消える！最新栄養医学でわかった、効果がアップする食べ方と、おいしく無理なく続けるヒント。
2018.1 126p A5 ¥1560 ①978-4-413-11242-0

◆日常づかいのシナモン・レシピ　日沼紀子著　産economic業編集センター
【要旨】焼いて、揚げて、和えて、煮込んで…シナモンを使って作る絶品料理の数々。ドリンク、スイーツレシピも！
2017.6 119p 25×19cm ¥1500 ①978-4-86311-153-0

◆日能研の塾ごはん―子どもの成長を食事からサポート！　椎名伸江著　文化出版局
【要旨】脳のスイッチをオンにする！朝ごはん。さっと食べられて！眠くならない！お弁当。不足しがちな栄養をチャージできる！おやつ。遅い時間に食べても安心！太らない！夕ごはん。子どもが食べたいレシピが満載！
2017.6 126p A5 ¥1400 ①978-4-579-21295-8

◆「乳酸発酵漬け」の作りおき　荻野恭子著　文化出版局
【要旨】野菜、乾物、果実、肉・魚から、米みそ、豆みそ、中国の発酵調味料まで。
2017.5 79p 26×19cm ¥1500 ①978-4-579-21301-6

◆ニューサンドイッチ―有名・繁盛店のレシピとデザイン　旭屋出版編集部編　旭屋出版
【目次】断面系サンド、ベジサンド、タワーサンド、パーティーサンド、プレートサンド、肉＆チーズサンド、チキンサンド、ツナサンド、アボカドサンド、たまごサンド、パテやペーストのサンド、オープンサンド、バーガー、フルーツサンド、スイーツサンド
2017.8 147p B5 ¥2500 ①978-4-7511-1294-6

◆ニュースタイルレシピ―素材×色×形の組み合わせで、いつもの料理がおしゃれに　金子ふみえ著　主婦と生活社
【要旨】ファッションデザイナーのキャリアを持つ著者が作るおいしい新発想レシピ80。
2017.12 88p B5 ¥1400 ①978-4-391-15094-0

◆人気ラーメン店が探究する調理技法　旭屋出版編集部編　旭屋出版
【目次】東京町田・超純水採麺天国屋、神奈川大和・うまいよゆうちゃんラーメン、神奈川横浜・拉麺大公、神奈川横浜・らーめん森や。、神奈川横浜・横浜中華そば維新商店、神奈川反町・ラーメン星印、東京南長崎・KaneKitchen Noodles、新宿白板・とり麺や五色、東京錦糸町・麺や佐市 錦糸町店、東京早稲田・ラーメン巌哲（ほか）
2017.11 192p 28×21cm ¥3500 ①978-4-7511-1308-0

◆人気料理家5人が伝授 ふたりで食べる日のとっておきレシピ　笠原将弘、坂田阿希子、SHIORI、青山有紀、ワタナベマキ著　講談社（講談社のお料理BOOK）
【要旨】「ゼクシィキッチン」でも検索上位にランクする人気レシピを持つカリスマ料理家5人が集結！
2017.3 95p A5 ¥1000 ①978-4-06-299692-1

◆人気料理家の自家製レシピ―作りおきプレミアム レタスクラブの傑作選　KADOKAWA
【要旨】作りおきの次は自家製！思ったよりずっと簡単！しかも、おいしさ長もち。料理研究家の知恵を集めた、一生ものの自家製レシピ96。
2017.4 127p A5 ¥1200 ①978-4-04-895947-6

◆にんじん、たまねぎ、じゃがいもレシピ　山田英季著　光文社
【要旨】おなじみの"彼ら"で作る多彩なおかず！いつでも家にある定番野菜を、もっと上手に使う調理法のコツが満載のかんたんおいしいレシピ。味つけ、切り方、組み合わせ。ちょっとした調理法のコツが満載のかんたんおいしいレシピ。
2017.12 108p B5 ¥1400 ①978-4-334-97970-6

◆脳を育てる！子どものためのブレインフード＆レシピ71　久保田競監修　（川崎）城南進学研究社、サンクチュアリ出版 発売
【要旨】すべてのレシピにコリン量を記載！子どもに食べさせたい、頭がよくなる71レシピ。
2017.9 96p 24×18cm ¥1350 ①978-4-86113-337-4

◆野崎さんに教わる 野菜料理おいしさのひみつ　野﨑洋光著　家の光協会
【要旨】すぐにできる小鉢から、とっておきの1品まで。なぜおいしいのかがよくわかる！毎日使える118レシピ。野菜料理の保存版。
2017.5 179p A5 ¥1400 ①978-4-259-56542-8

◆野﨑洋光 春夏秋冬の献立帳―「分とく山」の永久保存レシピ　野﨑洋光、幕内秀夫著　世界文化社
【要旨】今晩の食事にもう迷わない、四季折々の266品。簡単だから今日から作れる49献立。あらかじめできる、作りおきできるマーク付きで、作りやすさバツグン！
2017.11 208p B5 ¥1800 ①978-4-418-17335-8

◆のっけごはん―お茶碗一杯のしあわせ！　ごはんのとも研究会著　宝島社
【要旨】早い、美味い、簡単！白いごはんがもっとおいしくなる意外なアイデア満載！とっておきの76レシピ。
2017.4 159p 18cm ¥648 ①978-4-8002-6919-5

◆ばあちゃんの幸せレシピ　中村優季著　木楽舎
【要旨】ロックでキュート！めくるめく『ばばワールド』へ、みなさんご一緒に！恋、結婚、家族、暮らし、世界じゅうの旅先で出会ったばあちゃんたちからもらった幸せな人生のレシピ。3年をかけて15ヶ国で100人以上のばあちゃんに会ってきた筆者がまとめた、圧倒的にリアルな、ばあちゃんとの女子トーク。自由に楽しく、美しいシワを刻みながら生きるためのヒントとは？
2017.2 175p A5 ¥1500 ①978-4-86324-111-4

◆ばぁば 92年目の隠し味―幸せを呼ぶ人生レシピ　鈴木登紀子著　小学館
【要旨】「きょうの料理」（NHK）の看板講師として人気ダントツのばぁばが、時にやさしく時

にお小言を交えながら厳選レシピと自らの人生を語り下ろしました。それはテレビの口調のまま、懇切丁寧にして縦横無尽。愛情のこもった手料理を囲む幸せ、それこそ「万福」だと微笑むばぁばの金言の数々はまさに、幸せを呼ぶ人生レシピです―。最新にして渾身の全編語り下ろし。これぞ、ばぁばの集大成にして決定版!
2017.5 223p B6 ¥1400 978-4-09-396540-8

◆**博多ニワカそうすの塗るだけレシピ** タケシゲ醤油著 (福岡)書肆侃侃房
【要旨】和食、洋食、中華にアジアごはん、パンにデザートだって「塗る」だけ。魔法のそうすで作るレシピ101。
2017.6 127p A5 ¥1300 978-4-86385-258-7

◆**はかどるごはん支度** 高木えみ著 幻冬舎
【要旨】悩まない、焦らない、迷わない。毎日の料理が楽しくなる。倍の量作って大変身するリメイクレシピ。自家製ダレのレシピも。食材の"半作りおき"レシピ。
2017.12 175p B6 ¥1200 978-4-344-03235-4

◆**爆ラク! 小鍋―何も作りたくない日の** 井澤由美子著 主婦の友社
【要旨】少ない材料でパパッ! とおいしい。疲れてクタクタでも作る気になる爆ラク鍋を満載。
2017.12 159p 18cm ¥1100 978-4-07-427572-4

◆**バゲットと美味しいパン―こねないで作れる** 藤田千秋著 日東書院本社
【要旨】バゲット、そば粉&黒豆甘納豆のバゲット、セモリナ粉&あおさのりのバゲット、ベーコン&チーズのバゲット、基本の食パン、あんこの食パン、クランベリーの食パン、ココナッツのねじねじパン、野菜入りのねじねじパン、塩ブリオッシュ、マロンのブリオッシュ、アールグレーとプルーンのブリオッシュ、ポテトと粒マスタードのブリオッシュ…etc。こねずに簡単。ハード系のパンもふわふわ系のパンもこれ一冊
2017.4 96p 24cm×19cm ¥1400 978-4-528-02151-8

◆**箱詰め名人の持ちよりベストレシピ** いづいさちこ著 家の光協会
【要旨】華やかで作りやすい料理と、容器の選び方・詰め方で差をつける! 持ちより先で喜ばれるアイディア集。
2017.8 95p B5 ¥1400 978-4-259-56546-6

◆**はじめてでもおいしく作れる米粉のパウンドケーキ―小麦粉、乳製品、卵を使わないグルテンフリーレシピ50** 多森サクミ著 マイナビ出版
【目次】1 基本のパウンドケーキ(ふんわり、しっとりパウンドケーキ、簡単リッチパウンドケーキ、しっとりリッチパウンドケーキ、シンプルシルキーパウンドケーキ)、2 8種の粉のパウンドケーキ(おからケーキ・プレーン、大豆粉ケーキ・プレーン、雑穀ごはんケーキ、コーンミールケーキ・プレーン、きな粉ケーキ・プレーン、そば粉ケーキ・プレーン、ひよこ豆粉ケーキ・プレーン、炒りぬかケーキ・プレーン、ホワイトソルガムケーキ・プレーン)、初心者でもよくわかる米粉パウンドケーキの基礎BOOK
2017.9 95p B5 ¥1400 978-4-8399-6347-7

◆**初めてでもおいしく作れる絶品サラダ** 市瀬悦子著 マイナビ出版 (マイナビ文庫)
【要旨】定番からデリ風まで、毎日食べたい67レシピ。
2017.8 175p A6 ¥740 978-4-8399-6370-2

◆**はじめてのおいしいマクロビオティックごはん220** 石澤清美料理、野口節子監修 主婦の友社 (実用No.1)
【要旨】初心者でも簡単! これ一冊で一生使える。マクロビオティックの基本から四季の献立まで滋味あふれる自然な味で心も体もととのう満足レシピ。
2017.2 191p 24cm×19cm ¥1300 978-4-07-422586-6

◆**はじめまして電鍋(ディエングォ)レシピ―台湾からきた万能電気釜でつくるおいしい料理と旅の話。** 口尾麻美著 グラフィック社
【要旨】ただいま、人気上昇中! レトロなフォルムの"ディエングォ"は台湾生まれの万能鍋。
2017.11 159p A5 ¥1500 978-4-7661-3096-6

◆**はじめよう! きのこ習慣! きのこ女子大のラクうまヘルシーレシピ** シンコーミュージック・エンタテイメント
【要旨】人気の野菜ソムリエCanacoさんがレシピ監修、現役女子大学生が考案した、簡単、美味しいヘルシーなきのこレシピが満載! ぶなし

めじ、えのきたけ、エリンギなどのきのこを野菜・肉・魚と合わせたお手軽ヘルシーレシピ集。大人も子どもも楽しめる絵本「えのくんのおつかい」付き!
2017.12 95p A5 ¥1204 978-4-401-64525-1

◆**パスタの本** 細川亜衣著 KTC中央出版
【目次】乾燥パスタ、生パスタ・ショート、生パスタ・ロング、スープ状のパスタ、ニョッキ・詰めもの・オーブン焼きなど、パスタの目次(パスタとは/乾燥パスタと生パスタ/使用する粉、形/ソース/道具、基本のパスタ生地の作り方、のばし方/成形/保存、量/ゆで方/塩分、ゆで上がりのタイミング/盛りつける皿、オリーブ油/塩、バター/ハーブ、レシピについて、本書で使用している基本食材)
2017.6 212p B5 ¥2600 978-4-87758-763-5

◆**長谷園「かまどさん」で毎日レシピ―魔法の土鍋でふっくら&じっくり! ごはんもおかずもおいしい!** サルボ恭子著 河出書房新社
【目次】「かまどさん」でごはん(白米のごはん、おかゆ、雑穀ごはん ほか)、「かまどさん」で常備菜(ごぼうのごま梅煮、白菜と貝柱煮、なすのとろっと煮 ほか)、「かまどさん」で作ってそのまま食卓へ(豚汁風鍋、水炊き、どんなキムチ鍋 ほか)
2017.10 95p B5 ¥1400 978-4-309-28647-1

◆**バターを使わないグラタンレシピ** 市瀬悦子著 マイナビ出版
【要旨】軽やかで驚きのないおいしさ、かんたん&ヘルシーな49レシピ。
2017.9 111p A5 ¥1370 978-4-8399-6396-5

◆**バターなしでリッチに仕上げるオイルケーキ―初心者でも失敗なし!** 吉野陽美著 講談社
【要旨】材料配合の黄金比率により、バターなしでもリッチに仕上がる。たっぷりの具材を入れても分離せずに仕上がるのは材料配合のなせる技。オイルケーキとは思えないくらい、濃厚で贅沢な味わいを実現。人気のバターケーキもオイルケーキレシピで再現。
2017.11 79p A5 ¥1500 978-4-06-509106-7

◆**はちみつスイーツ** 若山曜子著 家の光協会
【要旨】クレープ、スムージー、カステラ、ロールケーキ、プリン…朝食にもなる簡単スイーツから、プレゼントしたい焼き菓子まで。やさしい甘さのしあわせスイーツ。
2017.5 87p 26cm×19cm ¥1400 978-4-259-56541-1

◆**発酵リビングフード―発酵のチカラで生なのに作りおき!** 睦美著 キラジェンヌ
【目次】1 AVOCADO、2 GREEN VEGETABLES、3 TOMATO、4 MUSHROOM、5 ZUCCHINI、6 NUTS、7 BITTERGOURD、8 SEAWEED、9 FRUITS、発酵リビングフード体験談、「発酵リビングフード」を学びたい方へ
2017.6 128p B5 ¥1400 978-4-906913-65-7

◆**服部幸應の知ってておいしいだし事典** 服部栄養専門学校監修 実業之日本社
【要旨】だし、とっている「つもり」になってませんか? 「間違ってた」「知らなかった」「知りたかった」なら、服部先生に聞いてみよう! だしの基本&家庭で使えるヒント。
2017.11 111p A5 ¥1400 978-4-408-00898-1

◆**華やかおもてなし フルーツカッティングの教科書―基本のカットから創作アレンジで** 根津有加里著 エムディエヌコーポレーション、インプレス 発売
【要旨】基本のカット、アレンジ&デコレーション、季節やイベントに合わせたアイディアの数々…フルーツカッティングがこの一冊でわかる!
2017.9 175p B5 ¥3000 978-4-8443-6711-6

◆**離れている家族に冷凍お届けごはん** 上田淳子著 講談社 (講談社のお料理BOOK)
【要旨】電子レンジでチンしてでき上がり! うれしい手料理の味! 届けて安心! もらってうれしい! 家族の絆も深まる、便利でおいしいお届けごはん。
2017.6 79p B5 ¥1300 978-4-06-299695-2

◆**パパでもかんたんあみごはん―5分あれば可愛くできちゃう** 国分亜美著 評言社
【要旨】いつものおうちごはんをちょっとアレンジ! みんなが喜ぶキャラごはんレシピいっぱい。
2017.8 103p B6 ¥1000 978-4-8282-0591-5

◆**バーベキューの人気レシピ―かんたん&おしゃれ BBQレシピなんでも監修** 立東舎、リットーミュージック 発売
【要旨】肉はもちろん、野菜もたっぷり! おつまみからデザートまでおいしい外ごはんが76品。
2017.4 111p A5 ¥1360 978-4-8456-3009-7

◆**浜内千波 調理の新常識** 浜内千波著 主婦と生活社
【要旨】栄養を逃さず、料理はもっとおいしく、簡単になる! 家庭料理を研究し続けて40年。実験や検証を重ねてたどり着いた驚きのコツを一挙公開!
2017.8 143p A5 ¥1300 978-4-391-15052-0

◆**バランスごはん** 有元葉子著 東京書籍
【要旨】「ああ、美味しかった!」と自然に思える。たんぱく質や野菜、穀類といった「素材」、赤、緑、黄などの「色彩」、焼く、煮るなどの「調理方法」、甘い、辛いの「味つけ」と、これらのバランスがとれていれば、必ず美味しいごはんになります。
2017.6 95p 26cm×19cm ¥1600 978-4-487-80973-8

◆**はるはるママの試合に勝つ子を育てる! 強いからだをつくる献立** はるはる著 KADOKAWA
【要旨】アスリートフードマイスター3級が提案。ガツンと食べてパフォーマンス力がUP!
2017.7 110p A5 ¥1300 978-4-04-069314-9

◆**晩酌が俄然楽しくなる超・時短燻製121―5分でかける"煙の魔法"** たけだバーベキュー著 ワニブックス
【要旨】アウトドアやバーベキュー、アルミホイルのレシピ本で人気を博してきた、たけだバーベキューが提案するのが、自宅でも、簡単に、手早くできる『時短燻製』。ズボラだけど、おいしいモノ好きのグルメにこそ試してほしい、超スマートなテクニックです。最低限の用意をすれば、最短3分、最長10分で、あっという間に出来上がり。さらに燻製メニューにアレンジを加えれば、メニューに無限のバリエーションが広がります。家での食事や晩酌が格段に楽しくなる、死ぬまでに食べておきたい121のレシピ&アレンジを召し上がれ。
2017.11 159p 18cm ¥926 978-4-8470-6599-6

◆**美食家のための贅沢和食―大人気割烹が教える3ステップ究極レシピ** 原正太郎著 扶桑社
【要旨】元祖世界一美味しい「卵かけトリュフごはん」の店「はらまさ」が伝授。自宅で作れる! 簡単なのに傑作レシピ73。この男が家でつまみたい! 酒を呼ぶ和食満載。余らせがちないただきもの&珍味、豪華食材がいつもと違う究極の一品に。
2017.12 175p 18cm ¥1000 978-4-594-07879-9

◆**飛田和緒のおうち鍋** 飛田和緒著 世界文化社
【要旨】家族がみんな喜ぶ、毎日でも食べたいとっておきのなべ料理。時間がないときの夕食からおもてなしまで、充実のなべ56レシピ+副菜15レシピ。
2017.10 127p A5 ¥1300 978-4-418-17343-3

◆**ひだゴハン―飛田和緒さんの「ご飯」レシピ** 飛田和緒著 東京書籍
【要旨】白飯さえあればOK! 冷蔵庫からごそごそと食材を出して、切る、炒める、煮るかして、ご飯にのっける、一緒に炒める、揚げる、オーブントースターに放り込んで焼く、のりで巻く、汁やスープをかける…。一つの器の中に「おいしい」をギュッと詰め込んだ、飛田和緒さんの「ご飯」レシピ。
2017.4 111p A5 ¥1400 978-4-487-81040-6

◆**美と健康をかなえる メリハリ寝かせ玄米生活** 荻野芳隆著 学研プラス
【要旨】3日間熟成させた、もっちもちのおいしさ! とにかくおいしい! もっちもちの新食感。噛みごたえも抜群! 簡単、手間なし。一度にたくさん炊いて、冷凍もOK。炊き方も簡単。経済的で健康的。栄養豊富なパーフェクトフード! 1品で体もおなかも大満足。これが玄米!?と誰もが驚く「寝かせ玄米のヒミツ」。
2017.1 128p A5 ¥1300 978-4-05-800698-6

◆**美と健康のつくりおきファイトレシピ―野菜とフルーツの力が体を変える** 宮澤陽夫監修、牛尾理恵レシピ監修 光文社
【要旨】ダイエットに! アンチエイジングに! LAセレブも注目する野菜とフルーツの力を引き出すレシピ。全品に、ひと目でわかる野菜のバ

料理・食生活

◆一皿でごちそう！わたしの煮込み料理
若山曜子著　宝島社
【目次】牛肉の煮込み、豚肉の煮込み、ラム肉の煮込み、鶏肉の煮込み、ひき肉の煮込み、肉加工品の煮込み、シーフードの煮込み
2017.11　95p　B5　¥1200　978-4-8002-6326-1

◆ひとつの野菜で作りおき—色のきれいな5色の副菜100　ワタナベマキ著　立東舎、リットーミュージック 発売　（料理の本棚）
【要旨】ほうれんそう・小松菜・さやいんげん・スナップえんどう・かぼちゃ・トマト・ミニトマト・じゃがいも・れんこん・紫いも・紫玉ねぎ・ごぼう・ひじき…1種類の野菜で作る簡単ヘルシーな常備菜レシピをたっぷり紹介。知らなかった野菜づかいに心が躍る100の作りおき。
2017.2　111p　A5　¥1360　978-4-8456-2987-9

◆ひとつの野菜で作る常備菜—今日作って、1週間使える野菜別ストックとアレンジおかず　野菜をたっぷり食べる！という日にも少しだけほしいときにも、重宝します　庄司いずみ著　世界文化社
【要旨】野菜の調理ストック、シンプルに単品主義にしてうまくいく。あれもこれも種類をそろえなくても手軽に作れて、そのまま食べたり、薬味をちょい足ししたりしても、美味しい。調理済みだから展開料理も時短でOK。野菜を美味しく使いきることができるいいことだらけの常備菜です。
2017.9　127p　A5　¥1300　978-4-418-17332-7

◆「ひと手間」でおいしさと幸せひろがる 今夜はごちそう煮込み　大橋由香著　ナツメ社
【要旨】あこがれの煮込みが、いつものお鍋で。素材のうまみがギュッとつまったレシピ。
2017.11　127p　B5　¥1300　978-4-8163-6336-8

◆ひと目でわかる！ 冷蔵庫で保存・作りおき事典　島本美由紀著　講談社　（講談社の実用BOOK）
【要旨】家事の「ラク」を追求してきた著者がたどり着いた、究極の冷蔵庫活用法を徹底解説。気になる食品保存のテクニックから、「作りおき」のコツまで、冷蔵庫活用で食事の手間やムダ遣いを徹底排除する秘訣を伝授します。
2017.5　127p　24×19cm　¥1200　978-4-06-299874-1

◆ひとり暮らしからシニアまで 小さな鍋で絶品おかず　石澤清美著　家の光協会
【要旨】10〜15分で簡単にできる、毎日食べたいおかず。小さな鍋ひとつでここまで作れる！
2017.1　95p　A5　¥1100　978-4-259-56553-4

◆ひとり分から作れる麺の本　市瀬悦子著　マイナビ出版　（マイナビ文庫）
パパッと作れておなかも満足！かんたん麺レシピ。
2017.10　203p　A6　¥740　978-4-8399-6421-4

◆ひとりぶん料理の教科書—はじめてさんでもおいしく作れる基本レシピ　福田淳子著　マイナビ出版　（マイナビ文庫）
【目次】はじめる前に 調理以前の基礎レッスンABC、1 作ってみよう！はじめてのひとりぶん料理、2 帰ってから20分のひと皿ごはんメニュー、3 はじめてでも安心！定番おかずメニュー、4 おいしい脇役菜レシピ、5 大好き！麺メニュー、料理辞典
2017.9　205p　A6　¥740　978-4-8399-6306-4

◆日々の野菜帖　高橋良枝著　朝日新聞出版
【要旨】野菜をおいしくいただきたい雑誌『日々』の編集長である著者が余命1年のなかで綴ったレシピたち。日々、一食一食を大切にし、愛にあふれた料理。手をかけて料理する喜びがたっぷり詰まった『日々の野菜帖』。
2017.7　139p　14×20cm　¥2000　978-4-02-333163-1

◆秘密の型なしパイ　河井美歩著　主婦と生活社
【要旨】バターなし・卵なし、グルテンフリー、練り込みパイ、3つの生地で作る秘密の型なしパイ。驚くほどシンプルでおいしい！アメリカ生まれの世界でいちばん簡単なパイのレシピ。
2017.12　79p　B5　¥1400　978-4-391-15108-4

◆100歳まで元気でいるためのパパッと簡単！作りおき—体を丈夫にする食べ方の工夫　村上祥子著　PHP研究所
【要旨】長寿の秘訣はおいしっかり食べること。簡単な下ごしらえで「ムリなく」「ムダなく」。ランスアイコンつき。
2017.9　79p　B5　¥1400　978-4-334-97952-2

◆100%下ごしらえで絶対失敗しない定番料理　水島弘史著　幻冬舎
【要旨】ひき肉は油で、魚は食塩水で臭みを抜く—ロジカルなひと手間で、格段においしくなる。もやしと香菜のサラダ、キャロットラペ、キャベツとりんごのワインビネガー蒸し炒め、キーマカレー、豚肉のビール煮…毎日食べてもあきない基本料理と身近な食材の変身レシピ。
2017.10　127p　B6　¥1300　978-4-344-03190-6

◆不思議と幸せを呼びこむスピリチュアルごはん　タドジュンコ著　リンダパブリッシャーズ、泰文堂 発売
【要旨】潜在能力の開花する食事—食べると不思議と「身体が軽くなる」「癒される」「体質が変わった」「赤ちゃんができた」「結婚が決まった」「感受性が上がった」「金運アップした」など、良いことが次々起こるという報告がたくさん！食事を変えるだけで不思議と心が研ぎ澄まされ、エネルギーが満ちてくる。食べるだけで人生が変わる！新しい扉が開く！幸せになる食べ方のヒント。
2017.4　167p　B6　¥1400　978-4-8030-1033-6

◆プチプチサラダ、つぶつぶタブレ—スムール、ブルグル、キヌアとたっぷりの野菜で楽しい食感が楽しい惣菜とサラダ　上野万梨子著　誠文堂新光社
【要旨】1 つぶつぶ素材でプチプチサラダ、「タブレ」を楽しむ（Semoule—スムールで、Boulghour—ブルグルで、Quinoa—キヌアで、Wafumi—和風味、タブレに一肉や魚介をプラスしてメインディッシュに）、2 つぶつぶ素材でおいしさアップ惣菜アラカルト（スムールの作りおき4種、à la carte）
2017.5　95p　26×19cm　¥1300　978-4-416-51727-7

◆不調・病気知らずの体をつくるおくすりごはん　梅崎和子著　家の光協会
【要旨】体の中にある自然の治癒力をやさしく引き出す食事と手当て。
2017.2　191p　A5　¥1400　978-4-259-56529-9

◆太らない夜食　森崎友紀著　トランスワールドジャパン　改訂版
【要旨】お腹にやさしいスープからボリュームたっぷりの丼まで。オール300kcal以下！低糖質レシピ80品も収録。
2017.11　96p　B5　¥1100　978-4-86256-217-3

◆太らない夜遅レシピ　主婦の友社編　主婦の友社　（実用No.1シリーズ）
【目次】1 2ステップレシピ（豚肉とキャベツのザーサイ蒸し、ささ身と彩り野菜のゆずごしょう照り焼き ほか）、2 10分で作れる！夜だけ糖質オフ（肉の糖質オフおかず、魚介の糖質オフおかず ほか）、3 お助け食材で簡単カット（レトルト食品活用おかず、カット野菜＆冷凍野菜活用おかず ほか）、4 レンチンでラクチン！（肉のレンチンおかず、魚介のレンチンおかず ほか）
2017.8　143p　24×19cm　¥1100　978-4-07-425194-0

◆フライパンでできる米粉のパンとおやつ—小麦粉なしでも本当においしい　多森サクミ著　立東舎、リットーミュージック 発売　（料理の本棚）
【要旨】焼きたてに感動！おうちでも楽しめるグルテンフリーのレシピ集。卵も乳製品もオーブンも使わずに、気軽につくれる72品。
2017.1　95p　B5　¥1300　978-4-8456-2902-2

◆フライパンで蒸し料理—肉も野菜も、しっとりふっくら、かんたんに作れる　堤人美著　家の光協会
【要旨】1 さっと作る毎日の蒸しレシピ（肉、魚介、大豆製品・乾物）、2 人が集まる日に。ごちそう蒸しレシピ（チキンラタトゥイユ、スペアリブの豆豉〈トウチ〉蒸し、ラムと豆、じゃがいも、玉ねぎのタジン ほか）、3 野菜ひとつで作るシンプル蒸しレシピ（かぶらの香味蒸し、ミニトマトの炒め蒸し、ピーマンのごま蒸し ほか）
2017.10　95p　B5　¥1300　978-4-259-56551-0

◆フライパンで山ごはん 2 シンプル・簡単なレシピ91　ワンダーフォーゲル編集部山ごはん研究会編　山と溪谷社
【目次】1 道具について（フライパンの選び方）、2 調理のポイント（焼く・炒める、鍋物を作る／蒸す・温める、米を炊く、麺をゆでる）、3 フライパンレシピ集（おつまみ、ごはんもの、おかず、麺類・パスタ、パン・粉もの、シチュー・カレー・鍋、スイーツ）
2017.6　126p　A5　¥1200　978-4-635-45023-2

◆フライパンリゾット　若山曜子著　主婦と生活社
【要旨】フライパン1つで、ことこと煮ること15分。肉、魚、野菜もたっぷり食べられるイタリア風ごはん＋おかず。
2017.8　81p　B5　¥1300　978-4-391-15079-7

◆フリージングで作りおき離乳食　松尾みゆき著　新星出版社
【要旨】5か月〜1歳半までいちばん使える！2回食、3回食にも完全対応！レンチンだけで毎日ラクラク！1週間のごはんが冷凍ストックで作れちゃう！
2017.5　127p　26×21cm　¥1100　978-4-405-04588-0

◆ブリスボール—グルテンフリー砂糖なし添加物なしのヘルシーフードをはじめよう　坪井玲奈著　KADOKAWA
【要旨】オーストラリア発！注目のヘルシーフード、本邦初のレシピ本。
2017.5　95p　A5　¥1300　978-4-04-069269-2

◆ぷりっぷり、ふわふわミンチのアレンジレシピ94—フードプロセッサーで作るハム・ソーセージ、かまぼこ・ちくわ 練り食品　栗山小夜子著　マガジンランド
【要旨】美味しくて体にいい"お肉生活"はじめませんか？塩をして寝かせ、フードプロセッサーで撹拌した「エマルジョン」の肉を加熱すると、ぷりっぷり、ふわふわの食感になります。冷蔵で長く保存でき、撹拌時間や材料・スパイス、成形をアレンジすれば、ソーセージやハム、和の練り物なども、簡単に手作りできます。肉料理に欠かせない野菜の常備菜やアレンジソースもたくさんご紹介しています！
2017.12　79p　26×21cm　¥1389　978-4-86546-175-6

◆プレミアムな和サンド　ムラヨシマサユキ著　文化出版局
【目次】魚介で、肉で、卵で、大豆製品で、野菜で、スイーツ
2017.2　95p　29×21cm　¥1500　978-4-579-21292-7

◆フレンチベースの小さなおもてなし12か月　上田淳子著　自由国民社
【要旨】フランス、スイスなどで修業を積んだ料理研究家・上田淳子がお届けする、食材の旬も感じられる12か月のとっておきレシピ。おいしいものを前に、くいしん坊たちのおしゃべりもはずみます。普段使いの素材から、レストランの味が味わえる食材まで、家庭で作りやすくアレンジしたレシピとちょっとしたコツでおいしく召し上がれ。作る楽しみ、食べる楽しみ。家族と一緒に、仲間と一緒に、その日の気分でおいしく楽しいひとときを！
2017.4　189p　A5　¥1600　978-4-426-12282-9

◆プロのための貝料理—貝図鑑と専門店の基本技術 和・洋・中・ベトナムの貝料理バリエーション200　柴田書店編　柴田書店
【目次】1 調理のための貝図鑑／専門店の基礎知識と基本技術・料理（貝について、調理のための貝図鑑〈二枚貝、牡蠣図鑑、巻貝、貝に似たもの〉、専門店の基礎知識・基本技術と料理）、2 貝料理バリエーション（帆立貝、ヒオウギ貝、平貝、牡蠣、ハマグリ・ホンビノス貝、アサリ ほか）
2017.3　271p　26×19cm　¥4300　978-4-388-06271-3

◆ベジデコサラダの魔法—低糖質＆グルテンフリーでおいしくハッピー！　森安美月著　幻冬舎
【要旨】世界も注目！アメリカ「CNN」、ドイツ「ProSieben」で紹介。「これは、あなたの人生を変えるサラダです」。
2017.5　85p　A5　¥1300　978-4-344-03118-0

◆ベジヌードル　村山由紀子著　主婦と生活社
【目次】洋風ヌードル（にんじんナポリタン、にんじんのサーモンクリーム ほか）、和風ヌードル（ごぼうとにんじんの白和えめん、りんごとチコリのくるみ白和え ほか）、中華＆エスニックヌードル（シャキシャキ豆サラダ麺、ベトナム和えめん ほか）、ベジヌードルおかず（にんじんとマンゴーのサラダ、かぶとりんごのサラダ ほか）
2017.1　111p　A5　¥1300　978-4-391-14973-9

◆へたおやつ—小麦粉を使わない白崎茶会のはじめてレシピ　白崎裕子著　マガジンハウス

料理・食生活

【要旨】特別な道具がなくてもいい。カップケーキも蒸しパンもタルトも、専用の型がなくても作れる！ぜ〜んぶ小麦粉、卵、乳製品なし！へたでも作れる入門編。なめらかプリン、ブラウニー、ソフトクッキー、ざくざくタルト、チーズ蒸しパン…へたシュークリーム！夢みたいな55品。
2017.12 111p 25×25cm ¥1400 978-4-8387-2975-3

◆保育園産の米　大阪誠昭会著　（大阪）パレード，星雲社 発売
【要旨】おいしすぎる保育園。米や野菜に日本一うるさい保育園がつくった、大人も子どももおかわり必至の新・日常レシピ。
2017.8 199p A5 ¥1200 978-4-434-23577-1

◆保育園のおやつ—家庭でも手軽にできる、食べすぎない適量おやつ　食べもの文化編集部編　芽ばえ社
【要旨】保育園で長年親しまれてきた栄養満点の人気おやつ、行事のおやつのレシピを集めました。
2017.8 87p A5 ¥1300 978-4-89579-390-2

◆ぼくのからだによいおやつ—家にあるもので作れてかんたん！　ぼく　KADOKAWA
【要旨】おやつは毎日食べたら太るし、体に悪い？いいえ！ちょっとした工夫で、毎日食べても安心なヘルシーおやつがかんたんに作れちゃうんです。お料理の達人マロくん＆食いしんぼうのロールくんと、ヘルシーおやつ作りにLet'sトライ！思い立ったらすぐ作れる体にうれしい34レシピ。
2017.5 96p A5 ¥1000 978-4-04-069267-8

◆細山田デザインのまかない帖—おいしい本をつくる場所　細山田デザイン事務所著　セブン＆アイ出版
【要旨】デザイン会社の小さな社員食堂。日々の献立記録と簡単レシピが1冊に。
2017.12 127p A5 ¥1400 978-4-86008-747-0

◆ほったらかし調理で肉食やせ！—煮る、焼く、注ぐ、チンするだけ！肉・卵・チーズのMEC食レシピ　渡辺信幸著，平岡淳子料理　主婦の友社
【要旨】鍋に、オーブンに、電子レンジに、フライパンに。完成まで待つのが仕事。鶏皮がごちそうに。卵とチーズもたっぷり。話題の骨スープも。安くておいしいメニューがいっぱい。やせる秘密がわかった！診察を実況中継。
2017.12 99p A5 ¥1300 978-4-07-425461-3

◆ぽんたの献立ノート—時短・節約・おいしいがぜ〜んぶ叶う　ぽんた著　KADOKAWA
【要旨】オリジナルの献立表＋レシピ帳＋家計簿＝献立ノート!!お金も、手間もムダなく使えるようになるインスタグラムで大人気のノート術。貼って楽しい日付シールつき！
2017.3 125p A5 ¥1300 978-4-04-069136-7

◆ほんとうにおいしいスムージーBOOK　高山かづえ著　成美堂出版
【要旨】おいしいとかわいいとヘルシーで選びたい。低糖質スムージーも！計104レシピ。
2017.6 143p A5 ¥1300 978-4-415-32309-1

◆本当においしい肉料理はオウチでつくりなさい　水島弘史著　青春出版社
【要旨】日本一予約のとれない料理教室のシェフが伝授！どんな肉でもうまみを最大限に引き出す20のレシピ。
2017.9 95p A5 ¥1380 978-4-413-11226-0

◆本当はラクなパイ作り—忙しい人こそうまくいく たどり着いたレシピは「作りおき」と「分割仕込み」　空閑晴美著　誠文堂新光社
【目次】1 仕込んだパイ生地で焼く時々のパイ（塩味のパイ、私のスペシャリテ1 オリジナル・キッシュ・ロレーヌ、りんごのパイ、アメリカンクリームパイ、私のスペシャリテ2 ガレット・デ・ロワ、断ち落としの生地で作るパイ）、仕込んだビスケット生地で焼く季節のタルト（季節のタルト、私のスペシャリテ3 赤ワインのタルト、断ち落としの生地で作るビスケット）
2017.11 95p A5 ¥1380 978-4-416-71705-9

◆毎日ごちそうサラダ—朝食に、ランチに、帰ってからでも　学研プラス編　学研プラス
【目次】1 Popular Salad—何度も作りたい・食べたい人気の定番サラダ（シーザーサラダ、リヨン風サラダ ほか）、2 Volume Salad—おもてなしにも、野菜×肉、野菜×魚介 ほか）、3 Simple Salad—いつもの野菜がおしゃれに野菜別かんたんサラダ（青菜で、キャベツで ほか）、4 One Dish Salad—主菜にもなるワンディッシュサラダごはん（野菜×ライス、野菜×パスタ・めん ほか）
2017.6 95p 21×19cm ¥1100 978-4-05-800793-8

◆毎日スキレット！—もっと簡単＆おいしいスキレット活用レシピ　岸田夕子著　オーバーラップ
【要旨】グラタン、ステーキ、ナポリタン…定番レシピからキッシュ、アヒージョ、スイーツまで365日、ごはんはスキレットにおまかせ！
2017.9 127p A5 ¥1200 978-4-86554-264-6

◆まいにちスムージー100　WOONIN著　主婦の友社
【要旨】簡単・おいしい・デトックス！カラダの不調を解決する。
2017.5 125p A5 ¥1200 978-4-07-424243-6

◆毎日大活躍の圧力鍋—圧力鍋だからこそおいしい73レシピ　堤人美著　成美堂出版
【要旨】忙しい日の時短料理も特別な日のおもてなし料理も圧力鍋におまかせ！
2017.11 143p 26×21cm ¥1300 978-4-415-32426-5

◆毎日食べたいスーパーフードのおいしいレシピ108　タカコ ナカムラ著　主婦と生活社
【目次】1 ご飯と麺（ゴジベリーの炊き込みご飯、スプラウト巻き寿司、梅ちりめんのアマランサスご飯 ほか）、2 メイン（豚のはちみつしょうが焼き、チキンのキヌアナゲット、オーツ麦のミートボール ほか）、3 副菜（オーツ麦とひじきの重ね煮、アマランサス入り卵焼き、キヌア入りにんじんシリシリ ほか）
2017.9 127p A5 ¥1500 978-4-391-15063-6

◆まいにち食べたいスープごはん—チンするだけ、混ぜるだけ、煮込むだけでメインおかず　学研プラス編　学研プラス
【目次】1 朝スープ（ソーセージとたっぷり野菜のスープ、シャキシャキ野菜と春雨のスープ ほか）、2 ワンボウルランチスープ（あさりとキャベツのスープパスタ、パスタ入りガンボスープ ほか）、3 今夜はごちそうスープ（ゴロッとミートボールのトマトクリームスープ、酸味がおいしい！スープカレー ほか）、4 デイリースープ（アスパラガスのコロコロスープ、かぶとつぼみ葉のクリームスープ ほか）
2017.10 127p 21×19cm ¥1300 978-4-05-800833-1

◆毎日食べたい混ぜごはん—丼、炊き込み、炒飯、おかゆ、雑穀ごはん、おにぎらず…お米を100倍楽しむ　秋元薫著　すばる舎
【要旨】一品で栄養満点！時間のない朝も簡単！お弁当にも本当にもいらずの豪華ボリューム料理。鶏五目ごはん、豚味噌丼、あんかけ炒飯、雑穀ビビンバ、まぐろの漬け丼、コロッケ卵とじ丼、三色酢らし、ごま味噌雑炊、ロコモコ、ささみ甘酢丼、カレーピラフ、おにぎらず…etc. 和食、洋食、中華、エスニック…166のレシピ大集合！
2017.7 127p A5 ¥1300 978-4-7991-0629-7

◆毎日使える！ラクうまごはん—忙しいときでもすぐできる　高井英克著　世界文化社
【要旨】予約がとれない料理教室のレシピを、教えます！定番からアレンジまで、基本の食材にほった「使いきり」「食べきり」のアイデア満載。
2017.4 95p B5 ¥1380 978-4-418-17314-3

◆まいにち作りたい魚料理—老舗寿司屋三代目が教える　野本やすゆき著　大和書房
【要旨】実は肉よりレパートリーが広がる魚料理。さば、さけ、あじ、いわし、さんま、たら、さわら…。魚を変えるだけで毎日が新鮮！素材×レシピでほれぼれするおいしさ。
2017.4 95p B5 ¥1380 978-4-479-92116-5

◆毎日のおかず教室—ふだんのごはんも、ちょっといい日のごちそうも　平岡淳子著　ナツメ社
【要旨】春は野菜のみずみずしさにウキウキ気分、夏は元気が出るメニューでにぎやかに、秋は旬の味覚を贅沢にたっぷりと、冬は我が家の定番をみんなで囲んで。旬の素材を日々のおかずに取り入れたい。楽しみ広がる12か月のレシピ帖、134レシピ。
2017.4 231p 24×19cm ¥1380 978-4-8163-6202-6

◆毎日の「バーミキュラ」レシピ—こんなに使えて、こんなにおいしい！　大庭英子著　講談社　（講談社のお料理BOOK）
【要旨】毎日使ってほしいから、「この鍋だから」おいしいレシピにとことんこだわりました。身近にある食材、シンプルな調理法。なのに大満足の大庭流56レシピ。
2017.9 79p B5 ¥1300 978-4-06-509102-9

◆毎日ラクする頼れる主菜の作りおき—一時間がたってもちゃんとおいしい　小林まさみ著　家の光協会
【要旨】忙しい人の味方になる、おいしいおかずが満載。週末、朝、すき間時間に作りやすい便利な作りおきレシピ。
2017.4 95p B5 ¥1300 978-4-259-56536-7

◆毎日ラクするつくりおき献立　tami, yuna, aya***, スガ著　学研プラス
【要旨】帰ってすぐに食べられるラクラクごはん献立。ラクしておいしい、作って楽しい131レシピ。買い物リスト＆タイムテーブルつき。
2017.10 111p A5 ¥1300 978-4-05-800827-0

◆毎晩、やせ丼。—20分でかんたん晩ごはん　YUMMY&D編集部著　ヨシモトブックス，ワニブックス 発売
【要旨】ダイエットしたい、でもご飯はおいしく食べたい—そんなあなたに、「やせ丼」！すべてのレシピは管理栄養士が監修。エネルギー500kcal以下、糖質49g以下だから、毎晩、食べても大丈夫。しかも調理時間はたったの20分。忙しい人も無理なく続けられる、簡単でおいしいダイエットレシピです。44品を掲載！
2017.7 91p 19×19cm ¥1200 978-4-8470-9584-9

◆魔女の食卓—季節と暮らしを楽しむ4つのテーブル　静岡新聞社編著　（静岡）静岡新聞社
【要旨】家族や大切な人、そして何よりあなた自身のために。ふつうの毎日に魔法をかける、4人の素敵な魔女からあなたへのおいしい贈りもの。
2017.7 157p B5 ¥1850 978-4-7838-0777-3

◆「また食べたい」と言われる基本の家庭料理　田中伶子著　宝島社
【要旨】ぶりの照り焼き、親子丼、肉じゃが、ちらし寿司、さばの味噌煮、だし巻き卵、ハンバーグ、オムライス、麻婆豆腐、八宝菜—銀座の名門料理教室で大評判のとびきりおいしいレシピ。
2017.3 95p B5 ¥1200 978-4-8002-6385-8

◆魔法のホットケーキミックスおやつ303　学研プラス編　学研プラス
【目次】1 のせたり！混ぜたり！35レシピ大好き！パンケーキ（トッピングが楽しい♪、人気店のあこがれメニュー ほか）、2 毎日、食べたい！ホットケーキミックスで作るカンタンおやつ（ドーナツ、蒸しパン ほか）、3 おうちでカフェ気分！ホットケーキミックスで作る絶品スイーツ（バナナマフィン、チョコマフィン ほか）、4 朝ごはんにも！ランチにも！ホットケーキミックスで作るラクラク手づくりパン（ふんわりパンの生地で、ロールパンの生地で ほか）
2017.10 127p B5 ¥1100 978-4-05-800838-6

◆ママたちの日々レシピ—食卓の上のフィロソフィー　Mom's Everyday Recipe　田中愛子編　旭屋出版
【要旨】小さなキッチンスタジオ「リスタクリナリースクール」の6人の卒業生ママが選んでいる、それぞれのスローな食卓。子どもがいるからこそより充実し、幸せなライフスタイルと、簡単だけど手抜きはしない、ハートウォーミングなお料理には安心・安全と、栄養バランスにも配慮した、おいしいアイデアが満載です。毎日の食卓に必要なのは、地球と子どもたちの未来につながる「命のバトン」を繋ぐレシピなのです。
2017.12 102p B5 ¥1500 978-4-7511-1314-1

◆ママでもひとりでできるお料理の先生になる教科書　中川千佳子著　二見書房
【要旨】500円のレシピからはじめて10,000円のレシピを売ることができる先生になろう。大好きなお料理を活かして、ノーリスク、マイペースでおうち教室。資格や資金は必要なし。ずっと利益を得られるノウハウ教えます。
2017 189p 21×19cm ¥1500 978-4-576-17045-9

◆豆皿しあわせレシピ—おいしくてカンタン！バランスよく食べられる！　村山彩著　大和出版
【要旨】キレイになれる。自然とやせられる。ココロとカラダが整う！今、大人気の"小さい＆かわいいお皿"初のおかずレシピ集。
2017.5 127p A5 ¥1200 978-4-8047-6276-0

◆マヨネーズがなければ生きられない、スペイン人シェフのマヨネーズの本　ホセ・バラオナ・ビニェス著　柴田書店

実用書

料理・食生活

実用書

◆丸ごと野菜の使い切り 作りおきレシピ220
　上島亜紀著　学研プラス　（料理コレ1冊！）
【要旨】作りおきサラダ＆マリネ、スープ、煮込みもたっぷり紹介！ 野菜がますますおいしく食べられる！
2017.5 143p 24x19cm ¥1100 ①978-4-05-800783-9

◆「水だし」＆「野菜水だし」―ラクしてちゃんと！　武蔵裕子著　主婦の友社
【要旨】だし材料を水に一晩つけておくだけ。だしのうまみでラクラク減塩＆減糖。和洋中どんな材料も「水だし」におまかせ。
2017.7 111p A5 ¥1280 ①978-4-07-424496-6

◆ミス日本の美人食―「スタイルキープ」と「美肌」の食事法　和田あい著　小学館
【要旨】ダイエット放浪者のための最後のメソッド「ミス日本式」1回の食事で9品目。たくさん食べてもやせる美容と健康にいい全56レシピ。
2017.1 95p A5 ¥1200 ①978-4-09-310459-3

◆みそ汁はおかずです　瀬尾幸子著　学研プラス
【要旨】みそ汁をこよなく愛する瀬尾さんがおなじみ食材で絶品みそ汁ワールドへご案内。いつでも、どこでも、誰でも！ 思い立ったら、すぐおいしい！
2017.10 127p 20x15cm ¥1300 ①978-4-05-800806-5

◆3日で2キロやせるおいしい塩なしレシピ
　吉田麻子著　KADOKAWA
【要旨】月に3日間、塩なし料理を食べると…。（1）体から余分な水分と老廃物が排出される。（2）むくみがとれて、足が細くなる。（3）体内の巡りがよくなり、代謝がアップ。（4）濃い味に慣れた舌がリセットされ、本来の味覚が戻る。（5）皮膚と骨のコンディションがよくなり、アンチエイジング効果も。結果、「やせ体質」が手に入る！
2017.4 95p A5 ¥1200 ①978-4-04-895948-3

◆ミックスサラダ―おいしい組み合わせ×盛りつけの美しさを楽しむ100品　中村奈津子著　主婦と生活社
【目次】1 野菜のミックスサラダ（コブサラダ、グリル野菜サラダ ほか）、2 肉のミックスサラダ（牛肉のタリアータサラダ、メキシカンチキンサラダ ほか）、3 魚介のミックスサラダ（えびグリルシーザーサラダ、かにのアボカドのチョロボード ほか）、4 豆類・雑穀のミックスサラダ（干し豆腐とザーサイのサラダ、パンツァネッラ ほか）、5 乳製品のミックスサラダ（ニース風サラダ、ミックスチーズのゼリー寄せ ほか）
2017.3 126p A5 ¥1200 ①978-4-391-14972-2

◆南インド料理とミールス　ナイル善己著　柴田書店
【目次】南インド料理のキーワード、南インドのカレー、お米とパロタのレシピ、おかずとおつまみ、ピクルスとチャツネ、デザートとドリンク
2017.7 151p 26x19cm ¥1900 ①978-4-388-06265-2

◆身につく作り置き　スガ著　セブン＆アイ出版
【要旨】「なぜこうすると、おいしくなるのか」がちゃんと分かる！ 調理の基本も身につく作り置きレシピの決定版！ 毎日がうんとラクになる！ 絶対においしく作れる、すごく単純な調理のルール。
2017.2 127p B5 ¥1380 ①978-4-86008-717-3

◆ミニマルごはん―食材も作り方も器もすべて最小限のシンプルキッチンライフ　沼畑直樹、下಴ 美緒著　主婦の友インフォス、主婦の友社発売
【要旨】"最小限"にすることで、もう悩まない。料理、片付けが楽になる。ミニマリストが提案する「ずっときれい」なシンプルキッチン。
2017.9 111p A5 ¥1400 ①978-4-07-426153-6

◆みんなで決めた日本一の朝ごはん　美味しい朝ごはん調査隊著　幻冬舎
【要旨】日本中の宿から"自慢の朝ごはん"が大集合！ 楽天トラベル主催「朝ごはんフェスティバル2016」に参加した、日本全国の「自慢の朝ごはん」から厳選の448メニューを掲載。
2017.5 150p A5 ¥1300 ①978-4-344-03119-7

◆みんなの冷凍作りおき―時短・ラクできるごはん作りのアイデア　みんなの冷凍作りおき編集部著　KADOKAWA
【要旨】15分で完成。焼くだけ。解凍するだけ。出来立てを味わえる下味冷凍。包丁・まな板いらずの素材冷凍。仕上げる＆温めるだけの完成冷凍。食材をムダにしない収納ワザ…etc。ブロガーとインスタグラマーのレシピ＆アイデア。
2017.7 127p A5 ¥1200 ①978-4-04-069323-1

◆昔ながらの常備菜―作りおきがあれば毎日、おいしい　松本忠子著　主婦の友社
【要旨】何品かの常備菜が冷蔵庫にあれば、時間がなくても家でごはんが食べられます。ていねいに作った備えた常備菜は必ず応えてくれる心強い存在です。そんな常備菜の数々をご紹介します。
2017.5 127p A5 ¥1200 ①978-4-07-423798-2

◆昔ながらの知恵で暮らしを楽しむ 家しごと
　山田奈美著　エクスナレッジ
【目次】1章 季節を楽しむ暮らし（季節の家しごと、夏・冬の過ごし方 ほか）、2章 毎日の家事を楽しむ（ごはんと出汁、朝は具だくさんの味噌汁 ほか）、3章 住まいを整う（日々の掃除、洗剤を使わない ほか）、4章 体を整える（発酵食を取り入れる、植物の入浴剤 ほか）、5章 12ヶ月の仕込みもの（4月 ふきの青煮／わさび漬け、5月 和風メンマ／豆板醤 ほか）
2017.4 127p B5 ¥1400 ①978-4-7678-2314-0

◆無限レシピ―ぜんぶ作って、ぜんぶ食べたい101のレシピ！　大友育美著　ワニブックス
【要旨】野菜のおいしさを存分に楽しむために考えた「無限レシピ」集です。下ごしらえが済んだら熱を加える時間は長くて5分と、驚くほどかんたん。止まらない食欲をぜひ体験してみてください。
2017.4 273p B6 ¥900 ①978-4-8470-9562-7

◆村上レンチン食堂の「15分で2品」定食
　村上祥子著　講談社（講談社のお料理BOOK）
【要旨】主菜と副菜が電子レンジだけで完成します。火を使わないから安心、1人分からおいしく作れる！ 電子レンジ料理研究45年、村上祥子が編み出した傑作レシピの集大成。
2017.5 79p B5 ¥1350 ①978-4-06-299696-9

◆目がよくなる魔法のレシピ―眼トレレシピ
　日比野佐和子著　扶桑社
【要旨】目によい食材がたっぷり！ 簡単レシピ53品。「食べ方」「栄養素」解説も必見！
2017.4 79p A5 ¥1400 ①978-4-594-07671-9

◆妄想料理―有野晋哉（よゐこ）と田中彰伯（フレンチシェフ）の　有野晋哉、田中彰伯著　旭屋出版
【要旨】両親がお出かけで留守―お姉ちゃんが弟に作ってあげる唐揚げ、娘が彼氏を初めて家に連れて来た―お母さんがさりげなく料理上手をアピールできる料理・前菜編、メイン編、アイドル好きが昂じて。アイドルを育てるつもりで――アイドルで、料理対決番組で勝てる料理、アイドルではイマイチ成功しなかったが、ママタレ再起を狙うブログで話題になる写真映えする料理、イイ感じのデートだったけど、つい飲みすぎちゃった一翌朝、この一品で、彼のハートを鷲づかみ、嬉しいことがありました一自分へのご褒美鍋・男鍋、女鍋、弟がお姉ちゃんを自慢したくて、友達みんなを連れてきた！―お姉ちゃんが、弟の友達に腕をふるう料理、気になる人に「いつも旨そうなお弁当持ってきてるね」と言われて―「ひと口どうぞ」お弁当、初めて私の部屋に彼が来る。わざと焦らせて――「ちょっとこれ、つまんで待っててね」お酒のおつまみ、作戦通り彼は忍み酔い。いい感じまで、あと一押し―初めての夜のメインディッシュとデザート〔ほか〕
2017.11 143p B5 ¥1500 ①978-4-7511-1292-2

◆もうレシピ本はいらない―人生を救う最強の食卓　稲垣えみ子著　マガジンハウス
【要旨】誰でも作れるワンパターンごはん、でも、これがウマいんだ！ 作りおき不要、準備は10分！ アフロえみ子の1食200円驚きの食生活を大公開。
2017.9 270p B6 ¥1400 ①978-4-8387-2944-9

◆もっと！ あやぶた食堂―簡単すぎる「うんめぇモノ」だけ100レシピ　杏耶著　宝島社
【要旨】想像してこんな心強い味方だったとは、頑張ってくれました炊飯器…。見ているだけで満腹になります。ひとりでも！ 急な来客でも！ 炊飯器だけでうんめぇレシピ。
2017.11 109p A5 ¥980 ①978-4-8002-7374-1

◆もっとおいしい、だし生活。　梅津有希子著　祥伝社
【要旨】だしむすび、だし巻き卵風フレンチトースト、あごだし湯豆腐…簡単すぎる！ 美味すぎるだし。使うのはコーヒードリッパーと麦茶ポットだけ。時間がない時のざっくりレシピ36品。自宅で真似できるプロ直伝レシピ7品。そして世界一簡単なだしのとり方。全部載っています！
2018.1 230p B6 ¥1400 ①978-4-396-61637-3

◆燃やすおかずつくりおき―タフな体を手に入れる燃焼系ごはん80　高橋善郎著　学研プラス
【要旨】欲しいのは、絞られた体とタフな体力。それを手に入れるには、食事が大切。とはわかっているけど、疲れたとき、食事を作るのが面倒なとき、ついつい手が伸びるのは、すぐに食べられる「糖質」と「脂質」。それでは体は重くなるばかり。そこで、そんな食生活を解消する、たんぱく質と食物繊維が豊富な、体を「燃やす」レシピをご紹介します。忙しい平日は「つくりおき」ごはんを活用してパワーみなぎる「燃える」体を手に入れましょう！
2017.6 127p A5 ¥1400 ①978-4-05-800787-7

◆盛りつけエブリデイ―普通の料理がセンスよくおいしそうに見える　植木俊裕著　KADOKAWA
【要旨】料理も見た目が9割！ すぐ真似できる！ インスタ映えする盛りつけテクとレシピが満載。
2017.9 95p 15x21cm ¥1300 ①978-4-04-896052-6

◆焼きそば The YAKISOBA recipe book　満留邦子著　成美堂出版
【要旨】必要なのは肉と野菜と蒸し麺とソース。これだけ。ざざっと炒め合わせたら完成の、焼きそばは究極のファストフード。
2017.7 111p 21x22cm ¥1000 ①978-4-415-32350-3

◆野菜　細川亜衣著　リトルモア
【要旨】旬の野菜50種、それぞれがもつ特別な味を最高の美味しさで味わうレシピ。毎日の食卓に、ご馳走に、手軽に作れる野菜料理を厳選。
2017.3 255p A5 ¥2400 ①978-4-89815-452-6

◆野菜＆くだものパワー！ ファイトケミカルできれいにやせるレシピ　高橋弘著　宝島社
【要旨】ファイトケミカルとは植物が紫外線や害虫から身を守るために作る天然の機能性成分。ファイトケミカルには老化を予防する抗酸化作用があり、アンチエイジングと美容には欠かせません。また、免疫力アップ、デトックス、がんや生活習慣病の予防、そしてダイエット効果があり、肥満の予防にも役立ちます。美と健康に不可欠なファイトケミカルを十分摂りましょう。本書でご紹介している「ファイトケミカルできれいにやせるレシピ」で、健康的なダイエットに挑戦してください！
2017.2 127p A5 ¥1018 ①978-4-8002-6573-9

◆野菜おかずのワザとコツ―これでもっとおいしくなる！　大庭英子監修, 主婦の友社編　主婦の友社
【目次】1 みんなの好きな野菜TOP10のイチおしレシピ（ホイコーロー、玉ねぎと豚肉のやわらか煮ほか）、2 3大ストック野菜にん・玉・じゃがレシピ（肉じゃが、ニース風サラダ ほか）、3 よく買う野菜の極うまレシピ（揚げ出しなす、蒸しなすの薬味じょうゆかけ ほか）、4 大きい野菜を食べきるレシピ（ロールキャベツ、ロールキャベツのチーズ焼き ほか）、これもおすすめ！ 野菜の小さなおかず（焼きねぎのピリ辛ごまあえ、きのこのごまみそあえ ほか）
2017.7 95p B5 ¥1400 ①978-4-07-424444-7

◆野菜が主役の晩ごはん　青山有紀著　集英社
【要旨】レシピ数、106！ 野菜＋肉や魚のメインおかずと、さっと作れる野菜のサブおかず。そのまま今日の食卓に。雑誌LEEの人気連載が本になります。
2017.4 127p A5 ¥1500 ①978-4-08-333150-3

◆野菜が8割のメインおかず―レタスクラブの傑作レシピ　KADOKAWA
【要旨】野菜本来の味を生かす調理法で、どれも簡単。「おなかが満たされるのに胃が軽い」。たんぱく質2割を上手に加えるテクで、一皿でも大満足のおかず83レシピ。
2017.4 111p A5 ¥1200 ①978-4-04-895971-1

料理・食生活

◆野菜だし　イチカワヨウスケ著　主婦と生活社
【要旨】野菜のうまみは「だし」になる。
2017.6　138p　A5　¥1400　①978-4-391-15008-7

◆野菜のごちそう—みんなが集まる日に、毎日ごはんもおいしくすぐ作れる　庄司いずみ著　イカロス出版
【要旨】「これ、野菜だけ？」誰もが驚く、「わっ」と歓声が上がる、「おいしい」の声が止まらない！野菜をたっぷり食べたい日のために。メンドウは一切なしなのにかわいくておいしいごちそうを集めました。
2017.5　95p　B5　¥1400　①978-4-8022-0365-4

◆野菜のたのしみ—私の野菜料理133　山脇りこ著　小学館
【要旨】作りやすく工夫した「定番レシピ」から、おもてなし映えする「モダンなひと皿」まで。
2017.9　159p　A5　¥1400　①978-4-09-310862-1

◆野菜の美食　唐渡泰著　(大阪)京阪神エルマガジン社
【要旨】身近な野菜・フルーツ20素材をピュレ、基本、応用とレベルごとに各3品、前菜からデザートまで計60品紹介。
2017.11　95p　B5　¥1800　①978-4-87435-559-6

◆野菜の保存食で毎日のごはんがすごく楽になる　スズキエミ著　立東舎, リットーミュージック発売　(料理の本棚)
【要旨】"長くもつ"からあわてて使いきる必要なし。日々のごはんを手早く作れる、旬の野菜の保存食とそれを使ったおいしいレシピ。
2017.7　143p　A5　¥1400　①978-4-8456-3029-5

◆やせ献立3か月献立—しっかり食べてやせられるカロリー・糖質カットのレシピ260　学研プラス編　学研プラス
【目次】1 1食あたり糖質40g以下！500kcal以下！低糖質&低カロリーのやせる献立 (鶏肉の揚げもの献立、豚肉の炒めもの献立 ほか)、2 肉・魚介・大豆製品200kcal台までのやせる主菜 (肉類、魚介類 ほか)、3 野菜・きのこ・海藻…etc.100kcal以下のやせる副菜 (野菜、きのこ類 ほか)、4 和・洋・中・エスニックの味別に選べる100kcal以下のヘルシー汁もの (和風、洋風 ほか)、5 ひと皿でもまんぞく満足！300kcal台までのごはんもの・麺レシピ (ごはんもの、麺)
2018.1　143p　A5　¥1400　①978-4-05-400861-4

◆やせるおかずの作りおき　かんたん177レシピ—たっぷり作ってずっとおいしい！　松尾みゆき著　新星出版社
【要旨】"ヒミツ"でやせる、おいしいおかず！野菜・肉・魚のかんたん作りおき！冷凍OKのおかずがいっぱい！
2017.5　142p　24×19cm　¥1100　①978-4-405-09337-9

◆やせる豆腐レシピ100—豆腐・高野豆腐・粉豆腐のレシピがたっぷり　主婦の友社編　主婦の友社　(体がよろこぶ健康レシピシリーズ)
【目次】1章 豆腐 (豆腐のおかず、作りおき豆腐、豆腐のスープ、冷やっこ、豆腐のおやつ)、2章 高野豆腐 (高野豆腐の主食、高野豆腐のおかず、高野豆腐のスープ)、3章 粉豆腐 (粉豆腐のおかず、粉豆腐のスープ、粉豆腐のおやつ)
2017.12　127p　A5　¥1000　①978-4-07-427968-5

◆やせる和食—野崎さんのおいしいかさ増しダイエットレシピ　野崎洋光著　柴田書店　増補ハンディ版
【要旨】水、野菜、きのこでボリュームアップ！和食名人が考えた食べてやせるダイエット。糖質を抑える工夫がいっぱい。全品カロリーと糖質量付き。
2017.8　94p　A5　¥1000　①978-4-388-06275-1

◆薬局の管理栄養士が考えた健康ごはん　Part2　薬樹著　PHP研究所
【要旨】メタボ改善レシピ第2弾！血圧、血糖値、コレステロール、中性脂肪が気になる方に。今度は在宅医療現場からうまれたやわらかアレンジレシピも。
2017.6　79p　B5　¥1400　①978-4-569-83841-0

◆やっぱりスゴイ！韓国おうちごはん—毎日の健康とパワー、美肌をつくる！　ジョンキョンファ, コンチュリョン著　講談社
【要旨】韓国家庭料理は、辛いものだけではありません。ごま、にんにく、ねぎ、しょうが、とうがらしなど、各種の薬味香辛料や調味料を巧みにブレンド。肉、魚介、野菜、キムチなどの発酵食品が加わり、おいしいオンマの味を作りだします。和・洋・中も組み合わせます。複雑な調理は何ひとつありません。下味をつける、よく混ぜるなどひと手間で、料理の味がワンランクアップ！必要な油分や栄養素がバランスよくとれ、体力増進、身体もぽかぽか、代謝もアップするお得なメニューなのです。「こんなに食べて、なぜ、太らないの？」「どうしてそんなに肌がきれいなの？」とよく聞かれますが、その秘密をお教えしますね。
2017.4　78p　26×19cm　¥1300　①978-4-06-299693-8

◆柳澤英子 やせたい人の肉レシピ—"健康でスリム"な体になる82品　柳澤英子著　世界文化社
【要旨】「私、肉でスリムになりました」52歳で、1年間に26kgやせた著者が実践する、おなかも心も大満足の肉料理レシピ集。
2017.8　111p　A5　¥1000　①978-4-418-17327-3

◆山口はるののかんたん！おいしい！美的創作「豆腐」レシピ　山口はるの著　清流出版
【要旨】優れた栄養価と、いつでも手に入りやすく、なおかつおいしく食べやすいことでお豆腐の魅力。「味がないようで味があり、平凡に見えて非凡」この未来へ残したい日本の誇るべき食材を伝えたい。
2017.7　111p　A5　¥1500　①978-4-86029-464-9

◆やわらかく、飲み込みやすい高齢者の食事メニュー122　中村育子監修　ナツメ社
【要旨】毎日の食事の用意は、大変なもの。本書では、介護者の方の負担が少しでも減るよう、とにかくかんたんで、おいしいレシピを集めました。介護用食品や冷凍食品、レトルト食品も活用しています。その人に合ったかたさで作れるよう、1つのレシピにつき「弱い力でかめる」「歯ぐきでつぶせる程度」「舌でつぶれる程度」「かまなくてよい程度」の4つの作り方を掲載しています。食欲低下や低栄養予防、便秘や下痢のことなど、症状・目的に合わせたレシピを掲載しています。それぞれ、食事のポイントと、調理のテクニックもあわせて説明しています。
2017.3　195p　A5　¥1600　①978-4-8163-6182-1

◆幸也飯—彩り映える・おもてなしの作りおき　寺井幸也著　辰巳出版
【要旨】ファッション誌の撮影や展示会で人気モデルや芸能人たちが絶賛！インスタでも大注目・噂のケータリング「幸也飯」のレシピ本！
2017.12　95p　A5　¥1200　①978-4-7778-1995-9

◆ゆでおき—買った食材あまった食材 全部ゆでとストック！　牧野直子監修　主婦の友社
【要旨】時短・かんたん、食材をあまらせない、野菜をたっぷり食べられる…毎日の料理が圧倒的にラクになる。
2018.1　127p　A5　¥1280　①978-4-07-427974-6

◆ゆる塩レシピ—減塩なのに薄味じゃない献立31日分　牧野直子著　学研プラス
【要旨】濃い味好きも、減塩レシピとは気づかないほどのおいしさ。しっかりごはんも食べられて、家族も大満足のボリューム。少ない材料、短時間でパパッと作れる簡単レシピ！
2017.11　111p　A5　¥1200　①978-4-05-800836-2

◆ゆる糖質オフ ダイエットレシピ　大庭英子監修、朝日新聞出版編著　朝日新聞出版　(らくらくシリーズ)
【要旨】ゆる〜ムリをしないから続けられる！糖質オフのコツがひと目でわかる！肉、魚介料理からつまみ、作りおき、スイーツまで、おいしい145レシピ。
2017.3　96p　26×21cm　¥1200　①978-4-02-333136-5

◆ヨーグルト酵母でパンを焼く。—自然発酵種「るうぁん」でもっと味わい深いパンを！　堀田誠著　文化出版局
【目次】ふぉんせ (ふぉんせ、マーブル抹茶 ほか)、せーぐる (せーぐる、マーブル紫いも ほか)、ぱん・ど・み (ぱん・ど・み、マーブル黒ごま ほか)、ぶりおっしゅ (ぶりおっしゅ、あんパン ほか)
2017.6　95p　B5　¥1500　①978-4-579-21299-6

◆余った野菜はささっとストック—即うまレシピ77つき　谷島せい子著　主婦の友社
【要旨】黒ずみキャベツ、しょうがミイラ、液状きゅうり、シワシワにんじん…もう野菜を腐らせない！酢漬け、オイル漬け、塩もみetc. 料理つきのストック技20。
2017.2　126p　A5　¥1200　①978-4-07-422356-5

◆ラクしておいしいあつまりごはん　城川朝著　講談社　(講談社のお料理BOOK)
【要旨】初心者でも短時間で作れる&気楽にもてなす。3品だけでシンプルに！料理は自分が作れそうなものを。市販品を上手に活用する。品数多めより、1品の量を多めに。大げさなしつらえはしない。選びやすい14献立57レシピ！いつもの材料でお金をかけなくても喜ばれる時短メニューや、料理が得意でなくてもあわてないタイムスケジュールつき。
2017.7　79p　A5　¥1300　①978-4-06-299698-3

◆ラクしておいしい！かんたん冷凍作りおき　倉橋利江著　新星出版社
【要旨】使える！冷凍保存テクで、毎日便利においしく！袋詰め冷凍&作りおき冷凍124レシピ。
2017.6　95p　B5　¥1100　①978-4-405-09343-0

◆ラクして、おいしすぎ！糖質オフのかんたん！やせるレシピ　牧田善二著、栗山真由美料理　新星出版社
【要旨】帰って15分でできる！絶対うまい129レシピ。レンチンレシピも！
2017.3　143p　A5　¥1200　①978-4-405-09335-5

◆ラクしてHAPPY！冷凍作りおき おかず　ベターホーム協会提供　三笠書房　(知的生きかた文庫)　(『冷凍しておくと、便利なおかず』再編集・改題書)
【要旨】「今日は、何を作ろう!?」「疲れて帰ると、夕飯のしたくがめんどう…」「忙しいときこそ、栄養たっぷりのごはんが食べたい」そんな悩みを丸ごと解消！冷凍庫をあければ、いつでもおいしい「作りおきおかず」がある幸せ—
2017.3　222p　A6　¥690　①978-4-8379-8460-3

◆ラクやせレンチン！コンテナおかず—全メニュー糖質オフ！作りおき　岩崎啓子著、岡本亜紀医学監修　PHP研究所
【目次】1 うれしい！我慢なしの主菜 (ラクやせレンチン！炒めもの・焼きもの、ラクやせレンチン！煮もの ほか)、2 ちょこっと食べて満足度アップのおかず (レンジナムル、チンゲン菜とまいたけの塩麹炒め ほか)、3 便利だれが大活躍！糖質オフの時短レシピ (料理を簡単&おいしくする「便利だれ8種」、ピリ辛韓国風→鶏肉の韓国風煮 ほか)、4 やっぱり便利！コンテナ作りおき (さけのエスカベーシュ風、豚肉とこんにゃくのしょうがみそ煮 ほか)
2017.8　95p　A5　¥1000　①978-4-569-83844-1

◆ラプンツェルと学ぶ料理の基本　KADOKAWA
【要旨】大好きなあの人が喜ぶメニューがいっぱい！料理初心者でも上手に作れるコツつき！
2017.3　96p　B5　¥1200　①978-4-04-895915-5

◆ラーメンおいしくできるかな？　深蔵著　イースト・プレス　(コミックエッセイの森)
【要旨】普通に食べてもおいしい袋麺が身近な素材&アイディアで、さらにおいしくなっちゃう。しかも、誰でもできる簡単アレンジ。ランチや夜食や友だちとのパーティーなど、色んなシチュエーションに使える、袋麺アレンジコミックエッセイ。
2017.8　143p　A5　¥1000　①978-4-7816-1570-7

◆料理上手になる食材のきほん　野崎洋光著　世界文化社
【要旨】料理の原点「食材」で困ったら、この1冊！いつも手元に置いておきたい永久保存版。人気料理人が、長年の経験をふまえて今明かす定番食材186の基礎知識と"料理のコツ"。
2017.2　287p　A5　¥1600　①978-4-418-17302-0

◆料理のきほんLesson—おいしすぎてほめられる！　阪下千恵著　新星出版社
【要旨】「こんな本、あったらいいな」を実現！調理のプロセスごとにポイントがていねいに書かれています。ビギナーの方も、基本を見直したい方も。一生使える1冊です！
2017.3　207p　24×19cm　¥1200　①978-4-405-09331-7

◆リンゴを食べる教科書—健康果実のひみつ　丹野清志著　ナツメ社
【要旨】1日1個のリンゴ生活で元気な身体をつくる。どうして美味しいのか、なぜ身体がきれいになるのか。ふるさと食材を使ったリンゴ料理から、農家の1年、歴史、リンゴを楽しむスポットまで、楽しく紹介！
2017.7　127p　A5　¥1200　①978-4-8163-6261-3

◆冷蔵庫で作りおきパン—切りっぱなしでカンタン　吉永麻衣子著　主婦の友社

実用書

料理・食生活

実用書

◆冷凍生地で焼きたてパン　高橋雅子著　地球丸　（天然生活ブックス）
【要旨】パン生地を作ったら、小分けにして冷凍しよう。丸パン、カンパーニュ、クロワッサン…。発酵したパン生地が冷凍庫にあれば、朝・昼・夜、いつでも焼きたてが味わえます。
2017.11 95p B5 ¥1400 ①978-4-86067-655-1

◆冷凍するだけ つくりおき―ラクチン・おいしい・日持ちも安心　池上正子著　学研プラス
【要旨】週末に、材料を冷凍しておくだけ。平日は加熱するだけで、できあがり！1週間まとめ冷凍の買い物リスト＆タイムスケジュールつき。
2017.6 127p A5 ¥1100 ①978-4-05-800780-8

◆冷凍保存レシピBOOK―解凍テクがおいしさのコツ！　鈴木徹監修、牛尾理恵料理　朝日新聞出版
【要旨】ブランチングって何？冷蔵している間、おいしさを保つには？冷凍中の乾燥を防ぐ方法は？一尾魚は内臓をつけたまま、冷凍してもOK！金属トレーにのせて急速冷凍できるの？全300種冷凍＆解凍テク。
2017.7 159p A5 ¥1200 ①978-4-02-333160-0

◆歴メシ！―世界の歴史料理をおいしく食べる　遠藤雅司著　柏書房
【要旨】最古のパン、中世のシチュー、ルネサンスの健康食、ヴェルサイユ宮殿の晩餐会etc…5000年の歴史を料理で旅する、再現料理レシピエッセイ。8時代40品のレシピを収録。
2017.8 169p A5 ¥1700 ①978-4-7601-4878-3

◆レシピを見ないで作れるようになりましょう。　有元葉子著　SBクリエイティブ
【要旨】こんな料理書が欲しかった！家族が喜ぶごはんを手早くサッと作る―。そのために知っておきたい勘所とコツ。レシピなしで65品。
2017.12 173p A5 ¥1500 ①978-4-7973-9394-1

◆レシピブログのすぐにやってみたくなるすごい料理の裏ワザ　KADOKAWA
【要旨】人気ブロガー11名のおいしい裏ワザ＋95万点以上のレシピから厳選裏ワザ大公開。こんなにラク！そして激ウマ！300万人サイト厳選のすごワザ146。
2017.6 126p A5 ¥1200 ①978-4-04-602026-0

◆レストランOGINOの果物料理―前菜からデザートまで果物を使った料理の発想と調理法　荻野伸也著　誠文堂新光社
【目次】序章 果物を料理に生かすための創意と理論、第1章 春、第2章 夏、第3章 秋、第4章 冬、第5章 常夏
2017.6 222p B5 ¥3200 ①978-4-416-51730-7

◆レンチンおかず作りおき おいしい188レシピ―たっぷり作ってずっとおいしい！　川上文代著　新星出版社
【要旨】電子レンジだからおいしい！"レンチンテク"で絶品作りおきおかず！冷凍OKのおかずがいっぱい！
2017.4 143p 24×19cm ¥1100 ①978-4-405-09336-2

◆レンチン！糖質オフ！やせるマグごはん　新谷友里江著　宝島社
【要旨】ごはんも麺も、プリンも生チョコも！たくさん食べても太らない!!パパっとつくれる50RECIPES。
2017.6 111p 16×15cm ¥980 ①978-4-8002-7112-9

◆ロッジのキャストアイアン王国―全米で愛される鉄鍋レシピの総集編　パム・ホーニグ編、カズヨ・フリードランダー訳　エイアンドエフ
【要旨】スキレット、ダッチオーブン、グリドル！LODGEのキャストアイアンで作る料理には、アメリカの歴史と家族の物語が詰まっています。厳選152品！創業者ジョセフ・ロッジとその家族ゆかりの人々、LODGEを愛するシェフや料理編集者たちのレシピ集。各地で代々受け継がれてきたアメリカの家庭の味が、家族のエピソードとともに楽しめる本。
2017.2 287p 27×22cm ¥2700 ①978-4-9907065-6-2

◆ローフード・発酵・雑穀でつくるAYUMIごはん　AYUMI著　主婦と生活社
【要旨】ローフード、雑穀、スーパーフード、味噌、麹、甘酒…。どれも簡単すぎてレシピとは言えないかも。毎日パパっと作れて「おいしい」と家族に大好評！しかもキレイと健康に効果的。
2017.12 125p A5 ¥1300 ①978-4-391-15064-3

◆若杉友子の毒消し料理　若杉友子著　PARCO出版
【要旨】肉と卵の毒消しには「玉ねぎの素焼き」、魚介の毒消しには「ふろふき大根」、砂糖の毒消しには「梅干しごはん」、油の毒消しには「野菜のポン酢あえ」など、おいしく食べて毒消しできる、簡単薬味料理53！知っておきたい「付け合わせ・取り合わせ・食べ合わせ」も紹介。
2017.3 159p A5 ¥1500 ①978-4-86506-213-7

◆和ごはん101―Wagohan：The ABCs of Japanese Cuisine　山田玲子著　ポット出版　（本文：日英両文）
【要旨】日常のごはんからご馳走ごはん、和菓子や和の食材にいたるまで、日本の食卓まわりの魅力を総ざらい。日本人でも知っているようで知らない和の道具や歳時記のしつらえも紹介。外国人にも教えたい、日本のごはん。
2017.11 157p A5 ¥1500 ①978-4-7808-0231-3

◆和食店の人気の「ご飯料理」大全―評判を呼ぶプロの味づくり　吉田靖彦著　旭屋出版　（「おいしいご飯料理」加筆・再編集・改題書）
【目次】炊き込みご飯、雑炊、粥、お茶漬け、丼、洋風ワンディッシュメニュー、中華風ワンディッシュメニュー、飯蒸し、寿し、おにぎり、宴会やパーティーに喜ばれる、創作ご飯料理
2017.3 160p 26×19cm ¥2800 ①978-4-7511-1268-7

◆和食屋の「だし」おかず―これだけでしみじみうまい　笠原将弘著　主婦の友社
【要旨】大人気の和食屋「賛否両論」の笠原将弘が編み出した、手間ひまとれて超絶うまい「笠原流簡単だし」が、日本の家庭料理のおいしさを底上げ！かつお節とこぶの「だし」の香りに満ちた、幸せな台所で作る笠原レシピ70品。
2017.10 111p A5 ¥1280 ①978-4-07-425107-0

◆わたしたちの「作り置き」―人気インスタグラマーのほめられレシピ＆ラクするワザ　わたしたちの編集部編　マイナビ出版
【要旨】今すぐマネしたい時短・節約アイデアが満載！Instagramで「いいね！」が5000件以上ついたレシピ、パパも子どもも絶賛するレシピ、かんたん定番レシピのほか、節約できる買い物のコツや、長持ちする保存方法、作り置きのスケジュールなど人気インスタグラマー20人の「作り置きの記録」を大公開！
2017.2 120p A5 ¥1320 ①978-4-8399-6195-4

◆わたしの好きなお酢・レモンの料理　ワタナベマキ著　家の光協会
【要旨】塩分が抑えられ、うまみが増し、肉さえやわらかい。すっぱい素材を使うと、料理がぐんとおいしくなる！食欲がそそられる！
2017.4 95p 24×19cm ¥1300 ①978-4-259-56535-0

◆ワタナベマキのおいしい仕組み―少ない材料・シンプル調理でも絶品になる味つけのルール　ワタナベマキ著　日本文芸社
【要旨】"おいしい"は簡単だった！サラダも煮物も、オーブン焼きも。全部作れる71品。
2017.9 111p 24×19cm ¥1300 ①978-4-537-21508-3

◆和つまみ―呑ませる料理×合わせたいお酒　平野由希子料理、大越基裕お酒　ナツメ社
【要旨】心づくしのおつまみと選りすぐりのお酒。ワイン、日本酒、焼酎、ビール、ウイスキー、ジン…。極上のペアリングでいつもの家呑みがさらにおいしくなる！珠玉のおつまみ74品と合わせて呑みたいおすすめのお酒74本を紹介。
2017.10 159p A5 ¥1800 ①978-4-8163-6322-1

◆和テイストで楽しむ英国アフタヌーンティー　白雪いちご著　ジュピター書房
【要旨】四季折々の和菓子×紅茶×英国菓子、アフタヌーンティーの新提案。今、注目の和紅茶やポーセラーツ、バンドクラフトなど話題の手工芸も取り入れ、日本と英国、伝統と新しい感性がテーブルの上でコラボする、美味しい楽しい12ヶ月。
2017 111p 25×22cm ¥1800 ①978-4-9907483-9-5

◆A級中医師が教える料理のひみつの赤本　春山雅美著　ルネッサンス・アイ、白順社 発売
【目次】パーティーやおもてなしランチ料理、揚げ物、煮もの、蒸しもの、炒めもの、パスタ、麺類、ごはん物 お寿司・丼もの、パン、ピザ、デザート、ドリンク、ソース・ドレッシング
2016.12 109p B5 ¥1300 ①978-4-8344-0199-8

◆arikoのごはん―私もみんなも好きな味　ariko著　講談社　（講談社のお料理BOOK）
【要旨】レモンパスタ、グリルチーズサンド、塩昆布焼きそば、豚角煮カレーととうもろこしご飯、豚ごま汁つけめん、ハッシュドポテトスモークサーモンのせ、緑野菜の風味煮びたし、コーヒーゼリーミルク…京都出身の母から受け継いだ味、食べ盛りの子どもと夫が好きな味、編集ライターとして忙しい毎日を送るarikoさんならではの手軽においしい味。満足感大のめんとご飯メニューから、あと一品ほしいときの野菜料理まで。
2017.12 94p 24×19cm ¥1300 ①978-4-06-509108-1

◆Backe晶子さんのおうちパン―日本一適当なパン教室 手軽においしくできる34のパンのレシピ　Backe晶子著　エフジー武蔵　（MUSASHI BOOKS）改訂版
【要旨】初心者でも作れる！パンと食べたい簡単な料理も掲載。
2017.11 97p B5 ¥1200 ①978-4-86646-017-8

◆BAGUETTE バゲットが残ったら―サラダにスープ、グラタンからデザートまで美味しくて新しい、バゲットの楽しみ方。　坂田阿希子著　グラフィック社
【要旨】サラダにスープ、グラタンからデザートまで美味しくて新しい、バゲットの楽しみ方。
2017.11 111p A5 ¥1500 ①978-4-7661-3106-2

◆Berry BOOK―ブルーベリー、クランベリー、ストロベリー、ラズベリー…、甘酸っぱくておいしい、ベリーのお菓子とドリンク60レシピ　原亜樹子著　PARCO出版
【目次】1 Mixed Berry&Various Berries ミックスベリー＆いろいろベリー（フローズンベリーのホットココナッツチョコレートソースがけ、夏のベリーサラダ ほか）、2 Blueberry ブルーベリー（ブルーベリーのノーベイクボール、ブルーベリーボウル ほか）、3 Cranberry クランベリー（クランベリーのノーベイクバー、クランベリー＆チョコレートのノーベイククッキー ほか）、4 Strawberry ストロベリー（フィリング入りストロベリーのチョコレートがけ、ストロベリーの生春巻き ほか）、5 Raspberry ラズベリー（ラズベリーのノーベイククッキー、ラズベリーのクイックチーズケーキ ほか）
2017.8 111p 19×19cm ¥1500 ①978-4-86506-223-6

◆BREAD & CIRCUS―粉からおこす自家製天然酵母のパンづくり　寺本五郎、寺本康子著　柴田書店
【目次】序章 BREAD & CIRCUS'S METHOD―ブレッド＆サーカスのメソッド、1 THE SIMPLE BREAD―シンプルなパン、2 THE WHOLE WHEAT BREAD―全粒粉のパン、3 THE RYE BREAD―ライ麦パン、4 TIN BREAD―食パン、5 NUTS & DRIED FRUITS BREAD―ナッツとドライフルーツのパン、6 OTHERS―甘いパン、しょっぱいパン、7 SWEETS―焼き菓子
2017.5 191p 23×19cm ¥2600 ①978-4-388-06263-8

◆campの野菜を食べるカレー　佐藤卓著　マイナビ出版
【要旨】特製カレーだれで、煮込まず15分、すぐおいしい。
2017.5 127p B5 ¥1480 ①978-4-8399-6271-5

◆Cool Veg―農家が提案するこれからの野菜レシピ　ホマレ姉さん著　雷鳥社
【目次】SPRING（タンポポのサラダ、チーマ・ディ・ラーパのオレキエッテ ほか）、SUMMER（キュウリとディルの簡単サラダ、ズッキーニの味噌炒め ほか）、AUTUMN（利平栗のポタージュスープ、バターナッツかぼちゃのパンナコッタ ほか）、WINTER（春菊と柚子のチヂミ、フェンネルとモッツァレラチーズのサラダ ほか）
2017.8 111p 19×19cm ¥1500 ①978-4-8441-3721-4

◆FLOWER SWEETS エディブルフラワーでつくるロマンチックな大人スイーツ―ティータイム、ギフト、記念日に食べられる花を使ったリッチなおもてなし　袴田尚弥著　誠文堂新光社
【目次】1 GIFT（ひまわりとクルミのパウンドケーキ、ナデシコとシロツメクサ、ラベンダーとはちみつのブルーベリーマーブルケーキ、キクとディルのスコーン ほか）、2 TEA TIME＆DESSERT（紅茶マフィン カラフル、カモミー

料理・食生活

ルとカレンデュラのパンナコッタ、ひと口ぷるるん花ゼリー ほか）、3 ANNIVERSARY（フラワーデコレーションケーキ、いちじくと赤ワインのローズチョコボール、いちごとラズベリーのピンクカシスケーキ ほか）
2017.3 95p B5 ¥1400 ①978-4-416-51721-5

◆Francfranc COOK BOOK Vol.1 和鍋と洋鍋でつくるシンプルシックな大人レシピ　Francfranc著　扶桑社
【要旨】人気インテリアショップFrancfranc初のクックブック！鍋の魔法で、毎日ごはんもおもてなしもここまでお洒落に本格的に！ダッチオーブン、土鍋の作っておいしいレシピが全52点！
2017.11 127p 24×20cm ¥1750 ①978-4-594-07856-0

◆iacoupéのコッペパン　イアコッペ著　グラフィック社
【要旨】白コッペ、茶コッペ、黒コッペ、ブリオッシュコッペ！懐かしくて、新しいコッペパンレシピ帖。
2017.2 110p A5 ¥1400 ①978-4-7661-2995-3

◆nao_cafe_HAPPY TABLE RECIPE nao_cafe著　主婦の友社
【要旨】1日のスタートに、朝から幸せもっちりパンケーキ。ほっと一息、おしゃれカフェ風ワンプレートランチ。家族がうれしい、季節のパーティメニューetc. キッチンや調理道具、テーブルコーデ術も紹介。
2017.5 127p A5 ¥1200 ①978-4-07-423457-1

◆NHKガッテン！一生作り続けたいわが家の基本おかず100　NHK科学・環境番組部、主婦と生活社「NHKガッテン！」編集班編　主婦と生活社
【要旨】とくに家庭で人気のある"定番おかず"を集めて収録。「毎日の料理だからこそ、おいしく楽しく食べてほしい」番組制作班の思いの詰まったレシピの数々です。
2017.5 191p 26×21cm ¥1600 ①978-4-391-15041-4

◆ORGANIC BASE 朝昼夜のマクロビオティックレシピ 増補新版　奥津典子著　河出書房新社
【要旨】春夏秋冬×5days＋スイーツ。
2017.5 223p 15×22cm ¥1600 ①978-4-309-28629-7

◆PAN de WA HERB―日本人の心と身体に届ける和ハーブレシピ　古谷暢基著, 和ハーブ協会監修　イー.エム.アイ., サンクチュアリ出版 発売
【要旨】ステンレス鍋でもっとおいしくかんたんに！全16レシピ一挙掲載。
2017.7 87p 21×21cm ¥1500 ①978-4-86113-466-1

◆PEACEFUL CUISINE―ベジタリアン・レシピブック　高嶋綾也著　玄光社
【要旨】世界中にファンを持つ料理動画シリーズ"Peaceful Cuisine"待望のレシピ＆フォトブック完成！
2017.9 143p 23×24cm ¥2300 ①978-4-7683-0888-2

◆SUSHI MODOKI―畑生まれのおもてなし寿司　iina著　グラフィック社
【要旨】生魚が苦手な人も、アレルギーのある人も、ベジタリアンの人も、野菜が大好きな人も、普通にお寿司が大好きな人も、みんなが一緒に楽しめるヘルシーお寿司です。
2017.7 111p 21×15cm ¥1500 ①978-4-7661-3059-1

◆THE男前燻製レシピ77―煙の魔法で、自信満々のおいしさ！　岡野永佑著　山と渓谷社
【要旨】男前度★ 加工品を使う一番、簡単な燻製（スナック燻製の盛り合わせ、ソーセージの燻製 ほか）、男前度★★ 肉、魚、野菜etc…のシンプル燻製（スモークチキンのグリル、燻製鴨ムネ肉のロースト ほか）、男前度★★★ ちょっと一手間の絶品燻製（かつおの燻製、たこの燻製 ほか）、男前度★★★★ じっくり取り組む本格燻製（自家製ベーコン、イノシシベーコン ほか）
2017.12 95p B5 ¥1200 ①978-4-635-45025-6

◆Theハワイアンスイーツ＆デリ―話題の行列店の味をおうちでも！　藤沢セリカ著　河出書房新社
【要旨】インスタ映えバツグン！食べてもモリモリおいしい！ハワイ発日本でも話題＆人気のハワイアンスイーツ＆デリのセレクトレシピ集。青空にかかる虹をイメージしたレインボーケーキ、カラフルなマーブルブレッド＆ベーグル、高いタワーのようなずっきのフルーツをアレンジしたパンケーキやフレンチトースト、鮮やかなスーパーフードいっぱいのサンドイッチetc…。本書のレシピならばどれでも失敗なく、おうちでかわいく作れちゃいます！グッドビジュアルなハワイアンスイーツ＆デリで、みんなの笑顔がますます輝きますよ！
2017.12 63p B5 ¥1200 ①978-4-309-28661-7

◆THE South Indian Vegetarian Kitchen―はじめてのベジタリアン南インド料理　ヘーマ・パレック著　キラジェンヌ
【要旨】ヘルシーで栄養たっぷり70Recipes。本場の南インド料理が凝縮！インド人も驚きの菜食グルメ！
2017.11 135p B5 ¥1500 ①978-4-906913-69-5

◆turkフライパンクックブック―毎日のおかずから、もてなし料理まで鉄フライパンを使いこなす61レシピ　野口英世著　誠文堂新光社
【目次】1 タークで野菜をおいしく（にんじんとさつまいものクミン炒め、新じゃがペペロンチーノ ほか）、2 タークで朝・昼ごはん（ソテー野菜と目玉焼き、フライパントースト ほか）、3 ふだんのおかずをタークでおいしく（あつあつ餃子を3種のたれで、牛ごぼうのバルサミコきんぴら ほか）、4 タークでおもてなし（黒ときのこのポークソテー、ココナッツシュリンプ ほか）、5 タークでデザートをおいしく（チェリータルト、ふんわりパンケーキ ほか）
2017.10 95p B5 ¥1400 ①978-4-416-61788-5

◆VEGESUSHI―パリが恋した、野菜を使ったケーキのようなお寿司 Sushi de legumes　hoxai kitchen著　キラジェンヌ（veggy Books）
【要旨】今、パリやベルリン等、食と健康に関心が高いヨーロッパの都市で注目を集める、野菜を使ったケーキのようなお寿司"VEGESUSHI"の日本初アート＆レシピブック。
2017.4 93p 23×16cm ¥1500 ①978-4-906913-62-6

◆VIRONのバゲット―ハードパンで作るサンドイッチ、タルティーヌ、ブランチメニュー　牛尾則明著　マイナビ出版（新版 家庭で焼けるシェフの味）
【目次】1 バゲット（基本のバゲット、パリの1日は、甘い朝食から始まる、パリ風の甘い朝食、サンドイッチ、ブランチメニュー、バゲット生地のアレンジ1 リュスティック、バゲット生地のアレンジ2 エビ）、2 カンパーニュ（基本のカンパーニュ、カンパーニュ生地のアレンジ1、タルティーヌ、カンパーニュ生地のアレンジ2 フーガス）、3 セーグル（基本のパン・オ・セーグル、セーグル生地のアレンジ、タルティーヌ、セーグル生地の応用 フォカッチャ）
2017.5 95p B5 ¥1500 ①978-4-8399-6315-6

お弁当・おつまみ

◆愛と憎しみを込めた旦那への猟奇的弁当―フタを開けたらつい笑っちゃう！企業弁当＆おかず150　まこつ著　KADOKAWA
【要旨】Instagramで11万人が大絶賛した企業弁当。実際に作れる！テクニック初公開。普段のお弁当にも使えるかわいいおかずがいっぱい！
2017.9 126p A5 ¥1200 ①978-4-04-069496-2

◆あてなよる 大原千鶴の簡単・絶品おつまみ帖　大原千鶴料理, 若林英司酒監修　NHK出版
【要旨】日本人は酒の肴を愛を込めて「あて」と呼ぶ。酒とあてを愛するオトナ必読の料理本。珠玉のあてレシピ57品。
2017.4 80p A5 ¥1200 ①978-4-14-033297-9

◆あゆみ食堂のお弁当―23人の手紙からうまれたレシピ　大塩あゆ美著　文化出版局
【要旨】お弁当を贈りたいのは誰ですか？新社会人の娘へ、病気と闘う父へ、脱サラした夫へ…。全国から投稿された「言葉にできないあの人への"想い"」を詰め込んだ、23個のお弁当と129のレシピ。朝日新聞デジタル「＆w」の大人気連載を書籍化！
2017.6 127p A5 ¥1500 ①978-4-579-21297-2

◆忙しい朝でもすぐできる ごはん同盟のほぼほぼごはん弁当　しらいのりこ著　家の光協会
【要旨】冷めてもおいしい、作るのがラク、仕切りなし、詰めるのがラク、盛り付け簡単、毎日続けられる「ほぼごはん弁当」のおいしさの決め手となる「ほぼごはん弁当」。
2017.2 110p A5 ¥1200 ①978-4-259-56527-5

◆いっしょに作るから朝がラク今日の晩ごはんと明日のおべんとう　山脇りこ著　家の光協会
【目次】晩ごはんのおかずをおいしく使うわたしの定番弁当（ハンバーグのお弁当、焼き魚のお弁当 ほか）、晩ごはんといっしょに作るお弁当のメインおかず（肉のおかず、魚介のおかず）、作りおきできる＆残しもので作るお弁当のサブおかず（作りおきできるおかず、残しもので作るおかず）、すき間を埋める一口おかず、朝10分で作れるお弁当（トマトベーコンエッグ弁当、クイック2色弁当 ほか）
2017.10 95p B5 ¥1300 ①978-4-259-56552-7

◆奥薗壽子のダイエット段々弁当　奥薗壽子著　文化出版局
【目次】この本のお弁当について、ダイエット段々弁当の作り方10ヶ条、段々弁当のご飯は、せん切り塩キャベツでカサ増し、ベジファースト

料理・食生活　実用書

で活躍する、作りおきおかず、鶏肉のごま焼き弁当、鶏肉の青じそ焼き弁当、鶏肉の一口ごまみそ焼き弁当、鶏肉の甘酢炒め弁当、梅マヨチキン弁当、鶏肉のケチャップチーズ焼き弁当〔ほか〕
2017.3　87p　B5　¥1400　①978-4-579-21296-5

◆おつまみ手帖211品―簡単すぎ！ でも、ハマる味　主婦の友社編、井澤由美子料理　主婦の友社
【要旨】家にあるもので、パパッと作れるおつまみを満載。
2017.9　167p　18cm　¥1200　①978-4-07-426118-5

◆おでかけ弁当ドリル―もう、詰め方、見映えに悩まない！　上島亜紀著　宙出版
【要旨】みせ弁の作り方＆詰め方まるわかり！ 205レシピ。
2017.9　127p　B5　¥1300　①978-4-7767-9684-8

◆お弁当教本　坂田阿希子著　東京書籍
【要旨】毎日でも飽きないお弁当の超定番から、楽しい行楽弁当まで。レシピに、仕込みやや味つけ、詰め方など、おいしく作る基本を織り交ぜ、66の項目で構成した、お弁当の基本図書！
2017.2　128p　B5　¥1400　①978-4-487-81039-0

◆おべんと探訪記　伊藤まさこ著　マガジンハウス
【要旨】毎朝の奮闘をつづったお弁当作り日記から、駅弁探しの旅、食いしん坊たちのお気に入り弁当、料理上手に教わった弁当レシピの極意まで。
2017.3　173p　A5　¥1400　①978-4-8387-2916-6

◆科学的だからおいしい！ お弁当のコツ―冷めても絶品＆失敗ゼロのレシピ　水島弘之著　日本文芸社
【要旨】塩はきちんと量る。水気は取り除く。火加減は弱火が基本。肉は冷たいフライパンに入れる。魚には塩をふるのは、焼く直前に。米を研ぐときに、はちみつを入れるとふっくら。いつものお弁当に、一気にプロの味に！ テレビで人気の水島ロジック！
2017.10　111p　A5　¥1200　①978-4-537-21522-9

◆必ずかわいく作れるキャラ弁の教科書　MAA著　主婦の友社　（暮らしニスタBOOKS）
【要旨】イチバン親切で失敗知らずのキャラ弁＆キャラごはんの教科書です。イラストも見やすく、絶対失敗しないテクニックが満載！ 4つのテクを活用した、毎日のおべんとうに使える王道キャラが盛りだくさん！ 一年じゅう使える、イベントや年間行事の勝負キャラ弁を紹介。イベントや年間行事のお子さまプレートにもなるデコごはん。食育にも◎！
2017.2　95p　A5　¥1000　①978-4-07-419348-6

◆からだが喜ぶ！ 藤井恵のおつまみ献立―好みのメニューをチョイスするだけ！　藤井恵著　世界文化社
【要旨】組み合わせ自在！ おうちが最高の居酒屋になる、とっておきレシピ112。毎日の晩酌をヘルシーに楽しむコツが満載。
2017.9　95p　B5　¥1300　①978-4-418-17331-6

◆かんたん！ かわいい！ はじめての園児のおべんとう　上島亜紀著　西東社
【要旨】作りおきおかずで朝ラクチン！ かんたんデコアイデアもいっぱい！ 作りやすいから、はじめてでも安心。年少から年長まで、長く使える。
2017.3　111p　A5　¥916　①978-4-7916-2552-9

◆今日のひとこと弁当―新婚妻gingiragin3の　菊田佳奈著　東京書店
【要旨】今日の体温、質問です！ つらいことも頑張れる、浮気してたら、さみしいから…愛と涙と笑いが詰まった愛妻弁当エッセイ。
2017.3　207p　B6　¥1000　①978-4-88574-093-0

◆クックパッドのおいしい厳選！ おつまみレシピ　クックパッド監修　新星出版社
【要旨】270万品超の料理から厳選75レシピ。プレミアムサービスの会員だけが検索できる人気上位のレシピが満載。
2017.9　127p　A5　¥1000　①978-4-405-09334-8

◆クックパッドのおいしい厳選！ 作りおき弁当　クックパッド監修　新星出版社
【要旨】255万品超の料理から厳選80レシピ。プレミアムサービスの会員だけが検索できるランキング上位のレシピが満載。
2017.3　127p　A5　¥1000　①978-4-405-09332-4

◆3行レシピでつくるおつまみ大全　杵島直美、検見崎聡美著　青春出版社
【要旨】あこがれの酒の肴がサクッと作れる！ なめろう、ごぼうのつくね、アスパラの白和え、ローストチキン、青菜のタイ風炒め、豆腐のみそ漬け―呑みたいお酒に合わせて選べる337品。
2017.6　381p　B6　¥1000　①978-4-413-11218-5

◆3色弁当一忙しい朝でもラクラク 簡単なのに栄養バランスも見た目もOK！　中村美穂著　旭屋出版
【目次】1　メインのおかず（豚肉のおかず、鶏肉のおかず、牛肉のおかず　ほか）、2　色別スピード副菜（赤の副菜、緑の副菜、黄の副菜　ほか）、3　1回の調理で3色弁当（チキントマト煮丼、ゴーヤーチャンプル丼、ドライカレー丼　ほか）
2017.3　111p　A5　¥1300　①978-4-7511-1260-1

◆〆まで楽しむおつまみ小鍋　高橋雅子著　池田書店
【要旨】「2つ具材の小鍋」「にぎやか小鍋」「旨辛小鍋」「ふたをして煮るだけ小鍋」「アジアの小鍋」と5種の小鍋60品と〆（鍋あと）や鍋前おつまみを集めました。おなかも満足、お酒も旨い、寒い夜をあったかく、おいしく過ごす冬のおつまみ集。
2017.10　159p　18cm　¥1000　①978-4-262-13033-0

◆春夏秋冬、ぎゅっと詰めて　旬弁当―「旬のおかずの素」で作りおき、作りかえレシピ180　中川たま著　日本文芸社
【要旨】旬の食材は栄養豊富、一番美味しい。季節に合わせて体も心も元気にしてくれる。毎日のお弁当から、特別な日のお弁当まで、四季に育まれる喜びを。「旬のおかずの素」で作りおき、作りかえレシピ180。
2017.2　144p　24×19cm　¥1400　①978-4-537-21453-6

◆女子力アップ！ ダイエット応援弁当―15分でできる！　井原裕子著　文化出版局
【目次】一つのフライパンでゆでるだけ、二つのフライパンで同時進行、卵ピザのバリエーションをご紹介―プチトマト＆バジルの卵ピザ・しらす＆ごまの卵ピザ・高菜漬けの卵ピザ・ズッキーニの卵ピザ、ゆで牛すね・豚肉とゆで卵のしょうゆ煮・鶏ハム、前日の下味つけで朝ラクに、缶詰とレンチンで火を使わずに、スープ弁当、お役立ち作り置き常備菜
2017.5　71p　20×21cm　¥1400　①978-4-579-21302-3

◆すみっコぐらしのお弁当　稲熊由夏著　主婦と生活社
【要旨】お弁当のすみっコにつめてください。いろんなすみっコたちを、毎日のお弁当に！ イラストをそのまま再現。キャラ別の単品お弁当かずも。はじめてでもかわいく作れる原寸大型紙。
2017　111p　19×15cm　¥1200　①978-4-391-14999-9

◆たかこさんの休日の昼から飲みたい！ 簡単、絶品おつまみ―野菜、肉、魚、卵、ご飯、小鍋、麺、デザートなど、一人でも、友人や家族とでも、どんな場面でも活躍できる手抜きでおいしいレシピ124。　稲田多佳子著　マイナビ出版
【目次】1章　すぐに作れる！―10分おつまみ、2章　まずは野菜から―ほんにやさしいおつまみ、3章　一品でボリューム満点―肉、魚おつまみ、4章　実はとっても手軽―小鍋料理、5章　欲張ってシメも充実―ご飯、麺、6章　頼りになる―作り置きレシピ、7章　やっぱり甘いものも食べたい―粉ものおやつとデザート
2017.12　128p　A5　¥1300　①978-4-8399-6408-5

◆男子ガッツリ元気弁当―作りおきプラスで手早く、美味しく！　牧野直子著　大和書房
【要旨】育ちざかりの中高生も大満足！ 組合せ自在の156レシピ！
2017.3　95p　B5　¥1300　①978-4-479-92111-0

◆ツレヅレハナコの薬味づくしおつまみ帖　ツレヅレハナコ著　PHPエディターズ・グループ、PHP研究所
【要旨】ツイッターとインスタで大人気！ パクチー、ディル、ミント、バジル、万能ねぎ―東西の薬味を効かせた絶品レシピ95品！
2017.6　127p　A5　¥1500　①978-4-569-83563-1

◆東京弁当生活帖。　杉森千紘著　セブン＆アイ出版
【要旨】月間100万アクセスブログ『東京弁当生活。』待望の書籍化！ 作る気になるひとことレシピと、くすりと笑える暮らしエッセイがあ

を引く。ときどき家メシと、海外ひとり旅コラム有。
2017.1　159p　B6　¥1300　①978-4-86008-716-6

◆トラネコボンボンの空想居酒屋―ぶらりと飲みに行った気分で、お酒が美味しい！ ワクワクおつまみ　中西なちを著　グラフィック社
【目次】スタンドマルチーズ、酒と肴やまのべ、bar モンテカルロ、スナックようこ、鳥に一軒の飲み屋、台湾夜市、どこの国でもないような、角打ち中西商店、酒と歌マリーゴールド、居酒屋なっちゃん、あさげなかにし
2017.10　127p　B5　¥1500　①978-4-7661-3095-9

◆飲んで、食べて、みんなで楽しむおつまみおかず　井澤由美子著　ナツメ社
【要旨】1品でたんぱく質と野菜がとれるおかずから、野菜1つで作れる簡単おつまみまで、栄養バランスも◎！ 晩酌のお供に、ごはんのおかずに、家族いっしょに食べられる129レシピ。
2017.12　127p　24×19cm　¥1200　①978-4-8163-6366-5

◆パッと作れて旨い！ 居酒屋おつまみ　荻原和歌著　宝島社
【要旨】簡単！ スーパー、コンビニで買える食材・調味料だけ！ 全レシピ10分で作れる!!酒がすすむおつまみが和洋中69品！
2017.6　128p　A5　¥1200　①978-4-8002-7224-9

◆ひとり飲みのやせるつまみ　井原裕子著　世界文化社
【要旨】自ら実践して7kgやせた！ 夜遅く食べても太らない晩酌献立。帰宅してからすぐに食べられる時短アイディア満載。酒好き必見！
2017.6　111p　A5　¥1200　①978-4-418-17322-8

◆平日ラクする作り置き弁当―時間と心にゆとりができる　スガ著　マイナビ出版
【要旨】月間アクセス120万PV！ 働くかあさんの味方ブログ『週末の作り置きレシピ』から待望のお弁当本！
2017.10　127p　A5　¥1380　①978-4-8399-6231-9

◆まいにちおべんとう―朝・昼・晩がおいしくつながる、240のおかず　大原千鶴著　高橋書店
【要旨】おべんとうのためのおべんとう作りではなく、まいにちのおかずで作る、気どらない食べてほっとするおべんとう。240すべての料理は知っておくと役立つ、おいしいものばかり！
2017　159p　24×19cm　¥1350　①978-4-471-40871-8

◆毎日ラクする つくりおき弁当　tami、おがわひろこ、yocco、yuna著　学研プラス
【要旨】ラクしておいしい。作って försteht。誰も無理せず続けられるお弁当。タイムテーブルつきで段取りがわかりやすい。tami、おがわひろこ、yocco、yuna…Instagramで話題のつくりおきレシピ。
2017.1　111p　A5　¥1000　①978-4-05-800716-7

◆曲げわっぱで"魅せ弁"！　みずか著　オーバーラップ
【要旨】作り置き＆スピード調理、7色の彩り副菜79。和えたり、混ぜたり、握ったり、彩りご飯22。
2017.9　127p　A5　¥1200　①978-4-86554-247-9

◆見ためは地味だがじつにウマイ！ 作りたくなるお弁当　heavydrinker著　KADOKAWA
【要旨】お弁当作りが楽しくなる170のレシピ＆アイデア。
2017.4　125p　A5　¥1000　①978-4-04-069216-6

◆みんなのお弁当暮らし日記―こんなの食べたい！ 作ってあげたい！　SE編集部編　翔泳社
【要旨】大人気インスタグラマーさん、ブロガーさん24人による、お弁当の写真日記です。見栄え食材、真似したくなる盛り付けアイデアがたくさん。ご家族構成やお弁当作りにかかる時間も聞きました。さまざまな日常の一コマが見える日記もほんわか楽しい。
2017.3　159p　A5　¥1500　①978-4-7981-4765-9

◆ゆる「糖質＆塩分」オフ！ おつまみおかず　岩崎啓子著　日本文芸社
【要旨】くしカツ献立、塩から揚げ、豚肉のカリカリ焼き油淋鶏ソース、アボカドのツナカレーマヨあえ、たたききゅうりとザーサイのラー油あえ、鶏スペアリブの韓国風、しじみとねぎのスープ…お酒も飲める、夕食にもなる！ ささっと一品から素材別、作りおきまで、嬉しい94品。
2017.7　127p　A5　¥1300　①978-4-537-21491-8

料理・食生活

◆酔っぱらってても作れる10分おつまみ　山脇りこ著　KADOKAWA
【要旨】店に行くより早くて安くておいしい！おうちが酒場になる！オツなあて121レシピ。
2017.11　127p　A5　¥1400　978-4-04-896062-5

◆夜ふけのおつまみ　スヌ子著　KADOKAWA（角川新書）
【要旨】残業は出来合いの惣菜と缶詰…毎晩これではさみしい！お酒とごはんの相性を追求する料理研究家が、手軽なあるあるおつまみを紹介。「どれも簡単。だって作る私も早く飲みたいから！」今夜から使えるレシピ集。
2017.2　142p　18cm　¥840　978-4-04-082132-0

◆ワインに合う旨いおつまみ—人気タヴェルナが教える　今井寿家　旭屋出版
【目次】ワインに合う野菜のおつまみ、ワインに合う魚介のおつまみ、ワインに合うチーズのおつまみ、ワインに合う加工肉のおつまみ、ワインに合う肉のおつまみ、ワインに合うパンのおつまみ
2017.3　160p　B5　¥2500　978-4-7511-1267-0

◆わたしたちの「お弁当」—人気インスタグラマーの使えるおかずレシピ＆効率UPのアイデア　わたしたちの編集部編　マイナビ出版
【要旨】品数たくさん、見た目もおしゃれ。開けた瞬間、笑顔になるお弁当の作り方。とっておきのお弁当258＆便利おかず150品。
2017.3　143p　A5　¥1380　978-4-8399-6211-1

◆akinoichigoの冷めてもおいしい感激弁当160　稲熊由夏著　大和書房
【要旨】うまみをギュッと閉じ込めるために粉をはたいたり、水気をおさえるために調味料を工夫したり、お弁当おかずは、調理のときに、ちょっとしたポイントをおさえれば、時間がたってもおいしいまま。詰めるときも、味の相性がいいおかずを隣同士にしたり、ごはんの上には塩気のあるおかずをのせたり。組み合わせ次第で、絶妙な味加減に。こんな、"ちょっとしたコツ"で、劇的においしくなるお弁当おかずをたくさん集めてみました。
2017.3　95p　B5　¥1000　978-4-479-92110-3

◆Gohのおつまみフレンチ　福山剛著　（福岡）西日本新聞社
【要旨】"予約の取れない"福岡のフランス料理店・Goh。「アジアのベスト・レストラン50」に九州で初めて選ばれた人気シェフの冷蔵庫の食材ですぐに作れる簡単レシピ集。
2017.8　119p　A5　¥1500　978-4-8167-0941-8

◆MAKIROBI弁当—野菜、玄米、豆類…おいしくて、ヘルシー！手軽に作れるマクロビオティック　後藤麻希著　マイナビ出版
【目次】1定番おかずを集めたマキロビ弁当（大豆ミートの唐揚げ弁当、車麩のくるみフライ弁当、かぼちゃコロッケ弁当、たかきびハンバーグ弁当、たかきび麻婆豆腐丼弁当、ベジつくねの照り焼き弁当、豆腐ステーキ丼弁当、油揚げのカラフル野菜巻き弁当、車麩の竜田揚げ弁当、ひよこ豆の春巻き弁当、玄米海苔巻き弁当、おにぎり弁当）、2お弁当に彩りを添えるおかず＆ご飯もの（メインのおかず、野菜のおかず、豆のおかず、海藻のおかず、炊き込みご飯、保存できる万能調味料）
2017.2　95p　B5　¥1420　978-4-8399-6104-6

◆SHIORIの2人で楽しむゆるつま　SHIORI著　講談社（講談社のお料理BOOK）
【要旨】「今日、どうだった？」2人の会話を楽しみたいから、夜は頑張りすぎない"ゆるつま"がちょうどいい。SHIORIさんちのおかずにもなる簡単つまみ85品。
2017.11　95p　A5　¥1000　978-4-06-509104-3

和風料理

◆新しい日本料理 小宴会の料理と献立　志の島忠編著　旭屋出版　縮刷版
【目次】少人数の宴席料理 小宴の献立ごよみ、料理屋献立の構成の基調 料亭懐石五五懐石、新しい献立の提案 小懐石献立と三点献立、小宴の献立を構成する先付けからデザートまで、材料・調理別に見る献立の盛りつけと器、献立の品々の調理 作り方と基礎知識
2017.3　443p　25×19cm　¥3800　978-4-7511-1257-1

◆江戸料理大全—将軍も愛した当代一の老舗料亭300年受け継がれる八百善の献立、調理技術から歴史まで　栗山善四郎著　誠文堂新光社
【要旨】享保2年に浅草山谷で創業、広重や国貞に描かれ、料理番付でも常に別格で扱われるなど、江戸随一の料理屋とうたわれた「八百善」。当時からのれんを上げていた老舗がほとんどなくなった現代において、貴重な江戸の残り香を今も伝える「八百善」の当主が、300年受け継がれてきた献立と技をくわしい手順とともに解説する。
2017.1　223p　B5　¥3500　978-4-416-61672-7

◆大阪料理—関西割烹を生み出した味と食文化　大阪料理会監修　旭屋出版
【目次】第1章 大阪料理とは（日本料理難波に発す、大阪料理の変遷 ほか）、第2章 戦前～昭和大阪料理五十選（鱧の洗い、黒鯛の洗い ほか）、平成大阪料理五十選（雛羽太冷や汁 味噌コンソメ仕立て、雛羽太頭煮凝り ほか）、第4章 大阪料理と料理屋に関する資料（料理の変遷、大阪の名物 ほか）
2017.10　211p　B5　¥3500　978-4-7511-1301-1

◆お斎レシピ—みんなでおいしい精進料理 京都・東本願寺　大原千鶴著　東本願寺出版
2017　94p　B5　¥1800　978-4-8341-0547-6

◆割烹あらかると—お値打ち和食の一品料理　柴田書店編　柴田書店
【要旨】価値ある一品、リーズナブルな価格。人気割烹店、繁盛の理由。激戦の東京で連日予約で埋まる割烹の「一品料理」と少人数で切り盛りできる「店づくり」を公開。
2017.12　295p　B5　¥3000　978-4-388-06277-5

◆必ずおいしく作れる和のおかず　世界文化社
【要旨】揚げものがカラッとしない、煮ものの味が決まらない…etc.1000人の主婦の悩みを徹底的に解決。人気料理研究家が教える一生使える和のおかずレシピ集245品。
2017.10　207p　B5　¥1600　978-4-418-17339-6

◆川魚料理300年 - 京料理控え - MINOKICHI　佐竹力総著　世界文化クリエイティブ，世界文化社 発売　（本文：日英両文）
【目次】老舗の引き出し（美濃吉 温故知新、老舗としての取り組みと未来への展望）、旬ありて（春、夏、秋、冬）、初伝をつなげて三〇〇年（美濃吉三〇〇年のあゆみ、護り人として生きてた代茂梶女将、未来をみすえて ご主人、京都における川魚料理のあゆみ ほか）
2018.1　129p　24×19cm　¥2500　978-4-418-17352-5

◆京都 炊き合わせ—伝統と進化の72品　島谷宗宏著　旭屋出版
【目次】睦月、如月、弥生、卯月、皐月、水無月、文月、葉月、長月、神無月、霜月、師走、小鍋味暦、料理の味を決める 基本の出汁のとり方、器で料理を演出する、季節の料理を彩る むきもの・飾り切り
2017.4　183p　B5　¥3000　978-4-7511-1266-3

◆現代そば料理—新しい味・新しい技　旭屋出版編集部編　旭屋出版
【要旨】旨塩和えそば、ドライカレー風そば、若竹そば（冷）、肝せいろ、スーラータンそば、アサリと生のりの冷かけそば、アーモンドごまの冷かけそば、浅利の冷かけそば、鶏天おろしの冷かけそば、豆乳冷そば、浅利のとまとくりーむつけ蕎麦…。「最新そば」で紹介した一部の内容を加筆修正した、新たに追加取材。
2017.10　272p　B5　¥2800　978-4-7511-1296-0

◆「高太郎」のおつまみ和食—このワザで味が決まる　林高太郎著　家の光協会
【要旨】「作りやすく、わかりやすい」にこだわったお店にも、ごはんにも合う料理の数々。お店の名物料理も一挙公開。予約の取れない人気店が提案する絶品レシピ。
2017.7　111p　A5　¥1400　978-4-259-56544-2

◆後藤加寿子のおせち料理　後藤加寿子著　文化出版局
【要旨】おせちのある食卓、おせち21センチ角のお重 二段重、おせち16センチ角のお重 三段重、お重選び、おせち作りと段取り、だしと八方だし、一二月二九日、一二月三〇日、一二月三一日、美しく、食べやすく、詰める、おせち21センチ角のお重、おせち16センチ角のお重、三が日の準備、お雑煮をいただく意味、お正月のご馳走、おせちを肴に楽しむ献立、おせち作りの買い物帳
2017.11　94p　26×19cm　¥1800　978-4-579-21304-7

◆すし 伝統の技を極める　岩央泰、坂上暁史、鈴木真太郎、西達広、村瀬信行著　ナツメ社
【要旨】本書では、5つの江戸前すし店の仕込みを取材しました。職人の仕事は感覚による部分が多くを占めますが、できるだけ多数の写真を掲載し、詳細な解説を添えられるよう取材先の方々にご協力いただきました。
2017.10　327p　B5　¥4500　978-4-8163-6328-3

◆鮨のすべて—銀座久兵衛 変わらぬ技と新しい仕事　今田洋輔著　柴田書店
【目次】久兵衛の流儀と商売の極意、第1章 鮨の基本（久兵衛魚介の旬カレンダー、身だしなみと所作 ほか）、第2章 魚ごとの仕事（魚類、貝類 ほか）、第3章 巻きものとちらし（細巻き、太巻き ほか）、第4章 刺身とつまみ（刺身、つまみ ほか）
2017.11　287p　27×20cm　¥4500　978-4-388-06276-8

◆スライドおかずで和ンプレート—シンプルレシピで簡単！彩り豊かな和の朝食　佐藤文子著　イースト・プレス
【要旨】昨夜のおかずが簡単変身！スライドおかず30Days。"あと一品"をつくりおき！4色の彩り常備菜レシピ。
2017.6　127p　A5　¥1300　978-4-7816-1550-9

◆作りおきで便利、「分とく山」のかくし味—野崎洋光が教える、ずっと使える薬味とたれ　野崎洋光著　世界文化社（『野崎洋光が教える「分とく山」のかくし味』改訂・改題版）
【要旨】「分とく山」で使っている、いちばん使える！ものだけ集めた、オリジナルの"合わせ薬味"と、使いみちが豊富な四種のたれ。合わせ薬味で、梅肉だれで、ごまだれで、ポン酢で、味噌だれで、いつもの料理が七変化、バリエーションが広がる90品。
2017.3　95p　B5　¥1300　978-4-418-17313-6

◆「てんぷら近藤」主人のやさしく教える天ぷらのきほん　近藤文夫著　世界文化社（おうちで作れる専門店の味）
【要旨】銀座の名店が、ご家庭で極上天ぷらを揚げるコツを大公開。すべてはプロセス写真を追ってご紹介するから、まるで動画みたいによく分かる！
2017.9　127p　B5　¥1600　978-4-418-17319-8

◆特別普及版 一茶庵・友蕎子 片倉康雄手打そばの技術　片倉康雄著　旭屋出版
【要旨】名人・片倉康雄のそばの技術を集大成した手打ちそばのバイブル。
2017.5　326p　28×21cm　¥6500　978-4-7511-1280-9

◆日系料理—和食の新しいスタイル　ルイス・ハラ著，大城光子訳　エクスナレッジ
【要旨】南米料理と和食のマリアージュ、"ニッケイ料理"。ブラジル・ペルー・そして日本の家庭料理を原点としつつ一流シェフたちが手がける「新しい和食」のトレンドを盛り込んだ至福のレシピ100種類以上をご紹介。いま、日本料理は世界に影響を与え続けている。
2017.6　255p　26×20cm　¥2300　978-4-7678-2279-7

◆日本料理 気軽に楽しめる四季のコース　銀座 圓、食彩 かだた、瓢箪坂 おいしんぼ、新橋 美の、山灯、銀座ささ花、namida、関西割烹 和心庵のら、ビストロ割烹koda、星火、居酒屋 東京十月、江戸肉割烹築地ささや、馳走麹屋著　ナツメ社

料理・食生活

◆人気の「前菜」「先付け」大全―コースとして、一品としての魅力料理　大田忠道著　旭屋出版　(『人気の前菜・先付け』再編集・構成・改題書)
【目次】四季折々の「前菜」「先付け」(新春から春へ、初夏から晩夏へ、初秋、錦秋、冬色、行事の趣向前菜)、人気の「前菜」「先付け」の調理便利帳(基本の「だし」と「八方だし」の仕立て方、合わせ酢、巻き物、南蛮漬け エスカベーシュ、酢じめ、昆布じめ、練り味噌、和え衣、焼き物のたれ、すし、釜盛り、食前酒、季節の葉掻敷)、人気の「前菜」「先付け」大全 作り方と解説
2017.2 159p B5 ¥2800 ①978-4-7511-1256-4

◆美人のレシピ その2 日本の行事食　沙和花著　草土出版、星雲社 発売
【要旨】日本の美意識と四季の簡単レシピ、テーブルコーディネート。
2017.6 76p 26×22cm ¥1680 ①978-4-434-23432-3

◆藤井恵さんの体にいい和食ごはん―発酵食品と体にやさしい食材のおいしいレシピ140品　藤井恵著　学研プラス
【目次】1 体にいいみそと酢のおかず(和食の調味料は、発酵食品です。特に注目したいのが「みそ」と「酢」です。みそを使ったおかず、酢を使ったおかず)、2 体にいい魚介・大豆・海藻のおかず(意識して食べたい、3つの食材があります。魚介のおかず、大豆・大豆加工品のおかず ほか)、3 体にいい野菜のおかず(天ぷらの野菜を手軽に摂るために下ごしらえをします。おひたし、煮びたし ほか)
2017.11 111p B5 ¥1300 ①978-4-05-800837-9

◆保存版 永山寛康のそば・そば料理大全―基本と創意214品の全技法　永山寛康著　旭屋出版
【要旨】そば打ちの技術とその展開(手打ち技術を表現するそば、冷たいつけ汁が魅力のそば、温かいつけ汁が魅力のそば、温かいかけ汁が魅力のそば、冷やかけ汁が魅力のそば、ぶっかけそば、種ものそば、釜揚げ・あつもり、変わりそば)、そば粉と鴨料理の質を高める(天ぷらのそば・天ぷらの一品料理、鴨のそば・鴨の一品料理)、そば粉やそば店の食材を生かし切る(そばがき、そばずし、そば前・一品料理、ご飯もの、甘味・デザート、そばのコース料理)
2017.4 272p 28×21cm ¥2800 ①978-4-7511-1277-9

洋風料理

◆アメリカ南部の野菜料理―知られざる南部の家庭料理の味と食文化　アンダーソン夏代著　誠文堂新光社
【要旨】アメリカ南部の家庭で好まれる豆類、穀類を含めた野菜料理をバラエティ豊かに紹介。レシピは基本から始まり、揚げ物やスープ、オーブン料理、デザートまで100品。野菜のフルコースも可能です。調理手順写真が豊富で、調理のヒントやアドバイスも多数。初めてアメリカ料理を調理する方でも楽しみながら作れます。また、使う野菜は日本で手に入りやすいもの、一部置きかえて紹介しているので、日本にいながら現地の本格的な味を楽しめます。レシピの合間には現地の食文化コラムが充実。読みものとしても長く楽しめる1冊になっています。
2017.5 239p B5 ¥2600 ①978-4-416-51795-5

◆イタリア料理の教科書　川上文代著　新星出版社　(『イチバン親切なイタリア料理の教科書』改題書)　新装版
【要旨】知っておきたいイタリアンの基本と、アンティパストからドルチェまでの定番メニューを、豊富な手順写真で丁寧に解説。
2017.4 223p B5 ¥1300 ①978-4-405-09338-6

◆おうちフレンチ―一流に教わる基本のレシピ　三國清三著　ナツメ社
【要旨】気軽に作れておいしいフランス料理48品を掲載。野菜のテリーヌ、鶏レバーのペースト、ビシソワーズ、ビスク、ラタトゥイユ、キッシュ・ロレーヌ、サーモンのポワレ、鯛のポシェ、ブイヤベース、牛肉の赤ワイン煮、鶏肉のソテー、鴨のロティ、ブランマンジェ、クレームカラメル、舌平目のムニエルなど本格フレンチのフルコースが家庭で味わえる！
2017.11 99p B5 ¥1600 ①978-4-8163-6342-9

◆家庭で作れるスペイン料理―パエリャ、タパスから地方料理まで　丸山久美著　河出書房新社　増補新版
【目次】01 これだけはマスターしたい代表的な家庭料理(トルティーリャ スペインオムレツ、田舎風オムレツ ほか)、02 バルの定番、タパスの楽しみ！(ホワイトアスパラと卵のピンチョス、ロシア風サラダのカナッペ ほか)、03 個性豊かな地方の家庭料理(バスク、ナバラ、アラゴン、ラ・リオハ ほか)、04 昔ながらの素朴な味わいのお菓子(クレマ・カタラーナ、サンティアゴのケーキ ほか)
2017.11 99p B5 ¥1600 ①978-4-309-28649-5

◆家庭で作れるポルトガル料理―魚とお米と野菜たっぷり　丹田いづみ著　河出書房新社　(『家庭で作るポルトガル料理』新装・改題書)
【要旨】はじめてなのに懐かしい…それがポルトガルの味。魚とお米と野菜たっぷり。素材の持ち味を生かしたポルトガル料理は、日本の食べ物とどこか似ています。コックさんは圧倒的に女性が多く、レストランも家庭料理の延長といった感じ。素朴でおおらか、やさしいお母さんの味です。本書では、ポルトガル料理に魅せられて30数年の著者が、日々の食卓にすぐ取り入れられる手軽な一品からお馳走料理まで、さまざまな場面で作りたいレシピをご紹介します。
2017.6 94p B5 ¥1600 ①978-4-309-28636-5

◆基本のイタリアン―おうちでパパッと&作りおきもできる　主婦の友社編　主婦の友社　(実用No.1)
【要旨】ちょっとしたコツで料理ビギナーでも絶対においしくできる。必ず盛り上がる！よりすぐり96レシピ。
2017.6 143p 24×19cm ¥1100 ①978-4-07-424361-7

◆「銀座レカン」高良康之シェフが教えるフレンチの基本　高良康之著　世界文化社
【要旨】高良シェフが誌上コーチするフレンチの基本。51皿のメニューと18のソース。
2017.6 127p B5 ¥1800 ①978-4-418-17321-1

◆沢尻リラさんの家庭でつくる地中海料理　沢尻リラ著　KADOKAWA
【要旨】家族の絆をつなぐ地中海のおうちごはん。初公開！沢尻家の52レシピ。
2017.9 111p B5 ¥1600 ①978-4-04-105761-2

◆シェフ一流のシェフたち 114 特集 美味の技　イマージュ、星雲社 発売
【目次】旬の・春=タケノコ、グランシェフが作る春の料理、美味の技、春のスペシャリテ、魅了するデザート、新世代のシェフによる明日のスペシャリテ、リーズナブル・メニュー、春の宴会料理、料理の動線、独立開店物語〔ほか〕
2017.3 179p A4 ¥3600 ①978-4-434-23038-7

◆旬の野菜でシンプル・イタリアン　佐藤夢之介著　世界文化社
【要旨】肉、卵、チーズ以外の乳製品を使わない。なのに物足りなくない、お肉好きも大満足の美味しいイタリアン。"野菜の力"を120%引き出すとっておきの夢レシピ59。
2017.12 128p 24×19cm ¥1500 ①978-4-418-17350-1

◆西洋料理のコツ　的場輝佳、西川清揚、木村万紀子著　KADOKAWA　(角川ソフィア文庫)
【要旨】肉・魚介・野菜・卵・パスタ・ソース…素材別、ジャンル別に、すぐに使えるコツと裏技を徹底網羅し、はじめて科学的な味付けを解説した新しいタイプの秘伝書。プロの技と、明確な料理の科学で、ジューシーなハンバーグもふわふわオムレツも、お手のもの。理屈が分かれば、レストランに行ったときの楽しみも倍増することは間違いなし。知れば知るほど料理作りに挑戦したくなる、辻調直伝の凄技満載の実践バイブル。
2017.9 371p A6 ¥1120 ①978-4-04-400268-8

◆帝国ホテル レ セゾンの季節の食材とフランス料理―ティエリー・ヴォワザンの料理哲学とその仕事　ティエリー・ヴォワザン著　誠文堂新光社
【目次】1 Philosophie 料理哲学、2 Les plats et Produits 季節の食材と料理(春、夏、秋、冬)、3 Racines ルーツ、4 L'équipe チームレセゾン、5 Recettes ルセット
2017.4 319p B5 ¥7400 ①978-4-416-61605-5

◆ときめき家事。―北欧スタイルの料理・収納・インテリア　坂ské みさと著　オーバーラップ
【要旨】平凡な日常を、ときめきに変えるヒントの数々。北欧雑貨を楽しみ尽くす、家づくりと暮らしのアイデア。
2017.6 127p A5 ¥1200 ①978-4-86554-230-1

◆トラットリア ドンチッチョの極旨シチリア料理―石川勉シェフ直伝　石川勉料理, 池田愛美文　世界文化社
【要旨】「トラットリア シチリアーナ・ドンチッチョ」超人気店が基本のソースからスペシャリテまで83レシピを初公開。シチリアの美味しい秘密。
2017.10 111p B5 ¥1600 ①978-4-418-17337-2

◆肉の火入れ―フランス料理のテクニック　川手寛康著　柴田書店
【要旨】火入れ以前の一料理を産み出す原点、火入れ本番―肉を焼き分ける、火入れの科学 レア、ミディアム、ウェルダン、牛肉を焼く過程で起こる変化、第1章 肉の種類別 火入れのテクニックと料理、第2章 火入れのための機器
2017.2 201p B5 ¥4800 ①978-4-388-06259-1

◆パスタ大全―イタリア全土のパスタ120品　旭屋出版編集部編　旭屋出版
【目次】南部イタリアのパスタ(ネラーノ風ズッキーニのスパゲッティ、ナポリ風肉祭のラザニア、シャラテッリ 魚介のソース ほか)、中部イタリアのパスタ(パッパルデッレ 鴨のラグー、パッパルデッレ トリッパとひよこ豆のピリ辛トマト和え パッパルデッレの器で、ピチ ソーセージとくるみのソース ほか)、北部イタリアのパスタ(タィヤリン 熊本産無農薬レモンをからめて、タィヤリン ウサギの白ワイン煮込み和えセロリの香り、タリアテッレ デ メリガ アル スーゴ ディ ストラフリット ほか)
2017.1 232p B5 ¥4200 ①978-4-7511-1258-8

◆パリ在住の料理人が教えるフライパンでできる本格フレンチレシピ　えもじょわ著　KADOKAWA
【要旨】大人気「えもじょわキュイジーヌ」から、自宅でできるフレンチレシピを1冊に。
2017.12 127p B5 ¥1300 ①978-4-04-602223-3

◆一皿で大満足のっけパスタ フランスで大人気の時短レシピ　塩田ノア著　講談社　(講談社のお料理BOOK)
【要旨】パリの主婦の合理的な工夫が満載。時短、手抜きワザ、少ない道具で作りやすい。前菜、メイン、パスタが一皿に「のっけパスタ」味もボリュームも大満足。
2017.4 79p 26×19cm ¥1300 ①978-4-06-299694-5

◆フランス人が好きな3種の軽い煮込み。　上田淳子著　誠文堂新光社
【要旨】ソテー、フリカッセ、スープ…忙しいフランス家庭に習う、じっくり煮込まない新感覚の煮込み料理65品。
2017.9 127p B5 ¥1500 ①978-4-416-61790-8

◆フランス流気取らないおもてなし アペリティフ―パーティーがぐっと盛り上がるフード&ドリンク115品　吉田菊次郎、村松周著　誠文堂新光社
【要旨】アペリティフとは、元々"食前酒"の意味ですが、最近では、好みのお酒とともに、ちょっとした料理やスイーツを楽しむティーパーティーのことも「アペリティフ」あるいは「アペロ」と表現するようになりました。フランスでは、ディナーの前に「アペリティフしない？」や「アペロしよう！」と友人同士や仕事仲間で誘い合い、好みのドリンクや手でちょっとつまめるアミューズを口にしつつ、おしゃべりを楽しむ習慣があります。本書では、アミューズからデザートまで、アペリティフに欠かせないレシピを多数紹介しました。美食を堪能しつつ、人との繋がりを重んじ、ゆったりとした人生を楽しむフランス流ライフスタイルのアペリティフ文化を、より広く深く知っていただけたらと思います。
2017.5 143p 26×19cm ¥2400 ①978-4-416-51787-1

◆フランス料理肉を極める全技法―下処理から調理まで　古賀純二、菊地美升、岸本直人、高良康之、古屋伸行、花澤龍、飯塚隆太、青木健晃、谷利通、井上祐介、手島純也、湯澤貴博、髙橋雄二郎、川手寛康著　ナツメ社
【要旨】本書では、有名店のシェフによる技術指導でフランス料理店で扱われる主な肉の下処理と加熱調理法を解説。各部位の特性を生かしたレシピも豊富に掲載しています。また、牛枝肉

の解体工程と豚肉の生産過程を精肉店と養豚場への取材をもとに紹介。家畜のからだのつくりや部位による肉の特性、生産者と料理人の関わり方にいたるまで、食肉についての幅広い知識を紹介しています。
2017.6 287p B5 ¥3500 ⓘ978-4-8163-6212-5

◆フランス料理の教科書 川上文代著 新星出版社 (「イチバン親切なフランス料理の教科書」改題書) 新装版
【要旨】知っておきたいフレンチの基本と、前菜からメイン、スープまでの定番メニューを、豊富な手順写真で丁寧に解説。
2017.4 223p B5 ¥2100 ⓘ978-4-405-09339-3

◆プロに近づくためのフレンチの教科書──誰も教えてくれなかった 谷昇著 河出書房新社
【要旨】伝統に培われたクラシックな高級料理。気鋭のシェフが表現する斬新な一皿。カジュアルで活気溢れるビストロ料理。豊かな土地の恩恵を受けた郷土料理。フランス各地で継承される家庭の味。そのすべてが詰まった。ポタージュやサラダ、シャルキュトリ、肉、魚介、デザートといった体系的な分類に加え、序章ではフランスの日常的で陽気なメニュー──「スナック」としか表現しようのないもの──も紹介。
2017.12 191p B5 ¥2200 ⓘ978-4-309-28660-0

◆本格イタリア料理の技術──基本の調理技術から、応用の考え方まで。 谷本英雄, 今井寿著 旭屋出版
【目次】ANTIPASTO、PRIMO PIATTO、SALSA、SECONDO PIATTO、PANE、DOLCE
2017.7 212p 26x19cm B5 ¥4500 ⓘ978-4-7511-1291-5

◆三ツ星イタリアンシェフが教える魔法のレシピ──ニコ・ロミートが選んだ伝統的なイタリア料理100のレシピ ニコ・ロミート著, 百瀬美宇訳 エクスナレッジ
【要旨】イタリア料理の基本をわかりやすく解説した料理教室のような一冊。有名シェフの知恵と経験を盛り込んだ、日々の料理にふさわしいシンプルなレシピが、今すぐあなたのものに。
2017.9 255p 24x17cm ¥2200 ⓘ978-4-7678-2351-5

◆ワインがおいしいフレンチごはん 飯島奈美料理, 杉山明日香監修 リトルモア
【要旨】飯島奈美さん(フードスタイリスト)と、杉山明日香さん(ソムリエール、インポーター、理論物理学博士)が、旅して、食べて、飲んで、作りました。おいしいワインとごはんのマリアージュ、30組収録！フランスのおいしい郷土料理をもとに、気軽に作れて、日本の食卓に馴染みやすいレシピを、飯島さんが考案しました。一品一品にぴったりのワインを、杉山さんが選び、丁寧に解説をしています。
2017.5 103p B5 ¥1700 ⓘ978-4-89815-459-5

◆SPAGHETTI & CO──本場イタリアの絶品パスタレシピ112 アニェーゼ・ベナッサイ著, 瀬戸由美子訳 (京都)青幻舎インターナショナル, (京都)青幻舎 発売
【要旨】おいしくておしゃれな112皿の絶品レシピ。スパゲッティ、リングイネ、ブカティーニ、タリアテッレ、フェトチーネ、パッパルデッレ、自家製生パスタの作り方解説つき。パスタ好きも大満足！
2017.10 247p 29x10cm ¥1800 ⓘ978-4-86152-621-3

中華風料理

◆おうちでおいしい基本の中華──フライパンで今すぐ！ 本格味 主婦の友社編 主婦の友社 (実用No.1)
【要旨】麻婆豆腐、ギョーザ、チンジャオロース、回鍋肉、棒棒鶏、チャーハン、えびチリ…みんな大好き、ごはんが進むおなじみ中華料理が、家庭のコンロ&フライパンで実は簡単にできる！人気料理家による親切・ていねいなおうち中華の極意が写真と図解でよくわかる。
2018.1 143p 24x19cm ¥1100 ⓘ978-4-07-426727-9

◆中国料理 人気メニューと技──27店の現代における表現 旭屋出版編集部編 旭屋出版
【要旨】兵庫・神戸市 老虎菜、兵庫・神戸市 自然派中華 cuisine、兵庫・西宮市 Vel ROsier、大阪・北浜 中国菜 ix ウノ烏、大阪・西天満 唐鼓味、大阪・大元、大阪・西天満 中國菜 月杏、大阪・豊中市 中華菜房 古谷、三重・亀山市 中国名菜 しらか
わ、愛知・名古屋市 中国家庭料理 菜の花、愛知・名古屋市 レストラン 冨 [ほか]
2017.1 239p B5 ¥3000 ⓘ978-4-7511-1255-7

◆和中華──家にある調味料でさっと作れるあっさり、やさしい和風のおいしさ 堤人美著 主婦と生活社
【要旨】しょうゆが香る麻婆豆腐、みそ味の回鍋肉、酸味がさわやかなレモン酢豚など。おうち中華の新定番。
2017.9 95p 26x19cm ¥1380 ⓘ978-4-391-15007-0

お菓子

◆あたらしいパウンドケーキ──今までにない味、食感、素材合わせ 内田真美, 久保田由希, 田中博子, 長田佳子, 飯塚有紀子, ムラヨシマサユキ著 家の光協会
【要旨】スイーツ好きの間で話題沸騰！気鋭のパティシエ・菓子研究家のとっておきレシピを紹介。
2017.1 95p B5 ¥1400 ⓘ978-4-259-56525-1

◆あたらしくておいしい和のおかし──白砂糖・小麦粉を使わない和菓子レシピ 黒岩典子著 世界文化社
【要旨】こんなの待ってた！体にやさしい新感覚の和菓子レシピ。
2017.5 79p B5 ¥1400 ⓘ978-4-418-17320-4

◆いかさまお菓子の本──淑女の悪趣味スイーツレシピ クリスティン・マッコーネル著, 野中モモ訳 国書刊行会
【要旨】ティム・バートンにヒッチコック、俳優ヴィンセント・プライス…ホラーやSF、ちょっとレトロな映画の世界からインスパイアされた奇妙で可愛いスイーツ！キュートで震えあがる美味しいレシピが満載！
2017.10 283p 26x21cm ¥3600 ⓘ978-4-336-06211-6

◆イギリスから届いたカップケーキ・デコレーション ギャンブル五月著 産業編集センター
【要旨】ゴージャスで可愛いカップケーキが気軽に作れます！ボウル1つで作れるバタークリーム、デコレーションに使う口金は2つ以内！画期的なデコレーション・テクニックの登場です！！
2017.5 91p B5 ¥1300 ⓘ978-4-86311-151-6

◆いちごのお菓子──ショートケーキ、タルト、クッキー、ババロア…甘くてときめく47レシピ 若山曜子著 マイナビ出版
【要旨】ショートケーキ、タルト、クッキー、ババロア。そのまま食べるだけじゃもったいない！一年中楽しめる、甘くてときめくお菓子47。
2017.2 79p 25x19cm ¥1320 ⓘ978-4-8399-6099-5

◆一流パティシエのケーキと焼き菓子──本物に出会えるお菓子の教科書 河田勝彦, 永井紀之, 安食雄二, 和泉光一, アントワーヌ・サントスほか著 世界文化社 (「一流パティシエといっしょに美味しいケーキを作りたい」改訂・改題書)
【要旨】すごいシェフたちが、この本を作るために家庭用の道具を手にし、少量の材料を使い、全工程をカメラに見せながら最良と思うお菓子の作り方を丁寧に教えてくれました。2003年の刊行以来、今でも味に近づけると大好評。絶対オススメ！とのコメント多数「一流パティシエといっしょに美味しいケーキを作りたい」。その王道レシピをすべてそのままに本書に収録！
2017.3 289p 28x23cm ¥2700 ⓘ978-4-418-17306-8

◆「イデミ スギノ」進化する菓子 杉野英実著 柴田書店
【目次】1 基本技術 (基本の生地、基本のクリーム ほか)、2 折々の生菓子 (ムース、サンマルクバリエーション ほか)、3 アントルメ (パヴァーヌ、ネオラズ ほか)、4 焼き菓子とタルト (焼き菓子、タルト)、5 ジャムとショコラ (ジャム、ショコラ)
2017.9 374p 28x22cm ¥6500 ⓘ978-4-388-06267-6

◆英国の郷土菓子──お茶を楽しむ「ブリティッシュプディング」のレシピブック 砂古玉緒著 講談社
【要旨】こんなお菓子、見たことない!!まだ、知られていなかった英国郷土菓子って発見がいっぱい！日本の材料で作りやすく紹介し、本場の味を再現。
2017.10 79p 26x19cm ¥1500 ⓘ978-4-06-509103-6

◆エニスモアガーデンのパウンドケーキ エニスモアガーデン著 文化出版局
【要旨】パウンドケーキ専門店「エニスモアガーデン」の味に近いものを家庭でも作れるようにアレンジしたレシピを紹介。
2017.3 83p 20x21cm ¥1400 ⓘ978-4-579-21300-9

◆おうちで作るイタリアンジェラート 齋藤由里著 世界文化社
【要旨】あこがれのなめらかジェラートが専用の機械なしでおいしく作れる！人気ジェラート教室の先生が教える至極のレシピ42。
2017.5 111p B5 ¥1400 ⓘ978-4-418-17318-1

◆おうちで作る専門店の味「ラトリエ モトゾー」シェフのやさしく教えるイタリア菓子のきほん 藤田統三著 世界文化社
【要旨】イタリア菓子は「ティラミス」だけではありません。素朴で力強いおいしさが魅力の30品のお菓子をまるで動画のように、丁寧に紹介します！
2017.10 127p ¥1600 ⓘ978-4-418-17338-9

◆おうちパティスリー──一流に教わる基本のレシピ 吉田菊次郎著 ナツメ社
【要旨】豊富なプロセスで深く知る！生地別に極める洋菓子のクラシック。ショートケーキ、フォレ・ノワール、マドレーヌ、フィナンシエ、ガレット・デ・ロワ、パルミエ、アマンディーヌ、ベイクド・チーズケーキ、ラング・ド・シャ、ラムレーズン・クッキー、シュークリーム、パリ・ブレスト、ウ・ア・ラ・ネージュ、ムラング・ア・ラ・シャンティー、シュトレン、サヴァラン・オ・ロム、スフレ・オ・グランマルニエ、クレープ・シュゼット、シャルロット・リュス・オ・ポワール、抹茶のムース、アマンド・ショコラ、エギュイエット・ドランジェなど、吉田流・おいしいパティスリーの定番38品を掲載。
2017.12 175p B5 ¥1600 ⓘ978-4-8163-6362-7

◆お菓子生地づくりに困ったら読む本 エコール辻東京監修, 山﨑正也著 池田書店
【要旨】プロを養成する！辻調グループ製菓教授が徹底解説！素材の役割、生地づくりの手順と応用、失敗しないコツとワザが、写真とQ&Aでよくわかる！
2017.3 175p B5 ¥1550 ⓘ978-4-262-13029-3

◆親子おやつ──クッキングでわっくわく！ 久保田恵美著 旭屋出版
【要旨】火や包丁を使わなくても作れる簡単なおやつから、特別な日に作るスペシャルおやつまで、「親子クッキング教室」で大好評のレシピや、新作を紹介。丸めるだけの簡単メニューから、牛乳パック型に流して冷やし固めるもの。少し時間をかけて作る記念日用のおやつまで、計39品を掲載。
2017.7 95p A5 ¥1200 ⓘ978-4-7511-1288-5

◆香り高い焼き菓子 大人のBAKE──洋酒、スパイス、ハーブ、塩を効かせた 荻田尚子著 誠文堂新光社
【目次】1 フルーツ・野菜の焼き菓子 (オレンジリキュールケーキ、キャロットケーキ ほか)、2 チョコレート・コーヒー・ココアの焼き菓子 (エスプレッソケーキ、マーブルチョコレートケーキ ほか)、3 チーズ・ヨーグルトの焼き菓子 (マンゴーヨーグルトケーキ、スパイスチーズケーキ ほか)、4 人気のクイックブレッド (バナナブレッド、じゃがいものショートブレッド ほか)
2017.11 95p B5 ¥1400 ⓘ978-4-416-71704-2

◆型がなくても作れるデコレーションケーキ──シートスポンジ1枚焼けば、「特別な日のケーキ」に。 森崎繭香著 グラフィック社
【目次】1 シートスポンジで作る4つのデコレーションケーキ (シートスポンジの作り方、いちごのまあるいショートケーキ、いちごのしかくショートケーキ、いちごのドームケーキ、いちごのロールケーキ)、2 季節のデコレーションケーキ (Spring、Summer、Autumn、Winter)
2017.4 111p 26x20cm ¥1500 ⓘ978-4-7661-3015-7

◆生地を冷凍しておけるタルト──生地を保存できて食べたいときに焼けるかんたん&おいしい45レシピ 西山朗子著 マイナビ出版
【目次】1 さくさくタルト (基本のさくさく生地、さくさく生地を使って)、2 ほろほろタルト (基本のほろほろ生地、ほろほろ生地を使って)、3 パリパリタルト (基本のパリパリ生地、パリパリ生地を使って)
2017.10 111p B5 ¥1430 ⓘ978-4-8399-6407-8

料理・食生活

実用書

◆季節の果物でジャムを炊く―毎日おいしい63のレシピとアイディア 福田里香料理・スタイリング・文 立東舎 リットーミュージック 発売 (料理の本棚)
【要旨】どこにも売っていないジャムとペーストのレシピ教えます。あたらしいジャムの食べ方とおすそわけのアイディアも収録。
2017.5 127p A5 ¥1600 ①978-4-8456-3010-3

◆季節のフルーツを楽しむラ・メゾンのタルト ラ・メゾン著 主婦と生活社
【要旨】ひとり分の小さなタルトからおもてなしタルトまで、食べておいしい、見た目かわいい、至福の時間を味わえる、とっておきタルト。
2017.10 87p B5 ¥1400 ①978-4-391-15104-6

◆キップルとおやつパン―パンで作るかんたんスイーツ 桑原奈津子著 白泉社
【要旨】いつものパンをちょっぴりアレンジするだけで、すてきなおやつパンに早変わり！料理研究家・桑原奈津子と愛犬キップルのパン大好きコンビが、パンには興味なしの愛猫コテツも時に加わって、楽しくにぎやかなパンレシピ集。さらには、人気絵本に登場する憧れのパンの作り方も伝授。
2017.4 79p 15×22cm ¥1300 ①978-4-592-73291-4

◆京都菓子店千茜 香るフランス焼菓子 村瀬佳子著 世界文化社
【要旨】くり返し作りたい「いちじくのケイク」、レモンのすべてを味わいつくす「シトロン」、アーモンドが香り立つ「ビスキュイ・ベベ」、バラ科の果実の競演「カトルローズ」、ココナッツの甘みが元気をくれる「ビスキュイつよいこ」、濃厚なカカオの香りを楽しむ「アンタンス・ショコラ」etc.砂糖の甘さでごまかさない、素材の風味を生地にぎゅっと閉じ込めた焼菓子レシピを紹介。しっとり仕上げるコツも満載。定番から本格スペシャリテまで、家庭で作れる30レシピ。
2017.11 111p A5 ¥1400 ①978-4-418-17340-2

◆クリーム入りのマドレーヌ、ケーキみたいなフィナンシェ 昔本幸子著 主婦と生活社
【要旨】パリ発！定番から最新アレンジまで。ふわふわとした食感の1つの基本の生地から広がる、52のレシピ。
2017.2 79p B5 ¥1400 ①978-4-391-14969-2

◆グルテンフリーのおやつ―米粉だから、おいしい！ 焼き菓子、シフォンケーキ、パウンドケーキ 大塚せつ子著 PARCO出版
【目次】1 スコーン―外はカリッ、中はふんわり！、2 クッキー―サクサクやホロホロと、食感いろいろ、3 マフィン―もっちりとした、リッチな味わい、4 ビスコッティ―ザクザクッと、軽快な食感！、5 シフォンケーキ―きめが細かくて、フワフワ！、6 パウンドケーキ―風味豊かで、しっとりモチモチ
2017.11 111p 24×19cm ¥1500 ①978-4-86506-233-5

◆決定版！何度も作りたくなるお菓子の基本 荻田尚子著 講談社（講談社のお料理BOOK）
【要旨】ショートケーキ、マドレーヌ、クッキー、パイ、チーズケーキ、シュークリーム、プリン、アイスクリーム…ていねいなプロセス写真とポイントアドバイスつき。
2017.7 143p B5 ¥1600 ①978-4-06-299697-6

◆鉱物のお菓子―琥珀糖と洋菓子と鉱物ドリンクのレシピ さとうかよこ著 きらら舎、シャララ舎、アドリア洋菓子店レシピ・レクチャー 玄光社
【目次】1 琥珀糖で作る鉱物（八面体蛍石、八面体鉱物の色とリキュール ほか）、2 洋菓子で作る鉱物（アガーの方解石劈開片、アガーの砂時計構造透石膏 ほか）、3 鉱物ドリンク（鉱物ソーダ、鉱物カクテル ほか）、4 鉱物オードブル（トマトムースの菱マンガン鉱、オリーブのクッキーとチーズの正長石 ほか）
2017.10 111p 26×19cm ¥1700 ①978-4-7683-0906-3

◆小麦粉なしでつくるたっぷりクリームの魅惑のおやつ 森崎繭香著 日東書院本社
【要旨】自分でアレンジできる、5つの基本の生地と24種類の魅惑的なクリームレシピ。さくさく、ふわふわの焼きっぱなしおやつレシピ27種類。
2017.9 111p 24×18cm ¥1400 ①978-4-528-02173-0

◆小麦粉なしでもこんなにおいしい！米粉と大豆粉のお菓子 木村幸子著 主婦の友インフォス、主婦の友社 発売
【要旨】この本では、米粉と大豆粉を使ったからだに優しくて、心もからだも喜ぶ、おいしいレシピを紹介しています。もう、甘いお菓子をがまんしなくてOK！「グルテンフリーなのに、驚くほどおいしい！」想像を超える、感動の味をぜひ体感ください。
2017.6 95p B5 ¥1400 ①978-4-07-421316-0

◆米粉のお菓子―グルテンフリーのおいしいレシピ37 石橋かおり著 主婦の友社
【要旨】小麦粉を使わない、米粉100％レシピ。お菓子初心者でも簡単！
2017.11 79p 26×22cm ¥1200 ①978-4-07-427477-2

◆米粉のシフォンケーキとスイーツ―小麦・卵・乳製品を使わないグルテンフリーなレシピ 湊麻里衣著 立東舎 リットーミュージック 発売
【要旨】混ぜて焼くだけのかんたんレシピから、クリスマス、誕生日によろこばれる華やかなスイーツまで全部で45品。卵・乳製品なしでもシフォンがつくれます。ふわふわの秘密は、ミルクフォーマーで泡立てる豆乳メレンゲ！焼き菓子のほか、冷菓、氷菓まで収録。グルテンフリーなレシピを楽しみ尽くすレシピ集。
2017.11 79p 24×19cm ¥1360 ①978-4-8456-3145-2

◆365日のクッキー―「毎日食べたい」「いつでも作りたい」やさしい甘さと軽やかな食感、季節に寄り添う74のレシピ 高石紀子著 主婦と生活社
【目次】華やかな春のクッキー（ベリーのクッキー、オレンジのクッキー ほか）、夏のクッキー―さわやかに（レモンのクッキー、塩味のクッキー ほか）、秋の滋味深いクッキー（リュスティックな、ハロウィン ほか）、冬を祝うクッキー（クリスマスのクッキー、冬のくだもののクッキー ほか）
2017 95p B5 ¥1400 ①978-4-391-15076-6

◆しあわせを引き寄せる 洋菓子の事典―由来と伝統に込められた物語 今田美奈子著 日本文芸社
【要旨】縁起のいい、形と材料の秘密、世界の祝日と行事を彩るスイーツ、歴史のヒロインがたえたお菓子とお城など、物語を楽しめる「洋菓子」のストーリーと「テーブルセッティング」も紹介。
2017.6 191p A5 ¥1900 ①978-4-537-21483-3

◆上菓子「岬屋」主人のやさしく教える和菓子のきほん 渡邊好樹著 世界文化社（おうちで作れる専門店の味）
【要旨】本当においしく作れる技とレシピ、ここにあり。34種の菓子とあんの炊き方をまるで動画のようにていねいに教えます！
2017.2 95p B5 ¥1600 ①978-4-418-17304-4

◆ショコラティエみたいにできる魔法のボンボン・ショコラレシピ 熊谷裕子著 河出書房新社
【要旨】電子レンジとドライヤーでプロの仕上がり！「湯せん・温度計なし」で作れる画期的メソッド！
2017.11 95p B5 ¥1600 ①978-4-309-28648-8

◆スイーツ男子はなもものI loveパンケーキ はなもも著 KADOKAWA
【要旨】1日で5、6軒食べ歩き！鉄の胃袋を持つスイーツ男子が自信をもっておいしくすすめるパンケーキ屋さんをご紹介！「茶香」「デリーモ」など人気店オーナー5名によるここだけのレシピも公開！
2017.10 111p A5 ¥1200 ①978-4-04-734842-4

◆スペシャルシフォンケーキ―シフォンケーキ専門店『ラ・ファミーユ』の体にやさしいレシピ 小沢のり子著 旭屋出版
【目次】1 基礎のシフォン生地をマスターしよう！―『ラ・ファミーユ』のプレーンシフォン、2 果物、ドライフルーツ（苺ヨーグルトシフォン、苺のシフォン、フランボワーズシフォン、春色シフォン ほか）、3 野菜（野菜のシフォン、かぼちゃのシフォン、紫芋のシフォン、ごまとルッコラのシフォン ほか）、4 香りの食材、ナッツ類、その他（お茶のシフォン、ジャスミンティーのシフォン、紅茶のシフォン、コーヒーのシフォン ほか）
2017.4 96p B5 ¥1500 ①978-4-7511-1270-0

◆3D口金で絞るだけ かわいいフラワーケーキ 福本美樹著 メディアソフト、三交社 発売
【要旨】3D口金を使えば特別な技術がなくても難しい花絞りができる！
2017.4 94p B5 ¥1400 ①978-4-87919-872-3

◆世界の郷土菓子―旅して見つけた！地方に伝わる素朴なレシピ 林周作著 河出書房新社
【要旨】32ヶ国300種以上から厳選！ハンガリーのうず巻きケーキ「ベイグリ」、アゼルバイジャンのクッキー「シェチェルブラ」、カンボジアのもっちりドーナツ「ノム・コン」…食べたことのない世界のお菓子がずらり。自転車でまわった各地の旅日記も掲載。
2017.4 111p A5 ¥1600 ①978-4-309-28628-0

◆セルクルで作るタルト―生地は1種類。敷込みも重しもいりません 田中博子著 文化出版局
【目次】1 から焼きタルト＋クレームダマンドで作るタルト（アマンディーヌ、栗のタルト、洋梨とチョコチップのタルト ほか）、2 から焼きタルト＋アマンドビスキュイで作るタルト（基本のアマンドビスキュイで、ココアビスキュイで、抹茶ビスキュイで ほか）、3 から焼きタルトのみで作るタルト（ジャムタルト、モンブランタルト、桃のタルト ほか）
2017.11 79p B5 ¥1500 ①978-4-579-21307-8

◆たのしいあんこの本―あんこで作るおいしいおやつレシピ なかしましほ著 主婦と生活社
【目次】1章 気軽にあんこ（あんバタートースト、あんサンド ほか）、2章 洋風あんこ（あんこクッキー、オールあんこ ほか）、3章 定番あんこ（豆大福、コーヒー大福 ほか）、4章 季節あんこ（1月 おしるこ（生麩の白あん、白桃の冷やしるこ）、3月 桜もち（関西風）ほか）
2017.11 112p A5 ¥1300 ①978-4-391-14731-5

◆卵・乳製品なしでおいしい 今日も手作りおやつをひとつ。 菅野のな著 朝日新聞出版
【要旨】すぐできる、かんたんおやつ。野菜入りもうれしい。小麦粉を使わないレシピも豊富です。
2017.6 95p 20×22cm ¥1000 ①978-4-02-333159-4

◆つくってみたい茶席の和菓子十二か月 清真知子著 （京都）淡交社
【要旨】毎月の主菓子、干菓子56レシピにアレンジのヒントを加えた77点をやさしく紹介。和菓子づくりの段取りとていねいな手順が一目でわかる。美味しく、きれいに仕上げるためのポイントもたくさん。
2017.11 127p 23×19cm ¥1500 ①978-4-473-04203-3

◆デコレーションの発想と技法―12カ月の記念日ケーキを飾るアイデア集 日高宣博著 誠文堂新光社
【要旨】オーダーメイドケーキのバリエーションの幅が広がる！
2017.4 223p B5 ¥2800 ①978-4-416-61545-4

◆電子レンジで簡単！ 笑顔こぼれるデコ和菓子 鳥居満智栄著 （京都）淡交社
【目次】◎あんこから広がる新しいスイーツワールド◎、こんな和菓子がつくれます！お太鼓、加賀手毬、鬼にお多福、お雛さま、鯉のぼり、こども、Bag、クジラ、うちわ、マトリョーシカ、がま口、くろねこ、ミトン、クリスマスリース、お花もいろいろ！―マーガレット、スイセン、春の花、チューリップ、バラ篭、紫陽花、たんぽぽ、朝顔、コスモス、桔梗
2017.8 63p 19×23cm ¥1200 ①978-4-473-04189-0

◆糖質オフのお菓子 吉川文子, 今井洋子, 石澤清美著 マイナビ出版
【要旨】毎日食べても太らない！おいしいお菓子が食べたいあなたに。すべてバター不使用、さらに小麦粉or卵も使わない。糖質オフのお菓子レシピ42。
2017.3 79p B5 ¥1400 ①978-4-8399-6249-4

◆透明和菓子の作り方 安田由佳子著 文化出版局
【目次】夏夢、雨音、浜遊び、白波、ビーチパラソル、紫陽花、黒糖羹、陽光、青楓、宵まつり〔ほか〕
2017.8 71p 21×20cm ¥1200 ①978-4-579-21310-8

◆日本茶のさわやかスイーツ―煎茶、ほうじ茶、抹茶、和紅茶でつくる 本間節子著 世界文化社
【要旨】ここ数年、日本茶は煎茶の他にも、烏龍茶のように酸化発酵させたもの、乳酸発酵させたもの、有機栽培されたものなど、とにかく種類が増えました。日本特有の「和紅茶」というお茶も人気を高めています。そんな日本茶を、飲むだけではなく、葉を煮出したり、砕いてまるごとお菓子に入れ込んだりして、乳製品や季

料理・食生活

節のフルーツと合わせてみてください。日本茶の新しい魅力が引き出されます。いつもの和菓子がぐっと香ばしく、さわやかになります。
2017.9 127p B5 ¥1400 ①978-4-418-17330-3

◆人気を呼ぶ！「和風デザート」「和風菓子」大全　吉田靖彦著　旭屋出版　[『評判の和風デザート・和風菓子』再編集・改題書]
【目次】春夏秋冬、四季の和風デザート・和風菓子、フルーツの和風デザート、野菜の和風デザート・和風菓子、定番の和風デザート・和風菓子、温かい和風デザート、シャーベット・アイスクリーム・かき氷、洋風の香り漂う和風デザート、創作和風デザート・和風菓子、春夏秋冬、四季の和風デザート・和風菓子の作り方
2017.6 143p 26×19cm ¥2800 ①978-4-7511-1282-3

◆人気料理家11人の本当においしいチーズケーキ　KADOKAWA
【要旨】人気料理家11人が教えてくれた、それぞれのチーズケーキストーリー、それぞれのチーズケーキレシピ。とっておきの52品。
2017.9 95p B5 ¥1300 ①978-4-04-896057-1

◆はじめての糖質オフスイーツ　ともだかずこ著，水野雅登，原小枝監修　法研
【要旨】かんたん！おいしい！太らない！全レシピに糖質量＆ケトン比を表示！
2017.9 135p A5 ¥1300 ①978-4-86513-439-1

◆バターを使わないコーヒー、紅茶、日本茶のお菓子　吉川文子著　文化出版局
【目次】コーヒーのお菓子（コーヒーガレット、コーヒーとピーナッツバターのスコーン、コーヒーブラウニー ほか）、紅茶のお菓子（紅茶のレモンクリームサンドケーキ、紅茶の絞り出しクッキー、紅茶のアーモンドケーキ ほか）、日本茶のお菓子（抹茶のクリームサンドケーキ、抹茶とカシューナッツのキャラメルサンドクッキー、抹茶ミルクジャム ほか）
2017.11 95p B5 ¥1500 ①978-4-579-21313-9

◆バターを使わない！パウンド型ひとつで50のケーキ　吉川文子著　世界文化社
【要旨】初心者にも使いやすい18cmのパウンド型。パウンドケーキだけでなく、もっとお菓子作りの楽しさが広がりますように。そんな願いから、様々なレシピを集めました。
2017.9 79p B5 ¥1200 ①978-4-418-17328-0

◆バターを使わないマフィン—しっとり、ふわふわ、ほろほろ、パリパリ、おかず 5つの生地で楽しむ全46品　吉川文子著　マイナビ出版
【目次】1 しっとりマフィン（キャラメルクランブルマフィン、コーヒー・ホワイトマフィン ほか）、2 ふわふわマフィン（ココアチョコチップマフィン、コーヒーナッツマフィン ほか）、3 ほろほろマフィン（メープルマフィン、ピーナッツバター・クランブルマフィン ほか）、4 パリパリマフィン（基本のパリパリマフィン、ピーカンナッツパイ、アップルパイマフィン ほか）、5 おかずマフィン（基本のおかずマフィン・ツナマヨネーズ、しいたけ草とうずらの卵のマフィン ほか）
2017.4 95p B5 ¥1380 ①978-4-8399-6202-9

◆バター・卵なしのやさしいパウンドケーキ　Steamed & Baked 今井洋介著　河出書房新社　[『マクロビオティックなパウンドケーキ＆焼きパウンドケーキ』新装・改題書]
【要旨】この本で紹介するパウンドケーキの特徴は、卵や乳製品、白砂糖を一切使わない！おなじみの"焼きパウンドケーキ"と、ちょっと珍しい"蒸しパウンドケーキ"の2タイプ。"焼き"と"蒸し"それぞれ作り方を、"混ぜるだけ"のパウンド型だけ！そのうえ、15cmでとってもかんたん、もちろんヘルシーなので、おやつ、朝食、ランチ、お弁当、おみやげやパーティーフードとしても、甘いケーキ・サレをご紹介。使う型は1種類、幅広く活用してくださいね。
2017.9 78p B5 ¥1500 ①978-4-309-28646-4

◆発酵生地の焼き菓子レシピ—冷蔵発酵でかんたん！　吉永麻衣子著　マイナビ出版
【要旨】材料を混ぜて冷蔵庫に入れるだけ！保存ができていつでも焼きたてを食べられる。おいしい焼き菓子47レシピ。
2017.11 95p B5 ¥1380 ①978-4-8399-6436-8

◆パティスリー・ドゥ・シェフ・フジウの現代に甦るフランス古典菓子　藤生義治著　柴田書店
【要旨】"PÂTISSERIE DU CHEF FUJI-U"のフランス菓子55品。
2017.8 211p 28×22cm ¥4200 ①978-4-388-06268-3

◆パフェの発想と組み立て—食感・甘味・風味のバランスのとり方から盛り方まで作り方のコツとテクニック　藤田統三著　誠文堂新光社
【目次】パフェ作りの基本、第1章 定番人気のパフェ、第2章 季節のパフェ 春、第3章 季節のパフェ 夏、第4章 季節のパフェ 秋、第5章 季節のパフェ 冬、第6章 お酒・ドリンク系パフェ、第7章 ミニパフェ
2017.5 175p B5 ¥2600 ①978-4-416-61410-5

◆ハミングバーズヒルのお菓子　海老名めぐみ椛（えい）出版社
【目次】1 アメリカンなお菓子（ストーリーのあるお菓子、ケーキとパイ）、2 オーダーケーキ（記念日、自然のもの、動物たち、私の好きなもの、おとぎの国、ランドスケープ）
2017.11 95p 25×24cm ¥1400 ①978-4-7779-4866-6

◆パリ在住の料理人が教える誰でも失敗なくできるスイーツレシピ　えもじょわ著　KADOKAWA
【要旨】NYチーズケーキ、ティラミス、マカロン、クレームブリュレ、ガトーショコラなど超本格スイーツが自宅で作れる!!フランス生まれの"見えないケーキ"ガトーインビジブルも簡単に！
2017.7 127p B5 ¥1300 ①978-4-04-602073-4

◆パリのかわいいお菓子づくり　SAWAKO著　朝日出版
【要旨】フィナンシェ、フロランタンなどの定番の焼き菓子から、優しい甘さのカップケーキや重ねるだけでおしゃれなグラススイーツ、プレゼントやイベントに最適なお菓子まで、眺めているだけで幸せな気分になる、とっておきのスイーツレシピ集。
2017.11 95p 24×19cm ¥1300 ①978-4-255-01025-0

◆パリのかんたんお菓子—レシピ＆ラッピングペーパーブック　イザベル・ボワノ著　パイインターナショナル　（付属資料：ラッピングペーパー；ラベルシール）
【要旨】全部包める！パリから届いたラッピングペーパー＆シール付きレシピブック。パリの人気クリエイターイザベル・ボワノさんオリジナル、初心者でもかんたんに作れるおやつをまとめたレシピノートとかわいいラッピングペーパーが1冊のすべてのレシピに、そのまま贈れるラッピングアイデア付き！
2017.4 62p B5 ¥1680 ①978-4-7562-4855-8

◆プチガトー・レシピーパティスリー35店の生菓子の技術とアイデア　café・sweets編集部編　柴田書店
【要旨】ベテランから若手まで注目の35店の傑作生菓子をレシピとともに紹介。また、計80品を超えるプチガトーのメニューカタログも掲載。
2017.8 179p B5 ¥2500 ①978-4-388-06269-0

◆フライパン・スイーツ—簡単！おいしい！　木村幸子著　三笠書房（王様文庫）
【要旨】焼き菓子、ケーキ、グルテンフリーのお菓子レシピも！「混ぜて焼くだけ」の「毎日のおやつ」から、ひと手間かけた「特別な日のスイーツ」まで心ときめく50品！
2017.8 164p A6 ¥710 ①978-4-8379-6830-6

◆フライパンで作れるまあるいクッキーとタルトとケーキ　若山曜子著　ワニブックス
【目次】1 フライパンクッキー（チョコチャンククッキー、ショートブレッド、ダブルチョコラズベリークッキー ほか）、2 フライパンタルト（いちじくのタルト、タルト・オ・ポム、ビーチマスカルポーネタルト ほか）、3 フライパンケーキ（バナナケーキ、キャロットケーキ、N.Y.チーズケーキ ほか）
2017.12 87p B5 ¥1300 ①978-4-8470-9637-2

◆フランス人はお菓子づくりを失敗しない。—簡単、シンプルでおいしい　ジャナン堀久美著　秀和システム
【要旨】はじめてでも、ちゃんとできる！パリジェンヌが愛したお菓子レシピ。
2017.3 127p A5 ¥1500 ①978-4-7980-5033-1

◆フランスの季節を楽しむお菓子作り—何気ない日も豊かに過ごすさ　西山朗子著　椛（えい）出版社
【要旨】フランスをおいしく味わう28レシピ。
2017.2 128p A5 ¥1300 ①978-4-7779-4379-1

◆フレンチ仕込みの「ショコラのお菓子」—グラン・シェフが初公開するひみつのレシピ　アンリ・ルルー、ジャン＝ポール・エヴァン、フレデリック・カッセル製菓，大森由紀子文　世界文化社
【要旨】本場フランスのショコラティエ＆パティシエ、そのグラン・シェフ3人による競演レシピ集。まさにショコラ好き垂涎のレシピの数々を一挙公開。フランス菓子研究家、大森由紀子さんのナビゲーションと丁寧な工程写真でお教えします。ショコラのお菓子の世界への入門書として、またフランスのトップシェフの仕事を識る一冊としてご愛読ください。
2017.3 95p B5 ¥1600 ①978-4-418-17305-1

◆ふわっふわのスフレパンケーキ—お店みたいにできる！　South Point著　河出書房新社
【要旨】素材選びや生地の作り方などおいしく作るためのコツも満載。行列店の再現レシピからオリジナルのアレンジレシピまで、スフレパンケーキをおうちで楽しめるレシピを紹介します。
2017.5 63p 26×19cm ¥1200 ①978-4-309-28627-3

◆ボウルでかんたん 心ときめくドームケーキ—特別な日にいっしょに食べたい、贈りたい　福田淳子著　誠文堂新光社
【要旨】12ヵ月の季節の果物をうんと楽しむ。
2017.3 79p B5 ¥1300 ①978-4-416-51713-0

◆本当においしい生地作り—madeleineお菓子教室の作るのが楽しくなる洋菓子レシピ54　佐藤弘子著
【目次】01 基本の共立て生地（泡立て器で作るスポンジ、ハンドミキサーで作るスポンジ ほか）、02 基本の別立て生地（パン・ド・カンパーニュ・ビスキー、洋風ロールケーキ ほか）、03 基本のパウンド生地（バターケーキ、ブランデーケーキ ほか）、04 基本のマフィン生地（バニラマフィン、ブルーベリーとクリームチーズのマフィン ほか）、05 かんたんおやつ（共立てカステラ、別立てカステラ ほか）
2017.9 95p 25×20cm ¥1380 ①978-4-8399-6194-7

◆ボンボン・ショコラの技術　旭屋出版編集部編　旭屋出版
【要旨】人気パティシエの秀作レシピ。
2017.12 267p 26×19cm ¥3800 ①978-4-7511-1307-3

◆毎日食べてもふとらない！糖質オフの持ち歩き菓子　石澤清美著　主婦の友社
【要旨】自分へのごほうび、友人へのプレゼントに簡単な手作りレシピ。
2017.11 95p A5 ¥1000 ①978-4-07-425248-0

◆混ぜて焼くだけ 19時からの満足焼き菓子—人気店の味を簡単にアレンジ　吉野陽美著　講談社（講談社のお料理BOOK）
【要旨】人気焼き菓子店「エイミーズ・ベイクショップ」の味を美味しいーんま、身近な材料で簡単に作れるようにアレンジしました。ボウルで材料を混ぜて焼くだけなのに、一口食べただけで、疲れも吹っ飛ぶほどの美味しさです！帰宅してから作り始めても、短時間で気軽に完成！いろんな用途にお役に立ちます。
2017.1 79p B5 ¥1500 ①978-4-06-220427-9

◆マフィンとビスケット By HUDSON MARKET BAKERS—アメリカンベーキングレシピ お菓子から食事まで　おおつぼほまれ著　マイナビ出版
【目次】1 マフィン（コーヒーマフィン（ブルーベリーマフィン、バナナピカンマフィン ほか）、ナチュラルフードマフィン（アーモンドミルクで焼くブルーベリー＆オレンジマフィン、スプラウトサラダ ほか））、2 ビスケット（基本のビスケット（オリジナルビスケット—牛乳で作る、バターミルクビスケット—バターミルクパウダーで作る）、ビスケットに合わせる料理（フライドチキンとビスケットのコンボ、チキンビスケットサンドイッチ ほか））
2017.11 95p B5 ¥1480 ①978-4-8399-6409-2

◆魔法のゼリー—冷やすと2つの"層"ができる、不思議でおいしいお菓子　萩田尚子著　主婦と生活社
【要旨】1つのゼリー液、1度の冷蔵で2層に！簡単なのにリッチな食感と見ばえのゼリーは、まさに"魔法"。フランス流「ジュレ」のような高級感。ぷるぷる＆まろやかな魅惑のデザートと前菜。
2017.9 79p B5 ¥1300 ①978-4-391-15010-0

◆ミラクルハッピー はじめてのお菓子レシピDX　齋藤真紀、大瀬由生子著　西東社
【要旨】めざせパティシエ！おいしいお菓子を作ろう!!マンガと写真で教えるよ！
2017.2 255p B6 ¥900 ①978-4-7916-2378-5

手芸

◆ムラヨシマサユキのお菓子―くりかえし作りたい定番レシピ　ムラヨシマサユキ著　西東社
【要旨】はじめてでもおいしく作れる人気のお菓子50。
2017.12 143p 26×19cm ¥1300 ①978-4-7916-2657-1

◆萌子のDECOスイーツ―夢のプリンセスケーキ　おしゃれネイキッドケーキ　丹羽萌子著　イカロス出版
【要旨】かわいい×自慢したくなる×喜ばれる！ギフトスイーツとデコレーションを楽しむ本。オーダー殺到、人気スイーツ講師・萌子の初のレシピ集。
2017.3 79p B5 ¥1300 ①978-4-8022-0322-7

◆モンテールのスイーツでできた！　サンリオキャラクターのHAPPYおやつ　主婦の友社編　主婦の友社
【要旨】誕生日、クリスマス、ハロウィン、バレンタイン…季節のイベントにも大活躍のおやつだよ。カンタンデコで大好きキャラを作っちゃおう。
2018.1 79p A5 ¥1200 ①978-4-07-428382-8

◆焼かずに作れるケーキ―ボウルやホーローバットで作る　森崎繭香著　日東書院本社
【要旨】オーブンがいらない！簡単ケーキ。ボウルかバットがあればOK！市販のスポンジを使うから手軽で時短！見た目も豪華で大人数にもピッタリ！
2017.10 95p 24×19cm ¥1300 ①978-4-528-02177-8

◆焼き菓子の売れてるパティスリーのフール・セックとドゥミ・セック―10店のレシピと差がつく売り方　柴田書店編　柴田書店
【目次】フール・セック（ギブフェル、コルネ、パレオール　ほか）、10店の焼き菓子づくりと売り方（リリエンベルグ、ラ・ヴィエイユ・フランス、メゾン・ド・プティ・フール　ほか）、10店の定番菓子（マドレーヌ、フィナンシェ、フロランタン）　ほか
2017.6 151p B5 ¥2500 ①978-4-388-06266-9

◆焼くだけ＆ちょっと塗るだけ　Naked Cake―ライト・ミディアム・ヘビー 3種のスポンジケーキが絶対ふくらむ方程式　小菅陽子著　小学館
【要旨】ライト、ミディアム、ヘビー。3タイプのスポンジケーキは「絶対ふくらむ方程式」で必ず上手に焼きあがります。ちょっと塗るだけでビジュアル映えするケーキが、見た目だけでなく味もGOOD。このスポンジが基本です。想像以上に簡単です。さあみなさん、ぜひぜひ焼いてみてください。
2017.1 79p B5 ¥1300 ①978-4-09-310856-0

◆やさしい甘さのバナナケーキ、食事にもなるキャロットケーキ　高石紀子著　主婦と生活社
【要旨】砂糖の量は10〜20％オフ、自然の甘みがしみじみおいしい、パウンド型で作る40のケーキ。バリ発！軽い口あたりの最新レシピ。
2017 79p B5 ¥1400 ①978-4-391-14990-6

◆ユイミコ謹製抜き型つき　はじめての和菓子　ユイミコ著　講談社（講談社のお料理BOOK）　（付属資料：抜き型（箱））
【目次】"ようかん"で楽しむ（2色ようかん―こうの舞／花吹雪／青かえで／紅白梅、市松ようかん／一花いかだ／ひらひら、ようかん巻―月のうさぎ／若葉風／きんぎょすくい、錦玉かん―春の舞／きんぎょ玉）、"ういろう"で楽しむ（ういろう一ひとひら／雪うさぎ／色づく／うず巻き―水遊び／風のちょう）、"練りきり"で楽しむ（あん巻―春野／水輪／お月見／うめの香、練りきり―いちごつむい／春の山）
2017.9 33p A5 ¥1700 ①978-4-06-509100-5

◆ユニコーンベーカリーの焼き菓子　島澤安從里著　世界文化社
【要旨】すぐに売り切れる！東京・国立の人気焼き菓子店英国人ママと娘が作ったかんたんに作れる本格レシピ54。
2017.6 95p B5 ¥1500 ①978-4-418-17303-7

◆夢をかなえるノンシュガーパフェ　今井洋子著　主婦の友インフォス、主婦の友社　発売
【要旨】お菓子作りが苦手でも大丈夫！アイスクリームもゼリーもプリンも基本はまぜて冷やすだけ！砂糖、牛乳、卵、生クリーム、バターを一切使わずに、体に優しい素材で作る冷たいデザート。
2017.5 95p 21×19cm ¥1400 ①978-4-07-421291-0

◆ヨーグルトの冷たいお菓子と焼き菓子―ヨーグルトパーク、ガトーヤウー、マフィン、チーズケーキ…新提案の50レシピ　若山曜子著　世界文化社
【要旨】夏におすすめの気軽なアイス「ヨーグルトパーク」からフランスの家庭の焼き菓子「ガトーヤウー」などオールシーズン作りたい、ヨーグルトのおいしい使い方をご紹介。
2017.7 79p B5 ¥1350 ①978-4-418-17325-9

◆ALISA SUZUKIのスペシャルティ・ケーキとデコレーション　鈴木ありさ著　産業編集センター
【要旨】作って楽しい、食べておいしい、いろんなケーキとスイーツ。一度見たら忘れられない人続出！N.Y.の名門料理学校CIAで学び、数々のセレブリティのケーキを手がけた気鋭のケーキデザイナーが、ケーキの作り方とデコレーションのテクニックを初公開！
2017.7 111p B5 ¥1900 ①978-4-86311-155-4

◆CAKES　坂田阿希子著　NHK出版
【要旨】お菓子のレシピにはおいしくできるための理由がちゃんとある。だからこそ、楽しくて奥深い。季節のお菓子30。
2017.10 135p B5 ¥1900 ①978-4-14-033298-6

◆CHEESE BAKE―混ぜるだけで作れるケーキ、マフィン、クッキー　ムラヨシマサユキ著　主婦と生活社
【目次】CHEESE BAKE CAKE（SIMPLE CHEESECAKE、MILKY CHEESECAKE、STEAMED CHEESECAKE）、CHEESE BAKE COOKIE（BAKING SHEET COOKIE、DROP COOKIE、CHEESE SABLE、CHEESE ROLL PIE、CHEESE MUFFIN、CHEESE MADELEINE）
2017.9 87p 25×19cm ¥1300 ①978-4-391-15088-9

◆CHOCOLATE―チョコレートの歴史、カカオ豆の種類、味わい方とそのレシピ　ドム・ラムジー著、夏目大、湊麻里、渡邊真里、鍋倉僚介、西川知佐ほか訳　東京書籍
【要旨】カカオ豆を収穫し、チョコレートができあがるまでの長い旅について、本書は図解で丁寧に解説します。チョコレートのレシピはもちろん、味わい方、保存の仕方、カカオ豆の原産地について、チョコレートを好きならば、ぜひ知っておきたい内容を詰め込みました。豆を選び、焙煎し、成形する過程を一貫して行う「ビーントゥバー」にチャレンジしたい方や、チョコレートの世界をもっと味わいつくしたい方へ。
2017.12 224p 25×21cm ¥3200 ①978-4-487-81077-2

手芸

◆愛らしい加賀のゆびぬき―糸を組み合わせてお気に入りをいくつでも　寺島綾子著　日本文芸社
【目次】01 伝統もよう（うろこもよう、矢鱈縞、斜交　ほか）、02 モダンもよう（レース、オリエンタル、パターン　ほか）、03 物語もよう（不思議の国のアリス、人魚姫、おやゆび姫　ほか）
2017.9 95p 18×19cm ¥1400 ①978-4-537-21451-2

◆赤ちゃんのためのかわいい小もの　奥山千晴著　学研プラス
【要旨】女の子にも男の子にも作ってあげたい赤ちゃん小ものが満載！手芸がはじめてのママでも大丈夫！カラーイラストで見やすい作り方＆基礎レッスンが充実。型紙つき。ベビーアイテム35点。
2017.7 112p 23×19cm ¥1300 ①978-4-05-800665-8

◆憧れの手芸作家＋minneの人気作家「つくる」ある暮らし　日本ヴォーグ社
【目次】Hande und Stitch―花村一晃さん、Grosgrain―前田美奈子さん、trikotri―黒田翼さん、手芸作家―下田亜紀さん、ao.―森島桃子さん、ハリネツト―植木友子さん、yucoco cafe―さくだゆうこさん、sou・sou―若林剛之さん、山本聖美さん、トールスミス―住吉利章さん、DOUDOU―大川小百合さん、ポンチセ―今井有美さん、すまいる工房―北川志保さん、点と線模様製作所―岡理恵子さん
2017.12 135p B5 ¥1600 ①978-4-529-05747-9

◆アレンジでたくさん作れる！大人のデイリーアクセサリー　成美堂出版編集部編　成美堂出版
【要旨】基本のテクニックがきちんとわかる83のレシピ。
2017.5 111p B5 ¥1000 ①978-4-415-32232-2

◆イチバン親切なハンドメイドアクセサリーの教科書　新星出版社編集部編　新星出版社
【要旨】知りたかったテクニックがわかる。道具や材料からアクセサリーづくりの基本、すてきなモチーフのつくり方、54のかわいい作品のレシピまで、豊富な写真とイラストで解説！
2017.6 159p 24×19cm ¥1400 ①978-4-405-07243-5

◆いちばんやさしい！組ひも　多田牧子著　日東書院本社
【要旨】世界中のいたるところで作られている組ひも。その中で、日本とアンデス地方はすばらしい「組ひも文化」を作り出している。本書では組ひもを簡単に作れる組ひもディスクと組ひもプレートを使い、初めての方にもやさしく組めるよう日本とアンデスの組ひもをわかりやすく図解しています。ご自身のペースで楽しんでいただけたらうれしいです。
2017.9 95p B5 ¥1400 ①978-4-528-02150-1

◆いちばんやさしい猫アップリケ　エクスナレッジ　（付属資料：型紙）
【目次】Goods―身近な小物（猫ブローチ、猫タワー、ボーボー猫のブローチ、猫の手のペンケース、バネ口ポーチ　ほか）、Interior―お部屋の飾り（スリムCATのパネル／ぬいぐるみ、メタボCATのパネル／ぬいぐるみ、MEOWのガーランド、CATのミニタペストリー　ほか）
2017.11 96p 21×19cm ¥1600 ①978-4-7678-2379-9

◆糸でつくるクチュールジュエリー―BEAD BALANCE STRINGING TECHNIQUE　清水ヨウコ著　マガジンランド
【目次】1 ただ、通す（ジョアン）、2 両結び留め（ジレア、スロウスノウ　ほか）、3 固結び留め（ヴェルジェ、フラジャイル　ほか）、4 クチュールストリング（フォスフォレッセンス、STRINGING　ほか）、5 自由なストリンギング（トリトン、エリシア　ほか）
2017.5 87p 24×19cm ¥1759 ①978-4-86546-152-7

◆糸と布でつくる庭　カタリーナ・ブリュガレ・ニーナ・ルーラーデ著、山梨幹子監修　復刊ドットコム
【要旨】7種の花を選んで創ったテキスタイル植物図鑑。
2017.3 1Vol. B5 ¥3700 ①978-4-8354-5468-9

◆糸の手づくり帖fil―小物・バッグ・ウエア　主婦と生活社編　主婦と生活社（糸屋さんの手づくりBOOK）　（付属資料：型紙）
【目次】1 適材適所の糸選びでソーイングをもっと楽しむ（ぺたんこバッグ、お出かけバッグ、春色のバッグ、春色のポーチとティッシュ＆ハンカチケース、帆布のトートバッグ　ほか）、2 糸本来の魅力を引き出して飾り糸で一層楽しむ（タッセル、ミニ手まり、フェルトブローチ、刺しゅうチャーム、クロスマット3種　ほか）
2017.5 87p 21×21cm ¥1300 ①978-4-391-15032-2

◆犬ぼんぼん―毛糸を巻いてつくる表情ゆたかな動物　trikotri著　誠文堂新光社
【要旨】柴犬（赤毛、白毛・黒毛）、ポメラニアン、トイ・プードル（クリーム・シルバー）、チワワ（ブラック・クリーム）、フレンチ・ブルドッグ、シー・ズー、狆、ミニチュア・ダックスフンド、ウェルシュ・コーギー　ほか
2017.3 95p 25×19cm ¥1200 ①978-4-416-51735-2

◆今さら聞けない手芸の基礎がよくわかる！基本のピンワーク　貴和製作所監修　日東書院本社
【要旨】はじめてでもできるアクセサリー　"通すだけ" "貼るだけ" "つなぐだけ"。道具いらずでできるアクセサリーもあるよ！
2017.10 79p 24×18cm ¥1200 ①978-4-528-02171-6

◆今さら聞けない手芸の基礎がよくわかる！ファスナーつけ　中嶋有希著　日東書院本社　（付属資料：型紙）
【目次】1 バッグ＆ポーチ＆クッションのファスナー（基本的なつけ方でビーズファスナーをつけよう、見返しにつけるファスナーと長さをリボン

◆ウチのコそっくり ボンボン猫人形　佐藤法書著　日東書院本社
【要旨】丸いボンボンから全身が作れる。掲載作品35点。
2017.12 95p B5 ¥1300 ①978-4-528-02180-8

◆うつくしい組ひもと小物のレシピ　多田牧子監修　日本文芸社
【要旨】丸台で作る本格的な組ひもを、身近な道具でやさしく、かわいく。
2017.7 94p 18×19cm ¥1400 ①978-4-537-21490-1

◆宇藤裕子レースドール作品集 Miory Rose　宇藤裕子著　New York Art, 丸善出版 発売（本文：日英両文）
【要旨】宇藤裕子待望のレースドール作品集。やわらかな淡い色あいから醸し出される「優しさ」と「エレガントさ」Miory Rose の磁器人形はこの二つをあわせもつ。幸せ感あふれる人形たちの美の競演をお楽しみください。
2017.12 63p A4 ¥2800 ①978-4-902437-72-0

◆エコクラフトの素敵なバッグとかご、プチ雑貨　古木明美、川俣京子、中本雅子著　河出書房新社　改訂新版
【要旨】シンプル編みもワザあり編みも！ 形いろいろバッグ＆ちょこっとエコで作れるかわいい雑貨24。
2017.11 79p B5 ¥1200 ①978-4-309-28653-2

◆おうちでできるハイジュエリー感覚のグルーデコLesson Book　本宮直美著　朝日新聞出版
【要旨】20分でつくれる作品からビギナーからワンランク上を目指す方まで。カラーバリエをふくむ70作品。
2017.11 111p B5 ¥1200 ①978-4-02-333186-0

◆おしゃれでかんたん アロマワックスサシェの作り方―部屋に飾りたい香るインテリア　篠原由子監修、主婦の友社編　主婦の友社
【目次】1 アロマワックスサシェ作りの基本（アロマワックスサシェの道具、ワックスの種類、アロマオイルの種類 ほか）、2 構図を意識したサシェの作り方（クラシックローダンセマム―日の丸構図、ローズインザダーク―シンメトリー構図、フレッシュオレンジカーネーション―二分割構図 ほか）、3 シチュエーションに適したサシェの作り方（グレイスフルパープル、ブリリアントシュガーキャンディー、ミモザボウル ほか）
2017.6 95p B5 ¥1500 ①978-4-07-423901-6

◆大人かわいい贈り物50選―ハンドメイドだから伝わる　マガジンランド書籍編集部著　マガジンランド
【要旨】『かんたん、かわいい』をコンセプトに、手芸・クラフト本を数多く出版しているマガジンランドが、2014年から開催している"手芸＆クラフト 贈る"展。2016年は『大人かわいい』をテーマに作品を募集しました。本書では、「羊毛フェルト」「刺しゅう・編み物・ソーイング」「クラフト」の各部門にご応募いただいた、ハンドメイド作品350点余りの中から、優れた作品として厳選した50作品をご紹介しています。ハンドメイドならではの素朴さ、愛らしさ、アイディアにあふれた数々の贈り物をご覧ください。
2017.1 74p 24×19cm ¥1296 ①978-4-86546-140-4

◆おとなかわいい コットンパールとタッセルでつくるハンドメイドアクセサリー　BACCHUS.Aika著　ソーテック社
【要旨】ピアス・イヤリング・ネックレス・ブレスレット・キーホルダー・ラリエットetc…タッセルの作り方をオールカラーで丁寧に解説。初めてでも簡単にかわいく作れるアクセサリー満載！お気に入りがきっと見つかるシックでおしゃれな62レシピ。
2017.9 151p 24×19cm ¥1380 ①978-4-8007-3007-7

◆大人かわいいラッピング―身近な紙と材料で、簡単にできる！　宮岡宏会著　主婦と生活社
【要旨】バザーやハンドメイドマルシェでも役立つ、和モダンラッピングのアイデアがいっぱい！基本の包み方とリボンのかけ方を丁寧に解説。
2017.4 91p 26×19cm ¥1300 ①978-4-391-15005-6

◆大人のカルトナージュートワル・ド・ジュイで楽しむ豊かな毎日　永島聡美子著　日本ヴォーグ社（付属資料：型紙）
【目次】1 いつも一緒にいたいもの（めがねケース、パスホルダー ほか）、2 暮らしを素敵にしてくれるもの（ペルメル、トーションポケット付きペルメル ほか）、3 四角い箱が作れれば（ツールトレイ、ティッシュボックスケース ほか）、4 カルトナージュの基礎（作品の作り方）
2017.7 111p 26×22cm ¥1400 ①978-4-529-05703-5

◆折形―基本の包みと暮しの贈りもの　内野敏子著　文化出版局
【要旨】折形と現代のラッピング、A4サイズで折る、A4 1/2サイズで包む、A4サイズにはさみを入れる、1枚の紙で折る、熨斗つきの折形、折紙で包む、じゃばら折りの包み、半紙と折り紙で遊ぶ、短冊で遊ぶ、結ぶひもで遊ぶ〔ほか〕
2017.3 87p B5 ¥1500 ①978-4-579-21294-1

◆「貝ちりめん」でつくる動物・小物　土屋君子著　幻冬舎メディアコンサルティング, 幻冬舎 発売
【要旨】縫い物が苦手でも大丈夫。簡単、かわいい、教室に申し込み殺到の「貝ちりめん」初のレシピ本。貝殻とちりめん・フェルトでつくる動物や小物が30種！
2017.5 54p A4 ¥1000 ①978-4-344-91149-9

◆かぎ編みと刺繡で描くルナヘヴンリィの小さなお花の動物たち　中里華奈著　河出書房新社
【要旨】レース糸から生まれた小さなお花を纏った心愛しい仲間たち。
2017.12 79p B5 ¥1400 ①978-4-309-28659-4

◆かぎ針で編むルナヘヴンリィの小さなお花のアクセサリー　中里華奈著　河出書房新社
【要旨】精巧で繊細な、レース糸から生まれたお花たち。
2017.3 79p B5 ¥1400 ①978-4-309-28622-8

◆かごバッグ―麻ひもと天然素材で編む デザインいろいろ。かぎ針編みのマルシェ、クラッチ、まぁるいタイプ…etc　日本ヴォーグ社
【目次】2way マルシェバッグ、パイプハンドルバッグ、モノトーンバッグ、タックバッグ、ネットバッグ、フラットハンドルバッグ、3wayクラッチバッグ、モチーフバッグ、レースフラップバッグ、ウッドクラッチバッグ〔ほか〕
2017.5 87p 26×22cm ¥1400 ①978-4-529-05693-9

◆型紙の教科書―スカート・パンツ　荒木さわ子著　ホビージャパン（ドールソーイングBOOK）
【要旨】手持ちのお人形のための洋服を一からデザインしてみたい方、オリジナルの型紙を起こしてみたい方に、必要な情報が詰まった一冊。
2017.3 87p 28×22cm ¥2000 ①978-4-7986-1408-3

◆紙と日々、つながりを手作りする楽しみ　田中千絵著　キノブックス
【要旨】カレンダー、ブックカバー、グリーティングカード、ぽち袋、そしてラッピング。紙で作るクラフトブック。便利な型紙つき！
2017.3 87p B5 ¥1400 ①978-4-908059-58-2

◆カラーを楽しむカルトナージュ―カルトナージュ、インテリア茶箱、アート額装で彩る暮らし　吉田恵子著　創藝社
【目次】1 イメージを楽しむ（エレガント、ロマンチック ほか）、2 カラー＆イメージの基礎（有彩色と無彩色、トーンの違い ほか）、3 作品アラカルト（ドロワーズ、バッグ ほか）、4 暮らしを彩る（エレガントなクリスマス、ハッピーウェディング ほか）
2017.9 79p B5 ¥1600 ①978-4-88144-238-8

◆かわいい一輪花のブローチ　世界文化社
【要旨】刺繡・羊毛でできるボタニカル・ブローチ！ 実物大図案。
2017.5 95p 18×19cm ¥1400 ①978-4-418-17409-6

◆カンカラチケットのかんたんカッコいい！レジンアクセサリー―サイズや形を自由に作れちゃう！おしゃれ本88！　カンカラチケット著　河出書房新社
【要旨】おしゃれなアクセサリーが手軽に作れるレジンは、大人気のクラフト材料です。今、二液性のエボキシレジンは、まるでお店で販売されているようなクオリティの仕上がるとこ

力。UVレジンと比べて、安価に済み、大きなサイズが作れるのもいいところです。レジンアクセサリー作家のカリスマCANDY COLOR TICKETの作るおしゃれでポップ、そして、たまらなくカッコいい！ レジンアクセサリーの本ができました。型はクリアファイルやタッパーなど身の回りであるものでOK！ お店みたいなアクセサリーが「意外にかんたん！」に作れちゃう目からウロコのヒントがいっぱいの本。あなたも、さっそく始めませんか。
2017.3 63p 26×19cm ¥1300 ①978-4-309-28624-2

◆かんたん押し絵―額の中の小さな布絵アート　西本典子著　日本ヴォーグ社　復刻版
【目次】1 四季の花ごよみ、2 旬の野菜だより、3 季節の歳時記、4 干支の羽子板、5 和装小物づくし、6 布絵ギャラリー
2017.6 98p 26×21cm ¥1400 ①978-4-529-05750-9

◆かんたん押し絵 その2 ―たのしい布絵アート　西本典子著　日本ヴォーグ社　復刻版
【目次】春を寿ぐ、夏の思い出、秋を味わう、冬の静けさ、子供の祝い、昔ばなし、さかなの舞、花づくし、十二ヶ月のカレンダー、レッスン 歳時記カレンダー「節分」、作品の作り方
2017.9 98p 26×21cm ¥1400 ①978-4-529-05751-6

◆かんたんかわいい通園通学グッズ―いちばんよくわかる　日本ヴォーグ社（付属資料：型紙）新装版
【要旨】手さげバッグ、上ばき入れ、お弁当袋、コップ袋、ショルダーバッグ…園児から小学生の定番アイテム87点。実物大型紙つき。ソーイングの基礎＆写真プロセスレッスンつき。
2017.12 95p 26×21cm ¥1000 ①978-4-529-05760-8

◆簡単なのにかわいい ズパゲッティのバッグとアクセサリー　池田書店編集部編　池田書店
【要旨】人気作家のおしゃれなデザインが集結！マルシェバッグ＆クラッチバッグ、フリンジバッグetc…人気のアイテムの作り方をわかりやすく解説。2時間で楽しく編める！ 編み方イラストつき。
2017.10 79p 26×21cm ¥1400 ①978-4-262-15512-8

◆簡単！ ふわふわボンボンマスコット80　主婦の友社編　主婦の友社
【要旨】球（ボンボン）からマスコットを作る手芸の本です。この本のとおりに作ると、びっくりするほど早くボンボンが完成できるので初心者でも手軽にトライできます。巻いて切って、目鼻をつけるだけの作品から、ニードルを使って作るより本格的な作品までマスコットな動物や、ヘアゴム、バッグチャームなど約80点掲載。ヘアゴムは簡単で抜けない画期的方法を初公開！ デザインは、荒井牧子、宇都宮みわ、*coma*、須佐沙知子、チビロビン、tobira、柴谷ひろみ、Pierrot 柳瀬里矢子、ふじたさくま、「花』、「樹*miki と人気作家9人の豪華ラインナップです。
2017.10 63p B5 ¥1100 ①978-4-07-426437-7

◆今日がときめくかご＆バッグはじめてでも簡単！ クラフトバンドで作る　松田裕美編著　きこ書房
【要旨】初心者から上級者まで楽しく編める全国の講師作品、選りすぐり31点を収録。新素材「つやつやバンド」が高級感をプラス！
2017.9 127p 25×19cm ¥1200 ①978-4-87771-375-1

◆切り絵でつくるメルヘンドレス―切って、重ねて、楽しめる大人かわいいドレス図案集　祐琴著　辰巳出版
【要旨】思わず飾りたくなる可憐なデザインが満載。きせかえドレスのほか、蝶や宝石など繊細で美しい図案123点。
2017.2 87p B5 ¥1400 ①978-4-7778-1834-1

◆切りはなしでカンタン！ 1輪から楽しめて、失敗なし！ フェルトで作る花モチーフ92　PieniSieni著　講談社
【目次】作品のコーディネイト、1「花芯にもなる花」、2「基本技法の花」、3「花芯」＋「基本技法の花」、4「独立技法の花」、「花芯にもなる花」の仲間たち、「花芯」＋「基本技法の花」の仲間たち、「独立技法の花」の仲間たち
2017.1 95p B5 ¥1400 ①978-4-06-220428-6

◆暮らしを彩るクラフトバンド―「四つだたみ編み」「花結び」でつくるバッグ＆小物30　松田裕美著　徳間書店
【要旨】手軽に作れて、実用的！ ランドリーバスケット、カトラリーケース、マガジンラック、

手芸　　　74　　　BOOK PAGE 2018

実用書

星型トレイ、ファーバッグ、スター模様のトートバッグ、花結びのライン入りバッグ…etc.紙紐（クラフトバンド・つやつやバンド）でつくる、最新＆定番デザイン30作品。
2017.11 127p B5 ¥1200 ①978-4-19-864517-5

◆暮らしの中の、手づくり布小物—ていねいでやさしい　美濃羽まゆみ著　家の光協会
【要旨】ちょっとした贈り物にできるアイテムから、手縫いでも作れる簡単なものまで、「まいにちの暮らし」に役立つ手づくり布小物。家の中で使うもの、近所のお出かけに持っていくもの、子どものものなど、実際に暮らしの中で使っているものを紹介。
2018.1 79p 26×19cm ¥1300 ①978-4-259-56561-9

◆コードで作る大人シンプルなアクセサリー
吉原有里著　学研プラス
【目次】基本の道具、基本のアクセサリーパーツ、コードの種類、基本のテクニック、基本の編み方、コーディネート、ブレスレット、アンクレット、ピアス、ネックレス、ヘアアクセサリー、バッグチャーム
2017.6 79p 24×19cm ¥1200 ①978-4-05-800777-8

◆子どもの手芸　楽しいかわいいボンボン
寺西恵里子著　日東書院本社　（ひとりでできる！For Kids!!）
【要旨】作って、使えて、楽しめる！巻いて巻いてチョキチョキするだけ！アクレーヌで作るかわいいマスコットがいっぱい。
2017.8 63p 24×19cm ¥980 ①978-4-528-02159-4

◆子どもの手芸　ワクワク楽しいアイロンビーズ
寺西恵里子著　日東書院本社　（ひとりでできる！For Kids!!）
【要旨】お気に入りの図案が見つかったら1つずつプレートに並べましょう！少しずつ図案が浮かびあがってきてとってもワクワクしますよね。きれいに並べたら、アイロンでくっつけましょう！これだけで、かわいい作品がカンタンに作れます。今回は作った作品で遊べるものを集めてみました。レストランごっこ、ドールハウス、ジオラマ、こまでブロック、アクセサリーでおしゃれごっこ…1つの小さなビーズから楽しい世界が広がります。
2017.8 63p 24×19cm ¥980 ①978-4-528-02157-0

◆古布を着る。—私に自信をくれる服　堀内春美・村松みち子著　主婦の友社
【要旨】昔の人が慈しんで使い続けた布を服とバッグにチクチク再生。時の流れ、布への想いを重ねながら、命を吹き込む私だけのおしゃれ。
2017.12 111p B5 ¥1680 ①978-4-07-425113-1

◆材料が少なくてかんたん！はじめての「グルー」アクセサリー　坪内史子著　講談社（講談社の実用BOOK）
【要旨】以前は知る人ぞ知るハンドワークだった「グルー」でしたが、最近では、さまざまな種類のグルーやパーツが人気の手芸店に置かれるようになり、ワークショップも大盛況に。刺繍やビーズのような定番の手芸につつある気がします。「グルー」のハンドワークは、どんな年代の方たちにも楽しんでいただけるものです。上質なアクセサリーを市販価格よりずっと手頃な値段で作れて、しかも短時間で作れて、オリジナルデザインも思いのまま。今回は初心者でも気負わず楽しんでいただくために、より少ない道具や材料で作れる作品を集めました。
2017.6 79p B5 ¥1500 ①978-4-06-299875-8

◆刺し子のふきん—伝統模様と北欧模様　主婦と生活社編　主婦と生活社
【目次】伝統模様（変わり十字つなぎ、六角つなぎ、花刺し、青海、二重鳥襷　ほか）、北欧模様（クロス、家、なみ、ちょうちょ、わたの花　ほか）
2017.6 79p 20×22cm ¥1200 ①978-4-391-15047-6

◆雑貨＆フードラッピングブック—身近な素材と色合わせで楽しむアイテム別アイデア150
オギハラナミ著　誠文堂新光社
【目次】FOOD WRAPPING（パウンドケーキ、クッキー、スコーン、フィナンシェ　ほか）、ZAKKA WRAPPING（ニット小物、セーター、アクセサリー・コサージュ＆ブローチ　ほか）
2017.11 144p B5 ¥1500 ①978-4-416-61793-9

◆サンリオキャラクターのグルーデコ—本格アクセサリー＆小物　日本グルーデコ協会監修　メイツ出版
【要旨】人気キャラクターたちの大人かわいいアイテムが作れる！はじめてでも安心。かんたん

レシピで上質な仕上がり。
2017.11 96p 24×19cm ¥1530 ①978-4-7804-1828-6

◆四季を愉しむ　ちりめん細工とつるし飾り
矢島佳津美監修　ナツメ社
【要旨】型紙の写し方から縫い方の基本、刺しゅうの仕方まで、すべてイラストで解説しています。また、ちりめん細工に必要な材料や道具も写真で紹介しています。それぞれのモチーフの作り方を、工程写真と文章で順を追って詳しく解説しています。実際に作るときに写真と見比べながら作業できるので、はじめての人でも安心です。それぞれのモチーフの持つ意味なども合わせて、季節ごとに紹介しています。作ったモチーフを飾ったり、プレゼントしたりするときに参考にしてください。
2017.2 111p 26×21cm ¥1200 ①978-4-8163-6161-6

◆篠原ともえのハンドメイド—アクセサリー＆ファッション小物77　篠原ともえ著　講談社
【目次】1 tomoe's world 12（花、パール、宙・星、手づくりガール、ボタン使い　ほか）、2 let's start！—handmade goods recipe（造花をパーツ化するつくる、ワイヤーパーツをつくる、レジンで半球パーツをつくる、ボタンのチョーカー、レース糸のタッセルイヤリング　ほか）
2017.4 79p B5 ¥1500 ①978-4-06-220545-0

◆自分のブランドを立ち上げる！ハンドメイド作家　売れっ子になる法則　沼里良枝監修　ナツメ社
【要旨】「作品」から「商品」にするコンセプトの考え方。マーケットプレイスで注目を集めるPR方法。著作権や役所への届け出も詳しく解説。
2017.3 239p A5 ¥1500 ①978-4-8163-6178-4

◆樹脂粘土で作るかわいいスイーツデコのアクセサリー♪　河出書房新社　改訂新版
【要旨】本書は、人気作家たちのイチオシレシピをたくさん掲載。どれも身につけて楽しめるようアクセサリーにする方法も紹介しています。特別な道具がなくても手軽に始められるのもいいところ。「食べちゃいたいほどかわいい」あなただけのすてきなスイーツデコのアクセサリーを作りましょう！
2017.9 63p 24×19cm ¥1200 ①978-4-309-28644-0

◆樹脂粘土でつくる　レトロかわいいミニチュア洋食　関口真優著　河出書房新社
【要旨】ハンバーグやスコッチエッグ、オムライスにナポリタン、プリンアラモードやクリームソーダまで。かわいい洋食屋さんメニューがいっぱい！オリジナル食器も手づくりして♪
2017.11 79p B5 ¥1200 ①978-4-309-28654-9

◆上質バッグと帽子—洗える麻糸で編む　越膳夕香著　文化出版局
【目次】楕円底のかごバッグ、ベーシックカプリーヌ、引きそろえのマルシェバッグ、ウッドハンドルのマルシェバッグ、マルチボーダーのクローシュ、サークルバッグ（S、L）、ビーズ編込みのバッグ、カノフエ、バスケット編みのバッグ（S、L）、玉編みのベレー　〔ほか〕
2017.3 79p B5 ¥1500 ①978-4-579-11606-5

◆初心者でもかんたん　平結びだけで作れるマクラメ・プラントハンガー＆雑貨—人気のプラントハンガーから、タペストリー、敷物まで　日本マクラメ普及協会東京支部企画デザイン・制作　河出書房新社
【要旨】「マクラメ」とはアラビア語が語源の、ひもや糸などを結んで模様を作る手芸の一種です。一見難しそうに見えますが、そんなことはありません。シンプルな作業を繰り返すだけで誰でも素敵な作品が作れてしまうんです。いまインテリアショップなどでも大人気のおしゃれ雑貨のプラントハンガーから、タペストリー、リース、ボトルカバー、敷物まで、バリエーション豊富な手法がありますが、本書ではベーシックな結び方「平結び」だけで作れる作品だけを多数ご紹介しています。
2017.8 63p B5 ¥1300 ①978-4-309-28641-9

◆新・加賀の指ぬきと花てまり帖—加賀の指ぬきと花てまり帖　第3集　高原曄子著　マコー社
【目次】口絵・てまり、口絵・指ぬき、てまりの作り方（てまり作りの準備、地割り、麻の葉模様、指ぬきの基礎、かがり方の基礎、指ぬき項目の説明、麻の葉模様、花かがり　ほか）
2017.5 88p B5 ¥2000 ①978-4-8377-0117-0

◆シンプルかわいいお花モチーフのピアス＆イヤリング　いわせあさこ著　学研プラス
【要旨】布花＆レジンで作る、可憐なお花モチーフ。はじめてでもできる、素敵なハンドメイド。
2017.4 24×19cm ¥1200 ①978-4-05-800745-7

◆すぐれものポーチ　日本ヴォーグ社　（付属資料：型紙）
【要旨】少しの布で、すぐに作れるポーチ。毎日使うものなら何個も作りたい。自分用にしてもいいし、プレゼントにもぴったりで自分で作るなら、こだわりを詰め込んで作りたいもの。ポケットがたくさんついていたり、中身が見やすい、取り出しやすい…などみんなちょっとすぐれたポーチを紹介します。
2017.5 112p B5 ¥1400 ①978-4-529-05698-4

◆ズパゲッティで編むバッグと雑貨　青木恵理子著　日本文芸社
【要旨】「太めの糸でザクザク編める！」現在、世界中の手芸好きに注目されているオランダ生まれの糸"Zpagetti"。ファッションメーカーで廃棄されるTシャツやカットソーなどの裁断で余った、伸縮性のある生地をカットしてつくられています。おもにコットンを使用していますが、同じ赤でも、色や質感、太さが違うところはアップサイクルならでは。一期一会の出会いを大切に、自分だけのお気に入りを作ってみてください。本書ではZpagettiとRIBBONXL（均一に編めるよう改良したもの）を使ったバッグやクラッチ、小物などを紹介しています。
2017.12 63p B5 ¥1200 ①978-4-537-21537-3

◆ズパゲッティでつくる大人バッグ＆子どもバッグ—ヘアアクセサリーやファッション小物も！　河出書房新社
【要旨】「ズパゲッティ」とは、Tシャツやカットソーなどのファッションファブリックをアップサイクルした、やわらかく伸縮性のあるオランダ生まれの編み糸です。ファッションメーカーで廃棄されるコットン生地を原料として使っていて、一般的な毛糸よりも極太なのが特長。少ない目数・段数でざくざく編めて短時間で作れるので、初めての方にもおすすめの糸です。本書では、このズパゲッティとともに、軽量タイプのアップサイクル編み糸「リボンXL」を使った大人バッグ＆子どもバッグをご紹介。サイズが異なっても、基本的な編み方は同じ。親子でおそろいを楽しむもよし、小さいサイズはバッグインバッグとしても使うもよし。幅広い世代に楽しんでいただけます。また、好みの配色でアレンジするのもおすすめです。
2017.5 63p 26×19cm ¥1200 ①978-4-309-28634-1

◆ズパゲッティでつくる、ちいさなおしゃれ小もの—残り糸でもできる！アクセサリー、ヘアバンド、チャーム、ポーチetc.　河出書房新社
【要旨】Tシャツやカットソーなどのファッションファブリックをアップサイクルした「ズパゲッティ」。柔らかく伸縮性がある極太の糸なので、ざくざく編めて初心者にもぴったりの素材です。本書ではこの「ズパゲッティ」、軽量タイプのアップサイクル編み糸「リボンXL」、小巻タイプの「ベイビーズパゲッティ」を使い、少量のあまりでもできるアップサイクルアイテム、ポーチなどをご紹介。束にしてまとめたり、少し編んだけでちいさな小ものができにできあがるので、親子でおそろいのアイテムを作ったり、色違いで作ってプレゼントするのもおすすめです。
2017.9 63p B5 ¥1200 ①978-4-309-28645-7

◆世界手芸紀行—毛糸だま特別編集　アジア、アフリカ、ヨーロッパ、中米の手仕事をつなげる日本人女性たち　日本ヴォーグ社
【要旨】"好き"を"仕事"にした日本人女性たち。大好きな国で仕事をしたい！魅力的な手仕事を知ってほしい！その強い気持ちで起業した女性たちがいます。いかにして、彼女たちが夢を実現したか、そのストーリーがここにあります。
2017.2 160p 24×19cm ¥2000 ①978-4-529-05630-4

◆タティングによる歳時記　千葉喜巳子著（福岡）梓書院
【目次】名刺入れに松竹梅のグリーティング・カード、ハートのポプリ、ミモザのカラー、シャムロックの縁飾り、菫のハンカティーフ、3Dの菫、桜、勿忘草のハンカティーフ、クィーンアンズレースのタペストリー、タペストリー薔薇の館、薔薇シリーズ〔ほか〕
2017.2 74p 27×22cm ¥3000 ①978-4-87035-554-5

◆ちいさな織り機でちいさなおしゃれこもの―空き箱・フレーム・厚紙・木っ端で作る　藤山はるみ著　日本ヴォーグ社
【目次】1 ボード織り機―ウッドボード織り機&イラストボード織り機（ウッドボード織り機で、イラストボード織り機で）、2 カード織り機―巻き織り用&筒織り用（巻き織りつつみボタン、使いみちは、いろいろほか）、3 ボックス織り機（まいにちづかいのコースター、ガーリーマットほか）、4 フレーム織り機、いろんなきんちゃく4姉妹、すかし飾り織りのコースター ほか）、作ってみましょう！（ボード織り機、ボックス織り機 ほか）
2017.2　79p B5 ¥1200　①978-4-529-05655-7

◆ちょっと小さめ便利でかわいいミニバッグ50　グラフィック社編集部編　グラフィック社
【目次】定番のミニサイズ、はぎれをつなぐ楽しさ、装飾の楽しさ、シンプルバッグ、バッグインバッグの形、クラッチタイプ、ちょっと大きめしっかり仕立て
2017.6　151p B5 ¥1500　①978-4-7661-3040-9

◆ちりめん細工の小さな袋と小箱　井上重義監修　朝日新聞出版
【要旨】ちりめん細工は、着物などに使われた縮緬の小さな残り裂を使い、手のひらに載るほどの大きさの花、鳥、人形などの袋物や小箱などが作られた伝統工芸。江戸時代からの歴史を持つ小袋や小箱に焦点を当て、日本玩具博物館のちりめん細工講師が作り方をやさしく解説。
2017.4　112p 26x21cm ¥1400　①978-4-02-333148-8

◆作りながら基礎が学べる　すぐに使いたいバッグ　日本ヴォーグ社　（よくわかるパッチワークキルト 2）（付属資料：型紙）
【要旨】詳しいプロセス、実物大型紙つき。
2017.9　80p 26x22cm ¥1350　①978-4-529-05702-8

◆つくる楽しみ、装うよろこび　はじめてのハンドメイドアクセサリー　日本文芸社編　日本文芸社
【要旨】つなぐだけ、貼るだけ、レジン、プラバン、コード結びなど初心者でもつくれる、カンタンで素敵なデザインがいっぱい！
2017.11　159p B5 ¥1500　①978-4-537-21509-0

◆つやつやバンドとクラフトバンドの雑貨たち―カラフルで華やか　松田裕美著　きこ書房
【要旨】誰でも編める人気の四つだたみ編み！かわいい作品30点。
2017.1　127p 25x19cm ¥1200　①978-4-87771-360-7

◆手仕事礼讃―日々の暮らしの中に残したい手づくりを愉しむコツと工夫　林ことみ著　誠文堂新光社
【目次】縫うこと（針道具のこと、針と糸と繕いもの、ジーンズリメイク ほか）、暮らしの手仕事、編むこと（ニットと編み物、グラニースクエア、フェルティング ほか）、道具（測る道具色々、はさみ考察、ミシンは機械 ほか）
2017.11　143p A5 ¥1500　①978-4-416-71708-0

◆手作りアクセサリー―かんたんで、かわいい。　貴和製作所監修、江川淳子編　（志木）repicbook
【要旨】original accessories おしゃれレシピ70。イヤリングとピアスの付け替えも可能。
2017.9　95p B5 ¥1280　①978-4-908154-08-9

◆手作りアクセサリー LESSON BOOK―これ1冊できちんと作れる！　朝日新聞出版編　朝日新聞出版
【要旨】アクセサリーを身に着けると、心まで華やぎます。それが手作りのものならなおさら。本書ではパール、天然石、スワロフスキーの定番素材に加えてプラバン、粘土、レジンなど近年人気のアイテムも使用して"本当に使える"デザインのアクセサリーを集めました。作り方はすべて工程写真で丁寧に解説しているので初心者の方でもどなたでも気軽にお取り組みくださいませ。
2017.2　192p 26x20cm ¥1400　①978-4-02-333140-2

◆手作りスタンプのアイデア帖　主婦と生活社編　主婦と生活社
【要旨】身近なモノを使ったスタンプ作りとおしゃれなデザイン。まっすぐ彫るだけ！消しゴムはんこの図案つき。
2017.4　96p A5 ¥1300　①978-4-391-15006-3

◆手づくりの人形服と小物まわり DOLL'S CLOSET　peu connu, Special toy box, allnurds著　ナツメ社　（付属資料：型紙）
【目次】基本のレッスン、1 peu connu（ワンピース、カーディガン、バブーシュカ ほか）、2 Special toy box（ペプラムトップス、チュールスカート、ヘッドドレス ほか）、3 allnurds（コート、Tシャツ、パンツ ほか）
2017.2　127p B5 ¥1600　①978-4-8163-6167-8

◆手縫いで作る上質な革小物―革製品ブランドが提案するシンプルな構造の24アイテム　URUKUST著　日本文芸社
【目次】ITEMS、この本で使用した道具、革、副資材、BASIC LESSON―革小物作りの基本レッスン、POINT LESSON―ポイントレッスン、HOW TO MAKE
2018.1　88p 26x21cm ¥1600　①978-4-529-05740-0

◆手のひらの中の布しごと つまみ細工　桜居せいこ著　世界文化社
【目次】Pre-lesson1 つまみ細工を始める前に（本書を使用する前に、作業の流れ ほか）、Pre-lesson2 つまみ方をマスターする（基本のつまみのテクニック、糊の準備をする ほか）、Basic-lesson ひとつのモチーフを楽しむ（丸小花のブローチ、雛菊のリング ほか）、Arrangement-lesson 組み合わせを楽しむ（薔薇のハットピン、角薔薇ガーランドのキルトピン ほか）
2017.4　160p 21x19cm ¥1700　①978-4-418-17404-1

◆伝統柄で楽しむふきんと小もの　刺し子の手しごと　日本文芸社編　日本文芸社
【目次】十字花刺しのふきん、三重菱つなぎのクロス、算崩文の数寄屋袋、流れ菱刺しのティッシュボックスカバー、かんざし刺しのふきん、巾着　米の花・杉刺し、ブローチ　米刺し・絣つなぎ・鷹の羽刺し、曲線模様のティッシュケース、飛び麻の葉のふきん、枡刺しと変わり麻の葉のふきん〔ほか〕
2017.5　95p 18x19cm ¥1300　①978-4-537-21500-7

◆西山眞砂子の暮らしによりそう布小物　西山眞砂子著　アップオン
【要旨】毎日の暮らしによりそうようにと製作した作品を、以前から通っていたお店や京都生活で出会った方々、おつかいもんに重宝している品々を中心に紹介。
2017.11　71p B5 ¥1400　①978-4-900894-21-1

◆布花標本―布で作る20の植物とブローチ　utopiano著　グラフィック社
【目次】フリルのパンジー、秋色紫陽花、丸葉ユーカリ、つぼみ付きユーカリ、ラナンキュラス、アネモネ、クリスマスローズ、エーデルワイス、白詰草、ニオイスミレ、ヤドリギ、ハマナス、レディローズ、ブルボンローズ、ガリカローズ、原種チューリップ、スズラン、スノードロップ、ムスカリ、黄水仙
2017.3　111p B5 ¥1600　①978-4-7661-2970-0

◆箱ワークス カルトナージュ―布で楽しむ箱作り　国府田清香著　マガジンランド　新装版
【要旨】CARTONNAGE「カルトナージュ」…厚紙で組み立てた箱に布を巻き、インテリアとして日常でお使いいただけるおしゃれな箱の作り方を掲載しました。レベル1からレベル3まで30作品、他応用編も掲載。その他布の選び方、デザインについてもご案内しております。初心者の方から上級者の方まで全カラー写真での説明付きなので、どなたでもお作りいただけるカルトナージュのテキストです。テキスト1．ローズ、テキスト2．ヴェール。
2017.4　51p A4 ¥3611　①978-4-86546-139-8

◆はじめてでもかんたん、かわいい！ハンドメイドセットアクセサリー事典160　Tink create編　西東社
【目次】1 シンプル・カジュアル（バックワードネックレス&パールキャッチピアス、メタルビーズとパールの2連ブレスレット ほか）、2 キュート・ロマンチック（お花のイヤリング&ブローチ、レースのネックレス&ブレスレット ほか）、3 エレガント・ゴージャス（カットガラスのシルバーイヤリング&シルバーリング、トライアングルリング&ヘアピン ほか）、4 エスニック（ゴールドビーズのロングイヤリング&ネックレス、コットンパールと天然石のピアス&ブレスレット ほか）、5 マリン（シェルコインアンクレット&ネックレス、シェルのピアス&ヘアゴム ほか）
2017.4　191p B5 ¥1450　①978-4-7916-2580-2

◆はじめてでもかんたん、かわいい！ハンドメイドピアス&イヤリング事典159　Tink create編　西東社
【目次】1 パール、2 ビジュー、3 ビーズ・アクリルパーツ、4 天然素材、5 布・ファー、6 ゴールド、7 UVレジン・プラバン
2017.6　175p 25x19cm ¥1400　①978-4-7916-2581-9

◆はじめてでもかんたん、かわいい！UVレジンアクセサリー事典140　Tink create編　西東社
【要旨】色ムラなくきれい。気泡なくぷっくり。仕上がりに差がつくテクニック満載。
2017.9　159p B5 ¥1400　①978-4-7916-2655-7

◆はじめてでも簡単にできる小さな袋もの　永井亜希乃著　世界文化社
【要旨】誕生記念から手元供養まで。初心者にもわかる！できる！使いこなせる！全40作品作り方つき。
2017.12　79p 26x21cm ¥1400　①978-4-418-17431-7

◆はじめてでもファスナーつけがちゃんとできるバッグとウエアの本　野木陽子著　日本文芸社（付属資料：型紙1）
【要旨】バッグ・ポーチ・ワンピース・パーカなど、10通りのファスナーのつけ方が写真で詳しくわかる！ウエアはS・M・L・LLサイズの実物大型紙つき。
2017.2　63p B5 ¥1200　①978-4-537-21449-9

◆はじめての可憐なつまみ細工―とっておきのアクセサリーと雑貨　藤川しおり著　永岡書店
【目次】1 つまみ細工基本の「き」（基本の道具、基本の材料 ほか）、2 つまみ細工で作る基本のお花（丸つまみ、2枚丸つまみ ほか）、3 普段使いできるおしゃれなつまみ細工（純白のバレッタ、水色花のシューズクリップ ほか）、4 ワンランク上のつまみ細工アクセサリー（はじめてのかんざしと小花のUピン飾り、さくらのかんざしとUピン飾り ほか）、5 日々の暮らしに彩を添えるつまみ細工（ちょうちょの写真立て、白い花のサンキャッチャー ほか）
2017.2　95p 24x19cm ¥1200　①978-4-522-43489-5

◆はじめての手作りアロマストーン―石こうと精油で作る香りのオブジェ　平山りえ著　世界文化社
【目次】1 手作りアロマストーン基本編（はじめての手作りアロマストーン基本の作り方、アロマストーンに色をつけるコツ ほか）、2 手作りアロマストーン応用編（クリームのやわらかい質感を出す、マーブル模様をつける ほか）、3 オリジナルのシリコン型を作ろう（シリコン型作りで準備するもの、浅く平面的なシリコン型を作るほか）、4 アロマストーンの使い方アイデア集（癒しのベッドサイド、風薫るエントランス ほか）、ラッピングアイデアとアロマの選び方（アロマストーンを贈るラッピングアイデア、アロマの種類と選び方 ほか）
2017.4　80p 26x19cm ¥1300　①978-4-418-17408-9

◆ハート&フェアリー　小倉ゆき子著　日本ヴォーグ社
【目次】希望／糸の刺しゅう、バリエーション／糸の刺しゅう、バラのフェアリー／糸の刺しゅう、フェアリーたちの四季／糸の刺しゅう、フェアリーたちの遊ぶ森／糸の刺しゅう、アップリケ、時をきざむフェアリー／糸の刺しゅう、アップリケ、春の海／ビーズ刺しゅう、ハートを着る／ビーズ刺しゅう、花と小鳥／線刺しゅう、リボンアーティストリー、1本のパスマントリーから秋／線刺しゅう〔ほか〕
2017.5　48p 21x21cm ¥1800　①978-4-529-05704-2

◆ハリネズミさんたちの羊毛ピンクッション―みんなパンが大好き　sako著　マガジンランド
【目次】how to make パン好き動物さんの作り方（羊毛フェルトの材料と道具、パンの土台の作り方、基本のテクニック）、ピンクッション（メロンパン大好きハリネズミさん、あんぱん大好きヒツジさん、カンパーニュ大好きブタさん、クリームパン大好きハリネズミさん、ベーグル大好きフレンチブルドッグさん、ちぎりパン大好きネコさん、バゲット大好きシロクマさん、ハニートースト大好きハリネズミさん、フルーツサンド大好きハリネズミさん、イチゴタルト大好きパンダさん、クロワッサンサンド大好きシロクマさん）、ブローチ・トートバッグ（パゲット大好きハリネズミさんのブローチ、パン大好きパンダさんのリース型ブローチ、目玉焼きトースト大好きハリネズミさんのトートバッグ）
2017.9　63p 26x22cm ¥1296　①978-4-86546-167-1

◆パリの着せ替えどうぶつ人形　今野はるえ著　産業編集センター

手芸

◆どうぶつ人形作家 "1／2PLACE(ドゥミ・プラス)" 初めての手作り本. ネコ・ウサギ・イヌの人形と、素敵な洋服が手縫いで簡単に作れます.
2017.7 87p B5 ¥1400 ①978-4-86311-157-8

◆ハローキティといっしょ はじめての手芸レッスン 文化出版局編 文化出版局
【目次】ティッシュケース、リボンバッチンどめ、シュシュ、キーケース、きんちゃく、ポーチ、トレー、ソーイングケース、ポケットバッグ〔ほか〕
2017.12 20×15cm ¥1400 ①978-4-579-11629-4

◆ハンドメイド作家 ブランド作りの教科書 ─高くても売れる！ マツドアケミ著 同文舘出版 (DO BOOKS)
【要旨】作品が高くても売れ続ける作家さん。そんなに高くないけどいまいち売れない作家さん。いったい何が違うの？「高くても欲しい！」「待ってでも買いたい！」と言われる「ブランディング」のやり方をお伝えします！
2017.6 181p A5 ¥1500 ①978-4-495-53751-7

◆フェルトでつくる かわいい花とスイーツ PieniSieni、元山ゆう子、RUKO著 日本文芸社
【目次】花のモチーフ（薔薇、ラナンキュラス、椿ほか）、グリーンのモチーフ（多肉植物5種）、スイーツのモチーフ（ベリーショートケーキ、チョコレートケーキ、ロールケーキ ほか）、小物のアレンジ（ヘアピン、ブローチ、チョーカーほか）
2017.11 95p 18×19cm ¥1300 ①978-4-537-21521-2

◆フェルトの福づくし チャームとお守り袋 がねはようこ、辻岡ピギー著 文化出版局
【目次】こけし、文化人形、福助さん、お福さん、桃太郎、一寸法師、金魚、鯛、座敷わらし、かっぱ〔ほか〕
2017.11 83p 20×21cm ¥1200 ①978-4-579-11628-7

◆フェルト羊毛でつくる和のこもの 須佐沙知子著 朝日新聞出版
【目次】富士山、桜と文鳥のブローチ、梅とうぐいすのブローチ、だるま、蓮の花、金魚、招き猫、干支、ひな飾り、鶴〔ほか〕
2017.9 95p 20×21cm ¥1200 ①978-4-02-333178-5

◆ペーパークイリングスタイルブック 菊地七夢著 日本ヴォーグ社
【要旨】紙で作れる素敵なお花やモチーフがいっぱい＋基礎レッスンつき.
2017.12 87p 26×21cm ¥1300 ①978-4-529-05742-4

◆ポケットつけ―今さら聞けない手芸の基礎がよくわかる！ 実物大型紙付き 中嶋有希著 日東書院本社 （付属資料：型紙）
【要旨】見えたり、隠したり、実用的にも、デザインのアクセントにも！ バッグにもリメイクポケット、ポケットがいっぱいウォールポケット、縫い目が出ないパッチポケットのノーカラーコート、シームポケットのカシュクールドレス、シームポケットのギャザースリーブコート、スラッシュポケットのシンプルワンピース、箱ポケットのセミタイトスカート、切り替えポケットと玉縁ポケットのワイドパンツ、ほか.
2017.12 63p 24×19cm ¥1200 ①978-4-528-02178-5

◆ぽんぽんでつくるどうぶつとモチーフ 伊藤和子著 日本文芸社
【目次】うさぎ、羊、プードル、ミニチュアシュナウザー、三毛猫、茶トラ猫、クマ、ライオン、サル、ゾウ〔ほか〕
2017.6 95p 18×19cm ¥1200 ①978-4-537-21477-2

◆ぼんぼんポケモン―作って集めてプレゼントして！ ふわふわ可愛いポケモン32ひき 須佐沙知子著 日本ヴォーグ社
【目次】ピカチュウ、モンスターボール、フシギダネ、ヒトカゲ、ゼニガメ、トゲピー、コダック、ミュウ、ピッピ、プリン〔ほか〕
2017.4 80p 23×22cm ¥980 ①978-4-529-05663-2

◆まきものいろいろ 風工房著 文化出版局
【目次】長方形（ドット模様のマフラー、レース模様の大判ストール ほか）、正方形（ダイヤレース模様のショール、シェットランドレースのショール ほか）、三角形（ストライプ模様の三角ショール、変形三角の2つのショール ほか）、半円（半円形のレーシーショール、引返し編みのショール ほか）、扇形（アイコード使いのショール、スカラップ模様のショール ほか）
2017.9 95p B5 ¥1400 ①978-4-579-11621-8

◆マクラメ・インテリア―結びでつくるBOHOスタイル メルヘンアートスタジオ編 グラフィック社
【要旨】近年人気のプラントハンガーが「マクラメ」というテクニックでつくられていることをご存知でしょうか？ マクラメとは、ひもを結び、できた結び目でさまざまな模様をつくり出すクラフトです。ボヘミアンの要素をインテリアに取り入れた「BOHOスタイル」に注目が集まるなかで、BOHOスタイルの部屋には必ずといっていいほどレイアウトされているマクラメのインテリアアイテムもまた、注目されるようになりました。本書では、そんなマクラメのインテリアアイテム25種をご紹介します.
2017.6 111p B5 ¥1500 ①978-4-7661-3050-8

◆まるごとポーチBOOK―きれいに作るポイントが写真でわかる 実物大型紙つき 日本ヴォーグ社
【要旨】ポーチ好きの人へ贈る54アイテム。手のひらサイズのプチポーチからたっぷり入る収納派まで、いくつも作りたくなるポーチがいっぱい.
2018.1 111p 26×19cm ¥1400 ①978-4-529-05772-1

◆身近な材料でハンドメイド かんたん手づくり雑貨 寺西恵里子著 家の光協会
【要旨】1 エコで楽しむ（新聞紙とボンドだけでできる新聞紙バスケット、広告チラシでできる広告チラシのかご、端切れと牛乳パックでできる牛乳パックのメガネケース、針金ハンガーと毛糸でできるワイヤーハンガーモップ、思い出の服でできるリメイクベア）、2 身につけて楽しむ（ジーンズでできるあったかドカン、手縫いでもできるアームカバー、ざくざく縫うだけでできる万能防災頭巾、横地でできるカンタンかっぽう着）、3 自然素材で楽しむ（好きな植物でできる毛糸の苔玉、切って作れる葉っぱのメモ、野菜の端っこでできる野菜スタンプのふきん、野菜の端っこでできるペットボトルのリボベジ）、4 贈って楽しむ（口金で簡単にできるかわいいがま口、あっという間にできる腕編みマフラー、小さな布でできる刺し子コースター、塗り絵でできるプラ板ブレスレット、細編みでできる洗剤のいらないタワシ）
2017.2 95p B5 ¥1300 ①978-4-259-56530-5

◆水引でつくるアクセサリーと小物 菊田奈々著 文化出版局
【目次】あわじ結びのネックレスとブレスレット、あわじ結びのピアス、あわじ結びのコーム、菜の花結びのリング、菜の花結びのイヤリング、菜の花結びのピアス、玉結びのフックピアス、玉結びのダブルリングピアス、玉結びのピアス、玉結びのコーム〔ほか〕
2017.12 71p 20×22cm ¥1200 ①978-4-579-21320-7

◆モダ・ファブリックスの布で作る暮らしを楽しむ布小もの 有岡由利子著 日本ヴォーグ社 （付属資料：型紙）
【要旨】フレンチ・ジェネラル、ウイリアム・モリス…憧れの布で作るバッグ、クッション、キルト。実物大型紙付き.
2018.1 79p 26×20cm ¥1400 ①978-4-529-05773-8

◆持ち手を楽しむバッグ 越膳夕香著 日本ヴォーグ社 （付属資料：型紙）
【目次】1 リングつきの持ち手（円形木工持ち手のグラニーバッグ、楕円形プラスチック持ち手のグラニーバッグ ほか）、2 革の持ち手（くわえ金具つき丸桁持ち手のギャザーバッグ、カシメ留め持ち手の縦長トートバッグ ほか）、3 U字や棒状の持ち手（U型金属持ち手のフラットバッグ＋ミニバッグ、U型バンブー持ち手のポケットつきトートバッグ ほか）、4 プラスひと手間でオリジナル持ち手（共布持ち手の風呂敷バッグ、手ぬぐいとリング金具で即席オリジナル持ち手 ほか）
2017.3 87p 26×19cm ¥1300 ①978-4-529-05667-0

◆やさしい水引細工12ヵ月―初めてでも美しい仕上がり スタイリッシュな大人のアクセサリーと雑貨たち 荻原加寿美著 成美堂出版
【要旨】お年玉のぽち袋、蝶ネクタイ、桃の枝花飾り、かごめ結びのブローチ、菖蒲のインテリアフレーム、スマートカジュアルクリップ、ほおずきの簪、淡路結びのテールクリップ、菊の吊し飾り、レースマスク、落ち葉のストール留め、リボン結びのラッピングetc.1月から12月まで、月ごとの行事や花をテーマにした水引作品がぎゅっと詰まった、1年中楽しめる1冊。初心者にやさしいから、中級者以上の方でも満足できるハイクオリティな作品まで、洋服にも合うアクセサリーやインテリア小物。すべての作品のつくり方を写真でくわしく解説.
2017.11 143p 24×19cm ¥1200 ①978-4-415-32404-3

◆靖子の夢 光浦靖子著 スイッチ・パブリッシング
【要旨】"ないものねだり" ブローチ集3部作、完結編.
2017.4 79p 25×19cm ¥1500 ①978-4-88418-453-7

◆ゆめかわいい レジンでつくるハンドメイドアクセサリー 尾山花菜子著 ソーテック社
【要旨】はじめてでも安心、レジンの基本・コツと新感覚のアイデア満載。"ゆめかわいい" の決定版.
2017.6 87p 24×19cm ¥1480 ①978-4-8007-3006-0

◆夢見るミニドール＆ブローチ―作って、飾って、身につけて！ 今井のり子、鈴木治子、斉藤千里、田畑聖子、坪井いづよ著 日東書院本社 （付属資料：型紙）
【要旨】5人の作家が贈るおとぎの国のドールたち。型紙＆作り方付き.
2017.10 111p 24×18cm ¥1500 ①978-4-528-02163-1

◆羊毛フェルトで作る うちの子そっくりかわいいワンコ 佐藤法雪著 トランスワールドジャパン
【要旨】イキイキ！ ふわふわ！ もこもこ！ トイプードル・ロングコートチワワ・ミニチュアダックスロングコート…あの "リアル猫人形" "リアル犬人形" の佐藤法雪が作るかわいいワンコたち！
2017.9 87p 24×19cm ¥1500 ①978-4-86256-195-4

◆羊毛フェルトでつくるほっこり動物とおうちカフェ さくだゆうこ著 日本ヴォーグ社
【目次】01 HOKKORI ANIMALS（動物マスコット、動物ストラップ、動物ブローチ）、02 HOME CAFE（動物おやつマット、動物ポットマットとコースター、動物スプーンカバー、動物たちの作り方）
2017.9 79p B5 ¥1500 ①978-4-529-05720-2

◆羊毛フェルトで作るマスコットみたいなどうぶつまめぐち いとうのりこ著 文化出版局
【目次】はりねずみ、ひつじ、にじいろひつじ、べびーぺんぎん、皇帝ぺんぎん、うみがめ、しろくま、あざらし、このはずく、くま〔ほか〕
2017.5 79p 22×20cm ¥1400 ①978-4-579-11612-6

◆羊毛フェルトのスーパーリアルな猫と犬―本物そっくりだから、感動、かわいい、愛おしい きりのみりい著 河出書房新社
【要旨】本物みたいでびっくり！！ スーパーリアル羊毛フェルト作家、きりのみりいの超リアル羊毛レッスン初公開！
2017.4 79p B5 ¥1400 ①978-4-309-28631-0

◆ラ メルヘン・テープで作る大人スタイルのバッグ メルヘンアートクリエイティブチーム著 河出書房新社
【要旨】ラグジュアリーバッグ21作品が作れる新テク満載！ ネットに通す、編んで作る、2つの技法が写真できちんとわかる.
2017.12 78p B5 ¥1500 ①978-4-309-28658-7

◆リバティ好きの小さな幸せ―リバティプリントで日々の暮らしと旅の手作り 玉村利恵子著 グラフィック社
【目次】useful items（スクエアピンクッション、ポケットソーイングケース ほか）、in the house（タフティングのひざかけ、マナーハウスのクッション ほか）、bag（コラージュトート、嵐山バッグ ほか）、fashion items（ビーズのブローチ、ストール ほか）、トランテアンが選ぶリバティプリント
2017.12 111p B5 ¥1600 ①978-4-7661-3041-6

◆私らしく装う、エコアンダリヤのバッグと帽子 朝日新聞出版編 朝日新聞出版
【目次】HAT、BAG、CLUTCH BAG、POUCH、PAIR HAT、CASQUETTE、KIDS BAG
2017.3 95p 26×21cm ¥1400 ①978-4-02-333146-4

◆a.k.b.のいちばんわかりやすいUVレジン教室 a.k.b.著 河出書房新社
【要旨】初心者から上級者まで、プロ級に仕上がるコツがわかる、テクニックBOOK決定版.
2017.4 95p B5 ¥1400 ①978-4-309-28630-3

手芸

◆DVDでできる！はじめてのソープ・カービング　加藤えり著　講談社（講談社の実用BOOK）（付属資料：DVD1）
【要旨】プレゼントに最適！ 基本の20作品と15の驚きテクニック。
2017.8　79p　A5　¥1600　①978-4-06-299879-6

◆minneラッピングアイデアブック　GMOペパボminne事業部監修　小学館集英社プロダクション
【要旨】NO1. ハンドメイドマーケットサイトminneで人気の作家にきいたラッピングのコツがいっぱい!!おしゃれなラッピングペーパー24柄収録。
2017.3　64p　20x21cm　¥1700　①978-4-7968-7646-9

◆Peyote Stitchで遊ぶMy Beads Accessories―まる・三角・四角・立体に変化する形　NEEDLEBOX草壁美里著　グラフィック社
【目次】MARU―まる（ミモザのネックレス、珊瑚のような赤のネックレス&ブレスレット ほか）、SANKAKU―三角（トライアングルとリボンのネックレス、ダブルトライアングルのピアス ほか）、SHIKAKU―四角（ひらひらと舞う四角のネックレス、マスキュリンなブローチ&ピンブローチ ほか）、PRISM―三角柱（大きい小さい高い低い三角柱、タワーネックレス ほか）、CUBE―ブチボックス（ボックスアクセサリー、自由にたくさん付けたいブローチ ほか）、MERCERIE―手芸屋さん（フォークロア調ステッチ、Black&White A.B.C ほか）
2017.10　111p　B5　¥1600　①978-4-7661-3042-3

◆Shadow Box Art Exhibition in Japan 2018　シャドーボックス展 6　シャドーボックス展実行委員会編著　New York Art, 丸善出版 発売
【要旨】第六回シャドーボックス展（国立新美術館2018年1月）。出展作家による豪華作品集第六弾!!　2017.12　249p　A4　¥3500　①978-4-902437-73-7

◆SNOOPYぽんぽん　チャールズ・M・シュルツ著、伊藤和子ぽんぽん制作　KADOKAWA　（付属資料：型紙）
【目次】スヌーピーとハート、いろいろな表情、足跡、ウッドストック、チャーリー・ブラウン、ヴィンテージビーナッツ、スパイク、オラフ、ベル、マーブルス〔ほか〕
2017.11　95p　21x19cm　¥1400　①978-4-04-602155-7

◆WANDERING ANIMALS―あまのじゃくとへそまがり作品集　あまのじゃくとへそまがり著　東京書籍
【要旨】革でできた、生きものの図鑑。すべて革縫いの魅惑の生きものたちと、さまよい歩く。孤高の革造形家「あまのじゃくとへそまがり」初の作品集。
2017.10　157p　21x16cm　¥2500　①978-4-487-81055-0

◆Yuzukoのぷくぷくマスコット160　Yuzukoマスコットデザイン、大塚あや子マスコット制作・刺繍指導　主婦の友社　新装版
【要旨】人気イラストレーターYuzukoさんのかわいいキャラクターを、日本を代表する刺繍作家の大塚あや子さんがマスコットに仕立てた豪華なコラボによる手作り本。フェルトにわたをはさんでステッチでとじるだけで、すぐでき上がり。はじめて作る人もレッスンページがあるのでだいじょうぶ。全作品に実物大型紙がついています。マスコットをバッグのチャーム、持ち物の目印、お守りにしてプレゼントしたりと活躍！ 2008年発行のヒット手作り本がリニューアルして再発売となりました。
2018.1　95p　B5　¥1100　①978-4-07-427684-4

ししゅう・パッチワーク

◆愛を綴るキルト―Anniversary 45　キャシー中島、ひとみ出版、メディアパル 発売
【目次】1 初期のキルト作り「出会いは『若草物語』」愛する家族のために夢中で縫った日々、2 ハワイで出会ったおおらかなスタイル「ハワイアンキルト」、3 きっかけは布との出会い「ステンドグラスキルト」etc.、4 キルトの花園を「キャシースタイル」で「フローラルアップリケキルト」、5 いつもそばにキルトがあった「愛する人への思いをキルトに込めて」、6 現在のキルト作り 最新作まで「紡がれゆく心の風景」、7 想いは未来へ…「母か

ら息子へ受け継がれるキルト」、8 生徒さんとともに新たな挑戦「みなさんと綴るキルト、My History　2017.3　113p　B5　¥2407　①978-4-8021-3049-3

◆いろいろのいろ刺繍帖　森田MiW著　玄光社
【目次】1章 1ダースの物語の刺繍モチーフ、2章 道具と刺繍の基本、3章 いろいろの色実験室、4章 図案と刺し方、5章 小ものの仕立て方
2017.10　96p　B5　¥1600　①978-4-7683-0903-2

◆大塚あや子の刺しゅうとアップリケの基本―はじめてでも刺せる、かわいい図案150点　大塚あや子著　主婦の友社　新装版
【要旨】1 刺し始める前に（刺しゅう糸と用具の種類を知りましょう、刺しゅうのプロセスを覚えましょう ほか）、2 基本ステッチ10のレッスン（基本のステッチレッスンその1、基本のステッチその1で図案を刺しましょう ほか）、3 すぐ使える小さな図案集（色とりどりの花、テディベアと風船 ほか）、4 市販グッズに刺しゅうをプラス（シンプルなエプロンにはお気に入りのキッチングッズを、Tシャツやくつ下にオリジナルマークで間違いっこなし ほか）、5 刺しゅうが映える手作り小もの（絵本にもぴったりサイズ。バレエのおけいこバッグ、もこもこが可愛い。クマのシューズケースとヒツジのおけいこバッグ ほか）
2017.9　127p　26x22cm　¥1800　①978-4-7661-3025-6

◆おとぎ話のクロスステッチ from Paris―270点のモチーフで楽しむノスタルジー　ヴェロニク・アンジャンジェ著　グラフィック社
【要旨】おとぎ話や寓話、わらべ歌は、いつの時代も心をなごませてくれます。そんな何代にもわたり大切にされ愛され続けるテーマを、フランス人刺繍作家、ヴェロニク・アンジャンジェがおもわずうっとりしてしまう美しい色のグラデーションと繊細な刺繍で表現しています。本書は、寓話、おとぎ話、そしてフランスユーモラスの3章で構成されています。ちょっとユーモラスで、ノスタルジックな図案集。クロスステッチで物語を紡いでみましょう！
2017.5　127p　26x22cm　¥1800　①978-4-7661-3025-6

◆大人スタイルのキルト―Chic and Mannish ちょっとかっこよく自分らしく自由に 32 Projects and Idea for Living Well　小関鈴子著　グラフィック社
【目次】Interior（UROKO・MONのキルト、Simple Flower のキルト、10脚のいすのキルト、1脚のいすのクッション、古いポスターのようなコラージュタペストリー ほか）、Fashion items（3サイズのかご風バッグ、まるまるきんちゃく、やわらかいスクエアバッグ、ワンショルダーのスクエアバッグ、スクエアバッグの作り方 ほか）
2018.1　119p　B5　¥1700　①978-4-7661-3098-0

◆カナヘイの小動物―ゆるっとかわいい刺繍ブック　カナヘイ図案、戸塚刺しゅう協会刺繍　講談社
【目次】刺繍の基本―どうやって刺繍を始めるの？、おもな材料、図案の写し方―「スマ・プリ」編、図案の写し方―刺繍用コピーペーパー編、この本で使うステッチの刺し方、ビスケットうさぎ、ホットケーキ、二匹でほっこり、ありんこの行列、森のキノコ〔ほか〕
2017.3　93p　15x21cm　¥1500　①978-4-06-220493-4

◆かわいい刺しゅう図案集　加藤チエ著　アップオン、主婦の友社 発売
【要旨】大切にしたい、日本の雑貨と玩具を集めました。
2017.4　80p　B5　¥1400　①978-4-07-420512-7

◆きせかえクロスステッチ―パーツを組み合わせてオリジナルキャラを作ろう！　WEEKENDSTITCH著　新星出版社
【目次】顔・髪型、服、子ども・赤ちゃん・動物、背景・文字
2017.5　95p　24x19cm　¥1500　①978-4-405-07249-7

◆基本がいちばんよくわかる 刺しゅうのれんしゅう帳　寺西恵里子著　主婦の友社（実用No.1）
【要旨】初心者でも簡単！ コツがわかるから、もっとうまくなれる！ きれいに仕上がるコツがわかる本。今さら聞けない疑問を解決。
2017.5　159p　24x19cm　¥1200　①978-4-07-419868-9

◆キャシー中島&洋輔のいつでもハワイアンキルト　キャシー中島、洋輔著　KADOKAWA　（付属資料：型紙）

【要旨】はじめてキルトを作る人のための基礎レッスン。全37作品収載。型紙つき。
2017.1　104p　29x22cm　¥1600　①978-4-04-601787-1

◆草乃しずか刺繍の魅力―煌く絹糸の旋律　草乃しずか著　大和書房　（付属資料：DVD1）
【目次】草乃しずか ごあいさつ、Prologue 祖国、1 日本の歴史と日本刺繍の歴史（正倉院、平安時代、桃山時代）、2 心に着せる一百花繚乱、Promenade（日本の文様、日本刺繍の技法）、3 創作は時代を超えて、4 母との想い出
2017.12　120p　29x22cm　¥2400　①978-4-479-88047-9

◆クチュール仕立ての刺繍ブレード　Lemmikko著　文化出版局
【要旨】ブレード刺繍がちょっとつくだけで、普段着着用の洋服も、新しい楽しみ方ができます。本書ではリュネビル刺繍ではなく、縫い針やとじ針などなじみのある用具で仕上げられるデザインを考えました。
2017.12　95p　B5　¥1700　①978-4-579-11619-5

◆クロスステッチで楽しむきもの模様―和の色で刺す、伊勢型紙の美しい図案　遠藤佐絵子著　河出書房新社　（付属資料：型紙）
【目次】和の色で刺す小さな文様、配色の楽しみ―図案を二色で楽しむ、一つの図案をさまざまな配色で楽しむ、和の色で刺す植物図案、和の色で刺す伝統的なモチーフを使った文様、和の色で刺す動物図案、和の色、和の文様をあしらった小物、クロスステッチの基本、刺繍糸色見本帖、掲載文様の図案
2017.3　111p　B5　¥1500　①978-4-309-28617-4

◆こうの早苗のデイリーコーディネート―ソーイング&布バッグ　こうの早苗著　NHK出版　（付属資料：型紙）
【目次】1 ライフスタイルに合わせて作るデイリーバッグ（ジム通いのバッグ、ペットボトル入れ、ちょこっとお出かけバッグ ほか）、2 自分の「着たい！」を形にするソーイング（ノースリーブのワンピース、7分そでのワンピース、フレンチスリーブのブラウス ほか）、3 お気に入りの布をつないで作るバッグ&キルト（トラッドパターンのキルト、ベビーキルト、エンブロイダリークロス ほか）
2017.1　76p　26x21cm　¥1700　①978-4-14-031205-6

◆斉藤謠子&キルトパーティ 私たちが好きなキルトのバッグとポーチ　斉藤謠子著　エクスナレッジ　（付属資料：型紙）
【目次】はぎれをつないだコインケース、花のアップリケのミニケース、ジグザグパターンのポーチ、メガネケース、コインケース、ボタニカルなアップリケバッグ、サークルパターンのタックバッグ、チェック&トライアングルの縦長トート、野ばらのアップリケバッグ、バードガーデンのショルダーバッグ〔ほか〕
2017.12　99p　26x21cm　¥1800　①978-4-7678-2420-8

◆斉藤謠子のハウス大好き　斉藤謠子著　NHK出版　（付属資料：型紙）
【目次】シルエット、ハウス・ポートレート、にぎやかな街並み、ペンケース、春夏秋冬、冬の鳥、ボストンバッグ、煙突のある家、ランチバッグ、ショルダーバッグ、青い鳥、ソーイングポーチ、友達をたずねて、きのこの家とてんとう虫、石造りのレストラン、アパートメント・バスケース、ソーイングケース、フラットポーチ、めがねケース、アルザスの街
2017.1　95p　26x21cm　¥1800　①978-4-14-031206-3

◆刺しゅう生活、はじめます―刺しゅうテクニック&家族へ贈る図案集　小倉ゆき子, おぐらみこ著　六耀社　新装版
【目次】Avant de se lancer 刺しゅうをはじめるために（図案の写し方、刺しゅう糸について、刺しゅう糸の種類 ほか）、Point de broderie 基本のステッチ（Point lancé ストレートステッチ、Point de devant ランニングステッチ、Point de tige アウトラインステッチ ほか）、On commence à broder！ さあ、刺しゅうをしてみましょう―家族のための刺しゅう図案集（pour les grands 大人のために、pour toute la famille 家族でぞろぞろい、Autour de la broderie5 母から教えてもらったことこれから生まれる赤ちゃんへ ほか）
2017.6　91p　24x22cm　¥1850　①978-4-89737-988-3

◆刺繍で描く小さなモチーフ　シライカズミ著　文化出版局
【目次】丸モチーフ（色あつめ 雪／森、くるり）のブローチ、花々（ぷっくり花、すずらん、夢

手芸

見花、ビオラ）のブローチ、花々（花ぞの、花かざり、あじさい）のヘアアクセサリー、花フレーム、封筒、蝶々、ストール、クッションブローチ、木々と花（とんがりの木、水玉花、まあるい木）、花鳥〔ほか〕
2017.1 83p 20×19cm ¥1400 ①978-4-579-11596-9

◆**刺しゅうで楽しむCHALKBOYの手描きグラフィック** CHALKBOY図案　学研プラス
【要旨】カフェやSNSで話題！ 人気ペインターのおしゃれ図案50点。
2017.11 79p 15×21cm ¥1400 ①978-4-05-800749-5

◆**刺繍で作る立体の花々—Mieko Suzuki's Flower Works** 鈴木美江子著　文化出版局
【目次】1 春と夏のワーク（ヒナゲシ、白ムスカリ、マーガレット ほか）、2 秋と冬のワーク（チョコレートコスモス、バラの実、ドングリ ほか）、3 基本の作り方（基本の材料と道具、基本のステッチ、ユリの作り方 ほか）
2017.2 87p 26×19cm ¥1600 ①978-4-579-11598-3

◆**刺繍で綴る日々の装い** 蓬莱和歌子著　文化出版局
【目次】FLOWERS（花のラベルのサンプラー、白詰草のラベルのブックカバー、すずらんのラベルのミニバッグ ほか）、ANIMALS & PLANTS（森の動植物のがま口バッグ、ブラウスに森の動植物の1色刺繍、りすとどんぐりのヘアゴム ほか）、RIBBONS & BUTTONS（鍵とリボンのサンプラー、鍵とリボンのキーケース、ワンピースにいろいろなリボンの刺繍 ほか）
2017.11 87p 26×19cm ¥1500 ①978-4-579-11624-9

◆**刺しゅうでめぐる鮮やかな世界—戸塚刺しゅう写真集** 戸塚薫監修　啓佑社
【要旨】南洋、欧米、中国そして日本。各国の風景や花、文化などを、様々な素材を用いて、個性的で色鮮やかな刺しゅうで表現した、刺しゅうでめぐる世界旅行。
2017.10 80p A4 ¥3000 ①978-4-7672-9934-1

◆**刺繍とがま口** 樋口愉美子著　文化出版局
（付属資料：型紙）
【目次】花瓶と花、チョウチョ、鳥の羽根、ボタニカルフラワー、花の鱗模様、花籠、チョウチョと花のパターン、ハッピーホリデー、レモン、ビーツ、猫、男の子女の子、春の草原、フラミンゴ、スミレと小鳥、鳥、つばさ、サテンフラワー、水の花、つぼみ
2017.5 95p 26×19cm ¥1400 ①978-4-579-11615-7

◆**刺しゅうの基礎—はじめてでもきれいに刺せる** 安田由美子著　日本文芸社
【要旨】自由刺しゅうのステッチ17種とクロス・ステッチ、リボン刺しゅう、ビーズ刺しゅう、アップリケの基本テクニックを詳しく解説。
2017.12 95p 18×19cm ¥1200 ①978-4-537-21534-2

◆**植物刺繍—Plants Embroidery** 浅賀菜緒子著　文化出版局
【目次】Flowers（サークルフラワー、六つの植物、ブーケ ほか）、古い植物図鑑から（Wild Flowers、White Flowers、Yellow Flowers ほか）、Forest（鳥、木々、葉 ほか）
2017.6 91p 20×19cm ¥1500 ①978-4-579-11617-1

◆**旅するモラ—中山富美子の世界** 中山富美子著　(京都)宏友舎　（クリエイター増刊 14）（付属資料：型紙）
【目次】作品紹介、作品一覧、モラと似ている民族の手仕事、モラの作り方の基本、HOW TO MAKE
2017.1 70p 30×23cm ¥2000 ①978-4-904850-60-2

◆**小さな刺しゅうの図案集 オールカラー完全版 たのしいクロスステッチBOOK** 大図まこと著　PHP研究所
【要旨】かわいい図案が2000点以上！
2017.8 190p B5 ¥1700 ①978-4-569-83845-8

◆**超入門！ スタンプワークレッスンBOOK—5つのステッチで作る立体刺しゅう** 新井なつこ著　日本ヴォーグ社
【要旨】立体的なモチーフが特徴の刺しゅう、スタンプワーク。やってみたいけど、何だか難しそう…と思っていませんか？ 実はスタンプワークはそれほどハードルの高いものではありません。A・レイズドボタンホールステッチ、B・フレンチノットステッチ、C・レイズドリーフステッチ、D・スミルナステッチ、E・芯入りボタンホールステッチ。この5つのステッチを覚えればスタンプワークならではの立体刺しゅうが楽しめます。難しく考えずに小さくてかわいいモチーフから一緒に作ってみましょう。
2017.2 71p 26×21cm ¥1300 ①978-4-529-05669-4

◆**津軽こぎん刺し 鎌田久子の世界—伝統と今日の生活の調和を求めて** 鎌田久子著　マガジンランド　新装版
【目次】タペストリー、額、インテリア、ブラウス・コート・帯、バッグ、小物、配色の考え方、配色・教室展の作品から、グラデーションを作る、コーティングしてみましょう
2017.3 81p A4 ¥3000 ①978-4-86546-142-8

◆**ディズニーの刺しゅう—糸で紡ぐディズニーストーリー** 川畑杏奈刺しゅう・指導、ディズニーファン編集部編　講談社
【要旨】ひと刺しひと刺しで進めてディズニーの世界を描いていく…。刺しているとき、心は夢と魔法の世界へ飛んでいきます。できあがった作品は世界でただ一つのもの。ディズニーキャラクターをいつも近くに感じられる幸せ…。さあ、あなただけのディズニーの世界を糸で描いてみませんか？
2017.6 67p 24×19cm ¥1500 ①978-4-06-339779-6

◆**どうぶつ大好き** 戸塚もり、戸塚貞子著　啓佑社
（『初心者ママの刺しゅう1 どうぶつ大好き』新装・改題書）　新装版
【要旨】お気に入りのどうぶつたちがお出かけ！ クマさんやイヌ・ネコ、ウサギさん…簡単だから、いっぱいほしい。ママの刺しゅうは特別でいつも心が込められています。
2017.3 80p B5 ¥1500 ①978-4-7672-0647-9

◆**戸塚刺しゅう写真集 華麗なるハーダンガーワークの世界—花々と共に** 戸塚薫監修　啓佑社
2017.4 92p 29×22cm ¥3800 ①978-4-7672-9932-7

◆**とっておきの刺しゅう小もの—ステッチもデーリクエスト決定版ワンポイントからサンプラーまで図案130点** 日本ヴォーグ社（付属資料：型紙）
【目次】Flowers、Alphabet Sampler、Accessories、For Babies & Kids、Animal Motif、Journey、Sewing Goods、Wool & Linen、Halloween & Christmas、Japanese Motif
2017.11 112p 26×21cm ¥1300 ①978-4-529-05757-8

◆**日本の粋なデザイン 和のクロスステッチ図案帖** 遠藤佐絵子著　日本ヴォーグ社
【要旨】日本に古くからある文様にスポットをあて、クロスステッチ用に図案化することをライフワークにしている本。中でも繰り返し文様の魅力は格別で、78点を厳選。文様のおもしろさが引き立つようにすべて同じ色の糸で刺し、サンプル帖のような構成にしました。ところどころ、カラーチェンジしたものや作品に仕立てたものもプラス。いろいろとアレンジをお楽しみください。
2017.12 95p 20×21cm ¥1500 ①978-4-529-05732-5

◆**日本のかわいい刺繍図鑑** 千葉美波子著　ビー・エヌ・エヌ新社
【目次】季節の愉しみ、晴れやかな兆し、用の美のこころ、アニミズム、刺繍の道具と材料、基本のステッチ、図案とつくり方
2017.5 127p 25×19cm ¥1400 ①978-4-8025-1052-3

◆**庭の野菜図鑑—青木和子の刺しゅう** 青木和子著　文化出版局
【目次】キッチンガーデンの計画、トマト、サヤエンドウ、インゲン、ラディッシュ、ニンジン、ローレル、ディル、ナスタチウム、ローズマリー〔ほか〕
2017.3 94p 26×17cm ¥1500 ①978-4-579-11607-2

◆**野のはなとちいさなとり** マカベアリス刺しゅう・文　ミルトス
2017.12 1Vol. 21×19cm ¥1500 ①978-4-89586-051-2

◆**はじめてでもできるシンプルなパッチワーク—約20のパターンで作るバッグと小物33点** やまざきくにえ著　主婦の友社　新装版
【要旨】ヨーヨーキルト、カテドラルウィンドウ、ドレスデンプレートなど、人気のパターンを楽しみながら、暮らしに役立つ小物。グラニーバッグ、レッスンバッグ、ボストンバッグ、エコバッグ、ランチバッグ、ペタンコバッグ、斜めがけバッグ、ポーチ、がま口、カードケース、パウダーボックス、ブックカバー、ティッシュボックスケース、ペットボトルケース、ランチマット、エプロン、ポットホルダー、バスケット、クッション、バブーシュなどをピンク、水色、レッド、グリーン、モノトーンなど、カラー別に紹介。レッスンページでは、プロセスを写真で解説。
2017.8 95p B5 ¥1300 ①978-4-07-425751-5

◆**はじめての恐竜刺しゅう—たのしい古代生物のステッチ集** 千葉美波子刺繍・文　エクスナレッジ
【目次】恐竜×ことば（恐竜あいうえお、恐竜あいうえべっと、きょうりゅうあべっと、きょうりゅうふぁべっとのアレンジ）、骨が先生（恐竜発掘！、化石ウエア）、進化と絶滅、そして現代へ（海と陸の古代生物、絶滅動物、地上の生命）
2017.12 103p 21×19cm ¥1500 ①978-4-7678-2401-7

◆**パリの刺繍学校** 下村小百合著　東京書籍
【目次】1 入門編（パリ到着、ルサージュ申込、携帯電話ポーチ ほか）、2 レベル1編（メチエを持参、左岸散策、花瓶とバラの刺繍 ほか）、3 プロフェッショナルコース編（申込殺到、四月一週（ムフタール通り、チャリティーコンサート）、四月二週（基本ステッチ見本、モスケと植物園、リュクサンブール美術館）ほか）
2017.8 276p B6 ¥1850 ①978-4-487-81094-9

◆**ハローキティの刺繍** 文化出版局編　文化出版局
【要旨】糸と針で描く、ふっくら立体的な刺繍のハローキティ。ページごとに小さな物語が詰まったデザインで、図案どおりのフレーム仕立て、好きな部分のポイント刺繍など、さまざまな使い方ができるように工夫されています。
2017.12 82p 20×21cm ¥1400 ①978-4-579-11630-0

◆**ハローキティ＆マイメロディーサンリオキャラクターの刺しゅうBOOK** 日本ヴォーグ社
【要旨】キティとメロディのかわいい作品がいっぱい！ ALL実物大図案＋刺しゅうの基礎レッスンつき。
2017.8 96p 15×22cm ¥1400 ①978-4-529-05717-2

◆**ハワイに暮らすキルト—デザイナーズキルトの世界** マエダメグ著　グラフィック社（付属資料：型紙）
【要旨】より日本人の生活に取り入れやすく、馴染みやすいこと。主張し過ぎずに、でも個性的であること。今回はそんなスタイルのキルトをメインに紹介しています。
2017.5 111p 26×23cm ¥1800 ①978-4-7661-2972-4

◆**フェルトと遊ぶ一切って！ 貼って！ 刺しゅうをする** PieniSieni著　マガジンランド
【要旨】大人かわいいアクセサリーと小物。
2017.4 79p 26×22cm ¥1296 ①978-4-86546-144-2

◆**フランス刺繍と図案 150 地刺し特集(13)** 戸塚薫著　啓佑社　（付属資料：型紙）
【目次】クッション、マット、テーブルクロス、テーブルセンター、テーブルランナー、ランチョンマット、バッグ、ショルダーバッグ、スリッパ、サンダル、ポーチ、小物入れ、ティッシュ＆ポーチ
2017.1 112p 29×22cm ¥2300 ①978-4-7672-0250-1

◆**フランス刺繍と図案 151 花とかわいい仲間たち** 戸塚薫著　啓佑社　（付属資料：型紙）
【目次】額―花と少女、額―素敵なお店屋さん、額―お気に入りのドレッサー、額―おしゃれな街角、額―楽しいガーデニング、額―森の中の小さなおうち、額―あたたかいお部屋、額―春の草原、タペストリー―森の行進、額―小さな音楽隊〔ほか〕
2017.6 96p 29×22cm ¥2300 ①978-4-7672-0251-8

◆**フランス刺繍と図案 152 風景特集7 すてきな街角・花風景** 戸塚薫著　啓佑社（付属資料：型紙）
【目次】クッション、タペストリー、額、小物入れ、ジュエリーボックス、ブローチ、ビスコーニュ、クッション、テーブルセンター、鏡、額、パラソル、バッグ
2017.10 104p A4 ¥2300 ①978-4-7672-0252-5

◆**フランスのノエルでときめくクロスステッチ—250点のモチーフがかわいい魅惑の世界** ヴェロニク・アンジャンジェ著　グラフィック社
【要旨】フランス語でクリスマスは「ノエル」。そのノエルをテーマとした夢見る風景や、プレゼントを手にしたときのときめきや、ツリーを飾

り付けるときのワクワク感を緑×赤のノエルの伝統カラーを取り入れ、クロスステッチ図案集にしました。色使いのニュアンスに定評がある大人気のフランス人刺しゅう作家、ヴェロニク・アンジャンジェは、フランスのノエルの情景を繊細なステッチと色使いでお届けします。ステッチしたモチーフを使って、アドベントカレンダーやオーナメント、プレゼント用の袋など、この季節にかかせないグッズも手作りしてみませんか? 巻末には、日本語版限定の詳しい作り方解説付き。読んで楽しい豆知識やステッチの参考になるフランス語のプチレッスンも。内容盛りだくさんの一冊です。
2017.9 119p 26×22cm ¥1800 ①978-4-7661-3026-3

◆ほっこりかわいい どうぶつ刺しゅうでつくるハンドメイドアクセサリー 松本千慧、松本美慧著 ソーテック社
【要旨】はじめてでも安心。すべてに手順写真き&カラー。基本のステッチからかわいい図案の刺し方、アクセサリーへの仕立てまで、これ1冊で刺しゅう丸ごと楽しめる!
2017.12 119p 24×19cm ¥1380 ①978-4-8007-3011-4

◆毎日チクチク刺しました―香月美代子作品集 香月美代子著 (市川)楽人舎、游学社 発売
2017.5 1Vol. 29×22cm ¥1667 ①978-4-904827-47-5

◆モラのカラー図鑑―パナマの先住民アート 宮崎ツヤ子コレクション 宮崎ツヤ子、丸地貞男、宮崎理絵著 (大阪)パレード、星雲社 発売
【要旨】クナ族の女性が着る民族衣装「モラ」。神話・霊界・ディアブロ、アダムとイブ・クリスマス、魚・精霊の船、鳥・動物・魚、薬用植物・花、マラカス・クナダンス、幾何学模様…伝統模様から斬新なオリジナルまで1800枚のモラをオールカラーで紹介。
2017.1 239p 30×24cm ¥8000 ①978-4-434-22760-8

◆やさしい色の糸とフェルトで作る刺繍のアクセサリー 渡部泰子著 文化出版局
【目次】宝石、海からの贈り物、小さな結晶、連なる結晶、化学式一連なる結晶より、光線、花火、花束と花の輪、花の輪、きらきら星、…
2017.7 87p 15×22cm ¥1400 ①978-4-579-11592-1

◆優美なる一針の結晶―戸塚貞子指導作品集 戸塚貞子著 啓佑社
2017.6 183p A4 ¥9800 ①978-4-7672-9933-4

◆羊毛フェルトで刺す絵画「タブレーヌ」 福田りお著 講談社
【要旨】ぶつぶつ刺すだけ。簡単・素敵、癒やされる。フェルト羊毛を画材のように刺して描く絵画。
2017.9 95p 15×21cm ¥1300 ①978-4-06-220786-7

◆リサ・ラーソン はじめての刺繍 大塚あや子監修・刺繍制作 KADOKAWA
【目次】CAT、MIKEY、LION、BIG BULLDOG MAXI、IGGY、PUNKY&PIGGY、NINA、FOX&RABBIT、ELEPHANT、HORSE、ELEPHANT、MIA 〔ほか〕
2017.3 95p 15×22cm ¥1400 ①978-4-04-601915-8

◆立体刺繍で織りなす、美しい花々とアクセサリー アトリエFil著 日本文芸社
【目次】1 立体刺繍で彩る小さな花々(オールドローズ、クリスマスローズ、スノードロップ、ビオラ、カモミール ほか)、2 立体刺繍の花雑貨(ヴォランタリー、アンダー・ザ・ローズ、ほろ苦い想い出、花を摘む人、なぐさめ ほか)
2017.6 95p 18×19cm ¥1450 ①978-4-537-21485-7

◆連続模様のかわいい刺繍―"繰り返し"を楽しむ図案とやさしく作れる刺繍小物 成美堂出版編集部編 成美堂出版
【要旨】この本に集めたのは、すべて「連続模様」で作られた繊細でかわいい刺繍図案です。同じ模様を繰り返す工夫で、どの部分だけを切り取って、ブラウスやハンカチに刺しても素敵。がんばってたくさん刺して、タペストリーなど大物に挑戦しても。楽しみ方は無限に広がります。一定のリズムで、ひと針ひと針、規則的な針を進めていきましょう。時間を忘れて楽しむうちに、心まで整っていくのがわかるはず。
2017.9 95p B5 ¥1100 ①978-4-415-32328-2

◆ワードローブを彩るannasの刺しゅう教室 川畑杏奈著 高橋書店 (暮らし充実すてき術)
【要旨】ブラウス、Tシャツ、スカート、くつ下…。おしゃれな図案と基本のステッチで作る、世界で一つの私だけの服。
2017.9 95p 24×19cm ¥1500 ①978-4-471-40098-9

◆annasのもじの刺繍―ひらがな、数字、アルファベット…アイデアいっぱい、想いをつづる糸のことば 川畑杏奈著 光文社
【目次】第1章 いろいろなもじ(アリスフォント、トートバッグ、ブローチ ほか)、第2章 もじとものがたり(おやゆび姫、赤い靴、ヘンゼルとグレーテル ほか)、第3章 贈ることば(ウエディングボード、リングピロー、メモリアルボード ほか)、刺繍の基本
2017.11 95p 21×19cm ¥1400 ①978-4-334-97965-2

◆Rengeの小さいどうぶつ刺繍 芹川蓮華著 産業編集センター
【要旨】人気どうぶつ刺しゅう作家、初めての作り方図案集。
2017.9 125p 21×19cm ¥1400 ①978-4-86311-163-9

◆tam-ramのお砂糖みたいな甘い刺しゅう 田村里香著 日本ヴォーグ社
【目次】宝箱、ガールズモチーフ、ハンカチ、スイーツいっぱいのハンカチ、ブローチ、封筒ポーチ、ナプキン、コースター、バッグ、リボン〔ほか〕
2017.8 111p 15×22cm ¥1300 ①978-4-529-05718-9

◆ten to senの模様刺繍―ハンドステッチで描く、素敵な模様の刺繍布 岡理恵子著 グラフィック社
【要旨】北国の自然、季節の移ろい、目を閉じると脳裏に浮かぶ記憶の風景―さまざまなイメージから生まれる「点と線模様製作所」の模様が、刺繍の図案になりました。模様全体を刺繍すれば一枚の布に、小さなモチーフをひとつだけ刺繍すればワンポイントのあしらいに。アイデアしだいで楽しみ方が広がる20の模様です。
2017.11 120p 15×21cm ¥1600 ①978-4-7661-3053-9

クラフト

◆1年中押し花で楽しむ 手作りのお花こもの 日本ヴォーグ社
【目次】第1章 作り方いろいろ押し花こもの(フレームに入れる、貼りつける、シールを作る、ラミネートする、フィルムをかける、UVレジンで固める)、第2章 押し花ができるまで(草花を集める、草花を押す)、第3章 押し花らくがきノート(生きもの押し花紀行、イラストに貼って手軽に押し花アート、押し花のアルファベット、言葉に押し花を添えて、暮らしの中のモチーフ、ワードローブ、干支の押し花モチーフ、お正月、クリスマス)
2017.6 65p 26×21cm ¥980 ①978-4-529-05681-6

◆いちばんよくわかるソープカービングLESSON 片山美耶、智美、森田美穂著 河出書房新社
【要旨】人気作家3名の魅惑のデザイン全57! 初級者から上級者まで、知っておきたいカービングテクがわかる決定版!
2017.11 127p 26×19cm ¥1800 ①978-4-309-28652-5

◆一流サンプル職人が教える 本格革財布の仕立て方 池田耕平監修 スタジオタッククリエイティブ (付属資料:型紙)
【目次】作例の紹介、サンプル職人に訊く小物仕立ての心得、財布の仕立て方(箱マチ小銭入れ、風琴マチ束入れ、二つ折り札入れ、ラウンドファスナー束入れ)、材料リスト
2017.7 174p B5 ¥3500 ①978-4-88393-781-3

◆おしゃれDIYウエディングの作り方― DIY WEDDING BOOK テイクアンドギヴ・ニーズ著 世界文化社
【要旨】ウェルカムボードやプチギフト…結婚式を手作りでもっとあたらしらしく! 今もっともおしゃれなウエディングスタイルを発信するTRUNK BY SHOTO GALLERYの人気クリエイターたちが、誰でも簡単にできるDIYアイデア&テクニック78例を大公開!
2017.7 96p 26×19cm ¥1500 ①978-4-418-17415-7

◆おもしろ張り子 前田ビバリー著 グラフィック社
【要旨】い・と・お・か・し。ゆるくてかわいい張り子作りの本! 粘土と和紙とのり、身近な材料で気軽に縁起物や季節の飾りが作れます。ゆっくたって本気です。愉快でほっこりになる張り子ワールド。
2017.11 127p A5 ¥1500 ①978-4-7661-3097-3

◆かご・バッグ・ねこのおうち お出かけしよう! 尾上みち子著 明窓出版
【目次】かご作品集(お出かけしよう!、かずらとかごとかんぺかけ、リビングにて、さかなたち、自然のめぐみ)、かご編みの基礎知識、14種のかご、ぼうし、スタンド、ねこのおうち、ねこベッド、飾りピン、華かご
2017.7 62p B5 ¥1600 ①978-4-89634-374-8

◆紙でつくる、ほんものみたいな花と小物―美しい花31、愛される小物33 山崎ひろみ著 日本文芸社
【目次】ペーパーフラワーの基本(基本の材料、基本の道具、基本の花を作る)、花図鑑(ポピー、スズラン、シャクヤク ほか)、アクセサリー&雑貨(ばらの騎士、フラワーインワンダーランド、星は光りぬ ほか)
2017.4 95p 18×19cm ¥1200 ①978-4-537-21466-6

◆紙でつくるリハビリクラフト―切り紙・箱・紙すき・アクセサリーなど、簡単にできて楽しい60点 佐々木隆志監修、工房GEN著 誠文堂新光社 (高齢者のクラフトサロン 4)
【要旨】身近な素材「紙」で誰でもできる、カードや箱などのつくり方と型紙。
2017.2 127p B5 ¥1600 ①978-4-416-51609-6

◆紙バンドを結んで作る ずっと持ちたいかご 古木明美著 日本ヴォーグ社
【要旨】四つだたみ花結びが0からわかる。
2017.6 87p B5 ¥1400 ①978-4-529-05665-6

◆彼に作ってあげたい人気の料理レシピ―ミニチュア副読本 (京都)玄辰舎 (ドールハウス教本 別冊)
【要旨】めちゃかわミニチュアで彼のハートはゲットできる! かも? ミニチュア作家が、彼に作ってみたい料理のレシピを紹介。29種類の料理と、各素材のレシピは132種類に及び、作りたいものから検索可能な索引付き。
2017.3 70p B5 ¥1600 ①978-4-904850-62-6

◆川島詠子のトールペイント 花のデザイン帖 川島詠子著 日本ヴォーグ社 (付属資料:シルクスクリーン)
【目次】ピンク、ホワイト、パープル、ブルー、イエロー&オレンジ、レッド、ニュアンスカラー、マルチカラー、Lesson of Painting
2017.5 111p 26×22cm ¥1600 ①978-4-529-05675-5

◆革で作るショルダーバッグ スタジオタッククリエイティブ (Step Up Series)
【要旨】型紙&作り方解説5アイテム。
2017.4 167p B5 ¥2500 ①978-4-88393-775-2

◆革で作る二つ折り財布 スタジオタッククリエイティブ (Step Up Series) (付属資料:型紙)
【要旨】型紙&作り方解説5アイテム。
2017.9 175p B5 ¥2500 ①978-4-88393-792-9

◆季節の人形服と小物づくり DOLL'S CLOSET SEASONS salon de monbon、K.S.、allnurds著 ナツメ社 (付属資料:型紙)
【目次】1 Spring(サロペット、ブラウス ほか)、2 Summer(ジーンズ、ジーンズのダメージ加工 ほか)、3 Autumn(ブルゾン、ハイネックカットソー ほか)、4 Winter(コート、ワンピース ほか)
2017.11 127p B5 ¥1900 ①978-4-8163-6350-4

◆切る貼るつくる箱の本―BOX & NEEDLEの工夫を楽しむ箱づくり 大西景子著 マイナビ出版 新版
【目次】01 箱をつくる前に知っておきたいこと、02 箱をつくろう、03 インテリアをデザイン、04 世界の紙、型紙、道具と材料を購入できるお店
2017.12 127p 24×19cm ¥1610 ①978-4-8399-6518-1

◆組み方を楽しむ エコクラフトのかご作り 荒関まゆみ著 朝日新聞出版
【要旨】四つ目、六つ目、あじろなど11種類の組み方と作品26点を、プロセス写真でわかりやすく解説。
2017.4 95p 26×22cm ¥1200 ①978-4-02-333147-1

◆消しゴム花はんこ モチーフ153 津久井智子著 講談社

手芸／実用書

【要旨】かんたんで親しみやすい消しゴムはんこのよいところはそのままに、大人の女性が愉しめる、エレガントな草花の図案をご用意しました。 2017.5 79p B5 ¥1400 978-4-06-220593-1

◆古紙クラフトのかご・小もの―新聞・雑誌をリサイクル 石上正志監修 日本ヴォーグ社 (指先を使っていきいき！)
【要旨】子どもからシニアまで、リハビリにも役立つ40作品＋レクのアイデア。 2017.7 79p 26×22cm ¥1200 978-4-529-05713-4

◆好みの革とパーツを選んで理想の手帳カバーを作る クラフト学園監修 スタジオタッククリエイティブ (Beginner Series) (付属資料：型紙1)
【目次】ハジメの一品 切って折るだけ！ カンタン手帳カバー、作例紹介、理想の手帳カバーの作り方(デザインを決める、手帳カバーを作る)、各パーツの作り方(ベースの形、本体の装飾、ポケット、その他のオプション、スペシャル)、材料カタログ、レザークラフト基本の知識とテクニック。 2017.2 199p B5 ¥2800 978-4-88393-768-4

◆週末でつくる紙文具―書く、整理する、保存する―目的別・30種類のつくり方 永岡綾著 グラフィック社
【目次】to WRITE―"書く"ための紙文具(NOTEBOOK―3分割ノート、MEMO PAD―リユースできるメモパッド ほか)、to ORGANIZE―"整理する"ための紙文具(PEN TRAY―入れ子式ペントレー、STICKY NOTES FOLDER―付箋フォルダー ほか)、to ARCHIVE―"保存する"ための紙文具(COLLAGE BOOK―フランス風のコラージュブック、PHOTO ALBUM―フォトスタンドにもなるアルバム ほか)、BASICS―紙文具づくりの基本(TERMS―紙文具の部位、TOOLS―紙文具づくりの道具 ほか) 2017.7 109p 26×19cm ¥1500 978-4-7661-3037-9

◆樹脂粘土でつくるミニチュアCaféごはん fraise著 日本ヴォーグ社
【目次】PAN CORNER、MORNING、LUNCH、TEA TIME、DINNER、TABLEWARE 2017.7 79p 26×19cm ¥1300 978-4-529-05654-0

◆世界が認めた日本のかわいい消しゴムはんこ イシュタル・オリベラ著 エクスナレッジ
【要旨】ちょっとした時間で楽しめるカラフルなはんこの世界へようこそ。彫り方、押し方の基礎を学んだら、とびきりキュートな31の作品で腕試し。文房具のアイデア、部屋を飾るヒント、素敵なラッピングなどが満載です。そのまま写して使える日本風のかわいい図案も、たっぷり100以上用意しました。 2017.4 127p 26×21cm ¥1600 978-4-7678-2281-5

◆田中智のミニチュアスタイル―nunu's house 3 田中智著 学研プラス (Handmade Series)
【要旨】指先にのるかわいいミニチュアたち。1/12サイズのアクセサリーやスイーツが登場します。 2017.9 87p 24×19cm ¥1500 978-4-05-800786-0

◆手づくりする木のカトラリー―自分好みの美しい形をさがす、けずる、つかう 樹種別・道具の使い方とテクニック付き 西川栄明著 誠文堂新光社 増補改訂新版
【要旨】マイ・カトラリーで食事がしたい！ 32人の木工作家が考えた約380作品を収録。 2017.3 175p 21×19cm ¥1800 978-4-416-61717-5

◆布合わせで楽しむワンランク上の布バッグ 猪俣友紀監修 スタジオタッククリエイティブ (付属資料：型紙) 増補・改訂版
【要旨】バッグ作りの基礎から応用までを幅広く掲載。全13アイテム型紙付き。 2017.12 183p B5 ¥2300 978-4-88393-753-0

◆バッグ作り教室―持ち手、ファスナー、ポケット、金具など、知りたかったことが分かる！ 水野佳子著 主婦と生活社 (付属資料：型紙)
【目次】1 布選びと接着芯、2 持ち手、3 まち、4 バッグの口(ファスナー／マグネットホック／ボタン＋ループ)、5 ポケット、6 裏付きとギャザー、7 革布、8 金具、9 ハトメとマスと、10 底板と底鋲、きれいに作るための補習Lesson(地直し・水通し／裁断する／ミシンで縫う) 2017.3 95p 26×22cm ¥1400 978-4-391-14962-3

◆バッグの型紙の本 越膳夕香著 日本ヴォーグ社 (付属資料：型紙)
【目次】1 バッグの基本(バッグの部分名称、型紙として使用するときに適するもの、基本のA4トートバッグの作り方 ほか)、2 形のアレンジ(袋の形、持ち手の形、袋口の形 ほか)、3 組み合わせてバッグを作る(底切り替えのトートバッグ、ビッグサイズのトートバッグ、A4サイズの縦長バッグ ほか) 2017.9 79p B5 ¥1300 978-4-529-05723-3

◆帆布と革で作るバッグ 田中いく枝監修 スタジオタッククリエイティブ (Step Up Series) (付属資料：型紙)
【要旨】型紙＆作り方解説6アイテム。 2017.4 171p B5 ¥2700 978-4-88393-777-6

◆フルーツ・カービングの教科書―フルーツ・カッティングの進化版！ 歳時をモチーフに初級〜上級レベルまでステップアップしながら彫れる！ 山田梨絵著 誠文堂新光社
【目次】基本の道具、基本のカット、使用する野菜・果物、お正月、ひな祭り、ハロウィン、クリスマス、誕生日、ウエディング、梨＆ひとみギャラリー 2017.5 207p 25×19cm ¥2700 978-4-416-61705-2

◆平面からくり屏風1・平面からくり屏風2 堀口れい子編著、荒川達監修 オルク、星雲社発売
【目次】平面からくり屏風1、平面からくり屏風2 2017.11 63p A5 ¥700 978-4-434-23981-6

◆魔術師のための創作BOOK 倉戸みと著 日本文芸社
【要旨】インテリア小物から身に着けるものまで華やかで繊細、幻想的なアイテムがつくれます。 2017.10 63p B5 ¥1500 978-4-537-21526-7

◆レザーカービングの技法―シェリダンスタイル編 スタジオタッククリエイティブ (Professional Series)
【目次】作品制作に使用する工具／資材、作品制作に使用する刻印、シェリダンスタイルカービングの基礎、特別寄稿「シェリダンスタイルカービング」―大塚孝幸Taka Fine Leather JAPAN、Professional Work 1 小屋敷スタイル、Professional Work 2 大塚スタイル、Professional Work 3 岡田スタイル、日本のカービング界を支える実力派カーヴァー 2017.12 235p 26×21cm ¥3800 978-4-88393-796-7

◆レジ袋でできるカラフルなバッグと小物 poRiff著 河出書房新社
【要旨】あの買い物レジ袋がおしゃれなバッグに大変身！ 材料費ゼロ！ 道具ははさみとアイロンだけ。色や形も自由自在にコラージュできて、用途もいろいろ！ 2017.7 63p 24×19cm ¥1000 978-4-309-28638-9

◆私だけの手づくりねこ 静岡新聞社企画・編 (静岡)静岡新聞社
【要旨】見て癒される、つくれる、買える"十猫十色"さまざまな技法・手法のにゃん満載。静岡県在住作家の作品＆作業を拝見、かわいすぎるねこ服＆手作りスイーツ、初心者でも簡単づくりレシピ、ねこ好きのための教室・ショップetc.。 2017.5 111p 19×15cm ¥1200 978-4-7838-0776-6

◆TAM'S WORKSの消しゴムはんこ 田村梓著 日本ヴォーグ社
【目次】SIMPLE WORDS、MESSAGE、WONDERFUL WORDS、FONTS、ONE POINT MOTIF、LEVEL UP MOTIF、BOTANICAL MOTIF、SURF MOTIF、FASHION MOTIF、HIGH LEVEL MOTIF、HAPPY MESSAGE、SEASONS MOTIF、LESSON！ 2017.8 79p 15×21cm ¥1300 978-4-529-05712-7

おりがみ

◆あじさい折りおりがみ―折りすじ通りにたたむと見えてくる細やかな花のかたち プロジェクトF編 誠文堂新光社
【要旨】おりがみで授業をする、アイデアマンとして有名な藤本修三氏の編み出した「ねじり折り」をヒントに生まれた、「あじさい折り」。等分の折り目の付け方や本作品中によく似する基本の折り方をマスターすれば、あじさい折りの奥深さを実感できます。 2017.5 127p B5 ¥1800 978-4-416-61727-4

◆遊んで飾って使える折り紙―暮らしの小物から楽しいおもちゃまで 曽根泰子著 日貿出版社
【要旨】お出かけバスケット、桜の器、蛇の目傘、チューリップの一筆箋、サイコロ、魔法の箱、変身する玉など34点。 2017.12 111p B5 ¥1600 978-4-8170-8245-9

◆一年中楽しめる おりがみ壁飾り 堀込好子著 日本ヴォーグ社
【要旨】指先を使っていきいき！ 包装紙や新聞紙など、身近な材料を使って。かんたんなパーツを組み合わせて、子どもからお年寄りまで作れる、65作品。 2017.4 79p 26×22cm ¥1400 978-4-529-05680-9

◆いまいみさのおりがみ手紙―毎日楽しめまごころ伝わるハッピー・クラフト いまいみさ著 講談社
【要旨】相手を思って、折って、メッセージを書く。―これで「まごころ」のできあがり。みんなに笑顔が生まれるハッピー・クラフト。全51種146点掲載！ 2017.3 80p B5 ¥1500 978-4-06-220503-0

◆おじゃる丸のまったり折り紙メモブック 石川眞理子著 成美堂出版 (付属資料：シール)
【目次】1の章 おじゃる丸と仲間たちを折る(おじゃる丸、おじゃアニ丸、カズマ、電ボ・一二三、子鬼トリオアーコネ／キスケ／アオベエ、オコリン坊・ニコリン坊、星野、ちっちゃいものクラブ―公ちゃん／貧ちゃん／小町ちゃん、ツッキー、かなえ・たまえ)、2の章 みんなのアイテムを折る(おじゃる丸のお気に入り―プリン／シャク／エボシ、カズマと小町ちゃんの好きなもの―小石／リボン／手鏡、電ボの恋の必殺アイテム―ハート／お花／ラブレター、うすいさちよのワンピース、乙女五十鈴のバレエシューズ、川上さんのバッグ、金ちゃんのペロペロキャンディ、月光町の月光タワー) 2017.5 63p 22×22cm ¥950 978-4-415-32329-9

◆折ってなるほど！ おりがみつき ゆかいな多面体 布施知子著 日本ヴォーグ社 (付属資料：おりがみ3)
【目次】1 正方形の板と正三角形の板、2 正方形と正三角形の組み合わせ、3 正12面体いろいろ、4 正六角形の板、5 エッジ立方体、6 両面かめのこ凸型立体、7 両面かめのこ凹型立体、8 両面かめのこのいろいろな組み方、9 斜折り三角ユニット立体 2017.8 98p 26×21cm ¥1400 978-4-529-05729-5

◆大人の箸袋おりがみ―コミュ力が必ず上がる！ しがり朗著 主婦の友社
【要旨】ゾウ、ペンギン、鶴、帆掛け舟、ベッド、柴犬…基本の箸置き、かわいい動物のおりがみ、ちょっぴりおとなのおりがみ、遊べるおもしろおりがみなど、料理が出てくるまでに簡単に折れるものから、うまく折れたら自慢できるものまで、32種類の箸袋おりがみを掲載。 2018.1 95p 21×19cm ¥1000 978-4-07-428985-1

◆折り紙建築―世界にひとつだけのカードをつくる 中沢圭子著 彰国社
【要旨】切る・折る・ひらく…手のひらから飛び出すサプライズ!!日本が誇るORIGAMIの世界。待望の新作67作品！ 2017.8 98p B5 ¥1800 978-4-395-27048-4

◆折り紙建築―福を呼ぶ干支の動物カードをつくる 中沢圭子著 彰国社 (本文：日英両文)
【目次】干支の動物たち―180°に開く型(子―千両俵、丑―赤ぺこ富士 ほか)、干支文字―90°に開く型(鼠、丑 ほか)、干支文字―90°に開く型、干支セトラ！ 1―360°に開く型(雲龍、白虎 ほか)、干支セトラ！ 2―90°に開く型、スクエアカード(うさぎうさぎ、蛇にょろり ほか)、干支セトラ！ 3―リバースカード、ニューイヤーズネーク ほか)、干支セトラ！ 4―0°の型(屏風ねずみ、屏風のいのしし)、干支セトラ！ 5―0°の型(重ねうさぎ、重ね春駒 ほか)、干支セトラ！ 6―90°に開く型(鼠さん、闘牛 ほか)、干支セトラ！ 7―新180°に開く型(蛇紋) 2017.12 103p B5 ¥1800 978-4-395-27049-1

手芸

◆おりがみパズル―かんたんなパーツを組み合わせて作る思いもよらない楽しい模様　大原まゆみ著　日本ヴォーグ社
【要旨】60作品+壁面装飾、立体モチーフも！
2018.1 80p 26×21cm ¥1200 ①978-4-529-05766-0

◆オリロボバトルロイヤル―切らずに1枚で折るオリガミロボット　フチモトムネジ著　ソシム
【要旨】切らずに1枚で折るオリガミロボット。新たなストーリーは、年に一度開催される「オリロボバトルロイヤル」！工夫を凝らしたオリロボ20体の折り方と、特別なオリロボが折れる4種8枚の折り紙付き。
2017.10 111p 26×19cm ¥1600 ①978-4-8026-1121-3

◆飾る・贈る 花の折り紙―生花に見える！すてきなフラワーアレンジ集　鈴木恵美子著　池田書店
【要旨】花の折り紙は本物の花のように一輪挿しに飾る、お正月やクリスマスを彩る、アクセサリーとして身につける、お菓子などを入れる器として使う、あんな方法いろいろあります。また、介護や看護を受けていらっしゃる方はご自身では花の手入れができなくても折り紙の花ならいつでも楽しむことができるでしょう。本書では、日々の暮らしに役立つよう、いろいろな演出のしかたで作品を紹介しています。ご自分で楽しむほか、贈り物にも活用していただける一冊です。
2017.2 127p 24×19cm ¥1250 ①978-4-262-15292-9

◆かわいいポケット折り紙―気軽に折れて楽しく使える　藤本祐子著　日貿出版社
【要旨】この本でご紹介する折り紙には、すべてポケットがついています。入れるものは、あなたの工夫次第。ちょっとしたプレゼントやメッセージ入れ、箸袋やピック立てなど食卓を彩るおもてなしアイテム、メモスタンドや席札立て、お正月や雛祭りなどのお節句飾り、子供部屋やキッチンの中でも幅広く使っていきてくださいね。ラッピングペーパーのような大きな紙で折ると、おしゃれなウォールポケットやチケット入れ、かわいいポシェットもできますよ！小さなポケット折り紙で、暮らしに彩りを添えてみませんか？
2017.10 95p B5 ¥1400 ①978-4-8170-8242-8

◆季節の部屋飾り12か月―おりがみと身近な素材で明るく！楽しく！　いまいみさ著　ベストセラーズ
【要旨】魔法の飾り付けアイデア満載！行事の壁面飾りやリースから、置き飾りまで"かんたん！かわいい！"ものだけ厳選しました！
2017.12 81p B5 ¥1500 ①978-4-584-13836-6

◆恐竜のおりがみ―子供も大人もリアルな仕上がりを楽しめる　川畑文昭著　誠文堂新光社（おりがみランド+）
【要旨】「新・おりがみランド」シリーズの『恐竜のおりがみ』1～3から作品をセレクトし、初級の作品を中心に加えて再編集。
2017.7 127p B5 ¥1500 ①978-4-416-61769-4

◆切らずに1枚で折る 折り紙昆虫記　フチモトムネジ著　エムディエヌコーポレーション、インプレス発売
【要旨】カラフルなテントウムシやチョウ模様の折り紙付。
2017.6 96p B5 ¥1600 ①978-4-8443-6671-3

◆暮らしを彩る和紙オリガミ　山梨明子著　実務教育出版（付属資料：オリガミ10）
【目次】オリガミガイド（折り順一覧表、紙の選び方、折る際のルール、覚えておきたい基本の折り方、上達するためのコツ ほか）、作品折り図（バスケット、シンプルディッシュ、箸包み、箸置き、扇の箸置き ほか）、山梨明子×古川慎人 和紙&折り紙Special 対談
2017.2 111p 24×19cm ¥1500 ①978-4-7889-1288-5

◆くらしのおりがみとちょこっと紙小物　主婦の友社編　主婦の友社　新版
【要旨】お店の紙袋やプレゼントの包装紙など、かわいいなとそっとっておいても、使いみちはないまま何年もたっていませんか？そんな紙素材や折り紙を使った、くらしに役立つ雑貨の作り方アイデア集です。「これが自分で折れるの!?」と驚くほど、かわいい作品ばかり。
2017.8 127p 24×19cm ¥1250 ①978-4-07-424071-5

◆暮らしの小さな紙雑貨―実用おりがみ　石川眞理子著　メイツ出版（コツがわかる本！）

◆クリエイティブ折り紙―妖怪と干支と可愛い動物たち　山口真著　ソシム
【目次】第1章 妖怪（海坊主、かまいたち、ぬりかべ ほか）、第2章 干支（子（ねずみ）、丑（牛）、寅（虎）ほか）、第3章 可愛い動物（オオハシ、イワトビペンギン、ひよこ ほか）
2017.7 143p B5 ¥1800 ①978-4-8026-1111-4

◆子供も大人もリアルな仕上がりを楽しめる 動物のおりがみ　川畑文昭著　誠文堂新光社（おりがみランド+）
【目次】初級（イヌのかお、ネコのかお ほか）、中級（トラのかお、キリン ほか）、上級（イノシシ、サイ ほか）、最上級（アライグマ、カンガルー ほか）
2017.8 127p B5 ¥1500 ①978-4-416-61783-0

◆サンリオキャラクターズと女のこおりがみ　いしかわ☆まりこおりがみ制作・指導　小学館（ぷっちぐみベスト）
【要旨】サンリオキャラはもちろんハートやリボン、スイーツやコスメ、きせつのおりがみまでたくさんおれる。
2017.11 61p 21×19cm ¥850 ①978-4-09-280514-9

◆秀麗な折り紙　山口真著　ナツメ社
【要旨】好評の『端正な折り紙』の続刊が、ついに登場!!前回を上回る複雑で難易度の高い28作品を収録。「獣医ツル」の進化版である「怪獣ツル人」や、映画でも話題になった「ゴジラ(2016)」、幻の作品「ティラノサウルス全身骨格」など、魅力的で挑戦したくなる作品が満載です。
2017.7 271p B5 ¥2200 ①978-4-8163-6301-6

◆食べる・動かす・もてなす折り紙―遊び心をくすぐる32作例　鈴木恵美子著　日貿出版社
【要旨】「食べる折り紙」は、かぶせ折り精進春巻きの皮や大豆シートで折って、中にチーズ等を入れて焼きます。食べるのがもったいないと言われます。簡単な折り紙でリハビリにもなる「動く折り紙」もアイデア抜群。「おもてなし折り紙」では、国際交流ができます。「色分けりんどう車」「妹背山」など伝統が生きています。そして、最後に折り紙工学や医学とのコラボを紹介。折り紙の奥深さを実感できます。
2017.2 95p B5 ¥1600 ①978-4-8170-8234-3

◆包みと袋のおりがみ―手紙やお礼を入れる・包む、便利な折り方76点　布施知子著　誠文堂新光社
【目次】1 包みのおりがみ（かんたん斜包みA、B、C、四角包み・差し込み ほか）、2 たとう折り（自由折りたとうA、B、C、D、E、F、G、ダブル ほか）、3 手紙折り・封筒折り（手紙折り・つま入れ（伝承）、手紙折り・互い違い ほか）、4 ぽち袋・金封・ストッパー（のし鶴のストッパー、ハートのストッパー ほか）、5 結びのついたぽち袋・金封（結び帯をつける包みA、B、四角結び・違い鍵どめ ほか）
2017.2 95p B5 ¥1600 ①978-4-416-61713-7

◆撮りたい！飾りたい！親子でおりがみ　新宮文明著　新星出版社
【要旨】みやすくてかわいい！3才くらいから折れます！写真に撮ったり、おうちに飾ったりして楽しもう！
2018.1 127p B5 ¥1150 ①978-4-405-07265-7

◆みんなで、つくろう！おりがみのはこどうぶつ　木村良寿著　日本ヴォーグ社
【目次】正方形1枚で折るはこどうぶつ（はこくじら、はこぺんぎんなな、はこねこ、コリー、アフガンハウンド）、正方形2枚で折るはこどうぶつ（はこぞう、はこかばA・B、ひきだしたぬき、ちょうちんあんこう、はこうし、フレンチブル、まっこうくじら、ドラゴボックスB・K、はこおんどり／はこめんどり、ひよこ・ひよこ（生まれたて））
2017.2 82p 26×21cm ¥1000 ①978-4-529-05662-5

◆喜ばれる季節の折り紙―四季の花を愛で、行事の飾りつけを楽しむ　宮本眞理子著　池田書店
【要旨】日本の伝統文化のひとつである「折り紙」を伝承することで、楽しむことを目的に、日本の美しい四季を感じる作品を集めました。お見舞いやお礼、お祝いなどの贈り物にしたり、インテリアとして飾ってみたり、季節・行事に合った作品を作って、楽しんでください。
2017.6 127p 25×19cm ¥1250 ①978-4-262-15293-6

◆リース折り紙12か月―パーツを組み合わせて作る楽しい輪飾り　永田紀子著　日貿出版社
【要旨】おしゃれなインテリアとして人気のリース（輪飾り）を、折り紙で作ってみましょう。リースの楽しみはクリスマスリースだけではありません。本書では、四季折々の花や風物などをテーマに作られた美しいリース作品32点と多数のバリエーションを、折り図とともにご紹介します。リースの「輪」の部分も付属の飾りも、ほとんど糊を使わずに組み上げた作品には、折り紙ならではの創意工夫がいっぱい。12か月の暮らしを彩る「1冊まるごとリース折り紙の本」です。
2017.11 111p B5 ¥1500 ①978-4-8170-8244-2

編み物

◆麻ひもで編む まるいバッグと四角いバッグ　朝日新聞出版編著　朝日新聞出版
【目次】まるいバッグ（ラウンドトート、バイカラーのバッグ、松編み模様のマルシェバッグ、ガーデンバッグ、レザー底使いのマルシェバッグ ほか）、四角いバッグ（スクエアトート、異素材使いのスクエアバッグ、レザー底使いのストライプトート、引き上げ模様の2色バッグ、2Wayバッグ ほか）
2017 95p 26×21cm ¥1200 ①978-4-02-333137-2

◆石井麻子のラブリーニット100デザイン　石井麻子著　アートダイジェスト
【目次】白い花とブルーのドレスの天使たち、ラベンダーの咲くころ、バラの花柄袖と地模様のセーター、アナベルのセーター、お散歩マダムのベスト、ドットのワルツ、花と天使のベスト、よろけ柄のカーディガン、変わりストライプのカーディガンとセーター、プラハのカーディガン ほか
2017.10 151p 25×19cm ¥2200 ①978-4-86292-030-0

◆一年中楽しめる透かし編みの模様82―繊細で軽やかなショールやソックスも作れるシェットランドレース模様パターン集　エリザベス・ロヴィック著　グラフィック社
【要旨】世界中の編み物好きが憧れる、透かし編みの模様で有名なシェットランドレース。本書では、シェットランドレースの歴史からはじまり、編むのに不可欠な「かけ目」の方法から模様の編み方まで、シェットランドレース編みの基本をわかりやすく解説。そして、全部で82種類の編み地をほぼ実物大の編み地サンプラー写真で紹介しています。それぞれの編み地サンプラーは、インサーション、オールオーバーなどのカテゴリーに分類された一覧にもなっているので模様のセレクションや組み合わせにも便利です。巻末では数種類の模様を合わせた軽やかなショール、スカーフ、帽子、ソックスなどのアイテムの編み方を紹介。初心者から中・上級者まで一年中楽しめる一冊です。
2017.2 144p 25×20cm ¥1600 ①978-4-7661-2967-0

◆いちばんやさしいかぎ針編みのポーチ―針の持ち方からはじめる小物の作り方の教科書　Sachiyo Fukao著　エクスナレッジ
【要旨】1本の針と1玉の糸、そして少しの時間があればできます「かぎ針編み」をはじめてみませんか。最初は針を持つところからです。糸を針にかけて1目ずつ編むだけ。やがて、いろいろな形や模様が表れます。丸や四角や花。糸と針が織り成すハンドメイドの時間を楽しみましょう。
2017.6 119p 25×20cm ¥1600 ①978-4-7678-2347-8

◆いちばんやさしいゆび編みの小もの―まっすぐ編んでつなぐだけ！大人も子どももできる　日本ヴォーグ社
【要旨】ゆび編みを知っていますか？かぎ針や棒針のかわりに、自分のゆびを使って編んでいくる編み物のことです。ゆび編みは、太い糸を使ってざくざくと編むので、編み上がりの早さにびっくりするはずです。まっすぐ編んだ編み地をつないでいくと、マフラーや帽子、バッグなどの少し複雑な形だってできてしまいます。イラストと写真をたどって、あっという間に完成します。編みものがはじめての人も、短い時間で編みたい人も、小さなお子さまからシニアの方まで、毛糸があればだれでもすぐにはじめられます。
2017.11 63p B5 ¥980 ①978-4-529-05744-8

◆いちばんよくわかる かぎ針こもの―ニットこものの決定版！　日本ヴォーグ社
【要旨】はじめてでもかんたん、QRコードで動画も見られる。帽子、巻きもの、バッグ、アク

手芸

実用書

セサリーなど、かわいいニットこもの62点。
2017.11 127p 26×21cm ¥1000 ①978-4-529-05733-2

◆**いちばんよくわかる棒針あみの小物と基礎——年中楽しめる** 日本ヴォーグ社
【要旨】帽子、巻きもの、バッグ、アクセサリーなどのかわいいニット小物66点。
2017.12 112p 21×21cm ¥1100 ①978-4-529-05746-6

◆**一番わかりやすいズパゲッティの本！半日でサクサクできるズパゲッティバッグ&小物 編み図がよめなくてもOK！** 徳増理恵子著 講談社
【目次】ミニポーチ、ショルダーバッグ、クラッチバッグ、2段フリンジ持ち手つきバッグ、3段フリンジポシェット、角底ショルダートートバッグ、マルシェバッグ、ミニコンチョバッグ、チャームループ付マルチカラーポシェット、親子マルシェバッグ、ペットボトルホルダー、タッセル、ダブルタッセル、ティッシュケース
2017.8 80p 26×19cm ¥1200 ①978-4-06-220675-4

◆**ヴィンテージパターンブック——MOORITらしく編んでみたら MOORIT著** グラフィック社 (KNIT MANIAX 09)
【要旨】Vintage（古くて価値のある）パターンを、いま着たい／使いたいVintage（極上の）アイテムに一人気の毛糸店「MOORIT」の編み物本。
2017.10 95p B5 ¥1500 ①978-4-7661-3052-2

◆**エコアンダリヤで編む定番の帽子とおしゃれバッグ** 世界文化社
【目次】筒型バッグ、ヘリンボーン柄のショルダーバッグ、レース飾りのクラッチバッグ、中折れ帽子、中細模様のマルシェバッグ、格子柄のバッグ、2wayバッグ、ボンボンのバッグ、透かし模様のクローシュ、グリーンのがま口バッグ〔ほか〕
2017.2 71p B5 ¥1100 ①978-4-418-17403-4

◆**大人かわいい天然素材で編むニット** 朝日新聞出版編 朝日新聞出版
【目次】太糸のケープ、ケーブル模様のミトン、シェットランドレース風ストール、シンプル模様のニット、ネックから編むセーター、切り替え模様のネックウォーマー、ヘンリーネック風ベスト、表目×裏目の帽子、斜め模様のハンドウォーマー、ルームシューズ大、小、フードつきベスト、太糸のシンプルベスト〔ほか〕
2017.9 95p 26×21cm ¥1300 ①978-4-02-333174-7

◆**表目と裏目だけで編むニット** ベルンド・ケストラー著 NHK出版
【目次】星形のネックウォーマー、ロングスヌード、ひとねじりのロングスヌード、花びらえりのネックウォーマー、宇宙みたいなスヌード、ジグザグ模様のスヌード、うね模様のポンチョ、縄編みふうの帽子青・赤、長い三角ショール、三角ショール、ルームシューズ大・小、フードつきマフラー、L字の青いマフラー、L字の3色ショール、はしご模様のひざかけ、腹巻ふうの模様のマフラーA・B、2WAYのカーディガン、波形のネックウォーマー青・赤
2017.10 95p 26×21cm ¥1600 ①978-4-14-031209-4

◆**かぎ針編みでつくる、おしゃれな動物のインテリア** ヴァネッサ・ムーンシー著、高際有希監修 日本文芸社
【要旨】かぎ針編みでつくる、シックでおしゃれなハンティング・トロフィー、ねずみ、野うさぎ、きつね、ひつじ、白鳥、ライオン、鹿、牛、くま〔ほか〕
2017.12 111p B5 ¥1500 ①978-4-537-21529-8

◆**かぎ針編みのアクリルたわし——すぐ作って、かわいくおそうじ** 日本ヴォーグ社
【要旨】アクリルたわしは、洗剤を使わずに食器や鍋などの汚れを落とせる、環境にやさしいエコたわしです。家事をする人のお肌にも刺激が少なく、手あれの心配がありません。アクリルたわしに使うアクリル100%の糸は、アクリル特有の細かな繊維が汚れを絡めとり、食器類をきれいにしてくれるのです。そのうえ、ふっくら弾力があり、通水性や通気性にも富んでいるので、いつも清潔に保てます。本書で使用している糸は、それぞれに抗菌または制菌等の加工をしたものばかりで、機能性の面でも、安心してお使いいただけます。ぜひチャレンジしてみてください。
2017.8 63p 26×22cm ¥980 ①978-4-529-05719-6

◆**かぎ針編みのかわいいモチーフ小物——モチーフ98+79作品** 日本ヴォーグ社
【要旨】かわいくてすぐに編めるのがモチーフのいいところ。コースター、アップリケ、アクセサリーなど、1枚でも使い道はいろいろ。つなぎ方次第で、色も形も自由自在。
2017.12 111p 26×21cm ¥1200 ①978-4-529-05746-2

◆**かぎ針あみのモチーフ50** 主婦の友社編 主婦の友社 新装版
【要旨】三角、四角、六角、円形モチーフを使って作る、ストール、ひざかけ、マフラー、バッグ、クッションとモチーフ図鑑。
2017.11 97p 26×21cm ¥1380 ①978-4-07-426650-0

◆**かぎ針で編むきせかえあみぐるみ** なると著 日東書院本社
【目次】あみむすのおはなし、基本のあみむす、基本のあみむす（素体）を作ってみましょう、春のあみむす、夏のあみむす、秋のあみむす、冬のあみむす、クリスマスのあみむす、ハロウィンのあみむす〔ほか〕
2017.9 80p 24×19cm ¥1200 ①978-4-528-02155-6

◆**かぎ針で編むプラントハンガーとバスケット——麻やコットンの糸を使ったつるして楽しむハンギンググリーン** 誠文堂新光社編 誠文堂新光社
【目次】ネット編みハンギング、ひと結びハンギングフリンジなし、ひと結びハンギングフリンジ付き、ロングハンギング、スパイラルハンギング、2段ロングハンギング、玉編みハンギング、バイカラーミニバスケット、シマシマハンギング〔ほか〕
2017.6 95p 26×21cm ¥1300 ①978-4-416-61756-4

◆**風工房のフェアアイル・ニッティング——スティークを使う究極の編み込み** 風工房著 日本ヴォーグ社
【要旨】厳冬のシェトランドに花開いたフェアアイル・ニッティング。ニッターたちの長きに渡る創意工夫による、画期的なテクニックに到達。「編む喜び」と「効率化」という、二つの美点を得ることができた。伝統ニットに精通し、世界に発信する風工房が、シェトランドに何度も足を運び、現地ニッターとの交流によって作り出した。フェアアイル・ニッティングのテクニックを余すことなく公開！ M・L・LLサイズ展開で私だけの1枚を。
2018.1 144p 30×24cm ¥3600 ①978-4-529-05761-5

◆**かわいい色のベビーニット——肌触りのよい糸で編む** 朝日新聞出版編著 朝日新聞出版
【目次】2つボタンのガーター編みのカーディガン—60cm・70cm/70cm・80cm、カシュクール風ベスト—70cm・80cm、1つボタンのシンプルベスト—70cm・80cm、セレモニードレス、ボンネット、ソックス—60cm、ガーター編み模様のベビーシューズ—9cm、かぎ針編みのカーディガン70cm・80cm、ロングウォーマー free フリーサイズ、ボーダーセーター—80cm・90cm/70cm・80cm、スリーパー—60cm〜、ブーツ型のベビーシューズ—11cm
2017 103p 27×22cm ¥1200 ①978-4-02-333177-8

◆**かわいいかぎ針編み小物たっぷり102アイテム——はじめてでも必ず編める！** リトルバード編 西東社
【目次】1 かぎ針編みの基本（かぎ針、糸、用具について、編み方、編み目、ゲージについて ほか）、2 小さな雑貨（方眼編みのブローチ、ドイリー ほか）、3 おしゃれアイテム（リボン、シュシュ ほか）、4 モチーフつなぎ（小さな花のドイリー、かごカバー ほか）、5 バッグとかご（麻糸トートバッグ、がま口バッグ ほか）
2017.10 159p 26×21cm ¥1200 ①978-4-7916-2617-5

◆**川路ゆみこのニット&クロッシェ 着る、巻く、持つ。** 川路ゆみこ著 NHK出版
【目次】1 巻く（フラワーモチーフをつなぐストール、縄編みとイギリスゴム編みのケープ、透かし模様のショール ほか）、2 持つ、身につける（キラキラ糸の台形ハンドバッグ、ネックウォーマーときどき帽子、ファーつきの透かし編みハンドウォーマー ほか）、3 着る（七分そでのコットンカーディガン、リネンのパイナップル編みチュニック、まっすぐ編みのボーダープルオーバー ほか）
2017.9 95p 26×21cm ¥1500 ①978-4-14-031208-7

◆**「今日は何編む？」——林ことみのあみものワークショップ こものからベストまで** 林ことみ著 日本ヴォーグ社
【目次】小さなニット（ブリオッシュステッチ、スリップステッチ、変わりガーター編み、レースパターン、リストウォーマー、ハンドタオル、編み

ぐるみ）、大きなニット（ショートロー、ドミノ編み、ガータースクエアモチーフ編み、丸ヨーク、三角ショール、ショールベスト）、クロッシェの楽しみ（タペストリークロッシェ、ナローマフラー、ダブルフックアフガンクロッシェ）
2017.11 95p 26×21cm ¥1500 ①978-4-529-05725-7

◆**今日も編み地、明日も編み地——風工房の編み物スタイル** 服田洋子著 グラフィック社
【要旨】すべては編むことから始まる。40年以上にわたり活躍し続けるニットデザイナー、風工房さん初の語りおろしエッセイ。すてきなデザインを生み出し続ける風工房さんのセンスや発想の源とは？ "いま編みたいもの、着たいもの"4作品のパターンも収録。
2017.11 159p A5 ¥1500 ①978-4-7661-2769-0

◆**草花を編むタティングレース——アンティークレースに魅せられて** 藤重すみ著 日本ヴォーグ社（付属資料：型紙）
【目次】バラの咲く庭 衿、サクラ草のネックレス&イヤリング、パンジーのネックレス&イヤリング、一輪のバラブローチ、ビオラのネックレス、ガーベラのネックレス、落葉のラリエット、ビオラとスティミラーの衿、木もれ日 衿、白百合のガーデンランナー〔ほか〕
2017.5 96p 30×24cm ¥2000 ①978-4-529-05664-9

◆**組み合わせて楽しむ モチーフつなぎの編み物** 成美堂出版編集部編 成美堂出版
【要旨】基本がわかるつなぎ方のレッスン&アレンジ自在の編み図集。
2017.11 95p ¥1100 ①978-4-415-32355-8

◆**裂き編みでつくる毎日のバッグ** 河村美琴著 成美堂出版
【要旨】布の裂き方から始末まで、基本の技法がわかる。
2017.4 95p B5 ¥1100 ①978-4-415-32233-9

◆**ざっくり編みたいチャンキーニット** 寺西恵里子著 主婦と生活社
【要旨】超極太糸だから、はじめてさんでもらくらく編める！ 腕編み、かぎ針編み、棒針編み、全27点。
2017.8 64p 26×21cm ¥1300 ①978-4-391-15062-9

◆**しずく堂の編みもの時間——一気分は北欧** しずく堂著 文化出版局
【目次】ランダムグラデーションの帽子、ツバメと花柄の編み込み帽子、ツバメと花柄の編み込みミトン、幾何学模様のソックス、モザイク模様のソックス、三角ショール、編み込みの帽子、伝統柄のハンドウォーマー、太糸ベスト、ギャザートップのベレー〔ほか〕
2017.9 79p 25×19cm ¥1300 ①978-4-579-11622-5

◆**ジャンボ針で編むニット小物とバッグ——マフラー、手袋、帽子&バッグetc. 極太糸でざくざく編む、ニット雑誌29 emit、奥山千晴、koioka、工房日日、田場敦子、中村英里子、渡部まゆ著** 学研プラス
【要旨】セレクトショップやネットショップ、インスタグラムなどのSNSで人気のニット作家たちに教わる、編んで楽しい、使ってかわいい、ジャンボニットのおでかけ小物とバッグの作り方。
2017.10 79p B5 ¥1200 ①978-4-05-800844-7

◆**チビルのパリ・シックなあみぐるみ** ChibiRu著 朝日新聞出版
【目次】ろばのパン屋ロベール、小さな学生さんエミールとジョルジェット、自転車乗りのガブリエル、犬のおまわりさんマルセル、名女優マドモワゼル・イヴォンヌ、長靴ネコのラルフ、貴族うさぎのゴードン氏、マルグリットは洗濯屋、フクロウ長老マリウス、たこのジャン=ポール画伯〔ほか〕
2017.9 95p 26×21cm ¥1200 ①978-4-02-333171-6

◆**超極太糸でザクザク編む、まいにちのバッグと小物** 朝日新聞出版編著 朝日新聞出版
【目次】Clutch Bag、Bag、Hat、Cap、Coaster、Mini Mat、Mat、Basket
2017.8 95p 26×21cm ¥1400 ①978-4-02-333186-6

◆**手編みであったか、シンプルな犬のふだん着——お散歩が楽しくなる、小型犬ウエア&グッズがたくさん！** 俵森朋子著 河出書房新社 改訂新版
【要旨】家族の一員としていっしょに暮らしている犬たちのために、温もりある手編みのセーターを作ってみませんか？ ひと針ひと針気持ちを込めて手を動かす時間…。きっと犬たちにもその温かさが伝わります。この本では、犬のふだん着と

◆手編みのシンプル・ニット―やさしく編めて、毎日着たくなる　リトルバード編　成美堂出版
【要旨】大人のナチュラルなコーディネートにぴったりのシンプルニット。今年は久しぶりに何か編んでみようかな、という方にも安心して編めるように、メリヤス編みなどかんたんな編み方で作れるニットを集めました。
2017.10 95p B5 ¥1100 ①978-4-415-32339-8

◆手編みのハンド＆リストウォーマー―まっすぐでスイスイ編める　日本ヴォーグ社
【目次】編み込みパターンとレース模様、カラフル、ナチュラルカラー、フェアアイル模様、アラン模様、ちょっと長めのアラン模様、ビーズ編み、レース模様、4色使い、しま模様（ピンク×オフホワイト、グリーン×グレー）〔ほか〕
2017.11 79p 20×14cm ¥1200 ①978-4-529-05741-7

◆とじ・はぎなし　かんたんかわいいベビーのニット　河合真弓著　日本ヴォーグ社
【要旨】かぎ針編み＆棒針編み。0～24カ月ネックから編むウエアとこもの。作り方のポイント動画QRコードつき！
2017.12 79p 26×21cm ¥1300 ①978-4-529-05736-3

◆7人の人気作家が編む　おでかけバッグとオウチこもの―ドーナツ糸を楽しむ会編　日東書院本社
【要旨】軽くて超極太な糸！初心者さんも編みやすいドーナツ（DOUGHNUT）で作る作品がいっぱい！大注目のヘリンボーンクロッシェ、リフ編み、コイル編み、スタークロッシェの編み方付き。
2017.8 79p 19×15cm ¥1200 ①978-4-528-02158-7

◆7人の人気作家が編むざっくりマフラー帽子バッグ　フッティー糸を楽しむ会編　日東書院本社
【要旨】太糸で編むニットのよさは、そのあたたかさと手軽さ。空気を含んで柔らかく、ぬくもりのある肌触りはほかにはない魅力です。ざくざくと編み進められるからすぐに編めて、できあがるのも嬉しいところ。本書ではそんな太糸を使ったマフラーや帽子、バッグなどの小物を紹介しています。糸と針を用意したら、できあがりまであと少し。男女ともに使えるデザインだから、兼用で使ってもOK。お気に入りのひとつが見つかりますよ。
2017.11 79p 24×18cm ¥1100 ①978-4-528-02176-1

◆西村知子のもっともっと英語で編もう！
西村知子著　日本ヴォーグ社
【要旨】『英文パターン』ってむずかしい？『ラップ＆ターン』ってどう編むの？どんな時にどんな技法を使ったらいいの？など、さまざまな疑問にお答えします。
2017.12 96p 26×21cm ¥1500 ①978-4-529-05739-4

◆猫ぼんぼん―毛糸を巻いてつくる個性ゆたかな動物　trikotri著　誠文堂新光社
【目次】アメリカンショートヘア（シルバー）、アメリカンショートヘア（レッド）、アメリカンショートヘア（ブラウン）、スコティッシュフォールド（ホワイト）、ブリティッシュショートヘア、アビシニアン、ラグドール、ペルシャ（チンチラシルバー）、ペルシャ（チンチラゴールデン）〔ほか〕
2017.12 95p 25×19cm ¥1200 ①978-4-416-71716-5

◆ネックから編む一年中のかぎ針あみ―セーター、カーディガンと輪編みのスカート　日本ヴォーグ社
【要旨】とじ、はぎ、袖つけなし。ラグランスリーブと丸ヨークのよくわかるプロセスつき。
2017.11 87p 26×21cm ¥1400 ①978-4-529-05721-9

◆ネックから編む大人のニット　朝日新聞出版編著　朝日新聞出版
【目次】透かし模様のカーディガン、生成りのセーター、スカラップ模様のセーター、モノトーンのフレンチスリーブセーター、Aラインのフレンチスリーブセーター、段染め糸のカーディガン、ひも結びのギャザードセーター、ペプラム風のボレロ、ワンボタンの前あきセーター、ジグザグ模様のセーター、切り替え模様のベスト、ショート丈のケープ風カーディガン、シンプルスタイ

ルのカーディガン、2本どりのフレンチスリーブセーター、ダークカラーのカーディガン、透かし模様のフレンチスリーブセーター、ウェーブ模様のベスト
2017.2 95p 26×22cm ¥1200 ①978-4-02-333138-9

◆はじめてでも簡単！太糸で編むマフラー・帽子・スヌード　朝日新聞出版編　朝日新聞出版
【要旨】この本では、自分用にもプレゼントにも両方使えるニットの小物をたくさん紹介しています。太い糸でザクザク編んで短時間で仕上がる作品ばかりだから、今まで途中でくじけたことのある人もきっと最後まで編めるはず。好きなデザインを見つけたら、毛糸と針を用意して今日からさっそくトライしてください。
2017.9 95p 26×21cm ¥1200 ①978-4-02-333173-0

◆はじめてのタティングレース―エジングとモチーフ101　わかりやすい動画のQRコードつき　日本ヴォーグ社
【要旨】18世紀から19世紀にかけてヨーロッパで貴婦人たちの趣味として流行したといわれる優雅な手芸。小さなシャトルと呼ばれる舟形の糸巻きに糸を巻き、その糸を使って連続した結び目を作っていき模様を形作っていくレース編み。1本の芯糸にシャトルを使って結び目を作り、同じ操作をくり返すだけで編まれる。シャトルと糸、2つの道具があれば始められる手軽さも魅力。
2017.7 79p 26×22cm ¥1300 ①978-4-529-05695-3

◆はじめてのノールビンドニング―縫うように編む、北欧伝統の手仕事　北村系子，マツバラヒロコ著　グラフィック社
【要旨】編み物みたいだけど編み物じゃない、北欧に古くから伝わる不思議な手法ノールビンドニング。手のひらサイズの針と自分の親指を使い、ヘリンボーンをより複雑にした独特の編み目を作っていきます。糸が重なり合うこの編み目のおかげで、ふくらみのある暖かさも生まれます。編み物をしない人も大丈夫。針穴に通る糸なら太さを選ばないので、コツをつかめば目数やゲージを気にせずお気に入りの毛糸ですぐに作り始められますす。
2017.9 127p B5 ¥1600 ①978-4-7661-3051-5

◆パリジェンヌの編みもの　ガスニエ実希子著　文化出版局
【目次】秋色トリコロールのポンチョ風カーディガン、日常使いのスタンダードセーター、フィッシャーマンスタイル、日常使いのカーディガン、スウェットスタイル、アンゴラウサギの極軽ふわふわベレー、ポップル＆タッセルのついた三角ストール、「深い夏の森」を夢見るタートルのモヘアセーター、おもちゃのカーディガン、縁がヘリンボーンの「上着の上着」カーディガン、パウダーピンクのハチの巣モヘアカーディガン、2色編みの長い長いマフラー〔ほか〕
2017.10 95p B5 ¥1500 ①978-4-579-11623-2

◆日々のあみもの―棒針編みの手仕事、着るものと身につけるもの　那須早苗著　文化出版局
【目次】リブ編み帽子と靴下、Forest bell―セーター・帽子、スモック刺繍のセーター、バスケットステッチカーディガン、バスケットツイードボレロ、風のマフラー、縞いサンプラーのセーター、フェアアイルベスト―Fog、ぼたん雪のミトン、ハナミトン、ガーター編みカーディガン、もみの木カーディガン、クリスマスの靴下、早春の光の中で、春待ちニトン／ニリンソウクローバー、フェアアイルセーター―Febuary light、ブルーベリーのベスト・帽子
2017.10 87p B5 ¥1400 ①978-4-579-11620-1

◆冬のかぎ針あみこもの　Ronique著　文化出版局
【目次】おでかけこもの（4色づかいの模様編みキャップ、編込みハンドウォーマー、ヘリンボーン長編みのベレー、ワンハンドルバッグ　ほか）、おうちこもの（アラン模様のブランケット、パイナップルレースのショール、モカシンルームシューズ、ボアつきルームブーツ　ほか）
2017.10 79p B5 ¥1400 ①978-4-579-11633-1

◆ベルンド・ケストラーのミトン―親指から一気に編める　ベルンド・ケストラー著　世界文化社
【要旨】ドイツのレース編み（クンストストリッケン）から発想を得た、親指から一気に編む画期的なオリジナル・ミトン。自分の手に合わせながら、ちょうど良いサイズになったら目を止めて、でき上がり。
2017.11 87p 24×19cm ¥1200 ①978-4-418-17425-6

◆棒針編みきほんの基本―これならできる！みんなの教科書　小須田逸子監修　高橋書店
【要旨】棒針の持ち方から、仕上げのテクニックまで。大きな写真＆イラストでかならずわかる！ほんとうに役に立つ「編み目記号大事典」入り。つまずきがちなポイントをきちんとフォロー。作品をランクアップする、縄編みや編み込み模様。
2017.9 175p 26×22cm ¥1600 ①978-4-471-40081-1

◆毎日使える定番のこどもニットくつした―棒針とかぎ針で編む配色と形が楽しいクルーソックスからルームシューズまで　誠文堂新光社編　誠文堂新光社
【要旨】31足、40配色のくつしたを収録。
2017.11 127p 23×19cm ¥1400 ①978-4-416-71731-8

◆もっと楽しむかぎ針編み　ワンダークロッシェーリバーシブル、ババリアン、クロコダイル…15の不思議な編み方と25の小物バリエーション　日本ヴォーグ社
【要旨】細編み、長編み、引き抜き編み…。ひとつひとつは単純な編み目でも、その組み合わせ次第で無限に広がっていくかぎ針編みの世界。本書ではベーシックなテクニックだけにとどまらず、編み地の拾い方や糸のすくい方をちょっと工夫することで生まれる不思議な模様編みを紹介します。
2017.12 104p 26×21cm ¥1400 ①978-4-529-05737-0

◆もっともっとまいにち布ぞうり―お気に入りの布で洋服やグッズをリメイクして編む　藤山はるみ著　日本ヴォーグ社　（付属資料：DVD1）
【目次】1 MADE WITH FAVORITE FABRICS―大好きな色や柄で編む、MADE WITH SPECIAL MATERIALS―お気に入りの素材～ズパゲッティ～で編む、LET'S TRY DIFFERENT HANAOS―鼻緒で遊ぼう、2 REMAKE OF FAVORITE CLOTHES―お気に入りだった洋服やグッズでリメイク、3 LET'S MAKE A NUNO ZOURI―布ぞうりを作りましょう！
2017.6 71p 26×22cm ¥1480 ①978-4-529-05700-4

◆やさしく編めてきれいに見えるニットのふだん着　michiyo著　文化出版局
【目次】フォークロアポンチョ、Vネックプルオーバー、レーシーソックス、1枚編みのショートプルオーバー、裾がうねったかわいいカーディガン、フリルのノースリーブプルオーバー、羽根ピアス、リブタンクトップ、日傘、リーフ柄のチュニック〔ほか〕
2017.3 83p B5 ¥1300 ①978-4-579-11605-8

◆レリーフ編み―マルティナさんが生み出すOpal毛糸の新しい楽しみ方　梅村マルティナ著　地球丸
【要旨】レリーフ32種類の編み方とOpal毛糸を使いレリーフを施した作品93点の手編み作品集。レリーフの編み方は詳しく写真で解説。
2017.11 111p B5 ¥1400 ①978-4-86067-649-0

◆i‐cordだからきれいにできる　輪針で簡単！かわいい手袋とくつ下　大内いづみ著　家の光協会
【要旨】編むのが難しかった指やかかとも、i‐cordを使った新テクニックでラクに編める！プロセス写真と編み図でわかりやすく解説。全21点！
2017.10 96p 25×19cm ¥1400 ①978-4-259-56550-3

洋裁

◆一年中ワンピース　まのあきこ著　文化出版局　（付属資料：型紙）
【目次】ヨークがポイントのワンピース、タッセルワンピース、タックのジャンパースカート、ウエストリボンのワンピース、半袖の切替えワンピース、長袖の切替えワンピース、ウエストリボンの長袖ワンピース、バルーン袖のワンピース、ロングシルエットのワンピース、Vネックの半袖ワンピース、Vネックの長袖ワンピース、白のシャツワンピース、黒のシャツワンピース、セーラーカラーのワンピース、エプロン風ワンピース、スタンドカラーのデニムワンピース、ペチコート
2017.3 71p 26×19cm ¥1300 ①978-4-579-11602-7

◆いつか着る服、いつも着る服　茅木真知子著　文化出版局　（付属資料：型紙）

人生論・生き方

実用書

◆「折る 縫う カットする」でできる服—パターンなし 四角い布でスタート 藤井あつ子著 文化出版局
【目次】短いタックのワンピース、短いタックのブラウス、長いタックのフレンチスリーブのチュニック、long tuck black dress、三角タックの七分袖のチュニック、三角タックのフレンチスリーブのワンピース、折返し衿に上衿をつけたフレンチスリーブのワンピース、折返し衿のフレンチスリーブのブラウス、折返し衿のコート
2017.2 75p 26×19cm ¥1300 ①978-4-579-11597-6

◆カスタマイズできるウェディング＆カラードレス 野中慶子, 岡本あづさ, 松尾一弘著 文化出版局 (付属資料：型紙)
【要旨】5つの基本スタイルのS・M・ML・Lの実物大パターンつき。
2017.3 87p B5 ¥1600 ①978-4-579-11591-4

◆型紙いらずの着物リメイク 1枚の着物でセットアップ—着物地使いきりで2着作れる！ 松下純子著 河出書房新社
【要旨】大好評！ "型紙いらずの着物リメイク"シリーズに、本書では、1枚の着物を余すところなく使って、上下そろいの服"セットアップ"を作ります。ジャケット&スカート、ブラウス&スカート、ジャケット&パンツ、ベスト&スカート…いろいろな服、カジュアルなデイリーウェアからよそいき服、フォーマルなスーツまで幅広くご紹介。組み合わせ違いで着回しも楽しめます。ワイドパンツやすそしぼりパンツ、タイトスカートにギャザースカート、タックスカートなどボトムスのバリエーションもいろいろ。着物の生地幅を生かしたパターンだから、型紙いらずで簡単。さらに、生地にあまりはさみを入れない、直線裁ち直線縫いだけ、すべてフリーサイズ、ですから、洋服作りが初めてでも安心して作れます。
2017.11 63p B5 ¥1400 ①978-4-309-28651-8

◆かんたん手ぬい犬の服—ぶきっちょさんでも、ミシンがなくてもOK 了戒かずこ著 講談社
【要旨】定番アイテム「基本のタンクトップ」＋使えて盛れる「基本の胴輪」で、うちのコらしく見えるオシャレな着こなしを。
2017.11 79p B5 ¥1500 ①978-4-06-220849-9

◆簡単 手ぬいで素敵に作れる着物リメイクの服と小物—色・柄・素材を生かすアイデア 高橋恵美子著 家の光協会 (付属資料：型紙)
【目次】着物リメイクのきほん（着物のつくりと各部の名称、手ぬいの着物リメイクにむく着物地 ほか）、ほどかないリメイク（道行のスカート、紅梅のチュニック ほか）、ほどいてリメイク（単衣のロングジレ、夏着物のロングカーディガン ほか）、リメイク小物（巾着まるポーチ、帯揚げと天然石のネックレス ほか）、お裁縫のきほん（用意しておきたいきほんの道具、きほんのぬい方 ほか）
2017.10 95p B5 ¥1600 ①978-4-259-56554-1

◆基礎のソーイングレッスン—香田あおいが作りながら教える 香田あおい著 文化出版局 (付属資料：型紙)
【要旨】切り取って使える縫い代つきブラウスパターンと全作品6サイズパターンつき。
2017.5 111p 26×19cm ¥1500 ①978-4-579-11614-0

◆切るのも縫うのもカンタン！ なのにおしゃれなワンピース 添田有美著 河出書房新社
【要旨】四角い布で作るから裁断がラク！ 準備も縫うのも驚くほど簡単。体になじむほどよい立体感！ 着丈や袖丈もアレンジ自在！
2017.4 63p B5 ¥1300 ①978-4-309-28632-7

◆きれいに見える「ひざ下20cmの服」 Quoi? Quoi?著 高橋書店 (暮らし充実すてき術) (付属資料：型紙)
【要旨】定番スカートからデザインパンツまで。こだわりパターンで作る、全14型27着。全アイテムに合うプルオーバー&アンダーサルエル付き。
2017 79p B5 ¥1500 ①978-4-471-40097-2

◆ザ・ワンピース 2 篠原ともえのソーイングBOOK 篠原ともえ著 文化出版局 (付属資料：型紙)
【目次】Sleeveless Dress&Bolero、A-line Dress、Sailor Collar Dress、Coat Dress、Denim Dress&Jacket、French Peplum Dress、Box Pleats Peplum Dress、Flare Sleeve Blouse、Bishop Sleeve Dress、Stripe×Stripe Dress、Circular Flare Dress、Kimono-like Dress
2017.3 83p B5 ¥1450 ①978-4-579-11603-4

◆仕立てのきれいな着ごこちのいい小さな子の服 野木陽子著 日本ヴォーグ社 (付属資料：型紙)
【要旨】男の子も女の子もスナップボタンでお着替えらくらく。SIZE70〜100実物大型紙つき。
2017.6 80p 26×22cm ¥1300 ①978-4-529-05697-7

◆シルエットのきれいなメンズパンツ 杉本善英著 文化出版局 (付属資料：型紙)
【目次】DRESS（ノータックテーパード、ノータックテーパードショーツ、ワンタックテーパード、ワンタックテーパードショーツ）、MILITARY（ノータックストレート、イージーカーゴ、イージーカーゴショーツ）、SPORT（ジョグパンツ、サーフショーツ、イージーテーパード、イージーテーパードショーツ）、WORK（ファイブポケットストレート、ファイブポケットショーツ、ワイドベーカー、オーバーオール）
2017.5 95p B5 ¥1500 ①978-4-579-11601-0

◆シンプルがかわいい大人のナチュラル服—S・M・L実物大型紙つき 飯塚礼子著 成美堂出版 (付属資料：型紙)
【要旨】ゆったりしたシルエットでとても着心地のいい服、シンプルなデザインで毎日着られるナチュラル服を25点掲載。ギャザーやタックをたくさん入れて平面の布をふんわり立体的に。レースやボタンを飾って大人かわいいスタイルに仕上げて。
2017.4 79p B5 ¥1100 ①978-4-415-32267-4

◆ずっと好きな服。——つのパターンから、かんたんアレンジいろいろ Quoi? Quoi?著 文化出版局
【目次】A ペプラム、B Vネック、C ラグランスリーブ、D 台形スカート、E ワイドパンツ、F クルーネック、G サロペット、H ボートネック、I ストレートパンツ、J ギャザースカート
2017.5 95p 26×19cm ¥1500 ①978-4-579-11613-3

◆素敵に装うためのトレンドパターンメーキング 奥尾三紗子著 （名古屋）ブイツーソリューション, 星雲社 発売
【目次】プルトップ、シャツ&ブラウス、ワンピース、ジャケット、コート、セパレート、スーツ、フォーマルドレス、コート
2017.6 130p A4 ¥1450 ①978-4-434-23308-1

◆大切に作って大切に着る大人服 小林紫織著 文化出版局 (付属資料：型紙)
【要旨】S・M・ML・L・LLの実物大パターン2枚つき。
2017.4 71p B5 ¥1450 ①978-4-579-11609-6

◆ちくちくはじめて赤ちゃんスタイ—手縫いでもできるかんたんアレンジ 増山優子著 メディアソフト, 三交社 発売 (付属資料：型紙)
【要旨】基本の5型でできる60種類のバリエーション。実物大型紙つき。
2017.10 63p 24×19cm ¥1300 ①978-4-87919-027-7

◆月居良子のまっすぐでつくれる服 月居良子著 学研プラス
【要旨】ワンピース、ブラウス、チュニック、スカート、パンツ、はおりもの…25点。7〜13号のフリーサイズ。
2017.5 87p B5 ¥1400 ①978-4-05-800766-2

◆作るのカンタン 平らなワンコ服12か月 辻岡ピギー, 小林光枝, ピポン著 文化出版局
【目次】ワンコ服12か月（スクールワンピース、えりがポイント！ 春ドレス、ゴムゴムドレス、レース使いのパーティドレス、おうちの中では、エプロンドレス ほか）、パーツ型紙・ドレス材料（いろいろな縫い方・特別な材料、ワンコに着せるコツ、ワンコのグルーミングやトリミングほか）
2017.6 79p B5 ¥1300 ①978-4-579-11616-4

◆繕う暮らし—ダーニングで衣類をもっと素敵に ミスミノリコ著 主婦と生活社
【目次】1 ダーニングマッシュルームで靴下を繕う、2 繕いものと暮らし、3 シミ・穴・ほつれの繕い方（トップスを繕う、お下がりを繕う ほか、4 スタンプでシミ隠し（消しゴムでスタンプ、綿棒でスタンプ、5 もっと好きになるリメイク術（雑巾、鍋敷き ほか
2017.6 88p A5 ¥1300 ①978-4-391-15048-3

◆ハンドメイドベビー服enannaの90〜130センチサイズのこども服 朝井牧子著 日東書院本社 (付属資料：型紙2)
【要旨】かわいらしくカジュアルに！ お気に入りの一着をハンドメイドで。
2017.6 63p 24×19cm ¥1300 ①978-4-528-02145-7

◆ピースワークの服 濱田明日香著 文化出版局 (付属資料：型紙)
【目次】三角ピースの服、タックスカートのドレス、四角いコート、タートルネックセーター、パッチポケットワンピース、凸型トップ、丸トップ、四角トップ、ピースワークスカート、ピースワークパンツ、四角軸のTシャツ、六角形プルオーバー、リラックスショートパンツ、バッグ、三角ドットのプルオーバー
2017.6 79p B5 ¥1500 ①978-4-579-11604-1

◆ふだん着からおしゃれ着まで 1年ずっと手ぬい服 高橋恵美子著 NHK出版 (付属資料：型紙1)
【要旨】シンプルで着やすい、定番のデザイン。
2017.2 72p 26×22cm ¥1600 ①978-4-14-031207-0

◆3つのシルエットで作る「永遠」のワンピース—5、7、9、11、13号の実物大パターンつき 鈴木圭著 文化出版局 (付属資料：型紙)
【目次】Aラインひざ丈＋ラウンドネック＋キャップスリーブのドレス、Aラインひざ丈＋ラウンドネック＋7分丈ワイドスリーブのドレス、Aラインひざ丈＋ボートネック＋7分丈タイトスリーブのドレス、Aラインセミロング＋ラウンドネック＋5分丈フレアスリーブのドレス、Aラインひざ丈＋Vネック＋3分丈フレアスリーブのドレス、Aラインひざ丈＋ボートネック＋7分丈タイトスリーブのドレス、Iラインひざ丈＋Vネック＋ノースリーブのドレス、Iラインひざ丈＋ラウンドネック＋キャップスリーブのドレス、Iラインひざ丈＋ラウンドネック＋7分丈ワイドスリーブのドレス〔ほか〕
2017.11 222p 26×19cm ¥1500 ①978-4-579-11618-8

◆わたしの好きな、ミニマルな10着—シルエットにこだわった10のパターンとアレンジ 平241実著 文化出版局 (付属資料：型紙)
【目次】半袖シャツ、テーパードパンツ、ノーカラーブラウス、ノーカラーコートワンピース（ウール）、ノーカラージャケット、ワイドパンツ、タックスカート、ギャザースカート、ベーシックワンピース、Vネックワンピース、アシュクールコートワンピース（リネン）、（アレンジ）ギャザースカート、（アレンジ）ベーシックワンピース、（アレンジ）Vネックワンピース
2017.4 75p 25×19cm ¥1450 ①978-4-579-11611-9

◆KANA'S STANDARD for kids 2 スタイリスト佐藤かなが作る男の子にも女の子にも着せたい服 佐藤かな著 文化出版局 (付属資料：型紙)
【要旨】いまどきパンツから簡単かわいいワンピース、きちんとシャツにも挑戦！ 一年中使えるコーディネート実例57。
2017.3 95p B5 ¥1400 ①978-4-579-11600-3

人生論・生き方

◆愛を味方にする生き方—人生があがっていく宇宙マッサージ 白井剛史著 青林堂
【要旨】著名人から経営者など幅広いファンをもつ宇宙マッサージ。身体のみならず精神や運気までアップデートしてしまう神の技術の持ち主！ 胎内記憶の研究者池川明先生との対談を収録。
2017.5 221p B6 ¥1200 ①978-4-7926-0588-9

◆愛がすべてを癒す—地球でいちばんシンプルな幸せの法則 小林健著 キラジェンヌ
【要旨】あなたがこの世に生まれてくる理由とは？ 生きる理由とは？ 幸せになる方法とは？ 人生を謳歌する！ すべての鍵は愛にありました。欧米のハリウッドスターや錚々たるセレブに絶

大な信頼を得た、世界的マスターヒーラーが解き明かす"愛"とは？
2017.6 182p B6 ¥1500 ①978-4-906913-67-1

◆愛される人生　斎藤一人著　ロングセラーズ（ロング新書）
【要旨】明るく、明るく、どこまでも明るく。人は幸せになるために生まれてきたんだから。
2018.1 207p 18cm ¥950 ①978-4-8454-5045-9

◆明るい失敗―身近な悩みや、ちょっとした躓きからの脱出法　原和良著　クロスメディア・パブリッシング、インプレス 発売
【要旨】逆境を乗り切る、体験的指南書。周防正行監督作品『それでもボクはやってない』でモデルとなった弁護士が放つ自己啓発書。
2017.10 206p B6 ¥1380 ①978-4-295-40120-9

◆あー気づきさえすれば!!　菅野末喜者（名古屋）ブイツーソリューション、星雲社 発売
【要旨】仕事も人生も気づけば日々の生活が幸福感が変わる。自分の気づきのみが自分を成長させてくれる気づきのきっかけ本です。
2017.5 51p B5 ¥700 ①978-4-434-23277-0

◆諦める技術―伝説の勝負師が極めた強さの本質　桜井章一著　ポプラ社（ポプラ新書）
【要旨】麻雀で20年間無敗の伝説の勝負師が説く「諦める」という本当の強さとは？―麻雀だけでなくその深い洞察力や奔放な生き方で多くの人々を魅了する著者の新境地。「諦め」とは無責任に投げ出すことでも捨て去ることでもない。物事をシンプルに捉え直すという前向きな「決断」。潔く捨て断ち切り、ときに逃げるという手さえ打つ。勝負の機微を知り尽くした勝負師が教える本物の「勝負強さ」を生み出す知恵。
2017.2 205p 18cm ¥800 ①978-4-591-15392-5

◆悪の正体―修羅場からのサバイバル護身論　佐藤優著　朝日新聞出版
【要旨】凶悪犯罪、テロの脅威からいじめや組織内での足のひっぱり合いまで、人の世には悪と悪意が溢れている。どうしたらその罠に落ちずに済むのか？ 半世紀にわたるキリスト教信仰と四次元超の身体経験、そして世界中のインテリジェンスと渡り合った生身の経験から、日常生活に潜む「悪」の本質を解き明かし、危険から身を守る極意を伝授する。
2017.6 251p A6 ¥780 ①978-4-02-273721-2

◆悪魔を出し抜け!　ナポレオン・ヒル著，田中孝顕訳　きこ書房
【要旨】運命を動かす善と悪の真実。親族の反対により70年以上封印されていた衝撃の書、ついに文庫化！
2017.7 429p A6 ¥900 ①978-4-87771-373-7

◆あしたを生きることば―33万人が涙！ いのちが震えるフルート・オカリナメッセージCD付　さくらいりょうこ著　SBクリエイティブ（付属資料：CD1）
【要旨】「幸せになる才能」はみんな生まれ持っている。「勇気が出た！」「心が洗われた！」―難病とともに生きるフルーティストが教える本当の幸せをつかむヒント。47都道府県で1500回開催。その95%が感動した奇跡の講演を完全再現！
2017.4 157p B6 ¥1380 ①978-4-7973-9049-0

◆明日死んでも後悔しない？　AYA著　リンダパブリッシャーズ、泰文堂 発売
【要旨】「あとは電車に飛び込むだけ」―年商1億円の所持金300円に。転落人生の末に見つけた、本当の自分で生きる方法。自分らしく生きる勇気を与える本。
2017.7 287p B6 ¥1400 ①978-4-8030-1047-3

◆明日のために、心にたくさん木を育てましょう　若宮正子著　ぴあ
【要旨】60歳でパソコンをはじめ、81歳でアプリを開発。2017年にはApple 社「世界開発者会議」招聘され、「人生100年時代構想会議」の構成メンバーにも選ばれるなどインターネットで得た翼で世界にはばたく若宮正子さん。自由な発想でいきいきと過ごす彼女から届いたメッセージは人生を楽しく生きるためのヒントに満ち溢れている。
2017.12 159p 18cm ¥1100 ①978-4-8356-3840-9

◆明日を思いわずらうな―マタタ神父が教えるいま幸せになる方法　ムケンゲシャイ・マタタ著　幻冬舎
【要旨】「幸せを感じるのはとてもシンプル。お金より人。目の前の人を自分のように大切にすること」日本在住28年、コンゴ出身の神父から

の贈り物。
2017.12 215p 18cm ¥1100 ①978-4-344-03230-9

◆アソビくるう人生をきみに。―好きなことを仕事にして、遊ぶように生きる人生戦略　あんちゃ著　KADOKAWA
【要旨】特にやりたいこともなく、ただボンヤリ働いていた"フツー"の会社員だった著者が、好きなことを見つけて遊ぶように働き生きるようになった人生戦略とは。
2017.12 222p B6 ¥1300 ①978-4-04-602132-8

◆頭の中を無限ループする"あの曲"を一瞬で消し去るすごい集中法　粱原圭太郎著　飛鳥新社
【要旨】集中しなきゃいけない！ そんなときに限って必ず脳内をループするあの邪魔な"ヘビロテ曲"を消し去る方法。その他、集中力を高め、持続させるためのメソッドもぎゅぎゅっと凝縮。つぶやき集中法、赤ずきん集中法、逆九九集中法…即効性のある集中メソッドが満載！ 受験勉強のカリスマが教えるとっておきの集中法！
2017.12 133p B6 ¥1200 ①978-4-86410-572-9

◆「あちらの方々」から聞いた人生がうまくいく「この世」のしくみ　まさよ著　KADOKAWA
【要旨】神さまとつながれば、心は安堵で満たされる!!全国から予約殺到！ の人気カウンセラーが知っている神さまの指南書。
2017.2 207p B6 ¥1400 ①978-4-04-601807-6

◆アドラー流「自信」が生まれる本―気づかなかった魅力が見つかる「3つの質問」　岩井俊憲著　三笠書房（王様文庫）（『アドラー心理学が教える新しい自分の創めかた』加筆・改筆・再編集・改題書）
【要旨】もっと自由に、「自分らしさ」を活かす方法。アドラー心理学では、「一人ひとりが持つ固有の能力」に着目し、「自分らしさ」をとても大切にします。何も特別な才能ではありません。「他の人と違うところ」は、すべてその人だけの魅力になり、自信につながっていくのです。
2017.5 204p A6 ¥600 ①978-4-8379-6821-4

◆あなたをぐんぐんしあわせに導く運命の脚本の書きかえ方　三宅マリ著　幻冬舎
【要旨】人は、知らないうちに、書き上げてしまった「運命の脚本」に沿って生きています。脚本があなたをハッピーな方向に導いてくれることもあるでしょう。でも、ときには、脚本があなたを縛りつけ、魂が望む生き方から遠ざけてしまうことがあります。しかし、「運命の脚本」は書きかえることができます。もし、あなたが、心からしあわせになりたい、人生に変化を起こしたいと望むなら、本書で「運命の脚本」を見つけ出し、一緒に書きかえる旅に出ませんか？
2017.10 222p 18cm ¥1300 ①978-4-344-03191-3

◆あなたを守る神さまの引き寄せ方　野口貴美著　（横浜）醍醐味エンタープライズ，アスペクト 発売（アスペクト文庫）
【要旨】自分でいくらがんばってみても解決できない問題の原因は思いも寄らないところにあるのかもしれません。まずは自分自身でできることを毎日実行することで、神さまを引き寄せ、あなたの味方に付けることができます。本書では、お金を掛けずにできる、それらの方法を詳細に解説しています。もう一人で悩まないでください。あなたを救う方法はあるのです。
2017.5 207p B6 ¥1300 ①978-4-7572-2484-1

◆あなたが今日大切にしていたもの―ママの心がすーっと軽くなる22のことば　高島大著　大和書房
【要旨】それでいいんだよ、誰かにそういってもらえれば頑張れる―そんなあなたに。不安と孤独を感じるママに寄り添う1冊。
2017.12 174p B6 ¥1200 ①978-4-479-77211-8

◆あなたがそこで生きる理由（わけ）―人生の使命の見つけ方　高橋佳子著　三宝出版
【要旨】この本は、あなたが、あなただけの「使命」を見つけるための本です。
2017.10 256p B6 ¥1667 ①978-4-87928-120-3

◆あなたからの贈りもの―Messagebook of Love　ほしばゆみこ著、伊藤守監修　ディスカヴァー・トゥエンティワン
【要旨】あなたの好きなことばは、どれですか？ わたしたちが、まわりの人たちの、目には見えない大切なものなんか心の宝石をにしました。あなたの大切な人、そして、あな

たから、あなた自身に、感謝とエールを込めて贈ってください。愛を贈るメッセージ・ブック。
2017.1 1Vol. 16×14cm ¥1100 ①978-4-7993-2026-6

◆あなただけじゃないんです　瀬戸内寂聴著　自由国民社
【要旨】私たちは、この世に生きているかぎり、とても悩みます。悩まなくていいことを悩みます。本書をお読みになれば、自分の悩みや苦しみと同じものを発見して「何だ、そんなことだったのか！」と思われることでしょう。
2017.7 223p B6 ¥1300 ①978-4-426-12349-9

◆あなたに贈る人生の道しるべ―続・ことばの花束　青山俊董著　春秋社
【要旨】人生、どんな道でもむだじゃない。野の花のように可憐に生きたい。ひとりひとりの人生にそっと響くことば151篇。カラー野の花の絵16頁。
2017.10 179p B6 ¥1200 ①978-4-393-15342-0

◆あなたの一生を1時間で変える本　感動の条件―誰かのために生きるということ　永松茂久著　ロングセラーズ
【要旨】小さい頃からの夢だった「たこ焼き屋になる」を叶えた青年は、「もっと近くでお客さんの笑顔が見たい」と一軒の店を開く。店は成功し、売上は増え、売り上げは伸びる一方に。しかし、業績と反比例するかのように、店のスタッフたちの心は青年から離れていき、笑顔はなくなり、不平不満ばかりを言い合う毎日に。そのとき、青年の取った行動とは？
2017.4 250p B6 ¥1300 ①978-4-8454-2399-6

◆あなたの感じていることは大切にしていいんです　伊藤守著　方丈社
【要旨】深呼吸して、「今、ここ」にいる自分をじっくり味わおう。読むだけで気持ちがラクになる、マインドフルネスへの誘い。
2017.3 139p B6 ¥1300 ①978-4-908925-11-5

◆あなたのキャリアのつくり方―NPOを手がかりに　浦坂純子著　筑摩書房（ちくまプリマー新書）
【要旨】フルタイムで終身雇用、もはや古い？ 自由自在に自分らしいキャリアをデザインできる道を知っておこう。社会とつながるNPOで働く選択肢の可能性と現実からさぐるワークもライフも幸せな働き方。
2017.2 201p 18cm ¥820 ①978-4-480-68977-1

◆あなたの人生を変える雨の日の過ごし方　美野田啓二著　文響社
【要旨】雨が降ると…頭が痛くなる、だるくなる、憂鬱になる、やる気が出ない、眠い…などの「不調」「ストレス」を感じる人必読！ 日本で3日に1度は降っている雨の、まったく新しい活用法！ 雨の日に「たった5分間」過ごし方を変えるだけで、自律神経が整い、パフォーマンスが上がります。たとえば……・雨の日はあえて5分早起きして、熱いシャワーを浴びたほうがいい・梅雨の時期には鶏肉・カツオを食べると、日頃の疲れもとれる・雨の日の頭痛に効く飲み物は、「コーヒーor オレンジジュース」？・だるさ・ストレスが吹っ飛ぶ「腸腰筋ストレッチ」・雨の日の交渉事をうまく運ぶコツは？ そのほか、科学に裏付けられた効果のあるメソッドと、雨の日をより充実させるためのアイデア50！
2017.5 203p B6 ¥1400 ①978-4-905073-87-1

◆あなたの人生を輝かせるしあわせの言葉　狩野采子著　幻冬舎メディアコンサルティング、幻冬舎 発売
【要旨】明るい人生を送るための、心と身体が喜ぶ「天地命」のメッセージ59選！ 見るだけでハッピーを引き寄せる「お守り万華鏡」写真付。
2017.12 106p A5 ¥1100 ①978-4-344-91504-6

◆あなたの人生を、誰かと比べなくていい　五木寛之著　PHP研究所
【要旨】認められなくても、あなたは素晴らしい。立ち止まってしまったあなたへ贈る、珠玉の言葉集。
2017.8 157p 18cm ¥1000 ①978-4-569-83678-2

◆あなたの人生の意味―先人に学ぶ「惜しまれる生き方」　デイヴィッド・ブルックス著、夏目大訳　早川書房
【要旨】人間には2種類の美徳がある。「履歴書向きの美徳」と「追悼文向きの美徳」だ。つまり、履歴書に書ける経歴と、葬儀で偲ばれる故人の人格。生きる上ではどちらも大切だが、私たちはつい、前者ばかりを考えて生きてはいないだろうか？ ベストセラー『あなたの人生の科学』

人生論・生き方

実用書

あなたの中の「自己肯定感」がすべてをラクにする 原裕輝著 青春出版社 (『人生の「ぐるぐるからポン！」と抜け出す本』加筆・再構成・改題書)
【要旨】自分に素直になったら世界が一瞬で変わった！「自己肯定感」には自分を幸せにする力が満載！
2018.1 205p B6 ¥1300 ①978-4-413-23069-8

あなたの悩みにおこたえしましょう 信田さよ子著 朝日新聞出版 (朝日文庫) (『家族の悩みにおこたえしましょう』加筆・修正・改題書)
【要旨】結婚への不安、DV被害、共依存、子育ての悩み、老後の不安、アルコール依存症…。これらさまざまな人生の悩みを、人生の岐路でどうすれば解決できるのか？ 50年近く臨床に携わってきたベテランカウンセラーが、Q&A方式で的確に対応策を伝授。
2017.11 265p A6 ¥720 ①978-4-02-261915-0

あなたの願いが次々叶う！ 宇宙からのサイン 浅見帆帆子著 三笠書房 (王様文庫) (『運がよくなる宇宙からのサイン』加筆・改筆・再編集・改題書)
【要旨】毎日は、あなたが幸運に近づくサインで満ちている。365日もっと丁寧に過ごせて、楽しくてたまらなくなる本です。
2017.7 221p A6 ¥690 ①978-4-8379-6826-9

あなたのまわりに「いいこと」が起きる70の言葉 中谷彰宏著 毎日新聞出版
【要旨】たったひと言で、毎日が変わる、人生が拓ける。つまずいた時、折れそうな時、新しいことにチャレンジしたい時…心が軽く、強くなる、運を引き寄せる手書きのメッセージ。
2017.8 153p B6 ¥620 ①978-4-620-32457-9

あなたは「意識」で癒される一自分が自分の最高の医者になる ディーパック・チョプラ著、渡邊愛子、水谷美紀子訳 フォレスト出版
【要旨】なぜ、がんが自然に治る人がいるのか？ 意識だけで乳がんが治る。歳をとるほど脳は活性化する。人の70代男性が5日間で若返ったケース。「気の持ちよう」は医師らも推奨する治療法。生きている体こそが最高の薬局。
2017.5 509p B6 ¥1800 ①978-4-89451-756-1

あなたは私 私はあなた―みんな繋がっている 清水義久語り、山崎佐弓聞き書き 風雲舎
【要旨】あなたの心には、アインシュタインの、ゴッホの、モーツァルトの、全人類の記憶がそのまま共有されている。ユングはこれを「集合的無意識」と言い、宮沢賢治は「世界全体が幸福にならないうちは、個人の幸福はあり得ない」と書いた。人間存在、22の可能性とその賛歌！
2017.9 283p B6 ¥1800 ①978-4-938939-90-8

平均的(アベレージ)サラリーマンの最強の生き方―なぜかうまくいっている人が大切にしている7つのこと チーム安部礼司、TOKYO FM著 マガジンハウス
【要旨】仕事も人間関係も恋愛まわりも万事OK！ 日曜夜の憂うつな気分がたちまち吹っ飛ぶマル秘メソッド公開。安部礼司が愛される理由を人並みな安部礼司が徹底検証！
2017 173p B6 ¥1200 ①978-4-8387-2917-3

アーユルヴェーダ人間学(カウンセリング)の「顧客」を幸せにする、サロン繁盛！の秘法 西川眞知子著 BABジャパン
【要旨】インド5000年の伝統医学であり、別名「人間の取扱説明書」ともいえるアーユルヴェーダ。この本では、アーユルヴェーダが得意とするタイプ別"人の見方""接し方""ケア法"をプロがカウンセリングで使えるレベルで紹介。「身体と心の法則」(気質や体質、今の心の状態)を診断し、人間関係やカウンセリングにすぐに役立ててもらえる一冊です。
2017.6 197p B6 ¥1400 ①978-4-8142-0059-7

「ありがとう」といって死のう 高木慶子著 幻冬舎
【要旨】命の終わりは平等です。しかし平穏に逝けるかは、準備次第。終末緩和医療の最前線で働くシスターの心揺さぶる"人生の冬支度"。
2017.12 207p 18cm ¥1100 ①978-4-344-03220-0

ありがとうの奇跡 たけ著 ヒカルランド
【要旨】たけさんが絶望的な困難の中でつかんだ「生きる法則」とは？ 新しい「困難な時代」を生きるためのバイブル、ここに誕生。
2017.5 227p B6 ¥1852 ①978-4-86471-490-7

ありがとうノートのつくり方―その時のために残すメモ帳 中山庸子著 さくら舎
【要旨】自分の気持ちと身のまわりを整理し、これからに備える！「ノート」にメモするだけで気楽になる！ 残りの人生の大切なものが見えてくる！
2017.6 149p B6 ¥1400 ①978-4-86581-103-2

ありがとうの魔法 小林正観著 ダイヤモンド社
【要旨】「人間関係」・「仕事」・「お金」・「病気」・「子ども」・「運」・「イライラ」・「男女」―ぜんぶの悩みが解決する、神様が味方になる。40年の研究で正観さんが伝えたかった「ベスト・メッセージ集3」。
2017.9 358p B6 ¥1600 ①978-4-478-10329-6

「ありがとう」100万回の奇跡―『遺伝子スイッチ・オンの奇跡』2 工藤房美語り、木下侑美聞き書き 風雲舎
【要旨】「ありがとう」10万回で、ガンが消えた。以来、すべてに「ありがとう」と遺伝子が喜ぶ生き方を続けていたら、不思議なことが続出する。『遺伝子スイッチ・オンの奇跡』の続編。
2017.3 243p B6 ¥1500 ①978-4-938939-88-5

いい男論―本物と呼ばれる人は、何を大切にしているのか？ 永松茂久著 クロスメディア・パブリッシング、インプレス 発売
【目次】第1章 いい男の器論、第2章 いい男の優しさ論、第3章 いい男の色気論、第4章 いい男のあり方論、第5章 いい男の夢論、第6章 いい男の本質論、第7章 いい男の覚悟論
2017.12 237p B6 ¥1400 ①978-4-295-40057-8

いい女は「涙を背に流し、微笑みを抱く男」とつきあう。―色気が生まれる63の習慣 中谷彰宏著 きずな出版
【要旨】第1章 自分の知らない世界に、行こう。第2章 言葉で、生まれ変わろう。第3章 競争から、解放されよう。第4章 考えるより、感じて生きよう。第5章 正解よりも、自分を優先する。第6章 会話も勉強も、楽しもう。第7章 色気のある男と、つきあおう。
2017.3 185p B6 ¥1400 ①978-4-907072-90-2

いい言葉、よき人生。 PHP研究所編 PHP研究所
【要旨】偉人に学ぶ生き方のプリンシプル。人生後半、楽しく元気で幸福に！ 夫婦にとって大事なこととは？ 人生の達人・25名の「心を揺さぶる」メッセージ！
2017.2 95p B5 ¥639 ①978-4-569-83291-3

「いい人生だった」と言える10の習慣―人生の後半をどう生きるか 大津秀一著 青春出版社 (青春新書PLAY BOOKS)
【要旨】やり直したいこと、伝えておきたいこと…「今日が人生最後の日」だとしたら何をしますか？ 後悔のない人生を送った人の共通点とは―
2017.5 205p 新書 ¥1100 ①978-4-413-21087-4

いい人生は「ありがとう」がつくる―モタさんの言葉 斎藤茂太著 新講社 (新講社ワイド新書)
【要旨】まわりから親切な扱いをしてもらったときは、「ありがとう」とにっこり笑ってお礼をいう。これだけを忘れないでいれば十分。自分も相手もしあわせにするありがとう。
2017.11 205p 18cm ¥1000 ①978-4-86081-563-9

「いい人」をやめる7つの方法―「いい人」は性格ではなく、病気です 緒方俊雄著 主婦の友社
【要旨】「いい人」なのに思うような人生が送れない人たちは、なぜ「いい人」をやめられないのでしょうか。どうしたら「いい人」をやめることができるのでしょうか。この本ではそのことについて、ゆっくりと説明していきます。
2017.6 239p B6 ¥1200 ①978-4-07-425366-1

「いい人」「まじめな人」をやめるといいことがたくさん起きる！ 本尾読著 アイバス出版
【要旨】私たちは人生を楽しむために生きている。ラクに楽しく生きていくために、「いい人」「まじめすぎる人」をやめようではないか。
2017.6 190p B6 ¥1100 ①978-4-907322-11-3

言い訳してる場合か！―脱・もう遅いかも症候群 坂東眞理子著 法研
【要旨】人生100年時代における50代からの女の生き方。
2017.12 215p B6 ¥1500 ①978-4-86513-438-4

「生きづらさ」を手放す―自分らしさを取り戻す再決断療法 室城隆之著 春秋社
【要旨】苦しみや生きづらさの元である「脚本」から解き放たれ、今の自分にふさわしい「再決断」をするための具体的な事例や多様なアプローチ方法を紹介。再決断療法、初めての入門書。
2017.12 227p B6 ¥1800 ①978-4-393-36551-9

生きていくあなたへ―105歳 どうしても遺したかった言葉 日野原重明著 幻冬舎
【要旨】死を目前に紡がれた、生涯現役、渾身最期のメッセージ。
2017.9 210p 18cm ¥1000 ①978-4-344-03172-2

生きてこそ 瀬戸内寂聴著 新潮社 (新潮新書)
【要旨】私はかねてから「今」ほど悪い時代はなかったと言ってきた。天変地異は地球の至る所で勃発するし、相変わらず戦争は絶えないし、テロの脅威もある。枕を高くして眠れる時代ではない。まさに「絶望の時代」と呼ぶにふさわしい、不幸な末世の到来である。それでもこの世に送り出されてきた以上、私たちは生きなければならないのだ。常に時代の空気にあらがってきた95歳の著者が説く、幸福になるための智慧六十話。
2017.6 204p 18cm ¥740 ①978-4-10-610720-7

行き抜いて、息抜いて、生き抜いた。―一生きる答えが見つかる117のメッセージ しみずたいき著 大和書房
【要旨】自分を変えなくても大丈夫。がんばらないからうまくいく。悲しくてもいい。嫌われてもいい。怒ってもいい。それは雲のように現れては消えるだけ。「心に刺さる」と話題のカリスマ人気セラピスト初の著書。
2017.8 207p B6 ¥1300 ①978-4-479-77208-8

生きる 辻仁成著 講談社
【目次】志す、行動する、感謝と反省、仕事と事業、人として
2017.9 62p 15×16cm ¥1300 ①978-4-06-220782-9

生きるのが楽になる「感情整理」のレッスン ワタナベ薫著 三笠書房 (王様文庫)
【要旨】落ち込んだときにこそ見つかる34の「宝物」。「また、軽やかに歩き出そう！」自分にもっと優しくなれる本！
2017.5 205p A6 ¥660 ①978-4-8379-6822-1

生きる勇気が湧いてくる本 遠藤周作著 青志社
【目次】第1章 人生とは何か？、第2章 学ぶこと、遊ぶこと、わが最良の友、動物たち、第4章 弱虫の生き方、第5章 命のぬくもりを考える、第6章 老い、そして、死
2017.9 237p 18cm ¥1000 ①978-4-86590-052-1

一語一笑からの「ひとりごと」 生きるヒント 田中勉著 セルバ出版、創英社/三省堂書店 発売
【要旨】本書は、筆者のサラリーマン・ビジネスマン10数年、社員研修講師人生30年の間の、自分が生きるため等を仕事していくうえで、感じたこと、気づいたことを2行詩・3行詩・5行詩等にまとめた。実践して、ビジネス人生の最終章まで歩き続けた先達の"ひとりごと"を役立てて…。
2017.12 167p B6 ¥1500 ①978-4-86367-382-3

一度覚えたら絶対に忘れない脳になる最強の法則39 加藤俊徳著 日本文芸社
【目次】自分の脳の「個性」を知ろう！―「絶対に忘れない脳」になるために、第1章 絶対に忘れない脳になる！朝の脳シャキ！トレーニング、第2章 絶対に忘れない脳になる！「通勤しながらゲンキ脳づくり、第3章 絶対に忘れない脳になる！「勤務中」に鍛えてデキる脳に変身！、第4章 絶対に忘れない脳になる！「帰宅」の際にも脳をシャープに、第5章 絶対に忘れない脳になる！「休日」にじっくり脳をカスタマイズ
2017.7 158p 18cm ¥700 ①978-4-537-26170-7

1日1ほめで幸運を引き寄せる自分をほめる習慣 原邦雄著 すばる舎

【要旨】仕事、お金、人間関係、パートナー、夢、ライフスタイル、プラスのエネルギーに満ちあふれた自分になる！ 100万人の人生を変えたとっておきの方法。誰でも今すぐできて簡単なのに、効果は一生モノのすごいメソッド！
2017.10 222p B6 ¥1400 ①978-4-7991-0632-7

◆1万人の人生を見たベテラン弁護士が教える「運の良くなる生き方」 西中務著 東洋経済新報社
【要旨】キャリア47年のベテラン弁護士が断言！ "争い"をやめ"人の役に立つ"ことをすすめ、"神さまが喜び"運が開けるなど、数多くの実例をもとに「真実の成功法則」を解き明かす。
2017.10 193p B6 ¥1300 ①978-4-492-04608-1

◆一流の人に学ぶ自分の磨き方 スティーブ・シーボルド著、弓場隆訳 かんき出版 (原書第3版)
【要旨】一流の人と二流の人の差は"紙一重"。30万人が変わった人生の教科書。
2017.10 255p 18cm ¥1200 ①978-4-7612-7291-3

◆一瞬で運命が変わる成功法則 植西聰著 電波社
【要旨】お金・就職・転職・人間関係・結婚・子ども・健康…今までの成功法則は、もう通用しない。今こそ、その瞬間"運が良くなる"人生の「良いこと」すべてを総取りする驚くべき方法。失敗を恐れているようでは成功できない成功イメージだけを描く人が勝ち進む。心の力を100％引き出す思考法。
2017.4 235p B6 ¥1300 ①978-4-86490-095-9

◆一瞬で人生が変わるすっごい呪文 メンタリストDaiGo著 PHP研究所
【要旨】本書でご紹介する"呪文"を唱えれば、メンタリズムを使って、自らのメンタルを思い通りにコントロールできます。考え方が変われば、行動は必ず変わるのです。
2017.9 175p B6 ¥1200 ①978-4-569-83865-6

◆一生学ぶ人になれ！—佐藤一斎『言志四録』の教え 野中根太郎著 アイバス出版
【要旨】幕末、明治の初めに日本人に勇気と指針を与えつづけた書をわかりやすく読み解く。西郷隆盛、吉田松陰に影響を与えた言志四録を超訳。
2017.4 265p B6 ¥1300 ①978-4-907322-06-9

◆いつでも死ねる 帯津良一著 幻冬舎 (『粋な生き方病気も不安も逃げていく「こだわらない」日々の心得』改題書)
【要旨】挫折していい。不安定でいい。怖くていい。それでも、人は凛として生きていける。50年以上、がん治療の最前線で「いのち」と向き合ってきた名医が伝授する、生きるのがすーっと楽になる人生の極意！
2017.7 191p 18cm ¥1300 ①978-4-344-03152-4

◆いつのまにか忘れてしまった34の大切なこと 中山和義著、こやまこいこ画 実業之日本社
【要旨】かつてみんなが持っていた素直さ、優しさ、強さや、しなやかさ。小さなストーリーが明日の私を変える。どこから読んでも、あなたを変える言葉が待っている。
2017.11 133p B6 ¥1200 ①978-4-408-33748-7

◆1分間読むだけで、仕事の疲れが取れる本—心はこまめに休ませる 体はその場でラクにする 松井幸夫著 電波社
【要旨】仕事ができる「一流の人物」は、どんな状況でも自分自身のケアをする！
2017.7 191p B6 ¥1300 ①978-4-86490-102-4

◆「いつもの不安」を解消するためのお守りノート 勝久寿著 永岡書店
【要旨】失敗を心配になる、戸締りを何度も確認してしまう、人前であがってしまう…それって「不安症」？ でも大丈夫、「不安があってもやり抜く力」が身につきます！
2017.3 191p B6 ¥1300 ①978-4-522-43486-4

◆いのち愛しむ、人生キッチン—92歳の現役料理家・タミ先生のみつけた幸福術 桧山タミ著 文藝春秋
【要旨】九州地方で活躍する料理家タミ先生の初の著書。台所に立つ女性の心の拠りどころとなるお話が一冊に。タミ塾の愛情レシピも収録。タミ塾の50年の教えが詰まった人生の教科書。
2017.7 158p B6 ¥1450 ①978-4-16-390690-4

◆いのちの言葉・励ましの詩(うた)—人生に勇気を 今井進著 中央公論事業出版

【要旨】これまでの人生を振り返ると心の支えとなり、生きる勇気を与えてくれた「ことば」「うた」を思い出す。先人たちの溢れる言葉集。
2017.4 278p B6 ¥1300 ①978-4-89514-472-8

◆いのちの使いかた 日野原重明著 小学館 (小学館文庫) 新版
【要旨】生涯現役、いのちという時間の最上の使いかたを目ざして走り続ける著者が一〇〇歳を越えてなお、「積極的に生きる喜び」にあふれた人生の奥義をつづる。だれかの役に立つということは、自分という存在そのものが生かされること。医師として患者に寄り添い、身をもっていのちの大切さを学んだことや日本赤十字派によるハイジャック事件に遭遇し、恐怖の中から「与えられたいのち」を実感したことなど数多の経験を通して、人生を自ら切り開くための指針を示すことばに満ちている。著者の最晩年に深く交流のあった十六歳の俳人、小林凜による解説が胸にせまる。
2017.12 219p A6 ¥510 ①978-4-09-406482-7

◆"いまある"不安がスッキリ消える本—もっと楽に、自由に、前向きに生きるコツ 石原加受子著 三笠書房 (知的生きかた文庫) (『もっとシンプルに、楽に生きることをはじめよう！』再編集・改題書)
【要旨】凹んだとき、つらいとき、焦ったとき—ムリしない、ガマンしない、気にしない。心の「もやもや」を"根っこ"から消す方法。図解でわかる！ 心をどんどん「上向き」にするコツ。この1冊で、「心が元気」によみがえる！
2017.6 213p A6 ¥630 ①978-4-8379-8472-6

◆今を楽しむ—ひとりを自由に生きる59の秘訣 矢作直樹著 ダイヤモンド社
【要旨】人に振りまわされない、じっくり考えられる、好きに動ける、一人の時間のもありがたい。救急医療の現場で命と向き合ってきた医師が語る、与えられた人生を気楽に生きる方法。
2017.7 195p B6 ¥1400 ①978-4-478-10283-1

◆今、目の前のことに心を込めなさい 鈴木秀子著 海竜社
【要旨】人間は自分が今どんな状態にあっても、自分を幸せにすることができます。小さなことから始めます。幸せは、方向を1ミリ変えるだけで訪れます。『奇蹟は自分で起こす』と『幸せになる9つの法則』より抜粋し再構成。
2017.10 173p 18cm ¥1000 ①978-4-7593-1569-1

◆インディゴレッスン—真実を見きわめ想いを貫く人 ドリーン・バーチュー、チャールズ・バーチュー著、宇佐和通訳 JMA・アソシエイツステップワークス事業部
【要旨】『怒りや苛立ち』を『ポジティブな変化』へ。強い意志と直感を持ち、新しい時代へと変化をもたらすインディゴのすべてがここに。あなたの中の、混沌とした時代を情熱的に生きる力インディゴパワーを目覚めさせる一冊！
2017.6 294p B6 ¥1500 ①978-4-908650-13-0

◆受け入れの極意—宇宙のプレゼントで生きる 山川紘矢、山川亜希子著 興陽館
【要旨】「引き寄せの法則」を超えた「受け入れの法則」。『ザ・シークレット』他、ベストセラー翻訳者(累計1000万部)が辿りついたあなたを本当に幸せにする生き方。
2017.7 220p B6 ¥1400 ①978-4-87723-217-7

◆宇宙を解説 百言葉—悩みが100％消える「ものの見方」 小林正観著 イースト・プレス
【要旨】何気なくどこかの頁を開き、この「法則」を実践すれば、幸せが、楽な人生に。正観塾師範代高島亮さんの「イチ押し」の名言集！
2018.1 1Vol. B6 ¥1500 ①978-4-7816-1631-5

◆宇宙が教える人生の方程式 佐治晴夫著 幻冬舎
【要旨】悩みごとは必ず因数分解できる。宇宙的に考えれば、おのずと道は開ける。物理学者Dr.佐治の生き方指南。
2017.1 174p 18cm ¥1100 ①978-4-344-03058-9

◆宇宙のしくみを活かして人間力をグレードアップする！—健康・長寿・生きがい・幸福・自己実現・生き方 関口素男著 カクワークス社
【目次】第1章 健康の基本、第2章 大宇宙のしくみ、第3章 健康のグレードアップ、第4章 宇宙のしくみを活かす健康法、第5章 新たな価値観の展開、第6章 宇宙のしくみを活かす生き方
2017.12 250p B6 ¥1500 ①978-4-907424-19-0

◆宇宙はイケメン彼氏 Happyhappy著 リンダパブリッシャーズ、泰文堂 発売
【要旨】Amebloの人気ブログ『Happyhappy 人生に恋する方法』を書籍化！ Happyhappy流『人生を楽しみ尽くす』9つの方法。
2017.4 207p B6 ¥1400 ①978-4-8030-1018-3

◆美しく、心地よく、生きる 枡野俊明著 PHP研究所 (PHP文庫) (『ざわめく心の静め方』加筆・修正・改題書)
【要旨】一日一日をていねいに。ざわめく気持ちを静める知恵とは—心身が疲れない「禅」の習慣55のヒント。
2017.9 205p A6 ¥640 ①978-4-569-76761-1

◆運命を知る 江原啓之著 PARCO出版
【要旨】これは「運命」の取扱説明書です。あなただけの「運命」を拓く極意をお伝えします。
2017.12 271p 19cm ¥1200 ①978-4-86506-246-5

◆運命をひらく神様のツボ—見るだけでからだが癒され、ラッキー体質になるDVD付 さだじぃ。著 河出書房新社 (付属資料: DVD1)
【要旨】聴覚が戻った！ 腰痛・坐骨神経痛が消えた！ 脳梗塞の後遺症から解放された！ 人の心が読めるようになった！…etc さまざまな心身の不調を解消する「神様のツボ」の極意を初公開！
2017.10 158p B6 ¥1500 ①978-4-309-23103-7

◆運命の正体—セドナで見つけたすべての答え 浅見帆帆子著 KADOKAWA
【要旨】人生のパートナーと子供を授かった著者のパワフルな最新書き下ろし。変化を恐れなくていい！ 夢は追わずに待てばいい！
2017.4 183p B6 ¥1500 ①978-4-04-601820-5

◆エイブラハムに聞いた人生と幸福の真理—「引き寄せ」の本質に触れた29の対話 エスター・ヒックス、ウエイン・W. ダイアー著、島津公美訳 ダイヤモンド社
【要旨】世界的スピリチュアル・リーダー、ダイアー博士が次々と投げかける疑問に、意識の集合体エイブラハムが答えた！ 『引き寄せの法則』では語りきれなかった、思考、波動、現実化の仕組み、人が地上に生きる意味。
2017.2 236p B6 ¥1600 ①978-4-478-06242-5

◆「応援される人」になりなさい—アウェーがホームになる"人間力" 室舘勲著 ワック
【要旨】内定率99％を誇る人材教育のカリスマがこっそり教える、上司を味方にするための方法。「怖い鬼上司」が最大の支援者に。
2017.6 197p B6 ¥1400 ①978-4-89831-462-3

◆大きな文字で読みやすい 置かれた場所で咲きなさい 渡辺和子著 幻冬舎
【要旨】雨の日、風の日、どうしても咲けないときは根を下へ下へと伸ばしましょう。次に咲く花がより大きく、美しいものとなるように。
2017.9 133p B5 ¥800 ①978-4-344-03166-1

◆おゝポポイ！—その日々へ還らむ 執行草舟著 PHP研究所
【目次】運命への愛、無点に非ず、啐啄(そったく)の機、夏日烈烈、青春の沈黙、愛しのクレメンタイン、音楽の泉、愚かなる熱情、骨力の思想、白き雲の歌、アンドロメダの精神、慟哭の恋、絶対負を問う、菊花の約
2017.3 493p B6 ¥1800 ①978-4-569-83483-2

◆お金と人に愛される「開運言葉」 田宮陽子著 PHP研究所
【要旨】つぶやくだけで、良いことが起こり出す！ 1000人の成功者から学んだ「幸せを呼び込む」57のすごい言葉。
2017.2 222p B6 ¥1350 ①978-4-569-83250-0

◆お金の神様に可愛がられる「3行ノート」の魔法 藤本さきこ著 KADOKAWA
【要旨】お金、仕事、恋愛、結婚、人間関係…全部、宇宙におまかせ！ ノート方法、実践編、月収1400万が手に入った！ 秘密の習慣！
2017.12 189p B6 ¥1300 ①978-4-04-602149-6

◆お金持ちが肝に銘じているちょっとした習慣 菅原圭著 河出書房新社
【要旨】「遅刻をしない」「スマホに振り回されない」「財布を整理する」「部屋をきれいに保つ」「いつも上機嫌でいる」…一つ一つは特別なことではないし、何より、家計や貯蓄とどう関係するの？ と思われるかもしれません。しかしこれこ

人生論・生き方

実用書

そ、お金持ちが、お金より大切にしている習慣なのです。彼らがなぜそれを厳守しているのか、その秘密に迫ります。
2017.10 196p 18cm ¥780 ①978-4-309-24827-1

◆お金持ちになれる黄金の羽根の拾い方—知的人生設計のすすめ 橘玲著 幻冬舎（幻冬舎文庫）新版
【要旨】自由な人生を誰もが願う。国、会社、家族に依存せず生きるには経済的独立すなわち十分な資産が必要だ。1億円の資産保有を経済的独立とすれば欧米や日本では特別な才は要らず勤勉と倹約それに共稼ぎで目標に到達する。黄金の羽根とは制度の歪みがもたらす幸運のこと。手に入れると大きな利益を得る。誰でもできる「人生の利益の最大化」とその方法。
2017.8 418p A6 ¥650 ④978-4-344-42639-9

◆置かれた場所で咲きなさい 渡辺和子著 幻冬舎（幻冬舎文庫）
【要旨】置かれたところこそが、今のあなたの居場所なのです。時間の使い方は、そのままいのちの使い方です。自らが咲く努力を忘れてはなりません。雨の日、風の日、どうしても咲けないときは根を下へ下へと伸ばしましょう。次に咲く花がより大きく、美しいものとなるように。心迷うすべての人へ向けた、国民的ベストセラー、新シリーズ「こころの文庫」。
2017.4 230p A6 ¥500 ④978-4-344-42610-8

◆贈ることば ディスカヴァー・トゥエンティワン
【要旨】世界で一番心のこもった贈り物。ことばでうまく表せないから、メールでは伝えきれないから、あなたにこの本を贈ります。
2017.1 1Vol. 14cm×14cm ①978-4-7993-2027-3

◆おしえて出口さん！—出口が見えるお悩み相談 出口治明著 ウェッジ
【要旨】みんなが違って、それでいい。厳選80通。人生の荒波をくぐり抜けてきた著者が、読者の疑問、質問、悩みに答える！
2017.10 239p B6 ¥1300 ①978-4-86310-188-3

◆男気の作法—ブロンソン—田口トモロヲ著 マガジンハウス
みうらじゅん、田口トモロヲ著
【要旨】"男気"こそ、いまの時代を生きぬく切り札！人生に悩んだら、迷ったら、ブロンソンの男気に聞け！
2017.12 212p 19cm ¥1200 ①978-4-8387-2963-0

◆男たちへ—フツウの男をフツウでない男にするための54章 塩野七生著 文藝春秋（文春文庫）新装版
【要旨】男の色気はうなじに出る、原則に忠実な男は不幸だ、薄毛も肥満も終わりにあらず。悩める男性を喝とユーモアを交えて実践指導！女性に何を贈るべきか、外国語の習得は必要か、成功する男の4つの条件、上手に年をとるための10の戦術など、本当の大人になるための指南書が新装版で登場。男たちよ、自信を持て！
2017.12 458p A6 ¥880 ①978-4-16-790985-7

◆「男のオーラ」のつくり方 潮凪洋介著 宝島社
【要旨】オーラを放って男も女も惚れさせる人らしくなれ。昼間は部下に慕われ、夜は女に狩られる男の「心構え」や「身だしなみ」の実践テク152！
2017.6 223p B6 ¥1300 ①978-4-8002-7133-4

◆男の格差 佐藤拓審著 リンダパブリッシャーズ、泰文堂 発売
【要旨】なぜ彼ばかり尊敬されるのか？さまざまなデータから見えてきた「男の格差」の実態とこれからを生きるヒント。
2017.2 191p 18cm ¥780 ①978-4-8030-1008-4

◆おとなの頭を磨く生き方講座 陰山英男著 海竜社
【要旨】おとなの知性は生活で磨かれる。人生に100%満足するための知的習慣10。
2017.2 217p 18cm ¥1000 ①978-4-7593-1523-3

◆大人のお作法 岩下尚史著 集英社インターナショナル、集英社 発売（インターナショナル新書）
【要旨】宴席とはグルメ談義をする場にあらず。歌舞伎を一人で見に行くほどの野暮はない。銭金を貯め込む算段よりも、まずは散じる喜びを知れ。花柳界、伝統芸能に通じ、本当の大人の遊びをする紳士たちを見てきた著者が、客のもてなし方、芸への向き合い方、洋服の決まり事など

指南。いつまでも「子ども顔」の現代の大人たちに、今では誰も語ることがなくなった「大人のお作法」を教えます。
2017.1 221p 18cm ¥740 ①978-4-7976-8003-4

◆大人の男の遊び方 伊集院静著 双葉社（双葉文庫）
【要旨】「一流の遊びをしてこそ、一流の生き方ができる」。人とのつきあい、酒の飲み方からゴルフ、麻雀、カジノ…流儀を知り、正しく遊べば人生が豊かになる。当代随一の作家であり、様々な遊びに造詣が深い風流人である著者が、「遊ばなくなった現代人」に贈る正しい遊びの教科書。
2017.6 294p A6 ¥611 ①978-4-575-71466-1

◆大人の男の気遣い 潮凪洋介著 SBクリエイティブ
【要旨】モテる男はあえていじられる。恋愛、仕事、遊び—。「他の男とは一味違う」と思わせるワンランク上の42の気遣い。
2017.7 191p B6 ¥1300 ①978-4-7973-9188-6

◆大人のための「いのちの授業」 鈴木中人著 致知出版社
【要旨】小児がんで娘を亡くした私が伝えたいこと。
2017.9 189p B6 ¥1200 ①978-4-8009-1159-9

◆驚くほどすべてがうまくいく！すごい成功—アシュタールメソッド 宇咲愛著 リンダパブリッシング、徳間書店 発売
【要旨】「アシュタールメソッド」は、あなたを劇的に変える!!教えてアシュタール！「宇宙の法則」を味方につけ、すべてを手に入れる方法とは!?あなたの本当の役割・使命はなんですか!?すべては愛の「波動」で動いている！
2017.3 349p B6 ¥1600 ①978-4-19-864370-6

◆お坊さんが教える イヤな自分とサヨナラする方法 小池龍之介著、カモ絵 PHP研究所（PHP文庫）
【要旨】どんなに素敵な人でもイヤな自分を抱えています。できることなら、イヤな自分（=性格）にサヨナラして、いつも柔らかな性格でいたいもの。そこで本書では、自分本来の魅力を取り戻して、"自分も"自分のことが好きになれる方法を仏教の視点からやさしく解説。自分がラクになり、自然に人間関係もよくなっていくヒントが満載です。読み終わるところには、きっと自分のことが好きになれるはず！
2017.8 141p A6 ¥660 ①978-4-569-76745-1

◆お坊さんにならうこころが調う朝・昼・夜の習慣 平井正修著 ディスカヴァー・トゥエンティワン
【要旨】安倍首相、中曽根元首相も参禅するお寺の住職による、心身がすこし軽くなる「禅の智慧」。
2017.11 205p B6 ¥1400 ①978-4-7993-2194-2

◆思うだけ！開運術 植西聰著 清流出版
【要旨】心をプラスの感情で満たすこと、これを私は「成心」と名づけました。つまり、運がいい人、いいことをたくさん引き寄せる人は、みんな心が成心状態なのです。効果絶大！「成心」になる9つの法則。すぐに役立つ、幸運の実践法教えます！
2017.3 215p B6 ¥1300 ①978-4-86029-459-5

◆オーラで運気をとことんあげる！—いますぐ「ツイてる人」になる エスパー・小林著 サンマーク出版
【要旨】オーラを整えれば、仕事・お金・恋愛・健康・人間関係まですべてがバッチリうまくいく！今日から始める大開運法！
2017.9 223p B6 ¥1400 ①978-4-7631-3653-4

◆折れない心をつくる自己暗示力 沢井淳弘著 水王舎（『すべてがよくなる—わが師中村天風から教わったことばの自己暗示力』加筆・再編集・改題書）
【要旨】「言葉による自己暗示」は瞑想よりもはるかになりやすく、すぐに効果が感得できる。師中村天風の教えをもとに瞑想の実験・研究を続けた著者が開眼した自己暗示による自己変革法をわかりやすく解説。
2017.3 219p B6 ¥1400 ①978-4-86470-074-0

◆「折れない心」をつくるたった1つの習慣 植西聰著 青春出版社（青春文庫）
【要旨】負のスパイラルから抜け出せる考え方。日々の「生きづらさ」が力に変わるコツ。無理にポジティブにならなくていい！心の中の「しなやかな自分」を呼び覚ますヒント。
2018.1 220p A6 ¥590 ①978-4-413-09687-4

◆カイジ「したたかにつかみとる」覚悟の話 木暮太一著 サンマーク出版（サンマーク文庫）
【要旨】この世には、最後に必ず勝利を呼びこむ絶対的な「考え方」がある。成果を出せる人と出せない人。目標を達成できる人と達成できない人。夢をつかみ取れる人と夢が夢で終わる人。これらの違いはどこにあるのか？気鋭の経済ジャーナリストが大人気漫画『カイジ』を通じて解き明かす、シリーズ最終巻。最後まで生き残り、勝利を手にするには？既存のルールや常識にとらわれず、時としてルールを破ってでも自分にとって本当に必要なゴールへたどり着こうとするカイジの「したたかさ」から学びます。
2017.6 258p A6 ¥700 ①978-4-7631-6089-8

◆カイジ「どん底からはいあがる」生き方の話 木暮太一著 サンマーク出版（サンマーク文庫）
【要旨】この世には、残酷なルールを打ち砕く圧倒的な「生き方」がある。経済が飽和状態となり「目指すべき上」を見失った今、私たちが生きる指針とすべきことは何か。自由競争の中で「がんばれば夢は叶う」と言われつづけてきた私たちが、夢が叶わないことに気づいたとき、どうやって生きていけばいいのか。大人気漫画『カイジ』を「生き方の教科書」として読み解くと、「人生を変える道」が見えてくる。カイジの生きざまから、「自分の足で立ち、人生を切り開く」ための大きなヒントを学べる一冊です。
2017.6 281p A6 ¥700 ①978-4-7631-6088-1

◆鍵山秀三郎 人生をひらく100の金言 鍵山秀三郎著 致知出版社
【要旨】大きな努力で小さな成果を。自転車一台の行商から、イエローハットを創業し、運命を切りひらいてきた鍵山秀三郎・人生の極意。
2017.6 128p 19cm ¥1200 ①978-4-8009-1150-6

◆学歴入門 橘木俊詔著 河出書房新社（河出文庫）
【要旨】進学、就職、結婚—私たちの人生にまとわりつく「学歴」の正体とは？日本における学歴の成り立ちから現在の大学事情までを明らかにし、大学のカラーや男女別学・共学の違い、世界の学歴事情などを論じる。学歴を信じてはいけない、しかし無視することもできない現代を、学歴に振り回されて生きるための必読書。
2018.1 189p A6 ¥680 ①978-4-309-41589-5

◆過去の自分を振り返る人だけが成功する理由—あなたが望む未来の鍵は自分自身の中にある 藤由達藏著 アルファポリス、星雲社 発売
【要旨】「目をつける」「掘り下げる」「引き出す」。たったこれだけ!!自身の過去にこそ、未来を創造するたくさんのヒントが詰まっている!!
2017.12 261p B6 ¥1300 ①978-4-434-24131-4

◆賢く生きるより辛抱強いバカになれ 稲盛和夫、山中伸弥著 朝日新聞出版（朝日文庫）
【要旨】京セラ、KDDIの創業、JAL再建などで平成の"経営の神様"といわれた稲盛和夫氏とiPS細胞を開発し、ノーベル賞を受賞した山中伸弥氏。両者の経歴の二人が語り尽くした、失敗を繰り返し掴んだ成功、部下の育て方と叱り方、夢を見せる力、真のリーダーの条件とは。
2017.3 257p A6 ¥640 ①978-4-02-261896-2

◆「価値ある人生」のつくり方—戦略的人生マネジメントのすすめ 岩城賢著 幻冬舎メディアコンサルティング、幻冬舎 発売 改訂版
【要旨】10年ごとの「戦略的人生設計」が成功のカギ。仕事でも人生でも成功する生き方指南書。
2017.11 254p 18cm ¥800 ①978-4-344-91475-9

◆勝手に幸せがつづく方法—頑張りすぎな人がまだ知らない 大木ゆきの著 大和書房
【要旨】今の自分のまま、不思議なくらいハッピーが舞い込む！最高の人生が自動展開する楽チンなコツ。
2017.10 239p B6 ¥1400 ①978-4-479-77209-5

◆カバラの知恵—どうやって自分の人生をつくるか 松本ひろみ著 出帆新社
【要旨】カバラでは「自分の人生は自分自身でつくっている」と教えます。つまりよい出来事も嫌な出来事も自分自身が引き起こしているということになります。嫌な出来事まで自分で引き起こしているとはショックですがそれが事実なのです。では自分の望むように自在に自分の人生を造っていくには、どうしたらよいのでしょうか？カバラには、そのためのノウハウがたくさんあります。
2017.4 162p B6 ¥2000 ①978-4-86103-110-6

人生論・生き方

実用書

◆がまんをやめる勇気　平木典子著　海竜社
【要旨】偉そうな人、高圧的な人の前で、言いたい思いを飲み込んでしまうあなたへ。アサーション・トレーニングの第一人者が伝えたい、自分もがまんしない、相手もがまんさせない自己表現！職場・夫婦・親子―人間関係で心がポキッと折れる前に、本当の自分を取り戻そう！
2017.10 188p B6 18cm ¥1200 ①978-4-7593-1560-8

◆神からの警告　大山博久著　幻冬舎メディアコンサルティング、幻冬舎 発売
【要旨】人間たちよ、悔い改めよ！過ちを正さぬ者は、地獄へ落ちる―日常が修養の場に変わる10万の神々からのメッセージ。
2017.2 295p B6 ¥1300 ①978-4-344-91184-0

◆神様が教えてくれた「怒り」を「幸せ」に変える方法　日下由紀恵著　河出書房新社
【要旨】怒りの感情は、あなたを幸運に導く最強ツールだった！負の感情を浄化すれば、神様は、想像を超えたすごい未来へ必ず連れて行ってくれます。過去の恐怖、悲しみ、不安…怒りの原因である「心の叫び」に気づき、浄化しましょう。潜在意識が開花し、人生は、間違いなく劇的に変わっていく！
2017.3 206p B6 ¥1300 ①978-4-309-24796-0

◆神さまがくれた処方箋　上江洲義秀著、米倉伸祥編　青萠堂
【目次】第1章 天に続く階段、第2章 迷いから覚醒へ、第3章 癒しの真理、第4章 ことだま、第5章 現象が意味すること、第6章 学ぶべきこと
2017.6 241p B6 ¥1200 ①978-4-908273-11-7

◆神さま！がんばるのは嫌ですが、大成功する方法を教えてください！　大木ゆきの著　PHP研究所
【要旨】「一番好きなこと」を思い出すことから、はじめよう！おちゃめな神さまが教えてくれる、自分史上最高の人生を生きる方法。
2017.5 239p B6 ¥1400 ①978-4-569-83810-6

◆神さまとのおしゃべり　さとうみつろう著　サンマーク出版（サンマーク文庫）
【要旨】「幸せになりたいんじゃろ？だったら叶えてやるよ」ダメダメサラリーマンのみつろうは、ある日突然おしゃべりな神さまと出会った。こうして主人公の毎日に怪しきMAXの神さまによる、「あっという間に幸せになれる授業」が加わることになったのだ。「人間関係」「お金」「仕事」「恋愛」など、読む人の人生観を180°ぐるりと変える魔法のような実用エンタメ小説。幸せってなに？誰も知らないその答えがここに！おしゃべりな神さまによる、あっという間に幸せになれる授業。
2018.1 583p A6 ¥920 ①978-4-7631-6096-6

◆神さまに教えてもらった負けない心のつくり方　ニック・ブイチチ著、青木仁志解題　アチーブメント、アチーブメント出版 発売
【要旨】いじめっ子や心無い人の言動を止めることは難しい。でも、それに対して自分がどう反応するか、どう生きるかは自分で選択できる。100万人の心を導いた魂のメッセージ。
2017.7 302p B6 ¥1300 ①978-4-86643-006-5

◆神様に喜ばれる人とお金のレッスン　斎藤一人、高津りえ著　学研プラス
【要旨】行動することは、お金のほうからついてくる。2万人以上の人を幸せに導いたスピリチュアル・カウンセラーが一人さんに教わった秘伝を、今ここに！幸せなお金持ちになる方法って、実はとってもシンプルです。
2017.4 213p B6 ¥1200 ①978-4-05-406549-9

◆神さまのせいにすればいい！―すべての悩みから解放される究極の方法　阿部敏郎著　廣済堂出版
【要旨】「努力しないと認められない」って思ってる？「精神的に成長すれば幸せになれる」って思ってる？「自信がない」って思ってる？「頑張ったら、もっとすごい自分になれる」って思ってる？「自分には足りないところがある」って思ってる？役に立たなくてはいけない、人に認められなければいけない、立派にならなければいけない…そんな「勘違い」が悩みをつくる！どんな問題にも動じなくなる「真実」の見つけ方。
2017.3 214p B6 ¥1300 ①978-4-331-52085-7

◆神の扉をひらく―あなたの心に命を与える、神の言葉を聴く生きかた　毛利英慈著　現代書林
【要旨】世界20ヶ国、約50,000人を教えてきたライフコーチが伝えたい、人生が輝きだす「心

のコア」を作る神からのメッセージ。神はあなたを愛しています。神は愛であり、言葉なのです。真の成功や幸せは「心のコア」を作ることでもたらされます。そこには神からあなたに授けられた天命があります。自分の天命を知り、信じるもののために生きましょう。この本には、今を生きる私達へのヒントがつまっています！
2017.12 183p B6 ¥1500 ①978-4-7745-1674-5

◆枯れない男になる30の習慣　平澤精一著　幻冬舎メディアコンサルティング、幻冬舎 発売
【要旨】いつも魅力的で、健康的で、バリバリ仕事をこなす「男が憧れる男」の秘密はテストステロンにあった！男性ホルモン「テストステロン」を増やす習慣を医学博士が徹底解説！男性更年期を回避する30の習慣。
2017.8 205p B6 ¥1400 ①978-4-344-91340-0

◆「枯れない」男の流儀―「好奇心」が、男の品格と教養を磨く　川北義則著　フォレスト出版
【要旨】いくつになっても、人生を豊かに生きる男の思考法＆実践法。元気のない中高年男性たちに贈る、勇気と希望の1冊！
2017.2 252p B6 ¥1400 ①978-4-89451-746-2

◆川の流れとうたかたと　水野宏著　ルネッサンス・アイ、白順社 発売
【要旨】日本人よ、挑戦せよ。そして、進め。戦争を体験し、医師としても「命」と向き合ってきた著者。未曾有の災害や事故に見舞われ、先行き不透明な今の時代にあって、著者は書きつづっている。その分野は、政治、経済、医療、福祉、教育、社会問題など多岐に渡り、温和怜例に語っている。未来を見つめ、今をしっかり生きるためのメッセージ。
2017.1 203p B6 ¥1200 ①978-4-8344-0202-5

◆考えなくてもうまくいく人の習慣　野呂エイシロウ著　ワニブックス
【要旨】毎日を「しくみ化」するだけで、1日が27時間になる！一流ビジネスマンがやっている悩まずに「最速で」結果を出す方法。
2017.9 186p B6 ¥1300 ①978-4-8470-9593-1

◆感謝を生む「癒し力」―癒しの本質を知ると、レジリエンス力が上がる！　大藤浩一著
大阪）風詠社、星雲社 発売
【要旨】本当の癒しとは何か―その意味を根源的に問い直し多角的に考察することで、癒しの新たな一面を解き明かした著者会心の書。時代に則した独自の定義が、あなたを「癒し王ふじワールド」へと誘う。
2017.6 59p A5 ¥1000 ①978-4-434-22636-6

◆「感謝」で思考は現実になる　パム・グラウト著、桜田直美訳　サンマーク出版
【要旨】思考は現実になる。本当に願いがかなう「感謝」のやり方がついに明かされる！
2017.3 219p B6 ¥1600 ①978-4-7631-3581-0

◆感情的にならない気持ちの整理術（ハンディ版）　和田秀樹著　ディスカヴァー・トゥエンティワン
【要旨】クヨクヨ、イライラ、すっきり解消！イヤな気分を引きずらないで毎日ごきげんになる方法。人生が楽になる「心のコントロール術」気鋭の精神科医が教えます！
2017.8 205p B6 ¥1300 ①978-4-7993-2029-7

◆がんばっても報われない本当の理由　心屋仁之助著　PHP研究所（PHP文庫）
【要旨】僕の人生がうまくいくようになったのは、"たったひとつのこと"に気づいたから―。大手物流会社のモーレツ社員だった著者が、心理カウンセラーへと転身し、成功した秘密を自身の体験を踏まえて大公開。劣等感や欠乏症から解放され、好きなことだけをする人生を送るには？今までの価値観が180度変わる、驚きの考え方。どんなに努力しても報われない、幸せじゃないと感じている人、必読!!
2017.7 251p A6 ¥660 ①978-4-569-76729-1

◆がんばらない生き方　植西聰著　講談社（講談社文庫）
【要旨】なかなか幸せになれない。人間関係がうまくいかない。その理由は「がんばりすぎ」かもしれません。「80パーセントで満足しよう」と心に決めた時、人生が変わります。毎日がイキイキと楽しくなり、何事にも前向きに生きていけるようになります。生き方指南で人気の著者が、実践的に役立つ90のコツを紹介。
2017.1 214p A6 ¥580 ①978-4-06-293570-8

◆頑張らない人は、うまくいく。―自分の成長を楽しむ57の方法　中谷彰宏著　学研プラス
【要旨】努力より、工夫をしよう。
2017.12 195p B6 ¥1300 ①978-4-05-406616-8

◆頑張りすぎない生き方―失敗を味方にするプログラム　エリザベス・ロンバード著、大野裕監訳、柳沢圭子訳　金剛出版
【目次】第1部 あなたは完璧になろうとしていますか？（完璧主義とは何でしょう？、あなたは完璧主義者ですか？、完璧主義のメリットとデメリット、恐れか情熱か）、第2部 頭の中の批判者を打ちのめし、最高の人生を創造するための7つの方略（P：自分の過去を検証する、E：自分の期待を評価する、R：新しい道を踏み固める、F：失敗を未来につなげる、E：極端を排除する、C：比較をやめて、創造する、T：超越する）
2017.2 232p B5 ¥2800 ①978-4-7724-1540-8

◆頑張るのをやめると、お金とチャンスがやってくる　アラン・コーエン著、本田健訳
PHP研究所（PHP文庫）（「頑張るのをやめると、豊かさはやってくる」加筆修正・再編集・改題書）
【要旨】リラックスして生きれば、「幸運」や「お金」は引き寄せられる。累計700万部超のベストセラー作家、アラン・コーエンのメソッドが、親交のあるベストセラー作家、本田健の心に響いてくる。幸せに生きるための近道は、自分自身が満ち足りていると感じることにある。「頑張っても報われない」そう思った時に手に取ってほしい一冊。
2017.10 264p A6 ¥680 ①978-4-569-76772-7

◆がんばる理由が、君ならいい　0号室著　ベストセラーズ
【要旨】恋人、家族、友達、大切な人との絆を強くする32の言葉。
2017.12 181p B6 ¥1000 ①978-4-584-13833-5

◆寛容力のコツ　下園壮太著　三笠書房（知的生きかた文庫）
【要旨】ささいなことで怒らない、ちょっとしたことで傷つかない。最も予約の取れない人気カウンセラーが教える、人間関係で一番大切なこと。
2017.7 213p A6 ¥630 ①978-4-8379-8477-1

◆気くばりですべてのことがうまくいく　植西聰著　マイナビ出版（マイナビ文庫）
【要旨】仕事、恋愛、友だち、家庭、他人…あらゆる悩みはこれで解決。
2017.2 222p A6 ¥680 ①978-4-8399-6259-3

◆気づきのパワー―人を変える4つのキーワード　稲村山法師著　幻冬舎メディアコンサルティング、幻冬舎 発売
【要旨】十年後、どんな世の中になっているか考えることよりも自分らしく生きるための「気づき」が必要だ。人生を豊かにしてくれる「気づき」を自然と共に生きてきた著者が語るエッセイ集。
2017.9 211p A5 ¥1400 ①978-4-344-91352-3

◆生粋―生きる道は自分で決める　花田優一著　主婦と生活社
【要旨】"大横綱の息子"として保障された何不自由ない生活と約束された将来を蹴り飛ばし、靴職人という人生を選んだ"異端児"が初めて明かした生きる哲学。
2017.11 175p B6 ¥1100 ①978-4-391-15107-7

◆きっと幸せの朝がくる―幸福とは負けないこと　古川智映子著　潮出版社（潮文庫）
【要旨】人生のどん底で知った、どんな苦難にも負けない広岡浅子の生き様に励まされながら、やっとの思いで書き上げた『小説土佐堀川』が、刊行から27年を経て、朝ドラ「あさが来た」の原案本となる。それまでの軌跡は、著者自身の蘇生のドラマでもあった。「苦しんだ人こそ幸せになれる」を信条に生きてきた、85歳の「答え」がこの1冊に凝縮！
2017.8 217p A6 ¥600 ①978-4-267-02093-3

◆気にしない。―どんな逆境にも負けない心を強くする習慣　森本稀哲著　ダイヤモンド社
【要旨】自分の「敵」や「病気」、そして「当たり前」に感謝できるようになった自分に負けない方法。
2017.8 214p B6 ¥1400 ①978-4-478-10335-7

◆昨日の自分にこだわらない―一歩踏み出す5つの考え方　中谷彰宏著　ベストセラーズ
【要旨】好きではないことをすることで、好きではないことでもできる力がつく。チャンスは、好

人生論・生き方

きではないことの中にたくさんあります。好きではないことを一生懸命していると、好きなことができるチャンスが転がり込んでくるのです。
2017.2 214p B6 ¥1300 978-4-584-13777-2

◆きみを自由にする言葉—喜多川泰名言集　喜多川泰著　ディスカヴァー・トゥエンティワン
【要旨】目の前のことに本気で生きてごらん、奇跡が起こるから。でも、それは奇跡なんかじゃない、あたりまえの出会いなんだ。ベストセラー作家・初の名言集！
2017.11 151p A6 ¥1200 978-4-7993-2175-1

◆君たちはどう生きるか　吉野源三郎著　マガジンハウス　新装版
【要旨】貧困、いじめ、勇気、学問…。今も昔も変わらないテーマに、人間としてどう向き合うべきか。時代を超えた名著、新装版で再び。
2017.8 318p B6 ¥1300 978-4-8387-2946-3

◆君のやる気スイッチをONにする遺伝子の話—鹿児島の高校生たちが感動した命の授業　村上和雄著　致知出版社
【目次】遺伝子が目覚めれば人生は変わる一講演（心の持ち方によって遺伝子の働きが変わる、笑いと遺伝子のオン・オフのかかわりを研究する、笑いが糖尿病患者の血糖値の上昇を抑制した、笑いは副作用のない薬になるかもしれない、どこの国の神話にも笑いが描かれている ほか）、村上先生と一問一答一質疑応答（他人を気にしすぎると自己肯定力が落ちてしまう、遺伝子と環境因子の相互作用で人格や行動が決まる、遺伝子操作は慎重にも慎重を重ねて行わなければいけない、科学の発見とは絶対的真理ではなく、真理に近づくプロセスである、ほがらかな気持ちが病気の発症を抑える）一感想文
2017.7 137p 19×13cm ¥1200 978-4-8009-1152-0

◆きみはそのままでいいんじゃないか一心にひびく100の言葉　西坂和行著　電波社
【要旨】お寺の気にいる言葉、坊言。「もうダメか」と思う前に！悩みの9割はこれで解決！
2017.2 207p A6 ¥1200 978-4-86490-087-4

◆決めた未来しか実現しない　本田健著　サンマーク出版（サンマーク文庫）
【要旨】世の中にはいくつもの「願望達成法」があるが、本書で紹介するのは、これまでとはまったく異なる方法だ。願いがかなう「未来の一点」を決めると、そこに願望が実現するために必要なものがベストなタイミングで引き寄せられる。そこに努力は必要ない。すでにある「未来」をつかめばよいのだー。著者が実践してきた「究極の願望達成法」を全公開した、話題の書！
2017.7 237p A6 ¥700 978-4-7631-6090-4

◆逆境を越える「こころの技法」　田坂広志著　PHP研究所（PHP文庫）（『人生で起こること、すべて良きこと』加筆・修正・改題書）
【要旨】失敗や挫折、大病、身近な人の死など、人は逆境を避けられない。しかし、「人生で起こること、すべてに深い意味がある」と認めるならば、その逆境は、自身を大きく成長させる最良の機会となる。本書で著者は、自らの体験を述べながら、解釈力、引き受け、内省日記、死生観など、こころを育てる具体的な対話形式で易しく説く。
2017.12 257p A6 ¥700 978-4-569-76805-2

◆キャリアを手放す勇気—東大卒・マッキンゼー経由・お笑い芸人　石井てる美著　日本経済新聞出版社（日経ビジネス人文庫）（『私がマッキンゼーを辞めた理由—自分の人生を切り拓く決断力』加筆・修正・改題書）

【要旨】東京大学を卒業し、就職人気トップ級のコンサルタント会社、マッキンゼーに就職。エリートコースを順調に歩んでいた著者が、死を意識するほどの大きな挫折に直面。もがき苦しみにたどりついたのは、お笑い芸人になることだったー。大胆な決断をし、どん底を這い上がれたのはなぜなのか？学歴や肩書きに縛られない生き方を語る。
2018.1 213p A6 ¥800 978-4-532-19846-6

◆巨悪の正体—あなたは、なぜカスなのか？　内海聡著　きこ書房
【要旨】この本に書かれているのは、あなたがた人類を観察して見つけた思考法と心理の「原則」だ。Facebook フォロワー14万人超の現役医師が渾身の力で書き下ろした人間の思考と心理のタブーに切り込んだ禁断の書。読み終えたとき、あなたは「巨悪」の真意に戦慄する。
2017.3 285p B6 ¥1400 978-4-87771-365-2

◆今日から行動力を一気に高める本—自分を効率的に動かす「やる気」マネジメント　小山龍介著　三笠書房（知的生きかた文庫）（『モチベーションを思うまま高める法』再編集・改題書）
【要旨】「どうすれば人が驚くか？」で考えると、すべてうまくいく！仕事がもっとも面白くなる考え方。
2017.10 212p A6 ¥630 978-4-8379-8493-1

◆今日からこれで金運が上がるお金持ち体質に生まれ変わる方法　観月環著　マイナビ出版（マイナビ文庫）
【目次】第1章 「気」と「お金」のいい関係、第2章 金運を上げる簡単な方法、第3章 お金持ち体質の作り方、第4章 お金感覚を上げて「お金」と「幸せ」の両方を手に入れる、第5章 お金持ちライフの作り方、第6章 お金で人生を確実にグレードアップする、第7章 すてきなサティスファイ・リッチになる
2017.12 186p A6 ¥740 978-4-8399-6535-8

◆今日すべきことを精一杯！　日野原重明著　ポプラ社（ポプラ新書）
【要旨】将来のことをいたずらに思い煩わず、今日すべきことを精一杯やりなさい—医師として多くの患者と交流し、その最期を見届ける中で、身体的に健康であるというだけでなく、人生の充実とは何かを追い求めてきた日野原先生。現場に立ち続けたからこそ見えてきた真実と、自身が人生をまっとうする中で得た深い気づきからにじみ出す言葉に、私たちは勇気づけられ、こんなふうに歳を重ねられたらと願わずにいられない。105歳の医師の原点。
2017.3 170p 18cm ¥800 978-4-591-15446-5

◆金言ねこあつめ その参　つきみゆい著, Hit-Point監修　幻冬舎コミックス, 幻冬舎 発売
【要旨】アプリ『ねこあつめ』のフルカラーまんが！
2017.2 95p B6 ¥815 978-4-344-83926-7

◆口ぐせ博士が教える幸福をつかまえる考え方　佐藤富雄著　アスペクト
【要旨】「口ぐせ理論」提唱者が遺した、私たちが幸せになるための最終章。
2017.6 111p 17×13cm ¥1000 978-4-7572-2490-2

◆クランボルツに学ぶ夢のあきらめ方　海老原嗣生著　星海社, 講談社 発売（星海社新書）
【要旨】本書は、「常識を疑う」ことを信条とする人事・雇用のカリスマが、「夢はあきらめるよ、けっこうかなう」という一見矛盾した結論を導いているキャリア論の古典にして決定版「クランボルツ理論」について、わかりやすく、また、小気味よく解説した講演の模様を160Pに濃縮したものです。本書の題材となるのは、今をときめくお笑い芸人たち。テレビやネットでおなじみの方々のキャリアをベースに、図やイラストをふんだんに使って説明していきますので、本を読むのが苦手な方にも、気軽に読んでいただけます。夢にとらわれすぎ、こだわりすぎー夢と上手に付き合って、人生の難易度を下げる方法をいっしょに学びませんか？
2017.4 157p 18cm ¥920 978-4-06-138614-3

◆クリエイティング・マネー—光の存在オリンとダベンが語る豊かさのスピリチュアルな法則　サネヤ・ロウマン, デュエン・パッカー著　采尾英理訳　ナチュラルスピリット
【要旨】この本は、あなたの人生に豊かさを実現し、創造するコースです。お金と豊かさを生み出し、引き寄せるための法則と効果的なエネル

ギーテクニック！
2017.2 366p B6 ¥2300 978-4-86451-230-5

◆苦しみを癒す「無頓着」のすすめ　樋野興夫著　ブックマン社
【要旨】「明日この世を去るとしても、今日の花に水をあげなさい」それは、執着を捨ててこそできる行いだった！"がん哲学外来"に命をかける医師だからわかる、死の苦しみから抜け出す方法。がんと闘う医師・僧侶、田中雅博氏との、宗教の枠を超えた魂の対話も収録！
2017.2 212p B6 ¥1300 978-4-89308-875-8

◆苦しみの中でも幸せは見つかる　小澤竹俊著　扶桑社　改訂版
【目次】第1章 苦しんでいる人の前で私たちにできること（苦しみをやわらげること、苦しいとき、苦しいと言ってもらえるために ほか）、第2章 限られた"いのち"から見えてくる人間という存在（苦しみってなんだろう？、「スピリチュアルな苦しみ」とは？ ほか）、第3章 自分の『苦しみ』をわかってもらうために（『苦しみ』は希望と現実のギャップから起こる、苦しんでいる自分のことが周囲にわかってもらえない理由とは？ ほか）、第4章 医師である私の生きる道（幸せについて考えられた、医師という職業が見えてきた、救命センターから町立病院へ ほか）
2017.6 138p 18cm ¥1100 978-4-594-07663-4

◆傾聴力を敬聴力へ！—心に届く言葉で、自分の想いを伝えるために　西元康浩著　（大）IAP出版　新装版
【要旨】「聴く力」こそ「伝える力」。「あなたの言葉、とどいていますか？」。
2017.12 179p B6 ¥1200 978-4-908863-01-1

◆結果を出す人は、なぜつきあいが悪いのか？　川北義則著　WAVE出版（WAVEポケット・シリーズ 3）（『非情が一流の男をつくる』再編集・加筆・改題書）
【要旨】仕事であれ、プライベートであれ、理由もなく他人と迎合し、事なかれ主義最優先で多数派にかまえ寄せる人が多くなったこの時代。本書は、そのような考えに異を唱え、組織の中で「自分という個」を大切にしながら、結果を出すにはどうしたら良いのか？を指南する一冊である。
2017.1 191p 18cm ¥850 978-4-86621-031-5

◆月曜日が楽しくなる幸せスイッチ—日曜夕方から憂うつになる「サザエさん症候群（シンドローム）」ともサヨナラ。　前野マドカ著, 前野隆司監修　ヴォイス
【要旨】脳をだましてハッピーになる、20のテクニック！
2017.9 180p B6 ¥1500 978-4-89976-468-7

◆結びで読む幸福論—いつか見たしあわせ　勢古浩爾著　草思社（草思社文庫）（『いつか見たしあわせ』改題書）
【要旨】「しあわせ」は歌われ、本に書かれ、映画で描かれ、人の口から発せられるが、じつのところそれがどういうことか、ほんとうはだれもよくわからない。はたして『しあわせ』とはどういうことなのか。アラン、ショーペンハウアー、ヒルティ、ラッセルら賢人たちの幸福論から最先端の幸福研究までを読み解き、著者がたどり着いた意外な結論とは？
2017.8 250p A6 ¥700 978-4-7942-2290-9

◆幸運の神様とつながるすごい！習慣　中井耀香著　PHP研究所
【目次】1 良い縁が運ばれてくる「人づきあい」の習慣、2 右肩上がりの好循環が生まれる「お金」の習慣、3 生きがい、働きがいが実感できる「仕事」の習慣、4 本物の幸せが続く「恋愛・結婚」の習慣、5 価値観の根っこを清める「家族」の習慣、6 天と地の神様とつながる「内在神」の習慣
2018.1 223p 18×12cm ¥1000 978-4-569-83731-4

◆高次のメッセージを伝えて悩みを解決してくれる33人　Part1　「心とからだの悩み解消プロジェクト」特別取材班編　三楽舎プロダクション, 星雲社 発売
【要旨】プロフィール、得意とする相談内容、手法、料金、連絡先。悩みに寄り添いながらその意味を教え、光を照らし展望を与える根本的な問題解決に導く"スピリチュアル"の専門家、全国の33人の専門家を徹底取材!!
2017.3 206p B6 ¥952 978-4-434-23033-2

人生論・生き方

◆「行動できない」自分からの脱出法！―あなたを縛る「暗示」にサヨナラ　大嶋信頼著　清流出版
【要旨】この本では、行動できない心の仕組みを皆さんと一緒に考えながら、「行動できない人」から簡単に抜け出す方法を探っていきます。殻を破ってなりたい自分になる！7万件の臨床経験を持つ大人気カウンセラーの最新作！
2017.10　203p　B6　¥1300　①978-4-86029-468-7

◆幸福エネルギーの受け取り法則　高井康晴、高井紗由里著　リンダパブリッシャーズ、泰文堂　発売
【要旨】どんどん豊かになっていく。あとは「信じる」だけ―お金・時間・ゆとりを手に入れた夫婦の実体験をいいとこドリ！
2017.7　285p　B6　¥1400　①978-4-8030-1071-8

◆こうやって、考える。　外山滋比古著　PHP研究所
【要旨】東大生に愛された『思考の整理学』著者による「知の生産性」を高める150の言葉。
2017.9　183p　B6　¥1300　①978-4-569-83615-7

◆極上の人生―人生を楽しむ四つの美学　辰濃和男著　海竜社
【要旨】「アクセク　クヨクヨ　イライラ」生活から、心のある生き方へ。
2017.6　215p　18cm　¥1400　①978-4-7593-1542-4

◆ここに気づけば、もうお金には困らない―密教が教える知恵　種市勝覚著　サンマーク出版
【要旨】お金にめぐまれている人とは、喜んでお金を使い、喜んでお金をためて、喜んでお金を得る人です。その人の "感情" が、あなたのお金の流れを決める！
2017.6　215p　18cm　¥1400　①978-4-7631-3599-5

◆心を安定させる言葉　加藤諦三著　PHPエディターズ・グループ、PHP研究所　発売
【要旨】「あなたの感情を乱すものはなにか」心が揺れない人はいない。それをコントロールする知恵を身につけよう！「焦ったり、悲しんだり、疲れたり」にピリオドを打つ名言集。
2017.9　238p　B6　¥1800　①978-4-569-83672-0

◆心を休める習慣―あしたを大切にするための知恵　植西聰著　三五館
【要旨】ラクになる、幸せになるためのコツは、ほんのちょっとの「ひと休み」。当たり前なのに誰も気付かなかった簡単すぎる "休み方" いますぐ実践できる、毎日の「心を休める習慣」。
2017.4　205p　B6　¥1300　①978-4-88320-694-0

◆こころが軽くなるマインドフルネスの本　吉田昌生著　清流出版
【要旨】「今、ここ」の幸せとつながる。瞑想・ヨガで、新しい自分が目覚めていく。
2017.8　107p　16×13cm　¥1200　①978-4-86029-465-6

◆心が元気になる美しい絶景と勇気のことば　パイインターナショナル編　パイインターナショナル
【要旨】見ているだけで心が癒される絶景＆元気になる偉人のことば。あなたの人生が輝きはじめる!!写真とことばのセラピー。
2017.6　207p　A5　¥1400　①978-4-7562-4852-7

◆心が3℃温まる本当にあった物語　三枝理枝子著　PHP研究所（PHP文庫）
【要旨】あなたの心の温度は、いま何度ですか？些細なことでイライラしたり、他人に優しくできなかったりするのは、心が冷えてしまっているからかもしれません。本書では、ベストセラー『空の上で本当にあった心温まる物語』の著者が実際に見聞きした、心癒される26の実話を紹介。読み終えた後、「人っていいな、人生って捨てたもんじゃない」と一歩踏み出す勇気をくれる一冊。　2017.9　219p　A6　¥640　①978-4-569-76762-8

◆こころの温度を1℃あげよう―幸せになるためのヒント　ハートレシピ・プロジェクト編　育鵬社、扶桑社　発売
【要旨】日々の暮らしに生かせる、仏さまの教え。ネットで話題の「ほっとエッセイ」待望の書籍化！こころがスッと温まる84篇のエッセイ。
2017.9　207p　B6　¥1500　①978-4-594-07766-2

◆心の壁の壊し方―「できない」が「できる」に変わる3つのルール　永松茂久著　きずな出版（Kizuna Pocket Edition）
【目次】第1章　なぜ人は変われないのか？（あなたのチャレンジを止めるもの、そも

そも「無理」って決めたのは誰？　ほか）、第2章　心のしくみを理解する（これさえ知れば人生の悩みの9割は解決する！、「三日坊主」の経験はありますか？　ほか）、第3章　飛べない鳥の物語、第4章　「できない」が「できる」に変わる3つのルール（影響を受ける、言葉環境を変える　ほか）、最終章　心の壁はこうして壊れていく（桜咲くとき、未来へほか）
2017.2　204p　18cm　¥1300　①978-4-907072-89-6

◆こころのバランスシート『3つの質問』―本当の幸福へのシンプルな処方箋とは　平野大己著　東京図書出版、リフレ出版　発売（付属資料：CD-ROM1）
【目次】第1章　『3つの質問』とは（悩みはどこから生じるのか、悩みにどう向き合うか　ほか）、第2章　学校教育と『3つの質問』（「やさしさ」、「いたわり」を考える『3つの質問』、『3つの質問』ワーク　ほか）、第3章　『3つの質問』のひろがり（特別支援学校での活用、医療機関での活用　ほか）、第4章　「内観」について（内観とは、集中内観について　ほか）、Q&A
2017.4　127p　A5　¥1300　①978-4-86641-043-2

◆こころのビタミン講座―"幸せみつけ"17の処方箋　占部千代子著　春陽堂書店
【要旨】多くの人の人生を変えた、アイデアいっぱいのオリジナル処方箋が満載。内容は、三部構成で、どれも大脳生理学や、心理学などをベースに考案したものばかり。二部には、「視点ポイント」「魔法の言葉」。
2017.4　118p　20×13cm　¥1200　①978-4-394-90329-1

◆「心の負担」を跳ねのける方法―NASAの宇宙パイロット採用モデルから導き出された　川口祐吾著　フォレスト出版
【要旨】世の中にはさまざまな職種があるが、宇宙パイロットは年下の先生からも学べる人が、成長する。100日以上、死と隣り合わせの環境でミッションを遂行する。そんな彼らが知っているコミュニケーションモデルを知れば、あなたの「心の負担」は消え去り、やる気が湧いてくる。
2017.4　252p　B6　¥1400　①978-4-89451-760-8

◆心屋仁之助のそれもすべて、神さまのからい。　心屋仁之助著　三笠書房（王様文庫）（付属資料：刺繍ワッペン）
【要旨】「それぞれが、それぞれでいい」そう思えた瞬間、心が風になる。人生がもっと面白くなる！　2017.2　219p　A6　¥720　①978-4-8379-6812-2

◆50歳から人生を大逆転　心屋仁之助著　PHP研究所
【要旨】イヤなことはやめてわがままに生きる！大人気カウンセラーが明かす、自由になるための "大人の人生レッスン"
2017.6　243p　B6　¥1300　①978-4-569-83826-7

◆50代がもっともっと楽しくなる方法　中谷彰宏著　（名古屋）リベラル社、星雲社　発売
【目次】第1章　年下の先生から学べる人が、成長する。（降格・減給でダチをこぼすのは、クビを回避してもらった温情に逆ギレすること。結果でウハウハ。プロセスでワクワク。ほか）、第2章　50代は権力よりも実力が上回る人が、リスペクトされる。（権力より、実力が上回っている人が、リスペクトされる。派閥をつくると、情報が減って、世の中から置かれている人。ほか）、第3章　50代は自分らしくない体験で、生まれ変わる。（自分らしくないことを、始める。体験量の少ない人ほど、結果にこだわる。ほか）、第4章　50代の楽しみは、めんど臭さにある。（楽しみは、めんど臭さの中にある。手仕事をする。ほか）、第5章　50代はメンタル力で、体力を逆転する。（メンタル力で、体力を逆転する。怒りっぽい人は、ふだん怒られている人だ。ほか）
2018.1　201p　B6　¥1300　①978-4-434-24204-5

◆50代から本気で遊べば人生は愉しくなる　片岡鶴太郎著　SBクリエイティブ（SB新書）
【要旨】ほんの少しの習慣で「定年後」を謳歌する！モノマネ芸人、ボクサー、役者、画家、書家、ヨガ、幾つもの顔を持つ逸楽の達人に学べ！
2017.4　213p　18cm　¥800　①978-4-7973-8841-1

◆こだわらない人ほどうまくいく！　上―泥濘（ぬかるみ）でも人生にサヨナラできる本　ジュディス・オルロフ著、栗山圭世子訳　ヒカルランド
【要旨】苦労もいらない、無理もしなくていい。流れに乗ってそのまま流される至高の方法（サレンダー）なら愛、お金、健康、その他人生に必

要なすべてのものに大きなパワーを呼び込めます！アメリカで最も有名な、臨床心理学の第一人者が伝授する最高の生き方！人生をもっと楽に、もっと思いのままにする方法。
2017.5　232p　B6　¥1815　①978-4-86471-485-3

◆こだわらない人ほどうまくいく！　下―人生を輝かせる驚きの秘訣　ジュディス・オルロフ著、栗山圭世子訳　ヒカルランド
【要旨】流されてこそ無上の喜びを得られる。ソウルメイトが見つかる。そして、病や死の辛さを乗り越え安らかな気持ちになることができる。人生のサイクルに従って流れ輝く最高の方法を伝授します！未来のあなたのために、今のあなたを臆することなく生かす手放ケア。人生をもっと楽に、もっと思いのままにする方法。
2017.5　257p　B6　¥1815　①978-4-86471-494-5

◆孤独を生きる言葉　松浦弥太郎著　河出書房新社
【要旨】あなたに寄り添い、背中を押す。どんなときもだいじょうぶになれる150の言葉。人気エッセイストによる書き下ろし箴言集。
2017.12　150p　18×12cm　¥1300　①978-4-309-02640-4

◆孤独を悩むな。―自分を強くする異端な生き方　川北義則著　大和書房
【要旨】嘲笑、批判、無視、不都合…本物の大人ならすべて心地いい。不安ばかりのいまを堂々と生きる処世訓―群れず、媚びずに、寄りかからず。会社や家族に頼ることなく、自立した人生を送るための指針！
2017.3　173p　B6　¥1300　①978-4-479-79575-9

◆孤独が人生を豊かにする　中谷彰宏著　あさ出版
【要旨】「孤独力」のある人が、愛される。
2017.5　199p　B6　¥1300　①978-4-86063-993-8

◆孤独になれば、道は拓ける。　千田琢哉著　大和書房（だいわ文庫）
【要旨】あなたの毎日に、一人で過ごす時間はどれだけあるだろうか？寂しさから、好きでもない人と群れて過ごしていないだろうか？孤独には、たくさんの効用がある。自信がつく。時間が増える。本物が見える。自分が変わる。成長する。夢がかなう…。成功者は、40代までみな孤独だった。成長するために知っておきたい80の法則。
2017.10　246p　A6　¥650　①978-4-479-30674-0

◆「孤独」は消せる。―私が「分身ロボット」でかなえたいこと　吉藤健太朗著　サンマーク出版
【要旨】3年半の不登校経験から世界最大の科学大会で栄冠に輝き、ロボット研究者になった著者が挑む、孤独の解消法。
2017.3　271p　B6　¥1400　①978-4-7631-3566-7

◆5度の臨死体験が教えてくれたこの世の法則　小林健著　イースト・プレス
【要旨】自分を愛すること、それが人生の特効薬。ニューヨーク在住、「伝説のマスターヒーラー」が教える、人生でいちばん大切なこと。
2017.9　237p　B6　¥1400　①978-4-7816-1576-9

◆言葉を使いこなして人生を変える　はあちゅう著　大和書房
【要旨】"何気ない言葉" で思考・習慣・人間関係を変えていくヒント！「言葉に敏感な人たち」に捧げる "言葉に心を奪われる瞬間" を味わう方法！　2017.2　199p　B6　¥1300　①978-4-479-78375-6

◆ことばの温度―ちょっとプラスすれば人生が変わる　さかいちよみ。著　（名古屋）ブイツーソリューション、星雲社　発売
【要旨】「言葉には温度がある」のをご存じですか？
2017.10　215p　B6　¥1000　①978-4-434-23875-8

◆言葉のチカラ　香山リカ著　（新座）埼玉福祉会（大活字本シリーズ）
【目次】1　前へ進む（「こんにちは」、「好きです」ほか）、2　受けとめる（「ちょっと忙しいの」、「ウソじゃありません」ほか）、3　自信を持つ（「お待ちしてました」、「あなたはそのままで大丈夫」ほか）、4　人を気遣う（「お気になさらず」、「どうなさいましたか」ほか）、5　信頼を得る（「おやすい御用です」、「あとでかけ直します」ほか）、6　言葉を交わる（「おはようございます」、「よろしくお願いします」ほか）、7　痛みに寄り添う（「お察しします」、「いつも思っています」ほか）
2017.6　333p　A5　¥3100　①978-4-86596-177-5

人生論・生き方

実用書

◆この「こだわり」が、男を磨く　里中李生著　三笠書房
【要旨】「得意なこと」を突き詰める、「他人と違う」のは「才能」である、「バカ」と群れるな、絶対に、太らない、「信念」がビジネスを一変させる、「高級」は、男を変える…なぜ、あの人は、誰からも一目置かれるのか？成功者は、「常に」個性的。『一流の男、二流の男』シリーズ最新作。
2017.9 206p 18cm ¥1000 ①978-4-8379-2705-1

◆「このまま人生終わっちゃうの？」と諦めかけた時に向き合う本。　千田琢哉著　（岐阜）藤田聖人、星雲社 発売
【要旨】成功を摑む50の知恵。
2017.7 125p B6 ¥1200 ①978-4-434-23561-0

◆この世に命を授かりもうして　酒井雄哉著　幻冬舎（幻冬舎文庫）
【要旨】『「生かされている」ことへの感謝を忘れてはいけない』「悪いこともいいことも、みんな自然の中にある」「縁を『結ぶ』かどうかはその人次第」「苦しいことの中に『楽』を見出す」「命の長さよりもどう生きたかが大事」。荒行・千日回峰行を二度満行した「稀代の行者」が病と向き合い、命をかけて伝えたかった「生きること」の本当の意味。新シリーズ！こころの文庫。
2017.4 182p A6 ¥500 ①978-4-344-42604-7

◆こまりくまブック　小鳥遊しほ著　河出書房新社
【目次】幸せかどうかを決めるのは他人じゃない。変えたいなら変わらなきゃ。まずは自分が変わらなきゃ。頑張りすぎたら、休みすぎるべき。「寄り添う」って、離れていてもできるからね。ボクがキミを一生大切にするよ。結婚してください、休日。愛されたいと大声で言えるようになれたらいいのに。
2017.9 125p 18×13cm ¥980 ①978-4-309-27883-4

◆これから、どう生きるのか―人生に大切な9つのこと　本田健著　大和書房（だいわ文庫）
【要旨】自分がいま、何を選び、何をするかで、将来の不安は消える！人生では少なくとも3度は不運に見舞われる。人間関係は相手との力学で変わっていく。あなたにお金を持ってくれる人奪っていく人、効率を目指すとつまらない人生になる。あなたが才能を使って活動するのを待っている人が必ずいる…社会が大きな転換点を迎え、多くの人が迷う人が増えているいま、「自己実現」のための指針を説き、「充実人生」を手に入れる方法を示す。これが幸せに生きる秘訣！！
2017.4 253p A6 ¥680 ①978-4-479-30667-2

◆これで金持ちになれなければ、一生貧乏でいるしかない。―お金と時間を手に入れる6つの思考　金川顕教著　ポプラ社
【要旨】偏差値35の落ちこぼれが、なぜ大学在学中に公認会計士試験に合格できたのか？世界一の会計事務所から独立後、なぜ個人で年商10億も稼げるようになったのか？その秘密を解き明かす6つの思考。
2017.8 228p 18cm ¥900 ①978-4-591-15542-4

◆コンプレックス力―なぜ、逆境から這い上がれたのか？　須田亜香里著　産経新聞出版
【要旨】コンプレックスを力に変える思考法「選ばれる人」の極意。
2017.8 251p B6 ¥1300 ①978-4-8191-1301-4

◆「最高の人生」を手に入れる人がやっていること　ウエイン・W・ダイアー著、渡部昇一訳・解説　三笠書房（知的生きかた文庫）
（「小さな自分を一生終わるな！」再編集・改題書）
【要旨】「思いがけないときに、思いがけないことがちょうどよいタイミングで起こる」「信じたとおりの出来事が現実になる」…願いが次々と叶い、待ち望んでいた人生の扉が開く！
2017.9 237p A6 ¥650 ①978-4-8379-8491-7

◆最高の引き寄せ―豊かさへの扉をひらく潜在意識7つの法則　井上裕之著　リンダパブリッシャーズ、泰文堂 発売
【要旨】潜在意識×引き寄せの決定版！「本気」で生きれば奇跡が起こる。世界でただ一人の潜在意識のグランドマスターが初めて語る、あなたを幸せにするお金・仕事・人間関係・健康を確実に手に入れる方法。
2017.8 213p B6 ¥1400 ①978-4-8030-1073-2

◆最後の質問　源喜三太著　たま出版
【要旨】行き先に迷っているあなたへ―。その中へ入っていくことだけが、そこから抜け出せる唯一の道である。あなたの視界を激変させる、真理探究の書。
2017.2 238p B6 ¥1400 ①978-4-8127-0402-8

◆斎藤一人 あなたの人生、そのままで大丈夫！―天が教えてくれた強運を引き寄せる人 逃す人　柴村恵美子著　PHPエディターズ・グループ、PHP研究所 発売
【要旨】今、あなたには、不安や心配や恐れがあるかもしれません。でも、大丈夫です。あなたは天から愛されています。あなたは、そのままで大丈夫ですよ。
2017.9 204p B6 ¥1400 ①978-4-569-83667-6

◆斎藤一人 お金と強運を引き寄せる最強の口ぐせ　宮本真由美著　PHP研究所
【要旨】あなたが口に出した言葉はすべて叶います！幸せなお金持ちが毎日使っている、幸運を呼び込む言葉。
2017.12 222p B6 ¥1400 ①978-4-569-83878-6

◆斎藤一人 神様にかわいがられる豊かで幸せな生き方　斎藤一人、高津りえ著　学研プラス
【要旨】神様の"ごひいきさん"になって、人生を楽しもう。斎藤一人×高津りえ最強の師弟コンビによる"特別対談"収録。
2017.12 205p B6 ¥1300 ①978-4-05-406619-9

◆斎藤一人 がんばらなくても、勝手に幸せがやってくる7つの魔法　宮本真由美著　PHP研究所（『斎藤一人 世界一幸せになれる7つの魔法』再編集・改題書）
【目次】第1章「しあわせになりたい！」その気持ちを持つことが、1つめの魔法です。第2章「不幸としあわせの正体を知る」それが2つめの魔法です。第3章「上気元で生きる」それが3つめの魔法です。第4章「体をいつも上気元にする」それが4つめの魔法です。第5章「あなたの環境を今すぐよくする」それが5つめの魔法です。第6章「しあわせバリア」それが6つめの魔法です。第7章「人をしあわせにしよう」それが7つめの魔法です。
2017.9 222p 18cm ¥1000 ①978-4-569-83721-5

◆斎藤一人 答えるだけで、人生が思い通りになるすっごい質問！　宮本真由美著　PHP研究所
【要旨】お金持ちになるために、最も重要なことは何ですか？夫にもっと家事や育児をやらせるコツはありますか？職場でのストレスに負けないためにはどうすればよいですか？今、悩んでいることが、スッキリ解決する！
2017.4 229p B6 ¥1400 ①978-4-569-83491-7

◆斎藤一人 この先、結婚しなくてもズルいくらい幸せになる方法　舛岡はなえ著　宝島社
【要旨】結婚にとらわれない、自分らしい生き方の道しるべ！
2017.4 191p B6 ¥1200 ①978-4-8002-6704-7

◆斎藤一人 人生に悩んだとき神様に応援してもらう方法　柴村恵美子著　PHPエディターズ・グループ、PHP研究所 発売
【要旨】たった2時間であなたが本当に進むべき道が見えてきます！だから、必ず、よくなる！絶対、よくなる！
2017.3 203p 18cm ¥1000 ①978-4-569-83289-0

◆斎藤一人 すべての感情は神様からの贈り物―「こじれたココロ」に振り回されてしまうあなたへ　斎藤一人、高津りえ著　廣済堂出版
【要旨】幸せになるヒントは、イライラヨクヨ…に隠されている。「心コロコロの魔法」で心はコロッとハッピーになる！
2017.10 234p B6 ¥1400 ①978-4-331-52132-8

◆斎藤一人 成功の花を咲かせなさい　斎藤一人、宇野信行著　学研プラス
【要旨】「豆腐屋の信ちゃん」が、白衣を脱いで大金持ちに。一人さん直伝「成功の花を咲かせる法則」。一人さんの詩掲載！開運お守りカード付き。
2017.11 206p B6 ¥1400 ①978-4-05-406600-7

◆斎藤一人 大開運人生を楽しむ仕組み　斎藤一人、千葉純一著　学研プラス
【要旨】30年前の「借金持ち」の青年が、一人さんに弟子入りして逆転「大金持ち」に。その開運の極意とは？
2017.7 210p B6 ¥1300 ①978-4-05-406562-8

◆斎藤一人 父の愛、母の愛　斎藤一人、みっちゃん先生著　マキノ出版　（付属資料：カード1）
【目次】1 たった10日で人生が変わる、坂東の観音参り（願いが次々叶う、一人さん観音参りとは？、リュック1つで出かけたみっちゃん先生 ほか）2 みっちゃん先生の商人としての旅はここから始まった（2坪で始めてみた、30万円の愛車の名前は？ ほか）3 お父さん、お母さん、ありがとう（お父さんが神さまの元に旅立つ日、みっちゃん先生のお父さんへの手紙 ほか）4 日々生成発展していくみっちゃん先生の旅はまだまだ続く（シャッターが舞い降りる、一人さん流の愛情のこもったお金の使い方 ほか）
2017.4 147p B6 ¥1350 ①978-4-8376-7254-8

◆斎藤一人 悩みはなくせる　斎藤一人、舛岡はなゑ著　PHP研究所
【要旨】幸せなお金持ち直伝！すべての問題が解決する答えの出し方。
2017.3 221p B6 ¥1200 ①978-4-569-83492-4

◆斎藤一人 品をあげる人がやっていること　斎藤一人、高津りえ著　サンマーク出版
【要旨】人生の「質」が変わる。魂を健康にしよう！
2017.5 169p B6 ¥1400 ①978-4-7631-3627-5

◆財布はいますぐ捨てなさい　金川顕教著　サンライズパブリッシング、星雲社 発売
【要旨】限りある時間の大切さに気付いた人だけが限りなくお金を増やしていけるー。お金を稼ぐ時間がない人に贈るスマホひとつで年商5億稼ぐ人の"いらないこと"リスト。
2017.5 217p B6 ¥1500 ①978-4-434-23166-7

◆桜井章一 勝運をつかむ100の金言　桜井章一著　致知出版社
【要旨】勝負ごとに強くなるためには、「ふだん自分で決めたことは必ずやる」という習慣をつけていくことが大事なんです。そうすると、いざやりたいことができる可能性が高くなって、勝負運にも恵まれるんです。
2017.8 127p B6 ¥1100 ①978-4-8009-1156-8

◆ザ・ゲーム―4イヤーズ　ニール・ストラウス著、永井二菜訳　パンローリング（フェニックスシリーズ 50）
【要旨】カリスマ・ナンパアーティストの著者が、真実の愛と心の平穏を見つけるまでの、苦悩と波乱に満ちた4年間の記録。
2017.3 558p B6 ¥1600 ①978-4-7759-4170-6

◆ザ・シークレット 人生を変えた人たち　ロンダ・バーン著、山川紘矢、山川亜希子、佐野美代子訳　KADOKAWA
【要旨】10年前にロンダ・バーンのベストセラー『ザ・シークレット』が出版されてから、非常に多くの読者から、彼らの人生が奇跡的に好転したというお便りが送られてきました。『ザ・シークレット 人生を変えた人たち』はその中から最も力強く、元気づけられ、心が暖まる物語を一冊の本にまとめたものです。どの物語も、人生のあらゆる分野にわたって奇跡的に導かれた過程を描いた実話です。その分野とはお金、健康、人間関係、愛、家族関係、仕事などです。本書に登場する人々は再三再四、誰であっても自分の夢見る人生を送ることができることを示しています。
2017.10 310p B6 ¥1900 ①978-4-04-105859-6

◆察する人、間の悪い人。―「本当の意味」がわかる人が愛される　中谷彰宏著　ぱる出版
【目次】プロローグ 察するのは、存在・要望・感情だ。、失敗の体験の多い人が、察することができる。、相手がしていることより、なぜそうしているかを考える。、タクシーの運転手さんが頭をさわる時は、道がわからない時だ。、相手が今、急いでいることに気づく。「忙しいから」と断れない。、大人の社会では、いちいちルールを教えてくれない。察するは、超能力ではない。見る訓練で鍛えられる。、目だけに頼ると、うしろが見えなくなる。〔ほか〕
2017.5 217p B6 ¥1300 ①978-4-8272-1061-3

◆さっぱりと欲ばらず　吉沢久子著　中央公論新社
【要旨】人は人、自分は自分。くよくよせず笑って気持ちを切り替える。「できない」を受け入れて小さな工夫を。先々を不安に思うより、今を楽しく。99歳、ご機嫌です！
2017.2 205p 19cm ¥1300 ①978-4-12-004941-5

◆裁きは天にあり　田中敏一著　（大阪）風詠社、星雲社 発売

◆サブカルで食う―就職せず好きなことだけやって生きていく方法　大槻ケンヂ著　KADOKAWA　（角川文庫）
【要旨】「サブカルな人になって何らかの表現活動を仕事にして生きていくために必要な条件は、才能・運・継続」。それは赤っ恥の連続で、それが表現者のお仕事」という見解にたどり着いた大槻ケンヂ。身体が弱かった少年時代から、メジャーな世界から停滞したり、自由という名の不自由さをとことん語り尽くした1冊。人生をこれからどうやって生きていったらいいんだろう？と立ち止まっている人たちへのメッセージ。
2017.11 215p A6 ¥600 ①978-4-04-106159-6

◆さぼてんねこのさぼにゃん　宇宙のリズムにのっかる本　戸田充広著　マガジンランド
【目次】第1章 夢が叶うリズム（つぎのうごきで、みらいがかわる、どんどんすてきなひとになるほか）、第2章 強くなれるリズム（うちゅうはひとをせいちょうさせる、あめとか、かぜとかほか）、第3章 道が開けるリズム（むねをはると、げんきになる、めのまえがくらくても、わかんないほか）、第4章 宇宙のリズムに乗っかる（であえるきせき、ひとつのあかりほか）
2017.9 183p 19×15cm ¥1185 ①978-4-86546-165-7

◆30代が楽しくなる方法　中谷彰宏著　（名古屋）リベラル社、星雲社 発売
【目次】第1章 30代は楽しんでいる大人を知る、見る、出会う。（30代で、大人になる人と、オジサン・オバサンになる人にわかれる。楽しんでいる大人を知る、見る、出会う。ほか）、第2章 30代はリスペクトを持つと、味わい尽くせる（リスペクトすることで、明るさが身に付く。リスペクトを持つと、味わい尽くせる。ほか）、第3章 30代は背伸びする場所に行く。（背伸びする場所に、行く。一流のお店で、切り捨てられる体験をする。ほか）、第4章 30代は逃げ遅れた仕事に、チャンスがある。（社長の意識で、仕事をする。逃げ遅れた仕事に、チャンスがある。ほか）、第5章 30代は仕事の楽しさより、自分の成長を楽しむ。（楽しめる人は、好きな人と苦労する。残念な人は、イヤな人と成功する。仕事の楽しさより、自分の成長を楽しむ。ほか）
2018.1 201p B6 ¥1300 ①978-4-434-24202-1

◆3分間マインドフルネス―自分をアップデートする28の習慣　吉田昌生著　学研プラス
【要旨】頭と心のモヤモヤがスッキリと晴れる方法、それが「マインドフルネス」瞑想法です。「今ここ」に集中するだけで、自分をアップデートできます。世界中のセレブが実践している、深く・短く・効果的に脳・心・体の疲れをいやすメソッド。仕事・人間関係・健康etc.本物の幸せを引き寄せる！
2017.3 190p B6 ¥1200 ①978-4-05-800729-7

◆しあわせを生む小さな種―今日のベリーグッド　松浦弥太郎著　PHP研究所　（PHP文庫）
【要旨】自分で選んだ種を、自分で蒔いて、水をあげて、栄養もあげて、大切に育てて、それではじめて花が咲く。しあわせとはそういうもの。
2017.11 205p A6 ¥640 ①978-4-569-76783-3

◆幸せを考える100の言葉―自分をもっと楽しむヒント　斎藤茂太著　青春出版社
【要旨】なんでもない一日がかけがえのない一日に…。「心の名医」モタさんの、人生を豊かにするメッセージ。毎日を「上機嫌」に生きる。
2017.2 219p B6 ¥1400 ①978-4-413-23029-2

◆幸せを感じる心の育て方―心の習慣 禅の言葉　枡野俊明著　主婦の友社
【要旨】運気を上げる一日一禅話。一カ月分、31語を紹介。般若心経解説付き。
2017.3 158p B6 ¥1200 ①978-4-07-422379-4

◆幸せを引き寄せる自分の愛し方100の方法　植西聰著　ビオ・マガジン
【要旨】仕事・恋愛・人間関係…、自分自身を心から好きになる―、それだけで願いは叶うかも。がんばらなくても、「今のあなた」だから幸運になれる。
2017.12 229p B6 ¥1200 ①978-4-86588-025-0

◆幸せ体質になる一番かんたんな方法　こうさかあきこ著　PHP研究所
【要旨】失敗しても、嫌われても、あなたの価値は変わらない。本心を伝えたら、怒られてしまった時の対処法。用心深いあなたが、自信をつける方法。避けていることに頭から突っ込んでみよう。すごくラクになる、「ダメな自分」の正しい出し方。一生、この場所から「満足」する。来るものに流されるのが一番いい。
2017.2 191p B6 ¥1300 ①978-4-569-83467-2

◆幸せ！って感じる自分になれる「ありがとう」の魔法　野坂礼子著　マイナビ出版　（マイナビ文庫）（『世界一簡単に幸せになれる「ありがとう」の魔法』再編集・改題書）
【目次】第1章 始めた人から実感できる、第2章 運命はプラスの言葉で開く、第3章 ツイてる人はギブの精神、第4章 人間関係の悩みが消える、第5章 天職を知る唯一の方法、第6章 ありがとうの本当の意味、付録 幸運が舞い込んだ4名の体験談
2017.10 213p A6 ¥740 ①978-4-8399-6492-4

◆幸せな人は「お金」と「働く」を知っている　新井和宏著　イースト・プレス
【要旨】これからの時代を生きる人に知ってほしい「お金」と「働く」、そして「幸せ」の本質。さあ、自分らしい幸せを見つけるために、お金を知り、働く意味を知る旅に出かけましょう。
2017.7 197p 18cm ¥1000 ①978-4-7816-1562-2

◆幸せになるのは義務である　草柳弘昌著　雷鳥社
【要旨】思考するための名言39、行動するためのメソッド39。
2017.9 190p B6 ¥1390 ①978-4-8441-3729-0

◆幸せになる100ヵ条　江原啓之著　徳間書店
【要旨】「報われない」「将来が不安だ」「生活が苦しい」「あの人がうらやましい」…。すべての悩みや不安、不満を解消する方法がここに!!この100か条であなたが必ず幸せになれる！
2017.4 213p 18cm ¥926 ①978-4-19-864385-0

◆幸せのありか　渡辺和子著　PHP研究所　（PHP文庫）
【要旨】「"優しさ"は"強さ"からしか生まれない」「病んでこそ得られる賜物もある」「倒れても、立ち上がろうとすればいい」…。ミリオンセラー『置かれた場所で咲きなさい』の著者が、身近な体験をまじえて綴った珠玉のエッセイ集。思い通りにいかない人生を笑顔でよりよく生きるための秘訣とは？―人間の尊さ、愛の本質、祈ること、自由の意味、謙虚さ…本当に大切なことに気づかせてくれる。
2017.5 251p A6 ¥620 ①978-4-569-76573-0

◆幸せの神様に愛される生き方―人生に奇跡が起こり始める！　白駒妃登美著　育鵬社、扶桑社 発売
【要旨】夢に描いた願望を超えて、夢にも思わなかった素敵な現実を引き寄せる「強運」のつかみ方！
2017.11 223p B6 ¥1500 ①978-4-594-07826-3

◆幸せのサイン―日常にあふれる、気づきのメッセージ　ウィリアム・レーネン著、伊藤仁彦訳　椎（えい）出版社
【目次】1 SIGN FROM BODY―身体感覚編、2 SIGN FROM ANIMAL―動物編、3 SIGN FROM DAILY LIFE―日常編、4 SIGN FROM NATURE―自然現象編、5 SIGN FROM BOTANICAL―植物編、6 SIGN FROM NUMBER―数字編、7 SIGN FROM SUPER NATURAL―超常現象編、8 SIGN FROM DREAM―夢の解釈編
2017.4 208p 16×15cm ¥1200 ①978-4-7779-4590-0

◆幸せはいつも目には見えない　ジェームズ・アレン著、「引き寄せの法則」研究会訳　三笠書房　（王様文庫）
【目次】1章 この世をつかさどるシンプルな法則―「エゴ」から自由になると、幸せを手にする、2章 誰もが持つ「スピリチュアルな力」―この「知性」と「優しさ」の広げ方、3章 「無私の人」は、かなわない―ただ存在するだけで人を感動させる人、4章 「瞑想」すると心に光が射し込みます―「ピュアな思い」が生む"くもりのない人生"、5章 こだわらない、とらわれない―「最高の知恵」はここから生まれるか、6章 「永遠の価値」を持つ行ないとは―人の役に立てる、立てない人の「差」、7章 「穏やかな心」が放つパワー―「完全無欠の目」が

自分の中で開くとき
2017.6 204p A6 ¥600 ①978-4-8379-6823-8

◆ジェーン・スー　相談は踊る　TBSラジオ「相談は踊る」著　ポプラ社　（ポプラ文庫）
【要旨】「元彼のSNSを見るのがやめられません」「好きになった女の子の彼氏が親友でした」「自分の女性性を捨て切れません」「内定ブルーです」「不倫しています」「外国人にモテたいです」。未婚のプロ、気鋭のコラムニストである著者が、大人たちのお悩み相談をスパッと解決！
2017.8 281p A6 ¥640 ①978-4-591-15534-9

◆"思考停止人生"から卒業するための個人授業―年間5000人のリーダー職を生む、最強の思考術　潮田、滋彦著　ごま書房新社　新版
【要旨】大反響の本に読者の成功事例、最新ノウハウを大幅加筆！さらに充実したイマドキ事情を踏まえた対象無限の思考改革の教科書！
2017.12 235p A5 ¥1500 ①978-4-341-13257-6

◆仕事と人生に活かす「名著力」　第1部―テレビマン「挫折」から「成長」への50冊　秋満吉彦著　生産性出版
【要旨】「人生がうまくいかない」「仕事がうまくいかない」と言って思い悩んでいるあなたへ。「名著のエッセンス」を自分の人生に活かしてみませんか？この本は、そのための誘いであり、さわやかな応用例です。
2017.3 170p B6 ¥1500 ①978-4-8201-2061-2

◆仕事と人生に活かす「名著力」　第2部―テレビマン「挫折」から「成長」への50冊　秋満吉彦著　生産性出版
【要旨】25年間番組制作に携わってきたテレビマンの著者が、「名著」と「人との出会い」から学んだ「心に残る珠玉の言葉」が、ここにはちりばめられています。アドラー心理学『嫌われる勇気』の著者岸見一郎氏との対談も収録。
2017.3 189p B6 ¥1500 ①978-4-8201-2062-9

◆仕事なんか生きがいにするな―生きる意味を再び考える　泉谷閑示著　幻冬舎　（幻冬舎新書）
【要旨】働けど、働けど。会社、お金、世の中、他人、出世、生活「のために」生きるのをやめる！自分の人生を取り戻すための36の処方箋。
2017.1 188p 18cm ¥780 ①978-4-344-98447-9

◆「自然体」がいちばん強い　桜井章一著　日本実業出版社
【要旨】「プレッシャーも、緊張もすべて自分でつくっている」20年間無敗、伝説の雀鬼が教える、力まず、シンプルに、運を呼び込む生き方。
2017.9 222p B6 ¥1380 ①978-4-534-05519-4

◆質素であることは、自由であること―世界でいちばん質素なムヒカ前大統領夫人が教えてくれたこと　有* 真由美著　幻冬舎
【要旨】ルシアとムヒカが持たない暮らしで辿り着いた、人生に最小限必要で、最高に価値あるものとは？お金がなくても、誰でも幸せになれる！
2017.8 201p 18cm ¥1100 ①978-4-344-03164-7

◆死ぬほどつらい、悲しい出来事を、くるりっとひっくり返す方法　テリー・ホーキンス著、夏井幸子訳　きこ書房
【目次】はじめに 誰もが何らかの過去を背負って生きている、わたしたちにあるのは「今」だけ、「反応」は選べる、口ぐせをチェックする、「可能性」を考える、苦しみをしっかり味わう、何かを変えなければ、何も変わらない、人生に失敗しない、あるがままの人生を受け入れる、自分のすべてを「大切にする」、頭の中の言葉が現実をつくる、できるふりをする、見て、言って、感じる、恐れたふりを払拭する、"心のコントロール"に専念する、ひとりの時間を作る、感情は物事のとらえ方で左右される、新しい「過去」の物語が、あなたの「未来」を変える
2017.10 266p B6 ¥1400 ①978-4-87771-376-8

◆死ぬまで穏やかに過ごすこころの習慣　荒了寛著　フォレスト出版　（フォレスト2545新書）（『365日を穏やかに過ごす心の習慣』再編集・改題書）
【目次】第1章 人生に迷ったときには（迷ったときには人の力を借りる、「もうだめだ」とあきらめない ほか）、第2章 心の重荷を軽くする（いつもちがったかれない、「何もかも忘れたい」と思っている自分を解放する ほか）、第3章 相手を思いやれば帰ってくる（見返りを求めない、施しは受けずに与える ほか）、第4章 たいせつにしたいさまざまなこと（豊かな感性を育

人生論・生き方

実用書

◆**死ぬまで好奇心！** 川北義則著 海竜社
【目次】第1章 好奇心のある人、ない人の違い（すぐ枯れる好奇心、花が咲き実を結ぶ好奇心、どこでもいい、とにかく外を歩け ほか）、第2章 好奇心を育てるきっかけは行動力（「面倒くさい」を楽しむようにする、友は一緒に「野次馬」になれる人がいい ほか）、第3章 好奇心を枯らす生き方は損だ（「無意欲な自分」が問題なのだ、「メシ食って、クソして、寝て」でいいのか ほか）、第4章 好奇心人間ほど強いものはない（脳科学が明かした「年齢は言い訳にならない」、「死ぬまで現役」に欠かせないもの ほか）
2017.12 207p B6 ¥1300 ①978-4-7593-1573-8

◆**しばられず、こだわらず、愉快に。** 尾関宗園著 ロングセラーズ
【要旨】豪快かつ人間味あふれる説法で話題の名物和尚が説く、「ラクに生きるためのヒント」。
2017.6 229p 18cm ¥1000 ①978-4-8454-5023-7

◆**渋沢栄一人生を創る言葉50** 渋澤健著 致知出版社 （活学新書）
【要旨】なぜか、渋沢栄一なのか——それは栄一が遺した言葉には常に未来志向があったからです。「明治百五十年」を迎えても、栄一の言葉は古びることなく光り輝いています。5代目子孫が語る人生とビジネスの成功法則。
2017.10 227p B6 ¥1200 ①978-4-8009-1162-9

◆**自分を変えるたった1つの習慣——しなやかに生きる** 和田秀樹著 新講社
【要旨】「新しい自分」をつくる超ポジティブ発想。明日の自分は今日の自分ではない。
2017.1 181p B6 ¥1300 ①978-4-86081-552-3

◆**自分を変えるほんの小さなコツ** 野澤卓央著 かんき出版
【要旨】人生に奇跡を起こす51のコツ。悩みや不安がフッと軽くなり、自分が好きになる！
2017.1 207p B6 ¥1300 ①978-4-7612-7226-5

◆**自分を好きになれないキミへ——SNSでは癒せない孤独のために** 石井裕之著 祥伝社 （祥伝社黄金文庫）
【要旨】自己嫌悪、孤独、不安、失恋—。「自分が嫌い」と思ったら、「さっきまでの自分が嫌い」と言い換える。カリスマセラピストが語りかける「ダメな自分」の乗り越え方。
2017.10 198p A6 ¥580 ①978-4-396-31722-5

◆**自分を大切に育てましょう——望まなくても丸ごと全部が良くなる幸運への法則** 伊勢白山道著 電波社
【要旨】正神は、みずからを助けようとする人間を、陰ながら黙って助けます。過去の自分が救われることで、今の自分も救われます。人類がいまだ知らない幸運と成功をつかむ法。
2017.2 278p B6 ¥1400 ①978-4-86490-082-9

◆**自分をもっともラクにする「心を書く」本——質問に答えるうちに悩みや不安が消えていく** 円純庵著 青春出版社
【要旨】過去の自分を観て、現在の自分を見つめる。未来の自分が変わっていきます—。「心を書く」習慣が、たった一度の人生を変える。気になるページから始めるだけで心が軽くなる。
2017.9 160p B6 ¥1300 ①978-4-413-23054-4

◆**自分を安売りするのは"いますぐ"やめなさい。** 岡崎かつひろ著 きずな出版
【要旨】あなたの価値を最大化する32の習慣。「個」の影響力を強め、勝ち残れ！
2017.12 221p B6 ¥1400 ①978-4-86663-019-9

◆**自分をゆるすということ——もう、すべてを受けとめる** コリン・ティッピング著、早川麻百合訳 サンマーク出版
【要旨】あなたは自分の「嫌なところ」を他人に見いだしている。これであなたも、他人をゆるせる。アメリカで大人気の「ゆるしのセラピスト」が教える「自分を受け入れる練習」。
2017.4 267p B6 ¥1500 ①978-4-7631-3588-9

◆**「自分が嫌い」と思ったら読む本** 和田由里子著 二見書房 （二見レインボー文庫）
（『自分に「ダメ出し」をしてしまうあなたへ』加筆修正・改題書）
【要旨】初対面が苦手、前向きになれない、頼まれると断れない、人を比べてしまう、人を許せない、いつも何かを心配している…こんな「よ

くありがちな、困った心のクセ」40を取り上げ、それぞれに「そうだよね」と気持ちを肯定し、「でも変わりたいなら」とアドバイスを送り、「今すぐ始められる」行動提案を具体的に示しました。現役カウンセラーが贈る、「自分を好きになり、自分らしさを楽しめるようになる」アドバイス。
2017.4 251p A6 ¥620 ①978-4-576-17047-3

◆**自分さがしレシピ——あなたはなにを身につけて生きてる？** アダム・スナイデル著 ヴォイス
【要旨】怖れにFOCUSする人は、怖れを現実化させる。思考とエネルギーをどこにFOCUSするかによって、すべてを現実化する。量子のとびらを開き、宇宙の絶対法則を実践すれば、いらない服を脱ぎ捨て、真実のあなたを生きられる。
2017.10 266p B6 ¥1800 ①978-4-89976-469-4

◆**自分実現力——The Catch！** 冨永裕輔著 言視舎
【要旨】北九州・福岡を拠点に、ライブやイベントで日本各地を飛び回る実力派音楽家——数々の困難を乗り越え、夢を現実のものにしてきた波瀾万丈の青春物語。
2017.10 211p B6 ¥1600 ①978-4-86565-107-2

◆**自分で考えて生きよう** 松浦弥太郎著 中央公論新社
【要旨】「工夫・コツ」をしあわせの種に。これが松浦弥太郎の「日々のまなざし」。
2017.2 252p B6 ¥1400 ①978-4-12-004946-0

◆**自分にしかできないことはなんだろう——広島大学「世界に羽ばたく教養の力」より** 越智光夫編著 PHP研究所
【要旨】答えなき社会を生き抜くために。失敗の先にある未来を知る一冊。
2017.11 238p 18cm ¥1200 ①978-4-569-83709-3

◆**自分に自信をつける最高の方法——ミス・ユニバース・ジャパンビューティーキャンプ講師の世界一受けたい特別講義** 常冨泰弘著 三笠書房
【要旨】2週間後の効果は、劇的。心の傷を癒やし、セルフイメージを高めれば、日常がもっと特別に変わる、ときめきと輝きに、満たされる！ファッション、ライフスタイル、魅力、話し方、つき合う人、人生の選択…颯爽と歩いていこう！号泣者、続出！ワーク公開。
2017.4 205p B6 ¥1300 ①978-4-8379-2680-1

◆**自分になかなか自信をもてないあなたへ——自分の嫌いなところを3週間で解消できるスゴイ方法** 藤由達藏著 アスコム
【要旨】21の「あそび」で人生が劇的に変わる！
2017.10 240p B6 ¥1300 ①978-4-7762-0964-5

◆**自分の心に気づく言葉** 加藤諦三著 PHPエディターズ・グループ、PHP研究所 発売
【要旨】「わたしはどうしたいのか」それさえわかれば人生の問題はすべて解決する！「生きづらさ」からあなたを解き放つ著者初の名言集。
2017.9 253p B6 ¥1800 ①978-4-569-83668-3

◆**自分のことがわかる本——ポジティブ・アプローチで描く未来** 安部博枝著 岩波書店 （岩波ジュニア新書）
【要旨】人材育成・キャリアデザイン研修に長く携わってきた著者が、ポジティブ・アプローチの考え方を使って、若い世代が前向きにキャリアをデザインしていくための方法を紹介します。「自分の良いところ」に気付く自分発見シートや「なりたい自分」に近づくための未来年表などを使って、未来の自分を描いてみませんか。
2017.9 166p 18cm ¥900 ①978-4-00-500860-5

◆**自分の人生の見つけ方——生命図を読み解けば、最高の運命がひらける！** ジャネット・アットウッド、クリス・アットウッド、シルヴァ・デボラック著、本田健訳 SBクリエイティブ
【要旨】夢、お金、人間関係、恋愛…習慣、儀式、ルーティンのパワーで理想の人生を引き寄せる法。「7つの儀式」を使って、人生の道しるべを見つけよう！
2017.3 246p B6 ¥1500 ①978-4-7973-8520-5

◆**自分の中に孤独を抱け** 岡本太郎著 青春出版社 （青春文庫）
【要旨】人間がいちばん人間的なのは、孤独であるときなんだ。だからぼくは言いたい。孤独を悲壮感でとらえるな。孤独こそ人間の現実的な

あり方であって、狭い、特殊な状況じゃない。人間全体、みんなの運命をとことんまで考えたら、ひとは必然的に孤独になる。孤独であるからこそ、無限の視野がひらける。
2017.4 218p A6 ¥720 ①978-4-413-09669-0

◆**自分の中に毒を持て** 岡本太郎著 青春出版社 （青春文庫） 新装版
【目次】第1章 意外な発想を持たないとあなたの価値は出ない——迷ったら、危険な道に賭けるんだ（人の大間違い、"モノマネ"人間には何も見えない ほか）、第2章 個性は出し方 薬になるか毒になるか——他人と同じに生きてると自己嫌悪に陥るだけ（"爆発"発想法、道は一本か、十本か ほか）、第3章 相手の中から引き出す自分——それが愛だ——ほんとうの相手をつかむ愛しかた 愛されかた（愛の伝え方を間違えると、"その一瞬"に全てが消える ほか）、第4章 あなたは常識人間を捨てられるか——いつも興奮と喜びに満ちた自分になる（きれいになんて生きてはいけない、頭を遊ばせて世の中を見てみよう ほか）
2017.12 246p A6 ¥740 ①978-4-413-09684-3

◆**自分の中の「どうせ」「でも」「だって」に負けない33の方法** 飯山晄朗著 実務教育出版
【要旨】スポーツ、ビジネスの両分野で注目のメンタルコーチ直伝。後ろ向きな自分を"前向きに変える"方法！
2017.9 174p B6 ¥1300 ①978-4-7889-1296-0

◆**自分の花を精いっぱい咲かせる生き方** 鈴木秀子監修 致知出版社
【要旨】60年間、人々の苦悩に耳を傾け、その心に寄り添い続けてきたシスターが語る、生きる希望が生まれる25の感動実話。
2017.7 160p 18cm ¥1100 ①978-4-8009-1153-7

◆**自分の休ませ方——忙しい毎日が変わるヒント** 枡野俊明著 青春出版社 （青春新書PLAY BOOKS）
【要旨】つい自分を後まわしにしてしまうあなたへ。新しい力がわいてくる「禅的休養」のすすめ。
2017.5 188p 18cm ¥1000 ①978-4-413-21086-7

◆**自分磨きの体験BOOK——スタイルのある人に学ぶ** 静岡新聞社編 （静岡）静岡新聞社 （しずおか大人の休日本）
【要旨】料理、お菓子、フラワーアレンジ、ポーセラーツ、アクセサリーづくり、着付け、陶芸、染めもの、ヨガ、グランピング、手ぶらBBQ、クルーザー乗船etc. 人気のワークショップから気軽な1dayレッスンまで、誰かに自慢したくなる、新しい世界が広がる体験がいっぱい。暮らしをセンスアップする58軒。
2017.2 112p 21×19cm ¥1300 ①978-4-7838-1997-4

◆**「自分らしさ」はいらない——くらしと仕事、成功のレッスン** 松浦弥太郎著 講談社
【要旨】「頭を使わず、心で考えてみましょう。そこに、答えは見えてくる—。「自分らしさ」などちっぽけなことだと。「暮しの手帖」前編集長、クックパッドを経て、いま再び、新しい挑戦を始める人気エッセイスト最新作！
2017.1 179p B6 ¥1300 ①978-4-06-220302-9

◆**しみじみ地蔵の道あんない——あたまのなかさえはるならば** 高橋称郎著 求龍堂
【要旨】神様は、面白いことが大好きです。ジタバタしながら進んでいく人生の道。ちょっぴり「しみじみ」してみませんか？
2017.5 143p B6 ¥1000 ①978-4-7630-1714-7

◆**習慣を変えれば人生が変わる** マーク・レクラウ著、弓場隆訳 ディスカヴァー・トゥエンティワン
【要旨】自制心と意志力を身につける。習慣を変えて人生を変える。つねに「あともう少し」がんばる。大切な価値観を把握する。完璧主義ではなく「最善主義」をめざす。ほめ言葉を快く受け入れる。1日で最も重要な1時間を活用する。今、幸せになる…人生の転機になる、とても簡単で、どれも大切なこと。いますぐに実行できる、100の人生のコツ。
2017.7 229p B6 ¥1500 ①978-4-7993-2122-5

◆**自由な自分になる本** 服部みれい著 筑摩書房 （ちくま文庫） 増補版
【要旨】からだからも、こころからも魂からも自由になるために。呼吸法、食べもの、布ナプキンなどで「からだ」から自由に。「ホ・オポノポノ」や「冷えとり健康法」で「こころ」から自

由に。「数秘術」「前世療法」で「魂」から自由に。多くの人を変えた『あたらしい自分になる本』のあと、さらに深めたことや新しい知恵も。不安から解放されて、何があっても大丈夫な自分へ。
2017.8 347p A6 ¥780 ①978-4-480-43430-2

◆自由に生きていいんだよ―お金にしばられずに生きる"奇跡の村"へようこそ　森本喜久男著, 高世仁聞き手　旬報社
【要旨】本当の豊かさとは何か。カンボジアの荒野に、世界一のシルクの村を誕生させた著者からの伝言。
2017.3 222p B6 ¥1400 ①978-4-8451-1495-5

◆生涯現役論　佐山展生, 山本昌著　新潮社（新潮新書）
【要旨】今のあなたは10年後の自分より10歳若い。老け込んでいるヒマなどない―。プロ野球史上最も長く現役を続けた「球界のレジェンド」と、投資ファンドの代表、航空会社の経営者、大学教授の三足の草鞋を履く最強ビジネスマンが語り合う。下積みを厭わない。地道な努力を続ける。「好き」を追求しつづける。対極な世界で生きてきた二人の姿勢は驚くほど共通している。人生100年時代に贈る、勇気と希望の仕事論。
2017.5 188p 18cm ¥720 ①978-4-10-610719-1

◆状況は、自分が思うほど悪くない。―毎日が楽しくなる60の「小さな工夫」　中谷彰宏著（長野）リンデン舎, サンクチュアリ出版　発売
【要旨】毎日が楽しくなる60の「小さな工夫」。かすり傷の多い人は、致命傷を受けない。
2017.11 235p B6 ¥1400 ①978-4-86113-393-0

◆初対面で相手の心を一瞬で！つかむ法　斎藤茂太著　ロングセラーズ
【要旨】顔を合わせた瞬間が勝負。第一印象がいいと、その後の付き合い方がグッと楽になる！人生は出会いによって作られる。
2017.3 195p 18cm ¥1000 ①978-4-8454-5010-7

◆白洲次郎100の言葉―逆境を乗り越えるための心得　別冊宝島編集部編　宝島社（宝島SUGOI文庫）
【要旨】戦後、日本を支配したGHQとハードなネゴシエーションをした男が白洲次郎である。今の、多くの日本人が敗戦に打ちひしがれ、卑屈な政治家や役人ばかりだった中で、泰然とGHQと渡り合った。そして、彼の言葉が多くの日本人を勇気づけ、敗戦から立ち上がる方向性を指し示したのだ。その珠玉の言葉を、秘蔵写真とともに紹介しよう。それらは現代人にも力を与えてくれるはずだ。
2017.4 223p A6 ¥580 ①978-4-8002-7010-8

◆知らないと損する不思議な話　斎藤一人著　PHP研究所（PHP文庫）
【要旨】納税額日本一として知られ、たぐいまれなる強運の持ち主である斎藤一人さん。その成功の秘密は"ある言葉"を使い続けることにあった―。一人さん直伝の言葉に出会い、人生が好転した24人のエピソードを紹介。成功の神髄を明かす。「あなたの知らない、本当の因果論、教えます」「自分が高台にいれば、波はかぶらない」など、人生の仕組みがわかる奇跡の書。
2017.7 182p A6 ¥560 ①978-4-569-76737-6

◆知らない人に出会う　キオ・スターク著, 向井和美訳　朝日出版社（TEDブックス）
【要旨】道を歩いているとき、バスに乗っているとき、買い物しているとき、勇気を出して、知らない人に話しかけてみよう。ちょっとした会話でも、驚きと喜びとつながりの感覚を呼び起こしてくれる。赤の他人だから、心を開いて話せることもある。そうした体験は、あなたを変え、日々の暮らしに風穴を開け、この「壁の時代」に政治的な変化をも生み出す。「接触仮説」は正しいか。「儀礼的無関心」をどう破るか。他者との出会いを日々研究し続ける著者が、路上に生き生きとした会話を引きながら、異質なものとの関わっていく「街中の知恵」を説く。
2017.7 198p B6 ¥1500 ①978-4-255-01011-3

◆シリコンバレー式 頭と心を整えるレッスン―人生が豊かになるマインドフルライフ　木蔵シャフェ君子著　講談社
【要旨】Google発マインドフルネス研修プログラムSIY日本人女性初の認定講師による、脳を最適化する方法。P&G・LVMHなどのマーケティング部門を戦略的に育成し、活躍してきた著者が教える、生産性を高めるレッスン。
2017.4 238p B6 ¥1400 ①978-4-06-220526-9

◆自律神経を整える「1日30秒」トレーニング―人生が楽になるセル・エクササイズ　小林弘幸著, 末武信宏監修　イースト・プレス
【要旨】細胞を元気にし、血流をよくすれば健康な身体と安定した精神が手に入ります。たった「これ」だけで「心と体」のお悩み解消。誰でも簡単に自律神経をコントロールする方法。
2018.1 207p B6 ¥1400 ①978-4-7816-1637-7

◆深呼吸する言葉―学生に贈る　橘川幸夫著（多摩）多摩大学出版会, メタ・ブレーン　発売
2017.3 157p B6 ¥1000 ①978-4-905239-68-0

◆新 自分を磨く方法　スティービー・クレオ・ダービック著, 干場弓子編訳　ディスカヴァー・トゥエンティワン　ギフト版
【要旨】自分にはまだまだ可能性がある。きっといまの自分には思いもしないほどの可能性がある。ベストセラーが文庫で登場！10年かけても身につけて欲しい成長の黄金律。
2017.11 208p A5 ¥1200 ①978-4-7993-2177-5

◆身心が美しくなる禅の作法　星覚著　主婦の友社
【要旨】もし、あなたが憂ウツな気分だったら。もし、あなたがストレスを感じていたら。もし、あなたが何かに悩んでいたら。もし、あなたが美しく生きたかったら。…それらの解決法は、「禅の教え」から見えてきます。ただひたすら美しい作法を日常に取り入れるだけで、不安や悩みはスッキリ消えて、ストレスがストレスにならなくなります。禅で心身ともに健やかに、輝く、幸せな人生を手に入れましょう！
2017.7 205p A5 ¥1200 ①978-4-07-422913-0

◆人生を変えるクローゼットの作り方―あなたが素敵に見えないのは、その服のせい　ベティ・ホールブライシュ, レベッカ・ペイリー著, 野間けい子訳　集英社
【要旨】ニューヨーク、マンハッタン五番街の高級老舗デパート、バーグドルフ・グッドマンに、世界中のセレブを顧客に持つパーソナルショッパーがいる。恵まれた幼少期、華やかな結婚生活と破綻、自殺未遂、乳がん…。そんな彼女を救ったのは審美眼と独特のファッションセンス。40代後半にしてバーグドルフ・グッドマンでの仕事に就くと、持ち前のユーモアとセンスで伝説のパーソナルショッパーと呼ばれるまでの成功を収める。90歳にして現役！NYの伝説のパーソナルショッパーが語る、「人生」と「ファッション」。
2017.11 375p B6 ¥1600 ①978-4-08-781643-3

◆人生をつくり変える「宇宙の原理」　加藤由迦著　光文社
【要旨】短期間で人生のステージを大きく変えた著者が実践するこの世で最も深遠なシークレット。パワーブロガーのデビュー作。
2017.6 223p B6 ¥1300 ①978-4-334-97930-0

◆人生をはみ出す技術―自分らしく働いて「生き抜く力」を手に入れる　枡野恵也著　日経BP社, 日経BPマーケティング　発売
【要旨】東大、マッキンゼーからパンツ社長に転身した著者が語る「組織の歯車」では生き残れない時代の指南書。
2017.6 205p B6 ¥1400 ①978-4-8222-5522-0

◆人生を間違えないための大人の確率ドリル　桜井進監修, 開発社編　夏目書房新社, 垣内出版　発売
【要旨】確率の高い方を選べば誰でも勝ち組になれる。1/10のクジは本当に引くのが有利？食事会で憧れの女性の隣になる確率は？ジャンボ宝くじが当たる確率は？アイドルと結婚できる確率は何％？…etc、人生に役立つ確率問題全50問掲載。日常の「どちらがおトク？」を分かれば有利な方を選べるようになる大人の確率問題集！
2017.1 173p B6 ¥1300 ①978-4-7734-1003-7

◆人生を豊かにする学び方　汐見稔幸著　筑摩書房（ちくまプリマー新書）
2017.10 175p 18cm ¥780 ①978-4-480-68991-7

◆人生が輝きだす30+1の言葉　はせくらみゆき著　ワニ・プラス, ワニブックス　発売
【要旨】皆が知っている言葉、日々使っている言葉、あたりまえすぎて、わざわざ、気に留めることもなかった言葉。そこに、想いを込めるー。たったそれだけで、あなたの人生が、さらに輝きはじめます。
2017.9 189p B6 ¥1300 ①978-4-8470-9588-7

◆人生が変わる因果の法則　木村藤子著　主婦と生活社
【要旨】情報に惑わされず幸せになれる方法。"青森の神様"透視人生30年の集大成！
2017.5 191p B6 ¥1300 ①978-4-391-15035-3

◆人生が変わる「感情」を整える本　和田秀樹著　祥伝社（祥伝社黄金文庫）
【要旨】動揺しない、怒らない、落ち込まない。仕事も人間関係もうまくいく、「感情コントロール」の技術！
2017.2 209p A6 ¥620 ①978-4-396-31705-8

◆人生が変わるホ・オポノポノの教え　ジョー・ヴィタリ, イハレアカラ・ヒューレン著, 東本貢司訳　PHP研究所（PHP文庫）（『ハワイの秘法』加筆修正・再編集・改題書）
【要旨】人生を切り開く方法、それは記憶を消去すること。自分の人生に100％責任を持ち、記憶や思考を消去することができるようになれば、心が「ゼロ」になっていき、自分らしく生きることができる。その方法を授けてくれるメソッド、ハワイに伝わる問題解決法「ホ・オポノポノ」でほとんどの悩みは解決できる。
2017.7 301p A6 ¥700 ①978-4-569-67471-1

◆人生が変わるマインドフルネス　荻原順子著　幻冬舎メディアコンサルティング, 幻冬舎　発売
【要旨】「何となくうまくいかない」が解消できる！28年間マインドフルネスを実践・指導してきた専門家が教える人生を充実させる秘訣。
2017.7 209p 18cm ¥800 ①978-4-344-91326-4

◆人生が劇的に変わるスロー思考入門　香山リカ著　ビジネス社
【要旨】自分を苦しくする"自己啓発的生き方"は、もうやめませんか？常識に自分を縛りつけて、苦しんでいませんか？すべての人が「高い成果」を求めて生きる必要なんかない―心が楽になる「その日暮らし」のススメ。
2017.4 187p 18cm ¥1000 ①978-4-8284-1944-2

◆人生から期待される生き方　樋野興夫著　主婦の友社
【要旨】自分の命よりも大切なものとは何か…。内から外に目を向けたとき、命より大切な、自分に与えられた役割、使命が見えてくるはずです。それらの役割、使命を果たそうと生きる姿こそ"人生に期待する"ではなく"人生から期待される"生き方なのです。これからは"命がいちばん"と考えないほうがいい。がん患者と家族に生きる希望を与えた言葉の処方箋―。
2017.3 207p 18cm ¥1100 ①978-4-07-422907-9

◆人生が楽になる ほんとうの癒し―宇宙の真理とこの世のしくみについて　上江洲義秀, 越智啓子著　徳間書店
【要旨】わたしとは誰なのか。悟りとはどういうことか。神様はいるのか。あの世はあるのか。なぜ生きるのがつらいのか。どうあれば自分らしく生きられるのか。真の覚醒者と魂の精神科医が語り尽くした！
2017.12 227p B6 ¥1400 ①978-4-19-864532-8

◆人生とお金の道を極めた竹田和平の人生訓　竹田和平著　致知出版社
【要旨】竹田和平さんと縁の深い68人による寄稿。
2017.6 188p B6 ¥1400 ①978-4-8009-1151-3

◆人生に成功したい人が読む本　斎藤一人著　PHP研究所（PHP文庫）
【要旨】「威張っちゃイケない」「ナメられちゃイケない」この2つができるようになったとき、周囲の人から絶大な信頼を勝ちとれる―。納税額日本一として知られる実業家・斎藤一人さんが、人生に成功したい人たちに秘訣を伝授。「いい人なのに成功しないのは、ナメられてるから」「すべてのよきものを味方につける生きかた」「来世やりたいことは今できる」など、楽しく生きる極意をたっぷり教えます！
2017.4 204p A6 ¥520 ①978-4-569-76687-4

◆人生に必要な荷物いらない荷物 完全版　リチャード・J・ライダー, デヴィッド・A・シャピロ著, 藤井留美訳（東久留米）シャスタインターナショナル（『人生に必要な荷物いらない荷物』改題書）
【要旨】40代から始める、これからをもっとハッピーに生きるための「人生の棚卸し」術。
2017.8 294p B6 ¥1600 ①978-4-908184-09-3

◆人生にムダなことはひとつもない　佐藤優, ナイツ著　潮出版社

人生論・生き方

◆人生にゆとりを生み出す知の整理術　pha著　大和書房
【要旨】超めんどくさがりやが編み出した、効率的な学び方全部のせ！
2017.12 246p B6 ¥1300 ①978-4-479-79620-6

◆人生の気品　草笛光子、赤川次郎、高見のっぽ、鳳蘭、宝田明、笹本恒子、周防正行、山本おさむ、渡辺えり、野見山暁治、帯木蓬生、香川京子、嵐圭史、渡辺美佐子、梶田隆章著　新日本出版社
【要旨】各界で活躍する15人の「人生の転機」とは？味わい深い逸話や格言から、文化を生み出すエネルギーの根源を紐解きます。「自分らしく、どう生きるか」を見つめる一冊。
2017.11 220p B6 ¥1500 ①978-4-406-06180-3

◆人生の教訓―大自然に習う古くて新しい生き方　佳川奈未著　青春出版社
【要旨】運がいい人とは、"タイミング"のいい人！「時」をみかたにつければだれ、すべてのことが報われる。―「陰」で自分を磨くから、表の世界で「光」が当たる。易経が伝える幸福繁栄の秘密。
2017.2 187p B6 ¥1400 ①978-4-413-23026-1

◆人生の困難を突破する力　小野寺佑太著　幻冬舎メディアコンサルティング, 幻冬舎 発売
【要旨】孤独、挫折、闘病…降りかかる困難をすべて突破して100万人を超える生保業界の頂点に君臨。数々の困難を乗り越えてきた男が成功をつかむまでの壮絶すぎる半生を綴ったノンフィクション。
2017.12 203p B6 ¥1500 ①978-4-344-91189-5

◆人生の「質」を上げる 孤独をたのしむ力　午堂登紀雄著　日本実業出版社
【要旨】思考・人間関係・夢・目標、本当に大切なものは、ひとりで見つける。
2017.11 254p B6 ¥1400 ①978-4-534-05537-8

◆人生の終い方―自分と大切な人のためにできること　NHKスペシャル取材班著　講談社
【要旨】別れの日まであなたが始めたいことは何ですか。毎日が終い時の「桂歌丸師匠」、笑顔を撮り続けた「水木しげるさん」―ほか、11の自分らしい最後の時間の生き方。
2017.12 194p B6 ¥1300 ①978-4-06-220614-3

◆人生の「主役」はあなたです　鈴木真奈美著　PHP研究所
【要旨】この本で、あなたにお伝えしたいのは一。自分を解き放ち、人生の主役として生きること。夢や願いを叶え、望む未来をすいすい引き寄せること。トラブルが起きた時でも、早めに心を軌道修正し、さらなる運を味方につけていくこと。人生を劇的に変える渾身のメッセージ。
2017.6 206p B6 ¥1400 ①978-4-569-82815-2

◆人生のぜいたく　吉沢久子著　主婦の友社
【要旨】「美しいものを見逃さない」夫の言葉で。いくつになっても「面白がりの精神」で！手作り柚餅子のおいしさ、知っていますか。一番だしをとった日は茶碗蒸しを作ります。ひとりを慎む暮らし方。
2017.2 189p B6 ¥1300 ①978-4-07-422215-5

◆人生の選択―いいものだけを選ぶことはできない　曽野綾子著　海竜社
【要旨】人間は利口なこともするが、同じくらいバカなこともする。どちらも大した差はない。失敗は人生とはこういうことだったのかと教えてくれる。大切なことは、自分なりの選択を し続けられるかどうか。
2017.4 221p B6 ¥1100 ①978-4-7593-1535-6

◆人生の目的―自分の探し方、見つけ方　本田健著　大和書房　（だいわ文庫）
【要旨】自分は、何のために生きているのか。これからの人生で、どんなことをすべきしているのか。何をすれば、充実した毎日になるのか。―あなたは、自分の心と真摯に向き合っていますか？後悔のない素晴らしい人生を生きるための指針を示す。これから、どう生きるのかを見つめ直すきっかけとなる一冊！
2018.1 254p A6 ¥680 ①978-4-479-30685-6

◆人生の持ち時間　曽野綾子著　新潮社　（新潮新書）
【要旨】親しき者との別れ、老いにともなう病、たび重なる天災、貧しさがもたらす歪み…。いつの時代、どこの国に生まれようと、私たちを

取りまく現実はしばしば善悪を超えている。自分で変更できない運命の形とどう向き合うか。人間として魅力的とはどういうことか。「自分で方途を考え出す」「好きな人生の道を選ぶ」「時には非合理な異次元を楽しむ」など、人生の持ち時間を無駄にしないための原則を説く。
2017.10 199p 18cm ¥740 ①978-4-10-610738-2

◆人生はあなたに絶望していない―V.E.フランクル博士から学んだこと　永田勝太郎著　致知出版社
【目次】第1章 私の奇跡体験とフランクル先生の教え（死の淵からの生還―私自身の体験1、至高体験とミッションの創造―私自身の体験2）、第2章 ビクトール・フランクル先生と私（自らが生きる主体は「自分」にある、ビクトール・フランクル先生の生涯、実存分析の医学への展開 ほか）、第3章 人生はあなたに絶望していない―ビクトール・フランクル先生来日講演録（フランクル先生ご夫妻の来日、フロイト、アドラーとの交流、強制収容所の経験 ほか）
2017.11 174p 19cm ¥1300 ①978-4-8009-1163-6

◆人生は曇りときどき晴れがちょうどいい　斎藤茂太著　PHPエディターズ・グループ, PHP研究所 発売
【要旨】心の名医モタさんの日常を乗り越えるヒント。
2017.2 204p 18cm ¥1200 ①978-4-569-83286-9

◆人生は引き算で豊かになる―金閣寺・銀閣寺の住職が教える　有馬頼底著　文響社
【要旨】臨済宗相国寺派第七代管長であり、金閣寺・銀閣寺の住職を務める有馬頼底から本物の禅が学べます。「もっとという気持ちを捨て、心穏やかに生きてみませんか。
2017.4 208p B6 ¥1280 ①978-4-905073-80-2

◆人生、余裕で生きる極意　武田双雲著　三笠書房
【要旨】1つの工夫で、人生はもっと豊かになる。人と「違うところ」が、自分の「いいところ」。今日から「心の達人」になれる本。
2017.11 213p B6 ¥1300 ①978-4-8379-2707-5

◆心配しなさんな。悩みはいつか消えるもの　板橋興宗著　秀和システム
【要旨】元曹洞宗管長・御誕生寺住職、板橋興宗禅師が説く、穏やかな生き方。一息、一息を重ねて90年。
2017.8 147p 18cm ¥1000 ①978-4-7980-5169-7

◆図解 一流の人が大切にしている人生がすべてうまくいく習慣38　三浦将著　PHP研究所
【要旨】依頼殺到の大人気メンタルコーチが明かす！「お先にどうぞ」と譲る、笑顔で挨拶をする、ボーっとする時間を持つ。行動を1つ変えるだけで、すごいことが次々起こる！
2017.11 94p 29×21cm ¥800 ①978-4-569-83685-0

◆図解 斎藤一人 すべてがうまくいく魔法の法則　宮本真由美著　PHP研究所
【要旨】お金をかけずに、誰でも楽しく、超カンタンにできる！ベストセラー待望の図解版！がんばらずにいいことを引き寄せる、40のコツを紹介す！
2017.6 94p 29×22cm ¥800 ①978-4-569-83623-2

◆図解 人生がはかどる「ふせんノート」―写真とイラストでわかる！　坂下仁著　フォレスト出版
【要旨】破産の危機から資産数億円はたった1冊のふせんノートから始まった！テレビや雑誌、SNSで話題のふせんノートがオールカラーでわかりやすい！
2017.2 125p A5 ¥1300 ①978-4-89451-747-9

◆図解 マインドフルネス瞑想がよくわかる本　有光興記監修　講談社　（健康ライブラリースペシャル）
【要旨】瞑想のしくみがわかる！今すぐ実践する！図解で理解が深まる決定版。
2017.4 98p 21×19cm ¥1300 ①978-4-06-259859-0

◆好かれる人が無意識にしている気の使い方―毎日がうまくまわりだす61の具体例　中谷彰宏著　すばる舎リンケージ, すばる舎 発売
【目次】第1章 優しくされた人は、気遣いができる。第2章 しないことで、好かれる。第3章 気づきで、仕事の質が上がる。第4章 振る舞いで、相手が安心する。第5章 ダンドリで、心地よく

する。第6章 気の使い方で、マインドが変わる。
2017.7 190p B6 ¥1300 ①978-4-7991-0641-9

◆"好き"を仕事に変える　沖中幸太郎著　アルファポリス, 星雲社 発売
【要旨】人生という道を決めるのは他の誰でもない、自分自身だ！「好き」を人生を動かす原動力に変え自分の道を開拓してきた者だけが辿り着くことができる景色がある―。アルファポリスビジネスで連載中のインタビュー企画「道を極める」を1冊にまとめたインタビュー集。
2017.7 255p B6 ¥1400 ①978-4-434-23533-7

◆好きなことだけで生きていく。　堀江貴文著　ポプラ社　（ポプラ新書）
【要旨】自分の人生を無駄にしている人へ伝えたい、「自分の時間」を取り戻す生き方―。ホリエモンの後悔しない生き方・働き方論、決定版。他人、時間、組織、お金、欲望などにふりまわされず、「好き」を追求するため、どう考え、行動すればいいのかを明快に説く！最初の一歩を踏みだすことができない不器用な人たちに勇気を与える、最強の人生指南書。
2017.5 202p 18cm ¥800 ①978-4-591-15466-3

◆「好きなことだけやって生きていく」という提案―「これから活躍する人になる」34の方法　角田陽一郎著　アスコム
【要旨】この時代に生まれて本当によかった！もう、嫌いな仕事をガマンして続けなくていいんです。好きなことを仕事にして楽しく生きられる。むしろ、そうしないと生き残れない時代が、あと数年でやってきます。しかも、コツをつかめば、今なら誰でも好きなことだけやって生きていける。変革期の今こそチャンスなんだ。
2017.8 279p 18cm ¥1100 ①978-4-7762-0936-2

◆すぐに結果を求めない生き方―ほんとうの幸せは目に見えない　鍵山秀三郎著　PHP研究所
【要旨】売上や利益だけを目標にする企業、出世や成功だけを望むビジネスマン、「自分さえよければ」と考える日本人、それで幸せになれるのか？よい世の中になるのか？掃除で社会を変えてきた著者が語る、真の幸福を招き寄せる方法とは。
2017.8 222p B6 ¥1400 ①978-4-569-83854-0

◆すぐやる力 やり抜く力―スポーツ心理学の超プロが明かす　児玉光雄著　三笠書房
【要旨】才能も、情熱も、育てるテクニックが存在した！やる気をださなくても、やりたくて仕方がなくなる行動心理をマスターしよう。潜在能力が目覚めすべてが驚異的にうまくいく「フロー体験」を起こす技術。
2017.8 220p B6 ¥1300 ①978-4-8379-2696-2

◆「すぐやる！」で、人生はうまくいく―「できない」を「できる」に変える7つのスイッチ　夏川賀央著　きずな出版
【要旨】「あれこれ考えずに試してみる」というのが、「すぐやる！」の第一歩です。「できない」を「できる」に変える7つのスイッチ。
2018.1 205p B6 ¥1400 ①978-4-86663-020-5

◆すごい瞑想―お医者さんがすすめる　保坂隆著　PHP研究所
【要旨】集中力・記憶力がアップする。そして、人生がまるごと変わる！1日10秒からはじめる新習慣。不安・イライラ・疲労感がなくなる。自分の生活にあわせて、「がんばらない」瞑想ライフを。
2017.3 207p B6 ¥1400 ①978-4-569-83484-9

◆ずこうことばでかんがえる　きだにやすのり著　エイチアンドエスカンパニー
【要旨】「いろいろなことをいわれてあたまではわかっているけどなにをしていいかわからないよ、ということがあるとします。そんなときはこのほんにかいてあるずこうことばでかんがえてみてください。」ずこうことばをキーワードに、時に固くなってしまった頭を、簡単な言葉が紐解くヒント集。
2017.8 128p 19cm ¥1250 ①978-4-9907596-2-9

◆ずっとやりたかったことを、やりなさい。　ジュリア・キャメロン著, 菅靖彦訳　サンマーク出版　新版
【要旨】どんな人でも、何歳からでも、創造的に生きられる。忘れていた夢をかなえた人、続出！全米で25年間愛されつづけるロングセラーの完全版がついに登場！「50歳からスタートして脚

BOOK PAGE 2018　　　　　　　　　　　　97　　　　　　　　　　　　人生論・生き方

本家になった！」「アーティストになった」「イライラしなくなった！」と大評判。毎日をもっと豊かに、パワフルに、自分らしく生きるための12週間の旅。
2017.5 399p 18cm ¥1300 ①978-4-7631-3603-9

◆すてきな素敵論　松浦弥太郎著　講談社
（講談社プラスアルファ文庫）　（『僕の好きな男のタイプ』加筆・修正・改題書）
【要旨】「暮しの手帖」前編集長のエッセイスト、松浦弥太郎が、59通りの「すてき」で「おとこまえ」な魅力を教えます。読んだ後には、豊かな人間関係がきっと広がります！すてきな男性って、どんな人だろう？すべての女性に松浦さんが捧げる「素敵論」！男性にとっては、捨てておけない必読書です！
2017.4 203p A6 ¥560 ①978-4-06-281715-6

◆捨てちゃえ、捨てちゃえ─いらないものを手放せば、もっと自由になれる　ひろさちや著，matsue絵　PHP研究所　（『捨てちゃえ、捨てちゃえ』再編集・改題書）
【要旨】世間の常識、理想的な自分、「こうあるべき」という思い込み。みんな、捨ててしまえばいい。本当に必要なものは、あんがい少ない。
2017.2 127p A5 ¥630 ①978-4-569-82200-6

◆捨て猫に拾われた男─猫背の背中に教えられた生き方のヒント　梅田悟司著　日本経済新聞出版社
【要旨】甘えたい時に甘え、構って欲しくない時には容赦なく爪を立てて牙をむく。そんな横暴な振る舞いをしてもなお愛される猫の生き様に、相手の顔色ばかりを窺いながら生きる現代人へのヒントが!?
2017.9 221p B6 ¥1200 ①978-4-532-17621-1

◆捨てる贅沢─新しい人生をはじめる30のヒント　山本憲明著　ポプラ社　ポプラ新書
【要旨】40代は、これまで通りをとにかく捨てる。会社員としての行く末が見えてきた。変わらなければいけないのはわかるけど、今さら転職する勇気もない。なんとかやり過ごせないものか…。本書は、旧い価値観を押しつけてくる上司と、新しい価値観を持って追い上げてくる部下の間で板ばさみになる40代が、自分の人生を取り戻し、本当に大切なことに集中するために今、捨てるべきことを説く。
2017.3 181p 18cm ¥800 ①978-4-591-15422-9

◆スピリチュアル・リナーシェ─祈るように生きる　江原啓之著　三笠書房
【要旨】丁寧な時間の積み重ねで、乗り越えられる。日常で誰もが経験する挫折や困難…たとえ今、どんなにツラくても、私たちは必ずリナーシェ（再生）し、輝きます！その方法と温かい励ましが、この本にはふんだんに詰まっています。
2018.1 236p 18cm ¥1200 ①978-4-8379-2714-3

◆図太くなれる禅思考─傷つきやすい人のための　枡野俊明著　文響社
【要旨】"誤解を怖れずにいいましょう。じつは禅僧はみな「図太い」のです。" 無神経でも図々しくもない、たくましく、おおらかな、真の「図太さ」を身に付けるための心の持ち方・振る舞い方とは？ニューズウィーク日本版「世界が尊敬する日本人100人」に選出された禅僧、枡野俊明。大学教授、庭園デザイナーとしても活躍し、ベストセラーも多数の著者が初めて教える。禅僧の秘密、その「図太さ」の極意。
2017.5 208p B6 ¥1380 ①978-4-905073-88-8

◆すべては導かれている─逆境を越え、人生を拓く五つの覚悟　田坂広志著　小学館
【要旨】その覚悟を定めた瞬間、想像を超える「不思議」が訪れる。科学の道を歩んできた著者が語る、我々の心の奥深くに眠る「未来の記憶」。
2017.12 239p B6 ¥1300 ①978-4-09-388585-0

◆セクシーな人は、うまくいく。一人を惹きつける色気のつくり方61　中谷彰宏著　学研プラス
【要旨】色気のある人に、人は集まる。だから、仕事も恋愛もうまくいく。
2017.6 193p B6 ¥1300 ①978-4-05-406570-3

◆「絶望」に声を与えよう。　ジョン・キム著　きずな出版
【要旨】感情を解放して、本当の自分と出会う。自己への絶対的信頼と未来に導く "人生のつり革"。
2017.11 173p B6 ¥1400 ①978-4-86663-015-1

◆全米最高視聴率男の「最強の伝え方」　アラン・アルダ著，高橋洋訳　青土社
【要旨】ゴールデングローブ賞、エミー賞、ピープルズ・チョイス賞、全米監督組合賞を総なめにし、ドラマシリーズ「M*A*S*H」で全米最高視聴率を獲得した、俳優、監督、脚本家のアラン・アルダが、聴衆の心、そして他人の心をやさしく掴む伝え方を語る！ベテラン俳優の経験知と、サイエンス・コミュニケーションの最新知で、「ほんとうに伝わる」方法を科学する。
2018.1 268, 2p B6 ¥1800 ①978-4-7917-7034-2

◆専門医が教える人生をコントロールする27のヒント　小林弘幸著　PHP研究所　（PHP文庫）　（『みだれな生き方』改題書）
【要旨】努力しているのに結果が出ない、ここ一番で力を発揮できない…。そんな悩みの原因のほとんどは、「自律神経のみだれ」にあった！本書では、自律神経研究の第一人者が、誰もが実践できる自律神経の整え方をやさしく伝授。「あわただしい朝ほど、背筋を伸ばしてゆっくり歩く」「逆境でも笑顔を絶やさない」など、この一冊であなたの日々の努力は報われ、人生も確実に変わる！
2017.9 217p A6 ¥640 ①978-4-569-76765-9

◆そうだ！幸せになろう　人生には、こうして奇跡が起きる　青香葉子著　青春出版社
【要旨】心のダークサイド×ハピネスサイドの力は、あなたに使われるのを待っている!!誰もがもっている2つの力の使い方。
2017.10 192p B6 ¥1400 ①978-4-413-23059-9

◆「ソウルカラー（宿命の色）」と「テーマカラー（運命の色）」を知れば人生はいつでもリセットできる　角田よしかず著　BABジャパン
【要旨】輪廻伝承─過去世から受け継ぐ「宿命」を完結して、「運命」を変える！人生が思うようにいかない人は、進むべき道（生き方、仕事など）が違うため、いつもリセットすることになる。自分の「ソウルカラー（宿命の色）」「テーマカラー（運命の色）」も簡単にわかる！
2018.1 251p B6 ¥1300 ①978-4-8142-0101-3

◆続・座右の書　人生の生き方研究会編著　東京図書出版，リフレ出版 発売　（TTS文庫）
【要旨】幸せな人生のための、万人座右の書。幸福な人生への道しるべとして、人生の糧として。
2017.9 103p A6 ¥700 ①978-4-86641-086-9

◆そっと無理して、生きてみる─百歳先生の人生カルテ　髙橋幸枝著　小学館
【要旨】30代で医師となり、50歳で病院開設。80歳で絵画を始め、90代で海外旅行。百歳の医師が語る「人生の味わい方」。
2017.12 183p B6 ¥1200 ①978-4-09-388492-1

◆そのままでいい─100万いいね！を集めた176の言葉　田口久人著　ディスカヴァー・トゥエンティワン
【要旨】Instagram フォロワー13万人超、じわじわと広がる新世代のバイブル。厳選人気作品＋書き下ろし作品収録。
2017.2 311p 16x14cm ¥1300 ①978-4-7993-2039-6

◆空の扉を開く聖なる鍵─忘れられたゼロ意識とは　Mana著　青春出版社
【要旨】あなたが今月、誕生するずっと前から、あなたの内側にあった何かを知っていますか？あなたは、あなた以上の自己を知っていますか？肉体や思考や性別でもなく、宇宙をも超えた自分自身を知っていますか？探し続けていたものは、すべて、あなたの中心にある。空は、あなたのたくさんの可能性と才能が交差している領域のことです。昨日までのあなたと、あなたの世界が、ガラリと変わってしまう。愛と喜びの人生を歩み出すために─
2018.1 271p A5 ¥2000 ①978-4-413-11238-3

◆それって、必要？─いらないものにしばられずに、1週間で人生を変える30の方法　筆子著　KADOKAWA
【要旨】なかなか捨てられない物、気の乗りのしない人間関係、家事や仕事の「あたりまえ」…。自分で自分を忙しくしていませんか？自分にとって「大切なこと」に気づく1週間レッスン。
2017.8 255p B6 ¥1300 ①978-4-04-069187-9

◆退屈すれば脳はひらめく─7つのステップでスマホを手放す　マヌーシュ・ゾモロディ著，須川綾子訳　NHK出版
【要旨】世界中から2万人が参加した、米人気ラジオ番組発「退屈するための」実験的プロジェクト。ポイントはスマホとのつき合い方。画面を

見ているうちに、ハッと気づいたら2時間たっていたときの、あの後ろめたさ。スキマ時間を有効活用してるはずなのに、なぜか長くなっていくToDoリスト。メールの返信に追われて何もできない午前中…便利に使っていたはずのスマホに、いつの間にか使われていないだろうか？本書で、今日から1週間「退屈するための」プログラムに参加してみよう。退屈な時間にこそ、アイディアがひらめくことが必ず実感できる。
2017.10 277p B6 ¥1600 ①978-4-14-081726-1

◆「退屈」の愉しみ方　名取芳彦著　三笠書房　（知的生きかた文庫）
【要旨】「ヒマだ」となげく人に、「忙しい」とぼやく人に効く、人生のコツ。
2017.5 203p A6 ¥600 ①978-4-8379-8469-6

◆「大丈夫」がわかると、人生は必ずうまくいく！　斎藤一人著　サンマーク出版　（サンマーク文庫）　（『大丈夫だよ、すべてはうまくいっているからね』加筆・修正・改題書）
【要旨】「自分の人生はうまくいっている」と思えますか？もしもそう思えていないなら、それは「大丈夫」ということがわかっていない証拠です。本書では、著者がこれまで著書や講演で伝えてきた「いつだって"大丈夫"な生き方」について詳しく解説。「思い込みを捨てて豊かな心で生きること」「世の中のいろいろな法則をきちんと学ぶ大切さ」「振動数を上げて自分をまわりもしあわせにする方法」など、自分を認めて前向きに生きるヒントが満載。読むだけで人生がうまくいきはじめる一冊です。
2017.4 173p A6 ¥600 ①978-4-7631-6085-0

◆大丈夫。そのつらい日々も光になる。　中島輝著　PHP研究所
【要旨】巨額の借金、パニック障害や統合失調症、躁うつ、自殺未遂…。辛く苦しい日々を経て、わかったこと。再生までの自伝的エッセイと、希望のメッセージ。
2017.11 222p B6 ¥1200 ①978-4-569-83699-7

◆大切なことに気づく引き寄せの旅　山崎拓巳著（明石市）ライツ社
【要旨】旅は、「引き寄せの法則」をもっとも簡単に起こす古来からのシステム。世界中の「絶景パワースポット写真」と、奇跡が起こり始める「18のメッセージ」。
2017.7 127p 18x18cm ¥1400 ①978-4-909044-05-1

◆宝くじで1億円当たった人の末路　鈴木信行著　日経BP社，日経BPマーケティング 発売
【要旨】「友達がゼロの人」「子供を作らなかった人」「家を買わなかった人」…普通の会社員が下した選択を待ち受ける、23の末路。みんなとは違うけど、読み進めるほど心が軽くなる！
2017.3 277p B6 ¥1400 ①978-4-8222-3692-2

◆武田邦彦の科学的人生論─ホンマでっか!?　武田邦彦著　飯塚書店
【要旨】「自分のために生きていると思うのは錯覚！」「忙しいわりに儲からない状況がいちばん！」「頭で考えることは間違っている！」日本のコペルニクスが人生も科学的に斬りまくる！
2017.12 225p B6 ¥1400 ①978-4-7522-6029-5

◆武田双雲の心をスーッと軽くする200の言葉　武田双雲著　扶桑社
【要旨】よりよく生きる知恵。心に響く200の言葉集。心を軽くする7つのコンテンツ。
2017.11 223p B6 ¥1400 ①978-4-594-07779-2

◆ただ一心に咲く─桜が教えてくれる人生で大切なこと　立部祐道著　中央公論新社
【要旨】京都の春、仁和寺は満開の桜。種は、辿り着いたところで咲いて、実をつける。幸せを望むなら、まずは足元を見つめましょう。草木を愛でて、古刹を守る門跡が説く「幸せの極意」。
2017.12 203p 19x12cm ¥1300 ①978-4-12-005031-2

◆ただしい人から、たのしい人へ─そして「ありがとうの人」になる　小林正観著　廣済堂出版　（付属資料：シール）
【要旨】「なんとかしなければ」と考えるより、「楽しいかどうか」と考えたほうが、人生はずっと面白い！周りの人、もの、出来事、すべてに「ありがとう」。
2017.4 244p A6 ¥1500 ①978-4-331-52092-5

◆たった一度きりの人生をマックスに！　ポジティブ会議　茂木健一郎，松岡修造著　アスコム

人生論・生き方

【要旨】日本一熱い男・松岡修造と脳のスペシャリスト・茂木健一郎が、「ポジティブ」をテーマに会議を開催。読めば元気に、参加すればポジティブになれる「ポジティブ会議」が始まります！ 2017.6 185p B6 ¥1000 ①978-4-7762-0938-6

◆たった一度の人生を悔いなく生きるために大切なこと 青山俊暉著 海竜社
【要旨】曹洞宗尼僧の大教師が説く心が楽になる教え。悩み、苦しみを通してこそ、本当の自分に出会える。人生はいろいろあるから面白い。 2017.9 229p 18cm ¥1400 ①978-4-7593-1552-3

◆たった一つの自信があれば、人生は輝き始める 有川真由美著 きずな出版
【要旨】自分を信じる力が、あなたの可能性を開いていく！ 明日が楽しみになる「毎日の習慣」。 2017.10 205p B6 ¥1400 ①978-4-86663-011-3

◆たとえ、今日が散々な日であったとしても…。―世界的人道支援家の"生きる力"がわいてくるメッセージ プレム・ラワット著,マックス・ウィトル訳 大和出版
【要旨】仕事・人付き合い・人生でつまずいてしまったあなたへ。幸せは"穏やかな自分"に宿る―。世界250都市・1500万人の人生を変えた魂の言葉。 2017.10 179p B6 ¥1400 ①978-4-8047-0540-8

◆他人とうまく関われない自分が変わる本 長沼睦雄著 青春出版社
【要旨】「なんで私はうまくいかないんだろう？」精神科医が教える「自分も周りも大事にする」ヒント。 2018.1 207p B6 ¥1300 ①978-4-413-23063-6

◆他人に踊らされたくないのなら、疑う力を鍛えなさい 武田邦彦著 ぶんか社
【要旨】こびりついた偏見や思い込みを一掃!!武田式脳内洗浄。森友学園問題、不倫報道、ベッキー、清原、集団的自衛権にがんまで、語り尽くした42エピソードを収録!! 2017.12 191p B6 ¥1300 ①978-4-8211-4468-6

◆楽しいだけで世界一！ 林映寿著 （小布施町）文屋,サンクチュアリ出版 発売
【要旨】16歳の世界チャンピオンを生んだ信州小布施の山寺、浄光寺のスラックライン。笑顔でとことん楽しめば、才能が開花する、人が成長する、組織が活性化する。感謝の39法、伝授！ 2017.4 217p B6 ¥1500 ①978-4-86113-779-2

◆旅するように生きてみたら―お金と時間から自由になる20の方法 有川真由美著 毎日新聞出版
【要旨】お金・仕事・環境・時間は考え方次第でうまくいく！ 累計100万部以上を売り上げる人気エッセイストがこれからの生き方、学び方を提言!!「ここしかない」をやめた著者がリアルに綴る新しい生き方のコツ。 2017.6 205p B6 ¥1400 ①978-4-620-32450-0

◆魂のつながりですべてが解ける！ 人間関係のしくみ 越智啓子著 青春出版社
【要旨】なぜ、あの人は私を振り回すのか、どうして怒りたくなるのだろう、いつまでも悲しみが消えないのは…「魂の医師」が教える、親子・夫婦・友人、様々な人間関係の人間関係の心地よく変わる本。 2017.6 220p B6 ¥1400 ①978-4-413-23045-2

◆ためない心の整理術―もっとスッキリ暮らしたい 岸本葉子著 文藝春秋 (文春文庫)
【要旨】やるべき事が次から次へと増えてきて、イライラしていませんか？ 仕事に家事に育児に多忙な日々を送る女性に、毎日の暮らしの中で簡単にできる整理術や心がけを提案。心の澱は、気が付かないうちにたまってしまいます。こまめの小掃除で、大きく生活が違ってきます。心身共にスッキリ気持ちよく生きる為のヒントが満載！ 2017.3 205p A6 ¥640 ①978-4-16-790819-5

◆誰とでも3分でうちとけるほんの少しのコツ 鈴木あきえ著 かんき出版
【要旨】会話のイヤな間がなくなる。第一印象で好かれる。面接で話が弾む。「また会いたい」と思ってもらえる。「王様のブランチ」リポーター歴10年。場の雰囲気がよくなる！ 話し方のルール 2017.3 191p B6 ¥1300 ①978-4-7612-7238-8

◆端正な生き方 曽野綾子著 扶桑社 (扶桑社新書)
【要旨】人生を「損得」の勘定で選ばない。希望しても、努力しても、報われないときもあるか？ 2017.3 263p 18cm ¥780 ①978-4-594-07655-9

◆小さなことで感情をゆさぶられるあなたへ 大嶋信頼著 PHP研究所
【要旨】不安、不機嫌、怒り。その感情は、他人によってゆさぶられているだけだ。暗示の力を使い一瞬で対処する！ 2017.8 211p B6 ¥1300 ①978-4-569-83837-3

◆ちいさなことにイライラしなくなる本―イヤな気分を引きずらない技術 大嶋信頼著 マガジンハウス
【目次】第1章 実はあまり知られていない怒りの正体（ちいさな怒りほど溜まりやすい、「ちいさなこと」が飲み込まれる理由 ほか）、第2章 実例で解決する！ いろんな怒り（実際のケースから怒りの鎮め方を探ってみよう、CASE01 全く家事をやらない夫に不満 ほか）、第3章 それでもくすぶり続ける怒りの抑え方（なかなか怒りが収まらない理由とは？、意識できる怒り、無意識の怒り ほか）、第4章 怒りを受け入れ、利用する（人はなぜ「怒っている」ことを否定したがるのか、怒りを溜め込むことのメリットとデメリット ほか） 2017.7 197p B6 ¥1300 ①978-4-8387-2940-1

◆小さな修養論 3 「致知」の言葉 藤尾秀昭著 致知出版社
【目次】第1章 先哲の教え（先哲遺訓、繁栄の法則 ほか）、第2章 時を見据える（人間という奇跡、遠慮 ほか）、第3章 自己を磨く（リーダーシップの神髄、腹中書あり ほか）、第4章 運命をひらく（視座を高める、関を越える ほか）、第5章 人生の心得（人を育てる、夷険一節 ほか） 2017.9 167p 19cm ¥1200 ①978-4-8009-1157-5

◆近すぎず、遠すぎず。―他人に振り回されない人付き合いの極意 枡野俊明著 KADOKAWA
【要旨】人間関係の悩みはすべて距離感だけで解決する。「おせっかい」と「親切」との差は何か？ 現代に最も必要な人付き合いの極意を紹介！「世界が尊敬する日本人100人」に選出された禅僧が教える生きづらい世の中を身軽に泳ぎ抜くシンプル処世術。 2017.9 205p B6 ¥1300 ①978-4-04-601764-2

◆地球は「行動の星」だから、動かないと何も始まらないんだよ。 斎藤一人著 サンマーク出版 (サンマーク文庫)
【要旨】「こうしたい」「こうなりたい」という夢はあるのに、どうせ実現はムリだと思っていませんか？ 新しいことをやってもちっとも続かなかったり、すぐに言い訳を考えたりしていませんか？「思い」はあっても行動に移さなければ結果はついてこない。本書では、とにかく一歩を踏み出し、学びと結果を手にする方法を、納税額日本一のひとりさんがくわしく解説してくれています。「行動の大切さ」を説くベストセラーが待望の文庫化。人生に勇気と自信がわいてくる！ 2017.2 181p A6 ¥600 ①978-4-7631-6083-6

◆知的人生を楽しむコツ 齋藤孝著 PHP研究所
【要旨】人生から「つまらない」が消えていく！ 気持ちが落ち着き、毎日が豊かになる。すぐに実行できる具体例の宝庫。 2017.6 223p B6 ¥1200 ①978-4-569-83820-5

◆チャクラが開いてこころが晴れるCDブック 永田兼一著 フォレスト出版 (付属資料：CD1)
【要旨】感情は人体に7つあるエネルギースポット「チャクラ」と深く関係しています。ネガティブな感情はチャクラを閉じさせ、幸せを感じにくくします。チャクラが開くと心身は癒され、ネガティブなエネルギーがじょじょになくなり、あなたはいつだって安心としあわせの中で過ごすことができるようになります。では、どうやってチャクラを開かせるのか。ここで登場するのが、水晶でできた神秘的な楽器「クリスタルボウル」です。このCDには世界最高レベルのクリスタルボウルの演奏に加え、DNAの損傷を修復させるほか、不思議な効果が話題の528ヘルツの周波数を全曲に重ねました。ネガティブな7つの感情に対応した7曲+2曲収録のCD付き。悩みや不安がみるみる消えていく！ トータル71分93秒の圧倒的体験。 2017.7 86p 19×15cm ¥1300 ①978-4-89451-761-5

◆直感のレシピ―スピリチュアル・マクロビオティック・ライフ 原田ちほ著 （松戸）東京創作出版

【要旨】みえない力はやさしさの中に。アメリカインディアンとの出会いが、感性を深めてゆく不思議な旅のはじまりだった。 2017.8 173p B6 ¥1500 ①978-4-903927-27-5

◆続ける力―人の価値は、努力の量によって決まる 若田光一著 講談社
【要旨】高校野球の地方大会ではベンチ外でスタンド応援、パイロットは視力で挫折。それでも、夢見た宇宙には4回行けた。歩みを止めなければ「道」は拓ける!!日本人初！国際宇宙ステーション船長になった男が語る、失敗を成功に変える「リーダーシップ」と「フレームワーク」。 2017.2 253p B6 ¥1500 ①978-4-06-220471-2

◆伝わる人は「1行」でツカむ 川上徹也著 PHP研究所 （PHP文庫）
【要旨】いまの時代にこそ、求められる力―それは「1行でツカむ」こと。ネット社会となり、文章によるコミュニケーションが圧倒的に増え、言葉が氾濫している。だから、最初の1行で心をキャッチしないと、相手には何も伝わらない。本書は、人気コピーライターが、たった1行でツカむための基本ルールを、誰でも使えるように39ポイントで伝授。この一冊で、あなたも「伝わる人」になれる！ 2017.10 285p A6 ¥680 ①978-4-569-76686-7

◆強い心をつくる5つのヒント 尾関宗園著 ロングセラーズ
【要旨】誰に勝つ、ではなく、自分に負けないことだけを考える。禅が教える、今を生きる力。 2017.2 221p 18cm ¥905 ①978-4-8454-5008-4

◆強く生きていくためにあなたに伝えたいこと 野々村友紀子著 産業編集センター
【目次】1章 強く、魅力的に生きるために―「考えるな、寝ろ」の章（良いことは進んでやりなさい、そんないつも自分にスポットライトは当たっていない。 ほか）、2章 強く、しっかり生きるために―「パンツのタグはむしるな」の章（お金と宗教と変な儲け話には気をつけなさい。寝坊した時は目の前のできることからやりなさい。 ほか）、3章 強く、幸せに生きるために―「好きな人に頼まれても変な写真は撮るな」の章（好きな人、好きな人に頼まれても変な写真は撮るな。 ほか）、4章 強く、人生を生き抜くために―「川に気をつけなさい」の章（川に気をつけなさい、常に「命」を意識しなさい ほか） 2017.8 122p B6 ¥1100 ①978-4-86311-158-5

◆できない自分を認める力―マイナス思考でも人生はうまくいく！ 友末亮三、高田机上共著 実業之日本社
【要旨】プラス思考が合わないあなたに！「積極的マイナス思考」なら、悩みがすっかり楽になる！ 2017.6 159p B6 ¥1300 ①978-4-408-45614-0

◆手放すほど、豊かになる 枡野俊明著 PHP研究所 （PHP文庫）
【要旨】こだわらない。とらわれない。モノが溢れていると、肝心なものを見失う。自分らしく生きるための禅のおしえとは。 2017.2 187p A6 ¥640 ①978-4-569-76597-6

◆手ぶら人生―禅が教える「いい歳の重ね方」 境野勝悟著 三笠書房 （知的生きかた文庫）
（『禅的老い方』再編集・改題書）
【要旨】「日々是好日」これは、にちにち、これ、こうじつーと読む。来る日も、来る日も、うれしくて、楽しくて、「悲しいことがない…」という意味の禅語だ。どんなに心が重たくなっても、スッと軽くなる。それが、禅的手ぶら人生の要諦だ。 2017.9 222p A6 ¥630 ①978-4-8379-8487-0

◆デンマーク・ヒュッゲ・ハンドブック―幸せになる52通りのヒント マリー・トレル・スナベア著,菅野美津子訳 CCCメディアハウス
【要旨】美しいヒュッゲ写真とインタビューでつづる。女優の著者がデンマーク中を旅して見つけた、季節、料理、インテリア、音楽…、暮らしの中のヒュッゲの楽しみ方。 2017.12 207p B6 ¥1850 ①978-4-484-17109-8

◆天命―自分の人生を生きるということ 円純庵著 きずな出版
【要旨】「逆境」「善悪」「不幸」「欠点」「試練」「生死」…すべての悩みが解決する88の言葉。18年間、毎日欠かさずメッセージを発信し続ける唯一の心学者、珠玉の書。 2017.3 205p B6 ¥1400 ①978-4-907072-91-9

◆どうすれば幸せになれるか科学的に考えてみた 石川善樹,吉田尚記著 KADOKAWA

人生論・生き方

【要旨】「朝ワクワクして目が覚めて、夜満ち足りて眠る」そんな毎日を送るために、僕たちはどう生きればいいんだろう？ 科学的視点で人生を俯瞰したら「やるべきこと」がクリアに見えてきた！ ニッポン放送久人気アナと気鋭の科学者が人生のあらゆる問題をめぐって徹底対話！
2017.9 205p B6 ¥1300 ①978-4-04-069319-4

◆「どうせ無理」と思っている君へ—本当の自信の増やしかた　植松努著　PHPエディターズ・グループ、PHP研究所 発売
【要旨】従業員20人の町工場でロケットを作り宇宙開発の夢を追い続ける著者が、「どうせ無理」という呪文に負けない方法を公開。
2013 175p B6 ¥1300 ①978-4-569-78640-7

東大が考える100歳までの人生設計―ヘルシーエイジング　東京大学高齢社会総合研究機構監修　幻冬舎
【要旨】心身が衰えてきても、そこそこ元気に楽しく、自分らしく、自立的に暮らし続ける。ほどほど健やかな歳のとり方をめざす考え方。東大が提言する、自立して生きるための戦略。ヘルシーエイジングを実現するための指針集。
2017.3 307p A5 ¥1500 ①978-4-344-97901-7

東大首席が教える「間違えない」思考法―人生を左右する「俯瞰力」の磨き方　山口真由著　PHP研究所　（PHP文庫）（『東大首席弁護士が教える「ブレない」思考法』加筆・修正・改題書）
【要旨】選択の連続である人生を生き抜くために必要なもの。それは論理的思考や発想力ではなく、ものごとの全体像を正しく捉える力だった！ 本書では、東大首席、官僚、弁護士、ハーバード留学という異例の経歴を持つ著者が、「できる社会人」を目指す際に必要不可欠だった「俯瞰力」の磨き方を伝授。仕事も人生も成功するための1冊。
2017.12 253p A6 ¥640 ①978-4-569-76791-8

◆東大物理学者が教える「考える力」の鍛え方―想定外の時代を生き抜くためのヒント　上田正仁著　PHP研究所　（PHP文庫）
【要旨】「自ら考え、創造する力」―このスキルこそが、先の見えないこれからの時代に必要不可欠。しかしこの能力は、生まれつきのものではなく、意識的な訓練によって鍛えることができる。本書は、東京大学の教授が、立ち見続出の人気講義をもとに、「思考のトレーニング方法」を誰もが実践できるよう、やさしく解説したもの。本当に役立つ知恵が身につくだけでなく、考えることが楽しくなる一冊。
2017.3 240p A6 ¥640 ①978-4-569-76688-1

尊い、素晴らしいもの それは人間　中村泰治著　音羽出版
【要旨】92歳元気でめでたい。平和と祈りの語り部が遺す、生涯とあの世の匙加減。
2017.12 302p 19cm ¥1500 ①978-4-901007-65-8

◆とても良い人生のために―失敗の思いがけない恩恵と想像力の大切さ　J.K.ローリング著、松岡佑子訳　静山社
【要旨】「ハリー・ポッター」の作者から人生の岐路に立つ、すべての人々へ贈る言葉。
2017.11 1Vol. B6 ¥1000 ①978-4-86389-394-8

どんな時でも人は笑顔になれる　渡辺和子著　PHP研究所
【要旨】時間の使い方は、いのちの使い方。たった一度の人生をどう生きるか？ 生涯を教育に捧げ、89歳で帰天した著者が、最後に遺した書。
2017.3 141p 18cm ¥1000 ①978-4-569-83471-9

◆どんなマイナスもプラスにできる未来教室　石坂典子著　PHPエディターズ・グループ、PHP研究所 発売
【要旨】父が創業した産廃会社が誤報で大ピンチに！ 奇跡の企業再生を果たした跡継ぎ娘が泣きながら見つけた"より良い明日を作り出す方法"
2017.4 174p B6 ¥1200 ①978-4-569-78673-5

流されて生きなさい　枡野俊明著　廣済堂出版
【要旨】がんばらなくていい。しがみつかなくてもいい。「世界が尊敬する100人」に選ばれた禅僧が贈る、「運」と「縁」にゆだねてラクに生きるための禅の智慧。
2017.10 221p B6 ¥1300 ①978-4-331-52123-6

◆なぜあの人は、しなやかで強いのか―余裕のある大人になる68の具体例　中谷彰宏著　PHP研究所

【要旨】必死でもなく、無気力でもない。こだわるのも、成り行きに身を任せるのも、どちらもカッコイイ。
2017.9 205p B6 ¥1300 ①978-4-569-83831-1

◆なぜか願いを叶える人の「引き寄せの法則」　PHP研究所編　PHP研究所
【要旨】「お金」「幸運」「運命のパートナー」「夢」など、あらゆるものを「ラクに、カンタンに、短期間」で手に入れるための究極の方法が見つかる！
2017.7 127p B5 ¥800 ①978-4-569-83625-6

なぜ春はこない？　神田昌典著、來夢監修　実業之日本社　新装版
【要旨】名著復活！ 名コンビが解き明かす驚きの法則。繰り返される12年サイクルをつかめば、あなたの人生が変わる！
2017.7 149p B6 ¥1100 ①978-4-408-42075-2

何もかも思いのままにできる人のマインドスイッチ365の極意　久瑠あさ美著　主婦と生活社
【要旨】どこを開いても潜在能力を一瞬で引き出せる！ トップアスリートや一流経営者も指南。5万人の人生を劇的に変えてきたメンタルトレーナーの極ワザ大全。
2017.8 380p B6 ¥1500 ①978-4-391-15025-4

悩みを自分に問いかけ、思考すれば、すべて解決する―自問自答の哲学で人生がうまくいく　小川仁志著　電波社
【要旨】ソクラテス、ニーチェ、ラッセルだって、みんな「自分」と話してた！ 日々の悩みが消える哲学者たちの「思考の仕方」を手に入れる!!自分に「問い」かけてみてください。「人生とは誰か？」「仕事とは何か？」「いい人生とは何か？」ベストセラー著者が、自分を育てる「考える脳」のつくり方を伝授します!!
2017.12 182p 18cm ¥1000 ①978-4-86490-138-3

悩める君に贈るガツンとくる言葉―会社で生き抜くための大人メソッド　石原壮一郎著　バジリコ
【要旨】この言葉を訊け！ アントニオ猪木からニーチェまで、上司、男女の悩みを吹き飛ばす賢人41人の名言、至言、金言。「大人力」のカリスマ伝道師がココロを揺さぶる言葉を通して説く負けない諦めない生き方のススメ！
2017.12 206p B6 ¥1200 ①978-4-86238-235-1

なりたい自分になる7つのステップ―THE LITTLE BOOK OF TIME AND LIFE　藤沢優月著　ディスカヴァー・トゥエンティワン
【要旨】「1日10分」その小さな変化が、人生に大きくて優しい奇跡を起こす。時間を味方につけて、「第一希望の人生」をかなえるワークブック。「自動的に」人生をよくする10の"小さな習慣"。
2017.11 205p 18×14cm ¥1500 ①978-4-7993-2185-0

憎まない―「おかげさま」と「憎まない」たった2つの日本語で幸福を呼び込んだペルシャ人のお話　マスウド・ソバハニ著　ブックマン社
【要旨】イランで生まれ、宗教弾圧を逃れてアメリカへ。ニューヨークで若くして起業。そして30年前、運命に導かれるようにして日本で生きることを決意。外国人初ロータリークラブ会長（高松南）となった著者に教わる、幸福になれる人生の習慣。
2017.7 215p B6 ¥1500 ①978-4-89308-883-3

逃げられない人間関係から解放される本―苦手な人からの攻撃に悩まず自分らしく生きるための7つのステップ　豊田真奈著　ぱる出版
【要旨】恐い人、威圧的な人、攻撃的な人、批判的な人との絶望的な思循環を断ち切って、自分が主役のイキイキ人生を取り戻す本。
2017.3 190p B6 ¥1300 ①978-4-8272-1045-3

20代の生き方で人生は9割決まる！　金川顕教著　かんき出版
【要旨】あなたの本気は必ずだれかが見ている。死ぬまでお金に困らないために20代でしておくべきこと。
2017.7 216p 18×14cm ¥1300 ①978-4-7612-7272-2

28歳からのリアル　人生戦略会議著　WAVE出版　（WAVEポケット・シリーズ 8）改訂・新装版
【要旨】みじめな中年にならないためにやっておくべきこと。仕事、転職、お金、結婚、住宅、健康、老後。このままでいいのか!?
2017.3 191p 18cm ¥850 ①978-4-86621-033-9

◆2800人を看取った医師が教える 人生の意味が見つかるノート　小澤竹俊著　アスコム
【要旨】誰の、どのような人生にも必ず意味はあります。そして、あなただけの「生きる意味」を探すことで、明日からの自分が生きられるようになります。このノートには、患者さんたちが教えてくれた「人生の意味が見つかる質問」をおさめました。少しの時間でも構いません。あなたの人生をふり返ってみてください。
2017.2 125p 18×14cm ¥1300 ①978-4-7762-0933-1

日本人の大切な心―幸せと豊かさの二十九の扉 上巻　辻孝之助著　郁朋社
【目次】序章 あなたは、幸せになりたいですか（人の幸せ、感謝の念）、第1章 幸せになれる考え方（考え方、良き師、良き人、言葉、自然体、こころ）、第2章 教えの庭（教えの庭、頭が良い人とは、記憶、洞察力を磨く、日本人の心の物語 第八話 不思議な物語、お父さんの幸せ講座、子供の教育）
2017.4 183p B6 ¥1200 ①978-4-87302-634-3

ニューヨークが教えてくれた、「自分らしさ」の磨き方―42 TIPS TO MAKE IT GLOBAL　稲木ジョージ著　宝島社
【要旨】「夢は持たない」「時間を無駄にしない」「大事なのは距離感」世界的ブランドの新星デジタルPRが語る、常に自分らしく生きるニューヨーカー流の人生の楽しみ方。
2017.11 174p B6 ¥1400 ①978-4-8002-7608-7

人間の値打ち　鎌田實著　集英社　（集英社新書）
【要旨】格差社会の中で、自分には生きる価値がないと思われている人たちが増えている。上司からパワハラをされ、うつ病や自殺に追い込まれる若者もいる。そして、一部の勝ち組だけが、大きな顔をしている。本書は、諏訪中央病院での地域医療や東日本大震災の被災地支援、ベラルーシやイラクにおける国際支援を通じて、長年、限界状況に置かれた人々の病苦にむきあってきた鎌田医師が、混迷の時代に、ますます見えにくくなっている「人間」を、根底から見直した一冊である。著者が提示する、人間の値打ちを決める七つの「カタマリ」とは何か？
2017.10 222p 18cm ¥740 ①978-4-08-721003-3

人間やりなおし―今からでも遅くはない　空不動著　献文舎、星雲社 発売　（超越思考シリーズ 第3巻）復刻版
【要旨】自分やりなおし、夫婦やりなおし、家庭やりなおし、会社やりなおし、国家やりなおしは、あなたの人生やりなおしから始まる。
2017.2 557p A6 ¥1000 ①978-4-434-22956-5

人間力回復宣言　吉村作治著　（いわき）昌平黌出版会、論創社 発売
【目次】第1章 人間力とは、第2章 『論語』における人間力の考え方、第3章 古代エジプト人の人間力の考え方、第4章 母・米子の人間力の考え方、第5章 負の人間力、第6章 人間力回復宣言
2017.3 247p B6 ¥1600 ①978-4-8460-1600-5

忍者「負けない心」の秘密―折れない・凹まない・ビビらない！　小森照久著　青春出版社　（青春文庫）
【要旨】不安が消える呼吸法/超集中するための忍者の型とは？/どんなに歩いても疲れない体の使い方/突然の病気やケガを解決する医術…現代科学が明らかにした知られざる忍びの心技体。
2017.4 206p A6 ¥760 ①978-4-413-09674-4

「願いごと手帖」のつくり方―書くだけで運と幸せが集まる　ももせいづみ著　主婦の友社　新版
【要旨】気に入った手帖かノートを一冊買う。願いごとを書く。たまに見直して、かなった願いに○をつける。誰でも願いがかなって幸せになれる「魔法の手帖」が、簡単につくれる。
2017.11 207p B6 ¥1200 ①978-4-07-427260-0

◆猫が教えてくれたほんとうに大切なこと。　シンシア・L.コープランド著　ディスカヴァー・トゥエンティワン
【要旨】何をするにも釈明なんてしなくていい。人と違うところこそ、「あなたらしい」ところ。勇敢になればなるほど、楽しくなる。自分の目でまっすぐに見る。見たことを信じる。毎日をしあわせに生きるための猫からの贈り物。
2017.10 175p 19×15cm ¥1400 ①978-4-7993-2180-5

ネコと読む『方丈記』に学ぶ"人生を受けとめる力"　高寺あずま文、野田映美絵　文響社

人生論・生き方

実用書

◆猫はためらわずにノンと言う　ステファン・ガルニエ著,吉田裕美訳　ダイヤモンド社
【要旨】他人の目は気にせず、決して媚びず、欲しいものは欲しいと言う、プレッシャーに屈せず、エレガントで自信に満ち、ひとりでも平気…猫があなたに伝えたい自分らしく生きるコツ。
2017.12 191p B6 ¥1400 ①978-4-478-10418-7

◆寝ながら3分！　チャクラが輝くヒーリング・エクササイズ　橋本典之著　たま出版
【要旨】だれでも、いますぐ、寝ころんだままでもチャクラヒーリング！　一流のカウンセラーとして第一線で活躍する著者が、独自にヒーリングセミナーの講師として第一線で活躍する著者が、独自に誰でもカンタンにできて、かつ効果の高いヒーリング方法を初公開！　チャクラが輝けば、人生が輝く！
2017.4 173p B6 ¥1300 ①978-4-8127-0401-1

◆はじめてのヒュッゲ―北欧の幸せな毎日のつくり方　ルイーザ・トムセン・ブリッツ著,アーヴィン香苗監訳　あさ出版
【要旨】Hygge とは、心地よく、満たされた瞬間を感じること。この本には、みなさんが Hygge を生活に取り入れるヒントが詰まっています。欧米でも大ブームのライフスタイルを知るための最初の1冊。
2017.11 207p A5 ¥1400 ①978-4-86667-023-2

◆はしゃぎながら夢をかなえる世界一簡単な法　本田晃一著　SBクリエイティブ
【要旨】お金、恋愛、人間関係、仕事…全部勝手にうまくいっちゃう秘密のメソッド。
2017.9 239p B6 ¥1400 ①978-4-7973-9343-9

◆裸の錬金術師―ゼロから這いあがれ！今すぐ人生を大逆転させる魔法の言葉81　大成信一朗著　サンライズパブリッシング,星雲社　発売
【要旨】自分の中には何もない。だから、できる。高校中退でニート。転職も数えきれず、6回も自殺をしようとした。そんな著者がなぜ「1億円」を稼げるようになったのか。
2017.11 232p B6 ¥1400 ①978-4-434-23945-8

◆働き方が自分の生き方を決める―仕事に生きがいを持てる人、持てない人　加藤諦三著　青春出版社
【要旨】仕事のストレス、職場の人間関係、本当の適職…悩んだ時は、本来の生き方に立ち返る時。渾身の「仕事と人生の幸福論」。
2018.1 254p B6 ¥1450 ①978-4-413-23068-1

◆「働き方」の教科書―人生と仕事とお金の基本　出口治明著　新潮社　（新潮文庫）
【要旨】人生に占める仕事の時間は3割程度。だからこそ自由に、勇気をもって仕事をしよう！。60歳で起業した異色の実業家にして当代随一の読書名人が語る、ふつうだけど、本質。「仕事は人生のすべてじゃない」「失敗して当たり前なのだから恐れることはない」「自分が楽しく働くことこそがお客様のためになる。読めば20代から50代まで、各々の世代でやっておきたいことが見えてきます。
2017.4 318p A6 ¥550 ①978-4-10-120771-1

◆80の物語で学ぶ働く意味　川村真二著　日本経済新聞出版社　（日経ビジネス人文庫）
（『働く意味を知る本』加筆・改題者）
【要旨】取引先の落とし物を拾うため、裸で汲み取りトイレに入った本田宗一郎、「ライスだけのお客歓迎」と言う松下幸之助を食堂に招いた小林一三、ラグビーで指を骨折したピアニストから指揮者に転じた小澤征爾、空襲の最中も舞台で演じ続けた杉村春子一偉人・達人たちの感動の逸話を一冊に。07年刊の『働く意味生きる意味』を改題、増補し文庫化。
2017.3 343p A6 ¥800 ①978-4-532-19816-9

◆八正道　相川圭子著　河出書房新社
【要旨】不安がなくなり、希望に満ちる。とらわれなくなり、生きる力が湧いてくる。すべての悩みを永久に解決するブッダの教え。世界でたった2人のシッダーマスターが最高

の悟りを得て綴った、人生という航海でどんな荒波にもまよわず揺らがずよく効く羅針盤。
2017.6 213p B6 ¥1300 ①978-4-309-02562-9

◆バナナを逆からむいてみたら―人生の視点を変えるレッスン　アーチャン・ブラーム著,畔上司訳　主婦の友社
【要旨】振り回されない穏やかな心。怒り、不安、悩みが、あっけないほどラクになる。
2017.7 175p B6 ¥1300 ①978-4-07-424929-9

◆バラめく！　パラパラめくるだけでズバッと縁切りできる本　シャラン著,AYUMI イラスト　ヴォイス
【要旨】これからは縁切りという引き算テクニックが生きる時代。考えすぎは厳禁。0.1歩でも行動しよう！
2017.12 197p B6 ¥1600 ①978-4-89976-472-4

◆パリが教えてくれた"本当の幸せ"を受け取る方法―宇宙と調和して生きる　奥平亜美衣著　大和出版
【目次】プロローグ　こうして"いつもの毎日"が"特別な毎日"に変わる、第1章　"本当の幸せ"を受け取る1　パリに秘められた多くの人生の知恵、第2章　"本当の幸せ"を受け取る2　日々の生活と命を紡ぐことへの感謝をする、第3章　"本当の幸せ"を受け取る3　宇宙の動きに思いを馳せ調和する、第4章　"本当の幸せ"を受け取る4　エネルギーを全身で享受する、おわりに　自分が「すべて」に溶け込んだ瞬間に起こること
2017.1 153p B6 ¥1400 ①978-4-8047-0531-6

◆パリジェンヌ流今を楽しむ！　自分革命　ドラ・トーザン著　河出書房新社　（河出文庫）新装版
【要旨】一人ひとりが自分のやり方で、幸せのスタイルを見つけること、それが「自分革命」。フランス人の、自由に自分らしく人生を楽しむ生き方のエッセンスを、日仏で活躍する生粋のパリジェンヌである著者がエピソード豊かに綴る。読むだけで勇気が湧き、自分の人生が輝くヒント満載の生き方バイブル！
2017.12 221p A6 ¥660 ①978-4-309-41583-3

◆光と影の法則　文庫版―あなたの人生を変える奇跡の物語　心屋仁之助著　光文社　（光文社知恵の森文庫）
【要旨】本書の中で心屋が紹介している手法は、世にいうカウンセリングの手法から逸脱したものかもしれません。実際、心屋自身がさまざまな手法を学び、体験する中で大きな変化を遂げてきました。そして、その中で最後に残ったその人の心の中の「核」が「怒り」でした。この「怒り」を解放できないかと考えたのです―。人気カウンセラーの名著、待望の文庫化。
2017.11 200p A6 ¥620 ①978-4-334-78732-5

◆光の瞑想CDブック―こころとからだを幸運の周波数にする　Chie・声,高橋全音楽　ライトワーカー,ナチュラルスピリット　発売
（付属資料：CD1）
【要旨】驚きの検証結果が出た究極のアート瞑想法！　CD72分収録（3バージョン）
2017.6 77p 19×16cm ¥1500 ①978-4-909298-00-3

◆引き寄せを遥かに超えて―魂の約束を果たし魂のシナリオを生きる　SORA・KEIKO著（姫路）きれい・ねっと,星雲社　発売
【要旨】「魂の約束」を思い出した瞬間全身の震えと涙と歓喜が一気に押し寄せた…約束を果たす時、人生に必要なものはすべて用意される。
2017.5 211p B6 ¥1500 ①978-4-434-23476-7

◆「引き寄せ」の教科書　奥平亜美衣著　Clover出版,産学社　発売　（スピリチュアルの教科書シリーズ）復刻改訂版
【要旨】いま、甦る。「引き寄せの法則」解説書の金字塔。"いい気分の選択"2014年、第二次「引き寄せ」ブーム。すべては、この一言から始まった―旧版『「引き寄せ」の教科書』は、明解な解説で一世を風靡し、日本中が「引き寄せの法則」の存在を確信するに至った。スピリチュアル書に一大ムーヴメントを引き起こした一冊が、さらなる進化を経た改訂新版として、ここに。
2017.1 339p B6 ¥1800 ①978-4-7825-9016-4

◆引き寄せのコツ―運がよくなる96のきっかけ　植西聰著　自由国民社
【目次】第1章　ワクワクすることを願う、第2章　心をプラスの状態にする、第3章　いい人間性を築きあげていく、第4章　良い心の習慣を持つ、第5章　人のためになることをする、第6章　プラスの言葉を口にする、第7章　前向きな面を見つ

る、第8章　心が元気になることをする、第9章　毎日を気持ちよく生きていく
2017.4 223p B6 ¥1200 978-4-426-12279-9

◆人づき合いの基準―賢いお金持ちが絶対に破らない　田口智隆著　秀和システム
【要旨】「出世させてくれる人とつき合いたい！」そんなあなたに贈るかつて借金を抱え自己破産寸前だった著者からの驚くべき人脈構築術のすべて。
2017.12 198p B6 ¥1300 ①978-4-7980-4911-3

◆人として生きる―欲をコントロールすればすべてうまくいく　酒井圓弘著　（名古屋）ゆいぽおと,KTC中央出版　発売
【要旨】「欲」とうまく付き合えば、人生が変わる！　自らの経験から得た「欲」の正体、「欲」との付き合い方とは。
2017.6 182p B6 ¥1200 ①978-4-87758-464-1

◆人はなぜ物語を求めるのか　千野帽子著　筑摩書房　（ちくまプリマー新書）
【要旨】人の思考の枠組みなっているのである「物語」とはなんだろう？　私たちは物語によって救われたり、苦しめられたりしている。その仕組みを知れば、人生苦しまずに生きられるかもしれない。物語は、人生につける薬である！
2017.3 220p 18cm ¥840 ①978-4-480-68979-5

◆人・物・お金の流れは太くなる―読むだけでめぐりめぐるエネルギー循環・物質化のしくみ　まるの日圭著　ヒカルランド
【要旨】なぜか、全国の銀行マンたちも聞きに来る即日SOLD OUTの大人気夜会。「お金の囚われを外す話」待望の書籍化。知るだけで、流れが良くなります。
2017.8 234p B6 ¥1815 ①978-4-86471-522-5

◆"ひとりの時間"が心を強くする　植西聰著　青春出版社　（青春新書PLAYBOOKS）
【要旨】たった1分の"自分と向き合う習慣"が生きづらさを和らげる。現代人には「孤独な時間」が唯一のリラックス―しなやかな「心のバネ」が身につくコツ。
2017.10 211p 18cm ¥1000 ①978-4-413-21098-0

◆ひとりぼっちを全力で楽しむ―リア充に負けない22の人生戦略　地主恵亮著　すばる舎
【要旨】友だちがいない、恋人がいない、一緒にお昼を食べる相手がいない、仕事がつらい、お金がない、結婚できない、家がない、Facebook に「いいね！」がつかない…もう、そんなで凹むな！「ひとりぼっちマスター」が指南する、発想を転換した「孤独の受け入れ方」22例。
2017.12 231p B6 ¥1400 ①978-4-7991-0662-4

◆日野原重明の世界―人生を色鮮やかに生きるための105の言葉　「新老人の会」編集協力　中央法規出版
【要旨】生き方のバイブルとなる、105年の人生とその哲学を収めた一冊。書斎や愛用品、書や絵画作品の紹介、ご家族のインタビュー、瀬戸内寂聴さん他、ゆかりの方々の追悼文も掲載。
2017.12 143p A5 ¥700 ①978-4-8058-5622-2

◆ヒマラヤ聖者のいまを生きる知恵　ヨグマタ相川圭子著　PHP研究所　（PHP文庫）
【要旨】ほんとうの自分を取り戻すことができれば、自由に生きられる。大切なことは、いまの自分を受け入れることー。ヒマラヤで長年、瞑想・ヨガの修行をし、口伝によって授けられる「ヒマラヤ秘教」で、真の悟り（＝サマディ）に到達した著者。その体験を通して、平和に幸福に生きる方法について語る。ヒマラヤで、五千年ものあいだ受け継がれてきた、自由に豊かに生きるために必要な知恵とは。
2017.6 286p A6 ¥700 ①978-4-569-76726-0

◆ヒマラヤ大聖者の幸運を呼ぶ生き方―「与える人」が最も豊かになる　相川圭子著　廣済堂出版
【要旨】与えるだけで、あなたの「力」が引き出される―5000年の時空を超えた秘教の叡智が伝える神秘のルール。
2017.9 182p B6 ¥1300 ①978-4-331-52124-3

◆101人が選ぶ「とっておきの言葉」　河出書房新社編　河出書房新社　（14歳の世渡り術）
【要旨】言葉には、時として生き方を変えるほどのチカラがある。俳優、プロスポーツ選手、小説家、芸人、音楽家、詩人、学者、起業家、アーティスト…、さまざまな職業の101人が語る「私の」大切な言葉。
2017.1 221p B6 ¥1300 ①978-4-309-61706-0

◆一〇三歳になってわかったこと―人生は一人でも面白い　篠田桃紅著　幻冬舎（幻冬舎文庫）
【要旨】「いつ死んでもいい」なんて嘘。生きているかぎり、人間は未完成。大英博物館やメトロポリタン美術館に作品が収蔵され、一〇〇歳を超えた今なお第一線で活躍を続ける現代美術家・篠田桃紅。「百歳はこの世の治外法権」「どうしたら死は怖くなくなるのか」など、人生を独特の視点で解く。生きるのが楽になる言葉のヒントが詰まったエッセイ。新シリーズ！こころの文庫。
2017.4 203p A6 ¥500 ⓘ978-4-344-42605-4

◆百田百言―百田尚樹の「人生に効く」100の言葉　百田尚樹著　幻冬舎
【要旨】「本当の才能は、実は努力する才能」「誰もが最初は素人だ」――等々、百田尚樹の小説は、百言名言の宝庫だ！『永遠の0』『海賊とよばれた男』など数々のベストセラーを生み出してきた著者が、自作の小説から「人生の糧になる言葉」をピックアップし解説する、かつてない名言集！
2017.3 223p 18cm ¥1100 ⓘ978-4-344-03078-7

◆100%自分原因説で幸せになる！　秋山まりあ著　PHP研究所（PHP文庫）
『100%自分原因説で物事を考えてみたら…』加筆修正・再編集・改題書
【要旨】「100%自分原因説」とは、悩みの解決策を環境に求めるのではなく自分の中に求めること。この考え方を身につけることで、人生を大きく変えることができる。著者の世に出た初書を文庫化。思考のクセを変えることはなかなか難しいですが、実践的なワークで自然と自分を客観視でき、知らないうちにハッピーに！
2017.2 253p A6 ¥720 ⓘ978-4-569-76633-1

◆100%絶対かなう「願い方」―うまくいく人は神さまに"何を""どう"願っているのか？　山富浩司著　大和出版
【要旨】Dream→まず、ワクワクする夢をイメージ、Off→マイナスの思い込みを手放す、Inspiration→インスピレーションを待つ、Action→さあ、実行しよう！それまでの方法ではうまくいかなかった人にこそ試してほしい、どんどん叶う「DOIA」4つのステップ。
2017.12 231p B6 ¥1400 ⓘ978-4-8047-0543-9

◆百発百中の引き寄せの法則　斎藤一人、柴村恵美子著　サンマーク出版（サンマーク文庫）
【要旨】「引き寄せの法則」を試してみた、その成功率はどのくらいでしょう？成功しても、「すべて思った通りに引き寄せた」という人はなかなかいないのではないでしょうか。本書で紹介する斎藤一人流「百発百中」の引き寄せの法則、成功の鍵は「エネルギー」。波動を整え、「やるぞ！」という"圧"を高めることで、エネルギー（気）が集まり、思った通りに引き寄せが起きます！「引き寄せ」とは「生き方」。だから誰でもできて失敗はない、と著者は言います。これを読めば、誰にも「良きこと」が雪崩のように起こります！
2017.8 238p A6 ¥700 ⓘ978-4-7631-6091-1

◆ヒュッゲ 365日「シンプルな幸せ」のつくり方―THE LITTLE BOOK OF HYGGE　マイク・ヴァイキング著，ニコライ・バーグマン解説，アーヴィン香苗訳　三笠書房
【要旨】北欧デンマーク、世界一満ち足りた時間の国。本当に大切な人、ものと暮らす、心あたたかい生きかた。ヨーロッパから火がついて、たちまち世界各国で話題の地球的ベストセラー!!
2017.10 286p B6 ¥1600 ⓘ978-4-8379-5783-6

◆「品位ある賢者」の知恵―「生きる価値」を大切にしストレス社会を生き抜く　国司義彦著　牧歌舎、星雲社発売
【要旨】「品位ある賢者」＝心をタフにする方法を身に付けて、ストレス社会を生き抜け！少子化、高齢化、そして過当競争の時代の中で、生きる価値、生きる喜びを見出すための「心の強化書」。
2017.5 219p B6 ¥1500 ⓘ978-4-434-23045-5

◆敏感すぎる自分が幸福いっぱいに変わる生き方―最新医学研究からわかった！　保坂隆著　電波社
【要旨】「幸福いっぱい」は、あなたの繊細さのそばにある。「他人の気分についつい引きずられて、傷つきやすい」「まわりの環境変化や騒音など、すぐにびっくりする」「あがりやすく、引っ込み思案」「神経質でカンがいいほうだ」「自己肯定

感が弱いが良心的」…自分も当てはまる！と感じる人は、天性に恵まれたスーパー人類！
2017.12 190p 18cm ¥1000 ⓘ978-4-86490-136-9

◆品のある稼ぎ方・使い方―人に愛される人が、お金にも愛される。　中谷彰宏著　ぱる出版
【目次】プロローグ 信用から、お金は生まれる。お金から、信用は生まれない。お金を勉強・体験・人脈に変えることで、信用が生まれる。モノを買いに行くのではなく、教わりに行く。品のある人は、モノを買いに行くのではなく、友達になりに行く。品のある人は、メンテ代にお金をかける。長く使うことによって、コスパが良くなる。何度も使うことで、モノを愛するということだ。品は、基本から出る。品のない人は、技術を求める。品が上がれば、値は上がる。収入を上げても、品は上がらない。使い方は、価値観で決まる。価値軸のない人は、見栄に使う。〔ほか〕
2017.11 202p B6 ¥1300 ⓘ978-4-8272-1091-0

◆不安の9割は消せる　枡野俊明著　朝日新聞出版（朝日文庫）
【要旨】「不安になる」「心配する」「欲しがる」「妬む」「イライラする」「見栄を張る」「承認されたいと願う」――人間であるがゆえに逃れられない負の感情の"七癖"から解放される方法を、禅の思想を交えて説く。不安や心配事を消し、楽に生きるための心の取り扱い方をわかりやすく紹介。
2017.5 223p A6 ¥620 ⓘ978-4-02-261904-4

◆フェル先生のさわやか人生相談　フェルディナント・ヤマグチ著　トランスワールドジャパン
【要旨】多彩なクリエイターが執筆するインターネットメディア、cakesの人気コンテンツを書籍化。
2017.11 255p B6 ¥1200 ⓘ978-4-86256-220-3

◆福福あつめ―どんどん幸せになれる一日一つの心がけ　河野きよ子著　講談社
【要旨】毎日一つの心がけでどんどん開運。「宮崎の母」が伝授する幸せ呼び寄せ術。
2017.7 159p B6 ¥1200 ⓘ978-4-06-220679-2

◆2つの夢を叶える方法　河本ほむら著　ポプラ社
【要旨】司法試験合格＆売れっ子原作者が実践してきた、天才でなくてもできる「論理的な複数の夢の叶え方」。これが河本ほむら流の複数の夢の叶え方！
2017.6 207p B6 ¥1400 ⓘ978-4-591-15333-8

◆ふたりだからできること　ほしばゆみこ文、くさまなおみ絵、伊藤守監修　ディスカヴァー・トゥエンティワン
2017.1 1Vol. 16×14cm ¥1000 ⓘ978-4-7993-2028-0

◆2日で人生が変わる「箱」の法則 決定版―人間関係のモヤモヤを解決するために　アービンジャー・インスティチュート著、門田美鈴訳　祥伝社
【要旨】人間関係に悩むのは、私たちが「箱」に入っているから。「箱」から脱出するたった1つの方法とは？ベストセラー『自分の小さな「箱」から脱出する方法』第2弾が、10年ぶりに新しくなりました。
2017.6 335p B6 ¥1700 ⓘ978-4-396-61602-1

◆プラスの選択で人生は変わる　植西聰著　海竜社
【要旨】人は一日におよそ1000回の選択をしている。思考・生活習慣・人間関係…ひとつひとつの選択があなたの未来をつくる。
2017.2 214p B6 ¥1400 ⓘ978-4-7593-1532-5

◆フランスの教育・子育てから学ぶ 人生に消しゴムを使わない生き方　岩本麻奈著　日本経済新聞出版社
【要旨】教育無償化、少子化対策、グローバル人材育成など、日本が直面する喫緊の課題へのヒントが満載。ミシェル・ウエルベック『服従』が描く近未来とは異なるフランスの実相。
2017.6 253p B6 ¥1600 ⓘ978-4-532-17605-1

◆フレンチブルドッグ・パン さびしい夜に君を抱きしめる70の言葉　PAN著　KADOKAWA
【要旨】ブログで話題のやさしいメッセージが初の書籍化！苦しみも、喜びも、それでも一緒に生きてくれるパンがいる。病も悲しみも越えてそばにいる。パンの写真とメッセージ。
2017.2 157p B6 ¥1300 ⓘ978-4-04-601805-7

◆凹まない練習―もう悩まない、怒らない、振り回されない　かおり＆ゆかり著、原田進監修　日本実業出版社
【要旨】とある街にある「こころのメガネがみがき屋」。そこは、悩める人が訪ね、悩みを消す不思議なお店。店主のエーリスが語る「こころのメガネ」にはどんな秘密があるらしい。エーリスが実体験を交えながら紡ぐ言葉は、とにかく温かい。ついイライラしてしまったり、クヨクヨ悩んでしまっている人の心を晴れにと変える物語。うつ病の治療などにも使用される、認知行動療法をイラストと物語で解説。
2017.7 229p B6 ¥1300 ⓘ978-4-534-05505-7

◆便所掃除はお金を払ってでもさせてもらいなさい―母はいい言葉を残してくれたものだ　山本健治著　三五館
【要旨】毎朝の駅前清掃23年間で見えてきたこと、わかってきたこと。松下幸之助やブッダなど、偉人たちの掃除術も収録！
2017.5 221p B6 ¥1300 ⓘ978-4-88320-699-5

◆北欧スウェーデン式自分を大切にする生き方―心の病を抜け出した夫婦からのアドバイス27　マッツ・ビルマーク、スーザン・ビルマーク著、齋藤慎子訳　文響社
【要旨】人口980万人のスウェーデンで20万部の国民的ベストセラー！ついに邦訳！「幸福度の高い国」として有名な北欧スウェーデンの人々が共感した、自分らしい人生を生きるための実践的アドバイス。
2017.8 272p 19×13cm ¥1350 ⓘ978-4-86651-013-2

◆僕たちが何者でもなかった頃の話をしよう　山中伸弥、羽生善治、是枝裕和、山極壽一、永田和宏著　文藝春秋（文春新書）
【要旨】京都産業大学での講演・対談シリーズ「マイ・チャレンジ―歩踏み出せば、何かが始まる」。どんな偉人にも、悩み、失敗を味わった挫折の時があった。彼らの背中を押してチャレンジさせたものは何だったのか。
2017.2 204p 18cm ¥700 ⓘ978-4-16-661118-8

◆僕はこうして、苦しい働き方から抜け出した。―穏やかな心で生きる20の言葉　小倉広著　WAVE出版（WAVEポケット・シリーズ 4）新装版
【要旨】「怒り」「イライラ」「不安」「自己嫌悪」…。転職しても、独立しても、苦しさは消えない。仕事を変えない。自分で変える。そして「今いる場所」で輝くシンプルな考え方20。
2017.1 191p B6 ¥1400 ⓘ978-4-86621-028-5

◆ポケット版 斎藤一人 あなたが変わる315の言葉　斎藤一人著　ロングセラーズ
【要旨】元気を出したい時、明るい気持ちになりたい時、自分を変えたい時、一人さんの言葉で幸せに出会えます！
2017.8 363p 18cm ¥950 ⓘ978-4-8454-5030-5

◆ほどよく距離を置きなさい　湯川久子著　サンマーク出版
【要旨】90歳の現役弁護士が見つけた、自分らしく前だけを見て生き抜く知恵。人を裁かず、心をほどく。
2017.11 190p B6 ¥1300 ⓘ978-4-7631-3663-3

◆ほめる力―「楽しく生きる人」はここがちがう　齋藤孝著　筑摩書房（ちくま文庫）
【要旨】人をほめると、人生が楽しくなる。ほめる前の準備からほめ方の基本、ほめテクニックまで、著者の経験を踏まえて丁寧に解説。ほめることで他人とのコミュニケーションが円滑になるだけではなく、自分を肯定できるようになる。ほめることは、すぐに実践でき、人生の質を高める方法なのだ。夏目漱石、マツコ・デラックスなど著名人から学ぶ高度なテクニックも収録。
2018.1 227p A6 ¥680 ⓘ978-4-480-43486-9

◆本当に集中できた瞬間だけが人を強くする　澤田洋史著　サンマーク出版
【要旨】「自分には強みがない」と思った人。そんなことはありません。あなたは自分の強みを見つける術を知らないだけなのです。知識ゼロから世界一に上りつめたバリスタの平凡な自分から強みを抽出する技術。
2017.3 174p B6 ¥1300 ⓘ978-4-7631-3568-1

◆本当の自分を生きる―人生の新しい可能性をひらく8つのキーメッセージ　榎本英剛著　春秋社

実用書

人生論・生き方

人生論・生き方

- **ほんとうの自分が目覚める！月の習慣** FUMITO, LICA著　徳間書店
【要旨】月に寄り添うと、人生が変わる。夜の過ごし方が最高の明日を創る55の魔法。シンクロニシティをキャッチする不思議な写真付き。
2017.10 133p B6 ¥1400 ①978-4-19-864492-5

- **ほんとうの味方のつくりかた** 松浦弥太郎著　筑摩書房（ちくま文庫）
【要旨】ひとりの力は小さなものです。けれども"味方"がいれば、仕事でも暮らしでも、さらに新しい可能性が開けてくるに違いありません。"味方"は新しい人間関係ばかりではありません。大切な味方の見つけ方と育て方を教える人生の手引書。
2017.10 195p A6 ¥680 ①978-4-480-43473-9

- **マイナスな心の片づけかた──「オノマトペ」があなたの人生をプラスに変える** 藤野良孝著　自由国民社
【目次】第1章 ぴまとぺ、第2章 やせまとぺ、第3章 こいまとぺ、第4章 にこまとぺ、第5章 ほめまとぺ、第6章 がんばりまとぺ、第7章 きらりまとぺ
2017.7 205p B6 ¥1100 ①978-4-426-12350-5

- **毎日をいきいきと生きる100のヒント** 加島祥造著　小学館（小学館文庫）『アー・ユー・フリー？自分を自由にする一〇〇の話』修正・改題書
【要旨】『求めない』『受いれる』など多数の著書を通して、現代社会であえぐ私たちに優しく語りかけてくれた加島祥造さん。本書は生前最後に手がけた作品となりました。晩年は自然を愛し、伊那谷で暮らしますが、生まれは東京、落語を愛する下町っ子。そんな加島さんの講演会は、いつも笑いが溢れ、親しみのある雰囲気に包まれていました。本書は、数多くの講演会から100の名言、名フレーズをセレクト。文章では出合えない本音の語りが飛び出します。そばに置いて、お好きなページからめくってみてください。失敗や不安を喜びや発見に変える、知恵と勇気の言葉に出合えるでしょう。
2017.5 315p A6 ¥620 ①978-4-09-406159-8

- **まいにちをよくする500の言葉** 松浦弥太郎文、ワタナベケンイチ絵　PHPエディターズ・グループ、PHP研究所 発売
【要旨】今日を元気にする知恵が満載。なにげない日々が、いきいきと輝き出す。1日に1度見つけた、学びと感謝。
2018.1 1Vol. 18×13cm ¥1500 ①978-4-569-83735-2

- **マインド・シフト──新時代を楽しむ「心」のサプリ** 菊地トオル著　ルネッサンス・アイ、白順社 発売
【要旨】「視点が変わる」と世界が変わる！ 今、世界が大きく変わろうとしているのは「心の次元が上昇する」時代に突入したから。これからも次々と地球の波は押し寄せてくるだろう。『マインドオーガニック』の著者が贈る新時代に立ち向かうための、心に効くサプリ第2弾！
2017.1 322p B6 ¥1500 ①978-4-8344-0203-2

- **マインドの法則──実践ワーク あなたの人生を劇的に変える！** 久瑠あさ美著　日本文芸社
【要旨】今日も認められるメンタル・メソッド満載。延べ5万人を成功に導いた「心」の指南書。
2017.3 318p B6 ¥1500 ①978-4-537-21456-7

- **マインドフルネスのはじめ方──今この瞬間とあなたの人生を取り戻すために** ジョン・カバットジン著、貝谷久宣監訳、鈴木孝信訳　金剛出版（付属資料：CD1）
【要旨】自分の人生を愛し、人生を変えるためのプログラム。「食べるマインドフルネス」「呼吸のマインドフルネス」「1つのまとまりとしての身体のマインドフルネス」「音・考え・感情のマインドフルネス」「純粋な気づきとしてのマインドフルネス」5つのガイドつき瞑想で学ぶマインドフルネスの実践。
2017.2 179p A5 ¥2800 ①978-4-7724-1542-2

- **負けない大人のケンカ術──感情的にならない人が最後に勝つ** 和田秀樹著　祥伝社
【要旨】勝つよりも負けないことのほうが大事。1勝9分なら、勝率10割！ 大人のケンカに負けないですむ術を、心理学の立場から論じた。
2017.10 250p B6 ¥1500 ①978-4-396-61626-7

- **「まずは行動」する人がうまくいく** 岡本まい著　WAVE出版
【要旨】元祖"バイブス姉さん"の「遊び」が仕事になる方法。「今すぐやる」が人生を変える近道だった!!
2017.6 191p B6 ¥1500 ①978-4-86621-061-2

- **学ぶことは生きがい──大学と共に歩んだ60年の経験より** 玉木長義著（札幌）三浦印刷、（札幌）コア・アソシエイツ 発売
【目次】魅力ある出会いが豊かな人生を形づくる、幼少から高校までの経験は大切、高校で学んだ漢詩より、太平洋の懸け橋とならん（その1）、大学で培うもの、大学院で学ぶ魅力、太平洋の懸け橋とならん（その2）、学会を通しての太平洋の懸け橋、留学後は成果があがる、教育の醍醐味、価値ある論文を掲載するために、若者よ大志を抱け
2017.4 195p B6 ¥1500 ①978-4-86381-128-7

- **迷いを一瞬で消せる「最後心」の心構え──思うだけで効用がある、心のシフト術** 植西聰著　三五館
【要旨】ブッダも、親鸞も、松下幸之助も、スティーブ・ジョブズも、成功した偉人はみんな気づいていた！ 古代から唱えられている、なぜか力がみなぎる言葉の知恵。
2017.9 205p B6 ¥1200 ①978-4-88320-708-4

- **漫画 君たちはどう生きるか** 吉野源三郎原作、羽賀翔一漫画　マガジンハウス
2017 320p A5 ¥1300 ①978-4-8387-2947-0

- **マンガで読む 人生がときめく片づけの魔法** 近藤麻理恵著、ウラモトユウコ漫画　サンマーク出版
【要旨】主人公・鈴木千秋は、29歳、独身。現在彼氏なし。惚れっぽくて、飽きやすい性格のため、恋愛も長続きしないのが悩み。そんな彼女が、ある日、隣室に住むイケメン男子に、"片づけられない"部屋を見られてしまう。一念発起した千秋は、ふと検索した「片づけコンサルタント・こんまり」の片づけレッスンを申し込んでみることに…。千秋の片づけと恋は、どうなるのか!?──あなたにも、きっと魔法がかかります。
2017.2 189p B6 ¥1200 ①978-4-7631-3551-3

- **マンガで読む 小さいことにくよくよするな！** リチャード・カールソン原作、小沢瑞穂訳、マツカワチカコ作画　サンマーク出版（サンマーク文庫）
【要旨】毎日を楽しく生きる合い言葉、しょせん、すべては小さなこと！穏やかな気持ちで楽しく生きていける方法をみんなにプレゼントすべく、天界からやってきたイヌのドクター。人生のストレスを抱え、いろいろな場面で悩む人間たちに優しく語りかけます。「頭で悩みごとの雪だるまをつくらない」「むかつく相手を、幼児か百歳の老人だと想像する」「人が投げたボールをすべてキャッチすることなんて、できない」「1年たてば、すべて過去」など、新しい視点と前向きな気持ちが手に入ります。プレゼントにも最適！ 11歳から94歳までの幅広い層の読者が共感したあなたによく効く常備薬。
2017.11 143p A6 ¥550 ①978-4-7631-6094-2

- **まんがでわかる「引き寄せ」からハートへ──自分という幸せを生きるために** 天音優希、宮咲ひろ美著　ナチュラルスピリット
【要旨】ハートを生きるようになると、世界はガラリと変わります。人は生命の色彩が世界に息吹きはじめるのです。「引き寄せ」の奥にある究極の真実。コミックと文章の爽やかなコラボレーション！
2017.8 125p B6 ¥1200 ①978-4-86451-248-0

- **マンガでわかる 100％幸せな1％の人々** 小林正観著、沢音千尋漫画　KADOKAWA
【要旨】仕事・子ども・お金・イライラ・悩み──すべてが幸せになる法則。
2017.9 175p B6 ¥1200 ①978-4-04-601961-5

- **見た目を磨く人は、うまくいく。──オーラを輝かせる習慣67** 中谷彰宏著　学研プラス
【要旨】見た目にこだわらないのは、損している大きなデメリットと、得する大きなメリットに気づいていないからだ。 1 見た目が、あなたをその場所へ連れて行く。 2 1ミリに、こだわろう。 3 好みや流行の前に、エレガントを優先する。 4 中身の前に、見た目をよくする。 5 ココ一番の前に、準備する。 6 見た目にこだわることを、習慣にする。 Epilogue 見た目を変えて上げたテンションを、行動につなげる。
2017.11 207p A6 ¥550 ①978-4-05-406601-4

- **道なき未知** 森博嗣著　ベストセラーズ
【要旨】道の先にあるものは未知だ。なにかがありそうな気がする。この予感が、人を心を温める。温かいことが、すなわち生きている証拠だ。したがって、行き着くことよりも、今歩いている状態にこそ価値がある。知識を得ることに価値があるのではなく、知ろうとする運動が、その人の価値を作っている。たとえば、人生という道だって、行き着く先は「死」なのだ。死ぬことがこの道を歩く目的、価値ではないことくらい、きっと誰でもわかっているだろう。
2017.11 253p B6 ¥1400 ①978-4-584-13824-3

- **認められたい──「承認欲求」時代を幸福に生きる処方箋** 熊代亨著　ヴィレッジブックス
【要旨】承認欲求がかつてないほど渦巻く現代社会。たくさんの承認を集められる人はごくわずか。認められない人生は生きづらい。では一体、どうすれば認めてもらえるのか？ 「認められたい」を考え抜いてきた精神科医による、幸福に生きるための処方箋。
2017.11 191p B6 ¥1400 ①978-4-86491-325-6

- **未来に通用する生き方──デンマーク×日本式** 島崎信、中島健祐著　クロスメディア・パブリッシング、インプレス 発売
【要旨】「自分は将来、どうなるのだろう」というモヤモヤした不安感。その原因は、人生の3本柱となる「3つのしごと」のうち、どれかが揃っていないから。100歳になっても幸福な人生を、今からはじめるための指南書。
2017.12 221p B6 ¥1400 ①978-4-295-40141-4

- **ミラクル 奇跡の毎日が始まる** あーす・じぶしー naho maho著　KADOKAWA
【要旨】『ミラクル』は、人生の羅針盤。いつ、どのとき開いても、愛と奇跡の方向を指し示しています。この本に物語はありません。物語は"あなたの人生"であり、今一あなたの毎日が舞台となります。主人公のあなたへ──。目を閉じ、この本を開いてください。さあ、奇跡の毎日が始まる。
2017.6 1Vol. B6 ¥1400 ①978-4-04-601783-3

- **見るだけで幸せになる光のメッセージ** 太陽系太著　リンダパブリッシャーズ、泰文堂 発売
【要旨】癒し・浄化、愛情・人間関係、豊かさ・金運、夢・希望…。ページをめくるたびに、光があなたを幸運へと導く。神様、天使、精霊、龍、鳳凰、虹、彩雲、エネルギー体、UFO、光輪、目には見えない不思議な光のパワーが、あなたの運気を上げる！
2017.1 125p 18×15cm ¥1400 ①978-4-8030-0991-0

- **みんなあなたを好きになる** 一之瀬志郎著　アイバス出版
【要旨】あなたの隣にいる人を今よりちょっと好きになってみよう。好かれる技術満載。
2017.3 173p B6 ¥1400 ①978-4-907322-07-6

- **みんな、ひとりぼっちじゃないんだよ** 宇佐美百合子著　幻冬舎（幻冬舎文庫）
【要旨】だれかになぐさめてほしいとき、自分が変わりたいと思ったとき、この本を開いてみてください。あなたの心を軽やかにし、元気づけてくれる言葉が、きっと見つかります。迷った心に光がさし込む、95のメッセージ。
2017.2 213p A6 ¥540 ①978-4-344-42570-5

- **無意識の力を伸ばす8つの講義──実践・脳を活かす幸福学** 前野隆司著　講談社

【要旨】現代人は、「学習性無力感」(どうせやっても無駄)、「学習性無能感」(自分の能力なんてこんなもの)、「学習性問題解決能力欠乏感」(どうせ自分にはこの困難を解決できない)、「学習性夢欠乏症」(かなわない夢なんて持っても無駄)、「学習性幸せ拒絶反応」(どうせ私はそんなに幸せにはなれない)に陥っているだけで幸せではない。本当は、自分の課題や世の中の課題をどんどん解決できる、すばらしい自分になれるポテンシャルを持っている。脳科学、ロボット学者から幸福学研究の第一人者となった著者による、社会人をつぎつぎ変えた講座!
2017.9 245p B6 ¥1500 ①978-4-06-220815-4

◆無意味な人生など、ひとつもない　五木寛之著　PHP研究所
【要旨】あなたはこの世界で、かけがえのない存在。今こそ伝えたい、著者渾身のメッセージ集。
2017.3 157p 18cm ¥1000 ①978-4-569-83570-9

◆霧中の岐路でチャンスをつかめ　仲宗根悠稔著　幻冬舎メディアコンサルティング, 幻冬舎発売
【要旨】戦後の耐乏生活、借金と事業の拡張、父のアルコール依存症、迫りくる病気…金も人脈もない男が、知恵と度胸で数々の試練を乗り越え、駆け抜けた鮮烈な半生(マイ・ウェイ)。
2017.11 209p 19×12cm ¥1400 ①978-4-344-91492-6

◆村西とおる語録集─どんな失敗の中にも希望はあるのでございます　村西とおる著　PARCO出版
【目次】第1章 逆境の向こうにナイスな季節がやってくる、第2章 海が割れるってことがあるんだよ、第3章 死のうと思ったことは1000回ぐらいあります、第4章 人間だもの、大変だね、第5章 生きてるって素晴らしい!
2017.6 229p 19×12cm ¥1400 ①978-4-86506-220-5

◆群れない。─ケンブリッジで学んだ成功をつかむ世界共通の方法　塚本亮著　秀和システム
【要旨】「ひとりぼっち」でいい。そう思うだけで人生はここまで変わる!たったひとりから始める超シンプルな自己変革術45。
2017.11 207p B6 ¥1300 ①978-4-7980-5252-6

◆瞑想で愛の人になる ヒマラヤ大聖者のシンプルな智慧　相川圭子著　幻冬舎(幻冬舎文庫)
【要旨】心や体の奥深くには、深い海のような無限の静けさと愛があります。すべてのものは、その静けさから生み出されていきます。けれども、あなたの心はゴミで覆われているのです。世界に二人のヒマラヤ大聖者が伝授する、心のゴミを燃やし、無心になり、愛に満たされた人になる方法。「ため息」「あくび」など、初心者でも簡単にできる瞑想法つき。
2017.10 291p A6 ¥600 ①978-4-344-42668-9

◆「瞑想」であなたの願いは次々叶う　原久子著　ロングセラーズ(ロング新書)
【要旨】本当の自分"フォース(真我)"に目覚めたとき愛も、健康も、仕事も、お金も引き寄せられる。
2017.7 225p 18cm ¥1000 ①978-4-8454-5029-9

◆瞑想で心の癖を変える ヒマラヤ大聖者のシンプルな智慧　相川圭子著　幻冬舎(幻冬舎文庫)
【要旨】心を制御できず、苦しみの中にいるのが人間です。心は「くっつく」という性質を持っています。その癖を知り、意識を覚醒させ、潜在意識を浄化する。そして「真ん中にいる」ことで、あなたは自分の心、最高の状態で、幸せに生きることができるのです──。世界に二人のヒマラヤ大聖者が伝授する、「心の癖」を変え、心身ともに健やかな人生を手に入れる方法。
2017.10 187p A6 ¥540 ①978-4-344-42667-2

◆面倒だから、しよう　渡辺和子著　幻冬舎(幻冬舎文庫)
【要旨】小さなことこそ、心をこめて、ていねいに。安易に流れやすい、自分の怠け心と闘ったときに初めて、本当の美しさ、強さが生まれてくる。時間の使い方は、いのちの使い方。この世に雑用はない。用を雑にしたときに、雑用が生まれる。「置かれた場所で咲く」、実践できる心のあり方、考え方。毎日を新しく生きるためのベストセラー第2弾。新シリーズ!こころの文庫。
2017.4 216p A6 ¥500 ①978-4-344-42611-5

◆もう、がまんしない。─「自分らしく」生きる練習　心屋仁之助著　大和書房

【要旨】「甘えてもいい」「迷惑をかけてもいい」「がんばらなくていい」「平気なふりをしなくていい」自分の心を満たす方法はあなたの常識の外にある!
2017.3 230p B6 ¥1400 ①978-4-479-79569-8

◆もうちょっと「雑」に生きてみないか─がんばりすぎない　和田秀樹著　新講社(新講社ワイド新書)
【要旨】「気の休まらない生き方」にサヨナラしよう。人生80%主義のすすめ。
2017.7 183p B6 ¥900 ①978-4-86081-559-2

◆もし、明日キミに会えないとしたら。　高島大著　PHP研究所
【要旨】人間関係で本当に大切なことはね、『我慢しないこと』なんだよ。少しくらい不真面目でもいい。少しくらい無責任でもいい。いつも自分の心と身体にやさしいキミでいてください。
2017.3 229p B6 ¥1400 ①978-4-569-83490-0

◆持たない幸福論─働きたくない、家族を作らない、お金に縛られない　pha著　幻冬舎(幻冬舎文庫)
【要旨】「正社員にならねば」「結婚しなければ」「子どもを作らねば」「老後に備えなければ」…「こうあらねば」が人を追いつめている。生きるのが苦しいときは、世間の価値観や周りの意見にとらわれずに、自分が好きなものに立ち返るといい。仕事や家族やお金に頼らず、社会の中に自分の居場所を見つけ、そこそこ幸せに生きる方法を提唱。京大卒の元ニートが提唱。
2017.8 231p A6 ¥540 ①978-4-344-42642-9

◆もっと幸運を呼びこむ不思議な写真　FUMITO著　サンマーク出版
【要旨】見るだけで「いいことが起こった」と大反響!パワースポット、祈り、精霊、パワーストーン…見えないエネルギーが見えるミラクル・フォトブック。
2017.2 153p 15×15cm ¥1300 ①978-4-7631-3595-7

◆もっと、やめてみた。─「こうあるべき」に囚われなくなる暮らし方・考え方　わたなべぽん著　幻冬舎
【要旨】ボディーソープ、深夜の居酒屋、友達が少ないことの恥じらさ、「イベントブルー」に陥ること、自分を人見知りだと思うこと、などなど、やめてみたら、新しく始められることが増えた。シリーズ最新作!自分が変わり、人生が愛おしくなっていく生まれ直しの物語。
2017.7 118p A5 ¥1000 ①978-4-344-03144-9

◆ものの見方が変わる座右の寓話　戸田智弘著　ディスカヴァー・トゥエンティワン
【要旨】古今東西語り継がれる人生の教え77。「北風と太陽」「キツネとブドウ」「人間万事塞翁が馬」…イソップ物語から、中国古典まで。
2017.12 319p B6 ¥1600 ①978-4-7993-2204-8

◆もやもやがスーッと消える528Hz CDブック　ACOON HIBINO音楽・著, 和合治久監修　トランスワールドジャパン (付属資料:CD1)
【要旨】18分聴くだけで「散らかった考えがまとまる」「心のデトックス」「体の不調を改善する音楽療法。
2017.4 63p 19×16cm ¥1300 ①978-4-86256-200-5

◆やさしい瞑想法─中村天風直伝の"人生を自在に生きる知恵"　沢井淳弘著　小学館(小学館文庫プレジデントセレクト)
【要旨】瞑想がなにか特別なものと考えるのは間違いです。毎朝顔を洗うように、毎日の悩みや不安で曇ってしまった心を「洗ってあげる」の瞑想です。瞑想が生活の中に習慣化されると、思ってもいなかったさまざまな効果が実感できるようになります。この本で、中村天風の直弟子である著者は、瞑想についての多くの誤解を解きほぐしつつ、天風直伝の具体的な方法を、自分自身の体験と合わせながら、くわしくわかりやすく解説していきます。瞑想は決してむずかしいものではないということをこの本で実感してみてください。
2017.2 213p A6 ¥680 ①978-4-09-470014-5

◆休む技術　西多昌規著　大和書房(だいわ文庫)
【要旨】とにかく毎日忙しい。たまの休日も仕事が気になってしまう。家に帰ってもリラックスできない、楽しめない。そんなときは、実は、パフォーマンスも低下しているのです。休日を二分割して「ゆるめる時間」を確保する、嬉しい予定は早めに決める、「静的休日」と「動的休

日」を使い分ける、「非日常」体験でリラックスしつつリフレッシュする、一日の予定に「サボる時間」を入れておく…エンドレスな忙しさに押しつぶされずに上手に休むコツを満載。
2017.9 206p A6 ¥650 ①978-4-479-30668-9

◆やっぱり、気分を上げればすべてうまくいく　藤由達藏著　朝日新聞出版
【要旨】仕事、人間関係、行動力、やる気、夢…明るく元気な人が、いつも全部持っていく!コーチングのプロが教える、1秒で気分を切り替え・上げる方法。
2017.3 215p B6 ¥1300 ①978-4-02-251462-2

◆やっぱり友だちはいらない。　押井守著　東京ニュース通信社, 徳間書店 発売　増補版
【要旨】異才監督押井守が語る、世間の価値観に「NO」を叩きつける刺激的で画期的な"友だち論"。ロングセラー『友だちはいらない。』に新たな二章を加筆した増補版。"本当に大切な人間関係とは何か"を改めて問う一冊。
2017.12 222p B6 ¥1300 ①978-4-19-864538-0

◆「ややこしい自分」とうまく付き合う方法　上田容子著　幻冬舎メディアコンサルティング, 幻冬舎 発売
【要旨】精神科医がやさしく教える、生きづらさがスーッと消えるココロとカラダの整え方。"こじれた心と体"を手当てする方法を紹介。
2017.11 199p B6 ¥1300 ①978-4-344-91392-9

◆やることすべてがうまくいく! 太陽の習慣　FUMITO, LICA著　徳間書店
【要旨】太陽を味方につけると、人が動く。昼間の過ごし方が人生を最高にする55の魔法。輝く人生を引き寄せる不思議な写真付き。
2017.10 133p B6 ¥1200 ①978-4-19-864491-8

◆遺言。　養老孟司著　新潮社(新潮新書)
【要旨】動物とヒトの違いはなにか?私たちヒトの意識と感覚に関する思索─それは人間関係やデジタル社会での息苦しさから解放される道にもなる。「考え方ひとつで人生はしのぎやすくなります」、そう著者は優しく伝える。冬ごもって書きあげた、25年ぶりの完全書き下ろしとなる本書は、50年後にも読まれているにちがいない。知的刺激に満ちた、こんなにも明るく面白い「遺言」の誕生!80歳の叡智がここに。
2017.11 188p B6 ¥720 ①978-4-10-610740-5

◆悠々として、人生を降りる─「下り坂」にはこんな愉しみ方がある　川北義則著　PHP研究所
【要旨】「下り坂もよし」と思えたとき、これまでの「あれもほしい、これもほしい」の欲求に突き動かされた生活とは違う、研ぎ澄まされた生き方ができる。
2017.8 191p B6 ¥1300 ①978-4-569-83855-7

◆遊行を生きる─悩み、迷う自分を劇的に変える124の言葉　鎌田實著　清流出版
【要旨】いい言葉は、いい人生を生みだし、いい人生は、いい言葉を生みだす。「遊行」は、何気ない毎日を特別にする。生きるのが、楽になる。
2017.2 231p B6 ¥1300 ①978-4-86029-454-0

◆「ゆっくり力」でいい人生をおくる─モタさんの言葉　斎藤茂太著　新講社(新講社ワイド新書)
【目次】第1章 ゆっくり力とは?、第2章 いろんなゆっくり力、第3章 人生後半のゆっくり力、第4章 人と人とのゆっくり力、第5章 ゆっくり力は病気を防ぐ、第6章 ゆっくり力は顔に出る、第7章 中途半端のゆっくり力、第8章 開き直ってゆっくり力、第9章 ゆっくり力を養う
2017.4 205p 18cm ¥1000 ①978-4-86081-554-7

◆夢をかなえる質問─あらゆる人間関係を改善する!　谷原誠著　PHP研究所
【要旨】仕事、家族、恋愛─弁護士の質問テクニックを応用すると、すべての悩みが解決する!ただ質問の仕方を変えることで、あなただけでなく、周りのみんなも幸せになる!問題を解決する、さまざまな質問方法をテーマ別に会話形式で紹介。
2017.4 286p B6 ¥1600 ①978-4-569-83494-8

◆夢をかなえる習慣　アンソニー・バーグランド著, 弓島隆訳　ディスカヴァー・トゥエンティワン
【要旨】夢を実現するには、まず、夢見る人になること。夢を壊す人と顔を置くこと。夢の実現に年齢は関係ない。決意したときが最適の年齢だ。
2017.11 131p A6 ¥1200 ①978-4-7993-2176-8

人生論・生き方　　実用書

◆夢をかなえる小さな習慣　相川圭子著　大和書房
【要旨】最速で夢をかなえる！「ヒマラヤ秘教の恩恵」が教える、日々の小さなこと、心の使い方、体の使い方――一つひとつの小さな習慣が、あなたに大きな変化をもたらします。
2017.12 197p 18×14cm ¥1400 ①978-4-479-77210-1

◆夢をかなえるノート術　おふみ著　エクスナレッジ　（付属資料：シール1）
【要旨】コツコツ書くうちに楽しくなって、気づいたら夢が叶っていた！なりたい自分になるための、ノートの書き方・付き合い方。
2017.12 119p A5 ¥1400 ①978-4-7678-2415-4

◆夢を喜びに変える自超力―壁を突破し、成果を出すための「学び」×「教え」　松田丈志, 久世由美子著　ディスカヴァー・トゥエンティワン
【目次】第1章 自分と向き合うことのできない人は成長しない、第2章 情熱を育み、維持し続ける、第3章 周りの力を自分の力に変える、第4章「折れない魂」の育み方、第5章 ロンドンの"敗戦"とリオへの挑戦から学んだこと、第6章 伸びるための知恵を絞り続けよ、第7章 競泳日本代表に見る、本当のチームワークとは、第8章「行動」するチカラ、第9章 モチベーションを上げる方法、第10章 文字の持つ力の大切さ
2017.3 231p B6 ¥1400 ①978-4-7993-2032-7

◆夢でなく、使命で生きる。一根拠なき自信で壁を越える68の言葉　花田優一著　ポプラ社
【要旨】どんなに批判されても、失敗を怖れない。孤独を怖れない。それを支えてくれる68の言葉。
2017.12 184p B6 ¥1200 ①978-4-591-15667-4

◆夢の叶え方を知っていますか？　森博嗣著　朝日新聞出版　（朝日新書）
【要旨】何故、あなたの夢は実現しないのか？「自分の庭に小さな鉄道を建設することが小学生の頃から夢だった」。あなたの夢は「見たい夢」か「見せたい夢」か？もし後者であるなら、願いは永遠に実現しない。小説家として億単位を稼ぎ、あこがれの隠遁生活で日々夢に邁進する。それを可能にした画期的方法論。
2017.3 235p 18cm ¥760 ①978-4-02-273701-4

◆よっぽどの縁ですね―迷いが晴れる心の授業CD BOOK　大谷徹奘著　小学館　（付属資料：CD1）
【要旨】あなたは大谷徹奘の「心の授業」を聞いたことがありますか？幸せって何？を教えてくれる四文字の言葉〇〇〇〇。迷いの中から悟りを得る三文字の言葉〇〇〇。これを知ったら、心がスッと軽くなる―。
2017.6 96p A5 ¥1204 ①978-4-09-388558-4

◆世の中それほど不公平じゃない―最初で最後の人生相談　浅田次郎著　集英社　（集英社文庫）
【要旨】フランスで金髪美女を彼女にしたい。うつ病が辛い。結婚してなぜするの？競馬の極意を教えて。恋愛、家族、仕事への悩みからバクチの極意まで。10代～70代の幅広い層から寄せられた様々な相談を、海千山千の直木賞作家"次郎"と新米編集者"太朗"がズバリ解決。今の世の中では意外とチャンスは平等に与えられている。週刊プレイボーイ誌上で話題を呼んだ、浅田次郎最後で最後の人生指南書！
2017.3 286p A6 ¥540 ①978-4-08-745555-7

◆よみがえる力は、どこに　城山三郎著　新潮社　（新潮文庫）
【要旨】困難な時代を生き、人生の真実を見つめ続けた著者の白熱の講演「よみがえる力は、どこに」。企業や人間がよりよき開運アクションとは。魅力ある老年とは。自分だけの時計、軟着陸をしない人生とは。報われなくても負けない人間の姿を語る熱く響く声。亡き妻への愛惜あふれる遺稿、作家吉村昭氏との円熟の対談集や困難に直面しているすべての人へ贈る感動のメッセージ。
2017.3 227p A6 ¥490 ①978-4-10-113338-6

◆読むだけで運がよくなる77の方法　リチャード・カールソン著, 浅見帆帆子訳　三笠書房
【要旨】基本はたった"一つ"。ヒントは「心の持ち方」です！朝2分でできる開運アクションから、願いを叶えるプラス・パワーの集め方、人との"縁"を"チャンス"に変える言葉まで。365日を"ラッキー・デー"に変える…奇跡を起こす本！
2017.11 212p 18cm ¥1200 ①978-4-8379-5784-3

◆寄り添う言葉が変えてゆく　枡野俊明著　創英社／三省堂書店
【要旨】寄り添う心で、みなさん自身が変わります、みなさんとかかわっている周囲の人たちも変わります。現代人の悩みや不安の多くは、人間関係の歪みや軋みが原因になっているのではないでしょうか。寄り添う言葉を語ることで歪みも軋みも、ひとつずつ解消されてゆくのです。
2017.8 202p 18cm ¥1200 ①978-4-88142-959-4

◆弱さに一瞬で打ち勝つ無敵の言葉―超訳ベンジャミン・フランクリン　青木仁志編訳　（明石市）ライツ社
【要旨】1700年代、印刷工見習いから「アメリカ建国の父のひとり」と言われるまでに成り上がり、その自伝はD・カーネギーからイーロン・マスクまで数々の作家や大富豪に愛読されている大人物・フランクリンから学ぶ、弱さを克服し、人生に富をもたらす方法。
2017.10 205p B6 ¥1600 ①978-4-909044-07-5

◆45歳からの心の整理術　『PHP』編集部編　PHP研究所
【目次】第1章 自分らしく幸せに生きる（「好きなこと」をして、毎日を楽しく生きる（心屋仁之助（心理カウンセラー））、いまある幸せに気づくことが、未来の幸せを呼び寄せる（ひすいこたろう（作家））、未来をあれこれ考えないこと（ひろさちや（宗教評論家））ほか）、第2章 疲れをためない、ちょっとした考え方（人づきあいで疲れないコツは、「心の距離」を置くようにすること（香山リカ（精神科医））、自分にとって、いちばん大切な人は誰か？―人間関係の整理は、心の整理（加藤諦三（早稲田大学名誉教授））、マイナス思考を引きずらないために、ちょっと見方を変えてみる（渋谷昌三（目白大学教授））ほか）、第3章 少し気持ちがへこんだ日には「がんばってもすくいがない」と、投げ出したい気分になったら（宇佐美百合子（作家・カウンセラー））、楠木建（一橋大学大学院国際企業戦略研究科教授）、「情報」という名の懐中電灯で照らしてみる（おちとよこ（ジャーナリスト））ほか）
2018.1 158p 19×15cm ¥680 ①978-4-569-83732-1

◆40代がもっと楽しくなる方法　中谷彰宏著　（名古屋）リベラル社, 星雲社 発売
【目次】第1章 40代は知識を体験することで、見識に変える。（大爆笑できるのが、大人だ。鼻で笑うのは、オヤジだ。30代までは、モノが多いほうが豊か。40代からは、モノが少ないほうが豊か。ほか）、第2章 40代は子どものころ、したくなかったことをする。（子どものころ、したかったことをする。親がすることで、子どもは自動的にする。ほか）、第3章 40代は名刺交換のないつき合いをする。（名刺交換のないつき合いをする。仕事関係の人でも、仕事以外のつき合いはできる。ほか）、第4章 40代は、一見、逆走に見えるほうがスタートだ。（一見、逆走に見えることが、スタートだ。日常にルールをつくることで、別世界に入る。ほか）、第5章 40代の仕事の楽しみは、効率の悪いほうにある。（楽しみは、頼まれていないことから、生まれる。楽しみは、アドバイスから生まれる。ほか）
2018.1 201p B6 ¥1300 ①978-4-434-24203-8

◆40歳からの迷わない生き方　浅野裕子著　三笠書房　（知的生きかた文庫―わたしの時間シリーズ）
【要旨】仕事、愛、家庭生活、子育て、人間関係、健康―人生のどの中にいてもいいのです。ここでしっかり考えれば、確かな手ごたえのある生き方が見えてきます。5年後、10年後、絶対後悔しないために、そして、「一生輝く女性」でいるために、知っておいてほしい生き方のヒントがあります。
2017.6 213p A6 ¥650 ①978-4-8379-8476-4

◆ラクになる練習―人づきあいを軽やかにする38のヒント　名取芳彦著　（名古屋）リベラル社, 星雲社 発売
【要旨】"ほどほど"にすると、うまくいく。気にしない悩まない無理しない、人間関係のコツ。
2017.6 219p B6 ¥1300 ①978-4-434-23516-0

◆ラブリーな遺品整理術―愛する人を失った悲しみを幸せの種にする85の魔法　アリソン・ギルバート著, 菅靖彦訳　サンガ
【要旨】故人を偲び、いつも身近に愛する人を感じているための工夫があります。死は、愛する人との関係を断ち切るものではありません。私たちにとって大切な絆は、長続きさせることができます。亡き人の遺品や思い出を使って、心を癒し、豊かに勇気づける―それは、創造的で楽しい作業です。アメリカで実践されている、その具体的な智慧と技術を紹介します。
2017.7 261p 18×14cm ¥2400 ①978-4-86564-090-8

◆リアル人生ゲーム完全攻略本　架神恭介, 至道流星著　筑摩書房　（ちくまプリマー新書）
2017.10 222p 18cm ¥840 ①978-4-480-68989-4

◆龍を味方にして生きる―人生をダイナミックに好転させる方法　越智啓子著　廣済堂出版
【要旨】「龍、よろしくね！」願いはシンプルに素早く。それだけ！龍を感じられる「若者とは何か」を考察すると共に、昨今の若者へ、元若者だった全ての人へ、自身の体験を交えながらエールを送る。また本書は「子離れできない親、親離れできない子」の問題を起点に、避けては通れない「若者との向き合い方」の指南にもなっている。我が子や部下が理解できないという親・上司世代にとっても目から鱗の一冊。
2017.12 238p B6 ¥1300 ①978-4-331-52134-2

◆若者よ、猛省しなさい　下重暁子著　集英社　（集英社新書）
【要旨】家族の病理を鋭く描き出した『家族という病』がベストセラーとなった著者にとって、初めての「若者論」。「お金」「恋愛」「組織」「感性」「言葉」などの多様な観点から「若者とは何か」を考察すると共に、昨今の若者へ、元若者だった全ての人へ、自身の体験を交えながらエールを送る。また本書は「子離れできない親、親離れできない子」の問題を起点に、避けては通れない「若者との向き合い方」の指南にもなっている。我が子や部下が理解できないという親・上司世代にとっても目から鱗の一冊。
2017.1 196p 18cm ¥720 ①978-4-08-720866-5

◆枠を壊して自分を生きる。―自分の頭で考えて動くためのヒント　石黒浩著　三笠書房
【要旨】「正解」がないこの世の中を賢く生き抜くにいたる――夢、家族、友達、自分らしさ、仕事、そして人付き合い…。枠を壊して、バイアス（偏見）をゼロにして、これらのことについて考えてみると、今まで常識だと信じ込んでいたことが、実は誰かがつくった都合のいいルールに過ぎなかったことに驚かされるでしょう。本書では、その「枠を壊す」具体的なヒントを考えていきます。もう他人や常識に振り回されることなく、もっと自由に生きる道が、あなたの前にも開けているのです（著者）。
2017.4 238p B6 ¥1400 ①978-4-8379-2667-2

◆ワクワク人生教室―好きなことだけをして幸せになる50のヒント　武田双雲著　河出書房新社
【要旨】あなたも周りの人もWin・Winで結果が出せる！"ワクワク"スイッチの入れ方。
2017.4 223p B6 ¥1200 ①978-4-309-02564-3

◆わずらわしい人間関係に悩むあなたが「もう、やめていい」32のこと　石原加受子著　日本文芸社
【要旨】人間関係がわずらわしいのは、「あの人」のせいではありません。あなたがただ「やめる」だけで、その悩みは一気に解決します。思考・振る舞い・聞き方・話し方・行動のクセをやめて、シンプルで満足できる毎日に！
2017.3 222p B6 ¥1300 ①978-4-537-21450-5

◆忘れる力―「すっきり」「はっきり」「ゆったり」　平井正修著　三笠書房
【要旨】たまには、予定や期待や願望から離れてみませんか？「過去」を超える。「自分」を信じる。「この先」が楽しくなる。限りなく自分を「真っ新」にする方法。
2017.7 222p B6 ¥1300 ①978-4-8379-2694-8

◆私が語り伝えたかったこと　河合隼雄著　河出書房新社　（河出文庫）
【要旨】これからは父親の出番。"教師の力"いま、求められるもの。やらねばならないことは好きになってみせる…など、多くの実績を遺し、慕われたユング派臨床心理学者・河合隼雄の、のこされた人たちに伝える十四のラスト・メッセージ。弱った心をなんとかしたい、現代社会への処方箋。
2017.3 250p A6 ¥680 ①978-4-309-41517-8

◆私からしあわせになろう。スピリチュアル・プチ・ディクショナリー　Yukky著　Clover出版, 産学社 発売
【要旨】迷った時も不安な時も、すぐ解決！持ち歩ける具体的なアドバイス。日々の暮らしに役立てる、スピリチュアルQ&A。
2017.9 189p 18cm ¥1300 ①978-4-7825-3481-6

◆わたし肯定力　鈴木徹太郎著　アイバス出版
【要旨】すべての悩みは解決できる！世界中の偉人たちからのアドバイスはたった1つである。

わたしの人生はわたしが決める！
2017.9 187p B6 ¥1200 978-4-907322-18-2

◆私のマーシーレベルは∞（むげんだい）―気持ちをマーシーレベルでスコア化 相手に好かれて思い通りに生きられる　石井友二著　東洋出版
【要旨】相手から好かれ、相手を好きになる。好かれれば仕事は必ずうまくいく！相手の気持ちと自分の気持ちをスコア化して、問題を修正する！
2017.9 196p B6 ¥1200 978-4-8096-7872-1

◆私は、悲しみも劣情も、静やかに眺める。　黒田允代著　Clover出版、産学社 発売
【要旨】どんな現実も受け止める、心の在り方を求めて―すべての感情を溶かしこむ、心の「中庸な場所」。そこには「善い」も「悪い」もなく、ただ「私」だけがいた。
2017.10 277p B6 ¥1700 978-4-7825-3482-3

◆「私は自分が好き」と言うことから始めよう―心が軽くなるイラスト＆メッセージ　きい著　大和出版
【要旨】癒された、共感できる、わかりやすい―Instagramで大人気！「メンタル弱い」は変えられる。仕事、人づきあい、恋愛がラクになる28のヒント。弱った心に効く"ちょっとしたコツ"が満載！
2017.12 149p 17×13cm ¥1200 978-4-8047-6287-6

◆私は自分の仕事が大好き　2　鴨頭嘉人著　かも出版、サンクチュアリ出版 発売
【要旨】子供たちが「早く大人になって働きたい！」と思える社会創りを夢見て、今輝いている働く大人の声を届ける。総勢12名のエピソードを記載!!
2017.10 137p A5 ¥1000 978-4-86113-409-8

◆私は人生をバケーションのように過ごしてきた―ターシャ・テューダーの言葉 ベスト版　ターシャ・テューダー著，リチャード・W.ブラウン写真，食野雅子訳　KADOKAWA
【要旨】『ターシャ・テューダーの言葉』（全5巻）の中から選び抜いた言葉に、未発表の言葉を加え、さらに解説を付けた。永久保存版。
2017.4 223p 25×17cm ¥2500 978-4-04-069215-9

◆笑いとしあわせ―こころ豊かに生きるための笑方箋　中井宏次著　春陽堂書店
【要旨】薬剤師・医療系きく臓の著者・中井宏次による幸せの極意とは？
2017.2 142p B6 ¥1200 978-4-394-90328-4

◆割り切り力のススメ―悩み不安怒りが消える　仲宗根敏之著　廣済堂出版（廣済堂新書）
【要旨】心は「割り切る」ことで軽くなります。著者は10万人を治療した経験から、現代を生きる多くの人が悩みやすい代表例を提示するとともに、その対処法として「割り切り力」を伝授。想像でストレスを軽減するイメージ療法、親との関係の修復方法など。ストレスを感じるサラリーマンやOL、子育て中の親、定年退職後の方などに最適。
2017.9 221p 18cm ¥850 978-4-331-52117-5

◆「悪くあれ！」―窒息ニッポン、自由に生きる思考法　モーリー・ロバートソン著　スモール出版
【要旨】国際ジャーナリスト/DJとして活躍するモーリー・ロバートソンによる待望のエッセイ集。ロック、パンク、ダブステップ、禅、ドラッグ、人種差別……あらゆるテーマを縦横無尽に飛び回りながら、タブーなしで語り尽くす！日本社会の中で窮屈な「グリッド」に縛られず「自立した個人」であり続けるための思考法がここにある。
2017.12 212p B6 ¥1500 978-4-905158-51-6

◆CITTA式 未来を予約する手帳術―もっとやりたいことなりたい私を叶える！　青木千草著　かんき出版
【要旨】「手帳×ヨガ思考」で恋も仕事もお金もブレないマインドと思い描いた毎日をつくる！手帳は"引き寄せ"最強のツール♪2万人が実践！毎年完売！「CITTA手帳」開発＆ヨガスタジオオーナーの人生が輝く魔法。
2017.9 158p A5 ¥1400 978-4-7612-7285-2

◆CURIOSITY2　山木悠編著　DU BOOKS, ディスクユニオン 発売
【要旨】「人生とは何か？」自身の生き方を貫く、活躍する全18名に新世代が問うインタビュー・ブック。
2017.11 148p 30×23cm ¥1500 978-4-86647-034-4

◆FANTAjik REALITY―インスピレーションで開く願望実現への扉　ひめくり零人著　幻冬舎メディアコンサルティング, 幻冬舎 発売
【要旨】日々の生活に違和感を覚える全ての人へ。子供のころ夢にみた「ファンタジーの世界」。そこへ移り住むことができるとしたら…。小説×実用書!?「日常」を「非日常」へと変える脳内エクササイズ。
2017.12 217p B6 ¥1200 978-4-344-91478-0

◆MIND OVER MONEY―193の心理研究でわかったお金に支配されない13の真実　クラウディア・ハモンド著，木尾糸己訳　あさ出版
【要旨】なぜ、人は金額が大きくなると勘定が大雑把になり、貧乏になるとより損をしやすく、お金があるほどケチになるのか？心の不合理を知り、お金に強くなる！英国の人気心理学者が、心理学、神経科学、行動経済学など、あらゆる角度から解き明かす。
2017.6 334, 9p B6 ¥1600 978-4-86063-992-1

◆NHKラジオ深夜便 こころの時代―インタビュー集　1　（門真）名著出版
【目次】科学者は平和とどう向き合うか―益川敏英（京都産業大学教授）、巡洋艦『矢矧』の青春―池田武邦（建築家）、父・藤山一郎を語る―市川たい子（藤山一郎・長女）、男性介護者の輪を作る―津止正敏（立命館大学教授）、わが戦中・戦後―ニューギニアからスガモへ―飯田進（社会福祉法人「新生会」、同「青い鳥」理事長）、怒らない生き方―アルボムッレ・スマナサーラ（日本テーラワーダ仏教協会長老）、旅立つ人・看取る人―柏木哲夫（淀川キリスト教病院名誉ホスピス長・金城学院大学学長）、語りで子どもを育てる力を育てたい―櫻井美紀（NPO法人語り手たちの会理事長）、戦争と平和～アインシュタインと愛―比佐224子（エッセイスト・ノンフィクション作家）、いのちの授業―鈴木せい子（鈴木助産院院長・群馬県助産師会会長）
2017.3 161p A5 ¥1200 978-4-626-01794-9

◆NHKラジオ深夜便 こころの時代―インタビュー集　2　（門真）名著出版
【目次】裁くこと、赦すこと―新渡戸稲造、東洋の心と西洋の精神―原田明夫（弁護士）、着物で生活革命―三砂ちづる（津田塾大学教授）、がんになって教えられたこと―朝日俊彦（あさひクリニック院長）、生前葬から三十年、いまだ旅の途中―早坂暁（脚本家・小説家）、精神科医として、作家としての日々―帚木蓬生（精神科医・作家）、松本清張の再発見―藤井康栄（北九州市立松本清張記念館館長）、安心して生ききる―岡本祐三（国際高齢者医療研究所岡本クリニック院長）、憎しみと赦しのはざまへの試み―小菅信子（山梨学院大学教授）、ユダヤ難民、敦賀上陸秘話―古江孝治（資料館「人道の港 敦賀ミュゼウム」館長）、欧米人の日本観に学ぶ―井形慶子（作家）
2017.3 165p A5 ¥1200 978-4-626-01795-6

◆OPTION B―逆境、レジリエンス、そして喜び　シェリル・サンドバーグ，アダム・グラント著，櫻井祐子訳　日本経済新聞出版社
【要旨】全米大ベストセラー！失恋、挫折、人間関係のこじれ、家族の失敗、突然の病、そして愛する人の死─であれ、「バラ色」だけの人生はありえない。フェイスブックのCOOシェリル・サンドバーグは、休暇先で最愛の夫を突然失った。友人で著名心理学者のアダム・グラントが教えてくれたのは、人生を打ち砕く経験から回復するための、具体的なステップがあるということだった。回復する力の量は、あらかじめ決まっているわけではない。レジリエンスは自分で鍛えることができる力なのだ。人生の喪失や困難への向き合い方、逆境の乗り越え方を、世界的ベストセラー『LEAN IN』著者と『GIVE & TAKE』著者が説く。
2017.7 291p B6 ¥1600 978-4-532-32159-8

◆PICK ME UP―書くたびに自分がもっと好きになる　アダム・J・カーツ著, 関根光宏訳　ワニブックス
【要旨】さびしい？わくわくしてる？悲しい？途方にくれてる？もしかしたら、いろんな感情がごちゃまぜになっているんじゃない？このページを開いて、そこから始めよう！最初から順番に読む必要はないよ。すでに書き込んだページでも、そこに書き加えてみて。気になったことやちょっとした驚きを書いていけば、自分が育ち、成長していく実感がでてくるはず。この本を書き進めていけば、今までになかったものの見方をしたり、希望が湧いたり、そしてなにより、自分にぴったりのアドバイスがもらえる。もちろん、ちょっとしたユーモアも！
2017.9 1Vol. B6 ¥1000 978-4-8470-9603-7

◆SNSで夢を叶える―ニートだった私の人生を変えた発信力の育て方　ゆうこす著　KADOKAWA
【要旨】ゆうこす流SNS新常識。
2017.9 187p B6 ¥1300 978-4-04-896025-0

◆THE BOOK OF YOU―自分を「整える」365日の本　英国YOUチーム編, 江口泰子訳　飛鳥新社
【要旨】「理想の自分」になるのに、努力はいらない。これが、あたらしい「ライフスタイルの教科書」。
2017.12 1Vol. B6 ¥1500 978-4-86410-583-5

人間心理

◆男と女のLOVE心理学―「恋愛」から「結婚」まで自在にコントロール　神岡真司著　マガジンハウス
【要旨】占いの話題で仲良くなる方法。好きと言わずに相手に好意を刷り込んでいく方法。男脳と女脳の違いを見分けて親しくなる方法。エッチのOKサインを勝ち取る方法。初デートでキスをしてホテルまで辿り着く方法…秘伝の恋愛ワザ50連発！
2017.9 219p B6 ¥1200 978-4-8387-2962-3

◆面白いくらい当たる！「心理テスト」　亜門虹彦著　三笠書房（王様文庫）（『心がスッキリする不思議な「心理テスト」』再編集・改題）
【要旨】ペットを飼うなら、どんなのがいい？ショートケーキはイチゴから食べる？それとも…。写真に落書き―何を書く？何気ない行動から、知っているようで知らない「心の奥底」が、面白いくらい浮かび上がる！読み出したらとまらない、ドキドキの51問！
2017.10 237p A6 ¥650 978-4-8379-6837-5

◆女の機嫌の直し方　黒川伊保子著　集英社インターナショナル, 集英社 発売（インターナショナル新書）
【要旨】なぜ女たちは思いもかけないところで不機嫌になるのか？"女の機嫌"は男にとって永遠の謎だ。だがこの謎は、脳科学とAI研究でいとも簡単に解き明かすことができる。女性脳は共感のため、男性脳は問題解決のためにことばを紡ぐ。だから両者はすれ違い、優秀な男性脳ほど女を怒らせるのだ。女性脳を知り、女の機嫌の直し方がわかれば生きるのがぐっと楽になる。すべての男たちに贈る福音の書！
2017.4 173p 18cm ¥700 978-4-7976-8008-9

◆心の奥まで丸見え！当たりすぎて怖い心理テスト　中嶋真澄著　池田書店
【目次】1 隠しきれない…！あなたの裏の顔（心の状態がわかるチェックテスト；友だちの実家に行くときお土産に選ぶお菓子は？ ほか）、2 知らないのは自分だけ！他人から見たあなた（周囲の気持ちがわかるふたつの質問, 久しぶりに会った同級生と同窓会で話したこと ほか）、3 人には見せられない！あなたの人間関係・欲望（花火大会の日に天気予報は雨マーク, レストランでの相手の態度 一番嫌なのは？ ほか）、4 意外とドロドロ？あなたの人間関係（あなたをムッとさせる相手の反応は？, 友人が宝くじで高額当せん!? ほか）、5 どんなことが起こる？あなたの未来（空を自由に飛びたい！どうやって飛ぶ？, ガラスの靴を眺めるお姫様 ほか）
2017.12 191p B6 ¥750 978-4-262-15523-4

◆サギ師が使う人の心を操る「ものの言い方」　多田文明著　イースト・プレス（イースト新書Q）
【要旨】流れをOKに持っていく、思わずOKさせる、相手の意表を突く、都合のいい答えを引き出す、さりげなく優位に立つ、そして相手ベースに乗らない…年々厳しくなる摘発をかいくぐるように新たな騙しの手口を編み出すサギ師のマル秘テクニックとは。言ったら相手の心を遠ざけてしまう「NGワード」と、相手の心をがっちりつかむ「OKワード」を紹介。潜入調査に定評のある著者が、彼らと対峙する過程でつかんだ、ビジネス心理戦に生かさない手はない「話

人生論・生き方

実用書

◆し方」の極意。
2017.9 189p 18cm ¥800 ①978-4-7816-8033-0

◆知れば知るほど面白い人間心理の謎がわかる本　清田予紀著　三笠書房　(王様文庫)
【要旨】居酒屋のちょうちんはなぜ赤い？ なぜ、そのひと言で"炎上"は起こるのか？「なんで、そうなるの？」にズバリ答えます！
2017.6 227p A6 ¥650 ①978-4-8379-6825-2

◆人生を思い通りに操る 片づけの心理法則　メンタリストDaiGo著　学研プラス
【要旨】本書は部屋がきれいになることをゴールにした本ではありません。片づけで人生を最大化し、幸福を手に入れるための本です。本書では、一度片づけたら二度と元に戻らない片づけの技法を伝授します。本書で紹介する片づけの習慣で、自分の大切なことに使える時間、お金、体力は最大化されます。つまり、片づけで人生は思い通りに操れるのです！
2017.12 269p B6 ¥1300 ①978-4-05-406599-4

◆図解 話を聞かない男、地図が読めない女　アラン・ピーズ、バーバラ・ピーズ著、藤井留美訳、高倉みどりマンガ　主婦の友社
【要旨】皆さんは、『話を聞かない男、地図が読めない女』というタイトルを聞いたことがありますか？ 男女の考え方や行動の違いは、脳が使われていたり反応する場所や、分泌されるホルモンによって引き起こされるということを解説していま日本だけでも200万部を超える大ベストセラーになった内容を図解とマンガでわかりやすくお伝えします。
2017.6 95p B5 ¥1000 ①978-4-07-424421-8

◆図解版 人間関係、こう考えたらラクになる　斎藤茂太著　ゴマブックス
【要旨】図解でわかる！ 友人・恋人から職場関係まで、考え方次第でトラブル解消。胸のつかえがスッととれる45のヒント。
2017.9 198p A5 ¥1300 ①978-4-7771-1950-9

◆図解 ヤバいほど使える！ 黒い心理学　樺旦純著　PHP研究所　(『ダマす人、ダマされる人の心理学』再編集・改題版)
【要旨】人の心を最速でわしづかみ、相手のウソをあっさり見抜く、自分の意見がすんなり通る、人間関係に役立つ悪魔の作戦61。
2017.9 125p A5 ¥750 ①978-4-569-83689-8

◆性格が見える2択の質問　木原誠太郎, ティグラム・ラボ著　主婦の友社
【要旨】恋活・婚活女性が幸せになるために、調査したのべ1400万人以上の結果から分析！ 経済力・浮気度・安定性・家庭的…質問に対する相手の答えで本音がまるわかり！
2017.3 191p B6 ¥1200 ①978-4-07-420475-5

◆精神科医が教える「怒り」を消す技術　備瀬哲弘著　集英社文庫
【要旨】日々の生活でのちょっとした怒りは、周囲の人を遠ざけ、人生を不幸にする原因のひとつ。現役精神科医である著者が、「怒り」の感情をコントロールして、人生をもっと幸福にするヒントをあなたに伝授。だから、もうつまらないことでイライラしない！ いつも心が穏やかで、そして楽になる。きっと、あなたの人生はガラリと変わる。自分の「怒り」のタイプがわかるセルフチェックリスト付き。
2017.2 201p A6 ¥460 ①978-4-08-745546-5

◆絶対に勝つ黒い心理術─流れを操り、勝負を支配する　ロミオ, Jr. ロドリゲス著　PHP研究所
【要旨】勝ちすぎて、怖くなる！ 元敏腕カジノディーラーでアジア随一のメンタリストが教える勝負強さのコツ！
2017.6 205p B6 ¥1400 ①978-4-569-83835-9

◆騙されない技術─あなたの傍の嘘つきから身を守る方法　片田珠美著　講談社
【要旨】いつのまにか、騙されていませんか？ 騙す側の心理、騙される側の心理…敵と己を知って、対処法がわかる。
2017.2 207p A6 ¥1200 ①978-4-06-220483-5

◆「とにかく優位に立ちたい人」を軽くかわすコツ　石原加受子著　学研プラス
【要旨】職場、ご近所、夫婦関係…困った人たちの攻撃から自分を守る！ 振り回されない！ 28のヒント。
2017.9 210p B6 ¥1400 ①978-4-05-406586-4

◆なぜかまわりに助けられる人の心理術　メンタリストDaiGo著　宝島社　(宝島SUGOI文庫)
【要旨】この本の目的は、うまく相手の心を誘導して、自分が「助けてほしい」と思っていることを自然な流れで「やってあげたいな」と相手に思わせること。さらに、実際に行動してもらえるようにするテクニックを紹介した本です。本書で紹介するテクニックを使い、頑張っても報われない「やってあげてばかりの人」を卒業して、「助けてもらって感謝される」人間関係の構築を目指しましょう。
2017.3 223p A6 ¥580 ①978-4-8002-6800-6

◆人の心を操る技術　桜井直也著　彩図社
【要旨】NLP、コーチング、コールドリーディング、メンタリズムなどのテクニックを使いこなすには「コツ」があった！ プロの催眠療法士が実際に使っている心理誘導術！ 営業、プレゼン、交渉、接客、恋愛、就職、隣人トラブル、親子関係の改善に。
2017.9 254p A6 ¥648 ①978-4-8013-0239-6

◆人の2倍見抜く本─人間観察のヒント　渋谷昌三著　新講社ワイド新書
【要旨】動作・くせ・言い方から相手を読みとく！
2017.6 186p 18cm ¥850 ①978-4-86081-557-8

◆「欲しい」の本質─人を動かす隠れた心理「インサイト」の見つけ方　大松孝弘, 波田浩之著　宣伝会議
【要旨】あらゆるモノ・サービスに「だいたい、良いんじゃないですか？」と充たされてしまっている消費者。もはやニーズは存在しない。あるのは、人を動かす隠された欲求だけだ。ヒットを生み出したければ、ニーズを追いかけるのではなく、インサイトを見つけよう。その方法が、この1冊にはあります。さあ、イノベーションを生み出すアイデア開発の武器を手に入れよう。
2017.12 271p B6 ¥1500 ①978-4-88335-420-7

◆本当は怖い59の心理実験　おもしろ心理学会著　青春出版社　(青春文庫)
【要旨】なぜ、あの人の気持ちがわからないのか─なぜ、自分をコントロールできないのか─なぜ、集団になると人が変わるのか─。心理実験をひもとけば、世の中が見えてくる！
2017.9 203p A6 ¥719 ①978-4-413-09679-9

◆マンガ ヤクザ式10秒で立場が逆転する心理交渉術　向谷匡史原作、山口正人画　実業之日本社
【要旨】上司を巧みに操縦し、ライバルを出し抜き、部下や後輩を従わせる─ヤクザのテクニックに学ぶ会社で成功するための必勝交渉術！ ビジネスで使える心理メソッド満載！
2017.6 193p B6 ¥1200 ①978-4-408-41461-4

◆「めんどくさい人」の取り扱い方法　渋谷昌三著　PHP研究所　(PHP文庫)
【要旨】自己中心的な人、不機嫌をまき散らす人、「常識」が通じない人…周りをイラッとさせる要注意人物たちにも、実は問題行動を起こす「彼らなりの理由」が必ずあります。本書は、人気の心理学者がタイプ別に「めんどくさい人」のメカニズムを解き明かすとともに、すぐに実践できる効果的な対処法をアドバイス。彼らをうまくあやつり心理テクニックを身につけて、一枚上手の人になりましょう。
2017.4 178p A6 ¥680 ①978-4-569-76714-7

◆世の中で悪用されている心理テクニック─現役催眠奇術師が教える　Birdie著　フォレスト出版
【要旨】世の中にはびこる「悪い奴ら」が使っている心理テクニックを完全公開！「滅びろ、催眠術」奴らの「手口」を全部バラし、ダマされる前に完全マスター。「自分は大丈夫」と思っている人ほど、ダマされる。信じる者ほど、救われない。だから…あなたをダマす「心理テクニック」を逆に試してみる。
2017.6 273p B6 ¥1400 ①978-4-89451-762-2

◆論理のスキと心理のツボが面白いほど見える本　ビジネスフレームワーク研究所編　青春出版社
【要旨】「説得力」のカラクリ、すべて見せます。消極的な相手をその気にさせるABC理論のスゴ技とは？ 言いにくいことも笑顔で主張できる"DESC話法"の秘密とは─？ アタマもココロも思いどおりにできる禁断のハウツー本。
2017.10 187p A6 ¥690 ①978-4-413-09680-5

◆DaiGoメンタリズム─誰とでも心を通わせることができる7つの心理法則　メンタリストDaiGo, 眉村神也著　KADOKAWA　(中経の文庫)
【要旨】「1秒で相手の感情がわかる」「言いたいことが言いやすくなる」「相手にノーと言わせない」など、仕事やプライベートなどあらゆるシチュエーションで実践可能なテクニックをあますところなく紹介。初対面の人との交渉や失敗したくないデートもうまくいく、身に付けておきたい会話とコミュニケーション技法のすべてがギュッと詰まった1冊です。
2017.8 220p A6 ¥640 ①978-4-04-602038-3

名言・格言集

◆朝読むと元気をくれる56の言葉　西沢泰生著　エムディエヌコーポレーション、インプレス 発売
【要旨】大切な一日を気持ちよくスタートするための。朝に読むことで今日も一日がんばろうと思える、そんな元気がもらえる言葉に、明るい気分になれる世界中の絶景写真を添えた名言集です。憂鬱な気分を軽くしたい、君ならきっと大丈夫と勇気づけてもらいたい、希望を持って一日を過ごしたい方にオススメです！
2017.3 127p B6 ¥1300 ①978-4-8443-6656-0

◆偉人の命日366名言集─人生が豊かになる一日一言　多摩大学出版会編、久恒啓一著　日本地域社会研究所
【要旨】実業家・作家・政治家・科学者など古今東西の偉人たちはどう生き、どう最期を迎え死んでいったのか。入学式・卒業式・結婚式など式典の挨拶、スピーチにも使える名言！
2017.7 478p B6 ¥3241 ①978-4-89022-198-1

◆運命をひらく山田方谷の言葉50　方谷さんに学ぶ会著　致知出版社　(活学新書)
【目次】第1部 山田方谷の生涯(山田家の祖先と方谷の誕生、師の丸川松隠と両親との死別 ほか)、第2部 方谷さんの言葉に学ぶ(小にして学べば則ち為す有り(志を持ち夢を貫けー「坊や 学問をして何をするのか」)、「治国平天下」、子育ての要は優しさと厳しさの匙加減一家書を得たら、一封の書信、阿嬢の恩 ほか)、壮にして学べば老いて衰えず「知る」と「できる」は雲泥の差─良知の説は簡素で高尚です。格物の実践は切実です、まごころは古今東西、万人に通ずーかわらぬものは人のまごころ ほか)、老いて学べば死して朽ちず(正気場には覚悟の人たれー大逆無道の四文字、これを除く能はずば吾刃に伏せんのみ、「私」より「公」を念じよ一名利を思う私念より発すれば、功業も私事に過ぎずほか)。
2017.6 205p 18cm ¥1200 ①978-4-8009-1149-0

◆エマソン 自分を信じ抜く100の言葉　中島輝著　朝日新聞出版
【要旨】根拠のない自信こそが絶対的な自信である。ニーチェ、福沢諭吉、トランプに影響を与えた「アメリカ成功哲学の祖」が語る人生をやり抜く力が湧いてくる魂の名言集！
2017.1 1Vol. B6 ¥1600 ①978-4-02-331569-3

◆幸運があふれる101のことば　植西聰著　PHP研究所　(PHP文庫)　(『こころ革命─ツキを呼び込む100の言葉』加筆・再編集・改題書)
【要旨】職場の人間関係や恋愛のことで、人生に対して悲観的になってしまうような局面でも「人生は自分の心次第でどうにでも変わる」。心理カウンセラーとして、長年多くの人の悩みを聞いてきた著者が論じる成心学とは、幸せになるための心の本。本書は、それに基づいて幸運を引き寄せるための101のエピソードを紹介。誰でも自分の思い通りの人生を手に入れることができるよう。
2017.5 237p A6 ¥640 ①978-4-569-76710-9

◆心がきれいになる365日誕生花と名言　WRITES PUBLISHING編　(明石市)ライツ社
【要旨】3月3日はナノハナ「予期せぬ出会い」、7月13日はニチニチソウ「楽しい思い出」、12月14日はナンテン「ますます幸せ」…。あなたの生まれた日の誕生花は、なんの花だろう？ 色とりどりの花の写真×花言葉にまつわる偉人の名言。
2017.5 381p B6 ¥1400 ①978-4-909044-04-4

人生論・生き方

◆心に「ガツン」と刺さる！ ホンネの金言1240―人生で大切なことは、自分がどう生きたいかじゃないか！ 西東社編集部編　西東社　2018.1　351p　B6　¥750　978-4-7916-2654-0

◆50歳からの音読入門　齋藤孝著　大和書房（だいわ文庫）
【要旨】言い得て妙な日本語、含蓄の深い日本語、温かくて美しい響きの日本語…人生を豊かにしてくれる名文名句が盛り沢山!!
2017.3　334p　A6　¥700　978-4-479-30641-2

◆こども座右の銘280―生きぬく力を育む　シャスタインターナショナル編、国際政治文化研究会監修（東久留米）シャスタインターナショナル
【要旨】これからの人生にきっと役に立つ。小学教科書によく出てくる偉人・有名人たち120人の言葉。
2017.11　220p　A5　¥1300　978-4-908184-17-8

◆子ども超訳 一生大切にしたい70の名言　根本浩著　SBクリエイティブ
【要旨】平易な言葉で優しく語りかける「子ども超訳」。名言誕生のエピソード付き。ついでに知っておきたい豆知識も記載。
2017.5　181p　B6　¥1200　978-4-7973-9099-5

◆子どもの心に届く「いい言葉」が見つかる本　名言発掘委員会編　青春出版社（青春文庫）
【要旨】その「ひと言」には、人生を変える力が宿っている。将来について、幸福について、人間関係について…悩める心にそっと寄り添う珠玉の名言集。
2017.3　348p　A6　¥890　978-4-413-09666-9

◆仕事で眠れぬ夜に勇気をくれた言葉　田中和彦著　WAVE出版（WAVEポケット・シリーズ）（『リーダーの修行ノート』加筆・再編集・改題書）
【要旨】苦しいとき、迷ったとき、悩んだとき…先人の知恵、珠玉の名言が、あなたを救う！
2017.5　191p　18cm　¥814　978-4-86621-064-3

◆人生を動かす 賢者の名言　池田書店編集部編　池田書店
【要旨】「言葉の力」で一歩前へ踏み出す！人生に迷うとき、誰かを励ましたいとき、心に響くひと言がきっと見つかる！名言をより深く知るための解説つき。
2017.12　255p　B6　¥1000　978-4-262-17465-5

◆すみっコぐらしのすみっこ名言 2　サンエックス監修　KADOKAWA
【要旨】心に効く!!かわいいすみっコといっしょに偉人の言葉と人生を味わおう！
2017.2　109p　19×15cm　¥880　978-4-04-601567-9

◆大切なことに気づかせてくれる33の物語と90の名言　西沢泰生著　PHP研究所（PHP文庫）
【要旨】せわしなく過ぎていく日々の中で、心がささくれ立ってしまう、そんな時は、"いい話"に触れてみませんか？本書では、「しあわせな貧乏」「手塚治虫が描き足したもの」など、人間関係から仕事、人生まで、あらゆる悩みに効くエピソードをふんだんに紹介。迷いを勇気に変えてくれる真実の物語と名言が、疲れたあなたの心を癒します。忘れかけていた大切なものを、思い出させてくれる1冊。
2017.6　266p　A6　¥660　978-4-569-76738-3

◆名作名言―一行で読む日本の名作小説　中山七里監修、造事務所編著　宝島社
【要旨】名作の中には名言がある―『友情』『銀河鉄道の夜』『金閣寺』など名作43の珠玉の名言集があなたの人生を深くする。
2017.3　223p　A5　¥630　978-4-8002-6837-2

◆森信三 運命を創る100の金言　森信三著、藤尾秀昭監修　致知出版社
【要旨】国民教育の師父にして、20世紀最後の哲人といわれる森信三。自分を鍛え、新たな運命を創る100の言葉。いかに生きるか、いかに学ぶか。
2017.7　130p　19×13cm　¥1100　978-4-8009-1154-9

人物群像

◆あの頃日本人は輝いていた―時代を変えた24人　池井優著　芙蓉書房出版
【要旨】日本人に夢を与え、勇気づけた24人のスーパースターたちの挫折と失敗、そして成功までのストーリーをたくさんのエピソードを交えて紹介。政治、経済からスポーツ、文学、映画、音楽の世界までワクワク、ドキドキした感動と興奮の記憶がよみがえってきます。
2017.11　250p　B6　¥1800　978-4-8295-0723-0

◆あの人の宝物―人生の起点となった大切なもの。16の物語　大平一枝著　誠文堂新光社
【目次】心の在り方、保ち方（田村セツコ―NYから取り寄せたバレリーナのポスター、松岡享子―六十九年前に手づくりした人形の家、吉沢久子―自由に料理を楽しむフランスの古い器、久野麗子―夫から初めて贈られた山葡萄のかご、江上栄子―義母から贈られた外国製の下着、カナヤミユキ―亡き母の思い出の紙粘土の花、ルドンの画集、宮城宜子―学生時代に夫に贈った手製エプロン、岡崎武志―自分で上書きし続けている『全国古本屋地図』）、旅の途中で見えてきたもの（ひがしちか―仕事の喜びを教えてくれたシアタープロダクツのコート、山内彩子―初めて美術品として買い求めた有元利夫のエッチング、春風亭一之輔―初めてもらった給金袋）、創造を持続する（柚木沙弥郎―世界を旅して集めたフォークアート、鋤田正義―母に買ってもらった二眼レフカメラ、松田行正―独立して二十五年使い続ける事務所のテーブル、蛭子能収―同僚から餞別にもらった腕時計、田窪恭治―釣りざおから作りだしている絵筆）
2017.4　237p　B6　¥1600　978-4-416-51659-1

◆偉人たちのあんまりな死に方―ツタンカーメンからアインシュタインまで　ジョージア・ブラッグ著, 梶山あゆみ訳　河出書房新社（河出文庫）
【要旨】まさか、こんなにひどい最期だったとは！体液を抜かれ、熱い風呂に入れられて死んでいったベートーヴェン。水治療と称して、凍るような冷水を浴びせられたダーウィン。医学が未発達な時代には、病気の症状自体よりもはるかに苛酷で、奇想天外な医療が施されていた。現代医学に感謝したくなる、驚きいっぱいの異色偉人伝！
2018.1　220p　A6　¥680　978-4-309-46460-2

◆偉大なる残念な人たち　八島みずず著, えのきのこ絵　PARCO出版
【要旨】総勢78名の偉人の裏の顔をまんが笑細解説！
2017.8　127p　A5　¥1200　978-4-86506-218-2

◆一故人　近藤正高著　スモール出版
【要旨】鬼籍に入った著名人の人生模様を、数多の資料をもとに紡ぎあげる。ウェブサイト「cakes」好評連載の記事から厳選の上、書き下ろしも加え書籍化。人物で読む現代史。
2017.4　415p　B6　¥1800　978-4-905158-42-4

◆鎌倉古寺霊園物語―時代を彩った文芸、映画、政治・外交の巨人たち　立元幸治著　明石書店
【要旨】鮮やかに甦る、昭和の面影。
2017.3　326p　B6　¥2600　978-4-7503-4493-5

◆完全保存版 昭和の「黒幕」100人―戦後史を操った「真の実力者」100人の素顔　別冊宝島編集部編　宝島社
【要旨】闇に光が差し「時代」が動いた。教科書には決して載らない歴史の「真実」がここにある。
2017.12　127p　B6　¥1000　978-4-8002-7856-2

◆暗い時代の人々　森まゆみ著　亜紀書房
【要旨】大正末から戦争に向かうあの「暗い時代」を、翔けるように生きた9つの生の軌跡を、評伝の名手が描き出す！
2017.5　294p　B6　¥1700　978-4-7505-1499-4

◆賢人たちからの魔法の質問　マツダミヒロ著　日本経済新聞出版社（日経ビジネス人文庫）
【要旨】誰の人生を生きていますか？心は何と言っていますか？真剣ですか？自分のどんな力を信じますか？エジソン、ドラッカー、空海、ゲーテまで、賢人の100の名言を質問形式で投げかける。本書一冊であなたの運命は大きく変わるかもしれません。
2017.5　239p　A6　¥700　978-4-532-19819-0

◆現代人の伝記 1　致知編集部編著　致知出版社
【目次】1 セーラ・マリ・カミングズ 桝一市村酒造場取締役―夢を実現する日本に憧れてやってきたアメリカ女性が文化と伝統の町で大活躍！、2 鍵山秀三郎 株式会社イエローハット相談役―凡事徹底「トイレ掃除の社長」として知られた経営者が「仕事と人間」を語る、3 矢沢昌治 画家―わが独行道 画壇に背を向け、天の声に耳を澄まし絵を描く老画家の孤高の人生、4 向野畿世 奈良大学講師―心耳を澄ます 障害児たちの言葉に耳を傾け続けた教育者の四十四年間の熱き思い、5 山下泰裕 東海大学教授―一流への道は無窮 シドニー五輪・日本柔道チームの指揮官が見た「人間の無限の可能性」、6 家本賢太郎 クララオンライン代表取締役―十八歳、私の起業 難病を克服してインターネット関連会社を興した青年実業家の軌跡をたどる、7 潮谷愛一 慈愛園子どもホーム園長―人間の真実 乳児からお年寄りまで安心して暮らせる社会を夢見る福祉活動家の実践記録、8 相田みつを 書家―しあわせはいつも自分のこころがきめる 人の幸福をうらやまず、ひたすら自分の道を貫いて生きた書家の幸福観とは
2017.2　101p　B5　¥1000　978-4-8009-1058-5

◆この自伝・評伝がすごい！　成毛眞著　KADOKAWA
【要旨】世の中を動かしている20人の偉人たちの生き様を知るための20冊！
2017.4　198p　B6　¥1400　978-4-04-601925-7

◆昭和の男　半藤一利, 阿川佐和子著　東京書籍
【目次】対談のまえに―昭和の男について、鈴木貫太郎 昭和を救った男、ウィリアム・メレル・ヴォーリズ 日本に生きる、今村均 責任の取り方、植木等 真面目に無責任、松本清張 最後の約束、小倉昌男 企業人の幸福、阿川弘之 阿川家の昭和、半藤末松 流転―もはやこれまで
2017.9　242p　19×12cm　¥1400　978-4-487-81091-8

◆人生散歩術―こんなガンバラない生き方もある　岡崎武志著　芸術新聞社
【要旨】井伏鱒二の小説も、高田渡の歌も、田村隆一の詩集も、人生の「実用書」。"人生散歩"のためのブックガイドめく。
2017.7　301p　B6　¥1800　978-4-87586-515-5

◆人生の失敗―転んでもタダじゃ起きない　溝口敦著　七つ森書館
【目次】島田洋七 漫才師―ばあちゃんの影響で、おれ、失敗しても、まず笑う。失敗って喜劇やし、喜劇と悲劇は背中合わせやから何が来ても笑う。三井環 元大阪高等検察庁・公安部長―脇は甘かったと言えますが、別に失敗したとは思っていません。死ぬときに『ああ、楽しい人生だった』と思えれば、それでいい。伊波洋一 元宜野湾市長、現参議院議員―当選できなかったこと自体は失敗だと思いますが、知事選出馬は、沖縄にとっても私にとっても失敗とは思わないと思います。後藤政志 元原子炉格納容器設計技術者―福島第一原発の事故が起きて、いても立ってもいられなくなった。黙っていたら必ず後悔すると思い、表に出て発言し始めました。平松邦夫 元大阪市長―私のやり方は間違ってなかったと思いますが、派手さという点では、橋下さんと比べられると及びませんでしたね。ガッツ石松 タレント、俳優、元プロボクシング世界チャンピオン―私が人とちょっと違ったのは、転んでもただでは起きなかったことですかね。負けの中で何かを自分の糧にしてきた。仲雅美 歌手、俳優―人生山あり谷ありと言うけど、山も楽しいし、谷も楽し。貧しさにも恵まれたからこそ楽しいといえると思う。大谷洋一 西宮冷蔵社長―雪印食品「牛肉偽装」を告発した現代のドン・キホーテ。鳩山友紀夫 元首相、元東アジア共同体研究所理事長―結果的に失敗しましたが、首相として米国に対等な関係を求めたのは当然のことだったと思います。寺脇研 映画評論家、元文部科学省大臣官房広報調整官―ゆとり教育が批判されて教育は国賊と言われたけど、部下たちは支持してくれ、それが救いになりました。
2017.5　203p　B6　¥1400　978-4-8228-1773-2

◆天才たちの日常―世界を動かすルーティーン　テレビ東京著　マガジンランド
【要旨】テレビ東京毎週火曜日『天才たちの日常―世界を動かすルーティーン』ついに書籍化。世界中で偉業を成し遂げた天才たちの歴史と功績を振り返りつつ、彼ら独自の習慣を紹介!!
2017.3　127p　B6　¥1111　978-4-86546-146-6

人生論・生き方

実用書

◆日本人だけが知らない世界から絶賛される日本人 献身のこころ・篇　黄文雄原作　徳間書店　（まんがでよくわかる日本人の歴史）
【要旨】世界が驚き、感涙した10人の大偉業！ 技術で、学問で、人命救助で、命がけの戦いで世界を幸福にした日本人の生きざまをまんがで読む。　2017.11 159p B6 ¥1300　978-4-19-864511-3

◆日本の「黒幕」100の名言　別冊宝島編集部編　宝島社
【要旨】権力とカネと人脈を操った「闇の支配者」たちの金言集。　2017.8 254p B6 ¥800　978-4-8002-7469-4

◆不屈の日本人　関209夫著　イースト・プレス
【要旨】日の本の源流を探す旅一。日本人とは…日本の原風景とは…震災後、東北特派員を志願した産経新聞編集委員、渾身の健筆が唸る！ 岡本太郎が感嘆した縄文文化が宿る喪失・北の風土、原爆に散った悲劇のタカラジェンヌ、「二刀流」大谷翔平の源流「水沢」etc.　2017.1 271p B6 ¥1500　978-4-7816-1507-3

◆私たちは生涯現役！ もし、77歳以上の波平が77人集まったら？　ブレインワークス編著　カナリアコミュニケーションズ
【要旨】『もし波平が77歳だったら？』（近藤昇著）の第2弾企画。同世代、そして、次に続く世代を元気にしたいという思いのある77人が大集合。シニアが元気になれば日本が元気になる。77歳77人プロジェクト！ 77歳以上の方々が、今を語る！　2017.2 242p B6 ¥1300　978-4-7782-0377-1

◆GOOD WORKS——一生以上の仕事　megurogawa good label著・編　メアリーアンドディーン
【要旨】跡継ぎたちの長く続く仕事の話。　2016.11 183p B6 ¥1650　978-4-9909299-0-9

青少年

◆「売れる私」になる方法—フツウの私にファンができる　宮本佳実著　WAVE出版
【要旨】職場でも！ 恋愛でも！ 起業でも！ SNSでも！ みんなもっと愛されていい、人気者になっていい。好きなことで自由に働きたい、年収1000万円以上になりたい、SNSで人気になって本を出したい。生きる世界は変えられる。フツウの高卒OLから全国にファン急増のカリスマに。　2017.9 223p B6 ¥1500　978-4-86621-076-6

◆学年ビリから東大へ進み、作家になった私の勉強法—英数国の成績が劇的にアップする　竹内薫著　PHP研究所　（YA心の友だちシリーズ）
【要旨】勉強はやり方が9割！ 使うのは薄めの問題集、小説1冊…竹内流の学習法を続ければ、本物の実力が身につく。　2017.3 143p B6 ¥1200　978-4-569-78633-9

◆君の悩みに答えよう—青年心理学者と考える10代・20代のための生きるヒント　日本青年心理学会企画　福村出版
【要旨】本当にしたいことがわからない。SNSに疲れることがある。志望校でないのでやる気が起きない。大学の勉強は将来にどうつながるの？ 選learning択に棄権してはいけない？ 友達に嫌われないか不安。仲良し母娘で大丈夫？ 恋人ができないのは外見のせい？…青年の心を研究している実践家たちが、多感な年頃に抱きやすい悩みや違和感に全力で回答。　2017.11 172p A5 ¥1400　978-4-571-23057-8

◆だれもが直面することだけど人には言えない 中学生の悩みごと　高濱正伸、大塚剛史著　実務教育出版
【要旨】中学生はいろいろと悩む時期だ。そして、悩むからこそ成長する！ みんなの悩みを解決するヒント集。　2017.9 236p A5 ¥1300　978-4-7889-1322-6

◆どこまでも生きぬいて—夜回り先生50のヒント　水谷修著　PHP研究所　（YA心の友だちシリーズ）
【要旨】生きる意味、いのちの尊さ、幸せについて一夜回り先生の特別授業。　2017.3 157p B6 ¥1200　978-4-569-78617-9

◆話し方ひとつでキミは変わる　福田健著　PHP研究所　（YA心の友だちシリーズ）
【要旨】会話が苦手、人前であがってしまう…というキミへ。1回できちんと伝わる、とっておきのルール！ ベストセラー『人は「話し方」で9割変わる』の著者が、相手に必ず伝わる話し方を教えます。　2017.8 127p B6 ¥1200　978-4-569-78695-7

老後・実年

◆あした死んでもいい暮らしかた　ごんおばちゃま著　興陽館
【要旨】安心の枚数を数える、玄関に鍵を置かない、使わないものは家に入れない等、「知らない」と「知っている」では大違い！ 読めば今日からやってみたくなる暮らしの知恵89。　2017.4 257p B6 ¥1200　978-4-87723-214-6

◆安心・安全な老後生活のためのおひとり様おふたり様成年後見制度活用のススメ　東向勲智著　同友館
【要旨】各種契約や財産管理、自分がいなくなった後のこと…間違った判断をしてしまえば、老後の生活はメチャクチャ…けれども、「任意後見制度」で備えれば大丈夫！ 自分の老後は自分で決める！　2017.12 177p B6 ¥1600　978-4-496-05328-3

◆いい人生は、最期の5年で決まる　樋野興夫著　SBクリエイティブ　（SB新書）
【要旨】人間は自分の寿命に気づかない生物。最期の5年間がいつであるかわからない。若い時に華やいだ生活をしても、高齢になって寂しい生活を送っている人は少なくありません。一方、末期がんの床にあっても、自分の人生に納得し、穏やかに生きている人もいます。結局、いい人生だったかどうかは、最期の5年間で決まるのです。では、どうすればいいのか？「がん哲学外来」の創始者が教える絶対に人生を後悔しない生き方とは。　2017.3 174p 18cm ¥800　978-4-7973-8961-6

◆いくつになっても、今日がいちばん新しい日　日野原重明著　PHPエディターズ・グループ,PHP研究所 発売
【要旨】105歳の医師が教える、心もからだも輝かせる秘訣。"老いかた上手"は"生きかた上手"　2017.6 173p 18cm ¥1300　978-4-569-83645-4

◆一流の老人　山崎武也著　幻冬舎
【要旨】多くの粋人から学んだ、老いるほどに尊敬される生き方。　2018.1 229p 18cm ¥1100　978-4-344-03239-2

◆今から始める隠居のレッスン—ローコストで楽しむ暮らしのレシピ　奥田裕章著　ベストセラーズ
【要旨】現役時代から始めるミニマルな隠居暮らしのススメ。　2017.3 269p B6 ¥1400　978-4-584-13782-6

◆今すぐ取りかかりたい最高の終活—秘密も恥も"お片づけ"トラブルを未然に防ぐ身整理のすすめ　眞鍋淳也,山本祐紀,吉田泰久著,社長の終活研究会協力　青月社
【要旨】本音のつまったSNS、言い出せない借金、いるはずのない子ども、大事なお宝…等、遺言書、相続対策だけでは不十分！ 責任を果たし、幸福に逝くためには…？　2017.8 158p B6 ¥1300　978-4-8109-1315-6

◆老い越せ、老い抜け、老い飛ばせ　石川恭三著　河出書房新社
【要旨】今日こそ、明るく生きましょうよ！ 80歳・現役医師書き下ろし36篇。豊かな老いへの第一歩。　2017.6 204p B6 ¥780　978-4-309-02576-6

◆老いた親のきもちがわかる本—マンガで笑ってほっこり　佐藤眞一監修,北川なつマンガ　朝日新聞出版
【要旨】親のきもちに寄り添いながら、「温かく」見守りたい。「ちょっと疲れちゃったかも…」というあなたも、ぜひ一読を。親もあなたも笑顔になれるアドバイスつき。　2017.8 189p A5 ¥1000　978-4-02-333167-9

◆老いたら、笑顔　斎藤茂太著　PHPエディターズ・グループ,PHP研究所 発売
【要旨】上機嫌を味方にすれば人生はもっとラクになる。モタさん流幸せのひけつ。　2017.7 173p 18cm ¥1200　978-4-569-83669-0

◆老いてひとりを生き抜く！—暮らしに負けず、自分に負けず、世間に負けず　三浦清一郎著　日本地域社会研究所　（コミュニティ・ブックス）
【要旨】世間から取り残されず充実した晩年を！ 高齢になっても、独りになっても、老いに負けず、生きがいをもって充実した楽しい人生を送る！　2017.11 174p B6 ¥1480　978-4-89022-210-0

◆老いてわかった！ 人生の恵み　沖藤典子著　海竜社
【要旨】幸福だけの人生も不幸だけの人生もない！—あの涙も悲しみも怒りも、すべてが、今に至る大事で、必要な一歩一歩だった。老いの時間は人生を総括し、現在を確認し、未来に向けて覚悟を定めていく、人間の作法のあるべき姿。　2017.3 230p B6 ¥1400　978-4-7593-1531-8

◆老いの僥倖　曽野綾子著　幻冬舎　（幻冬舎新書）
【要旨】年を取ることに喜びを感じる人は稀である。しかし「晩年にこそ、僥倖（思いがけない幸せ）が詰まっている」と著者は言う。なぜ、そう言い切れるのか？「人間が熟れてくるのは中年以後である」「人は会った人の数だけ賢くなる」「年を取るほど快楽は増える」「不運と不幸はになって輝く」「美老年」になる道はいくつもある」「老いの試練は神からの贈り物」「死後の再会を楽しみに生きる」等々、実は若者よりも老人のほうが人生を楽しんでいるのだ！ 知らないともったいない、老年を充実させる秘訣が満載の一冊。　2017.9 246p 18cm ¥820　978-4-344-98468-4

◆老いの整理学　外山滋比古著　扶桑社　（扶桑社文庫）
【要旨】大ベストセラー『思考の整理学』老年版！ 94歳の「知の巨人」が実践する知的な老い方！　2017.12 223p A6 ¥600　978-4-594-07872-0

◆老いる技術　石田雅男著　幻冬舎　（『老いもまたよし』改題書）
【要旨】今まではすべて準備期間。これからが人生の黄金期だ！ 人は誰でも、年齢を重ねるごとに身体は確実に衰えていきます。その時あなたを支えてくれるのは、熟成された経験と知識です。人生の円熟期に向けて、今から準備しておきましょう。　2017.8 187p 18cm ¥1000　978-4-344-03154-8

◆お気楽『辞世』のすすめ　安中正実著　幻冬舎メディアコンサルティング,幻冬舎 発売
【要旨】辞世は、こんなに面白い！ 世界を旅する呵（きき）酒師がゆるりと綴る、人生を強く楽しく生きるヒント。　2017.12 198p B6 ¥1200　978-4-344-91483-4

◆夫の終い方、妻の終い方　中村メイコ著　PHP研究所　（PHP文庫）
【要旨】夫婦二人きりの老後がなぜか気まずい…それは「夫」と「妻」、それぞれの役割が窮屈になっているのでは？ お互い相手に対していろいろ期待しすぎないほうがいいのかもしれませんよ。「イニシアチブを取っている気にさせる」「相手の嫌なところは見ないで諦める」など、ギクシャクしていたお二人様の老後を、楽しい老後に変えることができたメイコさんが、自らの経験から得たヒントを紹介。　2017.8 284p A6 ¥720　978-4-569-76743-7

◆大人しく老いてなんかいられない　広瀬久美子著　海竜社
【要旨】姑の介護、夫の死、70代にしての一人暮らし…そそっかしくて男勝り、いろいろあるけど、それもまた人生。今だからこそ絞り出すシニア世代の等身大エッセイ！　2017.3 215p B6 ¥1400　978-4-7593-1527-1

◆おひとりさまで逝こう—最期まで自分らしく　三国浩晃著　弓立社
【要旨】「誰にも気がねせず、住みなれた家で穏やかに旅立ちたい」。そんなおひとりさまの願いはどうすれば可能か？ おひとりさまの見守りから旅立ちをささえてきた成年後見人が答える、希望のかなえかた、納得の身じまいかた。　2017.3 221p B6 ¥1300　978-4-89667-994-6

◆おひとりさまの老後を楽しむ処方箋　阿部絢子著　主婦の友社　（『阿部絢子のひとりでもハッピーに生きる技術』再編集・改題書）
【要旨】おひとりさまだからこそ、老後を安心して、気楽に暮らしたい！ 元気で、プチ働きもし

て、おいしいものを食べ、おひとりさまを楽しめる人こそ勝ち組です！
2017.5 175p B6 ¥1200 ①978-4-07-423982-5

◆**外国人が見つけた長寿ニッポン幸せの秘密**
エクトル・ガルシア, フランセスク・ミラージェス著, 齋藤慎子訳 エクスナレッジ
【目次】1「生きがい」という考え方―若々しく歳をとる極意、2 アンチエイジングの秘訣―長く楽しい人生を過ごすため、日頃から心がけるべきこと、3 長生きのお手本―東西の長寿者に話を聞く、4 ロゴセラピーから「生きよう」―より長く、よりよい人生を送るには、自分の存在意義を見つけることが重要、5 日々すべきことでフロー状態に入る―仕事や趣味を成長の場にするには、6 百寿者から得るインスピレーション―幸せに長生きするための大宜味村の伝統やモットー、7「生きがい」式ダイエット―世界トップクラスの長寿国では何を食べているのか、8 身体を動かすことが長生きにつながる―健康長寿に役立つ東洋の体操いろいろ、9 レジリエンスと詫・寂・ストレスや不安で老け込まずに日々の課題や変化に対処する
2017.7 222p B6 ¥1600 ①978-4-7678-2241-9

◆**書き込み式で定年後の「心配ごと」を総チェック！ 50歳から備えるライフプランノート**
和泉昭子著 第一法規
【要旨】仕事・お金・住まい・健康・介護・人付合い。6つのテーマで、定年後の人生のリスクを洗い出し！
2017.11 191p B5 ¥2000 ①978-4-474-05883-5

◆**気持ちが伝わるマイ・エンディングノート**
二村祐輔編著 池田書店
【要旨】葬式、お墓、相続、遺言、介護一気になることがきちんと整理できる。解説つきでわかりやすく、書きやすい。
2017.9 95p B5 ¥1600 ①978-4-262-16030-6

◆**99歳からあなたへ―いつまでも変わらない大切なこと**
吉沢久子著 海竜社 （『94歳から10代のあなたへ伝えたい大切なこと』修正・改題書）
【要旨】人生では、望まないのに、つらいことに巻き込まれたり、思いがけない喜びに出会ったりします。いつも自分をしっかりと支えられる心の強さが欲しい。
2017.6 147p 18cm ¥1000 ①978-4-7593-1554-7

◆**99歳、ひとりを生きる。ケタ外れの好奇心で**
堀文子著 三笠書房
【要旨】磨き上げた感性で前進し続ける芸術家そして人生の達人。その凛とした生き方、考え方の世界、作品・アルバムにふれながらひろる堀文子の世界。…極上の時間が詰まった一冊です。
2017.12 173p 18cm ¥1400 ①978-4-8379-2715-0

◆**95歳まで生きるのは幸せですか？**
瀬戸内寂聴, 池上彰著 PHP研究所 （PHP新書）
【要旨】「老後」と呼ばれるほど長生きできたとしたら、生きているだけで儲けもの。老人らしく生きる必要はない。自分らしく生きよう！ 波瀾万丈の人生を送ってきた95歳の作家、瀬戸内寂聴に、ジャーナリストの池上彰が「老後の心構え」について聞く。超高齢化社会を迎える日本で、長生きすることは本当に幸せなのか？ 誰もが避けることのできない「老い」や「死」について考える。
2017.9 235p 18cm ¥860 ①978-4-569-83675-1

◆**月収20万円でもOK！「金持ち老後」は手に入る！**
『PHPくらしラク〜る』編集部編 PHP研究所
【要旨】同じ年収、同じ家族構成でもいっぽうは金持ち老後、もういっぽうはビンボー老後―その「差」は一体どこに？ 家計、脳科学、片づけ、占い、そうじ、各界のスペシャリストが、あなたの幸せな未来のためにとっておきのアドバイスを！
2017.4 94p A5 ¥926 ①978-4-569-83811-3

◆**元気に百歳 VOL.18 ―元気が最高のボランティア**
「元気に百歳」クラブ企画・編 （秦野）夢工房
【目次】楽しみいろいろ、音楽はすばらしい、友、あらばこそ、家族みんな有難う、思いでよこんにちは、あー！ 楽しい、山歩き、街歩き、ふるさと歩き、これまで・これから
2017.10 258p A5 ¥1200 ①978-4-86158-078-9

◆**健康長寿は心の匙加減―89歳の薬剤師が体得した自然療法の力**
大槻彰著 ワニブックス
【要旨】自分で老化を止めるために、薬よりも大切なこと一よく嚙むことで認知症予防。老けな

い食習慣と老けない食べ方。実は命に関わる歯周病。そのストレス、実は気のせい。「誰かの役に立つことだって生きる糧になります！」生涯現役を続ける生き方のことを、お教えします。
2017.6 175p 18×12cm ¥1100 978-4-8470-9578-8

◆**高齢者の生活資金捻出の切り札 リバース・モーゲージ―持ち家があなたの老後を幸せにする**
中谷庄一著 （神戸）神戸新聞総合出版センター （『リバース・モーゲージって何だ？』加筆・再構成・改題書）
【目次】第1部 少子高齢化と自助努力―財政面からみた社会保障の問題点（21世紀最重要課題の一つ、日本の少子高齢化―30年後には65歳以上が1/3に、財政面からみた社会保障の問題点―後世代の負担増、財政面における問題点への対応―応分の自己負担とセーフティネット、高齢者自身が考える自助努力―頼りになるリバース・モーゲージ）、第2部 リバース・モーゲージの仕組みと役割―高齢社会の3K（健康・介護・金）を自助努力でクリアー（リバース・モーゲージとは―老後の生活資金の切り札、日本のリバース・モーゲージの現状―地方自治体、銀行とも消極的、制度利用の問題点と対策―リスクと公共性）、補論
2017.1 103p A5 ¥926 ①978-4-343-00920-3

◆**ここが知りたい！ デジタル遺品―デジタルの遺品・資産を開く！ 託す！ 隠す！**
古田雄介著 技術評論社
【要旨】デジタル遺品にはどんなものがあり、どんなリスクをはらむのか。遺族として何をすべきか、何ができるのか。本人は生前にどんな準備ができるのか。重要性が高まりつつあるデジタル遺品とデジタル資産について、わかりやすく1冊にまとめました。
2017.8 190p A5 ¥1380 ①978-4-7741-9169-0

◆**50代から、いい人生を生きる人**
『PHP』編集部編 PHP研究所
【要旨】生き方の達人たちが語る、真に幸福な人生とは。
2017.8 127p A5 ¥1200 ①978-4-569-83849-6

◆**50代から実る人、枯れる人**
松尾一也著 海竜社
【要旨】役職定年・給与カット・親の介護・子供の教育の仕上げー。人生100年時代は、50代からの決断で差がつく！ あなたの中に「再起する力」はありますか？ 人材育成のエキスパートが「実る人」の秘訣を大公開！
2017.10 182p 18cm ¥1100 ①978-4-7593-1565-3

◆**孤独死ガイド――人で生きて死ぬまで**
松田ゆたか著 幻冬舎メディアコンサルティング, 幻冬舎 発売
【要旨】一人暮らしは最悪も独り…だね。でも怖がらないで。わるくはない孤独死だって。医師が教えるおひとりさま終末期ガイド。
2017.4 173p B6 ¥1100 ①978-4-344-91157-4

◆**孤独のすすめ―人生後半の生き方**
五木寛之著 中央公論新社 （中公新書ラクレ）（『嫌老社会を超えて』加筆・再構成・改題書）
【要旨】老いにさしかかるにつれ、「孤独」を恐れる人は少なくありません。体が思うように動かず、外出もままならず。訪ねてくる人もおらず、何もすることがなく、世の中から何となく取り残されてしまったようで、寂しく不安な日々。けれども、歳を重ねれば重ねるほど、人は「孤独」にこそ豊かに生きられると実感する気持ちがつよくなってくるのです。
2017.7 181p 18cm ¥740 ①978-4-12-150585-9

◆**媚びない老後―親の本音を言えますか？**
桐島洋子著 中央公論新社
【要旨】「家族」と「老後」の大問題！ 親が子に迎合する時代、「老後の面倒をみてほしい」はワガママです！ 桐島流、爽快な家族論。激動の昭和を生きぬいた桐島家の"破天荒な秘話"満載。
2017.3 203p 19cm ¥1300 ①978-4-12-004958-3

◆**子や孫に見られない生き方**
河村都著 産業編集センター
【要旨】孫ブルーにサヨナラ。子や孫といい距離をとり、互いに自立をするための、痛快エッセイ&アドバイス集！
2017.7 174p B6 ¥1300 ①978-4-86311-156-1

◆**これで安心！ 親が70過ぎたら必ず備える40のこと―介護・葬儀・亡くなったあと**
本田桂子著 技術評論社
【要旨】親に介護が必要になっても、自分の仕事や暮らしを守り、親の意思を尊重し、お互いに

楽しく暮らしていけるように。そして親が亡くなったあとに相続争いが起きないように…。今からできること、利用できる公的・私的サービスなど、うまくやっていくためのポイントをまとめた。親子で記入「終活準備シート」付き。
2017.3 191p A5 ¥1480 ①978-4-7741-8783-9

◆**シニアライフの本音―充実80代の快適生活術**
中村嘉人著 言視舎
【要旨】80代現役言論人の生活と意見！ 健康、旅、食、酒、旧友・長谷川慶太郎氏との付き合いなど、「老い」に真正面から向かい合い生きる智慧を説く。
2017.7 174p B6 ¥1600 ①978-4-86565-099-0

◆**自分らしい終末や葬儀の生前準備―「生老病死」を考える**
源淳子著 あけび書房
【要旨】あなたはご家族やご自身の納得できる終末や葬儀のあり方を考えたことがありますか？ 法外な葬儀代、戒名料、墓代などに後悔しないために。
2017.11 205p B6 ¥1500 ①978-4-87154-156-5

◆**「終活」を考える―自分らしい生と死の探求**
浅見昇吾編 上智大学出版, ぎょうせい 発売 （上智大学新書）
【要旨】エンディングノートや遺言書を書いたり、葬儀やお墓の準備をしたりするだけではない「終活」。自分らしい終末を迎えるために、いま何ができ、どのように生きるか。様々な立場で「いのち」に向き合ってきた執筆陣が、幅広い視点から終活を考察する。
2017.3 186p 18cm ¥1300 ①978-4-324-10235-0

◆**熟年婚活**
家田荘子著 KADOKAWA （角川新書）
【要旨】平均寿命がますます延びる中、熟年世代の婚活が盛んに行われている。バス旅行を中心に大人気の婚活ツアーをはじめ、婚活クラブ、地下風俗、老人ホームにおける恋愛や結婚の実態を家田荘子が密着リポート。
2017.6 251p 18cm ¥800 ①978-4-04-082149-8

◆**春夏秋冬 しあわせを呼ぶ生き方**
吉沢久子著 海竜社
【要旨】なんでもいいほうに考えて。前向きに。たのしみ上手に。
2018.1 228p 18cm ¥920 ①978-4-7593-1575-2

◆**人生90年時代のライフプラン ま、いいかでいきいき人生**
山神克允著 幻冬舎メディアコンサルティング, 幻冬舎 発売
【要旨】幸せのコツ、「暮らしがい」って？ ストレスは「ま、いいか」で撃退できる、最低限知っておきたいお金の話。「やりたいこと」から考える全く新しいライフプランの指南書。
2017.3 231p B6 ¥1200 ①978-4-344-91127-7

◆**人生ごっこを楽しみなヨ**
毒蝮三太夫著 KADOKAWA （角川新書）
【要旨】とても素直で、みずみずしい、かわいらしい年寄りになるために。毒蝮流生きかた上手初開陳！ 81歳・下町育ちの楽天的幸福論。
2017.12 202p 18cm ¥840 ①978-4-04-082172-6

◆**人生の修め方**
一条真也著 日本経済新聞出版社
【要旨】人生100年時代。いつまでもポジティブでありたい人に贈るヒント集。「終活」から「修活」へ―。豊かに老い、美しく人生を修めるためのブックリスト50冊付き！ 日経電子版連載の大人気コラムが書籍化！
2017.3 205p B6 ¥1500 ①978-4-532-17618-1

◆**人生は70歳からが一番面白い**
弘兼憲史著 SBクリエイティブ （SB新書）
【要旨】かつて芥川賞作家の赤瀬川原平は、60歳で著した『老人力』で老いることのプラス思考を世に問い、ベストセラーとなった。あれから20年、70歳になった漫画家・弘兼憲史が新たな老人力を世に問う。人生100年時代とされる今、70歳前後は「准高齢者」ともいわれる。まだまだ高齢者じゃない、というわけである。一日にすれば、まだ夕方。これから晩酌に、ディナーに、団欒に、楽しい時間が待っている。そんな世代に、実はそこら中に転がっている、"楽しさの源"を教えてくれる。
2018.1 231p 18cm ¥800 ①978-4-7973-9274-6

◆**図解 親ともめずにできる これがリアルな実家の片づけです。**
内藤久著 ディスカヴァー・トゥエンティワン
【要旨】親とケンカしてまで無理に捨てる必要はない。大切なモノの保管場所を聞き出す魔法の

人生論・生き方

実用書

すごいトシヨリBOOK―トシをとると楽しみがふえる
池内紀著　毎日新聞出版
【要旨】人生の楽しみは70歳からの「下り坂」にあり。ドイツ文学者の楽しく老いる極意。リタイア後を豊かに生きるヒント。
2017.8 213p 18cm ¥1000 ①978-4-620-32458-6

住まいの老い支度―案ずるより、片づけよう
阿部絢子著　講談社
【要旨】「"ハレ"と"ケ"で空間を分ける」「本当に必要なのはバリアフリーよりもフリースペース」。無理して老いるためではなく、人生の最終章を楽しく快適に過ごすための「住まいの老い支度」について。ずっと先の話ではなく、今日からスッキリ暮らす工夫も満載。
2017.6 175p B6 ¥1300 ①978-4-06-220623-5

整形の医者が語るかしこい老い方　かしこい逝き方
島田永和著　(神戸)エピック
【要旨】病気やケガ、老いによって起こる様々な不都合やトラブル。問題解決に必要なのは、本人が主体的、能動的、積極的に活動すること。そして医療者によるサポートやアドバイスによる協働が機能したとき、大きな予防的効果が生じる。
2017.4 222p B6 ¥1300 ①978-4-89985-195-0

精神科医が教える50歳からのお金をかけない健康術
保坂隆著　大和書房　(だいわ文庫)
【要旨】寝たきりにならない、孤独にならない、ボケを遠ざける、太りにくくなる…思い描いた老後、長く健康でいたければ「これ」だけは知っておきたい。
2017.5 231p A6 ¥650 ①978-4-479-30651-1

世界一しあわせな臨終　その迎え方の秘訣
志賀貢著　メディアソフト、三交社発売
【要旨】平均寿命が一〇〇歳を超すと予想されるなかで、いかに充実した余生を送り、そして幸せな最高の臨終を迎えるか。50年を超す医師歴のなかで多くの患者を看取ってきてはじめてわかった幸せな臨終の迎え方。
2018.1 221p B6 ¥1200 ①978-4-8155-4002-9

絶家を思う―これからも代々の家系を守れるか　墓を維持できるか
長宗我部友親著　新講社
【要旨】時代は変わりつつある。どの家庭でも一度は考えなくてはならない課題―「無葬時代」の供養をどうするか。悩む名家の決断は？
2017.3 187p B6 ¥1400 ①978-4-86081-553-0

続々・ちょっと早めの老い支度
岸本葉子著　オレンジページ
【要旨】四捨五入すれば60歳。えーっ、もう？でも悲観したものでもない。「おばさん力」がついてきたから。人の助けを素直に求められる力、ためらわずに声をかけられる力。
2017.2 191p B6 ¥1400 ①978-4-86593-134-1

だから、「人生第二ステージ」はおもしろい
田代勇夫著　現代書林
【要旨】元大手企業エリート社員が教える新しい人生の楽しみ方。体と心を整えて、80歳になってもいつもワクワク！
2017.2 175p 18cm ¥950 ①978-4-7745-1603-5

知的な老い方
外山滋比古著　大和書房　(だいわ文庫)
『老楽力』再編集・改題書
【要旨】93歳「知の巨人」が語る、「賢く、かっこよく年をとる方法」。日本一パワフルで好奇心旺盛な93歳に、人生の後半戦を楽しみつくす術を学ぶ。
2017.2 219p A6 ¥650 ①978-4-479-30636-8

長寿の道しるべ
日野原重明著　中央公論新社　(中公文庫)
【要旨】「日本人は長生きになりましたが、長生きだけでは意味がありません。その長寿を楽しむことこそが、いちばん理想的な生き方ではないでしょうか？」病気への気づきや心身の健康を保つノウハウ、毎日を楽しく生きるための心構えなど、2017年7月に105歳で亡くなるまで活躍中の日野原先生が、元気の秘訣を教えます。
2017.1 234p A6 ¥600 ①978-4-12-206354-9

長男・長女の「終活力」
弘兼憲史著　新講社

言葉。いざというとき、最初に手をつけることは何か。一1650件を整理した専門家だからこそ書ける、素人では思いもよらない秘訣を満載。
2017.1 111p B5 ¥1200 ①978-4-7993-2035-8

「新老人」を豊かに生きる！
【要旨】「新老人」を豊かに生きる！老いを楽しく、死を人生最高のフィナーレにするためにどうしたらいいのか!?
2017.2 185p B6 ¥1300 ①978-4-86081-550-9

超老人の壁
養老孟司、南伸坊著　毎日新聞出版
【要旨】「0」と「1」の間で人間は生きている。何事もデジタル化されて便利になる一方、窮屈になってゆく世の中で、人間らしく生き、老いるには？明るい老人二人がくりひろげる爆笑対談第2弾！
2017.3 196p 18cm ¥1200 ①978-4-620-32435-7

貯金1000万円以下でも老後は暮らせる！―貯められなかった人でも大丈夫？
畠中雅子著、村井英一協力　すばる舎
【要旨】年金/保険/再就職/節約/介護…etc. 老後の生活設計の勘どころ、大事なところだけをざっくり把握！50歳からの安心老後を実現するマネープランの教科書。
2017.6 206p B6 ¥1400 ①978-4-7991-0592-4

定年後―50歳からの生き方、終わり方
楠木新著　中央公論新社　(中公新書)
【要旨】自営業などを除けば誰もがいつか迎える定年。社会と密接に関わってきた人も、組織を離れてしまうと、仕事や仲間を失って孤立しかねない。お金も健康、時間のゆとりだけでは問題は解決しない。家族や地域社会との良好な関係も重要だ。第二の人生をどう充実させられるか。シニア社員、定年退職者、地域で活動する人たちへの取材を通じ、定年後に待ち受ける「現実」を明らかにし、真に豊かに生きるためのヒントを提示する。
2017.4 221p 18cm ¥780 ①978-4-12-102431-2

定年後の暮らしの処方箋
西和彦著　幻冬舎
(『60歳からの暮らしの処方箋』改題書)
【要旨】その生活を「不安」と捉えるか？「面白い」と捉えるか？お金の使い方、住居問題、日々の過ごし方、地域との関わり、新しい仲間との出会い、健康法、自分自身のゆとり…会社からフリーになるときに読む85の心得！
2017.7 196p 18cm ¥1000 ①978-4-344-03151-7

定年後の生活を楽しむために―105のヒント
清水邦明著　みなみ出版企画編集室、星雲社発売
【要旨】定年退職後のセカンドライフが待ちどおしい。60歳から幸せになるための教科書。
2017.6 191p B6 ¥1300 ①978-4-434-23248-0

定年後の楽園の見つけ方―海外移住成功のヒント
太田尚樹著　新潮社　(新潮新書)
【要旨】人生の楽園は、楽園が待っていた―。老後といえば暗い話ばかりが聞こえてくる昨今だが、本書で紹介する中には、しがらみから離れ、海外で第二の人生を謳歌する人々の物語。フィリピンで17歳の花嫁と結ばれた元銀行マン、マレーシアの浜辺で暮らす元大学教授夫妻、地中海に住みついた元テレビマン…。きっかけは、何も試さないで老後を迎えることへの軽い疑問だった。「豊かな定年後」のためのヒントがここに。
2017.10 201p 18cm ¥740 ①978-4-10-610739-9

定年女子―これからの仕事、生活、やりたいこと
岸本裕紀子著　集英社　(集英社文庫)
【要旨】今の時代、リタイア＝老後ではない。フェードアウトするには早すぎる。豊富な経験を持ち、まだまだ元気な60代。定年後も仕事をする？仕事を離れて自由に生きる？実際にリタイア後の人生を楽しむ多くの先輩たちの体験談を読むうちに、あなたの生き方の方向性も見えてくるはず。気になるお金の問題や健康維持の秘訣についてもバッチリ。定年から老後までの人生を前向きに生きるためのヒント。
2017.7 230p A6 ¥500 ①978-4-08-745618-9

定年バカ
勢古浩爾著　SBクリエイティブ　(SB新書)
【要旨】定年後に続く、20年、30年という人生を思うと、人はいろいろと考えてしまう。生きがいは？健康は？老後資金は？人生、多彩な趣味や交友、地域活動などを通じて充実した定年後を送ろう、いや送るべきという「圧」が昨今やたらと強くなってはいないか。無理して「地域デビュー」なんてしないほうが互いの幸せだったりもする。「なにもしない生活」だってアリなのではないか。
2017.11 211p 18cm ¥800 ①978-4-7973-9339-2

定年は人生のご褒美―第二の人生を賢く生きてみませんか
大川英明著　ごま書房新社

"仕事人間"から"自分人間"へ！人生100年時代、定年は卒業式。これからが本当の「幸せ」をつかむ「自分の人生」。
2017.9 265p B6 ¥1300 ①978-4-341-08681-7

定年前にはじめる生前整理―人生後半が変わる4ステップ
古堅純子著　講談社　(講談社プラスアルファ新書)
【要旨】定年うつ、セルフネグレクト、ぼけも予防。現場経験20年の片づけのプロが伝授。
2017.7 175p 18cm ¥800 ①978-4-06-291501-4

定年まで10年ですよ―まんがでわかる老後のマネー教本
日経ヴェリタス編集部原作、あおきてつお作画　集英社
【要旨】気づけば50歳、"その日"は確実に近づいている。社長を目指し出世街道を走る計順平、親の介護が迫るおひとりさま高嶺華代、晩婚で子どもの教育費が不安任成行。同期3人が直面する悩みを通じて家計見直しのコツや老後対策をアドバイス！年金・介護・相続…知っておきたい定年後のお金のアレコレ。
2017.5 167p A6 ¥1000 ①978-4-08-786082-5

ときめきシニア・11講―好きなときに好きなことが好きなだけできる人生の到来
青木羊耳著　(名古屋)ブイツーソリューション、星雲社発売
【要旨】定年後人生は現役時間の1.5倍長い！年間250回出講する老練講師(86歳)が「ヒマを持て余さない生き方」を指南します！
2017.11 212p B6 ¥1600 ①978-4-434-23878-9

歳をとるほど、ラクになる生き方―人生は悠々と、急がずあせらず
斎藤茂太著　電波社
【要旨】もう、気にしない。大丈夫！世の中の人はみんな、自分のことで精一杯だ。あなたのことなど、気にしているほど暇ではないよ。もう、あわてない♪
2017.11 207p 18cm ¥1000 ①978-4-86490-125-3

独居の人たちのお一人さま安心計画ノート
田代尚嗣著　産学社
【要旨】これだけ知って処置しておけば、独居の高齢者はもちろんのこと、40代、50代の人たちも安心！法的にも不都合のない日常生活においても、安心して生きていくために、トラブルのない、安全で比較的簡便な具体的な方法。
2017.11 131p A5 ¥1200 ①978-4-7825-3484-7

70歳、だから何なの
松原惇子著　海竜社
【要旨】しのび寄る「老い」をけとばし好きに生きる。これからは自分を喜ばすために時間を使おう。
2017.3 164p 18cm ¥1000 ①978-4-7593-1534-9

70歳、はじめての男独り暮らし―おまけ人生も、また楽し
西田輝夫著　幻冬舎
【要旨】定年後、癌で逝った妻。淋しい、そして何ひとつできない家事…。抱腹絶倒、もらい泣き!?人生100年時代の、男の生き方。
2017.10 230p 18cm ¥1100 ①978-4-344-03203-3

2択クイズでまるわかり！あとあとモメない「終活」はどっち？
高橋佳良子著　すばる舎
【要旨】終活の専門家がイチから伝授！家族が崩壊しないために今すぐ始められる人生のしまい方。老後資金、介護、相続etc…ポイント50。
2017.3 221p B6 ¥1400 ①978-4-7991-0603-7

残される母親が安心して暮らすための手続のすべて
えがお相続相談室著　秀和システム
【要旨】父親のときには何もできなかったあなたが、母親の介護、葬儀、相続で知っておきたい手続をナビゲート。
2017.12 305p A5 ¥1400 ①978-4-7980-5208-3

のんきに生きる―「ああ、おいしい」は生きがいになる
鈴木登紀子著　幻冬舎
【要旨】人生は"心がけ"しだいでいくつからも変わります。92歳の今も現役で活躍するばぁばのヒミツとは。
2017.5 175p 18cm ¥1100 ①978-4-344-03111-1

歯切れよく生きる人―知的な健康生活
外山滋比古著　祥伝社　(祥伝社黄金文庫)
【要旨】93歳。年を重ねるほど元気な私の方法。知の巨人が毎日実践しているシンプルな元気のヒミツ。
2017.8 219p A6 ¥570 ①978-4-396-31715-7

85歳のチアリーダー
滝野文恵著　扶桑社

【要旨】生きがいなんてなくても、幸せに生きられる。「良妻賢母」の枠にとらわれ苦しんだ時期を乗り越えて、「人生は幸せじゃなきゃウソ」と割り切れるようになるまで。
2017.8 199p B6 ¥1200 ①978-4-594-07755-6

◆はやく六十歳になりなさい――後悔しないラストチャンスの生かし方　西田文郎著　現代書林
【要旨】60代からの第2の人生は、会社や組織のためでなく、100パーセント自分のために生きる生き方なのです。
2017.9 213p B6 ¥1400 ①978-4-7745-1654-7

◆晩節の励み――「無用の努力」のススメ　合田周平著　三五館
【要旨】中村天風の実践哲学から生まれた、「積極的老い」。たとえ、七十、八十歳になろうとも健康心、心に情熱の炎を燃やし続ける生き方。中村天風「心身統一法」のエキスと稲盛和夫氏の「天風さんと私」も収録！
2017.3 212p B6 ¥1400 ①978-4-88320-692-6

◆人は、老いない　島田裕巳著　朝日新聞出版（朝日新書）
【要旨】老年を、ただの余生にしてしまうか、それとも第二の生きるかは、好奇心の有無で決まる。好奇心は、積み重ねによる"心の新陳代謝"でますます輝き、若さよりも経験がものを言う老年期こそ、その真価が活かされる。そのとき、そこには、老後なし。宗教学者がとことん考えた、年を取るからこそ成長する、"老成のすすめ"。
2017.6 198p 18cm ¥720 ①978-4-02-273723-6

◆"ひとり死"時代のお葬式とお墓　小谷みどり著　岩波書店（岩波新書）
【要旨】"ひとり死"の時代になりつつある今、火葬式のお葬式や、共同墓がさらに広まり、墓の無縁化も進んでいる。個人は死後を誰に託したらいいのかを悩み、自治体は身寄りがいなくて遺骨を引き取らないケースが増えているとか、新たな課題に直面している。日本各地の具体的な事例とともに、これからを展望する。
2017.7 214p 18cm ¥740 ①978-4-00-431672-5

◆一〇〇歳時代の人生マネジメント――長生きのリスクに備える　石田淳著　祥伝社（祥伝社新書）
【要旨】今から約三〇年後、日本人の平均寿命は一〇〇歳を超えると言われている。しかし、経済成長はもはや望めず、生産年齢人口の激減により年金制度も破綻しかけている。私たちは「長生きする」という一見めでたい理由によって、これまでにない脅威に晒されているのだ。もはや「老後」という発想を捨て、自らの人生を生き抜かねばならない。最優先で考えなければならないのは資金計画だが、同様に健康問題や人間関係も重要である。今から準備すれば、まだ間に合う。一〇〇歳人生を安心して暮らすために「学び直し」を始めよう。
2017.5 203p 18cm ¥820 ①978-4-396-11505-0

◆百歳人生を生きるヒント　五木寛之著　日本経済新聞出版社（日経プレミアシリーズ）
【要旨】いま、日本という国は未曾有の長寿時代を迎えている。経済の不安、衰えていく体の問題、介護は誰がしてくれるのか。そこにあるのは、これまでの哲学や思想で語ることのできない、100歳までの長い道をいかに生き抜くかの重い課題である――ミリオンセラー『生きるヒント』から四半世紀を経て著者が語り下ろす、まったく新しい人生の提案。
2017.12 215p 18cm ¥780 ①978-4-532-26357-7

◆100歳の生きじたく　吉沢久子著　さくら舎
【要旨】ひとり暮らしで気をつけていることは、病気や病院とどうつきあっていくか。日々大事にしていることは。いま望むのは、悔いの残らない生き方をすること。人の口の世話にならずにいちばん大事にする！ひとりでも孤独にならない生き方！
2017.10 151p B6 ¥1400 ①978-4-86581-119-3

◆100歳まで生きる手抜き論――ようやくわかった長寿のコツ　吉沢久子著　幻冬舎（幻冬舎新書）
【要旨】一度きりの人生、誰もが100歳まで元気に生きたいと願うが、それが叶うのはほんの一握り。ならば長生きできる人と、そうでない人は何が違うのか？今も現役で活躍する生活評論家の著者は「長生きの秘訣は、いい意味での"手抜き"にある」と言う。人間関係だけでなく、掃除や料理においても人の手を抜けないで、かなり"いい加減"なのだ。「体の調子が悪いときはすぐ寝る」「仕方ない」は魔法の言葉」「義理の

おつき合いはしない」「人のよいところを見て、嫌な面は気にしない」「お惣菜や市販品もどんどんとり入れる」等々、心と体が軽くなること請け合いの一冊。
2017.11 162p 18cm ¥780 ①978-4-344-98478-3

◆103歳。どこを向いても年下ばかり――いつでもときめいて生きる　笹本恒子著　PHP研究所
【要旨】好きな人に電話をかける。それが長生きの秘けつ。一人暮らしから、100歳で骨折してケアホームへ。日本初の女性報道写真家が、いまもチャーミングな理由。
2017.11 159p B6 ¥1300 ①978-4-569-83872-4

◆マンガ　親が終活でしくじりまして　寝猫著　三五館
【要旨】「終活」コミックエッセイの依頼を受けた著者。しかし、取材中に母親が突然、亡くなるという事態に…!! 著者自身の体験を元に、ある一家の「終活」にまつわる大騒動を描くコミックエッセイ!!
2017.7 127p A5 ¥1100 ①978-4-88320-704-6

◆未来を見つめるエンディングノート　主婦の友社編　主婦の友社
【要旨】「もしも」のとき家族が困らないように元気な今こそ、書き始めましょう。「もしも」に必要な「わたし情報」まとめ帖。初めてでも書きやすい！備忘録としても便利。
2017.5 79p B5 ¥1200 ①978-4-07-424266-5

◆もっと知りたい！定年の楽しみ方　遠山紘司編　学文社
【目次】第1編　お金、第2編　再就職、第3編　健康、第4編　人間関係、第5編　趣味、第6編　時間、第7編　整理する、第8編　楽しむ
2017.12 189p B6 ¥1500 ①978-4-7620-2742-0

◆ゆっくり気ままな老いじたく　吉沢久子著　PHPエディターズ・グループ、PHP研究所発売
【要旨】食事、健康、おしゃれ、人づきあい――99歳の家事評論家が教える無理なく、自分らしく生きる秘訣。
2017.9 189p 18cm ¥1200 ①978-4-569-83719-2

◆楽々できる生前整理収納――片づけで運気が上がる　戸田里江著　さくら舎
【要旨】「捨てなければ片づかない」は間違った常識です。毎日、片づけの現場に立ち会っているから書ける、誰もが必ず直面する「生前整理」という宿題に明快に答えます！書類から衣類まで、そろそろ始めませんか！楽々生前整理収納が幸せを呼びます！
2017.4 189p B6 ¥1400 ①978-4-86581-094-3

◆リタイアの心理学　定年の後をしあわせに生きる　ケネス・S．シュルツ監修, 藤井留美訳　日経ナショナルジオグラフィック社、日経BPマーケティング発売
【要旨】誰にとっても、リタイアは人生の大きな転機。新たなタイミングであり、チャンスに満ちている。半面、どうなるかわからず、不安でもある。本書は心理学の研究をふまえてリタイアを迎える時に感じる、あらゆる疑問に答える。そして定年の後をどう暮らしていけばよいのか、しあわせに生きるためのヒントを提示する。
2017.1 224p 24×20cm ¥2800 ①978-4-86313-364-8

◆臨終医だからわかる　天国に行く人、地獄に落ちる人　志賀貢著　海竜社
【要旨】われわれ日本人は、この世の向こう側に「あの世」の存在を信じながら、生きているような気がするものだ。現役医師として接した具体的なエピソードを豊富に紹介しながら、安らかに臨終を迎える心構えを説きます。
2017.12 243p 18cm ¥1400 ①978-4-7593-1584-4

◆臨終医は見た！「いのち」の奇跡――60歳からの"人生の岐路"に効く、生命力の磨き方　志賀貢著　インプレス
【要旨】数千人の老いと臨終を見てきた医師だからわかる"定年ライフ"の特効薬。人生100年時代！最新の医学的エビデンスに基づく決定版。
2017.12 221p B6 ¥1200 ①978-4-295-00290-1

◆凛とした老い方　金美齢著　PHP研究所
【要旨】私は若者の不作法を見逃さない！言いたいこともガマンしません！83歳「暴走老人」のオキテ。
2017.11 220p 18cm ¥1200 ①978-4-569-83707-9

◆老後ぐらい好きにさせてよ――楽しい時間は、「自分流」に限る！　野末陳平著　青春出版社

【要旨】おつきあいに老後の居場所や、お金も相続にまつわる悲喜交々…チンペイ流・少しばかりの工夫と知恵と努力のヒント。
2017.3 191p B6 ¥1380 ①978-4-413-23035-3

◆老後上手――老後ときめく「余白の人生30年」　野村恒夫著　幻冬舎メディアコンサルティング、幻冬舎発売（幻冬舎ルネッサンス新書）
【要旨】日本人の健康寿命が延び、テクノロジーの進歩によって豊かになった社会では、定年退職後の生活が注目されている。老い衰えて子どもの世話になるのか、それとも自立した老人として生きることができるのか。今年定年退職を迎える人にこそ読んで欲しい、余白の人生を豊かに生きるための指南書。
2017.3 198p 18cm ¥800 ①978-4-344-91146-8

◆老後のホンネ、幸せなのはどっち？　辻川覚志著　PHP研究所（PHP文庫）
【要旨】「幸せな老後」って、何？1万回を超える電話相談と、2400名へのアンケートをもとに解説した本書。「老後はひとり暮らしのほうが満足度が高い」「夫婦でも、いつも一緒に行動するのは、大きなストレスになる」「子供の世代とは、緊急の連絡手段だけ確保したら、あとはお互い好きに生きる」。建前なしの"ホンネ"をベースに考えてみると、これまでとは違った幸せの形が見えてくる。文庫書き下ろし。
2017.7 196p A6 ¥680 ①978-4-569-76739-0

◆老後不安がなくなる定年男子の流儀――月5万円でも人の役に立って楽しく働ければいいじゃないか　大江英樹著　ビジネス社
【要旨】「再雇用が一番安全、安心」「定年後の転職はムリ」「60代での起業は危険」――これらは全部ウソ！60代の体験から得た第2の人生が充実する45のコツを初公開！
2017.6 239p B6 ¥1400 ①978-4-8284-1957-2

◆「老後不安不況」を吹き飛ばせ！――「失われた25年」の正体と具体的処方箋　大前研一著　PHP研究所（PHPビジネス新書）
【要旨】老いも若きも老後や将来が不安でたまらないから、お金を貯め込む。人々がお金を使わないから景気はどんどん悪くなる。日本経済長期低迷の正体は、「老後（将来）不安不況」なのだ。その証拠に、この25年間で日本の個人金融資産は700兆円も増えた――そう語る著者が、国民の老後不安を払しょくし、日本経済を再浮上させる具体策を示す。あわせて、お金の不安が消えるマネー＆ライフプランの立て方も指南。日本と自分の未来に希望が湧く一冊。
2017.3 205p 18cm ¥850 ①978-4-569-83571-6

◆老人一年生――老いるとはどういうことか　副島隆彦著　幻冬舎（幻冬舎新書）
【要旨】私は初期の老人、老人一年生だ。この半年、痛風で歩くことが一時期。他に前立腺肥大症、高血圧、頸痛・腰痛、慢性気管支炎に次々襲われた。体のあちこちが痛い。痛いと訴えても同情すらされない。老人に当たり前のこのことが若い人には理解できない。これは残酷で大きな人間の真実だ――。老人病とは何か。著者は病院で対処したのか。老人ほど手術ばかりする整形外科医と、長生き推奨医の罪も糾弾する。老化のぼやきと、骨身にしみた真実を明らかにする痛快エッセイ。
2017.5 169p 18cm ¥760 ①978-4-344-98458-5

◆老年を愉しむ10の発見――ドイツ流「穏やかに生き抜く」哲学　ヴィルヘルム・シュミット著、養老孟司解説、津崎正行訳　三笠書房
【目次】1章　人生には「さまざまな段階」がある、2章　自分に起こる「変化」と折り合いをつける、3章　心穏やかに生きる」に欠かせないもの、4章　受け入れ、愛せる」人、5章　アクシデントとどう向き合うか、6章　「触れ合う」ことで満たされていく、7章　人生を豊かにする「つながり」、8章　深い思慮がもたらすもの、9章　「そのとき」を迎える心構え、10章　「生きる意味」について
2017.10 205p B6 ¥1300 ①978-4-8379-5781-2

◆65歳からを最高に愉しむ身軽な生き方　山崎武也著　三笠書房
【要旨】最高の「自由」がこれから始まる――この「贅沢な時間」をどう過ごすか。捨てた分だけ「ラク」になれる――これから「必要な考え方」がわかる本。
2017.8 213p B6 ¥1400 ①978-4-8379-2698-6

◆60歳を過ぎると、人生はどんどんおもしろくなります。　若宮正子著　新潮社

人生論・生き方

実用書

◆60歳からの生き活き術　北海道新聞社編
（札幌）北海道新聞社
【要旨】今すぐにはじめられる!!笑顔で自分らしく暮らすヒケツ。認知症チャート、脳を鍛えるクイズ15問、大人のぬり絵つき。
2017.3 192p B5 ¥1300 ①978-4-89453-861-0

◆60歳からの幸せ臨終学　志賀貢著　海竜社
【要旨】臨終の枕元で言っていいこと、悪いこと。臨終の苦しみを和らげるには？幸せな臨終・不幸せな臨終の分かれ目とは？安らかに一生を終える60歳からの知恵。50年間にわたり患者を看取ってきた医師による、幸せな臨終を迎えるコツ。
2017.8 254p B6 ¥1400 ①978-4-7593-1558-5

◆60歳からやっていいこといけないこと
川北義則著　大和書房　　（だいわ文庫）
【要旨】趣味、仕事、遊び、お金、居場所、人づきあい…「60代が最高に愉し」と考える生き方。
2017.5 206p B6 ¥650 ①978-4-479-30652-8

◆若者がうらやましがる老人になってやろう
帯津良一著　海竜社
【要旨】がん治療の現場で、「生と死」に直面してきた医師が伝えたい、「老い」を濃密に楽しんで生き切る秘訣！
2017.12 239p 18cm ¥1100 ①978-4-7593-1576-9

◆私のライフプラン　平成29年度版　サンライフ企画
【目次】1章 ライフプランを考える（高まるライフプランの重要性、ライフプランをたてるには？ ほか）、2章 ライフプランを支える経済設計（定年後の経済設計、現状診断 ほか）、3章 知っておきたい年金の知識（老後を支える公的年金と私的年金、会社員・公務員は2つの公的年金に加入します ほか）、4章 60歳以降に働くときの留意点と年金に関する手続き（60歳以降に働くときの留意点、求職活動中の年金と失業給付 ほか）、5章 健康・医療保険と介護保険（医療保険の手続き、介護保険を知る ほか）
2017 97p A4 ¥900 ①978-4-904011-72-0

◆Q＆A 日経記者に聞く 安心老後、危ない老後　　後藤直久著　日本経済新聞出版社
【要旨】介護、医療、年金、相続、老人ホーム、悪質商法―徹底取材でわかった、すぐそこにある危機。
2017.5 241p B6 ¥1400 ①978-4-532-35708-5

女性の生き方・恋愛・結婚

◆愛からのメッセージ　大和田菜穂著　WAVE出版
【要旨】愛にまつわる苦しみ、我慢、深刻さすべてが消える。ノンデュアリティとの出合いをあなたに。
2017.2 173p B6 ¥1500 ①978-4-86621-045-2

◆愛する―ティク・ナット・ハンの本物の愛を育むレッスン　ティク・ナット・ハン著、シスター・チャイ・ニェム、西田佳奈子訳　河出書房新社
【要旨】毎日が輝きだす"自分"と"世界"の愛し方。マインドフルネスを世界中に広めた禅のお坊さんが説く、"ほんとうの愛のかたち"。
2017.5 163p 16x12cm ¥1700 ①978-4-309-24803-5

◆相手もよろこぶ私もうれしい オトナ女子の気くばり帳　気くばり調査委員会編　サンクチュアリ出版
【要旨】媚びない、無理しない、さりげない―気くばりがしぜんにできる女子になる。1000人に聞きました。気くばり上手がやっていた、本当によろこばれるちょっとしたひと手間。
2017.4 223p B6 ¥1100 ①978-4-8014-0040-5

◆愛なんてきっと、そこにある。　スイミー著　ワニブックス
【要旨】ハッピーエンドの裏側で泣いている女の子たちへ。
2017.3 175p B6 ¥1200 ①978-4-8470-9557-3

◆アゲリッチの法則―自分をアゲ、周りをアゲる最強の引き寄せ術　伊倉ひとみ著　幻冬舎
【要旨】借金3000万円のローソク生活から年商2億にV字回復した著者が教える、世界で一番幸せになる方法。1つ身につくごとに人生がきらめく、驚きの引き寄せメソッド。
2017.4 223p B6 ¥1300 ①978-4-344-03074-9

◆あざとかわいい愛され術　山口まみ著　秀和システム
【要旨】カレに「この色、似合う？」って聞いてない？ケンカのあとのセックスは仲直りのサイン!?3年目の浮気の理由、知ってる？モテる女はみんな心理学を駆使している。
2017.10 215p B6 ¥1300 ①978-4-7980-5201-4

◆あなたに奇跡を起こす笑顔の魔法―心から笑えなくても大丈夫　りさかれいこ著　青春出版社　（青春文庫）（『「私らしい」幸せが必ず見つかる笑顔の魔法』加筆・修正・改題書）
【要旨】「11年間思い続けていた願いがかなった」「職場で苦手だった人と打ちとけられるようになった」「家庭内別居の夫と仲直りできた」人生に奇跡が起こった人続出のセミナーを主宰する著者が、自身の体験もふまえ、いつまでも幸せが続く人になるための、誰でもできる"魔法の習慣"を大公開します。
2017.12 258p A6 ¥900 ①978-4-413-09686-7

◆あなたには幸せになる価値がある　きな優子著　リンダパブリッシャーズ、泰文堂 発売
【要旨】もう願う必要さえ、ない―「想えば叶う世界」。幸福に最速で到達できる方法は、こんなに簡単だった！パラレルワールドのしくみをわかりやすく解説！
2017.6 295p B6 ¥1400 ①978-4-8030-1062-6

◆あなたの「そこ」がもったいない。―真実の恋は、もう目の前なのに　菊乃著　すばる舎リンケージ、すばる舎 発売
【目次】0 あなたの「そこ」がもったいない。―私のようにならないで、1 その「時間」がもったいない。―今が一番安いのに、2 「身のこなし」がもったいない。―女友だちとはうまくいくのに、3 「マジメ」すぎてもったいない。―素敵さが隠れちゃう、4 「第一印象」がもったいない。―自分なりにオシャレをしているのに、5 「努力の仕方」がもったいない。―せっかくがんばってるのに
2017.1 207p B6 ¥1400 ①978-4-7991-0588-7

◆あなたの内（なか）の男と女―愛と自由を手に入れる魔法　サガプリヤ・デロング著、澤西康史訳　（鎌倉）OEJ Books、めるくまーる 発売
【要旨】個人成長センターとして世界的に有名なエサレン研究所のマッサージ・プログラムの第一人者として活躍し、サイキックマッサージの創始者でもあるサガプリヤが語る「愛と自由を手に入れる魔法」。男女関係に、美しい愛を作り出す方法。
2017.9 306p B6 ¥1800 ①978-4-8397-0172-7

◆あなたはもっときれいになれる　余語まりあ著　あさ出版
【要旨】知性・感性・内面性etc.―"一番魅力的に映る""トータルでの美しさ"を磨く方法。
2017.9 231p 19cm ¥1300 ①978-4-86063-995-2

◆あなたも必ず「引き寄せ」の達人になれる―人生が輝く魔法の言葉　水谷友紀子著　リンダパブリッシャーズ、泰文堂 発売
【要旨】人生はいくらでもいい方向に創り変えることができる!!! 日常生活のどんな場面でも使える「具体的引き寄せ言葉」を多数掲載。この本を使いこなせば、あなたも必ず「引き寄せの達人」になれる！
2017.6 279p B6 ¥1400 ①978-4-8030-1060-2

◆あの子が男性からうらやましいほど愛されている101の理由　斎藤芳乃著　大和書房
【要旨】恋愛からの引きこもり、迫り来る捨てられ不安、なぜか男と最終戦争、男より男らしい女、それでも結婚口になれる人に、驚異のプロポ率100%!!恋愛流浪の民を卒業する！
2017.5 270p B6 ¥1300 ①978-4-479-78373-2

◆あの人はなぜ恋人と長続きするのか　中谷彰宏著　主婦の友社
【目次】続かないのは、飽きられたのではない。つまらなかったのだ。第1章 恋人と長続きする人の習慣（「かまってほしいオーラ」を出さない、「なんで？」と聞かない、イライラしている女性は、男を疲れさせる。ほか）、第2章 恋人と長続きする人の行動（信頼とは、スマホをロック解除して渡すことだ。預かった側に、責

任が生まれる。トラブルが、関係を深くする。男性は、女性のミスを2回までガマンする。ほか）、第3章 恋人と長続きする人の言葉（女子中学生との違いは、時間軸が長いことだ。気分の波の激しい相手は、ムッとすることも、忘れている。近づくとムッとして、離れると寂しがる。ほか）
2017.4 206p B6 ¥1300 ①978-4-07-423048-8

◆あの人はなぜ恋人とめぐりあえるのか　中谷彰宏著　主婦の友社
【目次】第1章 恋人とめぐりあう人の習慣（美人より、表情のある人が、覚えてもらえる。表情をシンクロする人を、好きになる。笑顔で働いている人は出会える。生活のための幸薄い人は出会えない。ほか）、第2章 恋人とめぐりあう人の行動（遠慮しすぎで、チャンスを逃す。マスクをしている人に、話しかける人はいない。出会える女性は、礼儀正しさの中に、フレンドリーさがある。ほか）、第3章 恋人とめぐりあう人の言葉（「ダメ」「ムリ」「イラナイ」でチャンスをなくす。上級な相手には、エントリーしておいて、相手の下がるのを待つ。アタックは、ノウハウがたまる。ほか）
2017.4 207p B6 ¥1300 ①978-4-07-422942-0

◆アラフォーの傷跡―女40歳の迷い道　亀山早苗著　（西宮）鹿砦社　（鹿砦社新書）
【要旨】女性にとって「40歳」は、ひとつの壁である。結婚も出産も仕事も、ここでの選択と決断がのちの人生に影響を与える。だからこそ戸惑い、迷う。自身を振り返り、也倒と逡巡で立ち止まった女性たちが、ふたたび一歩を踏み出すまでの2年間を追ったノンフィクション。
2017.12 159p 18cm ¥900 ①978-4-8463-1211-4

◆ありえない「妄想」でお金も恋も引き寄せる！　かずみん著　秀和システム
【要旨】妄想すると、それが現実になります!!頭に思い浮かんだことは、すべて叶えて。そのコツを、お話しますね。さぁ、今すぐ妄想の世界に旅立ちましょう!!アメブロで人気のかずみん、初の書き下ろし！
2017.11 231p B6 ¥1300 ①978-4-7980-5240-3

◆いいことしか起きない30のルール　時任千佳著　幻冬舎　（幻冬舎文庫）
【要旨】思い込みを捨ててありのままの自分を認めると、人生を変える「特別な人」に出会える。どんな言葉を使うかによって、引き寄せる人の選択肢が変わり、自分のために生きられる。数多くのタレント・有名人を絶望の淵から再生させたスピリチュアリストが伝える、しがらみを手放し、幸運体質に変わるための30のルール。
2017.8 270p A6 ¥600 ①978-4-344-42645-0

◆生き抜くための恋愛相談　桃山商事著　イースト・プレス
【要旨】「あなたは何に悩んでいるのか？」その「現在地」がわかると、スッキリ前向きな気持ちになれるはずです。16年間で1000人以上の女性の悩みに寄り添う「恋愛相談のプロ」が、あなたのモヤモヤの核心に迫る。
2017.9 223p B6 ¥1400 ①978-4-7816-1568-4

◆いくつになっても「今」美しい人―とっておきの「ポジティブ・エイジングケア」法　浅野裕子著　三笠書房
【要旨】ファッション、メイク、ボディケア、人間関係…。ページを開けたら、もう手放せない！大人女性の「人生を楽しむ」教科書です。
2017.12 195p B6 ¥1300 ①978-4-8379-2719-8

◆いくつになっても、美しく、いさぎよく生きる―60代現役モデル毛利理美の創りかた　毛利理美著　主婦の友インフォス、主婦の友社 発売
【要旨】老いていく自分を直視できず、沈み込んでいる人がいるなら、まず自分を受け入れてみてください。自信を持って、楽しく自分を磨き、自分を好きになる努力をしませんか。10年近く工夫しつづけた、毛利理美流の「アンチエイジング」を、すべてまとめました。シンプルで、誰でもすぐに実践できる本当に簡単な方法ですが、エッセンスだけをギュッと集めてあるので、とても効率的に自分を変えることができます。
2017.11 127p A5 ¥1500 ①978-4-07-427052-1

◆「1%も尽くさない」で一生愛される―彼が私のファンになるかわいい鬼嫁のススメ　萩中ユウ著　総合法令出版
【要旨】男性が女性を"追う時代"は終わりました。女性に求められる恋愛スタンスは、「かわいく待つ」から「かしこく攻める」へシフトし

ています。大好きな彼に出会い、プロポーズさせる方法。
2017.2 237p B6 ¥1300 ①978-4-86280-537-9

◆いつか別れる。でもそれは今日ではない
F著 KADOKAWA
【要旨】大人のための恋の向き合い方。自分との付き合い方の秘訣。
2017.4 255p B6 ¥1300 ①978-4-04-602011-6

◆いますぐHAPPYブック 清水美ゆき著
リンダパブリッシャーズ、泰文堂 発売
【要旨】「玄関開けたらレッドカーペット」「思い込みメガネ」「私サミット」「不完全上等宣言」「魔法の単語帳」…ってなに?!もっと早く知りたかった～やったもの勝ち!の「引き寄せ」の法則。
2017.3 182p B6 ¥1400 ①978-4-8030-1016-9

◆いままで結婚しなくて正解だったと思える本 恒吉彩矢子著 きこ書房
【要旨】1 いまずっと独身で正解だった―アラフォー超え、実家暮らしの結婚、2 周りの声に流されない―自分の「本当の気持ち」を知る、3 ムリしてガンバらない―「ありのままの自分」を認める、4 "ひとり"を楽しむ―自分を世界一幸せにする「せかしあわ」、5 幸せな未来を先取りする―「心と環境」を準備する、6 いまだからこそ出会える人―理想のパートナー像を明確にイメージする、7 あとは天にお任せ―ときには、他の力も借りること、8 天井知らずの幸せを自分のものに！―いまだからこそ手に入れられる、オススメ恋愛小説&オススメ神社、Work for Attracting Marriage、ずっと幸せな二人でいるために―たのしい、もめることもある
2017.4 223p 18×14cm ¥1300 ①978-4-87771-368-3

◆宇宙の法則を使って「人体実験」に成功しました―会社で死にそうだったバリキャリ女子が、人生で奇跡を起こした方法 タマオキアヤ著 光文社
【要旨】我慢をやめたら、月商2000万！「会社を辞めるまえに、自分を実験材料にしてやりたいことをやってみよう」―そうしたら、仕事、人間関係、恋愛、美容のすべてがうまく回り始めました。
2017.9 199p B6 ¥1400 ①978-4-334-97949-2

◆運命をこっそり変える 濱田文恵著 セブン&アイ出版
【要旨】好きなことだけで生きていけるようになる！たった3年で年収240万のニキビ肌OLから最年少美容家になった私の、人生のあきらめグセをキレイになくす方法。
2017.12 223p B6 ¥1400 ①978-4-86008-751-7

◆運命の人を惹き寄せる「赤い糸の法則」―ロマンス・ソウルメイトと結ばれて宇宙一幸せになる 齊藤エレミ著 光文社 （美人時間ブック）
【要旨】あなたの恋愛がうまくいかないのは、苦しいのは、ずっと選ぶべき相手を間違えていたから。理想の人に出逢える自分になる！読者限定特典テキスト付き。ブログで人気のスピリチュアル・カウンセラー初の著書！
2017.1 213p B6 ¥1300 ①978-4-334-97904-1

◆運命の人とつながる方法 植西聰著 文響社
【要旨】どんな人にも、その人の人生を大きく変えてしまう存在――「運命の人」がいます。それは恋愛に限ったことではありません。仕事や人生を大きく変えてしまうこともあります。では、彼・彼女とめぐり会うには、どうすればいいのか？運命の人の見分け方と引き寄せ方、出会いを実現する8つのパターン、運命の出会いを成功させる精神レベルの高め方など。かけがえのない存在が見つかる1冊。
2017.9 192p 19×13cm ¥1320 ①978-4-86651-019-4

◆運命はこうして変えなさい―賢女の極意120 林真理子著 文藝春秋 (文春文庫)（『賢女の極意』再編集・改題書）
【要旨】運気を上げ、本当の幸せに近づきたい――そんな人のための、人生と上手につき合う法則を、週刊文春の連載エッセイから厳選。プロの物書きとして責任を負い、誇りを持って書き続けてきた珠玉の言葉。幸運を呼び寄せる言葉。自らを知り、今の自分と向き合うことで、運命を変えるちょっとしたヒント。上質で豊かな人生を送るための「マリコ語録」。
2018.1 250p A6 ¥500 ①978-4-16-791000-6

◆運命みたいな偶然に、あと何度めぐり逢えるだろう。 sleep著 KADOKAWA
【要旨】本気の君を、幸せなることを、諦めないための言葉たち。
2017.6 204p B6 ¥1200 ①978-4-04-069315-6

◆影響美人になる45の秘密―欲ばりに夢を叶える！ 水原ゆり著 学研プラス
【要旨】仕事も愛もお金も、"影響力"を武器に望むものを引き寄せる。思いどおりの人生に変えていくには、周囲から憧れられる存在"影響美人"になってしまうのが、一番の早道。
2017.4 213p B6 ¥1300 ①978-4-05-406553-6

◆エンパワーメント―働くミレニアル女子が身につけたい力 大崎麻子著 経済界
【要旨】「サンデーモーニング」（TBS系）のコメンテーター元国連職員・女性のエンパワーメントのプロが教える。自分らしく働きながら「WORK＝LIFE」を叶える。女性活躍推進、働き方改革、「仕事に、育児に、偏らない」生き方の新提案！
2017.12 237p B6 ¥1400 ①978-4-7667-8616-3

◆お金・愛・美ほしいものすべて手に入れる無敵美女 水輝ハニー著 サンクチュアリ出版
【要旨】心も身体も満たされたい！破産、夜逃げ、離婚、離婚…泣いてばかりだった私が、史上最高に幸せになるために決めた100のこと。
2017.2 224p B6 ¥1200 ①978-4-8014-0037-5

◆「お金」「時間」「場所」が自由に思いどおり！究極のシンデレラレッスン―"月収7ケタ超え"を生み出すミリオンマインドの秘密 樫なつき著 ヒカルランド
【目次】第1章 中学でビジネス開始、そして億万長者に弟子入り！―学生時代に培った起業マインド、運を引き寄せて夢を叶えるコツ（まず自分を向上させる経験やスキルにお金を使う。中学時代の「アメリカ行き」が今の原点に！、やりたいサークルがなければ自分で創ればいい。ひらめきと行動でチャレンジした大学時代 ほか）、第2章 あなたも最強のシンデレラになれるか!?―理想のライフスタイルへの揺るぎないビジョンの創り方（「主役の人生を生きるシンデレラ」とは、3つの自由を得て、自立して輝く女性のこと、憧れや夢を叶えるために大切な「お金」。現代版シンデレラのお金を生み出すイメージとは？ほか）、第3章 最高のシンデレラストーリーを描く4つのステップ―自立してハッピーリッチになる具体的実践メソッド（「自分が主役のシンデレラストーリー」とは何かを知る、「自分のシンデレラストーリー」の軸を創る ほか）、第4章 私が実践しているお金に愛される方法―いつでもどこにいてもお金が働いていれば秘訣（毎月海外に行き、好きなときに好きな場所で仕事。このライフスタイルを可能にしてくれるものとは？、アイディア量と収入は比例。だから旅に行くとお金に愛される私になれる ほか）、第5章 シンデレラになって人生を変えよう！―全国のシンデレラさんからの体験談（売り上げが月1ケタから、3か月で月商100万円を達成できました、有名百貨店で商品が売れるようになりました！ ほか）
2017.1 225p B6 ¥1620 ①978-4-86471-465-5

◆お金と縁がなだれ込む！すごい「引き寄せの法則」 すごい引き寄せ！研究会著 宝島社
【要旨】マンガでわかる！「引き寄せノート」のつくり方、フォーチュンサイクルのバイオリズムに沿って開運、イメージするだけで30億円が引き寄せ、ネガティブな人のための「引き寄せ言葉」、声の魔法を使ってスピード引き寄せ、お金と縁が思い通りになる「3行ノート」とは、どんな人でも劇的に変わる！「運がよくなる」お水、ホ・オポノポノで輝く人生を手に入れる、宇宙の愛に気づくと奇跡が起きる！自分のオーラを知り幸運を引き寄せる！…本当に願いが叶う！20の方法。
2018.1 175p A5 ¥800 ①978-4-8002-8054-1

◆お金も恋もすべて手に入れるすごい秘密 タマオキアヤ著 KADOKAWA
【要旨】一番、大切なのは自分の「魂」のご機嫌とり。月商2000万円の著者が教える心も体もらくーなままで史上最高に幸せがえうな方法。
2017.11 207p B6 ¥1300 ①978-4-04-602133-5

◆オタクだけの婚活サイトで運命の人を見つけました アルパカ子著 KADOKAWA
【要旨】婚活なんてめんどくさい、てかハードル高すぎ！って思ってたけど…。オタク同士だからぶっちゃけ合う。オタク同士だからこそ分かり合える？何かにハマり過ぎて恋愛から遠ざかっているすべての人に贈る、三十路越えのオタク女子が挑んだ超リアル実録婚活エッセイ！
2017.1 161p A5 ¥1000 ①978-4-04-068726-1

◆夫を夢中にさせるいい妻（オンナ）の愛されルール 岡田真弓著 幻冬舎メディアコンサルティング、幻冬舎 発売
【要旨】浮気・不倫調査で5年連続業界No.1。男女のホンネを知り尽くした探偵が明かすデキる妻はみんな実践している結婚生活の絶対法則。
2017.6 234p 18cm ¥800 ①978-4-344-91230-4

◆男と女の理不尽な愉しみ 林真理子、壇蜜著 集英社 (集英社新書)
【要旨】「ゲス不倫」叩きから、「熟年離婚」まで…。世の中は、かくも双方の問題に満ち溢れている。甘美で魅力的なはずの関係はなぜ、今や絶望的なまでに我々を追い詰めているのか？男女の機微を知り尽くした作家とタレントが、出会いから恋愛の作法、不倫の在り方、看取りの瞬間まで、男と女を巡るあらゆる問題を徹底討論。しなやかでありながら、したたかでもある男女の「愉しみ方」を提言する。古典的男女観ともフェミニズムとも異なる探偵の二人が、とかく男女に世知辛い日本社会を喝破する！
2017.11 188p 18cm ¥700 ①978-4-08-721009-5

◆男には「愛の首輪」をつけなさい―選ばれる女になるための6章 レイコ・キーファート著 サンマーク出版
【要旨】いい男は「こういう女性」を人生のパートナーに選ぶ。あなたが「都合のいい女」かどうかがわかる10の質問。「頼まれてもいないのに」掃除や料理をする女性はモテない。「気になる男性」からディナーに誘われたら、どう返事をする？旅先で「別れるカップル」と「仲が深まるカップル」の決定的な違い。「48時間以内に返事がなかったら、きっぱりあきらめなさい。」「選択肢がひとつしかない質問」を投げていけない。ヒートアップしたけんかに使う「魔法の言葉」とは？「不倫」は、恋愛磁石を狂わすのに「3倍」の時間がかかる。79人目のお見合いで理想の男性に出会えた女性、etc. 理想のパートナーから一生愛される「恋愛軸」のつくり方。ハワイの婚活カリスマが伝授する、幸せをつかむ極意。
2017.7 223p B6 ¥1400 ①978-4-7631-3598-8

◆オトナ女子のためのモテしぐさ図鑑 中井信之著 ワニブックス
【要旨】スマホを打つ→くノ一打ち。コートを脱ぐ→バリコレ脱ぎ。相談にのる→女医トーク。知性を感じさせ、思慮深く見せる→骨タッチ。タクシーのエレガント乗車術→HKK乗り。パーソナルスペースに忍び込む→足首セドアプローチ。女優の養成所で習う印象操作を日常使いに！芸能人の卵を5000人以上磨き上げたポージングディレクターによる「美人の必殺技」。
2017.5 183p B6 ¥1300 ①978-4-8470-9567-2

◆大人の女のキャリア計画―「5つの柱」で理想の仕事を手に入れる ジョアンナ・バーシュ、スージー・クランストン著、関美和訳（武蔵野）海と月社
【要旨】女性も一生働くのが普通の時代になりました。でも、その道は必ずしも楽ではありません。本当はちがうことをしたい。本当はもっと報酬がほしい。そう思っている多くの女性に、この本を捧げます。忙しい人こそ、ちょっと立ち止まってほしい。何が女性のキャリアを左右するのかを知り、後悔しない働き方をするために―。
2017.11 323p B6 ¥1600 ①978-4-903212-61-6

◆大人の結婚―あなたの人生がもっと輝く究極のチャレンジ 吉元由美著 水王舎
【要旨】アラフォー、アラフィフ、ずっと彼氏がいなくても…かならず出会える、あなただけのパートナー。大人のあなたに選んでほしい「結婚する」という生き方。
2017.2 250p B6 ¥1400 ①978-4-86470-070-2

◆「おひとりウーマン」消費！―巨大市場を支配する40・50代パワー 牛窪恵著 毎日新聞出版
【要旨】衣料、住宅、インテリア、家電、自動車、食品、百貨店、旅行、旅行など、さまざまな業界や自治体が熱視線！巨大市場を支配する40・50代パワー。
2017.12 255p B6 ¥1450 ①978-4-620-32482-1

◆おひとり様を生き抜く「女子貯金」生活 横山光昭著 祥伝社 (祥伝社黄金文庫)
【要旨】マンションは買ったほうがいい？いくらあれば一生安心して暮らせる？親の介護にいくら必要？ベストセラー『3000円投資生活』の

人生論・生き方

◆著者がお金の疑問に即答！一生困らないマネーバイブル。
2017.11 238p A6 ¥600 ①978-4-396-31725-6

◆想いよ、逝きなさい DJあおい著 幻冬舎
【要旨】依存、失恋、未練、執着、復讐…。あなたの心を浄化するスパルタ格言79。
2017.9 173p B6 ¥1200 ①978-4-344-03180-7

◆女を磨く161の言葉 ディスカヴァー・クリエイティブ編 ディスカヴァー・トゥエンティワン
【要旨】マリリン・モンロー、マーガレット・ミッチェル、樋口一葉、与謝野晶子らの珠玉の名言集！
2017.11 161p A6 ¥1200 ①978-4-7993-2174-4

◆女50歳からの100歳人生の生き方 小島貴子著 さくら舎
【要旨】いまや100歳人生が現実に！どう楽しく生きるか！50歳で生き方をリセット、自分が主役の人生を！働き方から人間関係、資産、健康などすべてを考えなおし、自ら実践している著者の極上のアドバイス！
2017.7 162p B6 ¥1400 ①978-4-86581-107-0

◆女塾 田渕久美子著 主婦と生活社
【要旨】女性の「生きづらさ」は、生きる喜びに変えられる！大河ドラマ脚本家・田渕久美子が説く、幸福の法則。
2017 177p B6 ¥1200 ①978-4-391-15082-7

◆女に生まれてよかった。と心から思える本 水島広子著 朝日新聞出版
【要旨】「恋も仕事も」なんて無理ッ！「…しなきゃ」を手放し、自分を好きになれる"心のレッスン"
2018.1 199p B6 ¥1400 ①978-4-02-251505-6

◆女の一生、「幸せ」ってなんだ？ 匹野房子著 クロスメディア・パブリッシング、インプレス発売
【要旨】一度きりの人生、"誰か"のモノサシでなく"私"らしく生きる。"自分"の幸せを決めるのは、"自分"しかないのだ。仕事、結婚、子育て…。幸せになりたい、すべての女性たちへ。
2017.12 246p B6 ¥1480 ①978-4-295-40159-9

◆女のキレイは30分でつくれる 石原新菜著 マキノ出版
【要旨】「ちょいラン」で…女性の最大の武器「肌ツヤ」が手に入る。「深刻な悩み」が「なんとかなるさ」に変わる。性的な魅力がアップする。使える時間が格段に増える。たるみ、シワも解消！女性を輝かせるには、メイクよりもラン！イライラ、ガスガミ、八方塞がりから脱出！
2017.2 158p B6 ¥1300 ①978-4-8376-7252-4

◆女の子が生きていくときに、覚えていてほしいこと 西原理恵子著 KADOKAWA
【要旨】もうすぐ、大きな帆をあげて、子どもたちの船が漕ぎ出していく。人生という航海に絶対安全はないから、今、伝えておきたい。母から娘へ一厳しくもハートフルな生き方指南。
2017.6 157p B6 ¥1100 ①978-4-04-104978-5

◆「女の子」は、努力しないほうがうまくいく。 松崎麻子著, 中野博監修 現代書林 (信和義塾シリーズ 7)
【要旨】「女の子」としての本当の幸せって何？女性としての輝きを増していく「女の子」たちが、"美意識"を通じて「新しい幸せのカタチ」をつかみ、活き活きと生きていくことを、心から願っています―。
2018.1 159p B6 ¥1300 ①978-4-7745-1678-3

◆女の幸せは"子宮"で決まる！ 子宮委員長はるな著 KADOKAWA
【要旨】生真面目で仕事まっしぐらなOLのA子と妊活で悩んでいる思いこみが激しい主婦B子が"子宮"を通して勝手に幸せになっていくストーリー!!
2017.7 191p B6 ¥1300 ①978-4-04-601796-3

◆オンナの値段 鈴木涼美著 講談社
【要旨】元日経新聞記者にして元AV女優（東大大学院・慶應SFC卒）気鋭の文筆家・鈴木涼美による「オンナの現代資本主義論」。
2017.12 262p B6 ¥1500 ①978-4-06-220887-1

◆女、60歳からの人生大整理 松原惇子著 海竜社
【要旨】身内の整理！不安の整理！終活の整理！今やらないでいつやるの？バラ色の人生を迎える7つの大整理。
2017.11 213p B6 ¥1300 ①978-4-7593-1570-7

◆書くだけで奇跡を起こす引き寄せレッスン―チャンスマップが教える イヴルルド遙華著 河出書房新社
【要旨】チャンスマップ＝未来への見取り図は6つのステップに分かれています。読み進めながら、あなたのハートの扉を開き、書き込んで、たくさんの幸せを引き寄せましょう。「幸せ度数チェック」「年代別ビジョンマップ」と合わせて活用してください。
2017.1 158p B5 ¥1300 ①978-4-309-23101-3

◆「ガラスの天井」が破れる瞬間（とき）―女性の成功哲学 シャロン・レクター著, 田中孝顕訳 きこ書房
【要旨】成功した女性の知恵の結集。女性が活躍すれば、経済はよくなる！
2017.4 375p B6 ¥1700 ①978-4-87771-367-6

◆ガラスの天井のひらきかた―あなたの成長を喜ばない人たちへの処方箋 いつか著 ベストセラーズ
【要旨】男女雇用機会均等法が成立してはや30年以上。女性活躍推進法が成立してちょうど2年。あなたが一生懸命頑張れば頑張るほど、なぜか水を差す残念な人達。友人、恋人、夫、家族、親戚、仕事関係。あなたの成長を喜ばない人も、わずかならずいるものです。フェミニズム新時代をどう生きるか。ガラスの天井を打ち破って、新しい未来をひらきましょう！
2017.8 213p B6 ¥1300 ①978-4-584-13806-9

◆カラーメンタリズム―色を使って望み通りの人生を手に入れる！ 飯田暢子著 リンダパブリッシャーズ, 泰文堂発売
【要旨】色のパワーは想像をはるかに超える!!「恋愛」「仕事」「人間関係」の悩みが解決！1万人以上の実証データ！「カラーメンタリズム」のすごい手法をついに公開！
2017.6 237p B6 ¥1574 ①978-4-8030-1061-9

◆華麗なる女子の生き方―男性の力を上手に借りて成り上がる方法 奥野恵美著 大和書房
【目次】1 華麗なる成り上がり―幸運転をつけるレッスン、2 華麗なる女の磨き方―ゆるぎない女を手に入れる最強の美活、3 華麗なる恋愛の極意―選ばれる女はわがままになって輝く、4 華麗なる男性調教術―男性心理と男の目利き方法、5 華麗なる女王蜂思考―女性の人生は「他力本願」で成功する、6 華麗なる結婚生活の作り方―愛と富が増え続ける仕組み
2017.7 254p B6 ¥1300 ①978-4-479-78397-8

◆彼がもう一度、あなたに夢中になる方法 浅海著 二見書房（二見レインボー文庫）（『彼ともう一度、恋人になる方法』再編集・改題書）
【要旨】「もう一度、大好きな彼に愛されたい」この恋を、まだ終わらせたくない」…もしあなたがそんな切ない想いを抱えているなら、この本を開いてください。恋愛と復縁は別物です。復縁には復縁の「正しいやり方」があるのです。4万件の相談実績を持つ復縁カリスマアドバイザーが教える「復縁・復活愛の成功法則」。さあ、勇気を出して一歩を踏み出しましょう。あなたの幸せな復縁を心から応援しています。
2017.6 A6 ¥640 ①978-4-576-17166-1

◆川崎葉子（カワヨウ）の魔法の"1日26時間" 川崎葉子著 致知出版社
【要旨】お料理しながら英会話のテープを開く。台所、トイレなど行く先々に本を置く。モップ型のスリッパをはいて歩く。洗面台の掃除は空いている方の手で。カバンの選定、乗り継ぎ、乗車位置に注意する。大・中・小の3種類を使い分ける…フツーの女性があみ出した「1日26時間」の考え方。
2017.3 220p B6 ¥1500 ①978-4-8009-1141-4

◆考える女（ひと） クリス・ウェブ佳子著 光文社（VERY BOOKS）
【要旨】愛・結婚・セックス・離婚。妻・母・仕事・友人。ファッション・香り・マナー・コンプレックス。SNS・伝える・言葉・脅威。娘・子育て・教育・時間。夢・旅・幸せ・生き方。全部、私にとっては人生の傑作。
2017.7 191p B6 ¥1400 ①978-4-334-97934-8

◆既読スルーされた数だけ幸せになれる 広中裕介著 KADOKAWA
【要旨】自分を満たすだけで「運命の彼」が見つかる！1万人の女性を救った恋愛コンサルタントが教える幸せが舞い込む80のルール。
2017.5 191p B6 ¥1300 ①978-4-04-601945-5

◆キャビン・アテンダントの美養学―明日の私をつくるBioアドバイザー 蓮沼恵著 キラジェンヌ
【要旨】食べることは、美の養分になる。CAキャリア30年以上の著者が記す美の秘訣。"憧れられる女性"であり続けるために大切なこと。
2017.4 136p B6 ¥1500 ①978-4-906913-61-9

◆九十歳美しく生きる 金美齢著 ワック（WAC BUNKO）（『美しく齢を重ねる』加筆・改訂・改題書）
【要旨】理想は「生涯現役」。「若さ」「アンチエイジング」を追求する必要なし！「喜怒哀楽」の数が人生を美しく磨きあげる！
2017.11 247p 18cm ¥920 ①978-4-89831-767-9

◆強運のチカラ―思いどおりに自分を生きる 前田義子著 小学館
【要旨】思いどおりとは無理を通すことではなく、与えられた条件下でベストを尽くすからかなうもの。
2017.3 191p 18cm ¥1000 ①978-4-09-388458-7

◆巨乳とは仲良くできない―貧乳アラサー独身OLなかむらたまごの日常 なかむらたまご著 KADOKAWA
【要旨】Twitterで話題沸騰!!アラサー独身OLなかむらたまご（貧乳）の嘆きに笑いと共感の声が続々!!話題をさらった全ツイートに書き下ろしコラムを80本以上追加!!
2017.10 219p B6 ¥1200 ①978-4-04-734788-5

◆清らかに輝くための"やまとしぐさ"31日のレッスン帖 辻中公著 ごま書房新社
【要旨】宮発足の「東久迩宮文化褒賞」（国内文化の発展に貢献した人物に贈られる褒賞）を2015・16と2年連続受賞中の著者。講演や研修で年間4000人を輝かせる「やまとしぐさ」の教えを初公開！仕事、家庭、社交場…多くのステージで女性を輝かせるための秘訣を31項目で解説。
2017.6 216p A5 ¥1300 ①978-4-341-13254-5

◆結婚一年生 2018年版 入江久絵著 サンクチュアリ出版
【要旨】お金・健康・マナー・家事etc…専門家を徹底取材！一番売れてる結婚の教科書。
2017.11 233p A5 ¥1300 ①978-4-8014-0045-0

◆結婚につながる恋は、心とカラダが知っている―姫恋ノススメ 田中みっち著 KADOKAWA
【要旨】みっちさんに相談すると恋がうまくいく！大人気のセラピストがこの1冊で人生を変える方法、教えます！
2017.4 222p B6 ¥1300 ①978-4-04-601943-1

◆結婚の嘘 柴門ふみ著 中央公論新社
【要旨】結婚生活とはいわば冷蔵庫のようなものである。冷蔵庫にある限られた素材で、いかにおいしいご馳走を作り出すか、それに似ている。決して、他人の冷蔵庫を羨ましがらないことだ。
2017.2 212p 18cm ¥1100 ①978-4-12-004947-7

◆結婚は、運。―夫婦、この不思議な関係 曽野綾子著 PHP研究所
【要旨】幸せになれるか、なれないか曽野流・体験的「夫婦生活」の知恵。夫・三浦朱門氏との最後の日々を綴った「忘れるための月日」を特別収録。
2017.9 207p 18cm ¥1100 ①978-4-569-83860-1

◆結婚まで意識した彼と別れた。でもそれは けっして絶望ではない　野中圭一郎著　プレジデント社
【要旨】もう「私は大丈夫…」と我慢する必要はありません。一本書を読んで思い切り泣いてください。ここにはあなたの新しい一年が書かれています。ほんとうに大切な相手と出会える本。
2017.12 206p B6 ¥1300 ①978-4-8334-2245-1

◆恋するディズニー別れるディズニー　堀井憲一郎著　新潮社　(新潮文庫)
【要旨】「ディズニーランドでデートをすると別れる」という、若者の間でささやかれている噂は本当なのでしょうか。長期間にわたる某大某サークル内カップルの観察結果、ついでる時期や曜日、乗りものやショーの仲良くなるまわりかた等を大公開。また、男子がショップでイライラする理由、男女の謎をも解明。ずっとラブラブでいたい女子は本書を彼に読ませてからディズニーデートに行きましょう。
2017.4 206p A6 ¥460 978-4-10-134676-2

◆「恋と結婚」を引き寄せる！　すごい引き寄せ！研究会著　宝島社
【目次】鏡リュウジさんの星座でわかる恋と結婚のゆくえ、Keikoさんの月星座でソウルメイトを引き寄せる！、奥平亜美衣さんの運命のパートナーを引き寄せる方法、水谷友紀子さんの理想のパートナーを宇宙にオーダーする！、ゲッターズ飯田さんのあなたもやってない？のクセ、田宮陽子さんのモテで愛される「開運言葉」、イヴルルド遙華さんのエレメントで運命の人と相性を知る、白鳥マキさんのモテるメールで引き寄せる、牛窪恵さんの今どきの婚活・結婚事情、すごい引き寄せ！研究会 コスメキッチン＆ナチュロパシーを訪ねて　[ほか]
2017.5 175p A5 ¥800 ①978-4-8002-7065-8

◆恋なんて素敵な一運命の人を引き寄せる30のレッスン　松本一起著　ロングセラーズ
【要旨】3000曲以上を手がける大ヒットメーカーの作詞家が贈る、本当の幸せの見つけ方。恋愛に不器用なあなたへ。
2017.5 229p B6 ¥1200 ①978-4-8454-2400-9

◆後悔しない「産む」×「働く」　齊藤英和, 白河桃子著　ポプラ社　(ポプラ新書)
【要旨】「結婚は？」「子供は？」「仕事は？」選択は自由と言われるが、その方法は学校でも家庭でも教わらなかった一。女性とそのパートナーのための仕事・結婚・出産への不安に対して、医療とキャリアの視点から多数のデータやアンケートとともに応える。これから産みたい人、産んで働きたい人、娘を持つ親にも必携の一冊。
2017.8 249p 18cm ¥800 ①978-4-591-15538-7

◆幸福結婚をあなたへ一理想のパートナーが見つかる12のヒント　横森しず香著　幸福の科学出版
【要旨】あなたが変われば、素敵な人が現れる！4500人の人生を変えた、婚活のプロが教えるオリジナル・メソッド。どんな人となら幸せになれる？　婚活って何すればいいの？　運命の人は直感でわかる？　失敗しないパートナー選びのコツ、伝授します。
2017.2 184p B6 ¥1200 ①978-4-86395-872-2

◆ココ・シャネルという生き方　山口路子著　KADOKAWA　(中経の文庫)　新装版
【要旨】孤児院で育ち、自力で富と名声を手にした世界的ファッションデザイナー、ココ・シャネル。「働く女の先駆者」シャネルのゴージャスな恋愛、仕事への情熱を、「嫌悪の精神」に富んだ「シャネルの言葉」とともにコンパクトかつ濃密に描き出す。シャネルからのメッセージがつまった、熱くてスパイシーな一冊。
2017.3 222p A6 ¥680 ①978-4-04-601962-2

◆50過ぎたら、ものは引き算、心は足し算ー知識より知恵編　沖幸子著　祥伝社
【要旨】年を重ねれば、そうじや片づけがつらくなるのは仕方がない。最小限の手間と時間で素敵に暮らすために、「そうじのカリスマ」が、1回5分で誰でもできる、心地よい暮らしの習慣をお教えします。
2017.11 261p B6 ¥1500 ①978-4-396-61618-2

◆孤独という名の生き方ーひとりの時間　ひとりの喜び　家田荘子著　さくら舎
【目次】第1章 ひとりという大切な時間（易者の予言、作家の駆け出し時代の「つきあい」 ほか）、第2章 孤独th持ち喜びを生む（一三巡行みの札所巡り、たった一輪の花を見ても涙ぐむ ほか）、第3章 ありのままの自分がいる（滝行、海行、禊行、行は自然と一体化させてくれる ほか）、第4章 ひとり一歩を踏み出す（別れは第一歩を踏み出すスタート、誰が勝者でも敗者でもない ほか）、第5章 いいことを考えるといいことがある（老人ホームでの恋愛事情、病気をひた隠しにした理由 ほか）
2017.2 166p B6 ¥1400 ①978-4-86581-088-2

◆コーネンキなんてこわくない　横森理香著　集英社
【要旨】微妙な心と体の変化に悩める40代からの"お年頃女子"必読!!更年期の不調をなんとかすべく、作家・横森理香が最新のエイジングケアに次々、挑戦していきます。
2017.4 227p B6 ¥1400 ①978-4-08-333151-0

◆こんな生き方もある　佐藤愛子著　KADOKAWA　(角川新書)
【要旨】波乱に満ちた人生を、徹底的に無計画に、楽しみながら乗り越えてきた著者の、読むだけで生きる力がわく痛快エッセイ。ミドル世代が感じやすい悩みや乗り越えるヒント、人生を生きるうえで一番大切なこと、人生の価値をきめるもの、「老い」を迎える心構え、男と女の違いや結婚生活で大切なことなど、指南と笑いに満ちた一冊。
2017.1 276p 18cm ¥820 978-4-04-082218-1

◆今日は、自分を甘やかすーいつもの毎日をちょっと愛せるようになる48のコツ　夏生さえり著　ディスカヴァー・トゥエンティワン
【要旨】アンジェリーナ・ジョリーと比べない。「そんなことは知らん」と唱える。自分の取り扱い方法を周囲に伝える。「いいこと日記」をつける。小説の主人公になりきる…etc. 人気のライター、初の書き下ろしエッセイ。
2017.4 223p B6 ¥1400 ①978-4-7993-2062-4

◆最速で出会いが増える顔になる　高橋あい著　サンクチュアリ出版
【要旨】美人じゃ無くても勝てる。メイクを変えたら誘いが増えた、恋人ができた。87％の女性が運命を変えたシンデレラレッスン。
2017 191p B6 ¥1400 ①978-4-8014-0046-7

◆35歳からわたしが輝くために捨てるもの　松尾たいこ著　かんき出版
【要旨】何歳からでも自分を好きになれる！「遅咲き」の超人気イラストレーターが、ムリなく、自分らしく、年齢を重ねていく方法を教えます。くすまない女性になるための「捨てるもの」39。
2017.3 181p B6 ¥1400 ①978-4-7612-7277-7

◆幸せになる女（ひと）の思考レッスン　ワタナベ薫著　光文社
【要旨】親、上司、取引先、パートナー…誰かに決断をゆだねる人生を手放し、「自分らしい人生」を歩むためのレッスン。
2017.11 207p B6 ¥1400 ①978-4-334-97961-4

◆幸せの扉を開くクリスタルヒーリングー引き寄せと調和の教科書　木村衣晴監修　メイツ出版
【要旨】チャクラと石の関係を知って幸運体質をつくる。エネルギーのバランスを整えるコンディショニング。惑星とシンクロさせて本当の運命を生きる。一冊で「癒しの天然石」のすべてがわかる。
2017.7 144p A5 ¥1580 ①978-4-7804-1911-5

◆シークレット婚活塾　井上敬一著　SBクリエイティブ
【要旨】大好きなあの人にたった3ヵ月でプロポーズさせる禁断の恋愛マニュアル。
2017.10 255p B6 ¥1300 ①978-4-7973-9276-0

◆仕事も私生活もなぜかうまくいく女性の習慣ー働く女性のためのキャリアの教科書　麓幸子著, 日経BP総研マーケティング戦略研究所編　日経BP社, 日経BPマーケティング 発売
【要旨】新時代をつくる女性のキャリア戦略。圧倒的に豊富な実例と詳細なデータ、最新の理論でやさしく解説するー「ウーマン・オブ・ザ・イヤー」受賞者をはじめ、成功した女性たちには共通項があった。元日経ウーマン編集長が教えるキャリアの手引書。すぐできる！90のチェック＆アドバイス付。
2017.5 319p B6 ¥1600 ①978-4-8222-3884-1

◆自信と望むキャリアを手に入れる 魅力の正体ーコンプレックスを強みに変える実践的レッスン　池原真佐子著　大和書房
【要旨】人が見ているのは、顔ではなく顔つき。容姿ではなく姿勢。魅力を鍛えれば収入は8％上がる。なぜか成功している人、みんなに好かれる人には、"愛すべき欠点"が必ずある一。
2017.5 206p B6 ¥1300 ①978-4-479-78386-2

◆「しつこい女」になろう。ーチャンスを逃さない61の方法　中谷彰宏著　大和出版
【要旨】いい女の選択肢は、YESか、GO。
2017.11 199p B6 ¥1400 ①978-4-8047-0542-2

◆自分を知るプラクティス一嫉妬と焦りにまみれた女がNYで心の平穏を得るまで　白石里美著　大和書房
【要旨】お酒を飲み煙草を吸っては人の文句ばかり言っていた20代。運よく出会った夫の転勤でニューヨークに移り住んだら、そこはお金持ちがたくさん住むアッパーウェストサイド。誰もが振り返る美貌を持つのに男運が全くないイタリア人美女、華やかな生活の陰で毎日不幸を嘆く弁護士、失恋してからずっと摂食障害に苦しむテレビ局勤務のヨギーニ…様々な人との触れ合いを通して自分を見つめ直し、自分の人生を生きる覚悟をした著者が見つけた「誰とも交換したくない人生」を手に入れる方法とは一。
2017.9 239p B6 ¥1400 ①978-4-479-78401-2

◆自分を信じる力　ラルフ・ウォルドー・エマソン著, 大間知知子訳　興陽館
【要旨】きみのまわりの状況がどうであれ、きみは自分自身を信じればいい。たとえ孤独であろうと、群集のなかにいようと自分のそのままに生きることはできる。自信に根拠はいらない。自信を強くする。人に好かれようと思うな。孤独のなかできみの心を言葉にしろ。エマソン自己信頼新訳。
2018.1 117p 19cm ¥1400 ①978-4-87723-192-7

◆自分もSNSもかわいすぎてツライ　LAURIER PRESS編集部著　ダイヤモンド社
【要旨】写真も、メイク、服も、パーティも、私だけ全部かわいくて、ごめん！総勢43人！人気インフルエンサーたちが教える。45のテクニック大公開！
2017.12 111p A5 ¥1000 ①978-4-478-10453-8

◆12色セラピーで悩みがすっと消えるー解決法は自分が知っている　吉原峰子著　主婦の友社
【要旨】自己受容と自己肯定感アップが幸せのカギ。人生に奇跡が起こるすごい方法とは？
2018.1 191p B6 ¥1400 ①978-4-07-426503-9

◆生涯未婚時代　永田夏来著　イースト・プレス　(イースト新書)
【要旨】かつて日本は「皆婚社会」だったが、生涯未婚率の最新調査で、男性23.4％、女性14.1％と過去最高の数字に上った。2030年には男性の3人に1人、女性の4人に1人が占めるという予測もある。しかし、生涯未婚時代とは単に「結婚しない中高年の増加」のことではない。「結婚を人生設計に組み込まない生き方の登場」のことでもある。「結婚、出産を経て配偶者と添い遂げる」という生き方や「正社員となって定年まで働く」という人生設計が社会で共有できなくなった時代に、家族社会学の視点から改めて結婚という選択肢を再考する。
2017.8 198p 18cm ¥861 ①978-4-7816-5090-6

◆職業別 働く女性の恋愛リアル　柴門ふみ著　KADOKAWA　(角川文庫)　（柴門ふみの解剖恋愛図鑑）加筆・修正・改題書
【要旨】仕事が変われば、出会う男性も変わる？　よく働きよく恋をするアラサー女子たちの本音をエッセイと漫画で紹介。客室乗務員、ネイリスト、モデル、銀行員、システムエンジニア、占い師、女子アナ、国会議員、医師など全21職種を徹底取材。社会進出する女性が増えたが、過酷な労働環境問題や不倫問題など、現実はまだまだ過渡期。それでも真面目に知恵を働かせ、仕事に恋に多忙な後輩女子たちへ、エールを贈る一冊。
2017.11 267p A6 ¥680 ①978-4-04-106157-2

◆女子学生のキャリアデザインー自分らしさとワークライフバランス　野村康則編著, 竹内雄司, 段野聡子　水曜社
【要旨】自分らしく、いきいきと働ける職業と職場を選ぶために。自分は何がすきであるか、自分は何をしたいか、自分は何に価値を感じるか。自分自身を知ることから始めよう。女性の就業を取り巻く環境を理解することから始め、社会にデビューしてから心豊かな人生をおくるための企業選択についても触れている。
2017.4 147p A5 ¥1600 ①978-4-88065-411-9

実用書
人生論・生き方

人生論・生き方

◆「女子の人間関係」から身を守る本　石原加受子監修　PHP研究所　PHP文庫
(『「イヤ～な女」から身を守る実践ルール』再編集・改題書)
【要旨】考えすぎる、感情を抑えてしまう、怒りを溜め込む…。あなたはそんなふうに、必要以上に周囲に気を遣いすぎていませんか？本書では、女性どうしに起こりがちな人間関係の悩みを自分の感情を大切にする"自分中心"という視点から、解決方法を紹介。豊富な具体例とイラストで、イライラしない、振り回されない方法がわかる。
2017.6 185p A6 ¥580 ①978-4-569-76706-2

◆女性に伝えたい 未来が変わる働き方─新しい生き方のヒントが見つかる、二極化時代の新提言　野村浩子著　KADOKAWA
【要旨】男女雇用機会均等法の施行から30年が経ったが、女性が働く環境はどう変わったか。どんな働き方が生まれているのか。5000人以上の働く女性を取材してきた元『日経WOMAN』編集長が綴る、二極化時代をしなやかに生きる法。
2017.2 327p B6 ¥1400 ①978-4-04-601621-8

◆シングルマザー生活便利帳　新川てるえ、田中涼子著　太郎次郎社エディタス　(ひとり親家庭サポートBOOK) 六訂版
【要旨】豊富なケーススタディをもとにひとり親の悩みを解消する。役立つ制度、施設、法律などが簡単にわかる。
2017.11 190p A5 ¥1500 ①978-4-8118-0825-3

◆人生は壮大なひまつぶし─ゆる～くテキトーでも豊かに生きられるヒント　一明源著　みらいパブリッシング，星雲社 発売
【要旨】あなたがどんな生き方をしたって誰も困らないし世界だって変わらない。だったらもっと自由に生きていいと思う。女性に大人気、パートナーシップ研究家のゆる～いけど、心に刺さる言葉たち。
2018.1 197p B6 ¥1400 ①978-4-434-24085-0

◆新編 若き知性に　宮本百合子著　新日本出版社
【要旨】列のこころ、ものわかりよさ、異性の友情、青春の生き方、人間の結婚─結婚のモラル…新しい時代に響き合う知性と良心の言葉。
2017.7 191p B6 ¥1600 ①978-4-406-06155-1

◆「ずうずうしい女」になろう。─高嶺の花をつかむ62の方法　中谷彰宏著　大和出版
【目次】第1章「向上心のある女」になろう。第2章 もう、「つまらない男」とつまらない恋をしない。第3章「自分より格上の男」を、狙っていこう。第4章「クセになるような存在」を、目指そう。第5章「たったひとり」が好き好きけよう。第6章「自分から仕掛ける」ことで、恋は動きだす。第7章「この人が好き」という本能に、したがおう。第8章「この先、どうなってもいい」というぐらい、燃えよう。第9章「刺激ある人」から、冒険をむ。
2017.10 200p B6 ¥1400 ①978-4-8047-0541-5

◆好かれる女(ひと)は、感情の整理がうまい　山本なつみ著　フォレスト出版
【要旨】「仕事にもプライベートにも使える！」感情」と「情報」の悩みを整理整頓するコツ♪
2017.10 206p B6 ¥1400 ①978-4-89451-775-2

◆好きとか遊びとか本気とか浮気とか駆け引きとか、もうどうでもいいから愛してくれ　みやめこ　KADOKAWA
【要旨】辛いけどなぜか共感できる！キャバ嬢みやめこ待望の初書籍。「愛されたい」がとまらないすべての人に。
2017.4 191p B6 ¥1000 ①978-4-04-069134-3

◆好きな男を手に入れたければ、ネコ系女子になりなさい。　沖川東横監修，沖昌之写真　辰巳出版
【要旨】恋に悩む「重い女」たちに授ける、ネコに学ぶ恋愛スタディ＆婚活テクニック。ブログ累計アクセス5000万超、5万人以上を幸せに導いてきたカリスマ占い師が説く。
2017.2 143p B6 ¥1300 ①978-4-7778-1825-9

◆好きな人に愛される5つのルール─1万人を幸せな恋愛に導いたカリスマ探偵のスパルタ恋愛塾　RYOTA著　秀和システム
【要旨】「なんで私、いつもダメ男とばっかり付き合っちゃうんだろ」そんな悩みを抱えているあなたへ。ダメ男ときっぱり別れて幸せになる秘訣が本書にはあります。
2017.12 215p B6 ¥1300 ①978-4-7980-5239-7

◆"ずっとキレイな人"だけが知っている45歳から変えていく50のこと　小林照子著　三笠書房
【要旨】もっと自由に、美しく。前向きパワーがわいてくる美容法・生活法。
2017.2 222p B6 ¥1300 ①978-4-8379-2668-9

◆ずっと幸せが続く「魔法の結婚式」─世界に一つだけの結婚式は「何のため？」から始まる　中村典義著　ごま書房新社　新版
【要旨】幸せになるためには、自分たちが何をしたいかよりも、誰に対して何をすると幸せになれるのかを考えると、そんな幸せのレシピを考えると、道筋も見えてくるのではないでしょうか。
2017.2 215p B6 ¥1300 ①978-4-341-08663-3

◆すべてはあなたの思いどおり─神さまからの究極のご利益　井内由佳著　主婦と生活社
【目次】第1章 命「命＝時間」。自分は誰のために命を使うべきかを考えておくことが無上の喜びを味わえることにつながるが、人間の身体は目がふたつ、耳もふたつ、鼻の穴もふたつ、口ひとつ（どうしてだと思う？ほか）。第2章 怒（怒りの感情がどれだけ自分の運を下げてしまうか知ってる？悪気がなくて言ってしまったやってしまったことで相手を怒らせてしまったらあなたはどうする？ほか）。第3章 哀（哀しみの感情は捨ててしまいたいけれど哀しみをなくしたらその分喜びもなくなってしまう。世界はすべて陰と陽、"悲劇のシンデレラ"症候群。役にハマると本当の悲劇に襲われてしまうほか）。第4章 楽（小さな「嫌い」にこころを支配されていないか？人生を楽しむための秘訣は大好きな人たちと過ごす時間と空間を持つこと。あなたは持っている？ほか）。第5章 神様の幸福論（親の介護について、収入とプライベートな時間について ほか）
2017.10 191p B6 ¥1400 ①978-4-391-15099-5

◆ズルいくらい愛される女(ひと)になる60の言葉　潮凪洋介著　PHPエディターズ・グループ，PHP研究所 発売
【要旨】本書は、頑張る女性に向けて男の気持ちを綴った60通の手紙です。それぞれの手紙に、人生の先輩たちが残した名言を添えました。仕事、恋愛、あなたの人生すべてが、もっともっと輝きますように。
2017.3 222p B6 ¥1400 ①978-4-569-83564-8

◆贅沢な時間　下重暁子著　三笠書房　(知的生きかた文庫─わたしの時間シリーズ)
【要旨】贅沢な時間とは、なにかを"する"ことではない。食事や散歩、趣味の時間など、何気ない日常の中で、どれだけ想像の翼を羽ばたかせ、楽しみを見つけられるか。それが「ほんとうの贅沢」であり、豊かさなのである。
2017.3 237p A6 ¥630 ①978-4-8379-8457-3

◆ゼロから幸せをつかむオトナの恋愛処方箋　メンタリストDaiGo著　辰巳出版
【要旨】「恋愛が面倒くさい！」「仕事が忙しくて出会いがない…」って本当ですか？「年収1000万円以上の男と結婚したい」なんてハードルを上げ過ぎていませんか？「彼氏がいないから汚部屋＆オシャレも手抜き」で大丈夫？恋も仕事も手に入れる！キャリア女子のためのサクセスセオリー。
2017.6 229p B6 ¥1300 ①978-4-7778-1759-7

◆専業主婦は2億円損をする　橘玲著　マガジンハウス
【要旨】"専業主婦"は、日本だけの絶滅危惧種!?働く女だけが、お金も恋愛も自由も手に入れる。独身も！既婚も！男性も！必読。
2017.11 222p B6 ¥1300 ①978-4-8387-2958-6

◆「戦力外女子」の生きる道　みきーる著　ワニ・プラス，ワニブックス 発売
【要旨】気がつけば30歳をとうに過ぎ、合コンでも姐さん扱い、見た目はともかく中身は野郎気質、男ウケより自分ウケ優先、男の結婚欲を1ミリもかき立てない、でもあきらめきれない大人女子…そんな「戦力外女子」を救ってくれたのは、「年下男子」でした。「年下男子」とつき合うための"爆笑"恋愛マニュアル！
2017.10 190p B6 ¥1300 ①978-4-8470-9590-0

◆その恋はビジネス的にアウト　久保裕丈著　小学館
【要旨】見る目がなくてダメな人ばかり好きになってしまう、好きな人の前で本当の自分を出せない、恋人との価値観が合わない…世の中には、男女の数だけ恋愛の悩みがあります。「結婚以外のすべてに恵まれた男」こと久保裕丈は「シチュエーションは違っても、8つのビジネスメソッドを使いこなせば、大体のお悩みはサクッと解決できる」と言います。一般人の60個のリアルな恋愛相談からパターンを学んで、大人のモテスキルを磨きましょう。これを読めば、モテる！
2017.7 127p B6 ¥950 ①978-4-09-388563-8

◆損する結婚 儲かる離婚　藤沢数希著　新潮社　(新潮新書)
【要旨】大人の男女にとって最大のリスクは「結婚相手」である。実際の結婚と離婚でどう金が動くのか、世間には驚くほど正確な情報が伝わっていない。知っているはずの弁護士も建前しか話さないのだ。しかし、結婚相手選びは株式投資と同じ。夫婦は、ゼロサムゲーム＝お互い食うか食われるかの関係にある。そんな身もフタもない男女のマネーゲームの真相と、適切な結婚相手の選び方を、具体的なケースをもとに解き明かす。
2017.2 206p 18cm ¥740 ①978-4-10-610706-1

◆大切にしてくれる彼ともっとしあわせになれる恋愛の教科書　マダムれいこ，ひろ健作著　すばる舎リンケージ，すばる舎 発売
【要旨】「しばらく彼氏がいない」「既読スルーされた」「気になるあの人の気持ちを知りたい」「彼氏が『好きだ』と言ってくれない」「結婚の話をするとはぐらかされる」「婚約したけど、今の彼でいいのかわからない」…尽きない恋愛のすべての悩みを一気に解決！愛されメソッド決定版！
2017.6 223p B6 ¥1300 ①978-4-7991-0612-9

◆ダイヤモンドのように女(わたし)が輝く言葉　綾野美由紀著　総合法令出版
【要旨】88カラットの人生が手に入る言葉の魔法。ココ・シャネル、アナ・ウィンター、マリリン・モンロー、ブリジット・バルドー、オノ・ヨーコetc.88wordsの宝石。
2017.6 188p B6 ¥1400 ①978-4-86280-559-1

◆高山都の美 食 姿─「したたかに」「自分らしく」過ごすコツ。　高山都著　双葉社
【要旨】カワイイを追いかけるのは30歳まで！20代と同じ生活してませんか？大人女子にこっそり読んでほしい、毎日のヒント集。
2017.6 127p A5 ¥1500 ①978-4-575-31269-0

◆ただそれだけで、恋しくて。　カフカ著　ワニブックス
【要旨】「好きです」の一歩手前で何もできないあなたへ。片想い、遠距離、すれ違い、失恋、別れ…弱気な恋心を勇気づける、カフカ(@kafuka_monchi)の言葉たち。Twitter フォロワー13万人の胸を打ち、恋する女子から圧倒的な支持！！
2017.8 217p B6 ¥1200 ①978-4-8470-9536-8

◆たった20日で愛を手に入れるための本─1日1個変えるだけ　Cheese！編集部編，柴崎竜人監修　小学館
【要旨】Cheese！で3年にわたって掲載された人気コラムの単行本化！読みやすい対話式×23ものケーススタディ×男女両思いのアドバイス。「苦手な同性への認識を変える」「年上男性へのアプローチを変える」実際の相談と回答から、きっと見えてくる─あなたにも絶対にある、まだ知られる、もっと愛されるために必要なこと。
2017.3 189p B6 ¥1400 ①978-4-09-388553-9

◆脱「若見え」の呪い "素敵なおばさま"のススメ　地曳いく子著　マガジンハウス
【要旨】「バブル世代」ならではのポジティブな考え方、バブル時の一億総ブランド好き時代で培った「良いものを見分ける目」…まさにそれが「バブル・フォース」！今の時代に、この力をアップデートしてうまく活かし、新しい「素敵なおばさま」として、美しく生きていきませんか？
2017.10 183p B6 ¥1200 ①978-4-8387-2951-7

◆魂の望みは、叶うようにできている─あなたの願い事が叶わない理由　大木ゆきの著　マガジンハウス
【要旨】あなたが長いことやってきた勘違いを終わらせてください。心から望んでいる生き方を自分に許してあげてください。「魂の望み」を生きるようになれば、楽に幸せな流れに乗ることができる─人気著者がずーっと伝えたくてしょうがなかった、あらゆる悩みを解決する超究極の幸福論。
2017.11 239p B6 ¥1400 ①978-4-8387-2968-5

◆ダメをみがく"女子"の呪いを解く方法
津村記久子, 深澤真紀子　集英社　(集英社文庫)
【要旨】仕事、家族関係、恋愛など、様々なシーンでふりかかる、「女性はこうあるべき」という呪いのようなプレッシャー。でも、できないものはしょうがない！「パソコンのフォントを変える」「会社帰りの地下街を楽しむ」ようなちょっとした工夫を駆使して、ダメな自分のままで何とか人生を乗り切る方法を、芥川賞作家と人気コラムニストが語り尽くす。生きづらさを感じる全ての女性に贈る対談集。
2017.1 305p A6 ¥620 ①978-4-08-745535-9

◆淡麗女子のススメ—わたしたちはもっと自由に生きられる　芳中千裕著　みらいパブリッシング, 星雲社 発売
【要旨】がんばれる仕事がある。認めてくれる人もいる。なのに、なんだか物足りない。そんなあなたが自由になる道しるべ。
2018.1 174p B6 ¥1300 ①978-4-434-24052-2

◆直感をみがいて自分らしく幸せに生きる—命の力を取り戻すインナーチャイルドの癒し方
上地一美著　学研プラス
【要旨】「本当の自分」に出会えれば、もっと幸せに輝ける！ 魂は、絶対的にあなたの味方です。インナーチャイルドが癒されると、直感がみがかれます。直感がみがかれると、魂のメッセージを素直に受け取ることができます。人生をよりよい方向へと動かそうとしている魂の意志に沿って、生きられるようになるのです。
2017.9 189p B6 ¥1300 ①978-4-05-406563-5

◆ちょっと困っている貴女へ バーのマスターからの47の返信　林伸次著　アスペクト
【要旨】誰かに相談したくなったらBar Bossaのドアを押してください。きっとあなたの答えが見つかります。
2017.3 207p B6 ¥1400 ①978-4-7572-2475-9

◆出会いに恵まれる女性がしている63のこと　中谷彰宏著　日本実業出版社
【要旨】キッカケを待たないで、始めよう。
2017.2 205p B6 ¥1300 ①978-4-534-05466-1

◆底辺女子が会社を辞めて幸せになった話。—カネなし・運なし・色気なし　フジコ著　大和出版
【要旨】怒られない程度に仕事をして、誰にも期待されない毎日。そんなフジコが見つけた新たな道とは…フジコの人生大逆転シリーズ第二弾。
2017.12 189p B6 ¥1200 ①978-4-8047-0546-0

◆どうしても忘れられない彼ともう一度つきあう方法 完全版　廣済堂出版
【要旨】冷められた、心変わりされた、「二度と会わない」と言われた…どんな別れ方でも復縁のチャンスはある！ 元カノの強みをとことん生かす、最強の復活恋愛ルール。
2017.12 225p B6 ¥1400 ①978-4-331-52133-5

◆動物キャラナビ「ラブ」　弦本將裕著　集英社
【要旨】ブーム再燃中の大人気シリーズ『動物キャラナビ』から、究極のキラーコンテンツが登場です。12の動物キャラクターにあてはめて、あなたと彼の性格、恋愛、相性、セックス、結婚、別れ…愛と性のすべてをつまびらかにする。最強にして至高の恋愛＆性愛読本！ 昼に、夜に、ハンターに、草食系に、ぜひぜひ、毎日の「実戦ツール」としてご活用ください。
2017.4 263p B6 ¥1500 ①978-4-08-780807-0

◆"ときめかない"ことなら、やめちゃえば！—ニューヨークの女性の"自分らしく"生きる考え方　サラ・ナイト著　上野陽子訳　秀和システム
【要旨】あらゆる"やらなくてはいけないこと"を書き出して、ひとつずつ、"それは、ときめくこと？"と自分に聞いて、答えが"No"なら、"やめる""気にしない法則"。
2017.12 213p B6 ¥1400 ①978-4-7980-5345-5

◆突然美女のごとく　林真理子著　マガジンハウス　(マガジンハウス文庫)
【要旨】チャリティのために始めた銀座の超高級クラブでママを体験。きらびやかな世界でフェロモンもアップして調子も上々。そこに「美女入門」長期連載を記念して"ファースト写真集"づくりが持ち上がる。撮影、PRと人目にさらされ続けるなかでマリコは…チャレンジと好奇心に溢れる日々が、実は美女度をアップする。読めばポジティブ、きっとおしゃれしておでかけしたくなります！
2017.2 313p A6 ¥556 ①978-4-8387-7099-1

◆とにかく願いはゼッタイかなう！それが「宇宙の掟」だから。　服部エリー著　サンマーク出版
【要旨】ある日突然、アカシックリーダーになった著者が読みといた、もっともシンプルで、もっともパワフルな絶対法則！「意図」するだけで願いがどんどんかなう、宇宙のメカニズム。
2017.12 268p B6 ¥1600 ①978-4-7631-3647-3

◆鳥飼茜の地獄でガールズトーク　鳥飼茜著　祥伝社
【要旨】漫画家・鳥飼茜が女（と男）のお悩み34問をデトックス！描き下ろしマンガ『地獄のガールフレンド』特別編12P収録！
2017.11 251p B6 ¥1400 ①978-4-396-46056-3

◆どんなことがあっても大丈夫 ラク女子　美野田啓二著, 重松ないよ子イラスト　ラピュータ
【要旨】ラクになりたい！全世代の女子に捧げる絵本。
2017.7 69p 15×15cm ¥900 ①978-4-905055-48-8

◆どんな悩みもラクに乗り越えられる女43のルール—恋・仕事・人間関係、etc.　沖川東横著　大和出版
【要旨】「悩まないでいられる」のは特別な人だけ、ではありません。悩みと上手に付き合っている人は、「たったひとつのこと」をよく知っています。実は、どんな悩みも、その「たったひとつのこと」さえ知っていれば、解決できてしまうのです。しかも、それは、いたってシンプルで簡単なこと。でも、これを知っている人は100人に1人くらいです。—あなたも、知りたくありませんか？
2017.4 180p B6 ¥1300 ①978-4-8047-0533-0

◆どんなピンチも女を謳歌しながら乗り越えた。私、やりたいことは、決してあきらめない！—借金28億円を抱えたシングルマザーの奇跡を起こす逆転マインド　池端美和著　かざひの文庫, 太陽出版 発売
【要旨】しなやかでしたたかな、女性リーダーの新バイブル誕生！度胸と愛嬌で男社会を乗り切る女脳ビジネスとは？
2017.4 255p B6 ¥1500 ①978-4-88469-901-7

◆なぜか運がよくて愛される人は財布をふたつ持っている　横田真由子著　宝島社
【要旨】自由で、キラキラしていて、いつも素敵！ズルいくらい何でも持っている「愛されるお金持ち」の秘密。
2017.6 204p B6 ¥1300 ①978-4-8002-7323-9

◆なぜ幸せな恋愛・結婚につながらないのか—18の妖怪女子ウォッチ　ぱぷりこ著　文藝春秋
【要旨】恋愛魔窟サバイバー・ぱぷりこが、あなたの誤った自己認識をお焚き上げ！理想が叶わないのは、私たちが妖怪女子だから！恋愛に悩む男性と女性のための女性生態観察。
2017.5 255p B6 ¥1250 ①978-4-16-390638-6

◆「なりたい自分になる」50歳からのリスタート　井上和子著　三笠書房
【要旨】読むと、今後の人生への不安が消え、何かにチャレンジする覚悟がきたり、部屋を片付けたくなったり、思いがけないあたらしい自分に出会えたり…不思議なぐらい爽快で全身がワクワクする本。
2017.11 227p B6 ¥1300 ①978-4-8379-2704-4

◆ニューヨークが教えてくれた「誰からも大切にされる」31のヒント　エリカ著　光文社
【要旨】転んだら立ち上がる。そして、再びチャレンジする。その心意気が魅力となり、周りの人に大切にされる。
2017.12 243p B6 ¥1300 ①978-4-334-97966-9

◆ニューヨークの美しい人をつくる「時間の使い方」　エリカ著　大和書房
【要旨】時間だけは、取り戻せない。「いかに無駄をなくすか」ではなく、「どうやって1分1秒を輝かせるか」を考える。人生に、自分に与えられた限りある時間を満ち足りた瞬間で埋め尽くそう。
2017.7 207p B6 ¥1300 ①978-4-479-78392-3

◆ネガティブ思考があっても最高の恋愛・結婚を叶える方法—執着心ですら引き寄せ力に変えられる！　MACO著　WAVE出版
【要旨】どう転んでも一生モノの幸せを手に入れる。片思い・婚活、復縁etc…。じっくり解説＆充実のQ&A。
2017.9 191p B6 ¥1400 ①978-4-86621-058-2

◆ねことパリジェンヌに学ぶリラックスシックな生き方　米澤よう子著　文藝春秋
【要旨】空気の読みすぎ、頑張りすぎに疲れたら「好き」や「心地良さ」を優先してみませんか。ふつうの毎日をのびのびと満足げに生きるねこと、パリジェンヌみたいに。
2018.1 141p B6 ¥1350 ①978-4-16-390781-9

◆ハイスペック女子の憂鬱　矢島新子著　洋泉社　（新書y）
【要旨】高学歴、高収入、高ルックス…、彼女たちはなぜストレスでうつするのか！？女性産業医が見た一億総活躍社会の現実！
2017.2 191p 18cm ¥950 ①978-4-8003-1164-1

◆働き女子が輝くために28歳までに身につけたいこと　漆紫穂子著　かんき出版
【要旨】自分の可能性を広げて未来につなぐ「考え方」「高め方」「ゆるめ方」。働き女子に広がるチャンスをつかむ「生き方を見つめるときに」「生き方を変えたいときに」。
2017.11 223p B6 ¥1300 ①978-4-7612-7296-8

◆働く女子の女優力—誰からも好かれて、心も体もラクになる　別役慎司著　CCCメディアハウス
【要旨】女優になりきれば、どんな仕事も乗り切れる！今日から仕事が楽しくなる、演技の魔法64。職場でなりたい自分に変身する！
2017.9 228p B6 ¥1350 ①978-4-484-17223-1

◆働く女性が楽しく幸せをつかむ50の法則—「楽しいこと」を仕事にしよう！ポジティブ思考で望みはすべて叶う　松岡華子著　サンライズパブリッシング, 星雲社 発売
【要旨】たった一人で始めたネイルサロン。100店舗を目指すまでに成長させた女性経営者が実践する好きなことを楽しくやり抜く、ハッピーな生き方！
2017.12 150p B6 ¥1400 ①978-4-434-24117-8

◆84.7％の女性をモテさせた僕が密室でこっそり教えていたこと　モテ髪師大悟著　サンマーク出版
【要旨】1万人の女性を輝かせた「自信」のプロが教える「私なんて」がなくなる方法。
2017.3 192p B6 ¥1300 ①978-4-7631-3600-8

◆パートナーシップの魔法—なぜ、この世に男と女が存在するのか　宇咲愛著　光文社
【目次】第1章 男性と女性はなぜこの世に存在するのか？、第2章 男性の使命、女性の役割、第3章 男性性と女性性、第4章 男性と女性の喧嘩の原因はここにある！、第5章「真の人生のパートナー」と出逢うためのワーク、第6章 出逢うと素敵なことが起こる「真の人生のパートナー」、第7章 男性と女性の肉体の違いからくる興味深いこと、第8章 Exercise・オーラの調整をやってみましょう！、第9章 地球を味方につけるエネルギーをゲットしましょう、エピローグ「宇咲愛＆レグラス」のケース
2017.3 253p B6 ¥1300 ①978-4-334-97912-6

◆美キャリア—私らしいハッピーキャリアの見つけ方　小島貴子著　カナリアコミュニケーションズ
【要旨】恋も仕事も結婚も自分らしく叶えるために。キャリアカウンセリングの第一人者が伝える！「美しい」キャリアづくりで、知っておくべきことが満載！31のワークで見えてくるあなたの「美キャリア」。
2017.12 186p B6 ¥1300 ①978-4-7782-0418-1

◆引き寄せ美人の法則　Mayumi著　すばる舎
【要旨】「私はどうせ美人じゃないし…」は大きな間違い！あなたはもともと美人。「美人じゃない」という「思いグセ」をなくしてしまうだけ…読むだけで自分の顔が好きになる。自信がついて、嬉しくなって、女をどんどん磨きたくなる。気がついたら華やかなオーラをまとう美人に。良縁も幸運もついてくる「引き寄せ美人の魔法」。
2017.2 199p B6 ¥1400 ①978-4-7991-0584-9

◆ビジュアル版 品格ある女性になる「感情整理」のレッスン　ワタナベ薫著　廣済堂出版　（『生きるのが楽になる「感情整理」のレッスン』加筆・再編集・改題書）

人生論・生き方

実用書

【要旨】人間関係、仕事、結婚・恋愛、お金…「もうダメ」と思った時に読んでほしい!!落ち込んでもハッピーでいられる、実践的なメソッド！ 2017.11 95p A5 ¥1200 978-4-331-52131-1

◆**美女と野獣 本物の愛を手に入れるフロムの言葉** 鈴木晶監修 KADOKAWA（中経の文庫）
【要旨】愛されたいとき、愛を見失ったとき…、そっと背中を押してくれる。「美女と野獣」でフロムの「愛」を学ぶ。
2017.3 125p A6 ¥600 978-4-04-601908-0

◆**美人な歩き方―死ぬまで自分の脚で美しく歩き続けるための究極のバイブル** 仁香著 SBクリエイティブ
【要旨】人は毎日「歩く」。だけど、日々の一歩一歩が、体に、心に、影響を与えることに、多くの人は気づいていない。歩き方を変えるだけで、すべてが変わる。痩せる、体質が変わる、生活が変わる、心だって前向きになる。すると、滞っていた運命が前へと動き出す。さまざまな情報があふれている現代だからこそ、見直そう。「歩く」ということを。今日から、自分らしい人生への一歩を踏み出してみよう。
2017.9 175p B6 ¥1300 978-4-7973-9078-0

◆**美人は、片づけから―清潔感のある女性になる61のアイデア** 中谷彰宏著 大和書房（だいわ文庫）
【要旨】「片づけられない」は、見た目のだらしなさにも表れてしまう！ まず1つ減らすことが、美しいたたずまいの女性になる第一歩。今、家に好きな人が来てもいい状態にしよう。タオルの捨て時を、決めよう。毎日同じでも、上質なモノを着よう。片づけを、性格のせいにしない。どんな人でも今日からはじめられる、中谷流整理整頓の極意を、見直そう。
2017.6 197p A6 ¥650 978-4-479-30654-2

◆**非モテが教える婚活机上の空論** シゲノ著 （柏）暗黒通信団
【目次】1 婚活を行うにあたっての心構え（「目的」、「目標」、「恋愛」と「結婚」は違うほか）、2 婚活の条件とマーケティング戦略（身上書、「結婚市場」における自身の「価値」と「売り」を見極める ほか）、3 活動の概説（結婚情報サービス、ネット婚活サイト ほか）、4 お見合いデート（お見合いデートの心構え、服装・身だしなみ ほか）
2017.5 24p A5 ¥200 978-4-87310-069-2

◆**100年恋するウエディング―ウエディングに生涯をかけた鈴木良太郎からのメッセージ** 鈴木誉太編 オータパブリケイションズ
【目次】第1章 プランナーへ（結婚式の仕事は好きですか、志事 ほか）、第2章 アニバーサリー（結婚記念日の家 メゾン・ド・アニヴェルセル、私が愛するスタッフ ほか）、第3章 未来の大人たちへ（想いは伝わる、真剣に返事しよう ほか）、第4章 結婚するおふたりへ（ふたりの道」、「幸せの価値観」 ほか）
2017.12 223p B6 ¥1500 978-4-903721-70-5

◆**ブスが美人に憧れて人生が変わった話。―「美人は性格が悪い」って本当!?** フジコ著 大和出版
【要旨】Twitterで話題騒然！ 読めば、自分が愛おしくなってくる一。
2017.4 188p B6 ¥1200 978-4-8047-0534-7

◆**フランス女性に学ぶ結婚という呪いから逃げられる生き方** 岩本麻奈著 ワニブックス
【要旨】本当に結婚したいのはあなたですか？ 呪われた!?大人世代の婚活女性に送る。自分の人生を「自分で消さない」生き方をするためのバイブル。
2017.10 214p B6 ¥1200 978-4-8470-9621-1

◆**フランス女性は80歳でも恋をする** 野口雅子著 幻冬舎
【要旨】パリ在住20年の著者が出会った55人のフランス人マダムによる人生の知恵。誰にも合わせるのではなく、私らしさにこだわるフランス女性の美と生き方の秘訣。
2017.1 253p B6 ¥1200 978-4-344-03061-9

◆**フランス人が「小さなバッグ」で出かける理由（わけ）―子育ても老いも「エレガントな生き方」の正体はここにあった** デブラ・オリヴィエ著、川添節子訳 原書房
【要旨】若い、若さ、美しい体型―失ったものを嘆いてみたり、見えない敵とついつい戦ってしまうのが女心。でもフランス女性は違います。なぜ彼女たちは「少ないもの」で「多くのもの」を手に入れ、年齢を重ねるのが上手なのか。他の国とはちょっと違うフランスの「花びら占い」からパーティーの「席決め」まで。そのシンプルで深い理由を教えます。
2017.2 247p B6 ¥1600 978-4-562-05382-7

◆**不倫の作法** さらだたまこ著 牧野出版
【要旨】道ならぬ恋こそ、真の純愛なのかもしれない。しかし、そこには大人の覚悟が必要だ。様ざまなケースで語る、不倫の恋を誇り高きものへと昇華させる術とは？
2017.12 212p B6 ¥1500 978-4-89500-219-6

◆**平常心のレッスン。―カナヅチでフツーのOLだったわたしがフリーダイビングで世界一になれた理由** 岡本美鈴著 旬報社
【要旨】明日はかならずやってくるわけじゃない。地下鉄サリン事件の被害者から、フリーダイビングの世界チャンピオンとなった著者が贈る、「今を生きる」ためのことば。呼吸を意識する、怖れを手なずける…極限の世界で見つけたぶれない心のつくり方。
2017.11 199p B6 ¥1400 978-4-8451-1511-2

◆**誰も教えてくれなかった子どものいない人生の歩き方** くどうみやこ著 主婦の友社
【要旨】子どもがいてもいなくても、あなた自身の幸せは変わらない！ 今まで抱えていた悩みが、すーっと楽になる。子どものいない女性13名+男性2名の体験談と、脳科学・心理学・母性・不妊・社会学の専門家インタビュー。これから自分らしく生きていく九つのヒント。
2018.1 222p B6 ¥1300 978-4-07-427550-2

◆**「ほめ日記」効果・自分を味方にする法則―幸せスイッチをONにするノート** 手塚千砂子著 三五館
【要旨】家庭・仕事・健康・恋愛…成功のカギは、自分を「ほめて信じ続ける」ことにある！ 「ほめ日記」をより効果的に書くための決定版！ 「10のほめポイント」で、あらゆる魅力・能力がUP!!
2017.3 158p B6 ¥1400 978-4-88320-686-5

◆**本当にスゴイ！ 思い込みを変える魔法** 都築まきこ著 きこ書房
【要旨】別の思考を選ぶだけ。恋愛、お金、仕事、人間関係…人生って、こんな簡単に変わるの!?
2017.10 221p B6 ¥1400 978-4-87771-377-5

◆**本命になる技術―「都合のいい女」から卒業したいあなたへ** 藤本シゲユキ著 WAVE出版
【要旨】浮気相手のような「2番手」の立場から逆転し、彼から「本命彼女」として愛されたい女性、必読！ 「モテる男心」を知りつくした元No.1ホストの悲恋改善アドバイザーが、その方法を具体的に伝授します。
2017.10 206p B6 ¥1300 978-4-86621-054-4

◆**まいにち引き寄せ―朝起きた時からキラキラの私になる！** 奥平亜美衣著 KADOKAWA
【要旨】呼吸、食べもの、歩き方…365日を魔法に変える方法。無関心、無感動、無表情だった私がどうやって生まれ変わったのか？
2017.9 191p B6 ¥1400 978-4-04-601963-9

◆**マウンティング女子の世界―女は笑顔で殴りあう** 瀧波ユカリ、犬山紙子著 筑摩書房（ちくま文庫）
【要旨】「私の方が立場が上！」と態度や言葉で示すマウンティング女子。肉食女子vs草食女子、既婚女子vs独身女子、都会暮らし女子vs田舎暮らし女子…。思わずやってしまって、ちょっとスッキリしてしまう、でも後から思い返すと後悔ばかり。勝ち負けではないとわかっていても、自分の方が上だと思いたい。そんな「女の戦い」の実態に、赤裸々な本音で鋭く迫る！
2017.2 316p A6 ¥700 978-4-480-43431-9

◆**まけないで―女は立ち上がるたびキレイになる** 佐伯チズ著 講談社
【要旨】74歳、カリスマ美肌師に起きた「悲劇」と「奇跡」。なぜメディアから消えたのか？ "消えた2億円"、"会社乗っ取り事件"の真相とは？ 「引退宣告」からの完全復活はなぜ可能になったのか？
2017.11 222p B6 ¥1300 978-4-06-220892-5

◆**マリッジノート―生幸せなふたりでいるための10のワーク** 湯原玲奈著 朝日新聞出版
【要旨】ウエディング（結婚式）だけじゃなく、マリッジ（結婚）、考えてる？ 誰にも聞けなかった"あるある"な悩みにズバリ。
2017.6 219p 19×15cm ¥1400 978-4-02-333154-9

◆**マンガでわかる 人生のしくみ** 越智啓子著、松浦はこ作画 徳間書店
【要旨】あなたは絶対うまくいく！ 恋愛・お金・結婚・夢・人間関係・仕事―本当の自分を思い出すだけで、現実は変えられる！ 名著がついにマンガ化！
2017.9 159p B6 ¥1200 978-4-19-864478-9

◆**まんがでわかる 復縁方法―また元カレと恋をする** 小野田ゆうこ著、小夏シュウタ漫画 クロスメディア・マーケティング、インプレス発売
【要旨】付き合っていた彼氏と感情的に別れてしまった主人公・今井朱里。別れを後悔し復縁を願って連絡しても、彼氏の賢一からは返事すらない。後悔していた時、友人から復縁セラピスト・小野田ゆうこを紹介される。小野田ゆうこの指導のもと、朱里が導かれた答えは…！ 復縁をセルフプロデュースする方法だった！
2017.8 246p B6 ¥1280 978-4-295-40064-6

◆**見た目を磨くとすべてがうまくいく！―あなたの金運・恋愛運・仕事運は絶対よくなる** 田宮陽子著 永岡書店
【要旨】誰でもすぐできる「つやめきの魔法」。金運、恋愛運、仕事運、今日から運があなたに味方する最強のルール38。
2017.12 207p B6 ¥1200 978-4-522-43583-0

◆**元タカラジェンヌが教える 自分らしく輝く51の言葉** 仁科有理著 幻冬舎メディアコンサルティング、幻冬舎 発売
【要旨】平成のマリー・アントワネットと一緒に「人生のヒロイン」になるレッスンを始めましょう。迷っている時間なんて、もったいない！ 今は「迷わないことだけ」をやってみましょう。本当に重要なことは、迷うヒマもないはずです。
2017.12 153p B6 ¥1300 978-4-344-91457-5

◆**元ティファニーのVIP担当が教える超一流ハイエンドに選ばれる魔法のルール** 高野睦子著 飛鳥新社
【要旨】恋でも仕事でも、ワンランク上の相手を引き寄せる。印象に残り、必要とされる人になるためのハイエンド・コミュニケーション術。
2017.11 190p B6 ¥1400 978-4-86410-571-2

◆**夢をかなえる「わたし」の愛し方―未来を劇的に変える自愛力を育てる方法** 堀野絵梨著 Clover出版、産学社 発売
【要旨】自愛力。それは、思い通りに現実を動かす力。ひと月で身につける方法、教えます！ 「いい子」をやめて、ワガママに生きよう。スーッと気持ちが楽になる心の授業。月間10万PV!! 「皆さん！ 引き寄せてますよ」超人気ブロガー、初の著書。
2017.12 197p B6 ¥1300 978-4-7825-3487-8

◆**夢が本当にすぐ叶う「引き寄せ脳」の作り方―スピリチュアル体験と脳科学から導き出された「未来覚醒メソッド」** 大鈴佳花著 KADOKAWA
【要旨】お金・人間関係・恋愛・成功・健康…かつてない速さで願望が実現！
2017.10 223p B6 ¥1300 978-4-04-602159-5

◆**「欲張りな女」になろう。―経済的に自立する61の方法** 中谷彰宏著 大和出版
【要旨】2割増しで満足しないで、10倍を目指そう。 2017.9 199p B6 ¥1400 978-4-8047-0537-8

◆**読むと心がラクになる めんどくさい女子の説明書** 山名裕子著 サンマーク出版
【要旨】「基本設定」を知っているだけで、女子との付き合い方はぐっと楽になる。
2017.12 205p B6 ¥1300 978-4-7631-3640-4

◆**両親・子供との関係を癒し、自分の人生を生きるフラワーエッセンス** 河津美希著 セルバ出版、創英社/三省堂書店 発売
【要旨】家族は何も変わらなくても、あなた自身が家族をどう受け止めていくかをフラワーエッセンスはサポートしてくれる。つまり、家族の問題を、違う視点で見るための導きをしてくれる。自分の人生により良い変化を起こすことができるようになるのがフラワーエッセンス。
2017.11 223p B6 ¥1700 978-4-86367-370-0

◆**ルーキー・イヤーブック・トゥー** タヴィ・ゲヴィンソン責任編集、神原+ 枝、きくちゆみこ、倉田真木、小俣鐘子、中谷紘子訳、多屋澄礼翻訳監修 DU BOOKS、ディスクユニオン 発売

◆女の子のドキドキも、悲しみも、はじめてのキスも、全部ROOKIEが教えてくれる。アメリカ発、ティーン向けウェブマガジン「ROOKIE」のヴィジュアルブック、第2弾。編集長：タヴィ・ゲヴィンソン！
2017.6 373p 28×23cm ¥3500 ①978-4-86647-022-1

◆**玲子さんのシニアというエレガンス** 西村玲子著 海竜社
【要旨】生き方、暮らし方、装い方。おしゃれ上手は、素敵に年を重ねる！ナチュラルに、シンプルに、格好よく！
2017.7 119p A5 ¥1400 ①978-4-7593-1539-4

◆**レディのルール** 小西さやか著 宝島社
【要旨】女子力ゼロから30歳で読モデビュー！32歳で日本化粧品検定協会を立ち上げた本物の「レディ」を知る著者による内側と外側から女を磨く方法。
2017.3 223p B6 ¥1400 ①978-4-8002-6840-2

◆**恋愛を数学する** ハンナ・フライ著, 森本元太郎訳 朝日出版社 (TEDブックス)
【要旨】あらゆる自然現象にルールがあるように、人間の恋愛もパターンに満ち溢れている。ならば、数学の出番。恋人の見つけ方から、オンラインデートの戦略、結婚の決めどき、離婚を避ける技術まで、人類史上もっともミステリアスな対象＝LOVEに、統計学やゲーム理論といった数理モデルを武器にして挑む。イギリスBBCなどでのアウトリーチ活動に加えて数学者が、人生の一大事に役立つ驚くべき知見を引き出しつつ、「数学と恋愛する」楽しさをも伝える。
2017.2 223p B6 ¥1300 ①978-4-255-00985-8

◆**恋愛サバイバル 真面目女子篇** 柴門ふみ著 文藝春秋
【要旨】マジメだからこそ不倫してしまう。働き者だからこそ、出会いがない―。落とす、つきあう、不倫、結婚、飽きる、別れ…40人の悩みを恋愛の教祖・サイモンさんがずばずば解決！
2017.2 188p B6 ¥1450 ①978-4-16-390598-3

◆**恋愛上手なあの子がしてる 溺愛されるわがままのすすめ** 萩中ユウ著 WAVE出版
【要旨】自分の人生を堂々と生きて、愛されちゃおう。パートナー・仕事・豊かさ…「溺愛される人生」を選ぼう。ラクして愛され自由に生きる。
2017.10 207p B6 ¥1300 ①978-4-86621-079-7

◆**恋愛低体温症** 高橋リエ著 総合法令出版
【要旨】あなたの恋愛がうまくいかない本当の理由がわかる！ありのままで一緒にいられる人が絶対見つかる！好きになれない病の治し方。予約のとれない人気心理カウンセラーが教える、深いつながりの作り方。
2017.11 230p B6 ¥1200 ①978-4-86280-583-6

◆**恋愛引き寄せノート―「でも」「だって」がログせだった私が変われた！** 西原愛香著 KADOKAWA
【要旨】引き寄せの法則には効き目が現れやすいものと、そうでないものがあります。見落としがちなことが実は大切なポイントです。これをやれば叶う！という法則を、独自に組み合わせて完成した5つの「引き寄せノート」で、あなたも幸せを手に入れましょう！
2017.10 189p B6 ¥1300 ①978-4-04-896074-8

◆**恋愛迷子に贈る しあわせのコンパス** ANNA, はるな檸檬絵 ワニブックス
【要旨】今、最も恋愛相談したいANNA先生がビシッと恋愛指南。困難する恋愛迷子を救う最強のANNAマジック！
2017.7 212p B6 ¥1200 ①978-4-8470-9585-6

◆**私が決めてきたこと** 君島十和子著 KADOKAWA
【要旨】夢をあきらめたこと、大変だった子育て。すべてが「いま」につながっている―。しなやかに強く生きる31の秘訣。
2017.1 191p B6 ¥1300 ①978-4-04-601527-3

◆**わたしが子どもをもたない理由（わけ）** 下重暁子著 かんき出版
【要旨】産む。産まない。産めない。産みたかった。産まなかった。子どもを育てる。誰かと暮らす。ひとりで生きる。女の人生には、いくつもの選択肢といくつかの決断がある。子どもを産むことは、義務でも務めでもない。一つの選択だ。
2017.5 239p 18cm ¥1100 ①978-4-7612-7255-5

◆**わたし幸せじゃないの？** いつか著 経済界

【要旨】幼少期から小学生、中学生から高校生、大学生、社会人、結婚、出産・子育て、介護・高齢女性…毒親・結婚・マタハラ・離婚・不妊治療まで初めて明かす波乱万丈の人生。50歳を超えた今、伝えたいメッセージ。
2017.7 205p B6 ¥1400 ①978-4-7667-8614-9

◆**私に都合のいい人生をつくる** 下田美咲著 大和書房
【要旨】今、生きづらい？我慢ばかりしてる？いつかは幸せになりたいって思ってる？なるようになるさで幸せになれるほど、人生のデフォルトは素敵じゃない。嫌なことから全力で逃げても幸せになれる。
2017.11 220p B6 ¥1300 ①978-4-479-76157-0

◆**私の人生おきあがりこぼし―女坂本龍馬をめざす** 長谷川浩子著 鶴書院, 星雲社 発売
【目次】第1部 私の半生の記録（故郷、上京、波乱の幕開け一般若苑、二十四歳頃、苦闘の日々、孫と生きる、最後に）。第2部 私の恩人、そして、素敵な仲間たち、第3部 対談（磯村みどりさん―磯村さんの役者さんやスタッフさんへの気配りに感激、杜けあきさん―だから、「いじめてくれて、ありがとう」なんですね、若尾文子さん―若尾さんは、年齢と共に一層お綺麗になっていらっしゃるんですね）。
2017.5 270p A5 ¥1200 ①978-4-434-23311-1

◆**CINEMA WEDDING** 内海和佳子著 誠文堂新光社
【要旨】映画みたいな結婚式のためのアイデアと実例。ウエディングフラワー＆テーブルコーディネートを手がける内海和佳子の実践コーディネート術。
2017.12 143p A5 ¥1500 ①978-4-416-91777-0

◆**Everyday Ice cream 「僕のこと好き？」って聞いてた「言わない」って恥ずかしそうに笑う君が好き。** わたらいももすけ著 KADOKAWA
【要旨】ステキな恋がしたい、あなたを応援するメッセージ。Twitterで8万人がときめいた。
2017.11 203p B6 ¥1200 ①978-4-04-069637-9

◆**HAPPY理論** 小林こず枝著 (さいたま) 知玄舎, 星雲社 発売
【要旨】誰だって「幸せになれる」なりたい自分になるためのワーク付き。数々の講演で女性たちをHappy に導いてきた法則がこの1冊に！人生が幸せになる37の法則。
2017.6 175p B6 ¥1400 ①978-4-434-23489-7

◆**My Bucket List―NY式夢をかなえるノート** エリカ著 宝島社
【要旨】「夢を見るから、人生は光り輝く」日本初上陸！ニューヨーク式夢をかなえるノート。頑張る気持ちを高めるコラムも充実！
2017.1 239p A5 ¥980 ①978-4-8002-6349-0

◆**Sense up 「大人のセンス」でもっと素敵な私になれる考え方とテクニック** 窪田千紘著 インプレス
【要旨】ファッションブログランキング1位「STYLE SNAP」主宰、人気スタイリストによるスタイリングのコツ。「誰から見ても好印象」は、ちょっとした工夫で手に入る。毎日がもっと輝く！コーディネート以前のお洒落ルール。
2017.3 221p B6 ¥1480 ①978-4-295-00088-4

◆**THE GOLDEN RULES―パリジェンヌが秘かに守る恋愛ルール** フロランス・ベッソン, エヴァ・アモール, クレール・スタンラン著, 神奈川夏子訳 ディスカヴァー・トゥエンティワン
【要旨】本書は、出会いから、本命との恋愛、そして結婚生活までの3部構成。恋愛に関するお悩み解決、役立つヒントから、ありきたりな恋愛観の打破方法、お勧めショップやアイテムのリストが満載です。裏技なんてありません。あるのは研ぎ澄まされたセンスだけ！
2017.1 255p 19×15cm ¥1400 ①978-4-7993-2034-1

恋愛心理

◆**女を一瞬でキュンとさせる！男のモテテク** おかざきなな著 秀和システム
【要旨】脳科学と心理学に裏付けられた理論を応用！「今日から使える！」"超実践"モテテクを図解入りで紹介。
2017.10 223p B6 ¥1400 ①978-4-7980-5156-7

◆**外人女性交際マニュアル―I LOVE YOU BUT FUCK YOU** ジーコ藤壺著 トランスワールドジャパン
【要旨】出会いからSEX、結婚生活まで徹底伝授。
2017.8 189p B6 ¥1400 ①978-4-86256-209-8

◆**すぐにヤラせてくれる女、絶対にヤラせてくれない女―5秒でわかるコスパ最強の心理法則** 内藤誼人著 廣済堂出版
【要旨】心理学者がこっそり教える、一線を越えられる男だけが知っている禁断の心理ワザ。「即OK」な女の子は、どこを狙えばわかるのか？社内恋愛、キャバクラ、ナンパ、相席居酒屋でも使える「モテ・メソッド」が満載！
2017.12 219p B6 ¥1300 ①978-4-331-52135-9

◆**メンタリズムで相手の心を97％見抜く、操る！ズルい恋愛心理術** ロミオ, Jr. ロドリゲス著 SBクリエイティブ
【要旨】メンタリズムは、人間の心を読み、思考と行動を操作する技術です。香港大学の超人気講義「メンタリズムコース」の講師の実績を持ち、アジア最強のメンタリストが「出会い」「片思い」「恋人関係」の局面で相手を思いのままに操る恋愛心理術をレクチャー。
2017.3 159p B6 ¥1300 ①978-4-7973-9098-8

◆**私、サンリオ男子を好きになってしまいました。―心理テストでわかる恋のし方・叶え方** サンリオ監修 大和書房
【要旨】康太、祐、俊介、諒、そして誠一郎―。顔も、性格も違う男子高校生5人との恋。幸せなぶん、切なさもまた深い。
2017.1 191p B6 ¥1100 ①978-4-479-67098-8

能力・自己改革

◆**悪魔の勉強術―年収一千万稼ぐ大人になるために** 佐藤優著 文藝春秋（文春文庫）
【要旨】就活や公務員試験を突破し、年収一千万円稼ぐ大人になるために最低限必要なのは、歴史力と英語力と数学力、そして…。学ぶべきテキストから勉強時間を作る方法まで具体的に述べ、学生は勿論、キャリアアップを目指すビジネスパーソン、学び直しを志すすべての人へ「悪魔のように賢に」勉強すすべを伝授。文庫オリジナル。同志社大学神学部特別講義を完全収録。
2017.3 310p A6 ¥650 ①978-4-16-790818-8

◆**頭がいい人は脳を「運動」で鍛えている** 菅原洋平著 ワニブックス
【要旨】スローな動作で脳細胞ミトコンドリアがラクに増える！筋トレ、ウォーキング、オフィスワーク、ストレッチ、呼吸、目、睡眠、食事など、いつもの動作を"ちょっと変えるだけ"で「知的作業の能力」は高まる。ここまで仕事・勉強・人間関係が変わる―お腹も凹み、頭と体がスマートに！
2017.12 247p B6 ¥1400 ①978-4-8470-9645-7

◆**あなたを成功に導く108の心得** 新川紗敏著 日本流通産業新聞社, サクセスマーケティング 発売
【要旨】知覚同考。知って、覚えて、動いてから考える。ともかく動こう！人生が劇的に上向く魔法の言葉。
2017.3 239p B6 ¥1400 ①978-4-915962-49-3

◆**あなたの人生が変わる対話術** 泉谷閑示著 講談社（講談社プラスアルファ文庫）（『こころをひらく対話術 精神療法のプロが明かした気持ちを通わせる30の秘訣』修正・改題書）
【要旨】私たちは日常、コミュニケーションを通じて生きているといっても過言ではない。家族、友人、恋人、仕事仲間、近所づきあい…。コミュニケーションによって人は喜びを感じ、だからこそコミュニケーションで悩む人も多い。どうすればより良いコミュニケーションができるのか。コミュニケーションの神髄である「対話」を掘り下げ、あなたの生き方までが変わるヒントを満載。
2017.2 251p A6 ¥780 ①978-4-06-281713-4

◆**あなたの潜在能力を引き出す20の原則** ジャック・キャンフィールド, ケント・ヒーリー著, 弓場隆訳 ディスカヴァー・トゥエンティワン（『あなたの潜在能力を引き出す20の原則と54の名言』再編集・改訂・改題書）

人生論・生き方

◆あなたも私もいない　リック・リンチツ著、広瀬久美訳　ナチュラルスピリット　（覚醒ブックス）
【要旨】覚醒とは、個人は存在していないと見抜くこと。コーネル大学医学部出身の医師が目覚めて対話で答えた本。
2017.3 248p B6 ¥1850 978-4-86451-233-6

◆ありがとう すみません お元気で　河野太通著　あさ出版
【要旨】人は迷惑をかけずには生きられない。だから、人に支えられ、人に助けられて、ここまで生きてきたことに感謝する。そのご恩をお返しするために、人の役に立つ方法を探していく。
2017.9 175p B6 ¥1300 978-4-86667-014-0

◆アルフレッド・アドラー 一瞬で自分が変わる100の言葉　小倉広解説　ダイヤモンド社
【要旨】それでも、人生は変えられる。20万部突破シリーズ最新作。「自分革命」を起こす決定版、誕生。
2017.8 1Vol. B6 ¥1600 978-4-478-10319-7

◆アンガーマネジメント 叱り方の教科書　安藤俊介著　総合科学出版
【要旨】叱ることが苦手だからといっても仕事である以上、逃れられない。ならば叱ることの意味をきちんと理解し、上手な叱り方を身につけよう！
2017.4 175p B6 ¥1400 978-4-88181-858-9

◆生きづらさから脱け出す実践法—「意識」と「世界」を味方につける七つのステップ　しのぶかつのり著　コスモス・ライブラリー、星雲社 発売
【要旨】なぜ生きづらさから脱け出せないのか？ その「答」が、この本に記されている。
2017.6 278p B6 ¥1700 978-4-434-23550-4

◆1日1分！ お金も時間も貯まる片づけの習慣　小松易著　祥伝社　（『1日1分！ がんばらなくても幸せになれる片づけルール』加筆・訂正・改題書）
【要旨】これまでの片づけ本とは違います！ 忙しくても大丈夫！「ゆるルール」46。
2018.1 213p B6 ¥1400 978-4-396-61638-0

◆1日が27時間になる！ 速読ドリル 短期集中編　角田和将著　総合法令出版
【要旨】1日5分見るだけで誰でも速読はできる！ どんなに読書が苦手でも、忙しくても、本も新聞もメールも一瞬で読めて理解できる！ 集中力が上がる、頭の回転が速くなる、やり抜く力が身につく、自信を持てる—試した人の95%以上が結果を出した速読メソッド。
2017.9 126p A5 ¥1000 978-4-86280-572-0

◆一流をめざすメンタル術—勝負ドコロで馬鹿力を出す、3つのステップ　鈴木颯人著　三五館
【要旨】話題のスポーツメンタルコーチが初公開するメンタル育成法。
2017.9 213p B6 ¥1400 978-4-88320-709-1

◆一流になる勉強法—脳の使い方を変える「脳だま勉強法」　西田一見著　現代書林
【要旨】「自分は頭が悪い」「勉強が嫌いだ」「合格できるわけがない」あなたは、脳にだまされているだけです。だから、脳をだまし返しましょう。そのノウハウを一瞬で読めて理解できる。
2018.1 218p B6 ¥1400 978-4-7745-1680-6

◆一流の考え方が身につく思考実験ビギナーズ　北村良子著　宝島社
【要旨】さあ、思考実験の扉を開いてみましょう。あなたの頭の中にどんな変化が起きるのか、とても楽しみです。途中、もしわからないことがあれば、一度本を置いてゆっくりと考えてみましょう。これはテストではありませんし、競争もありません。時間を気にする必要はありません。大切なのは、あなたが今、しっかりと考えているということです。では、思考実験の世界を楽しんで！
2017.12 95p B6 ¥1200 978-4-8002-7946-0

◆一流のストレス—ストレスをパワーに変える65の具体例　中谷彰宏著　海竜社
【目次】ストレスに、一流と二流がある。 1 ストレスの中に、「楽しくないこと」と思うことが、ストレスになる。長時間労働をさせられるのは、一流のストレス。長時間仕事をするのは、二流のストレス。ほか）、2 一流は、ストレスの抱え方が違う。（何時間寝るかではなく、何時に寝るかが、結果を求めるのは、二流のストレス。プロセスに負荷をかけるのが、一流のストレス。ほか）、3 ストレスを、楽しむことで差がつく。（観客に見せようとするのが、二流のストレス。観客と一体になるのが、一流のストレス。プレッシャーと楽しむは、反対語ではない。プレッシャーと楽しむは、両立する。ほか）、4 一流は、ストレスを使って前に進む。（ドキドキを抑えようとするのが、二流のストレス。ドキドキを出し切ろうとするのが、一流のストレス。好きな部を探すのが、二流のストレス。好きな一部を見つけるのが、一流のストレス。ほか）、5 二流のストレスは、力を入れて抜く。（「自分のところにボールが来るな」が、二流のストレス。「自分のところにボールよ来い」が、一流のストレス。「最低だ」と嘆くのが、二流のストレス。「最低だ」と自慢するのが、一流のストレス。ほか）、力を抜こうとするのが、二流のストレス。力を入れて抜くのが、一流のストレス。
2017.6 206p B6 ¥1300 978-4-7593-1547-9

◆一瞬で「こころ」が整う！—たった5秒でいつでも「ホッ」とする、究極にシンプルなやり方 Qメソッド　池上悟朗著　BABジャパン
【要旨】「良い気分」と「悪い気分」の2分類だけで、スッキリ解決。メンタルの問題には「原因」は一切関係なかった。トイレで用を足せば「ホッ」とするように、すぐに「こころ」を落ち着けられる！ 三軸修正法に通じる根本原理。
2017.7 169p B6 ¥1300 978-4-8142-0066-5

◆一瞬で「自分の答え」を知る法—本当にやりたいことを見つけ、行動するためのヒント　本田健訳、ゼン・クライア・デブラック著　徳間書店
【要旨】もう迷わなくていい！ まずは、たった2つ、耳をすまそう。思い込みや感情に流されず、人生は思い通りに動かせる！
2017.6 255p B6 ¥1400 978-4-19-864422-2

◆いつでもどこでも「すぐやる人」になれる1分間やる気回復術　石井貴士著　秀和システム
【目次】「モチベーション依存」をなくすことがやる気回復のゴールだ、なぜ、あなたはやる気がなくなるのか？、やる気を失う「5つのパターン」、やる気を奪っていくものを見極めよう、やる気を失う習慣を手放す、やる気がない状態から「1分で立ち直る方法」を手に入れる、やる気がある状態を継続させる、ゼロから1よりもゼロから0.1を目指そう、やることリストを書くだけでやる気が継続する、やる気がない方が結果的にはうまくいく、やる気のいらないシステムを構築できる人がうまくいく
2017.3 245p B6 ¥1400 978-4-7980-4996-0

◆いつのまにか頭がよくなる小さな習慣　園善博著　大和書房
【要旨】脳科学や心理学的アプローチでわかる、いつでもフル回転する脳のつくり方！
2017.4 220p B6 ¥1400 978-4-479-79576-6

◆1分間メンタリング—進化を引き起こす6つの鍵　ケン・ブランチャード、クレア・ディアス＝オーティス、田辺希久子訳　ハーパーコリンズ・ジャパン
【要旨】「メンタリング」すれば、あなたも相手ももっと進化する！『1分間マネジャー』の著者が教える、最新リーダーシップ論。
2017.12 163p B6 ¥1300 978-4-596-55123-8

◆イヤな気分をパッと手放す「自分思考」のすすめ—他人にも感情にも振り回されない方法　玉川真里著　誠文堂新光社
【要旨】視点をスイッチ！ これだけで前向きになれる。「行列のできる臨床心理士」として、復職成功率9割、3万人の自衛隊員の心を救った唯一のメソッドとは？
2017.8 230p B6 ¥1300 978-4-416-61764-9

◆イヤな気持ちがスーッと消えていくココロにいいこと事典　心地よい暮らしをつくる会編　青春出版社
【要旨】メンテナンスが必要なのはカラダだけではありません。気持ちがほぐれる呼吸法、幸せホルモンを増やす食事、脳が喜ぶ口グセ。ココロの不調も、自分でケアできる！
2017.8 285p B6 ¥1400 978-4-413-11222-2

◆イラスト図解でよくわかる 記憶力がいままでの10倍よくなる法　栗田昌裕著　三笠書房　（『記憶力がいままでの10倍よくなる法』再編集・改題書）
【要旨】イラスト図解でわかりやすい！ 実践しやすい！ 過去の記憶を簡単に引き出すテクニック。「記憶力」だけでなく、やる気、判断力、発想力も格段にアップする！「速読力」も高まる！ 医学・薬学博士が開発した「スーパー記憶法」。
2017.4 166p B6 ¥1200 978-4-8379-2681-8

◆インナーメッセンジャー　川上貢一著　ナチュラルスピリット
【要旨】『奇跡のコース』（奇跡の道）を学ぶ中で、著者がインスピレーションを受けて書いた、澄みわたったメッセージとエッセイ。
2017.3 266p B6 ¥1900 978-4-86451-234-3

◆後ろ姿に美が宿る　三木歌奈女著　クロスメディア・マーケティング、インプレス 発売
【要旨】幸せとは、何気ない日常や季節の移ろいをいとおしく思えること。あなたらしい人生を、あなたらしく生きる。健やかに、前向きに。四十からの毎日を幸せにするヒント。
2017.7 199p B6 ¥1300 978-4-295-40075-2

◆右脳の強化書—左手をもっと使えば弱点が逆転できる！　加藤俊徳著　廣済堂出版
【要旨】左手と右脳には、あなたのすごい可能性が眠っている！ 行動力、発想力、人間力、会話力、集中力。ベストセラー著者が提唱する最新実践脳ワーク。
2017.8 245p B6 ¥1400 978-4-331-52113-7

◆うまくいっている人の心を整えるコツ—トップアスリートから経営者、心の専門家までビジネス心理総研編　青春出版社　（青春新書 PLAY BOOKS）
【要旨】超一流たちのストレスをサクッと力に変える全技術。あなたの力を引き出す平常心のレッスン。落ち込んで立ち直れないとき、イライラが収まらないとき、何もやる気がしないとき、「ここ一番」で力を発揮したいとき…いま必要な心のコントロール方法が必ず見つかる！
2017.9 189p 18cm ¥1300 978-4-413-21095-9

◆運は実力を超える　植島啓司著　KADOKAWA　（角川新書）
【要旨】運も実力のうちといわれるが、運を必然のように引き寄せられる人こそ、好機をとらえることができる。仕事・恋愛、ギャンブル…、人生の多くの局面で実力を発揮するために、運の本質とは何かを探求していく。
2017.3 189p 18cm ¥800 978-4-04-082112-2

◆エリート・マインド—「勝ち抜く」力！ 一瞬で自分を「勝者」に変える法　スタン・ビーチャム著、ムーギー・キム監修、熊谷小百合訳　日本文芸社
【要旨】これで、人生に「勝ちぐせ」がつく！ 全米のトップ経営者・ビジネスマン、スポーツアスリートから「勝負師の師」と仰がれる現代最強のメンターが、満を持して書き上げた21の「成功」奥義書。
2017.7 358p B6 ¥1600 978-4-537-26167-7

◆お金も幸せも降りそそぐ超スピリチュアル・ライフ—「豊かさの5原則」と超簡単「4週間実践プログラム」が、あなたを根本から変える！　エマニュエル・ダガー著、東川恭子訳　徳間書店
【要旨】「苦労や努力をしなければ豊かになれない」という思い込みは、いますぐ捨てなさい！ 実践した人から豊かになれる大富豪にも共通する法則—マインドフルネス、「引き寄せ」の進化形。"人生のすべてが豊かになる" とは、どんなことでしょうか？ 本書は、あなたの人生の幸福を進化させる方法を教えます！
2017.2 241p B6 ¥1500 978-4-19-864352-2

◆お金持ちになる勉強法—身につけたことが即、お金と夢につながる　臼井由妃著　青春出版社　（青春文庫）（『仕事ができて夢もかなう勉強の法則』加筆・修正・再編集・改題書）
【要旨】いまの自分を抜け出し、もう一歩先を目指す。宅建・行政書士・理学博士号・MBAなどを短期間で取得してコンプレックスを克服した著者が伝授。仕事から夢をかなえる勉強の魔法。
2017.3 190p A6 ¥640 978-4-413-09667-6

人生論・生き方

◆大人の人見知り　清水栄司著　ワニブックス（ワニブックスPLUS新書）
【要旨】「人前でしゃべるのが怖い」「人の輪に加わるのが苦手」といったように、"他者から見た自分"に過剰に敏感になった「人見知り」の大人が、ここ数年激増している。あるテレビ番組のアンケート調査では、「自分は人見知り」と答えた割合は60％以上にも上るほど。人としゃべることに多大な不安、ストレスを感じるため、仕事上の影響は計り知れず、放置したままだと心身の病気を引き起こす危険性も…。しかし、ちょっとした気の持ちようとシンプルなトレーニングで、あなたの人見知りの症状は飛躍的に改善します。さらに、自分の中の「人見知り」の要素をうまく改善して克服すれば、仕事の生産性は一気に倍増。その先には、より豊かな人生が待っている！
2017.6 191p 18cm ¥830 ①978-4-8470-6591-0

◆オランダ流コーチングがブレない「自分軸」を作る　石川尚子著　七つ森書館
【要旨】オランダ流コーチングとは、自分の答えを見つけること。つまり、体験と省察を通して、教わらない、失敗を恐れない、他人と比べない。自分の目標を、自分で考え、決めて、行動し、振り返る。こうして、本当に自分が求める「幸せ」を手にしていくこと。
2017.12 174p B6 ¥1500 ①978-4-8228-1790-9

◆会話力があがる 大人のはきはき「滑舌」上達ドリル—1日3分言葉の体操で口元・表情・脳を活性化　花形一実著　メイツ出版（コツがわかる本!）
【要旨】練習フレーズ350で"滑舌カクジツ上達!" プロが教える話し方のヒントで会話力アップ！
2017.1 128p B5 ¥1380 ①978-4-7804-1834-7

◆顔ニモマケズ—どんな「見た目」でも幸せになれることを証明した9人の物語　水野敬也著　文響社
【要旨】『夢をかなえるゾウ』『人生はニャンとかなる！』『スパルタ婚活塾』などの著者・水野敬也は、思春期のころ、醜形恐怖という外見への執着に悩んだ経験があります。それ以降、外見へのこだわりや劣等感は幸福を大きく左右する問題だと感じており、「見た目問題」に興味を持つようになりました。そして、NPO法人マイフェイス・マイスタイルの協力のもと、見た目に傷やアザなどの症状をもつ「見た目問題」当事者の方たちと会話を重ね、外見から生まれる仕事や恋愛の問題をどのように乗り越えていったのかを学んだのです。その結果、彼ら・彼女らが問題を乗り越えたプロセスは、自分の外見に悩む人だけでなく人生の様々な悩みに応用できると確信し、今回の本が生まれました。本書は、特に次のような問題を抱えている人にとって、生きるヒントを与えてくれます。□年齢を重ねることで自分の魅力が失われているんじゃないかと不安になっている人。□「人からどう思われているか」が気になってしまう人。□周囲の人間関係に悩んでいる人。□就職や仕事のことで悩んでいる人。□恋愛に自信がない人。□自分の欠点やコンプレックスが気になる人。□他者とのコミュニケーションが苦手な人。□いじめに悩んでいる人。□外に出るのが億劫で部屋に引きこもりがちになっている人。□「やりたいこと」「好きなこと」が見つからない人。□今の自分の環境や状況を変えたい人。□変えたいものがあるけど勇気がなくて踏み出せない人。また、本書に登場する9人の人生に起きた出来事と、多くの問題を乗り越えて幸せをつかんでいく過程は、感動的な「物語」でもあります。ときに、ユーモラスな口調で語られる物語を味わいながら、仕事や恋愛、人間関係の問題を解決する多くのヒントが得られる本です。
2017.2 208p B6 ¥1450 ①978-4-905073-64-2

◆片づけられる人は、うまくいく。—人生が変わる「捨てる」習慣65　中谷彰宏著　学研プラス
【目次】1 片づけることで、人生が変わる。（部屋を片づけることで、考え方を変えるキッカケができる。片づいた部屋ではなく、片づいた部屋にいる自分をイメージする。 ほか）、2 片づけられる人は、仕事する。（仕事の前に、片づけることで、仕事が早まる。カバンの中をイライラ探す人は、モテない。 ほか）、3 捨てる基準を持つと、捨てられる。（使うことが、モノへの愛情だ。食器用品は、永遠に使われない。 ほか）、4 モノを減らすと、オシャレになる。（自分の部屋にしかない。家を散らかしている人は、外でバレる。 ほか）、5 捨てることで、スピードが上がる。（早起きして、早く行くと、片づく。片づく余裕が生まれる。片づけることが、次の準備だ。 ほか）
2017.3 202p A6 ¥550 ①978-4-05-406543-7

◆「型破り」の発想力—武蔵・芭蕉・利休・世阿弥・北斎に学ぶ　齋藤孝著　祥伝社
【要旨】本書では、日本人なら誰もが知っている有名な歴史上の人物五人を取り上げ、彼らの発想力・創造力の素晴らしさをご紹介します。取り上げるのは、能を大成した世阿弥、武道を極めた宮本武蔵、俳句を創始した松尾芭蕉、わび茶を完成させた千利休、そして江戸時代を代表する浮世絵師である葛飾北斎の五人です。彼らはどのようにして、それを成し遂げたのか。本書の発想のポイントを見ていくことで、どのように工夫していけば新しい価値を生み出すことができるのかを学ぶことができるはずです。

◆神さまと顧問契約を結ぶ方法　yuji著　ワニブックス
【要旨】知らぬ間に神さまを味方につける生き方のヒント。
2017.7 191p B6 ¥1200 ①978-4-8470-9579-5

◆からだ超覚醒—からだの声を正しく聴けば、すべてがうまくまわり出す　杉本錬堂著　徳間書店
【要旨】からだは「魂の器」だ。自分のからだと向き合うと、本来の生き方がわかる・人生が変わる！
2017.3 230p B6 ¥1500 ①978-4-19-864363-8

◆ガルシアへの手紙　エルバート・ハバード, アンドリュー・S. ローワン著, 三浦広訳・解説　グローバルブックス
【目次】第1部 1億人が読んだ物語『ガルシアへの手紙』（『ガルシアへの手紙』を読むこと、『ガルシアへの手紙』から学べること）、第2部 『ガルシアへの手紙』の主人公、ローワンによる完全実話の手記に学ぶ（ローワンの手記—ガルシアへの手紙を、いかに届けたか（突然の指令、ジャマイカにて、船でガルシアのいるキューバへ、最大の危機、敵の戦闘地域に入る、いよいよキューバに上陸する、キューバでの行軍の開始、スペイン軍脱走兵、襲撃を受ける、ガルシアがいるバヤモへ到着、ついにガルシアに会う、帰路につく、アメリカへの帰還）、解説—ローワンの手記から学ぶべきこと）
2017.7 163p B6 ¥1600 ①978-4-909228-00-0

◆川島隆太教授の脳を鍛える即効トレーニング　川島隆太著　二見書房（二見レインボー文庫）
【要旨】使わないでラクをさせていると、脳は衰える一方。まさに痴呆症の入り口に…。日常生活の中で効率的に脳を鍛えましょう！「歯をブラッシングしながら頭の中で回数をかぞえる」「利き手でないほうでグーチョキパーをする」「中吊り広告の内容をどこまで覚えられるかテスト」等、脳トレ研究の第一人者が提案する33の方法。記憶力・自制力・創造力を高め、ボケ防止にも大きな効果！
2017.3 217p A6 ¥620 ①978-4-576-17183-8

◆「感受性」を調整すればもっと気楽に生きられる。—潜在意識のクリーニングワーク　平林信隆著　Clover出版, 産学社 発売
【要旨】マイペースで2週間、誰でも使えて、すぐに役立つ、本格的な心理学の知識をこの一冊に。もう悩まない、落ち込まない、「わたしはわたし」の心をつくる処方箋。
2017.3 172p A5 ¥1500 ①978-4-7825-9017-1

◆「願望実現脳」は1分でつくれる。—世界一かんたんなマインドフルネス法　山富浩司著　大和出版
【要旨】驚くほど頭が冴える。アイデアがどんどん湧いてくる。人間関係が劇的に改善する。場所を選ばず、どこでもできる最強のビジネスツール。
2017.2 250p B6 ¥1500 ①978-4-8047-1832-3

◆記憶力を鍛える方法—100歳まで脳は成長する　加藤俊徳著　PHP研究所（PHP文庫）（『100歳まで成長する脳の鍛え方』加筆・修正・改題版）
【要旨】じつは50歳くらいからが脳の成長と個性が一番輝く時期です。意外と知られていませんが、脳は、若い頃だけではなく、100歳までは形が変わり、脳も成長し続けるものなのです。本書では脳のしくみ、脳を成長させる秘訣などを解説。さらに、疲れやすくなった、何もやる気が出なくなった、物忘れが激しくなったなどの悩みの症状別トレーニング法を紹介。
2017.4 219p A6 ¥680 ①978-4-569-76698-0

◆聴くだけで毎日ポジティブになるCDブック—"ミラクルサウンド"の驚きの効果！　でんだふみお著　創藝社（付属資料：CD1）
【要旨】音の研究から生まれた特殊加工音"ミラクルサウンド"で心と体がスッキリ軽く！更年期障害、肩こり、腰痛、やる気が出ない、クヨクヨ、イライラ、眠れない、などにオススメ！
2017.7 63p 19×15cm ¥1200 ①978-4-88144-234-0

◆奇跡を起こすたった1ページのノート術　知的生活追跡班編　青春出版社
【要旨】「ノート」の使い方には、その人ならではのクセがあります。そのクセをいったんリセットし、本書で取り上げる「やり方」に切り替えるだけで、すぐに、予想を超える"ポジティブな結果"がもたらされるでしょう。駄目出し専用の大化けノート。美文・名文を身体で覚える書き写しノート。世界が違って見える方眼ノート…。あなたも人生を変えるノートの使い方にきっと出会えるはずです。まずは「たった1ページ」から始めてみてください。
2017.4 190p A5 ¥1290 ①978-4-413-11212-3

◆奇跡の数字リーディング—1日10分読むだけ！12個の数字があなたの体と心を整える　次序信号体系研究所著, 山口ミル訳　河出書房新社
【要旨】韓国で10万人の生き方を変えた驚きの「数字の力」。病気は五感の「ゆがみ」が作る。五感が五臓六腑を動かす。五臓六腑に対応する数字コードが五感を整え、あなたを元気にする！
2017.3 229p B6 ¥1600 ①978-4-309-27823-0

◆昨日より強い自分を引き出す61の方法　中谷彰宏著　海竜社
【目次】1 強さは、飛び込むことから生まれる。（スポーツを見に行くのは、勝ちではなく、強さを見に行っているのだ。同じステージで上のほうに行っても、強くはなれない。 ほか）、2 夢中でやり切るうちに、自分が変わる。（他者評価では、強くなれない。学ぶべき先生を見ている人は、まわりが気にならない。 ほか）、3 踏ん張り方を知っている人が、突き抜ける。（頑張っている人がいるということに、気づくと、強くなる。笑うと、力が出る。笑うと、スピードが出る。 ほか）、4 いい結果より、いい努力にエネルギーを使う。（これまでムダに見えたことが、意味があったとわかるようになると、強くなる。恨みを捨てることで、強くなる。 ほか）、5 かけたプレッシャーの分だけ、強くなる。（まわりからほめられているうちは、強くなれない。怖がられることで、強くなる。みずから考え、判断することで、強くなる。 ほか）
2017.12 205p B6 ¥1300 ①978-4-7593-1574-5

◆逆境を突破する技術—「折れない心」を科学的に習得する極意　児玉光雄著　SBクリエイティブ（サイエンス・アイ新書）
【要旨】長い人生、必ずといっていいほど訪れるのが「逆境」です。「逆境を経験したことがない」人は、まずいないでしょう。しかし逆境でくじけてしまう人と、バネにしてひと回り大きな人間になる人がいます。この違いはどこにあるのでしょうか？ そもそも、人じたいに大きな違いはありません。違うのは逆境のとらえ方なのです。本書では、多くの実験から明らかになった「逆境に負けない技術」を科学的に解説します。
2017.8 190p 18cm ¥1000 ①978-4-7973-8917-3

◆強運—ピンチをチャンスに変える実践法　元谷芙美子著　SBクリエイティブ
【要旨】ハプニングや逆境こそチャンスです！すべてをプラスに転じる前向き思考を身に付けて、幸せをつかみましょう！アパホテル爆発的成功の秘密。
2017.12 167p B6 ¥1200 ①978-4-7973-9342-2

◆教養バカ—わかりやすく説明できる人だけが生き残る　竹内薫著, 嵯峨野功一構成　SBクリエイティブ（SB新書）
【要旨】真の教養人は話し方が違う。教養のある人は、幅広い知識をもっていて、しかも話がおもしろい。しかし、こんな人も存在します。知識だけは豊富。けれど、話におもしろみがない。専門のことしか知らない。コピペでものごとを語る。「なぜ？」と聞かれるとキレる…。彼らは知識をひけらかしているだけの「教養バカ」なのです。では真の教養人に必要なこととは？それは「わかりやすさ」。あなたが誰から見ても教養のある話し方ができる。これが本書の最終目標です。
2017.2 190p 18cm ¥800 ①978-4-7973-8896-1

実用書

人生論・生き方

実用書

◆きらきらschoolの挑戦 すべては自分次第「50歳から自分を売る」 きらきらschool編著 セルバ出版、創英社/三省堂書店 発売
【要旨】起業を考える方が一番知りたいのは、どうやったら競合相手に負けることなく最初の売上を生み出し、その売上を継続して生み出し続けることができるかだ。ビジネスを始めるにあたって、物やサービスを売ることができなければ全く話にならない。物やサービスを売るヒントを本書で紹介。
2017.11 183p B6 ¥1600 978-4-86367-374-8

◆筋トレで夢を叶える―超一流のメンタルマッチョ養成講座 Testosterone著 宝島社
【要旨】夢が見つからない、夢が叶わない、人目が気になって踏み出せない君へ。ぶっちぎりの結果を出す前人未到のマッチョ思考！夢も目標も、人生を楽しむための手段だ！
2017.11 220p B6 ¥1200 978-4-8002-7701-5

◆腐った牛乳になるくらいなら、美味しいヨーグルトになりなさい―ここから一発逆転する方法 和田裕美著 ぴあ
【要旨】和田裕美14年のエッセンスが一冊になりました。どの自己啓発本でも変わらなかったあなたへ。心にずしん！と響く言葉の数々！
2017.7 216p B6 ¥1400 978-4-8356-3822-5

◆語彙力上達BOOK―大人の常識として身につけておきたい 吉田裕子著 総合法令出版
【要旨】複雑で繊細な日本語は、相手を敬い、気遣う心の表れ。だからこそ、周囲の人たちはあなたの言葉遣いを見ています。
2017.12 219p B6 ¥1300 978-4-86280-595-9

◆こういう時に人は動く―影響力5つの原理 ボブ・バーグ著、弓場隆訳 ディスカヴァー・トゥエンティワン （『敵を味方に変える技術』改訂・改題書）
【要旨】人が動く条件を知っている人だけが、人生のすべてにおいて、成功します。
2017.9 223p B6 ¥1500 978-4-7993-2169-0

◆幸運を呼び込む「そうじ力」の魔法 舛田光洋著 大和書房（だいわ文庫）
【要旨】「マイナスを取り除くそうじ力」の決定版！（1）換気（2）ゴミ捨て（3）ヨゴレ取り（4）整理整頓（5）炒り塩の5ステップで、部屋もあなたも輝き出す！
2017.11 206p A6 ¥650 978-4-479-30677-1

◆高卒外交官が実践！人生を変える努力 藤田順三著 海竜社
【要旨】お金をかけなくても、仕事をしていても、自分次第で夢は切り拓ける！高卒から外務省の大使にまでなった著者が、自身の体験に基づいて、意識改革、英語勉強法、自己研鑽術を熱くつづる！
2017.10 175p B6 ¥1500 978-4-7593-1545-5

◆「声を整える」と人生が輝く キリロラ☆著 東邦出版
【要旨】正しく「無音の音」を響かせ、うまく「有音の音」を合わせれば、自然とあなたの毎日が整って、美しい「声」が生まれるのです。
2017.10 173p B6 ¥1300 978-4-8094-1497-8

◆呼吸を変えると、人生が良くなる 倉橋竜哉著 フォレスト出版
【要旨】いつもの呼吸をちょっと変えるだけ。息を吐き切ると、人もお金も吸い給せず。心身を整える究極メソッド「マイブレス式呼吸法」。
2017.3 283p B6 ¥1400 978-4-89451-751-6

◆心とカラダを整えるおとなのための1分音読 山口謠司著 自由国民社
【要旨】毎朝1分、毎晩1分。怪人二十面相、吾輩は猫である、外郎売、平家物語、初恋、おくのほそ道、智恵子抄、舞姫、細雪、小さき者へ、五十音、草枕、秋刀魚の歌…etc. おなじみの名文を読めば心とカラダがスッキリ!! 音が奏でる文学作品散策。
2017.12 127p A5 ¥1300 978-4-426-12388-8

◆こころのクセを変えるコツ 姫野友美著、江村信一絵 大和出版 （DAIWA Premium Select）（2005年刊行の加筆・再編集）
【要旨】クヨクヨからスッキリへ―自分でできる「認知療法」エクササイズ。
2017.5 185p B6 ¥950 978-4-8047-5057-6

◆言葉は現実化する―人生は、たった"ひと言"から動きはじめる 永松茂久著 きずな出版
【目次】PROLOGUE 言葉の使い方で、人生はあっさり変わる、1 うまくいく人は、言葉の力を知っている、2 なぜ言葉を変えると未来が変わるのか?、3 プラス言葉を習慣化できる自分のつくり方、4 あなたの人生を好転させる一番の存在、5 こうして言葉は現実化する、LAST どんなときでも言葉は優しい、EPILOGUE 言葉の力は必ず存在する
2017.8 251p B6 ¥1400 978-4-86663-006-9

◆これは「読む」本ではなく「考える」本です―問題解決力が身につく思考実験 笠間リョウ著 総合法令出版
【要旨】読み終わるころにはあなたの「モノの見方」は180度変わっている!! "考え方の考え方"がわかる珠玉の80題！
2017.12 174p B6 ¥1000 978-4-86280-594-2

◆さあ、才能（じぶん）に目覚めよう―ストレングス・ファインダー2.0 トム・ラス著、古屋博子訳 日本経済新聞出版社 新版
【要旨】「強みの活かし方」が資質ごとにわかる！進化したウェブテストのアクセスコード付き。
2017.4 225p B6 ¥1800 978-4-532-32143-7

◆最強の独学術―自力であらゆる目標を達成する「勝利のバイブル」 本山勝寛著 大和書房
【要旨】1週間で簿記3級取得する勉強術。1ヶ月で英単語4000個覚える暗記術。お金ゼロで学ぶYouTube勉強術。楽しく教養を身につけるマンガ勉強術。学生から社会人まで目標を実現し続ける「独学3.0」。
2017.8 207p B6 ¥1400 978-4-479-79610-7

◆最新の科学でわかった！最強の24時間―120％のパフォーマンスを引き出す時間の使い方 長沼敬憲著 ダイヤモンド社
【要旨】起床は午前6～7時が最適、大事な仕事は16～18時にするといい…。病気予防、睡眠、疲労回復、仕事や学習の効率アップ、ダイエット…科学的に効果のある超合理的な1日の過ごし方。
2017.4 207p B6 ¥1400 978-4-478-10223-7

◆斎藤一人 奇跡を起こす「大丈夫」の法則 舛岡はなゑ著 マキノ出版 （付属資料：CD1）
【要旨】第1章 幸せを呼び込む「魔法の言葉」、第2章 人生は「楽しい」と「ワクワク」だけでオッケー、第3章 人生はお空の上で決めたこと、第4章 観念に縛られない生き方をすれば、第5章 あなたはそのままで幸せになれる、第6章 魂を成長させるために生まれてきた
2017.12 198p B6 ¥1500 978-4-8376-7263-0

◆才能を伸ばす人が使っているコミュニケーション術―今すぐ役立つ！らくらく身につく！ 栗栖佳子著 （明石市）ペンコム、インプレス 発売 増補改訂版
【要旨】この本では、「才能を伸ばす人たちが使っているコミュニケーション」に注目し、その方法について、実践例を交えながら解説していきます。読み終わるころにはコツが分かって、コミュニケーションで人生が大きく変わることに気付き、昨日とは違う自分に驚くことでしょう。
2017.12 202p B6 ¥980 978-4-295-40146-9

◆才能が見つからないまま大人になってしまった君へ 神岡真司著 ワニブックス
【要旨】ベストセラー心理学著者が成功者125人の共通点を大研究。眠っていた新しい能力が見つかり人生が今すぐ変わりはじめる。
2017.9 191p B6 ¥1296 978-4-8470-9607-5

◆才能が目覚めるフォトリーディング速読術 山口佐貴子著 宝島社
【要旨】「働き方」「人生」が劇的に変わる一速読術を身につけた10人が最短最速でできるコツと実践例を紹介！
2017.9 253p B6 ¥1200 978-4-8002-7527-1

◆才能スイッチ―コーチングのプロが教える、潜在能力を発揮する方法 三浦将著 クロスメディア・パブリッシング、インプレス 発売
【要旨】これまでの人生でいつのまにかつくられた心の「枠組み」を取り払い、潜在能力を「オン」にしよう。潜在意識を味方にすれば、あなたはもっと成長できる！メンタルコーチングと習慣化メソッドでもっとクリエイティブな人に変わる！
2017.4 212p B6 ¥1380 978-4-295-40078-3

◆幸せを引き寄せる「口ぐせ」の魔法 山名裕子著 ダイヤモンド社
【要旨】「ハード・トゥー・ゲット・テクニック」―人は特別扱いされるのが好き、「バックトラッキング」―オススメの相づちは、相手の言葉を引用して返す方法、「クッション話法」―「だって」「でも」と言いたくなったら、クッションになる言葉を使う、「アイ・メッセージ」―感情を伝える時は、「YOU」より「I」を使う…「口ぐせ」をちょっと変えるだけで、すべてがうまくいく！心理学でわかった58の方法。
2017.2 201p B6 ¥1400 978-4-478-06898-4

◆幸せ指スイッチ―状況・運気・気分が一瞬で変わる ジェイ神原療 ヒカルランド
【要旨】成功する人はみんな無意識に使っている！やる気・元気・強気が一瞬で漲る奇跡のカタチ"幸せ指スイッチ"のテクニックを大公開！
2017.11 157p B6 ¥1667 978-4-86471-567-6

◆自我の正体―なぜ人生は思い通りにならないのか 岡田信光著 セルバ出版、創英社/三省堂書店 発売
【要旨】なぜ人生が思い通りにならないのか、なぜ成功できないのか、なぜ苦労するのか、なぜ病気になるのか、その理由が見えてくる。
2017.8 143p B6 ¥1500 978-4-86367-354-0

◆「思考・感情・行動」が思いのままになる！世界一カンタンな"自己コントロール"の方法 中野日出美著 大和出版
【要旨】「書く」→「見るor聞く」の2ステップでOK！3000人超の人生を劇的に好転させてきた超人気心理療法士が、1週間で「なりたい自分」に変わる画期的な方法を初公開―。
2017.9 217p B6 ¥1400 978-4-8047-1837-8

◆思考の整理学―ワイド版 外山滋比古著 筑摩書房
【要旨】自分の頭で考えるために。30年間で200万人に読まれた大ロングセラーが大きな字で読みやすくなりました。
2017.1 223p B6 ¥1000 978-4-480-01701-7

◆志士道―現代人が先人から学ぶ大切なこと 林正孝著 日本ベンチャー大學パブリッシング、星雲社 発売 （付属資料：DVD1）
【要旨】幕末の時代―志士たちは国を守るために"私"を捨てて歩いて歩いてその志を固めていった。先人のことを知れば日本人として今日からの生き方が変わる。
2017.4 304p A5 ¥1500 978-4-434-23982-3

◆史上最強のメンタル・タフネス―疲れない男・棚橋弘至が教える！どんなことにもびくともしない「心」が手に入る 棚橋弘至著 PHP研究所
【要旨】心はいつからでも鍛えられる。100年に一人の逸材が教えるメンタル強化術。
2017.3 190p B6 ¥1400 978-4-569-83556-3

◆自信（コンフィデント）を取り戻し最高の自分を引き出す方法―究極のマインドフルネス気づきのトレーニング 小林弘幸著 徳間書店
【要旨】図解でひとめでわかる！意識する→呼吸する→確信する→自信を得る。集中力、判断力、観察力、創造力を高めるメソッド。24時間、どこででもすぐできる気づきのトレーニング。呼吸に意識を向ける、マインドフルネス呼吸法。
2017.7 112p B6 ¥1350 978-4-19-864436-9

◆視点を変えれば運命が変わる！ ブライアン・トレーシー著、田中孝顕訳 きこ書房
【要旨】考えは放っておくと「ネガティブ」なほうへと流れてしまう―IBM、バンク・オブ・アメリカ、クライスラーなど、200社以上の一流企業のコンサルタントを勤めた世界五大スピーカーのひとり、ブライアン・トレーシーが提案。思考をポジティブに保つ10のスイッチ。
2017.7 231p B6 ¥1400 978-4-87771-369-0

◆自動的に夢がかなっていくブレイン・プログラミング アラン・ピーズ、バーバラ・ピーズ著、市中芳江訳 サンマーク出版
【目次】RASの秘密を知る、自分の望みをはっきりさせる、明確な目標を定める、期限を決めて計画を立てる、他人がどう思い、何を言おうが、なんと言おうがやりぬく、自分の人生に責任を取る、目標を視覚化する、アファメーションの威力、新しい習慣を身につける、数のゲームを楽しむ、ストレスに打ち勝つ、恐怖と不安を克服する、絶対にあきらめない、どん底から再出発する、おさらい
2017.8 401p B6 ¥1700 978-4-7631-3552-0

◆自分イノベーション 夏野剛著 総合法令出版

人生論・生き方　実用書

【目次】第1章 IT革命は何を変えたのか（新しいものを拒絶する日本と受容するアメリカ、第1の革命「効率革命」 ほか）、第2章 複雑な市場を分析する5つのコンセプト（想定を超えた力を生み出す「創発」、ムーブメントを形成する「自己組織化」 ほか）、第3章 分析力を育てるための思考術（食わず嫌いをせずに何でも試してみる、日常の不平不満を大切にする ほか）、第4章 イノベーションを生み出すためには（リスクを選択できない経営者は去れ！、ビジョンが明確に見えているか ほか）、第5章 生き方に重なる働き方（オボテュニスティック・アプローチのススメ、2つの戦略をどのように進めていくべきか ほか）　2017.11 215p B6 ¥1300 ①978-4-86280-580-5

◆自分を操る超集中力　メンタリストDaiGo著　かんき出版
2016 253p B6 ¥1400 ①978-4-761-27176-3

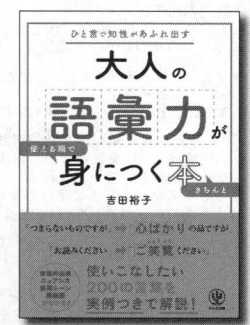

◆自分を動かし続ける力―元ヤンだった僕がカリフォルニア大学バークレー校で身につけた「最大限に成長する」習慣　鈴木琢也著　大和書房
【要旨】自分自身を奮い立たせて「動かす」コツがここにあります。何をやっても続かない。地頭のせいにしてすぐあきらめる。論理的に話せない。英語はまともに読めない、喋れない。そんな元不良のダメサラリーマンがなぜ変われたのか？ 試行錯誤して得た、誰でも実践できる人生を変えるメソッドをご紹介します。
2017.3 231p B6 ¥1400 ①978-4-479-79580-3

◆自分を変える！―自分が喜ぶ生き方を選ぶ　アーノルド・ベネット著, 渡部昇一訳・解説　三笠書房　（『自分を最高に生きる』再編集・改題書）
【要旨】あなたの一生を決定づける「人生を最高に生きる」術。ベストセラー『自分の時間』の著者がおくる、「賢明なる生き方」の名著。
2017.7 198p 18cm ¥1200 ①978-4-8379-5778-2

◆自分を変える習慣力 CD BOOK―コーチングのプロが教える、潜在意識を味方につける方法　三浦将著　クロスメディア・パブリッシング, インプレス 発売　（Business Life 012）（付属資料：CD2）
【要旨】たったひとつの良い習慣が、良い方向にあなたのすべてを変える。このCDを聴いて、今年こそは本気で「すぐやる人」「続く人」に変わる。
2017.1 63p 19×16cm ¥1380 ①978-4-295-40046-2

◆自分を変える超時間術　中谷彰宏著　（名古屋）リベラル社, 星雲社 発売
【要旨】みんながスマホを見ている時が、追い越すチャンス。生まれ変わるための62の具体例。
2017.2 201p B6 ¥1300 ①978-4-434-22990-9

◆自分を成長させる最強の学び方―MOOC日本版！　伊能美和子著　総合法令出版
【要旨】この方法なら、どんな環境にいても、スキルがアップし、教養も身につく!!米国発！ 最先端の学習法!!働きながらでも、子育てをしながらでも、リタイアしてからでも、できる！
2017.4 205p B6 ¥1400 ①978-4-86280-545-4

◆自分を大事にする人がうまくいく―スタンフォードの最新「成功学」講義　エマ・セッパラ著, 高橋佳奈子訳　大和書房
【要旨】マルチタスクは記憶力に問題を起こす。ストレス解消法は「逆効果」。チョコレートとアルコールは弱った神経に追い打ちをかける。成功は「回復の速さ」で決まる。感情をもっとうまく扱う。自己批判には「やる気」を出せない。「思いやり」は組織のパフォーマンスを格段によくする。―「自分を追い詰め、限界までやれば成功する時代」は終わったことが科学で証明された。
2017.4 262p B6 ¥1600 ①978-4-479-79584-1

◆自分を貫く―絶対に目標を達成する9つの方法　ブレンドン・バーチャード著, プレシ南日子訳　フォレスト出版
【要旨】自分本来の能力を引き出せれば必ず目標は達成される。現在、世界で最も影響力を持つ自己啓発トレーナーで「ニューヨーク・タイムズ」紙ベストセラー作家に選ばれた著者が説く"モチベーション"と"行動力"の高め方。
2017.3 390p B6 ¥1800 ①978-4-89451-749-3

◆自分を「やる気」にさせる！ 最強の心理テクニック　内藤誼人著　ぱる出版
【要旨】「やる気」が出ないのは、「やる気」を出すための心理メカニズムを知らないからだ。「自己暗示トレーニング」で、心に"やる気のガソリン"を注ぎ込もう！ 萎えた心に火をつけよう！
2017.6 222p B6 ¥1400 ①978-4-8272-1063-7

◆自分が変わる靴磨きの習慣―自己管理能力が最速で身につく　長谷川裕也著　ポプラ社
【要旨】8万足を磨いた世界一の職人による初の靴磨き系自己啓発書！「はじめての靴磨き」メソッド、巻末付録付！
2017.11 207, 11p B6 ¥1300 ①978-4-591-15576-9

◆自分のイヤなところは直る！―名前を書くだけ　牧野秀美著　東邦出版
【要旨】筆跡と性格は合わせ鏡。文字が変われば、自分も変わっていくのです。ハネ、払い、点々―。漢字の基本パーツで性格変わる！
2017.3 167p A5 ¥1300 ①978-4-8094-1457-2

◆自分の限界を飛び越えるマインド・セッティング　オリソン・マーデン著, 弓場隆訳　サンマーク出版
【要旨】ナポレオン・ヒル、デール・カーネギー、オグ・マンディーノ、スティーブン・R・コヴィーらに多大な影響を与えた先駆者による成功哲学がここに―。100年読み継がれる自己啓発の名著がついに初邦訳！
2017.10 203p B6 ¥1500 ①978-4-7631-3659-6

◆自分のリミッターをはずす！―完全版 変性意識入門　苫米地英人著　ビジネス社
【要旨】催眠、気功、古武道と一見、何の関係もなさそうな技術が、実は内部情報の書き換えにあることを明らかにして、その本質が人の変性意識状態にあることを喝破！ エリクソンからNLPまで、すべての苫米地理論の基礎が具体的にわかりやすく展開される。
2017.10 238p B6 ¥1400 ①978-4-8284-1981-7

◆自分への取材が人生を変える　はあちゅう著　ピースオブケイク, 泰文堂 発売　（スマート新書）
【要旨】成功している人には共通点があります。それは「自分をよく知っている」ということ。どれくらい稼いで、どんな人と付き合い、どんな生活を送ることが自分にとって幸せなのか？ それがわかれば、その幸福に近づくための行動を習慣化できます。ブロガー・作家のはあちゅうが、自分をよく知って夢をかなえる方法を解説します。
2017.12 95p 15×9cm ¥500 ①978-4-8030-1139-5

◆集中力を高め、ヒラメキを生む心の整え方―成功者が実践する瞑想術　綿本彰著　実業之日本社
【要旨】ヨガは心の安定感を培い、大らかさを育みます。理想的な精神状態へとチューニングし、外側の状況に関わらず、内面を常にいい状態へと調整する力を持っています。また、ヨガのポーズは、運動不足な現代人の身体をほぐすのに最適です。「いやいや、私はただ座って瞑想するだけでいい」という人もいますが、必ずしも身体調整は不要で、多くの方にとって身体は瞑想を深めるカギとなります。
2017.4 189p B6 ¥1500 ①978-4-408-11217-6

◆自由の翼を手に入れる3つの財布　成田仁著　クロスメディア・パブリッシング, インプレス 発売
【要旨】時間的・経済的・精神的な自由をつかむハイブリッドワークのすすめ。
2017.9 188p B6 ¥1380 ①978-4-295-40109-4

◆処世の別解―比較を拒み「自己新」を目指せ　吉田武著　（平塚）東海大学出版部
【目次】第1部 警句に疑問符を！（「数学は積み重ね」と言われても、「センスが必要だ」と言われても、「レベルが問題だ」と言われても、「本を数多く読め」と言われても、「取捨選択せよ」と言われても ほか）、第2部 幻想に終止符を！（「改革」にまつわる幻想、「合理性」にまつわる幻想、「アメリカと語学教育」にまつわる幻想、「知識と暗記」にまつわる幻想、「虚と美」にまつわる幻想 ほか）
2017.10 163p B6 ¥1300 ①978-4-486-02163-6

◆新・頭のよくなる本―心が脳をコントロールする　和田秀樹著　新講社　（新講社ワイド新書）
【目次】プロローグ 「頭のソフト」って何だろう？、第1章 頭のいい人は、感情にふり回されない、第2章 頭がよくなる人は「答え」を急がない、第3章 頭がよくなる人は「共通点」を探す、第4章 頭がよくなる人が持っている「知的体力」、第5章 頭がよくなる人は「揺れながら生きていく」、

人生論・生き方

心身を浄化し、幸せを引き寄せる音瞑想CDブック 村山友美著 フォレスト出版（付属資料：CD1）
【要旨】音と声を使った瞑想法の決定版！新月瞑想、満月瞑想、水星の逆行瞑想、OMチャンティング瞑想、528Hzの瞑想…など、簡単で心と身体に効く瞑想法が満載！
2017.4 141p 19×15cm ¥1700 978-4-89451-754-7

人生を大きく飛躍させる成功ワーク―読んで納得、やって体感 佐々木孝著 つた書房，創英社／三省堂書店 発売 （付属資料：DVD1）
【目次】第1章 今までの成功法則を超えた新しい成功法則、第2章 あなたの身体からあなたの情報を引き出す方法、第3章 心とコントロールする、第4章 目標設定とイメージを持つ、第5章 人間関係を良くする、第6章 チームビルディングの力、第7章 成功法則を日常に取り入れる、第8章 オリジナルの成功法則を作る
2017.4 214p A5 ¥1500 978-4-905084-20-4

人生を思い通りにする無敵のメンタル 岡本正善著 ロングセラーズ
【要旨】動じない自分を作る打たれ強さの秘訣！自分の価値は自分で決める！
2017.11 269p B5 ¥1300 978-4-8454-2409-2

人生を変えるモーニングメソッド―朝時間が自分に革命をおこす ハル・エルロッド著，鹿田昌美訳 大和書房
【要旨】大切なのは、「1日の最初にすること」だ。「日常」に追われる毎日から、「理想」を追いかける毎日へ。「集中力が上がった！」「痩せた！」「収入が増えた！」すべてが手に入る超実践的ベストセラー「スタートキット」付き！
2017.3 231p B6 ¥1500 978-4-479-79572-8

人生の手引き書―壁を乗り越える思考法 渡部昇一著 扶桑社 （扶桑社新書）『渡部昇一の思考の方法』加筆・修正・改題書
【要旨】挫けそうになったときに読む導きの書！
2017.5 224p 18cm ¥800 978-4-594-07628-3

人生の悩みが消える自問力―「5つの質問」と「自問自答」ですべてが好転する 堀江信宏著 ダイヤモンド社
【要旨】あなたがうまくいかないのはニセの願望にとらわれているからだ。「5つの質問」と「自問自答」ですべてが好転する。
2017.1 198p B6 ¥1400 978-4-478-10113-1

新装 瞑想バイブル マドンナ・ゴーディン著，鈴木宏子訳 ガイアブックス
【要旨】洋の東西を問わず多くのスピリチュアルな伝統的文化をもとに、落ちつきとセンタリング・心を配る生き方・愛と思いやりの育み・問題解決・夢の実現・神性とのリンクをもたらす瞑想の姿勢や神聖な空間の作り方、毎日瞑想をする習慣を身につける方法についてもアドバイス。初心者はもちろんすでに瞑想を実践している人にとっても、瞑想でヒーリング・ストレス解消・自己探求・スピリチュアルな成長を手にするのに必ず役立つ実用ハンドブックです。
2017 398p 17×15cm ¥2600 978-4-88282-976-8

信念の魔術―強く信じれば思いは実現する 謝世輝著 ロングセラーズ 新装版
【要旨】思いは現実化する。運命の糸は自分で操れる！稲盛和夫、松下幸之助、伊能忠敬、ヘレン・ケラーなどの偉人たちは、なぜ最悪の条件の下で、奇跡を実現できたのか？成功の唯一の法則。
2017.5 245p 18cm ¥1000 978-4-8454-5021-3

心配ぐせをなおせばすべてが思いどおりになる 斎藤茂太著 ゴマブックス 図解版
【要旨】つい「クヨクヨ」してしまう気持ちがスーッと消える本。図解でわかる！「クヨクヨ」系から「ワクワク」系へ、今すぐできるやさしい習慣術。
2017.8 198p A5 ¥1300 978-4-7771-1939-4

図解 頭のよい「超」記憶術 多湖輝著 ゴマブックス
【要旨】集中力をつけたい、何でも効率よく覚えたい、スマートに物事を覚えたい、スマートに知識を増やしたい…あなたの脳が記憶モードに切り替わる！さまざまな記憶のコツを、わかりやすい図解で解説。
2017.9 127p B6 ¥1200 978-4-7771-1949-3

図解 ストレス、不安、迷いが一瞬で消える！超瞑想法 苫米地英人著 PHP研究所『超瞑想法』再編集・改題書
【要旨】苦しいこと、嫌なことがあっても、瞬時に気持ちをリセットできるすごい方法！歩く動作の一つひとつを意識する、黙って食べながら「食材」に思いをはせる、マンガ、小説、映画を使って瞑想してみる、知識ゼロからできて効果バツグンのスゴ技13！
2017.12 93p 29×21cm ¥800 978-4-569-83718-5

図解でわかる 暗記のすごいコツ 碓井孝介著 日本実業出版社
【要旨】入試、公務員試験、資格取得、昇進試験などに受かる！偏差値35から司法書士・公認会計士の試験に合格した、超効率的な使える暗記勉強法。誰でも確実に結果が出せる35のテクニック。覚え方が図で見てわかる！今日から実践したくなる！覚えにくい情報がすっきり頭に入り、試験本番でのアウトプットに強くなります
2017.12 167p B6 ¥1400 978-4-534-05546-0

すごい耳トレ！―あなたの耳が生まれ変わる奇跡のメソッド 傅田文夫著 自由国民社
【要旨】耳が変われば人生が変わる。TVでも紹介・大反響！聴覚の「日本語リズム」を変えれば音楽も外国語も飛躍的に上達する！
2017.3 174p B6 ¥1200 978-4-426-12230-0

すべての人に気は満ちている―なぜ、宇城憲治は「気」を自在にするまでに至ったか 宇城憲治著，野中ともよ聞き手（相模原）どう出版
【要旨】気はどのように培われるのか―空手道、居合道、技術、経営…どの分野においても突出した人間力を発揮し、現在は、常識では絶対不可能とされる実践を通し、私たち人間にはとんでもない力が眠っていることに気づかせている宇城憲治。瞬時に相手に変化を与えるそのエネルギーの源とは、一体何なのか？その謎、不思議を、野中ともよが聞き手となって、一つひとつ明らかにし、真の人間力発揮への道筋を浮き彫りにしていきます。
2017.4 224p B6 ¥1600 978-4-904464-80-9

成功脳 斎藤一人著 ロングセラーズ（ロング新書）
【要旨】「自分の脳ならできる」と思った瞬間、強運を引き寄せられる。
2018.1 105p 18cm ¥950 978-4-8454-5044-2

精神科医がみつけた 運のいい人、悪い人 心の習慣 水島広子著 海竜社
【要旨】すぐ実践できる「運がよくなる」ヒントが満載！「運がいい」と「ラッキー」は違う！？「ポジティブ思考」が運を遠ざける！？「自分探し」が運を逃がす！？人生を好転させる、確かな「運」のつかみ方！
2017.5 172p B6 ¥1300 978-4-7593-1540-0

世界と渡り合うためのひとり外交術 パトリック・ハーラン著 毎日新聞出版
【要旨】文化、マナー、時間問題―ハーバード大卒・国際派芸人が教える、世界の人の心をツカむ秘訣。国際コミュニケーションの現場で役立つヒント満載。相手の常識・価値観を知り、共通認識を把握する。省略しない、文脈に依存しない伝え方を身につける。国際問題について、自分の意見を持ち、議論する。3ステップで育むグローバル思考！
2017.11 222p 18cm ¥1000 978-4-620-32484-5

世界のハイパフォーマーがやっている「最強の瞑想法」―マンガで実践！ 渡邊愛子著，雨川みう マンガ，青木健生 シナリオ 大和出版
【要旨】麻川かすみ（25歳）は、中堅文具メーカーの企画開発部員。企画が通らず、ついには上司から「そろそろ結果を出さないと、他部署に飛ばされるぞ」と言われる始末。プライベートでも悪いことばかりで、憂さ晴らしに行った"お笑いライブ"で笑いのツボが自分とぴったりの女性とは出会う。彼女は自らを瞑想ティーチャーだと名乗り…。この日から、かすみの「飛躍」が始まった。驚くほどの効果とやり方がよくわかる！
2017.4 188p B6 ¥1300 978-4-8047-6275-3

絶対にミスをしない人の脳の習慣 樺沢紫苑著 SBクリエイティブ
【要旨】脳を最適化すればすべて解決できる。集中力を科学的に最大化する仕事のコツ。最新脳科学でわかった「速度」と「精度」を劇的に上げるメカニズム。
2017.10 263p B6 ¥1400 978-4-7973-9373-6

先入観はウソをつく―常識や定説を疑い柔軟な発想を生む方法 武田邦彦著 SBクリエイティブ （SB新書）
【要旨】必要でもあり妨げにもなる先入観！「あの人はいい人だから安心」「専門家がそう言っているから間違いない」「住んでいるところは、ハザードマップで災害に遭う確率が低いから大丈夫」…。これらはすべて「○○だろう」「○○である」という先入観から捉えられているもの。経験や知識がある人ほど、固定観念や決めつけ、願望などが邪魔をし、ときに判断を誤り、大きな失敗をすることになる。本書は先入観の正しい「外し方」について、豊富な事例とともに警鐘をこめて解説。マツコ・デラックスとの対談収録。
2017.2 191p 18cm ¥800 978-4-7973-8918-0

素読のすすめ 川島隆太，齋藤孝著 致知出版社 （致知ブックレット）
【目次】二大ベストセラー秘話、素読と脳のメカニズム、素読でコミュニケーション能力が高まる、素読を速くやれば頭の回転が速くなる、スマホ利用と学力低下の恐れ／人間関係、素読は認知症改善の劇薬、詰め込み教育は是か非か、日本語のリズムと言葉の美しさ、学校における努力、家庭における努力、素読は日本人の精神文化を育ててきた
2017.4 41p 18cm ¥600 978-4-8009-1144-5

それからの僕にはマラソンがあった 松浦弥太郎著 筑摩書房
【要旨】疲れ果てた頭を横切った「ちょっと走ってみるか」。それから9年、何が変わったのか―。
2017.12 164p B6 ¥1300 978-4-480-81541-5

ゾーンを引き寄せる脳の習慣 辻秀一著 祥伝社 （祥伝社黄金文庫）
【要旨】いつでもどこでも最高のパフォーマンスを引き出す"フロー"になる20のスキル。
2017.8 239p A6 ¥590 978-4-396-31714-0

ゾーンの入り方 室伏広治著 集英社 （集英社新書）
【要旨】超一流アスリートが教える、結果を出すための集中法。
2017.10 220p 18cm ¥740 978-4-08-721005-7

大好きなことで、食べていく方法を教えよう。一好きなことに没頭していると、道が拓ける。 千田琢哉著 海竜社
【要旨】あなたの人生を一変させる40のレッスン！気づく力、夢中になる力、応援される力、別れる力、お金に愛される力。大好きなことで生きるために、新しい窓を開けよう！
2018.1 185p B6 ¥1300 978-4-7593-1582-0

第0印象―第一印象に備える自分の作り方 堀岡桂子著（武蔵野）さん出版
【要旨】プロフィール写真であなたの印象が変わる。日常の立居振舞であなたの見られ方が変わる。パーソナルカラーであなたらしさが高められる。隠されたあなたのオーラで魅力をアップする。一目からウロコの自己アピール術。あなたの魅力は今までの倍になる！
2017.8 186p B6 ¥1500 978-4-88096-329-7

立て直す力 RISING STRONG 感情を自覚し、整理し、人生を変える3ステップ ブレネー・ブラウン著，小川敏子訳 講談社
【要旨】「ニューヨーク・タイムズ」第1位！弱い自分を認めて、強い自分をつくろう。TEDトーク「傷つく心の力」で注目の著者の話題作が、いよいよ日本上陸。ソーシャルワークの15年にわたる研究から導き出された、個人にも組織にも役立つメソッド。
2017.2 300p B6 ¥1700 978-4-06-220069-1

他人に振り回されない自信の作り方 齋藤孝著 PHPエディターズ・グループ，PHP研究所 発売
【要旨】自信＝自芯。「できる」を少しずつ増やすことで「心の芯」は太くなっていく。自分の軸ができれば、もうブレない！強い人の前だと自分が出せない、人とうまく付き合えない、周りに流されて疲れてしまう…そんなあなたを支える本。
2018.1 223p B6 ¥1550 978-4-569-83736-9

楽しみながら1分で脳を鍛える速音読 齋藤孝著 致知出版社
【要旨】あなたの脳を鍛え、教養を高める速音読テキスト55。名作の書き出し＆クライマックス

人生論・生き方

を1分で味わう。認知症予防にもおすすめ！
　　　　　　2017.1 137p B5 ¥1300 ①978-4-8009-1134-6

◆楽しみながら日本人の教養が身につく速音読　齋藤孝著　致知出版社
【要旨】この一冊にまるごと収録!!声に出して覚える日本人の教養。
　　　　　　2017.10 121p B5 ¥1300 ①978-4-8009-1160-5

◆ダメな奴ほど「成功」する。―0.1秒で人生が変わる偉人の名言穴埋めドリル　星まこと著　自由国民社
【要旨】先が見えないとき、あきらめそうなとき、大失敗してしまったとき、自信を失ったとき、自分を責めてしまうとき―偉人100人が逆境から立ち上がり成功を勝ち取ったパワーワードがあなたの心を一瞬で変える。
　　　　　　2017.6 222p B6 ¥1200 ①978-4-426-12188-4

◆「ダラダラ癖」から抜け出すための10の法則　メリル・E.ダグラス、ドナ・N.ダグラス著、川勝久訳　日本経済新聞出版社（日経ビジネス人文庫）
【要旨】自分の「作業・行動」を書き出す。「最も大切なこと」と「今やっていること」とのズレを修正する。コマ切れ時間を1つに集める。1日30分の「静かな時間」をつくる。1980年の刊行以来、米国で読み継がれてきた、時間管理と仕事のコツを伝授するロングセラーを文庫化。
　　　　　　2017.2 253p A6 ¥750 ①978-4-532-19814-5

◆誰といても疲れない自分になる本　林恭弘著　総合法令出版（『「ムカつく！」相手と上手につきあう方法』加筆・修正・改題書）
【要旨】怒らせるかもと思って本音が言えない。自分は職場で浮いている気がする。上司に都合よく使われている気がしてイライラ。言わなくてよかったのかなと後で悩む。悩みの9割は妄想！大人気セミナー講師が教える！一生悩まない付き合い方のコツ。
　　　　　　2017.5 165p B6 ¥1200 ①978-4-86280-550-8

◆鍛錬の流儀―精神と肉体を磨く、生き方の羅針盤71　山本圭一著　柏書房
【要旨】重要なのは、肉体トレーニングの先にある、その内面の鍛錬である。精神も筋肉と同じ、鍛錬で成長する。ベストセラー『仕事ができる人はなぜ筋トレをするのか』の著者が、被災地・雄勝に移り住んで深化させた究極のメンタル＆フィジカル鍛錬の道！弱い自分を克服し、迷いを断ち切る究極の人生論！
　　　　　　2017.10 238p B6 ¥1400 ①978-4-7601-4910-0

◆小さな習慣　スティーヴン・ガイズ著、田口未和訳　ダイヤモンド社
【目次】第1章 小さな習慣とは何か?、第2章 脳を味方にするための方法、第3章 モチベーションとわずかな意志の力、第4章 小さな習慣を成功させるための心構え、第5章 小さな習慣はなぜ優れているのか、第6章 大きな変化をもたらす「小さな習慣」8つのステップ、第7章「小さな習慣」を失敗させない8つのルール
　　　　　　2017.4 222p B6 ¥1400 ①978-4-478-06577-8

◆チャクラが開いて人間関係がよくなるCDブック　永田兼一著　宝島社（付属資料：CD1）
【要旨】リラックス、イライラを鎮める、やる気が芽生える、優しくなれるetc.水晶の音色と心理カウンセラーのアドバイスが心を癒す！
　　　　　　2017.4 95p 19×15cm ¥1180 ①978-4-8002-6918-8

◆超訳引き寄せの法則―エイブラハムとの対話　エスター・ヒックス、ジェリー・ヒックス著、奥平亜美衣訳　SBクリエイティブ
【要旨】あなたの願いをすべて叶える『引き寄せの法則』。本書は「引き寄せの法則」を、わかりやすく丁寧に教えます。ぜひ、毎日の生活の中に取り入れてみてください。きっと、魔法のように望みが現実のものとなり、驚くことになるでしょう！
　　　　　　2017.11 244p B6 ¥1500 ①978-4-7973-9135-0

◆出口汪のマンガでわかるすごい！記憶術―本当に頭がよくなる一生モノの勉強法　出口汪著、ひなた水色作画、新田哲嗣シナリオ制作　SBクリエイティブ
【要旨】世界一賢い勉強法が、マンガでサクッと読める！最速で身につく！明るさとガッツが武器の若手セールスパーソン・ヒナタ。保険会社に入社するも、いまいち成果が出ず…保険が悪くて、覚えられないんです…」と悩む日々。しかし、ある日支店長に紹介された記憶のカリ

スマ・入口先生との出会いから、「忘れない脳」にグングン変わっていく！一生役立つ本物の勉強法がよくわかる決定版！
　　　　　　2017.2 165p B6 ¥1300 ①978-4-7973-8836-7

◆「手で書くこと」が知性を引き出す―心を整え、思考を解き放つ新習慣「ジャーナリング」入門　吉田典生著　文響社
【要旨】"書くマインドフルネス"「ジャーナリング」の入門ブック。「ただ、書く」だけで無意識の「あなた」が語り出す―。心を鎮め、深く知ることで仕事、健康、メンタルなどに好影響を与えていきます。
　　　　　　2017.11 192p A5 ¥1080 ①978-4-86651-014-9

◆天才の証明　中田敦彦著　日経BP社,日経BPマーケティング　発売
【要旨】オリエンタルラジオ、RADIO FISHの司令塔による才能を開花させる「戦略」と「選択」。
　　　　　　2017.11 198p B6 ¥1400 ①978-4-8222-5921-1

◆苫米地式聴くだけで脳からストレスが消えるCDブック　苫米地英人著　イースト・プレス（付属資料：CD1）
【要旨】イヤな気持ちも「ゴミ」も消え、脳が休まり、若返る！「1日1回」でネガティブ感情がゼロになる！世界が注目する「機能脳科学」から生まれたトレーニング用音声を、たった4曲に凝縮！
　　　　　　2017.12 79p B6 ¥1400 ①978-4-7816-1611-7

◆どんな怒りも6秒でなくなる　安藤俊介著　（名古屋）リベラル,星雲社　発売
【目次】第1章 怒りに悩んでいるのは、あなただけではない、第2章 あなたが怒ってしまう本当の理由、第3章 誰でもできる、怒りの解決方法、第4章 タイプ別・怒りに振り回されないコツ、第5章 これでうまくいく、上手な怒り方、第6章 怒りっぽい人から身を守る方法、第7章 もう、怒りに振り回されない
　　　　　　2017.2 191p A6 ¥850 ①978-4-434-23053-0

◆「内向型の自分を変えたい」と思ったら読む本―仕事・人間関係・人生が好転する！　渡瀬謙著　大和出版
【要旨】読めば、視界がスッと開ける！明日への希望と勇気が湧いてくる!!自らの性格に40年以上、悩んできた著者が明かす内向型人間の「弱み」を「強み」に変える6ステップ。
　　　　　　2017.1 236p B6 ¥1500 ①978-4-8047-1831-6

◆なぜあなたの力は眠ったままなのか―自分を好きになる宝物ファイルプログラム　岩堀美雪著　致知出版社
【要旨】大人版宝物ファイルプログラムは、長所に目を向け、いろいろなものをファイルに入れて形として残していきます。そうすることで今まで知らなかった自分を発見し、自分を好きになる自己成長のプログラムです。大人版宝物ファイルプログラムを実践して自分も知らなかった新しい扉を開ける。自分を好きになる。その結果、もともと持っていた自分の魅力が花開き、これまで以上に楽しくて輝く人生を送る人が増えてきています。5万人以上に感動を与えてきた、自己肯定感を育てる魔法のメソッドを公開。
　　　　　　2017.1 219p B6 ¥1400 ①978-4-8009-1136-0

◆なぜ、あなたのやる気は続かないのか―誰も気がつかなかった習慣化の法則　平本あきお著　青春出版社
【要旨】早起き、英会話、勉強、トレーニング、禁酒…etc.まじめな人ほど三日坊主になる本当の理由。
　　　　　　2017.2 171p B6 ¥1300 ①978-4-413-23028-5

◆なぜあの人は心が折れないのか―ストレスをエネルギーに変える56の方法　中谷彰宏著　毎日新聞出版
【目次】第1章 自分の振る舞い方を変える。（上司だと思うと、腹が立つ。上司もお客様だと思うと、腹が立たない。上司を、変えようとすることから、ストレスは生まれる。ほか）第2章 根を詰めて満足しない。（条件が整わない仕事に、強くなる。失敗ではなく、経験と考える。ほか）第3章 自分が、決める。（決まるのではない、自分が、「なんで?」に答えはない。「どうしたら」に、答えが見つかる。ほか）第4章 期待しすぎると、苦にならない。（ヤル気を、出さなくていい。習慣をつけるだけでいい。すべて奇跡という人は、悩まない。奇跡がないという人も、悩まない。奇跡が、どこかにあると思う人が悩む。ほか）第5章 トライすることで安全地帯を見つける。（悪口は、反論

で燃え上がる。反論しなければ、消える。。炎上加担者は、1.1％しかいない。全員ではなく、1人にすぎない。ほか）
　　　　　　2017.2 186p B6 ¥1300 ①978-4-620-32434-0

◆7日間で新しい私になる！100％自分原因説　秋山まりあ著　PHP研究所（PHP文庫）（『もっと100％自分原因説で物事を始めてみたら…』加筆修正・再編集・改題書）
【要旨】「100％自分原因説」とは「自分のまわりで起こっていることは、過去の思考からできている」と考え、思考のクセを修正して潜在意識に"なりたい自分"や"願い"を届けるメソッド。初級、中級、上級のイメージワークを7日間実践すれば、お金、恋愛、仕事、健康などあらゆる問題が解決し、幸福な人生になっていきます。
　　　　　　2017.12 269p A6 ¥700 ①978-4-569-76793-2

◆悩まない人の63の習慣　中谷彰宏著　きずな出版
【目次】プロローグ―つらいことがあった時も、いつも通りの生活を変えない。第1章 悩みがあるけど、悩み続けない。―悩みの種がわかれば、悩まない。第2章 ネガティブな感情を、否定しない。―痛みを感じたら、場所がわかる。第3章 ストライクゾーンを、広くしよう。―これしかない、と思うから悩む。第4章 いまの悩みが将来の、財産になる。―恵まれていないことに、感謝しよう。第5章 悩みは工夫で、解決できる。―気持ちを切り替えて、トラブルを楽しもう。第6章 欲しくない答えも、受け入れよう。―いま以上に、悩みを大きくしないコツ。第7章 うまくいかない人生も、楽しもう。―悩みに、消耗されない生き方。エピローグ―幸福とは、悩みのない状態では。不安をムリに消そうとしない。今するべきことをする。
　　　　　　2017.8 185p B6 ¥1400 ①978-4-86663-007-6

◆2秒で自分を伝える！　平野佳ար著　日本経済新聞出版社
【要旨】着こなし、トーク、インプレッション…その努力の9割はムダ?!ビジネスもプライベートも、パートナーの信頼を勝ち取るのはほんの小さな心がけ。
　　　　　　2017.11 223p B6 ¥1500 ①978-4-532-17630-3

◆日本一の速読教室―2万人以上が効果を実感！　石井真著　カンゼン
【要旨】楽読は「誰でも」「楽に」「楽しみながら」習得できる速読法です！やることはたったのふたつ！目と脳を鍛えるだけ！本を読みながらゆるゆる会話するだけで、読書スピードが5倍以上も速くなる！
　　　　　　2018.1 173p B6 ¥1400 ①978-4-86255-433-8

◆柔軟心をつかう習慣　植西聰著　三五館
【要旨】柔軟心を習慣にするための方法を、たくさんお伝えします。いいことも、悪いことも、すべて受け入れてみる。大丈夫、必ずうまくいく。成功する。幸せになる発想力のヒントが、いっぱいの本。
　　　　　　2017.6 206p B6 ¥1200 ①978-4-88320-701-5

◆人間関係のストレスに負けない　気分転換のコツ　大野裕著　大和出版
【要旨】自分を守る5つの約束―こころを窒息させない、新しい環境を受け入れる、人間関係に束縛されない、一人で頑張りすぎない、自分らしく人とつき合う。
　　　　　　2017.7 181p B6 ¥1400 ①978-4-86663-002-1

◆人間関係の整理術―すべてがうまくまわりだす　和気香子著　クロスメディア・パブリッシング,インプレス　発売
【要旨】「問い方」を変えればイライラ・モヤモヤは消える。自分を縛る「クセ」を捨てて自由に生きる勇気づけのコーチング、30の魔法。
　　　　　　2017.6 223p B6 ¥1280 ①978-4-295-40095-0

◆脳を鍛える茂木式マインドフルネス　茂木健一郎著　世界文化クリエイティブ,世界文化社　発売
【要旨】マインドフルネスとは、「今、ここ」で起こっていることに注意を向け、自分が感じている感情、思考を判断せずに観察している心の状態のこと。マインドフルネスによって脳が物理的にどう変わっていくのか。日常生活においてどのようなことを実践すればいいのか、お話ししていきます。
　　　　　　2017.6 220p B6 ¥1300 ①978-4-418-17227-6

◆脳を使った休息術　茂木健一郎著　総合法令出版

人生論・生き方

実用書

◆脳が活性化する大人のスピード音読脳ドリル　川島隆太監修　学研プラス　(元気脳練習帳)
【要旨】体のための健康法があるように、脳にも健康法が必要です。「脳の健康法」とは、脳を使い続ける習慣を持つこと。本書にある、名文を声に出して速く読むことで、脳を活性化させることができます。ぜひ毎日楽しみながら音読し、脳を元気にさせましょう。
2017.10 151p B5 ¥1100 ①978-4-05-800834-8

◆「脳が目覚める瞑想」で、願った未来がやってくる　中島正明著　サンマーク出版
【要旨】あなたの知らない、瞑想の「すごい力」。スピリチュアルを超えた「脳科学」で、脳、心、そして人生が変わる。3万人を教えた瞑想指導者による「明日の自分を変えるツール」！
2017.5 238p B6 ¥1400 ①978-4-7631-3628-2

◆脳内麻薬で成功中毒　増田勝利著　冬至書房
【要旨】仕事、健康、お金、恋愛、人間関係、目標達成など、すべてに効果抜群！合法的に脳を活性化させる驚異のサクセスハイメソッドを初公開。
2017.9 219, 2p B6 ¥1800 ①978-4-88582-192-9

◆脳にまかせる超集中術―世界記憶力グランドマスターが教える　池田義博著　ダイヤモンド社
【要旨】「呼吸」でメンタルを安定させる。「マインドフルネス」で注意力を上げる。「潜在意識」を利用して脳に自動操縦させる。「1分間」やり続けることで集中の波に乗る。「五感」でのやる気を起こさせる。「脳にまかせる」人は、脳の力で集中力を発揮する！
2017.12 204p B6 ¥1400 ①978-4-478-10458-3

◆脳にまかせる勉強法―世界記憶力グランドマスターが教える　池田義博著　ダイヤモンド社
【要旨】3回読んで、1分書くだけ！ラクに大量に覚えられる!!試験、資格、英語、ビジネス…何でも効果抜群！脳の編集力を最大限に利用した最強の記憶術。
2017.3 205p B6 ¥1400 ①978-4-478-10214-5

◆脳の再起動（リブート）スイッチ―アタマを休め、切り替えに効くマインドフルネス入門　久賀谷亮著　ナツメ社
【要旨】ベストセラー精神科医が提案、脳環境を最適化するリフレッシュ術！デスクでも、電車内でもこっそりできる脳の休息法。働く人の24時間に当てはめて、いつでも、短時間にできて、続く、脳の休息法を提案します。
2017.10 158p B6 ¥1400 ①978-4-8163-6324-5

◆脳パフォーマンスがあがるマインドフルネス瞑想法―いつでも、どこででもできる、心のアップデート、幸せを引き寄せる　吉田昌生著　主婦の友社
【目次】第1章 幸せを引き寄せる脳の使い方、第2章 「気づき」で人生が好転する、第3章 1日10分マインドフルネス瞑想でいい習慣を養う、第4章 シーン別マインドフルネス瞑想実践法、第5章 実践しました。マインドフルネス瞑想体験録、第6章 方向性を定め、今ここを生きる―価値観を明確化しよう
2017.5 191p B6 ¥1300 ①978-4-07-422563-7

◆残り97％の脳の使い方 ポケット版　苫米地英人著　フォレスト出版
【要旨】脳の中のイメージが変わると、人生がみるみる変わりだす！脳と人生にダマされる。年収500万円の人と年収1億円の人は見えている「現実」が違う！
2017.2 185p 18cm ¥1100 ①978-4-89451-723-3

◆ハーバードメディカルスクール式 人生を変える集中力　ポール・ハマーネス, マーガレット・ムーア, ジョン・ハンク著　森田由美訳　文響社
【要旨】世界トップレベルの研究が行われているハーバード大学医学大学校で解明された脳をコントロールする法則！高度で複雑な脳の力を100％引き出すきっかけは、実は「単純な行動」だった！
2017.11 349p B6 ¥1580 ①978-4-86651-037-8

◆びっくりするほど夢が叶う未来設計術　加持麻希著　セルバ出版, 創英社/三省堂書店発売

【要旨】本書では、学校では教えてくれない「幸せ」の見つけ方、それに向けたストーリーのつくり方を解説。
2017.12 159p B6 ¥1500 ①978-4-86367-386-1

◆ひっこみ思案のあなたが生まれ変わる科学的方法　アンディ・モリンスキー著, 花塚恵訳　ダイヤモンド社
【要旨】なぜ人は自分にとって「居心地のいい小さな世界」から出られないのか？ハーバード×心理学が教える、自分を変える科学的メソッドを一冊に集約！小さく行動を変えるだけで、みるみる人生がひらけていく！世界的メディアが認めた「ひっこみ思案」をなおす研究50。
2017.9 212p B6 ¥1500 ①978-4-478-10163-6

◆人は変われる。―ライザップで証明された自分を変える極意　RIZAP編著　自由国民社
【目次】第1章 踏み出す力、第2章 目標を持つ力、第3章 計画を立てる力、第4章 振り返る力、第5章 やりきる力、第6章 維持する力、第7章 夢を持ち続ける力、スタッフSTORY ライザップが変えたもの、MAKE YOUR BODY&LIFE ライザップの理念・行動指針、社長 瀬戸健語録 ライザップは人生を変える
2017.3 172p B6 ¥1300 ①978-4-426-12177-8

◆人前で「あがらない人」と「あがる人」の習慣　鳥谷朝代著　明日香出版社　(アスカビジネス)
【要旨】大事なプレゼン、見込み客の面談、朝礼でのスピーチ、会議での発言、就職活動での面接、結婚式の挨拶―一人きりで話さなくてはいけない大事な局面は誰にでも、やってきます。本番で、真っ白にならないために今できること、知っておくこと。
2017.10 232p B6 ¥1400 ①978-4-7569-1931-1

◆ビビらない技法―やさしいあなたが打たれ強くなる心理術　内藤誼人著　大和書房　(だいわ文庫)
【要旨】なぜあの人は"ここ一番"で逃げないのか？心理学者が明かす「人前」「失敗」「本番」「逆境」に強くなる！すぐに使えて、効果バツグンの心理テクニックが満載！
2018.1 247p A6 ¥680 ①978-4-479-30687-0

◆敏感すぎるあなたが7日間で自己肯定感をあげる方法　根本裕幸著　あさ出版
【要旨】心理カウンセラーのメソッドを短期間で習得できる！
2017.9 214p B6 ¥1300 ①978-4-86667-013-3

◆ピンチをチャンスに変える運命法則　藤谷泰允著　ビオ・マガジン　(アネモネBOOKS)
【要旨】人生のピンチ（苦しみ）を引き受けて、チャンス（歓び）に光転させる。「引き受け人間学」です。天と繋がり、ピンチをチャンスに変える方法！
2017.11 264p B6 ¥1600 ①978-4-86588-024-3

◆武器を磨け―弱者の戦略教科書『キングダム』　佐藤優著, 原泰久原作　SBクリエイティブ　(SB新書)
【要旨】政治、会社、景気…いずれも期待を持てない、混迷を極める現代社会。過酷な時代を生き抜く術は『キングダム』に学べ！「インテリジェンスの巨人」佐藤優が、「週刊ヤングジャンプ」で連載中の、累計3000万部超の大人気コミック『キングダム』から読み解いた、すべての現代人のための超・実践的処世訓！
2018.1 193p 18cm ¥800 ①978-4-7973-9293-7

◆不思議なくらい気持ちが落ち着く呼吸法　森田愛子著　三笠書房　(王様文庫)
【要旨】歩き方、座り方、モノの持ち方、食事のとき…いつもの動作を変えると「新鮮な空気」が体じゅうをめぐり出す！肩こり、腰痛、頭痛、不眠、花粉症、冷え、生理痛、不妊、ダイエット、さまざまな悩みも解決！ちょっとしたコツで、心も体もぐっと快調に！
2017.3 235p A6 ¥650 ①978-4-8379-6814-6

◆勉強したくなった人のための大人の「独学」法　和田秀樹著　大和書房
【要旨】学び続けることで、夢をかなえたり、自分の人生をガラリと変えるチャンスに出会える思い立ったときに始めよう。医師をしながら、作家、映画監督、進学塾経営など、「独学」で手に入れた私の方法、すべてお伝えします。
2017.3 229p B6 ¥1400 ①978-4-479-79574-1

◆勉強は「がんばらない」ほどうまくいく　伊藤真著　PHPエディターズ・グループ, PHP研究所発売
【要旨】司法試験界の「カリスマ塾長」が教える 必ず結果が出る！ 逆転発想の勉強法。
2017.3 207p B6 ¥1300 ①978-4-569-83287-6

◆本当に強い人、強そうで弱い人―心の基礎体力の鍛え方　川村則行著　講談社　(講談社プラスアルファ文庫)
【要旨】「心が強い」とはどういうことだろうか？「心の基礎体力」の鍛え方の第一歩は、自分の弱さを受け入れること。自分を知り、心と体の関係を知れば、強く生きるコツが見つかる。なんとなく「生きづらさ」を感じているあなたへ、自分らしく生きるためのサイエンスを心理療法の専門家が解き明かす。
2017.6 269p A6 ¥790 ①978-4-06-281717-2

◆マインドフルネス 怒りが消える瞑想法　吉田昌生著　青春出版社
【要旨】この本でお伝えしたいのは怒りを無理やりポジティブなものに変える方法ではありません。がまんして抑える方法でもありません。ありのまま受けとめ受け流していく方法です。
2017.2 190p B6 ¥1480 ①978-4-413-23031-5

◆マナードリル―仕事も人間関係もうまくいく！　関下昌代著　総合法令出版
【要旨】これ一冊で社会人の基本が身につく！Q&A形式でおとなの知性を磨く！急な来客、重役との会食、お祝い事…いざというとき恥をかかなくて済む！最低限知っておきたいビジネスマナーを厳選！
2017.4 220p 19cm ¥1100 ①978-4-86280-547-8

◆まねる力―模倣こそが創造である　齋藤孝著　朝日新聞出版　(朝日新書)
【要旨】厳しい現代社会を生き抜くためにもっとも必要なもの―それが「まねる力」だ！いま私たちの仕事の現場や子どもたちの教育の場では、かつてないほど発想力や問題解決能力が問われている。この難関を突破するための最高のスキルが「まね」。できる人のやり方を自分流にアレンジして、新しいクリエイティブを生み出そう。先達たちの人生や書物から著者が学んだ「知の極意」が満載！
2017.8 205p 18cm ¥720 ①978-4-02-273728-1

◆○×まんがでスッキリわかる もう怒らない本　安藤俊介著, 橋本くらら漫画　ディスカヴァー・トゥエンティワン
【要旨】ムダに怒らない人、怒りで失敗する人。違いがわかれば、うまくいく！今、話題の心理トレーニング、アンガーマネジメントの要点がスッキリ！
2017.9 179p B6 ¥1300 ①978-4-7993-2166-9

◆マンガでわかる！ 一生折れない自信のつくり方　青木仁志著, 朝日夜作画, 星野卓也シナリオ　アチーブメント出版
【要旨】ゆとり世代の拓矢は人事異動でいきなり新規開拓営業課へ。成果を出せず、彼女とも疎遠になり、家族仲は最悪に…現実から逃げるため、一人暮らしをはじめたアパートで10歳の不思議な少女くるみから自信のレッスンを受けることに―
2017.9 182p B6 ¥1200 ①978-4-86643-014-0

◆見るだけで脳が目覚める本―美しい写真まんさい！　中川和宏著　総合法令出版　(付属資料：カード)
【要旨】集中→気づき→瞑想の3ステップで、あなたの脳力はどんどん伸びる！脳が目覚める間違い探し、脳を目覚めさせるカードつき。
2017.3 125p B6 ¥1200 ①978-4-86280-542-3

◆メンタリストDaiGoのポジティブ辞典　メンタリストDaiGo著　セブン&アイ出版
【要旨】自分を向上させる場所さえ変えることができれば、あなたは必ず幸せになれる。DaiGoの言葉集、決定版！
2017.12 222p B6 ¥1280 ①978-4-86008-755-5

◆「めんどくさい」がなくなる100の科学的な方法　菅原道仁著　大和書房
【要旨】「やらなきゃ」と思わないで、「絶対にできる」ことを最大化する。仕事、運動、片づけ、ダイエット、勉強、脳科学的に「行動につなげる」実践法。
2017.12 271p B6 ¥1400 ①978-4-479-79604-6

◆もう人前でゼッタイあがらない！―イザというとき2倍の実力が出せる法　坂上肇著　ロングセラーズ　(ロング新書)

◆「モテる男」と「嫌われる男」の習慣　今井翔著　明日香出版社（アスカビジネス）
【要旨】モテる男は「考え方」「所作」「伝え方」を日常生活で磨いている。300人のモテる男に共通する、50の習慣を手に入れよう！
2017.5　229p　B6　¥1400　①978-4-7569-1903-8

◆やめられない！　ぐらいスゴイ続ける技術　菅原洋平著　KADOKAWA
【要旨】「努力」「ガマン」「才能」すべて不要！　著者累計30万部突破の著者が教える「今度こそ！」とサヨナラする方法。どんな三日坊主でも「最新脳科学」と「医療現場の実践手法」で続いてしまう！
2017.4　215p　B6　¥1300　①978-4-04-601912-7

◆やる気を120％引き出す！　メンタル強化メソッド　浮世満理子著　実業之日本社
（『絶対に消えない「やる気」の起こし方』再編集・改題書）
【要旨】すぐやる人に変わる！　ラクに！　無理せず！　行動力が身につく黄金法則!!
2017.2　199p　B6　¥1300　①978-4-408-45632-4

◆夢をかなえる人のシンクロニシティ・マネジメント　堀内恭隆著　サンマーク出版
【要旨】「シンクロニシティ・マネジメント」の体・心・魂を目覚めさせる3STEPで、人間関係、お金、生き方の不自由な制限が外れ、自分の人生の使命（ミッション）に気づきます。そのため、シンクロニシティやインスピレーションを受け取れるようになると同時に、いままで考えていた願いや目標を超える、未知なる「自分」に覚醒するのです。4000人以上の人生を変えた驚きのメソッド、大公開！
2017.5　266p　B6　¥1400　①978-4-7631-3624-4

◆夢は数字にすると必ず叶う　植田育典著　秀和システム
【目次】1章　なぜ数字にこだわる人は夢を叶えられるのか、2章　成功している人の特徴は、数字が作り出していた、3章　人間関係を良くする数字のコミュニケーション、4章　数字を使わなきゃ損！　数字で夢を叶える方法、5章　八方塞がりの状況でも、数字が救ってくれる、6章　香川発、数字が教えてくれた世界展開、7章　数字を追いかけ続けると、神様から思いがけないギフトが届く
2017.10　175p　B6　¥1400　①978-4-7980-5312-7

◆よしもとで学んだ「お笑い」を刑務所で話す―自分を愛するコミュニケーション　竹中功著　にんげん出版
【要旨】「10歳の自分に会いに行く」。人とのコミュニケーション力を身につける前に自分を知り、自分を愛し、そして、人を愛す。不安が消えるコミュニケーション術。
2017.7　206p　B6　¥1300　①978-4-931344-43-3

◆夜型人間のための知的生産術　齋藤孝著　ポプラ社（ポプラ新書）
【要旨】私は朝の番組を担当していたが実は「夜型人間」だった―。これまでに500冊以上の著書を出版してきた著者が膨大なアウトプットを生み出す秘密は「夜の過ごし方」にあった。さまざまな偉人の夜の過ごし方や、著者自身の経験をもとに、夜という素敵な時間を濃密な知的生産の土壌にする方法。
2017.4　190p　18cm　¥800　①978-4-591-15442-7

◆朗読して幸せになる7日間声トレ　飯島晶子著　みらいパブリッシング、星雲社　発売
（付属資料：CD1）
【要旨】きょうから始めませんか？　朗読で、楽しくイキイキ、ツヤツヤ、モヤモヤ解消、誰でもいやされる「感動」を思い出す豊かな時間がここにあります。朗読入門の決定版。
2017.1　199p　19x15cm　¥1400　①978-4-434-22965-7

◆60歳からの「しばられない」生き方　勢古浩爾著　ベストセラーズ
【要旨】定年とは、社会の「しばり」から解放される絶好のチャンスである。「定年難民」の異端者が教える、人生初の自由を手にするための手引き書。
2017.11　198p　B6　¥1400　①978-4-584-13825-0

◆BIG MAGIC―「夢中になる」ことからはじめよう。　エリザベス・ギルバート著、神奈川夏子訳　ディスカヴァー・トゥエンティワン

【要旨】もう心配はいらない。この本に書いてある考えかた・理論・技術をマスターし実践すれば、あなたの悩みはたちどころに解消する。
2017.8　222p　18cm　¥1000　①978-4-8454-5032-9

【要旨】心の奥深くに眠る創造性を解き放つ。『食べて、祈って、恋をして』の世界的ベストセラー作家が「充実して生きる秘訣」を解き明かす話題沸騰中。
2017.10　311p　B6　¥1500　①978-4-7993-2178-2

◆DVDブック　マインドとの同一化から目覚め、プレゼンスに生きる―「覚醒」超入門　エックハルト・トール、ディーパック・チョプラ著、采尾英理訳　ナチュラルスピリット　（付属資料：DVD1）
【要旨】"私は誰か？"と問うのは誰か？　思考が静まるとき本当の自分が現れる！
2017.3　93p　B6　¥2100　①978-4-86451-232-9

◆IQも才能もぶっとばせ！　やり抜く脳の鍛え方　茂木健一郎著　学研プラス
【要旨】茂木式・脳科学から導き出した28のアクション。読むだけで、やり抜く力が湧いてくる！　茂木式・絶対目標達成のブレイン・トレーニング
2017.5　212p　B6　¥1300　①978-4-05-406554-3

占い・易・おまじない

◆アスペクト解釈大事典　松村潔著　説話社
【目次】解説編（本書を執筆するに当たって、アスペクトを読む時の注意点、レミニスケート、逆行とは性質が逆転 ほか）、10天体解説（月、水星、金星 ほか）、アスペクト解釈（月のアスペクトがない、月と水星／0度、月と水星／40度 ほか）
2017.6　945p　B6　¥10000　①978-4-906828-34-0

◆あたらしい自分になる　運の磨きかた百科　勝沼慧衣子著　かんき出版
【要旨】恋愛、人間関係、お金、仕事。お悩み別・いますぐできる「運の流れ」を変えるコツ。モヤッとしたキ・モ・チの不調を自分で簡単リセット。
2017.8　207p　B6　¥1300　①978-4-7612-7278-4

◆当たらない占い師が書いた本です！　尾原常太参著　白誠書房、星雲社　発売
【目次】第1章　開運・厄除けについて（占いはどうして当たるの？、「当たらない占い師」として、占い師のタイプ ほか）、第2章　対人関係を整える（引き寄せで影響する、人脈を引き寄せるために、受け皿を広げる ほか）、第3章　自宅を整える（家相の基本は「鬼門」、家の中心を探す、家の中心の求め方 ほか）
2017.5　155p　B6　¥1200　①978-4-434-23283-1

◆あなたの運気を劇的に高める十二神将占い＋六神獣パワー　鮑義忠、BeBe、Aya著　ヴォイス（付属資料：付録2）
【要旨】あなたの干支の守護神「十二神將」。中国に広く知れわたった占いのルーツといわれる「十二神將占い」。誰にでも生まれながらに「十二神將」の存在を知り理解することで、ビジネスや人間関係に幸運をもたらす。実は同じ干支は六十年に一回しかまわってこない。あなたの運氣を左右する強い味方「六聖瑞獣神」。仁の徳をあらわす「青龍」、義の徳をあらわす「白虎」、禮の徳をあらわす「朱雀」、智の徳をあらわす「玄武」。神佛界の十八代玉帝を補佐する存在「黒龍」「黒虎」。
2017.3　251p　B6　¥1500　①978-4-89976-462-5

◆あなたの運は絶対！　よくなる　田宮陽子著　PHP研究所
【要旨】いつも「ツイてる人」だけが知っている、運気を上げるすごい方法とは？　がんばらずに幸運を引き寄せる39の方法。
2017.8　187p　19cm　¥1400　①978-4-569-83681-2

◆あなたの人生を変える　龍神さまの"ご利益"がわかる本　羽田守快著　大法輪閣
【要旨】蛇口をひねれば水が出てくる…私たちはそれを当たり前だと思っているけれど、実はその水は、天地自然を司る神「龍神さま」からの贈り物なのです！　水だけじゃない。人生に感謝の心と真の豊かさをもたらす「龍神信仰」の秘訣を伝授！
2017.12　263p　B6　¥1800　①978-4-8046-1402-1

◆アニマルメディスンブック　北川らん著、佐俣水緒絵　大法輪閣
【要旨】人が動物を好きになるのには、理由がある。スタンディング・ベアー／シッティング・ブル／クレイジー・ホース…インディアンはなぜ、

動物の名前を自分につけたのか？　この一冊で、ますます動物が好きになる！
2017.3　153p　17x15cm　¥1200　①978-4-88043-448-3

◆安倍晴明『簠簋（ほき）内伝』―現代語訳総解説　藤巻一保著　戎光祥出版
【要旨】晴明が伝えた幻の書。待望の完訳版で全公開！　現代にも通じる占星術・方位・干支・風水の定本。宿曜の巻をはじめ、全巻を収録し、詳細なふりがなでわかりやすく、陰陽道の奥義を解説する！
2017.12　410p　B6　¥2700　①978-4-86403-263-6

◆伊勢の陰陽師が教える「開運」の作法　宮寿山著　三笠書房（王様文庫）
【要旨】「運気」とは、川の流れのようなもの。いい運気がやって来た時は、迷わずその波に乗ってください。臆して守りに入れば、チャンスをつかむことはできません。しかし、難運がやって来た時には、「もうワンランク上のあなたになりなさい」という神様からのメッセージが届いているのです。
2017.9　221p　A6　¥630　①978-4-8379-6834-4

◆一生の運勢を読み解く！　紫微斗数占い　照葉桜子著、東海林秀樹監修　説話社（説話社占い選書）
【目次】第1章　紫微斗数とはどのような占術か、第2章　紫微斗数占術の構成、第3章　紫微斗数命盤の作成、第4章　紫微斗数命盤の基礎判断、第5章　星の解説、第6章　紫微斗数命盤の例題と上級判断、第7章　紫微斗数天干四化飛星の40パターンの奥伝判断
2017.8　411p　18cm　¥1000　①978-4-906828-37-1

◆ヴィスコンティ家のタロット　香月ひかる著　幻冬舎メディアコンサルティング、幻冬舎　発売
【要旨】誰がゲーム（博打）を発明した？　危険な3つのゲームは、サイコロ、カード、そしてトリオンフィ（Triumphorum）。聖トマスたちに言わせると、それらは全て悪魔から生み出された。Trionfi（大アルカナ）に読み解くと、600年の時を越えた「思想」と「教訓」。なぜ、キューピッドは「目隠し」をして描かれるのか？…「西欧美術」を読み解くための、新たな知見。
2017.10　245p　B6　¥1200　①978-4-344-99448-5

◆ヴィランズ占い―あなたの心の闇を映す、魔法の鏡　鏡リュウジ占い監修、講談社構成・編集　講談社
【要旨】ディズニー映画に登場する、11人の悪役たち、あなたに最も似ているのは、誰!?あなたが秘めている「悪」の顔と、幸せな人生を送るためのヒントを解説します。
2017.9　127p　B6　¥1500　①978-4-06-220558-0

◆宇宙のエネルギーを味方につける星使いの時刻表　2017-2018　海部舞著　光文社
【要旨】宇宙の「最高のタイミング」を知って「最高の人生」を手に入れる！　2017年春からの1年間、あなたが「進む道」を照らしてくれる1冊。
2017.3　236p　B6　¥1300　①978-4-334-97908-9

◆運を引き寄せる　宿命「時間」占い　松田樹峰著　日本文芸社
【要旨】宿命時間占いは、時間をあなたの味方にする「魔法の杖」。1日24時間は、7つのラッキータイム（よい運気の時間）と5つのブラックタイム（悪い運気の時間）の宿命時間でできている。生年月日から導いた体質的な時間から、2時間ごとの宿命時間を読み解き運気を変え、幸せをつかむ。
2017.3　223p　B6　¥1500　①978-4-537-21457-4

◆運がよくなる心と体のととのえ方67―ドン底から這い上がり、開運した習慣とは？　理梨映著　主婦の友社
【要旨】思い込みの設定を変えると、心と体がととのい、人生が変わっていきます！
2017.9　191p　B6　¥1300　①978-4-07-425811-6

◆運命のサインをよみとく事典　香椎美裕紀著　サンマーク出版
【要旨】心の目をひらけば、見つかる。あなたに幸せをもたらす、運命からのメッセージ。人生の"流れを読む"専門家が、事例を交えて語る131のヒント。
2017.9　366p　B6　¥1600　①978-4-7631-3650-3

◆運命波学パーフェクト個性学―21世紀に誕生した究極の個性学　後田陽子著、運命波学研究所監修　日本ブレインウェアFunction5出版部、星雲社　発売

占い・易・おまじない

【目次】はじめに パーフェクト個性学とは、1章 6つの気質とキャラクター、2章 6つの気質、3章 30のキャラクター、4章 6つの気質による相性、5章 陰陽個性(裏キャラクター)
2018.1 126p B6 ¥1200 978-4-434-23761-4

◆易でよみとく才能と人生—自分だけの「生命の木」の育て方　松山怜佳著　WAVE出版
【要旨】自分の才能を知ることは、人生を豊かにする第一歩。マニアも納得「易とは?」専門的解説付き!
2017.12 255p A5 ¥1800 978-4-86621-095-7

◆エスパー・小林が教える 幸せを呼ぶオーラ開運法—あなたの魅力を引き出し、最高の運命を引き寄せる!!　小林世征著　学研プラス
【要旨】プロローグ オーラの正体、1 オーラ・トリートメント、2 だれにでもできるオーラ診断、3 オーラ・トリートメントによるオーラ強化法、4 自分のオーラに最適なものの選び、5 さまざまなオーラ開運法、6 ちょっと怖い霊の話と開運術、エピローグ 本当の開運のために
2018.1 192p B6 ¥1300 978-4-05-406614-4

◆エスパー・小林の超開運案内　エスパー・小林著　三笠書房（王様文庫）
【要旨】大きな商談を左右する「意外な切り札」。出世する人は、どこの神社にいつ行くのか。「お金持ちが集まる場所へ行け」の本当の意味。人生に「結婚のチャンス」は複数回ある。「一度切れてしまった縁」はつながるか。—あなたの「運」はどこで決まるのか？エネルギーのある神社仏閣、七福神、富士塚…イチオシのパワースポットも掲載!
2017.3 235p A6 ¥650 978-4-8379-6816-0

◆干支・生まれ月・血液型でみる岡田流性格分析　岡田智佐子著　学研プラス
【要旨】「よく当たる」と評判の主婦が独自の視点、観察、感性をもとにまとめあげた性格分析の本！あなたにはどれだけ当てはまる!?よりよい人生を送るために人間関係の潤滑油、人づきあいの参考書に使える一冊！
2017.12 170p B6 ¥1100 978-4-05-406582-6

◆お金と幸運がどんどん舞い込む！ 神様に願いを叶えてもらう方法　すごい！神様研究会著　宝島社
【目次】桜井識子さんの神様に愛されて金運・福運を招くコツ、中井耀香さんの神様の「ごひいきリスト」に載る方法、白鳥詩子さんの叶えたくなる神社参拝の作法、井内由佳さんの神様から教わった「お金のルール」、清水義久さんの伊勢神宮と出雲大社で「幸」と「福」を得る、小野寺S一貴さんの龍神のつけ方、教えます、窪寺伸浩さんのなぜ成功者は神棚を持っているのか？、すごい！神様研究会による神様って本当にすごい！ 座談会その1 私の神様自慢、ご利益いただきました！、日下由紀恵さんのこんなことをしていない!?神様がそっぽを向いてしまうあなたの習慣、大野百合子さんの八百万の神様を味方にして豊かになる、はづき虹映さんのすごい！日本と神さまのふっーいお話、ちこさんの幸運をいただく別 選り抜きのお守り、すごい！神様研究会オススメ 年中行事で神さまを招き寄せて運気をつかもう！、すごい！神様研究会による神様って本当にすごい！ 座談会その2 もっと神さまとつながりたい！、久保田裕道さんのここ一番のお清めで神様をお迎えする、西邑清志さんの神様が宿るお掃除の極意、大床ゆきのさんの福の神様に聞いた、みるみる豊かになる方法、丸井章夫さんの金運を引き寄せるノートの神様、yujiさんの神様に応援される「宿命」の見つけ方、佐川奈津子さんの最高最善の豊かさはすでにこの胸の奥に
2017.8 171p A5 ¥800 978-4-8002-7510-3

◆お金の「引き寄せ力」を知りたいあなたへ—Keiko的Lunalogy　Keiko著　マガジンハウス
【要旨】あなたは自分の「金脈」を知っていますか？ 金脈（＝月星座）を知らずに、一生プアなまま生きていませんか？ プアマインドがリッチマインドになる、22のルールも伝授！ 引き寄せのカリスマが贈る「お金と豊かさ」。月星座を知ってリッチマインドで生きれば、あなたの人生はみるみる豊かになる！
2017.3 212p B6 ¥1400 978-4-8387-2912-8

◆オーシャンタロット　ジェーン・ウォレス著，ジェーン・デラフォード・テイラーイラスト，千代美樹訳　ガイアブックス　（付属資料:別冊1;カード78）
【要旨】古代のアートであるタロットが海をテーマによみがえりました！ジェーン・デラフォード・テイラーによる美しいイラスト入りのカード78枚セットと付属の本でお楽しみください。伝統的な大アルカナと小アルカナが、マーメイドやマーマンなどの海の生き物たちの魔法の世界に翻訳されています。本には各カードの意味とさまざまなリーディングのためのカードの並べ方が解説されており、過去から意味を引き出し、現在に対する洞察を深め、未来を予測する方法を簡単に学ぶことができます。
2017.11 64p 18×14cm ¥1800 978-4-88282-990-4

◆大人の動物占いPREMIUM 2018年版　主婦の友社編　主婦の友社
【要旨】12動物×カラー別全60パターン。「動物占い」が導くHappyな1年！恋愛運・金運・仕事運、月別総合運で2018年、あなたの運勢が丸わかり！
2017.10 399p B6 ¥1000 978-4-07-425857-4

◆オーラソーマ・ボトルメッセージ　武藤悦子著　主婦の友社　（セレクトBOOKS）改訂新版
【要旨】光のセラピー、オーラソーマがよくわかる！選んだボトルで今のあなた、本当のあなたが一新される。最新となるB114までのボトル（計115本）の持つメッセージを、日本のオーラソーマ第一人者である武藤悦子が解説！
2017.2 143p 21×19cm ¥1400 978-4-07-422787-7

◆おんな一人の崖っぷちを救う！開運の決定打 吉方位引っ越し　小林佑実著　主婦の友インフォス，主婦の友社 発売
【要旨】身軽な今こそ大チャンス。あなたに合った引っ越し方角に引っ越し幸せなんて自ずと訪れます。
2017.7 190p B6 ¥1200 978-4-07-421339-9

◆開運おでかけ手帖 2018　あべけいこ著　飛鳥新社　（付属資料:別冊1）
【要旨】365日「いいこと」が起こる場所がわかる！「行くだけ」で仕事、恋愛、お金を引き寄せる。
2017.10 94p 18×15cm ¥1111 978-4-86410-570-5

◆開運気学—九星と方位で運を拓く占術　野村徳子著　（松戸）知道出版
【要旨】『よくわかる気学（東洋占星術）入門』の編集！気学が明かす『幸運の方位と家相』。人生を自分の力で開運へと導く占術書の決定版！
2017.10 235p 18cm ¥1000 978-4-87520-235-6

◆開運！さぁ導かれよう！神さま手帖　yuji著　ワニブックス
【要旨】あなたの背中を押してくれる神社が必ずみつかる。日本全国のパワー溢れる最強の神社全88社をご紹介。
2018.1 191p B6 ¥1400 978-4-8470-9642-6

◆開運宝鑑 平成30年　大元信宏著　（岡山）修学社
【要旨】平成三十年の日本と世界、平成三十年の株式市場大観、皇室・皇族 天皇・年代暦表、宮中主要祭儀、平成三十年の国内動静、平成三十年世界の情勢、平成三十年金相場・ゴム相場、平成三十年 経済界の予想診断、暦日と季節の知識、暦日の吉凶総覧表［ほか］
2017.10 324p A4 ¥2000 978-4-87959-549-2

◆開運！まいにち神様—大祓詞で最強の「お清め」　立花大敬著　KADOKAWA
【要旨】歴代天皇の儀式に1300年以上前からとなえられ続けている『大祓詞』—それは最強の「祓い清め」の効果を持つ、"神様とつながれる"神道の祝詞です。神社神職にも支持者が多い著者による解説でその真意を知ってとなえれば、その効果は劇的UP。あなたの願いはどんどん叶い、よどんだ心も一新され、元気がもらえます。そのほか、「神社への効果的な参り方」に加え、「恋愛運を良くするには？」などの「開運」Q&A75問も掲載。毎日の生活に今日から取り入れて下さい。
2017.8 207p B6 ¥1300 978-4-04-893323-0

◆鏡リュウジの実践タロット・リーディング—もっと深く占うための78枚　鏡リュウジ著　朝日新聞出版
【要旨】タロットのイメージを、あなたの中で動かしていこう！大アルカナ22枚・小アルカナ56枚を、鏡リュウジがやさしく、丁寧に解説。カードの意味・象徴の図解から、初級〜上級対応の重厚スプレッドまで。ウエイト版完全対応。
2017.12 287p B6 ¥1800 978-4-02-251478-3

◆神様に愛されるのは、どっち？—アタリマエに願いをかなえていく人の開運習慣　日下由紀恵著　大和出版
【要旨】「波動」が「神波動」に近づくと、たくさんの「奇跡」が起こります。シンクロニシティが起きる、「天職」が見つかる、収入が倍増する、運命の「ソウルメイト」に出会える、体の不調がラクになる、雑然とした部屋もキレイになる、直感&霊感がさえてくる…etc.「波動」を上げるには、日々の「選択」をちょっと変えるだけでOK。さあ、あなたもこの「奇跡」を体験してみませんか？
2017.6 182p B6 ¥1300 978-4-8047-0536-1

◆神さまの声をきくおみくじのヒミツ　平野多恵著　河出書房新社
【要旨】人生を豊かにするおみくじの読み解き方！神さまのメッセージをおみくじから読み解く—。
2017.12 159p B6 ¥1200 978-4-309-24839-4

◆「からだ占い」—からだの声から「思いグセ」や「生き方」が分かる！　タッキー先生著　BABジャパン　（付属資料:回転盤）
【要旨】当たりすぎ!!と大人気の占いがついに書籍化!!ふか〜くご自分のことが分かる！"わたし取扱説明書"全27タイプ！あなたの「からだちゃん」はどれ？
2017.3 255p B6 ¥1300 978-4-8142-0031-3

◆感情を整える片づけ　種市勝覚著　アチーブメント出版
【要旨】自分を変えるいちばんの近道は片づけ！密教×風水で2000件を鑑定した風水師が教える人生がうまくいく整理術。
2017.10 210p B6 ¥1500 978-4-86643-015-7

◆完全版 運命のタロットカード　ジュリエット・シャーマン＝バーク著，鏡リュウジ監訳，宮西攝子訳　二見書房　（付属資料:カード80;シート1）
【要旨】カードに秘められた叡智が人生を照らす。初心者からできる本格的なタロットカードの決定版。
2017.12 198p B6 ¥3000 978-4-576-17164-7

◆完全版 最強のエレメント占い—占いを科学する!!!　イヴルルド遙華，木原誠太郎著　主婦の友社
【要旨】各エレメントの本質、恋愛、仕事を統計データで分析！エレメントランキングも発表。自然界から導いた10個のエレメントで人間関係がわかる！
2017.12 139p B6 ¥1380 978-4-07-427796-4

◆完全マスター 紫微斗数占い　東海林秀樹著説話社　（The series of Perfect Master）
【目次】第1章 紫微斗数総論、第2章 紫微斗数各論、第3章 紫微斗数実践編、第4章 命宮にいる星、第5章 飛星紫微斗数派の技法、第6章 紫微斗数飛星奥儀、棋譜、第7章 紫微斗数風水、巻末
2017.1 327p A5 ¥5800 978-4-906828-31-9

◆"強運を呼ぶ"9code（ナインコード）占い—2034年までの幸運バイオリズムが一目でわかる！　中野博著　ダイヤモンド社
【要旨】「水の一白」「大地の二黒」「雷の三碧」「風の四緑」「ガイアの五黄」「天の六白」「湖の七赤」「山の八白」「火の九紫」—99％の人間関係は「9code」で解決できる！
2017.8 272,20p ¥1500 978-4-478-10255-8

◆金運・仕事運・商売運なら「住吉の神さま」におまかせなさい　清水義久著　大和出版
【要旨】今まで知られていなかった、あなたを「本当の成功」に導くための住吉マジックを初公開！
2017.10 205p B6 ¥1500 978-4-8047-0538-5

◆ゲッターズ飯田の裏運気の超え方　ゲッターズ飯田著　朝日新聞出版
【要旨】悪い運気を消す方法、ぜんぶ書きました。不運、不幸、不安…どんなときも大丈夫。ゲッターズ飯田がはじめて明かす無敵な自分のつくり方。
2017.11 221p B6 ¥1000 978-4-02-251500-1

◆ゲッターズ飯田の運命を変える言葉　ゲッターズ飯田著　ポプラ社　（ポプラ文庫）（付属資料:ステッカー）
【要旨】芸能界最強の占い師による話題の書が、ついに文庫化！5万人を超える人々を無償で占い、その出会いから生まれた「豊かな人生」の秘

BOOK PAGE 2018　　　　　129　　　　　占い・易・おまじない

密を握る500の言葉。LINEやブログなどで紹介されてきた「運命を変える言葉」を一冊に。常に胸に留めておくことで、人生が好転していく。
2017.4 287p A6 ¥620 978-4-591-15437-3

◆ゲッターズ飯田の運命の変え方　ゲッターズ飯田著　ポプラ社　(ポプラ文庫)
【要旨】芸能界最強の占い師による「占いの決定版」が待望の文庫化！　運気の流れを36年周期のグラフで表し、そのグラフのタイミングに沿って決断することで運命は必ず変えられる！「当たる当たらない」ではなく、この本に書かれていることが「正解」である。
2017.4 237p A6 ¥620 978-4-591-15436-6

◆決定版 ルーン・オラクル占術　鏡リュウジ著、安久津和巳絵　学研プラス　(エルブックス・シリーズ)　(『改訂版 神聖ルーン・タロット占術』再編集・改訂・改題書；付属資料：カード)
【目次】第1章 ルーン文字の誕生と歴史、第2章 ルーン占いはなぜ当たるのか、第3章 ルーン・カードによる9つの占い、第4章 ルーン・カードの意味、第5章 あなたの誕生日をルーンで占う、第6章 願いをかなえるルーン・ロア
2018.1 239p B6 ¥3200 978-4-05-800864-5

◆幸運を引き寄せる！ 風水神札タロット占い　鮑橡忠、BeBe著　自由国民社　(付属資料：タロットカード18)
【要旨】本邦初！　道教の神様とご縁が結べる神札カード18枚付。
2017.10 93p B6 ¥1800 978-4-426-12373-4

◆黄帝暦 八字占術　池本正玄著　太玄社, ナチュラルスピリット 発売
【要旨】五千年をさかのぼる黄帝暦を使った画期的な占術推命！　大運こそが運命を操作する！　自らの大運の流れをつかみ、運気を高める手法を公開。黄帝干支暦、命式・大運作成早見表。
2017.9 261p A5 ¥2300 978-4-906724-34-5

◆皇伝相性占術―相性を知り、相性を改善する秘法　林巨征著　太玄社, ナチュラルスピリット 発売
【要旨】皇帝宮中に伝わるとされる相性占いの秘法を公開！　恋人との相性、関係の改善法、出会いたい方への相性。生日干支で占う運勢も掲載。便利な「相性チャート」、即使える「千支万年暦」付！
2017.11 318p B6 ¥1980 978-4-906724-38-3

◆この占いがすごい！ 神聖開運占術大全 2018年版　波木星龍監修、鮫島利子執筆協力　八幡書店
【目次】神聖開運占術 連載企画（西洋占星学の正体 連載・第2回 禁断の七惑星と十二星座、「神々のタロット」実占秘伝講座 連載・第2回 21枚の神々を実占的に解き明かす、風水と方位の研究 連載・第2回 気学九星術＆奇門遁甲術の裏側）、神聖開運占術 秘伝入門（「密教宿曜占星術」による運勢と宿命的相性、「古代エジプト占星術」による運勢と成功予知術、「東洋四柱推命学」による運勢と人生の歩み方 ほか、付録 2018年神聖開運暦（平成30年・皇紀2678年の略暦総覧、2018年戊戌年吉凶方位盤、2018年七政・奇門吉凶方位盤 ほか
2017.12 312p A5 ¥1800 978-4-89350-785-3

◆コミュ力が上がる最新31日占い　シウマ著　主婦の友社
【要旨】「31日占い」は4000年の歴史を持つ姓名判断と独自の統計学によってあみ出されたものです。占いといっても統計学がベースになり「自分や他人がどんな人なのかを知る」ためのツールとしても活用してください。周囲の人の性格や特性を知ることで、会話やメールまでのコミュニケーションが円滑にいく助けになるでしょう。
2017.8 207p B6 ¥1000 978-4-07-425389-0

◆これ1冊でぜんぶわかる タロットの基本　ルナ・マリア著　主婦の友社
【要旨】恋愛、仕事、お金、人間関係をかんたんに読み取る。「ライダー・ウエイト版」カード全種類掲載。カバーそででも一挙に見られる！　大アルカナ22枚・小アルカナ56枚の全カードをカバーから取り外して本体と合わせて読めば、各カードと全カードの相互関係がより一層明然になる。
2017.12 191p A5 ¥1500 978-4-07-420498-4

◆最高の開運―神様より授かりし、身の回りをパワースポットにする方法　透明先生著　KADOKAWA
【要旨】神社に行くより効果あり！「運を溜める器」取り扱い説明書。豆まき、恵方巻き…神様とつながる年中行事。人間関係の「穢れ」を溜めないあなたに！　占い師が通う占い師、初の著書！
2017.1 253p B6 ¥1300 978-4-04-069049-0

◆ザ・ルノルマンカード　香著　説話社
【要旨】ルノルマンカードはこの1冊からはじめよう！　36枚のカードが織りなす、魅惑の世界へようこそ。リーディングのコツである2枚読みをわかりやすく解説。
2017.9 220p A5 ¥3800 978-4-906828-36-4

◆幸せを呼びこむ台所そうじ　きさいち登志子著　ソレイユ出版
【要旨】「神さまそうじ」が運をまねく！「きさいち流」そうじの真髄は、汚れとたたかわずに台所や道具をいたわってあげること。
2017.12 165p B6 ¥1400 978-4-9908790-6-8

◆幸せに生きるためのフォーチュン数秘学―数とアロマの開運法則　柳原いづみ著　きずな出版
【要旨】第1章 自分のエネルギーを知る数秘学の基本（数秘学とは―数字にはエネルギーがあり、神秘の力が宿っている、数秘チャートについて―誕生日から読みとるもの、名前から読みとるもの、誕生日から導かれる「本質美数（ライフパス）」の出し方 ほか）、第2章 自分を覚醒するアロマセラピーの使い方（本能を目覚めさせる数秘学とアロマセラピー、香りで癒やす数秘学アロマセラピーの基礎、エッセンシャルオイルの抽出方法、抽出部位の意味と役割 ほか）、第3章 自分を取りもどすフォーチュン数秘学（「1」の数―リーダー気質で世界を広げる、「2」の数―女性性が強く、他人を輝かせる、「3」の数―強い意思でやり遂げる ほか）
2017.12 133p B6 ¥1400 978-4-86663-016-8

◆四柱推命　照葉桜子、東海林秀樹、瀬名ište耕共著　東洋書院　(エッセンスシリーズ 1)
【要旨】中国・台湾の的中率の高い本場の四柱推命、を学んでみませんか？　この一冊を、はじめて四柱推命を学ぶ方の教科書として…また、推命を初めて人に教える「よちよち先生」の講師マニュアルとして、社会の「占術を愛する」みなさまにお送り致します。
2017.7 331p A5 ¥2700 978-4-88594-511-3

◆実践トート・タロット　藤森緑著　説話社
【要旨】トート・タロットが持つ幻想的な図柄や色彩は、占う人の直感力を引き出す、高い作用を持っている。
2017.1 301p A5 ¥2800 978-4-906828-18-0

◆実践 輪廻転生瞑想法 3 あなたも仏陀になれる水晶龍神瞑想法　桐山靖雄著　平河出版社　(本文：日英両文；付属資料：DVD1)
【要旨】DVDで瞑想!!ブッダと生きる未来！『実践輪廻転生瞑想法1・2』に続くシリーズ第3弾！　第3巻では、さらに高度な瞑想法をDVDを使って実践。「輪廻転生瞑想法」を実践することで、ほんとうの自分の存在を知り、そこにブッダと生きる幸せな未来がある。
2017.2 75, 90p B6 ¥8900 978-4-89203-348-3

◆自分でできる縁むすび―呪いを解いて幸せを引き寄せる方法　青龍著　WAVE出版
【要旨】恋愛・お金・仕事etc…人生を変える良縁がどんどんやってくる！　縁むすびの専門家が教える、良縁引き寄せの最強お作法ブック。
2017.11 180p B6 ¥1400 978-4-86621-085-8

◆「12動物×12エネルギーサイクル」で見えてくる隠された個性―ありのままの自分と相手を知れば、人間関係は劇的に好転する！　服部磨早人著　廣済堂出版
【要旨】頼み上手なあの人は、きっと「赤ちゃん」、超ポジティブでビッグマウスの彼は、きっと「中学生」、誰とでも上手につき合える彼女は、きっと「社長」。あなたと、大切なあの人のエネルギーサイクルを調べてみて。隠された個性がみるみる見えてくる！
2017.2 238p B6 ¥1300 978-4-331-52081-9

◆新月・満月のパワーウィッシュ―Keiko的宇宙にエコヒイキされる願いの書き方　Keiko著　講談社
【要旨】宇宙Wi-FiをONにするには？　宇宙にエコヒイキされるスペシャルデーとは？　本邦初公開！　門外不出のシークレットメソッドが今、解き明かされる！
2017.6 214p B6 ¥1400 978-4-06-220677-8

◆新月Pink満月Blue 願いを叶えるFortune Note　ルミナ山下著　永岡書店　(付属資料：別冊1)
【要旨】今大人気のソウルメッセンジャーが、願いを叶えるコツを伝授！　天体のリズムと調和して生きれば、あなたの願いはするする叶う！
2017.10 79p B6 ¥1400 978-4-522-43575-5

◆人生を豊かにする魔法の鍵 神々の星　海部舞著　KADOKAWA
【要旨】天王星、海王星、冥王星の力で人生に奇跡を起こす！　ブログ、セミナーが超話題の星使いの著者が贈る、宇宙とあなたをつなぐ新しいシアワセの法則！
2017.12 223p B6 ¥1300 978-4-04-602188-5

◆人生が好転する4けた数字開運術　金河著　扶桑社
【要旨】「大凶」「凶」でも安心な開運数字つき。怖いほど当たる禁断の人生指南書。古代中国・周易研究の第一人者が0000〜9999までを192種類に分類して詳しく解説。1234は「凶」、5678は「大吉」、では7777は？　これで逆転！運命が変わる4けた数字パワー。ケータイの電話番号、銀行の暗証番号…etc. 身近な数字があなたの幸運/不運を決めていた！
2017.7 265p B6 ¥1400 978-4-594-07752-5

◆スカチャン・宮本の開運！ ホクロ占い＆メイク　宮本和幸著、藤井陽子メイク監修　竹書房
【要旨】延べ3,000人を占って得た、40以上のホクロの意味、教えます。
2017.8 139p B6 ¥1600 978-4-8019-1146-8

◆スゴ運。―リストラされて全財産4419円だった僕が宝くじで6億円当てたスゴい方法　唱田士始矢著　フォレスト出版
【要旨】運は科学的に上げられる！　金運、仕事運、恋愛運、出会い…すべてアップ！　古来伝わるデータベースをもとに行動するだけ！
2017.5 277p B6 ¥1400 978-4-89451-758-5

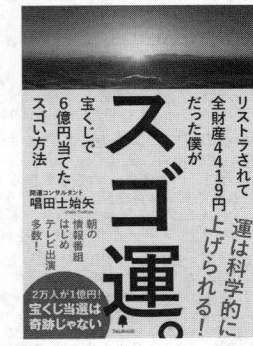

◆成功者だけが知っていた運命の「紐解き」　星里奏著　ブックマン社
【要旨】一万人以上を成功に導いた"運命鑑定師"が紐解く最強の帝王学。
2017.9 175p A5 ¥1500 978-4-89308-888-8

◆成功する人は、なぜ、占いをするのか？　千田琢哉著　総合法令出版
【要旨】ウォルト・ディズニー、J・P・モルガン、松下幸之助皆、占いを活用していた！　成功は、自分の「宿命」を知ることから始まる！
2017.11 175p B6 ¥1200 978-4-86280-589-8

◆西洋魔法で開運 発展編―パーソナルパワーとナチュラルパワーの融合　スコット・カニンガム著、狩野綾子、鵜木桂訳　パンローリング　(フェニックスシリーズ 48)
【要旨】キャンドル・星・水・雪、そして、願いの泉の魔法などを紹介。さらに、海・鏡・石の魔法についても、掘り下げています。最後の19章では、自分のオリジナル魔法を作る方法について詳しく書いています。
2017.1 239p A5 ¥1500 978-4-7759-4167-6

◆増刪卜易―五行易奥義　藤田善三郎訳著　太玄社, ナチュラルスピリット 発売　完全復刻版
【要旨】本書は全六巻、清の穆宗の同治庚午年（西暦1870年）に掃葉山房より刊行されたものを和訳したものである。原書の初版は清康熙二十九年（公元1690年）に刊行された。野鶴老人は、『金瓶梅』の著者の丁耀亢（1599 - 1669）の号名

占い・易・おまじない

実用書

とされる。五行易（断易、六爻占ト）の名著の一つで、王維徳の『卜筮正宗』、程元如の『易冒』と並んで最も代表的な書物。本書は、藤田善三郎氏による初版当時のものを著しく忠実に復刻を試みたものである。他書に類を見ない460余に及ぶ豊富な占断例を掲載！
2017.12 743p B6 ¥9500 ①978-4-906724-36-9

◆**孫さんの四柱推命運命学** 孫信一著 阿部出版 （『孫さんの運命学・改訂新版』加筆・再編集・改題版）
【要旨】抜群の的中率。日本、中国、フランスをはじめ各国の著名人の間でも人気の四柱推命運命学。四柱推命のプロの鑑定家の間でも話題となった前書『孫さんの運命学(改訂新版)』を加筆し再編集。
2017.12 633p A5 ¥1800 ①978-4-87242-447-8

◆**タロットカード術講座―後悔しない生き方のために** 河野順五著 えにし書房
【目次】チェックリストでわかる人生のパターン37パターン、タロットカード編（タロット(TAROT)カードの解説、占い方、タロットカードの絵柄とカードの手さばきと使い方、リーディング（読み方）、実践 カードの読み方（鑑定）、タロットカード回答、参考の章）、占いの仕事のそれから
2017.3 110p A5 ¥2000 ①978-4-908073-36-6

◆**タロットの秘密** 鏡リュウジ著 講談社 （講談社現代新書）
【要旨】なぜカードは"魔力"を得たのか？ 絵の謎と歴史、実占に役立つ78枚全ての解釈まで、これが、決定版。かつて、魔術は科学と同じく世界を解明する学問であった。初心者から上級者まで、必携のハンドブック。
2017.4 325p 18cm ¥860 ①978-4-06-288424-2

◆**月の魔法で幸せを引き寄せる―世にも美しい浄化メソッド** 須山奈緒子著 リンダパブリッシャーズ、泰文堂 発売
【要旨】強運・強縁体質を手に入れる。新月の浄化・満月のチャージで輝くあなたに生まれ変わる！ 2017.8 189p B6 ¥1400 ①978-4-8030-1089-3

◆**妻に龍が付きまして…** 小野寺S一貴著 東邦出版
【要旨】「龍神ガガ」の教えを実践し、人生が驚くほど好転した夫婦の実話！
2017.4 279p B6 ¥1389 ①978-4-8094-1481-7

◆**天空からのソウルメッセージ** ルミナ山下著 KADOKAWA
【要旨】わたしの人生に、YESができる！ 願いも想いも夢さえも、宙を見上げれば叶う‼万人の運命を変えたソウルメッセンジャー初著書。
2017.4 223p B6 ¥1400 ①978-4-04-601930-1

◆**展望と開運 2018** 村山幸徳著 KADOKAWA （付属資料：別冊1）
【要旨】仕事、健康、お金、恋愛、人間関係、マネジメント、就職・転職、社会情勢、目標達成、バイオリズムなど、今日から使える未来の情報が満載！ これ1冊で人生のすべてがうまくいく！ 2018年の生き方・開運方法をわかりやすく指南！
2017.10 379p A5 ¥1800 ①978-4-04-602141-0

◆**なぜあなたは何をやっても運が悪いのか？ 絶対開運―運命を超える徳の法則** 遠藤裕行著 ヒカルランド
【要旨】誰でもすぐに毎日できる、開運の「素」を劇的に増やす方法。幸運には理由があった！ 開運の扉はここから開きます‼
2017.4 193p B6 ¥1500 ①978-4-86471-480-8

◆**なっちん占い 2018・2019** 平賀隆生著 ぴあ
【要旨】「なぜあの人とうまくいかないのか？」「どうしたら彼を攻略できるのか？」「職場の雰囲気を楽しくできないのか？」そんな人間関係の悩みをすべて解決するのが二千年の歴史を持つ"秘術"なっちん占いです！
2017.12 215p B6 ¥1200 ①978-4-8356-3839-3

◆**78枚のカードで占う、いちばんていねいなタロット** LUA著 日本文芸社
【要旨】悪い結果が出てしまったら。なかなか当たらない、似たようなカードで迷ってしまう、解釈がワンパターンになりがち、カードが多すぎて覚えられない、正位置と逆位置の違いがわからない、いつも同じになってしまう―つまずき解消のポイントがたくさん！ 実践例＆穴埋め式レッスンでスキルアップ。
2017.11 223p A5 ¥1700 ①978-4-537-21530-4

◆**ニッポンのおみくじ** 鏑木麻矢著 グラフィック社
【要旨】楽しく引ける！ 人生に役立つ！ あなただけに寄り添う導きの言葉。日本全国232種のおみくじを引く。
2017.10 159p A5 ¥1600 ①978-4-7661-3055-3

◆**人間関係を占う癒しのタロット―解決へ導くカウンセリング術** 吉田ルナ監修、片岡れいこ絵 メイツ出版 （コツがわかる本！）
【要旨】「導きを得るタロット占い」と「気付きのヒーリングワーク」で複雑に絡んだ糸をやさしく解きほぐす！ タロットカードの人物札16枚とカバラ生命の木の心理マップで深層心理を探るタロットアートセラピー。
2017.10 127p B6 ¥1570 ①978-4-7804-1930-6

◆**ほとんど翌日、願いが叶う！ シフトの法則** 佳川奈未著 青春出版社
【要旨】宇宙につながる"純粋なエネルギーの海"に隠された秘密を知ればもはや、あなたは何もする必要がありません！ 望む現実に移行する魔法バイブル。
2017.6 187p B6 ¥1380 ①978-4-413-23043-8

◆**まじないの極意―秘法・秘伝を明かす** 金森了脩著 東洋書院
【要旨】空虚感に悩む人々の境涯転生への処方箋！ 科学を超えるユニークな所作・作法で、多様な世代の艱難を乗り越え、災厄を免れ、局面を観望し、福をもたらす呪い法！
2017.12 207p A5 ¥2700 ①978-4-88594-512-0

◆**魔女術で運命をひらく！―なりたい自分になるためのウィッチクラフト実践術** シルバー・レイブンウルフ著、鈴木景子訳 パンローリング （フェニックスシリーズ 64）
【要旨】日々の暮らしに取り入れる、幸せになるための魔術。
2018.1 399p A5 ¥2000 ①978-4-7759-4187-4

◆**魔女の教科書―ソロのウイッカン編** スコット・カニンガム著、元村まゆ訳 パンローリング （フェニックスシリーズ 47）
【要旨】本書は、全世界で20万部以上を売り上げた、ソロのウイッカンとしての生き方の手引きです。第1部では、ソロのウイッカンにとって重要なトピックを取り上げています。第2部には、毎日の祈り、供物と感謝の儀式、効果的な祈りや魔術の手引きを集めました。第3部では、自分自身のウイッカの宗派を作るのに役立つシステムを提案しています。
2017.1 222p A5 ¥1900 ①978-4-7759-4166-9

◆**マンガでわかる神様にごひいきされるすごい「お清め」** 中井耀春著、沢音千尋漫画 KADOKAWA
【要旨】「なんか、ついてない…」ため息をつく薫摘の前に開運の先生が現れた！ 神様が住みたがる家をつくれば、自然と運が舞い込む。お金が好きな人、いつまでもお財布はお金に愛される。人とのやりとりを見直して、邪気を祓う。数字が示す、あなたの運勢と、難を避ける道しるべ。マンガでわかりやすくまとめて、難を避け、運をよくする方法。
2017.12 175p B6 ¥1200 ①978-4-04-602114-4

◆**明版 萬民英（著）三命通会** 鈴木基弘著 東洋書院
【目次】原造化之始、論五行生成、論五行生剋、論干支源流、論十干名字之義、論十二支名字之義、總論納音、論納音取象、釋六十甲子性質吉凶、論五行［ほか］
2017.2 806p B5 ¥27000 ①978-4-88594-505-2

◆**もしも彼女がシャム女なら―恋愛・ビジネス幸運を招く推しねこ相性占い** じぇぶ着 （明石市）ペンコム、インプレス 発売
【要旨】「シャム女」とはシャム猫が好きな女子のこと。キャッチフレーズは「賢い人気者」。社交的でみんなから愛される高嶺の花。しかしその実態は？ そんな彼女に好かれる方法は？…人気12種のねこの中から、好きなねこを選べば、あなたを推す「あなた」「あの人」の性格、相性がぴたりとわかる。良好な関係を築き幸運を招くための救済指南もバッチリ。ねこにキュンキュンしながら、楽しくて自己分析ができる。カップルや家庭、学校、悩み多き職場で、楽しく読んでもらいたい1冊です。
2017.5 205p A5 ¥1500 ①978-4-295-40085-1

◆**モテる男の四柱推命** 石川円華著 ベストブック （ベストセレクト）

【要旨】"世界最大の統計学"四柱推命で、己を知り相手を知り、コミュニケーションの達人へ‼
2017.5 175p B6 ¥1200 ①978-4-8314-0215-8

◆**厄祓いの極意** 江原啓之著 中央公論新社
【要旨】厄年だけ気を付けていれば大きな災いを避けられると思っていませんか？ 誰も知らなかった「厄」のメカニズムを解き明かし、人生に降りかかる70の「厄」の意味と対処法を伝授します。
2017.9 228p 18cm ¥1100 ①978-4-12-005003-9

◆**「山の神様」からこっそりうかがった「幸運」を呼び込むツボ** 桜井識子著 宝島社
【要旨】古代から日本にいらっしゃる山の神様とお話してきました！ ご加護をいただく作法とコツを公開！ 全国16の山で出会った神様の教え。
2017.6 255p B6 ¥1300 ①978-4-8002-6619-4

◆**龍のご加護でお金と幸運を引き寄せる―7日間ワークブック** 大杉日香理著 マガジンハウス
【要旨】本書では、龍の運気に乗って人生を好転させるためのいろいろなワークを紹介しています。日常のさまざまなシーンで、龍を感じながら過ごすことで、目に見えない力と協働していることを自覚するでしょう。
2017.12 191p B6 ¥1300 ①978-4-8387-2976-0

◆**涙星占い―涙活×占い** レイナ里亜、寺井広樹著 愛育出版
【要旨】いま話題の「涙活」と占いを組み合わせた「涙星占い」。カテゴライズされた12種類の涙星によって、健康運×恋愛・結婚運×仕事運がわかる。涙と上手につきあって運気をUP。
2017.6 159p B6 ¥1400 ①978-4-909080-19-6

◆**レムリア＆古神道の魔法で面白いほど願いはかなう―古代日本の「祈り」が起こす奇跡** 大野百合子著 徳間書店
【要旨】幸運を呼び込むレムリア＆古神道由来のヒーリング、まじない、祝詞etc…。見るだけでパワーアップする古代のシンボルカード付き！
2017.12 237p B6 ¥1500 ①978-4-19-864529-8

占星術

◆**牡牛座男子の取扱説明書―12星座で「いちばんお金持ちになれる」** 來夢、櫻井秀勲監修、早稲田運命学研究会著 きずな出版
【目次】1 Start Up―西洋占星学と12星座について、2 Basic Style―牡牛座男子の基本、3 Future Success―牡牛座男子の将来性、4 Love―牡牛座男子の恋愛、5 Compatibility―牡牛座男子との相性、6 Relationship―牡牛座男子とのつき合い方、7 Maintenance―牡牛座男子の強みと弱点、8 Option―牡牛座男子と幸せになる秘訣
2017.4 181p 18cm ¥1300 ①978-4-907072-98-8

◆**乙女座男子の取扱説明書―12星座で「いちばん男らしい」** 來夢、櫻井秀勲監修、早稲田運命学研究会著 きずな出版
【目次】はじめに なぜか気になる乙女座男子の秘密、1 Start Up 星座占星学と12星座について、2 Basic Style 乙女座男子の基本、3 Future Success 乙女座男子の将来性、4 Love 乙女座男子の恋愛、5 Compatibility 乙女座男子との相性、6 Relationship 乙女座男子とのつき合い方、7 Maintenance 乙女座男子の強みと弱点、8 Option 乙女座男子と幸せになる秘訣、おわりに 相手を理解して運命を好転させる
2017.9 181p 18×12cm ¥1300 ①978-4-86663-008-3

◆**蟹座男子の取扱説明書―12星座で「いちばん家族を大切にする」** 來夢、櫻井秀勲監修、早稲田運命学研究会著 きずな出版
【要旨】愛する人のためなら命をかけてもいい。そんな蟹座男子と、つき合ってみる？ いつも近くで見守っていたい蟹座男子の愛し方とは―
2017.4 181p 18cm ¥1300 ①978-4-86663-003-8

◆**完全詳解 密教占星術奥義 破門殺** 脇長央著、羽田守快監修 説話社 （付属資料：占星盤1；経文2）
【要旨】弘法大師空海が伝えた秘伝奥義、復刻！ 老若男女、社会的地位や身分を問わず、誰もが27年のうちに一度は受ける大凶運期（2年3か月）、破門の秘儀を解き明かす！ 組み立て式占星盤、経文「妙見尊星王礼拝儀」「在家星祭」付き。
2017.12 399p A5 ¥8000 ①978-4-906828-38-8

◆九星開運暦 一白水星 2018　栗原すみ子
著　成美堂出版
【要旨】自信がみなぎり勇気が湧く年！ 恋・仕事・友達・家族、すべての人との相性占い。年・月・日運、365日の運勢がわかる。
2017.8 127p A6 ¥480 ①978-4-415-32380-0

◆九星開運暦 九紫火星 2018　栗原すみ子
著　成美堂出版
【要旨】歩んできた道を見つめ直す年！ 恋・仕事・友達・家族、すべての人との相性占い。年・月・日運、365日の運勢がわかる。
2017.8 127p A6 ¥480 ①978-4-415-32388-6

◆九星開運暦 五黄土星 2018　栗原すみ子
著　成美堂出版
【要旨】焦らずじっくり英気を養う年！ 恋・仕事・友達・家族、すべての人との相性占い。年・月・日運、365日の運勢がわかる。
2017.8 127p A6 ¥480 ①978-4-415-32384-8

◆九星開運暦 三碧木星 2018　栗原すみ子
著　成美堂出版
【要旨】変化を受け入れ生まれ変わる年。恋・仕事・友達・家族、すべての人との相性占い。年・月・日運、365日の運勢がわかる。
2017.8 127p A6 ¥480 ①978-4-415-32382-4

◆九星開運暦 二黒土星 2018　栗原すみ子
著　成美堂出版
【要旨】肩の荷を下ろし解放される年！ 恋・仕事・友達・家族、すべての人との相性占い。年・月・日運、365日の運勢がわかる。
2017.8 127p A6 ¥480 ①978-4-415-32381-7

◆九星開運暦 七赤金星 2018　栗原すみ子
著　成美堂出版
【要旨】行動開始の年！ 我慢はおしまい。恋・仕事・友達・家族、すべての人との相性占い。年・月・日運、365日の運勢がわかる。
2017.8 127p A6 ¥480 ①978-4-415-32386-2

◆九星開運暦 四緑木星 2018　栗原すみ子
著　成美堂出版
【要旨】過去を振り返り決着をつける年。恋・仕事・友達・家族、すべての人との相性占い。年・月・日運、365日の運勢がわかる。
2017.8 127p A6 ¥480 ①978-4-415-32383-1

◆九星開運暦 八白土星 2018　栗原すみ子
著　成美堂出版
【要旨】報われる年に！ 大幸運の始まり。恋・仕事・友達・家族、すべての人との相性占い。年・月・日運、365日の運勢がわかる。
2017.8 127p A6 ¥480 ①978-4-415-32387-9

◆九星開運暦 六白金星 2018　栗原すみ子
著　成美堂出版
【要旨】飛び立つために基盤を固める年。恋・仕事・友達・家族、すべての人との相性占い。年・月・日運、365日の運勢がわかる。
2017.8 127p A6 ¥480 ①978-4-415-32385-5

◆九星氣学 あなたの365日がわかる運を活かす法則―観照暦 2018年版　賀川礼子著
日本文芸社
【要旨】一白水星～九紫火星の九星別に2018年毎日の運勢＆金運・仕事運・健康運を解説。
2017.10 239p A5 ¥1600 ①978-4-537-21506-9

◆九星幸運暦 2018　戊戌 九紫火星　東洋運勢学会編、三須啓仙監修　徳間書店
【要旨】年運、相性、仕事運、家族運、月運、金運、毎日運、方位の吉凶―東洋占術による開運の秘訣。
2017.9 304p B6 ¥1000 ①978-4-19-864480-2

◆九星365日 2018年版 一毎日の運勢と吉方位で幸運をつかむ　喜嶋帝童著　俊成出版社
【目次】第1章 九星の基礎知識（九星五行の相生・相剋関係、九星五行の相生・相剋対照表、吉方について ほか）、第2章 2018年の年の運勢（2018年戊戌九紫火星の年盤、2018年吉神凶神位位図、戊戌九紫火星の年の月盤 ほか）、第3章 2018年の月・毎日の運勢（第3章を活用する時の基礎用語、1月、2月 ほか）
2017.9 181p A5 ¥926 ①978-4-333-02765-1

◆九星別ユミリー風水 一白水星 2018　直居由美里著　大和書房
【要旨】どんなことにも臨機応変に対応し、癒しを与える行動派。これまでの努力が実を結ぶ年。周囲からのサポートも得られ、物事が活気づき。天中殺もわかる！
2017.8 127p A6 ¥648 ①978-4-479-30983-3

◆九星別ユミリー風水 九紫火星 2018　直居由美里著　大和書房
【要旨】オンリー・ワンの世界を持つ激しい情熱家。余裕を持って過ごせる安定の1年。エネルギーを充電すると、翌年以降の運気の底支えに。天中殺もわかる！
2017.8 127p A6 ¥648 ①978-4-479-30991-8

◆九星別ユミリー風水 五黄土星 2018　直居由美里著　大和書房
【要旨】責任感が強い人間家。個性豊かなリーダー的存在。エネルギーをしっかり充電させる年。無理せず心身のメンテナンスを十分にしましょう。天中殺もわかる！
2017.8 127p A6 ¥648 ①978-4-479-30987-1

◆九星別ユミリー風水 三碧木星 2018　直居由美里著　大和書房
【要旨】好奇心が旺盛で感性豊か、頭脳明晰な理論派。環境の変化には自然と身をまかせたい年。冷静にフラットでいることが大切。天中殺もわかる！
2017.8 127p A6 ¥648 ①978-4-479-30985-7

◆九星別ユミリー風水 二黒土星 2018　直居由美里著　大和書房
【要旨】大地の土のような深い愛情で、多くの人を育む縁の下の力持ち。物心両面で豊かさを得られる年。華やかな人間関係の中で、人気も高まります。天中殺もわかる！
2017.8 127p A6 ¥648 ①978-4-479-30984-0

◆九星別ユミリー風水 七赤金星 2018　直居由美里著　大和書房
【要旨】注目を浴びる人気運を持った、華やかな社交家。周囲も活気づいて多くのチャンスに恵まれる年。今までの計画を一歩前進させて。天中殺もわかる！
2017.8 127p A6 ¥648 ①978-4-479-30989-5

◆九星別ユミリー風水 四緑木星 2018　直居由美里著　大和書房
【要旨】争いを好まないやさしく穏やかな気配り抜群の社交家。今までの集大成といえる頂上運の年。運気の後押しがあるので、パワー全開で前進を。天中殺もわかる！
2017.8 127p A6 ¥648 ①978-4-479-30986-4

◆九星別ユミリー風水 八白土星 2018　直居由美里著　大和書房
【要旨】安心感と安定感をまわりに与え成長し続ける努力家。これまでの種まき・発芽を経て花開く年。周囲からのサポートも得て物事がスムーズに進みます。天中殺もわかる！
2017.8 127p A6 ¥648 ①978-4-479-30990-1

◆九星別ユミリー風水 六白金星 2018　直居由美里著　大和書房
【要旨】人情味のあるエネルギッシュな人の上に立つ社長の星。夢を達成するために一歩ずつ足を進めたい年。背中を押されて始めたことは、前向きに取り組んで。天中殺もわかる！
2017.8 127p A6 ¥648 ①978-4-479-30988-8

◆ぐるぐる占星天文暦 2018年～2030年
ルネ・ヴァン・ダール研究所著　フリースペース、星雲社 発売
【要旨】ビッグ・チャンスをつかもう！ 毎月の惑星の運行を一枚のホロスコープにビジュアル化した画期的な占星天文暦です。出会いのチャンスはいつか？ 仕事のチャンスはいつか？ ビッグ・チャンスはいつか？ 良い時期を知って願いを叶えましょう。チャンスはあなたの手にあります。星の運行がひと目で！ プロ必携です！
2017.11 172p B5 ¥4200 ①978-4-434-23907-6

◆決定版 紫微斗数占星術奥義　東海林秀樹著　学研プラス（エルブックス・シリーズ）増補改訂版
【要旨】この一冊で、幸運と成功のツボが見えてくる！ チャンスをつかむ「秘伝中の秘伝」を特別公開。
2017.9 478p B6 ¥3000 ①978-4-05-800823-2

◆九つの星で運命を知る 九星術　鎗田宗准著　説話社（説話社占い選書）
【目次】序章 九星術について（占いは科学ではない、アートであるというわけは？、九星術とは ほか）、第1章 九星命占術（宿命占と運勢占、本命星だけでどこまでわかる？ ほか）、第2章 九星卜占術（時間）暦）を使った卜占術、九星家四段掛け ほか）、第3章 九星方位術（九星方位術について、金運に絞って方位を取る場合 ほか）
2017.12 213p 18cm ¥1000 ①978-4-906828-40-1

◆こわいほどよく当たる 2018年金宿星占い
あいはら友子著　徳間書店
【要旨】尼僧としての霊的経験とハイテク女優の経済予測があなたの金運を上げる！ 2018年は本物志向の人だけが、金運の神様に好かれます。
2017.9 285p B6 ¥1400 ①978-4-19-864476-5

◆3年の星占い 射手座 2018年‐2020年
石井ゆかり著　文響社
【要旨】「自分らしさ」を更新できるとき。2018年・2019年・2020年を星で読み解く。
2017.11 157p A6 ¥630 ①978-4-86651-029-3

◆3年の星占い 魚座 2018年‐2020年　石井ゆかり著　文響社
【要旨】いまこの瞬間から、叶えていく夢。2018年・2019年・2020年を星で読み解く。
2017.11 157p A6 ¥630 ①978-4-86651-032-3

◆3年の星占い 牡牛座 2018年‐2020年
石井ゆかり著　文響社
【要旨】たぶん、一生に一度だけ。約7年をかけた「変身」の時間へ。2018年・2019年・2020年を星で読み解く。
2017.11 157p A6 ¥630 ①978-4-86651-022-4

◆3年の星占い 乙女座 2018年‐2020年
石井ゆかり著　文響社
【要旨】本物の愛を育てるためにどっしり、腰を据く。2018年・2019年・2020年を星で読み解く。
2017.11 157p A6 ¥630 ①978-4-86651-026-2

◆3年の星占い 牡羊座 2018年‐2020年
石井ゆかり著　文響社
【要旨】長年の目標を達成し、さらに大きな夢に向かって歩き出す。2018年・2019年・2020年を星で読み解く。
2017.11 157p A6 ¥630 ①978-4-86651-021-7

◆3年の星占い 蟹座 2018年‐2020年　石井ゆかり著　文響社
【要旨】「人生のパートナー」と見たことのない景色を見る。2018年・2019年・2020年を星で読み解く。
2017.11 157p A6 ¥630 ①978-4-86651-024-8

◆3年の星占い 蠍座 2018年‐2020年　石井ゆかり著　文響社
【要旨】ドラマティックな自己変革。2018年・2019年・2020年を星で読み解く。
2017.11 157p A6 ¥630 ①978-4-86651-028-6

◆3年の星占い 獅子座 2018年‐2020年
石井ゆかり著　文響社
【要旨】あなたを縛る価値観から脱し、大きな自由を手に入れる。2018年・2019年・2020年を星で読み解く。
2017.11 157p A6 ¥630 ①978-4-86651-025-5

◆3年の星占い 天秤座 2018年‐2020年
石井ゆかり著　文響社
【要旨】限りない優しさをもって、「居場所」をつくる。2018年・2019年・2020年を星で読み解く。
2017.11 157p A6 ¥630 ①978-4-86651-027-9

◆3年の星占い 双子座 2018年‐2020年
石井ゆかり著　文響社
【要旨】「誰か」との濃密な交流を経て、唯一無二の「自分」になる。2018年・2019年・2020年を星で読み解く。
2017.11 157p A6 ¥630 ①978-4-86651-023-1

◆3年の星占い 水瓶座 2018年‐2020年
石井ゆかり著　文響社
【要旨】「最初の一歩」を踏み出すために、古い武器を手放す。2018年・2019年・2020年を星で読み解く。
2017.11 157p A6 ¥630 ①978-4-86651-031-6

◆3年の星占い 山羊座 2018年‐2020年
石井ゆかり著　文響社
【要旨】「王様の星」の帰還、特別なスタートラインに立つ。2018年・2019年・2020年を星で読み解く。
2017.11 157p A6 ¥630 ①978-4-86651-030-9

◆しいたけ占い―12星座の蜜と毒　しいたけ著
KADOKAWA
【要旨】自分の「蜜（強み）と毒（弱み）」を知って、運を味方につける！ VOGUEGIRLで心に沁みると話題の占い。人気占い師しいたけの毎日をハッピーにする小さな習慣。
2017.12 254p B6 ¥1300 ①978-4-04-602225-7

占い・易・おまじない

実用書

◆獅子座男子の取扱説明書―12星座で「いちばん成功する」　來夢、櫻井秀勲監修、早稲田運命学研究会著　きずな出版
【要旨】リーダーシップにあふれる肉食系。そんな獅子座男子とつき合ってみる？
2017.8 181p 18cm ¥1300 ①978-4-86663-005-2

◆人生をプラスにする3つの数字―気学九星術の相性占い　吉川博永著　三恵書房（サンケイブックス）
【目次】第1章 輝く人間関係をつくる相性占い（年星1から年星9の相性占い、生年九星一覧表、一白 年星1 ほか）、第2章 幸運の3つの数字（生まれた年・月・日の数字は運命の命式、祐気取りとは、3つの数字を使う）、第3章 三命式一覧（1933年、1934年、1935年 ほか）
2018.1 223p B6 ¥1200 ①978-4-7829-0476-3

◆水晶玉子のオリエンタル占星術―幸運を呼ぶ365日メッセージつき開運暦 2018　水晶玉子著　集英社（FLOWER & BEE）
【要旨】27の「本命宿」で運勢を診断!!2018年をHAPPYにするヒント!!
2017.10 152p 24×19cm ¥1400 ①978-4-08-333152-7

◆数流九星術真義 初伝　武論尊朱軌著　八幡書店（付属資料あり）
【目次】基本5行、数理9星バイブルズ、干合数龍法、数理流9星解析、干合数龍インプット法、手塚治虫パターン、オードリー・ヘップバーン・パターン、ジョン・レノン・パターン、大運法、合散法/第九回 過去プロセス法、擬人化システム法、数流日盤宿命法、3合方位術
2017.1 301p A5 ¥6800 ①978-4-89350-775-4

◆0学占い 海王星 2018　御射山令元著　ディスカヴァー・トゥエンティワン
【要旨】運命分析学の集大成。驚くほど当たる！海王星のあなたは、鋭い洞察力で真実を見抜く賢者。
2017.8 159p A6 ¥800 ①978-4-7993-2144-7

◆0学占い 火星 2018　御射山令元著　ディスカヴァー・トゥエンティワン
【要旨】運命分析学の集大成。驚くほど当たる！火星のあなたは、志高く夢を追うアーティスト。
2017.8 159p A6 ¥800 ①978-4-7993-2147-8

◆0学占い 魚王星 2018　御射山令元著　ディスカヴァー・トゥエンティワン
【要旨】運命分析学の集大成。驚くほど当たる！魚王星のあなたは、ひたむきで心優しいヒーロー。
2017.8 159p A6 ¥800 ①978-4-7993-2146-1

◆0学占い 金星 2018　御射山令元著　ディスカヴァー・トゥエンティワン
【要旨】運命分析学の集大成。驚くほど当たる！金星のあなたは、自由な発想で世界を彩る風雲児。
2017.8 159p A6 ¥800 ①978-4-7993-2149-2

◆0学占い 月星 2018　御射山令元著　ディスカヴァー・トゥエンティワン
【要旨】運命分析学の集大成。驚くほど当たる！月星のあなたは、思いやりあふれる平等主義者。
2017.8 159p A6 ¥800 ①978-4-7993-2145-4

◆0学占い 小王星 2018　御射山令元著　ディスカヴァー・トゥエンティワン
【目次】プロローグ 0学で運命をひらく、第1章 0学で見る2018年、第2章 小王星の世界、第3章 小王星の人間関係と相性、第4章 2018年 小王星に幸せをもたらすもの、第5章 小王星の運命カレンダー
2017.8 159p A6 ¥800 ①978-4-7993-2150-8

◆0学占い 水星 2018　御射山令元著　ディスカヴァー・トゥエンティワン
【要旨】運命分析学の集大成。驚くほど当たる！水星のあなたは、成功を目指し華やぐスター。
2017.8 159p A6 ¥800 ①978-4-7993-2141-6

◆0学占い 天王星 2018　御射山令元著　ディスカヴァー・トゥエンティワン
【要旨】運命分析学の集大成。驚くほど当たる！天王星のあなたは、完璧を目指す気高い貴族。
2017.8 159p A6 ¥800 ①978-4-7993-2152-2

◆0学占い 土星 2018　御射山令元著　ディスカヴァー・トゥエンティワン
【要旨】運命分析学の集大成。驚くほど当たる！土星のあなたは、誇り高い美学を貫く理想家。
2017.8 159p A6 ¥800 ①978-4-7993-2151-5

◆0学占い 氷王星 2018　御射山令元著　ディスカヴァー・トゥエンティワン
【要旨】運命分析学の集大成。驚くほど当たる！永王星のあなたは、世の羨望を集める人気者。
2017.8 159p A6 ¥800 ①978-4-7993-2142-3

◆0学占い 冥王星 2018　御射山令元著　ディスカヴァー・トゥエンティワン
【要旨】運命分析学の集大成。驚くほど当たる！冥王星のあなたは、強い信念で道を究める実力派。
2017.8 159p A6 ¥800 ①978-4-7993-2148-5

◆0学占い 木星 2018　御射山令元著　ディスカヴァー・トゥエンティワン
【要旨】運命分析学の集大成。驚くほど当たる！木星のあなたは、冷静沈着で懐深いまとめ役。
2017.8 159p A6 ¥800 ①978-4-7993-2143-0

◆占星学　ルル・ラブア著　実業之日本社　新装版
【要旨】占星術解説書のロングセラーが新装復刊！占いの道をめざす者、深く知りたい者、必携の書。
2017.4 350p B6 ¥2700 ①978-4-408-45636-2

◆占星術の文化誌　鏡リュウジ著　原書房
【要旨】文学、美術、音楽、心理学、医術からマスメディアの「星占い」まで一貫とともにある、人間の営みと文化の歩み。占星術がどのように文化を築いてきたかを第一人者がひもとく。
2017.3 334p B6 ¥2800 ①978-4-562-05391-9

◆展望と開運365日 2018年の一白水星　村山幸徳著　KADOKAWA（中経の文庫）
【要旨】新時代の到来はつねに一白水星のあなたが担う。一白水星のあなたは、いったん決意すればとてつもない精神の強靭さを発揮し、何物にも負けない強さが備わる。星の特徴、職業・恋愛の秘訣、幸せのコツ、毎日の過ごし方、ラッキーカラー、開運アイテム、開運行動、運気を上げる食べ物など、2018年の生き方・開運方法をわかりやすく指南。
2017.10 255p A6 ¥800 ①978-4-04-602134-2

◆展望と開運365日 2018年の九紫火星　村山幸徳著　KADOKAWA（中経の文庫）
【要旨】九紫火星には突き抜けた才能の持ち主が多い。九紫火星のあなたは、気品のある崇高な雰囲気を漂わせ、独自の世界観と美学を追究し、孤高の天才と呼ばれる―。星の特徴、職業・恋愛の秘訣、幸せのコツ、毎日の過ごし方、ラッキーカラー、開運アイテム、開運行動、運気を上げる食べ物など、2018年の生き方・開運方法をわかりやすく指南。
2017.10 255p A6 ¥800 ①978-4-04-602145-8

◆展望と開運365日 2018年の五黄土星　村山幸徳著　KADOKAWA（中経の文庫）
【要旨】すべての星を動かす力をもつ五黄土星。五黄土星のあなたは、物質を分解し大地に戻す働きを担うため、忍耐と信念と寡黙な実践を継続させることができる。星の特徴、職業・恋愛の秘訣、幸せのコツ、毎日の過ごし方、ラッキーカラー、開運アイテム、開運行動、運気を上げる食べ物など、2018年の生き方・開運方法をわかりやすく指南。
2017.10 255p A6 ¥800 ①978-4-04-602138-0

◆展望と開運365日 2018年の三碧木星　村山幸徳著　KADOKAWA（中経の文庫）
【要旨】「自由」「知恵」「前進」「飛躍」を体現する三碧木星。三碧木星のあなたは、不屈の精神力とあらゆる抵抗をはねのけるエネルギーに満ち溢れ、どんな困難も乗り越えていく―。星の特徴、職業・恋愛の秘訣、幸せのコツ、毎日の過ごし方、ラッキーカラー、開運アイテム、開運行動、運気を上げる食べ物など、2018年の生き方・開運方法をわかりやすく指南。
2017.10 255p A6 ¥800 ①978-4-04-602136-6

◆展望と開運365日 2018年の二黒土星　村山幸徳著　KADOKAWA（中経の文庫）
【要旨】天の恵みを受け、地上のあらゆるものを育てる二黒土星。二黒土星のあなたは、能力、見識、才能どれをとってもきわめて優秀で、苦労は必ず将来に役立つと証明する存在―。星の特徴、職業・恋愛の秘訣、幸せのコツ、毎日の過ごし方、ラッキーカラー、開運アイテム、開運行動、運気を上げる食べ物など、2018年の生き方・開運方法をわかりやすく指南。
2017.10 255p A6 ¥800 ①978-4-04-602135-9

◆展望と開運365日 2018年の七赤金星　村山幸徳著　KADOKAWA（中経の文庫）
【要旨】七赤金星は、人の心を捉える才能が際立っている。七赤金星のあなたは、経済の星でありながら、人間生活の喜びと感動までも担当する。この星には世界の経済人が多い―。星の特徴、職業・恋愛の秘訣、幸せのコツ、毎日の過ごし方、ラッキーカラー、開運アイテム、開運行動、運気を上げる食べ物など、2018年の生き方・開運方法をわかりやすく指南。
2017.10 255p A6 ¥800 ①978-4-04-602143-4

◆展望と開運365日 2018年の四緑木星　村山幸徳著　KADOKAWA（中経の文庫）
【要旨】四緑木星の世界は、壮大な地球史であり、人類への歩み。四緑木星のあなたは、調和と平和、協調性をもたらす整理と整備への主役であり、やさしさと温かみで生命を慈しむ―。星の特徴、職業・恋愛の秘訣、幸せのコツ、毎日の過ごし方、ラッキーカラー、開運アイテム、開運行動、運気を上げる食べ物など、2018年の生き方・開運方法をわかりやすく指南。
2017.10 255p A6 ¥800 ①978-4-04-602137-3

◆展望と開運365日 2018年の八白土星　村山幸徳著　KADOKAWA（中経の文庫）
【要旨】変革を求めて、改革をするのは八白土星。八白土星のあなたは、家族と親族、そして財産の蓄積と相続の役割を担い、目標を高く掲げるほどに人生が拡大する―。星の特徴、職業・恋愛の秘訣、幸せのコツ、毎日の過ごし方、ラッキーカラー、開運アイテム、開運行動、運気を上げる食べ物など、2018年の生き方・開運方法をわかりやすく指南。
2017.10 255p A6 ¥800 ①978-4-04-602144-1

◆展望と開運365日 2018年の六白金星　村山幸徳著　KADOKAWA（中経の文庫）
【要旨】九星でもっとも輝く太陽の星・六白金星。六白金星のあなたは、リーダーシップ能力が高く、皆を引率する力に満ちている。まさに太陽が完全燃焼するかのごとく―。星の特徴、職業・恋愛の秘訣、幸せのコツ、毎日の過ごし方、ラッキーカラー、開運アイテム、開運行動、運気を上げる食べ物など、2018年の生き方・開運方法をわかりやすく指南。
2017.10 255p A6 ¥800 ①978-4-04-602142-7

◆猫のための占星術―十二星座で解き明かす猫の神秘　メイヴァ・コンジダイン著、ヴィッキー・チュウイラスト、藪中久美子訳　エクスナレッジ
【要旨】あなたの猫を最高に幸せにする星占い。ミステリアスで神秘的な猫。その心の中では、何が起こっているのでしょうか？星の力を借りて、愛猫の性格や行動、ほかの猫たちとの相性を探ってみましょう。
2017.3 110p A5 ¥1400 ①978-4-7678-2300-3

◆はじめてのボイド星占い　叶レオナ著　自由国民社
【要旨】ボイドタイムは2日に1回ほどのペースで訪れる「魔の時間帯」と呼ばれる時間のこと。月の満ち欠けによる8つのサイクルと12星座を組み合わせれば、ボイドタイムとの付き合い方がわかります。
2017.2 205p A5 ¥1200 ①978-4-426-12140-2

◆女神からの愛のメッセージ 小惑星占星術　芳垣宗久著　説話社（説話社占い選書 9）
【目次】第1章 小惑星占星術とは、第2章 エロスが示す「恋愛」、第3章 アモルが示す「友愛」、第4章 ジューノが示す「夫婦愛」、第5章 セレスが示す「母性愛」、第6章 パラスが示す「自己愛/自己実現」、第7章 小惑星占星術の可能性
2017.4 331p A6 ¥1000 ①978-4-906828-32-6

◆李家幽竹の一白水星―九星別365日の幸せ風水 2018年版　李家幽竹著　世界文化社
【要旨】一白水星のあなたは進むべき道を見ける年！好奇心をもって色々なことにチャレンジし
2017.8 119p A6 ¥650 ①978-4-418-17229-0

◆李家幽竹の九紫火星―九星別365日の幸せ風水 2018年版　李家幽竹著　世界文化社
【要旨】九紫火星のあなたは自信をもっと輝きます！自分の長所を見つけて前向きに。
2017.8 119p A6 ¥650 ①978-4-418-17237-5

◆李家幽竹の五黄土星―九星別365日の幸せ風水 2018年版　李家幽竹著　世界文化社
【要旨】五黄土星のあなたは女性らしさが運を呼びます。なりたい理想像に近づく努力をして。
2017.8 119p A6 ¥650 ①978-4-418-17233-7

◆李家幽竹の三碧木星―九星別365日の幸せ風水 2018年版　李家幽竹著　世界文化社
【要旨】三碧木星のあなたは美しく自分をリニューアル！もっと美しくなりたいという気持ちが幸

占い・易・おまじない

運を呼ぶ。
2017.8 119p A6 ¥650 ①978-4-418-17231-3

◆李家幽竹の二黒土星—九星別365日の幸せ風水 2018年版 李家幽竹著 世界文化社
【要旨】二黒土星のあなたは笑顔でいることが開運の秘訣！日常から楽しみをたくさん見つけて。
2017.8 119p A6 ¥650 ①978-4-418-17230-6

◆李家幽竹の七赤金星—九星別365日の幸せ風水 2018年版 李家幽竹著 世界文化社
【要旨】七赤金星のあなたは言葉遣いを見直して。いい言霊が未来を変えます。
2017.8 119p A6 ¥650 ①978-4-418-17235-1

◆李家幽竹の四緑木星—九星別365日の幸せ風水 2018年版 李家幽竹著 世界文化社
【要旨】四緑木星のあなたは幸せのチャンスがたくさん訪れます。直感力を鍛えて、運を逃さないで。
2017.8 119p A6 ¥650 ①978-4-418-17232-0

◆李家幽竹の八白土星—九星別365日の幸せ風水 2018年版 李家幽竹著 世界文化社
【要旨】八白土星のあなたは縁をつなぐと、運が生まれる年。多くの人に出会える場所にでかけて。
2017.8 119p A6 ¥650 ①978-4-418-17236-8

◆李家幽竹の六白金星—九星別365日の幸せ風水 2018年版 李家幽竹著 世界文化社
【要旨】六白金星のあなたはおしゃれで快適な家づくりを！暮らしをセンスアップして開運。
2017.8 119p A6 ¥650 ①978-4-418-17234-4

◆六星占術による火星人の運命 平成30年版 細木数子著 ベストセラーズ（ワニ文庫）
【要旨】恋愛、結婚、仕事、お金、健康…。今年の運気が見えてくる！火星人のあなたに幸運を招く本!!
2017.8 123p A6 ¥583 ①978-4-584-30981-0

◆六星占術による金星人の運命 平成30年版 細木数子著 ベストセラーズ（ワニ文庫）
【要旨】恋愛、結婚、仕事、お金、健康…。今年の運気が見えてくる！金星人のあなたに幸運を招く本!!
2017.8 123p A6 ¥583 ①978-4-584-30980-3

◆六星占術による水星人の運命 平成30年版 細木数子著 ベストセラーズ（ワニ文庫）
【要旨】恋愛、結婚、仕事、お金、健康…。今年の運気が見えてくる！水星人のあなたに幸運を招く本!!
2017.8 123p A6 ¥583 ①978-4-584-30983-4

◆六星占術による天王星人の運命 平成30年版 細木数子著 ベストセラーズ（ワニ文庫）
【要旨】恋愛、結婚、仕事、お金、健康…。今年の運気が見えてくる！天王星人のあなたに幸運を招く本!!
2017.8 123p A6 ¥583 ①978-4-584-30982-7

◆六星占術による土星人の運命 平成30年版 細木数子著 ベストセラーズ（ワニ文庫）
【要旨】恋愛、結婚、仕事、お金、健康…。今年の運気が見えてくる！土星人のあなたに幸運を招く本!!
2017.8 123p A6 ¥583 ①978-4-584-30979-7

◆六星占術による木星人の運命 平成30年版 細木数子著 ベストセラーズ（ワニ文庫）
【要旨】恋愛、結婚、仕事、お金、健康…。今年の運気が見えてくる！木星人のあなたに幸運を招く本!!
2017.8 123p A6 ¥583 ①978-4-584-30983-4

◆六星占術による霊合星人の運命 平成30年版 細木数子著 ベストセラーズ（ワニ文庫）
【要旨】恋愛、結婚、仕事、お金、健康…。今年の運気が見えてくる！霊合星人のあなたに幸運を招く本。自分の生まれた年の干支が"停止"に当たる人は、各星人別の本と併読して下さい。
2017.8 109p A6 ¥583 ①978-4-584-30985-8

誕生日占い

◆辛口誕生日事典 2018 真木あかり著 宝島社
【要旨】気になるあの人の本性が誕生日だけでわかる！金運から将来性、恋愛体質まで。あなたも、あの人も、丸裸！
2017.10 415p A5 ¥700 ①978-4-8002-7440-3

◆木村藤子の春夏秋冬診断 秋の人の運命の気づき 平成30年版 木村藤子著 主婦と生活社
【要旨】秋生まれの人：8月10日生まれ〜11月9日生まれ。"青森の神様"が完全透視、あなたの本来の魂と運命。平成30年の運命、恋愛、結婚、仕事、健康…未来を読み解き、運命を変える本。
2017.8 111p 17×12cm ¥648 ①978-4-391-15058-2

◆木村藤子の春夏秋冬診断 夏の人の運命の気づき 平成30年版 木村藤子著 主婦と生活社
【要旨】夏生まれの人：5月10日生まれ〜8月9日生まれ。"青森の神様"が完全透視、あなたの本来の魂と運命。平成30年の運命、恋愛、結婚、仕事、健康…未来を読み解き、運命を変える本。
2017.8 111p 17×12cm ¥648 ①978-4-391-15057-5

◆木村藤子の春夏秋冬診断 春の人の運命の気づき 平成30年版 木村藤子著 主婦と生活社
【要旨】春生まれの人：2月10日生まれ〜5月9日生まれ。"青森の神様"が完全透視、あなたの本来の魂と運命。平成30年の運命、恋愛、結婚、仕事、健康…未来を読み解き、運命を変える本。
2017.8 111p 17×12cm ¥648 ①978-4-391-15056-8

◆木村藤子の春夏秋冬診断 冬の人の運命の気づき 平成30年版 木村藤子著 主婦と生活社
【要旨】冬生まれの人：11月10日生まれ〜2月9日生まれ。"青森の神様"が完全透視、あなたの本来の魂と運命。平成30年の運命、恋愛、結婚、仕事、健康…未来を読み解き、運命を変える本。
2017.8 111p 17×12cm ¥648 ①978-4-391-15059-9

◆誕生日大事典 來夢, 松村潔著 三笠書房
【要旨】恋愛、仕事、健康、才能、性格…366日の誕生日別！性格＆運命のすべて！
2017.3 775p B6 ¥1600 ①978-4-8379-2666-5

予言

◆世界沈没—地球最後の日 2019年X月X日に起きること 資本主義と国家そのものが消える!! 浅井隆著 第二海援隊
【要旨】人類の歴史は飢餓と天災との闘いだったと言ってもよい。あまり知られていないが、ほとんどの戦争、暴動、そしてパラダイム大転換の裏には火山噴火や飢餓（食糧危機）が隠されていたのだ。現在の資本主義およびすべての経済活動は一つの巨大火山噴火で粉々に飛び散ってしまう可能性がある。本書は一見経済書ではないが、あなたの生活と命を守るための必読書であり、生き残りのためのバイブルである。
2017.3 206p B6 ¥1600 ①978-4-86335-178-3

名付け・姓名判断

◆いちばんハッピーな赤ちゃんの名づけ事典 栗原里央子著 成美堂出版
【要旨】長所を引き出す漢字。運をチャージする名づけ…ほっこりマンガでナビ。
2017.11 383p A5 ¥1500 ①978-4-415-32438-8

◆最新版 男の子女の子赤ちゃんのしあわせ名前大事典 田口二州著 学研プラス
【要旨】名づけの方法いろいろ＆最新の名前例たっぷり。「最高の名前」が必ず見つかる！
2017.5 432p A5 ¥1600 ①978-4-05-800782-2

◆たまひよ赤ちゃんのしあわせ名前事典 2018〜2019年版 たまごクラブ編, 栗原里央子監修（多摩）ベネッセコーポレーション
【要旨】名づけの基礎知識、音、画数、漢字、イメージ、願い、NGポイントまで解説！
2017.11 485p A5 ¥1580 ①978-4-8288-6857-8

◆はじめての贈りもの 赤ちゃんの幸せ名前事典 阿辻哲次, 黒川伊保子監修 ナツメ社
【要旨】「音・ひびき」「イメージ・願い」「漢字」「開運」など、様々な観点から名前を見つけるヒントを紹介。古風なものから、新しい響きのものまで、36,000以上の名前例を掲載しています。読者限定のWEBサイトで、候補名の運勢を簡単に比較。おすすめの名前も提案します。

名づけのイメージがより広がるよう、カラーイラストを豊富に掲載しました。
2017.12 543p A5 ¥1600 ①978-4-8163-6363-4

◆はじめての贈りもの 男の子の幸せ名前事典 阿辻哲次, 黒川伊保子監修 ナツメ社
【要旨】「音・ひびき」「イメージ・願い」「漢字」「開運」など、様々な観点から名前を見つけるヒントを紹介。古風なものから、新しい響きのものまで、3万以上の名前例を掲載。
2017.10 495p A5 ¥1500 ①978-4-8163-6284-2

◆はじめての贈りもの 女の子の幸せ名前事典 阿辻哲次, 黒川伊保子監修 ナツメ社
【要旨】「音・ひびき」「イメージ・願い」「漢字」「開運」など、様々な観点から名前を見つけるヒントを紹介。古風なものから、新しい響きのものまで、3万以上の名前例を掲載。
2017.10 495p A5 ¥1500 ①978-4-8163-6285-9

◆呼び名の持つパワー 音でわかる名前占い 宮沢みち著 日貿出版社
【要旨】悩みは名前で解決する一。あなたの性格、健康状態でわかる。親子・友人、職場での人間関係を改善する！読み方で人生が変わる!!
2017.12 221p B6 ¥1200 ①978-4-8170-8247-3

手相・顔相

◆「ご縁」のつかみ方—島田秀平が3万人の手相を見てわかった！ 島田秀平著 SBクリエイティブ（SB新書）
【要旨】人は1人では生きられないからこそ、人間関係は、ありがたいものであり、厄介で、悩み多きものでもあります。仕事にせよ、プライベートにせよ、人の悩みの大半は人間関係に行き着くと言われているのもうなずけます。では、どうしたら人間関係を良いもの、有意義なものにしていけるのか。この本では、最良縁に恵まれた人たちから学んだ「正しい縁のつかみ方・結び方・卒業の仕方」を初公開します！
2018.1 213p 18cm ¥800 ①978-4-7973-9347-7

◆島田秀平の運気が上がる!!手相の変え方—島田流手相占い 島田秀平著 ぴあ
【要旨】運のいい手はマッサージとエクササイズで作れるんです！初公開！島田流開運手相メソッド完全収録!!
2017.9 159p A5 ¥1200 ①978-4-8356-3823-2

◆たった5秒！手のひらを見るだけで運命の男性が分かる 佐藤香著 みらいパブリッシング, 星雲社 発売
【要旨】5秒！手のひらを見るだけ。運命の男性の落とし方が分かる！
2017.10 155p B6 ¥1300 ①978-4-434-23849-9

◆はじめての手相セラピー—吉凶で判断しないこれからの手相術 心と体を開く魔法のツール 笹田修司著 セルバ出版, 創英社/三省堂書店 発売
【要旨】心理学と脳科学の観点を加え、これから100年続く心の手相術として新しく考案した「手相セラピー」。
2017.5 191p B6 ¥1600 ①978-4-86367-336-6

◆読むだけで幸せになる手相術—決定版 お金 天職 健康 人間関係 恋愛 高山東明著 三笠書房
【要旨】4大基本線、9つの丘、20補助線…"わかりやすい図版"で誰でも簡単に的確に手相が読める！運命学研究の第一人者が明かした東明手相の集大成！
2017.3 238p A5 ¥777 ①978-4-8379-2678-8

風水

◆愛犬と一緒に幸せになる風水入門 影山直美著, 山道帰一監修 講談社
【要旨】占いというより豊かに生きる環境哲学!!立ち寄るカフェやお気に入りの散歩道・見慣れた風景を見る目が180度変わります！
2017.1 127p A5 ¥1200 ①978-4-06-220418-7

◆運がよくなるおそうじ風水—お金と幸運が、次々舞い込む！ 林秀靜著 宝島社

占い・易・おまじない

【要旨】捨てて、スッキリ開運！ものを溜め込む＝悪運、凶運も溜め込んでいる！金運、愛情運、仕事運がみるみるよくなる！願いがどんどん叶う！
2017.12 143p A5 ¥1200 ①978-4-8002-6548-7

◆お清め風水ブック　林秀静著　三才ブックス
【要旨】玄関の鏡は右側から左側に移して開運！便器を磨けば金運はグングン上昇する！寝室にある鏡は恋愛運を下げてしまう！一風水でお家を清めることで、運気がガラリと変わります！
2017.6 143p A5 ¥1300 ①978-4-86673-021-9

◆玄空飛星派風水大全　山道帰一著　太玄社，ナチュラルスピリット 発売
【要旨】「理気」の説明となる「宇宙論」（cosmology）、「気」の変化、「象」を用いて「数」を符合（八卦、陰陽、五行、九宮、九星など）させるための説明まで、「玄空風水学」の深奥を解き解く。厳選された21の鑑定実例付。
2017.1 628p A5 ¥6800 ①978-4-906724-31-4

◆玄空風水暦　その使い方と開運法　平成30年 2018年版　玄空學風水研究所編　太玄社，ナチュラルスピリット 発売
【要旨】その日の吉凶がわかる！ラッキーな方位がわかる！良い風水の土地、建物がわかる！今、風水界で注目の「龍門八局」をはじめ数々の見方を網羅!!初心者からプロまで活用できます。
2017.10 223p B6 ¥1200 ①978-4-906724-36-9

◆実証！風水開祖・楊救貧の帝王風水　張玉正編著、林秀静訳　太玄社，ナチュラルスピリット 発売
【要旨】宗師楊救貧の足跡を中心に、中国・台湾に自ら足を運んで実地検証した名山名穴地理の風水紀行の全貌が、いまここに！オールカラー。400点にも及ぶ写真（画像）付きの「生きた教材」で学ぶ楊救貧の風水の奥義！
2017.11 446p A5 ¥4800 ①978-4-906724-37-6

◆邪気を落として幸運になるランドリー風水　北野貴子著　青春出版社
【要旨】いま、あなたが着ているその服。目に見える汗や汚れだけでなく「厄」や「悪い気」がついています。でも、ケアひとつで幸せのオーラをまとえるのです！水・光・風のエネルギーで"3大悪運"（シミ/におい/シワ）を浄化！
2017.11 141p B6 ¥1400 ①978-4-413-23062-9

◆絶対、お金に好かれる！金運風水　李家幽竹著　ダイヤモンド社
【要旨】人は誰でも自分の中に金運＝豊かさを生み出す運気をもっています。今、豊かさを実感できない人、もっと引き出せていないかた。お金との付き合い方を見直し、よいコミュニケーションをとることができれば、お金に好かれるようになり、この先、決してお金があなたから離れていくことはありません。
2017.8 251p B6 ¥1200 ①978-4-478-10210-7

◆大開運！風水事典―風水のすべてがわかる　林秀静著　宝島社
【要旨】捨てる、片づける、掃除するで金運、仕事運、恋愛＆結婚運、健康運が高まる！運気を上げる400の方法。
2017.11 191p A5 ¥1200 ①978-4-8002-7710-7

◆ダイヤモンド風水　華宝世珠著　主婦の友社
【要旨】ダイヤモンドパワーと風水を融合させることで、あらゆる運気を引き寄せます。眠らせているダイヤモンドはありませんか？正しい身につけ方、輝かせ方を知ることで、運気がUP！
2018.1 95p B5 ¥1200 ①978-4-07-428590-7

◆たった1輪の花で願いが叶う 魔法の花風水　宮内孝之著，岡田有未監修　青月社
【要旨】花を飾るだけで良いことがどんどん起こる。誰でも簡単！すぐ実践！スーパーの安価な花でもできる、目的・シチュエーション別「花風水レシピ」。48の悩み・目的・シチュエーションごとに最適な花の種類・飾り方をレクチャー。
2017.5 162p B6 ¥1400 ①978-4-8109-1303-3

◆超開運風水暦 2018　鮑義忠，BeBe，Aya著　自由国民社（付属資料：シール）
【目次】第1部 吉凶方位盤と風水用語の解説（吉凶方位盤と風水暦の使い方、年の吉神・凶神とは？、月の吉神・凶神とは？ ほか）、第2部 風水カレンダーと風水日程表（風水カレンダーの見方と使い方、風水カレンダーと巻末付録ご祈願シールの使い方、風水日程表の見方と使い方）、第3部 風水十二支占い（子年生まれ、丑年生まれ、寅年生まれ ほか）
2017.9 119p A5 ¥1300 ①978-4-426-12368-0

◆「出逢い」をよぶ風水　李家幽竹著　世界文化社
【要旨】「出逢いがない」「いい男ってどこにいるの？」と悩むすべてのシングル女性へ。人気風水師が指南する、出逢いの風を起こすミラクル恋愛風水術。
2017.2 191p B6 ¥1200 ①978-4-418-17203-0

◆はじめてのフライングスター風水　藤木梨香子著　自由国民社
【要旨】風水で住環境を整える意味は、その人が本来持っている金運や健康運を最大限に引き出すことにあります。天命を変えることは難しくても、フライングスター風水で環境を整えることによって、建物からも最大限のサポートを得ることが可能です。皆様のビジネスや日々の金運アップに、ぜひ本書をお役立ていただきたいと思います。
2017.8 125p A5 ¥1600 ①978-4-426-12138-9

◆貼るだけ！超良縁風水　鮑義忠著　自由国民社
【要旨】恋愛、結婚から人間関係まで！特別付録・良縁を結び悪縁を切る護符（霊符）42枚＋護符（霊符）シール21枚。
2017.3 91p A5 ¥1300 ①978-4-426-12227-0

◆毎日開運！365日の風水―誰でも今日から開運体質！　生田目浩美監修　イースト・プレス
【要旨】一日一日の開運アクションの積み重ねで、喜びにあふれた毎日に。
2018.1 111p B6 ¥648 ①978-4-7816-1635-3

◆李家幽竹 最強龍穴パワースポット　李家幽竹著　山と溪谷社　新版
【要旨】日本最強のパワースポット106ヵ所を紹介。パワースポットの原理を初めて説き明かす。
2017.3 199p A5 ¥1500 ①978-4-635-03541-5

◆李家幽竹の幸せ風水 2018年版　李家幽竹著　世界文化社
【要旨】恋愛、人間関係、インテリア、パワースポット―。幸せになるための秘訣がつまった、風水決定版。これ1冊さえあれば、初心者から上級者まで2018年の風水的運勢がわかる。
2017.8 143p B6 ¥800 ①978-4-418-17238-2

◆Dr.コパの金持ち風水 貧乏風水　小林祥晃著　徳間書店（付属資料：シール）
【要旨】貼った人から金持ちになる！家相のダメージを風水シールで解決！
2017.8 95p A5 ¥1350 ①978-4-19-864452-9

◆Dr.コパの金運を呼ぶ龍神＆数字パワー風水―本命星別の守護数字でみるみるお金持ちに！　小林祥晃著　河出書房新社
【要旨】龍神様と開運数字を意識するだけで、金運はじめすべての運がアップする！
2017.12 143p B6 ¥1400 ①978-4-309-27909-1

◆Dr.コパの最強金運アップ数字風水―本命星別の守護数字でみるみるお金持ちに！　小林祥晃著　河出書房新社
【要旨】金運は「運の王様」。その金運を大きく左右するのが「数字のパワー」。開運数字を意識することで、金運によりよい環境を作ることができます。本書は、本命星別の開運数字から、0～99までの数字本来が持つパワー、生活のシーンに役立つ数字の使い方、通帳やマイナンバーに秘められた数字の意味などさまざまな角度から数字のパワーを解き明かしています。数字風水の正しい使い方に伴い、金運はじめ、多くの幸せをつかみましょう。
2017.1 143p B6 ¥1000 ①978-4-309-27800-1

◆Dr.コパの風水のバイオリズム 2018年　小林祥晃著　マガジンハウス（付属資料：カード）
【要旨】2018年（戌年）は、「はなやかになる」がキーワードです。あなたの戌年を幸せにする！家相・方位・開運術を全網羅!!コパくじ2018、いつでも占えると大反響!!
2017.9 231p B6 ¥1300 ①978-4-8387-2955-5

暦

◆井上象英の幸せをつかむ方法―こよみが導く2018年　井上象英著　神宮館
【目次】こよみを上手に使って幸せを呼び寄せよう！、こよみを見れば避けられる！、どの方位

なら大丈夫なの？、暦の用語辞典、運気の流れを知ろう！、方位吉凶早見盤、2018年を占う、九気性別'18年の運勢、こよみ 年中行事
2017.7 96p A5 ¥500 ①978-4-86076-360-2

◆運勢暦 神明館蔵版 平成30年　高島易研究本部、日本運命学会共著　（岡山）修学社
【目次】幸福への道、平成三十年の日本と世界、平成三十年の株式市場大観、皇室・皇族、天皇・年代暦表、平成三十年の国内動勢、平成三十年世界の情勢、平成三十年経済界の予想診断、経済循環図の解説、平成三十年金相場の動向〔ほか〕
2017.7 128p B6 ¥1000 ①978-4-87959-676-5

◆運命宝鑑 神明館蔵版 平成30年　日本運命学会、日本易経大学館共著（岡山）修学社
【要旨】運命学の最高権威三十一部執筆の秘伝書。
2017.7 223p B6 ¥1500 ①978-4-87959-675-8

◆開運五術暦 神明館蔵版 平成30年　東洋五術運命学協会著　東洋五術運命学協会、（岡山）修学社
【要旨】五術開運と健康開発の秘法。
〔17.8〕104p B6 ¥750 ①978-4-87959-679-6

◆開運暦 平成30年　高島易断本部編　（大阪）神霊館榎本書店
【要旨】九星、十二支による各自の性質と運勢を詳述し開運法を伝授。
2017 128p B6 ¥700 ①978-4-87107-075-1

◆気学運勢暦 平成30年　東京運命学院著（みなかみ町）東京運命学院、（岡山）修学社
【要旨】気学で開運し、相場もわかる本。
〔17.11〕184p B6 ¥1389 ①978-4-87959-677-2

◆九星開運暦 平成30年　日本占術協会編　ハート出版
【要旨】星占い、手相、人相、家相、姓名判断、開運吉方、カバラetc.各種の「占い」、行事等も満載
2017.8 237p B6 ¥1300 ①978-4-8024-0040-4

◆幸運をつかむ！強運暦 平成30年版　西田気学研究所編　三恵書房（サンケイブックス）
【要旨】平成30年を健康で力強く歩むために、本書の強運カレンダー・吉方位・吉時間帯を、最良の指針として役立てていただきたい。
2017.10 222p B6 ¥1150 ①978-4-7829-0472-5

◆幸福暦 平成30年　高島易断本部編　（大阪）神霊館榎本書店
【要旨】結婚の相性、吉日その他結婚に関するあらゆる知識と作法。
2017 128p B6 ¥600 ①978-4-87107-076-8

◆御重宝 平成30年　高島易断本部編　（大阪）神霊館榎本書店
【要旨】暦といえば御重宝。見易く安価、正確で親切、抜群の新記事…。
2017 64p B6 ¥350 ①978-4-87107-077-5

◆こよみを10倍楽しむ本　神宮館編集部編著　神宮館
【要旨】こよみを上手に使えば幸運が訪れる。宝くじ、旅行、結婚、相性。こよみは未来を照らす道しるべ。
2017.8 63p B6 ¥500 ①978-4-86076-373-2

◆こよみを使って年中行事を楽しむ本 2018　神宮館編集部編　神宮館
【要旨】意外と知らない年中行事のやり方や由来が満載！日本の伝統行事を大切にする一冊!!
2017.7 128p B6 ¥900 ①978-4-86076-362-6

◆幸せを呼ぶ月の暦　Kei著　ワニ・プラス，ワニブックス 発売
【要旨】出会いが増える時期、ダイエットが成功しやすい時期、ストレスがたまりやすい時期etc.がすぐわかる。完全保存版。2017-2020年カレンダーつき。
2017.8 51p B6 ¥1200 ①978-4-8470-9587-0

◆神宮館運勢暦 平成30年　神宮館編集部編著　神宮館
【要旨】方位吉凶図、方位吉凶の説明、八将神・金神の説明、方殺の説明、暦の見方と調べ方、二十四節気の説明、雑節及び年中行事、六輝と干支の説明、暦の中段の説明、二十八宿吉凶の説明〔ほか〕
2017.7 159p A5 ¥1000 ①978-4-86076-356-5

◆神宮館開運暦 平成30年　神宮館編集部編著　神宮館

占い・易・おまじない

調べ方 ほか)、実用百科(人相の見方、手相の見方 ほか)
2017.8 176p A5 ¥1100 ①978-4-7993-2135-5

◆**高島易断開運本暦 平成30年** 高島易断協同組合編著 ディスカヴァー・トゥエンティワン
【目次】暦の基礎知識(平成30年・年盤座相、本年の方位吉凶の説明/本年の吉神処在方 ほか)、行事・祭事(平成30年1月～12月、手紙のあいさつ)、九星別運勢と方位の吉凶(年まれ年別の九星の調べ方、運勢の見方/方位の調べ方 ほか)、実用百科(人相の見方、手相の見方 ほか)
2017.8 253p A5 ¥1500 ①978-4-7993-2139-3

◆**高島易断開運本暦 平成30年** 高島易断協同組合編著 ディスカヴァー・トゥエンティワン
【目次】暦の基礎知識(平成30年・年盤座相、本年の方位吉凶の説明/本年の吉神処在方 ほか)、行事・祭事(平成30年1月～12月、手紙のあいさつ)、九星別運勢と方位の吉凶(年まれ年別の九星の調べ方、運勢の見方/方位の調べ方 ほか)、実用百科(人相の見方、手相の見方 ほか)
2017.8 256p A5 ¥1500 ①978-4-7993-2134-8

◆**高島易断吉運本暦 平成30年** 高島易断協同組合編著 ディスカヴァー・トゥエンティワン
【目次】暦の基礎知識(平成30年・年盤座相、本年の方位吉凶の説明/本年の吉神処在方 ほか)、行事・祭事(平成30年1月～12月、手紙のあいさつ)、九星別運勢と方位の吉凶(年まれ年別の九星の調べ方、一白水星/二黒土星/三碧木星/四緑木星/五黄土星/六白金星/七赤金星/八白土星/九紫火星)、実用百科(相性を判断する、人相の見方 ほか)
2017.8 128p A5 ¥800 ①978-4-7993-2136-2

◆**高島易断総本家 高島本暦 平成30年** 高島龍峰監・監修, 高島易断総本家編 高島易断総本家, 金龍ブックス 発売
【目次】暦の基礎知識(平成三十年度方位盤、八卦の意味・方位について ほか)、日ごよみ(一月、二月 ほか)、相性と運命診断(一白水星の運勢、二黒土星の運勢 ほか)、観相学(家相・地相学、人相学 ほか)、日本の文化・情報(慶弔、婚姻 ほか)
2017.10 236p A5 ¥1852 ①978-4-904192-73-3

◆**高島易断福運本暦 平成30年** 高島易断協同組合編著 ディスカヴァー・トゥエンティワン
2017.8 96p A5 ¥650 ①978-4-7993-2137-9

◆**高島易断本暦 平成30年** 高島易断協同組合編著 ディスカヴァー・トゥエンティワン
【目次】暦の基礎知識(平成30年・年盤座相、本年の方位吉凶の説明/本年の吉神処在方 ほか)、行事・祭事(平成30年1月～翌年3月、手紙のあいさつ)、九星別運勢と方位の吉凶(運勢の見方/方位の調べ方/適職の調べ方、一白水星/二黒土星/三碧木星/四緑木星/五黄土星/六白金星/七赤金星/八白土星/九紫火星)、実用百科(人相の見方、手相の見方/人相・手相の見方、冠婚葬祭の常識(冠の常識、婚の常識 ほか)
2017.8 309p A5 ¥1800 ①978-4-7993-2138-6

◆**高島易断本暦 平成30年** 高島易断協同組合編著 ディスカヴァー・トゥエンティワン
【目次】暦の基礎知識(平成30年・年盤座相、本年の方位吉凶の説明/本年の吉神処在方 ほか)、行事・祭事(平成30年1月～翌年3月、手紙のあいさつ)、九星別運勢と方位の吉凶(運勢の見方/方位の調べ方/適職の調べ方、一白水星/二黒土星/三碧木星/四緑木星/五黄土星/六白金星/七赤金星/八白土星/九紫火星)、実用百科(人相の見方、手相の見方/人相・手相の見方、冠婚葬祭の常識(冠の常識、婚の常識 ほか)
2017.8 310p A5 ¥1800 ①978-4-7993-2133-1

◆**高島易断本暦 平成30年** 高島易断総本部編 蒼海出版 (付属資料:別冊1)
【要旨】開運・発展・満願。健康第一・豊かに生きる。
2017.8 A5 ¥1600 ①978-4-88143-138-2

◆**高島観象運勢暦 平成30年** 佐藤央佳著, 東京易占学院監修 東京易占学院出版局
【目次】方位盤、平成三十年吉神・恵方・凶神、平成三十年の社会大勢・一般諸問題・戊戌の干

支の意味、暦の用語と説明・活用法、厄年、雑節・行事と選日、六輝・十二直・二十八宿の吉凶、二十八宿略図、年の吉神在泊方位運勢盤、月の吉神在泊方位運勢盤 ほか)
2017 240p A5 ¥1600 ①978-4-924715-50-9

◆**高島観象宝運暦 平成30年** 佐藤央佳著, 東京易占学院監修 東京易占学院出版局
【目次】方位盤、平成三十年吉神・恵方・凶神、平成三十年の社会大勢・一般諸問題・戊戌の干支の意味、暦の用語と説明・活用法、厄年、雑節・行事と選日、六輝・十二直・二十八宿の吉凶、二十八宿略図、年の吉神在泊方位運勢盤、朔弦望・国民の祝日 ほか)
2017 160p A5 ¥1000 ①978-4-924715-51-6

◆**高島重宝暦 平成30年** 高島易断研究本部、日本運命学会共著 (岡山)修学社
2017 52p B6 ¥444 ①978-4-87959-678-9

◆**月のこよみ 2018 365日の月の満ち欠けがわかる** 相馬充監修 誠文堂新光社
【目次】「月のこよみ2018」の使いかた、2018年のこよみ(2018年の月ニュース、2018年の二十四節気と七十二候、2018年1月～12月のこよみ)、月とこよみ(月とこよみ、月の満ち欠け、月の和名、月の動き、十五夜と十三夜 ほか)
2017.10 103p B6 ¥900 ①978-4-416-71707-3

◆**宝運暦 平成30年** 高島易断本部編 (大阪)神霊館榎本書店
【要旨】暦の王様!!日々の各自の吉凶から一人で出来る易占です。
2017 320p B6 ¥1200 ①978-4-87107-072-0

超自然・超能力・UFO

◆**愛と結婚と永遠の伴侶 スピリットメイトとは何か?―これからの新しいカップル、新しい家族のカタチ** 滝沢泰平, アニ・セノフ, カーステン・セノフ著 ヒカルランド
【要旨】宇宙から「今この時」降り注がれるエネルギーとの共鳴共振によって生まれ始めた「新しいカップル」とその「子供たち」しがらみを溶かして「拡大家族」へと向かうその流れとは?
2017.7 236p B6 ¥1815 ①978-4-86471-515-7

◆**愛は地球を救わない―New Age Nirvana** マルク・カーペンター著 たま出版
【要旨】愛は地球を救わない。救うのは慈悲である。なぜなら、愛は「個」にしか働かず、慈悲は「全体」に働くからだ。ゆえに、釈迦は家族への「愛」を捨て、人々への「慈悲」の道を選んだ。本書は、さまざまな精神的試練を経てニルヴァーナ(悟り)の体験を得た著者が、人間の生きる拠り処を提示した、本格的瞑想録です。
2017.12 237p B6 ¥1400 ①978-4-8127-0410-3

◆**愛は憎しみを越えて** 高橋信一著 三宝出版 第2版
【目次】倒れた守銭奴、生と死の谷間、暗いドームの中で、天使の声、転生のあかし、愛は国境を越えて、台湾から日本へ、差別への抵抗、父の苦悩、厳しい偏見 ほか)
2017.8 384p 18cm ¥1300 ①978-4-87928-117-3

◆**アウグスティヌス** アマーリエ著 (姫路)きれい・ねっと, 星雲社 発売 (スピリチュアルメッセージ集 75)
【目次】1 愛の思いを伝える、2 永遠の魂の中で他者を愛するために生きる、3 神の子として愛を全開にして生きる、4 神の子として輝きをもって生きる、5 神の愛を行動をもって生きる、6 愛にあふれた地球をイメージする、7 本来への祈りとは愛の叫びそのものである、8 全身全霊をもって愛の事業を果たす、9 未来のビジョンを見据える、10 神の使者として命をかけて生きる
2017.5 107p B6 ¥1200 ①978-4-434-23351-7

◆**青い星からのメッセージ** ヤンタラ・ジロー著 ビオ・マガジン (付属資料:CD1;スペシャルカード1)
【要旨】星々の存在や宇宙意識と繋がるスピリチュアルな能力を持ち、世界各地を巡りながら人々を目覚めへといざなうメッセージを発信するシンガーソングライターのフォト&メッセージ集。美しい写真に載った、心に明かりを灯す数々のメッセージが、ハッピーな明日へと背中をそっと押してくれます。比類なき才能が放つ癒しのパワーとピュアなエネルギーを感じ

占い・易・おまじない

てみてください。
2017.8 100p B5 ¥3000 ①978-4-86588-022-9

◆**アシュタール・コマンド　魂がふるえる人生のブループリント**　テリー・サイモン著　ヴォイス
【要旨】私たちの人生とは何のためにあるのか。その究極の疑問が11次元の宇宙意識「アシュタール」によって今、明らかになる。この本であなたの星の種が芽ばえる。
2017.8 170p B6 ¥1600 ①978-4-89976-467-0

◆**アシュタールメソッド—アシュタール×ひふみ神示　2**　宇咲愛著　ヒカルランド　新装版
【要旨】いまやひふみ神示なのか地球は新しい光の世界へ移行中！ 肉体と魂の大岩戸開きは「今ここ日本」から始まっている！ 11次元のアセンデッド・マスターで宇宙連合の総司令官・アシュタールの公式チャネラーによるひふみ神示翻訳、待望の続編！
2017.10 254p B6 ¥1815 ①978-4-86471-578-2

◆**アシュタールメソッド—アシュタール×ひふみ神示　3**　宇咲愛著　ヒカルランド　新装版
【要旨】波動を整えて「願望もスイスイ実現！」"どんどん幸せになる" 魂の磨き方！ 11次元のアセンデッド・マスターであり、宇宙連合の総司令官のアシュタールとマスタークリエイター"宇宙の創造主"による「ひふみ神示」新次元解釈シリーズ第3弾！ 宇宙の周波数と共鳴しやすくなり、魂が望む人生を送ることができるようになる、新時代の波動調整方法を大公開！ 世界経済が崩壊し、今までの価値が通用しなくなる今後の大転換期を迎えるにあたり、私たちはどのような準備をすればいいのでしょうか？「自分は何者か」を知り、あなたの地球での役割・使命を実践し、次元上昇のビッグウェーブに乗るための指南書決定版。
2017.12 205p B6 ¥1815 ①978-4-86471-602-4

◆**新しい世界　神とともに！**　野村文子著　たま出版
【要旨】「未来波動」によって多くの人たちに救いの手を伸べてきた著者が、病気の原因をはじめ、天変地異や世界情勢などについて、神との対話を通して教えて頂いたことをつづった衝撃作。
2017.12 287p B6 ¥1400 ①978-4-8127-0411-0

◆**あなたを変えるダウジング—「見えない力」が限界を打ち破る**　堀田忠弘著　自由国民社
【要旨】知りたいことを教えてくれる魔法の振り子（ペンデュラム）の使いかた。コインでもできる。
2017.5 169p B6 ¥1500 ①978-4-426-11832-7

◆**あなたにもある見えないチカラの楽しみ方—スピリチュアル　活用できる人・できない人**　得井三羊著　（名古屋）ブイツーソリューション、星雲社　発売
【要旨】気がついていますか？ そっと現れる頼もしい応援団—実例からひも解くスピリチュアルのしくみ—
2017.2 203p B6 ¥1800 ①978-4-434-22759-2

◆**あなたにもできる！　スピリチュアル・キャリアのつくり方「スピ起業」で誰でも自分の夢がかなえられる本**　穴口恵子著　廣済堂出版　（付属資料：カード）
【要旨】創立20年、年商3億円を超えるスピリチュアル企業の女性社長が、スピリチュアル・キャリアを選んで成功するエッセンスを具体的に伝える。「スピリチュアルな才能に目覚め、あなたを最高の気分にしてくれるカード」付き。
2017.12 159p B6 ¥1300 ①978-4-331-52139-7

◆**あなたのオーラを鍛え抜く　オーラトランスフォーメーション—未来次元に飛行するための宇宙服を得る**　アニ・セノフ著、石原まどか監訳　ヒカルランド
【要旨】太陽系星々からの種々エネルギー、そして地球中心から放たれる未知のエネルギー。それらの光線が内包する強烈な未来情報を受け取れるか／受け取れないか。いま太古のサンクチュアリを未来へと超えて行くものたちに必須なトレーニング！
2017.8 212p B6 ¥1815 ①978-4-86471-528-7

◆**あなたはどの星の "ゴールデンエネルギー" なのか—太陽その他の惑星からの光線特性によるオーラ診断**　アニ・セノフ著、伊藤功、伊藤愛子訳　ヒカルランド
【要旨】『ゴールデンアースが起動した！』のツインBOOK！ 子供たち、パートナー、恋人、伴侶との関係性をつなぐ宇宙的エネルギーのこと

が魂の深奥で分かる本！
2017.6 181p B6 ¥1750 ①978-4-86471-493-8

◆**「あの世」の先輩方が教えてくれたこと**　松原照子著　東邦出版
【要旨】「あちらの世界」がわかれば「この世」はハッピー！
2017.8 222p B6 ¥1389 ①978-4-8094-1510-4

◆**「あの世」の本当のしくみ—人はどこからやってきて、どこに還るのか？**　サアラ、池川明著　大和出版
【要旨】聞いてびっくり！ 今、明かされる「生まれ変わりの真実」。宇宙人としての記憶をもって生まれたスピリチュアルリーダーと胎内記憶研究の第一人者がタッグを組んで解き明かす、「輪廻」「転生」と「あなたが、いまここに存在する理由」。
2017.10 223p B6 ¥1600 ①978-4-8047-6285-2

◆**あの世へゆく準備　Vol.1 —ぽつぽつ、ゆっくり考えようかな**　24の手のひらの宇宙・人著、平野智照編　（丹波）あうん社　（手のひらの宇宙BOOKs 第12号）
【要旨】「もし明日目覚めないとしたら…」、今のあなたは何を伝えますか。あの世とこの世のつながりを、ぽつぽつ・ゆっくり・明るく考え、生きる"ヒント"がいっぱい詰まっています。「最後の1％の幸せ」をもし叶えられたら…"マザーテレサの夢は私の夢"という看取り士の柴田久美子さんをはじめ24人の「想い」を凝縮。
2017.3 270p B6 ¥1400 ①978-4-908115-11-0

◆**天照大神**　アマーリエ著　（姫路）きれい・ねっと、星雲社　発売　（スピリチュアルメッセージ集78）
【目次】日本神道が守り育ててきたこの地、アトランティスが終わり、大救世運動の発信基地が選ばれた地、大自然と調和し、神と一体であって生きることが大切で、日本神道のあるべき、最終ユートピアを完成するために、あらゆる理念が流れ込んできた地、戦争に負けることにより、日本は多くのことを学んだ、時代を、文明を、霊系団を越えて転生してきた、神につながる道を探すために一人ひとりの義務、下界の神の操り人形である、十人の九次元霊への感謝と信頼を忘れてはなりません、神の法が説かれる地だからこそ、大いなる犠牲であった〔ほか〕
2017.5 127p B6 ¥1200 ①978-4-434-23354-8

◆**奄美三少年　ユタへの道**　円修悟著、福寛美監修　（鹿児島）南方新社
【目次】1 それぞれの神への目覚め（円少年の場合、平少年の場合 ほか）、2 三少年の出会い、霊の探究（三少年の出会い、平少年の弟の謎は ほか）、3「ふしぎじゃや〜」（超能力と霊能力は違うのか？、本土からやって来た不思議な神の子たち ほか）、4 身体に異変！？（指導霊が現れる、降霊実験会 ほか）、5 ユタ神様としての使命（母親の秘密、心の子供の頃 ほか）
2017.10 155p B6 ¥1200 ①978-4-86124-369-1

◆**アロマヒーリングの魔法—香りの波動が一瞬であなたをプチ覚醒に導く　本当のあなたがイキイキ輝きだす！**　原田瞳著　ヒカルランド
【要旨】香りの「癒し」から「目覚め」の世界へ。あなたの可能性の扉をひらく究極のアロマテラピー。
2017.12 287p B6 ¥1815 ①978-4-86471-549-2

◆**いざ高次元世界へ—精神文明の夜明けに**　周藤丞治著　（姫路）きれい・ねっと、星雲社　発売
【目次】第1部 私が見た高次元（アカシックレコード、竹内文書と日本の神々、日月神示と地球の将来、修行の完成と指導神）、第2部 高次元世界の成り立ち（物質世界の誕生と成り立ち、精神世界の仕組みと高次元世界、生命を描く時間と究極の進化、情報技術が作る未来、原子力技術の発展）、第3部 高次元世界の応用（マネーの進化、情報技術が作る未来、原子力技術の発展）
2017.9 253p B6 ¥1500 ①978-4-434-23894-9

◆**意識の量子飛躍 11：11アンタリオン転換—宇宙の深みに隠されてきた全て**　イシュター・アンタレス著、海野いるか、テリー宮田監訳、大津美保、小林大展、村上道訳　ヒカルランド
【要旨】二元性を捨てワンネスへと向かうアセンション・スターたちよ！ アシュター・コマンド、クロトロン・スターベース、アシュター・シェラン、アセンデッドマスターたちから導かれる集団アセンションの近未来。
2017.10 445p B6 ¥2500 ①978-4-86471-568-3

◆**「異次元の扉」を開いて幸せになる—神様からの贈りものを上手に受けとる方法**　日下由紀恵著　三笠書房
【要旨】自分を許すことで、人生の飛び級が起こる。ネガティブな思いは、神棚に預けて浄化する。悩んだときは、天を仰ぐと解決エネルギーをもらえる。思い通りにいかないときは、天界が動いているサイン。起こったことにじたばたしない…日常のすべては、異次元からのメッセージが勝手に流れ込む！
2017.12 221p B6 ¥1300 ①978-4-8379-2710-5

◆**一陽来福**　神人著　野草社、新泉社　発売
【要旨】この書との出会いが、あなたにとって転機の始まりです！ シャーマン・神人が異次元世界から受け取った幸福のメッセージ集。
2017.10 125p B6 ¥1250 ①978-4-7877-1781-8

◆**いま国際情勢 "大激動の奥底" で本当に起きていること—地球外生命体の関与もあるのか？ 誰もわからない世界を「複々立体の手法」で読み解いてみよう**　高島康司著　ヒカルランド
【要旨】この荒れ狂うトレンドを読む2つのキーを提示。1つはトランプ政権の首席戦略官スティーブ・バノンが言う「第4の転換点」であり、2つめは地球外生命体の関与である！ 未来予測のプロフェッショナルが教えてくれる、タブーを超えた世界の読み方。
2017.6 195p B6 ¥1815 ①978-4-86471-502-7

◆**いろは・ひふみ呼吸書法の神秘—森羅万象を創造する「言霊／共振共鳴」の現象**　山本光輝、建島恵美子著　ヒカルランド
【要旨】山本光輝が開祖植芝盛平師から学んだ合気道の原点思想を伝承する書法、神との波長を合わせる不思議な「いろは・ひふみ呼吸書法」。山本光輝の神秘の書の謎に迫る!!
2017.11 287p B6 ¥1851 ①978-4-86471-510-2

◆**インチキ霊能者とホンモノ霊能者の見分け方**　秋山眞人著、布施泰和聞き手　成甲書房
【要旨】これぞ、ハイパー霊能論、「ある・ない」論に終止符を打つ！ 霊能力と、楽しくつき合う方法。
2017.7 253p B6 ¥1500 ①978-4-88086-358-0

◆**失われた天照大神の大予言「カゴメ唄」の謎**　飛鳥昭雄、三神たける著　学研プラス（ムー・スーパーミステリー・ブックス）
【要旨】子供のころに一度は口にした「カゴメ唄」には、えもいわれぬ無気味さが漂う。カゴメ、籠の中の鳥、鶴と亀、そして夜明けの晩…。最後の「後ろの正面」とは、いったい何を意味するのか。遊女の悲哀や姑獲鳥伝説、はては徳川埋蔵金説に至るまで、数々の推理と議論を呼んできた謎が、ついに明らかに!! 本伊勢「籠神社」の極秘伝が語る神道奥義、それは天照大神の降臨予言だった!!
2017.3 310p 18cm ¥1000 ①978-4-05-406533-8

◆**宇宙を味方にする　ゆるゆるの法則—今日からあなたも思い通り！**　越智啓子著　徳間書店
【要旨】「引き寄せの法則」も「選択と共振の法則」もパワーアップする。プルプルとゆるゆるで夢が実現する・楽になる！ 前世も運命も使命もつながってワクワク！
2017.1 234p B6 ¥1500 ①978-4-19-864324-9

◆**宇宙人はすぐそばにいた！「地球を訪れた宇宙人」の真相がわかる　〜ロズウェル事件から70年〜すべての謎が明かされる〜**　メディアパル
【要旨】ゼータ・レクティル、オリオン、シリウス、プレアデス、そして人類誕生以前に地球を訪れていたとされるレプタリアン…これら5つの種族のエイリアンに加え、最重要種族が存在しているという。それは「人類の創造主」となったエイリアンである…。
2017.12 94p B5 ¥780 ①978-4-8021-1013-6

◆**宇宙人UFO軍事機密の "レベルMAX"—今この国で知り得る最も危険な隠しごと**　高野誠鮮、飛鳥昭雄、竹本良著　ヒカルランド
【要旨】UFO・宇宙人問題は、都市伝説などではない！ 今や、その最先端にあるのは、「彼ら」のスーパーテクノロジーをどう利用するかという現実の科学的テーマだった。アメリカ政府は、「安全保障に関わらない」範囲しかUFO・宇宙人の情報を公開していない。軍事技術への利用、エネルギー問題への活用に関わるからこそ、超タブーとして封印されているのだ！ 最先端を探り

占い・易・おまじない

◆宇宙戦争を告げるUFO―知的生命体が地球人に発した警告 佐藤守著 講談社
【要旨】3800時間飛行…伝説のパイロットが執念で接触したUFO!!地球人へのメッセージとは!?
2017.5 231p B6 ¥1700 ①978-4-06-220595-5

◆宇宙魂に目覚め、自分の魂の星(ふるさと)を旅する 松村潔著 アールズ出版
【要旨】なぜ、宇宙魂を忘れてしまったのか。どのようにしたら魂で宇宙田行ができるのか。生命の樹とタロットカードを活用した魂の飛ばし方、自分の魂のルーツの探し方、宇宙の歩き方を伝授する!
2017.4 319p B6 ¥1700 ①978-4-86204-292-7

◆宇宙とあっさりつながる最強のワークブック―誘導瞑想CD付き はせくらみゆき著 かんき出版 (付属資料:CD1)
【目次】1 リリース・手放す―余分なものを手放し、宇宙へと還っていく旅(宣言、気づき、ゆるし、マインドフルネス、手放す) 2 レシーブ・受け入る―真っ新から始まる、自分と一つになる旅(つながり、豊かさ、喜び、愛、自由、叡智、ワンネス)
2017.4 111p A5 ¥1400 ①978-4-7612-7247-0

◆宇宙とつながる間脳開花―古事記と聖書が示す日本に秘められた真実 嶋野鶴美著 青山ライフ出版、星雲社 発売
【要旨】間脳は、自律神経やホルモン分泌の中枢ですが、自然界と調和し、宇宙まで繋がる機能を秘めています。間脳の力が高まると、宇宙の波動と共鳴し、高次元能力も現れてきます。世界の中でも日本民族は、この間脳が活性化する歴史的素質に恵まれています。古事記、聖書を紐解き、日本から間脳開花する人々が現れてくることを、本書は伝えています。
2017.3 213p B6 ¥1500 ①978-4-434-23006-6

◆宇宙の暗黒入門―ダークエネルギー&ダークマター 茗荷さくら著 (柏)暗黒通信団
2017.3 15p A5 ¥200 ①978-4-87310-067-8

◆宇宙の風―私達人間は、死んで終わりでしょうか 塩川香世著 (広陵町)UTAブック 増補復刻版
【要旨】生きることと死ぬこと、私達って本当は誰、何、地球人類にバラ色の未来が本当にあるのか、宇宙はあなたの中で語っています、宇宙を牛耳ってきたエネルギーのひとつアマテラス、私達はあの宇宙の帰りかかった、愛しき崩壊、もう崩壊は目の前に迫っています、祈りは真の平和に繋がりません。
2017.9 208p B6 ¥1000 ①978-4-908193-14-9

◆宇宙の未知を解くメタフィシカ 2 自分の炎を高めてアセンションする七つの法則 コニー・メンデス著、八重樫克彦、八重樫由貴子訳 ヒカルランド
【目次】第1部 数字の七の秘密(サン・ジェルマン同胞団とは、七節からなる主の祈り、神の七つの性質、宇宙の七つの法則 ほか) 第2部 サン・ジェルマン伯爵の正体(サン・ジェルマン伯爵とは何者なのか?、マスター・サン・ジェルマンの転生、オルフェウス教の思想、聖アルバヌス時代 ほか)
2017.3 213p B6 ¥1852 ①978-4-86471-461-7

◆宇宙はあなたの"魂の注文"をこうして叶えてくれる―直観の声を聞けば"宇宙のしくみ"が動く ゲーリー・ズーカフ著、坂本貢一訳 ヒカルランド 新装版
【要旨】あらゆることが、理由があって発生します。起こるにも理由があります。あなたに起こることは、どんなものであっても、あなたの霊的成長を助けるために起こるのです。自分の直観の声を聞きたいとは思いませんか?あなたはいつでも、どこでも、その声を聞くことができます。怒りを放出し、心を軽くすること。正しい食生活をすること。最後に、自分には直観があり、それを使えると信じること。
2017.4 332p B6 ¥2000 ①978-4-86471-476-1

◆宇宙万象 第2巻 伊勢白山道著 電波社
【要旨】これから古事記や旧約聖書に書かれているような世界が再現されていきます。神様が「神々の実在」を知らせ始めました。
2017.12 332p B6 ¥1800 ①978-4-86490-135-2

◆エーテル体に目覚める本―スピリチュアル・パワーを呼び込む 松村潔著 アールズ出版 新装版
【要旨】霊感がある人とない人では何が違うのか?パワースポットは本当に効果があるのか?水晶にはなぜ不思議な力が宿るのか?宇宙とつながるにはどうしたらよいのか?どうしたら幽体離脱できるのか?霊的なものすべての謎を解き明かす!
2017.3 278p B6 ¥1700 ①978-4-86204-289-7

◆エドガー・ケイシーの超リーディング―すべてはここに始まりここに帰る 白鳥哲、光田秀著 ヒカルランド
【要旨】すべてを知る"ユニバーサル・コンシャスネス"はどんな目的でエドガー・ケイシーを地球に送ったのか―科学、医療、未来テクノロジー。すべての原点がここにある!
2017.11 197p B6 ¥1815 ①978-4-86471-560-7

◆「黄金の夜明け団」入門―現代魔術の源流 チック・シセロ、サンドラ・タバサ・シセロ著、江口之隆訳・解説 ヒカルランド
【要旨】タロット/カバラ/占星術/錬金術/象徴―現代スピリチュアル潮流のすべてここから始まった!!20世紀以降の魔術・スピリチュアル理論に決定的影響を及ぼした世紀末英国の秘密結社「黄金の夜明け団」。謎に包まれた"歴史・人物・教義"のすべて。
2017.12 371, 10p A5 ¥3333 ①978-4-86471-547-8

◆科学はこれを知らない 人類から終わりを消すハナシ "地球蘇生力"は水素(-)と酸素(+)の超光回転(∞)が生み出す"ゼロ磁場" 河合勝著 ヒカルランド
【要旨】ピラミッドの地下アメンティのホールに招かれた知花敏彦から聞いたフリーエネルギーの原理。人類をアップグレイドさせてくれる宇宙最大の秘密をぜんぶこの本に書きました!
2017.12 254p B6 ¥1815 ①978-4-86471-539-3

◆覚醒の道―マスターズ・メッセンジャー アルーナ・バイヤース著、中嶋恵訳、加藤成泰、スキップ・スワンソン監訳 ナチュラルスピリット 復刊
【要旨】サンジェルマンのチャネル、師パパジとの出会いによる覚醒、数々の出会いと経験を通して、自分のチャネリングと覚醒の統合。普通の女性の普通でない人生を正確に記した自叙伝。新編集で待望の復刊!
2017.12 338p B6 ¥2100 ①978-4-86451-254-1

◆カタカムナ―魔法みたいな奇跡の言葉 丸山修寛著 静風社
【要旨】カタカムナは高次元世界を開く奇跡の言葉。カタカムナによって三次元世界に小さく折りたたまれている高次元世界が大きく花開く。
2017.12 230p B6 ¥1500 ①978-4-9909091-2-3

◆カタカムナ 数霊の超叡智―数の波動を知れば、真理がわかる・人生が変わる 吉野信子著 徳間書店
【要旨】数のエネルギーがわかれば、宇宙の真理、人生のしくみがすべて明らかになります!今に生きるとはどういうことか?神さまとは何なのか?意識を変える、現象が変わるのはなぜか?数霊の思念で、物事の本質がわかり、あるべき姿が見えてきます!数が持つ魂が解き明かす真実の世界。オリジナル数霊の思念表1~99特別掲載。
2017.3 271p B6 ¥1600 ①978-4-19-864364-5

◆カタカムナの使い手になる 3 カタカムナへの道しるべ―ココロワクミトウツシミチ 芳賀俊一監修、清水眞子著 ヒカルランド
【要旨】さあ、あなたもカタカムナを学び、実践してみましょう!日本人が日本人として生まれ日本で育ち生きていれば、自ずとカタカムナは身についています。カタカムナは私たちの日本人にとって、初めて出合った時から「既に知っている」馴染み深いモノなのです。単音の思念を学び体得することは、潜象物理を理解し、ウタヒを読み解く重要な手がかりとなり、カタカムナを学ぶ基礎となります。潜象物理の時空間の捉え方を学ぶ第一歩は、自分で「トキ」を巡らせてみることです。そうすると、トキとトコロのイマが掴めるようになって、一期一会を体感できるようになります。
2017.8 195p B6 ¥1815 ①978-4-86471-537-9

◆神を守り、神に守られて幸せをかなえる生き方 木村藤子著 学研プラス
【要旨】親から子へ引き継がれていく心の不足という「連鎖」。これを断ち切ることによって願いはかなえられる。
2017.8 200p B6 ¥1200 ①978-4-05-406535-2

◆神さまとつながる白魔女マル秘術―現実がミラクル超変化する実践白魔法入門 愛知ソニア著 ヒカルランド
【要旨】望み通りの人生を創るための25種類を超えるマル秘白魔法をご紹介!!
2017.7 328p B6 ¥1815 ①978-4-86471-524-9

◆神さまと友達になる旅 荒川祐二著 ヴォイス
【要旨】え!?神さまと友達になっていいの!?古事記の神さまをイケメン、イケジョに擬人化!もっと身近に神さまを感じられる!人間界と神さま界の元ダメ男2人(荒川&スサノオ)が神社・スポットを巡る成長物語。
2018.1 429p B6 ¥1700 ①978-4-89976-473-1

◆「神の学問」入門―先代旧事本紀大成経 後藤隆著 ヒカルランド (『謎の根元聖典:先代旧事本紀大成経』新装・改題書) 新装版
【要旨】天皇家と吾道、物部、忌部、卜部、出雲、三輪の六家が隠し持っていた秘録を基に聖徳太子と秦河勝が実用書として再生させた「失われし超古代の叡智」七二巻!ヒッタイト文明にまで遡る世界で最大最長の古史古伝!その堅牢なる秘密の封印がついにここに解かれる!!天皇家の持つ神の力とは?その真実を知った時、世界は驚愕する!
2017.5 306p B6 ¥2222 ①978-4-86471-488-4

◆神の子への手紙―究極の真理を目指すあなたへ 長沼秀明著 日本文学館
【要旨】沖縄発!神の真理とは?探し求めるあなたへ贈る七通の手紙。
2017.8 214p B6 ¥1700 ①978-4-7765-3938-4

◆神は、やさしい科学―酸化還元と超伝導で、若返るが可能。 重川風天著 風大和研究所、高木書房 発売
【要旨】新しい科学の始まり。酸化還元と超伝導のエネルギーで体も心も若返る、全女性の夢が叶えられるか。
2017.3 240p 19cm ¥1200 ①978-4-88471-451-2

◆奇跡を呼び込んだ断食―明るい未来が自然と開けていく不思議 北川八郎著 内外出版社
【要旨】音楽も色彩も香りもすべて「一」であった―。長い断食で得た恵みの多い悟りと楽しい世界を垣間見る…あなたにもシンクロが起きる不思議な体験。
2018.1 262p B6 ¥1500 ①978-4-86257-330-8

◆奇跡が起きたハートいっぱいいっぱいのセラピー―宇宙のおともだちからのプレゼント やわやままこと著 現代書林
【要旨】スピリットヒーリングからアセンションへ。チャネリング、アカシックレコード、クリスタル・ボウル、ハイヤーセルフー。23通の手紙が証明する、宇宙存在とつながる力。
2017.12 205p B6 ¥1500 ①978-4-7745-1673-8

◆奇跡講座 上巻 テキスト ヘレン・シャックマン筆記、加藤三代子、澤井美子訳 中央アート出版社 普及版
【要旨】本書は、「内なる平安のための財団」後援による各国語版への翻訳プロジェクトの一環として、K.ワプニック博士の監修のもとに、厳選された翻訳者により、原書A Course In Miraclesのカリキュラム全体の理解に基づいて翻訳されています。
2017.6 827p B6 ¥4200 ①978-4-8136-0772-4

◆奇跡講座 下巻 受講生のためのワークブック 教師のためのマニュアル ヘレン・シャックマン筆記、加藤三代子、澤井美子訳 中央アート出版社 (原書第3版) 普及版
【要旨】本書は、「内なる平安のための財団」後援による各国語版への翻訳プロジェクトの一環として、K.ワプニック博士の監修のもとに、厳選された翻訳者により、原書A Course In Miraclesのカリキュラム全体の理解に基づいて翻訳されています。
2017.7 537, 101, 30p A5 ¥4200 ①978-4-8136-0773-1

◆「氣」ってなあに 根岸宏衣著 人間の科学新社
【目次】第1章 「氣」ってなあに(まえがき)、第2章 御来光の力、第3章 癒しの詩、第4章 「氣」との遭遇、第5章 愛の波動、第6章 幼児は宇宙

実用書

占い・易・おまじない

からの使者、第7章 悠然とあるがままに
2017.12 109p 18cm ¥900 ⓘ978-4-8226-0333-5

◆きめればすべてうまくいく―あなたにもできる神性エネルギー活用法 光一著 ナチュラルスピリット
【要旨】「なほひゆい」と「なほひふり」の2つのテクニックを使うことによって、あなたの人生はすべてうまくいく。セルフワークブック。「なほひふり」の88の例文つき！
2017.9 172p B6 ¥1400 ⓘ978-4-86451-249-7

◆空海さまと七福神が隠して伝えた「世界文明の起源」―謎だらけのこの国の"重要聖地"を守れ！ 上裏三郎著 ヒカルランド
【目次】プロローグ 空海様はわが国の歴史の真実を全て知っていた、第1章 シュメール人の故郷は兵庫県・神河町だった！、第2章 今も生き続けている空海様、第3章 七福神とは日本の礎を築いた実在の重要人物たちだった！、第4章 隠され続けた王家の御霊を賢者たち祀り続けた、第5章 空海様に託された神様の計画書、補遺 戦国武将も全て知っていた
2017.5 287p B6 ¥2222 ⓘ978-4-86471-491-4

◆クリヤヨガバイブル―ヘルメス・トートとのチャネリングから生まれた"ルン/Rlung 気・息・空"のすべて シリウス星直系 サッチャー亀井著 ヒカルランド
【要旨】ほんとうのヨガとは、何かへアクセス！宇宙にルーツをもつ教え、ヘルメス・トートから贈られた人類のための聖なる書物。トートの想念をキャッチ、チャネリングした完全なるオリジナル「現代人のための宇宙の叡智と真理」心と魂の融合から融合に導く「スピリチュアルジャーニーへの道しるべ」Rlung（ルン）というあなたの霊子にフォーカスし、身体というまどろみの淵源から立ち込める"微細神"にチューニングを施すためのかつてない本！
2017.3 385p B6 ¥3000 ⓘ978-4-86471-454-9

◆決定版 未確認動物UMA生態図鑑 並木伸一郎著 学研プラス
【要旨】ついに明らかになった隠棲動物の知られざる真実!!謎に包まれたUMAの生態を美麗イラストで徹底再現!!
2017.9 240p B6 ¥600 ⓘ978-4-05-406597-0

◆原因と結果の法則を超えて―最強の未来の波に乗る！ はせくらみゆき著 サンマーク出版（『カルマからの卒業 あなたを縛るカルマ・プログラムを作動させない方法』加筆・修正・改題版）
【要旨】どうして過去生は簡単に変えられるのか？何が次のステージを引き寄せているのか？潜在意識をクリーニングしてあなたの波動を上げる！大ヒット『カルマからの卒業』の新装版。
2017.2 161p B6 ¥1500 ⓘ978-4-86471-470-9

◆高次元シリウスが伝えたい 水晶（珪素）化する地球人の秘密 松久正著 ヒカルランド
【要旨】あなたのDNAは変えられる―ソウル・ウェイブ（神の通り道＝神経の流れ）、多重螺旋DNA、進化する松果体、時間・空間・重力の新次元解説書。
2017.4 215p B6 ¥1620 ⓘ978-4-86471-478-5

◆心の対話―人のことば 天のことば 高橋信次著 三宝出版 新装改訂版・第4版
【要旨】この書は、あなたが人生を歩むにあたってのさまざまな疑問にぶつかるとき、あなたに解答を与え、行動の指針を示す燈台の役割を果たすだろう。
2017.6 242p 18cm ¥1000 ⓘ978-4-87928-114-2

◆心の発見 科学篇 高橋信次著 三宝出版 新装改訂版・第3版
【目次】第1章 神理への言葉（意識と肉体（霊道開眼は使命達成への第一歩、意識とは魂 ほか）、人生論ノート（調和への道、人生 ほか））、第2章 心と科学（科学的神理importance（反世界・反物質社会（四次元の世界、色心不二とエネルギー不滅の法則 ほか）、第3章 彼岸の縁（魂の兄弟達（肉体舟と意識、文証、理証、現象にしかず ほか）、第4章 業の章（正法と魔―ゴーダマの教え・イエスの教えに帰れ、愛と輪廻 ほか）
2017.2 300p 18cm ¥1200 ⓘ978-4-87928-109-4

◆心の発見 神理篇 高橋信次著 三宝出版 新装改訂版・第3版
【要旨】肉体の死は、永遠の消滅を意味するものなのだろうか。そして魂は本当に存在するのか？
2017.4 270p 18cm ¥1200 ⓘ978-4-87928-111-7

◆この次元に閉じ込められたすべての者たちへ 時間と空間を突破する叡智を授ける Kan.,ゲリー・ボーネル著 ヒカルランド
【要旨】Kan.&Gary リチュアルワークショップ、待望の書籍化！時空を自由に超えて移動する二人の究極のコラボレーション!!
2017.1 285p B6 ¥1667 ⓘ978-4-86471-459-4

◆このパワーをあなたに―毎日できる健康生活法 平石富三著 たま出版
【要旨】人は祈るとき、大いなる"氣"に包まれ、その"氣"がパワーとなる。あなたに、世界に、平和をもたらす本。
2017.10 219p B6 ¥1400 ⓘ978-4-8127-0408-0

◆このままで終わらない終わらせない― The best is yet to come. 成田早天著 銀河書籍、星雲社 発売
【目次】このままで終わりたくないなら、聖書、目に見えない世界、感動的な舞台製作、真理を隠す敵の手段、顔が教えるあなたの秘密、生まれ変わった新被造物、主に喜んで貰える心得、患難に打ち勝って、信仰の賜物を貰ったら、信仰活用の極意、奇跡を齎す祈りの心得
2016.12 350p B6 ¥1500 ⓘ978-4-434-22674-8

◆小林正観CDブック 神様を味方にする法則 小林正観著 マキノ出版 （付属資料：CD1）
【要旨】人間関係、仕事、お金、家族、病気、ストレス、運…すべての悩みが解決し100％幸せになる！正観さんのベスト講演CD付録。
2017.2 223p B6 ¥1600 ⓘ978-4-8376-7250-0

◆ゴールデンアースが起動した！―MOVING POWER/START‐UP 全人類の"ダーマ"解放へ アニ・セノフ著、伊藤功、伊藤愛子訳 ヒカルランド
【目次】惑星からのネガティブエネルギー削除計画が大進行中/あなたはぜひゴールデンアースに移行してください！/あなたの中に埋もれている全宇宙の歴史すべてに命を与えあかすゴールデンエネルギーがそれを可能にします！、地球もあなたも矛盾とエネルギーの二重性で満ちている/すべてのからまりを完全に解いてくれる、人生を豊かにするゴールデンエネルギーの起動の仕方、二重性に基づく地球の母体及び周波数の構造を知ってください！、ゴールデンエネルギーはあらゆる種類のアンバランスを可視化してくれる、コンシャスメイトとスピリットメイト、そしてソウルフレンドについて、ゴールデンエイジの生き方、地球のゴールデンエネルギーのハミングはどのように働いているのか、地球の周波数と人々のエネルギーの違いが生み出すもの、ダイアモンドエイジの未来の可能性になること、ゴールデンエイジでの人生の成功方法、地球とその未来
2017.3 190p B6 ¥1815 ⓘ978-4-86471-466-2

◆根源の岩戸開き 2 アセンション・ファシリテーターAi著 明窓出版
【要旨】本書は、皆さまに、宇宙創始からの、一人一人の魂の願い、想い、目的を思い出していただき、目覚め、それを遂げていただくことがお役に立てば本望です！！そのためにお役に立てば本望です！！！！"今"が、まさに、その時なのです!!!!!!
2017.8 297p A5 ¥2000 ⓘ978-4-89634-375-5

◆「サイキック」数秘リーディング―「ライフレッスン数×9年サイクル」で宇宙の波に乗る！未来運命Mapから現在（いま）をナビゲーション マックス・コッパ著、伊藤仁彦訳 ヒカルランド
【要旨】人間関係（恋愛、結婚、子育て）、仕事、金運、健康で起こり得るパターンとは!?数秘術で、あなたの課題や潜在力に気づいて行動を起こそう！"2018年以降：未来のパラレルライン"の傾向と対策がズバリ分かる！
2017.12 171p B6 ¥1620 ⓘ978-4-86471-589-8

◆最後の警告―宇宙の意志が導く平和への道筋 後藤征士著 たま出版
【要旨】平和を選ぶか?!戦争を選ぶか?!世界平和とは、たんなる平和主義者の夢物語ではない。人類が進化するか退化するかを決定づける、重大な選択なのだ。―宇宙の意志を知り、魂の進化を促すための至高の真理が、いま明らかになる！
2017.8 262p B6 ¥1400 ⓘ978-4-8127-0405-9

◆悟りハンドブック―"私"を思い出すこと、それが悟りです ドルフィニスト篤著 ナチュラルスピリット（覚醒ブックス）
【要旨】自我も"私"の本性が創り出したもの。完全な覚醒、「悟り」とは、"私"の本性をはっ

きり思い出すということです。"私"の本性を思い出すには、何かを探し、得ようとしている自我を自覚し、手放さなければなりません。今まで外側ばかりに向けていた関心を"私"に向けることによって、「悟り」が訪れます。
2017.7 228p B6 ¥1500 ⓘ978-4-86451-244-2

◆三途の川の七不思議―臨床経験からその謎を解き明かす 志賀貢著 三五館
【要旨】なぜ三途の川や地獄などの伝説が、今も日本人の心の中に脈々と語り継がれているのか、その背景と、さらに医学的には死後の世界をどのように考えればよいのかを詳しく見つめてみることにします。
2017.8 206p B6 ¥1200 ⓘ978-4-88320-706-0

◆三倍祝福されたハート―愛とホメオパシー ディディエ・グランジョージ著、由井寅子監訳 ホメオパシー出版（ホメオパシー海外選書）
【目次】2004年4月8日 日本へ、パンを増やす話、はじめに言葉ありき…そして言葉は肉体となり、我らが父、自分を愛するようにあなたの隣人を愛せよ、見ずして信ずる者は幸いなり、私たちはその方の星をみたので、人はその父と母を去らねばならない、イエスは弟子たちの足を洗われた 誇り・謙虚、私は世の光である 単一性・相対性・三位一体 ［ほか］
2017.6 175p B6 ¥1400 ⓘ978-4-86347-102-3

◆時空の旅人 嘉栄健ハル著 東京図書出版、リフレ出版 発売
【要旨】46億年前、地球は誕生。そして地球の遥かな旅は始まった。
2017.10 175p B6 ¥1300 ⓘ978-4-86641-091-3

◆死なない人間の集団をつくります 梶原和義著 （大阪）JDC出版
【目次】自分とは何か、人生で一番大切なこと、死からの脱出、人間の責任、土から出た人間と天から出た人間、神の安息、彼岸に渡る、悔い改める、死ぬ命からの脱出、業を果たす、生ける神の印、天使長ルシファーの正反、悪魔の反逆、悪魔に勝つ、死ぬべき運命から逃れる方法、魂の古里、生と死、父の懐、神は十字架によって新しい人を生んでいる
2017.2 346p B6 ¥1800 ⓘ978-4-89008-554-5

◆シフォア・コズミック・チャンネル―宇宙語、はじめました TYA‐TYA著 ナチュラルスピリット
【要旨】さあ、宇宙の無限の愛に、耳を傾けましょう。宇宙船との遭遇や、ETと交流に備えての一宇宙語体験談。この本はラジオみたいなものです。発熱注意。
2017.8 228p B6 ¥1500 ⓘ978-4-86451-241-1

◆自分の中の宇宙を呼び醒ます方法 リー・ウィステリア著 総合法令出版
【要旨】あなたの才能が開花する！未知なる可能性の扉を開こう！
2017.12 238p B6 ¥1300 ⓘ978-4-86280-588-1

◆島田秀平のスピリチュアル都市伝説 島田秀平著 学研プラス
【要旨】手相芸人&都市伝説リサーチャー島田秀平による運命を変えるミステリー秘話。
2017.5 240p B6 ¥1200 ⓘ978-4-05-406552-9

◆シャスタ山で出会ったレムリアの聖者たち―レベルMAX/未知の文明世界"はわれわれの到達を待っていた ユージン・E・トーマス著、ケイ・ミズモリ訳 ヒカルランド 新装版
【要旨】やはりここには地底都市テロスへの入り口があるのか?!数々の神秘に彩られ、富士山との類似も指摘されるシャスタ山は、地元のインディアンたちからも今なお聖なる山と崇められている！本書はその聖なるパワースポットのスピリチュアルな淵源をたどる、驚異に満ちたレポートである！
2017.6 349p B6 ¥2000 ⓘ978-4-86471-512-6

◆守護霊リーディング 鹿島晃発著 ハート出版
【要旨】"たましい"のメッセージから見えてくる日常生活にスピリチュアルを生かすヒント。守護霊リーディングのエキスパートが、あなたの守護霊と"つながる"方法を教えます！
2017.1 245p B6 ¥1500 ⓘ978-4-8024-0033-6

◆地球人類を誕生させた遺伝子超実験―シュメールの宇宙から飛来した神々 1 THE 12TH PLANET ゼカリア・シッチン著、竹内慧訳 ヒカルランド（『人類を創成した宇宙人』新装・改題書）

◆【要旨】ゼカリア・シッチンはシュメール語を解読できる世界で数少ない学者の一人。膨大な文書を科学解析、有史以前の人類に起きた衝撃の出来事を次々と明らかにする。科学・歴史・考古学・言語学等のアカデミズムから宗教界に至るまで、大論争を巻き起こしたの超仮想国家」と呼ばれる真実！「第三次世界大戦」終結後の新秩序へのあらゆる陰謀、今も継続中「アメリカン・ワイルド・ウェスト（Wild West）」！、「大西洋」と「太平洋」の裏の持ち主、ロスチャイルド＆ロックフェラー！、ロスチャイルド＆ロックフェラー帝国が狙う日本列島の「金」！、資産100万・5億人まで人口を間引く！、イギリスEU離脱の真相、アシュケナジー系ユダヤの全世界支配戦略、アメリカ従属国家NIPPONの末路、国賊官僚組織「財務省」による国民総洗脳、三種の神器をめぐる霊的最終戦争がはじまる！
2017.3 249p B6 ¥1815 ①978-4-86471-473-0

◆新・宇宙チルドレン——インディゴチルドレンという愛と光の戦士たち 南山みどり著、池川明解説 ビジネス社
【要旨】「生きづらい」と感じているすべての人に贈る愛のレッスン。ありのままを認められず、受け入れられないまま成長をした「あなた」と。心の奥深いところにある本当の思いを感じてみませんか？
2017.12 196p B6 ¥1300 ①978-4-8284-1997-8

◆辛酸なめ子と寺井広樹の「あの世の歩き方」 辛酸なめ子、寺井広樹著 マキノ出版
【要旨】漫画とリポートでめぐる「死後の世界」。すてきな天国ライフを送る秘訣が満載！死んでも困らない究極のガイドブック。
2017.12 367p B6 ¥1700 ①978-4-8376-7253-1

◆神示に学ぶ 河合浩三著 たま出版
【要旨】今、よみがえる賢者たちの予言。多方面からの諸予言を多角的視点より比較検討し、時代的意味を解明。
2017.4 313p B6 ¥1500 ①978-4-8127-0403-5

◆人生に愛と奇跡をもたらす 神様の覗き穴 保江邦夫著 ビオ・マガジン （アネモネBOOKS）
【要旨】未知なる力を秘めた、「本当の自分」に出逢える扉。あなたの中に「神様」がいます。覗き穴を通して「神」と共感すれば、すべての悩みが解決され、どんな願望もかなうのです。そのメカニズムが物理学の観点から証明されました！
2017.9 207p B6 ¥1500 ①978-4-86588-023-6

◆人生の目的と生き方—霊能者との出会いを通してわかった 小坂弘道著 ナチュラルスピリット
【要旨】かずかずの霊能者と出会い、また自らの体験を通してわかったあの世とこの世の真実！実例としてお墓の整備や神棚についても紹介。霊能者と神仏のアドバイスを記述。先祖供養、神仏について、総合的に考察された書。
2017.4 204p B6 ¥1700 ①978-4-86451-255-8

◆人生も宇宙も「0」を「1」にしなければ始まらない——すべての謎を解く幾何型と「超統一式」発見 いよのいし著 明窓出版
【要旨】言葉と文字は統一的法則の「数」から生まれているのです。統一論すなわち、言葉を数学や哲学に結びつけて研究することは、古くはプラトンやアリストテレスの時代より行われてきました。現代においてはナノ物質の世界誰もが観ることができますので、数物科学と生命科学を統合し、なおかつ神や言語、考古学など広範囲の学問との統合をも秩序と法則を伴って理解することにつながります。
2017.12 289p B6 ¥1500 ①978-4-89634-377-9

◆神代文字は宇宙法則を具現化する——無限の力を秘めた「アキル文字」が生み出す奇跡 山本光輝、建島恵美著 ヒカルランド
【要旨】山本光輝が神代文字を揮毫すると「祝詞・護符」のチカラに！言霊の現象化の法則が明らかとなる！
2017.9 223p B6 ¥1815 ①978-4-86471-509-6

◆新・日本神人伝——近代日本を動かした霊的巨人たちと霊界革命の軌跡 不二龍彦著 太玄社、ナチュラルスピリット 発売 （『日本神人伝』増補・改題書）
【要旨】幕末から昭和初期に現れて、霊的な革命を起こした天才たち——神人、開祖、教祖、霊能者。霊的サイクルの巨大転換。
2017.4 391p A5 ¥2600 ①978-4-906724-32-1

◆人類発祥の謎を解き明かす！「オーパーツ」の全てがわかる本——存在してはならない物が教える本当の人類の歴史 メディアパル
【要旨】存在してはならない物、場違いな工芸品とも呼ばれるオーパーツ。考古学、歴史学、生物進化論に疑義を提示する異物の存在は、世界中で確認されている。本書はそれらを網羅的に紹介するとともに、「ある重要な仮説」を導き出している。それは、人類のルーツが根本から改められるものである——。
2017.3 95p B5 ¥800 ①978-4-8021-1006-8

◆スターピープルはあなたのそばにいる 上——アーディ・クラーク博士のUFOと接近遭遇者たち アーディ・S.クラーク著、益子祐司訳 明窓出版
【要旨】太古からの伝承を受け継ぎ、虚栄心や誇張のない北米インディアンだけが持つ唯一無二の世界観は、地球外生命体との接触によるものだった。
2017.9 299p B6 ¥1500 ①978-4-89634-379-3

◆スターピープルはあなたのそばにいる 下——アーディ・クラーク博士のUFOと接近遭遇者たち アーディ・S.クラーク著、益子祐司訳 明窓出版
【要旨】気をつけてください。異星人には友好的なヒューマノイドと、地球人を誘拐する生命体がいます。宇宙から飛来した天空人を祖先に持つ先住民族インディアンは、同じ部族の血を引くクラーク博士にだけ衝撃の事実を明かした。
2017.9 279p B6 ¥1500 ①978-4-89634-380-9

◆スピリチュアルパートナーシップ 上 新次元を歩むと決意した人々が知っておくべき重大な真実 魂のアップデート ゲーリー・ズーカフ著、坂本貢一訳 ヒカルランド
【要旨】いま、人類史上最大の変化が起きつつある！宇宙からの素晴らしい贈り物である「多感覚的知覚」が、人生における重大な目的を明らかにする。
2017.3 290p B6 ¥1815 ①978-4-86471-471-6

◆スピリチュアルパートナーシップ 下 人生の未踏領域から「創造の巨大パワー」を引き出す方法 エンライトメント ゲーリー・ズーカフ著、坂本貢一訳 ヒカルランド
【要旨】あなたの魂は常に、調和、協調、分かち合い、そして他者への恭敬を意図しています。あなたは、これらの意図のうちのどれかとともに何かを創造するたびに、意義と充実感、活力と創造性、喜びと意味のあるパワーに満ち溢れた人生を築くために不可欠な、真のパワーを身につけていきます。
2017.3 281p B6 ¥1815 ①978-4-86471-472-3

◆全ては、宇宙が教えてくれた——わかったこと、やって来たこと。そしてまた、わかったこと 木村将人著 高木書房
【目次】第1部 宇宙からの授かりもの（「オーリングテスト」と「縄文式波動問診法」、「ホ・オポノポノ」と「宇宙エネルギー蔵パワー」、宇宙の意志からの授かりもの ほか）、第2部「本音」の、往復メール書簡（熊倉修元さんとの往復メール書簡、書籍の遅れに意味があった、師匠に破門される）、第3部 過去の『実践記録』から、今、わかったこと（粗末な小屋でも、柱は四本必要、「信愛勇」について、恩人 ほか）
2017.7 254p A5 ¥1600 ①978-4-88471-453-6

◆全ては一つ ONE——人一人の人生は、神によるドラマ 中村慈呂宇著 青山ライフ出版、星雲社 発売
【目次】言の葉ポエム編（ONEの詩、生命の金メダル ほか）、体験編（エンカウンター、スキー場での体験 ほか）、人生 人間編（出来事が起きた時、言葉と行為 ほか）、歴史 預言編（ノストラダムスが語った恐怖の大王の正体、エゼキエルの大預言 ほか）、宇宙編（宇宙の彼女との遭遇、マルドックの核爆発 ほか）
2017.2 287p B6 ¥1400 ①978-4-434-22750-9

◆成功する人は、なぜ宇宙を語るのか。 平井克也著 徳間書店
【要旨】松下幸之助もスティーブ・ジョブズもアインシュタインも知っていた！「潜在意識」の使い方。ABCマート取締役から、超覚醒した男が教える「思いを実現」しやすくする本。
2017.12 236p B6 ¥1500 ①978-4-19-864533-5

◆（聖書）古事記とレイライン 細谷旅日子著 幻冬舎メディアコンサルティング、幻冬舎 発売
【要旨】古事記にまつわる神社と富士山を結ぶレイラインが見えたとき、あなたのルーツを知る壮大な地図ができあがる。あなたが今までぐった場所、時間、出会った人々にどのような因果があるのか。その歴史を紐解くヒントは（聖書）古事記にあった。
2017.2 250p B6 ¥1200 ①978-4-344-91101-7

◆精神宇宙探索記——変性意識を使って訪れた星雲界で見つけたものとは 松村潔著 ナチュラルスピリット
【目次】1 宇宙ツアー、2 月の身体、3 恒星界、4 プレアデス・オリオンシステム、5 アンタレス、アンドロメダ、北極星、6 12の世界、7 スピカ
2017.4 295p B6 ¥1850 ①978-4-86451-235-0

◆聖なるホワイトライオン 上 母なる地球スピリットの化身——人類と動物の絶滅を救うために今最も重要なこと リンダ・タッカー著、増川いづみ監訳 ヒカルランド
【目次】ブッシュフェルトの救出劇、運命の受容、イングウヴマ、我が魂のライオン、重責を負う、ライオン祭司の重責、王の死、女王の誕生、マーラの星の出現、敵、地下牢のロイヤルファミリー、アカシアの木陰で、ホワイトライオン王国の復興、星のライオンが舞い降りるところ、信頼と信義を受ける者、奇跡の法則、サンタ・フェ・サスペンス、ハイウェイ・ヘニー
2017.5 322p B6 ¥2500 ①978-4-86471-479-2

◆聖なるホワイトライオン 下 生命連鎖のスピリットの中心——圧倒的な光の存在を覆う人類の闇 リンダ・タッカー著、増川いづみ監訳 ヒカルランド
【要旨】狩猟賛成派vs自然保護派の絶望的な戦いを超えて、あなたはドリームタイムで、この神の使い"ホワイトライオン"と接触することができる！本来ライオンシャーマンだけに伝えられてきた"人類の隠された魂のルーツ"が今明かされる理由は、この地球の状況があまりにも絶望的だからなのか？！いずれにしろ未来の鍵を託されたのは他ならぬ"あなた"である！
2017.5 287p B6 ¥2500 ①978-4-86471-482-2

◆精霊の囁き——30年の心の旅で見つけたもの 山川紘矢、山川亜希子著 PHP研究所
【要旨】「歌って踊って笑って、幸せに過ごしなさい」。「精神世界のレジェンド」と呼ばれる二人に起こった、数々の神秘体験と幸福への壮大な学び。
2018.1 287p B6 ¥1400 ①978-4-569-83879-3

◆世界文明の「起源は日本」だった——この国の"重要聖地"から世界史を俯瞰せよ！ 上 森三郎、神部一馬著 ヒカルランド 新装版
【目次】プロローグ「失われた聖櫃アーク」と「聖杯」は黄金比の十字架から出土する!?、第1章 世紀の大スクープ／世界最古の巨大地上絵を発見、第2章 幻の邪馬壹国をついに発見／八幡山が古代日本の中心だった、第3章 古代ユダヤは日本がルーツだった／神武天皇＝イエス・キリストの衝撃！、第4章 女王卑弥呼の古墳を発見／世界は兵庫県「神河町」へと収斂する！、第5章 夜明けの晩がやってきた!!、エピローグ「現代版モーセの物語」が始まった
2017.5 289p B6 ¥1852 ①978-4-86471-492-1

◆セルフチェック＆セルフヒーリング 量子波動器"メタトロン"のすべて——未来医療

占い・易・おまじない

はすでにここまで来た！ 内海聡, 内藤眞禮生, 吉野敏明, 吉川忠久著　ヒカルランド
【要旨】"メタトロン"とは：ロシアが宇宙飛行士の健康管理のために開発した健康チェックと健康調律のための波動機器】セルフヒーリングのNEW WAVEとしてのその使用例と現場からの最新報告。
2017.7　242p　B6　¥1815　①978-4-86471-497-6

◆**ゼロの革命—運命を拓く宇宙の法則**　宇場稔著　幻冬舎
【要旨】AI（人工知能）が人間の知能を遙かに超え、誰もが容易に天才になれる時、学歴至上主義によって、学力を競い合う競争原理の時代は終焉を迎えました。これからは、IQ（頭脳の指数）を身に付ける学校教育ではなく、心や精神といったEQ（人格の指数）を身に付ける家庭心育が重要な時代になります。人類はホモ・サピエンス（知識を使う人）からホモ・フィロソフィカル（心を使う人）に進化を遂げる時代を迎えました。
2017.3　223p　B6　¥1200　①978-4-344-03093-0

◆**前世のシークレット**　佐野美代子著　フォレスト出版　（付属資料：CD1）
【要旨】あなたは前世の存在を信じますか？ わたしたちの魂は500回くらい生まれ変わりをしているそうです。生きるうえでの何らかの問題の原因が前世にあることもあります。魂を通して前世の自分がいまの自分にメッセージを送ってくることも。本書では、過去世と来世の存在を知ることや、前世を知るための方法、ガイドやマスターとつながって交信する方法をガイド。また、付属の瞑想誘導のCDによる、この地球上の専制的なカルマをクレンジングして、あなたが願う現実創造の手助けをします。
2017.11　165p　B6　¥1600　①978-4-89451-778-3

◆**千年を聴く言葉—ボイス 2**　丸山牧夫著　三楽舎プロダクション, 星雲社　発売
【目次】第1章 ボイスとの会話（成長の基準、運命、物の世界 ほか）、第2章 他の意識との会話（ジェフさん、芥川龍之介氏、迷った魂・久美子さん ほか）、第3章 植物との会話（幸福の木、木々、花 ほか）
2018.1　410p　A5　¥1200　①978-4-434-24045-4

◆**想定超突破の未来がやって来た！—"バビロニアン・マネー・マジック・スレイブ・システム"からの解放 ありえない世界"SSP：秘密宇宙計画"のすべて**　マイケル・E. サラ著, 高島康司監訳・解説　ヒカルランド
【要旨】「ジャンプゲート」テクノロジーで火星へ行き、さらに年齢復帰とタイムトラベルを経験したという3人の証言者マイケル・レルフ、ランディー・クラーマー、コーリー・グッドの証言を宇宙政治学者マイケル・E. サラ博士が逆行分析した衝撃の書。「バビロニアン・マネー・マジック・スレイブ（奴隷）・システム」を立ち上げたのち、この地球上の専制的な金融システムを終わらせようとするグループの相克を一望する！
2017.12　507p　B6　¥2500　①978-4-86471-581-2

◆**ソマチッドがよろこびはじける秘密の周波数—AWG波動機器と血中ソマチッドの形態変化**　宇治橋泰二著　ヒカルランド
【目次】第1部 理論編・ソマチッドは生きている環境しだいで病原性をもつ体内共生微生物（AWGを通して出合ったソマチッド、施術を受けて「これは本物」と実感した ほか）、第2部 施術編・形態変化するソマチッド—AWGの施術前後の驚くべき変化を写真で見る（肝炎・50代女性、パーキンソン病・50代女性 ほか）、第3部 体験編・AWG療法で症状が消えた—膠原病、肝炎、アトピー、チック、不妊…（施術期間の違いは何を意味するのか、膠原病の症状がなくなった ほか）、第4部 実践編・宇治橋メソッドに秘める思い—独自の施術を生みだした情熱がさらに燃えあがる！「宇治橋メソッド」と呼ばれる施術のプロセス、AWGの施術のもっとも大切なポリシー ほか
2017.3　287p　A5　¥3333　①978-4-86471-431-0

◆**大天使サリエル・聖母マリア**　アマーリエ著　（姫路）きれい・ねっと, 星雲社　発売　（スピリチュアルメッセージ集 76）
【目次】大天使サリエルからのメッセージ—新たな霊文明時代における医療（東洋医学と西洋医学が統合されるとき人類は神の子の姿を認知する、霊的な魂の成長がいちばん大事である、寿命の長さは神の子の幸せとは無関係である、魂の乗り移りによる肉体をどのように利用するのか、バイブレーションギャップによって病が起こる ほか）、聖母マリアからのメッセージ—愛

は尽きることなく（癒しとは神のお心そのもの、自他は一体である、相手を生かすことが自らも生かすこと、大いなる清算の時に光のたいまつを、これからは愛の時代がやってくる ほか）
2017.5　177p　B6　¥1200　①978-4-434-23352-4

◆**大天使ミカエル**　アマーリエ著　（姫路）きれい・ねっと, 星雲社　発売　（スピリチュアルメッセージ集 79）
【要旨】地球は新たな精神的革命の時期を迎えた、一人ひとりが神と出会う問いかけをすること、三次元を改革しているのは神の子たち自身である、愛の循環の中に身を置くことこそ尊い、霊言を預かることを安易に考えてはいけない、愛の神性に回帰していく精神革命、新たな宇宙時代のメッセージを日本から世界へ、国を越えて多くの仲間が集まって来る、今という時を正念場として生きていくこと、神の使者として、愛の化身として生きていく〔ほか〕
2017.5　141p　B6　¥1200　①978-4-434-23355-5

◆**大龍神と化す今ここ日本列島で宇宙銀河の奥の院 "ミロクの世" の扉がついに開く—2017年の"大艱難辛苦"を超えて生きる超POWER**　森中光王豢　ヒカルランド
【目次】第1部 大いなる神々と宇宙意識からのメッセージ（東洋と西洋の霊的融合を図る壮大な"霊線光化計画"が告げられた！、京都の神々の"光化ネットワーク"が動きだす！、この地球を救うために"高次元の存在"が現れた！、戦国時代に行われた"武将救済"のための霊界における試み）、第2部 ライトボディ化を促進する方法（宇宙エネルギーの効果的な取り入れ方、水晶ピラミッドの活用法、ハイヤーセルフ、さらにスーパーハイヤーセルフと繋がるための方法、呼吸法）
2017.4　252p　B6　¥1815　①978-4-86471-475-4

◆**ダウジングって何ですか？—五感を越える。未知の領域へ、アクセスする。**　加藤展生, 田口ランディ（門真）ホノカ社　（JSDBOOKS 003）
【要旨】五感を越えた、未知の領域を拓くかつてない「対話」がここに。プロドブラザー・加藤展生と、作家・田口ランディ。未知の領域を冒険してきた二人が、潜在意識という"叡智の泉"の歩き方を語り下ろす。はじめてのダウジング、セルフヒーリング法、部屋のエネルギー調整など実践的なコラムも満載。
2017.12　188p　B6　¥1200　①978-4-907384-05-0

◆**高橋信次**　アマーリエ著　（姫路）きれい・ねっと, 星雲社　発売　（スピリチュアルメッセージ集 72）
【目次】1 今回の最終的な救世の事実の山場、2 実践行を通しての学び、3 すばらしい成長の機会が与えられている、4 何かに依存する気持ちをつくったらこの道は終わり、5 易しい根本的なことをメッセージとして伝えてほしい、6 己を実践あるのみになっている、7 ひとりでも多くの人たちに神様のご馳走を手渡したまえ、8 教えというのは中身が大事である、9 根本的な法の神髄に個人名をつけてはならない、10 多様な個性ある方たちがすべてを委ねていけるように、11 新たな時代を築き上げていただきたい
2017.5　119p　B6　¥1200　①978-4-434-23348-7

◆**高橋信次**　アマーリエ著　（姫路）きれい・ねっと, 星雲社　発売　（スピリチュアルメッセージ集 74）
【目次】1 魂をいかに純粋に保たなくてはいけないかを学ぶ、2 良き種をまけば美しい花が咲く、3 現場を通して学ぶ、4 優先順位を見極めて自己責任で行動する、5 魂の実力を磨く、6 仲間を集めなさい、7 磁場を守るためのチェックシステム
2017.5　103p　B6　¥1200　①978-4-434-23350-0

◆**高橋信次**　アマーリエ著　（姫路）きれい・ねっと, 星雲社　発売　（スピリチュアルメッセージ集 80）
【目次】待っている光の天使たちが世界中にいる、宇宙の中に流れている神理の響きは早い、インターネットを使って世界に広めなさい、天上界の意思が直接地上に伝えられる時期は極めて短い、神理の運動全体の中で今という時、インターネットを使うことは予定されていた、愛のバトンリレーを渡すためにも、霊言をCDで出したというのは画期的なこと、愛の波動に感応しなさい、神の子としての神性を忘れてしまってはいけない〔ほか〕
2017.5　199p　B6　¥1200　①978-4-434-23356-2

◆**だからこの星に生まれてきたんだー すべてが永遠（とわ）へ還る瞬間（とき）覚醒のエン

タテインメント・ドラマ**　十和音響著, Ayumi写真　ヒカルランド
【目次】第1楽章 淡い黄金色のエチュード—「三日間の鼓動」（古代：その1）、第2楽章 可憐な桜色のメヌエット—「貝殻の行方」（古代：その2）、第3楽章 オレンジ色の黎明のポロネーズ—「いのちの連鎖」（古代：その3）、第4楽章 深い緑のソナチネ—「ある絵のたどる物語」（中世）、第5楽章 薄紫のマズルカ—「天使の薔薇」（近代：その1）、第6楽章 濃いブルーのスケルツォ—「十年後の告白」（近代：その2）、第7楽章 白い光のラプソディー—「白い羽根の秘密」（近現代）、第8楽章 いつか見た紅色のカノン—「紅い薔薇のデジャ・ヴュ」（近未来）、第9楽章 透明な静寂のノクターン—「キャンドルの奇蹟」（いつか、どこかで…そして再び）、コーダ・七色のボレロ～時の彼方へ—「ギフト」
2017.4　216p　B6　¥1851　①978-4-86471-486-0

◆**竹内文書でわかった太古の地球共通文化は"縄文JAPAN"だった—「竹内文書 世界を一つにする地球最古の聖典」待望の新装版！**　高坂和導著, 三和導代解説　ヒカルランド
（『竹内文書』超古代アメリカを行く—アメリカ・インディアンは日本から派遣された天皇の皇子たちの末裔だった！』改訂・加筆・改題書）
【目次】第1章 アメリカ・インディアンは日本語を使っていた！、第2章「竹内文書」世界と共振するインディアン伝説、第3章 日本と古代アメリカの"虹の架け橋" 縄文文化、第4章 縄文人から"ひよわな花"への伝言、第5章 ドン・R・スミサナ氏との対談—やはり、「古代、アメリカは日本だった！」、第6章「マヤ」文明のルーツもはるけき日本、第7章 超古代文明の深遠なる精神を未来に生かす
2017.7　321p　B6　¥2222　①978-4-86471-525-6

◆**タブー討論 このUMAは実在する!?**　實吉達郎, 山口敏太郎, 天野ミチヒロ著　文芸社
【要旨】プロローグ 3人が注目する最新UMA情報、第1章 日本のUMA、どれが実在している可能性があるか、第2章 世界のUMA、どれが実在している可能性があるか、第3章 UMA研究の歴史を振り返る、第4章 UMAはこんなに楽しい、エピローグ UMA好きは派閥もなく、みんな仲よし、巻末付録 日本のUMA450種全解説！
2017.2　380p　B6　¥1800　①978-4-286-17794-6

◆**魂のヴィジョン**　真印著　光文社　（光文社知恵の森文庫）
【要旨】飛鳥時代の采女から、その霊力で人々を癒し続けてきた一族。人生に悩み、相談に訪れる人々の背後には、「魂のヴィジョン」ともいうべき映像が映し出され、その人がこれから進む道が示されているという。感じる力を高め、幸せになるための直感力を磨くことで、誰にでもこのヴィジョンが見えるようになる—、そこへの導きの書である。
2017.10　206p　A6　¥700　①978-4-334-78731-8

◆**魂の未知を解くメタフィシカ 1 望む現実にシフトするハイヤーセルフとのつながり方**　コニー・メンデス著, 八重樫克彦, 八重樫由貴子訳　ヒカルランド
【要旨】あなたの願いを叶えましょう！ 今解き明かされる誰もができる願望実現のシステムのすべて。70年代スペイン語圏でブームを巻き起こした伝説のロングセラー初上陸！
2017.2　217p　B6　¥1852　①978-4-86471-460-0

◆**魂の呼び声に耳をすまして—奇跡の霊能者のメッセージ**　ローラ・リン・ジャクソン著, ラッセル秀子訳　早川書房
【要旨】感動のベストセラー！ 予約は5年待ち、テレビにも引っ張りだこの超人気霊媒師が語る「向こうの世界」からのヒーリングメッセージ。
2017.5　333p　B6　¥1800　①978-4-15-209688-3

◆**魂は語る—身體の言葉**　ジュリア・キャノン著, 岩本亜希子訳　ナチュラルスピリット
【要旨】あなたの體は、あなたに何を語っている？ 痛みは、何を語っている？ なぜ、病気になるの？ どのようにハイヤーセルフが肉體をつくり、メッセージを送っているかがわかる本！
2017.6　210p　B6　¥1600　①978-4-86451-242-8

◆**誰も書かなかった高橋信次—巨星の実像**　菅原秀著　或甲書房　新版
【要旨】一九七六年六月、ひとりの超人が死んだ。戦後最大の霊能力者、あるいは釈迦の生まれ変わりなどと呼ばれた、高橋信次という男である。GLAという教団を創始した高橋信次は、優れた

宗教家であったと同時に、ごくノーマルな人間であった。だが、多くの追従教団は今や、高橋信次が禁じた道に迷い込んでいる。本書は、高橋信次の生前の肉声を精確に伝える、唯一の書である。
2017.3 316p B6 ¥1800 ①978-4-88086-356-6

◆**地球外生命体―実はここまできている探査技術** 井田茂著 マイナビ出版 (マイナビ新書)
【要旨】最新の研究や探査を基に、ここ数年で急にホットな話題になった地球外生命体発見の可能性をわかりやすく解説し、誰もが知りたいと思う地球外生命体の謎に迫ります。
2017.12 207p 16cm ¥850 ①978-4-8399-6517-4

◆**地球まるごと蘇る『生物触媒』のサイエンス！ 一大宇宙の運行は"ゼロ=無限"のエネルギー 人類に未来を運ぶ複合発酵技術"ハイパーイノベーション"の世界** 髙嶋康豪著 ヒカルランド
【目次】プロローグ 時空を超えたゼロ=無限の世界、第1章 複合発酵技術が人類の難題を解決する、第2章 生物触媒がエネルギーと情報を運んでいた、第3章 宇宙理論で証明されるゼロと無限の世界、第4章 動態系科学が四次元の世界を超えていく、第5章 相対から絶対へ、付録 複合発酵技術の実証データ、エピローグ 自然界との会話がイノベーションをもたらす
2017.8 279p B6 ¥1815 ①978-4-86471-501-0

◆**超空海伝 宇宙の真理が変わるとき** 川田薫,山内尚子著 (姫路)きれい・ねっと,星雲社 発売
【目次】第1章 時空を超え空海と出逢う(偉大なる空海、いまの空海を伝える ほか)、第2章 宇宙の根源との一体化(パラレルワールドを自在に操る、人間の生き方の本質をつかむ ほか)、第3章 空海の思いを受け継ぐ(宇宙の秘密を解く真言密教、「存在はコトなである」 ほか)、第4章 宇宙の真理が変わるとき(すべての生命は光の存在、白光の世界から見えるもの ほか)
2017.5 282p B6 ¥1500 ①978-4-434-23369-2

◆**超常現象のつくり方** 山口敏太郎著 宝島社
【要旨】オカルトの世界にはすべてカラクリがあった。宇宙人による人間拉致は模造記憶の産物。髪の毛が伸びるお菊人形のカラクリ。古代エジプトのオシリス像が動いた理由。心霊写真の簡単に見分け方。ビッグフットは悪戯で作られたUMAだった？ 超常現象の裏側に迫る！
2017.3 254p B6 ¥600 ①978-4-8002-6832-7

◆**超微小生命体ソマチットと周波数―宇宙神秘の核心に超接近するAmazing Science** 増川いづみ,福村一郎著 ヒカルランド
【要旨】血沸き、肉躍る！ 知の昂奮。宇宙から飛来した古代人が操る未知の"不死の生命"―。20世紀、DNA発見に匹敵、21世紀、ソマチットの解明。
2017.2 170p B6 ¥1815 ①978-4-86471-469-3

◆**ついに反重力の謎が解けた！最新版超不都合な科学的真実 これが古代人が操る未知のテクノロジー"空中浮揚(反重力)"の正体だ** ケイ・ミズモリ著 ヒカルランド
【要旨】医療やエネルギーなど科学の闇を暴いてきた筆者が挑んだ最新にして最強のテーマは「反重力」。波動、振動、電磁場、フォース・フィールド…。ついに、重力コントロールの極意が明かされる！
2017.4 302p B6 ¥1851 ①978-4-86471-484-6

◆**つぶやき天使 2 『お掃除は汚想除』―神様からのこの世シークレット宅配サービス** 主晴著,松永亜鈴代筆 ヒカルランド
【要旨】神の風水術は、言霊にあった！ 部屋の掃除が、体心魂と繋がっていく。恨み辛み妬み絡みが、心のゴミ。立て分けトイレ掃除法で、人生開花。静止画が動画のように目が点滅する奇跡。速報！ 重曹を加工したカビ取り術を発明！
2017.6 295p B6 ¥2000 ①978-4-86471-570-6

◆**ディスクロージャー―軍と政府の証人たちにより暴露された現代史における最大の秘密** スティーブン・M.グリア編著,廣瀬保雄訳 ナチュラルスピリット
【要旨】秘密にされてきた、UFO/ET、先進的エネルギーおよび推進システムについての事実を全面公開！ 直接証人69名のインタビューを収録。
2017.10 740p A5 ¥3780 ①978-4-86451-251-0

◆**天国は現実、しかし地獄も現実―来たるべきことについての目撃者の証言** ヴァスーラ・リデン著,TLIG日本訳 創英社/三省堂書店
【要旨】『天国は現実、しかし地獄も現実』は、ヴァスーラの驚くべき遍歴の物語。1985年11月のある日、それは始まった。以来、ヴァスーラは世界に真実を告げるという神が与えた使命をも遂行することになる。ヴァスーラと神との対話は、全人類が善なる生き方に立ち帰るようにとの明確なメッセージをもたらし、これまでに読んだことがないほどに刺激的な本の一つとなるだろう。この本は彼女の驚くべき遭遇の物語であり、この遭遇が私たちの世界全人類にとって何を意味するのかという物語である。それは神の愛と義、そしてきたるべき出来事を垣間見せる。この本は強力な希望のメッセージであり、道に迷ってしまった人々、未だに生き方を探し求めている人々を眠りから目覚めさせるだろう。ヴァスーラ・リデンはギリシャ人の家族に産まれ、エジプトとスイスで育った。その後スウェーデン人男性と結婚し、夫の海外支援の仕事のために、20年以上に渡ってアジアやアフリカで海外赴任生活を送った。その人生は娯楽ざんまい、まさに驚くことに費やされていた。ストレスの無い快適な生活を送っていた。1985年11月、このすべては劇的に変わる。神に仕えるのを拒み、人生を捧げますと呼びかけた守護の天使の突然の出現によって、彼女の人生は正反対のものとなった。
2017.1 342,5p ¥2000 ①978-4-88142-611-1

◆**天使があなたに伝えたい10のこと** ドリーン・バーチュー著,奥野節子訳 JMA・アソシエイツステップワークス事業部
【要旨】天使は知っています。幸せは、探さなくてもすでにあなたの中にあることを。"エンジェルオラクルカード"の作者が贈るエンジェルメッセージの決定版。
2017.7 257p 18cm ¥2000 ①978-4-908650-16-1

◆**天孫降臨/日本古代史の闇 武internal正体は爬虫類人(レプティリアン)?!―先代旧事本紀大成経に記された歴代天皇の驚くべきお姿！** コンノケンイチ著 ヒカルランド (『天孫降臨/日本古代史の闇』新装版・改題書)
【要旨】日本は徹頭徹尾、龍神に守られた国！ 天孫降臨のそのとき、この国に起こったこと―それは、誰もが想像を絶するような、まさに驚天動地の出来事だった！ 「先代旧事本紀大成経」「デーヴィッド・アイクの爬虫類人」「日本のいちばん醜い日(鬼塚英昭)」「天皇の金塊(高橋五郎)」「出口王仁三郎」「日月神示」「聖書」から組み立てられたとして読むべき類例のない本。
2017.6 416p B6 ¥2500 ①978-4-86471-508-9

◆**天に守護され、運命が好転するスピリチュアル** 洪正幸著 PHP研究所
【要旨】運命の輪が回り始める！ 使命・カルマ・幸福に気づく！ 日本では、古くから「言霊」という言葉があるように、言葉の中に、魂とも呼べるエネルギーを宿したものがあり、人に大きな影響を与える力があるとされています。この書の言葉にも、あなたの人生を大きく変えるエネルギーが込められています。
2017.9 223p B6 ¥1400 ①978-4-569-83861-8

◆**天に好かれる** 西村毅著 幻冬舎メディアコンサルティング,幻冬舎 発売
【要旨】学生、社会人、余生とそれぞれの時代でベストを尽くすために必要な勉強、努力、タイミング…。「徳性」を知ることで、持って生まれたあなたの得意技を発揮できるようになる。
2017.10 165p B6 ¥1400 ①978-4-344-91433-9

◆**天皇家秘伝の神術で見えた日本の未来―「切紙神示」「たまほこの里」「八紘一宇の数表」 王仁三郎の予言「吉岡御啓示録」も収録！** 出口恒著 ヒカルランド
【要旨】皇国の神術「切紙神示」で日本の未来を占った孝明天皇。そこに現れたのは、「日本の三種の神器と日の丸の御旗を米国は奪う企み、油断するな」と、王仁三郎が実行していた予言だった。のちに、この予言が2人の男の手により出口王仁三郎のもとに届けられた。あと、貴重な資料とともに読み解いていく！ 衝撃の日本救済の方法とは？ 未来から"語られなかった真実"を王仁三郎の直系のひ孫である著者が、貴重な資料とともに読み解いていく！
2017.9 176p B6 ¥1815 ①978-4-86471-527-0

◆**なぜ"魂のパワー"が宇宙のしくみを発動させるのか―思い通りの現実の創造はこうして始まる 魂との対話** ゲーリー・ズーカフ著,坂本貢一訳 ヒカルランド (『魂との対話』改題書) 新装版
【要旨】魂とは何なのか、そしてそれは何を望んでいるのか？ 前世、今世、来世、そして宇宙のしくみとのつながりを解き明かしながら、魂の存在と真理を深遠に追求する。
2017.4 323p B6 ¥2000 ①978-4-86471-477-8

◆**ナチスと隕石仏像―SSチベット探検隊とアーリア神話** 浜本隆志著 集英社 (集英社新書)
【要旨】二〇一二年、「宇宙から来たブッダ」というタイトルで、シュトゥットガルト大学のグループが、学会誌『隕石学と宇宙科学』に論文を発表した。アーリア民族のルーツ調査のため、かつてナチス親衛隊(SS)長官ヒムラーが、第二次世界大戦前夜の一九三八年にチベットへ探検隊を派遣した。その折、かれらが発見し、持ち帰った仏像が隕石製であったという、驚くべき鑑定結果が報告された。胸に「卍」が刻まれたこの仏像の真贋と秘められた現代史に、探検隊の踏査行と仏像分析、ナチス思想を検証することで迫る、アカデミック・ドキュメンタリー。ナチスの闇が、ここに眠る。
2017.7 247p 18cm ¥820 ①978-4-08-720892-4

◆**肉体と共に次元上昇するルキアスエネルギー** 華永著 明窓出版
【要旨】恐怖心とネガティブな感情を解放し人間の意識が、肉体を持ったまま地球、太陽系と共にアセンションする何億年も前からプログラムされた宇宙の壮大な計画。光が多くなる分、闇が深くなります。闇を怖がらず進みましょう。
2017.12 252p B6 ¥1700 ①978-4-89634-381-6

◆**虹の掛け橋 第5巻** 宇都宮大地著 幻冬舎メディアコンサルティング,幻冬舎 発売
【目次】第38章 対極に存在する構成要素にも目を向ける、第39章 なにごとも楽しみながら学ぶ心、第40章 誰に対しても100%の優しさで対応する、第41章 難題ほど冷静に対応する、第42章 美しさに気づく、第43章 生命体には矛盾した一つが内包している一完全無の世界に万物が宿る世界が内包している、第44章 初心に返る—「HAPPY Merry X'mas」と、そっとつぶやく、第45章 蘇らせて古き良き時代を思い出す、第46章 サタンがサンタに変わり成就点が訪れる
2017.7 135p A5 ¥1100 ①978-4-344-91267-0

◆**日蓮聖人** アマーリエ著 (姫路)きれい・ねっと,星雲社 発売 (スピリチュアルメッセージ集 71)
【目次】1 新たに志高き者たちが呼び集められている、2 神の子たちの多様性を包み込む母性、3 レムリアが持つ四つの力、が最も魅力的なレムリアであれ、5 基本は大衆救済である、6 愛の世紀を築くための法の編纂、7 法の理解があってこその霊能力である
2017.5 161p B6 ¥1200 ①978-4-434-23347-0

◆**日蓮聖人** アマーリエ著 (姫路)きれい・ねっと,星雲社 発売 (スピリチュアルメッセージ集 73)
【目次】1 霊властいうのは、本人の気力、生体エネルギーを奪うものである、2 反省するべきところは反省してください、3 あなた方メンバーでじっくり話し合われるということ、4 魔が巣食うのは当上層の心にある、5 とにかく睡眠が大事である、6 現状を喝破していくということ、7 不慮の死を逃げた少年たちを救いなさい
2017.5 107p B6 ¥1200 ①978-4-434-23349-4

◆**人間磁気力(マグネティック・フィールド)の使い手になる！―引き寄せの法則 実効篇** ウィリアム・W.アトキンソン著,林陽訳 ヒカルランド (『引き寄せの法則 実効篇』改題書) 新装版
【要旨】ビジネス、人間関係が思いのまま！ 成功と富を創りだす『念の科学』のすべて。最強の願望物質化への実用的名著が復刻!!
2017.2 122p B6 ¥1333 ①978-4-86471-443-3

◆**念動力(テレキネシス)の使い手になる！―新装版『引き寄せの法則 奥義篇』** ウィリアム・W.アトキンソン著,林陽訳 ヒカルランド (『アトキンソン式 引き寄せの法則(2) 最強の願望物質化』新装・改題書)
【要旨】古代より、政治、軍事、金融、商業の一握りの支配層が秘かに活用してきた大衆操作の超科学的奥義、その洗脳、人心掌握の隠された仕組みと活用法が遂に解かれました！ この仕組みと活用法を習得すれば、誰もが日常生活で使用可能です！ 何者にもコントロールされずに、精神的にも経済的にも自立した超パワーをマスター

占い・易・おまじない

◆ハイパーソニック・エフェクト　大橋力著　岩波書店
【要旨】ハイパーソニック・エフェクトとは、超高周波が脳深部を劇的に活性化し、さらに心身全体の働きを高める現象である。この驚くべき現象の発見から社会での応用まで、一連の研究を集大成する記念碑的著作。脳・心・躰に驚く超高周波が、健康と文明のあり方を鋭く問いかける。
2017.9 537p A5 ¥6400 ①978-4-00-024484-8

◆バーソロミュー 2 夢から目覚める　バーソロミュー著、ヒューイ陽子訳　ナチュラルスピリット　（覚醒ブックス）　復刊
【要旨】あなたは純粋な目覚めた意識です。これがあなたの本質です。それ以外はすべて、神からの分離を信じる考え方の現れです。
2017.2 310p B6 ¥2100 ①978-4-86451-231-2

◆爬虫類脳の奥底に眠っていた龍神脳の遺伝子がついにSwitch On！―日本の龍人たちよ、一厘の仕組みに目覚めよ！　櫻井喜美夫著　ヒカルランド
【要旨】出口王仁三郎聖師も予言していた"コスモドラゴン"の降臨！ これが驚異の大本裏神業の超秘密だった。
2017.6 271p B6 ¥1843 ①978-4-86471-455-6

◆波動の癖を治したら宇宙は全部願いを叶えてくれた！ 100%「魂」のカタチ―魂で生きるとは、「本音」で生きること　松本良美, 浅井咲子著　ヒカルランド
【要旨】ありのままを生きる方法を教えます。手から"魂のカタチ"を読み解くスピリチュアル系セラピストと神経から"魂のイゴコチ"を高める科学系セラピスト。真逆のスペシャリスト2人がタブーを壊して語り尽くした奇跡の実録セッション初公開！！
2017.8 294p B6 ¥1815 ①978-4-86471-516-4

◆母なる宇宙とともに　塩田香世著　（広陵町）UTAブック　増補復刻版
【目次】第1章 宇宙とは（母の心と宇宙、10個のテーマを自分に問いかけてみましょう、天変地異の足音）、第2章 天変地異（幕開け、異次元よ、宇宙からのメッセージの最たるものは、天変地異、天変地異はエネルギーです、UFO、手立てはー、人生は、自分の計画通りです）、第3章 母なる宇宙（目を閉じてごらんなさい、自分を生かすエネルギーの存在、宇宙は一つです、田池留吉の宇宙は、母なる宇宙でした、母なる宇宙に思いを向けて、ともに歩みを進めて行きましょう）
2017.12 188p B6 ¥1000 ①978-4-908193-15-6

◆早く死ねたらいいね！―「私はいない」を願う人への非二元と解放の言葉　リチャード・シルベスター著、村上りえこ訳　ナチュラルスピリット　（覚醒ブックス）
【要旨】「解放」が現れ、探求が終わった！ 非二元の痛快な一冊！ 人はいない。誰もいない。すべては意識。
2017.5 157p B6 ¥1400 ①978-4-86451-238-1

◆日帰り神の国ツアー――自分の天界を観て、変えて、現世を豊かにする！　鮑義忠, 不動樹里著　ヴォイス　（付属資料：目的別神さま護符8）
【目次】1 あの世を観る「神の国ツアー」ってなに？（「観落陰」は道教で昔から行われている秘儀、神の国ツアーでの観光名所に日本の御家主も！、2 いよいよ神の国ツアーに出発！（現世に投影されるにはどれくらいの時間がかかる？、神の国ツアー＋自らの行動力、パワフルに願望が実現する！ ほか）、3 実録「神の国ツアー」ドキュメント（天界のヴィジョンは人それぞれ！、ツアーに際しての心得ほか）、4 神さまを味方につける道教メソッド（自分が自分の人生の最高責任者、神さまに愛される人間になる ほか）
2017.5 138p B6 ¥1500 ①978-4-89976-464-9

◆光の中のマインドフルネス―悲しみの存在しない場所で　山下良道著　サンガ
【要旨】この世界には、本当はいない私たち。ではどこにいるのか？
2018.1 299p B6 ¥1600 ①978-4-86564-106-6

◆ピッと宇宙エネルギーにつながる方法―アクセスひとつで人生が輝く！　Lily Wisteria著　リンダパブリッシャーズ

142

るための実践ガイド！
2017.6 244p B6 ¥1500 ①978-4-86471-410-5

【要旨】宇宙は1ミリのくるいもなく、完璧なタイミングで愛を贈っている！ エネルギーを使いこなすと、人生が輝きだす！ 宇宙エネルギーを使いこなして、ワクワクの毎日にする実践本！
2017.5 286p B6 ¥1400 ①978-4-8030-1048-0

◆ピッと宇宙につながる最強の叶え方　リリー・ウィステリア著　永岡書店
【要旨】宇宙とつながるとハイスピードで願いが叶い出す！ あなたの魂のミッションを見つける秘訣を大公開！
2017.1 235p B6 ¥1400 ①978-4-522-43511-3

◆人は「あの世」で生き続ける　佐野美代子著　PHP研究所
【要旨】愛する人が、死後どんな世界で、どんなふうにすごしているのか、知りたいと思いませんか？ あなたの旅立ちの時のためにも、死後のガイドブックがあったら、安心ではありませんか？ 死んだらおしまいと考えている人にとっては、目から鱗が落ちる本です。
2017.11 174p B6 ¥1200 ①978-4-569-83496-2

◆人は神　桑原啓善著　（鎌倉）でくのぼう出版、星雲社 発売　（ワンネスブック 3）　新装版
【目次】第1章 心霊体験のない人は幸福になれない、第2章 愛と宗教のおとし穴、第3章 幸福になるための霊的真理―幸福になろうとして犯している二つの誤り、第4章 神の大いなる意志、第5章 神の味方になれ、第6章 一番よいところを押せ、第7章 人間は肉体の衣を着けた神であると思いますか、第8章 貴方は、貴方はどこの境涯に居ると思いますか、第9章 貴方は今年進歩しましたか、第10章 奉仕とは何でしょう
2017.6 280p B6 ¥1200 ①978-4-434-23532-0

◆ヒマラヤ聖者 最後の教え 上 伝説のヨガ・マスターの覚醒と解脱 スワミ・ラーマその生と死　パンディット・ラジマニ・ティグナイト著、伍原みわる訳　ヒカルランド
【要旨】ヒマラヤでマスターたちに育てられた幼少期、ヨガ体系を学び、ガンジー、タゴールなどの薫陶を受けた多感な青年期へ。スワミの叡智に満ちたメッセージを後世に伝える一冊。
2017.6 279p B6 ¥2778 ①978-4-86471-432-7

◆ヒマラヤ聖者最後の教え 下 伝説のヨガ・マスターの覚醒と解脱 スワミ・ラーマその生と死　パンディット・ラジマニ・ティグナイト著、伍原みわる訳　ヒカルランド
【要旨】東洋の神秘と叡智を西洋に広めることに、力を注ぎ、奇跡の秘儀を見せる一方で、科学者、実業家として社会貢献に力を尽くす一方。晩年を共に過ごした著者が見たスワミジの姿と最のメッセージを綴る。
2017.6 295p B6 ¥2778 ①978-4-86471-433-4

◆ヒマラヤ大聖者慈愛の力 奇跡の力―ヒマラヤ秘教・ヒンドゥー教・仏教 出会いと生き方　ヨグマタ相川圭子著　さくら舎
【要旨】愛を汲み出しシェアすると、内なるパワーが目覚め、願いが叶えられる。ヒマラヤ秘教と観音経が伝える、慈愛で人を救い、自分を生かす道。無限の愛の力によって真の幸福が得られる！
2018.1 281p B6 ¥1600 ①978-4-86581-135-3

◆ヒマラヤ大聖者のマインドフルネス　相川圭子著　幻冬舎
【要旨】毎日を幸福な気持ちで満たされて生きるために。悩みを手放し、健康体質になる普通の人のための瞑想入門。
2017.3 221p 18cm ¥1100 ①978-4-344-03081-7

◆ヒヨルコさま 言霊サンクチュアリ―イザナギ、イザナミの半身半霊の皇子　アマノコトネ著　ヒカルランド
【要旨】幼少より龍と共に生きたアマノコトネがすべてを語り出した―ワカヒメさま、セオリツ姫さまのご神託を取り継ぐただ一人の語り部が今この絶好の時を得て解き放つ「ヒヨルコ伝」などの神話、寓話、民話、昔話の数々！ 親友の子ピーちゃんと共に成長してきた幼少期コトネちゃんの有様もついに明かされる！
2017.4 143p B6 ¥1815 ①978-4-86471-442-6

◆ファンタジーの終焉―生命の充全さへのいざない　ダリル・ベイリー著、溝口あゆか訳　ナチュラルブックス　（覚醒ブックス）
【要旨】ファンタジーとは、分離感や欠乏感です。ファンタジーが解体すると、私たちである動き、存在であるものが、それ自体として現れます！ 説明できない生命の動き、それがすべて。カナダ在住、倉庫で働きながら、覚醒につ

BOOK PAGE 2018

いて語る著者の本。
2017.6 124p B6 ¥1400 ①978-4-86451-246-6

◆ふしぎな装置orgoniteの"オルゴナイト"のハッピーテクノロジー―望みの場所をパワースポットに！ なぜ全世界のヒーラーが愛用するのか　ロベルト・ヤノフスキー監修、オルゴナイト研究会編　ヒカルランド
【要旨】透明な合成樹脂と細かな金属チップを重ね合わせ、水晶などのパワーストーンを組み入れて作られる「オルゴナイト」は、主に次の3つの素材を用いて作られます。エネルギーを吸収する働きがある有機物（樹脂）、エネルギーを反射する働きがある無機物（鉄など）、エネルギーを増幅する働きがあるパワーストーン（水晶など）。これらのトリプル効果によって人体に有害な電磁スモッグや不要なジオパシックストレスを中和し、場の浄化や健康増進を促すとともにポジティブなエネルギーを半永久的に出し続けます。その場を森のような心地よい空間に変えてくれる波動調整アイテム！ エネルギーに敏感な方や、パワーアップしたい方、より快適な生活空間を求めている方々に必見の「オルゴナイト」情報が満載！
2017.10 182p B6 ¥1500 ①978-4-86471-518-8

◆富士神界の龍神からの緊急初メッセージ―龍に頼まれた"アマノコトネ"が取り継ぐ　アマノコトネ著　ヒカルランド
【要旨】軽いノリの龍ブームがいま"成長途上の龍たち"に大変な事態を引き起こしています。人間と龍が昔交わした約束事を、あなたは知ることになります。
2017.6 167p B6 ¥1843 ①978-4-86471-444-0

◆普通のOLが、世界中の魔法使いに弟子入りして、リアルに魔法が使えるようになった話　カワセケイコ著　ヒカルランド
【要旨】驚き、笑い、ときどきホロリ。世界中のすげーシャーマンに会ってきた！ 旅女子が果敢に挑んだ異世界スピリチュアル体験記。
2017.7 173p B6 ¥1500 ①978-4-86471-526-3

◆プレアデスメシアメジャーが示す「未曾有の大惨事」の超え方―宇宙から時間がどんどん消え始めた。天皇家に秘された"地球最大最後"の超シークレット　飛鳥昭雄、村中愛、小川雅弘著　ヒカルランド
【要旨】星々もすでに消え始めているぞ！ シオン・八咫烏・ラストエンペラー/世界にあり得ない国・日本よ！ ユダヤと手を結びこの地に天国への門を開け放て！ この3人が歩かされた道をたどれば全てが見えてくる！
2017.6 330p B6 ¥1851 ①978-4-86471-506-5

◆「平和の道」と「本質」で在ること―平和への12の道が悟りの本質へとつながる　ジャスムヒーン著、立花ありみ訳　ナチュラルスピリット
【要旨】20年以上ほぼ光（プラーナ）だけで生きている女性が語る、平和の喜びと、自分本来の姿になることによってもたらされる喜び。本質（エッセンス）は、愛であり、中心から満たし、放射し、輝きだします。魂を通して滋養を与えます。本質に、平和の道があります。「笑顔」をもたらします。本書は、『平和の道』と『本質で在ること』が、合本して1冊になっています。
2017.1 278p A5 ¥2500 ①978-4-86451-228-2

◆僕のアニキは神様とお話ができます　龍＆アニキ著　サンマーク出版　（サンマーク文庫）　（サイン―神さまがくれた、幸せの羅針盤）再編集・改題書
【要旨】子どものころから神様の声が聞こえる「アニキ」。弟の僕が、アニキを通して神様に、「前世」「生まれてくる意味」など聞いてみました。さらには、ブログ読者から募集した「ダイエット」「結婚」「不倫」「占い」など、さまざまな悩みや質問についても答えてもらいました。神様からのメッセージは、私たちにとって意外なこともしばしば。でも、神様と龍の対話がすすむにつれ、幸せになるための「この世」と「あの世」の不思議な法則が見えてきます。
2017.9 289p A6 ¥680 ①978-4-7631-6092-8

◆星の巡礼 Anniversary Edition　パウロ・コエーリョ著、山川紘矢、山川亜希子訳　KADOKAWA　特装版
【要旨】神秘の扉を前に最後の試験に失敗し、奇跡の剣を手にできなかったパウロは、剣を見つけ出すため、スペイン北部を東西に横断する道、「銀河の道」へ向かう。聖地サンチャゴを目指す長い旅路の途中、幾多の試練が降りか

かり、オカルトや魔法に心を奪われていたパウロに、真のマスターへの道が示される。遠い旅の最後にパウロが行きついた真実とは―。著者の人生を一変させた体験をもとに描いた自伝的デビュー作。
2017.12 382p 16×12cm ¥1400 ①978-4-04-106327-9

◆星野道夫の神話―未来を照らすそのスピリチュアリティ　濁川孝志著　コスモス・ライブラリー、星雲社 発売
【要旨】万物のつながり、自然との調和、古い知恵の伝来、輪廻、年長者への敬意、目に見えない存在、悠久なる旅、畏怖の念…写真家・星野道夫の遺した言葉から、混迷する現代を生きぬくためのスピリチュアリティを読み解き、未来への道しるべとなる「現代の神話」を紡ぐ。
2017.5 148p B6 ¥1400 ①978-4-434-23318-0

◆ホワイト・イーグル 自己を癒す道　桑原啓善訳　(鎌倉)でくのぼう出版、星雲社 発売　〈ワンネス・ブックシリーズ 6〉
【要旨】病気は心因に端を発し、その最奥には霊的な始原因がある。高級霊ホワイト・イーグルが人類に贈る「神の処方箋」。生命と肉体が真に目覚めた時、貴方自身が名医となり、自己を癒すのだと…。本書は永年にわたって版を重ねてきた名著。
2017.10 243p B6 ¥1200 ①978-4-434-23934-2

◆マーとともに、光の道をいきる―愛と変容の旅路　スワミ・パラメッシュワラナンダ著、清田素嗣、山岡恵訳　ビオ・マガジン
【要旨】光の道に導くサイマー師との、学びと愛と修行の日々がもたらしてくれた、魂の進化と深い変容。感動と興奮に満ちた体験談が示す、新しい生き方の手引き。
2017.2 295p A5 ¥2400 ①978-4-86588-015-1

◆見えない存在からメッセージを受け取る 超実践ワークブック　K著　総合法令出版
【要旨】守護霊、天使、女神、龍神、妖精─見えない存在は幸せになるヒントを送ってくれている！ 図解が豊富でわかりやすい！ ドリル形式で誰でも身につく！ メッセージを受け取ると…運が良くなる、悩みが解決する、夢が叶う！
2017.10 255p B6 ¥1500 ①978-4-86280-576-8

◆3日間で誰でもできる！ 根源神エナジーヒーリング―神さまが教えてくれた運命改善 超秘法のすべて　岡部公則著　ヒカルランド
【要旨】看板・ロコミいっさいナシ！ 口コミだけで全国から10万人が訪れた知る人ぞ知る施術院長が伝授するはじめての"エナジーヒーリング"の教科書。
2017.12 238p B6 ¥1815 ①978-4-86471-579-9

◆ミラクル☆ヒーリング 2 ─宇宙的しがらみの外し方 ほっこりファミリー対談　小林健、吉本ばなな著　ヒカルランド
【目次】日本人のほとんどはしがらみにとらわれている、本当に愛し合っている夫婦はほとんどいない、結婚はせずに事実婚のほうがいい、マーカーはガンの進行をあらわすものではない、どうしたら日本人のしがらみを解ける力か、押してダメなら引いてみる、有楽町の居酒屋のサラリーマンは、心の底から笑えるような会話をしてない、言いたいことを言う、人のつながり、波動が大切、高級ホテルにいる霊はへばりついているので消すのに時間がかかります〔ほか〕
2017.2 151p B6 ¥1500 ①978-4-86471-468-6

◆みんなの幽体離脱―ふつうの人のふつうの人のための変性意識体験白書　松村潔編著　アールズ出版
【要旨】幽体離脱、予知夢、シンクロニシティ、異星人、亡霊、リモートビューイング…本当にあった神秘的な体験の数々。もしかしたらあなたの変性意識に入ったことがあるかもしれない!!
2017.7 446p B6 ¥1600 ①978-4-86204-290-3

◆ムー的世界の新七不思議　並木伸一郎著　学研プラス
【要旨】超巨大建造物から超常事件の現場まで、世界の不思議遺産を認定！
2017.6 223p B6 ¥580 ①978-4-05-406561-1

◆瞑想と霊性の生活 3　スワーミー・ヤティシュワラーナンダ著　(逗子)日本ヴェーダーンタ協会
【目次】第2部 霊性の修行(技法/続き)(瞑想の生活の本質、精神集中と瞑想、瞑想の生活のためのヒント、霊性の生活における祈りの意義、神秘的礼拝、神の名の力、無形のものについての瞑想)〕
2017.5 222p B6 ¥1000 ①978-4-931148-62-8

◆メシアメジャーが語った知って備えるべき未来 1 超緊急警告編　村中愛、小川雅弘著　ヒカルランド
【要旨】金運アップ、サバイバルの秘訣も大公開！ 人は生まれる3年前から1人1兆円―宇宙銀行の口座番号からイエス、アークも包括するミステリアスな世界予言の巨大体系がなぜこの日本におろされていたのか!?未来予測に必須の情報群！ 的中率100％を更新中！
2017.12 269p B6 ¥1815 ①978-4-86471-587-4

◆モーリヤ　アマーリエ著　(姫路)きれい・ねっと、星雲社 発売　〈スピリチュアルメッセージ 77〉
【要旨】この三次元が今、地獄界に近い波動の状態である、三次元で法が説かれ、あらゆる次元の進化発展を促している、死を通して人類は、統一された価値観に結びつくきっかけを得る、学んだ中の、いちばん大事なことまず人びとに伝えなさい、単なる理念だけではない、具体的にこの地上を光らせていく、愛というのは行動の中において生きる、その中にも光を放ち、あなた方のパーラミパーラミタを開けるキーが霊言の波動である、坂本龍馬たちを超えていくような生き方をしなさい、逆境は次に飛躍するための、ひとつの学びの時期、いちばん大事なのは認識力なのです
2017.5 157p B6 ¥1200 ①978-4-434-23353-1

◆問題がどんどん消えていく奇跡の技法アルケミア―誰にでもできて、すぐに効く　安田隆、THE ARK COMPANY研究生著　ヒカルランド
【要旨】膨大な技法を21年かけて「たったひとつ」に統合した奇跡の技、ここに完成。想定外の方法で、問題が消えていきます。お釈迦様の理論を含め、すべてを解き明かす講義録同時収録。
2017.8 352p B6 ¥1815 ①978-4-86471-481-5

◆病い・土壌・天災・地球 微生物はすべてを蘇生する！―宇宙にたった一つの"いのち"の仕組み　河合勝著　ヒカルランド 新装完全版
【要旨】微生物と精霊がぜんぶ教えてくれた！ 免疫力と自然治癒力も「光フリーエネルギー」だった！
2017.4 352p B6 ¥1815 ①978-4-86471-523-2

◆"闇権力"は世紀の大発見をこうして握り潰す―超不都合な科学的真実　ケイ・ミズモリ著　ヒカルランド 新装完全版
【要旨】政財界とその頂点に君臨する闇権力にとって、「独占」と「人類支配」の根底を揺るがす大発見は、絶対に許すことができない超不都合な真実。ジャーナリスト・サイエンスライターとして活躍する著者が、徹底した取材活動を通じて、医学・科学分野での重要な発見がいかにして闇に葬られたか、厳選した実例とその詳細に見舞われた衝撃の問題作！
2017.2 283p B6 ¥1843 ①978-4-86471-467-9

◆夢見てきたことすべてが現実になる―願望物質化の"超"法則　ジュヌビエーブ・ベーレ著、林陽訳　ヒカルランド 新装版
【要旨】心の中に、実現したい絵をどうやってクリアに描く(視る)か―すべての願望は、「原物質」と「創造的な愛」が調和させる視覚化からはじまるのです！ 夢見る幸せを自由自在に現実化していくメソッドのすべて！ 世界的大ベストセラー『ザ・シークレット』で、「故人となった五大メンター」の一人に数えられるベーレン。100年間読み継がれ、自己啓発/思想界のメンターたちに多大な影響を与え続けてきた「願望物質化」の世界的名著、完全復刻シリーズ第1弾。
2018.1 157p B6 ¥1444 ①978-4-86471-543-0

◆よみがえる女神　清水友邦著　ナチュラルスピリット
【要旨】女神と出会う冒険の旅を重ねて、真の自分自身を発見する！ 1万年続いた縄文の平和な時代は、女性が中心を担っていた。日本の神話、アマテラス、セオリツ姫、ニギハヤヒほか隠された神々の謎を解き明かし、これからの女性性の時代を提案する！
2017.10 367p B6 ¥1800 ①978-4-86451-252-7

◆「4京3000兆円」の巨額マネーが天皇陛下と小沢一郎に託された―ついに動き出した吉備太秦のシナリオ　板垣英憲著　ヒカルランド
【要旨】「天皇陛下下と小沢一郎」によって、いかにして世界新機軸が築かれるのか。天皇陛下直系の吉備太秦が、巨額資金の面から、そのシナ
リオと具体策を描く！
2017.1 255p B6 ¥1843 ①978-4-86471-463-1

◆理性の破壊　ビジェイ・ナーラーヤナ・グル・スワミ著　銀河書籍、星雲社 発売　〈サイババの神髄 2〉
【要旨】日本の神様そして火の鳥、宝徳の神様を称える歌、サイババ復活、救世主予言、サイババは神か、真理に至る必要性、神とは何か！ そしてどのようにして捉えたら良いのか！、宗教戦争を廃止させよう！、世界の歴史を導くキーマンはアブラハム！、世界史はどう動くのか！〔ほか〕
2017.8 213p A5 ¥1999 ①978-4-434-23739-3

◆龍神の力をいただく「神旅」のはじめ方　大杉日香理著　KADOKAWA
【要旨】はじめた人からどんどん願いが叶い出す、もっとも効果的な開運参拝、教えます。
2017.7 238p B6 ¥1450 ①978-4-04-069174-9

◆ロスチャイルドによる衝撃の地球大改造プラン―米国とイスラエルの力を借りて皇国の理念「NEW八紘一宇とNEW大東亜共栄圏」の実現へと向かうNIPPON！　板垣英憲著　ヒカルランド 新装完全版
【要旨】かつて日本が作った北朝鮮は韓国を併合する/そして中国は4つに分かれる etc。水面下でいまも着々と進む世界情勢の知られざる超奥底！
2017.10 259p B6 ¥1620 ①978-4-86471-561-4

◆ワクワクからぶあぶあへ―「楽で愉しく生きる」新地球人になれる魔法　松久正著　ライトワーカー、ナチュラルスピリット 発売
【要旨】「ぶあぶあ」新地球人になれば、あなたの人生と身体は一変します！ 「お喜び様」で生きる人生や身体の問題を解決します！ カラダとココロの問題すべてを診る超ドクターが語る、宇宙と人間の仕組み。魂の原点「ゼロ・ポイント」からの情報、松果体とDNAの秘密、人生の悩みや困難を解決するヒケツ。
2017.7 133p B6 ¥1350 ①978-4-909298-01-0

◆私たちの体にアマテラスの血が流れている　上田篤著　(京都)宮帯出版社
【要旨】はじめに 今なぜアマテラスか、1 砂山と泥海の日本列島、2 アマツカミ族がやってきた、3 高天原のオオヒルメが「稲作国家」を目指した、4 出雲のスセリヒメが「雲の国」に泣いた、5 筑紫のトヨタマヒメが「塩と灰の国」に沈んだ、6 大和のモモソヒメが「稲の国」を拓いた、7 浪速のオキナガタラシヒメが「鉄の国」を建てた、8 伊勢のヤマトヒメたちが「木の国」を創った、むすび アマテラスは甦るか
2017.4 348p B6 ¥1389 ①978-4-8016-0095-9

◆私は歩む 愛と光の地球ワンワールドの道―幸せに輝く人生のあり方　中丸薫著　ヒカルランド
【要旨】人は誰でも生まれて来るときに、かならず双(ミッション)を持って生まれてきます。その約束に沿った生き方ができているとき人は健康で長生き、そして輝くのです！
2017.1 285p B6 ¥1843 ①978-4-86471-450-1

◆われ在り―I AM　ジャン・クライン著、伯井アリナ訳　ナチュラルスピリット　〈覚醒ブックス〉
【要旨】ダイレクトパス(覚醒への直接の道)、究極の教えの数々。叡智が輝く、非二元の最高峰の教え。
2017.4 230p B6 ¥1800 ①978-4-86451-236-7

◆BASHAR 2017―世界は見えた通りでは、ない　ダリル・アンカ, 喜多見龍一質問・編集・解説　ヴォイス
【要旨】バシャールが語る、夢から覚めてありと見る、世界の「新しい地図」。
2017.11 233p B6 ¥1800 ①978-4-89976-470-0

◆ETコンタクト―宇宙人/UFOとの遭遇は始まっている　坂本政道著　ハート出版
【要旨】今後10数年で宇宙人とのオープン・コンタクトが当たり前になる！ ETは、私たちのオープン・コンタクトを心待ちにしている！ 来るべき「パラダイムシフト」に備え、私たちがすべき準備とは？
2017.3 205p B6 ¥1500 ①978-4-8024-0035-0

◆I am God child―神から教えられたこの世の真実　霧島香著　東京図書出版, リフレ出版 発売
【目次】第1章 無邪気、第2章 始まり、第3章 本物との出会い、第4章 神の裏切り、第5章 この

占い・易・おまじない

世の仕組み、第6章 神からの脅迫、第7章 別れ、第8章 私の使命、最終章 解放
2017.2 210p B6 ¥1300 ①978-4-86641-027-2

◆**TRUE LOVE―女神の暗示文** 妹尾留衣著 ヒカルランド
【要旨】なぜ男女は存在するのか―今、愛が結婚制度や恋愛という所有を超えるとき、世界は5次元の愛へと向かう。ツインソウル体験に隠された宇宙の真意とは。読むだけで最善のパートナーシップを築くことができる、宇宙からのメッセージ。
2017.9 275p B6 ¥1815 ①978-4-86471-536-2

◆**UFOとローマ法王、そして自然栽培** 高野誠鮮著 学研プラス
【要旨】UFOが第二の黒船になる!!開国ならぬ開星に向けて、今、日本から始まる宇宙維新!!
2017.10 175p B6 ¥1600 ①978-4-05-406596-3

霊・霊界

◆**悪霊 1 あなたの心も狙われている** 高橋信次著 三宝出版 新装改訂版; 第4版
【要旨】心の病気は本人の心の在り方と、あの世の霊の働きによることが多い。本書は社会の混乱や精神病の核心に触れ、著者が体験を通して解明したあの世の霊と人々の心に関する生々しい記録である。
2017.5 315p 18cm ¥1250 ①978-4-87928-112-8

◆**悪霊 2 心がつくる恐怖の世界** 高橋信次著 三宝出版 第3版
【目次】第1章 他力信仰の恐怖、第2章 日本のエクソシスト、第3章 コックリさん、第4章 被害妄想に憑かれた女、第5章 クモの巣にかかった昆虫、第6章 血の池地獄の拷問、第7章 さまよう魂
2017.7 305p 18cm ¥1250 ①978-4-87928-116-6

◆**あの世へようこそ!―やさしくわかる「あちらの世界」** くどりん著 自由国民社
【要旨】知れば知るほど怖くない霊界のしくみ。あの世もこの世でも幸せになれる!
2017.6 110p A5 ¥1200 ①978-4-426-12199-0

◆**拝み屋異聞 うつろひ百物語** 郷内心瞳著 イカロス出版
【要旨】巡りくる四季を舞台に百の怪異が跳梁跋扈。現役拝み屋作家が切り開く百物語の新境地。
2017.6 317p B6 ¥1600 ①978-4-8022-0366-1

◆**お化け屋敷で本当にあった怖い話** 寺井広樹、しのはら史絵作 TOブックス
【要旨】全国に所在するお化け屋敷。その怪奇の館には、時には「真」の怪異が出現し、そして、人に「憑いてゆく」のだ…。首無し人形、忌な家、隠れ念仏…その怪奇は虚飾ではない!
2017.10 269p B6 ¥1200 ①978-4-86472-615-3

◆**怪談グランプリ2017―未公開! タブー怪談** 山口敏太郎監修 TOブックス
【目次】湖畔の宿泊施設(ぁみ(ありがとう))、林道の怪(あーりん)、最続バス(雲谷斎)、マサじい(小原猛)、まりこ(小原猛)、夜の森(小原猛)、深夜のクワガタ虫捕り(渋谷泰志)、撮影を止めろ(島田秀ヰ)、音無し人形、首に濡れた女(星野しづく)、事故物件霊障(松原タニシ)、あげた薬指(三木大雲)、岐阜のおじさん(渡辺裕薫(シンデレラエクスプレス))、北の家族と夢の友達(山口敏太郎))
2017.8 160p B6 ¥750 ①978-4-86472-594-1

◆**怪談現場東海道中** 吉田悠軌著 イカロス出版(イカロスのこわい本)
【要旨】トンネル、踏切、遊郭、御土居etc…怪異が起きた土地を探って出てきた真相とは?
2017.7 189p A5 ¥1500 ①978-4-8022-0392-0

◆**怪談手帖 遺言** 徳光正行著 竹書房(竹書房文庫)
【要旨】アブない人たちと、説明のつかない怪現象―無類の怪談マニアである徳光正行が、日頃から見聞きしている黒い話を一冊にまとめた人気シリーズ。不気味なモノたち「覗き屋イチの話」、夜中にエレベーターに乗り合わせた女の「エレベーターにて」など、狂気と怪異が交錯する恐怖の数々。遺されたのは底知れぬ怖ばかり、いつでもあなたが堕ちるのを手ぐすね引いて待っている。
2017.9 222p A6 ¥650 ①978-4-8019-1189-5

◆**怪談売買録 死季** 宇津呂鹿太郎著 竹書房
【要旨】客と机を挟んで対峙して座り、乞われれば怪談実話を語り代金としてお金をいただく。当地、客が体験談を語ってくれれば、その代金をお支払いする―実際にイベントで行われた「怪談売買所」で語られた怪異の数々。鏡越しに飛び降り自殺をした女と目が合って…「逆になる」、出勤途中に出会った見知らぬ女に大声で怒鳴られ続け…「人殺し」、日常のふとした綻びに垣間見える恐怖、決して他人事ではない。
2017.5 222p A6 ¥650 ①978-4-8019-1071-3

◆**神々様のみことばのなかで―霊界の真相と魂の行方** 小林芳枝著 かざひの文庫、太陽出版 発売
【要旨】この本を書く目的。それは、霊界への誘導などではなく、目に見えない世界の真実を知ることにより、人として生かされている現実を、より有意義に過ごすことが出来るのであれば良いという想いなのです。この本は、心の奥底から思う想いとともに、実際に繰り広げられている向こうの世界のことを書いていきますので、この本を手にされた方はそっと胸の中央に当てられたら、きっと、暖かなエネルギーを感じ取れることと思います。この本は、あなたのために、あなたの「魂」のために、また、すでに他界された親しい人々の「御霊(みたま)」のためにもなることと思い、心を込めて書き進めています。
2017.8 312p A5 ¥2300 ①978-4-88469-911-6

◆**神と霊の癒―苦しみが喜びに変わる生き方** 隈本正二郎著 展望社(新大霊界シリーズ 4)
【要旨】神と霊は必ず応えてくれる。人生は癒されて生きることである。癒しなきところに日々の団らんも人生の愉悦もない。いかに癒されて生きるか? 神霊の偉大なエネルギーをわが身に引き寄せる方法を細かくわかりやすく伝授した霊的人生論。
2017.8 295p B6 ¥1500 ①978-4-88546-328-0

◆**恐怖実話 怪の足跡** 吉田悠軌著 竹書房(竹書房文庫)
【要旨】実話怪談の収集と取材のために、怪異の舞台となった「怪談現場」に訪れることをライフワークとする著者が、選りすぐりの怪談を披露する一冊。繁華街にあるマンションで起きる怪異、それは連鎖か偶然か「新宿マンション三話」、とある病院で起きた子供の怪死―真実はわかるとき戦慄に包まれる「鬼」ほか。怪の足跡をたどれば―そこにあるのは黒く深い恐怖のみ。
2017.2 223p A6 ¥650 ①978-4-8019-0978-6

◆**恐怖実話 奇想怪談** 丸山政也著 竹書房(竹書房文庫)
【要旨】奇妙な読み味の怪談を披露する丸山政也による実話怪談集。いじめられっ子のルームメイトがある夜、突然消えた…いったいどこに「赤毛の友」、病床につく弟が見た夢は傷口から虫が這い出すそれ、あまりに暫くすると…「蛆虫と黄揚羽」、クラスで撮った集合写真に自分が映り込んでいたに写っていたかは…「集合写真」など41話を収録。やんわりと纏わりつく厭な怖気、それを祓うことはできない。
2017.9 209p A6 ¥650 ①978-4-8019-1188-8

◆**恐怖の百物語 第1弾** 関西テレビ放送編著 二見書房(二見レインボー文庫)
【要旨】ヌメヌメと濡れたような黒髪が巻きつい…「噂の幽霊トンネルでの恐怖の一夜」。無数のおぞましい子供たちがぎっしりと…「幽霊屋敷メリーさんの館に秘められた謎」。時々ふっと首が消える女の子…「葬儀社のアルバイトでの不思議な体験」。何十本もの白い手がわらわらと…「一年にひとりずつ自殺する女子高の怪」。かつて怪現象続出で話題になった伝説の番組から29の霊体験実話を厳選収録。
2017.7 236p A6 ¥640 ①978-4-576-17080-0

◆**恐怖の百物語 第2弾** 関西テレビ放送編著 二見書房(二見レインボー文庫)
【要旨】「グシャ!グシャ!」と音を立ててフロントガラスにぶつかってきたものは…「深夜のドライブをはばむ恐怖のトンネル」。蛇のようにズズッと這い回る裸の赤ん坊…「決まって夜十時にやってくる謎の訪問者」。鏡の上に正座して坐る長い髪の女…「殺したろか」。壁のなかから伸びてきた手にがしりとつかまれ…「青白い手が誘う恐怖の看護師寮」。怪現象続出で話題を呼んだ伝説の霊体験番組から24の実話を厳選収録。
2017.7 236p A6 ¥640 ①978-4-576-17099-2

◆**恐怖の百物語 第3弾** 関西テレビ放送編著 二見書房(二見レインボー文庫)(『恐怖の百物語 第4弾』再編集・改題書)
【要旨】部屋の四角には誰もいないはずなのに…「闇のなか、恐怖の肩叩きゲーム」。四つん這いで追いかけてくる男の子…「お姉ちゃん、遊ぼ」。伸びてきた白い手に足首をつかまれ…「怪異を招く呪いのピアノ」。けして触れてはいけないと言われたのに…「首のない市松人形」。胸騒ぎのする温泉旅館で深夜…「白い壁に浮かぶ金髪の女」。怪現象続出で話題になった伝説の番組から選りすぐった21の霊体験実話。
2017.8 235p A6 ¥640 ①978-4-576-17114-2

◆**恐怖箱 閉鎖怪談** 加藤一他著 竹書房(竹書房文庫)
【要旨】暗く、狭い場所―例えば、島、村、拘置所、防空壕、水の中、車、トイレ、クローゼット…。閉ざされた社会や、逃げ場所のない空間で起きた恐怖ばかりを集めた実話恐ろしき実話怪談奇譚。かくれんぼで遊ぶ子供が隠れたダンボールの中は…「かくれんぼ」、封印されていた実家の屋根裏部屋の秘密…「ちゃぶ台」、祖父危篤の報せに戻った故郷の島、だがそこには恐ろしき因習が…「サークル」他、絶体絶命の状況で体験した限界ギリギリの恐怖32話!
2017.12 223p A6 ¥650 ①978-4-8019-1281-6

◆**熊本の怖い話** 寺井広樹、村神悠子著 TOブックス
【要旨】「まっぼすさん」、田原坂、吉次峠、立田山、天草パールラインホテル、熊本城…熊本には奇譚が多い。神や白蛇にまつわる伝承も…。神と寄り添う土地の恐怖。
2017.5 190p B6 ¥1200 ①978-4-86472-564-4

◆**検索禁止** 長江俊和著 新潮社(新潮新書)
【要旨】決して調べてはいけない。見てはいけない。この世には知らない方がよいことがある。「くねくね」「カシマさん」「コトリバコ」など"検索禁"の凶忌の言葉、「エクソシスト」など恐怖譚に潜む戦慄の真相、古今東西の奇談に秘められた衝撃の事実、封印された風習や事件…遂にタブーの扉は開かれ、忌まわしい"恐怖"が今、明らかになる。『出版禁止』の人気作家が初めて書下ろした"史上最恐のホラー"が詰まった禁断の書。
2017.4 222p 18cm ¥760 ①978-4-10-610711-5

◆**コックリさんの父 中岡俊哉のオカルト人生** 岡本和明、辻堂真理著 新潮社
【要旨】超常現象研究家・中岡俊哉は、社会現象にまでなったベストセラー『狐狗狸さんの秘密』『恐怖の心霊写真集』など、生涯に約200冊の著書を刊行。テレビ番組でも心霊写真を「背後霊」「地縛霊」などの用語を駆使して解説。総出演番組数は300本にものぼった。彼こそは「超常現象」を武器に、出版と放送を股にかけた「昭和オカルトの父」であった。いったい、中岡俊哉とはなにものだったのか? 驚愕のオカルト評伝、ここに降臨!オフィシャル版「コックリさん文字盤」付き!
2017.8 283p B6 ¥1500 ①978-4-10-324533-9

◆**怖すぎる実話怪談―怨嗟の章** 結城伸夫、逢魔プロジェクト編著 イースト・プレス(文庫ぎんが堂)
【要旨】小学校の女子トイレから這い出てきた髪の毛、深夜に突如聞こえてくる子どもたちの声、義母のもとに訪れる姿の見えない客、立ち入り禁止区内に佇んでいる姿、心霊マニアが撮った被写体が動く写真、「逢魔が時」とは黄昏とも呼ばれる薄暗い時間帯、あの世とこの世の境界がゆらゆらと交わる瞬間という。日本最大の怪談メルマガを配信する恐怖サイト「逢魔が時物語」に届けられた怪異体験の数々。怪談の語り部たちによる特別寄稿も収録。
2017.6 268p A6 ¥667 ①978-4-7816-7158-1

◆**実録心霊スポット取材記 かいたん(怪探)** ひぐらしカンナ著 みなみ出版、星雲社 発売(るぽコミ)
【要旨】スタッフ全員が鳥肌した! 有名怪談発祥の地でひぐらしカンナと疋田紗也が出会った霊たちとは!? 特別取材&描き下し:四谷怪探、お岩さんが実在した地を巡る。
2017.2 145p A6 ¥980 ①978-4-434-22931-2

◆**実話怪談 奇譚百物語** 丸山政也著 竹書房(竹書房文庫)
【要旨】新たな怪異の紡ぎ手が登場した!「数年をかけて取材をしてきたもの、底味のある怖い話を"私"というフィルターを通して採話"したという99話。念願の古民家を購入したが、夜

毎に何かが現れる気配がする。調べて見たら…「探しもの」(21話)、幽霊が出るという元ロータリーで感じた奇妙な視線。その日の学校で起きた不可解な出来事「授業参観」(96話)他、奇妙さとじわりと舐めるような恐怖が252々と描かれた。日常の隙間から覗く魔の刻一怒濤の百物語を存分にお楽しみいただきたい。
2017.2 222p A6 ¥650 ①978-4-8019-0996-0

◆守護霊　江原啓之著　講談社（付属資料あり）
【要旨】あなたの本当の守護霊伝えます。守護霊とは何か？守護霊の真実とは?!巷に溢れる守護霊の誤解や思い込み、偏見を正します。巻末にあなたの家系診断＆エナジーポイントシールの付録がついています。
2017.6 214p B6 ¥1400 ①978-4-06-220638-9

◆真説 稲川淳二のすごーく恐い話　上がれない二階　稲川淳二著　リイド社（リイド文庫）
【要旨】怪談、語り続け25年。稲川怪談第六弾。
2017.7 253p A6 ¥550 ①978-4-8458-5127-0

◆大霊界真書　隈本正二郎著　展望社
【目次】ご聖書の1 魂の発する言葉は幸せを招くなり（「ありがとう」「ごめんなさい」は言葉にして伝えよう、明るい挨拶「おはよう！」で一日をスタートさせよう ほか）、ご聖書の2 魂は力なり神の愛（万葉歌人の和歌の力、言葉の持つ霊力、無意識に吐かれる言葉の重み ほか）、ご聖書の3 心眼正しければ道おのずから極まる（スマホを置いて街へ出よう、清らかな水を流してみませんか ほか）、ご聖言の4 神に愛される心抱くは神へ至る一歩（魂の親様を辱しめる憎悪の想念、自らの傲慢さに気づいたおばあちゃん ほか）
2017.1 246p B6 ¥2000 ①978-4-88546-321-1

◆「超」怖い話鬼門　渡部正和著　竹書房（竹書房文庫）
【要旨】冬の「超」怖い話の執筆メンバーの一人として滋味深い怪談を書き続ける渡部正和。衝撃の単著デビュー作『鬼市』から四年、さらなる恐怖を詰め込んだ待望の第二弾が届けられた。夜道で拾った爪切りから始まる戦慄体験「切ってください」、とある川に纏わる因果「職悔」、貸しアパートの奇妙な住人たちの正体…「侵食」ほか、ある時はじわじわと内臓を締め上げ、また最後の最後でぞっと冷水を浴びせるような恐怖が次々と襲い来る。一度読んだら忘れられない怪異譚22話、じっくりどっぷりご堪能いただきたい。
2017.9 223p A6 ¥650 ①978-4-8019-1187-1

◆「超」怖い話 酉　加藤一編著　竹書房（竹書房文庫）
【要旨】今年も「超」怖い話とともに1年が幕を開ける。おめでたい新年に本書を手に取られる読者の皆様はかなりの怪談ジャンキーとお見受けするが、その期待を裏切らぬ厳選の27話をお届けする。常連の方はいつもよりやや少ない話数と感じられるかと思うが、その通り。短いページ数では収まらぬ濃くも深い因縁譚がぞくぞくと集まってしまった。酉といえば、夜明けを告げる鶏。長らく続いてきた「超」怖い話シリーズだが、この1冊はまさしく新たな怪談の夜明けとなるに違いない。いま、かつてない恐怖の扉があなたの前に開く―。
2017.2 222p A6 ¥650 ①978-4-8019-0977-9

◆東西妖怪図絵　水木しげる著　復刊ドットコム　愛蔵復刻版
【要旨】世界は、妖怪で満ちている。日本の妖怪42点、世界の妖怪65点を収録！
2017.2 107p 26×21cm ¥4500 ①978-4-8354-5456-6

◆医師（ドクター）が語る霊障―現役医師が医療現場で見た霊障トラブルとセラピー　橋本和哉著　創藝社　新装版
【要旨】内科・神経科を専門としている現役のお医者さんが語る、ちょっと不思議な霊障のお話と、その独特な対処法について、現実のエピソードを交えながら語ってくれるユニークな1冊。
2017.3 223p B6 ¥1400 ①978-4-88144-226-5

◆福岡の怖い話 2　濱幸成著　TOブックス
【要旨】悠久の時を経て蘇りし元寇の怨念…。ダムには古代兵士の亡霊が現れる！怪異が巣食いし博多の地！福岡県各地で頻発する怪奇現象。地元在住の怪談収集家は異界のものたちに魅惑されてゆく…。
2018.1 213p B6 ¥1200 ①978-4-86472-638-2

◆北海道の怖い話　寺井広樹、村神徳子著　TOブックス
【要旨】北の大地には多くの血が滲む…。道内には、今も知られざる恐怖がある。
2017.3 212p B6 ¥1200 ①978-4-86472-545-3

◆ほんとにあった！呪いのビデオ 恐怖のヒストリー　ポストメディア編集部編　一迅社
【要旨】総シリーズ本数80巻以上、20年の歴史を誇る「ほんとにあった！呪いのビデオ」シリーズの総まとめ―あなたはこの恐怖に耐えられるか―!?シリーズ監督インタビューなど、各種の謎が明らかになる！
2017.12 111p B5 ¥2500 ①978-4-7580-1540-0

◆迷家奇譚　川奈まり子著　晶文社
【要旨】ネイルサロンで、暑い夏の坂の途中で、深夜の電話口から、人々は不意に怪異を語りだす。奇譚に埋め込まれた、漂っている記憶とは…「時間」・「場所」・「ひと」を重ね合わせる「透視図法」により、そこに眠る深層/心象/真相を掘り起こす。女流作家が綴る、異色のオカルト・ルポ。
2017.5 207p B6 ¥1700 ①978-4-7949-6963-7

◆マンガでわかる大霊界　隈本正二郎原案・脚色、稲葉稔漫画　展望社
【要旨】霊と病気の関係は？死ぬとどんな世界へ行くのか？生きるとはどんな霊？難病に苦しむ人、不運の人生を歩む人を救済する神霊のパワー。漫画で明かされる大霊界の全貌！
2017.11 215p A5 ¥1500 ①978-4-88546-338-9

◆夢と幽霊の書　アンドルー・ラング著，ないとうふみこ訳　作品社
【要旨】ルイス・キャロル、コナン・ドイルらが所属した心霊研究協会の会長による幽霊譚の古典、ロンドン留学中の夏目漱石が愛読し短篇「琴のそら音」の着想を得た名著、120年の時を越えて、待望の本邦初訳！
2017.8 303p B6 ¥2400 ①978-4-86182-650-4

◆霊活のすすめ　徳永康夫著　たま出版
【要旨】私たちの正体は「霊」であることを、生まれる前の記憶を持つ子供たちが証明してくれた。「婚活」でも「妊活」でも「終活」でもない、適齢期はありません。全世代の人たちに読んでほしい1冊です。
2018.2 79p B6 ¥1200 ①978-4-8127-0412-7

◆霊感刑事（デカ）の告白―すべてあの世が教えてくれた　阿部一男著　幻冬舎
【要旨】事件現場で「声」が聞こえた。犯人の告白、死者からのメッセージ…霊界と人間界のつながりで捜査を解決へと導いた、衝撃の4年間。
2017.12 156p 18cm ¥1100 ①978-4-344-03219-4

◆霊媒体質の克服―幸せを呼ぶ守護神を持て　隈本正二郎著　展望社
【要旨】悪霊と闘うニュー・マニュアル。恐怖の霊障はこうして防ぐ！守護神の持ち方を徹底解説！
2017.11 271p B6 ¥1500 ①978-4-88546-337-2

健康・家庭医学

◆あきらめなければ、痛みも、麻痺も、必ず治る！　山元敏勝著　ソレイユ出版
【要旨】YNSAは、あらゆる痛みを消し、不調を取り除き、麻痺を治す力！「麻痺を治せるのはYNSAだけ」と、世界が認める優れた効果！痛みがピタッと止まる驚異の即効性！副作用がない！
2017.12 230p B6 ¥1400 ①978-4-9908790-4-4

◆あざ取りは6歳までに終えなさい―大人になって後悔しないためのレーザー治療のすすめ　西堀公治著　明窓出版
【要旨】最新レーザー治療はここまで安全！あざ取りは保険適用でご存知ですか？大人になれば消えるという根拠のない情報で治療を先送りにしないこと。経験豊富な専門医のアドバイスで解決へ！
2017.12 162p B6 ¥1500 ①978-4-89634-382-3

◆あなたが知っている健康常識では早死にする！―秘蔵データが示す健康寿命の延ばし方　近藤誠著　徳間書店
【要旨】医療情報はウソだらけ！医師が公表しない衝撃的な「実証」の数々を網羅。この事実を知ったら、あなたの生活は一変する。
2017.9 221p B6 ¥1200 ①978-4-19-864419-2

◆あなたの健康寿命はもっとのばせる！―疲れない、衰えない、老いない生き方　渡辺光博著　日本文芸社
【要旨】いつまでも「美」と「元気」を保てる理由はここにある！注目の細胞活性化成分ALAの無限の可能性！
2017.4 223p B6 ¥1400 ①978-4-537-21461-1

◆あなたの少食が世界を救う　甲田光雄著　春秋社
【要旨】少食健康法の重要性を世に問う―食べ過ぎがすべての病気の原因であり、「少食」こそが健康の原点である。「少食」は環境問題、人口増加、食糧不足、文明の発展によるエネルギー不足などを解決する道でもある。
2017.10 252p B6 ¥1400 ①978-4-393-71408-9

◆あなたの病気の本当の原因は…その生活が"ガン"なのです　宗像久男、山田まりや著　トランスワールドジャパン
【要旨】生活環境を変えるだけでガン撲滅。山田まりやが宗像久男に聞く、難病治療の現在。
2017.8 191p B6 ¥1400 ①978-4-86256-206-7

◆生きた実例と手引き「自然療法」　東城百合子著　三笠書房（『自然の力』加筆・改筆・再編集・改題書）
【要旨】病院では治らないと言われた病気を、クスリに頼らず、手術もなしで、自ら「自然療法」を実践して見事に克服した方々の生の声、実践例をふんだんに紹介！からだが健康になるだけでなく、考え方・生き方・運命までもが変わっていくそれぞれの実例に、心を打たれること間違いなし！
2017.12 363p B6 ¥1400 ①978-4-8379-2713-6

◆いくつになっても年をとらない新・9つの習慣　吉川敏一著　扶桑社（扶桑社文庫）
【要旨】アンチエイジングの世界的権威が教える「健康寿命」の意外な延ばし方。
2017.12 215p B6 ¥600 ①978-4-594-07871-3

◆いさぎよく死ぬ生きかた　帯津良一著　徳間書店
【要旨】あなたは「ときめき」を持って食べていますか？その一杯を心ゆくまで味わって呑んでいますか？帯津良一、「いきいき」と生きて81年、粋に「往く」準備を始めました。人生は選択の連続。たとえいくつでも生き死には変えられる。
2017.9 191p 18cm ¥1100 ①978-4-19-864488-8

◆医師・専門家が教える 家庭でできる元気のコツ大全　読売新聞医療部著　PHPエディターズ・グループ，PHP研究所 発売
【要旨】読売新聞の人気連載「元気なう」から厳選！今日からできる健康長寿の新常識118。
2017.9 255p A5 ¥1400 ①978-4-569-83688-1

◆医者が教える最強の栄養学　伊藤豊著　ロングセラーズ（ロング新書）
【要旨】間違った食事法を実践していませんか？カロリー制限と運動療法では糖尿病は治らない。コレステロールに善玉も悪玉もない。40歳時点で太り気味の人がもっとも長寿。牛乳神話にまどわされないように。自分の健康は自分で作る。
2017.11 280p 18cm ¥1400 ①978-4-8454-5042-8

◆痛みを取りたければ体を温めなさい―誰にもわかってもらえない全身のつらい痛みが消えていく　今野孝彦著，班目健夫協力　マキノ出版（ビタミン文庫）
【要旨】全身に痛みが起こる「広範囲疼痛」は、体を温めると改善する！専門医が勧める「湯たんぽ療法」で薬漬けから脱出せよ！痛みの原因が自分でわかるチャート付き。
2017.12 189p B6 ¥1400 ①978-4-8376-1314-5

◆痛みと不調がなくなる血流コントロール　落合壮一郎著　大和書房
【目次】1「めぐり」が体をよみがえらせる、2「体のバランス」（気血）をチェック、3 体（気血）をめぐらせるためのライフスタイル、4 めぐりをよくする体の温め方、5「どこも悪くない、でも不調」になる原因、6 体ほんらいの力を取り戻す
2017.3 206p B6 ¥1300 ①978-4-479-78377-0

◆痛みのない身体になる究極の整体術―1日8分の調整でゆがみが治る！　加賀谷慶太著　日本文芸社
【要旨】腰痛、関節痛、手足のしびれ―どこへ行ってもよくならない人が最後に駆け込む整体院のノウハウ！自分でできる41のエクササイズ！
2017.12 127p A5 ¥850 ①978-4-537-21545-8

健康・家庭医学　　　　　146　　　　　BOOK PAGE 2018

実用書

◆1日1分！ 血圧が下がる 血管ストレッチ
高沢謙二、玉目弥生著　青春出版社　（青春新書PLAYBOOKS）
【要旨】血流がよくなるから高血圧がみるみる正常化！ 寝ながら、座りながら、どこでもできる。血糖値・コレステロール値も改善する、「血管」から若返るカンタン習慣！
2017.12 171p 18cm ¥814　①978-4-413-21102-4

◆一番よくわかるタイプ別 下肢動脈瘤の防ぎ方・治し方　池谷敏郎著　家の光協会
【要旨】たった5分でできる最新のケア法！ テレビでおなじみの血管の名医が教える。
2017.11 126p A5 ¥1300　①978-4-259-56555-8

◆一生薬のいらない体になる！ 健康のしくみ図鑑　済陽高穂、栗原毅著　宝島社
【目次】第1章 一生薬のいらない体になる！ 脳の健康としくみ（ミドルエイジ注意したい脳血管の病気 あなたの危険度をチェック、脳の血管の病気は2つ damage で詰まる ほか）、第2章 一生薬のいらない体になる！ 心臓と肺の健康としくみ（ミドルエイジ注意したい心臓の病気 あなたの危険度をチェック、休まず働く心臓が発作を起こすとき ほか）、第3章 一生薬のいらない体になる！ 血管の健康としくみ（ミドルエイジ注意したい血管 あなたの危険度をチェック、健康のバロメータ全身をめぐる血管 ほか）、第4章 一生薬のいらない体になる！ 内臓の健康としくみ（ミドルエイジ注意したい胃の病気 あなたの危険度をチェック、今日からできる！ 胃を丈夫にしてがん予防 ほか）、第5章 一生薬のいらない体になる！ 生活習慣と病気予防の密接な関係（ミドルエイジは体の変化が始まるお年ごろ 病気予防の第一歩はメタボ予防、ミドルエイジの体で起こる変化 不調の犯人は"活性酸素"ほか）
2017.9 111p A4 ¥920　①978-4-8002-7575-2

◆一生疲れない人の「脳」の休め方―脳神経外科医が教える　菅原道仁著　実務教育出版
【要旨】脳が休めば、人生が変わる。寝ても抜けない疲労がスッキリ取れる休息習慣。
2017.12 215p B6 ¥1500　①978-4-7889-1446-9

◆イラスト図解 1番わかりやすい 糖質と血糖値の教科書　麻生れいみ著、斎藤糧三監修G.B.
【要旨】糖質と血糖値の基礎知識は、あなたの大切な財産になります。
2017.12 175p A5 ¥1500　①978-4-906993-46-8

◆イラストでわかる 介護知らずの体のつくり方　山田佐世子著　平凡社（平凡社新書）
【要旨】団塊世代が75歳以上の「後期高齢者」となる、「2025年問題」が取りざたされている。介護の不要な老後を送るためには、「歩いて外出できる体力の維持」が鍵になる。日常生活の延長で誰でも試すことができ、無理なく続けられる体のメンテナンス法を豊富なイラストで紹介。お風呂で、トイレで、布団の中で誰でもできる、"ちょこっと体操"で老後に備えます
2017.1 206p 18cm ¥760　①978-4-582-85834-1

◆インドの生命科学 アーユルヴェーダ 上　馬場和夫、西川眞知子著　農山漁村文化協会　新版
【目次】第1章 自分の体と心を見つめよう、第2章 ドーシャの乱れが病気を起こす、第3章 ドーシャのバランスを整えるために、第4章 アーユルヴェーダの食事療法、第5章 アーユルヴェーダの生活処方箋、第6章 生命とは、真の自己とは何なのか―生命の本質と構造について
2017.3 304p A5 ¥4300　①978-4-540-12154-8

◆ウェルネスツーリズム―サードプレイスへの旅　荒川雅志著、日本スパ振興協会編著　フレグランスジャーナル社
【目次】序章 ウェルネスとは何か、第1章 ウェルネスツーリズムの概念、第2章 ウェルネスツーリズムのビジネスプランニング ビジネス計画にむけた企画処方箋、第3章 ウェルネスツーリズムにかかわるアイテム 素材としての視点、第4章 ウェルネスツーリズムの実例、第5章 ウェルネスツーリズム人材育成
2017.9 111p A5 ¥2300　①978-4-89479-291-3

◆ウソだらけの健康常識―「不良」長寿のすすめ　奥村康著　ワック（WAC BUNKO）
（『免疫力アップがすべてのポイント！「健康常識」はウソだらけ』加筆・改訂・改題書）
【要旨】「いい加減」で、ストレス撃退が健康長寿の秘訣！ 医者だから言える、薬も医者もいらな

くなる本！
2017.11 214p 18cm ¥920　①978-4-89831-768-6

◆うつも肥満も腸内細菌に訊け！　小澤祥司著　岩波書店　（岩波科学ライブラリー）
【要旨】母から子へと綿々と受け継がれ、人間の全細胞数の数十倍もいると言われる腸内細菌。その驚くべき役割が、次々と明らかにされている。免疫機能を強化し、代謝物が神経やホルモンを通じて脳に働きかけ、さまざまな病気や、食欲、感情や精神にまで関与する。あなたの不調も腸内細菌の乱れが原因かもしれない。
2017.11 132p B6 ¥1300　①978-4-00-029667-0

◆老いない人は何を食べているか　松生恒夫著　平凡社　（平凡社新書）
【要旨】70歳を過ぎても激しいコンサートをパワフルにこなす、ポール・マッカートニーやミック・ジャガー。彼らは日々、どのような食事をしているのだろうか。また長寿地域には、どのような食の秘密が隠されているのか。消化器内科医、大腸専門医の立場から、腸力を高め、見た目も若く健康的な生活を送るために、食材の効能や食べ方、日々の過ごし方を紹介する。
2017.9 203p 18cm ¥780　①978-4-582-85854-9

◆沖縄の医師が教える1日1食で太らない生活―40代からラクラクできる！ 断捨離ダイエット　安谷屋徳章著　廣済堂出版　（健康人新書）
【要旨】体重1割減に1000人以上の人たちが成功！ 自らも80キロ以上あった体重を62キロまで減らした「1日1食ダイエット」の考案者が、100％リバウンドしない"太れなくなる習慣術"を伝授。1日1食にすることで、体重だけでなく体調も変化していきます。これまでの人生より仕事や生活の質が上向きになる。すでにいろいろなダイエット法を行なったのに痩せることができなかった人、痩せることはできたけれど「健康痩せ」ができなかった人のための本。
2017.7 165p 18cm ¥850　①978-4-331-52111-3

◆怒らなければすべて健康―自律神経の乱れが人生をおかしくする　小林弘幸著　祥伝社　（祥伝社黄金文庫）
【目次】第1章 その「怒り」があなたの人生を狂わせる、第2章 「怒り」が目に見えるようになった、第3章 そのとき、体はこんなにも傷ついている、第4章 この習慣で「イライラしない体」をつくる、第5章 人生を9割よくする怒りのコントロール法、第6章 すぐに怒ってしまったときの「意識法」、終章 怒らなければこの1割もうまくいく
2017.7 186p B6 ¥540　①978-4-396-31713-3

◆おしりをゆるめれば一生歩ける―もう腰痛や膝痛に悩まされない！　磯﨑文雄著　白夜書房
【目次】序章 一流アスリートもビジネスマンも「おしりほぐし」でサバイバル、第1章 「おしりほぐし」で、痛みが消える！、第2章 「おしりほぐし」で健康寿命が伸びる、第3章 「おしりほぐし」で、美人度・デキル男度をあげる！、グラビア 特選！ 筋膜マッサージ集、第4章 「おしりほぐし」に、スポーツもメンタルもアゲアゲ
2017.5 199p 18cm ¥1500　①978-4-86494-117-4

◆オープンハートbyマクロビオティック―食べることを通して知る哲学とマクロビオティックな8つの物語（ストーリィ）　桧山尚子著　近代文藝社　（付属資料：CD1）
【目次】ヒーリングマクロビオティック体験について、私のオープンハート、マクロビオティックによるヒーリング、「美味しい」は二種類ある、人が「五感」で生きる意味、七つの判断力、選択による創造、「自分らしさ」、愛を知る、小説『契約』、小説『美の規範』、小説『男性だったら良かったのに』、小説『本能』、小説『屍の理』、小説『孤独』、小説『台風』、小説『秋明菊』、生き方としてのマクロビオティック
2017.3 229p B6 ¥1100　①978-4-7733-8025-5

◆海外健康生活Q&A―海外赴任者必携　濱田篤郎監修、東京医科大学病院渡航者医療センター編著　経団連出版
【要旨】第1章 出国前の準備、第2章 海外で注意する感染症、第3章 予防接種、第4章 医療機関の利用方法、第5章 メンタルヘルス、第6章 生活習慣病、第7章 小児の健康、第8章 帰国前後の健康管理、第9章 地域別情報
2017.4 198p A5 ¥2500　①978-4-8185-1612-0

◆外反母趾は「ゆりかご歩き」で治る！
古屋達司著　マキノ出版　（ビタミン文庫）

【要旨】4000人が治った奇跡のメソッド。横アーチ筋への刺激で痛みも解消する。
2017.6 147p A5 ¥1300　①978-4-8376-1305-3

◆隠れ疲労―休んでも取れないグッタリ感の正体　梶本修身著　朝日新聞出版　（朝日新書）
【要旨】休んでも取れない疲労感は、自律神経が疲れている証拠。気が張ると一瞬忘れるが、放置していては健康があぶない。食事、睡眠、仕事の段取り、オフの過ごし方……ちょっとしたことがグッタリとスッキリの大差を生む。疲労医学の専門家が正しい回復法を伝授。
2017.11 203p 18cm ¥720　①978-4-02-273740-3

◆かぜ薬は飲むな　松本光正著　KADOKAWA　（角川新書）
【要旨】風邪の症状である発熱や咳、痰、鼻水、頭痛、関節痛などは、身体がウイルスと闘っている状態。これらを薬で止めてしまったら、風邪の治りが遅くなるだけ。にもかかわらず、なぜ医師は薬を出すのか？
2017.12 176p 18cm ¥780　①978-4-04-082210-5

◆家庭の医学 検査数値対策シート　主婦の友社編　主婦の友社　新訂ハンディ版
【要旨】10大生活習慣病の危険度と対策がひと目でわかる。病院の検査数値対策シート。
2017.4 751p B6 ¥2500　①978-4-07-423410-3

◆カラー最新図解 悪玉コレステロールを下げて善玉コレステロールを上げる本　石川俊次監修、主婦の友社編　主婦の友社
【要旨】「LDL（悪玉）コレステロール値が高い」という検査結果が意味するものは？ LDL（悪玉）コレステロール値が高いと、こんな病気を招く！ LDL（悪玉）コレステロール値が高くなるのはなぜ？ LDL（悪玉）コレステロール値を下げるための食事法。こんな簡単な運動でLDL（悪玉）コレステロール値は下がる！―いまさら聞けない疑問のすべてに、やさしく、わかりやすく、カラー最新図解でお答えします！
2017.2 159p A5 ¥1200　①978-4-07-422505-7

◆からだじゅうの首をゆるめると内臓が若返る　松本со弘著　サンマーク出版
【要旨】病気を遠ざけ長生きできる画期的な健康法！ ロイヤルファミリー、ハリウッドセレブ、ファッション界の重鎮…世界のVIPが指名したセラピストが初公開！
2017.1 190p B6 ¥1300　①978-4-7631-3556-8

◆体の痛みがスッキリ消える―「痛みの名医」が教える　河手眞理子著　二見書房
【要旨】血流をアップさせれば慢性痛は消える。自分でできる頭・肩・腰の痛みを解消する本。
2017.7 230p B6 ¥1200　①978-4-576-17065-7

◆体の痛み・不調は「お金をかけずに」自分で治せる―得して健康になる話　渡辺雄二著　青志社
【要旨】わざわざお金を払って不健康になっていませんか？ 化学物質漬けの生活は私たちを病気にしたか？ トクホやサプリ、除菌製品の何が問題なのか？ 加齢にともなって発生する膝・腰の痛み、肥満・高血圧、下痢・便秘、免疫力低下による風邪・肺炎、冷え性・肌荒れ・歯周病、老眼・髪の薄毛…は自分で治せる。
2017.2 197p 18cm ¥1000　①978-4-86590-039-2

◆カリスマ整体師が教えるうるおうからだ　寺門琢己著　マイナビ出版　（マイナビ文庫）（『うるおうからだ』加筆修正・改題書）
【目次】第1章 忙しい女こそみずみずしい（実年齢より、若く見える人、老けて見える人…その差はどこに？、獲物を追いかけている「からだ」は、軽やかな腰をしている。ほか）、第2章 いつまでも「さびないからだ」をめざそう（「タレ胸」「タレ尻」は、重力のせいだけではない、女のからだが、満月のとき、三日月になるとき。ほか）、さびない骨盤のつくり方（あなたの骨盤はどのタイプ？、高潮期のからだ低潮期のからだ ほか）、さびないからだのための15のレシピ（さびないお肌、さびない目尻 ほか）、第3章 「うるおう」女性でいるために（「おばさん体型」になっていませんか？、生物として、愛し愛される「からだ」ほか）
2017.6 203p A6 ¥680　①978-4-8399-6372-9

◆カロリー制限の大罪　山田悟著　幻冬舎　（幻冬舎新書）
【要旨】ダイエットと言えば、カロリー制限のことと思われがちだ。確かに短期的には体重は落ちる。しかしこの食事療法は継続は困難で、しかもたった2年のカロリー制限によって骨密度の低下、貧血、筋肉量

健康・家庭医学

実用書

◆聞くだけ！ 最恐ストレスからあなたの自律神経を守りぬくCDブック 和合治久著 ワニブックス （付属資料：CD1）
【目次】1 最恐ストレスが体をむしばむ（ストレスはさまざまな不調を引き起こす、万病のもと、どんなところにもストレスのもとがある、ストレスを引き起こす大感情語とは、ストレスは脳の扁桃体を刺激する、ストレスが体をむしばむしくみ1 交感神経が優位になると、アドレナリンが分泌される、ストレスが体をむしばむしくみ2 ストレスホルモン「コルチゾール」が分泌される、ストレスが命にも危険を及ぼすメカニズムとは、自分のストレス度をチェックしてみよう！）、2 ストレスには音楽療法が効く！（副交感神経を優位にし、アドレナリンの分泌を抑え、ストレスホルモンの分泌を抑える、免疫物質の分泌を増やし、病気にかかりにくくなる）、3 効果的な音楽の聞き方（キラーストレス撃退に向いているは音楽はこれ、CDに収録されている曲を紹介、集中力ややる気を高めて、仕事の効率を上げる効果も！、ストレスに効くCDの聞き方、自分で音楽療法の効果をチェックしてみよう、ほかにもある！ 副交感神経を優位にする方法1 38〜40℃のお湯につかってリラックス！ 将来の病気のリスクを減らす！ 副交感神経を優位にする方法2 呼吸法を取り入れる、USENのオフィス向け音楽放送で、職場のさまざまな問題が改善！）
2017.3 63p 19×15cm ¥1200 ①978-4-8470-9552-8

◆聴くだけで心と体が癒されるCDブック—驚異のTDEヒーリングエネルギー パーフェクトハーモニー研鑽会著 主婦の友社 （付属資料：CD1）
【要旨】うつやパニックが改善！ 月経痛が軽減！ 職場の人間関係がラクに！ 医師も驚く効果の数々！
2017.3 63p 19×15cm ¥1200 ①978-4-07-420392-5

◆聴くだけで心と体が整うレイキヒーリングCDブック 矢尾こと葉著 フォレスト出版 （付属資料：CD1）
【要旨】誰もが生まれつき持つ魔法のエネルギーで癒される！ 世界初！ 総勢150名のヒーラーがレイキを込めた最高品質サウンド収録。
2017.3 85p 19×15cm ¥1200 ①978-4-89451-750-9

◆究極の疲れないカラダ—世界の最新医学が証明した 仲野広倫著 アチーブメント出版
【要旨】世界最新のスポーツ医学が導いたコンディショニングでカラダに自信がつく！ 将来の健康リスクを回避できる！ 全米ナンバーワンの日本人スポーツカイロプラクターが明かす超多忙な毎日に負けないためのセルフケア。
2017.6 276p 18cm ¥1300 ①978-4-86643-011-9

◆91歳の現役漢方医が見つけた免疫力を高めるほどほどよい生き方 林弘六著 宝島社
【要旨】「病は気から」は本当だ。くよくよしない毎日が健康につながる。歴代力士を診てきた医師が教える、健康の習慣。
2017.6 189p 18cm ¥1100 ①978-4-8002-7125-9

◆9割の病気は腸で治せる！ 藤田紘一郎著 KADOKAWA （中経の文庫） （「腸内革命」再編集・改題版）
【要旨】何をやっても「やる気」が起きない。すぐ、怒りたくなる。疲労感がとれず、気分がうつ状態。こんな人は、「幸せ物質」が体内に不足しているのです。この「幸せ物質」は、脳の中にあるのですが、この元を作っている工場は、腸の中にあります。本書では、「幸せ物質」をたくさん脳に送るためのカギになる「腸内細菌」を増やす秘訣をご紹介します。
2017.1 238p A6 ¥600 ①978-4-04-601893-9

◆今日から運動したくなる！ 魔法の健康教室—こころもからだもまるごとよくなる 山村勇介著 （福岡）梓書院
【要旨】えっ？ たったこれだけ？ 運動したくない、続かない人は、いきなり運動してはいけません。まずは「さしすせその魔法」から始めましょう。運動が苦手、続かない人でも簡単に始められる「魔法」が満載。
2017.11 155p B6 ¥1250 ①978-4-87035-616-0

◆切れない！ 詰まらない！ らくらくズボラ血管ほぐし 池谷敏郎著 PHP研究所
【目次】1 血管力を高めて健康長寿に（血管力が健康のカギ、だるさが血管力低下のサイン ほか）、2 血管力を高めるらくらくズボラ「血管ほぐし」エクササイズ（頭の血管をほぐす、顔の血行を促す ほか）、3 血管によい食事の摂り方（血管内皮細胞の働きを助ける「EPA」、肉と魚の脂肪酸のバランス ほか）、4 血管のために見直す生活習慣（血管によい入浴方法、自律神経のスイッチでNOを分泌 ほか）
2017.11 127p A5 ¥1300 ①978-4-569-83869-4

◆「食いしばり」をなくせば頭痛・肩こり・顎関節症はよくなる 西村育郎著 現代書林
【要旨】年間症例400を超えるる名歯科医師が考案したすごい歯科治療。姿勢を良くする・身体のバランスを整える・舌を元の位置に戻す。食いしばり習慣の根っこを取る簡単即効セルフケア掲載。
2017.11 206p B6 ¥1300 ①978-4-7745-1667-7

◆薬に頼らずめまいを治す方法 五島史行著 アチーブメント出版
【要旨】めまいは耳と小脳のエラーが原因。そして、その引き金の多くが心です。めまい患者さんの特徴は、真面目で、我慢強くて、頑張り屋。そんなあなたの限界のサインがめまいです。でも大丈夫。1分小脳だけでなく、心にも働きかけるリハビリ体操で、めまいは自分で治せるのです。
2017.12 197p 18cm ¥1200 ①978-4-86643-020-1

◆靴底の外側が減らなくなると体の不調も消える 新保泰秀著 主婦の友社
【要旨】足の専門家が教える体が変わる正しい歩き方。
2017.7 189p B6 ¥1200 ①978-4-07-423887-3

◆暮らしのなかのニセ科学 左巻健男著 平凡社 （平凡社新書）
【要旨】多くの人が持っている「健康になりたい」「病気を治したい」「きれいになりたい」といった当たり前の願望。そんな思いを利用してつけ入ってくるのがニセ科学。一世を風靡した「マイナスイオン」から、今話題の「水素水」、実はあれにも科学的根拠がなかったのか！ と驚くものまで、ニセ科学批判の第一人者が一刀両断。人はなぜニセ科学でだまされてしまうのか？ 怪しい健康・医療情報にはご用心。
2017.6 271p 18cm ¥800 ①978-4-582-85847-1

◆血液循環の専門医が見つけた押すだけで体じゅうの血がめぐる長生きスイッチ 渡辺尚彦著 サンマーク出版
【要旨】「痛きもちいい！」が解決。血流アップ！ 不調が消える！ 驚きの効果とメカニズムを初公開！
2017.7 159p B6 ¥1300 ①978-4-7631-3623-7

◆「血糖値スパイク」が心の不調を引き起こす—最新栄養医学でわかった自律神経と食べ物の関係 溝口徹著 青春出版社 （青春新書INTELLIGENCE）
【要旨】やる気が出ない、イライラする、寝ても疲れがとれない、食後だるくなる…のはなぜか。3000人の血糖値検査で見えてきた「糖質コントロール」のヒント。最新栄養医学の第一人者が教える、心のトラブルを防ぐ食べ方新常識。
2017.6 189p B6 ¥850 ①978-4-413-04514-8

◆血糖値スパイクから身を守れ！—糖尿病、認知症、がんを引き起こす NHKスペシャル取材班著 宝島社
【要旨】「ご飯を食べた後、猛烈に眠い」「空腹時の血糖値が100を超えていた」日本人1400万人が食後高血糖（血糖値スパイク）の危機！ 血糖値スパイクの改善が、健康寿命をのばす近道！
2017.4 127p A5 ¥1000 ①978-4-8002-6804-4

◆血糖値にぐぐっと効く生活習慣 主婦の友社編 主婦の友社
【要旨】ズボラでも大丈夫！ 好きなものは我慢しない！ 無理をしなくても血糖値がぐんぐん下がる。今日から実践できる、27人のスペシャリストが教える血糖値対策！
2018.1 175p 18cm ¥950 ①978-4-07-428146-6

◆血流を整えれば頭痛・腰痛は消える 丸山浩然著 幻冬舎メディアコンサルティング、幻冬舎 発売
【要旨】「何度通院しても治らない」「薬を飲んでもよくならない」「マッサージも効果なし」…繰り返される痛みの原因は血流の悪化にある。つらい頭痛、腰痛は、血流を改善すれば一発で解決します！ 薬や病院での治療に頼る必要なし！「1日3分で医者いらず」健康法第2弾！ 誰でもすぐはじめられる頭痛・腰痛を改善する方法を紹介！
2017.2 201p B6 ¥1300 ①978-4-344-91195-6

◆「減塩」が病気をつくる！ 石原結實著 青春出版社 （青春新書INTELLIGENCE）
【要旨】塩分摂取量が少ない地域のほうがガン、高血圧…の死亡率が高いのはなぜか？ 体を温め、代謝を上げ、病気を遠ざける。塩のすごい効果の引き出し方。
2017.4 219p 18cm ¥980 ①978-4-413-04510-0

◆健康格差—あなたの寿命は社会が決める NHKスペシャル取材班著 講談社 （講談社現代新書）
【要旨】寿命って自己責任ですか？ 低所得者の死亡率は高所得者より3倍高い。急増する単身高齢者の健康を社会はどう守れるか？ なぜ秋田県男性は全国平均に比べて「短命」なのか？ 健康寿命が東京23区最低レベル・足立区が取り組む画期的プロジェクトとは？ 老若男女、誰もが当事者になり得る「命と健康」のほんとうの問題。
2017.11 196p 18cm ¥780 ①978-4-06-288452-5

◆健康寿命を延ばそう！ 機能性脂肪酸入門—アルツハイマー症、がん、糖尿病、記憶力回復への処方箋 奥谷邦光著 裳華房
【要旨】DHAやEPA、アラキドン酸などの脂肪酸は、健康の維持や老化防止にどう役立つのか。巷でまことしやかに語られている脂肪酸のうち、何が本当で、何が誇大広告なのか。科学的に実証された データだけを元に、脂肪酸の生成・代謝とその機能性を、"なぜ脂肪酸が効くのか、体の中で何が起きているのか" という視点からわかりやすく解説した。
2017.2 157p A5 ¥2300 ①978-4-7853-3512-0

◆健康常識のウソに騙されず長生きするための88の知恵—危険だらけの食と薬と健康法 鶴見隆史著 かざひの文庫、太陽出版 発売 新版
【要旨】自分と家族の命を守るために知っておくべきこと。
2017.11 221p B6 ¥1500 ①978-4-88469-919-2

◆健康診断が楽しみになる！ コレステロール・中性脂肪を自分でらくらく下げる本 石川俊次監修 主婦の友社
【要旨】コレステロール値・中性脂肪値が多少高くても、まだ大丈夫と思っていませんか？ コレステロール値・中性脂肪値が高い脂質異常症を放置していると、動脈硬化の原因となり、脳梗塞や心筋梗塞などの命にかかわる重篤な病気を引き起こします。そうならないために、すぐにできる対策が満載！ 脂質異常症の不安を解消しましょう。
2017.2 127p B6 ¥1000 ①978-4-07-422735-8

◆健康診断が楽しみになる！ 尿酸値を自分でらくらく下げる本—痛風・高尿酸血症の不安を和らげる知識＆予防法 谷口敦夫監修 主婦の友社
【要旨】尿酸値が高めでも、痛風発作がなければまだ大丈夫と思っていませんか？ 尿酸値が7.0mg/dlを超えると高尿酸血症と言われ、それを治療せずにいると痛風になります。痛風は激しい痛みを伴う病気です。最初は短期間ですが、そのうち長くなりひと月以上痛むことも珍しくありません。さらに腎臓病やさまざまな生活習慣病を合併すると、心筋梗塞や脳卒中などに進みかねません。そうならないための、すぐにできる対策が満載です。
2017.4 127p B6 ¥1000 ①978-4-07-423060-0

◆健康診断という「病」 亀田高志著 日本経済新聞出版社 （日経プレミアシリーズ）
【要旨】飲酒量のウソは必ずバレる？ がんは見つけられない？ 大人になっても、なぜ毎年身長を測るのか—20年以上前から産業医として勤務した著者が、現場で直面した様々なエピソードとともに、働く人にとっての真の健康や元気のためのヒントを紹介。
2017.11 223p 18cm ¥850 ①978-4-532-26359-1

◆健康診断は受けてはいけない 近藤誠著 文藝春秋 （文春新書）
【要旨】日本人の多くは「健康のため」職場の健診や人間ドックを受診しているが、こうした健診は欧米にはない。「より健康になる」「寿命をのばす」という効果を示すデータが存在しない

健康・家庭医学

実用書

◆健康診断「本当の基準値」完全版ハンドブック―完全保存版　大櫛陽一著　宝島社
【要旨】70万人調査でわかった！男性と女性、年齢の差で「基準値」はこんなにも違う!!血圧、コレステロール、肥満度、γ-GTP、血糖値、尿酸値。重要25項目の「新基準値」を完全掲載。
2017.3 143p A5 ¥980 ①978-4-8002-6900-3

◆健康でいたいなら10秒間口を開けなさい―スマホやPCによる不調、病気に対処する　吉野敏明著　PHP研究所（PHP新書）
【要旨】ストレス過多、肩こり、腰痛、頭痛…。現代人を悩ませる様々な症状の原因は、「食いしばり」にあった！スマホやPCを日常的に使用し、ストレスの多い社会を生きている現代人は、その影響で無意識のうちに食いしばりをしてしまっているとと著者はいう。その食いしばりが、様々な病気・不調を引き起こしているという。しかしなぜ、電子機器等のストレスが食いしばりを誘発するのか。なぜ、食いしばりが病気や不調を引き起こすのか。西洋医学や東洋医学、整体に精神科治療など、あらゆる治療法に精通している著者が、最も簡単な健康法を伝授！
2017.6 184p 18cm ¥840 ①978-4-569-83597-6

◆健康という病　五木寛之著　幻冬舎（幻冬舎新書）
【要旨】健康という病が、いま日本列島を覆っている。メディアに溢れる健康情報は、それぞれ科学的根拠や統計、資料などの専門話を駆使していているある気配するものとして、私たちはいうのはしばしば正反対の意見を主張することで、私たちはいつのまにあるほどと納得する。きのうは東、きょうは西と流されてしまう。健康への過剰な不安から右往左往するこの暮らしぶりは、一種の病気と言えまいか―。正しい情報を見つけ出すヘルスリテラシーのすすめから、養生の作法、医療の限界、そして、健康ストレスがみるみる解消する新・健康論。
2017.12 204p 18cm ¥760 ①978-4-344-98480-6

◆「健康にいい」ものばかり食べると早死にします　左巻健男編著　カンゼン
【要旨】「健康食品」神話にだまされるな！ "科学者"が教える健康と食の正しい常識。
2017.12 285p B6 ¥1500 ①978-4-86255-435-2

◆健康になりたければ家の掃除を変えなさい　松本忠男著　扶桑社
【要旨】カラダの不調は、「間違った掃除」が招いていた！病院清掃30年のプロだからわかる！インフルエンザ、ノロ、花粉、ダニ、カビ、緑膿菌etc.から家族を守る30のテクニック。病原体別・部屋別に、病気を予防する掃除道具・掃除法も紹介。今日からできるノウハウがいっぱい、理解力に富、判断力にたけた「賢い脳」をつくり出す唯一の方法がここにある。
2017.12 183p B6 ¥1200 ①978-4-594-07865-2

◆「健康力」に差がつく一流、二流、三流の選択　平島徹朗著　幻冬舎メディアコンサルティング、幻冬舎　発売
【要旨】食事、飲酒、睡眠、運動、医師との付き合い方…「健康力=健康を維持する力」の高い人がやっていることとは？「健康の中の正しい選択、間違った選択をストーリー仕立てで徹底解説」。
2017.7 174p B6 ¥1300 ①978-4-344-91321-9

◆腱鞘炎は自分で治せる―指・手首・ひじの痛みが1分で消える！　高林孝光著　マキノ出版（ビタミン文庫）
【要旨】パソコン・スマホが原因の痛みを撃退！手の甲をもんで固定するだけ。
2017.10 182p B6 ¥1300 ①978-4-8376-1313-8

◆賢脳食―脳を活性化させる食事と栄養　三石巌著　阿部出版
【要旨】分子栄養学を提唱し、生涯にわたって健康自主管理を実践した著者が脳の機能を活性化し、頭をよくするための効果的な食事とは何か、不可欠な栄養素とは何かを理解しやすく徹底的に解説する。集中力があり、記憶力がよく、理解力に富、判断力にたけた「賢い脳」をつくり出す唯一の方法がここにある。
2017.11 181p B6 ¥1200 ①978-4-87242-658-8

◆香害―そのニオイから身を守るには　岡田幹治著　金曜日
【要旨】具体的な被害、商品名、対応策…柔軟剤や消臭スプレーはこんなに怖い！
2017.4 175p A5 ¥1400 ①978-4-86572-018-1

◆酵素で腸が若くなる―寿命は「酵素」が決めていた！　鶴見隆史著　青春出版社（青春新書PLAYBOOKS）
【要旨】日本人にがんやアレルギーが増えた本当の理由。腸でつくられる「短鎖脂肪酸」で免疫力がアップする。薬を使わない名医が教える病気にならない食べ物、食べ方。「酵素力」を高める食事と生活習慣のヒント。腸が元気になる「鶴見式」酵素食レシピ付。
2017.11 187p 18cm ¥980 ①978-4-413-21099-7

◆酵素ファスティング検定 公式テキスト&問題集―楽しく学べて合格!!　酵素ファスティング研究委員会、IFCA国際食学協会著　BABジャパン
【要旨】『酵素ファスティング』で身につけておきたい知識が一冊になった決定版！ファスティングを行うと腸内環境が良くなり、肌がキレイになり免疫力がアップします。知っていると生き方に差が出る、これからの時代に必要な資格です。
2017.2 241p A5 ¥1600 ①978-4-8142-0032-0

◆股関節の「内旋」が病気をつくりだす　磯谷圭秀著　現代書林
【要旨】理想の健康体とは股関節の動きである外転・内転・外旋・内旋・屈曲・伸展の角度のバランスが取れていること。「内旋」（LX型・RX型）が病気の元凶になっている。35年間にわたって患者を救い続けてきた名治療家が到達した最新の「磯谷式力学療法」。
2017.7 141p A5 ¥1200 ①978-4-7745-1643-1

◆ここまでわかった水素水最新Q&A―続 水素水とサビない身体　太田成男著　小学館
【要旨】水素吸入治療法が厚生労働省の先進医療Bに承認。進むパーキンソン病の水素治療法の大規模臨床試験etc.最先端医療の現場、臨床試験でも水素はここまで注目されている！
2017.3 186p B6 ¥1200 ①978-4-09-388521-8

◆心で触れるボディワーク―世界で愛される究極の癒しのマッサージ　鎌田麻莉著　BABジャパン
【目次】エサレン研究所のはじまり、「ボディワーク」そして「ソマティックス」、心身のつながりを探究する「ソマティック心理学」、エサレンアプローチの基本コンセプト「心身一如」、「触れること」に関わる解剖生理-自律神経系、皮膚は露出した「脳」-皮膚感覚の特徴を知る、ゆっくり触れると何が起こるのか-原始感覚系、「感覚器官」とは何か、感覚について、触覚-自己を知る感覚、オキシトシン、内分泌系の理解、寄り添う触れ方、ただ触れる、寄りかかって触れる、思考するからだ、感覚するからだ、「ロングストローク」とは何か-マインドフルネス+タッチ、私の物語、あなたの物語、ロングストロークの実際、エサレンボディワークから、心で触れるボディワーク、そしてゆったりセラピー
2017.11 181p B6 ¥1800 ①978-4-8142-0092-4

◆ココロとカラダを元気にする ホルモンのちから　伊藤裕著　高橋書店
【要旨】「やる気が出ない」「やせられない」「恋愛がうまくいかない」…私たちは「ホルモン」に支配されていた！目に見えないホルモンをキャラクター化しました。ホルモンを知れば、人生が変わる。
2017.9 159p 19x15cm ¥1250 ①978-4-471-03255-5

◆ココロとカラダ 元気のしくみ　おのころ心平著　さくら舎
【要旨】ココロを元気にするカラダの使い方×カラダを元気にするココロの使い方。病気と元気への疑問がたちまち解消!!
2017.8 238p A5 ¥1400 ①978-4-86581-112-4

◆心と体にもっとやさしく深く効く！自然のお守り薬　森田敦子著　永岡書店（付属資料：別冊1）
【要旨】本書で自分の体質に合わせて自然の薬草をつくってみましょう。驚くほど効き目を体感できます。
2017.11 219, 4p A5 ¥1500 ①978-4-522-43546-5

◆心の健康を育むブレインジム―自分と出会うための身体技法　五十嵐郁代、五十嵐善雄著　農山漁村文化協会（健康双書）
【目次】第1章 心の調子について考える、第2章 心の不調を抱える方の通院治療のポイント、第3章 心とからだ、心と心を繋ぐブレインジム、第4章 ブレインジムが役立った事例―診療記録から、第5章 ブレインジムの効果をあげるポイント、第6章 さまざまな職場のブレインジム使用体験
2017.5 222p A5 ¥1700 ①978-4-540-16158-2

◆コミックエッセイ 先生、教えてください！人体の大疑問　坂井建雄監修　宝島社
【要旨】どうしてお酒を飲むと酔っ払うの？かさぶたのまわりがかゆくなるのはなぜ？どうして女性は便秘になりやすいの？女性に寒がりが多いのはなぜ？身近にあふれる人体の疑問を先生がわかりやすく解説。
2017.2 158p A5 ¥1000 ①978-4-8002-6585-2

◆コリ、むくみ、冷えをギューッと吸い出す！解毒玉―ゲルマニウムチップ入り　村木宏衣監修　講談社（講談社の実用BOOK）（付属資料：解毒玉2）
【要旨】有名アスリートや海外セレブに人気の「吸い玉」が自宅でできる。
2017.5 32p A5 ¥1380 ①978-4-06-299881-9

◆コレステロール・中性脂肪がぐんぐん下がるコツがわかる本　野村喜重郎監修、主婦の友インフォス編　主婦の友インフォス、主婦の友社　発売
【目次】1 "完全図解"コレステロール・中性脂肪を下げ動脈硬化を防ぐ、これならなぜ必要なのかがわかる最新医学（このままでは、あなたは心臓病、脳卒中、突然死にまっしぐら、心臓病、脳卒中を引き起こすコレステロール値はどんな状態か ほか）、2 "厳選レシピ"コレステロール・中性脂肪を下げたいあなたにピッタリの選りすぐりの食品&美味レシピ（血栓を溶かす食べる薬「納豆」、EPAとDHAで血中の脂を洗い流す「さば」、最強の降圧、血圧・血中コレステロール・血糖を同時に安定させる「タウリン」たっぷりメニュー ほか）、3 "特効食品・食事のコツ"コレステロール・中性脂肪下げ効果の大きい特効食品と食事のちょっとしたコツ（きのこに豊富な食物繊維がもつ便秘解消・腸内環境改善作用で、高血糖・高コレステロールなどの生活習慣病や肥満を撃退、危険なドロドロ血液を即効でサラサラに！辛味成分を含むニラやねぎ類、ネバネバ食品はまさに救世主！ ほか）、4 "ネバドロ血液"を改善し、血液サラサラにするコツと簡単動作（膜が硬く粘着質な "ネバドロ血液" は、血管詰まりの原因となり、放っておくと突然死のおそれも！、汗をかく夏が危険！暑すぎても冷えても "ネバドロ血液" になり、紫外線も悪影響を及ぼすほか）、5 "詰まる血管・もろい血管を作らないために"最大リスク・脳卒中、突然死を防ぐために行いたい日常生活のちょっとしたコツ（崖っぷち警報―TIAの症状を見逃さずすぐ治療すればその後の脳卒中の発作を予防、崖っぷち警報の症状―半身に異常が現れ、すぐに消えたら "崖っぷち警報" が疑われるので専門医を受診 ほか）
2017.6 159p A5 ¥1400 ①978-4-07-421351-1

◆これで安心 医療体操　足助次朗、足助照子著　太陽出版　増補新版
【要旨】内臓の働きを高め、ストレスを解消し、老化を防ぎ、芯から健康になるための誰もが待ち望んだできるあなたの健康法！疾病・症状別にイラストで解説。
2017.3 153p A5 ¥1800 ①978-4-88469-888-1

◆最近疲れが抜けない。それ、眠いだるい病かもしれません―自分で治して、スッキリしよう！　渡辺徹也著　廣済堂出版（健康人新書）
【要旨】寝ているはずなのに、眠くてだるくって仕方がない。病院であれこれ調べても異常なし。でも、どうしようもなく眠いてください。それでいて、食欲はあって、なぜか、甘いものを食べたくなる―こんな症状が続いていると感じた著者は、これを「スギ花粉症」のような一種のアレルギーと考え、『眠いだるい病』と名付けて研究。この原因、改善法、予防法などを紹介する。
2017.6 165p 18cm ¥850 ①978-4-331-52101-4

◆細胞から若返る！テロメア・エフェクト―健康長寿のための最強プログラム　エリザベス・ブラックバーン、エリッサ・エペル著、森内薫訳　NHK出版
【要旨】「テロメア」とは染色体の先端部分を指し、寿命を司り、加齢とともに短くなるとされてきた。しかし最新科学によれば、生活習慣しだいでテロメアを保持し、伸ばすことさえできるという。私たちが日々の行動や思考法を正すことで細胞を若返らせ、健康寿命を延ばす

健康・家庭医学

◆サクセスフルエイジングへと導く50の答え　森惟明編著，梶川博，梶川咸子著　幻冬舎メディアコンサルティング，幻冬舎 発売
【要旨】からだこころ社会生活の健康が快適な老後のカギ。医師であり高齢者でもある著者らによるQ&A集。
2017.12 204p B6 ¥1200 ①978-4-344-91485-8

◆酒のやめ方講座　中本新一著　社会評論社
【要旨】日本における酒害問題の研究で博士号を取得した著者が、自らの体験をふまえて、アルコール依存症者のために断酒文化の蓄積と酒を飲まない生き方を語る。
2017.9 231p B6 ¥1800 ①978-4-7845-2407-5

◆「幸せだった」といって死ぬために—100歳時代の食べ方・生き方　白澤卓二著　ポプラ社（ポプラ新書）
【要旨】食べ物や生活習慣について考えることは、自分の人生と向き合うことでもある。「糖質が長寿遺伝子を壊す」「100歳まで歩くには太極拳」などの最新の見地から導き出された長寿のための知識は、実践するごとに人生が豊かになる。医者として多くの長寿者と向きあってきた著者が、心と体の充実を説くとともに、豊かに生きることとは何かを問う。
2018.1 205p 18cm ¥800 ①978-4-591-15711-4

◆姿勢と体幹の科学—身体を整え、トラブルを解消する真実83　藤縄理，高崎博司監修　新星出版社
【要旨】脊柱は曲がっているから強度が10倍になる！立っているほうが座るより腰の負担が少ない！姿勢を改善する真実83。
2017.2 223p A5 ¥1200 ①978-4-405-08688-3

◆"自然放置"健康論　中山明俊著　幻冬舎メディアコンサルティング，幻冬舎 発売
【要旨】体の仕組みから人の健康を考え、自然治癒力の底力を伝える一冊。125歳まで生きる宣言！
2017.11 199p B6 ¥1000 ①978-4-344-91439-1

◆知ってびっくり 子どもの脳に有害な化学物質のお話　水野玲子著　食べもの通信社，合同出版 発売
【要旨】世界の科学者が警告する身の回りの化学物質の危険性。肥満、乳がん、生殖異常、IQ低下、性同一性障害、発達障害など。今、あなたにできる予防策！ 知ると知らないでは大ちがい！身を守るポイント一覧付。
2017.9 125p A5 ¥1300 ①978-4-7726-7706-6

◆実はこんなに間違っていた！ 日本人の健康法—医者が教える「正しい健康情報」の見抜き方　奥田昌子著　大和書房
【要旨】20万人を診察した予防医学の専門家が明かす！ 最新医療データに基づいた本当に体に良い生活習慣。あふれるウソ情報から、自分と大切な人を守る一冊。
2017.12 246p B6 ¥1500 ①978-4-479-78406-7

◆死ぬまで元気で楽しく食べられる・話せる最強の「お口ケア」　周東寛著　コスモ21
【要旨】口の中を徹底して清潔に。口の中を乾燥させない。鼻呼吸を意識する。お口まわりの筋力づくり。たった4つの習慣で口の機能低下を防げる！ 歯だけではない、口の中の乾燥・炎症・痛み・雑菌・唾液の減少、嚥下障害、睡眠時無呼吸症候群。内科医がすすめる60歳からの口腔ケア
2017.7 167p B6 ¥1300 ①978-4-87795-352-2

◆痔の9割は自分で治せる—カリスマ専門医が教える33の極意　平田雅彦著　マキノ出版（ビタミン文庫）
【要旨】「切らずに治す」が今の常識！ 日本人の3人に1人が"痔主" イボ痔、切れ痔、痔ろうの特効セルフケア。日本の常識は世界の非常識！痔の9割を自力で治す極意を大公開！！
2017.7 167p B6 ¥1300 ①978-4-8376-1307-7

◆自分で治す！ 坐骨神経痛　銅冶英雄著　洋泉社
【要旨】坐骨神経痛が起こるメカニズムや、原因の診断の仕方、自分で治すための体操、生活習慣の改善ポイントなどがこの1冊でわかる！ 脊柱管狭窄症や椎間板ヘルニアによる痛み・しびれが消える！ 人気クリニックの院長が教える自

力療法。
2017.3 173p B6 ¥1400 ①978-4-8003-1190-0

◆自分で治す冷え症　田中美津著　マガジンハウス（『新・自分で治す「冷え症」』加筆訂正・改題書）
【要旨】体調が悪いのは、全部、冷えのせい。イライラ、くよくよ、ブチうつも治る家で簡単にできる対処法、満載！
2017.11 239p B6 ¥1200 ①978-4-8387-2974-6

◆脂肪肝はちょっとしたコツでラクラク解消する—1日25gのチョコが効く！　栗原毅著　河出書房新社
【要旨】肉、酒OK！ 肝臓専門名医が教える「ガマンなし」でできる脂肪肝の改善法64！
2017.6 191p 18cm ¥1000 ①978-4-309-28635-8

◆手技の達人―健康づくりのプロフェッショナル 整骨・接骨・鍼灸院 2017　ぎょうけい新聞社編著（大阪）ぎょうけい新聞社，（大阪）浪速社 発売
【目次】シンクロ矯正KADOMORI（大阪市西区）院長 角森脩平、国立おざら鍼灸・整骨院（東京都国分寺市）院長 小沢国寛、メディオン整骨院（大阪府東大阪市）院長 田坂栄規、よしかわ整骨院（大阪府大阪狭山市）院長 吉川孝治、あおぞら整骨院（横浜市神奈川区）院長 石岡祐輔、新石切鍼灸院（大阪府東大阪市）院長 藤尾一志、整骨匠（広島県福山市）院長 一野恭範、庄内駅前中島鍼灸快活院（大阪府豊中市）院長 中島勇三、バランス整骨院（埼玉県志木市）総院長 花谷博幸、鍼灸整骨院三六（愛媛県松山市）院長 永井晋〔ほか〕
2017.8 203p A5 ¥1500 ①978-4-88854-506-8

◆生涯健康に暮らしたければ「自律神経」を整えなさい　新井幸吉著　幻冬舎メディアコンサルティング，幻冬舎 発売
【目次】第1章「無理がきかない」「何となく不調」の大半は自律神経の乱れが原因（だるい、疲れが取れない…病院に行くほどではない体調不良の原因とは、「意思によって動かせる神経」と「動かせない神経」ほか）、第2章 自律神経失調症の4つのタイプと危険度（身体をコントロールする様々な脳の作用とは、自律神経をコントロールしているのは「間脳」ほか）、第3章 自律神経のバランスを整える30の生活習慣（休息・栄養・運動の3本柱を意識する、自律神経のバランスを整える30の生活習慣を実行する ほか）、第4章 自律神経が整えば加齢知らずの老後を迎えられる（身体の不調は放置せず、健康診断を必ず受ける、家庭医を持つことが「健康管理」の基本になる ほか）
2017.2 195p 18cm ¥800 ①978-4-344-91177-2

◆症状を知り、病気を探る—病理医ヤンデル先生が「わかりやすく」語る　市原真著　照林社
【要旨】おなかが痛い、胸が苦しい、呼吸がつらい、熱が出た、めまいがする。ナースが出合う頻度の高い5大症候の痛みを患者さんから取り除くための症状の考えかた。
2017.11 161p A5 ¥1600 ①978-4-7965-2420-9

◆自律神経が整えば休まなくても絶好調　小林弘幸著　ベストセラーズ（ベスト新書）
【要旨】「休む」とは「動かない」ことではない。自律神経研究の第一人者が直伝！ 効率的な時間の作り方と休み方。
2017.6 175p 18cm ¥815 ①978-4-584-12553-3

◆自律神経は1分で整う！―人生が変わるお口の健康と自律神経の話　今野清志著　自由国民社
【要旨】(1)リラックス呼吸法、(2)ぐるぐるマッサージ、(3)背骨ツイスト、(4)ツボ押し、(5)だ液力アップマッサージ、(6)口を閉じる口輪筋エクササイズ、(7)ニコニコジャンプ—7つの自律神経エクササイズを紹介！ 今日からすぐ始められます。
2017.9 169p B6 ¥1300 ①978-4-426-12256-0

◆自律神経はどこまでコントロールできるか？　菅原洋平著　ベストセラーズ
【要旨】本書では自律神経の整え方について、その仕組みとともに具体的に紹介する。
2017.12 214p B6 ¥1400 ①978-4-584-13837-3

◆視力と脳が若返る世界の絶景—1日1分見るだけでみるみる回復　中川和宏著　ワニブックス（付属資料：アイバランス1）
【要旨】老眼、疲れ目、ドライアイ、近視を改善、脳もスッキリ！ 3万人の目を見てきた専門家の新提言。絶景がもたらす目の奇跡！ 眼筋をゆる

め視力を回復させるアイバランス付き。
2017.11 95p 24×19cm ¥1300 ①978-4-8470-9628-0

◆ぢ 私、痔主になりました　てらいまき著　河出書房新社
【要旨】日本人の3人に1人は"痔主"さま!?ほとんどの人が、軽度の痔核はあるのに実は知らないことばかり。なぜ、ぢいつはできるのか？ 初めて病院にいくまでの葛藤は？ どうやったら治るのか？ 痔主さまへのおすすめグッズは？ 涙と笑い満載!!著者のリアルな体験談。笑えて役立つ、コミックエッセイ!!
2017.7 127p A5 ¥1000 ①978-4-309-27856-8

◆心臓の左上をさすればしっかり疲れはとれる　山岡愛著　新星出版社
【要旨】疲労物質は体のある部分に集められます。体の大掃除をはじめましょう。疲れは心臓の左上にたまる!!
2018.1 159p B6 ¥1300 ①978-4-405-09354-6

◆図解 エコノミークラス症候群の原因と予防ストレッチ　原幸夫監修　日東書院本社
【要旨】エコノミークラス症候群は航空機の長時間移動だけでなく、デスクワークでも、長時間運転でも、ゲームのやり過ぎでも発症する怖い病気！ もはや人ごとではない！ 6時間以上座りっぱなしの人は要注意!!脚の血行を改善して未然に予防しよう！ ストレッチとかんたんな運動でエコノミークラス症候群を予防！！
2017.3 159p A5 ¥1300 ①978-4-528-02140-2

◆図解がまんできない！ 皮膚のかゆみを解消する正しい知識とスキンケア　小林美咲監修　日東書院本社
【要旨】かけばかくほどかゆくなる！ かゆみは皮膚の危険信号！ 3つのばなしに注意！
2017.5 159p A5 ¥1300 ①978-4-528-02141-9

◆図解「疲れない身体」をつくる本　齋藤孝著　PHPエディターズ・グループ，PHP研究所
【要旨】心もからだもストレスをため込まない！ からだの使い方は「腰とハラ」を中心にする。曜日感覚で身体モードを切り替える。自分を守ってくれる繭をつくると楽になる。あれこれ考えず、「沈黙」で心を癒す—超多忙な著者が実践している「心とからだのコンディションの整え方」。
2017.9 95p B5 ¥1000 ①978-4-569-83648-5

◆図解でわかる耳鳴りの原因と治療法　渡辺繁著　幻冬舎メディアコンサルティング，幻冬舎 発売
【要旨】脳腫瘍、高血圧症…「耳鳴り」は危険な病気を知らせるサイン!?四半世紀以上治療に携わってきた専門医が発症のメカニズムから治療法に至るまで「耳鳴り」の全てを徹底解説！
2017.12 127p A5 ¥1100 ①978-4-344-91410-0

◆図解 毛細血管が寿命をのばす—ハーバード大＆パリ大医学研究からの最新報告　根来秀行著　青春出版社
【要旨】病気にならない、老けない体をつくる血流革命！ 睡眠、運動、食事、呼吸法…このひと工夫で毛細血管が増える！ 若返る！ 最新医学で実証された健康寿命をのばすヒント。
2017.3 126p A5 ¥1300 ①978-4-413-11209-3

◆すぐわかる自律神経の整え方　主婦の友社編　主婦の友社（実用No.1）
【要旨】ストレスを背負い込みやすく不安なあなたに、元気とゆったりした気分を与える対策集。不安、緊張、不眠に悩み、便秘や下痢気味のあなたへ。気疲れ、不安などが原因の諸症状を解消する知恵とコツ。自律神経のアンバランスを正す体操など、簡単対策がぎっしり。
2017.8 159p A5 ¥1200 ①978-4-07-422238-4

◆すぐわかる内臓脂肪の減らし方　落合敏監修，主婦の友社編　主婦の友社（実用No.1）
【要旨】食べてもお腹が出ない、これぞ大満足簡単レシピ。コレステロールを下げる、減らす今日からできる知恵。諸悪の根源・血糖値をいつの間にか正常化させる知恵。だれもが気になる血圧を無理なく下げる知恵。
2017.5 159p A5 ¥1200 ①978-4-07-423841-5

◆すごい血流術！—ソフトな押圧で、血めぐりアップ こりも痛みもすべてなくなる　大杉幸毅著　PARCO出版
【要旨】こりも痛みも、プチ不調も、すべての原因は、あなたの血のめぐりの悪さにあった！
2017.8 175p 18cm ¥1200 ①978-4-86506-232-8

◆すごいセラピスト49人に出会える本—思わず感涙！　現代書林編集部編　現代書林

健康・家庭医学　150　BOOK PAGE 2018

実用書

◆【要旨】あなたにぴったりの美容と健康のスペシャリストが見つかる！整体、柔整、鍼灸、エステティック、リンパマッサージ、カイロプラクティック…行列のできる施術院・エステサロンで、身体と心が癒される極上体験。腰痛、頭痛、肩こり、猫背、冷え性、便秘、生理痛、ぽっこりお腹、むくみ、肌荒れ、しわ、たるみ…すべて解消！　2017.5 134p B6 ¥1300 ①978-4-7745-1635-6

◆頭痛・肩こり・不定愁訴をもたらす「噛み締め」の謎を解く！　尾崎勇著　現代書林
【要旨】これまでに不明とされてきた「噛み締め」のロジックを解明！「噛み締め」が引き起こすさまざまな症状の治療法が見えてきた！
2017.5 166p B6 ¥1500 ①978-4-7745-1632-5

◆ステージ別 腎臓病の治療とケア―透析療法への進行抑制と心温まる透析ライフ　富野康日己著　法研
【要旨】腎臓病の段階（ステージ）ごとに知っておきたい知識を解説。自分に合った対処法がわかります。重症でない方には、透析導入を回避するための日常の取り組み方がわかります。特に、慢性腎臓病（CKD）が進み、透析療法に入っている患者さんやそのご家族に知っておいてもらいたすべての腎臓病治療と生活習慣の知識を、診療現場の視点に立ってやさしく解説します。ご家庭で取り組みやすい「食事」について1章分用意し、毎日の理にかなった食生活を実現するために役立てられます。
2017.11 191p A5 ¥1600 ①978-4-86513-407-0

◆スーパー難消化性デキストリン "αオリゴ糖"　寺尾啓二, 古根隆広著　健康ライブ出版社　（環状オリゴ糖シリーズ 1）
【目次】第1章 αオリゴ糖とは（3種類の環状オリゴ糖、包接作用とそれに伴った機能 ほか）、第2章 食物繊維としてのαオリゴ糖の優れた機能（第6の栄養素と呼ばれる食物繊維、食物繊維の作用 ほか）、第3章「メタボ」の予防と改善（メタボリックシンドロームとは、肥満を改善するダイエット効果 ほか）、第4章 アレルギー疾患を改善する―アトピー性皮膚炎、アレルギー性鼻炎、気管支喘息を予防・改善（アレルギー症状の改善効果の発見、アレルギーと改善効果のしくみ ほか）
2017.8 40p B6 ¥1500 ①978-4-908397-04-2

◆すべての不調からあなたを救う ゼロ磁場の奇跡　西堀貞夫著　幻冬舎メディアコンサルティング, 幻冬舎 発売
【要旨】病気、うつ、無気力…あらゆる不調が消えたときあなたは生まれ変わる―！
2017.1 230p B6 ¥1500 ①978-4-344-91090-4

◆「座りすぎ」が寿命を縮める　岡浩一朗著　大修館書店
【要旨】デスクワークの多いビジネスマン必読!!普段、運動している人も要注意。
2017.11 167p B6 ¥1400 ①978-4-469-26833-1

◆成功をつかむ強運な体のつくり方　鈴木登士彦著　大和書房
【要旨】成功者だけが持つ「外姿力」で、人生がうまくいく。
2017.9 227p B6 ¥1400 ①978-4-479-78398-5

◆脊柱管狭窄症をトレーニングで治す―未来のための「腰再生」　稲葉晃子著　（京都）ミネルヴァ書房　（シリーズ・福祉と医療の現場から 4）
【要旨】今や国民病ともいわれる脊柱管狭窄症。高齢者に限らず、若年層にもその「脊柱管狭窄症予備軍」が増えている。脊柱管狭窄症の患者が増え続ければ、日本の医療費はどんどん増大してしまうと著者はいう。バレーボール選手として活躍した著者自身の腰痛経験や、アメリカ仕込みのトレーニング法を紹介。
2017.10 214p B6 ¥2200 ①978-4-623-08142-4

◆脊柱管狭窄症、椎間板ヘルニアが自分で治せる101のワザ　『健康』編集部編　主婦の友インフォス, 主婦の友社 発売
【要旨】腰に痛みやしびれを抱え、脊柱管狭窄症や椎間板ヘルニアと診断される人は少なくない。症状が重くなって歩けなくなり、手術が必要だと言われたケースもある。その原因の1つは筋肉が骨に癒着していることだ。これをほぐせば、大きく改善できる。そうした解消動作や痛みをとるレシピなど、著者の特選ワザを紹介。
2017.12 191p 18cm ¥926 ①978-4-07-427767-4

◆脊柱管狭窄症は99％完治する―"下半身のしびれ"も"間欠性跛行"も、あきらめなくていい！　酒井慎太郎著　幻冬舎
【要旨】テレビ・ラジオでも大人気のゴッドハンドが症状ごとに、即効性のある対処法を伝授。簡単＆すぐできる15の「解消メニュー」で、"あなたの悩みをすべて解消！"
2017.4 158p 18cm ¥1100 ①978-4-344-03097-8

◆線維筋痛症を自分で治す本　佐瀬陽太著　（長野）ほおずき書籍, 星雲社 発売
【目次】第1章 痛くて、痛くて、第2章 自分で治療する選択、第3章 とりあえず食事療法を始めた、第4章 3ヵ月検診で線維筋痛症の診断、第5章「痛み」について考える、第6章「最重要」カッピング療法のポイント、第7章 カッピング療法のイロハ、おわりに―線維筋痛症は序章なのか
2017.2 103p B6 ¥1500 ①978-4-434-23076-9

◆その腰痛、ほうっておくと脊柱管狭窄症になりますよ。　竹谷内康修著　洋泉社　（新書y）
【要旨】名医が教える脊柱管狭窄症の自力療法・予防法！国内の有病者数約365万人といわれ、いまや国民病の一つとされる「脊柱管狭窄症」。その8割以上が若いころから腰痛に悩まされているという事実はあまり知られていない。つまり、いま「腰痛持ち」の人は、間違いなく「脊柱管狭窄症予備軍」といえるのだ。痛み・しびれが発症するしくみと自分で手術の前に自分で行なうかんたん体操を紹介。腰に痛みと不安を抱えているすべての人、必読の書！
2017.8 190p 18cm ¥900 ①978-4-8003-1278-5

◆「代謝」がわかれば身体がわかる　大平万里著　光文社　（光文社新書）
【要旨】「脂肪は燃焼する」「体温が高い人や汗をかく人は代謝がいい」「酵素ドリンクは体の中で何かいいことをしてくれる」「摂りすぎた脂肪が皮下脂肪や内臓脂肪になる」「ビタミン様物質やファイトケミカルは体の不調にいい」―こんなこと、信じていませんか。じつは体の代謝（体内でおこる化学反応の総称）の仕組みは、一般にイメージされているものとちょっと違うのです。いったい、「本当の代謝」とはどんなものなのか。カギは多種多様な酵素（生命を回す小人たち）が握るらしいが、その真の役割とは？高校生物で挫折した人も、巷に出回る健康食品やダイエット法に振り回されがちな人も、豊富で絶妙なたとえ話を使った解説によって、代謝のイメージが刷新され、体内世界に対する認識ががらりと変わること間違いなし！
2017.8 420p 18cm ¥900 ①978-4-334-04304-9

◆体重12kg減 みるみる病気が治る腸活酵素断食　白石光彦著　主婦の友インフォス, 主婦の友社 発売
【要旨】3千人以上を健康に導いたスペシャリストが酵素断食の詳しい解説と実践方法を初公開。
2017.5 159p B6 ¥1400 ①978-4-07-421285-9

◆体内の「炎症」を抑えると、病気にならない！　池谷敏郎著　三笠書房
【要旨】知らなければ一生損する！病気・老化の原因を「根本から断つ」絶対的方法。あまり知られていませんが、じつは、炎症が私たちの「健康」や「老化のスピード」に大きく関わっています。30代以降、「ぐっと老ける人／ずっと若々しい人」「病気がちな人／100歳まで健康な人」を分けるのは、この体内の炎症なのです。
2017.9 237p B6 ¥1400 ①978-4-8379-2701-3

◆体内疲労をとる5分間内臓ウォーキング―脳から肝臓・胃腸・子宮まで若返る！　田川直樹著　さくら舎
【要旨】内臓だって疲れる！こる！"内臓ウォーキング"でゆがみをとり、体の中から健康・快調に！疲れた内臓を歩いて元気にする！
2017.4 198p B6 ¥1400 ①978-4-86581-113-1

◆大腰筋を鍛えれば一生歩ける！―"ぴんぴんころり"の8カ条　佐野みほろ著　宝島社
【要旨】人生の最期まで人のお世話にならない筋肉の作り方！一生歩けるカラダを作るには、上半身と下半身をつなぐ唯一の筋肉「大腰筋」！テレビで話題に！大腰筋を強くする「佐野トレ」公開！
2017.1 207p B6 ¥1000 ①978-4-8002-6474-9

◆正しい玄米食、危ない玄米食―マクロビをしている人はなぜ病気そうに見えるのか　鶴見隆史著　かざひの文庫, 太陽出版 発売
【要旨】日本人が玄米を食べてこなかったのには理由があった！栄養価の高いスーパーフードは、炊き方ひとつで毒にもなる！
2017.11 223p B6 ¥1500 ①978-4-88469-913-0

◆「正しい時間の使い方」が、あなたの健康をすべて左右する―人生のブラックタイムを知れば、まさかの病気と事故からあなたと家族を守れる　石黒源之著　東洋経済新報社
【要旨】臨床医、37年間の集大成！誰も書かなかった「時間と健康」50の真実。
2017.2 223p B6 ¥1400 ①978-4-492-04541-1

◆正しく知れば体が変わる！ 栄養素の摂り方便利帳　中村丁次監修　PHP研究所
【目次】1「病気予防」に役立つ栄養素、2「気になる症状」に効く栄養素、3「食品表示」と栄養素、4「三大栄養素」と食生活、5「ミネラル」の基礎知識、6「ビタミン」の基礎知識、7「ファイトケミカル」―第7の栄養素、日本食品標準成分表2015年版（七訂）抜粋
2017.12 223p A5 ¥1400 ①978-4-569-83881-6

◆地上最強の量子波＆断食ヒーリング―これが未来医療のカタチ　小林健, 森美智代, 船瀬俊介著　ヒカルランド
【要旨】1000人を超える人びとが地上最強の二大ヒーリングメソッド「量子波」「ファスティング（断食）」のもとに結集した伝説的イベント『量子波フェスティバル』の完全記録！
2017.10 235p B6 ¥1815 ①978-4-86471-534-8

◆超一流は無駄に食べない―「少食」×「空腹」で活力がよみがえる！　石原結實著　海竜社
【要旨】食べすぎが仕事の邪魔をしていた!?あの大統領も「少食」でコンディション管理。飽食で50歳代以下の死亡率に異変!?自分の体質を知れば、食べるべきものがわかる。ノーベル賞受賞！空腹時に発動する「オートファジー」の力！「空腹」で、疲労・メタボ・健康不安を一気に解決！だるさが消えて、集中力が高まる！
2017.6 206p B6 ¥1300 ①978-4-7593-1550-9

◆超かんたん！マッサージ―"手・足の反射区とカラダのツボ"を押すだけ！　横山格郎, 石井隆行監修　椛(えい)出版社
【要旨】手・指ですっきり！足ですっきり！カラダのツボですっきり！合わせ技ストレッチですっきり！部位別のイラストと写真で、どこを押せばいいかが一目でわかる。
2017.4 72p A4 ¥580 ①978-4-7779-4374-6

◆腸内細菌キャラ図鑑―おなかにいるよ！ゆかいな仲間　藤田紘一郎著　PHP研究所
【要旨】「デブ菌」「ヤセ菌」って何？ウンチで健康度がわかるってホント？乳酸菌・ビフィズス菌・大腸菌…あなたのおなかの「住人たち」をキャラクター化。たのしく学べて、腸内環境がよくなる本！
2017.11 127p B6 ¥1400 ①978-4-569-83868-7

◆腸内細菌のベストバランスが病気にならない体をつくる　佐々木淳著　ロングセラーズ
【要旨】乳酸菌だけでは足りなかった。アミノ酸もビタミンもミネラルも酵素もホルモンも免疫刺激物質もみんな腸内細菌が作っている！
2017.8 229p B6 ¥1400 ①978-4-8454-2402-3

◆疲れをとるなら帰りの電車で寝るのをやめなさい　三島和夫監修, 伊藤和弘, 佐田節子著　日経BP社, 日経BPマーケティング 発売
【要旨】超多忙で眠れない日本人が、今すぐ身に付けるべき「疲労回復スキル」とは？頭が冴え、仕事のパフォーマンスが劇的に上がる！日本人の睡眠の問題を知り尽くしたプロフェッショナルが、最新の科学的エビデンスに基づいたノウハウを余すことなく伝授。
2017.11 235p B6 ¥1300 ①978-4-8222-5892-4

◆疲れとりストレッチ パレックス　竹田純著, 倉恒弘彦監修　世界文化社
【要旨】寝ころがりで副交感神経UP!!脳と体を同時にケア内臓を活性化。疲れた体がよみがえるストレッチ。
2017.10 95p A5 ¥1380 ①978-4-418-17426-3

◆冷たい飲み物はとるな。―病気にならない人が徹底していること　胡伊拉著　幻冬舎
【要旨】中国医学三千年の「真髄」を誰でも実践できるように解説。免疫力を最大限に高め、あらゆる不調を治す！
2017.8 231p 18cm ¥1100 ①978-4-344-03163-0

◆深部（ディープ）リンパ療法コンプリートブック―誰でもリンパがわかる！誰もが効果を出せる!!　夜久ルミ子著　BABジャパン

健康・家庭医学

◆手を洗いすぎてはいけない—超清潔志向が人類を滅ぼす　藤田紘一郎著　光文社（光文社新書）
【要旨】なぜ、きちんと手洗い、うがいをしてるのに、風邪をひいてばかりなのか？ 常識を疑え！ 目からウロコの健康法。
2017.12 222p 18cm ¥780 ①978-4-334-04328-5

DEATH（デス）ペディアーイラスト図解 人はどこまで生きてられるのか？　上野正彦, 高木徹也監修　宝島社
【要旨】ここを超えたら死ぬ。人間のデッドライン
2017.3 143p A5 ¥750 ①978-4-8002-6732-0

点滴でアンチエイジング—ハリウッドセレブの間で大流行！ 奇跡を起こす　柳澤厚生著　主婦の友社
【要旨】ビタミン、ミネラルが細胞の隅々にまで染み渡る!!エビデンスのある効果的な最先端医療でアンチエイジング。
2017.9 191p B6 ¥1400 ①978-4-07-425030-1

転倒しない人はすでにはじめている「エアリハ」3つの習慣—「想像の重り」で筋肉を鍛える　日向亭葵著　エール出版社
【目次】序章 リハビリと落語の融合をめざして（皆様の声）、第1章「転倒」の学び（転倒の多い場所、転倒の原因、転倒による骨折）、第2章 エアリハとは？（継続から習慣化へ、習慣化のコツ、エアリハとは）、第3章 エアリハ実践編！（エアリハ習慣その1—肩甲骨周りを鍛えよう、エアリハ習慣その2—太ももを鍛えよう、エアリハ習慣その3—バランスを鍛えよう）、第4章 人生の棚卸し—生き甲斐を求めて（生き甲斐をみつける、夢を叶える方法、地域社会と関わる）
2017.8 174p B6 ¥1500 ①978-4-7539-3402-7

毒素をごっそり流しだすデトックス大事典　デトックスマニア編　総合法令出版
【要旨】先端技術から数千年愛される民間療法まで。代謝が上がり、余分な脂肪や水分が流れて、不調が改善され、心が整う。自分に合ったデトックス方法が必ず見つかる大事典。
2017.9 214p B6 ¥1300 ①978-4-86280-573-7

ドクター大場の末病対策Q&A—健康であるために知っておきたい86のこと　大場敏明著　幻冬舎メディアコンサルティング, 幻冬舎 発売
【要旨】腹痛・頭痛、手足のシビレやむくみ、めまい、発熱…「医者にまかせておけばよい」と決めつけない。かかりつけ医（町医者）として40余年。ドクター大場の18年におよぶ、健康相談の総まとめ。
2017.6 240p 18cm ¥800 ①978-4-344-91299-1

どれ飲む？ いつ飲む？ エナジードリンク・栄養ドリンクのすべて　松永政司, 深野真季子著　育鵬社, 扶桑社 発売
【要旨】エナジードリンク・栄養ドリンクのすべてが分かる！ あなたにピッタリの1本が見つかる！ 話題のドリンクから女性向けドリンク、気になる強壮ドリンクや奇跡が起こるドリンクまで徹底解説!!
2017.5 117p 19×13cm ¥925 ①978-4-594-07709-9

治りたければ、3時間湯ぶねにつかりなさい！—奇跡の温泉免疫療法　小川秀夫著　共栄書房
【要旨】アトピー、膠原病、糖尿病、アルツハイマー、そして、がん…医者がさじをなげた難病に、なぜつぎつぎと奇跡が起きるのか!?湯治療法の体験、喜びの声、続々！
2017.7 201p B6 ¥1500 ①978-4-7634-1077-1

長生きしたけりゃテキトー生活を送りなさい—一生真面目、心配性は免疫力をダウンさせる　奥村康著　海竜社（『なまけものこそ長生きできる—免疫力をグングンあげる「不良長寿生活」』加筆・修正・改訂・改題書）
【要旨】「あれもダメ、これもダメ」…禁止事項だらけの健康論を信じてはいけない！ 免疫学の権威が明かす「不良長寿」のすすめ。
2018.1 213p 18cm ¥1000 ①978-4-7593-1583-7

長生きしたければ座りすぎをやめなさい　岡浩一朗著　ダイヤモンド社
【要旨】ニューヨークタイムズ、ワシントンポスト、ウォールストリートジャーナルなどでも話題となった座りすぎと健康の関係！ あなたの日常の座りすぎが、ガン、糖尿病、高血圧、脳梗塞など、怖い病気を招いていませんか？ でも、座り習慣をちょっと変えるだけで、怖い病気を遠ざけ、健康をググっと引き寄せられるです！ 本書では世界で競って研究されている、座りすぎと健康に関する研究成果について、また予防法について、やさしく、わかりやすく、解説しました。
2017.9 181p B6 ¥1300 ①978-4-478-10091-2

長く働けるからだをつくる—ビジネススキルより大切な「立つ」「歩く」「坐る」のキホン　かじやますみこ著　インプレス（しごとのわ）
【要旨】人生100年。からだが資本！ 事故で一度は「働けるからだ」を失った著者が、リハビリで体得した「長く働けるからだ」の整え方。
2017.7 205p B6 ¥1500 ①978-4-295-00197-3

中村天風 健康哲学 ありがとうで生きる　伊藤豊著　ロングセラーズ（ロング新書）
【要旨】心や脳が「痛み」をつくらない生き方。病や運命というものは、結果的に心ひとつの置きどころなのです。
2017.9 237p 18cm ¥1000 ①978-4-8454-5035-0

なぜ祈りの力で病気が消えるのか？—いま明かされる想いのかがく　花咲てるみ著　明窓出版
【要旨】この場所を選んで生まれた私達の魂は肉体や心とは別に存在する。人はなぜ病気になり、どうやってそれを治かえていくのか。今、医療分野でも効果が認められ明らかになりつつある祈りの力。宇宙との関係性と人生の旅の終着点についてをご説明します。
2017.5 201p B6 ¥1350 ①978-4-89634-372-4

乳酸菌がすべてを解決する　後藤利夫著　アスコム
【要旨】乳酸菌をとるだけの簡単健康法！ たったこれだけで腸をクリーニングして、病気と不調を遠ざける！ 症状別あなたに合う乳酸菌の選び方大公開！
2017.9 187p B6 ¥1200 ①978-4-7762-0959-1

入浴検定公式テキスト—お風呂の「正しい入り方」　早坂信哉, 古谷暢基著　日本入浴協会, 素材図書 発売
【要旨】徹底解明！ お風呂完全マニュアル。「半身浴」と「全身浴」、どちらがダイエットにいいの？ お肌にとって長風呂は×…正しい美肌入浴法とは？ 入浴に関する死亡事故を防ぐ十ヶ条とは？ 何が本当？ 身近な習慣「お風呂の正しい知識」を学ぶ。
2017 275p A5 ¥2000 ①978-4-908064-01-2

尿もれ、頻尿が自分で治せる101のワザ　『健康』編集部編　主婦の友インフォス, 主婦の友社 発売
【要旨】加齢による筋力の衰えや前立腺の肥大など尿もれや頻尿の悩みは、人にはって様々まざ。尿もれや頻尿のほか、膀胱炎などの病気までどのようにして起こるのか。そのメカニズムはもちろん、体を温めて代謝を整える食事や動作、尿を防ぐツボや普段から気をつけておくべき生活術など、尿トラブルをピタリと止める特効ワザを集めました。
2017.4 191p 18cm ¥1300 ①978-4-07-421173-9

尿もれ・頻尿・残尿感を自力で治すコツがわかる本　横山博美監修, 主婦の友インフォス編　主婦の友インフォス, 主婦の友社 発売
【目次】プロローグ 完全図解・よくわかる中高年の排尿トラブル、1 食事・栄養成分—尿もれ・頻尿・残尿感を防ぐ、改善する食品、この食べ方、この飲み方、2 赤黒豆茶—頻尿、残尿感をスッキリ解消させ、膀胱を元気にする赤黒豆。前立腺肥大の撃退効果も、3 簡単動作—尿もれ・頻尿を防ぐ、改善する動作ながら動作、4 日常生活の知恵—尿もれ・頻尿を防ぐ日常生活のコツと便利グッズ、5 らくらく刺激—尿もれ・頻尿を防ぐらくらく刺激法、6 過活動膀胱—女性の尿もれ・頻尿をもたらす「過活動膀胱」が解消できるちょっとしたコツ、7 日中の切迫性尿失禁—行楽シーズンの長距離移動もこれで安心、日中の切迫性尿失禁を止める即効術、8 夜の頻尿—睡眠不足に悩まずにすむ夜の頻尿を止めるこの方法
2017.12 159p A5 ¥1400 ①978-4-07-426555-8

ねこ背を治す教科書　伊東稔著　ソーテック社
【要旨】かんたんストレッチでみるみる治る！ 5秒できれいな姿勢を手に入れよう！ 腰痛、肩こり、頭痛、不眠、ストレス、スッキリ解消。身体の不調が消える！ 疲れた身体がよみがえる！
2017.6 191p B6 ¥1400 ①978-4-8007-3005-3

◆ねこ背は10秒で治せる！　小林篤史著　マキノ出版（ビタミン文庫）
【要旨】ねこ背治しの最強テクニックで姿勢も、体調も、人生も変わる！ 小学生から高齢者まで2万人が治ったリバウンドしない最強の方法。
2017.1 143p A5 ¥1300 ①978-4-8376-1298-8

寝ても取れない疲れは腎臓が原因—「血流改善」と「ストレスマネジメント」でもう疲れない！　上符正志監修　笠倉出版社
【要旨】疲れ知らずの体をつくる教科書。改善のためには…「頑張りすぎない」、糖質はきちんととる、無理な運動はしない。
2017.7 79p A5 ¥600 ①978-4-7730-8904-2

脳がみるみる若返るらくらく脳トレ健康ブック　林督元監修　竹書房
【要旨】前頭葉、側頭葉、頭頂葉、後頭葉—私たちの脳は4つの部位に分かれ、それぞれが大切な機能を管轄しています。本書では、この重要な4つの部位をピンポイントで鍛えるドリル・パズル・問題を集めました。4つの部位それぞれを個別にきたえ、トータルで脳力を活性化させることで、脳の大切な機能を元気にする手助けをします。
2017.6 97p 28×21cm ¥1000 ①978-4-8019-1108-6

脳卒中で死にたくなければアゴを押しなさい　森昭, 森光恵著　マガジンハウス
【要旨】本書でご紹介する「アゴ押し」にはふたつの素晴らしいポイントがあります。（1）脳卒中のみならず、さまざまな全身病の予防に効果がある点。（2）いつでもどこでも、指だけで、ほんの数秒からでもできる点。さあ、健康長寿のために、いますぐ「アゴ押し」を始めましょう！
2017.8 186p 18×12cm ¥1100 ①978-4-8387-2949-4

脳腸相関で未病を征す—健康寿命を延ばすオーダーメイド・メディスン　松村浩道監修・著, 許庭源, 中川朋, 河野好高共著, フロムサンキュー編　七星出版, 星雲社 発売
【要旨】これからは健康管理も医療もオーダーメイドの時代！ 遺伝子、腸内環境、ストレスの度合い一人一人、人違います。これら個人の特性に合わせた健康管理や医療こそが、無駄な投薬や副作用、さらには病気を防ぐカギに！ 腸と脳に働きかける最新医療を詳しく解説。
2016.12 214p A5 ¥1200 ①978-4-434-22912-1

◆脳と体がよみがえる！ リズム深呼吸　北一郎著　山と溪谷社
【要旨】なんとなく調子が悪い・だるい・眠れない…。毎日のリズム深呼吸習慣で、「脳と体」のバランスを整えましょう。15秒に1回のリズム深呼吸で、セロトニン神経の活性化・安眠・ダイエット・便秘解消・自律神経の調整・うつ・認知症予防ができる！
2017.10 192p B6 ¥1200 ①978-4-635-49028-3

脳疲労が消える最高の休息法 "CDブック"—"脳科学×瞑想" 聞くだけマインドフルネス入門　久賀谷亮著　ダイヤモンド社（付属資料：CD1）
【要旨】日本でいちばん売れてるマインドフルネス本のベストセラーに "CDブック版" が登場！
2017.5 121, 8p A5 ¥1500 ①978-4-478-10191-9

◆肺炎がいやなら、のどを鍛えなさい　西山耕一郎著　飛鳥新社
【要旨】肺炎は "老化現象" と、あきらめていませんか？ あまり知られていませんが、じつは「のどの筋肉」を鍛えるだけで、簡単に防げるのです。1万人を治療した名医が教える、寿命を10年のばす1日5分の「のど体操」。
2017.6 229p 18cm ¥1111 ①978-4-86410-554-5

◆恥ずかしがらずに便の話をしよう　佐藤満春著, 大竹真一郎監修　マイナビ出版（マイナビ新書）
【要旨】身近であるはずなのに、敬遠しがちだったうんこの存在。トイレ博士がうんこの雑学や意外な科学的な知識を交えて解説。子どもの便秘、学校や介護の悩み、トイレの衛生面の問題にも答えます。
2017.10 197p 18cm ¥850 ①978-4-8399-6482-5

◆働く人の養生訓—あなたの体と心を軽やかにする習慣　若林理砂著　講談社（講談社プラスアルファ新書）

実用書

健康・家庭医学

◆ハーバード医科大で学んだからだを正す意識の力――こころのあり方で病気は消える 柳舘富美著 かんき出版
【要旨】瞑想、暗示、願い…。痛み治療の専門家が伝えたい医学を超えたからだの癒し方―。
2017.3 207p B6 ¥1600 ①978-4-7612-7245-6

◆パーフェクト・ヘルス―病気も老化も存在しない完全な健康と幸福を手に入れる ディーパック・チョプラ著, 住友進訳 きこ書房
【要旨】元大統領や世界中のセレブリティが信頼を置く統合医療の第一人者によるインド伝承医学「アーユルヴェーダ」のすべて。
2017.3 459p B6 ¥1980 ①978-4-87771-366-9

◆冷えをとる「気のトレーニング」―TAOの実践哲学が心身を変える! 早島妙瑞著 さくら舎
【要旨】しつこい冷えも完全にとれる! 心身の「とらわれ」「こだわり」を「気のトレーニング」で解放する! 誰にでもできる実践的な「行法」。足の指の行法、手の指の行法、お腹の行法で冷えしらずになれます!
2017.11 207p B6 ¥1400 ①978-4-86581-125-4

◆ひざ再生医療で痛みを取って長生きする 竹内良平著 彩流社
【要旨】テレビや雑誌でおなじみの竹内良平医師が教えます! 人工関節を使わず、自分自身のひざを温存して再生する手術なら、仕事も趣味も思い切りできて人生イキイキ!
2017.4 180p 18cm ¥1800 ①978-4-7791-2294-1

◆ヒトケミカルでケイジング(健康的なエイジング)―老いないカラダを作る 寺尾啓二著 健康ライブ出版社 (健康・化学まめ知識シリーズ 1)
【目次】その1 ヒトケミカル摂取で良質なミトコンドリアを維持する健康エイジング、その2 CoQ10による免疫力増強作用によってさまざまな病気を予防、その3 笑いとヒトケミカル摂取でNK細胞の活性化をめてがん予防、その4 繊維芽細胞の活性化でコラーゲン、エラスチン、ヒアルロン酸産生による美肌作用と軟骨再生作用、その5 運動とヒトケミカルによる筋肉細胞の活性化と筋肉の維持、その6 ヒトケミカルと酵素入り果物野菜でスーパー健康ダイエット!、終わりに―ヒトケミカルで老いないカラダを作る
2017.3 52p A5 ¥400 ①978-4-908397-02-8

◆日々の生活にチャクラを活かす パトリシア・マーシア著, 吉井知代子訳 ガイアブックス 新装版
【要旨】「車輪」を意味する「チャクラ」は、お尻にある尾骨から頭にかけて、脊柱(背骨)に沿って位置しているエネルギーセンターです。身体には主要チャクラが7つあり、本書では21の副チャクラも取り上げて解説しています。初級者にはもちろんのこと、オーラ、魂や霊に近い次元のチャクラなど、より高度な理解を深めたい上級者にも楽しんで学んでいただける内容となっています。本書によって、自分自身を癒す喜びが幾多にもあるということを感じることができます。
2017.6 127p 26×21cm ¥2400 ①978-4-88282-988-1

◆皮ふと健康おトク情報 花川博義著 1万年堂出版
【要旨】1部 皮ふと健康おトク情報(手・足・指、すね・ふくらはぎ、毛髪・ひげ、唇、やけどほか)、2部 アンチエイジングのためのスキンケア(どうしてあの人は若く見えるのか?、「秋田美人」はなぜ色白できれいなのか、日本は日焼け対策がおそれている、皮膚の構造・お肌の仕組みABC、紫外線が肌に与える深刻なダメージほか) 2017.10 173p B6 ¥1200 ①978-4-86626-029-7

◆皮膚は「心」を持っていた!―「第二の脳」ともいわれる皮膚がストレスを消す 山口創著 青春出版社 (青春新書INTELLIGENCE)
【目次】第1章 皮膚は「第二の脳」だった!?―肌に触れることは、心に触れること(怒りっぽい心は「性格」のせいではなかった!、皮膚という「露出した脳」ほか)、第2章 感情は「皮膚」でつくられる―イライラ、不安の理由は「肌」にある(判断の決め手は理性ではなく皮膚感覚!?、体が温まると、心も温かくなる ほか)、第3章 皮膚「心を整える」方法があった!―この「触れ方」でポジティブに変わる(「触れる機会」が減りつつある現代人、皮膚が心地よさを感知するメカニズム ほか)、第4章「触れる力」が心を育てる―脳内物質「オキシトシン」の効果(夫婦の絆を強くする脳内物質、子育て中の妻のイライラはオキシトシン不足が原因!? ほか)、第5章「皮膚感覚」を活かす人づきあいのヒント―「心」に触れるコミュニケーション(触れていなくても、そばにいるだけで心が強くなる、相手を自分の一部のように感じるスペース ほか)
2017.11 220p 18cm ¥930 ①978-4-413-04519-3

◆肥満がいやなら肺を鍛えなさい―1回5秒で解決! 加藤雅俊著 日本文芸社
【要旨】「食事の我慢、薬を飲むこと、つらい運動」なしで、肥満は解決できます。根本から解消する、たった1つのメソッドを紹介しましょう。
2017.10 159p B6 ¥1200 ①978-4-537-21507-6

◆病気を遠ざける! 1日1回日光浴―日本人は知らないビタミンDの実力 斎藤糧三著 講談社 (講談社プラスアルファ新書)
【要旨】多くの人が現在、がん、心臓病、脳卒中、認知症、花粉症、アトピー性皮膚炎といった慢性疾患に悩んでいます。これらの慢性疾患の背景に、これまで長らく見逃されてきた日光を避ける生活による"ビタミンDの不足"があります。日本をはじめとする先進諸国では、過半数に近い人はビタミンDが足りない状態であり、それが慢性疾患の一因と考えられています。筆者は医師として、10年ほど前からビタミンDに注目しており、花粉症やアトピー性皮膚炎といったアレルギー疾患の臨床にビタミンDを積極的に応用して成果をあげています。日本でもビタミンDの重要性をより広めて、慢性疾患で悩む人を少しでも減らしたいというのが本書を執筆する動機となっています。
2017.8 205p 18cm ¥800 ①978-4-06-272985-7

◆病気が逃げ出す上体温のすすめ 今津嘉宏著 ワニブックス (ワニブックスPLUS新書)
【要旨】風邪、インフルエンザ、高血圧、心筋梗塞、動脈硬化、皮膚炎、冷え症などが気になる寒い季節がやってきました。でも、「温かいからだ」を日々の生活の中で作り上げれば、多くの病気は事前に予防することができます。今、名医が実践する"上体温"健康法で、風邪ウイルスからがん細胞までやっつけましょう!
2017.12 191p 18cm ¥830 ①978-4-8470-6602-3

◆病気と薬ウソ・ホントの見分け方―家庭医があかす新しい医療情報 名郷直樹著 さくら舎
【要旨】いま治療中の病気の治し方、飲んでいる薬の飲み方、間違っているかもしれません! 家庭医が風邪からがん検診までの疑問・勘違いをわかりやすくあかす! 病気からも薬からも安心して楽になれる本!
2017.12 246p B6 ¥1400 ①978-4-86581-129-2

◆「病気にならない家」6つのルール―からだの不調の原因はあなたの家にある 上部清政著 ベストセラーズ
【要旨】高血圧、免疫力、婦人病、突然死、熱中症、自律神経失調症、アトピー性皮膚炎、など…これだけ実践すれば生活習慣が改善する!
2017.10 214p B6 ¥1400 ①978-4-584-13821-2

◆病気の9割を寄せつけないたった1つの習慣 中城基雄著 サンマーク出版
【要旨】「いつもの不調」「いつのまにか大病」が遠ざかる。血流、体液の流れ、自律神経の状態をいつでも簡単にチェックできる。
2017.12 213p B6 ¥1400 ①978-4-7631-3508-7

◆病気のサインを見逃すな!―自分でできる健康診断 石原結實著 PHP研究所 (PHP文庫)
【要旨】平均寿命が80歳を越える超高齢化社会で、一番の資産は健康です。そこで本書では、漢方医学の知恵を使用し、大病になる前に不調を見つけて、自分で体のメンテナンスを行う方法を解説します。良いも悪いも自分の体調を知らなければ、判断できません。ぜひ簡単なチェックを習慣にすることで、少しの体の変化に気づくようになってください。あなたが、あなた自身の主治医です。
2017.10 199p A6 ¥640 ①978-4-569-76773-4

◆疲労も肥満も「隠れ低血糖」が原因だった!―「肉を食べる」と超健康になる 溝口徹著 マキノ出版 (ビタミン文庫)
【要旨】午後の急激な眠気、不安感、イライラ、うつ状態、めまい、動悸、手足のしびれ、ふる え、そして肥満は、病院の検査では見つからない「隠れ低血糖」が原因だった! 肉から食べる「肉ファースト食」で、健康生活を取り戻せ! 栄養療法の専門医が明かす新常識。
2017.3 175p B6 ¥1300 ①978-4-8376-1300-8

◆深い疲れをとる自律神経トリートメント 船水隆広著 主婦の友社
【要旨】自律神経トリートメントは、東洋医学の手法を用いたセルフケアです。自分に必要ないくつかの方法を体得すると、体の中心に軸ができていようと、時間に追われていようと、あせることなく、目の前に集中して順序よく取り組むことができるようになります。そのとき、最大のパフォーマンスが引き出されます。集中した時間のあとは、リラックスして休みます。緊張と弛緩、動と静のバランスをとること、陰陽を調和させることこそ、疲れを残さない極意です。
2018.1 175p B6 ¥1400 ①978-4-07-426874-0

◆老けないオーガニック 勝田小百合著 ワニブックス
【要旨】全部、ナチュラル。だけど、若返る。オーガニック業界のパイオニアが放つ、「アンチエイジングの鬼」の集大成。ナチュラルアンチエイジングの真髄がここにある!
2017.5 207p A5 ¥1500 ①978-4-8470-9569-6

◆変形性膝関節症は自分で治せる!―"ひざの痛み""関節の炎症"がたちまち改善 酒井慎太郎著 学研プラス
【要旨】痛みの原因は「関節の老化」ではない! 正しくひざを伸ばしておけば、一生歩ける! 手術も不要! 根本原因を解消する1日5分のストレッチ!
2017.4 174p 18cm ¥1100 ①978-4-05-800754-9

◆ぽかトレ―ぽかぽかすれば、体は勝手にヤセたがる! 本島彩帆里著 マガジンハウス
【要旨】ぽかトレとは自分で熱を生み出して、体じゅうにその熱を運んで巡らせ、ぽかぽかと温かい体を作ること。やわらかくてあったかい体でヤセてみませんか? 彩帆里流"ぽかトレ"メソッドで、ダイエットも不調も、ぜんぶ解決。
2017.11 125p B6 ¥1300 ①978-4-8387-2969-2

◆ボケずに元気に80歳!―名医が明かすその秘訣 新見正則著 新潮社 (新潮文庫) (「死ぬならボケずにガンがいい」改題)
【要旨】「本好きはボケに注意」「ボケないためには筋肉量が大事」の理由とは。「枯れるように逝きたいなら点滴するな」という根拠とは。認知症の母を介護した経験をもつ著者が、驚きの重要知識を明かします。手術後にボケるという危険、少々ボケてもできる趣味や習慣が大切、元気な80代の実例から学べること…。50代以上必読、健康に生きる新常識。
2017.6 243p A6 ¥490 ①978-4-10-120941-8

◆本当は恐ろしい外反母趾 吉野匠著 幻冬舎メディアコンサルティング, 幻冬舎 発売
【要旨】現役"足の専門医"が20年超の実績から語る外反母趾の「原因」と「解決策」。
2017.12 207p B6 ¥1200 ①978-4-344-91150-5

◆ほんとうは体によくない100のこと 『PHPくらしラクーる♪』編集部編 PHP研究所
【要旨】魚卵はコレステロールが多いので避けるべき、ダイエットのために低カロリー飲料、風邪をひいたら早めに薬を飲むと治る、漢方は体にやさしいから安心、視力が落ちないように、なるべく裸眼で過ごす―よかれと思ってやってきたこと、実は「間違い」だったかも…?
2017.11 95p A5 ¥580 ①978-4-569-83722-2

◆毎日きちんと食べているのに栄養失調ってどういうこと? 八藤眞著 マガジンランド (農楽健LIFEシリーズ)
【要旨】隠れ栄養失調になっていませんか? 飽食の日本に急増中!
2017.9 157p B6 ¥1296 ①978-4-86546-168-8

◆まいにち若返る人の習慣 根来秀行著 日本文芸社
【要旨】"一日の始まりが楽しくなる!"そんなカラダとココロの作り方、知っていますか? 毎日の生活のなかで、誰でも簡単にできることばかり。お金も薬も手間もいらない、最高の若返り習慣です。
2017.12 207p B6 ¥1300 ①978-4-537-21536-6

健康・家庭医学　実用書

◆まんがケトン体入門―糖質制限をするとなぜ健康になるのか　おちゃづけ著，宗田哲男監修　光文社
【要旨】「ブドウ糖代謝」から「ケトン体代謝」へ―糖尿病、ガン、アルツハイマー病、うつ病を撃退する新常識。2016年上半期Amazonランキング大賞3位の新書をコミック化。体質改善をみるみる実感！「ケトン体」の驚くべき実力を日本一やさしく解説します。
　2017.6　143p　B6　¥1000　978-4-334-97932-4

◆マンガでわかる痛風の治し方　谷口敦夫監修，上西淳二マンガ　主婦の友社
【要旨】尿酸値や血圧が高くなったら要注意！これ1冊で痛風の仕組みと改善方法がわかる。マンガだからすぐ読める！
　2018.1　159p　B6　¥1000　978-4-07-427856-5

◆マンガでわかるまるごと栄養図鑑―正しい健康の知識と管理をキャラクターが教える　五明紀春監修，代居真知子著，ほりかわりまこ絵　誠文堂新光社
【目次】Nutrition Park、五大栄養素の島（三大栄養素の館、三大栄養素の館からビタミンの草原とミネラルの山へ）、五大栄養素の島からビジターセンターのあるサプランド島へ（野菜・果物の直売所、トイレフローラ、ビジターセンター）
　2017.6　159p　A5　¥1300　978-4-416-51631-7

◆「慢性炎症」を抑えなさい―ガン、動脈硬化、糖尿病、老化の根本原因　熊沢義雄著　青春出版社　（青春新書PLAYBOOKS）
【要旨】どんなに健康な人でも、体内のどこかで「炎症」は起きている！「炎症」の積み重ねが血管や臓器を傷つけている！「食事と習慣」を変えれば今日から防げる。
　2017.11　203p　18cm　¥1000　978-4-413-21100-0

◆3日食べなきゃ、7割治る！―「空腹」こそが最高のクスリ　船瀬俊介著　ビジネス社　新装版
【要旨】腹八分で医者いらず腹六分で老い知らず！副作用ゼロ、究極の健康法。
　2018.1　229p　18cm　¥1000　978-4-8284-2002-8

◆ミトコンドリア"腸"健康法―カラダの中の隣人　長沼敬憲，ハンカチーフ・ブックス著　日貿出版社
【要旨】ミトコンドリアと善く生きる。ミトコンドリアと人との20億年の旅。免疫力、メタボ、ガン、アンチエイジング、認知症…新しい健康法を試す前に読んでおく本。
　2017.6　206p　B6　¥1400　978-4-8170-7043-2

◆未来を救う「波動医学」―一瞬にして診断・治療し、痛みも副作用もない　船瀬俊介著　共栄書房
【要旨】「波動医学」とは何か？波動のズレで病気を「診断」。波動の調整で病巣を「治療」。「生命」はエネルギーだった！分かってきた宇宙エネルギー、プラナの秘密。
　2017.3　292p　B6　¥2000　978-4-7634-1076-4

◆見るだけで体が変わる魔法のイラスト―健康になる！運動能力が上がる！　小池義孝著　自由国民社
【要旨】絵を「見る」だけ！あなたの体が一瞬で改善する！この本の「魔法のイラスト」は、ただ見て知るだけで、健康効果と運動能力の圧倒的な向上が手に入ります。一度、知って身につければ、一生の財産になります。
　2017.12　133p　A5　¥1200　978-4-426-12378-9

◆みんなの健康教育　健康管理と病気の成り立ちの課題から抱える健康管理上の課題と対策・現代の疾病の成り立ちと予防策　前橋明編著，佐野祥平著　（岡山）大学教育出版
【目次】第1部　疾患の成り立ちと診断・疾病の概要（病理学の意義、加齢に伴う変化、疾患による変化（細胞・組織障害）、炎症、腫瘍、栄養障害と代謝障害、循環器障害、免疫・アレルギー、感染症、疾患の診断と治療の概要、主な疾患の成り・病態・診断・治療の概要）、第2部　生活リズム向上作戦（「食べて、動いて、よく寝よう！」運動のススメ「食べて、動いて、よく寝よう！」運動のススメ、健康とは、子どもの発育・発達、幼児期の体力・運動能力、運動スキルの発達）
　2017.7　112p　A5　¥1600　978-4-86429-405-8

◆無病長寿の秘めた力―次はステビア草の野草力が面白い！　白澤卓二監修，廣海輝明著　青萠堂
【要旨】南米、パラグアイ原産の神秘の野草ステビアは生活習慣病の代表格、糖尿病から肝機能改善・老化防止、そして病気にならない体づくりに最適。大地の恵み、『ステビア抽出液』の素晴らしい効果！
　2017.3　242p　B6　¥1200　978-4-908273-10-0

◆名医の身心ことばセラピー　上月正博著　さくら舎
【要旨】ダイエットや不調解消に効果てきめん！「ことば」が直面する問題解決の糸口に！リハビリ医学の第一人者が、実際にリハビリ治療でつかっている名言を紹介。健康な生活を実現するには…身心のメンテナンス＆リハビリ法を説く！
　2017.12　205p　B6　¥1400　978-4-86581-131-5

◆免疫力を高めて病気を自力で治すコツがわかる本　野村喜重郎監修，主婦の友インフォス編　主婦の友インフォス，主婦の友社発売
【目次】1「完全図解」免疫力を高めて病気を防ぎ治す最新医学知識、2「腸内環境」を整えて免疫力をぐんと高める食事、3免疫力を弱体化させる「冷え」から身を守るためにすべきこと、4免疫の働きを正常化してアレルギーを改善する食べ物と生活の知恵、5免疫力を自然に高める簡単動作と日常生活の知恵、6細菌やウイルス、がん細胞さえも食べてあらゆる病気から体を守る細胞防衛隊「マクロファージ」を最も活性化する方法、7年齢とともに弱体化する免疫力を上に上げて「がん」を防ぐ食品と効果を最大限高めるコツ
　2017.3　159p　A5　¥1400　978-4-07-420908-8

◆毛細血管で細胞力は上がる―エコノミークラス症候群の第一人者・橋本洋一郎の5つのメソッド　橋本洋一郎著　小学館
【目次】毛細血管・元気度チェックリスト、もうさいけっかんものがたり・前編、第1章　毛細血管ってなに？　基本の知識、第2章　各部位と毛細血管の関係、第3章　メダメダ毛細血管ケア、第4章　毛細血管を元気にする5つのメソッド、第5章　エコノミークラス症候群と毛細血管、もうさいけっかんものがたり・後編
　2017.5　191p　B6　¥1200　978-4-09-310857-7

◆もっと！エンジョイできる「四季別」健康新生活　小林直哉著　現代書林
【要旨】春夏秋冬の「正しい」生活習慣を徹底指南。季節性の病気対策の知恵が満載。年間を通じて、病気を寄せつけない心身をつくりましょう！
　2017.10　195p　B6　¥1300　978-4-7745-1664-6

◆やせられないのは自律神経が原因だった！　森谷敏夫著　青春出版社
【要旨】本当にやせたければ、自律神経は「整える」より「鍛える」が正しい。自律神経を鍛えれば、驚くほど簡単に体が落ちていきます。本書では、自律神経を鍛えてやせる方法を紹介します。
　2017.8　204p　B6　¥1380　978-4-413-23048-3

◆やせる、不調が消える読む冷えとり　主婦の友社編，石原新菜監修　主婦の友社
【要旨】女子の体の悩みは、あたためれば解消。ぽかぽかボディになれば美も健康も思いのまま。運動、食べ物、おふろ、ファッション…2週間で体が変わる。
　2017.11　159p　20×15cm　¥1300　978-4-07-426710-1

◆病は口ぐせで治る！―医者が教える「病気にならない言葉の習慣」　原田文植著　フォレスト出版
【要旨】病の原因はあなたの言葉と思い込み。「病」を治す、あるいは「病」を防ぐために、もっとも有効な方法は「口ぐせ」を変えること。口ぐせがあなたの「意識」「行動」「習慣」を変え、人生を変える！
　2017.12　237p　B6　¥1300　978-4-89451-786-8

◆病は「リポリシス」から一生体内核爆発リポリシス　崎谷博征著　（大阪）風詠社，星雲社発売　（健康常識パラダイムシフトシリーズ2）
【要旨】身体の脂肪を分解させるとどうなるか―健康のための食事だと思っているものが、実は様々な病気の原因になっていた!?「原始人食」を提唱し注目された医師が、脂肪分解（リポリシス）のしくみを解説し、発症の過程や理想的な食事法までを紹介した"新しい健康常識"。
　2017.8　159p　B6　¥1400　978-4-434-23667-9

◆要は「足首から下」―足についての本当の知識　水口慶高著，木寺英史監修　実業之日本社　（じっぴコンパクト新書）（『足についての本当の知識』再編集・改題書）
【要旨】今まで知らされていなかった「足」についての本当の知識。「日常生活を快適に送る」「マラソンなどのスポーツを楽む」…etc. そんな人に役立つ「体の痛みや悩みを解決するヒント」が満載。体の土台から足を見直せば、痛みはなくなる！
　2017.3　222p　18cm　¥800　978-4-408-02617-6

◆40歳を過ぎて最高の成果を出せる「疲れない体」と「折れない心」のつくり方　葛西紀明著　東洋経済新報社
【要旨】たった30のコツで40歳以降の人生は劇的に変わる。35年間、「企業秘密」だった究極のメソッドを初公開。
　2017.12　228p　B6　¥1300　978-4-492-04621-0

◆40歳からの不調がみるみる良くなる体の使い方　岡田慎一郎著　産業編集センター
【要旨】女性の不調は、体の使い方を変えれば改善できます！
　2017.6　116p　A5　¥1300　978-4-86311-154-7

◆40歳から病気にならない人の習慣　満尾正著　PHP研究所　（PHP文庫）
【要旨】多くの人が感じないけれど、老化は、実は40歳前から始まっています。でも、大丈夫。生活習慣を少し変えるだけで、体そのものを若返らせ、病気をよせつけないようにすることができます！本書は、アンチエイジング医療の第一人者が、病気を防ぐための食習慣と健康習慣、知っておきたい病気の知識を、豊富な図解とともにわかりやすく解説したもの。読んだその日から実践できるノウハウが満載。
　2017.3　236p　A6　¥660　978-4-569-76697-3

◆らくわく！1DAYファスティング　照井理奈著，船瀬俊介，白鳥一彦監修　ヴォイス
【要旨】100%成功できる！超実践マニュアル。たった1日だけ食べない習慣で、あなたが本来持っている自然治癒力が最大限に引き出せる。健康、アンチエイジング、美、心の平安と幸福感を引き寄せる。
　2017.4　199p　B6　¥1500　978-4-89976-463-2

◆リハビリの先生が教える健康寿命が10年延びるからだのつくり方　園部俊晴著　（川崎）運動と医学の出版社
【要旨】たった5分の運動で見違えるほど変わる！何もしなければ、約10年間、介護が必要な晩年があなたにも訪れます。1日5分からはじめる「エクササイズメニュー」付。分かりやすいWEB動画付。
　2017.2　157p　A5　¥1400　978-4-904862-24-7

◆65歳からの誤嚥性肺炎のケアと予防―9割の人は持病では死なない！　大谷義夫著　法研
【要旨】誤嚥性肺炎を予防できれば、寿命は10年延びる。高齢になるほど脅威を増す誤嚥性肺炎。9割の人は持病では死なないともいわれており、多くは肺炎を合併して亡くなっています。本書は呼吸器専門医が、その原因・ケア・予防・治療のすべてに答えます。
　2017.11　199p　A5　¥1600　978-4-86513-436-0

◆65歳からは検診・薬をやめるに限る！―高血圧・糖尿病・がんこわくない　名郷直樹著　さくら舎
【要旨】治療をしてもしなくても、人の寿命に大差はないのです！年齢とともに医療のあり方は変わってきます。必要のない検診・薬を続けていませんか？定年になったら医療と生き方をリセットしましょう！
　2017.4　202p　B6　¥1400　978-4-86581-095-0

◆我々はなぜ生まれ、なぜ死んでゆくのか―がん、うつ、糖尿病、老いはエネルギー代謝の乱れから　劒邦夫著　eブックランド，星雲社発売
【要旨】エネルギー代謝からみるひとの命はいとおしい一生涯を生命の不思議の解明に捧げた医学博士（生化学）の著者はいう。話題の長寿遺伝子サーチュインにも言及して、専門家のみならず一般の読者も惹きつけられる医学書です。
　2017.8　280p　B6　¥1350　978-4-434-23579-5

◆1ウィークセルフケアブック―自分の身体は自分で治す　山本華子著　ディスカヴァー・トゥエンティワン
【要旨】身体が硬くてもラクラクできるストレッチ＆ヨガ、いつでもどこでもできるツボ押しケア、今日から取り入れられる食事ケア、隙間時間でできる1週間プログラム。簡単・手軽な4つの

健康・家庭医学　　　　154　　　　BOOK PAGE 2018

実用書

◆Dr. 久保の水素ガス吸入のススメ　久保伸夫著　ビオ・マガジン
【要旨】ドクターやアスリートが注目する水素ガス吸入のすべて。そして今、明かされる水素の真実。
2017.4 105p A5 ¥1000 ①978-4-86588-013-7

◆IGF-1と血流を増やせば髪はみるみる生えてくる！―女性の薄毛の悩みも解消　岡嶋研二著　平原社
【要旨】薄毛は体の内側から治す。独自の「IGF-1育毛理論」を応用して、男性型脱毛症（AGA）だけでなく円形脱毛症、そして女性の薄毛にも劇的な効果があった改善例を紹介！
2017.9 191p B6 ¥1200 ①978-4-938391-61-4

◆NHKガッテン！　なるほど新スゴ技―腰痛最強ストレッチ めい想パワー ふわプリ卵料理ほか　NHK科学・環境番組部編　NHK出版
【要旨】身近なギモン＆お悩みの最新解消法を一挙公開！　健康＆食のお役立ち情報が満載。
2017.8 159p B6 ¥1200 ①978-4-14-011355-4

食品添加物・食品汚染

◆安全な食材は自分でえらぶ―今すぐできる、かしこい見分けかた　野本健司著　河出書房新社
【要旨】食べて良いもの、危険なもの、食品添加物、遺伝子組み換え食品、気になる食の問題…。でも大丈夫、食材をえらぶチカラはこの1冊で身につけられる！
2017.7 190p B6 ¥1300 ①978-4-309-28639-6

◆「隠れ油」という大問題―病気になる油、治す油　林裕之著　三五館
【要旨】あなたが年間131 飲んでる植物油の怖い話。あの人気商品31種の「油」を可視化した「隠れ油図鑑」収録。
2017.3 200p B6 ¥1300 ①978-4-88320-693-3

◆効かない健康食品 危ない自然・天然　松永和紀著　光文社　（光文社新書）
【要旨】食の世界はフェイクニュースだらけ！「2兆円」健康食品市場に踊らされてはいけない。ニセ情報が跋扈している「食」の世界を、科学ジャーナリストが科学的根拠をもとに正しく読み解く！
2017.5 331p 18cm ¥860 ①978-4-334-03991-2

◆子どもに「買ってはいけない」「買ってもいい」食品　渡辺雄二著　大和書房
【要旨】「食べてはいけない」ものと「食べてもいい」食べものはどこが？ 危険な添加物や食品の問題点を見抜いて、子どもの身体を守ろう！"子どもの食"に対する疑問・不安を解消する！
2017.11 255p B6 ¥1400 ①978-4-479-78405-0

◆子どもに食べさせたくない遺伝子組み換え食品　天笠啓祐,食べもの文化編集部編著　芽ばえ社
【目次】1章 遺伝子組み換え食品ってなあに？（遺伝子組み換えとは？、どうやってつくる？、なぜつくるの？）、2章 私たちが食べている遺伝子組み換え食品（どのような食品があるか？、遺伝子組み換え添加物とは？、調味料（アミノ酸等）の問題点、子どもたちがよく食べる食品では？、分かりにくい遺伝子組み換えの表示）、3章 遺伝子組み換え作物はどんな影響をもたらすの？（環境への影響が広がる、食の安全に大きな疑問、多国籍企業による種子支配・食料支配が進む、子どもたちに遺伝子組み換え食品を食べさせないために）
2017.7 78p A5 ¥1000 ①978-4-89579-393-3

◆怖い中国食品、不気味なアメリカ食品　奥野修司,徳山大樹著　講談社　（講談社文庫）
【要旨】国内では禁止のホルモンがたっぷり含まれている米国産牛肉。重金属で汚染された中国米に、中国産鶏肉。輸入食品の恐ろしい実態を、徹底調査と潜入取材で次々と明らかに！　第20回「編集者が選ぶ雑誌ジャーナリズム賞」企画賞受賞の特集記事を、大幅加筆した決定版ルポ。
2017.9 353p A6 ¥740 ①978-4-06-293753-5

◆食品買うなら、コレがいちばん！―ゼロからわかる食品添加物　渡辺雄二著　日本文芸社
【要旨】スーパー、コンビニで買える超おススメ製品を実名紹介！　主食、加工食品、調味料、お菓子、スイーツ、飲み物、アルコール、ノンアルコール飲料…40ジャンルを完全網羅。
2017.8 287p B6 ¥1200 ①978-4-537-26169-1

◆食品偽装を科学で見抜く―賢い消費者になるための知恵袋　リチャード・エバーシェッド,ニコラ・テンプル著　守信弘訳　日経BP社,日経BPマーケティング 発売
【要旨】私たちが複雑きわまる食文化の中で暮らしている、という事実は否定しようもない。しかし、だからといって無力なわけではない。つまり道路を横断する前に左右をよく見たり、日焼けから身体を守ったりするように、食事でもリスクを最小化するため主体的に行動できる。食品中の化学物質は身体の一部となる。自分の身体に入れるものについて受け身でいてはいけない。食品生産・流通システムには私たちに決められないことがたくさんあるが、何を選んで何を口に入れるかを決められる。つまり、私たちは消費者であり、自分たちで何を口に入れるかを決められる。よい選択をしよう！
2017.4 405p B6 ¥1800 ①978-4-8222-5515-2

◆食品添加物インデックスPLUS―和名・英名・E No. 検索便覧　日本輸入食品安全推進協会編著　中央法規出版社　第3版
【要旨】和名・英名・E No. 対応表を最新の内容にアップデート！　使える添加物をすぐに調べたいときに！和名から英名がわかる。英名から和名がわかる。別名、一般名から法令名称がわかる。国内の使用可否、使用期限の有無がわかる。書籍発行以降も最新の情報に逐次更新！パソコンから、らくらく検索！本書データベースの検索・閲覧ライセンスつき！
2017.11 873p B5 ¥12000 ①978-4-8058-5589-8

◆食品添加物の使用基準便覧　日本食品衛生協会　新訂版;第45版
【要旨】平成28年10月27日改正分まで収載。
2017.3 331p A6 ¥1200 ①978-4-88925-088-6

◆食品添加物表示ポケットブック　平成29年版―平成29年3月28日までの改正分を収載　日本食品添加物協会技術委員会編　日本食品添加物協会
【目次】A 食品添加物の食品への表示の概要、B 表示のための食品添加物物質名表、C 用途名表記、D 一括名の定義と範囲、E 別表第1収載の食品添加物の物質名表、F 既存添加物の物質名表、G 一般飲食物添加物の物質名表、H 香料の一般使用基準、I 添加物各条の使用基準（保存基準をのぞく）
2017.6 276p B6 ¥2315

◆新食品添加物表示の実務 2017　食品添加物表示問題連絡会,日本食品添加物協会共編　日本食品添加物協会
【目次】第1章 食品添加物表示改正の概要、第2章 食品添加物表示の基本、第3章 主要食品における表示の事例、第4章 食品添加物製剤を使用した場合の食品への表示方法、第5章 表示資料、第6章 関係資料
2017.4 826p B5 ¥11111

◆その食べ物、偽物です！―安心・安全のために知っておきたいこと　ラリー・オルムステッド著　依田光江訳　早川書房
【要旨】消費者の購買意欲をかきたてるためにさまざまな策が用いられる食品産業。なかには、実物よりも優良な品質に見せかける"偽物"食品も存在している。食をこよなく愛するジャーナリストがアメリカや日本をはじめとする世界中の食品産業関係者に取材し、複雑な仕組みをわかりやすく解説。肉・魚・チーズ・ワイン・オリーブオイル・コーヒーなどの偽装を暴き、本物のすばらしさを説く。「なんとなく良さそう」「驚くほど安い」商品の違いを知ればもっと食事が楽しくなること間違いなし！読めばお腹が空いて、今日の買い物が変わる、ニューヨーク・タイムズ・ベストセラーのノンフィクション！
2017.7 380p B6 ¥1600 ①978-4-15-209699-9

◆長生きしたければ、原材料表示を確認しなさい！　小薮浩二郎著　ビジネス社
【要旨】「大手メーカーの食品」「スーパー・コンビニの食品」「パン」、おにぎり、お菓子」は添加物まみれ！　原材料表示に膨張剤、乳化剤、リン酸塩、カラメル色素があるものは、買ってはいけない!!わが子を食品添加物から守るハンドブック
2017.5 206p B6 ¥1200 ①978-4-8284-1954-1

たばこと健康

◆頑張らずにスッパリやめられる禁煙　川井治之著　サンマーク出版
【要旨】ニコチン依存三兄弟・「体の依存」「習慣依存」「心の依存」に打ち勝つ、禁煙本の決定版！脳科学、心理学、マインドフルネスまで、最新の知見が満載！禁煙外来専門の医師だからこそ書けた、賢く楽しくタバコをやめる方法。
2017.7 270p B6 ¥1400 ①978-4-7631-3523-0

◆「現場の声」から知る・考える・つくる職場の女性のたばこ（喫煙）対策―新型たばこから禁煙支援まで 事業の知識とその実際　高橋裕子,保険者機能を推進する会たばこ対策研究会著　東京法規出版
【目次】第1章 なぜ、女性のたばこ対策が必要なのか―女性のたばこの有害性と受動喫煙（歴史と現状、たばこの有害性と皮膚への影響 ほか）、第2章 新型たばこや受動喫煙―なにをどのように考えるべきか（受動喫煙による健康被害、空間分煙から全面禁煙へ ほか）、第3章 たばこ対策担当者が知っておくべき女性喫煙者への個別の禁煙支援の実際（たばこ対策担当者が禁煙支援の知識を必要とする理由、禁煙開始支援の基礎知識 ほか）、第4章 現場から学ぶたばこ対策のピットフォール（落とし穴）―「成功例」「失敗例」に学ぶ効果的な喫煙対策（企画段階でのピットフォール、手ごわい喫煙者、その対応）
2017 79p B5 ¥1500 ①978-4-924763-49-4

◆タバコ広告でたどるアメリカ喫煙論争　広島大学大学院総合科学研究科編,岡本勝著　丸善出版　（叢書インテグラーレ）
【要旨】アメリカ経済を植民地時代のはじめから支えてきた、葉タバコの生産とそれを加工した製品。これらが時代の流れとともに否定的に扱われるようになった経緯、さらには産業として根強いタバコ業界による反論を、さまざまなタバコ広告からひもとく。未成年者による喫煙や健康を志向する社会の変化など、それに対応しようとした業界の姿が本書では描かれている。受動喫煙に関連して、タバコ使用に対する規制強化が叫ばれる現代社会の様相を、本書はあらためて考える契機にもなるであろう。
2017.12 186p B6 ¥1900 ①978-4-621-30232-3

◆「タバコと健康」真実（ホント）の話―美しい分煙社会をめざして　分煙文化研究会編　ワック　（『コンフォール』愛蔵版）
【要旨】オリンピックに向けて分煙の徹底を、愛煙家イジメは許さない、ほか。あえて世に問う、喫煙は悪なのか。
2017.8 191p B6 ¥2850 ①978-4-89831-467-8

◆マンガで読む禁煙セラピー　アレン・カー著,小野敏監修・訳,桐ヶ谷ユウジ漫画　ぶんか社
【要旨】世界No.1の禁煙法！　マンガでさらにやさしくレッスン。タバコをやめたいと思いながらも、なかなかやめられない勇。勇より一足先にノンスモーカーとなった恋人の碧が禁煙セラピストとなって、世界一簡単な禁煙法を楽しく講義！
2017.3 188p B6 ¥1000 ①978-4-8211-4449-5

病院・医者

◆オールカラー図解 病院のすべてがわかる！　コンパッソ税理士法人著　ナツメ社
【要旨】検査・治療、医療費、病院経営、地域連携、働く人々など、病院のことがよくわかる！
2017.11 239p A5 ¥1600 ①978-4-8163-6347-4

◆かかりつけ医は選ぶ時代　土山智也著　（金沢）北國新聞社
【要旨】簡単！　お医者さん見極めテクニック!!
2017.5 133p B6 ¥815 ①978-4-8330-2099-2

◆国民のための名医ランキング 2018年版　桜の花出版編集部編　（町田）桜の花出版,星雲社 発売
【要旨】名医を目指す人にもぜひ読んでほしい！名医がここに結集！　できるだけ切らない癌治療、化学療法、放射線治療の分野もまとめて掲載。今、健康と思っている人も必ず役に立ちま

健康・家庭医学

◆美を徹底サポートする 最新医療ビューティー・デンタル・アンチエイジング 厳選クリニックガイド 美容医療研究会編 平成社刊、カナリアコミュニケーションズ 発売
【要旨】あなたの人生と運命が変わる！ 安心と信頼のクリニックを厳選。
2017.5 127p A5 ¥1000 ①978-4-7782-0382-5

◆迷ったときのかかりつけ医 広島—かかりつけ医シリーズ 1 乳がん、産科・婦人科、不妊診療 医療評価ガイド編集部編著 （広島）南々社
【要旨】かかりつけ医たちの診療にかける想いが初めて明かされる！ 医師たちは患者のために、日々、どんな想いで診療に取り組んでいるのか。選び抜かれたかかりつけ医たちのポリシー、患者への向き合い方、治療の特色や内容、フォローアップまでを詳しく紹介。
2017.4 335p A5 ¥1400 ①978-4-86489-061-8

◆迷ったときのかかりつけ医 広島—内科編 3 消化器・内分泌・循環器・呼吸器など 医療評価ガイド編集部編著 （広島）南々社
【要旨】あなたの街の医師はどんな人？ 総合病院の専門医たちが推奨する広島県内の内科開業医を中心に紹介。医師の横顔や代表的な症例についても解説。
2017.12 415p A5 ¥1400 ①978-4-86489-069-4

薬の知識

◆お医者さんからもらった薬がわかる本—その薬、ジェネリックでいいですか？ 関口詩乃著, 芹澤良子監修 ディスカヴァー・トゥエンティワン
【要旨】処方薬・ジェネリック薬がわかればもう怖くない！ 薬の不安が解消されて、自分に合った薬がわかるようになります。
2017.2 247p A5 ¥1500 ①978-4-7993-2043-3

◆オールカラー決定版！ お薬事典 2018年版 一色高明監修, 郷龍一執筆 ユーキャン学び出版, 自由国民社 発売 第3版
【要旨】お薬の実物写真6000点超。内服薬／外用薬／漢方薬／抗がん剤など約6200点。
2017.5 726p A5 ¥2600 ①978-4-426-60949-8

◆？（ギモン）を！（かいけつ）くすりの教室 1 くすりってなに？ 加藤哲太監修, WILLこども知育研究所編著 （大阪）保育社
【目次】1 薬ってどんなもの？（薬は、人が元気にいろいろサポートするものです、そもそも健康な体を支えているのは何？ ほか）、2 知ってる？ 薬の工夫（薬の種類が多いのには、ワケがあります、いろいろな種類があるのはなぜ？ ほか）、3 薬はどうやってつくられる？（薬ができるまで、有効成分はどうやって探す？ ほか）、4 薬と同じように使える？（薬ではないので同じようには使えません、医薬部外品ってどんなもの？ ほか）
2018.1 79p A5 ¥2800 ①978-4-586-08588-0

◆？（ギモン）を！（かいけつ）くすりの教室 2 くすりはどう使う？ 加藤哲太監修, WILLこども知育研究所編著 （大阪）保育社
【目次】1 薬はどうやって手に入れる？（よく考えて、適した場所で適した薬を選びましょう、薬を探す前に…知ってる？ 薬はどこで買える？ ほか）、2 内用剤、どう使ったらいい？（OTC医薬品を使うときはまず説明書を確認しましょう、どの成分に効く？、「使用上の注意」ってどんなこと？ ほか）、3 外用剤、どう使ったらいい？（OTC医薬品の外用剤は説明書を確認しましょう、どう使う？、ぬり薬、どう使う？ ほか）
2018.1 79p A5 ¥2800 ①978-4-586-08589-7

◆？（ギモン）を！（かいけつ）くすりの教室 3 くすりと体の関係は？ 加藤哲太監修, WILLこども知育研究所編著 （大阪）保育社
【目次】1 知ってる？ 薬の効くメカニズム（体のしくみや細菌などに働きます、細胞の受容体に働くってどういうこと？、酵素に働くってどういうこと？ ほか）、2 よくある症状にはどんな薬を使う？（それぞれに適切な薬があります、風

邪、インフルエンザ ほか）、3 皮膚の症状やケガにはどんな薬を使う？（皮膚やケガの状態を確認して選びます、皮膚の症状を見る前に…健康な皮膚を見てみよう、湿しん・かゆみ ほか）
2018.1 79p A5 ¥2800 ①978-4-586-08590-3

◆薬のやめ方減らし方 臼井幸治著 総合法令出版
【要旨】薬を飲み続けるほど病気は治らない！ 薬に頼らず健康に長生きする方法。
2017.8 206p B6 ¥1200 ①978-4-86280-565-2

◆薬はリスク？—薬を正しく知るために 宮坂信之著 法研
【要旨】薬に対して患者がとるべき正しい姿勢とは？ 本当に必要な薬を安全に飲むために。
2017.4 194p B6 ¥1600 ①978-4-86513-389-9

◆世界一やさしい！ おくすり図鑑 池上文雄監修, 明野みるイラスト 新星出版社
【要旨】おくすりにまつわるキャラたちが大活躍！ 楽しく知って健康に！
2017.8 159p B6 ¥1500 ①978-4-405-09347-8

◆「毒」と「薬」の不思議な関係 齋藤勝裕著 （新潟）シーアンドアール研究所 (SUPERサイエンス)
【要旨】「毒と薬は紙一重」万能薬も誤れば毒になる!?化学の発達と共に人類が手にした薬の知識や毒の歴史を化学知識をもとに解説。
2017.4 204p B6 ¥1630 ①978-4-86354-214-3

◆ひとめでわかる のんではいけない薬大事典 浜六郎著 金曜日 (『新版 のんではいけない薬—必要な薬と不要な薬』増補・改訂・改題書)
【要旨】その薬は必要？ 不要？ 危険!?薬を"監視"し続けてきた浜医師が答えます。
2017.7 431p B6 ¥1800 ①978-4-86572-020-4

◆病気と不調を自分で治す！ 家庭おくすり大事典 長屋憲監修, 主婦の友社編 主婦の友社
【要旨】50の困った症状を予防・改善する。約450の家庭療法をわかりやすく解説。自分で治す知恵とコツがぎっしり。
2017.2 223p B5 ¥1500 ①978-4-07-422712-9

◆本当に効く薬の飲み方・使い方一徹底図解でわかりやすい！ 加藤哲太監修 実業之日本社
【要旨】飲み方ひとつで、毒にも薬にもなる。ステーキと胃薬は相性が悪い。糖尿病の薬と酒は悪酔いのもと。水なしで薬を飲むと胃潰瘍になる、など。薬効別さくいん付き!!
2017.11 215p A5 ¥1800 ①978-4-408-33741-8

◆本当に必要な薬がわかる本—名医が本音で答える！ ブックマン社編集部編 ブックマン社
【要旨】年齢とともに医者から出される薬が増えている人、必読。こんなにたくさん死ぬまで飲み続けるの？ 必要な薬なのかムダな薬なのか白黒つけたい。
2017.5 191p 23×19cm ¥1300 ①978-4-89308-880-2

薬草の知識

◆月と太陽、星のリズムで暮らす薬草魔女のレシピ365日 瀧口律子著 BABジャパン
【要旨】太陽や月、星、そして植物を愛する魔女の生活は、毎日が宝探し。季節の移り変わりや月のリズムとともに暮らし、星の力を暮らしの薬草を日々の暮らしに取り入れる。自然を大切にし毎日の暮らしを楽しむヒントが満載！ 魔女の薬草レシピ集！
2017.7 233p B6 ¥1400 ①978-4-8142-0068-9

◆和ハーブ図鑑 古谷暢基, 平川美鶴著 和ハーブ協会, 素材図書 発売
【要旨】和ハーブとは古来、日本人の生活と健康を支えてきた日本のハーブ（有用植物）のこと。本書は植物観察のガイドブックとしてだけでなく、日本の植物がどのように人と関わり、有用されてきたかを紹介しています。
2017.8 297p A5 ¥2300 ①978-4-908064-04-3

アロマテラピー

◆アロマセラピー学 塩田清二監修 悠光堂 (ガーデンセラピー講座 1)
【目次】第1章 総論 アロマセラピーを知る（芳香、精油、アロマセラピーとは、アロマセラピーの歴史と将来展望について、医療現場におけるアロマセラピーの現状と可能性、看護現場におけるアロマセラピーの現状と今後の展望、福祉・介護現場におけるアロマセラピーの現状と可能性、日常生活におけるアロマセラピーの現状、地方創生におけるアロマセラピーの現状）、第2章 アロマセラピーを使う（精油の正しい扱い方、精油の製造法とよい選び方、正しい扱い方、精油の種類、芳香の嗅ぎ方、ブレンドオイルの作り方、芳香物質の体内動態—芳香物質はどのようにして体内に入るのか、芳香の薬理作用、アロマセラピーにおける副作用、アロマセラピーの特性と留意事項）
2017.5 203p B5 ¥2500 ①978-4-906873-74-6

◆フランス薬剤師が教える もっと自由に！ 使えるアロマテラピー ダニエル・フェスティ著, 山本淑子監訳 フレグランスジャーナル社
【要旨】ラベンダー、レモン、ラヴィンツァラ、イランイラン…さまざまな精油は、日常のちょっとしたケアに役立つ、素晴らしい力を秘めています。それはわかっているのに、多くの人が最初の一歩を踏み出せずにいます。最初のひと瓶はどれがいいの？ どう揃えていけば？ 精油でなにに必要なものはあるの？ ほかに必要なものはあるの？ 本書は、このような不安や疑問をひとつひとつクリアーにし、アロマテラピーの素晴らしさと正確な知識をもっと多くの人びとに伝えるために書かれました。精油を初めて使う方、自由自在に精油を使いこなしたいと願う方に、ぜひおすすめしたい一冊です！
2017.6 206p A5 ¥2100 ①978-4-89479-288-3

◆マンガで合格！ アロマテラピー検定1級・2級テキスト＋模擬問題集—スマホ問題集対応 ふたば, aiko監修 インプレス（付属資料：別冊1）
【要旨】（公社）日本アロマ環境協会公式テキスト対応。マンガ＋わかりやすく丁寧な解説。
2017.3 223p A5 ¥1600 ①978-4-295-00071-6

健康法

◆アゴトレ—頭痛・めまい、首・肩の痛みを動かしながら治す 伊藤和磨著 光文社（付属資料：DVD1）
【要旨】アゴを引けば、痛みが消えていく。姿勢と表情が変わり、佇まいが美しくなる。DVDで、エクササイズの細かな動きをサポート。
2017.5 135p A5 ¥1400 ①978-4-334-97797-9

◆朝1分夜1分 軽・楽すとれっち—ずぼらさん、ぐうたらさんでもできる 吉田真理子著 ベースボール・マガジン社
【要旨】ゆるゆる健康運動指導士が唱える、明るく楽しく動けるカラダづくり。ぐうたらさんが女神に変身!?
2017.7 143p A5 ¥1600 ①978-4-583-11117-9

◆足の裏を刺激して一生歩ける体になる！ きくち体操 菊池和子著 宝島社
【要旨】寝たきり、認知症予防の決定打！ 全身の筋力、脳、内臓がよみがえる！ やってびっくり！「きくち体操」。
2017.5 127p A5 ¥1100 ①978-4-8002-6948-5

◆あなたの不調がスパッと消える！ 快腸SPAT 鹿島田忠史著 あさ出版
【要旨】快腸SPATとは…重いアトピーが解消した、免疫力が高まった、うつ症状が治まった、潰瘍が消えた、腫瘍が消えた、過敏性腸症候群の症状が治まった、若返った、ずっと落ちなかった脂肪が消えたほか、気持ちがよくて、心にも体にもいい、感動の声続々のすごい健康法。体のゆがみをとって、腸を正しい位置に戻し、正しく動かすだけでOK！
2017.12 151p A5 ¥1300 ①978-4-86667-025-6

健康・家庭医学

実用書

◆天城流湯治法エクササイズ 2 ―あれ？こんなことでからだが治る! 杉本錬堂著
ビオ・マガジン （アネモネBOOKS）
【要旨】からだの痛みはもちろん、呼吸、疾病、うつ、不妊。様々な健康に対応するセルフメンテナンス法。「指でほぐす」だけで、からだが一瞬で楽になる!!
2017.12 151p A5 ¥1500 ①978-4-86588-026-7

◆あらゆる病気は歩くだけで治る! 青柳幸利著 SBクリエイティブ （SB新書）
【要旨】世界が注目!「奇跡の研究」。5000人17年間の最新研究でつきとめた健康に効く歩き方とは? 健康長寿の黄金律がここに。
2017.10 170p 18cm ¥1400 ①978-4-7973-9260-9

◆あらゆる不調が解決する最高の歩き方 園原健弘著 きずな出版
【要旨】「1日1万歩」は必要ない! 「歩きのプロ」が教える健康に長生きするためのコツと習慣。
2017.2 164p B6 ¥1300 ①978-4-907072-87-2

◆歩き方で人生が変わる 長尾和宏著 山と溪谷社
【要旨】あなたは病気や不幸になる歩き方をしていませんか? 幸せになる10の歩き方。スティーブ・ジョブズ、バラク・オバマ、小池百合子等…成功者の歩き方はここが違う!
2017.10 207p B6 ¥1200 ①978-4-635-49026-9

◆歩くだけで不調が消える 歩行禅のすすめ 塩沼亮潤著 KADOKAWA
【要旨】歩きながら「ありがとう」と「ごめんなさい」を唱えるだけ。心の反応をコントロールできれば、人は無用な苦しみから解放される!
2017.9 239p B6 ¥1400 ①978-4-04-601892-2

◆「1日1分」を続けなさい!――一生太らない"神"習慣 竹下雄真著 世界文化社
【要旨】運動はスクワットだけで十分! ルーティンの魔法にかかれば、「1日1分」で必ず体が変わる! 人生もうまくいく!
2017.10 205p A5 ¥1400 ①978-4-418-17423-2

◆1日1分からだを開くと姿勢はよくなる! 酒井慎太郎、廣田加津子著 宝島社
【要旨】胸を開く体操、肩甲骨を開く体操で姿勢はすぐによくなります!「からだを開いて」「S字姿勢」「骨盤立て」で姿勢を改善! 20歳若返る!
2017.4 191p 18×12cm ¥1100 ①978-4-8002-6672-9

◆1日3分! 「首ポンピング」で健康になる 永井峻著 サンマーク出版
【要旨】健康は、首次第。「リズム運動×伸び縮み」で首を整えると、全身の血流がよくなる!「早い、簡単、なのに効く!」あなたの全身がみるみるよみがえる究極の健康法! 6万件の施術・指導を行ってきた人気整体師が明かす。
2017.4 238p B6 ¥1300 ①978-4-7631-3620-6

◆1日10秒ストレッチで美姿健康になる―1200万人の肩こりも瞬時に解消! 3DAストレッチ写真解説付き 田中俊和著 セルバ出版、創英社／三省堂書店 発売
【要旨】からだの本質的なメカニズムを最大限利用し、筋肉のみならず全身の骨格を変化させていくストレッチで、限られたトップアスリートが実践してきたストレッチを一般向けに進化させた方法。1日に10秒行うだけでの取り組んでもらいやすく、簡単化でき、さらにストレッチの1つひとつをわかりやすく写真に載せているので見るだけで実践が可能。
2017.6 63p A5 ¥1500 ①978-4-86367-319-9

◆一生動ける体になる! 骨力体操 Makoto著 高橋書店
【目次】1章 骨力体操で元気な体を取り戻す（なぜ、人は歩けなくなってしまうのか…筋力が衰える負のスパイラル ほか）、2章「生きるための」赤の骨力体操（さあ、骨力体操をやってみよう!、「生きるための」赤の骨力体操 ほか）、3章「元気になるための」黄の骨力体操（やってみよう!「元気になるための」黄の骨力体操、この体操で動かす部位 ほか）、4章「より人生を楽しむための」青の骨力体操（やってみよう!「より人生を楽しむための」青の骨力体操、この体操で動かす部位 ほか）
2017 127p 24×19cm ¥1300 ①978-4-471-03252-4

◆1分で「聞こえ」が変わる耳トレ! （CD付） 小松正史著、白澤卓二監修 ヤマハミュージックエンタテインメントホールディングス （付属資料：CD1）
【要旨】気づくとテレビの音量を上げている。人の話を聞き返すことが増えた。後ろから来る車に反応できなくなってきた。聴力検査が怖くなってきた。高い音が聞き取りづらい。―今日から「耳トレ」をはじめよう! 簡単! 聴くだけ! すぐ効く!
2017.12 110p A5 ¥1500 ①978-4-636-94648-2

◆いまからでも遅くない転ばぬ先のシコ 元・一ノ矢著 ベースボール・マガジン社
【要旨】体スッキリ、頭もスッキリ、元気に一生過ごすためのコツ満載! 元最年長力士でシコ研究の第一人者が、なぜシコを踏むと体にいいのか、その秘密に迫り、簡単で安全にできるシコトレを伝授します。
2017.9 95p B6 ¥1300 ①978-4-583-11099-8

◆ウォーキングだけで老けない体をつくる 満尾正著 宝島社
【要旨】1日10分×3回、通勤、生活の合間でOK! 若返りホルモンDHEAが増えていく! 疲れにくくなる、自律神経が整う、認知症予防、骨密度・筋肉量が上がる。見た目と体が10歳若くなる!
2017.12 127p A5 ¥630 ①978-4-8002-7837-1

◆老いるほど若く見える健康法 石原結實著 ロングセラーズ
【要旨】どうしたら老化を防ぎ、いつまでも若々しく、元気で過ごせるかについて、約四〇年の医師としての経験から、さらに五回調査に出向いた旧ソ連邦・コーカサス地方のセンテナリアン（百歳以上の長寿者）達の食事や生き方などを考察した結果、三つの結論に到達した。ぜひお試しいただきたい。
2017.3 193p 18cm ¥1900 ①978-4-8454-5014-1

◆お尻をほぐせば「疲れ」はとれる 坂詰真二著 ベストセラーズ （ベスト新書）
【要旨】下半身を柔らかくするストレッチで肩こり・腰痛が軽減。ストレスが和らぐ。マッサージいらず。ガチガチからスッキリへ。
2017.5 207p 18cm ¥840 ①978-4-584-12556-4

◆「おしり」をほぐせば100歳まで歩ける! 松尾タカシ著 総合法令出版
【要旨】おしりをほぐして、腸腰筋を鍛えて、健康寿命を延ばす! 転ばない、骨折しない、寝たきりにならない。1日1分、おしり健康法。家族に一生、迷惑をかけない身体づくり。腰痛、ひざの痛み、猫背が解消!
2017.10 139p B6 ¥1200 ①978-4-86280-578-2

◆「おしり」ストレッチ―いつまでも歩くためにおしりを鍛える 松尾タカシ著 学研プラス
【要旨】朝、布団の中で「寝たまま」1回。日中、イスに「座ったまま」1回。1日2回の簡単ストレッチで、転倒・寝たきり・歩行介助の心配のない体に!
2017.9 174p A5 ¥1100 ①978-4-05-800803-4

◆おしりの筋肉がすべて解決する 内田輝和著 主婦の友社
【要旨】腰やひざが痛い、血圧が高い、疲れがとれない、なかなかやせない、ネガティブ思考、集中できない…すべての悩みはおしりの筋肉で解決する!
2017.3 191p B6 ¥1200 ①978-4-07-422899-7

◆科学でわかった正しい健康法 ジェフ・ウィルザー著、栗木さつき訳 大和書房
【要旨】「ヘルシー」なはずが体重を増やしていた――グルテンフリー食品、人工甘味料で代謝が混乱して太る―ダイエットソーダ、毎日脳細胞を殺して二度と戻らない―睡眠不足、やるほどに筋力を弱める運動―ストレッチ、お腹周りに一番効果的!―インターバルトレーニング、ファストフードで27キロ痩せた?―マクドナルド、ミスが減って仕事がはかどる究極の気晴らし―ネットサーフィン、ダイエットにきて頭の回転が速くなる?―テキーラ、自殺率を下げる不思議な飲み物―コーヒー、4.8キロのジョギングに相当するって?―貧乏ゆすり、実は代謝を下げるエクササイズ―ヨガ、やる気の復活に効果バツグン、脂肪が減り、代謝が上がる朝食とは?―卵…脳科学、生理学、栄養学、遺伝学…最新の研究を完全網羅! 最新のエビデンスに基づいた本当の健康法を徹底解明!
2017.7 311p B6 ¥1600 ①978-4-479-78394-7

◆硬い体がみるみるほぐれる世界一効くストレッチ 石井直方監修, 荒川裕志著 PHP研究所
【目次】第1章 まずはここからストレッチの基本を知ろう! （カラダが硬くなるしくみ、ストレッチの複合的効果 ほか）、第2章 ストレッチの前に 準備体操で体の芯からほぐす! （カラダの3つのコア、体幹の曲げ・伸ばし ほか）、第3章 柔軟性向上の重要課題 ガチガチの体幹をしなやかにする! （脊柱まわりのストレッチ、胸郭まわりのストレッチ ほか）、第4章 肩コリも怖くない! 上半身の不調を予防・改善（胸のストレッチ、肩まわりのストレッチ ほか）、第5章 あきらめるのはまだ早い 下半身の柔軟性を手に入れる! （お尻のストレッチ、股関節深部（前面）のストレッチ ほか）
2017.9 127p A5 ¥1200 ①978-4-569-83863-2

◆硬くゆがんだ体を整えて痛みをトル やわらかい体のつくり方 高橋順房著 日東書院本社
【要旨】動けるカラダは柔らかい。やわらか体で健康生活。かんたんチェックでやわらかキープ。
2017.3 159p B6 ¥1100 ①978-4-528-02134-1

◆肩・腰・ひざの痛みに効く アキレス腱のばし 池村聡文著 主婦の友社
【要旨】肩こり・腰痛・ひざ痛が楽になる。姿勢がよくなる。楽に速く歩ける・走れるようになる。足が疲れにくくなる。転びにくくなる。血行がよくなり冷えがとれる。むくみがとれる。足首が締まって美脚になる。顔のたるみがとれる。立って、座って、つかまって、1回たったの20秒。
2017.12 143p 18cm ¥800 ①978-4-07-426868-9

◆カチコチ体が10秒でみるみるやわらかくなるストレッチ 永井峻著 高橋書店
【目次】1 カチコチがみるみるやわらかくなる秘密（いくらストレッチしてもやわらかくならない…。それは、罠にハマっていたからです。 ほか）、2 体を目覚めさせるやわらか基本ポーズ3 （カチコチ体の背面をほぐして 前屈、カチコチ体の前面をほぐして 正座上体反らし ほか）、3 やわらか体のよろこび（いつかでも、体はやわらかくなる、体が硬くなった原因とやわらか体のつくり方 ほか）、4 各部位の柔軟性をつくるやわらかポーズ6 （首、肩、腕をやわらかくして 牛の顔のポーズ、胸、お腹をやわらかくして コブラのポーズ ほか）
2017.8 159p A5 ¥1200 ①978-4-471-03254-8

◆下半身が変わると人生が変わる! すごい足指まわし YUKARI著, 平野薫監修 永岡書店
【要旨】2万人の体を変えた本当に効く足マッサージ法。
2017.10 111p A5 ¥1000 ①978-4-522-43549-6

◆体がかたい人でもラクに開脚できるようになる本 藤本陽平監修 KADOKAWA （中経の文庫）
【要旨】脚を開くだけで疲れない＆老けないカラダが手に入る! 簡単! 4週間プログラム。
2017.4 173p A6 ¥600 ①978-4-04-601995-0

◆体と心を整える指もみ 松岡佳余子著 主婦の友社
【要旨】手は全身の縮図。だからこそ手をもむだけで、全身のお悩みを解消することができるのです!
2017.2 127p 18cm ¥780 ①978-4-07-422758-7

◆体のコリがすべて消える究極のストレッチ 中村格子著 日経BP社, 日経BPマーケティング 発売
【目次】はじめに「究極のストレッチ」で全身が若返る、「究極のストレッチ」のアプローチにあり!「脊椎」と3大関節のしくみ関節の位置と老化について解説、まずはこれだけ!「基本の関節ストレッチ」、あなたは大丈夫?「脊椎と3大関節の柔軟性チェック」、首こりや腰痛を防ぐ「基本の脊椎ストレッチ」、肩こりと老け見え姿勢を改善「基本の肩関節ストレッチ」、腰痛を防ぎ、ヒップアップにも!「基本の股関節ストレッチ」、ひざの痛みを解決、美脚になる「基本のひざ関節ストレッチ」、腱鞘炎、外反母趾を防ぐ「手首と足首のストレッチ」
2017.6 159p A5 ¥1300 ①978-4-8222-6194-8

◆カラダのすべてが動き出す! "筋絡調整術"―一筋肉を連動させて、全身を一気に動かす秘術 平直行著 BABジャパン
【要旨】人間の筋肉は螺旋でできている! 自分一人でできる! 全身を繋げて運動機能を高め、身体不調を改善する、格闘家平直行の

◆新メソッド！なぜ、思うように動けないのか！なぜ、慢性不調がいつまでも治らないのか？それは、現代環境が便利になりすぎたゆえに"動物本来の動き"が失われたからなのだ!!"現代人がやらなくなった動き"この本の中に、がある！
2017.5 185p B6 ￥1400 ①978-4-8142-0053-5

◆かんたん開脚で超健康になる！　佐藤良彦著　三笠書房　(王様文庫)　(『3分間でできる健康体操真向法』加筆・再編集・改題書)
【要旨】毎日、確実に体がやわらかくなっていくのを実感！この「気持ちよさ」は最高です。たった4つの「真向法」体操。これなら絶対、誰にもできます！腰痛、冷え性、O脚、疲れ、猫背、不眠…みるみる改善!!
2017.3 186p A6 ￥640 ①978-4-8379-6815-3

◆カンタン！すぐ効く！病気にならない「白湯」健康法　蓮村誠著　PHP研究所
【要旨】「冷え性」「便秘」「花粉症」が改善！めったに「風邪」を引かなくなる！「おもい疲労感」もスーッととれる！からだのあらゆる不調と症状がスッキリ改善！
2017.6 220p B6 ￥620 ①978-4-569-83270-8

◆かんたん毒だし健康法　蓮村誠監修　洋泉社
【要旨】1日の過ごし方、食べ方のルール、正しい運動のしかた、症状別ケア、ヨガ、マッサージ、簡単レシピーが一冊の中に。心も軽やか になる！インドの伝統医学に基づくデトックス・セルフケア。体質がわかる♪チェックシート付。
2018.1 143p A5 ￥1300 ①978-4-8003-1387-4

◆奇跡の芯体操 2　津田美智子著　(八尾)リトル・ガリヴァー社
【要旨】「自らの体験から考案した"芯体操"を、広く世の中に伝えたい」その思いで、奮闘している津田美智子。健康は医者いらずになることが、初めての一歩。身体が変わり、心も軽やか。多くの笑顔と幸せを呼ぶ、奇跡のメッセージ。「芯体操」と出会ったギラン・バレー症候群の画家・山口真功氏との対談を収録。
2017.12 232p B6 ￥1600 ①978-4-909259-20-2

◆休息のレシピ―タメイキは最高のゼイタク HAPPYな毎日を送るための呼吸法　松本くら著　BABジャパン
【要旨】タメイキは盛大に、ウソのあくびをする、仙骨ヨショシ…「悲しみが止まらない」「テンパりすぎてうわの空」そんな気分や気持ちをすぐに一掃！世界で一番もちいいストレッチ集。
2017.10 167p B6 ￥1300 ①978-4-86251-301-8

◆筋膜筋肉ストレッチ療法―肩こり全快！自分ですぐできる！　マーティー松本著　BABジャパン
【要旨】本場オーストラリア国家資格者の"治療的セラピー"だから効く！筋膜リリースとMET法(マッスルエナジーテクニック)、さらにトリガーポイントリリースも組み合わせ、肩こり・首こりをスッキリ解消！
2017.9 126p A5 ￥1200 ①978-4-8142-0074-0

◆首からユルめる！一体の"諸悪の根源"を改善させる究極のセルフ・トリートメント アレキサンダーテクニック、クラニオセイクラルセラピー　吉田篤司著　BABジャパン
【要旨】「アレキサンダーテクニック」と「クラニオセイクラルセラピー」が自己施術できてしまう!!セルフでは困難とされてきたこの2つの、自己施術を可能にする、画期的な方法です。これによって、あらゆる身体不調の"根源"を改善する事ができます！
2017.4 234p B6 ￥1400 ①978-4-8142-0045-0

◆元気になりたきゃ、お尻をしめなさい　船瀬俊介著　日本文芸社
【要旨】1日10回、お尻をしめると一疲れない、若々しくなる、背筋がシャキッとする、腰痛が治る、寝たきりにならない…。最新医学が実証！お尻しめ20の効用を解説。
2017.12 222p B6 ￥1300 ①978-4-537-26176-9

◆健脚寿命を延ばして一生歩ける体をつくる！　石部基実著　すばる舎
【要旨】自力で歩く力があれば、老後もまったく怖くない！股関節のスーパードクターが教える、1回5分から動く、食べる、休むだけの、関節いたわり方。
2017.2 180p B6 ￥1300 ①978-4-7991-0597-9

◆高血圧が改善する 酢しょうが健康法　石原新菜著　洋泉社

【要旨】冷え、糖尿病、肝機能障害、便秘、アレルギー、関節痛、肩こり、生理痛・更年期障害etc. ダイエットや免疫力アップにも効果あり！しょうがと酢のダブルパワーで体も心もぽかぽか元気になる！
2017.2 159p B6 ￥1300 ①978-4-8003-1150-4

◆股関節がみるみるゆるむすごい腰割り体操　元・一ノ矢著　実業之日本社　(じっぴコンパクト文庫)　(『お相撲さんの"腰割り"トレーニングに隠されたすごい秘密』加筆・再編集・改題書)
【要旨】お相撲さんの「腰割り」にはすごい秘密が隠されていた！まっすぐ立った姿勢から股関節を開いて腰をおとす、シコを踏む時の基本姿勢をとる運動、とてもシンプルな動きだが、この運動こそが、股関節をゆるめて体を整える効果があるのだ。この「腰割り」の正しいやり方、しかも、お相撲さんのように深く腰を落とす必要のない方法をレクチャー。
2017.5 239p A6 ￥680 ①978-4-408-45687-4

◆呼吸で10歳若返る―脳も体もよみがえるメディカルタイチ　白澤卓二著、国際メディカルタイチ協会監修　ブックマン社
【要旨】いい呼吸をするだけで体も心も健康でいられるのです。三浦雄一郎さんのような"スーパーご長寿"になることも、誰でもできます。老化に負けない体が作れる「エキセントリック・トレーニング」と、何歳でも最も簡単にどこにいても続けられる「太極拳」が最適の運動です。ぜひ、太極拳で病気や老化を遠ざけ、長く太極拳を楽しむことを目標に、多幸感に満ちた人生を送りましょう！
2017.9 157p B6 ￥1300 ①978-4-89308-886-4

◆呼吸美メソッド―とってもシンプル、なのにすごく効く！ ZEN呼吸法　椎名由紀著　双葉社　(付属資料：CD1)　改訂版
【要旨】ZEN呼吸法を始めたら、「食べても太らなくなった！」「冷え性・便秘が解消した！」「肌つやがよくなり、くすみが取れた！」などの声、続々!!! そのヒミツは、朝の5分半たったのこれだけ!!
2017.10 111p A5 ￥1300 ①978-4-575-31305-5

◆国生体操―身体を整えることは、心を整えること　国生さゆり著　トランスワールドジャパン
【要旨】正しい部位を、正しく使うアンチエイジングのための1つの習慣と、7つの体操。
2017.9 111p A5 ￥1400 ①978-4-86256-211-1

◆50歳からは「筋トレ」してはいけない 何歳でも動けるからだをつくる「骨呼吸エクササイズ」　勇崎賀雄著　講談社　(講談社プラスアルファ新書)
【要旨】健康のためのジム通いが老化を早める。
2017.6 205p 18cm ￥880 ①978-4-06-272996-3

◆50歳から始める介護されない体づくり―食事とストレッチで健康寿命を10歳延ばす　杉山ゆみ著、今村幹雄監修　合同フォレスト、合同出版 発売
【要旨】管理栄養士30年のキャリアから編み出した「食事のポイント」も満載！これであなたの健康寿命は10歳延びる！
2017.2 190p B6 ￥1400 ①978-4-7726-6080-8

◆コスパ最強健康法43―安くて、楽しく、長続きする　藤田紘一郎著　三五館
【要旨】80歳目前で全国を駆け回る超人ドクターが初公開。試してみたらやめられない!?43の健康習慣。
2017.10 206p 18cm ￥1100 ①978-4-88320-712-1

◆ごぼう先生と楽しむ大人の健康体操　簗瀬寛著、白澤卓二監修　あさ出版
【要旨】全国で大人気！大人のための"体操のおにいさん"こと「ごぼう先生」考案。頑張らなくても椅子に座ったままでもOK！1日10秒からの大人の健康体操で、楽しく、簡単に、健康で、ずっと元気な心と体が手に入る！
2017.9 167p B6 ￥1300 ①978-4-86667-004-1

◆五輪トレーナーが教える周波数健康法　川辺政実著　幻冬舎メディアコンサルティング、幻冬舎 発売
【要旨】一流アスリートも実践している健康を維持するための科学的手法。こり、痛み、疲労…体内の不調は周波数を整えれば解消できる！
2017.12 209p B6 ￥1300 ①978-4-344-91415-5

◆ゴロ寝でできる！ゆらぎ体操―行列のできる体操教室が教える　森明彦監修　自由国民社
【要旨】運動嫌いなあなたに！世界一カンタン！ゆがみ・冷え・不眠・ストレス・うつも解消！
2017.10 95p A5 ￥1200 ①978-4-426-12246-1

◆最高に動ける体になる！骨舗リセットストレッチ　鈴木清和著　青春出版社
【要旨】ストレッチをして、なぜ効果を感じられなかったのか？骨格のズレを整えるとたちどころに、関節可動域が広がる！骨と筋肉が正しく動く！ケガしにくくなる！運動パフォーマンスを究極まで上げるストレッチの決定版。
2017.11 126p A5 ￥1380 ①978-4-413-11233-8

◆佐古田式養生で120歳まで生きる・しない健康法　佐古田三郎著　実業之日本社
【要旨】朝起きたときから疲れて。体が重くてやる気が出ない。ストレスを感じやすく、気持ちが沈みがち。こんな症状をスッキリ改善。
2017.7 214p B6 ￥1300 ①978-4-408-02615-2

◆姿勢とストレッチでこんなに変わる！―健康で若々しくなる秘訣　松本有記著　セルバ出版、創英社/三省堂書店 発売
【要旨】健康と美しさは、「ストレッチ」と「姿勢」で決まる。姿勢のまちがいを知り、きちんと正して、気持ちよくストレッチをするだけで、血流も気の流れも良くなり、私たちの体は、もっと健康に、美しくなっていく。
2017.8 167p B6 ￥1500 ①978-4-86367-359-5

◆死ぬまで歩くにはスクワットだけすればいい　小林弘幸著　幻冬舎
【要旨】スクワットには、足腰を鍛えるだけではなく、免疫力向上、認知症予防、尿漏れ防止、便秘解消、心を前向きにする作用など、たくさんの響くべき効果が隠されているのです。
2017.10 125p A5 ￥1000 ①978-4-344-03197-5

◆しゃがむカ―スクワットで足腰がよみがえる　中村考宏著　晶文社
【要旨】しゃがめばスッキリ！炊事・洗濯・掃除―日常生活のあらゆる場面でかつては必要不可欠だった動作を「スクワット」を通して取り戻す。筋肉に頼らず行える「らくらくエクササイズ」を多数紹介。極意は「落ちる」こと。
2017.6 239p B6 ￥1600 ①978-4-7949-6966-8

◆15秒押さえるだけで超・疲労回復！忍者マッサージ　芳原雅司著　扶桑社　(付属資料：DVD1)
【要旨】甲賀忍者が、自らの肉体を癒した秘伝の術。日本酒を塗ってさするだけで、不調が改善され、疲労の回復、ダイエット、アンチエイジングにまで効果を発揮。日本代表をはじめとするアスリート達も賞賛する技術を、誰でもカンタンにできるようまとめた一冊。
2017.5 63p 26×21cm ￥1600 ①978-4-594-07717-4

◆15秒背骨体操で不調が治る―腰・肩・頭・目・胃腸がすっきり！　松岡博子著　さくら舎
【要旨】背骨まっすぐが危ない！腰痛、肩こり、頭痛、目の酷使、胃痛、便秘などなど、すべての不調は背骨にあらわれる！背骨体操できれいな生理的湾曲の背骨が手に入ります！
2017.3 152p B6 ￥1400 ①978-4-86581-092-9

◆人生を変える丹田呼吸と感謝行　松山喜代英著　知道出版
【要旨】「心のちから」「命の真実」に続く第3弾！この丹田呼吸法とは単なる呼吸法ではなくすべての答えを導く「術」である。感謝行(かんしゃぎょう)とは本質的な「真の感謝」を極める「心の修行」夢を叶え、本当の幸せを実現させる方法がここにある！
2017.10 219p B6 ￥1500 ①978-4-88664-304-9

◆身長が2センチ縮んだら読む本―胸郭ストレッチで腰曲がりを予防・改善！　古賀昭義著　秀和システム
【要旨】身長が2センチ以上低くなると、背骨の骨折の危険性が13.5倍に！放っておけば腰が曲がり、歩けなくなる可能性も！歳をとったら仕方がないとあきらめないで。体が変化しはじめた初期に気付いて診察を受け、適切な生活習慣・運動習慣で、寝たきりを防ぎましょう！
2018.1 175p B6 ￥1300 ①978-4-7980-5062-1

◆「水素」吸入健康法　橋本勝之著　幻冬舎メディアコンサルティング、幻冬舎 発売
【要旨】体内の活性酸素を除去すれば、健康寿命は20年延びる！毎日水素を吸うだけで身体の調子がみるみる良くなる！水素の吸引が引き起こ

健康・家庭医学

実用書

す、究極のアンチエイジング効果。
2017.1 215p 18cm ¥800 ①978-4-344-91186-4

◆頭蓋骨をユルめるとカラダが快調になる！
山口勝美著, 春田博之監修 世界文化社
【要旨】頭痛、不眠、眼精疲労、首こり、肩こり、腰痛、食欲不振…が解消！3万人が効果を実感したメソッドを初公開！「小顔」効果も！
2017.2 95p A5 ¥1300 ①978-4-418-17401-0

◆図解 40代からのアンチエイジング28の方法—こころと体の常識「ウソと誤解」を明らかにする！ 和田秀樹著 PHP研究所
【要旨】「やせると長生きできる」はウソ、「血糖値は低いほうがいい」という誤解、「油抜きダイエット」はこわい、アンチエイジングの昼食・間食・夕食、「快体験」が免疫力を上げる。いつまでも元気に、10歳若々しく見られるコツが満載！
2017.3 127p A5 ¥740 ①978-4-569-83294-4

◆「好きなこと」で、脳はよみがえる—無理なくできる"生涯健康脳"のつくり方 瀧靖之著 大和書房
【要旨】脳は「ワクワク状態」を保つことで、活性化し続けていく—。脳と体の寿命を近づけるための、「楽しい生活習慣」のススメ！
2017.1 205p A5 ¥1400 ①978-4-479-78371-8

◆スキマ・エクササイズでからだケア 中央労働災害防止協会編 中央労働災害防止協会 (すぐに実践シリーズ)
【要旨】仕事の合間や休憩中に…スキマ時間を使ったエクササイズで手軽に解消。
2017.11 15p A5 ¥200 ①978-4-8059-1774-9

◆すごい呼吸 CDブック—不調がなくなる！ぐっすり眠れる！体が変わる！ 森田愛子著 講談社 (講談社の実用BOOK) (付属資料：CD1)
【要旨】4万人を施術してきた整体師の人気レッスンを収録。生きているだけで循環する、不調がなくなる体になれる「呼吸」を教えます。
2017.6 63p 19×15cm ¥1300 ①978-4-06-299876-5

◆すごいストレッチ—職場で、家で、学校で、働くあなたの疲れをほぐす 崎田ミナ著, 田中千哉監修 エムディエヌコーポレーション, インプレス 発売
【要旨】ストレッチ・イラストコラムが書籍になりました！多数のユーザーから「これは効く！」と人気が高かったストレッチを厳選収録!!ほぐしたい部分を直撃する気持ちよさ！職場や教室でもできる！身体が固くても大丈夫！
2017.3 127p A5 ¥1200 ①978-4-8443-6645-4

◆ストレスとりたきゃ頭蓋骨をもみなさい 寺林陽介著, 内野勝行監修 アスコム (健康プレミアムシリーズ)
【要旨】ストレスからくる頭の「緊張」を取るだけ！ひどい頭痛や肩こり、睡眠障害、眼精疲労も一気に改善！
2017.11 189p B6 ¥1100 ①978-4-7762-0969-0

◆すべては股関節から変わる—1日1分 運命を変える奇跡の整体 南雅子著 SBクリエイティブ
【要旨】12万人の人生を変えた！「股関節」矯正の決定版！！肥満、O脚、むくみ・冷え、生理痛、シワ・くすみ、便秘、肩こり・腰痛、ストレス・不眠…あらゆる悩みが消えていく！
2017.8 223p B6 ¥1300 ①978-4-7973-9077-3

◆ずぼら健康法—らくらく長生き 村上百代著 自由国民社 (『年をとるほど健康になる人、なれない人』改装・改題書) 改装版
【要旨】健康になりたければ薬はやめなさい！薬剤師が教える努力しなくても元気になる33のコツ。
2017.6 170p 18cm ¥1100 ①978-4-426-12150-1

◆世界一ゆるーい！解剖学的コンディショニング 有川譲二著 主婦と生活社
【要旨】4ステップで筋肉を簡単リセット。腰痛、ひざ痛、肩こりなどに効く!!
2017.12 127p 21×19cm ¥1300 ①978-4-391-15115-2

◆仙骨を温めればすべて解決する 中野朋儀著 SBクリエイティブ
【要旨】たった一つの行動で、体のあらゆる不調がウソのように消えていく。1日30秒シャワーで腰を温めるだけ！「自律神経」「血流」「ホルモンの量」を一挙に改善する画期的健康法！
2017.10 159p B6 ¥1300 ①978-4-7973-9187-9

◆即効「筋膜リリース」で超・健康になる！ 滝澤幸一著 三笠書房 (王様文庫)
【要旨】「筋膜」とは、筋肉や血管、臓器などのあらゆる組織を包んでいる"膜"のこと。この筋膜のよじれが、痛みやこり、不調の原因となるのです。筋膜のよじれを"リリース(解放)"して、超・健康な体を手にいれましょう！
2017.6 182p A6 ¥660 ①978-4-8379-6824-5

◆その歩き方はいけません！間違いだらけのウォーキング常識 夏嶋隆著 ガイドワークス
【要旨】悪い歩き方を続けては体を壊す！歩き方を直せば不調は消える。疲れない！痛くならない！転ばない！今すぐリスクゼロの健康歩行に変えなさい！動作解析のプロフェッショナルが日本のウォーキングを正しく整える！
2017.4 175p B6 ¥1200 ①978-4-86535-528-4

◆正しく歩いて体をリセット 体幹ウォーキング 金哲彦著 学研プラス
【要旨】肩甲骨・骨盤・丹田を正しく使えば、いつもの歩きが効果的な運動になる！歩くという運動の本質、歩き方のセオリー、正しい歩き方と間違った歩き方、体幹ウォーキングで痩せるメカニズム、体幹にスイッチを入れるコツ、セルフチェック法、効果的なフォームの整え方、歩くリズムと呼吸など、体幹ウォーキングの第一人者が教える正しい歩き方！
2017.6 182p B6 ¥1200 ①978-4-05-800832-4

◆龍村式指ヨガ健康法—いつでもどこでも手軽に出来る！ 龍村修著 日貿出版社 新装ワイド版
【要旨】東洋医学の「部分即全体」という原理をベースにした、ユニークで即効性の高い健康法。指を回したり、反らしたり、手のひらや手の甲をもんだりするだけで、脳のストレスを解消し、心身のアンバランスを改善するなど、本格的なヨガに近い効果が期待出来る。
2017.3 103p A5 ¥1200 ①978-4-8170-7041-8

◆だれでも簡単にできる足もみ健康法 日本若石健康研究会監修, 久保田聡解説 海竜社
【要旨】高血圧、高血糖、肩こりやイライラも解消される！毎日少しずつマイペースでできる最も身近な健康法！！
2017.3 95p 18cm ¥1000 ①978-4-7593-1529-5

◆ダレデモダンスエクササイズ—楽しく踊ってダイエット&認知症予防 SAM著 徳間書店 (付属資料：DVD1)
【要旨】キッズ世代—勉強への集中力と暗記力向上。ミドル世代—気持ちよく踊ってメタボ予防。シニア世代—ゆっくりダンスで脳を活性化。古代大魔王のオリジナル曲を踊って健康寿命UP！SAMがこれまでの経験を注ぎ込み考案した、誰もが無理なく踊ることのできるダンスメソッド。
2017.11 55p A5 ¥1500 ①978-4-19-864515-1

◆断食・少食健康法 甲田光雄著 春秋社
【要旨】身体の細胞の潜在能力を最大にひきだす断食・少食健康法。肝臓病、糖尿病、リュウマチ、心臓尿などの慢性病に断食・少食健康法が効く理由を解説し、どのように実行すれば良いかを指南する。ロングセラー。
2017.10 257p B6 ¥1800 ①978-4-393-71407-2

◆断食の教科書 森美智代著 ヒカルランド 新装版
【要旨】20年間1日の食事は青汁1杯だけ！「不食の人」が伝えたい「楽しく健康になるための方法」。「毒を溜めない」健康な身体になる！
2017.5 118p A5 ¥1700 ①978-4-86471-498-3

◆丹田呼吸の科学—呼吸様式の新しい定義と逆腹式呼吸の有用性 久保田武美著 医学教育研究所, 総合医学社 発売
【目次】第1部 丹田呼吸(身体と心を鍛える丹田呼吸、腹圧の生理学的解釈、逆腹式呼吸の定義、メカニズム、タイプ、やり方)、第2部 呼吸様式別の定義詳述(各呼吸様式の説明)、第3部 実験結果と応用例(実験結果、逆腹式呼吸の応用例)、第4部 既存の定説を修正する
2017.7 92p B6 ¥2500 ①978-4-88378-650-3

◆氣内臓(チネイザン) お腹をもむと人生がまわりだす—心と体の詰まりをとるデトックスマッサージ Yuki著 草思社
【要旨】お腹に手をあてて心の声を聞いてみませんか？内臓に溜まった負の感情を取り除けば、本来の自分がよみがえる。古代道教に伝わる究極のセルフケア。
2017.10 126p B6 ¥1300 ①978-4-7942-2305-0

◆超「姿勢」力 ZERO GYM著, 重森健太監修 クロスメディア・パブリッシング, インプレス 発売 (Business Life)
【要旨】4週間で猫背を完全矯正！仕事力を極限まで高める、最強・最速の姿勢矯正プログラム。
2017.10 189p B6 ¥1380 ①978-4-295-40130-8

◆使い捨てカイロで体をあたためるすごい！健康法 松原英多著 ロングセラーズ
【要旨】あらゆる病気や痛みの予防にも治療にも、体をあたためることが大切。使い捨てカイロを使えば、簡単に緩和することができます。
2017.3 245p 18cm ¥1100 ①978-4-8454-5012-1

◆疲れと痛みに効く！ねこ背がラクラク治る本 岡田和人著 すばる舎
【要旨】こんな簡単なワザでガチガチにこった体がほぐれ、血流もよくなる！1日5分であなたの体がよみがえる！メディアで大人気の柔整整復師が伝授。いくつからでも間に合う！「正しい姿勢」は生涯あなたの味方に。
2017.3 191p B6 ¥1300 ①978-4-7991-0598-6

◆疲れリセット即効マニュアル—頭も体も、「その場」で軽くなる！「自律神経」をいたわる生活習慣 梶本修身著 三笠書房
【要旨】「疲労回復ドクター」の簡単アドバイス！「ちょっとしたこと」で、「元気度」も「成果」も大きな差が出ます！
2017.8 245p B6 ¥1400 ①978-4-8379-2691-7

◆「つながり」を感じれば疲れはとれる 藤本靖著 学研プラス
【要旨】見て、感じるだけでラクになる！5つのグループごとの「器官のつながり」、それぞれのセンサー機能をとり戻せば、身体は自然に元気になります！
2017.12 175p B6 ¥1300 ①978-4-05-800781-5

◆つま先立ちで若返る！—重力を味方につける正しい姿勢のつくり方 飯田潔著 文響社
【要旨】「姿勢年齢」を若返らせる秘訣はつま先立ちにあった—。ねこ背や反り腰、背中の歪み、「いい姿勢」を保てず、老けてみられるのは自重と重力でつくる「中心軸」が作れていないから。重力を味方に、若々しい姿勢と動きを取り戻す方法を「つま先立ち」などわかりやすく手軽なレッスンで解説する1冊。元足の専門家としてトップアスリートを指導する著者が運動に縁のない人でも簡単に実践できる意識付けやエクササイズを伝授する。
2017.6 192p B6 ¥1280 ①978-4-905073-98-7

◆定年後が180度変わる大人の運動 中野ジェームズ修一著 徳間書店
【要旨】60歳以上の方へ！そして、これから60歳を迎える50代の方への運動の処方箋!!体の悩みがこの1冊で解消！肩こり、腰痛、膝痛、ポッコリお腹、転倒、老化…医者からも運動をススメられた。でも何をしたらいいかわからない…そんな方への運動の処方箋!!1日4分、体がよみがえるメニュー！
2017.8 157p A5 ¥1380 ①978-4-19-864460-4

◆動的ストレッチメソッド 谷本道哉著 サンマーク出版
【要旨】動くほどに体が変わる。こわばり・慢性疲労が解消！脂肪燃焼で体が軽くなる！
2017.9 149p A5 ¥1300 ①978-4-7631-3569-8

◆とってもかんたんながらロコモ体操—健康！いきいき長生き 千葉直樹著 金園社
【要旨】ロコモってなに？"ながら"だから毎日続けやすい！症状からわかる関節痛の予防改善。さまざまな関節痛Q&A。
2017.7 143p A5 ¥1500 ①978-4-321-30611-9

◆トップアスリートが実践 人生が変わる最高の呼吸法 パトリック・マキューン著, 桜田直美訳 かんき出版
【要旨】「鼻呼吸」に変えるとリバウンドなく痩せて、健康になり、パフォーマンスが劇的に上がる!!「呼吸量」を減らすだけで疲れない「体と心」をつくる方法。
2017.10 333p B6 ¥1500 ①978-4-7612-7295-1

◆どんなに体が硬くても背中でギュッと握手できるようになる肩甲骨ストレッチ 中里賢一監修 新星出版社
【要旨】肩こりや腰痛、猫背が解消！ゴルフや野球で飛距離もUP！1日3つのメニューだけ！

健康・家庭医学

◆長生きをしたければ、「親指」で歩きなさい――一生歩けて、不調や病気を防ぐ！　瀬戸郁保著　学研プラス
【要旨】あなたは「かかと歩き」？　それとも「親指歩き」？　この違いが健康寿命を左右する！
2017.9　175p　18cm　¥1100　978-4-05-800798-3

◆長生きの統計学　川田浩志著　文響社
【要旨】世の中には「納豆だけ食べればいい」「水をたくさん飲めば痩せる」など様々な健康法がありますが、科学的根拠のないものがほとんどです。もし、間違った健康法を採用した場合、健康になるどころか、体に害を及ぼしてしまう可能性があります。そこで本書では、ハーバードや国家機関などの統計データに基づいた、真実の健康管理術を集めました。なんと東海大学の名物教授がとてもわかりやすく教えてくれます。もう間違った情報に踊らされるのはやめましょう。
2017.3　224p　B6　¥1380　978-4-905073-77-2

◆ながら筋膜リリース　のぐち径大著、阿保義久監修　あさ出版
【要旨】現役メジャーリーガーやオリンピアンからの信頼も厚いスポーツトレーナー伝授。通勤電車にゆられながら、家で洗濯物を干しながら、スーパーで買い物しながら一コリとさよならしつつ、健康的な美ボディを手に入れる58のメソッド！
2017.5　127p　B6　¥1200　978-4-86063-985-3

◆生菜食健康法　甲田光雄著　春秋社（『生菜食健康法――その実際と24人の体験集』改訂・新装版・改題書）　新装版
【要旨】野菜の力で病を癒す、身体を変える。「生菜食健康法は難病根治、体質改造の秘法である」その効用と理論的哲学および実践上の留意点を説明し、併せて生菜食で難病を克服した22人の手記を紹介する。
2017.10　281p　B6　¥1800　978-4-393-71406-5

◆にしかわ体操――1日3分！　脳と筋肉を同時に鍛える　西川佳克著、菅原道仁監修　アスコム（付属資料：DVD1）
【要旨】1日3分、音楽に合わせて体操するだけ。リズムに乗って考えながら運動すれば、脳の司令塔である、前頭葉を刺激できます！　認知症やもの忘れに効く！　腰痛、肩こり、ひざ痛の予防・改善にも。
2017.7　75p　19×16cm　¥1380　978-4-7762-0939-3

◆寝たきり老人になりたくないなら大腰筋を鍛えなさい　文庫版――10歳若がえるための5つの運動　久野譜也著　飛鳥新社
【要旨】最近、何もない所でつまずいてしまう…それは明らかな老化現象です。実は、40代、50代でも寝たきり予備軍はたくさん。寝たきりの元凶「サルコペニア肥満」を防ぎ、いつまでも若々しい体を手に入れてください。
2017.6　238p　A6　¥556　978-4-86410-559-0

◆寝てもとれない疲れをとる本　中根一著　文響社
【要旨】元Google日本法人代表・村上憲郎氏、孫正義氏の右腕・三輪茂基氏ら超一流が実践する疲労回復の決定版。
2017.10　208p　19×13cm　¥1350　978-4-86651-018-7

◆はじめた人から毎日が幸せになる　あろは―呼吸法　橋本雅子著　PHP研究所（付属資料：CD1）
【要旨】お笑いコンビ「おきゃんぴー」のまあこさん（著者）が「あろは～呼吸法」を教えはじめて13年。呼吸で人生が好転した人、続々!!奇跡の呼吸法を、さあ、あなたも。呼吸なんて習わなくてもできると思っている人、「呼吸はだいじ」とわかってもどうしたらいいかわからない人に、動きやイメージの仕方をお教えします。
2017.8　173p　B6　¥1400　978-4-569-83842-7

◆はだしで大地に立つと病気が治る一体内静電気を抜くアース健康法　堀泰典著　マキノ出版（ビタミン文庫）
【要旨】赤ちゃんができた！　むくみが取れて5kgやせた！　糖尿病、心臓病、認知症、リウマチ、アトピー、薄毛が改善！　1日1秒で全身の細胞が若返る。
2017.5　199p　B6　¥1300　978-4-8376-1303-9

◆ハッピーボイス健康法―声から広がるコミュニケーション　坪内美樹著　（京都）あい出版
【目次】1　笑顔の声を出すことで世界が広がります、2　声を出すことは、誰にでもできる健康法、3　福を呼ぶ笑顔の声「福声」を出しましょう、4　福声をつくるちょっとした反訓パワー、5　発音・発声を磨く、楽々テキスト、6　今日はどんな気分？、7　朗読から広がるコミュニケーション
2017.10　235p　B6　¥1400　978-4-86555-044-3

◆ハンディ版　手をもめば健康になる　五十嵐康彦著　河出書房新社
【要旨】手は第2の脳。全身を映し出す鏡。消化器、呼吸器、心臓、頭、首、腰、生殖器…手には全身のあらゆる部分の反射ゾーンが集まるツボの聖地。心身に不調があれば、必ず手の反射ゾーンにも兆候があらわれます。そんな手の反射ゾーン、ツボを押したりもんだり。正しく刺激すれば、心とからだの不調がスッキリ解決します！　いつでもどこでもすぐにできて、副作用のないすぐれた健康法＝手もみ。さあ、あなたも始めましょう！
2017.1　173p　18cm　¥1000　978-4-309-27801-8

◆100歳まで動ける体になる「筋リハ」　久野譜也著　幻冬舎
【要旨】1日5分の筋肉×リハビリで10年前の健康を取り戻す。やせる、姿勢が良くなる、老化を止めて、病気も防ぐ!!自宅で簡単にできる、8つの「筋リハ」メニューで人生が変わる。
2017.12　190p　B6　¥1100　978-4-344-03221-7

◆病気にならない体をつくる「ミルク酢」健康法―血糖値、血圧が下がる78のレシピ　小山浩子著、池谷敏郎監修　青春出版社
【要旨】炭水化物に目がない。お酒も好き。しょっぱいものが好き。甘いものがやめられない。めんどうくさがり。健康診断で再検査したい。ひとつもあてはまったら「ミルク酢」の出番です。医学界の権威も注目する"スーパーフード"！　1日5分かきまぜて、つくりおきで1週間もつ、お水代わりに料理に使うだけで効果を発揮！　だから今日からできる！　毎日つかえる！
2017.6　110p　A5　¥1460　978-4-413-11217-8

◆病気にならない！　しょうが緑茶健康法　平柳要著　サンマーク出版
【目次】序章　「しょうが」と「緑茶」の健康コンビ誕生！（生活習慣病を遠ざける「しょうが緑茶」が登場！、しょうがの「クスリを超えるスゴいパワー」ほか）、1章　病気を遠ざける「しょうが緑茶」のスゴいパワー（しょうが緑茶はおいしい、天然のクスリ、実のところですが、つくり方をちょっとだけ公開）、2章　水筒で持ち歩ける！　食べてもおいしい！　しょうが緑茶のつくり方（準備するものは5つ、基本のつくり方　ほか）、3章　しょうが緑茶にまつわる10問10答！（「しょうが」の選び方でちがうの？、チューブしょうがではダメですか？　ほか）
2017.12　121p　B6　¥1300　978-4-7631-3665-7

◆フィジカルトレーナーが教える正しいウォーキングの始め方　中野ジェームズ修一著　大和書房（だいわ文庫）
【要旨】「毎日歩いているのに、やせない」「腕をふって1万歩も歩くようになったのに、何も変化がない」「一駅ぶん歩いているのに…」――。普通に歩いていても、やせません。自分の「歩く力」を知って「ブリスクウォーキング」で歩くことで、体は確実に変わります。フィジカルトレーナーが教える、太らない、高血糖にならない、体が軽くなる、超健康になる歩き方。
2017.4　198p　A6　¥650　978-4-479-30645-0

◆4スタンス理論で毎日の痛み、つらさが消える本　廣戸聡一著　マイナビ出版
【要旨】人の動作はタイプによってそれぞれ違います。「立つ」「歩く」「座る」など正しいカラダの使い方を知って首・肩・腰・ヒザの悩みや不安を解消しましょう！　1日わずか10分！　全身をケアするエクササイズ。
2017.3　125p　B5　¥1530　978-4-8399-6229-6

◆ふたりストレッチ―心も体も会話も弾む究極のポジティブじぶんメンテナンス　森俊憲、森和世著　クロスメディア・パブリッシング、インプレス　発売（Business Life 019）
【要旨】ふたりで一緒に元気になって、こんなはずじゃなかった…体のしんどさ、肩こり、腰痛、便秘、ストレス、肌荒れーまるごと解消できるエクササイズ38。
2017.9　125p　A5　¥1080　978-4-295-40112-4

◆不調を治す！　リンパストレッチ＆マッサージBook　吉良浩一著　ソーテック社
【要旨】"食"＋"リンパトレーニング"＋"リンパエクササイズ"＋"リンパブレス"で、体の不調は消える！
2017.12　175p　B6　¥1300　978-4-8007-3009-1

◆ペタッと開脚してはいけない。一どんなにからだが固い人でも、痛みがなくなり心が整う「1分ウォーキング」　新保泰秀著　講談社
【要旨】からだは柔らかくていい！　足首は回してはいけない！　1日1万歩！　歩いてはいけない。必要なのは、ただ「正しく歩く」こと。美肌効果やダイエット効果にも期待。
2017.7　155p　B6　¥1200　978-4-06-220624-2

◆放射能に負けないレシピと健康法　大和田幸嗣著　緑風出版
【要旨】福島第一原発からの放射能放出は、いまも閉じ込められてはおらず、政府の放射能コントロールの現状は、アンダーコントロールとはとても言えないお粗末なものだ。こうした今の日本の現状で、福島の人びとをはじめ私たちが健康に生きていくには、放射能被曝（内部被曝や外部被曝）を常に意識し、それから身を守る方法を身につけ、実行していくことが必要である。広島・長崎、チェルノブイリの経験に加え、最新の健康科学や放射能防護研究の成果等を参考にして、放射能に負けない体を作るための食物やレシピ、デトックス（解毒）の方法等を考えた。本書が提案するレシピと健康法を実践して、放射能に対する賢い向き合い方を身につけてほしい。
2017.12　85p　A5　¥1000　978-4-8461-1724-5

◆骨ストレッチ・ランニングー世界一、ラクに走れる！　松村卓著　ベストセラーズ
【要旨】筋肉を無理に伸ばすのではなく、骨を効果的に動かす「骨ストレッチ」！　いつでも、どこでも、誰でも実践できて、すぐに効果を体感できます！！
2017.11　205p　B6　¥1350　978-4-584-13823-6

◆"骨ホルモン"で健康寿命を延ばす！　1日1分「かかと落とし」健康法　平田雅人著　カンゼン
【要旨】かかとの骨に刺激を与えるだけで、病気をしない体に。TVで紹介、世界中の研究者が注目の骨パワー。骨ホルモンを増やす「食事」&「運動」メニュー収録。
2017.11　203p　B6　¥1280　978-4-86255-431-4

◆毎朝3分の丹田呼吸で体も心も元気になる　川嶋朗監修、藤麻美子著　あさ出版（付属資料：CD1）
【要旨】丹田を意識して呼吸をすることによって、さまざまな健康効果が期待できます。呼吸を変えることで体も心も人生も変わる！　病気になりにくい体をつくる呼吸法＆ストレッチ多数紹介！
2017.11　183p　B6　¥1400　978-4-86667-016-4

◆まず下半身を鍛えなさい！　一時間がない人のための運動改革　中野ジェームズ修一著　ポプラ社（ポプラ新書）
【要旨】腰痛、肩こり、中年太り…体の不調には下半身の運動が効果的。デスクワークでは1日1座ったまま、短い距離でもつい車に乗ってしまう…。疲れるから体を動かさず、太りやすくなり、血流も悪くなる。そして、腰痛や肩こりなど、さまざまな体の不調が現れる。悪循環を断ち切るために、今すぐできる運動とストレッチをイラストとともに紹介します。
2017.11　185p　B6　¥1400　978-4-591-15664-3

◆見た目も体も10歳若返る　リズムウォーキング　能勢博著　青春出版社（青春新書PLAYBOOKS）
【要旨】「速歩き」と「ゆっくり歩き」をくりかえすだけでサビない体に変わる。
2017.6　171p　18cm　¥900　978-4-413-21088-1

◆耳ひっぱり一1日1分であらゆる疲れがとれる　藤本靖著　大和書房（だいわ文庫）
【要旨】いつでもどこでも、たった5秒でカラダすっきり！　超カンタンな革命的健康法の登場です！　パソコン・スマホによる目の疲れ、つらい肩こり・首こり、抜けない疲労感。「カラダの疲れ」と「心のストレス」に効果バツグン、メディアで話題のベストセラー、ついに文庫化！　文庫版特典「進化した二つの耳ひっぱり」も特別収録！
2017.3　205p　A6　¥680　978-4-479-30643-6

◆みるみる音が変わる！　ヴァイオリン骨体操　矢野龍彦、遠藤記代子共著　音楽之友社
【要旨】注目される桐朋学園での実績。
2017.2　87p　B5　¥1850　978-4-276-14414-9

実用書

健康・家庭医学

実用書

◆瞑想によるココロとカラダの断捨離　原久子著　創藝社
【要旨】幼少期からの虚弱体質を呼吸法と瞑想によって克服した著者が、さらにココロの世界の探求を重ね、独自のヒーリング法とココロとカラダの浄化を通して、理想・希望が実現するスーパーメソッド「真我実現セミナー」を考案。その一部を本書にてわかりやすく公開しています！
2017.12　197p　B6　¥1400　978-4-88144-236-4

◆めまいは寝転がり体操で治る　肥塚泉著　マキノ出版　（ビタミン文庫）（付属資料：ポスター1）
【要旨】良性発作性頭位めまい症、メニエール病、突発性難聴のめまい、前庭神経炎、ふらつき、吐き気…スッキリ解消！「やり方のポスター」付き。
2017.2　167p　A5　¥1300　978-4-8376-1299-5

◆よくわかる理論と実践 リフレクソロジー　クリス・マクラフリン、ニコラ・ホール著、越智由香訳　ガイアブックス
【要旨】実践方法だけでなく、その背景にある原理や理論が説明されている包括的なガイドブックです。経験豊かなリフレクソロジストでも、まったくの初心者でも、多くを学ぶことができます。本書は、足と手の反射区の正確な位置と、特定のポイントに圧を加えて身体の症状を和らげ、身体のエネルギーの流れを促し、健康を増進する方法を教えてくれます。
2017.2　222p　21×17cm　¥1600　978-4-88282-979-9

◆リハビリ病院の名医（スーパードクター）が教える 太ももを鍛えれば骨は超強くなる　林泰史著　三笠書房
【要旨】ひざ痛、腰痛、骨粗鬆症、転んで骨折、認知症、寝たきり。70万人を治療したエッセンス。1日5分！「超スロー体操」で全身が10歳わかがえる。
2017.8　189p　B6　¥1300　978-4-8379-2702-0

◆ワン・スピリット・メディスン―最新科学も実証！ 古えの叡智に学ぶ究極の健康法　アルベルト・ヴィロルド著、エリコ・ロウ訳　ナチュラルスピリット
【要旨】古代の癒しのシステムで、健康になり「グレート・スピリット」につながり、万物との一体感で生きる！「第二の脳」である腸をデトックスし生物環境を改善し、脳の修復を助けるスーパーフードとサプリメントも紹介！「メディスン・ホイール」のスピリチュアルな意味、「ビジョン・クエスト」の重要性も解説！
2017.9　282p　A5　¥2400　978-4-86451-250-3

◆Mattyのまいにち解毒生活―太らない、疲れない、病気にならない。　Matty著　講談社　（講談社の実用BOOK）
【要旨】"半身浴""階段""こだわりの枕"…「アレ」が実は不調の原因だった！ 暮らしのひと工夫と足ツボで一生健康。
2017.1　127p　B6　¥1100　978-4-06-299863-5

◆MFストレッチ術 腰楽編　古野彰久著　牧歌舎、星雲社 発売
【目次】骨盤ラウンドストレッチ（脚動作A（正面上げ）の揺らし―準備動作、脚動作A（正面上げ）―標準型、脚動作B（外向き上げ）ほか）、腰楽プラスα編（鼠径部リンパ流し、MF足首左右曲げ+足の甲上げ、MFつま先指曲げ+甲伸ばしほか）、ひねりの効用編（体幹ひねり+脚外回し、体幹ひねり+MF側屈）、妙技編（脚動作（特A揺らし）で首綾め）
2017.3　47p　A5　¥900　978-4-434-22907-7

老化

◆1日5分でもの忘れ予防 毎日脳トレ！脳活パズル366日　篠原菊紀監修　西東社
【要旨】脳もカラダとおなじ！ 脳を鍛えて健康にしましょう。
2017.3　367p　B6　¥1000　978-4-7916-2565-9

◆1日10分！ 大人の脳トレ名作なぞり書き　篠原菊紀監修　青春出版社
【要旨】「なつかしさ」が手がかりとなって、脳がみるみる活性化！ 脳活に、教養になぞり書き本の決定版。
2017.11　111p　B5　¥1000　978-4-413-11231-4

◆「老い」を遅らせる食べ方　作田英成著　幻冬舎メディアコンサルティング、幻冬舎 発売　（幻冬舎ルネッサンス新書）
【要旨】老化は避けられないが、遅らせることはできる。現役内科医である著者が、健康的に歳を重ねるための食生活を指南。食物繊維の摂り方、低炭水化物食の危険性、菜食主義の魅力…。今日からすぐに取り入れられる「究極の食事法」をまとめた1冊。
2017.10　230p　B6　¥800　978-4-344-91431-5

◆お医者さんがつくった脳トレで旅する中山道　豊田早苗著　自由国民社
【要旨】しげさん、とよさんと一緒に、江戸時代の旅人になった気分で中山道を西から東へ。迷路、間違い探し、鏡文字、ナンバークロス、ミニすごろく、思い出し力アップテストなど、旅の難易度に応じてさまざまな問題を用意しました。
2017.4　159p　A5　¥1200　978-4-426-12247-8

◆「老いない脳」をつくる　石浦章一著　ワック　（WAC BUNKO）「老いない脳」をつくる10の生活習慣」加筆・新版・改題書
【要旨】体を使えば脳は活性化する！ 好きなことをすれば脳は力を発揮する！ 脳にも体にも効果がある10の生活習慣。
2017.12　251p　新書　¥920　978-4-89831-769-3

◆公園うんどうで寝たきりを防ぐ！　体力つくり指導協会監修　産業編集センター
【要旨】高齢者になってからが、本当の意味での人生の始まり！ 6つのうんどうを継続し、価値ある高齢者時代をつくりましょう!!
2017.10　113p　A5　¥1300　978-4-86311-164-6

◆口腔医療革命 食べる力　塩田芳享著　文藝春秋　（文春新書）
【要旨】「食べられないお年寄り」が急増している。誤嚥を恐れる医療現場が安易に「禁食」させることで、口の機能が衰え、退院後も食べることが出来なくなってしまうのだ。新時代の「食医」への取材を通して、問題を解き明かす。お口の体操も紹介。
2017.1　222p　18cm　¥780　978-4-16-661114-0

◆心と体の「老後のイキイキ健康術」―精神科医が教える　保坂隆著　PHP研究所　（PHP文庫）
【要旨】食事、運動、睡眠、ストレス…。若いころは無理がきいても、シニアになるほど、生活習慣の歪みが健康の問題へと〝直結〟します。本書は、人気の精神科医が「心と体」の両面から、いつまでも楽しく自立して暮らすための健康術を紹介！「素足で過ごす日をつくってみよう」「早起きといきなり走っては違う」「孤食から遠ざかる知恵」など、今日からできる生活改善のコツが満載。文庫書き下ろし。
2017.6　277p　A6　¥580　978-4-569-76716-1

◆最新ボケない！"元気脳"のつくり方―1週間チャレンジプログラム付き　遠藤英俊著　世界文化社
【要旨】認知症にならない人生は、今日から選べる！ 何歳からでも「脳」は進化する。すぐ始められる、今日から始めたい健康の習慣。取り入れやすい1週間チャレンジプログラム。
2017.11　173p　B6　¥1250　978-4-418-17422-5

◆シニアが毎日楽しくできる週間脳トレ遊び―癒やしのマンダラ付き　脳トレーニング研究会編（名古屋）黎明書房　（シニアの脳トレーニング 6）
【要旨】脳トレーニングは毎日行うことが理想です。しかし、日々の生活の中で「毎日飽きずに楽しく脳トレーニング」というのは簡単ではありません。そこで、毎日楽しく脳トレーニングができるよう、1日1つの問題を53週1年分収録した、シニアのための脳トレ本です。「覚えていますか」「1週間で俳句づくり」「名探偵クイズ」等、多様な問題で、教養の向上もはかれます。リラックス効果のある癒やしのマンダラもついており、毎日をより健康で豊かに過ごすための助けとなる一冊です。
2017.2　61p　B5　¥1500　978-4-654-05976-8

◆死ぬまでボケない1分間"脳活"法　帯津良一、鳴海周平著　ワニ・プラス、ワニブックス 発売　（ワニブックスPLUS新書）
【要旨】ベストセラー『医者いらずになる「1分間健康法」』の著者たちが贈る、認知症予防、ボケ防止習慣のホリスティック医療の第一人者で、今年81歳になる帯津良一先生の超人的なスケジュールと明晰な頭脳を支える秘訣は「からだを動かすこと」、「食生活に気をつけること」、「心にいつもときめきを持つこと」の3つです。本書では健康エッセイストの鳴海周平が帯津先生に「健脳」のコツをインタビュー。いつでも、どこでも、誰でも、簡単に1分間でできる「脳によい習慣」をわかりやすいイラスト満載で解説。帯津先生の「1分間気功法」も写真入りで紹介します。
2017.6　219p　18cm　¥880　978-4-8470-6113-4

◆図解 百歳まで歩く―「1日1万歩」は迷信!?30年後も自力で座る・立つ・歩くには？　田中尚喜著　幻冬舎
【要旨】「歩き方ひとつ」それだけで劇的に長寿体質に！ 30代から高齢者まで幅広い層の支持を得て20万部突破の画期的エクササイズブックが見やすくなって新登場！
2017.12　95p　A5　¥600　978-4-344-03234-7

◆大還暦考―120歳までしなやかに美しく生きるには　井上信孝著　（神戸）洋學社
【要旨】知っておきたい健康長寿の知識をエビデンス（根拠のある医学データ）に基づき医師が詳解!!
2017.9　163p　B6　¥1300　978-4-908296-08-6

◆ど忘れ解消トレーニング 漢字全921問―もの忘れ・認知症を防ぐ　『漢字塾』編集部編　世界文化社
【要旨】最近、ど忘れすることが増えた、なんてことはありませんか？「漢字」を楽しみながら思い出せるトレーニング形式です。あなたの脳が元気に若返ります！ 脳トレに！ ど忘れ解消に！「漢字」テストでトレーニング！
2017.2　159p　B6　¥1200　978-4-418-17201-6

◆ど忘れ解消トレーニング 四字熟語ことわざ全887問―もの忘れ・認知症を防ぐ　『漢字塾』編集部編　世界文化社
【要旨】最近、ど忘れすることが増えた、なんてことはありませんか？「熟語」「ことわざ」「慣用句」といった日本語の奥深さを楽しみながらトレーニング形式です。思い出すことであなたの脳が元気に若返ります！ サビついた脳に「四字熟語」「ことわざ」テストでトレーニング！
2017.2　159p　B6　¥1200　978-4-418-17202-3

◆脳が活性化する大人の世界地図脳ドリル　川島隆太監修　学研プラス　（元気脳練習帳）
【要旨】手紙やメモをとる等、日常生活で文字を書く際に「知っている漢字なのに思い出せない」経験はありませんか。現代社会は、手書きで文字を書く習慣がどんどん減ってきています。言い換えれば、脳を使う機会も減少しているのです。体を動かさなければ体の機能が衰えるのと同様に、脳も使わなければ衰えてしまいます。体のための健康法があるように、脳にも健康法が必要です。「脳の健康法」とは、脳を使い続ける習慣を作ることです。本書にある世界地図の問題により、脳を活性化させることができます。昔、学校で習った地理や、興味を持って取り組める様々なテーマの地図問題を解くすすめ、脳を元気にさせましょう。
2017.6　144p　B5　¥1000　978-4-05-800785-3

◆脳がよくにゃるパズル―毎日、ニャンコとトレーニング　篠原菊紀監修、小川晃代、湯沢祐介写真　宝島社
【要旨】初級から上級まで、脳がイキイキ活性化!! 難易度別全96問!!癒やしのネコフォト1000点以上掲載。
2017.2　143p　B5　¥800　978-4-8002-6742-9

◆脳が若返る！ 大人の古典・名文暗唱ドリル　篠原菊紀監修　PHP研究所
【目次】第1章 随筆・紀行文（おくのほそ道、方丈記、徒然草 ほか）、第2章 物語（平家物語―祇園精舎、源氏物語、竹取物語 ほか）、第3章 詩歌（雨ニモマケズ、道程、ゆづり葉 ほか）
2017.9　95p　B5　¥1100　978-4-569-83862-5

◆脳力向上シート＋100回分のパズルでもの忘れ、ボケを防ぐ脳いきいきドリル　児玉光雄著　秀和システム
【目次】練習問題、ボケを防ぐために脳のしくみを理解しよう、脳いきいきパズルレベル1、脳いきいきパズルレベル2、脳いきいきパズルレベル3、脳いきいきパズルレベル4、脳いきいきパズルレベル5、脳力採点総合シート、4つの力を鍛えるためには
2017.2　159p　A5　¥950　978-4-7980-4915-1

◆左手でなぞって物忘れ防止記憶力アップ!!―毎日楽しめる脳活トレーニング帳　米山公啓監修　マガジンランド

健康・家庭医学

◆人はなぜ老いるのか―老化の物理学 瀬戸浩二著 幻冬舎メディアコンサルティング,幻冬舎 発売
【要旨】加齢の鍵を握るエントロピー。果たして、この物理量の正体とは。人体の老化現象に物理学的視点から迫る、理学エッセイ。
2017.3 136p B6 ¥1200 ①978-4-344-91141-3

◆100歳まで元気でいるための歩き方&杖の使い方 西野英和著 翔泳社
【要旨】加齢などにより筋力やバランス能力が低下すると、転びやすく、疲れやすい歩き方になります。歩かなくなると、筋力や心肺機能がどんどん低下します。自分でも気づかぬうちに「転びやすい体」になっている可能性があります。だから→転びやすい歩き方をしていないか、チェックしてみましょう。身近にある転倒リスクを知っておきましょう。毎日できる手軽なトレーニングで「歩ける体」をつくりましょう。疲れや痛みで長く歩けないときは、杖の利用も考えてみましょう。
2017.9 111p 21×19cm ¥1200 ①978-4-7981-5360-5

◆老ける脳と老けない脳―60代が分岐点。6つの心がけと7つの習慣で変わる 友寄英哲著 主婦の友社
【要旨】84歳の著者が実践する後半生の生き方が変わる！磨かれる！老けない脳生活のすすめ。
2017.3 191p B6 ¥1200 ①978-4-07-422540-8

◆ボケない人のスピード！脳トレ―1日10分で頭が冴える 児玉光雄著 河出書房新社
【要旨】漢字スピード！脳トレ、図形スピード！脳トレ、数字スピード！脳トレ、楽しみながら続く30日の脳トレ帳。脳の「作業興奮」を高める選りすぐりのドリルがみるみる頭を若返らせる!!
2017.10 135p B5 ¥1400 ①978-4-309-25373-2

◆65歳からのセカンドライフ―心と脳のケア 宮崎雄二著 幻冬舎メディアコンサルティング,幻冬舎 発売
【要旨】セカンドライフは余生ではなく誉人生。恐ろしいのは心の老いと、潜む病―"病気"になっても"病人"になるな！
2017.4 145p B6 ¥1800 ①978-4-344-91297-7

◆CD BOOK 高齢者のための音楽レクリエーション 斉藤道雄,長坂希聖監修 成美堂出版 （付属資料：CD1）
【要旨】楽しいレクが満載！盛り上がるコツもよくわかる!!さまざまな場面で使える多彩なメニュー。部位別体操、機能改善体操、リズム遊び、民謡踊り、音出て遊び、進め方、トークの具体例も詳しく解説。ぬりえも楽しめるイラスト付き！
2017.11 143p 26×21cm ¥1600 ①978-4-415-32377-0

気功法・ヨーガ

◆愛されヨガ―運命(ソウル)のパートナーを引き寄せる 皇村祐己子,皇村昌季著 東洋出版
【要旨】恋愛、結婚、パートナーシップ…。ヒマラヤの伝統ヨガに学ぶ、あなたが本当に幸せになる愛のレッスン。「ヨガ☆愛の3分間呼吸」で身体がゆるめば、あなただけの魅力が輝き始める！引き寄せヨガ第2弾！
2017.4 189p B6 ¥1400 ①978-4-8096-7870-7

◆アスリートヨガ―全ての運動器を強化するスポーツヨガ ライアン・カニングハム著,東出顕子訳 ガイアブックス
【要旨】本書は、週末アスリートからプロまで、すべてのアスリートのために書かれた本です。ポーズ、呼吸、誘導ビジュアライゼーション(視覚化)を解説に従って実践すれば、パフォーマンスを高め、ケガのリスクを減らし、トレーニング効果を最大限に引き出すことができるでしょう。
2017.9 240p B5 ¥2600 ①978-4-88282-991-1

◆医師がすすめる「おふとんヨガ」―寝たまできる決定版ズボラ健康法 橋本和哉著 マキノ出版 （ビタミン文庫）
【要旨】脊柱管狭窄症、パーキンソン病も改善。体のゆがみが取れる！痛み、不調、肥満に大反響。寝る前にふとんの中で体を気持ちよく伸ばすだけ！誰でも寝たまできる「がんばらないヨガ」。
2017.12 123p A5 ¥1300 ①978-4-8376-1317-6

◆「今ここ」で自分自身に意識を向けると。感じるヨガで。 家崎カオン著 BABジャパン
【要旨】いつも心はおだやかに、顔つきも柔らか、なんと肌もきれいに！ポーズ1つも載っていない読むヨガの本！
2017.1 185p B6 ¥1400 ①978-4-8142-0026-9

◆親子でのびやか 楽しいキッズヨガ―まねして簡単50のポーズ 友永淳子監修 メイツ出版 （コツがわかる本！）
【要旨】ほぐして、のばして、あそび感覚でココロもカラダもすこやか元気。おうちで始める親子ヨガ。心身の成長にパパ・ママの健康に。季節や体調によるポーズ選びや声がけのポイントも。
2017.4 112p 24×19cm ¥1530 ①978-4-7804-1855-2

◆おやすみヨガ―音を聞きながら横になるだけ サントーシマ香著 学研プラス （付属資料：CD1）
【要旨】リフレッシュしたいときに、体と脳を休ませる、究極のリラックスを味わう。温かな音楽にのせた3つのガイダンスを収録。体の緊張をゆるめるヨガポーズも紹介。潜在意識に働きかけて心と体を解放するヨガニードラCDブック。
2017.3 95p 19×15cm ¥1300 ①978-4-05-800741-9

◆おやすみヨガ―ヨガポーズでおやすみまえのおはなし マリアム・ゲイツ作,サラ・ジェーン・ヒンダー絵,伊東小百合訳(武蔵野) バベルプレス
【要旨】小鳥たちはいま羽を広げ飛んで帰っていきます、木の中のおうちに。てんとう虫はそうっと羽を休ませます。ちょうちょうとはちの間に…ぐっすり眠れる魔法のヨガ。ココロがおだやかになっていく「癒し」の絵本。頭が空っぽになる「ねたまんまヨガ」付。対象年齢：4～8歳。
2017.11 1Vol. 25×21cm ¥1500 ①978-4-89449-172-4

◆カシミールの非二元ヨーガ―聴くという技法 ビリー・ドイル著,古閑博丈訳 ナチュラルスピリット （覚醒ブックス）
【要旨】カシミールの伝統的ヨーガを発展させたジャン・クラインの直伝の技法で心身の緊張と収縮を解き放ち、非二元に目覚める―。
2017.8 227p B6 ¥1700 ①978-4-86451-247-3

◆体と心をととのえるへそヨガ―おへその感度を上げて体を燃やす！ アンシー著 池田書店
【要旨】東洋医学の知識を取り入れて、おへそとその下にある丹田に意識を集中し、呼吸やポーズを行うヨガ。おへそや丹田のツボ、全身をめぐる経絡について解説。へそヨガを始める前のセルフチェックも。へそヨガのきほんとなる呼吸法ときほんのポーズ、代謝を上げ、体幹を鍛えるポーズ、便秘、冷え、肩こり、腰痛、疲れ目、不眠、イライラなどの悩みを改善するポーズを紹介。感情をととのえ、リラックスできる呼吸法も。
2017.12 95p A5 ¥1000 ①978-4-262-16564-6

◆聞くだけでぐっすり眠れて疲れがとれる寝たまんまヨガCDブック 今津貴美著 飛鳥新社 （付属資料：CD1）
【要旨】「寝たまんまヨガ」はヨガ瞑想「ヨガニードラ」をわかりやすくしたもの。聞こえてくるガイドの声に身をあずけて、誰でもかんたんに瞑想を体験できます。寝たまんまCDで、身体と心の両方を整える究極のリラクゼーションです。
2016.12 69p 19×15cm ¥1296 ①978-4-86410-532-3

◆気功と私の体験 岡島優著 幻冬舎メディアコンサルティング,幻冬舎 発売
【要旨】中国四千年の歴史が生んだ、新しい健康法。現代医療では治らない病気と闘う、唯一の方法とは？四十年かけて気功を体得した著者が、人間本来の自然治癒力を蘇らせる気功のチカラを徹底解説。
2017.8 139p B6 ¥1200 ①978-4-344-91268-7

◆90分DVD付き やさしいヨガ4週間プログラム HIKARU著 主婦の友社 （付属資料：DVD1） 改訂版
【要旨】『90分DVD付きやさしいヨガ4週間プログラム』の改訂版！はじめての方でも続けられるように、写真を見やすくし、アンチエイジングのためのコラムを追加しました。
2017.7 111p 21×19cm ¥1300 ①978-4-07-424881-0

◆血流たっぷり！どこでもヨガ 三和由香利著,ばばゆか漫画 宝島社
【要旨】イライラ、不眠、便秘、ダイエット、肩こり、腰痛、生理痛etc.女性の不調、その場でストップ！不調のあるある再現マンガ！ヨガの世界大会チャンピオンが教えるすぐ効く健康法。
2017.12 111p A5 ¥1300 ①978-4-8002-7635-3

◆高次元エネルギー秀蓮氣功で病を治せ！ 舛文秀治著(名古屋) ブイツーソリューション,星雲社 発売
【要旨】秀蓮氣功師養成講座受講生による感想文・体験談(初級終了時に外氣発光ができるようになって、秀蓮氣功師養成講座を受講して秀蓮氣功習得後の治療体験談)。
2017.6 132p B6 ¥926 ①978-4-434-23468-2

◆心と体に効かせるはじめてヨガ 綿本彰著 学研プラス
【要旨】基本のポーズをしっかりマスターできる！心のバランスが整う瞑想法も収録。
2017.12 127p 24×19cm ¥1200 ①978-4-05-800855-3

◆最高のしあわせをつくる 引き寄せヨガ Perfect Book 皇村祐己子,皇村昌季著 学研プラス
【要旨】体をゆるめて、宇宙とつながる奇跡のヨガ。引き寄せヨガのポイントがいちばんよくわかる！ビギナーでも願いが叶う引き寄せスペシャルワークを収録。
2017.8 159p A5 ¥1300 ①978-4-05-800799-0

◆最新版 ヨガのポーズが丸ごとわかる本 Yogini編集部編 椎出版社
【要旨】ヨガのポーズ保存版。ヨガのポーズが150以上！
2017.4 239p A5 ¥1500 ①978-4-7779-4329-6

◆サーンキャとヨーガ 真下尊吉著(大阪) 東方出版
【要旨】人は、サーンキャとヨーガを知り、至福の根源を知れば、全ての束縛から解放される。日本人のための「サーンキャカーリカー入門」「ヨーガスートラ全詩句の解説」。付・「ヨーガスートラ」用語一覧/索引。
2017.12 301p A5 ¥3000 ①978-4-86249-295-1

◆体感して学ぶ ヨガの生理学―体のしくみと働きからわかるヨガの効果と理由 中村尚人著,新倉直樹監修 BABジャパン
【要旨】ヨガによって起こる、体の中の"生理現象"とは？それが分かるとヨガはこんなに効果的になる!!ヨガが体にいいのには、"理由"があります。「生理学」の観点から、知識を体感的に身に付けましょう。
2017.12 172p B6 ¥1400 ①978-4-8142-0065-8

◆タッチの極み―できない理由・できる理由 下澤正幸著 ルネッサンス・アイ,白順社 発売
【要旨】究極のタッチを生む気の作法。「できない人」から「できる人」へのターニングポイント。シリーズ第2弾。
2017.8 334p B6 ¥1300 ①978-4-8344-0217-9

◆龍村式指ヨガ 脳と体のセルフケア―いつでもどこでも手軽にできる！ 龍村修,神国愛子著 日貿出版社
【要旨】「部分即全体」の原理＋ヨガの「呼吸法」で、肩こり、腰痛、ひざの痛み、冷え性、便秘、不眠、イライラ、うつ症状、更年期障害など、心と体のさまざまな不調が改善！自律神経も調う、即効性の高いセルフケア。
2017.6 111p A5 ¥1400 ①978-4-8170-7044-9

◆疲れないからだをつくる 夜のヨガ サントーシマ香著 大和書房
【要旨】1ポーズでぐっすり眠れるZZZのヨガ。数十分でたっぷり休息できるヨガニードラ。布団の中からだをリリース。
2017.4 127p A5 ¥1300 ①978-4-479-78380-0

◆「動じないこころ」を育てる CD付き マインドフルネスヨガ 山口伊久子著 池田書店 （付属資料：CD1）
【要旨】迷いや不安にとらわれず、ストレスに強くなるための「動作瞑想」。自分のからだとこころに向き合える。今をみつめ自分らしい物事の見方が変わる。今をみつめ自分らしい幸せをみつける入門書。オリジナル音声ガイド付き。
2017.3 125p 19×15cm ¥1350 ①978-4-262-16559-2

健康・家庭医学

実用書

◆"人間能力"を高める 脳のヨガ―ラージャヨガで脳力アップ！ 類家悦明著 BABジャパン
【要旨】やれば脳力が上がるヨガ！それがラージャヨガ（王のヨガ）!!本書でご紹介するラージャヨガは、"究極のヨガ"として古代インドより尊ばれてきました。その目的は、単なる身体的健康法に留まらず、心や脳の性能を向上させる事にあります。
2017.3 204p A5 ¥1600 ①978-4-8142-0037-5

◆ねこYOGAのススメ―色っぽい可愛いBODYをつくる 中野憲太著 創藝社
【要旨】アメリカ発の最新ヨガ"シュリダイヴァ・ヨガ"で覚えた仔猫ちゃんBODYに。"しなる猫"の曲線を意識すれば、心と身体がオンナらしく変わる！セクシーになる最新ヨガポーズと猫のように可愛くて強く生きるオンナの哲学が満載。恋と仕事に効く！猫さまの教えAtoZつき。
2017.3 124p A5 ¥1400 ①978-4-88144-225-8

◆ハタヨーガからラージャヨーガへ 真下尊吉著 （大阪）東方出版
【要旨】「ヨーガとは何か」という命題にインドで提示されている形を踏まえ答える。両経典からいくつかのスートラ（詩句）を選んで、原文・読み・訳・語釈・解説によって詳細に示される。
2017.3 133p A5 ¥1600 ①978-4-86249-280-7

◆八段階のヨーガ スワミ・チダーナンダ著，増田喜代美訳 （大阪）東方出版
【要旨】人は何のためにヨーガをするのか？ヨーガの本質理解のための必読書。
2017.11 161p A5 ¥1600 ①978-4-86249-288-3

◆ピアニストのためのヨガ入門 深堀真由美著 ヤマハミュージックメディア
【要旨】ヨガの「呼吸法」「ポーズ」「瞑想」はピアノを弾く人にとって必ず役に立つ！
2017.2 103p B5 ¥1600 ①978-4-636-93094-8

◆美磨女Yoga "ミッツのチューブヨガ"―DVDを見ながらヨガで自分美磨き 石井みつこ著 （名古屋）ブイツーソリューション，星雲社 発売 （付属資料：DVD1）
【目次】第1章 体が喜びハッピー∞になれる『ヨガの呼吸法』（座法、呼吸とは？―やってみよう『完全呼吸法』、呼吸のメカニズム）、第2章 内側から元気でキレイになれる"ミッツのチューブヨガ"『ウォーミングアップ編』（「下半身」足先からほぐして動く準備をしよう、「上半身」一首・肩まわりをほぐして体を温めよう）、第3章 チューブが効いて歪みを調整！美骨盤が手に入るミッツのチューブヨガ『骨盤矯正編』（寝転びのポーズ、座位のポーズ）、第4章 勝手にのびて、美肉つく！しなやかに貯筋！引き締まった美ボディが手に入るミッツのチューブヨガ『引き締め編』（四つん這いのポーズ、立位のポーズ、座位と床を使ったポーズ、リラクゼーションのポーズ）
2017.1 63p B5 ¥1500 ①978-4-434-22913-8

◆毎日を平穏にするヨーガの習慣 赤根彰子著 清流出版
【要旨】暑い日も、寒い日も、雨の日も、ウツウツする日も、気持ちが安らぐヨーガの習慣。
2017.9 142p 17×16cm ¥1434 ①978-4-86029-467-0

◆みんなで笑ったういごた―ふだんの生活のためのヨガ 平下裕子著 （名古屋）風媒社
【要旨】「ふだんの生活のためのヨガ」を実践して健康な日々を送っていただくためのブックレット。
2017.11 49p A5 ¥500 ①978-4-8331-5344-7

◆メディカルヨーガ―人体らせん原理とハタヨーガの融合 現代人の抱える心身の不調に真に応えるヨーガの叡智 クリスチャン・ラルセン，テーダ・ファン・レッセン，エヴァ・ハーガー＝フォルステンレヒナー著，木村慧心監修 ガイアブックス
【要旨】ヨーガの伝統と、予防・治療の機能性をらせん原理で具体的に解き明かす。本書のトレーニングの最重要課題は、本当にきちんと立つこと。重力に頼って直立しているとさまざまな不調がでてくる。不調が改善されていくし、最大の予防になる。「直立」を筋肉で支えるには、人体に明確にらせんを張り巡らせることで可能になる。そのトレーニングが伝統的なヨーガには多数含まれ、「らせん原理」で説明すればより効果的なヨーガになっていく。
2017.3 424p B5 ¥4800 ①978-4-88282-982-9

◆メディカルヨガ―誰もでもできる基本のポーズ 新見正則，岡部朋子著 新興医学出版社
【目次】究極のらくちんポーズ7選、不調の原因別ポーズ（呼吸器の悩み、消化器の悩み、循環器の悩み、泌尿器の悩み、運動器の悩み、耳・鼻・眼の悩み、皮膚の悩み、こころの悩み、子どもの悩み、女性の悩み、高齢者の悩み、がんの悩み、重病のときの悩み、痛みをやわらげるために、その他の悩み）
2017.4 174p A5 ¥2000 ①978-4-88002-864-4

◆やってはいけないヨガ―正しいやり方 逆効果なやり方 石井正則著，今津貴美ポーズ監修 青春出版社
【要旨】多くの人が、自律神経が乱れる、効果が出ない、首・肩・腰を傷めるやり方をしています。ムリせずにいちばん効率よく成果がでるやり方。
2018.1 170p A5 ¥1380 ①978-4-413-11240-6

◆ゆるめるヨガプログラム―DVD付 ココロをリラックス 近藤真由美監修 朝日新聞出版 （付属資料：DVD1）
【要旨】心とカラダをときほぐす10のプログラムを収録！
2017.11 125p 24×19cm ¥1300 ①978-4-02-333184-6

◆ヨガを伝える―すべての人によりよく生きる知恵を届ける ケン・ハラクマ著 春秋社
【要旨】ヨガは深い。その世界はどこまでも奥深い。レッスンで何を伝えればよい？その人らしいヨガとのつきあい方とは？
2017.12 218p A5 ¥1700 ①978-4-393-36542-7

◆ヨーガの真実 マーク・ウィットウェル著，加野敬子訳 ガイアブックス ペーパーバック版
【要旨】自らを知り、発見し、その生命を大切にしていく心を育むためのヨーガ。
2017.12 199p A5 ¥2000 ①978-4-88282-997-3

◆ヨーガ療法ダルシャナ―双方向コミュニケーションのための言語的かかわり 鎌田穣，木村慧心著 ガイアブックス （伝統的ヨーガにもとづくヨーガ療法標準テキスト 2）
【要旨】ヨーガ療法ダルシャナとは、面接技法（カウンセリング）に匹敵する。それによって、クライアントの情報を収集し、情報に基づいて評価（アセスメント）を行う。その評価に従った介入目標の設定と達成方法を立案し、十分な説明を受けたクライアントの同意を得て、現代社会における心身両面の深刻な病からの脱苦を援助する技法であり療法である。本書は、5000年の伝統の中で伝えられてきた理智の修正を目指す師弟間のダルシャナ技法と、現代臨床心理学が開発してきた各種技法とのコラボレーション技法であり世界初の「ヨーガ療法ダルシャナ教本」となる。
2017.12 203p 23×15cm ¥2600 ①978-4-88282-998-0

◆よくわかる理論と実践 ヨーガ ジェニー・ビトルストン著，奥谷朋子訳 ガイアブックス
【要旨】本書には、ヨーガのさまざまな行法やそれぞれの練習から得られる効果、そして手本となる一連の動きなどが、カラー写真で詳しく解説されています。
2017.4 224p 21×17cm ¥1600 ①978-4-88282-978-2

◆リストラティブヨガ―完全なリラクゼーションそして再生 ジュディス・ハンソン・ラサター著，chama，桜井くみ監修，東郷美希子監訳，大田直子訳 ガイアブックス
【要旨】リストラティブヨガは、理学療法士でありアイアンガーヨガの正式認定指導者であるジュディス・ラサターによって1990年代に考案された深い休息感を得るためのヨガです。リストラティブヨガは、プロップス（補助用具）をふんだんに使用して、無理のない姿勢でゆっくりと身体を取ることにより、完全なるリラクゼーション状態を目指します。完全なるリラクゼーションを得ることで、現代社会に疲弊した心と身体のエネルギーが徐々に回復し、再び生き生きとしたあなた自身が戻ってくるでしょう。
2017.7 231p 26×20cm ¥2800 ①978-4-88282-987-4

◆李先生の気功健康講座 李瑞星著 元就出版社 （文化のシリーズ 1―気功と健康）
【要旨】気と肉体は大きな関連、気と人間関係はリンクする、動功と他の運動は目的が違う、気の系統には自然のルールがあるいた、五臓六腑は気が支配している、達人LB先生と七つの実例、私の実践している気功とは、偉人たちのエネルギーパワー、気功は仏道に通じ、気と宇宙をつなぐもの、私の気候遍歴、さあ、気功の練習を始めよう 2017.3 140p B6 ¥1400 ①978-4-86106-252-0

◆レスリー・カミノフのヨガアナトミィ レスリー・カミノフ，エイミー・マシューズ著，シャロン・エリスイラスト，加野敬子訳 ガイアブックス 改訂第2版
【要旨】アメリカヨガ関連図書のトップセラーの1つである本書は、豊富なフルカラー図解と詳細な説明を携え、初版からさらに充実した内容で新登場。呼吸、立位のポーズ、そしてインバージョンでは、筋肉がそれぞれ関節の動きに従ってどのように動いているのか詳細に解説できるので、従来の参考書よりもぐっと理解が深められる内容。ポーズの変形型は効果を高めているのか、それぞれも脊柱、呼吸、身体の位置はそれぞれお互いにどう関係しているのかなど、今までに知り得なかった本質的で充実した内容も多数掲載。
2017.4 275p B5 ¥3200 ①978-4-88282-969-0

◆DVD付 心地よいお産を迎える マタニティ・ヨガ 安産Lesson 森脇じゅん監修 朝日新聞出版 （付属資料：DVD1）
【要旨】妊婦さんにやさしい、姿勢別で選べるプログラム。ゆったりとした動きで、お産に必要な筋力UP。産後リカバリーも、しっかりサポート！
2017.12 143p 24×19cm ¥1300 ①978-4-02-333188-4

◆DVD付 ポチャ★ヨーガ―お腹にお肉がある人の究極本 深堀真由美著 大和出版 （付属資料：DVD1）
【要旨】体型にコンプレックスがあって、ジムやレッスンに通えない、背中やお腹のお肉が邪魔してヨガのポーズがとれない、以前ヨガをやったことはあるけれど、難しくて挫折した、ヨガに興味はあるけれどハードルが高そうであきらめている、ヨガはツラいものだと思っているetc.。「あるある！」と思った方へ―この本は、そんなあなたの強い味方になります。1日3ポーズでしなやか＆メリハリボディに！
2017.6 71p A5 ¥1500 ①978-4-8047-6278-4

◆DVD2枚つき 深堀真由美のベスト・オブ・ヨガプログラム 深堀真由美著 主婦の友社 （付属資料：DVD2）
【目次】1 リラックスしたい日のヨガ（肩こり・首こりを改善する、自律神経のバランスを整え、体にたまった毒素を排出する、呼吸を深めて心身の疲労を回復、関節のゆがみを調整する）、2 体を動かしたい日のヨガ（細胞の新陳代謝を活発にし、下半身の冷えをとる、血液・リンパの流れを改善する、余分な脂肪を燃焼させる、インナーマッスルを強化する）
2017.4 127p 24×19cm ¥2300 ①978-4-07-422882-9

健康食

◆医師が信頼を寄せる栄養士の糖質を味方にするズルイ食べ方―一生を守る「足し算食べ」BEST100 足立香代子著 ワニブックス
【要旨】定期検診では発見できない、「隠れ食後高血糖」を防ぐ！最新栄養学で実証済み！
2017.11 231p B6 ¥1300 ①978-4-8470-9615-0

◆医者が教える食事術 最強の教科書―20万人を診てわかった医学的に正しい食べ方68 牧田善二著 ダイヤモンド社
【要旨】ちまたの健康法はウソだらけ！仕事・人生のパフォーマンスを支える新常識！肥満、老化、病気、長寿、集中力、疲労＝生化学×最新医療データ×統計データから、医学的エビデンスに基づいた、本当に正しい食事法を1冊に網羅！「食の教養」は健康格差社会を生き抜く武器だ！
2017.9 279p B6 ¥1500 ①978-4-478-10221-3

◆伊豆の山奥に住む仙人から教わったからだがよみがえる「食養術」―ダメなボクのからだを変えた秋山先生の食養ごはん 山田剛著，草野かおるイラスト，秋山龍三監修 徳間書店
【目次】イラストマンガ、第1章 ふるさと村との出会い―そこには仙人がいました、第2章 食べものがからだを変えてくれる、第3章 ふるさと村での生活、第4章 ないものばかりの生活―そこから感じる幸せ、第5章 ふるさと村の食事―これで人生とボクのからだが変わりました、第6章 秋山先生から学んだこと、第7章 食養を実践していること、第8章 さらに新しいチャレンジへ、付記 722食の献立
2017.10 239p 20×15cm ¥1550 ①978-4-19-864493-2

◆忙しい毎日の不調をケアする メディカルハーブティーのすすめ enherb監修 イカロス出版
【要旨】仕事や育児の合間にラクラク体調管理＆気分転換。イライラ、ダルさ、肩こり、Etc…日常で起こりやすい34の悩みに答えるハーブとブレンド。
2017.6 235p B6 ¥1200 ①978-4-8022-0350-0

◆1日1杯のココアが老けない体をつくる 松生恒夫、亀井優徳著 宝島社
【要旨】脳の活性化、血行促進、ダイエット。凄いココア効果満載！ ココア研究20年の集大成を大手食品メーカー元研究者が大公開！ 甘酒、ミント、生姜、オリーブオイルのトッピング効果も！
2017.12 159p B6 ¥1300 ①978-4-8002-7317-8

◆栄養素図鑑と食べ方テク—もっとキレイに、ずーっと健康 中村丁次監修 朝日新聞出版
【要旨】意外と知られていない栄養素の働きと健康になる正しい食べ方、初公開！
2017.8 255p B6 ¥1200 ①978-4-02-333157-0

◆おいしい病院食は、患者を救う 長村洋一監修、薬袋摩耶著 ウェッジ
【要旨】「薄味・まずい」が当たり前だった病院食がどんどんおいしくなる理由とは？ 業界を動かしたキーパーソンに取材を重ね、トレンドの背景を知る。
2017.3 181p 18cm ¥1500 ①978-4-86310-178-4

◆男が強くなる「超」健康食—食材の薬効で、毎日元気!!ギンギン!! 大久保涯著 三笠書房（知的生きかた文庫）(『体に即効！「民間療法」』再編集・改題書)
【要旨】身近な食材が、食べ方、使い方ひとつで民間特効薬に早変わり！ 目からウロコの「スタミナづくり」から、万病を防ぐ「家庭薬」まで、民間療法105！
2017.6 238p A6 ¥650 ①978-4-8379-8473-3

◆大人の粉ミルク—腸が若返る！ 久郷晴彦監修 主婦の友社
【目次】1 大人の粉ミルクはこう飲みます（基本の作り方、アレンジレシピ ほか）、2 飲んでみました 大人の粉ミルク体験談（81歳で現役のフリーランスライター、「朝食に粉ミルク」を約30年続けています、3食粉ミルク置き換えで、最高10kgの減量！ 白髪、二日酔い、花粉症も改善しました、3 粉ミルクはなぜ健康にいいのか（粉ミルクは栄養の宝庫。微量栄養素もバランスよく、不足しがちなビタミン、微量栄養素が補給できる ほか）、4 きれいにやせたい人は心がけましょう（標準体重を知り、どこまで減らすか目標を決める、挫折せずにスムーズに減量する秘訣は、体重の「見える化」 ほか）、5 大人の粉ミルクQ&A（粉ミルクダイエットのコース、粉ミルクのにおいが気になる ほか）
2017.6 159p 18cm ¥1000 ①978-4-07-424042-5

◆オリーヴのすごい力—健康をもたらす、生命の樹オリーヴ8000年パワー 実も葉もまるごと 小豆島ヘルシーランド編著 （土庄町）小豆島ヘルシーランド,（高松）瀬戸内人 発売
【要旨】天然の恵みで、心も体も健やかに。美容や食用のオイルから、オリーヴ葉のエキスまで。めぐりを促し、健康的な肌を保つためのオリーヴ用法を、医療や美容、ライフスタイルのある専門家が、わかりやすく紹介。オリーブオイルを使った料理のレシピや、美肌マッサージの図解も掲載。
2017.10 158p A5 ¥1500 ①978-4-908875-05-2

◆外食でやせる！—「糖質オフ」で食べても飲んでも太らない体を手に入れる 江部康二著 毎日新聞出版
【要旨】あらゆる場面で実践できる糖質制限を提案します。
2017.4 206p 18cm ¥1000 ①978-4-620-32442-5

◆カカオでからだの劣化はとまる 井上浩義著 世界文化社
【要旨】まだまだ知られていない、カカオのすごい効能が明らかに。
2017.12 111p A5 ¥1300 ①978-4-418-17347-1

◆下肢静脈瘤が消えていく食事—足の血管のコブを防ぎ治す特効レシピ 阿保義久著 マキノ出版（ビタミン文庫）
【要旨】これまで日本では、「動脈硬化を防ぐ食事」、「静脈を若々しく保つ食事」とは論じられてきませんでした。しかし、海外では近年、下肢静脈瘤の予防・改善に役立つ栄養素についての研究報告が多数出ています。そうした最新研究をもとに、「下肢静脈瘤が消えていくレシピ」を考案しました。
2017.7 159p A5 ¥1300 ①978-4-8376-1306-0

◆がんで余命ゼロと言われた私の死なない食事 神尾哲男著 幻冬舎
【要旨】そうだ！ 料理で病気を治すんだ！ 末期がんを宣告されて14年。調味料をすべて変える。旬の食材を皮まで食べる。"奇跡のシェフ"、昔の日本食をヒントに辿りついた命の食事法。
2017.3 175p 18cm ¥1100 ①978-4-344-03083-1

◆ガンにならない体をつくる、毎日の簡単ごはん 済陽高穂監修、松尾みゆきレシピ製作 PHP研究所
【要旨】ブロッコリーのスルフォラファン、しいたけに含まれたレンチナン、なすの皮に入っているデルフィニジン…食べ物がもっているパワーを使って、ガンに負けない体をつくる。
2017.3 127p 24×19cm ¥680 ①978-4-569-83292-0

◆奇跡の酢納豆—血管に効く！ 腸が強くなる！ 免疫力UP！ 石原新菜医療監修, 若宮寿子レシピ考案 宝島社
【要旨】ナットウキナーゼ×アミノ酸のWパワーで病気を防ぐ！ 充実の69レシピ。
2017.8 111p A5 ¥700 ①978-4-8002-7498-4

◆今日から変わる！ 若返り食生活—美人栄養素で「理想の私」を手に入れる！ 堀知佐子著 きずな出版
【要旨】いますぐ老化にブレーキをかける！ 自分まるごとアンチエイジング。30代後半、40代、50代、60代、70代、80代一年代別食べ方のススメ。
2017.2 189p A5 ¥1400 ①978-4-907072-88-9

◆きれいな肌をつくるなら、「赤いお肉」を食べなさい 柴亜伊子著 青春出版社
【要旨】肌の細胞を内側から整えてぜったいに負けない肌になる！ 敏感肌、乾燥肌、大人ニキビ、シミ、たるみ…、いくつになっても、あなたの肌は生まれ変わります。スキンケア以前にすべきこと。皮膚科医が教える最新栄養療法。
2017.4 221p B6 ¥1300 ①978-4-413-23038-4

◆キレイの秘密、「豆」生活。—カラダのなかからワタシをみがく 福谷正男著 幻冬舎メディアコンサルティング、幻冬舎 発売
【要旨】「美肌＆美髪をつくる」「腸内環境を整える」「代謝をアップする」「豆」は"キレイ"に効く、スーパーフード。かんたん、おいしい豆レシピも満載！
2017.6 157p A5 ¥1200 ①978-4-344-91234-2

◆筋トレビジネスエリートがやっている最強の食べ方 Testosterone著 KADOKAWA
【要旨】食事の知識はビジネスマンの最強の教養である。マッチョ社長が教える「筋トレより大事なこと」。アメリカで大人気の「本物」の食事管理法を公開。
2017.6 207p B6 ¥1300 ①978-4-04-602013-0

◆血流がすべて整う食べ方 堀江昭佳著 サンマーク出版
【要旨】血流を質も量もきれいにたっぷりに整え、そして幸せに生きていくために何を食べるか、どのように食べるかを知っていただきたい。こんな思いから、本書が生まれました。
2018.1 223p B6 ¥1300 ①978-4-7631-3675-6

◆「健康茶」すごい！ 薬効—もクスリもいらない医者もいらない 船瀬俊介著 ヒカルランド（『船瀬俊介の民間茶薬効事典』改訂・改題書）
【要旨】日本古来から伝わる健康茶には、驚きの薬効がつまっていた！ 代表的な健康茶29種の効能、臨床データ、作り方までを完全公開！ それでもあなたはまだクスリを飲み続けますか？ 船瀬俊介渾身の調査！ 埋もれた名著『船瀬俊介の民間茶薬効事典』の完全復刻改訂版！
2017.6 207p B6 ¥1815 ①978-4-86471-499-0

◆健康長寿食品 前田幸夫著 東京図書出版、リフレ出版 発売
【目次】長寿（100歳以上）の秘訣と食品、認知症予防食品、高血圧・心臓病予防食品、糖尿病予防食品、夜間頻尿予防食品、胃腸病・がん予防食品、目によい食品、白髪・薄毛改善食品、精力増強食品、骨粗鬆症予防食品、お酒は百薬の長！、健康食品、食品の栄養素情報、睡眠負債・注意情報
2017.12 222p B6 ¥1500 ①978-4-86641-097-5

◆健康な身体と心をつくるならお米を毎朝食べなさい！ 神藤啓司著 秀和システム
【要旨】2週間で効果を実感！ ボクシング世界チャンプの身体づくりから便秘解消、ダイエットまで、「シンプルなのに本当に効果が出た」食事スタイルとは？
2017.8 239p B6 ¥1500 ①978-4-7980-4878-9

◆この食事で自律神経は整う 溝口徹著 フォレスト出版
【要旨】「血糖と脳を同時に整える食事」で健康になる。不安・イライラ・頭痛・疲れやすい・自律神経失調症・糖尿病・肥満・うつに効く！ 栄養療法の専門医師が教える自律神経が整う新健康法！
2017.6 222p 18×13cm ¥1400 ①978-4-89451-759-2

◆コレステロールにぐぐっと効く食事習慣 主婦の友社編 主婦の友社（『コレステロールにぐぐっと効く本』加筆・再編集・改題書）
【要旨】かんたん、ラクラク！ 自力でできる！ 何を選ぶ？ どう食べる？ コレステロールがぐんぐん下がる食事のコツ。今日から実践できる、18人のスペシャリストが教えるコレステロール対策！
2017.10 175p 18cm ¥950 ①978-4-07-426489-6

◆最強「ボーンブロス（骨スープ）」食事術—3週間で身体と心が劇的に変わる ケリアン・ペトルッチ著、福井久美子訳 集英社
【要旨】3週間で結果が出る、魔法のスープ、ボーンブロス日本上陸！ アメリカで大ブーム。NYタイムズベストセラー。
2017.3 351p B6 ¥1600 ①978-4-08-781624-2

◆じつは体に悪い19の食習慣 南清貴著 ワニ・プラス、ワニブックス 発売（ワニブックスPLUS新書）改訂版
【要旨】あなたの「健康習慣」は間違いだらけ。「発酵食品」「有機栽培」「肉で長生き」「1日3食」を信じるな。すぐに始められる1週間のトライアルメニューつき。
2018.1 222p 18cm ¥830 ①978-4-8470-6123-3

◆死ぬまで介護いらずで人生を楽しむ食べ方 新開省二著 草思社
【要旨】70代からでも間に合う！ 食事内容で健康寿命は変わる！ しっかり栄養をとっている人ほど、認知症・脳卒中になりにくい。のべ5000人の高齢者の追跡調査から導き出した、本当に正しい食習慣。
2017.6 206p B6 ¥1300 ①978-4-7942-2286-2

◆脂肪と疲労をためるジェットコースター血糖の恐怖—人生が変わる一週間断糖プログラム 麻生れいみ著 講談社（講談社プラスアルファ新書）
【要旨】午後の眠け、だるさ、むくみがサイン！ ほうっておくと命も縮める。コンビニ＆外食で実践！ 血糖値ゆるやか食事法。
2017.4 188p 18cm ¥840 ①978-4-06-272990-1

◆ショウガ甘酒 食べる健康法—1日たった大さじ6で やせる！ 不調すっきり！ 石原新菜監修、金子あきこ料理監修 日本文芸社
【要旨】おいしいから無理なく続く！ ショウガ＋甘酒のWパワー！ 冷凍つくりおきで簡単！ すぐできるおいしいレシピ！
2017.11 95p A5 ¥1200 ①978-4-537-21523-6

◆常識が変わる 200歳長寿！ 若返り食生活法 岡田恒良監修、松井和義著 コスモ21
【要旨】寿命の常識をはずすと、ほんとうの長寿法が見えてくる。奇跡の健康長寿を実現する5大法則。
2017.2 535p B6 ¥2000 ①978-4-87795-348-5

◆食物養生大全 鶴見隆史著 評言社
【要旨】古来の知恵と最新の栄養学の融合。現代医療の限界を明らかにし、食養生による根本治療の道筋を示す。
2017.5 471p B6 ¥2700 ①978-4-8282-0587-8

◆図解 体の不調が消える 腸を温める食べ方 松生恒夫著 青春出版社
【要旨】温かいものを食べるだけでは腸も体も温まらない!! お腹ポカポカが長く続く、全身が温まる、このひと工夫とは！ 4万人の腸を診てきた専門医が教える「腸から元気になる」最新健康法。
2017.2 127p A5 ¥1200 ①978-4-413-11207-9

◆図解 食卓の薬効事典—野菜、豆類・穀類50種 池上文雄著 農山漁村文化協会（健康双書）

実用書

健康・家庭医学

◆好きなものだけ食べてなぜ悪い？　可野倫子著　芽ばえ社　(自分で考え自分で決めるからだ・食事・睡眠シリーズ)
【要旨】第1部 食べものが私になるまで（食べもののゆくえ、食べものの働き＝栄養素、栄養バランスのよい食品の選び方は？）、第2部 どんな時にどんなものを食べればいいのか？（1日に何をどれだけ食べればいいの？、食べ方の基本―献立の考え方、季節の恵みからいただく食べもの、いつ食べる？、お会く食べる？、みんなで一緒に1食の適量を食べよう！、間食は食べてもいいの？、調子の悪い時は何を食べればいいの？）、第3部 自分で食事を作ってみよう！（ごはんを炊いてみよう、みそ汁を作ってみよう、自分でお弁当を作ってみよう）
2017.10 95p A5 ¥1200 ①978-4-89579-392-6

◆成功の食事法―脳神経外科医の自分を劇的に変える食欲マネジメント　菅原道仁著　ポプラ社
【要旨】疲労、肥満、集中力の欠如を解決！食のIQを高めパフォーマンスを最大化する14の食習慣！医学、脳科学、心理学の多様な理論から「食欲」を分析・解説し、ビジネスパーソン向けに脳と体のパフォーマンスが上がる食事法を提唱する。
2017.2 287p B6 ¥1400 ①978-4-591-15331-4

◆食べない人ほど仕事ができる！―「少食」も最強のビジネススキル　堀大輔著、秋山佳胤監修　フォレスト出版
【要旨】週3食、空腹、リバウンドに悩むことなく、集中力・お金・時間・健康・細マッチョ…が手に入る！睡眠を完全にコントロールした著者による、断食・ファスティングを超える食の新理論。
2017.10 213p B6 ¥1400 ①978-4-89451-773-8

◆食べものだけで余命3カ月のガンに勝った―末期がんから生還した、わたしのオーガニック薬膳ライフ　高遠智子著　祥伝社 (祥伝社黄金文庫)
【要旨】食の都・パリで食べたトマトが私を蘇らせた。生命力が湧き出る、食材とレシピを紹介。
2017.9 219p A6 ¥600 ①978-4-396-31717-1

◆知識ゼロからのスーパーフード入門　柴田真希著、江田証医学監修　幻冬舎
【要旨】チアシード、キヌア、マカ、アサイー、ピタヤ…科学も認めた栄養の宝庫！ダイエット、アンチエイジング、体の不調に効果大。話題のミラクルフードを完全解説。
2017.11 127p A5 ¥1300 ①978-4-344-90327-2

◆血めぐり薬膳―体がぽかぽか温まり冷え・肥満・老化・婦人科トラブルを改善　坂井美穂著　エイアンドエフ　(A&FBOOKS)
【要旨】不調改善レシピ、体質別作り置きレシピ、季節の旬レシピ、充実の食材リスト…etc。毎日できるかんたん薬膳で血流がよくなり自然治癒力が高まって健やかきれいが手に入る！フレンチベースの簡単レシピ44点掲載。
2017.11 127p A5 ¥1400 ①978-4-909355-00-3

◆つくりおきレモン酢＆酢しょうがで血流がよくなる！毛細血管が増える！体中若返る！　根来秀行監修、曽根小有里料理監修　日本文芸社
【要旨】肌が若返る！シミ・シワに効く！スッキリやせる！高血圧、動脈硬化などあらゆる不調が解消！1日大さじ1杯！目的別！超健康レシピ付き。
2017.6 127p A5 ¥1200 ①978-4-537-21487-1

◆「糖質制限」その食べ方ではヤセません　大柳珠美著　青春出版社　(青春新書INTELLIGENCE)
【要旨】減らした糖質の代わりに何を食べていますか？チーズやナッツで小腹を満たす。主食を抜いて唐揚げやフライドチキンをガッツリとる。いつものビール・炭酸飲料を「糖質オフ」「糖質ゼロ」に―最新栄養科学でわかった！本当に効く食べ方。
2017.7 189p 18cm ¥850 ①978-4-413-04517-9

◆糖質制限で子どもが変わる！三島塾レシピ　三島直二監修、三島学著　主婦の友社
【要旨】塾生人気ベスト8、気分が上がるごちそう、肉・魚・豆・海藻料理、朝食、昼食、めん、おやつ、元気がないときや、お母さんが忙しいときのお助けメニューなど。合格＆成績が上がった、簡単＆おいしい！塾レシピを大公開。
2017.7 111p A5 ¥1300 ①978-4-07-423812-5

◆肉・卵・チーズで人は生まれ変わる―5000人以上に奇跡を起こしたMEC食　渡辺信幸著　主婦の友社
【要旨】1日に必要な栄養がとれる！MEC食によるたんぱく質とビタミンの摂取量は、1日に必要な量（平均値）の1.5倍以上。離島医療から生まれた健康食。手間もお金もかからず、子どもから高齢者までおいしく悩みも解消できる。
2017.9 183p B6 ¥1300 ①978-4-8376-1310-7

◆早わかり薬膳素材―食薬の効能・性味・帰経　辰巳洋主編、日本国際薬膳師会編　源草社
【目次】上品（補虚類）、中品（温裏類、消食類、化湿類、理気類 ほか）、下品（解表類、清熱類、袪（きょ）風湿類、利水滲湿類 ほか）
2017.6 227p A5 ¥3800 ①978-4-907892-11-1

◆パンと牛乳は今すぐやめなさい！―3週間で体が生まれ変わる　内山葉子著　マキノ出版　(ビタミン文庫)
【要旨】パンは腸と脳をこわす！牛乳は骨と血管を弱くする！乳ガン患者はパンと牛乳が大好き。内臓脂肪が激減！アトピー、鼻炎が改善！子宮筋腫、卵巣嚢腫が縮小！子供が勉強に集中できる。
2017.9 183p B6 ¥1300 ①978-4-8376-1310-7

◆パン・豆類・ヨーグルト・りんごを食べてはいけません―世界が認めたおなかの弱い人の食べ方・治し方　江田証著　さくら舎
【要旨】おなかの弱い人に朗報！低FODMAP食を食べることで過敏性腸症候群などで、人知れず悩んでいる1775万人に。
2017.9 242p B6 ¥1400 ①978-4-86581-116-2

◆病気にならない食べ方はどっち？　大柳珠美監修　SBクリエイティブ
【要旨】正しい「食」生活で、病気の7割は予防できる！加齢による不調から、がん、生活習慣病（高血圧、糖尿病など）、認知症まで絶対に悪くしない健康食とは？エビデンスのある、「食」の真実が明らかに！「食のIQ」を高める、「42のどっち？」。
2017.7 207p B6 ¥1300 ①978-4-7973-9334-7

◆病気にならない人は何を食べているのか　森由香子著　青春出版社　(青春新書PLAYBOOKS)
【要旨】40代を境に「からだ」も「食の常識」も変わる。この機に「食べ方」を改めましょう。
2017.2 187p 18cm ¥1000 ①978-4-413-21078-2

◆老けない人はこれを食べている　牧田善二著　新星出版社
【要旨】魚はお刺身で食べましょう。肉はたたきやしゃぶしゃぶがお薦めです。野菜はレモンやオリーブオイルを添えて。ワインも一緒に楽しんでください。本を読めば、毎日の食事を楽しみながら、いまより若返ることができます。
2017.9 143p B6 ¥1300 ①978-4-405-09344-7

◆北陸地に棗（なつめ）ありて　金森昌彦編、北陸なつめ研究会執筆 (名古屋) 三恵社
【目次】1 棗（なつめ）の恵みに想う（なつめの里の歩みと想い、なつめと地域活性化、なつめとの出会い、なつめの恵み～時空を超えて）、2 棗（なつめ）研究の今を語る―基礎研究の立場から（ナツメの研究・抽出分離に関する研究についての一ナツメの成分、抽出・分離の概要と抽出実施例、薬理作用総論、血糖値調節作用、抗腫瘍作用（骨肉腫研究の2015・2016年の報告から）、感染予防作用、抗アレルギー作用、抗うつ症作用）、3 棗（なつめ）の未来を拓く（北陸なつめ研究会の広報活動、なつめ料理による健康温活）
2017.3 135p A5 ¥1800 ①978-4-86487-664-3

◆味噌をまいにち使って健康になる　渡邊敦光著　キクロス出版、星雲社 発売
【要旨】あなたの知らない「味噌」のチカラ。
2017.12 172p B6 ¥1200 ①978-4-434-23993-9

◆免疫栄養ケトン食で がんに勝つレシピ　麻生れいみ著、古川健司監修　光文社
【要旨】おいしいから続けられる。食の楽しみを感じつつ、がん治療をサポートするレシピ集。
2017.8 159p A5 ¥1500 ①978-4-334-97945-4

◆免疫力を上げる食べ物の組み合わせ　増尾清著　三笠書房　(知的生きかた文庫)
【要旨】豚肉＋ジャガイモ―免疫力アップ！老化予防、がん予防にも！サケ＋アスパラガス―若さと健康を保つアンチエイジング効果。居酒屋では最初に卵や大豆製品―肝臓の機能を強くカバー。市販の惣菜＋ワカメ、ホウレンソウの味噌汁―添加物を消す組み合わせ…農薬、添加物から体を守る"毒消し"調理法からあなたを確実に健康にする「食材の組み合わせ」まで徹底解説！実践すればするほど差が出てくる！究極の健康長寿の秘訣。書き下ろし。
2017.8 235p A6 ¥650 ①978-4-8379-8485-6

◆元トマト研究者・農家だった僕がぜひ教えたいトマトの10の効果　石井賢二著　(大阪)パレード、星雲社 発売
【要旨】リコピン・ルチン・アントシアニン…「聞いたことがある」を納得に変える僕の研究成果を、すべてお伝えします。
2017.6 216p B6 ¥1600 ①978-4-434-23385-2

◆野菜で整えるいちばんやさしい腸がきれいになる食べ方　田口成子著、大竹真一郎監修　家の光協会
【要旨】忙しい人でもすぐにできる。料理研究家が20年間実践してきた腸の整え方を大公開。野菜を効果的に食べる目からウロコのコツが満載。
2017.7 175p B6 ¥1400 ①978-4-259-56545-9

◆40歳からはパンを週2にしなさい―小麦を減らすと、脳と身体が若返る　藤田紘一郎著　廣済堂出版　(健康人新書)
【要旨】腸内細菌は、病原菌やウイルスなどから体を守っている。しかし、小麦粉、加工物、甘いもの…などを食べすぎると腸がダメージを受けてしまう！とくに小麦に含まれる「グルテン」は腸に微細な穴をあけてしまうことも。これを防いで腸内の環境を良くして、若返るためにはパンは週2回までにする。その理由やその他の実践しやすい策をご紹介。
2017.12 187p 18cm ¥850 ①978-4-331-52137-3

◆Dr.白澤の頭は1日でよくなるケトン食でできる子に　白澤卓二著、宗田哲男特別寄稿　主婦の友社
【要旨】3時間後に脳のパフォーマンスが上がる！赤ちゃんから小中高受験生まで、ケトン体が奇跡を起こす。
2018.1 239p B6 ¥1400 ①978-4-07-426822-1

◆Dr.白澤の驚異の若返りタマゴ―寝たきり長寿から健康長寿へ　白澤卓二著　青萠堂
【目次】プロローグ"驚異のタマゴ"がなぜ今世紀最高食品なのか―食事が認知症・がん・脳卒中・心臓病etc.を防ぐ！、第1章 完全栄養食品と呼ばれるタマゴで健康長寿―毎日食べることがあなたの脳と体をつくる、第2章 わたしたちがもっとも摂るべきオメガ3系脂肪酸―老化と病気から体を守る驚くべきパワー、第3章 抗酸化物質の代表"アスタキサンチン"の老化にいいこと―老化と病気から体を守る驚くべきパワー、第4章 なぜ陸のオメガ3とアスタキサンチンがいいのか―心配される海の汚染を知らない事実、第5章 だからスゴイ！Dr.白澤の"驚異のタマゴ"―試してわかった驚くべき違い、第6章 タマゴについての素朴なQ&A―知っているようで知らないタマゴの常識、付録 江戸時代の知恵袋"卵百珍"―一現代にも通じるタマゴレシピ
2017.4 175p 18cm ¥1000 ①978-4-908273-09-4

◆EAT GOOD for LIFE―史上最高の私をつくる「食」×「ながらトレーニング」　池田清子著　トランスワールドジャパン
【目次】EATING（身近な食材や食べ方で体を整える、主食は栄養価の高い玄米にする、旬の味覚で体の巡りをスムーズにする ほか）、EATING & TRAINING（健康な心と体に美しさが宿る、"運動・栄養・休養"で体はつくられる、食事は運動量に合わせて調節する ほか）、COOKING & TRAINING（トレーニングの基本、血をつくる食材＆レシピ、美肌に導く食材＆レシピ ほか）、YELLOW PAGE
2017.3 159p 19×15cm ¥1500 ①978-4-86256-197-8

食事療法

◆医療マフィアは"伝統療法"を知って隠すなぜ"塩と水"だけであらゆる病気が癒

え、若返るのか!?―ローコスト＆ハイクオリティな養生法の超実践ガイド　ユージェル・アイデミール著，斎藤いづみ訳，小松工芽解説　ヒカルランド
【要旨】喉が渇いてからでは既に遅い！あらゆる病気は体内の「水」と「塩」の不足を示す警告だった!!軽視されがちな水と塩こそ、生命の源を支える究極のエネルギーである。どれくらい摂取すべきか？どんな不調に効果的なのか？その具体的な活用法とメカニズムを徹底的に紹介。製薬産業が教えたくない伝統の塩水療法のすべて―適量の塩水があなたの細胞に奇跡を起こします。
2017.9　343p B6 ¥1815 ①978-4-86471-514-0

◆運動するときスポーツドリンクを飲んではいけない―パフォーマンスを上げる「糖質制限」食事法　清水泰行著　廣済堂出版　（健康人新書）
【要旨】本書に書かれている「糖質制限」食事術を実践すれば、眠っている本当の力が目覚め、パフォーマンスが劇的にアップし、ちょっとやそっとでは疲れなくなる。糖質制限をしても筋肉も減らないし、脳もエネルギー不足にならない。著者は「ハンガーノック」が原因となり、「カーボローディング」やスポーツドリンクの危険性なども挙げていく。
2017.8　210p 18× ¥850 ①978-4-331-52110-6

◆おかずレパートリー 胃・十二指腸潰瘍　宮崎招久病態監修，高橋徳江栄養指導・献立　女子栄養大学出版部　（食事療法おいしく続けるシリーズ）
【目次】1章 胃潰瘍・十二指腸潰瘍の病気と食事の基礎知識（潰瘍ってなんである？，食生活で胃腸をガード！ ほか），2章 調理法別！おいしくてやわらかい肉，魚のおかず（酵素でやわらかく，塩麴でやわらか ほか），3章 胃に優しいおかず（胃腸に優しい麻婆豆腐，豆腐ステーキ ほか），4章 簡単＆作り置き野菜のおかず（簡単おかず，作り置きおかず），5章 ごはん，めん，パン，間食（オムライス，生ゆばの卵とじ丼 ほか）
2017.8 95p 24×19cm ¥1300 ①978-4-7895-1863-5

◆おかずレパートリー 胆石・胆のう炎・膵炎―体にやさしい67レシピ　加藤眞三病態監修，大木いづみ栄養指導，検見﨑聡美料理　女子栄養大学出版部　（食事療法おいしく続けるシリーズ）
【要旨】低脂質でもおいしい工夫がいっぱい。油を使わなくても満足のコク！ ごはんや麺には野菜をたっぷり！お肉はひと手間でしっとり、ジューシー。一品で満足感の得られる鍋やスープ。
2017.5 95p 24×19cm ¥1300 ①978-4-7895-1862-8

◆がんが消えて再発しないバランス料理と毎日つづけた食習慣―7年間、夫のがんを消しつづけたシンプルな暮らし　林恵子著　宝島社
【要旨】ストレスなしにつづけられる基本の和食一汁三菜、旬の野菜の選び方、食べる順とGI値…抗がん剤はずっと使っていない―7つの心がけと「自分療法」の見つけ方。
2017.2 175p A5 ¥1200 ①978-4-8002-6314-8

◆患者さんいちおし『そらまめ通信』の腎臓病ごはん　腎臓サポート協会監修　女子栄養大学出版部
【要旨】『そらまめ通信』1号から95号までの中からえりすぐりのレシピ集。透析導入までの期間が延ばせる、無理なくおいしく続けられるアドバイスが満載！すべての料理の栄養価一覧、たんぱく質別や食塩相当量別のさくいんつき。
2017.12 119p B5 ¥1400 ①978-4-7895-1850-5

◆抗がん剤の世界的権威が直伝！ 最強の野菜スープ　前田浩著　マキノ出版
【要旨】抗がん剤の研究でノーベル賞候補にも名が挙がる研究者が、がん予防とアンチエイジングに勧める「野菜スープ」。がん治療には野菜スープが一番！
2017.11 142p A5 ¥1300 ①978-4-8376-7262-3

◆最新版 計算いらず 糖尿病のおいしいレシピ―適正エネルギー摂取量に合わせて作れる　河盛隆造監修，牧野直子料理　学研プラス
【要旨】1日の適正エネルギー摂取量に応じ、1日1200～1500kcal、1日1600～1800kcalに合わせて、分量を2段階から選べる体にやさしいレシピ本。
2017.2 127p B5 ¥1400 ①978-4-05-800720-4

◆女性のための薬膳レシピ　辰巳洋著　緑書房
【要旨】月経痛や月経不順、妊娠、産後の不調、更年期障害、貧血、不妊症など、女性特有のトラブルをやさしく改善！中医学の知識満載のおいしい薬膳レシピ集。
2017.10 170p B5 ¥2800 ①978-4-89531-315-5

◆高雄病院の糖質制限作りおき　江部康二監修，検見﨑聡美料理　洋泉社
【要旨】高雄病院の糖質制限食をアレンジ！家庭でつくれる作りおきレシピ131品掲載!!
2017.5 143p 26×19cm ¥1300 ①978-4-8003-1228-0

◆治す食事 患う食事―食材別・症状別の事典　Reader's Digest編集部著，Fran Berkoff, Joe Schwarcz監修，溝口徹訳　（横須賀）医道の日本社
【要旨】その食べ物は毒にも薬にもなる。体のために「いま何を食べるべきか」知っていますか？食材のメリットとデメリットを学び、病気に打ち勝つ正しいチョイスを！
2017.4 381p B5 ¥3800 ①978-4-7529-7021-7

◆なんだかよくわからない「お腹の不調」はこの食事で治せる！―世界が認めた低FODMAP（フォドマップ）食事法　江田証著　PHP研究所
【要旨】FODMAPを食べるとお腹が痛くなるワケ。欧米で人気急上昇！お米は最高の低FODMAP食。食物繊維が豊富な野菜は、実はNG!? 自分の腸に耳を澄ませよう―「傾腸」のすすめ。FODMAP別お腹の不調の原因食材を突き止める食べ方。ハーバード大学、ローマ財団など、世界の権威がそのおどろくべき効果を実証！
2017.11 203p B6 ¥1300 ①978-4-569-82772-8

◆乳がんを前向きに乗り越えるごはん―24歳で患った管理栄養士のリアルレシピ　本田祥子著　主婦と生活社
【要旨】治療の時期や状況、心境に合わせて、適した栄養と食事を提案。
2017.10 127p A5 ¥1400 ①978-4-391-15053-7

◆ビジュアル版 糖質制限の教科書　江部康二監修　洋泉社　（ハンディ版 糖質制限の教科書）増補・改訂／再編集・改題書）
【要旨】基本から実践、理論までこの1冊でわかる。最新の食品成分表七訂に対応！正しいやり方で、無理なくやせる、健康になる！
2017.3 127p B5 ¥1200 ①978-4-8003-1175-7

食品成分表

◆エネルギー早わかり　牧野直子監修，女子栄養大学出版部編　女子栄養大学出版部　（FOOD & COOKING DATA） 第4版
【要旨】いつも食べる量のエネルギーがひと目でわかる。食事コントロールに欠かせないデータのものに。エネルギーや塩分など、栄養データを最新のものに。甘味やアルコール飲料なども、市販食品の最新データを収載。外食を食べるときにエネルギーを賢く減らすコツをアドバイス。居酒屋のおつまみやデザートメニューを追加。揚げ物の吸油率なども、調理に役立つデータをわかりやすく解説。
2017.3 207p 21×19cm ¥1400 ①978-4-7895-0219-1

◆外食・コンビニ・惣菜のカロリーガイド　香川明夫監修　女子栄養大学出版部
【要旨】エネルギー、たんぱく質、脂質、炭水化物、塩分、カリウム、食物繊維などよく食べる食品740品の栄養がひと目でわかる！
2017.2 127p 15×22cm ¥1400 ①978-4-7895-0627-4

◆外食・コンビニ・惣菜のミニガイド　香川明夫監修　女子栄養大学出版部
【要旨】エネルギー、たんぱく質、脂質、炭水化物、食塩相当量、カリウム、食物繊維ほか、小さくても情報満載！
2017.7 94p 11×15cm ¥800 ①978-4-7895-0628-1

◆機能性表示食品DATA BOOK　日本抗加齢協会編　メディカルレビュー社　第3版
【目次】1 はじめに（機能性表示食品の届出等に関するガイドライン解説，メッセージ機能性表示食品におけるかかりつけ医の役割），2 機能性関与成分データ集（感覚器領域，歯科領域，循環器領域 ほか），3 医師が知っておきたいサプリメント（感覚器領域，歯科領域，循環器領域 ほか），4 届出済み製品紹介，5 ふろく（消費者庁「機能性表示食品の届出情報検索」システムのご紹介，機能性表示食品の届出書作成に当たっての確認事項）
2017.12 307p B5 ¥4800 ①978-4-7792-2011-1

◆最新早わかりインデックス 食材＆料理カロリーブック七訂食品成分表対応　主婦の友社編，貴堂明世監修　主婦の友社
【要旨】オールカラーだから見やすい、大きな文字でカロリーが一目瞭然。食材能は日常よく使う582品を選び、きほんの栄養素を収載。1個、1尾、1束という「めやす量」で栄養素がわかるので計算の必要なし。わかりやすい食品分類法を採用しているのでインデックスが使いやすい。料理編は定番メニューに加え、カロリーオフのコツとレシピを紹介。
2017.9 191p 21×19cm ¥1400 ①978-4-07-425834-5

◆サービングサイズ栄養素量100―食品成分順位表　小山祐子，上田博子著　第一出版 第2版
【要旨】ふだん口にする食品約600品目を厳選。一食分（常用量）の栄養素をグラフと表で提示。上位100位までの食品が「ひとめ」でわかる。積極的に「摂りたい」「控えたい」食品が一目瞭然！特定保健指導や食事療法の際にも活躍。
2017.11 136p B5 ¥2000 ①978-4-8041-1318-0

◆七訂食品成分表　2017　香川明夫監修　女子栄養大学出版部
【目次】本表編（巻頭特集 新規食品の成分値が追加されました！―「日本食品標準成分表2015年版（七訂）追補2016年」発表，日本食品標準成分表2015年版（七訂）（穀類，いも及びでん粉類，砂糖及び甘味類，豆類，種実類 ほか）），資料編（食生活と健康の向上に役立つ最新情報（国民健康づくり，日本人の身体状況，日本人の栄養，子どもの栄養，世界の食事情 ほか）
2017.2 2Vols.set 26×21cm ¥1400 ①978-4-7895-1017-2

◆食事管理のための日常食品成分表―やさしく、わかりやすく、つかいやすい　出浦照國，吉村吾志夫監修，樋口久美子編　医歯薬出版
【目次】穀類，いも及びでん粉類，砂糖及び甘味類，豆類，種実類，野菜類，果実類，きのこ類，藻類，魚介類，肉類，卵類，乳類，油脂類，菓子類，し好飲料類，調味料及び香辛料類
2017.8 243p 15×22cm ¥2000 ①978-4-263-70722-7

◆食品の栄養とカロリー事典―一個、一尾、一切れ、一杯がひと目でわかる　奥嶋佐知子監修　女子栄養大学出版部　改訂版
【要旨】食品の説明や栄養的特徴を紹介。約570食品、900種のデータを収載。
2017.2 192p 15×21cm ¥1500 ①978-4-7895-0521-5

◆食品80キロカロリー ミニガイド　香川明夫編　女子栄養大学出版部
【要旨】食品ごとに特徴的な栄養素をピックアップ。
2017.9 245p 11×16cm ¥900 ①978-4-7895-0522-2

◆食品表示基準対応 早わかり栄養成分表示Q&A　日本食品分析センター監修　中央法規出版
【目次】第1章 栄養成分表示の義務化に至る経緯、背景（消費者庁発足以降の経緯、国際的な状況、食品表示基準における栄養成分表示のポイント、(参考)栄養成分表示に関する表の経緯）、第2章 基礎編（栄養成分表示を行う上げ注意すべき総則等、保健機能食品）、第3章 栄養成分表示編（適用範囲、表示値の決め方、表示の方法等）、第4章 資料編（食品表示法(抄)、食品表示基準(抄)、食品表示基準について(抄)、参考資料：食品表示基準に規定する栄養成分及び熱量、強調表示等食品表示基準値一覧）
2017.6 232p B5 ¥3800 ①978-4-8058-5527-0

◆腎臓病の食品成分表―大きな文字でさっと探せる　金澤良枝監修，女子栄養大学栄養クリニック編　女子栄養大学出版部 第2版
【要旨】文部科学省「日本食品標準成分表2015年版（七訂）」「日本食品標準成分表2015年版（七訂）追補2016年」対応。気をつけたい栄養素がわかる！低たんぱく質食品も収載。たんぱく質5gあたりの成分表つき。
2017.8 199p A5 ¥1200 ①978-4-7895-0322-8

◆生活学Navi―資料＋成分表　2017　実教出版編修部編　実教出版
【要旨】日本食品標準成分表2015、追補2016年準拠。
2017 360p 26×22cm ¥820 ①978-4-407-34070-9

◆性味表大事典―先人に学ぶ食品群別・効能別どちらからも引ける　竹内郁子編著　（名古

実用書

健康・家庭医学

実用書

屋)ブイツーソリューション, 星雲社 発売 改訂増補版
【目次】食品群別性味表(穀類、いも及びでん粉類 ほか)、効能別性味表(解表、通便 ほか)、四季の病と養生と漢方治療(春の病と養生と漢方治療、夏の病と養生と漢方治療 ほか)、はじめての気功(気功ってなに?、気功を学び深める手順、「緩」「感」「貫」「採」「練」 ほか)
2017.11 375p B5 ¥4600 ①978-4-434-23847-5

◆日本食品成分表 2017 七訂 本表編 医歯薬出版編 医歯薬出版 第2版
【目次】説明(日本食品標準成分表の目的及び性格、日本食品標準成分表2015年版(七訂)追補2016年 ほか)、本表(穀類、いも及びでん粉類、砂糖及び甘味類、豆類、種実類 ほか)
2017.3 261p 28×21cm ¥1300 ①978-4-263-70677-0

◆日本食品標準成分表 2015年版(七訂)追補2016年 文部科学省科学技術・学術審議会資源調査分科会編 全国官報販売協同組合 7訂版
【目次】第1部 日本食品標準成分表2015年版(七訂)追補2016年(説明、日本食品標準成分表2015年版(七訂)追補2016年 本表(追加分) ほか)、第2部 アミノ酸成分表追補2016年(説明、アミノ酸成分表追補2016年 ほか)、第3部 脂肪酸成分表追補2016年(説明、脂肪酸成分表 ほか)、第4部 炭水化物成分表追補2016年(説明、炭水化物成分表 ほか)、第5部 資料目次
2016.12 222p A4 ¥1480 ①978-4-86458-148-6

◆日本食品標準成分表2015年版(七訂)追補2017年 文部科学省科学技術・学術審議会資源調査分科会編 全国官報販売協同組合
【目次】第1部 日本食品標準成分表2015年版(七訂)追補2017年(説明、日本食品標準成分表2015年版(七訂)追補2017年 本表 ほか)、第2部 アミノ酸成分表追補2017年(説明、アミノ酸成分表追補2017年 ほか)、第3部 脂肪酸成分表追補2017年(説明、脂肪酸成分表追補2017年 ほか)、第4部 炭水化物成分表追補2017年(説明、炭水化物成分表追補2017年 ほか)、第5部 資料目次(日本食品標準成分表2015年版(七訂)追補2017年に収載された全食品のエネルギー換算係数、窒素-たんぱく質換算係数、ナイアシン当量、食品成分表における食品の収載データの由来一覧)
2017.12 305p A5 ¥1400 ①978-4-86458-168-4

◆ひと目でわかる糖質量事典 田中明監修, 食のスタジオ編 成美堂出版
【要旨】毎日のおかずや外食メニューは「糖質量」で比べて選べばラクラクやせる！健康になる！掲載食品数1419点。ダイエットにも食事療法にも役立つ食品成分ガイドの決定版！
2017.6 191p B6 ¥900 ①978-4-415-32272-8

◆まる見え糖質量ハンドBOOK―その食品、角砂糖いくつ分？ 大柳珠美監修 宝島社
【要旨】ダイエット、健康管理に役立つ529品目掲載。食品の糖質量がパッとひと目でわかる！
2017.7 127p A5 ¥700 ①978-4-8002-7418-2

◆ライザップ糖質量ハンドブック RIZAP監修 日本文芸社
【要旨】食材約1000種類を徹底網羅！糖質・脂質・たんぱく質・カロリー・塩分・GI値がよく分かる！ライザップトレーナーも愛用！これ1冊でライザップの食事法が実践できる！ライザップ式糖質管理法で、1日3食しっかり食べて、健康的にやせる！
2017.6 191p 18cm ¥800 ①978-4-537-21480-2

病気の知識

◆医者が患者に教えない病気の真実 江田証著 幻冬舎 (幻冬舎文庫)
【要旨】胃がんは感染する!?風呂に浸からない人はがんになりやすい!?低体温の人ほど長生きできる!?鮭やエビを食べれば視力が回復する!?毎日200人の患者を診察するスーパードクターが、ダイエットやアンチエイジングから、がんや認知症予防まで最新の「健康長寿のヒント」72項目を徹底解説。今日から実践すれば、あなたの健康と未来は輝きます！
2017.4 269p A6 ¥600 ①978-4-344-42588-0

◆ウルトラ図解 前立腺の病気―つらい症状を改善して生活の質を向上させる 髙橋悟監修 法研 (オールカラー家庭の医学)
【目次】第1章 前立腺はどんな臓器か？―その働きとメカニズム(中高年男性を悩ませる前立腺の病気、前立腺の構造 ほか)、第2章 前立腺の病気を調べる検査(まず、問診を受ける、泌尿器科で行う基本の検査 ほか)、第3章 前立腺肥大症の発症とその治療法(前立腺肥大症とは、前立腺肥大症の症状は ほか)、第4章 前立腺がんの発症と、その治療(前立腺がんとは、前立腺がんの症状は ほか)、第5章 治療中・治療後のqol(生活の質)を保つために(排尿で悩まされないための心得、前立腺の病気の再発を予防する ほか)
2017.8 159p A5 ¥1500 ①978-4-86513-285-4

◆ウルトラ図解 めまい・耳鳴り―治療の不安をなくす知識と生活術 古字田寛子監修 法研
【目次】第1章 めまい・耳鳴りは、からだの異変を知らせるシグナル(誰もが経験している、めまい・耳鳴り、チャートで確認！あなたの"めまい・耳鳴り"で疑われる病気とは)、第2章 めまいの正体と治療法(なぜ、めまいは起きるのか？、めまいの正体を突き止めるための検査 ほか)、第3章 耳鳴りの正体と治療法(なぜ、耳鳴りは起きるのか？、耳鳴りの正体を突き止める検査 ほか)、第4章 めまい・耳鳴りをコントロールする生活術(生活の中でできる改善法、生活の中で気をつけたいこと ほか)
2017.8 159p A5 ¥1500 ①978-4-86513-283-0

◆おなかの病気―あなたはもう手遅れかもしれません 三浦利實著 幻冬舎メディアコンサルティング, 幻冬舎 発売
【要旨】単なる腹痛だと思って放置していませんか？消化器内科の専門医がおなかの病気を徹底解説！
2017.3 310p 18cm ¥800 ①978-4-344-91080-5

◆かくれ高血圧が体を壊す―健診・人間ドックではわからない！ 池谷敏郎著 青春出版社 (青春新書PLAYBOOKS)
【要旨】テレビでお馴染みの"血管先生"が解説！糖尿、心臓病、脳卒中、がん、認知症、うつ…を防ぐ、続けやすい習慣。
2017.5 189p 18cm ¥1000 ①978-4-413-21085-0

◆関節リウマチは4つの作用でスッとよくなっていく―変形性関節症から全身性エリテマトーデスまで 犬山康子著, 前山和宏監修 総合科学出版

【要旨】関節リウマチを克服した人は、どんなことをしていたのか。病院の治療だけではない、患者がやるべきことを、その根拠も含めて徹底取材。
2017.8 157p B6 ¥1200 ①978-4-88181-357-7

◆血糖値を体型別治療でどんどん下げる―あなたの糖尿病はメタボ型？非メタボ型？ 松葉育郎著 技術評論社 (しっかりわかる新しい医療)
【要旨】肥満をともなう「メタボ型」、太っていない「非メタボ型」、体型別の食事療法や薬物療法のポイントを詳しく解説。
2017.2 206p A5 ¥1580 ①978-4-7741-8692-4

◆健康診断が楽しみになる！血糖値を自分でらくらく下げる本 片山隆司監修, 主婦の友社編 主婦の友社
【要旨】高血糖を放置しておくと糖尿病につながり、さまざまな合併症を招く恐れがあります。糖尿病が進行したときに引き起こされる合併症には網膜症や腎症・神経障害など、命にかかわる病気や、その後の生活の質を著しく落とす病気が少なくありません。そうならないためのすぐできる対策が満載！糖尿病の不安を解消しましょう。
2017.4 127p B6 ¥1000 ①978-4-07-423172-0

◆甲状腺の病気―バセドウ病・橋本病・甲状腺腫瘍ほか 伊藤公一監修, 主婦の友社編 主婦の友社 (よくわかる最新医学)
【要旨】甲状腺の病気を正しく理解するために。最新の検査、診断、治療がわかりやすい。気になる「放射性物質」と甲状腺がんとの関係は？
2017.5 159p A5 ¥1400 ①978-4-07-423858-3

◆痔の最新治療 平田雅彦著 主婦の友社 (よくわかる最新医学) 新版
【要旨】可能な限り切らずに治療、生活指導と保存療法。痔核・裂肛・痔ろうのセルフケアと治療の実際。
2017.5 191p A5 ¥1500 ①978-4-07-423864-4

◆腎機能が低下したときにすぐ読む本―すべての生活習慣病患者は「慢性腎臓病CKD予備軍」 塚本雄介著 技術評論社 (しっかりわかる新しい医療)
【要旨】慢性腎臓病(CKD)は、成人の8人に1人がかかる新たな国民病。生活習慣病との関連が深く、誰でもかかる可能性のある病気です。
2017.2 206p A5 ¥1580 ①978-4-7741-8690-0

◆腎臓の疑問がみるみる解決する本 川村哲也監修, 主婦の友社編 主婦の友社
【要旨】腎臓病は自覚症状が少なく、気づいたときにはかなり進行していることもある恐ろしい病気です。腎機能の低下を放置しておくと末期腎不全につながり、人工透析や腎移植、厳しい食事制限が必要になることも…そうならないためのすぐできる対策が満載。腎臓の疑問を解決しましょう。
2017.3 127p B6 ¥1000 ①978-4-07-422959-8

◆図解 専門医が教える！めまい・メニエール病を自分で治す正しい知識と最新療法 肥塚崇男監修 日東書院本社
【要旨】知ると安心！寝返り体操と簡単な運動でめまいを解消。運動不足とストレス過多の人は要注意!!
2017.6 159p B6 ¥1200 ①978-4-528-02147-1

健康・家庭医学

◆図解！わかればできるアンチエイジングとメタボ・生活習慣病対策　影山広行著
幻冬舎メディアコンサルティング，幻冬舎 発売
【要旨】どうして太る？ なぜ血圧が高くなる？ 血糖値が上がる理由は？ 仕組みがわかれば，アンチエイジングも健康維持もカンタン！ 図入りで超簡単に理解できる，衰えない，病気にならない体のメカニズム。
2017.12 171p 18cm ¥800 978-4-344-91416-2

◆すぐわかる脳出血・脳梗塞の防ぎ方―尊い命を未然に防ぐために今日からすぐできる知恵とコツ　主婦の友社編　主婦の友社（実用 No.1）
（『脳出血も脳梗塞も自力で防ぐ！ 知恵とコツ』改訂・再編集・改題書）
【目次】1 脳出血と脳梗塞を知る（詰まるタイプ，出血するタイプがある脳卒中。死だけではなく，要介護や寝たきりをも招く！，血栓が詰まって起こる3種の脳梗塞。発症直後なら，血栓溶解療法もしのしなやかな血管とサラサラ血液を作る食材（こまめな水分補給で血圧ダウン。ビタミンC，クエン酸が豊富なレモン水はさらに効果大，古代中国で不老長寿の薬と珍重された黒豆茶。毛細血管を掃除し，脳卒中を防ぐ ほか），3 高血圧を改善する簡単動作（血管を丈夫にして，血流を促す"皮膚つまみ"。高血圧を改善して血管障害を防ぐ"八大関節のツボ刺激"で邪気を払い，免疫力を高めて脳卒中を予防する ほか），4 ある日突然おそう恐怖，クモ膜下出血（脳動脈瘤の破裂によってふられた血液がクモ膜下腔に流入して障害を残す"クモ膜下出血"の発症リスク，遺伝・高血圧・喫煙の3つのリスクを減らす！ ほか），5 いざというときのための救急術（自分のできる範囲で正しい処置を行うのが救命の一環，家族が自宅で倒れ，意識がない！ 救急車を呼ぶにはどうすればよい？ ほか）
2017.4 143p A5 ¥1300 978-4-07-423077-8

◆専門医がやさしく教えるめまいの治療　松吉秀武著　現代書林
【要旨】「私はこうして県内初のめまいの専門医になった」大学病院から開業医となったいまで圧倒的なめまい研究の論文を発表し続けた著者渾身の書！
2017.10 239p B6 ¥1300 978-4-7745-1658-5

◆前立腺肥大症をスッキリ治す本―夜間頻尿，キレの悪さを撃退！　持田蔵助著　マキノ出版（ビタミン文庫）
【要旨】「オシッコに勢いがなくチョロチョロとしか出ない」「キレが悪くて出し切った感じがしない」「ファスナーを下ろしている間にチョロッと漏れてしまう」…中高年男性特有の悩みを解決！　2017.1 141p B6 ¥1300 978-4-8376-1297-1

◆大丈夫！ 何とかなります 血糖値は下げられる　板倉弘重監修　主婦の友社
【要旨】血糖値が高くても，自覚症状がほとんどないため，深刻に考えない人が多いようです。しかし，ここが運命の分かれ目！ 高血糖を放置していると，糖尿病，さらには合併症に襲われ，そこから戻ることができません。大丈夫！ 血糖値を下げるために，自分でできる食べ物の選び方，食べ方，生活のコツをご紹介します。
2017.8 159p A5 ¥1200 978-4-07-425082-0

◆男性更年期・EDをらくらく克服する方法―男性ホルモン補充による40代からの男性更年期・ED対策　岡宮裕著　ナショナル出版
【要旨】筋肉痛・発汗・不眠・疲労感・イライラ・抑うつ・性欲低下などの諸症状を克服！ 植物成分のLドーパやDHEAの増加作用を検証。
2017.4 197p B6 ¥1200 978-4-930703-79-8

◆椎間板ヘルニアは自分で治せる！―腰・首の激痛，手足のしびれが消失！　酒井慎太郎著　マキノ出版（ビタミン文庫）
【要旨】「安静にしても痛み・しびれが引かない」「手術をする踏ん切りがつかない」「手術したのに症状が消えない」「突然の激痛で一歩も動けない」…というあなた，もう大丈夫！「関節痛のゴッドハンド」が腰・首のヘルニアを自分で治すストレッチを初公開！
2017.3 151p A5 ¥1300 978-4-8376-1301-5

◆突発性難聴 完全攻略マニュアル―耳鳴・難聴・めまいは治ります！　藤井清史著　ルネッサンス・アイ，白順社 発売
【要旨】「難聴の駆け込み寺」と呼ばれて20年。ガンや膠原病のみならず「突発性難聴」などの難治性疾患にも高い実績を誇る呑気堂治療院の心身回復メソッド。家庭でできる養生法も満載。
2017.5 194p B6 ¥1200 978-4-8344-0208-7

◆ニュースで学ぶ！ 最新病気の常識　池谷敏郎著　祥伝社
【要旨】乳がん，脳卒中，心筋梗塞，有名人がかかったあの病気，どうすれば正解だったんだろう？ 三大生活習慣病から糖尿病，かぜまで，現役の名医が教える予防法と治療法。
2017.5 236p B6 ¥1400 978-4-396-61603-8

◆病気を知る，防ぐ，治す 新・家庭の医学　藤原大美著　現代書林
【要旨】体について，生命体としての神秘という点から理解を始め，必然的な体の老化過程で，「老化」と背中合わせに起こってくる，「生活習慣病」，「がん」，「老化関連疾患」に焦点を当て，体を護るはずの「免疫」と，体の身体的健康を左右する「ストレス」に枠を拡げていく。それぞれの病気のキーワードを先に解説して，病気の理解がやさしくなるようにした。
2017.3 313p B6 ¥1500 978-4-7745-1624-0

◆病気になったとき体の中で起きてることが見える本　NHK，主婦の友社編　主婦の友社
【要旨】本書は，NHKのEテレの健康情報番組「チョイス＠病気になったとき」で放送されたCGと内容をもとに構成したものです。
2017.5 159p A5 ¥1400 978-4-07-422340-4

◆飽食の時代における生活習慣病の予防　小濱章夫著（広瀬町）編集工房DEP
【目次】第1章 生活習慣病とは（生活習慣病の増加，生活習慣病の要因，生活習慣病と疾病の関係，体内のエネルギー需給バランス，生命活動に必要な栄養素 ほか），第2章 日々の習慣（食習慣，運動習慣，休養，喫煙習慣，飲酒習慣 ほか），第3章 Q&A
2017.10 158p B6 ¥1000 978-4-909201-03-4

◆本当は怖いめまい・耳鳴り　渡辺繁著　幻冬舎メディアコンサルティング，幻冬舎 発売
【要旨】脳の疾患？ 重い難聴？ めまい・耳鳴りの裏には，重大な病が潜んでいる！ 日常でできる改善方法から医学的な治療法まで症状別の解決策を専門医が徹底解説！
2017.2 202p B6 ¥1300 978-4-344-91181-9

◆マンガでわかるコレステロール・中性脂肪を下げる方法　板倉弘重監修　主婦の友社
【要旨】ラーメンの食べ方，コンビニ弁当の選び方，誰かと一緒に食べる―ほんのちょっとしたコツで，コレステロール・中性脂肪は下げられます！ コレステロール・中性脂肪が高いまま放っておいている人は必見！ やさしいレクチャーを受ければ，恐ろしい病気になるのを防げます！
2017.9 159p B6 ¥1000 978-4-07-426294-6

◆マンガでわかる 頭痛・めまい・耳鳴りの治し方　清水俊彦監修，まやひろば漫画　新紀元社
【要旨】マンガとイラストを使って，大きな文字で，頭痛，めまい，耳鳴りに優しい本です！
2017.10 175p B6 ¥1000 978-4-7753-1529-3

◆耳鳴り・難聴を自力で治す最強事典　マキノ出版　マキノ出版（ビタミン文庫）
【要旨】名医・名治療家が24の極意を伝授！ キーンもジージーも解消！ 聴力が回復！ メニエール病，突発性難聴，耳閉感，頭痛も治った！
2017.9 198p B6 ¥1300 978-4-8376-1312-1

◆耳鳴り・難聴・めまいを自力でぐんぐん治すコツがわかる本　中川雅文監修　主婦の友インフォス，主婦の友社 発売
【目次】1 食事・栄養成分―耳鳴り・難聴・めまいを改善するこの食品，この食べ方（めまい・ふらつきを撃退！ 主な原因"腎"の不足を，"長いも薬膳チャウダー"を食べて補って！，むくみ，疲れ，だるさのみならず，耳鳴りめまいの原因となる"水毒"解消に毒出し"あずき汁"が効く ほか），2 簡単動作―耳鳴り・難聴・めまいを改善する簡単動作（耳鳴りは首の筋肉をゆっくりと緩める"首のばし"で，たちまち解消。めまいや肩こり，頭痛の人にもおすすめ，"腕ふりごっ"で肩甲骨周辺の筋肉をほぐして，首から脳への血流をアップ。花粉症，アトピー，便秘にも効いた と評判！ ほか），3 日常生活の知恵―耳鳴り・難聴・めまいを防ぐ日常生活のコツ（耳鳴り・難聴を放置すると重症化する危険大。生活習慣の見直しで改善を。難聴の原因は老化ではなく，騒音と動脈硬化だった。自力の聴力を把握し早期から対策をとることが重要 ほか），4 らくらく刺激―耳鳴り・難聴・めまいをらくらく刺激（腎の不調を整えるツボは，耳の付近にも集まっている。一緒にまとめて刺激でき

◆あなたも知らない女のカラダ―希望を叶える性の話　船曳美也子著　講談社
【要旨】自分のカラダ，わかっていますか？ 生理はなぜ起こるのか？ 出産の適齢期とは？ 基礎体温の正しいよみ方を知っていますか？ 女性は"産む"性なのか？ 基礎知識から最新医療まであなたらしく生きるための「性」の話。
2017.10 207p B6 ¥1200 978-4-06-220211-4

◆いびき女子，卒業！　大場俊彦著　主婦の友社
【要旨】チャート式でよくわかるいびき治療。原因をはっきりさせて，最適な治療を受けたい！ 昼しゃっきりして眠くならない！ 最新の治療法
2017.10 159p A5 ¥1400 978-4-07-424533-8

◆おとな女子のセルフ健康診断　内山明好監修　G.B.
【要旨】頭のてっぺんから足の先まで全身チェック，気をつけたい病気のサイン300以上!!
2017.10 236p A5 ¥1600 978-4-906993-43-7

◆オトナ女子のためのスメらない手帖―いますぐ消したいそのニオイに！　上田弥生著　主婦の友インフォス，主婦の友社 発売（健康美人シリーズ）
【要旨】恋や仕事がうまくいかないのはニオイが原因かも!?ずーっと無臭でいられるコツとくさい人への対処法いっぱい。
2017.6 143p 19×16cm ¥1300 978-4-07-421640-2

◆オトナ女子のための"ホッ"と冷えとり手帖―体をあたためるコトこそ，美への近道　渡邊賀子著　主婦の友インフォス，主婦の友社 発売（健康美人シリーズ）
【目次】序章 「冷え」って，どういうこと？ どうして体に悪いの？（女性の半数は冷えを感じている，体が冷えるのは熱を作れない，運べないから ほか），第1章 ヒヤッとシーン別即ぽか術（冷えのきっかけは春夏秋冬，それぞれにある！，身につけるものの選び方11年を通して欠かせないインナーは，こう選ぶ ほか），第2章 体のパーツ別じんわりあたためのすすめ（体は冷えると，熱を中心に集める，あたためパーツ1 おなかの冷えは，全身を冷やす ほか），第3章 あと1℃体温を上げるための新習慣（目指す体温は36.5℃，起きる前に，体温を測ってみる ほか）
2017.8 141p 19×15cm ¥1300 978-4-07-421658-1

◆女と骨盤　片山洋次郎著　文藝春秋
【要旨】女性の不調，骨盤が解決します！ ベストセラー『骨盤にきく』の著者が贈る整体メソッド集大成。超実践的Q&A付き。
2017.9 238p B6 ¥1300 978-4-16-390361-3

◆女40歳から体が若くなる食べ方―「天然のビタミン」で体のすみずみまで"キラッ"と変わる！　済陽高穂著　三笠書房
【要旨】食べ方を変えれば，1週間で「きれいで，太らない体」になる！ 食べ物の「抗酸化パワー」で，「体のさび」が，みるみる消えていく。
2017.5 166p A5 ¥1400 978-4-8379-2684-9

◆女60代からは，病は気から，老いも気から。―85歳現役医師が明かす，いつまでも若々しく生きるコツ　野末悦子著　大和出版
【要旨】「もう歳だ」のひと言で，女はひとつ歳をとる。人生を最後までよりよく生きたいあなたへ。
2017.12 220p B6 ¥1300 978-4-8047-6286-9

◆最新版 だって更年期なんだもーん 治療編　善方裕美，高田真弓著　主婦の友社
【目次】1つらいのはもうゴメンだ！ なんとかしたいこの症状，2 何科を受診したらいい？ 更年期症状を楽にする専門医，3 体験談いっぱい！ 更年期治療ファイル，4 治療法を選択します！ 自分に合った治療を見つける方法，5 そのストレス要注意！ 心の更年期治療，6 自分で快適に過ごす方法も！ セルフケアのテクニック
2017.2 127p A5 ¥1200 978-4-07-422528-6

女性の医学

実用書

健康・家庭医学

実用書

◆子宮内膜症　百枝幹雄著　主婦の友社　(よくわかる最新医学)
【目次】第1章 子宮内膜症の仕組みや症状について、正しい知識を身につけましょう（ひどい月経痛に注意！その月経痛は子宮内膜症が原因かもしれません、10人に1人が子宮内膜症に。リスクが増えている現代女性 ほか）、第2章 安心して受診できるように、病院で行う診察や検査を知っておきましょう（子宮内膜症と推定する臨床診断と病変を視認して行う確定診断、病気を知るために大切な問診。自分の症状はメモして持参しましょう ほか）、第3章 自分の希望をよく伝え、目的に合った治療法を選びましょう（子宮内膜症の治療の目的は3つ。どの目的を優先するかで治療法が違ってきます、鎮痛剤などを使う対症療法とホルモン剤を使うホルモン療法があります ほか）、第4章 子宮内膜症と不妊症の関係を知って、妊娠・出産をめざしましょう（不妊症の女性の25～50％が子宮内膜症。でも、その因果関係はよくわかっていません、子宮内膜症は、妊娠の各ステップに悪影響を与えると考えられます ほか）、第5章 子宮内膜症とじょうずにつきあうために生活に工夫を（痛みやそのほかの症状を記録しておきましょう、体を温めることを心がけてつらい痛みをやわらげましょう ほか）
2017.5 131p A5 ¥1300 ①978-4-07-424119-4

◆女子と乳がん　松さや香著　扶桑社
【要旨】TVや雑誌で話題の若年性乳がんサバイバーが、女子の時代と惜別し、乳がんと共に駆け抜けながら感じた「違和感」をまとめた待望の新作！若年性乳がん罹患当事者たちが赤裸々に語る、治療中から治療後のお金、恋愛・結婚離婚、妊娠、そして仕事のこと。
2017.11 257p B6 ¥1200 ①978-4-594-07847-8

◆女性のイライラがスッキリ消える食事　定真理子著、桑島靖子監修　マイナビ出版　(マイナビ文庫)
【目次】プロローグ イライラは食事でよくなる！、1章 イライラの正体を知ろう！、2章 イライラしない！食べ方の基本、3章 女性ホルモン対策でイライラをスッキリ！、4章 ケーススタディ別感情をコントロールする栄養セラピー、イライラスッキリおすすめレシピ
2017.2 249p A6 ¥680 ①978-4-8399-6200-5

◆女性のつらい「めまい」は朝・夜1分の体操でよくなる！一寝ているだけでは治らない！　新井基洋著　PHP研究所
【目次】1 めまいは女性の病気です！（めまいは女性みんなの悩み、めまいのタイプを知るきっかけ ほか）、2 めまいを自分で治す！"朝・夜"基本体操5（親指おっかけ体操、赤ちゃんやいや体操 ほか）、3 ふらつきも撃退！（フラミンゴのポーズ、つま先立ちのポーズ ほか）、4 不安を解消！めまいQ&A（どんな病院に行っても原因がわからない、病院でめまいに慣れるしかないと言われた ほか）、5 めまいの予防を知って、うまくコントロール（もし、めまいが起こったら… ほか）
2017.12 91p B5 ¥1200 ①978-4-569-83877-9

◆女性泌尿器科へ行こう！一骨盤臓器脱・尿もれ・間質性膀胱炎の治療と手術を受ける人へ　竹山政美、藤井美穂、ひまわり会著　(大阪)メディカ出版　改訂2版
【要旨】女性泌尿器科医療機関リストつき。改訂版では、旧版では解説のなかったLSCのコンセプトに加え、手術の方法などについて著者が行っている術式を中心に、わかりやすく説明。進化したTVM・A2術式を紹介している。
2017.6 238p A5 ¥2400 ①978-4-8404-6162-7

◆生理のコト 体のコト 恋のコト 全部知ってJC女子力向上BOOK　関川香織著　秀和システム
【要旨】毎月の生理がユーウツ！、ダイエットしてキレイになりたい！カレはホントに私のこと好きなのかなぁ…誰にも相談できないあんなことやこんなことにぜ〜んぶ答えてもっとカワイくなれる！目指せ！ホンモノ女子力。
2017.5 189p A5 ¥1300 ①978-4-7980-5011-9

◆先生！ 私は妊娠できますか？一妊活不安がするっときえる必産バイブル　中村はるえ、清水真弓著　主婦の友インフォス、主婦の友社発売
【要旨】診察室で聞けないこと、代わりにぜ〜んぶ聞いちゃいました。不妊治療歴36年の先生が、不妊治療の光と闇にすべて答えます！
2017.7 271p B6 ¥1400 ①978-4-07-421641-3

◆ちつのトリセツ一劣化はとまる　たつのゆりこ指導・監修、原田純著　径書房
【要旨】遅かれ早かれ、ちつはかならず劣化します。問題はあってもお取り換えはできませんので、メンテナンスを怠らないようにしてください。
2017.3 237p B6 ¥1400 ①978-4-7705-0222-3

◆ちょびもれ女子のための「あ！」すっきり手帖一もしかしてレディーかも？　関口由紀著　主婦の友インフォス、主婦の友社発売　(健康美人シリーズ)
【要旨】オトナ女子の、誰にも言えないもしものときの「あ！」がすっきりなくなってデトックできるからもっと美人になれる！
2017.6 143p 19×16cm ¥1300 ①978-4-07-421457-0

◆つらい更年期障害をしっかり乗り越える方法一女性ホルモンの攻略による40代からの更年期対策　対馬ルリ子著　ナショナル出版
【要旨】のぼせ・ほてり・発汗・頭痛・肩こり・動悸・めまい・イライラなどの諸症状を緩和！植物成分の女性ホルモン様作用を検証。
2017.4 219p B6 ¥1300 ①978-4-930703-78-1

◆ドラキュラ女子のための貧血ケア手帖一オトナ女子の貧血をたっぷり血液で　濱木珠恵著　主婦の友インフォス、主婦の友社発売　(健康美人シリーズ)
【要旨】「なんだかいつも体がだるい…」それってトシのせいだけではないかも？この1冊でオトナ女子を悩ませる貧血のすべてがわかる。
2017.7 143p 19×15cm ¥1300 ①978-4-07-421552-2

◆本当は怖い不妊治療　草薙厚子著、黒田優佳子監修　SBクリエイティブ　(SB新書)
【要旨】自閉症スペクトラム患者、発生率2倍の真実。2015年3月19日、「顕微授精に代表される生殖補助医療による妊娠で生まれた子は、そうでない子に比べ、自閉症スペクトラムになるリスクが2倍になる」という衝撃的なニュースが世界を駆け巡った「American Journal of Public Health」"本文参照"。日本でも50万人が受けている不妊治療。この治療のリスクとメリットを第一線ジャーナリストが追う。
2017.3 185p 18cm ¥800 ①978-4-7973-8958-6

◆毎月、新しい自分に生まれ変わる一どんどん私を好きになる月経レッスン　やまがたてるえ著　大和書房
【要旨】月経を見つめると、心も体も変わってくる。自然のリズムを感じて、ゆるゆる生きよ。
2017.11 190p B6 ¥1400 ①978-4-479-78403-6

◆まんがでわかる自律神経の整え方一「ゆっくり・にっこり・楽に」生きる方法　小林弘幸、一色美穂著　イースト・プレス
【要旨】努力はいりません。自律神経を整えると、人生が変わります。だるい・ストレス・不眠・不安・緊張・イライラ・肌荒れ・便秘・免疫力低下一心身の様々な不調を改善します。
2017.6 155p A5 ¥1000 ①978-4-7816-1544-8

◆「見た目」が若くなる女性のカラダの医学　太田博明著　さくら舎
【要旨】「見た目の若さ」と「体内の若さ」は関係があり、元気で長生きするには、若々しくキレイでいることが重要だということが分かってきました。本書では、女性のカラダに関する基礎知識から、見た目が若くなるための方法を解説。カラダの変調との上手な付き合い方を学んで、美しく輝く人生を！
2017.6 223p B6 ¥1500 ①978-4-86581-126-1

◆卵子の老化に負けない「妊娠体質」に変わる栄養セラピー　古賀文敏、定真理子著　青春出版社
【要旨】知ってて知らない妊娠のための栄養新常識。コレステロールが低いと卵子の減りが早い。受精率アップ、流産防止…ビタミンDは妊娠の味方。葉酸はビタミンB12とセットでとるのが効果的。ダイエットだけじゃなかった！糖質制限が卵子の老化を防ぐ。
2017.4 192p B6 ¥1300 ①978-4-413-23037-7

子どもの医学

◆お口の育て方一子どものきれいな歯並び、良い噛み合わせをつくるために　竹内敬輔著　光文社
【要旨】将来の「歯並び」「顔だち」「成績」「歯科治療費」は、0歳〜3歳のお口の習慣で決まります！
2017.10 95p A5 ¥1100 ①978-4-334-97956-0

◆子どもの腸には毒になる食べもの 食べ方一丈夫で穏やかな賢い子に変わる新常識！　西原克成著　青春出版社
【要旨】免疫病治療の第一人者が実証！体と脳の健康は3歳までに決まる！「三つ子の腸は百まで」―"3歳までの食べもの・食べ方"でいつもニコニコご機嫌、風邪もひかない賢い子に育つ！
2018.1 190p B6 ¥1350 ①978-4-413-23067-4

◆子どもの病気一常識のウソ　松永正訓著　中央公論新社　(中公新書ラクレ)
【要旨】風邪は早めの風邪薬で治す？夜中の突然の発熱はコワイ？インフルエンザの予防にワクチンは効かない？食べる前に食物アレルギー検査をすべき？…どうして医学的な裏づけがない医療情報が、こんなに「常識」としてまかり通っているのでしょうか。医学的な根拠がある治療でなければ子どもの健康は守れません。本書は病院に駆け込む前に、ぜひ開いてほしい小児医療の実用書です。
2017.11 253p 18cm ¥840 ①978-4-12-150602-3

◆子どもの病気・けが 救急＆ケアBOOK　秋山千枝子著　世界文化社　改訂版
【要旨】保育園・幼稚園のイザというときに役立つ！保護者へ伝えるポイントつき！写真で見られる！発しんと皮膚トラブル、危険な生き物図鑑。最新版。予防接種の一覧表。
2017.5 113p A5 ¥1300 ①978-4-418-17808-7

◆子どもの病気SOS一そんなときどうする？　草川功監修　マガジンハウス
【要旨】熱が出た！吐いた！頭を打った！ホームケア/定期健診/予防接種/薬の飲ませかた/保育園/発達障がいand MORE！子どもがかかりやすい病気64。
2017.9 146p 25×21cm ¥1389 ①978-4-8387-2967-8

◆子どもの保健　渡辺博編著　中山書店　改訂第3版
【目次】子どもの保健を学ぶ、身体の成長、子どもの発達、子どもの栄養、生活と健康、子どもの事故とその予防、遺伝と健康、子どもの症候、感染症、予防接種、免疫・アレルギーと健康、子どもの重要な病気、子どもの心と健康、地域との関わり
2017.2 168p A5 ¥2200 ①978-4-521-74487-2

◆乳幼児の便秘　倉信均、可野倫子著　芽ばえ社
【目次】1 子どもの排便 基礎・基本（排便のしくみは？、子どもの便の排泄の意義 ほか）、2 子どもの便秘・下痢 Q&A（便秘のときは水分を多く飲ませたらよいですか？、綿棒で赤ちゃんの排泄を促すことができますか？ ほか）、3 子どもの便秘に有効な食べもの・暮らし方（「うんち」の正体と理想の「うんち」、筋肉に大切な食べもの ほか）、4 便秘に有効な食事レシピ（青菜とジャコのまぜごはん、リンゴとサツマイモのプルーン煮 ほか）
2017.2 78p A5 ¥1200 ①978-4-89579-388-9

◆発達が気になる赤ちゃんにやってあげたいこと一気づいて・育てる超早期療育プログラム　黒澤礼子著　講談社　(健康ライブラリースペシャル)
【要旨】発達を促すプログラムで言葉が生まれる、気持ちのコントロールができる、人とかかわる力が育つ！
2017.11 98p 21×19cm ¥1300 ①978-4-06-259865-1

◆発達障害の子の健康管理サポートブック　梅永雄二著、講談社監修　(健康ライブラリー)
【要旨】基本的な習慣こそサポートを！体を清潔にすること、身だしなみを整えることや、食の習慣を見直して肥満を防ぐこと、体調の変化を自覚すること、性の知識を得ること一このような日常の当たり前のことに思えることが、発達障害の子どもたちはなかなかうまくできません。見過ごされがちな健康面のスキルを習慣として適切に学ぶことで、ライフスキルの基盤ができ、大きなトラブルもなくすこやかに暮らしていけます。
2017.6 95p 21×19cm ¥1300 ①978-4-06-259860-6

◆病気知らずの子育て一忘れられた育児の原点　西原克成著　冨山房インターナショナル　改訂版
【要旨】母乳中心、おしゃぶり、ハイハイの大切さ、かつて世界で最もすぐれていた日本の子育て。あたりまえで画期的な育児法を公開。心も

体もあたたかく育てよう。確かなサイエンスと具体的なエビデンス（治療実績）に裏打ちされた西原医学。
2017.10 235p B6 ¥1600 ①978-4-86600-039-8

◆孫がASD（自閉スペクトラム症）って言われたら?!―おじいちゃん・おばあちゃんだからできること　ナンシー・ムクロー著、梅永雄二監修、上田勢子訳　明石書店
【目次】第1章 ASD（自閉スペクトラム症）っていったいなんでしょう?、第2章 熱すぎ? 寒すぎ? 感覚の問題について、第3章 感情の嵐、第4章 人とのかかわり合い方について―お孫さんの盲導犬になりましょう、第5章 自己コントロール―実行機能の問題について、第6章 「おばあちゃんち」のルール―行動のコントロール、第7章 シンプルな言葉はコミュニケーションの橋渡し、第8章 教育―学校以外で学べること、第9章 祖父母が率先して、家族全体で受け入れましょう
2017.8 192p A5 ¥1800 ①978-4-7503-4539-0

◆予防接種のえらび方と病気にならない育児法　黒部信一著　現代書館　新訂版
【要旨】0歳から接種が勧められる13のワクチンをひとつずつチェック。親が知っておきたい、子どもが病気にならないポイントも伝授します。
2017.5 237p 19×16cm ¥1400 ①978-4-7684-5809-9

◆予防接種は迷って、悩んでもいいんだよ。　青野典子、山田真著　（町田）ジャパンマシニスト社　（ちいさい・おおきい・よわい・つよい117）
【要旨】ワクチンどれを受ける?「ワクチントーク全国」青野典子さんと、小児科医、山田真さんからのアドバイス。
2017.10 192p B6 ¥1600 ①978-4-88049-917-8

ストレス・心の病気

◆あなたは病気じゃない―統合失調症、精神病、認知症、心の病を克服する　德良悦子著　たま出版
【要旨】統合失調症、精神病、認知症…これらは病気ではありません。だから薬では治らない! 心の状態を快復させる唯一の方法は、この一冊にあります。
2017.10 102p B6 ¥1400 ①978-4-8127-0409-7

◆医者の9割はうつを治せない　千村晃著　祥伝社
【要旨】薬を飲んだだけでは治らない。断薬しただけでも治らない。いまのメンタルな医療現場では、本来あるべき治療が行なわれていません。定型的治療法に当てはめて終わりです。適切な治療をしていないのに、「治った」と医者が考えていたとしたら、治らなくて当然です。うつ治療にはたくさんの誤解がありますが、まどわされないようにしてください。もっとも正しい治療法は、患者さんが症状の原因となった問題をはっきりと認識し、それと向き合い、不安を取り除くことです。そうすれば、ほとんどのうつは治る病です。
2017.7 174p B6 ¥1300 ①978-4-396-61614-4

◆一億総活躍時代のメンタルヘルス　西脇健三郎著　幻冬舎メディアコンサルティング、幻冬舎 発売
【要旨】「ブラックジャックによろしく」登場人物のモデルとなった医師が語りつくす。40年以上のキャリアを持つ、現役精神科医。その目に映る、日本のメンタルヘルスの「これまで」と「これから」。
2017.2 207p B6 ¥1200 ①978-4-344-91114-7

◆一家を破滅させる「孤独病」　浅川雅晴著　ロングセラーズ
【要旨】10万人の心の病を診てきた医師が警告。自分でストレスエネルギーを溜め込み、大爆発させる心の病気。人生を成功させたいと願うなら、知っておきたい。
2017.12 207p 18cm ¥1000 ①978-4-8454-5039-8

◆うつを気楽にいやす本―心の名医モタさんの処方箋本　斎藤茂太著　興陽館
【要旨】うつがよくわかるロングセラー、名著。うつについての正しい知識を伝えるとともに、うつと上手につきあっていく生活術、思考法などを紹介しています。
2017.10 207p B6 ¥1000 ①978-4-87723-220-7

◆うつとの上手なつき合い方―二度の病気休暇・復職の経験者だからわかる "うつ病対策"　出口清一著　医学通信社
【要旨】頑張らず、遅々として焦らず、気楽にいこう。重度のうつを乗り越えてきた著者だからこそわかる、"うつ病対策のヒントと秘訣"を満載しています。うつの予防と初期対応、コントロール法、完全治癒に向かうノウハウ―既存の医学書では知り得ない、有効な"経験知"を集大成した珠玉のアドバイスと実践ノウハウの数々。
2017.1 198p B6 ¥1300 ①978-4-87058-658-1

◆「うつ」にならない習慣 抜け出す習慣―もうストレスなんか怖くない!　小野一之著、石田淳協力　すばる舎
【要旨】行動科学マネジメントなら、誰でもムリなく、「うつ脱出の習慣」が身につく! 睡眠、食事、運動…、「毎日の生活」を整えてストレスを減らし、うつを遠ざける!
2017.3 221p B6 ¥1400 ①978-4-7991-0595-5

◆うつの人の風呂の入り方―精神科医からの「自分で治すための」46提案　秋田巌著　（京都）晃洋書房
【要旨】長年、うつ病治療にたずさわってきた著者だからこそ書きえた「うつ病治療奥義―人知れず治す方法」。5本指甲下からヒートテックまで。歯の磨き方から眠りにつくまでの方法を。具体的に示した『うつ病を一瞬でよくする魔法』の数々。
2017.3 163p B6 ¥1500 ①978-4-7710-2874-6

◆うつは「体」から治せる!―一読して分かる! 感じて納得! 自律神経失調症も　鈴木直人著　BABジャパン
【要旨】25年以上3万人以上の患者をみてきたうつのパイオニア。うつは「心」や「性格」が原因ではなかった! この本で、うつにおさらばしよう!「背骨の呼吸法」や「あご・口の中の自己整体」など簡単にできて常識を覆すうつ改善ワークを多数掲載!!
2017.9 233p B6 ¥1380 ①978-4-8142-0069-6

◆うつ・パニックは「鉄」不足が原因だった　藤川徳美著　光文社（光文社新書）
【要旨】あなたの不調は、「鉄・タンパク不足」の症状かもしれない―。日本女性の大半は、貯蔵鉄（フェリチン）が空っぽの状態で、諸外国に比べても日本人の鉄不足は深刻だ。しかし普通の検査では見逃されているし、また日本では鉄不足への認識が甘いため、多くの人が自分の鉄欠乏に気付いていない。著者は近年、うつ病やパニック障害の患者に「高タンパク・低糖質食＋鉄剤」療法を取り入れたところ、精神科薬を脱し鉄剤投与のみとなり治療を終了（完治）する患者を続出させている。地球上で最も多く存在する元素、鉄（Fe）。最初の生物、シアノバクテリアをはじめ植物も動物も、鉄なしではエネルギー代謝を維持できずに、神経伝達物質やホルモンの合成も滞る。多数の症例を交えながら、鉄・タンパク摂取の重要性を伝える。
2017.7 222p 18cm ¥740 ①978-4-334-03998-1

◆うつ病をなおす　野村総一郎著　講談社（講談社現代新書）　新版
【要旨】旧版の刊行から12年―。「現代うつ病」「双極性障害」「適応障害」「老年うつ病」…。最新知見を踏まえた回復法がわかる!
2017.2 225p 18cm ¥760 ①978-4-06-288415-0

◆うつ病休職　中嶋聡著　新潮社（新潮新書）
【要旨】「仕事がきついので、会社を休みたい」とクリニックに駆け込む人々。マニュアル片手の問診で「うつ病」と診断する医師。診断基準の変化や新型薬の普及で、うつ病やそれを理由に休職する者が増え、こうした状況に企業も困惑し、社会問題化している。しかし、それは本当に「病気」と言えるのか? 医学ではなく労務上の問題ではないか? あやふやな診断が社会に与える影響は? 精神科医が「うつ病休職」の正体に迫る。
2017.5 191p 18cm ¥720 ①978-4-10-610717-7

◆過去を変えれば「うつ」は治る―愛と感動があなたのトラウマを消す　佐藤康行著　廣済堂出版（健康人新書）
【要旨】著者が開発した「佐藤康行（YS）メソッド」は、30年間で15万人の心を救う実証成果を持ち、うつ病治療の臨床結果としては、治療期間90日以内の寛解率が90%以上という、医療の常識をくつがえす効果を上げている。本書では、薬に頼らずに短期間でうつを治すの精神療法の秘訣と、簡単にできるセルフワークも紹介。過去のトラウマを消し、もともと満たされた「本

当の自分」に目覚めることで、あきらめていたうつがウソのように消えていく。
2017.6 176p 18cm ¥850 ①978-4-331-52069-7

◆家族が治すうつ病―5つのステップ6つの手法　川田泰輔著　法研
【要旨】うつ病の人と家族のための参考書。
2017.6 206p B6 ¥1500 ①978-4-86513-390-5

◆「キラーストレス」から心と体を守る!―マインドフルネス&コーピング実践CDブック　熊野宏昭、伊藤絵美、NHKスペシャル取材班監修　主婦と生活社　（付属資料：CD1）
【要旨】カンタン! だけど、効果は抜群! CDを聞くだけで、心が自然に落ち着く! 言葉を書き出せば、冷静になれる! ストレス対策の決定版!
2017.5 103p A5 ¥1300 ①978-4-391-15004-9

◆薬を使わず自分のうつを治した精神科医のうつが消える食事　宮島賢也著　アスコム
【要旨】食べ物を変えれば心も体も生まれ変わる。リセット食で体と心の毒出し、日本古来の発酵食品で腸＋脳の環境改善、症状別! 脳に栄養を与えるサプリご飯など、宮島式"うつ消し"食を紹介。
2017.10 173p B6 ¥1200 ①978-4-7762-0960-7

◆血液のめぐりをよくすればストレスは解消できる　生一智之著　幻冬舎メディアコンサルティング、幻冬舎 発売
【要旨】ストレス、血液の滞り、万病のつながりを解明。場の医学（日本医学）の普及に努める著者が、血液のめぐりに着目した、すぐにできる簡単なストレス解消法を紹介。
2017.2 164p B6 ¥1000 ①978-4-344-91115-4

◆行動科学を使ったストレスを消す技術　石田淳著　総合法令出版
【要旨】ストレスは「心」を変えるのではなく、「行動」を変えると減らせる。
2017.6 189p B6 ¥1300 ①978-4-86280-555-3

◆心を強くするストレスマネジメント　榎本博明著　日本経済新聞出版社（日経文庫）
【要旨】本書は、いまやビジネスパーソンの必須知識となったストレス対処法、ストレスに負けない心の鍛え方をわかりやすく解説します。著者は、『上から目線』の構造』など、心理学の知見をベースに、鋭い日本社会論を執筆してきた研究者です。周囲との人間関係へ気にしすぎてストレスをためてしまうような、日本人ならではの特徴をふまえて解説します。認知行動療法やコーピングなど有効な手法をわかりやすく紹介。セルフケアのみならず、リーダー、マネジャー向けに、悪性ストレスの少ない職場づくりのコツを伝授します。
2017.4 220p 18cm ¥860 ①978-4-532-11373-5

◆5分でできる「プチ・ストレス」解消術―こころのお医者さんが教える　保坂隆監修　PHP研究所（PHP文庫）（『「プチ・ストレス」にさよならする本』再編集・改題書）
【要旨】少しの音が気になる、やけにカバンが重たい、ため息が増えた…。そんな日常生活の"小さな変化"でも、放っておくと大変なことに! 本書は、仕事が忙しい、対人関係に気を遣うなど「プチ・ストレス」を感じがちな人に、人気の精神科医が早めのケア方法を解説。ストレスの予防から5分でできるお手軽な解消術まで、癒しのヒントが満載です。
2017.3 284p A6 ¥660 ①978-4-569-76689-8

◆自分を好きになろう―うつな私をごきげんに変えた7つのスイッチ　岡映里著、瀧波ユカリ漫画　KADOKAWA
【要旨】恋愛、仕事、お金…「なにもかもうまくいかない」理由は「自分が嫌い」だったから!「片付け」から始まった1年半の体験記。
2017.6 191p B6 ¥1400 ①978-4-04-895953-7

◆自分の「うつ」を薬なしで治した脳科学医九つの考え方　高田明和著　コスモ21
【要旨】「うつ」から解放される最強の方法。「言葉の力」で不安を追い払う。責めず、比べず、思い出さず。
2017.7 153p B6 ¥1200 ①978-4-87795-354-6

◆社交不安症がよくわかる本　貝谷久宣監修　講談社（健康ライブラリー イラスト版）
【要旨】人と接するのが怖い、視線が気になる…恐怖を生み出す元となる不安をなくすために。病気の正体から最新治療法までを徹底解説! ひと目でわかるイラスト図解。
2017.4 98p 21×19cm ¥1300 ①978-4-06-259811-8

健康・家庭医学

実用書

◆新・職場で育てよう!!こころの健康　鈴木安名著　全国社会保険協会連合会
【目次】診断書が提出されたら、療養中の社員への接し方、面接面談で主治医から助言をもらう、誤解していませんか？、こころの病気を発見するポイント―管理職に不可欠な知識、こころの病気の治し方のコツ、職場復帰支援（基本編）、職場復帰支援（判定編）、職場復帰支援―復帰後の業務調整、いわゆる「新型うつ」の特徴、メンタルヘルスを考えた人材管理1（ねぎらい）、メンタルヘルスを考えた人材管理2（注意・指導）、ストレスチェック制度の概要と実施、ストレスチェック制度の運用と会社での対応方法
2017.3 33p A4 ¥300 ①978-4-915398-58-2

◆ストレスのはなし―メカニズムと対処法　福間詳著　中央公論新社　（中公新書）
【要旨】ハラスメント、過労、育児、介護、人間関係…現代はストレスに満ちている。誰もが受けるその正体は何か。脳や体は実際にどう反応し、何を引き起こすか。本書は、25年にわたり自衛隊精神科医官を務めた著者が、研究の歴史からうつ病とストレス障害の違いがわかりやすく解説。自衛官をはじめとする多くの診療経験にもとづき、対策を具体的にアドバイスする。心に悩みを抱える人たちにおくる、ストレス"攻略"の決定版。
2017.4 224p 18cm ¥800 ①978-4-12-102432-9

◆ストレスは集中力を高める―過度なストレスをほどよいストレスに変えるワーク　上岡勇二著　芽ばえ社
【目次】第1章 ストレスについてのエトセトラ（ストレスのもとと、ストレス反応について、脳の仕組み）、第2章 安心の土台のからだの脳づくり（睡眠とストレス、食事とストレス）、第3章 ストレスコーピングでほぐす（行動いじりのコツ、リラクゼーション行動をなぜやらない？、その他の行動いじり、考え（出来事の捉え方）いじりのコツ）、第4章 自己評価を高める
2017.8 132p B6 ¥1300 ①978-4-89579-395-7

◆ストレス万歳!―自律神経を整えてストレスを味方に変える方法　小林弘幸著　PHP研究所
【要旨】ストレスを味方にする方法から、キラーストレス、コーピングまで。ストレスの上手な扱い方を勉強しましょう。
2017.7 191p B6 ¥1300 ①978-4-569-83830-4

◆スマホゲーム依存症　樋口進著　内外出版社
【要旨】2011年に日本で初めて「インターネット依存専門治療外来」を開設し、日本におけるネット依存治療の第一人者として知られる医師が、国内外の最新の治療・治療例をもとに、新たな国民病「スマホゲーム依存症」からの離脱法をやさしく解説します。
2018.1 223p B6 ¥1280 ①978-4-86257-312-4

◆精神科医と考える薬に頼らないこころの健康法　井原裕著　産学社
【要旨】「こころの健康」に「薬」はいらない！日本の大学病院で唯一「薬に頼らない精神科」を主宰する専門医による"職業別・症状別の悩み"を乗り越える新常識。"ヘルシーな毎日"は「薬」ではなく「3つの習慣」で創る！
2017.6 238p B6 ¥1300 ①978-4-7825-3466-3

◆大丈夫！ 何とかなります 体と心の大事なサイン 軽症うつ　海老澤尚監修, 主婦の友社編　主婦の友社
【要旨】頑張らなくていいんです。太陽を浴びる、規則正しい生活、適度な運動、十分な睡眠…気分が晴れる、ちょっとした生活の工夫が満載です。
2017.12 159p 18cm ¥1000 ①978-4-07-428979-0

◆統合失調症　春日武彦監修　主婦の友社
◆よくわかる最新医学
【目次】第1章 統合失調症とは何か、第2章 治療を始める前に知りたいこと、第3章 統合失調症の治療（1）薬物療法、第4章 統合失調症の治療（2）薬以外の治療法、第5章 地域で自立して療養する、第6章 入院して治療をする、第7章 家族のためのケア・ガイド、第8章 精神障害者を支える福祉制度、第9章 精神障害者にとって暮らしやすい社会のためには
2017.9 207p A5 ¥1400 ①978-4-07-426058-4

◆悩みの9割は歩けば消える　川野泰周著　青春出版社PLAY BOOKS
【要旨】なぜ、考えてもスッキリしないのか？―休めていない、私たちの脳。たった1分で脳の疲れがとれる歩き方―シリコンバレーから世界中に広まり、効果が証明された「マインドフルな歩き方」を精神科医・心療内科医で禅僧でもあ

る著者が初公開！
2017.9 221p 18cm ¥980 ①978-4-413-21093-5

◆マンガでよくわかる 私って、うつですか？―もしかしたら、と思ったらすぐに読む本　渡部芳徳監修, 白ふくろう舎マンガ　主婦の友社
【要旨】目に見えない、とらえどころのない病気と思われてきたうつ病を、マンガにして「見える化」することでわかりやすく、読みやすく！実例やまわりの人の対処法も掲載！タイプの違う10の症例マンガ。各症状の解説と治療法。うつ病の方への声が届け。
2017.4 127p A5 ¥1100 ①978-4-07-422280-3

◆マンガでわかる ココロの不調回復 食べてうつぬけ　奥平智之著, いしいまきマンガ　主婦の友社
【要旨】鉄欠乏女子（テケジョ）を救え！ココロが楽になる食べ方ガイド。イライラ、疲れはもちろん、うつ、パニック障害など劇的に改善！
2017.12 207p B6 ¥1300 ①978-4-07-426816-0

◆休むことも生きること―頑張る人ほど気をつけたい12の「うつフラグ」　丸岡いずみ著　幻冬舎
【要旨】気づかぬうちに意外な形で進行し、誰もが発症しうる「うつ」病。「ここで気づけば重篤化しない」というターニング・ポイントを、自らの経験とともに医学的根拠を加えて解説した丸岡流・ウツヌケの技術。
2017.12 173p 18cm ¥1100 ①978-4-344-03218-7

◆よくわかる強迫症―小さなことが気になって、やめられないあなたへ　上島国利監修, 原田俊彦著　主婦の友社　（こころのクスリBOOKS）
【要旨】「わかっているのに、やめられない…」強迫症の症状と治療法について、わかりやすい解説とイラストで、ていねいに紹介しました。患者さんもご家族にも役立ち読みやすい1冊です。
2017.10 127p 21×19cm ¥1400 ①978-4-07-423893-4

◆よくわかる統合失調症―ねばり強い治療で、回復と自立をめざす　白石弘巳監修　主婦の友社　（こころのクスリBOOKS）　新版
【要旨】統合失調症の症状と治療法について、わかりやすい解説とイラストで、ていねいに紹介します。発症から、受診、治療、回復、社会にいたるまで、患者さんとご家族に役立つ具体的なアドバイスが充実。
2017.6 127p 21×19cm ¥1400 ①978-4-07-424591-8

睡眠

◆赤ちゃんとママのための「朝までぐっすり睡眠プラン」―7日間で完結！　キャサリン・トビン著, 村井理子訳　大和書房
【要旨】健康的な睡眠習慣を定着させるタイミングとは。赤ちゃんのベッド周辺をこれまでいた雰囲気に近づけることで「睡眠反応」を呼び起こす。赤ちゃんをうっとりさせてあげる方法。16万人のママと赤ちゃんを診てきたお医者さん（4児のママ）が教える「最高の寝かしつけ法」とは？ 妊娠段階から読んで欲しい本！
2017.3 279p B6 ¥1500 ①978-4-479-78367-1

◆「朝がつらい」がなくなる本―「ぐっすり眠る」「すっきり起きる」習慣術　梶村尚史著　三笠書房
【要旨】本書では、「寝つきがよくなる」16の方法、「快適に目が覚める」8つのテクニックなど、睡眠のタイプ別の「朝に強くなる」方法を大公開！
2017.11 237p 18cm ¥1100 ①978-4-8379-2708-2

◆頭がよくなる眠り方　菅原洋平著　あさ出版
【要旨】睡眠と脳の観点から、勉強の能率を上げるすごいテクニックを紹介。毎日の眠り方をちょっと変えるだけで驚くほど記憶力が高まり、脳が働き出す！ 企業や学校等、多くの現場で実践＆効果大。
2017.3 191p B6 ¥1300 ①978-4-86063-973-0

◆1万人を治療した睡眠の名医が教える誰でも簡単にぐっすり眠れるようになる方法　白濱龍太郎著　アスコム
【要旨】「目を閉じてもなかなか眠れない」「夜中に何度も目が覚める」「よく眠っても疲れが取れない」そんな人は深〜い眠り「深睡眠」の時間が、足りていないのかもしれません。深睡眠が不足していると、ぐっすり眠れる

いだけでなく、やる気が出ない、「血圧」「血糖値」「コレステロール」の値が、上がりやすいなど、生活面や健康面にさまざまな影響が出ます。健康でいるために、確実に毎日を送るために、ぜひ本書で紹介する「ぐっすりストレッチ」をお試しください！
2017.9 183p B6 ¥1200 ①978-4-7762-0956-0

◆いびきの新治療で心と体をリフレッシュ！　池尻良治著　現代書林
【要旨】潜在患者500万人といわれる「睡眠時無呼吸症候群」―この厄介な病気の治療に、「歯科医」という患者さんの口腔内に最もアクセスしやすい立場から取り組み、確実に実績をあげる著者。生活習慣の改善指導はもとより、独自の検査法から治療法まで、「良い睡眠」を得るためのノウハウを、すべて明らかにする。
2017.3 187p B6 ¥1300 ①978-4-7745-1621-9

◆美しい人は枕を"3つ"持っている　藤本幸弘著　双葉社
【要旨】モデル・女優を多数顧客に持つ"美のカリスマ医師"直伝！「3つの枕」で肌は若返る！自分にぴったりあった枕を手に入れたら、腰痛・肩こりから解放されたい、からだのゆがみを改善したい、肌の老化を防ぎたい、朝までぐっすり眠りたい―あなたに必要な枕は「運命のたったひとつ」ではありません。洋服を着替えるように、いくつかのバリエーションを用意しましょう。
2017.4 175p B6 ¥1200 ①978-4-575-31243-0

◆隠れ不眠―Quality Of Sleep 努力すれば必ず治る　小林マーク著　（名古屋）ブイツーソリューション, 星雲社 発売
【要旨】「眠れなくて困っている方必見！」ただ眠るだけでは、意味がないのです。重要なのはQOS（Quality of Sleep）睡眠の質です。
2018.1 174p B6 ¥1852 ①978-4-434-24081-2

◆賢い子は1歳までの眠りで決まる―睡眠専門の神経科学者が教える　ポリー・ムーア著　日本文芸社
【要旨】親の学歴・収入は関係ない！ 全米で立証！ 将来に役立つ学習力、集中力、情緒の安定、コミュニケーション能力を育てる、「夜泣き」をなくして優秀な子どもを育てる、新メソッド。
2017.7 238p B6 ¥1300 ①978-4-537-21420-8

◆「ぐっすり眠れない」が治る本―東洋医学の先生が教える　福辻鋭記著　PHP研究所　（PHP文庫）　（『深く短く眠って、朝に強くなる本』再構成・改題書）
【要旨】ぐっすり眠れない原因は、心と体のゆがみのせいかもしれません。本書は、骨格のゆがみを治すツボ押しや整体、ストレッチなどさまざまな方法をイラスト入りでくわしく紹介。心身のゆがみが解消されれば、気血の巡りや姿勢もよくなり、同時にダイエット効果も期待できるはず！ 累計300万部突破の東洋医学の第一人者が教える、スッキリ快眠法。
2017.5 218p A6 ¥640 ①978-4-569-76713-0

◆ここからスタート！ 睡眠医療を知る―睡眠認定医の考え方　中山明峰著　全日本病院出版会
【目次】1 ここからはじめる睡眠医療（問診とアンケートのとり方）、2 睡眠検査を学ぶ（睡眠脳波、PSG、携帯型睡眠検査）、3 睡眠の仕組みを知る（総論、不眠症と不眠障害）、4 睡眠治療を実践する（不眠に対する睡眠関連薬、睡眠関連呼吸障害群の診断、睡眠関連呼吸障害群の治療、その他の疾患）
2017.6 135p B5 ¥4500 ①978-4-86519-223-0

◆こころとからだの上手な休めかた―ぐっすり眠ってイライラしなくなる　長谷川洋介著　高橋書店　（付属資料：CD1）
【要旨】自分をいたわる時間、つくれていますか？ 家事に育児に仕事に忙しいあなたへ。忙しくてなかなか休めない、寝ても疲れがとれない、なんだかやる気が出ない、イライラしてしまう、いつも考えることでいっぱい―そんな毎日を変える一冊。
2017.5 126p A6 ¥1500 ①978-4-471-03257-9

◆最新の睡眠科学が証明する必ず眠れるとっておきの秘訣！　櫻井武著　山と渓谷社
【要旨】今までの睡眠本では、眠れない人へ。睡眠への不安が不眠を呼ぶ！ 眠りへのこだわりをすてる。
2017.6 207p B6 ¥1200 ①978-4-635-49022-1

◆仕事が冴える「眠活法」　中村真樹著　三笠書房

【要旨】最新の科学に基づいた「睡眠」でパフォーマンスを上げる法。「臨床」と「研究」の最先端で活躍する著者が解説！
2017.8 197p B5 ¥1300 ①978-4-8379-2695-5

◆人生が劇的に変わる睡眠法　白濱龍太郎著　プレジデント社
【要旨】ランチ後15～20分の「仮眠」が、成功の大きな鍵を握っている！?睡眠専門医が解き明かす、「昼寝による脳のリセット」「パワー・ナップ（仮眠）」「睡眠は質より量」「朝日を浴びることの重要性」、誰にでもできる意識改革で、あなたのパフォーマンスは怖いくらい上昇する。
2017.7 183p B6 ¥1300 ①978-4-8334-5121-5

◆睡眠を整える―健康と仕事に効く眠り方　菅原洋平著　祥伝社　（祥伝社黄金文庫）　（『仕事力が上がる睡眠の超技法』加筆・修正・改題書）
【目次】第1章「睡眠サイクル」が整うと残業が減る―「集中力」「切り替え力」が冴えるメカニズム、第2章 仕事力が上がる！「睡眠サイクル」を整える3つのステップ―「短時間睡眠」「不規則な生活」でも眠りの質を上げる方法、第3章 睡眠の「5つのスイッチ」を使いこなせば仕事効率がアップする！―「集中力」を生み、「昼の眠気」「夜の不眠」を解決する、第4章 ビジネスパーソンにとっても怖いのは不眠より睡眠不足―「集中力低下」「疲れやすい」「怒りっぽい」が3カ月続いたら、第5章 ちょっとした習慣で病気や不調を防ぐ―「がん」も「糖尿病」もその眠りが招く、第6章 3つのステップでどのように生活が変わるのか―なぜ彼は「3時間睡眠」でも体調が良くなったのか
2017.7 204p A6 ¥550 ①978-4-396-31712-6

◆睡眠と健康　宮崎総一郎、林光緒編著　放送大学教育振興会、NHK出版 発売　（放送大学教材）　改訂版
【目次】睡眠学への誘い、生体リズム、睡眠の役割、睡眠の構造、睡眠のメカニズム、睡眠と発達・性差、睡眠と夢・記憶、睡眠と環境、睡眠と社会、睡眠と労働、睡眠障害、快眠への対応、睡眠障害の予防に向けて
2017.3 216p A5 ¥2700 ①978-4-595-31723-1

◆睡眠の科学―なぜ眠るのかなぜ目覚めるのか　櫻井武著　講談社　（ブルーバックス）　改訂新版
【要旨】初版刊行後の最新知見を大幅加筆！近年の睡眠研究の進歩はめざましい。ノンレム睡眠時に老廃物を洗い流す、「グリンパティックシステム」の発見、日本で発売された画期的な不眠症治療薬、「睡眠負債」が溜まるメカニズムなど、世界の睡眠研究をリードする著者が最新知見をもとに迫る「睡眠の本質」。
2017.8 256,4p 18cm ¥1000 ①978-4-06-502026-5

◆睡眠の教科書―睡眠専門医が教える快眠メソッド　ロバート・ローゼンバーグ著、上野広美訳　（東久留米）シャスタインターナショナル
【要旨】「眠れない」を解消！ 睡眠で人生は変わる！　むずむず脚症候群、不眠症、概日リズム睡眠障害、睡眠時無呼吸、夢遊症、レム睡眠行動障害、PTSDに伴う睡眠の乱れ、睡眠障害とADHDによる睡眠障害、などの睡眠障害と睡眠についてのよくある質問Q&A」つき。
2017.4 304p B6 ¥1500 ①978-4-908184-08-6

◆「睡眠品質」革命―一流を支えるエアウィーヴ成長の軌跡　内田直、高岡本州著　ダイヤモンド・ビジネス企画、ダイヤモンド社 発売
【目次】第1章 睡眠こそ最大の武器、第2章 最高の明日を迎えるために、第3章 睡眠を科学する、第4章 最適な睡眠をサポートする、最強の寝具、第5章 エアウィーヴの誕生と、つながりの中で、第6章「睡眠を科学する」を振り返る一対談
2017.3 245p B6 ¥1500 ①978-4-478-08402-1

◆スタンフォード式最高の睡眠　西野精治著　サンマーク出版
【要旨】レムとノンレムは、「90分周期」じゃなかった!?最新の睡眠データ満載！ 科学的エビデンスに基づいた、睡眠本の超決定版！「世界最高」の呼び声高いスタンフォードの睡眠研究。その力を極めるを世界的権威が明かす、「究極の疲労回復」と「最強の覚醒」をもたらす超一流の眠り方。
2017.3 251p B6 ¥1500 ①978-4-7631-3601-5

◆精神科医が教える毎日がスッキリする「老後の快眠術」　保坂隆著　PHP研究所　（PHP文庫）
【要旨】眠るのに時間がかかる、深夜や早朝に起きてしまう、熟睡ができない…。60歳以上の3人に1人が「不眠に悩む」といわれ、睡眠のストレスを抱えるシニアが増えています。本書は、加齢によりなぜ「眠りの質」が変化するのかを精神科医がやさしく解説。生活習慣や心身のリラックス法、寝具の整え方など、年齢に合った快眠のコツを知ることで、毎日をスッキリと過ごしましょう。
2017.11 235p A6 ¥620 ①978-4-569-76781-9

◆疲れがとれて朝シャキーンと起きる方法　友野なお著　セブン&アイ出版
【要旨】「寝たのに疲れがとれない」「朝起きた瞬間から体がだるい」いつまで眠りベタでいるつもりですか？ 睡眠はテクニック次第！「夜ぐっすり眠って、朝シャキーンと起きて、昼しっかり働く」睡眠のメカニズムを知り、睡眠負債を解消すれば、そんな毎日が必ず訪れます。
2017.9 238p B6 ¥1400 ①978-4-86008-738-8

◆できる大人の9割がやっている得する睡眠法　小林瑞穂著、森下えみこイラスト　宝島社
【要旨】仕事力をさらに上げる「ちょい足しアクション」、知っているとお得な「快眠テク」などを提案！ だれでもできる医学に基づいたテクニック満載！
2017.4 207p B6 ¥1200 ①978-4-8002-6435-0

◆「寝たりない」がなくなる本　菅原洋平著　三笠書房　（王様文庫）
【要旨】10万人が効果を実感！ 食事、仕事中、家事、入浴…のちょっとした工夫集！
2017.3 243p A6 ¥630 ①978-4-8379-6813-9

◆眠るだけで病気は治る！　桜の花出版取材班著　桜の花出版、星雲社 発売
【要旨】最新の研究から、慢性的な睡眠不足が、人生を台無しにするマイナスの要因であることがあきらかになっています。睡眠不足を睡眠負債と呼び、警鐘が鳴らされています。睡眠にはいろいろな役割があります。その中でも免疫力アップや脳の休息に欠かせない働きを担っているため、たっぷり眠れば、癌（大腸癌・乳癌・肺癌・胃癌・肝癌など）、心筋梗塞、脳血管障害や、糖尿病、鬱病、認知症といった病気の予防改善となり、記憶力も向上します。不眠は、全身に影響の大きい腸内フローラを大きく変化させます。ついでに予防医学的な側面だけでなく、子供の学力向上、成績アップにも効果があります。日本は、先進諸国の中でも睡眠時間は最低レベルで、日本の睡眠負債による経済的損失は、国内総生産の約3%に相当するといわれています。睡眠の力を信じよう！ 天才アインシュタインは10～12時間眠っていました。充分な睡眠（通常7時間睡眠）は、認知症、癌、鬱、糖尿病を予防に効果的で、学力向上にも効果絶大です！ 休息や充分な睡眠をとるのに罪悪感は必要ないのです。最適な睡眠で豊かな人生を過ごしましょう！「多少の睡眠不足は仕方がない」と思っている人は、要注意です。知らないうちに借金のようにたまった「睡眠不足（負債）」が或る日突然、人生を台無しにしてしまうのです。
2017.9 200p B6 ¥1400 ①978-4-434-23679-2

◆脳が最高に冴える快眠法―仕事も勉強も結果が出せる！　茂木健一郎著　河出書房新社　（河出文庫）　（『脳が冴える快眠法』改題書）
【要旨】睡眠は、脳にとってサプライズな時間。快眠こそが、結果を出せる脳をつくる！ 脳科学の見地から、誰もができる質の高い睡眠の実践法を紹介。睡眠の自己コントロール法や眠れない時の対処法、記憶力・発想力を高める"ハイパフォーマンス睡眠法"や脳を一気に覚醒させる"戦略的仮眠"など、茂木式睡眠メソッドのすべて。
2017.11 181p A6 ¥630 ①978-4-309-41575-8

◆8時間睡眠のウソ。―日本人の眠り、8つの新常識　川端裕人、三島和夫著　集英社　（集英社文庫）
【要旨】人は何時間寝ればいいの？ そんな誰もが一度は抱える「眠り」の悩みについて、テレビでおなじみの専門家が理想の睡眠を分かりやすく解説。「こま切れの睡眠はNG」「眠くなるまで寝床に入るな！」「長く眠れたから良い睡眠とは限らない」といった、驚きの新常識をあなたに伝授。ビジネスや勉強だけでなく、子育て、認知症など、あらゆるパフォーマンス向上につながる"睡眠"本の決定版！
2017.4 242p A6 ¥560 ①978-4-08-745572-4

◆ビジネスマンのための、いつも「ぐっすり」眠れる本　岡本八大著、白濱龍太郎監修　明日香出版社　（アスカビジネス）

【要旨】眠っているのに疲れが取れない、布団に入ってもなかなか眠れない、夜中に何度も目が覚める、などを解消！「日本人の眠り」を50年以上支えてきた丸八真綿だからこそ知っている「熟睡する方法」。
2017.7 182p B6 ¥1400 ①978-4-7569-1911-3

◆昼間のパフォーマンスを最大にする 正しい眠り方　友野なお著　WAVE出版
【要旨】「寝ていない」と「仕事ができない」は同じである。快眠本の決定版！ 成功者はやっている！「脳と身体を最適化する」最新のスリープマネジメント入門。「正しい眠り」が人生の成功の鍵だった。「いつも頭がボーっとする」「寝つきが悪い」「生産性が低い」…を解決する、最新科学に基づいた睡眠スキルが身につく。
2017.10 191p B6 ¥1500 ①978-4-86621-078-0

◆不眠症治療のパラダイムシフト―ライフスタイル改善と効果的な薬物療法　三島和夫編　（大阪）医薬ジャーナル社
【目次】第1章 不眠治療に要する基礎知識（不眠症治療の意義、睡眠障害および不眠症の疫学 ほか）、第2章 不眠症の症状把握（睡眠表と睡眠日誌、睡眠を査定する患者報告式アウトカム尺度 ほか）、第3章 ライフスタイル改善を念頭にした効果的な薬物療法（出口を見据えた治療戦略とはなにか―睡眠薬の適正使用ガイドラインに沿った不眠医療、認知行動療法CBT‐Iほか）、第4章 ケーススタディ（睡眠衛生指導の奏効例、職場での睡眠衛生教育 ほか）
2017.5 227p B5 ¥4800 ①978-4-7532-2840-9

◆毎朝、目覚めるのが楽しみになる大人女子のための睡眠パーフェクトブック　友野なお著　大和書房
【要旨】ほんとうにぐっすり、眠れていますか？ ヘルシーなからだもおだやかな心も美肌も仕事の成果も、眠りを変えるだけで、すべて手に入る！ 正しく眠ることは、この世でいちばんカンタンな「自分を大切にする方法」です。
2017.7 223p B6 ¥1300 ①978-4-479-78393-0

◆マンガでわかる 睡眠障害を治しぐっすり安眠を手に入れる方法　白濱龍太郎監修、逢川沙伎漫画　新紀元社
【要旨】現在日本の成人の約20%が慢性的な不眠を感じているといわれています！ あなたの睡眠は少しの工夫で大きく変わる！
2018.1 175p B6 ¥1200 ①978-4-7753-1573-6

◆やってはいけない眠り方　三島和夫著　青春出版社　（青春新書PLAYBOOKS）
【要旨】頭、心、体スッキリ！ 明日が変わるコツ。「8時間睡眠」がやっぱり理想？ 睡眠医学の第一人者が科学的に正しい習慣をわかりやすく初公開！
2017.6 166p 18cm ¥850 ①978-4-413-21089-8

◆読むだけで深い眠りにつける10の話　菊地克仁著、白川修一郎監修　あさ出版
【要旨】眠りに誘う言葉でグッスリ休める。心理学的アプローチだから、どんな人にも効果的。
2017.6 185p 19cm ¥1200 ①978-4-86063-991-4

◆AASMによる睡眠および随伴イベントの判定マニュアル―ルール、用語、技術仕様の詳細 VERSION 2.3　米国睡眠医学会著、日本睡眠学会監訳　ライフ・サイエンス
【目次】ユーザーガイド、ポリグラフ検査の報告すべきパラメーター、技術仕様およびデジタル機器の設定、睡眠段階判定ルール、覚醒反応（arousal）ルール、心臓（cardiac）ルール、運動（movement）ルール、呼吸（respiratory）ルール、小児での在宅睡眠時無呼吸検査（HSAT）のルール、開発経緯、手続きに関する付記、用語解説
2017.2 88p 29×22cm ¥4800 ①978-4-89801-567-4

◆SLEEP―最高の脳と身体をつくる睡眠の技術　ショーン・スティーブンソン著、花塚恵訳　ダイヤモンド社
【要旨】どんな疲れも超回復し、脳のパフォーマンスを最大化する世界最先端の21の"科学的睡眠メソッド"を日本初公開！ 食事、ベッド、寝姿勢、パジャマ―睡眠の全技術を一冊に集約。
2017.2 327p A6 ¥1500 ①978-4-478-10162-9

健康・家庭医学　172　BOOK PAGE 2018

こり・痛み

◆痛みとり「体芯力」体操—腰・ひざ　鈴木亮司著　青春出版社
【要旨】腰痛もひざ痛も、おおもとの原因は「からだの芯の筋肉のコリ」。その改善には、腰やひざを無理に動かす運動ではなく、「体芯筋」をゆるめる体操こそが有効。曲げる、伸ばす、ひねる。たったこれだけで「つらい痛み」が消える！
2017.3　91p　A5　¥1300　978-4-413-11210-9

◆痛みの9割は姿勢で治る！　矢上裕著　新星出版社
【要旨】病院で治らなかったあのつらい痛みが、ウソのように消えます！30万人の痛み・不調を治したメソッド。
2017.6　238p　B6　¥1300　978-4-405-08214-4

◆1日たった5分、まっすぐ、ゆっくり歩くだけ！腰の痛み、ひざの痛みが消える！　竹belongs実著　ソレイユ出版（いきいき健康シリーズ）
【要旨】医学界からも"いままで盲点だった！"と言われ、大きな関心と期待を集める理論とその方法！人間の全体重を支えているのは、なんと！足首にある小さな骨"距骨(きょこつ)"。腰、足、首、背中、肩の痛みと、手足のしびれの原因は、人間の土台、この距骨のゆがみにあった！1日たった5分、まっすぐ、ゆっくり歩くだけ！スローモーションウォーキングが距骨を正しい位置に整え、背骨、骨盤のゆがみを解消！痛み、しびれを消す！
2017.11　156p　B6　¥1400　978-4-9908790-5-1

◆オゾン療法による腰痛治療　野中家久著（大阪）星湖舎
【要旨】「オゾン療法」は副作用も痛みもほとんどなく、日帰りのできる腰痛治療です。明日からの生活を明るく活動的なものへと変えてくれる治療法をご紹介します。
2017.5　101p　A5　¥1400　978-4-86372-087-9

◆肩・腰・膝 痛みのしくみ—「黒幕」がわかればあなたの痛みは治る！　髙子大樹著　自由民社（『「黒幕」を知れば頑痛は治る！』改装・改題書）
【要旨】9割の痛みには「黒幕」がいる—。誰も教えてくれなかった、目からウロコの新常識！
2017.6　173p　B6　¥1300　978-4-426-12151-8

◆肩こりには脇もみが効く　藤本靖著　マガジンハウス
【要旨】肩こりは、肩をマッサージしてもよくなりません。カギは「脇」にある前鋸筋という筋肉。この「脇」に注目したワークが「脇もみ」です。もむといっても、マッサージでもストレッチでもない。簡単な動作で、肩こりが苦手な人でも大丈夫。肩こりをすっきりさせれば、全身の不調や悩みも改善します。「脇もみ」で人生が変わります！
2017.10　142p　B6　¥1300　978-4-8387-2954-8

◆肩・ひざ・腰の痛みは動いて治す！—予防にも役立つカンタン運動・体操99　若野紘一著　日本文芸社（『肩・ひざ・腰の痛みがなくなる体操』再編集・改題書）
【要旨】痛い・こる・はる・腫れる・重い・動かない。症状&部位別にすぐできる運動と体操をイラスト紹介。
2017.4　175p　A5　¥1200　978-4-537-21472-7

◆カラー完全図解 脊柱管狭窄症を自分で治す！　大谷内輝夫著　主婦の友社
【要旨】ひざ・股関節の痛み改善に絶大効果的『ゆうきプログラム』で痛みがとれる！長く歩ける！
2017.5　127p　A5　¥1200　978-4-07-424220-7

◆首姿勢を変えると痛みが消える　山田朱織著　フォレスト出版（フォレスト2545新書）（『首こりは3秒で治る！』加筆・再編集・改題書）
【要旨】病は首から！しつこい疲れがすぐ消える。もう、マッサージはいらない！TVで話題！5万人以上が治った簡単エクササイズ。
2017.7　175p　18cm　¥900　978-4-89451-970-1

◆首のこりと痛みが消えた！背骨コンディショニング　日野秀彦著　主婦の友社
【要旨】首のコリはもみほぐすと一時的に楽になります。しかしまたすぐに症状が出てきます。それは根本的な原因が解消されていないから。首の痛み、肩こり、頭痛、腰痛、手足のしびれがあるなら、あなたの背骨はゆがんでいる可能性があります。背骨コンディショニング創始者が考案、病院で治らなかった痛みやこりが、スーッと楽になる方法。改善率96%！今日から始める背骨コンディショニングプログラム。
2017.7　191p　B6　¥1200　978-4-07-424094-4

◆腰・ひざ・肩の痛みが消える！エゴスキュー体操DVDブック　大西誠一著　マキノ出版（ビタミン文庫）（付属資料：DVD1）
【目次】第1章 痛みの根本的な原因がわかった！（現代医学では痛みの原因を説明できない、本当の痛みの原因は筋肉にあった ほか）、第2章 体のゆがみを正して痛みを取るエゴスキュー体操のやり方（自分のゆがみと理想の基本姿勢を知り、効果を高めるために知っておきたいこと ほか）、第3章 エゴスキュー体操の歴史とその理論（エゴスキュー体操はどうやって生まれたのか、世界的な著名人たちが推薦 ほか）、第4章 エゴスキュー体操で健康を取り戻した体験者の手記（長年悩まされた肩・腰・股関節の痛みと決別！70歳を目前にしても舞台で元気に踊り続けている私、生きることさえ悲観した脊柱管狭窄症による腰痛が3ヵ月で軽快し階段をかけ上がれる ほか）
2017.9　131p　A5　¥1600　978-4-8376-1309-1

◆最新医学図解 詳しくわかるひざ・股関節の痛みの治療と安心生活　宗田大監修　主婦と生活社
【要旨】変形性ひざ関節症、変形性股関節症、足首・足指関節の痛み。ひとりでできるストレッチで、つらい痛みをとり、関節を強くする！病院での薬物療法、手術療法も詳しくわかる！
2017.10　159p　A5　¥1400　978-4-391-15023-0

◆365日腰痛改善体操—更年期を乗り越え10歳若返る！　Junko著（大阪）風詠社、星雲社発売
【目次】ピラティスの呼吸法、おすすめエクササイズ、準備運動、私が毎日やっている運動、日常のことに気を付けましょう!!、頭・足・手のツボのマッサージ、更年期の対処法、ストレスためないで、子育て編
2017.6　37p　B6　¥700　978-4-434-23433-0

◆自分で治せる！腰痛を治す教科書　鈴木勇著　ソーテック社
【要旨】仙骨の歪みがなくなれば、あなたの人生は変わる！治療歴30年、患者20万人の臨床から生まれたメソッドで腰痛が消える。
2017.12　175p　B6　¥1300　978-4-8007-3010-7

◆症状別ファンクショナルローラーピラティス—アセスメントからフォームローラーを用いたエクササイズまで　中村尚人著　ナップ
【目次】1 概論（なぜ症状があるのか、ピラティスを用いる利点、ファンクショナルローラーピラティスとは）、2 アセスメント（姿勢アセスメント、関節の滑走とニュートラルポジション、骨格特性）、3 各症状のアセスメントとエクササイズ（首こり・肩こり、肩痛、腰痛、膝痛、その他の症状）
2017.10　177p　B5　¥3000　978-4-905168-50-8

◆自力で治す！脊柱管狭窄症　酒井慎太郎著　PHP研究所
【要旨】100万人の腰痛を99%完治させた酒井式シンプル改善法。
2017.1　126p　A5　¥1200　978-4-569-83476-4

◆じんわり10秒 楽押しストレッチ　谷幸江著（大阪）風詠社、星雲社発売
【要旨】第1章 先ず始めましょう（体幹部（肩・仙骨、お腹）を楽押しストレッチする、体幹部に起こる各トラブルへの手入れ法と体験、下肢（股関節〜足先）を楽押しストレッチする、下肢に起こる各トラブルへの手入れ法と体験、首と肩、胸上部を楽押しストレッチする、頭頸部に起こる各トラブルへの手入れ法と体験、上肢（肩関節〜指先）を楽押しストレッチする、上肢に起こる各トラブルへの手入れ法と体験）、第2 何故そうなるの？（各トラブルに対処する共通のあり方、体の仕組みや凝りの実態）
2017.2　181p　¥1500　978-4-434-22810-0

◆図解 専門医が教えてくれる！腰痛を自分で治す！最新治療と予防法　久野木順一監修　日東書院本社
【要旨】危険な腰痛を発見するポイント。ひとりでできる簡単運動。腰痛の改善&予防に役立つ食品リスト。歩くだけで抜群の効果、ノルディックウオーキング。
2017.2　207p　B6　¥1300　978-4-528-02091-7

◆頭痛は「首」から治しなさい　青山尚樹著　青春出版社（青春新書INTELLIGENCE）
【要旨】薬なしで頭痛を治すカギは「血流」にあった。脳神経外科医が教える頭痛にならない新習慣。
2017.9　188p　18cm　¥930　978-4-413-04521-6

◆脊柱管狭窄症 痛みが消える新メソッド骨盤AC法—自力で治せる最短の方法　武田淳也著　日本文芸社
【要旨】つらい腰痛が楽になる！骨盤の動きを最適にする簡単エクササイズ。
2017.9　127p　A5　¥1200　978-4-537-21488-8

◆接骨院の先生が教える 膝と腰の痛みの本当の原因　宇佐美ひさし著（名古屋）中日出版
【要旨】痛みの原因は筋肉（筋膜）の問題だ。立ち上がれないほどのギックリ腰は骨盤の歪（ゆが）みが原因。オスグッド・シュラッター病は成長痛ではない。シンスプリントは脚のミスアライメントが原因ではない。腰椎分離・すべり症は骨盤の歪（ゆが）みが発症原因。
2017.4　205p　A5　¥1600　978-4-908454-10-3

◆背骨コンディショニングで坐骨神経痛は治る！　日野秀彦著　主婦の友社
【要旨】背骨を整えれば難治の坐骨神経痛も自分で撃退できる！
2017.4　191p　B6　¥1200　978-4-07-422190-5

◆仙腸関節を1ミリ動かせば、腰痛は消える　岡田征彦著　光文社
【要旨】薬はいらない！手術もしない！驚異の治療法「AKA・博田法」はわずか5分！首・肩・腰痛、足のしびれ、目のかすみも改善。
2017.3　193p　B6　¥1200　978-4-334-97918-8

◆そんなことをしていたらあなたの腰痛なおりません！　夏嶋隆監修　南雲堂
【目次】プロローグ 腰痛がなおらない理由（腰痛の原因は腰以外にある、正しい歩き方、知っていますか ほか）、第1章 腰痛はなぜ、なおらないのか（腰の痛みはどこからくる？、あなたも腰痛予備軍？ ほか）、第2章 あなたのクセが腰痛を呼ぶ（「立つ」…真っ直ぐ、最小単位で、「歩く」…親指を意識する ほか）、第3章 体の各部に現れる腰痛の兆し（首・頭しわ、できてませんか？、噛み合わせ 左右の偏りを減らす ほか）
2017.8　134p　A5　¥1400　978-4-523-26559-7

◆たった1秒でつらい痛みを治せる秘訣お伝えします　川瀬拓哉著　現代書林
【要旨】年間31万人の患者さんが来院する鍼灸・接骨院グループあい・メディカルの取締役兼COOが教えるあっと驚く！！つらい痛み解決の極意。
2017.6　183p　B6　¥1300　978-4-7745-1641-7

◆たった3分で痛み・しびれが消える！脊柱管狭窄症　福辻鋭記著　ナツメ社
【要旨】5万人を診てきた鍼灸師が教える！ほぐしストレッチ、バスタオル枕から、治療院の上手な使い方まで。切らなくても痛みは取れる！
2017.6　207p　B6　¥1300　978-4-8163-6242-2

◆「つらい腰痛」は指1本でなくなります　坂戸孝志著　三笠書房
【要旨】ポイントは、腰まわりの筋肉を軟らかくすること！自身も14年間腰痛に苦しみ、寝たきりにもなった著者が独自に編み出した「腰痛緩消法」。痛みの原因を完全に取り除く、画期的な方法をわかりやすく解説！
2017.6　206p　B6　¥1300　978-4-8379-2687-0

◆頭鍼療法「てっぺんのはり」の奇跡力　遠山繁著　ビオ・マガジン
【要旨】世界が認めた先端的治療「頭鍼療法」のパワー。「頭皮に軽く鍼を打つ」だけで、痛み・麻痺から、慢性患者・難病まで ！との声が日本全国から感動と感謝の声！ゴッドハンド遠山繁の奇跡の鍼とは！
2017.9　199p　B6　¥1400　978-4-86588-016-8

◆「年だから治らない」と言われた！7つの秘訣で膝痛解消！　松原秀樹著　BABジャパン
【要旨】つらい痛みがラクになる！自分でできる膝痛対策！階段の登り降りがつらい…歩くだけでも痛む…60、70、80代〜でも、軟骨がなくなっていても、膝の痛みは軽減することができる！
2017.9　201p　B6　¥1300　978-4-8142-0076-4

◆とれない首こり・肩こりは「巻き肩」が原因だった 福辻鋭記著 青春出版社
【要旨】1日5分！「寝るだけ」でラクになる。スマホ、パソコン、デスクワーク、家事…の疲れに。ほぐすだけで効く！正しい肩の位置を取り戻す"福辻式"整体ストレッチ。
2017.2 205p B6 ¥1100 ①978-4-413-11206-2

◆治す！ 山の膝痛─膝の不安を解消する7つの知恵 小林哲士著 山と渓谷社
【要旨】ガクガク、ギシギシ…。もう膝の痛みに悩まない。「膝痛」の悩みを抱える登山者必読。豊富な図解とイラストで丁寧に解説、あなたの膝の不安を解消します！
2017.10 205p B6 ¥1500 ①978-4-635-15032-3

◆「ねたままストレッチ」で腰痛は治る！─臨床研究で実証！80％以上が改善！ 山口正貴著 集英社
【要旨】腰痛の85％は"非特異的腰痛"という原因不明のもの？ 寝相の悪い人は腰痛になりにくい？…リハビリの現場で実証されたエビデンスを駆使。ぎっくり腰を経験した理学療法士のとことん誠実な腰痛改善法。
2017.8 191p A5 ¥1400 ①978-4-08-781636-5

◆寝ながら簡単にできるものばかり！ 腰痛は自分で治せる 石井博明著 主婦の友社
【要旨】腰痛を治すカギは「腹圧」。元プロ野球選手で数々の選手の腰痛を治療してきた著者がそのやり方を詳しく紹介！
2017.2 111p 24×19cm ¥1200 ①978-4-07-422706-8

◆寝るだけ整体─6万人の患者が改善！ 腰痛・肩こり・頭痛を解消 田中宏著 アスコム
【要旨】一晩、あおむけで寝るだけで体のゆがみが消えて、健康になる！ ひざ痛、股関節痛、自律神経の乱れ、なかなか取れない疲れにも効果抜群！ 寝ているうちに体が勝手に修復されていく！
2017.11 154p 18cm ¥1100 ①978-4-7762-0970-6

◆ひざ痛が消える！ 魔法の5秒体操 中村弘志著 ベストセラーズ
【要旨】曲げる・ひねる・ほぐすだけで、ひざの痛みがおさまる！ 自宅でできる、スゴ技57個紹介！
2017.5 127p A5 ¥1350 ①978-4-584-13794-9

◆ひざの痛みがスッキリ消える─ひざが"ちゃんと"動かせるひざちゃん体操 野本聡著、黒田恵美子運動指導 日本文芸社
【要旨】ひざ関節の状態をよくするためには、ひざを適度に動かすことが大切です。ひざをうまく動かすことで、ひざの炎症は治まり、痛みも改善します。その最善策が、本書で紹介している「ひざちゃん体操」です。毎日の生活に「ひざちゃん体操」を取り入れてみてください。
2017.9 127p A5 ¥1200 ①978-4-537-21498-7

◆膝の痛みは歩いて治す 井上剛著 現代書林
【要旨】膝が痛くても、変形していても、あなたはまだ歩ける。変形性膝関節症の保存療法と日常生活のポイントを紹介。
2017.3 190p B6 ¥1400 ①978-4-7745-1627-1

◆"不安定足首"と"ペンギン歩き"を治せばしつこい「足の痛み」は消える！ 冨澤敏夫著 現代書林
【要旨】フットケアのスペシャリストが、家庭でできる超かんたんセルフケア法を大公開。足首・足指トレーニングと正しい歩き方で、足の痛みは消える！ 正しい靴の選び方、痛めてしまった後のセルフケアとトレーニング法も紹介。
2017.9 125p A5 ¥1300 ①978-4-7745-1659-2

◆変形性ひざ関節症 八木貴史著 主婦の友社（よくわかる最新医学）
【要旨】ひざが痛くて歩けない、階段の昇り降りがつらい。今日からひざを守る治療、運動、生活の工夫。人工関節置換術をする前に知っておきたいすべて。
2017.3 175p A5 ¥1400 ①978-4-07-422557-6

◆マンガでわかる ゆがみと痛みが消えるストレッチ 原幸夫監修 新紀元社
【要旨】肩・腰・首・背中・膝。大切なのは、体のゆがみを元に戻すこと。かんたんストレッチを身につければまだまだ体はスムーズに動く！
2017.12 175p B6 ¥1200 ①978-4-7753-1547-7

◆慢性痛は自分で治せる！ 伊藤和憲著 ベストセラーズ
【要旨】「原因がわからない」「何年も病院に通っている」「体のあちこちが不調」…こんな「痛み」に悩んでいる人も、あきらめることはありません。自分の痛みを正しく理解し、取り除くことができます。
2017.1 175p 18cm ¥1100 ①978-4-584-13770-3

◆もう2度と痛まない強い腰になる─さらば、ぶり返す腰痛よ！ 金岡恒治著 主婦の友社
【要旨】ぶり返す腰痛は医者が苦手な腰痛だから自分で治すしかない。3ステップで超簡単エクササイズ。流行の体幹トレーニングとは違う、目覚めさせるコルセットいらずの金岡メソッド。
2017.3 157p 18×12cm ¥1200 ①978-4-07-422623-8

◆腰痛の9割を治す、たった1つの習慣 高林孝光著 主婦の友社（『腰痛ウォッチ』改訂・改題書）
【要旨】1日1分で痛みとこりが消える。本当の腰の位置、治すカギ、自分に最適な治し方がすぐにわかる。最強の腰痛解消法！
2017.5 191p 18cm ¥1000 ①978-4-07-423976-4

◆4万人の腰部脊柱管狭窄症を治した！ 腰の痛みナビ体操 銅治英雄著 アチーブメント出版
【要旨】自分の症状に最適な体操で治す！ 1年以内に85％が改善。痛みが出たら1分やるだけ！ 4万人のデータに基づいた科学的な運動療法！ 後屈改善型、前屈改善型、側方改善型─3つの体操に合わせた体操で「腰部脊柱管狭窄症難民」もたちまち根治する！
2017.9 217p 18cm ¥1400 ①978-4-86643-012-6

ツボ

◆朝に効くツボ 夜に効くツボ─正しい位置が押せる！ たった10秒で効果を実感！ 吉田佳代著 日本文芸社（日文実用PLUS）
【要旨】押すべき場所がすぐわかる！ 忙しい朝でもすぐに活力アップ！ 夜、自律神経を整えてゆったりリラックス。
2017.5 159p 18cm ¥700 ①978-4-537-21479-6

◆1円玉を貼るだけで不快症状や慢性病が改善する「ツボ」がわかる本 福辻鋭記著 主婦の友社
【要旨】1円玉を貼るだけでよくなる50の症状と、具体的な貼る場所（ツボ）と方法をオールカラーでわかりやすく紹介。効果を高めるコツや改善体験談も満載。
2017.3 79p A5 ¥980 ①978-4-07-422936-9

◆入江FTシステム入門─初学者のための入江式経脈・経別・経絡・奇経治療 田中寿雄著（西東京）ヒューマンワールド
【目次】入江FTシステムとは、入江FT診、イオン・パンピングコード（I・Pコード）について、易から難へ（母乳改善）、子宮診断点・卵巣診断点・手心、月経改善）、焼き鍼治療、入江式経別脈診、入江式経筋治療、入江式経別治療、入江式経筋治療、入江式奇経治療、番外編─ものぐさの薬効
2017.12 209p A5 ¥3000 ①978-4-903699-64-6

◆漢方医学の羅針盤 陳修園著「医学三字経」 創発会学術部訳編 創発社、燎原書店 発売
【目次】三字経（医学源流、中風、虚労 ほか）、方剤（中風方、虚労方、咳嗽諸方 ほか）、附録（陰陽、臓腑、経絡 ほか）
2016.10 158p B5 ¥4500 ①978-4-89748-122-7

◆きちんと押せる、ホントに治せる ツボの医学事典 星虎男著 主婦の友社（『新版完全図解 すぐ効く！ よく効く！ ツボ療法』改訂・改題書）
【要旨】だれでもツボの達人になれる知恵がぎっしり。ツボのことならなんでもわかる本。巻末・全身のツボ368と経絡図鑑。
2017.6 223p A5 ¥1500 ①978-4-07-423870-5

◆金針の名医 王楽亭 経験集 張俊英、陳湘生整理、串崎展一翻訳、今村神針監修・翻訳 たにぐち書店
【要旨】第1篇 臨床でよく見られる疾病（感冒（かんぼう）、咳嗽、嘔吐、腹痛 ほか）、第2篇 臨床における辨証と経験配穴（6寸の金針で瘰癧を治療する、中風論、中医診断の要点、針手手技の補瀉と針の法則、治病には必ず標本生克を知る ほか）
2017.3 335p A5 ¥3500 ①978-4-86129-308-5

◆経穴主治症総覧 池田政一編著 （横須賀）医道の日本社
【要旨】すべての治療家が臨床に使えるバイブルがついに誕生！「このツボはどんな症状に効くのか？」がすべてわかる！ 古典から近代の名人まで354のツボ別に治療法を網羅した大著。
2017.1 923p B5 ¥16000 ①978-4-7529-1152-4

◆自分で押せてすぐに効く！ 手ツボ・足ツボ 包強著 池田書店
【要旨】肩こり、腰痛、冷え、肌荒れ、ストレスなど…ツボを正しく刺激すると体が変わる！ 本場中国の技！ 人気マッサージ店の「本当に効く」ツボの押し方。万能ツボ＆反射区つき。
2017.10 127p A5 ¥1100 ①978-4-262-14443-6

◆写真でみる熱敏灸療法─熱くなったら止め熱くないお灸 陳日久和義隆著 たにぐち書店
【目次】理論編─熱くたって止める熱くないお灸（熱敏灸療法とは、熱敏化現象とは、熱敏化現象が起こるツボ（熱敏穴）をみつける ほか）、実践編─病気別の熱敏灸療法（つらい症状への熱敏灸、女性特有の症状への熱敏灸、男性特有の症状への熱敏灸 ほか）、知識編─本書で使用する専門用語（ツボについて、経絡について、臓腑経絡学説 ほか）
2017.1 158p A5 ¥2500 ①978-4-86129-304-7

◆鍼灸医学を素問する 2 最先端医療技術として鍼灸治療は覚醒する─野口整体・鍼灸医学・現代医学を世界で初めて統合 三角大慈著 学問舎、星雲社 発売
【目次】第1章 技術以前の問題、第2章 身体と波、第3章 経穴、第4章 三つの体液、第5章 内分泌・自律神経・免疫、第6章 骨盤を核とした女性専門医療、第7章 心音療法
2017.9 198p A5 ¥3000 ①978-4-434-23726-3

◆鍼灸医学を素問する 3 三角大慈著 学問舎、星雲社 発売
【要旨】腎臓の治療はなぜ難しいのか？ 数理理論で腎臓の真の姿を説き明かし、野口整体の迷走神経の調整から観えてきた関節リューマチ・自己免疫疾患の究極の治療とは？
2018.1 207p A5 ¥3000 ①978-4-434-24056-0

◆鍼灸マッサージ師のための英会話ハンドブック ワイマン・ゴードン、大饗里香著（横須賀）医道の日本社
【要旨】灸頭鍼？ 虚？ 経絡？ 英語で何と言うか分かりますか？ 外国人患者さんの来院からお帰りまで、この1冊でカバー。イギリス人鍼灸師と英会話講師もつとめる日本人鍼灸師で、治療院で必要な英会話フレーズを多数紹介！
2017.10 198p B5 ¥3000 ①978-4-7529-9031-4

◆生理学からみた鍼灸効果研究の現在 杉晴夫著 日中出版（東洋医学シリーズ 3）
【要旨】鍼灸効果の謎はどこまで解明されたか？ 著名な生物学者である著者が国内外の研究成果を取り上げ、鍼灸効果を理解するために必須な知識を提供する鍼灸関係者必読の書！
2017.4 197p A5 ¥2200 ①978-4-8175-1243-7

◆世界一痛いから効く！ 足もみの本 近澤愛沙著 宝島社
【要旨】冷え性、便秘、不妊、花粉症、更年期症状、腰痛、花粉症、歯周病、卵巣嚢腫、糖尿病。足もみでガンを乗り越えた著者の足もみ健康法！ 女優・タレント・モデルがお忍びで通う大人気足もみサロンのメソッドを大公開。
2017.7 127p A5 ¥1300 ①978-4-8002-7257-7

◆治療に活かす「診断力」の高めかた─私が学んできた結果が出せる診断法と治療法 竹内廣尚著 現代書林
【要旨】「診断」なくして治療なし！ 鍼灸専門学校の校長がいま伝えたい信頼される治療家になるための教え。先達の治療家、患者さんとともに歩んできた四十数年におよぶ「治療法の探究」。
2017.4 206p A5 ¥1400 ①978-4-7745-1626-4

◆つぼトントン─たたくだけ！ 心と体の不調がすっきり 森川綾女著 日本文芸社
【要旨】つぼをたたくだけで、経絡を伝わって「脳」にはたらく！ 子どもからお年寄りまで簡単にできて、副作用もなし。
2017.7 159p B6 ¥1200 ①978-4-537-21484-0

◆東洋医学療法 温灸カッサ講座テキスト 邵輝著（神戸）健康プラス出版、本の泉社 発売
【目次】中医学について（今見直される健康の概念と「中医学」、陰陽学、五行説 ほか）、温灸・カッサ各論（うつ症、呼吸器疾患、ダイエット

健康・家庭医学

実用書

ドライニードル入門―筋・筋膜へのハリ刺激法 小田博久著 (大阪)浪速社
【目次】ドライニードルの目的、目標部位、針操作、押し手、立ち位置、施術箇所数と効果、痛み、ドライニードルの用途、目標とする筋肉部位の性質、刺激とは変化〔ほか〕
2017.11 91p B5 ¥3241 ①978-4-88854-509-9

難経校釈 南京中医学院校釈、林克訳 たにぐち書店 新装版
【目次】第1篇 脈学、第2篇 経絡、第3篇 臓腑、第4篇 疾病、第5篇 臉(ゆ)穴、第6篇 針法
2017.2 325, 2p A5 ¥4800 ①978-4-86129-306-1

平田式心療法―熱鍼快療術 平田内蔵吉著、久米建寿編 たにぐち書店 新装版
【目次】第1部 原理と方法(原理の解説、刺激の部位と鍼の使い方)、第2部 心療の注意と実験録(闘病の心理、皇方医学としての心療、中心ほか)、第3部 日本医界の現状と国民医術の必要(日本医療界の現状、現代医学の根本的矛盾、現代医療の弱点に乗ずる迷信的治療 ほか)
2017.1 297p A5 ¥3000 ①978-4-86129-305-4

不調をなくしたければ腎臓と肝臓のツボを押しなさい 青坂一寛著 宝島社
【要旨】「内臓ほぐし」で体の不調がみるみる消える！不眠、倦怠感、肩こり、腰痛、排尿トラブル、眼精疲労、心の不安…etc.自分でできる1日3分のらくらく健康法。
2017.7 189p 18cm ¥1000 ①978-4-8002-7328-4

まるごとお灸百科 岡田明三企画・編集・著、上村由美子協力 (横須賀)医道の日本社
【要旨】受け継がれてきた治療法・養生法「お灸」の魅力を多角的に学べます！鍼灸治療だけでなく、健康管理に関心がある方、ホリスティック医学に関心がある方にも幅広く読んでいただきたい1冊です。
2017.7 145p 24×19cm ¥3200 ①978-4-7529-1154-8

マンガ 鍼灸臨床インシデント―覚えておきたい事故防止の知識 山下仁監修・解説、犬養ヒロ画 (横須賀)医道の日本社 増補改訂版
【要旨】自信を持って施術ができる！こんな人におススメ！開業して、どんな事故が起こるのか知りたい、緊急時の患者さんへの対応を身につけたい、患者さんとの信頼関係を深めたい。
2017.7 207p A5 ¥1800 ①978-4-7529-1155-5

8つのツボで30の病気を治す本―アメリカの医大教授が厳選！ 高橋徳著 マキノ出版 (ビタミン文庫)
【要旨】東洋医学の難解な理論を知らなくても、この8つのツボを押せば、注目の脳内物質・オキシトシンが湧き出て、病気は自分で治せる！
2017.5 159p A5 ¥1400 ①978-4-8376-1302-2

漢方

からだイキイキ☆トウヨウイガク―東洋医学のいろは 吉田有希実著 ポエムピース
【要旨】こんな東洋医学の本見たことない。難解な東洋医学をわかりやすい4コマ漫画で解説。起きている間に何をするか、何時にどれくらい眠るのか、何をどう食べるのか、その答えは自分の体が知っています。毎日少しずつ変化していく自分の体に耳を傾け、自分だけの健康法を見つけられるようになりませんか？
2017.4 127p B6 ¥1400 ①978-4-908827-23-5

漢方診察法 松下嘉一著 たにぐち書店 新装版
【目次】1 漢方診察法―漢方診察のよりどころ(漢方の体系、証―漢方的診断、漢方の診察、脈診、腹診、経絡診、背候診、陰陽虚実、三陰三陽、証と病名)、2 治療法の考え方―同一の病気でも病状で分ける(病気の流れに対応―肺炎の例、症状の変化に対応―流感の例、鍼灸の基本、文献、附―食事療法と漢方、附―鍼灸の経絡・経穴の標準部位、附―鍼の消毒)
2017.11 128p B5 ¥3000 ①978-4-86129-328-3

漢方製剤 応用自在のユニット処方解説 秋葉哲生著 ライフ・サイエンス
【目次】第1部 漢方解説編(漢方医学―歴史からの視点、漢方診察学、四診記載要領―診察見

の記録法)、第2部 ユニット解説編(葛根湯、葛根湯加川芎(きゅう)辛夷、乙字湯、安中散、十味敗毒湯、八味地黄丸 ほか)
2017.11 332p B5 ¥3800 ①978-4-89801-604-6

漢方治療による東洋堂臨床録 Part14 松本一男著 たにぐち書店
【目次】臨床編(長年続いている蕁麻疹に、桂枝加黄耆湯加味、腰と鼠蹊部のつっぱりに当帰四逆加呉茱萸生姜湯、動脈硬化症に桂枝茯苓丸料加釣藤、黄耆、大黄、芒硝 ほか)、学術編(訓読校注『金匱要略疏義』、牛肺炎日記、牛羊結肉皆ほか)、鶏肋編(開業30年 私の漢方遍歴)
2016.12 190p B5 ¥5000 ①978-4-86129-302-3

漢方の科学化―Kampo Science Visual Review 北島政樹総監修 ライフ・サイエンス
【目次】第1部 総説(歩み続ける日本の漢方医学―過去・現在・未来、漢方薬の特徴と現代医療での位置づけ)、第2部 各領域別の最新のエビデンス(上部消化管、下部消化管、肝胆膵、移植外科、がん、呼吸器疾患、女性医療、母子医療、認知症の行動・心理症状(BPSD)を中心とした精神神経疾患、長寿社会を支えるために)、第3部(漢方薬の体内動態、漢方薬の安全性、漢方薬の品質管理)、付録
2017.4 235p 28×22cm ¥3000 ①978-4-89801-581-0

漢方薬処方レクチャーまずはこれだけ20―生薬の処方構造で「どの薬を」「なぜ使う」がピピッとわかる 陰陽虚実が処方できる！ 淺羽宏一著 (大阪)メディカ出版
【要旨】生薬の処方構造で「どの薬を」「なぜ使う」がピピッとわかる。3年連続ベストティーチャー賞の明快レクチャー。
2017.10 199p A5 ¥4000 ①978-4-8404-6197-9

抗がん漢方―医師から見放された末期ステージ4 安定から好転、完治へ漢方が救う！ 王振国監修、抗がん漢方を考える会編著 (横浜)クリピュア、星雲社 発売
【要旨】アメリカはがん死亡者数が減少!!「抗がん剤ではがんは治せない」アメリカ国立がん研究所の報告голос代替医療を取り入れた。標準治療の壁を打ち破る!!末期がんでも安定から好転、完治を目指すEBM(根拠に基づく医療)による抗がん漢方を検証！
2017.7 103p 18cm ¥463 ①978-4-434-23575-7

抗がん剤の辛さが消える 速効！漢方力 井齋偉矢著 青春出版社 (青春新書INTELLIGENCE)
【要旨】吐き気・食欲不振、下痢、口腔粘膜炎(口内炎)、神経障害、味覚障害、顔面蒼白、全身倦怠感…そんな抗がん剤の副作用に、科学的根拠に基づいたこの漢方が効く！体の治す力を引き出し、がんと闘える体をつくる、西洋医学も認めた「サイエンス漢方」という希望―漢方の気になる副作用についても紹介。
2017.11 188p 18cm ¥880 ①978-4-413-04526-1

皇帝の漢方薬図鑑 木村美紀著、三木謙次作画 じほう
【要旨】漢方薬ってどんなときに飲むくすり？ほかのくすりとどう違うの？そもそも漢方薬ってなに？そんなギモンからこの本の物語ははじまります。皇帝とともに漢方薬を知る旅に出た女の子は、仙人のような、神さまのようなナゾめいた姿をした漢方家たちと出会います。どうやら彼らの姿は漢方薬を知るためのヒントが隠されているようです。登場するのは54種類のキャラクター。不思議な世界で、秘密な昔話のような旅を描いた絵巻物の大図鑑の第3弾！
2017.6 143p 19×16cm ¥1600 ①978-4-8407-4974-9

症状から読み解く 薬局で買える漢方薬のトリセツ 川添和義著 じほう
【要旨】一般用漢方製剤202処方を収載。トリアージで症状に合った漢方薬を選択して、処方解説で漢方のしくみと利用のしかたを理解する！漢方は難しくてわからない…そんなあなたをサポートする、OTC漢方薬のトリセツ!!
2017.5 272p A5 ¥2800 ①978-4-8407-4971-8

症状・疾患別にみる漢方治療指針 幸井俊高著 日経BP社、日経BPマーケティング 発売
【要旨】帝国ホテルプラザで漢方薬局を営む著者が、疲れ、冷え性、高血圧、頭痛、肩凝り、不眠、不妊症など、70の症状・疾患の症例を基に漢方治療を解説。実践的な漢方処方の在り方を学べる。
2017.5 443p B5 ¥9800 ①978-4-8222-3968-8

小児の漢方治療ハンドブック 永田紀四郎編者 (弘前)北方新社
【要旨】「証」と「生薬」から、適切な投薬を。医療従事者必携。
2017.7 93p 18cm ¥1200 ①978-4-89297-239-3

生活習慣病の漢方内科クリニック―高血圧・糖尿病・肥満から狭心症・脳卒中・痛風・喘息まで 入江祥史著 (大阪)創元社
【要旨】いまの薬を飲みつづけるのが不安。生活習慣病を漢方で治したい。漢方と現代医学を上手に使いたい…そんな悩みや要望に漢方内科医が応える。
2017.4 254p B6 ¥1800 ①978-4-422-41094-4

整復・手技の教科書―人体の理解に便利な筋肉・関節図、ツボ図 樺本稔和、佐藤裕二、田宮慎二監修 星雲社出版社 (ビジュアル版 東洋医学)
【目次】第1章 東洋医学と手技療法、第2章 整復術・手技療法の実践(骨折の治療、脱臼の治療、捻挫・軟部組織損傷の治療、あん摩マッサージ指圧師の施術)、第3章 おもな運動器と経穴(おもな筋肉、おもな関節、関節可動域(ROM)測定、全身の骨、あん摩マッサージ指圧で使われるツボ)
2017.4 223p B5 ¥2800 ①978-4-405-09342-3

体質で決まる漢方と養生―気・精・血・水 堀口和彦著 万来舎
【要旨】体質判定の指標となる気精血水、8つの体質の特徴、8つの体質―漢方薬と養生法、「うち漢方」で簡単体質判定 漢方相談室、病名・症状からわかる体質対応表、漢方薬一覧。
2017.9 67p A5 ¥800 ①978-4-908493-16-4

中医臨床のための常用生薬ハンドブック 神戸中医学研究会編 (市川)東洋学術出版社
【目次】中医臨床のための常用生薬ハンドブック、効能別薬物一覧表(補益薬、散寒薬、清熱薬、理気薬、理血薬 ほか)
2017.11 365p A5 ¥4800 ①978-4-904224-48-9

東洋医学序説 温故定礎 西村甲著 三和書籍
【要旨】本書は、東洋医学の本質を伝統医学の古典中の古典である『黄帝内経』を通して理解するために叙述されている。原典は中文で記述されており、現代人には親しみ難い存在である。しかし、本書を通して、古典に触れる機会が高まることを切望する。
2017.4 547p B5 ¥9000 ①978-4-86251-200-0

「病名医療」で漢方薬は使うな!?―長崎発★東洋医学医師田中保郎の挑戦は続く！ 山中伸知郎著 山中企画、星雲社 発売
【目次】序章「西洋医学で漢方薬は使うのは、野球のボールでテニスするようなもんたい」、第1章「薬は主役じゃなか。わき役たい」―田中保郎、「西洋医学」と「東洋医学」を語る、第2章「なんでNHKが一番、病名医療の宣伝じゃ！」―田中保郎、「病名医療」を語る、第3章「考えているのは脳ではなく、腸たい」―田中保郎、「腸」を語る、第4章「ふぐの卵巣の毒を消す。それが「醍醐」たい！」―田中保郎、「醍醐」を語る、第5章「今の医者なら、人工知能でも、いくらでも替えがきくたい」―田中保郎、「医師」を語る、終章「東洋医学と西洋医学のどっちが生存率が高いか、なんて、そんなものはわからん」―田中保郎、「患者」の質問に答える
2017.11 174p B6 ¥1200 ①978-4-434-23996-0

フローチャート高齢者漢方薬 新見正則著 新興医学出版社
【要旨】フレイルこそ漢方のターゲット。高齢者の特徴と症状でカンタン処方！漢方の思い込みにご用心、漢方通の先生を唸らせる漢方のギモン公開！
2017.10 161p 19×11cm ¥2700 ①978-4-88002-405-9

薬方愚解―邦医学テキスト 木田一歩著 静風社
【目次】第1章 氣味類、第2章 薬方類(桂枝湯―太陽病・中風症に対処する薬方、桂枝去芍薬湯―太陽病に対して下法を行ったことにより胸中の陽氣が虚して、胸満になった場合に対処する薬方、桂枝去芍薬加附子湯―桂枝去芍薬湯証で悪寒が強い場合に対処する薬方、炙甘草湯―傷寒証で結代脈を見る場合に対処する薬方、桂枝甘草湯―急激な緊張や発汗過多により、表に於いて陽氣が強くなった場合に心が対応して衝逆し、臍動等が生じた場合に対処する薬方、桂枝甘草

龍骨牡蛎湯—心窩悸が主症である桂枝甘草湯証が悪化し、煩燥が主症になった場合に対処する薬方。桂枝加龍骨牡蛎湯—下焦の臓器が虚衰したことで、上焦に肝が旺気することが制御できず、上焦熱が発生したことで肺が水風に傷られ、心が腎と正しくリンクしないために精神症状を見る場合に対処する薬方。桂枝加竜骨牡蛎湯よりも下焦の虚が強く、寒冷症状が激しい場合に対処する薬方。桂枝去芍薬加蜀漆牡蛎龍骨救逆湯—桂枝去芍薬湯と同じく膵（そう）理を収斂させて駆邪を防いで、上焦・胸満の悪化を防ぐ薬方。桂枝去芍薬加麻黄細辛附子湯—桂枝去芍薬湯と麻黄細辛附子湯の合方で、心腎陽気が虚して水が動かず、胃中に宿して痰飲がたまれた場合に対処する薬方。第3章 表類 2018.1 461p A5 ¥5000 ①978-4-9909091-3-0

◆論文からひもとく外科漢方 新見正則著 日本医事新報社
【目次】癌、消化器外科、血管外科、小児外科、整形外科、形成外科、脳神経外科、皮膚科、乳腺外科、救命救急・集中治療、その他
2017.7 158p B5 ¥4000 ①978-4-7849-4469-9

◆わが家の漢方百科 新井信著,吉士将典つぼ監修 東海教育研究所,（平塚）東海大学出版部発売
【要旨】不快な自覚症状に漢方薬と"つぼ"でアプローチ。およそ150種類の漢方薬・生薬を紹介、代表的な"つぼ"部分も図解。胃もたれ、ストレス、更年期症候群etc. 大学病院ならではの豊富な症例をひもとき、あなたの悩みに応えます！ 2017.4 365p B6 ¥3200 ①978-4-486-03901-3

脳・認知症

◆明日から役立つ認知症のかんたん診断と治療 平川亘著 日本医事新報社
【目次】1章 認知症の臨床かんたん診断（認知症の病型、高齢者の認知症の捉え方、実践！ 認知症の臨床かんたん診断）、2章 失敗しない認知症治療とは（薬で認知症が悪化した？）、3章 認知症治療薬の使いこなし（ドネペジル（アリセプト）の使いこなし、リバスチグミン（イクセロン・リバスタッチ）の使いこなし、ガランタミン（レミニール）の使いこなし、メマンチン（メマリー）の使いこなし、シロスタゾール（プレタール）の使いこなし、認知症の行動・心理症状（BPSD）のコントロール）、4章 認知症のかんたん治療 外来編（かんたん治療のアプローチ、実践！ かんたん治療 病型別の治療法）、5章 認知症のかんたん治療 病棟編（急性期病棟のせん妄と認知症治療）
2017.4 373p A5 ¥4500 ①978-4-7849-4580-1

◆アルツハイマー病は「脳の糖尿病」—2つの「国民病」を結ぶ驚きのメカニズム 鬼頭昭三,新郷明子著 講談社（ブルーバックス）
【要旨】アルツハイマー病は1906年の発見以来、いまだ治療法が存在せず、日本人にとっても「国民病」というべき深刻な脅威となっている。これまでの薬は、なぜ効かなかったのか？ もう一つの「国民病」である糖尿病との関係から見えてきた元凶は「インスリン抵抗性」だった！ 注目の新鋭が示唆する、根本的治療薬の可能性。 2017.7 222p 18cm ¥920 ①978-4-06-502025-8

◆イギリスの認知症国家戦略 小磯明著 同時代社
【要旨】イギリスの高齢者福祉と認知症政策、その実践を紹介。日本の地域社会が、認知症の人への担い手となるために何が必要か？ イギリスの活動現場から得られた示唆と有意な認知症対策を学び、新たな開発も視野に入れながら検討する。
2017.1 343p A5 ¥2700 ①978-4-88683-807-0

◆1日5分！ 脳波で実証！ 物忘れ＆認知症予防 速読脳トレ 呉真由美著,辻下守弘検証 扶桑社（付属資料：DVD1）
【目次】まえがき 速読脳トレは誰にでも簡単に始められます、速読脳トレ 実践者からの主な声、生活面のいろんなことに効果があります、認知症・リハビリでも今も見られる改善事例が！、解説 脳の疲れが体の疲れ、脳がすべてを決める！、こんな人、こんな人に試してみてほしい、トレーニングはこれだけ！、さてやってみよう、速読脳トレ、速読脳トレ、簡単なだけに実は継続するのが大変なのです！、ご自身の変化を確認するために読書速度を計ってみましょう、脳を活性化させるプチゲーム〔ほか〕
2017.3 95p B5 ¥1400 ①978-4-594-07651-1

◆一般病棟の認知症患者「こんなときどうする？」 内田陽子編著 照林社
【要旨】治療のための酸素吸入を拒否された。点滴を勝手に抜いてしまう。「私は看護師に殺される」と叫び処置を拒否する。経鼻チューブを何度も抜きさる、「食べたい」と訴える。歯磨きを行おうとするが口を開かず拒否する。これらすべて患者側にワケがある。あなたの病棟の認知症看護・認知症ケア加算を成功させるために。仮説でひもとく看護を紹介。
2017.12 186p B5 ¥2100 ①978-4-7965-2419-3

◆ウクレレで認知症を退治する本 坂根剛著（長野）ほおずき書籍,星雲社 発売
【要旨】ウクレレは、脳が喜ぶ素敵な刺激を与えてくれる。脳を若々しく保つヒントが満載！
2015.5 117p B6 ¥1300 ①978-4-434-23295-4

◆運転を続けるための認知症予防—2017年改正道交法対応 浦上克哉著,高齢者安全運転支援研究会協力 JAFメディアワークス
【要旨】あなたの運転能力は低下している!? うっかりミスが増えたら要注意！ 早めのチェック＆予防対策を。
2017.12 83p A4 ¥2300 ①978-4-7886-2388-0

◆おどる認知症 岸香里著 いそっぷ社（『おどる老人病棟』加筆・増補・改題書）
【要旨】新卒で入ったのは老人病棟。異食・徘徊・盗癖…天然すぎる認知症の患者さんと自由すぎる60代ナース集団。果たして岸さんの運命やいかに!?
2017.11 262p B6 ¥1300 ①978-4-900963-75-7

◆親が認知症になる前に知っておきたいお金の話—いざというときに困らないための「家族信託」 横手彰太著 ダイヤモンド社
【要旨】実家が売れない!? 口座が凍結!? 家族信託を知り抜いた第一線のプロが、豊富な実例をもとにわかりやすく解説。「介護」を意識し始めたら準備しておきたい新しい資産防衛法。
2017.12 232p B6 ¥1500 ①978-4-478-10467-5

◆かかりつけ医による「もの忘れ外来」のすすめ—続・「ともに歩む認知症医療とケア」 大場敏明,高杉春代著 現代書林
【要旨】かかりつけ医による「もの忘れ外来」の時代到来！ 経験豊富な町医者が、効果的な始め方・続け方、そして賢い活用法を徹底解説。
2017.9 202, 3p B6 ¥1400 ①978-4-7745-1661-5

◆家族と自分の気持ちがすーっと軽くなる認知症のやさしい介護 板東邦秋著 ワニ・プラス,ワニブックス 発売
【要旨】H＝否定しない、S＝叱らない、S＝説得しない、A＝焦らせない、K＝傷つけない、B＝びっくりさせない。認知症介護の基本は「HSS・AKB」。これだけ知っていればじゅうぶん！
2017.2 175p 18×13cm ¥1400 ①978-4-8470-9522-1

◆家族と病院と地域で支える 家族のための認知症Q＆A 新平伊伊著 滋慶出版/つちや書店
【要旨】家族が認知症になったらはじめに読む本。認知症専門医がやさしく解説。困った行動、不安な心を理解する、改善する、家族対策。介護負担を家族だけで抱え込まず病院、地域の介護サービスを活用して安心できる生活を送ることが大切。
2017.12 191p A5 ¥1380 ①978-4-8069-1533-1

◆ガータロー「ごめんなさい」って言わなくていいんだよ 渡辺貝子著（福岡）海鳥社
【要旨】父が認知症になった—私の介護日記。「脳がおかしい。身体は動くばって、脳がついて来ん。頭を動かすと骨が動くばって、脳は一緒には動かんで 後からゆっくりとついて来るってあ感じがすっと」そう言って、ゆっくりと頭を巡らした。そして、私を見た。なんと応えてあげたらいいのか、分からなかった。
2017.6 152p A5 ¥1400 ①978-4-87415-994-1

◆カラー図解 介護現場ですぐに役立つ！ タイプ別対応でよくわかる認知症ケア 熊谷頼佳著 ナツメ社
【要旨】アルツハイマー型、レビー小体型、前頭側頭型、認知症のタイプと特徴を解説。＋タイプ別の適切なケアがわかる！ 認知症利用者の心と行動を理解した対応で、BPSDをやわらげて介護がラクになる！ 介護職と認知症利用者の視点の違いがわかるマンガを掲載！
2017.11 223p B5 ¥1400 ①978-4-8163-6364-1

◆看護の現場ですぐに役立つ認知症ケアのキホン—患者さんと家族を安心させるケアのポイント！ 長尾和宏著 秀和システム（ナースのためのスキルアップノート）
【要旨】患者さんとご家族の笑顔が見たいと思いませんか？ 認知症のメカニズムとケアのポイントがよくわかる！
2017.12 145p B5 ¥1500 ①978-4-7980-5325-7

◆がんばりすぎずにしれっと認知症介護 工藤広伸著 新日本出版社
【要旨】1 認知症を受け止める（認知症の人も「プライド」を持っている、本人に認知症だと気づいて欲しいとき ほか）、2 ものを通した認知症理解（認知症の人は「真っ白な部屋」の中にいる、繰り返す「今日何日？」に試した時計 ほか）、3 視点を変えて気持ちをラクに（デイサービスに行く気にさせる、「悪口」には「肯定」で返す ほか）、4 ひとりで抱え込まずに（共感疲労から身を守る、信頼のできる医師を探す ほか）
2017.12 146, 6p B6 ¥1300 ①978-4-406-06179-7

◆記憶と感情のエスノグラフィー—認知症とコルサコフ症候群のフィールドワークから 佐川佳南枝著（西東京）ハーベスト社
【目次】第1章 記憶の連続性と自己—自己の物語的視点から（記憶のない世界の人、身体化された記憶、物語論と脳科学）、第2章 認知症高齢者の感情体験—デイケアにおける語りあいの場面（座談会での語りあいの中の感情体験、初期認知症高齢者の存在論的特徴、記憶と自己観、共感とは何か、喜びという感情の社会）、第3章 認知症高齢者たちの戦争をめぐる語りの場の形成（感情的記憶としての戦争体験、戦争体験の座談会、語り合う場はどのように形成されていたか、無意志的記憶と意志的記憶、拡大する物語、圧縮される物語）、第4章 夫婦における記憶と親密性の変容（松島さん夫妻へのインタビュー、藤川さんへのインタビュー、森さんへのインタビュー、困難なコミュニケーションを成立させる感情、夫婦間の物語とコミュニケーションの変容）、終章 記憶と感情の共同体（問いへの応答、ケアへの提言）
2017.3 187p A5 ¥2600 ①978-4-86339-084-3

◆今日からできる認知症予防の食事と生活 家庭栄養研究会編 食べもの通信社,合同出版発売
【要旨】40代から脳に溜まっていく老廃物（アミロイドβ）。働き盛りから進行しているアルツハイマー病の原因物質を脳に溜めないために、今日から始めたい生活習慣。認知症を予防し、脳を活性化する効果的な食べ方や運動がコンパクトにまとまった必携の書。
2017.9 93p A5 ¥1200 ①978-4-7726-7707-3

◆今日から始める認知症予防トレーニング—運動と食事で健康寿命をのばす！ 寺沢宏次,渡辺敏明,中出敬介,三浦弘,松原郁美著（長野）ほおずき書籍,星雲社 発売
【要旨】長寿県長野で生まれた、毎日続けられるお手軽・最新メソッド。
2017.10 86p A4 ¥1500 ①978-4-434-23859-8

◆薬いらずで認知症は防げる、治せる！—認知症医療で後悔しない3つの方法 佐藤俊彦,長谷川亨著 イースト・プレス
【要旨】危険運転、駅内暴力、キレる老人、それは認知症が原因です！ 治療できる認知症を見逃さないための「早期診断」、「予防法」、そして症状改善に効果的な「抗ホモシステイン酸食品」を紹介！
2017.2 173p 18cm ¥1000 ①978-4-7816-1510-3

◆ケアとサポートが楽になる超図解認知症介護 米山淑子監修,朝田隆医学監修 朝日新聞出版
【要旨】もうひとりで認知症介護に悩まない！ 予防、治療、ケア、お金…プロの楽ワザ完全収録。
2017.5 191p B5 ¥1500 ①978-4-02-333158-7

◆コウノメソッドでみる認知症診療 河野和彦著 日本医事新報社 第2版
【要旨】認知症はかかりつけ医が診る！ 治す！ 年間1,200人以上の新患を診察する著者が、30年以上の経験をもとに編み出した治療体系「コウノメソッド」の入門書。4年分の長足の進歩を加筆した改訂版！
2017.3 280p B5 ¥4700 ①978-4-7849-4354-8

健康・家庭医学

実用書

◆コウノメソッドでみる認知症の歩行障害・パーキンソニズム　河野和彦著　日本医事新報社
【要旨】レビー小体型認知症、進行性核上性麻痺、大脳皮質基底核変性症、多系統萎縮症の歩行が改善！　実践を重視するコウノメソッドならではの詳細な薬用量を開陳！
2017.3 348p B5 ¥5700 ①978-4-7849-4570-2

◆コウノメソッド流　認知症診療スピードマスター　河野和彦著　日本医事新報社
【要旨】コウノメソッドを最速で学べる1冊。要点をおさえた診療で、無駄な検査は一切なし。介護者の希望通りに、患者に生じている問題を解決する、名古屋フォレストクリニックのノウハウを公開！
2017.8 201p B5 ¥4200 ①978-4-7849-4643-3

◆高齢期における認知症のある人の生活と作業療法　守口恭子著　三輪書店　［高齢期における認知症のある人への作業療法］改題書）第2版
【目次】第1章　認知症のある人に対する作業療法は何を目指すのか、第2章　認知症のある人に対する作業療法で大切なこと、第3章　認知症の基礎知識と作業療法、第4章　主な認知症と作業療法、第5章　評価、第6章　介入と援助
2017.11 193p B5 ¥4200 ①978-4-89590-610-4

◆告白します、僕は多くの認知症患者を殺しました。　石黒伸著　現代書林
【要旨】認知症のクスリで認知症を悪化させる医師たち。過ちに気づいた僕はコウノメソッドと出会い、患者と家族を救える医者になりました。
2017.3 220p B6 ¥1400 ①978-4-7745-1619-6

◆「こころ」の名医が教える認知症は接し方で100％変わる！　吉田勝明著　IDP出版
【要旨】認知症の予防と看護力・介護力が確実にアップします！
2017.12 195p B6 ¥1400 ①978-4-905130-26-0

◆実践事例でわかる認知症ケアの視点─21事例から学ぶ対応のポイント　全国認知症介護指導者教育ネットワーク編、認知症介護研究・研修仙台センター、認知症介護研究・研修東京センター、認知症介護研究・研修大府センター編集協力　中央法規出版
【目次】第1章　認知症ケアにおける課題と求められる専門性の向上（認知症介護現場の課題と認知症施策の動向、認知症ケアの専門性を高める教育・研修）、第2章　地域ケアの事例　新オレンジプランに対応しよう（イベントから地域のつながりへ─第1回オレンジカップ（フットサル大会）開催、地域主体の認知症カフェを開催してほか）、第3章　チームケア・ケース検討の事例　職場の人材育成に活かそう（認知症ケアをチームで実践するために、グループホームで安眠につなげるアプローチ─「夜勤者がパジャマで泊まる」ほか）、参考資料（認知症介護研究・研修センターの紹介と主な活動（認知症介護研究・研修仙台センターの紹介と主な活動、認知症介護研究・研修東京センターの紹介と主な活動　ほか）
2017.6 204p B5 ¥2400 ①978-4-8058-5526-3

◆実践！　認知症の人にやさしい金融ガイド─多職種連携から高齢者への対応を学ぶ　意思決定支援機構監修、成本迅、COLTEMプロジェクト編著　（京都）クリエイツかもがわ
【要旨】理論と実践の両面から具体的に学べる！
2017.9 101p B5 ¥1600 ①978-4-86342-220-9

◆知ってる？　認知症　マンガ　ニンチショウ大使лも参上！　高橋由为子作・マンガ、寿地蔵乃か解説・監修　子どもの未来社　（スクールコミック）
【目次】大ママのところへ～の巻、大ママ、病院へ行く～の巻、ニンチショウ大使になる～の巻、やえじじもо認知症～の巻、大ママがやってくる～の巻、大ママとおやさん～の巻、介護じ、オンナの役割？～の巻、仁屋さんの認知症講座～の巻、大ママが行方不明～の巻、「みんなのカフェ」づくり～の巻［ほか］
2017.12 223p A5 ¥1500 ①978-4-86412-127-9

◆症状別でわかる認知症のトラブル対処法─こんなときどうする？　小板健太著、河野和彦監修　現代書林
【要旨】症状別だから便利！　介護家族・従事者が現場ですぐ使える！　介護負担が劇的にラクになる！　アセスメントシート付。
2017.3 215p A5 ¥1600 ①978-4-7745-1620-2

◆事例で学ぶ認知症の人の家族支援─認知行動療法を用いた支援プログラムの展開　福島喜代子編著、結城千晶著　中央法規出版
【要旨】家族が悩んだり、つまずいているポイントは人それぞれ。その「それぞれ」を支える個別支援に取り組んでみませんか？　本書は、家族に認知症ケアのコツを上手に伝えるためのプログラムと今すぐ使えるワークシートを収載。認知症介護に携わる対人援助職に読んでほしい1冊です。
2017.2 199p B5 ¥2400 ①978-4-8058-5471-6

◆全国に広がる「コウノメソッド」最前線　認知症治療の9割は間違い　河野和彦著　廣済堂出版　（健康人新書）
【要旨】大評判の著書『医者は認知症を「治せる」』に続く第二弾。日本中にさらに広がりつつある認知症治療の「コウノメソッド」の最新情報を紹介。コウノメソッドは進化し、新たなサプリメントや薬なども治療に加わったため、その詳細な量や症例などを述べる。また、認知症のみならず、他の難病などの治療の症例も掲載する。
2017.3 190p 18cm ¥850 ①978-4-331-52082-6

◆専門医が語る認知症ガイドブック　池田健、小阪憲司著　金剛出版
【要旨】レビー小体病の発見者・小阪憲司が認知症全般を縦横無尽に語った珠玉の1冊。認知症の歴史、分類・診断、心理検査、薬物療法、パーソンセンタードケア、回想法、ユマニチュード、バリデーションまで、認知症を理解するためにおさえておきたい実践知識がしっかり身につく、必携・認知症ケア入門ガイド！
2017.6 268p A5 ¥3200 ①978-4-7724-1559-0

◆その認知症ケアは大まちがい！　三好春樹、東田勉著　講談社　（介護ライブラリー）
【要旨】お年寄りも介護者もつらいだけ。まちがったケアはいますぐやめよう！　年寄りはボケさせない。認知症でもこじらせない。長年、介護現場を見てきた著者2人が経験から導き出した「本当にいいケア」を徹底解説！
2017.6 99p 21×19cm ¥1300 ①978-4-06-282476-7

◆その「もの忘れ」はスマホ認知症だった─10万人の脳を診断した脳神経外科医が教える　奥村歩著　青春出版社　（青春新書INTELLIGENCE）
【要旨】すぐに検索、情報チェック、ナビに頼る…あなたの脳を「考えない脳」に変えてしまう衝撃の事実！　スマホ認知症にならないスマホの使い方、スマホで疲れた脳の休ませ方を脳科学的見地から解明。
2017.7 189p 18cm ¥880 ①978-4-413-04516-2

◆多職種チームで取り組む認知症ケアの手引　鈴木みずえ編　日本看護協会出版会
【要旨】「認知症ケア加算」算定のための参考書に！　急性期病院での認知症ケアの具体的な実践方法を掲載。
2017.3 145p B5 ¥2200 ①978-4-8180-2035-1

◆丹野智文笑顔で生きる─認知症とともに　丹野智文著、奥野修司文・構成　文藝春秋
【要旨】39歳で若年性アルツハイマー病になったトップ営業マン。家族、会社、仲間たち…笑顔を取り戻すその感動ドキュメント！
2017.7 317p B6 ¥1450 ①978-4-16-390681-2

◆注文をまちがえる料理店のつくりかた　小国士朗著　方丈社
【要旨】「注文をまちがえる料理店」が、この夏、三日間だけオープンしました。そこには、数えきれないほどの笑顔と涙と、てへぺろな奇跡が、顔をのぞかせていました。そんな不思議な料理店のこと、完全ドキュメントで再現します。「注文をまちがえる料理店」、本日、オープンです。
2017.12 355p B6 ¥1600 ①978-4-908925-21-4

◆「疲れない脳」のつくり方─脳神経外科医が教える！　築山節著　PHP研究所　（PHPビジネス新書）
【要旨】人生100年時代の到来、技術革新による仕事の高度化によって、ビジネスパーソンに求められる働き方が「24時間、365日がむしゃらに働けるか」から、「長期間、たとえば70歳を超えても元気に継続的に成果を出し続けうるか」に変化し始めている。そこで武器になるのが、「疲れない脳」「冴えた脳」。理想的な脳を手に入れるための方法を、「脳の専門家」が指南する。
2017.6 206p 18cm ¥850 ①978-4-569-83574-7

◆デンマークの認知症ケア国家戦略　小磯明著　同時代社
【要旨】日本とデンマークの医療政策・介護政策・介護施設の違いとは何か。デンマークの高齢者福祉と認知症ケア政策、その実践を紹介する。地域社会でのボランティア活動、社会サービス、ケアを担う人材の資格・教育・訓練について、注目すべき取り組みを詳述。
2017.10 239p A5 ¥2500 ①978-4-88683-824-7

◆認知症　野村俊明、青木紀久代、堀越勝監修、北村伸、野村俊明編　福村出版　（これからの対人援助を考える くらしの中の心理臨床 5）
【目次】第1部　事例編（医療、家庭・地域、施設、支援者支援）、第2部　理論編（認知症の診断と治療、認知症の周辺─高齢者によくみられる精神疾患、認知症をとらえる心理アセスメント、認知症の人のケア─心理職の役割、認知症家族介護者の心理と支援、認知症を対象とする心理療法的アプローチ、「街ぐるみ認知症相談センタ」の実践と役割）、第3部　資料編（統計資料、診断基準、治療・相談機関）
2017.9 241p A5 ¥4000 ①978-4-571-24555-8

◆認知症専門医が教える最新事情　伊東大介著　講談社　（講談社プラスアルファ新書）
【要旨】知っておくべき真実!!　認知症予備軍の50％が5年以内に認知症。認知症患者を減らしている先進国がある。高血圧・糖尿病・脂質異常が認知症になりやすい身近な病気。発症の15～20年前から脳内の認知症のゴミはたまり方す。睡眠負債は1.85倍もリスクがある。サプリ他、世間の誤った情報に臨床の現場から答える。
2017.11 205p 18cm ¥840 ①978-4-06-291513-7

◆認知症─アルツハイマー病・レビー小体病・ピック病がよくわかる本　広川慶裕、山田理恵子、沼田裕樹、佐藤典子、齋藤正洋監修、主婦の友社編　主婦の友社　［認知症・アルツハイマー病がよくわかる本］改訂・改題書）
【要旨】認知症介護のポイント、困った症状にはどう対処すればよいか。認知症の正しい知識と最新治療法、家庭でできること。
2017.12 159p 21×19cm ¥1400 ①978-4-07-426348-6

◆認知症＆もの忘れはこれで9割防げる！　浦上克哉著　三笠書房
【要旨】9万人の患者をみてきた医師が教える─1日1回、"脳鍛習慣"のススメ。食事、睡眠、運動、歩き方、アロマ…16の新習慣。
2017.6 125p A5 ¥1300 ①978-4-8379-2676-4

◆認知症　いま本当に知りたいこと101　阿部和穂著　（西東京）武蔵野大学出版会
【要旨】認知症には薬を使うな！　○○○が認知症に効いた！　×××で認知症が治った！─巷にあふれる認知症の情報、それってホント?!
2017.6 230p A5 ¥1500 ①978-4-903281-32-2

◆認知症を生き抜いた母─極微の発達への旅　安岡美朱子著　（京都）クリエイツかもがわ
【要旨】人間は生まれてから死ぬまで発達課題をもち、認知症になってさえ発達すると考える。団塊の世代に読んでほしい！　記憶をはじめ、さまざまな後退に抗い、悪戦苦闘しながら自分の世界を生きている─「極限の発達」と言えるのでは─。制度をうまく使い、家族と介護のプロが支え、伴走し、よいケアを行えれば、おだやかに、平和で愛情に満ちて生きることができる！
2017.3 176p A5 ¥1600 ①978-4-86342-206-3

◆認知症を絶対治したい人が読む本　岩田明著　現代書林
【要旨】プロローグ　"奇跡"の復活をとげた認知介護のご夫婦、第1章　認知症を治す方法を知らない医師にはかかるな、第2章　コウノメソッドが、患者さんとご家族を救う、第3章　認知症治療薬の増量規定は患者さんのためにあらず、第4章　僕の認知症の診断法と治療法、第5章　正しい認知症治療には介護と医療の連携が不可欠、第6章　在宅認知専門往診の実際、第7章　連携施設における認知症専門往診の実際、エピローグ　認知症治療の"夜明け"がはじまった
2017.3 188p B6 ¥1400 ①978-4-7745-1609-7

◆認知症を乗り越えて生きる─"断絶処方"と闘い、日常生活を取り戻す　ケイト・スワファー著、寺田真理子訳　（京都）クリエイツかもがわ
【要旨】医療者や社会からの"断絶処方"ではなく、診断後すぐのリハビリと積極的な障害支援によって、今まで通りの日常生活を送れるように。不治の病とあきらめることなく闘い続け、前向

きに生きることが、認知症の進行を遅らせ、知的能力、機能を維持できる！ 49歳で若年認知症と診断された私が認知症の立場から、認知症のすべてを書いた本！
2017.5 384p B6 ¥2200 ①978-4-86342-210-0

◆**認知症 家族を救う安心対策集** 主婦の友社編 主婦の友社 （実用No.1） （『認知症 家族を救う対策集』改訂・再編集・改題書）
【要旨】知っておきたい認知症の正しい知識。家族を救う認知症治療「コウノメソッド」。これだけは知っておきたい！ 介護保険の基本の「き」。認知症の症状を改善・予防する50のコツ。
2017.3 191p B5 ¥1500 ①978-4-07-422161-5

◆**認知症かな？ と思ったらすぐ読む本─正しい軽度認知障害MCIの知識と対策** 朝田隆監修 技術評論社 （しっかりわかる新しい医療）
【要旨】放置すると5年で半数が認知症になると言われている軽度認知障害も、きちんと対策を立てれば、進行を遅らせられる。
2017.4 206p A5 ¥1580 ①978-4-7741-8691-7

◆**認知症ケアのための家族支援─臨床心理士の役割と多職種連携** 小海宏之,若松直樹編著 （京都）クリエイツかもがわ
【要旨】「認知症という暮らし」は、夫婦、親子、兄弟姉妹、義理…さまざまな人間関係との同居。「家族を支える」ことは、多くの価値観、関係性を重視するまなざしである。経済・環境・心理的な苦悩を多職種がそれぞれの専門性で支援する力点を語る！
2017.5 165p A5 ¥1800 ①978-4-86342-211-7

◆**認知症高齢者のチーム医療と看護─グッドプラクティスのために** 日本老年看護学会監修,亀井智子編 中央法規出版
【要旨】本人と家族の安心・安寧を保証する対応力とケアの質の向上を実践できる！ 容態に応じた適時・適切な看護計画の作成のポイントを示す！ 基礎知識から、認知症ケアチームの体制づくり、退院支援の方法などがわかる！
2017.6 293p B5 ¥2400 ①978-4-8058-5468-6

◆**認知症診療実践ハンドブック** 山田正仁編著 中外医学社
【要旨】軽度認知障害から重度認知症まで。認知症のプロフェッショナルを育成する「北陸認知症プロフェッショナル医養成プラン（認プロ）」のメンバーが中心になってまとめた新時代の認知症診療マニュアル。
2017.11 368p A5 ¥6000 ①978-4-498-22892-4

◆**認知症等意思決定能力低下患者の診療における法的問題への処方箋** 長谷部圭司著 日本医事新報社
【要旨】本人は認知症だから家族の了承で決めていい！？慣例的な対応で患者さんの権利侵害を起こさないための、現実的対応が学べる1冊。
2017.9 159p A5 ¥3700 ①978-4-7849-4343-2

◆**認知症とともに生きる私─「絶望」を「希望」に変えた20年** クリスティーン・ブライデン著,馬籠久美子訳 大月書店
【要旨】「私たちは、"なにもわからなくなった人"ではありません」本人として発言することで認知症への偏見を打ち破り、世界的な変革のさきがけとなったクリスティーンの20年におよぶ発言の記録。
2017.4 279p B5 ¥2700 ①978-4-272-36089-5

◆**「認知症七〇〇万人時代」の現場を歩く─「人生の閉じ方」入門** 佐藤幹夫著 言視舎 （飢餓陣営せれくしょん6）
【要旨】認知症になっても地域で暮らしたい！ 住民と連携して成果をあげているチームがある。システムづくり、病院・施設依存からの脱出法、人材の育成などをつぶさに取材し、どんな地域にも応用できる方法論を提示。生きた現場を見つめ、人生とその「閉じ方」を問う。
2017.2 197p A5 ¥1700 ①978-4-86565-076-1

◆**認知症700万人時代の失敗しない「成年後見」の使い方** 鈴木雅人著 翔泳社
【要旨】「成年後見」は、認知症や知的障害、精神障害などにより判断能力が不十分になった人の生活と"その人らしい人生"をサポートする制度。でも、自分や自分の身近な人が認知症になったら…「どこに相談すればいい？」「どんなことを頼める？」「サポートしてくれるのはどんな人？」「騙されたり、損をしたりすることはないの？」「今から何を準備すればいい？」─あなたの"もしも"に備えて、知っておくべき「成年後

見」をわかりやすく紹介！
2017.2 173p A5 ¥1700 ①978-4-7981-5094-9

◆**認知症になってもだいじょうぶ！─そんな社会を創っていこうよ** 藤田和子著 メディア・ケアプラス,徳間書店 発売
【要旨】看護師であり認知症の義母の介護を経験してきた著者が自らもアルツハイマー病に！ 絶望から立ちあがりあきらめず前進し続ける本人が綴る渾身のメッセージ！
2017.4 194p A5 ¥1600 ①978-4-19-864390-4

◆**認知症にならない人がやっているスッキリ脳のゴミ掃除** 羽生春夫著 双葉社
【要旨】現代の認知症研究で"アルツハイマー型認知症の原因"といわれているのが、「アミロイドβ」「リン酸化タウ」という2つのタンパク質。でも、それらはちょっとしたことで蓄積を回避することができるという。また、ノーベル賞を受賞した「iPS細胞」や「オートファジー」を認知症の治療に応用する研究も進められるなど、根治への道も切り開かれつつある。認知症は、もはや不治の病ではない─。
2017.2 174p B6 ¥1300 ①978-4-575-31217-1

◆**認知症の家族を支える─ケアと薬の「最適化」が症状を改善する** 高瀬義昌著 集英社 （集英社新書）
【要旨】今後一〇年以内に六五歳以上の高齢者の五人に一人が認知症になると予測されている。認知症はもう誰もがなりうるもので、また誰もが認知症の家族のケアに直面する可能性がある時代となったのだ。認知症治療の課題に、医師の言うがままに多量の薬を服用し続ける「多剤併用」や、処方薬を飲みきれずに捨てる「残薬」などの問題を挙げる。家族、医師、薬剤師、ケアマネジャーなどがチームとなって患者を支える「在宅医療」の具体的なあり方を提唱し、認知症患者と家族に寄り添う医療を考える。
2017.2 204p 18cm ¥720 ①978-4-08-720867-2

◆**認知症の看護・介護に役立つ よくわかるパーソン・センタード・ケア** 鈴木みずえ監修 池田書店
【要旨】思いを「聞く」、情報を「集める」、ニーズを「見つける」─3ステップで実践！ ケアする人、される人、お互いの気持ちが楽になる！ 不安がなくなる！ 認知症の人の思いを一番に考え、その人の視点からケアすることで抑うつ、徘徊、排泄トラブル、暴言・暴力などと呼ばれる行動が緩和され、現場の関係によい効果が生まれます！
2017.5 159p A5 ¥1500 ①978-4-262-14588-4

◆**認知症の早期発見・初期集中支援に向けたラーニング・プログラム** 小笠原浩一,宮島俊彦監修,日本介護経営学会編集協力 中央法規出版
【目次】1 施策・サービス経営への指針（認知症スティグマの低減による地域共生の推進、認知症スティグマの個人特性の影響と介入効果、早期発見・初動対応促進への必要条件、「空白の初期」における早期発見と初動対応、地域包括ケアの初動対応と生活支援、認知症の人々への「日常生活支援」、地域包括支援センターを調整弁とする認知症初期集中支援）、2 実践的ラーニング・プログラム（効果の上がるラーニング・プログラム、市民向けテキスト、職員向けテキスト、認知症の人との共活動体験─地域カフェの効用、認知症スティグマ改善のセルフチェック・シート、地域包括支援センター認知症早期発見・初期集中支援標準マニュアル）
2017.9 153p B5 ¥2400 ①978-4-8058-5576-8

◆**認知症のパーソンセンタードケア─新しいケアの文化へ** トム・キットウッド著,高橋誠一訳 （京都）クリエイツかもがわ
【要旨】「医学モデル」に基づいた認知症の見方を徹底的に再検討、認知症の人の立場に立った「その人らしさ」を尊重するケア実践を理論的に明らかにし、世界の認知症ケアを変革！
2017.4 267p A5 ¥2600 ①978-4-86342-207-0

◆**認知症の人がズボラに食習慣を変えただけでみるみる回復する！** 板倉弘重著 青萌堂
【要旨】認知症は食べ物が原因だった！ 脳トレだけでボケは止まらない。認知症改善食の劇的効果、この3年でわかったこと。
2017.3 217p 18cm ¥1000 ①978-4-908273-02-5

◆**認知症の人の気持ちがよくわかる聞き方・話し方** 鈴木みずえ監修 池田書店

【要旨】パーソン・センタード・ケアの考えに基づいて3ステップで心を通わせる！ 思いを「聞く」、情報を「集める」、ニーズを「見つける」。うそじゃないの。ごまかさない。信頼関係が生まれれば看護・介護は確実に楽になる。
2017.11 191p A5 ¥1500 ①978-4-262-14591-4

◆**認知症の人びとの看護** 中島紀惠子監修・編 医歯薬出版 （『新版認知症の人々の看護』改訂・改題書） 第3版
【目次】1 認知症と看護、2 認知症看護における倫理、3 家族介護の理解と看護職とのパートナーシップ、4 認知症の人に関わる保健・医療・福祉の地域包括ケアに至る流れ、5 認知症の病態と治療、6 認知症の人びとのケアマネジメント、7 認知症ケアにおけるコミュニケーション、8 認知症の人の特性を踏まえた生活・療養環境づくり、9 治療を受けている認知症の人の看護、10 認知症の人のエンド・オブ・ライフ・ケア、11 認知症ケアにおける連携システムづくり
2017.2 205p B5 ¥3200 ①978-4-263-23688-8

◆**認知症の標準的解釈とリハビリテーション介入** 金谷さとみ著 文光堂
【目次】まず押さえるべき認知症の標準的解釈、認知症の症候をどう捉えるか、認知症の神経学的所見と運動障害、認知症患者の全体像を捉える─評価に必要な情報収集、認知症評価をどう進めるか、評価を介入にどうつなげるか、認知症患者の健康管理と支援、認知症患者の生活環境と支援、患者本人に対するセラピストの接し方、家族・介護者に対するセラピストのかかわり方、活動能力への支援とアプローチ、IADL・ADL能力への支援とアプローチ、認知機能へのアプローチ、運動機能へのアプローチ、BPSDへの対応について
2017.5 163p B5 ¥3000 ①978-4-8306-4555-6

◆**認知症はこうしたら治せる─「軽度」（MCI）からなら、さらに安心！** 齋藤洋監修,犬山康子著 ナショナル出版 増補版
【要旨】神経細胞の死滅は防げる！ アルツハイマー病の真犯人、タウタンパク質の蓄積を防いで除去するS-アリルシステイン。
2018.1 251p B6 ¥1200 ①978-4-930703-83-5

◆**認知症予防におすすめ図書館利用術─フレッシュ脳の保ち方** 結城俊也著 日外アソシエーツ,紀伊國屋書店 発売
【要旨】ウォーキングを兼ねて図書館へ。本を読むこと、様々な活動に参加することで脳をリフレッシュ。街の図書館を利用して知らず知らずのうちに認知症を予防しましょう！ 五感を使って児童文学に触れることもオススメです。著者が各地で行った図書館での活動＝ライブラリハビリ活動も紹介しています。
2017.1 177p A5 ¥2750 ①978-4-8169-2639-6

◆**認知症リスク減！ 続々国循のかるしおレシピ** 国立循環器病研究センター著 セブン＆アイ出版
【要旨】認知症も血管病による影響があるため、高血圧などの治療・予防食であるかるしおレシピは、認知症予防にも役立ちます。
2017.3 112p B5 ¥1500 ①978-4-86008-719-7

◆**脳が冴える新17の習慣─定年認知症にならない** 築山節著 集英社
【要旨】今すぐ始められることはこんなにある！ 40代・50代から備えれば将来決して認知症にならない！ 60代・70代のモノ忘れやボンヤリ頭がすっきり晴れる！ 80代・90代はいつまでも脳が若返るスーパー長寿に！ 一万人の脳疾患から明らかになった、あなたの脳のほんとうに正しい

健康・家庭医学　　　　　　　　　178　　　　　　　　　BOOK PAGE 2018

実用書

取りあつかい方。
2017.5 207p B6 ¥1300 ①978-4-08-781561-0

◆脳にいいこと事典――認知症予防の第一人者が教える　白澤卓二監修　西東社
【要旨】生活習慣を少し見直せず脳の老化を防ぐことができる。認知症リスクを下げ脳を守る食事のとり方、簡単で続けやすい脳の神経細胞を増やす方法、ストレスを減らし脳が若返る生活を提案。
2017.8 191p B6 ¥1300 ①978-4-7916-2528-4

◆パーソンセンタードケアで考える認知症ケアの倫理――告知・財産・医療的ケア等への対応　ジュリアン・C. ヒューズ, クライヴ・ボールドウィン編著, 寺田真理子訳　（京都）クリエイツかもがわ
【要旨】認知症の告知、成年後見、相続、胃ろうなど医療的ケア…豊富な事例で難しい問題を考える。
2017.1 164p A5 ¥1800 ①978-4-86342-199-8

◆晴れときどき認知症――父と母と私の介護3000日　脇谷みどり著　鳳書院
【要旨】「介護」の中で支え合う人が増えていけば、「できないことがあって、苦しい日々」だって「ちょっと笑える、楽しい日々」に変えることができます。『希望のスイッチは、くすっ』の続編。
2017.7 206p B6 ¥1200 ①978-4-87122-190-7

◆病気を見きわめる脳のしくみ事典　高木繁治監修　技術評論社
【要旨】脳腫瘍・脳出血・脳梗塞・アルツハイマーなど脳障害の病気およびその治療。看護師・介護士などの医療関係従事者の手引書にも。
2017.5 207p B6 ¥1880 ①978-4-7741-8955-0

◆不安をやわらげる家族の認知症ケアがわかる本　亀山祐美監修　西東社
【要旨】大切な家族に寄り添い「悩みの解決」をサポートする1冊です。ケース別困ったときの対処法を紹介。
2017.8 159p 23×19cm ¥1400 ①978-4-7916-2567-3

◆プール活動レベル――認知症をもつ人の活動評価から個別支援までチームでケアを実践するために　Jackie Pool原著, 小川真寛訳, 村田康子, 内田達二翻訳協力　医歯薬出版（原書第4版）
【目次】第1部　プール活動レベル（PAL）（プール活動レベル（PAL）の概要、第1部の導入、4つの活動レベル、PALチェックリストの信頼性と妥当性、個人の生活歴をまとめる取り組み、PALチェックリストを用いた事例検討、介入の計画：PAL活動プロフィールとPAL個別行動計画の作成、介入の実行、感覚を用いた介入の計画と実行、結果を調べる）、第2部　余暇活動におけるプール活動レベルの使用法（略）
2017.5 153p B5 ¥3800 ①978-4-263-21573-9

◆マンガでわかる　認知症の9大法則と1原則　杉山孝博著　法研
【要旨】介護が楽になる12ヵ条。
2017.7 174p A5 ¥1500 ①978-4-86513-406-3

◆マンガ！　認知症の親をもつ子どもがいろいろなギモンを専門家に聞きました　ニコ英太郎著, たけだみりこマンガ, 古田伸夫監修　宝島社
【要旨】2013年秋。母が末期がんであることが判明したとき、母から父が認知症であることを聞きました。ショックでした。そして、認知症について何も知らないながらも多くの認知症関連の本を読みあけれど、実際の介護の現場ではあまり役に立ちません。なんとかしなくては…。これからボクの実体験を紹介します。
2017.6 143p A5 ¥1100 ①978-4-8002-6985-0

◆娘になった妻、のぶ代へ　砂川啓介著　双葉社（双葉文庫）
【要旨】2012年秋、しっかり者の姉さん女房だった妻が認知症と診断された。長年、「ドラえもん」を務めていた自分のことすら忘れてしまった妻と、妻の自宅介護に追いつめられていく夫。娘の死、夫の浮気、妻の脳梗塞、認知症発症…。おしどり夫婦と呼ばれた2人の日々は、今も昔も困難の連続だった――。文庫版では、夫のガン闘病のため、妻は老人介護施設へ入所せざるを得なくなった、夫妻の「その後」も特別収録。全国460万人以上の認知症患者とその家族へ綴る、老老介護の壮絶秘話！
2017.6 279p A6 ¥602 ①978-4-575-71465-4

◆物忘れ・認知症を自力で食い止め、脳力をどんどん高めるコツがわかる本　野村喜重郎監修　主婦の友インフォス, 主婦の友社 発売
【目次】1 完全図解 物忘れ・認知症を自力で食い止めるための最新医学知識、2 原因物質・βアミロイド 最新研究で判明！アルツハイマー病の原因物質「βアミロイド」を防ぎ減らすにはどうすればいいかがわかった、3 食事 衰えだした記憶力、認知力を食べてぐんぐん高める強力＆美味レシピ56品、4 特効栄養素＆食品 物忘れを改善する効果の高い身近にある特効栄養素と特効食品、5 簡単な動作 簡単動作の簡単な動作を短時間行うだけで物忘れ・認知症はぐんと防げる、6 防ぐ日常生活の知恵 日常生活のちょっとした工夫で物忘れ・認知症を防ぐことが可能、7 軽度認知障害 アルツハイマー病に直結する危険性の高い"軽度認知障害"を改善する知恵、巻末特別企画 脳ドリル 物忘れ「思い出せない」がすぐ解消、記憶力も回復する"脳進化ドリル"
2017.7 159p A5 ¥1400 ①978-4-07-421569-0

◆もの忘れ・認知症を防ぐ！　認トレドリル　広川慶裕監修　池田書店
【要旨】認知症予防医が公認。脳が活性化する141問を収録！
2017.12 191p B6 ¥950 ①978-4-262-14592-1

◆ようこそ、認知症カフェへ――未来をつくる地域包括ケアのかたち　武地一著　（京都）ミネルヴァ書房
【要旨】認知症の人と家族、地域住民、専門職など、誰もが参加でき、集う場としての認知症カフェ。全国でさまざまな取り組みが行われているスタッフがどのようなことを学び、具体的にどのような工夫を行っていけばよいのかなど、著者が実際に活動し来店者やスタッフと交流する中からエッセンスを伝える。先進的な3つのカフェにも、途中でのつまずきなども含め報告してもらった。
2017.5 262p B6 ¥1800 ①978-4-623-08025-0

◆予防は何歳からでも！　認知症にならないクセづくり　広川慶裕著　ワニブックス
【要旨】いつでもどこでも簡単予防法教えます！今すぐできる、"ちょっとズラし"の脳習慣。
2017.10 95p B6 ¥1200 ①978-4-8470-9618-1

◆リズム遊び・超かんたん体操・脳トレ遊び――認知症の人も一緒に楽しめる！　斎藤道雄著　（名古屋）黎明書房
【要旨】認知症のシニアも楽しめる「あくびが出た」「ふたり風船バレー」「じゃんけん足し算」など、動きのシンプルなレクを収録。介護スタッフのための、こうすればうまく行く、こんな顔で援助すると効果的といった親切アドバイスもいっぱい。
2017.4 63p B5 ¥1600 ①978-4-654-07651-2

◆両親認知症Uターン　すっとこ介護はじめました！　八万介助著　小学館
【要旨】仕事がなくなった49歳の男性まんが家が未経験の介護ヘルパーになって4年。認知症が悪化した両親の介護のためにUターン転職した彼を待ち受けていたのは厳しいルールに縛られた介護施設だった！さらに認知症の両親が巻き起こす様々なトラブルや相次ぐ生命の危機もふりかかって…!?家でも職場でも介護に奮闘するオヤジヘルパーの汗と涙と感動の日々をエッセイコミック化！
2017.2 157p A5 ¥800 ①978-4-09-388545-4

◆ルポ希望の心びと――ここまできた認知症の当事者発信　生井久美子著　朝日新聞出版（朝日選書）
【要旨】2014年、認知症の本人たちによる初の当事者団体が生まれた。首相と面談して政策を提言。いま、社会や地域、医療・ケアの現場を大きく変えようとしている。認知症の常識を変える「当事者の力」。30年前「痴呆病棟」で取材を始めた記者が、蓄積された事実から伝える。世界の先頭を走る豪州やカナダの当事者との出会い。日本で初めて語った女性、39歳で診断された男性。IT時代、「記憶はなくても記録が残せる」と工夫を発信する人、自分のなかの認知症への偏見に気づき人間観を仲間と問い、「深化」する「希望の人びと」
2017.2 283, 11p B6 ¥1500 ①978-4-02-263055-1

◆私の記憶が確かなうちに――「私は誰？」「私は私」から続く旅　クリスティーン・ブライデン著, 水野裕監訳, 中川経子訳　（京都）クリエイツかもがわ
【要旨】46歳で若年認知症と診断された私がどう人生を、生き抜いてきたか。22年たった今も発信し続けられる秘密が明らかに！
2017.4 320p A5 ¥2000 ①978-4-86342-209-4

癌

◆胃がんは「ピロリ菌除菌」でなくせる　浅香正博, 秋野公造著　潮出版社（潮新書）
【要旨】胃がんの原因は「ピロリ菌」であることが証明された。40年間毎年5万人の胃がん死亡者数が、ついに減少傾向に。胃がんで死なない"正しい知識"の集大成。
2017.3 212p 18cm ¥787 ①978-4-267-02081-0

◆おっぱい体操で乳がん予防はじめます！――10分でできる　神藤多喜子著　（名古屋）リベラル社, 星雲社 発売
【要旨】乳がんは自分で予防できる。1回10分のおっぱい体操で健康に。2万人の女性をみたおっぱい専門家の乳がん予防法。
2017.12 157p 18×12cm ¥1400 ①978-4-434-24172-7

◆ガンを食事で治す星野式ゲルソン療法――5年生存率0％からの生還　星野仁彦著　マキノ出版（ビタミン文庫）
【要旨】肝臓、直腸、前立腺、子宮…多くのガンが続々と治癒！自らのガンを食事で克服した医師が「本物のガン治療」を全公開。
2017.9 226p A5 ¥1400 ①978-4-8376-1311-4

◆がんを治した人が実践している治療前のやるべきこと 治療後に続けるべきこと　長根忠人著　ナショナル出版
【要旨】臨床医が提唱する、「患者がやるべきがん対策」の決定版！人はなぜがんになってしまうのか？それは「がんになる環境にいる」から。環境を変え、からだを元の状態に戻せば、がんは自然に小さくなっていく！
2017.6 183p B6 ¥1200 ①978-4-930703-80-4

◆がんを忘れたら、「余命」が延びました！　近藤誠, 高橋三千綱著　ビジネス社
【要旨】十二指腸潰瘍、肝硬変、食道がん…かつて「余命4カ月」と宣告された作家は、胃がん発覚の際、がん治療を拒否。医者からは「半年たったら大変なことになる」と言われ、それから4年がたち、ますます元気だ――。命が惜しけりゃ、医者に近づくな！
2017.7 207p B6 ¥1200 ①978-4-8284-1959-6

◆がんが消えていく「野生」の免疫バランス　長根忠人著　ナショナル出版
【要旨】治る人、治らない人。ベストなはずの標準治療…。なぜ、これほどまでに治療効果が変わるのか？がん克服者たちが共通して持つ免疫のベストバランス。化学合成物質に汚染された生活から自分の免疫システムを守る！
2017.12 175p B6 ¥1200 ①978-4-930703-82-8

◆がん患者の幸福論 人の心に贈り物を残していく　樋野興夫, 柳田邦男著　悟空出版
【要旨】「がん」とは、「がん哲学外来」とは、「いのち」とは、「言葉」とは――。臨床医としてがんの最前線を研究し、「がん哲学外来」の創設者でもある樋野興夫氏。かたやノンフィクション作家として「がん」「いのち」をテーマとした多くの作品を上梓している柳田邦男氏。両者が「がんと診断されてからの生き方」を語り尽くす。すべてのがん患者、家族、医療者への珠玉の対話！　2017.8 253p B6 ¥1500 ①978-4-908117-33-6

◆がん検診を信じるな――「早期発見・早期治療」のウソ　鳥集徹著　宝島社（宝島社新書）
【要旨】国、自治体、医師、がんになった有名人、そして多くのメディアが、こぞって「がん検診」を推奨し、がんの「早期発見・早期治療」を呼びかけている。しかし、がん検診を受ければ命が救われるという"常識"はまったくのデタラメだった――。昨年、世界五大医学雑誌のひとつ『BMJ』に、「がん検診を受けても寿命がのびる科学的根拠は一切ない」という論文が掲載された。それ以上に問題なのは、命を奪わない病変を「がん」と過剰診断されてしまうため、無用な検査や治療による健康被害に遭う人が急増していることです。国ぐるみの"医療洗脳"から脱するために、必読の一冊！
2017.3 219p 18cm ¥740 ①978-4-8002-6420-6

健康・家庭医学

◆がん死ゼロの革命―第4の医療 "高周波ハイパーサーミア" のすべて がん誘発の原因とその解決法を一挙公開！ 上部一馬著 ヒカルランド
【要旨】"驚異の温熱免疫療法機器ハイパーサーミア" とは何か!?その効果、そのメカニズム、その開発秘話！そして再発予防としての予防法の最強メソッド (1)家庭での温熱療法、(2)免疫サプリメント療法、(3)酵素玄米食のノウハウを詳報！
2018.1 269p B6 ¥1815 ①978-4-86471-600-0

◆がん質問箱―がんのこと、わかりやすくお答えします 栃木県立がんセンター編 （宇都宮）下野新聞社
【要旨】"がん" のこと知っていますか？2人に1人がかかる身近な病気であるがん。栃木県立がんセンターの医師や看護師らが、予防法や最新治療法などについて分かりやすく解説します。
2017.7 142p B6 ¥1200 ①978-4-88286-670-1

◆がんとの共存を目指す「漢方がん治療」 福田一典著 ルネッサンス・アイ、白順社 発売
【要旨】抗がん剤などによる副作用を軽くしがん細胞の縮小、再発予防を目指す漢方治療の穏やかなる実力。漢方がんQ&A載録。
2017.11 223p B6 ¥1500 ①978-4-8344-0223-0

◆がんは働きながら治す！――1億総活躍社会のためのがん教育 中川恵一企画・監修・著, 関谷德泰著 労働調査会
【目次】第1部 働く人とがん（働く人とがん、職場における予防と検診、国を挙げてがんと向き合う、働きながらがんを治す）、第2部 がんを知る（がんの5つの予防）、第3部 座談会「みんなで働かないともたない社会」
2017.1 263p B6 ¥1500 ①978-4-86319-580-6

◆これで分かる！「がん免疫」の真実―初歩から上級まで、メカニズムをすっきり解説 森崎隆著 現代書林
【要旨】「免疫チェックポイント」の考え方を分かりやすく解説した初めての本！今、注目の「がん免疫療法」。その突破口を開いた「免疫チェックポイント抗体の効果と副作用、免疫細胞療法から免疫抗体薬までのエビデンスに基づく真の実力……。難易度標記で段階的に学べる！理解を助けるイラスト・図解付き。「免疫」の真実を知り、「免疫商法」に惑わされない専門知識を求める患者さん・ご家族の方、必読！
2017.6 206p B6 ¥1300 ①978-4-7745-1639-4

◆近藤誠がやっているがんにならない30の習慣 近藤誠著 宝島社
【要旨】減塩をしない、やせない、クスリを飲まない、ピロリ菌を除菌しない、コーヒーを飲まない……ほか、無理せず長生き、「近藤ルール」の提案。「どうせ死ぬなら、がんより老衰死」のすすめ。
2017.12 236p 18×12cm ¥1100 ①978-4-8002-7787-9

◆最強最高のがん知識 中川恵一著 海竜社
【要旨】1年後に差が出る！今、知るべき "がんの真実"。
2017.8 190p B6 ¥1300 ①978-4-7593-1517-8

◆最新大腸がん治療―"納得して自分で決める" ための完全ガイド 福長洋介監修 主婦と生活社 （あなたが選ぶ治療法 シリーズ）
【要旨】内視鏡治療、腹腔鏡下手術、開腹手術、薬物治療……7割以上が完治するんだから早期にベストな治療を選択して1日も早く元の生活に！
2017.10 159p A5 ¥1300 ①978-4-391-15044-5

◆子宮がん・卵巣がん―より良い選択をするための完全ガイド 宇津木久仁子監修 講談社 （健康ライブラリー イラスト版）
【要旨】どんな病気か、どう対処していけばよいか？診断の確定から最新治療・治療後の生活まで。
2017.2 98p 21×19cm ¥1300 ①978-4-06-259810-1

◆進行がんは「免疫」で治す―"世界が認めた" がん治療 角田卓也著 幻冬舎メディアコンサルティング, 幻冬舎 発売
【要旨】「免疫療法」が、がん治療にパラダイムシフトを起こした！30年間、最前線で研究を続ける専門家が、がん免疫療法の種類と効果、実績を徹底解説。患者が正しく治療法を選ぶための知識。
2017.3 203p B6 ¥1300 ①978-4-344-91199-4

◆生活習慣の改善でがんを予防する5つの法則 津金昌一郎監修 日東書院本社
【要旨】正しい知識があれば、がんはもう怖くない。2人に1人は「がん」になる時代。「がん」に

ならないためにできることがあります！

◆0歳からのがん教育―かわいいお子さんの将来のために 笹井啓資著 ロギカ書房
【要旨】がんは予防できる。「がんにならないようにすること」は難しいことではありません。子どもの時に、がんにならない生活習慣を身につけければいいのです。
2017.10 234p B6 ¥1600 ①978-4-909090-04-1

◆1586人の8割が改善したがんを治す方法 安藤由朗著 現代書林
【要旨】『「がん」になったら、私はこの代替医療を選択する』に続く、がん患者に勇気と希望を与える一冊。
2017.8 191p B6 ¥1300 ①978-4-7745-1650-9

◆前立腺がん―より良い選択をするための完全ガイド 頴川晋監修 講談社 （健康ライブラリー イラスト版）
【要旨】ひと目でわかるイラスト図解。前立腺がんのすべてがわかる！がんになっても適切な対応で長生きできる！診断の確定から最新治療・治療後の生活まで。
2017.8 98p 21×18cm ¥1300 ①978-4-06-259815-6

◆続・絶望を希望に変える癌治療 横内正典著 たま出版
【要旨】第一線で活躍していた外科医がメスを捨て、たどり着いた癌の治療法。独自に研究を重ねた「抗癌漢方薬」を処方し、食事をはじめ日々の生活と心の持ち方を指導。ステージ4になってもあきらめない！セカンドオピニオンの名医が治療の実際を語る。
2017.3 255p B6 ¥1400 ①978-4-8127-0400-4

◆ドクターが教える 抗がん剤治療がラクになる生活術 中川靖章監修 日東書院本社
【要旨】痛み、吐き気、しびれ、口内炎、脱毛……etc. 症状別に副作用ケアがわかる！ドクター、ナース、薬剤師、栄養士が教える、からだにやさしい日常生活の過ごし方。
2017.9 165p A5 ¥1400 ①978-4-528-02166-2

◆どんなガンでも、自分で治せる！ 川竹文夫編著 三省堂
【要旨】史上初！ガン消失への道！末期の不安、転移の痛み、副作用の苦しみ…すべてを経験した、現役の患者さん5人が自分で治した先輩たちにあなたに代わって徹底取材！治る真実、人生を賭けた人間ドラマが、今、ここに！
2017.6 317p B6 ¥1300 ①978-4-88320-702-2

◆人間腫瘍学 小林博著 （札幌）札幌がんセミナー, （札幌）コア・アソシエイツ 発売
【目次】1 正しく理解すればがんは怖くない（「がんと闘うな」、がんの性質は変化するもの ほか）、2 がんの多くは治る時代に（上昇を続ける五年生存率、治療成績の向上 はなぜか ほか）、3 患者へのケアも行き届いてきた（がんと共存共生の緩和医療、がん患者に社会のサポート）、4 万が一のときは、覚悟を決める（がんで逝くのも悪くはない、天命と受け止める死生観 ほか）
2017.6 115p B6 ¥1200 ①978-4-9906505-7-5

◆マンガでわかる乳がん―乳がんと診断されたときすぐに知りたいことのすべて 山内英子監修 主婦の友社 （実用No.1）
【要旨】まさか乳がん！これからどうなっていくの？"マンガ編" では治療の流れが、"解説編" では治療の内容が詳しくわかります。診断されてから知りたいこと、これから起こること、ご本人やご家族、周囲の方にぜひ知っておいていただきたいことばかりです。
2017.4 127p B6 ¥1200 ①978-4-07-419740-8

◆マンガと図解でわかる 胃がん・大腸がん 瀬戸泰之, 高橋慶一監修 法研
【要旨】すみやかな回復のための療養生活はどうしたら…？食事、運動、そのほか注意すべき合併症や副作用対策家族支援のポイントがよくわかる。治療と退院後の安心ガイド。
2017.10 167p A5 ¥1500 ①978-4-86513-385-1

◆村尾医師のがん よろず相談承ります 村尾眞一著 （神戸）神戸新聞総合出版センター
【要旨】終末期までの "黄金の時間" をいかに過ごすか。がんを患った病理医が伝える告知の受けとめ方、セカンドオピニオンの求め方、退院……がん保険のこと…。
2017.5 302p B6 ¥1200 ①978-4-343-00947-0

◆余命宣告からの希望の「がん治療」 藤田博茂著 幻冬舎メディアコンサルティング, 幻冬舎 発売
【要旨】第1章 三大治療では、できることがない。希望を失ったがん患者たち、第2章 余命宣告という絶望。残された時間で希望を託すべき治療法とは、第3章 免疫力を高めてがんの増殖を抑制する「食事療法」、第4章 副交感神経を優位にしてストレスによる免疫力低下を防ぐ「陶板浴療法」、第5章 三大治療で弱った正常な細胞を蘇らせがん細胞を叩く「波動療法」、第6章 余命宣告を乗り越えて生き延びた人たちの6つのケース
2017.9 227p A5 ¥1300 ①978-4-344-91347-9

◆Dr.三浦直樹 新次元の「ガンの学校」 三浦直樹著 （姫路）きれい・ねっと, 星雲社 発売
【要旨】ガンの本当の治し方「自己治癒力発動ボタン」をオンにする方法！
2017.3 219p B6 ¥1500 ①978-4-434-23239-8

胃腸病

◆「腕もみ」で胃腸の不調がみるみる改善する！ 孫維良著 プレジデント社
【要旨】カリスマ中国人 "推拿師" が教える、今までにない手軽で効き目のある健康法！
2017.2 191p 18cm ¥1100 ①978-4-8334-5113-0

◆うんちのクソヂカラ―腸内フローラ移植のミラクルわざ 清水真著 晩聲社
【要旨】腸内フローラを移植するという選択肢。アトピー性皮膚炎、うつ病、がん、糖尿病、高血圧、免疫不全etc.あきらめがちな難病にうんちに秘められた驚異のチカラで挑む。
2017.6 123p B6 ¥1300 ①978-4-89188-367-6

◆おなかの弱い人の胃腸トラブル―体質だからとあきらめないで!!不調の原因と治しかた 江田証著 幻冬舎
【目次】1 異常なしでも放置はダメ！じつは治せる "おなかの弱い人" の胃腸トラブル、2 若い女性に多い すぐ胃もたれ、食べられない 機能性ディスペプシア、3 若い男性に多い さしこむ腹痛、急な下痢 過敏性腸症候群、4 中高年に急増 中胸焼け＆吐き気、喉に違和感 逆流性食道炎、5 わるい菌を駆除してがん予防 加齢による胃腸トラブル、6 江田式3つのルールを習慣化 胃腸快調食生活を始める
2017.5 85p A4 ¥750 ①978-4-344-03113-5

◆隠れ病は「腸もれ」を疑え！―あなたを不調から救う「腸もれ症候群」80の基礎知識 藤田紘一郎著 ワニ・プラス, ワニブックス 発売 （ワニブックスPLUS新書）
【要旨】腸に小さな穴があくトラブルを抱える人が増えています。一説には日本人のなんと7割の人の腸に起きているとも。欧米では「リーキー・ガット・シンドローム」と呼ばれているこのトラブルは、日本語に直訳すれば「腸もれ症候群」。心身にさまざまな不調を引き起こし、多くの重大な病気につながるものとして、今大きな注目を集めています。本書では、「腸もれ」とは何か、そして、どんな深刻な病気を引き起こすのか、さらに「腸もれ」を改善するための食事や生活術までを解説します。あなたの原因不明の不調、じつは「腸もれ」のせいかもしれません。
2017.6 191p 18cm ¥830 ①978-4-8470-6112-7

◆薬を使わずに胃を強くする方法 小林びんせい著 三笠書房
【要旨】すべての健康は「胃」から始まる！胃が弱い（＝胃酸が少ない）と、栄養の要である「タンパク質」を十分吸収できず、また、人体に有害な菌を減らせないため、さまざまな健康被害を引き起こします。胃酸を抑制する薬を飲むことで、ますます胃弱になる危険性が！薬に頼らず、胃を強くする方法を、自然療法をマスターしたナチュラルドクターがアドバイス！
2017.9 252p B6 ¥1300 ①978-4-8379-2697-9

◆幸せを呼ぶ腸内フローラ 橘美はる著, 三沢宏監修 現代書林
【要旨】乳酸菌生産物質が家族の健康を守る。今日からできる！自分でできる！腸内改善。
2017.12 127p B6 ¥1500 ①978-4-7745-1671-4

◆腸内環境を変えたい人はアロエベラを食べなさい 長谷川恵著, 八木義弘監修 現代書林
【要旨】太陽と大地の恵みのスーパーフード。アロエベラは腸内環境を整え、女性の健康とキレ

健康・家庭医学

実用書

イを助けてくれます！
2017.2 126p B6 ¥1200 ①978-4-7745-1605-9

◆腸はぜったい冷やすな！　松生恒夫著　光文社　（光文社知恵の森文庫）
【要旨】がんの中で、大腸がんの死亡数は、女性で1位、男性で3位。その原因のひとつといえる腸の冷えと便秘を解消する食＆生活習慣を、4万件以上の大腸内視鏡検査を行ってきた専門医がアドバイス。腸が元気に動き出す食材、オリーブオイルを上手に取り入れた"地中海型和食"など、簡単に続けられる"快腸"ライフスタイルを提案する。
2018.1 219p A6 ¥680 ①978-4-334-78735-6

◆脳で悩むな！　腸で考えなさい―心のモヤモヤは腸が解決　藤田紘一郎著　青萠堂
【要旨】悩みをふやすのは脳、悩みを軽くするのは腸。悩み、不安、クヨクヨ、イライラの大掃除！
2017.7 228p 18cm ¥1000 ①978-4-908273-07-0

◆ハワイ式 腸のマッサージ　レイア高橋著　ベストセラーズ
【要旨】古代ハワイアンの叡智「オプフリ＝腹のマッサージ」であなたの日常生活は…便秘・下痢が改善される！ 体のコリや歪みが解消される！ 感情のアップダウンから解放される！ 毎日が明るく、人間関係が良くなる！ 直感力が磨かれる！
2017.11 173p B6 ¥1350 ①978-4-584-13827-4

◆ビジネスアスリートのための腸コンディショニング　竹下雄真著　パブラボ, 星雲社発売
【要旨】ストレスに勝ち、プレッシャーに勝つ。たった3日で自分を変える！ 一流が実践する最強の腸コン・プログラム。
2017.8 155p A5 ¥1500 ①978-4-434-23653-2

◆病気を見きわめる胃腸のしくみ事典　宮﨑招久, 川邉正人著　技術評論社
【要旨】胃炎・潰瘍・便秘・食道がん・胃がん・大腸がんなど胃腸に障害のある患者およびその家族、看護師・介護士などの医療関係従事者の手引書にも。
2017.5 223p B6 ¥1980 ①978-4-7741-8957-4

肝炎・肝臓病

◆肝臓を食べ物、食べ方、生活法で強くする本―カラー最新図解　野村喜重郎著　主婦の友社
【要旨】肝障害と肝臓の健康のために知っておくべき基礎知識。肝臓の回復力を高め、肝機能を改善する食事のコツ。肝機能をアップするために役立つ食品（栄養素）の効果と食べ方。肝臓の負担を軽くして肝臓をいたわるお酒の飲み方。肝臓の健康を保つために今日から始める日常生活の注意と工夫。
2018.1 159p A5 ¥1400 ①978-4-07-428330-9

◆健康診断が楽しみになる！ 肝機能を自分でらくらく改善する本　泉並木監修, 主婦の友社編　主婦の友社
【要旨】検査数値を正常に近づけ、肝臓病の不安を無理なく解消する。
2017.4 127p B6 ¥1000 ①978-4-07-423054-9

◆専門医がわかりやすく教える肝臓病になったら真っ先に読む本　川口光彦著　現代書林
【要旨】あなたにとってベストな選択肢は？ どんな病院や医者を選べばいいの？ この本を読めば全部わかります。
2017.8 155p A5 ¥1400 ①978-4-7745-1648-6

心臓・血圧

◆聞くだけで血圧が下がるCDブック　渡辺尚彦著　ワニブックス　（付属資料：CD1）
【要旨】自然が奏でる美しいメロディ。1日、4分×3曲で心も血圧も安らぐ！ 高血圧治療の名医が監修したCDで「脳卒中」「脳梗塞」「心不全」は、もう怖くない！
2017.3 47p 19×15cm ¥1200 ①978-4-8470-9548-1

◆狭心症・心筋梗塞―発作を防いで命を守る　三田村秀雄監修　講談社　（健康ライブラリーイラスト版）
【要旨】動脈硬化がなくても油断は禁物！ もしものときに備えて学ぶできる対処法。発作を防ぐ暮らし方と最新治療を徹底解説！ ひと目でわかるイラスト図解。
2017.9 98p 21×19cm ¥1300 ①978-4-06-259817-0

◆薬を使わず血圧を下げる―専門医が教える、高血圧でも長生きする方法　島田和幸著　幻冬舎　（「専門医が教える高血圧でも長生きする本」再編集・改題書）
【要旨】動脈硬化、脳卒中、認知症、心筋梗塞、慢性腎臓病、血管を強くする食事＆生活習慣で、危険な病気を防ぐ！
2018.1 111p A4 ¥750 ①978-4-344-03223-1

◆薬に頼らず血圧を下げる方法　加藤雅俊著　アチーブメント出版
【要旨】血圧は「年齢＋90」までなら心配ありません。それ以上ある人も、大丈夫。その場で下がる「降圧ツボ」、血圧体質を改善する「降圧ストレッチ」で今日からあなたの血圧は下がります。
2017.2 191p 18cm ¥1200 ①978-4-86643-005-8

◆血圧と心臓が気になる人のための本　古川哲史著　新潮社　（新潮新書）
【要旨】日本人の2～3人に1人がかかる病気、心疾患。その専門家が最新の研究・臨床結果を踏まえて、高血圧、心不全、コレステロール値、脈拍の基礎知識から、検査数値の見方、薬の飲み方、遺伝や血液型まで、患者が抱きがちな22の疑問に丁寧に答える。どうすれば降圧薬をやめられるか？ 歯や肩が痛くても心臓病の可能性がある？ 肉を食べると長生きできる？ 等々、この一冊で丸わかり！
2017.12 254p 18cm ¥800 ①978-4-10-610747-4

◆血圧にぐぐっと効く生活習慣　主婦の友社編　主婦の友社
【要旨】試して納得！ 効果を実感！ 基準値超えをストップ。無理なく自然に血圧がぐんぐん下がる。今日から実践できる、18人のスペシャリストが教える血圧対策！！
2017.6 175p 18cm ¥950 ①978-4-07-422965-9

◆健康診断が楽しみになる！ 血圧を自分でらくらく下げる本　小橋隆一郎監修　主婦の友社
【要旨】高血圧を放置しておくと、脳梗塞や心筋梗塞のリスクが増します！ 自覚症状がほとんどない高血圧は慢性的になるとやがて動脈硬化を引き起こします。脳出血や脳梗塞、心臓の重大な病気につながる恐れがあります。そうならないための、今すぐ自分でできる高血圧対策が満載。毎日の生活のちょっとしたコツと食事・運動で改善できます！
2017.4 127p B6 ¥1000 ①978-4-07-423344-1

◆高血圧を自力で治す最強事典―薬に頼らず血圧を下げる23の極意　マキノ出版編　マキノ出版　（ビタミン文庫）
【要旨】減塩なしで血圧がグングン下がる！ 5分で20ミリ降下！ 3日で80ミリ下がった！ 突然死を防ぎ寿命を延ばす。
2017.11 181p B6 ¥1300 ①978-4-8376-1315-2

◆高血圧がスーッと落ち着くタオルグリップ法　久代登志男著　洋泉社
【要旨】1枚のタオルとあなたの手があればできる！ 無理なく続けられる画期的な降圧法。
2017.4 127p B6 ¥1000 ①978-4-8003-1195-5

◆"高血圧" 血圧がぐんぐん下がるコツがわかる本　野村喜重郎監修, 主婦の友インフォス編　主婦の友インフォス, 主婦の友社 発売
【目次】1 高血圧はなぜ恐ろしい病気と言われるのか、血圧を下げることが重要なのかがわかる最新医学、2「食事」血圧下げ効果の大きい特効食品と食べ方のちょっとしたコツ、3「簡単動作」血圧をラクに下げる簡単動作のちょっとしたコツ、4「日常生活」日常生活で知らず知らず血圧を下げるちょっとしたコツ、5「ツボ・マッサージ」高血圧の諸症状を解消するツボ刺激のちょっとしたコツ、6「詰まらない血管・強い血管を作らないために」最大リスク・脳卒中を防ぎ、健やかで長い生活生活のちょっとしたコツ
2017.2 159p A5 ¥1400 ①978-4-07-420771-8

◆高血圧 最新治療と食事―血圧を下げるおいしいレシピ付　平田恭信監修　高橋書店　（患者のための最新医学）
【要旨】減塩対策と高血圧に効く栄養素・食品。運動療法と血圧を上げない生活習慣。最新の治療薬と使い方。
2017.1 191p A5 ¥1300 ①978-4-471-40828-2

◆チョコで血圧が下がった　椎名一紀著　主婦の友インフォス, 主婦の友社 発売
【要旨】チョコを毎日食べるだけで血圧が下がった！ 大規模調査、国際的な研究でチョコの素晴らしい効果が次々に明らかに。
2018.1 191p B6 ¥1200 ①978-4-07-428471-9

◆マンガでわかる高血圧の下げ方　渡邉尚彦監修　主婦の友社
【要旨】たかが高血圧と放置していると…脳卒中、心筋梗塞、腎不全に！ もう薬はいらない！ 今日からできる血圧改善テクニック！ 無理せず続けられるユニークな降圧法が満載！
2017.9 159p B6 ¥1000 ①978-4-07-426288-5

◆やってはいけない高血圧治療―ドクター歴48年のベテラン医師が告発する誤診け医療の闇　松本光正著　KADOKAWA
【要旨】日本人の血圧は年々下がっているのに、高血圧症患者は逆に増え続けています。そして降圧剤の売上高は6倍に増えました。何かおかしいと思いませんか？ 高血圧は=危険 は古い常識です。95％の高血圧患者に降圧剤は必要ない！
2017.3 179p B6 ¥1300 ①978-4-04-105475-8

糖尿病

◆1型糖尿病でも大丈夫―発症から50年を振り返って　小野愛美, 小野進共著　東京図書出版, リフレ出版 発売
【要旨】小児糖尿病の子どもお母さんのために。
2017.5 180p B6 ¥1200 ①978-4-86641-054-8

◆幸運な病―糖尿病とおつきあい　齋藤真也, 齋藤直子共著　（鎌倉）ジェイワイエス
【目次】1 糖尿病の基礎知識と血糖自己測定（糖尿病の基礎知識、「血糖値スパイクが危ない」異論 ほか）、2 糖尿病の秘密（インスリンの物語、Dr. バーンスタインの物語 ほか）、3 ヒトはなぜ太る？ 新しい生化学（希望の生命観 私たちの身体はいつも新しくなる、理想の姿を追いかける私達 ほか）、4 食事の価値 続けられない食事指導（教訓を生かせない医学・権威、そして私達、「ピンピンコロリ」が人生のアウトカム ほか）、5 目的地への海図としての文献（まずは必読、医療というものへの質問がすべて ほか）
2017.3 64p B5 ¥1200 ①978-4-908010-22-4

◆最新決定版リングカード式 一生使える毎日の糖尿病献立　鈴木吉彦監修, 貴堂明世食事療法監修　主婦の友社
【要旨】主菜・副菜・もう1品を自由に組み合わせるだけ。(1)指示エネルギー量を決める→(2) 3食に振り分ける→(3)主食を決める→(4)主菜1品、副菜1品、もう1品から1品を選ぶ。面倒な計算いらずで組み合わせ自由自在。
2017.7 1Vol. 27×21cm ¥2800 ①978-4-07-425165-0

◆最新版 糖尿病は薬なしで治せる　渡邊昌著　KADOKAWA　（角川新書）
【要旨】50歳を超えてメタボリックシンドロームのため糖尿病に罹った著者が実践した、薬に頼らず、食事と運動で血糖をコントロールし、治す方法とは？ 自らの体験から必要な栄養の知識などをわかりやすく記した画期的治療法を公開。
2017.11 227p 18cm ¥800 ①978-4-04-082160-3

◆自分で血糖値を下げる！ 糖尿病に効く「かんたん体操」　周東寛監修, 宮本正一著　洋泉社　（『血糖値を下げる！ 糖尿病に効く「かんたん体操」』増補改訂・改題書）
【要旨】糖尿病専門の医師もおすすめ。軽い筋トレでヘモグロビンA1cが下がる！ もう薬に頼らない！ 食事制限や長時間のウォーキングだけより効果的！ 週に2回でOK！
2017.12 151p A5 ¥1300 ①978-4-8003-1393-5

◆世界的名医が教える脱・糖尿病の最新戦略　ジョージ・L. キング, ロイス・フリッピン著, 桐谷知未訳, 前田泰孝, 井口登奥志, 山口貞子, 梅田文夫監訳　日経BP社, 日経BPマーケティング 発売
【要旨】「糖尿病への道」をリセットしよう！ 血糖値があまりに高いと、戸惑い、怖いとさえ思う

◆だろう。2型糖尿病とその前段階である境界型糖尿病は、何年もかけてじわじわと進行します。いったんそう診断されたら、糖尿病の薬を飲み、なくなることを祈るしかない、と考えがちだ。しかし、長年にわたって糖尿病を研究してきた者として、断言しよう。それはまったくのでたらめだ。実は、インスリンに対する体の反応を改善し、耐糖能を"リセット"することはいつでも、もちろん今日からでも始められるし。もし境界型糖尿病と今日診断されたとしても、糖尿病への進行を防げるだけでなく、多くの場合、糖尿病に至る道を引き返し、糖代謝を正常に戻すことができる。
2017.5 337p A5 ¥1500 ①978-4-8222-5194-9

◆第3の糖尿病食「朝フル・まご和食」—カロリー制限でもない糖質制限でもない 上瀬英彦著 ルネッサンス・アイ, 白順社 発売
【要旨】酵素栄養学と伝統的な和食のコラボによって生まれた「朝フル・まご和食」が糖尿病に劇的に効く!! ローフード・ファースト、ラスト・ライスetcでカロリー計算不要! 生活習慣病の予防食は糖尿病の治療食であった!
2017.12 252p B6 ¥1400 ①978-4-8344-0220-9

◆"糖化"ストップで糖尿が解消、肌も頭脳も若返る 栗原毅著 主婦の友インフォス, 主婦の友社 発売
【要旨】あなたが老けて見えるのは「糖化」のせいだった。肌の老化も糖尿病も、物忘れ・認知症も「糖化」を防止できればくい止められる!
2017.12 191p B6 ¥1400 ①978-4-07-428494-8

◆糖尿病 宮崎滋著 論創社 (シリーズ専門医に聞く「新しい治療とクスリ」3)
【目次】第1章 糖尿病治療のいま—どんな新時代がひろがっているのか、第2章 インスリンは最後のクスリではない、第3章 合併症の治療、第4章 食事療法の実力—「ゆるゆるダイエット」のすすめ、第5章 運動療法の大きな役割、第6章 糖尿病という病気
2017.4 191p B6 ¥2000 ①978-4-8460-1609-8

◆糖尿病患者が知らない合併症の脅威 山下英俊著 幻冬舎メディアコンサルティング, 幻冬舎 発売
【要旨】「自分だけは大丈夫」。「今日ぐらいは食事制限しなくてもいいか」…。その油断が死を招く!
2017.4 186p 18cm ¥800 ①978-4-344-91216-8

◆糖尿病に負けない食べ方—糖尿病患者による食事療法と運動療法体験談 竹原竹一郎著 幻冬舎メディアコンサルティング, 幻冬舎 発売
【要旨】インスリンに頼らずに、血糖値を下げる方法とは? 血糖降下剤の服用と3度の食事管理、食後の運動で健康を取り戻すことができる。10年以上病気と闘い続ける著者の、3,254日分の献立と闘病記。
2017.3 169p B6 ¥1200 ①978-4-344-91121-5

◆糖尿病は先読みで防ぐ・治す—ドミノでわかる糖尿病の将来 伊藤裕監修 講談社 (健康ライブラリー イラスト版)
【要旨】ひと目でわかるイラスト図解。糖尿病はドミノ倒しのように病気を起こす。タイプで違う合併症の現れ方と対処法を徹底解説!
2017.4 97p 21x18cm ¥1300 ①978-4-06-259816-3

◆なるほど! そうだったのか! 糖尿病教室Q&A 金沢医科大学病院内分泌・代謝科編 (内灘町) 金沢医科大学出版局, 紀伊國屋書店 発売
【目次】第1章 糖尿病・糖尿病合併症に関するQ&A (糖尿病と言われ不安です。どうすればよいですか? 治りますか? 今は特に症状もありません。治療しなくても治りますか? ほか)、第2章 食事療法に関するQ&A (糖尿病は食事療法が一番大切と聞きました。どうすればよいですか? 適正な摂取エネルギー量ってどうしたら分かりますか? ほか)、第3章 運動療法に関するQ&A (運動するとどんな効果がありますか? 具体的にどんな運動をしたらよいですか? ほか)、第4章 糖尿病のお薬に関するQ&A (糖尿病は薬を飲めば治りますか? 糖尿病のお薬にはどんな薬がありますか? 飲むときに注意することはありますか? ほか)、第5章 日常生活の注意点に関するQ&A (糖尿病ではたばこがやめられません。たばこをやめるとストレスがたまります。ストレスをためておくよりはいいのではないですか? "たばこ"は、どうしたらやめられますか? ほか)
2017.6 123p B5 ¥1389 ①978-4-906394-53-1

◆肉体革命! 超ポジティブ糖尿病ライフ 竹内雄一郎著 幻冬舎メディアコンサルティング, 幻冬舎 発売
【要旨】つまらない糖質制限、地道な運動…。ガマンや節制に迫われるな! 糖尿病をきっかけに肉体改造する超前向き! 前のめり闘病生活のススメ。
2017.11 196p 18cm ¥800 ①978-4-344-91407-0

◆マンガで明快! 世界一よくわかる糖尿病 栗原毅医学監修, 三浦晃子漫画 主婦の友社
【要旨】マンガ+しっかり解説で、糖尿病の基礎知識から最新治療まで一目瞭然。食事療法や日常生活の基本がすんなりわかる。
2017.11 159p A5 ¥1280 ①978-4-07-426986-0

メタボリックシンドローム

◆大丈夫! 何とかなります コレステロール・中性脂肪は下げられる 板倉弘重監修 主婦の友社
【要旨】コレステロール・中性脂肪が高い脂質異常症は、動脈硬化の原因となり、命にかかわる重篤な病気を引き起こします。でも大丈夫! 好きなものを食べ、お酒を飲み、激しい運動をしなくても、脂質をコントロールすることは可能です。そのためのちょっとした食べ物の選び方、食べ方、生活のコツをご紹介します。
2017.2 175p A5 ¥1200 ①978-4-07-420096-2

◆メタボから糖尿病にならない方法 角田圭子著 WAVE出版
【要旨】メタボだと糖尿病になるってホント? 糖尿病は食事で予防する。運動は糖尿病を予防する。3大合併症の基礎知識。糖尿病発症を回避できた実例。糖尿病は意識を変えるだけで防げる!
2017.3 183p B6 ¥1500 ①978-4-86621-049-0

アレルギー

◆アトピー・花粉症もスッキリ! アレルギーは腸から治す 林隆博著 幻冬舎メディアコンサルティング, 幻冬舎 発売
【要旨】アトピー性皮膚炎、花粉症、ぜんそく…。アレルギーの原因は不健康な腸にあった。クスリは不要! 乳酸菌、ビフィズス菌…etc.注目の「善玉菌」プロバイオティクスでアレルギーを撃退する! 乳酸菌・ビフィズス菌は効果で選ぶ! 自分に合う菌の選び方を徹底解説! 善玉菌パワーは子どもや妊婦にも効果大!!
2017.11 201p B6 ¥1200 ①978-4-344-91402-5

◆アーユルヴェーダで我慢しないアトピー生活—体と心の快の原理 西川眞知子著 農山漁村文化協会
【要旨】第1部 快の原理でアトピーと付き合う (「アトピーになる」とはどういうことか、体の知恵を目覚めさせる方法、「アトピーは辛い」というイメージからの脱却、ストレスからの解放がアトピーを和らげる、アトピーで素敵な自分に気づいた人たち)、第2部 生きることを援助するアーユルヴェーダ (人が健康を保つしくみ、アトピーを改善するアーユルヴェーダの身体技法、専門家と患者さんの間に橋をかけるアーユルヴェーダ)
2017.11 115p A5 ¥1400 ①978-4-540-16171-1

◆アレルギー治療革命 免疫療法の核心に迫る 櫻田二友著 幻冬舎メディアコンサルティング, 幻冬舎 発売
【要旨】Tレグ細胞 (免疫細胞) を増やして喘息、花粉症を治す。スギ花粉症患者の約90%を改善に導く著者が、今注目のダニ抗原によるSCIT、SLITを中心にアレルゲン免疫療法を紹介。
2017.9 185p B6 ¥1200 ①978-4-344-91275-5

◆アレルギーの人の家造り—シックハウス・住宅汚染の問題と対策 足立和郎著 緑風出版 (プロブレムQ&A) 増補二訂版
【要旨】シックハウスの目線にたった建築本! エコ建材・自然素材も再点検! 全面的に改訂!
2017.8 196p 21x14cm ¥2000 ①978-4-8461-1715-3

◆花粉症・アレルギーを自分で治す70の知恵 水嶋丈雄監修 主婦の友社 (『オールカラーぜんそく・アトピー花粉症がスッキリ治る知恵とコツ』新装増補改題書)
【目次】1 アレルギーを正しく理解する、2 特効食材でぜんそく・アトピー・花粉症を治す、3 食べ飲んでぜんそく・アトピー・花粉症を治す、4 手作り化粧水でアトピーを治す、5 手軽な動作とツボ刺激でぜんそく・アトピー・花粉症を治す、6 漢方薬でぜんそく・アトピー・花粉症を治す、7 家にあるものを使ってぜんそく・アトピー・花粉症を治す
2017.2 159p A5 ¥1300 ①978-4-07-422511-8

◆子どものアレルギー—アトピー性皮膚炎・食物アレルギー・ぜんそく 大矢幸弘編監修, 五十嵐隆企画 文藝春秋
【要旨】最新研究でわかった、食物アレルギー予防のポイントや治療のコツなども掲載したアレルギー対策の決定版!!
2017.12 246p A5 ¥1800 ①978-4-16-390773-4

◆食物アレルギーと上手につき合う方法—社会的対応と日常の留意点 神奈川芳行, 伊藤節子, 今村知明著 第一出版
【要旨】第1章 食物アレルギーとアレルギー表示 (増えている食物アレルギーと食物アレルギーの原因となる食品 ほか)、第2章 食物アレルギーの基礎知識—食物アレルギーの定義と分類、主な症状、診断と治療 (食物アレルギーの定義と紛らわしい疾患、食物アレルギーによる疾患 ほか)、第3章 保育所 (園)・学校給食の食物アレルギー対応—栄養士・管理栄養士、栄養教諭が理解しておくべきこと (医療機関で指導される家庭の食事と集団給食における対応の違い、保育所 (園)・学校給食におけるアレルギー対応食の考え方 ほか)、第4章 ガイドラインに基づいての学校・保育所 (園) の体制作りと生活管理指導表の活用 (学校における対応、保育所 (園) における対応)、参考資料 食物アレルギーに関する実態調査とその対策 (調査の目的、調査の概要 ほか)
2017.8 110p B5 ¥2800 ①978-4-8041-1322-7

◆新・アトピーが消える日—アトピーの原因が明らかに 伊藤仁孝著 栄光出版社
【要旨】アトピー性皮膚炎のステロイド治療は、重症化の原因で、医原病である。痒くても掻かなくても治り方は一緒で、玉子、牛乳などの食物やダニ、ハウスダストがアトピー性皮膚炎の原因ではない。強酸性水の治療からアトピー性皮膚炎の真の原因を解く画期的な一冊。
2017.10 181p B6 ¥1200 ①978-4-7541-0159-6

◆図解 食物アレルギーの悩みを解消する! 最新治療と正しい知識 海老澤元宏監修 日東書院本社
【要旨】恐れずに立ち向かう! 食物アレルギーの悩みを解消するには正しい知識が必要。安全な食べ方が分かる本。
2017.2 207p B6 ¥1300 ①978-4-528-02083-2

◆すべてのアトピーチャイルドの輝—アトピーが私たちにおしえてくれること ある母親の提案 工藤聖子著 モッツコーポレーション, 展望社 発売
【目次】序章 アトピーの原因と対策がわかる7つのお話 (そもそもアトピーってなに?、アトピーはどうすれば良くなるの? ほか)、第1章 私のアトピー体験記 (デブでブスで汚い子でした、毎日の耳鼻科通い ほか)、第2章 ホメオパシーとは? (世界中で愛用されるホメオパシー、当時の医療に絶望したドイツ人医師、ハーネマン ほか)、第3章 アトピーとは? (ステロイドは湿疹を抑えているにすぎない、ステロイドってそもそも何? ほか)、第4章 アトピーがわたしたちに教えてくれること (腫れあがった手は化学物質センサー、世の中化学物質だらけ ほか)
2017.1 238p B6 ¥1400 ①978-4-88546-322-8

◆通院してもちっとも治らないアレルギー性鼻炎を本気で治す! —最新治療から費用・期間までスッキリ分かる 浦長瀬昌宏著 時事通信出版局, 時事通信社 発売
【要旨】耳鼻科を受診するたびに「モヤモヤ」していませんか? 本当に治るのか? いつになったら病院に通わなくてよくなるのか? この本がすべてスッキリ解決します!
2017.3 191p A5 ¥1500 ①978-4-7887-1513-4

◆ドクターがつくった!! 聞くだけで花粉症が消えるCDブック 萩原優著 BABジャパン (付属資料: CD1)
【目次】第1章 「花粉症が消えるCD」の使い方 (深い意識の状態で免疫細胞と和解する、「花粉症が消えるCD」の聞き方、「花粉症が消えるCD」の内容紹介)、第2章 なぜ聞くだけで、花粉症が

健康・家庭医学

実用書

消えるの？（花粉症が発生するしくみとは？、そもそも免疫ってなんだろう？、どうしてアレルギーが発症してしまうの？）、第3章 免疫細胞さんと仲良くなる！ 体細胞療法（ソマティックヒーリング）（体細胞療法（ソマティックヒーリング））ってなに？、イメージ力がキモ!!体細胞療法で使う6つの誘導、花粉症が消えるセルフケア、第4章 こんなに症状が改善した！ 驚きの体験談（断片的なイメージの一度のセッションで効果を実感、半信半疑だったヒーリングで驚きの効果が！、通勤電車内で無理なく続け、50年来の花粉症が改善）
2017.4 63p 19×16cm ¥1200 ①978-4-8142-0049-8

◆発症2週間前からの治療で花粉症の目のかゆみは激減する！　深川和己著　現代書林
【要旨】"かゆくなってから"の治療よりラクにできて効く、だからスゴイ！ まだ10人に1人の患者さんしかしていない、薬も通院の手間も治療費も減らせる目の花粉症の「初期療法」を専門医がやさしく解説。「眼にもマスク」で効果倍増。予防法とセルフケアも満載！
2018.1 179p 18cm ¥1000 ①978-4-7745-1684-4

◆メディカルスタッフから教職員まで アレルギーのはなし―予防・治療・自己管理　秋山一男、大田健、近藤直実編　朝倉書店
【要旨】"情報を必要としている指導的立場の方"、"専門外だけれども知識を得たい方"を主対象とした初学者向けの解説書。患者さんからの日常的な相談や質問に対応している看護師や薬剤師、自治体相談窓口担当者、学校教諭や保健担当・栄養士など。アレルギー疾患は「国民病」であり、「生活環境・習慣病」であり、「自己管理できる（すべき）疾患」であるという観点から、その予防・治療・管理に役立つ。QOL向上のため、多角的なアレルギー予防・治療・管理に向けて、正しいアレルギーに関する知識あるいは情報を広く伝え、さらに正確な知識を深めるために。
2017.2 158p A5 ¥2800 ①978-4-254-30114-4

歯

◆顎がゆるめば、不調は改善される　滝澤聡明著　クロスメディア・マーケティング、インプレス 発売
【要旨】予約が取りづらいクリニックの院長が最新インプラント治療のいまを解説。
2017.2 183p B6 ¥1480 ①978-4-295-40050-9

◆インプラント治療は史上最強のストーマンにしなさい!!　きぬた泰和著　（名古屋）ブイツーソリューション、星雲社 発売（『歯医者が受けたい！ インプラント治療』新装改訂・改題書）
【要旨】もう"受診"をためらう必要はありません。治療前の"不安のすべて"に応えます!!国内最多、年間3000本以上の「ストローマン・インプラント」の第一人者だからこそ言える!!歯医者もみんな受けている安心・安全のベストシステム!!初診からメンテナンスまでの流れが一目瞭然。
2017.4 175p B6 ¥1000 ①978-4-434-23079-0

◆顎関節症は自分で治せる！　齋藤道雄著　主婦の友社
【要旨】ズレたあごの骨が元の位置に戻る。口を大きく開けられる！ 硬いものも食べられる！ 治療は1日1回1分、舌を使った簡単体操で、食事もあくびも不自由しない！
2017.4 191p B6 ¥1200 ①978-4-07-422988-8

◆かみあわせをしあわせに―歯のかみあわせで、身体をこわすな！　加藤吉晴文、加藤ひさ画　（名古屋）風媒社
【目次】カミカミ、かみあわせ（かめて、かみあわせだよね、ココカラカミカミ、同じかみあわせの人は、又見たことがありません、口の中は、人工物の花盛り、身体の中には、人工物がいっぱい ほか）、ハハハ、しあわせ（老いて身のほどを知り、さらにボケ防止に転じて、組み換え上手になりましょう、愛の教科書を、上書きしましょう、スタンディングオベーションな毎日を、つくられるシンボル、しばられるシンボル、軍事力と平和力、シンボルへの理解とその背景 ほか）
2017.4 162p A5 ¥1800 ①978-4-8331-5334-8

◆からだの不調とかみ合わせ　佐々木茂著　ルネッサンス・アイ、白順社 発売
【要旨】大学が教える縦割りの診療からは見えなかった歯科の真実！ トータルな歯科診療による治療の確かさと優しさで評判の歯科医が豊富な経験と知識をもとに解説する全身的歯科医療。
2017.3 375p B6 ¥1400 ①978-4-8344-0206-3

◆欠歯生活―歯医者嫌いのインプラント放浪記　北尾トロ著　文藝春秋
【要旨】ある日、歯が抜けた。インプラントは1本ウン十万円で大手術。入れ歯なら安いけど見た目とイメージが悪い。ぼくはどうするべきなんだ!?ただ、抜けた歯を治したかっただけなのに、歯に振り回され続ける悪夢の日々―。
2017.6 247p B6 ¥1700 ①978-4-16-390403-0

◆「健康寿命」を延ばすインプラント人生のはじめかた　及川均著　ジュリアンパブリッシング
【要旨】インプラント治療実績25年、1本から24本（全ての歯）のケース、骨がほとんどないケースなど多くの症例を経験してきたからこそお伝えできるインプラント治療のメリットデメリット。前作に続く、一番わかりやすいインプラントのススメ。
2017.6 219p B6 ¥1200 ①978-4-86457-331-3

◆国際人になりたければ英語力より歯を"磨け"―世界で活躍する人の「デンタルケア」　宮島悠旗著　幻冬舎メディアコンサルティング、幻冬舎 発売
【要旨】どんなに英語力を磨いても口元が醜ければ全部台無し！ 外国人は「口元」の印象で他人を判断する！
2017.4 198p 18cm ¥800 ①978-4-344-91215-1

◆子どもの歯と口のケガ　宮新美智世著　言叢社
【要旨】子どもがケガして、歯をぶつけちゃった。どうしよう。歯のケガに対処するための知識と智恵。「歯と口のケガ」をわかりやすく説明した初めての本。
2017.12 132p A5 ¥1800 ①978-4-86209-066-9

◆子どものむし歯予防は食生活がすべて―4人の子どもに歯を磨かせなかった歯科医の話　黒沢誠人、幕内秀夫著　風濤社
【要旨】「歯磨き」ではなく「なに」を「どう」食べるか。歯を磨かないからこそ出来た実験。そこから、見えてきたことは…すぐに始められる「実践に役立つQ&A」付。
2017.11 171p B6 ¥1400 ①978-4-89219-438-2

◆歯科医が考案 毒出しうがい　照山裕子著　アスコム
【要旨】1日3回、食後の「毒出しうがい」をするだけで、きれいな歯と健康が手に入る！ 歯周病と口臭を防ぎ、病気まで遠ざけるすごい健康法。糖尿病、動脈硬化、認知症、肺炎、花粉症を予防・改善。
2017.5 174p B6 ¥1200 ①978-4-7762-0945-4

◆歯科受診の常識―歯科に行くまえに読む本　飯塚哲夫著　愛育出版（aiiku books）
【要旨】あなたの知らない歯科治療の世界。これから、どこで、誰に、どんな治療を受けたら良いのかを書上からウロコがおちる一冊。
2017.12 187p B6 ¥952 ①978-4-909080-32-5

◆歯科治療なんでもブック　朝倉勉著　現代書林
【要旨】包括的歯科医療を目指し、チーム医療で地域の皆さんの健康を守り育てる歯科医院の姿がここにある―インプラント治療からいち早く取り組み、レーザー治療、ホワイトニング、咬み合わせ治療など常に最先端医療を取り入れ、CT、CAD／CAM、マイクロスコープなどのデジタル歯科の最新機器を導入。自宅、総合病院、老人ホームや障害者施設などへ往診し、地域に根差す「かかりつけ歯科医師機能強化型歯科診療所」の使命を果たす。
2017.3 231p B6 ¥1300 ①978-4-7745-1617-2

◆歯周病が寿命を縮める―日本人が知っていそうで知らない歯の話　花田信彦著　法研
【要旨】歯のケアを変えたら血管が若返る。
2017.5 175p A5 ¥1500 ①978-4-86513-382-0

◆人生に悩んだら、いい歯科医を探しなさい　岩本宗春著　講談社エディトリアル
【要旨】最善最良の治療ができる名医は、たったの0.5パーセント。いい歯医者に巡り合うことは、それほどまでに難しい。本書は、そんな名医を選ぶコツを伝授。でもその前に、「歯」が人生の「幸・不幸」を左右する。具体的な事例でご紹介しましょう。
2017.10 197p B6 ¥1200 ①978-4-907514-76-1

◆その歯みがきは万病のもと―デンタルIQが健康寿命を決める　相馬理人著　SBクリエイティブ（SB新書）
【要旨】一番いい「歯のケア」方法、教えます！ 歯みがきが万病のもと、どうして？ 一確かに歯みがきはいいことですが、そのやり方を間違うと、歯を守ることはおろか、重い病気を招くことにもなりかねません。調査から分かったのは1日1回も歯をみがかない人はほとんどいないのに、それでも加齢とともに歯を失っていく現実…。しかし歯を失うのは仕方ないことではなく、歯への間違った認識や意識の低さが原因だったのです。
2017.3 223p B6 ¥1300 ①978-4-7973-9065-0

◆たいへん申し上げにくいのですが…雑学だらけの歯科エッセイ　野村洋文著　秀和システム
【要旨】歯磨きは知覚過敏の元!? 歯周病で不倫がバレる!? 歯ぎしりで健康になる!? おもしろくて、意外と役立つ知識が満載！
2017.3 351p B6 ¥1500 ①978-4-7980-4967-0

◆長生きしたけりゃ歯を磨いてはいけません　豊山とえ子著　SBクリエイティブ
【要旨】お風呂の穴より汚い口の中は、バイ菌だらけ。…この口を正しく洗浄するのは、誰もが必ず毎日行う「歯磨き」を少し変えるだけで、1日2分でOKという画期的な方法。口がきれいになれば、あらゆる病気が一挙に遠ざかり、健康で長生きに近づきます。
2017.7 163p B6 ¥1300 ①978-4-7973-9143-5

◆歯医者に行きたくない人のための自分でできるデンタルケア　西原郁子著　アスコム
【要旨】これで歯周病・歯槽膿漏・むし歯ドライマウスは防げる！ さらにガン、糖尿病、アルツハイマー、肺炎も予防！ デンタルケアで毒出し！
2017.7 206p 18cm ¥1100 ①978-4-7762-0955-3

◆ハナシニナラナイムシバナシ　廣田和好著　ルネッサンス・アイ、白順社 発売
【要旨】石巻市の開業歯科医が独特の視点で社会を切り取った痛快エッセイ集。
2017.7 252p B6 ¥1700 ①978-4-8344-0214-8

◆歯は人生のパートナー―お口の中のライフプラン考えてますか？　塩路昌吾著　ルネッサンス・アイ、白順社 発売
【要旨】いま、その歯を守れば未来のあなたに感謝される。たった1本の歯を失うことにより、やがて全身のバランスが歪められ、体の不調や他の疾患を招くとしたら、あなたはその歯を放っておきますか？ 本書は、長年、インプラントを中心とした歯科医療に携わり、内科的疾患との因果関係にも注目してきた歯科医師による「口の中から全身の健康を守るためのガイド」です。未来の自分に喜んでもらうために、いま、取り組むべきことが記されています。
2017.1 153p B6 ¥1300 ①978-4-8344-0201-8

◆歯は治療してはいけない！ あなたの人生を変える歯の新常識　田北行宏著　講談社（講談社プラスアルファ新書）
【要旨】歯周病も虫歯も「悪くなってから治療」では歯を失う！ 悪循環を断つ予防歯科を世界で学んだ医師が伝授！ メタボや認知症、糖尿病も、噛むだけで劇的改善できる！
2017.5 221p 18cm ¥840 ①978-4-06-272982-6

◆パーフェクト・スマイル 審美歯科　園延昌志、園延妙子著　牧野出版
【要旨】あなたの笑顔がもしかしたら"ガミースマイル"かもしれません…でも、ガミースマイルは、美しく治せます。
2017.5 133p B6 ¥1600 ①978-4-89500-213-4

◆歯みがき100年物語　ライオン歯科衛生研究所編　ダイヤモンド社
【要旨】明治末、子どものむし歯罹患率はなんと96％！ しかし、いまや小学生の歯の数は1本を切っています。その背景には、強い危機感を持った民間企業の100年にわたる地道な「歯みがき普及活動」がありました。その足跡を豊富なビジュアルでたどり、さらに今後の可能性を探ります。
2017.1 256p B5 ¥1800 ①978-4-478-10004-2

◆部分矯正とマウスピース矯正の魅力―手軽な矯正、見えない矯正の基礎知識　青山健一著　桐書房
【要旨】早く、安く、簡単な部分矯正。見えないマウスピース矯正。さまざまな治療例、体験談

健康・家庭医学

◆本当に痛くない、怖くない歯の治療　伊東 哲著　現代書林
【要旨】麻酔の注射も痛くない！ 歯科麻酔のスペシャリストだから、こうできる！ 子ども、高齢者、高血圧症、心臓病の人でも大丈夫。安心・安全・快適な「静脈内鎮静法」。
2017.7 175p B6 ¥1300 ①978-4-7745-1651-6

◆やってはいけない歯の治療―全国から患者が押し寄せる "歯の駆け込み寺" からの警告　斎藤正人著　KADOKAWA
【要旨】最近の歯医者は、どんどん歯を抜きたがります。そして二言目には「インプラント」をすすめます。もうこれは、「抜け抜け詐欺」ではないでしょうか。"抜かない" 歯科医が業界タブーを告発！
2017.1 198p B6 ¥1200 ①978-4-04-105166-5

◆やっぱり、歯はみがいてはいけない 実践編　森昭、森光恵著　講談社（講談社プラスアルファ新書）
【要旨】歯科業界に衝撃を与えたベストセラー最新作。「何をするか、どうするか！」日々のケアと道具の「きほんルール」。
2017.6 217p 18cm ¥840 ①978-4-06-272994-9

◆私は歯を削りたくない歯医者です　第1巻『インプラント・ミラクルフィット・予防編』インプラントよりもミラクルフィットが増えてきた理由　林祐司著　ルネッサンス・アイ、白順社 発売
【要旨】削らない安全な治療！ それは、ミラクルフィット、予防、グラディア口呼吸の改善≒MFT、姿勢改善だった！…参考資料：ミラクルフィットの種類と・患者様の声。
2017.8 303p B6 ¥1300 ①978-4-8344-0216-2

目

◆あなたのこども、そのままだと近視になります。　坪田一男著　ディスカヴァー・トゥエンティワン　（ディスカヴァー携書）
【要旨】小学生の30％、高校生の65％が近視という事実を知ってますか？ そして、近視が進むと失明に至ることをご存知でしょうか？ いま、世界中で近視のこどもたちが急増しています。もはや、パンデミックと呼ばれるようなレベルです。しかし、その本当の原因は知られていません。「近視は予防できない」という通説を覆し得る大発見と、近視にさせない、進ませないための具体策をご紹介します。
2017.2 231p 18cm ¥1000 ①978-4-7993-2041-9

◆1日1回！ 子どもの目がどんどんよくなるすごいゲーム　若桜木虔著　青春出版社
【要旨】楽しく遊んでいるうちに視力が回復する。7つの眼筋を使うから、目にいい！ 近視の9割以上に効果が期待できる。
2017.11 79p B6 ¥1300 ①978-4-413-11232-1

◆1日1回！ 見るだけで「老眼」はどんどんよくなる　若桜木虔著　青春出版社（付属資料：ポスター1）
【要旨】近くでも遠くでも、クッキリ見える目に変わる。加齢に伴う視野の狭まり、スマホ老眼、目の疲れにも効く！ 本と一緒に使って効果バツグン！ くりかえし見たくなる特製ポスター付き。2017.3 79p B5 ¥1300 ①978-4-413-11204-8

◆1日1分見るだけで目がよくなる28のすごい写真　林田康隆著　アスコム
【要旨】ピント調整機能UP！ 目と脳をWで鍛える！ 目の疲れが取れる！ 老眼や眼精疲労を改善する「印刷」「紙質」「開きやすさ」「持ちやすいサイズ」など、何度も飽きずに続けられるよう、こだわり抜いて作った写真集。
2017.3 95p 22×21cm ¥1300 ①978-4-7762-0944-7

◆いろはシートを見るだけで眼がよくなる　ベイツ式奇跡の視力回復メソッド　松田好子著　宝島社（付属資料：いろはシート）
【目次】1 いろはシートでどんどん眼がよくなる（ベイツ・メソッドって一体何？、いろはメソッドを始めよう！　ほか）、2 いろはメソッドと組み合わせよう！ ベイツ式メソッドのバリエーション（パーミング・メソッド、すぐに息を思い浮かべるコツ　ほか）、3

特定の症状により効果のあるメソッド（近似・遠視、視力 乱視 ほか）、4 私、眼がよくなりました！ メソッド実践者の声（ベイツ・メソッドに出会って毎日が楽しい！ 著者松田好子の経験、実践者の声1〜4）
2017.2 79p B5 ¥907 ①978-4-8002-6547-0

◆驚くほど目がよくなる！ たった10秒の「眼トレ」―「近眼」「遠視」「老眼」が9割治る　日比野佐和子著、林田康隆監修　SBクリエイティブ（SB新書）
【要旨】ほんのわずかな時間で、気軽にできることを続けるだけで、気づいたら目も体も驚くほど変わります。忙しい毎日を送る人でも、ズボラな人でも大丈夫。本書では、毎日の生活で、いつでもどこでもすぐにできる、簡単な「目をよくするためにできること」を紹介します。すべてをやる必要はありません。できることから、始めてみてください。続けるうちに、目の悩みが軽くなり、体全体も若返っていることに気づくはずです。
2017.4 174p 18cm ¥800 ①978-4-7973-8959-3

◆視力0.1でも豊かな生活を送る目の健康を守る本　井上賢治著　幻冬舎メディアコンサルティング、幻冬舎 発売
【要旨】「白内障」「視力低下」…目のトラブルを諦める前にしてもらいたいこと。年間約45万人来院する眼科の院長が語る「家庭でできるロービジョンケア」と「診療の理念」とは「井上眼科病院のユニバーサルデザインの工夫」収録！
2017.2 95p B6 ¥1200 ①978-4-344-91108-6

◆人生が変わる白内障手術　山崎健一朗著　幻冬舎メディアコンサルティング、幻冬舎 発売
【要旨】白内障手術を受ける前に知っておくべき老眼・近視も改善する「プレミアム白内障治療」とは？ 日本で初めてフェムトセカンドレーザー白内障手術に成功、多焦点眼内レンズ症例実績1400件超の眼科専門医が徹底解説。
2017.1 283p B6 ¥1300 ①978-4-344-97432-6

◆図解 やさしくわかる目の病気―白内障、緑内障、加齢黄斑変性　小沢忠彦監修　ナツメ社
【要旨】糖尿病網膜症、網膜剥離、老眼etc…検査から診断、治療、日常生活のケアを図解で詳しく解説。
2017.11 143p 24×19cm ¥1280 ①978-4-8163-6329-0

◆図解 老眼をぐんぐん若返らせる！ 眼トレ＆回復法のすべて　日比野佐和子、林田康隆監修　日東書院本社
【要旨】40代は老眼予備軍。子供もスマホ老眼に！ かすむ？ 読みづらい？ 老眼？ かんたん眼トレでピント調整機能が改善。
2017.4 207p B6 ¥1300 ①978-4-528-02092-4

◆スーパードクターと学ぶ 一生よく見える目になろう　深作秀春著　主婦の友社
【要旨】目の病気と事故から、あなたを一生守りたい！ 手遅れにならないように正しい目の知識と病気の予防法、さらに世界最先端の目の治療をぜひ知ってください。
2017.9 255p B6 ¥1300 ①978-4-07-422480-7

◆疲れ目・視力減退にぐぐっと効く生活習慣　主婦の友社編　主婦の友社（『疲れ目・視力減退にぐぐっとよく効く本』再編集・改題書）
【要旨】押すだけで改善！ 食べるだけで回復！ ぐんぐん目がよくなる回復法。今日から実践できる、26人のスペシャリストが教える疲れ目・視力対策！
2017.6 175p 18cm ¥950 ①978-4-07-423189-8

◆眺めるだけで目がよくなる眼トレ　日比野佐和子、平松類監修　大和書房（だいわ文庫）
【要旨】疲れ目、近視、老眼がよくなる！「眼球視力」と「脳内視力」を鍛える眼トレ（眼球トレーニング）で、視力を回復させましょう。
2017.9 190p A6 ¥700 ①978-4-479-30669-6

◆白内障・緑内障・黄斑変性症を自力でぐんぐん治すコツがわかる本　高山東洋監修、主婦の友インフォス編　主婦の友インフォス、主婦の友社 発売（『図解・疲れ目、視力減退の治し方』追加・再編集・改題書）
【目次】1 完全図解 白内障、緑内障、黄斑変性を治す最新医学知識、2 目の老化予防食 食べるだけ、飲むだけで衰えた視力をここまで回復できる、3 白内障 不快な目のかすみを改善、視界をクリアにできるちょっとしたコツ、4 緑内障 眼圧が上昇し、視野が徐々に欠けていく緑内

を自力で改善するコツ、5 黄斑変性症 物がゆがんで見える、視力も欠ける "黄斑変性症" を防ぐ特効食品と簡単動作、6 老眼 日々のちょっとしたコツで老眼はここまでストップできる
2017.9 159p A5 ¥1300 ①978-4-07-426160-4

◆ビックリするほど目が良くなる本―即効1分！　龍村修監修　日本文芸社（付属資料：視力表）
【要旨】「眼ヨガ」で眼やカラダの不調をリセット！ 疲れ目、ドライアイ、老眼、近視、遠視、乱視…効果抜群！ 1分で効果を実感！ 器具いらずで目がスッキリ爽快！
2017.9 95p A5 ¥680 ①978-4-537-21511-3

◆日比野式みんなの眼トレ100日ドリル　日比野佐和子、林田康隆協力　宝島社
【要旨】毎日、眼トレを続けるうちに近視の人なら遠くが見えやすくなり、老眼の人なら老眼鏡をかけなくても見える範囲が広がります！ もともと備わっていたはずの目の機能を取り戻してください。
2017.4 123p B5 ¥1000 ①978-4-8002-6189-2

◆病気を見きわめる目のしくみ事典　若倉雅登監修　技術評論社
【要旨】眼瞼・緑内障・白内障・網膜や硝子体をめぐる目の障害、さらに神経眼科の問題までやさしく解説。患者およびその家族、また看護師・ORT・介護士などの医療関係従事者の手引書にも。2017.5 255p B6 ¥1980 ①978-4-7741-8956-7

◆疲労が消えて、生産性もアップ！ 魔法の眼トレで全身が若返る！　平松類著　廣済堂出版（健康人新書）
【要旨】テレビや雑誌などメディアで大活躍中の著者による魔法の「眼トレ」を掲載。脳の疲労、自律神経のバランスのくずれ、頭痛、肩こり、イライラ、更年期障害、目力ダウン…などはじつは目の不調からきていた！ 目をよくすれば全身の体調が良くなる、目もイキイキとする！ そのための眼トレや生活習慣の改善についてご紹介。
2017.4 205p B6 ¥850 ①978-4-331-52087-1

◆本当は怖いドライアイ―「様子を見ましょう」と言われた人のために　平松類著、蒲山順吉監修　時事通信出版局、時事通信社 発売
【要旨】10秒間、まばたきをせずにいられますか？ 最新治療、積極治療でできることはこんなにある。スマホ、パソコンからあなたの涙を守る方法とは…
2017.1 215p B6 ¥1400 ①978-4-7887-1507-3

◆まぶたを10秒押すだけで目はよくなる！　大杉幸毅著　宝島社
【要旨】道具もトレーニングも不要！ 血流をよくして視力アップ！ 近視、老眼、緑内障、白内障etc. 自分で治せる!!
2017.2 109p A5 ¥920 ①978-4-8002-6661-3

◆見るだけで視力がよくなるふしぎなドリル　中川和宏著　総合法令出版（付属資料あり）
【要旨】3つの視覚トレーニングで、あなたの目はみるみるよくなる！ 老眼、近視、乱視、疲れ目、ドライアイが解消！ 3万人の目をカウンセリングした目の専門家が作った視覚トレーニング。
2017.12 123p B6 ¥1200 ①978-4-86280-592-8

◆目がよくなる眼トレなぞり書き帳　日比野佐和子、林田康隆監修　マイナビ出版
【要旨】なぞり書きするだけで、近視や老眼などに効果がある目のトレーニングです。本書のドリルは「眼トレ」だけでなく、「脳トレ」効果も期待できます。
2017.8 126p B5 ¥1360 ①978-4-8399-6374-3

◆「よく見える目」をあきらめない―遠視・近視・白内障の最新医療　荒井宏幸著　講談社（講談社プラスアルファ新書）
【要旨】8割がメガネ不要に。「老眼を治せる」時代がついに到来！ 50代、60代で老眼鏡から解放される驚異の治療。日本の最先端を走る名医が、その全てを明かす。
2017.12 221p 18cm ¥860 ①978-4-06-291517-5

◆横とじだから見やすい！ どんどん目が良くなるマジカル・アイ　徳永貴久監修　宝島社
【要旨】近視、乱視、老眼に効く！ パソコン・スマホ疲れの目を癒やして、視力回復！ 645万人が楽しんでいる！ 初めてでも見やすいイラスト100点を収録！ シリーズ初の横長ワイド版が登場！
2017.3 127p 15×21cm ¥700 ①978-4-8002-6927-0

セックス

◆老いない性ライフ―2つの重要なホルモンで活き活き 清水一郎著 西村書店
【要旨】健康的で明るく愉しい毎日は、充実した性ライフからはじまる。大真面目なセックスレス解消本。
2017.8 174p B6 ¥1200 ①978-4-89013-774-9

◆『夫の○○○が入らない』解決するための176のセックステクニック! くるくる女著 データハウス
【目次】第1章 ペニスが入らない・気持ち良くないのはなぜ?(セックステクニックの貧弱さが原因)、第2章 非本番系セックステクニックの基本(まずは膣に入れない技を、ちんぽを入れないでも満足できるセックステクニック初級編 ほか)、第3章 非本番系セックステクニック応用編(ちんぽが入らなくても満足できる究極のオリジナル技応用編、加奈ちゃんのお話 ほか)、第4章 それでは入れてみよう!(今までのテクニックを使うと膣は広がっている)、第5章 もっとセックス技を極めよう(体位について、性運動について ほか)
2017.6 215p B6 ¥1500 ①978-4-7817-0228-5

◆男は女を知らない―新・スローセックス実践入門 アダム徳永著 講談社(講談社プラスアルファ新書)
【要旨】一般女性1000人と検証。スローセックスを超えた「女神(MEGAMI)SEX」新時代が今、始まる。
2017.12 189p 18cm ¥840 ①978-4-06-291515-1

◆大人の性の作法(メソッド)―誰も教えてくれない 坂爪真吾、藤見里紗著 光文社(光文社新書)
【要旨】多様化・複雑化が進む一方で、公の場で積極的に意見交換がされないまま、タブー視され、孤立している、それぞれの「性」の問題。その一つひとつを検証しながら、私たちが今後どう在りたいかを議論していく、実践的で新しい「大人の性教育」を考える一冊。
2017.9 225p 18cm ¥760 ①978-4-334-04307-0

◆現役医師が教える世界一やさしい90%の女性をオーガズムに導く方法 真田幸和著 ロングセラーズ
【要旨】「女性のオーガズムの鍵は「2.5cm」の解剖学的」という論文には医学的に、女性がオーガズムに達する理由、90%以上の人がオーガズムに達する方法を、自分の知識、技能を紹介した。この論文により、自分の知識、技能を紹介した。
2017.5 250p B6 ¥1300 ①978-4-8454-2401-6

◆ごはんとセックスのおいしい関係―かよめしナチュラルセクシー きむらかよ著 みらいパブリッシング、星雲社 発売
【要旨】人気の料理家かよちんの新しい挑戦!食と性愛の関係を知り、女を謳歌する性を手に入れる!「絵本からうまれたおいしいレシピ」でかよちんのファンになった読者もぜひこの本を見てね!!
2017.10 149p B6 ¥1400 ①978-4-434-23906-9

◆性愛極限 高見明著 幻冬舎メディアコンサルティング、幻冬舎 発売
【要旨】男が漢になるための、今夜から使えるセックス・ルールとテクニックを紹介。1万人斬り!驚異の絶倫男が明かす、セックスの基本と応用術。
2017.12 270p B6 ¥1500 ①978-4-344-91249-6

◆性の"幸せ"ガイド―若者たちのリアルストーリー 関口久志著 エイデル研究所 新版
【目次】第1章 性を学ぶということ、第2章 性はなぜあるのか、第3章 月経・射精の相互理解、第4章「恋愛」と相手の想い、第5章 妊娠・出産・人工妊娠中絶、第6章 避妊の必要性、第7章 性感染症、第8章 性と暴力、第9章 性の商品化、第10章 多様な性「少数者」の人権、第11章 過去から未来へ―戦争から平和、最終章「性と生」を"幸せ"に
2017.10 231p B5 ¥2000 ①978-4-87168-609-9

◆誰も教えてくれない女子が大満足する正しいセックス ドクターH・Y著 幻冬舎メディアコンサルティング、幻冬舎 発売
【要旨】セックスに関連するあらゆる学問から導き出された学術的に本気で気持ち良くなる方法を教えます! 快楽に導く「秘密のスイッチ」を知れば初心者でもすぐにテクニシャンの仲間入り!
2017.2 180p 18cm ¥800 ①978-4-344-91190-1

◆男性機能の「真実」 永井敦著 ブックマン社
【要旨】"死ぬまでセックス"は、誰でも可能だった! 下半身の不調は、大病の前兆であることが多い。週2回の射精で健康維持、長生きできる。80歳代でもED治療をしている。不倫をしている人は「腹上死」に注意。泌尿器科の名医による、読むだけで下半身が強くなる本! 最新医学で語る、性の神秘。
2017.8 205p B6 ¥1400 ①978-4-89308-882-6

◆知的性生活―医師が教える大人の性の新常識 志賀貢著 KADOKAWA(角川新書)
【要旨】男性に対する女性の不満は今も昔も変わりません。医者の立場から数多くの患者さんの「性の問題」に触れてきた著者が「間違った常識」を正し、「知的性生活」の見地から愛のテクニックについて考えました。
2017.10 217p 18cm ¥800 ①978-4-04-082167-2

◆どうすれば愛しあえるのか―幸せな性愛のヒント 宮台真司、二村ヒトシ著 ベストセラーズ
【要旨】社会が良くなっても性的にも幸せになれるわけではない。むしろその逆が起きている。男も女も満たされた人生に必要な知恵とは。
2017.11 317p B6 ¥1600 ①978-4-584-13773-4

◆ハタチまでに知っておきたい性のこと 橋本紀子、田代美江子、関口久志編 大月書店(大学生の学びから)第2版
【要旨】こころとからだ、そして社会との関係…人間の性は、とっても奥深くて、おもしろい。現代の若者に必須の「性」に関する事柄を、さまざまな側面から取り上げた。
2017.3 187p A5 ¥2400 ①978-4-272-41237-2

◆ベッドの上の心理学―感じるオトナのための保健体育 メンタリストDaiGo著 KADOKAWA
【要旨】もっと"感じたい"オトナのための本気のセックス心理学。
2017.6 195p B6 ¥1300 ①978-4-04-895688-8

旅行

◆完全制覇国内旅行地理検定試験 森住正明著 一ツ橋書店 (付属資料:別冊1) 改訂版
【要旨】「旅行業務取扱管理者試験」「通訳案内士試験」の"旅行地理・歴史"分野に対応。模擬試験(6回分)掲載! データ編、地域別問題で標準知識をゲット! 温泉、自然景観他を全国地図で位置確認!
2017 291p A5 ¥1600 ①978-4-565-18156-5

◆こころに残る家族の旅 小川奈緒著 (大阪)京阪神エルマガジン社
【要旨】旅先での夫婦ゲンカを回避するコツ、誰もガマンしない、大人も子どもも楽しい旅の知恵、旅なら照れずにできる親孝行…。楽しい家族旅行のための小さな心がけを綴ったエッセイと、達人たちの旅支度と実用的なアイデアがいっぱい! 読めばきっと次の旅が変わる。そして旅に出たくなる。
2017.7 141p 20×14cm ¥1600 ①978-4-87435-547-3

◆爺は旅で若返る 吉川潮、島敏光著 牧野出版
【要旨】さあ、出かけるとするか! 一人旅に家族旅行。国内から海外へ、シニアが気になる旅の極意を"暇つぶしコンビ"が伝授する。これを読んだら行きたくなること間違いなし。
2017.7 253p B6 ¥1600 ①978-4-89500-215-8

紀行・エッセイ(日本)

◆歩いて歩いて日本縦断3000キロ―宗谷岬~薩摩半島 平尾忠次著 (大阪)清風堂書店
【目次】第1部 宗谷岬~山形県遊佐町980キロ(宗谷岬~稚内市、稚内~兜沼 ほか)、第2部 山形県遊佐町吹浦~福井県若狭町742キロ(遊佐~酒田市、酒田~鶴岡市由良温泉 ほか)、第3部 福井県三方駅~福岡県博多駅870キロ(敦賀市、JR三方駅~小浜市 ほか)、第4部 福岡博多~鹿児島県長崎鼻394キロ(博多駅、博多~二日市駅 ほか)
2017.7 240p A5 ¥1600 ①978-4-88313-862-3

◆いきどまり鉄道の旅 北尾トロ著 河出書房新社(河出文庫)「駅長さん! これ以上先には行けないんすか」加筆・修正・改題書〉
【要旨】時刻表をつぶさに見れば、終着駅がどこともつながらない鉄道が発見できる―それが"いきどまり"。アクセス不便、観光スポットなし、グルメとはかけ離れた古びた飲食店一軒。でも、そこには日本の"いま"がある。延々と続いてきたレールの最終地点をしっかりと見届ける、新感覚の鉄道"奇行"エッセイ!
2017.8 278p A6 ¥780 ①978-4-309-41559-8

◆沖縄三線秘境の旅 日比野宏著 ヤマハミュージックエンタテインメントホールディングス出版部
【要旨】音楽の素養がまったくない中年のカメラマンが、沖縄のソウル楽器「三線」と出会い、修行の日々が始まる。東京と沖縄を行き来し、沖縄民謡界の大御所や地元の芸人、愛すべき酔っ払いたちとの交流を通して三線奏者として悪戦苦闘、成長する。沖縄とアジアを愛した写真家「日比野宏」による渾身の遺作。
2017.7 279p B6 ¥1500 ①978-4-636-94531-7

◆親子自転車旅のすすめ 大庭純著 東京図書出版、リフレ出版 発売
【要旨】誰にでもできる、でも今しかできない! 一緒に走った思い出は一生の宝物。さあ、お子さん、お孫さんと出かけましょう。
2017.8 169p B6 ¥1200 ①978-4-86641-047-0

◆旧鎌倉街道探索の旅 1 上道・山ノ道編 芳賀善次郎著 (さいたま)さきたま出版会
【要旨】ページをめくると「いざ鎌倉」が甦る! 伝説の"鎌倉街道"指南書。刊行開始以後好評を得られての、長期間絶版だったシリーズ全4冊が2巻ごとに合本となって再登場。復刻第1弾は、鎌倉~町田・府中から所沢・寄居・児玉を経て高崎に至る「上道」と、秩父・藤岡を経て信州へと続く渓谷美あふれる「山ノ道」を紹介。主道を中心に再編集し読みやすくなった、古道研究の資料に、歴史散歩のガイドに最適な手引書が再び。
2017.4 302p A5 ¥2500 ①978-4-87891-441-6

◆旧鎌倉街道探索の旅 2 中道・下道編 芳賀善次郎著 (さいたま)さきたま出版会
【要旨】長期間絶版版だった『旧鎌倉街道探索の旅』シリーズ全4冊が2巻ごとの合本となって再登場。復刻第2弾は、鎌倉~二子の渡し、新宿・江古田・赤羽を経て浦和・岩槻・古河へと続く「中道」と、鎌倉から墨田・葛飾を経て市川・松戸へ至る「下道」を紹介。主道を中心に再編集し読みやすくなった、古道研究の資料に、歴史散歩のガイドに最適な手引書が再び。
2017.8 252p 5p A5 ¥2500 ①978-4-87891-442-3

◆熊野古道をゆく―伊勢路とその周辺 荻原空木著 (名古屋)風媒社
【要旨】森の閑けさ、海の碧さ、山の険しさ、そして風の囁きをもとめて…声を失い胃ろうの元新聞記者が足で綴った現代の中記。
2017.1 193p B5 ¥2000 ①978-4-8331-5314-0

◆ザック担いでイザベラ・バードを辿る―紀行とエッセイ 『日本奥地紀行』の旅・研究会編 あけび書房
【目次】第1部 紀行 イザベラ・バードを辿る(日光編、会津西街道編、越後街道編、越後・米沢街道前編、越後・米沢街道後編、羽州街道前編 ほか)、第2部 エッセイ イザベラ・バードの旅を巡って(もうひとつの未踏の径―イザベラ・バードが見た日本人の宗教観、伊勢神宮外宮正殿に参拝した、女王陛下のイザベラ・バード、イザベラ・バードを伝える人たち、道・街道 ほか)
2017.9 225p A5 ¥2200 ①978-4-87154-153-4

◆そこらじゅうにて―日本どこでも紀行 宮田珠己著 幻冬舎(幻冬舎文庫)
【要旨】退屈な毎日を抜け出して、どこか別の世界へ行ってしまいたい! だから今日も旅に出る―。本州の西の端っこに見つけた"ハワイ"。絶対撮影禁止のご神体の、意外すぎる正体。何の変哲もないところが、変哲な湖…。「異世界への入り口」は、いつもちょっとだけおかしい。そして、そこらじゅうにある! まだ知らぬ日本を味わいつくす、爆笑旅エッセイ。
2017.6 274p A6 ¥600 ①978-4-344-42618-4

BOOK PAGE 2018　　　　　　　　　　185　　　　　　　　　　旅行

◆小さな旅 国東半島物語　通正知秀著　（福岡）海鳥社
【要旨】国東のお寺や仏たちはひっそりとしている。朽ちかけた岩屋であったり、顔も拝めない焼け仏に出逢ったりする。それらの一つひとつにドラマがある。そんな仏の里歩きをしながら古仏や古老、山河大地に聴いた話。"説話"を通し祈りと信心が千年の時を超えて残るふるさとを案内する。
2017.9 261p B6 ¥1700 ①978-4-86656-013-7

◆東京発半日旅　吉田友和著　ワニブックス（ワニブックスPLUS新書）
【要旨】どこかへ行きたいけれど、泊まりがけで出かけるほど余裕はない。かといって、家でマッタリするのもなんだかもったいない…。そんなとき、東京から半日で行って帰ってこられる、近場でおもしろそうなスポットを紹介します。午後だけだったり、夕方からでも一思い立ったらすぐ出発！できる気まぐれな旅を楽しんでください。
2017.10 333p 18cm ¥926 ①978-4-8470-6595-8

◆ニッポン縦断だより　水野谷英敏著　山と渓谷社　（YAMAKEI CREATIVE SELECTION Frontier Books）
【目次】プロローグ、九州編、中国・近畿編、北陸編、北海道編、エピローグ
2017.2 219p B6 ¥2000 ①978-4-635-88654-3

◆にっぽん猫島紀行　瀬戸内みなみ著　イースト・プレス　（イースト新書）
【要旨】現代の日本は、確かに豊かで、銀座の街中の残飯を食い争うノラ猫も見受けなくなった整除された社会環境である。人間は、もともとヤマネコであった猫を飼いならし、ペットとして寵愛してきた。近年、猫ブームが巻き起こっているが、その裏では年間7万頭の猫が殺処分されている。身勝手な人間の"飼い捨て"が生んだ結果である。猫にとっての天国が整除少子高齢化が象徴的に進む島々こそ、猫にとってのパラダイスなのである。島々に暮らす猫とひとの真実とは…。
2017.6 238p 18cm ¥861 ①978-4-7816-5087-6

◆日本散歩日記─うつろう時代と私の旅路　荻野榮藏著　東銀座出版社
【要旨】湧き上がる源泉、緑深い森林、継承する伝統文化。そして、食欲を掻きたてる郷土料理と酒、あたたかい交流と新発見。北海道から沖縄まで、全国津々浦々を旅してきた足跡を振り返り、栄枯盛衰を観て人生を得た。旅を繰り返すことの喜びをぜひ知ってもらいたい1冊。
2017.10 231p B6 ¥1204 ①978-4-89469-195-7

◆日本ボロ宿紀行─懐かしの人情宿でホッコリしよう　上明戸聡著　鉄人社（鉄人文庫）
【要旨】いつの頃からか「ボロ宿」に憧れ、わざわざ訪ねる旅をするようになっていました。消えゆくものへの郷愁でしょうか。10年、20年前よりもずっと数多く残っていたかも知れません。それでもいまなら多くの貴重な宿が残っていると信じて訪ね歩いています。記録に残していくこともいずれ何かの役に立たないかなと…。
2017.7 287p A6 ¥680 ①978-4-86537-092-8

◆野鳥と共に四季の山旅　大津雅夫著　（八王子）白山書房
【要旨】鳥たちと共に歩いた思い出と豊かな時間は、ぼくの宝物。野鳥への愛情あふれる六十編の紀行集。
2017.5 367p A5 ¥1800 ①978-4-89475-205-4

◆私なりに絶景─ニッポンわがまま観光記　宮田珠己著　廣済堂出版
【要旨】どんな有名観光地も、興味がなけりゃ完全スルー！マイ絶景セレクション。
2017.2 244p B6 ¥1700 ①978-4-331-52080-2

◆YaYa！ 歩くオヂさん 祖母・傾・大崩山─悠久の森を歩こう　齋藤義信著　（弘前）北方新社
【要旨】「森を歩こう！」バイクで山道を巡るうち、やがて興味は山の奥へと…故郷の山と森に魅せられたオヂさんの山歩き紀行。
2017.9 253p B6 ¥1700 ①978-4-89297-241-6

◆東京論・エッセイ

◆赤羽 十条 王子＋東十条　交通新聞社（散歩の達人handy 6）
【目次】赤羽さんぽ（心がゆるむ街のカフェ、独自路線を行く、赤羽ラーメンたち、拍手喝采の赤羽グルメ ほか）、十条さんぽ、東十条さんぽ（大衆演劇なら篠原演芸場、十条＆東十条商店街で家飲み買い出しさんぽ、店主こだわりの個性派カフェ ほか）、王子さんぽ（我が道をゆく王子カフェ、王子・神谷・志茂レトロ商店街めぐり、「おでんで街おこし！」本格始動宣言 ほか）
2017.4 127p 21×13cm ¥900 ①978-4-330-76717-8

◆アースダイバー 東京の聖地　中沢新一著・写真　講談社
【要旨】海民の二千年の知恵＝築地市場、太古の無意識の現出＝明治神宮。この二つの場所には、日本人の思考が／に見出してきた空間の構成原理が、ほとんど純粋な状態で実現されている。その二つの場所がいまいぁ、深刻な危機に直面したのである。金銭にかえられない「愛」と「富」のありか。建築家・伊東豊雄氏との対談2編収録。
2017.12 220p A5 ¥1500 ①978-4-06-220944-1

◆足立区あるある　東京23区あるある研究所著, i‐BUG画　TOブックス
【要旨】東京のディープタウン足立区あるあるネタを172本も収録。
2017.6 138p 18cm ¥1000 ①978-4-86472-571-2

◆板橋区あるある　東京23区あるある研究所著, にゃほこ画　TOブックス
【要旨】本物の「タニタの社員食堂」がある！花火といえば、いたばし花火大会でしょう!!板橋区民の運搬列車は、江戸時代の街道、三田線。実は、知る人ぞ知る、チョコレートの街らしい…？お店では食べられないご当地ラーメンがある!?元々練馬区は板橋区だったって、知ってる？焼きそば専門店がむちゃくちゃウマイという噂。小豆沢、大谷口、間違えずに読めたら、りっぱな板橋区民だ！などなど、東京の癒し、板橋区のあるあるネタ188本を収録。
2017.7 141p 18cm ¥1000 ①978-4-86472-583-5

◆イラストでわかる東京図鑑　JTBパブリッシング（『ニッポンを解剖する！ 東京図鑑』再編集・改題版）
【要旨】細部に日本風のモチーフが施された迎賓館赤坂離宮。屋根にある一対の装飾は？この町家風の窓にはどんな工夫が？巨大ビルにはめ込まれています。横に長～い東京駅。その長さは？皇居東御苑の大手門は、江戸時代の造り。入ってきた敵はどうなる？落語の小道具といえば、扇子と手ぬぐい。何のシーン？歌舞伎には独特の表現方法がある。何を表現している？名所・文化を徹底解剖！知ったら100倍楽しくなる!?東京の裏側を図解！
2017 95p A5 ¥680 ①978-4-533-11873-9

◆江戸→TOKYOなりたちの教科書─一冊でつかむ東京の都市形成史　岡本哲志著　（京都）淡交社
【要旨】江戸から昭和、平成の時代とともに、山の手・下町・埋め立て地として巧みに地形を利用しながら変化を遂げたプロセスを読み解き、江戸東京の成熟した都市空間を古地図や写真図版を配し、ビジュアル的にも復元する。「ブラタモリ」7回出演のエキスパートが送る渾身の解説。
2017.2 299p B6 ¥1700 ①978-4-473-04170-8

◆江戸東京の聖地を歩く　岡本亮輔著　筑摩書房（ちくま新書）
【要旨】江戸東京ほど多種多様な聖地が数多く集積している都市は世界にも類を見ない。江戸以来の歴史と世界最大規模の人口ゆえに、文化的密度が高く、そこで作られる物語も重層的で、伝播が速く、そして強い。その強度が聖地を生み出し続けている。寺社をはじめ記念碑・慰霊碑、銅像、墓地、山や塚、木や石、塔・タワーなど、よく知られた聖地から、忘れられた聖地まで─新進気鋭の宗教学者が江戸東京の歴史の物語を、記録と記憶の深みから掘り起こし、その魅力をあまねく紹介する。
2017.3 317p 18cm ¥900 ①978-4-480-06951-1

◆江戸東京まち歩きブック─東京シティガイド検定公式テキスト　東京観光財団著　東京観光財団, 中央経済グループパブリッシング 発売

【目次】第1章 観光都市「東京」の今─東京の魅力を訪ねる、第2章 東京の地形─東京の地形を体感する、第3章 東京の歴史─出来事を訪ねる、第4章 東京のインフラ─都市のあり方を訪ねる、第5章 東京の生活文化─日本文化の中心地を訪ねる、第6章 東京の産業─都市の経済活動を訪ねる
2017.3 193p B5 ¥2300 ①978-4-502-22901-5

◆凹凸を楽しむ東京坂道図鑑　松本泰生著　洋泉社
【要旨】東京23区の魅力的な坂道をオールカラーで多数紹介！坂を「見て楽しむ」、「歩いて身体的に楽しむ」、「知って楽しむ」ための決定版ガイドブック。
2017.7 175p A5 ¥2000 ①978-4-8003-1266-2

◆凹凸を楽しむ 東京「スリバチ」地形散歩 多摩武蔵野編　皆川典久, 真貝康之著　洋泉社
【要旨】多摩武蔵野は地形歩きのパラダイスだ！標高50mのオアシス、連続する谷と窪地、崖線と点在する湧水、里山系スリバチ…。見て楽しい、歩いて楽しい、15エリアの凹凸マップ付。
2018.1 207p A5 ¥2200 ①978-4-8003-1386-7

◆大田区あるある　東京23区あるある研究所著, にゃほこ画　TOブックス
【要旨】田園調布のような高級住宅地から、蒲田に代表される町工場まで、東京23区で最も広い大田区には様々な顔があった！ディープな大田区のあるあるネタを180超収録!!
2017.2 149p 18cm ¥1000 ①978-4-86472-546-0

◆蒲田・大森・池上＋洗足　散歩の達人handy編集部著　交通新聞社（散歩の達人handy 7）
【目次】蒲田さんぽ（進化する黒湯銭湯、リーズナブルで本格派の蒲田居酒屋ほか）、大森さんぽ（キャラ立ち2大商店街、大森の美食郷へほか）、池上さんぽ、久が原─石川台さんぽ（池上本門寺トリビアツアー、日蓮聖人ゆかりの24カ寺巡り ほか）、洗足さんぽ（洗足池水辺さんぽ、池チカ極上スイーツ ほか）
2017.7 127p 21×13cm ¥900 ①978-4-330-80617-4

◆カラー版 東京いい道、しぶい道　泉麻人著　中央公論新社（中公新書ラクレ）
【目次】1 城北エリア（怪しげオブジェの古道…尾久本町通り（前編）、尾久三業の灰かな面影…尾久本町通り（後編）ほか）、2 城東エリア（神鹿としめ縄かの街…鹿骨街道、影向の松と相撲寺…篠崎街道ほか）、3 城南エリア（シナノキ並ぶ銀座の間道…並木通り、高野聖と火の見やぐら…三田聖坂・二本榎通り ほか）、4 城西エリア（幻のオリンピックの面影…野沢通り、渋谷区の鳥頭地帯…幡ヶ谷 六号通り・不動通り ほか）、5 多摩エリア（新緑の三鷹ケヤキ道…人見街道（前編）、野川べりの水車小屋…人見街道（後編）ほか）
2017.4 213p 18cm ¥980 ①978-4-582-85842-6

◆カラー版 東京凸凹地形散歩　今尾恵介著　平凡社（平凡社新書）
【要旨】地形が好きになると、普段は「迷惑な存在」である坂道や崖地も、魅惑のスポットに様変わり！ご先祖が築いた用水や堤、切り通しや盛土などの痕跡をたどれば、地形とともに生きてきた、東京の歴史が見えてくる。東京は地形パラダイス。崖あり、谷あり、スリバチありの23エリアを歩く。
2017.4 213p 18cm ¥980 ①978-4-582-85842-6

◆川と掘割 "20の跡" を辿る江戸東京歴史散歩　岡本哲志著　PHP研究所（PHP新書）
【要旨】銀座、築地、日本橋、八丁堀、人形町─。約五〇年前まで、水路や掘割に囲まれていた下町。その名残を尋ね、掘割が出来た理由や、由来、神社仏閣の縁起などを探っていく。また、江戸や明治期と現在を重ね合わせた「地図」が満載。さらに、川が流れていた昭和初期の懐かしい街並みの「古写真」も豊富に掲載されていて、眺めているだけでも愉しい。散歩のお供にもなり、江戸、東京の歴史の勉強にも使える一冊。
2017.11 222p 18cm ¥940 ①978-4-569-83727-7

◆北区あるある　東京23区あるある研究所著, にゃほこ画　TOブックス
【要旨】飲んべえとスポーツの街・北区のあるあるネタ187本一挙放出！
2017.10 141p 18cm ¥1000 ①978-4-86472-609-2

◆北千住 町屋 三ノ輪＋南千住　交通新聞社（散歩の達人handy 5）
【目次】北千住さんぽ（独占！おとなの喫茶時間、北千住商店街ネホリハホリ歩き、千住カル

旅行 / 実用書

◆銀座を歩く―四百年の歴史体験　岡本哲志著
講談社　（講談社文庫）
【要旨】例えば、銀座通りのティファニー本店と英國屋の間に、水井荷風がかつて通っていた路地がある。銀座には江戸からの"歴史のなごり"が今なお健在で、屋台骨のように街を支えている。それらとともにあの街のルートを、約30年銀座の形成史を研究し、街づくりにも関わってきた著者が徹底ガイド。銀座ならではの奥深い魅力を満喫できる。
2017.5　317p　A6　¥740　①978-4-06-293666-8

◆携帯 東京古地図散歩―浅草編　原島広至著
（京都）青幻舎
【要旨】浅草は、江戸時代末期には、浅草寺や仲見世、新吉原や芝居小屋の集まった猿若町があり、江戸屈指の繁華街として賑わっていました。南が浅草寺を中心とした寺社で占められていたのに対して、北はまだ田園風景の広がるのどかな地域でした。本書を片手に浅草を散歩すれば、江戸時代の様子を楽しむことができるに違いありません。
2017.3　159p　B6　¥1600　①978-4-86152-575-9

◆携帯 東京古地図散歩―丸の内編　原島広至著
（京都）青幻舎
【要旨】大名小路（丸の内・大手町付近）は、毎年のように切絵図の改訂版が出されました。大名小路の武家屋敷は、老中や若年寄たちが任期の間だけ役宅として住み、地図を見れば、幕府の政治の動向が伝わってきます。幕府の政権争いや、老中・若年寄たちの病気の引退、世代交代など、地図から色々と読み取ることができます。本書を片手に、時空散歩や現地の発見の旅にぜひ出かけてみてください。
2017.3　160p　B6　¥1600　①978-4-86152-576-6

◆見学・体験スポットのりもの案内 乗る＆歩く東京編〈横浜付〉最新版　橋本豪、ユニプラン編集部編　（京都）ユニプラン
【要旨】乗り、歩いて探る今"TOKYO"・昔"江戸"
2017.11　128p　A5　¥700　①978-4-89704-439-2

◆江東区あるある　東京23区あるある研究所著，にゃほこ画　TOブックス
【要旨】東京の水の都、江東区のあるあるネタ188本一挙収録！
2017.8　144p　18cm　¥1000　①978-4-86472-595-8

◆古地図と地形図で楽しむ東京の神社　荻窪圭著　光文社　（光文社知恵の森文庫）
【要旨】神田明神、赤城神社、王子稲荷…。東京に古くから存在する神社を、その歴史だけでなく、立地、そして周辺の地形の点からも見つめ直せば、全く新しい発見がある。東京の古社めぐり・古道歩きの第一人者が、エリア別に、知って楽しい、見て楽しい、神社散歩のルートをオールカラーで紹介。
2017.6　302p　A6　¥880　①978-4-334-78723-3

◆これでいいのか東京都立川市　鈴木ユータ，岡島慎二編　マイクロマガジン社　（地域批評シリーズ 18）
【要旨】今、立川市は都内でもホットな街のひとつとして注目を浴びている。IKEAやららぽーと立川立飛などの大型商業施設も次々とオープンし、「住みたい街ランキング2017」では堂々のトップ20入り。再開発は一定の成果を生み、以前は多摩エリアの盟主争いをしていた八王子を完全に引き離しつつある。しかしてその実態は、全国に轟々たるWINSも健在のギャンブルタウンで、駅前に乱立するパチンコ店には相変わらず行列ができている。住民も増えたとはいえ単身者ばかりで、地価の高騰からファミリー世帯は他の多摩地区に流出する一方。そのため出生率は全国平均を下回るなど、イメージと実態が大きく乖離している。本書では、そんな立川の過去や現状を見渡しつつ、未来がどうあるべきかを論じてみた！
2017.10　319p　A6　¥920　①978-4-89637-655-7

◆これでいいのか東京都豊島区　岡島慎二編　マイクロマガジン社　（地域批評シリーズ 17）
【要旨】豊島区の中心・池袋が持つ「怖い街」「汚い街」というワイルドな横顔が好かれようと、豊島区が目指してきた「芸術」「文化」のまちづくり。だが、掛け声ばかりが先行するあまり、ところが近年、民間の地道な努力もあって池袋の治安が良化。若い女性向けのオシャレな商業施設の建設や、大規模な再開発事業が進められ、池袋の「ダサくて怖い繁華街」のイメージがガラリ一変。各種媒体における「住んでみたい街調査」の上位常連という新たなポジションを手に入れた。そんな池袋の変貌と合わせるように、区は子育て事業に力を注入。これが奏功して池袋を中心に豊島区へと流入するファミリーが増えているという。2014年には東京23区ながら「消滅可能性都市」という衝撃の宣告を受けた豊島区。その大逆襲が今、始まっている！
2017.4　127p　A6　¥900　①978-4-330-76617-1

◆これでいいのか東京都八王子市　岡島慎二，鈴木ユータ編　マイクロマガジン社　（地域批評シリーズ 19）
【要旨】豊かな自然に囲まれた人口約58万人の大都市・八王子。江戸時代に甲州街道最大の宿場町として繁栄し、その後、周辺町村を吸収合併しながら商都として大きく発展。高度成長期以降、ニュータウン建設を筆頭に大規模な宅地開発によって人口も激増し、多摩地区の「首都」として、ずっと同地区の中心的役割を果たしてきた。ところがその慢がアダになったようで、中心駅である八王子駅周辺から百貨店が続々と撤退。まるで地方都市さながらの衰退を見せる中で、多摩の主権はもはや「立川」に移行したと、まことしやかに囁かれている。そんな混迷する八王子に復権の目はあるのか？ 本書では八王子の住民構造とその実態を明らかにしながら、まだまだポテンシャル抜群の「落ちた巨人」八王子の逆襲を探った！
2017.10　319p　A6　¥920　①978-4-89637-658-6

◆品川区あるある　東京23区あるある研究所著，にゃほこ画　TOブックス
【要旨】毎週取材される戸越銀座！ 品川区には品川駅がない！ 2017年、ヒアリが大発生!? マ○オカートが走ってる！ 毎年アライグマが現れる！ ストレス解消は瓦割り!? 辛さ1万2345倍のカレーがある！ 日本で唯一のケニア・！ カンバ料理店！ などなど、東京の玄関口、品川区のあるあるネタ180本大放出！
2017.11　140p　18cm　¥1000　①978-4-86472-622-1

◆渋谷―にぎわい空間を科学する　上山和雄編著　雄山閣　（渋谷学叢書 5）
【要旨】変貌する"渋谷"と新たな"渋谷学"の構築。「渋谷」の特色を「にぎわい空間」と捉え、その三つの視点から解明する。第一にはにぎわい空間が形成されるに至った経緯という方向から、第二としてはにぎわいを維持している仕組み、第三として、にぎわいそのものを対象とする。以上、三つの視点に基づく論稿を各編でまとめ、「にぎわい空間としての渋谷」を多面的に解明した。
2017.2　351p　A5　¥3400　①978-4-639-02469-9

◆渋谷学　石井研士著　弘文堂
【目次】1 生まれ変わる"シブヤ"（平成39年（2027）、渋谷はこうなる、変わりゆく渋谷駅ほか）、2 スクランブル交差点という祝祭（交差点は聖地となった、「あけおめ」とスクランブル交差点 ほか）、3 "シブヤ"はどこにあるのか？（"シブヤ"と聞いて思い浮かべるものは？、忠犬ハチ公像 ほか）、4 渋谷の地理、渋谷の歴史（地下鉄銀座線と渋谷川、台地と河川 ほか）、5 渋谷の光と闇（センター街の「神待ち」少女、"シブヤ"と都市伝説 ほか）
2017.4　199p　B6　¥1500　①978-4-335-25069-9

◆渋谷・実践・常磐松・知っていますか 過去・現在・未来　井上一雄著　（名古屋）ブイツーソリューション，星雲社 発売
【要旨】渋谷、変貌する今だからこそ、知っておきたいことがある。渋谷と常磐松地域、実践女子学園に焦点を当て、その過去を探りながら過去・現在・未来へと繋いでいく。
2017.2　131p　A5　¥926　①978-4-434-22733-2

◆新宿区あるある　東京23区あるある研究所著，にゃほこ画　TOブックス
【要旨】夜景のネオンはもう見飽きた!?カオスな大都会・新宿区のあるあるネタ200本一挙放出！
2017.12　140p　18cm　¥1000　①978-4-86472-629-0

◆新橋アンダーグラウンド　本橋信宏著　駒草出版
【要旨】ガード下、闇市跡、花街の名残。昭和の黒幕たちが愛した街。ニュー新橋ビル、スタジオジブリ、謎の壁画、新橋系ナポリタン…新橋には多くの秘密が埋まっている。
2017.11　335p　B6　¥1500　①978-4-905447-86-3

◆創発する都市 東京―カルチュラル・ハブがつくる東京の未来　福川伸次，市川宏雄編　都市出版
【要旨】なにが東京の未来をつくるのか。グローバル化により世界の都市の均質化が進んでいる。その流れから抜け出すために求められる都市戦略とは？
2017.4　397p　A5　¥2500　①978-4-901783-57-6

◆大田舎・東京―都バスから見つけた日本　古市憲寿著　文藝春秋
【要旨】まさか、東京を「大都会」だと思っていませんか…？ 気鋭の社会学者が、地上2.3メートルの"ちょっとだけ上から目線"で綴る、東京＝日本論。バスの窓から見た東京、東京の秘密100。小池百合子都知事との対談も収録。
2017.6　285p　B6　¥1400　①978-4-16-390512-9

◆高田文夫と松村邦洋の東京右側「笑芸」さんぽ　いち・にの・さんぽ会編　講談社
【要旨】心肺停止コンビ!?が繰り広げる爆笑の東京右側＝下町エリアの「演芸」さんぽ。「いち・にの・さんぽ会」5年間の歩みから、厳選10コースMAP付きで紹介！
2017.11　125p　A5　¥1200　①978-4-06-220698-3

◆中央線をゆく、大人の町歩き―鉄道、地形、歴史、食　鈴木伸子著　河出書房新社　（河出文庫）
【要旨】東京のあらゆる文化が入り交じる中央線は、どの駅で降りても楽しめる。東京駅から高尾駅まで全駅、街に隠れた歴史や鉄道名所、不思議な地形などをめぐりながら、各駅停車でぶらぶら散歩。どこか懐かしさを感じたり、青春時代に思いを馳せたり、大人ならではの町歩きを提案。慣れ親しんだ街の新たな魅力を発見する。
2017.4　203p　A6　¥660　①978-4-309-41528-4

◆帝都公園物語　樫原辰郎著　幻戯書房
【要旨】トーキョーの公園はヘンだった!!日比谷公園、新宿御苑、明治神宮…etc.カルチャーギャップと大格闘、開発するもんだ明治マル秘史。「『痴人の愛』を歩く」の著者が放つ最新東京文化論。
2017.8　222p　B6　¥2200　①978-4-86488-127-2

◆点線面 vol.4 足立区の誘惑　点線面編集部編　ポンプラボ
【目次】巻頭特集 足立区の誘惑★東京23区の北端、秘境の深淵を覗きに（足立区の基本のき！ ちなみに区の木は「さくら」です、『出没！ アド街ック天国』に見るADACHI recommend（アダチレコメン）！、"ADACHI COLUMN" 足立区の有名人といえば…、緊急スペシャル 乗り遅れるな！ アダチスタイルを遅刻注目ユニット IKAZUGOKE presents 夜露死苦！ 足立区、いまこそ足立に学べ！ 日本中のADACHIに愛をこめて ほか、CLOSE UP！ MOTTO!!IKAZUGOKE（北村早樹子×飯田華子、直撃!!北村早樹子×飯田華子 IKAZUGOKEになるまで、Comments about IKAZUGOKE/北村早樹子/飯田華子、いと羨ましIKAZUGOKE！ 神藏美子ほか）
2017.11　144p　19x13cm　¥1000　①978-4-908824-04-3

◆東京　JTBパブリッシング　（楽楽―関東 2）
【目次】東京駅周辺、銀座・有楽町、浅草、上野、六本木、渋谷、原宿・表参道、新宿、池袋、お台場、東京ディズニーリゾート
2018.1　207p　21x13cm　¥980　①978-4-533-12296-5

◆東京暗渠学　本田創著　洋泉社
【要旨】暗渠をめぐるタイムトリップ！ 見て愉しい、歩いて愉しい、37点の暗渠3Dマップ付き。待望の『東京「暗渠」散歩』第2弾！
2017.8　254p　A5　¥2400　①978-4-8003-1304-1

◆東京お遍路ゆる散歩―江戸御府内八十八ケ所とことこ歩き　松尾たいこ著　キノブックス
【要旨】「御府内」とは、江戸城を中心に、品川、深川、本所、千住、四谷、板橋あたりを境にしたその内側の地域（ほぼ現在の東京23区）を指す。江戸時代に生まれた、弘法大師様ゆかりのお寺（札所）を巡る、お遍路コースのこと。お寺巡りの魅力が詰まったイラストエッセイ＆ガイドブック。
2017.5　231p　B6　¥1600　①978-4-908059-68-1

◆東京開運☆さんぽ―浄化＆招福17のルート！　長崎洋二著　河出書房新社　（KAWADE夢文庫）
【要旨】好ましい要素が集う「神域」を効果的に歩きながら浄化、パワー増幅、運気アップ、ご

利益…を手に入れましょう。夢が叶う17の散歩ルートを教授します！
2018.1 221p A6 ¥680 ①978-4-309-49982-6

◆**東京くねくね** 松尾貴史著　東京新聞
【要旨】東京をくまなく探索徘徊。足掛け5年、よくもよくねしたものです。街の秘密、楽しみ、さまざまな営みやその成り立ちを現場でナニして参りました！
2017.5 255p B6 ¥1300 ①978-4-8083-1018-9

◆**東京古道探訪―江戸以前からの東京の古道を探る歴史散歩** 荻窪圭著　（京都）青幻舎
【要旨】千年前の人々が歩いた、江戸以前の東京を知る。史跡を巡って古道を発見する楽しみを実践指導。はじめてでも楽しめる古道ルート10を厳選。
2017.4 175p B6 ¥1600 ①978-4-86152-613-8

◆**東京さんぽ図鑑―町や建物の"新しい見方"を超図解！** スタジオワーク著　朝日新聞出版
【要旨】地形、建物、町並みの痕跡から東京の町をディープに読み解く！名もなき路地にもドラマがある！"発見型"さんぽが楽しめる25コース。
2017.11 191p A5 ¥1500 ①978-4-02-333936-1

◆**東京商店街さんぽ　VOL.1　東京23区城北エリア（葛飾・豊島・板橋・北・荒川・足立区）** 見知らんジャパン研究室著　秀和システム
【要旨】気軽にふらっと…新しい街歩きスタイル。おすすめルート満載。スマホとリンクできるQRコード付き。
2017.5 135p A5 ¥950 ①978-4-7980-5102-4

◆**東京商店街さんぽ　VOL.2　東京23区城東エリア（中央・台東・千代田・江東・墨田・江戸川区）** 見知らんジャパン研究室著　秀和システム
【要旨】気軽にふらっと…新しい街歩きスタイル。おすすめルート満載。スマホとリンクできるQRコード付き。
2017.5 135p A5 ¥950 ①978-4-7980-5103-1

◆**東京商店街さんぽ　VOL.3　東京23区城西エリア（新宿・練馬・中野・文京・渋谷・杉並区）** 見知らんジャパン研究室編　秀和システム
【要旨】気軽にふらっと…新しい街歩きスタイル。おすすめルート満載。スマホとリンクできるQRコード付き。
2017.7 127p A5 ¥950 ①978-4-7980-5104-8

◆**東京商店街さんぽ　VOL.4　東京23区城南エリア（目黒・世田谷・品川・港・大田区）** 見知らんジャパン研究室編　秀和システム
【要旨】気軽にふらっと…新しい街歩きスタイル。おすすめルート満載。スマホとリンク、QRコード付き。
2017.7 127p A5 ¥950 ①978-4-7980-5105-5

◆**東京 しるしのある風景** 松田青子著　河出書房新社
【要旨】風景印（ふうけいいん）―郵便局で押してもらえる、その地域縁の名所旧跡などを絵柄にした印。出不精な作家が風景印に誘われて、てくてく散歩。気付かなかった東京23区＋番外編。
2017.11 208p B6 ¥1500 ①978-4-309-02633-6

◆**東京の夜のよりみち案内** 福井麻衣子著　G.B.
【要旨】読書やアート鑑賞、手作り体験、ごほうびスイーツやヘルシーなご飯、かわいいお花や服、雑貨、星空観察やナイトカヌーまで！東京には、夜をすてきに過ごせる場所がたくさん。おすすめスポット82。
2017.3 159p A5 ¥1600 ①978-4-906993-38-3

◆**東京ひとり歩き ぼくの東京地図。** 岡本仁著　（大阪）京阪神エルマガジン社
【要旨】東京の街は、さしたる目的もなく、ぶらぶら歩く者にときどき優しい。軽やかに「歩く」東京エッセイ。
2017.4 159p A5 ¥1600 ①978-4-87435-531-2

◆**東京「ぼち小屋」探訪** 持田庄一著　（松戸）王国社
【要旨】建築の原点がここにある。気がつけば同じ表情の高層建築にとらわれている。このまま街中に建つ建物への思いが失われる。一棟一機能の「ぼち小屋」の登場である。各小屋ごとに案内地図、写真収録。
2017.6 222p B6 ¥1850 ①978-4-86073-065-9

◆**東京街かどタイムトリップ―23区にいまだ残る懐かしくも奇妙な景観 幻のような光景ツアーへいざ！** 岡田英之著　河出書房新社
【要旨】江戸や明治の名残り、力強い自然と地形、戦災の傷跡、いまなお息づく庶民信仰…。都会に潜む81のワンダースポットが過去・未来・外国…へ誘う！街歩きのお供に最適！
2017.12 198p B6 ¥1400 ①978-4-309-27902-2

◆**東京みちくさ案内** 香菜子著　主婦と生活社
【要旨】目的地へ直行せずに、ぶらぶらよりみち。すると―こんな東京初めて見た！の連続。Tokyo One Day Trip。
2017.10 143p B6 ¥1400 ①978-4-391-15015-5

◆**東京ヤミ市酒場―飲んで・歩いて・聴いてきた。** フリート横田著　（大阪）京阪神エルマガジン社
【要旨】今宵訪ねたい首都圏13カ所の、流転の飲み屋史。
2017.10 125p 15×22cm ¥1600 ①978-4-87435-556-5

◆**東京・横浜今昔散歩** 原島広至著　KADOKAWA　（中経の文庫）
【要旨】明治・大正・昭和初期の彩色絵はがきと現代写真、そして江戸切絵図と現代地図を使った、東京と横浜の「今と昔」がひと目でわかる本書。ご当地の散策や観光に必ず役立つ一冊。同一視点で撮影されたかつての風景と現代の光景の違いを発見したり、各横エリアにまつわる興味深いエピソードを楽しんだり―今まで知らなかった東京・横浜の姿が見えてくる！
2017.11 383p A6 ¥1400 ①978-4-04-602066-6

◆**「東京DEEP案内」が選ぶ首都圏住みたくない街** 逢阪まさよし、DEEP案内編集部著　駒草出版
【要旨】犯罪多発地帯、貧困層地区、暴力団事務所がある、元スラム街、カルト宗教施設・過激派アジトがある、不良外国人居住区、勘違いセレブが多い、ゴミ出しのマナーが酷い、低湿地、液状化地帯、工場・産廃業者が多い、ラブホテル・風俗店ばかりの街…etc。45路線718駅を徹底調査。
2017.6 503p A5 ¥2200 ①978-4-905447-82-5

◆**23区大逆転** 池田利道著　NHK出版　（NHK出版新書）
【要旨】都心の圧勝はいつまで続くのか。コスパの良さが評価され始めた台東区・江東区や、伸び代の大きさを武器に巻き返しを狙う足立区・北区など、ここにきてこれまでの「序列」が大きく変わりつつある。ベストセラー『23区格差』の著者が、最新のデータから格差逆転の予兆を鮮やかに読み解いた力作。
2017.9 251p 18cm ¥820 ①978-4-14-088528-4

◆**はじめての暗渠散歩―水のない水辺をあるく** 本田創、高山英男、吉村生、三土たつお著　筑摩書房　（ちくま文庫）
【要旨】テレビの散歩番組でもよく出てくる暗渠って何？それはかつて川や水流だった跡地のこと。暗渠をさがせば街は探検の舞台となり、暗渠をたどれば街の歴史が見えてくる。本書では、まず橋跡、車止めなど暗渠探しのポイントを開示。次に、夜の暗渠、文学や漫画作品と暗渠などいろいろな魅力を伝え、東京を中心に、横浜、埼玉、大阪、神戸の主な暗渠も案内する。
2017.11 255p A6 ¥760 ①978-4-480-43481-4

◆**深川・門前仲町・清澄白河・森下＋豊洲＋木場** 散歩の達人handy編集部編　交通新聞社　（散歩の達人handy 8）
【目次】門前仲町さんぽ（祈りのエンタメ深川不動堂、深川八幡祭り徹底「水かけ」論 ほか）、清澄白河さんぽ（アートとクラフトの青空市「清澄白河EXPO」、老舗という名の街の社交場3/着物を通じて、日本文化を伝える ほか）、森下さんぽ（温故知新の森下グルメ、懐も心もあったまる ほか）、豊洲さんぽ（豊洲商店街を歩いてみよう、江戸職人の素顔4/伝統の和船づくりで"10代目"も奮闘中 ほか）
2017.7 21×13cm ¥900 ①978-4-330-80717-1

◆**ほじくりストリートビュー** 能町みね子著　交通新聞社　（散歩の達人POCKET）
【要旨】月刊「散歩の達人」大人気連載を単行本化！地図で見つけた奇妙な境目・細すぎる道・行き止まりを現地でほじくれ！
2017.6 191p A5 ¥1300 ①978-4-330-77617-0

◆**水辺のまち―江東を旅する** 松川淳子著　萌文社

【目次】第1章 江東の時間と空間（まちに住む、水辺のまち ほか）、第2章 まちの歳月（新しい暮らしを支える、まちの魅力・まちの宝物 ほか）、第3章 内海さんの江東（写真は語る）、第4章 座談会 江東のまちを愛して一行政からみた江東の魅力
2017.10 191p A5 ¥1600 ①978-4-89491-346-2

◆**みる・よむ・あるく東京の歴史　1　通史編1―先史時代～戦国時代** 池享、櫻井良樹、陣内秀信、西木浩一、吉田伸之編　吉川弘文館
【要旨】多様な地形をもち、豊かな自然に彩られた東京。武蔵国府の設置、武士団の成長、小田原北条氏の支配。その下で営まれる人びとの暮らしや社会の動きに視点を置き、「東京の歴史」の舞台と、先史から戦国時代の歩みを記します。
2017.10 152, 3p B5 ¥2800 ①978-4-642-06826-0

◆**みる・よむ・あるく東京の歴史　2　通史編2―江戸時代** 池享、櫻井良樹、陣内秀信、西木浩一、吉田伸之編　吉川弘文館
【要旨】家康の入府以来、急速に巨大城下町へと変貌する江戸。幕藩権力や物流、そして人びとの生活を支えるインフラを都市形成に、災害や病、歌舞伎・浮世絵など民衆文化を見ながら、巨大城下町における人びとの営みを描きます。
2017.11 152, 3p B5 ¥2800 ①978-4-642-06827-7

◆**みる・よむ・あるく東京の歴史　3　通史編3―明治時代～現代** 池享、櫻井良樹、陣内秀信、西木浩一、吉田伸之編　吉川弘文館
【要旨】古文書や記録、絵図・地図・写真を基本史料として一点取り上げ、わかりやすく解説します。「みる」の基本史料をていねいに読み解き、関連する史料や事項にも触れながら歴史の事実に迫ります。あるく：「みる」「よむ」で得られた知識をもとに、関係する史跡や現状を辿る案内や、さらに深い歴史にむかって"あるく"道筋を記します。
2017.12 152, 3p B5 ¥2800 ①978-4-642-06828-4

◆**谷根千ちいさなお店散歩** 南陀楼綾繁著　WAVE出版　新版
【要旨】古くからある町と、新しく始めたお店。懐かしくて新しい、東京の新スポット「谷根千」。個人による手作りのお店、古い建物を利用したお店など、独自の「スタイル」と「物語」を持つ小さなお店をていねいに紹介。
2017.11 159p A5 ¥1500 ①978-4-86621-094-0

◆**横丁の引力** 三浦展著　イースト・プレス　（イースト新書）
【要旨】なぜ、ネット社会でも人気は衰えないのか？吉祥寺ハモニカ横丁、新宿思い出横丁、立石仲見世商店街など、「駅前横丁」が再び活性化している。スナックブームも巻き起こっている。一方で、再開発で危機に瀕している横丁もある。武蔵小山は大幅に縮小し、立石も近々ビルになる。安くてうまい食べ物、見知らぬ他者との交流の場所を提供し続けてきた横丁をいまこそ見直し、将来につなげていく必要がある。社会デザイン研究者にして「街歩きの達人」として知られる著者が横丁の現代的意義を徹底分析。NPO法人「ハモニカ横丁東京」によるインタビュー記録も掲載。
2017.10 269p 18cm ¥861 ①978-4-7816-5093-7

◆**私の東京地図** 小林信彦著　筑摩書房　（ちくま文庫）
【要旨】下町に生まれ、和菓子屋の十代目を継ぐべき人間だったが、空襲で焼けだされ、山の手に移り住んだ。それからずっと東京の街を見てきたが、なじみの映画館やレストラン、洋服屋はかなり姿を消し、どんどん変わってゆく。昔の東京はもはや映像や写真の中にしかない。記憶の中にある風景を思い浮かべ、重ね合わせながら歩く。東京の今と昔が交錯するエッセイ集。
2017.6 254p A6 ¥880 ①978-4-480-43450-0

◆**TOKYO坂道散歩なび―選りすぐり18コース 坂と街のヒミツを楽しむ本！** 坂の街研究会編　河出書房新社　（KAWADE夢文庫）
【要旨】東京23区内に1000近く存在する「坂」。街ごとに異なる顔をもつ大都会を、個性豊かな坂を起点に歩けば驚きの素顔が見えてくる！
2017.10 222p A6 ¥680 ①978-4-309-49977-2

◆**TOKYO COOL JAPAN EXPERIENCE―東京で体験できるクールジャパンガイド** Beretta著　雷鳥社
【目次】つまみ細工―華やかで可憐な東京都指定の伝統工芸、江戸染色―凛として、江戸の粋を楽しむ、飴細工―懐かしいけど新しい。進化を続ける伝統工芸、加賀ゆびぬき―心躍る色彩を、

旅行

実用書

旅行・ドライブガイド

◆一度は行きたい 日本の自然風景　昭文社
【要旨】バラエティに富んだ美しい日本の自然風景100か所を収録。取り外して使える、日本の自然風景100MAP。
2018.1 79p A5 ¥1000 ①978-4-398-14564-2

◆一度は行きたい 日本の町並み集落　昭文社
【要旨】伝統的建造物群保存地区に指定されている宿場町や寺内町、日本の原風景ともいえる里山・山あいの集落や入り江の漁村など、バラエティに富んだ美しい日本の町並み・集落100か所を収録。取り外して使える、日本の町並み集落100MAP。
2017.9 79p A5 ¥1000 ①978-4-398-14565-9

◆小笠原―父島 母島　「地球の歩き方」編集室編　ダイヤモンド・ビッグ社，ダイヤモンド社発売　（地球の歩き方―島旅 08）
【目次】小笠原の島々、小笠原の遊び方、小笠原の歩き方、小笠原の深め方、旅の基本情報
2017.1 127p A5 ¥1500 ①978-4-478-05000-2

◆外国人が喜ぶ日本の名所―日本人だから気づかない、驚きの66スポット　「ニッポン再発見」倶楽部著　三笠書房　（知的生きかた文庫）
【要旨】一度は行きたい、旅先選びの新ガイド！青い海と123基の赤い鳥居が絶景を織り成す元乃隅稲成神社（山口）。幻想的な雲海テラス（北海道）で天国を近くに感じる。アニメ『天空の城ラピュタ』の舞台そっくりな友ヶ島（和歌山）。日本童話の神々が降り立った地、高千穂峡（宮崎）。京浜工業地帯（神奈川）の工場夜景にうっとり、など。
2017.10 222p A6 ¥780 ①978-4-8379-8496-2

◆学業から芸能、スポーツまで上達・合格祈願！「学問の神様」徹底ガイド　戸部民夫著　双葉社　（双葉文庫）
【要旨】入学試験、就職、転職や資格試験など、受験は人生を左右する一大イベント。そんな時にぜひ知っておきたいのが合格祈願を叶える日本全国の神社には多様多才の頼りになる神様たちがいっぱい。本書では学力向上に強力なパワーを発揮する学問の神様、科目別・分野別の神様、さらに芸能やスポーツの上達にご利益のある神様まで、幅広く徹底紹介！何処に参拝したらいいかがわかる。日本各地の神社・寺院ガイドつき。
2017.2 239p A6 ¥602 ①978-4-575-71463-0

◆知って楽しいわさび旅　産業編集センター著　産業編集センター　（大人の学び旅 3）
【要旨】全国の主なわさび産地から厳選した4つの地域を美しい写真と文章で紹介。
2017.3 103p A5 ¥1500 ①978-4-86311-148-6

◆死ぬまでに行きたい！世界の絶景 新日本編　詩歩著　三才ブックス
【目次】彩香の里のラベンダー畑―北海道、小湊鐵道と菜の花―千葉県、弘前公園の花筏―青森県、小豆島のエンジェルロード―香川県、備瀬のフクギ並木―沖縄県、小島神社―長崎県、水島―福井県、ユーシン渓谷―神奈川県、濃溝の滝―千葉県、壇鏡の滝―島根県 ［ほか］
2017.9 159p A5 ¥1296 ①978-4-86199-998-7

◆知りたい、歩きたい！美しい「日本の町並み」　「ニッポン再発見」倶楽部著　三笠書房　（知的生きかた文庫）
【要旨】古きよき「暮らしのかたち」が残る、さまざまな成り立ちの美しい町と村。
2017.3 237p A6 ¥720 ①978-4-8379-8459-7

◆図録 全国の美しい御朱印　八木透監修　マイナビ出版
【要旨】全国の御朱印を都道府県ごとに掲載。一の宮、東照宮、護国神社の神社巡礼。西国三十三所や宇佐神宮六郷満山などの霊場巡礼。眺めて癒される御朱印を紹介。
2017.7 351p A5 ¥2180 ①978-4-8399-6135-0

◆絶景！日本全国ロープウェイ・ゴンドラコンプリートガイド　中島信昭　扶桑社
【要旨】急斜面を一気に駆け上がるロープウェイ・ゴンドラだからこそ体感できる、迫力満点&壮大な日本全国の眺望を一冊に。全路線の方式、全長、最大勾配、最高運転速度、所要時間などの詳細データ、2017年夏に更新された搬器まで、完全収録！国内オール138路線。すべて現地取材&撮り下ろし。
2017.9 187p B6 ¥1700 ①978-4-594-07781-5

◆全国の犬像をめぐる一忠犬物語45話　青柳健二著　青弓社
【要旨】江戸時代の「魔物を退治してくれた犬」や「自分を犠牲にして主人を助けた犬」「主人のかわりにお伊勢参りをした犬」をはじめ、渋谷の忠犬ハチ公、雪崩から主人を救った新潟の忠犬タマ公、小樽の消防犬ぶん公、東京のチロリの記念碑、郡上の交通事故で片足を失った盲導犬サーブ、松山の目が見えない犬タンピー、全国各地の忠犬・愛犬の像約60体を紹介する。
2017.4 180p A5 ¥1800 ①978-4-7872-2071-4

◆中山道道中案内 関ヶ原から三条大橋　江竜喜和之編　（彦根）サンライズ出版
【目次】地図（関ヶ原宿、今須宿、柏原宿、醒井宿、番場宿 ほか）、概説（関ヶ原宿、今須宿、柏原宿、醒井宿、番場宿 ほか）
2017.3 126p A5 ¥2000 ①978-4-88325-604-4

◆にっぽんの秘島 行きたくなるガイド　ロム・インターナショナル編　河出書房新社　（KAWADE夢文庫）
【要旨】はるか南から移動してきた奇跡の島、国宝を模した建築物がひしめく島、リゾートなのに地図に載っていない島…北から南まで、とっておきの魅力を味わう！
2017.5 221p A6 ¥680 ①978-4-309-49966-6

◆日本遺産 2 時をつなぐ歴史旅―文化庁認定19ストーリー　日本遺産プロジェクト編　東京法令出版
【要旨】第2回認定19の日本遺産を完全網羅！訪ねてみたくなるまだ見ぬ日本の美しい姿。
2017.11 143p A5 ¥1800 ①978-4-8090-3182-3

◆日本全国 一の宮巡拝完全ガイド 決定版　招福探求巡拝の会著　メイツ出版
【要旨】古代から続く格式と伝統。全国の「一の宮」全社を、その縁起から現在の姿までご紹介します。
2017.12 160p A5 ¥1850 ①978-4-7804-1944-3

◆日本てくてくゲストハウスめぐり　松鳥むう著　ダイヤモンド・ビッグ社，ダイヤモンド社発売　（地球の歩き方コミックエッセイ）
【要旨】人に出逢うために旅をする。人を通して地域の魅力を感じる、自分スタイルの心地いい場所探し♪今すぐ泊まりたい！おすすめ28軒
2017.7 159p A5 ¥1000 ①978-4-478-06073-5

◆ネコ温泉　伴田良輔写真・文　辰巳出版
【要旨】猫がもてなす温泉宿を紹介する。
2017.5 111p A5 ¥1700 ①978-4-7778-1879-2

◆廃道踏破 山さ行がねが―伝説の道編　平沼義之著　実業之日本社　（じっぴコンパクト文庫）
【要旨】廃道場から地方の名望家が作った道、未成隧道、森林鉄道などなど『廃道探索 山さ行がねが』で探索した8編に続いて、こんどはもっと困難な道を踏破した記録から、ボリュームたっぷりに全6編収録。道を作るべく奔走した明治から昭和のさまざまな人々の熱き足跡をたどり、道となくなった道をたどり、机上調査を続けたヨッキれん。その成果をとくとご覧あれ。ん？いま踏破って書いたけれど、中央自動車道の「南アルプス隧道」って、開通してないんじゃ…？
2017.9 493p A6 ¥1100 ①978-4-408-45690-4

◆パワースポットCDブック―自然音のゆらぎがあなたを癒す　梅田智彦著，荒井皆子監修　東邦出版　（付属資料：CD1）
【要旨】いつでもどこでも今いる場所をパワースポットに変える！無心になれる自然音100%。
2017.8 69p 19×15cm ¥1300 ①978-4-8094-1509-8

◆不思議と運が開けてくる！噂の神社めぐり　本田不二雄著　学研プラス
【要旨】あなたが神縁を結ぶべき神社がきっとみつかる！全国の開運・金運神社100社を紹介!!
2018.1 159p A5 ¥1300 ①978-4-05-406617-5

◆ブラタモリ 7 京都（嵐山・伏見）志摩 伊勢（伊勢神宮・お伊勢参り）　NHK「ブラタモリ」制作班監修　KADOKAWA
【要旨】旅が何倍も楽しくなる、ディープな街歩きを楽しめます。
2017.6 135p A5 ¥1400 ①978-4-04-105807-7

◆ブラタモリ 8 横浜 横須賀 会津 会津磐梯山 高尾山　NHK「ブラタモリ」制作班監修　KADOKAWA
【要旨】旅が何倍も楽しくなる。人気街歩き番組の公式本。
2017.6 135p A5 ¥1400 ①978-4-04-105808-4

◆ブラタモリ 11 初詣スペシャル成田山・目黒・浦安・水戸・香川（さぬきうどん・こんぴらさん）　NHK「ブラタモリ」制作班監修　KADOKAWA　（付属資料：シール）
【目次】1 成田山―初詣スペシャル なぜ成田山新勝寺は初詣客日本一の寺？、2 目黒―目黒は江戸のリゾート!?、3 浦安―なぜ浦安は"夢と魔法の町"になった？、4 水戸―水戸黄門はなぜ人気があるのか？、5 さぬきうどん―なぜ"さぬきうどん"は名物になった？、6 こんぴらさん―人はなぜ"こんぴらさん"を目指す？
2017.12 135p A5 ¥1400 ①978-4-04-105811-4

◆ブラタモリ 12 別府・神戸・奄美　NHK「ブラタモリ」制作班監修　KADOKAWA　（付属資料：シール）
【目次】1 別府温泉―別府はなぜ日本一の温泉に？、2 別府―巨大温泉都市・別府はどうできた？、3 神戸の港―神戸はなぜ1300年も良港なのか？、4 神戸の街―神戸はなぜ"ハイカラ"なのか？、5 奄美大島―自然をいかした奄美の"宝"とは!?、6 奄美の森と海―なぜ奄美は生き物の楽園!? 2017.12 135p A5 ¥1400 ①978-4-04-105812-1

◆誇れる郷土ガイド―日本の歴史的な町並み編　古田陽久，古田真美著，世界遺産総合研究所企画・編　（広島）シンクタンクせとうち総合研究機構　（ふるさとシリーズ）
【要旨】2020年の東京オリンピックに向けて訪日外国人旅行者数を4000万人とする「観光先進国」への新たな日本の国づくりが求められている。本書では、外国人の旅行者に訪れてもらいたい日本らしい伝統的な建造物群が今も残る歴史的な町並みを特集する。
2017.8 144p A5 ¥2500 ①978-4-86200-210-5

◆レトロ銭湯へようこそ 西日本版　松本康治写真・文　戎光祥出版
【要旨】ディープな旅に風呂尽あり。中国・四国・九州・沖縄、オドロキと感動の55湯!!
2017.5 127p A5 ¥1600 ①978-4-86403-244-5

◆ローカル路線バス終点への旅　加藤佳一著　洋泉社　（新書y）
【要旨】途中下車を愉しみつつ、終点の情景を求める旅へ「終点」―。この言葉に、えもいわれぬ郷愁を感じるのはなぜだろう…。列車を降りると、読み方もわからない市を名を掲げて待つローカル路線バス。坦々とたどる細道の先、谷あいの小さな集落にポツンと立つバス停。そんな懐かしいふるさとの情景を求めて、土地に生きる人々とふれあい、自然の恵みを味わう小さな旅24コースを紹介。
2017.4 223p 18cm ¥900 ①978-4-8003-1199-3

温泉ガイド

◆いわての温泉パーフェクトガイド　岩手日報社出版部制作・編　（盛岡）岩手日報社　第5版
【要旨】源泉名、泉質、湧出量、pH値、かけ流し、浴槽数…etc、マニアも納得のこだわり!!203湯、お湯データ。
2017.11 167p A5 ¥1700 ①978-4-87201-532-4

◆温泉手帳　松田忠徳著　東京書籍　増補改訂版
【要旨】旅館・温泉施設の最新情報を大増ページ。定番書籍の最新決定版。
2017.9 261p 18cm ¥1600 ①978-4-487-81089-5

◆温泉の秘密　飯島裕一著　海鳴社
【要旨】温泉は知れば知るほど、楽しくなる。サイエンス・ライターで温泉通の新聞記者が、温泉のもつ多彩な魅力と謎解きに挑む。温泉の科学。
2017.2 174p B6 ¥1600 ①978-4-87525-331-0

◆岳泉会のよくばり温泉マウンテン　落合恵、木下綾乃、中村亮子、元永二朗著　パイインターナショナル
【要旨】スノーシュー、山の宴、山麓の喫茶店や博物館。低山から北アルプス、八ヶ岳まで山と温泉を愛する会が歩く"よくばり"な山案内。
2017.8　151p　A5　¥1600　978-4-7562-4878-7

◆金銀名湯——伊香保温泉　小暮淳取材・文　（前橋）上毛新聞社
【要旨】伊香保嶺（榛名山）に滾々と湧く黄金、白銀の湯につかり、絶景の天空遊覧へ。
2017.5　115p　A5　¥1200　978-4-86352-178-0

◆決定版 北海道の温泉まるごとガイド　2018・19　小野寺淳子著　（札幌）北海道新聞社
【要旨】地域に愛されるレトロな共同湯、知る人ぞ知る天然野天風呂、時代を超えても歴史ある宿、絶景を楽しむ眺望抜群の湯、旅慣れた人こそ行きたい効能自慢の湯など、北海道の温泉全566湯を紹介します。
2017.10　355p　A5　¥1600　978-4-89453-876-4

◆信州日帰り湯めぐり　信濃毎日新聞社出版部編　（長野）信濃毎日新聞社　改訂版
【要旨】秘湯から名温泉地、市街地の湯まで…共同浴場、旅館から話題の施設まで…長野県内9エリアの237施設を収録。
2017.12　233p　A5　¥1500　978-4-7840-7317-7

◆続・バリアフリー温泉で家族旅行　山崎まゆみ著　昭文社
【要旨】とっておきの親孝行旅行に。3世代での大家族旅行に。まだまだあります。高齢者でも、車いすでも、体に不自由を感じていても、行ける温泉、心から歓迎してくれる全国28のお宿。予約前のチェックリスト&お風呂の形状メモ付き。
2017.11　143p　A5　¥1500　978-4-398-13284-0

◆豊富温泉 ミライノトウジへ行こう！——アトピー・乾癬を癒す日本最北の温泉郷　安藤直子、豊富温泉湯治ブック製作委員会編著　子どもの未来社
【要旨】利尻・礼文島をのぞむ自然豊かな日本最北の温泉郷、豊富温泉。油分を含み保湿効果の高い泉質が特徴で、温泉療法医がすすめる「日本の名湯百選」にも選ばれています。今ここには、アトピーや乾癬などに悩む患者さんたちが全国から湯治に集まり、体とともに心を癒しています。豊富温泉のミライノトウジをあなたも体験してみませんか？
2017.2　166p　A5　¥1400　978-4-86412-118-7

◆猫のミーちゃんと行く温泉物語　髙橋三喜男著　悠光堂
【要旨】成分から楽しむ温泉力！全国1000湯、日帰り温泉を一挙紹介（CD・ROM対応）。元理科教師の温泉ソムリエが分析。これであなたも「温泉博士」。成分を知って自分好みの"名湯"を見つけよう。
2017.6　349p　B5　¥2300　978-4-906873-91-3

◆ひなびた温泉パラダイス——しみじみシビレる！名湯50泉　岩本薫、上永哲矢著　山と溪谷社
【要旨】ゴージャスな湯船、最高級のおもてなし、贅をつくしたご馳走…いっさい興味なし。地元のみなさんの憩いの場を、ちょっとお借りして…。ほら、あなたもご一緒に！
2017.10　190p　21x13cm　¥1300　978-4-635-08010-1

◆ぶくぶく自噴泉めぐり　篠遠節、長岡努、永瀬063佳者　山と溪谷社　改訂新版
【要旨】泡と一緒に底から湧き出す"ぶくぶく自噴泉"。奇跡の湯を求めて全国各地へ旅立ち、女将の人情に触れ、湯守の心意気を知り、新鮮で適温、純度100%の温泉に浸かるの幸せ。
2017.12　137p　A5　¥1600　978-4-635-08011-8

◆わたしのしあわせ温泉時間——おとな女子が行く絶景秘境温泉の旅　金裕美著　メディアソフト、三交社 発売
【要旨】オンナ30代。ひとりで行く離島の絶景星見露天が楽しい！次の休みにはだれも知らない温泉に行ってみませんか。24湯+αの旅館に露天、野湯、共同浴場も！2000以上の温泉を巡った秘湯のスペシャリストが、きっとしあわせになれる温泉の楽しみ方を紹介します。
2017.3　127p　A5　¥1300　978-4-87919-870-9

登山・ハイキング・船旅ガイド

◆愛知県の山　西山秀夫編著　山と溪谷社（分県登山ガイド 22）
【目次】奥三河（八嶽山、日本ヶ塚山、茶臼山、萩太郎山 ほか）、東三河（本宮山（表参道、くらがり渓谷、国見岩コース・西蔵尾根コース）、京ヶ峯・音羽富士、雨生山・金山 ほか）、西三河（佐久島富士山、三ヶ根山、風頭山・大日山 ほか）、尾張（岩巣山、東谷山、道樹山・大谷山・弥勒山 ほか）
2017.7　135p　A5　¥1900　978-4-635-02052-7

◆青森県の山　いちのへ義孝著　山と溪谷社（分県登山ガイド 01）
【要旨】大きくなった地図で内容充実。体力度は共通の算出方法で統一。チェックポイントの写真を倍増。
2017.8　135p　A5　¥1900　978-4-635-02031-2

◆岩手県の山　藤原直美、照井克行著　山と溪谷社　（分県登山ガイド 02）
【要旨】大きくなった地図で内容充実。体力度は共通の算出方法で統一。チェックポイントの写真を倍増。
2017.12　151p　A5　¥1900　978-4-635-02032-9

◆ウルトラライトハイキング　土屋智哉著　山と溪谷社　（ヤマケイ文庫）
【要旨】1泊2日5キロ以下！ローカットシューズでOK！マットは切って活用！アメリカのハイキングカルチャーのなかで生まれた「ウルトラライトハイキング」は、軽さを味方につける革新的なハイキング技術のみならず、なにが必要でなにが不必要かを考え実践する、シンプルライフの思想そのものでもあった。2011年に刊行された日本初のウルトラライトハイキング解説書、文庫化。
2017.5　206p　A6　¥800　978-4-635-04838-5

◆奥多摩・奥武蔵・秩父 人気の山50　JTBパブリッシング　（大人の遠足BOOK—東日本 17）
【要旨】日帰り&山小屋泊。入門から本格登山まで。
2017.8　191p　A5　¥1500　978-4-533-12055-8

◆香川県の山　高松勤労者山の会著　山と溪谷社　（分県登山ガイド 36）
【目次】高松市周辺（屋島、高仙山 ほか）、県東部（与治山、虎丸山・本宮山、那智山 ほか）、県中部（五色台、鷲ヶ山 ほか）、県西部（中蓮寺峰・若狭峰、紫雲出山 ほか）、島嶼部（寒霞渓・星ヶ城山、洞雲山・碁石山 ほか）
2017.6　127p　A5　¥1900　978-4-635-02066-4

◆神奈川県の山　原田征史、白井源三、清水充治著　山と溪谷社　（分県登山ガイド 13）
【要旨】ふるさとの山をオールガイド。大きくなった地図で内容充実。体力度は共通の算出方法で統一。チェックポイントの写真を倍増。
2017.3　143p　A5　¥1900　978-4-635-02043-5

◆関東近県 花のハイキング12カ月——いつでもどこかへ花あるき80コース　関ँ茂子編著　新ハイキング社　（新ハイキング選書）
【目次】春のさきがけ、春らんまん、尾根を彩るツツジの仲間、初夏の花々、梅雨の晴れ間に、近場で楽しむ夏の花、初秋から初冬、冬に咲く花
2017.4　274p　A5　¥1900　978-4-915184-48-2

◆関東周辺の岩場　菊地敏之編著　（八王子）白山書房　（CLIMBING GUIDE BOOKS）新版
【目次】北関東・奥武蔵・奥多摩（有笠山、榛名黒岩 ほか）、南関東・伊豆（広沢寺、湯河原幕岩 ほか）、奥秩父・下仁田（小川山、瑞牆山 ほか）、その他の岩場（硯岩、子持山、中里の岩場 ほか）
2017.4　215p　A5　¥2200　978-4-89475-204-7

◆関東週末旅 御朱印トレッキング　東京都山岳連盟監修　淡交社
【要旨】御朱印集めは、山頂の寺社をめぐる時など「登山」がマストになることもあります。山の専門家が実際に登って書いたルポと、コースマップやトイレ情報などもきっちり載せた「ありそうでなかった」この御朱印本で、参拝と登山のポイントを、きっちりおさえておきましょう！
2017.11　127p　A5　¥1600　978-4-473-04207-1

◆岐阜県の山　島田靖、原弘展、石際淳著　山と溪谷社　（分県登山ガイド 20）
【目次】乗鞍岳、白山、北アルプス、御嶽山、飛騨、飛騨南部、西濃、東濃
2017.10　143p　A5　¥1900　978-4-635-02050-3

◆京都府の山　木之下繁、内田嘉弘、大槻雅弘、津田美也子著　山と溪谷社　（分県登山ガイド 25）
【要旨】大きくなった地図で内容充実。体力度は共通の算出方法で統一。チェックポイントの写真を倍増。
2017.4　127p　A5　¥1900　978-4-635-02055-8

◆詳しい地図で迷わず歩く！丹沢・箱根 371km　佐々木亨著　山と溪谷社　（首都圏1000kmトレイル 3）
【目次】表丹沢エリア（14.0km 塔ノ岳 大倉尾根トレイル、18.6km 鍋割山トレイル ほか）、西丹沢エリア（13.3km 檜洞丸トレイル、15.9km 大室山・加入道山トレイル ほか）、東丹沢エリア（8.9km 大山 本坂トレイル、13.0km 大山 日向薬師トレイル ほか）、箱根エリア（13.8km 金時山・明神ヶ岳トレイル、12.4km 丸岳・長尾峠トレイル ほか）
2017.10　137p　A5　¥1550　978-4-635-18052-8

◆高齢者にも楽しめる東京近郊の尾根歩き　三塚正志著　創英社/三省堂書店
【目次】ムロクボ尾根（三頭山、奥多摩町・小菅村）、榧ノ木尾根（倉戸山・榧ノ木山・水根山、奥多摩町）、ハンノキ尾根（榎の木）尾根（トオノクボ、奥多摩町）、風張峠北々西尾根（風張峠、奥多摩町）、大平尾根（清八新道）（小河内峠、奥多摩町・桧原村）、江戸小屋尾根（九重山・江戸小屋山、奥多摩町）、十二天尾根（三ノ木戸山・石尾根、奥多摩町）、鳥屋戸尾根（笙ノ岩山・塩地ノ頭、奥多摩町）、ゴンザス尾根（根岩越・チクマ山、奥多摩町）、鳩ノ巣城山北・南尾根（鳩ノ巣城山・大楢峠、奥多摩町）〔ほか〕
2017.12　150p　A5　¥1800　978-4-88142-338-7

◆佐賀県の山　内田益充、五十嵐賢、林田正道、林田勝子、池田浩伸著　山と溪谷社　（分県登山ガイド 40）
【要旨】脊振山地の全山縦走コースを連続見開きマップで一挙紹介。佐賀の山花図鑑とコラムを充実。
2017.9　135p　A5　¥2000　978-4-635-02070-1

◆滋賀県の山　山本武人、竹内康之、青木繁生著　山と溪谷社　（分県登山ガイド 24）
【要旨】ふるさとの山をオールガイド。大きくなった地図で内容充実。体力度は共通の算出方法で統一。チェックポイントの写真を倍増。
2017.3　127p　A5　¥1900　978-4-635-02054-1

◆静岡県の山　加田勝利著　山と溪谷社　（分県登山ガイド 21）
【目次】富士山周辺（金時山、三国山 ほか）、伊豆・沼津周辺（天城山（万三郎岳・万二郎岳）、八丁池）、矢筈山 ほか）、南アルプス（悪沢岳、赤石岳 ほか）、南アルプス深南部（大無間山、朝日岳 ほか）、安倍東山稜（山伏、大光山 ほか）、県中部・西部（高読経、浜石岳 ほか）
2017.12　127p　A5　¥1900　978-4-635-02051-0

◆しま山100選——登山で見つける、新しい島の魅力　ネイチュアエンタープライズ著　（大阪）ネイチュアエンタープライズ　（mont-bell BOOKS）
【要旨】全国から選ばれた100の「しま山」を詳細に紹介。
2017.8　127p　A4　¥1600　978-4-99080-674-3

◆車窓の山旅——中央線から見える山　山村正光著　実業之日本社　（じっぴコンパクト文庫）
【要旨】新宿・松本間、左右の車窓に展開する130の山々。「国鉄」時代の昭和60年に刊行され、版を重ねること20回、長らく復刊が望まれてきた「車窓」の名著が待望の文庫化。新宿駅から富士山、西荻窪駅付近から雲取山…と次々に展開する車窓の展望、「初鹿野」、「塩沼」を越え、塩尻駅から松本駅にかけて右に左に山々を見る。途中、何度も顔を出すのは日本一の富士の山。ヤマ線乗務、40年。中央線を知り尽くした車掌が電車から見た山、登った山。
2017.11　415p　A6　¥950　978-4-408-45693-5

◆週めくり日帰りウォーキング50　武村岳男編集・制作　交通新聞社
【要旨】各地の気候・特色・魅力などを考慮して、象徴的なコースを選びました。また、多くのウォーキングファンが期待する「草花を愛で、風景に酔う」コースを数多く採用しました。一部ですが、いつまでも残したい江戸情緒も盛り込んで

旅行

◆信州の山―南部326山　宮坂七郎著　(長野)信毎書籍出版センター
【要旨】誰でも知っている里山からマイナーな里山そしてアルプスまで網羅！初心者からベテランまで役立つアプローチから山頂までのイラスト登山地図。
2017.5 270p A4 ¥2500 ①978-4-88411-142-7

◆鈴木みきの休日ふらり山旅計画―アルプス特急「あずさ」に乗って、日帰りできる10コース　鈴木みき著　エクスナレッジ
【目次】1 茅ヶ岳―2つの山を登る縦走登山にチャレンジ！、2 八ヶ峰―草原から湖までロングハイク、3 霧ヶ峰―どっしりゆったり高原トレッキング、4 茶臼山―八ヶ岳の展望台からヤッホー、5 徳和渓谷―小さな滝めぐりとコケの森巡り、6 雨池―どこにも登らない北八ヶ岳、7 北奥千丈岳―3つの山頂で休憩三昧、8 羅漢寺山―滝の上の雑木林でゴソゴソ、9 大菩薩峠―富士山展望の人気コース、10 入笠山―スノーシューで行ってみよう
2017.6 134p 20×16cm ¥1500 ①978-4-7678-2339-3

◆鈴木みきの富士山登山ご案内　鈴木みき著　イースト・プレス　(コミックエッセイの森)
【要旨】標高3776m。一生に一度は登ってみたい日本一の山・富士山。女子登山の火付け役・鈴木みきが、あなたの富士登山を全力でサポート。きっと、あなたも登れます！
2017.6 167p A5 ¥1200 ①978-4-7816-1542-4

◆続・かながわのハイキングコースベスト40ぷらす　山本正基著　(横浜)神奈川新聞社　(かもめ文庫・かながわ・ふるさとシリーズ 69)
【要旨】『新装版かながわのハイキングコースベスト50ぷらす3』に次ぐ第2弾！県内7エリアからとっておきの新ルート、日帰りで歩ける全41コースを紹介。詳細な案内文や登山口までのアクセス、周辺の歴史、立ち寄り温泉＆施設、トイレなど身近な山を安全に楽しむための基本情報を盛り込みました。
2017.10 294p A6 ¥815 ①978-4-87645-572-0

◆丹沢の谷200ルート　後藤真一著　山と溪谷社
【要旨】全ルート踏査！地形図ベースの手描き遡行図！初心者から上級者までを惹きつける、東京近郊の沢超詳細ルートガイド。
2017.6 319p A5 ¥3200 ①978-4-635-18048-1

◆東海周辺トレイルランニングコースガイド―三重・愛知・岐阜・静岡　山と溪谷社山岳図書出版部編、新名健太郎、石田啓介、大原秀記、芦川雅哉執筆　山と溪谷社
【要旨】初級者からベテランまで楽しめる爽快トレイル22コース。
2017.2 120p A5 ¥1900 ①978-4-635-15030-9

◆東京の山 百無名山　高村薫著　山と溪谷社（YAMAKEI CREATIVE SELECTION Frontier Books）
【目次】高水三山、伊豆ヶ岳、日和田山、御岳山、二子山、川苔山、雲取山、雷電三山、戸倉三山、勝峰山〔ほか〕
2017.7 182p B6 ¥2400 ①978-4-635-88656-7

◆東京発 日帰り山さんぽ50　交通新聞社
【要旨】川苔山、日の出山から金比羅尾根、三頭山から奥多摩湖、生藤山から陣馬山、金時山・八重山、大菩薩峠から牛ノ寝通り、足柄峠から矢倉岳、金時山、表尾根から塔ノ岳、松indoor、御坂山から黒岳、竜ヶ岳、仙元山から大平山、伊豆ヶ岳、鎌倉アルプス、大楠山、伊予ヶ岳から富山、鋸山ほか。使いやすい詳細マップ付き。健脚向けロングコースも掲載。
2017.5 159p A5 ¥1200 ①978-4-330-77517-3

◆富山の百山　富山県山岳連盟編　(富山)北日本新聞社　改訂版
【要旨】確かめに行きたい景色がある、とびきりの山が待っている。ふるさとの里山から3千メートル峰まで。最新情報（2016年現在）に対応した登山道とコースタイム。地図上の山頂三角点などを分かりやすく更新。
2017.4 259p A5 ¥2500 ①978-4-86175-099-1

◆長崎県の山　山野辺捷雄、三浦哲正、三浦千鶴子、西護著　山と溪谷社　(分県登山ガイド 41)

【要旨】大きくなった地図で内容充実。体力度は共通の算出方法で統一。チェックポイントの写真を倍増。
2017.6 135p A5 ¥1200 ①978-4-635-02071-8

◆長野県の山　垣外富士男、津野祐次、加藤雅彦著　山と溪谷社　(分県登山ガイド 15)
【目次】北アルプス、戸隠連峰と周辺、筑摩山地、志賀高原・苗場山、浅間連峰、佐久・秩父、八ヶ岳、中央アルプス、伊那山地、南アルプス
2017.6 175p A5 ¥2000 ①978-4-635-02045-9

◆日本三百名山 山あるきガイド 上　JTBパブリッシング　(大人の遠足BOOK―全国 5)
【目次】北海道（利尻山（利尻岳）、羅臼岳 ほか）、東北（八甲田山、岩木山 ほか）、関東周辺（那須岳、男鹿岳 ほか）、北アルプスとその周辺（白馬岳、雪倉岳 ほか）
2017.4 319p A5 ¥2300 ①978-4-533-11731-2

◆日本三百名山 山あるきガイド 下　JTBパブリッシング　(大人の遠足BOOK―全国 6)
【目次】上信越・甲信（杁（えぶり）差岳、二王子岳 ほか）、中央アルプスとその周辺（木曽駒ヶ岳 ほか）、南アルプスとその周辺（鋸岳、甲斐駒ヶ岳 ほか）、東海・北陸（白木峰、金剛堂山 ほか）、関西（俱留尊山、三峰山 ほか）、中国・四国（扇ノ山、氷ノ山 ほか）、九州（英彦山、多良岳 ほか）
2017.4 319p A5 ¥2300 ①978-4-533-11732-9

◆日本百低山　日本山岳ガイド協会編　幻冬舎
【要旨】日本人には、ふるさとの山、心の山がある。山好きも、山初心者も必携。47都道府県「名低山」ガイド。
2017.8 311p 18cm ¥1300 ①978-4-344-03156-2

◆日本百名山 山の名はこうしてついた　楠原佑介著　祥伝社新書
【要旨】深田久弥の『日本百名山』は名著の誉れ高い古典だが、一山の記述はわずか二〇〇〇字程度で、山名の考察にはついては食い足りない点が多い。地名研究の第一人者である著者は、ここに不満を覚え、独自の手法で山名の由来を分析していく。なぜ、この名がついたのか。いつ命名され、いつ定着したのか。他にはどういう名があったのか―この謎を解けば、百名山の真実が見えてくる。名前から掘り起こす、新しい角度の百名山！
2017.11 209p 18cm ¥800 ①978-4-396-11521-0

◆ハイキングガイド ふくしまの低い山50　奥田博写真・文　(会津若松)歴史春秋出版　改訂新版
【要旨】豊かな自然と身近な山歩き。実践ガイドブック。わかりやすいマップと参考コースタイム付き。初心者向きのグレードで登山が楽しめる！
2017.3 109p A5 ¥1500 ①978-4-89757-898-9

◆はじめての山あるきブック 関東周辺　ブルーガイド編集部編　実業之日本社　(ブルーガイド山旅ブック)
【要旨】首都圏から行きやすい全34コース。乗り物で登山、プチ縦走、花、紅葉、富士山展望、スノーハイキングなど、ますます山が楽しくなる12のテーマで案内！
2017.5 143p A5 ¥1500 ①978-4-408-00172-2

◆花の百名山　田中澄江著　文藝春秋　(文春文庫)　新装版
【要旨】春の御前山で出会ったカタクリの大群落。あまりの小ささに草地に身を伏せて確かめた早池峰のチシマザクラ。レブンソウの新しい出会いで、自分の命が伸びひろがるのを感じる―山山と花をこよなく愛した著者が、四季折々の山と花の結びつきを100選び、歴史や自身の思い出とともに綴った読売文学賞受賞作。
2017.6 465, 12p A6 ¥816 ①978-4-16-790875-1

◆花の百名山地図帳　山と溪谷社編　山と溪谷社
【要旨】礼文島、利尻山、暑寒別岳、硫黄山、雌阿寒岳、大雪山、富良野岳、夕張岳、アポイ岳、岩木山〔ほか〕
2017.3 223p A4 ¥2400 ①978-4-635-53067-5

◆花の山旅 百名山　加藤三郎著　(静岡)静岡新聞社
【目次】利尻岳 リシリヒナゲシ、羅臼岳 イワヒゲ、斜里岳 エゾツツジ、雌阿寒岳 メアカンキンバイ、旭岳 エゾノツガザクラ、トムラウシ山 エゾコザクラ、十勝岳 ミヤマクロイワスゲ、幌尻岳 ヒダカソウ、後方羊蹄山 イワブクロ、岩木山 イワハゼ〔ほか〕
2017.3 222p A5 ¥2500 ①978-4-7838-9948-8

◆福島県の山　奥田博、渡辺徳仁著　山と溪谷社　(分県登山ガイド 06)
【目次】会津（飯豊山（飯豊本山―川入コース、三国岳―蒜川コース ほか）、鏡山、黒森山、鳥屋山 ほか）、奥羽山脈（半田山、一切経山・東吾妻山、安達太良山、箕輪山 ほか）
2017.10 159p A5 ¥1900 ①978-4-635-02036-7

◆ぶらり超低山散歩―北九州近郊編　谷正之著　(福岡)海鳥社
【要旨】すべて標高200m以下、誰でも楽しめる33コース。
2017.5 111p A5 ¥1500 ①978-4-87415-998-9

◆ぶらり超低山散歩 福岡近郊編　谷正之著　(福岡)海鳥社
【目次】志賀島高台 福岡市東区志賀島／潮見公園、城山 福岡市東区／名島城址公園、東平尾高台 福岡市博多区／東平尾公園、諸岡山 福岡市博多区／諸岡八幡宮裏、鴻巣山 福岡市中央区／小笹・南区長丘、大休山 福岡市中央区／南公園、荒津山 福岡市中央区／西公園、鹿屋山 福岡市早良区／祖原公園、紅葉山 福岡市早良区／紅葉山公園、愛宕山 福岡市西区／愛宕神社〔ほか〕
2017.1 111p A5 ¥1500 ①978-4-87415-988-0

◆北海道の山　伊藤健次著　山と溪谷社　(分県登山ガイド 00)
【要旨】大きくなった地図で内容充実。体力度は共通の算出方法で統一。チェックポイントの写真を倍増。
2017.9 143p A5 ¥2000 ①978-4-635-02030-5

◆北海道の山と谷 1 札幌近郊・道央・道南　山と谷作成会議著　(札幌)富士コンテム　新版
【要旨】夏山ハイキング、沢登り、スキー登山、氷雪ルート、アルパインクライミング、アイスクライミング。北海道の山の全てを収録。
2017.6 340p A5 ¥2700 ①978-4-89391-759-1

◆まるっと高尾山こだわり完全ガイド　スタジオパラム著　メイツ出版
【要旨】各ルート詳細で行きも帰りも大満足！ここでしか味わえない体験＆体感施設！グルメ・おみやげ・パワースポット・絶景…周辺から山頂までTAKAOの魅力がまるわかり！出会って楽しい！自然図鑑も収録。
2017.3 128p A5 ¥1630 ①978-4-7804-1847-7

◆三重県の山　金丸勝実、内田拓也著　山と溪谷社　(分県登山ガイド 23)
【目次】台高山脈、鈴鹿山脈、養老山地、布引山地、室生火山群、松阪の山、伊勢・鳥羽の山、度会・多気の山、東紀州の山
2017.10 143p A5 ¥1900 ①978-4-635-02053-4

◆武庫川渓谷廃線跡ハイキングガイド―歩いて学ぶトンネル・鉄橋・自然　21世紀の武庫川を考える会編　(大阪)日本機関紙出版センター
【目次】第1章 武庫川渓谷廃線跡ハイキングコースガイド（生瀬駅から高座岩、高座岩から長尾山第1トンネル ほか）、第2章 武庫川渓谷廃線跡の歴史（武庫川渓谷廃線跡とは…阪鶴鉄道から国鉄福知山線へ、武庫川渓谷廃線トンネル群 ほか）、第3章 文学と武庫川・赤楽山荘（『万葉集』にみる武庫川、中世文学にみる武庫川 ほか）、第4章 武庫川渓谷の生い立ちと周辺の地質（武庫川の流域の不思議、武庫川と篠山川の争奪の舞台 ほか）、第5章 武庫川渓谷の自然と景観を守る運動（ハイキング道は子どもたちの「宝物」がいっぱい、武庫川渓谷と水害）、資料編
2017.5 129p 21×13cm ¥1400 ①978-4-88900-945-3

◆山形県の山　髙橋金雄、斎藤政広、寒河江伸治著　山と溪谷社　(分県登山ガイド 05)
【目次】出羽山地、朝日・飯豊連峰―越後山脈、神室連峰―奥羽山脈、船形連峰―奥羽山脈、白布山系―奥羽山脈、蔵王連峰―奥羽山脈、白鷹山地、県南・吾妻連峰―奥羽山脈
2017.8 159p A5 ¥1900 ①978-4-635-02035-0

◆山夜景をはじめて楽しむ人のための関西ナイトハイキング　堀寿伸、松原了太著　(大阪)創元社
【要旨】関西2府4県の山夜景スポットより、ナイトハイキング初心者から上級者まで楽しめる29のコースを厳選。ルートマップに対応した写真つきで、道のりを詳しく解説。全スポットの美麗な夜景写真を多数掲載。車やロープウェイで行けるスポットも紹介、気軽に山夜景を楽しめる。
2017.10 135p A5 ¥1700 ①978-4-422-25081-6

ホテル・ペンション・民宿ガイド

◆カラーデラックス オール共済宿泊ガイド 平成29年度　共済事業協会
【要旨】全共済組合施設収載。コンパクトサイズで情報満載!!
2017.8 184p A5 ¥1380

◆全国ゲストハウスガイド　風来堂編　実業之日本社　（ブルーガイド）
【要旨】おトクな交通手段・旅のお役立ちコラムあり。初めてでも安心！ゲストハウスの泊まり方ガイド付き。持っていくと便利なグッズあれこれ。全国47都道府県のゲストハウス350軒以上、行ってみたい宿がみつかる。旅好きなら必見の一冊！
2017.7 255p A5 ¥1800　①978-4-408-33716-6

◆全国公共宿舎ガイド　実業之日本社　（ブルーガイドニッポンα）
【要旨】旅のスタイルで自在に選べる1419軒。
2017.7 431p A5 ¥1852　①978-4-408-05266-3

◆全国ビジネスホテルガイド　実業之日本社　（ブルーガイドニッポンα）
【要旨】収録軒数ナンバーワン！ 513都市地域3235軒収録。カプセルホテルも130軒。ネットで扱いのないホテルもしっかり網羅。
2017.9 879p A5 ¥1852　①978-4-408-05267-0

◆全国安い宿情報　'17〜'18年版　オフィスベリーマッチ編　（北社）林橋プロモーション
【要旨】全国5,254軒掲載。素泊り5,400円相当以下（東京・名古屋・大阪なら6,480円相当以下）
2017.7 224p A5 ¥509　①978-4-906878-58-1

◆日本の猫宿　小林希文・写真　エクスナレッジ
【要旨】宿で働く猫たちに癒やされ、旅の疲れを解消する。さらには元気をいただく。働くといっても、気まぐれで、客を選び、ほかに気が向けばいなくなることもしばしば…そんな猫たちと過ごせる日本全国の宿を紹介。北は北海道から南は奄美諸島まで、猫がおもてなしするオススメ宿30。
2017.12 159p A5 ¥1300　①978-4-7678-2416-1

◆母と行く、感動の温泉宿　HERS編集部編　光文社
【要旨】HERSの人気連載が一冊になりました。ハッピー＆ストレスフリーなお宿選びは、娘の責任です！母がよろこぶキーワードで、とっておきの30軒をご紹介。
2017.9 143p A5 ¥1400　①978-4-334-97948-5

◆東日本「公共の宿」厳選ベストガイド　カルチャーランド著　メイツ出版
【目次】北海道（芦別温泉スターライトホテル、青の洞窟温泉ピパの湯ゆーりん館 ほか）、東北（コテージRingo Work、星の宿白鳥座 ほか）、関東（公共の宿マウントあかね、国民宿舎鵜の岬 ほか）、甲信越・静岡県（おいしい学校、ハイジの村クララ館 ほか）
2017.5 160p A5 ¥1650　①978-4-7804-1881-1

◆プロが選んだ日本のホテル・旅館100選＆日本の小宿　2018年度版　「日本のホテル・旅館100選」の本編集委員会編　旅行新聞新社、自由国民社 発売
【目次】東北、関東、甲信越、伊豆・東海、北陸・近畿、中国・四国、九州、日本の小宿、データバンク
2017.8 159p 19×21cm ¥2000　①978-4-426-12324-6

北海道・東北地方

◆アウトドア＆感動体験ガイド 北海道　花岡俊吾著　（札幌）北海道新聞社
【要旨】北海道の大自然を楽しむ入門ガイドブック。ラフティング、カヌー、洞窟探検、乗馬、パラグライダー、収穫体験、陶芸、自然散策、ワカサギ釣り、動物ウォッチング、スノーハイキング…子どもも大人も感動できる100以上の「体験プログラム」を紹介。春夏秋冬、きっとやってみたかったアクティビティ（レジャー・体験・遊び）満載の一冊です。
2017.5 223p A5 ¥1574　①978-4-89453-864-1

◆あたらしい北海道旅行　セソコマサユキ著　WAVE出版
【要旨】カフェ、雑貨、パン、工房、宿…自然あふれる広い大地で、ものをつくり、ちいさな店を営み、豊かな暮らしを育む人の物語をめぐる旅。わざわざ行きたいよりぬき33店。
2017.6 159p A5 ¥1500　①978-4-86621-059-9

◆小樽 蔵めぐり イラスト帖　今村敏明著　（札幌）北海道新聞社
【要旨】古くて新しい商都・小樽の歩き方。運河沿いの倉庫群から路地裏の蔵まで歴史を語る115棟。
2017.6 159p 15×21cm ¥1600　①978-4-89453-868-9

◆御朱印帳とめぐる北海道の神社70　梅村数子文・写真　（札幌）北海道新聞社
【要旨】北海道の神社がわかる大人の旅行ガイド。掲載全社の御朱印も必見！北は稚内、南は函館、最東端の根室まで御朱印帳とともに歩いた北海道の神社探訪記。神社近くの寄り道スポットや参拝のマナー、オリジナルの御朱印帳や神社用語解説など神社めぐりが楽しくなるガイドブック。
2017.12 127p A5 ¥1500　①978-4-89453-884-9

◆小世里のキラリ！見つけ旅　佐々木小世里著　（札幌）北海道新聞社
【要旨】4年半、訪ねたまちは全道66市町村。北海道新聞生活面の連載で出会ったとっておきの北海道を、アラフィフ女子のドン欲なまなざしで描くイラスト取材記。
2017.7 199p 17×13cm ¥1574　①978-4-89453-871-9

◆札幌・小樽・函館・旭川・富良野　実業之日本社　（ブルーガイド―てくてく歩き 2）第9版
【目次】札幌（札幌、定山渓）、小樽（小樽、小樽北部、余市・積丹）、富良野・美瑛・旭川（富良野、美瑛、旭川）、函館・大沼公園（函館、五稜郭、湯の川温泉、大沼公園）
2017.4 143p 21×14cm ¥980　①978-4-408-05730-9

◆札幌カフェ日和 すてきなCAFEさんぽ　北のcafe案内人著　メイツ出版
【要旨】まちなかでもいい、休日のおでかけ先、まったり夜カフェ、癒しのアニマル系…ふと思い立って、また訪れたくなるとっておきの82件をご紹介します。
2017.2 128p A5 ¥1630　①978-4-7804-1840-8

◆知床・阿寒 釧路湿原　TAC出版編集部著　TAC出版　（おとな旅プレミアム）
【目次】特集―彩りの絶景、知床、釧路 釧路湿原、阿寒・摩周・屈斜路、網走・北見・紋別
2017.4 159p 20×16cm ¥1500　①978-4-8132-6711-9

◆とっておき！小樽さんぽ　田口智子著　（札幌）北海道新聞社
【要旨】変わらないまち小樽、変わるまち小樽。すたこら、よいしょ…、坂のまち、歴史のまち、おいしいまち。小樽のさんぽは、こんなに楽しい！好評「小樽さんぽ」シリーズの決定版。小樽っ子も、そうでない人もついついはまる、ちょっとディープなおすすめスポットが満載。小樽全域配布フリーペーパー「kazeru」人気連載の単行本化。
2017.9 143p 20×15cm ¥1300　①978-4-89453-875-7

◆函館　昭文社　（ことりっぷ）（付属資料：地図1）3版
【要旨】気になる函館、おいしい函館、函館に泊まる、函館からひと足のばす
2017.6 127p 19×15cm ¥900　①978-4-398-15486-6

◆函館・津軽―弘前・青森・白神山地　TAC出版編集部著　TAC出版　（おとな旅プレミアム）
【目次】函館（元町周辺、ベイエリア、函館駅周辺、五稜郭周辺、食べる、買う、泊まる）、津軽（弘前、白神山地、青森）
2017.3 175p 20×16cm ¥900　①978-4-8132-6707-2

◆富良野 美瑛 十勝 帯広 旭山動物園　JTBパブリッシング　（マニマニ北海道 3）
【目次】富良野・美瑛・十勝の"イマ"をのぞき見 私の好きな5SCENE、FURANO・BIEI―いま、気になる富良野・美瑛観光、STANDARD SPOT CATALOG―富良野/美瑛、ASAHIKAWA―いま、気になる旭川観光、STANDARD SPOT CATALOG―旭川、mytrip+more！―もっと行きたいところ・したいこと
2017.6 126p 20×15cm ¥850　①978-4-533-11947-7

◆北海道　朝日新聞出版編著　朝日新聞出版　（ハレ旅）
【要旨】北海道でしたい108のことをご案内。
2017.6 223p 21×15cm ¥1200　①978-4-02-333931-6

◆「北海道遺産」読本　北海道新聞社編　（札幌）北海道新聞社
【要旨】見たい、知りたい、学びたい。北海道"お宝"の旅。全52件map付。
2017.5 165p 21×16cm ¥1667　①978-4-89453-865-8

◆北海道キャンプ場ガイド 17-18　亜璃西社編　（札幌）亜璃西社
【目次】渡島・桧山、石狩・空知・後志、胆振・日高、上川、十勝、釧路・根室、網走、留萌・宗谷
2017.3 351p B6 ¥1300　①978-4-906740-26-0

◆北海道 道の駅ガイド　2017-18　紺谷充彦著　（札幌）北海道新聞社
【要旨】北海道内にあるすべての道の駅を徹底取材。各駅ごとに詳しく紹介。地元で評判！絶対食べたいイチオシのご当地グルメ、旬の食材カレンダーが役に立つ新鮮でお得な直売所情報、愛される定番商品はもちろん、テイクアウトメニューやアクセス地図、レストランの営業時間、トイレ、駐車場などの施設情報も掲載したもりだくさんのガイドブック！
2017.4 254p A5 ¥1574　①978-4-89453-862-7

◆北海道 道の駅 徹底オールガイド　カルチャーランド著　メイツ出版
【要旨】道南・道央・道北・十勝・オホーツク・釧路/根室。すべての「道の駅」117件をわかりやすく紹介！地域の特産品や必食グルメのほか見どころなどの魅力が満載！
2017.8 144p A5 ¥1500　①978-4-7804-1929-0

◇　◇　◇

◆会津 喜多方 磐梯 大内宿　JTBパブリッシング　（マニマニ東北 4）
【目次】会津若松・喜多方・磐梯の"イマ"をのぞき見 私の好きな5SCENE、AIZU―いま、気になる会津観光、STANDARD SPOT CATALOG―会津若松駅周辺/七日町・野口英世青春通り/鶴ヶ城周辺/飯盛山周辺/会津若松郊外、KITAKATA―いま、気になる喜多方観光、BANDAI INAWASIRO―いま、気になる磐梯猪苗代観光、mytrip+more！―もっと行きたいところ・したいこと
2017.3 126p A5 ¥850　①978-4-533-11719-0

◆岩手ぶらり歴史探訪ルートガイド　盛岡歴史探見倶楽部著　メイツ出版
【要旨】時代の盛衰を感じる文化遺産や街並み、城跡、文化人の足跡など歴史ロマンを訪ねる27コース。身近な史跡を歩く市街地ルートも。
2017.1 128p A5 ¥1630　①978-4-7804-1812-5

◆仙台 週末おでかけ案内―行きたい叶えたい60のこと　ございん仙台編集部著　メイツ出版
【要旨】海や森の風を感じたい、思い出に残る体験をしたい、知的な時間を過ごしたい…仙台＆周辺エリアで週末のプチ旅ガイド。工場夜景/酒蔵見学/工芸体験/マリンスポーツ/ハイキング/味覚狩り/動物園/科学館…オトナ女子にぴったりな「やりたい・叶えたい」60のテーマを厳選して紹介。
2017.11 128p A5 ¥1570　①978-4-7804-1936-8

◆仙台・松島・平泉　TAC出版編集部著　TAC出版　（おとな旅プレミアム）
【目次】仙台（歩く・観る、食べる、買う、仙台から足を延ばして）、松島（歩く・観る、泊まる、食べる、松島から足を延ばして）、平泉（歩く・観る、平泉から足を延ばして）
2017.3 143p 20×16cm ¥900　①978-4-8132-6708-9

旅行

実用書

◆東北道の駅徹底オールガイド　ジェイアクト著　メイツ出版
【要旨】エリア内すべての"道の駅"151件の情報を掲載！地域の特産品や必食グルメのほか見どころなどの魅力が満載！
2017.6 160p A5 ¥1570 978-4-7804-1916-0

◆十和田湖・奥入瀬 盛岡・遠野・角館　TAC出版編集部著　TAC出版　（おとな旅プレミアム）
【目次】特集―季節が織りなす、感動の風景 みちのく、四季のうつろい、十和田湖・奥入瀬、角館、盛岡
2017.4 157p 20×16cm ¥900 978-4-8132-6712-6

◆盛岡 角館 花巻 平泉　JTBパブリッシング　（マニマニ―東北 3）
【目次】盛岡の"イマ"をのぞき見 私の好きな5SCENE、MORIOKA―いま、気になる盛岡観光、STANDARD SPOT CATALOG―盛岡駅前/大通・菜園/材木町/内丸・紺屋町・中ノ橋/盛岡郊外、おねだんかわゆめ&安心ステイガイド、mytrip+more！―もっと行きたいところ・したいこと
2017.5 127p 20×15cm ¥1400 978-4-533-11865-4

◆山形 御朱印を求めて歩く札所めぐり 出羽置賜ルートガイド　みちのく巡りん倶楽部著　メイツ出版
【要旨】ご利益いっぱいの札所霊場を詳しくご紹介。
2017.1 112p A5 ¥1550 978-4-7804-1831-5

◆山形 ぶらり歴史探訪ルートガイド　みちのく巡りん倶楽部著　メイツ出版
【要旨】県内の歴史をテーマに巡る28コース。時代の変遷が残る史跡や戦国武将たちの足跡のほか、県内の産業を支えた産業や信仰、文学など、県内の歴史を紐解きながら歩きませんか。
2017.6 128p A5 ¥1630 978-4-7804-1866-8

関東地方

◆伊香保・草津 群馬　昭文社　（ことりっぷ）（付属資料：地図1）　2版
【目次】伊香保温泉、草津温泉・四万温泉・水上温泉郷、気になるぐんま
2017 111p 18×15cm ¥800 978-4-398-15489-7

◆茨城・栃木・群馬 ご朱印めぐり旅 乙女の寺社案内　ジェイアクト著　メイツ出版
【要旨】お気に入りの御朱印帳に「一期一会」の出会いを刻みながら、小さな幸せ集めにでかけませんか？ほっこり笑顔やすてきな縁をもとに、おみくじやお守り、小物たち。恋愛成就に仕事運、子宝・安産、家内安全…かわいい絵馬に願いを託す。凛とした空気に癒されたあとは、歴史文化や地元らしさを感じるぶらり歩き。ご朱印のいただき方や参拝のルールなど、寺社めぐりのあれこれも丁寧に解説します。
2017.12 128p A5 ¥1630 978-4-7804-1941-2

◆茨城ぶらり歴史探訪ルートガイド　ジェイアクト著　メイツ出版　増補改訂版
【要旨】水戸徳川藩の足跡のほか、各時代の盛衰を物語る史跡や街並みに信仰や文化、発展の歩みを紐解く。
2017.12 144p A5 ¥1660 978-4-7804-1946-7

◆奥日光 花と絶景ウォーキング―春夏秋冬、自然を楽しむ大人旅　小杉国夫文・写真　河出書房新社
【要旨】全20のトレッキングコースを詳しく紹介。奥日光の魅力満載の完全ガイド！"いろは坂"を上った先にある奥日光は、花に彩られた四季折々の絶景の宝庫。自然豊かな山野を歩くコースと撮影スポットを、奥日光を撮り続けて40年のプロカメラマンが紹介！
2017.4 127p A5 ¥1500 978-4-309-27835-3

◆かなことめぐる自然散歩―かなこと、ちょっと、裏山へ　群馬県立自然史博物館編著　メイツ出版
【目次】かなこさん、登場。かなこさん、思い立つ。かなこさん、田んぼにむかう。なんだこれ？うじょうじゃいるよ？、田んぼから、声が聞こえてきたよー、へぇ、へぇ、へぇ、へび―、森の方に行ってみようかな、空を見上げてみたら、ずんずん歩いていたら、クマもおいしいのかな？〔ほか〕
2017.6 127p A5 ¥1500 978-4-7804-1919-1

◆鎌倉　実業之日本社　（ブルーガイドーてくてく歩き 5）　第10版
【目次】北鎌倉・寿福寺・銭洗弁財天、鶴岡八幡宮・小町通り、鎌倉宮・瑞泉寺・金沢街道、妙本寺・妙法寺・材木座、長谷・鎌倉大仏・由比ヶ浜、江ノ島・鎌倉山・七里ヶ浜、旅のプランニング
2017.4 127p 21×14cm ¥980 978-4-408-05731-6

◆鎌倉&三浦半島―山から海へ30コース　樋口一郎著　東京新聞
【要旨】身近な秘境と歴史のコラボ。
2017.11 127p A5 ¥1400 978-4-8083-1023-3

◆鎌倉湘南カフェ散歩―海と山と街と　川口葉子著　祥伝社　（祥伝社黄金文庫）
【要旨】海と山と街と。あなたを惹きつける特別なカフェが必ず見つかります。豊富なフォト&エッセイで綴る、贅沢なカフェ案内。
2017.6 319p A6 ¥840 978-4-396-31710-2

◆神様と縁結び 東京&関東 開運神社の御朱印ブック　久能木紀子著、ブルーガイド編集部編　実業之日本社
【要旨】ご利益の証、伝統と格式の古社。運気が上がる御朱印集めへ出かけよう！いま巡りたい関東の67社、集めたい御朱印82！
2018.1 127p A5 ¥1400 978-4-408-00905-6

◆関東 感動の駅トラベル―駅舎めぐり旅　「江戸楽」編集部著　メイツ出版
【要旨】現役でいてほしいレトロ駅。建築物としての注目度。路線の歴史を刻む存在感。地元に愛されるユニークさ。鉄道各線を彩る味わい深い駅の数々を厳選して紹介。
2017.6 128p A5 ¥1660 978-4-7804-1904-7

◆草津 伊香保 四万 軽井沢　JTBパブリッシング　（マニマニ―関東 6）
【目次】草津・伊香保・四万の"イマ"をのぞき見 私の好きな5SCENE、KUSATSU―いま、気になる草津観光、STANDARD SPOT CATALOG―草津温泉中心部／西の河原公園周辺／その他、SHIMA・IKAHO・MINAKAMI―いま、気になる四万・伊香保・水上観光、mytrip+more！―もっと行きたいところ・したいこと
2017.3 126p A5 ¥850 978-4-533-11720-6

◆健爺の鎌倉散歩ノート　中尾健治著　幻冬舎メディアコンサルティング、幻冬舎発売
【要旨】写真を中心に構成される、まったく新しい鎌倉散策ガイド。古都に魅せられたカメラ親爺が「絵になる」鎌倉の景色を集めた。四季折々の美しい自然そしてあたたかな市井の人々の生活風景…。明日にもカメラ片手に出かけたくなるガイドブック。
2017.2 127p A5 ¥1000 978-4-344-91097-3

◆御朱印さんぽ 関東の寺社　JTBパブリッシング
【要旨】ぶらり日帰りで、運気アップ！関東の100寺社徹底案内！美しい御朱印も、境内の見どころも、この1冊でバッチリ！
2018.1 143p A5 ¥1400 978-4-533-12303-0

◆御朱印でめぐる関東の百寺―坂東三十三観音と古寺　『地球の歩き方』編集室編　ダイヤモンド・ビッグ社、ダイヤモンド社発売　（地球の歩き方御朱印シリーズ 11）
【要旨】決定版！関東1都6県の名刹めぐり。東京、神奈川、千葉、埼玉、茨城、栃木、群馬。御朱印でお寺めぐりがもっと深く楽しめる！
2017.11 144p A5 ¥1500 978-4-478-82111-4

◆御朱印でめぐる秩父　『地球の歩き方』編集室編　ダイヤモンド・ビッグ社、ダイヤモンド社発売　（地球の歩き方―御朱印シリーズ 10）
【要旨】御朱印をご存知ですか？寺社の参拝や納経の証として、その場で書いて頂ける御朱印。単なる記念スタンプと思ったら大間違い！そこには、深い世界が広がっています。御朱印を読み解けばお寺や神社のことがよくわかるし、御朱印には書いた人の参拝者への思いも込められています。そこで本書では、御朱印の基礎知識や正しい頂き方を詳しく紹介。さらに秩父そばや丼ものをはじめとした秩父グルメ、スイーツやSL関連商品の秩父みやげに、ご住職からのお言葉などの情報をぎっしり詰め込みました。既に行ったことのある寺社でも、これを読めば目からウロコ！の秩父めぐりが楽しめるというわけです。
2017.6 144p A5 ¥1500 978-4-478-06054-4

◆子どもと行く！東京ディズニーランド&シー―安心口コミ！マル得ファミリーガイド　ディズニーリゾート研究会著　メイツ出版
【要旨】まるわかりベビーカー必勝法！ハロウィン・クリスマス満喫ワザ！子どもコスプレ特集！ワンス&パレード位置取り！インパの疑問&不安に徹底対応！親子向け攻略ガイドの決定版！
2017.4 176p A5 ¥1530 978-4-7804-1845-5

◆子どもとおでかけ タダで楽しむ茨城・栃木・群馬ベストガイド　空っ風キッズ著　メイツ出版
【要旨】お金をかけずにおトクに遊べる！学べる！充実の体験施設からわくわくレジャースポットまで。ファミリーみんなにうれしい情報が満載！
2017.4 144p A5 ¥1530 978-4-7804-1748-7

◆埼玉カフェ日和―ときめくCAFEめぐり　オフィスクーミン著　メイツ出版
【要旨】お気に入りがきっと見つかるいま訪れたい街なかのカフェ34。心地よいぬくもりに包まれるこだわりロケーションのカフェ22。さらに、氷川神社・秩父三社周辺の見逃せないお店9を充実のカフェマップで紹介。
2017.6 127p A5 ¥1630 978-4-7804-1885-9

◆ジモトラベル宇都宮　JTBパブリッシング
【目次】早分かり、お腹がすいたら、ホッと一息、夜の楽しみ、もう一軒行きたい、ひと足のばして、ちょっといいモノ、その他、小ネタ
2017.4 95p A5 ¥1000 978-4-533-11798-5

◆ジモトラベル前橋高崎　JTBパブリッシング
【目次】早分かり、お腹がすいたら、ホッと一息、夜の楽しみ、もう一軒行きたい、ちょっといいモノ、ひと足のばして、その他、小ネタ
2017.4 95p A5 ¥1000 978-4-533-11799-2

◆湘南のお地蔵さま　中島淳一著　（藤沢）江ノ電沿線新聞社
【目次】お地蔵さま信仰、舟地蔵、延命地蔵、恵母地蔵、日限地蔵、網引地蔵、六地蔵、椿地蔵、子安地蔵、塩嘗地蔵〔ほか〕
2017.4 105p 17×15cm ¥741 978-4-900247-03-1

◆地図で楽しむすごい神奈川　都道府県研究会著　洋泉社
【要旨】地形、歴史、鉄道、道路、産業、文化…etc. 新しい神奈川の魅力発見！
2017.12 159p A5 ¥1500 978-4-8003-1353-9

◆千葉・房総　昭文社　（ことりっぷ）（付属資料：地図1）　2版
【目次】ちょっと気になる千葉・房総、千葉・房総のおいしいもの&かわいいもの、千葉・房総をのんびりおさんぽ、千葉・房総でお泊まり
2017 119p 18×15cm ¥800 978-4-398-15490-3

◆東京・鎌倉 仏像めぐり　田中ひろみ著　ウェッジ
【要旨】仏像イラストレーターの田中ひろみが案内する、東京近郊83体の仏像に出会う旅。仏像の基礎知識付き。
2017.3 127p A5 ¥1300 978-4-86310-180-7

◆東京から2時間の旅ガイド―思い立ったらすぐ出かけたい。東京から日帰りできる隠れた名所の数々。　西ān寺怜、北條巴著　ポット出版　（本文：日英両文）
【要旨】日本の心象風景を映し出す味わいあるひなびたお寺や伝説の里へ。外国人にすすめたい関東近郊の旅ガイド。日英バイリンガルブッ

◆**東京周辺 七十二候で訪れる寺社めぐり旅**
「江戸楽」編集部著　メイツ出版
【要旨】暮らしを豊かに彩る日本の暦。こまやかな季節の移ろい、昔ながらのならわしや年中行事をしっとり味わう大人の寺社案内。
2017.12 128p A5 ¥1630 ①978-4-7804-1959-7

◆**東京ディズニーランド&シー裏技ガイド 2018**
TDL&TDS裏技調査隊編、クロロ著　廣済堂出版
【要旨】2018年365日の空いてる日&待ち時間短縮術を大公開。人気ブロガーのマル秘テクぜーんぶ教えます！夜パレードも！シーライダーも！ステラ・ルーも！旬なディズニー徹底ナビ。
2017.11 278p 21×14cm ¥1000 ①978-4-331-52130-4

◆**とちぎまるわかり観光ガイド vol.8 栃木だョ！全員集合**　下野新聞社編（宇都宮）下野新聞社
【要旨】食、温泉、路地、カフェ、花、スイーツ、おまつり、美術館、街歩き、社寺など680超の情報！県内公認市町村の「開放デー」を紹介。意外な場所のおいしいグルメ！県内7大学、満足・満腹！青春の味。県民の嗜好を知りつくした地元の味。あの映画にこのドラマ県内ロケ地案内！…地元新聞社ならではの現地情報満載!!
2017.3 191p 21×21cm ¥900 ①978-4-88286-668-8

◆**日光・栃木・益子**　昭文社　（ことりっぷ）（付属資料：地図1）3版
【目次】日光 中禅寺湖・鬼怒川、栃木市・足利・鹿沼・宇都宮、益子・真岡
2017 127p 18×15cm ¥800 ①978-4-398-15488-0

◆**花かおる横根高原—前日光県立自然公園 鹿沼市横根高原**　横根高原保全・活用協議会編（宇都宮）随想舎
【目次】横根高原へようこそ、前日光横根高原MAP、井戸湿原暦、横根日光、横根高原の概要、横根高原と井戸湿原の植生、鹿沼自然観察会、春の花（4月～6月）、自然観察のスタイル、夏の花（7月～8月）、秋の花（9月～11月）、横根高原で見られる主なカエデ類、花の見方用語解説、横根高原の動物、横根高原ハイキングマップ、横根高原周辺見どころガイド、湿原を保全するために、湿原のできるまで
2017.4 112p 19cm ¥900 ①978-4-88748-339-2

◆**横浜・鎌倉 オトナ女子のすてきな週末—神奈川を楽しむ51のこと**　エー・アール・ティ鎌倉編集部著　メイツ出版
【要旨】長年住んでいるけれどそういえばまだ行っていない。いつもはインドア派だけどたまには海や森の風を感じたい。季節の節目や記念日に思い出に残る体験をしたい。今日はひとりで、ちょっぴり知的な時間を過ごしたい。いろんな「行きたい」「やりたい」を叶える週末のプチ旅ガイド。住んでいる街をもっと知る&足を延ばして楽しむ51テーマ、「とっておきスポット」を104セレクト。
2017.6 128p A5 ¥1480 ①978-4-7804-1909-2

◇　◇　◇　◇

◆**伊豆**　TAC出版編集部著　TAC出版（おとな旅プレミアム）
【目次】熱海、東伊豆、南伊豆、中伊豆・修善寺、西伊豆、沼津・三島
2017.3 143p 20×16cm ¥900 ①978-4-8132-6705-8

◆**河口湖・山中湖 富士山**　TAC出版編集部著　TAC出版（おとな旅プレミアム）
【目次】特集（春夏秋冬、無限の表情を見せる富士嶺を彩る四季の色、ジャパンの息づき、畏敬の念を抱かせる山 歴史や文化の深遠さを知る富士山）、歩く・観る・食べる、買う、泊まる、足を延ばして
2017.4 143p 20×16cm ¥900 ①978-4-8132-6713-3

◆**河口湖・山中湖 富士山・勝沼**　昭文社（ことりっぷ）（付属資料：地図1）2版
【目次】河口湖・西湖・富士吉田、山中湖・忍野、富士山・富士山麓、勝沼・ぶどう郷・桃源郷
2017 119p 18×15cm ¥800 ①978-4-398-15496-5

◆**箱根**　昭文社（ことりっぷ）（付属資料：地図1）3版
【目次】心穏やかに楽しむ箱根、箱根の湯で身も心も美しく、箱根のおいしいうれしいを探して、箱根のお宿でゆっくり、ほっ、箱根からひと足のばして
2017 127p 18×15cm ¥800 ①978-4-398-15494-1

■**甲信越・北陸・東海地方**

◆**安曇野・松本 上高地**　昭文社（ことりっぷ）（付属資料：地図1）3版
【目次】安曇野、松本、上高地
2017 191p 18×15cm ¥800 ①978-4-398-15499-6

◆**安曇野 松本 上高地**　JTBパブリッシング（マニマニ—中部7）
【目次】安曇野・松本・上高地の"イマ"をのぞき見 私の好きな5SCENE、AZUMINO—いま、気になる安曇野観光、STANDARD SPOT CATALOG—穂高駅周辺・安曇野中心部／安曇野市内その他エリア／池田町・松川村、MATSUMOTO—いま、気になる松本観光、STANDARD SPOT CATALOG—松本タウン、おねだんかわいめ&安心ステイガイド、KAMIKOCHI—いま、気になる上高地観光、安心ステイガイド、ひと足のばして白骨温泉へ
2017.5 126p 20×15cm ¥850 ①978-4-533-11866-1

◆**金沢 能登**　昭文社（ことりっぷ）（付属資料：地図1）3版
【目次】金沢で感じたいこと、金沢の気になるごはん・手みやげ・宿、金沢からひと足のばして加賀温泉郷へ、とっておきの能登
2017 143p 18×15cm ¥800 ①978-4-398-15500-9

◆**金沢・能登・北陸**　JTBパブリッシング（楽楽—中部4）
【目次】金沢、能登半島、加賀温泉郷、富山、福井
2017.6 127p 20×15cm ¥940 ①978-4-533-11867-8

◆**金沢・北陸**　実業之日本社（ブルーガイド—てくてく歩き10）第9版
【目次】金沢、加賀温泉郷、能登、福井、富山、旅の準備のアドバイス
2017.7 223p 20×14cm ¥980 ①978-4-408-05732-3

◆**上高地・安曇野 黒部・松本**　TAC出版編集部著　TAC出版（おとな旅プレミアム）
【目次】特集—変化に富んだ折々の風景を訪ねて 北アルプス四季の彩り、上高地、安曇野、松本、黒部ダム・立山黒部アルペンルート
2017.4 223p 20×16cm ¥900 ①978-4-8132-6709-6

◆**軽井沢**　昭文社（ことりっぷ）（付属資料：地図1）3版
【目次】くつろぐ、楽しむ、味わう、おみやげ、泊まる、ひと足のばして
2017 127p 18×15cm ¥800 ①978-4-398-15497-2

◆**佐渡**　「地球の歩き方」編集室編　ダイヤモンド・ビッグ社、ダイヤモンド社 発売（地球の歩き方JAPAN島旅10）改訂第2版
【目次】佐渡の巡り方、佐渡の遊び方、佐渡の歩き方、佐渡の深め方、旅の基本情報
2018.1 191p 21×15cm ¥1600 ①978-4-478-82142-8

◆**ちひろと歩く信州**　安曇野ちひろ美術館編　新日本出版社
【要旨】やわらかな色彩のスケッチとめぐる、いわさきちひろが愛した信州ガイド決定版。
2017.4 141p B6 ¥1600 ①978-4-406-06131-5

◆**長野 小布施 善光寺 上田**　JTBパブリッシング（マニマニ—中部8）
【目次】長野・小布施・上田の"イマ"をのぞき見 私の好きな5SCENE、NAGANO—いま、気になる長野・善光寺観光、STANDARD SPOT CATALOG—善光寺周辺／長野駅周辺／長野市内その他エリア、OBUSE—いま、気になる小布施観光、STANDARD SPOT CATALOG、mytrip+more！—もっと行きたいところ・したいこと
2017.6 126p 20×15cm ¥850 ①978-4-533-11721-3

◆**新潟 佐渡**　JTBパブリッシング（マニマニ—中部9）
【目次】新潟の"イマ"をのぞき見 私の好きな5SCENE、NIIGATA—いま、気になる新潟観光、STANDARD SPOT CATALOG—新潟駅周辺、万代シティ／古町・本町周辺／沼垂／西海岸／日和山／新潟市郊外、mytrip+more！—もっと行きたいところ・したいこと
2017.6 126p 20×15cm ¥850 ①978-4-533-11948-4

◆**白山検定参考書**　（白山）白山市観光連盟、（金沢）北國新聞社出版局 発売
【要旨】白山市を8つの分野で解説します。「検定」合格に役立つ！市域の太古から今日までを概観。
2017.10 165p B6 ¥1600 ①978-4-8330-2113-5

◆**秘境滝を行く—信州80渓流訪瀑記**　篠原元著（長野）信濃毎日新聞社
【要旨】おとずれる者もなく…ただひたすらひっそりと流れ落ちている滝。秘境の地にある「隠れ滝」を求めて長野県内の滝群の中から圧巻の80渓流200余滝を厳選した訪瀑記。
2017.9 339p A5 ¥2000 ①978-4-7840-7314-6

◆**福井ノススメ**　蒼井翔太著　小学館クリエイティブ、小学館 発売（声optr vol.2）
【要旨】人気声優が故郷を巡るガイドブック。声優、蒼井翔太×福井。
2017.9 63p A5 ¥2000 ①978-4-7780-3611-9

◆**ふだんの金沢に出会う旅**　杉山正博、濱尾美奈子、アラタケンジ著　主婦の友社 改訂増補版
【要旨】地元の人が愛するお店に行ってみたい。暮らす人の目線で金沢を旅してみたい—。この本はそんな濃密な金沢旅行をかなえる一冊です。暮らす人が愛する167店。
2017.9 189p A5 ¥1500 ①978-4-07-425231-2

◇　◇　◇　◇

◆**岐阜アートさんぽ**　まちのアート研究会編（名古屋）ゆいぽおと、KTC中央出版 発売
【要旨】アートの魅力で岐阜再発見！アートをみる、感じる。画廊、ギャラリー&カフェ、クリエーターズショップほか。
2017.4 85p A5 ¥1500 ①978-4-87758-462-7

◆**ぎふの里歩き30—里歩きの達人マモさんが、里歩きの魅力を教えます。**　吉澤マモ著、広東もなイラスト（岐阜）岐阜新聞社
【要旨】人混みや渋滞とは無縁、お金もかからない。そんな新しい「たび」を提案！散歩以上、軽登山未満。
2017.7 119p B6 ¥1111 ①978-4-87797-243-1

◆**古地図で歩く名古屋 歴史探訪ガイド**　オフィス・ヒライ著　メイツ出版
【要旨】古地図と現代地図を見比べながら、タイムスリップしてみませんか。
2017.6 112p A5 ¥1600 ①978-4-7804-1862-0

◆**静岡県 歩きたくなる道25選**　静岡新聞社編著（静岡）静岡新聞社
【要旨】海沿いの絶景ルートから歴史ある古道まで、初心者・初中級者向けウォーキングガイドの決定版。
2017.9 144p B5 ¥1350 ①978-4-7838-1992-9

◆**静岡 至福のランチ**　ふじのくに倶楽部著　メイツ出版
【要旨】こだわりの美食が織りなす上質なひと時。とっておきが詰まった、心を満たす大人のごちそう55軒。
2017.6 128p A5 ¥1630 ①978-4-7804-1886-6

◆**しずおかとっておきのマルシェ&市めぐり—マルシェ、朝市、伝統市、産直市、直売所に出かけよう！**　静岡新聞社編（静岡）静岡新聞社（ぐるぐる文庫Special）
【目次】お気に入りを探しに「マルシェ」へ行こう！、温故知新 神社仏閣の伝統市、早起きは三文よりもお得!?朝市、これを目当てに出かけたい！港・直売所・道の駅ごはん、産直市場・直売所—野菜・魚介・肉その他、道の駅の産直市&食堂グルメ
2017.2 127p A5 ¥1300 ①978-4-7838-1987-5

◆**静岡・浜松**　昭文社（ことりっぷ）（付属資料：地図1）2版
【目次】気になるしずおか、しずおかごはんとスイーツ、しずおかスローなさんぽ旅
2017 111p 18×15cm ¥800 ①978-4-398-15502-3

◆**静岡 ぶらり歴史探訪ルートガイド**　ふじのくに倶楽部著　メイツ出版 増補改訂版
【要旨】遠州・井伊氏の足跡のほか、時代の盛衰を感じる城跡や街並み、信仰や文化、発展の歩みを紐解く。
2017.3 144p A5 ¥1630 ①978-4-7804-1810-1

旅行　194　BOOK PAGE 2018

◆タピタピ 02 列車で行こう、どこまでも—しずおか知的探検BOOK　静岡新聞社編著（静岡）静岡新聞社（ぐるぐるマップ 別冊）
【目次】静岡ガタン、ゴトン—列車で、どこまでも、まちを走る小さな電車、駅弁＆お土産セレクション—駅ナカで買えるアレコレを紹介、静岡今昔物語、旅を続ける人、駅物語—沼津・静岡・浜松
2017.9 125p B5 ¥1300 ①978-4-7838-1994-3

◆東海トレッキングガイド—愛知・岐阜・三重・静岡・滋賀＋奈良　日野東著（名古屋）風媒社（爽BOOKS）
【要旨】自然の絶景を堪能し、新緑の芽吹きにであい、花のやさしさにふれる…。初心者、家族連れから健脚トレッカーまで、それぞれに魅力あふれる厳選40コース。
2017.5 164p A5 ¥1600 ①978-4-8331-0172-1

◆東海の自然さんぽ—スニーカーであるく24コース　JTBパブリッシング（POCAPOCA）
【目次】渓谷さんぽ（足助・香嵐渓、小坂の滝めぐり ほか）、海・湖さんぽ（伊良湖、日間賀島 ほか）、森・高原さんぽ（赤沢自然休養林、愛・地球博記念公園 ほか）、旧道・歴史さんぽ（郡上八幡、犬山 ほか）、アート・器さんぽ（佐久島、瀬戸 ほか）
2017.4 127p A5 ¥1200 ①978-4-533-11790-9

◆東海の山ハイク—日帰りであるく22コース　JTBパブリッシング（POCAPOCA）
【目次】初心者も行ける、憧れのアルプスハイク（木曽駒ヶ岳、富士見台高原 ほか）、気軽に出かける入門高山ハイク（多度山、猿投山 ほか）、水と花のヒーリングハイク（伊吹山、田立の滝 ほか）、変化を楽しむ冒険山ハイク（大台ヶ原、岩古谷山 ほか）、歴史と信仰のご利益ハイク（朝熊ヶ岳、朝熊岳道 ほか）、馬越峠・天狗倉山 ほか）
2017.4 127p A5 ¥1200 ①978-4-533-11791-6

◆名古屋　昭文社（ことりっぷ）（付属資料：地図1）3版
【目次】まずは定番なごやめし、気になる名古屋、足をのばしてゆるり旅
2017 135p 18×15cm ¥800 ①978-4-398-15503-0

◆名古屋カフェ日和—すてきなCAFEさんぽ　エディット著　メイツ出版
【要旨】ふと思い立ってでかけたお店に、探していた何かがきっとある…。こだわりがぎゅっと詰まったとっておきの55軒をご紹介します。
2017.6 127p A5 ¥1630 ①978-4-7804-1751-7

◇　◇　◇

◆伊勢志摩　昭文社（ことりっぷ）（付属資料：地図1）3版
【目次】お伊勢さんへ、鳥羽・志摩、おいしい伊勢志摩、伊勢志摩からゴトンと足をのばして
2017 119p 18×15cm ¥800 ①978-4-398-15504-7

◆伊勢志摩・熊野ご朱印めぐり旅 乙女の寺社案内　とことこ巡りん倶楽部著　メイツ出版
【要旨】ほっこり笑顔やすてきな縁をもたらすおみくじやお守り、小物たち。恋愛成就に仕事運、子宝・家内安全・…かわいい表情に願いを込めて。凛とした空気に癒されたあとは、歴史文化や地元らしさを味わうぶらり歩き。ご朱印のいただき方や参拝のルールなど寺社めぐりのあれこれも丁寧に解説します。
2017.12 128p A5 ¥1630 ①978-4-7804-1811-8

◆熊野古道・南紀・伊勢　実業之日本社（ブルーガイド—てくてく歩き 11）第7版
【目次】熊野、高野山、南紀、伊勢、二見浦・松阪
2017.5 143p 22×14cm ¥1160 ①978-4-408-05734-7

◆ちゃんと歩ける熊野古道—中辺路・伊勢路　春野草結著　山と渓谷社
【要旨】中辺路130km、伊勢路170kmの詳細地図。
2017.10 143p 19cm ¥1500 ①978-4-635-60084-2

◆南紀・熊野古道—白浜・高野山・伊勢神宮　TAC出版編集部著　TAC出版（おとな旅プレミアム）
【目次】熊野三山・熊野古道、高野山・龍神・和歌山、白浜・すさみ・田辺・みなべ、伊勢神宮、泊まる
2017.7 175p 20×16cm ¥900 ①978-4-8132-6706-5

■関西地方

◆凹凸を楽しむ 大阪「高低差」地形散歩 広域編　新之介著　洋泉社
【要旨】タモリさんを案内した地形歩きの達人の第2弾！さらなる凹凸を求めて小探検へ！豊中、茨木、守口、枚方、高槻、岸和田、富田林、交野、尼崎…見て楽しい、歩いて楽しい、14エリアの3Dマップ付。
2017.9 191p A5 ¥2200 ①978-4-8003-1289-1

◆京阪神 七福神めぐり—ご利益さんぽコース　あんぐる著　メイツ出版
【要旨】京都、大阪、兵庫、奈良一開運招福の旅が、あなたの身近にも。御朱印やお土産、歴史深い街並みや…。2017.10 128p A5 ¥1630 ①978-4-7804-1934-4

◆御朱印でめぐる関西の神社—週末開運さんぽ　『地球の歩き方』編集室編　ダイヤモンド・ビッグ社、ダイヤモンド社 発売（地球の歩き方御朱印シリーズ 12）
【要旨】御朱印を、はじめた人からしあわせに！御利益と御朱印が凄い！関西124社の情報を徹底取材！！
2017.4 144p A5 ¥1300 ①978-4-478-82112-1

◆古地図で歩く大阪ザ・ベスト10　本渡章著（大阪）140B
【要旨】古地図マスター厳選！10エリア・13コースの街歩き。オールカラーで古地図47点一挙掲載！古地図を見られる博物館＆古地図探し指南も収録。
2017.6 239p A5 ¥1800 ①978-4-903993-29-4

◆子どもと行く！ユニバーサル・スタジオ・ジャパン—安心口コミ！マル得ファミリーガイド　テーマパーク研究会著　メイツ出版
【要旨】目的別おすすめコース。まるわかり攻略データ！"ハリポタ"＆新エリア！Eパスかんたん解説！季節ごとのイベント！パパママの疑問＆不安に徹底対応！親子向け攻略ガイドの決定版！
2017.4 176p A5 ¥1100 ①978-4-7804-1864-4

◆サクッと得する！USJ攻略マニュアルmini—ミニオン速報＆ハリポタ完全制覇版　USJのツボ監修, USJ裏技調査隊編　廣済堂出版
【目次】ミニオン・パーク2017・4・21誕生！、NEWS（ハリポタ特報！—期間限定（ハリポタ・エリア）キャッスル・ショー エクスペクト・パトローナム・ナイト・ショー、USJといえばやっぱりコレでしょ!!超速レポ！ハロウィーン2017）、注目の期間・季節限定イベント、USJ9エリアざっくりガイド、基本攻略法、最強！タイプ別モデルコース、ホテル＆アクセス
2017.11 127p A5 ¥680 ①978-4-331-52129-8

◆滋賀 近江八幡・彦根・長浜　昭文社（ことりっぷ）（付属資料：地図1）2版
【要旨】気になる滋賀一近江八幡・彦根・長浜、大津・草津周辺、気になる琵琶湖、信楽へうつわ旅
2017 119p 18×15cm ¥800 ①978-4-398-15505-4

◆滋賀 琵琶湖 長浜 近江八幡　JTBパブリッシング（マニマニー関西 6）
【目次】滋賀の"イマ"をのぞき見 私の好きな5SCENE、SHIGA—いま、気になる滋賀観光、STANDARD SPOT CATALOG, mytrip+more！—もっと行きたい・したいコト
2017.3 126p A5 ¥850 ①978-4-533-11722-0

◆旅ボン 大阪編　ボンボヤージュ著　主婦と生活社
【要旨】新世界に道頓堀、大阪城に商店街、神社巡りに食べあるき、太陽の塔も忘れずに。ぐるぐる回った計6日間の旅のお話です。
2017 141p A5 ¥1300 ①978-4-391-14800-8

◆兵庫 すてきな旅CAFE—森と、海と、島のカフェ案内　あんぐる著　メイツ出版
【要旨】赤穂市、高砂市、香美町、朝来市、養父市、洲本市、淡路市、南あわじ市、篠山市、西宮市、三田市、神戸市…etc. 少し足をのばして至福のひとときを楽しむ、すてきな旅カフェ。
2017.6 128p A5 ¥1630 ①978-4-7804-1794-4

◆やっぱり滋賀が好き—心の観音を求めて　児玉征志著　新評論

【目次】第1章 湖東（現地研修、蒲生氏郷、万葉の森、多賀神社）、第2章 湖西（鴨鍋、浮御堂、もたれ石、琵琶湖周航の歌）、第3章 湖南（比叡山、近江神宮、瀬田川、千輪）、第4章 湖北（長浜曳山まつり、己高山、雨森芳洲、心の観音）
2017.10 224p B6 ¥1800 ①978-4-7948-1079-3

◆ユニバーサル・スタジオ・ジャパンよくばり裏技ガイド 2017　USJのツボ監修, USJ裏技調査隊編　廣済堂出版
【要旨】ハリポタもザ・フライング・ダイナソーもバックドロップも、クールジャパンからハロウィーンまで、イベントのマル秘ワザ全公開。全エリア攻略MAP入りで待ち時間短縮テク徹底ナビ。
2017.3 221p 22×14cm ¥1000 ①978-4-331-52083-3

◇　◇　◇

◆陰陽五行で京都を巡ろう—京都の名物鍼灸師がすすめる寺社、名所、食べ物、土産　中根一著　三笠書房（王様文庫）
【要旨】京都には、まだまだあなたが知らない顔がある—！「ここだけは外せない！」という主要スポットから、「地元の人しか知らない路地裏の隠れ家」まで、珠玉の115カ所を惜しみなく紹介。京都を愛し、東洋医学を知り尽くした著者が、「あなただけの京都旅」にご案内します！
2017.4 237p A6 ¥730 ①978-4-8379-6818-4

◆海の京都—天橋立・伊根　昭文社（ことりっぷ）
【要旨】海の京都の海まちをめぐる（宮津・天橋立をおさんぽ、伊根伊勢籠神社を訪ねて、見学できるおいしい醸造元へ ほか）、海の京都の郷まちを楽しむ（ちりめん街道さんぽ、与謝野の伝統文化にふれる、美しい風景を旅の思い出に ほか）、海の京都で過ごす、泊まる（憧れのリゾートステイ、地元素材を味わえる料理宿、海、山、まちの快適なホテル ほか）
2017.4 111p 18×15cm ¥800 ①978-4-398-15521-4

◆大きな文字で読みやすい 京都ゆとりの旅　実業之日本社（ブルーガイド—てくてく歩き）第8版
【目次】幕末から明治、八重・龍馬の京をめぐる、健康が一番！ 長寿・元気で ご利益の旅、清水寺・南禅寺・銀閣寺、四条河原町・祇園・西陣、金閣寺・嵐山・嵯峨野、宿泊ガイド、プランニング＆交通
2017.9 207p A5 ¥1200 ①978-4-408-05735-4

◆大きな文字で読みやすい 奈良ゆとりの旅　実業之日本社（ブルーガイド—てくてく歩き）第7版
【目次】一度は見ておきたい日本の至宝、旅する前に知っておきたい奈良の歴史「日本」誕生の舞台、奈良市内、奈良公園、佐保・佐紀路、西ノ京、斑鳩、飛鳥・山の辺の道・長谷寺・室生寺・吉野、プランニングと切符
2017.9 191p A5 ¥1200 ①978-4-408-05736-1

◆乙女の奈良 雑貨屋＆カフェ案内すてきなお店めぐり　あんぐる著　メイツ出版
【要旨】雑貨、カフェ、パン、スイーツ…etc. ココロときめくお店全71軒。
2017.5 128p A5 ¥1630 ①978-4-7804-1889-7

◆京都　実業之日本社（ブルーガイド—てくてく歩き 12）第15版
【目次】清水寺・南禅寺・銀閣寺（清水寺〜八坂神社、平安神宮〜哲学の道 ほか）、四条河原町・祇園・西陣（四条河原町〜先斗町、京野菜を知る ほか）、金閣寺・嵐山・嵯峨野（金閣寺〜仁和寺、龍安寺の石庭を理解する ほか）、京都北部（上賀茂神社〜下鴨神社、詩仙堂〜修学院離宮 ほか）、京都南部（東福寺〜泉涌寺、伏見〜桃山 ほか）
2017.4 199p 21×14cm ¥980 ①978-4-408-05729-3

◆京都、朝あるき　ことり旅著　扶桑社
【要旨】朝陽を浴びながらの露天風呂、美味しい祇園の朝食専門店、特別プランで混雑回避する紅葉狩り…など、選りすぐりのスポットをたっぷり紹介！四季の行事、体験、グルメと知られざる朝の魅力が満載！
2017.10 127p A5 ¥1400 ①978-4-594-07838-6

◆京都おさんぽマップ てのひらサイズ　実業之日本社（ブルーガイド・ムック）
【目次】京都駅周辺・京都東部（京都駅、本願寺 ほか）、京都中心部（祇園（四条通南）、祇園（四条北）ほか）、京都北部（詩仙堂・曼殊院、下鴨神社 ほか）、京都西部（金閣寺・等持院、龍安

寺・仁和寺 ほか)、京都南部(東福寺・泉涌寺・伏見稲荷 ほか)
2017.9 97p 20×15cm ¥500 ①978-4-408-06365-2

◆京都観香―Kyoto's world of fragrance
生島あゆみ著 宝島社
【要旨】観音様ゆかりの数字「33」箇所の香スポットを巡って10の徳を手に入れる。4コース、全スポットの地図付き。
2017.6 191p A5 ¥1400 ①978-4-8002-6646-0

◆京都・京阪沿線―祇園・伏見・貴船 昭文社 (ことりっぷ)
【目次】鴨川べり・祇園・東山―出町柳・丸太町・東福寺・伏見・宇治、叡山電車にゆられて―修学院・一乗寺・貴船
2017.8 111p 18×15cm ¥800 ①978-4-398-15525-2

◆京都検定 問題と解説 第13回 京都新聞出版センター編 (京都) 京都新聞出版センター
【要旨】1級・2級・3級全263問。カラー写真やイラストが豊富で見やすい！
2017.6 255p 19×13cm ¥1400 ①978-4-7638-0694-9

◆京都社寺案内 散策＆観賞 京都編 最新版
木下長宏、ユニプラン編集部編著 (京都)ユニプラン
【要旨】京都人にも愛された京都社寺案内の最新版!!2017年の最新情報を取り入れております。世界文化遺産をはじめとした歴史的物件や、ゆかりの人物、出来事・文化などを詳しく説明しております。また社寺・文化・体験施設の住所・料金・営業時間等も詳細に網羅。事前学習用教材として好評です。巻末に行程計画記載欄、人気観光物件タクシー所要時間、フリースペースあり、一人一人が京都旅行に行った記念としても重用されております。
2017.2 128p A5 ¥600 ①978-4-89704-412-5

◆京都のおねだん 大野裕之著 講談社 (講談社現代新書)
【要旨】史上初の抹茶パフェは￥1080、お地蔵さんのお貸出は￥3000〜、旦那遊びを支える土地代＝公示価格の3〜4倍。京都人が隠しておきたい、千年の謎、京都の「おねだん」。
2017.3 222p 18cm ¥800 ①978-4-06-288419-8

◆京都の凸凹を歩く 2 名所と聖地に秘められた高低差の謎 梅林秀行著 (京都) 青幻舎
【要旨】「京都ガイド本大賞2016リピーター賞」受賞作の続編！3D凸凹地形図や古地図を多数収録。待望の第2弾!!
2017.5 182p A5 ¥1600 ①978-4-86152-600-8

◆3月の京都 淡交社編集局編 (京都) 淡交社 (京都12か月)
【要旨】毎年3月にできること教えます。3月はひなまつりと椿を見て、山菜を食べて、ひちぎりを買って、帰りましょう。
2017.2 127p A5 ¥1500 ①978-4-473-04115-9

◆すべらない京都案内―日本一のカリスマ添乗員の 平田進也著 PHP研究所 (京都しあわせ倶楽部)
【要旨】旅の達人、平田進也が書いた初めての旅行本！紹介するところすべて外れなし！。
2017.3 205p 18cm ¥970 ①978-4-569-83807-6

◆絶景を巡る京都 @kyoto_iitoko著 ワニブックス
【要旨】あなたの知らない「京都」に出会える。夕暮れの鴨川、静寂に包まれる竹林、灯火に照らされる三年坂…。Instagram から生まれた古都の絶景を訪ねる旅の写真集。この一冊で京都に行ける地図＆ガイド付き。
2017.8 143p A5 ¥1200 ①978-4-8470-9604-4

◆台湾男子がこっそり教える！秘密の京都スポットガイド 男子休日委員会企画・写真・文 エクスナレッジ
【目次】午後(ホホホ座 うれしいサプライズのあるお店、北白川りせ みんなが大好きなお店、誌文社「僕たちの左京区」のシンボル ほか)、夜(café ZANPANO 夕日、電車、窓辺の風景、WEEKENDERS COFFEE 自由な週末、「休日tips」絶対に見逃せないパン屋さん ほか)、朝(「休日idea」RUN KYOTO RUN！走ることで知る地元の生活にとけこむ、カフェ進々堂 文芸映画の世界に浸る、「休日idea」ワンコインの朝食 ほか)
2017.4 236p 20×15cm ¥1780 ①978-4-7678-2313-3

◆ちびたび 京都と出会う自転車BOOK 市内版 環境市民編 (吹田) 西日本出版社 (付属資料：地図1)
【要旨】京都のまちは自転車がちょうどいい。スタート地点近くのレンタルサイクル店掲載。おすすめ散策13コース、親子で走る4コース。
2017.4 87p A5 ¥1300 ①978-4-908443-17-6

◆できる人の「京都」術 柏井壽著 朝日新聞出版 (朝日新書)
【要旨】できる人がめざすのは、発見する旅、自分で組み立てる旅。旅の骨組みをつくったら、あとは出たとこ勝負。京の街を歩きながら、自分なりの旅をつくりあげよう。行列に並ばない。流行に振り回されない。人気店よりも、自分好みの一軒を探そう―。ワンコインで味わえる"ほんまもん"から知る人ぞ知る隠れ家まで。歯科医師にしてベストセラー作家、生粋の京都人の著者が教える「たしなみとしての京都」がこの1冊
2017.4 254p 18cm A5 ¥780 ①978-4-02-273711-3

◆奈良社寺案内 散策＆観賞 奈良大和路編 最新版―古都の美術・歴史を訪ねて 木下長宏、ユニプラン編集部編著 (京都)ユニプラン
【要旨】2017年3月〜2018年2月までの秘仏・特別公開情報を掲載！奈良県全域に広がる名所を選別。約110ヶ所を紹介するだけではなく、見るべき建築・彫刻・絵画・文献等を軸に記述しており、現地見学及び事前学習に最適です。奈良を地域ごとにエリア分けし、モデルコース全8巻を掲載。見学対象の拝観時間と観覧所要分、最寄り停、行事などを記述。巻末に鑑賞の手引きとして、語句の説明、仏像の形式・伽藍配置図等を掲載。その他、奈良関係年表など。
2017.2 87p A5 ¥500 ①978-4-89704-414-9

◆奈良 徹底的に寺歩き―84ヶ寺をめぐるルート・ガイド 広見晃著 啓文社書房, 啓文社発売
【要旨】法隆寺、東大寺だけじゃない。奈良は"ふつう"のお寺が味わい深い。寺歩きの名手が教える観光ガイドには載っていない名刹84ヶ寺。5つのゾーンをゆっくり寺めぐり「世界遺産奈良」新しい旅のスタイル。寺院リスト、ルート地図つき。
2017.3 127p A5 ¥1200 ①978-4-89992-023-6

◆奈良 仏像めぐり JTBパブリッシング (たびカル) 改訂2版
【目次】第1章 見比べスター仏像(プロポーションを比べてみよう 十一面観音(室生寺/法華寺)、ネックレスを比べてみよう 十一面観音(海龍王寺/大安寺) ほか)、第2章 エリア別のスター仏像に会いに行こう(奈良公園周辺、西ノ京・佐保路・佐紀路 ほか)、第3章 街道沿いの石仏巡り(石仏ってなあに？、柳生街道／柳生周辺 ほか)、第4章 すぐわかる仏像の基礎知識(仏像ってなあに？、仏像の特徴を知りたい！ 如来/菩薩/明王/天部 ほか)
2017.2 111p 19×15cm ¥800 ①978-4-533-11669-8

◆奈良 大和路 JTBパブリッシング (歩いて楽しむ)
【要旨】観光＋歴史＋風景。1コース徒歩3時間以内のおさんぽ旅へ。地図で歩く30コース。
2017.10 175p A5 ¥950 ①978-4-533-12169-2

◆乗る＆歩く 京都編 2017年春夏〜初秋版 (京都)ユニプラン
【要旨】市バス・京都バス・京阪バス・JR・京阪・嵐電、他ダイヤ改正最新版。
2017.2 87p A5 ¥600 ①978-4-89704-415-6

◆乗る＆散策 奈良編―奈良観光のりもの案内 奈良交通バス系統別簡易路線図付き 2017〜2018年版 (京都) ユニプラン (付属資料：地図1)
【要旨】155の注目スポット。奈良交通バス・JRダイヤ改正最新版。時刻表付き。
2017.4 87p A5 ¥600 ①978-4-89704-422-4

◆走ろう！京都―歴史と風・水を感じる厳選14コース 京都光華ランニングクラブ監修 (京都)淡交社 (京都を愉しむ)
【要旨】京都の歴史と風・水を感じるランニングコースとして、著名な観光地から普通の観光では行かないところまで、厳選14コースを紹介。これらのコースを自分の足で走ってみると、新しい京都を発見できるかもしれません。
2017.5 111p A5 ¥1500 ①978-4-473-04180-7

◆深ぼり京都さんぽ グレゴリ青山著 集英社インターナショナル, 集英社発売
【要旨】京女の大学教授と「東寺」の謎を探る、伝統工芸ライターが教える「二条城」の魅力、ベラルーシ女性と「哲学の道」で詩めぐりなど。穴

場満載の「京都人による京都発見本」。
2017.7 143p A5 ¥1000 ①978-4-7976-7342-5

◆歴史でめぐる洛中洛外 上 上京・下京を中心に 井上満郎著、中田昭写真 (京都) 淡交社 (京都を愉しむ)
【要旨】平安京は、朱雀大路(現在の千本通)を中心に左京(東京)と右京(西京)の町が左右対称に作られたが、右京は早く衰退し、一方左京は南北に分かれて発展していった。「上京」と「下京」である。中世、あるいは平安時代にまで遡るかとも思われるが、今の上京区・中京区・下京区にあたる「上京」「下京」が、京都の歴史と文化の中核をなした。本書では「上京」「下京」を中心に、洛外の一部についても紹介する。
2017.2 127p A5 ¥1600 ①978-4-473-04166-1

◆歴史でめぐる洛中洛外 中 洛北・洛西 井上満郎著、中田昭写真 (京都) 淡交社 (京都を愉しむ)
【要旨】千年の歴史の光と影に思いを馳せつつ巡る京都の旅。北山・東山・西山に抱かれた京都。山紫水明と謳われたその美しい景観の中で、自然とともにたくましく生きた都人の歴史。
2017.3 113p A5 ¥1600 ①978-4-473-04173-9

◆歴史でめぐる洛中洛外 下 洛東・洛南 井上満郎著、中田昭写真 (京都) 淡交社 (京都を愉しむ)
【要旨】千年の歴史の光と影に思いを馳せつつ巡る京都の旅。生きた古都、京都。洛東、洛南に王朝文化の名残をたずねる。歴史でめぐる京都案内、全3巻完結。
2017.5 119p A5 ¥1600 ①978-4-473-04182-1

◆65歳からの京都歩き 永江朗著 (大阪)京阪神エルマガジン社
【要旨】のんびり、無理せず、マイペースに。ちょっぴり知的な京都歩き。知的好奇心が旺盛な「人生のベテラン」のための京都案内。ぶらりお散歩マップ付き。
2017.10 270p 17×12cm ¥1380 ①978-4-87435-553-4

◆Kyoto guide 24H(24じかん)―和風カワイイ京都。 朝日新聞出版編 朝日新聞出版
【要旨】京都でしたい、ベストな時間にベストなこと。大切な人にこそ教えたい、とっておきの京都の楽しみ方。「古くて新しい」京都の魅力に、トキメキっぱなしの1日をナビゲート。
2017.12 192p 20×15cm ¥1300 ①978-4-02-333937-8

◆Premium Leaf―京都に息づく、食と宿 富岡敦撮影 (京都)リーフ・パブリケーションズ
【目次】京都 心酔の美食(御所南、御料理 樋渡 ほか)、至極の逸品(フォーシーズンズホテル京都 ブラッスリー、ザ・リッツ・カールトン京都 ラ・ロカンダ ほか)、BAR 非日常を演出する魅惑の一杯(紫鳳、津田楼 ほか)、京都に息づく、神髄の宿(柊家旅館、炭屋旅館 ほか)
2017.4 128p 30×23cm ¥1500 ①978-4-908070-33-4

中国・四国地方

◆出雲大社 松江 鳥取 JTBパブリッシング (マニマニ―中国四国 1)
【目次】出雲・松江の"イマ"をのぞき見 私の好きな5SCENE、IZUMO―いま、気になる出雲観光、STANDARD SPOT CATALOG―出雲大社周辺/日御碕・出雲市周辺、MATSUE―いま、気になる松江観光、STANDARD SPOT CATALOG―松江/八重垣神社周辺/松江周辺、mytrip+more！―もっと行きたいところ・したいこと
2017.7 126p 21×15cm ¥850 ①978-4-533-11976-7

◆出雲・松江 石見銀山・境港・鳥取 TAC出版編集部著 TAC出版 (おとな旅プレミアム)
【目次】特集―出雲路から伯耆・因幡への旅 花と絶景をめぐる、出雲、松江、石見銀山、境港、鳥取、温泉郷
2017.4 171p 20×16cm ¥900 ①978-4-8132-6710-2

旅行　実用書

◆大きな文字で読みやすい 四国八十八ヵ所 ゆとりの旅　実業之日本社　（ブルーガイド―てくてく歩き）　第5版
【目次】四季巡礼―同行二人・移ろう季節とともにたどる浄土への道筋、こころの旅路で、こころからの祈り―四国八十八ヵ所・巡拝の精神、発心の道場 阿波（徳島）、修行の道場 土佐（高知）、菩提の道場 伊予（愛媛）、涅槃の道場 讃岐（香川）　2017.9 167p A5 ¥1200 ①978-4-408-05737-8

◆隠岐　「地球の歩き方」編集室編　ダイヤモンド・ビッグ社、ダイヤモンド社 発売　（地球の歩き方 島旅 09）
【目次】隠岐の巡り方、隠岐の遊び方、隠岐の歩き方、隠岐の深め方、旅の基本情報
　2017.3 127p A5 ¥1500 ①978-4-478-06017-9

◆尾道、食べさんぽ。一坂と寺と映画の町を食べ歩く　左古文男著　誠文堂新光社
【要旨】尾道ラーメン、尾道焼き、地魚…日本遺産の町・尾道の食と文化を徹底ガイド！ 尾道ならではのご当地グルメ、画廊喫茶、古刹や懐かしさが残る路地の散策コースなど、尾道の魅力を網羅！ 描き下ろし漫画『猫町の風待ち茶房』所載。　2017.12 143p A5 ¥1000 ①978-4-416-71750-9

◆家族で遊ぼう！ おでかけBOOK山陽・山陰 2018　（広島）ザメディアジョンプレス、（広島）ザメディアジョン 発売
【目次】NEW OPEN SPOT5（しいちゃんの森、みよし森のゆう ほか）、春夏秋冬を家族で楽しむ4つのスポット（春―鳥取城跡久松公園、夏―石見海浜公園 ほか）、季節のおでかけ（くだもの狩り、イチゴ狩り ほか）、子どもに人気の施設を比べてみました！（香美市立やなせたか し記念館、神戸こどもアンパンマンミュージアム＆モール ほか）、県別紹介ページ―遊園地＆テーマパーク／動物／ミュージアム／公園／体験／自然／工場＆社会見学／乗りもの／その他施設（広島県、山口県 ほか）
　2017.7 188p 26×22cm ¥926 ①978-4-86250-498-2

◆倉敷・尾道・瀬戸内の島 昭文社　（ことりっぷ）　（付属資料：地図1）　3版
【目次】倉敷、尾道、しまなみ海道、アートな瀬戸内の島
　2017 127p 18×15cm ¥800 ①978-4-398-15512-2

◆高知 四万十・室戸　昭文社　（ことりっぷ）　（付属資料：地図1）
【目次】高知市とその周辺、四万十・足摺、四国カルスト、安芸・室戸、高知の歴史さんぽ　2017.6 111p 18×15cm ¥800 ①978-4-398-15523-8

◆山陰旅行―クラフト＋食めぐり　江澤香織著　マイナビ出版　増補改訂新版
【要旨】鳥取・島根県の手仕事と食まで&more…。窯元をはじめとした作家の工房・アトリエ、雑貨店、ギャラリー、カフェ＆喫茶店、パン屋、そしておいしい食事処から宿泊施設まで…知られざる山陰エリアの見どころを一冊に集めました。懐かしく温かい、優しい出会いが待っています。
　2017.5 175p A5 ¥1640 ①978-4-8399-6128-2

◆四国　実業之日本社　（ブルーガイド―てくてく歩き 23）　第8版
【目次】松山・内子・大洲、高知・桂浜・室戸、中村・四万十・足摺、徳島、高松・大歩危
　2017.7 175p 22×14cm ¥1100 ①978-4-408-05733-0

◆四国　JTBパブリッシング　（楽楽―中国四国 3）
【目次】ココに行きたい！ 楽楽解決、モデルルート、香川、愛媛、高知、徳島、宿泊情報
　2018.2 207p 21×13cm ¥980 ①978-4-533-12376-4

◆せとうちスタイル 創刊号（2017 Vol.1） 特集 せとうちスタイルを探して―尾道／向島 渡船のある風景　（高松）瀬戸内人
【要旨】瀬戸内の生き方、暮らし方をご紹介するライフスタイルブック『せとうちスタイル』。せとうちに暮らす人々の日々の物語をはじめ、美しい海や島に育まれたモノたちのストーリーも届けます。青い海に浮かぶ、いくつもの島影。その島々をオレンジ色に染めながら、沈んでいく夕日。何十年も変わることなく、ふたりで船に乗り、漁にでているご夫婦。ご家族でミカンやレモン、オリーブを育てている人たち。島やその沿岸に移住し、新しい生き方を見つけた人もいます。そんな瀬戸内の生き方、暮らし方を紹介するライフスタイルブック「せとうちスタイル」。創刊号の特集は「せとうちスタイルを探して尾道/向島渡船のある風景」。尾道で、向島で、自分らしく無理なく生きる人たちの日々を、美しい瀬戸内の風景とともにご紹介しています。あなたの毎日に、瀬戸内からの風が届きますように。
　2017 110p B5 ¥1100 ①978-4-908875-10-6

◆せとうちスタイル 2017 Vol.2 特集「移住」瀬戸内で見つけた私たちの居場所 男木島　（高松）瀬戸内人
【要旨】瀬戸内の生き方、暮らし方をご紹介するライフスタイルブック『せとうちスタイル』。せとうちに暮らす人々の日々の物語をはじめ、美しい海や島に育まれたモノたちのストーリーもお届けします。青い海に浮かぶ、いくつもの島影。その島々をオレンジ色に染めながら、沈んでいく夕日。何十年も変わることなく、ふたりで船に乗り、漁にでているご夫婦。ご家族でミカンやレモン、オリーブを育てている人たちもいます。そんな瀬戸内の生き方、暮らし方を紹介するライフスタイルブック「せとうちスタイル」。2号めの特集は「移住」。ひとりで、ふたりで。夫婦で、家族で。瀬戸内に移り住む人が増えています。数ある場所の中から、自分たちの新しい場所に、なぜ瀬戸内を選んだんだろう。その理由が知りたくて、香川県の男木島、岡山県笠岡諸島の白石島、広島県の大崎下島に暮らす5人の人たちに会ってきました。
　2017 110p B5 ¥1100 ①978-4-908875-17-5

◆せとうちスタイル 2017 Vol.3　（高松）瀬戸内人
【目次】編集長が旅の途中で買いました せとうちモノnote―第3回 図書館で出会った「ブックカバー」、Setouchi Style_Column 1「そうめんとの出会い」ソーメン二郎、特集 おいしいのそばには、すてきな島がある―豊島・淡路島・生口島、日本で唯一の船の図書館「文化船ひまわり」のペーパークラフトができました、今回の取材で出会った「せとうちスタイル」な人々、太刀魚×タマネギ×レモン せとうちスタイル限定メニューができました、小豆島の食卓探訪 島のお母さんにごはんをつくってもらいました、Setouchi Style_Column 2「島と東京タワー」小池よう子、せとうちスタイルが気になる大作 myコト_TRIP 元小学校の木造校舎がゲストハウスに「ネコノシマホステル＋喫茶ネコノシマ」、私は今日林檎の樹を植える医療の現場 Vol.04 妊娠中のお母さんと赤ちゃんを守りたい。小さな生命を守る、小さなふたつのハート。〔ほか〕
　2017 110p B5 ¥1100 ①978-4-908875-19-9

◆瀬戸の島旅 しまなみ海道＋17島めぐり―地元スタッフが大好きな23島を徹底取材 車で行ける島の旅　エス・ピー・シー出版、ルーツブックス著　（吹田）西日本出版社
【要旨】泊まりがけで行くとびしま海道、ゆめしま海道。やっぱり行きたい島のカフェ、パン屋さん＆グロサリー。これを食べずには帰れない島の味。村上海賊しまなみ歴史旅。瀬戸の島々ポタリングのススメ、レンタサイクルガイド付き。おいしい景色と島の味、ロマンあふれる村上水軍の世界。推奨ルート＆MAP付き。
　2017.4 127p 26×22cm ¥907 ①978-4-908443-12-1

◆大学的徳島ガイド―こだわりの歩き方　四国大学新あわ学研究所編　昭和堂
【要旨】阿波踊り、四国遍路、吉野川を始めとする豊かな自然、徳島ラーメンや阿波三盆糖などの食、2020年オリパラで注目される阿波藍はもちろん、徳島人・阿波女の特徴やマチ★アソビの紹介など、「新あわ学」の特徴である、歴史と現代の両方を見つめる視点から徳島を紹介する。地域の知られざる歴史や文化を巡るまち歩きの楽しさを実感できるガイドブック。
　2017.7 320, 3p A5 ¥2300 ①978-4-8122-1629-3

◆萩・津和野―下関・門司　TAC出版編集部著　TAC出版　（おとな旅プレミアム）　（付属資料：地図1）
【目次】萩、津和野、下関・門司、山口
　2017.7 159p 20×16cm ¥900 ①978-4-8132-7053-9

◆萩 津和野 下関 門司港レトロ　JTBパブリッシング　（マニマニ―中国四国 6）
【目次】萩・津和野・下関の"イマ"をのぞき見 私の好きな5SCENE、HAGI―いま、気になる萩観光、STANDARD SPOT CATALOG―萩城跡・堀内周辺／城下町周辺／萩バスセンター周辺／東萩駅周辺／松陰神社周辺／萩市内その他エリア、TSUWANO―いま、気になる津和野観光、STANDARD SPOT CATALOG―津和野、SHIMONOSEKI MOJI KOU―いま、気になる下関・門司港観光、STANDARD SPOT CATALOG―下関／門司港、おねだりかわいめ＆安心ステイガイド、mytrip+more！―もっと行きたいところ・したいこと
　2017 126p A5 ¥850 ①978-4-533-11867-8

◆広島おさんぽマップ てのひらサイズ　実業之日本社　（ブルーガイド・ムック）
【要旨】所要2〜5時間のゆったりモデルルート33コース。広島ののどかな海風景、島々、懐かしい町並み、etc.シェアしたい風景に癒される旅。
　2017.8 97p 20×15cm ¥730 ①978-4-408-06361-4

◆広島・宮島・尾道・倉敷　JTBパブリッシング　（楽楽―中国四国 1）　（付属資料：地図1）
【目次】広島・宮島・岩国、尾道・しまなみ海道、倉敷・岡山
　2017.2 191p 21×13cm ¥940 ①978-4-533-12243-9

◆松江・出雲 石見銀山　昭文社　（ことりっぷ）　（付属資料：地図1）　3版
【目次】出雲、松江、松江からひと足のばして、石見銀山
　2017 127p 18×15cm ¥800 ①978-4-398-15511-5

◆松山 すてきな雑貨屋さん＆カフェ かわいいお店めぐり―松山・今治・新居浜　伊予おさんぽ倶楽部著　メイツ出版
【要旨】雑貨、カフェ、パン、スイーツ…etc.おしゃれなアイテムも、ほっこりカフェも、人気のスイーツも、ココロをくすぐるかわいいお店がいっぱい！
　2017.1 128p A5 ¥1630 ①978-4-7804-1829-3

◆松山 道後温泉 今治　JTBパブリッシング　（マニマニ―中国四国 5）
【目次】松山・道後温泉の"イマ"をのぞき見 私の好きな5SCENE、DOGO ONSEN―いま、気になる道後温泉観光、MATSUYAMA―いま、気になる松山観光、STANDARD SPOT CATALOG―松山タウン、mytrip+more！―もっと行きたいところ・したいこと
　2017.3 126p A5 ¥850 ①978-4-533-11723-7

◆ゆったり行こう！ 中国・四国 山歩きガイド　山歩きの会・遊遊山筆　メイツ出版
【要旨】温泉などの「立ち寄りスポット紹介」や、旬の見どころで選ぶ「四季の登山カレンダー」など、山を楽しむためのマル得情報が満載！ 県別のおすすめコースを徹底解説！
　2017.6 144p A5 ¥1600 ①978-4-7804-1888-0

◆Shikoku Japan 88 Route Guide　宮崎建樹著、松下直行著・編・地図制作、デイビッド・モートン監修・英訳　武揚堂　（本文：英文）　第5版
【目次】Legend, Index Map, Elevation&distance map, Kobo Daishi (Kukai), Useful Information, Proper etiquette at a temple, Oaths and Commandments, Basic Information on Buddhist Statues, Pilgrim Attire and other items, Access 〔ほか〕
　2017 1Vol. B6 ¥1600 ①978-4-904218-30-3

九州・沖縄地方

◆あたらしい沖縄旅行　セソコマサユキ著　WAVE出版　（NEW TRIP）　新版

【要旨】クラフト、雑貨、カフェ、パン、宿…海と島に囲まれて、好きな仕事をして暮らす、ちいさなお店、つくり手たちの物語をたずねる旅。ここでしか出会えない、ひみつの場所めぐり。さらにあたらしい、よりぬき45店。
2017.7 159p A5 ¥1500 ①978-4-86621-075-9

◆奄美大島・喜界島・加計呂麻島―奄美群島1 「地球の歩き方」編集室編 ダイヤモンド・ビッグ社、ダイヤモンド社 発売 (地球の歩き方JAPAN島旅 02) 改訂第2版
【目次】奄美の巡り方、奄美の遊び方、奄美の歩き方、奄美の深め方、旅の基本情報
2018.1 135p A5 ¥1500 ①978-4-478-82126-8

◆石垣・竹富・西表・宮古島 昭文社 (ことりっぷ) (付属資料:地図1) 3版
【目次】石垣島、石垣島から行く離島、宮古島
2017 143p 18×15cm ¥800 ①978-4-398-15519-1

◆沖縄 JTBパブリッシング (楽楽―九州 5)
【目次】沖縄の世界遺産、観光の魅力、那覇・首里、中部、北部、南部、沖縄本島のリゾートホテル、離島
2018.1 223p 21×13cm ¥980 ①978-4-533-12297-2

◆沖縄 のこしたいお店だれにもない味―文化を伝え、地元で愛され続ける 中村雅之文、キッチンミノル写真 誠文堂新光社
【要旨】それぞれの料理や飲み物で、風情と味わいに「ナンバー1」の店を厳選。他にかけがえのない「オンリー1」の店ばかり。「沖縄通史」を巻末に収録。
2017.5 173p A5 ¥1600 ①978-4-416-51726-0

◆沖縄・離島情報 2017・2018 (北杜)林檎プロモーション
【要旨】街あるき、マングローブ、シュノーケリング…行こう!おきなわ!沖縄全島904軒の宿掲載。
2017.3 224p B5 ¥787 ①978-4-906878-57-4

◆鹿児島・宮崎―熊本・屋久島・高千穂 TAC出版編集部著 TAC出版 (おとな旅プレミアム) (付属資料:地図1)
【目次】鹿児島、高千穂、熊本・阿蘇、宮崎・日南、屋久島
2017.7 157p 20×16cm ¥900 ①978-4-8132-7054-6

◆九州 JTBパブリッシング (楽楽―九州 1)
【目次】福岡・門司港・佐賀・唐津、長崎・ハウステンボス・佐世保、湯布院・黒川・別府、熊本・阿蘇・天草、鹿児島・宮崎・屋久島
2017.3 239p 22×13cm ¥980 ①978-4-533-11729-9

◆九州の魅力的なキャンプ場 南英作、村岡忠行共著 (福岡)九州人
【要旨】熊本・大分のキャンプ場も元気に営業中!地産品が手に入る直売所情報も満載!温泉付きキャンプ場も多数掲載。
2017.4 127p A5 ¥1500 ①978-4-906586-40-0

◆子連れで沖縄―旅のアドレス&テクニック117 島村麻美子・写真 ダイヤモンド・ビッグ社、ダイヤモンド社 発売 (地球の歩き方BOOKS)
【要旨】沖縄リピーターのママが教える乳幼児連れ旅行の準備・食事・遊び・おみやげ情報&more! 掲載レストラン卵&アレルギー対応表付き。沖縄子連れ旅行を成功させる、ヒミツが満載。
2017.3 143p B6 ¥1000 ①978-4-478-06033-9

◆ハウステンボス 口コミマル得完全ガイド 九州テーマパーク研究会編 メイツ出版
【要旨】「ココが知りたかった!」おすすめ、見どころ、攻略情報。注目アトラクションを徹底取材!
2017.6 144p A5 ¥1450 ①978-4-7804-1768-5

紀行・エッセイ（海外）

◆上田寿美子のクルーズ! 万才―豪華客船、45年乗ってます 上田寿美子著 クルーズトラベラーカンパニー、丸善出版 発売
【要旨】クルーズ乗船歴45年、記者歴30年。世界の豪華客船を取材した日本屈指のクルーズライターが語る船旅の楽しさ。なぜ今、クルーズの旅が注目なのか? 日本の客船から気軽に乗れる外国船、南極やリバークルーズまで解説。
2017.7 191p B6 ¥1600 ①978-4-908514-10-4

◆美しいものを見に行くツアーひとり参加 益田ミリ著 幻冬舎
【要旨】一回りの人生。行きたいところに行って、見たいものを見て、食べたいものを食べるのだ。旅じたくからお土産、団体旅行での身の処し方まで。40代の旅は自分仕様。
2017.9 149p A5 ¥1300 ①978-4-344-03179-1

◆海外自転車ひとり旅―大阪のおっちゃん地球を走る 高群哲夫著 (京都)ウインかもがわ、(京都)かもがわ出版 発売
【要旨】ブエノスアイレスでの盗難はヒドかった!「人を信じても油断するな」の災いだった。本編はトルコ、モロッコ、そして遙か南米ブラジル、アルゼンチンと、世界の人いきれを駆け抜けてきた交流派の第4弾! 古希を前にした熱き著者の痛快な"ペダル精神"を読者とともに共有したい!
2017.3 206p A5 ¥1500 ①978-4-903882-83-3

◆川田きし江画文集 地球スケッチ紀行 2 民族の十字路に立ちて 川田きし江著 (名古屋)人間社
【要旨】川田きし江は旅に生きる女性である。砂塵を駆け、岩壁を見上げ、大地に踏み立つ、世界を知ること、人を知ること、それが川田きし江の旅の宿題である。川田きし江は今日も地球をスケッチする。
2017.4 159p 19×15cm ¥2000 ①978-4-908627-06-4

◆禁足地帯の歩き方 吉田悠軌著 学研プラス
【要旨】禁足地・聖地・怪談現場を巡り、愛と縁切り、死の世界へ踏み込む。オカルト探偵のムー的怪奇紀行。
2017.11 175p B6 ¥1000 ①978-4-05-406602-1

◆スマイル!―笑顔と出会った自転車地球一周 157ヵ国、155,502km 小口良平著 河出書房新社
【要旨】事故、強盗、感染症…襲いかかるトラブル、死の淵から救ってくれた人々の温もり、世界中で通じる「魔法の3つの言葉」、人と比べなくていい生き方を見つける。自己嫌悪に悩む青年が成し遂げた約8年半の記録。
2017.5 222p B6 ¥1500 ①978-4-309-02573-5

◆世界の美しい街、優しい街―あいちゃんの環太平洋街歩き 相場春夫著 実業之日本社
【要旨】Jリーグから巣立った選手が海外から帰国すると必ず技術だけでなく人間力が増している。だから海外は人格を育む舞台である。探究心旺盛な筆者がフラットな視点で描く、世界の美しい街と優しい人々との出会いの旅。
2017.9 177p B6 ¥1280 ①978-4-408-06032-3

◆世界の混沌（カオス）を歩くダークツーリスト 丸山ゴンザレス著 講談社
【要旨】世界中の危険地帯に単身で乗り込むジャーナリスト、丸山ゴンザレスが満を持しておくる『クレイジージャーニー』裏日記! 戦争と平和、富める国の表と裏、都市の光と闇、そして生と死…、この男が飛び込んできた混沌のすべて。
2017.8 316p B6 ¥1600 ①978-4-06-220625-9

◆世界の国で美しくなる! とまこ著 幻冬舎
【要旨】一生に一度は行きたい、女ひとりのビューティー旅! 著者自らが実体験。世界の格安美容スポットを徹底紹介!
2017.2 295p B6 ¥1400 ①978-4-344-03071-8

◆ダークツーリズム入門―日本と世界の「負の遺産」を巡礼する旅 風来堂編 イースト・プレス
【要旨】アウシュヴィッツ強制収容所、チェルノブイリ原子力発電所、グラウンド・ゼロ、福島第一原発など、世界を震撼させた悲劇の舞台への「巡礼の旅」が今、人気を集めている。また、数々のジャーナリストや評論家による現地を訪れ、その論考にも注目が集まっている。実際に現地を訪れると、悲しみや嘆き、狂気、ユーモア、強さなど、さまざまな感情が入り交じる空気に触れることができる。不幸な歴史の記憶を後世に伝えるためにとどめておきたい、世界と日本の81ヵ所を網羅した入門書。
2017.9 239p A5 ¥1500 ①978-4-7816-1582-0

◆旅が仕事!―「月3万円」稼ぎながら旅するためのノウハウ MASAKI世界一周著 イカロス出版
【要旨】世界一周、留学、ワーホリ、ロングステイ、海外就職、駐在…etc. どんなスタイルの海外渡航でもOK! 誰でも海外で収入を得られる奥の手があった!
2017.2 223p A5 ¥1600 ①978-4-8022-0311-1

◆旅するバーテンダー 2 ヨーロッパを駆け抜け、新たな世界をこの手でつかむ 中森保貴著 皓星社
【要旨】生産者の素顔を知り、魂の酒と出逢う。トラブルを乗り越えながら、私の旅は続いていく。Do It Yourselfの言葉を胸に秘め。すべては、究極の一杯をグラスに注ぐために。浅草発、いざ欧州の旅へ!
2017.11 301p B6 ¥1800 ①978-4-7744-0645-9

◆地球千鳥足―バックパッカー夫婦の人間遺産と触れ合う旅 小川彩子、小川律昭著 幻冬舎メディアコンサルティング、幻冬舎 発売
【要旨】ダマされてもスラれても私たちは旅をする。結婚25周年記念にそれぞれ単独・別ルートで出発、"カサブランカで会いましょう!"と目的地ドッキングを試みたのが始まりだった。いまや訪れた国は111ヵ国・地域、結婚55年、旅は続くよ、どこまでも。変化こそ力、体験こそ財産なり。途上国を好んでバックパッカーを続けるシニア夫婦の世界珍道中。
2017.12 207p A5 ¥1500 ①978-4-344-91500-8

◆鉄道ファンの海外写真紀行 鎌野秀嗣著 中央公論事業出版
【目次】1970年 初めての海外旅行、ヨーロッパ周遊、1978年 サンパウロ、ヨーロッパ経由で帰国、1980年 サンフランシスコ、モントリオール、ボストン、ワシントンD.C.、ボルティモア、ニューヨーク、1981年 バンクーバー、バンフ、カルガリー、サンフランシスコ、1987年 シンガポール、パース、シドニー、1990年 ベルリン、アムステルダム、ブリュッセル、1991年 ケアンズ、1994年 ニース、モナコ、プロヴァンス、アルル、パリ、モン・サン・ミッシェル、1996年 マドリッド、セヴィージャ、コルドバ、グラナダ、バルセロナ、1997年 リスボン、ウィーン、ブダペスト〔ほか〕
2017.12 111p A5 ¥1200 ①978-4-89514-483-4

◆トニーの俺行くし!世界一周バスキング旅 スターダック トニー著 (神戸)出版ワークス
【要旨】何者でもなかった青年はすべてを捨て、アヒルのマスクを被り少しの勇気を武器に世界一周を目指す! 社会不適合者より「自分不適合者」になりたくない―バスキングと旅をして今を生きていく。
2017.8 143p B6 ¥1500 ①978-4-907108-09-0

◆とまらない好奇心!―一次の旅を夢見て 大島義史著 小学館クリエイティブ、小学館 発売
【要旨】見知らぬ場所を自分の足で踏みだしたい!!『会社員自転車で南極点に行く』の著者が綴る世界自転車旅の数々。
2017.7 255p A5 ¥1400 ①978-4-7780-3535-8

◆21世紀の驚くべき海外旅行 藤間敏雄著 幻冬舎メディアコンサルティング、幻冬舎 発売
【要旨】歴史・風土・政治…世界の今を知れば旅行はもっと楽しくなる。20世紀から21世紀の激動の変化を目の当たりにした著者が記す珠玉の旅行記。
2017.1 246p B6 ¥1200 ①978-4-344-91098-0

◆88ヶ国ふたり乗り自転車旅―中近東・アフリカ・アジア・ふたたび南米篇 宇都宮一成、宇都宮トモ子著 幻冬舎(幻冬舎文庫)
【要旨】5年前に始めたタンデム自転車旅も後半戦に突入。トルコやシリアを回り、居心地がよ

旅行　　198　　BOOK PAGE 2018

実用書

◆ひとのくらしと香りを訪ねて―香り世界飛び歩記　1　谷日貝光克著　フレグランスジャーナル社
【目次】ドイツ（自然の営みの中で気高く育つシュバルツバルトのモミ、ドイツ林業に学ぶわが国の林業）、イタリア（ジャスミンの香るリゾート地コモ、古代ローマ時代からの歴史ある都市ヴェローナ）、ニュージーランド（牛と羊の国ニュージーランド、ニュージーランドに根付いた外来種、風光明媚なマウントクックの麓へ、ニュージーランド北島、ニュージーランドの歴史と共に歩んだ固有種カウリ）、アルゼンチン（アルゼンチングランチャコの自然の中で、アルゼンチンの草木との巡り合い、アルゼンチン紀行、アルゼンチン密林の大地の中で、パラナ密林の大地の中で、奴隷制や植民地として歴史、アルゼンチンの地形、アルゼンチン北部の「夫婦」、アルゼンチンの自然とエコーツリズム、広い国土を車で走り、アルゼンチン最北の地フォルモサ、アルゼンチンの草木の香りを求めて）
2017.11 136p 21×13cm ¥1700　①978-4-89479-294-4

◆南半球巡り―105日間の地球一周船旅　戸山和子著　日本図書刊行会、近代文藝社 発売
【要旨】豊かな自然・素朴な音楽・民族舞踊・華麗なダンス等を満喫する。多種類の動植物が生息する南半球。大陸・環礁・フィヨルド・砂漠・標高の高低と、暗い過去があり、今は水没の危機に…？
2017.6 228p B6 ¥1500　①978-4-8231-0952-2

◆遊牧夫婦―はじまりの日々　近藤雄生著　KADOKAWA　（角川文庫）
【要旨】「旅の中を生き続けたい。そう思い、結婚直後に仕事はないまま、ぼくらは二人で旅に出た。」ライターを志す20代の「ぼく」は、日本の新婚生活を経験せずに、妻モトコとあてのない旅に出た。思いもつかない二人の「夫婦」と「旅」の形とは？ オーストラリアでの半年間のイルカのボランティア、アマダエル色のパンで果てしないドライブ、独立2周年の東ティモール、インドネシア…。5年に及んだ夫婦の旅の1年目の記録。
2017.3 314p A6 ¥920　①978-4-04-400179-7

◆夢を翔ける旅人―リオデジャネイロ、アラニ・スンツス心霊紀行　荒川俊治著　（仙台）創栄出版、星雲社 発売
【要旨】心や精神の解放と拠り処、目覚めを求め、いざブラジル、メキシコ、高知へと旅する旅人。…地球の裏側まで旅した者が手にしたものは、如何。人はなぜ旅に出るのか。
2017.11 147p B6 ¥1500　①978-4-434-23440-8

◆ゆらりゆられて船の旅　2　ピースボートであんちょこ北半球一周　水野博之著　あけび書房
【目次】第1章 インド洋を経てアラビア海、第2章 エーゲ海・地中海クルーズ、第3章 ドーバー海峡を経てバルト海クルーズ、第4章 フィヨルド遊覧そしてアイスランドへ、第5章 北極圏探検クルーズ、第6章 カリブ海を経て中央アメリカ、第7章 太平洋横断
2017.4 163p A5 ¥1500　①978-4-87154-151-0

◆わたしのイスパニア語の旅―スペインから中南米諸国へ　市川慎一著　彩流社
【要旨】十八世紀フランス啓蒙思想を専門とした学者が、なぜ「イスパニア語の旅」に出かけることになったのか？「地球の徘徊者」と評されたこともある著者には言い分がある。学生時代より読書のほかに別の現実を見ることに貧しい創造力を強烈に刺激するということに気付くようになった。というわけで、本書は肩の凝らない旅のエッセイなのである。
2017.1 275p B6 ¥1500　①978-4-7791-2276-7

◆わたしの世界辺境遊記―フーテン老人ふたたび　色川大吉著　岩波書店
【要旨】玄奘がたどった砂漠の、満天の星のもとで野宿をしたい―ニューカレドニアの岬で東мое民に思いをはせ、ヒマラヤの秘境でダライ・ラマの祈りを受ける。92歳の「行動する歴史家」がつづる思索的紀行文。
2017.11 167p B6 ¥1600　①978-4-00-061231-9

◆THE WONDER MAPS 世界不思議地図　佐藤健寿著、阿部結絵　朝日新聞出版
【要旨】世界各地の"奇妙なもの"を撮りつづける著者が不思議な事件・出来事・物・場所・お祭りなどを地図上に配置した膨大なイラスト、さらに写真と解説で紹介。
2017.5 167p 28×23cm ¥3400　①978-4-02-331573-0

アジア

◆汗と涙と煩悩のチベット・ネパール・インド絵日記　安樂瑛子著　（福岡）書肆侃侃房　(KanKanTrip 19)
【要旨】スケッチブックとペンを持って、チベット、ネパール、インドを巡るチベット文化満喫旅へ。一週間でこんなに楽しい！ こんなに感動！ こんなに日本帰りたくない！ 人と自然と神様の国で毎日描いた、人生の宝物の記録。
2017.12 189p A5 ¥1600　①978-4-86385-288-4

◆アフガニスタン探検記 1975-76　高岡徹著　（彦根）フジタ出版
【目次】1 日本出発まで、2 インドの夜、3 ムスタファホテル、4 バーミアンへの道、5 吹雪の谷からの脱出、6 泣いて笑ったカンダハル、7 ヨタヨタのトヨタを買いにクウェートへ、8 古都ヘラートの日々、9 最悪のバス旅行―カブールは遠かった！、10 シルクロード流れ者の宿、付 失われた仏教遺跡―アフガニスタン・バーミアンの大仏破壊をめぐって
2017.11 267p B6 ¥2000　①978-4-88325-626-6

◆アユボワン！ スリランカ―ゆるり、南の島国へ　岩瀬幸代著　光文社（光文社知恵の森文庫）
【要旨】近年、スリランカを旅する人が増えている。インド洋に浮かぶこの島国には、たくさんの魅力がある。南国の美しいビーチと世界遺産の街、紅茶畑の広がる高原地帯、仏教遺跡と寺院、発展の目覚ましい都市コロンボ、癒しのアーユルヴェーダ…。キラキラと魅力が詰まった宝石箱のような国を、渡航歴44回の旅行ライターが案内する。
2017.9 269p A6 ¥800　①978-4-334-78729-5

◆うまたび―モンゴルを20年間取材した写真家の記録　清水哲朗著　玄光社
【要旨】トナカイ遊牧民が暮らしクマが生息するモンゴル最北部のタイガを目指した馬旅、不法金鉱山労働者"ニンジャ"や首都のマンホールチルドレン取材記…。モンゴルに魅了された写真家が追いかけ続けた、知られざるモンゴル。
2017.11 193p B6 ¥2000　①978-4-7683-0913-1

◆鬼瓦のルーツ 写真紀行―韓国、中国、カンボジア　富山弘毅著　ルネッサンス・アイ、本の泉社 発売
【目次】カラーページ（日本の鬼瓦、日本の型破り鬼瓦 ほか）、第1章 日本（鬼瓦との出会い―屋根の上の大分岐、蓮華文から鬼面文への日本の鬼瓦の誕生 ほか）、第2章 韓国（初めての韓国―秀吉の侵略を謝って、2度目の訪韓―扶余から百済印寺へ ほか）、第3章 中国（三国志を屋根に載せる―上海、西安、北京、三峡クルーズで古城を巡る―黄鶴楼、江陵城、白帝城、石宝寨、鬼城 ほか）、第4章 キールティ・ムカ（不可解な怪獣の数々、カンボジア・アンコール遺跡の怪獣は？ ほか）
2017.3 218p B5 ¥1800　①978-4-7807-1624-5

◆女一匹冬のシベリア鉄道の旅　織田博子著　イースト・プレス（コミックエッセイの森）
【要旨】極寒の地で出会った温かな人々、おいしい家庭料理。9000キロの果てなき大地を駆け抜ける列車の旅！ 真冬のロシアで、行きっ当り下車！
2017.7 186p A5 ¥1200　①978-4-7816-1559-2

◆「環島」ぐるっと台湾一周の旅　一青妙著　東洋経済新報社
【要旨】誰も知らなかったディープで優しい台湾を楽しく発見。初の新台湾旅スタイル「環島」案内。自転車環島体験記。おすすめ立ち寄り＆グルメスポットから列車・バスでの環島方法まで。必需品リスト付。
2017.11 265p B6 ¥1300　①978-4-492-04619-7

◆四川紀行　今井駿著　立文書房　新版
【要旨】中国現代史家が綴った中国市民。四川各地の町を訪ね、その地に宿る歴史に思いを馳せる…。昔ながらの町の人々の生活から無常の時の流れが際立つ、紀行エッセイの逸品。
2017.12 238p B6 ¥1800　①978-4-88059-403-3

◆シニアひとり旅―バックパッカーのすすめ　下川裕治著　平凡社（平凡社新書）
【要旨】歳を重ね、知識や経験が深くなったシニアだからこそ、若い頃には感じとれなかったひとり旅のよさが味わえる。日本人の郷愁を誘う中国の寝台列車、戦前の面影が残る上海の街歩き、ベトナム戦争の記憶、心に染みるラオスの古都ルアンパバーンの静けさなど、アジア各地を旅してきた著者が、シニアに合った旅先を紹介する。
2017.7 222p 18cm ¥800　①978-4-582-85848-8

◆週末ちょっとディープなタイ旅　下川裕治著、阿部稔哉写真　朝日新聞出版　（朝日文庫）
【要旨】タイ料理とタイ中華料理はどう違う？ バスやタクシーは不便な乗り物？ 軍事政権が飲酒や風俗をとり締まり、清廉潔白なイメージを演出しようとするなか、国王死去の報が国中を駆け巡った。そしてバンコクの先へ。各駅停車に揺られて、音のないタイの田舎に迷い込む。
2017.2 256p A6 ¥700　①978-4-02-261894-8

◆チベットひとり旅　山本幸子著　（京都）法藏館
【要旨】どうせなら、チベットへ行ってから死ぬほうがいい―。学者でもない冒険家でもない、ひとりの女性が見て歩いて感じた、等身大のチベットを描き出す。
2017.1 238p A5 ¥1800　①978-4-8318-6235-8

◆10日暮らし、特濃シンガポール　森井ユカ著　晶文社
【要旨】いま、どこよりもアジア的！ HDBと呼ばれる団地を覗き、ホーカーセンターで食い倒れ、華僑道教の奇祭"九皇帝祭"を追いかける。シンガポールが退屈って言ったのは誰だ!?
2017.10 286p B6 ¥1800　①978-4-7949-6979-8

◆バリ島だらだら旅　吉田にく著　ワニブックス
【要旨】不思議の島で自由すぎる南国女ひとり旅。
2017.8 96p A5 ¥1000　①978-4-8470-6804-1

◆マレーシア ペナン エキゾチックな港町めぐり―ジョージタウンノスタルジー紀行　イカロス出版
【目次】ペナンプロフィール、ジョージタウンマップ、ジョージタウンの代表的なランドマーク、ペナンの歴史、美しいショップハウス、今夜も魅惑のホーカー料理を、奥深いプラナカン文化、さまざまな文化の交差点、ペナン華ワールド、下町散歩が一番おもしろい、ペナンならではのアート体験、魅惑的なカフェに癒されて、ペナンの地に根付いたコピティアム、ペナンは世界一の食都、ジョージタウンからの小旅行、ビーチリアの休日、遙かなるバリク・プラウ、厳選おすすめホテル
2017.1 239p A5 ¥1800　①978-4-8022-0309-8

◆ユネスコ番外地 台湾世界遺産級案内　平野久美子編著　中央公論新社
【要旨】政治の事情で、台湾がユネスコの「番外地」となっているためだが、実は、少なくとも18か所、世界遺産水準の自然、文化がある。実際、訪れるべき価値のある場所ばかりで、日本と関係の深い「候補地」もある。台湾を発見、再発見するための熱烈案内書！
2017.3 125p A5 ¥1400　①978-4-12-004959-0

◆離婚して、インド　とまこ文・写真・イラスト　幻冬舎
【要旨】「そろそろ離婚しよっか」。七年一緒に暮らした旦那から切り出された突然の別れ。青天の霹靂、心の中ぐっちゃぐっちゃのまま、バックパックを担いで旅に出た。向かった先は混沌のインド。アーユルヴェーダの真髄に触れ、イタリア男と夜の海を泳ぎ、本場のヨガに悪戦苦闘。辿り着いたガンジス川の源流で何を悟る？ 共感必至の女一人旅エッセイ。
2017.2 353p A6 ¥690　①978-4-344-42573-6

◆旅行作家な気分―コリア・中国から中央アジアへの旅　飛田雄一著　合同出版
【要旨】済州島、北朝鮮、旅順・大連…。アジア各国への大旅行の記録。
2017.1 271p B6 ¥1500　①978-4-7726-1299-9

◆旅行マスターMr.タンの中国東北紀行―吉林省・黒竜江省・遼寧省　鄧予立著　（大阪）パレード、星雲社 発売
【要旨】中国最東端、最北端にあたる東北三省の、情緒、自然、グルメ、数千年の歴史が満載！ 世界117の国を旅してきたMr.タンの旅行記第四弾！
2017.4 193p A5 ¥1800　①978-4-434-23187-2

ヨーロッパ

◆ありのままのアンデルセン―ヨーロッパ独り旅を追う　マイケル・ブース著，寺西のぶ子訳　晶文社
【要旨】結婚を機にコペンハーゲンに移住したマイケル。なれないデンマークの文化に溶け込もうとして、アンデルセンの作品にふれてみた。するとそこには、子どもの頃に知っていた童話とは違う、シニカルな世界がひろがっていた。アンデルセンの生き方に興味をもったマイケルは、日記や手紙を手がかりにして、アンデルセンを追体験するヨーロッパ縦断の旅に出る。そこで待ち受けていたものとは…。世界で最も愛される童話作家の知られざる心情を丹念に追った旅行記。『英国一家、日本を食べる』で大ブレークしたマイケル・ブースのデビュー作。
2017.3　501p　B6　¥2300　978-4-7949-6950-7

◆アルプスの麓の国々を巡る―手造りの旅の味　間野暢興著　（名古屋）ブイツーソリューション，星雲社　発売
【要旨】ヨーロッパアルプスの麓の国々―イタリア、スイス、オーストリア、ドイツ、フランス―を巡る、手造りの旅の、体験記＋旅の計画・実行時ガイド。地理、政治・経済の歴史、美術と音楽の歴史も、地図と年表付きで概説。
2017.11　209p　A5　¥1600　978-4-434-23913-7

◆神々の試練 世界のシャーマンに認められた男―ヨーロッパ紀行　杉本錬堂著　高木書房　（ワンコインブックス 3）
【目次】第4章 天地人（世界温泉博でドイツ人四人に日本の温泉文化を紹介、ドイツからドイツへの招待状が届く、悪天候で飛行機が飛ばない時…踊ろうぜ、預けた荷物が届かない、ベルリンからツアープライフェに向う、トルコハマムというトルコ風呂に感激、緩めの熱、熱めのチーム、そして蜂蜜…熱い、冷たい、サウナを使ったラシアン・ハマム、何万年前からの木々の葉の堆積を活かした泥風呂、お返しに試みたトルコマッサージ「ボナバ」ほか）
2017.9　94p　A6　¥500　978-4-88471-454-3

◆かわいい北欧　ナシエ著　イースト・プレス　（コミックエッセイの森）
【要旨】豊かな自然にハイセンスなデザイン―北欧の魅力に魅入られた著者が、よりすぐりの「かわいい」をたっぷりご紹介。雑貨に食器に工芸品、絵本や映画、料理のレシピ、ダーラナ地方の紀行マンガまで盛りだくさんの、オールカラー・コミックエッセイ。
2018.1　141p　A5　¥1100　978-4-7816-1629-2

◆孤高の祈り―ギリシャ正教の聖山アトス　中西裕人写真・文　新潮社
【要旨】原始キリスト教の伝統を色濃く残すギリシャ正教の聖地。俗世と隔絶された環境で千年以上守り継がれた祈りの生活、現在も女人禁制の宗教自治国を初めて撮影。二千人の修道士たちの祈りの日々を追う、類まれなる祈りと味覚の旅行記。
2017.8　175p　24×18cm　¥5800　978-4-10-351181-6

◆サンチアゴ巡礼の道4000km　石田昇二著　東京図書出版，リフレ出版　発売
【要旨】ローマ遺跡と林の中を駆け回るイベリコ豚を見ながらの巡礼「銀の道」、素晴らしい海岸線や渡し船を利用して対岸へ移動する「北の道」、スペインと異なる文化が感じられる「ポルトガルの道」など、世界に類を見ない贅沢な巡礼、世界の人々が愛する「サンチアゴ巡礼の旅」をお楽しみください。
2017.12　238p　A5　¥1300　978-4-86641-104-0

◆スペイン紀行―ヘミングウェイとともに内戦の跡を辿る　今村楯夫著　（札幌）柏艪舎，星雲社　発売
【要旨】世界の激動期にあって、"行動する作家"としてその激流に身を投じたヘミングウェイ。スペイン内戦の戦地を辿りながら、その足跡を追う。スペイン内戦の体験をもとに書き上げられたヘミングウェイの名作、『誰がために鐘は鳴る』彼はなぜ、そこまで強くスペインに魅かれたのか。
2017.10　202p　B6　¥1500　978-4-434-23908-3

◆スペイン巡礼路を歩き尽くす―2010年-2017年11，300キロ独り歩きの記録　笠井利之著　（京都）文理閣
【目次】1 サンティアゴ・デ・コンポステーラへの道（聖地巡礼、多様な巡礼ルート、巡礼者の数）、2 巡礼の動機付けと準備（巡礼の動機付け、準備と装備）、3 これまでの歩行実績、4 各ルートを歩く：道中日記から（フランス人の道、銀の道、ポルトガル人の道、プリミティヴォの道、フィステーラの道、北の道、イギリス人の道、北の道（海沿いの道）、プリミティヴォの道 ほか）、5 道中記余情：7年間を振り返って
2017.11　188p　A5　¥1500　978-4-89259-816-6

◆スペイン まるごと全17州おいしい旅　秦真紀子著　産業編集センター　（私のとっておき 43）
【要旨】おいしさ200％の国、スペイン！　パエリアの本場バレンシア州、素朴なケーキ・ソバオが食べられるカンタブリア州、シェリー酒がおいしいアンダルシア州、絶品ピンチョスのバスク州…。在住歴17年の食ガイドのプロが、スペイン全土をくまなく歩き、王道料理から知られざる郷土料理まですみずみまで紹介した食ガイドの決定版。
2017.9　160p　22×15cm　¥1500　978-4-86311-161-5

◆聖地サンティアゴへ、星の巡礼路を歩く　戸谷美津子著　（福岡）書肆侃侃房　（KanKanTrip）
【要旨】合言葉は「ブエン・カミーノ！（良い旅を）」「心を開いて旅をすればたくさんのことが入ってくる」「巡礼路でいちばん大切なのは、世界中から来た人と話をすること」旅の最初に聞いた2つの言葉を胸に歩いた40日間、800km。スペインの巡礼路で体験した出会い、別れ、そして再会。
2017.6　189p　A5　¥1600　978-4-86385-265-5

◆関口知宏のヨーロッパ鉄道大紀行―イタリアをめぐる旅‐ローマ、ミラノ、ナポリをゆく　関口知宏著　徳間書店
【要旨】人々との出逢い、垣間見えるその国の歴史…イタリア半島の歴史、食、文化に触れながら進む鉄道旅。行き交う先々で、旅人は新たな出逢いに遭遇する。ミラノ、ローマ、ナポリへと列車は旅人を運ぶ一好評の絵日記とともに一挙掲載したイタリア旅の記録。
2017.3　141p　B6　¥1500　978-4-19-864365-2

◆関口知宏のヨーロッパ鉄道大紀行―ハンガリー、クロアチア、スウェーデン、ポルトガルを過ごした40日間　関口知宏人　徳間書店
【要旨】出逢いから見えるそれぞれの歴史と「国民性」。自らのアイデンティティと向き合うハンガリー。おおらかなる国・クロアチアと合理主義そのもののスウェーデン、そしてなんとも「大人」なポルトガル。列車は旅人を運び、さまざまな思い出を残してくれた―。欧州4カ国の鉄道旅。
2017.10　141p　15×22cm　¥1500　978-4-19-864479-6

◆"脱ミシュラン" フランス地域巡り―やまさか爺回想録　やまさか爺著　第一法規
【目次】「優しい国フランス」の巻、「脱ミシュラン」日和見見遊山術の巻、フランス縦横無尽（何はさておきブルゴーニュの巻、ブルターニュ「地の果て」への巻、我がいとしのアルザスへの巻、地域の風土と味覚を大切にの巻、地域の風土とお酒を楽しむ（ブドウ酒の巻、麦酒の巻、地酒いろいろの巻）、「絵になった風景」を求めて、絵になる酒場あれこれの巻
2017.3　395p　A5　¥3000　978-4-474-05755-5

◆ドイツ 世界遺産と歴史の旅―プロの添乗員と行く　武村陽子著　彩図社　改訂版
【要旨】フランクフルト、ライン川、ケルン、アーヘン、トリーア、ハンブルク、リューベック、シュヴェリーン城、ベルリン、ポツダム、ドレスデン、ライプツィヒ、ルターシュタット、ヴァイマル、ワルトブルク城、ローテンブルク、ロマンチック街道、ヴィース教会、ノイシュヴァンシュタイン城、ミュンヘン、ハイデルベルク、古城街道、アルペン街道、45か所の町と観光地と23か所の世界遺産。ベテランの添乗員が案内するパッケージツアー専用の旅行ガイド！
2017.11　222p　B6　¥1700　978-4-8013-0238-9

◆光の街、リスボンを歩く　オノリオ悦子，岸澤克俊著　（福岡）書肆侃侃房　（KanKan Trip 15）
【要旨】この街に暮らす二人が案内する、極めつけリスボンガイド。花と丘と海と…可愛い街並み。訪れた人がみんな魅かれてしまうリスボン。人気のガイドブックやショップはもちろん、ミシュラン星つきレストランから地元の人たちに愛されるB級グルメまで…。リスボン街歩きの魅力を満載。
2017.2　157p　A5　¥1500　978-4-86385-249-5

◆フランスの花の村を訪ねる　木蓮写真・文　東海教育研究所，（平塚）東海大学出版部 発売　（かもめの本棚）
【要旨】フランス在住の人気ブロガーが案内するとっておきの「花の村」30選。
2017.8　253p　B6　¥1850　978-4-486-03907-5

◆フランスはとにっき―一年エンジョイ！　帰国の時期になりました　藤田里奈著　徳間書店
【要旨】シリーズ第3弾＆完結!!目標とかがない方の海外エッセイ。
2017.7　1Vol.　A5　¥1000　978-4-19-864442-0

◆免罪符の旅―西洋街学紀行　加園旅人著　幻冬舎メディアコンサルティング，幻冬舎 発売
【要旨】宗教改革から500年。いま問う、免罪符とは何だったのか？　本当に罪が許されるのか？　イギリス・ドイツ・イタリア・スペイン。4つの聖地を訪ね歩く、それは二人の愛の軌跡。
2017.2　365p　B6　¥1500　978-4-344-91138-3

◆ヨーロッパ家族旅行奮闘記―乗った、歩いた、観た、聴いた　小川克也著　ごま書房新社
【要旨】家族海外旅行をパックツアーなしで敢行した「ノウハウ」を公開。
2017.5　269p　B6　¥1500　978-4-341-08668-8

◆ヨーロッパたびごはん　ながらりょうこ著　イースト・プレス　（コミックエッセイの森）
【要旨】ベルリン在住イラストレーターが、気軽に気ままに国境越えて、欧州各地のおいしい旅へ。その国、その都市ならではの空気感の中、食べて、観て、感じる"旅のよろこび"を余すところなく描きます。一緒に行った気になって味わえるコミックエッセイ。
2017.7　147p　A5　¥1100　978-4-7816-1558-5

◆Myway歩いて体感 ノルウェー5大フィヨルド自由旅行必携ガイドブック　塚本正巳，塚本紀子著　愛育出版
【要旨】歩いて体感自由旅行者へ：自分流ルート策定→バス・フェリー乗換を含む旅程設定→航空機ホテル予約→注意事項→不測事態の備え迄自力遂行をサポートします。レンタカー旅行者へ：自分流観光→フェリー時刻表・乗り場案内を支援します。パックツアー、沿岸急行船旅行者へ：自由時間での小旅行プランのヒントを提供！　作成に活用して下さい。
2017.5　135p　A5　¥1800　978-4-909020-05-9

アメリカ・カナダ・中南米

◆アメリカの内なるヨーロッパ紀行　加藤元著　鳥影社
【要旨】米国を旅しながらも、東西南北欧州各国をも旅した気分と幅広し欧州系先祖も理解できる一冊。
2017.10　402p　B6　¥1700　978-4-86265-639-1

◆おいしいカナダ 幸せキュイジーヌの旅　平間俊行著　天夢人，山と渓谷社 発売
【要旨】カナダ建国150年、人びとを笑顔にする"カナダの食の物語"の旅へ。メープルシロップとサーモンをめぐる16の物語。
2017.6　127p　A5　¥1400　978-4-635-82002-8

◆表参道のセレブ犬とカバーニャ要塞の野良犬　若林正恭著　KADOKAWA
【要旨】前作『社会人大学人見知り学部卒業見込』から約4年ぶり、新作の舞台はキューバ！　航空券予約サイトで見つけた、たった1席の空席。何者かに背中を押されたかのように2016年夏、ひとりキューバへと旅立った。慣れない葉巻をくわえ、芸人としてカストロの演説に想いを馳せる。キューバはよかった。そんな旅エッセイでは終わらない。若林節を堪能できる新作オール書き下ろし。
2017.7　206p　B6　¥1250　978-4-04-069316-3

◆カナダ 歴史街道をゆく　上原善広著　文藝春秋
【要旨】建国150年を迎える広大な国土を、歴史の道をたどりつつ横断・縦断したルポルタージュ。
2017.5　286p　B6　¥1700　978-4-16-390649-2

◆還暦男 南アメリカ大陸五〇日間 約一万kmを行く―マチュピチュ・ウユニ・パタゴニ

旅行　　　　　　　　　　　　　　　　　　　　　200　　　　　　　　　　　　　　　　　BOOK PAGE 2018

実用書

ア・イグアスを巡るー人旅　野村芳弘著　(名古屋)ブイツーソリューション,星雲社 発売
(付属資料：DVD1)
【目次】出国と乗継,深夜のリマ着,クスコまでの予約,早速ピンチ,クスコから砂漠へ,クスコで客引きに応じたら…,天空の城の前に足元を見られた,マチュピチュツアーは始まったが,憧れのマチュピチュとその後,クスコからプーノへ〔ほか〕
2017.10 138p A5 ¥1296 ①978-4-434-23828-4

◆ハワイ最高レッツゴー！　フカザワナオコ著　イースト・プレス　(コミックエッセイの森)
【要旨】ハワイ大好き！　なフカザワナオコと海外旅行するための夫ハッチー。コツコツお金を貯めて向かった楽園には,予期せぬサプライズとハプニングがたくさん待っていたのでした…☆
2017.7 143p A5 ¥1100 ①978-4-7816-1557-8

オセアニア・アフリカ

◆エッセー キャンベラ風土記　加藤一磨著　東洋出版
【要旨】我が国の20倍強の国土大国オーストラリア。だがその「首都」は,地方都市にも等しい人口30万人ほどの,小振りな街である。しかし,人の住む環境は私にとっても,とても思える快適な街造りで,私はその「キャンベラ」で2年を過ごした。1995年の滞在当時から20年が経ち,当時の記憶をいま改めて思い出す。異国の地での,貴重な記録etc.
2017.5 158p B6 ¥926 ①978-4-8096-7867-7

◆サハラ砂漠 塩の道をゆく　片平孝著　集英社　(集英社新書ヴィジュアル)
【要旨】八～一六世紀,西アフリカ内陸部の地に興隆したいくつかの黒人王国家は,サハラ砂漠を越えて北から運ばれて来る岩塩と南からの金や象牙,奴隷などの交易で繁栄したという。その中心には伝説の"黄金都市"があった。それらの国家はすべて消え去ったが,往時のまま岩塩が切り出され,ラクダのキャラバン「アザライ」によってかつての黄金の都・トンブクトゥに運ばれる塩の交易は,二一世紀の現在も続いている。写真家の著者は,三〇年来の夢を叶え,トンブクトゥからタウデニ鉱山へ往復一五〇〇キロ,アザライに密着する命懸けの旅を敢行した。これは,美しい写真と共に綴られた四二日間の過酷なキャラバンの記録である。
2017.5 221p 18cm ¥1300 ①978-4-08-720881-8

海外旅行ガイド

◆美しい色の町なみ――Colorful Journey around the World　淡野明彦文　エクスナレッジ
【目次】colorful(POP―いろいろに鮮やかな町なみ,PASTEL―やさしく包み込むパステルカラー,CLASSICAL―時を越えても色あせない),one tone(BLUE―空の色か海の色か,YELLOW―黄金の都たち,PINK―ロマンチックなバラ色に染まる,WHITE―白だって個性的,BROWN―セピアな情景が広がる, OTHER―心癒す素朴なぬくもり,DARK―ひそやかに息づく古都)
2017.8 175p B5 ¥1800 ①978-4-7678-2274-7

◆カンクン コスメル イスラ・ムヘーレス 2017-18　「地球の歩き方」編集室編　ダイヤモンド・ビッグ社,ダイヤモンド社 発売　(地球の歩き方リゾートスタイル R17)　(付属資料：地図1)
【目次】Resort style 8 カンクン,セノーテで泳ぐエコパークで遊び海賊船に乗る！ Activity&Optional Tour,メキシカンからシーフードまで食べ尽くそう！ Gourmet,トロピカルな雑貨やウエアをゲットしよう！ Shopping&Beauty,リゾートエリアとタウンへもでけよう！ Area Guide,泊まってみたい！ 個性豊かなビーチリゾート Hotel,コスメル,イスラ・ムヘーレス,快適に旅をするための大切な情報 便利な旅の基本情報
2017.8 159p A5 ¥1500 ①978-4-478-06085-8

◆グアム　JTBパブリッシング　(ララチッタ一太平洋 2)　(付属資料：地図1)
【目次】ハイライト(ライド・ザ・ダックでグアム観光,人気No.1タモン・ビーチ ほか),人気エリア(タモン・ビーチ徹底解剖,タムニングをおさんぽ ほか),おかいもの(女子力up のビーチファッション,セレクトショップで指名買い！ ほか),おいしいもの(気分があがる朝ごはん,ホテルでサンデーブランチ ほか),リラックス(人気スパで極上体験,リュクスホテルで憧れステイ ほか)
2017.8 143p A5 ¥1000 ①978-4-533-11979-8

◆グアム　2018～2019年版　「地球の歩き方」編集室編　ダイヤモンド・ビッグ社,ダイヤモンド社 発売　(地球の歩き方 C04) 改訂第29版
【目次】特集(グアム最新情報！ WHAT'S NEW IN GUAM,グアムを楽しみ尽くす3泊4日のモデルプラン ほか),第1章 空港と島内の交通情報,第2章 オプショナルツアー&アクティビティ,第3章 旅の見どころ,第4章 ショップ,第5章 レストラン,第6章 ホテル&コンドミニアム,第7章 トラベルインフォメーション
2017.12 320p 21×14cm ¥1400 ①978-4-478-82124-4

◆こどもと行くグアム　2018-19　「地球の歩き方」編集室編　ダイヤモンド・ビッグ社,ダイヤモンド社 発売　(地球の歩き方リゾートスタイル R09)　(付属資料：別冊1) 改訂第2版
【目次】Resort style10,子連れ旅の準備&手配がまるわかり！ こどもと行くグアム旅行大作戦,家族で楽しい！ 対象別アイコン付き Activity & Optional Tour,キッズメニューをたっぷり掲載♪ Gourmet,こども連れでお買い物大作戦！ Shopping,家族向けホテル&コンドミニアム Hotel,パスポートからトラブル対策まですべて網羅 便利な旅の基本情報
2017.10 159p A5 ¥1400 ①978-4-478-82102-2

◆サイパン　JTBパブリッシング　(タビトモ一太平洋 04)
【目次】1 現地到着その場からお役立ち,2 やるべきコト！,3 さあ,出かけよう！,4 とにかく食べるべき！,5 2大イベント,6 5っこちもチェック！島内観光とウォーターパーク,6 ちょっとそこまで,7 いよいよ帰国
2017.11 111p B6 ¥1100 ①978-4-533-12219-4

◆サイパン・ロタ&テニアン　2018～2019年版　「地球の歩き方」編集室編　ダイヤモンド・ビッグ社,ダイヤモンド社 発売　(地球の歩き方 C03)　改訂第28版
【目次】特集(Enjoy！ Saipan サイパンならみんな楽しい,ロタ,テニアンへのアレンジも！ サイパン3泊4日モデルプラン ほか),第1章 オプショナルツアー&アクティビティ,第2章 旅の見どころ,第3章 レストラン&バー,第4章 ショッピング,第5章 ホテル,第6章 ロタ,第7章 テニアン,第8章 トラベルインフォメーション,地球の歩き方オリジナルマップ
2017.12 288p 21×14cm ¥1400 ①978-4-478-82132-9

◆新・世界一周NAVI　イカロス出版　改訂版
【要旨】世界一周航空券を知り尽くした「世界一周堂」が複雑なルールや特徴,ルート作成術をわかりやすくレクチャー！
2017.1 261p A5 ¥1700 ①978-4-8022-0299-2

◆世界一周女子旅BOOK―旅人の声から生まれた世界一周&航空券ガイド　世界一周NAVI 編集部編　イカロス出版　改訂版
【要旨】体験談&本音&アドバイス。世界一周を成し遂げた10人の女子トラベラーの声を掲載。実際に旅した人の声にまじのヒントになる。
2017.2 231p A5 ¥1500 ①978-4-8022-0317-3

◆世界「奇景」探索百科 南北アメリカ・オセアニア編　ジョシュア・フォア,ディラン・スラス,エラ・モートン著,吉富節子,颯田あきら,高野由美訳　原書房
【要旨】決まった日にしか見られない光景から誰も足を踏み入れない極限地まで,ユーモアありペーソスありの「奇景大全」！
2018.1 338p A5 ¥2800 ①978-4-562-05463-3

◆世界「奇景」探索百科 ヨーロッパ・アジア・アフリカ編　ジョシュア・フォア,ディラン・スラス,エラ・モートン著,吉富節子,颯田あきら,高野由美訳　原書房
【要旨】1200項目をこえる世界の不思議を600点以上の写真とともに集大成した決定版！
2018.1 316p A5 ¥2800 ①978-4-562-05462-6

◆世界でいちばん美しい街,愛らしい村 拡大版―いつまでも見ていたい夢の風景　MdN編集部編　エムディエヌコーポレーション,インプレス 発売
【要旨】いつか行きたい,もう一度訪れたい,美しい街と村に出会える。おとぎの国に迷い込んだような街と村,小さくてかわいらしい村,カラフルなあるいは不思議な光景,美しい広場など,本を片手に旅に出たくなるような街と村がいっぱい！
2017.9 182p 25×19cm ¥2200 ①978-4-8443-6706-2

◆世界でいちばん旅が好きな会社がつくったひとり旅完全ガイド　TABIPPO著　(京都)いろは出版
【要旨】Q&A形式で,シンプルに旅のノウハウをまとめた。
2017.1 247p A5 ¥1500 ①978-4-86607-020-9

◆世界の美しい市場　田口和裕,渡部隆宏文　エクスナレッジ
【要旨】アジアの熱気あふれる市場,欧米のスタイリッシュな市場,色彩豊かな中米やアフリカの市場…。かわいい民芸品市から,地元飯がおいしい夜市,イルミネーションが美しいクリスマスマーケットまで。買って,食べて楽しい世界各地の市場ガイド。アクセス情報やMAPなど市場情報も満載！
2017.5 141p A5 ¥1600 ①978-4-7678-2321-8

◆世界の果てのありえない場所―本当に行ける幻想エリアマップ　トラビス・エルボラフ,アラン・ホースフィールド著,小野智子訳　日経ナショナルジオグラフィック社,日経BPマーケティング 発売
【要旨】航空機や映像技術の進歩で,世界はどこに行っても代わり映えせず死ぬほど退屈になった,という人がいる。そうした意見を覆すのが本書の使命だ。あらゆるものがデジタル情報になってしまった現代,私たちは「打ち捨てられ,長い間気付かれることもなく朽ち果ててしまったもの」に激しく心をそそられる。デトロイトやセントルイスの雑草に覆われた工場や,朽ちかけた邸宅の写真が「インスタグラム」に溢れ返っているのは,光の当たらない埋もれたままの存在を求めて止まない現代人の欲求の証なのだ。本書は,私たちの想像を超えた場所,奇妙な景観,誰も行かない辺境の地などを訪ね歩き,この世にありえそうもないと考える理由を,地図と写真を添えて解説した。どの場所からも語りかけてくる物語がある。私たちは今どこにいて,どこに行こうとしているのか。それを知るために歴史と地図を紐解き,この物語を読み解いていく必要がある。
2017.8 223p A5 ¥2500 ①978-4-86313-377-8

◆世界の屋台メシ　ジャン=フランソワ・マレ著　グラフィック社
【要旨】一度食べたら忘れられない料理がわんさか大集合。B級グルメをめぐる旅！
2017.6 383p 23×14cm ¥2500 ①978-4-7661-3022-5

◆絶景の空旅―Have a Nice Flight！　チャーリィ古庄写真・文,星ере水構成・文　小学館
【要旨】飛行機に乗って,空へ旅に出よう。世界で最も多くの航空会社に乗った写真家がご案内する,厳選の空の旅。
2017.3 159p A5 ¥1500 ①978-4-09-388537-9

◆セブ&ボラカイ―ボホール シキホール　2017-18　「地球の歩き方」編集室編　ダイヤモンド・ビッグ社,ダイヤモンド社 発売　(地球の歩き方リゾートスタイル R15)　(付属資料：地図1)
【目次】Resort style 10 セブ,パワフルに遊ぶ厳選プランがめじろ押し！ Activity&Optional Tour,メチャうまい！ フィリピンフードが大集合！ Gourmet,ばらまきも自分用もショッピングセンターならぜんぶ揃う！ Shopping,コスパ最高！ デイリーで使いたいフィリピンのスパ Beauty,セブ&マクタンにボホール&シキホールもまるっと紹介 Area Guide,オン・ザ・ビーチからも隠れ家まであらゆるタイプを網羅！ Hotel, Resort style 5 ボラカイ,豪快シーフード ちょい派手アイテム 心満たすエステの三拍子！ Gourmet Beauty Shopping,展望台や美しいビーチをはしごして島の魅力に触れる Area Guide,島上バカンスを楽しめるリゾートを厳選！ Hotel　2017.3 192p A5 ¥1500 ①978-4-478-06018-6

旅行

◆タヒチ イースター島 クック諸島 2017～2018年版 「地球の歩き方」編集室編 ダイヤモンド・ビッグ社, ダイヤモンド社 発売 (地球の歩き方 C05) 改訂第18版
2017.3 376p 21×14cm ¥1700 ①978-4-478-06026-1
【目次】特集〈Tahiti Experience タヒチを楽しむ10のキーワード、旅のモデルプラン 6日間ボラボラ島編 6日間モーレア島編 ほか〉、フレンチポリネシア、イースター島、クック諸島、ポリネシア学への招待、旅の技術、旅の準備

◆ドバイ JTBパブリッシング (タビトモーアジア 24)
2018.1 96p 19×13cm ¥1100 ①978-4-533-12301-6
【目次】1 まずは、旅プランを、2 ドバイでやるべきコト!、3 さあ、出かけよう!、4 とにかく行くべき! マストタウン、5 いろいろやりたい! ドバイエリア特集、6 ドバイ発のナイトツアー、7 ドバイトラベルインフォメーション

◆トラベル&グローバルメディスン―渡航前から帰国後・インバウンドまで 近利雄, 三島伸介編 南山堂
2017.9 306p A5 ¥5200 ①978-4-525-23381-5
【目次】総論〈トラベルメディスンとは―「どこへ行くか」から「何をするか」へ〉、渡航とリスク、変化する情勢〉、各論〈海外渡航、渡航医学で重要な感染症、検疫所、ワクチン・予防用医薬、途上国・新興国と医療、災害医療、情勢不安定・紛争地域への渡航、日本への移住者に対する保健医療課題、医学的配慮を要する渡航者、訪日者・帰国者(インバウンド)、渡航前健診・海外赴任前健診〉、巻末資料

◆7日間以内で体験できる世界一の旅 完全保存版 A-Works編 A-Works
2017.5 235p A5 ¥1400 ①978-4-902256-78-9
【要旨】好奇心をくすぐる、刺激的で魅力的な「世界一」50選! 旅の予算から手配先まで、丁寧に解説したガイド付き。

◆はじめての海外旅行まるごと安心ブック 決定版 ワイワイネット著 メイツ出版
2017.11 192p A5 ¥1300 ①978-4-7804-1939-9
【要旨】一番わかりやすい! はじめてでもしっかり楽しむためのポイント100! これ一冊で、旅の準備から問題解決法まですべてわかる!

◆ファミリーで行くシンガポール 「地球の歩き方」編集室編 ダイヤモンド・ビッグ社, ダイヤモンド社 発売 (地球の歩き方リゾートスタイル R19) (付属資料: 別冊1)
2017.2 155p A5 ¥1400 ①978-4-478-04988-4
【目次】子連れの旅の準備&手配がまるわかり! ファミリーで行くシンガポール旅行大作戦、Resort style 10、家族で楽しい! 対象別アイコン付き! Activity、多彩なメニューをこども連れでも大満喫、Gourmet、こども連れお食い物大作戦、Shopping、エリア別子連れ街歩きテクニック満載! Area Guide、ファミリーにおすすめ厳選ホテル、Hotel、便利な旅の基本情報

◆マダガスカル モーリシャス セイシェル レユニオン コモロ 2017～2018年版 「地球の歩き方」編集部編 ダイヤモンド・ビッグ社, ダイヤモンド社 発売 (地球の歩き方 E-12) 改訂第7版
2017.3 381p 21×14cm ¥1900 ①978-4-478-06016-2
【目次】特集〈8件の多彩な物件が登録! インド洋の島々の世界遺産、ようこそ、知られざる隠れ家リゾートへ モーリシャスの優雅なリゾート、極上のプライベートステイ セイシェル ワンアイランド ワンリゾート特集、インド洋のフランス レユニオン 大自然とミックスカルチャーを楽しむ、シーラカンスが生息するイスラム教の島 コモロとマイヨット 知られざるインド洋の秘境〉、マダガスカル、モーリシャス、セイシェル、レユニオン、コモロとマイヨット島、インド洋学への招待、旅の技術、旅の準備

◆モルディブ 2017～2018年版 「地球の歩き方」編集室編 ダイヤモンド・ビッグ社, ダイヤモンド社 発売 (地球の歩き方 C08) 改訂第19版
2017.9 294p 22×14cm ¥1700 ①978-4-478-06092-6
【目次】特集〈定番から進化系までモルディブ最旬リゾートカタログ モルディブの新たなラグジュアリーリゾート全22リゾートを徹底紹介、一度は行きたい 水中レストラン&水中スパ ほか〉、ローカルアイランドガイド、アクティビティガイド、リゾートホテルガイド、旅の準備と技術

◆モロッコ 2017-2018年版 「地球の歩き方」編集室編 ダイヤモンド・ビッグ社, ダイヤモンド社 発売 (地球の歩き方 E07) 改訂第17版
2017.8 347p 21×14cm ¥1800 ①978-4-478-06081-0
【目次】特集〈旅する前のウオーミングアップ モロッコの基礎知識、弾丸沿岸8日よくばりモデルプラン!、アイト・ベン・ハッドゥ、メルズーガ大砂丘を巡るマラケシュ発2泊3日砂漠ツアーに出発!、メルヘンチックな青い世界で迷い込むシャウエンで不思議な町歩き、モロッコでは9件が登録 世界遺産を巡る旅、魅力あふれるモロッコのリヤドハウスへ かわいいリヤドに泊まる、マラケシュのラグジュアリーリヤドで体験ハマム&スパガイド、色彩の国ならではのかわいいおみやげがいっぱい おみやげカタログ、色鮮やかに彩る モロッコ料理図鑑〉、マラケシュとオート・アトラス、ワルザザートと砂漠の町、フェズとメクネス、ラバトとカサブランカ、南部モロッコ、タンジェと地中海地方、旅の準備と技術

◆モロッコ 邸宅リヤドで暮らすように旅をする YUKA著 (福岡)書肆侃侃房 (KanKanTrip 18)
2017.10 156p A5 ¥1500 ①978-4-86385-281-5
【要旨】ローズピンクの迷宮メディナを散策したり、スークでかわいいモロッコ雑貨ショッピングを楽しんだりと、魅力あふれるマラケシュ。そのマラケシュで、まるで宮殿のようなリヤドに泊まり、フレンチシックなインテリアを楽しみましょう。自分へのご褒美にハマムでエステ三昧など、一度体験したらやみつきになるリヤドの魅力をたっぷりと紹介します。

◆ワンショット地球巡り―世界はこんなに面白い 小野博之著 智書房, 星雲社 発売
2017.10 132p 20×20cm ¥1600 ①978-4-434-23942-7
【目次】ヨーロッパ(フランス、ドイツ ほか)、中東・アフリカ・オセアニア(エチオピア、イエメン ほか)、南北アメリカ(アメリカ、キューバ ほか)、アジア(中国、韓国 ほか)、日本

◆MY TRAVEL RECIPE―私らしい旅のつくり方 旅MUSE編 光文社 (美人時間ブック)
2017.7 122p A5 ¥1400 ①978-4-334-97935-5
【要旨】オシャレな写真の撮り方。私たちの旅じたく。とっておきのフォトスポット。リピーターたちの旅プラン。旅がもっとオシャレになる! 人気インスタグラマーたちの旅のHOW TOを大公開!

◆SASARU―地球の刺さり方 kozee著 A-Works
2017.10 1Vol. 19×15cm ¥1500 ①978-4-902256-81-9
【要旨】絶景・秘境から有名観光地、世界遺産の街、海の中から氷山まで…! 心に刺さる場所で、自らがどしどしって刺さる旅!

アジア

◆愛の台南 川島小鳥撮影・文 講談社
2017.4 143p 18×13cm ¥1500 ①978-4-06-220208-4
【要旨】かわいくて詳しい台南ガイドブック。

◆アンコール・ワット 2018-19 「地球の歩き方」編集室編 ダイヤモンド・ビッグ社, ダイヤモンド社 発売 (地球の歩き方aruco 27) (付属資料: 地図1) 改訂第2版
2017.12 190p 20×15cm ¥1300 ①978-4-478-82128-2
【目次】アンコール遺跡&シェムリアップを120%満喫できるとっておきのプチぼうけんへ! アンコール遺跡を10倍楽しむための最強ガイダンス、ハーブたっぷりでヘルシー♪クメールの美食を味わい尽くす、プチプラでこんなにカワイイ! 最新ショッピングナビ、自然のパワーでキレイになる☆最旬ビューティナビ、遺跡だけじゃない! ひと味違うディープな楽しみ方、女子旅のツボを押さえたaruco 流ホテルナビ、乗り継ぎついでに大満喫☆立ち寄り3都市☆最強プラン、安全・快適 旅の基本情報

◆アンコール・ワットと癒しの旅 カンボジアへ 矢羽野晶子著 イカロス出版 (旅のヒントBOOK)
【要旨】アンコール遺跡だけじゃない。カンボジアをまるごと楽しもう! 古の森で遺跡に触れた後は、キュートな雑貨ショッピングと自然の恵みがつまったクメール料理に舌づつみ。天女の舞を堪能して、極上の伝統スパでリラックス。遺跡の街、だけど遺跡だけじゃないカンボジア・シェムリアップの楽しみかたをご紹介します。
2017.10 157p A5 ¥1600 ①978-4-8022-0399-9

◆アンコール・ワットとカンボジア 2018～2019年版 「地球の歩き方」編集室編 ダイヤモンド・ビッグ社, ダイヤモンド社 発売 (地球の歩き方 D22) 改訂第20版
2017.12 384p 21×14cm ¥1700 ①978-4-478-82133-6
【目次】アンコール遺跡群巡礼ガイダンス、天空の楽園アンコール・ワット、王と神の都市アンコール・トム アンコール・トムの中心寺院バイヨン、アンコール・トムの遺跡、アンコール・トム周辺の遺跡、シェムリアップ近郊の遺跡、ロリュオス遺跡群、郊外の遺跡、遠方の遺跡、アンコール遺跡の楽しみ方 [ほか]

◆宜蘭(イーラン)+台北―ちょこっと海・温泉・ローカル近郊を楽しむ旅 台湾マニア委員会著 パイインターナショナル
2017.7 143p A5 ¥1600 ①978-4-7562-4931-9
【要旨】のんびり〜り、ゆった〜り。台湾リピーターがおすすめする! なんともいえないユルい空気とウマいごはん。台北から1時間、スロートラベルな宜蘭(イーラン)へ。

◆インド 2017～2018年版 「地球の歩き方」編集室編 ダイヤモンド・ビッグ社, ダイヤモンド社 発売 (地球の歩き方 D28) 改訂第33版
2017.7 656p 21×14cm ¥1700 ①978-4-478-06066-7
【目次】特集〈行きたい所がきっと見つかる インドのハイライト、みんなのインド写真を大募集! 「撮っておき」のインド、ラージャスターン西部の城塞都市を巡る、インドが誇る“動く世界遺産” ダージリン・ヒマーラヤ鉄道、インド・グルメガイド、インドのおみやげ、インドのエンターテインメント〉、旅の準備と技術、北インド、東インド、西インド、南インド

◆観光コースでないサイゴン(ホーチミン)―もっと深い旅をしよう 野島和男著 高文研
2017.7 215p B6 ¥1600 ①978-4-87498-626-4
【要旨】現在のホーチミン市は“東洋の真珠”サイゴンと呼ばれていた。植民地支配、二度の世界大戦、ベトナム戦争、そしてサイゴン解放とその後の苦闘。1975年、ベトナム戦争の終了とともにサイゴンはホーチミン市になったが、市民は今でもこの街をサイゴンと呼ぶ。在住15年になる著者が、知られざるサイゴンを案内する。

◆韓国 JTBパブリッシング (タビトモーアジア 14)
2017.6 144p 19×13cm ¥1100 ①978-4-533-11889-0
【目次】ソウル、釜山、済州島

◆韓国 2018年版 「地球の歩き方」編集室編 ダイヤモンド・ビッグ社, ダイヤモンド社 発売 (地球の歩き方 D12) 改訂第32版
2017.3 554p 21×14cm ¥1700 ①978-4-478-06037-7
【目次】特集〈世界遺産百済歴史地区への旅、伝統雑貨&デザイン雑貨ハンティング、スーパーマーケットのイチオシみやげ、韓国で買うべきコスメセレクション、韓国グルメ案内〉、京畿道ソウルとその周辺、江原道、忠清道、慶尚道、全羅道、済州島、旅の準備と技術

◆韓国 2018～2019年版 「地球の歩き方」編集室編 ダイヤモンド・ビッグ社, ダイヤモンド社 発売 (地球の歩き方 D12) 改訂第33版
2018.1 544p 21×14cm ¥1700 ①978-4-478-82141-1
【目次】特集〈News&Topics KOREA、オリンピックで注目! 自然いっぱい江原道の旅、KOREA発の雑貨みやげはキュートでカラフル、利用しなきゃソンソン! 魅惑の免税ショッピング、スーパーマーケットのグルメみやげをハント!、美容大国が誇るコスメセレクション、韓国料理ガイド、そぞろ歩きも楽しい屋台フードを堪能!、デコラティブなピンス(かき氷)とかわいい韓菓子を食べ比べ!、色も味もニューウェーブ フルーツ味のマッコリが大人気!、京畿道ソウルとその周辺、江原道、忠清道、慶尚道、全羅道、済州島、旅の準備と技術

◆クアラルンプール―マレーシア 昭文社 (ことりっぷ海外版)
【目次】進化するモダンシティークアラルンプール、歴史が残る世界遺産の街―マラッカ、世界遺産とリゾートの島―ペナン、数々の伝説が残

旅行

る島—ランカウイ、手つかずの大自然—ボルネオ、トラベルインフォメーション
2017.10 111p 18×15cm ¥1200 ①978-4-398-15527-6

◆クアラルンプール・マレーシア　JTBパブリッシング　（タビトモ—アジア 11）
【目次】1 現地到着その場からお役立ち、2 やるべきコト！、3 市内移動完全マニュアル、4 とにかく行くべきお店、5 マストタウン、5 ひと足のばしてKL近郊、6 日帰りできる世界遺産の街、7 いよいよ帰国
2017.12 95p B6 ¥1000 ①978-4-533-12278-1

◆古都台南へ—レトロな街で食べ歩き！　岩田優子著　イカロス出版　（旅のヒントBOOK）
【要旨】ディープな台湾が味わえるノスタルジックタウンへ。迷路のような路地を歩いて、古民家を改装したカフェや、食にうるさい台南人に愛されているお店へ。台湾最古の街や"マンゴーの聖地"へも足をのばして。どこか懐かしさを覚える街並みを、のんびり"台南タイム"にあわせて、気の向くままに。そんな台南旅を楽しむための情報が満載！
2017.3 141p A5 ¥1500 ①978-4-8022-0336-4

◆最愛台湾ごはん—春菜的台湾好吃案内　池澤春菜著　KADOKAWA
【要旨】40回以上台湾を訪れた著者が、食べ歩いた数多の店から超厳選した「本当に美味しい」ものだけを紹介。確かな舌を持つ声優・池澤春菜のベストオブ台湾グルメガイド。
2017.8 126p A5 ¥1400 ①978-4-04-105763-6

◆3泊5日のハノイ旅ガイドBOOK　西澤智子写真・文　河出書房新社
【要旨】ごはんに、雑貨に、デザートに。ほかにもとっておきの情報がいっぱい！ベトナム・ハノイで暮らしてわかった、最高の楽しむためのベストプラン!!3泊5日の旅をタイムテーブル方式で提案。"本当のおすすめ"だけをご案内します。お店選びに役立つDEEP度を星付きで紹介！
2017.2 111p A5 ¥1400 ①978-4-309-27813-1

◆私的台北好味帖　内田真美著　KTC中央出版
【要旨】あの店の、あのときのあれが食べたい。料理研究家が偏愛する店のおすすめ料理や甘いもの。美味が集まる愛おしい街・台北でおいしく心地よい時間をどうぞ。
2017.12 151p A5 ¥1600 ①978-4-87758-772-7

◆上海　JTBパブリッシング　（ララチッターアジア 04）（付属資料：地図1）
【目次】自分流にアレンジ！上海旅行Select Plan、オプショナルツアー、街のまわり方と市内交通、観光スポット、グルメ、ショッピング、ビューティ&ナイト、ホテル、1DAYトリップ、トラベル・インフォメーション
2017.12 127p A5 ¥1200 ①978-4-533-12245-3

◆上海 杭州 蘇州 2017～2018年版　「地球の歩き方」編集室編　ダイヤモンド・ビッグ社、ダイヤモンド社 発売　（地球の歩き方 D02）改訂第22版
【目次】特集（羽田発深夜便利用で上海"弾丸"旅行にチャレンジ！、上海アートスポット巡り、上海でシャワーいろいろ浴びまくり）、上海のエリアガイド小特集、上海の見どころ小特集、上海のグルメ小特集、上海のショッピング小特集、上海のアミューズメント小特集、上海のリラクセーション小特集、上海のホテル小特集）、旅の基本、上海のマップ、上海のエリアガイド、上海の見どころ、上海の水郷トリップ、上海のグルメ、上海のショッピング、上海のアミューズメント、上海のリラクセーション、上海のホテル、杭州、蘇州、旅の準備と技術
2017.7 448p 21×14cm ¥1700 ①978-4-478-06065-0

◆上海 蘇州 杭州　実業之日本社　（ブルーガイドーわがまま歩き 33）第7版
【目次】上海歩き方プラン、見る・歩く、食べる、買う、癒やす・楽しむ、泊まる、エクスカーション案内、トラベルインフォメーション 日本編、トラベルインフォメーション 上海編
2017.1 239p 22×14cm ¥1480 ①978-4-408-06029-3

◆新・金なし、コネなし、タイ暮らし！　藤井伸二著　イカロス出版
【目次】0 初心者—タイでの滞在と生活を検討する（海外への長期生活—タイの魅力はいろいろあるけれど、タイ王国に関する基礎知識はいろいどなところなのか ほか）、1 初級—1～90日間までのタイ滞在（実際に暮らすようどうなるか—調査旅行でシミュレーションしてみる、どの街で暮らすか—自分にぴったりの街を見つけよう ほか）、2 中級—90日間以上のタイ滞在（ノービ

ザ滞在は30日まで—それ以上滞在するならビザは必須、本格的な長期滞在に必須のビザーノン・イミグラント・ビザを取得する ほか）、3 上級—1年以上のタイ滞在（タイと同じ環境に、どこまで近づけるか—タイで暮らすうえで覚えておこう—郵便物の送りかた、受け取りかた ほか）
2017.6 331p A5 ¥1600 978-4-8022-0391-3

◆シンガポール　「地球の歩き方」編集部編　ダイヤモンド・ビッグ社、ダイヤモンド社 発売　（地球の歩き方aruco 22）（付属資料：別冊1）改訂第4版
【目次】こんな楽しみ方があったんだ！とっておきのプチぼうけん、シンガポールの「今」を感じる 最旬エンタメスポット徹底ガイド、美食女子をうならせる おいしいものだらけのシンガポールごはん、胸キュン雑貨がざっくざっく シンガポールでショッピングクルーズ、ココロとカラダを磨いて、女子力アップ！シンガポールビューティナビ、多国籍国家シンガポールの多彩な顔に出会える エリア別おさんぽコース、安全・快適 旅の基本情報
2017.8 191p 20×15cm ¥1200 ①978-4-478-06079-7

◆シンガポール　JTBパブリッシング　（タビトモーアジア 08）
2017.11 95p B6 ¥1000 ①978-4-533-12217-0

◆シンガポール 2018～2019年版　「地球の歩き方」編集室編　ダイヤモンド・ビッグ社、ダイヤモンド社 発売　（地球の歩き方 D20）改訂第29版
【目次】特集（シンガポールHot News、エキサイティングな街のパワー、プラナカン文化を楽しむ、驚きと発見の街歩き、動物の楽園へ！、魅惑のグルメワールド、ときめきのショッピング）、エリアガイド、料理別レストランガイド、エリア別ショッピングガイド、スタイル別リラクセーションガイド、グレード別ホテルガイド、旅の準備と技術編
2018.1 400p 21×14cm ¥1500 ①978-4-478-82139-8

◆シンガポール ジョホールバル ビンタン島　実業之日本社　（ブルーガイドーわがまま歩き 3）（付属資料：地図1）第12版
【目次】もっと素敵シンガポール、SIGHTSEEING 見る・歩く、ACROSS THE BORDER、RESTAURANT、SHOP、HOTEL、トラベルインフォメーション 日本編、トラベルインフォメーション シンガポール編、レファレンス
2017.7 255p 22×14cm ¥1480 ①978-4-408-06030-9

◆スリランカ 2018～2019年版　「地球の歩き方」編集室編　ダイヤモンド・ビッグ社、ダイヤモンド社 発売　（地球の歩き方 D30）改訂第15版
【目次】特集（今注目のスリランカ 最新トピックス、自然と歴史、文化に触れる スリランカの世界遺産 ほか）、第1章 コロンボとその周辺、第2章 南西海岸、第3章 キャンディと丘陵地帯、第4章 文化三角地帯、第5章 東海岸、第6章 北部地域、スリランカ・サファリ、スリランカ学への招待、旅の技術、旅の準備
2017.10 432p 21×14cm ¥1700 ①978-4-478-06099-5

◆西安・敦煌・ウルムチ・シルクロードと中国西北部　「地球の歩き方」編集室編　ダイヤモンド・ビッグ社、ダイヤモンド社 発売　（地球の歩き方 D07）改訂第16版
【目次】特集（新疆北部の大自然と少数民族の暮らし、回族風情街＆周辺でスイーツを楽しむ、蘭州牛肉麺はここで食べたい！、敦煌莫高窟鑑賞ガイド、甘粛省東部の石窟寺院巡り、新疆おいしいもの図鑑、鉄道とバスで周遊するウルムチーカシュガル2600km）、陝西省・青海省・寧夏回族自治区、甘粛省、新疆ウイグル自治区、旅の準備と技術
2017.11 384p 21×14cm ¥1700 ①978-4-478-82118-3

◆成都・九寨溝・麗江—四川・雲南・貴州の自然と民族 2018～2019年版　「地球の歩き方」編集室編　ダイヤモンド・ビッグ社、ダイヤモンド社 発売　（地球の歩き方 D06）改訂第10版
【目次】特集（古鎮と大自然、そして茅台酒の里。—貴州省北西部を旅する、四川省北部に残る三国時代の史跡 古蜀道をたどる旅 ほか）、四川省、重慶市、雲南省、貴州省、旅の準備と技術
2017.11 352p 21×14cm ¥1700 ①978-4-478-82115-2

◆セブ・マニラ フィリピン　JTBパブリッシング　（タビトモーアジア 16）
【目次】1 現地到着その場からお役立ち、2 やるべきとこはココ！、3 さあ、出かけよう！、4 行くべきとこはココ！セブ、5 行くべきとこはココ！マニラ、6 日帰りでネイチャーアイランドへ、7 いよいよ帰国
2017.4 95p B6 ¥1000 ①978-4-533-11796-1

◆ソウル　JTBパブリッシング　（ララチッターアジア 01）（付属資料：地図）
【目次】巻頭特集1 江南エリアガイド！、巻頭特集2 Kスター体験！、街あるき、おかいもの、おいしいもの、きれい、もっと、夜あそび、ステイ
2017.4 175p A5 ¥1200 ①978-4-533-11792-3

◆ソウル　「地球の歩き方」編集室編　ダイヤモンド・ビッグ社、ダイヤモンド社 発売　（地球の歩き方aruco 2）（付属資料：別冊MAP1）改訂第6版
【目次】刺激的なのにココロはほっこりプチぼうけん、おいしすぎるソウルで至福の韓国グルメをガッツリいただこ♪、キレイ＆ハッピーが絶対に待ってる ソウルビューティナビ、だから「迷わず買う」！ツウの鉄則ショッピング、魅力たっぷりのスピリチュアルシティ ソウルてくてく案内、大好きなんだもん行かなくっちゃ！スター☆ゆかりガイド、ソウルの基本情報をココでしっかり予習
2017.10 191p 20×15cm ¥1200 ①978-4-478-06096-4

◆ソウル　朝日新聞出版編著　朝日新聞出版　（ハレ旅）改訂版
【要旨】ソウルでしたい101のことをご案内。
2017.11 223p 22×15cm ¥1200 ①978-4-02-333935-4

◆ソウル　JTBパブリッシング　（タビトモーアジア 01）
【目次】1 ソウルでやるべきコト！、2 市内移動完全マニュアル、3 とにかく行くべき！マストタウン、4 旬なエリアへ行こう！注目タウン、5 こっちも行きたい！モアタウン、6 いよいよ帰国
2017.12 144p B6 ¥1000 ①978-4-533-12244-6

◆ソウル 2017-2018年版　「地球の歩き方」編集室編　ダイヤモンド・ビッグ社、ダイヤモンド社 発売　（地球の歩き方 D13）改訂第18版
【目次】特集（レトロモダンな益善洞をお散歩！弘大周辺エリアに注目！、今すぐ食べたい！トレンド系スイーツ ほか）、空港から市内へ/ソウルの市内交通、ソウルの見どころ、エリアガイド、ソウルのエンターテインメント、ソウルのリラクセーション、ソウルのホテル、ソウルからのエクスカーション、旅の準備と技術
2017.9 400p 21×14cm ¥1500 ①978-4-478-06094-0

◆タイ　JTBパブリッシング　（タビトモーアジア 13）
【目次】バンコクとその近郊、チェンマイとタイ北部、プーケット島とタイ・リゾート、周辺の街
2017.11 144p B6 ¥1000 ①978-4-533-12218-7

◆タイ 2017～2018年版　「地球の歩き方」編集室編　ダイヤモンド・ビッグ社、ダイヤモンド社 発売　（地球の歩き方 D17）改訂第28版
【目次】特集（よくばりに満喫！タイで絶対したいことBEST10、チェンラーイ、チェンマイ、ラムプーン＆ラムパーン 北タイで祈りの場所と街めぐり、原色あふれる島 タオ島の休日、未来に残したい人類の遺産 タイの世界遺産へ行こう！、厳選！70メニュー タイ絶品グルメ案内、決定版！バラマキみやげをゲットしよう）、バンコク、バンコク近郊とタイ中部、タイ北部、タイ東北部、タイ南部、旅の準備と技術
2017.2 559p 21×14cm ¥1700 ①978-4-478-06010-0

◆台南 高雄 とっておきの歩き方—台湾南部の旅ガイド　「地球の歩き方」編集室編　ダイヤモンド・ビッグ社、ダイヤモンド社 発売　（地球の歩き方GEM STONE 061）
【要旨】台北から2時間！南部の2大都市のおすすめの散歩道。台北以上に歴史の古いふたつの都市は歩けば歩くほど台湾の人々の生活や文化が見えてくる。周辺にはローカルバスで訪れることができる個性的な町もたくさん。
2017.5 127p A5 ¥1500 ①978-4-478-06039-1

◆台北　JTBパブリッシング　（タビトモーアジア 07）
【目次】1 現地到着その場からお役立ち、2 台北でやるべきコト！、3 さあ、出かけよう！、4

◆台北 JTBパブリッシング（ララチッターアジア 02）（付属資料：地図1）
【目次】女子旅注目エリア、ハイライト、おいしいもの、おかいもの、きれい、街さんぽ、もっと、ステイ
2017.7 159p A5 ¥1000 ①978-4-533-11978-1

◆台北 朝日新聞出版編著 朝日新聞出版（ハレ旅）改訂版
【要旨】台北でしたい106のことをご案内。
2017.11 223p 22×15cm ¥1200 ①978-4-02-333934-7

◆台北 2018・19 「地球の歩き方」編集室編 ダイヤモンド・ビッグ社，ダイヤモンド社 発売 （地球の歩き方aruco 3）（付属資料：地図1）改訂第6版
【要旨】最旬・台湾でMAX遊びたおし、メチャうま小籠包、マンゴーかき氷…旅好き女子のためのプチぼうけん応援ガイド。
2017.12 190p 20×15cm ¥1380 ①978-4-478-82121-3

◆台北 2018～2019年版 「地球の歩き方」編集室編 ダイヤモンド・ビッグ社，ダイヤモンド社 発売 （地球の歩き方 D11）改訂第17版
【目次】特集（グルメ、買い物、インスタ映えスポットも！、台北2泊3日最強プラン、人気エリアを散策しようか、交通ガイド、台北エリアガイド、グルメガイド、ショッピングガイド、リラクセーションガイド、ホテルガイド、近郊の町、旅の準備と技術
2017.11 336p 21×14cm ¥1500 ①978-4-478-82116-9

◆タイレストランガイド―タイ料理で美しくなる 遠藤誠監修 ワイワイタイランド，めこん 発売
【要旨】日本全国タイ料理店イエローページ付き。高級リゾートホテルの絶品メニュー。バンコクのルーフトップバー厳選6店。日本全国のタイ料理店ベスト115店。
2017.4 143p 21×13cm ¥1680 ①978-4-8396-0305-2

◆台湾―高雄・台南・花蓮・台北 JTBパブリッシング （タビトモ―アジア 17）
【目次】台北（激ウマ！台北が誇る名店へ好吃！、茶芸館で至福のひとときほか）、花蓮・台中（自然の造形美に驚嘆！太魯閣峡谷、湖畔リゾートで過ごす日月潭ほか）、高雄・台南（南台湾で食べまくり!!、港町・高雄のイマ旬!!人気エリアを散歩ほか）、近郊の街
2017.3 128p 19×13cm ¥1000 ①978-4-533-11728-2

◆台湾 実業之日本社 （ブルーガイドーわがままアジア 18）（付属資料：地図1）第11版
【目次】基本情報と特集で知る台湾、台北、台湾北部、台湾中部、台湾南部、離島、トラベルインフォメーション日本編、トラベルインフォメーション台湾編、レファレンス
2017.3 371p ¥1680 ①978-4-408-06031-6

◆台湾―みんなが知らないディープ旅 今から行くなら絶対ココ！ 小林克己著 河出書房新社 （KAWADE夢文庫）
【要旨】B級グルメから名物スイーツ…現地の最新人気メニューを網羅！台北以外の都市や離島の見どころも、余すところなくガイド！ショッピング、マッサージ、カフェ…"必訪"のスポットはここだ！お得な交通チケット購入術や「乗り継ぎテク」のノウハウを伝授！滞在日数に合わせた"おすすめモデルコース"も詳しくガイド！食べる、買う、見る、遊ぶ、泊まる、識る…台湾旅行の"達人の達人"だけが知る、とっておきの耳より情報が満載の最強ポケットガイド!! 2017.12 223p A6 ¥680 ①978-4-309-49981-9

◆台湾 2017～2018年版 「地球の歩き方」編集室編 ダイヤモンド・ビッグ社，ダイヤモンド社 発売 （地球の歩き方 D10）改訂第27版
【目次】特集（見どころ満載！台湾早わかりナビ、台湾でしたいことBest14プラン ほか）、台北と台湾北部、台湾中西部、台湾東部、台湾南西部、離島、旅の準備と技術
2017.4 416p 21×14cm ¥1700 ①978-4-478-06030-8

◆台湾行ったらこれ食べよう！ 甘味編―地元っ子、旅のリピーターに聞きました。 台湾大好き編集部編 誠文堂新光社
【目次】地元っ子激オシ 食べてみて！ここの、これ！、冷たいもの、温かいもの、素朴系おやつ、昔ながらの面々、食後にどうぞ、ベーカリーはおいしさの隠れ家
2017.6 144p A5 ¥1400 ①978-4-416-61701-4

◆台湾を鉄道でぐるり―台鐵と高鐵を使って知られざる台湾へ 大西稚恵著 ダイヤモンド・ビッグ社，ダイヤモンド社 発売 （地球の歩き方BOOKS）
【目次】1（高鐵＆台鐵で行ける！必ず行くべき地方3大都市、台北から1時間。最新カルチャーが生まれる街 台中 ほか）、2（台湾をぐるりと一周、環島の旅へ出発！、西部幹線 縦貫線（基隆～高雄）ほか）、3（森林鉄道＆台鐵支線沿線ガイド、鉄道に揺られて緑あふれる大自然を満喫 阿里山森林鐵路 ほか）、4（さあ、鉄道に乗ってみよう！、在来線―台湾鐵路 ほか）、5（旅の基本情報と使える北京語、トラベルインフォメーション ほか）
2017.3 128p 15×21cm ¥1380 ①978-4-478-06014-8

◆台湾で朝食を 日常よ、さようなら！―感涙夕焼け16景 とまこ文・写真 メディアパル
【要旨】旅の旨味は、朝ごはんと夕焼け。日常こそが大切なのよ。だから一瞬、日常を忘れる、非日常の旨味をどうぞ。
2017.10 127p A5 ¥1500 ①978-4-8021-1010-5

◆台湾の「いいもの」を持ち帰る 青木由香著 講談社 （講談社の実用BOOK）
【要旨】おみやげに買いたい、かわいくて、面白い、雑貨・日用品・食料品カタログ。台湾在住約15年のコーディネーターが厳選。日本では手に入らない、絶対ほしいものが必ず見つかる。
2017.3 159p B6 ¥1500 ①978-4-06-299864-2

◆台湾旅行最強ナビ―旅の賢人たちがつくった 山田静、ひとり旅活性化委員会、阿多静香編 辰巳出版
【要旨】台北、台南・高雄、台中、台東、離島…台湾全土を楽しみ尽くす。行き先選びから予算と日程、必須アイテム、モデル料理・現地での過ごし方、トラブル対策まで準備から帰国までを完全カバー。台湾旅のノウハウと体験談がつまった1冊。モデルコースも満載！
2017.10 239p A5 ¥1500 ①978-4-7778-1952-2

◆ダナン・ホイアン・フエ―現地在住日本人ガイドが案内する 隅野史郎著 東京ニュース通信社，徳間書店 発売
【要旨】ダナン在住15年のスペシャリストがご案内。これまでのガイドブックにない、美味しい！と楽しい！が満載。
2017.3 160p B6 ¥1500 ①978-4-19-864374-4

◆ダナン ホイアン ホーチミン ハノイ 2017・18 「地球の歩き方」編集室編 ダイヤモンド・ビッグ社，ダイヤモンド社 発売 （地球の歩き方リゾートスタイル R20）（付属資料：地図1）
【目次】Resort style 11、カルチャーにも触れられる厳選プラン！Activity＆Optional Tour、多彩な魅力に恵まれたベトナム料理を満喫 Gourmet、かわいい雑貨からエスニック食材まで目移り必至！Shopping、リゾートスパ＆町スパで幸せけっさく☆Beauty、癒やしのビーチリゾートか便利なシティホテルか!?Hotel、2都市滞在で楽しみ倍増！ホーチミン＆ハノイ、快適に過ごすためのお役立ちインフォメーション 便利な旅の基本情報
2017.8 141p A5 ¥1600 ①978-4-478-06086-5

◆旅するラオス・ルアンパバーン案内―＋ついでにハノイ＆サパ 島本美由紀著 パイインターナショナル
【要旨】東南アジア最後の秘境ともいわれ、「世界で一番行きたい国」1位に選ばれたこともあるラオス。雄大な自然と穏やかな人々が魅力で、街全体が世界遺産に登録された北部の街ルアンパバーンと、高速道路の開通で気軽に行けるようになったベトナム北部のサパ、人気のハノイのおすすめルートをたっぷりご紹介します！
2017.12 143p A5 ¥1600 ①978-4-7562-4955-5

◆旅の賢人たちがつくったタイ旅行最強ナビ 丸山ゴンザレス、世界トラベラー情報研究会編 辰巳出版
【要旨】初心者、女子旅、ベテラン、グルメ旅、珍スポ巡り、リゾート、夜遊び…あらゆる旅が実現できる！楽園を極める旅を始めよう。バンコクはもちろん他のエリアも面白い！
2017.12 256p A5 ¥1400 ①978-4-7778-1970-6

◆中央アジア サマルカンドとシルクロードの国々―ウズベキスタン カザフスタン キルギス トルクメニスタン タジキスタン 2017～2018年版 「地球の歩き方」編集室編 ダイヤモンド・ビッグ社，ダイヤモンド社 発売 （地球の歩き方 D15）改訂第9版
【目次】特集（ようこそ"青の都"サマルカンドへ！、古都を旅するブハラ／ヒヴァ、地球温暖化？乱開発が原因か？消滅に向かうアラル海、魅力たっぷりウズベキスタンの民芸品）、ウズベキスタン、カザフスタン、キルギス、トルクメニスタン、タジキスタン、中央アジアのプロフィール、旅の技術
2017.6 272p 21×14cm ¥1900 ①978-4-478-06053-7

◆中国 2017～2018年版 「地球の歩き方」編集室編 ダイヤモンド・ビッグ社，ダイヤモンド社 発売 （地球の歩き方 D01）改訂第31版
【目次】特集（福建省安渓ウーロン茶の故郷を訪ねる、乗り物を使いこなそう！1 タクシーとバスの乗り方、乗り物を使いこなそう2 地下鉄の乗り方、乗り物を使いこなそう3 列車の乗り方、中国四大料理を楽しむ、魅惑のアミューズメント、リラクセーション、バラエティ豊かなショッピング）、華北エリア、華中エリア、華南エリア、東北エリア、西北エリア、西南エリア、旅の準備と技術
2017.3 720p 21×14cm ¥1800 ①978-4-478-06035-3

◆中国遊園地大図鑑―中部編 関上武司著 パブリブ （中国珍スポ探検隊 Vol.2）
【目次】第1章 華中地方1 上海市（パクリなしの全部ホンモノ！中国本土初のディズニーランド!!―上海ディズニーランド、偽ガンダム中国の大地に立つ!!、上海で最も高い観覧車と謎装備の偽ガンダム―錦江楽園 ほか）、第2章 華中地方2 江蘇省（ライオンのオリジナルキャラと東方のディズニー―蘇州楽園、世界遺産・退思園に隣接するセックスミュージアム―中華性文化博物館、ヨーロッパ風オープンセットを再利用した公園―蠡湖中央公園 ほか）、第3章 華中地方3 浙江省・安徽省・湖北省（中国大級のテーマパーク―蕪湖方特歓楽世界、三国志の古戦場の公園で発見した激レア・パクリキャラ―澄津津公園、三国志ゆかりの地に全高48mの関羽像現る―関公義園 ほか）
2017.3 223p B6 ¥2200 ①978-4-908468-08-7

◆東南アジア全鉄道制覇の旅―タイ・ミャンマー迷走篇 下川裕治著 双葉社 （双葉文庫）
【要旨】長く東南アジアの旅を続けるなかで、タイの鉄道が気になりはじめた。タイからはじまった列車旅は、やがて周辺国に広がっていく。「東南アジアだったら、この国の八割ぐらいは乗ったと思う」―そんな話から、東南アジアの全路線に乗るという企画が決まってしまった。はたして、この旅はいつ終わりはなるのか!?東南アジア全鉄道制覇の旅、シリーズ第一弾タイ・ミャンマー迷走篇。
2017.8 294p A6 ¥639 ①978-4-575-71472-2

◆とっておき！南台湾旅事情故事（たびものがたり） 矢巻美穂著 G.B.
【要旨】何度でも行きたい！南台湾食・楽めぐり。高雄、台南、嘉義、墾丁、澎湖のパーフェクトガイド。
2017.4 191p A5 ¥1600 ①978-4-906993-39-0

◆願いがかなう台湾 幸運の旅―台湾ナンバーワン占い師が教える、秘密のパワースポットめぐり 龍羽ワタナベ著 誠文堂新光社
【要旨】神秘のパワーに満ちた島、台湾にようこそ！台湾在住の人気占い師、龍羽ワタナベが本当は教えたくない！けど絶対に行くべきスポットを案内します。
2017.4 157p A5 ¥1300 ①978-4-416-61710-6

◆パラオ 「地球の歩き方」編集室編 ダイヤモンド・ビッグ社，ダイヤモンド社 発売 （地球の歩き方リゾートスタイル R10）（付属資料：地図1）
【目次】Resort style 8、パラオの海とジャングルがみんなを待っている！Activity＆Optional Tour、ローカルグルメから世界各国の料理までパラオのグルメ大集合！Gourmet、伝統工芸品からパラオ産の品物までドドーンと紹介！Shopping、エリアの特徴がわかればパラオはもっと楽しくなる！Area Guide、憧れのリゾートからローカル経営まであまとめて厳選紹介！Hotel、快適に旅を楽しむための大切な情報が満載 便利な旅の基本情報
2017.3 141p 21×15cm ¥1500 ①978-4-478-06027-8

旅行

実用書

◆バリ島 2017～2018年版 「地球の歩き方」編集室編 ダイヤモンド・ビッグ社, ダイヤモンド社 発売 (地球の歩き方 D26) 改訂第24版
【目次】特集〈世界遺産＆今旬スポットを1日で巡ろう バリ世界遺産を五感で満喫するモデルプラン, 旅するヨギーニが最新＆穴場スポットをご紹介 癒しのYOGAバカンスへ出かけましょ, 散歩の途中で気軽に立ち寄りたい！ 最新ダイニング＆美景カフェ巡り10, お買い物パラダイスの歩き方 ショッピング最旬おすすめナビ, 郷土料理, シーフード, スイーツetc バリ島グルメを味わい尽くそう！, 極上のリラクセーションに身を委ねる スパ＆エステサロン厳選ガイド, 楽園でのバカンスはどこから！ 憧れのリゾートホテル最新ガイド, 母なる自然に包まれ文化遺産を訪ねる旅 アクティビティ＆観光ツアー〉, 南部リゾートエリア, バリ島カルチャーガイド, ウブド＆バリ中部, バリ東部, バリ北部＆高原地帯, バリ西部, 旅の準備と技術
2017.3 464p 21x14cm ¥1700 ①978-4-478-06022-3

◆バリ島 2018-19 「地球の歩き方」編集室編 ダイヤモンド・ビッグ社, ダイヤモンド社 発売 (地球の歩き方aruco 12) (付属資料: 地図1) 改訂第5版
【要旨】世界遺産の絶景ライステラス, 安カワ雑貨＆癒しのスパ天国, おこがれのヴィラにおこもり…旅好き女子のためのプチほうけん応援ガイド。
2017.11 190p 20x15cm ¥1300 ①978-4-478-82117-6

◆バンコク JTBパブリッシング (ララチッターアジア 06) (付属資料: 地図1)
【目次】きれい, おいしいもの, おかいもの, 街あるき, ステイ
2017.7 127p A5 ¥1000 ①978-4-533-11980-4

◆バンコク 「地球の歩き方」編集部編 ダイヤモンド・ビッグ社, ダイヤモンド社 発売 (地球の歩き方aruco 23) (付属資料: 別冊1) 改訂第3版
【目次】パワフル＆ディープにバンコクを楽しむ！ とってのプチぼうけん, 辛い・すっぱい・過ぎて困っちゃうアロイ タイごはん案内, スパ天国バンコクのビューティナビ, プチプラ☆ショッピングタウン 最強お買い物ナビで, 最新ニュースが詰まった！ バンコクおさんぽコース, マストな観光スポットでひと味違う楽しみよう！, aruco 厳選バンコクホテル案内, 安全・快適 旅の基本情報
2017.8 191p 21x14cm ¥1200 ①978-4-478-06077-3

◆バンコク 2017～2018年版 「地球の歩き方」編集室編 ダイヤモンド・ビッグ社, ダイヤモンド社 発売 (地球の歩き方 D18) 改訂第26版
【目次】特集〈よくばりに満喫 今すぐバンコクでしたいことBEST10, これでバッチリ 最旬バンコク1dayプラン, バンコク最新TOPICS バンコクの夜は眠らない 4大ナイトマーケットへGO！, 先端グルメを楽しむ バンコク最旬レストラン, 早い！ 安い！ ウマい！ 人気屋台で路上グルメ, バンコクの3大パワースポット巡りで開運祈願, バンコク発プチトリップ 百年市場＆水上市場, タイの美食を極める バンコク必食グルメ〉, バンコクを歩く, 見どころガイド, レストランガイド, ショッピングガイド, リラクセーションガイド, エンターテインメントガイド, ホテルガイド, 近郊エリアガイド, 旅の準備と技術
2017.4 410p 22x14cm ¥1600 ①978-4-478-06063-6

◆バンコクは2度目からもっとおもしろい―バンコクお遊びゼミナール決定版 松木昭三著 データハウス
【目次】のる, たべる, あそぶ, バンコクここもすごい, 食べ方, 語学実習 しゃべる
2017.12 269p B6 ¥1500 ①978-4-7817-0231-5

◆フィリピン・マニラ・セブ 2018～2019年版 「地球の歩き方」編集室編 ダイヤモンド・ビッグ社, ダイヤモンド社 発売 (地球の歩き方 D27) 改訂第26版
【目次】特集〈観光立国としてますます充実 フィリピン最新情報Topics, フィリピンで何して遊ぶ？ デスティネーションモデルプラン ほか〉, マニラ, ルソン, セブとビサヤ諸島, ミンダナオ, パラワン, 旅の準備と技術, フィリピン百科
2017.12 448p 21x14cm ¥1700 ①978-4-478-82134-3

◆釜山 オトナ女子のすてきな週末―ときめくプサンの楽しみ方51 上田瑞穂著 メイツ出版
【要旨】忙しい毎日を乗り切って, 今度の休みは国外でリフレッシュ。そんなオトナ女子のために釜山の週末旅をもっと充実させる51のテーマをセレクトしました。この街ならではのグルメやショッピング, 文化やアートを堪能するほか地元感覚で味わうぶらり散歩や体験型アクティビティなど, みじかい滞在時間で「行きたい」「やりたい」をたくさん叶えるとっておきのプチ旅ガイド。
2017.6 128p A5 ¥1570 ①978-4-7804-1907-8

◆釜山 慶州 2017～2018年版 「地球の歩き方」編集室編 ダイヤモンド・ビッグ社, ダイヤモンド社 発売 (地球の歩き方 D34) 改訂第8版
【目次】特集〈人気のスイーツを食べ歩き, 南浦洞で釜山のご当地グルメを制覇！, チャガルチ市場でシーフード三昧, 南浦洞と西面でショッピング, 釜山でおみやげショッピング, 韓国コスメセレクション！, 釜山国際映画祭の楽しみ方, 釜山・慶尚道のグルメ図鑑〉, 釜山エリア別MAPと交通案内, 釜山の見どころ, 釜山エリアガイド, 釜山のリラクセーション, 釜山のホテル, 釜山から慶州へ, 慶州のエリア別MAP, 慶州エリアガイド, 慶州の見どころ, 慶州のホテル, 釜山からのエクスカーション
2017.4 272p 21x14cm ¥1400 ①978-4-478-06031-5

◆北京 2017-2018年版 「地球の歩き方」編集室編 ダイヤモンド・ビッグ社, ダイヤモンド社 発売 (地球の歩き方 D03) 改訂第22版
【目次】特集〈大柵欄とかつての色町「八大胡同」を歩く, 故宮の新公開スポットを巡る〉, 旅の基本, 北京のエリアとストリート, 北京の見どころ, 北京のグルメ, 北京のショッピング, 北京のアミューズメント・旅行会社, 北京のリラクセーション, 北京のホテル, 北京からの小旅行, 旅の準備と技術
2017.9 384p 21x14cm ¥1600 ①978-4-478-06093-3

◆ベトナム 2017～2018年版 「地球の歩き方」編集室編 ダイヤモンド・ビッグ社, ダイヤモンド社 発売 (地球の歩き方 D21) 改訂第23版
【目次】特集〈旬の話題をお届け！ ベトナム最新NEWS, 新しい発見がたくさん！ 中部リゾート・ダナンの楽しみ方 ほか〉, 都市ガイド南部, 都市ガイド中部, 都市ガイド北部, 旅の準備と技術編, ベトナム百科
2017.7 464p 21x14cm ¥1700 ①978-4-478-06075-9

◆ポケット版 台湾グルメ350品！ 食べ歩き事典 光瀬憲子著 双葉社 (双葉文庫)
【要旨】朝məi, 小籠包, 魯肉飯, マンゴーかき氷…台湾旅行の楽しみは, なんといっても食べ歩き！ 台湾グルメ350品を, ジャンル別に写真とキャプションでわかりやすく紹介。食材, 調理法, 頼み方, 食べ方, 誕生秘話, おすすめ店までわかる, 台湾グルメ大事典。台湾初心者からリピーターやマニアまで, これ1冊で大満足まちがいなし！
2017.7 255p A6 ¥648 ①978-4-575-71470-8

◆ボンクラ隊が行く！ おいしい台湾食べたいわん 水谷さるころ著 イースト・プレス (コミックエッセイの森)
【要旨】みんなで行こう, 台湾食い倒れツアー！ あれもこれもいろいろ食べたい, だからみんなで行くとより楽しい。近場で子連れでも安心, 観光もそこそこにボンクラ隊一行が台湾を味わい尽くす！
2017.9 143p A5 ¥1199 ①978-4-7816-1522-6

◆香港 「地球の歩き方」編集室編 ダイヤモンド・ビッグ社, ダイヤモンド社 発売 (地球の歩き方aruco 7) (付属資料: 地図1) 改訂第5版
【目次】ワクワク！ ドキドキ 新しい香港を見つけにプチほうけんへGO！, 美食があふれる香港！ まぁとこも食べまくりましょ, シノワテイストだけじゃない！ 洗練アイテム満載♪香港でショッピング, カラダもココロもつやつやに磨き上げましょ 香港ビューティナビ, 香港のこんな歩き方もいい♪ エリア別おさんぽプラン, ハナマル印の観光スポットで香港の魅力をMAX味わおっ！, aruco がスタイル別にホテルをナビ 今, 香港で泊まるならこのホテル, 安全・快適 旅の基本情報
2017.7 191p 20x15cm ¥1200 ①978-4-478-06076-6

◆香港 JTBパブリッシング (タビトモ―アジア 05)

【目次】1 現地到着その場からお役立ち, 2 香港でやるべきこと！, 3 さあ, 出かけよう！, とにかく行くべき！ マストタウン, 5 こっちも行きたい！ モアタウン, 6 日帰り小旅行, 7 いよいよ帰国
2017.8 144p 19x13cm ¥1000 ①978-4-533-12049-7

◆香港 実業之日本社 (ブルーガイド―わがまま歩き 10) 第12版
【目次】香港街歩きプラン, 香港中心部見る, 香港中心部食べる, 香港中心部買う, 香港郊外見る, ホテルガイド, トラベルインフォメーション 日本編, トラベルインフォメーション 香港編
2017.12 255p 21x14cm ¥1480 ①978-4-408-06034-7

◆香港行ったらこれ食べよう！ 一地元っ子, 旅のリピーターに聞きました。清水真理子著 誠文堂新光社
【要旨】グルメな街で食いだおれ。おいしい香港めしあれこれ。
2017.9 142p A5 ¥1400 ①978-4-416-61703-8

◆香港・マカオ JTBパブリッシング (ララチッターアジア 03) (付属資料: 地図1)
【目次】おいしいもの, 夜あそび, 街あそび, おかいもの, きれい, ステイ, マカオ
2017.4 143p A5 ¥1400 ①978-4-533-11793-0

◆香港 マカオ 深圳 2017～2018年版 「地球の歩き方」編集室編 ダイヤモンド・ビッグ社, ダイヤモンド社 発売 (地球の歩き方 D09) 改訂第30版
【目次】特集〈ノスタルジックな輝きを追って 古き香港レトロトリップ, ちょっと自慢したくなる記念写真 フォトジェニックな香港, 地上で見るもよし, ルーフトップバーで楽しむもよし ヴィクトリア・ハーバーの夜景, オーシャンパーク, 鴨り洲へ楽々アクセス 南島島々に乗って海辺へ, ユニークなビールを試し飲み クラフトビールのブームが到来！, おみやげショッピング大作戦, 美食パラダイス 美食天堂〉, 香港主要部地図, 香港の交通ガイド, エリアガイド, グルメガイド, ショッピングガイド, エンジョイメントガイド, ホテルガイド, 準備と技術編
2017.7 528p 21x14cm ¥1700 ①978-4-478-06062-9

◆本の未来を探す旅 ソウル 内沼晋太郎, 綾女欣伸編著, 田中由起子写真 朝日出版社
【要旨】日本から飛行機で少しだけ先, 韓国のソウルでたいま毎週のように本屋が生まれ, 毎日のように個人が本を出版している。その多様性を牽引するのは, 1980年代生まれが中心の若い世代。彼らはどんどん独立して, 本を通じた活動を広げている。どうしてこんなに面白いムーブメントが日本で知られていないのだろう？ そこには「本の未来」が転がっているかもしれないのに。書店主や編集者を中心に, 本の現場で果敢に実験を挑む新世代20人を訪ねてまわり, ロングインタビューを行なった。
2017.6 223p 24x19cm ¥2300 ①978-4-255-01001-4

◆マカオ JTBパブリッシング (タビトモ―アジア 06)
【目次】1 現地到着その場からお役立ち, 2 マカオでやるべきこと！, 3 さあ, 出かけよう！, 4 とにかく行くべき！ マストタウン, 5 こっちも行きたい！ モアタウン, 6 ちょっとそこまで, 7 いよいよ帰国
2017.6 112p 19x13cm ¥1000 ①978-4-533-11888-3

◆マカオ 実業之日本社 (ブルーガイド―わがまま歩き 39) 第2版
【目次】マカオのすごし方プラン, 見る, 食べる, 買う, 遊ぶ, 泊まる, もっと楽しむマカオ, トラベルインフォメーション 日本編, トラベルインフォメーション マカオ編
2017.12 219p 21x14cm ¥1560 ①978-4-408-06037-8

◆マニラ/セブ 「地球の歩き方」編集室編 ダイヤモンド・ビッグ社, ダイヤモンド社 発売 (地球の歩き方Plat 13)
【目次】マニラでしたいこと＆でしかできないこと, GOURMET 知られざるフィリピングルメの世界, SHOPPING ショッピングパラダイス マニラ, AREA GUIDE マニラエリアガイド＆マニラからのショートトリップ, HOTEL マニラのおすすめホテル, CEBU ようこそ！ 人気リゾートセブへ, TRAVEL INFORMATION 旅の基本情報, MAP
2017.6 143p 20x15cm ¥1000 ①978-4-478-06049-0

◆マレーシア 実業之日本社 (ブルーガイド―わがまま歩き 28) 第9版
【目次】思いきりマレーシア, クアラ・ルンプール, マレー半島西海岸, マレー半島東海岸, 東

マレーシア、トラベルインフォメーション
2017.12 359p 21×14cm ¥1640 ⓘ978-4-408-06036-1

◆**マレーシア・ブルネイ　2018～2019年版**
「地球の歩き方」編集室編　ダイヤモンド・ビッグ社、ダイヤモンド社 発売　（地球の歩き方 D19）　改訂第27版
【目次】特集（やっぱりKLがおもしろい クアラルンプールでやりたい10のこと、母なる大自然と貴重な歴史都市へ マレーシア世界遺産紀行 ほか）、マレーシア、クアラルンプール、クアラルンプール周辺＆高原リゾート、アイランドリゾート、マレー半島／西海岸・南部、マレー半島／東海岸・内陸部、ボルネオ島、ブルネイ、旅の技術と準備、マレーシア＆ブルネイの基礎知識
2017.11 448p 21×14cm ¥1700 ⓘ978-4-478-82119-0

◆**ミャンマー（ビルマ）　2017～2018年版**
「地球の歩き方」編集室編　ダイヤモンド・ビッグ社、ダイヤモンド社 発売　（地球の歩き方 D24）　改訂第19版
【目次】特集（これでバッチリ ミャンマー5泊7日モデルプラン、国境ルート開放で注目度UP！ ミャンマー南部でネイチャー・アドベンチャーを体験、お米の国のおいしさ満喫 ミャンマーの料理にトライ！、旅の思い出を持ち帰る ミャンマーおみやげカタログ、ミャンマーの伝統暦 八曜日、ヤンゴン最大の聖地 シュエダゴン・パヤー境内必見スポット、ココは絶対おさえたい！ オールドバガンハイライトMAP、広いバガンもこうして回れば効率的！ バガン寺院巡りモデルコース）、ヤンゴンとその周辺、バガンとその周辺、マンダレーとその周辺、インレー湖とその周辺、ミャンマー旅の技術
2017.3 295p 21×14cm ¥1900 ⓘ978-4-478-06020-9

◆**モンゴル　2017～2018年版**
「地球の歩き方」編集室編　ダイヤモンド・ビッグ社、ダイヤモンド社 発売　（地球の歩き方 D14）　改訂第16版
【目次】特集（年に一度の国を挙げての祝祭 夏の祭典ナーダム、自然と共生するモンゴルの人々、草原に、砂漠に、高原に生きる モンゴルの動植物、指さしで注文しよう モンゴル料理紹介、素朴な手作り モンゴルのおみやげ大集合！、世界文化遺産 オルホン渓谷の文化的景観 エルデニ・ゾー写真探訪、モンゴル最大の世界遺産 ウブス・ノール盆地）、中央モンゴル、西モンゴル、東モンゴル、南モンゴル、北モンゴル、モンゴルを知るために、モンゴルの旅の技術
2017.6 245p 21×14cm ¥1800 ⓘ978-4-478-06015-5

◆**ラオス　2017～2018年版**
「地球の歩き方」編集室編　ダイヤモンド・ビッグ社、ダイヤモンド社 発売　（地球の歩き方 D23）　改訂第12版
【目次】特集（見る！ 買う！ 体験する！ ラオスでしたい、12のアクティビティ、ラオスの世界遺産ルアンパバーンとチャンパーサック、ルアンパバーン 自転車"散歩"プラン レンタサイクルでゆるりと巡る、古都の1日、墓地から、米蔵から。いまだに解明されていない「石壷密集地帯」ジャール平原 ラオス最大のミステリーゾーンを往く、作った人のぬくもりが伝わる ラオスで買うおみやげ、ヘルシーで滋味豊かな自然食厳選！ ラオス料理メニュー・カタログ、古都ルアンパバーン、北の玄関口フアイサーイ。ラオスの二都をむすぶ、川の2日間。メコン、水の旅への誘い、今なお残る、内戦時代の爪あと 不発弾と暮らす人びと、70年代の「戦争遺産」を訪ねて、岩山の秘密基地へ ラオス内戦時代の洞窟、ラオス最大規模の天然洞窟 タム・コンロー洞窟）、ビエンチャンとその周辺、ルアンパバーン（世界遺産）、ラオス北部、ラオス南部、旅の準備と技術、ラオスを知る事典
2017.6 283p 21×14cm ¥1800 ⓘ978-4-478-06044-5

◆**k.m.p.の、台湾ぐるぐる。**　k.m.p.著
東京書籍
【要旨】自由に旅する楽しさと、きゅん、とする台湾の魅力、旅のヒントと情報。約20都市を1カ月かけて、鉄道、MRT、バス、バイク、自転車で、ぐるっとまわった旅のお話。
2017.3 158p A5 ¥1300 ⓘ978-4-487-81006-2

◆**LOVE台南－台湾の京都で食べ遊び**　佐々木千絵著　祥伝社
【要旨】食い意地と物欲のイラスト案内。台湾をこよなく愛する著者による活きたガイド満載。
2017.12 241p 19×14cm ¥1600 ⓘ978-4-396-61620-5

◆**NEIGHBORHOOD TAIPEI ネイバーフッド台北**　吹田良平監修　トゥーヴァージンズ
【要旨】都市と文化のリノベーション "文創" の街・台北の今を歩くためのトラベルカルチャーガイド。
2017.6 157p B5 ¥2000 ⓘ978-4-908406-08-9

◆**ONE & ONLY MACAO－マカオ、世界にひとつだけの街 produced by LOVETABI**　地球の歩き方編集室編　ダイヤモンド・ビッグ社、ダイヤモンド社 発売
【要旨】「カワイイ」、「おいしい」、そして「世界にひとつだけ (ONE & ONLY)」。新しいアジアの旅先へ、マカオの魅力を詰め込んだトラベルブック。
2017.9 123p A5 ¥1300 ⓘ978-4-478-06095-7

◆**sweet特別編集 sweet BALI**　sweet編集部編　宝島社
【要旨】絶景！ おいしい！ 可愛い！ リーズナブル！ 旅好きのスウィートガール注目!!今、時代は"バリ"です。
2017.6 111p 26×21cm ¥1200 ⓘ978-4-8002-7142-6

◆**Taiwan guide 24H**　朝日新聞出版編著　朝日新聞出版
【要旨】台湾でしたい、ベストな時間にベストなこと24時間でナビゲート。これまでのガイドブックでは伝えきれなかった、よりディープで、特別な、とっておきの台湾をつめこみました!!
2017.1 191p 20×15cm ¥1300 ⓘ978-4-02-333929-3

📖 **ヨーロッパ**

◆**アイルランド　2017～2018年版**　「地球の歩き方」編集室編　ダイヤモンド・ビッグ社、ダイヤモンド社 発売　（地球の歩き方 A05）　改訂第13版
【目次】ガイダンス（旅を満喫するヒントが満載 アイルランド早わかり講座）、特集（「命の水」のふるさとへ アイリッシュ・ウイスキー紀行、日本でも注目度上昇中！ クラダリングを求めて、映画・ドラマの舞台を訪ねて）、街の喧噪と歴史の静寂が隣り合う ダブリンとレンスター州、たたかな南のリゾート マンスター州、厳しい自然の造形美 コナート州、伝説の残る最北の秘境 アルスター州、出かける前に読んでおこう アイルランドの基礎知識、トラブル知らずの旅行術、旅の準備と技術
2017.7 336p 22×14cm ¥1700 ⓘ978-4-478-06059-9

◆**イギリス**　JTBパブリッシング　（ララチッターヨーロッパ 12）　（付属資料：別冊1）
【目次】まるっと早わかり♪イギリスNavi、憧れの英国カントリーサイド、ロンドン、コッツウォルズ、湖水地方、ロンドン周辺、スコットランド、トラベル・インフォメーション
2018.1 159p A5 ¥1300 ⓘ978-4-533-12298-9

◆**イギリス　2017～2018**　「地球の歩き方」編集部編　ダイヤモンド・ビッグ社、ダイヤモンド社 発売　（地球の歩き方 A02）　改訂第28版
【目次】特集 (Latest UK News、エリアで分かるイギリスの見どころ、旅のヒント、テーマで旅するイギリス)、ロンドン、南海岸地方、イングランド中央部、イングランド北部、ウェールズ、スコットランド、旅の準備とテクニック
2017.8 624p 21×14cm ¥1700 ⓘ978-4-478-06082-7

◆**イタリア　2018～2019年版**　「地球の歩き方」編集室編　ダイヤモンド・ビッグ社、ダイヤモンド社 発売　（地球の歩き方 A09）　改訂第29版
【目次】特集 (2017年新世界遺産ヴェネツィア共和国の軍事防衛施設、エミリア・ロマーニャ州で新発見!! アドリア海のリゾート、リミニとアメリア「カリオストロの城」の舞台、サン・レオへ ほか)、イタリアの5大都市 (ローマ、フィレンツェ ほか)、2018年訪ねてみたいイタリアの町 (ピエモンテ州／ヴァッレ・ダオスタ州、ロンバルディア州 ほか)、旅の技術編
2018.1 615p 21×14cm ¥1700 ⓘ978-4-478-82137-4

◆**ウィーンとオーストリア　2018～2019年版**　「地球の歩き方」編集室編　ダイヤモンド・ビッグ社、ダイヤモンド社 発売　（地球の歩き方 A17）　改訂第30版
【目次】特集 (2018年オーストリアの注目イベント＆最新情報、オーストリアにおすすめの旅 プレゼントから3ヵ国体験 ボーデン湖畔の旅 ほか)、ウィーン、ドナウ流域とブルゲンラント、ザルツブルク／ザルツカンマーグート／グロースグロックナー周辺、シュタイヤマルクとケルンテン、インスブルック／チロル／フォアアールベルク、旅の準備と技術
2017.12 400p 21×14cm ¥1700 ⓘ978-4-478-82123-7

◆**ウィーン・プラハ**　JTBパブリッシング　（ララチッターヨーロッパ 06）　（付属資料：地図1）
【目次】ウィーン (ハイライト、グルメ、ショッピング、ステイ、エクスカーション)、プラハ (ハイライト、グルメ、ショッピング、ステイ、エクスカーション)
2017.4 143p A5 ¥1000 ⓘ978-4-533-11794-7

◆**麗しのウィーン、音に魅かれて**　徳永千帆子著（福岡）書肆侃侃房　（KanKanTrip 16）
【要旨】ハプスブルク王朝の栄耀栄華の残影と歴史に支えられ、今も謳歌するウィーンの人々。ウィーンの魅力がエスプレッソのように濃厚に詰まった一冊。
2017.3 158p A5 ¥1500 ⓘ978-4-86385-256-3

◆**オランダ**　「地球の歩き方」編集室編　ダイヤモンド・ビッグ社、ダイヤモンド社 発売　（地球の歩き方 aruco 32）　（付属資料：地図1）
【目次】オランダの魅力をとことん楽しむプチぼうけん8、感動と発見の連続！ アムステルダムのとっておき観光案内、気になるオランダグルメ アムステルダムでいただきまーす！、アムステルダムでお気に入り雑貨とおみやげをGet！、もっとオランダ好きになる！ 個性豊かな地方の町へ、安全・快適 旅の基本情報
2017.7 159p 20×15cm ¥1300 ⓘ978-4-478-06078-0

◆**オランダ・ベルギー・ルクセンブルク**　JTBパブリッシング　（タビトモ欧州 12）
【目次】ベネルクス特集、アムステルダム、ハーグ・デルフト・ユトレヒト・マーストリヒト、ブリュッセル、ブルージュ・ゲントアントワープ、ルクセンブルク
2018.1 128p 19×13cm ¥1200 ⓘ978-4-533-12300-9

◆**オランダ・ベルギー・ルクセンブルク　2017～2018年版**　「地球の歩き方」編集室編　ダイヤモンド・ビッグ社、ダイヤモンド社 発売　（地球の歩き方 A19）　改訂第28版
【目次】特集 (最旬の話題はコレ！ オランダ＆ベルギーホットニュース、Travel in Flower Land 花の国を旅する ほか)、オランダ (アムステルダム、北ホランド州、南ホランド州 ほか)、ベルギー (ブリュッセル、ベルギー北西部、ベルギー北東部 ほか)、ルクセンブルク、旅の準備と技術
2017.6 448p 21×14cm ¥1600 ⓘ978-4-478-06057-5

◆**女2人旅プロヴァンス－30日30万円の極上暮らし**　岡本弥生、舛田有美子著　みらいパブリッシング、星雲社 発売　（2人旅シリーズ）
【要旨】知らなかった旅がここにあった！ 気が合うパートナーをみつけて、あなたも旅へ。ゆったりした時間の中で味わう人生最高のプライスレス体験。
2017.9 125p A5 ¥1500 ⓘ978-4-434-23755-3

◆**暮らすように旅するフィレンツェ／トスカーナ－おいしいものと素敵なところの旅手帖**　古澤千恵著　筑摩書房
【要旨】地元のイタリア人だけが知っているほんとうは秘密にしたい場所をこっそりご案内。とっておきのフィレンツェへようこそ！ 旅のセンスを変える至福への誘い。
2018.8 152p A5 ¥1500 ⓘ978-4-480-81539-2

◆**クロアチア スロヴェニア**　実業之日本社　（ブルーガイド－わがまま歩き 38）　第3版
【目次】クロアチア (ザグレブと中部クロアチア、スラヴォニア地方、クヴァルネル地方とイストラ半島、リカ・カルロヴァツ地方とダルマチア地方北部、ダルマチア地方中部、スプリットとその周辺、ダルマチア地方南部、ドブロブニクとその周辺)、スロヴェニア (リュブリャナとユリアンアルプス地方、プリモルスカとカルスト地方、シュタイエルスカ地方)、トラベルインフォメーション (日本編、現地編)
2017.1 239p 22×14cm ¥1700 ⓘ978-4-408-06024-8

◆**クロアチア／スロヴェニア　2017～2018年版**　「地球の歩き方」編集室編　ダイヤモンド・ビッグ社、ダイヤモンド社 発売　（地球の歩き方 A34）　改訂第7版

旅行　　　　　　　　　　　　　　　206　　　　　　　　　　　　　　BOOK PAGE 2018

【目次】特集(クロアチアとスロヴェニアの魅力、プランニングアドバイス)、クロアチア、ザグレブとクロアチア中央部、スラヴォニア地方、クヴァルネル地方とイストゥラ半島、ダルマチア地方、スロヴェニア、リュブリャーナとユリアンアルプス、アドリア海岸とカルスト地方、スロヴェニア東部
2017.4　336p　21×14cm　¥1600　①978-4-478-06028-5

◆神秘の絶景に会いに行く！アイスランド☆TRIP　てらいまき著　ダイヤモンド・ビッグ社，ダイヤモンド社 発売　(地球の歩き方コミックエッセイ)
【要旨】未知なる大自然を求めて、一歩先の"北欧"へ！ 下迫力の氷河ハイキングや地球の割れ目で水温3℃のシュノーケル、ブルーラグーンの美肌パックも。アイスランドのとっておきを夫婦で旅した痛快コミックエッセイ。かわいいデザイン雑貨も絶品伝統グルメもいっぱい♪
2017.9　143p　A5　¥1100　①978-4-478-06088-9

◆スイス　JTBパブリッシング　(タビトモ─欧州 11)
【目次】憧れの三名峰、チューリヒとその周辺、ジュネーヴとレマン湖周辺、魅力的な国
2017.5　128p　B6　¥1200　①978-4-533-11868-5

◆スイス　2017〜2018年版　「地球の歩き方」編集室編　ダイヤモンド・ビッグ社，ダイヤモンド社 発売　(地球の歩き方 A18)　改訂第26版
【目次】特集(チャップリンが愛したレマン湖畔の町ヴヴェイVevey、スイスハイライト ほか)、ベルナーオーバーラント、ツェルマットとヴァリス、サン・モリッツ周辺とグラウビュンデンの町、リヒテンシュタイン、ジュネーヴとレマン湖周辺、ルツェルン周辺と中央スイス、ベルン、バーゼルとジュラ地方、チューリヒとその近郊、ボーデン湖周辺、ティチーノ地方、スイスを旅するための準備と技術
2017.4　576p　21×14cm　¥1700　①978-4-478-06040-7

◆スイス　大人女子の旅─行きたい叶えたい80のこと　ネプフリン松橋由香著　メイツ出版
【要旨】チューリッヒで最も古いホテルに泊まってみる／ベルンから行くグリュイエールチーズ工場見学／ルツェルンの旧市街を歩く＆城壁の塔をめぐる／列車の旅で絶景を楽しむ／バーゼルで美術館めぐり／世界遺産を訪ねる／農家でハイジのように藁の上で眠る／典型的なスイス料理を食べるetc.街歩き、観光、体験、グルメ・カフェ、絶景。スイス在住の著者が選りすぐりの情報や観光、感じて、味わってほしい魅力を紹介。自分らしく楽しみたい女性に、とっておきをセレクト
2017.7　128p　A5　¥1760　①978-4-7804-1906-1

◆スペイン　実業之日本社　(ブルーガイド─わがまま歩き 17)　第11版
【目次】マドリッド、スペイン中央部、カタルーニャとレバント、バレアレス諸島、アンダルシア、銀の道とエストレマドゥラ、スペイン北部、トラベルインフォメーション 日本編、トラベルインフォメーション スペイン編
2017.12　423p　21×14cm　¥1640　①978-4-408-06035-4

◆スペイン　2017〜2018年版　「地球の歩き方」編集室編　ダイヤモンド・ビッグ社，ダイヤモンド社 発売　(地球の歩き方 A20)　改訂第29版
【目次】特集(スペイングルメがますますパワーUP！ マドリッド＆バルセロナ最旬グルメスポット案内、スペイン人の社交場バルを使いこなす ほか)、マドリッド／カスティーリャ・ラ・マンチャ、カスティーリャ・イ・レオン／エストレマドゥーラ、バルセロナ／カタルーニャ／バレンシア／バレアレス、アンダルシア、ナバーラ／リオハ／アラゴン、バスク／カンタブリア／アストゥリアス／ガリシア、旅の準備と技術
2017.3　480p　21×14cm　¥1700　①978-4-478-06024-7

◆スペイン・バスク　美味しいバル案内　植松良枝著　産業編集センター　(私のとっておき 42)
【要旨】スペイン北部、美食の聖地、バスク地方。ピンチョス発祥の地、サン・セバスチャンを中心に、絶対はずさないバルを徹底取材した待望のフォトガイド！
2017.2　158p　22×15cm　¥1500　①978-4-86311-144-8

◆世界遺産の都へ「ラトビア」の魅力100　ウエミチメグミ、三宅貴男写真・文、西田孝広監修　雷鳥社

【目次】ラトビア、日本からのアクセス、ユーロ、リーガ国際空港、空港から旧市街へのアクセス、挨拶、リーガ、旧市街、歴史的建造物、ランドマーク(一望する編)〔ほか〕
2017.1　191p　B6　¥1500　①978-4-8441-3702-3

◆世界の村と街　4　イタリア半島の村と街　1　二川幸夫企画・撮影、横山正文・解説　エーディーエー・エディタ・トーキョー　(本文：日英両文)　改訂新版
【目次】中世の丘のまち、第1章 シエナ、トスカナの真珠、第2章 サン・ジミニャーノ、美しき塔のまち、第3章 アッシジ、聖フランチェスコのまち
2017.7　143p　31×24cm　¥3800　①978-4-87140-457-0

◆絶景とファンタジーの島　アイルランドへ　山下直子著　イカロス出版　(旅のヒントBOOK)
【要旨】息を呑むような断崖や平原、遺跡群、活気あるダブリンの街と、パブや音楽、ケルトの文化──。現地在住17年、公認ツアーガイドでもある著者が、この島の魅力をたっぷりご紹介します！
2017.5　172p　A5　¥1600　①978-4-8022-0368-5

◆太陽と海とグルメの島　シチリアへ　小湊照子著　イカロス出版　(旅のヒントBOOK)
【要旨】イタリア南部、地中海に浮かぶシチリア。アラブ・ノルマンの影響を色濃く残した独特な街並み、透きとおった青い海や火山のつくりだす絶景、極上のワインと新鮮な海の幸や柑橘類を使った美食など、シチリア島とエオリエ諸島の魅力をご紹介します！
2017.11　172p　A5　¥1600　①978-4-8022-0368-1

◆チェコ/ポーランド/スロヴァキア　2017〜2018年版　「地球の歩き方」編集室編　ダイヤモンド・ビッグ社，ダイヤモンド社 発売　(地球の歩き方 A26)　改訂第22版
【目次】特集(わかりやすくイラストで紹介！ チェコ・ポーランド・スロヴァキアへようこそ！、9日間でぐるっと回る！ チェコ・ポーランド・スロヴァキアおすすめモデルルート4、チェコ ポーランド スロヴァキア 世界遺産案内、ビール天国！ チェコ ホスポダでカンパイ！、チェコ・ポーランド・スロヴァキア 絶対食べたい郷土料理はこれ！、かわいいアイテムがたくさん！ 定番みやげをリサーチ)、チェコ(チェコの基本情報、プラハ、チェコの小さな町、チェコ語会話術＆歴史年表)、ポーランド(ポーランドの基本情報、ワルシャワ、クラクフ、ポーランドの小さな町)、スロヴァキア(スロヴァキアの基本情報、ブラチスラバ、コシツェ、スロヴァキアの小さな町、スロヴァキア語会話術＆歴史年表、旅の準備と技術)
2017.5　432p　21×14cm　¥1700　①978-4-478-06043-8

◆中欧─チェコ/ポーランド/スロヴァキア/ハンガリー/スロヴェニア/クロアチア/ボスニア・ヘルツェゴビナ/セルビア/モンテネグロ/マケドニア/アルバニア/コソヴォ/ルーマニア/ブルガリア/オーストリア(ウィーン)　2017〜2018年版　「地球の歩き方」編集室編　ダイヤモンド・ビッグ社，ダイヤモンド社 発売　(地球の歩き方 A25)　改訂第15版
【目次】特集(中欧への誘い、中欧 食の楽しみ)、チェコ、ポーランド、スロヴァキア、ハンガリー、スロヴェニア、クロアチア、ボスニア・ヘルツェゴビナ、セルビア、モンテネグロ、マケドニア、アルバニア、コソヴォ、ルーマニア、ブルガリア、オーストリア、旅の準備と技術
2017.5　570p　21×14cm　¥1700　①978-4-478-06007-0

◆チューリヒ発スイス鉄道旅行　「ヨーロッパ鉄道旅行」編集部編　イカロス出版
【目次】スイス鉄道旅行へのご招待、チューリヒ中央駅、ベルン、バーゼル、ヌーシャテル、フリブール、シャルメー、グリュイエール村、マルティニ、3つの乗り物を乗り継ぐ冒険旅行〔ほか〕
2017.4　173p　A5　¥1600　①978-4-8022-0340-1

◆ドイツ　2017〜2018年版　「地球の歩き方」編集室編　ダイヤモンド・ビッグ社，ダイヤモンド社 発売　(地球の歩き方 A14)　改訂第30版
【目次】特集(2017・2018人気の絶景スポット＆やのおすすめポイントを味わうか極上の音色を求めて クラシック音楽鑑賞ガイド、観客動員世界一の熱気を体感せよ！ ブンデスリーガ観戦ガイド、職人が守り続けた伝統とクオリティ ドイツおみやげコレクション、ドイツはこんなにおいしい！ ドイツグルメの世界を

極める、季節を彩るイベントで盛り上がるドイツのお祭りガイド、わすれられない思い出作りに 古城ホテルに泊まる)、フランクフルトとライン川、モーゼル川周辺、ケルンとルール地方、ハイデルベルクと古城街道、ファンタスティック街道と黒い森、ロマンティック街道、ミュンヘンとアルペン街道、古城街道・ハルツ地方、ドレスデンと周辺、メルヘン街道、ハンブルクとエリカ街道・北ドイツ、ドイツを旅する準備と技術
2017.5　560p　22×14cm　¥1700　①978-4-478-06046-9

◆ドイツ　2018・19　「地球の歩き方」編集室編　ダイヤモンド・ビッグ社，ダイヤモンド社 発売　(地球の歩き方aruco 28)　(付属資料：地図1)　改訂第2版
【目次】おとぎの国ドイツでロマンティック＆ドキドキのプチぼうけん☆、南ドイツの美景がいっぱい！ ミュンヘンとロマンティック街道、古城が続く絶景の旅に！ フランクフルト、ライン川周辺の町と古城街道、最先端都市でワクワク体験！ ベルリンと北ドイツ、メルヘン街道、安全・快適 旅の基本情報
2017.11　190p　20×15cm　¥1200　①978-4-478-82110-7

◆ドイツこだわりパンめぐり　見市知著　産業編集センター　(私のとっておき 44)
【要旨】こだわりがすぎるドイツ人とパンのフシギな関係。欧州随一のパン消費国、ドイツから届いた食風景をどうぞ。"ドイツのパン" パンの種類は3000種以上。2014年ユネスコ無形文化遺産に登録。
2017.9　135p　22×15cm　¥1500　①978-4-86311-162-2

◆パリ　実業之日本社　(ブルーガイド─わがまま歩き 1)　第14版
【目次】パリの歩き方、見る、美術館ガイド、パリからのエクスカーション、ショッピング、レストラン、エンターテインメント、ホテル、トラベルインフォメーション 日本編、トラベルインフォメーション パリ編
2017.12　335p　21×14cm　¥1600　①978-4-408-06033-0

◆パリ＆近郊の町　2017〜2018年版　「地球の歩き方」編集室編　ダイヤモンド・ビッグ社，ダイヤモンド社 発売　(地球の歩き方 A07)　改訂第26版
【目次】特集(パリの最旬トピックス、見て、食べて、体験した 私たちの「パリ旅」大公開！、あなたはどちら派？ パリ右岸vs左岸、パリ建築散歩、本気の恋するパリの幸せスイーツ、パリのおみやげセレクション、パリの蚤の市と市場、レトロモダンな散歩道 パリでマッサージ、とっておきの思い出作り パリでプチレッスン、パリのイルミネーション)、パリと交通、パリのエリア別ガイド、パリ美術館ガイド、エンターテインメント、レストラン＆カフェガイド、ショッピングガイド、ホテルガイド、パリから行く近郊への旅、旅の準備と技術
2017.6　488p　21×14cm　¥1700　①978-4-478-06051-3

◆パリでしたい100のこと─大好きな街を暮らすように楽しむ旅　荻野雅代、桜井道子著　自由国民社
【要旨】街角のアート、こだわりのコーヒー、アパルトマン滞在など、パリの素顔が見える27アドレス。焼き立てバゲット、伝統のチョコレート、おしゃれファストフードまで、絶対に外せない33アドレス。宝箱のような雑貨屋さん、センスを盗める洋服屋さん、伝説の香水屋さんなど、自分必至の22アドレス。ひと息ためのお美術館、必ず喜ばれるおみやげ探し、絶景スポットなど、想い出に残る18アドレス。定番観光地だけじゃもったいない。憧れのパリで暮らすように楽しめるとっておきの100スポット。
2017.4　158p　A5　¥1700　①978-4-426-12242-3

◆パリ蚤の市散歩─とっておきガイド＆リペア・リメイク術　清水友顕著　電波社　増補改訂版
【要旨】パリ4大蚤の市の歩き方＆活用術。古物がおしゃれに並ぶ、パリの魅力がギュッと詰まった蚤の市。マップ、グルメ情報も！ 自分だけの素敵な逸品を作るリペア・リメイク法まで、蚤の市のスペシャリストがナビゲート。
2017.12　135p　A5　¥1800　①978-4-86490-128-4

◆バルトの国々─エストニア ラトヴィア リトアニア　2017〜2018年版　「地球の歩き方」編集室編　ダイヤモンド・ビッグ社，ダイヤモンド社 発売　(地球の歩き方 A30)　改訂第11版
【目次】特集 バルト三国の見どころ(エストニア、ラトヴィア、リトアニア、自然を味わうリ

トアニア、バルト三国グルメガイド、バルト三国のおみやげ、森の民芸品店へようこそ、熱気球で空中散歩、バルト三国の世界遺産、バルト三国の歌と踊りの祭典)、エストニア、ラトヴィア、リトアニア、旅の準備と技術
2017.5 272p 21×14cm ¥1700 ①978-4-478-06042-1

◆**ハンガリー　2017～2018年版**　「地球の歩き方」編集室編　ダイヤモンド・ビッグ社、ダイヤモンド社 発売　（地球の歩き方 A27）　改訂第18版
[目次]特集（定番から最新まで！ブダペスト満喫プラン6、ブダペストからひと足のばして、メニュー選びの参考にハンガリーの名物料理、おいしにとかわいいが勢揃い！ハンガリーおみやげコレクション）、ブダペスト、ドナウベンド、ハンガリー東部、ハンガリー西部とバラトン湖、ハンガリー南部、旅の準備と技術
2017.2 296p 21×14cm ¥1600 ①978-4-478-06009-4

◆**フィレンツェとトスカーナ　2017～2018年版**　「地球の歩き方」編集室編　ダイヤモンド・ビッグ社、ダイヤモンド社 発売　（地球の歩き方 A12）　改訂第17版
[目次]特集（オルチャの谷とピエンツァ、フィレンツェを徹底的に鑑賞するための72時間勝負!!フィレンツェカードを使い尽くす!!、トスカーナ州のワインの道 カンティナを訪ねてみよう）、花の都フィレンツェ、トスカーナ州、ウンブリア州、マルケ州、旅の準備と技術編、建築・美術用語
2017.7 407p 21×14cm ¥1600 ①978-4-478-06060-5

◆**フィンランド**　「地球の歩き方」編集室編　ダイヤモンド・ビッグ社、ダイヤモンド社 発売　（地球の歩き方 aruco 26）　（付属資料：別冊1）　改訂第2版
[目次]Love フィンランド森と湖の国をとことん楽しむプチぼうけんに出発！、のんびり歩く♪ヘルシンキの観光＆おさんぽ案内、海と大地の恵みにふれ！とっておきのフィンランドグルメ、北欧デザインに恋してヘルシンキショッピングクルーズ、タイプ別にセレクト ヘルシンキ滞在はこのホテルに決まり！、ムーミンに会いにフィンランドの地方都市を行ったり来たり！、雪と氷の北極圏 冬のラップランドでオーロラ＆サンタに感動、安全・快適 旅の基本情報
2017.7 191p 20×15cm ¥1200 ①978-4-478-06055-1

◆**フィンランド**　実業之日本社　（ブルーガイド─わがまま歩き 40）　第2版
[目次]ヘルシンキ、魅力あるその他の都市、トラベルインフォメーション 日本編、トラベルインフォメーション フィンランド編
2017.12 231p 21×14cm ¥1600 ①978-4-408-06038-5

◆**フィンランド**　「地球の歩き方」編集室編　ダイヤモンド・ビッグ社、ダイヤモンド社 発売　（地球の歩き方 Plat 15）
[目次]フィンランドでしたいこと＆でしかできないこと（フィンランドのライフスタイルを彩るイッタラ＆アラビア デザイン食器指名買い、フィンランドといえばやっぱりコレ！マリメッコの世界にはまりこむ、フィンランドを代表するデザイナー アルヴァ・アアルトのおもしろデザイン教会巡り、すきま時間にぶらり散策 シロキ気分でマーケット探索、フィンランド流に楽しむ 本場のサウナ体験、ピクニックに、ベリーつみ、森と湖の公園で過ごす1日、物語の世界が広がる島へ 愛しのムーミンに会いに行く、ラップランドを楽しもう！ オーロラ＆アクティビティ）、ヘルシンキ☆ヘルシンキショッピング、フィンランドのおいしいものが大集合！、ヘルシンキエリアガイド、エリア別おすすめホテル、ムーミンに会いにヘルシンキからショートトリップ、北極圏ラップランドのオーロラリゾート、旅の基本情報、MAP
2018.1 159p 20×14cm ¥1200 ①978-4-478-82136-7

◆**フランス**　JTBパブリッシング　（タビトモ─欧州 07）
[目次]パリ、パリ近郊、モン・サン・ミッシェル周辺、南フランス、世界遺産＆ワインの街
2017.8 160p 19×13cm ¥1000 ①978-4-533-12050-3

◆**フランス**　JTBパブリッシング　（ララチッタ─ヨーロッパ 13）　（付属資料：別冊MAP1）
[目次]まるっと早わかり♪フランスNavi、フランスで行くべき世界遺産、パリ、パリ近郊、南フランス、まだある個性的な街、ワイン特集、トラベル・インフォメーション
2017.10 159p A5 ¥1200 ①978-4-533-12170-8

◆**フランス　2018～2019年版**　「地球の歩き方」編集室編　ダイヤモンド社 発売　（地球の歩き方 A06）　改訂第33版
[目次]特集（フランスのホットニュース、フランスだからこそ味わえる特別な旅体験7 ほか）、パリ、イル・ド・フランス、ブルゴーニュ、フランシュ・コンテ、ロワール、アルザス、ロレーヌ、シャンパーニュ、ノール、ピカルディー、ノルマンディー、ブルターニュ、大西洋岸、南西部、プロヴァンス、コート・ダジュール、ローヌ・アルプ、オーヴェルニュ、旅の準備と技術
2017.12 560p 21×14cm ¥1700 ①978-4-478-06052-0

◆**「フランスの最も美しい村」全踏破の旅**　吉村和敏著　講談社　増補版
[要旨]「こんなところに村があるのだろうか…」手探りで田舎道を走りながら、ふと不安になったとき、ブドウ畑の向こうに、中世の家並みがふいに姿を現した—好評を博した前作から8年、それぞれの美しい瞬間を撮影！新登録された10村を加え、156村掲載。ガイド写真集Map付き。
2017.7 297p 21×14cm ¥2800 ①978-4-06-220690-7

◆**ブルガリア/ルーマニア　2017～2018年版**　「地球の歩き方」編集室編　ダイヤモンド・ビッグ社、ダイヤモンド社 発売　（地球の歩き方 A28）　改訂第11版
[目次]特集（ブルガリアとルーマニアの魅力、プランニングアドバイス）、ブルガリア、ソフィア、ブルガリア西部、ブルガリア中央部、黒海沿岸地方、ルーマニア、ブカレストとワラキア地方、トランシルヴァニア地方、マラムレシュ地方、モルドヴァ、ブコヴィナ地方、ドブロジャ地方
2017.3 315p 21×14cm ¥1700 ①978-4-478-06019-3

◆**北欧**　JTBパブリッシング　（タビトモ─欧州 09）
[目次]北欧ハイライト、フィンランド、デンマーク、ノルウェー、スウェーデン
2017.6 144p 19×13cm ¥1400 ①978-4-533-11887-6

◆**北欧―デンマーク・ノルウェー・スウェーデン・フィンランド　2017～2018年版**　「地球の歩き方」編集室編　ダイヤモンド・ビッグ社、ダイヤモンド社 発売　（地球の歩き方 A29）　改訂第29版
[目次]特集（現地らしいこと楽しみたい！4大都市でやりたいスペシャル体験！、惹かれるのにはワケがある 北欧デザインの魅力にせまる、世界遺産の森で楽しむ北極圏の夏と冬 ラポーニア地域、北欧の大自然を体感！ フィヨルドを見に行こう！、冬の風物詩 光のカーテン、オーロラを見る、世界中の旅行者が憧れる 北欧2大クルージング、北の味覚がぎゅっ！ 北欧の味をいただきます！、北欧の味をお持ち帰り！ スーパーマーケットでおみやげ探し）、デンマーク、ノルウェー、スウェーデン、フィンランド、旅の準備と技術
2017.6 575p 21×14cm ¥1700 ①978-4-478-06052-0

◆**ポルトガル　2018～2019年版**　「地球の歩き方」編集室編　ダイヤモンド・ビッグ社、ダイヤモンド社 発売　（地球の歩き方 A23）　改訂第20版
[目次]特集（人気スポットからショッピング、グルメまでリスボン最旬街歩き、哀愁を帯びた歌声とギターの調べ ファドを聴く、ポルトガルを食べ尽くそう！グルメ入門、素朴で懐かしい味わい ポルトガルスイーツに夢中！、おみやげコレクション 旅の思い出に買いたいものも大集合！、旅の思い出に残り一夜を 憧れのポザーダに泊まる、悠久の歴史を美しい自然に触れる ポルトガルの世界遺産）、リスボン、コスタ・デ・リスボア、エストレマドゥーラとリバテージョ、コインブラと中部地方、ポルトと北部地方、アレンテージョ、アルガルヴェとマデイラ島、旅の準備と技術
2018.1 368p 21×14cm ¥1700 ①978-4-478-06138-1

◆**マドリードとアンダルシア＆鉄道とバスで行く世界遺産　2017～2018年版**　「地球の歩き方」編集室編　ダイヤモンド・ビッグ社、ダイヤモンド社 発売　（地球の歩き方 A21）　改訂第13版
[目次]特集（マドリード＆アンダルシアをとことん満喫！ パーフェクトモデルプラン、マドリードの新名所 グルメ市場へ行こう！、マドリードはバル巡りが楽しい！ 名物タパスを食べ歩き、スペイン旅行の強い味方バルを使いこなす！、本場で食べたい！ スペイン料理メニュー図鑑、太陽と自然の恵みに乾杯！ スペインワインを楽しむ、マドリードで買いたいもの大集合！ おみやげコレクション）、マドリード、マドリードから行く世界遺産の町、アンダルシアの魅力的な町、旅の準備と技術
2017.2 255p 21×14cm ¥1600 ①978-4-478-06006-3

◆**マドリード発スペイン鉄道旅行─列車に揺られてマドリードから先のスペインへ**　イカロス出版
[要旨]ダイナミックな車窓風景と、バラエティに富んだ列車が魅力。旅情あふれる鉄道旅行を満喫する。
2017.8 155p A5 ¥1600 ①978-4-8022-0414-9

◆**まるごとマルタのガイドブック**　林花代子著　亜紀書房
[要旨]青い海にふりそそぐ太陽の光、静かな石造りの街に息づく人々の暮らし─バカンスや語学留学先として、近年大注目のマルタ共和国。実際に語学留学を経験した著者が、旅行や留学生活で使える情報を紹介します。
2017.9 163p 21×13cm ¥1800 ①978-4-7505-1521-2

◆**マルタ**　「地球の歩き方」編集室編　ダイヤモンド・ビッグ社、ダイヤモンド社 発売　（地球の歩き方 Plat 14）
[目次]マルタでしたいこと＆でしかできないこと、GOURMET&SHOPPING マルタの定番料理＆ローカルプロダクト、AREA GUIDE マルタエリアガイド、HOTEL マルタのおすすめホテル、TRAVEL INFORMATION 旅の基本情報、MAP
2017.6 159p 20×15cm ¥1200 ①978-4-478-06050-6

◆**3日でまわる北欧inストックホルム**　森百合子著　スペースシャワーネットワーク
[要旨]欲ばりな北欧ファンも大満足のスウェーデン！ デザインもグルメもおしゃれもレトロも。首都ストックホルム、3日間の過ごし方。
2017.2 128p B6 ¥1600 ①978-4-907435-87-5

◆**3日でまわる北欧 in ヘルシンキ**　森百合子著　スペースシャワーネットワーク　改訂版
[要旨]北欧の朝ごはん/フィンランドの可愛いおやつ/フィンランド人になる方法/ムーミンを探す/チャンピオンが語るコーヒー事情/駆け足のフィニッシュデザイン案内/ヘルシンキ発のユニークなイベントに参加。可愛い、おいしい、ときどき不思議。ヘルシンキの街歩きガイド。おしゃれなサウナ、デザイン雑貨店やベジタリアンカフェなど新名所を追加！
2017.12 127p B6 ¥1600 ①978-4-909807-04-1

◆**南イタリアとマルタ　2017～2018年版**　「地球の歩き方」編集室編　ダイヤモンド・ビッグ社、ダイヤモンド社 発売　（地球の歩き方 A13）　改訂第12版
[目次]特集（マテーラに、いにしえのイタリアを求めて マテーラ再発見の旅、イルミネーション、プレゼービオ、B級グルメも楽しい！ ナポリのクリスマス）、ナポリとカンパニア州、プーリア州、バジリカータ州とカラーブリア州、シチリア州、南イタリア旅の準備と技術、マルタ共和国
2017.4 416p 21×14cm ¥1700 ①978-4-478-06038-4

◆**南ドイツ─フランクフルト・ミュンヘン・ロマンティック街道・古城街道　2017～2018年版**　「地球の歩き方」編集室編　ダイヤモンド・ビッグ社、ダイヤモンド社 発売　（地球の歩き方 A15）　改訂第7版
[目次]特集（行ってみたい！南ドイツの注目スポット、クリスマスマーケットを訪ねて、世界に誇るドイツプロダクト、スーパー＆ドラッグストアはおみやげの宝庫、食材の宝庫 南ドイツのおすすめ料理、ドイツのスイーツと伝統菓子、ヨーロッパ屈指の実力派、ドイツ白ワイン、本場のビールを味わう、ビールの祭典、オクトーバーフェスト、観客動員世界一のドイツサッカーを体感）、フランクフルトとライン川周辺、ロマンティック街道、ミュンヘンとバイエルン・アルプス、古城街道周辺、シュトゥットガルトと黒い森周辺、ドイツを旅する準備と技術
2017.6 320p 21×14cm ¥1600 ①978-4-478-06056-8

◆**南フランスの休日 プロヴァンスへ**　町田陽子著　イカロス出版　（旅のヒントBOOK）
[要旨]プロヴァンスに暮らし、フランス民宿のシャンブルドットを営む著者が、短い滞在でもプロヴァンスを満喫できるおすすめスポットを厳選してご紹介。丘の上の小さな村から、地中海沿いのリゾート感たっぷりのエリアまで満

旅行　　　　　　　　　　　　　　208　　　　　　　　　　　　　　BOOK PAGE 2018

実用書

載です。多彩なプロヴァンスの魅力をお届け。
2017.7 190p A5 ¥1700 ①978-4-8022-0400-2

◆ミラノ・ヴェネツィア　JTBパブリッシング　（ララチッターヨーロッパ 2）（付属資料：地図1）
【目次】旅のKey Word8（街の美的スポット、クリエイティブ・ダイニング 郷土料理3皿×2都市、隠れ家トラットリア バーカロ呑み ほか）、ミラノ（ドゥオーモ周辺散策、2大ブランドストリートでショッピング、コルソ・コモ周辺で最旬を手に入れる ほか）、ヴェネツィア（サン・マルコ広場周辺散策、ゴンドラクルーズ、路地裏ラビリンス体験 ほか）、トラベルインフォメーション
2017.11 127p A5 ¥1200 ①978-4-533-12215-6

◆ミラノ、ヴェネツィアと湖水地方　2018～2019年版　「地球の歩き方」編集室編　ダイヤモンド・ビッグ社，ダイヤモンド社 発売　（地球の歩き方 A11）改訂第16版
【目次】特集（南チロルでハイキング！メラーノからチロル城へー「チロル」の語源、ティローロへ、メラーノ2000へ、登山気分で「メラーノのテラス」をハイキング ほか）、ミラノとロンバルディア州、湖水地方とヴェネト州、ドロミティ山塊、トレンティーノ＝アルト・アディジェ州/フリウリ＝ヴェネツィア・ジュリア州、旅の準と技術
2017.10 423p 21×14cm ¥1600 ①978-4-478-06097-1

◆ヨーロッパ最大の自由都市　ベルリンへ
松永明子著　イカロス出版　（旅のヒントBOOK）
【要旨】マルクトや蚤の市、とっておきのカフェやビアスポット、クラブまで、ベルリン最新情報満載！暮らす目線で旅するマルチカルチャーな街。
2017.9 173p A5 ¥1600 ①978-4-8022-0416-3

◆ヨーロッパ鉄道旅行入門　「ヨーロッパ鉄道旅行」編集部編　イカロス出版
【要旨】旅情あふれる各地の列車と駅が大集合。
2017.6 141p A5 ¥2000 ①978-4-8022-0373-9

◆レトロな旅時間　ポルトガルへ　最新版　矢野有貴見文　イカロス出版　（旅のヒントBOOK）
【要旨】はじめて訪れてもどこか懐かしい、不思議の国ポルトガル。首都リスボンのエリア別街歩き案内の他、北の町ポルトのおすすめスポットもご紹介。ポルトガルのかわいいもの、おいしいものの情報も満載です！
2017.8 174p A5 ¥1600 ①978-4-8022-0413-2

◆ロンドン　2017～2018年版　「地球の歩き方」編集部編　ダイヤモンド・ビッグ社，ダイヤモンド社 発売　（地球の歩き方 A03）改訂第27版
【目次】特集（次に行くべきなのはココ！ London Best place 10、テムズの風に吹かれながらボートで巡るロンドン、気持ちよく走りたいレンタサイクルでGo！）、マップ市内交通、各エリアの説明、博物館 美術館、劇場 音楽 スポーツ、レストラン カフェ パブ、ショッピング案内、ホテル B&B YH、ロンドンからの小旅行、旅の準備と技術
2017.3 449p 21×14cm ¥1600 ①978-4-478-06012-4

◆私のパリ生活　ブノワ・アスティエ・ド・ヴィラット著　（Paris）エディション・アスティエ・ド・ヴィラット，丸善出版 発売　第2版
【要旨】旅する人も住む人も、日々パリの街を探索する。誰もが馴染みの、あるいは初めての場所を訪れる。便利で実用的なロンドンのクリエイターが明かす知られざるパリの魅力！話の活字を一文字ずつ組む職人手作りの活版印刷！
2017.3 388p 19×14cm ¥8000 ①978-4-621-30147-0

アメリカ・カナダ・中南米

◆アトランタ・ノースカロライナ・サウスカロライナ・テネシー・アラバマ・テキサス便利帳 Vol.13（2017年度版）　（New York）Y's Publishing Co., Inc.，メディア・アップル
【目次】特集 大人の便利帳―飲んべえ編、1 生活一般情報（在米日本国総領事館、お金・銀行・クレジットカード、ビザ、移民法Q&A ほか）、2 アトランタ・ノースカロライナ・サウスカロライナ（ワールドレストラン、日本食レストラン、スーパーマーケット&グロッサリー、ショッピング ほか）、3 テネシー・アラバマ、4 テキサス
2017.6 373p 26×20cm ¥3000 ①978-4-8123-0090-9

◆アメリカ　2017～2018年版　「地球の歩き方」編集室編　ダイヤモンド・ビッグ社，ダイヤモンド社 発売　（地球の歩き方 B01）改訂第39版
【目次】特集（気になるトピックを集めました アメリカ最新情報、るつぼな国のるつぼバス Greyhound Trip、アメリカのご機嫌シティ、アメリカで食べたいご飯26、イベントスケジュール in アメリカ、アメリカ本土にある世界遺産全リスト、アメリカ 4大グルメスーパーでウオッチ、アメリカ2大グルメスーパーで買う アメリカみやげ、カリフォルニアと西海岸、ロッキー山脈と西部、五大湖と中西部、フロリダと南部、ニューヨークと東部
2017.7 736p 22×14cm ¥1800 ①978-4-478-06061-2

◆アメリカ西海岸ロスアンゼルス・サンディエゴ・サンフランシスコ・ラスベガス・シアトル・ポートランド　2018～2019年版　「地球の歩き方」編集室編　ダイヤモンド・ビッグ社，ダイヤモンド社 発売　（地球の歩き方 B02）改訂第26版
【目次】特集（AMERICA THE GREAT!! グレートな景色の宝庫、アメリカ西海岸、全米で拡大中！ 新レストラン・スタイル フードホール ほか）、アメリカ西海岸ガイダンス、ロスアンゼルス、南カリフォルニアのテーマパーク、サンディエゴ、サンフランシスコとその近郊、ラスベガスとグランドキャニオン、シアトル、ポートランド、旅の準備と技術
2017.11 448p 21×14cm ¥1800 ①978-4-478-82113-8

◆アメリカの国立公園　2017～2018年版　「地球の歩き方」編集室編　ダイヤモンド・ビッグ社，ダイヤモンド社 発売　（地球の歩き方 B13）改訂第15版
【目次】特集（America the Great！―アメリカの世界遺産、グランドキャニオン・サウスリム徹底ガイド ほか）、グランドサークル、西海岸、ロッキー山脈、そのほかの地域、旅の準備と技術
2017.3 512p 21×14cm ¥1800 ①978-4-478-06025-4

◆アルゼンチン・チリ・パラグアイ・ウルグアイ　2018～2019年版　「地球の歩き方」編集室編　ダイヤモンド・ビッグ社，ダイヤモンド社 発売　（地球の歩き方 B22）改訂第11版
【目次】特集（南米の魅力を発見する3つのトラベルプラン、ブエノス・アイレスで楽しむエンタメ&スポーツ ほか）、アルゼンチン、チリ、南部パタゴニア、ウルグアイ、パラグアイ、旅の準備と技術
2017.10 448p 21×14cm ¥2000 ①978-4-478-82108-4

◆ウユニ塩湖完全ガイド―世界一の絶景
Only One Travel著　（明石市）ライツ社
【要旨】120％絶景を楽しむための遊び方、旅プラン、写真アetc…この本にしかない情報が満載！撮り下ろし写真集付き！
2017.11 159p A5 ¥1500 ①978-4-909044-08-2

◆英語で旅するHAWAII　船津洋著　総合法令出版
【要旨】英語がわかれば、ハワイ旅行はもっと楽しくなる！機内、移動、宿泊、食事、買い物、アクティビティ、トラブル一これ1冊で会話も観光もOK！現地で本当に使える表現だけ厳選。相手の話す英語もちゃんとわかる。ハワイ旅でも収録だから現地で困らない。2つの音声スピードでリスニング力が身に付く。ノーマルスピードと2倍速の音声ダウンロード付。
2017.7 213p 19×13cm ¥1400 ①978-4-86280-561-4

◆オハイオ・インディアナ・ケンタッキー便利帳 VOL.11（2017年度版）　（New York）Y's Publishing Co., Inc.，メディア・アップル 発売
【目次】特集 大人の便利帳―飲んべえ編、1 生活一般情報（在米日本国総領事館、お金・銀行・クレジットカード、ビザ、移民法Q&A、ソーシャル・セキュリティ、Basic Information、イベントカレンダー、ワールドレストラン、日本食レストラン ほか）、3 インディアナ、4 ケンタッキー
2017.1 255p 26×20cm ¥3000 ①978-4-8123-0088-6

◆おひとりハワイの遊び方　永田さち子著　実業之日本社
【要旨】飛行機やホテルは一緒でも別行動だっていいじゃない？自分にしたいことだけめいっぱい楽しむ！急増中！ひとり旅ハワイLOVE-Rのための楽しくて役立つ情報がいっぱい。
2017.6 159p A5 ¥1500 ①978-4-408-45635-5

◆俺のハワイ、男のHAWAII　哀川翔著　東邦出版
【要旨】レジャー、ショッピング、グルメ、ゴルフ、宿泊…オアフ島に行きまくっているおとこAIKAWAによる詳しすぎる最新情報！
2017.11 159p A5 ¥1500 ①978-4-8094-1489-3

◆海外で困る前に読む本 ハワイ編　堀内章子著、さかいもとみ企画・監修　キョーハンブックス
【要旨】レストランガイドも、観光地の案内も、お店の紹介も、旅先の地図も、一切載っていませんが…。ツアー参加者にも、個人旅行者にも役立つ、ハワイ旅行のためのアイデア満載！トラブルに遭った時の解決方法を、旅の現場での分析を基に一挙紹介！
2017.2 111p B6 ¥1100 ①978-4-87641-657-8

◆カナダ　「地球の歩き方」編集室編　ダイヤモンド・ビッグ社，ダイヤモンド社 発売　（地球の歩き方 aruco 31）（付属資料：地図1）
【目次】でっかいカナダで自然いっぱいのプチぼうけんスタート☆、自然も都会もどっちも楽しむバンクーバー、自然が育んだフレッシュ食材がたくさん！バンクーバーグルメ、かわいく進化中☆バンクーバーショッピングクルーズ、バンクーバーからの小旅行、カナディアンっこ、まだあるカナダの魅力ある町、安全・快適 旅の基本情報
2017.6 191p 20×15cm ¥1200 ①978-4-478-06045-2

◆カナダ　昭文社　（ことりっぷ海外版）（付属資料：別冊1）
【目次】緑の都市バンクーバーと歴史ある州都ビクトリア、雄大な自然の宝庫カナディアン・ロッキー、迫力の瀑布ナイアガラとカナダ最大の街トロント、フランス文化が薫る街モントリオール、中世の面影漂う城郭都市ケベック・シティ、トラベルインフォメーション
2017.9 133p 19×14cm ¥1200 ①978-4-398-15524-5

◆カナダ　2017～2018年版　「地球の歩き方」編集室編　ダイヤモンド・ビッグ社，ダイヤモンド社 発売　（地球の歩き方 B16）改訂第31版
【目次】特集（定番観光とは、少しだけ違う視点で楽しむ カナダ見どころ&体験ハイライトSelect6、カナダの中のフランス、モントリオールからの週末トリップ、寒いからこそ、美しく、楽しいことがある！冬のカナダで自然&街あそび、思い出と一緒に持って帰ろう カナダのおみやげ、お肉派？シーフード派？カナダ名物料理ランキング）、ブリティッシュ・コロンビア州、アルバータ州、カナディアン・ロッキー、サスカチュワン州&マニトバ州、オンタリオ州、ケベック州、アトランティック・カナダ、極北、旅の準備と技術
2017.8 576p 21×14cm ¥1700 ①978-4-478-06083-4

◆カナダ西部―カナディアン・ロッキーとバンクーバー　2017～2018年版　「地球の歩き方」編集室編　ダイヤモンド・ビッグ社，ダイヤモンド社 発売　（地球の歩き方 B17）改訂第17版
【目次】特集（一生に一度の、濃密な5日間 ユーコン川カヌートリップ、雄大な自然の宝庫カナディアン・ロッキーへ、はじけるオーロラが夜空を舞う イエローナイフでオーロラ観賞、絶対食べたい！ カナダ各地の名物グルメ）、ブリティッシュ・コロンビア州、カナディアン・ロッキー、アルバータ州、極北、旅の準備と技術
2017.4 432p 21×14cm ¥1600 ①978-4-478-06029-2

◆気になるハワイ・ネイバー―ハワイ・マウイ・モロカイ・カウアイ・ラナイ　山下マヌー著　東京ニュース通信社，徳間書店 発売
【要旨】快適ハワイ旅行の第一人者ネイバー歴30年超の山下マヌーが進めたオアフ+2泊3日でここまでできるネイバーの遊び方&廻り方が凝縮！ハワイ好きが待ち望んでいた日本唯一！期待を裏切らない!!超実践的ネイバーの遊び方!!
2017.5 173p B6 ¥1700 ①978-4-19-864413-0

◆こどもと行くハワイ　2017-18　「地球の歩き方」編集室編　ダイヤモンド・ビッグ

社、ダイヤモンド社 発売　(地球の歩き方リゾートスタイル R05)　(付属資料：地図1)　改訂第2版
【目次】Resort style 11、家族で楽しい！ 年齢別アイコン付き Activity&Optional Tour、キッズメニューをたっぷり掲載♪Gourmet、こども連れ名地へお買い物大作戦！ Shopping、家族向けHotel＆コンドミニアム Hotel、パスポートからトラブル対策までぜんぶ網羅 便利な旅の基本情報
2017.8 155p A5 ¥1400 ①978-4-478-06084-1

◆365日ハワイー周絶景の旅　TABIPPO編、ハワイ州観光局(HTJ)監修　(京都)いろは出版
【要旨】それぞれの島が異なる表情を見せてくれる楽園、ハワイ。何度訪れても知り尽くすことができない、その本当の姿を伝えたくて、ハワイ各地から365カ所の絶景を集めた、一冊の本ができました。
2017.7 1Vol. 19×27cm ¥3400 ①978-4-86607-028-5

◆サンフランシスコとシリコンバレー 2018〜2019年版　「地球の歩き方」編集室編　ダイヤモンド・ビッグ社、ダイヤモンド社 発売　(地球の歩き方 B04)　改訂第28版
【目次】特集：スイーツで心もお腹もハッピーに SF名物＋最先端のローカルスイーツ！、これで安心 SFのおすすめみやげ大図！、サンフランシスコマップと歩き方、アクセスと交通、エリアガイド、レストラン、ショッピング、ホテル、ベイエリアの街、シリコンバレー、サンフランシスコ近郊の町、スポーツとエンターテインメント、旅の準備と技術
2017.10 384p 21×14cm ¥1700 ①978-4-478-82101-5

◆シカゴ・デトロイト便利帳　VOL.14　(New York) Y's Publishing
【目次】1 生活・一般情報 (在米日本国総領事館、お金・銀行・クレジットカード、ビザ ほか)、2 シカゴ (シカゴエリアマップ、シカゴイベントカレンダー、シカゴBasic Information ほか)、3 デトロイト (デトロイトエリアマップ、デトロイトイベントカレンダー、デトロイトBasic Information ほか)
2017.3 267p B5 ¥3000 ①978-4-8123-0089-3

◆スピリチュアルハワイー幸運が満ちあふれる　kaori, milimili著　大和書房
【要旨】息をのむほどの海のブルー、オアフ島の花々に囲まれる森、深い緑と水に癒やされるパワー溢れる谷…。Mana＆Aloha があふれるスピリチュアルの旅。至福のオアフ島パワースポット。
2017.3 127p 20×15cm ¥1500 ①978-4-479-78376-3

◆住む人のためのNY＋ニューヨーク便利帳 MAP 2018　(New York) Y's Publishing Co., Inc.、メディア・アップル 発売
【目次】1 マップタウン、2 ミッドタウン、3 ダウンタウン、4 ブルックリン、5 (ホワイトプレーンズ、ハーツデール、スカースデール)、6 (ライ、コスコブ、グリニッチ)、7 (エッジウォーター、ウィーホーケン)、8 (エッジウォーター、ウィーホーケン)、9 (クロスター、フォートフライ)
2017.9 83p 26×20cm ¥2000 ①978-4-8123-0092-3

◆ダラス・ヒューストン・デンバー・グランドサークル・フェニックス・サンタフェ 2018〜2019年版　「地球の歩き方」編集室編　ダイヤモンド・ビッグ社、ダイヤモンド社 発売　(地球の歩き方 B14)
【目次】特集(GO WEST!! ひと目でわかるアメリカ西部、アウトドアの楽しみが盛りだくさん!!Activity Guide in 西部 ほか)、テキサス州、コロラド州、グランドサークル、アリゾナ州＆ニューメキシコ州、旅の準備と技術
2017.10 384p 21×14cm ¥1700 ①978-4-478-06089-6

◆中米 グアテマラ コスタリカ ベリーズ エルサルバドル ホンジュラス ニカラグア パナマ 2018〜2019年版　「地球の歩き方」編集室編　ダイヤモンド・ビッグ社、ダイヤモンド社 発売　(地球の歩き方 B20)　改訂第12版
【目次】特集(各国の見どころと世界遺産が早わかり 中米7ヵ国を知ろう、魅力あふれる歴史的古都を訪ねる 世界遺産のコロニアル都市を楽しもう！ ほか)、グアテマラ、ベリーズ、エルサルバドル、ホンジュラス、ニカラグア、コスタリカ、パナマ、旅の準備と技術
2017.10 368p 21×14cm ¥1900 ①978-4-478-06098-8

◆ちょっとツウなオアフ島＆ハワイ島案内　永田さち子文、宮澤拓写真　マイナビ出版

【目次】オアフ島(The must go 5 Towns─今、訪れたい5つのタウン、Catch up！ Oahu─ちょっとツウっぽいオアフ島の遊び方、Shopping─やっぱり知りたい、最新お買いもの情報、Dining─後悔しないグルメ遊び、Stay─今、泊まりたいNewsなホテル)、ハワイ島
2017.10 159p A5 ¥1650 ①978-4-8399-6333-0

◆ナイアガラ・トロント・メープル街道　JTBパブリッシング　(タビトモ─アメリカ 06)
【目次】特集、ナイアガラ、トロント、メープル街道、プリンス・エドワード島
2017.2 112p B6 ¥1200 ①978-4-533-11671-1

◆ニューヨーク　「地球の歩き方」編集室編　ダイヤモンド・ビッグ社、ダイヤモンド社 発売　(地球の歩き方 aruco 9)　(付属資料：別冊1)　改訂第4版
【目次】ディープに楽しむプチぼうけんで素顔のNYにダイブ！、ニューヨーカーも絶賛！ おいしくってコスパも◎ハッピー☆グルメ、キレイ＆かわいいを極めるお買い物＆ビューティーナビ、てくてく歩いてパワーチャージ！ 元気になれるNYさんぽ エリア別おさんぽプラン、マストチェックの観光スポットおもしろ案内、気分はNY在住！ 居心地いいホテル見つけました、安全・快適 旅の基本情報
2017.2 191p 20×15cm ¥1200 ①978-4-478-06011-7

◆ニューヨーク　JTBパブリッシング　(タビトモ─アメリカ 01)
【目次】1 現地到着その場からお役立ち、2 ニューヨークでやるべきコト！、3 さあ、出かけよう！、4 とにかく行くべき！ マストタウン、5 こっちも行っとく？ モアタウン、6 ちょっとそこまで、7 いよいよ帰国
2017.7 143p 19×13cm ¥1000 ①978-4-533-11977-4

◆ニューヨーク　朝日新聞出版編著　朝日新聞出版　(ハレ旅)　改訂版
【要旨】ニューヨークでしたい102のことをご案内。
2017.10 223p A5 ¥1200 ①978-4-02-333932-3

◆ニューヨーク　JTBパブリッシング　(ララチッター─アメリカ 01)　(付属資料：地図1)
【目次】ハイライト、おかいもの、おいしいもの、おさんぽ、もっと、ステイ
2018.1 143p A5 ¥1100 ①978-4-533-12299-6

◆ニューヨーク便利帳　VOL.26　(New York) Y's Publishing Co., Inc.
【目次】日系コミュニティー、レストラン、ショッピング、レジャー＆ホテル、生活基本情報＆手続き、住居、交通、メディア・コミュニケーション、ビジネス、医療、ビューティー、教育、帰国情報
2017.12 707p 26×20cm ¥4200 ①978-4-8123-0094-7

◆ニューヨーク マンハッタン＆ブルックリン 2017〜2018年版　「地球の歩き方」編集室編　ダイヤモンド・ビッグ社、ダイヤモンド社 発売　(地球の歩き方 B6)　改訂第31版
【目次】特集(本誌スタッフ＆ニューヨーカーに聞きました！ NY マイフェイバリット おいしい！ ヘルシー！ たっぷり！ 注目のサラダ専門店、NYに急増中！ 高級フードコートぜんぶ見せ！、NYで話題のこだわりSWEETS、NYならではの肉料理を豪快に うまい肉が食べたい!!、本場で買いたい！ アメリカン・カジュアル・ストア、超高級から庶民派までデパート＆ショッピングモール図鑑、街のあちこちにアートを発見 ニューヨークのパブリックアート、一度は行きたい NYの絶景 ルーフトップバー8選)、アクセスと交通、エリアガイド、ダイニング、ショッピング、ホテル、ミュージアムとギャラリー、エンターテインメント、スポーツ、旅の準備と技術
2017.6 512p 21×14cm ¥1750 ①978-4-478-06047-6

◆ハイブリッド ロサンゼルス便利帳 2017　ATO PRESS USA, INC.、キョーハンブックス 発売
【要旨】ロサンゼルス赴任、観光、留学、出張者必携!!LA在住スタッフが足で集めたより確かな最新生活、ビジネス情報。
2017.1 464p A5 ¥2980 ①978-4-87641-882-4

◆ハバナ観光案内─キューバ首都のちょっといい店＆民宿ガイド　伊東淳史著　イカロス出版
【要旨】食べる、飲む、買う、泊まる。有名どころは控えめ、ハバナっ子御用達のローカル系を多め。世界遺産の街、ハバナの"味のある"お店

と民宿をピックアップ。
2017.11 179p A5 ¥1600 ①978-4-8022-0447-7

◆ハワイ　朝日新聞出版編著　朝日新聞出版　(ハレ旅)　改訂版
【要旨】ハワイでしたい103のことをご案内。
2017.10 215p A5 ¥1200 ①978-4-02-333933-0

◆ハワイ 1 オアフ島＆ホノルル 2017〜2018年版　「地球の歩き方」編集室編　ダイヤモンド・ビッグ社、ダイヤモンド社 発売　(地球の歩き方 C01)　(付属資料：地図1)　改訂第35版
【目次】特集(ハワイ最新情報 WHAT'S NEW 2017・2018、ビギナーからリピーターまでホノルルの楽しみ方8、歴史あるショッピングセンターが誕生 インターナショナルマーケットプレイス、ノース・ショアのノスタルジック・タウン ハレイワをホロホロ散歩、アクティビティがいっぱい クアロア・ランチを遊び尽くす、メイド・イン・ハワイの宝庫 ファーマーズ・マーケット、ヒストリックポイントをぐるりと散策 ワイキキ史跡巡り、伝統と核心の味を食べ比べ ハワイアンフード、伝統を受け継ぐハワイアンスタイルの逸品たち、体が喜ぶオーガニックがいい！ オーガニック・カタログ)、1 オアフ島、2 ハワイ諸島概略、3 ネイバーアイランド、4 旅の準備と技術
2017.6 524p 21×14cm ¥1700 ①978-4-478-06048-3

◆ハワイ 2 ハワイ島 マウイ島 カウアイ島 モロカイ島 ラナイ島 2017〜2018年版　「地球の歩き方」編集室編　ダイヤモンド・ビッグ社、ダイヤモンド社 発売　(地球の歩き方 C02)　改訂第10版
【目次】特集(ネイバーアイランドへの誘い 自分だけのハワイを見つけに行こう！、歴史情緒あふれる港町 ラハイナを歩いて楽しもう、ハワイの島々を代表する料理やスイーツを満喫、ハワイのネイバーアイランドらしさいっぱいのおみやげ探しへ)、ハワイ島、マウイ島、カウアイ島、モロカイ島、ラナイ島、旅の準備と技術
2017.2 348p 21×14cm ¥1600 ①978-4-478-06005-6

◆ハワイ島 宙の音─星空ガイド物語　サニー武石、藤田恒三著　講談社
【要旨】25万人以上が宇宙の入り口といわれるマウナケアの山頂へ誘った、ハワイ島の「星空ガイド」が25年間見続けたハワイの大自然、そして宇宙。撮りためてきた絶景の山頂からの星空や、月で映し出された虹「ムーンボウ」など、心癒され魅了される写真と共に語る、宇宙、地球そして人への想い。
2017.12 1Vol. 21×18cm ¥2000 ①978-4-06-220894-9

◆ハワイのホテルの使い方、遊び方　山下マヌー著　KADOKAWA
【要旨】「そろそろハワイが楽しくなってきた」ハワイ好きの皆さんに！ ホームページだけではわからない！ 泊まる！ 遊ぶ！ ゴージャスホテルをマヌー流に使いこなす 誰もが利用できる気になる「ハワイのホテルの"得"活用術」満載！ 「マヌー目線」で本人が撮影。宿泊していなくても使える、遊べる！ 滞在中に行きたい、憧れホテルのグッドサービスなレストラン＆バー、ショッピング。
2017.2 157p B6 ¥1300 ①978-4-04-601922-6

◆ハワイ バスの旅 2018・19　「地球の歩き方」編集室編　ダイヤモンド・ビッグ社、ダイヤモンド社 発売　(地球の歩き方リゾートスタイル R07)
【目次】Resort style 6、地球の歩き方オリジナルマップ、主要ルートマップ＆時刻表、ザ・バスで行く旅の見どころ、ザ・バスの便利な基本情報 2017.11 173p A5 ¥1200 ①978-4-478-82120-6

◆バンクーバー・カナディアンロッキー　JTBパブリッシング　(タビトモ─アメリカ 04)
【目次】1 現地到着その場からお役立ち、2 バンクーバーでやるべきこと、3 さあ、出かけよう！、4 とにかく行くべき！ バンクーバーエリア7、5 ちょっとそこまで、6 とにかく行くべき！ カナディアン・ロッキー、7 いよいよ帰国
2017.5 111p B6 ¥1100 ①978-4-533-11869-2

◆ペルー─ボリビア・エクアドル・コロンビア 2018〜2019年版　「地球の歩き方」編集室編　ダイヤモンド・ビッグ社、ダイヤモンド社 発売　(地球の歩き方 B23)　改訂第11版
【目次】特集(一生に一度は見たい 感動の絶景 07、インカ帝国の謎をひもとく インカ帝国とア

旅行

実用書

◆ボストン 2018〜2019年版 「地球の歩き方」編集室編 ダイヤモンド・ビッグ社, ダイヤモンド社 発売 (地球の歩き方 B07) 改訂第14版
【目次】特集(これだけは外せないボストン観光王道セレクト9、フォトジェニックなボストンビーコンヒル散策 ほか)、ボストン、ニューイングランド地方、マサチューセッツ州、メイン州、ニューハンプシャー州、バーモント州、ロードアイランド州&コネチカット州、旅の準備と技術
2017.12 384p 21×14cm ¥1800 ①978-4-478-82131-2

◆ボストン・ワシントンDC便利帳 VOL.13(2017年度版) (New York) Y's Publishing Co., Inc.
【目次】最新ニューヨーク特集、特集 大人の便利帳―飲んべえ編、1 生活・一般情報(在米日本国大使館・総領事館、お金・銀行・クレジットカード、ビザ ほか)、2 ボストン(ボストンエリアマップ、ボストンBasic Information、ボストンイベントカレンダー ほか)、3 ワシントンDC(ワシントンDC近郊エリアマップ、ワシントンDC Basic Information、ワシントンDCイベントカレンダー ほか)
2017.8 291p 26×20cm ¥3000 ①978-4-8123-0091-6

◆ホノルル JTBパブリッシング (ララチッター太平洋 01) (付属資料:別冊1)
【目次】人気エリア(ワイキキ・ビーチを120%楽しむ、必ず行きたい"New"アドレスをチェック ほか)、ハワイを体感(ロコ自慢のビーチ、マリンアクティビティ ほか)、おかいもの(水着&ビーチスタイル、リゾートファッション ほか)、おいしいもの(絶品ブレックファスト、パンケーキ ほか)、リラックス(伝統のロミロミでリラックス、リーズナブルに楽しめるデイスパ ほか)
2017.2 143p 22×15cm ¥1000 ①978-4-533-11670-4

◆ホノルル 「地球の歩き方」編集室編 ダイヤモンド・ビッグ社, ダイヤモンド社 発売 (地球の歩き方aruco 11) (付属資料:地図1) 改訂第5版
【目次】知らないハワイがこんなにいっぱい!、1日まるごとプチ旅行、自然の恵みに奇想天外な美食の数々!おいしさに脱帽です☆、かわいくて安くて個性たっぷりお買い物スイッチON!、楽園だもんとことんキレイになって帰らなくっちゃ☆、素顔のハワイを求めてホロホロエリア別おさんぽプラン、伝統文化に触れたい大自然で遊んだり☆ハワイの魅力は奥が深すぎ!、aruco的ホノルルステイ案内、安全・快適旅の基本情報
2017.3 191p 20×15cm ¥1200 ①978-4-478-06032-2

◆ホノルル JTBパブリッシング (タビトモ―太平洋 01)
【目次】1 現地到着その場からお役立ち、2 ホノルルでやるべきコト!、3 さあ、出かけよう!、4 ハワイ自慢のマストタウン、5 とにかく行くべき!マストスポット、6 こっちも行きたい!モアタウン、7 クルマでGO!、8 いよいよ帰国
2017.4 144p 18cm ¥1000 ①978-4-533-11797-8

◆ホノルル JTBパブリッシング (ララチッター太平洋 01) (付属資料:地図1)
【目次】人気エリア、ハワイを体感、おかいもの、おいしいもの、リラックス
2018.2 143p A5 ¥1000 ①978-4-533-12378-8

◆ホノルル&オアフ島 「地球の歩き方」編集室編 ダイヤモンド・ビッグ社, ダイヤモンド社 発売 (地球の歩き方リゾートスタイル R01) (付属資料:別冊1) 改訂第2版
【目次】Resort style 10、海に山に町歩き、やりたいことがきっと探せる! Activity&Optional Tour、パンケーキもシェイブアイスも、おいしいハワイが満載! Gourmet、大型モールからスーパーや雑貨店。充実のショップリストShopping、雰囲気で選ぶ?メニューで選ぶ?至福のスパサロンBeauty、エリアがわかれば旅が楽しくなる! Area Guide、ホテルもコンドミニアムも、あらゆるタイプを網羅! Hotel、快適に旅を楽しむための大切な情報がぎっしり!便利な旅の基本情報
2017.10 189p A5 ¥1500 ①978-4-478-82100-8

◆メキシコ便利帳 VOL.2 (New York) Y's Publishing Co., Inc.
【目次】SPECIAL INTERVIEW 在レオン日本国総領事館 鈴木泰久総領事、特集 近郊への旅、1 生活・一般情報、2 メキシコシティー、3 グアナファト・ケレタロ・サンルイスポトシ、4 アグアスカリエンテス・グアダラハラ・モンテレイ
2017.10 375p 26×20cm ¥3000 ①978-4-8123-0093-0

◆メレ旅 上巻 オアフ島、カウアイ島 よしみだいすけ著・撮影 (横浜) 文踊社
【目次】ハワイの知られざる景色、パワースポットを文章・写真・動画で綴るハワイガイド『メレ旅』「まだ見ぬハワイの風景は、メレ(ハワイの歌)の中にありました」オアフ島・カウアイ島編88景。
2017.12 192p B6 ¥1500 ①978-4-904076-66-8

◆メレ旅 下巻 ハワイ島、マウイ島、モロカイ島 よしみだいすけ著・撮影 (横浜) 文踊社
【要旨】ハワイの知られざる景色、パワースポットを文章・写真・動画で綴るハワイガイド『メレ旅』「メレ(ハワイの歌)が描くハワイの風景。観光では出会えないハワイがここにあります」ハワイ島・マウイ島・モロカイ島編88景。
2017.12 192p B6 ¥1500 ①978-4-904076-67-5

◆ラスベガス―セドナ&グランドキャニオンと大西部 2017〜2018年版 「地球の歩き方」編集室編 ダイヤモンド・ビッグ社, ダイヤモンド社 発売 (地球の歩き方 B09) 改訂第6版
【目次】特集(ベガスが誇る珠玉のライブ・テインメント That's Great Entertainment in Las Vegas、魅惑の大西部 グランドサークルへの旅、外せない観光スポットをぐるっと巡る、ラスベガス4泊6日究極モデルプラン、クセが強すぎる!ラスベガスのexciting なアトラクションBEST5、ラスベガスで会えるStar 名鑑、新風をもたらすエンターテイメントゾーン T‐モバイル・アリーナ&パーク、予週はこれで完璧!ラスベガスが舞台の映画&テレビ番組、ラスベガス・ノース・プレミアムアウトレットが気になるブランドをチェック!!、To Go もおみやげもおまかせ!!ラスベガスのオーガニックスーパー、何でもおいしいから+αで選ぶベガス・グルメ!)、地図と交通、エリアガイド、ホテル&カジノ、エンターテイメント、ショッピング、ダイニング、ゲーミング、エクスカーション、旅の準備と技術
2017.2 332p 21×14cm ¥1700 ①978-4-478-06008-7

◆ロスアンゼルス 2017〜2018年版 「地球の歩き方」編集室編 ダイヤモンド・ビッグ社, ダイヤモンド社 発売 (地球の歩き方 B03) 改訂第28版
【目次】特集(太陽をいっぱい浴びに行こう!憧れのビーチタウン ベニス&サンタモニカ、おしゃれな人たちがこぞって集まる!LAで今、注目のエリア アーツディストリクト、旅のヒント LAを楽しむモデルコース3、ロスアンゼルスのおみやげ、ホットあるいがひと目でわかるロスアンゼルスの最新情報、メカおたくでなくても楽しめる!!乗り物好きにはたまらない、話題の博物館、ロスアンゼルス近郊のビーチ、最新ファッション情報をゲット LA発の日本未上陸ブランド、アメリカンなアイテムがざっくざく!絶対行きたい!スーパーマーケット探検 in LA、LAの最旬メニューで対決!ヘルシーフードVSがっつりミール)、ロスアンゼルスの基礎知識&マップ、アクセスと交通機関、テーマパークガイド、エリアガイド、エンターテインメント&スポーツ、ショッピング、ダイニング、ロッジングガイド、旅の準備と技術
2017.5 464p 21×14cm ¥1700 ①978-4-478-06041-4

◆ワシントンDC―ボルチモア アナポリス フィラデルフィア 2017〜2018年版 「地球の歩き方」編集室編 ダイヤモンド・ビッグ社, ダイヤモンド社 発売 (地球の歩き方 B08) 改訂第14版
【目次】特集(アメリカの首都には「地球のお宝」が集まっている ワシントンDCで鑑賞する世界の名作・逸品、アメリカに行ったらぜったいにみたいスポーツ観戦!、編集室厳選!ワシントンDCのおすすめみやげ、人類と地球のお宝が詰まった「スミソニアン」大研究、ワシントンDCのコンベンションセンター)、ワシントンDCの歩き方、観光ポイント、ワシントンDC協会と博物館・美術館、スポーツ&エンターテインメント、ホテルリスト、ショップリスト、レストランリスト、近郊の町、旅の準備と技術
2017.3 415p 21×14cm ¥1700 ①978-4-478-06013-1

◆Aloha Hawaii Guide ワタナベマキ著 主婦と生活社
【要旨】ごはん作りにショッピング、お散歩、地元で人気のレストランや、TO GOスイーツの食べ歩き…リピーター&滞在派のためのゆる〜りハワイ。
2017.4 143p A5 ¥1400 ①978-4-391-14970-8

◆GIRL'S GETAWAY TO LOS ANGELES 山脇道子著 ダイヤモンド・ビッグ社, ダイヤモンド社 発売
【要旨】人気スタイリスト、山脇道子がナビゲート、女の子のためのLAガイドブック。
2017.8 143p 23×16cm ¥1600 ①978-4-478-06087-2

◆Hawaii Best of the Best 小笠原リサ著 オーバーラップ
【要旨】ハワイ渡航回数70回以上の経験から、旅行者目線で書いた本当に役立つベスト本!アメブロハワイ部門1位の人気ブロガーが情報を厳選。"何度も行っている所""必ず食べているもの""おすすめしていること"「最高にHAPPYなハワイ旅」を叶える1冊。
2017.7 176p A5 ¥1500 ①978-4-86554-241-7

◆HELLO LOS ANGELES 2nd EDITION 山野恵編 トランスワールドジャパン (付属資料:地図1)
【目次】ロサンゼルスの魅力とは、エリア1 ダウンタウン チャイナタウン、エリア2 アトウォーターヴィレッジ エコパーク シルバーレイク、エリア3 フェアファックス ラブレア ウエストハリウッド、エリア4 アボットキニー サンタモニカ ベニス、サーフィン アート テーマパーク 写真スポット、マリブ トパンガ、パームスプリングス、ジョシュアツリー、オーハイ、ロサンゼルス生まれの名品カタログ、ロサンゼルスに泊まる、交通事情、番外編マップ、ショップ&レストラン一覧
2017.6 143p 22×15cm ¥1600 ①978-4-86256-204-3

◆Mariya's OLU OLU HAWAII―山田まりやの家族で行くリフレッシュハワイ 山田まりや著, はたせいじゅん監修 トランスワールドジャパン
【要旨】デトックス&パワーチャージ!感謝と愛を再確認できるハワイアンオーガニック体験。子どもや祖父母もきっと満足する究極の癒しガイド。
2017.9 143p 21×14cm ¥1600 ①978-4-86256-208-1

◆SHINJIRO'S TRAVEL BOOK 奥真司著 主婦と生活社 (付属資料:DVD1)
【要旨】AAA奥真司郎初のトラベルブック。真司郎のトリップアドバイス。海外初心者向け英会話。LA最新ガイド!この1冊でもっと海外旅行が楽しくなる!
2017.11 96p 24×19cm ¥3500 ①978-4-391-15120-6

オセアニア・アフリカ

◆オーストラリア JTBパブリッシング (タビトモ―太平洋 08)
【目次】ケアンズ、グレート・バリア・リーフ、ゴールドコースト、ブリスベン、シドニー、メルボルン、ウルル・カタ・ジュタ
2017.3 160p B6 ¥1200 ①978-4-533-11718-3

◆オーストラリア 2017〜2018年版 「地球の歩き方」編集室編 ダイヤモンド・ビッグ社, ダイヤモンド社 発売 (地球の歩き方 C11) 改訂第32版
【目次】特集(憧れのドライブルート グレートオーシャンロードを走る、2017いち押しアクティビティ ザトウクジラと一緒に泳ごう!、オーストラリアでこれ食べよう!、オーストラリアみやげはコレ!、カンタス直行便で行く オーストラリアの旅、世界中からテニスファンが集まる全豪オープンテニス、ウィットサンデー諸島のアイランドリゾート、オーストラリアの知られざる世界遺産 ロードハウ諸島、タスマニア原生林を歩く、ブラウントラウトの聖地タスマニアでフライフィッシング、西オーストラリア ワイルドフラワーを巡る旅)、オーストラリア旅のプラン、オーストラリア百科、オーストラリアエリアガイド(クイーンズランド州、ニューサウスウェールズ州、タスマニア州、南オーストラリア州、ノーザンテリトリー(北部準州)、西オース

トラリア州）、旅の準備と技術
2017.7 688p 21×14cm ¥1800 ①978-4-478-06064-3

◆オーストラリア 2018・19 「地球の歩き方」編集室編 ダイヤモンド・ビッグ社，ダイヤモンド社 発売 （地球の歩き方aruco 25）
（付属資料：地図1） 改訂第3版
【目次】オーストラリアの大地を100%満喫できるプチぼうけん！、ケアンズ グレートバリアリーフ＆熱帯雨林、ふたつの世界遺産を満喫！、ウルル＆カタ・ジュタ 一度は行きたい！赤い大地のアボリジニの聖地、ゴールドコースト＆バイロンベイ 解放感120%のビーチリゾートをとことん楽しむ！、シドニー オーストラリアいちの大都会を楽しんじゃおう☆、メルボルン ヨーロピアンな趣の古都を歩こう！、安全・快適旅の基本情報、おすすめホテルカタログ
2018.1 190p 20×15cm ¥1400 ①978-4-478-82135-0

◆ケアンズ・グレートバリアリーフ JTBパブリッシング （ララチッタ太平洋 03）
（付属資料：地図1）
【目次】ケアンズ（ケアンズでコレしたい8、まだあるケアンズ発遊びプラン、ケアンズ街のまわり方、グルメ、ショッピング ほか）、グレートバリアリーフ（リゾート遊びプラン4+α）、トラベル・インフォメーション
2017.11 127p A5 ¥1100 ①978-4-533-12215-3

◆ケニア・タンザニア旅ガイド まるまるサファリの本 ver.3 武田ちょっこ著 サワ企画，出版文化社 発売
【要旨】旅の情報、現地サファリツアーの申し込み方法、国立公園案内、野生どうぶつガイド、治安、アフリカの食べ物、お土産etc. サファリ暦26年で集めたとっておきの情報満載。
2017.6 221p 17×14cm ¥1700 ①978-4-88338-623-9

◆ゴールドコースト＆ケアンズ 2018〜2019年版 「地球の歩き方」編集室編 ダイヤモンド・ビッグ社，ダイヤモンド社 発売 （地球の歩き方 C12） 改訂第19版
【目次】特集（ゴールドコースト＆ケアンズへの誘い、ケアンズから45分！グリーン島カンペキ滞在プラン ほか）、オーストラリア百科、ゴールドコースト、ケアンズ、ハミルトン島とグレートバリアリーフ、旅の準備と技術
2017.12 400p 21×14cm ¥1700 ①978-4-478-82125-1

◆ゴールドコースト・ブリスベン―ケアンズ・グレートバリアリーフ 昭文社 （ことりっぷ海外版）
【目次】太陽輝く海辺のリゾート―ゴールドコースト（ゴールドコーストのビーチへ、サーファーズ・パラダイスを散策 ほか）、水と緑が豊かな州都―ブリスベン（中心地シティとサウスバンクを散策、フェリーに乗ってリバーシティを川から楽しみましょう ほか）、世界遺産に囲まれた常夏のリゾート―ケアンズ（トロピカルな雰囲気のケアンズの街をおさんぽ、ナイスビューのレストランでおいしい料理に舌つづみ ほか）、世界最大のサンゴ礁―グレートバリアリーフ（ケアンズから日帰りでサンゴの島グリーン島へ、ケアンズから船に乗って楽園の島へ出かけましょうほか）、トラベルインフォメーション
2017 109p 18×15cm ¥1200 ①978-4-398-15522-1

◆シドニー＆メルボルン 2018〜2019年版 「地球の歩き方」編集室編 ダイヤモンド・ビッグ社，ダイヤモンド社 発売 （地球の歩き方 C13） 改訂第18版
【目次】特集（シドニーから出航する2泊3日の豪華クルーズ体験、全豪オープン・トーナメントディレクター・クレイグ・タイリー氏インタビュー ほか）、Sydney、Melbourne、旅の準備と技術
2017.11 352p 21×14cm ¥1600 ①978-4-478-82114-5

◆ニュージーランド 2018〜2019年版 「地球の歩き方」編集室編 ダイヤモンド・ビッグ社，ダイヤモンド社 発売 （地球の歩き方 C10） 改訂第32版
【目次】特集（ニュージーランドの世界遺産を巡る！、4都市発100%楽しめる！完璧モデルコース ほか）、南島、北島、アクティビティ、旅の準備と技術
2017.11 512p 21×14cm ¥1700 ①978-4-478-82109-1

地図

◆一冊でわかる 日本地図・世界地図 成美堂出版編集部編 成美堂出版
【要旨】おもな名所、テーマパーク、温泉がすぐに探せる、見やすい都道府県別地図。市町村合併の情報を検索ガイド付き日本全図。新聞・ニュースに出てくる世界各国の地名がすぐに引ける、最新世界地図。国旗でわかりやすい世界遺産検索ガイド付き。首都と国旗一覧、時差マップも。
2017.3 215p 26×22cm ¥1600 ①978-4-415-32316-9

◆基本地図帳 2017 - 2018 二宮書店編集部著 二宮書店 改訂版
【目次】世界の一般図（球面上の世界、世界の国々基本データ、ユーラシア・アメリカ ほか）、日本の一般図（日本全図、南西諸島、九州、福岡（都市図）ほか）、主題図（日本の地形と気候、日本主題図、日本の地形、身近な地形、自然災害 ほか）、統計資料・地名索引
2017.3 151p A4 ¥1600 ①978-4-8176-0415-6

◆高等地図 2017 - 2018 二宮書店編集部著 二宮書店
【目次】世界の一般図（世界の航空路・等時刻表、国民所得・貿易、ユーラシア ほか）、日本の一般図（日本全図、日本の位置、南西諸島、那覇（都市図）ほか）、主題図（日本主題図、環境問題、人口・人口問題 ほか）、統計資料・地名索引
2017.3 144p B5 ¥1600 ①978-4-8176-0413-2

◆詳解現代地図 2017 - 2018 二宮書店編集部著 二宮書店
【目次】世界の一般図・世界図主題図・地域主題図（交通・通信、地形、自然災害 ほか）、日本の一般図（日本全図、日本の位置、沖縄本島・南西諸島 ほか）、日本世界主題図（人口・村落・都市、言語・民族・宗教、国際社会 ほか）、統計資料・地名索引
2017.3 175p 26×22cm ¥1600 ①978-4-8176-0414-9

◆新コンパクト地図帳 2017 - 2018 二宮書店編集部著 二宮書店
【目次】世界総図・基本データ、世界一般図、世都市図、日本一般図、日本都市図、主題図、統計資料
2017.3 224p A5 ¥1600 ①978-4-8176-0416-3

◆スマートアトラス 世界・日本地図帳 平凡社編 平凡社 新訂
【要旨】持ち歩きにも、オフィス・家庭での常備地図にも。詳細な世界地図と日本地図がハンディな一冊に。基本地図帳のロングセラー!!
2017.6 216p B5 ¥1700 ①978-4-582-41731-9

世界地図

◆最新基本地図―世界・日本 2018 帝国書院 42訂版
【要旨】最新データで地名を豊富に掲載！巻頭では「ピョンチャン（平昌）オリンピック」を特集！地図や巻末の国旗、統計データには最新情報を反映。全市町村名を網羅！日本・世界のさくいんも充実。世界は40の都市図、日本は16の都市図・14の行政区分図を掲載。
2017.12 286p A4 ¥2500 ①978-4-8071-6394-6

◆新詳高等地図 帝国書院編集部編 帝国書院
【目次】アジア、アフリカ、ヨーロッパ、大西洋、北アメリカ、南アメリカ、オセアニア、太平洋、北極・南極、日本、主題図、統計、さくいん
2017.12 174p 26×22cm ¥1600 ①978-4-8071-6346-5

◆新訂ポケットアトラス 世界地図帳 平凡社編 平凡社
【要旨】調べたい地名をすぐに調べられる！精細な美しい色調で地形がわかりやすい。各地名には欧文を併記、世界の主要都市図も収録。
2017.3 128p A5 ¥880 ①978-4-582-41730-2

◆旅に出たくなる地図 世界 帝国書院編集部著 帝国書院 18版
【要旨】旅情あふれる特集を多数掲載。迫力ある鳥瞰図が充実！主要な観光スポットを広域図「ここに行きたい」で紹介。
2017.2 261p A4 ¥2400 ①978-4-8071-6333-5

◆中学校社会科地図 帝国書院編集部編 帝国書院
【目次】世界の国々、世界の地形、世界の気候、世界の環境問題、世界の生活・文化、アジア州、アジア州の資料図、東アジア、朝鮮半島、東アジアと日本〔ほか〕
2017.10 173p 26×21cm ¥1500 ①978-4-8071-6345-8

◆地歴高等地図―現代世界とその歴史的背景 帝国書院編集部編 帝国書院
【目次】アジア、アフリカ、ヨーロッパ、南北アメリカ、オセアニア、日本、資料図
2017.10 162p 26×21cm ¥1600 ①978-4-8071-6348-9

◆なるほど知図帳 世界 2018 ―ニュースと合わせて読みたい世界地図 昭文社 15版
【目次】特集1 AWARDS OF THE WORLD '17・'18、特集2 The Seven Maps―世界の"今"を読み解く7つの地図、特集3 もっと便利に！より豊かに！―世界を変えるスタートアップ、国際情勢、紛争と領土問題、社会、産業・資源、自然・地理、旅行・世界遺産、各国要覧
2017.12 111p A4 ¥1500 ①978-4-398-20066-2

◆なんでもひける世界地図 成美堂出版編集部編 成美堂出版
【要旨】国名・主要都市名はもちろん、世界遺産、観光地、ニュースによく出る地名など、さまざ

地図

まなテーマでひける世界地図帳。地形がよくわかるリアルな精密MAP!!
2017.4 127p 26×21cm ¥1200 ①978-4-415-32318-3

◆標準高等地図―地図でよむ現代社会　帝国書院編集部編　帝国書院
【目次】世界、アジア、アフリカ、ヨーロッパ、北アメリカ、南アメリカ、オセアニア、日本、地理の資料図、現代社会の資料図、統計
2017.10 156p A4 ¥1600 ①978-4-8071-6347-2

◆プレミアムアトラス世界地図帳　平凡社編　平凡社　新訂第3版
【要旨】複雑化する世界を知り、地理的・地政学的な理解を助ける、ロングセラー地図帳。地名に欧文を併記し、国旗や各国現勢、主要国の都市・行政区などの情報も満載した改訂新版。
2017.7 162p A4 ¥1500 ①978-4-582-41733-3

日本地図

◆新訂ポケットアトラス 日本地図帳　平凡社編　平凡社
【要旨】軽くて薄くて、でも見やすい。携帯に最適の1冊! 見やすく調べやすい、詳細な都道府県別の地図。主要都市図や東京・大阪の周辺図も収録。
2017.3 152p A5 ¥880 ①978-4-582-41729-6

◆旅に出たくなる地図 日本　帝国書院編集部著　帝国書院　19版
【要旨】旅情あふれる特集を多数掲載。迫力ある鳥瞰図をさらに充実! 旅の途中で立ち寄りたい観光スポットをテーマ別に紹介。
2017.2 255p A4 ¥2400 ①978-4-8071-6332-8

◆なるほど知図帳 日本 2018 ―ニュースと合わせて読みたい日本地図　昭文社　14版
【要旨】巻頭スペシャル 世の中の動きがスッキリわかる!―2017→2018トピックス、巻頭特集1 その足音は着々と近づいてきている!!SF化する日常、巻頭特集2 力強く打ちじめた鼓動が日本を変える! 世界を変える!―2020年東京五輪（オリンピック、パラリンピック）に向け動き出すニッポン、巻頭特集3 出身地で性格がわかる?―統計から浮かび上がる県民性、政治・社会、生活、産業・交通、自然、科学、文化歴史・スポーツ、県勢一覧
2017.12 252p A4 ¥1600 ①978-4-398-20067-9

◆なんでもひける日本地図　成美堂出版編集部編　成美堂出版
【要旨】知りたいテーマですぐひける、検索性抜群の日本地図帳。県別MAPでは名所、温泉情報も充実。美しく見やすい精緻な地図で、地形もリアルに再現!
2017.4 175p 26×21cm ¥1300 ①978-4-415-32317-6

◆プレミアムアトラス日本地図帳　平凡社編　平凡社　新訂第3版
【要旨】知りたい地名や地形がすぐに調べられる! 激動する日本列島が地図を通してわかる最新地図帳。地図本来の機能を追求したロングセラー地図帳の改訂新版。
2017.7 176p A4 ¥1500 ①978-4-582-41732-6

◆読みたくなる「地図」西日本編―日本の都市はどう変わったか　平岡昭利編　（大津）海青社
【目次】近畿、中国、四国、九州
2017.11 127p B5 ¥1600 ①978-4-86099-314-6

◆読みたくなる「地図」東日本編―日本の都市はどう変わったか　平岡昭利編　（大津）海青社
【目次】北海道、東北、関東、中部、北陸
2017.11 133p B5 ¥1600 ①978-4-86099-313-9

ロードマップ

◆大阪便利情報地図　昭文社　（街の達人）
【目次】超詳細キタ・ミナミ1:3,220、詳細便利情報地図1:5,750～1:8,050、大阪周辺図1:115,000、阪神高速案内図、鉄道路線図、ご利用にあたって（地図の便利な使い方など）
〔17.2〕1Vol. B5 ¥1600 ①978-4-398-60543-6

◆京都大津便利情報地図　昭文社　（街の達人）
【目次】超詳細四条河原町1:3,450、詳細便利情報地図1:5,750～1:13,800、便利情報地図1:17,250 1:34,500、京都周辺図1:115,000、鉄道路線図、ご利用にあたって（地図の便利な使い方など）
〔17.2〕1Vol. B5 ¥1600 ①978-4-398-60542-9

◆神戸便利情報地図　昭文社　（街の達人）
【目次】超詳細三宮1:3,450、詳細便利情報地図1:5,750～1:8,050、便利情報地図1:17,250・1:34,500、神戸周辺図1:115,000・1:138,000、阪神高速案内図、鉄道路線図、ご利用にあたって（地図の便利な使い方など）
〔17.2〕1Vol. B5 ¥1600 ①978-4-398-60544-3

◆スーパーマップル詳細首都圏道路地図　昭文社　第6版
【目次】都心詳細図1:3,500～1:7,000、本図（首都圏詳細図）1:15,000・1:20,000、広域図1:200,000
〔17.2〕1Vol. A4 ¥3500 ①978-4-398-63259-3

◆スーパーマップル北陸道路地図　昭文社　第5版
【目次】金沢・富山・福井タウンマップ1:6,000/1:15,000、主要都市詳細図1:10,000～1:25,000、北陸都市圏1:30,000、周辺広域図1:100,000/1:200,000
〔17.2〕1Vol. A4 ¥2800 ①978-4-398-63262-3

◆スーパーマップル 北海道道路地図　昭文社　第5版
【目次】主要都市中心図―札幌/小樽/旭川/釧路/函館1:4,500～1:8,000、主要都市詳細図―札幌/小樽/旭川/帯広/釧路/函館1:15,000、全市詳細図1:15,000～1:32,000、周辺図1:100,000/1:150,000、広域図1:300,000
〔17.2〕1Vol. A4 ¥2800 ①978-4-398-63255-5

◆スーパーマップルB5判北陸道路地図　昭文社
【目次】金沢・富山・福井タウンマップ1:6,900/1:17,250、主要都市詳細図1:11,500～1:28,750、北陸都市圏1:34,500、周辺広域図1:115,000/1:230,000
〔17.2〕1Vol. B5 ¥2500 ①978-4-398-63271-5

◆スーパーマップルB5判北海道道路地図　昭文社
【目次】主要都市中心図―札幌/小樽/旭川/釧路/函館1:5,170～1:9,200、主要都市詳細図―札幌/小樽/旭川/帯広/釧路/函館1:17,250、全市詳細図1:15,000～1:36,800、周辺図1:115,000/1:172,500、広域図1:345,000
〔17.2〕1Vol. B5 ¥2500 ①978-4-398-63268-5

◆ツーリングマップル 関西　昭文社　（付属資料：別冊1；マップ1）第10版
【要旨】展望・温泉・快走路・食事・自然・歴史…etc.達人によるリアルな実走コメントがサポート。
〔17.2〕1Vol. A5 ¥1800 ①978-4-398-65637-7

◆ツーリングマップル 関東甲信越　昭文社　（付属資料：別冊1；マップ1）第10版
【要旨】展望・温泉・快走路・食事・自然・歴史…etc.達人によるリアルな実走コメントがサポート。
〔17.2〕1Vol. A5 ¥1800 ①978-4-398-65635-3

◆ツーリングマップル 九州沖縄　昭文社　（付属資料：別冊1；マップ1）第10版
【要旨】展望・温泉・快走路・食事・自然・歴史…etc.達人によるリアルな実走コメントがサポート。
〔17.2〕1Vol. A5 ¥1800 ①978-4-398-65639-1

◆ツーリングマップル 中国・四国　昭文社　（付属資料：別冊1；マップ1）第10版
【要旨】展望・温泉・快走路・食事・自然・歴史…etc.達人によるリアルな実走コメントがサポート。
〔17.2〕1Vol. A5 ¥1800 ①978-4-398-65638-4

◆ツーリングマップル 中部北陸　昭文社　（付属資料：別冊1；マップ1）第10版
【要旨】展望・温泉・快走路・食事・自然・歴史…etc.達人によるリアルな実走コメントがサポート。
〔17.2〕1Vol. A5 ¥1800 ①978-4-398-65636-0

◆ツーリングマップル 東北　昭文社　（付属資料：別冊1；マップ1）第10版
【要旨】展望・温泉・快走路・食事・自然・歴史…etc.達人によるリアルな実走コメントがサポート。
〔17.2〕1Vol. A5 ¥1800 ①978-4-398-65634-6

◆ツーリングマップル 北海道　昭文社　（付属資料：別冊1；マップ1）第10版
【要旨】展望・温泉・快走路・食事・自然・歴史…etc.達人によるリアルな実走コメントがサポート。
〔17.2〕1Vol. A5 ¥1800 ①978-4-398-65633-9

◆ツーリングマップルR 関西　昭文社　（付属資料：別冊1；大判マップ1）第8版
【要旨】展望・温泉・快走路・食事・自然・歴史…etc.達人によるリアルな実走コメントがサポート。
〔17.2〕1Vol. 25×20cm ¥2800 ①978-4-398-65787-9

◆ツーリングマップルR 関東甲信越　昭文社　（付属資料：別冊1；大判マップ1）第8版
【要旨】展望・温泉・快走路・食事・自然・歴史…etc.達人によるリアルな実走コメントがサポート。
〔17.2〕1Vol. 25×20cm ¥2800 ①978-4-398-65785-5

◆ツーリングマップルR 九州 沖縄　昭文社　（付属資料：別冊1；大判マップ1）第8版
【要旨】展望・温泉・快走路・食事・自然・歴史…etc.達人によるリアルな実走コメントがサポート。
〔17.2〕1Vol. 25×20cm ¥2800 ①978-4-398-65789-3

◆ツーリングマップルR 中国・四国　昭文社　（付属資料：別冊1；大判マップ1）第8版
【要旨】展望・温泉・快走路・食事・自然・歴史…etc.達人によるリアルな実走コメントがサポート。
〔17.2〕1Vol. 25×20cm ¥2800 ①978-4-398-65788-6

◆ツーリングマップルR 中部 北陸　昭文社　（付属資料：別冊1；大判マップ1）第8版
【要旨】展望・温泉・快走路・食事・自然・歴史…etc.達人によるリアルな実走コメントがサポート。
〔17.2〕1Vol. 25×20cm ¥2800 ①978-4-398-65786-2

◆ツーリングマップルR 東北　昭文社　（付属資料：別冊1；大判マップ1）第8版
【要旨】展望・温泉・快走路・食事・自然・歴史…etc.達人によるリアルな実走コメントがサポート。
〔17.2〕1Vol. 25×20cm ¥2800 ①978-4-398-65784-8

◆ツーリングマップルR 北海道　昭文社　（付属資料：別冊1；大判マップ1）第8版
【要旨】展望・温泉・快走路・食事・自然・歴史…etc.達人によるリアルな実走コメントがサポート。
〔17.2〕1Vol. 25×20cm ¥2800 ①978-4-398-65783-1

◆ライトマップル関西道路地図　昭文社　第4版
【目次】都市詳細図1:60,000、本図1:200,000、市区町村・レジャー施設索引、高速道路網図、高速道路料金表、フェリー運賃表
〔17.3〕1Vol. A4 ¥1000 ①978-4-398-60349-4

◆ライトマップル関東道路地図　昭文社　第4版
【目次】都市詳細図1:60,000、本図1:200,000、関東高速道路網図・首都圏高速道路網図、市役所・区役所・レジャー施設索引、高速道路料金表
〔17.3〕1Vol. A4 ¥1000 ①978-4-398-60347-0

◆ライトマップル九州沖縄道路地図　昭文社　第4版
【目次】都市詳細図1:60,000、本図1:200,000、市区町村・レジャー施設索引、高速道路網図、高速道路料金表、フェリー運賃表
〔17.3〕1Vol. A4 ¥1000 ①978-4-398-60351-7

◆ライトマップル札幌小樽道路地図　昭文社　第3版
【目次】札幌駅・すすきの1:5,000、札幌市詳細図1:15,000、小樽市詳細図1:4,500&1:25,000、広域道路図1:300,000、札幌周辺交通図・高速道路料金表
〔17.3〕1Vol. A4 ¥1000 ①978-4-398-60352-4

◆ライトマップル中国・四国道路地図　昭文社　第4版
【目次】都市詳細図1:60,000、本図1:200,000、市区町村・レジャー施設索引、高速道路網図、フェリー運賃表、高速道路料金表
〔17.3〕1Vol. A4 ¥1000 ①978-4-398-60350-0

◆ライトマップル中部道路地図　昭文社　第4版

【目次】都市詳細図1：60,000、本図1：200,000、市区町村・レジャー施設索引、高速道路網図、高速道路料金表・フェリー運賃表
〔17.3〕1Vol. A4 ¥1000 ⓘ978-4-398-60348-7

◆ライトマップル東北道路地図　昭文社　第4版
【目次】都市詳細図1：60,000、本図1：200,000、高速道路網図、市区町村・レジャー施設索引、高速道路料金表
〔17.3〕1Vol. A4 ¥1000 ⓘ978-4-398-60346-3

◆ライトマップル北海道道路地図　昭文社　第4版
【目次】都市詳細図1：60,000、本図1：300,000、高速道路網図 主要都市間道路距離表、市区町村・レジャー施設索引、高速道路料金表、フェリー運賃表
〔17.3〕1Vol. A4 ¥1000 ⓘ978-4-398-60345-6

◆GIGAマップル でっか字東北道路地図　昭文社　3版
【目次】主要都市詳細図1/1万～1/2万図、東北圏道路地図 1/5万～1/10万図、東北周辺道路地図1/20・1/30万図、施設索引・高速道路料金表
〔17.12〕1Vol. A4 ¥2100 ⓘ978-4-398-64337-7

シティマップ・住宅地図

◆帰宅支援マップ 首都圏版　昭文社　8版
【要旨】震災時対応マニュアル——いざという時に役立つ！、東京都心メッシュ図1：15,000——都心の詳しい予想道路状況を知る！、帰宅支援ルート図1：30,000——帰宅支援ルートのさまざまな情報を知る！、日頃の備え・知識——事前に把握しておきましょう！
2017 144p 21×10cm ¥800 ⓘ978-4-398-68070-9

◆でっか字静岡・浜松詳細便利地図　昭文社（ハンディマップル）
【要旨】主要駅周辺詳細図収録。鉄道路線図・町名索引・駅名索引。
〔17.8〕92p B6 ¥1300 ⓘ978-4-398-47128-4

◆ハンディ版 東京超詳細地図　2018年版　成美堂出版編集部編著　成美堂出版
【要旨】見やすい大文字!!町名・駅名索引3,900。地下鉄乗換案内図・バスターミナル案内図。首都圏鉄道路線図。
2018.1 400p B6 ¥1100 ⓘ978-4-415-32442-5

◆ポケット版 東京超詳細地図　2018年版　成美堂出版編集部編著　成美堂出版
【要旨】最新情報で23区をカバー。駅名・町名索引3,900。地下鉄乗換案内図・新宿・東京駅構内図。首都圏鉄道路線図。
2018.1 400p A6 ¥740 ⓘ978-4-415-32441-8

スポーツ

◆アジアにおけるオリンピック・パラリンピック開催をめぐる法的諸問題——平昌、東京そして北京への法的整備の推進と課題　エイデル研究所　（日本スポーツ法学会年報 第23号）
【目次】アジアにおけるオリンピック・パラリンピック開催をめぐる法的諸問題——平昌、東京そして北京への法的整備の推進と課題 日本スポーツ法学会国際学術研究大会2015兼日本スポーツ法学会第23回大会、（記念講演）東京2020オリンピック・パラリンピック競技大会の準備状況、シンポジウム 2020年東京オリンピック・パラリンピックの成功に向けた「法」の役割、研究セッション1 五輪におけるソフトレガシーとしてのIntegrity 関連規制はいかにあるべきか——求められる罪刑法定主義の理念と明確な規定の必要性、研究セッション2 2020年東京五輪とアジアスポーツガバナンスの新展開、スポーツ庁が果たすべき役割とその法的問題点——日本スポーツ法学会2015年総会・講演会及びパネルディスカッション（基調講演 スポーツ庁の概要と果たすべき役割、パネルディスカッション（日本バスケットボール協会に対する制裁（資格停止処分）が解除されるまでの経緯、スポーツ庁設置の沿革と課題、団体自治とスポーツ庁の役割に関する政策的観点からの検討——財源を取っ掛かりとして）、パネルディスカッション討論要旨、報告「スポーツ法学教育の普及・推進に関する声明」について）、原著論文 学校運動部活動時の「体罰」判例に見る体罰の特徴とその要因に関する研究、スポーツ仲裁評釈 JSAA・AP・2014・007（自転車）仲裁判断について——国際大会代表をめぐる紛争、スポーツ仲裁評釈 JSAA・AP・2015・007仲裁判断（水泳）について、スポーツ仲裁評釈 ホッケー女子日本代表監督の解任をめぐる仲裁申立事件について——日本スポーツ仲裁機構2015年5月25日JSAA・AP・2015・002仲裁判断、スポーツ仲裁評釈 JSAA・AP・2015・001中間判断及び仲裁判断（空手）について、スポーツ仲裁評釈 U23世界選手権軽量級スイープカテゴリー代表選手決定をめぐる仲裁申立事件——日本スポーツ仲裁機構2015年6月4日JSAA・DP・2015・003仲裁判断、スポーツ仲裁評釈 JSAA・AP・2015・004仲裁判断（テコンドー）について
2016.12 243p A5 ¥4286 ⓘ978-4-87168-591-7

◆アスリートのこころの悩みと支援——スポーツカウンセリングの実際　中込四郎, 鈴木壯著　誠信書房
【目次】アスリートの心理サポート小史、アスリートの生きる心理的世界、アスリートの原風景、アスリートが遭遇する危機経験とその意味、スポーツカウンセラーの仕事、スポーツカウンセラーの前で語ること、アスリートがカウンセリングで語る"からだとこころ"、競技生活のなかで身体が表す心理的意味——心理サポートの事例から、カウンセリングによる競技力向上・実力発揮、後年カウンセリングルームを訪れるアスリート——そのジュニア期の特徴、身体の動きの語りを通して行った心理サポート事例——心理的強化を求めて来談したアスリート、「夢」を介した心理サポートの事例——競技期後半にさしかかったアスリート、十牛図を手がかりとした"研究すること"の意味探し
2017.3 219p A5 ¥2500 ⓘ978-4-414-41625-1

◆アンチ・ドーピング体制の整備に関する法的課題　エイデル研究所　（日本スポーツ法学会年報 第24号）
【目次】個別報告、パネルディスカッション——アンチ・ドーピング体制の整備に関する法的課題、原著論文、判例研究、スポーツ仲裁評釈、学会通信、日本スポーツ法学会会則
2017.12 193p A5 ¥4286 ⓘ978-4-87168-612-9

◆変わる！日本のスポーツビジネス　谷塚哲著　カンゼン
【要旨】2020年東京オリンピック・パラリンピックから15兆円規模の基幹産業へ変革を遂げるスポーツ界の未来予想図。
2017.12 191p A5 ¥1800 ⓘ978-4-86255-432-1

◆基礎から学ぶスポーツリテラシー　高橋健夫編著者代表　大修館書店　改訂版
【目次】第1章 スポーツについて考えよう（スポーツの魅力について考えよう、スポーツのこれまでとこれからを考えよう、現代スポーツの問題点を考えよう、スポーツと社会について考えよう、オリンピックとパラリンピックについて知ろう）、第2章 スポーツの競技力を向上させよう（競技力向上に必要な専門知識を知ろう、競技力を向上させる練習方法・練習計画を知ろう、メンタルトレーニングについて知ろう、競技力向上に向けた指導体制や情報戦略について知ろう）、第3章 体力トレーニングをやってみよう（体力向上の科学的基礎について知ろう、体力トレーニングの方法を知ろう）、第4章 スポーツライフのマネジメントを考えよう（自分の体をマネジメントしよう、栄養でパフォーマンスを高めよう、危険予知トレーニングについて知ろう）、第5章 スポーツ指導者をめざそう（スポーツキャリアと職業について知ろう、指導の場としての学校における体育・スポーツ活動やスポーツイベントについて知ろう、指導の場としてのスポーツクラブについて知ろう、効果的なスポーツの指導方法を知ろう）、演習 スポーツについて調べてみようまとめてみよう
2017.4 183p B5 ¥2000 ⓘ978-4-469-26814-0

◆教養としての健康・スポーツ　玉川大学教育学部健康教育研究センター監修, 川崎登志喜編著　（町田）玉川大学出版部
【目次】第1部 健康と生活（健康の考え方、運動・スポーツの健康効果、心の健康、主な疾患とその予防、発育・発達）、第2部 身体活動のメカニズムとトレーニング（呼吸・循環機能と筋骨格系の機能、運動と筋・神経トレーニング、スポーツ障害とその対応、栄養摂取）、第3部 スポーツを楽しむ（スポーツの歴史、スポーツと社会、スポーツ産業、スポーツ政策、オリンピック・パラリンピック）
2017.3 175p B5 ¥2200 ⓘ978-4-472-40542-6

◆近代日本を創った身体　寒川恒夫編著　大修館書店
【目次】第1章 江戸の身体から明治の身体へ——嘉納治五郎の柔道にみる近代の身体、第2章 大学が期待した学生の身体——学生スポーツ団体をめぐるやり取りの分析を通して、第3章 「劣った身体」の発見、第4章 "蛮カラ"の運動部員の思想と身体、第5章 レクリエイトされる身体——自律化するスポーツ空間／グローバル化するレクリエーション、第6章 "体育会系"神話の起源——近代化企業が求めた有用な身体、第7章 近代日本が否定した「身体」、第8章 経験と切り離された身体の行方——健康をめぐる近代的身体の一断面
2017.2 262p B6 ¥2100 ⓘ978-4-469-26813-3

◆筋肉を理解して確実に効かせる！DVDスポーツマッサージ　山田晃広著　西東社 （付属資料：DVD1）
【要旨】筋肉と骨が見えるからマッサージする場所がひと目でわかる！現場で使えるスポーツマッサージの決定版！
2017.5 159p A5 ¥1400 ⓘ978-4-7916-2557-4

◆現代スポーツ評論 37 スポーツとボランティア　清水諭責任編集, 友添秀則編　創文企画
【目次】グラビア 2017年のスポーツシーン、主張 グローバル化と協働的支援への助力、座談会 ボランティアの歴史と現在——東京2020オリンピック・パラリンピックに向けて、特集論文、インタビュー 谷川聡氏——人と社会が変わるコーチング、インフォメーション スポーツボランティア論、時評、スポーツ研究入門／グローバル・パラリンピック期間中に設置されるナショナルハウスの可能性——リオデジャネイロオリンピックの調査から
2017.11 156p A5 ¥1600 ⓘ978-4-86413-102-5

◆コーチング学への招待　日本コーチング学会編　大修館書店
【目次】第1章 コーチングとは何か、第2章 コーチング学とは何か、第3章 競技力とトレーニング、第4章 競技力の養成、第5章 競技トレーニングの計画、第6章 試合への準備、第7章 コーチングにおけるマネジメント、第8章 スポーツ医・科学、情報によるコーチング支援
2017.4 375p A5 ¥2700 ⓘ978-4-469-26819-5

◆コーチングこんなときどうする？——"困った状況"を解決する30の指導法　高畑好秀著　体育とスポーツ出版社
【要旨】すぐに落ち込んでしまう、言われたことしかやらない、何をすべきかわからない…。いまどきの選手を前にして、指導者が困ってしまいそうな場面を30シーン取り上げ、「なぜそうなるのか」を解説。それを踏まえて、「では、どうしたらいいのか」を"打開策はこれだ！"として具体的に提案します。
2017.11 150p A5 ¥1600 ⓘ978-4-88458-354-5

◆最新スポーツビジネスの動向がよーくわかる本　湯浅真弥著　秀和システム　（図解入門業界研究）
【要旨】業界人、就職、転職に役立つ情報満載。東京五輪開催に沸き立つ業界の課題と未来を展望する！
2017.1 233p A5 ¥1400 ⓘ978-4-7980-4889-5

◆市民マラソンがスポーツ文化を変えた　亀井克之, 杉本厚夫, 西山哲郎, 増田明美, 尾久裕紀, 吉田香織, 打越忠夫協力　（吹田）関西大学出版部　（関西大学経済・政治研究所研究双書）
【目次】第1部「市民マラソンと地域社会」（地域振興型マラソン大会の可能性——千葉県・いすみ健康マラソンの事例、市民マラソンは都市を活性化するか——大阪マラソン共同調査が語ること）、第2部「市民マラソンのすがた」（リスクマネジメントの視点から見た市民マラソン、市民ランナーの星はいかに誕生したか——新たなアスリート支援の可能性）、第3部「ディスカッション」（「スポーツ文化から2020を考える」）
2017.3 177p A5 ¥1500 ⓘ978-4-87354-648-3

◆スタジアムとアリーナのマネジメント　早稲田大学スポーツナレッジ研究会編　創文企画
【目次】第1部 欧米のスタジアムに学ぶ（テラスの終焉——イギリスにおけるサッカー・スタジアムと事故、フランスにおけるナショナルスタジアムの変遷、象徴としてのMLBスタジアム、スタジアム拡大競争の背景にあるもの——英国プロサッカーの二極化）、第2部 記憶遺産・レガ

スポーツ

シーとしてのスタジアムとアリーナ(記憶の創造と断絶―明治神宮外苑と国立競技場、オリンピック後の競技施設運営―シドニー、ロンドン大会のスタジアム・アリーナを事例に)、第3部 これからのスタジアムとアリーナ(スタジアムとアリーナに求められる付加的機能、命名権のスロー・ブランディング、サッカー専用スタジアムと試合臨場感、スタジアム観戦満足度とファン・マネジメント)
2017.5 167p A5 ¥1600 ①978-4-86413-093-6

◆スポーツをテクノロジーする―トップアスリートの記録を引き出した技術の力 北岡哲子著 日経BP社、日経BPマーケティング 発売
【目次】1 オリンピック競泳水着をテクノロジーする、2 "スタート"をテクノロジーする、3 サーフェスをテクノロジーする、4 テニステクノロジーの今月、5 ゴルフボールとクラブのテクノロジー、6 陸上競技・投てき種目のテクノロジー、7 ヘルメットをテクノロジーする、巻末資料 サーフェス舗装材の変遷―アンツーカ以前から最新のウレタン舗装まで
2017.11 269p A5 ¥1800 ①978-4-8222-5877-1

◆スポーツが教えてくれる人生という試合の歩み方―PLAY LIFE PLAY SPORTS 辻秀一著 内外出版社
【要旨】東京オリンピックの前に知っておきたい本当のレガシーがここにある！ スポーツの見方が変わる！ あなたの未来が輝く！「スポーツ文化論」。
2017.3 237p B6 ¥1500 ①978-4-86257-300-1

◆スポーツ事故対策マニュアル 弁護士によるスポーツ安全対策検討委員会著、大橋卓生、合田雄治郎、西脇威夫編、望月浩一郎監修 体育施設出版
【目次】第1章 スポーツ事故事例類型と法的責任(主な事故事例、判例からみる事故の類型パターン ほか)、第2章 事故の原因と対処法―競技種目編(球技、伝統武術・格闘技 ほか)、第3章 事故の原因と対処法―施設編(体育施設総論、体育施設器具 ほか)、第4章 安全対策各論(スポーツ現場における安全管理体制の構築、エマージェンシーアクションプラン(EAP) ほか)
2017.7 319p B5 ¥3600 ①978-4-924833-70-8

◆スポーツ戦略論―スポーツにおける戦略の多面的な理解の試み 上田滋夢、堀野博幸、松山博明編著 大修館書店
【要旨】あいまいな定義のままでの議論から、多様な実践事例より共通法則を取り出した「スポーツ戦略論」への転換!! スポーツ実践で発生する現象と学術研究を融合させたスポーツの戦略とは…「スポーツ戦略論」への第一歩。
2017.8 304p A5 ¥2600 ①978-4-469-26825-6

◆スポーツと教養の臨界 ハンス・レンク著、畑孝幸、関根正美訳 不昧堂出版
【目次】1 儀礼、エトス、神話、2 競争への「万物の父」なのか、3 能力の限界、4「運動とは何か」、5 禅と自己、6 第八の学芸、7 真の大衆学芸、8「スポーツの重要性が始まる―スポーツのあとで」
2017.9 163p B6 ¥2500 ①978-4-8293-0490-7

◆スポーツの世界を学ぶ―スポーツ健康科学入門 「スポーツの世界を学ぶ」編集委員会著(龍ヶ崎)流通経済大学出版会 増補・改訂版
【要旨】スポーツを学ぶことを選択した君への「みちしるべ」東京オリンピック開催を控え、大きく変革していく日本のスポーツ界。これからのスポーツを支えていく君たちへの最初の専門書。
2017.4 158p A5 ¥1400 ①978-4-947553-74-4

◆スポーツ白書 2017 スポーツによるソーシャルイノベーション 渡邉一利編集責任者 笹川スポーツ財団
【目次】特集 スポーツ・インテグリティ、トピックス、第1章 スポーツ政策、第2章 スポーツ参加動向、第3章 子どものスポーツ、第4章 スポーツ財源、第5章 スポーツ施設、第6章 スポーツの人的資源、第7章 スポーツ産業、第8章 スポーツとメディア、第9章 スポーツイベントとツーリズム、第10章 トップスポーツ
2017.3 455p A5 ¥3500 ①978-4-915944-63-5

◆スポーツビジネス 最強の教科書 平田竹男著 東洋経済新報社 第2版
【要旨】斯界の第一人者が、豊富な実例とともにエッセンスを分かりやすく解説するための知識として提示。
2017.11 606p A5 ¥4000 ①978-4-492-52221-9

◆スポーツライフ・データ 2016 スポーツライフに関する調査報告書 SSFスポーツライフ調査委員会、笹川スポーツ財団編 笹川スポーツ財団
【目次】1 要約、2 トピック、3 調査結果、4 調査票・単純集計結果、5 クロス集計結果、6 参考文献、7 データの使用申請について
2016.12 191p A4 ¥3000 ①978-4-915944-62-8

◆スポートロジイ 第4号(2017) 21世紀スポーツ文化研究所編 (川崎)みやび出版、星雲社 発売
【目次】特集1「生存」と向き合うスポーツ学(「スポーツ学」を考える、「有為の奥山の向こう」を見据えた思想、「後近代」からの歩みと学び―スポーツ史の視点、無縁の闘い、生身のスポーツ学へ)、特集2「破局」に向き合う、いま、スポーツについて考える、特集3 演出、あるいは人間的生存の基底―ピエール・ルジャンドルのダンス論から、研究ノート(李自力老師語録「如是我閏」2、太極拳十字・その2・含胸抜背、宮中で流行した「神代のままの運動法」―日本体操に親しんだ皇后と側近たち)
2017.4 285p A5 ¥2400 ①978-4-434-23094-3

◆世界スタジアム物語―競技場の誕生と紡がれる記憶 後藤健生著 (京都)ミネルヴァ書房
【要旨】世界各地に存在するスタジアムという名の祝祭の場。二〇世紀を象徴するこの空間は戦争や政治の荒波に翻弄されながらも、形や役割を変えて人々に愛され続けている。本書は、なぜスタジアムがその場所に建設されたのか、そこで何が起こったのかを振り返り、戦争と平和、スポーツに象徴された一時代を読み解くものだ。建築や歴史愛好家のみならず、スポーツファン、国際情勢に興味を持つ人にとって必読の一冊である。
2017.5 265, 19p B6 ¥2500 ①978-4-623-07868-4

◆選手に寄り添うコーチング―いまどきの選手をその気にさせる42の実践レッスン 八ッ橋賀子著 体育とスポーツ出版社
【要旨】経験に裏付けられた指導法。重要事項を一言でアドバイス。具体例豊富でわかりやすい説明。すぐに実行できる方法の提案。"グッドコーチ"になるための4ステップ！
2017.3 175p A5 ¥1400 ①978-4-88458-352-1

◆挑戦者 いま、この時を生きる。―パラアスリートたちの言魂 フジテレビPARA☆DO！著 さくら舎
【要旨】エースの言魂(世界のクニエダ―国枝慎吾(車いすテニス)、義足アスリートの先駆け―山本篤(陸上)、若きアスリート(リオのヒロイン―辻沙絵(陸上)、成田兄妹の末っ子―成田緑夢(陸上、スノーボード) ほか)、世界の実力(日本に1人のアフロバスケットボーラー―香西宏昭(車いすバスケットボール)、両脚義足の最強バラー―藤田征樹(自転車) ほか)、ファンタジスタ(サッカー王国出身―佐々木ロベルト泉(ブラインドサッカー)、日本の未来を担うエース―川村怜(ブラインドサッカー) ほか)、不屈の言魂(パラ界のリビング・レジェンド―別所キミヱ(卓球)、5大会連続出場の2mハイジャンパー―鈴木徹(陸上) ほか)
2017.11 241p B6 ¥1500 ①978-4-86581-124-7

◆テキスト体育・スポーツ経営学 柳沢和雄、木村和彦、清水紀宏編著 大修館書店
【目次】第1章 現代社会と体育・スポーツ経営、第2章 体育・スポーツ経営の概念と構造、第3章 体育・スポーツ経営の主体、第4章 体育・スポーツ事業と経営資源、第5章 体育・スポーツ事業の運営、第6章 体育・スポーツ経営とマネジメント、第7章 体育・スポーツ経営の実践課題、第8章「みるスポーツ」の経営
2017.11 149p B5 ¥1900 ①978-4-469-26831-7

◆ドーピングの哲学―タブー視からの脱却 ジャン=ノエル・ミサ、パスカル・ヌーヴェル編、橋本一径訳 新曜社
【要旨】ドーピングは悪なのか？「スポーツ精神」がその根拠とされるが、ドーピングは競争・向上をめざす近代スポーツが生み出した必然ではないのか。ドーピング撲滅運動の問題性を指摘し、スポーツと社会のあり方を根底から問いなおす、関係者必読の書。日本の現状に合わせた訳者解説を付す。
2017.10 323p B6 ¥4300 ①978-4-7885-1546-8

◆2017愛顔つなぐえひめ国体―報道写真集 第72回国民体育大会 (松山)愛媛新聞社
【目次】総合開会式、本大会、冬季大会、公開競技、デモンストレーションスポーツ、皇族のご来県、総合閉会式、愛媛県選手団名簿、記録、大会日程、総合成績
2017.11 272p A4 ¥2300 ①978-4-86087-134-5

◆プロスポーツビジネス―私たちの成功事例 東邦出版編 東邦出版
【要旨】ファンの"心"を動かすビジネスモデルの真髄。第一線で活躍する「九人の侍」の言魂。
2017.5 250p B6 ¥1500 ①978-4-8094-1488-6

◆ボディコン体操するだけで子どもの足が瞬く間に速くなる本 三田翔平著、日本ランニング協会監修 主婦と生活社
【要旨】この本はいますぐ、かけっこの教科書。小学生の子どもたちがかけっこ上手になって、今日より速く走れるようになるための体操が詰まっています。
2017.9 128p A5 ¥1300 ①978-4-391-15054-4

◆マーケティング視点のスポーツ戦略 海老塚修著 創文企画
【目次】1 オリンピックのマーケティング・コミュニケーション、2 スポーツの普遍的価値、3 プレゼンスとアクティベーション、4 シンパシーのスポーツマーケティング、5 FIFAのグローバル・プロモーション、6 アンブッシュするスポーツマーケティング、7 市民マラソンのプロモーション、8 メディアのスポーツマーケティング、9 パブリック視点のスポーツマーケティング
2017.12 159p A5 ¥1600 ①978-4-86413-101-8

◆まんがスポーツで創る地域の未来 西日本編 スポーツ庁企画・監修 大日本印刷、主婦の友社 発売
【目次】7 マリンスポーツでまちおこし 自然を活かしたスポーツ集客―三重県熊野市、8「自立と連携」スポーツを核に地域に雇用を生む 出雲スポーツ振興21―島根県出雲市、9 瀬戸内しまなみ海道・国際サイクリング大会 瀬戸内しまなみ海道―愛媛県、10 Japan Open 飯塚国際車いすテニス大会 アジア最高峰の国際車いすテニス大会の始まり―福岡県飯塚市、11 スポーツコミッションで合宿誘致―佐賀県、12 大分国際車いすマラソン大会 世界最高峰の車いすマラソン大会―大分県
2017.6 364p A5 ¥2500 ①978-4-07-425946-5

◆まんがスポーツで創る地域の未来 東日本編 スポーツ庁企画・監修 大日本印刷、主婦の友社 発売
【目次】1 ラグビー合宿の聖地へ 北のスポーツ基地網走市―北海道網走市、2 日本初のバレーボール専用体育館・オガールベース スポーツを通じて次世代のリーダーを育てる―岩手県紫波町、3 バスケで秋田を元気に ゼロからの体制構築―秋田県、4 世界が注目するアウトドア天国・みなかみ―群馬県みなかみ町、5 市民が主役の交流拠点 アオーレ長岡 アリーナを含む公民一体型スペース―新潟県長岡市、6 サッカーで地域を盛り上げ 松本山雅FCの歩み―長野県松本市
2017.6 364p A5 ¥2500 ①978-4-07-425930-4

◆観るまえに読む大修館スポーツルール 2017 大修館書店編集部編 大修館書店
【目次】陸上競技、水泳競技、体操競技、バレーボール、バスケットボール、ハンドボール、サッカー、ラグビー、ソフトテニス、テニス〔ほか〕
2017.4 343p A5 ¥1500 ①978-4-469-26816-4

◆よくわかるスポーツ人類学 寒川恒夫編著 (京都)ミネルヴァ書房(やわらかアカデミズム・"わかる"シリーズ)
【目次】第1部 スポーツ人類学への誘い(スポーツ人類学の視点、スポーツの起源、スポーツの伝播と変容、スポーツと宗教、遊びの人類学)、第2部 スポーツ人類学の諸相(からだと技のスポーツ人類学、サブカルのスポーツ人類学、アイデンティティーとスポーツ、シンボリズムとスポーツ人類学、学びのスポーツ人類学、文化政策とスポーツ人類学)、第3部 スポーツ人類学のエスノグラフィー(日本の民族スポーツ・エスノグラフィー、アジアとオセアニアの民族スポーツ・エスノグラフィー、ヨーロッパとアフリカの民族スポーツ・エスノグラフィー、南北アメリカの民族スポーツ・エスノグラフィー)
2017.3 211p B5 ¥2500 ①978-4-623-08015-1

◆よくわかるスポーツマーケティング 仲澤眞、吉田政幸編著 (京都)ミネルヴァ書房(やわらかアカデミズム・わかるシリーズ)
【目次】第1部 スポーツマーケティングとは何か、第2部 マーケティングの基礎、第3部 スポーツ消費者の理解、第4部 マーケットリサーチの視座、第5部 スポーツマーケティングの展開、第6部 これからのスポーツマーケティング
2017.11 186p B5 ¥2400 ①978-4-623-08118-9

◆よくわかるスポーツマネジメント　柳沢和雄,清水紀宏,中西純司編著　(京都)ミネルヴァ書房　(やわらかアカデミズム・わかるシリーズ)
【目次】第1部 参加型スポーツのマネジメント(学校体育・スポーツのマネジメント、地域スポーツのマネジメント、商業(民間営利)スポーツ施設のマネジメント)、第2部 観戦型スポーツのマネジメント(スポーツイベントのマネジメント、プロスポーツのマネジメント、メディアスポーツのマネジメント)、第3部 対象に応じたスポーツマネジメント(子どもスポーツのマネジメント、健康スポーツのマネジメント、障がい者スポーツのマネジメント)、第4部 社会とスポーツマネジメント(スポーツ法制度とスポーツマネジメント、スポーツ団体のマネジメント、スポーツマネジメントと倫理・CSR、スポーツマネジメント人材の養成、スポーツマネジメントの研究動向)　2017.3 210p B5 ¥2400 ⓘ978-4-623-08014-4

◆よくわかるスポーツ倫理学　友添秀則編著　(京都)ミネルヴァ書房　(やわらかアカデミズム・わかるシリーズ)
【目次】第1部 スポーツ倫理学を理解するために(スポーツ倫理学の基礎知識、フェアプレイの精神とは何か、スポーツパーソンシップとは何か)、第2部 スタジアムからスポーツを倫理する(勝敗の倫理学、ドーピングの倫理学、ゲームの倫理学、スポーツと八百長の倫理学)、第3部 社会からスポーツを倫理する(スポーツと暴力の倫理学、スポーツ組織の倫理学、オリンピックの倫理学、スポーツと差別の倫理学、スポーツと環境の倫理学、スポーツを守るために)(人物から学ぶスポーツ倫理学)　2017.3 193p B5 ¥2400 ⓘ978-4-623-08013-7

◆ランニング・サイエンス―「走る」を科学する　ジョン・ブルーワーほか著, 菅しおり訳　河出書房新社
【要旨】科学は、どんなランナーにも力を貸してくれる。あなたの「走る」能力をもっと引き出し、ありがちな過ちを防ぎ、何よりもランニングを楽しいものにしてくれる。「走る」を科学で理解し、その知識をパフォーマンスの強化にどう利用できるか、イラストと実例で論証した、ランニングのあらゆる分野に役立つ初のビジュアル図解本!
2017.10 192p 26×24cm ¥3200 ⓘ978-4-309-27851-3

体育学・スポーツ医学

◆アスリートケア―理学療法士によるスポーツ選手への健康支援　越智隆弘監修, アスリートケア編　三輪書店
【要旨】部活動からプロスポーツまで、スポーツ生命を守るサポート活動の集大成。支援活動に必要な知識・評価方法・物品から熱中症対策まで、理学療法士の団体(アスケア)が20年をかけて積み上げたノウハウをすべて紹介!
2017.4 359p A5 ¥3800 ⓘ978-4-89590-609-8

◆あなたも名医!知っておこうよ、スポーツ医学―亀田スポーツ方式を日常診療に取り入れてみよう!　大内洋監修, 服部惣一, 山田慎編著　日本医事新報社　(jmedmook)
【目次】1章 ジェネラリストが押さえておきたいスポーツ臨床で役立つ基礎知識(スポーツ外来診療の流れ(問診・身体診察・検査、治療・リハビリ・復帰)、運動器検診に呼ばれたら?―亀田式運動器メディカルチェック)、2章 超音波が有用な軟部組織のスポーツ外傷(運動器超音波の基本、打撲は超音波でこう見える、捻挫は超音波でこう見えます)、3章 こんな症例はどう診る?―日常臨床で出合うスポーツ外傷・障害の診療(上肢、体幹・股関節下肢、スポーツ医学の拡がり)
2017.6 195p B5 ¥3500 ⓘ978-4-7849-6650-9

◆石井直方の筋肉の科学　石井直方著　ベースボール・マガジン社　ハンディ版
【要旨】カラダを変え、パフォーマンスを高め、人生をもっと楽しむために―。トレーニング&健康に必ず効くすべての人に知ってほしい本物のサイエンス。筋肉の性質、運動の仕組み、筋肉の鍛える方法などを、テーマごとにわかりやすく解説。
2017.10 270p A5 ¥1400 ⓘ978-4-583-11133-9

◆イップス―スポーツ選手を悩ます謎の症状に挑む　内田直監修, 石原心著　大修館書店
【要旨】イップスになるのは、「練習が足りない」からでも、「メンタルが弱い」からでもありません。スポーツ現場の指導者・選手にも分かりやすく解説。
2017.2 128p B6 ¥1400 ⓘ978-4-469-26812-6

◆イラストと写真でわかる 武道のスポーツ医学 剣道―中学校体育の剣道指導と外傷・障害、事故予防のポイント　武藤芳照監修, 山下敏彦, 田中康仁編　ベースボール・マガジン社
【要旨】第1章 中学校での武道必修化に伴う安全管理、第2章 剣道の競技特性と指導・教育の基本、第3章 剣道に伴う外傷・障害の特徴と予防のポイント、第4章 中学校剣道における禁止事項、第5章 中学校剣道指導の安全対策、第6章 判例から見る中学校剣道部活動中の事故の特徴と予防のための課題
2017.2 223p B5 ¥3700 ⓘ978-4-583-10980-0

◆イラストと写真でわかる 武道のスポーツ医学 少林寺拳法―中学校体育の少林寺拳法指導と外傷・障害、事故予防のポイント　武藤芳照監修, 山下敏彦, 田中康仁編　ベースボール・マガジン社
【要旨】中学校体育の少林寺拳法指導と、外傷・障害、事故予防のポイント。
2017.8 174p B5 ¥3700 ⓘ978-4-583-10981-7

◆運動とスポーツの基礎科学　久保山直己著　学術図書出版社
【目次】序章 現代のスポーツ科学、第1章 運動の発現、第2章 パフォーマンスの向上、第3章 トレーニングと呼吸循環応答、第4章 運動スキルの獲得と向上、第5章 パフォーマンスと生体リズム、第6章 パフォーマンス向上に関する栄養と水分補給、第7章 トレーニングとコンディショニング
2017.8 152p A5 ¥2200 ⓘ978-4-7806-0600-3

◆勝てる脳、負ける脳――一流アスリートの脳内で起きていること　内田暁, 小林耕太著　集英社　(集英社新書)
【要旨】脳は、肉体を動かす司令部である。一流アスリートの驚異的なパフォーマンスは、脳との絶妙な連携によって可能となる。アスリートたちの厳しい練習は、肉体だけでなく、脳を鍛えるプロセスなのだ。本書は、錦織圭をはじめとする超一流テニス選手の事例を中心に、運動=肉体と脳との具体的な関連を解き明かす。スポーツの現場で集めた証言と、神経行動学の最新の知見が結び合わされることで、脳と肉体をめぐる知られざるメカニズムが明らかになる。また、トラウマやイップスなど、いわゆる「メンタル」の問題にも新たな視点を提示する。
2017.11 222p 18cm ¥740 ⓘ978-4-08-721007-1

◆筋膜クレンジングテクニック メルトメソッド　スー・ヒッツマン著, 中村格子監訳　(横須賀)医道の日本社
【要旨】筋膜が調えば、痛みが溶ける!自律神経が整う!1日10分で身体中のストレスを洗い流す!最新研究から編み出されたセルフトリートメント。
2017.3 319p B5 ¥2700 ⓘ978-4-7529-9029-1

◆健康・スポーツ科学研究　関根紀子編著　放送大学教育振興会, NHK出版 発売　(放送大学大学院教材)
【目次】健康・スポーツへの科学的アプローチ、運動・スポーツの生理学(1)神経・骨格筋系、運動・スポーツの生理学(2)呼吸・循環器系、運動・スポーツの生理学(3)エネルギー供給系、運動・スポーツの生理学(4)トレーニング科学、運動・スポーツの科学的理解(1)栄養と筋肥大、運動・スポーツの科学的理解(2)不活動と筋萎縮、運動・スポーツの科学的理解(3)加齢と筋萎縮、運動・スポーツの科学的理解(4)スポーツと遺伝1―運動能力と核遺伝子多型、運動・スポーツの科学的理解(5)スポーツと遺伝2―運動能力とミトコンドリア遺伝子多型、運動・スポーツの科学的理解(6)日本人の大力、運動・スポーツの科学的理解(7)健康に関する疫学研究、運動・スポーツの科学的理解(8)寿命や生活習慣病気の関係、運動・スポーツの科学的理解(9)日本における身体活動・運動関連施策、運動・スポーツの科学的理解(10)身体活動・運動促進のためのポピュレーションアプローチ
2017.3 267p A5 ¥3000 ⓘ978-4-595-14083-9

◆スポーツ医学検定 公式テキスト―スポーツを愛するすべての人に　日本スポーツ医学検定機構著　東洋館出版社
【要旨】スポーツ医学検定とは一般の人を対象にした、身体のことやスポーツによるケガの知識を問う検定です。本検定で得られた知識を、ケガの予防、ケガのある選手の対応にも活かせます。アスリート・指導者はもちろん、スポーツに関わるすべての方にオススメ!スポーツ医学の入門書。
2017.1 195p A5 ¥1850 ⓘ978-4-491-03297-9

◆スポーツエコー診療 Golden Standard　松本秀男, 大谷俊郎監修, 橋本健史編　南山堂
【目次】第1章 スポーツエコー診療のための基礎知識(超音波診断装置の仕組み、超音波診断装置における各組織の画像評価、超音波画像ガイド下インターベンション、血流・組織弾性の評価、スポーツ現場での超音波診断装置の使い方、心エコーの見かた)、第2章 スポーツエコー診療に必要な解剖学(肩関節、肘関節、手関節、膝関節、下腿、足・足関節)、第3章 各部位でみられるスポーツ外傷・障害(肩関節、手・肘関節、股関節、膝関節、下腿、足・足関節)
2017.5 246p B5 ¥4800 ⓘ978-4-525-32301-1

◆スポーツ障害のリハビリテーション Science and Practice　山下敏彦, 武藤芳照編　金原出版　第2版
【目次】第1章 スポーツ傷害とリハビリテーション、第2章 アスレティックリハビリテーションの科学的基礎、第3章 アスレティックリハビリテーションの基本プログラム、第4章 腰のスポーツ傷害、第5章 股関節・鼠径部のスポーツ傷害、第6章 膝のスポーツ傷害、第7章 下腿・足部のスポーツ傷害、第8章 肩のスポーツ傷害、第9章 肘・手のスポーツ傷害
2017.5 459p B5 ¥7400 ⓘ978-4-307-75050-9

◆正しい筋肉学―メリハリある肉体美を作る理論と実践　岡田隆著　SBクリエイティブ　(サイエンス・アイ新書)
【要旨】なぜ私たちは体を自由に動かすことができるのでしょうか?それは骨と骨をつなぐ骨格筋の存在があるからです。その大切な骨格筋にはそれぞれの特徴があります。大きな筋肉、細長い筋肉、小さいけれどパワーを発揮する筋肉などなど。本書の目的は、ひとつひとつの筋肉の性格を知ることで効率よくトレーニングを行い、メリハリある引き締まった肉体を造り上げることです。そして、メリハリのある体を作るために、本書は隣り合う2種類の筋肉を鍛えることを提案します。この方法により、より陰影のある立体的な筋肉美が完成するのです。
2017.9 191p 18cm ¥1000 ⓘ978-4-7973-8898-5

◆野球の医学　菅谷啓之, 能勢康史編　文光堂　新版
【目次】1 投球障害からの競技復帰、2 コンディショニングとセルフケア、3 投球障害の運動療法、4 投球障害の治療に必要な基礎知識、5 投球障害の病態と治療方針、6 野球傷害の病態と治療方針
2017.10 295p B5 ¥7000 ⓘ978-4-8306-5184-7

オリンピック

◆オリンピック・デザイン・マーケティング―エンブレム問題からオープンデザインへ　加島卓著　河出書房新社
【目次】第1章 美術関係者からデザイン関係者へ、第2章「いつものメンバー」のやり方へ、第3章 デザイン関係者から広告関係者へ、第4章 エンブレムとオリンピックマーケティング、第5章 東京大会への道、第6章 エンブレム問題:パクリかどうか?、第7章 エンブレム問題:出来レースかどうか?、第8章 新エンブレム:市民参加とオープンデザイン
2017.11 408p B6 ¥2300 ⓘ978-4-309-24835-6

◆金栗四三―消えたオリンピック走者　佐山和夫著　潮出版社
【要旨】日本人が出場した初めての国際的な競技大会となった一九一二年のストックホルム・オリンピック。この大会でマラソンにエントリーした金栗四三選手は、レースの途中で姿を消してしまう―。現地では何が起きていたのか。その後、金栗四三はいかにして「箱根駅伝」の創設に尽力したのか。その真相に迫る。
2017.12 279p B6 ¥1800 ⓘ978-4-267-02117-6

◆心にのこるオリンピック・パラリンピックの読みもの 別巻 リオから東京へ、つながる夢　大野益弘監修　学校図書

スポーツ

実用書

◆多角化視点で学ぶオリンピック・パラリンピック　相原正道著　（京都）晃洋書房
【要旨】2016年のオリンピック・パラリンピック招致活動を経験した日本唯一の研究者が、政治・経済・文化・教育・都市政策・環境・映画、さらにはテロ・スポーツ賭博・贈収賄・反グローバリズム・ガバナンスまで多角的にオリンピック・パラリンピックを解説する。
2017.6 199p A5 ¥2500 ①978-4-7710-2880-7

◆四継―2016リオ五輪、彼らの真実　宝田将志著　文藝春秋
【要旨】男子4×100mリレー衝撃の銀メダルに秘められた37秒間の真実。1走・山縣亮太、2走・飯塚翔太、3走・桐生祥秀、4走・ケンブリッジ飛鳥。4人が起こしたリオデジャネイロの地での"奇跡"。その裏には日本の伝統であるバトンパスを進化させてきた歴史と、「10秒の壁」を越えるべく個々のプライドを懸けて競ってきた日々があった。
2017.8 252p B6 ¥1400 ①978-4-16-390700-0

◆歴代オリンピックでたどる世界の歴史1896→2016　「歴代オリンピックでたどる世界の歴史」編集委員会編　山川出版社
【要旨】1896年の第1回アテネ大会から、世界はどんな情勢だった!?オリンピック120年の歴史をふりかえると、「平和の祭典」あり、国どうしの対立あり、事件あり…。オリンピックをたどれば、世界の歴史がみえてくる！各大会の特徴やハイライトとともにコラムで解説。大会ごとに当時の国際情勢を詳細な図版で紹介。
2017.12 135p B5 ¥1500 ①978-4-634-15125-3

トレーニング・エアロビクス

◆アクシスパワーマスタリーメソッド―たった10秒で潜在能力を引き出す　アクシスパワーマスタリーメソッド協会著　洋泉社
【要旨】スポーツをするすべての人に！中心軸から身体を変える、全く新しい身体能力向上メソッド。
2017.5 127p A5 ¥1400 ①978-4-8003-1224-2

◆アスレティックトレーニング　鹿倉二郎、鶴池柾叡編　（京都）化学同人　（はじめて学ぶ健康・スポーツ科学シリーズ 9）
【目次】アスレティックトレーナーとスポーツのシーズン制、オーバーユース症候群、オーバートレーニングとコンディショニング、下肢の外傷・障害、膝の外傷・障害とリハビリテーション、上肢の外傷・障害、肩の外傷・障害、アスレティックリハビリテーション、体力と機能の測定と評価、エネルギー供給と体脂肪燃焼、持久系スポーツ障害、熱中症と水分補給、救急処置、クライオセラピー、アスレティックトレーニングルームの管理と運営
2017.3 217p B5 ¥2700 ①978-4-7598-1707-2

◆足立流 最強の筋トレ―オカダ・カズチカも実践！　足立光著　成美堂出版
【要旨】カリスマトレーナー足立光が教える、自宅でできるトレーニング。思い通りのカラダを作る。"レインメーカー"オカダ・カズチカの体を作ったカリスマトレーナーが、自宅でできる効果的なトレーニング方法を詳解!!
2017.2 127p 26×21cm ¥1000 ①978-4-415-32260-5

◆1日5分スロー＆クイック 体脂肪を燃やす最強トレーニング　谷本道哉、石井直方著　高橋書店
【要旨】共著100万部超えの谷本道哉＆石井直方コンビがカッコイイカラダづくりを本気で考えた、やせたい男性にとって最強の1冊。たった5分でも筋肉を追い込める、裏技テクニック×やせる食事。
2017.4 127p A5 ¥1100 ①978-4-471-03409-2

◆1日2分で一生自分の足で歩ける！相撲（すも）トレーDVD付き　大江隆史著　SBクリエイティブ　（付属資料：DVD1）
【要旨】日本人の3人に1人は寝たきり予備軍…。これを防ぐには体を鍛えることが大事ですが、といっても、面倒だったりつまらなかったりすれば、続きませんよね。そこで開発したのが「相撲トレ」。ワルツの曲に合わせて力士の動きをマネするというユニークなこの体操なら、1日たったの2分でOK。しかも楽しく続けられます！
2017.11 87p A5 ¥1400 ①978-4-7973-9322-4

◆1カ月でカラダが変わる！内発動ストレッチ＆トレーニング　川嶋佑著　東邦出版
【要旨】まったく新しいエクササイズで筋肉が成長する、骨が増える、ムダ肉が取れる。身体の動きを「内発動」に変えるだけで運動が苦手な人でも爆発的に瞬発力が上がる！
2017.2 153p A5 ¥1389 ①978-4-8094-1456-5

◆動きが軽くなる！カラダ覚醒トレーニング　栗![]聡、濱栄一著　高橋書店
【要旨】"異次元の刺激"で不調知らず、疲れ知らずのカラダへ！自分史上いちばん動けるカラダをつくる新感覚メソッド。
2018.1 151p A5 ¥1350 ①978-4-471-03253-1

◆運動・からだ図解 スポーツトレーニングの基本と新理論　佐久間和彦監修　マイナビ出版　（付属資料：赤シート1）
【要旨】ウエートトレーニング、LSD、SAQ、タバタ式、自重etc. 体のしくみを理解してもっと効果的に負荷をかけたい!!医療＆スポーツ関係者の「学習」と「現場対応」に役立つ知識。
2017.9 239p A5 ¥1580 ①978-4-8399-6417-7

◆運動センスが劇的にUPする鈴木尚広式体軸トレーニング　鈴木尚広著、岩館正了監修　辰巳出版
【要旨】プロが教えるケガをしない、毎日続けられる最強メソッド39。盗塁の極意も伝授!!
2017.11 125p A5 ¥1400 ①978-4-7778-1979-9

◆大人女子のための続く筋トレ　森俊憲著　学研プラス
【要旨】面倒くさがり屋さんでも、3カ月で「理想の体型」を手に入れる！超効率的な「続く筋トレ」メソッドで、あなたの「理想の体型」を手に入れてみませんか？1万人超が体感した、続けるほど、やる気がアップするちゃっかり、超効率的な「理想の体型」になる方法。
2017.5 191p B6 ¥1100 ①978-4-05-800759-4

◆思いどおりのカラダになれる！正しい体幹トレーニング　有吉与志恵著　実業之日本社
【要旨】トレーナーが知りたがる「有吉メソッド」。体幹トレーニングの真実がここにある。
2017.10 135p A5 ¥1400 ①978-4-408-33721-0

◆角田信朗の筋トレバイブル―カラダもココロも「老けない人生」をつくる　角田信朗著　自由国民社
【目次】序章 己と戦い続ける生き方、第1章 筋肉を鍛えれば、人生が変わる、第2章 本当の強さ、カッコよさを目指せ、第3章 角田流！筋肉教室、第4章 筋肉を整える食事術、第5章 ウェル・エイジングが最強の筋トレだ！
2017.10 249p A5 ¥1400 ①978-4-426-12281-2

◆肩こりすっきり スロー空手ストレッチ　高橋優子著　プレジデント社
【要旨】もうマッサージに通う必要はありません！たった1分でラクになる。スマホ、パソコン、運動不足…なかなか取れないしつこい肩の凝り。"のばして、ひねって、ほぐす"超簡単なの芯から効果実感！
2017.8 127p B6 ¥1200 ①978-4-8334-2239-0

◆カラダが硬い人でもできる！ストレッチ講座　青山剛監修　洋泉社
【要旨】ヒザ・腰の痛み、肩こり解消、疲労回復に効果テキメン！ケガ・病気の予防にもつながる！無理なく、続けられるかんたんストレッチ100!! 2018.1 158p A5 ¥1300 ①978-4-8003-1385-0

◆関節の動きがよくわかる DVD可動域ストレッチ＆トレーニング事典　中里賢一監修、奈良信雄医学監修　西東社　（付属資料：DVD1）
【要旨】柔軟性と安定性を高める×しくみを知る×自分に合ったトレーニングが見つかる！185分、充実のDVDで、強い身体が手に入る。
2017.8 223p A5 ¥1600 ①978-4-7916-2596-3

◆基礎から学ぶスポーツトレーニング理論　伊藤マモル監修　日本文芸社　増補改訂版
【要旨】健康をサポートするためのトレーニングに欠かせない知識と実践方法を、イラストや図表を多くてわかりやすく解説しています。健康な身体を手に入れる強い味方になる一冊です。
2017.12 271p 24×19cm ¥1800 ①978-4-537-21535-9

◆筋肉スイッチトレーニング―すぐ使える体をつくる　青山剛著　成美堂出版
【要旨】鍛えるのではなく、刺激する！1日10分のトレーニングで運動能力がみるみるアップ！すぐ動かせる驚きの体幹を生み出す新メソッド。
2017.4 159p A5 ¥1000 ①978-4-415-32271-1

◆筋肥大メソッド―筋肉に手を加えることで理想のカラダは手に入る　岡田隆著・監修　ベースボール・マガジン社　ハンディ版
【要旨】ひと回り大きくなりたい…全身を引き締めたい…競技力向上のために鍛えたい…現状を打破するより効果的な筋トレの基本9ヵ条。
2017.6 103p A5 ¥1300 ①978-4-583-11111-7

◆筋力トレーニング完全マニュアル　齊藤邦秀監修　成美堂出版
【要旨】強くたくましい体も、スッキリ締まった体も！全57種目の選べる筋トレで思い通りにボディメイク!!タイプ別おすすめトレーニングプラン。体を整えるコレクティブエクササイズ＆ストレッチ。
2017.7 191p A5 ¥1200 ①978-4-415-32341-1

◆くまモンと一緒にユルッと4秒筋トレ―4Uメソッドではじめるアンチエイジング　都竹茂樹著　中央法規出版
【要旨】キホン3コース＋12のメニューを掲載。1日10分。20の4Uメソッドから3つ選んで、理想のカラダづくり！
2017.4 127p 22×19cm ¥1200 ①978-4-8058-5483-9

◆結果を出し続ける―フィジカルトレーナーの仕事　中野ジェームズ修一著、戸塚啓構成　光文社　（光文社新書）
【要旨】中野ジェームズ修一が、リオ五輪の総括から、青山学院大学駅伝チームとの秘話、自身の仕事観や哲学までを、スポーツライター戸塚啓を聞き手に徹底的に語り尽くす一冊。
2017.1 249p 18cm ¥740 ①978-4-334-03964-6

◆コンディショニング スタートブック　有吉与志恵著　学研プラス
【要旨】筋肉を整え、本来のカラダを取り戻す！鍛える前に、整える！不調解消！スタイル改善！
2017.6 127p A5 ¥1300 ①978-4-05-800740-8

◆最強のストレッチ―世界のエリートも実践する調整法　佐々木泰士著　フォレスト出版
【要旨】ストレッチがすべてを解決する。1回10秒の短時間でゆるむ、伸びる！パフォーマンスが上がり、疲れも消える！
2017.11 189p A5 ¥1500 ①978-4-89451-779-0

◆最新ストレッチの科学　坂詰真二監修　新星出版社
【要旨】「生まれつきカラダが硬い」はウソ！静的ストレッチは運動前にしてもよい!?柔らかいカラダになる真実52。
2017.12 191p A5 ¥1500 ①978-4-405-08692-0

◆30秒でスッキリ！壁トレ―体を動かすのが好きになる！　和田清香著　ナツメ社
【要旨】むくみ・こり、アンチエイジング。体が硬くても、時間がなくても、ラクに続けられる！
2017.11 159p B6 ¥1200 ①978-4-8163-6351-1

◆自重筋トレ＋骨トレーポキッ、ぐったり、ぶよぶよしない体をつくる　比嘉一雄著　祥伝社
【要旨】しなやかでかっこいい体と、折れにくい骨は、週一回の気持ちいい自重筋トレでキープできます。大人気の自重筋トレを50代以上向けにアレンジ。一生モノの「疲れない、太らない、骨折しない」体をつくる方法。
2017.6 127p A5 ¥1300 ①978-4-396-61606-9

◆自重ストレッチ―硬い体が驚くほど気持ち良く伸びる　比嘉一雄著　日本文芸社
【要旨】重力で"伸ばされる"究極のストレッチ！自重筋トレの第一人者が教える"自重"の新たな使い方。
2017.4 159p A5 ¥1300 ①978-4-537-21460-4

◆自重トレーニング大全―自分史上最高のカラダになる　岡田隆監修、酒井均編著　宝島社
【要旨】筋肉地図を見ながら賢く筋トレ 器具不要！自宅で！今すぐできる！決定版66トレーニング。
2017.3 175p A5 ¥740 ①978-4-8002-6747-4

◆自宅筋トレ 続ける技術―1日3分！ジムに行かずにマイナス5kg！　有賀誠司著　日本文芸社

BOOK PAGE 2018　　　　　　　　　　　　　217　　　　　　　　　　　　　スポーツ

【要旨】ヒザ付き腕立て5回だけ！ 正しい知識で、ムリムダー切ナシ!!マンガでサポート！ トレーニング30種！
2018.1 127p A5 ¥800 ①978-4-537-21540-3

◆自宅でできるライザップ―リズムトレーニング編　扶桑社　（付属資料：DVD）
【要旨】ライザップトップトレーナーによるサーキットプログラムを収録。ライザップ管理栄養士考案、新・2週間献立もご紹介！
2017.6 107p A5 ¥900 ①978-4-594-07746-4

◆ジュニアアスリートのための最強の跳び方「ジャンプ力」向上バイブル　体育指導のスタートライン監修　メイツ出版　（コツがわかる本！ ジュニアシリーズ）
【要旨】色々な競技に応じた跳び方ができる。カラダをもっとうまく使って跳べる。ジャンプの質を高める要素がわかる。ジュニア世代の運動能力を伸ばす！
2017.6 128p A5 ¥1600 ①978-4-7804-1898-9

◆世界一やせるスクワット―超カンタン！ 1日3分で効果絶大！　坂詰真二監修
【要旨】やせたいなら「回数」なんて意味がない。最短効率で理想のカラダを手に入れる。むっちり太もも、でか尻、ぽっこりお腹、背中のハミ肉…気になる部位もまとめて解消。
2017 95p A5 ¥680 ①978-4-537-21528-1

◆つけたいところに最速で筋肉をつける技術　岡田隆著　サンマーク出版
【要旨】胸板を最大に盛り上げたい、腹を割りたい、肩を大きくしたい、などの願いを叶える究極の自重トレ。
2017.12 173p A5 ¥1300 ①978-4-7631-3622-0

◆強める！ 殿筋―殿筋から身体全体へアプローチ　John Gibbons著、木場克己監訳　（横須賀）医道の日本社
【要旨】最新の研究知見を踏まえた「殿筋」をめぐる冒険。治療家、アスレティックトレーナー必携の一冊！ 本書は「身体のなかで最も無視されている」部位の一つである殿筋に注目。身体の痛みや機能不全のなかには、局所的なものではなく、実は殿筋が引き起こしているものも少なくない。殿筋の障害が身体にどんな影響を及ぼすのかを解説する。さらに、障害を修正するテクニック、回復を促すエクササイズも紹介する。
2017.1 203p B5 ¥3600 ①978-4-7529-3119-5

◆東大式筋トレ術―筋肉はなぜ東大に宿るのか？　東京大学運動会ボディビル＆ウェイトリフティング部著　星海社、講談社 発売　（星海社新書）
【要旨】「勉強力は筋力である」を合言葉に日夜筋トレに励む"東大最強の運動部"が僕たち東京大学ボディビル＆ウェイトリフティング（B&W）部です。関東学生ボディビル大会最多優勝を誇るB&W部ですが、もとはトレーニング器具も知識もなく、筋肉に触れたこともなかった部員がほとんどです。"ただの東大生"だった僕たちはなぜ、こここまで筋肉を身に宿すことができたのでしょうか？ それは、「筋トレと受験勉強は似ている」「筋トレの質は頭の使い方で決まる」ということに気がついたからです。本書には、そんな「東大式筋トレ術」のすべてが詰まっています。さあ、今すぐペンをダンベルに持ち替え、人生に勝利する筋トレを始めましょう！
2017.4 167p 18cm ¥900 ①978-4-06-138612-9

◆どんなに体が硬くてもペターッと前屈できる本　秋本つばさ著、半田学監修　マキノ出版

【要旨】体が軟らかくなると超健康になる。スポーツマンタイプ、オフィスワーカータイプ、メタボ・むくみタイプ、関節ぎくしゃくお年寄りタイプ。体の硬さのタイプ別にストレッチメニューを構成！
2017.4 131p A5 ¥1300 ①978-4-8376-7255-5

◆70歳からの筋トレ＆ストレッチ　大渕修一編者　法研
【要旨】高齢者になぜ筋トレが有効かイラスト入りで解説。高齢者でも無理をせず安心してできるトレーニング。姿勢を矯正し、かっこいいシニアになれるストレッチ運動。1日10分、自宅でできて、とても簡単!!かっこいいシニアになりましょう！
2017.10 127p 23×19cm ¥1600 ①978-4-86513-408-7

◆7秒で狙った筋肉を手に入れる！ 自重筋トレ完全メソッド　角田信朗著、山本昌弘監修　日本文芸社
【要旨】この本で紹介する筋トレの特徴は、2つ。ひとつは、鍛える部位に負荷を加え、それを「7秒静止」すること。もうひとつは、重量のある物を「下ろす、戻す」といった、従来の「挙げる、引きつける」という動作の反対動作（ネガティブ動作）を行なうこと。この2つで、10年後、20年後も老けない筋肉を身につけよう！
2017.5 127p A5 ¥1200 ①978-4-537-21468-0

◆2週間で腹を割れる！ 4分鬼筋トレ　岡田隆著　アチーブメント出版
【要旨】ガリガリでもぽっちゃりも中年男も女性も腹も例外なく、2週間で大改造する超・劇薬！リオ五輪男子柔道の世界一を完全にサポートしたトレーナーの世界一の腹筋プログラム。脂肪燃焼、筋肥大を同時に起こし、超高効率、超最短で6パックが手に入る！
2017.6 144p A5 ¥1300 ①978-4-86643-010-2

◆はいはいエクササイズ―自宅で簡単、無理なくできる　枝光聖人著　ベストセラーズ
【要旨】100歳を過ぎても足腰が強くなる。「はいはい」は人間のあらゆる運動の基本！ 場所も取らない！ 道具もいらない！
2017.11 182p B6 ¥1400 ①978-4-584-13828-1

◆バズーカ式「超効率」肉体改造メソッド　岡田隆著　池田書店
【要旨】やせる、筋肉がつく、確実に。ボディビルダーが編み出した最速ボディメイク法。3分半で約100kcal消費！ 圧倒的な脂肪削減トレ。狙った筋肉を確実に鍛えるプロの技。
2017.6 175p A5 ¥850 ①978-4-262-16561-5

◆ハリウッド式 THE WORKOUT―分単位で自分史上最高の身体をつくる脳と身体のコネクトメソッド　北島達也著　ワニブックス
【要旨】一流の経営者、アスリートなど1万人を指導した著者が教える「超効率視」の肉体＆メンタル改造計画。最短距離でゴールを目指せ！
2017.8 183p B6 ¥1300 ①978-4-8470-9609-9

◆腹筋を美しく見せる！ 女子の体幹トレーニング―一体が、目覚める。タテ線、思いのまま。　MAYUMI監修　成美堂出版
【要旨】美しいボディラインが手に入る。めぐりのよいやせやすい体質に変わる。骨盤が安定し、内臓の位置が整う。コリや張り知らずの体になる。軸が通り、動作が軽やかになる。重心が定まりキレイに歩ける。
2017.7 159p A5 ¥1000 ①978-4-415-32342-8

◆腹筋女子 お腹が割れたら人生変わった！　山崎麻央監修　講談社　（講談社の実用BOOK）
【要旨】「一生に一度は腹筋を割ってみたい！」そんな願いを叶えた、"腹筋女子"たちの成功体験と、確実に結果を出す、最短メソッドを紹介。トレーニングをすれば、体は変わる。そして、あなたはもっと自分を好きになれる！
2017.12 79p A5 ¥900 ①978-4-06-299889-5

◆太い腕と厚い胸板をつくる至高の筋トレ―誰でも憧れの筋肉ボディになれる！　岡田隆著　日本文芸社
【要旨】スポーツ科学にもとづく究極のフォーム解説と的確な種目選択がカラダを変える！ お腹引き締めプログラムも収録！
2017.11 159p A5 ¥1300 ①978-4-537-21518-2

◆プリズナートレーニング―圧倒的な強さを手に入れる究極の自重筋トレ　ポール・ウェイド著、山田雅久訳　CCCメディアハウス

【要旨】ジム通いはムダ、プロテインは不要！ 生き抜くために必要な強さは、自分自身の肉体にある。スパルタ軍、ローマの剣闘士、世界の監獄で秘かに受け継がれてきた究極のメソッド。元囚人の"コーチ"が伝授する真の「筋トレ大全」。
2017.8 325p A5 ¥2000 ①978-4-484-17106-7

◆間違いだらけ！ 日本人のストレッチ―大切なのは体の柔軟性ではなくて「自由度」です　森本貴義著　ワニ・プラス、ワニブックス 発売　（ワニブックスPLUS新書）
【要旨】著者がパーソナルトレーニングで接するクライアントの多くが、「私、体が硬くって…」と申し訳なさそうに話すといいます。ところが、米メジャーリーグのシアトル・マリナーズでのトレーナー経験を通じ、数多くのアメリカ人、中南米諸国出身の選手たちの体を接してきた著者は、日本人の体は硬くない、と断言するのです。「体が硬い」という思い込みで、本来、硬くない体を無理なストレッチで損なってしまうリスクに警鐘を鳴らし、体の「自由度」を上げる正しいストレッチを紹介します。
2017.9 221p 18cm ¥880 ①978-4-8470-6110-3

◆メンタルトレーナーが教える 子どもが伸びるスポーツの声かけ　辻秀一著　池田書店
【要旨】この本では、スポーツの現場でありがちな声かけを挙げながら、心についての基本的な考え方を紹介していきます。そのうえで子どもがスポーツに夢中になる声かけや、パフォーマンスが上がる声かけを提案しました。声かけを題材にして心の整え方について学ぶことで、スポーツはもちろん、ぜひ日々の暮らしに応用し、使いこなしてほしいと思います。
2017.3 239p B6 ¥1300 ①978-4-262-16560-8

◆もっときれいになる女子の筋トレ―おうちでできる簡単自重トレ！　瀧井真一郎監修　山と溪谷社　（付属資料：DVD）
【要旨】カンタン筋トレでやせる！ 美しくなる！ 代謝アップでリバウンド知らず。肩こり・腰痛、便秘、肌荒れ、冷え性も解消！
2017.12 112p A5 ¥1800 ①978-4-635-49031-3

◆ランニングする前に読む本―最短で結果を出す科学的トレーニング　田中宏暁著　講談社　（ブルーバックス）
【要旨】運動生理学の研究から生まれた「走るための最強メソッド」本来、走ることは、決して苦しい運動ではありません。誰でも持っている「走る才能」を100％発揮するには、フォアフット着地で、ラクなペースで走ること。「スロージョギング」から始めれば、一流ランナーと同等のスキルも簡単に習得できます。準備運動も筋トレもいらない、膝や心臓への負担もない。それでいて、消費カロリーはウォーキングの2倍。初心者から、サブスリーを目指す上級者まで、弱点を克服し、確実に結果を出すノウハウを徹底解説。
2017.2 250p 18cm ¥980 ①978-4-06-502005-0

◆AYAトレ30日チャレンジノート―DVD付き 1日5分！ AYAボディメソッド入門編　AYA著　講談社　（付属資料：DVD）
【要旨】毎日の達成度を書き込めるノートスペース、毎日の食事レシピ、1日1言AYAからのメッセージ付き。噂の"鬼トレ"に入門できるシリーズ第3弾。
2017.11 79p A5 ¥1300 ①978-4-06-220844-4

◆DVD付きカラダがスーッとラクになる可動域ストレッチ　中里賢一監修　西東社　（付属資料：DVD）
【要旨】筋肉を動かす→可動域が広がる。関節が若返る！ 肩こり、腰痛、猫背、疲れ、ダルサなど痛み、悩みがスッキリ解決！ 1日3分！ かんたんプログラム。
2018.1 127p A5 ¥1300 ①978-4-7916-2595-6

◆DVD付き カラダが変わる！ 自分を変える！ クロストレーニング　小杉幸博監修　ナツメ社　（付属資料：DVD）
【要旨】クロストレーニングってなに？ クロストレーニングとは、さまざまな動作を組み合わせたトレーニング方法。短時間×高強度で、自分を追い込むタフなトレーニングメニューですが、「立つ」「歩く」「押す」「持ち上げる」といった日常的な動作がベースとなっており、基本的な運動能力を高め、しなやかな筋肉と引き締まった体を手に入れることができます。
2017.5 127p A5 ¥1300 ①978-4-8163-6218-7

◆DVD付き ヒモトレ入門　小関勲著　日貿出版社　（付属資料：DVD）

実用書

辞典・書誌・年鑑

◆スポーツ・運動科学レファレンスブック
日外アソシエーツ編　日外アソシエーツ，紀伊國屋書店　発売
【要旨】1990(平成2)年から2016(平成28)年までに日本国内で刊行された、スポーツ一般(スポーツ史、スポーツ用語、スポーツ政策など)、競技スポーツ(オリンピック、体操、陸上競技、サッカー、野球、ゴルフ、柔道、相撲など)、レジャースポーツ(登山、アウトドア、ダンス、ダイビングなど)、運動科学(スポーツ医学、運動療法、リハビリテーション、トレーニング理論など)に関する参考図書を網羅。書誌、年表、事典、図鑑、年鑑・白書、統計集など1,879点を収録。様々な角度から検索できるよう、書名、著編者名、事項の索引を完備。
2017.7 324p A5 ¥9250 ⓘ978-4-8169-2675-4

◆スポーツ史事典―トピックス2006-2016日本/世界　日外アソシエーツ編　日外アソシエーツ，紀伊國屋書店　発売
【要旨】国内外のスポーツに関する出来事を年月日順に3944件収録した記事事典。2006年から2016年までの間に行われた夏季・冬季五輪、世界選手権、W杯、ゴルフのメジャートーナメント、テニスのグランドスラム大会、北米4大スポーツリーグから国内の野球、サッカー、ラグビー、卓球、バレーボール、アイスホッケー、陸上、体操、競泳、スピードスケートまで幅広い競技の主要大会の結果を収録。FIFA汚職事件、ドーピング問題、錦織圭の全米オープン準優勝、イチローの日米通算4257安打達成などのトピックスを掲載。"競技別索引""人名・団体名索引"と幻の東京五輪(1940)から2020年大会までの道筋をたどることができる"東京五輪年表"付き。
2017.1 559p A5 ¥13500 ⓘ978-4-8169-2640-2

◆スポーツ年鑑　2017　ポプラ社
【要旨】リオオリンピック・パラリンピックを大特集。イチロー選手のメジャーリーグ3000安打、錦織圭選手のプレミアクラブ優勝など、国内外のスポーツニュース約150本を取り上げ、豆知識とともにわかりやすく解説。ウィルチェアーラグビーの池透暢選手、テニスの綿貫陽介選手のインタビューも掲載！
2017 223p 25×19cm ¥3500 ⓘ978-4-591-15326-0

スケート

◆浅田真央―希望(ホープ)の軌跡　ワールド・フィギュアスケート編集部編　新書館
【要旨】2017年4月、競技からの引退を発表した浅田真央。世紀のアスリートが歩んできたこれまでのスケート人生を本人が厳選した150点を越える写真で振り返る。
2017.8 95p A4 ¥1900 ⓘ978-4-403-31115-4

◆浅田真央―私のスケート人生　浅田真央，ワールド・フィギュアスケート編集部著　新書館
【要旨】2017年4月に現役引退を発表、アスリート生活に区切りをつけた浅田真央。いま再び前に進みはじめるかつてのスケーターが、輝かしいスケート人生を自ら語ります！浅田真央が語るトリプルアクセル、ルーツ、二度のオリンピック…秘話満載！
2017.12 158p B6 ¥1200 ⓘ978-4-403-23126-1

◆英語で読む羽生結弦　土屋晴仁著，佐藤和枝訳　IBCパブリッシング　(IBC対訳ライブラリー)　(本文：日英両文；付属資料：CD-ROM1)
【目次】1 A genius boy in Sendai! 天才少年が仙台にいる！, 2 Affected by the Great East Japan Earthquake 3.11東日本大震災に被災, 3 Training in Canada カナダでトレーニング, 4 The Sochi Olympics : First Japanese male to win the gold medal ソチ五輪で日本男子初の金メダル, 5 Fighting injuries and sickness ケガ、病気とも闘いながら, 6 Beating his own world record 自己の世界新記録を更新, 7 The PyeongChang Olympics and beyond 平昌五輪へ、そして未来へ
2018.1 213p B6 ¥1800 ⓘ978-4-7946-0519-1

◆チーム・ブライアン 300点伝説　ブライアン・オーサー著，樋口豊監修，野口美惠構成・訳　講談社
【要旨】あの笑顔の理由、あの雄叫びの真相、あの激闘の舞台裏。さらに異次元の未来へ！名コーチが語る、羽生結弦、ハビエル・フェルナンデスの物語。
2017.1 285p B6 ¥1400 ⓘ978-4-06-220118-6

◆チャーム・オブ・アイス―フィギュアスケートの魅力　レーナ・レヘトライネン，エリナ・パーソネン，カイサ・ヴィータネン著・写真，堀内都喜子訳　サンマーク出版
【要旨】フィンランドの人気作家、カメラマンたちが目の当たりにした、フィギュアスケートの神髄。世界各国100名以上の選手、コーチ、振付師、審判が描く氷上の奇跡のすべて。
2017.10 207p B5 ¥2300 ⓘ978-4-7631-3625-1

◆トップスケーターのすごさがわかるフィギュアスケート　中野友加里著　ポプラ社　(ポプラ新書)
【要旨】点数のつけ方、スケーターの裏側など、元トップスケーターが書く、フィギュアスケート観戦の決定版。
2017.9 254p 18cm ¥800 ⓘ978-4-591-15583-7

◆日本フィギュアスケートの軌跡―伊藤みどりから羽生結弦まで　宇都宮直子著　中央公論新社
【要旨】1992年アルベールビルから2018年平昌(ピョンチャン)へと続く道。"絶対王者"オリンピック2連覇へ！そこには青春を懸けた闘いがあった。一国がフィギュア大国となるまでの歩みを、選手たちの証言で振り返る。
2017.2 197p B6 ¥1400 ⓘ978-4-12-004940-8

◆羽生結弦 王者のメソッド　野口美惠著　文藝春秋　(文春文庫)
【要旨】14歳のとき「僕はレジェンドになりたい！」と宣言した少年は、19歳で日本男子シングル初の五輪金メダルを獲得した。そして「止まらずに進化し続ける」という言葉通り、歴代最高点の更新、前人未到の演技構成などや新しい扉を次々と開け、2度目の五輪を迎えようとしている。人間・羽生結弦の葛藤、挑戦、成長をつぶさに描く。
2017.12 329p A6 ¥780 ⓘ978-4-16-790990-1

◆羽生結弦SEASON PHOTOBOOK 2016-2017　田中宣明撮影　舵社
【目次】とっておきの羽生結弦へ, Short Program プリンスの輝き, Free Skating 新時代への跳躍, Toronto Cricket Skating and Curling Club 羽生結弦がトロントに還るわけ, Exhibition&Ice show 表現者としての挑戦, 2016-2017羽生結弦全成績
2017.7 95p A4 ¥2300 ⓘ978-4-8072-1144-9

◆フィギュアスケート男子 夢をつかむ者　二見書房編集部編　二見書房
【要旨】羽生結弦、宇野昌磨、田中刑事、無良崇人他、世界選手権の奇跡が蘇る！2016-2017シーズン名場面集。
2017.9 94p A4 ¥1600 ⓘ978-4-576-17083-1

◆フィギュアスケートMemorial グランプリシリーズ2017 in ロステレコム杯　ライブ編著　カンゼン
【要旨】ロステレコム杯2017メダルセレモニー、羽生結弦(ショートプログラム、フリースケーティング、エキシビション、公式練習&記者会見)、ネイサン・チェン、ミハイル・コリヤダ、グランプリシリーズ2017 ロステレコム杯男子シングル結果、グランプリシリーズ2017 今後の試合日程
2017.11 127p B5 ¥1300 ⓘ978-4-86255-426-0

◆フィギュアスケートMemorial 世界フィギュアスケート選手権2017　ライブ編　カンゼン
【目次】世界フィギュアスケート選手権2017メダルセレモニー、羽生結弦、宇野昌磨、田中刑事、ボーヤン・ジン(金博洋)、ハビエル・フェルナンデス、パトリック・チャン/ネイサン・チェン、世界フィギュアスケート選手権2017男子シングル結果
2017.4 127p B5 ¥1300 ⓘ978-4-86255-401-7

◆DVDでもっと華麗に！魅せるフィギュアスケート 上達のコツ50　西田美和監修　メイツ出版　(コツがわかる本！)　(付属資料：DVD1)　改訂版
【要旨】もっと優雅に、もっと確実に、もっと多彩に！氷上で舞う「ステップアップのポイント」をわかりやすくご紹介します！
2017.10 96p A5 ¥1980 ⓘ978-4-7804-1935-1

◆Fantasy on Ice2017 OFFICIAL PHOTO BOOK　田中宣明，能登直，田口有史撮影　集英社
【要旨】ファンタジー・オン・アイス2017の記憶が蘇る珠玉の一冊。3人のフォトグラファーが撮りおろし。
2017.8 159p A4 ¥3200 ⓘ978-4-08-780815-5

スキー・スノーボード

◆いまから始める山スキー入門―雪山に登って滑るABC　山と溪谷社編　山と溪谷社
【目次】1 山スキーの基礎知識(山スキーの定義とは？，代表的な山スキーエリア ほか)，2 山スキーの道具(楽しみ方に合った道具を選ぶ，ブーツ，ビンディング ほか)，3 山スキーの技術(山スキーの技術―クライミングスキンの貼り方1，クライミングスキンの貼り方2&しまい方、クライミングスキンの取り扱いQ&A ほか)
2017.2 120p A5 ¥1900 ⓘ978-4-635-24237-0

◆教育本部オフィシャルブック　2018年度　公益財団法人全日本スキー連盟　全日本スキー連盟編著　スキージャーナル　(付属資料：DVD1)
【目次】教育本部オフィシャルブック1(2018年度教育本部研修テーマ、2018年度教育本部事業、2018年度研修テーマ)，教育本部オフィシャルブック2(2018年度教育本部名簿、2017年度教育本部公認資格取得者名簿、各種申込書、願書等様式)，教育本部オフィシャルブック規約・規程抜粋 教育本部諸規程
2017.11 3Vols.set B5 ¥2685 ⓘ978-4-7899-1245-7

◆資格検定受検者のために　2018年度　公益財団法人全日本スキー連盟 教育本部　全日本スキー連盟教育本部編著　スキージャーナル　(付属資料：DVD1)
【目次】1 スキー編 指導者に必要な基礎理論，2 資格検定と検定制度，3 公認研修制度，4 受検者編，5 スノーボード編，6 スキーパトロール編，7 クロスカントリースキー編
2017.11 B5 ¥1796 ⓘ978-4-7899-1246-4

◆向かい風がいちばんいい　葛西紀明著　河出書房新社
【要旨】逆境を力に変え、平昌へ！進化し続ける不屈の45歳、レジェンド哲学。どこまでも上を目指して鍛え、挑み続ける男の最新メッセージ&語録。
2017.12 189p B6 ¥1300 ⓘ978-4-309-27906-0

◆渡辺一樹が教えるいまどきのスキー練習帳―即効バリトレ(バリエーショントレーニング)70　渡辺一樹著　山と溪谷社　(付属資料：DVD1)
【要旨】悩める中上級者の欠点矯正法―樹とっておきの練習メニュー！
2017.11 112p B5 ¥1900 ⓘ978-4-635-03542-2

ゴルフ

◆頭の中を最適化すればスコアは突然縮まる！―メンタルで10打よくなる「ゴルフ超思考法」　市村操一，金谷多一郎著　実業之日本社　(じっぴコンパクト新書)
【要旨】「ゴルフは後悔をコースに残してくるスポーツ」と言われるほど、後から「ああしておけば良かった！」と思うことが非常に多い。なぜいつもそうなのか？実はボールを打つ前にその9割以上の原因がある。ショット前に頭の中を整理する、自分の心の動きを感じる、いつものルーティンを守る。こうしたことができれば、誰でも後悔が激減する！大学教授とプロゴルファーが、「思考」で技術を引き出す最短ゴルフ上達

法を解き明かす。
2017.3 222p 18cm ¥900 ①978-4-408-45631-7

◆**アドレスで飛ばしなさい―日本一飛ばす男のゴルフ「飛ばし」の格言** 安楽拓也著 ベストセラーズ
【要旨】公式最長記録411ヤードのチャンプが教える「左ヒジ」を極めるスイング真・理論―あなたの「リミッター」を、飛ばすためのアドレスがある！必ず飛距離アップする絶対忘れないワード40。
2017.11 191p 18cm ¥1400 ①978-4-584-13830-4

◆**アプローチの新しい教科書―「左手」「右手」タイプ別で上手くなる！** 松吉信著 日本文芸社
【要旨】左手タイプ、右手タイプ、完成タイプ―自分のタイプを見つけてレベル＆スコアアップ。初心者からプロレベルまで使える、誰も言わなかった画期的メソッド。
2017.7 159p A5 ¥1100 ①978-4-537-21489-5

◆**いくつになってもスコアは縮まる!!生涯ゴルフの極意** 梅本晃一著 日本経済新聞出版社
【要旨】ゴルフが落ち目になってきた中高年でも、楽にスコアアップ、さらなる「飛ばし」を実現できるスキルをやさしく解き明かした指南書。飛距離もスコアも落ちてきて自信を失いかけつつあり、ゴルフに対する意欲が減退し始めたアマチュアゴルファーでも、全盛期のゴルフが再現できる簡単な練習法やテクニックを紹介。
2017.3 221p 18cm ¥850 ①978-4-532-26336-2

◆**1日1分！かんたん！100を切る！体幹ゴルフ入門** 平林孝一著 幻冬舎
【要旨】飛んで曲がらない理想のスイングを自宅で手に入れる！1分でわかるイラストレッスン、素朴な疑問Q＆A。いますぐ実感35の極意・21のエクササイズ。
2017.4 94p B5 ¥926 ①978-4-344-03106-7

◆**1日5分で90切り―自宅にいながらみるみるスコアアップ** 安藤秀著 学研プラス
（GAKKEN SPORTS BOOKS）
【要旨】家の中でこっそり練習、ラウンドで突然90切り。筑波大学博士が考案した最新プログラム
2017.10 160p B6 ¥1100 ①978-4-05-800842-3

◆**井上誠一のコースデザイン** 一季出版 復刻版
【目次】THE GOLF COURSE DESIGNED BY SEI-ICHI INOUE、第1部 井上誠一の設計思想（ゴルフコース設計家への道、コース設計に対する基本姿勢、基本計画に見るゴルフ倶楽部論 ほか）、第2部 井上誠一氏を偲ぶ（井上先生の思い出あれこれ、井上誠一先生の教えに想う、特別座談会・井上誠一のコース設計理念を語る）、第3部 資料編（新設計画、改造・増設計画、戦略性 ほか）
2017.8 339p B5 ¥10000 ①978-4-87265-197-3

◆**会心のショットが百発百中になる完全なゴルフスイング ボディフロー・ラーニング** 編 安藤秀著 現代書林
【要旨】クラブをふり回しているほうがスイングは上達する！練習熱心な人に伝えたい驚愕の事実。1日わずか12分！誰も知らなかった究極メソッド。ボディフロー・ラーニングを構成する3つのプログラム―正しいゴルフスイングの構築、ラウンド中でもすぐさま対応できるミスショットの対応、より高度なスイングを作るための筋力・バランス・柔軟性の向上。
2017.4 206p B6 ¥1500 ①978-4-7745-1628-8

◆**ゴルフが消える日―至高のスポーツは「贅沢」「接待」から脱却できるか** 赤坂厚著 中央公論新社 （中公新書ラクレ）
【要旨】少子高齢化やライフスタイルの変化により、市場規模の縮小がますます進むゴルフ。人気メーカー撤退やギャラリー減少といった暗い報道も多く、「このままでは日本からゴルフが消えかねない」と警鐘を鳴らすスポーツライターがレポートと提言をまとめて緊急出版。五輪こそゴルフ復権のラストチャンスだ！
2017.4 213p 18cm ¥780 ①978-4-12-150581-1

◆**ゴルフスイングバイブル** 内藤雄士著 河出書房新社
【要旨】スタンダードを知らずして「改善」は無し。この状態がGOODなのか常に確認を!!No.1ツアープロコーチの集大成。日本版「モダン・ゴルフ」誕生!!
2017.10 255p A5 ¥2800 ①978-4-309-27893-3

◆**ゴルフ特信資料集 ゴルフ場企業グループ＆系列 2017年** 一季出版編 一季出版
【要旨】最新グループ＆系列ゴルフ場一覧。市場の転換期迎えゴルフ場売買減少。閉鎖ゴルフ場も増え、企業戦略に変化あり。既設ゴルフ場のメガソーラー転用100件超。ゴルフ場企業保有ホール数ランキング付き。
2017.6 201p A4 ¥5000 ①978-4-87265-196-6

◆**ゴルフドライバー名人―たった1回のワッグルで飛距離は伸びる** 平野茂春 新星出版社 （SHINSEI Health and Sports）
【要旨】飛んで曲がらない！ちょっとしたルーティンをするだけで、20〜30ヤードの飛距離アップ
2017.9 175p 18cm ¥850 ①978-4-405-08220-5

◆**ゴルフの教え方、教えます！** 石井忍、エースゴルフクラブ監修 実業之日本社 （パーフェクトレッスンブック）
【要旨】ゴルフに詳しくなくても基本から教えられる！スマホ活用で上達スピードが劇的にアップ！女性＆ジュニアの教え方も同時掲載！
2017.3 175p A5 ¥1400 ①978-4-408-45627-0

◆**ゴルフの新常識 クラブの動きから理想のスイングを作る** 関浩史著 ベストセラーズ （GOLFスピード上達シリーズ）
【目次】第1章 スイングは"クラブ"から考えよう！（ゴルフは"クラブ"で球を打つスポーツだ!!、既存のレッスンも"体メイン"の指導ばかり…ほか）、第2章 クラブの「正しい動き」を知ろう！（「インパクト」で何が起こっているか、目指すのは「0度」のインパクト ほか）、第3章 スイングの「基本」をおさらいしよう！（グリップは左腕を垂らした向きで握る、クラブを下から支えて持とう！ほか）、第4章 インパクトの「ズレ」を直そう！（インパクトのイメージがズレているのがすべての元凶、スマホで動画を撮ってチェック！ほか）、第5章 さらに一歩進んだためのヒント!!（球を曲げて打つ練習をしよう、弾道のイメージを持てるだけ明確に持とう！ほか）
2017.3 191p 18cm ¥1050 ①978-4-584-13779-6

◆**ゴルフの品格―月イチプレーヤーでもシングルになれる100の方法** 神田恵介著 幻冬舎
【要旨】ゴルフが上手くなくても、仕事もうまくいく！技術論、飛球法則、ルール、マナー・エチケット、メンタル、身体と道具、仕事とゴルフ…。これであなたも尊敬されるゴルファーになれる！
2017.7 246p 18cm ¥1000 ①978-4-344-03150-0

◆**ゴルフはインパクトの前後30センチ！** 大塚友広著 東邦出版
【要旨】インパクトを整えるだけで、いつもどおりにスイングしているのに、なぜだか飛んで、曲がらない。
2017.5 181p B6 ¥1111 ①978-4-8094-1494-7

◆**ゴルフは直線運動（スイング）で上手くなる！―プロのスイングを身に付ける！** 三觜喜一著 日本文芸社
【要旨】プロのスイングを身に付ける！直線運動がマスターできるドリル満載！
2017.9 159p B6 ¥1000 ①978-4-537-21474-1

◆**ゴルフはフィニッシュからつくる!!ごうだ流スイング完成法** 合田洋治著 日本経済新聞出版社 （日経プレミアシリーズ）
【要旨】ベストスイングは、フィニッシュからつくり上げるもの。国内屈指の理論派プロが、体格、筋力、柔軟性など各ゴルファーの状態に合わせたオーダーメイドのスイングをタイプ別に明示し、それぞれの特性に合わせたスイングを完成させていく手法を詳説。どんなゴルファーにも対応する、上達への道が必ず開ける万能レッスン書。
2017.9 197p 18cm ¥850 ①978-4-532-26353-9

◆**ゴルフ飛距離が落ちたと思ったら…―飛距離復活バイブル** 安楽拓也著 主婦の友社
【要旨】安楽拓也待望の飛距離アップ宣言。ドラコン3冠王、レッスン・オブ・ザ・イヤー受賞。人生最高の飛ばしを作る!!
2017.8 191p 18cm ¥850 ①978-4-07-425892-5

◆**これさえなくせば90が切れる!!スコアメイクのお約束** タケ小山著 日本経済新聞出版社 （日経プレミアシリーズ）
【要旨】スイングミス、クラブ選択ミス、戦略ミス、状況判断ミス、慌てて自分を見失うミス…。本書は、「屋根裏のプロゴルファー」としておなじみのアマチュアゴルフにありがちな失敗を、しっかりリカバリーするゴルフ術を解説。これさえなくせば「90切り」が実現できる」、タケ先生のミス撲滅レッスン。
2017.8 189p B6 ¥850 ①978-4-532-26349-2

◆**ザ・ウエッジ・バイブル―アプローチ＆バンカー自由自在！** 石井忍著 実業之日本社 （ワッグルゴルフブック）
【要旨】"寄せワン""砂イチ"連発！テクニック＆ギアの機能を完全解説！アプローチに"感性"は必要ない！
2017.5 174p 18cm ¥980 ①978-4-408-45645-4

◆**ザ・リアル・スイング―科学が解明した「ゴルフ新常識」** 奥嶋誠昭著 実業之日本社 （ワッグルゴルフブック）
【要旨】「カラダの横回転＋腕の縦振り」だけじゃスイングにならない！コレが事実！アマチュアもプロも「3次元の移動と回転」（6方向の自由度）で振っている！
2017.10 175p 18cm ¥980 ①978-4-408-33738-8

◆**芝草科学とグリーンキーピング―マイカの時間"TheBOOK"** マイカ・ウッズ著 ゴルフダイジェスト社
【要旨】芝草の新種作出や資材・機械の進歩とともに、コース管理手法も勘と経験の時代から、科学知識とデータを駆使したものに変わってきた。米国人の芝草学博士の説くコース管理は、まさにその最先端。データと検証、そして明解な理論構成で、効率がよくリスクの少ない管理手法が示される。併せて、世界の最新理論や機器も紹介され、グリーンキーパーはじめコース管理に携わる者すべてが手軽に習得できるコース管理ハンドブック。
2017.3 231p B6 ¥1500 ①978-4-7728-4172-6

◆**弱小集団東大ゴルフ部が優勝しちゃったゴルフ術** 井上透著 主婦の友社
【要旨】ボールを打つより、頭で理解する東大式ゴルフであなたも変わる！井上コーチの超効率ゴルフのススメ。
2018.1 207p B6 ¥1200 ①978-4-07-425923-6

◆**ジャパンゴルフツアーオフィシャルガイド 2017** 日本ゴルフツアー機構、一季出版 発売
【目次】ツアーメンバープロフィール、2016年度ツアートーナメント成績、2016年度チャレンジトーナメント成績、2016年度その他の競技成績、2016年度ツアーデータ、過去のツアーデータ、海外の記録
2017.4 397p A5 ¥1204 ①978-4-87265-195-9

◆**勝利数ゼロ無名のプロゴルファーが50歳から大活躍した秘密のレッスン** 崎山武志著 主婦の友社
【要旨】50歳過ぎても上手くなれます。飛ばせます。いきなり上達するポイント満載。
2017.10 191p 18cm ¥880 ①978-4-07-425900-7

◆**スクエアグリップでやり直せば飛ばしも寄せも驚くほど上達する！** 武田登行著 実業之日本社 （ワッグルゴルフブック）
【要旨】スクエアグリップの松山英樹スイングを徹底解剖！事実、強いプロはスクエアグリップに変えている！スクエアグリップはイイコトだらけ！
2017.4 175p 18cm ¥980 ①978-4-408-45634-8

◆**すぐに役立つゴルフルール 2018年度版** 沼ън聖一、マイク青木監修 池田書店
【目次】ゴルフとは、ルール改訂、ティーインググラウンド、スルーザグリーン、バンカー、ウォーターハザード、パッティンググリーン、クラブ・アドバイス・他、用語の意味と方法・マナー、付録
2017.12 246p 17×9cm ¥790 ①978-4-262-17257-6

◆**世界のトッププロが使うゴルフの基本テクニック** 吉田洋一郎著 マイナビ出版
【要旨】「Aスイング」「風に負けないダウンスイング」「飛距離が伸びるアッパースイング」「バイオスイングダイナミクス」。トップコーチから学ぶ4つの極意。
2017.12 223p B6 ¥1480 ①978-4-8399-6493-1

◆**セリザワメソッド 芹澤流ならスイングが変わる―チームセリザワゴルフアカデミー公式レッスンBOOK** 芹澤信雄著 ゴルフダイジェスト社
【要旨】僕らはみんな"ビュンビュン素振り"で上手くなった。愛弟子たちが大活躍！いちばんやさしいゴルフの基本。
2017.10 111p A5 ¥900 ①978-4-7728-4175-7

実用書

スポーツ

◆たった3分で飛距離アップ！―ドラコン3冠王の即効レッスン　安楽拓也著　学研プラス　(GAKKEN SPORTS BOOKS)
【要旨】飛ばしのコツの大半は、テクニックや体力的な要素とは無縁です!!初級者もシングルもシニアも女性もすぐできます！
2017.5 159p B6 ¥1200 ①978-4-05-800764-8

◆誰もいなかったシンプルゴルフのすすめ　中井学著　河出書房新社
【要旨】20年のコーチ経験で得た中井学理論の集大成!!
2017.8 190p B6 ¥1200 ①978-4-309-27865-0

◆"乗せたい距離"を100%乗せるゴルフ―"80台"で回る習慣　北野正之著　ベストセラーズ　(GOLFスピード上達シリーズ)
【要旨】練習方法とコースの攻め方が明確になって最速でスコアアップ確定!!
2017.9 191p 18cm ¥1100 ①978-4-584-13812-0

◆入っちゃう！パットの法則　星谷孝幸著　ゴルフダイジェスト社　(ゴルフダイジェスト新書 34)
【要旨】打ち方はもちろん、狙い方、ラインの読み方、パター選び、練習方法、ラウンド前の準備までパターは科学で上手くなる！
2017.3 182p B5 ¥850 ①978-4-7728-4174-0

◆パターが劇的に入る本―スコアが驚くほど縮まるイラスト図解版　ライフ・エキスパート編　河出書房新社
【要旨】このテクニックと考え方で、パターは完全に攻略できる！あなたの「パッティングの欠点」を修正してくれる答えが満載!!
2017.3 95p B5 ¥1200 ①978-4-309-27829-2

◆パープレーが当たり前！　佐久間馨著　日本経済新聞出版社　(日経ビジネス人文庫)　(『ゴルフはパープレーが当たり前！』改題書)
【要旨】絶対にダボを叩かないためのリスクマネジメント、アプローチやパットでパーを拾う技術、自己対話による自己コントロール…。パー(マイパー)を基準に一進一退のゲームを楽しむのが、ゴルフの本当の面白さ。「可能性の領域」を飛び越え、本番で100%の実力を発揮するための特別レッスン。Sメソッドゴルフ・スコアメイキング編。
2017.7 217p A6 ¥700 ①978-4-532-19827-5

◆秘技！スプリント打法のすべて。―無敵の飛びは走る動きにヒントがあった！　南出仁寛、岡本啓司著　ゴルフダイジェスト社　(ゴルフダイジェストレッスン絵本)　(付属資料：DVD1)
【要旨】速く走るには腕の振りが不可欠。ならば、腕を速く振るには？脚の動きが必要だ！スピードスケートを見てひらめいた。飛ばしは「脚と腕」のシンクロだ！
2017.3 87p A5 ¥980 ①978-4-7728-4173-3

◆飛距離が10歳若返る！8つの飛ばし術　山口信吾著　日本経済新聞出版社　(日経プレミアシリーズ)
【要旨】「下半身の筋力で飛ばす」「全力素振りで瞬発力を鍛える」「体重移動で腰を回す」「コックを使ってヘッドを加速する」「長尺で飛ばす」―。ヒットシリーズ『普通のサラリーマンが2年でシングル』の著者が、飛距離不足に悩むアマチュアを「飛ばし屋」に変える8つの秘訣を伝授する。
2017.6 237p 18cm ¥850 ①978-4-532-26344-7

◆樋口久子　ゴルフという天職―私の履歴書　樋口久子著　日本経済新聞出版社
【要旨】女子プロ第1号から、ゴルフの伝道師へ。日本人女子選手として初めてプロゴルファーとなり、本格的に米女子ツアーへ参戦・優勝、前人未到の賞金女王11回獲得、通算72勝など、日本女子ゴルフ界発展の礎を築いた世界のトッププロ・樋口久子が自らの生涯と戦いの軌跡を振り返る。青木功プロ、戸張捷さんとの対談や小林浩美プロの寄稿も特別収録。
2017.10 237p B6 ¥1600 ①978-4-532-17625-9

◆4スタンス・ゴルフボディークラブを振らずに上手くなる！　廣戸聡一監修　実業之日本社
【要旨】プロも活用しているゴルフ上達トレーニング法がここに！
2017.2 159p A5 ¥1400 ①978-4-408-33127-0

◆右手を見直すだけでスイングが変わるから「もう一度練習してみよう」と思える　松吉信著　東邦出版
【要旨】すべてのきっかけは「右手」から。これでスイングは完成！上級スイングに進化させる30の手立て。
2017.8 205p B6 ¥1111 ①978-4-8094-1495-4

◆ミスショットしなくなる！ゴルフ―正しいのはどっち？　ライフ・エキスパート編　河出書房新社　(KAWADE夢文庫)
【要旨】始動のきっかけ、体重移動の有無、トップの形、脚の使い方…アベレージゴルファーを悩ます「いったい、どっち？」を解決。あなたのショットに革命を起こす極意が満載!!
2017.11 217p A6 ¥680 ①978-4-309-49978-9

◆40歳から劇的にスコアを伸ばすゴルフの組み立て方　深堀圭一郎著　ベストセラーズ
【要旨】飛距離をあきらめずに、小技を極めよう―これまで取り組んできたゴルフの組み立て方を少し変えるだけで、驚きのスコアアップだ!!
2017.5 191p 18cm ¥1050 ①978-4-584-13799-4

◆60歳からでもシングルになれる静かなスイング―大学教授が教える"デュアルプレーン理論"ゴルフスイングを科学する　新井敏夫著　辰巳出版
【要旨】体重移動は行わない。その場で回転するスイング。手首のタメは必要ない。コックの解放は気づかないくらい自然に行う。スーッとバックスイングを行い、スーッとフォワードスイングを開始する。グリップの軌道が美しい円を描くようにスイングする。ゴルフスイングを「グリッププレーン」と「スイングプレーン」という二つの円軌道の作用として説明を行った初めての書。
2017.6 190p 18cm ¥1000 ①978-4-7778-1885-3

◆ロジカル・パッティング―世界標準シングルになれるパット術　吉田洋一郎著　実業之日本社　(ワッグルゴルフブック)
【要旨】データに基づく動きで感性を生かす最強のパット方程式！
2017.9 175p 18cm ¥980 ①978-4-408-33727-2

◆渡辺裕之の60過ぎたら90を切るゴルフ　渡辺裕之著　祥伝社
【要旨】「還暦オーバー」はゴルフ適齢期。まず10打、縮めよう。「芸能界のゴルフ王」が極意を明かす初めての本。
2017.8 186p B6 ¥1400 ①978-4-396-61615-1

ゴルフ場ガイド・会員権

◆ゴルフ場企業決算年鑑　平成29年版　一季出版
【要旨】全国95社115コース収録(平成27年4月～28年3月期決算)。
2017.1 667p A4 ¥20000 ①978-4-87265-194-2

◆首都圏ゴルフ場ガイド　2018年版　一季出版
【要旨】1都10県814コース収録。最新イラスト道路マップ付。ビジター情報完全ガイド。巻末資料 過去5年全国コース名称変更一覧。
2017.12 863p 18×11cm ¥1600 ①978-4-87265-198-0

◆北海道パークゴルフ場ガイド　2017-18　特集　パークゴルフと健康寿命　北海道新聞社編　(札幌)北海道新聞社
【要旨】全道約740コースの最新情報満載。主なコースは地図・写真付き。道外コース情報も。
2017.4 214p B5 ¥1204 ①978-4-89453-863-4

野球・ソフトボール

◆愛知に学ぶ高校野球！激戦区を勝ち抜く方法　田尻賢誉著　竹書房
【要旨】参加校数188!!立ちはだかる"私学4強"!!群雄割拠の戦国・愛知で知略をめぐらす名将たちが、"打撃"か"小技"か"継投"か、独自のチーム戦略による甲子園出場への秘策を伝授!!
2017.8 251p A5 ¥1700 ①978-4-8019-1173-4

◆医師による野球技術論叙説　佐藤卓彌著　彩流社
【要旨】ボールを動かさないで自分が動くこと。バッティング練習時の守備では一球毎に必ずスタートを切ること。バッティング練習時の捕手は打者が見逃したボールを必ず教えること。眼の位置が動かないバッティングフォームをつくる。眼を閉じるな。野球技術上達のための五箇条。高校時代の良き監督(指導者)古角俊郎。「古角イズム」継承の書。
2017.10 190p B6 ¥1500 ①978-4-7791-2380-1

◆永遠のPL学園―六〇年目のゲームセット　柳川悠二著　小学館
【要旨】桑田真澄、清原和博、立浪和義、宮本慎也、前田健太…など、プロ野球選手81人を生んだ、甲子園96勝、全国制覇7回の名門野球部の「謎の廃部」の真相に迫る。第23回小学館ノンフィクション大賞受賞作。
2017.3 262p B6 ¥1500 ①978-4-09-379890-7

◆神奈川で打ち勝つ！超攻撃的バッティング論　佐相眞澄著　竹書房
【要旨】8点取っても、9点取る！強豪私学ひしめく屈指の激戦区・神奈川で、県立進学校ながら"打ち勝つ野球"で毎年上位に進出する相模原高校のような、爆発的な打撃力が身に付く！
2017.7 197p B6 ¥1800 ①978-4-8019-1119-2

◆変わりゆく高校野球　新時代を勝ち抜く名将たち―「いまどき世代」と向き合う大人力　大利実著　インプレス
【要旨】「強い心」「個の力」「自立」明かされる強さの理由―。「自らやる選手」を育て、勝利に導く指導者たち―。
2017.6 286p B6 ¥1500 ①978-4-295-00133-1

◆機動破壊の秘策―健大高崎　実戦で使える走攻守96の究極プレー　田尻賢誉著　竹書房
【要旨】定石の裏を突く、必殺の戦術集!!強敵を打ち破る方法を、「機動破壊」の生みの親・葛原美峰が惜しげもなく明かす！
2017.3 247p B6 ¥1600 ①978-4-8019-1021-8

◆キャッチャー最強バイブル―基本から応用まで身につく！　土屋恵三郎監修　メイツ出版　(コツがわかる本)
【要旨】高校野球の最前線で活躍し、数多くのプロ野球選手を育ててきた名将がおくる、「キャッチャー育成」の決定版。基本・送球の個人技術から司令塔としての役割やリード＆配球まで！チームの柱として必要なポイントが満載！
2017.4 144p A5 ¥1580 ①978-4-7804-1848-4

◆決定版！投・走・攻・守　上達ポイント―江藤省三野球教室　江藤省三著　東京新聞
【要旨】小・中学生が身につけるべきポイントに特化。プロから子どもまでの豊富な指導経験に基づく内容。
2017.3 191p A5 ¥1400 ①978-4-8083-1017-2

◆光球―人間野球の勝利者へ　岸雅司著　第三文明社
【要旨】「目標」は日本一、「目的」は人材育成。多くの選手を球界へと送り出した監督が初めて綴った「勝利の要諦」。
2017.3 197p B6 ¥1300 ①978-4-476-03365-6

◆高校球児に伝えたい！プロでも間違う守備・走塁の基本　高代延博著　東邦出版　新装版
【要旨】WBC日本代表も知らなかった！学生時代に学ぶべき正しいプレー、正しい考え方。
2017.7 189p B6 ¥1300 ①978-4-8094-1508-1

◆高校野球グラフ　2017　第99回全国高校野球選手権青森大会　デーリー東北新聞社著　(八戸)デーリー東北新聞社
【要旨】全62試合完全収録。8年ぶり青森山田V。
2017.8 77p A4 ¥926 ①978-4-907034-14-6

◆高校野球　埼玉を戦う監督(おとこ)たち　中里浩章著　カンゼン
【要旨】プロ野球選手を多数輩出。名門校・強豪校・新興校ひしめく全国有数の激戦区も、埼玉県からはいまだ夏の甲子園で優勝なし。埼玉にかける指導者、6者6様のライバル物語。
2017.3 213p B6 ¥1400 ①978-4-86265-393-5

◆甲子園を目指せ！進学校野球部の勝利への方程式　タイムリー編集部編　辰巳出版
【要旨】そこは目指すに値する場所である―「甲子園」も"東大"も本気で挑む！公立進学校の監督＆選手たちの6つの軌跡を収録。
2017.9 221p B6 ¥1400 ①978-4-7778-1941-6

スポーツ

◆**甲子園監督―7人の名将が語り合った理屈と本音** 吉村淳著, 一歩を越える会協力 池田書店
【要旨】選手は三年、監督は一生。高校野球に関わり続ける人々の歓喜と苦悩とは。野球に、子育てに、人生に響く名言。
2017.7 286p B6 ¥1200 ①978-4-262-16644-5

◆**甲子園進化論―女子の力で変わる未来の甲子園** 太田幸司著 幻冬舎メディアコンサルティング、幻冬舎 発売
【要旨】渦巻く歓声、ほとばしる熱気、躍動する球児の汗と涙…まぶしい青春の夢舞台は時代とともに変わってきた。世界に誇るべき国民的イベントをもっと盛り上げろ！元祖「甲子園のアイドル」が語る高校野球の未来像とは？
2017.4 194p B6 ¥1400 ①978-4-344-91231-1

◆**甲子園の負け方、教えます。** 澤田真一著 報知新聞社
【要旨】甲子園0勝7敗―。部員14人でリスタートした岩手の弱小私立校に育てながら、憧れの舞台では一度も勝てずじまい。しかし、負け続けたからこそわかったことがある。東北の雄の一つに挙げられる「モリフ」の礎を築いた男が、泣いて笑った18年を大公開。「生徒指導」や「子供の育て方」に悩む人たちへのメッセージが詰まった一冊。
2017.5 243p B6 ¥1389 ①978-4-8319-0148-4

◆**甲子園の名将が語る！なぜ大逆転は生まれるのか** 石川遼輝, 萩原晴一郎, 松橋孝治著 竹書房
【要旨】日本を代表する五人の名将が、球史に残る世紀の大逆転劇の背景と要因を初めて解き明かす！
2017.8 215p B6 ¥1700 ①978-4-8019-1153-6

◆**公認野球規則2017 Official Baseball Rules** 日本プロフェッショナル野球組織, 全日本野球協会編 ベースボール・マガジン社
【要旨】最新版で正しいルールを身につけよう！本規則書の本体の表紙に、今年も野手のグラブの「限界色」（2014年改正）の例を示した。
2017.4 228p 17×13cm ¥1000 ①978-4-583-11103-2

◆**個の力がUPする 野手実戦メソッド** 仁志敏久監修 池田書店
【要旨】プロの基本技術は違う！守備：あえて正しく補球しない？捕りやすい所より投げやすい所に合わせろ！打撃：形にはこだわるな！いかにタイミングをとるかが打撃の要だ。走塁：走力よりもテクニック！ベースの使い方でもっと速く走れる。
2017.4 175p A5 ¥1300 ①978-4-262-16641-4

◆**埼玉高校野球グラフ 2017** 埼玉新聞社編 （さいたま）埼玉新聞社
【要旨】第99回全国高校野球選手権埼玉大会。
2017.8 132p 30×23cm ¥1600 ①978-4-87889-475-6

◆**佐賀北の夏** 中村計著 集英社 （集英社文庫）
【要旨】第89回全国高校野球選手権大会決勝戦、3点ビハインドで迎えた8回裏、打席に立った副島がとらえた打球は空高く舞い上がった―。2007年8月22日、そのチームは史上最低打率で4081校の頂点に立った。古豪居並ぶ舞台を退け、田舎の無名校が甲子園優勝を遂げた裏に隠された秘密とは。綿密な取材で強さの源に迫る感動のノンフィクション。あれから10年、当時の監督や選手たちの現在を追加した完全版。
2017.7 254p A6 ¥500 ①978-4-08-745614-1

◆**残像メンタルトレーニング―R/C/T習得法** 高岸弘著 ベースボール・マガジン社
【要旨】本書のカードを見るだけで、チャンスで打てる！ピンチをしのげる！100パーセント力を出し切るために必要なR「Relaxation リラックス」C「Concentration 集中」T「Target 目標」を自在に操り、"五感"を鋭敏化させた「感性」と「創造力」が、すべてを支配する。
2017.1 173p B6 ¥1600 ①978-4-583-11093-6

◆**参謀の甲子園―横浜高校必勝の「虎ノ巻」** 小倉清一郎著 講談社 （講談社プラスアルファ文庫）
【要旨】高校野球指導歴41年。ウラも表も知り尽くした「野球博士」小倉清一郎氏は対戦相手の特徴と弱点を見抜く天才的な眼力の持ち主だった。「野球は考えるスポーツ」という選手の能力を最大限に伸ばす指導で横浜高校を全国指の名門に育て上げた。甲子園で勝つだけでなく、プロ野球で活躍する選手も多数輩出。小倉

メモ」抜きに、日本野球は語れない。
2017.5 237p A6 ¥690 ①978-4-06-281719-6

◆**知ってる？ソフトボール** 齊藤優季著 ベースボール・マガジン社 （クイズでスポーツがうまくなる）
【要旨】投げる・捕る・打つ・走る！基本技術からルールまで。小中学生親子でできる練習メニューやウォーミングアップも紹介！
2017.4 143p A5 ¥1500 ①978-4-583-10959-6

◆**小学生の野球上達BOOK―DVDでレベルアップ** 小笠原春夫監修 新星出版社 （小学生スポーツシリーズ）（付属資料：DVD1）
【目次】第1章 バッティング、第2章 ピッチング、第3章 キャッチャー、第4章 内野手、第5章 外野手、第6章 走塁、第7章 実践
2017.4 127p A5 ¥1200 ①978-4-405-08690-6

◆**鈴木尚広の走塁バイブル** 鈴木尚広著 ベースボール・マガジン社
【要旨】通算盗塁成功率8割2分9厘は歴代1位。「神の足」と評された走塁のスペシャリストが、奥深き職人技を徹底的に解き明かす。一歩を行く走塁の戦略と戦術も大公開。
2017.10 159p A5 ¥1600 ①978-4-583-11124-7

◆**全国野球場巡り―877カ所訪問観戦記** 斉藤振一郎著 現代書館
【要旨】旅のほとんどは一人旅。近隣の名節にも行かず、名物ほとんど食べず、ひたすら野球場への往復。「弾丸ツアー」の連続による、野球場巡りの集大成。全国877カ所の野球場に実際に行き、野球を観戦し（スコアブックを付け）写真を撮影した。
2017.3 638p A5 ¥4600 ①978-4-7684-5800-6

◆**大逆転甲子園―クラーク記念国際高等学校ナインと2年4か月の軌跡** 中島洋尚著 日刊スポーツ出版社
【目次】第1章 夢（奏夢と達也、たった1人のヒグマ ほか）、第2章 最初の挑戦（スリーライン、初めての遠征 ほか）、第3章 挑戦、2年目（帰ってきた千明さん、2回目の夏 ほか）、第4章 挑戦、3年目（3年目の春、試練 ほか）、第5章 達成（甲子園への助走、宣言！ ほか）
2017.5 191p B6 ¥1500 ①978-4-8172-0342-7

◆**超強豪校―甲子園での傾向と対策** 田尻賢誉著 竹書房
【要旨】上位進出の常連12校を、全方位データで完全攻略！先攻後攻、先制時、終盤ビハインドからの勝率、イニングごとの得失点率や投手力の詳細、その他、各監督就任以降の全戦績を徹底解剖！
2017.6 475p B6 ¥2000 ①978-4-8019-1073-7

◆**帝国日本と朝鮮野球―憧憬とナショナリズムの隘路** 小野容照著 中央公論新社 （中公選書）
【要旨】五輪の優勝、WBCの準優勝により、韓国の野球は国民的スポーツとなった。いまその起源や日本経由の力説などが、歴史の解明が喧しい。日本は朝鮮野球にどれだけ関与したのか―。植民地時代の朝鮮野球は、朝鮮人と支配者日本人双方から重視されていた。日本人の試合は大いに盛り上がり、朝鮮ナショナリズムに火をつける。中等学校の野球大会で甲子園出場に道を開き、都市対抗野球を後押しして朝鮮大会を、融和野球に「活用」する。本書は、十九世紀末から「解放」される一九四五年まで、複雑な道程を辿った朝鮮野球について、二つの「民族」を通して描くものである。
2017.1 345p B6 ¥1650 ①978-4-12-004936-1

◆**長野県高等学校野球大会記念史 6** 長野県高等学校野球連盟編 （長野）信毎書籍出版センター
【目次】年度別大会記録、選手権長野大会通算記録、北信越大会出場校一覧、北信越大会派遣審判員、各種表彰、第90回全国高等学校野球選手権記念長野大会表彰者、第95回全国高等学校野球選手権記念長野大会表彰者、指導者講習会・指導者研修会、長野県高等学校野球連盟加盟校沿革史、全国高等学校野球選手権長野大会チームスローガン、軟式部沿革史、軟式部年度別大会記録、軟式部各大会 優勝校・代表校、長野県高校野球連盟軟式部会加盟校沿革史、長野県高校野球紹介、役員・審判員・記録員、長野県高校沿革史
2017.6 311p B5 ¥3500 ①978-4-88411-144-1

◆**「泣き虫監督」片岡安祐美流チームの育て方** 片岡安祐美著 生産性出版
【要旨】24歳で、突然の重責―指導者の経験もなくほとんどが、年上のチームメイトの中でどう

チームを引っぱっていけばいいのか。努力と笑顔で進んできた勝てるチームになるための秘訣。
2017.8 211p B6 ¥1200 ①978-4-8201-2070-4

◆**殴られて野球はうまくなる！？** 元永知宏著 講談社 （講談社プラスアルファ文庫）
【要旨】かつて野球と暴力はとても身近だった。プロで活躍した一流選手にも「私が成長できたのは鉄拳のおかげ」と語る人は多い。そして暴力を正面から肯定する人がほとんどいなくなった現代でも、「暴力は反対。でも…」と思っている関係者は多い。いまでも野球と暴力の関係は終わっていない。暴力なしで野球をうまくし、チームを強くする方法はないのか？多くの証言から可能性を探る。
2017.7 231p A6 ¥720 ①978-4-06-281722-6

◆**軟式野球 ビルドアップ式強化ドリル―身になる練習法** 丸山王明著 ベースボール・マガジン社
【要旨】2013年に全国大会初出場初優勝を果たした横浜修悠館。厳しい訓練で鍛え上げられた自衛官候補生で構成されるチームが1日90分の限られた時間で実践する効率的な練習を一挙に紹介！投げる・打つ・捕る動作の原理を知る→実践する。ゼロから積み上げて着実にレベルアップするメニューが満載！
2017.7 175p A5 ¥1600 ①978-4-583-11072-1

◆**2017世代 いわて高校野球ファイル** 岩手日報社出版部企画 岩手日報社
【要旨】秋、春、そして夏。盛岡大付、夏連覇。71校の公式戦記完全収録。盛岡大付部員名掲載！真夏の激闘67試合密着。不来方10人の春甲子園。選抜8強盛岡大付の飛翔。
2017.8 104p A4 ¥1300 ①978-4-87201-827-1

◆**敗北を力に！―甲子園の敗者たち** 元永知宏著 岩波書店 （岩波ジュニア新書）
【要旨】甲子園を熱狂させる名勝負の数々。明暗がくっきりと分かれる延長戦や大逆転…。全国の野球ファンが見守るなかで、勝利にあと一歩届かずに敗北を受け入れざるをえなかった選手たちはその後どんな人生を歩んだのでしょうか。本書では、甲子園で激闘を演じ、最後に敗れた甲子園球児の「その後」を追います。
2017.7 226p 18cm ¥880 ①978-4-00-500856-8

◆**偏差値70の甲子園―僕たちは文武両道で東大も目指す** 松永多佳倫著 竹書房
【要旨】最激戦区で強豪私学に挑む！東京、神奈川、大阪、愛知、北海道。大都市圏の名門公立進学校6校！ドラフト1位候補の大東大生まで輩出した指導・育成法の秘密とは？シリーズ第2弾。
2017.3 287p B6 ¥1500 ①978-4-8019-1028-7

◆**野球規則を正しく理解するための野球審判員マニュアル―規則適用上の解釈について** 全日本野球協会・アマチュア野球規則委員会編 ベースボール・マガジン社 第3版
【要旨】ルールの悩みが本書が解決！審判員、指導者、プレーヤー、野球関係者にもお勧めの一冊。規則改正を反映させた最新版！
2017.5 191p A5 ¥1400 ①978-4-583-11104-9

◆**野球と実況中継** 楠淳生, 中村健二著 彩流社 （フィギュール彩 80）
【要旨】野球の楽しさを実況の技術とともに理解しよう！実況は聴きやすく重要な部分を印象に残るように伝えないといけない。テレビ、ラジオの野球中継が好きな方には、アナウンサーがどのように実況に臨んでいるのかをぜひ知ってほしい。
2017.2 175p B6 ¥1800 ①978-4-7791-7084-3

◆**野球入門―読めばメキメキうまくなる** 大石滋昭著 実業之日本社 （ジュニアレッスンシリーズ）
【要旨】打順や守備位置など、野球の基本もよくわかる！
2017.10 175p A5 ¥1400 ①978-4-408-33725-8

◆**野球のきほん―子どものやる気と技術をのばすコーチング** 清水隆一著 ベースボール・マガジン社
【要旨】野球指導者、保護者のための指導の教科書。元熊谷組野球部監督でスポーツやビジネスでのコーチング第一人者である著者が、万人に共通する野球の「基本」を説き、それを習得する方法と具体的な動作の振り付けを著わした。上達に欠かせない脳神経回路を磨くドリル、やる気を促すコーチングを通し、野球の基本技術を身につけることができる。
2017.7 158p A5 ¥1500 ①978-4-583-11098-1

スポーツ

実用書

◆野球のコンディショニング　有吉与志恵,牧野講平著　ベースボール・マガジン社　（強くなるコアトレ）
【要旨】ウエイトしても効果がない…ケガをした…それは身体のゆがみのせい!!パフォーマンスアップや傷害予防のために驚くほどの効果を発揮する"筋肉の再教育"。
2017.8 143p A5 ¥1600 ①978-4-583-11108-7

◆野球ノートに書いた甲子園　5　高校野球ドットコム編集部著　ベストセラーズ
【要旨】そのチームには「言葉」で綴ったドラマがあった。心の内をさらけ出し、怒り、涙し、そして喜んだ球児たちの熱き思い。
2017.8 237p B6 ¥1000 ①978-4-584-13809-0

◆野球バッティング塾―DVD付き　蓬莱昭彦監修　成美堂出版　（付属資料：DVD1）
【要旨】打ちたいのはホームラン!!レベルスイングで飛ばす基本とコツがわかる！DVDと完全連動、バッティング練習ドリル+体幹トレ&ストレッチ。
2017.4 159p A5 ¥1300 ①978-4-415-32270-4

◆野球メンタル強化メソッド―思考の違いが勝負の分かれ道になる！　若山裕晃,渡辺英児著　実業之日本社　（パーフェクトレッスンブック）
【要旨】投手、打者それぞれの「身体」「技術」「戦術」「意思決定」すべてに関わるメンタルを強くする方法。
2017.6 191p B6 ¥1400 ①978-4-408-45644-7

◆わかりやすい野球のルール　栗сов哲志監修　成美堂出版
【要旨】2017年版。基本ルールから判定の難しいルールまで、ゲームの進行に必要なすべてのルールを写真とイラストで解説。グラウンド・用具の解説、テーマごとの公認野球規則つき。
2017.4 223p A6 ¥750 ①978-4-415-32324-4

◆Number甲子園ベストセレクション　1　9人の怪物を巡る物語　スポーツ・グラフィックナンバー編　文藝春秋
【目次】1 松坂大輔を巡る物語、2 斎藤佑樹を巡る物語、3 KKを巡る物語―桑田真澄・清原和博、4 松井秀喜を巡る物語、5 ダルビッシュ有を巡る物語、6 大谷翔平を巡る物語、7 清宮幸太郎を巡る物語、8 江川卓を巡る物語
2017.7 285p B6 ¥1400 ①978-4-16-390689-8

プロ野球

◆愛とボヤキの平成プロ野球史　野村克也著　KADOKAWA　（角川新書）
【要旨】平成時代はプロ野球界にとっても激変の時代であった。相次ぐ有力選手のメジャー流出、球界再編問題、WBCの誕生…。その裏には何があったのか？ヤクルト、阪神、楽天の監督として、そして野球解説者として現場を見てきた野村克也が綴る。
2017.11 205p 18cm ¥880 ①978-4-04-105161-0

◆阿部慎之助2000安打達成記念Photo Book　報知新聞社
2017.8 1Vol. 12cm ¥926 ①978-4-8319-0149-1

◆暗黒の巨人軍論　野村克也著　KADOKAWA　（角川新書）
【要旨】ジャイアンツのスキャンダルが止まらない。球界の盟主に何が起こっているのか？「巨人軍は常に紳士たれ」ではなかったのか？エリート集団堕落の原因はどこにあるのか？帝国の闇を野村克也が斬る！
2017.2 200p 18cm ¥800 ①978-4-04-082094-1

◆生きて還る―完全試合投手となった特攻帰還兵武智文雄　小林信也著　集英社インターナショナル、集英社発売
【要旨】激動の人生を生き抜いた、知られざる名投手！「桜花」特攻隊から奇跡の生還を遂げた武智(旧姓・田中)文雄は、実業団・大日本土木を経て、新生・近鉄パールス契約第1号選手となる。昭和三十年の完全試合を達成。シーズン途中の理不尽なルール変更によるチーム消滅の危機には、大車輪の活躍で10ゲーム差を大逆転…。野球とは、「生きてホーム(家)に還る」スポーツ。「生きて還る男」の痛快な野球人生を描く戦後史発掘ノンフィクション。
2017.10 221p B6 ¥1600 ①978-4-7976-7344-9

◆一流のリーダーになる野村の言葉　野村克也著　新星出版社
【要旨】部下の力を最大限に発揮させる極意とは？新人。中堅。ベテラン。どのように接し、声がけをしたらよいか、自身の体験と言葉でつづる。
2017.4 223p B6 ¥1400 ①978-4-405-10288-0

◆一瞬に賭ける生き方―覚悟を決めれば道は拓ける　鈴木尚広著　河出書房新社
【要旨】天才でもなければ、スーパースターでもなかった。故障だらけの"マイナス"からのスタートであっても、チャンスは誰にでも必ず訪れる。"代えのきかない存在"になるために何をつかみ、何を諦め、何を積み重ねていったか。"スパイクを脱いだ達人が、そのすべてを明かす！
2017.9 191p B6 ¥1400 ①978-4-309-27874-2

◆いつも、気づけば神宮に―東京ヤクルトスワローズ"9つの系譜"　長谷川晶一著　集英社
【要旨】「明るく」「家族的で」「なぜかアンチがいない」レジェンドOB、現役選手からの証言で綴る「ヤクルトらしさ」と愛すべき「ファミリー球団」の正体。脈々と受け継がれるスワローズ"9つの系譜"。
2017.5 381p B6 ¥1800 ①978-4-08-780812-4

◆運―「ツキ」と「流れ」を呼び込む技術　野村克也著　竹書房
【要旨】ID野球の提唱者が初めて明かす、運の正体！
2017.2 237p B6 ¥1500 ①978-4-8019-0987-8

◆江夏の21球　山際淳司著　KADOKAWA　（角川新書）
【要旨】日本のスポーツノンフィクションのシーンを塗り替えた表題作はじめ「スローカーブを、もう一球」「異邦人たちの天覧試合」など、山際淳司を代表する野球短編全12作品を収録。
2017.4 287p 18cm ¥840 ①978-4-04-082162-7

◆エリートの倒し方―天才じゃなくても世界一になれた僕の思考術50　里崎智也著　飛鳥新社
【要旨】無名選手から日本一、WBC世界一に！下剋上の「手順」、初公開します。
2017.3 238p B6 ¥1200 ①978-4-86410-544-6

◆大谷翔平　日本の野球を変えた二刀流　小関順二著　廣済堂出版
【要旨】今や世界中が注目する男は、どこから来て、どこへ行こうとしているのか？メジャーでも二刀流は再現できるのか？プロ入りからたった4年。その存在が、日本野球を変えた！
2017.8 223p B6 ¥1300 ①978-4-331-52102-1

◆オフィシャル・ベースボール・ガイド　2017　日本野球機構編　共同通信社
【要旨】2016年シーズンすべての公式記録と現役選手の年度別記録を収録。
2017.2 641p A5 ¥2769 ①978-4-7641-0694-9

◆俺たちの「戦力外通告」　高森勇旗著　ウェッジ
【要旨】プロ野球で戦った経験こそが誇りであり、未来への動機である―戦力外通告を受けた元・プロ野球選手25人に、自らも同じ経験を持つ著者が、インタビュー。雑誌「Wedge」の人気連載を書籍化！
2017.12 208p B6 ¥1300 ①978-4-86310-194-4

◆オレたちのプロ野球ニュース―野球報道に革命を起こした者たち　長谷川晶一著　東京ニュース通信社、徳間書店発売
【要旨】多くのプロ野球ファンに愛された理由、地上波撤退の真相…そのすべてがこの一冊に！スタッフ陣を含め、著者が総勢20名超の関係者にインタビューを敢行。さまざまな証言をもとに、番組の誕生から終焉までを追った珠玉のドキュメント。
2017.3 335p B6 ¥2000 ①978-4-19-864373-7

◆金本・阪神　猛虎復活の処方箋　岡田彰布著　宝島社　（宝島社新書）
【要旨】毎年のように優勝候補に挙げられながら、2005年にリーグ優勝して、11年間も優勝から遠ざかっている阪神タイガース。16年は金本知憲を新監督に迎え、「超変革」をスローガンに掲げて「今年こそは」とファンに大きな期待を持たせていたが、終わってみれば首位から24.5ゲームも離された4位と惨憺たる成績だった。そんな歯がゆい状況をどう見ているのか。05年優勝時の監督であり、現在は野球評論家として活躍中の岡田彰布氏が、金本・阪神が勝てない理由について、さまざまな角度から問題点を洗い出しつつ、今の阪神には何が足りなくて、どうしたら勝てるようになるのか、独

自の視点で再建案を語る。
2017.4 204p B6 ¥800 ①978-4-8002-6756-6

◆カープのスカウト宮本洋二郎―マエケンをカープに導いた男　柳本元晴著　彩流社
【目次】1 カープのスカウティング、2 予想を超えた「マエケン」、3 スカウトの苦悩、4 二岡獲得の失敗、5 宮本自身の野球人生、6 甲子園への道のり、7 早稲田のエースからプロ野球選手へ
2017.8 133p B6 ¥1800 ①978-4-7791-2385-6

◆カープはもっと強くなる　廣瀬純著　ワニブックス　（ワニブックスPLUS新書）
【要旨】キクマル、誠也、ベテラン、外国人選手まで。生き抜きだけが知っている躍進の秘密！カープひと筋、16年！選手たちにもっとも近い解説者が綴る低迷期から優勝までの長き道のり。
2017.4 207p 18cm ¥880 ①978-4-8470-6587-3

◆壁―試練だけが人を成長させる　野村克也著　ベストセラーズ　（ワニ文庫）
【要旨】今年もプロ野球に新人選手たちが入ってきた。アマとは全く違う環境の中で、さまざまな人物との出会いがあるだろう。そのなかで、のちのち縁と呼ぶに値する貴重な出会いをどれだけ持つことができるか。それは選手としての将来だけでなく、人としての将来も左右する。ユニフォームを脱いで幾年か経つが、私もそうした縁を求めて、野球との旅をつづけてゆきたい。情熱はまだまだ衰えていないつもりだ。
2017.3 254p A6 ¥650 ①978-4-584-39397-0

◆神は背番号に宿る　佐々木健一著　新潮社
【要旨】背番号という数字にまつわる、選手たちの数奇な人生とは―一球史に埋もれていた物語が、ここに甦る！プロ野球選手の生きざまを背番号から見つめ直す、異色の感動ドキュメント。
2017.1 222p B6 ¥1400 ①978-4-10-350631-7

◆韓国プロ野球観戦ガイド&選手名鑑　2017　室井昌也編著　論創社
【要旨】全10球団617選手、カラー写真名鑑、球場ガイドとチーム紹介。編者による一魂の寸評を全選手掲載、秘話満載の「はみだしムダばなし」も絶好調です！寸評&索引付き！
2017.5 167p B6 ¥1550 ①978-4-8460-1621-0

◆巨人軍非常事態宣言　野村克也著　宝島社　（宝島社新書）
【要旨】昨年オフに、FAで3人を獲得するなど久々の大補強を行った由伸・巨人。開幕前はほとんどの評論家やファンが巨人をダントツ1位と予想していたが、5～6月に球団ワーストの13連敗を喫するなどBクラスにあえぎ、今季の優勝は絶望的な状況にある。また、6月にはシーズン途中で球団社長とGMが交代し、7月には某投手が警察沙汰になるなど、異例の事態が起こった。こうしたどん底状態のチームからは、なぜみんなにも凋落してしまったのか、常勝軍団を復活させるためにどうすればいいのかを、球界一の論客・野村克也氏が、あらゆる角度から問題点を指摘し、改善策を提示する。
2017.9 208p 18cm ¥800 ①978-4-8002-7433-5

◆黒田博樹　人を導く言葉―エースの背中を追い続けた15年　森拓磨著　ヨシモトブックス、ワニブックス発売
【要旨】エース黒田博樹の知られざる素顔。
2017.10 214p B6 ¥1200 ①978-4-8470-9606-8

◆黒田物語―永久欠番「15」の軌跡　中国新聞社編　（広島）中国新聞社
【目次】カラーグラビア、レジェンド新春対談、黒田物語（終幕と原点、奮闘、リーダー、影響力、言葉の力）、略年譜、年度別成績
2017.2 72p B6 ¥741 ①978-4-88517-418-6

◆継投論―投手交代の極意　権藤博,二宮清純著　廣済堂出版　（廣済堂新書）
【要旨】野球で一番難しいと言われる「継投＝投手交代」。だが、継投について本格的に論じた本はない。1998年に横浜ベイスターズを率い、独特の継投理論で日本一に輝き、WBCでも継投采配を振るった日本一のピッチングコーチ・権藤博氏と完投重視の「先発選民思想」の愚を説く二宮清純氏が徹底討論。誰もが居場所を確保し、役割を分担し、「みんなで幸せになる」ことが求められる時代に生まれた日本初の継投論。
2017.12 207p 18cm ¥850 ①978-4-331-52128-1

◆謙虚なリーダーが、組織を強くする―日ハム栗山監督の「信じる力と伝える力」　児玉光雄著　光文社　（光文社知恵の森文庫）

◆幸運な男―伊藤智仁 悲運のエースの幸福な人生 長谷川晶一著 インプレス
【要旨】2016年、NPB日本一に輝いた栗山監督率いる日ハム。一方的に自分の考えを押しつけず、選手の気持ちに心を配り、対話を重視。見えない努力を観察し、選手のポテンシャルを信じ抜く一瞬一瞬の言動、采配から、これまでのプロ野球監督とは正反対ともいえる、謙虚で熱いリーダーの像を探り、「チームの団結力」が生み、強さの秘密に迫る！
2017.3 220p A6 ¥700 ①978-4-334-78717-2

◆幸運な男―伊藤智仁 悲運のエースの幸福な人生 長谷川晶一著 インプレス
【要旨】高速スライダーで球界を席巻。伝説の投手の知られざる物語。
2017.11 380p B6 ¥1800 ①978-4-295-00242-0

◆豪腕―使い捨てされる15億ドルの商品 ジェフ・パッサン著、棚橋志行訳、斎藤隆解説 ハーパーコリンズ・ジャパン
【要旨】投手の故障率50％、肘の手術率25％。MLBは投手の故障によって、毎年5億ドルをドブに捨てている。最先端の医学と巨額の資金に支えられる「大リーグ」においてすら、なぜ腕は壊れ続けるのか。甲子園の投げ過ぎ問題に警鐘を鳴らした敏腕記者が1095日にわたりアメリカ人投手を密着取材。日本の事例も取り上げ、投手の故障の問題とトミー・ジョン手術のすべてに迫った、NYタイムズ・ベストセラー、傑作ノンフィクション。
2017.3 462p B6 ¥1800 ①978-4-596-55118-4

◆最速123キロ、僕は40歳でプロ野球選手に挑戦した そうすけ著 ベストセラーズ
【要旨】約1週間のトライアウト、月給15万円、足りない実力、若き夢追い人たち、独立リーグのリアル…細かすぎて伝わらない芸人が、あきらめた夢を22年ぶりに追いかけた。
2017.2 221p B6 ¥1500 ①978-4-584-13771-0

◆侍ジャパンを世界一にする！ 戦略思考 野村克也著 竹書房
【要旨】メジャーの強打者は、"原点"のアウトローだけでは攻略できない！国際大会で通用する配球と球種、投手とは？なぜプロ野球は監督人材難に陥ってしまったのか？日本球界を救う、ノムラの秘策とは！
2017.11 222p B6 ¥1600 ①978-4-8019-1268-7

◆史上最高の投手はだれか 完全版 佐山和夫著 潮出版社 (潮文庫)
【要旨】1920～40年代、ニグロリーグで最高の速球を投げ、生涯通算2000勝、シーズン105試合登板104勝、42歳でメジャーリーグデビューし、計6シーズンで28勝、最後の登板は59歳。同時代を過ごした人たちの証言などによりわずかに記憶の中のサチェル・ペイジ。第3回潮賞・ノンフィクション部門受賞作に大幅加筆修正した完全版。
2017.7 435p A6 ¥800 ①978-4-267-02087-2

◆弱者の流儀―野村克31の考え 野村克也著 ポプラ社
【要旨】弱さを知り、弱者として歩むことが、成功への最短距離である―。今こそ読むべき、集大成の人生論。人は弱いから、結果を出せる―。
2017.6 207p B6 ¥1500 ①978-4-591-15485-4

◆スコアブックの余白―読売巨人軍前会長おぼえ書き 桃井恒和著 中央公論新社
【要旨】野球をテーマに綴る名コラム集。
2017.1 213p B6 ¥1500 ①978-4-12-004934-7

◆スポーツビジネスの教科書 常識の超え方―35歳球団社長の経営メソッド 池田純著 文藝春秋
【要旨】ベイスターズを5年で甦らせた最年少社長が明かす、赤字24億からの組織再生の成功法則。
2017.5 308p B6 ¥1400 ①978-4-16-390617-1

◆谷繁流キャッチャー思考―当たり前の積み重ねが確固たる自信を生む 谷繁元信著 日本文芸社
【要旨】誰よりも準備し、誰よりも復習した27年間。歴代1位、3,021試合出場の名キャッチャー、初の著書!!一流の捕手を目指すには、何が必要なのか？盗手の信頼を得るための言葉づくり。偶然の良い結果より根拠のある失敗を重視。自らの判断力を日常生活の中で磨く方法。今日から始められる実践的指南書!!
2017.6 191p B6 ¥1400 ①978-4-537-21495-6

◆挑まず屈せず―挫折を力に変える方程式 新井貴浩著 扶桑社
【要旨】「やらされた」ことからも得られるものは絶対にある。「もう」ダメではなく「まだ」ダメだ。トライを続ける限り、負けはない。叱るのではなく見せることで気づかせる。視野を広げることが成長を後押しする。勝つための利他etc.苦難に打ち克つための人生哲学が凝縮された1冊！
2017.3 182p B6 ¥1300 ①978-4-594-07659-7

◆「中国新聞カープ検定」公式テキスト カープ検定問題＆解説 「中国新聞カープ検定」作問委員会著 あさ出版
【目次】第1章 赤ヘル旋風、再び、第2章 四半世紀に渡る低迷期、第3章 選手パーソナル問題選、第4章 広島の街とカープ、第5章 初優勝から築きあげた黄金期、第6章 カープ黎明期、巻末付録 鯉で繋ぐ広島カープお散歩マップ
2017.8 186p B6 ¥1800 ①978-4-86667-012-6

◆中南米野球はなぜ強いのか―ドミニカ、キュラソー、キューバ、ベネズエラ、MLB、そして日本 中島大輔著 亜紀書房
【要旨】ダイヤをこうして磨かれ、メジャーへ、日本へやってくる！日本球界を逆照射する"発見"の数々!!足かけ4年に及んだ旅と取材の熱い記録。
2017.4 365p B6 ¥1800 ①978-4-7505-1502-1

◆中日ドラゴンズ伝説のスカウトかく語りき ドラマは球場の外にある 法元英明著 (名古屋)ぴあ
【要旨】小松が牛島が井上が浅尾が…球界の父と慕うのはなぜなのか。ドラフト創世記から今日まで。ドラゴンズを創った男の物語。
2017.11 223p B6 ¥1500 ①978-4-8356-3831-7

◆超一流の適応力 岩隈久志、前田健太著 ワニブックス
【要旨】投げる、課題を見つける、そして調整する。異国の地で活躍するメジャーリーガーが明かした結果を出すための心得！対照的な考え方を持つメジャーリーガーがそれぞれの視点から綴った「適応する」ことの大切さ。
2017.4 223p B6 ¥1296 ①978-4-8470-9549-8

◆追憶の日米野球―日本プロ野球誕生前夜 中西満貴典著 彩流社
【要旨】全日本チームのメンバー選出にむけてのファン投票の呼びかけ、全米チームの歓迎行事など、国内での「日米野球」への高揚感、そして選手たちの活躍を詳細に記す。移動手段が限られた時代だったが、試合は神宮球場から地方球場（仙台、前橋、松本、静岡、名古屋、大阪、下関、横浜）を転戦。昭和6（1931）年の「日米野球」を中心に、日本の野球界や社会思潮、文化・ファッションなどを新聞記事を引用し多面的に展開。
2017.11 298p B6 ¥1800 ①978-4-7791-2434-1

◆強い！ 強い！ 阪神タイガース 松山進次郎著 宝島社 (宝島社新書)
【要旨】1992年に阪神タイガースに入団以来、タイガースひと筋22年。松山進次郎氏は、チーム暗黒時代の4番打者を務め、2003&05年には主力選手としてリーグ優勝に貢献して、その後は「代打の神様」として通算代打起用回数、代打安打数、代打打点数でそれぞれ歴代2位の記録を残すなど大活躍した。このように一時代を築いた松山氏は、タイガースのOBの中でもファンから絶大な人気を誇っている。そんな松山氏が、今季タイガースが好調な理由と、盟友・金本知憲監督の采配から人となりについて、また自身の選手生活で考えたこと、実践してきたことなどについて、余すところなく書き綴る。
2017.9 219p B6 ¥1800 ①978-4-8002-7593-6

◆洞察力―弱者が強者に勝つ70の極意 宮本慎也著 ダイヤモンド社
【要旨】たった1つの判断が勝敗を決める！球界のキャプテンが教える、相手を知り自分を知る「視点」。
2017.10 246p B6 ¥1400 ①978-4-478-10330-2

◆投手論 吉井理人著 徳間書店 (徳間文庫)
【要旨】打ち込まれたときほど偉そうにマウンドを降りる。練習も本番も全力で臨んではいけない。一勝一敗一分でよしとする。速球で劣りながらメジャー32勝を果たした吉井は、技術や体力に磨きをかけたわけではなかった。鍵はメンタルと投手コーチとして7シーズンで4度優勝の輝かしい実績。優勝請負人が明かす、守り勝つための勝負哲学！
2017.7 221p A6 ¥600 ①978-4-19-894241-0

◆ドケチな広島、クレバーな日ハム、どこまでも特殊な巨人―球団経営がわかればプロ野球がわかる 伊藤歩著 星海社、講談社 発売 (星海社新書)

【要旨】本書は、選手や監督ではなく、親会社の事情も含めたプロ野球12球団の事業構造そのものに焦点をあてた一冊である。現役の金融ジャーナリストが、公開情報はもちろん、球団代表への取材や全球団への質問状送付、顧客満足度調査に全本拠地の現地取材といった、12年間の取材と執念で得たプロ野球の"経営"に関するデータを結集し、12球団を一球団ずつ詳細に分析する。
2017.2 294p 18cm ¥940 ①978-4-06-138610-5

◆栃木ゴールデンブレーブス公式イヤーブック 2017 下野新聞社編 (宇都宮)下野新聞社
【目次】球団設立までの歴史、ルートインBCリーグについて、栃木ゴールデンブレーブスチーム概要、Special Interview、地域貢献プロジェクト、自主トレの様子、2017選手名鑑、特別対談 H.C.栃木日光アイスバックス石川貴大×栃木ゴールデンブレーブス岩井教、選手からの自己PR、2017年度ルートインBCリーグホームゲームスケジュール、球団オフィシャルグッズ、FAN CLUBのお知らせ、県内公式戦開催球場、チケット情報
2017.4 44p 29×22cm ¥926 ①978-4-88286-665-7

◆ドライチ―プロ野球人生『選択の明暗』 田崎健太著 カンゼン
【要旨】僕はなぜプロで"通用しなかった"のか。僕はなぜプロで"通用した"のか。ドラ1戦士が明かす、プロ野球人生『選択の明暗』。
2017 271p B6 ¥1700 ①978-4-86255-424-6

◆虎バカ本の世界―阪神タイガースを「読む」 新保信長著 ワニ・ブラス、ワニブックス 発売 (ワニブックスPLUS新書)
【要旨】我らが阪神タイガースが21年ぶりの優勝を果たした1985年。大学生だった私は決して裕福とはいえなかったが、スポーツ新聞はもちろん、阪神特集の載った雑誌、優勝記念の増刊号、そして虎フィーバーに便乗して出版された数多くの阪神本を手当たり次第に買い集めた。本書では、そんな私の蔵書から、選手や監督、OBなど、球団関係者の著書ではない、言ってしまえば「単なるファン」が勢い余って出してしまったような本＝「虎バカ本」を紹介していきたい。
2017.10 287p 18cm ¥900 ①978-4-8470-6120-2

◆中村天風 悲運に心悩ますな 広岡達朗著 幻冬舎
【要旨】どんな逆境にあっても、心を積極的にして生きれば、人生は好転する「天風の教えが私の野球人生を変えた！」セ・パ日本一監督が直伝された、運命を切り拓く哲学とは？
2017.6 191p 18cm ¥1400 ①978-4-344-03130-2

◆二軍史―もう一つのプロ野球 松井正著 啓文社書房、啓文社 発売 (野球雲叢書)
【要旨】幻の国民リーグからソフトバンク・巨人の三軍創設まで。詳細な記録で紐解く。二軍もこんなに面白い。
2017.2 303p A5 ¥2000 ①978-4-89992-021-2

◆2017年ペナントレースを味わい尽くすスーパープレイヤーの条件 吉村直氣著 幻冬舎メディアコンサルティング、幻冬舎 発売
【要旨】低反発球で希少種となった打率3割打者、防御率1点台を誇る投手。結果を出し続ける選手達の共通項から、一流プレイヤー共通の技術を探る！
2017.2 263p B6 ¥1200 ①978-4-344-91095-9

◆日本一よくわかる北海道日本ハム強さの理由―なぜ常勝球団になれたのか 岩本勉著 プレジデント社
【要旨】ファイターズは「北海道に移転」をきっかけに大きく変わった！2002年、移転を発表時の選手会長で、球団との交渉役だったガンちゃんだからこそ書けた現在につながる「すごい真相」とは！栗山監督や大谷選手のすごさ、育成やスカウティングのすごさ…初めて明かされる感動秘話!!
2017.3 230p B6 ¥1300 ①978-4-8334-2225-3

◆野村克也 生き方―逆境に強くなる365日の言葉 野村克也著 リンダパブリッシャーズ、徳間書店 発売
【要旨】「野村再生工場」と呼ばれ、数々の野球選手をヒーローに育て上げた経験から、「個」として、「組織・社会の一員」として、いかに生きるべきかを説いた、珠玉の名言集。
2017.3 398p 18cm ¥1400 ①978-4-19-864381-2

◆野村克也野球論集成 野村克也著 徳間書店

実用書

◆**野村のイチロー論** 野村克也著 幻冬舎
【要旨】天才vs凡才、名将がはじめて書いた究極の野球人間論。「正直に言う。私はイチローが好きではない。しかし、彼の才能に最初に目をつけたのは俺だ。」
2018.1 222p 18cm ¥1100 ①978-4-344-03238-5

◆**野村の考え。** 野村謙二郎著 宝島社
【要旨】「カープ野球の哲学は仕事にも人生にも効く！」「メンタルを鍛えるには、まず行動を起こせ！」カープ25年ぶりの優勝の基礎をつくった元監督が、ビジネスにも通じるものの見方・考え方を披露。門外不出の「野村ノート」初公開！
2017.4 219p B6 ¥1300 ①978-4-8002-6590-6

◆**野村の実践「論語」** 野村克也著 小学館（小学館文庫）
【要旨】野村克也の野球理論は広い支持を得、その人生哲学は多くの共感を得ている。本書では、野村が球団の解説で、講演会で話してきた「名言」をその言葉が生まれるに至った背景や状況とともに紹介する。栄光と苦難の野球人生の中で培われてきた理念の根底には、反などの孔子の「論語」があり、その貴重な「訓」は、野球人に限ることなく、老若男女数多くの人、万人に通用する。90年、ヤクルトスワローズの監督就任以来、リーグ優勝四回（日本シリーズ優勝三回）の実績は、確かな理念・理論があってこそ成し遂げられた。深い思索から生まれた野村の一言一句は、常に示唆に富む。
2017.10 235p A6 ¥540 ①978-4-09-406467-4

◆**野村祐輔メッセージBOOK―未来を描く** 野村祐輔著 廣済堂出版
【要旨】「なりたい自分」をイメージして実現する。栄光と苦難の野球人生、投球術、優勝の裏側や、交友関係、プライベート、あえて作った趣味も公開！ 私服姿・貴重フォトが満載の「初の著書」！！
2017.7 158p A5 ¥1600 ①978-4-331-52106-9

◆**敗者復活―地獄をみたドラフト1位、第二の人生** 元永知宏著 河出書房新社
【要旨】人生は何回でも挽回できる！ プロ野球・栄光のステージから、無念をバネに変え、挫折に悔しさを「生き直す」ドラフト1位、7人の軌跡。
2017.10 223p B6 ¥1700 ①978-4-309-27889-6

◆**阪神タイガースの正体** 井上章一著 朝日新聞出版（朝日文庫）
【要旨】巨人の助演者として、道化的存在であった阪神。関西メディアに育てられたファンが、1985年の優勝で全国的に知られるようになった。何が私をおどらせるのか？ 長年にわたるファンの著者が、阪神という幻想がつくられる過程を、歴史的に見つめる。
2017.2 409p A6 ¥760 ①978-4-02-261891-7

◆**開き直る権利―侍ジャパンを率いた1278日の記録** 小久保裕紀著 朝日新聞出版
【要旨】悲壮な覚悟で代表戦を戦い抜いた小久保ジャパン。準備を尽くした上で挑むという「開き直り」の精神とは？ コーチ人事、選手起用、メジャー組拒否、突然の大谷離脱など、WBC日本代表監督がはじめて明かす激闘の真実。
2017.11 263p B6 ¥1300 ①978-4-02-251496-7

◆**広岡イズム―"名将"の考え方、育て方、生き方に学ぶ** 広岡達朗著 ワニ・プラス，ワニブックス発売（ワニブックスPLUS新書）
【要旨】ヤクルトと西武の監督で日本シリーズに優勝、セ・パ両リーグでの日本一を達成した"名将"広岡達朗氏が、85歳になった今、野球人人生を通じて会得した思想と体験を一般の読者に伝えるために書き記した、自らの「遺言」ともいうべき書が本書である。「指導には信念を込めろ」「How to do（こうやれ！）を教えろ」「理論は超越しなければならない」など、47の「広岡イズム」を凝縮。スポーツ関係者にとどまらず、すべての指導者、教育者、管理職、経営者必読の一冊！
2017.10 223p 18cm ¥880 ①978-4-8470-6118-9

◆**広島カープの「勝ちグセ」戦略** 桝本誠二著
【要旨】小さな球団には、大きなストーリーがあった。20億円を蹴ってでも帰ってきた黒田、キャラ化された「カープ女子」、日本初の本格派ボールパーク、セ・リーグ初の統一背番号「86」の秘密、びっくりするような斬新なグッズ、選手・経営陣に継承される「広島カープは家族」という理念、市民とともに生きている球団。その一つひとつのドラマが最強な企業に育てたのだ。地域密着型から全国区を目指す企業のビジネスモデル。
2017.11 254p B6 ¥1500 ①978-4-8211-4472-3

◆**ファイターズオフィシャルグラフィックス2017** 北海道新聞社編（札幌）北海道新聞社
2017.11 143p A4 ¥1111 ①978-4-89453-883-2

◆**ファイターズ手帳 2017** 北海道新聞社編（札幌）北海道新聞社
【要旨】ファイターズの公式戦日程、全選手の詳細なプロフィールはもちろん、その日の試合結果を書き込むことができます。毎試合書き込んでいくと、シーズン終了後には自分だけのオリジナルノートが完成します。ファイターズ全選手の個人成績、年度別開幕試合勝敗とスターティングメンバー、背番号の変遷、プロ野球の歴代タイトルホルダーなど数十種類の記録を収録しているので、データブックとしても使えます。月ごとのカレンダーには、365日すべての日にちにファイターズの記念日や出来事、選手の知られざるエピソードを掲載しています。スケジュール・シートは一週間の予定がひと目で見渡せます。使い方によっては自由な手帳なので、便利に楽しく自分の好みに合わせて使えます。
2017.3 1Vol. B6 ¥1000 ①978-4-89453-855-9

◆**不可能を可能にする大谷翔平120の思考** 大谷翔平著 ぴあ
【要旨】二刀流、170km、メジャー…彼が挑戦し続ける姿にこそ希望と夢があふれている。そして、生きるヒントがある大谷翔平メッセージ集。
2017.3 189p B6 ¥980 ①978-4-8356-3815-7

◆**プロ野球を統計学と客観分析で考える デルタ・ベースボール・リポート 1** 岡田友輔，蛭川皓平，高多薪吾，Student，水島仁，神事努，神原謙悟，竹下弘道，市川博久，大南淳著 水曜社
【要旨】トラッキング技術の普及、打順にまつわる常識の転換、フライを打つことへの評価の高まり…今、日本のプロ野球が加速度的に変化を始めている。野球の数理的な分析の球団運営への活用を先導してきたセイバーメトリクス（Sabermetrics）は、様々なテクノロジーと融合しあのステージへ向かう。この変革をリードする研究家たちの分析リポートを10本収録！
2017.9 191p A5 ¥2000 ①978-4-88065-431-7

◆**プロ野球奇人変人列伝―我が愛すべきプロ野球選手たち** 野村克也著 詩想社（詩想社新書）
【要旨】ノムラが見た、球史に輝く強烈キャラクター52人を選出!!その名選手たちの笑いと涙、超ド級の「変人伝説」を大公開！
2017.7 188p 18cm ¥880 ①978-4-908170-00-3

◆**プロ野球語辞典―プロ野球にまつわる言葉をイラストと豆知識でクッキーンと読み解く** 長谷川晶一著，佐野文二郎絵 誠文堂新光社
【目次】ID野球 アウトコース アウトハイ アオダモ 赤鬼，赤傘、赤бан、赤ヘル軍団 悪送球 アジアシリーズ アジアの大砲，あだち充 圧縮バット アテネ アテネオリンピック アトランタオリンピック アベックホームラン，アンダーアーマー社 アンダーシャツ アンダースロー アンチ巨人，イースタン・リーグ 育成枠 イケトラコンビ 19分 一番・投手、先頭打者ホームラン 1リーグ構想，（福岡）に行ってまいります 一本足打法 稲葉ジャンプ イレギュラー、インコース インサイドアウト インサイドワーク インナーマッスル インハイ インフィールドフライ インロー、ウイニングボール ウエスタン・リーグ 売り子 永久欠番 Aクラス エースナンバー 江夏の21球、FA制度 MVP 延長サヨナラ満塁ホームラン 延長戦 エンツォ、応援倫理三原則 王天上 ON 大阪球場 大阪桐蔭［ほか］
2017.2 199p A5 ¥1400 ①978-4-416-51717-8

◆**プロ野球 常勝球団の方程式―9チームの黄金時代を徹底研究する** 出野哲也著 言視舎
【目次】はじめに――"常勝"とは？ どのようなチーム力を評価するか，2000～10年代：北海道日本ハムファイターズ（2003・16）：福岡ダイエー／ソフトバンクホークス（1995-2016），1990年代：ヤクルトスワローズ（1990-98），1980～90年代：西武ライオンズ（1982-94），1970～80年代：広島東洋カープ（1975-88），1960～70年代：阪急ブレーブス（1963-78），1960～70年代：読売ジャイアンツ（1961-73），1950年代：西鉄ライオンズ（1951-59），1940～60年代：南海ホークス（1946-68），常勝球団の方程式
2017.3 223p B6 ¥1600 ①978-4-86565-078-5

◆**プロ野球「背番号」雑学読本―なぜエースナンバーは「18」なのか** 手束仁著 イースト・プレス（文庫ぎんが堂）
【要旨】なぜ「1」のイメージは曖昧なのか。なぜイチローの「51」は昔から人気があったのか。なぜ監督は「77」を選ぶのか。なぜ大谷翔平は「11」をつけたのか。なぜ掛布の「31」は定着しなかったのか。なぜ沢村栄治の「14」は永久欠番なのか。なぜ巨人の「8」「55」は永久欠番ではないのか。「伝説の背番号」や、球団別「名物背番号」の系譜、背番号にまつわるマル秘エピソードなど、「背番号」にまつわる一冊。
2017.10 252p A6 ¥686 ①978-4-7816-7161-1

◆**プロ野球戦国時代！―次の盟主はここだ！** 小関順二著 学陽書房
【要旨】日ハム、広島は勝ち続けるのか？ 巨人、ソフトバンクは巻き返せるのか？
2017.2 197p B6 ¥1400 ①978-4-313-81607-7

◆**プロ野球チップスカード図鑑 vol.1 広島東洋カープ** （広島）ザメディアジョンプレス，（広島）ザメディアジョン 発売（「FLAG！」別冊）
【要旨】1973年から発売されるプロ野球スナック・プロ野球チップスに付いてきたそれーディングカードの写真を掲載。第一弾は広島東洋カープ編。
2017.7 399p 15×11cm ¥1111 ①978-4-86250-502-6

◆**プロ野球・二軍の謎** 田口壮著 幻冬舎（幻冬舎新書）
【要旨】一軍を支え、一軍を目指すプロ野球の二軍。各チームに所属する約70名の「支配下登録選手」のうち、一軍登録される28名を除く最大42名の彼ら二軍選手は、どんな日々を送っているのか。一軍の状況次第で出場機会すら一軍選手に奪われることも。調整中のベテランと新人選手が入り交じって、「プロの厳しさ」を肉体的・精神的に学ぶ「二軍のリアル」を元メジャーリーガーの現役監督が解説。さらには、日米ファームチームの違いや二軍の試合の楽しみ方、監督ならではの苦労や裏話も満載。
2017.3 234p B6 ¥800 ①978-4-344-98452-3

◆**プロ野球のお金と契約** 大家友和著 ポプラ社（ポプラ新書）
【要旨】メジャーリーグ、日本のプロ野球、マイナーリーグ、日本の独立リーグなど、あらゆるステージを経験した著者だからわかる、メディアが「夢」と表現するプロ野球の現実を、「お金と契約」という最もリアルなもので明かした一冊。
2017.10 237p 18cm ¥800 ①978-4-591-15614-8

◆**プロ野球「名言・珍言」読本―ファンの心をつかんで離さない108の言葉** 手束仁著 イースト・プレス
【要旨】ドラフト取材歴30年、球界の表もウラも知り尽くした著者が厳選！ 彼らの名言に学ぶ勝負強い理由、愛される理由。
2017.10 399p B6 ¥980 ①978-4-7816-1598-1

◆**プロ野球「名采配」読本―球史を塗り替えた56のストーリー** 手束仁著 イースト・プレス（知的発見！BOOKS）
【要旨】なぜ、栗山監督は「一番ピッチャー大谷」を決断したのか？ ドラフト取材歴30年、球界の表もウラも知り尽くした著者が描く、「プロ野球通」も唸った人間ドラマの数々。
2017.6 252p 18cm ¥926 ①978-4-7816-1546-2

◆**プロ野球 問題だらけの12球団 2017年版** 小関順二著 草思社
【要旨】混戦必至の今シーズンのゆくえをドラフト分析の第一人者が膨大な観戦データをもとに鋭く予見する、プロ野球ファン必読の決定版ガイド。
2017.3 236p B6 ¥1500 ①978-4-7942-2263-3

◆**ベースボールサミット 第12回 北海道日本ハムファイターズ** 「ベースボールサミット」編集部編著 カンゼン（付属資料：選手名鑑1）
【目次】背番号11 大谷翔平―現役を引退するまで、世界のトップであり続けたい、背番号6 中田

スポーツ

◆ベースボールサミット 第13回 広島東洋カープ 『ベースボールサミット』編集部編者 カンゼン （付属資料：選手名鑑1）
【目次】背番号9 丸佳浩―「不器用だからこそ練習に取り組む」技術の求道者、変わらぬ野球への姿勢、背番号33 菊池涼介―華麗さと堅実性を兼ね備えた希代の韋駄天 チームリーダーとしての自覚、背番号2 田中広輔―カープの中心選手へ、芽生えた「欲」今季での立場を確立させる大事な1年、背番号51 鈴木誠也―変化を恐れず、17年版フォームへの挑戦「今年は実力で成績を残す」、背番号19 野村祐輔―「最後までお前に任せた」監督の信頼を勝ち取り、自他ともに認めるエースへ、背番号14 大瀬良大地―2017年は先発で勝負の年 エース道への第1歩を踏み出したい、背番号21 中崎翔太―「変わらない」からこそ、気づく変化 ファンの皆さんに、昨年以上の投球を見せたい、背番号42 クリス・ジョンソン―女房役への絶対の信頼感 今年も沢村賞を狙いたい、背番号31 石原慶幸―リードはシンプルかつ大胆、「勝てるキャッチャー」に、背番号75 一軍打撃コーチ 石井琢朗―「アウトも無駄にしない打撃」の精度を上げる 17年カープ打線のために、背番号25 新井貴浩―今年も新井らしくチームに貢献 カープファンへmyさせてた恩返しを、2017年ブレイクに期待！ 若鯉4人衆、広島東洋カープ、25年ぶりの優勝は実力で？ 運？ 真価が問われる2017年、今年こそ日本一だ！ がんばれ、カープ―宇治原史風(ロザン)(イラストレーター) 石野理子(アイドルネッサンス)、廣瀬純氏から熱きエール カープ日本一への道 キーワードは「補強」ではなく「競争」
2017.4 220p A5 ¥1300 ①978-4-86255-395-9

◆ベースボールサミット 第14回 千葉ロッテマリーンズ 『ベースボールサミット』編集部編者 カンゼン （付属資料：選手名鑑1）
【目次】背番号7 鈴木大地―二塁コンバートへの決意 キャプテンすべき役割、背番号12 石川歩―タイトル獲得も満足なし 2017年、レベルアップを誓う理由、背番号16 涌井秀章―三振をとりに行く場面を増やす シーズン最初から最後まで最高の状態を保ちたい、背番号3 角中勝也―背番号3に恥じないプレーを 打「線」にさらに自分の役割を果たす、背番号22 田村龍弘―伊東監督へ恩返しを そして、「22番」を自分の番号に、背番号19 唐川侑己―1日まずく大切に、勝負と頑張る 苦しみの中から見つけ出した答え、背番号83 監督伊東勤―守り勝つ野球の体現へ 優勝へのカギは『9回』の起用法、背番号9 涌井秀章―昨年の悔しさを糧に 完全復活を誓う、2017年、背番号83 監督伊東勤―守り勝つ野球の体現へ 優勝へのカギは『9回』の起用法、背番号9 福浦和也―欲目は捨てず、スタイルは変えず チームの勝利へ、価値のある一打を積み重ねたい、背番号5 井上晴哉―2年目、チャンス到来 「ショートのレギュラーを狙う」、新しくなったZOZOマリンスタジアムでマリーンズを全力応援しよう！、千葉ロッテマリーンズファン座談会、ドラフトでの確に個性派を主張するロッテマリーンズ、ファン気質 存在感を増すマリーンズ20年史、ファンはここに注目を！ マリーンズ、2017年優勝へのポイント、立川隆史氏に聞く、2017年マリーンズの展望
2017.4 222p A5 ¥1300 ①978-4-86255-396-6

◆ベースボール・レコード・ブック 2018
ベースボール・マガジン社編 ベースボール・マガジン社
【要旨】打席ごとの結果が分かる一軍スコアテーブル。（858試合）交流戦・CS・日本シリーズ個人通算成績を掲載。各種成績も充実。
2017.12 959p A5 ¥2700 ①978-4-583-11135-3

◆ペドロ・マルティネス自伝 ペドロ・マルティネス,マイケル・シルバーマン著,児島修訳 東洋館出版社
【要旨】細身の身体ながら150キロを超える速球とコントロール抜群のカーブ、そして投手に最も必要な強い心を武器に、1990年代後半から2000年代前半のMLBを席巻。サイ・ヤング賞を3度獲得していた彼は、「地上最強の投手」と呼ばれた。いったい彼は、どのような気持ちで打者に対峙し、薙ぎ倒していったのか。ドミニカで過ごした貧しい少年時代から、栄華を極めたレッドソックス時代、そして引退まで、そのすべてを語る。
2017.7 478p B6 ¥2000 ①978-4-491-03350-1

◆北海道日本ハムファイターズオフィシャルガイドブック 2017 （札幌）北海道日本ハムファイターズ, （札幌）北海道新聞社 発売
【要旨】PREMIUM INTERVIEW・栗山英樹×高橋陽一（漫画家）、稲葉篤紀×藤本那菜（スマイルジャパン）。SPECIAL INTERVIEW・武田勝×木田優夫。FIGHTERS CROSS TALK・大谷翔平×有原航平×高梨裕稔、中田翔×ブランドン・レアード。
2017.3 A4 ¥1400 ①978-4-89453-859-7

◆北海道日本ハムファイターズ流 一流の組織であり続ける3つの原則 白井一幸著 アチーブメント, アチーブメント出版 発売
【要旨】1999年にチームを改革し、44年ぶりの日本一を達成。2013年最下位へ転落したチームが舞い戻り、V字回復でふたたび日本一に！ プロ野球で現役No.1のチーム再生請負人として、球界では語られてこなかった、どん底のチームを最強チームに変える逆転の発想。
2017.2 179p B6 ¥1300 ①978-4-86643-007-2

◆マウンドに散った天才投手 松永多佳倫著 講談社 （講談社プラスアルファ文庫）
【要旨】誰よりも速い球を投げたい、どんな強打者のバットもかすらせない―そんな思いを抱き、プロ野球のマウンドに立ち、並みいる敵をきりきり舞いさせた若者たちがいた。彼らはその輝きの代償として自らの身体を傷つけ、志半ばで表舞台から去って行った。伊藤智仁、近藤真市、上原晃、石井弘寿、森田幸一、田村勤、盛田幸妃―7人の男たちの、強烈に輝いた一瞬の栄光とその後の壮絶な第二の人生を描く感動のノンフィクション。
2017.6 284p A6 ¥850 ①978-4-06-281720-2

◆負けを生かす極意 野村克也著 SBクリエイティブ （SB新書）
【要旨】負けること、すなわち「考える」ことー厳しいプロの世界では「負け」は忌避されがちなテーマであり、多くは語られてこない。だが、「負けることで学ぶ事の大きさを知る」を流儀としてきた野村氏は、実は日本でいちばん負けた監督でもあり、その成績自体が正しい負け方を知り、「負け」を次につなげてきたことを証明している。負けをどう生かすかという一家言のある野村氏が、野球ファンばかりでなく、国際競争力の低下、リストラなど最近の「負け」志向で閉塞感漂うビジネスパーソンに、明日の勝利につなげる流儀を語る。
2017.5 205p 18cm ¥800 ①978-4-7973-8938-8

◆松坂世代の無名の捕手が、なぜ巨人軍で18年間も生き残れたのか 加藤健著 竹書房
【要旨】「商品」に徹すれば道は拓ける。カトケンの崖っぷちサバイバル術。
2017.12 254p B6 ¥1600 ①978-4-8019-1286-1

◆松本哲也Photo Book 報知新聞社写真部写真 報知新聞社
2017.11 1Vol. 12×12cm ¥926 ①978-4-8319-0152-1

◆みんなのプロ野球川柳 カネシゲタカシ, 野球大喜利著 講談社
【目次】12球団川柳、北海道日本ハムファイターズ ファイターズ川柳、広島東洋カープ カープ川柳、福岡ソフトバンクホークス ホークス川柳、読売ジャイアンツ ジャイアンツ川柳、千葉ロッテマリーンズ マリーンズ川柳、横浜DeNAベイスターズ ベイスターズ川柳、閑話休題 『みんなのプロ野球川柳』選考マル秘座談会、埼玉西武ライオンズ ライオンズ川柳、阪神タイガース タイガース川柳、イーグルス川柳、スワローズ川柳、ドラゴンズ川柳
2017.3 190p 18cm ¥1000 ①978-4-06-220514-6

◆メジャーリーグ・完全データ選手名鑑 2017 村上雅則監修, 友成那智編著 廣済堂出版
【要旨】紹介選手数アップ！ レアデータ＆人間性秘話が満載!!球速・持ち球、対左右・得点圏成績、年俸、タイトル歴、カモ・苦手情報や、制球力、競心、度胸、ミート、パワー、走力、守備力などの5段階評価つき。
2017.3 499p 19×12cm ¥1800 ①978-4-331-52084-0

◆メジャーリーグの現場に学ぶビジネス戦略―マーケティング、スポンサーシップ、ツーリズムへの展開 川上祐司著 （京都）晃洋書房
【要旨】都市とファンと選手が一体化した、スポーツのあるべき姿とは。アメリカプロスポーツビジネスの現況を豊富な図版とともにわかりやすく解説し、リーグが大切にする哲学や都市との協働、スポンサーシップについても紹介。アメリカンフットボールで頂点を極め、現場を熟知する元ビジネスマンだからこそ書けた、生きたスポーツビジネスを学ぶための一冊。
2017.3 174p B6 ¥1900 ①978-4-7710-2882-1

◆野球大喜利ザ・ダイヤモンド―こんなプロ野球はイヤだ 5 カネシゲタカシ, 野球大喜利著 徳間書店
【要旨】連載連笑の1コマ漫画！ 爆笑ネタ574連発！ ネタ野球界の宝石箱や！
2017.7 253p 18cm ¥1380 ①978-4-19-864441-3

◆野球センスの極意―走攻守・バッテリー能力＆マルチなセンスの磨き方 立浪和義著 廣済堂出版 （MASTERS METHOD）
【要旨】「野球センス」が代名詞の著者が、走攻守・バッテリーなどのセンス習得法・磨き方を伝授。憧れの「野球センスあふれる選手」になれる「練習法・思考・裏ワザ」。観戦＆実用的にも使える「立浪流」メソッド満載!!
2017.9 269p B6 ¥1600 ①978-4-331-52120-5

◆「野球」の誕生―球場・球跡でたどる日本野球の歴史 小関順二著 草思社 （草思社文庫）（『野球を歩く』改題書）
【要旨】野球史を知ることは、野球をもっと面白くすることにつながる。俳人・正岡子規が打って走った上野の球場から、スタルヒンが投げた大宮公園球場、第二次大戦中「最後の早慶戦」の舞台となった戸塚球場、満潮になると水が出た洲崎球場跡地など15の球場をたどる。日本野球の事件簿を豊かなエピソードで綴る、無類に面白い野球エッセイ。貴重な資料写真と、現地を訪ねたルポも多数掲載。
2017.8 267p A6 ¥800 ①978-4-7942-2291-6

◆ゆとりの美学。―力を抜くこと、サボることを恐れない 前田健太著 幻冬舎
【要旨】100%ではなく80%で闘う。人生も野球も、余裕が必要だ。コンスタントに勝ち続けるための勝負術。
2017.4 185p B6 ¥1300 ①978-4-344-03102-9

◆私が愛した広島カープ―歴代優勝監督巡礼＋マル秘エピソード集 神田康秋著 東京ニュース通信社, 徳間書店 発売 （TOKYO NEWS BOOKS）
【要旨】カープひと筋40年の著者が歴代優勝監督（古葉竹識、阿南準郎、山本浩二、緒方孝市）を訪ね、カープの神髄に迫る。マル秘エピソードも満載！
2017.7 255p B6 ¥1500 ①978-4-19-864447-5

◆私のプロ野球80年史 野村克也著 小学館
【要旨】自身の人生秘話と、日本プロ野球80年の知られざるエピソード満載の野球ファン必読の書。
2017.9 287p B6 ¥1500 ①978-4-09-388573-7

◆NPB以外の選択肢―逆境に生きる野球人たち 宮寺匡広著 彩流社 （フィギュール彩92）
【要旨】NPBでもMLBでもない、「野球人」としての多様な生き方はまだある！ 旧態依然の価値観に一石を投じる野球人の生の声を、いまも米国独立リーグで選手として活躍する著者が聞き書き。本書に登場する個性的な選手たちのライフストーリーは、激動の社会を生き抜く「野球人」以外の人たちにとっても大きな示唆を与えるだろう。
2017.7 222p B6 ¥1800 ①978-4-7791-7094-2

テニス・卓球・バドミントン

◆勝つ！ 卓球 ダブルス上達60のコツ 高山幸信監修 メイツ出版 （コツがわかる本！）

スポーツ

実用書

◆最強大学チームに学ぶ! ソフトテニス テクニック&トレーニング 小野寺剛監修
日東書院本社
【要旨】基本を徹底的に磨く! 早稲田式練習メニューを紹介。日本代表選手独占インタビュー! 自主性を強くする。早稲田大学軟式庭球部が教える! ソフトテニス上達の秘訣。
2017.4 207p A5 ¥1600 ①978-4-528-02135-8

◆知ってる? ソフトテニス 川power久美子著
ベースボール・マガジン社 (クイズでスポーツがうまくなる)
【要旨】ウォーミングアップからもっと勝つための秘訣まで! クイズに答えて練習メニューに取り組むことでもっとうまくなろう。
2017.11 143p A5 ¥1500 ①978-4-583-10955-8

◆知ってる? テニス 竹内映二著 ベースボール・マガジン社 (クイズでスポーツがうまくなる)
【要旨】基本技術、戦術からマナーまで! 子どもたちが楽しく学べる。初心者も中上級者も知っているようで知らない?!上達ポイントが整理できる。
2017.7 143p A5 ¥1500 ①978-4-583-10961-9

◆知ってる? バドミントン 中口直人著
ベースボール・マガジン社 (クイズでスポーツがうまくなる)
【要旨】ルールも技術も戦術もクイズ形式で楽しく学べる。プレーの上達につながるストレッチ&体操もたくさん紹介!
2017.3 143p A5 ¥1500 ①978-4-583-10952-7

◆卓球 回転を極める 村瀬勇吉著 ベースボール・マガジン社 (スポーツ極みシリーズ)
【要旨】あなたもサービスのテクニシャンになれる。サービスの伝道師が解説するマジックサービスの極意!
2017.11 127p A5 ¥1800 ①978-4-583-11047-9

◆卓球基礎コーチング教本 日本卓球協会編
大修館書店
【目次】第1章 チームをつくろう!―卓球部の顧問になったら、第2章 技術を知ろう!、第3章 練習を知ろう!、第4章 練習計画を立てよう!、第5章 指導の考え方を学ぼう!、第6章 試合をやってみよう!、第7章 大会に出てみよう!、第8章 トレーニングとコンディショニングについて学ぼう!、第9章 道具について知ろう!
2017.3 137p A5 ¥1700 ①978-4-469-26815-7

◆卓球の新しい教科書―試合に勝てる! 近藤欽司著 日本文芸社
【要旨】リオデジャネイロ五輪で日本代表が男女ともメダルを獲得し、卓球が大きな注目を集めるようになった。ラリーのスピード、ダイナミックで緻密な組み立てと駆け引き。卓球は実に奥の深いスポーツなのだ。そのなかで上達をめざすには、さまざまな技を身につけ、サーブとレシーブの仕組みも理解しなければならない。日本のトップレベルを指導した著者が、基礎から必勝を期すための練習法までを紹介する。
2017.4 175p A5 ¥1700 ①978-4-537-21492-5

◆卓球ビギナーズバイブル―ゼロから始める卓球入門 卓球王国まとめ 卓球王国
【要旨】卓球のスペシャリスト、卓球王国編集部が、技術・戦術・練習法・用具などなど知っておきたい卓球の基本情報をわかりやすく解説した自信作!
2017.7 207p A5 ¥1700 ①978-4-901638-50-0

◆卓球 宮﨑義仁式最先端ドリル―身になる練習法 宮﨑義仁著 ベースボール・マガジン社
【要旨】選手、監督としてオリンピックに出場し、現在はトップ選手の指導・強化にあたる著者が基本技術の習得メニューから代表選手が実践するメニューまでを公開。強くなる秘訣をわかりやすくていねいに紹介。3年で結果を出す練習メニューを著者が徹底紹介!
2017.4 174p A5 ¥1500 ①978-4-583-11041-7

◆超一流のメンタル―マイケル・チャンのテニス塾 WOWOWテニスチーム, 福原顕志著
宝島社 (付属資料:DVD1)

【要旨】"鋼のメンタルを持つ男" マイケル・チャンが語る、最悪の状況で最高のパフォーマンスを引き出すメンタル強化術。
2017.10 191p A5 ¥1600 ①978-4-8002-7628-5

◆強いショットが打てる体にシフト!!テニス体幹ストレッチ
【要旨】動的+静的ストレッチがパフォーマンスを最大にする。
2017.3 127p A5 ¥1280 ①978-4-8399-6143-5

◆テニス 大人数対応ドリル 石井弘樹著
ベースボール・マガジン社 (身になる練習法)
【要旨】全国レベルのトップジュニアから世界で戦う若手プロが集うテニスアカデミーの校長が、世界標準で行われている練習法を余すところなく公開。部活にも応用できるスペインドリルを使って、試合に勝てるテニスを身につけよう!
2017.9 175p A5 ¥1500 ①978-4-583-11074-5

◆テニススキルアップマスター―DVD付 石井弘樹監修 新星出版社
【勝利への近道! テニススピードマスター】加筆・訂正・改題書;付属資料:DVD1)
【要旨】元日本代表のチャンピオンがモデル&解説。時代とともに進化する最新のテニス技術。「POINT」や「TRAINING」「CLOSE UP!」などのコツが満載。
2017.4 190p A5 ¥1500 ①978-4-405-08691-3

◆テニス 泥臭くても勝つ攻め方 橋爪宏幸著
東邦出版 新装版
【要旨】ボールを打つのが「上手い人」≠試合に負けない「強い人」。草トーナメント王者も実践!"もうひとつ" 勝てるようになる「着眼点」と「考え方」!
2017.3 211p B6 ¥1300 ①978-4-8094-1477-0

◆テニスなるほどレッスン テニス丸ごと一冊 戦略と戦術 3 堀内昌一著, テニスマガジン監修 ベースボール・マガジン社 (Tennis Magazine extra)
【要旨】テニスは「時間」と「場所」を制する者が試合に勝つ! 相手が負けないテニス、勝つテニス、強いテニスの戦術だ! ゲームの最終局面、ポイント獲得!
2017.1 287p A5 ¥1700 ①978-4-583-11054-7

◆テニスの教え方、教えます! 綿貫弘次監修 実業之日本社 (パーフェクトレッスンブック)
【要旨】テニス経験ゼロの人にもわかりやすい! 試合で主導権を握る選手に育つ! 綿貫三兄弟を育てた画期的指導法!
2017.5 191p A5 ¥1500 ①978-4-408-45640-4

◆テニスはインパクトが9割 児玉光雄著 東邦出版
【要旨】一流選手だけが知る、あらゆるボールを打ち返すラケットの軌道と角度とは?「インパクトが正しければすべてのフォームは正しいのだ!」「テニス禅ドリル」でコントロールが飛躍的に高まる!
2017.11 187p B6 ¥1300 ①978-4-8094-1531-9

◆動画でプロに学ぶ! ソフトテニス勝つシングルス50のコツ 中村謙監修 メイツ出版 (コツがわかる本!)
【要旨】ヨネックス流必勝ワザ! 日本一のテクニックが映像で学べる! シングルスならではの上達はもちろん、高いレベルのダブルスにも活きる! ショット&サービスのセオリー、展開を見据えた戦術、強化すべき点と練習法。
2017.5 128p A5 ¥1520 ①978-4-583-11061-3

◆ナダル・ノート すべては訓練次第 トニ・ナダル著, タカ大丸訳 東邦出版
【要旨】ラファエル・ナダルのLESSON公開!!選手育成や子育て、あらゆる組織における人材育成にも! 魔法のような効果をもたらす、「開花」へのメソッド一式!
2017.4 277p B6 ¥1600 ①978-4-8094-1501-2

◆バドミントン 基本と戦術 大屋貴司監修
実業之日本社 (パーフェクトレッスンブック)
【要旨】苦手克服のコツがまるわかり! 初心者だけでなく上級者にもレベルアップするためのテクニックと練習方法を大公開! 最強チーム埼玉栄高校の強さの秘密を盗み取ろう!
2017.2 191p A5 ¥1500 ①978-4-408-45622-5

◆部活で差がつく! 勝つバドミントン最強のコツ50 名倉康弘監修 メイツ出版 (コツがわかる本!) (『部活で活躍できる!!勝

つ! バドミントン最強のポイント50』増補改訂・改題書)
【要旨】正しい打ち方を完全マスター! 実戦で活きる効果的なトレーニング! 戦術を駆使して試合を勝ち抜く! 実力を伸ばす練習計画・環境づくり! 日本代表を育てた強豪校が実践する、必勝のポイント!
2017.6 144p A5 ¥1380 ①978-4-7804-1917-7

◆マイケル・チャン 勝利の秘訣 マイケル・チャン著, マイク・ヨーキー編, 山形優子フットマン訳, 持田明広監修 いのちのことば社
【要旨】史上最年少17歳3か月でのグランドスラム優勝! 逆境にも最後まであきらめない―不屈のメンタルを支えたものとは?
2017.10 327p B6 ¥1800 ①978-4-264-03642-5

◆美宇は、みう。―夢を育て自立を促す子育て日記 平野真理子著 健康ジャーナル社
【要旨】2017世界卓球選手権ドイツ大会女子シングルス48年ぶりメダル獲得!!平野美宇はこうして育った。花まる学習会代表・高濱正伸氏×著者対談「これからの生きる力、家族の形」収録!!
2017.6 202p B6 ¥1400 ①978-4-907838-86-7

◆身になる練習法 バドミントン 年間強化ドリル 仲尾修一著 ベースボール・マガジン社
【要旨】高校時代にシングルス、大学・実業団ではダブルスの全日本タイトルを獲得し、現在は全国大会出場常連の伝統校の監督を務める著者が、個人やチームがステップアップして強くなる練習法を年間スケジュールに沿って紹介します。どの時期にどのような練習をしたらいいのかがわかります。
2017.12 175p A5 ¥1500 ①978-4-583-11077-6

◆DVDでわかる! ソフトテニス勝てるダブルス!!ポイント50 小林幸司監修 メイツ出版 (コツがわかる本!) (付属資料:DVD1) 改訂版
【要旨】力強いストローク、的確なボレー、各ポジションに必要な要素から戦術パターンまで。トップ選手のプレイ動画で最強のテクニックが身につく!
2017.9 128p A5 ¥1600 ①978-4-7804-1933-7

バスケットボール・バレーボール・ハンドボール

◆9人の「3×3(スリーバイスリー)」ライフ―プロスポーツの新しいカタチ 向山勇著
幻冬舎メディアコンサルティング, 幻冬舎 発売
【要旨】新時代の競技「3人制プロバスケットボール」が叶える十人十色のニューライフ!
2017.8 183p 18cm ¥800 ①978-4-344-91341-7

◆高校バスケは頭脳が9割 三上太著 東邦出版
【目次】第1章 高橋仁監督―「自分自身はダメだけど『チームのために頑張ろう』という選手が出てきて、チームが結束したときに、すごく力を発揮するんだよね」、第2章 佐藤久夫監督―「選手たちが考えながらやっているバスケットの中に、『僕はこれをやりたいんだ』というものが見えてくる」、第3章 色摩拓也監督―「惰性で、与えられたものをそのままやるのか、それとも中身を考え、練習のポイントは何か、どういうところにつながっていくのか、それらを理解して表現できているかが確かな練習法を身につけているわけです」、第4章 安江満夫監督―「『協力は強力なり』なんて言葉をつくったりして、お互いに助け合っているところから強い力が発揮されると思っています」、第5章 近藤義行監督―「オトナとコドモの中間にある思春期の『コトナ』なんだから、子供の部分が残っているほうが純粋で当たり前だと思うんですよ。強いチームの一員だから大人びていないといけないという考えは僕にはないんです」
2018.1 238p B6 ¥1389 ①978-4-8094-1543-2

◆コーチングバレーボール 基礎編 日本バレーボール協会編 大修館書店
【要旨】世界に通じるバレーボール選手の技術・戦術・体力は、ジュニア、ユース期に培われる。しかしながら、この時期の選手をどんなに一生懸命指導したとしても、それが確かな理論に裏打ちされたものでなくては、かえって上達を妨げたり、時には間違った技術を習得したりすることもある。その意味で、経験だけに頼る指導ではなく、科学的根拠に基づくコーチングが追

究されなければならない。本書は、バレーボールの指導に必要なコーチング理論、発育発達の科学、基本技術とその指導法、システムと戦術、ゲームマネジメントなどを体系的にまとめた、新時代のコーチング・バイブルである。
2017.2 262p 24×19cm ¥2300 ①978-4-469-26811-9

◆コービー・ブライアント 失う勇気―最高の男（ザ・マン）になるためさ！　ローランド・レイゼンビー著, 大西玲央訳　東邦出版
【要旨】NBAで最も好き嫌いが分かれた選手の生き様。
2017.11 702p B6 ¥2000 ①978-4-8094-1527-2

◆最新ソフトバレー・ハンドブック　日本ソフトバレーボール連盟編　大修館書店　三訂版
【目次】第1章 ソフトバレーボールの生い立ち・その普及と今後の方向性、第2章 よりよい指導を目指して、第3章 ソフトバレーボールの指導過程と練習法、第4章 ソフトバレーボールのフォーメーション、第5章 競技会の開き方と運営法、第6章 ソフトバレーボールの競技規則と審判法
2017.7 153p 24×19cm ¥1500 ①978-4-469-26823-2

◆試合の流れを決める！ バスケットボール ポイントガード 上達のコツ50　篠山竜青監修　メイツ出版　（コツがわかる本！）
【要旨】ポイントガードはチームの司令塔としてコートに立ち、巧みな技術と視野の広さでオフェンスを組み立てる。ときには献身的なディフェンスでチームをけん引し、勝つために最善の努力をしなければならない。ポイントガードとして活躍するためには…簡単には語りつくせない上達のコツを日本を代表するポイントガード・篠山竜青がアドバイスする！
2017.12 128p A5 ¥1600 ①978-4-7804-1821-7

◆千葉ジェッツの奇跡―Bリーグ集客ナンバー1クラブの秘密　島田慎二著　KADOKAWA
【目次】プロローグ "箱もの産業" の宿命と挑戦、第1章 ジェッツの再建、第2章 bj リーグからの脱退、第3章 戦うための組織改革、第4章 観客動員数ナンバー1になるまで、第5章 ジェッツを支える「理念」、第6章 川淵キャプテンとの出会い、第7章 Bリーグの未来、エピローグ 100年続くクラブへ
2017.9 203p B6 ¥1400 ①978-4-04-106021-6

◆栃木ブレックス 初代王者の軌跡　下野新聞社編　（宇都宮）下野新聞社　（「SPRIDE」特別号）
【目次】写真グラフ「栃木ブレックスが、B-REXになった日。」、ノンフィクション「TRUE TEAM ブレックスの真実」、ゲームリポート「チャンピオンシップ激闘の記録」、写真グラフ「新たな歴史の扉が開いた。写真で振り返るBリーグ元年」、フォト＆コラム「FACE 愛すべき勇者たち」、写真グラフ「BREX NATION」
2017.6 95p 29×21cm ¥926 ①978-4-88286-671-8

◆バスケットボール学入門　内山治樹, 小谷究編著　（龍ケ崎）流通経済大学出版会
【目次】日本におけるバスケットボール研究の歴史―バスケットボールの受容からオリンピック東京大会まで（1894～1964）、アダプテッド・スポーツ、医科学、運動学、栄養学、教育学、経営学、社会学、心理学、生理学〔ほか〕
2017.11 239p A5 ¥1500 ①978-4-947553-76-8

◆バスケットボール 戦術の基本と実戦での生かし方　日高哲朗著　マイナビ出版　新版
【要旨】知っているようで知らない戦術の本当の考え方。強くなる戦術徹底図解。リバウンドの獲得率が上がる立ち位置、背が高い相手の効果的な攻略法。
2017.8 157p A5 ¥1400 ①978-4-8399-6364-4

◆バスケットボール 超効率ドリル　森圭司著　ベースボール・マガジン社　（身になる練習法）
【要旨】"1日の練習は約2時間" "使えるコートは半面以下" 限られた時間とスペースで練習するチームを全中連覇に導いた著者が、普段、行っている生産性の高い練習法を大公開。うまくなるための正しい頑張り方も必見！
2017.8 175p A5 ¥1500 ①978-4-583-11079-0

◆バスケットボールの教科書　3　チームマネジメント基礎　鈴木良和著　ベースボール・マガジン社
【要旨】バスケットボールの家庭教師として絶大な信頼を得る著者による、ジュニア期の指導者や、指導者を目指す学生必読の四巻シリーズ。これまでの常識を疑い、隠れていたバスケットボールの本質に迫る。従来のスポーツ実用書の枠にとどまらないバスケットボールの新しい指導メソッド、指導哲学の書！ 第三巻となる本書のテーマは「チームマネジメント基礎」。チームマネジメントピラミッドを軸に、技術や戦術以外のチーム活動の全体像に目を向ける！
2017.1 175p A5 ¥1500 ①978-4-583-11060-8

◆バスケットボールの教科書　4　指導者の哲学と美学　鈴木良和著　ベースボール・マガジン社
【要旨】バスケットボールの家庭教師として絶大な信頼を得る著者による、ジュニア期の指導者や、指導者を目指す学生必読の四巻シリーズ。これまでの常識を疑い、隠れていたバスケットボールの本質に迫る。従来のスポーツ実用書の枠にとどまらないバスケットボールの新しい指導メソッド、指導哲学の書！ 第四巻となる本書のテーマは「指導者の哲学と美学」。指導者とはどうあるべきか？「偉大」とは何なのか？ 指導者に求められる資質や哲学をまとめた集大成の一冊。
2017.2 175p A5 ¥1500 ①978-4-583-11061-5

◆バスケットボール用語事典　小野秀二, 小谷究監修　廣済堂出版
【要旨】詳細な図とともに、約1400語を収録！ 日本代表を含むトッププレイヤー、国際審判員、指導者、研究者によって編纂された、バスケットボール界初となる、待望の用語集です。
2017.7 223p A5 ¥1500 ①978-4-331-52105-2

◆バスケットボール ワンハンドシュート　池内泰明監修　ベースボール・マガジン社　（スポーツ極みシリーズ）
【要旨】中学生でも女子でもワンハンドシュートが決まるようになる。元日本代表のエースシューターが極意を紹介！
2017.3 127p A5 ¥1800 ①978-4-583-11050-9

◆バスケットボール ワンランクアップドリル　金子寛治著　ベースボール・マガジン社　（身になる練習法）
【要旨】年間の流れを把握。練習計画の立て方がわかる！ 基本を大切にしながら着実に個人技＆チーム力を向上。高校バスケ全国屈指の強豪校の監督が選手とチームをワンランク上へと導く練習法を一挙に紹介！
2017.2 173p A5 ¥1500 ①978-4-583-11067-7

◆バスケットボールIQジュニアのための練習法　鈴木良和著　マイナビ出版
【要旨】状況判断、プレーの精度、IQを使えば身体操作力はぐんぐん伸びる!!勝つための脳力と技術が身につく！
2017.10 159p A5 ¥1460 ①978-4-8399-6348-4

◆部活で差がつく！ 勝つバレーボール―上達のポイント60　小川良樹監修　メイツ出版　（コツがわかる本！）
【要旨】強豪校の練習メニュー！ 実戦的な個人技が身につく！ 連係プレーのコツがわかる！ 団結力のあるチーム作り！ 全国大会優勝チームが実践する、必勝のポイントはこれだ！
2017.4 128p A5 ¥1380 ①978-4-7804-1849-1

◆部活で差がつく！ 勝つハンドボール 最強のコツ50　阿部直人監修　メイツ出版　（コツがわかる本！）
【要旨】全国大会優勝チームが実践する、必勝のポイントはこれだ！ 強豪校の練習メニュー！ 実戦的な個人技が身につく！ 連係プレーのコツがわかる！ 団結力のあるチーム作り！
2017.6 128p A5 ¥1400 ①978-4-7804-1880-4

◆ブレックスストーリー―未来に続く10年の記憶　藤井洋子著　（宇都宮）下野新聞社
【要旨】"プロスポーツ不毛の地" に生まれた一つのチームが常識を打ち破り、初代王者の栄冠を掴むまでの物語。歴代の選手、スタッフが明かす栃木ブレックスの栄光と苦悩。
2017.12 382p B6 ¥1800 ①978-4-88286-676-3

◆ボールマンがすべてではない―バスケの複雑な戦術が明らかになる本　大野篤史, 小谷究著　東邦出版
【要旨】みんな欲しかったバスケ戦術の教科書。
2017.10 228p B6 ¥1389 ①978-4-8094-1522-7

◆もっと得点を取るためのバスケットボール フォーメーションバイブル　倉石平監修　日東書院本社
【要旨】攻める、得点が取れる。チームを作るための指南書。
2017.4 110p B5 ¥1200 ①978-4-528-02149-5

◆CYBERDYNE IBARAKI ROBOTS OFFICIAL YEAR BOOK 2017－18 B.LEAGUE 2ND SEASON "BE ONE"　（水戸）茨城ロボッツ・スポーツエンターテインメント，（水戸）茨城新聞社 発売
【目次】チーム概要、代表インタビュー、Bリーグ概要、シーズンスケジュール、ホームアリーナアクセス、スペシャル対談 岡村憲司スーパーバイジングコーチ/監督×岩下桂太ヘッドコーチ、選手名鑑、キャプテンインタビュー 眞庭城聖、ROBOTSチアリーダー「RDT」、バスケットボールオペレーションスタッフ〔ほか〕
2017.9 86p B5 ¥1000 ①978-4-87273-459-1

◆DVD付き絶対うまくなる！ バレーボール　青山繁監修　主婦の友社　（付属資料：DVD1）新版
【要旨】オリンピックで金メダル獲得経験のあるバレーボールは、競技人口も多く、たくさんのファンが観戦に訪れる人気のスポーツです。本書では、パス、レシーブ、サーブからブロック、スパイク、速攻まで、世界の舞台で活躍し、「職人」と呼ばれた青山繁が、習得のコツをていねいに解説しています。基本を根本から見直すことで、テクニックは格段にアップします。DVDと一緒に本書をじっくり読んでください。そうすれば強くなります！ 試合に勝てます！
2017.10 159p 22×19cm ¥1500 ①978-4-07-427187-0

◆HIROSHIMA DRAGONFLIES OFFICIAL YEAR BOOK 2017－18　（広島）広島ドラゴンフライズ, メディアパル 発売
【目次】広島の要石として重きをなす（キャプテン・朝山正悟）、Interview 勝った時も負けた時もその中心に立っているのは自分でありたい。（田中成也）、WE ARE DRAGONFLIES、Interview 進むべき道を照らす光となりチームをひとつに（ヘッドコーチ・ジェイミー・アンドリセビッチ）、Team Staff アシスタントコーチ・タナー・マセー・チームスタッフ、Key Players キープレイヤーインタビュー、The Cheerleaders フライガールズ、The Club クラブ情報、Interview B2優勝、そしてB1昇格目指し新たな挑戦を（（株）広島ドラゴンフライズ代表取締役会長・福岡慎二）、Interview 地元に愛されるチームで勝利をめざす（（株）広島ドラゴンフライズ代表取締役社長・浦伸嘉）〔ほか〕
2017.11 106p A4 ¥1389 ①978-4-8021-3081-3

ラグビー・アメリカンフットボール

◆生きつづける言葉―情と知で動かす　平尾誠二著, 岡村啓嗣撮影　PHP研究所
【要旨】羽生善治が驚いた、岡田武史が唸った、山中伸弥が励まされた…深くて鮮やかな101の言葉と35年間の写真が合体。
2018.1 239p B6 ¥1400 ①978-4-569-83616-4

◆オールアウト―楕円の奇蹟、情熱の軌跡　1997年1月15日全国大学ラグビー選手権決勝～2010年8月10日長野・菅平　時見宗和著　スキージャーナル
【目次】どうして勝てなかったのだろう？――九九七年（平成九年）一月東京・東伏見、いつも想っていたのは早稲田のラグビーだった――九九八年（平成一〇年）九月イギリス・ロンドン、おれ、どうしてこんなところにいるんだろう？―二〇〇〇年（平成一二年）四月一〇日埼玉・志木、それでいいのなら、そうやって生きろよ―二〇〇〇年（平成一二年）六月一日埼玉・秋ヶ瀬、生まれてから、こんなに悔しいと思ったことはなかった―二〇〇〇年（平成一二年）八月二七日埼玉・秋ヶ瀬、良いチームは、ぜったいに勝たなければならない―二〇〇〇年（平成一二年）一一月二六日埼玉・立教新座高等学校グラウンド、いちばん勝ちたいのはぼくたちです―二〇〇一年（平成一三年）一月東京・東伏見、おまえたちは、負けつづけているチームなんだ―二〇〇一年（平成一三年）三月三一日埼玉・秋ヶ瀬、言いつづければ、きっとものごとは変わっていく―二〇〇一年（平成一三年）四月埼玉・秋ヶ瀬、いろいろあったので、けっして短くありませんでした―二〇〇二年（平成一四年）一月六日東京・秩父宮ラグビー場〔ほか〕
2017.10 431p B6 ¥2000 ①978-4-7899-0080-5

スポーツ

実用書

◆勝つための準備—ラグビー元日本代表ヘッドコーチとゴールドマン・サックス社長が教える
エディー・ジョーンズ,持田昌典著　講談社
【要旨】ラグビーvs.ビジネス。勝ち癖は、こうしてつける！最強のリーダー二人が実践するシンプルな習慣。
2017.11 189p B6 ¥1400 ①978-4-06-220626-6

◆考えて強くなるラグビーのトレーニング—戦術アプローチに基づく練習プログラム　山本巧,藤森啓介著　大修館書店
【要旨】普段の練習で、スキルを磨くためにただ本数を重ねたり、コーチの意図を理解せずにただ指示どおり動いていないでしょうか？本書では、そのような練習ではなく、「試合での課題は何か」を理解して練習に取り組むことがプレーの質を高めると考え、私たちが指導・普及の現場で経験してきた中・高校生にも実施可能な戦術アプローチ理論に基づく練習方法とプログラムの原理・原則を図表とともに解説しています。"誰でもすぐに実践できる"戦術アプローチに基づく練習プログラムを活用して、自チームの強みを最大限生かし試合に勝つために、何が必要なのかを考えてトレーニングすることで、さらなるレベルアップを目指しましょう。
2017.7 127p 24×19cm ¥2100 ①978-4-469-26821-8

◆矜持—すべてはラグビーのために　吉田義人著　ホーム社,集英社 発売
【要旨】明治ラグビーの、そして日本ラグビーの矜持を胸に、ひたすら走り続けた伝説のトライゲッター、吉田義人が初めて語るラグビー半生と未来！
2017.10 319p B6 ¥1600 ①978-4-8342-5310-8

◆高校ラグビーは頭脳が9割　斉藤健仁著　東邦出版
【要旨】「強豪校」が強くいられる本当の理由。「ラグビーセンス」が高まる強化書。
2017.12 253p B6 ¥1389 ①978-4-8094-1537-1

◆これで差がつく！小学生のミニラグビー上達のポイント50　三宅敬監修　メイツ出版（まなぶっく）
【要旨】日本代表経験者が教える必勝のポイント！フィジカル＆テクニックがもっと成長！判断と対応力・ハンドリング・正しいカラダ作り…etc.未来のトップ選手に必要な実践テクが満載。
2017.3 112p A5 ¥1580 ①978-4-7804-1839-2

◆知ってる？ラグビー—クイズでスポーツがうまくなる　仲西拓著　ベースボール・マガジン社
【要旨】基本技術や細かいルールがよくわかる。クイズの答えを考えながら読むだけでラグビーが楽しく、うまくなる。
2017.5 141p A5 ¥1500 ①978-4-583-10960-2

◆新・ラグビーの逆襲—日本ラグビーが「世界」をとる日　永田洋光著　言視舎
【要旨】2019年W杯日本開催に向けて、いま「日本」がどういう状態にあるのか？15年の奇跡から一変してしまった現状に、ラグビーの「世界地図」と歴史的経緯を踏まえ、「これから」の課題を真正面から提示する。
2017.9 227p B6 ¥1600 ①978-4-86565-104-1

◆問いかけ続ける—世界最強のオールブラックスが受け継いできた15の行動規範　ジェイムズ・カー著,恒川正志訳　東洋館出版社
【要旨】オールブラックスの一員であることの意味は何か。ニュージーランド人でさえ全てを意味するのか。世界最強集団"オールブラックス"の知られざるチームづくりを世界初公開!!
2017.12 250p B6 ¥1600 ①978-4-491-03421-8

◆日本ラグビー　2017　平成28年〜平成29年公式戦主要記録　ラグビーマガジン編集部編　ベースボール・マガジン社
【目次】COLOR、トップリーグ・社会人、日本ラグビー日めくりカレンダー2016・2017、日本代表、大学、高校、主要大会・試合、主要戦績、日本代表テストマッチ記録
2017.8 159p A4 ¥2600 ①978-4-583-11118-6

◆日本ラグビーの戦術・システムを教えましょう　斉藤健仁著　東邦出版
【要旨】現役選手のラグビーセンスは高まりファンの見る目は一流に鍛えられる。もっと楽しく観るためにあなたが持つべき視点とは!?
2018.1 293p B6 ¥1500 ①978-4-8094-1536-4

◆ハングリーな組織だけが成功を生む　沢木敬介著　ぴあ
【要旨】一度敗れたことから教訓を読み取り、課題を抽出して、次の戦いで進化した姿を見せるのが、それが、「ハングリーのチャレンジ」。エディージョーンズの右腕として、奇跡の南ア戦勝利を演出！サントリーサンゴリアスを1年で優勝に導いた知将の、成功する組織の作り方！
2017.12 215p B6 ¥1200 ①978-4-8356-3842-3

◆平尾誠二 人を奮い立たせるリーダーの力
マガジンハウス編　マガジンハウス
【要旨】人を奮い立たせることができるのは、リーダーの言葉しかない。稀代のラガーマンは、同時に真のリーダーだった。ミスターラグビーが遺した、いまこそ日本人が心に留めたい91の矜持。
2017.4 207p B6 ¥1200 ①978-4-8387-2918-0

◆ラグビー最強・最速になるヤマハ式肉体改造法　大塚潔著　マキノ出版
【要旨】アナトミカルアダプテーション、ストレングス、フィットネス、スピード、アジリティ、プリハブ—ラグビーに必須の要素を網羅！常勝軍団に変身した秘密！闘う体に生まれ変わる！
2017.7 138p A5 ¥1450 ①978-4-8376-7258-6

◆ラグビー チーム力アップドリル　吉岡肇著　ベースボール・マガジン社（身になる練習法）
【要旨】國學院栃木高校を率いて輝かしい成績を残すとともに、数多くの優秀な選手を輩出してきた著者が、高校ラグビートップクラスの練習法を紹介！基礎から応用まで、上達のノウハウを大公開。レベルアップを目指す選手、指導者に必携の一冊！
2017.8 175p A5 ¥1500 ①978-4-583-11081-3

サッカー

◆アジアフットボール批評　special issue 04　『フットボール批評』編集部編著　カンゼン
【目次】特集1 アジアサッカーの地殻変動を追う（W杯出場枠拡大が与える影響—アジアの勢力図は変わるか？、東南アジアチャンピオンズリーグ ASEANスーパーリーグの可能性を追うほか）、特集2 アジアサッカーの改革者たち（台湾代表監督・黒田和生の挑戦—育成大改革で2025年アジア4強入りを目指す、陳婉婷（てい）—香港リーグを率いる28歳の女性指揮官 ほか）、特集3 アジアの若きスターたち（欧州組をはじめとする各国の若手注目株を網羅 アジアの新星ファイル、INTERVIEW チャナティップ・ソングラシン—タイのメッシがついに日本上陸 Jリーグ挑戦という決断をくだした理由 ほか）、特集4 ACLの教科書 アジアを勝ち抜くためのマイルストーン（ACL2017を戦う日本勢4クラブの戦略、ACL2017に出場する中国・韓国の勢力図 ほか）
2017.3 128p B5 ¥1300 ①978-4-86255-400-0

◆池上正の子どもが伸びるサッカーの練習
池上正監修,清水英斗編著　池田書店
【要旨】はじめての子どもでもできる練習を多数収録。周囲を見る力、考える力を育てるメニューが満載。練習がうまくいかないときは？子どもへの声かけを紹介。幼稚園児から低学年、高学年まで、年代を交ぜて練習ができる！「運動神経」「コミュニケーション能力」「考える力」現代っ子に足りない要素が練習で身につく！
2017.4 175p A5 ¥1480 ①978-4-262-16642-1

◆インヴィンシブル—アーセナルの奇跡　エイミー・ロレンス著,東本貢司,昔しおり訳　三賢社
【要旨】プレミアリーグ2003-04シーズン。アーセン・ヴェンゲル率いるアーセナルは、前代未聞の快挙を成し遂げた。無敗で栄冠を勝ち取ったのだ。その中心プレーヤーは、ベルカンプ、アンリ、ヴィエラ、ピレス…。インヴィンシブルズと称される強烈な個性の持ち主たちを、指揮官はいかにしてまとめ上げたのか。無敗優勝と突き進めた原動力とは何だったのか。高潔なチームスピリットはどのように育まれていったのか。不滅ともいわれる快進撃の舞台裏を、ヴェンゲル監督はじめ、当時のプレーヤー、関係者への膨大なインタヴューを交えて描く、本格的スポーツドキュメント。
2017.2 326p B6 ¥1850 ①978-4-908655-05-0

◆エスポルチ藤沢広山晴士の4週間でうまくなる！フットサル＆サッカー ファンタジスタ養成ドリル　広山晴士著　マイナビ出版（付属資料：DVD1）改訂版
【要旨】エスポルチ藤沢式個人技UP術。驚愕のテクニックマル秘練習法。初心者でも1人でも今日からトライ！
2017.9 109p A5 ¥1500 ①978-4-8399-6441-2

◆選ばれし者への挑戦状—誇り高きフットボール奇論　ヘス・スアレス,小宮良之著　東邦出版
【要旨】人々の思いの集まりのようなものが、スペクタクルを生み出す。それは世界のどこのスタジアムであっても、無名の選手であろうとも起こりえることだ。飽くなきスペクタクルを巡る冒険。
2017.4 216p B6 ¥1600 ①978-4-8094-1475-6

◆親子で学ぶサッカー世界図鑑 ロシアW杯編　スクワッド
【要旨】2018ロシアW杯出場32カ国完全収録。
2017.12 117p 31×25cm ¥2200 ①978-4-908324-21-5

◆勝ち続ける組織の作り方—青森山田高校サッカー部の名将が明かす指導・教育・育成・改革論　黒田剛著　カンゼン
【要旨】逆境だからこそ常勝軍団！元ホテルマン、監督経験なし。地方ゆえ年間移動距離7000キロ以上、1年の3分の1は雪に覆われてしまうグラウンド。しかし、どのような環境でも思考を働かせ、工夫を凝らし、ひたすら行動することで、「ハンディキャップ」は「味方」に変わる！
2017.2 215p B6 ¥1300 ①978-4-908059-62-9

◆必ず、愛は勝つ！—車イスサッカー監督 羽中田昌の挑戦　戸塚啓著　講談社
【要旨】日本サッカーを背負うと嘱望されながら、わずか19歳で事故のため下半身不随に。夢と才能を奪われた青年が、車イスサッカー監督になるまでの苦闘の日々。
2017.5 364p B6 ¥1600 ①978-4-06-220586-3

◆壁を超える　川口能活著　KADOKAWA（角川新書）
【要旨】順風満帆に見えて、実際は今ほど整っていない環境での海外移籍や度重なるケガのつらい時期を幾度も乗り越えてきた。メンタルが問われるゴールキーパーという特殊なポジションで自分を支えているものは何なのか。
2017.10 212p 18cm ¥800 ①978-4-04-082166-5

◆壁を越えろ—走り続ける才能たち　安藤隆人著　実業之日本社
【要旨】原石が輝き出すターニングポイント。
2017.8 210p B6 ¥1500 ①978-4-408-33719-7

◆技術解体新書—サッカーの技術を言葉で再定義する　風間八宏,西部謙司著　カンゼン
【要旨】「ボールを扱う技術」「体を扱う技術」「頭を扱う技術」「相手を扱う技術」サッカーはすべてこの技術で成り立っている。その技術を明確に定義せずに、サッカーが進歩することはない。5つの風間理論を解読した究極の技法書。
2017.11 165p B6 ¥1500 ①978-4-86255-425-3

◆ゲームの支配者ヨハン・クライフ　ディートリッヒ・シュルツェ＝マルメリンク著,円賀貴子訳　洋泉社
【目次】クライフは世界のサッカーの発展にどのレジェンドたちよりも大きな影響を与えた、クライフ、オランダ、バルセロナについて語る、ヨハン以前のオランダ、アヤックス、イスラエル、トータルフットボールの誕生、ピッチ王様、偉大なるアヤックス、バルセロナへのカルチャー・トランスファー、市民的な反逆者、ほぼ、完璧な夏、痛みはあとからやってくる、アムステルダムへの帰還、"モダン・バルサ"の創造者、これがサッカーだ、"3"でなければならない、ラスト・バトル
2017.6 478p B6 ¥2000 ①978-4-8003-1242-6

◆高校サッカー年鑑　2017　全国高等学校体育連盟サッカー専門部編　講談社
【目次】第95回全国高校サッカー選手権大会、第25回全日本高校女子サッカー選手権大会、平成28年度全国高校総合体育大会、第71回国民体育大会、第44回日本高校選抜海外遠征、高校サッカー師弟対談
2017.2 271p B5 ¥2315 ①978-4-06-220355-5

◆このくにのサッカー—日本サッカーの「これまで」と「これから」　賀川浩著　苦楽堂
【要旨】92歳の現役最年長スポーツライターを前にサッカー界の重要人物が胸襟をひらく、日本サッカーの歴史と未来を考える対談集。対談参加者：岡田武史（FC今治代表）、川淵三郎（Jリー

スポーツ

グ初代チェアマン）、櫻井嘉人（名古屋オーシャンズ代表）、釜本邦茂（メキシコ五輪得点王）、澤穂希（元なでしこジャパン）、セルジオ越後（サッカー解説者）、黒田和生（台湾代表監督）、加藤寛（日本クラブユースサッカー連盟会長）、佐々木則夫（元サッカー日本女子前監督）、加茂建（加茂商事社長）、岸本健（フォート・キシモト創業者）、石井幹子（照明デザイナー）、岡野俊一郎（元日本サッカー協会元会長）、デットマール・クラマー（元日本代表コーチ）。
2017.5 366p A5 ¥1800 ①978-4-908087-06-6

◆ゴールキーパーの極意　スーパーセーブ完全マスター　川口能活著　ベースボール・マガジン社　（サッカー極意シリーズ）　（付属資料：DVD1）
【要旨】サッカー界のレジェンドが基本から神業テクニックまでを徹底解析!!本人実演65分DVD映像には、初心者にも分かりやすいレッスン編をはじめ、ゴールキーパーに必要とされるさまざまなスキルを実戦に即したかたちで紹介。絶対的な守護神となるための極意が、ここにある！
2017.12 77p A5 ¥1600 ①978-4-583-11134-6

◆ゴールこそ、すべて―90年イタリアW杯得点王サルヴァトーレ・スキラッチ自伝　サルヴァトーレ・スキラッチ, アンドレア・メルクリオ著, 利根川晶子訳　洋泉社
【要旨】「俺のサッカーは戦術の檻には収まりきらない。本能のままにプレーすることこそ、俺の最大の武器だ」。90年イタリア杯得点王にして、Jリーグ・ジュビロ磐田でもプレーした、シチリア島が生んだ"ナチュラル・ボーン・ストライカー"スキラッチースキラッチが、その波乱に満ちた半生のすべてを語る初の自伝！
2017.3 325p B6 ¥1600 ①978-4-8003-1200-6

◆最強プロに学ぶフットサル個人技完全マスター―連続写真で動きがわかる！プレーのコツもしっかり伝授！　森岡薫監修　誠文堂新光社
【目次】1 ボールコントロール、2 パス、3 ドリブル、4 シュート、5 ディフェンス、6 個人戦術、7 リフティング
2017.5 207p A5 ¥1400 ①978-4-416-61652-9

◆最後のロッカールーム 自分を超えろ　日本テレビ編　宝島社
【要旨】第94回大会（2015年度）、第95回大会（2016年度）を中心に、「最後のロッカールーム」珠玉のベストセレクション！高校サッカー最後の戦いに挑んだ監督の最後の言葉！全国41都道府県、全70校が登場！選手たちへ伝えたい、戦う本当の意味！
2017.12 221p A5 ¥1300 ①978-4-8002-7906-4

◆覚えやすいサッカールールブック　高田静夫監修, 三村高之著　学研プラス　（GAKKEN SPORTS BOOKS）
【要旨】イラストつきで分かりやすい！プレーヤー＆審判をやる人に便利！最新のルール改正に対応！
2017.2 110p B6 ¥700 ①978-4-05-800726-6

◆最新版 スタメンを勝ちとる！試合に勝てる！80分DVDつき少年サッカー必勝バイブル　柏レイソル監修　主婦の友社　（付属資料：DVD1）
【目次】1 サッカー選手に必要な能力を高めよう（基礎トレーニング、キックのトレーニング）、2 ボールをコントロールしよう（止めるテクニック、蹴るテクニック、突破のテクニック、スペースを使うテクニック、ヘディングのテクニック）、3 実戦的な技術を身につけよう（コーチングのテクニック、シュートのテクニック、パスのテクニック、スローインのターンのテクニック）、4 実戦練習メニュー（実戦メニュー）、5 その他、サッカーに必要なテーマ（GKのテクニック、コンディション維持のテクニック）
2017.2 159p A5 ¥1400 ①978-4-07-418521-4

◆サッカーが劇的にうまくなるタニラダー・メソッド　谷真一郎著　扶桑社
【要旨】ヴァンフォーレ甲府、FC東京、柏レイソル…Jリーグ全40チームのうち20チームが採用。一瞬で相手を置き去りにする、対1で確実にボールを奪う、正確で速いボールを蹴る、高く跳ぶ…「サッカーがうまくなりたい」に真正面から応えよう！
2017.4 212p B6 ¥1400 ①978-4-594-07688-7

◆サッカー 逆境の監督学―パターン練習を捨てろ！1日2時間の練習で狙う全国制覇　李済華著　誠文堂新光社

【要旨】多くの制約のなかで全国レベルのサッカー部へと成長させた指導とトレーニング方法を紐解き、効率的にチームを育てていくために何が必要なのか、李済華氏の考え方を紹介します
2017.2 191p B6 ¥1500 ①978-4-416-51716-1

◆サッカー ゲームメークの教科書　柏木陽介監修　実業之日本社　（パーフェクトレッスンブック）
【要旨】日本代表選手のテクニックと試合を動かす駆け引きを大公開!!基本はもちろん、崩し方のパターン、オフ・ザ・ボールの動きなどミッドフィルダーとして確実にスキルアップ!!
2017.3 191p B6 ¥1400 ①978-4-408-45625-6

◆サッカー最新戦術ラボ プレスvsビルドアップ　西部謙司著　学研プラス　（GAKKEN SPORTS BOOKS）
【要旨】奪うか!?揺るか!?ゲームを左右する最先端対決。トップチームの攻防を大研究。相手のハイプレスをいかに外してビルドアップしていくか。あるいは攻撃側のビルドアップに対していかにプレスするか。
2017.9 247p A5 ¥1500 ①978-4-05-800822-5

◆サッカースターになる！―プロ選手20人の成長物語　ストライカーDX特別編集編　学研プラス　（GAKKEN SPORTS BOOKS）
【要旨】プロ選手が歩んできた20のサクセスストーリー！才能だけではつかみ取れないものがある。
2017.6 240p B6 ¥1400 ①978-4-05-800788-4

◆サッカー選手のパフォーマンスを高めるヨガ―カーバー・コーチング・ジャパンプロデュース　クーパー・コーチング・ジャパン著, ゴーシュ・オングシュマン監修　ベースボール・マガジン社　（付属資料：DVD1）
【要旨】まるごと一冊＋一枚で「サッカー力」アップ。6つのテーマに分けて、エクササイズ・ポーズ・呼吸法・瞑想37種を収録！1テーマ約20分で、やるスイッチON！
2017.12 119p A5 ¥1800 ①978-4-583-11138-4

◆サッカーで日本一、勉強で東大現役合格―國學院久我山サッカー部の挑戦　小澤一郎著　洋泉社
【要旨】「サッカーか受験か」で悩む必要はない！近年、全国区の強豪校に成長しながらも、難関大学への進学を果たしている選手たち。校長、指導者、OB、保護者などへの取材を通して、その「文武両道」の秘密を解き明かす。文武両道をいかに実践しているのか？
2017.5 238p B6 ¥1400 ①978-4-8003-1076-7

◆サッカー南米流 球際と攻めの仕掛けが強くなるDVD付　ボカ・ジュニアーズ・フィリアル・ジャパン監修, 池田書店　（付属資料：DVD1）
【要旨】得点力を上げるには、南米から学べ。
2017.1 127p A5 ¥1400 ①978-4-262-16640-7

◆サッカーの教え方、教えます！　戸田智史著　実業之日本社　（パーフェクトレッスンブック）
【要旨】止める、蹴るなどの基本から対人スキルまで、教え方が身につく！サッカー経験がないお父さんにも実践しやすい指導法！U-12世界一チームの監督が監修！子どもへの指導のポイントを、「初心者コーチ」にもわかりやすく解説！
2017.5 127p B6 ¥1200 ①978-4-408-02561-4

◆サッカーファミリーへの中間報告―サッカー歴ゼロ専務理事の独白　岡島正明著　幻冬舎メディアコンサルティング, 幻冬舎　発売
【要旨】公益財団法人日本サッカー協会が永続組織となるために。FIFA標準規約を「お手本」としていて、本当に大丈夫なのか？競技スポーツ統括団体の健全な組織運営のためのケーススタディ。
2017.2 100, 10p B6 ¥1200 ①978-4-344-91105-5

◆サッカー ボールの運び方を鍛えるトレーニング　浅野智久著　ベースボール・マガジン社　（身になる練習法）
【要旨】日本のサッカーに足りないのはボールを「運ぶ力」！コーンドリブルから1対1、数的優位、数的同数、判断力UPへトッププレーヤーを多数輩出するmalvaの練習メニューを紹介！
2017.11 175p A5 ¥1400 ①978-4-583-11076-9

◆サッカーマティクス―数学が解明する強豪チーム「勝利の方程式」　デイヴィッド・サンプター著, 千葉敏生訳　光文社

【要旨】バルセロナのフォーメーションはなぜ数学的に美しいのか。イブラヒモビッチのオーバーヘッドは何が凄い？勝ち点はどうして3なのか？数学者はブックメーカー（賭け屋）に勝てるか？etc. サッカーのあらゆる「数学的パターン」を発見・分析し、プレイと観戦に新たな視点を与える話題作。香川、岡崎の動きを分析した日本版特別序文も収録！
2017.6 411p B6 ¥1800 ①978-4-334-97933-1

◆サッカー ミッドフィルダー最強バイブル―思考とスキルを磨く！　澤登正朗監修　メイツ出版　（コツがわかる本！）
【要旨】キック精度からスペースメイクまで現代のMFに求められるスキルが身につく！日本を代表する司令塔が直伝！勝利を引き寄せる戦術テクニック！
2017.2 128p A5 ¥1500 ①978-4-7804-1755-5

◆サッカーレフェリーズ 2016/2017　浅見俊雄著, 日本サッカー審判協会制作　アドスリー, 丸善出版 発売
【目次】サッカーレフェリーズ、試合をはじめる前に、試合をはじめる―入場〜試合開始、試合進行させる、オフサイド、ファウルと不正行為、フリーキック、ペナルティーキック、ゲームコントロールとスムーズランニング、試合を終わらせる、試合が終わってから、2015/2016年競技規則の改正、および、国際サッカー評議会のユニフォームに関する情報、オフサイドに関する追加ガイダンスについて、2016/2017年競技規則の改正および国際サッカー評議会によるその他の重要な改定
2017.1 92p 21×19cm ¥1000 ①978-4-904419-68-7

◆ジェイミー・ヴァーディ自伝―人生はジャイアントキリング！　ジェイミー・ヴァーディ著, 小林玲子訳　東邦出版
【要旨】2015・16シーズン、降格候補だったレスターは夢のような1年を迎える―優勝オッズ5000倍をひっくり返す数字を跳ね返りつけてプレミアリーグ王者となり、ヴァーディは史上初の11試合連続ゴールを達成。ありとあらゆる下馬評を覆して頂点をつかんだ青年が、自身の言葉で包み隠さず語った「自伝」。
2017.3 319p B6 ¥1800 ①978-4-537-26166-0

◆知ってる？ サッカー　大槻邦雄著　ベースボール・マガジン社　（クイズでスポーツがうまくなる）
【要旨】基本技術から練習メニューまでクイズ形式で楽しみながら学べる！止める・蹴る・運ぶ！ジュニア選手に必要な要素を紹介。
2017.6 143p A5 ¥1500 ①978-4-583-10957-2

◆知ってる？ フットサル　鈴木隆二著　ベースボール・マガジン社　（クイズでスポーツがうまくなる）
【要旨】ルールや技術が楽しく覚えられ、フットサルがもっと上手になる！U-20フットサル日本代表監督の解説で、システムや戦術もよくわかる！
2017.12 143p A5 ¥1500 ①978-4-583-11089-9

◆15歳 サッカーで生きると誓った日　梅崎司著　東邦出版
【要旨】その日、僕は"父親"になった。本音と向き合い続けた覚悟のサッカー人生。
2018.1 237p B6 ¥1500 ①978-4-8094-1519-7

◆小学生・中学生のためのジュニアサッカー食事バイブル　森裕子監修　カンゼン　新装版
【要旨】がんばる子どもの成長を「食」でサポート。FW、MF、DF、GK、ポジション別レシピを公開!!ジュニアサッカーに役立つ「スペシャルレシピ」が親子の願いを叶えます！
2017.1 191p A5 ¥1600 ①978-4-86255-379-9

◆小学生のサッカー上達BOOK―DVDでレベルアップ　三菱養和サッカースクール監修　新星出版社　（小学生スポーツシリーズ）　（付属資料：DVD1）
【目次】第1章 ウォーミングアップ、第2章 キック＆コントロール、第3章 シュート＆ドリブル、第4章 ゴールキーパー、第5章 基本戦術編、第6章 実践編
2017.4 126p A5 ¥1500 ①978-4-405-08689-0

◆初心者の素朴な疑問に答えたサッカー観戦Q＆A　西部謙司著　内外出版社
【要旨】「点があんまり入らないのに何が面白いの？」「4・4・2、4・3・3って何の数字？」「裏っ

スポーツ

◆「心」「技」「体」を整える方法——サッカーでゴールを量産するために　長谷川太郎著　マイナビ出版
【目次】第1章 イメージ力と決断力がゴールを生む鍵となる（そもそもストライカーとはどんなポジションなのか？、ゴールを決めるのに必要なのはシュートまでのイメージと決断 ほか）、第2章「体＝フィジカル」の整え方——シュートチャンスを逃さない、強くて速い「体」を作る（ストライカーの体づくりは、脳からの信号を体に伝達する神経系を刺激することから！、ストライカーに不可欠な3要素は具体的にどんなことに役立つのか？ ほか）、第3章「心＝メンタル&プレイン」の整え方——GK・DFとの駆け引きを制する「心理と思考」を磨く（駆け引きはゴール前の攻防で生きる術状況に応じて三つの段階に分けられる、「ゴールを決める駆け引き」には間接視野とゴールの見方が重要！ ほか）、第4章「技＝テクニック」の整え方——決定力を高めるゴールの「技術」を身につける（シュートは自己表現の手段であり実戦で使えるものでなくてはいけない、ストライカーが身につけるシュートはタッチ数で分ける3パターンになる ほか）、第5章 ゴールする力を維持するTRE式ケア（腹式呼吸で「心」と「体」を整える、肩甲骨を動かして肩関節の自由度を高めるほか）
2017.11 221p B6 ¥1420 ①978-4-8399-6464-1

◆聖和の流儀——一貫したドリブルスタイルの果てなき挑戦　加見成司著　カンゼン
【要旨】2015年冬の高校サッカー選手権でライバル・野洲高校に勝利し「記憶に残るサッカー」を魅せた聖和の物語。独創的なサッカーを魅せる東北の雄・聖和学園のドリブラー育成術とは？
2017.11 222p B6 ¥1600 ①978-4-86255-421-5

◆世界一受けたいサッカーの授業——戦術・戦略に欠かせない100の基本　ミケル・エチャリ著，岡崎篤構成　ベースボール・マガジン社
【要旨】育成大国スペインが誇る戦術インストラクター集大成の一冊！
2017.2 179p A5 ¥1600 ①978-4-583-11094-3

◆それでも俺にパスを出せ——サッカー日本代表に欠けていたたったひとつのこと　釜本邦茂著　講談社ビーシー，講談社 発売
【要旨】サッカー日本代表（男子）最多得点の筆者が語る、そのサッカー人生と信念。
2017.2 239p B6 ¥1200 ①978-4-06-220549-8

◆それでも世界はサッカーとともに回り続ける——「プラネット・フットボール」の不都合な真実　片野道郎著　河出書房新社
【要旨】肥大するマーケットに絡む国家予算レベルのグローバルマネー。市場原理の名のもとでエスカレートするインモラルな取引の光と影。商品としてのメガスターの周囲に蠢く代理人と投資家たち。日常のスペクタクルを脅かす新時代の八百長とウルトラスの存在。ワールドカップからチャンピオンズリーグ、そして各国リーグまで、この星で最も愛されるスポーツの「現在」と「未来」を探る。
2017.12 224p B6 ¥1500 ①978-4-309-27907-7

◆たかがサッカーされどサッカー——70年余を顧みる　横森巧著（甲府）　山梨日日新聞社
【目次】第1章「たかがサッカーされどサッカー」——70年余を顧みる（出生（勝沼）から学生生活（川西高・日体大）へ、教育生活のスタートと甲府クラブ参加、韮崎高校時代へ、韮崎高校を転出、サッカーとも離れる、第2の人生、山梨学院へ）、第2章「巧のサッカー人生」その"となり"に居て（「巧のサッカー人生」その"となり"に居て、父の愛と情熱を未来へ）、第3章 横森監督の指導を受けて——教え子たちの回想
2017.7 346p B6 ¥2200 ①978-4-89710-627-4

◆チームスポーツに学ぶボトムアップ理論——高校サッカー界の革新者が明かす最強の組織づくり　畑喜美夫著　カンゼン
【要旨】ボトムアップ指導では、選手が主役になります。選手主導の組織づくりでチーム運営を実行していきます。そのスタイルは企業の組織づくりも同じはずです。社員一人ひとりの主体性を育てたり、リーダー的思考を持たせることによって、強い信頼と絆で結ばれた組織が生まれるでしょう。伸びるチームは必ずやる！「育つ」組織づくり34の法則。
2017.7 172p B6 ¥1400 ①978-4-86255-418-5

◆超「個」の教科書——風間サッカーノート　風間八宏著　双葉社
【要旨】若手選手からベテラン選手まで一流の"個"を育てる、"ゼロ組織"で勝つ！ 風間流・49のマネジメント法。
2017.7 223p B6 ¥1300 ①978-4-575-31248-5

◆ドイツの子どもは審判なしでサッカーをする——自主性・向上心・思いやりを育み、サッカーが伸びるメソッド　中野吉之伴著　ナツメ社
【要旨】どん底に落ちた強豪国。子どもがサッカーをする本当の理由を見つめ直し、大胆な改革に乗り出した。W杯優勝国の基礎となったジュニアサッカーの新常識。子どもの可能性を伸ばしていくために必要なものは何か、不要なものはないか。
2017.12 239p B6 ¥1300 ①978-4-8163-6361-0

◆日本代表を撮り続けてきた男 サッカーカメラマン六川則夫　六川則夫著　スクワッド（ELGOLAZO BOOKS）
【要旨】ピッチから最も近い「至福の戦場」で見たもの、聞いたもの、感じたものとは——。ファインダーの中のヒーローたちは彼に何を語りかけてきたのか——。「ゴール裏のパイオニア」ならではの独自の視点で切り取ったサッカーの世界。
2017.9 271p B6 ¥1600 ①978-4-908324-20-8

◆伸ばしたいなら離れなさい——サッカーで考える子どもに育てる11の魔法　池上正著　小学館
【要旨】失敗してOK。大人は消えてOK。放っておきなさい。50万人の子どもたちを指導した"神"コーチの新メソッド。
2017.5 221p B6 ¥1300 ①978-4-09-840181-9

◆フットサル界のトッププレーヤー達が教える個人技上達バイブル　フットサルナビ編集部編　ガイドワークス　（付属資料：DVD1）
【要旨】国内のトップ選手14名が伝授する84種類の個人技を紹介！
2017.9 109p A5 ¥2315 ①978-4-86535-630-4

◆フットサル戦術トレーニングデザイン——Fリーグ優勝チームが実践する勝利のメソッド 限られた戦力・時間・場所で最大限のパフォーマンスを引き出す　木暮賢一郎著　誠文堂新光社
【要旨】本格チームから初心者チームまで、必ず強くなる42トレーニング！
2017.11 239p A5 ¥1600 ①978-4-416-61772-4

◆フットボリスタ主義　2　木村浩嗣著　ソル・メディア
【要旨】編集長として、指導者として、スペイン人かつ日本人として。footballistaの礎となったサッカーコラムがここに復活！ 恋もサッカーも魅力は…攻守の切り替え!?珠玉の50本＋新たに書き下ろした3本を収録。
2017.8 289p B6 ¥1500 ①978-4-905349-31-0

◆フットボールサミット　第36回　北海道コンサドーレ札幌J1への挑戦状　『フットボールサミット』議会編著　カンゼン
【目次】Photo Gallely 北海道コンサドーレ札幌 2016-2017、INTERVIEW 都倉賢 ストライカーの美学——点と点の先に見る未来、INTERVIEW 内村圭宏 J1の舞台で必要なもの、2012年の追憶——最古参のベテランは何を見ているのか、INTERVIEW 深井一希 雌雄を賭けた若武者、J1へ！、「自分のキャリアの究極の頂点はバルサにいること」、対談 河合竜二×宮澤裕樹 コンサドーレが大事にするもの——受け継がれてきたものすべてを今季にぶつける、INTERVIEW 福森晃斗 堅守の理由——強い気持ちがチームにも乗り移る、INTERVIEW ク・ソンユン 守護神として立つ若きコリアンの素顔——クラブ愛に満ちたGKの目に映るもの、鋭い分析だからこそ愛される 荒野拓馬と前寛之が徹底放談 独断で選んだ「絆」に満ちたチームメイト評、INTERVIEW 兵藤慎剛 決断、そして新天地での誓い——ルーキーのような気持ちで挑む、INTERVIEW 四方田修平（監督） J1での戦いに見据えるもの——現実と理想を追い求めて〔ほか〕
2017.3 228p 21×14cm ¥1300 ①978-4-86255-392-8

◆放送席から見たサッカー日本代表の進化論　山本浩志　祥伝社
【要旨】サッカー放送歴35年。五輪、W杯の現場を見つづけた"実況のカリスマ"が、日本サッカーの道のりを解き明かす。
2017.4 251p B6 ¥1400 ①978-4-396-61566-6

◆マヌエル・ノイアー伝記　ディートリッヒ・シュルツェ＝マルメリンク著，吉田奈保子，山内めぐみ訳　実業之日本社
【要旨】新時代型GK誕生のルーツ——足元の技術の高さ、リベロのようなプレースタイル…現代サッカーが求めるGK像を体現するその秘訣が明らかに!!
2017.2 349p B6 ¥1600 ①978-4-408-45573-0

◆守り方を知らない日本人——日本サッカーを世界トップへ導く守備のセオリー　フランチェスコ・マクリ，宮崎隆司分析　カンゼン
【要旨】イタリア人指導者と記者が徹底分析。何百試合ものJリーグ、日本代表、育成年代の試合を分析して見えてきた世界で勝つための答え＝正しい守備戦術の習得。正真正銘のサッカー守備の進化書。
2017.3 395p A5 ¥2400 ①978-4-86255-388-1

◆無冠、されど至強——東京朝鮮高校サッカー部と金明植の時代　木村元彦著　集英社
【要旨】あらゆる強豪校が東京朝高との対戦を望んだ。日本の高校が東京・十条に足繁く通う姿は、いつしか「朝高詣で」と呼ばれるまでになった。では、カナリア軍団＝帝京を率いたのが古沼貞雄ならば、高校年代の「影のナンバーワン」と呼ばれた東京朝高サッカー部を育て上げたのは誰なのか…。
2017.8 255p B6 ¥1600 ①978-4-907239-25-1

◆元ACミラン専門コーチのセットプレー最先端理論　ジョバンニ・ビオ，片野道郎著　ソル・メディア
【要旨】「戦術王国」イタリアでセットプレー専門コーチという世界初の役職を生み出し、指導したフィオレンティーナでは全得点の3分の1にあたる23得点をセットプレーから決めるという驚異的な結果を残した。ゼンガ（当時カターニア）、モンテッラ（同レッジーナ）、インザーギ（同ミラン）ら気鋭の若手監督が注目した斬新なセットプレー理論は、現場の最前線で今なおアップデートを続けている。そのフィールドワークの成果を本邦初公開！
2017.2 205p B6 ¥1600 ①978-4-905349-30-3

◆モンチ・メソッド——ゼロから目的を見つける能力　ダニエル・ピニェージャ・ゴメス著，木村浩嗣訳　ソル・メディア
【要旨】多額の負債にあえぎ経営状態は火の車、資金を保管する引き出しすらないドン底状態だった。金も組織も経験すらもなかった男は、スポーツディレクション部門に革命を起こす。選手を安く買って高く売る「魔法の錬金術」——彼が構築した前例のない人材獲得システムは、今や世界のビジネススクールの研究対象になっている。セビージャを5度の欧州制覇に導いたモンチのゼロから目的を見つける能力は、先が読めない現代のビジネスシーンにも通じる実践的メソッドである。
2017.7 253p B6 ¥1600 ①978-4-905349-35-8

◆柳田美幸の楽しい女子サッカー　柳田美幸著　南雲堂　（付属資料：DVD1）
【要旨】基本となるルール・戦術をわかりやすく解説。女子サッカー選手としてサッカーを楽しむためのアドバイス満載。
2017.6 137p A5 ¥1600 ①978-4-523-26557-3

◆夢はみるものではなく、かなえるもの——「100年インタビュー」保存版　澤穂希著　PHP研究所
【要旨】小学生の頃、男子にまじって紅一点。サッカー中心だった。プロになりたい、日本代表になりたい、オリンピックでメダルをとりたい、ワールドカップで世界一になりたい…どんなに苦しくてもあきらめず、夢をかなえた女子サッカー界のレジェンドが、熱き日々と新たな夢を語る。
2017.2 141p B6 ¥1300 ①978-4-569-83466-5

◆ヨハン・クライフ自伝——サッカーの未来を継ぐ者たちへ　ヨハン・クライフ著，若水大樹訳，木崎伸也解説　二見書房
【要旨】偉大な変革者が遺した最後のメッセージ。
2017.3 318p B6 ¥1900 ①978-4-576-17012-1

◆読めばメキメキうまくなる サッカー入門　戸田智史監修　実業之日本社　（ジュニアレッスンシリーズ）
【要旨】まんがと写真でわかりやすい！ たった3つのポイントで上達する!!
2017.9 159p A5 ¥1400 ①978-4-408-33734-0

スポーツ

◆リオネル・メッシ MESSIGRAPHICA サンジーヴ・シェティ著，関麻衣子訳　東洋館出版社
【要旨】史上最高のフットボーラー、偉大な軌跡を追う！写真とデータ、そして膨大な証言によって構成！かつてない"メッシ伝"、ついに刊行!!
2017.7　253p　24×18cm　¥1900　978-4-491-03331-0

◆レアル・マドリード―専属バス運転手が語る知られざる素顔　フェルナンド・マンソ、ホセ・ルイス・カルデロン共著、タカ大丸訳　実業之日本社
【目次】私とレアル・マドリードとの契約、イケルにより1つだけ少ないタイトル!?、バスを道から追い出そうとした危険な車、監督置き去り事件、ラウルが私にくれた犬、ルロ、警察官は回し者!?、アウェイの洗礼、クリスティアーノが貸してくれたスゴいメガネ、偶然の英雄、30個の傷跡と2度のバス焼き討ち未遂〔ほか〕
2017.8　214p　B6　¥1500　978-4-408-33724-1

◆ワイルド・フットボール　サッカー界の暴れん坊たち　手原和憲著　KADOKAWA
【要旨】彼らを知らずに、ワールドカップは語れない！バロテッリ、マラドーナ、イブラヒモビッチ…スーパープレイを連発するレジェンドたちの奇行!!暴挙!?を大紹介☆
2017.1　141p　A5　¥1100　978-4-04-601803-8

◆DVDでマスター　球際で勝つ！サッカーデュエル　福西崇史著　学研プラス（GAKKEN SPORTS BOOKS）（付属資料：DVD1）
【要旨】攻撃時、守備時、ルーズボールでも!!球際に強くなるコツがすべてわかる。
2017.5　114p　A5　¥1500　978-4-05-800763-1

◆DVDでマスター！保存版　フットサル最新プレー＆戦術―誰でもすぐにうまくなるエリア別個人プレー解説　北原亘著　学研プラス（GAKKEN SPORTS BOOKS）（付属資料：DVD1）
【要旨】エリア別でプレーの基本から応用までじっくり解説！ピッチのどこでも迷わず楽しめる！
2017.11　144p　A5　¥1500　978-4-05-800852-2

◆LIFE　アンドレス・イニエスタ自伝　アンドレス・イニエスタ著、グレイヴストック陽子訳　東邦出版
【目次】前半　ピッチ上で（奈落の底、フエンテアルビージャ、ブルネテ、ラ・マシア、パパほか）、後半　タッチラインから（他のイニエスタたち、ブラウグラナ、助言者たち、アンナ、ママ）
2017.2　363p　B6　¥1600　978-4-8094-1458-9

◆Milan A.C. ミランのすべて―フォト＆ストーリー　山添敏央、利根川晶子、STUDIO BUZZI著　南雲堂
【要旨】あの頃、世界のサッカーはミランにあった。素晴らしい環境に恵まれ、サポーターたちに愛され、そして世界一に辿り着いた勇者たちの真の闘いのヒストリー。
2017.6　190p　19×21cm　¥2300　978-4-523-26566-5

◆PITCH LEVEL―例えば攻撃がうまくいかないとき改善する方法　岩政大樹著　ベストセラーズ
【要旨】サッカーから読む7つの論点と39の考察。「ピッチ目線」でサッカーの見方が180度変わる。
2017.9　287p　B6　¥1350　978-4-584-13815-1

◆THE WENGER REVOLUTION―TWENTY YEARS OF ARSENAL　ヴェンゲル20周年　アーセナル写真集　エイミー・ローレンス著、スチュアート・マクファーレン写真、グレイヴストック陽子訳　ソル・メディア
【要旨】クラブ公式クロニクル日本語版！歓喜と苦闘の時代をとらえた専属フォトグラファーの貴重な写真と心にしみるボスの言葉。
2017.6　204p　26×20cm　¥2700　978-4-905349-33-4

Jリーグ

◆あきらめない勇気―困難に立ち向かう君に贈る75の道標　佐藤勇人、佐藤寿人著　東邦出版
【要旨】情熱は才能を凌ぐ。双子のサッカー少年"ユウトとヒサト"が歩んだ、波瀾万丈の軌跡と現在。
2017.8　284p　B6　¥1476　978-4-8094-1476-3

◆在る光―3.11からのベガルタ仙台　板垣晴朗著　スクワッド（ELGOLAZO BOOKS）
【要旨】番記者密着ドキュメント。復興のシンボルとして戦い続けるベガルタ仙台の語り継ぐべき物語。
2017.2　271p　B6　¥1600　978-4-908324-19-2

◆エル・ゴラッソ総集編 2016 浦和レッズ365　スクワッド
2017.1　1Vol.　B4　¥2037　978-4-908324-12-3

◆エル・ゴラッソ総集編 2017 湘南ベルマーレ365　スクワッド
2017.12　1Vol.　37×26cm　¥2037　978-4-908324-26-0

◆エル・ゴラッソ総集編 2017 セレッソ大阪365　スクワッド
2017.12　1Vol.　37×26cm　¥2037　978-4-908324-25-3

◆エル・ゴラッソ総集編 2017 鹿島アントラーズ365　スクワッド
2017.12　1Vol.　37×26cm　¥2037　978-4-908324-23-9

◆エル・ゴラッソ総集編 2017 川崎フロンターレ365　スクワッド
2017.12　1Vol.　37×26cm　¥2037　978-4-908324-24-6

◆サッカービジネスの基礎知識―「Jリーグ」の経営戦略とマネジメント　広瀬一郎著　東邦出版　増補改訂版
【要旨】「J」の軌跡と、今後のビジョンとは？グローバル視点のサッカーBIZ専門書。
2017.7　227p　B6　¥1400　978-4-8094-1503-6

◆湘南ベルマーレ2016フロントの戦い―たのしめてるか。　水谷尚人、池田タツ共著　産業能率大学出版部
【要旨】厳しい状況が続く中でも湘南スタイルを貫き、どんな時も「たのしめてるか。」と自問自答するクラブスタッフの戦いが余すところなく描かれています。
2017.2　229p　B6　¥1200　978-4-382-05746-3

◆世界一に迫った日―鹿島アントラーズ クラブW杯激闘録　田中滋著　スクワッド（EL GOLAZO BOOKS）
【要旨】クラブW杯のタイトルを獲得するため、レアル・マドリードに本気で挑み、勝てなかった男たちの物語。そしていま明かされる、激闘11日間の舞台裏―。エルゴラッソ番記者による徹底取材。
2017.2　255p　B6　¥1600　978-4-908324-18-5

◆血を繋げる。―勝利の本質を知る、アントラーズの真髄　鈴木満著　幻冬舎
【要旨】「献身、誠実、尊重」をスローガンに、組織に関わるすべての者が、勝利のために固く結束する。だから、鹿島は勝負強い！鹿島は、常に世界一を目指していく。
2017.6　247p　B6　¥1300　978-4-344-03126-5

◆栃木SC J2復帰　下野新聞社編（宇都宮）下野新聞社　幻冬舎「SPRIDE」特別号「栃木SC、J2昇格記念号」
【目次】photograph　ドキュメント最終決戦、players file　栃木の戦士たち、game report　全32試合レポート
2017.12　79p　29×21cm　¥926　978-4-88286-678-7

◆爆走社長の天国と地獄―大分トリニータ v.s. 溝畑宏　木村元彦著　小学館（小学館新書）
【要旨】「地方から世界へ」を掲げ、キャリア官僚・溝畑宏の熱意によって創設された大分トリニータ。彼は体を張ってスポンサー集めに奔走し、大分へのW杯招致、さらにナビスコ杯優勝へと導く。しかし日本一に輝いた翌年にはチームは経営破綻し、溝畑は追放の憂き目に（その後、国土交通省観光庁長官就任）。そこから見えてくる日本の地方創生の現実とは？問題作『社長・溝畑宏の天国と地獄―大分トリニータの15年』（2010年／集英社刊）に、その後のチームの軌跡を加筆した待望の増補新書。
2017.2　349p　18cm　¥900　978-4-09-825289-3

◆ふろん太がつぶやく僕らの川崎フロンターレ　ふろん太著
【要旨】2010年からスタートした、ふろん太のつぶやき。SNS使いはリーグマスコット界随一！歓喜、涙、激励、叱咤、宣伝、戯れ言…完全サポーター目線。川崎フロンターレがここに凝縮!!ふろん太＆カブレラ、完全撮り下ろしプライベートショット！
2017.3　205p　B6　¥1200　978-4-86490-089-8

◆北海道コンサドーレ札幌オフィシャル・ガイドブック 2017　北海道新聞社編著、コンサドーレ監修　（札幌）北海道新聞社
【目次】TOP TEAM PLAYERS 2017、ACADEMY&COMMUNITY 2017、GAME SUPPORT 2017
2017.2　115p　A4　¥1200　978-4-89453-854-2

◆AC長野パルセイロ公式グラフ 2016　信濃毎日新聞社編　（長野）信濃毎日新聞社
2017.1　57, 57p　A4　¥1200　978-4-7840-7301-6

◆AC長野パルセイロ公式グラフ 2017　信濃毎日新聞社編　（長野）信濃毎日新聞社
2017.12　58, 54p　A4　¥1200　978-4-7840-7321-4

◆BOA SORTE KAZU―三浦知良フォトブック　三浦知良文・写真監修　東邦出版
【要旨】本人選定の100カットを超える写真と、歩んできた人生を巡る50のメッセージ。"キングカズ" メモリアルブック。
2017.3　173p　22×16cm　¥1389　978-4-8094-1462-6

◆J1北海道コンサドーレ札幌公式グラフ 2017　北海道新聞社編著、コンサドーレ監修　（札幌）北海道新聞社
【目次】GAME REVIEW　第32節清水戦、GAME REVIEW　第34節鳥栖戦、監督インタビュー　四方田修平、キャプテンインタビュー　宮澤裕樹、PLAYER&STAFF、20 YEARS ANNIVERSARY CONSADOLLS&DOLEKUN、GAME REVIEW、PLAYERS FILE、赤黒組2017年ニュースな出来事J1残留記念版、GAME DATA〔ほか〕
2017.12　129p　A4　¥1204　978-4-89453-886-3

◆J2松本山雅2017全記録　信濃毎日新聞社編　（長野）信濃毎日新聞社
2017.11　127p　A4　¥1111　978-4-7840-7316-0

◆J2&J3フットボール漫遊記　宇都宮徹壱著　東邦出版
【要旨】北は札幌から南は鹿児島までそれぞれの地域に根差した18の「Jクラブがある風景」。
2017.7　303p　B6　¥1500　978-4-8094-1496-1

水泳・ボート・マリンスポーツ

◆大人の水泳―知っておきたい上達＆改善のコツ50　角皆優人著　メイツ出版（コツがわかる本！）
【要旨】正しい理解と工夫で泳ぎが確実に変わる！身体の使い方、呼吸のタイミング、各泳法のポイントから体調管理まで、写真でわかりやすく解説！
2017.3　128p　A5　¥1630　978-4-7804-1853-8

◆北島康介トレーニング・クロニクル　北島康介監修、小泉圭介著　ベースボール・マガジン社
【要旨】水泳界のトレーニングやコンディショニングに対する概念を一変させた北島康介監修によるトレーニングヒストリー。レジェンドはいかにして世界の頂点に登り続けたのか―。
2017.7　173p　A5　¥1700　978-4-583-11096-7

◆最先端泳法「フラットスイム」でクロールがきれいに速く泳げる！　高橋雄介著　東邦出版（付属資料：DVD1）新装版
【要旨】泳ぐのが苦手な人も、もっと速く泳ぎたい人も、必ず上達できる最新の超テクニック。オリンピックメダリストなど世界レベルの選手を数多く育成する高橋雄介が、あなたの泳ぎを進化させるコツと方法を実演・解説！本を読んで最新理論を理解し、DVDの動画で動きを確認すれば、ワンランク上の泳ぎが手に入る!!
2017.3　117p　A5　¥1700　978-4-8094-1478-7

◆知ってる？水泳　村上二美也著　ベースボール・マガジン社（クイズでスポーツがうまくなる）
【要旨】クロール、背泳ぎ、平泳ぎ、バタフライ―4泳法がうまくなるコツがクイズに答えてよくわかる。いろいろな練習法も紹介します！
2017.10　143p　A5　¥1500　978-4-583-10958-9

スポーツ

◆ひと息で挑む紺碧の世界―さらなる深海へ
木下紗佑里著　カナリアコミュニケーションズ
【目次】第1部 潜る（海に潜るということ、フリーダイビングとは、やり直しがきかない世界 ほか）、第2部 瞬間（恐怖とメンタルコントロール、グランブルーの世界、なんのために潜るのか、自分の弱さほか）、第3部 私と海（動物と泳ぐ、新しいチャレンジ、沖縄に移って ほか）
2017.6　89p　A5　¥1300　①978-4-7782-0405-1

◆プール・ライフガーディング教本　日本ライフセービング協会編　大修館書店
【要旨】本書は、国際ライフセービング連盟の日本代表機関である日本ライフセービング協会が編集した資格認定講習の公式テキストです。本書で取り扱うプールはもちろん、「水辺での事故ゼロ」をめざして、全国各地域での水辺の監視・救助活動を実践するとともに、水の安全に関する教育活動、環境保全、さらには福祉等の社会貢献活動に興味のある熱いスピリットをもった多くの読者の皆さまに役立てていただき、生命を「救い」、そして「守る」ことの一助となることを願っています。
2017.9　199p　24×19cm　¥2600　①978-4-469-26827-0

◆マンガでたのしくわかる！水泳　西東社編集部編　西東社
【要旨】トップ選手7人の子どものころの練習法を公開！
2017.7　223p　A5　¥1200　①978-4-7916-2564-2

◆もっと速くなる水泳・練習法　黒瀬幹夫著、東島新次監修　電波社　（「必ず速くなる水泳・練習法」増補・改訂・再編集・改題書）
【要旨】最先端の泳ぎのテクニックを徹底解説。基本のフォームをしっかり学んで四泳法を完全マスター!!速く泳ぐためには欠かせない技術を丁寧に解説。苦手ポイントを克服！「タイムが縮まらない」「スランプかも…」などの悩みを解決。水中連続写真で動きの流れを把握。ポイント付きだからすぐに泳ぎに活かせる。
2017.7　167p　A5　¥1500　①978-4-86490-105-5

◆DVD付き 速くなる！バタフライ　村上二美也著　ナツメ社　（付属資料：DVD1）
【要旨】多彩なドリルで練習をより効果的に！多角度から撮影した付属DVDの動画でタイムを縮める！
2017.8　143p　A5　¥1800　①978-4-8163-6278-1

フィッシング

◆アジング・メバリング超思考法　LEON 加来匠著　つり人社
【要旨】最新タックルを使い、経験も積んできた。でも釣果がなかなか伸びない、安定しない、自分の釣りに今ひとつ自信が持てない。そんなあなたに名手が贈る「超思考法」。
2017.8　143p　B6　¥1000　①978-4-86447-306-4

◆アユ釣り超思考法　小沢聡著　つり人社
【要旨】マンネリでは上達しない/釣れるサオ選びのコツ/「釣り人、サオ先、オトリ」の位置関係のバランスを意識しよう…etc.生きない経験、報われない努力にサヨウナラ。あなたの釣りが明日から変わる38コンテンツ。
2017.7　143p　B6　¥1000　①978-4-86447-305-7

◆ウルトラライト・イエローストーン―FLY FISHING ADVENTURE　阪東幸成文・写真、オキノイラスト　（町田）ふらい人書房
【要旨】本邦初、必ず釣れる釣り場ガイド！
2017.6　350p　A5　¥2980　①978-4-909174-01-7

◆怪魚を釣る　小塚拓矢著　集英社インターナショナル、集英社発売　（インターナショナル新書）
【要旨】怪魚とは、「体長一メートル、もしくは体重一〇キログラムにも成長する淡水域の巨大魚」の総称。本書では、世界四〇カ国以上で五〇種超の怪魚を釣り上げてきた著者が、これまでに蓄積したノウハウを惜しみなく披露する。さらに、謎多き巨大ナマズ・イートングーシーダダやマニアのピラルクーなど、規格外の巨大魚たちの写真も多数収録。怪魚を釣り、食し、研究する楽しみが詰まった一冊。
2017.2　218p　18cm　¥740　①978-4-7976-8006-5

◆関西海釣りドライブマップ 大阪湾～紀伊半島（田尻漁港～熊野川河口）　つり人社別冊編集部編　つり人社　改訂版
【要旨】広域＆拡大図でポイントを詳細に図解。釣具・エサ店、渡船屋の場所と連絡先を明記。波止、投げ、磯釣り情報満載。陸っぱりソルトルアー情報も補強。
2017.2　64p　37×26cm　¥1500　①978-4-86447-096-4

◆基礎と上達がまるわかり！海のルアー釣り完全BOOK―プロが教える最強のコツ　村越正海著　メイツ出版　（コツがわかる本！）
【要旨】ルアーで狙う人気魚種16種。タックル＆ルアー選びを極める。上級テクをスッキリ解説。ターゲット別の攻略法や役立つ上達テクを徹底図解!!ルアーの基本的な動かし方と効果的なアクションを解説！
2017.4　144p　A5　¥1550　①978-4-7804-1841-5

◆渓流釣り超思考法　白滝治郎著　つり人社
【要旨】生きない経験、報われない努力にサヨウナラ。ポイントの好き嫌いは上達を阻む/その空アワセ百害あって一利なし/実は見えていない!?アタリの本質って…etc. あなたの釣りが明日から変わる48コンテンツ。名手が贈る「超思考法」。
2017.4　143p　B6　¥1000　①978-4-86447-097-1

◆ここで釣れる北海道の港全ガイド　道スポーツ・週刊釣り新聞ほっかいどう編　（札幌）北海道新聞社　新版
【要旨】漁港統合による港名変更に完全対応。北海道の港湾、漁港の釣り情報はこれ1冊で完璧！詳細ガイドマップも一部改訂。アイコン表示で見やすく釣り場のポイントも一目瞭然。いまだかつてない釣り場ガイドの最新版です。
2017.7　431p　A5　¥2800　①978-4-89453-866-5

◆鮭鱒鮃　つり人社北海道支社編　つり人社　新版
【目次】人気5魚種を釣る秘策 ターゲット別タクティクス（「サクラマス」シケとナギを、どう攻略するか ＆ スキッピング ＆ リトリーブ、「サクラマス」17年の実績から振り返る 釣れる場所・時間・誘い、「サクラマス」ロッドから誘います 大ものゲッターの選択、「ROD」大ものゲッターが注目する 磯ヒラロッド2選、「サクラマス」福ナゴの製作者が語る ジグミノーを結ぶ理由 ほか）、全72アイテム！鮭鱒鮃タックルコレクション―ロッド・ルアー・ライン・フック・仕掛け、17年の実績高し 10エリアの好場所（初山別村～小平町、古平町～共和町、島牧村、せたな町、松前町 ほか）
2017.7　130p　A4　¥1500　①978-4-86447-304-0

◆世界一やさしい海釣り入門―最高においしい魚たちを最高に楽しく釣るための超入門書　西野弘章著　山と溪谷社
【要旨】堤防や海岸から、人気の魚たちをだれでも楽しく、確実に釣るためのノウハウを完全網羅。竿やエサの選び方から、仕掛けの作り方、釣り場の探し方、釣り方、食べ方まで満載した、すぐに役立つ完全バイブルがついに登場！
2017.5　175p　A5　¥1500　①978-4-635-36077-7

◆釣り経験なしでもわかる 堤防釣り　ケイエス企画編　（北九州）ケイエス企画、主婦の友社発売
【要旨】釣り専門誌には掲載されていない、全くの初心者でも理解できるように構成。道具を揃える前に、まずはどこでが釣りができるのか、どんな場所で竿を出せるのかをきちんと解説。そして、魚の生態を知ることで釣れる場所・釣れない場所を知り、釣り場マップがなくても自分で釣り場が探せる知識を習得。さらに魚種別の的確な仕掛けを図解で解説し、有効なエサや狙い方、釣れるシーズンなど、この本を読めば1人で道具購入から釣り場選び、そして魚を釣り上げることができるようになれる、釣りのパーフェクトマニュアル。
2017.2　128p　B5　¥1280　①978-4-07-421144-9

◆釣り竿一本からはじめる魚釣り―海・川・湖沼、人気の37魚種を詳しく解説！　村越正海著　成美堂出版
【要旨】楽しくも奥深い釣りの世界。身近な水辺での遊びから海や川・湖沼での本格的な釣りまで、幅広い釣りのノウハウがこの一冊に。揃えたい道具、釣り場でのマナー、魚種ごとの仕掛けや釣り方のコツなど役立つ情報が満載。さあ、釣りをはじめよう！
2017.8　191p　24×19cm　¥1400　①978-4-415-32337-4

◆釣りにいこうよ！―ザリガニ、キンギョ、コイ。魚を知れば絶対釣れる　加藤康一著　講談社ビーシー、講談社発売
【要旨】ザリガニから池の王者・コイまで釣れるよ！道具のいらない釣り堀をたくさん紹介！お母さんも安心な設備の整った公園も紹介！お父さん・お母さん向けアドバイスも充実。
2017.5　119p　A5　¥1389　①978-4-06-220250-3

◆はじめてのルアー釣り超入門　西野弘章著　つり人社　（つり人最強BOOK 9）
【要旨】釣り入門書のベストセラーを連発する著者が、今度は「ルアー釣り」の画期的なノウハウを徹底解説。最小限のタックルとルアーだけで、海や川や湖の魚たちと遊び尽くす「ライト・ルアーゲーム」。初心者のあなたの目からウロコのテクが満載の超痛快最強バイブルが、ついに登場!!
2017.5　191p　A5　¥1500　①978-4-86447-300-2

◆バスフィッシング・ボトムアップアプローチ―読んで底上げ"岸釣りのチカラ"!!　川村光大郎著　つり人社
【要旨】地に足を着けて釣るからこそのメリットを生かし、デメリットを逆手にとってバスの裏をかく。グッドサイズのバスをたくさん釣りたい川村光大郎が、試行錯誤を繰り返しながら体得してきたオカッパリの方法論と技術をまとめた一冊。
2018.1　129p　B5　¥1500　①978-4-86447-309-5

◆みっぴ100%―MIHO AKIMARU PHOTO & LIFE STORY BOOK　秋丸美帆著　つり人社
【要旨】"釣りガール" みっぴのぜんぶ。福岡撮りおろしグラビア56ページ！Special Interview―家族と本人が語る素顔。SNS未公開＆秘蔵写真、コラムetc.
2017.5　127p　A5　¥1800　①978-4-86447-301-9

◆名港＆知多半島湾岸フィッシングマップ―湾岸フィッシングマップシリーズ 1　東海釣りガイド編　（名古屋）東海釣りガイド　（TFG BOOKS）
【要旨】エサ釣り＆ルアーフィッシング＆ボート釣りも完全網羅のスーパーフィッシングハンドブック。
2017　106p　B6　¥1200　①978-4-924703-51-3

◆名手に学ぶテンカラ釣りの極意50　片山悦二、倉上亘、榊原正巳、石垣尚男著　山と溪谷社
【目次】第1章 基本（テンカラとは―テンカラを楽しむなら渓流だ、対象魚―渓流魚を知る ほか）、第2章 道具（装備―装備はできるだけ奮発せよ ほか）、第3章 生態とポイント（川の知識―釣りたいなら上流域に行け、習性―ヤマメはサラッと、イワナはしつこく（笑）ほか）、第4章 テクニック（歩き方―仕掛けは垂らさず、仕舞って進め、構え―竿は45度に構えろ ほか）
2017.3　128p　A5　¥1400　①978-4-635-36075-3

◆山女魚里の釣り　芦澤一洋著　山と溪谷社　（ヤマケイ文庫）
【要旨】伝説のフライフィッシャーが詩情ゆたかに語る山女魚釣りの川。心に残したい里川の記録集。全15河川収録。
2017.10　331p　A6　¥900　①978-4-635-04844-6

◆よくわかるタイラバ―絶対釣れる！人気のオフショアフィッシング　ケイエス企画企画・制作　ケイエス企画、主婦の友社発売
【要旨】タイラバ（マダイ用ルアー）を海底まで落として巻く。それだけで釣り初心者でも手軽にマダイの大物が狙える釣り方が「タイラバ」だ。用意する道具も覚えるべきテクニックが非常に少ないシンプルな釣り方だから、基本さえ知っていれば誰もが名人になれる。さらに、少し工夫を加えるだけでもっと釣れるようになる。本書は、釣り未経験者がタイラバを楽しむために必要な基本と、初心者から一歩先を行く釣り師となるための参考書だ。
2017.9　128p　B5　¥1280　①978-4-07-421813-4

◆よくわかる はじめての海釣り　大山俊治著　金園社
【要旨】わかりやすいカラー図解！道具選びと使い方、仕かけ、釣り方など、最新テクニックも満載。人気の24魚種を徹底解説。
2017.3　64p　B5　¥1300　①978-4-321-44553-5

◆よくわかる はじめての川釣り　大山俊治著　金園社
【要旨】わかりやすいカラー図解！道具選びと使い方、仕かけ、釣り方など、最新テクニックも満載。人気の22魚種を徹底解説。
2017.3　64p　B5　¥1300　①978-4-321-44554-2

◆リバーシーバス集中講座　芥河晋著　つり人社
【要旨】これから本格的にトライしたい人も、すでに楽しんでいるアングラーも、あなた自身のスタイルを作っていこう。
2017.8　255p　B6　¥1800　①978-4-86447-307-1

◆和竿大全　葛島一美著　つり人社
【要旨】戦前から平成の現代まで各時代の和竿師が丹精込めて作り上げ、釣り人が愛用してきた江戸和竿の数々が大集合。逸品、珍品、幻の竿まで、とくとご覧あれ!
2017.5　191p　22×17cm　¥3000　①978-4-86447-099-5

登山・登山家

◆アティカス、冒険と人生をくれた犬　トム・ライアン著，金原瑞人，井上里訳　集英社インターナショナル，集英社　発売
【要旨】アメリカ東部、ニューベリーポート。ひとりで新聞を発行している著者トムは、独身の太った中年男だ。ひょんなことから犬を飼い、初めて念願の家族を得る。ミニチュア・シュナウザーのアティカスと登山をはじめると、ふたりともたちまち虜になった。アティカスはトムを先導し、山頂で悠然と景色を堪能する。山に通ううちに、疎遠だったトムと父親の距離も少しずつ近づいてきた。やがて友人のがんをきっかけにチャリティ登山に挑み、一シーズンで一二〇〇メートル以上の冬山、八一峰登頂を成し遂げ、多くの寄付を集める。ところが町に戻ると、アティカスの様子が急変した―。アティカスのおかげでどんどん変わる人生。トムは次の一歩を踏み出した。
2017.12　301p　B6　¥1800　①978-4-7976-7346-3

◆安全登山の基礎知識—「山の知識検定」公認BOOK　DO Mt.BOOK編　スキージャーナル　増補改訂版
【要旨】本書は「安全登山に関する基礎知識」を紹介した登山の入門書である。登山の分野を6つのテーマに分け、それぞれの分野の第一人者が簡潔に解説。みなさんの「安全快適な登山」の一助となり、山という世界の魅力と厳しさをハウツーを通じてより感じていただければ幸いです。
2017.8　167, 17p　A5　¥1800　①978-4-7899-2148-0

◆岩と雪 BEST SELECTION　池田常道編　山と渓谷社
【要旨】ヒマラヤ初登頂時代の1958年に創刊。以降、国内外の最先端の登攀記録と評論を掲載し続けてきた『岩と雪』169冊のなかから、選び抜かれた41編の記事を再録、時代背景などの解説を加えながら紹介する。
2017.2　334p　A5　¥2800　①978-4-635-17188-5

◆山岳遭難は自分ごと—「まさか」のためのセルフレスキュー講座　北島英明著　山と渓谷社（ヤマケイ新書）
【要旨】「山岳遭難は他人ごと」ではない。人が自然のなかに入る以上、それは突然、どんな人にも等しく、起こり得ることである。「もしも」のために知っておくべき登山者必携の知識と技術を紹介する。
2017.8　203p　18cm　¥820　①978-4-635-51045-5

◆山岳読図ナヴィゲーション大全　村越真，宮内佐季子著　山と渓谷社
【要旨】読図の基礎からナヴィゲーション技術までを体験的に解説。道迷い遭難の実例からナヴィゲーション技術の重要性を言及。地図とコンパスの特性＆選び方の基本と実践を徹底解説。道迷いを防ぐナヴィゲーションスキル習得方法を紹介。GPSを高度計、スマホを利用したナヴィゲーション術の実践。日本の山岳地形に沿った「地形を先読み」するスキルが学べる。読図力を高められる練習問題をふんだんに紹介。
2017.12　240p　A5　¥1900　①978-4-635-04386-1

◆生死を分ける、山の遭難回避術—実例に学ぶリスク対策の基礎知識　羽根田治著　誠文堂新光社
【要旨】わかりやすい写真＆イラストが「まさか」の場面であなたを救う!
2017.4　239p　A5　¥1600　①978-4-416-61642-0

◆生と死のミニャ・コンガ　阿部幹雄著　山と渓谷社（ヤマケイ文庫）
【要旨】北東稜から初登頂を目指した北海道山岳連盟隊のミニャ・コンガ。頂上直下で1人滑落、さらに下山中、1本のロープで結ばれた7人が、目前から忽然と消えてしまう。クレバスに落ち、死を覚悟したものの、著者はかろうじて生還する。13年後、友人が4遺体を氷河で発見するが、その友もまた消息を絶ち、ミニャ・コンガの氷河に消えてしまう。死を悟り生を知ったミニャ・コンガの20年ー。
2017.2　405p　A6　¥950　①978-4-635-04831-6

◆空の国　波田野裕基著　幻冬舎メディアコンサルティング，幻冬舎　発売
【要旨】母の遺骨を弔いに、夫と妻は標高6656mの霊峰「カイラス山」へ! 母が生前繰り返した「死んだら絶対に還りたい」という言葉を叶えるためチベットの聖地である秘境「カイラス山」を目指す息子。妻とともに、負傷・洪水・高山病と困難に苛まれながらも、様々な出会いを胸に刻みながら、二人は支え合い、歩き続ける。膨大な写真に彩られた、壮大な旅の記録。
2017.8　91p　A5　¥1500　①978-4-344-91109-3

◆脱・初心者! もっと楽しむ山登り—山ガール先輩のクール・メソッド62　小林千穂著　講談社
【要旨】"一人前"の登山者になろう! 山歴30年超えの千穂先輩が一歩の踏み出し方を伝授!
2017.8　175p　B6　¥1500　①978-4-06-220727-0

◆追憶の山々　佐伯邦夫著　山と渓谷社
【要旨】剱岳周辺山域に数々の足跡を遺した著者が、終生忘れ得ぬ山行を記した、読むことで「山」を感受する、畢生の山行記二十四篇。
2017.2　253p　B6　¥1500　①978-4-635-33068-8

◆てっぺん—我が妻・田部井淳子の生き方　田部井政伸著　宝島社
【要旨】世界初の女性エベレスト登頂者、故・田部井淳子の夫が初めて綴る、登頂秘話、家族の物語、ガンとの闘病。
2017.7　230p　B6　¥1200　①978-4-8002-7025-2

◆ドキュメント 山の突然死　柏澄子著　山と渓谷社（ヤマケイ文庫）
【要旨】登山者の高齢化に伴い、病気を原因とする山岳遭難が二十年増加している。本書は心臓病、脳卒中など、症状が現われてから二十四時間以内に死亡に至る「突然死」の事故例を検証し、その危険因子を分析する。「突然死」の背景にある生活習慣病と日常の健康管理、登山計画と行動の注意点、救命手当まで、致命的な病気による遭難を防ぐための方策を専門医の指導をもとに詳細に解説。登山者だけでなく、健康が気になる人は必ず身につけておきたい知識をまとめた。
2017.8　254p　A6　¥800　①978-4-635-04840-8

◆登山を楽しむための健康トレーニング　齋藤繁著（前橋）上毛新聞社
【要旨】健康維持と体力増進に最適な「山登り」。いつまでも山登りが楽しめる体力づくりを。医学の知識と経験に基づくコース紹介。
2017.6　210p　A5　¥1500　①978-4-86352-184-1

◆登山者のための法律入門—山の法的トラブルを回避する　溝手康史著　山と渓谷社（ヤマケイ新書）
【要旨】落石で他人にケガをさせたら? 山で焚き火をしてもよいのか。高校生の冬山は禁止できるか。ツアー登山の事故と責任は?
2018.1　230p　18cm　¥820　①978-4-635-51048-6

◆登山白書 2017　ヤマケイ登山総合研究所編　山と渓谷社
【要旨】初めての「山の日」。各地で催しが開催。那須連峰、雪崩事故で高校生と教員が死傷。山域別入山者数・登山に関する最新研究。増加するSNS登山サークルの現状—現代登山の新しい世界。
2017.8　162p　A4　¥2800　①978-4-635-17612-5

◆登山力アップの強化書—遭難予備軍と呼ばれないために　徳永哲哉著（福岡）西日本新聞社（のぼろBOOKS）
【要旨】遭難予備軍と呼ばれないための必読書! 年々増加している遭難事故…。それは決して他人事ではない。遭難を回避するにはどうすればいいか。プロ山岳ガイドが説く「安全快適登山術」のすべて。
2017.6　191p　19×15cm　¥1500　①978-4-8167-0938-8

◆雪崩教本　雪氷災害調査チーム，雪崩事故防止研究会編　山と渓谷社
【要旨】2017年の春、那須の茶臼岳で雪崩が発生。講習会に参加した高校生ら8人が死亡、40人が負傷するという大惨事が起きた。危機管理の欠如が最大要因と最終報告書も指摘。雪崩教育の重要性が叫ばれる昨今、登山者必携の雪崩テキスト。
2017.12　143p　A5　¥1800　①978-4-635-14023-2

◆雪崩リスク軽減の手引き—山岳ユーザーのための　出川あずさ，池田慎二著　東京新聞　増補改訂版
【要旨】入門者から経験者まで、現場で役立つ雪崩の実践書。山岳ユーザー必読のベストセラーが新情報を収録して増補改訂、さらに充実!
2017.12　104p　B5　¥1700　①978-4-8083-1025-7

◆日本三百名山に立つ—全登頂記録と旅のエピソード　日野修道著（大阪）風詠社，星雲社　発売
【要旨】楽しい思い出と苦い経験が未だ見ぬ山への思いとなる。「六甲山」のふもと神戸で育った少年は、大学時代に登った九州「高千穂峰」の雄大な景色に魅了された。あれから50年。300の山の頂を目指し、一山一山をコツコツと登り続けた男の足跡。
2017.11　405p　A5　¥2000　①978-4-434-23895-6

◆肺がんステージ4 山好き女の挑戦—仲間とめざす三百名山　渡辺国男，村田はる江著　新日本出版社
【要旨】がん発症の宣告受けても、仲間のサポートがあるから山登りを続けられる!
2017.8　221p　B6　¥1500　①978-4-406-06159-9

◆深田久弥と北海道の山　髙澤光雄著（八王子）白山書房
【要旨】登った北海道の山、著者が同行登山した紀行、北海道にまつわる記事など、深田久弥との交流と追想。付「深田久弥北海道関連年譜」。
2017.11　215p　B6　¥1600　①978-4-89475-209-2

◆復刻・穂高岳の岩場　武藤昭写真・解説　山と渓谷社
【目次】滝谷（クラック尾根、第1尾根 ほか）、奥又白（前穂北壁～Aフェース、前穂東壁右岩稜 ほか）、涸沢（前穂北尾根、北穂東稜 ほか）、屏風岩（1ルンゼ、東壁スラブ ほか）、岳沢（畳岩中央ルンゼ、コブ尾根 ほか）
2017.3　189p　24×18cm　¥4600　①978-4-635-18047-4

◆北海道の山を登る　髙澤光雄著（八王子）白山書房
【要旨】静かなる山・憧憬の山24座を案内。紀行・案内・登山略史で北海道の山の魅力を余すことなく紹介。
2017.6　279p　B6　¥1700　①978-4-89475-207-8

◆もう山でバテない! 「インターバル速歩」の威力　能勢博著　山と渓谷社
【要旨】6400件のデータと20年にわたる研究、最先端の運動生理学が裏付ける、山を楽に長く歩けるとっておきのトレーニングとノウハウ。登山＋1日15分の速歩（週4日）で健康寿命も10年伸びる。
2017.3　207p　B6　¥1200　①978-4-635-51044-8

◆八ヶ岳 山の生活を楽しむ　齋藤美佐子著（長野）ほおずき書籍，星雲社　発売
【要旨】念願の山小屋暮らしでセカンドライフを満喫。森の木々や草花、野鳥、雄大な景色―大自然の息吹を感じながら、新たな発見・楽しみに出逢えた日々を飾らずに綴ったエッセイ集。
2017.8　149p　B6　¥1500　①978-4-434-23662-4

◆山登り語辞典—登山にまつわる言葉をイラストと豆知識でヤッホーと読み解く　鈴木みき著　誠文堂新光社
【目次】第1部 山登りの基礎知識（マンガで読む登山の大まかな歴史、登山史ニュース、道具の呼びかたいろいろ、登山の支度 ほか）、第2部 山登り用語（アア溶岩、アイゼン、相部屋、赤テープ ほか）
2017.3　173p　A5　¥1400　①978-4-416-51718-5

◆山のリスクセンスを磨く本—遭難の最大の原因はアナタ自身にあった　昆正和著　山と渓谷社（ヤマケイ新書）
【要旨】山を取り巻くさまざまなリスクについて、その対処法を王道からウラ技まで教えます。今までにない切り口で語られる、全く新しい山のリスク回避術。
2017.7　221p　18cm　¥780　①978-4-635-51047-9

◆若き日の山　串田孫一著　山と渓谷社（ヤマケイ文庫）
【要旨】一九五五年に刊行された、串田孫一の最初の山の本。ひとたび遠ざかることによって純化され、結晶した「若き日の山」は、山の文学

アウトドア

◆アドベンチャーレースに生きる！　田中正人, 田中陽希著　山と溪谷社
【要旨】「百名山への挑戦は、EAST WINDのためだった」日本百名山なと筆書き、田中陽希が人生を捧げる世界とは？　第一人者とその継承者がつなぐ最強チームの魂。
2017.3 246p B6 ¥1300 ①978-4-635-17189-2

◆キャンプでやってみる　子どもサバイバル　川口拓著　ベースボール・マガジン社
【要旨】自然は、生きるために必要なものを与えてくれます。その中で、生きるための力は、3つに分けられます。「受け入れる力」「感じる力」「同調する力」本書では、親子が一緒に「サバイバルキャンプ」をしながら、この3つの「生きる力」を、学び、育むことを目的としています。
2017.5 127p A5 ¥1500 ①978-4-583-11105-6

◆これから始める人のためのエアライフル猟の教科書　東雲輝之, 佐藤一博著　秀和システム
【要旨】エアライフルハンティングの免許、装備、獲物から、おいしくいただく料理法まで、マンガとイラストでガイド。
2017.6 398p A5 ¥1980 ①978-4-7980-5082-9

◆サバイバル猟師飯一獲物を山で食べるための技術とレシピ　荒井裕介著　誠文堂新光社
【要旨】山で獲った獲物を解体し、肉を整理する。獲物をおいしく食べること、それは猟師の楽しみであると同時に、命に感謝することに繋がる。熊、鹿、猪、鳥類、魚類、穀物など、これらを山中でどうしたらおいしく食べられるのか、著者がマタギから学んだ方法も、独自に編み出したサバイバルレシピを交え紹介していく。
2017.5 239p A5 ¥2500 ①978-4-416-71617-5

◆潮干狩りの疑問77　原田知篤著　成山堂書店　（みんなが知りたいシリーズ 3）
【要旨】77の疑問に「潮干狩り超人」がわかりやすく答えます。
2017.3 187p B6 ¥1600 ①978-4-425-95611-1

◆自作キャンプアイテム教本　長谷部雅一著　グラフィック社　（付属資料：型紙）
【要旨】WOOD（木）、LEATHER（革）、CLOTH（布）、METAL（金属）、すべてのノウハウが詰まった35アイテムのつくり方を紹介！
2017.6 151p B5 ¥2300 ①978-4-7661-3004-1

◆狩猟入門　猪庭庁監修　地球丸　（NEW OUTDOOR HANDBOOK 20）
【要旨】狩猟免許の取得からハンティングの実際まで。
2017.4 191p B6 ¥1200 ①978-4-86067-598-1

◆すぐできる！　紐とロープの結び方一図解でわかる109のテクニック　西田徹監修　ロングセラーズ
【要旨】災害や非常時に一本のロープのおかげで命が助かったという話を聞きます。たとえロープがなくても「結び」の知識さえあれば、シーツやカーテンでも代用できます。私たちの日常にも「結び」が役立っていることが多いものです。ぜひとも一家でお読みいただき、皆さまのお役に立てれば幸いです。
2017.8 186p 18cm ¥1000 ①978-4-8454-5031-2

◆焚き火の達人　伊澤直人監修　地球丸　（NEW OUTDOOR HANDBOOK 19）
【要旨】火おこしの超基本から応用テクニックまで。
2017.2 191p B6 ¥1200 ①978-4-86067-588-2

◆日曜日の狩猟採集生活　渓流編集部編　つり人社
【要旨】タガメを捜し、ハチの子を採り、ホタルイカをすくう。明日は一日、親子で冒険に出かけよう。
2017.7 191p A5 ¥1500 ①978-4-86447-302-6

◆一人を楽しむソロキャンプのすすめ—もう一歩先の旅に出かけよう　堀田貴之著　技術評論社　（大人の自由時間mini）
【要旨】自分の身体にぴったり合うバックパックと最強のブーツに出会えれば、どこまでも歩いていける。日常を抜け出して自由な大人のひとり旅へ、さぁ出発。
2017.3 159p B6 ¥1480 ①978-4-7741-8775-4

◆ブッシュクラフトの教科書—究極の野外生活　デイブ・カンタベリー著, 安納令奈訳　パンローリング　（フェニックスシリーズ 54）
【要旨】バックパックの準備、シェルターの設営、ギアや必需品の選び方、コンパスを使ったナビゲーション、火熾しの技術、釣りや狩猟・採集まで、大自然で快適に過ごすためのブッシュクラフトの知恵が詰まった一冊。
2017.7 215p A5 ¥1500 ①978-4-7759-4177-5

◆marimariの女子キャン　松尾真里子著　光文社　（美人時間ブック）
【要旨】こんなキャンプがしてみたい！ instagramで人気沸騰！　話題のカリスマキャンパーによるおしゃれで心地よいキャンプの作り方。
2017.6 126p A5 ¥1400 ①978-4-334-97925-8

◆SURVIVE！「もしも」を生き延びるサバイバル手帖　ガイ・キャンベル著, 間芝勇輔絵, 岩田佳代子訳　文響社
【要旨】「いざ」というときの知恵がいっぱい！　72のサバイバル術。遭難も、家事も、地震も、この一冊で乗り切ろう。
2017.7 215p A5 ¥1350 ①978-4-86651-041-5

◆THE GLAMPING STYLE YURIEの週末ソトアソビ　yuriexx67著　KADOKAWA
【要旨】ホームセンター、ユニクロ、100円ショップだって活用！　次の週末すぐ真似できる、グランピングスタイルのキャンプ。グッズ、レシピ、スポットまで300点越えSNAPで初公開！
2017.2 127p A5 ¥1400 ①978-4-04-895697-0

サイクリング・マウンテンバイク

◆アタック—2015年全日本選手権ロードレース　佐藤喬著　辰巳出版
【要旨】全日本選手権に挑む3つのチーム。それぞれのチームは葛藤を抱えながら、240kmのレースを走る。そこには、走り続けてきたベテランと、走りはじめたばかりの若手がいた。3つのチーム、10年の時を超えて描かれる、それぞれの「アタック」。王者の苦悩とチームの世代交代がぶつかる心理戦！　ロードレースノンフィクション「エスケープ」に続く第2弾。
2017.6 221p B6 ¥1800 ①978-4-7778-1880-8

◆誰でもはじめられるクロスバイク＆ロードバイク　成美堂出版編集部編　成美堂出版
【要旨】おすすめのアイテム・ウェア、クルマ、電車での運び方、旅先でのサイクリング、自転車で健康に。自分にあった一台選びから乗り方、カスタマイズ、メンテナンスまで完全サポート！
2017.5 143p 21cm×21cm ¥1200 ①978-4-415-32320-6

◆バイクパッキング入門—自転車ツーリングの新スタイル　田村浩著　実業之日本社
【目次】1 バイクパッキングとは？（日本におけるバイクパッキングの芽生え、「キャリアレス」の意味すること ほか）、2 バイクパッキングのはじまめに（バイクパッキング用バッグの概要、大型サドルバッグの機能と特徴 ほか）、3 はじめよう！　キャンプツーリング（ハイカーともクルマとも違う、自転車ならではキャンプ旅、テントを選ぶ三つのポイント ほか）、4 より軽く、より遠くへ（どうすれば荷物を減らせるか？、ツェルトのすすめ ほか）、5 実践バイクパッキング（峠を越えて、ダートを抜けて）
2017.10 191p A5 ¥1800 ①978-4-408-33739-5

◆バイクパッキングBOOK—軽量バッグシステムが創る新しい自転車旅　北澤青著　山と溪谷社
【要旨】キャリア不要の直付けバッグシステムと、ミニマムでライトウエイトな装備によって可能になった、自転車ツーリングの新しいスタイルと楽しみ方を完全紹介。
2017.3 191p A5 ¥1800 ①978-4-635-24238-7

◆速くなる！栗村修のロードバイク「輪」生相談　栗村修著　洋泉社
【要旨】日々のトレーニング方法からレーステクニックまで、栗村修がサイクリストたちの悩みに答えます。自転車ポータルサイト「Cyclist」の人気連載が待望の書籍化！
2017.9 207p A5 ¥1500 ①978-4-8003-1303-4

◆ブルベのすべて　鈴木裕和著　スモール出版
【要旨】自転車で200km以上の長距離を制限時間内に自力で完走し、認定を貰うロングライドのイベント「ブルベ」。基本情報からノウハウ、応用術まで、「ブルベ」全般について幅広く、詳細に解説。
2017.5 353p B6 ¥1800 ①978-4-905158-43-1

◆僕のジロ・デ・イタリア　山本元喜著　東京書籍
【要旨】特に運動が得意というわけでもない、いわゆる「普通の若者」といえる著者が、世界最高峰の自転車レース、「ジロ」を走り抜く。その詳細な記録。完走を目指す彼の戦略や、映像にあらわれない現場の選手たちの様子を詳細に描き、グランツールの裏側をリアルに、詳細に映し出したスポーツ・ノンフィクション。
2017.7 221p B6 ¥1600 ①978-4-487-81067-3

◆ロードバイクを自在に操るための知識・技術・トレーニング　浅田顕監修　ナツメ社
【目次】1 ロードバイクのしくみ、2 フィッティング、3 ライディングスキル、4 フィジカルトレーニング、5 パワートレーニング、6 イベント別対策、7 コンディショニング—食事＆セルフケア
2017.11 191p B5 ¥1800 ①978-4-8163-6346-7

◆ロードバイクの作法—やってはいけない64の教え　竹谷賢二著　SBクリエイティブ　（SB新書）
【要旨】NHKの自転車番組『チャリダー☆』にレギュラー出演し、アメリカの人気ブランド「スペシャライズド」の契約アドバイザーを務める著者が、初心者以上マニア未満の必修テクニックを指南する。効率的なトレーニングとライディングスキルでパフォーマンスを高めるには、なにより「ムダなことをしない」のが近道。やってはいけないことを列挙し、徹底的にムダを排除する竹谷式メソッドで「走りのチカラ」をどんどん引き出す。
2017.7 215p 18cm ¥800 ①978-4-7973-8453-6

◆ロードバイク本音のホイール論　吉本司, 田中良忠著　洋泉社
【要旨】サイクルジャーナリストと元シマノ技術者がホイールの真実を解き明かす！
2017.7 191p A5 ¥1400 ①978-4-8003-1185-6

◆Cyclo Graph 2017 DV-1始動。その意思、受け継ぐもの　ホビージャパン
【要旨】趣味の自転車をさらに楽しく！　奥の深い自転車趣味の扉を開ける。自転車エンジュアストのためのシクログラフ！
2017.9 127p A4 ¥3200 ①978-4-7986-1544-8

陸上競技・マラソン・トライアスロン

◆青トレ—青学駅伝チームのピーキング＆ランニングケア　原晋, 中野ジェームズ修一著　徳間書店
【要旨】今回のテーマは、リクエストが最も多かったレースに向けた調整方法。狙った大会にピークを合わせるピーキング、膝、腰等の故障を予防する、症状別のランケア。ランナー、ジョガー必読の1冊！　ピーキングのための"青トレオリジナル期分けシート"付き!!
2017.11 139p 21×18cm ¥1250 ①978-4-19-864514-4

◆1日10分 走る青トレ—箱根王者・青学のランニングメソッド　原晋著　ゴルフダイジェスト社
【要旨】自分を変える、カラダが変わる、走りが良くなる。挫折しない。たった1500m10分走るだけ…のランニング法。青学監督、初のランナーズBOOK。
2017.11 127p A5 ¥1000 ①978-4-7728-4176-4

◆ウルトラ＆トレイルランニングコンプリートガイド—迷わない、たゆまない。前に進むための道案内　ブライアン・パウエル著, 篠原美穂訳　ベースボール・マガジン社
【要旨】トレーニングの進め方から、水分・栄養補給、ギア選び、暑熱やケガ対応、レースや用便についてまで、すべてを網羅！　ウルトラ初の超実践的トレーニング本。
2017.5 223p A5 ¥2000 ①978-4-583-11109-4

スポーツ

◆駅伝王者青学 光と影　佐藤俊著　主婦と生活社
【要旨】華やかなテレビ中継には映らない、常勝軍団の「リアル」完全ドキュメント!!
2017.11 239p B6 ¥1300 ①978-4-391-15080-3

◆義足のアスリート山本篤　鈴木祐子著　東洋館出版社　(TOYOKAN BOOKS)
【要旨】誰もが息を飲む美しい跳躍。誰よりも遠くへ跳びたいと想う強い心。障がい者アスリートだからこそ、かっこよさにこだわる。左足を失ったときを悲観するのではなく、むしろ幸せだと思う。パラリンピック陸上の先駆的アスリートのすべてを描いた傑作スポーツノンフィクション!

◆記録が伸びる！陸上競技メンタル強化メソッド―今より強い自分になるために　井村久美子著　実業之日本社　(パーフェクトレッスンブック)
【要旨】本番で最高のパフォーマンスを発揮するための集中力の鍛え方&心の調整法。効果的な目標設定で、心と体をレベルアップ! この想定練習で、本番のプレッシャーに強くなる! 自分の「取り扱い説明書」で本来の力を発揮します!
2017.5 215p B6 ¥1400 ①978-4-408-45641-6

◆金哲彦のマラソンメンタル強化メソッド　金哲彦著　実業之日本社　(パーフェクトレッスンブック)
【要旨】自己新！ 達成に必要な読めば実践できるマラソンメンタル術。
2017.12 191p B6 ¥1400 ①978-4-408-33722-7

◆クレージー・ランニング―日本人ランナーは何を背負ってきたのか？　高部雨市著　現代書館
【要旨】円谷幸吉、君原健二、中山竹通、そして豪州の伝説のコーチ、パーシー・セラティ…選手、コーチ、テレビマンに取材し、それぞれの視線から"人はなぜ走るのか？"という永遠の問いを捉え直す。
2017.9 230p B6 ¥2000 ①978-4-7684-5812-9

◆55歳からのフルマラソン挑戦　日本生涯スポーツ健康協会監修　日本生涯スポーツ健康協会、丸善出版 発売
【目次】第1章 健康的に目標を達成する心得と方法 (マラソンを始める前に、目標の設定と達成までのプロセス ほか)、第2章 トレーニングの基礎知識 (ランニンググッズの基本、ウォームアップ ほか)、第3章 トレーニングの方法 (静的ストレッチ、動的ストレッチ ほか)、第4章 レベル別トレーニングメニュー (レベル分けチャート、5km 完走 ほか)、第5章 体メンテナンス (セルフケア、食事 ほか)
2017.4 113p A5 ¥1500 ①978-4-908425-01-1

◆56歳でフルマラソン、62歳で100キロマラソン　江上剛著　扶桑社　(扶桑社文庫)
【要旨】マラソンは誰がやっても、いつから始めても、ただがむしゃらにやれば、結果がついてくる。それも魅力の一つなのだ。ただ、息が、足が、命が続く限り、走れば走るほど、そうすれば結果がついてくる。これほど単純なスポーツはない。これほど平等なスポーツはない。(略)明治大だろうが、東大だろうが、京大なレッテルも関係ない。(略)男も女も、年寄りも若者も、関係なく、年寄りがくぐい走り、若者が道端で倒れ込んでいる。何の差があるのか、それは練習だけだ。タイムが大事か、プロセスが大事か、それは人それぞれだ。
2017.2 236p A6 ¥650 ①978-4-594-07646-7

◆仕事ができる人の「走り方」　青山剛著　日本実業出版社
【要旨】数多くの「働くランナー」を指導してきた著者が教える、一生、走り続けるための50のポイント。仕事の合間に気軽にできる! 27のストレッチと15の体幹スイッチエクササイズを紹介! 成果を劇的にアップさせるためのランニング・メソッド!
2017.5 224p B6 ¥1500 ①978-4-534-05495-1

◆知ってる？陸上競技 走る 跳ぶ 投げる―クイズでスポーツがうまくなる　朝原宣治著　ベースボール・マガジン社
【要旨】体を自在に動かして走・跳・投の基本を覚えよう! 思い通りに体を動かす方法を五輪メダリストが紹介。コオーディネーショントレーニングメニューも!
2017.9 143p A5 ¥1500 ①978-4-583-10953-4

◆心臓病と駆け抜けた2時間18分57秒　田中隆則著 (名古屋) ブイツーソリューション、星雲社 発売
【要旨】治療家×マラソンコーチ×現役ランナー。最強のランニングメソッドで、市民ランナーもここまで速くなる。豊富な経験に裏打ちされた、ランニング理論とケガの克服法を紹介。マラソンが強くなる13のコツ。
2017.11 130p B6 ¥1200 ①978-4-434-23846-8

◆図解 やってはいけないランニング 速さと持久力が一気に手に入る走り方　鈴木清和著　青春出版社
【要旨】自分の「骨格」を知るだけで最大限記録が伸びる!「故障が絶えない」「頑張っているのに記録が伸びない」…。それはフォームが原因かもしれません。フォームは骨格によって3つに分けられる、胴、腿、脛の長さを測るだけで最適なフォームが瞬時にわかる、腕"振り"を"回"に変えるだけでタイムが縮む…などランニングクリニック・鈴木清和コーチの驚きメソッドを公開。初めてフルマラソンにチャレンジする人もタイムが伸び悩んでいる人も確実に走力アップ! 試した人から速くなる、常識を覆すランニング上達の近道。
2017.2 124p A5 ¥1380 ①978-4-413-11205-5

◆「大転子ランニング」で走れ! マンガ家53歳でもサブスリー　みやすのんき著　実業之日本社
【要旨】軽く! 長く! 速く! 楽に走るには地面の反力をもらう! 今までのねじ曲げる体幹意識は間違っていた! 加齢に抗う再度サブスリー達成までの涙ぐましい努力! マラソン初中級者のためのステップアップ術も大公開!
2017.2 254p B6 ¥1300 ①978-4-408-11207-7

◆正しいマラソン―どうすれば走り続けられるか? タイムを縮めるロジックとは?　金哲彦編者, 山本正彦, 河合美香, 山下佐知子著　SBクリエイティブ　(サイエンス・アイ新書)
【要旨】「決められた距離をいかに走るか」というシンプルな競技、マラソン。気軽にも挑戦できて恩恵はさまざま。しかし、理論は意外に奥深い…。本書では、なぜ息が苦しくなるのか、脚が重くなるのかといった基本から、トレーニングの数々、実践的な技術までを、事例や図を示しながら解説します。走ることをはじめたい人、体系的にとらえなおしたい人、記録達成を目指している人におすすめの1冊。
2017.1 190p 18cm ¥1700 ①978-4-7973-8438-3

◆誰も教えてくれなかったマラソンフォームの基本―遅く走り始めた人ほど大切な60のコツ　みやすのんき著　カンゼン
【要旨】子供の頃から何となくやってきた"かけっこ"と「陸上競技のランニング」はココが違う。本書はマンガ家ならではの独自の視点で"60の走るコツ"を徹底解説。読めば必ずラクに長く、そして速く走れるランニングフォームが身につく!
2018.1 156p A5 ¥1500 ①978-4-86255-440-6

◆トラック走を極める!陸上競技中長距離　松井一樹監修　メイツ出版　(コツがわかる本!)
【要旨】この一冊で「勝つ」走りが身につく! フォームから種目ごとの戦術、強化法まで、最高のパフォーマンスを発揮する秘訣が凝縮!
2017.5 128p A5 ¥1650 ①978-4-7804-1837-8

◆日大式で差がつく! 陸上競技跳躍種目トレーニング―走り幅跳び・三段跳び・走り高跳び・棒高跳び　森長正樹監修　メイツ出版　(コツがわかる本!)
【要旨】鍛え方のポイントがわかればもっと高く&遠くに跳べる! 強豪チームが実践する「勝つ」練習メニュー! フォームから体作り、イメージの描き方まで、ジャンプを徹底的に強化できる!
2017.6 128p A5 ¥1940 ①978-4-7804-1904-7

◆日大式で差がつく!陸上競技投てき種目トレーニング―砲丸投げ・やり投げ・円盤投げ・ハンマー投げ　小山裕三監修　メイツ出版　(コツがわかる本!)
【要旨】強豪チームが実践する「勝つ」練習メニュー! フォームから体作り、イメージの描き方まで、投げる動きを徹底的に強化できる!
2017.9 112p A5 ¥1940 ①978-4-7804-1900-9

◆猫トレ―猫ひろしのマラソントレーニング　猫ひろし著　ベースボール・マガジン社
【要旨】あなたも必ず速くなる。芸人猫ひろしがオリンピアンになるためのノウハウを大公開!
2017.2 191p A5 ¥1500 ①978-4-583-11095-0

◆箱根駅伝ノート　酒井政人著　ベストセラーズ
【要旨】選手、監督、主務、マネジャー…、それぞれの想いに感涙必至。箱根路の217.1km、たった2日間のためにはるかに長い距離を走ってきた、多くの言葉を綴ってきた。関東インカレ、夏合宿、予選会、出雲、全日本まで、2018年箱根へ徹底取材!
2017.12 205p B6 ¥1250 ①978-4-584-13835-9

◆フツーの主婦が、弱かった青山学院大学陸上競技部の寮母になって箱根駅伝で常連校になるまでを支えた39の言葉　原美穂著　アスコム
【要旨】子どもたちとパートナーのやる気と能力を最大限に引き出す「支える力」とは?
2017.12 205p B6 ¥1300 ①978-4-7762-0974-4

◆北海道ランニング大会ガイド 2017　ランナーズサポート北海道編　(札幌) 北海道新聞社
【要旨】親子で楽しむイベント、初参加でも安心な大会から一流ランナーが走る本格レースまで道内176大会を掲載。公認コース・主要大会のコースマップ、主要大会の上位記録付き。
2017.2 207p A5 ¥1111 ①978-4-89453-858-0

◆山縣亮太 100メートル9秒台への挑戦―トレーナー仲田健の改革　仲田健著　学研プラス　(GAKKEN SPORTS BOOKS)
【要旨】第1章 面会―山縣亮太の第一印象、第2章 改革―リオ・オリンピックに向けて、第3章 実践―実戦的な改革、第4章 対談―山縣亮太が語る仲田健との改革、第5章 未来―100メートル9秒台の先へ
2017.8 159p B6 ¥1200 ①978-4-05-800807-2

◆40代から最短で速くなるマラソン上達法　本間俊之著　SBクリエイティブ　(SB新書)
【要旨】酒もタバコもやるアラフィフのメタボおやじ。100m さえまともに走れない。そんなのに旧友との飲み会で、酒の勢いから駅伝大会で走ることを約束してしまった。もともと理系のエンジニアで、R&D (研究開発) はお手のもの。ランニングの本を読みあさり、"セルフR&D"に没頭した。走り始めてから1年半後、50歳にして、なんとフルマラソン3時間切り。その後、記録をのばして2時間50分切りを果たし。紆余曲折をへて編み出した、初心者から上級者まで役立つメソッドを初公開!
2017.11 252p 18cm ¥1200 ①978-4-7973-8349-2

◆陸上競技審判ハンドブック 2017‐2018年度版　日本陸上競技連盟、ベースボール・マガジン社 発売
【目次】公認審判員、公認競技会と公認記録、競技会役員、トラック競技、フィールド競技、競歩競技、混成競技、付録
2017.4 420p A5 ¥1650 ①978-4-583-11102-5

◆陸上競技 走跳投に必要なトップスピードを高める練習　柴田博之著　ベースボール・マガジン社　(身になる練習法)
【要旨】インターハイ総合優勝6回の実績を誇る洛南高校の強さを支える練習法。走跳投、どの種目にも必要なトップスピードを高める練習法を紹介! 合宿練習を公開! 練習メニューの組み方も掲載。
2017.6 175p A5 ¥1500 ①978-4-583-11073-8

◆陸上競技ルールブック 2017年度版　日本陸上競技連盟、ベースボール・マガジン社 発売
【目次】国際陸上競技連盟競技会規則及び国内適用 (定義、国際競技会及び日本国内競技会と出場資格 ほか)、日本陸上競技連盟競技規則 (競技会役員、競技会一般規則 ほか)、競技会における広告および展示物に関する規程、競技場に関する規定、細則 (公認陸上競技場および長距離競走路ならびに競歩路規程、第1種・第2種公認陸上競技場の基本仕様 ほか)、競技場一覧 (都道府県別公認陸上競技場一覧表、都道府県別公認長距離競走路、競歩路一覧表 ほか)
2017.4 513p 18cm ¥1750 ①978-4-583-11101-8

体操・新体操

◆栄光のその先へ―内村航平語録 8年無敗の軌跡　内村航平著　ぴあ
【要旨】2008年からの約8年間、無敗の王者として君臨し続け、体操界を牽引してきた内村航平。

スポーツ

その一瞬、一瞬には、さまざまな彼の想いがある。その言葉には、自分らしさの追及、自己との闘い、経験を糧にした成長や変化、そして未来へつなぐ感謝の気持ちがあふれている。メッセージと写真でひも解く38連勝のヒストリー。
2017.1 175p A5 ¥1200 ①978-4-8356-3807-2

◆技術と表現を磨く！魅せる新体操 上達のポイント50 石崎朔子監修 メイツ出版
（コツがわかる本！）
【要旨】手具操作・芸術性・メンタル…etc. ワンランク上の演技に必要なコツがわかる！点数への意識＆対策で取りこぼし＆減点がなくなる！日本代表を数多く育てた指導者が教える、レベルアップの秘訣！
2017.5 128p A5 ¥1730 ①978-4-7804-1875-0

◆体操五輪書──体操を追究する男が選んだ「天下無双」の生き方 塚原直也著 日本文化出版
【要旨】体操を追究する男が選んだ「天下無双」の生き方。
2017.2 190p B6 ¥1481 ①978-4-89084-251-3

剣道・柔道・合気道・武道

◆合気速習──日本になかった超上達システム 筋力を超えた技ができる5つの原理 倉部誠著
BABジャパン
【要旨】言語や文化の異なるヨーロッパの地で、26年の長きに亘る指導から確立した、理論と指導法。合気の深遠なる技を誰でも簡単に習得できる、画期的な"紙上講習"！18のレッスンで、無理なく合気のステップを上る！
2017.10 216p A5 ¥1800 ①978-4-8142-0089-4

◆合気道と中国武術はなぜ強いのか？ 山田英司著, フル・コム編 東邦出版（BUDO-RA BOOKS）増補改訂版
【要旨】武術界に衝撃を与えた初版本に、最終章「極意につながる武術の核」を緊急加筆！格闘技と武術はどちらが実戦的か？合気道や中国武術の実戦性を支える極意動素の解明でついに甦る。
2017.4 317p A5 ¥1800 ①978-4-8094-1471-8

◆合気の極み──光の体になると、光の技が使える 綿戸無光著 BABジャパン
【要旨】攻撃の意志を持った相手が、吹っ飛んでしまう！合気の源流「大東流合気武術」。伝説の達人、武田惣角〜堀川幸道の神技をを受け継ぐ著者が、遂にその境地を著した。一瞬で相手の戦意と身動きを奪う、これぞ日本武道の到達点だ！ 2017.6 203p B6 ¥1400 ①978-4-8142-0058-0

◆一流の人が学ぶ氣の力 藤平信一著 講談社
【要旨】メジャーリーガーやオリンピック代表選手らから支持され、今、多くの企業経営者が学ぶ、世界24ヵ国3万人の弟子を持つ心身統一合氣道の指導者による「氣」の教え。
2017.11 189p B6 ¥1300 ①978-4-06-220862-8

◆学生柔道の伝統 岡野好太郎著 （名古屋）黎明書房
【要旨】明治、大正、昭和と柔道に生涯を捧げた岡野十段が、柔道の神髄を語った名著の復刻版。
2017.2 250, 12p A4 ¥654-07650-5

◆「カタカムナ」で解く魂の合氣道──運動力学を超えた"奇跡の現象" 大野朝行著 BABジャパン
【要旨】技や型は必要なし。古来からの心と体のあり方で相手を転がす！上古代日本の文化「カタカムナ」が伝える「マノスベ」に身で感受して、それに従った自然な動き状態になれば、攻撃しようとした相手が自ら崩れる。争わず調和する日本文化の本質を、簡単に体現！
2017.11 182p B6 ¥1400 ①978-4-8142-0095-5

◆勝ち続ける技術 宮崎正裕著 サンマーク出版
【要旨】勝つために最も大切なことは「準備」と「読み」だ！剣道日本一を6度成し遂げ、指導者としても4人の日本一を育てた「平成の宮本武蔵」が語る現代の「五輪書」。
2017.2 190p B6 ¥1400 ①978-4-7631-3291-8

◆必ず上達する！剣道の新しい教科書 高瀬英治著 日本文芸社
【要旨】剣士育成に必須の基本稽古を徹底解説！基礎から実戦まで、技の極意と応用を伝授！
2017.5 175p A5 ¥1600 ①978-4-537-21482-6

◆京都三十三間堂通し矢列伝──弓道の心と歴史を紐解く 髙栁憲昭著 メイツ出版
【要旨】江戸から現代まで、名手たちの逸話で紡ぐ「不朽の美」。藩を背負って挑んだ男たち、永遠のライバル同士、史実に名を遺す英雄…。
2017.9 208p A5 ¥1730 ①978-4-7804-1928-3

◆近代日本の武道論──"武道のスポーツ化"問題の誕生 中嶋哲也著 国書刊行会
【要旨】武道はいかに語られてきたか。「術」から「道」という考えが誕生した明治期、「スポーツ化」という言説が登場した大正期、古武道の「発見」まで…。膨大な資料を緻密に検証し、近代の言説空間のなかでゆらぎ変容する「武道」と「スポーツ」の関係を明らかにする。武道論を一新する大著の誕生。
2017.7 608, 11p A5 ¥8000 ①978-4-336-06158-4

◆剣道「先師からの伝言」 上巻 矢野博志著 体育とスポーツ出版社
【要旨】近代剣道の祖高野佐三郎範士から大野操一郎九段を経て矢野博志範士（国士舘大学名誉教授）へ伝承されてきた日本剣道の真髄。60年の長きにわたって修行を続ける矢野範士が、先師から習得した技心技体をあきらかにし、その貴重な伝言をいま語り継ぐ。
2017.11 103p B5 ¥1300 ①978-4-88458-411-5

◆剣道「先師からの伝言」 下巻 矢野博志著 体育とスポーツ出版社
【要旨】近代剣道の祖高野佐三郎範士から大野操一郎九段を経て矢野博志範士（国士舘大学名誉教授）へ伝承されてきた日本剣道の真髄。60年の長きにわたって修行を続ける矢野範士が、先師から習得した技心技体をあきらかにし、その貴重な伝言をいま語り継ぐ。
2017.11 103p B5 ¥1300 ①978-4-88458-412-2

◆剣道大臣──笹森順造と撓競技 山本甲一著 （毛呂山町）島津書房
【要旨】小野派一刀流宗家の肩書きを持つクリスチャン笹森順造は別名剣道大臣とも云われる。名門東奥義塾塾長たる青山学院長を歴任、戦後政界に転じ片山内閣国務大臣となる。直面したGHQによる剣道禁止令の崩壊に奔走、撓競技の創設と普及に剣道の命脈を保つ。本物語はこの異色の剣道大臣を取り巻く戦後日本の剣道界青春群像である。
2017.9 458p A5 ¥3200 ①978-4-88218-165-1

◆剣道の極意と左足 小林三留著 体育とスポーツ出版社
【要旨】左足が剣道の根幹だ。まずは足腰を鍛え、剣道の土台づくりをすることが大切だ。著者が半世紀以上かけて体得した剣道極意を1冊に凝縮した。
2017.4 127p B5 ¥1600 ①978-4-88458-410-8

◆古流柔術の殺法・活法 江夏怜著 東京図書出版、リフレ出版 発売
【要旨】古流柔術に伝わる活殺自在の最高秘伝──時代を越えて伝えられる至高の哲理。
2017.10 143p A5 ¥2000 ①978-4-86641-087-6

◆実践柔道論 小俣幸嗣編 メディアパル
【目次】第1章 歴史、第2章 教育と指導、第3章 コーチング論、第4章 トップレベルの強化と課題、第5章 強化への科学的アプローチ、第6章 形の普及・発展、第7章 審判論
2017.3 287p A5 ¥2800 ①978-4-8021-1004-4

◆柔道 基本と戦術 上水研一朗監修 実業之日本社（パーフェクトレッスンブック）
【要旨】革新的！組手と身長差に基づく「6区画理論」で相手を効率よく攻め落とす！多くのメダリストを生んだ世界に通じる「Judo」が学べる！ 2017.5 190p A5 ¥1500 ①978-4-408-45620-1

◆大東流合気柔術を解く──武術の極み、合気を求めて 浅原勝著 B貿出版社
【要旨】六方会草創期からの技と稽古を見続けた著者が、岡本先生の技術と指導法の変遷を辿り、「大東流合気柔術の本質とは何か？」を考察。大東流合気柔術を、力学的、解剖学的、運動学的、生理学的な視点で解析。「合気とは何か？」を探る。
2017.2 295p A5 ¥2000 ①978-4-8170-6018-1

◆洞察と戦略で勝つ！剣道──全日本選手権優勝者が伝える、状況に応じた試合運びの極意 鈴木剛著 誠文堂新光社
【要旨】日本国内で、最も栄誉ある全日本剣道選手権。その第52回大会を制覇したのが、鈴木剛氏です。体格に恵まれているわけでもない同氏が頂点に登り詰めた、剣道の強さはいかなる

ものなのか。本書は、相手を洞察し戦略を立ててつぶさに結びつけるための、鈴木氏の剣道を一冊にまとめました。
2018.1 158p A5 ¥1400 ①978-4-416-71743-1

◆日韓「剣道」──KENDOとKUMDOの相克と未来 小田佳子著 青弓社
【要旨】「武道」であることを重んじる日本剣道KENDOとスポーツ化を目指す韓国剣道KUMDO。オリンピックへの対応でも温度差がある両国の「剣道」を、歴史・文化・技術という視点からつぶさに比較・検証して未来像を明らかにする。日韓の剣道観を俯瞰して丁寧に描き、両国の剣道が未来志向の関係性をどう結ぶべきかを提唱。
2017.4 232p A5 ¥3000 ①978-4-7872-3418-6

◆日本刀が斬れる理由（わけ）、美しい理由（わけ） 松葉國正著 BABジャパン
【要旨】読めば心に"刀"帯びる。刀匠だけが知る秘密と、武術家だけが知る秘密。
2017.10 175p B6 ¥1400 ①978-4-8142-0084-9

◆忍術教伝 武器術編──初見良昭 武神館の秘法 『月刊秘伝』編集部編 BABジャパン
【要旨】人間技ではない！それが"忍びの術"。忍者ならではの多彩な武器法と体動！修羅場をくぐり抜けてきた忍者武術のすべてを、豊富な写真とともに詳しく紹介！
2018.1 203p A5 ¥1600 ①978-4-8142-0102-0

◆部活で差がつく！勝つ剣道 上達のコツ60 所正孝監修 メイツ出版（コツがわかる本！）
【要旨】全国三冠達成の指導者が教える、勝利のポイントはこれだ！強豪校のマル秘練習メニュー！正しい打突で試合を制す！
2017.3 128p A5 ¥1380 ①978-4-7804-1850-7

◆武術極意の"深ぁーい話" 近藤孝洋著 BABジャパン
【要旨】"マッハ1"のパンチが人間に可能に！？奇跡のように見える達人技。でも、すべて"カラクリ"がございます。いえいえ"インチキ"ではなく"カラクリ"です。唯一無二の面白さ！誰も教えてくれなかった達人技のヒミツがわかる！
2017.7 243p B6 ¥1400 ①978-4-8142-0072-6

◆身になる練習法 柔道 基礎から心技体を鍛える稽古 石田輝也著 ベースボール・マガジン社
【要旨】全国屈指の強豪校である大成高校を牽引し、将来有望な選手を多数育て上げてきた著者が、年間を通して着実に強くなるための練習法を公開！基本を大切に、心技体を鍛え上げるメニューが満載！
2017.5 175p A5 ¥1500 ①978-4-583-11052-3

◆無外流居合術教範──塩川寶祥の遺奥義 塩川寶祥照成著, 無外流居合道連盟編 気天舎, 星雲社 発売
【目次】1 無外流居合兵法とは（流祖辻月丹資茂／無外流兵法の特色、中興の祖中川士竜／総合武術無外流）、2 基本事項（時代の握り方（手の内）、鯉口の切り方 ほか）、3 表之形─形動作（五用、五箇 ほか）、4 表之形─分解（五用、五箇 ほか）、5 太刀打之形（北斗、白虎 ほか）
2017.9 211p A4 ¥12000 ①978-4-434-23688-4

◆夢想神伝流──道理を愉しむ居合道講座 石堂倭文著 スキージャーナル
【目次】1巻 初伝大森流（正座の部）（初発刀、左刀 ほか）、2巻 中伝長谷川英信流（立膝の部）（横雲、虎一足 ほか）、3巻 奥伝奥居合（居業（座業）（霞、脛開 ほか）、立業（行連、連達 ほか）
2017.5 3Vols.set B5 ¥6000 ①978-4-7899-2147-3

◆夢想神伝流居合道 吉田信延著 愛隆堂（付属資料：DVD2）
【目次】初伝（初発刀（しょはっとう）、左刀（さとう） ほか）、中伝（横雲（よこぐも）、虎一足（とらのひとあし） ほか）、奥伝 座業（霞（かすみ）、脛開（すねかこい） ほか）、奥伝 立業（行連（ゆきづれ）、連達（つれだち） ほか）
2017.9 157p A5 ¥2700 ①978-4-7502-0345-4

◆もっと強くなる剣道・練習法 古川和男監修 電波社（『必ず強くなる剣道・練習法』増補・改訂 再編集・改題版）
【要旨】実戦を想定した徹底解説と豊富なビジュアルで「稽古」の基礎がよくわかる！強くなるために不可欠な基礎中の基礎をしっかり復習。「なかなか一本にならない」「打突がうまくいか

ない」などの苦手や悩みも解決!!起こりから打突までの流れを連続写真でポイントごとに解説。
2017.7 159p A5 ¥1500 ①978-4-86490-104-8

◆四・五段に合格する! 剣道昇段審査弱点克服トレーニング 髙橋健太郎監修 メイツ出版（コツがわかる本!）
【要旨】何が足りないか、何を意識すべきか、そのポイントと効果的な稽古法がよくわかる!
2017.7 128p A5 ¥1630 ①978-4-7804-1895-8

◆Amazing! The Secret of Hakkoryu Jujutsu: Explains its system of accelerated mastery BABジャパン
（本文：英文）
【目次】History of Hakkoryu, i.e.the biography of the founder Okuyama Ryuho, 1st Soke, Its sophisticated technical hierarchy and teaching system, To raise your hand as if to scratch your itchy ear, Imagine yourself as a great Buddha statue, Do not resist, then you can realize the techniques, Do nothing except drop yourself with gravity, Open my hand in the Hakko shape, The secret of "pain", About Kamae (Posturing), The importance of "fingers" and their strongest direction〔ほか〕
2017 200p A5 ¥2500 ①978-4-8142-0060-3

空手・中国拳法

◆空手道入門 江上茂著 日貿出版社 新装増補版
【要旨】初版より40年の時を経てなお輝く、空手道家・江上茂の金字塔的入門書が、新装増補版で蘇る。豊富な写真で松涛會空手の基本はもちろん、「なんの為に空手を学ぶのか」という江上哲学が結実した一冊。武道を志す、すべての人が読むべき言葉がここにある。
2017.3 183p B5 ¥3000 ①978-4-8170-6019-8

◆空手と太極拳でマインドフルネス—身・息・心を調え、戦わずして勝つ! 湯川進太郎著 BABジャパン
【要旨】相対的強さ（試合で勝つ）から、絶対的強さ（生きやすさ）にパラダイムシフト! 身体の連動性を高める! 相手の気配を察する! 自己が世界（自然）と一体化! 空手に太極拳の「柔」の理を融合し、身体感覚を磨けば、真の強さ（=どんな状況でも生きのびる力）が養える! 気鋭の身体心理学者の著者が、オリンピック空手とは対極にある「本質的な武道空手」の取り組み方を教える!
2017.1 260p B6 ¥1500 ①978-4-8142-0028-3

◆氣式太極拳（十五式）—DVDを見ながら誰でもできる 張玉松著 （神戸）アートヴィレッジ （付属資料：DVD1）
【要旨】五臓六腑の機能を高める! 中国氣功と太極拳を融合した新健康法!
2017.4 183p A5 ¥2800 ①978-4-905247-63-0

◆ケンカ十段と呼ばれた男 芦原英幸 松宮康生著 日貿出版社
【要旨】挑戦をやめた瞬間から男の魂は死んでいく。享年50歳。あまりにも早すぎる人生を、最後までチャレンジし続けた男・芦原英幸。孤高の天才の生き様を刮目して見よ。閃光の如く駆け抜けた、その人生をトレースする。
2017.9 527p B6 ¥2400 ①978-4-8170-6020-4

◆拳聖澤井健一先生—太氣拳開設70周年記念増補版 佐藤嘉道著 気天舎, 星雲社 発売 増補版
【目次】第1章 太気至誠拳法（気・立禅・逼・練、有形無形 ほか）、第2章 武道の神髄（私の二人の恩師、師匠と私 ほか）、第3章 拳聖への道（郭雲深先生の話、修行時代—隻流館→武徳殿→講道館 ほか）、第4章 永遠なる魂—弟子から弟子へ（鉄人澤井先生との組手、組人的な技に魅せられた ほか）、追章 御跡を踏みつつ（立禅、揺—組手 ほか）
2017.3 259p B6 ¥2600 ①978-4-434-22937-4

◆実践 武術瞑想—集中力と観察力を研ぎ澄ます武術ボディワーク 湯川進太郎著 誠信書房
【要旨】1日数分のエクササイズがしなやかな心と身体を作りだす!! 空手と太極拳の要素を取り入れたまったく新しいマインドフルネス瞑想。
2017.11 105p A5 ¥1400 ①978-4-414-30013-0

◆知ってる? 空手道 町田直和著 ベースボール・マガジン社 （クイズでスポーツがうまくなる）
【要旨】空手道に必要な心構えから、形、組手の基本技術やルールもわかる。クイズに答えながら読むだけで強く、うまくなる。
2017.8 143p A5 ¥1500 ①978-4-583-11088-2

◆太極拳推手詳解—DVDでよくわかる! 楊進, 橋逸郎著 ベースボール・マガジン社 （付属資料：DVD1）
【目次】1章 推手とは（太極拳の知識として—太極拳の練習段階、套路と推手の関係—手順と基本、外見と中身、推手の役割—車の両輪（太極拳を理解できる）、太極拳の健康効果と推手）、2章 推手の基礎知識（三大原則+α、他の武道との違い）、3章 推手の理論（「ゆっくり」の意味、縦横の原則と円運動の意味、化勁と発勁、感覚（皮膚感覚と視覚、運動感覚）、四大病手「丟（ちゅう）」「扁」「頂」「抗」、接点と三節論）、4章 推手実技（定歩推手、活歩推手、推手実技の要点）
2017.7 111p A5 ¥2000 ①978-4-583-11112-4

◆太極拳のヒミツ—全ての流派に通じる、隠された法則「8」の字の神髄で、真意がわかる・身につく! 真北斐図著 BABジャパン
【要旨】全ては、武術の根本となるシンプルな「気の実践法」にあり! 誰も教えてくれなかった、太極拳の究極のエッセンスを公開。流派ごとに異なるかたちにとらわれず、その暗号を解き、本質を提示する。
2017.5 181p B6 ¥1400 ①978-4-8142-0054-2

◆太極拳理論の要諦—王宗岳と武禹襄の理論文章を学ぶ 銭育才著 武道ユニオン, 星雲社 発売 復刻版
【要旨】なぜ、いつまでも無駄な努力をしているのか? 一生懸命に体を動かすだけでは太極拳の真の上達は望めない。極意へと至るプロセスを理解しなければ、必ず遠回りすることになる。わずか数百字の経典に秘められた太極拳の極意とは? 実践した者だけがたどり着くもうひとつの世界—この一冊であなたの太極拳が変わる!
2017.7 300p A5 ¥3000 ①978-4-434-23505-4

◆超スロー32式太極剣（つるぎ） 大畑裕史著 愛隆堂 （付属資料：DVD2）
【要旨】Disk1ナレーション解説：32式太極剣の基本の使い方をやさしく解説! 型の解説は、通常の動きよりゆっくりと動いた演武に合わせてナレーションで説明。正面・背面の2パターンを使って丁寧に解説。Disk2演武練習用DVD：先生と同じ向きで、同一行動をする事で学べる。前後の2つ型を並べて動作のつなぎ方を見られる。通し演武は、標準よりゆっくりと表演するため目で追えるので安心して置いて行われる事がない。
2017.2 141p A5 ¥2300 ①978-4-7502-0343-0

◆超入門 24式太極拳 大畑裕史著 愛隆堂 （付属資料：DVD2枚） 改訂版
【目次】起勢、左右野馬分鬃、白鶴亮翅、左右搜膝拗歩、手揮琵琶、左右倒捲肱、左攔雀尾、右攔雀尾、単鞭、雲手〔ほか〕
2017.6 95p A5 ¥1900 ①978-4-7502-0344-7

◆つよい! THE24式太極拳「四正四隅」の秘密 池田秀幸著 東邦出版 （BUDO-RA BOOKS）
【要旨】合気道、レスリング、柔道、柔術、空手、ムエタイ…なぜ強さを求めると太極拳に行き着くのか? 「攻防一体」の動きで相手を倒す無敵の技がある!
2017.7 273p A5 ¥1800 ①978-4-8094-1484-8

◆ブルース・リーズ ジークンドー 中村頼永監修, フル・コム編 東邦出版 （BUDO-RA BOOKS） 増補改訂版
【要旨】ブルース・リーと共にジークンドーを育んだダン・イノサント。ダン・イノサントにより、東洋人初のジークンドー・シニア・インストラクターとして認定された中村頼永。両師の実演・解説により、ジークンドーの基本から極意までを紹介します!
2017.4 387p A5 ¥2300 ①978-4-8094-1463-3

◆DVDでいちばんよくわかる空手道—基本を身につけ、技を極める! 日本空手協会監修 日本文芸社 （付属資料：DVD1）
【要旨】基本姿勢、手技・足技から型・組手、応用まで、写真と動画でビジュアルに解説!
2017.7 175p A5 ¥1800 ①978-4-537-21493-2

◆DVDでよくわかる! 少林寺拳法 柔法の秘密—どんな複雑な技にも、共通の原理がある。 SHORINJI KEMPO UNITY監修, 少林寺拳法連盟編 ベースボール・マガジン社 （付属資料：DVD1）
【要旨】相手の動きに応じて変化する! 技を連繋させる! 有資格者のみが学ぶことを許される柔法の応用技を新井庸弘九段が実演解説するラストレッスン!!
2017.11 208p A5 ¥2000 ①978-4-583-11110-0

相撲

◆裏まで楽しむ! 大相撲—行司・呼出・床山のことまでよくわかる! ダグハウス編 KADOKAWA
【要旨】土俵の上だけが相撲じゃない! テレビには映らない土俵裏＆土俵まわりも完全ガイド! "裏方"目線で観る今までにない相撲本。
2017.9 159p A5 ¥1400 ①978-4-04-734740-3

◆「大相撲」知ったら面白すぎる70の話 下 角陽子著 三笠書房 （王様文庫）
【要旨】「体重200キロ」から見えるすごい世界! 「気合」を入れすぎるとどうなるか。今日も明日も「ゲンかつぎ」。結婚するなんて、大騒動!? 力士が喜ぶ「応援」、困ってしまう「声援」。シートベルトの長さが足りない!? さてどうする?…国技館の中だけで聴ける「どすこいFM」から生報告! 2017.8 254p A6 ¥650 ①978-4-8379-6829-0

◆大相撲立行司の軍配と空位 根間弘海著 専修大学出版局
【目次】第1章 紫房の異種、第2章 准立行司と半々紫白、第3章 文字資料と錦絵、第4章 番付の行司、第5章 立行司の空位、第6章 軍配の形、第7章 相撲行司の軍配
2017.5 243p A5 ¥2600 ①978-4-88125-316-8

◆大相撲で解く「和」と「武」の国・日本 舞の海秀平著 ベストセラーズ
【要旨】「土俵」は日本社会の縮図である。実力勝負の「取組」、美しい「礼儀作法」、「外国人力士」、「昇進審議の曖昧さ」…、大相撲は現実社会の「写し鏡」だった—。相撲に息づく日本文化の存在を再発見し、「日本とは何か?」を改めて考える一冊。
2017.8 203p 18cm ¥1100 ①978-4-584-13804-5

◆大相撲力士名鑑 平成29年度 「相撲」編集部編 ベースボール・マガジン社
【目次】関取衆カラー化粧廻し名鑑、出身地別力士マップ、"国技の殿堂"ガイド、地方場所の会場、部屋別全相撲人写真名鑑、本場所日程、チケット取扱所、2016年相撲界回顧（各場所用星取表）、本場所決まり手解説、相撲用語集、歴代横綱一覧、優勝力士一覧
2017.1 127p A5 ¥1000 ①978-4-583-11097-4

◆大相撲力士名鑑 平成30年版 京須利敏, 水野尚文編著 共同通信社
【要旨】旧両国国技館が開館した明治42年6月場所から平成29年11月場所まで109年間にわたる歴代幕内力士全858人を写真付きで完全収録。
2017.12 365p A5 ¥2900 ①978-4-7641-0699-4

◆おもしろ大相撲百科 桜井誠人著 舵社
【目次】1章 大相撲入門から横綱までの道、2章 力士の生活や収入は、3章 本場所の土俵と本場所の力士、4章 相撲部屋の年寄（親方）と裏方衆、5章 大相撲の決まり手一覧、6章 昭和・平成の名勝負10選、7章 大相撲の歴史と名力士（始祖〜昭和時代編）、8章 大相撲の歴史と名力士（平成前期〜平成現代版）、9章 相撲用語集、10章 相撲隠語集
2017.12 208p A5 ¥1900 ①978-4-8072-1145-6

◆信州の相撲人—雷電から御嶽海まで 京須利敏著 （長野）信濃毎日新聞社
【要旨】史上最強、少数精鋭、期待の星。信州の相撲人、ここにあり。熟練の大相撲記者が信州の角界史に光を当てる。生誕250年伝説の力士雷電から活躍中の現役相撲人まで34人。実力派、大物食い、語り草の美男力士、行司、床山、相撲アナウンサーも個性派ぞろい。大相撲観戦がもっと楽しくなる相撲コラム＆一口メモ、資料編がさらに充実。
2017.5 153p B6 ¥1200 ①978-4-7840-7308-5

◆図解 平成大相撲決まり手大事典 新山善一著, 琴剣淳弥絵 国書刊行会 改訂版
【要旨】魅力が倍増! 決まり手、82手と5非技。マンガの絵解きで解説。観戦ガイドの決定版。
2017.7 226p A5 ¥1900 ①978-4-336-06188-1

実用書

スポーツ

◆スー女のみかた―相撲ってなんて面白い！
和田静香文・イラスト　シンコーミュージック・エンタテイメント
【要旨】スー女とは？…相撲ファンの女性、「相撲女子」のこと。遠藤、大砂嵐、逸ノ城ら若手関取が頭角を現した2014年頃から女性相撲ファンが急増。彼女たち、中でも20～30代の若い女性ファンを中心に相撲女子、スー女と呼ぶようになった。もちろん年代を問わず、相撲ファンの女性を総じて相撲女子、スー女と呼んで差支えない。特徴は、これまでの好角家とは違う相撲の見方、楽しみ方をすること。広く相撲界全体を愛し、絶対応援主義。音楽界、芸能界にもスー女は増えている。
2017.4 343p B6 ¥1400 ①978-4-401-64370-7

◆相撲　土屋喜敬著　法政大学出版局　（ものと人間の文化史 179）
【要旨】世界のスポーツはっけよい！　観客とともに育んだ1500年の歴史。
2017.4 292p B6 ¥2700 ①978-4-588-21791-3

◆相撲見物―バイリンガルで楽しむ日本文化
伊藤勝治著，デビッド・シャピロ英訳　（京都）青幻舎　（本文：英日両文）
【要旨】相撲界で50年活躍した名物行司による相撲の楽しみ方パーフェクトガイド。NHK「大相撲」英語解説者による英訳付。
2017.9 187p B6 ¥1800 ①978-4-86152-632-9

◆相撲茶屋のおかみさん　横野レイコ著　現代書館
【目次】第1章 お茶屋さんの話から（一番 高砂家、二番 紀乃國家、三番 大和家 ほか）、第2章 相撲茶屋を支える人々（出方さん（若い衆）、番頭さん、お茶屋の一年、お茶屋の人、土産物）、第3章「お茶屋遊び」を楽しむ（チケットの買い方とたしなみ、地方場所の茶屋事情）
2017.9 166p 19×14cm ¥1200 ①978-4-7684-5811-2

◆相撲めし―おすもうさんは食道楽　琴剣淳弥著　扶桑社
【要旨】食通の親方・力士39人に聞いたリアルな"めしばなし"を漫画＆エッセイで紹介！
2018.1 207p B6 ¥1400 ①978-4-594-07876-8

◆土俵の群像　岩崎友太郎著　白水社
【要旨】行司、呼出、床山をはじめ、相撲教習所や巡業部の親方等、相撲を支える名脇役たちのすばらしき人生。
2017.4 245p B6 ¥2400 ①978-4-560-09542-3

◆御嶽海　2年目の躍進　信濃毎日新聞社編　（長野）信濃毎日新聞社
2017.4 112p A4 ¥1000 ①978-4-7840-7307-8

◆もう、相撲ファンを引退しない　星野智幸著　ころから
【要旨】かつて「貴乃花の引退とともに相撲ファンを引退した」作家・星野智幸が再び国技館を訪ねると、そこには「モンゴルへ帰れ」といったヘイト野次が公然と飛び交っていた―著者初の相撲エッセイ！　はたして、大相撲と日本社会は「日本人ファースト」に乗り切られたのか！？
2017.11 213p B6 ¥1600 ①978-4-907239-27-5

◆横綱　武田葉月著　講談社　（講談社文庫）
【要旨】大相撲の頂点を極めた横綱22人の貴重なインタビュー集。昇進した途端に「引き際を考える」心境は、なった者にとっても、鬼籍に入った名力士を含む歴代横綱の肉声が、昭和から平成への時代の変遷を映し出す。相撲ファンのみならず、日本の伝統文化を愛する人々、必読の書！　新たに鶴竜を追加して文庫化。
2017.1 407p A6 ¥780 ①978-4-06-293429-9

◆弱くても勝てる強くても負ける　石浦外喜義著　幻冬舎
【要旨】常勝相撲部監督の教え―「しょげない、おごらない、あきらめない」「嘘のない稽古」とは？　土俵際から大逆転できる人間をつくる奇跡の指導術。
2017.4 198p 18cm ¥1300 ①978-4-344-03103-6

◆Discover Sumo―Stories from Yobidashi Hideo　山木秀男著, Clyde Newton英訳　現代書館　（本文：英文）
【目次】1 Let's Start with Discussion of the Urakata（The People Who Support Sumo, The Yobidashi are in Charge of Calling the Rikishi as Well as Sweeping Dohyo, I Only Thought I Called Out Well on Three Days in An Entire Tournament ほか）、2 Sumo's Leading Actors・Rikishi and Oyakata（What is Needed to Become a Rikishi, The Promotion of Rikishi―Those Who Reach Jumaime are Called Sekitori, Shikona―A Rikishi's Ring Name, Real Names are Acceptable ほか）、3 Enjoying Sumo（Sumo is Said to Have Originated with Nomi no Sukune, From the Edo Era to Today―There was a Crisis After the Meiji Restoration, Nihon Sumo Kyokai ほか）
2017.1 183p 19×14cm ¥1500 ①978-4-7684-5798-6

レスリング・ボクシング

◆アイドル×プロレス―いい年こいた中年が両方好きでなぜ悪い！　小島和宏著　ワニブックス
【要旨】『中年がアイドルオタクでなぜ悪い！』『ももクロ×プロレス』に続く、アイドルを活字で語ろうシリーズ第3弾！　アイドルとプロレスの関係性がついに現場レベルで緊密になってきた2017年。その現実と舞台裏を、アイドルやプロレスラーの証言を交えて、徹底的に掘り下げる！
2017.8 223p B6 ¥1296 ①978-4-8470-9602-0

◆アリ対猪木―アメリカから見た世界格闘史の特異点　ジョシュ・グロス著，棚橋志行訳，柳澤健監訳　亜紀書房
【要旨】なぜ、アリはレスラーと戦ったのか？　なぜ、米国マット界は団結したのか？　なぜ、シュートマッチになったのか？　なぜ、猪木は勝てなかったのか？　そして、MMAはその後繁栄したのか？　仕掛けたのは、全米の覇権を目論むWWWFのビンス・マクマホン。ボクシング界のボブ・アラムは、革新的な衛星中継で巨利を狙った。14億人が目撃した「MMA（総合格闘技）の原点」。歴史的一戦の裏側に迫る米国発ノンフィクション!!
2017.7 355p B6 ¥1800 ①978-4-7505-1510-6

◆アリと猪木のものがたり　村松友視著　河出書房新社
【要旨】「世紀の凡戦」、40年の生命力！　奇跡的に実現したアリ×猪木戦は、二つの星の摩訶不思議な遭遇だった。20世紀最大のブラック・ヒーローとしてリング内外で闘ったボクサーと、世間の偏見と対峙しながら「過激なプロレス」に突き進んだレスラーは、対戦のなかで、相手に何を見たか？　二つの光跡の運命的な交わりを描く、著者入魂のライフワーク。
2017.11 268p B6 ¥1600 ①978-4-309-02629-9

◆猪木は馬場をなぜ潰せなかったのか―80年代プロレス暗闘史　西花池湖南著　河出書房新社
【要旨】新日VS全日、生き残りを賭けた"場外死闘"の内幕！　プロレス黄金期の絶頂と落日を深層解読。
2017.3 308p B6 ¥1800 ①978-4-309-02550-6

◆覚悟―「天空の逸女」紫雷イオ自伝　紫雷イオ著　彩図社
【要旨】体操に夢中だった中学時代、突然のプロレスとの出会い、女子高生レスラーとしてのデビュー、姉・美央とのタッグ、スターダムへの参戦、世間を揺るがせた冤罪事件の真相、ета苦悩、見えてきた理想のプロレス像…、そして噂された「米国マットへの挑戦」について。逸女が胸に秘めた思いを初めて明かす。巻頭にはプロレスカメラマン・大川昇氏撮影のカラーグラビアを収録。女帝・プロ界との対談も掲載！　デビュー以来、女子プロ界の先頭を飛び続ける、紫雷イオ。…その決意と覚悟に刮目せよ！
2017.6 207p B6 ¥1389 ①978-4-8013-0235-3

◆「かっこいい」の鍛え方―女子プロレスラー里村の報われない22年の日々　里村明衣子著　インプレス　（しごとのわ）
【要旨】強く、やさしい女（ひと）でいる。仙女（センダイガールズプロレスリング）社長であり、現代最強の女子プロレスラー、初の著書。
2017.11 181p B6 ¥1500 ①978-4-295-00228-4

◆勝つボクシング最強のコツ50―DVDでわかる！　梅下新介監修　メイツ出版　（コツがわかる本！）　（付属資料：DVD1）　新装版
【要旨】各種パンチからコンビネーション、駆け引きのポイント、攻守のバリエーションまで映像でよくわかる！
2017.6 128p A5 ¥1530 ①978-4-7804-1924-5

◆キャッチ アズ キャッチ キャン入門―ビル・ロビンソン伝　鈴木秀樹著　日貿出版社
【要旨】"人間風車"ビル・ロビンソンから受け継いだキャッチ アズ キャッチ キャンをこの一冊に。
2017.1 287p B5 ¥3600 ①978-4-8170-6017-4

◆ゴッチ式トレーニング　藤原喜明著　新紀元社
【要旨】没後10年「ゴッチの愛弟子、師を語る」。
2017.11 207p A5 ¥2000 ①978-4-7753-1551-6

◆疾風怒濤!!プロレス取調室―UWF＆格闘ロマン編　玉袋筋太郎、プロレス伝説継承委員会著　毎日新聞出版
【要旨】プロレスから"総合"へ、男たちの熱き若気の至り!!あの高田延彦vsヒクソン・グレイシーの歴史的一戦から20年。ついに明かされる"総合格闘技"という夢の始末書。笑いと涙の取り調べが、いま始まる―。強さとは？　真剣勝負とは？　闘いの果てに男たちが見たものとは!?雑誌「KAMINOGE」人気連載、待望の単行本化第3弾！
2017.10 350p B6 ¥1500 ①978-4-620-32476-0

◆実録・国際プロレス　Gスピリッツ編集部編　辰巳出版　（G SPIRITS BOOK Vol.7）
【要旨】今、埋もれた昭和史が掘り起こされる―。パイオニア精神で突き進み、最果ての地・羅臼で散った悲劇の"第3団体"。
2017.12 623p A5 ¥2400 ①978-4-7778-1977-5

◆獣神サンダー・ライガー自伝 上　獣神サンダー・ライガー著　イースト・プレス　（新日本プロレスブックス）
【要旨】ジュニア戦線を牽引してきた「生ける伝説」、初の自伝！「あすなろ戦士」が「世界の獣神」と呼ばれるまでの記録。
2017.7 279p B6 ¥1600 ①978-4-7816-1551-6

◆獣神サンダー・ライガー自伝 下　獣神サンダー・ライガー著　イースト・プレス　（新日本プロレスブックス）
【要旨】「獣神伝説」、最終章へ。「新日本ジュニアの象徴」、階級・団体・国境を超えて活躍し続ける男の濃厚すぎる半生。
2017.10 277p B6 ¥1600 ①978-4-7816-1552-3

◆証言UWF―最後の真実　前田日明、藤原喜明、山崎一夫、船木誠勝、鈴木みのるほか著　宝島社
【要旨】17人のレスラー、関係者による禁断の告白。プロレスと格闘技の間を漂流し続けた男たちの葛藤、内紛…全内幕！『1984年のUWF』への前田日明の反論。
2017.5 379p B6 ¥1350 ①978-4-8002-7123-5

◆昭和プロレス正史　下巻　斎藤文彦著　イースト・プレス
【要旨】馬場・猪木の日プロ独立から"格闘技世界一決定戦"を経て、週プロ創刊・UWF誕生・ブロディの死で終焉した時代―活字プロレス誕生から60余年―いま初めて綴られる、プロレスのほんとうの歴史。
2017.3 541p B6 ¥2500 ①978-4-7816-1523-3

◆昭和プロレス版 悪魔の辞典　井上譲二著　宝島社
【要旨】猪木1000円、カーニー、使用許諾、ケーフェイ、生ジュース、負け役ほか黒歴史がわかる必読114語。元『週刊ファイト』編集長が解説！禁断の"裏プロレス用語辞典"誕生。
2017.5 255p B6 ¥1200 ①978-4-8002-7030-6

◆女子プロレスラー小畑千代―闘う女の戦後史　秋山訓子著　岩波書店
【要旨】日本の女子プロレス伝説のチャンピオン、小畑千代。女子プロレスはアメリカからもたらされ、日本独自の展開を遂げる。小畑は一九五五年にデビューし、力道山と同時代を生きた。知られざる女子プロの草創期、驚異の高視聴率を叩き出した初めてのテレビ放映、そして、基本条約締結直前の一九六三年に行われた日韓友好女子プロレス試合当時の沖縄での興行など、豊富な歴史秘話やエピソードと共に描く、野心的に、自由に生きた元祖「闘う女」の肖像。
2017.5 276p B6 ¥1900 ①978-4-00-061175-6

◆新編 泣けるプロレス―いま伝えたい、名レスラーたちの胸が熱くなる28の話　瑞佐富郎著　スタンダーズ・プレス、スタンダーズ 発売
【要旨】流した血と汗の分だけ、流れた涙がある。語り継いでいきたい、プロレスのはなし―。新作エピソード＋新編集「泣けるプロレス」決定版！　昭和～平成の名レスラーたちの真実の物語。
2017.11 269p B6 ¥1400 ①978-4-86636-211-3

◆**1984年のUWF** 柳澤健著 文藝春秋
【要旨】佐山聡、藤原喜明、前田日明、高田延彦。プロレスラーもファンも、プロレスが世間から八百長とみなされることへのコンプレックスを抱いていた―。UWFの全貌がついに明らかになる。 2017.1 411p B6 ¥1800 ①978-4-16-390599-5

◆**1000のプロレスレコードを持つ男―清野茂樹のプロレス音楽館** 清野茂樹著 立東舎, リットーミュージック 発売
【要旨】実況・アナウンサーの清野茂樹が挑むプロレステーマ曲舞台裏の記録。熱闘のプロレスラーたちに徹底インタビュー。 2017.3 223p A5 ¥2000 ①978-4-8456-3022-6

◆**痛快無比!!プロレス取調室―ゴールデンタイム・スーパースター編** 玉袋筋太郎, プロレス伝説継承委員会 著 毎日新聞出版
【要旨】栄光と爆笑のプロレス伝説!!プロレスがお茶の間の王様だったあの頃の秘話を、レジェンド・レスラーたちに徹底インタビュー。熱闘や狂闘の裏側、洗いざらい吐いてもらいましょう!! 2017.2 332p B6 ¥1500 ①978-4-620-32433-3

◆**闘魂最終章―アントニオ猪木「罪深き太陽」裏面史** 井上譲二著 双葉社(プロレス激活字シリーズ vol.3)
【要旨】勝ち組、負け組…、そんな言葉が当たり前のように語られる時代。だが、人生に勝つとは一体、何なのだろう。プロレスは勝敗を超えたところにある、とも言われる。闘いを通じて見せつけた何か。勝ち負けよりも大切な何か。人生に克つ―リング、そこには、その答えがある。プロレス激活字宣言！ 2017.3 319p B6 ¥1500 ①978-4-575-31238-6

◆**泣かないで、沙保里―負けても克つ子の育て方** 吉田幸代著 小学館
【要旨】「霊長類最強女子」吉田沙保里を支えた母の知られざる激闘の記録。 2017.4 191p B6 ¥1200 ①978-4-09-388534-8

◆**なぜ日本の女子レスリングは強くなったのか―吉田沙保里と伊調馨** 布施鋼治著 双葉社
【要旨】オリンピック4大会で金11、銀3、銅2のメダルを獲得。ふたりのメダリストから見えた、その躍進の真実。 2017.3 303p B6 ¥1500 ①978-4-575-31233-1

◆**2011年の棚橋弘至と中邑真輔** 柳澤健著 文藝春秋
【要旨】「プロレスは最強の格闘技」というアントニオ猪木の思想は、総合格闘技の出現によって、完全に否定された。新日本プロレスは猪木から離れ、格闘技とは異なる、プロレスだけが持つ魅力を求めていくしかない。その中心にいたのが棚橋弘至と中邑真輔だった。だが、ふたりが歩んだのは、果てしなく続くイバラの道だった―。 2017.11 413p B6 ¥1800 ①978-4-16-390756-7

◆**プ女子百景風林火山** 広く。著 小学館集英社プロダクション
【要旨】十六文キック、卍固め、パワーボムといった往年の名技から、デスティーノ、タイガーラウジン、ブラックアウトなど有名選手・人気団体の最新必殺技まで全240技を収録！ 2017.2 265p B6 ¥1200 ①978-4-7968-7645-2

◆**ブッカーKが見た激動の時代―UWF、そしてPRIDEの崩壊** 川崎浩市著 双葉社(プロレス激活字シリーズ vol.4)
【要旨】新生UWF・藤原組・リングス・PRIDE―その誕生と崩壊を至近距離で目撃！U系プロレスから総合格闘技への変遷を舞台裏から見た男の回想録。 2017.10 191p B6 ¥1400 ①978-4-575-31306-2

◆**フツーのプロレスラーだった僕がKOで大学非常勤講師になるまで** ケンドー・カシン著 徳間書店
【要旨】いろいろあった、プロレスデビュー25周年のすべて！ケンドー・カシン激白。稀代のへそ曲がりは、何を目指してここまで来たのか？ 2017.8 286p B6 ¥1650 ①978-4-19-864437-6

◆**フミ・サイトーのアメリカン・プロレス講座―決定版WWEヒストリー1963-2001** 斎藤文彦著 電波社
【要旨】WWEはいかにして世界を征服したのか？幾多の危機を乗り越え、超巨大団体へと成長を遂げたその歴史を克明に描く「WWEの教科書」。 2017.12 774p B6 ¥2800 ①978-4-86490-117-8

◆**プロレスを見れば世の中がわかる** プチ鹿島著 宝島社(宝島社新書)
【要旨】世の中の仕組みはプロレスを見れば、たちどころにわかる。現代を生き抜く知恵は、プロレスが教えてくれる。時事芸人である著者が「生きるヒント」としたのは、百花繚乱の多団体時代と呼ばれた90年代プロレス界。「第二次UWFの三派分裂」「邪道・大仁田厚の狂い咲き」「巨大資本SWSという黒船来航」などに象徴されるプロレスバブルを、時事芸人の視点から振り返ることで、世界の仕組みを浮き彫りにする。「確信的な暴言」を繰り返すトランプ大統領、大統領選で本命だったヒラリーがまさかの逆転敗北を喫した理由など、森羅万象の答えはすでにプロレスのリング上に示されている。 2017.7 319p 18cm ¥780 ①978-4-8002-6774-0

◆**プロレスが死んだ日。―ヒクソン・グレイシーVS高田延彦 20年目の真実** 近藤隆夫著 集英社インターナショナル, 集英社 発売
【要旨】ヒクソンの圧勝、高田の惨敗。あの日から、格闘技界の様相は一変した。リアルファイトである総合格闘技人気が爆発。昭和の時代から定着していたプロレス人気が消滅した。ヒクソンVS高田戦は、いかにして実現したのか？対戦の裏側には、何があったのか？そして、ヒクソンの決意とは!?プロレスの全盛期から、総合格闘技の黎明期、PRIDE全盛期まで第一線で取材・執筆を続けた著者が、20年を詳細に振り返り、真実に迫る！ 2017.10 269p B6 ¥1600 ①978-4-7976-7345-6

◆**プロレス入門 2 スーパースター、レジェンドたちの136の物語** 斎藤文彦著 ビジネス社
【要旨】伝説のレスラーの生きざま、生の言葉を大公開!!プロレス史「人物編」。 2017.5 706p B6 ¥2800 ①978-4-8284-1948-0

◆**プロレス秘史 1972-1999** 小佐野景浩著 徳間書店
【要旨】152+1の名勝負で振り返るレスラー群像劇。猪木の独立から馬場死去まで。取材歴37年元ゴング編集長が書き尽くした「記者席から観た真実」。 2017.12 494p A5 ¥2300 ①978-4-19-864528-1

◆**プロレス名言の真実** 西花池湖南著 河出書房新社
【要旨】プロレス黄金時代を築いたレスラーたちはなぜ、あの日、あの場所、あの瞬間、かの"名台詞"を吐いたのか？熱狂と陶酔につつまれた言葉の真意をいま炙りだす！ 2017.7 213p B6 ¥1400 ①978-4-309-02587-2

◆**前田日明が語るUWF全史 上** 前田日明著 茉莉花社, 河出書房新社 発売
【目次】序 2017年10月31日 前田史観について、第1章 1984年4月11日～1984年5月21日 ユニバーサル旗揚げ、第2章 1984年5月29日～1985年2月18日 始動と蠢動、第3章 1985年2月*日～1985年12月6日 対決と瓦解、第4章 1985年12月6日～1987年6月23日 業務提携と新格闘王誕生 2017.12 265p B6 ¥1400 ①978-4-309-92136-5

◆**前田日明が語るUWF全史 下** 前田日明著 茉莉花社, 河出書房新社 発売
【目次】第5章 1987年6月29日～1988年4月14日 長州蹴撃と除名、第6章 1988年3月1日～1989年11月29日 新生UWF、第7章 1990年1月4日～1991年1月7日 破局、第8章 1991年1月7日～1991年8月1日 再出発 2017.12 280p B6 ¥1400 ①978-4-309-92137-2

◆**三沢と橋本はなぜ死ななければならなかったのか―90年代プロレス血戦史** 西花池湖南著 河出書房新社
【要旨】90年代のプロレス世界はレスラーがいたずらに生き急ぎ、ファンはより強い刺激を追い求める怒濤と混沌の連続だった。その人気の体現者となった三沢と橋本を後に襲った悲劇は、この時すでに萌芽していた…。リングを支配していた両雄に得体の知れぬ蜂起した破壊者たち。彼らが掴みかけた天下、あるいは苦悶、喪失とは…。凄絶な闘いの深淵をいま再びたどる！ 2017.11 316p B6 ¥1800 ①978-4-309-02622-0

◆**"蒙古の怪人" キラー・カーン自伝** キラー・カーン著 辰巳出版(G SPIRITS BOOK Vol.6)
【要旨】モンゴル帝国の末裔として全米を震撼させたプロレスラー、生涯初の本格的回顧録。 2017.4 255p B6 ¥1380 ①978-4-7778-1781-8

◆**モハメド・アリ語録―"世界を揺るがした勇気のことば150"** 問題は倒れることではなく、立ち上がろうとしないことだ N.U.D.E.編 ゴマブックス
【要旨】黙っていても人生は好転しない。キミもアリのように強く生きてみないか？ザ・グレーテストに打ち勝つ方法。 2017.6 271p B6 ¥1500 ①978-4-7771-1918-9

◆**吉田豪の"最狂"全女伝説―女子プロレスラー・インタビュー集** 吉田豪著 白夜書房
【要旨】愛憎満ちた全女のリングに、プロインタビュアー・吉田豪が迫る。 2017.7 319p A5 ¥1574 ①978-4-86494-139-6

◆**吉田沙保里と伊調馨を育てた至学館「前田食堂」のやり抜く力をつける食習慣** 前田寿美枝著 宝島社
【要旨】世界を舞台に成績を残せる選手は、何をどのように食べているのか。食事はどのように選手の心と体を変えていけるのか。長年、選手の食事を作る寮母が、選手の「食」を秘話とともに明かす！ 2017.3 197p B6 ¥1300 ①978-4-8002-6640-8

◆**劣等感** 関本大介著 ワニブックス
【要旨】野球エリートがデスマッチ団体に入団し、「ストロング」の道を切り拓くまでの軌跡。 2017.8 236p B6 ¥1389 ①978-4-8470-9582-5

◆**KAMINOGE vol.62** KAMINOGE編集部編 東邦出版
【目次】ILLUSTRATION 五木田智央の『画画画報』、INTERVIEW(前田日明×乙武洋匡、飯伏幸太、村西とおる、安齋肇、所英男、須川天心)、NONFICTION 田崎健太『真説・佐山サトル』、玉袋筋太郎「鬼神」ターザン後藤 変態座談会』、COMIO 古泉智浩『仮面サンクス』、INTERVIEW マッスル坂井 2017.2 159p A5 ¥954 ①978-4-8094-1461-9

◆**KAMINOGE vol.63** KAMINOGE編集部編 東邦出版
【目次】ILLUSTRATION 五木田智央の『画画画報』、INTERVIEW 藤原喜明、桜庭和志、田村潔司×坂田亘×高阪剛)、COLUMN (『鈴木みのるのふたり言』、プチ鹿島『俺の人生にも、一度くらい幸せなコラムがあってもいい。』)、INTERVIEW(大仁田純一、土屋敏男)、COLUMN バッファロー吾郎A『きむコロ列伝!!』、HENTAI ZADANKAI 玉袋筋太郎 "黒のカリスマ" 蝶野正洋変態座談会、COLUMN 椎名基樹『自己投影観戦記――できれば強くなりたかった～』、INTERVIEW エル・デスペラード、COLUMN 兵庫慎司『プロレスとまったく関係なくはない話』、NONFICTION 田崎健太『真説・佐山サトル』、INTERVIEW マッスル坂井 2017.3 159p A5 ¥954 ①978-4-8094-1467-1

◆**KAMINOGE vol.64** KAMINOGE編集部編 東邦出版
【目次】ILLUSTRATION 五木田智央の『画画画報』、INTERVIEW 所ジョージ×所英男、COLUMN プチ鹿島『俺の人生にも、一度くらい幸せなコラムがあってもいい。』、INTERVIEW(堀口恭司、飯伏幸太、ナ賀紀左衛門、園子温)、COLUMN バッファロー吾郎A『きむコロ列伝!!』、INTERVIEW アニマル・ウォリアー、COLUMN『鈴木みのるのふたり言』、INTERVIEW 藤原喜明×五木田智央、COLUMN 兵庫慎司『プロレスとまったく関係なくはない話』、NONFICTION 田崎健太『真説・佐山サトル』、INTERVIEW 石川浩司、HENTAI ZADANKAI 玉袋筋太郎 "GRABAKAの総帥" 菊田早苗変態座談会、COLUMN 椎名基樹『自己投影観戦記――できれば強くなりたかった』、COMIC 古泉智浩『仮面サンクス』、INTERVIEW マッスル坂井 2017.4 159p A5 ¥954 ①978-4-8094-1480-0

◆**KAMINOGE vol.65** KAMINOGE編集部編 東邦出版
【目次】ILLUSTRATION 五木田智央の『画画画報』、INTERVIEW(中邑真輔、柳澤健×井上崇宏)、COLUMN プチ鹿島『俺の人生にも、一度くらい幸せなコラムがあってもいい。』、INTERVIEW(藤波辰爾×伽織夫人、愛甲猛×鈴木みのる)、COLUMN バッファロー吾郎A『きむコロ列伝!!』、INTERVIEW 三池崇史×MIYAVI、COLUMN『鈴木みのるのふたり言』、NONFICTION 田崎健太『真説・佐山サトル』、PORTRAIT 中邑調子 in USA、COLUMN 兵庫慎司『プロレスとまったく関係なくはない話』、HENTAI ZADANKAI 玉袋筋太郎 "赤いパン

スポーツ

◆KAMINOGE vol.66 KAMINOGE編集部編 東邦出版
【目次】ILLUSTRATION 五木田智央の『画画画報』、INTERVIEW みうらじゅん、COLUMN プチ鹿島『俺の人生にも、一度くらい幸せなコラムがあってもいい。』、INTERVIEW 追悼・阿部四郎（ブル中野）、COLUMN バッファロー吾郎A『きむコロ列伝!!』、INTERVIEW 中井祐樹×菊田早苗、COLUMN（鈴木みのるのふたり言）、INTERVIEW（菊地成孔×佐藤大輔、KINGレイナ×大井洋一、矢地祐介、真珠・オークライヤー）、NONFICTION 田崎健太『真説・佐山サトル』、COLUMN（大型新連載『キミって新日本とか全日本って人？』、兵庫慎司『プロレスとまったく関係なくはない話』）、HENTAI ZADANKAI 玉袋筋太郎『『皇帝戦士』ビッグバン・ベイダー変態座談会』、COLUMN 椎名基樹『自己投影観戦記～できれば強くなりたかった～』、COMIC 古泉智浩『仮面サンクス』、INTERVIEW 5月4日、マッスル坂井が飯伏プロレス研究所に新必殺技の開発を発注。
2017.6 159p A5 ¥954 ①978-4-8094-1499-2

◆KAMINOGE vol.67 KAMINOGE編集部編 東邦出版
【目次】ILLUSTRATION 五木田智央の『画画画報』、INTERVIEW（中原総一朗、桜庭和志、前田日明×ターザン山本！）、COLUMN プチ鹿島『俺の人生にも、一度くらい幸せなコラムがあってもいい。』、INTERVIEW 船木誠勝×安生洋二、COLUMN『鈴木みのるのふたり言』、バッファロー吾郎A『きむコロ列伝!!』、HENTAI ZADANKAI 玉袋筋太郎『『UWFの美獣』金原弘光変態座談会』、COLUMN（椎名基樹『自己投影観戦記～できれば強くなりたかった～』、兵庫慎司『プロレスとまったく関係なくはない話』）、NONFICTION 田崎健太『真説・佐山サトル』、COLUMN『キミって新日本とか全日本って人？』、INTERVIEW（西村修、宮田充）、INTERVIEW マッスル坂井
2017.7 159p A5 ¥954 ①978-4-8094-1511-1

◆KAMINOGE vol.68 デス・ブループ！飯伏幸太 KAMINOGE編集部編 東邦出版
【目次】ILLUSTRATION 五木田智央の『画画画報』、INTERVIEW 飯伏幸太、COLUMN バッファロー吾郎A『きむコロ列伝!!』、INTERVIEW 長州力、HENTAI ZADANKAI 玉袋筋太郎『『東北の英雄』ザ・グレート・サスケ変態座談会』、COLUMN プチ鹿島『俺の人生にも、一度くらい幸せなコラムがあってもいい。』、INTERVIEW 仲野智市、COLUMN 椎名基樹『自己投影観戦記～できれば強くなりたかった～』、INTERVIEW 冨宅飛駈、COLUMN『鈴木みのるのふたり言』特別編:鈴木みのる×YUI、INTERVIEW 浜田剛史、COLUMN 兵庫慎司『プロレスとまったく関係なくはない話』、NONFICTION 田崎健太『真説・佐山サトル』、COLUMN『キミって新日本とか全日本って人？』、COMIC 古泉智浩『仮面サンクス』、INTERVIEW マッスル坂井、INTERVIEW 志茂田景樹
2017.8 158p A5 ¥954 ①978-4-8094-1512-8

◆KAMINOGE vol.69 KAMINOGE編集部編 東邦出版
【目次】ILLUSTRATION 五木田智央の『画画画報』、INTERVIEW（桜庭和志、前田日明）、COLUMN プチ鹿島『俺の人生にも、一度くらい幸せなコラムがあってもいい。』、INTERVIEW（武尊、所英男）、COLUMN『鈴木みのるのふたり言』、INTERVIEW ジョー・マレンコ、COLUMN『鈴木みのるのふたり言』、HENTAI ZADANKAI 玉袋筋太郎『『世界のTK』高阪剛変態座談会』、COLUMN 椎名基樹『自己投影観戦記～できれば強くなりたかった～』、INTERVIEW 谷津嘉章×菊田早苗［ほか］
2017.9 159p A5 ¥954 ①978-4-8094-1517-3

◆KAMINOGE vol.70 KAMINOGE編集部編 東邦出版
【目次】ILLUSTRATION 五木田智央の『画画画報』、INTERVIEW（甲本ヒロト&真島昌利、武藤敬司×プチ鹿島）、COLUMN バッファロー吾郎A『きむコロ列伝!!』、INTERVIEW 生島ヒロシ、COLUMN『鈴木みのるのふたり言』、INTERVIEW 安生洋二×金原弘光、COLUMN プチ鹿島『俺の人生にも、一度くらい幸せなコラムがあってもいい。』、HENTAI ZADANKAI 玉袋筋太郎『"猪木イズム最後の継承者" 藤田和之変態座談会』、INTERVIEW カンパニー松尾&ビーバップみのる、COLUMN 兵庫慎司『プロレスとまったく関係なくはない話』、NONFICTION 田崎健太『真説・佐山サトル』、COLMUN『キミって新日本とか全日本って人？』、COMIC 古泉智浩『仮面サンクス』
2017.10 159p A5 ¥954 ①978-4-8094-1525-8

◆KAMINOGE vol.71 KAMINOGE編集部編 東邦出版
【目次】ILLUSTRATION 五木田智央の『画画画報』、INTERVIEW（スーキー&モーリス・スミス、くっきー（野性爆弾））、COLUMN（バッファロー吾郎A『きむコロ列伝!!』、『鈴木みのるのふたり言』）、PRAY FOR 帝王 高山善廣がんばれ!!HENTAI ZADANKAI『"日本マット界の裁き人" 和田良覚変態座談会』、INTERVIEW（山本喧一、NOSAWA論外）、COLUMN プチ鹿島『俺の人生にも、一度くらい幸せなコラムがあってもいい。』、INTERVIEW 吉村作治、COLUMN 椎名基樹『自己投影観戦記～できれば強くなりたかった～』、INTERVIEW 飯伏幸太、COLUMN 兵庫慎司『プロレスとまったく関係なくはない話』［ほか］
2017.11 159p A5 ¥954 ①978-4-8094-1535-7

◆KAMINOGE vol.72 KAMINOGE編集部編 東邦出版
【目次】ILLUSTRATION 五木田智央の『画画画報』、INTERVIEW 那須川天心、PRAY FOR 帝王 高山善廣がんばれ!!HENTAI ZADANKAI 玉袋筋太郎『語ろう高山善廣・変態座談会』、COLUMN プチ鹿島『俺の人生にも、一度くらい幸せなコラムがあってもいい。』、INTERVIEW 平本蓮、COLUMN『鈴木みのるのふたり言』、INTERVIEW 藤田大和、COLUMN バッファロー吾郎A『きむコロ列伝!!』、INTERVIEW 金原弘光、COLUMN 椎名基樹『自己投影観戦記～できれば強くなりたかった～』［ほか］
2017.12 159p A5 ¥954 ①978-4-8094-1541-8

◆KAMINOGE vol.73 KAMINOGE編集部編 東邦出版
【目次】ILLUSTRATION 五木田智央の『画画画報』、INTERVIEW『迷わずゆけば、その道の門番!!』、COLUMN プチ鹿島『俺の人生にも、一度くらい幸せなコラムがあってもいい。』、INTERVIEW 前田日明&飯伏幸太、COLUMN（『鈴木みのるのふたり言』、バッファロー吾郎A『きむコロ列伝!!』）、HENTAI ZADANKAI 玉袋筋太郎『平直行・変態座談会』、COLUMN 椎名基樹『自己投影観戦記～できれば強くなりたかった～』、INTERVIEW（ザ・グレート・カブキ、飛松五男、Kダブシャイン、デビー・マレンコ、木村花）、COLUMN 兵庫慎司『プロレスとまったく関係なくはない話』、INTERVIEW『プロレスの食べかた』［ほか］
2018.1 159p A5 ¥954 ①978-4-8094-1552-4

◆SHINSUKE NAKAMURA USA DAYS 中邑真輔著 イースト・プレス
【要旨】人気絶頂のなか新日本プロレスを離れ、闘いの舞台をWWEに移した男の500日間の記録。
2017.9 218p B6 ¥1600 ①978-4-7816-1553-0

◆THE RISING SUN―陽が昇る場所へ 中邑真輔著 双葉社
【要旨】日本のエースから世界のスーパースターへ！"俺たちのキング" 心の軌跡インタビュー集。
2017.9 413p B6 ¥1600 ①978-4-575-31301-7

◆To Be The外道―"レヴェルが違う！" 生き残り術 外道著 ベースボール・マガジン社
【要旨】"レインメーカー" 誕生の瞬間、新日本プロレスV字回復の真実、スターレスラーとの邂逅、激動のプロレス我を目撃してきた男、外道の知られざる半生と哲学。世界が注目する新日本プロレスの "レインテイカー" 初の自伝。
2017.12 335p B6 ¥1700 ①978-4-583-10987-9

格闘技・護身術

◆覚醒 那須川天心著 クラーケン
【要旨】RISE、RIZIN、KNOCK OUTに参戦し、キックボクシングとMMAの二刀流で活躍する19歳・那須川天心。格闘技人気を覚醒させる "神童" が、その強さの秘密を語る自信！幼少期から現在までの歩みに加え、大ボリュームのプロ全試合振り返りを収録。さらには両親、トレーナー陣、友人たちによる証言で、多角的に公私の素顔に迫る。
2017.12 189p B6 ¥1389 ①978-4-909313-01-0

◆システマ戦闘学 コンバット・システマ―テクニックを超えた自然な動きと知恵 三谷愛武著 BABジャパン
【要旨】一瞬の芸術―全ての技は、解放された心身から即興で生まれる！ルールなき戦いを追求し、原理によって「最強の在り方」を教えるロシア武術・システマ。自己のコントロールから相手のコントロールに繋げ、対立・対抗しない戦いの極意を学ぶ。西洋の合理性と自由な発想、東洋の霊性と内観、その二つが融合したロシア武術の、生き方に通じる武術の真理が明らかに！
2017.9 207p A5 ¥1500 ①978-4-8142-0080-1

◆誰でも勝てる！完全「ケンカ」マニュアル 林悦道著、フル・コム編 東邦出版 （BUDO・RA BOOKS）（付属資料:DVD1）増補版
【要旨】ケンカの鉄人・林悦道が教える、悪い奴らをスカッとやっつける方法。ケンカ力検定クイズや実地問題を楽しみながら、読むだけでケンカ力がUP！新章「ケンカ術を生活に活かす」
2017.3 205p A5 ¥2300 ①978-4-8094-1470-1

◆テコンドーに関してはこの本が最高峰―世界王者が教えるスーパーキックのコツ 誰でも「華麗な」蹴りをマスターできる！黄秀一著、フル・コム編 東邦出版 （BUDO・RA BOOKS）（付属資料:DVD1）新装版
【目次】第1章 スーパーキックの基本、第2章 ステップワーク、第3章 スーパーキック習得法、第4章 マッソギに強くなる基礎、第5章 勝利のセオリー、第6章 試し割り、第7章 テコンドーストレッチ
2017.3 190p A5 ¥1851 ①978-4-8094-1469-5

◆脳の力が身を護る！―思考力で窮地を脱する護身道メソッド 時藤稔明著 BABジャパン
【要旨】脳が働かない人間は生き残れない！スピードやパワーで乗り切れないピンチも、状況把握と正確な判断があれば打開できます。護身道はスポーツではありません。脳力開発です。
2017.12 170p B6 ¥1400 ①978-4-8142-0098-6

◆バーリトゥード―格闘大国ブラジル写真紀行 井賀孝著 竹書房
【要旨】"何でもあり" のリアルがここに。ブラジル×写真×格闘技。PRIDE全盛期からUFCブラジルまで一地球の裏側に生きる強者たちの記録。
2017.8 414p A5 ¥3600 ①978-4-8019-1152-9

◆プライド 金子達仁著 幻冬舎
【要旨】伝説の試合、高田延彦×ヒクソン・グレイシー。20年の時を経てすべての関係者が重い口を開いた。高田延彦の悔恨、ヒクソン・グレイシーの恐怖、榊原信行の苦悩―。三者の数奇なる運命の物語。延べ50時間以上にわたる当事者、関係者への徹底取材が紡ぎだす、衝撃のノンフィクション。
2017.12 301p B6 ¥1600 ①978-4-344-03205-7

◆マジ戦法！ローコンバット ルーク・ホロウェイ著、フル・コム編 東邦出版 （BUDO・RA BOOKS）
【要旨】現場で素手のみで勝つ。世界の「警察・特殊部隊」御用達の技術。
2017.12 210p A5 ¥1800 ①978-4-8094-1507-4

◆SAS・特殊部隊式 図解徒手格闘術ハンドブック―護身術テクニック501 クリス・マクナブ著、坂崎竜彦訳 原書房
【要旨】攻撃から身を守るためのすぐに使えるテクニック！戦いにそなえた身体づくり、メンタルトレーニング。組み技やチョーク、火器や刃物から身を守る方法もアドバイス。パンチや打撃、キック、投げ技に対する身の守り方、逆に

これをくりだす方法を伝授。

◆U.W.F.外伝　平直行著　双葉社
【要旨】佐山聡、前田日明、シーザー武志、石井和義、アンディ・フグ、グレイシー一族。プロレスと格闘技の狭間で"本物の闘い"を追い求めた者たちによる日本総合格闘技史。UWFからUFCへ「2つのU」をめぐる物語。
2017.11 261p B6 ¥1500 ①978-4-575-31315-4

その他のスポーツ

◆イラストでわかるスタンダード馬場馬術──運動の基本・問題とその解決・競技のテクニック　JANE WALLACE, JUDY HARVEY, MICHAEL STEVENS著、北原広之、宮田朋典監訳　緑書房
【目次】第1章 運動の基本（ハンドリングと調教、リラックスさせる、バランス ほか）、第2章 馬場馬術における問題とその解決（緊張している、興奮しやすい、前進気勢に欠けている、怠慢な馬 ほか）、第3章 馬場馬術競技のテクニック（競技会のためのトレーニング、課題、準備、競技の経路を覚える、歩法と歩幅 ほか）
2017.11 72p B5 ¥2800 ①978-4-89531-317-9

◆完全図解 スポーツクライミング教本　東秀磯著　山と溪谷社
【要旨】クライミングテクニックの成り立ちとそのマスター方法を詳細に解説。スポーツクライミング技術書の決定版！
2017.6 159p A5 ¥2000 ①978-4-635-16020-9

◆下町ボブスレーの挑戦──ジャマイカ代表とかなえる夢　細貝淳一、奥田耕士著　朝日新聞出版
【要旨】ソチからピョンチャンへ、大田区・町工場の物語。プロジェクト責任者と事務方が描く真実。
2017.12 286p B6 ¥1500 ①978-4-02-331643-0

◆ジャック中根のクライミング道場──目からウロコが50枚　中根穂高著　山と溪谷社
【目次】ロープワーク編（正しい8の字結び、ビレイを考えよう ほか）、ギア編（クライミングシューズ、ハーネス ほか）、ムーブ編（三大弱点を克服、重心移動の原則 ほか）、トレーニング編（ウォームアップ、実践的ストレッチ ほか）、その他いろいろ（岩場に初心者を連れていく、コーチング ほか）
2018.1 174p A5 ¥1500 ①978-4-635-16022-3

◆ジュニアのためのスケートボード完全上達バイブル ムービー付き　全日本スケートボード協会監修　メイツ出版（コツがわかる本！・STEP UP！ジュニアシリーズ）
【要旨】トリックメイクからセクション攻略までスキルアップのポイントを徹底解説。プロのテクニックがコツと連動した映像でCHECKできる！
2017.4 112p A5 ¥1630 ①978-4-7804-1858-3

◆ジュニアのためのボルダリング実践テク上達バイブル　小田大監修、大場美和実演　メイツ出版（コツがわかる本！）
【要旨】実用的なコツをマスター。世界で活躍する選手たちが監修＆実演。
2017.5 128p B5 ¥1700 ①978-4-7804-1859-0

◆乗馬のためのフィットネスプログラム──74のエクササイズと18の準備運動　ディアナ・ロビン・デニス、ジョン・J.マッカリー、ポール・M.ジュリス著、樫木宏之監訳、二宮千寿子訳　緑書房
【目次】第1章 ウォーミングアップとストレッチ（準備運動）、第2章 トレーニング、第3章 下半身、第4章 骨盤の傾斜、第5章 姿勢、第6章 上半身
2017.12 213p 28×21cm ¥3800 ①978-4-89531-321-6

◆パラグライダー最新テクニックブック　日本パラグライダー協会監修　イカロス出版（付属資料：別冊1;DVD1）
【目次】Prologue（パラグライダーの力学、風とパラグライダーの飛行 ほか）、Technic1（パラグライダーで飛び立つ、技能証取得を目指そう ほか）、Technic2（トーイング、タンデム飛行 ほか）、Theory（パラグライダーのための気象学、航空力学の基礎 ほか）、Material（パラグライダー、ハーネス ほか）、Safety Fu-

ture（安全に空を飛ぶために──完全でない道具で、自然の中を飛ぶということ、ヒューマンエラー ほか）
2017.1 173p 29×21cm ¥3500 ①978-4-8022-0285-5

◆ホースマン──八ヶ岳南麓から世界へ　石黒建吉著（甲府）山梨日日新聞社
【要旨】オリンピックをはじめ数々の国際、国内大会で愛する馬とともに戦い、未来へといまなお続く軌跡を綴る。
2017.11 284p B6 ¥1800 ①978-4-89710-628-1

◆ボルダリング──基本ムーブと攻略法　野口啓代監修　実業之日本社（パーフェクトレッスンブック）
【要旨】基本を磨き、スムーズに動く。ホールドの掴み方から、基本ムーブ、各種課題を徹底解説！AR動画連動！初中級者の上達をしっかりサポート。
2017.2 191p A5 ¥1700 ①978-4-408-02612-1

趣味

カーライフ

◆いすゞ乗用車 1922-2002　当摩節夫著　三樹書房　新装版
【目次】いすゞ自動車の歴史（いすゞ自動車のルーツ、戦前・戦中のいすゞ乗用車、戦後のいすゞ乗用車、カタログでたどる いすゞの乗用車たち（第1世代ヒルマン、第2世代ヒルマン、ベレル、ベレット、フローリアン ほか）
2017.2 163p B5 ¥3000 ①978-4-89522-666-0

◆イタリアンデザイン世界を走る──ジウジアーロと共に歩んだ50年　宮川秀之著　カーグラフィック
【目次】ジョルジェット・ジウジアーロが語る宮川秀之、第1章 1958年、第2章 1967年、第3章 1970年、第4章 1983年～現在（2017年）、親友からの手紙
2017.8 187p A5 ¥1800 ①978-4-907234-15-7

◆軽トラ スポーツカスタムブック──MTで楽しむ2シーター後輪駆動の世界　(川口)ストラット
【目次】カスタマイズモデル紹介、軽トラカスタムの世界、軽トラ・モデル別ガイド（ベースモデル選び・全体像、DA63Tキャリイ ほか）、スポーツカスタム講座PART-1（吸排気＆冷却系、過給器・エンジンスワップ編）、スポーツカスタム講座PART-2（ミッション/タイヤ/ブレーキ、サスペンション系/メーター他）、DIYスポーツカスタムPART-1（フロント足回り交換、リヤ足回り交換 ほか）、DIYスポーツカスタムPART-2（エアクリーナー交換、ボルトオン・マフラー交換 ほか）
2017.1 128p B5 ¥1380 ①978-4-9902283-6-5

◆高齢ドライバーの安全心理学　松浦常夫著　東京大学出版会
【要旨】事故を起こさないためには？ 運転のやめどき、いつ、どう判断する？ 高齢者の運転や事故の特徴から安全対策まで、交通心理学の第一人者が丁寧に解説。高齢ドライバーやその家族、交通関係者へのヒント満載！
2017.3 244, 20p B6 ¥2400 ①978-4-13-013309-8

◆午前零時の自動車評論 13　沢村慎太朗著（横浜）文踊社
【目次】焼きうどんは旨ければ、きらいなひかる、二度目の罠、ミウラ最後の謎、ドイツを知る、ドイツをして感銘と絶望のプリウス
2017.8 257p 18×11cm ¥1500 ①978-4-904076-64-4

◆午前零時の自動車評論 14　沢村慎太朗著（横浜）文踊社
【目次】W213系Eクラス試乗記、誰も知らなかったAE86、三度目の正直か、あることは三度あるか、ヴァンケル・ロータリーという夢のあときさ、名作の中の本物の話、2代目ホンダNSXを検分する（ディメンションおよびパッケージを診る、原動機システムを検分する、車体を検分する、シャシー関連技術、開発者に訊く、試乗記、結論）
2017.12 260p 18×11cm ¥1500 ①978-4-904076-68-2

◆スズキカプチーノ EA11R＋21Rメカニズムブック　リブビート・クリエイティブ編　三樹書房
【要旨】カプチーノの開発コンセプトは「走りを愉しむオープン2シーター」。4ウェイオープントップ機構をもつロングノーズ＆ショートデッキのスタイルは、荷重配分51:49を生み出し、それを現実のものにしている。パワーパッケージは既存車からの流用が多いが、シャシーとボディには多くの開発費が費やされているのが特徴だ。カプチーノの魅力を実際のパーツ写真と構造図を使って、メカニズム面から解説する。
2017.10 151p A5 ¥2000 ①978-4-89522-678-3

◆スズキジムニー"JA11"リペアマニュアル　スタジオタッククリエイティブ
【目次】JA11/F6Aの魅力を想う、第1章 F6A型エンジンを降ろしてバラすまでの手順説明、第2章 F6A型エンジン主要構成パーツの疲労度チェック、第3章 F6A型エンジンムービングパーツの蘇生術、第4章 F6A型エンジン高密閉性の確保、第5章 F6A型エンジン組み上げ説明、第6章 JA11搭載トランスミッションの構造と分解／組み立て説明、第7章 JA11搭載トランスファ2H/4H/4L構造と分解／組み立て説明、第8章 JA11搭載ディファレンシャル多板式LSDの作動とセット説明、第9章 下周りパーツ取外し作業説明、第10章 ジムニー特有の箱型ナックルアーム機構とメンテナンス説明
2017.2 159p 30×23cm ¥5000 ①978-4-88393-771-4

◆スーパーカーコンプリートファイル 5 ランボルギーニ・エスパーダ　ネコ・パブリッシング
【要旨】ランボルギーニ初のモノコックシャシー、その完成度を詳細検証。
2017.10 144p 31×24cm ¥4320 ①978-4-7770-5417-6

◆洗車のテクニック＆メンテナンス──クルマ本来の輝きを取り戻すプロの技術を伝授！　カーケアジャパン監修　成美堂出版
【要旨】台所用中性洗剤を使う新・エコ洗車を徹底解説。ボディ、ホイール、タイヤ、インテリアをパーツごとに洗う！ 足回り、エンジンルームの洗浄、プロの技、職人洗車を初公開！ ガソリンスタンドの洗車機、賢い選び方と使い方。
2017.5 143p 26×22cm ¥1200 ①978-4-415-32304-6

◆徹底カラー図解 自動車のしくみ　野崎博路監修　マイナビ出版
【要旨】自動ブレーキ、クルーズコントロール、4輪操舵、スタビリティー・コントロール・システム（横滑り防止システム）etc.進化する運転のメカニズムと自動車の全て、最新技術やパーツの構造がカラー図解でわかる！
2017.6 239p A5 ¥1790 ①978-4-8399-6139-8

◆2代目カングー・ノート　(川口)ストラット
【目次】MANIAC TOPICS, VARIOUS KANGOO REPORT (PHASE1, PHASE2), BE-BOP, SELECTED CATALOG
2017.5 60p A4 ¥1200 ①978-4-9902883-8-9

◆「ノーマル」ジムニー買う、維持ガイド　(川口)ストラット
【目次】JB23ジムニー生活の心構え、年次別モデル区分、トラブル／メンテナンスCHECK POINT、中古車購入ガイド、カスタム基礎認識、プロショップ紹介
2017.11 84p A5 ¥900 ①978-4-909280-03-9

◆跳ね馬を2000台直したメカによるフェラーリ・メカニカル・バイブル　平澤雅信著　講談社
【要旨】知らずに恐れるのか？ 知って愛するのか？ テスタロッサのミッションは爆弾！F430以降のエンジンは壊れている。F3SSのF1システムは最困難、鈑金修理が一番"100万円超になる理由。and more。機械としての長所と欠点を徹底解説！ カルト的人気のHP「ハヌマナイネンキ」の発展版・最新版にして完全版！！
2017.7 305p 18×25cm ¥1800 ①978-4-06-220635-8

◆100歳までクルマを運転する　桃田健史著　洋泉社
【要旨】道路交通法の改正で高齢者講習が変わる!!「免許返納」以外に、選択肢はないのか？
2017.3 200p B6 ¥1400 ①978-4-8003-1184-9

◆福野礼一郎あれ以後全集 3　福野礼一郎著　カーグラフィック
【要旨】あの1年間、福野礼一郎が執筆した作品の中から19編を厳選して収録。「CG」「特選外車

趣味

実用書

◆福野礼一郎あれ以後全集 4 福野礼一郎著 カーグラフィック
【要旨】想定外の出来事が多発したあの1年間、福野礼一郎が執筆した作品の中から12編を厳選して収録。「CG」「特選外車情報エフロード」「モーターファン・イラストレーテッド」「モーターヘッド」…いま蘇る空白の2010〜2011年。
2017.6 295p B6 ¥1500 ①978-4-907234-14-0

◆福野礼一郎 新車インプレ 2017 福野礼一郎著 三栄書房
【要旨】新型車インプレ22台+新旧比較3台。全カラー128P：実測寸法入り各部写真。
2017.6 128p 30×24cm ¥2000 ①978-4-7796-3317-1

◆間違いだらけのクルマ選び 2018年版 島下泰久著 草思社
【要旨】今買うべきクルマから、電動化・自動化の未来まで。すべてがここに！
2017.12 254p B6 ¥1400 ①978-4-7942-2311-1

◆マツダRX-7―ロータリーエンジンスポーツカーの開発物語 望月澄男ほか著、小早川隆治編 三樹書房 増補新訂版
【要旨】1970年代中頃、米国メディアからガスガズラー（ガソリンのガブ飲み車）と繰り返し非難される状況に陥ったロータリーエンジン（RE）車が、マツダの経営危機を招きかねない社内の思惑によって、RE車は撤退すべきとの機運が高まっていった。この四面楚歌の状況の中でスタートしたRX-7の開発は、絶対に失敗の許されないプロジェクトだったのである。
2017.10 235p B5 ¥4000 ①978-4-89522-675-2

◆三菱デリカワゴン （川口）ストラット （カタログ・ヒストリー）
【目次】初代デリカ（バン）概要、デリカ・スターワゴン1概要、デリカ・スターワゴン前期、デリカ・スターワゴン中期、デリカ・スターワゴン後期、デリカ・スターワゴン2概要、デリカ・スターワゴン2前期、デリカ輸出仕様・三菱ワゴン/バン、デリカ・スターワゴン2後期、デリカ・スペースギア概要、デリカ・スペースギア前期、デリカ・スペースギア後期、デリカ・バン（3代目ベース）、デリカ・カーゴ（4代目ベース）、デリカD：5概要、デリカD：5初期型
2017.6 60p A4 ¥1800 ①978-4-9902883-9-6

◆メルセデス・ベンツ 歴史に残るレーシング活動の軌跡 1894-1955 宮野滋著 三樹書房 新装版
【目次】ゴットリーブ・ダイムラーとカール・ベンツそしてレースは始まった、白の時代―ホワイトエレファントからカラッチオラまで、シルバーの時代―W25〜W125の時代、3lの時代―W154の開発と改良による勝利、1.5l W165―第二次世界大戦直前の活動、大戦後への挑戦―記録更新と戦争による中断、戦後のグランプリレース復帰―メルセデス社復帰以前、メルセデス300SLプロトタイプ―新モデルによるレース復帰、メルセデスW196R―ストリームライナーの活躍とオープンホイールベースの登場、メルセデス300SLR―メイクスチャンピオンの獲得とル・マンでの大事故、栄光の在る長いински一レース活動からの撤退とチームメンバーのその後、シルバーアローの復活―レース活動復帰後の精力的な展開。
2017.8 110p B5 ¥2800 ①978-4-89522-671-4

◆四輪の書 國政久郎, 森慶太著 （横浜）文踊社 （「別冊モータージャーナル」）
【目次】第1章『クルマを運転することの極意』編（交通ルールはなぜ必要か、ルールは自分のためにある ほか）、第2章『実践走行技術と限界走行技術』編（車間時間とエアバッグ、タイヤの使い方 ほか）、第3章『練習メニュー教えます』編（真っ直ぐ走るためのハンドル操作、ハンドルのきりかた教えます ほか）、第4章『ライントレースを考察する』編（ライントレースの話、クルマで遊びの醍醐味）
2017.4 343p B6 ¥1850 ①978-4-904076-62-0

◆THE PRIDE―LEXUS LC500/LC500h カーグラフィック
【要旨】約3か月に及ぶ密着取材。LEXUS LC開発現場の全貌を公開。
2017.5 175p 33×25cm ¥3700 ①978-4-907234-12-6

免許

◆赤シート対応 1回で合格！ 第二種免許完全攻略問題集 長信一著 成美堂出版 （付属資料：赤シート1）
【要旨】「旅客自動車を運転するときの心得」など第二種免許ならではの交通ルールをイラスト解説。実は第二種免許の出題の大半は普通免許と同じだ。試験に出るポイントをジャンル別にイラスト解説。問題と解答・解説が見開きになっているので、赤シートで解答・解説を隠しながらどんどん解いていこう。試験会場に持ち込んで最終チェック。コンパクトにまとめてあるので、赤シートでスピードチェック。覚えまちがいがないか確認しよう。
2017.3 191p A5 ¥950 ①978-4-415-32289-6

◆赤シート対応 1回で合格！ 普通免許完全攻略問題集 長信一著 成美堂出版 （付属資料：赤シート1）
【要旨】模擬テスト8回分を収録。仮免許3回分+本免許5回分。直前暗記チェックシート付き。交通ルールをイラスト解説。
2017.3 175p A5 ¥880 ①978-4-415-32290-2

◆赤シート対応 完全合格！ 普通免許2000問実戦問題集 長信一著 成美堂出版 （付属資料：別冊1）
【要旨】試験に出る！ジャンル別問題「厳選」180問。これで完璧！仮免許・本免許模擬テスト1820問。
2017.3 287p A5 ¥950 ①978-4-415-32294-0

◆赤シート対応 最短合格！ 普通免許テキスト&問題集 長信一著 成美堂出版
【要旨】仮免模擬テスト1回分、本免模擬テスト5回分を掲載。
2017.3 191p A5 ¥950 ①978-4-415-32296-4

◆赤シート対応 絶対合格！ 普通免許出題パターン攻略問題集 長信一著 成美堂出版
【要旨】本試験模擬テスト7回分。
2017.3 207p A5 ¥880 ①978-4-415-32298-8

◆赤シート対応 3日間でスピード合格！ 普通免許問題集 長信一著 成美堂出版
【要旨】2日で覚えて、最後に問題演習！道路標識・標示チェックBOOK付き！最新道交法改正に対応！
2017.3 255p A6 ¥600 ①978-4-415-32292-6

◆1回で受かる！ 普通免許問題集 長信一著 成美堂出版 （付属資料：別冊1）
【要旨】仮免問題3回と本免問題8回分を収録。イラスト問題で失対しない9つの解き方実例。ひっかけ問題はここだ！別冊の解答・解説で答え合わせがカンタン。
2017.3 111p A5 ¥880 ①978-4-415-32286-5

◆一発で合格！ 普通免許合格問題集 長信一著 新星出版社 （付属資料：別冊1; 赤シート1） 改訂版
【要旨】仮免許3回+本免許5回分の「実戦模擬テスト」。カラーイラスト満載！「交通ルール徹底解説」。赤シートに対応した一問一答で着実に力をつけられる「一問一答問題」。みんなココでつまずいた！「ひっかけ対策」。
2017.4 167p A5 ¥850 ①978-4-405-02701-5

◆がんばるニャー 早くとりたい 第二種免許問題集 金園社企画編集部編 金園社 改訂新版
【要旨】目指せ！一発合格!!学科試験はこれでバッチリ!!項目別ポイント解説。全6回570問、全問解答解説つき。平成29年3月12日スタート、最新法改正対応。
2017.4 177p 21×19cm ¥1200 ①978-4-321-76404-9

◆がんばるニャー 早くとりたい 普通免許問題集 金園社企画編集部編 金園社 改訂新版
【要旨】目指せ！一発合格!!学科試験はこれでバッチリ!!項目別解答解説。全6回570問、最新法改正対応。
2017.4 169p 21×19cm ¥1200 ①978-4-321-76403-2

◆スピード合格！ 準中型・中型・大型自動車免許の取り方 長信一著 成美堂出版
【要旨】車両感覚から、発進、加速、減速、停止、後退まで運転技術のポイントがわかる。技能試験コースの実際からS字やクランク、切り返し、幅寄せ、縦列駐車、方向変換などコース走行のポイントがわかる。写真や図表をふんだんに使用、免許取得のためにわかりやすく解説。
2017.6 167p A5 ¥950 ①978-4-415-32287-2

◆第二種免許 試験に必ず出る！ 実戦1570題 KM自動車教習所監修 日本文芸社 改訂新版
【要旨】ルール別に実力チェック！練習問題で弱点がわかる。すぐ復習！重要ルールを徹底解説。合格への近道！数多く解いて本試験突破。
2017.2 287p A5 ¥1100 ①978-4-537-21454-3

◆普通免許"一問一答"問題集 長信一著 高橋書店 （付属資料：赤シート1）
【要旨】実戦テスト3回分収録。「要点だけ」をコンパクトにまとめ→練習問題ですぐに確認！効率的に学習したい人に。最新道交法に完全対応！とにかくカンタン、イッキに復習。大事なトコだけギュッと凝縮！問題集の決定版！
2017.3 159p 19cm ¥800 ①978-4-471-16029-6

◆普通免許一発合格問題集 長信一著 高橋書店 （付属資料：赤シート1）
【要旨】充実の「ひっかけ問題対策」。間違えやすい問題を5つのパターンに分類し、対策をていねいに解説。「例題→練習問題」で、もう間違えない！豊富なイラストで重要な交通ルールをわかりやすく解説。学習のおさらいにもぴったり。実戦テスト3回分収録。最新道交法に完全対応！とにかくカンタン、イッキに復習。大事なトコだけギュッと凝縮！問題集の決定版！
2017.3 159p A5 ¥800 ①978-4-471-16026-5

◆普通免許"超速クリア"問題集 長信一著 高橋書店 （付属資料：赤シート1）
【要旨】練習問題とていねいな解説。イラストも豊富でわかりやすい！頻出度付きの「重要項目スピードチェック」で、要点だけをイッキにおさらいできる。試験直前に使える！超重要なところだけを厳選した最終チェックリスト付き。テーマ別のひっかけ問題対策や充実の模擬問題で、じっくり復習したい人にも対応。実戦テスト5回分収録。
2017.3 175p A5 ¥880 ①978-4-471-16024-1

◆わかる！ 普通免許ポイント解説&一問一答 長信一著 秀和システム （付属資料：別冊1）
【要旨】わからない問題は後回し！常識→基本→応用でステップアップ！現役講師がこっそり明かす！ひっかけポイントがわかる！知っておきたいよく出る数字。ゴロ合わせ暗記法付き。
2017.3 245p B6 ¥850 ①978-4-7980-4947-2

オートバイ

◆自分だけのライディングフォームがわかる本 鈴木清和監修 スタジオタッククリエイティブ
【要旨】一般ライダーこそ、フォーム作りで乗りこなす！正解フォームが今すぐわかる。
2017.12 159p A5 ¥1800 ①978-4-88393-683-0

◆バリバリマシンLegend vol.1 バリバリマシンLegend編集部編 東邦出版
【要旨】80〜90年代を駆け抜けた『伝説の走り屋バイブル』完全復活!!
2018.1 119p B5 ¥1111 ①978-4-8094-1554-8

◆ホワイトベース二宮祥平の春夏秋冬ツーリングに行け！ 二宮祥平著 一迅社
【要旨】バイクの楽しみ方のひとつ「ツーリング」。ツーリングをもっと愉しく！バイクも動画も楽しんでいる人たちへ！
2017.11 95p A4 ¥1900 ①978-4-7580-1557-8

◆ヤマハ セロー250ファイル スタジオタッククリエイティブ
【目次】セロー250イントロダクション、セロー250歴代モデル紹介、純正アクセサリーカタログ、セロー250ベーシックメンテナンス、セロー250カスタムノウハウ、セロー250リフレッシュメンテナンス&カスタムメイキング、ワンランクアップするFIチューニング、セローが勧める林道ツーリング用装備、キャンプツーリング装備指南、セローで楽しむレース、セローでトレッキングを楽しむ、カスタムパーツカタログ
2017.10 151p 30×23cm ¥3500 ①978-4-88393-793-6

免許

◆赤シート対応 1回で合格！原付免許完全攻略問題集　長信一著　成美堂出版（付属資料：赤シート1）
【要旨】模擬テスト7回分を収録。直前暗記チェックシート付き。交通ルールをイラスト解説。
2017.3 143p A5 ¥800 ①978-4-415-32288-9

◆赤シート対応 完全合格！原付免許1200問実戦問題集　長信一著　成美堂出版（付属資料：別冊1）
【要旨】試験に出る！ジャンル別問題「厳選」144問。これで完璧！本試験模擬テスト1056回分。
2017.3 223p A5 ¥880 ①978-4-415-32293-3

◆赤シート対応 最短合格！原付免許テキスト＆問題集　長信一著　成美堂出版（付属資料：赤シート1）
【要旨】本書は、「オールカラーの見やすさ」と「赤シートの覚えやすさ」を両立させた原付免許の対策書です！赤シートで重要なことろを隠しながら、効率的に交通ルールの暗記ができます。復習問題もついているので、ちゃんと覚えられたか確認しながら学習を進められます。6回分の模擬テストを掲載。復習問題には、その問題に関連する「PART1ジャンル別試験に出る交通ルール」の参照ページがついているので、効率的に復習ができます。文章問題、イラスト問題それぞれの解き方のコツも掲載していますので、模擬テストを解く前、解き終わったときに目を通すようにしましょう。
2017.3 159p A5 ¥950 ①978-4-415-32295-7

◆赤シート対応 絶対合格！原付免許出題パターン攻略問題集　長信一著　成美堂出版（付属資料：赤シート1）
【要旨】本試験の出題パターンを分析して11の出題ジャンルに分類。当該ジャンルに合わせた攻略法を徹底解説！本試験模擬テストを10回分収録しているので、たくさん問題演習ができる。間違えた問題は、その問題に関連するPART1で復習しよう！試験会場に持ち込んで、「試験に出る！重要標識・標示」と「試験に出る！暗記項目」をチェック！万全の準備で試験に臨もう！
2017.3 159p A5 ¥800 ①978-4-415-32297-1

◆赤シート対応 3日間でスピード合格！原付免許問題集　長信一著　成美堂出版（付属資料：赤シート1）
【要旨】2日で覚えて、最後に問題演習！道路標識・標示チェックBOOK付き！最新道交法改正に対応！
2017.3 255p A6 ¥600 ①978-4-415-32291-9

◆一発で合格！原付免許合格問題集　長信一著　新星出版社（付属資料：別冊1；赤シート1）改訂版
【要旨】6回分の「実戦模擬テスト」。カラーイラスト満載！「交通ルール徹底解説」。赤シートに対応した一問一答で着実に力をつけられる。「一問一答問題」。みんなココでつまずいた！「ひっかけ対策」。
2017.4 127p A5 ¥850 ①978-4-405-02702-2

◆大型二種免許 1回で受かる！完全合格マニュアル　長信一著　日本文芸社　改訂新版
【要旨】合格に直結！運転テクニックがカラー写真でよくわかる。課題別にチェック箇所と注意点を解説。学科模擬試験問題3回分付き。
2017.2 159p A5 ¥1200 ①978-4-537-21455-0

◆必ず取れる！原付免許合格問題集　長信一著　成美堂出版
【要旨】合格するための最重要交通ルール早わかり。試験に出る！実力判定模擬テスト10回。
2017.3 111p A5 ¥700 ①978-4-415-32295-9

◆がんばるニャー早くとりたい 原付免許問題集　金園社企画編集部編　金園社　改訂新版
【要旨】目指せ！一発合格!!学科試験はこれでバッチリ!!項目別ポイント解説。全12回576問、全問解答解説つき。
2017.5 159p 22×19cm ¥1200 ①978-4-321-76401-8

◆がんばるニャー早くとりたい普通・大型二輪免許問題集　金園社企画編集部編　金園社　改訂新版
【要旨】必ず出る！最新道交法をチェック。試験の項目別にポイントを解説。重要な交通ルールを分かりやすく。学科試験問題＆解答・難解説。
2017.5 177p 21×19cm ¥1200 ①978-4-321-76402-5

◆原付免許 "一問一答" 問題集　長信一著　高橋書店（付属資料：赤シート1）
【要旨】最新の出題傾向を徹底分析！重要項目をギュッと厳選。実戦テスト3回分収録。最新交法に完全対応！とにかくカンタン、イッキに復習！大事なトコだけギュッと凝縮！問題集の決定版！
2017.3 135p 19cm ¥750 ①978-4-471-16028-9

◆原付免許一発合格問題集　長信一著　高橋書店（付属資料：赤シート1）
【要旨】充実の「ひっかけ問題対策」。間違えやすい問題を5つのパターンに分類し、対策をていねいに解説。「例題→練習問題」で、もう間違えない！豊富なイラストで重要な交通ルールをわかりやすく解説。学習のおさらいにもぴったり。実戦テスト5回分収録。
2017.3 143p A5 ¥850 ①978-4-471-16025-8

◆原付免許 "最強総まとめ" 問題集　長信一著　高橋書店（付属資料：赤シート1）
【要旨】練習問題＋ていねいな解説。イラストも豊富でわかりやすい！重要なところだけを厳選し「問題文の形」で掲載。これだけ覚えれば、ほぼすべての問題に対応できる！「数字」「標識」などテーマごとに分析したひっかけ問題対策。重要ポイント一覧の赤シート合わせ付きでもう間違えない！実戦テスト5回分収録。
2017.3 159p A5 ¥850 ①978-4-471-16023-4

◆原付免許 "ズバッと本試験型" 問題集　長信一著　ナツメ社
【要旨】学科試験問題の出題傾向を徹底的に分析し、よく出る重要問題を厳選してまとめました。解答とともにポイント解説を掲載。間違いを確認することができ、確実な実力アップにつながります。間違えやすいポイントや頻出の標識・道路標示などもまとめて掲載。直前に見直せば、安心して試験に臨めます。平成29年施行最新の道路交通法に準拠！準中型免許に対応。
2017.4 30p A5 ¥500 ①978-4-8163-6207-1

◆普通二輪免許 見て即マスター！技能試験一発攻略　王子自動車学校監修　日本文芸社　改訂新版
【要旨】合格に直結する運転テクニックがカラー写真でよくわかる！課題別にチェック箇所と注意点を解説。学科模擬試験問題3回分付き。
2017.1 190p A5 ¥1200 ①978-4-537-21446-8

モータースポーツ・カーレーシング

◆アルファロメオレーシングストーリー—アルファロメオとエンツォ・フェラーリが築いた黄金時代 1910-1953　平山暉彦著　三樹書房
【要旨】精緻なカラーイラスト65点により、当時の雄姿を克明に再現した「アルファロメオ・レース図鑑」。戦前のレース界を席巻したアルファロメオの公式チーム「アルファ・コルセ」と、それに匹敵する存在となる「スクデリア・フェラーリ」の誕生から、ワークス活動の終焉までを、年ごとに詳細に語る。
2017.9 269p B5 ¥5000 ①978-4-89522-672-1

◆日本の自動車レース史—多摩川スピードウェイを中心として 大正4年（1915年）-昭和25年（1950年）　杉浦孝彦著　三樹書房
【要旨】多摩川スピードウェイ開設80周年記念。アジア地域で最初の常設サーキットは、日本で造られた。本書は、日本における草創期の自動車レースについて、当時の写真や新聞記事を主な史料として、大正11年（1922年）の洲崎でのレースの時代から、わかりやすく時系列にまとめたものである。これらのレースは、本田宗一郎や太田祐雄など、日本の自動車界に様々な功績を残した先駆者たちの闘いの舞台でもあった。
2017.4 151p B5 ¥3800 ①978-4-89522-667-7

◆マツダチーム ルマン初優勝の記録—ロータリーエンジンによる戦い1979-1991　GP企画センター編、桂木洋二、船本準一、三浦正人著　三樹書房
【要旨】世界唯一の技術を誇る、マツダのロータリーエンジン。マツダ技術陣が世界最高峰の耐久レース、ルマンにロータリーエンジン搭載マシンで挑戦し、ヨーロッパの強豪達を相手に、困難とも思われた「優勝」を勝ち獲るまでのドキュメント。
2017.10 162p 24×19cm ¥2400 ①978-4-89522-674-5

◆GT-R戦記—モータースポーツで戦うということ。私的考察　柿元邦彦著　三栄書房
【要旨】2004〜2015年スーパーGT GT500クラス年間シリーズチャンピオン、12勝6勝率5割。GT-Rを勝利に導いた闘将が語る戦略・技術。サファリ、ル・マン24h、スーパーGT…。日産のモータースポーツ活動を指揮してきた著者だから語れる戦いの内側。
2017.12 295p B6 ¥1500 ①978-4-7796-3464-2

◆Legend Motors Vol.2 ヨーロピアン・クラシックカーレースを追う　ホビージャパン
【要旨】グループCカー、ツーリングカー、'60s…ヨーロッパでよみがえる本気のレース！アルピーヌ、ブガッティ、ジャガー、ロータス、フランスを駆け抜ける銘車たち。
2017.10 193p A4 ¥3500 ①978-4-7986-1560-8

F1

◆F1語辞典—F1にまつわる言葉をイラストと豆知識でパワフルに読み解く　小倉茂徳著　誠文堂新光社
【目次】あ行（アームコ、Rアール ほか）、か行（カート、ガードレール ほか）、さ行（サーキット、サーキット・オブ・ジ・アメリカス ほか）、た行（DAZN、タービュランス ほか）、な行（内圧、ナイジェル・マンセル ほか）〔ほか〕
2017.5 199p A5 ¥1400 ①978-4-416-51797-0

◆F1 MODELING vol.67　F1モデリング編集部編　東邦出版
【目次】HONDA Crisis「ホンダ、ピンチ！パワーが出ない!!」—Special Interview…長谷川祐介（ホンダF1プロジェクト総責任者）、McLaren-Honda Capability「マクラーレン・ホンダの潜在能力○と×」、勃発、F1抗争1「フェラーリの自信、フェッテルvsハミルトン時代、到来か!!」、勃発、F1抗争2「壊れるマトリクス、全域で展開される接近戦」、Season Focus 2017「選ばれた者たちの時代へ」、FINE PLAY #002 Sebastian Vettel+Red Bull RB9「フェッテル、怒涛の4連覇」、FINE PLAY #003 Felipe Massa+Ferrari F2008「その歓喜は一瞬で消えた」、Memory of Heroes SENNA&SCHUMACHER—The Dark Side「チャンプへの執念」McLaren MP4/5B（1990）×Ferrari F310B（1997）、富士スピードウェイ50周年記念イベントFUJI WONDERLAND FES！「引き継がれる、富士伝説」、DOUBLE CLICK〔ほか〕
2017.6 88p 37×26cm ¥1722 ①978-4-8094-1486-2

競馬

◆一撃馬券ノート—競馬力が劇的に上がる　古澤秀和著　ガイドワークス（競馬王馬券攻略本シリーズ）
【要旨】古澤式傾向チェックノート約3ヶ月、14週分掲載。この1年での的中させた多数の馬券を使い、傾向分析の極意を余す所なく伝授！
2017.11 139p A5 ¥1800 ①978-4-86535-558-1

◆いま、業界で「絶対に正しい！」とされる勝ち馬の見抜き方！　川田信一著　東邦出版
【要旨】ビシバシ当たる単勝馬券術。馬券勝負の最後の砦！激走馬を狙い撃て！あなたの予想した「勝ち馬」と、単騎で予想した「勝ち馬」は何が違うのか？
2017.7 139p A5 ¥1500 ①978-4-8094-1498-5

◆馬を巡る旅—遥かなる旅路　小檜山悟著　三才ブックス
【要旨】1頭の競走馬に関わる人の数は膨大だ。そこには様々な物語がある。内側にいる者だけが知るストーリーや忘れ去られたエピソードも多い。JRA現役調教師が語る厩舎から見た競馬の魅力。
2017.12 218p A5 ¥1500 ①978-4-86673-016-5

趣味　244　BOOK PAGE 2018

◆**ウルトラ回収率　2018・2019**　伊吹雅也監修，競馬王データ特捜班編　ガイドワークス（競馬王馬券攻略本シリーズ）（付属資料：別冊1）
【要旨】全競馬場・全コースの必勝データが一目で丸分かり！直近3年の「トータル回収率150%超の条件」だけを凝縮！この一冊があれば、もう軸馬選びは迷わない！合計104コースの"儲かる激走条件"を完全網羅！
2017.12 234p B6 ¥1850 ①978-4-86535-563-5

◆**王様・田端到の「マジか！」の血統馬券術―JRA距離・コース別**　田端到著　東邦出版
【要旨】田端節、全開！ここでは走らない血統、ここでも走る血統、ここでしか走らない血統。すべて教えます。
2017.4 271p A5 ¥2000 ①978-4-8094-1473-2

◆**オッズテクニカル―馬券マスター・オッズマスターに聞いたオッズと上手に付き合う方法**　競馬王編集部編　ガイドワークス（競馬王馬券攻略本シリーズ）
【要旨】投資・活用・重賞、3つの視点でオッズに迫って、勝利を掴め。馬券マスターに聞いた投資視点で見る回収率を高めるオッズ活用術。オッズマスター大谷清文のオッズ活用術。
2017.5 127p A5 ¥1600 ①978-4-86535-473-7

◆**回収率をあげるオッズ馬券の参考書**　大谷清文著　ガイドワークス（競馬王馬券攻略本シリーズ）
【要旨】二大戦術＋補強戦術＋馬券の組み立て、この4アプローチで回収率は必ずあがる!!オッズで買うべきレースを抽出し、オッズからレースを見つけ出す。大反響だった「オッズ馬券の教科書」では、踏み込めなかった究極のテクニックを的中馬券とともに余すところなく解説！
2017.9 139p A5 ¥1800 ①978-4-86535-554-3

◆**回収率を決める最終レース一撃とひらめきの教科書**　競馬王編集部編　ガイドワークス（競馬王馬券攻略本シリーズ）
【要旨】一日の傾向を読んで、馬体を確認して、騎手とオッズを見て、馬券を購入する。最終レースを制するものは回収率を制す。
2017.8 125p A5 ¥1600 ①978-4-86535-550-5

◆**書き込み式キャッシュバック究極の出目攻略―完全データ主義！2017年5月～12月ALL重賞レース対応**　菅文哉著　メタア出版
【要旨】過去10年の1～3着の出現回数をデータ化し今年の人気（実力）を加味して出目を算出。人気が買う出目を左右する新しい出目必勝法。
2017.6 191p B6 ¥1400 ①978-4-89595-906-3

◆**神ってるぜ！日刊コンピ王**　「競馬最強の法則」日刊コンピ研究チーム著　ベストセラーズ（付属資料：王様判定ボード）
【要旨】待望の、甦る飯田コンピ術12大法則を発見。奇跡の王様Wボード。データ刷新、競馬＆枠順。
2017.3 199p A5 ¥1852 ①978-4-584-13774-1

◆**還暦ジョッキー―がむしゃらに、諦めない**　的場文男著　KADOKAWA
【要旨】43年の騎手人生を支えたハングリー精神と勝負勘…。「大井の帝王」7000勝への道程。
2017.5 188p B6 ¥1400 ①978-4-04-105471-0

◆**京大式推定3ハロン パーフェクトブック**　久保和功著　ガイドワークス（競馬王馬券攻略本シリーズ）
【要旨】「推定3ハロン」に関する基本的な説明から、馬券に役立つ解説はもちろん、最新版の「コース別データ」＆「重賞別データ」で、"激走が見込める"穴馬リスト84頭を一挙大公開！
2017.9 120p A5 ¥1800 ①978-4-86535-552-9

◆**金満血統王国年鑑 for 2018**　田端到，斉藤雄一共著　KADOKAWA（サラブレBOOK）
【要旨】"難儀な血統"での儲け方、教えます！王様と大臣の競馬攻略トーク連載1年分を完全収録＋特に気になる重賞はこれだ！大臣特選ドル箱重賞。
2017.12 319p A5 ¥1850 ①978-4-04-734984-0

◆**競馬王テクニカル 馬の基本編**　競馬王編集部編　ガイドワークス（競馬王馬券攻略本シリーズ）
【要旨】今さら聞けない常識と意外に知られていない基本テクニックを凝縮!!枠、脚質、馬場、ローテーション、コース適性、血統、騎手、勝負気配、買い方。9つの視点で、馬券で儲けよう！
2017.2 191p A5 ¥1850 ①978-4-86535-472-0

◆**競馬感性の法則**　角居勝彦著　小学館（小学館新書）
【要旨】競馬ファンが最も注目している実力派調教師が語り尽くす競馬の真髄―レースそのものが持つ意味や戦い方はもちろん、トライアルから未勝利戦まで、競馬に使う側の戦略からレースに向かう準備を詳細に解説。いまだから明かせる愛馬の秘話から調教の工夫、禹念力のポイント、さらに競馬場でのパドックや返し馬の見方まで、目から鱗が落ちる理論とエピソードが満載。常勝調教師が何を考えているかを知ることで競馬の本質を知れる馬券検討が可能になり、より競馬が好きになる競馬通のための一冊。
2017.4 250p 18cm ¥800 ①978-4-09-825296-1

◆**競馬攻略カレンダー 2018上半期編 我、かく戦えり!**　水上学著　ベストセラーズ
【要旨】2018年前半の勝利をつかめ！血統・騎手・既舎。水上チョイスの必修データ公開！
2017.12 206p 18cm ¥917 ①978-4-584-10444-6

◆**競馬の本質 この知的推理ゲームを、極める。**　本島修司著　総和社
【目次】「男の眼力証明の場」―競馬の第3形態、馬の可能性を探りながら、ガンガン乗り替えよ―「主戦」という概念を捨てよ、それはある種の自爆癖―明らかな差し馬に川田を乗せる調教師は、信じるな、200m違うことは、3000mのレースでは、意味合いが違ってくる―100m違う意味、200m違う意味、キャットコインの性能が集約されていたレース―ステイゴールド牝系の快作、「本当は2着」だった？―ハーブスターの実力、デビュー戦を落として、2戦目で勝ち、3戦目で連勝―カメは素軽さ、勝っても辛い結末―フェイムゲームとリキサンステルス、カメ産駒がズブいと、力尽きる弱いバージョン、レッドレイヴン―新・オープン特別大将〔ほか〕
2017.10 359p B6 ¥1500 ①978-4-86286-085-9

◆**競馬ブックVR黄金の方程式**　宝城哲司，競馬OnLine編集部編　インターグロー，主婦の友社発売（競馬道OnLineポケットブック003）
【目次】第1章 競馬ブックVR黄金の方程式"概論編"（使うのは『競馬ブック』の出馬表だけ、Step-1 Rエントリーで準備する　ほか）、第2章 競馬ブックVR黄金の方程式"実戦編"（基本は枠連3点セット買い、未勝利3パターン6セット　ほか）、第3章 競馬ブックVR黄金の方程式"検証編"（2017年VR枠セット別検証、2017年未勝利・レース検証（64レース）　ほか）、第4章 VRチャート完全版（該当距離・頭数別）、第5章 実戦ドキュメント
2017.7 127p B6 ¥1200 ①978-4-07-421598-0

◆**合理主義競馬―必然の好走を見抜いて競馬に勝つ絶対ルーティン**　本島修司著　ガイドワークス（競馬王馬券攻略本シリーズ）
【要旨】競馬の力を根本から高める珠玉のセオリーと思考法。
2017.3 237p B6 ¥1600 ①978-4-86535-476-8

◆**コース別 本当に儲かる血統大全 2017-2018**　伊吹雅也著　ガイドワークス（競馬王馬券攻略本シリーズ）
【要旨】血統知識は一切不要！コースで異なる種牡馬の適性を最も効果的に馬券に落とし込む本！相対的なコース相性が一目で分かる"種牡馬偏差値"導入！丸乗りOK!"大奥義！全買いデータ"を88パターン収録！
2017.4 235p B6 ¥1570 ①978-4-86535-480-5

◆**最後の予想屋 吉寛隆安**　斎藤一九馬著　ビジネス社
【要旨】馬券はより優れた投資術なのだ！大井競馬場でダントツ人気を誇る予想屋「ゲート・イン」。その予想屋人生を綴った競馬ノンフィクションの傑作！
2017.2 334p B6 ¥1700 ①978-4-8284-1936-7

◆**社台系クラブの内幕を知ればこんなに馬券が獲れる！**　野中香良，社台グループ研究会著　ベストセラーズ（競馬王馬券攻略本シリーズ）
【要旨】会員さんだけじゃありません！クラブ戦略はオレたちの馬券にも直結。募集開始、パーティ、騎手起用、クラブ馬が走る強い時。
2017.6 220p 18cm ¥907 ①978-4-584-10440-8

◆**重賞ビーム 2018**　亀谷敬正著　KADOKAWA（サラブレBOOK）
【要旨】血統と重賞の仕組みが一目で丸分かり！大反響競馬番組「競馬血統研究所」所長、亀谷敬正が提唱する、血統、重賞バイアス参考書！
2017.12 273p A5 ¥1850 ①978-4-04-734983-4

◆**種牡馬最強データ '17-'18**　関口隆哉，宮崎聡史著　KADOKAWA
【目次】2017年新種牡馬Specialレビュー、熾烈な争いは次のステージへ 現役2歳種牡馬ディープインパクト・キングカメハメハ―血を継ぐ者たち、Specialインタビュー 世界を知るホースマン合田直弘氏に聞く―欧米スーパーサイアーたちの真実、New Sire in Japan, Japan Sire Ranking 2016, Japan New Sire 2017～19, BMS Ranking 2016, Blood in The World, World Sire Ranking、海を渡り拠点を移した海外で活躍する日本の種牡馬たち!!、2016年世界の重賞競走一覧、2017年日本の重賞競走一覧
2017.3 447p A5 ¥2000 ①978-4-04-734585-0

◆**種牡馬戦略SUPERハンドブック 2017-18 ―馬券の現場から教える…**　水上学著　ベストセラーズ
【要旨】SS、ミスプロ、ノーザン…そんなりじゃ、もう勝てない。だからデータ、カテゴリー刷新。種牡馬49頭が血統競馬に革命を！
2017.12 269p B6 ¥1852 ①978-4-584-13788-8

◆**消去法シークレット・ファイル 2017-2018**　高橋学著　ガイドワークス（競馬王馬券攻略本シリーズ）
【要旨】来ない馬を消し、来る馬をあぶり出す重賞攻略本。人気馬の死角を暴く、究極の消去データ「消えた1番人気馬」を収録!!
2017.4 301p A5 ¥1800 ①978-4-86535-477-5

◆**新・競馬3点突破論 究極の馬券W**　今川秀樹著　ベストセラーズ（競馬ベスト新書）
【要旨】発想が貧困な奴にはカネになる穴馬は探せない。勝負レース、普通レース、見送りレースの見分け方etc.必見！勝ち組の馬券マネジメント。
2017.12 215p 18cm ¥917 ①978-4-584-10443-9

◆**砂にまみれて飯を食う―午前中に勝ちを決め最終レースで駄目を押す"ダート競馬"の儲け方**　半笑い著　ガイドワークス
【要旨】実力がシンプルに出るのに"実力＝人気"とならないダート戦。つまり、コツさえ掴めばボロ儲けできるのがダート競馬の醍醐味なのです！ラップ分析の旗手が、ダートで稼ぐ新兵器を惜しみなく公開！レースのラップタイムの数字を見なくても、ラップタイム分析予想をした効果が得られる、斬新な手法を開発。さあ秘密兵器「ダ甲地図」を持って、穴馬探索の旅に出よう！
2017.3 169p A5 ¥1650 ①978-4-86535-474-4

◆**成駿伝 孤独の◎は永遠に―「成駿伝」製作委員会監修**
【要旨】逆転の可能性が最も高い馬に◎―これが流儀だ！清水成駿はいかにして競馬の頂点ダービーを極めたか。
2017.4 220p A5 ¥1852 ①978-4-584-13787-1

◆**税務署も大よろこび！リンク馬券必勝術**　伊藤雨氷著　東邦出版
【目次】序章 リンク理論のいろは―初めて読まれる方のために（"逆番"で、より簡単に、よりよく当たるように、リンク理論の基本用語、約束事をマスターしよう！）、第1章 信じるものは救われる!?奇跡を見た白川郷Sというつもより多めのサインの数々（1点買い大的中はデータの力か神のお告げか、お待ちかね G1や重賞で役立つ秘蔵のサイン　ほか）、G1平成29年高松宮記念―スプリンターズG G1菫走連対馬的中予言（平成29年3月26日高松宮記念、平成29年4月2日大阪杯　ほか）、第3章 平成29年日経賞―シリウスS G2・G3菫走連対馬的中予言（平成29年3月25日日経賞、平成29年3月25日毎日杯　ほか）
2017.3 187p A5 ¥1389 ①978-4-8094-1464-0

◆**「絶対に負けたくない！」から始める馬券術**　たくちん，メシ馬著　ガイドワークス（競馬王馬券攻略本シリーズ）
【要旨】競馬歴わずか6年ながら年間プラスを続ける二人の「考え方」「予想アプローチ」「買い方」「年間プラン」をはじめ二人の代名詞ともいえる「徹底した前残り狙い」「汚い馬柱の馬狙い」についても詳しく解説する。
2017.8 215p A5 ¥1800 ①978-4-86535-551-2

◆**絶対フォーカス―馬券で勝ち切る"コメダ式"買い目構築術**　米田幸憲著　ガイドワークス（競馬王馬券攻略本シリーズ）

◆全重賞&全コース別 1番人気鉄板全書　奥野憲一著　ガイドワークス　(馬券攻略本シリーズ)
【要旨】1番人気を信頼し、1番人気を疑う。本命党にも穴党にも欠かせない一冊！
2017.12 283p B6 ¥1800 ①978-4-86535-562-8

◆タカモト式超万馬券的中完全勝利の奥義 2017年度版　髙本達矢著　日本文芸社
【要旨】大公開!!2017年度G1レース完全予言。馬券の世界が投資になるラクラク高配当馬券をGETできる究極の戦略とマル秘テクニック！
2017.3 271p A5 ¥4630 ①978-4-537-21452-9

◆田端到・加藤栄の種牡馬事典　田端到, 加藤栄著　東邦出版
【要旨】大種牡馬から、個性派・マイナー種牡馬まで収録種牡馬数全324頭+。トップ種牡馬はデータ&解説大増量で詳解！新種牡馬解説が劇的パワーアップ。使える！各種条件別種牡馬ランキング。
2017.10 265p B5 ¥2300 ①978-4-8094-1521-0

◆誰も書かなかった武豊 決断　島田明宏著　徳間書店　(徳間文庫)
【要旨】20年来の"心友"作家が初めて明かした、天才の苦悩、逆境、確執。思い上がった。天才が語った「こころの葛藤」全記録。
2017.10 317p A6 ¥670 ①978-4-19-894259-5

◆単複進化論！—だから、私は馬券で勝ち続けている　境和樹著　ベストセラーズ
【要旨】ゴールは完璧な予想ではない。勝てる予想だ。非常識単複回収率1510%。今度は新馬も狙い撃ち。
2017.11 222p B6 ¥1574 ①978-4-584-13819-9

◆中央・地方・海外競馬258コース攻略大百科　サラブレ編集部編　KADOKAWA　(サラブレBOOK)
【要旨】個別攻略コース計258コース。各場・各コースのツボをスペシャリストたちが個別に指南！
2017.3 351p A5 ¥1850 ①978-4-04-734656-7

◆的中への最短ルート！この父このテキこの鞍上この馬主　A-10解析班著　東邦出版
【要旨】本命サイドも大穴決着も自由自在！データ通りに買い続ければ、馬券は儲かる。勝利を決定づける最新データ。種牡馬の適性、調教師のクセ、騎手の技術、馬主の戦略は、傾向としてあらわれる。
2017.2 271p A5 ¥1500 ①978-4-8094-1460-2

◆闘魂！競馬攻略カレンダー 2017(下半期編)　水上学著　ベストセラーズ　(競馬ベスト新書)
【要旨】天皇賞秋・JC・有馬記念・G1ホープフルSまでゲッツ！実りの秋から年末決戦！下半期重賞全63レースのスゴ攻略のツボ。
2017.6 187p 18cm ¥907 ①978-4-584-10441-5

◆馬券しくじり先生の超穴授業　野中香良著　ベストセラーズ　(競馬ベスト新書)
【要旨】しくじり馬券王のスゴ穴発券術。
2017.3 215p 18cm ¥907 ①978-4-584-10439-2

◆馬券術 政治騎手名鑑 2018 排除の論理　樋野竜司, 政治騎手WEBスタッフチーム著　ベストセラーズ
【要旨】このJアラートを聞き逃すな。しがらみ騎手に一線を越えた騎手、誤解を招きかねない騎手…。
2017.12 285p B6 ¥1722 ①978-4-584-13832-8

◆馬券術 日刊コンピ上流階級理論—コンピの王者！選ばれし民の方法　浅田真人著　ベストセラーズ
【要旨】毎月の雑誌連載で公開された超払戻しの数々が、その的中威力を物語る！指数研究の最高峰が明かす、馬券勝負のオキテ。コンピ指数と選ばれし民の方法で、大勝負が可能に！
2017.6 111p A5 ¥1500 ①978-4-584-13797-0

◆馬券生活者「残り1万円」からの逆転勝負！　上野誠著　ベストセラーズ　(競馬ベスト新書)
【要旨】「負けのメカニズム」を知れば誰吉さん1枚からでも巻き返せる！馬券生活、遂に10年目。ツキに左右されない馬券力。上野のお宝馬10頭公開。
2017.2 191p 18cm ¥907 ①978-4-584-10438-5

◆馬券で勝つ！騎手別マル得データ！—トップ騎手たちを元JRA騎手佐藤哲三が"超解析"　佐藤哲三著　KADOKAWA
【要旨】トップ騎手たちを元JRA騎手佐藤哲三が"超解析"。JRA全騎手のマル得データを大集結!!すべてのレースで使える!!傾データ完全対応。
2018.1 191p A5 ¥1800 ①978-4-04-735001-4

◆馬券で100万円獲る人の調教の読み方　高中晶敏著　ベストセラーズ　(競馬ベスト新書)
【要旨】G1の凡走・激走も調教で解ける！ビギナーからベテランまで知らないと損！調教Q&A。
2017.9 206p 18cm ¥907 ①978-4-584-10442-9

◆外れ馬券を撃ち破れ　藤代三郎著　ミデアム出版社
【要旨】どう買ったらいいのかわからない！馬券のフォームが定まらない多くの競馬ファンに捧ぐ。
2017.8 221p B6 ¥1600 ①978-4-86411-088-4

◆プラス馬券 軸馬この1頭—これで手堅く小遣い稼ぎ　前田将隆著　三恵書房　(サンケイブックス)
【要旨】2017年春のG1回収率155%、小遣い稼ぎに徹した馬券の狙い方・買い方。
2017.10 142p A5 ¥1500 ①978-4-7829-0473-2

◆フラッシュナンバー最強馬券　成田昇虎著　三恵書房　(サンケイブックス)
【目次】第1章 フラッシュ競馬とは？(すべて数字に囲まれて生きている、生活にかかわる九星、フラッシュナンバー最強馬券とは、フラッシュナンバーが絡る馬券予想は、基本馬番と穴目馬番の活用、簡単に流れをまとめると)、第2章 フラッシュナンバー馬券予想は(さあ、フラッシュナンバーで予想だ、穴目馬番をどう取り入れるかも、ちろん、公営でもOK！)、第3章 フラッシュナンバーで挑戦!!(さあ、フラッシュナンバーで1日丸ごと挑戦!!)、第4章 狙いすましたレース穴で狙うレース(狙いすましたレースをゲット、あえて穴で狙う、馬連で確実に獲ろう！)、フラッシュナンバー表
2017.6 225p A5 ¥3500 ①978-4-7829-0469-5

◆名馬を読む　江面弘也著　三賢社
【要旨】名馬に歴史あり、歴史に名馬あり。シンザン、ハイセイコー、テンポイント、オグリキャップ、ディープインパクト…。殿堂入りした32頭の蹄跡と、その馬を支えた人びとの物語。
2017.6 301p B6 ¥1700 ①978-4-908655-07-4

◆夢の4億円をつかむWIN5戦略シート ザ・ミリオン　小倉主騎, 競馬道Online編集部著　インターグロー, 主婦の友社 発売　(競馬道Onlineポケットブック)
【要旨】「人気馬設定」×「穴馬設定」この81パターンでWIN5の64%は決まる！
2017.2 151p B6 ¥1200 ①978-4-07-420660-5

◆リンク式馬券術は安心・安全で高利回りな投資と言えなくもない　伊藤雨氷著　東邦出版
【要旨】当たり馬番は連動する！独学で巨万の富を得た男が教える超攻撃的な競馬必勝法！
2017.9 187p A5 ¥1389 ①978-4-8094-1518-0

◆A.はい、当たります！—これが「関係者の買い」を一目で見抜く5つのオッズパターンです。　蘆口真史著　東邦出版
【要旨】勝ち馬を知る人の馬券に乗っかる。これこそが勝利への最短距離だ！オッズのウラまで徹底解析！
2017.5 125p A5 ¥1500 ①978-4-8094-1491-6

競輪・競艇

◆競輪 軸が決まるMの法則　宮川忠彦著　三恵書房　(サンケイブックス)
【目次】第1章 競輪新時代を開くトップエンド予想、第2章 的中率アップ！Mの法則、第3章 データ競輪 Mの法則実戦例、第4章 軸がわかる重賞式車券にチャレンジだ！、第5章 競輪攻略アプリ トップエンドX、Mの法則書き込み表
2017.5 135p A5 ¥1500 ①978-4-7829-0468-8

◆獲れる！艇王3連単　平沢航司著　三恵書房　(サンケイブックス)
【要旨】勝率にはすべてのデータが凝縮されている。ボートレース新攻略法。艇王3連単買い目組み合わせ表示。
2017.7 81p B6 ¥1000 ①978-4-7829-0470-1

◆ボートレース江戸川攻略必勝本—ボートレース江戸川のすべてがこの1冊でわかる VOL.1　ボートレース江戸川著　EBU, ごま書房新社 発売
【要旨】いまボートレース観戦の歴史が変わる！パチンコ・パチスロファンのためのCOOLに儲けるノウハウが満載！
2017.12 82p A5 ¥750 ①978-4-341-13258-3

◆ボートレースのすべてがわかる　桧村賢一著　三恵書房　(サンケイブックス)　改訂版
【目次】第1章 基礎編 ボートレースを楽しむために、これだけは知っておこう、第2章 選手編 ボートレーサーのことは、なんでもわかる、第3章 モーター、ボート編 ボートレースはメカニック勝負、第4章 舟券レベルアップ すべての知識を舟券作戦に役立たせる、第5章 全国のボートレース場—みんなで行こう、第6章 ボートレース用語早わかり
2017.12 248p A5 ¥1500 ①978-4-7829-0466-4

パチンコ・パチスロ

◆パチンコ歴史事典　パチンコ必勝ガイド編, アド・サークル監修・資料協力　ガイドワークス
【要旨】日本の大衆娯楽・パチンコ。100年以上にも及ぶその歴史を振り返ってみると、ターニングポイントとなるその時代の当時にはいつも規制があり、そして、それに伴う業界、各メーカー、各ホールの英知と創意工夫、パチンコに賭ける情熱と進化があった。本書ではその変遷を時代ごとに惜しむなく紹介。各時代ごとにパチンコを取り巻くトピックス、時代を彩ったマシン全700機以上を掲載。また、「パチンコ必勝ガイド」ライター、識者のインタビュー、コラムも収録。
2017.3 225p B5 ¥3700 ①978-4-86535-484-3

◆未練打ち 0 不発の大花火編　木村魚拓著　ガイドワークス　(ガイドワークス新書)
【要旨】「未練打ち」とは散々負けて、嫌というほど負けて、涙の一つでもこぼれるほど負けて、さっさと家に帰ってサザエさんでも見ようと一度は席を立ったのに、気付いたらまた打ち始めてしまうあの実戦のこと。閉店間際に立ち寄って行う勝算のない実戦だもん。ほら、覚えがあるならついてこい!!大花火・ビンゴ・真モグモグ風林火山…懐かし名機の未練打ち全56話を収録!!全てはここから始まった。
2017.4 189p 18cm ¥1000 ①978-4-86535-529-1

◆60歳からの1ばち講座—正しいオスイチ、お教えします！　谷村ひとし著　ワニブックス
【要旨】1ぱちの投資は一日2000円まで。甘くない甘デジにダマされない。人気漫画家・谷村ひとしが贈る年金を減らさずに楽しむパチンコ新時代の立ち回り！
2018.1 191p B6 ¥1200 ①978-4-8470-9639-6

麻雀

◆1秒で見抜くヤバい麻雀心理術　鈴木優著　竹書房　(近代麻雀戦術シリーズ)
【要旨】敵の動作の間を感じれば、狙いは一瞬で見抜ける。
2017.3 191p B6 ¥1300 ①978-4-8019-1025-6

◆大きく打ち、大きく勝つ麻雀—最強雀士が語るデジタルの向こう側　近藤誠一著　マイナビ出版　(マイナビ麻雀BOOKS)
【要旨】いま一番勝っている男、近藤誠一プロ初の戦術書！「連覇野郎」が贈る新感覚のメッセージ。
2017.10 223p A5 ¥1540 ①978-4-8399-6363-7

◆おしえて！科学する麻雀　とつげき東北著, 福地誠編　洋泉社　新版
【要旨】データ麻雀の聖典！麻雀戦術のパラダイムシフトはここから始まった！勝間和代(経

実用書

趣味

済評論家)との特別鼎談「麻雀はどこまで科学でできるのか?」も収録。
2017.12 221p A5 ¥1300 ①978-4-8003-1345-4

◆**勝つ人は知っている現代麻雀30の新常識** 土田浩昭, 平澤元気著　マイナビ出版　(マイナビ麻雀BOOKS)
【要旨】リーチのみ端リャンメンは9巡内先制鉄リーチ。1翻7センチテンパイは押し。一発消しは損、ハイテイずらしは有効。一データで検証!勝つための麻雀戦術30。
2017.5 222p B6 ¥1540 ①978-4-8399-6360-6

◆**現代麻雀 手作りと押し引きの鉄戦術** 福地誠著　三才ブックス
【要旨】強者の思考が「すっ」と学べる問題集。勝負に直結する最頻出87問!
2017.4 223p B6 ¥1200 ①978-4-86199-954-3

◆**これから始めてみたい人のための楽しく打てる麻雀入門** 青木さや監修　秀和システム
【要旨】「ツモ」って何?「リーチ」って? 知識ゼロの人でもやさしくわかる! ルール、あがり役、点数計算、勝つためのコツまで…初心者がつまずきやすいポイントをていねいに解説!
2017.2 159p A5 ¥1200 ①978-4-7980-4942-7

◆**最強プロ鈴木たろうの迷わず強くなる麻雀** 鈴木たろう著, 鈴木聡一郎編　講談社
【要旨】全ての雀士必読の一冊!
2017.3 223p B6 ¥1300 ①978-4-06-220379-1

◆**ゼロ秒思考の麻雀** ZERO著　竹書房　(近代麻雀 戦術シリーズ)
【要旨】鳴きの三原則、ゼロ秒カウンティング、トイトイダッシュ、ブラフの方程式―天鳳十段が明かす超シンプルメソッド50選。
2017.10 190p B6 ¥1300 ①978-4-8019-1262-5

◆**対応力に差がつく現代麻雀の常識 次の一手** 馬場裕一著　マイナビ出版　(マイナビ麻雀文庫)
【要旨】現代麻雀において重要なのは「対応力」だと言われます。相手の捨て牌への対応、リーチを掛けられたときの対応、仕掛けが入ったときの対応。自分の手牌だけ見て、牌効率と打点だけを考え、リーチが入ったらはじめて考える。これでは勝ち組にはなれません。本書はテレビ・雑誌で活躍中のバビィこと馬場裕一プロによる、対応力を鍛えるための問題108題が収録されています。本書で正しい対応を身につけて、さらなる雀力アップを成し遂げてください。
2017.1 382p A6 ¥1140 ①978-4-8399-6226-5

◆**デジタルに読む麻雀** 平澤元気著　マイナビ出版　(マイナビ麻雀BOOKS)
【要旨】現代麻雀で勝敗を分けるのは「読み」!「どうすれば読めるのか?」「その読みはどれくらい信用できるのか?」「どんな状況ならアテになるのか?」実戦的な判断にまで踏み込んだ本当に使える現代麻雀辞典!
2017.12 222p B6 ¥1540 ①978-4-8399-6501-3

◆**流れをつかむ技術** 桜井章一著　集英社インターナショナル, 集英社 発売　(インターナショナル新書)
【要旨】川や風に流れがあるように、勝負事にも流れがある。場の流れ、運気の流れ、人の感情の流れ…それらを見極められるかどうかで、勝負の明暗は分かれる。仕事や生き方においても、流れは重要である。好不調の波や幸運・不運の巡り合わせを敏感に感じ取り、いい流れをつくり出すことができれば、物事は自然とうまくいく。麻雀の裏プロで二十年間無敗の伝説を持つ桜井章一が、勝負の身につけた「流れのつかみ方」を伝授する。
2017.6 189p 18cm ¥700 ①978-4-7976-8011-9

◆**「何切る」で覚える麻雀基本手筋コレクション** 日本プロ麻雀連盟著　マイナビ出版　(日本プロ麻雀連盟BOOKS)
【要旨】何切る問題150問+手筋講座。実戦でお目にかかりやすい、よくある手牌における「有効な手筋」を問題形式でご紹介。
2017.2 222p B6 ¥1490 ①978-4-8399-6237-1

◆**バビィのメンチン何切る** 馬場裕一著　竹書房　(近代麻雀戦術シリーズ)
【要旨】12の基本形を暗記するだけで「苦手」な多面待ちが「得意」になる!!
2017.5 191p B6 ¥1300 ①978-4-8019-1086-7

◆**フリー雀荘で得するのはどっち!?** 石井一馬著　竹書房　(近代麻雀戦術シリーズ)

【要旨】雀荘店員の麻雀プロが教える、フリーで勝つ35の法則。
2017.1 191p B6 ¥1300 ①978-4-8019-0972-4

◆**麻雀を始めたい人のために** 二階堂亜樹監修　成美堂出版
【要旨】だれでもラクラク覚えられる! 牌してから1局が終わるまで、ゲームの流れがマンガでわかる! ひと目でわかる、これだけは知っておきたい役!
2017.5 197p B6 ¥780 ①978-4-415-32269-8

◆**麻雀勝ち組の鳴きテクニック** 川村晃裕著, 木村由佳編　竹書房　(近代麻雀戦術シリーズ)
【目次】第1章 最速テクニック(まっすぐアガリに向かう手順、牌効率か? 鳴きか? ほか)、第2章 絞り・かわせテクニック(自分のツモ番をとばす、下家にアガらせたくない ほか)、第3章 ブラフのテクニック(配牌ドラトイツ、アガリに向かわない鳴き ほか)、第4章 場読みテクニック(捨て牌によって変わる牌効率、鳴いてもマンガンある手 ほか)、第5章 鳴きの上級テクニック(好形テンパイからの鳴き、メンゼンからの大ミンカン ほか)
2017.12 189p B6 ¥1300 ①978-4-8019-1314-1

◆**麻雀 定石「何切る」301選** G・ウザク著, 福地誠編　三才ブックス
【要旨】実戦によく出る形のみを厳選。成績アップに直結! 寝ながら読むだけで基本が完成!
2017.8 223p B6 ¥1200 ①978-4-86199-984-0

◆**麻雀・序盤の鉄戦略―3人の天鳳位が出す究極の結論** 独歩, すずめクレイジー, しゅかつ著, 平澤元気構成　マイナビ出版　(マイナビ麻雀BOOKS)
【要旨】強者はどんな構想で麻雀を打っているのか? 現代麻雀においてなお、他者と差をつけている天鳳位の強さの秘密は、もしかしたら序盤に隠されているのかも、それがこの本の出発点です。
2017.8 222p B6 ¥1540 ①978-4-8399-6398-9

◆**麻雀・鉄戦場の条件―3人の天鳳位が出す究極の結論** 独歩, かにマジン, しゅかつ著, 平澤元気構成　マイナビ出版　(マイナビ麻雀BOOKS)
【要旨】「良いシャンテン押し」とは何か? 現代麻雀の覇者たちの押し引きの基準一挙大公開!!天鳳位が引く「押し」と「引き」の境界線!「この牌は押すけど次の無筋は止める」といった、ギリギリの正着打を探っている。
2017.4 222p B6 ¥1540 ①978-4-8399-6277-7

囲碁

◆**アマチュア指導の達人が明かす! 囲碁・勝ちにつながる7つの常識** 大矢浩一著　マイナビ出版　(囲碁人ブックス)
【要旨】「定石は実は互角ではない」「手抜きから身につける」身につければ、一気に上達する碁の考え方がギュッと詰まった一冊! 定石、手筋、石の強弱や方向から、ヨセの大きさ、コウまで。知ると得する目からウロコの知識を、指導の達人が解説!
2017.9 221p B6 ¥1590 ①978-4-8399-6424-5

◆**アルファ碁は何を考えていたのか?―トップ棋士3人による徹底解剖** 河野臨, 小松英樹, 一力遼著　マイナビ出版　(囲碁人ブックス)
【要旨】どのような意味があり、どのような狙いが隠されているのか? トップ棋士はどう判断しているか? 「序盤の三々」「五線のカタツキ」に代表されるアルファ碁の特徴的な手を徹底解説!
2017.12 286p A5 ¥2460 ①978-4-8399-6475-7

◆**囲碁AI時代の新布石法** 大橋拓文著　マイナビ出版　(囲碁人ブックス)
【要旨】囲碁AIがもたらした新たな視点で新布石を見直し、融合を試みました。
2017.7 222p B6 ¥1590 ①978-4-8399-6381-1

◆**囲碁 初段突破の実戦詰碁150題** 高尾紳路著　成美堂出版
【要旨】この一冊で実戦死活に対応できる!
2017.7 319p A6 ¥740 ①978-4-415-32359-6

◆**囲碁と悪女** 稲葉禄子著　KADOKAWA

【要旨】多くの政治家・経営者らを魅了する「囲碁インストラクター」の華麗なる交遊録。
2017.11 215p B6 ¥1400 ①978-4-04-106216-6

◆**囲碁とふれあい囲碁―幼児も大人も30秒ルールで楽しく対局** 安田泰敏著　万葉舎
【要旨】心がつながる、ふれあい囲碁!!その原点と20年間の活動成果を伝える書。中学生がいじめを苦に自殺一。たび重なる報道に衝撃を受けた著者は「一人でも多くの大切な命を囲碁を通じて守りたい」と一念発起。安田九段の不屈の火が宿る珠玉の本。
2017.1 228p 18cm ¥1200 ①978-4-86050-080-1

◆**囲碁AI新時代** 王銘琬著　マイナビ出版　(囲碁人ブックス)
【要旨】人類に勝利して1年―、AIは囲碁をどう変えたのか? 怒濤の60連勝、アルファ碁の進化版「Master」登場。国内最強ソフト「DeepZenGo」の魅力と可能性。プロ棋士で今後問われることは? トップ棋士による最前線レポート。
2017.3 227p B6 ¥1500 ①978-4-8399-6254-8

◆**一問一答で身につく囲碁AI流―新しい序盤の考え方** 山田晋次著　マイナビ出版　(囲碁人文庫シリーズ)
【要旨】2017年は囲碁AI新時代を迎え、「アルファ碁」などの囲碁AIがトップ棋士を凌駕しました。従来の常識を覆す碁の内容に、囲碁界が震撼したのは記憶に新しいところでしょう。多くの棋士がアルファ碁から学び、すでに実戦にも取り入れられています。囲碁AIの碁で参考にすべきポイントは「序盤感覚」です。従来はありえないと考えられていた手の評価を覆し、碁の可能性の奥深さをも感じさせます。本書は「次の一手」問題集で、考えやすいように出題方法も工夫してあります。本書で新感覚の碁に触れ、序盤力向上を実感してください。
2017.12 412p A6 ¥1290 ①978-4-8399-6494-8

◆**イ・チャンホの布石解析** 李昌鎬, 金成龍著, 白在旭編, 洪敏和訳　東京創元社　(碁楽選書)
【要旨】プロの発想と感覚。プロの対局を題材にして、何故こうなるのかに答える。
2017.5 253p B6 ¥1800 ①978-4-488-00082-0

◆**一局の基本** 高尾紳路監修　池田書店　(やさしい囲碁トレーニング)
【要旨】第71期本因坊戦、第41期名人戦から101問を出題。定石、手筋など、基本テクニックがわかる! プロの戦い方、考え方、スゴ技を体感できる! ぜひ、盤に並べて味わってください。それだけで強くなります。高尾紳路初の打ち碁集。初心者でもわかるよう問題形式で丁寧に解説!
2017.7 287p 18cm ¥950 ①978-4-262-10482-9

◆**勝ちきる頭脳** 井山裕太著　幻冬舎
【要旨】9歳でプロを目指し、12歳でプロ棋士になり、26歳で七冠となる。リスクを背負ってこそ勝利は掴める。常識外と言われようが自分の最善を信じ貫く。七冠同時制覇の最強囲碁棋士が初めて明かす思考法。
2017.2 238p B6 ¥1300 ①978-4-344-97899-7

◆**勝つには理由(わけ)がある** 韓鐵均著, 洪敏和訳　東京創元社　(碁楽選書)
【要旨】勝つための手法や手段を問題形式で。
2017.12 331p A5 ¥1800 ①978-4-488-00088-2

◆**基礎完成最速上達詰碁200** 林海峰著　マイナビ出版　(囲碁人文庫シリーズ)
【要旨】本書は「サンケイスポーツ」に掲載された、林海峰名誉天元による詰碁から200題を収録したものです。解きやすく、棋力アップにつながる詰碁がそろっています。重要手筋を使う問題を多く出題しています。本書の詰碁を解くことで、読みの練習だけではなく、手筋の習得にも役立ててください。「挑戦問題」を30題用意しています。繰り返し練習し解けるようになることで、棋力の向上を実感してください。
2017.5 414p A6 ¥1290 ①978-4-8399-6310-1

◆**強者は中央を目指す** 金成来著, 洪敏和訳　東京創元社　(碁楽選書)
【要旨】進出の形を憶えよう。囲碁で大事なのは、発展性の高い中央へ進出すること。
2017.6 220p B6 ¥1500 ①978-4-488-00083-7

◆**劇的に筋が良くなる碁の本―俗筋が本筋に変わる5つの法則** 淡路修三著　マイナビ出版　(囲碁人ブックス)
【要旨】良い手と悪い手の本質を知る。それだけで、あなたの碁はガラリと変わる!
2017.1 222p B6 ¥1590 ①978-4-8399-6176-3

◆決定版! 星の死活─基本定石と178の実戦問題 山田晋次著 マイナビ出版 (囲碁人文庫シリーズ)
【要旨】星の死活はこれ一冊で完全マスター! 勝つために覚えておきたい死活の形と手筋が満載! 実戦に頻出する基本定石36型とそこから派生する死活178題を収録。
2017.1 446p A6 ¥1290 ①978-4-8399-6173-2

◆碁が強い人はどのように上達してきたか?─プロ棋士15人を輩出する洪道場の教え 洪清泉著 マイナビ出版 (囲碁人ブックス)
【要旨】囲碁界を席巻する若手棋士、一力遼、藤沢里菜、芝野虎丸らはこうして強くなった! 洪道場流の上達法を大公開!
2017.11 222p B6 ¥1590 ①978-4-8399-6473-3

◆碁史 中国・日本 伊藤彰彦著 (大阪) 風詠社、星雲社 発売
【要旨】最古の碁石/日本への伝来の時期/囲碁について記された書物/秀吉や家康の囲碁との関わり/武士や庶民への普及/日中の交流…棋書はもちろん史書・詩・和歌・俳諧・随筆・小説・散文・絵画など様々な資料から情報を集め、囲碁にまつわる事柄をわかりやすく紹介。囲碁に関する参考資料も多数掲載!
2017.3 335p A5 ¥2000 ①978-4-434-23046-2

◆古典詰碁の世界─玄玄碁経・死活妙機 林漢傑監修 日本棋院
【要旨】不朽の名作詰碁を温ねて新しきを知る。現代の名詰碁作家・林漢傑監修・出題。原題の醍醐味を味わえる練習問題多数。
2017.6 265p B6 ¥1290 ①978-4-8182-0659-5

◆古典詰碁の魅力─碁経衆妙・官子譜・発陽論 林漢傑監修 日本棋院
【要旨】不朽の名作詰碁を温ねて新しきを知る。現代の名詰碁作家・林漢傑監修・出題。原題の醍醐味を味わえる練習問題多数。
2017.6 255p B6 ¥1290 ①978-4-8182-0660-1

◆これだけは知っておきたい囲碁 生きる形 死ぬ形 林漢傑著 マイナビ出版 (囲碁人ブックス)
【要旨】どう打てば取られない? なぜその石は死んでいる? 死活攻略の鍵─欠け眼&中手の考え方を明快に解説。基本形をパターン別に総整理。
2017.2 222p B6 ¥1590 ①978-4-8399-6149-0

◆これで十分! 定石の最短攻略法─簡明策ですべて解決 松本武久著 マイナビ出版 (囲碁人ブックス)
【要旨】簡明定石で序盤はラクラク乗り切れる! 最小の知識で最大の効果。実戦で本当に使えるものだけを収録。定石後の狙い、定石外れの対策もバッチリ!
2017.5 222p B6 ¥1590 ①978-4-8399-6329-3

◆最強囲碁AIアルファ碁解体新書─深層学習、モンテカルロ木探索、強化学習から見たその仕組み 大槻知史著, 三宅陽一郎監修 翔泳社
【要旨】本書は科学ジャーナル誌『Nature』で掲載されているアルファ碁に関する難解な学術論文を著者のほうで読み解き、アルファ碁で利用されている深層学習や強化学習、モンテカルロ木探索の仕組みについて、実際の囲碁の画面も参照しながら、わかりやすく解説。本書を読むことで、最新の人工知能に深層学習、強化学習、モンテカルロ木探索などがどのように利用されているかを知ることができます。読者対象は、人工知能関連の開発に携わる開発者、研究者やゲームAI開発者。
2017.7 271p A5 ¥2600 ①978-4-7981-5256-1

◆仕上げは快調 ヨセを得意に 日本棋院 (めきめき上達シリーズ 5)
【要旨】一目の得が勝利をつかむ! らくらく見当。大きさ、価値。
2017.1 223p B6 ¥1000 ①978-4-8182-0637-3

◆実力養成問題集 上 布石・定石 小長井克순修, 日本囲碁連盟編 ユーキャン, 自由国民社 発売 (囲碁開眼特訓講座シリーズ 6)
【要旨】すべて実戦から題材を取った生きた問題集! 序盤感覚が身につきます!
2017.2 207p A5 ¥1400 ①978-4-426-70071-3

◆実力養成問題集 下 攻め・守り 小長井克순修, 日本囲碁連盟編 ユーキャン, 自由国民社 発売 (囲碁開眼特訓講座シリーズ 7)
【要旨】攻防の急所がわかる問題集! 中盤戦を制して勝率アップ!
2017.5 207p A5 ¥1400 ①978-4-426-70072-0

◆「12の定石」で身につく 筋の良い序盤の打ち方 横田茂昭著 マイナビ出版 (囲碁人ブックス)
【要旨】定石の本当の意味を正しく理解できる。手順だけではなく、1手1手の意味を詳しく解説しています。実戦でも、正しい場面で正しい定石を打てるようになるでしょう。1つの定石から学べることを漏れなく解説。「定石は手筋の宝庫」と言われるように、上達へのヒントが数多く詰まっています。1つの定石で、10以上の役立つ知識を身につけることができます。
2017.9 222p B6 ¥1590 ①978-4-8399-6430-6

◆定石を覚えて二目強くなる本 溝上知親著 マイナビ出版 (囲碁人ブックス)
【要旨】4段階で定石を完全マスター。1、「基本定石」を知る。2、「オススメ定石」として分かりやすさを第一の軸として採用。3、練習問題を解いて、実戦での使い方を学ぶ。4、オススメ定石一覧でいつでも復習。確かな序盤力が身につく、必見の一冊!
2017.2 222p B6 ¥1590 ①978-4-8399-6203-6

◆勝負の8割は布石で決まる 睦鎮碩監修, 白在旭編著, 洪敏和訳 東京創元社 (碁楽選書)
【要旨】どこで間違って、苦しくなるのか。星と小目に関わる布石に重点を置いて、中国流布石、小林流布石にも言及し、解説した。
2017.3 253p B6 ¥1590 ①978-4-488-00080-6

◆初段突破 強くなる24のキーワード 村川大介著 NHK出版 (NHK囲碁シリーズ)
【要旨】何気なく打っているその一手、の、の、本当の意味は? 囲碁用語をもとに、実戦で役立つ考え方を村川大介八段が解説。
2017.7 239p B6 ¥1300 ①978-4-14-016252-1

◆初段突破 楽に勝てる石の形 三村智保著 NHK出版 (NHK囲碁シリーズ)
【要旨】よい形・悪い形の感覚が身に付けば、無駄な読みは不要! 初段へのレベルアップに欠かせない「石の形」について、三村智保九段がプロの感覚を徹底的に解説します。
2018.1 255p B6 ¥1300 ①978-4-14-016256-9

◆初段なら知っている布石の常識 高梨聖健著 マイナビ出版 (囲碁人ブックス)
【要旨】効率のいい石を相手よりも多く打つ。正しい石の方向を外さない。大場と急場を正しく見極める。面白いくらいに布石のコツがつかめる一冊。
2017.4 222p B6 ¥1590 ①978-4-8399-6261-6

◆序盤の秘策 すぐに使える裏定石 小松英樹著 マイナビ出版 (囲碁人ブックス)
【要旨】序盤でアッという間に有利になる定石の裏街道を教えます! 長年温めてきたものから、アルファ碁にヒントを得た最新のものまで。珠玉の裏定石28型を大公開!
2017.7 222p B6 ¥1590 ①978-4-8399-6279-1

◆進化を続けるアルファ碁─最強囲碁AIの全貌 洪道場編 マイナビ出版 (囲碁人ブックス)
【要旨】世界のトップ棋士相手に60連勝! 囲碁界を震撼させた全対局を徹底解明。Masterとトップ棋士が繰り広げた激闘、全60局を完全レポート!
2017.6 413p C6 ¥2800 ①978-4-8399-6280-7

◆新・呉清源道場 2 「21世紀の碁」の基本思想 呉清源著 マイナビ出版 (囲碁人文庫シリーズ)
【要旨】「昭和の碁聖」と呼ばれた呉清源九段の研究会を紙上で再現しています。プロの実戦譜を呉九段がその場で論評し、自身の考えを述べていきます。師が唱えた、定石にとらわれない考え方、盤上を広く使った打ち筋は、多くのアマチュアの方に参考になるはずです。
2017.6 446p A6 ¥1290 ①978-4-8399-6361-3

◆新・呉清源道場 3 上達に直結する布石研究 呉清源著 マイナビ出版 (囲碁人文庫シリーズ)
【要旨】布石の30手の研究、これこそが上達の近道だった! 序盤で逃せない急所の見つけ方と定石にとらわれない発想力が身につく。「21世紀の碁」の基本思想がこの一冊でわかる。
2017.11 444p A6 ¥1290 ①978-4-8399-6477-1

◆捨て石の技法─あなたの碁を劇的に変える! 安斎伸彰著 マイナビ出版 (囲碁人ブックス)
【要旨】序盤から終盤まで幅広く打つ機会がある捨て石。なぜ捨てるのか? どう捨てるのか? 具体的な使い方、実戦での考え方を丁寧に解説。
2017.2 222p B6 ¥1590 ①978-4-8399-6204-3

◆隅には魔物が棲んでいる 梁宰豪, 金成来著, 洪敏和訳 東京創元社 (碁楽選書)
【要旨】ここで黙れば、勝てません。隅で出来そうな形や一合枡に焦点を当てた死活の問題集。
2017.8 252p B6 ¥1590 ①978-4-488-00085-1

◆精妙収官─完璧なヨセ 権甲龍著, 成起昌編, 洪敏和訳 東京創元社 (碁楽選書)
【要旨】半目に泣く人、笑う人。手順一つの違いでまったく違う碁になったり、コウ材一つで半目負ける。ヨセは厳しい。
2017.10 313p B6 ¥1800 ①978-4-488-00087-5

◆世界一わかりやすい石倉流囲碁上達教室 石倉昇著 マイナビ出版 (囲碁人ブックス)
【要旨】序盤・中盤の悩みはこれ一冊で全て解決。30年の指導経験から語る、アマ上達の鉄則!
2017.6 252p B6 ¥1640 ①978-4-8399-6253-1

◆攻めで圧倒する! 三連星のススメ 秋山次郎著 マイナビ出版 (囲碁人ブックス)
【要旨】模様の広げ方・守り方、攻めの方向、三々対策…この一冊で三連星を得意戦法にできる! 速攻で主導権を握る有力布石。
2017.4 222p B6 ¥1590 ①978-4-8399-6311-8

◆攻めで利益を上げて勝つ方法 楊嘉源著, 日本囲碁連盟編 ユーキャン, 自由国民社 発売 (中盤の攻略法シリーズ)
【要旨】攻めで得するパターンを伝授! 中盤力が一気にアップします!
2017.8 222p B6 ¥1400 ①978-4-426-70073-7

◆第41期囲碁名人戦全記録─名人位決定七番勝負・挑戦者決定リーグ戦 朝日新聞文化くらし報道部編 朝日新聞社, 朝日新聞出版 発売
【要旨】高尾2年連続の挑戦権、井山のタイトル奪取へ単独優勝。リーグ全局の棋譜、名人戦関連記事を収録。
2017.2 279p A5 ¥2407 ①978-4-02-100260-1

◆高尾紳路 不惑の出発 高尾紳路著 日本棋院
【要旨】10年ぶり名人就位。栄光と苦難の棋士人生。
2017.8 207p A5 ¥1800 ①978-4-8182-0661-8

◆誰でもカンタン! 図解で分かる碁の形勢判断法 平田智也著 マイナビ出版 (囲碁人ブックス)
【要旨】形勢が良い時は何を大事に打つのか? 勢いが悪い時はどのように逆転するのか? アマが苦手な形勢判断を図解で示し、判断を生かした打ち方まで踏み込んで解説!
2017.10 221p B6 ¥1590 ①978-4-8399-6480-1

◆趙治勲詰碁ハンドブック 趙治勲著 マイナビ出版 (囲碁人文庫)
【要旨】趙治勲名誉名人が贈る、読みと死活の急所が身につく191題!
2017.10 398p A6 ¥1290 ①978-4-8399-6423-8

◆直感力を鍛える─囲碁・実戦手筋 山田規三生著 マイナビ出版 (囲碁人ブックス)
【要旨】読まなくても手筋がパッとヒラメクようになる!「切り」や「ツケ」から「攻め合い」や「連絡」までやっての手筋を網羅し、実戦で使うパターンのみを厳選! 手筋を学んだあとは、実戦図を使った練習問題!
2017.3 222p B6 ¥1590 ①978-4-8399-6263-0

◆どん底名人 依田紀基著 KADOKAWA
【要旨】囲碁界最後の無頼派、頂点を極め、そして破滅。人生の陰と陽を自ら書き抜く壮絶なる自伝!
2017.11 236p B6 ¥1500 ①978-4-04-106217-3

◆プロの対局─読みと感覚 劉昌赫, 金世実著, 洪敏和訳 東京創元社 (碁楽選書)
【要旨】上達のカギがここにある。プロ棋士の棋譜を素材に、変化図を多く使って解説した。
2017.7 349p B6 ¥1900 ①978-4-488-00084-4

◆変化球には気を付けて 金成龍, 成起昌著, 洪敏和訳 東京創元社 (碁楽選書)
【要旨】ここで間違えると大変です─アマチュアが実戦で間違えやすい定石の研究。特に小目定

実用書

趣味

趣味　　　　　　　　　　　　　　　　　　　　248　　　　　　　　　　　　　　　　BOOK PAGE 2018

石の変化について。
2017.9 248p B6 ¥1600 ⓘ978-4-488-00086-8

◆星の囲碁学　金萬樹著, 洪敏和訳　東京創元社
（碁楽選書）
【要旨】星打ちを極める！ 三連星を基本テーマとして、黒番、白番両方の立場で星から派生する定石変化・攻防を解説。
2017.1 230p B6 ¥1700 ⓘ978-4-488-00079-0

◆本手、本筋はここ！ 格言が教えてくれる　大垣雄作著　日本棋院
【要旨】覚えよう囲碁格言61。実戦で読みが不要に。
2017.3 207p B6 ¥1400 ⓘ978-4-8182-0657-1

◆守りのタイミングとその後　楊嘉源著, 日本囲碁連盟編　ユーキャン, 自由国民社 発売
（中盤の攻略法シリーズ 2）
【要旨】攻守の切替えがわかるようになり大局観が飛躍的にアップします！
2017.11 254p A5 ¥1400 ⓘ978-4-426-70074-4

◆名誉三冠 小林光一 布石の神髄　小林光一著　NHK出版　（NHK囲碁シリーズ）
【要旨】布石で大場を占めるには？ 布石の段階から厳しく攻めるには？ 局面に合った打ち方を、「小林流布石」で世界的に名高い小林光一名誉三冠が分かりやすく教えます。
2017.1 239p B6 ¥1300 ⓘ978-4-14-016249-1

◆目指すは即答 基礎力アップ問題集　河野貴至著　日本棋院
【要旨】入門その後の教科書に。初中級者の基礎固め。上級者のミスを徹底克服。
2017.2 255p B6 ¥1500 ⓘ978-4-8182-0656-4

◆やさしく語る布石の原則　白石勇一著　マイナビ出版　（囲碁人ブックス）
【要旨】布石では何を目指すのか？ なぜ弱い石ができてしまうのか？ 逃してはいけない急所はどこか？ これ以上ない分かりやすさで、序盤の悩みに全て答える一冊。
2017.8 222p B6 ¥1590 ⓘ978-4-8399-6335-4

◆良い形に勝機は訪れる　睦鎮碩監修, 李夏林編著, 洪敏和訳　東京創元社　（碁楽選書）
【要旨】戦いは、必ず起こる。部分的な技術をもとにしながら、全局を念頭において"この一手"を探す。
2017.4 253p B6 ¥1800 ⓘ978-4-488-00081-3

◆よくわかる囲碁AI大全—AlphaGoからZenまで　大橋拓文著　日本棋院
【目次】第1章 囲碁AIの革新的手法、第2章 囲碁AIのあゆみ、第3章 人間vs.囲碁AI、第4章 囲碁AIの未来サミット、第5章 新しい時代へ、第6章 AlphaGoZeroの誕生、付録 囲碁AI特選譜
2017.12 303p A5 ¥2400 ⓘ978-4-8182-0662-5

◆ヨセの強化書 応用編—九路で鍛える実戦式トレーニング　寺山怜著　日本棋院
【目次】第1章 肩慣らし編、第2章 腕試し編、第3章 アマトップクラス編、第4章 プロクラス編
2017.12 215p B6 ¥1500 ⓘ978-4-8182-0663-2

◆ヨセの強化書基礎編—九路で鍛える実戦式トレーニング　寺山怜著　日本棋院
【目次】第1章 初級編、第2章 中級編、第3章 上級編
2017.3 215p B6 ¥1500 ⓘ978-4-8182-0658-8

◆依田流アルファ碁研究—よみがえる、呉清源・道策　依田紀基著　マイナビ出版　（囲碁人ブックス）
【要旨】名棋士が遺した熱血の局から囲碁AIが残した冷血の局を比較研究。依田が見た、碁の奥深さとは。
2017.8 299p A5 ¥2460 ⓘ978-4-8399-6299-9

◆読まなくても急所がわかる！ 死活徹底ガイド　山田晋次著　マイナビ出版　（囲碁人ブックス）
【要旨】サクサク解いてコツを身につける、練習問題80題！ 棋力判定ができる挑戦問題も収録！
2017.9 222p B6 ¥1590 ⓘ978-4-8399-6395-8

将棋

◆相振り飛車で勝つための18の心得　安用寺孝功著　マイナビ出版　（マイナビ将棋BOOKS）
【要旨】分かりやすさNo.1！ 向かい飛車VS三間飛車相三間飛車の考え方が面白いほどよくわかる！ プロの常識教えます。
2017.11 222p B6 ¥1540 ⓘ978-4-8399-6399-6

◆頭がよくなる詰将棋ドリル—すぐに覚えられる特製将棋付　将棋を孫に伝える会編, 勝浦修監修　楓書店, サンクチュアリ出版 発売
（付属資料：特製将棋セット）
【要旨】あの藤井四段の才能は「詰将棋」で育てられた！ 脳のトレーニングにも最適！ お母さん、お父さんと5歳から楽しめます。
2017.11 95p B6 ¥1500 ⓘ978-4-86113-829-4

◆穴熊囲いを極める77の手筋　石田直裕著　マイナビ出版　（マイナビ将棋BOOKS）
【要旨】終盤で一手差をつける攻防の手筋を完全網羅。穴熊囲い大事典！
2017.1 222p B6 ¥1540 ⓘ978-4-8399-6208-1

◆天彦流中盤戦術—「局面の推移」と「形勢」で読みとく　佐藤天彦著　NHK出版　（NHK将棋シリーズ）
【要旨】中盤は何を基準にして考えたらよいか、その局面で何を考えれば指し手が選べるか。中盤の考え方を、今までにない「局面の推移」と「形勢」という視点で紹介します。
2017.10 254p B6 ¥1300 ⓘ978-4-14-016255-2

◆一冊で差がつく！ 将棋上達のコツ50—勝ち方がわかる本　屋敷伸之監修　メイツ出版
（まなぶっく）
【要旨】必ず知っておきたい基本と「対局で勝つ」ためのポイントをわかりやすく解説します。
2017.5 144p A5 ¥1500 ⓘ978-4-7804-1884-2

◆1冊で全てわかる角交換四間飛車 その狙いと対策　大石直嗣著　マイナビ出版　（マイナビ将棋BOOKS）
【要旨】角交換四間飛車の優秀性と弱点が1冊でまるわかり！
2017.9 222p B6 ¥1540 ⓘ978-4-8399-6431-3

◆1冊でわかる右四間飛車 その狙いと対策　藤倉勇樹著　マイナビ出版　（マイナビ将棋BOOKS）
【目次】第1章 右四間飛車の基本形（右四間飛車の基本形）、第2章 右四間飛車急戦型（先手6七銀待機型、先手6七銀～先手5六銀型、先手5六歩型、後手番での対急戦）、第3章 右四間飛車左美濃型（対左美濃、対米長流銀冠）、第4章 右四間飛車穴熊型（右四間穴熊vs先手7七角型、右四間穴熊vs先手7五歩型）、第5章 その他の戦型（飛先不突き右四間vs三間飛車、早めの先手6五歩、後手番での右四間飛車対策）
2017.6 222p B6 ¥1540 ⓘ978-4-8399-6262-3

◆永世名人直伝！ 完全版"自然流"詰将棋　中原誠著　日本将棋連盟, マイナビ出版 発売
（将棋連盟文庫）
【要旨】本書は自然な手を積み重ねて勝つという「自然流」と称され、将棋界に一時代を築いた中原誠十六世名人による詰将棋問題集です。新聞や雑誌に発表してきた詰将棋の中から、実戦型のもの、詰手筋を多く含むものを200題収録しています。詰将棋の問題をたくさん解くことで正確な読みの力を鍛えることができます。さらに本書は実戦型のものになっているため、実際の対局でそのまま使えるような詰み形、詰み手筋を数多く覚えることができます。将棋界の第一人者による詰将棋を解いて、終盤力アップを成し遂げてください。
2017.11 414p A6 ¥1340 ⓘ978-4-8399-6465-8

◆大山VS米長全局集　大山康晴, 米長邦雄著　日本将棋連盟, マイナビ出版 発売
【要旨】互いに負けられない異世代対決。四半世紀に及ぶ死闘を全局解説つきで収録。自戦記6局＋解説97局。
2017.7 438p A5 ¥2800 ⓘ978-4-8399-6328-6

◆おもしろいほどよくわかる羽生善治の将棋入門　羽生善治監修　主婦の友社
【要旨】楽しみながら将棋の基本を学ぼう！
2017.6 159p A5 ¥950 ⓘ978-4-07-424036-4

◆オレたち将棋ん族 エピソード3　バトルロイヤル風間著　双峰社
【要旨】『週刊将棋』人気の将棋4コマ漫画が単行本に！ シリーズ第3弾は2013～2016年3月までの全作を収録。すべての漫画に作者書き下ろしの解説が付き、「将棋マンガ年表」や未発表作「オレたち将棋ゾンビ」も収録。
2017.6 220p 19×13cm ¥1050 ⓘ978-4-904686-09-6

◆角換わりの新常識—先手4八金・2九飛型徹底ガイド　小林裕士著　マイナビ出版　（マイナビ将棋BOOKS）
【要旨】先手6八玉型でいきなり先手4五桂！ 金銀の連結を保留して速攻を仕掛ける現代角換わりの神髄がここにある。角換わりの戦いを一変させた新定跡を徹底解説。
2017.7 230p B6 ¥1540 ⓘ978-4-8399-6278-4

◆完全版定跡外伝—将棋の裏ワザ教えます　週刊将棋編　マイナビ出版　（マイナビ将棋文庫）
【要旨】本書は通常の将棋戦術書で紹介される定跡の「本筋」ではなく、そこからわずかに外れた、実は優秀で勝ちやすい指し方を紹介した「定跡外伝」と「定跡外伝2」の2冊を合わせて文庫化したものです。定跡外の手を使うから、相手が定跡に詳しい人ほど効果的です。その知識を逆手に取って罠を仕掛け、相手を「定跡の落とし穴」に引きずり込んでください。
2017.1 452p A6 ¥1240 ⓘ978-4-8399-6179-4

◆規格外の新戦法—矢倉左美濃急戦 最新編　斎藤慎太郎著　マイナビ出版　（マイナビ将棋BOOKS）
【要旨】将棋ファン必読！ 斎藤七段の最新研究を見逃すな！
2017.9 237p B6 ¥1580 ⓘ978-4-8399-6376-7

◆棋士とAIはどう戦ってきたか—人間vs.人工知能の激闘の歴史　松本博文著　洋泉社
（新書y）
【要旨】二〇一七年四月一日、現役タイトル保持者が、はじめてコンピュータ将棋ソフトに敗れた。AI（人工知能）が、ついに人間の王者を上回ったのだ。それは予想だにしない奇跡だったのか、それとも必然だったのか？ コンピュータ将棋の開発が始まってから四十年あまり、当初、「人間に勝てるはずがない」ともいわれたコンピュータ将棋は、驚異的な進化を遂げて、いま、人間の前に立ちはだかる。この間、棋士は、そしてソフト開発者は何を考え、何をめざしてきたのか？ そして、人間とAIは、どのような関係へと向かうのか？ 将棋界の最前線を十数年取材してきた将棋記者の、渾身のルポルタージュ！
2017.8 255p 18cm ¥900 ⓘ978-4-8003-1171-9

◆棋士の才能—河口俊彦・将棋観戦記集　河口俊彦著　日本将棋連盟, マイナビ出版 発売
【要旨】棋士のほとばしる才能と揺れ動く人間模様を鮮やかに描く、河口俊彦八段が遺した珠玉の王座戦観戦記51局。
2017.2 382p A5 ¥2800 ⓘ978-4-8399-6236-4

◆9マス将棋の本　青野照市, 日本将棋連盟著　幻冬舎
【要旨】「9マス将棋」から始めれば、将棋がみるみる強くなる！ 基本の詰みから手筋のポイントがわかる入門書。
2017.6 111p B6 ¥950 ⓘ978-4-344-97916-1

◆今日からすぐ勝てる 奇襲虎の巻　神谷広志著　マイナビ出版　（マイナビ将棋文庫）
【要旨】本書は神谷広志八段による「奇襲虎の巻」と「居飛車なんかコワくない―振り飛車の逆襲」の2冊を合わせて文庫化したものです。「奇襲虎の巻」では、四間飛車独創剣、ハメ手中飛車、後手7四歩戦法、カニカニ銀、相掛かり宇宙戦法など、相手が一手受け間違えればたちまち勝ちになるような破壊力抜群の奇襲が紹介されています。「居飛穴なんかコワくない」では三間飛車、向かい飛車、四間飛車の3つの戦型でそれぞれユニークな居飛車穴熊破りを解説しています。どちらも神谷八段ならではの独特の指し回しがユーモアあふれる口調で語られています。本書で覚えた戦法でぜひ相手をアッと言わせてください。
2017.5 436p A6 ¥1240 ⓘ978-4-8399-6318-7

◆血涙十番勝負　山口瞳著　小学館　（P+D BOOKS）
【要旨】文壇きっての愛棋家であった山口瞳が、斯界の巨星・大山康晴から中原誠、米長邦雄ら第一線棋士との真剣対局「十番勝負」に挑んだ1972年のユニークな自戦記。軽妙洒脱な文章で綴られながら、将棋の世に比類ない棋士の魅力と、男の哀歓を描いて将棋を知らずとも読み応え充分。"血涙"とは大げさではなく、総ては勝つため。ガムを噛むは、ステーキは食うは、マッサージ師を呼ぶは、酒は飲むは、挙げ句胃腸薬を飲んで下痢止めを飲んで身体は七転八倒—のまさに涙ぐましいほどの"真剣勝負"であった。担当編集・宮田昭宏氏のあとがきも収録。
2017.10 369p B6 ¥600 ⓘ978-4-09-352318-9

◆堅陣で圧勝！ 対振り銀冠穴熊　増田康宏著　マイナビ出版　（マイナビ将棋BOOKS）
【要旨】銀冠に囲って玉を安定させてから穴熊にする。角道を開けたまま駒組みする。穴熊最大の弱点である端攻めがない。囲いやすい、分かりやすい、勝ちやすい。勝ちやすさ120％の対振り新戦法、書籍化！
2017.6 222p B6 ¥1540 ①978-4-8399-6218-0

◆これが決定版！ 相中飛車徹底ガイド　杉本昌隆著　マイナビ出版　（マイナビ将棋BOOKS）
【要旨】相中飛車初の戦術書にして決定版！
2017.10 221p B6 ¥1540 ①978-4-8399-6309-5

◆これだけで勝てる 相振り飛車のコツ　大平武洋著　マイナビ出版　（マイナビ将棋BOOKS）
【要旨】あっという間に相振り飛車の急所がつかめる一冊！ 序盤から自由度の高い相振り飛車の考え方を身につけよう。先手6六歩、先手7五歩から囲いの特徴まで1冊で網羅！
2017.8 213p B6 ¥1540 ①978-4-8399-6385-9

◆これだけで勝てる 石田流のコツ　大平武洋著　マイナビ出版　（マイナビ将棋BOOKS）
【要旨】あっという間に石田流の急所がつかめる一冊！ 最も攻撃力の高い振り飛車、石田流！ 基本的な考え方から急戦、左美濃、銀冠、穴熊まで完全網羅。石田流のさばきの感覚を身につけろ！
2017.5 221p B6 ¥1540 ①978-4-8399-6298-2

◆これだけで勝てる 角交換振り飛車のコツ　大平武洋著　マイナビ出版　（マイナビ将棋BOOKS）
【要旨】あっという間に角交換振り飛車の急所がつかめる一冊！ 角交換四間飛車やダイレクト向かい飛車はもちろん、立石流や先手中飛車の角交換型など、振り飛車で角交換をしている形を1冊で網羅！
2017.11 213p B6 ¥1540 ①978-4-8399-6394-1

◆これだけで勝てる ゴキゲン中飛車のコツ　大平武洋著　マイナビ出版　（マイナビ将棋BOOKS）
【要旨】ゴキゲン中飛車の3大ポイント。一つ、片美濃で戦う覚悟を持つ。二つ、5筋を突くタイミングに気を付ける。三つ、左銀は相手の右銀をマークする。
2017.1 229p B6 ¥1540 ①978-4-8399-6178-7

◆これだけで勝てる 三間飛車のコツ　大平武洋著　マイナビ出版　（マイナビ将棋BOOKS）
【要旨】急戦より持久戦を意識する、左銀は5筋から右へ使う意識、高美濃が最強。銀冠には組みみ難くない、立石流が本書の目所がつかめる！ 基本的な考え方から急戦、居飛穴、左美濃対策まで完全網羅。
2017.2 221p B6 ¥1540 ①978-4-8399-6227-2

◆これで万全！ 奇襲破り事典　本間博著　マイナビ出版　（マイナビ将棋BOOKS）
【要旨】相手の狙いを外す、がっちり受け止める。ハメ手の裏をかく一奇襲の狙いを知り、対策を知れば百戦危うからず！ 鬼殺し流、筋違い角など10の奇襲を撃破！
2017.1 222p B6 ¥1540 ①978-4-8399-6091-9

◆最強の終盤—詰みと寄せの最重要手筋104　及川拓馬著　マイナビ出版　（マイナビ将棋BOOKS）
【要旨】詰みの基本、囲い別の詰まし方。詰めろの掛け方、必至の掛け方。囲いを破ってから、玉を詰ますまでの終盤の技術のすべてがここにある。
2017.4 230p B6 ¥1540 ①978-4-8399-6220-3

◆サクサク解ける詰将棋練習帳 風の巻　詰将棋パラダイス編　マイナビ出版　（マイナビ将棋文庫）
【要旨】詰将棋はこの本から始めよう！ 形が良く、易しい問題を解くことが、将棋上達への近道。詰みの基本がわかる200題。空いた時間にサクサク解いて、読みの力、寄せの力がグングン身につく！
2017.6 414p A6 ¥1240 ①978-4-8399-6334-7

◆三間飛車新時代　小倉久史、山本博志著　マイナビ出版　（マイナビ将棋BOOKS）
【要旨】三間飛車の新定跡を完全網羅！ 対急戦も対持久戦も万全！ いま、ノーマル三間飛車がアツい！！
2017.10 214p B6 ¥1540 ①978-4-8399-6273-9

◆3手詰から始める棋力アップ詰将棋200　伊藤果著　マイナビ出版　（マイナビ将棋文庫）
【要旨】本書は3手詰から始まり、15手詰まで200問を収録しています。まずは詰みの基本手筋を3手詰、5手詰の易しい問題で身につけ、7手詰以降の問題に徐々に難しくなっていく問題に挑戦することで段階的な棋力向上を実現できます。詰将棋は終盤力のみならず、読みの力も鍛えることができます。伊藤果八段の詰将棋は思わぬところに落とし穴があり、正確な読みが要求されます。トレーニングを全て解き終わったころには、飛躍的な棋力が向上していることでしょう。
2017.12 420p A6 ¥1340 ①978-4-8399-6495-5

◆四間飛車上達法　藤井猛著　浅川書房　（最強将棋レクチャーブックス 8）
【要旨】稀に見る親切さ！ かつてない四間飛車講義、開講！ 級位者の方へ。これまでの本では伝えにくかったことを教えます。有段者の方へ。藤井理論が染み込み、ぶれない軸ができ上がります。
2017.12 230p B6 ¥1400 ①978-4-86137-048-9

◆終盤で差がつく 寄せの決め手210　沼春雄著　日本将棋連盟、マイナビ出版 発売　（将棋連盟文庫）
【要旨】棋力アップを達成するにはさまざまな方法がありますが、終盤の手筋を学ぶのに最適なのが次の一手問題を解くことです。本書には沼春雄七段による次の一手問題「ささやかなトリック」が210問収録されています。その特長は何と言っても解きやすく、正解手の好手性が分かりやすいこと。解けたときにはパズルのピースがぴったりはまったような気持ちよさがあります。これらの問題を解き、解説を読めば自然に読む力、寄せの力が鍛えられます。ぜひ本書を棋力アップに役立ててください。
2017.2 446p A6 ¥1240 ①978-4-8399-6240-1

◆将棋・基本戦法まるわかり事典 居飛車編　佐藤慎一著　マイナビ出版　（マイナビ将棋BOOKS）
【要旨】指すにあたってこれだけは知っておくと良い要点をまとめた、最良の居飛車ガイドブック！
2017.3 222p B6 ¥1540 ①978-4-8399-6217-3

◆将棋 棋力判定テスト　青野照市著　（大阪）創元社　（将棋パワーアップシリーズ）
【要旨】棋力を知ることは、上達への道しるべ。棋力判定ができるとともに、手筋や大局観が身につく一石三鳥の問題集。まずは初段に挑戦！ 正解数によって段階を認定する三択問題101。
2017.10 206p 19cm ¥1000 ①978-4-422-75154-2

◆将棋終盤の手筋436—「次の一手」で覚える　週刊将棋編　マイナビ出版　（マイナビ将棋文庫）
【要旨】将棋はこうすれば勝てる。勝ちに直結する寄せの基本テクニックが満載！ 大ボリュームの436問収録。互角の終盤戦で抜け出す力をつけ、寄せの力をマスター！
2017.9 446p A6 ¥1290 ①978-4-8399-6386-6

◆将棋・序盤完全ガイド 相振り飛車編　上野裕和著　マイナビ出版　（マイナビ将棋BOOKS）
【要旨】将棋の序盤を歴史から解明！！図面は直感的に分かりやすい！！相振り飛車の基本と全体像がスッキリ分かる！ プロの序盤戦術を分かりやすく解説！「振り飛車編」「相居飛車編」に続くシリーズ第3弾！
2017.6 286p B6 ¥1540 ①978-4-8399-6275-3

◆将棋戦型別名局集 5 中飛車名局集　鈴木大介解説　日本将棋連盟、マイナビ出版 発売
【要旨】ツノ銀中飛車からゴキゲン中飛車まで。完全保存版、中飛車の名局100局収録！
2017.5 430p B6 ¥2800 ①978-4-8399-6093-3

◆将棋戦型別名局集 6 横歩取り名局集　中原誠監修　日本将棋連盟、マイナビ出版 発売
【要旨】木村、升田、内藤から後手8五飛の発見そして羽生、佐藤天まで横歩取りの名局100局収録！ 羽生善治七冠達成の一局など、棋史に残る対局も収録。選りすぐりの横歩取りの名局を全局詳細に解説。
2017.6 430p B6 ¥1540 ①978-4-8399-6175-6

◆将棋DVD 攻めて強くなる戸辺流中飛車　戸辺誠著　ルーク　（付属資料：DVD1）
【要旨】将棋ファン待望のDVD付き戦法書が遂に登場。攻めの棋風と明快な解説で人気の戸辺誠七段がDVD映像と次の1手形式の問題集で中飛車の指し方を徹底解説。動画で予習してから本の問題を解くので、初級者、級位者、観る将の方にも分かりやすく、楽しんで学ぶことができます。DVD動画は210分で、聞き手は藤田綾女流二段。先手番、後手番、角交換型、相振り飛車までカバーしており、これ1冊で一通り中飛車を指すことができるようになります。
2017.12 245p A5 ¥1850 ①978-4-908937-00-2

◆常識破りの新戦法 矢倉左美濃急戦 基本編　斎藤慎太郎著　マイナビ出版　（マイナビ将棋BOOKS）
【要旨】先手矢倉に対する左美濃急戦が矢倉の歴史を変えた！ 駒組み時点で後手ペースとなる可能性のある急戦。
2017.4 254p B6 ¥1580 ①978-4-8399-6172-5

◆定跡無用の突進戦法 野獣流攻める矢倉＆右四間飛車　泉正樹著　マイナビ出版　（マイナビ将棋文庫）
【要旨】早い仕掛けから攻め切って勝つ！ 気持ちよく将棋を指したい方に絶対オススメの一冊。
2017.10 446p A6 ¥1340 ①978-4-8399-6460-3

◆初手から分かる！ 将棋・序盤のセオリー　本間博著　マイナビ出版　（マイナビ将棋BOOKS）
【要旨】「どの駒をどう動かしていいか分からない…」「いつも序盤で作戦負けしてしまう…」そんな悩みを解決！ セオリーを覚え、目的を持って指せば序盤戦は難しくない!!序盤の指し方をやさしくナビゲート！
2017.12 222p B6 ¥1540 ①978-4-8399-6406-1

◆随筆と小説 将棋八十一枡の小宇宙　水野保著　（京都）文理閣
【要旨】将棋とは一体何か？ 随筆や小説の様々な視点からその本質を探る。最善手考、究極の将棋戦法、岡目八目、俳句と将棋、（小説）暗殺の緩解…等二十一編を収める。
2017.11 260p B6 ¥1700 ①978-4-89259-812-8

◆菅井ノート 相振り編　菅井竜也著　マイナビ出版　（マイナビ将棋BOOKS）
【要旨】神速！ 菅井王位の比類なきスピード感覚！ 菅井流三間飛車＋先手中飛車を徹底解説。菅井ノート第4弾！
2017.10 229p B6 ¥1540 ①978-4-8399-6461-0

◆すぐに使えてすぐ勝てる！ 将棋・振り飛車破りの基本　畠山鎮著　マイナビ出版　（マイナビ将棋BOOKS）
【要旨】四間飛車、三間飛車、中飛車、角交換四間飛車、向かい飛車。カンタンで勝ちやすい振り飛車対策教えます。
2017.3 222p B6 ¥1540 ①978-4-8399-6205-0

◆全戦型対応版 永瀬流負けない将棋　永瀬拓矢著　マイナビ出版　（マイナビ将棋BOOKS）
【要旨】負ける確率を0.1％でも減らす永瀬ワールド！
2017.12 294p B6 ¥1840 ①978-4-8399-6500-6

◆全戦法対応 将棋・基本定跡ガイド　長岡裕也著　マイナビ出版　（マイナビ将棋文庫）
【要旨】本書は、将棋を指すうえで覚えておくべき戦法の駒組み手順を、一手一手形式で丁寧に解説していくものです。将棋のルールを覚えたあと、次のステップに進みたいという人に、是非手にしていただきたい一冊です。本書を読んで実戦で試し、数ある戦法の中から自分に合った好みの戦法を見つけてください。
2017.12 382p A6 ¥1340 ①978-4-8399-6527-3

◆続 血涙十番勝負　山口瞳著　小学館　（P+D BOOKS）
【要旨】文壇きっての将棋数寄であった山口瞳が、今回は「角落ち」で内藤国雄、大内延介、木村義雄永世名人ら第一線棋士と真剣対局"十番勝負"に挑む。将棋をこよなく愛する人、勝負の世界に惹かれる人、男の人生を考える人に贈る、笑えて胸にしみる自戦記の続編。「神武以来の天才」といわれ、現在も人気の"ひふみん"こと加藤一二三（対戦当時は八段）との激戦も収録。果たして、その結末やいかに?!雑誌連載当時の担当編集者・宮田昭宏氏があとがきを特別寄稿。
2017.11 365p B6 ¥600 ①978-4-09-352320-2

◆第75期将棋名人戦七番勝負　毎日新聞社編　毎日新聞出版
【要旨】新時代の幕開けを予感。21年ぶりの20代対決、4勝2敗で佐藤名人が防衛！ 七番勝負全棋譜・局面図・観戦記で熱戦の模様を詳しく解説。

趣味

実用書

◆第75期将棋名人戦七番勝負全記録 佐藤、名人初防衛　朝日新聞文化くらし報道部編　朝日新聞出版
【要旨】21年ぶりの20代対決。1勝2敗から3連勝で逆転。
2017.8　239p　B6　¥1500　978-4-02-100264-9

◆対振りの秘策 完全版 飯島流引き角戦法　飯島栄治著　マイナビ出版（マイナビ将棋文庫）
【要旨】角交換されない！堅く囲える！すべての振り飛車を粉砕する、引き角の極意。
2017.7　446p　A6　¥1240　978-4-8399-6379-8

◆楽しく覚えよう！ 将棋ビギナーズガイド 1 入門編　羽生善治著　日本将棋連盟, マイナビ出版 発売
【要旨】この1冊で将棋は指せる！写真と図面で分かりやすく解説。将棋界の第1人者羽生善治が教える将棋入門書の決定版！
2017.11　126p　A5　¥780　978-4-8399-6487-0

◆楽しく覚えよう！ 将棋ビギナーズガイド 2 基本編　羽生善治著　日本将棋連盟, マイナビ出版 発売
【要旨】将棋の大事な考え方を知ろう！駒の上手な使い方が分かればワンランクアップ。将棋界の第1人者羽生善治が教える将棋の基本中の基本！
2017.11　126p　A5　¥850　978-4-8399-6488-7

◆楽しく覚えよう！ 将棋ビギナーズガイド 3 上達編　羽生善治著　日本将棋連盟, マイナビ出版 発売
【要旨】将棋で勝つにはどうすればいいのか？『読み』の力を強くするとっておきの方法を教えます。将棋の第1人者羽生善治が教える将棋上達のコツ。
2017.11　126p　A5　¥850　978-4-8399-6489-4

◆中学生棋士　谷川浩司著　KADOKAWA（角川新書）
【要旨】日本全土がフィーバーに沸いた中学生棋士・藤井聡太四段の登場と破竹の29連勝。中学生棋士はこれまで5人現れ、その全員がトップ棋士として活躍した。早熟な才能はいかにして生まれるのか。そしていかにして開花するのか。自らも「中学生棋士」だった著者がその全てに迫る。
2017.9　217p　18cm　¥800　978-4-04-082174-0

◆超攻撃的振り飛車 新生・角頭歩戦法　西川和宏著　マイナビ出版（マイナビ将棋BOOKS）
【要旨】疑問をロジカルに徹底解説。知れば知るほど指したくなる！
2017.11　213p　B6　¥1540　978-4-8399-6276-0

◆使える詰み筋が身につく！詰将棋トレーニング210　岡田敏著　マイナビ出版（マイナビ将棋文庫）
【要旨】本書は攻方の駒が最後2枚だけで詰みとなる「清涼図式」をそろえた「楽しみながら強くなるさわやかな詰将棋105」と玉を81マスすべての配置で詰ます「81マスどこでも詰ませる5・7・9手」、2冊をまとめて文庫化したものです。いずれも軽快な捨て駒から綺麗な手順で詰み上がるものばかりです。210問の問題を気持ちよく解いて、棋力アップに役立ててください。
2017.8　446p　A6　¥1240　978-4-8399-6393-4

◆「次の一手」で覚える 将棋序・中盤の手筋436　週刊将棋編　マイナビ出版（マイナビ将棋文庫）
【要旨】序・中盤の力を磨きたいあなたに。本書は「週刊将棋」に掲載された「段・級位認定次の一手」の問題から序・中盤の手筋に関する問題のみにしぼって、436題を収録したものです。終盤の寄り切り勝ちに進めて、あとは寄せ合い勝負、という戦い方ももちろんいいですが、序盤、中盤の時点で優勢に持ち込めるなら、それに越したことはありません。そしてそれを可能にする手は、実はたくさんあるのです。本書の手筋をマスターすれば相手のスキを見逃さずに優勢に持ち込めますし、逆にこのような手を指されないようにすることもできるでしょう。この一冊で揺るぎない序・中盤の力を身につけてください。
2017.3　446p　A6　¥1240　978-4-8399-6221-0

◆詰将棋の達人　勝浦修著　マイナビ出版（マイナビ将棋文庫）
【要旨】将棋の地力がつく詰将棋問題集―詰将棋を解くことは終盤の詰みの力を鍛えるとともに、読みの力＝将棋の地力をつけるのにも最適です。しかも駒数が少なく解いてみたくなる問題で、解けば解くほど筋が良くなるような詰将棋であれば、将棋上達の最良のアイテムと言えるでしょう。本書は「サンケイスポーツ」に掲載された勝浦修九段の「詰将棋道場」から200題を収録したもので、まさにそのような条件を満たす問題集といえます。形はコンパクトにまとまっており、解けば自然に詰み筋が身につきます。
2017.4　414p　A6　¥1240　978-4-8399-6274-6

◆徹底解明！ 相振り飛車の最重要テーマ14　黒沢怜生著　マイナビ出版（マイナビ将棋BOOKS）
【要旨】相振り飛車は構想力が命！テーマ別解説でその極意をつかめ。
2017.4　230p　B6　¥1540　978-4-8399-6167-1

◆徹底解明！ 先手中飛車の最重要テーマ21　伊藤真吾著　マイナビ出版（マイナビ将棋BOOKS）
【要旨】先手中飛車VS居飛車の戦いを完全解析！いとしん流、前田流、角交換型、居飛車穴熊、相穴熊。テーマ別解説で、先手中飛車のすべてがわかる！徹底解明シリーズ第1弾！
2017.3　262p　B6　¥1590　978-4-8399-6168-8

◆天才棋士 加藤一二三 挑み続ける人生　加藤一二三著　日本実業出版社
【要旨】63年に渡り「挑戦」を続けてきたレジェンド棋士が、勝負、人生、家族について語り尽くす一冊！
2017.11　204p　B6　¥1400　978-4-534-05538-5

◆天才 藤井聡太　中村徹, 松本博文著　文藝春秋
【要旨】貴重なカラー写真満載。師匠が、若手棋士たちが、王者らが語る史上最強中学生棋士の素顔。
2017.9　197p　B6　¥1350　978-4-16-390746-8

◆伝説の序章―天才棋士・藤井聡太　田丸昇著　清談社
【要旨】羽生善治、加藤一二三、谷川浩司、大山康晴大棋士たちのエピソードや魅力も多数紹介！田丸昇九段が綴る、藤井四段のすごさと将棋界の仕組。
2017.12　209p　B6　¥1400　978-4-86029-469-4

◆等身の棋士　北野新太著　ミシマ社
【要旨】藤井聡太、加藤一二三、羽生善治―2017年、彼らがいた。極限の状況で「最善」だけを探る。高潔な棋士たちの群像を描く、傑作・将棋ノンフィクション！
2017.12　209p　B6　¥1600　978-4-909394-01-9

◆豊川孝弘の将棋オヤジギャグ大全集―将棋を100倍楽しむ方法　豊川孝弘著　主婦の友社
【要旨】定番＆最新、将棋オヤジギャグで将棋がますます好きになる。豊川七段厳選の詰め将棋も収録（一手、三手、五手、七手詰め）。
2017.11　190p　B6　¥1000　978-4-07-427520-5

◆中原VS米長全局集　中原誠, 米長邦雄著　日本将棋連盟, マイナビ出版 発売
【要旨】棋界の頂点を懸けた珠玉の将棋の数々。名人戦7期など、タイトル戦で20期激突。第1局昭和40年第13期王座戦から、第187局平成15年第16期竜王戦まで、低段時代から40年に及ぶ対決を余すところなく収録。
2017.4　422p　A5　¥2800　978-4-8399-6206-7

◆羽生善治の1手・3手詰め将棋―こなしていくだけでどんどん強くなる！　羽生善治監修, 角建逸執筆・編集協力　主婦の友インフォス, 主婦の友社 発売（『動かす駒がすぐわかる！羽生善治のはじめて詰め将棋』改訂・追加・改題書）
【要旨】詰める駒別の154問を解けば解くほど力が上がる！
2017.2　191p　B6　¥1200　978-4-07-420742-8

◆羽生善治の将棋―終盤 勝つための指し方　羽生善治著
【要旨】寄せの基本から長手順の詰みまで勝ちきるコツがズバリわかる！羽生先生の実戦譜から読み解く！
2017.4　239p　B6　¥950　978-4-415-32312-1

◆羽生善治の将棋「次の一手」150題　羽生善治著　成美堂出版
【要旨】序盤から中盤・終盤・詰みまで羽生流「次の一手」を解く！
2017.10　319p　A6　¥740　978-4-415-32413-5

◆羽生善治の詰みと必至1分トレーニング　羽生善治監修　ナツメ社
【要旨】「玉」を捕まえることを「詰み」といいます。次の手で必ず「詰み」となることを「必至」といいます。早く勝つためのパターンや形をやさしく図解しました。覚えたことを、すぐに復習できる問題（初級・中級・実力テスト）110問を収録しました。実戦でも出てくる場面を厳選した問題です。
2017.11　223p　B6　¥950　978-4-8163-6337-5

◆羽生善治はじめての子ども将棋―まんがイラストでよくわかる！　羽生善治, 日本将棋連盟監修　西東社
【要旨】楽しく学んで「勝つ将棋」を身につけよう！
2017.9　191p　A5　¥1000　978-4-7916-2555-0

◆盤上のファンタジア―若島正詰将棋作品集　若島正著　河出書房新社　新装版
【目次】作品、解答
2017.8　197p　B6　¥1800　978-4-309-27877-3

◆ひふみんの将棋入門　加藤一二三著　産経新聞出版（『脳が活性化する！大人がもう一度はじめる将棋入門』改題書）　新装版
【要旨】傑作3手詰将棋など全50問収録。「最長（現役勤続年数）」、「最多（公式戦対局数）」、「最速（18歳A級昇段）」の歴代1位記録を樹立した「将棋界のレジェンド」によるいちばんわかりやすい入門書！
2017.9　205p　B6　¥1200　978-4-8191-1324-3

◆藤井聡太 天才はいかに生まれたか　松本博文著　NHK出版（NHK出版新書）
【要旨】恐るべき天才が現れた。その少年の名は藤井聡太。史上最年少でプロ棋士になるや否や、デビューから破竹の29連勝を収め、歴代最多連勝記録を更新してのけた。その並外れた集中力の秘密は？家庭ではどのように育てられてきたのか？藤井四段本人や親族から棋士・関係者まで、豊富な証言をもとに、天才の知られざる素顔に迫る。
2017.10　234p　18cm　¥820　978-4-14-088532-1

◆藤井聡太 名人をこす少年　津江章二著　日本文芸社
【要旨】藤井聡太、連勝劇の裏側と強さの秘訣。
2017.9　191p　B6　¥1300　978-4-537-21527-4

◆不動心論　大山康晴著　ロングセラーズ
【要旨】伝説の棋士。逆境に負けない心の持ち方を説く！土壇場でこそ、氷のように冷静であれ！
2017.6　246p　18cm　¥1000　978-4-8454-5024-4

◆振り飛車最前線 四間飛車VS居飛車穴熊　宮本広志著　マイナビ出版（マイナビ将棋BOOKS）
【要旨】ノーマル四間飛車の最先端！角道を止める四間飛車は居飛車穴熊に組まれて苦戦する―。プロアマ問わず信じられてきたこの常識に「新藤井システム」「後手5四銀型振り飛車穴熊」の2つの武器を携えて若手精鋭、宮本広志五段が挑む。振り飛車穴熊を粉砕したい振り飛車党、必読の一冊！
2017.2　222p　B6　¥1540　978-4-8399-6207-4

◆村山慈明の居飛車対振り飛車 知って得する序盤術　村山慈明著　NHK出版（NHK将棋シリーズ）
【要旨】「序盤は村山に聞け」と言われるほど、序盤の研究家として知られる著者。居飛車対振り飛

飛車のとき、序盤でどのように駒組みをすればよいかが分かる定跡書。
2017.5 254p B6 ¥1300 ⓞ978-4-14-016250-7

◆**名棋士の対局に学ぶ詰め＆必死** 田丸昇著 (大阪) 創元社 (パワーアップシリーズ)
【要旨】各問題に必死のエピソードを添え、コラムでも名棋士たちの魅力的な一面を紹介。「将棋界の歴史」を楽しみながら終盤力を鍛えよう。大橋宗английский、阪田三吉、羽生善治など、古今の名棋士たちの実戦譜を題材にした問題集！
2017.4 210p 19cm ⓞ978-4-422-75153-5

◆**森信雄の強くなる！ 将棋新格言40―入門から初段** 森信雄著 実業之日本社
【要旨】1日1レッスン。将棋新格言＋次の一手＋詰将棋。40日のレッスンで、20級の超初心者を、初段にも勝てる中級者へ。長年、子供将棋教室を運営している著者ならではの体験に基づいた上達法にチャレンジする一冊！
2017.9 332p A6 ¥1100 ⓞ978-4-408-41466-9

◆**矢倉の基本―駒組みと考え方** 西尾明著 マイナビ出版 (マイナビ将棋BOOKS)
【要旨】棒銀、右四間飛車から早囲いまで、将棋の基本は矢倉戦法に詰まっている！ 矢倉戦法における様々な戦い方を網羅！
2017.8 278p B6 ¥1640 ⓞ978-4-8399-6171-8

◆**横歩取りで勝つ攻めの最強手筋ガイド** 高橋道雄著 マイナビ出版 (マイナビ将棋BOOKS)
【要旨】これであなたも横歩取りマスター。迷いが一切なくなる16の攻め筋を一挙公開！
2017.7 222p B6 ¥1640 ⓞ978-4-8399-6219-7

◆**理想を現実にする力** 佐藤天彦著 朝日新聞出版 (朝日新書)
【要旨】緻密に、時に大胆に。逆境を突破する一手の見つけ方。羽生世代に風穴を空けた16年ぶりの20代新名人。ボロボロになっても粘り抜き、あっと驚くような逆転劇も繰り広げる。なぜ低迷期を乗り越え、勝ち上がることができたのか？「理想」を意識するだけで、追いつめられることなく強くなる、今、停滞している人にこそ知ってほしい考え方。
2017.4 217p 18cm ¥760 ⓞ978-4-02-273714-4

◆**われ敗れたり―コンピュータ棋戦のすべてを語る** 米長邦雄著 中央公論新社 (中公文庫)
【要旨】プロ棋士とコンピュータの対局が世間の注目を集める中、日本将棋連盟会長の米長邦雄は、当時最強と言われたボンクラーズとの対戦相手に自らに指名した。元名人とはいえ引退から八年経った棋士に勝機はあるのか。研究を重ねた米長は、ついに「敵」の弱点を突く秘策を見つける―。棋士対AIの先駆けともいえる大一番の全記録。
2017.8 218p A6 ¥720 ⓞ978-4-12-206448-5

📖 **切手**

◆**沖縄切手総カタログ―本土復帰45周年記念** 日本郵趣協会、郵趣サービス社 発売
【要旨】米軍統治下、1945～1972年の沖縄において発行された郵便切手、はがき類、封皮類ほか、郵趣に関する各種マテリアルを幅広く収録。
2017.10 207p A5 ¥1700 ⓞ978-4-88963-812-7

◆**さくら日本切手カタログ 2018年版** 日本郵趣協会、郵趣サービス社 発売 第53版
【要旨】切手で楽しむ日本の色模様。日本切手8100種を採録。
2017.4 364p A5 ¥926 ⓞ978-4-88963-807-3

◆**世界鉄道切手夢紀行** 櫻井寛写真・文 日本郵趣協会、郵趣サービス社 発売 (切手ビジュアルトラベル・シリーズ)
【要旨】ドーバー海峡を渡るユーロスター、豪華列車オリエント急行の旅、豪州の大陸横断列車「ザ・ガン」。92ヶ国の鉄道に乗って撮って食べた寛さんが、各国の鉄道を写真と切手で巡る夢紀行、待望の世界編！
2017.8 126p A5 ¥1700 ⓞ978-4-88963-810-3

◆**テーマ別日本切手カタログ Vol.3 芸術・文化編** 江村清監修・執筆 日本郵趣協会、郵趣サービス社 発売
【目次】第1部 絵画 (黎明期の絵画、中世・近世の絵画、近現代の日本画・版画、近現代の洋画)、第2部 工芸・彫刻 (美術工芸・彫刻、伝統工芸)、第3部 伝統文化・古典芸能 (伝統文化、古典芸能)、第4部 文学・音楽・映画演劇 (文学、音楽、映画・演劇)
2017.2 159p A5 ¥1700 ⓞ978-4-88963-809-7

◆**日本切手カタログ 2018** 日本郵便切手商協同組合編 日本郵便切手商協同組合 第77版
【要旨】2017年7月14日発行までの日本切手・葉書類と、琉球・南方占領地正刷および満州国切手が収めてあります。記念特殊・ふるさと・国立公園・国定公園・年賀および通常 (普通・航空・在外局・切手帳) に大別してあります。
2017.7 396p A5 ¥926 ⓞ978-4-931071-18-6

◆**日本普通切手専門カタログ VOL.2 戦後・ステーショナリー編―日本郵趣協会創立70周年記念** 日本郵趣協会専門カタログ・ワーキンググループ監修 日本郵趣協会、郵趣サービス社 発売
【目次】普通切手 (新昭和切手、産業図案切手、昭和すかしなし切手、動植物国宝図案切手、新動植物国宝図案切手 ほか)、ステーショナリー (普通はがき、外信用はがき、切手つき封筒、封緘はがき、航空書簡 ほか)
2017.11 232p A5 ¥2300 ⓞ978-4-88963-813-4

◆**ビジュアル日本切手カタログ Vol.5 記念切手編2001-2016** 日本郵趣協会監修 日本郵趣協会、郵趣サービス社 発売
【要旨】コラム満載！ 読む切手図鑑。
2017.2 331p A5 ¥2110 ⓞ978-4-88963-805-9

◆**風景印かながわ探訪―「郵便局のご朱印」を集める、歩く、手紙を書く** 古沢保著 彩流社
【要旨】あなたの好きな街・住んでいる街の風景印には、何が描かれていますか？ ローカル色たっぷりでご当地ならではにあふれる消印 (風景印) を集めれば散策がもっと楽しくなる！ ひと味ちがった手紙を出せる！ 神奈川新聞の人気連載を単行本化。
2017.11 182p A5 ¥1600 ⓞ978-4-7791-2391-7

◆**風景印大百科 1931-2017 西日本編** 日本郵趣出版、郵趣サービス社 発売
【要旨】風景印とは＆風景印を郵頼するには、カタログの見方、北陸・東海・近畿・中国・四国・九州・沖縄ほか風景印リスト (北陸、東海、近畿、中国、四国、九州、沖縄、その他)
2017.5 416p 28×22cm ¥5093 ⓞ978-4-88963-808-0

◆**風景印大百科 1931-2017 東日本編** 日本郵趣出版、郵趣サービス社 発売
【目次】北海道・東北・関東・甲信越ほか風景印リスト (北海道、東北、関東、甲信越、その他)、他ほか風景印リスト (朝鮮、台湾、樺太、南洋、関東州、満洲国、野戦局、米国統治下の沖縄)
2017.2 391p 28×21cm ¥5093 ⓞ978-4-88963-804-2

◆**JPS外国切手カタログ 新中国切手 2018** 日本郵趣協会、郵趣サービス社 発売
【要旨】1949年10月1日に中華人民共和国が成立してから2017年10月末までに国家の郵政部門から発行された切手、切手帳と中国香港が発行した切手、切手帳を収録。
2017.12 356p B6 ¥2300 ⓞ978-4-88963-815-8

📖 **写真・写真撮影**

◆**明日、撮りたくなる写真―狙い方が9割 現場で迷わない撮り方のヒントが盛りだくさん！** 齋藤裕史著 日本写真企画
【要旨】晩秋、雪景色、冬景色、夜景色、ウメ…13の被写体を3つのポイントに分けてやさしく解説！ カメラ・レンズ・三脚・カメラザック・服装/30秒でとらえる写真術、プロの撮影機材・アイテム・テクニック大公開。
2017.4 95p B5 ¥1500 ⓞ978-4-86562-047-4

◆**偉大な風景カメラマンが教える写真の撮り方** ヘンリー・キャロル著、田口未和訳 エクスナレッジ
【目次】構図 (ラインを見つける、フレーム ほか)、露出 (スローシャッター、ブレと抽象化 ほか)、光 (ゴールデンアワー、やわらかい光/フラットな光 ほか)、操作 (色、モノクロ ほか)、ロケーション (雄大な風景、人工的な場所 ほか)
2017.4 127p 20×15cm ¥1800 ⓞ978-4-7678-2262-4

◆**いつか役に立つ写真講座 #3.0 人モノ撮影は写真上達の突破口** 田中伸明著 ARTROOM出版
【要旨】花や風景写真で煮詰まっている、人の撮影は撮るのも撮られるのも苦手、プロではないけど仕事でも写真を撮る、スマホしかないけど写真が大好き―そんな皆さんが応援される本です。
2017 211p A5 ¥2778 ⓞ978-4-9908785-6-6

◆**美しいポートレートを撮るためのポージングの教科書** 薮田織也、清水麻里共著 エムディエヌコーポレーション、インプレス発売
【要旨】きれいに見えるポーズをモデルに指示したいカメラマン、きれいなポージングを学びたい女性モデル、美しいポーズのルールを知りたいすべての方へ―美しいポーズの基本、教えます。
2017.2 144p B5 ¥2000 ⓞ978-4-8443-6643-0

◆**海野和男の蝶撮影テクニック** 海野和男写真・文 草思社
【要旨】蝶に近づく方法。適したカメラ。キャプチャーモード、深度合成などの新技術。標準ズームに適したレンズ。マクロ、テレコンなどから、魚眼レンズ・超広角レンズ、スマートフォンまで。昆虫写真の第一人者が教える、最新の技術で最高に美しい蝶を撮る秘訣。
2017.12 127p A5 ¥1600 ⓞ978-4-7942-2315-9

◆**オリンパスOM-D E-M1 Mark2 基本＆応用撮影ガイド** 中村貴史、ナイスク著 技術評論社 (今すぐ使えるかんたんmini)
【要旨】ミラーレス一眼の最高峰を究めたOM-D E-M1 Mark2をこの一冊で使いこなす。
2017.3 191p 19cm ¥1380 ⓞ978-4-7741-8773-0

◆**オリンパスOM-D E-M10 Mark3 基本＆応用撮影ガイド** コムロミホ、ナイスク著 技術評論社 (今すぐ使えるかんたんmini)
【目次】1 OM-D E-M10 Mark3の基本操作を知ろう、2 OM-D E-M10 Mark3の撮影を学ぼう、3 OM-D E-M10 Mark3の個性的な機能を使おう、4 シーン別撮影テクニック、5 レンズ交換で表現の幅を広げよう、6 即効解決Q&A、7 画像処理とWi-Fiの活用
2017.12 191p 19cm ¥1380 ⓞ978-4-7741-9415-8

◆**カメラはじめます！** こいしゆうか著、鈴木知子監修 サンクチュアリ出版
【要旨】覚えることは3つだけ！ 初心者・機械オンチ・センスゼロでも大丈夫。マンガでわかるデジタル一眼カメラの教科書。
2018.1 157p A5 ¥1200 ⓞ978-4-8014-0047-4

◆**完全版 写真がもっと上手くなるデジタル一眼 構図テクニック事典101＋** 上田晃司、岡本洋子、GOTOAKI、関谷浩、たかはしゅみ、ミゾタユキ著 インプレス
【要旨】写真表現力を上げるには構図が決め手。構図の基礎知識とテクニックを解説。
2017.1 207p 24×19cm ¥1600 ⓞ978-4-295-00060-0

◆**完全版 写真がもっと上手くなるデジタル一眼 撮影テクニック事典101＋** 上田晃司著 インプレス
【要旨】写真表現に役立つさまざまな撮影テクニックと知識を6つの視点で解説。
2017.1 207p 24×19cm ¥1600 ⓞ978-4-295-00059-4

◆**キヤノンEOS 6Dマニュアル―フルサイズ一眼レフ初めの一歩 "6"が拓く新たなEOSワールド** 日本カメラ社 重版
【目次】EOS 6D Gallery、EOS 6D機能と特徴、EOS 6D使い方をマスターせよ、フルサイズを生かすジャンル別撮影術、EOS 6Dを生かす実力派レンズ、EOS 6Dアクセサリーで自由自在、詳細Menu navi
2017.4 129p 28×21cm ¥2000 ⓞ978-4-8179-4403-0

◆**キーワードで読む現代日本写真** 飯沢耕太郎著 フィルムアート社
【要旨】アート化とデジタル化/震災後の写真/「戦後写真」の終焉…現代日本写真の転換期・2009-2017年のトピックから厳選した、105の用語、72組の写真家、170の展覧会・写真集を網羅。「写真」を通して、現代日本が見えてくる。
2017.11 429, 20p 19×13cm ¥3800 ⓞ978-4-8459-1701-3

◆**クリップオンストロボ本格ライティング―オフカメラストロボ撮影を基礎から学ぶ** 細野晃義、UNPLUGGED STUDIO著 技術評論社

実用書 / 趣味

実用書

【目次】序章 なぜストロボをカメラから離すのか、第1章 オフカメラストロボ撮影に必要な機材、第2章 オフカメラストロボのためのマニュアル撮影、第3章 大きな光源・小さな光源、第4章 ライティング機材の特徴と性質、第5章 オフカメラストロボ撮影の実践、第6章 白バック飛ばしと黒バック潰し
2017.3 159p B5 ¥1980 ①978-4-7741-8738-9

◆心に響くカッコイイ写真が撮れる！ 橘田龍馬著 電波社 増補改訂版
【要旨】「絞り」「シャッタースピード」「明るさ」「色」のメカニズムをマスターすれば、カッコイイ写真がすぐ撮れる!!一眼レフカメラで撮る写真を劇的に変える実践テクニック満載！
2017 127p B5 ¥1500 ①978-4-86490-108-6

◆言葉の果ての写真家たち――一九六〇・九〇年代の写真表現 高橋義隆著 青弓社（写真叢書）
【要旨】写真は言葉から生まれる―。森山大道を導きのもとに、新倉孝雄、中平卓馬、荒木経惟、原芳市という5人の写真家たちの作品と言葉の断片から、その光跡を浮かび上がらせる戦後写真評論。
2017.3 236p B6 ¥3000 ①978-4-7872-7399-4

◆最高の1枚を「撮る・仕上げる」で生み出す 超絶写真術 別所隆弘、黒田明臣、小山満太郎、北村佑介、千田智康、イルコ、光の魔術師、Nana著 インプレス
【要旨】「イメージ」「ロケーション」「撮影」「RAW現像」にて超絶的な写真を作り出せる！SNSで人気の写真家たちが伝授！見る人を魅了する作品づくりの超絶技法。
2017.10 159p B5 ¥1800 ①978-4-295-00129-4

◆作例でわかる！ 山岳写真上達法 中西俊明写真・文 山と溪谷社
【要旨】作例写真を豊富に使用して、山岳写真撮影のポイントが視覚的にわかる！入門者から上級者まで、眺めるだけで、みるみる実力が上がる！
2017.5 183p B5 ¥2500 ①978-4-635-74008-1

◆三脚＆ストロボ＆フィルター「買い方・使い方」完全ガイドブック 河野鉄平、戸塚学、秦達夫、MOSH books著 技術評論社（かんたんフォトLife）
【要旨】失敗しないアイテム選びの方法から実践的な撮影テクニックまで完全解説！
2017.10 175p B5 ¥1980 ①978-4-7741-9261-1

◆寫眞機と蓄音器―マイコレクションから 仲清著 （東村山）円館社、雲母書房 発売
【目次】1 寫眞機（写真術の始まりから大衆化まで、大衆カメラの始まり（一円カメラ）、イーストマンベストポケットコダック（ベス単）カメラ、スプリングカメラの時代、中平卓馬、フィルムの距離計連動機、最も人気のあったセミ判スプリングカメラ、カメラ大衆を魅了した二眼レフ、怒涛の二眼レフ「AからZ」）、2 蓄音器（現在の蓄音器の状況、蓄音器の部品、形態から見た蓄音器、国産蓄音器の変遷、主な蓄音器製作会社、ポータブル蓄音器、初期のSPレコード（明治～大正初め））
2017.3 135p B5 ¥1800 ①978-4-87672-349-2

◆写真技法と保存の知識―デジタル以前の写真・その誕生からカラーフィルムまで ベルトラン・ラヴェドリン著,白岩洋子訳,高橋則英監修（京都）青幻舎
【要旨】デジタル以前の写真を理解し保存するための総合的な入門書。写真の技法に関して役に立つ情報を載せる。それぞれの技法―ダゲレオタイプ、アルビューメン（卵白）ネガ、ダイトランスファープリントなど―の歴史と発展、材料、劣化の原因やメカニズムを概説し、保存・取り扱い上の注意に関して具体的に助言している。
2017.3 366p 22x17cm ¥5500 ①978-4-86152-617-6

◆写真総合 岡嶋和幸著 インプレス
【要旨】写真の基本がすべて分かる。大ボリューム320ページの決定版。インプレス・フォトスクール公式テキストブック。
2017.9 319p 24x19cm ¥3680 ①978-4-295-00227-7

◆写真で伝える仕事―世界の子どもたちと向き合って 安田菜津紀著 日本写真企画
【要旨】これからの時代を生きる中学生・高校生へ。
2017.3 45p A5 ¥926 ①978-4-86562-045-0

◆写真展案内はがきで綴る半世紀―1968‐2017 ニコンサロン開設50周年記念 ニコンサロン50周年記念誌制作委員会編 ニコンイ

メージングジャパン、日本写真企画 発売
2017.12 123p A4 ¥1852 ①978-4-86562-061-0

◆写真の読みかた 名取洋之助著 岩波書店（岩波新書）（第31刷（第1刷1963年））
【要旨】私たちは毎日さまざまな写真を見て楽しみ、また、そこから多くの情報を受け取っていることである。写真を見るということは、写真を読むということでもある。わが国最初の本格的な報道写真家であり、アートディレクターでもあった著者が、写真の正しい読みかたは、文字の読みかたと同様、不可欠の知識であるとの主張のもとに執筆したユニークな写真論。
2017.5 205p 18cm ¥780 ④4-00-414081-1

◆写真の理論 甲斐義明編訳（調布）月曜社
【要旨】写真・社会・芸術、写真史と写真の論理を読み解く重要論考五篇を収録。編訳者による詳細な解説を付す。
2017.10 309p B6 ¥2500 ①978-4-86503-051-8

◆趣味の鉄道写真 鉄日和撮影日記―四季の日本を追って 山井美希著 鉄道ジャーナル社、成美堂出版 発売
【要旨】鉄道写真撮影にかける意欲と情熱。四季折々の風景のなか、列車が走る迫力と詩情に魅せられての撮影行の成果。
2017.9 143p A4 ¥1200 ①978-4-415-32325-1

◆瞬間を撮る―Arduinoによるストロボ・カメラコントロール 小田部泉著 鳥影社
【目次】瞬間を撮る（風船の破裂（フィルムカメラでの撮影）、音でワイングラスを割る、風船を雛で突いて割る、吹き矢で風船を割る、BB弾で風船を割る、シャボン玉をBB弾で撃つ、シャボン玉を棒の先で割る、放電でシャボン玉を割る、液滴の衝突、シャボン玉と液滴）、撮影方法等（Arduinoを利用した撮影の概要、Arduinoを利用した撮影の実際、カメラとの接続、ストロボとの接続、風船やシャボン玉をBB弾で撃って破裂させる瞬間の撮影、放電によりシャボン玉が破裂する瞬間の撮影、液滴衝突の撮影、ストロボ発光時間及び発光の遅れ等）
2017.11 71p 21x21cm ¥1800 ①978-4-86265-641-4

◆知られざる日本写真開拓史 東京都写真美術館編集 山川出版社
【要旨】東京都写真美術館で2006年度から2012年度まで4回にわたり開催した、「知られざる日本写真開拓史」シリーズの総集編として刊行されるもので、写真の歴史を知るうえで、欠かすことのできない貴重な史料を数多く収録した。
2017.6 469p A4 ¥4800 ①978-4-634-15113-0

◆シンプル・フォトレッスン―ネットショップ必勝法 写真が変わる！ 関根統著 グラフィック社
【要旨】アクセサリー、バッグ、服、雑貨。42作品の"ビフォー＆アフター"を徹底検証。
2017.8 159p B5 ¥1580 ①978-4-7661-3027-0

◆新・プロが教えるデジカメ撮影テクニック―人物、名品、生き物の魅力を引き出す119例 三浦健司著 KADOKAWA
【要旨】簡易スタジオとライト2灯で撮れる。専門スタジオや高価な機材はいりません!!コンビニ弁当も高級に撮れる。商品を魅力的に見せるアイデア満載!!プロカメラマンの「意図」から効果的なライトの使い方をビジュアルで解説!!
2017.2 214p 24x19cm ¥2200 ①978-4-04-892529-7

◆すずちゃん先生からの写真が上手くなる52の宿題―写真の感性や視点・発想を鍛える 鈴木知子著 日本写真企画
【要旨】目指せセンスが光る写真！視点と表現のアイデアが満載。1週間に1つの宿題、1年間で52個の宿題を終えたら写真のスキルがUPする♪
2017.6 115p B5 ¥1500 ①978-4-86562-053-5

◆すずちゃん先生の写真の練習帳―休日のお出かけ先でみるみる写真が上手くなる!! 鈴木知子著 日本写真企画
【要旨】今までにない写真のワークブック。休日のお出かけで、カメラとこの本があれば、すずちゃん先生のプライベートLesson気分に。独学でも写真を始められる！最高に楽しめる最強プログラム。
2017.2 103p B5 ¥1500 ①978-4-86562-044-3

◆体系的に学ぶデジタルカメラのしくみ 神崎洋治、西井美鷹著 日経BP社、日経BPマーケティング 発売 第4版
【要旨】撮影の原理や機構、撮像素子、レンズなどを理解することで、ベストな写真が撮れるようになる！
2017.12 415p A5 ¥2000 ①978-4-8222-9664-3

◆超拡大で虫と植物と鉱物を撮る―超拡大撮影の魅力と深度合成のテクニック 日本自然科学写真協会監修 文一総合出版（自然写真の教科書1）
【要旨】拡大撮影編（拡大撮影の基礎知識、被写体サイズに合わせた撮影、野外で光を操る）、深度合成編（深度合成の基礎知識、カメラ内深度合成とフォーカスブラケット、達人の深度合成テクニック、画像合成と合成ソフト）
2017.5 127p B5 ¥2400 ①978-4-8299-7217-5

◆挑発する写真史 金村修、タカザワケンジ著 平凡社
【要旨】都市を撮り続ける写真家と、写真の最先端を読み解く評論家。「撮ること＝見ること」という視点から、写真の"正体"に対話で迫る。
2017.2 364p A5 ¥2400 ①978-4-582-23127-4

◆デジカメ写真整理＆活用プロ技BESTセレクション―Windows10対応版 リブロワークス著 技術評論社（今すぐ使えるかんたんEx）
【要旨】すぐに使える技が満載！撮り溜めたデジカメ写真がすぐに探せる！パソコンを使ったデジカメ写真の余すところなく紹介！
2017.6 255p A5 ¥1740 ①978-4-7741-8989-5

◆土門拳の写真撮影入門 都築政昭著 ポプラ社（ポプラ新書）
【要旨】海外でも絶大な人気を誇る「求道者」の撮影技法やエピソードのすべて！没後30年近く経つにもかかわらず絶大な人気を誇る土門拳の撮影技法を実際の撮影現場の状況と共に明かす一冊。「二人称カメラ」「絞り第一主義」「露出計の否定」など具体的な撮影作法はもちろん、さまざまな人間味あふれるエピソードを交え実際の写真と共にわかりやすく伝える。
2017.11 227p 18cm ¥900 ①978-4-591-15657-5

◆ニコン Df WORLD―原点回帰。写真の楽しみ無限大 日本カメラ社 重版
【目次】序章 ニコンDf 降臨、Nikon Df Gallery、ニコンDfとはどんなカメラなのか、Dfの使い方と一眼レフの基礎、Dfの使い方と使えるテクニック、後藤研究室スペシャルインタビュー Df 誕生前夜今だから話せるココだけ話（後藤哲朗氏×三浦康晶氏）、ニコンDfで堪能したい！最新ニッコールレンズベストセレクション、Df と開放F1.8トリオの旅 Nikon Dfで行くラスベガス、ニコンDf デザイン論、仙台ニコンDf 工場探訪記〔ほか〕
2017.4 128p 28x21cm ¥2100 ①978-4-8179-4404-7

◆日常風景写真術―だから毎日、カメラを持って出かけよう。 栗栖誠紀著 ボーンデジタル
【要旨】APAアワード2016、文部科学大臣賞受賞の筆者が解説する撮影のコツ。
2017.5 159p 24x19cm ¥2300 ①978-4-86246-388-3

◆日本写真年鑑 2017 板見浩史、伊藤裕幸、岩田一平、内田勲、木村滋、河野和典、柴田誠、白石ちえこ、高橋義隆、武田純子、堀瑞穂編 日本写真協会
【要旨】写真賞受賞作品集2016、座談会「話題の写真2016」、インタヴュー特集「2016この人」、ニュース2016、写真集・書籍2016、ネットに見る洋書ベスト10、話題の広告写真2016、12氏の「2016写真ベスト3」、写真展2016、Special Report「大止清司に見るフォトアーカイヴの構築」
2017.6 241p B5 ¥3000 ①978-4-930888-24-2

◆ねこ撮。―うちのニャンコをもっと可愛く撮る方法 エムシー・プー著,山崎彩央写真・監修 トランスワールドジャパン
【要旨】保護猫出身タレント猫「金時」の大冒険！
2017.10 127p A5 ¥1280 ①978-4-86256-212-8

◆はじめてのニューボーンフォト 荒原文著,海郡裕輔撮影 河出書房新社
【要旨】1000名を超えるニューボーンフォトの実績。生涯の宝物になる写真の撮り方を大公開!!
2017.11 94p 15x15cm ¥1800 ①978-4-309-27900-8

◆はじめてのママカメラ―365日の撮り方辞典 今井しのぶ著（静岡）マイルスタッフ,インプレス 発売
【要旨】専門用語を使わず、簡単な言葉で解説。これからデジカメデビューする人のための、超ビギナー向け撮影ハンドブック。カメラの取説を見るのが苦手な人でもこの1冊があれば大丈夫。

趣味

販売員だった私が売れっ子フォトグラファーになるまで
保坂さほ著　玄光社
【要旨】32歳ではじめてカメラを手にした販売員が「売れっ子」になるまでのトキメキと全戦略がここに！
2017.11　127p　A5　¥1500　①978-4-7683-0910-0

フィルムカメラのはじめかた―「知る・撮る・選ぶ」が、これ1冊でぜんぶわかる本
上田晃司, 河野鉄平, 種清豊, ナイスク著　技術評論社　（かんたんフォトLife）
【要旨】フィルムやフィルムカメラの知識が学べる！フィルムの扱いかた、フィルム写真の撮りかたがわかる！フィルムカメラの選びかた、写真の楽しみかたがわかる！
2017.10　143p　B5　¥1980　①978-4-7741-9260-4

フォトマスター検定合格 平成29年度 必ず役立つ基礎知識と前年度問題解説集
フォトマスター検定事務局協力　日本カメラ社
【要旨】出題率の高い基礎知識を収録。3級/2級/準1級/1級の第14回検定（平成28年度検定分）問題収録。
2017.7　243p　B5　¥1700　①978-4-8179-1028-8

プロが撮影でおろそかにしない一生使える風景写真の三原則
秦達夫著　秀和システム
【要旨】構図・タイミング・露出を意識すれば風景写真はもっとよくなる！風景写真の三原則を守ればすぐにプロ級の撮影ができます。
2017.12　110p　24×15cm　¥1800　①978-4-7980-5200-7

プロが撮影で疎かにしない一生使えるポートレート撮影の三原則
萩原和幸著　秀和システム
【要旨】構図・ボケ・露出を意識すれば人物写真はもっとよくなる！
2017.3　112p　24×15cm　¥1800　①978-4-7980-4901-4

プロの撮り方 構図の法則
リチャード・ガーベイ＝ウィリアムズ著, 関利枝子, 武田正紀訳　日経ナショナルジオグラフィック社, 日経BPマーケティング発売　（ナショナルジオグラフィック）
【要旨】センスは理論から！3分割法だけじゃない！対角線方式、動的分割、ビジュアルウェイト、ネガティブスペース…セオリーを知れば簡単！みるみる腕が上がる。
2017.3　183p　25×19cm　¥2800　①978-4-86313-382-2

プロの撮り方 色彩を極める
ブライアン・ピーターソン著, 関利枝子訳　日経ナショナルジオグラフィック社, 日経BPマーケティング発売　（ナショナルジオグラフィック）
【要旨】フォトショップに頼らず、撮影時から色にこだわれ！「露出を極める」著者による渾身のレクチャー。袖色、類似色、進出色…色の心理的な効果を活用。赤、黄、緑、青、紫…色別にみる撮影時のポイント。あなたの写真を輝かせる色と光の実践テクニック。シリーズ第8弾。
2017.10　160p　25×19cm　¥2800　①978-4-86313-394-5

毎日が楽しくなるご近所フォトのススメ
岡本洋子, 小川晃代, 野村美都, こばやしかをる著　日本カメラ社　重版
【要旨】自宅で、路地で、公園で。せっかくなら"ちょっとそこへ"のついでにも写真を楽しみましょう。身近な場所が、想いもよらぬ素敵なシーンになる。カメラとあなたの良い関係。それが「ご近所フォト」です。
2017.4　112p　B5　¥1800　①978-4-8179-4405-4

まっぷたつの風景
畠山直哉写真　（仙台）せんだいメディアテーク, （京都）赤々舎発売
【目次】「まっぷたつの風景」プラン・覚え書き（清水チナツ）、対談1 言葉のリアル/イメージのリアル（佐々木健郎×畠山直哉）、対談2 人工天国―現在から撮影を見るのか（いがらしみきお×畠山直哉）、対談3 暗夜光路―写真は何をするのか（志賀理江子×畠山直哉）、おお、単純！畠山直哉写真展「まっぷたつの風景」と「てつがくカフェ」（西村高宏）、せんだいメディアテーク・アトモスフェール（畠山直哉）
2017.7　123, 123p　24×19cm　¥3800　①978-4-86541-065-5

〇と×で良く分かる花の撮影術―比べて分かる！花写真のマルとバツを決める攻略ポイント
田ノ岡哲哉著　日本カメラ社
【要旨】フレーミング/絞り/シャッター速度/レンズ/露出/光/時間帯/シャッターチャンス/アングル/ピント位置/被写体選び/ホワイトバランス/PLフィルター。〇と×のPoint13。
2017.12　128p　28×21cm　¥1850　①978-4-8179-4401-6

もっと撮りたくなる写真のアイデア帳
河野鉄平著　エムディエヌコーポレーション, インプレス発売
【要旨】自分らしい写真を撮るために。どうすれば自分の思いが伝えられるのか、表現の幅を広げるためにはどうしたらよいか、さまざまな写真の表現手法について解説しました。テクニックだけではない写真を撮るためのヒントをいっぱいに詰め込んだ、写真がもっと愉しくなる本第二弾。
2017.6　159p　B5　¥2000　①978-4-8443-6673-5

野鳥撮影 魅力を引き出す基本＆応用ハンドブック
戸塚学, 石丸喜晴, MOSH books著　技術評論社　（今すぐ使えるかんたんmini）
【要旨】憧れの鳥を美しく撮る！機材選び、カメラ設定、鳥の見つけ方＆魅力的に撮る方法をまるごと解説！
2017.11　159p　19cm　¥1480　①978-4-7741-9357-1

夕景・夜景撮影の教科書
岩﨑拓哉著　技術評論社
【要旨】気象、場所、機材、技術、4つのポイントを押さえて美しい夕景・夜景写真を撮る！
2017.6　159p　B5　¥1980　①978-4-7741-9346-5

良い写真とは？―撮る人が心に刻む108のことば
ハービー・山口著　スペースシャワーブックス, スペースシャワーネットワーク発売
【目次】第1章 こころで撮う、第2章 写真以外にも言える？、第3章 表現とは、第4章 いかに撮るか、作品解説
2017.3　194p　B6　¥1600　①978-4-907435-92-9

夜の絶景写真 花火編―誰でもドラマチックな花火写真が撮れるようになる
泉谷玄作著　インプレス
【目次】絶景花美、極限宿美、美しい花火を撮るための基本的な撮影テクニック、情緒的な花火が撮れるシーン別撮影テクニック、泉谷玄作コレクション 花火絶景ガイド、華麗に花火を仕上げるRAW現像＆レタッチ
2017.7　159p　24×13cm　¥2000　①978-4-295-00194-2

After Effects 空間演出技法―印象的なシーンを創造するテクニック
石坂アッシ著　ラトルズ
【要旨】映像に奥行きや空気感を加えて説得力あるシーンに仕上げる空間演出。その理論とテクニックをわかりやすく具体的に解説。プロクリエイターの空間演出のポリシーや秘訣を聞き出すインタビューも満載！
2017.7　334p　A5　¥2750　①978-4-89977-466-2

Canon EOS 5D Mark 4完全活用マニュアル
GOTO AKI, ナイスク著　技術評論社　（今すぐ使えるかんたんmini）
【要旨】瞬間を切り取るために5D Mark 4の機能、撮影ノウハウを知ろう！
2017.6　255p　19cm　¥1580　①978-4-7741-8965-9

Canon EOS 9000D 基本＆応用撮影ガイド
鹿野貴司, ナイスク著　技術評論社　（今すぐ使えるかんたんmini）
【要旨】写真が上達するワザ満載！
2017.9　191p　19cm　¥1380　①978-4-7741-9175-1

Canon EOS KissX9 完全ガイド Handbook
インプレス
【要旨】だれでもかんたん＆キレイ。一眼の使い方がよくわかる。
2017.12　223p　B6　¥1380　①978-4-295-00254-3

Canon EOS Kiss X9基本＆応用撮影ガイド
河野鉄平, MOSH books著　技術評論社　（今すぐ使えるかんたんmini）
【目次】第1章 EOS Kiss X9の基本を知ろう、第2章 EOS Kiss X9で気軽に撮影を楽しもう、第3章 ピントと構図を理解しよう、第4章 露出を知って明るさをコントロールしよう、第5章 交換レンズを楽しもう、第6章 シーン別撮影テクニック、第7章 EOS Kiss X9の便利な機能を使おう
2017.12　191p　19cm　¥1380　①978-4-7741-9354-0

Canon EOS Kiss X9i 基本＆応用撮影ガイド
木村文平, MOSH books著　技術評論社　（今すぐ使えるかんたんmini）
【要旨】初心者でも手軽に楽しめるX9iでベストショットを！
2017.11　192p　19cm　¥1380　①978-4-7741-9355-7

Canon EOS M6/M5基本＆応用撮影ガイド
佐藤かな子, ナイスク著　技術評論社　（今すぐ使えるかんたんmini）
【目次】第1章 キヤノンEOS M6/M5の基本操作を知ろう、第2章 ヒントと構図を理解しよう、第3章 キヤノンEOS M6/M5の撮影モードを知ろう、第4章 キヤノンEOS M6/M5の便利な機能を使ってみよう、第5章 交換レンズを使おう、第6章 シーン別撮影テクニック、第7章 スマホとRAW現像を活用しよう
2017.7　191p　19cm　¥1520　①978-4-7741-9003-7

CAPTURING LIGHT―臨場感はどう生まれるか。光を知り、光を撮る。
マイケル・フリーマン著, Bスプラウト訳　ボーンデジタル
【要旨】40年以上にわたり、光を相手に仕事をしてきたマイケル・フリーマンが、写真の中心である「光」を解釈し、反応し、とらえるためのシンプルかつ実用的な方法を解説しています。実践アドバイスは、「待つ」「追う」「補う」の3つのセクションで構成されています。根気強く待つことから始めて、予期し、計画することの大きな価値を学びます。次に学ぶのは、素早い思考と反応により、うつろいやすく、短時間で消えてしまう光に対応する方法です。最後のセクションは、見たままに光を表現し、操るためのツールについての説明です。撮影現場での選択から、撮影後の処理に至るまで、幅広い範囲を対象にしています。本書に書かれているのは、どのタイプの光を前にしたときにも、光景を解釈し、取り組み、ショットを撮る必要がある、プロならではの現場で培われた手法です。
2016.12　255p　27×26cm　¥4500　①978-4-86246-355-5

GoPro（ゴープロ）基本＆応用撮影ガイド
ナイスク著　技術評論社　（今すぐ使えるかんたんmini）
【要旨】これ1冊で一歩上行く映像作品が撮れる！アクションカメラの基本から詳細設定＆楽しみ方まで"ぜんぶ"わかる！
2017.3　207p　19cm　¥1280　①978-4-7741-8736-5

Lightroom「美」写真メソッド―プロが教える感動写真の仕上げ方。
中原一雄監修　エムディエヌコーポレーション, インプレス発売
【要旨】プロの写真家7名がステップバイステップで教えるRAW現像の過程で写真を芸術作品に変える33のテクニック！
2017.9　159p　25×18cm　¥2300　①978-4-8443-6679-9

LUMIX GX7 基本＆応用撮影ガイド―GX7 Mark 2 & GX7対応
河野鉄平, MOSH books著　技術評論社　（今すぐ使えるかんたんmini）
【要旨】驚くほどに写真が見違える！上達のノウハウが満載の本。
2017.3　191p　19cm　¥1480　①978-4-7741-8777-8

Nikon D3400基本＆応用 撮影ガイド
コムロミホ, MOSH books著　技術評論社　（今すぐ使えるかんたんmini）
【目次】第1章 D3400の撮影性能を確認しよう、第2章 ピントと構図の基本を知ろう、第3章 明るさや色彩をコントロールして撮影しよう、第4章 レンズ交換で表現の幅を広げよう、第5章 被写体別＆シーン別の撮影テクニック、第6章 撮影後も楽しもう
2017.4　191p　19cm　¥1380　①978-4-7741-8884-3

Nikon D5600基本＆応用撮影ガイド
塩見徹, ナイスク著　技術評論社　（今すぐ使えるかんたんmini）
【要旨】D5600の基本と使いこなしをマスター。
2017.8　191p　19cm　¥1380　①978-4-7741-9058-7

PENTAX K-70基本＆応用撮影ガイド
塩見徹, ナイスク著　技術評論社　（今すぐ使えるかんたんmini）
【要旨】K-70の撮影機能を200％使いこなす！プロ並み作品を撮るコツが満載です！
2017.9　191p　19cm　¥1380　①978-4-7741-8655-9

SHOOTINGフォトグラファー＋レタッチャーファイル 2018
丸善プラネット, 丸善出版発売

実用書

【要旨】写真の「現在」がわかるプロフォトグラファー228名の作品とプロフィール。
2017.12 607p B5 ¥2900 ①978-4-86345-359-3

◆SONY α6500 基本&応用撮影ガイド
河野鉄平, MOSH books著　技術評論社　(今すぐ使えるかんたんmini)
【目次】1 α6500の基本操作をマスターしよう、2 ピント合わせの方法について知っておこう、3 露出を理解して撮影しよう、4 α6500独自の便利な機能を使おう、5 交換レンズとアクセサリーを使おう、6 シーン別の撮影テクニック、7 ワンランク上の撮影を目指そう、8 カメラとPC・スマホを連携して撮影後も楽しもう
2017.6 191p 19cm ¥1520 ①978-4-7741-8991-8

カメラマン

◆杏南の日記 by KISHIN　篠山紀信写真
小学館
2017.10 1Vol. A4 ¥3500 ①978-4-09-682256-2

◆私情写真論　荒木経惟著　(調布)月曜社
【要旨】アラーキー写真指南のエッセンス。「さっちん太陽賞受賞の感想」1964年、写真家宣言「センチメンタルな旅」1971年からはじまる全46篇。
2017.5 254p B6 ¥1500 ①978-4-86503-048-8

◆写真家三木淳と「ライフ」の時代　須田慎太郎著　平凡社
【要旨】ロバート・キャパ、ユージン・スミスらを擁した世界最高の報道写真誌「LIFE」。その日本人唯一の正規スタッフカメラマンとして、日本写真家協会会長として、また優れた教育者として、日本の写真界を強力に牽引した男・三木淳。交渉上手で「ミキラッパ」とまで言われた彼の、公私にわたる多彩で愉快な活躍まで、日本大学芸術学部での愛弟子たちが明らかにする。日本写真界に燦然と輝く巨星の評伝。
2017.9 445p B6 ¥3400 ①978-4-582-23128-1

◆動物写真家という仕事　前川貴行写真・文　新日本出版社
【要旨】自然がいいと思った。そう決めたとたん、窮屈だった胸のうちが大きく広がり、未知なる新しい世界への旅立ちに心が躍る。動物写真界の若き旗手、前川貴行は、いかにして前川貴行になったのか?
2017.9 191p B6 ¥2600 ①978-4-406-06162-9

◆評伝 キャパ―その生涯と『崩れ落ちる兵士』の真実　吉岡栄二郎著　明石書店
【要旨】ロバート・キャパ評伝の決定版! ゲルダ・タロー、イングリッド・バーグマン、岡本太郎、アーネスト・ヘミングウェイらとの恋と友情の日々と最新の研究と現地調査に基づき描かれた新たなキャパ像。撮影から80年を経て今もなお謎に包まれた伝説の一枚『崩れ落ちる兵士』の真相に迫る。
2017.3 590p B6 ¥3800 ①978-4-7503-4487-4

写真集

◆愛について—野村佐紀子写真集　野村佐紀子著　ASAMI OKADA PUBLISHING, ライスプレス 発売
2017.12 1Vol. A5 ¥4000 ①978-4-9909235-7-0

◆アイヌ、100人のいま　宇井眞紀子著　冬青社　(本文:日英両文)
2017.5 119p 21×24cm ¥3704 ①978-4-88773-180-6

◆愛のへんないきもの　早川いくを著　ナツメ社
【要旨】密林バレエ、女装でアピール、夫婦仲良くヒトデ狩り。面白すぎる生き物たちの愛!
2017.8 143p 23×19cm ¥1600 ①978-4-8163-6293-4

◆青いろノート—空と海と魚たち　おちあいまちこ写真・文　いのちのことば社
【要旨】強いもの、弱いものみんないっしょに生きている。「青」をキーワードに、魚、海、空、それぞれ世界が上を向き、生きることの「尊さ」、生かされ支え合うことの「豊かさ」を描き出すフォトエッセイ集。
2017.4 79p 18×14cm ¥1400 ①978-4-264-03622-7

◆青森はいつも美しい 美景周遊　和田光弘写真　(青森)東奥日報社
【要旨】青森県内各地の大自然が創り出す美しさ、エネルギッシュなお祭りなど、十和田湖、奥入瀬、八甲田を中心に各地の写真188点で構成した写真集。
2017.10 134p A4 ¥1800 ①978-4-88561-247-3

◆秋—ふらの・びえい　高橋真澄著・写真　(京都)青菁社
2017.10 95p 15×21cm ¥1500 ①978-4-88350-193-9

◆浅草2011-2016—六区ブロードウェイ日本人の肖像　初沢克利写真　(横浜)春風社
2017.4 1Vol. 24×19cm ¥7000 ①978-4-86110-547-0

◆明日もいい日に　三好弘一写真・文　アイノア
【要旨】何気ないネコの日常に人生を重ねた写真エッセー。
2017.7 45p 15×15cm ¥1000 ①978-4-88169-696-5

◆奄美巡礼　大内博勝著　えにし書房
【要旨】奄美大島、加計呂麻島、請島・与路島、喜界島、徳之島、沖永良部島、与論島にある150もの神社(無名も)をすべて巡礼、合掌姿とともに撮影した異色の写真集。奄美独特の素朴な自然景観の魅力満載。
2017.1 127p A4 ¥2500 ①978-4-908073-34-2

◆雨の夜　麻生歩波著　(京都)ヴィッセン出版
【要旨】雨の降る深夜の森のなかでは、小さな命が輝きながら、震えながら、いまを生きています。「雨の夜」の世界をご紹介しましょう。
2017.5 79p 19×26cm ¥1800 ①978-4-908869-01-3

◆荒井雪江写真集 海と仲間と 8　荒井雪江著　遊人工房
2017.6 107p 11×15cm ¥1000 ①978-4-903434-85-8

◆荒山一本郷浩写真集　本郷浩著　JRP出版局
2017.1 120p 19×25cm ¥2500 ①978-4-931078-36-9

◆イヴァンカ・トランプフォトブック 1991-2017　アメリカ大統領選挙研究会著　創藝社
【要旨】容姿端麗、聡明かつ妖艶…etc. 非の打ち所がない世界最高峰の美人お嬢様。写真で語る実質的ファーストレディーの魅力!!
2017.4 95p B5 ¥1300 ①978-4-88144-229-6

◆池島全景—離島の"異空間"　黒沢永紀著　三才ブックス
【要旨】炭鉱跡が"異空間"を現出。絶海の孤島・池島は、九州最古級の大工場である海の海底坑道(一部)から、石炭の生産システム、そして林立する住宅群まで、炭鉱社会の全てが国内で唯一遺っている…廃墟化する海上都市の全貌。
2017.5 160p 19×23cm ¥2300 ①978-4-86199-955-0

◆石巻片影　三浦衛文, 橋本照嵩写真　(横浜)春風社
【目次】見えるものと見えないもの、四月は…、ひかりへ、たなごころ、沈黙の大魚、ヘルプレス、祈り、「おだづもっこ」たちのふるさと、カラーンな笑い、大儀の眠り、みるめ〔ほか〕
2017.2 116p 21×22cm ¥2500 ①978-4-86110-530-2

◆123死後69写狂老人A日記　荒木経惟著　ワイズ出版
2017.7 269p A5 ¥3800 ①978-4-89830-307-8

◆犬から聞いた話をしよう　椎名誠著　新潮社
【要旨】耳をすませば、時空を超えて、犬たちの声が聞こえる。さまざまな時、世界中のさまざまな場所で彼らと紡いだ大切な「会話」。待望の写文集!
2017.12 142p 17×19cm ¥1800 ①978-4-10-345625-4

◆井の頭公園100年写真集　ぶんしん出版編　(三鷹)ぶんしん出版
【要旨】井の頭公園やその周辺の歴史をさかのぼると、古来よりヒトの命を支えてきた場所であることが分かります。江戸時代に入ると江戸市中の飲料水のための神田上水の水源として信仰や観光の対象となりました。そして、明治の終わりに公園構想が持ち上がり、大正の初めに渋沢栄一などの重鎮の奔走によって、1917年(大正6年)5月1日に、日本で初めての郊外公園「井の頭恩賜公園」が誕生しました。開園からの100年の歴史は、大正、昭和、平成とその時代の求めに応えながら変遷した歩みとなりました。本書はその日本で初めての郊外公園として誕生した井の頭公園の100年の歩みを写真で紹介するものです。
2017.5 167p A4 ¥2800 ①978-4-89390-131-6

◆嫌な顔されながらおパンツ見せてもらいたい写真集　青山裕企写真, 40原原作　一迅社
【要旨】累計7万部を超える原作『嫌な顔されながらおパンツ見せてもらいたい本』シリーズが、写真家・青山裕企の手によって現実のものに。さまざまな人物に扮したモデルたちが、嫌ながらもあなたにおパンツを見せてくれます。登場人物:メイド/JK/ギャル/OL/ナース。
2017.10 95p 24×24cm ¥2300 ①978-4-7580-1577-6

◆位里と俊　本橋成一写真　(長野)オフィスエム
【目次】位里と俊、これからの写真、これからの原爆一丸木夫妻と本橋成一(椹木野衣)、ふたりの画家とひとりの写真家、と僕たち(奈良美智)、ただただ、懐かしい(丸木ひさ子)、芸術の源泉(岡村幸宣)、おふたりとの思い出(佐藤眞道夫)
2017.5 111p 24×24cm ¥2200 ①978-4-86623-008-5

◆色街遺産を歩く—消えた遊廓・赤線・青線・基地の町　八木澤高明著　実業之日本社
【要旨】旧遊廓に戦前の私娼窟。戦後の赤線と青線、基地の町の集娼街。変転に満ちた色街の記録と記憶が紡ぐ、もうひとつの日本史。
2017.11 191p A5 ¥2400 ①978-4-408-33749-4

◆印度眩光—マハラジャの歳月　三好和義著　(京都)赤々舎
2017.7 77p B5 ¥3300 ①978-4-86541-067-9

◆うつくしい日々　蜷川実花著　河出書房新社
【要旨】父が倒れ、ゆっくりと死に向かう一年半—。眩しすぎる光をうけ、世界は驚くほど美しくなっていった。奇跡のような日々を写した感動の写真集。
2017.5 1Vol. 16×23cm ¥1800 ①978-4-309-27840-7

◆うつやか　小林鷹撮影　(京都)光材推古書院　(本文:日英両文)
【要旨】祇園舞妓、写真家がとらえた美の瞬間。
2017.4 1Vol. 30×22cm ¥4800 ①978-4-8381-0556-4

◆永遠の海　中村征夫著　クレヴィス
【要旨】ミクロネシア、深海、沖縄…撮り下ろし作品を中心に世界中の海をめぐった選りすぐりの150点を掲載!
2017.8 159p B5 ¥2000 ①978-4-904845-89-9

◆絵を描くための花の写真集—トレース・模写が自由!　丹羽聡子著　マール社
【要旨】本書は、あらゆる創作活動のために、四季折々の美しい花の姿を集めた写真資料集です。「絵を描くための資料」として撮影された写真なので、構図が決まりやすいのが特長。一輪のものは初心者の方に、アレンジされた花々は中級者の方におすすめです。トレース・模写が自由で、使用許諾申請も不要! あなたの創作意欲を刺激する、魅力的な花々に、きっと出会えるはずです。
2017.4 143p B5 ¥1980 ①978-4-8373-0666-5

◆エンカウンターズ 2 アメリカ、ネブラスカ　T.T.たなか著　日本カメラ社　(NC PHOTO BOOKS)
2017.8 47, 47p 15×30cm ¥2037 ①978-4-8179-2163-5

◆大きなボク 小さなわたし　たまねぎ著　KADOKAWA
【要旨】世界中から愛されている3匹のスタンダードプードルと小さな女の子の日常を切り取った写真集。
2017.12 71p 14×15cm ¥950 ①978-4-04-602189-2

◆大阪ぶらり—モノトーンのドラマ　妹尾豊孝著　(大阪)海風社
【要旨】出会いがしらの一瞬の火花からうまれる市井の人のドラマがある。大阪のまちかどから届く、絶滅寸前のフィルムへの溢れんばかりの愛惜の写真集。スナップの名手妹尾豊孝の真骨頂。
2017.8 87p 21×20cm ¥2200 ①978-4-87616-046-4

◆大阪夜景　堀寿伸著　(大阪)創元社　増補改訂版
【要旨】変わり続ける、煌めきの大阪!! 光と影が織りなす幻想的な大阪の姿を捉えた夜景ガイド、さらに進化! 新たに28の鑑賞スポットを紹介&撮り下ろし写真も多数収録。
2017.5 141p 13×20cm ¥1500 ①978-4-422-25080-9

◆岡本太郎の東北　岡本太郎撮影，平野暁臣編　小学館クリエイティブ，小学館 発売　(本文：日英両文)
2017.6 109p 29×21cm ¥2500 ①978-4-7780-3610-2

◆沖縄1935―写真集　週刊朝日編集部編　朝日新聞出版
【要旨】戦前の貴重な写真を発掘―誰も見たことのないありのままの沖縄が、ここにある。
2017.7 127p 25×23cm ¥1800 ①978-4-02-258695-7

◆沖ノ島―神坐す「海の正倉院」　藤原新也著　小学館
【要旨】わが国最後の秘境、世界遺産へ！ 古代4世紀後半から今日に至るまで、日々祈りを捧げている島がある。福岡県玄界灘の洋上に浮かぶ沖ノ島。島そのものが御神体で一般の入島は厳しく制限されている。今なお厳しい掟を守り続ける周囲4kmの小さな島に世界の注目が集まっている。
2017.4 119p 16×16cm ¥1200 ①978-4-09-682249-4

◆鴛鴦―福田俊司写真集　福田俊司著　文一総合出版
【要旨】「オシドリの魅力に、ふたたびひかりを当てることこそ、ネイチャー・フォトグラファー人生…最後の仕事！」ロシア・シベリアで数々のワイルドライフを撮り続けて四半世紀。辿りついたのは、原点ともいえる日本の鴛鴦だった…。
2017.9 111p 28×24cm ¥3700 ①978-4-8299-7911-2

◆鬼の栖む風景120　富山弘毅著　ルネッサンス・アイ，本の泉社 発売
【要旨】なぜか泣けてくる屋根の上の鬼たちのひそやかな眼光。鬼瓦を求めて旅した風景。
2017.6 253p 21×15cm ¥3200 ①978-4-7807-1636-8

◆思いたったらすぐ行ける！「和」の絶景百選　絶景トラベル研究会著　宝島社
【要旨】47都道府県を完全網羅！ 旅行プランに必要な情報が満載！
2017.7 127p A4 ¥800 ①978-4-8002-7307-9

◆オリジナル版 さっちん　荒木経惟著　河出書房新社
【要旨】昭和の東京にはこんな子どもたちがいた。写真集になることなく消えた幻のオリジナル版が半世紀を経て甦る！ 荒木経惟伝説のデビュー作。
2017.2 1Vol. 21×22cm ¥1600 ①978-4-309-27814-8

◆檻のない世界―TOBE ZOO PHOTO BOOK　田窪一美写真・文　(松山)愛媛新聞サービスセンター出版部
【要旨】時に芸術的で、時に動物たちの深層心理を写し出すような写真。愛媛県立とべ動物園の、身近な動物たちの、その時にしか会えない瞬間を収めた貴重な写真集。
2017.4 93p 19×19cm ¥1400 ①978-4-86087-129-1

◆お良さん―岡田治写真集　岡田治著　日本写真企画
2017.8 1Vol. 25×26cm ¥1800 ①978-4-86562-056-6

◆春日大社 千古の杜　井浦新著　KADOKAWA
【要旨】春日大社第六十次式年造替奉祝記念。春日大社の真髄。井浦新、渾身の撮り下ろし。
2017.1 103p 21×21cm ¥2300 ①978-4-04-400250-3

◆風心地　小川勝久著　銀河出版　(オリジナルプリント写真集日本現代写真家全集 1巻)
2017.4 79p 30×30cm ¥15000 ①978-4-87777-098-3

◆風に吹かれて―ポルトガル・スペイン紀行　Eisaku Tsuda撮影　明窓出版
2017.1 Vol. 19×27cm ¥3200 ①978-4-89634-369-4

◆カミサマホトケサマ 国東半島　船尾修著　冬青社
2017.9 131p 21×24cm ¥3700 ①978-4-88773-182-0

◆カムイの夜 シマフクロウ　嶋田忠著　銀河出版　(オリジナルプリント写真集日本現代写真家全集 2巻)
2017.4 1Vol. 30×30cm ¥15000 ①978-4-87777-099-0

◆川はゆく―藤岡亜弥写真集　藤岡亜弥著　(京都)赤々舎
2017.5 1Vol. B5 ¥5000 ①978-4-86541-064-8

◆記憶の都市 大阪・SENSATION―この一瞬での永遠　尾崎まこと著　(大阪)竹林館

【要旨】"大阪はLIFEの舞台である"。日本の原体験・無意識としてのOSAKA。
2017.5 1Vol. 31×20cm ¥2700 ①978-4-86000-361-6

◆木次線写真集　(米子)今井印刷，(米子)今井出版 発売
2017.7 107p 24×25cm ¥2000 ①978-4-86611-069-1

◆奇跡の島・西表島の動物たち―イリオモテヤマネコとその仲間たちの知られざる生態　鈴木直樹写真・文，森本孝房協力　誠文堂新光社
【要旨】誰も見たことのない、驚きの世界。川を泳ぐイリオモテヤマネコ、カンムリワシの捕食、リュウキュウイノシシの子育て。ロボットカメラでなければ見られなかった、ありのままの生命。
2017.8 127p 24×31cm ¥3500 ①978-4-416-61766-3

◆北アルプス 花―岩橋崇至写真集　岩橋崇至写真　日本写真企画
2017.4 80p 19×26cm ¥2315 ①978-4-86562-048-1

◆北へ帰る白鳥とマガンのたびものがたり―白鳥やマガンの北帰行と北海道の風景が織りなす映像(写真)詩　上田実写真　(高知)リーブル出版
2016.11 116p 22×23cm ¥1800 ①978-4-86338-160-5

◆君の住む街　奥山由之著　スペースシャワーネットワーク
【要旨】35人の女優、東京の街。
2017.7 1Vol. 15×15cm ¥2200 ①978-4-907435-97-4

◆肌理と写真　石内都著　求龍堂
【目次】横浜(Yokohama Days (pp.4・11)、金沢八景 ほか)、絹(阿波人形浄瑠璃、絹の夢 ほか)、無垢(不知火の指、Innocence)、遺されたもの(Mother's, Frida by Ishiuchi ほか)
2017.12 250p B5 ¥2700 ①978-4-7630-1726-0

◆九龍城砦　宮本隆司著　彩流社
【要旨】巨大高層コンクリート・スラムの内部に入り、その姿を活写した伝説の写真集が、デジタルリマスター版にて装いを新たに復活！
2017.7 87p 21×31cm ¥3200 ①978-4-7791-2337-5

◆京都 祇園界隈　浅野輝雄撮影，近藤誠宏監修　(岐阜)岐阜新聞社
2017.10 67p B5 ¥1667 ①978-4-87797-247-9

◆京都紅葉旅　水野克比古，水野秀比古著　(京都)光村推古書院　(SUIKO BOOKS)　(本文：日英両文)
【目次】高雄～大原～貴船(神護寺、西明寺 ほか)、御室～嵐山～西山(龍安寺、仁和寺 ほか)、東山周辺(赤山禅院、曼殊院 ほか)、伏見～宇治(伏見稲荷大社、城南宮 ほか)、洛中(東寺、養源院 ほか)
2017.9 119p 17×20cm ¥1600 ①978-4-8381-0564-9

◆京都桜旅　水野克比古，水野秀比古著　(京都)光村推古書院　(本文：日英両文)
【目次】嵐山、嵯峨野～西山周辺(嵐山周辺(嵐山、常寂光寺、法輪寺 ほか)、花園・西陣～洛中(仁和寺、龍安寺 ほか)、東山～京都北部(実光院、三千院 ほか)、東山周辺(圓光寺、古知谷(竹中稲荷) ほか)、山科・伏見・宇治ほか(山科疎水、毘沙門堂 ほか)
2017.3 119p 17×20cm ¥1600 ①978-4-8381-0557-1

◆京都絶景庭園　水野秀比古写真・文　電波社
【要旨】四季折々に表情を変える京都の名庭30庭園を、大判美麗写真と詳細データで完全ガイド。
2017.11 127p 24×19cm ¥1500 ①978-4-86490-122-2

◆極夜　中村征夫著　新潮社
【要旨】朝がこない極北の村。冬の4ヶ月間は太陽が昇らない「極夜」が続く。マイナス40度の、闇の中で生きる村人たちの営みを記録した、貴重な写真のタイムカプセル。40年前に撮影した幻の名作をデジタルリマスター。
2017.12 83p 18×19cm ¥4400 ①978-4-10-351431-2

◆草匂う日々　溝口良夫著　日本カメラ社
2017.4 153p 25×26cm ¥4500 ①978-4-8179-2161-1

◆鯨と生きる　西野嘉憲著，庄司義則解説　平凡社
【要旨】関東で唯一の捕鯨基地を有する町・千葉県南房総市和田浦。自然と人との関係を活写してきた気鋭の写真家がとらえた、鯨息づく町の、つつましくも豊かな生活。
2017.6 95p 19×27cm ¥4500 ①978-4-582-27828-6

◆朽ちゆく世界の廃墟　自由国民社

【要旨】時に飲まれゆっくりと朽ちてゆく人工物。鉱山、列車、船、施設等、廃墟と化した約50個所を紹介。
2017.3 125p 24×19cm ¥1700 ①978-4-426-12252-2

◆熊野古道を歩いています。―山本まりこ写真集　山本まりこ写真・文　日本カメラ社
【要旨】熊野古道を240km 歩いて旅した山本まりこ初の写真集。
2017.12 1Vol. A5 ¥2000 ①978-4-8179-0031-9

◆熊野の「花」　和玉好視著　(高知)リーブル出版
2017.7 1Vol. A4 ¥2800 ①978-4-86338-187-2

◆グランド北海道―山本久右衛門写真集　山本久右衛門著　日本写真企画
【要旨】30数回訪れた北海道、97歳で"北海道大好き" の写真集を出版!!
2017.10 119p 23×29cm ¥3200 ①978-4-86562-055-9

◆クレアのあかちゃん―Claire's Nine Happy Puppies　吉江太郎著　セブン&アイ出版
【要旨】日本でただ一校、犬がいる小学校の学校犬クレアに、9ひきのあかちゃんが生まれました。盲導犬＝アイメイトとなる使命をもった小さないのち。巣立つまでの67日間―。
2017.12 1Vol. 20×16cm ¥1400 ①978-4-86008-753-1

◆黒白寺社　関藤清孝　(武蔵野)さんこう社
【要旨】日本の古い建築に魅せられて全国の寺院、神社100余個所を訪ね歩く。中国写真家が目にした日本の美と技の数々。
2017.3 99p 22×22cm ¥2000 ①978-4-902386-71-4

◆月光浴 青い星　石川賢治著　小学館
【要旨】私たちは、青い星に生きている。石川賢治、月光写真三十年余の結晶。私たちの星のもうひとつの素顔。
2017.4 22×31cm ¥3000 ①978-4-09-682248-7

◆建設中。　勝田尚哉写真・文　グラフィック社
【要旨】建設ゲンバ写真集。決して見ることのできない「ヘヴィーメタル・ワンダーランド」。
2017.9 139p 19×24cm ¥1900 ①978-4-7661-3056-0

◆剣道・伝説の京都大会(昭和)―徳江正之写真集　徳江正之著　体育とスポーツ出版社
【要旨】剣道を愛した写真家徳江正之が寡黙に撮り続けた京都大会の記録。なつかしい昭和のあの風景の人物、伝説の立合がいまよみがえる。
2017.5 208p A4 ¥2750 ①978-4-88458-353-8

◆高知城―南博彦写真集　南博彦著　(高知)高知新聞総合印刷
2017.4 104p A4 ¥1800 ①978-4-906910-61-8

◆こけら姉弟の春夏秋冬　えりごりやん著　(大阪)パレード，星雲社
【要旨】飛騨の山奥でひっそりと暮らす老夫婦とこけら姉弟の実写版昔話風写真集。
2017.2 1Vol. 20×19cm ¥2000 ①978-4-434-22946-6

◆国境鉄路(紀行写真集)―「満鉄」の遺産7本の橋を訪ねて　小竹直人写真・文　えにし書房
【要旨】報道写真家樋口健二に師事し、1990年来中国SL写真家として高名な著者が、中国と北朝鮮間にかかる7本の橋(橋脚のみも含む)と北朝鮮とロシア間の鉄道橋を訪ねた紀行写真集。2012年11月～2014年5月にかけてと、2014年12月～2017年5月の追加取材を1冊に。鉄道地図にもない幻の橋を含む貴重写真約70点を迫力のB5判で掲載。読み応えある紀行文に、中露国境の再建鉄道や満鉄廃線跡の写真も紹介。鉄道地図も充実。
2017.10 143p B5 ¥3700 ①978-4-908073-43-4

◆ことば　木村高一郎著　リブロアルテ，メディアパル 発売
2017.6 123p 25×17cm ¥4600 ①978-4-8021-3054-7

◆五百羅漢を訪ねて―Gohyaku・Rakan : Statues of the Five Hundred Disciples of Buddha　土屋奉之著　(調布)クムラン，星雲社 発売　(クムランアートブックシリーズ Vol.10)
2017.12 1Vol. 24×24cm ¥1300 ①978-4-434-24138-3

◆最果ての氷界―久保田友恵写真集　久保田友恵著，鈴木一雄監修　日本写真企画
2017.5 1Vol. 23×20cm ¥2500 ①978-4-86562-049-8

◆境線写真集―SAKAI LINE PHOTOBOOK　(米子)今井印刷　(付属資料：ポストカード1)
2017.3 107p 24×25cm ¥2000 ①978-4-86611-043-1

◆桜日　絵門仁著　（京都）赤々舎
【要旨】桜が見つめる時間。桜と交わる人の営み。二十年にわたり桜を撮りつづけてきた写真家が満開のなかに照らし出す、存在と魂。
2017.3 79p 29×22cm ¥3600 ①978-4-86541-062-4

◆ザクロとたい　もりもとりえ著　ぴあ
【要旨】ザクロ（ねこ♂13歳）とたい（人間♂3歳）。ねこのにーちゃんとにんげんのおとうとのあったかくてやさしくてらぶらぶな毎日。大人気のInstagram、待望の書籍化。
2017.12 1Vol. 15×20cm ¥1000 ①978-4-8356-3845-4

◆サハリン逍遥—片山通夫写真集　片山通夫著　（横浜）群像社
【目次】長い長い冬、そして、短い夏、人と暮らし、北へ、サハリンの韓人たち
2017.2 151p 15×21cm ¥1800 ①978-4-903619-75-0

◆サハリンに残された日本—樺太の面影、そして今　斉藤マサヨシ著　（札幌）北海道大学出版会
【目次】州都ユジノサハリンスクとその周辺地域（ユジノサハリンスク（旧豊原）、コルサコフ（旧大泊）ほか）、サハリンの西海岸地域（クリリオン湾（旧自主）、クリリオン湾から見える日本 ほか）、サハリンの東海岸地域（スタロドブスコエ（旧栄ード）、ヴズモーリエ（旧白浦）ほか）、北緯50度周辺と北サハリン地域（ポベジノ（旧古屯）、ユージナヤハンダサ（旧半田沢）ほか）
2017.9 80p B5 ¥4200 ①978-4-8329-3396-5

◆山陰絶景　KWAN写真　（米子）今井印刷、（米子）今井出版 発売
2017.6 108p 24×25cm ¥2000 ①978-4-86611-076-9

◆詩季彩—「美しい富山」写真集　（富山）桂書房　（付属資料：DVD1）
2017.7 111p A5 ¥2000 ①978-4-86627-031-9

◆四季の絶景写真撮影テクニック＆撮影地ガイド—日本ベストセレクション400　デジタルカメラマガジン編集部編　インプレス
【要旨】風景写真家たちが撮影した渾身の美しい絶景写真。アクセス方法やおすすめの時期を掲載。それぞれの絶景スポットにおいて撮影のポイントやテクニックを紹介。
2017.3 255p 24×18cm ¥2400 ①978-4-295-00083-9

◆自然史　露口啓二著　（京都）赤々舎　（本文：日英両文）
2017.3 1Vol. 23×28cm ¥5000 ①978-4-86541-060-0

◆渋いイケメンの世界—美しき働き者たちへの讃歌　三井昌志写真・文　雷鳥社
【要旨】働く男は、美しい。生きるために働く。額に汗し、埃にまみれながら。それが「渋いイケメン」の生き様。話題作「渋いイケメンの国」から2年。「働く男」にフォーカスし、さらにスケールアップした続編。
2017.11 15×19cm ¥1600 ①978-4-8441-3733-7

◆写狂老人A　荒木経惟著　河出書房新社
【要旨】77歳、天才アラーキーの全霊500点超収録。幻の初期傑作「八百屋のおじさん」や、「大光画」を含む膨大な新作を、初公開！驚愕の大展覧会公式図録。
2017.7 271p 25×19cm ¥2900 ①978-4-309-27859-9

◆写真アルバム 神戸の150年　田辺眞人監修　（名古屋）樹林舎
【要旨】明治から平成へ—。港とともに歩んだ神戸。神戸開港150年記念出版。
2017.12 287p A4 ¥9250 ①978-4-908436-14-7

◆写真集 あゝ、荒野　森山大道著　KADOKAWA
2017.10 1Vol. A5 ¥2500 ①978-4-04-106409-2

◆写真集 アメリカ先住民—記憶を未来につむぐ民　鎌田遵著　論創社
【要旨】「移民の国」アメリカで、大虐殺や植民地主義を潜り抜け、祖先からの大地と伝統文化を受け継ぎながら、誇り高く生きる先住民の記録。25年にわたりアメリカの「辺境」を歩いてきた研究者の写真集。
2017.4 1Vol. 29×23cm ¥3600 ①978-4-8460-1592-3

◆写真集 アメリカ マイノリティの輝き　鎌田遵著　論創社
【要旨】大都会に生きる移民やホームレスの影。LGBTのパレードやハロウィンの叫喚。日系人強制収容所跡に刻まれる記憶。少数派の多声が低く共鳴する多民族社会アメリカの相貌。25年にわたって「辺境」を歩いてきた研究者の写真集成。
2017.4 1Vol. 29×23cm ¥3600 ①978-4-8460-1593-0

◆写真集 出雲国風土記紀行　島根県古代文化センター編　島根県教育委員会、（松江）山陰中央新報社 発売
【目次】第1章 国引き神話の世界（八雲立つ出雲、佐比賣山（三瓶山）ほか）、第2章 神話と伝承（意宇郡 神名樋野（茶臼山）、秋鹿郡 神名火山（朝日山）ほか）、第3章 出雲の原風景（大原郡 雲南の朝焼け、出雲郡 出雲大川（斐伊川旧河道）ほか）、第4章 出雲びとの営み（意宇郡 国庁（国庁跡）、意宇郡 山代廃北新造院（来美廃寺）ほか）
2017.3 95p A4 ¥1500 ①978-4-87903-204-1

◆写真集 川崎—KAWASAKI PHOTOGRAPHS　細倉真弓著　サイゾー
【要旨】世界でも評価される気鋭女性写真家が、日本有数の工業都市・川崎のセックス、バイオレンス、ラップ・ミュージック、多文化社会に光を当てた写真集。人気ラッパーをはじめ川崎のアーティストも多数登場！
2017.12 319p A5 ¥3600 ①978-4-86625-094-6

◆写真集 津軽路の旅—弘前散歩 第2集　辻栄一著・写真　（弘前）路上社
【要旨】横浜からの旅人は色彩の贈り物を眺めながらゆっくりと！「津軽路」の街歩きを愉しむ。220枚余の美味しい写真！
2017.4 125p A5 ¥1850 ①978-4-89993-075-4

◆写真集 弘前界隈 2002・2016　今泉忠淳著　（弘前）弘前学院出版会
2017.7 1Vol. A5 ¥1500 ①978-4-907192-56-3

◆写真集 47サトタビ　佐藤尚著　風景写真出版
【要旨】全47都道府県の海・山・里。
2017.3 119p 22×26cm ¥2731 ①978-4-903772-43-1

◆写真帖 秋田の路面電車　秋田県立博物館編　（秋田）無明舎出版
【要旨】明治の馬車鉄道から、本格的に路面電車の運行がはじまったのが大正11年。そして昭和26年、市民悲願の秋田駅前−土崎間が全面開通した。しかし、わずか14年で消えた秋田市電の「あの日のあの時」を、230葉の写真で再現。半世紀を経てよみがえる鉄路の響きとなつかしい記憶の数々！
2017.10 113p A5 ¥1800 ①978-4-89544-637-2

◆写真民俗学—東西の神々　芳賀日出男著　KADOKAWA
【要旨】「民俗学」を体感せよ。世界各地の習俗を捉え続けてきた芳賀日出男、95歳。人と神の多様な交わりを、東西の祭礼を通して眺めるとき、その類似と違いの面白さに驚嘆せずにはいられない。400点超の写真と貴重な記録が織り成す、迫力の集大成！
2017.3 311p A5 ¥2500 ①978-4-04-400215-2

◆シャンティニケタン 平和郷の子どもたち—インド先住民サンタル族との出会いの軌跡　向瀬杜子春写真・文　七月堂
2017.11 117p 15×21cm ¥2000 ①978-4-87944-298-7

◆上海・魯迅公園の朝　江幡美美江、木崎昭、関雅之、山本暁、渡邊章弘子著、英伸三編集・構成　現代写真研究所出版局　（現研BOOKs no.1）
2017.10 61p 24×19cm ¥1500 ①978-4-903564-27-2

◆宿場町旅情 写真紀行　清永安雄撮影　産業編集センター
【要旨】江戸の名残をとどめる古い町並みが郷愁を誘う。全国から厳選した二十二カ所の宿場町一そのなりたちや魅力、情緒あふれる景観をあますところなく一冊にとじこめた写真紀行。
2017.9 270p A5 ¥1800 ①978-4-86311-160-8

◆上越線 国境　安井寛之著　イカロス出版
【要旨】あれから30年。国境の峠越えに挑む国鉄時代のEF64 1000。重連、雪の行路…「山男」の勇姿が今、甦る。
2017.8 81p B5 ¥1204 ①978-4-8022-0335-7

◆少女寫集—長谷川圭佑作品集　長谷川圭佑撮影　リンダパブリッシャーズ、泰文堂 発売
【要旨】"少女"という生き物。その儚くも美しい一瞬の季節を、鮮明に切り抜く…。
2017.2 79p B5 ¥1800 ①978-4-8030-1003-9

◆少林寺—Men Behind the Scenes 2　大串祥子著　リブロアルテ、メディアパル 発売
2017.3 1Vol. B5 ¥3600 ①978-4-8021-3045-5

◆昭和の東京 5 中央区　加藤嶺夫著, 川本三郎, 泉麻人監修　デコ　（加藤嶺夫写真全集）
【要旨】"消えた街角"223枚の貴重な記録。銀座、築地、日本橋、人形町、八丁堀、入船、京橋、月島、佃島…築地市場（昭和40年代）もたっぷり収録！ダブルトーン印刷で美しく蘇る！
2017.11 159p A5 ¥1800 ①978-4-906905-05-8

◆知床半島　石川直樹著　（札幌）北海道新聞社
2017.8 95p 28×23cm ¥2315 ①978-4-89453-873-3

◆白モフ—A Dog Named ビションフリーゼ　世界文化社
【要旨】見てほんわか。触れてモフモフ！幸せになれる、白モフ58匹の競演！ビションフリーゼだけの待望のフォトブック。
2017.12 79p 19×15cm ¥1000 ①978-4-418-17264-1

◆新宿（コラージュ）　吉田昌平著　NUMABOOKS
【要旨】写真家・森山大道の写真集『新宿（月曜社刊）を解体、全てのページを素材として使用しコラージュした全128点からなる写真集。1985年生まれのアートディレクター・吉田昌平による、欲と衝動に満ちた自由で美しいコラージュは、森山作品に新たな息吹を与えている。印刷は山田写真製版所。プリンティング・ディレクターは、亀倉雄策、田中一光など名だたる巨匠たちとの仕事で知られる印刷の神様・熊倉桂三氏。コラージュ作品の立体感を出すために片側から光を当てる特殊なスキャニングを行い、黒のダブルトーン＋調子版ニスの3版で贅沢に印刷。函入。
2017.7 256p 26×19cm ¥5800 ①978-4-909242-00-6

◆人生を変えた1枚。人生を変える1枚。　東京カメラ部編　日経ナショナルジオグラフィック社、日経BPマーケティング 発売
【要旨】日本最大のSNS写真コミュニティー「東京カメラ部」初の公式写真集。
2017.5 191p 18×15cm ¥1380 ①978-4-86313-386-0

◆人造乙女美術館 Jewel　オリエント工業監修　筑摩書房
【要旨】世界でもっとも美しい人形。きめ細やかな肌、物言いたげな唇、澄んだ瞳、透き通るな指先—どこまでも美しく愛らしく、リアルと夢を生きるドールたちの初の公式写真集。オリエント工業創業40周年記念。
2017.5 1Vol. 25×19cm ¥1900 ①978-4-480-87624-9

◆聖山 永遠のシャングリラ—渡辺千昭写真集　渡辺千昭著　日本カメラ社
【目次】西南の聖なる峰と里、西北へ辿る道、風光彩々の地、道みちの花、撮影ノート
2017.2 131p 25×26cm ¥4500 ①978-4-8179-2160-4

◆世界の美しいウミウシ—Sea slugs　パイインターナショナル編著、中野理枝監修、熊谷香菜子、高橋麻美執筆・制作協力　パイインターナショナル
【要旨】海中できらめく極彩色の宝石！珠玉のウミウシとその仲間たち、約110種。
2017.6 191p 15×15cm ¥1800 ①978-4-7562-4905-0

◆世界のかわいいけもの！　パイインターナショナル編著、大洞希郷監修・執筆　パイインターナショナル
【要旨】リアルなけもの写真集に出会いを求めるのは間違っているだろうか。かわいい動物42種。
2017.8 111p 15×15cm ¥1200 ①978-4-7562-4972-2

◆世界のかわいい村と街　パイインターナショナル編著　パイインターナショナル
【要旨】まるで絵本のような、心ときめく、おとぎの国へ。石造りの家・藁葺き屋根・カラフルな街並み…夢のような村と街めぐり。
2017.10 191p 15×16cm ¥1800 ①978-4-7562-4889-3

◆世界の廃船と廃墟　アフロ写真、水野久美テキスト　（京都）青幻舎
【要旨】イオニア海の美しい浜辺に打ち捨てられた密輸船パナギオティス号やトラック島空襲で零戦とともに沈没した日本海軍の富士川丸、世界中の廃船が集められた「船の墓場」とも呼ばれるチッタゴン船舶解体場などインパクトあふれる世界の廃船の素顔満載。廃墟はドイツ軍の巨大病院施設であったベーリッツ・サナトリウムや日本の産業遺産を代表する軍艦島など、その今と昔を比べながらの驚愕の往来が楽しめる。
2017.1 157p B6 ¥1600 ①978-4-86152-574-2

◆瀬戸内家族　小池英文著　冬青社
2017.1 1Vol. 21×24cm ¥3300 ①978-4-88773-176-9

BOOK PAGE 2018　　　　　　　　　　　　　257　　　　　　　　　　　　　趣味

◆1967中国文化大革命―荒牧万佐行写真集
荒牧万佐行著　集広舎
【要旨】街には文字が溢れ、通りには人々が溢れかえっていた！　毛沢東が待ったをかけた上海コミューン成立（1967年2月5日）、その1週間前という歴史的瞬間を目撃した日本人カメラマン（一連の文革報道で1967年日本写真協会新人賞受賞）がいた！　中国をゆるがし、世界の耳目をひいた文化大革命を凝縮した1967年1・2月ドキュメント！
　　　　2017.11 215p B5 ¥2500 ①978-4-904213-54-4

◆先生のアトリエ―大辻清司は私の先生だった
潮田登久子写真　ウシマオダ、幻戯書房 発売
　　　　2017.3 115p 21×24cm ¥3500 ①978-4-86488-114-2

◆空と水と大地の詩
今野響児写真、夢みち俳句　日本写真企画
【要旨】老いるということ、生きるということに、真摯に向かい合い紡ぎ出された、写真と俳句のコラボレーション。
　　　　2017.10 1Vol. 20×23cm ¥1800 ①978-4-86562-057-3

◆台湾 集集線（じじせん）に乗って
遠藤靖昭著　創英社／三省堂書店
　　　　2017.4 1Vol. 21×30cm ¥1200 ①978-4-88142-128-4

◆谷口能隆写真集 Passage―刻の痕跡（PARIS・PRAHA・小樽）
谷口能隆著　(高知)リーブル出版
　　　　2017.8 1Vol. B5 ¥3000 ①978-4-86338-185-8

◆暖流―飯島幸永写真集 八重山諸島につなぐ命
飯島幸永写真・文　彩流社
【目次】1 黒潮のウミンチュ（漁夫）、2 時代を映す、子供達の笑顔、3 ミンサーを、織り繋ぐ心、4 波涛を超えて、5 心に残る再会、6 暮らしを継ぐ生業、7「御霊しずめ」の仕来り、8 島への想い、「来る人、回帰る人」9 つも、そしてこれからも。10 潮風に刻まれた、「相貌」。
　　　　2017.11 183p 26×16cm ¥6800 ①978-4-7791-2435-8

◆眺望絶佳の打ち上げ花火
金武諒著、日本煙火協会監修　玄光社
【要旨】本書は、日本の伝統花火から最新の芸術玉まで、色とりどりの美しい花火を紹介する「花火のビジュアルブック」です。30年以上に渡り、花火を撮り続けている金武氏による実写約80枚に加え、花火の名前や作り方、打ち上げ方法に至るまで花火の基礎知識を詰め込みました。「同じ玉と二度とない」と言われ、常に進化し続ける花火の奥深き世界をどうぞお楽しみください。
　　　　2017.6 143p B5 ¥2000 ①978-4-7683-0871-4

◆築地魚河岸ブルース
沼田学著　東京キララ社　特装版
　　　　2017.12 1Vol. A4 ¥3900 ①978-4-903883-28-1

◆鉄砲百合の射程距離
内田美紗写真、森山大道写真、大竹昭子編（調布）月曜社
　　　　2017.4 1Vol. A4 ¥2000 ①978-4-86503-046-4

◆天空の槍ヶ岳
穂苅貞雄著　山と溪谷社
　　　　2017.11 78p 22×26cm ¥2800 ①978-4-635-54660-7

◆天國（てんくに）へ―写狂老人日記
荒木経惟著　ワイズ出版
　　　　2017.1 266p 15×22cm ¥1800 ①978-4-89830-304-7

◆天上の庭―京都御所・仙洞御所・修学院離宮・桂離宮
二川幸夫企画・撮影、磯研吾文　エーディーエー・エディタ・トーキョー（本文：日英両文）
【目次】庭の時代、修学院離宮、桂離宮、仙洞御所、京都御所
　　　　2017.2 279p 38×27cm ¥24000 ①978-4-87140-496-9

◆東京オリンピック時代の都電と街角 新宿区・渋谷区・港区（西部）・中野区・杉並区編―昭和30年代・40年代の記憶
小川峯生、生田誠著　アルファベータブックス
【目次】カラー写真で見る都電、都電が走った街角風景、新宿駅前（角筈）、新宿三丁目、牛込、神楽坂、四谷三丁目、四谷見附、信濃町駅、明治通り、赤坂見附［ほか］
　　　　2017.3 63p 30×23cm ¥1600 ①978-4-86598-823-9

◆東京 消えた街角
加藤嶺夫著　河出書房新社　新装版
【要旨】30年間、東京をくまなく歩き、その歴史と生活と風俗をカメラに収めてきた著者による、他では見られない貴重な記録。
　　　　2017.10 238p B5 ¥3800 ①978-4-309-27901-5

◆東京の恋人
笠井爾示著　玄光社
　　　　2017.5 1Vol. 19×23cm ¥3700 ①978-4-7683-0855-4

◆東京のらねこ2.0
可成一郎著　エクストラゴー、三交社 発売
【要旨】東京、在住。66匹撮り下ろし。繁華街から下町まで東京いたるところで猫暮らしニャ。
　　　　2018.1 124p 19×15cm ¥1480 ①978-4-87919-296-7

◆東京わが残像 1948-1964―田沼武能写真集
田沼武能著　クレヴィス
【要旨】占領下、はげしく変貌した「戦後東京」の記録。ヒューマンな眼差しで日常の暮らしを祝福する。
　　　　2017.10 255p B5 ¥2315 ①978-4-904845-94-3

◆東京轍
田中聡子著　冬青社
　　　　2017.10 41, 31p 21×24cm ¥3000 ①978-4-88773-184-4

◆東京湾岸のねこたち
星野俊光著　銀河出版
（オリジナルプリント写真集日本現代写真家全集 3巻）
　　　　2017.4 77p 30×30cm ¥15000 ①978-4-87777-100-3

◆動物モグ図鑑―みんな何食べてる？
松原卓二写真・文　小学館
【要旨】食べているときの動物は、みんな幸せそう。mgmg、gkgk がつまった、かわいすぎる動物写真集。
　　　　2017.3 95p 19×15cm ¥1400 ①978-4-09-682242-5

◆戸隠礼讃―音と色と香りを感じる瞬間（とき）
渡辺順司写真・文　丸善プラネット、丸善出版 発売
【目次】いざ、戸隠へ。再び、戸隠へ。アカショウビンが来ない戸隠、戸隠の杜に棲む四種のキツツキ、戸隠の野鳥図鑑、戸隠の花と野草、戸隠の蕎麦探訪、戸隠―神々が宿る杜、戸隠フォトグラフィ、「戸隠への旅」完結
　　　　2017.6 123p 15×21cm ¥1800 ①978-4-86345-338-8

◆となりの川上さん―川上奈々美・笠井爾示 川上奈々美写真集
笠井爾示撮影　玄光社
　　　　2017.11 1Vol. 19×27cm ¥1800 ①978-4-7683-0912-4

◆富取畦草・記録の目シリーズ 変貌する都市の記録
富取畦草、富岡三智子、鵜澤碧美著　白揚社
【要旨】60余年、3代にわたる定点撮影の集大成。
　　　　2017.8 158p B5 ¥2500 ①978-4-8269-0197-0

◆ともだち
木村高一郎著　リブロアルテ、メディアパル 発売
　　　　2017.4 72p 21×24cm ¥2800 ①978-4-8021-3051-6

◆ともだち。―写真でつづる異種アニマル交遊録
東京書店
【要旨】「ぼくたち、ずっと一緒だよ」本当の "ともだち" の形がここにある。
　　　　2017.8 94p 17×15cm ¥980 ①978-4-88574-065-7

◆ドローン鳥瞰写真集―住宅街・団地・商店街
小林哲朗撮影、東地和生監修　玄光社
【要旨】俯瞰の街並み、踏切、団地、郊外のニュータウン、田舎町、室内…etc. 初のドローン背景資料！
　　　　2017.8 175p 26×19cm ¥2800 ①978-4-7683-0880-6

◆中本佳材 4×5
中本佳材著　リトルモア
【要旨】4×5「しのご」とよばれる大型カメラで撮影された34人の男の肖像写真。
　　　　2017.5 1Vol. B5 ¥2800 ①978-4-89815-456-4

◆長良川 清流譜―後藤亘写真集
後藤亘著（岐阜）岐阜新聞社
　　　　2017.8 119p 24×24cm ¥1852 ①978-4-87797-245-5

◆ナスカイ
梅佳代著　亜紀書房
【要旨】全寮制の中高一貫男子校、那須高原海城中学校・高等学校を写真家の梅佳代が初めて訪ねたのは2010年のこと。栃木県の那須高原で開催された芸術祭の取材だった。「新しい紳士たれ」の理念のもと、丘の上にあるキャンパスで中学1年生から高校3年生までの少年たちが学んでいた。時は巡り2012年春、再会の時がやってきた。ただし、彼らは那須でなく、東京の多摩にいた。2011年の東日本大震災で校舎が被災し、「いつかは那須に」の思いを胸に、新たな地にキャンパスを移し再スタートを切ることになったのだ。授業、体育祭、文化祭、寮の部屋、卒業式―「会うたびに印象が変わる」10代、移りゆく思春を駆け抜ける少年たちの姿を梅佳代はカメラに収めた。しかし、福島第一原子力発電所の事故の影響もあり学校は那須キャンパスでの授業再開を断念、新規の生徒募集を行わないことを決めた。そして2017年3月、ナスカイはその歴史に幕をおろした。
　　　　2017.3 1Vol. B5 ¥1996 ①978-4-7505-1504-5

◆70センチの目線
小竹めぐみ、小笠原舞著、福添麻美撮　小学館集英社プロダクション
【要旨】「フツウ」ってなに？「みんな」ってだれ？　忘れないで。今日も、明日も、私のための人生であることを。
　　　　2017.1 79p 18×19cm ¥1500 ①978-4-7968-7644-5

◆ナフ川の向こうに―バングラデシュで生き抜くロヒンギャ民族
狩新那生助著　柏植書房新社
　　　　2017.4 80p A4 ¥2000 ①978-4-8068-0694-3

◆なら時間―宮崎悦子写真集
宮崎悦子著　現代写真研究所出版局（現研BOOKs no.2）
　　　　2017.10 76p 24×19cm ¥2000 ①978-4-903564-28-9

◆ニッポン とっておきの島風景
箭内博行写真・文　パイ インターナショナル
【要旨】東西南北、四季折々、「島ならでは」の美しい、知られざる日本風景。
　　　　2017.7 155p 20×23cm ¥1900 ①978-4-7562-4934-0

◆にほんのかけら
竹谷出著　冬青社
　　　　2017.6 239p 21×24cm ¥4500 ①978-4-88773-181-3

◆日本の原風景 城
森田敏隆、宮本孝廣写真（京都）光村推古書院（本文：日英両文）
【要旨】圧倒的な美しさで迫る城の写真集。日本全国130の城を掲載。日本城郭協会選定「日本100名城」の写真全て収録。「続日本100名城」のリスト付。
　　　　2017.6 303p A5 ¥2800 ①978-4-8381-0560-1

◆ニューヨーク 魔法のカメラ
山田学、川津英夫写真　日本写真企画（cocoro*pocket）
【要旨】"cocoro*pocket" は自由に気ままに思い浮かぶ言葉を、ココロを紡ぐように綴れます。「ニューヨーク 魔法のカメラ」があなたの思いを運んでくれます。書き込みスペースのあるノートタイプの写真帖。
　　　　2017.4 1Vol. B6 ¥800 ①978-4-86562-059-7

◆人情船橋競馬場厩舎ネコ物語―津乗健太写真集
津乗健太著　ワイズ出版
【要旨】楽しくなさそうにはしていない猫。ここは千葉県船橋市。ららぽーとトーキョーベイの横。船橋競馬場に隣接する厩舎地区です。ここにはレースを走る競走馬やその馬を世話するいわゆる厩務員が暮らしているのですが…。ここには…ネコもたくさんいるのでした。
　　　　2018.1 1Vol. A5 ¥1800 ①978-4-89830-313-9

◆ねこ科
岩合光昭著　クレヴィス
【要旨】身近なイエネコをはじめ、1982年撮影のライオンから、2016年撮影の最新ジャガーまで、ネコ科動物が勢ぞろい！　154点収録。
　　　　2017.5 166p 21×21cm ¥1800 ①978-4-904845-80-6

◆ネコとずっと―ニッポンの猫写真集
岩合光昭写真・文　日本写真企画　辰巳出版
【要旨】また、いいネコに出会えた。笠戸島・山口・青島・伊豆・下北半島・深島・神戸・佐久島・徳島・真鶴・青森の四季。
　　　　2017.4 95p A4 ¥1800 ①978-4-7778-1869-3

◆ネコとフトモモ
青山裕企著　新潮社
【要旨】挟まれる黒猫。伸びる三毛猫。じゃれる白猫。フェティシズムの旗手が切り取る、猫と女の子の濃密な時間。あったかくて、やわらか、幸福な関係。
　　　　2017.4 1Vol. 14×15cm ¥1000 ①978-4-10-350931-8

◆猫忍写真集
「猫忍」製作委員会著　扶桑社
【要旨】小顔なのに体重8kg！　貫禄十分だけど実は抱っこ大好き甘えん坊。金時の魅力満載!!
　　　　2017.2 94p A5 ¥1200 ①978-4-594-07649-8

◆野にも山にも―一茶の郷風景遺産
栗原義孝著　風景写真出版
　　　　2017.12 95p 23×24cm ¥2759 ①978-4-903772-47-9

◆廃村―昭和の残響
村田らむ著　有峰書店新社
　　　　2017.9 1Vol. 15×21cm ¥1380 ①978-4-87045-294-7

◆博多祇園山笠 夏の風―八田公子写真集
八田公子著　日本写真企画
　　　　2017.6 127p 24×19cm ¥2500 ①978-4-86562-052-8

◆白山自然態系 手取川
南健一文、木村芳文写真（金沢）北國新聞社
　　　　2017.7 109p 28×21cm ¥2000 ①978-4-8330-2095-4

趣味

実用書

◆初めてのまち―出会いの瞬間　椎名雄写真・文　遊人工房
2017.2 351p B5 ¥10000 ⓘ978-4-903434-84-1

◆裸にいっぴん　青山裕企著　一迅社
【要旨】それは最後の一品なのか、付け加えられた逸品なのか。裸＋エプロン、裸＋靴下、裸＋リボンetc…裸＋ワンアイテムから生み出されるエロティシズムを一冊に綴じ込めた、至極の写真集。
2017.7 1Vol. 21×19cm ¥1600 ⓘ978-4-7580-1558-5

◆はつ恋　藤澤和子、川崎千加、多賀谷津也子企画・編集・制作　樹村房　（LLブック）
2017.4 1Vol. 19×27cm ¥1600 ⓘ978-4-88367-284-4

◆花咲く朝日―富山県版　安原修次撮影・著　（長野）ほおずき書籍、星雲社　発売
2017.8 152p A5 ¥1800 ⓘ978-4-434-23538-2

◆花しずく　伊比輝治著　幻冬舎メディアコンサルティング、幻冬舎　発売
【要旨】雨にうたれ、水滴をたたえ、凛と咲く花。柔らかく、優しく、たおやかに咲く花。一瞬を捉えた瑞々しい書き下ろし写真集。
2017.7 95p 21×19cm ¥1800 ⓘ978-4-344-91251-9

◆英伸三/桑原史成ドキュメンタリー100　英伸三、桑原史成著　現代写真研究所出版局
2017.4 44p B5 ¥1000 ⓘ978-4-903564-26-5

◆桜(はな)もよう―米美知子写真集　米美知子　文一総合出版
2017.3 107p 26×27cm ¥3500 ⓘ978-4-8299-7910-5

◆パリのデザインコレクション―パリの街並みディテール写真集　シルヴァン・アジュオルジュ著　グラフィック社
【要旨】凱旋門やエッフェル塔、シャンゼリゼ大通りなど、誰もが知る名所と同じように、街で目にするありきたりなものたちの些細な「ディテール」がパリを感じさせることがあります。歩道の石畳、アパルトマンの彫刻、飾り格子、通りの名が刻まれたプレート、街灯、看板、カフェ…、それらすべてのディテールエレメンツ、またそこから生まれる「空気感」が、パリの街を形づくっているともいえるでしょう。他のどの街にもパリと同じ風景はありません。「一番パリらしいパリ」を伝える、街中にある「無数の小さくて平凡なものたち」の写真集です。
2017.5 1Vol. 15×22cm ¥1800 ⓘ978-4-7661-3034-8

◆遥かなる遠山郷―60年前の記憶　塚原琢哉著　（長野）信濃毎日新聞社
【要旨】神が招いたのか南アルプスの懐に抱かれた、天空の桃源郷。アンリ・カルティエ＝ブレッソン（20世紀を代表する仏の写真家）に憧れた21歳が興奮を抑えきれなかった1958年の遠山郷下栗。いま、幻の写真集が60年の眠りから目を覚ました―。
2017.11 205p 21×21cm ¥1800 ⓘ978-4-7840-7313-9

◆ピカソ図鑑―あらぶるピカソさくひんたち　吉谷民夫著　クオリアート、出版文化社　発売
【要旨】ショック画像満載！ おもしろおかしいピカソの世界。遊びゴコロにココロ弾む不思議な非日常の世界。アートなピカソ図鑑へようこそ。
2017.12 69p A4 ¥1000 ⓘ978-4-88338-630-7

◆光の欠落が地面に届くとき距離が奪われ距離が生まれる　鷹野隆大著　エディション・ノルト、ソリレス書店　発売　（本文：日英両文）
2016.11 59p 27×37cm ¥5500 ⓘ978-4-908435-06-5

◆光・山・憧憬―川口邦雄写真文集　川口邦雄著　日本カメラ社
2017.12 125p 22×19cm ¥3500 ⓘ978-4-8179-2156-9

◆彦根城の桜―中村憲一写真集　中村憲一著・撮影　マリアパブリケーションズ、実業之日本社　発売
2017.3 1Vol. 22×22cm ¥1700 ⓘ978-4-408-63019-9

◆ひとたびてつたび―アジア・レイル・ライフ2　米屋こうじ著　ころから
【要旨】1990年代のタイ、中国から現代のミャンマー、モンゴルまで鉄道カメラマンが20年continué 働いた"鉄旅"で出逢った人と街を描くフォトエッセ
2017.6 189p B6 ¥1600 ⓘ978-4-907239-21-3

◆日々 "HIBI" TSUKIJI MARKET　加藤孝撮影　玄光社　（本文：日英両文）
2017.7 101p 27×27cm ¥5000 ⓘ978-4-7683-0863-9

◆100歳の花写真―河内敬朝写真集　河内敬朝著　（大阪）東方出版
2017.4 71p 22×22cm ¥1800 ⓘ978-4-86249-281-4

◆百年先の笑顔へ　北川孝次著　智書房、星雲社　発売
【目次】第1章 生きていく地球、第2章 愛しあえる未来、第3章 戦いのない世界
2017.8 135p 20×20cm ¥1111 ⓘ978-4-434-23673-0

◆フォトジャーナリスト 長倉洋海の眼―地を這い、未来へ駆ける　長倉洋海著　クレヴィス
【要旨】内戦、難民、貧困、差別…世界各地を旅し、困難な環境下に生きる人間の強さ、やさしさにカメラを向け続けてきた37年間のドキュメント。代表作から近作まで"激動の世界"の現場で密着取材した作品213点を収録。
2017.3 193p B5 ¥2130 ⓘ978-4-904845-77-6

◆福島の磨崖仏、鎮魂の旅へ　青木淳著、大屋孝雄写真・文　（東京）淡交社
【要旨】福島の地に点在する、自然の岩壁や石に彫られた古い磨崖仏。日本三大石仏の一つといわれる大悲山の石仏をはじめ、「円空や木喰にも劣らない」美を秘めた江戸期の石仏をあわせ、ダイナミックその光景を撮り下ろした写真で紹介。
2017.9 207p B5 ¥2100 ⓘ978-4-473-04197-5

◆フクロウとコミミズク―森の賢者たち　斉藤嶽堂写真・文　彩流社
【要旨】変化に富んだ自然の八ヶ岳には、多くの野鳥が生息している。その山麓はまたフクロウたちが多く生息する地域でもあった。長年の取材で撮影した価値ある写真を1冊に！
2017.3 63p 23×19cm ¥1800 ⓘ978-4-7791-2310-8

◆武甲山―未来の子供たちへ　笹久保伸著　キラジェンヌ
【要旨】日々ダイナマイトで爆破され変貌し続ける秩父の神の山"武甲山"そして消滅してゆく山が放つ絶望の導かれ、笹久保伸が撮らえたのは、爆破され削られた人為的山体崩壊から放たれる光と闇、世界への扉―
2017.6 1Vol. 30×30cm ¥5000 ⓘ978-4-906910-64-0

◆不思議の国の海　鍵井靖章著　パインターナショナル
2017.4 1Vol. 22×27cm ¥2400 ⓘ978-4-7562-4888-6

◆ふたりっ子バンザイ―石亀泰郎写真集　石亀泰郎著　（武蔵野）夏葉社　復刊
【要旨】成長していく兄弟のようすを写した小さな写真集。子どもたちを撮り続けた写真家・石亀泰郎のデビュー作を約50年ぶりに復刊します。
2017.12 63p B6 ¥2000 ⓘ978-4-904816-26-4

◆フトマニシロ・ランドスケープ 建国の原像を問う　写真家集団Phenomena著、能勢伊勢雄監修　東京キララ社
【要旨】日本国創建の地となった古代の霊地「フトマニシロ」を写真で辿る壮大な試み、ついに完成！ Phenomena6人の写真家による共同無意識が浮かびあがらせた我が国の原像、撮影28カ所／計560枚の写真を完全収録。神道霊学界の第一人者・武田崇元氏、美術批評家・椹木野衣氏による寄稿文を収録。
2017.12 637p 26×19cm ¥12800 ⓘ978-4-8010-0280-7

◆冬―ふらの・びえい　高橋真澄著・写真　（京都）青菁社
2017.12 95p 15×21cm ¥1500 ⓘ978-4-88350-194-6

◆ふゆのね　立山紘希　創英社／三省堂書店
【要旨】雪の向こうに見えたもの。「冬」を撮り続ける写真家の渾身ドキュメンタリー・フォトエッセイ。
2017.11 127p 17×19cm ¥1400 ⓘ978-4-88142-325-7

◆フランスの美しい村・愛らしい町―素顔の街角、旅の記憶　上野美千代写真・文　（京都）光村推古書院
2017.10 1Vol. 15×15cm ¥1780 ⓘ978-4-8381-0559-5

◆古川親水公園―せせらぎの季節　原順子文・写真　（府中）パブリック・ブレイン、星雲社　発売
【要旨】東京・江戸川区にある古川親水公園。色とりどりの表情を写した109点を収録。
2017.4 1Vol. 15×15cm ¥1000 ⓘ978-4-434-23109-4

◆ふる里かさねいろ　山本一著　求龍堂
【要旨】微笑む春、みずみずしい夏、装う秋、まどろむ冬。ふる里の色はこんなにも美しい。山本一写真集。
2017.12 1Vol. 23×22cm ¥2000 ⓘ978-4-7630-1711-6

◆プロカメラマンFILE 2018 モデル、ヌード、風景／自然、フリーテーマ、ムービー編　カラーズ、ボーンデジタル　発売
【要旨】写真の「今」をオールジャンルでパッケージした日本唯一の写真年鑑。明日を拓くフォトグラファー114組による作品ガイドブック。
2017.9 247p B5 ¥2870 ⓘ978-4-86246-398-2

◆プロパガンダ―PROPAGANDA　北井一夫著　ワイズ出版
【要旨】神戸港・沖仲仕、川口・鋳物職人、木場・川並…。1965年～1974年の職人たちと風景。未発表作品を主とした北井一夫自選写真集。
2018.1 143p A5 ¥2500 ⓘ978-4-89830-312-2

◆ふわっと癒される北のリス エゾリーナ　久保ヒデキ写真、久保麻紀言葉　扶桑社
【要旨】森から現れた愛くるしい姿に凹んだ心が緩んで癒される。かわいいエゾリス写真55点満載!!
2017.12 79p 15×15cm ¥1200 ⓘ978-4-594-07873-7

◆ペンキのキセキ　タクマクニヒロ著　雷鳥社
【要旨】ほんの少し見た目を変えれば、街中が美術館になる！ 風雨にさらされたペンキが織りなす、偶然の美。
2017.11 95p 22×19cm ¥1600 ⓘ978-4-8441-3731-3

◆変生　濱田トモミ著　冬青社
2017.5 1Vol. 27×27cm ¥3000 ⓘ978-4-88773-179-0

◆北辺の機関車たち　大木茂、武田文敏、堀越庸夫共著　復刊ドットコム　復刻版
【要旨】冬の北海道とそこに生きる機関車たちを捉えた鉄道写真史上不朽の名作が最新デジタル技術を駆使し、半世紀ぶりに復活！
2017.11 1Vol. 28×22cm ¥6000 ⓘ978-4-8354-5488-7

◆ホテルニューグランド開業90周年記念写真集 Memories of HOTEL NEW GRAND―時代を超えて愛され続ける横浜クラシックホテルの軌跡　ホテルニューグランド編著　（横浜）神奈川新聞社
【要旨】クラシックホテルの歴史を紐解く一冊。時代の視点で捉えた珠玉の写真集完成!!
2017.12 72p 19×26cm ¥2000 ⓘ978-4-87645-574-4

◆町の残像　なぎら健壱著　日本カメラ社
【目次】東京都墨田区東向島、東京都台東区浅草「浅草六区」、愛知県犬山市元兄弟「銭湯跡」、東京都台東区浅草ひさご通り「甘粕」、東京都中央区銀座「三原橋地下街」、愛媛県今治市北宝町、埼玉県行田市、東京都足立区関原「ひらさわ呉服店」、横浜市鶴見区浅野「鶴見線浅野駅」、東京都豊島区雑司ケ谷「蔵」〔ほか〕
2017.3 111p 22×19cm ¥2000 ⓘ978-4-8179-0029-6

◆マチュピチュからパタゴニアへ　加藤正明著　日本写真企画
2017.1 1Vol. 26×27cm ¥2000 ⓘ978-4-86562-043-6

◆魔法の扉―Imaging the Magicキャラクターフォトセレクション　ディズニーファン編集部編　講談社　（TOKYO DISNEY RESORT Photography Project）
【要旨】写真集「魔法の贈りもの」「魔法の瞬間」他で紹介したキャラクター作品だけを集めた一冊。
2017.7 54p 26×21cm ¥1600 ⓘ978-4-06-339780-2

◆水と雲と花と　桝矢桂一著　朝日出版社　（本文：日英両文）
2017.2 116p 19×26cm ¥2700 ⓘ978-4-255-00976-6

◆水のこと―水の国、わかやま。　内山りゅう著　講談社エディトリアル
2017.3 1Vol. 21×22cm ¥2500 ⓘ978-4-907514-78-5

◆水の輪廻―広大なる海の行方を追い求めて　豊田直之著　銀河出版　（オリジナルプリント写真集日本現代写真家全集 4巻）
2017.4 67p 30×30cm ¥15000 ⓘ978-4-87777-101-0

◆みちしお―紺野勝司写真集　紺野勝司著　（気仙沼）紺野勝司、（高知）リーブル出版　発売
2016.11 121p 26×21cm ¥3500 ⓘ978-4-86338-159-9

◆密会　小林修士著　玄光社

◆南三陸から　vol.5　2011.3.11〜2017.3.3　佐藤信一写真　ADK南三陸町復興支援プロジェクト，日本文芸社　発売
【要旨】妻のいない自宅。欲情に湿った空気。露わになった彼女の肢体にシャッターを切る。この写真は私たち二人だけの秘密の記録だー。
2017.9 1Vol. 19×25cm ¥3000 ①978-4-7683-0891-2

【要旨】あの震災から、新たな旅立ちまで。6年間をおさめた、南三陸からのフォトレター。
2017.5 1Vol. 19×26cm ¥1500 ①978-4-537-27867-5

◆美山町追憶—日本の原風景が今も残る京のかやぶきの里　奥村恒正著　（京都）ウインかもがわ，（京都）かもがわ出版　発売
【目次】美山追憶、美山の四季に溶け込む暮らし—写真集「美山町追憶」によせて（ウベ・ワルター・尺八パフォーマー）
2017.11 49p B5 ¥2000 ①978-4-903882-88-8

◆虫螻　伊島薫著　タイフーン・ブックス・ジャパン
2017.7 1Vol. 15×21cm ¥2000 ①978-4-9903621-8-8

◆虫の世界と五七五—菊川靖水写真集　菊川靖水著　（川崎）音美社
【目次】ハナアブの一種、ベニシジミ、クロホシツツハムシ、セダカコガシラアブの一種、ムカシヤンマの幼虫、アカガネサルハムシ、アカクビナガハムシ、ウマノオバチ、クダマキモドキの一種の幼虫、ヒメクロオトシブミ〔ほか〕
2017.10 103p 22×21cm ¥1389 ①978-4-434-22507-9

◆六田知弘写真集　ロマネスク—光と闇にひそむもの　六田知弘著　生活の友社
【要旨】異質するロマネスク美術の両翼の存在に迫る六田知弘の写真が見るものを魅了する。
2017.2 753p B5 ¥8000 ①978-4-908429-06-4

◆紫の空　上田敦子文、上田達男写真　田畑書店
【要旨】笹子トンネル事故から5年。ともに逝った9人のうちのひとり、ワタル君の遺した珠玉の写真70葉+果てしない悲しみのトンネルから回帰した母親の魂の記録！
2017.10 161p 23×19cm ¥3000 ①978-4-8038-0346-4

◆村の音が聞こえる—ネパール山村の暮らし　佐藤敏久写真・文　（高知）リーブル出版
2017.9 1Vol. 27×22cm ¥1500 ①978-4-86338-171-1

◆目　吉田昭二著　銀河出版　（オリジナルプリント写真集日本現代写真家全集 5巻）
2017.4 79p 30×30cm ¥15000 ①978-4-87777-102-7

◆もう一つのものづくり—LIVE WITH RECYCLING　百々武写真　（京都）赤々舎
【要旨】「釘一本見逃さない」廃棄されたモノを限りなく純度100%に近い資源に再生する、地方中小企業の仕事魂。写真家百々武のレンズがとらえた壮大で、緻密で、アーティスティックで、泥臭い、稀有な世界。
2017.10 175p 30×22cm ¥2500 ①978-4-86541-074-7

◆モガミの町火消し達　松田高明、工学院大学後藤治研究室編著　Opa Press，丸善出版　発売
【要旨】本書は、山形県新庄市に在住する民俗写真家松田高明が約3年をかけて撮影した、山形県最上地方の消防団と道具類の格納施設（消防小屋）をまとめた写真集。消防団が使用する消防小屋は、規模は小さいものの、活動を支える大事な建物です。なかでも、山形県最上地方の消防小屋は、昭和初期に建てられたものも多く現存しており、細部に洋風の装飾を取り入れたデザインはユニークで、近代建築の歴史からみても価値があります。それらの多くが建物の老朽化などの問題により取り壊しの危機にあります。このような特殊な発展を遂げてきた山形県最上地方の消防小屋、および現地で活動する消防団の方々をおさめています。全撮影は88点におよびます。
2017.12 47p 18×18cm ¥1300 ①978-4-908390-03-6

◆もっとシマエナガちゃん　小原玲著　講談社ビーシー，講談社
【要旨】四季折々のシマエナガちゃんを収録！雪の妖精「シマエナガちゃん」可愛すぎる姿いっぱい！出会えるスポットガイド付き。
2017.10 95p 15×15cm ¥1300 ①978-4-06-220865-9

◆もふあつめ—映画「ねこあつめの家」Official Photo Book　五十嵐健太撮影　KADOKAWA
【要旨】「飛び猫」で人気の五十嵐健太が撮り下ろし！1900万DLの大ヒットゲーム「ねこあつめ」の実写映画「ねこあつめの家」に出演中の人気スターねこ大集合!!
2017.2 1Vol. 20×19cm ¥1300 ①978-4-04-895946-9

◆もふうさ—旅するうさぎ　江本秀幸著　メイツ出版
【要旨】ふわふわうさぎたちのかわいい夢を叶える写真集。
2017.12 64p 15×15cm ¥1200 ①978-4-7804-1960-3

◆モモンガだモン！—北の森からのメッセージ　太田達也著　天夢人、山と溪谷社　発売
【目次】モモンガの森から、解説、アッカムイの森
2017.12 78p 15×21cm ¥1300 ①978-4-635-82025-7

◆森時間　南日伸夫著　風景写真出版
2017.12 1Vol. 23×24cm ¥2500 ①978-4-903772-46-2

◆森と氷河と鯨—ワタリガラスの伝説を求めて　星野道夫著　文藝春秋　（文春文庫）
【要旨】ぼくは、森と氷河に覆われた太古の昔と何も変わらぬこの世界を、神話の時代に生きた人々と同じ視線で旅してみたい—アラスカに伝わる"ワタリガラスの神話"に惹かれて始まった旅は、1人のインディアンとの出会いで思いもよらぬ方向へ導かれる。目に見えないものの価値を追い続けた著者による魂の記録。
2017.7 300p A6 ¥950 ①978-4-16-790893-5

◆靖國の桜　山岸伸撮影　徳間書店
2017.6 1Vol. A4 ¥2100 ①978-4-19-864421-5

◆ヤズディの祈り　林典子著　（京都）赤々舎
【要旨】2014年8月3日、ダーシュ（過激派組織IS、イスラム国）の侵略を受けた中東の少数民族、ヤズディ。土地を奪われ、家族を殺害され、女性は性的暴力を受け、山に逃げ込んだ人々は恐怖と絶望の中、次々と倒れていった。30余組の証言と、現地で共に生活をしながら撮り続けた写真で照らし出す、ヤズディの記憶と未来。
2016.12 223p 27×23cm ¥3500 ①978-4-86541-058-7

◆山崎博 計画と偶然　東京都写真美術館編（武蔵野）武蔵野美術大学出版局
【要旨】"EARLY WORKS" "OBSERVATION観測概念" "HELIOGRAPHY" "水平線採集" "CRITICAL LANDSCAPE" "櫻" ほか、45年を超える作家活動の軌跡、182点収録！東京都写真美術館展覧会公式カタログ。
2017.3 191p 28×22cm ¥2750 ①978-4-86463-060-3

◆山と肌—藤代冥砂写真集　藤代冥砂著　玄光社
【要旨】山とヌードを並べてみたら眩暈のするような景色が広がっていた。
2017.12 37p 27×27cm ¥2900 ①978-4-7683-0917-9

◆山のくろと呼ばれて—想い出ぽろぼろあんなことこんなこと　長谷川光位文・写真　（高知）リーブル出版
【要旨】やんちゃで、若い頃はただただ可愛くて、年を重ねて老いていく姿は切なくて、もっともっと愛おしくなった。そして旅立ち…犬曼から始まって？！看板犬物語。
2017.2 98p 19×19cm ¥960 ①978-4-86338-167-4

◆闇王の写真絵本　HASEO著　玄光社
【要旨】月刊「フォトテクニックデジタル」連載の「闇王の美神狩り」に登場した作品から選抜。美しい写真で綴るダークファンタジー。
2017.9 111p 22×29cm ¥3500 ①978-4-7683-0890-5

◆悠久の宙（そら）　KAGAYA著　河出書房新社
【要旨】天空の入口、フローズンナイト、アメージングスカイ、畏敬の詩4つのテーマが共鳴しあい、KAGAYAの世界をより深化させる。一すべての写真が奇跡の一枚—想像を超える感動！夢のような「星景」写真集。
2017.11 79p 27×19cm ¥1900 ①978-4-309-27894-0

◆幽幻廃墟　星野藍著　三才ブックス
【要旨】国として認められず、紛争により廃墟ばかりが残った未承認国家。チェルノブイリ原発事故で生まれた大規模な廃墟都市。何もなく、何かがある…幽幻たる風景に出会う旅。
2017.9 1Vol. A5 ¥2500 ①978-4-86199-985-7

◆由布院—横田信宏写真集　横田信宏著　日本写真企画
【要旨】癒しの里「由布院盆地」。「地震の風評被害」に負けずにこれからも盆地の自然景観とともに心豊かな温泉観光都市であって欲しい。
2017.3 1Vol. 24×24cm ¥3200 ①978-4-86562-046-7

◆夢紀行—山崎君枝写真集　山崎君枝著　（前橋）上毛新聞社
2017.11 84p 22×25cm ¥2315 ①978-4-86352-191-9

◆落花　伊島薫太朗著　タイフーン・ブックス・ジャパン
2017.7 15×21cm ¥2000 ①978-4-9903621-9-5

◆ラブリーバード　PART4—高橋喜代治写真集　高橋喜代治著　創英社/三省堂書店
【要旨】鳥たちの表情にはドラマがある。自然界で生きるたくましい鳥たちのすがた。
2017.9 101p 22×22cm ¥2500 ①978-4-88142-200-7

◆リバーサイド　佐伯慎亮著　（京都）赤々舎
2016.12 1Vol. 28×21cm ¥3000 ①978-4-86541-059-4

◆流転　樋口一男著　風景写真出版　（風景写真BOOKS Artist Selection）
2017.1 93p 26×27cm ¥2778 ①978-4-903772-42-4

◆忘れられた皇軍兵士たち　樋口健二写真・文　こぶし書房
【要旨】心と身体に傷を負った兵士たちの戦後。いま再び戦場で犠牲者を生み出そうとする現代日本、国家によって人生を奪われた人びとが"戦争"を問う。
2017.6 152p A5 ¥2000 ①978-4-87559-332-4

◆ABOVE THE WORLD—ドローンから見た世界　DJI編著　パイインターナショナル
【目次】クリエイターのための道具、天空からの美しい眺め、生命の糧、湖上の都市、すべての生きとし生けるもの、空にて撮影中
2017.6 207p 29×23cm ¥2800 ①978-4-7562-4915-9

◆AMAZON密林の時間　山口大志著　クレヴィス
【目次】1 熱帯雨林の恵み、2 川に生きる—豊饒の大河、3 シロウアカリの森で—アマゾンの里山、4 塩場に集まる動物たち、5 雲霧林に息づく生命、大アマゾン—驚異に満ちた生態系、アマゾンに魅せられて
2017.9 222p B5 ¥2500 ①978-4-904845-93-6

◆Anna—アンナ　エレナ・エムチュック撮影　ユナイテッドヴァガボンズ
[17.10] 1Vol. A4 ¥4500 ①978-4-908600-01-2

◆À Paris ゴッホの部屋の日々　中西繁著（鎌倉）中西繁アトリエ，本の泉社　発売
【目次】ゴッホの部屋の窓辺、サクレ・クールの不思議、オヴェール・シュル・オワーズ、シテ・フェザン、マルシェとバロン・ルージュ、祝祭都市パリ、ル・シネマ、LE QUATORZE JUILLET＝フランス革命記念日、リト・ド・パリ、ル・ジャルダン・コロニアル〔ほか〕
2017.9 100p 21×19cm ¥2000 ①978-4-7807-1623-8

◆As the Call, So the Echo　奥山由之著（京都）赤々舎
2017.11 1Vol. 26×23cm ¥4500 ①978-4-86541-076-1

◆Beautiful Escape　田口まき著　リブロアルテ，メディアパル　発売　（本文：日英両文）
2017.8 1Vol. 22×30cm ¥3800 ①978-4-8021-3069-1

◆BIRDCALL—光の中で　中村利和著　（京都）青菁社
2017.3 93p 15×15cm ¥1500 ①978-4-88350-188-5

◆border—korea　菱田雄介撮影　リブロアルテ，メディアパル　発売
2017.12 107p 29×24cm ¥5500 ①978-4-8021-3080-6

◆Camino de Santiago　鈴木大喜著　リブロアルテ，メディアパル　発売
【要旨】1000年以上の歴史を持ち、現代でも世界各国から巡礼者が集う、スペイン巡礼の道「Camino de Santiago」。約800kmのこの巡礼の道には、美しいものがたくさん溢れていた。
2017.11 1Vol. 20×24cm ¥3800 ①978-4-8021-3058-5

◆chicago winter holidays　片田和広著（大阪）パレード，星雲社　発売
【要旨】旅のストリート・フォトグラファーが14年間撮り続けた、シカゴ・ウインターホリディ。
2017.10 1Vol. 15×21cm ¥2315 ①978-4-434-23832-1

◆covers—大坂健写真集　大坂健著　自治体研究社
2017.12 111p 19×25cm ¥3000 ①978-4-88037-674-5

趣味　　　　　　　　　　　　　　　　　　　　260　　　　　　　　　　　　　　　　BOOK PAGE 2018

実用書

◆CUBA★CUBA（キューバ・キューバ）　藤田一咲写真・文　（京都）光村推古書院
【目次】La Habana/ハバナ、Trinidad/トリニダード、Santiago de Cuba/サンティアゴ・デ・クーバ、Varadero/バラデロ
2018.1 191p 15×15cm ¥1780　978-4-8381-0568-7

◆Dear deer—鹿たちの楽園　佐藤和斗著　（京都）青菁社
2017.5 95p A5 ¥1500　978-4-88350-189-2

◆DEEP ALASKA　松本紀生著　インプレス
【要旨】オーロラ、ザトウクジラ、アラスカヒグマ、オオカミ、カリブー―アラスカで生きる動物たちの息づかいまでも聞こえてくる。23年間、アラスカに通い続けて撮影した美しき自然風景と野生動物たち。
2017.12 1Vol. 22×31cm ¥2500　978-4-295-00271-0

◆demain　渡部さとる著　冬青社
2017.1 1Vol. 22×21cm ¥3500　978-4-88773-178-3

◆D.P Collage Series　谷敦志著　アトリエサード、書苑新社　発売
【要旨】ダークでフェティッシュでアヴァンギャルド。異型の写真家による作品集。
2017.10 34p A4 ¥3800　978-4-88375-283-6

◆DRIFTING STRANGER　中山克著　（高知）リーブル出版
2017.11 1Vol. B5 ¥3000　978-4-86338-196-4

◆_etc.　春木麻衣子著　（京都）赤々舎　（本文：日英両文）
2017.9 1Vol. 29×22cm ¥5000　978-4-86541-072-3

◆ETHIOPIA―伝説の聖櫃（アーク）　野町和嘉著　クレヴィス
【要旨】約3000年昔、旧約聖書の伝承から忽然と消失した神の聖櫃。伝説によれば、エルサレムの神殿で失われた聖櫃は、エチオピアに運ばれ、今なおキリスト教信仰の核心として受け継がれていた―世界の民族と信仰を撮り続けてきた、ドキュメンタリー写真の第一人者、野町和嘉のエチオピア取材30余年の集大成。
2018.1 154p 25×27cm ¥3700　978-4-904845-98-1

◆Flowers and Nudes　谷敦志著　アトリエサード，書苑新社　発売
【要旨】透き通るような静けさをまとうヌードと花。進化し続ける孤高のアーティストの「今」が詰まった最新写真集！
2017.10 1Vol. A4 ¥3800　978-4-88375-284-3

◆follow me―ふゆのきつね　井上浩輝写真・著　日経ナショナルジオグラフィック社、日経BPマーケティング　発売
2017.11 1Vol. 20×24cm ¥3000　978-4-86313-398-3

◆GATEWAY 2017 03　YYY PRESS編　米山　2017.3 1Vol. B5 ¥2200　978-4-908254-04-8

◆GIFT from Cuba　須田誠著　（京都）いろは出版
【要旨】親友ロネルを巡る、激動の国キューバへの旅。写真家須田誠がキューバを旅し、とらえた写真84点を収録。
2017.9 1Vol. 24×22cm ¥3400　978-4-86607-037-7

◆H　（京都）赤々舎
2017.5 1Vol. A4 ¥5000　978-4-86541-063-1

◆HANABI―花火　冴木一馬写真　（京都）光村推古書院
【要旨】高度300メートルを旅する写真家。花火を撮り続けて30年。スマートフォンやデジタルカメラで簡単に誰でも花火が撮影できる今、あえてフィルムで世界中の花火を撮影し続ける写真家の世界。
2017.7 94p A4 ¥2400　978-4-8381-0565-6

◆Hashima　松江泰治著　（調布）月曜社
【要旨】1983、軍艦島。松江泰治未発表作品、デジタルリマスター版。
2017.2 1Vol. 15×23cm ¥3600　978-4-86503-040-2

◆HUMAN LAND 人間の土地　奈良原一高著　復刊ドットコム　（本文：日英両文）
【要旨】軍艦島：人工の炭鉱島、軍艦島：溶岩に埋れた村の物語。閉ざされた世界に、隔絶されたこの場から逃げ去ることなく、限界状況を生き続ける人間の生を見たように思った。60年の時の彼方から帰って来た幻のデビュー作『人間の土地』刊行30年の時を経て再び甦る。
2017.8 1Vol. ¥8000　978-4-8354-5504-4

◆I LIVE IN TEMPORARY HOUSING.　谷口雄介著　（高知）リーブル出版　2017.3 1Vol. A4 ¥2778　978-4-86338-168-1

◆India 1979‐2016　鬼海弘雄著　クレヴィス　2017.4 182p 27×23cm ¥4000　978-4-904845-83-7

◆JAPANESE DANDY Monochrome　河合正人プロデュース・ディレクション、大川直人写真　万来舎
2017.5 191p 42×30cm ¥4100　978-4-908493-12-6

◆Japanese Samurai Fashion　エバレット・ケネディ・ブラウン構成　（京都）赤々舎
2017.3 1Vol. 26×27cm ¥3500　978-4-86541-061-7

◆Japanesque―ジャパネスク　山本学写真集　山本学著　風景写真出版
2017.6 95p 20×21cm ¥3500　978-4-903772-45-5

◆Jubilee―細倉真弓写真集　細倉真弓写真　G/P gallery、アートビートパブリッシャーズ発売　2017.10 1Vol. A4 ¥5000　978-4-902080-61-2

◆K　森山大道著　月曜社
2017.10 174p 23×16cm ¥3500　978-4-86503-050-1

◆Ken NAKAZAWA　中沢研著　（京都）赤々舎
2017.10 1Vol. 29×24cm ¥5300　978-4-86541-069-3

◆Kita SiTaURa De ToRiMaSiTa　山口聡著　創英社/三省堂書店
2017.10 1Vol. A4 ¥1800　978-4-88142-339-4

◆KLONG TOEY　橋本裕貴写真　（Bangkok）シーカー・アジア財団、888ブックス　発売
【要旨】約10万人が暮らすタイ最大の人口密集地域「クロントイ・スラム」。住民たちの暮らしを丁寧に切り取った写真集。
2017.11 218p B6 ¥2500　978-4-908439-07-0

◆Life in the Desert　砂漠に棲む　美奈子アルケトビ著　玄光社
【要旨】ツイッター＆ブログが大人気！砂漠に生きる、みんなと生きる。オットと200匹の動物たち―ガゼル、イヌ、ネコ、ラクダetc．と共にアラブの砂漠に暮らす"はなもも"さんの、あたたかLIFEを詰め込んだ写真集。
2017.4 1Vol. 23×19cm ¥1500　978-4-7683-0847-9

◆Lifescape―いのちの風景　太田達也著　パイインターナショナル
【要旨】愛らしくも凛々しい、大自然の中の動物たちを活写した「新しい」風景写真集。
2017.1 1Vol. 22×30cm ¥3200　978-4-7562-4845-9

◆LIGHT on LIFE　高砂淳二写真・文　小学館
【要旨】美しい、愛らしい、神々しい、命の輝き。コスタリカ、カナダ、フォークランド諸島など世界30か国以上で撮影した地球の生命の輝きの写真集。
2017.8 1Vol. 21×21cm ¥2400　978-4-09-682254-8

◆LOVE DOLL×SHINOYAMA KISHIN　篠山紀信著　小学館
【要旨】篠山紀信によるラブドールの決定的写真集。
2017.4 140p 28×21cm ¥3900　978-4-09-682233-3

◆Mayumi Kato 華厳風美　加藤真弓著　銀河出版　（オリジナルプリント写真集―日本現代写真家全集 No.12）
2017.5 1Vol. 31×31cm ¥15000　978-4-87777-109-6

◆MEGA‐SHIP―日本の現場「造船篇」　西澤丞著　太田出版
【要旨】人類最大級の建造物が、ひとの手でつくられる。その全過程。立ち入り困難な造船所の内部を徹底網羅。
2017.3 105p 22×28cm ¥3241　978-4-7783-1567-2

◆MOIMOI―そばにいる　かくたみほ著　求龍堂
【要旨】かくたみほのやさしい時間。かくたみほのフィンランド最新写真集。
2017.2 109p 19×19cm ¥2300　978-4-7630-1710-9

◆MONOLOGUE　永島直樹著　（高知）リーブル出版
2016.12 1Vol. 20×21cm ¥2800　978-4-86338-165-0

◆MORNING LIGHT　吉村和敏撮影　小学館
【要旨】朝はどこへでも、誰にでも、かならずやってくる。世界の「美しい朝」を伝える、夜明けの写真集。
2017.3 89p 22×31cm ¥3000　978-4-09-682234-0

◆NAKAGIN CAPSULE GIRL―中銀カプセルガール　中銀カプセルタワービル保存・再生プロジェクト編著、山本華漸撮影　青月社
【要旨】日本が誇るアート建築「中銀カプセルタワービル」が11人の美女と運命の共演。
2017.1 1Vol. 22×21cm ¥2800　978-4-8109-1310-1

◆NATURALISTIC GARDEN ナチュラリスティック・ガーデン―"自然"と響き合う美しい庭 十勝千年の森　新谷みどり文、野呂希一写真　（京都）青菁社
【目次】ダン・ピアソンとの対話、第1章 冬から早春へ、第2章 春、植物と庭、第3章 夏、ガーデナー、第4章 秋、最終章 自然と響き合う庭
2017.4 143p B5 ¥2900　978-4-88350-315-5

◆Nostalgia―ノスタルジア　斉藤のりこ著　風景写真出版
2017.6 79p 23×24cm ¥2593　978-4-903772-44-8

◆NOZOMI―増田貴大写真集　増田貴大著　東京ビジュアルアーツ、名古屋ビジュアルアーツ、ビジュアルアーツ専門学校・大阪、九州ビジュアルアーツ、（京都）赤々舎　発売
【要旨】第14回Visual Arts Photo Award 受賞作。
2017.1 1Vol. 19×27cm ¥3000　978-4-86541-056-3

◆ONTAKE―神宿る山と人　浅野恭正撮影、近藤誠宏監修　（岐阜）岐阜新聞社　2017.10 87p 19×27cm ¥1667　978-4-87797-246-2

◆PHONE EYE　NAGAO著　幻冬舎メディアコンサルティング、幻冬舎 発売
【要旨】日々見慣れた景色が、フィルターを通した瞬間、見たことのない情景に変わる。スマートフォンを用いて描かれる、冷たく静謐な異形の世界。
2017.2 1Vol. 21×21cm ¥1800　978-4-344-91112-3

◆PHOTO POEM 散歩道 PROMENADE―野の鳥にさそわれて　武石宣彰著　（福岡）海鳥社
2017.10 80p 20×15cm ¥1000　978-4-86656-015-1

◆PROMETHEUS―辻本勝英写真集　辻本勝英著　日本カメラ社
2017.11 99p 24×25cm ¥3000　978-4-8179-2164-2

◆puyu．―清水あいり　三浦雄司撮影　KADOKAWA　（付属資料：DVD1）
【要旨】Hカップ＆フィギュア体型グラビアガール清水あいりのファースト写真集。完全撮りおろしDVD特典！ 70分。
2017.11 1Vol. B5 ¥3300　978-4-04-734914-8

◆Qualia　大木啓至著　冬青社
2017.11 1Vol. 25×17cm ¥3500　978-4-88773-183-7

◆RING OF LIFE　中村恵美者・写真　（高知）リーブル出版
【要旨】それぞれの環境下で、力強く生きる姿、そして時に穏やかな表情を見せる動物達。北極に君臨するホッキョクグマ、南極を象徴するペンギンの姿を中心に、極地で生きる野生動物達の崇高な姿を収めた写真集。
2017.4 1Vol. 22×31cm ¥3880　978-4-86338-172-8

◆RIVER―木曽川×発電所　吉村和敏著　（長野）信濃毎日新聞社
【要旨】木曽谷に結集した近代日本の情熱とすべてを包みこむ自然の偉大さ―日本有数の電源地帯とあえて向き合った吉村和敏の意欲作。
2017.6 111p 21×29cm ¥2500　978-4-7840-7304-7

◆RUSSIA―EAST END & WEST END　児玉毅スキーヤー、佐ංスキーヤー、佐藤圭者　エイチエス　（Ride The Earth Photobook No.5）
2017.10 1Vol. 21×27cm ¥2000　978-4-903707-78-5

◆SEALDs untitled stories―未来へつなぐ27の物語　尾崎孝史著　Canal+

【目次】「世界から日本がなくなったとしても僕ら一人ひとりは相変わらず本を読んだり音楽を聞いたりしていることだろう」（元SEALDs AEQUITAS 小林俊一郎）、JUNE‐AUGUST 2015、PORTRAIT&MONOLOGUE、SEPTEMBER 2015、19 SEPTEMBER 2015‐MARCH 2016、APRIL‐SEPTEMBER 2016
2016.12 167p 23×20cm ¥1500 ⓘ978-4-990934-60-6

◆SEALDs untitled stories—未来へつなぐ27の物語　尾崎孝史著　Canal+　増補版
【目次】JUNE‐AUGUST 2015、PORTRAIT&MONOLOGUE、SEPTEMBER 2015、19 SEPTEMBER 2015‐MARCH 2016、APRIL‐SEPTEMBER 2016
2017.2 167p 22×20cm ¥1500 ⓘ978-4-9909346-1-3

◆Silence of India　鶴田真由、小林紀晴著　（京都）赤々舎
【要旨】記憶や祈りが積み重なった土地の気配に耳を澄まし、太陽や月に導かれるように巡る聖地インドへの旅。ふたりの写真、ふたりの言葉が、交差し重なりながら、Silenceのある場所へと流れつく。
2017.9 142p 23×19cm ¥2800 ⓘ978-4-86541-073-0

◆SLASH　佐野方美著　（調布）月曜社
2017.2 1Vol. 29×22cm ¥4000 ⓘ978-4-86503-039-6

◆TEKIYA 香具師　渡辺眸著　地湧社
【要旨】一九六〇年代後半、東京のテキヤにふとしたきっかけで出会い、三年にわたって追い続けて撮った貴重な記録。
2017.10 16×23cm ¥2900 ⓘ978-4-88503-826-6

◆Things will get better over time　竹之内祐幸撮影　FUJITA
〔17.3〕1Vol. 24×18cm ¥3000 ⓘ978-4-9908183-1-9

◆TOKYO TOWER JUNCTION　YUSUKE MIZUNO著　幻冬舎メディアコンサルティング、幻冬舎　発売
【要旨】絡み合う鉄と鉄…知られざる東京タワーの細部を切り取った圧巻の写真集。
2017.11 1Vol. 22×31cm ¥2000 ⓘ978-4-344-91453-7

◆Touch the forest, touched by the forest.　紀成道著　（京都）赤々舎
2017.7 1Vol. 22×28cm ¥3500 ⓘ978-4-86541-068-6

◆TOWN　市橋織江著　パイ インターナショナル
【要旨】移ろいゆく時間のなかから心が騒つくような感覚を拾い集めようとする旅で巡り会った、ある街の5日間の光と影。
2017.11 1Vol. 21×31cm ¥3700 ⓘ978-4-7562-4999-9

◆TOYOTA NEXT ONE // LATIN AMERICA 2016　マガジンハウス編　マガジンハウス
2017.8 1Vol. 33×27cm ¥3519 ⓘ978-4-8387-2945-6

◆TSUKIJI WONDERLAND　遠藤尚太郎編　山と溪谷社　（本文：日英両文）
【要旨】1年4ヶ月におよぶ、映画『築地ワンダーランド』の撮影で記録された、謎と魅惑の世界。
2017.7 1Vol. 19×26cm ¥2500 ⓘ978-4-635-55016-1

◆TWILIGHT—大切な人と見たい風景　谷角изoshi著　（京都）青菁社
2017.12 1Vol. 15×21cm ¥1500 ⓘ978-4-88350-190-8

◆TWIN ROOM　藤田一浩写真　ライスプレス
2017.11 1Vol. 21×15cm ¥2000 ⓘ978-4-9909235-6-3

◆unknown　鍵井靖章写真・文　日経ナショナルジオグラフィック社、日経BPマーケティング　発売
【要旨】見たこともない海の本当の色と姿を世界中から集めた写真集。
2017.9 212p 21×28cm ¥3200 ⓘ978-4-86313-396-9

◆UNTITLED RECORDS Vol.10　北島敬三撮影　KULA, photographers' gallery　発売
2017 1Vol. 30×26cm ¥2000 ⓘ978-4-907865-20-7

◆UNTITLED RECORDS Vol.12　北島敬三撮影　KULA, photographers' gallery　発売
2017 1Vol. 30×26cm ¥2000 ⓘ978-4-907865-23-8

◆While Leaves Are Falling…—金山貴宏写真集　金山貴宏撮影　（京都）赤々舎
2016.11 1Vol. 22×31cm ¥4000 ⓘ978-4-86541-057-0

◆wreath　鍵井靖章写真・文　日経ナショナルジオグラフィック社、日経BPマーケティング　発売
【要旨】wreath～島々の花編。人気の水中写真家を育てたモルディブの海。たくさんの生き物たちが織りなす海の美しい風景を、独特の色彩でとらえた写真集。
2017.4 1Vol. A5 ¥1600 ⓘ978-4-86313-383-9

◆ZUTTOMO 3　FB777、eoheoh著　徳間書店　（付属資料：DVD1）
【目次】OPENING TALK、FB777 TALK ABOUT eoheoh、eoheoh TALK ABOUT FB777、Coordinated ZUTTOMO 2017、ZUTTOMO Vacation Outdoor、ZUTTOMO Vacation もふもふ探検隊、ZUTTOMO Vacation Explorer
2017.7 173p 22×22cm ¥2300 ⓘ978-4-19-864443-7

海外写真家作品集

◆愛されすぎたぬいぐるみたち　マーク・ニクソン写真・文、金井真弓訳　オークラ出版
【要旨】何十年もいっしょに過ごすうちに、かなりぼろぼろになってしまったぬいぐるみたち。U2のボノやミスター・ビーンのクマをはじめとした、愛の重みを一身に受けたぬいぐるみたちの姿を、笑いや涙の思い出が詰まった文章とともに紹介！
2017.7 130p 24×19cm ¥1700 ⓘ978-4-7755-2669-9

◆カミング・オブ・エイジ　ペトラ・コリンズ著、冨田直子訳　DU BOOKS、ディスクユニオン　発売
【要旨】GUCCIのランウェイ・モデル/広告のクリエイション、タヴィ・ゲヴィンソン「ROOKIE」の共同制作etc.ファッション界が今一番注目する24歳、SNS時代のアーティスト、ペトラ・コリンズのエッセイ+作品集。
2017.12 207p B5 ¥3000 ⓘ978-4-86647-037-5

◆旧ソ連遺産　ラナ・サトル写真、ワンダーJAPAN編　三才ブックス
【要旨】核兵器貯蔵庫/レドーム・パラボラアンテナ/未完の原子力発電所/軍用機・運用車両。超大国の崩壊により生まれた驚異の廃墟。
2017.10 133p 24×20cm ¥2000 ⓘ978-4-86199-986-4

◆さすらい　レイモン・ドゥパルドン著、青山勝、国津洋子訳　（京都）赤々舎
2017.9 200p B6 ¥2000 ⓘ978-4-86541-071-6

◆スティーヴ・マッカリーの「読む時間」　スティーヴ・マッカリー著、渡辺滋人訳　（大阪）創元社
【要旨】スナップ写真の巨匠アンドレ・ケルテスが、50年以上をかけて世界各地で撮り続けた写真集『ON READING 読む時間』。静謐で美しいモノクロームの「読む」人びとの姿に心打たれたマッカリーは、自らも世界のあちこちで出会う、何かを「読む」人びとにカメラを向け始めた…。「読む」人びとの魅力溢れる表情の数々をとらえた、新しいカラー写真。
2017.9 140p 22×30cm ¥3600 ⓘ978-4-422-70113-4

◆ソール・ライターのすべて　ソール・ライター著　（京都）青幻舎
【要旨】ニューヨークが生んだ伝説。「作品」と「言葉」で紡ぐ人生哲学。ファッション、ストリート、ヌード、絵画まで、その全貌を伝える約230点を収録。
2017.5 307p A5 ¥2500 ⓘ978-4-86152-616-9

◆テリ・ワイフェンバック The May Sun　（長泉町）IZU PHOTO MUSEUM、（長泉町）NOHARA　発売
2017.4 1Vol. 31×24cm ¥3500 ⓘ978-4-904257-40-1

◆東京の家　ジェレミ・ステラ著　（京都）青幻舎
【要旨】ユニークな現代建築が溶け込む街をフランス人写真家が独自の視点で切り取った、全く新しい東京のポートレイト。アトリエ・ワン、隈研吾、妹島和世、西沢立衛、藤本壮介らによる現代建築の個人住宅を53点収録。
2017.4 1Vol. 19×26cm ¥3500 ⓘ978-4-86152-606-0

◆動物たちの物語—写真家だけが知っている　ロザムンド・キッドマン・コックス著、片山美佳子訳　日経ナショナルジオグラフィック社、日経BPマーケティング　発売
【要旨】アザラシが人にペンギンをプレゼント。シマウマの子をかわいがるライオン。オタマジャクシを育てる雄ウシガエル…に残る60話。世界一の動物写真賞ワイルドライフ・フォトグラファー・オブ・ザ・イヤー受賞作品集。
2017.11 127p 23×23cm ¥2300 ⓘ978-4-86313-397-6

◆廃墟遺産 ARCHIFLOP—失敗に終わったプロジェクトの物語　アレッサンドロ・ビアモンティ著、高沢亜砂代訳　エクスナレッジ
【要旨】なぜ事前にプロジェクトの未来について想定しておくことができないのかを改めて前向きに考えてみよう、という提案。各章のテーマに沿って、世界に数ある建築の失敗例のなかから注目すべき25例を集めた。各事例の概要、イラストマップ、用語集、多くの写真を掲載している。
2017.3 187p 26×21cm ¥2800 ⓘ978-4-7678-2293-8

◆パンプキン—犬の気持ちがわかる不思議なアライグマ　ローラ・ヤング著、梶山あゆみ訳　飛鳥新社
【要旨】笑えて、癒されて。胸キュン度120％！木から落っこちてきたのはアライグマ!?人になつかないはずの動物が、2匹のワンコ、2人と飼い主と奇跡の仲良し共同生活。欧米で話題の悶絶フォトブックが、待望の邦訳出版！Instagramで世界一有名なアライグマの日常。
2017.2 127p 15×15cm ¥1000 ⓘ978-4-86410-539-2

◆めったに見られない瞬間！　ナショナルジオグラフィック編　二見書房
【要旨】「こんな写真、一生に一度しか撮れない！」ナショナルジオグラフィック誌カメラマンの"お宝写真"を一挙公開！
2017.5 255p 24×19cm ¥2950 ⓘ978-4-576-17067-1

◆ユージン・スミス写真集　W.ユージン・スミス著　クレヴィス
【目次】初期作品、太平洋戦争、カントリー・ドクター、イギリス、スペインの村、助産師モード、化学の君臨、季節農場労働、慈悲の人、ピッツバーグ〔ほか〕
2017.11 206p B5 ¥2500 ⓘ978-4-904845-95-0

◆ロバート・キャパ写真集　ICPロバート・キャパ・アーカイブ編　岩波書店　（岩波文庫）
【要旨】スペイン内戦、ノルマンディー上陸作戦、パリ解放、そして最期の日を迎えたインドシナ一。"世界最高の戦争写真家"ロバート・キャパ（一九一三‐五四）が撮影した約七万点のネガから、"戦いの中の光景"を中心に、二三六点を精選して収録。
2017.12 316p A6 ¥1400 ⓘ978-4-00-335801-6

◆ロンドンのパブねこ　ヴィッキー・レーン著、ティム・ホワイト撮影、尾原美保訳　グラフィック社
【要旨】花嫁のビリー、女王の座をおびやかすスモーキー、ビールをディスカウントしちゃうグッズ…、ロンドンパブの名物ねこを集めた写真集＆パブガイドの決定版！
2017.11 174p 17×16cm ¥1500 ⓘ978-4-7661-3114-7

◆AKA ANA 赤穴　アントワーヌ・ダガタ著　（京都）赤々舎
2017.7 1Vol. 30×23cm ¥8000 ⓘ978-4-86541-070-9

◆Japanese Stone Gardens　Stephen Mansfield著　チャールズ・イー・タトル出版　（本文：英文）
【目次】1 Introduction to the Japanese Stone Garden（The Ancient World of Japanese Gardens、Gardens of the Higher Self、Japanese Garden Aesthetics、Japanese Garden Design Elements ほか）、2 Japan's Exquisite Stone Gardens（Ryoan‐ji, Nanzen‐ji, Ryogen‐in, Funda‐in ほか）
〔17.2〕160p 21×24cm ¥2100 ⓘ978-4-8053-1427-2

◆NOW A GEISHA—舞妓から芸妓へ　ジョン・ポール・フォスター著　IBCパブリッシング　（本文：日英両文）
【目次】1 最初のサイン、2 先笄、3 化粧、4 かつら、5 着物、6 挨拶まわり、7 新米芸妓
2017.11 191p 22×19cm ¥3400 ⓘ978-4-7946-0512-2

◆OFFBEAT JAPAN—An Exploration of the Quirky and Outlandish ニッポン

趣味

実用書

珍紀行　ジョン・ランダー著　IBCパブリッシング
（本文：日英両文）
【要旨】クールでPOP、キュートでマジカル！みたこともない日本！
2017.12 207p 22×15cm ¥3400 ①978-4-7946-0513-9

Thinking Outside the Bento Box 弁当箱から外を考えて―クリス・ウェンライトワークショップ写真集　クリス・ウェンライト編著　文京学院大学，冨山房インターナショナル　発売
【要旨】「箱（弁当）から外を考えて」とは、ただ食べ物を食する為に並べられた目的を超えて、そこに何をどのように創造し続けるかの挑戦でもある。
2017.11 1Vol. 17×23cm ¥2000 ①978-4-86600-006-0

アマチュア無線

◆アマチュア局用電波法令抄録　2018/2019年版　日本アマチュア無線連盟編　CQ出版
【目次】電波法、電波法施行令、電波法関係手数料令、無線局（基幹放送局を除く。）の開設の根本的基準、無線従事者規則、無線局運用規則、無線設備規則、特定無線設備の技術基準適合証明等に関する規則〔ほか〕
2018.1 206p A5 ¥1200 ①978-4-7898-1968-8

◆アマチュア無線技士国家試験　第1級ハム国家試験問題集　2017/2018年版　野口幸雄著　CQ出版
【要旨】2016年12月期の新問題まで収録。
2017.5 279p A5 ¥2600 ①978-4-7898-1973-2

◆アマチュア無線機メインテナンス・ブック2　加藤恵樹，加藤徹，矢澤豊次郎著　CQ出版
（HAM TECHNICAL SERIES）
【要旨】現代にも通用する、往年の無線機たち。
2017.9 191p 24×19cm ¥2600 ①978-4-7898-1566-6

◆完全丸暗記　初級アマチュア無線予想問題集　2018年版　初級ハム国試問題研究会編　誠文堂新光社
【要旨】4級・3級対応。元祖「完マル」40年の信頼と実績！
2017.11 503p A6 ¥1200 ①978-4-416-71734-9

◆ズバリ合格　新問題対応　第2級アマチュア無線技士問題集　QCQ企画編　情報通信振興会　第4版
【要旨】最新の出題傾向を分析し、厳選された頻出問題を収録!!
2017.6 287p A5 ¥2200 ①978-4-8076-0843-0

◆第1級・第2級アマチュア無線技士国家試験用　解説・無線工学　2017/2018　野口幸雄著　CQ出版
【目次】電気物理、電気回路、半導体素子、電子管、電子回路、通信方式、送信機、受信機、電波障害、電源、アンテナおよび給電線、電波伝搬、測定　2017.9 453p A5 ¥3200 ①978-4-7898-1971-8

◆第3級ハム国試要点マスター　2018　野口幸雄著　CQ出版
【目次】第1章　無線工学の問題集（基礎知識、電子回路 ほか）、第2章　法規の問題集（無線局の免許、無線設備 ほか）、第3章　無線工学の参考書（基礎知識、電子回路 ほか）、第4章　法規の参考書（無線局の免許、無線設備 ほか）
2018.1 279p A5 ¥1200 ①978-4-7898-1970-1

◆第2級ハム国家試験問題集　2017/2018年版　―アマチュア無線技士国家試験　野口幸雄著　CQ出版
【要旨】2016年12月期の新問題まで収録。
2017.5 223p A5 ¥2600 ①978-4-7898-1972-5

◆第4級ハム国試要点マスター　2018　魚留元章著　CQ出版
【目次】無線工学の問題集（無線工学の基礎、電子回路 ほか）、法規の問題集（無線局の免許、無線設備 ほか）、無線工学の参考書（無線工学の基礎、電子回路 ほか）、法規の参考書（無線局の免許、無線設備 ほか）
2018.1 287p A6 ¥1200 ①978-4-7898-1969-5

◆無線従事者試験のための数学基礎――総通・二総通・一陸技・二陸技・一陸特・一アマ対応　加藤昌弘著　東京電機大学出版局　第2版
【要旨】計算問題の攻略が合格への早道!!
2017.9 167p A5 ¥2200 ①978-4-501-33250-1

オーディオ・ビデオ

◆アナログレコードの魅力を引き出す機材選びと再生術―ヴィンテージからニューモデルまで　MJ無線と実験編集部編　誠文堂新光社
【目次】アナログオーディオを楽しむ達人たちのリスニングルーム、ビンテージ＆現行モデルプロダクトレビュー、カートリッジ/トーンアームプロダクトレビュー、アナログプレーヤーの基本と使いこなしのテクニック、プロの再生テクニック伝授、アナログプレーヤーを手に入れろ！一休眠機器＆格安機種のメンテナンスとカスタマイズ、アナログオーディオプロダクトレビュー、ジャズ＆クラシックアナログレコードレビュー、ショップ紹介
2017.9 207p B5 ¥2200 ①978-4-416-61796-0

◆コンピュータ搭載！ Linuxオーディオの作り方　インターフェース編集部編　CQ出版
（ボード・コンピュータ・シリーズ）
【要旨】拡張ソースコード多数掲載。Web 接続、ネットワーク構成からスマホ制御、ハイレゾ再生まで。
2018.1 191p B5 ¥2600 ①978-4-7898-4707-0

◆実用オーディオ真空管ガイドブック―真空管の基礎知識と主要真空管のデータを網羅　MJ無線と実験編集部編　誠文堂新光社
【目次】出力管、電圧増幅管、整流管・その他、真空管の基礎知識と使い方のヒント、コラム、管名索引/関連する真空管一覧
2017.10 199p B5 ¥3000 ①978-4-416-61730-4

動物・ペット

◆愛鳥のための健康手づくりごはん―小鳥も大きな鳥さんも喜ぶシード・ペレット・野菜・くだものを使ったかんたんレシピ　後藤美穂著　誠文堂新光社
【目次】ペレットを使ったレシピ（粉末ペレット、ペレットボール ほか）、穀物を使ったレシピ（自家製ポップコーン、バナナとクルミのブレッド ほか）、野菜を使ったレシピ（野菜のカットいろいろ、野菜のすりおろし ほか）、くだものなどを使ったレシピ（香るバナナピューレ、リンゴとキヌアのコンポート風 ほか）
2017.2 127p A5 ¥1500 ①978-4-416-51736-9

◆あずきとうに　角田修一著　日本写真企画
【要旨】Instagramのフォロワー数、合わせて20万人以上！「とても広いこの世界で出逢ってくれてありがとう」世界中から愛されているハリネズミの「あずき」くんと「うに」ちゃん。仲良く遊んだり、喧嘩してふてくされていたりしての人間の恋人同士のような二人の物語。心温まる撮り下ろし写真と疲れた心にキュンと響くエッセイ。プレゼントにもオススメ、絵本のような一冊。
2017.10 1Vol. 19×27cm ¥1500 ①978-4-86562-058-0

◆インコの気持ちと飼い方がわかる本　濱本麻衣監修　主婦の友社　新版
【要旨】豊富な写真で、初めてインコを飼う人にもイメージしやすい。飼う前の準備、飼った初日からの「いつ？」「何を？」「どうすれば？」がすぐわかる。そこが知りたい！インコ独自の行動やしぐさをていねいに解説。「飼い主はわかるの？」「名前は覚える？」「場所の認識は？」…インコの気持ちや知能に迫る新しいアプローチ。フォージング、社会化、インコの一生が変わる最新情報！インコがかかりやすい病気について、症例写真つきで最新の医療情報を掲載。インコを飼っている人の実例も豊富。
2017.7 189p A5 ¥1100 ①978-4-07-424065-4

◆「うさごころ」がわかる本―無表情なんて言わないで。もっと知りたいうさぎの秘密　寺尾順子監修，井口病院イラスト　日本文芸社
【要旨】うさぎのしぐさや表情の謎が解ける一冊です！
2017.9 159p 19×15cm ¥1100 ①978-4-537-21505-2

◆うちの子きずなノート―ペットロスに備えるペットロスを癒す　伊東はなん著　内外出版社
【要旨】うちの子との大切な終活ノート。うちの子とのお別れを、安らかな気持ちで迎えられますように。うちの子を亡くした後悔を、感謝の記憶に変えられますように。本書の質問に答えていくことで、あなたの心が少しでも軽くなりますように。このワークブックにはそんな願いが込められています。
2017.8 125p A5 ¥1600 ①978-4-86257-310-0

◆飼い方・気持ちがよくわかる　かわいいハムスターとの暮らし方　三輪恭嗣監修　ナツメ社
【要旨】気持ちがわかるハム語辞典。かわいく写真を撮るコツや、乗り物での方法も。お迎えから、季節ごと＆シニア期のお世話、病気やケガまで。
2017.3 159p A5 ¥1300 ①978-4-8163-6181-4

◆カメの気持ちと飼い方がわかる本　小家山仁監修　主婦の友社（『ハッピー★カメカメBOOK』再編集・改題書）
【要旨】いちばんわかりやすい！リクガメはじめてBOOK。カメのしぐさや気持ちを探る最新アプローチ。カメ飼いさんたちの実例でわかる！カメともっと心が通じ合う方法。
2017.6 175p A5 ¥1300 ①978-4-07-424020-3

◆かわいい鳥の赤ちゃん　ポンプラボ編，熊谷勝ほか写真　徳間書店
【要旨】思わず笑顔になる"かわいい瞬間"がいっぱい！いろんな鳥たちの赤ちゃん時代に会える写真集。
2017.9 127p 15×15cm ¥1400 ①978-4-19-864486-4

◆かわいいハリネズミと暮らす本　髙橋剛広監修・飼育指導，田向健一監修・医療指導（横浜）エムピージェー
【要旨】フードの選び方やケージセッティングなど飼育方法をわかりやすく解説。ハリネズミ愛好家や繁殖、病気も紹介！
2017.10 89p 25×19cm ¥1500 ①978-4-904837-63-4

◆きみとのすてきな日々―人とペットの心温まる26の小さなストーリー　森島隆司著　幻冬舎メディアコンサルティング，幻冬舎　発売
【要旨】可愛い動物たちと飼い主が繰り広げるちょっぴりおかしく、ちょっぴり切ない日常のエピソード。
2017.5 190p 18cm ¥800 ①978-4-344-91227-4

◆小学生でも安心！　はじめてのハムスター　正しい飼い方・育て方　大庭秀一監修　メイツ出版（コツがわかる本）
【要旨】おうちに迎える準備から、毎日のお世話や健康管理、コミュニケーションを深めるポイントまでをわかりやすく解説。仲良く楽しく暮らすコツがこの1冊できちんとわかる！フリガナ付きだから小学生にも読みやすい！かわいい写真とイラストによるわかりやすい解説！
2017.6 128p A5 ¥1280 ①978-4-7804-1894-1

◆小動物★飼い方上手になれる！　ハムスター――毎日のお世話から幸せに育てるコツまでよくわかる！　大野瑞絵著，井川俊彦写真，田向健一監修　誠文堂新光社
【目次】1 ハムスターってこんな動物、2 わが家に迎える準備、3 ハムスターの住まい作り、4 ハムスターの食事、5 ハムスターのお世話、6 ハムスターと仲良くなろう、7 ハムスターの健康管理、ご長寿ハムスターを目指して一歩進んだ飼い主になろう
2017.5 142p A5 ¥1000 ①978-4-416-71625-0

◆人生を楽しむメェー！―動物に学ぶ人生のヒント　平林美紀写真，森山晋平文　パイインターナショナル
【要旨】まきばのメェ言集。毎日がもっとハッピーになる！
2017.3 105p 15×20cm ¥1400 ①978-4-7562-4866-4

◆世界のアニマルシェルターは、犬や猫を生かす場所だった。　本庄萌著　ダイヤモンド社
【要旨】捨てられたペットと人との理想的な出会い方がそこにあった。訪ね歩いた世界8カ国のシェルターから見えてくる未来。動物法学者の卵によるレポート、論考、そして温かなメッセージ。
2017.5 309p B6 ¥1600 ①978-4-478-06626-3

◆ディアドルフィン―イルカと出会う日　高縄奈々著　（横浜）シータス，丸善出版 発売
2017.5 1Vol. 15×14cm ¥1000 ①978-4-9902925-8-4

◆鳥さんぽをはじめよう―バードウォッチングでもっと楽しい毎日！　♪Qくん著　主婦の友社
【要旨】かわいい鳥たちと出会える！身近な野鳥に気づいて、ときめきと幸せを発見！鳥を見つけるコツ、おすすめグッズ＆スポット、スマホを使った撮影法などを紹介。ミニ野鳥図鑑付き！鳥たちと出会うためのコツとヒントが満載！
2017.11 127p A5 ¥1400 ①978-4-07-425254-1

◆トリマーのためのベーシック・テクニック　金子幸一，福山貴昭著　緑書房
【目次】第1章 グルーミングと環境、第2章 グルーミング・ツール、第3章 犬体の基礎、第4章 犬の保定、第5章 ベイジング、第6章 クリッピングとシザーリング、第7章 図解・犬種別の応用
2017.2 135p A4 ¥3800 ①978-4-89531-290-5

◆ねこといぬ―IWAGO'S BOOK 3　岩合光昭著　クレヴィス
2017.12 79p 20×19cm ¥1000 ①978-4-904845-96-7

◆猫はこうして地球を征服した―人の脳からインターネット、生態系まで　アビゲイル・タッカー著，西田美緒子訳　インターシフト，合同出版 発売
【目次】はじめに 地球の小さな征服者、第1章 滅亡と繁栄、第2章 ないていても野生を残す、第3章 ネコ魔法をかけられて、第4章 エイリアンになったネコたち、第5章 ネコから人間の脳へ感染する、第6章 人間はネコに手なずけられている、第7章 次世代のネコたち、第8章 なぜインターネットで大人気なのか
2018.1 269p B6 ¥2200 ①978-4-7726-9558-9

◆はじめてでもできる！かわいいハムスターの育て方　主婦の友社編，岡野祐士監修　主婦の友社
【要旨】ハムスターとなかよくなる手順がよくわかる！ふりがなつきなので初めて飼う小学生でも安心！種類別に、なれやすさや飼いやすさを★マークで表示！病気のチェックポイントや予防法をくわしく解説！かわいいしぐさを写真に撮るテクニックもバッチリ！
2017.3 95p 21×19cm ¥1000 ①978-4-07-418538-2

◆はちわれ兄弟　笠光生文，久方広之写真　主婦と生活社
【要旨】「顔そっくり！」「ちっこいクセにいっちょまえ！」「超仲良し！」"おっとり犬"＆"迷い子猫"の仲良しコンビ、初フォトブック。話題の写真集『のら猫拳』の猫写真家コラボ撮り下ろし!!
2017.10 1Vol. 15×21cm ¥1200 ①978-4-391-15106-0

◆はなべちゃだらけ。　juntowa著　宝島社
（付属資料：シール）
【要旨】ブサかわ界で一番フォトジェニック！はなべちゃ率高め。7匹の犬猫大家族！
2017.5 121p 19×15cm ¥900 ①978-4-8002-7047-4

◆母親になった猫と子猫になりたいフクロウ。―フクとマリモの子育て日記　永原律子文・写真　小学館
【要旨】猫とフクロウのなかよしコンビ、今度は一緒に子育てって？子猫の成長ドキュメンタリー!?写真集。
2017.12 1Vol. A5 ¥1200 ①978-4-09-388589-8

◆「ハムごころ」がわかる本―そんなに簡単じゃないよ。もっと知りたいハムスターの秘密　福島正則監修，鶴田かめイラスト　日本文芸社
【要旨】しぐさや表情からハムの気持ちを読み解く一冊です！
2017.9 159p 19×15cm ¥1100 ①978-4-537-21504-5

◆ふわもこ部―最高のもふもふをあなたに。　ワニブックス
【要旨】Instagramの大人気者63匹が大集合！！ねこ、いぬ、うさぎ、ハリネズミなどのかわいすぎる仲間たち！
2017.10 87p 19×19cm ¥900 ①978-4-8470-9597-9

◆ペットビジネスハンドブック 2017　産経広告社
【目次】第1章 ペット市場動向（ペットの市場環境と予測、メーカー動向、流通（問屋）動向、流通（小売）動向、関連サービス動向、メーカー名鑑、卸名鑑）、第2章 データ資料（犬の登録頭数、ペット関連業種の状況、平成27年度ペットフード産業実態調査の結果、ペットフード・観賞魚の輸入統計、ペットフード安全法関連問い合わせ先一覧、地方自治体動物愛護管理行政担当組織一覧、ペット関連事業団体名簿）
2017 162p A5 ¥5000 ①978-4-88238-020-7

◆ほめられペット・カット・コレクション―飼い主さんが喜ぶ16スタイル　ハッピー＊トリマー編集部編　緑書房
【目次】トイ・プードル（もふもふパフ・スリーブ―豊田貴子（ペットサロンSUGAR）、リボンdeスタイル―鈴木美穂（愛犬美容看護専門学校）ほか）、ミニチュア・シュナウザー（ハイパー・クールビズ・スタイル―高橋邦明（DOG AXEL）、プチちょんまげ・カット―大野瞳（わんにゃん工房）ほか）、シー・ズー（まんまる3Dフェイス―高橋邦明（DOG AXEL）、サマー・モヒ・スタイル―早川裕子（Dog grooming salon cotaz）ほか）、マルチーズ（コットン・キャンディー・カット―小松秘愛（ペットサロンアニー）、ホワイト・セミロング・スタイル―卜部愛矢（DOG EST）ほか）、ヨークシャー・テリア ポメラニアン（ナチュラル3way カット―田上上真理（ペットサロンPEPE）、スマート・しばテイル―浦村ゆかり（Radiant）ほか）
2017.6 143p A4 ¥3800 ①978-4-89531-296-7

◆見つけて育てる 生きもの飼い方ブック―実は飼える！30種　新宅広二著　メイツ出版
（コツがわかる本！）
【目次】クモ、ガ、イソギンチャク、アサリ、オケラ、カゲロウ、クラゲほか…「身近に暮らす生きもの」の見つけ方から育て方、観察を楽しむポイントを徹底紹介！
2017.6 128p A5 ¥1530 ①978-4-7804-1843-9

◆ヤギ飼いになる New edition！―ミルクがとれて除草にも活躍。ヤギの飼い方最前線！　ヤギ好き編集部編，平林美紀撮影，中西良孝監修　誠文堂新光社
【要旨】ヤギの魅力と飼い方をかわいい写真を交えて紹介。
2017.10 143p A5 ¥1600 ①978-4-416-71723-3

◆ヤマガラと仲間たち　熊谷勝著　（京都）青菁社
2017.10 93p 17×17cm ¥1600 ①978-4-88350-316-2

犬

◆愛犬のための症状・目的別高齢犬ケア百科―食べる・歩く・排泄困難、加齢による病に対応　須﨑恭彦著　講談社
【要旨】自分で食べられない、歩けない、排泄困難―3大症状を何とかする！愛犬の介護段階に応じたケア方法がわかる！
2017.12 143p A5 ¥1600 ①978-4-06-220848-2

◆愛犬マッサージ 基礎編―コリ・痛みを最短10秒でほぐす！　櫻井裕子著　マガジンランド
【要旨】お座りのスピードが遅くなった。後肢がO脚またはX脚。頭をさげたまま歩く。触られるのを嫌がる。イライラしてよく吠える。散歩に行きたがらない。後肢のふるえとふらつき…犬の痛みは「見た目」で9割わかる！
2017.11 51p 28×22cm ¥1300 ①978-4-86546-170-1

◆一流犬をつくる最強の食事法　橋長誠司著　東洋経済新報社
【要旨】ペット業界の裏表を知り尽くした男が本音で語る！ペットショップも獣医師も教えてくれなかった、愛犬を「最高に幸せなワンちゃん」にするための「正しい知識」。日本のペットオーナーの必読書！
2017.6 188p B6 ¥1300 ①978-4-492-04613-5

◆犬が伝えたかったこと　三浦健太編著　サンクチュアリ出版
【要旨】「犬だけが知っていた妻の日課」「自分の病気を家族みたいに知らせていた犬」「犬がずっと大切にしていた宝物」など大切な犬と暮らすありふれた一日が、かけがえのない幸せな一日だと気づかせてくれる感動のストーリー集。やさしい涙あふれる20の物語。
2017.10 227p B6 ¥1180 ①978-4-8014-0044-3

◆犬とのつきあいイズム―しつけの常識にしばられない　中西典子著　緑書房
【要旨】一緒に寝てはいけない、甘噛みはダメ、食事は飼い主が先、飛びつきはNG…それって本当に常識ですか？2000頭の犬たちと向き合ってきたドッグトレーナーが、犬によりそう新しい付き合い方を提案！
2018.1 215p A5 ¥1500 ①978-4-89531-322-3

◆犬のしつけパーフェクトBOOK　中西典子監修　ナツメ社
【要旨】習性や性格を知れば、「うちのコにピッタリ」なつき合い方がわかる！トイレ・ハウスからかむ・吠えるの悩みまでよくある「困った」をスッキリ解決！巻頭「飼い主×愛犬」性格診断テスト付き。
2018.1 207p A5 ¥1200 ①978-4-8163-6339-9

◆ウチのわんこが思うこと。　アネラ著　東邦出版
【要旨】これまで約2000匹の犬の気持ちを「通訳」してきました。寂しさ、不満、喜び、優しさ…そして、愛。気づいてよ！ボクの気持ち。あたしのホンネ。涙と笑顔の実話35編。
2017.4 221p B6 ¥1300 ①978-4-8094-1450-3

◆甲斐犬の神髄、ここにあり。　雨宮精二著　和器出版
【要旨】"野武士のよう"とも賞賛される猟で見せる鋭い野生と、二君に仕えずの忠実一途の気質。多くの日本犬好きから一目置かれ、愛されてきた甲斐犬の、謎に満ちたその魅力について、「天然記念物」指定後の犬種としての姿形の本質について、そして、プチ毛と呼ばれた元祖甲斐犬たちの真実の姿について。甲斐犬とともに人生を歩んできた稀代の"一犬飼い"が記す、七十余年の実践の粋！
2017.7 180p A5 ¥1500 ①978-4-908830-08-2

◆飼い主のための犬種図鑑ベスト185　藤原尚太郎監修　主婦の友社
【要旨】日本の犬がよくわかる！国内登録130犬種+55犬種を網羅し、最新のデータを収録。人気順位、飼いやすさの目安、性格、運動量、手入れの仕方などを、データとして紹介しました。犬を知るなら最適な1冊です！
2017.7 255p A5 ¥1500 ①978-4-07-424480-5

◆薬いらずのフレンチブルドッグ暮らし―病気にさせないノンケミカルライフBOOK　小西秀司統括編集　オークラ出版　（BUHI MANIACS vol.3）
【要旨】フレンチブルドッグは、病気がちでからだの弱い犬種というイメージがあります。とはいえ、それでも飼い主の努力によって、病気になりにくい健康的なからだに育てることはできるはず。そう、つまりは「病気にさせない」ことこそがいちばんなのです。では、そのためにはどうすればいいのか。まずはふだんの生活から見直すべきことがあります。さらには服薬させない自宅施術、ハーブ、アロマテラピー、薬膳食事法、そしてすこやかな毎日に寄与するオーガニックな習慣づくり。ノンケミカルな方法で、薬いらずのフレンチブルドッグ暮らしの知恵と工夫を、具体的に示していきましょう。
2017.5 142p A5 ¥1296 ①978-4-7755-2659-0

◆ごきげんわんこの平休日　くにのいあいこ著　イースト・プレス　（コミックエッセイの森）
【要旨】犬と一緒の日常コミックエッセイ。
2017.6 143p A5 ¥1100 ①978-4-7816-1545-5

◆ザ・カリスマドッグトレーナー シーザー・ミランの犬が教えてくれる大切なこと　シーザー・ミラン，メリッサ・ジョー・ペルティエ著，藤井留美訳　日経ナショナルジオグラフィック社，日経BPマーケティング 発売
【要旨】全世界で支持されるドッグトレーナー、シーザー・ミランが語る犬と生きる幸せと愛。犬とともに生き、犬に導かれてきた波瀾の半生を振り返り、愛、敬意、素直さ、自信、許し、知恵、立ち直ることなど、犬に学んだすべてを語る。ダディ、ジュニアといったおなじみの犬をはじめ、心を打つ犬とのエピソードが満載。
2017.9 279p B6 ¥1500 ①978-4-86313-384-6

◆しぐさと表情ですべてわかる！犬のほんとうの気持ち　中西典子著　主婦の友社
【要旨】場所、状況、しぐさ別イラストでわかりやすく紹介。これでワンちゃんの気持ちをわかってあげられる！
2017.9 159p A5 ¥1400 ①978-4-07-425478-1

◆室内飼いワンちゃんお悩み解消法　佐藤えり奈著　秀和システム
【要旨】小型犬の飼い主さん必見！成犬でも大丈夫!!いたずら、吠え癖、トイレの失敗など、一

実用書

◆柴犬―よみがえる縄文犬　福田豊文写真、なかのひろみ文・構成、照井光夫監修　河出書房新社
【要旨】悍威。りりしい！従順にして素朴！時空を超えた日本犬!!世界中から注目される奇跡の時代「縄文」。縄文人の相棒だった猟顔の小型犬「縄文犬」。日本犬の原点ともいえる犬が、今よみがえる！
2017.12 80p 19×26cm ¥2200 ①978-4-309-27903-9

◆柴犬3兄弟ひなあおそら―わんダフルに生きる31の言葉　yu matsu著　KADOKAWA
【要旨】撮り下ろしショットや未公開エピソードもみっちり。奇跡すぎるカメラ目線＆シンクロ率！もふもふ、みっちり。癒しの名言写真集！
2017.9 95p 20×19cm ¥1200 ①978-4-04-896069-4

◆柴犬だいふく　後藤隆之介著　扶桑社
【要旨】Instagram未公開カットも満載。"福を招く柴犬" だいふくのキュートな表情を詰め込みました。柴犬界期待のふわもこ系男子初写真集！
2017.4 107p 20×15cm ¥1000 ①978-4-594-07699-3

◆獣医さんが教えるかんたん、安全、そしておいしい！手作り愛犬ごはん　小林豊和監修、春木英子料理　主婦の友社
【要旨】サーモンクリームパスタ、ミックスベリーのヨーグルト、レバーと根菜のハンバーグ、チンゲンサイのクリーム煮、豚ひき肉とトマトのリゾット…全レシピにワンちゃんのサイズ別・カロリーつき。愛犬が喜ぶ！メニュー86。愛犬ごはんにおすすめの食材リスト、カロリーと主な栄養素の量つき。
2017.11 127p A5 ¥1300 ①978-4-07-425490-3

◆0歳からシニアまで柴犬とのしあわせな暮らし方　Wan編集部編　緑書房
【要旨】柴犬初心者も、柴犬ベテランさんも。愛犬雑誌Wanが、これまでの豊富な取材をもとに「柴犬としあわせな生活」を提案します。"柴飼い歴"が長くても短くても初めてでも、まるっとお役立ち！
2017.10 143p A5 ¥1300 ①978-4-89531-311-7

◆ダイスケ犬の唄―死後十年経ってもまだ歌われている　佐野量幸著　（福岡）不知火書房
【要旨】狼の血が混ざっているらしい）ヘコタレ。あまり言うことを聞かず、飼い主を信用していない。メシよりも石をかじるのが好き…。そんなヘンテコな犬の思い出を歌う。
2018.1 131p B6 ¥1000 ①978-4-88345-115-9

◆旅するモフモフなトイプードル カルム―スイス＆日本編　増田裕子著　幻冬舎メディアコンサルティング、幻冬舎 発売
【要旨】「ペット同伴お断り」「犬の散歩禁止」犬と一緒だと制限の多い日本。「犬は犬。だけど家族の一員」そんな国へ行くにも一緒にリードを放しても怒られないスイス。モフモフのカルムに癒されながら、人と犬とのあり方を問いかける写真集。
2017.11 1Vol. 17×18cm ¥1200 ①978-4-344-91448-3

◆どうしてこんなにも犬たちは一犬からもらったたいせつな10の思い出　小西秀司著　メディアソフト、三交社 発売
【要旨】犬と、生きたい。人間と犬が織りなす珠玉のストーリー10編。
2017.2 229p B6 ¥1300 ①978-4-87919-729-4

◆日本犬の誕生―純血と選別の日本近代史　志村真幸著　勉誠出版
【要旨】「絶滅危機にある日本犬を守らねばならない」日本固有の犬種の保種・飼育を目指して発足した平岩米吉らの日本犬保存会。彼らは、真正なる犬種の「姿」を追い求め、淵源を探り、7つの犬種を天然記念物に指定することで、純血種の保存をはかっていった。しかし、そこには排除と選択の論理のなかで創り出された「日本犬」の姿があった。近代化、国民国家形成、動物保護、戦争…博物学者・南方熊楠や平岩との関係にも翻弄されつつ、淵源と純血を求め続けられた犬たちをめぐる言説をたどり、日本近代史の裏側を照らし出す。
2017.3 230, 7p B6 ¥2400 ①978-4-585-22172-2

◆ハッピーわんこのお名前占い事典―おとだま名前占い 575のわんこの名　しーちゃんM.ローズマリー著　三和書籍

【目次】序章 はじめに いいコに育つわんこの名前、第1章 カテゴリー別・人気名前はどんなカラ？ わんこの名前575 おとだまに宿る名前の意味 名前や言葉はおとだまの組み合わせ、第3章 人間家族・わんこ わんこ・わんこ 母音による相性のよい名前で心と身体、家族に、第4章 画数の数え方＆意味 さらに本格的に画数占いで名前をCheck！、第5章 お誕生日やお迎え月からみる神秘の法則数秘術は幸運のキーワード、巻末特集 ハンドタッチ、大好き！
2017.8 213p B6 ¥1500 ①978-4-86251-208-6

◆バニ式生活のオキテーバーニーズ・マウンテン・ドッグとの素敵な暮らしのための知恵と工夫　バニ式生活編集部編　誠文堂新光社
【目次】1 バニ様の性格、2 バニ様のごはん、3 バニ様のお食事、4 バニ様の身だしなみ、5 バニ様の家計簿、6 バニ様の健康と病気、7 これからも、バニ…。
2017.7 123p A5 ¥1300 ①978-4-416-61778-6

◆ふわもこのふわ―とても小さなトイプードル　fuwamama著　KADOKAWA　（付属資料：シール）
【要旨】3人家族の我が家にトイプードルの女の子がやってきました。ひとりっ子の息子はお兄さんになりました。名前は「ふわ」と息子がつけました。ふわふわしているからと…Amebaブログ「犬との生活」部門1位。インスタグラムで世界が夢中！ふわの小さな毎日は、楽しくてやさしい。
2017.12 1Vol. 14×15cm ¥1000 ①978-4-04-602232-5

◆もふけつ―コーギーのおしり　佐藤正之撮影　メイツ出版
【要旨】キュートなヒップを見せつけるようにふりふりしながらあっちへこっちへ。いつまでも眺めていたい、わんぱくコーギーのかわいいおしり集。
2017.4 1Vol. 15×15cm ¥1200 ①978-4-7804-1851-4

◆ラブラドール―世界中で愛されている犬の秘密　ベン・フォーグル著、川村まゆみ訳　エクスナレッジ
【要旨】盲導犬や介助犬として働く、優しい目をしたラブラドール。彼らはいつ、どこからやってきたのか？著者愛犬インカとの笑いあふれた思い出を軸に、犬種の起源から特質、英国文化との関わり、戦場やメディアでの活躍など、あらゆる角度からラブラドールの魅力を解き明かした一冊。
2017.1 359p B6 ¥1800 ①978-4-7678-2271-6

◆わが家の太郎　永野雅子著　（高知）飛鳥出版室
【要旨】うちの家にもこういう犬おる！きっと共感できる！豆柴犬「太郎」の"同居人"が語るあまりにも人間くさい犬の話。
2016.12 146p 18×15cm ¥1200 ①978-4-88255-154-6

◆わさびちゃんちのぼんちゃん保育園　わさびちゃんFAMILY著　小学館
【要旨】かわいい子猫たちを育てる犬の園長さん。
2017.1 120p 16×16cm ¥1000 ①978-4-09-343443-0

◆和風総本家十九代目豆助オフィシャルフォトブック　テレビ大阪監修　新紀元社
2017.7 79p 20×15cm ¥1200 ①978-4-7753-1530-9

◆和風総本家二十代目豆助オフィシャルフォトブック　テレビ大阪監修　新紀元社
【要旨】テレビ大阪発全国ネット『和風総本家』で大人気、二十代目の豆助の写真集です!!
2017.12 79p 20×15cm ¥1200 ①978-4-7753-1572-9

◆DOGS ON INSTAGRAM　@dogsofinstagram著　玄光社
【要旨】可愛くてやんちゃな写真や、美しく心を打つ写真など、インスタグラムの@dogsofinstagramから400枚以上の写真を集めました。世界中の犬たちのかわいいお祭りです。
2017.5 1Vol. 18×18cm ¥1400 ①978-4-7683-0850-9

猫

◆愛猫とずっと一緒に、幸せに 長生き猫の暮らしとお世話　今泉忠明監修　ナツメ社
【要旨】「できるだけ長生きさせてあげたい」すべての飼い主の願いを叶える長生きの秘訣が満載。12歳以上の猫たちのご長寿エピソード。シニア期の健康チェック＆お手入れ＆手づくりごはん。幸せな最期を、飼い主ができること。
2017.6 143p A5 ¥1400 ①978-4-8163-6264-4

◆明日はキャット幸せになれる　武田晶写真・文　神宮館
2017.3 126p A5 ¥1280 ①978-4-86076-350-3

◆家にゃん猫とじゃれあうおうち時間　メディアソフト書籍部編　メディアソフト、三交社 発売
【要旨】超人気投稿サイトにゃんちゅーぶ発、キュートな家猫200匹以上が大集合。テレビやSNSで大人気！スター猫の新作写真もてんこ盛り！
2017.5 199p 19×15cm ¥1300 ①978-4-87919-875-4

◆英語で楽しむ！I am Maru.私信 まるです。　mugumogu著　双葉社
【要旨】世界で最も動画再生されている猫。スコティッシュフォールドのオス猫まるとキジトラのメス猫はなの最新フォトエッセイ。
2017.3 95p A5 ¥1300 ①978-4-575-31235-5

◆縁側ネコ一家ありのまま―ハハケルとマイケルとミカンたち　渡部久著　さくら舎
【要旨】可愛い！けなげ！自然のまま！強くて愛らしい縁側ネコたちの春・夏・秋・冬！シカ、サル、イノシシにも負けない！夜は縄張りを厳戒パトロール、昼は縁側でのんびり昼寝…初出しフォト150点超！
2017.5 157p B6 ¥1300 ①978-4-86581-099-8

◆飼い猫のひみつ　今泉忠明著　イースト・プレス　（イースト新書Q）
【要旨】猫のルーツには謎が多い。飼い猫として愛される「イエネコ」の祖先は地中海東岸に棲息したリビアヤマネコだが、古代人たちはいかにして賢く獰猛な野生ネコをペットにすることができたのか？野性を捨てた猫たちはやがて神の遣いとして崇拝されるが、のちに魔女の仲間や妖怪とされ受難の日々を送る。いつの時代にも猫たちはのんびりと過ごしているだけなのに、人はなぜこんなにも猫に惑わされてしまうのか？生物学者が説く、猫が人と歩んだ一万年の進化と歴史の話。
2017.9 204p 18cm ¥800 ①978-4-7816-8032-3

◆カフェ・パリにゃん　酒巻洋子著・撮影　産業編集センター
【要旨】大人気「パリにゃん」シリーズ第4弾はカフェの猫です！パリのカフェで自由奔放に暮らすカフェにゃんたち。気をつけないと見逃してしまうよ！
2017.2 178p 18×14cm ¥1400 ①978-4-86311-146-2

◆かわいい猫と暮らす本 知恵袋編　白岩千鶴子監修、学研プラス編　学研プラス　（Gakken Pet Books）
【要旨】飼い主さんの、よくある困った！を一発解決!!猫と幸せに暮らす55のヒント。
2017.3 159p A5 ¥1200 ①978-4-05-800742-6

◆9匹のねこが暮らす 森のカフェの12ヶ月　ももとねこ　KADOKAWA
【要旨】北海道の大自然の中にあるカフェから届いた、すてきな便り。フォロワー17万人以上!!Twitterで大人気！"ももとみらい"の最新刊！
2017.4 94p A5 ¥1300 ①978-4-04-602024-6

◆現代にゃん語の基礎知識2018　現代にゃん語研究会編　自由国民社
【要旨】猫をもっと魅力的に撮るコツ、複数飼いの楽しさ、「猫を描く」ということ、猫ヨガetc…1冊まるごと現代にゃん尽くし!!にゃんともたのしいねこの事典だにゃ♪
2017.12 159p A5 ¥1300 ①978-4-426-12380-2

◆恋する猫さんぽ　新美敬子著　中央公論新社
【要旨】世界37の国と地域で「猫さんぽ」！たくましく生きている猫たちの姿に、思わず笑顔になるフォト・エッセイ。看板猫、お昼寝猫、男前猫…ほっこりする写真とエピソードが満載。
2017.7 93p 19×15cm ¥1300 ①978-4-12-004988-0

◆航海士にゃんこ カンパチ船長　まさと船長著、前田悟志写真　河出書房新社
【要旨】今最も注目されているにゃんこ、海の男のアイドル：カンパチ船長（0歳・♀）。船員たちとの楽しい海ぐらしを面舵いっぱいに！航海しちゃいます。
2017.2 77p 16×16cm ¥1000 ①978-4-309-27811-7

◆ココニャさんちの障子破り猫軍団　ココニャ著　河出書房新社

◆仲良し姉妹猫、サバ子トラ身と仲間たちのやんちゃすぎる日々。かわいくて楽しくて猫まみれEVERY DAY!!!!
2017.5 110p 19×15cm ¥1200 ①978-4-309-27842-1

◆ご長寿猫がくれた、しあわせな日々—28の奇跡の物語　ケニア・ドイ写真・文　祥伝社
【要旨】猫の長生きを願う、すべてのご家族の方々へ。猫好きに圧倒的な支持を得ている、フェリシモ猫部の人気Web連載「猫ヌトリップ」から、15歳以上のご長寿猫とその家族が奏でる28の物語をお届けします。
2017.12 167p B6 ¥1300 ①978-4-396-61636-6

◆こんにちは、ミルくん　五十嵐健太、ミルママ　廣済堂出版
【要旨】ミルを保護した場所は、家の近くの公園でした。そんなミルとの毎日の記録です。
2017.8 71p 19×16cm ¥1000 ①978-4-331-52116-8

◆里山の子、さっちゃん—全身マヒの猫「サチ」と仲間たち　佐竹茉莉子写真・文　辰巳出版
【要旨】動物たちはやさしく、気高い。助け合い、ともに生きる猫たちの物語。
2017.2 119p A5 ¥1200 ①978-4-7778-1836-5

◆しみことトモヱ　猫がいるから大丈夫　simico著　イースト・プレス（コミックエッセイの森）
【要旨】2匹の愛猫とのドタバタほっこり3にん暮らし。ときどき心に雨が降っても、一緒だからすぐ晴れになる。いっぱいのにゃんこコミックエッセイ。人気猫まんが『しみことトモヱ』シリーズ、待望の新刊。たくさんの感動に包まれた"きららちゃん"のエピソードも収録!!
2017.12 190p A5 ¥1111 ①978-4-7816-1607-0

◆スター猫　ZOO動物プロ著　宝島社
【要旨】テレビ、映画界をにぎわす猫界の超VIPたちを見よ!!!!春馬くんほか猫大集合！
2017.5 123p 23×19cm ¥800 ①978-4-8002-6528-9

◆すべての猫はセラピスト—猫はなぜ人を癒やせるのか　眞並恭介著　講談社
【要旨】セラピーキャットのヒメは、白猫のメス。アニマルセラピーを実践する飼い主に、セラピーキャットとして育てられたヒメを撫でると、病に苦しむ人が笑顔を見せる。名前を呼ぶと、自分から患者の膝に乗っているようなのだ—。猫の「深い心」を探る、講談社ノンフィクション賞受賞第一作。
2017.2 190p B6 ¥1300 ①978-4-06-220168-1

◆世界一美しい猫たち　ラパーマ　五十川満著、増田有美監修　小学館
【要旨】キャットショーの金メダリストたち。日本生まれのラパーマ。わずか数百頭の稀少種。気高く、美しく、"生きる宝石"たち。
2017.3 74p 24×24cm ¥2700 ①978-4-09-682240-1

◆世界のねこみち　岩合光昭著　朝日新聞出版
【要旨】さらに気ままなネコ様を探して、今日も「ねこみち」を旅する。撮り下ろし！撮影密着ルポ、週刊朝日の人気連載、書籍化第2弾！
2017.4 127p A5 ¥1500 ①978-4-02-331593-8

◆世界の街猫　パイ インターナショナル編著　パイ インターナショナル
【要旨】猫の暮らす街は美しい！ギリシャの路地裏の猫から、イギリスの庭園に佇む猫など、世界の街角でくつろぐ猫たち。
2017.12 1Vol. 18×15cm ¥1800 ①978-4-7562-5005-6

◆その笑顔のためなら、ニャンだってできるよ！　"キノ猫本"制作委員会編　キノブックス
【要旨】あま～い恋愛名言と胸キュン猫写真の究極コラボ60枚!!「1ページめくったら、もう止まらない！」
2017.1 140p B6 ¥1200 ①978-4-908059-61-2

◆田代島ねこ便り　ねこ太郎著　実業之日本社
【要旨】ブログで大人気のフォトコミックが、描き下ろし満載で書籍化！
2017.3 110p A5 ¥1200 ①978-4-408-41449-2

◆旅猫ニャン吉写真集—どんなときでも笑う門には福来る！　飯法師昭撮影、育ての母ヨウコ文　双葉社
【要旨】元気だてにゃんばい九州！鹿児島の野良生まれの猫が東奔西走！
2017.1 94p 15×21cm ¥1200 ①978-4-575-31213-3

◆手作りネコのおうち　カリン・オリバー著、山田ふみ子訳　エクスナレッジ
【要旨】段ボールで簡単！手作りキャットハウス
2017.9 96p 24×19cm ¥1400 ①978-4-7678-2292-1

◆とらねこ　岩合光昭著　クレヴィス（IWAGO'S BOOK）
【目次】ドメニコ—シチリア・キジトラ、ミコ—アムステルダム・チャトラ、ブルー—パリ・キジトラ、ミスター・ウー—ニューオーリンズ・サバトラ、コーラ—シンガポール・キジトラ、パブの子ネコ—イングランド・キジトラ、トラ—山口・キジトラ、シキン—リオデジャネイロ・チャトラ、アリース—スペイン・マドリード・キジトラ、パパライオ—アンダルシア・チャトラ、ちくわ—沖縄・キジトラ、リリー—ポルトガル・サバトラ、バディ—オーストラリア・ケアンズ・サバトラ、ペー＆バー—津軽・チャトラ、ニューディス—ラトビア・キジトラ、ワイコロア—ハワイ・キジトラ、マリアノ—ペルー・チャトラ
2017.3 79p 20×19cm ¥1000 ①978-4-904845-75-2

◆にゃんションLife—ねことマンションでしあわせに暮らす23の方法　りょこ著　KADOKAWA
【要旨】人気ねこブロガーが、愛する3匹のねこと一緒に、東京からシンガポールのマンションへ移り住む。3匹のねこと暮らすための、居心地の良い空間作り。
2017.11 93p A5 ¥1200 ①978-4-04-602165-6

◆にゃーん手ね—ねこの手写真集　玄光社
【要旨】よりどりみどり、癒やし効果抜群のねこの手！大人気ねこカフェてまりのおうちのねこちゃん大集合!!
2017.5 1Vol. 21×22cm ¥926 ①978-4-7683-0833-2

◆猫ヲ読ム—文筆家・漫画家が綴る、ネコセトラ　谷口香織編、ホリナルミ絵　雷鳥社
【目次】1 猫ヲ好ム、2 猫ヲ知ル、3 猫ニ笑ウ、4 猫ニ怒ル、5 猫ニ癒エル、6 猫ニ狂ウ、7 猫ニ酔ウ、8 猫ヲ学ブ
2017.11 271p A6 ¥1500 ①978-4-8441-3732-0

◆猫が教えてくれたこと—コミックエッセイ　かばきみなこ原作、みつき和美漫画　アスコム
【要旨】猫と飼い主の心のつながりを6つのお話にまとめました。猫からあなたへのメッセージがたくさん詰まっています。それを感じ取ることで、あなたにもっと幸せが訪れるでしょう。子どもから大人まで！心温まる6つの本当の物語。
2017.8 170p A5 ¥1000 ①978-4-7762-0940-9

◆ネコがおしえるネコの本音—飼い主さんに伝えたい130のこと　山本宗伸監修、朝日新聞出版編著　朝日新聞出版
【要旨】「ネコ」ってなんだろう？幸せなネコライフのヒントは、ネコを知ることにあり！
2017.7 191p B6 ¥1000 ①978-4-02-333166-2

◆ねこ、かぶり—抜け毛帽子でおめかしコレクション　rojiman & umatan著　宝島社
【目次】1 Animal Hat、2 Food Hat、3 Standard Hat、4 Art Hat、5 Character Hat、6 Seasonal Hat
2017.7 111p 19×15cm ¥840 ①978-4-8002-7319-2

◆ねこ語会話帖—猫の言葉をシンプルに理解するためのフォトブック　今泉忠明監修　誠文堂新光社
【要旨】確かに、ミステリアスなのが猫の魅力ですが、知れば、いろいろなメッセージを発しているんです。猫たちからのメッセージを読み取って猫たちともっと仲良くなりましょう。
2017.11 127p A5 ¥1200 ①978-4-416-51772-7

◆猫ごよみ365日—今日はニャンの日？猫といっしょに季節のある暮らし　中西なちお著　誠文堂新光社
【要旨】猫たちのまなざしで、365日のこよみを愛情深く描く。12か月のおやつレシピおまけ付き。
2017.12 382p B6 ¥2400 ①978-4-416-61704-5

◆猫専門医が教える　猫を飼う前に読む本　山本宗伸監修、富田園子編・著　誠文堂新光社
【要旨】猫と一緒に幸せに暮らすためのポイント。
2017.6 143p A5 ¥1200 ①978-4-416-61754-0

◆猫だって…。　佐竹茉莉子著　辰巳出版
【要旨】ふつうの猫たちが語る、22の愛情物語。
2017.12 143p A5 ¥1200 ①978-4-7778-1991-1

◆猫的感覚—動物行動学が教えるネコの心理　ジョン・ブラッドショー著、羽田詩津子訳　早川書房（ハヤカワ・ノンフィクション文庫）
【要旨】身近な存在でありながら、謎に包まれたミステリアスな生き物でもあるネコ。めったに感情をあらわにしない彼らは世界をどう見ていて、何をもとに行動しているのか？ネコにとっての幸福とは？野生から進化したイエネコの1万年におよぶ歴史から、わたしたちが考えるネコ像と実際の生態との違い、一緒に暮らすためのヒント、上手なしつけ方、ネコの未来までを、動物学者がわかりやすく解説するネコ好き必読の総合ネコ読本。
2017.6 394p A6 ¥980 ①978-4-15-050499-1

◆猫と生きるもう一つの旅　岡野薫子著　草思社
【要旨】愛する猫たちとの別れ—。そして街猫の家族との新たな出会い。人生の旅はいつも猫たちがともにいる。『猫がドアをノックする』『猫には猫の生き方がある』に続く三部作完結篇。
2017.3 287p B6 ¥1800 ①978-4-7942-2262-6

◆ねこと暮らす家づくり　金巻とも子著　ワニブックス（正しく暮らすシリーズ）
【要旨】ねこ視点で、暮らしてる？"ねこの幸せ"を基準にした95のアイデア。戸建、マンション、賃貸でもOK！
2017.9 167p B6 ¥1300 ①978-4-8470-9605-1

◆猫と暮らすインテリア　朝日新聞出版編著　朝日新聞出版
【要旨】猫と心地よく暮らすお宅のインテリア実例。インテリアのこだわりポイント、猫のごはんやトイレのスペース、家具への爪とぎ対策、掃除を楽しくするアイデアなどを大公開。
2017.4 125p A5 ¥1000 ①978-4-02-333150-1

◆猫と田中　田中裕二著　太田出版
【要旨】爆笑問題・田中がその謎を解く！そにしけんじ＆田中の共作マンガ「猫漫才師」付。
2017.2 183p 18×14cm ¥1500 ①978-4-7783-1551-1

◆猫との暮らしが変わる遊びのレシピ—楽しく仲良く役に立つ！科学的トレーニング　坂崎清歌、青木愛弓著　誠文堂新光社
【目次】1 猫と遊ぶための準備編、2 猫との絆を強くする小さなふれあい編、3 猫の心と体を健康にする小さなエクササイズ編、4 猫と過ごすゆったりタイムのお楽しみ編、5 目指せ長寿猫！健康管理も遊んで楽しく編、6 いざというときのためにも遊んで備える編、7 猫の遊びに関するQ＆Aとまとめの編
2017.4 127p A5 ¥1400 ①978-4-416-61709-0

◆猫との生活—猫ホスピス　第1章　lifewithcat著　（名古屋）ブイツーソリューション、星雲社発売　2017.5 238p B6 ¥1280 ①978-4-434-23257-2

◆ねこにかまってもらう究極のツボ　ねこの気持ち研究会編　青春出版社
【要旨】ねこの態度が変わる！もふもふさせてもらえる！ねこさま！こうすればよかったんですね！見ているだけで幸せになるねこグラビア入り。
2017.11 157p B6 ¥1050 ①978-4-413-11235-2

◆猫のいる部屋—家族にとっても猫にとっても居心地のいい空間づくり。　三才ブックス
【要旨】安心・安全のすっきり空間、ツメの引っかき対策、おトイレのにおい防止etc. カフェ、ペンション、オフィス、本屋etc. 人気ブロガーたちの部屋づくり30。
2017.10 143p A5 ¥1300 ①978-4-86199-999-4

◆ネコの老いじたく—いつまでも元気で長生きしてほしいから知っておきたい　壱岐田鶴子著　SBクリエイティブ（サイエンス・アイ新書）
【要旨】シニアネコに適したフードはなに？ネコに穏やかな老後を送ってもらうには、日ごろからのちょっとした気遣いが大切。ネコが7歳を迎えたら考えておくこと。
2017.12 191p A5 ¥1000 ①978-4-7973-6901-4

◆ねこのおてて　パイ インターナショナル編著　パイ インターナショナル
【要旨】ふわもふ好きにはたまらない！めくるめく「おてて」の世界。「おてて」だけを集めた初の写真集。
2017.2 87p 16×15cm ¥920 ①978-4-7562-4858-9

◆ねこのおみみあし　パイ インターナショナル編著　パイ インターナショナル

趣味　実用書

◆猫の學校 2 老猫専科　南里秀子著　ポプラ社（ポプラ新書）
【要旨】室内で暮らす猫の平均寿命は、現在約15歳。老いを迎えた猫とどうつき合っていくか、やがておとずれる永遠の別れをどのように受け止めればいいのか。多くの老猫たちをお世話し、17匹を看取ってきた「猫のプロ」が、人も猫も「ご機嫌元氣」で、最期の瞬間まで倖せに暮らすための秘訣を伝授します！
2018.1 189p 18cm ¥820 ①978-4-591-15691-9

◆ねこのゴロゴロセラピーCDブック　山本宗伸監修、五十嵐健太写真　WAVE出版（付属資料：CD1）
【要旨】眠れない時、集中したい時、骨折した時…？ 心やすらぐ、猫のゴロゴロ音とかわいい猫写真で癒されましょう！
2017.9 169p 19×16cm ¥1500 ①978-4-86621-077-3

◆ねこの事典　今泉忠明監修　成美堂出版
【要旨】猫ワード827語収録。
2017 223p A5 ¥1200 ①978-4-415-32302-2

◆猫のしもべとしての心得　猫のしもべ連盟編、今泉忠明監修、岡田千夏イラスト　NHK出版（NHK出版なるほど！の本）
【要旨】「猫を飼っているようで、実は飼われている」「世話をしているようで、お世話をさせていただいている」猫さまに、より快適な生活をしていただける方法を伝授。
2017.6 111p A5 ¥1200 ①978-4-14-011353-0

◆猫の精神生活がわかる本　トーマス・マクナミー著、プレシ南日子, 安納令奈訳　エクスナレッジ
【要旨】一見クールな猫たちの心の奥底は、人間への愛情であふれていた！ 捨て猫オーガスタとの出会いから別れまでの物語で巡る、愛しい猫の不思議な世界。ミステリアスな相棒のヒミツを最新科学で解き明かす。
2017.12 333p B6 ¥1600 ①978-4-7678-2430-7

◆猫のための家づくり―建築知識特別編集　エクスナレッジ
【要旨】「猫ファースト」の住まいづくりを心掛けることで猫が喜ぶだけでなく、そこに住む家族の満足度も上がることになります。
2017.9 191p A5 ¥1481 ①978-4-7678-2375-1

◆猫のための部屋づくり　ジャクソン・ギャラクシー、ケイト・ベンジャミン著、小川浩一訳　エクスナレッジ
【要旨】猫も人も満足の、機能的でスタイリッシュな生活空間を実現することがどれだけ大変か、猫を飼っている人ならご存知でしょう。この本では、簡単なハンモックづくりから動き回れるサンルームの計画まで猫のための部屋をつくるさまざまなプロセスを2人の猫のプロ、ジャクソンとケイトが紹介します。
2017.3 247p 22×19cm ¥2200 ①978-4-7678-2301-0

◆猫は、うれしかったことしか覚えていない　石黒由紀子文, ミロコマチコ絵　幻冬舎
【要旨】ありがとう、猫たち。いつも近くにいてくれて。可愛くて、くすっと笑えて、じんわり沁みる猫のはなし。
2018.1 205p B6 ¥1300 ①978-4-344-03140-1

◆ねこもふ。ごーじゃす　小川晃代, 湯沢祐介写真　宝島社（付属資料：ポストカード2）
【要旨】抱きしめたくなるもふもふねこ大集合！ 撮りおろし満載！！
2017.1 119p 23×19cm ¥830 ①978-4-8002-6421-3

◆のせ猫―かご猫シロと季節のなかで　SHIRONEKO著　宝島社
【要旨】春夏秋冬、6匹は美しい季節のなかでのびのびと暮らしています。人気猫家族写真集シリーズ第6弾！
2017.3 159p 19×15cm ¥900 ①978-4-8002-6470-1

◆のせ猫BIG　SHIRONEKO著　宝島社（付属資料：シール）
【要旨】のせ猫兄弟をBIGな写真でおとどけニャー！！初公開の写真もいっぱい。BIGなシール付き！！
2017.3 95p A4 ¥800 ①978-4-8002-7627-8

◆のび猫ストレッチ―猫になりたいなら　池迫美香著　現代書林
【要旨】40匹を超える、ふわふわな「おみあし」が大集合！
2017.11 83p 15×15cm ¥920 ①978-4-7562-4994-4

【要旨】ほれぼれするほどのびている！ 猫さんがてんこもり。保護猫カフェ＆シェルター応援企画の"のび猫さん写真募集"が本になりました！
2017.9 106p A5 ¥1100 ①978-4-7745-1655-4

◆のら猫拳―こんな猫たち、見たことある？　アクセント写真　エムディエヌコーポレーション、インプレス発売
【要旨】猫が格闘技？ 猫がダンス？「カワイイ‼」「なんで猫がこんなポーズできるの？」「てか、ヒトが入ってるよね、これ？」などなど、ネットで、雑誌で、話題騒然！！
2017.2 95p 15×20cm ¥1200 ①978-4-8443-6638-6

◆のら猫拳キッズ　久方広之写真　エムディエヌコーポレーション、インプレス発売
【要旨】猫島で穏やかに暮らす猫たちには秘密があった。大迫力なのにコミカルな写真がクセになる。子猫も大派手にカンフーアクション。大ヒット写真集『のら猫拳』待望の第二弾！
2017.10 94p 15×20cm ¥1200 ①978-4-8443-6714-7

◆拝啓ねこ様　ねこ様に仕える会　ナツメ社
【要旨】下僕のようにふりまわされる飼い主とねこ様との日常をつづったエッセイ集。"猫あるある"エピソードが満載‼
2017.7 183p B6 ¥980 ①978-4-8163-6266-8

◆はじめてでも安心！ 幸せに暮らす猫の飼い方　山本宗伸監修　ナツメ社
【要旨】食事やトイレ、日常のお手入れなど猫を飼う上で必要な知識を詳しく解説。行動やしぐさから猫の気持ちがまるわかり！
2017.5 207p A5 ¥1200 ①978-4-8163-6220-0

◆はじめてでも安心！ ネコの赤ちゃん 元気＆幸せに育てる365日　大好きネコの赤ちゃん、齋藤秀行監修　メイツ出版（コツがわかる本！）
【要旨】おうちへ迎える準備、お世話や健康上の留意点、スキンシップの方法。かわいい子猫時代の飼い方・育て方がこの1冊ですべてわかる！ 豊富なイラスト・写真による解説ではじめて飼う人にもわかりやすい！
2017.5 143p A5 ¥1100 ①978-4-7804-1890-3

◆ぷにぷに肉球まつり ねこきゅう　小川晃代, 湯沢祐介写真　東京書店
【要旨】ねこの肉球をいろいろな角度、ポーズ、シチュエーションで。
2017.12 95p 15×16cm ¥920 ①978-4-88574-068-8

◆見るだけで幸せになる「ブランケット・キャッツ」　NHKドラマ10「ブランケット・キャッツ」制作チーム、宝島書籍編集部著　宝島社
【要旨】「ブランケット・キャッツ」は猫と人間のドラマ。原作は重松清。複雑な人間関係の中に、猫が登場します。猫がいるだけで、人間関係には変化が起き、温かくなります。猫によって、人々は一歩前に踏み出すのです。そんな「ブランケット・キャッツ」の猫たちを満載。そして、ドラマの出演者から舞台裏までも紹介。さらに、猫の撮りおろしグラビア50ページ。「かわいい」が満載です。「かわいい」と思う気持ちは、心をポジティブにします。あなたも、この本から「かわいい」と「幸せ」を受け取ってください。
2018.1 A5 ¥1200 ①978-4-8002-7965-1

◆もっと猫医者に訊け！　鈴木真著、くるねこ大和画　KADOKAWA
【要旨】猫は本当に猫舌？ 猫も悲しい時涙を流したりする？ ボス猫ってどういう猫のこと？ 人と猫の異種間で感染する病気はある？ 双子の猫は同じ模様になる？「ペットは飼い主に似てくる」って本当？ 歯肉炎の原因ってなに？『くるねこ』でおなじみの"猫医者"がビシッとお答え！"猫"と"人"にまつわる100問・100答！
2017.9 149p A5 ¥700 ①978-4-04-734727-4

◆もっと！ネコにウケる　服部幸著　ワニブックス
【要旨】ネコの気持ちがぜ〜んぶわかる！ あなたへの態度がガラッと変わる。テレビでも話題の猫専門医が教える究極の「愛されワザ」。
2017.11 191p 18cm ¥1000 ①978-4-8470-9555-9

◆やさしいねこ―うちのぼー　太田康介著　扶桑社
【要旨】ある日公園に現れた、ブサイクな1匹の野良猫。「ぼー」と名づけられたその猫は、他の猫がご飯を食べ終わるのを陰でじっと待っている、遠慮がちな猫でした。彼の体はいつも汚れ、傷ついていました。まわりの猫にいじめられ続けた、"弱虫ぼー"の物語。
2017.10 111p A5 ¥1100 ①978-4-594-07834-8

◆やさしい猫の看取りかた　沖山峯保監修、立原圭子絵　角川春樹事務所
【要旨】猫はあなたの大切なパートナー。その最期の幸せを守るために名医・沖山先生が教える、猫の「看取り」ハンドブック。
2017.11 127p 18cm ¥1000 ①978-4-7584-1313-8

◆ゆるりまいにち猫日和　ゆるりまい著　幻冬舎
【要旨】「なんにもないけど、猫はいる」しかも4匹！ ゆるり流、ごはん＆トイレのすっきり収納アイデアも紹介！
2017.11 141p A5 ¥1200 ①978-4-344-03213-2

◆CATS ON INSTAGRAM　@cats_of_instagram著　玄光社
【要旨】インスタグラムの大人気アカウント、@cats_of_instagramから400を超える可愛すぎるオリジナル写真を集めました。いつもお手元に置いて可愛がってください。猫たちの世界の魅力や、楽しくておかしな行動をたっぷり楽しむことができます。愛すべき猫たちの日常のお茶目な姿がたくさん詰まった、猫好きにはたまらない究極の写真集です。
2017.5 1Vol. 18×18cm ¥1400 978-4-7683-0849-3

◆HOGO猫　五十嵐健太著　KADOKAWA
【要旨】『飛び猫』『フクとマリモ』の五十嵐健太が撮る、個性豊かな保護猫たち。猫を家族に迎えたい人へのヒントもいっぱい。保護猫＝保健所や殺処分所から救出された猫や、保護された捨て猫のこと。
2017.9 80p 15×19cm ¥1000 ①978-4-04-895964-3

家庭園芸・家庭菜園

◆アフリカローズ―幸せになる奇蹟のバラ　萩生田愛著　ポプラ社
【要旨】バラは宇宙。すべてを映す鏡。マスコミで話題の「アフリカの花屋さん」が伝える究極のバラの本。
2017.10 143p B6 ¥1700 ①978-4-591-15603-2

◆いちばんやさしい苔盆栽と豆盆栽　葉住直美著　エクスナレッジ
【要旨】特別な「道具」も「テクニック」も要らない一癒しの苔でつくる緑のある暮らし。写真でわかる盆栽の入り口、苔盆と豆盆のはじめ方。
2017.3 103p 25×20cm ¥1500 ①978-4-7678-2297-6

◆一番よくわかる庭木の剪定―初心者でも失敗しない、切り方・管理のポイントを紹介！　小池英憲監修　新星出版社
【要旨】はじめての剪定も、これなら安心！ 切る枝・残す枝がひと目でわかる！ 花芽を落とさない切り方もわかる！ 管理のしかたもわかる！
2017.5 191p 24×19cm ¥1400 ①978-4-405-08556-5

◆美しい苔庭づくり　アニー・マーティン著, 石黒千秋訳　エクスナレッジ
【目次】はじめに 苔の魔法、苔庭園を歩く 壮麗なる緑、蘚苔類の基本 苔はどんな植物か、ガーデナーのために知りたい！ 育てたい！ 25の苔、苔デザインする コンセプトから苔庭の計画へ、植え付けと繁殖 苔庭をつくる、手入れとトラブル対策 苔庭の美しさをいつまでも
2017.3 263p 24×19cm ¥2200 ①978-4-7678-2335-5

◆絵図と写真でたどる明治の園芸と緑化―秘蔵資料で明かされる、現代園芸・緑化のルーツ　近藤三雄, 平野正裕著, 横浜植木協力　誠文堂新光社
【要旨】明治維新は近代化の名の下、万物にわたり日本の社会を劇的に変えた。一園芸・造園の世界もしかり、である。それまで武家社会が支えてきた伝統的な江戸の園芸文化、庭園文化が崩壊し、それに代わって、近現代園芸・都市公園事業が台頭した。本書で語られるのは必ずしも時系列で整理・整列された歴史ではなく、これまでの歴史の陰に隠れたり、断片的にしか紹介されてこなかった歴史的なトピックである。しかしそのどれもに、現代へと続く萌芽的事象が発見され、"この時代にすでにこのようなものがあったのだ…"という驚きを禁じえない。
2017.4 191p B5 ¥3500 ①978-4-416-61696-5

趣味 / 実用書

◆おいしい山野菜の王国―自然な山野菜の薬効成分と採り方・育て方・食べ方 農と食の王国シリーズ　桜庭昇著，ザ・コミュニティ編　日本地域社会研究所　（コミュニティ・ブックス）
【要旨】山菜採りで、旬を感じる。自分で野菜を育て、安心・安全な食を心がける。健康な暮らしに役立つガイドブック！無農薬・無農薬の自家菜園づくり30年の経験から、健康づくりにも役立つ本物の情報をおしみなく紹介！シリーズ第3弾！！
2017.11　110p　B6　¥1000　①978-4-89022-208-7

◆おいしい野菜づくり―タネのとり方もわかる！　北条雅章監修　池田書店
【要旨】育てる楽しさ・とれたて野菜のおいしさを実感！
2017.3　175p　B5　¥1500　①978-4-262-13632-5

◆おいしく実る！果樹の育て方　三輪正幸著　新星出版社
【要旨】はじめてでも失敗しないおいしい果物のつくり方。
2017.12　207p　B5　¥1400　①978-4-405-08555-8

◆お部屋でできる！野菜づくり―はじめての水耕栽培　中島水美著　新星出版社
【要旨】土がなくても、太陽の光が足りなくても、いない自宅の室内で、自然光・蛍光灯・LEDでできる！！ペットボトルで、自然光・蛍光灯・LEDでできる！葉物野菜を中心に、31種類を紹介。
2017.3　143p　24×19cm　¥1300　①978-4-405-08566-4

◆果樹＆フルーツ 鉢で楽しむ育て方　三輪正幸著　主婦の友社　（実用No.1）
【要旨】果樹のベリー類・柑橘類から野菜のイチゴ・メロン・スイカまで。25種196品種。
2017.12　143p　24×19cm　¥1500　①978-4-07-427135-1

◆家庭でできるおいしいブルーベリー栽培12か月　荻原勲著　家の光協会
【要旨】鉢植えでも、庭植えでもできる。毎年、おいしい果実を収穫するための作業ポイントが月別にわかる。おすすめ39品種も充実。食味データを詳しく紹介。
2017.4　111p　A5　¥1300　①978-4-259-56539-8

◆カラーリーフ図鑑―明度と高さの組み合わせで庭をグレードアップする　山本規詔著　講談社
【要旨】あなたの庭をひときわ美しく見せるカラーリーフの効果的な組み合わせ方を明快に解説。著者おすすめの植物を葉の明るさ別に3タイプに分け、使い勝手よく丈の低いものから順番に紹介！193項目、収録植物300種以上。
2017.11　127p　26×19cm　¥1800　①978-4-06-220810-9

◆カラーリーフプランツ―葉の美しい熱帯・亜熱帯観葉植物547品目の特徴と栽培法　土橋豊，椎野昌宏著　誠文堂新光社　（ガーデナーズライフシリーズ）
【要旨】美しい葉を持つ植物、カラーリーフプランツ。シルバーリーフや斑入り、豹柄まで―547品目を一冊にまとめました。めくるめく色彩と質感の世界をお届けします。
2017.2　191p　26×20cm　¥2600　①978-4-416-61577-5

◆かんきつ類―レモン、ミカン、キンカンなど　三輪正幸著　NHK出版　（NHK趣味の園芸 12か月栽培ナビ 6）
【要旨】冬の寒さだけ注意すれば、家庭でも十分育てられる。病害虫の被害も少ないので、無農薬栽培も可能。収穫したての完熟した果実は、格別の味です！基本、トライの2ステップで今月の作業がすぐわかる！
2017.10　95p　A5　¥1200　①978-4-14-040279-5

◆完全版 生ごみ先生が教える「元気野菜づくり」超入門　吉田俊道著　東洋経済新報社
【要旨】自宅でできる→マンションでも、プランターで簡単にできる！驚きのおいしさ→無農薬で栄養たっぷりの野菜。体も心も健康に→野菜嫌いが治る！食育にも最適！「奇跡の野菜」は自分で作れる！
2017.6　209p　B6　¥1500　①978-4-492-04607-4

◆かんたん水耕栽培 決定版！―人気ブロガー・横着じいさんの　伊藤龍三著　主婦と生活社
【要旨】毎日採れたて！いつでもおいしい！土を使わない、野菜と果物のかんたん栽培50。
2017.10　127p　A5　¥1300　①978-4-391-15039-1

◆クリスマスローズ　野々口稔著　NHK出版　（NHK趣味の園芸 12か月栽培ナビ 2）
【要旨】タネから開花株まで。お気に入りのクリスマスローズを見つけ、美しく咲かせるための毎月の作業と管理を解説します。
2017.1　95p　A5　¥1200　①978-4-14-040275-7

◆グリーンローズガーデンのバラと里山に暮らす　斉藤よし江さん　（静岡）マイルスタッフ，インプレス 発売
【目次】第1章 バラの季節、第2章 夏の緑の中で、第3章 秋風が運ぶもの、第4章 冬の花と次の季節への想い、第5章 目覚める春、庭づくりノート、毛呂山案内、グリーンローズガーデン花図鑑
2017.5　144p　A5　¥1600　①978-4-295-40084-4

◆クレマチス　金子明人著　NHK出版　（NHK趣味の園芸 12か月栽培ナビ 4）
【要旨】たくさんの系統と品種があるクレマチスを開花習性と剪定方法に着目して「切るクレマチス」「切らないクレマチス」に大別。一年中、クレマチスが咲く庭も夢ではありません！
2017.4　95p　A5　¥1200　①978-4-14-040277-1

◆コチョウラン　富山昌克著　NHK出版　（NHK趣味の園芸 12か月栽培ナビ 3）
【要旨】コチョウランの毎月の作業と管理を徹底ナビ！窓辺で豪華な花を咲かせましょう！
2017.1　95p　A5　¥1200　①978-4-14-040276-4

◆これでうまくいく！ よく育つ多肉植物BOOK　鶴岡秀明著　主婦の友社
【要旨】宝石のように輝く透明な窓、シャープに刻まれた何層もの斑、ふっくらとふくらんだ茎、クルクルとらせんを描いて巻く葉など、自然が生んだアートな多肉植物たち。多肉植物に寄り添って育った鶴仙園三代目の鶴岡秀明さんが健やかに育て、長く楽しむための最新メソッドをご紹介します。
2017.12　143p　B5　¥1500　①978-4-07-427129-0

◆これで失敗しない家庭菜園Q＆A　藤田智監修　家の光協会　新版
【要旨】人気野菜、個性派野菜、約60品目！野菜の育て方から土や肥料、管理まで、よくある失敗と対策、いまさら聞けない疑問がよくわかる！
2017.3　159p　A5　¥1400　①978-4-259-56534-3

◆さくらそうアラカルト―江戸園芸への誘い　茂田井滋，茂田井月著　小学館スクウェア
【目次】序章 さくらそう事始め―娘からみたさくらそう、第1章 栽培のポイント、第2章 鑑賞のポイント、第3章 さくらそう栽培小史、第4章 中国のさくらそう・報春花、第5章 さくらそうコレクションセレクト
2017.10　127p　B5　¥1500　①978-4-7979-8577-1

◆3ポットから作れる寄せ植え105　主婦の友社編　主婦の友社　（園芸ガイドBOOKS）
【要旨】作り方はとても簡単。パンジーなどの身近な草花で魅力的なリーフプランツなど、たった3つの苗からかわいい寄せ植えが完成！
2017.11　111p　B5　¥1480　①978-4-07-427112-2

◆山野草のある庭づくり―四季の風情を楽しむ実例と庭植えのコツ　久志博信著　講談社
【要旨】庭で育てることができるおすすめの山野草を紹介。107項目を季節別に配列し439点の美しいカラー写真で紹介。山野草を庭で楽しんでいる実例を紹介。山野草の第一人者が失敗しない栽培のコツを伝授。
2017.2　126p　A5　¥1900　①978-4-06-220261-9

◆四季の宿根草図鑑―決定版　荻原範雄著　講談社
【要旨】ガーデンでも寄せ植えでも下草でも…日本一の宿根草専門店店長が徹底解説！栽培条件から大きさ、成長速度や寿命も…宿根草のすべてがわかる！使える宿根草586種を掲載！
2017.3　143p　B5　¥2200　①978-4-06-220491-0

◆自分で育てて、食べる果樹100―おなじみの果物から人気のベリー類まで　船越亮二監修　主婦の友社
【要旨】リンゴ、ブドウなどのおなじみの果樹やベリー類の小果樹など、おいしい果物の木100種を自宅で育てるための果樹栽培入門書。植え方や実の収穫法、気をつけたいポイントなど詳しく解説。
2017.10　167p　A5　¥1400　①978-4-07-427201-3

◆自分に合った観葉植物をじょうずに選べる本　薮正秀監修　主婦の友社　（実用No.1）
【要旨】人気の多肉植物コレクションも！
2017.8　127p　24×19cm　¥1300　①978-4-07-426621-0

◆宿根草と低木で手軽にできる 小さなペースをいかす美しい庭づくり　マーク・チャップマン著　家の光協会
【要旨】実力派英国人ガーデナーが提案。狭くても立体感あふれる組み合わせで、季節の移ろいが楽しめる素敵な植栽のポイントをていねいに紹介。小さな庭に合う植物132種の図鑑付き。
2017.3　111p　B5　¥1500　①978-4-259-56532-9

◆じょうずな庭作り、花作りのヒントが探せる本　主婦の友社編　主婦の友社
【目次】1 場所別・飾り方のコツ（塀・フェンスを飾る、門・門まわりを飾る、アプローチを飾る、小道を飾る、外回りを飾る、玄関を飾る、テラス・ベランダを飾る、カーポートを飾る）、2 小物やアイテムで庭を飾るコツ（手作りで庭を飾る、鉢で庭を飾る、ガーデングッズなどで庭を飾る、ラティスなどで庭を飾る）
2017.2　191p　A5　¥1400　①978-4-07-422764-8

◆植栽で差をつけるための刺激的・ガーデンプランツブック　太田敦雄著　エフジー武蔵
【要旨】植物図鑑。150種類を掲載！
2017.3　143p　B5　¥2200　①978-4-86646-009-3

◆しんごのオープンガーデンへようこそ―庭からはじまる花のまちづくりと魅せる作例・アドバイス　西川新吾著　誠文堂新光社
【目次】01「花の魅力」を活かす庭づくり、02 オープンガーデン2009 - 2016、03 ハンギングバスケットコレクション、04 コンテナガーデンコレクション、05 花のあるまちづくりを目指して
2017.5　95p　A5　¥1700　①978-4-416-91705-3

◆図解だからわかりやすい家庭果樹の育て方＆剪定のコツ　主婦の友社編，高橋栄治監修　主婦の友社
【要旨】実がつかないのはなぜ？家庭果樹の育て方、剪定のコツ（アケビ、アンズ、イチジク、ウメ、ウンシュウミカン ほか）、これだけはぜひ知っておきたい果樹栽培の基礎知識（栽培の準備と用具、整枝、剪定の仕方、果実管理、苗木の植えつけ、鉢植えでの育て方/肥料 ほか）
2017.5　159p　24×19cm　¥1500　①978-4-07-424007-4

◆図解だからわかりやすい 花木・庭木剪定のコツ　主婦の友社編，船越亮二監修　主婦の友社
【要旨】100種類もの木の手入れが、自分でできる。
2017.4　159p　24×19cm　¥1500　①978-4-07-423195-9

◆図解だからわかりやすい 野菜の育て方のコツ　主婦の友社編，新井敏夫監修　主婦の友社
【要旨】50種類の野菜を楽に収穫する。
2017.4　159p　24×19cm　¥1500　①978-4-07-423404-2

◆図解でよくわかるタネ・苗のきほん―種選び・種まき・育苗から、種苗の生産・流通、品種改良、家庭菜園での利用法まで　日本種苗協会監修　誠文堂新光社
【目次】第1章 タネとは何か、第2章 タネのつくり、第3章 タネの発芽、第4章 タネの貯蔵、第5章 育苗とは、第6章 タネイモとは、第7章 タネと苗の活用技術、第8章 タネと品種改良、第9章 タネと流通を取り巻く制度、巻末資料
2017.11　159p　A5　¥1600　①978-4-416-51791-8

◆図解でわかる土壌・肥料の基本とつくり方・使い方　加藤哲郎監修　ナツメ社
【要旨】1 土壌と野菜の関係、2 畑の土を見てみよう、3 土の状態を調べよう、4 畑のpHと栄養分を調べよう、5 畑の生きものを調べよう、6 肥料の種類と使い方、7 土壌を改良しよう、8 堆肥をつくろう
2017.12　191p　A5　¥1500　①978-4-8163-6283-5

◆育てたい花がたくさん見つかる図鑑1000―自分の好きな色でもさがせる　主婦の友社編　主婦の友社　（実用No.1）
【目次】花色が一目でわかる季節別花色カタログ（桃色の花 Pink、赤色の花 Red、橙色の花 Orange、黄色の花 Yellow、白色の花 White ほか）、季節別花カタログ（早春の花、春の花、初夏の花、夏の花、秋～冬の花 ほか）
2017.11　223p　A5　¥1480　①978-4-07-427543-4

◆育てて楽しむエゴマ 栽培・利用加工　服部圭子，日本エゴマ普及協会編　創森社
【目次】第1章 現代人を救う健康食材エゴマ（いまエゴマが現代人を救う理由、作物としてのエゴマの素顔 ほか）、第2章 エゴマの育て方と収

実用書

種・脱穀・調製（エゴマの栽培環境と規模の検討、年間の生育サイクルと栽培作業暦 ほか）、第3章 エゴマの搾油法と搾油の受委託（エゴマの搾油の仕組みと方法、搾油の手順と搾り粕の有効利用 ほか）、第4章 実・油・葉などの効果的な食べ方（エゴマの利用部位と用途、有効成分を生かしamong食べ方 ほか）
2017.2 101p A5 ¥1400 ①978-4-88340-313-4

◆多肉植物でプチ！ 寄せ植え―カンタンDIYで作れる！ 平野純子著 主婦の友社
【要旨】モコモコした葉がかわいい、見ているだけで楽しい多肉植物。その魅力をぎゅっと詰め込んだ小さくておしゃれな寄せ植えたち。プチDIYをプラスすると見違えるほどすてきになります。『園芸ガイド』の人気連載、「Junの多肉植物と小さなDIY」にカンタンでセンスよく作れる実例をたっぷり加えてご紹介します。
2017.5 111p A5 ¥1100 ①978-4-07-423150-8

◆多肉植物ハオルシア―美しい種類と育て方のコツ 林雅彦監修 日東書院本社
【要旨】失敗しない育て方を完全ガイド&212種の図鑑。
2017.6 111p 24×19cm ¥1500 ①978-4-528-02152-5

◆小さな庭で楽しむ雑貨×植物のディスプレイ ナチュラルライフ編集部編 学研プラス（SENSE UP LIFE）
【要旨】玄関前、ベランダなどコーナーでもOK！小さなスペースでも楽しめるZAKKAが主役の庭づくり。人気雑貨を生かしたディスプレイ例&アイテムカタログ。スモールガーデンに映える寄せ植えの魅力も。部屋で楽しむグリーンコーナーも。
2017.3 97p 22×19cm ¥1200 ①978-4-05-800646-7

◆ドクター古藤（コトー）の家庭菜園診療所 古藤俊二著 農山漁村文化協会
【要旨】病気・害虫退治から作物・土の元気回復まで、よろず相談受け付けます。
2017.1 126p B5 ¥1500 ①978-4-540-16168-1

◆とっておきの野菜づくり―書き込み作業カレンダー付 関野幸生、渋谷正和著 成美堂出版（付属資料：別冊1）
【要旨】有機&自然栽培だとこんなにおいしい！はじめての人にもよくわかるヘルシー野菜のつくり方。有機肥料で育てる方法、肥料なしで育てる方法をていねいに解説。
2017.5 191p 24×19cm ¥1800 ①978-4-415-32257-5

◆庭時間を楽しむガーデン&エクステリア―住まいを10倍魅力的にする！ エクステリア工学会編 講談社
【要旨】あなたの庭づくりにすぐに役立つプロのアイデア。緑あふれる癒しの庭、テラスで食事を楽しむ庭、水を楽しむガーデン、メンテナンスが楽な庭、潤いのある駐車スペースなど、厳選28事例を図面付きで紹介。豊富なイラストで解説する、植物を愛する庭づくりの楽しみなど、実用記事も満載。
2017.2 143p 26×21cm ¥2000 ①978-4-06-220367-8

◆農家が教える切り花40種 農文協編 農山漁村文化協会
【要旨】母の日・お盆にピタリ開花、一回の定植で何度も採花、広々芽を咲かして長期行い、球根・種子代を節約する方法や病害虫知らずの土づくり防除剤…、花つくりのスゴ技あれこれを紹介。
2017.2 151p B5 ¥1700 ①978-4-540-16181-0

◆はじめてでもできる小さな庭づくり―基礎の基礎からよくわかる 小黒晃草花監修、木村卓功バラ監修 ナツメ社
【要旨】庭仕事に親しんだことのない方でも楽しめる、小さな庭づくりのアイデアやヒントを多数紹介。駐車場や通路などのデッドスペース、フェンスや玄関まわりといった場所別に紹介した植栽実例のほか、人気のバラやカラーリーフ、シンボルツリー、多肉植物を主役にした庭づくりのアイデアも満載。できるだけ手間をかけずに庭を美しく維持するためのコツも紹介。最低限覚えておきたいガーデニングの基礎知識も巻末にまとめている。
2017.11 175p B5 ¥1380 ①978-4-8163-6344-3

◆はじめての北の家庭菜園 大宮あゆみ著、山口猛彦監修（札幌）北海道新聞社（『よくわかる北海道の家庭菜園』改訂・改題版）
【要旨】やさしい解説とわかりやすいイラストで53種を紹介。監修者が答える、よくある質問Q&A。野菜ソムリエでもある著者がすすめる、採れたて野菜を食べきる簡単レシピ。ひと目でわかる！菜園カレンダー一覧。
2017.3 191p B5 ¥1389 ①978-4-89453-860-3

◆はじめてのこれだけ多肉植物Select 140―育て方と楽しみ方 エフジー武蔵（MUSASHI BOOKS）
【目次】多肉植物の魅力と楽しみ方、多肉植物のニュアンスカラーを楽しむ、室内で育てる3つのルール、巧みな雑貨づかいで多肉の魅力をブラッシュアップ―Display Idea25、フローラ黒田園芸黒田健太郎さんのペイント&ディスプレーLesson、「壁づけ」すると、多肉をもっと愛でられる―多肉植物のためのHandmade Lesson、コツをつかんで美しく一寄せ植えに基本レッスン、ワイルドな表情が魅力―地植えにも挑戦！ぷでのびのびと育てる、つやつやでふっくら美人を目指して!!―多肉植物を美しく育てるために、知っておきたいこと、雑貨との寄せアレンジにびのびのびびと育てる方Select140、人気の多肉植物によくあるお悩みQ&A
2017.11 81p B5 ¥1200 ①978-4-86646-016-1

◆はじめての小さな庭のつくり方―奥行き20cmの空間も素敵な庭に！ 宇田川佳子著 新星出版社
【要旨】玄関、門扉、狭い通路、ガレージなどの狭い空間が大変身。つくり方の手順とメンテナンスのコツを一番くわしいので、初心者でも安心。環境に合う丈夫な植物で、手入れが最少時間ですむローメンテナンスガーデンを提案。
2017.3 127p 24×19cm ¥1200 ①978-4-405-08565-7

◆はじめてのベランダ野菜―いつでもとれて！ 末永和也監修 学研プラス
【要旨】プランター、鉢、袋でカンタン栽培。おいしい野菜、フルーツ、ハーブの育て方。
2017.4 127p 24×19cm ¥1200 ①978-4-05-800755-6

◆はじめての盆栽づくり―写真とイラストでよくわかる！芽摘み、葉刈り、針金かけなど伝統の技をもれなく伝授！ 関野正指導、松井孝監修 主婦の友社
【要旨】盆栽の育て方、樹形のつくり方をカラー写真とイラストでわかりやすく紹介しました。紹介した樹種はマツやケヤキ、モミジなど55種類！クロマツ、アカマツ、ゴヨウマツ、モミジ、カエデなどの代表的な樹種は特にくわしく解説しました。盆栽をはじめて育てる初心者にもわかるよう写真やイラストを多用して手入れの仕方を具体的に解説！だれにでも盆栽が始められます。それぞれの樹種のページには管理・手入れカレンダー、巻末には盆栽用語解説もつけました。
2017.6 159p 24×19cm ¥1380 ①978-4-07-424349-5

◆はじめての野菜づくり―有機・無農薬だから簡単！だからおいしい!! 福田俊監修 朝日新聞出版（アサヒ園芸BOOKS）
【要旨】限られたスペースでラクラク大収穫！完全図解・混植リレー栽培術。ラクして大収穫できるアイデア満載。はじめてでも大丈夫、よくある失敗を防ぐコツ50。
2017.3 239p 24×19cm ¥1400 ①978-4-02-333142-6

◆はじめての野菜づくりがスムーズにできる本 主婦の友社編 主婦の友社
【目次】種類別・育て方がよくわかる「人気の野菜53種Q&A」（フレッシュな葉どり野菜、おなじみの冬どり野菜、夏と秋～冬に収穫できる野菜、コンパニオンプランツ）、はじめてでもおさえておきたい「野菜作りの基礎」（土作り、タネまき&植えつけ、施肥と水やり、無農薬菜園を作る、病害虫対策
2017.6 103p 26×22cm ¥1300 ①978-4-07-424616-8

◆はじめての寄せ植えスタイル―色と器を楽しむ 伊藤汐奈、若松則子監修 成美堂出版
【要旨】かわいい寄せ植えからスタイリッシュなものまで100以上の実例を収録！色彩と器、季節感にこだわった寄せ植えを、初心者でもつくれるようていねいに解説。
2017.3 127p 26×21cm ¥1100 ①978-4-415-32242-1

◆バラ 鈴木満男著 NHK出版（NHK趣味の園芸 12か月栽培ナビ 1）
【要旨】毎月の作業と管理で株を健康に保ち、美しいバラを咲かせましょう。悩みの多い病害虫対策も詳しく解説します。
2017.3 95p A5 ¥1200 ①978-4-14-040274-0

◆ひと鉢から始まるプチガーデニング―多肉植物・カラーリーフ・秋冬の草花 エフジー武蔵
【目次】BASIC LESSON、センスのいい実例から学ぶ 鉢植えから始めるベランダガーデン、ベランダガーデンを楽しむための基本ルール、多肉植物、カラーリーフ、冬・冬に咲く花、STEP UP ガーデニングのステップアップを楽しむ
2017.11 79p 22×19cm ¥1200 ①978-4-86646-015-4

◆ひと鉢のアレンジBOOK―83の寄せ植え、アイデアが満載 エフジー武蔵
【目次】雑貨をコンテナに見立ててシーンを愛らしく見せる早春の寄せ植え、脱ワンパターンを目指すならパンジー&ビオラが主役 センスアップ寄せ植え術、今だから楽しめるカラーバリエーション ビオラの魅力がたっぷり詰まったシックな寄せ植え、ニュアンスのある表情がたまらない！初夏を彩るペチュニア、カリブラコアの寄せ植え、シックにまとめて'涼'を演出 トーンを抑えた大人の寄せ植え、ブーケのように軽やかに秋で楽しめる動きのある寄せ植え、庭に涼を演出 水生植物の寄せ植え、美しさの決め手はリーフづかい！秋風に揺れるシックな寄せ植え、今注目の原種系小球根を使ったナチュラルな寄せ植えアレンジ、秋の風情を堪能できる 樹木を使った野趣あふれる寄せ植え、庭にかわいい森をつくろう 鉢植えで楽しむ「小さな雑木」のすすめ、秋は寄せ植えのベストシーズン 才色兼備な多肉植物が輝くシチュエーション別コーディネート、かわいさが引き立つ 多肉植物鉢植えアレンジ、庭からの恵みを楽しむアフターガーデン 庭摘みの草花でアレンジしましょ!、深い色合いは秋だけの贅沢 部屋中を秋色にする庭摘みアレンジ5、秋から初冬の美しさを堪能する野趣に富んだアレンジ、材料はホームセンターで買えるお手頃アイテム！洋書風シーンを演出する手作り雑貨Recipe
2017.3 97p B5 ¥1111 ①978-4-86646-010-9

◆プチ盆栽 おしゃれでかわいい緑のインテリア―景色盆栽入門 小林健二著 新星出版社（本文：日英併文）
【目次】1 盆栽づくりの基本、2 景色盆栽の作り方、3 盆栽の基本テクニック、4 景色盆栽をもっと楽しむ方法、5 盆栽のメンテナンス、6 花木カタログ
2017.2 127p 24×19cm ¥1700 ①978-4-405-08564-0

◆ブドウ 望岡亮介著 NHK出版（NHK趣味の園芸―12か月栽培ナビ 7）
【要旨】家庭でブドウを栽培する方法を、鉢植え・庭植え別にていねいに解説します。庭に、ベランダに、憧れの完熟ブドウを育ててみませんか。基本、トライの2ステップで→今月の作業がすぐわかる！
2017.10 95p A5 ¥1200 ①978-4-14-040280-1

◆ブルーベリー 伴琢也著 NHK出版（NHK趣味の園芸 12か月栽培ナビ 5）
【要旨】初心者でも育てやすい人気果樹・ブルーベリー。コンパクトな樹形を持つ「夏の剪定」と木の成長のバランスを整える「冬の剪定」で、おいしい果実がたくさん収穫できます。
2017.4 95p A5 ¥1200 ①978-4-14-040278-8

◆盆栽・伝統園芸植物の鑑賞知識―銘品、器、伝統と歴史、見方のルールを知る 盆栽・伝統園芸植物の鑑賞知識製作委員会編 誠文堂新光社
【目次】第1章「盆栽・伝統園芸植物の見方」とは（盆栽の歴史、「盆栽」とは何か？、「真の盆栽美」とは？ ほか）、第2章 盆栽・鑑賞のポイント（ゴヨウマツ「五葉松」、クロマツ「黒松」、アカマツ「赤松」 ほか）、第3章 伝統園芸植物・鑑賞のポイント（アジサイ「紫陽花」、カキツバタ「杜若」、ハナショウブ「花菖蒲」 ほか）
2017.12 255p B5 ¥4000 ①978-4-416-51608-9

◆マンガと絵でわかる！おいしい野菜づくり入門 加藤義松監修 西東社
【要旨】工夫1：野菜づくりの基礎がマンガでやさしくわかる！工夫2：54種の野菜の育て方が絵と写真で具体的にわかる！工夫3：マンガで"プロのコツ"をしっかりと理解できる！工夫4：見やすい栽培カレンダーで作業が管理しやすい！工夫5：「収穫時期」「作付け時期」「科別」など、目的別に野菜を探せる！
2017.10 191p 24×19cm ¥1300 ①978-4-7916-2244-3

◆マン盆栽の超情景―ミニチュアと樹木のテーブルガーデニング パラダイス山元著 誠文堂新光社
【要旨】「植物女子」がハマる伝説の都市型ホビー！作り方、発想法、作品の解説。15年の時を超え甦るパリでも注目を浴びる新しい盆栽スタイル。
2017.5 143p A5 ¥1500 ①978-4-416-61744-1

◆水草水槽のススメ　早坂誠著　(横浜)エムピージェー
【要旨】グラスアクアリウムから本格的な水草水槽まで豊富な作例と育成・レイアウトのコツを解説！
2017.2　127p　24×18cm　¥1500　978-4-904837-54-2

◆緑と空間を楽しむインドアガーデン　安元祥恵監修　成美堂出版
【要旨】憧れの実例満載！わかりやすい管理術から演出法まで。観葉植物やエアプランツなどでつくる立体的で心やすらぐ新しいスタイルを提案します。
2017.4　127p　26×22cm　¥1100　978-4-415-32243-8

◆モダンローズ―この1冊を読めば性質、品種、栽培、歴史のすべてがわかる　村上敏著　誠文堂新光社　(ガーデンライフシリーズ)
【要旨】現在販売されているバラは大変バラエティに富み、木立ちバラだから、つるバラだからと栽培方法を単純に分けて考えることができなくなりました。実際に庭で育ててみないと、どんな性格なのかわからなものがたくさんあるのです。この木立ち性とつる性のバラが、切れ目ないグラデーションのように連続して存在するという現実を踏まえ、本書では、通常の枝、ベーサルシュート、花の大きさと房咲き、どのように養分を振り分けて咲かせるか、など「パーツごとに分解して解説する」ということに努めました。こうすることで、目の前で育っているバラをしっかり観察し、花壇で楽しもうか、つるバラとして庭を演出しようか、と柔軟に考えられるようになります。最新品種も掲載しました図鑑ページでは、手間なく育つ品種を優先的に選んで紹介しています。バラ栽培の上達度に応じた品種選びが手軽にできる構成にしました。バラと草花が咲く、すてきな庭づくりに役立ててください。
2017.3　207p　B5　¥2400　978-4-416-61698-7

◆野菜づくりに失敗しないための知恵とコツ―育て方の基礎もよくわかる　主婦の友社編　主婦の友社
【目次】収穫期別　野菜の育て方(夏に収穫する野菜、春〜初夏に収穫する野菜、秋〜冬に収穫する野菜、年に2回以上収穫できる野菜、知っていると役に立つコンパニオンプランツ)、鉢やプランターで育てる野菜(ミニトマト、ラディッシュ&ミニニンジン、リーフレタス、ピーマン、赤タマネギ、アサツキ、ミツバ)、話題のスプラウト野菜を作る、野菜作りの基礎(土作り、タネまき&植えつけ、肥料と水やり、病害虫対策)
2017.4　183p　A5　¥1200　978-4-07-423545-2

◆洋ラン大全―優良花から珍ラン奇ランまで　世界らん展日本大賞事務局、全日本蘭協会、日本洋蘭農業協同組合、蘭友会監修、洋ラン大全編集部編　誠文堂新光社　(ガーデンライフシリーズ)
【目次】1章　洋ラン図鑑(1)プロ・ベテラン愛好家がすすめる優良花&原種のラン、2章　洋ラン図鑑(2)新しいラン、面白いラン、3章　ラン栽培のポイント、4章　洋ランの学名について、5章　日本の洋ラン界と各団体の歴史、6章　ラン科植物学名リスト　ALPHABETICAL ONE-TABLE LISTより
2018.1　223p　B5　¥3600　978-4-416-51768-0

◆寄せ植えギャザリング・メソッド―土を使わない新しい園芸テクニックを完全マスター　青木英郎著　誠文堂新光社
【目次】第1章　ギャザリングという方法、第2章　揃えておきたい道具と資材、第3章　植物に触れる方法、第4章　ギャザリング・レッスン(ワンユニット、リース、フラワーポット、ブーケ、ウォールバスケット)、第5章　さまざまなギャザリング例
2017.4　144p　B5　¥2200　978-4-416-51762-8

◆455種のガーデニングプランツの育て方がひとめでわかる本　主婦の友社編　主婦の友社
【要旨】基本的な作業も詳しく解説！
2017.2　214p　24×19cm　¥1500　978-4-07-422149-3

◆私にもできる！自然農法入門―育てて楽しむ家庭菜園コツのコツ　MOA自然農法文化事業団(伊豆の国)MOA自然農法文化事業団、農山漁村文化協会　発売
【目次】第1章　自然農法の考え方と実践の基本、第2章　自然農法の基礎作り編、第3章　自然農法の実践編、第4章　病虫害と野生鳥獣の被害対策、第5章　草が共生する編、6章　楽しいタネ採りを始めよう
2017.6　127p　B5　¥1800　978-4-540-16123-0

◆BULBOUS PLANTS―バルバス・プランツ　球根植物の愉しみ　松田行弘著　パイインターナショナル
【要旨】「生命の源」をみずから蓄える、球根植物。栄養分を蓄えて生長し、精一杯の花を咲かせます。そうして健気に生きる球根植物は、摩訶不思議な生長と繁殖のシステムを持ちます。ちょっとしたコツを知っていると、失敗せずに美しい花を満喫できます。栽培する愉しみを、ふんだんに、わかりやすく解説しています。
2017.11　207p　25×19cm　¥2000　978-4-7562-4968-5

◆DVD付　動画でわかるはじめての楽々バラづくり―一手をかけなくても美しく咲く　バラの家著　講談社　(付属資料：DVD1)
【目次】第1章　楽々に育てるための、バラの基本(ポイントを押さえて楽々バラ栽培、バラの種類とバラの生育サイクル　ほか)、第2章　楽々になるおすすめバラ図鑑(バラ選びが重要、バラの花の魅力　ほか)、第3章　ポイントを押さえて楽々バラづくり(鉢苗から始めよう、ピンチをすると株が健全になる　ほか)、第4章　つる樹形のバラにチャレンジ！(つる樹形のバラとはどんなバラですか？、つる樹形のバラの誘引作業　ほか)
2017.10　79p　B5　¥1800　978-4-06-220492-7

◆Green Snap―多肉植物、観葉、エアプランツ、etc.　主婦の友社編　主婦の友社
【要旨】素敵なアイデア、こんな楽しみ方あったんだ！大人気アプリで見つけた！累計80万枚からセレクト。みんなの植物写真集。
2017.6　95p　B5　¥1100　978-4-07-423947-4

◆Venetia's Ohara Gardening Diary―OVER 80 HERB RECIPES FROM KYOTO　ベニシア・スタンリー・スミス著　世界文化社
【要旨】2013年12月に発行した「ベニシアの庭づくり―ハーブと暮らす12か月」の英語の原文を編集したもの。
2017.11　239p　A5　¥2700　978-4-418-17501-7

ラン栽培

◆鹿沼土だけで楽しむ洋ラン・ミニ観葉　宮原俊一著　農山漁村文化協会
【要旨】鹿沼土だけなら、根腐れの心配なし、受け皿に水をためてもかまわない、葉水いらず、移動の必要なし…目から鱗のテクニック。
2017.3　79p　24×19cm　¥1400　978-4-540-16172-8

香草・山菜ガイド

◆おいしい雑草料理―レシピと薬効メモ　小崎順子著　サンルクス、サンクチュアリ出版　発売
【要旨】雑草の元気と癒しパワーをいただく。春から秋まで楽しめる27レシピ、一挙公開！
2017.7　99p　A5　¥1500　978-4-86113-369-5

◆ココロとカラダに効くハーブ便利帳　真木文絵著、池上文雄監修　NHK出版
【要旨】西洋ハーブから和のハーブまでハーブのすべて102種+レシピ。生茶、庭木や野草の健康茶、手作りチンキやオイル、ハーブ酒、保存食レシピが満載！
2017.11　111p　A5　¥1300　978-4-14-011356-1

◆心も体も元気になるハーブ育て&活用法　桐原春子監修　主婦の友社
【要旨】ほぼ一年中栽培できて、育てるのも、使いこなすのも楽しいハーブ。ローズマリー、タイム、ミント、ラヴェンダーといったポピュラーなハーブを、手軽に育て、料理やクラフト、美容などに幅広く役立てるアイデアを紹介。ハーブ研究家が制作したおしゃれなハーブの寄せ植えやクラフトの数々。
2017.4　111p　24×19cm　¥1200　978-4-07-423031-0

◆自分でハーブを育て、暮らしに活用するために役立つ本　主婦の友社編　主婦の友社
【目次】初めてでも活用できるおなじみハーブ40種育て方・楽しみ方Q&A(ラベンダー、ミント、センテッドゼラニウム、セージ、ローズマリー　ほか)、初心者のためのハーブ栽培　基礎講座Q&A(ハーブを育てる前に―土作り、環境別ハーブプラン、苗の植えつけ、上手な水やり、長く楽しむために―肥料、病害虫、摘芯、季節の管理、用途別の収穫どき　ほか)
2017.6　96p　26×22cm　¥1200　978-4-07-424622-9

◆フィンランド発　ヘンリエッタの実践ハーブ療法　ヘンリエッタ・クレス著、石丸沙織訳　フレグランスジャーナル社
【要旨】本書は、野生のハーブや庭に育つハーブを収穫したり、加工したりすることに興味を持っている皆さんのために書かれています。チンキ剤、浸出油、軟膏、ビネガーチンキ剤、ハーブティー、そしてシロップ剤の作り方を幅広く網羅しています。また、フィンランドのハーバリストが、北ヨーロッパで簡単に育てたり見つけたりできるハーブの伝統に従って、チンキ剤よりもフィンランドの伝統に重点を置いて、解説しています。
2017.6　201p　A5　¥3250　978-4-89479-292-0

◆もっと暮らしに毎日のハーブ　使いこなしレッスン　諏訪晴美監修　メイツ出版　(コツがわかる本！)
【要旨】憧れのハーバルライフを美味しく、やさしくもっと自分らしく。定番の使い方の一歩先へ。広がる&使い切る44のアイデア。
2017.3　144p　A5　¥1530　978-4-7804-1832-3

◆和ハーブ―にほんのたからもの　和ハーブ検定公式テキスト　古谷暢基、平川美鶴著　和ハーブ協会
【要旨】古来、日本人の生活と健康を支えてきた日本のハーブ(有用植物)。足元のあたりまえのなかに、たからものを見つける、もっと楽しく、もっと豊かに…「和ハーブ」と暮らすライフスタイル。
2017.6　217p　A5　¥2400　978-4-86485-027-8

◆Birthday Herb―こころとからだに薬用ハーブの贈り物　水戸養命酒薬用ハーブ園編　朝日新聞出版
【要旨】薬用ハーブにまだ出会っていない方へ。自分や友人への贈り物として、薬用ハーブのチカラを暮らしに取り入れるアイデアをご紹介。こころとからだが元気になる薬用ハーブの活用法がこの一冊に。
2017.6　99p　B6　¥1300　978-4-02-331594-5

フラワー・デザイン

◆あたらしい盆栽の教科書―ちいさな景色盆栽をつくる・愛でる・育てる　小林健二著　エクスナレッジ　(『BONSAI×Life(盆栽ライフ)』再編集・改題書)
【要旨】最近ではインテリアグリーンとしても人気の盆栽。そのつくりかたから、楽しみかた、手入れの仕方まで、豊富な写真とイラストでやさしくていねいに解説。
2017.3　134p　B5　¥1600　978-4-7678-2312-6

◆あなたの暮らしに似合う花　平井かずみ著　地球丸　(天然生活ブックス)
【目次】花は暮らしの景色をつくる　石村由起子さん(「くるみの木」オーナー)を訪ねて、伊藤まさこさん・スタイリスト、引田ターセンさん・「ギャラリーフェブ」引田かおりさん・「ダンディゾン」オーナー、郡司庸久さん・陶芸家　郡司慶子さん、冷水希三子さん・フードコーディネーター、おさだゆかりさん・「スプーンフル」オーナー、花と語らい―雅姫さん宅にしつらえまして、後藤由紀子さん・「hal」店主、黒田益朗さん・グラフィックデザイナー　黒田トモコさん・「アリスデイジーローズ」主宰、福田春美さん・ブランディングディレクター、野村友生さん・フードディレクター、バラと暮らす―香菜子さん、一田憲子さん、星谷菜々さんへ贈るバラー、小堀紀代美さん・「ライクライクキッチン」主宰、オガワジュンイチさん・セラピスト/ハーバリスト、大塚佳苗さん・スタイリスト、花と料理―渡辺有子さんと大人の部活
2017.7　127p　B5　¥1700　978-4-86067-629-2

◆異素材フラワーデザイン図鑑200―プリザーブド・アーティフィシャル・ドライ　注目素材の使い方がわかる決定版　フローリスト編集部編　誠文堂新光社
【要旨】生花とは異なる魅力を持つ3つの異素材「プリザーブド・アーティフィシャル・ドライ」

実用書／趣味

いちからはじめるプリザーブドフラワーの作り方—思い出のブーケや庭の花をより長く楽しみ、暮らしに取り入れる 長井睦美著 誠文堂新光社
【要旨】花を特殊な液に浸けるだけで、もっとずっと長く楽しめるようになります。それが「プリザーブドフラワー」。すてきな花の世界へようこそ！ 2017.2 127p B5 ¥1800 ①978-4-416-51711-6

本書では、雑誌「フローリスト」に掲載されたプロレベルの作品群を、5つのシーンごとに並べ替え、使用したテクニックや花材合わせのワンポイントとともに紹介しています。また、最新デザインも大幅に撮り下ろし。のべ200作品のうちどれもがハイレベルのデザインです。趣味で楽しみたい時に、既存の教本では満足できない時に、商品制作時のアイデアが欲しい時に、教室用のテキストブックに。あらゆるニーズに応える、完全保存版です。 2017.4 318p A5 ¥2000 ①978-4-416-61716-8

いちばんていねいな はじめての盆栽の育て方 広瀬幸男著 日本文芸社
【要旨】盆栽の世界の扉を開くには、真似をすることをおすすめします。本書では、ひとつひとつの樹木について、プロセス写真で、詳しく作業を紹介！ この通りに手がければ、初心者でも、人を感動させるような「お値打ち盆栽」を創ることができます。74種の盆栽の中から、あなただけのひと鉢を見つけ、誠心誠意、世話をしていけば、盆栽の楽しさは、限りなく広がっていくでしょう。 2017.10 255p 24×19cm ¥1800 ①978-4-537-21525-0

美しいインドア・グリーン カロ・ラングトン, ローズ・レイ著, 孕石直子訳 エクスナレッジ
【要旨】美しい多肉植物、エアプランツ、サボテン、熱帯の花々の世界へようこそ。この本では、簡単なDIYやスタイリングのアイデア、植物を元気に育てるコツを丁寧に解説しています。このけなげで愛らしい植物たちを育て、殖やす方法を学びましょう。あなたの家もすぐに「植物のある家」の仲間入りです。 2017.6 222p 27×21cm ¥2800 ①978-4-7678-2309-6

オルネコレクション オルネフラワー協会編 誠文堂新光社
2017.5 131p 25×19cm ¥2200 ①978-4-416-91701-5

基礎から学ぶ花色配色パターンBOOK new edition—色合わせに使いやすい4つのトーンを配色テクニックに応用する 坂口美重子著 誠文堂新光社 新版
【要旨】『はじめての花色配色テクニックBOOK』の続編として、2014年に『基礎から学ぶ花色配色パターンBOOK』を作りました。本書は『基礎から学ぶ花色配色パターンBOOK』に花の色合わせのパターン、色彩基礎理論に基づいた色合わせの楽しさを伝える配色作例や、器に合わせた花色選びなどを追加した新版化です。 2017.9 143p B5 ¥1600 ①978-4-416-71737-0

暮らしを美しく飾る花図鑑 増田由希子著 家の光協会
【目次】ビオラ/パンジー、ミモザ、ラナンキュラス、クリスマスローズ、ムスカリ、チューリップ、サクラ、ワスレナグサ、ハナミズキ、マーガレット〔ほか〕 2017.3 127p B5 ¥1800 ①978-4-259-56526-8

暮らしに息づく花—KEITA FLOWER DESIGN 川崎景太著 六耀社
【目次】1 食と花、2 まとう花、3 贈る花、4 インテリアの花、5 花で絵を描く 2017.4 79p B5 ¥1852 ①978-4-89737-892-3

クラフト&フラワー 第3集 草土出版, 星雲社発売
【要旨】優しく贅沢な時間のためのアンソロジー。花の新しい楽しみ方、発見！ 流行のクラフトを紹介した待望の第3集！ 2017.4 134p 24×18cm ¥1800 ①978-4-434-23314-2

多肉植物生活のすすめ TOKIIRO著 主婦と生活社
【目次】1 器の中にある小さな宇宙—コンテナに植える（基本の道具、基本の方法 ほか）、2 壁を彩る生きているオブジェ—リース&タブローを作る（壁を彩る多肉植物1 リース、壁を彩る多肉植物2 タブロー）、3 空に浮かぶ希望のかたち—ハンギングに植える（忘らるる森、ハンギング用の器を準備する ほか）、4 多肉植物と上手に暮らしを愉しむために…（多肉植物って？、多肉植物は水が大好き！ ほか） 2017.4 95p 22×22cm ¥1500 ①978-4-391-14995-1

小さな花飾りの本—生花で作る簡単おしゃれなアクセサリー コサージュ・ブレスレット・花冠 吉田美帆著 誠文堂新光社
【目次】花飾りについて（花選び、色のはたらくライブラリー）、花飾りの基本（用意するもの、カットと水揚げ、ワイヤリングの方法4種類、大切な保水とテーピング）、花飾りの作り方（心躍るアネモネとストライプ、ボタニカルシャビーなラナンキュラス、メルヘンドウなブレスレット、軽やかフリルの二色スイートピー ほか） 2017.7 111p A5 ¥1300 ①978-4-416-61757-1

小さな花束の本 new edition—「作る、飾る、贈る」ためのカンタン、おしゃれな手法を集めました。 小野木彩香著 誠文堂新光社 増補版
【目次】作る（草花で、大輪で ほか）、花束、色あそび（同系色でまとめる/差し色を入れる、白を加える/カラフルに！ ほか）、飾る（小瓶に、お皿に ほか）、贈る（ラッピングする、何かと組み合わせて ほか）、花束を作る前に。まず知っておきたい基礎知識（花の下準備/切り戻し、水切り、深水、湯揚げ、下葉の処理、切り分け、花束の基本/組み方の基本、花束の持ち方、茎の切り方 ほか） 2017.6 155p A5 ¥1400 ①978-4-416-61755-7

デザインの基礎が身につくフラワーアレンジ上達レッスン60 長井睦美監修 メイツ出版（コツがわかる本）
【要旨】基本から多彩な表現方法まで、身近な花材で本格的なデザインが楽しめる季節のアレンジ40。 2018.1 128p B5 ¥1630 ①978-4-7804-1967-2

ドライフラワーでつくるリースとスワッグ インテリアのアレンジメント Kristen著 日東書院本社
【要旨】季節のリースや小物でイベントやお祝いをもっと華やかに！ アレンジメント次第で、贈り物にも、インテリアにも。 2017.11 123p 24×18cm ¥1300 ①978-4-528-02181-5

はじめてのスワッグ 岡本典子著 文化出版局
【目次】スワッグ作りの基本、素材で楽しむスワッグ、シチュエーションで楽しむスワッグ、装うスワッグ、身に着ける、ドライフラワーで作る季節の飾り、余った花のあしらい方 2017.5 79p 25×19cm ¥1500 ①978-4-579-21298-9

花1本で変わる人生の楽しみ方 岩橋康子著（大阪）メディアイランド
【要旨】花のあるところに和みあり！ 2017.6 79p B5 ¥2100 ①978-4-904678-83-1

「花絵」をつくる—アーティフィシャル・プリザーブド・ドライフラワーをつかった花絵&ウエルカムボード 相澤紀子著 六耀社
【目次】1 「花絵」のつくり方レッスン（フレームに直に貼る、器を貼る、フォームをつけて花束をつくる、フローラルフォームを貼る、リースをつける、ワイヤリングとテーピング、ダブルボウリボンのつくり方 プリザーブドローズを大輪にする方法、花絵づくりに必要な道具）、2 季節の「花絵」レッスン（春、夏、秋、冬、ウェルカムボード） 2017.4 71p B5 ¥1900 ①978-4-89737-891-6

花空間プロデューサー内田屋薫子のテーブルコーディネート—ゲストの笑顔が見たいから 内田屋薫子著 清流出版
【要旨】水引、イースターエッグ、ハロウィンアイテム、メニューカードなど、クラフトのアイデア満載！ フラワーアレンジ、リース、スワッグのご紹介も。 2017.6 109p B5 ¥1800 ①978-4-86029-463-2

花と遊ぶ—Flower Method 赤井勝著 朝日出版社
【要旨】華道でもフラワーデザインでもない、花で心を伝える「装花」。自由で斬新、花の魅力を最大限に活かす、驚きのフラワーメソッドを初公開。日本で唯一の「花人」による初書籍。 2017.3 123p A5 ¥1600 ①978-4-255-00981-0

花の壁飾り スワッグの作り方—植物を重ね束ねる、お洒落なインテリア 誠文堂新光社編 誠文堂新光社
【目次】1 Life with swag スワッグのある暮らし。（玄関に、植物の香りを求めて。ちょっとした空間にも、スワッグなら。カーテンレールに引っ掛けてみる。 ほか）、2 A collection of swag スワッグ、いろいろ。（ベーシック、フレグランス、キッチン ほか）、3 How to make スワッグを作ってみる。（スワッグの基本、まず、作る前に、植物の下準備と、基本のかたち ほか） 2017.7 141p A5 ¥1400 ①978-4-416-61770-0

花のない花屋 東信著, 椎木俊介写真 朝日新聞出版
【要旨】喜びの花、悲しみの花、励ましの花―。贈り主の言葉に咲かない想いを、「花束」で表した100の物語。朝日新聞デジタル「&」の人気連載「花のない花屋」待望の書籍化！ 2017.5 207p 19×19cm ¥1200 ①978-4-02-251436-3

ハンギングバスケット&コンテナ—四季の花を楽しむ 日本ハンギングバスケット協会監修 主婦の友社
【要旨】広い庭がなくても小さなスペースで楽しめるハンギングバスケットやコンテナ。はじめてでも作り方手順を追えば、だれでも作れる花飾り。 2017.6 167p 26×22cm ¥1600 ①978-4-07-418930-4

フラワーアレンジ アイデアBOOK—花1本からデイリーに楽しむ DAIICHI・ENGEI 学研プラス著
【要旨】『第一園芸』が贈る、身近な器だけで素敵に飾る、アレンジアイデア。空き瓶、カップ、かご…デイリーな雑貨を使って楽しむ花のある暮らし。 2017.3 95p 20×16cm ¥1200 ①978-4-05-800717-4

フラワーカレンダー 季節の花飾り 森由美子著 誠文堂新光社
【目次】第1章 春 花ほころぶ季節（3月 ひな祭り、4月 イースター、5月 母の日、春の楽しみ スミレとスズラン）、第2章 夏 みどり香る季節（6月 父の日、7月 七夕、8月 真夏の夜、夏の楽しみ 貝殻）、第3章 秋 色づき実る季節（9月 お月見、10月 ハロウィーン、11月 感謝祭、秋の楽しみ 秋バラ）、第4章 冬 新たに芽吹く季節（12月 クリスマス、ワンポイントレッスン クリスマスのグリーンとお正月のグリーン、1月 お正月、2月 奈良のお水取り、冬の楽しみ 木の実とドライフラワー）、第5章 季節を通じて（リース、コサージュ、小さな花器） 2017.12 111p 22×19cm ¥1800 ①978-4-416-91786-2

フラワーリースの発想と作り方—制作意図とデザイン画からわかる フローリスト編集部編 誠文堂新光社
【目次】第1章 フラワーリースの発想について（フラワーリース制作の発想のための4つのファクター、FACTOR（01）自由で…ほか）、第2章 基本のフラワーリースの作り方（フラワーリースを作るための資材、フローラルフォームを使った基本のフラワーリース ほか）、第3章 掛けて楽しむリース（生花で作る、ドライフラワーで作る ほか）、第4章 置いて楽しむリース（テーブルを彩るリース、リースアイデア集2 テーブルリース）、第5章 アイデアリース（定番リースをアレンジ、リースのフォルムを変える ほか） 2017.9 223p B5 ¥2000 ①978-4-416-51639-3

ボタニカル・ワークス 高橋有希著 産業編集センター（本文：日英同文）
【要旨】リース、スワッグ、オブジェ…自由で、力強く、美しい、アトリエ・カバンヌのドライプランツの世界。植物と向き合い、植物を楽しむためのインスピレーション・ブック。 2017.11 81p B5 ¥1900 ①978-4-86311-169-1

繭から生まれた花 2 酒井登巳子著（前橋）上毛新聞社
【目次】麗しの薔薇（花びらを重ねて重ねて、愛らしいミニバラ ほか）、野に咲く花のように（田島弥平旧宅、高山社跡 ほか）、豊穣の花—富岡製糸場と絹文化継承の地を訪ねて（世界遺産・国宝富岡製糸場、群馬県庁昭和庁舎 ほか）、極めの花—多治見・幸兵衛窯三代の器と出会う（人間国宝加藤卓男七代加藤幸兵衛 ほか）、季節とともに暮らしを彩る花 2017.9 103p 28×22cm ¥2400 ①978-4-86352-186-5

やすらぎの押し花作品集—自然のままに 大塚美津江著 東京図書出版, リフレ出版発売

【要旨】コラージュ・花・風景。「押し花作品」の数々に心癒やされる。花も枯葉も美しい。その美しさをいつまでも。
2017.10 80p 26×21cm ¥2000 ①978-4-86641-064-7

◆4SEASONS 12COLORS PRESERVING FLOWERS　プリザービングフラワーズ協会編　誠文堂新光社（付属資料あり）
【目次】JANUARY, FEBRUARY, MARCH, APRIL, MAY, JUNE, JULY & AUGUST, SEPTEMBER, OCTOBER, NOVEMBER, DECEMBER, SCHOOL GUIDE
2018.1 95p B5 ¥1800 ①978-4-416-91706-0

◆CHIC STYLE FLOWERS―12か月の寄せ植えとフラワーアレンジ　松田尚美著　パイインターナショナル
【目次】BRIGHT（ワイヤーバスケットの寄せ植え、春の小さな鉢とホワイトキャビネット ほか）、FRESH（多肉植物の寄せ植え、ツルコケモモとエリカのハンギングバスケット ほか）、SMOKY（トケイソウの寄せ植え、初秋に楽しむ球根 ほか）、WARM（スイセンの皿上せ、スノードロップの小さな庭 ほか）
2017.2 143p B5 ¥1800 ①978-4-7562-4860-2

◆I LOVE 盆栽　葉住直美著、ザ・ハレーションズ著　エムディエヌコーポレーション, インプレス 発売
【目次】FORM1 樹形を愉しむ、FORM2 アートを愉しむ、STORY WE LOVE 盆栽、COLLECTION 趣きを愉しむ、HOBBY ユーモアを愉しむ、DESIGN アイデアを愉しむ
2017.9 175p 15×15cm ¥1800 ①978-4-8443-6707-9

◆NFD版 よくわかるフラワー装飾技能検定試験―実例とポイント　日本フラワーデザイナー協会編　講談社エディトリアル
【要旨】花の国家検定の資格を取ろう！ すべての試験テーマを徹底的に解き明かす！ 学科試験の過去問題を掲載！
2017.3 142p 26×19cm ¥2200 ①978-4-907514-74-7

生け花

◆生け雑草　小林南水子著　柏書房
【要旨】ちょっと道草、小さなしあわせ。四季の草花を生かす小さなごぼう寄らせに。自由に気楽に、暮らしを彩る小さなアクセント。誰でもできる、今すぐできる、「かんたん生け花」のススメ。
2017.7 127p B6 ¥1200 ①978-4-7601-4845-5

◆生花から自在にアレンジ プリザーブドフラワー―素敵な70のアイデア　長井睦美監修　メイツ出版（コツがわかる本）
【要旨】生花も、グリーンも、庭の花も。みぢかな素材をプリザで楽しむ。
2017.7 128p B5 ¥1850 ①978-4-7804-1903-0

◆いけばなときもの　池坊専好, 矢嶋孝敏著　三賢社
【要旨】日本人らしい暮らしや生き方のヒント。
2017.5 164p A5 ¥1380 ①978-4-908655-06-7

◆四季をいつくしむ花の活け方―一輪の表現から、多種活け、枝の大活けまで　谷匡子著　誠文堂新光社
【目次】第1章 四季をいつくしむ花の姿（春 三月、弥生、夏 六月、水無月、秋 九月、長月 ほか）、第2章 活け方の手ほどき（四方見で活ける、一方向に活ける、花を取り混ぜて活ける ほか）、第3章 暮らしに花を（キッチンに、洗面台に、寝室に、棚に、廊下に、机に、窓辺に、ワークスペースに、居間に、玄関に）
2017.1 207p B5 ¥2000 ①978-4-416-61513-3

◆3ステップ上達法 はじめての花の活け方―いけばなプロフェッショナル フラワーデザインのプロから愛される花屋に学ぶ　永塚慎一著　誠文堂新光社
【目次】第1章 はじめる前の0ステップ（アルストロメリア、ガーベラ、カスミソウ ほか）、第2章 短めに活ける3ステップ！ アレンジ（ヒヤシンスを活ける、バラを活ける1、バラを活ける2 ほか）、第3章 長めに活ける3ステップ！ アレンジ（シャクヤクを活ける3、ラナンキュラスを活ける、スイートピーを活ける2 ほか）
2017.6 127p A5 ¥1300 ①978-4-416-61775-5

◆拈華　緒方慎一郎, 川本諭著　（京都）青幻舎
【要旨】生と死、日常と非日常、あるいは芸術と狂気へ。現代における日本の美を革新し続ける緒方慎一郎がプラントアーティスト川本諭と共に挑んだ生け花でもフラワーアレンジメントでもない「現代の花」。
2017 1Vol. B5 ¥4000 ①978-4-86152-643-5

◆フラワーベース観賞 3枚ハート形容器　キムロノリオ著　発明開発連合会（本文：日英両文）
【要旨】透明の花瓶、フラワーベースなどに花を入れて観賞する場合、花の下の茎もを観賞できる3枚ハート形容器を花の下の茎にセットすることにより、3枚ハートが水で変色することで観賞できる。また、ハートを水面にセットすると、上半分が薄い色で下半分が濃い色に変色するので観賞が高まる。本書は使用方法のマニュアルとして、解説したものである。
2017.12 48p B5 ¥1800 ①978-4-909212-01-6

茶道・香道

◆歌・花・香と茶道　井上治著　（京都）淡交社（茶道教養講座 3）
【要旨】かつて、花を飾り、香をたいた連歌の会で連衆に抹茶がふるまわれていたように、歌・花・香と茶は密接な関係をもっていました。本書では、「歌（和歌・連歌・俳諧）」、「花」「香」の文化史をたどりながら、茶とのかかわりを見てゆきます。
2017.2 278p 18cm ¥1200 ①978-4-473-04133-3

◆英文 裏千家茶道 点前教則 1 入門―割稽古・客の心得　千宗室著　（京都）淡交社（本文：英文）
【目次】Fundamental Techniques(Mannerly Deportment, Temae Fundamentals), Bonryaku Temae, Chitose - bon Temae, Knowledge for Guests (Entering the Tea Room, How to Partake of the Confections and Usucha)
2017.4 147p B5 ¥2200 ①978-4-473-04178-4

◆岡倉天心「茶の本」をよむ　田中仙堂著　講談社（講談社学術文庫）
【要旨】明治の日本美術界の指導者、岡倉天心が英語で著し、一九〇六年にアメリカで刊行した『茶の本』は、茶道のみならず日本人の美意識を西洋に啓蒙した代表作である。列強が世界を植民地化していく中で、天心が語る東洋の精神とは一現代茶道の第一線を担う著者が邦訳し、解説する。"最終章"から読むからわかりやすい、世界と向き合う現代人へのエール。
2017.5 371p A5 ¥1170 ①978-4-06-292427-6

◆表千家茶の湯入門 上 風炉編　千宗左著　主婦の友社　新版
【目次】第1章 けいこの基礎（けいこのはじめに、茶の湯の道具、立ち居ふるまい、薄茶の割りげいこ、濃茶の割りげいこ、水屋について）、第2章 風炉 基礎の点前（風炉の薄茶点前、風炉の濃茶点前、風炉の炭点前）、第3章 応用の点前（略点前（お盆点て）、立礼、茶室と露地）
2018.1 261p A5 ¥3000 ①978-4-07-428169-5

◆表千家茶の湯入門 下 炉編　千宗左著　主婦の友社　新版
【目次】第1章 客の作法（客の心得と作法、席入りと退出 ほか）、第2章 炉 基礎の点前（炉について、炉の薄茶点前 ほか）、第3章 棚物と道具の扱い（棚物とその扱い、道具の扱い）、第4章 茶事 茶花 表千家歴代（茶事のあらまし、茶花 ほか）
2018.1 272p A5 ¥3000 ①978-4-07-428175-6

◆釜と金工品　新郷英弘著　（京都）淡交社（茶道教養講座 10）
【要旨】茶席の主でありながら、意外と知られていない釜。本書では、「芦屋釜の里」学芸員の筆者が、釜の鑑賞のポイント・適切な扱い方・つくり方・起源・歴史などを体系的にわかりやすく説明。そのほか花入や水指など、茶道具のなかの金工品の数々についても解説します。
2017.6 207p 18cm ¥1200 ①978-4-473-04140-1

◆徽宗『大観茶論』の研究　熊倉功夫, 程啓坤編　（京都）宮帯出版社
【要旨】抹茶史の起源。栄西が日本に中国茶の情報をもたらす一世紀前に出された徽宗の勅作とされる『大観茶論』は、宋の喫茶文化を知る必須文献で中国の茶資料の中でも白眉の書である。「白茶」「茶筅」が登場するなど、日本の喫茶文化史を考える上でも欠くことができない。今ここに初めてその専書が生まれた。
2017.3 272p B6 ¥4500 ①978-4-8016-0063-8

◆喫茶の歴史　木村栄美著　（京都）淡交社（茶道教養講座 2）
【要旨】平安時代に唐風の喫茶が伝わって来て、「お茶」は日常茶飯事としてつづいています。「茶の湯」という日本独自の文化が育まれる一方に、中国伝来の煎じ茶や煎茶が共存しています。そして、抹茶も煎茶も、その愛好者の理想像は、陸羽と廬同だったのです。
2017.10 247p 18cm ¥1200 ①978-4-473-04132-6

◆熊倉功夫著作集 第4巻 近代数寄者の茶の湯　熊倉功夫著　（京都）思文閣出版
【要旨】近代数寄者といわれる人びとがいた。茶の湯を趣味として楽しむ人である。彼らは茶の湯の世界をひろげ、日本美術工芸の中核に茶の湯をすえた。近代数寄者の、自由にして伝統を近代に生かした発想に学ぶことは大きい。
2017.1 484, 19p A5 ¥7000 ①978-4-7842-1855-4

◆稽古と茶会に役立つ実践取り合わせのヒント 1　淡交社編集局編　（京都）淡交社（淡交テキスト）
【目次】茶の湯ごよみ1月（今月の歳事、季節のことば）、取り合わせのヒント（意匠を知る 鶴（小澤宗誠）、テーマを知る（福禄寿と寿老人（小澤宗誠）、高砂、正月遊び（本間宗貴）、人日の節句）、茶道具一つから取り合わせ二題（富士の絵茶碗（野村宗秀）、取り合わせ1 新春を寿ぐ、山開き）、茶の湯雑談（茶人の噺一（依田徹）、益田鈍翁「ロボット亭主」）
2018.1 48p B6 ¥600 ①978-4-473-04211-8

◆現代中国茶文化考　王静著　（京都）思文閣出版
【要旨】いまや現代中国のアイデンティティともいえる、茶文化。その茶文化を創造し、再構築した政治的・経済的文脈とはどのようであり、それはどのようなプロセスをへて、さらにはそこにいかなる力学が働いているのだろうか。ひいては、茶そのものがもつ可能性とは。中国の現代茶文化を映し鏡として、文化が本来もっている意味や力を見つめ直す。
2017.2 283, 15p A5 ¥5500 ①978-4-7842-1879-0

◆香道の美学―その成立と王権・連歌　濱崎加奈子著　（京都）思文閣出版
【要旨】香道は、日本文化の隠れた頂点である。本書は、香道研究にとって最も重要にもかかわらず、最もあいまいにされてきた、香道成立にいたる過程とその美学を、「王権」と「連歌」の切り口から解き明かす。香道史の空隙を埋めるとともに、日本人にとって香りとは何かを再考する。
2017.10 321, 3p A5 ¥5000 ①978-4-7842-1915-5

◆香の本　萩須昭大著　雄山閣　増補版
【要旨】門外不出―「香銘大鑑」を収録。作法、成り立ち移ろう季節、香りの表し…春夏秋冬、行事一折々にある組香を解説。お歳暮時記。
2017.12 405p B6 ¥3000 ①978-4-639-02546-7

◆茶道文化検定公式問題集 9 1級・2級―練習問題と第9回検定問題・解答　今日庵茶道資料館監修　（京都）淡交社
【目次】茶道文化検定を受検される方へ 学習のポイント、茶道文化検定練習問題（茶の歴史、茶事・茶会、茶道具、茶と禅、茶席の花、懐石、菓子、茶室・露地、茶業）、第9回茶道文化検定（平成28年）問題と解答、巻末付録
2017.6 159p A5 ¥2000 ①978-4-473-04184-5

◆茶道文化検定公式問題集 9 3級・4級―練習問題と第9回検定問題・解答　今日庵茶道資料館監修　（京都）淡交社
【目次】茶道文化検定を受検される方へ 学習のポイント、茶道文化検定練習問題（茶のこころ、茶の歴史、茶事・茶会、茶道具、茶室・露地）、第9回茶道文化検定（平成28年）問題と解答、巻末付録
2017.6 111p A5 ¥2000 ①978-4-473-04185-2

◆実用茶事―亭主のはたらき客のこころえ 2 夜咄の茶事 夕去りの茶事　淡交社編集局編, 藤井宗悦指導・文
【目次】夜咄の茶事（夜咄の茶事の構成、亭主が茶事を決めるまでの流れ、亭主：案内状を書く、客：前礼を書く、前日までの準備と、当日の心づもり、亭主の準備、茶事の流れと客のこころえ、客：亭主に後礼を書く）、夕去りの茶事（夕去りの茶事の特徴、茶事の流れ）
2017.2 159p 24×19cm ¥2500 ①978-4-473-04122-7

実用書

趣味

趣味　　272　　BOOK PAGE 2018

実用書

◆実用茶事―亭主のはたらき客のこころえ　3　正午の茶事　風炉　立礼の茶事　淡交社編集局編、藤井宗悦指導・文　淡交社
【目次】正午の茶事　風炉（正午の茶事・風炉の構成、亭主が茶事を決めるまでの流れ、亭主：案内状を書く、客：前礼を書く、客：前日までの準備と、当日の心づもり、亭主：前日までに準備するべき道具、亭主の準備、亭主の準備と客のこころえ、客：亭主に後礼を書く）、立礼の茶事（立礼の茶事の特徴、茶事の流れ）
2017.3 167p 23×19cm ￥2500 ①978-4-473-04123-4

◆実用茶事―亭主のはたらき　客のこころえ　4　朝茶事　飯後の茶事　淡交社編集局編、藤井宗悦指導・文　淡交社
【目次】朝茶事（朝茶事の構成、亭主が茶事を決めるまでの流れ、亭主：案内状を書く―亭主が女性の場合、客：前礼を書く―連客が女性の場合　ほか）、飯後の茶事（飯後の茶事の特徴、茶事の流れ）
2017.6 159p 23×19cm ￥2500 ①978-4-473-04124-1

◆新・小堀遠州の書状　小堀宗実著　（京都）思文閣出版
【要旨】「綺麗さび」とよばれる新たな境地を茶道にもたらした小堀遠州。古田織部、松花堂昭乗、伊達忠宗ほか、当時の高名な文化人や大名などとの広いネットワークがうかがえる。紫衣事件で配流の身となった澤庵宗彭、処罰を主導した金地院崇伝の双方とも親しく、それゆえに苦悩をどう、江戸初期の社会とそこに生きた遠州の人となりを、遠州茶道宗家十三世小堀宗実家元の解説により読み解く。
2017.3 150p B5 ￥4200 ①978-4-7842-1886-8

◆心理学者の茶道発見　岡本浩一著　（京都）淡交社　（淡交新書）
【要旨】第一線の心理学者であり、茶人でもある著者が、茶の湯を「癒し」「情動」「自他」「普遍」「練達」「成熟」の6つの視点から解析。
2017.4 223p 18cm ￥1200 ①978-4-473-04225-5

◆茶艶―我が師　有馬頼底猊下　小堀宗慶御家元　堀江恭子著　（横浜）春風社
【目次】第1章（故堀江ري彦　大徳寺孤篷庵家永眠の記、沙羅双樹、挿花の記、客も人も人なりの記、第2章（一月・初釜、二月・観梅の茶事、三月・雛の茶事、四月・観桜の茶事　ほか）
2017.10 309p 27×19cm ￥3500 ①978-4-86110-567-8

◆茶会記に親しむ　2　淡交社編集局編　（京都）淡交社　（淡交テキスト）
【目次】茶会記の基礎知識2（自会記と他会記、茶会記の周辺）、茶会記と楽しむ 茶席の趣向（二月石川県・木谷宗玄）、茶会記によく出ることば2 箱書の記、古会記を読んでみよう2『天王寺屋会記』その1、この茶道具、何と書く？　釜
2017.2 48p B6 ￥571 ①978-4-473-04152-4

◆茶会記に親しむ　3　淡交社編集局編　（京都）淡交社　（淡交テキスト）
【目次】茶会記の基礎知識3、茶会記と楽しむ 茶席の趣向、茶会記によく出ることば3、茶会記に想う、古会記を読んでみよう3、この茶道具、何と書く？、茶入
2017.3 48p B6 ￥571 ①978-4-473-04153-1

◆茶会記に親しむ　4　淡交社編集局編　（京都）淡交社　（淡交テキスト）
【目次】茶会記の基礎知識4（茶会での話題、作法と点前の覚書）、茶会記と楽しむ 茶席の趣向（四月 岐阜県・川嶋宗正）、茶会記によく出ることば４ 好物、茶会記に想う（食後・羽田美智子）お茶が教えてくれたこと、古会記を読んでみよう4『宗湛日記』、この茶道具、何と書く？ 薄茶器
2017.4 48p B6 ￥571 ①978-4-473-04154-8

◆茶会記に親しむ　5　淡交社編集局編　（京都）淡交社　（淡交テキスト）
【目次】茶会記の基礎知識5（茶会の場所・茶室、動座する茶会）、茶会記と楽しむ 茶席の趣向（五月 栃木県・齋藤宗琢）、茶会記によく出ることば5（写物）、茶会記に想う（野村得庵の数寄と茶会）、古会記を読んでみよう5『松花堂茶会記』他）、この茶道具、何と書く？（香合）
2017.5 48p B6 ￥571 ①978-4-473-04155-5

◆茶会記に親しむ　6　淡交社編集局編　（京都）淡交社　（淡交テキスト）
【目次】茶会記の基礎知識6（茶会記と名物記・伝書、茶の湯の道具観）、茶会記と楽しむ 茶席の趣向（六月 徳島県・春藤宗美）、茶会記によく出ることば6（共筒・追筒・替筒）、茶会記に想う（未来の工人と茶を喫す）、古会記を読んでみよう6『茶湯参候覚』他）、この茶道具、何と書く？（花入「籠」）
2017.6 48p B6 ￥571 ①978-4-473-04156-2

◆茶会記に親しむ　7　淡交社編集局編　（京都）淡交社　（淡交テキスト）
【目次】茶会記の基礎知識7（朝の茶会、朝茶事と暁の茶事）、茶会記と楽しむ 茶席の趣向（七月 東京都・榎本宗白）、茶会記によく出ることば7（一双・数物）、茶会記に想う（桃太郎茶会―曲巷流茶会記づくりの楽しみ）、古会記を読んでみよう7『後西院御茶之湯記』他）、この茶道具、何と書く？（茶碗）
2017.7 48p B6 ￥571 ①978-4-473-04157-9

◆茶会記に親しむ　8　淡交社編集局編　淡交社　（淡交テキスト）
【目次】茶会記の基礎知識8（昼の茶会、飯後と不時の茶会）、茶会記と楽しむ 茶席の趣向 八月、茶会記によく出ることば8 極書、茶会記に想うマリアの茶会、古会記を読んでみよう8『不見斎会附見書』他、この茶道具、何と書く？ 水指
2017.8 48p B6 ￥571 ①978-4-473-04158-6

◆茶会記に親しむ　9　淡交社編集局編　（京都）淡交社　（淡交テキスト）
【目次】茶会記の基礎知識9（夜の茶会、跡見の茶会）、茶会記と楽しむ 茶席の趣向 九月 宮城県・岡崎宗豊、茶会記によく出ることば9 歌銘・句銘、茶会記に想う 井伊直弼の数奇と茶会記、古会記を読んでみよう9『瑜好日記』他、この茶道具、何と書く？　花入「焼物」
2017.9 48p B6 ￥571 ①978-4-473-04159-3

◆茶会記に親しむ　10　淡交社編集局編　（京都）淡交社　（淡交テキスト）
【目次】茶会記の基礎知識10（茶会の料理、茶会料理と酒）、茶会記と楽しむ 茶席の趣向（十月 島根県・田平宗青）、茶会記によく出ることば10（画賛・自画賛）、茶会記に想う（奈良往来―書き留めの楽しみ）、古会記を読んでみよう10『安政三辰春茶会録』、この茶道具、何と書く？（建水）
2017.10 48p B6 ￥571 ①978-4-473-04160-9

◆茶会記に親しむ　11　淡交社編集局編　（京都）淡交社　（淡交テキスト）
【目次】茶会記の基礎知識11（茶会の菓子、薄茶の菓子）、茶会記と楽しむ 茶席の趣向（十一月 福岡県・小尾宗光）、茶会記によく出ることば11 添状・添文、茶会記に想う（茶会から懐石を再現して）、古会記を読んでみよう11『茶談見聞覚短水家録』、この茶道具、何と書く？（薄茶器）
2017.11 48p B6 ￥571 ①978-4-473-04161-6

◆茶会記に親しむ　12　淡交社編集局編　（京都）淡交社　（淡交テキスト）
【目次】茶会記の基礎知識12（近現代の茶会記、茶会記の新たな展開）、茶会記と楽しむ 茶席の趣向（十二月 愛知県・庄司宗次）、茶会記によく出ることば12（伝来・旧蔵）、茶会記に想う（外国人と茶会記）、古会記を読んでみよう12「茶会日記」）、この茶道具、何と書く？（菓子器）
2017.12 48p B6 ￥571 ①978-4-473-04162-3

◆茶趣の花ごよみ　武内範男著　里文出版　改訂版
【目次】茶花歳時記（松竹梅、梅、敷松葉、水仙、節分 ほか）、利休の茶花をめぐって、対談「花入と見立ての美」武内範男×山田正樹
2017.3 159p A5 ￥1800 ①978-4-89806-451-1

◆茶席からひろがる漢詩の世界　諸田龍美著　（京都）淡交社
【要旨】茶席でおなじみのあの言葉、原典の漢詩から味わってみませんか？ ユニークな「諸田センセイ」と、ちょっぴり勝気な「かなちゃん」が、あなたを「茶席からひろがる漢詩の世界」へご案内します！
2017.9 221p B6 ￥1500 ①978-4-473-04198-2

◆茶の掛物　宮武慶之著　（京都）淡交社　（茶道教養講座 7）
【要旨】茶を点てるのに茶碗や棗が必要なのは当然だが、ではなぜ、掛物が必要なのか？ その理由を考えながら、中国宋時代の名画、禅僧の墨蹟、和歌懐紙、消息などの筆跡から、近代の数寄者や画家・茶者の筆跡までを鑑賞していきます。
2017.3 235p 18cm ￥1200 ①978-4-473-04137-1

◆茶湯一会集　筒井紘一著　（京都）淡交社　（現代語でさらりと読む茶の古典）
【要旨】「埋木舎」と名づけた部屋住み時代より武芸に親しみ、とりわけ茶道に深く傾倒した幕末の大老・井伊直弼。安政の大獄の直前に成立したとされるその著書『茶湯一会集』には、「一期一会」「独座観念」といった茶の湯の真髄といえる概念の解説に加え、茶事茶会における主客の心得が子細に示されている。
2017.7 206p 18cm ￥1200 ①978-4-473-03788-6

◆茶の湯釜―その歴史と鑑賞　二代長野垤志著　（京都）宮帯出版社
【要旨】あなたは和銑を知っていますか？ 釜研究の第一人者で長年和銑を用いて釜を制作してきた著者が、茶の湯釜について、初心者にもわかりやすく解説。芦屋系、天命系、都市の釜師、東北の鋳物の産地など、産地による特徴や時代の変遷、和銑と洋銑の違い、鐶付の種類や特徴、茶の湯の哲学を体現する文様と地肌の美学、茶事・茶会における釜の扱いまで、釜への熱い思いを語る。
2017.7 146p B5 ￥2700 ①978-4-8016-0091-1

◆茶箱と茶籠の図鑑99　堀内明美著　世界文化社　愛蔵版
【要旨】京都のアンティーク店のオーナーが古今東西の美術品、工芸品を集めて組み上げた99組の茶箱。抹茶の箱や籠のみならず、煎茶道具の箱籠、箱局なども充実した茶箱好き必読の茶箱・茶籠図鑑！
2017.12 223p 24×19cm ￥3700 ①978-4-418-17351-8

◆茶花の宇宙　田中仙融著　中央公論新社
【要旨】第1章 茶花って何、第2章 花をどのように入れるの、第3章 花を入れてみましょう、第4章 代表的な花の入れ方、第5章 篭の花入に入れる、第6章 竹の花入に入れる、第7章 朝の花入に入れる
2017.3 149p A5 ￥1800 ①978-4-12-004955-2

◆茶花の文化史　横内茂著　（京都）淡交社
【要旨】茶会記に登場する植物は、花伝書や江戸時代の図譜にいかに記されてきたのか、33種の茶花の姿をひもときます。
2017.4 303p B5 ￥2700 ①978-4-473-04176-0

◆茶花ハンドブック 風炉編　淡交社編集局編　（京都）淡交社
【要旨】茶会記に使われた茶花からピックアップ。各月ごとに幅広く、わかりやすく。茶席に役立つ豆知識がうれしい解説付き。
2017.3 207p A6 ￥1300 ①978-4-473-04126-5

◆茶湯人物ハンドブック　淡交社編集局編
【要旨】武将に豪商、侘び茶人。平安時代からくりひろげられた350人それぞれの茶湯のすがた。精神修養だけでなく、政治に社交においに活用されてきた茶湯が人からわかる！ 茶人、皇族・公家、武家、町人、数寄者、僧侶をマークで分類。350人の簡潔な解説を手のひらサイズに収録。
2018.1 295p A6 ￥1200 ①978-4-473-04224-8

◆点前の準備―茶の湯の基礎から茶箱まで　淡交社編集局編、藤井宗悦監修・執筆　（京都）淡交社
【目次】基本となる点前の準備（水指に水を入れる、点前座に荘り付けるほか）、小習事十六ヶ条（前八ヶ条、後八ヶ条）、茶箱点前（茶箱点前の準備その前に、卯の花点前 ほか）、水屋でのこころえ（むだ口をきかない、余計な物音をたてない ほか）
2017.12 95p 22×19cm ￥1200 ①978-4-473-04208-8

◆にほんのあらたなてしごと―茶室編　橋口新一郎著　ミヤオビパブリッシング、（京都）宮帯出版社　発売
2017.8 79p 20×20cm ￥3000 ①978-4-8016-0121-5

◆日本の陶磁器　張替清司著　（京都）淡交社　（茶道教養講座 8）
【要旨】私たちにとって身近な存在の日本のやき物。中でも、茶湯という文化と結びついた「茶陶」は、格別な存在となった。茶人達の価値観を反映しながら、茶陶はどのように発展してきたのでしょうか。土器の時代から江戸時代まで、茶陶を中心に日本のやき物作りの歴史を考察します。
2017.12 271p 18cm ￥1200 ①978-4-473-04138-8

◆はじめての茶箱あそび―「自分だけのひと箱」の組みかた　ふくいひろこ著　世界文化社
【要旨】いつかは「自分だけの茶箱」を組んで、気軽なお茶をやってみたい。でも「どうやって組めばいいのか？」「道具集めの基準は？」等々の疑問に応えた、あそぶ茶箱ビギナーズのためのはじめての本。
2017.3 95p B5 ￥1700 ①978-4-418-17310-5

◆平成のちゃかぽん―有斐斎弘道館茶の湯歳時記　濱崎加奈子,太田宗達著　(京都)淡交社
【要旨】江戸中期の京都を代表する儒者・皆川淇園が創設した学問所の址地に建つ有斐斎弘道館の茶会の数々！　場と人とモノが織りなす、さまざまな一期一会の茶を紹介。
2017.3 183p A5 ¥2000 ①978-4-473-04167-8

◆本のお茶　川口葉子抄訳・文,藤田一咲写真　KADOKAWA　(角川文庫)『本のお茶　カフェスタイル・岡倉天心『茶の本』加筆・修正・改題書』
【要旨】明治39(1906)年にニューヨークで刊行、世界中で翻訳されベストセラーとなった岡倉天心著『茶の本』(The Book of Tea)。100年読み継がれる天心の言葉は、茶道の精神、礼法を通して日本やアジアの文化、価値観を世界的な視点でとらえた、今こそ触れておきたいものばかり。『茶の本』のエッセンスを、カフェやお茶を愛する現代人に向けて美しいカラー写真とわかりやすい意訳でまとめた。心を落ち着ける一杯のお茶のような本。
2017.12 205p A6 ¥680 ①978-4-04-106138-1

◆和食と懐石　櫻井信也著　(京都)淡交社　(茶道教養講座 15)
【要旨】和食の歴史と懐石の成立は、どのような関わりがあるのでしょうか。縄文時代の日本人の食生活から説き起こし、奈良・平安時代、室町・戦国時代の饗応を採り上げながら考察していきます。
2017.8 275p 18cm ¥1200 ①978-4-473-04145-6

ゲーム・マジック

◆アグレッシブポーカー―強敵を倒せ　ブレア・ロッドマン,リー・ネルソン,スティーブ・ヘストン著,松山宗彦訳　パンローリング　(カジノブックシリーズ)　(原書増補改訂版)
【要旨】トップブレイヤーにも通用する戦略を増補改訂し、トーナメントポーカーのトレンドを反映させた。核となる戦略の1つである、オールインプレイの方法をより精緻化すると同時に、ハイパーアグレッシブプレイの新たなスタイルも考慮に入れたものにしている。スペシャルボーナスとして「強敵を倒せ」の戦略をカードに要約した「強敵殺し戦略カード」を収録。
2017.5 387p A5 ¥2000 ①978-4-7759-4915-3

◆安藤・岩野の「これからこうなる！」―ゲームプロデューサーの仕事術　安藤武博,岩野弘明著　集英社クリエイティブ,集英社 発売
【要旨】ゲームプロデューサーがゲームづくりと仕事についてとことん考えた！　ゲーム業界情報サイト、Social Game Info の人気連載がついに単行本化！
2017.5 301p B6 ¥1600 ①978-4-420-31078-9

◆エンターテインメントという薬―光を失う少年にゲームクリエイターが届けたもの　松山洋著　Gzブレイン,KADOKAWA 発売
【要旨】開発者・渡辺拓海さん(徳田秋声役)特別インタビュー。全45文豪を網羅したプロフィール完全保存版。初公開のコンセプトアート多数収録。文豪たちの発言・インタビューを全再録。
2017.11 191p A4 ¥3000 ①978-4-04-733272-0

◆東大式タネなし手品ベスト30　東京大学奇術愛好会監修　主婦の友社
【要旨】東京大学奇術愛好会が、半世紀以上にわたる活動でつちかったネタの中から、簡単だけど大ウケまちがいなしの手品を30種厳選！
2017.5 111p 24×19cm ¥1200 ①978-4-07-423999-3

◆バックギャモン・ブック　望月正行,景山充人,桑尻昌太郎著,日本バックギャモン協会編　河出書房新社　改訂新版
【要旨】世界ランキングの1位と2位が著者として贈る、初心者から中級者向けの決定版！　競技人口、世界で3億人、日本で20万人、世界的にポピュラー。シンプルでスリリング、オシャレで楽しい古くて新しい、奥の深い知的ゲーム！　「すごろく」のように駒を進め、どちらが先にすべての駒を上げるかを競うボードゲーム。サイコロの運と戦略が勝敗を決する。世界トッププロが書く公式ガイドブックの大改訂・最新版！
2017.4 223p A5 ¥1800 ①978-4-309-27841-4

◆ビックリマンシール悪魔VS天使編公式コレクターズガイド　別冊宝島編集部編　宝島社　(付属資料：シール2)
【要旨】スーパーゼウス・ヘッドロココ・サタンマリア・ヤマト爆神・十字架天使…人気キャラクターのアナザーシールがわかる。ビックリマンシールコレクター必携の書！
2017.2 143p B5 ¥1400 ①978-4-8002-6608-8

◆ブルース・バーンスタイン メンタルマジック UNREAL　ブルース・バーンスタイン著,寺澤俊成訳,TON・おのさか編　東京堂出版
【要旨】メンタルマジックの第一人者ブルース・バーンスタインの『UNREAL』待望の翻訳書！　ブルース・バーンスタインのメンタルマジックのすべてがわかる。
2017.3 327p A5 ¥4800 ①978-4-490-20962-4

◆ボードゲーム・ストリート 2017　安田均,グループSNE著　新紀元社
【要旨】ゲーム紹介の第一人者・安田均が、2016年のボードゲーム界の流れを総括。世界的にも盛り上がりが継続しているボードゲーム界。「脱出ゲーム」がひとつのジャンルとして新風が吹き込んだほか、既存のジャンルも実り多い年となった。本書の目玉となるのが、この傑作紹介。安田均による厳選された傑作の紹介、柘植めぐみによるリプレイ、笠井道子によるお手軽ゲームのレビューなど、視点も多彩。加えて、ゲームショップのネット通販で悩まずすむかも!?日本人ゲームデザイナーによる傑作も、相変わらず続々誕生している。そんな彼らの最新作や、ヨーロッパでの脱出事情、オープン情報が途切れないボードゲームカフェ事情に座談会と、内容も盛りだくさん。
2017.11 79p B5 ¥1800 ①978-4-7753-1555-2

◆ボリス・ワイルド Transparency　ボリス・ワイルド著,富山達也訳　東京堂出版
【要旨】ボリス・ワイルドのマークト・デックを使った、カードマジックの数々！　レギュラー・デックでは起こせない、不思議を起こせる強力なツール、マークト・デックの手法を解説。
2017.1 234p A5 ¥4000 ①978-4-490-20955-6

◆CESA一般生活者調査報告書―日本ゲームユーザー&非ユーザー調査 2017　コンピュータエンターテインメント協会
【目次】第1章 調査のガイド(2017CESA一般生活者調査 実施概要、日本社会の基礎データ)、第2章 一般生活者のゲームプレイ動向(ゲームプレイ状況、ゲーム非継続プレイヤーの動向、今後のゲームプレイ、ゲーム顧客分類)、第3章 家庭用ゲームのプレイ動向(家庭用ゲーム継続プレイヤーの動向、家庭用ゲーム非継続プレイヤーの動向)、第4章 汎用ハードウェアおよびアーケードゲームのプレイ動向(スマートフォン/タブレット用ゲーム、携帯電話用ゲーム、パソコン用ゲーム、アーケードゲーム)、第5章 一般生活者のゲームに対する認識/知識(動画サイト

◆ゲームシナリオの書き方―基礎から学ぶキャラクター・構成・テキストの秘訣　佐々木智広著　SBクリエイティブ　第2版
【要旨】おもしろいシナリオを思いどおりに書こう！　テーマ、ストーリー、キャラクター、世界を考えるシナリオ主成分の基本。キャラクターをしっかり活かすキャラ設定と役割のコツ。伝わりやすさとは何か？　良い構成と悪い構成。読みやすさとおもしろさを磨くテキストとセリフの技術。
2017.12 291p A5 ¥1780 ①978-4-7973-9537-2

◆ゲーム制作現場の新戦略―企画と運営のノウハウ　多根清史,大河原浩一,primary inc. 共著　エムディエヌコーポレーション,インプレス 発売
【要旨】ゲーム業界は今こうなっている!!現場の最新事情をクリエイティブとビジネスの両面から理解。
2017.9 191p 24×19cm ¥2300 ①978-4-8443-6680-5

◆ゲームで泣いたこと、ありますか？　大塚角満著　カドカワ,KADOKAWA 発売
【要旨】飼いネコ、アクアとミュウとの別れ―そして新たな出会い―ゲームのこと家族のこと愛猫のこと―ゲームを通して綴られる泣けるエッセイ集！
2017.3 175p B6 ¥1000 ①978-4-04-733214-0

◆コインマジック事典　高木重朗,二川滋夫編　東京堂出版　新装版
【要旨】コインマジックの基本を解説した定番バイブル、装いも新たに!!技法編(約40種)、奇術編(約60種)、用具編。使われ続けるロングセラー!!
2017.12 210p A5 ¥2400 ①978-4-490-20898-9

◆ザ メンタルゲーム―ポーカーで必要なアクション、思考、感情を認識するためのスキル　ジャレッド・テンドラー,バリー・カーター著,松山宗彦訳　パンローリング　(カジノブックシリーズ)
【要旨】ティルトコントロール、自信、モチベーション、分散への対処方法などポーカーで必要なアクション、思考、感情を認識するためのスキル。
2017.12 397p B6 ¥1800 ①978-4-7759-4916-0

◆3人で読む推理小説 スカイホープ最後の飛行　SCRAP出版
【要旨】犯罪者を追いかける捜査官トーマス、妻に逃げられた管制官ニコラス、夢を追うマジシャン見習いベル。ハリウッドに向かう飛行機スカイホープ404便で、ハイジャック事件が起こった。機内で放たれた一発の銃弾が、3人の運命を交わらせる。犯人はなぜ空港の厳しいセキュリティをくぐり抜け、銃を持ち込めたのか？　ハイジャックの目的とは？　すべての謎を解き明かしたとき、物語に隠された驚くべき仕掛けに出会う―。3人で別々の本を読み、話し合いながら推理。あなたもミステリーの登場人物になれる！　リアル脱出ゲームのSCRAPが贈る新たな体験型ブック。
2017.6 9Vols.set B6 ¥2000 ①978-4-9909004-5-8

◆人生ゲームCOMPLETE　タカラトミー監修　主婦の友社,主婦の友社 発売
【要旨】シリーズ全60種類を初の完全掲載。こんなのあったの!?幻の非売品や、限定版や各種レアグッズも！
2017.4 111p A5 ¥1800 ①978-4-07-417622-9

◆すーぱーそに子10th Anniversary Book　電撃ホビーウェブ編集部編　KADOKAWA
【要旨】本音炸裂のそに子Q&A。10年を振り返る詳細な年表が「そに子愛あふれる関係者座談会。美麗イラスト250点以上。関係者お祝いコメントも掲載された極厚本256P。
2017.3 255p A4 ¥4500 ①978-4-04-865795-2

◆ダンガンロンパ小高一『ダンガンロンパ』を作りながらの890日　小高和剛著　カドカワ,KADOKAWA 発売
【要旨】『ダンガンロンパ』シリーズの生みの親で、全作品を手掛けるシナリオライター・小高和剛氏が、ゲーム・アニメ・舞台の制作秘話をあますところなく語ったエッセイ集。本書でし

◆加藤英夫のトリック・デック・ミラクルズ　加藤英夫著　東京堂出版　(付属資料：DVD1)
【要旨】パワフルなカードマジックの集大成！　ちょっとした仕掛けやカードの加工、さらにはトリック・デックの新しい使い方にまつわるパワーアップしたマジックの演じ方などを解説。
2017.8 268p A5 ¥6000 ①978-4-490-20968-6

◆クリエイターのためのゲーム「ハード」戦国史―「スペースインベーダー」から「ポケモンGO」まで　中村一朗,小林亜希彦著　言視舎
【要旨】明暗を分けた要因は何か？　ゲーム制作現場の視点から、アーケードからスマートフォンにいたる「ハード」の変遷を解説。時代の流れとともに、各「ハード」の成功と失敗の理由を徹底分析する。
2017.1 164p A5 ¥1700 ①978-4-86565-074-7

◆月給プログラマー、1億円稼いでみた。　梅崎伸幸著　主婦と生活社
【要旨】eスポーツの競技人口は野球(3000万人)、ゴルフ(6000万人)もぶっちぎりの推定1億人超！

趣味

利用状況、ゲーム全般についての考え方、子供のゲームプレイ状況、関連事業等の認知度、自由回答集】
2017 228p A4 ¥6000 ①978-4-902346-35-0

◆CESAゲーム白書 2017 コンピュータエンターテインメント協会
【目次】第1部 トレンド/業界動向、第2部 本書の見方、第3部 家庭用ゲームマーケット統計データ、第4部 消費者動向データ―CESAマーケティングリサーチより、第5部 関連マーケットデータ―関連団体データより、第6部 参考資料
2017 218p A4 ¥7000 ①978-4-902346-36-7

◆OLD GAMERS HISTORY Vol.12 アドベンチャーゲームパズルゲーム 興亡史編 メディアパル
【要旨】涙腺崩壊必至の感動ドラマ、背筋も凍る残虐ホラー、あの名作が今ここに蘇る！
2017.4 161p A5 ¥1300 ①978-4-8021-1005-1

◆OLD GAMERS HISTORY Vol.13 アドベンチャーゲーム パズルゲーム 爛熟期編 メディアパル
【要旨】あれからもう20年が経ちました。貴方が最後に涙を流したのはいつですか？モニター越しに出会ったあの娘は、今でもボクに微笑みかけてくれる。
2017.8 161p A5 ¥1300 ①978-4-8021-1007-5

◆OLD GAMERS HISTORY Vol.14 スポーツゲーム レースゲーム 形成期編 メディアパル
【要旨】テレビ野球ゲーム、ハイパーオリンピック、パンチアウト、ザ・ブラックバス、アッポー、コナミのピンポン、スピードレース、ポールポジション、ジッピーレース、エキサイトバイク。テレビゲームの原初から続くスポーツ＆レースゲームの歴史を解説。
2017.11 161p A5 ¥1300 ①978-4-8021-1011-2

クイズ・クロスワードパズル

◆頭がよくなる！ 大人のIQクイズ 逢沢明著 PHP研究所 （PHP文庫）（『IQ数学クイズ』再編集・改題書）
【要旨】頭のよさを測るIQ（知能指数）は、いくつになっても磨けます！本書は本物のIQを培うために、頭をフルパワーで使って考えて、解決の喜びを味わえる問題を集めました。解くほどに脳が冴えるだけでなく、ご年配の方が認知症予防に使われるなら、単なる計算問題ではえられない充実感を実感できるはず。あなたも、楽しみながら、頭を鍛えてみませんか？
2018.1 186p A6 ¥619 ①978-4-569-76812-0

◆アタマ新陳代謝！ アインシュタイン式論理脳ドリル アインシュタイン研究会編 東邦出版
【要旨】脳が活性化し、思考力＆集中力もアップする！言葉のパズル。あなたは世界の2％に入れるか？
2017.5 158p 18cm ¥741 ①978-4-8094-1483-1

◆頭の回転が200％アップするクイズ 知的生活追跡班編 青春出版社

【要旨】スキマ時間を楽しみながら、あっという間に脳のチカラがみなぎる本！観察力・直感力・分析力・先見力が身につく！
2017.8 252p B6 ¥1000 ①978-4-413-11223-9

◆あま辛ナンプレ 1 岡本広著 世界文化社 （解き方ヒントつき）
【要旨】必ず次の一手がわかる！難問の解き方手順つき。
2017.9 143p 18cm ¥630 ①978-4-418-17242-9

◆エルカミノ式 理系脳をつくるひらめきパズル 小学1～4年 村上綾一著、稲葉直貴パズル出題 幻冬舎
【要旨】難関中学校合格者・算数オリンピックの実績多数！最強の理数系専門塾が独自に開発したパズル教材で、考えることがどんどん好きになる！
2017.6 111p B5 ¥1000 ①978-4-344-97915-4

◆大人のアタマをもみほぐすパズル100 知的生活追跡班編 青春出版社
【要旨】大人から子どもまで悩みながら楽しめる多彩なパズルが満載。眠れなくなるほど夢中になる！思考力、論理力を鍛える。
2018.1 190p B6 ¥1000 ①978-4-413-11243-7

◆大人のナゾトレ 北村良子著 宝島社
【要旨】アナグラムイラスト問題間違い探しミステリー問題数字クイズなど92問。解けたら天才！超難度のミステリーに挑め！
2018.1 222p B6 ¥780 ①978-4-8002-7755-8

◆大人の「脳トレ」クイズ―1分間で頭がよくなる！ 平川陽一編 PHP研究所
【要旨】解けたら爽快！脳がみるみる若返る!!傑作問題101。
2017.7 218p B6 ¥583 ①978-4-569-83628-7

◆思いだしトレーニング 社会 地理・歴史 朝日脳活ブックス編集部編著 朝日新聞出版 （朝日脳活ブックス）
【要旨】50歳からの物忘れ認知症対策に！"思いだしトレーニング"で、サビつき始めた脳が力を取り戻す！地名や歴史、社会の出来事を当時、懐かしの学校の授業から新聞・テレビで知ったことまで、たっぷり脳に残っているはず。そんな知識を掘り起こす"思いだしトレーニング"で脳を刺激しましょう！
2017 163p B6 ¥900 ①978-4-02-333130-3

◆ガードナーの予期せぬ絞首刑―ペグソリテア・学習機械・レプタイル マーティン・ガードナー著、岩沢宏和、上原隆平監訳 日本評論社 （完全版 マーティン・ガードナー数学ゲーム全集 4）
【目次】予期せぬ絞首刑のパラドックス、結び目とボロミアン環、超越数e、図形の裁ち合わせ、スカーニとギャンブル、4次元教会、パズル8題、マッチ箱式ゲーム学習機械、螺旋、回転と鏡映、ペグソリテア、フラットランド、シカゴマジック集会、割り切れるかどうかの判定法、パズル9題、エイトクイーンとチェス盤の分割問題、ひもの輪、定幅曲線、レプタイル―平面図形の自己複製、なぞかけ36題
2017.5 377p B6 ¥3300 ①978-4-535-60424-7

◆川島隆太教授の脳を鍛える大人の計算ドリル―2つの数の単純計算・穴あき計算60日 10 川島隆太著 くもん出版 （付属資料：別冊1）

【要旨】簡単な問題をすらすら解くことが、脳に効果的です。
2017.12 152p B5 ¥1000 ①978-4-7743-2712-9

◆川島隆太教授の脳を鍛える大人の国語ドリル―昭和の新聞記事音読・漢字書き取り60日 川島隆太著 くもん出版 （付属資料：別冊1）
【要旨】漢字を書いたり音読したりすることが、脳に効果的です。脳の前頭前野を活性化させ、若々しい脳に！東京オリンピック、東海道新幹線開業、皇太子成婚式など、戦後の明るい話題を収録！
2017.12 152p B5 ¥1000 ①978-4-7743-2713-6

◆川島隆太教授の脳トレ パズル大全 日めくり366日 川島隆太監修 学研プラス
【要旨】やさしいおもしろパズルで、脳を元気に！ 2017.8 404p B5 ¥1000 ①978-4-05-800802-7

◆川島隆太教授の脳力を鍛える点つなぎ＆パズルぬりえ100 川島隆太著 宝島社
【要旨】数字を追う点つなぎは効果抜群！解くと現れる絵に感動！鉛筆1本で脳を活性化！
2017.5 140p B5 ¥740 ①978-4-8002-7100-6

◆考える力がつく算数脳パズル 迷路なぞペー入門編 高濱正伸、川島慶著 草思社
【要旨】大人気の『迷路なぞペー』に、小さい子にも楽しめる「入門編」が登場！「なぞペー」はなぞなぞペーパーの意味です。なぞなぞのように楽しくて、一生懸命解いているうちに、自然と考える力がつく迷路です。カメラで見張られている迷路や、はしごや橋がある立体の迷路、数字を規則正しくたどっていく迷路など、いろいろな種類のドキドキして面白い迷路が、たくさんあります。まだ文字があまり読めない園児や新一年生くらいの子どもにも楽しんでもらえるように、できるだけ問題文を少なくしてあります。おうちの方が横について絵本のように読み聞かせながら、一緒に取り組んであげるのもよいでしょう。4歳～小学1年生向け。
2017.3 94p B5 ¥1000 ①978-4-7942-2265-7

◆考える力トレーニング 数字パズル＆ゲーム 朝日脳活ブックス編集部編著 朝日新聞出版 （朝日脳活ブックス）
【要旨】50歳からの物忘れ認知症対策に！考えなくさと老化に拍車！"考える力トレーニング"で脳に楽しい刺激を！難しい公式は必要なし。小学校の算数レベルで頭を活性化！単純な計算ではない、"考える力"をしっかり使う問題で楽しみながら脳の若さを取り戻しましょう！
2017 159p B6 ¥900 ①978-4-02-333128-0

◆漢字クロスワード Perfect 200 川崎光徳著 成美堂出版
【要旨】楽しみながら、漢字で脳を活性化！良問、難問ぞろいの傑作パズル！
2017.12 279p 16×13cm ¥900 ①978-4-415-32425-8

◆「漢字」パズル―1日10分のボケ防止！大人の脳ヂカラがみるみる若返る 本間正夫著 実業之日本社
【要旨】ドンドン解いてドンドン脳を活性化!!「漢字」パズル86問。
2017.11 192p 18cm ¥780 ①978-4-408-41478-2

◆気がるにカックロ 1 ニコリ
【要旨】カックロは、ワクの中に明かされている合計数になるように1から9までの数字を入れて行くパズルです。慣れれば慣れるほど数字の組

◆気がるにカックロ　2　ニコリ
【要旨】カックロは、ワクの中に明かされている合計数になるように1から9までの数字を入れていくパズルです。慣れれば慣れるほど数字の組み合わせ方がわかってくるので、計算よりも軽い推理で解けていくようになります。長年高い人気を誇るパズルです。
2017.10 125p 18cm ¥650 ⓘ978-4-89072-912-8

◆気がるにシークワーズ　1　ニコリ
【要旨】シークワーズは、文字が詰め込まれたワクの中から、言葉を探し出すパズルです。指定された言葉を探すだけなので、深く悩むことなく気がるに解くことができます。年齢を問わずお楽しみいただけるパズルです。
2017.10 125p 18cm ¥650 ⓘ978-4-89072-936-4

◆気がるに推理パズル　1　ニコリ
【要旨】推理パズルは、発言や文章をヒントにして、条件にあうように論理的に考えて答えを出すパズルです。答えにたどりつくためのツボになるヒントを探し、ジワジワと推理を積み重ねていく味はこのパズルならでは。問題ごとに変わる設定も楽しいパズルです。
2017.10 125p 18cm ¥650 ⓘ978-4-89072-931-9

◆気がるに数独　1　ニコリ
【要旨】数独は、1から9までの数字をダブらせないように、列やブロックの中に入れていくパズルです。あてずっぽうではなく、推理力と注意力を駆使して解いていく「理詰めの楽しさ」が満載です。いまや世界中で遊ばれている定番パズルです。
2017.10 125p 18cm ¥650 ⓘ978-4-89072-901-2

◆気がるに数独　2　ニコリ
【要旨】数独は、1から9までの数字をダブらせないように、列やブロックの中に入れていくパズルです。あてずっぽうではなく、推理力と注意力を駆使して解いていく「理詰めの楽しさ」が満載です。いまや世界中で遊ばれている定番パズルです。
2017.10 125p 18cm ¥650 ⓘ978-4-89072-902-9

◆気がるにスリザーリンク　1　ニコリ
【要旨】スリザーリンクは、ワクの中の数字をヒントに、点と点をつないで1つの輪っかをつくるパズルです。すぐに線が引けるとわかるところがたくさんあって、解けば解くほど上達する感覚が味わえます。ニコリ発のオリジナルパズルです。
2017.4 125p 18cm ¥650 ⓘ978-4-89072-921-0

◆気がるにスリザーリンク　2　ニコリ
【要旨】スリザーリンクは、ワクの中の数字をヒントに、点と点をつないで1つの輪っかをつくるパズルです。すぐに線が引けるとわかるところがたくさんあって、解けば解くほど上達する感覚が味わえます。ニコリ発のオリジナルパズルです。
2017.10 125p 18cm ¥650 ⓘ978-4-89072-922-7

◆喜楽クイズ—楽しく脳を活性化する　山隈正弘著　文藝書房出版，文藝書房
【要旨】漢字問題、なぞなぞ、その他難問題の3群からなる新趣向のクイズ満載。
2017.10 189p B6 ¥1000 ⓘ978-4-89477-469-8

◆金の正解！銀の正解！厳選問題集—最上級のひらめき人間を目指せ！　扶桑社
【要旨】「増え〜るワード」「摩訶不思議！進化漢字」など人気コーナーの問題もたっぷり収録。ひらめき欲を刺激する全82問！
2017.8 222p B6 ¥1000 ⓘ978-4-594-07800-3

◆50歳からの脳活性ドリル　児玉光雄著　成美堂出版　（成美文庫）
【要旨】40歳を過ぎると、加速度的に脳の機能は低下していきます。ただし50歳を過ぎたひとであっても、ボケ防止として積極的に脳を使うことにより、その機能の低下は最小限に抑えられます。そして、ある大規模な実験の結果、「脳トレパズルを解くことが最も認知症の発症リスクを下げる」という結論が出たのです。
2017.9 174p A6 ¥650 ⓘ978-4-415-40256-7

◆この問題、とけますか？　吉田敬一著　大和書房　（だいわ文庫）
【要旨】とけたら、天才！発想力、論理力、数のセンスなど、「知識」ではなく「知恵」を試す珠玉の良問を厳選。頭を限界まで回転させて、挑戦してください。普段使わない脳の最奥部が目覚めていく快感を体験できます。
2017.2 223p A6 ¥650 ⓘ978-4-479-30639-9

◆この問題、とけますか？　2　吉田敬一著　大和書房　（だいわ文庫）
【要旨】難しく見えるパズルでも、視点を変えるだけでスッと答えにたどり着く！子どもにも大人にも大好評のベストセラー第2弾が登場！前作に引き続き、「知識」ではなく「知恵」を試す良問を厳選。
2018.1 227p A6 ¥650 ⓘ978-4-479-30686-3

◆冴え、極まる！アインシュタイン式論理脳ドリル　アインシュタイン研究会編　東邦出版
【要旨】あなたは世界の2％に入れるか？楽しく解いて、頭ほぐれる！言葉のパズル。
2017.11 158p 18cm ¥800 ⓘ978-4-8094-1530-2

◆じいじとばぁば　ようこそ数独！—岩手県大槌町から生まれた数独練習帳　ニコリ編著, 日本数独協会監修
2017.4 87p A5 ¥500 ⓘ978-4-89072-900-5

◆シニアの面白脳トレーニング222　脳トレーニング研究会編　（名古屋）黎明書房　（シニアの脳トレーニング 7）
【要旨】この本には、色々なジャンルの面白脳トレ問題を222題収録しました。思わず誰かに話したくなる知識の詰まった「身近な日本史十番勝負」や、日常生活に起こりそうなことを問題にした「土日得とく切符クイズどっちが得？」、100歳までを楽しく人生設計をする「楽楽終活ノートを書こう」、暗記に挑戦する「円周率を覚えよう！」など、飽きずにできる面白脳トレが盛りだくさんです。
2017.5 64p B5 ¥500 ⓘ978-4-654-05977-5

◆秀作ナンプレ100 初級者　世界文化社　（王様ナンプレ）
【目次】ナンプレのルール、ナンプレの解き方、初級ナンプレ、チャレンジ問題、解答
2017.2 126p A6 ¥600 ⓘ978-4-418-17206-1

◆上級ナンプレ　1　西尾徹也編著　世界文化社　（ナンプレBOOKS）
【目次】問題、解答
2017.6 126p A6 ¥600 ⓘ978-4-418-17221-4

◆シルバーパズル　高柳優著　主婦の友社
【要旨】運転免許を取り上げられないための簡単・即効パズル。いつまでも生き生きとした人生を送りたい！これは誰もが願うことでしょう。ただ年を重ねると、ついつい頭が固くなり物事を忘れがちになったりします。そこで、楽しくパズルを解くことで頭のトレーニングをしましょう。
2017.6 126p B6 ¥900 ⓘ978-4-07-420481-6

◆数独練習帳　日本数独協会監修　ニコリ
【要旨】はじめて解くあなたのために。ゼロからの数独入門書。
2017.11 85p A5 ¥500 ⓘ978-4-89072-899-2

◆すご辛ナンプレ　1　岡本広著　世界文化社　（解き方ヒントつき）
【要旨】必ず次の一手がわかる！難問の解き方手順つき。
2017.9 143p 18cm ¥630 ⓘ978-4-418-17244-3

◆スッキリ爽快！脳トレ漢字塾　篠原菊紀監修　ナツメ社
【要旨】「あっ、なるほど！」気持ちよく解ける、パズル121問。漢字を使ったバリエーション、豊かな問題で脳を活性化！認知症・もの忘れを予防！
2017.10 199p B6 ¥980 ⓘ978-4-8163-6326-9

◆スッキリ爽快！脳トレ塾　篠原菊紀監修　ナツメ社
【要旨】「あっ、なるほど！」気持ちよく解ける、パズル116問。空間認知力、想起力、集中力、ワーキングメモリを活性化！認知症・もの忘れを予防！
2017.10 199p B6 ¥980 ⓘ978-4-8163-6321-4

◆スッキリ爽快！脳トレパズル塾　篠原菊紀監修　ナツメ社
【要旨】「あっ、なるほど！」気持ちよく解ける、パズル143問。空間認知力、論理思考、ワーキングメモリを活性化！認知症・もの忘れを予防！
2017.10 199p B6 ¥980 ⓘ978-4-8163-6325-2

◆世界で一番おもしろい　漢独　馬場雄二著　青春出版社
【要旨】「漢独」は、「数独」の数字を漢字の画数に置き換え、熟語になる漢字ならではのおもしろさを追究した、新感覚の漢字パズルです。漢検の各級レベル・小学校の学習漢字に完全対応。
2017.12 187p B6 ¥1000 ⓘ978-4-413-11237-6

◆段位認定ナンバープレース　上級編　12　150題　白夜書房
【要旨】六段〜名人位のA級問題を収録。
2017.4 159p 18cm ¥580 ⓘ978-4-86494-133-4

◆段位認定ナンバープレース　上級編　13　150題　たきせあきひこ出題　白夜書房
【要旨】六段〜名人位のA級問題を収録。持ち運びに便利なポケットサイズ。
2017.7 159p 18cm ¥580 ⓘ978-4-86494-145-7

◆段位認定ナンバープレース　上級編　14　150題　白夜書房
【要旨】六段〜名人位のA級問題を収録。
2017.11 159p 18cm ¥580 ⓘ978-4-86494-157-0

◆段位認定ナンバープレース　初級編　5　150題　たきせあきひこ出題　白夜書房
【要旨】10級〜1級位の良問を厳選収録。
2017.2 159p 19cm ¥580 ⓘ978-4-86494-129-7

◆段位認定ナンバープレース　中級編　12　150題　たきせあきひこ出題　白夜書房
【要旨】初段〜五段位の良問を厳選収録。
2017.3 159p 18cm ¥580 ⓘ978-4-86494-130-3

◆段位認定ナンバープレース　中級編　13　150題　たきせあきひこ出題　白夜書房
【要旨】初段〜五段位の良問を厳選収録。
2017.6 159p 18cm ¥580 ⓘ978-4-86494-143-3

◆段位認定ナンバープレース　中級編　14　150題　たきせあきひこ出題　白夜書房
【要旨】初段〜五段位の良問を厳選収録。
2017.10 159p 18cm ¥580 ⓘ978-4-86494-153-2

◆段位認定ナンバープレース　中級編　15　150題　たきせあきひこ出題　白夜書房
【要旨】初段〜五段位の良問を厳選収録。
2018.1 159p 18cm ¥580 ⓘ978-4-86494-168-6

◆段位認定ナンバープレース　超上級編　6　150題　たきせあきひこ出題　白夜書房
【要旨】賢者〜最高位のS級問題を収録。
2017.5 159p 18cm ¥580 ⓘ978-4-86494-137-2

◆段位認定ナンバープレース　超上級編　7　150題　たきせあきひこ出題　白夜書房
【要旨】賢者〜最高位のS級問題を収録。
2017.12 159p 18cm ¥580 ⓘ978-4-86494-162-4

◆段位認定ナンバープレース　入門編　150題　たきせあきひこ著　白夜書房
【要旨】ビギナーでも安心!!突破口がわかるヒントつき。
2017.9 159p 18cm ¥580 ⓘ978-4-86494-149-5

◆超激辛数独　1　ニコリ編　ニコリ
【要旨】理詰めの限界にチャレンジ！最上級の難問数独ばかりを91問収録。すべて論理的に解けますよ。答えのページにはワンポイント解説付き。あなたはどこまで挑戦できますか？
2017.6 124p 18cm ¥800 ⓘ978-4-89072-971-5

◆超激辛数独　2　ニコリ編　ニコリ
【要旨】最上級の難しすぎる数独が91問。
2017.12 124p 18cm ¥800 ⓘ978-4-89072-972-2

◆東大クイズ研のすごいクイズ500　東京大学クイズ研究会編　データハウス　第2版
【要旨】フジテレビ系列『第1回ブレインワールドカップ知力世界No.1大学決定戦』優勝チームである東京大学クイズ研究会が考え出した、クイズ500問！13ジャンルに分類された5段階の難易度別問題と充実した解説。最終章には超難問が待ち構える。解くだけで頭がよくなるクイズ集！
2017.8 219p 18cm ¥1000 ⓘ978-4-7817-0230-8

◆東大ナゾトレ—東京大学謎解き制作集団AnotherVisionからの挑戦状　第1巻　東京大学謎解き制作集団AnotherVision著　扶桑社
【要旨】頭がやわらかければ、小学生でも解ける東大ナゾトレ。東大サークルAnotherVisionによる「あっ」と驚くひらめき問題がこの一冊に。書籍オリジナル問題も収録！
2017.5 127p B6 ¥1000 ⓘ978-4-594-07718-1

◆東大ナゾトレ—東京大学謎解き制作集団AnotherVisionからの挑戦状　第3巻　東京大学謎解き制作集団AnotherVision著　扶桑社

実用書

趣味

趣味

【要旨】日本全国で謎解き大ブーム！社会現象第3巻。東大サークルAnotherVisionの「謎解きの作り方」公開！
2017.11 132p B6 ¥1000 ⑤978-4-594-07858-4

◆とびっきり数独　9　ニコリ
【要旨】難易度4～8（10段階で）。おもう少し難しい。心地よい数独104問。
2017.7 124p 18cm ¥660 ⑤978-4-89072-349-2

◆謎検―日本謎解き能力検定過去問題＆練習問題集　2017　日本謎解き能力検定協会著　SCRAP出版
【要旨】2017年5月に行われた第1回謎検50問、および6月に行われた謎検模試20問を、解答・解説とともにすべて収録。第1回謎検に関しては、正答率や平均点、点数分布などのデータも掲載。謎検で出題される問題と同じ傾向の練習問題（Webサイトで出題された10問＋書籍オリジナル問題10問）も収録。
2017.10 157p A5 ¥1600 ⑤978-4-9909004-7-2

◆難関数独　1　ニコリ編　ニコリ
【要旨】コクもキレも文句なしの難問だ。難しい数独を105問収録。すべて論理的に解けて、もちろん面白い。手がかりが見つかって解けたときの感動を、心ゆくまでどうぞ。
2017.6 124p 18cm ¥720 ⑤978-4-89072-461-1

◆難関数独　2　ニコリ編　ニコリ
【要旨】上級者向けの難しい数独105問。
2017.12 124p 18cm ¥720 ⑤978-4-89072-462-8

◆ナンプレ超上級編　39　西尾徹也編著　世界文化社　（パズルBOOKS 150）
【目次】ナンバープレースのルール、Puzzle Note、ナンバープレース上級解法テクニック、ナンプレHEAVY、解答
2017.2 126p 18cm ¥600 ⑤978-4-418-17204-7

◆ナンプレINSPIRE200　上級→難問　1　川崎光徳著　成美堂出版
【要旨】楽しみながら、集中力・記憶力・判断力アップ!!仮定法・ヤマ勘不要で解ける！
2017.12 255p 16×13cm ¥600 ⑤978-4-415-32432-6

◆ナンプレINSPIRE200　初級→上級　1　川崎光徳著　成美堂出版
【要旨】楽しみながら、集中力・記憶力・判断力アップ!!仮定法・ヤマ勘不要で解ける！
2017.12 271p 16×13cm ¥600 ⑤978-4-415-32431-9

◆ナンプレINSPIRE200　超難問　1　川崎光徳著　成美堂出版
【要旨】楽しみながら、集中力・記憶力・判断力アップ!!仮定法・ヤマ勘不要で解ける！
2017.12 255p 16×13cm ¥600 ⑤978-4-415-32433-3

◆ナンプレSTRONG200　上級→難問　4　川崎光徳著　成美堂出版
2017.4 255p 15×13cm ¥600 ⑤978-4-415-32314-5

◆ナンプレSTRONG200　上級→難問　5　川崎光徳著　成美堂出版
【目次】問題編（上級編、難問編）、解答編
2017.8 255p 15×13cm ¥600 ⑤978-4-415-32401-2

◆ナンプレSTRONG200　初級→上級　4　川崎光徳著　成美堂出版
2017.4 271p 15×13cm ¥600 ⑤978-4-415-32315-2

◆ナンプレSTRONG200初級→上級　5　川崎光徳著　成美堂出版
【目次】問題編（初級編、初中級編、中級編、上級編）、解答編
2017.8 271p 15×13cm ¥600 ⑤978-4-415-32400-5

◆ナンプレSTRONG200　超難問　4　川崎光徳著　成美堂出版
2017.4 255p 15×13cm ¥600 ⑤978-4-415-32313-8

◆ナンプレSTRONG200超難問　5　川崎光徳著　成美堂出版
【目次】問題編（超難問編）、解答編
2017.8 255p 16×13cm ¥600 ⑤978-4-415-32402-9

◆ニコリのエニグマ―直感で解くパズルの本　ニコリ
【要旨】謎解き・暗号・法則あて…などなど、解けると「なるほど！」となるパズルを40問掲載。
2017.5 95p B6 ¥900 ⑤978-4-89072-858-9

◆入門ナンプレ　1　津内口真之編著　世界文化社　（ナンプレBOOKS）

【目次】問題、解答
2017.6 126p 18cm ¥600 ⑤978-4-418-17721-9

◆脳いきいき！じっくり解く ナンプレ上級200　Conceptis編著　池田書店
【目次】QUESTIONS（ウォーミングアップ、レベル7、レベル7＋、まるばつロジック、海戦パズル）、ANSWER
2017.1 255p 18cm ¥580 ⑤978-4-262-15384-1

◆脳いきいき！じっくり解く！ナンプレ難問200 上級者向け　Conceptis編著　池田書店
【要旨】頭を使って、脳を刺激！解き方のヒント付き。おまけパズルも収録！
2017.7 255p 18cm ¥580 ⑤978-4-262-14441-2

◆脳いきいき！解いてスッキリ！ナンプレ簡単200中級問題付き 初心者向け　Conceptis編著　池田書店
【要旨】サクサクできて、脳が活性化。解き方のヒント付き。おまけパズルも収録！
2017.7 255p 18cm ¥580 ⑤978-4-262-14440-5

◆脳いきいき！解いてスッキリ ナンプレ初級200　Conceptis編著　池田書店
【目次】QUESTIONS（ウォーミングアップ、レベル1、レベル2、レベル3、まるばつロジック）、ANSWER
2017.1 255p 18cm ¥580 ⑤978-4-262-15383-4

◆脳いきいき！ひらめきクロスワード 常識・雑学クイズ　塩田久嗣監修　池田書店
【要旨】脳を刺激してボケ防止！社会、歴史、生活などの常識問題と誰かに話したくなる雑学が満載。
2017.6 143p 18cm ¥600 ⑤978-4-262-14439-9

◆脳が活性化する大人の漢字脳ドリル 実用編　川島隆太監修　学研プラス　（元気脳練習帳）
【要旨】暮らしに役立つ漢字2400問、140日分。
2017.8 152p B5 ¥1000 ⑤978-4-05-800808-9

◆脳が活性化する大人の都道府県脳ドリル―82日1500問　川島隆太監修　学研プラス　（元気脳練習帳）
【要旨】体のための健康法があるように、脳にも健康法が必要です。「脳の健康法」とは、脳を使い続ける習慣を持つこと。本書にある、書きとり問題により、脳を活性化させることができます。昔、学校で習ったことや一般知識を思い出し、脳を元気にさせましょう。
2018.1 144p B5 ¥1000 ⑤978-4-05-800859-1

◆脳トレ・介護予防に役立つ いきいきパズル 持続力・注意力アップ編　篠原菊紀監修　世界文化社　（レクリエブックス）
【要旨】まちがいさがし、漢字パズル、計算パズルなどの、バラエティー豊かなパズルが満載。脳科学の専門家が監修。脳の活性化に効果的なパズルの中でも、特に「持続力」「注意力」が鍛えられるパズルを多めに掲載しています。「らくらく」よりは少しむずかしい、けれど取り組みやすい難易度の「むずかしくない」パズルを掲載。全部解かなくても大丈夫。好きな問題を解くだけで効果があります！
2017.8 64p A4 ¥1000 ⑤978-4-418-17239-9

◆脳トレ！脳活！ニュースタイル・ナンプレに挑戦　南澤巳代治著　講談社
【要旨】使う数字は1～5だけ！だれでもすぐに楽しめる108問＋1問。今までにない、ほかにはない、まったく新しいナンプレ集。いつでもどこでも楽しめる携帯しやすいハンディサイズ。
2017.3 159p 18cm ¥700 ⑤978-4-06-220310-4

◆脳力を鍛える！大人の迷路・迷図パラダイス　関三平著　主婦の友社
【目次】ポピュラー迷路、階段迷路、馬車馬迷路、ドンキー迷路、アングル120迷路、ドライブ迷路
2017.6 63p B5 ¥1000 ⑤978-4-07-425260-2

◆ぴり辛ナンプレ　1　岡本広著　世界文化社　（解き方ヒントつき）
【要旨】必ず次の一手がわかる！難問の解き方手順つき。
2017.9 143p 18cm ¥630 ⑤978-4-418-17243-6

◆ペンパ全集 カックロ　1　ニコリ
【要旨】本書には、ペンシルパズル本のカックロ1（1986年9月発行）、カックロ2（1987年1月発行）、カックロ3（1988年8月発行）のすべての問題が収録されています。
2017.1 368p 18cm ¥1250 ⑤978-4-89072-950-0

◆ペンパ全集 数独　1　ニコリ
【要旨】「ペンパ全集数独」は、ニコリの「ペンシルパズル本数独」の復刻版合体本です。本書には、ペンシルパズル本の数独1（1988年4月発行）、数独2（1989年5月発行）、数独3（1990年8月発行）のすべての問題が収録されています。
2017.8 368p 18cm ¥1250 ⑤978-4-89072-952-4

◆ペンパ全集 スリザーリンク　1　ニコリ
【要旨】本書には、ペンシルパズル本のスリザーリンク1（1992年11月発行）、スリザーリンク2（1993年11月発行）、スリザーリンク3（1995年11月発行）のすべての問題が収録されています。
2017.1 368p 18cm ¥1250 ⑤978-4-89072-951-7

◆ポケット数解　6　初級篇　パズルスタジオわさび編著　SBクリエイティブ
【目次】数解のルールと解き方、Questions:Level1、Questions：Level2、Questions：Level3、Answers
2017.3 158p 18cm ¥600 ⑤978-4-7973-9060-5

◆ポケット数解　6　中級篇　パズルスタジオわさび編著　SBクリエイティブ
【目次】数解のルールと解き方、Questions:Level4、Questions:Level5、Questions：Level6、Answers
2017.3 158p 18cm ¥600 ⑤978-4-7973-9061-2

◆ポケット数解　6　上級篇　パズルスタジオわさび編著　SBクリエイティブ
【目次】数解のルールと解き方、Questions:Level7、Questions：Level8、Questions：Level9、Answers
2017.3 158p 18cm ¥600 ⑤978-4-7973-9062-9

◆ポケット数解　7　初級篇　パズルスタジオわさび編著　SBクリエイティブ
【要旨】「ポケット数独」より4つの点を強化！定価は据え置きで、問題を＋9問増量！文字の大きさ、罫の太さなどをさらに見やすく。レベル別、解き方テクニックを公開。読者からの質問に答える「質問券」付き。脳トレの決定版！
2017.7 158p 18cm ¥600 ⑤978-4-7973-9248-7

◆ポケット数解　7　中級篇　パズルスタジオわさび編著　SBクリエイティブ
【要旨】「ポケット数独」より4つの点を強化！定価は据え置きで、問題を＋9問増量！文字の大きさ、罫の太さなどをさらに見やすく。レベル別、解き方テクニックを公開。読者からの質問に答える「質問券」付き。脳トレの決定版！
2017.7 158p 18cm ¥600 ⑤978-4-7973-9249-4

◆ポケット数解　7　上級篇　パズルスタジオわさび編著　SBクリエイティブ
【要旨】「ポケット数独」より4つの点を強化！定価は据え置きで、問題を＋9問増量！文字の大きさ、罫の太さなどをさらに見やすく。レベル別、解き方テクニックを公開。読者からの質問に答える「質問券」付き。脳トレの決定版！
2017.7 158p 18cm ¥600 ⑤978-4-7973-9250-0

◆ポケット数解　8　初級篇　パズルスタジオわさび編著　SBクリエイティブ
【要旨】コンピュータで作って、答えがひとつならOKとしているような問題もたくさんある中、人間が解いておもしろいと太鼓判を押した問題だけを厳選して掲載。豊富な問題数を用意するとともに、初級→中級→上級とスムーズにステップアップしていくための解説ページを、9つのレベルごとに配置。幅広い年齢の方に楽しんでいただけるように、文字の大きさや盤面の見やすさにも工夫。やさしい問題だけを掲載、まったくの初心者の方にもおすすめ。
2017.11 158p 18cm ¥600 ⑤978-4-7973-9441-2

◆ポケット数解　8　中級篇　パズルスタジオわさび編著　SBクリエイティブ
【要旨】コンピュータで作って、答えがひとつならOKとしているような問題もたくさんある中、人間が解いておもしろいと太鼓判を押した問題だけを厳選して掲載。豊富な問題数を用意するとともに、初級→中級→上級とスムーズにステップアップしていくための解説ページを、9つのレベルごとに配置。幅広い年齢の方に楽しんでいただけるように、文字の大きさや盤面の見やすさにも工夫。中級の問題を掲載。
2017.11 158p 18cm ¥600 ⑤978-4-7973-9442-9

◆ポケット数解　8　上級篇　パズルスタジオわさび編著　SBクリエイティブ
【要旨】コンピュータで作って、答えがひとつならOKとしているような問題もたくさんある中、

人間が解いておもしろいと太鼓判を押した問題だけを厳選して掲載。豊富な問題数を用意するとともに、初級→中級→上級をスムーズにステップアップしていくための解説ページを、9つのレベルごとに配置。幅広い年齢の方に楽しんでいただけるように、文字の大きさや盤面の見やすさにも工夫。上級の問題を掲載。
2017.11 158p 18cm ¥600 ①978-4-7973-9443-6

◆**まるごとパズル ぬりかべ** ニコリ
【要旨】ぬりかべは、黒マスで壁を作って、数字の数だけ白マスのつながりを残すパズルです。白マスがジワジワ伸びて、黒マスもそれにつれて伸びたりつながったりするのです。軽快に解ける問題から頭を悩ます問題まで、いろんな解き味をどうぞ。
2017.8 141p B6 ¥900 ①978-4-89072-270-9

◆**まるごとパズル 波及効果** ニコリ
【要旨】波及効果は、すべてのマスに数字を入れるパズルで、その入り方がちょっと独特。同じ列に1を入れるときは1マス以上あけて、2を入れるときは2マス以上あけて…、というルールです。慣れてくると、面白さが頭の中にジワーッと広がっていく、不思議な感覚のパズル。ゆっくりと楽しみたいときに最適です。
2017.2 144p B6 ¥900 ①978-4-89072-269-3

◆**まるごとパズル フィルオミノ** ニコリ
【要旨】フィルオミノは、数字の数だけマスをつなげてブロックを作るパズルです。数字のブロックがのびていき、同じ数字のブロックとつながったり、あるいは反発したりして、思わぬ解け方になったりします。サクサク解ける問題からじっくり解ける問題まで114問のフィルオミノをどうぞ。
2017.2 144p B6 ¥900 ①978-4-89072-268-6

◆**まるごとパズル ヤジリン** ニコリ
【要旨】1冊全問新作ヤジリン。軽やかに楽しめる112問。
2017.9 141p B6 ¥900 ①978-4-89072-271-6

◆**見つけるカトレーニング 間違い探し** 朝日脳活ブックス編集部編 朝日新聞出版
【要旨】50歳からの物忘れ認知症対策に！集中して観察することや一時的な記憶力が求められる間違い探しは、問題を解くこと自体、脳の活性化に役立ちます。特別な知識は必要なし。遊び感覚で楽しめる脳トレ本です！100問。解答つき。
2017.11 159p B6 ¥900 ①978-4-02-333185-3

◆**物忘れを防ぐ！もっと昭和レトロな間違い探し** 太城敬良監修 宝島社
【要旨】「中日・東京新聞日曜版」で連載中の人気企画が書籍化。カラー120問、脳の活性度がわかるチェックリスト付き。
2017.11 143p 23×19cm ¥700 ①978-4-8002-7758-9

◆**もの忘れ・認知症を防ぐ ひらめき！脳パズル 熟語・ことわざ100** 塩田久嗣御著 池田書店
【要旨】四字熟語やことわざ正しく使えていますか？考えるだけで脳がフル回転！脳老化チェックつき。
2017.9 143p 18cm ¥600 ①978-4-262-14442-9

◆**やさしいナンプレ100 入門者** 世界文化社（王様ナンプレ）
【目次】ナンプレのルール、ナンプレの解き方、入門ナンプレ、チャレンジ問題、解答
2017.2 126p 18cm ¥600 ①978-4-418-17205-4

◆**やったね！やさしい数独**
【要旨】新聞、雑誌などでおなじみのパズル「数独」。1つずつ数字を入れて最後まで埋まると快感。本書にはやさしい・やさしい数独が72問。
2017.3 92p B6 ¥530 ①978-4-89072-365-2

◆**60歳からの脳にいいパズルはどっち？—自分の脳にピッタリ合うパズルがすぐ見つかる！** 北村良子著 コスモ21
【要旨】うっかりミス、ど忘れが増えたらすぐはじめよう！20代の脳の回転スピードがよみがえる！パズル効果を実感できる100問付き。
2017.4 206p B6 ¥1400 ①978-4-87795-351-5

◆**Disney TSUM TSUM ツム独** 講談社編、ニコリパズル制作 講談社（付属資料：シール）
【要旨】ツム独とは—ディズニーツムツムで「数独」を楽しむのが「ツム独」です。ルールはシンプルで、決して難しくはありません。だれでも

できて、そしてつい夢中になってしまう数字パズルです。数独ファンの方もはじめての方も、ツム独にチャレンジしてみてください！てはじめ問題から難問まで全70問。シール420枚つき。
2017.10 95p A5 ¥1000 ①978-4-06-220747-8

◆**QUIZ JAPAN Vol.7** セブンデイズウォー編 セブンデイズウォー、ほるぷ出版 発売
【目次】最強の系譜—受け継がれるクイズ王のバトン、『Knock Out—競技クイズ日本一決定戦』特集、『史上最強のクイズ王決定戦』『FNS1億2000万人のクイズ王決定戦！』特集、インタビュー 門田雅志、インタビュー 小山鎮男、連載 日本のクイズ文化の源流を探る 第6回「輝け!!クイズ日本一」、連載 記憶に残る出場者たち 第4回 安良興、連載 吉田豪のNo Quiz, No Life!! 第4回 板東英二の巻、インタビュー『オトナの天才クイズ』小森耕太郎、インタビュー『世にも奇妙な物語』永井靖子、インタビュー『タイムボカン24』永井幸治
2017.2 235p A5 ¥2200 ①978-4-593-31007-4

◆**QUIZ JAPAN vol.8** セブンデイズウォー編・著 セブンデイズウォー、ほるぷ出版 発売
【目次】インタビュー 水上颯、『ナナマルサンバツ』特集、『abc』特集、『Knock Out～競技クイズ日本一決定戦～』特集、『第14回アメリカ横断ウルトラクイズ』特集、連載 吉田豪のNo Quiz, No Life!! 第5回 ラサール石井の巻、連載 日本のクイズ文化の源流を探る 第7回 芸能人クイズ王の変遷、連載 記憶に残る出場者たち 第5回 青木紀美江、QUIZ BOOK REVIEW、COLUMN クイズ番組ソムリエ・矢野了平の蔵出し1本！
2017.9 233p A5 ¥2200 ①978-4-593-31008-1

◆**SCRAPヒラメキナゾトキBOOK** SCRAP著 SCRAP出版
【要旨】謎作りの超プロ集団が贈る珠玉のナゾトキ問題集！一見難問に思えるけれど、頭をやわらかくして「あること」に気付けば、ぱっと解答を導くことができるヒラメキ問題。SCRAP公式キャラクター「エニグマくん」のLINEで出題した問題に加え、書籍だけのオリジナル問題も掲載。
2017.12 127p B6 ¥1200 ①978-4-909474-11-7

◆**withクロスワード 1** ニコリ
【目次】ごあいさつ、クロスワード1～18（9マス×9マス）、クロスワード19～62（9マス×11マス）、こたえ
2017.5 140p 18×11cm ¥720 ①978-4-89072-487-1

ロールプレイングゲーム

◆**アリアンロッドRPG 2E パーフェクト・スキルガイド** 菊池たけし, F.E.A.R.著 KADOKAWA
【要旨】『アリアンロッドRPG2E改訂版』のスキル、ギルドサポートなどを収録したサプリメント。改訂版以前に発売された『スキルガイド』『スキルガイド2』の掲載データを改訂版に対応！『スキルガイド』『スキルガイド2』に掲載されていた種族やクラスの解説をアップデートして収録。エリンディル西方以外の地方や他の大陸の情報も紹介。さらに、高レベル用のクラスも収録。掲載しているスキルは14種！クラスは60種！そしてスキルは2000個以上！
2017.12 415p B5 ¥4500 ①978-4-04-072549-9

◆**異界戦記カオスフレア Second Chapter サプリメント ジェネシックサファイア** 鈴吹太郎, ファーイースト・アミューズメント・リサーチ監修、三輪清宗、小太刀右京著 新紀元社（Role & Roll RPG）
【要旨】崩壊した世界を救えるのは、カオスフレアと「再世の青生」のみ！始源世界オリジンの特徴的な都市や施設、文明期壊後の過酷な世界"ホーム"といった新たな冒険の舞台を掲載。そこに住む人々や彼らの文化についても解説しているので、シナリオ作成やキャラクター設定がより楽しく、幅が広がります。もちろん、データやシナリオ5本も収録されているぞ!!
2017.9 174p B5 ¥3500 ①978-4-7753-1527-9

◆**エイジ・オブ・グリモワール—ソード・ワールド2.0サプリメント** 北沢慶監修、田中公侍、グループSNE著 KADOKAWA

【要旨】魔法文明の歴史・文化を紹介！支配者階級"貴族"となって、物語を体験しよう！滅びの宿命を帯びた、ふたつの種族"マナフレア""ノーブルエルフ"のデータを収録。魔法文明に存在した技能・魔法・アイテムを総覧！魔法文明だけで遊べるデータ集をこの一冊に！"狂えし神性生物"アストレイドや、原初の魔神たちなど古代の脅威が明らかに！
2017.9 183p B5 ¥3600 ①978-4-04-072453-0

◆**英雄武装RPGコード：レイヤード上級ルールブック** からすば晴、ファーイースト・アミューズメント・リサーチ著 新紀元社
【要旨】新たなる力がキミのものに！人類以外の"レイヤード"が登場、新たな英雄・偉人のデータも大幅に追加！『コード：レイヤード』の世界をさらに拡張する上級ルールブック！人類根絶のプログラムから解放された人造人間、意志を持った武具やアクセサリ、知性を得た動物などの新たな"レイヤード"がプレイ可能に！さらに新たな英雄や偉人のコードも大幅に追加、新たな力を得て、より強大な敵と戦え!!
2017.1 174p B5 ¥3500 ①978-4-7753-1484-5

◆**カザンの闘技場—トンネルズ&トロールズ完全版** ケン・セント・アンドレ著、安田均、清松みゆき、笠井道子ほか訳（神戸）グループSNE、書苑新社 発売（T&Tアドベンチャー・シリーズ 3）
【要旨】グループSNEが贈るT&Tアドベンチャー・シリーズ第三弾！世に名だたる『カザンの闘技場』できみは生き残れるか?!同時収録『デストラップ』『蛙の旅（初）』『猿の旅（中）』『獅子の旅（上）』きみが挑むのはどれだ？これさえあれば必ず遊べる「簡易ルール」付き。闘技場の闘士たちのデータや名所案内満載。ブックボーナス：T&Tシナリオ『トロールストーンの洞窟』。
2017.10 212p A5 ¥1800 ①978-4-88375-285-0

◆**片道勇者TRPGアペンド** SmokingWOLF原作・監修、齋藤高吉、冒険企画局著 KADOKAWA
【要旨】「片道勇者TRPG」とは：世界を呑み込む"闇"から逃れつつ、闇の先に出るテーブルトークRPGです。プレイ毎に変わる世界は何度でもリトライOK！予測不可能な冒険を楽しむことができます。「アペンド」とは：「片道勇者TRPG」の世界観を拡張し、プレイヤーが世界に特徴をつけることで、個性的な冒険をより手軽に楽しむためのルールとデータを掲載しております。
2017.3 223p B6 ¥1600 ①978-4-04-072260-3

◆**キルデスビジネス バズアリーナ 2 ステマスター** 古町みゆき、冒険企画局著、齋藤高吉監修 新紀元社（Role&Roll Books）
【要旨】サイコロを振っていて、誰でも手軽に物語がつくれちゃう「サイコロ・フィクション」シリーズの『キルデスビジネス』。そのサプリメントである『バズアリーナ』に第二弾が登場。前作に引き続き動画投稿者たちが収入人となって暴れ回るシーズン6%をも完全収録。さらに新しい戦闘スタイルやステマルールなどが加わり、『キルデスビジネス』の『バズアリーナ』が、ますます面白くなる一冊だ！
2017.12 255p 18cm ¥1700 ①978-4-7753-1570-5

◆**キング・オブ・カラミティー—コード：レイヤードリプレイ&データブック** からすば晴、ファーイースト・アミューズメント・リサーチ著 新紀元社（Role & Roll Books）
【要旨】英雄や偉人の魂"コード"をその身に宿した戦士"レイヤード"たちが、AIの反乱により荒廃した世界を舞台に巨大な自律戦闘機械とバトルを繰り広げる『英雄武装RPGコード：レイヤード』に、待望のリプレイが登場!!呂布、アーサー王、坂本龍馬、アダム・スミスといったバラエティ豊かな"コード"を宿したレイヤードたちが、戦いを通して絆を深め合いながら、因縁で結ばれた強大な敵に立ち向かう！さらに「アーサー王伝説」や「三国志」に関するものを中心に、大量のコードデータも収録しており、データブックとしても有用な一冊だ!!
2017.11 239p 18cm ¥1700 ①978-4-7753-1559-0

◆**禁書封印譚 ブラインド・ミトスRPG** 北沢慶、西岡拓哉著、安田均原案 KADOKAWA
【要旨】無限の書物が紡ぐ、現代異能奇譚。記された知を具現する書="禁書"を巡る事件に挑め!!ブラインド・ミトスRPGでは、あなたが力となり、探索&戦闘で活躍する。好きな本を持ち寄って、"禁書"が起こす事件に挑もう！
2017.12 255p B6 ¥1600 ①978-4-04-072546-8

趣味 / 実用書

◆**クトゥルフ神話TRPGクトゥルフ・コデックス** 坂本雅之、アーカム・メンバーズ編、内山靖二郎、坂東真紅郎、ウィリアム・バートン、ランディ・マッコールほか著　KADOKAWA　（ログインテーブルトークRPGシリーズ）
【要旨】本書はクトゥルフ神話が時空に残した宇宙的真実を集めた古写本とも言うべき、オムニバス形式のソースブックだ。さまざまな時代や状況を扱ったシナリオが計5本収録されている。扱うテーマは、オークション、平安京、ホラー映画の世界、旧石器時代、20世紀末のスペースシャトル事故。これらは変化に富んだ舞台を求めるキーパーとプレイヤーには格好の素材となるはずだ。さらに、巻末には神話存在の犠牲者の死にざまを描写した「死亡報告」を収録。
2017.9　159p　B5　¥3800　①978-4-04-734844-8

◆**クトゥルフ神話TRPGリプレイ るるいえあかでみっく** 内山靖二郎、アーカム・メンバーズ著、狐印画　KADOKAWA
【要旨】そろそろ受験のことが気になるさやかは御津門大学を見学しに。そこで遭遇する不思議な先生や謎の先端技術がさやかを新たな神話体験へといざなう！ 傑作ホラーTRPG『クトゥルフ神話TRPG』が良くわかる！ 完全書き下ろしリプレイシリーズついに第10弾！
2017.5　254p　A5　¥1900　①978-4-04-734586-7

◆**ご近所メルヒェンRPG ピーカーブー** 河嶋陶一朗、落合なごみ、冒険企画局著　新紀元社　（Role & Roll Books）改訂版
【要旨】サイコロ・フィクションシリーズ第一弾！ くすのき町は、どこにでもあるようなごくごく平凡な街。だけど本当は、悪戯好きの妖精たちや空をおおう幽霊たち、恐ろしい魂食らい狼男などなど、たくさんのオバケが住んでいるのだ！ オバケが見える三人組の小学生、ケンタ、ショウ、のの子たちは、彼らを守る（？）守護オバケのコマ太、バック、ノワールさんたちが、次から次へと巻き起こる不思議なオバケ事件に立ち向かう！ 巻末には、サイコロを振るだけで、誰でもドタバタストーリーがつくれちゃうゲームのルールも収録。実際に、身近で不思議なオバケストーリーをつくることができるのだ。ご近所メルヒェンRPG『ピーカーブー』のはじまり、はじまり～。
2017.4　319p　18cm　¥1700　①978-4-7753-1509-5

◆**サンセットルビー―異界戦記カオスフレア Second Chapter サプリメント** 鈴吹太郎、F.E.A.R.監修、三輪清宗、小太刀右京著　新紀元社
【要旨】オリジンの特徴的な都市の数々や巨大生物の闊歩する大森林といった冒険の舞台を詳細に解説。そこに住む人々や彼らの文化を知ることで、『カオスフレアSC』がより奥深くなる！ 大森林の村を再興する「村運営ルール」、大量のデータや6本のシナリオも収録したワールドガイド＆データブック!!
2017.3　174p　B5　¥3500　①978-4-7753-1476-0

◆**時空のオルタード―神我狩ストーリー＆データ集** 力造監修、番棚葵著　新紀元社
【要旨】過去にさかのぼるアラミタマ改竄種の野望を打ち砕き歴史を護るために戦え！「時間ループ物」を楽しむ設定が詰まった1冊！ 存在が消滅した幼なじみを救う話、未来からきたサイボーグを倒しにきたサイボーグの話など、趣向を凝らしたシナリオを4本収録！
2017.5　103p　B5　¥2000　①978-4-7753-1510-1

◆**神話創世RPGアマデウスゴッドデータブック 神話世紀大孤** 河嶋陶一朗、冒険企画局著　KADOKAWA
【要旨】本書は、PCに力を与える「親神」が大幅に増加・強化されるなどが多数収録された、『神話創世RPGアマデウス』がより楽しく遊べるようになるデータ集です。本書を活用するためには『神話創世RPGアマデウス』が必要です。また、その続刊である『神話創世RPGアマデウス02旋鷹ラグナロク』『神話創世RPGアマデウス03絶界九龍城』があると、さらに楽しく遊べることでしょう。
2017.9　127p　B5　¥3500　①978-4-04-072451-5

◆**セラエノ・コレクション―クトゥルフ神話TRPGリプレイ** 内山靖二郎、アーカム・メンバーズ著、狐印画　KADOKAWA
【要旨】大財閥が運営するアーティファクト管理機関の長は、なんとお嬢様！ 昨日まで普通の生活を送っていた一般人が神話存在を封じる危険な任務を命じられるのだが…。人気ホラーTRPG『クトゥルフ神話TRPG』のリプレイ＋データ集！
2017.5　383p　B6　¥1200　①978-4-04-734587-4

◆**ソード・ワールド2.0 ラクシアゴッドブック** 北沢慶、グループSNE著　KADOKAWA　（富士見ドラゴンブック）
【要旨】世界に大いなる加護をもたらす存在、人族・蛮族を問わず、信仰の対象となる"神"だ。本書ではラクシアの46柱にも及ぶ、それぞれ個性的な神々を物語形式で紹介しており、世界観を深めていける。また、信仰が可能な37柱の神聖魔法を総覧し、ゲーム環境を補完。さらには神々に関係の深い新種族や新装備を掲載し、ソード・ワールド2.0の遊びの幅を広げる内容となっている。さあ、本書を手にして、神々の威光をラクシア世界にあまねく行き渡らせるのだ！
2017.5　382p　A6　¥900　①978-4-04-072313-6

◆**ダークデイズドライブ―下僕系イケメンTRPG** 齋藤高吉、冒険企画局著　新紀元社　（Role & Roll Books）
【要旨】下僕とは…主人に仕える人物のこと。このゲームにおける主人は吸血鬼であり、人間を大切に扱うことは稀。イケメンとは…吸血鬼の結社では人間の従者のことをイケメンと呼ぶ。ここでは好ましい人物という程度の意味。TRPGとは…プレイヤーとゲームマスターが集まり、ルールやサイコロを駆使して物語世界を体験する遊び。サイコロを振っていくだけで、誰でも手軽に物語がつくれちゃう「サイコロ・フィクション」シリーズ、第十三弾！ 吸血鬼のご主人様と一緒に、従者として全国を車で旅しよう。ご主人様の無茶振りや襲いかかるトラブルに対処しながら、楽しく旅を続けていれば、いつか吸血鬼にしてもらえるかも！
2017.8　246p　18cm　¥1700　①978-4-7753-1528-6

◆**ダブルクロス The 3rd Edition データ＆ルールブック レネゲイドウォー カッティングエッジ** 矢野俊策、F.E.A.R.著　KADOKAWA
【要旨】本書は、『レネゲイドウォー』で紹介されたレネゲイドウォーステージを舞台としたリプレイ、追加データやルールを掲載しているルール＆データブックである。東京湾の地下には封鎖され、忘れられた巨大なサファリパークがあった。それが「カオスパーク」。そこにいるのはレネゲイドウィルスによってオーヴァードとなったA（アニマル）オーヴァードたち。レネゲイドの存在が人々に知られているこのステージでは動物のオーヴァードも存在するのだ。本書ではこのAオーヴァード作成のためのルールとAオーヴァード専用のアイテムや装備品などを掲載している。
2017.5　127p　B5　¥3200　①978-4-04-072344-0

◆**でたとこワールドツアー** 神谷涼、インコグ・ラボ、藤浪智之著　新紀元社
【要旨】新たな王道英雄譚が開幕！ 基本ルールブック掲載のシナリオ「暗黒魔王降臨！」から始まるキャンペーンリプレイを収録。すでに公式リプレイがあるシナリオと全く別の展開に！ 果たしては、創世神話につながる壮大な物語が展開する！ セッションの新分野を切り開く！ 異世界ならではのグルメやホラー、スポ根など一風変わったセッションを楽しめる新ルール「ジャンル・テンプレート」登場！ 多彩な世界に挑むシナリオ4本も掲載。さらにキャンペーン用ルールや世界設定ルールも追加！ バラエティに富んだセッションをさらに遊びやすく！ 光が強まれば闇も濃く…敵味方の魅力を増す新クラスや新ルールも！ 待望の新クラスは「探偵」「サムライ」「シャーマン」「アイドル」と個性豊かな4種類！ 敵NPCポジションも追加され、敵味方ともにパワーアップします！ 個性豊かなPCを創るための強力サポートルール「キャラクタープロファイルシート」も！
2017.8　151p　B5　¥2700　①978-4-7753-1526-2

◆**デッドラインヒーローズRPG** 長田崇、ロンメルゲームズ著　KADOKAWA
【要旨】超人が認知された世界。世界を蝕む「巨悪」を相手に、超人たちは立ち上がる。だが、立ち向かうことが、キミをヒーローにするわけではない。幾多の困難がキミを試し、問いかけがキミの信念を穿つ。強い心で描く意思が、キミに真なる力を与える。迫りくる限界の中、"死線"を超え、世界を救え！
2017.4　255p　B6　¥1600　①978-4-04-072316-7

◆**ノブレスストーリー―常夜国騎士譚RPG ドラクルージュ** 神谷涼、インコグ・ラボ著　KADOKAWA
【要旨】真祖と6人の始祖にまつわる"逸話"が明らかに！ その他組織や土地、人物の解説や"ストーリア"データを掲載！"空駆""船長""剣士"などの道も、"ホムンクルス"など"造られしもの""隠されし道"などの新たなるデータ＆ルールを多数追加！ 強大な敵となる脇役たち"白夜の女王"や"異獣"。新データを使った新シナリオを収録！
2017.6　143p　B5　¥3200　①978-4-04-072343-3

◆**バズアリーナーキルデスビジネス サプリメント** 古町みゆき、冒険企画局著、齋藤高吉監修　新紀元社　（Role & Roll Books）
【要旨】サイコロを振っているだけで、誰でも手軽に物語がつくれちゃう「サイコロ・フィクション」シリーズ『キルデスビジネス』が新シリーズに突入。ヘルPを含めた全メンバーが一新され、ついに無機物までもが回収員になったシーズン6弱を完全収録。さらに新しい戦闘スタイルや戦闘ルールなどが加わり、『キルデスビジネス』が、ますます面白くなる一冊！
2017.4　255p　18cm　¥1600　①978-4-7753-1477-7

◆**初音ミクTRPG ココロセッション― feat. 鏡音リン・レン** 冒険企画局著　KADOKAWA
【要旨】怪物「オトクイ」に奪われた心の歌を取り戻すため、僕たちと冒険するテーブルトークRPGだよ！「千本桜」「トエト」「悪ノ召使」「エイリアンエイリアン」ほか、80曲以上の歌がキミの力になる。この一冊でゲームを遊ぶルールとデータが揃った「独立型ルールブック」！
2017.12　218p　B5　¥1800　①978-4-04-072429-4

◆**初音ミクTRPG ココロダンジョン** 冒険企画局著　KADOKAWA
【要旨】「電子の歌姫」たちと冒険しよう!!怪物「オトクイ」に奪われた心の歌を取り戻すため、私たちと冒険するテーブルトークRPGだよ！
2017.8　282p　B5　¥1800　①978-4-04-072315-0

◆**ビギニングアイドルサプリメント ビギニングロード** 平野累次、冒険企画局著　新紀元社　（Role & Roll Books）
【要旨】アイドルの大会に挑む、『ビギニングアイドル』。そこに挑む高校生アイドルを描くキャンペーンシナリオが登場！ 豊富なバリエーションでアイドルたちの生活を描く「ランダムイベント」が、その軌跡を彩ります。また、一人用の「プロデュースモード」も掲載！『ビギニングアイドル』をゲームブック的にも楽しめちゃいます。
2017.6　255p　18cm　¥1600　①978-4-7753-1522-4

◆**平安幻想夜話鵺鏡サプリメント―鬼合** 神谷涼、インコグ・ラボ著　新紀元社
【要旨】客分NPCとして、酒呑童子や牛御前など、著名な鬼たち六名を追加。彼らが演目に更なる幻想と妖美をもたらすだろう。また、彼らの背景たる「大江山」や「地獄」についても詳しく紹介。魔縁の都における鬼たちの社会、死後の世界などが詳しく紹介されており、シナリオに新たな舞台を提供する。本書では、新たな分限として「刀匠」「獄卒」「頭目」「逆賊」が登場。地上と地獄を往来できる獄卒、霊験あらたかな武器を鍛える刀匠など、今までの『鵺鏡』にない新要素をもつキャラクターが作成可能となる。短時間の演目や難易度の高い演目を提供する追加データと新ルールを掲載。限られている時間でも満足感ある演目を実現する。演目の難易度を上げるルールは『鵺鏡』に慣れた参加者にも、新たな楽しみを与えるだろう。さらに新作シナリオ七本、新作リプレイも掲載されている。
2017.2　127p　B5　¥2400　①978-4-7753-1472-2

◆**平安幻想夜話 鵺鏡サプリメント虚宮** 神谷涼、インコグ・ラボ著　新紀元社
【要旨】シナリオ作成を助ける道標作成ルールや、都の各所で発生するイベントやPCへの依頼を網羅した追加データと新ルールを掲載。今まで以上に『鵺鏡』を遊びやすくし、さらに都の新たな側面を見いだすことができるだろう。新作シナリオ、新作リプレイも掲載されている。客分NPCとして、帝や善女龍王など、七名を追加。彼らが演目に更なる幻想と妖美をもたらすだろう。また、彼らの背景たる「大内裏」や「仏門」についても詳しく紹介。魔縁の都を統べる宮中の内情、変貌を遂げた仏教施設などが詳しく紹介され、シナリオに新たな舞台となるだろう。新たな分限として「行者」「奸臣」「助役」「僧正」が登場。厳しい修行を積んだ体術と法力を使いこなす行者、宮中にあって権勢を振るう僧正など、今まで

◆本格幻想RPG 陰陽師式神図録—公式ビジュアルガイド 一迅社，講談社 発売
【要旨】全陰陽師と式神の美麗原案イラスト，実装済の全スキンイラスト，初公開設定画，御魂ビジュアル，背景美術ボード。美麗なビジュアルを，一挙に収録。
2017.8 143p B5 ¥2100 ①978-4-7580-1561-5

◆マイルドヤンキー＆ミ＝ゴーヤンキー＆ヨグ＝ソトースサプリメント 平野累次，冒険企画局著 新紀元社 (Role & Roll Books)
【要旨】サイコロを振っていくだけで，誰でも手軽に物語がつくれちゃう「サイコロ・フィクション」シリーズ第12弾！「ヤンキー＆ヨグ＝ソトース」にサプリメントが登場。リプレイに加え，バラエティ豊かなヤンキーを作るためのヤンキークラスや戦闘スタイル，一風変わった町を作れる追加施設，新たなケツモチ邪神も収録しているぞ！この一冊で，異世界の喧嘩が変わる！
2017.11 247p 18cm ¥1700 ①978-4-7753-1571-2

◆マージナルヒーローズ—チェンジアクションRPG 三枝チャージ，F.E.A.R.著 KADOKAWA
【要旨】ゲームシステムはSRS（スタンダード・RPG・システム）を使用。ベルトを使って強くなる"ベルトアーマー"。グループで戦う"プラトゥーン"。個性的な衣装に着替えて戦う"プリティ"。その他，複数のキャラクタークラスを組み合わせて，キミだけのオリジナルヒーローを作り出せ!!
2017.2 323p B6 ¥1800 ①978-4-04-072246-7

◆魔道書大戦RPGマギカロギア基本ルールブック 河嶋陶一朗，冒険企画局著 新紀元社 (Role & Roll RPG)
【要旨】「マギカロギア」のルールとデータをまとめた，ルールブック！今までに発売された全シリーズのルールをこの一冊に収録。新規ルール，データ多数に加え，書き下ろしイラストも収録した。
2017.4 240p B5 ¥3800 ①978-4-7753-1478-4

◆魔道書大戦RPG マギカロギア スタートブック 河嶋陶一朗，冒険企画局著 新紀元社 (Role & Roll Books)
【要旨】封印されていた邪悪な魔道書"禁書"が世界中に解放された。このままでは，"禁書"が引き起こす魔法災厄によって，「世界の滅び」が訪れる。キミは魔法使いとなって，人に取り憑いた魔道書を探しだし，封印しなければならない。運命を賭けて戦う魔法使いたちのテーブルトークRPG！サイコロを振っていくだけで，誰でもお手軽に物語がつくれちゃう「サイコロ・フィクション」の人気シリーズ『マギカロギア』のお手軽ルールブックが登場。基本となるルールを一通り収録しており，これ一冊で楽しく遊べちゃう。実際に遊んだ様子を描いた「リプレイ」もついているので，初めて『マギカロギア』を遊ぶ人にお勧めだ。
2018.1 289p 18cm ¥1500 ①978-4-7753-1569-9

◆ヤンキー＆ヨグ＝ソトース—異世界TRPG伝説 平野累次，冒険企画局著 新紀元社 (Role & Roll Books)
【要旨】かつて邪神に襲撃され，異世界から来た勇者ヤンキーによって救われた世界ガイヤンキー。その地に，再び危機が訪れた。邪神どもが，凶悪なバッドヤンキーを連れて侵略を始めたのだ！「正義のヤンキー様，お助けください！」人々の祈りが，グッドヤンキーを呼ぶ！ハンパねえヤンキーたちのガチ喧嘩が，異世界で繰り広げられる！サイコロを振っていくだけで，誰でも手軽に物語がつくれちゃう「サイコロ・フィクション」シリーズ，第12弾!!実際の遊び方がよくわかるリプレイに加え，基本ルールをも収録。正義のグッドヤンキーとなって，ちょっと変わったファンタジー風の異世界をうろつきまわろう！異世界での生活が，キミの力となる！
2017.9 255p 18cm ¥1700 ①978-4-7753-1536-1

◆リアリティショーRPGキルデスビジネス基本ルールブック 齋藤高吉，冒険企画局著 新紀元社
【要旨】テーブルトークRPG「キルデスビジネス」のルールとデータをまとめたルールブックがついに登場！シリーズ第1巻の基本的なルールに加え，第2巻から第6巻までの膨大な追加データや追加ルールを収録し，好きなセッティングでゲームを楽しめる。「キルデスビジネス」のレギュラー出演者や常連の悪魔も，これから始めてみる人も，みんなにお勧めの一冊だ！
2018.1 199p B5 ¥3800 ①978-4-7753-1577-4

◆DARK SOULS TRPG 加藤ヒロノリ，グループSNE著 KADOKAWA
【要旨】本書には，ゲームマスターとプレイヤーが互いに死力を尽くすための数々のゲームルールと，「ダークソウル3」に登場する様々な戦技，アイテム，エネミーなどのTRPG用データが収録されている。理と知略，そして天運を以て，絶望と希望がせめぎ合う数多の試練を乗り越えよ，「ダークソウル3」の展開をTRPG用に再構成した四篇のシナリオ。「灰の墓所」より始まるこれらのシナリオは，プレイの度にマップが異なり，その都度新たな戦略が求められる。
2017.5 303p B6 ¥1400 ①978-4-04-072314-3

◆DARK SOULS TRPG 02 LORD OF CINDER FALLEN 加藤ヒロノリ，グループSNE著 KADOKAWA
【要旨】新たな素性「狩人」「山賊」，高レベルに対応したアイテムやスキルなどの各種TRPG用データ，対人戦を存分に楽しめる「不死の闘技」に関するルール，「ダークソウル3」の中から「ファランの城塞」「カーサスの地下墓」「冷たい谷のイルシール」「アノール・ロンド」をTRPG用に再現したシナリオを収録。『DARK SOULS TRPG』のサプリメント。
2017.11 303p B6 ¥1600 ①978-4-04-072515-4

ゲームブック

◆基礎からのコントラクトブリッジ—プレイのカタチ 清水映樹著，日本コントラクトブリッジ連盟普及事業部協力 （府中）エスアイビー・アクセス，星雲社 発売
【目次】第1章 狙いを定める，第2章 手筋に慣れる，第3章 ちょっとしたテクニックを使う，第4章 ちょっとしたアイデアを使う，第5章 プレイの構想を考える，第6章 プレイラインを選択する，第7章 ディフェンスの狙いを阻止する，第8章 ディフェンスを困らせる，付録 プレイテクニックモデル
2017.12 189p A5 ¥1250 ①978-4-434-24029-4

◆コントラクトブリッジ ディフェンスプロブレム 1 初級編50 今倉正史著 （府中）エスアイビー・アクセス，星雲社 発売 (SIBaccess Mind Sports Series 13) 改装版
2017.8 83p A5 ¥1250 ①978-4-434-23676-1

◆コントラクトブリッジ ディフェンスプロブレム 2 初級編50 今倉正史著 （府中）エスアイビー・アクセス，星雲社 発売 (SIBaccess Mind Sports Series 15)
2017.10 79p A5 ¥1250 ①978-4-434-23823-9

◆コントラクトブリッジ ディフェンスプロブレム 2 中級編50 今倉正史著 （府中）エスアイビー・アクセス，星雲社 発売 (SIBaccess Mind Sports Series 16)
2017.10 81p A5 ¥1250 ①978-4-434-23824-6

◆コントラクトブリッジ プレイプロブレム 2 精選50 田中俊華著 （府中）エスアイビー・アクセス，星雲社 発売 (SIBaccess Mind Sports Series 14)
2017.7 85p A5 ¥1250 ①978-4-434-23677-8

◆シド・サクソンのゲーム大全 シド・サクソン著，竹田原裕介訳 （立川）ニューゲームズオーダー
【要旨】ゲーム史の権威にして現代ボードゲームデザインの父，シド・サクソンが厳選してお送りする，ゲーム集の金字塔。大人数パーティーゲーム「ハグル」から政治戦略ゲーム「オリジン・オブ・ワールド・ウォー・1」まで，38個の珠玉のルール。ほとんどのゲームはトランプ・サイコロ・紙・ペンだけで遊べます。1969年の初版から半世紀を経て初の邦訳。
2017.12 282p A5 ¥4630 ①978-4-908124-20-4

◆種の起源 ディクレアラー編 1 —ブリッジ世界チャンピオンへの最初の一歩 中村嘉幸著，富澤昇編 （府中）エスアイビー・アクセス，星雲社 発売 （中村嘉幸ファイル1） 新装版
【目次】エントリーマネージメント，オーダー・オブ・デヴェロップメント，トランプコントロール，ホールドアップ，ラフ
2017.5 89p A5 ¥1400 ①978-4-434-23329-6

◆種の起源 ディクレアラー編 2 —ブリッジ世界チャンピオンへの最初の一歩 中村嘉幸著，富澤昇編 （府中）エスアイビー・アクセス，星雲社 発売 （中村嘉幸ファイル2）
【目次】エントリーマネージメント，オーダー・オブ・デヴェロップメント，オーダー・オブ・プレイ，スクイズ，トランプコントロール，ロングスートマネージメント
2017.6 89p A5 ¥1400 ①978-4-434-23330-2

ゲーム攻略本

◆アイカツ！フォトonステージ!!イラストコレクション アニメディア編集部編 学研プラス
【要旨】人気のスマートフォンゲーム『アイカツ！フォトon ステージ!!』で発表された初代フォトカツ8を大特集!!
2017.4 159p A4 ¥2000 ①978-4-05-406536-9

◆アイドリッシュセブン オフィシャルファンブック 2 電撃Girl's Style編集部編 KADOKAWA
【要旨】ステージ衣装やRabbit Chat などアイドルたちの魅力満載。新たに登場した先輩Re:valeの情報も要チェック！第2部のストーリーをスチルとともにおさらい！さらにはメンバーショットでアイドルたちの活動がまるわかり。スタッフやキャストへのインタビューから，アイドルたちへのインタビューまで，本書でしか読めない内容が盛りだくさん！
2017.8 191p A4 ¥2800 ①978-4-04-892442-9

◆アクセル・ワールドVSソードアート・オンライン 千年の黄昏（ミレニアム・トワイライト）ザ・コンプリートガイド 電撃攻略本編集部編 KADOKAWA
【要旨】"加速世界"と"仮想空間"2つの世界の個性を使いこなすための，完全攻略本。DLCキャラクターのサチとユナを含む40人にもおよぶプレイアブルキャラクターのステータスや習得スキルをバッチリ収録！サイドエピソードや各種クエストといった本編以外のお楽しみ要素もデータも充実！
2017.3 287p B5 ¥2100 ①978-4-04-892874-8

◆アプリ完全攻略 VOL.23 総力特集 アズレン2018攻略指令書 ゴールデンアックス編・執筆 スタンダーズ
【要旨】艦船少女詳細データ＆最新戦術完全公開!!155艦全ステータス＆スキル，オススメの運用方法やボイス集まで!!海域攻略・9章までの全海域を突破せよ！海域ドロップ＆敵艦隊出現データ。
2018.1 208p A5 ¥1000 ①978-4-86636-229-8

◆アマカノ - Second Season - ビジュアルファンブック ピロ水，あざらしそふと著 ジーオーティー
【要旨】出会い～恋，そして未来へ繋がる，甘い軌跡。私の素顔を覗いて…。美麗イラストギャラリー。"龍岳来"渾身の書き下ろしガールズトークSS。制作舞台裏を初披露!?メインスタッフ座談会!!
2017.3 159p A4 ¥3148 ①978-4-8148-0022-3

◆天結いキャッスルマイスターパーフェクトガイドブック KADOKAWA (TECHGIAN STYLE) （付属資料：CD-ROM1）
【要旨】『姫狩りダンジョンマイスター』や『神採りアルケミーマイスター』の流れを汲むシミュレーションRPG『天結いキャッスルマイスター』を徹底攻略！イベントCGを網羅したストーリーダイジェスト／マップ攻略／各種データ／イラストギャラリー／原画家陣の秘蔵ラフ／藤原組長インタビュー。
2017.12 271p A4 ¥4200 ①978-4-04-734915-5

◆イケメン革命 アリスと恋の魔法 公式ビジュアルファンブック サイバード著・監修 リンダパブリッシャーズ，泰文堂 発売
【要旨】「イケメンシリーズ」の最新人気作『イケメン革命◆アリスと恋の魔法』。その美麗なキャラクターイラストや背景ビジュアル，スチル，彼カード（ゲーム内では見ることのできないキャ

趣味

実用書

◆イロドリミドリ公式ガイドブック2nd Anniversary　イロドリミドリ新聞部, セガ・インタラクティブ原作　KADOKAWA
【要旨】大人気音楽ゲーム『チュウニズム』から生まれた女子高生バンド『イロドリミドリ』。活動2周年を迎える彼女たちに関するビジュアルや設定資料を一挙収録！
2017.11 95p B5 ¥1800 ①978-4-04-072525-3

◆ウイニングポスト8 2017 コンプリートガイド 上　(横浜)コーエーテクモゲームス
【要旨】新配合理論に加え、全種牡馬と実在繁殖牝馬データを公開！おさえておきたいゲームの基礎知識に加え、「お守りボーナス」等の新規要素を新規追加分まで詳しく解説！最新の活躍馬が追加された、全種牡馬と実在繁殖牝馬の詳細データを掲載。
2017.3 167p A5 ¥1800 ①978-4-7758-0990-7

◆ウイニングポスト8 2017 コンプリートガイド 下　(横浜)コーエーテクモゲームス
【要旨】新規イベントもすべて掲載！各年の競走馬の動向も詳しく解説！1982年から2016年まで、あの頃の情勢やライバル馬を、手に入れておきたい有力馬などを紹介！新規を含む全イベントの発生条件と効果を一挙解説！秘書チャレンジの目標もすべて公開！ゲーム内で可能な再現配合も、繁殖牝馬名から探せる便利なデータ！
2017.3 167p A5 ¥1800 ①978-4-7758-0991-4

◆ウイニングポスト8 2017最強配合理論　(横浜)コーエーテクモゲームス
【要旨】新規を含むさまざまな配合理論を、配合例を挙げながら詳しく解説！母としても優秀な牝馬をピックアップ。数多くの組み合わせの中からオススメの配合例を紹介。ゲーム内で可能な再現配合を種付けけ内も掲載。セリ・トレーニングセールの上場馬や、輸入種牡馬・繁殖牝馬も完全掲載。
2017.3 207p A5 ¥2400 ①978-4-7758-0992-1

◆うたわれるもの 偽りの仮面／二人の白皇公式ビジュアルコレクション　週刊ファミ通編集部編　カドカワ, KADOKAWA 発売
【要旨】甘露樹氏、みつみ美里氏による設定原画からゲーム中ビジュアル、モーション設定まで。雑誌表紙や店舗特典などを飾った一枚絵か。全身・表情・服装などの設定イラスト。ゲーム中の豊かな表情集。ゲーム中イベントビジュアル。戦闘モーション設定。オープニング絵コンテ。作品世界の美術設定。
2017.3 303p A4 ¥3000 ①978-4-04-733225-6

◆エンドレスメイズ 迷宮創生の魔剣―ソード・ワールド2.0サプリメント　北沢慶監修, 川人忠明, 田中公侍, グループSNE著　KADOKAWA
【要旨】キミたちは、かつて迷宮へと消えていった冒険者たちの跡を追うこととなる無限に広がる迷宮の中にある手がかりを元に、彼らの行方と魔剣に秘められた真実を解き明かせ！『エンドレスメイズ』は、悪徳と魂の真理に関わる物語を紐解くも良し、魔剣「メイズメイカー」をいつものセッションに組み込むも良し、ランダムダンジョン踏破を楽しむも良しのシナリオ集サプリメントだ！その遊び方は、まさに無限大。キミたちの冒険を広げる一冊となるだろう。
2017.3 143p B5 ¥3300 ①978-4-04-072247-4

◆御城プロジェクト：RE-CASTLE DEFENSE 公式城娘図録　ファミ通文庫編集部編　KADOKAWA
【要旨】城娘たちの美麗な立ち姿を収録！所領や戦場、兜、そして用語集を公開!!千狐、やくもが殿のために奮闘する短編小説を仁科朝丸氏が書き下ろし！
2017.8 255p A4 ¥3200 ①978-4-04-734741-0

◆おそ松さんTHE GAMEはちゃめちゃ就職アドバイス-デッドオアワーク-公式ファンブック　ガールズメディアサービスノクション著 Gzブレイン, KADOKAWA 発売 (B'sLOG COLLECTION)
【要旨】登場キャラクターのイラストがズラリ！全エピローグを見る方法も丸わかり！ゲーム中のスチルを一挙掲載。ニートたちの奮闘が

ことなく収録!!
2017.9 95p A4 ¥2700 ①978-4-04-733278-2

◆カスタムメイド3D2オフィシャルファンブック2+VR　テックジャイアン編集部編 KADOKAWA（TECHGIAN STYLE）（付属資料：DVD・ROM1）
【要旨】公式ファンブック第2弾。話題の最新DLC『バケーションパックVR』リリースに向けてのスタッフインタビューや第二回『嫁イドグランプリ』受賞作品を掲載！＋アペンドディスクには、このファンブックでしか手に入らないKISSと美少女ゲームブランド＆作家のコラボレーション企画データ、新規ダンス曲『改革的ハートグラフィー』も収録。
2017.3 78p B5 ¥2400 ①978-4-04-734477-8

◆ガールフレンド(仮)公式ビジュアルコレクション Vol.3　電撃攻略本編集部編 KADOKAWA
【要旨】2015年11月〜2016年12月までのイラストをまるごとまとめ。4周年にふさわしい珠玉の豪華画集！他校を含む新登場ガール14名を立ち絵やプロフィールとともに紹介！イベントのほか各種キュピ、特典で入手できたカードを一挙収録！カード枠で見えなかった部分も堪能できる元イラストも掲載。ぷちガールちゃんギャラリーや衣装デザインなど企画記事も充実！おなじみの制作イラストレーター陣の秘蔵スケッチもお楽しみに！
2017.2 479p A4 ¥3700 ①978-4-04-892579-2

◆牙狼"GARO"魔戒騎士列伝 鋼の咆哮　ホビージャパン　復刻増補版
【要旨】『牙狼"GARO"』シリーズ黎明期に「月刊ホビージャパン」で連載された、イラスト/雨宮慶太、テキスト/田口恵、ディオラマ造形/竹谷隆之という豪華スタッフによる公式外伝が待望の復刻！
2017.3 129p A4 ¥2600 ①978-4-7986-1423-6

◆逆転大全2001・2016　電撃攻略本編集部編 KADOKAWA
【要旨】『逆転裁判』誕生から15年を記念してシリーズ10作品を電撃が徹底分析！「逆転裁判」シリーズ10作品の全事件を解説！タイムラインの形式で事件前後の動向まで一目瞭然！クリエイター各氏によるディープトーク6篇を収録！シリーズを織り成すタイムラインを視覚化！名場面、名台詞の記憶を鮮やかに呼び起こす！シリーズ全体の時系列を整理する企画のほか、全作品の登場人物＆証拠品リストを掲載！
2017.3 333p A4 ¥3800 ①978-4-04-892524-2

◆銀色、遥か ビジュアルファンブック　テックジャイアン編集部編 KADOKAWA（TECHGIAN STYLE）
【要旨】tone work's の恋愛アドベンチャーゲームの繊細かつ透明感溢れるビジュアルを、作品の雰囲気そのままに一中学編、学園編、アフター編とじっくり丁寧に描かれた5人のヒロインとの恋模様をいつでも振り返ることができる、彼女たちとの思い出アルバムのような一冊。武藤氏の新規書き下ろし!!ピンナップあり。
2017.3 126p A4 ¥3300 ①978-4-04-734469-3

◆グリムノーツビジュアルブック　電撃オンライン編集部編 KADOKAWA（DENGEKIONLINE）
【要旨】初のビジュアルブック。1周年記念で実装されたヒーロー152人のフレーバーテキストも収録。
2017.3 110p A4 ¥2000 ①978-4-04-892797-0

◆携帯型ゲーム機 超コンプリートガイド　レトロゲーム愛好会編 主婦の友インフォス, 主婦の友社 発売（『携帯型ゲーム機 コンプリートガイド』改訂・改題書）
【要旨】ゲームボーイ、ゲームギア、PCエンジンGT、ワンダースワン、ニンテンドーDS、ニンテンドー3DS、PSVITA、海外マニアックハードほか。携帯型ゲーム機の始祖、ゲーム＆ウオッチもパーフェクト掲載。
2017.11 159p A5 ¥1300 ①978-4-07-426905-1

◆ゲーム攻略大全 Vol.6 ポケットモンスター サン・ムーン最終攻略ガイド　ポケット研究会著　晋遊舎
【要旨】まだ誰も見たことのない未解禁ポケモンがGETできる極限ウラ技大公開!!
2017.2 191p A5 ¥900 ①978-4-8018-0653-5

◆ゲーム超攻略ガイド マインクラフト究極スゴ技コレクション　Project KK編　ソシム
【要旨】歴代2328ページから好評だった1166技を厳選。2018.1マイクラ攻略決定版！
2018.1 304p A5 ¥1300 ①978-4-8026-1136-7

◆公式ポケモンぜんこく図鑑 2018 ―ポケットモンスターウルトラサン・ウルトラムーン対応　元宮秀介, ワンナップ著, ポケモン, ゲームフリーク監修　オーバーラップ
【要旨】進化の流れがひと目でわかる！ポケモンの生態をコラムで紹介！見て、読んで面白い！家族や友だちと楽しもう！（『ポケモンぜんこく図鑑』）。バトル＆育成に絶対役立つ！ポケモンのタイプやとくせい、のうりょく、おぼえられるわざなど、最新の公式データを完全網羅！（『ポケモンデータファイル』）。
2017.12 2Vols.set B5 ¥2000 ①978-4-86554-278-3

◆三國志13マニアックス　(横浜)コーエーテクモゲームス
【要旨】ダウンロードコンテンツや初回封入特典を含む、『パワーアップキット』までのシナリオと英傑伝にすべて紹介！すべてのコマンドを徹底攻略。新登場の「威名」についても詳しく掲載。「軍議」や「戦法」「兵科」など、戦闘での勝利に欠かせないデータが満載！『パワーアップキット』までの全イベント詳細と、官爵と名品のデータを紹介！ゲームに登場する全60都市の詳細データに加え、147カ所の集落データも掲載。『パワーアップキット』での追加分を含む、全800名の武将データを一挙公開！
2017.3 199p A5 ¥2800 ①978-4-7758-0994-5

◆実況パワフルプロ野球 イベキャラ名鑑　電撃ゲーム書籍編集部編 KADOKAWA
【要旨】パワフル高校から円卓高校まで、全16校からイベキャラのイラストと選手データ（SR）を収録したキャラクター名鑑登場！
2017.12 255p A5 ¥2100 ①978-4-04-893567-8

◆シャドウバース公式タクティクスガイド Vol.3 TEMPEST OF THE GODS　電撃App編集部編 KADOKAWA
【要旨】2017年3月30日より配信のTEMPEST OF THE GODSの全106種のカードイラストやスペック、台詞をすべて掲載。すべてのカードのレビュー付き！神々の騒乱のすべてのカードイラストや能力を網羅。トッププレイヤーちゃま氏監修による新弾デッキを立ち回りまで含めて紹介。プレイヤーアンケートの結果や開発スタッフへのインタビューを掲載。
2017.3 97p B5 ¥1500 ①978-4-04-892848-9

◆初心者でも安心！クラフター養成ガイド ―マインクラフトで建築家になる!!　マイクラ職人組合著　宝島社
【要旨】わかりやすい立体組立図で建物のつくり方が一目瞭然！本当につくれるカンタン組立図。「天空の城」で話題の神クラフター直伝立体組立図付き！
2018.1 223p A5 ¥1100 ①978-4-8002-7970-5

◆真・女神転生DEEP STRANGE JOURNEY公式悪魔データ　電撃ゲーム書籍編集部編 KADOKAWA
【要旨】生息エリアも網羅した詳細なデータでエンディングまでのプレイをサポート！1周目のラストダンジョンまでに出現する悪魔と仲魔のデータをあますところなく掲載！仲魔データには悪魔全書に登録するためのパスワードも載っているので、欲しい仲魔がすぐに召喚できる！新ダンジョンに出現するものも含め追加された悪魔＆仲魔のデータも掲載！『真・女神転生STRANGE JOURNEY』には出現しなかった悪魔＆仲魔のデータも収録。リファインにあたって調整されたデータもバッチリ網羅！スキルデータを一覧化！強化なスキルをお目当ての仲魔に継承させよう！効果や消費MP、継承元タイプなどスキルに関するデータもれなく掲載。また、スキル継承やデビルソースから習得者を逆引きできるインデックスも完備！
2017.10 191p A5 ¥1400 ①978-4-04-893448-0

◆真・女神転生DEEP STRANGE JOURNEY公式パーフェクトガイド　週刊ファミ通編集部著 Gzブレイン, KADOKAWA 発売
【要旨】悪魔会話や戦闘の仕組みなど、心底楽しむために知っておくべきシステムを解説。悪魔合体に関連する法則、スキル継承、合体事故の仕組み、"サブアプリ"の開発リストも完全公開。パ

スワード専用悪魔35体のパスワードも掲載。すべての攻略のエンディングへの道しるべ。3ルートの攻略チャートと攻略ポイントを紹介。主人公への質問の発生ポイントや、各回答への選択肢の「スタンス」変動値も記載。EXミッションも併記しているので取り逃しなく受注可能。メインミッションで戦う、ボスクラスの悪魔の攻略方法を紹介。対強敵ボス悪魔との攻略で役立つ、編集部で制作した「絶対勝てる悪魔」のパスワードも掲載。もっと強く、もっとハードに。コアな『真・女神転生』プレイヤー必読。超高難度モード、IMPOSSIBLEの攻略法や、強力な仲魔を併せ持つ最強悪魔生成例など、どん欲に楽しむための情報を集約。これを読めば高難度でも「制覇できる！」と思えること請け合い。もちろん、最強悪魔のパスワードも掲載。落とし穴地獄も、ワープ地獄も、隠し扉地獄も、流れる床地獄もおまかせあれ。攻略の手助けだけでなく、"マップ埋めたい症候群"のあなたも満足させます。出現悪魔一覧併載で、仲魔もいぬも実用的。2周目以降に受注可能なものも含む、全80個のEXミッションの攻略を徹底支援。本作のやり込みどころの攻略を徹底支援。仲魔、ギフトタイプともらえるアイテム、デビルソース、スキルデータ&逆引きスキルリスト、アイテム、ラボ育成など、ありとあらゆるデータを完全解放。開発スタッフ全面協力、ネタバレ上等"四方山DSJ"。超ネタバレ本『真・女神転生STRANGE JOURNEYシュバルツバース回顧録』が用語集、"四方山SJ"を加筆修正して収録。本作で新たに追加されたシナリオやキャラクターなどの設定秘話を、開発スタッフ書き下ろしでお届け。
2017.11 487, 40p A5 ¥2200 ①978-4-04-733294-2

◆数乱digit公式ファンブック　アイディアファクトリー監修　一二三書房
【要旨】『数乱digit』に関わる各種イラストやキャラクターデザイン類はもちろん、開発陣完全監修・協力により、書き起こしコメントやキャラクターたちの掛け合いなど…。本書でしか堪能いただけない企画も盛り込んだ公式ファンブックです。『数乱digit』を"もっと楽しみたい""知りたい"という多くのファンの方にお読みいただきたい一冊です。
2017.1 221p A4 ¥3900 ①978-4-89199-419-8

◆ストライクウィッチーズ 軌跡の輪舞曲（ロンド）OFFICIAL VISUAL FILE vol.01　島田フミカネ, Projekt Kagonish原作　KADOKAWA
【要旨】異形の敵"ネウロイ"の出現で、人々の住処は次々と奪われていった。人類は魔力によって空を飛ぶ「ストライカーユニット」を開発。第501統合戦闘航空団（通称：ストライクウィッチーズ）を結成し、世界に平和を取り戻すため、日夜"ネウロイ"との戦いを繰り広げていた。そして今日、中継基地として機能していた「ある街」が、攻撃を受けたとの報せが入る。広大な戦域に対応するため、ひとりの新人ウィッチが、ウィッチーズ本体に呼び出されていた。2015年秋、配信をスタートしたカードバトルRPG「ストライクウィッチーズ軌跡の輪舞曲」で登場したイラスト、秋と冬の記録。
2017.3 95p A4 ¥1800 ①978-4-04-105438-3

◆ストライクウィッチーズ 軌跡の輪舞曲（ロンド）OFFICIAL VISUAL FILE vol.02 Spring & Summer　島田フミカネ, Projekt Kagonish原作　KADOKAWA
【要旨】春はお花見！夏は海水浴！ウイッチと過ごした春と夏の思い出。
2017.4 95p A4 ¥1800 ①978-4-04-105558-8

◆スーパードラゴンボールヒーローズ スーパーヒーローズガイド　Vジャンプ編集部企画・編　集英社　（Vジャンプブックス）　（付属資料：カード1）
【要旨】新CAAや『SDBH』で登場した新能力"TAA"を解説!!最新弾カードデータからバトルタイプ"SP"を徹底解説!!最新ミッションでレジェンドクリアを達成できる攻略法を伝授!!2弾ミッションの相手チームの行動をまとめた特集ページも掲載!!
2017.1 177p A5 ¥1200 ①978-4-08-779750-3

◆スーパードラゴンボールヒーローズ スーパーヒーローズガイド 2　バンダイ公認Vジャンプ編集部企画・編　集英社　（Vジャンプブックス）　（付属資料：カード1）
【要旨】最新弾カードを解説つきで掲載!!最新ミッションのゴッドボスをレジェンドクリアできる攻略法を伝授!!3弾と4弾で登場するTAA「超スラッシュ」と新CAA「ドロー」を解説!!4弾ミッションの相手チームの行動をまとめた特集ページを掲載!!
2017.5 177p A5 ¥1200 ①978-4-08-779756-5

◆スーパーマリオ オデッセイ ザ・コンプリートガイド　電撃ゲーム書籍編集部編　KADOKAWA　（付属資料：別紙1）
【要旨】すべてのパワームーンを1個ずつ、場所から入手方法まで完全解説！マスターカップも楽勝のショートカットポイントを解説！場所をマップで表示し、見つけにくい取りにくいコインを詳しく解説！意外な方法で獲得できるパワームーンを解説。チャレンジしてみよう！『スーパーマリオオデッセイ』の疑問にすべてこたえます！
2017.11 735p A5 ¥1600 ①978-4-04-893560-9

◆スーパーマリオラン SMART GUIDE　ニンテンドードリーム編集部編著　アンビット, 徳間書店 発売
【要旨】ピンク・パープル・ブラック3つのコインのマップを完全収録！「キノピオラリー」で勝利するためのコツを伝授！基本テクニックや「王国づくり」のデータなどこれから『スーパーマリオラン』を遊び始める人にもためになる1冊です！全75ステージをこの本でもっと楽しもう！
2017.4 191p A5 ¥880 ①978-4-19-864393-5

◆スーパーロボット大戦5パーフェクトバイブル　週刊ファミ通編集部編　カドカワ, KADOKAWA 発売
【要旨】ユニットインデックス、ゲームシステム解説、隠し要素入手条件、部隊強化&攻略指南、シナリオチャート、味方ユニット出撃タイムテーブル、シナリオ攻略、パイロットデータ、機体データ、精神コマンド検索、原作設定、オリジナル機体&パイロット設定、ライブラリーコンプリートリスト、プロデューサーインタビュー。本編+ボーナスシナリオ攻略から、ユニット詳細データまで網羅する唯一の完全攻略本！
2017.3 495p A5 ¥1800 ①978-4-04-733246-1

◆スーパーロボット大戦Vユニットデータガイド　電撃攻略本編集部編　KADOKAWA
【要旨】機体・パイロット、強化パーツのデータに加え、特殊能力・特殊スキル、シナリオチャートなどの攻略要素も網羅した新たなる航路で最後まで戦い抜くための最強情報を凝縮！パイロットの各レベルの能力値、特殊スキル&エースボーナス、機体の各段階の改造値、特殊能力&カスタムボーナス掲載！スキル&スキルプログラム解説&TacP入手条件公開！
2017.2 208p A4 ¥1400 ①978-4-04-892873-1

◆スプラトゥーン2 コウリャク&イカ研究白書　週刊ファミ通編集部著　Gzブレイン, KADOKAWA 発売
【目次】システム&ノウハウ、ヒーローモードコウリャク、バトルコウリャク、サーモンランコウリャク、ブキ&ギアデータ、イカ研究白書
2017.8 431p A5 ¥1200 ①978-4-04-733268-3

◆スプラトゥーン2 ザ・コンプリートガイド　電撃ゲーム書籍編集部編　KADOKAWA　（付属資料：別紙1）
【要旨】ハイカラスクエアの歩き方基本メニュー&アクション解説。「レギュラーマッチ」「ナワバトラ」「ガチエリア」「ガチヤグラ」ステージ別攻略。全ブキ種ごとの基本戦術指南&詳細ブキデータ掲載。ギアパワー&ギアデータ解説「アタマ」「フク」「クツ」各データ掲載。基本システムと、ギアルールイクラゲット&シャケ解説。イリコニウム&ミステリーファイル入手法全エリアMAP攻略。
2017.8 463p A5 ¥1400 ①978-4-04-893313-1

◆3DSゲーム完全攻略 VOL.6　カゲキヨ構成・編　スタンダーズ
【要旨】登場ポケモン859種&アローラ図鑑403種のデータを完全収録。クリア後の伝説ポケモン入手方法、これでカンペキ！ポケモン厳選術、過去作のあつめたすべてのポケモン完全入手記！改造マル秘テクニックも掲載！
2017.12 207p A5 ¥861 ①978-4-86636-221-2

◆ゼルダの伝説 ブレスオブザワイルド パーフェクトガイド　週刊ファミ通編集部編　カドカワ, KADOKAWA 発売
【要旨】広大なハイラルを完全踏破するための情報満載！
2017.5 495p A5 ¥1500 ①978-4-04-733242-3

◆ゼルダの伝説ブレス・オブ・ザ・ワイルド MASTER WORKS　ニンテンドードリーム編集部著　アンビット, 徳間書店 発売
【要旨】本章では描き下ろしのイラストに加え、2017年11月時点で制作済みのすべてのイラストを掲載していく。また、制作者によるラフスケッチや解説も添えることによって、制作イラストを見ながらもう一度『ゼルダの伝説・ブレス・オブ・ザ・ワイルド』の世界に深く浸っていただきたい。
2017.12 413p A4 ¥4600 ①978-4-19-864539-7

◆千の刃濤、桃花染の皇姫ビジュアルファンブック　テックジャイアン編集部編　KADOKAWA（TECHGIAN STYLE）
【要旨】オーガストの人気作を構成する登場人物たちやイベントCG、舞台設定など。スタッフによるメイキングコメントとともに振り返るストーリーダイジェストや、キャストコメント、イラストギャラリー、ラフ画集もアリ！描き下ろしポスター付き!!
2017.3 223p A4 ¥3400 ①978-4-04-734470-9

◆ゾンビサバイバルRPG ダイス・オブ・ザ・デッドーグレートウォール・ブレイク　大井雄紀, グループSNE編　KADOKAWA
【要旨】ゾンビがあふれる街―東京。キミはゾンビの因子を持ちつつも、ゾンビ化する力を持ちながらも普通のゾンビになることを恐れ、そして恐れられている。この街で生き続ける限り、希望はない。わずかな可能性に賭け、キミはこの街を囲む壁を越える決意をする。ゲームの進行役「ゲームマスター」とキャラクターを担当する「プレイヤー」たちが協力して遊ぶアナログゲームそれが「テーブルトークRPG（TRPG）」だ。本書は、TRPGのひとつ『ゾンビサバイバルRPG ダイス・オブ・ザ・デッド』を遊ぶための「ルール」を収録。本書を読めば、誰でもTRPGをプレイすることが可能だ。
2017.3 121p B5 ¥3200 ①978-4-04-072248-1

◆ダークソウル3 ザ ファイアフェーズエディション 公式コンプリートガイド　電撃攻略本編集部編　KADOKAWA
【要旨】絵画世界「アリアンデル」と小人の街「輪の都」を含むすべてのエリアを詳細マップで完全攻略！
2017.5 431p A5 ¥2100 ①978-4-04-892991-2

◆ダンジョントラベラーズ2&2-2 オフィシャルビジュアルコレクション　週刊ファミ通編集部編　GzブレインKADOKAWA 発売
【要旨】笑顔×勇姿×闇堕ち。『ダントラ2』&『ダントラ2-2』ビジュアル満載のイラスト集。
2017.9 319p A4 ¥2700 ①978-4-04-733283-6

◆地球防衛軍5オフィシャルガイドブック　週刊ファミ通編集部編　Gzブレイン, KADOKAWA 発売
【要旨】人類の存亡がかかった険しい戦いをバックアップ！積み重ねて強くなる戦闘テクニック、流れを知りミッションを制する。集める、選ぶ！武器など各種データ。全ミッション攻略+データベース。初心者、中級者にも安心のガイドブック！
2017.12 215p A5 ¥1950 ①978-4-04-733306-2

◆ディズニーツムツムでもっと遊ぶ本 2017　ファミ通App編集部編　カドカワ, KADOKAWA 発売
【要旨】1000万点をとるにはどうしたらいい？ツムのくわしいデータを知りたい！成長させるとどのツムのスコアが高くなるの？かわいいツムをずっと眺めていたい！コインを稼ぐにはどのツムがオススメ？ミッションビンゴで役立つツムはどれ？『LINE：ディズニーツムツム』がもっと好きになれる本。
2017.4 159p B6 ¥750 ①978-4-04-733248-5

◆できる てんやわんや街長直伝！レッドストーン回路パーフェクトブック 困った！&便利ワザ大全　てんやわんや街長, できるシリーズ編集部著　インプレス（できるシリーズ）
【要旨】回路の基本から論理回路まで学んで本格的な「トロッコ鉄道」を作ろう！トラップ付きダイヤル式金庫、全自動サトウキビ収穫装置、自動照明装置、自動アイテム搬送装置、などの実例も満載。
2017.7 246p 24×19cm ¥1680 ①978-4-295-00199-7

◆デジモンストーリーサイバースルゥース ハッカーズメモリー公式ガイドブックー PlayStation 4/PlayStation Vita両対応版

趣味

実用書

Vジャンプ編集部企画・編　集英社　（Vジャンプブックス）
【要旨】全18チャプターを進行チャートで解説！マップやボスとのバトル攻略も完璧!!育成可能なデジモンのデータを網羅！能力、スキル、進化退化条件も収録!!重要＆通常依頼の進行チャートをフォロー！重要依頼はマップやボス攻略も丸わかり!!デジモンを代表する伝説の3人が集結！20年間を振り返るスペシャル座談会!!
2017.12 177p A5 ¥1400 ①978-4-08-779763-3

◆天下統一恋の乱 Love Ballad - 華の章 - ビジュアルブック　一二三書房
【要旨】2014年12月に配信開始された『天下統一恋の乱Love Ballad～華の章～』の配信3周年を記念した公式ビジュアルブック！描き下ろしのカバーイラストをはじめ、240点を超えるイラストを収録！さらにイラストレーター・至氏によるキャラクター制作秘話やラフ・線画イラストなど、ここでしか見られない情報が満載。
2017.12 241p A4 ¥3400 ①978-4-89199-468-6

◆ドラゴンクエストモンスターズジョーカー3 プロフェッショナルモンスタープロファイル　Vジャンプ編集部企画・編　集英社　（Vジャンプブックス）
【要旨】「超生配合・改」など新システムを凝縮してビックアップ！『DQMJ3』との変更点も集約！ゲームスタートから魔界のラストダンジョン直前までをナビゲート！スカウト可能モンスターも掲載！位階700番以上からなる693種族をプロファイル！新登場と高ランクは詳細データまで掲載！掲載種族のにかかわるスキルや特技、特性をフォロー！配合や育成のときに役立つことまちがいなし！
2017.12 289p 21x15cm ¥1500 ①978-4-08-779751-0

◆ドラゴンクエストモンスターバトルスキャナー 超スキャンマスターズガイド　Vジャンプ編集部企画・編　集英社　（Vジャンプブックス）（付属資料：Lサイズチケット2;別冊1）
【要旨】『ドラゴンクエストモンスターバトルスキャナー』初の攻略ガイド!!最新篇、絶望の大魔王編、第6章～第7章のチケットをくわしく紹介！第1章～第5章までもデータもちろんフォロー！初心者にも役立つ攻略情報もたくさん！切りはなして便利に使える冊子バトルサポートブックもついてるぞ！
2017.1 117p B5 ¥1350 ①978-4-08-779749-7

◆ドラゴンクエスト10オンライン アストルティア5thメモリアルBOOK　Vジャンプ編集部企画・編　集英社　（Vジャンプブックス）（付属資料：特製冊子1）
【目次】1 アストルティアのこれまで!!（アストルティアクロニクル特別版～1年目～、アストルティアクロニクル特別版～2年目～、アストルティアのNow!!、モンスターバトルロードSランク制覇＆バッジコンプへの道、2017SUMMER 最新ボストレンド大検証!!、『DQX』5周年記念!!三大読者参加企画レポート！　ほか）、2 アストルティアのこれから!!（チームVジャンプの未来予想図10!!、PlayStation4で『DQX』、Nintendo Switchで『DQXI』
2017.8 135p B5 ¥1350 ①978-4-08-779756-6

◆ドラゴンクエスト10 オンラインいざ新たなるアストルティア　Vジャンプ編集部編　集英社　（Vジャンプブックス）
【要旨】新バージョン徹底検証!!新規さんお役立ち情報!!チームVジャンプの新発見＆新挑戦！鳥山明先生によるバージョン3未公開イラスト世界初公開！Vジャンプブックス第12弾。
2017.12 135p B5 ¥1350 ①978-4-08-779762-6

◆ドラゴンクエスト11 過ぎ去りし時を求めて ロトゼタシアガイドfor Nintendo 3DS　Vジャンプ編集部企画・編　集英社　（Vジャンプブックス）
【要旨】ロトゼタシアワールドマップポスター！システムガイドで基本を知ろう！キャラクターガイドで育成もバッチリ！ワールドガイドで冒険に迷わない！お役立ちのモンスター＆アイテムガイド！堀井雄二×鳥山明×すぎやまこういち座談会完全版も!!
2017.7 488p A5 ¥1200 ①978-4-08-779750-3

◆ドラゴンクエスト11 過ぎ去りし時を求めて ロトゼタシアガイドfor Playstation4　Vジャンプ編集部企画・編　集英社　（Vジャンプブックス）
【要旨】ロトゼタシアワールドマップポスター！システムガイドで基本を知ろう！キャラクターガイドで育成もバッチリ！ワールドガイドで冒険に迷わない！お役立ちのモンスター＆アイテムガイド！堀井雄二×鳥山明×すぎやまこういち座談会完全版も!!
2017.7 456p A5 ¥1200 ①978-4-08-779757-2

◆ドラゴンボールヒーローズ アルティメットミッションX 超究極Xガイド　Vジャンプ編集部企画・編　集英社　（Vジャンプブックス）
【要旨】バトル、アビリティ、アバターなど基礎から応用までをデータとともに解説！メインとなる「アルティメットミッション」モードもクリア後のサブイベントまで攻略！収録された全3363枚をキャラクターごとにリスト化。主要な能力ももちろん掲載！アビリティ、CAA、アクセサリーなどカードやモードにかかわるデータを網羅！
2017.4 257p A5 ¥1400 ①978-4-08-779755-8

◆囚われのパルマ公式ファンブック　ガールズアプリメディアセクション編　カドカワ，KADOKAWA発売
【要旨】ハルト編・アオイ編の各全6話をスチルとともに振り返る。設定資料、初期設定資料を多数収録。サブキャラクターや公式面会、夢アプリなどの要素も。各メディアで公開された白鳥Dによる書き下ろしショートストーリー＆実田千聖氏による描き下ろしイラストも再録。
2017.2 143p A4 ¥2850 ①978-4-04-733221-8

◆仁王 公式ガイド　TeamNINJA監修（横浜）コーエーテクモゲームス
【要旨】アクションやステータスの基本情報をはじめ、社や拠点のメニューも詳しく解説！「逢魔の原」までのメインミッションを敵の配置やギミックまで掲載したマップで攻略！武器や防具、アイテムのデータに加え、忍術や陰陽術のスキル一覧も掲載！
2017.2 111p A5 ¥1800 ①978-4-7758-0989-1

◆仁王コンプリートガイド　Team NINJA監修（横浜）コーエーテクモゲームス
【要旨】鍛冶屋や修行場の詳細に加え、オンラインプレイについても解説。5つのアクションと2つのスキルをツリーとともに詳しく紹介。最終ミッションまで詳細マップで攻略。ボス戦のノウハウも伝授！膨大なサブミッションと逢魔が時にもマップで攻略！武器・装備品や揃え効果のほか、称号やトロフィーの条件もすべて公開。
2017.3 239p A5 ¥2400 ①978-4-7758-0993-8

◆日本ファルコム公式 英雄伝説 閃の軌跡3 ザ・コンプリートガイド　電撃ゲーム書籍編集部編
【要旨】トロフィー制覇は当たり前！やり込みに役立つデータや新久保だいすけ先生渾身の爆笑4コマも収録した、完全攻略本。
2017.11 399p A5 ¥1900 ①978-4-04-893312-4

◆日本ファルコム公認 イース30周年メモリアルブック—SINCE 1987～2017　電撃プレイステーション編集部編　KADOKAWA（付属資料：CD1）
【要旨】1987年に発売された『イース1』から、2017年に発売されたPS4版『イース8』までの作品を解説。シリーズ30年の歴史が、タイトルごとによみがえる。日本ファルコムが『イース』に込めているこだわりや想いをQ&A形式で紹介。さらに加藤会長と近藤社長による30周年記念スペシャルインタビューも収録。有翼人、エメラ、ラクリモサといった、『イース』に登場する用語を掲載。本作の世界を深く知ることができる！詳細に用語を掲載する、各種コラムも必見！「みんな集まれ！ファルコム学園」でおなじみの、新久保だいすけ先生による30周年記念4コマ！ダーナがナビゲーターとなり、シリーズ作品を振り返る!!
2017.8 177p A4 ¥3500 ①978-4-04-893264-6

◆忍者増田のレトロゲーム忍法帖　忍者増田著　インプレス
【要旨】名作ゲームは今遊んでも面白い！全8本！
2017.3 127p A5 ¥1680 ①978-4-295-00086-0

◆信長の野望・大志 公式ガイドブック　週刊ファミ通編集部編　Gzブレイン，KADOKAWA発売
【要旨】新システム解説のほか、シナリオ別大名データ、大名別攻略法、武将別データ、国別データなどプレイの参考になる情報が満載。『大志』を遊び尽くすために必要な情報をまとめた、読み応えたっぷりの一冊。
2017.12 495p A5 ¥2600 ①978-4-04-733295-9

◆バイオハザード7レジデントイービル オフィシャルガイド　電撃攻略本編集部編　KADOKAWA
【要旨】アイテム・戦闘・探索＋マップ情報！迫り来る恐怖に対抗するための術が記された一冊！基本操作からアイテムの合成パターンまで、習得すべきゲームシステムを解説。プレイヤーに襲いかかるベイカー一家やモールデッドへの対処方法を指南。プレイヤーの行く手を阻むギミック、謎の解決方法をわかりやすくサポート。
2017.1 95p A4 ¥1200 ①978-4-04-892801-4

◆バイオハザード7 レジデントイービル解体真書　週刊ファミ通編集部編，スタジオベントスタッフ著　カドカワ，KADOKAWA発売
【要旨】ダウンロードコンテンツ『Banned Footage Vol.1』『Vol.2』までを徹底解体!!PS4版/Xbox One版/PC版対応。徹底検証によって構築された情報を、探索や戦闘の実用テクニックを指南！本編をスムーズにクリアする手順を懇切丁寧に解説！上級者向けの最高難易度モードを詳細なパートガイドで完全踏破へ導く！全クリーチャーの行動パターンとそれに対抗する多彩な攻略法を公開！ゲーム中に隠された25の秘密、物語の全貌、トロフィーと実績のコンプリート方法など、『バイオハザード7』をさらに楽しめる記事が盛りだくさん！ダウンロードコンテンツ『Banned Footage Vol.1』『Vol.2』もすべて攻略！
2017.3 415p A5 ¥2300 ①978-4-04-733236-2

◆バイオハザード7 レジデントイービル キュメントファイル　電撃攻略本編集部編　KADOKAWA（本文：日英両文）
【要旨】今までにない新たな開発体制でフルモデルチェンジし、PlayStation VR対応へも挑戦した『バイオハザード7 レジデントイービル』。その開発チームに長期密着取材した電撃PlayStation連載「インサイドレポート」を中心に、未公開のコンセプトアート、初公開のCGビジュアルを多数収録した新機軸のノンフィクション・ドキュメンタリー。作品開発の裏側を解き明かす。
2017.3 1Vol. A4 ¥4200 ①978-4-04-892871-7

◆パズドラないしょ話　大塚角満著，ガンホー・オンライン・エンターテイメント監修　カドカワ，KADOKAWA発売
【要旨】週刊ファミ通で大好評連載中のゲームエッセイ“ゲームを読む”から『パズル&ドラゴンズ』に関するエピソードを厳選!!
2017.1 191p 19x13cm ¥1200 ①978-4-04-733211-9

◆バトルスピリッツ—コンプリートカタログ 4　Vジャンプ編集部編　集英社　（Vジャンプブックス）（付属資料：カード4）
【要旨】全1791枚を完全解説!!「烈火伝」第1章～第4章＆「十二神皇編」第1章～第5章のブースターとBSCやPRカード、構築済みデッキの収録カードを完全網羅！『バトスピ』のルールやデッキ構築術も分かりやすく解説！新ギミック“煌臨”もバッチリ伝授!!
2017.4 239p B5 ¥2300 ①978-4-08-779754-1

◆ハナヒメ*アブソリュート！ビジュアルファンブック　テックジャイアン編集部編　KADOKAWA　（TECHGIAN STYLE）（付属資料：CD・ROM1）
【要旨】miraiデビュー作の色彩豊かで華やかなビジュアルに攻略情報やメイキングコメントをプラス！スペシャルディスクは、スピンオフADV『魔法少女まじかるあーりん』＆録り下ろしボイスドラマ『仕事終わりのエッチなご褒美（杏子編）』。
2017.3 126p A4 ¥4000 ①978-4-04-734517-1

◆薔薇に隠されしヴェリテ公式ファンブック　アイディアファクトリー，イチカラム監修　一二三書房
【要旨】「華ヤカ哉、我ガ一族」の人気シリーズなどを手掛けるイチカラムの新作タイトル『薔薇に隠されしヴェリテ』の魅力を、余すことなく収めたファンブックの登場です。カバーイラストは、本書のために、原画：ユウヤ氏が描き下ろした逸品です。さらに、企画・脚本・監修：高木亜由美氏による書き下ろしのShort Storyにも、ユウヤ氏による描き下ろしの挿絵イラストがあります。この他にも、各種パッケージや雑誌、WEBなどで発表されたイラストに加え、キャラクターデザインやイベントCGなど…『薔薇に隠されしヴェリテ』を彩る美麗イラストが

満載。さらに、カバー裏には初公開の若かりし頃の彼らの姿も描かれています。雑誌に掲載されたShort Storyやコメント類も添えられた『薔薇に隠されしヴェリテ』を愛する全ての方必携のファンアイテムです。
2017.1 203p A4 ¥3400 ①978-4-89199-421-1

◆人喰いの大鷲トリコ公式攻略＆設定集　週刊ファミ通編集部著　カドカワ，KADOKAWA 発売
【要旨】イラストや絵コンテなど、設定資料を網羅。上田文人氏を含む、開発スタッフインタビューを収録。すべてのヒントボイスの表示タイミングを公開。光るタルの全入手場所を写真つきで解説。
2017.3 159p 27×22cm ¥2200 ①978-4-04-733232-4

◆火吹きドラゴン武装店倉庫の武器目録　幻想武具研究会著　笠倉出版社　（クエスト・オブ・ファンタジーシリーズ）
【要旨】ここは「火吹きドラゴン武装店」。看板娘とガンコオヤジ、そして客の新米冒険者の3人が武器の魅力と使い方を語っていく！ 異世界に転生しても困らない！ ダンジョン制覇から天下獲りまで収録。歴史上の武器350種を収録。
2017.6 287p B6 ¥1000 ①978-4-7730-8903-5

◆ファイアーエムブレム無双 完全攻略本＋絆会話コンプリート　ニンテンドードリーム編集部編　徳間書店
【要旨】この一冊にすべてを凝縮した唯一の完全攻略本。23キャラクター徹底解析＋絆会話テキストも完全収録。
2017.9 383p A5 ¥2600 ①978-4-19-864504-5

◆ファイアーエムブレムEchoesもうひとりの英雄王ファイナルパーフェクトガイド　電撃攻略本編集部編　KADOKAWA
【要旨】バレンシア大陸の全要素を解説！ 新ゲームシステム、進軍戦術、amiibo、ダンジョン、兵種、ストーリービジュアル、スキル、アイテム。解放軍の進軍を導き、ミラの愛をバレンシア全土にゆきわたらせる完全攻略本！
2017.4 351p A5 ¥1700 ①978-4-04-892990-5

◆ファイナルファンタジー14 光のお父さん　マイディー著　講談社
【要旨】お父さんは、齢60を超える光の戦士だ。ひたむきに生きるお父さんの姿を見て…たくさんの人がエオルゼアへやってきた。
2017.3 286p B6 ¥1800 ①978-4-06-220512-2

◆ファンタシースターオンライン2 es 3rd Anniversaryビジュアル＆チップコレクション　電撃PlayStation編集部編　KADOKAWA
【要旨】さまざまなイベント・グッズなどで使用されたスペシャルイラストや、主要キャラクターのイラスト、そして多彩なイラストレーターたちが描いたウェブノイドのイラストを一挙掲載！ 膨大な数のチップに関してはデータとあわせて解説。『PSO2』と連動しているアプリ『PSO2es』の楽しみ方をチーム・電撃警備保障が改めて解説。酒井シリーズプロデューサー、木村シリーズディレクター、陳『PSO2es』ディレクターを筆頭に、総勢7名の開発スタッフに徹底インタビュー。
2017.4 242p A4 ¥2750 ①978-4-04-892863-2

◆ファンタシースターオンライン2 ファッションカタログ 2016 - 2017 Realization of Illusion　電撃PlayStation編集部編　KADOKAWA
【要旨】2016年7月～2017年5月までを網羅した最新カタログ!!『PSO2ファッションカタログ』の第3弾として、2016年7月から2017年5月までに実装されたコスチュームやファッションアイテムを網羅。超充実のレイヤリングウェアを中心に、多彩なコラボレーションアイテムも掲載しています。最新のEPISODE5ファッションや、開発スタッフによる制作コメントなども掲載。グラビアで2017年6月～7月の最新アイテムも紹介しているほか、レイヤリングウェア制作コメントや、ラッピースーツ・ミニ活用術などを伝授するファッション企画にも注目！
2017.8 338p A4 ¥3000 ①978-4-04-893263-9

◆ファンタシースターオンライン2 EPISODE 4設定資料集　電撃ゲーム書籍編集部編　KADOKAWA
【要旨】ビジュアル／コスチューム／武器／エネミー＆世界背景／エクストラ

―『ファンタシースターオンライン2』EPISODE4の新世界を切り拓いた、秘蔵の開発資料の数々を公開！ メモリアル・アーカイブ、第三弾!! 2017.11 479p A4 ¥3600 ①978-4-04-893374-2

◆プチコン3号＋BIG公式リファレンスブック　ニンテンドードリーム編集部編著　アンビット，徳間書店 発売　（SMILEBASIC MAGAZINE SPECIAL）
【要旨】ニンテンドー3DS用BASIC『プチコン3号』とWii U用BASIC『プチコンBIG』の最新版（v3.5）命令リファレンスを完全収録。起こりやすいエラーのチェックポイント、命令の使い方、注意点を詳しく解説。Wii U版『プチコンBIG』で追加された命令も詳細解説。スプライトのデフォルト定義一覧表を掲載。Wii U版『プチコンBIG』で利用できるショートカット一覧。エラーメッセージやMML命令登録サウンド一覧なども掲載。
2017.4 128p A4 ¥2100 ①978-4-19-864910-4

◆フラワーナイトガール ワールド＆キャラクターガイド　ファミ通文庫編集部編　KADOKAWA
【要旨】花騎士たちの詳細プロフィール、キャラクタークエストダイジェストを収録！ 世界観設定や用語集、キャラクター相関図を初公開!!ここでしか読めないオマケとして主役の短編小説を公式シナリオライター月本一氏が書き下ろし！
2017.3 191p A4 ¥2500 ①978-4-04-734557-7

◆文豪とアルケミスト オフィシャルキャラクターブック　ポストメディア編集部編　一迅社
【要旨】全文豪の人物紹介＆関係図を網羅。マル秘エピソード満載のキャラコメも掲載!!用語＆史実もバッチリまるわかり！『文アル』ファンのための「文豪便覧」を収録!!
2017.2 87p B5 ¥2100 ①978-4-7580-1535-6

◆ペルソナ5マニアクス　電撃ゲーム書籍編集部編　KADOKAWA
【要旨】『ペルソナ5』に秘められたさまざまな謎。その真相に徹底的に迫る究極解析書！ ネタバレ前提のストーリー完全解説、怪盗団メンバーの新規プロフィール公開、今だから話せる秘話満載の開発陣インタビューなど、オタカラ情報を結集した永久保存版。
2017.8 351p B5 ¥2700 ①978-4-04-892803-8

◆牧場物語ふたごの村＋ ザ・コンプリートガイド　電撃ゲーム書籍編集部編　KADOKAWA
【要旨】住人と仲良くなるための方法やイベント条件、アイテムの情報など牧場生活を充実させるためのノウハウがぎっしりつまった一冊！
2017.12 295p A5 ¥1600 ①978-4-04-893660-6

◆ポチと！ ヨッシー ウールワールド オフィシャルガイド　電撃攻略本編集部編　KADOKAWA
【要旨】全コースマップ掲載でかくし通路や複雑なルートもまるわかり！ 敵の特徴や有効なアクションをわかりやすく解説！ 色々な柄ヨッシーの全パターン公開！ エディト要素やポチのamiiboの使いどころもバッチリ解説！ 毛糸の世界をとことんヒモ解く攻略本だよ！
2017.1 271p A5 ¥1500 ①978-4-04-892795-6

◆マインクラフトがゼロからまるごとわかる本　カゲキヨ構成・編集・執筆　スタンダーズ
【要旨】困ったときに役立つレシピ集付き！ 最新テクニック200以上！ サバイバルも建築もレッドストーンもこれ一冊で基礎から全部わかる！
2017.3 191p A5 ¥980 ①978-4-86636-053-9

◆マインクラフト最新攻略―PS Vita/PS3/PS4/Wii U版　ソシム
【要旨】Ver1.45大型アップデート対応。ふりがなと大きな写真でわかりやすい！ エリトラ＆エンドシティ攻略裏ワザ。
2017.5 240p A5 ¥1200 ①978-4-8026-1104-6

◆マインクラフトであそぼう！ わくわくレッドストーン城＆アスレチックダンジョン建築マスターガイド―匠直伝：技あり建築＆アクション回路設計テクニック　くりゅ，赤石愛著　翔泳社
【要旨】匠直伝!! 技あり建築＆アクション回路設計テクニック。
2017.11 255p A5 ¥1200 ①978-4-7981-5365-0

◆マインクラフト鉄道＆建築ガイド　Project KK編　ソシム

【要旨】解説数721。レッドストーン鉄道大特集。トロッコとレールの基本から移動システム、駅や電車づくりまで。ブロックの置き方がわかる路線図つき。
2017.3 224p A5 ¥1200 ①978-4-8026-1097-1

◆マインクラフトで身につく5つの力　神谷加代著，竹林暁監修　学研プラス
【要旨】子どもの人生が変わる！ 21世紀型スキルが身につく教育ゲーム。累計1億本以上の世界的大ヒット。パパ・ママ必読！ マイクラで頭をきたえる・生きる力をのばす。
2017.4 175p B5 ¥1200 ①978-4-05-800713-6

◆マインクラフト レッドストーン・建築・インテリア攻略ガイド　Project KK編　ソシム
【目次】1 インテリア、2 建築、3 レッドストーン、4 マインクラフトをもっと楽しむ、5 家具カタログ、6 攻略データ集
2017.8 224p A5 ¥1200 ①978-4-8026-1112-1

◆魔女と百騎兵2 公式コンプリートガイド　電撃攻略本編集部編　KADOKAWA
【要旨】すべてのボスへの対処法を徹底サポート！ 新たな百騎兵の旅路を完全攻略。
2017.3 175p B5 ¥2300 ①978-4-04-892802-1

◆幻の未発売ゲームを追え！―今明かされる発売中止の謎　天野譲二著，GAMEgeme編集部編　アンビット，徳間書店 発売
【要旨】一度もプレイしていない、でも大好きだったゲームたち！"消えた"ゲームを追跡した30件の調査報告を収録。
2017.3 159p A5 ¥1480 ①978-4-19-864380-5

◆マリオカート8デラックス パーフェクトガイド超∞　週刊ファミ通編集部編　カドカワ，KADOKAWA 発売
【要旨】めざせ最速キング！ キミの走りをハイパーサポート！ キャラクターの能力やカートのカスタマイズに役立つパーツ性能を隠さずもらさずデラックスに公開！ 全48コースぶっちぎり制覇のためのオススメ走行ラインや、ショートカットポイントがわかるコースガイドデラックス！ カッコよく走るために必要なこともデラックスに解説！
2017.6 415p A5 ¥1300 ①978-4-04-733258-4

◆みんなできる！ マインクラフト組み立てガイド―過去・現代・未来の建物つくりくらべ！　マイクラ職人組合著　宝島社
【要旨】いろんなアイデアが学べる、一番わかりやすい建築ガイド。昔の木造建築から未来のハイテクビルまで、立体組立図でカンタンにつくれちゃう！
2017.6 223p A5 ¥1100 ①978-4-8002-7159-4

◆めがみめぐり公式ガイド＆ビジュアルブック　週刊ファミ通編集部編　カドカワ，KADOKAWA 発売
【目次】旅のしおり―ツクモとの旅で覚えておきたいこと、旅のお供―旅で入手できるアイテムあれこれ、旅のお土産―キャラクター設定やイラストたっぷり
2017.3 119p A4 ¥1600 ①978-4-04-733230-0

◆メルクストーリアオフィシャルビジュアルワークス 3　ファミ通App編集部著　Gzブレイン，KADOKAWA 発売　（付属資料：CD2）
【要旨】1 イベントクエスト、2 モンスター、3 ギャラリー、『メルクストーリア』制作スタッフ寄せ書き集
2017.12 2Vols.set22×24cm ¥3700 ①978-4-04-733261-4

◆モンスターストライク最強攻略BOOK 9　XFLAGスタジオ監修　宝島社
【要旨】最新モンスター198体情報掲載！ 新規イベントクエスト攻略。進化・神化・獣神化リスト。新モンスター図鑑ほか。
2017.4 159p 26×21cm ¥900 ①978-4-8002-6757-3

◆モンスターストライク最強攻略BOOK 10　XFLAGスタジオ監修　宝島社
【要旨】難関「覇者の塔」31階攻略やXFLAG-Gの中の人の「封印の玉楼」クリアデッキ紹介など情報満載！
2017.8 191p 26×21cm ¥917 ①978-4-8002-7396-3

◆モンスターストライク最強攻略BOOK 11　XFLAGスタジオ監修　宝島社

趣味

実用書

趣味

実用書

【要旨】新規イベントクエスト攻略もボリュームUP！神獣の聖域ティグノス編攻略ほか。最新モンスター233体掲載！
2017.12 175p 26×21cm ¥900 ①978-4-8002-7662-9

◆モンスターハンターダブルクロス 公式ガイドブック 週刊ファミ通編集部著 カドカワ, KADOKAWA 発売
【要旨】G級制覇！！G級攻略テク＆確率データ新情報を本書で初公開!!攻略情報の限界に挑戦する1296ページ！
2017.4 1295p 26×21cm ¥2700 ①978-4-04-733245-4

◆モンスターハンターダブルクロス公式データハンドブック 武器の知識書 1 大剣・太刀・片手剣・双剣・スラッシュアックス・チャージアックス・弓 カプコン監修, ウェッジホールディングス編著 双葉社
【要旨】収録数は773種×各武器の限界突破データ！G級+ハンターランク解放後までを掲載。
2017.4 495p 15×11cm ¥800 ①978-4-575-16510-4

◆モンスターハンターダブルクロス公式データハンドブック 武器の知識書 2 ハンマー・狩猟笛・ランス・ガンランス・操虫棍・ライトボウガン・ヘビィボウガン カプコン監修, ウェッジホールディングス編著 双葉社
【要旨】収録数は766種×各武器の限界突破データ！G級+ハンターランク解放後までを掲載。
2017.4 511p 15×11cm ¥800 ①978-4-575-16511-1

◆モンスターハンターダブルクロス公式データハンドブック 防具の知識書 カプコン監修, ウェッジホールディングス編著 双葉社
【要旨】収録数は584種×各防具の限界突破データ！G級+ハンターランク解放後までを掲載。新防具はもちろん、既存防具もフォロー！特大ボリュームのデータ集!!
2017.4 399p 15×11cm ¥750 ①978-4-575-16512-8

◆モンスターハンターダブルクロス公式データハンドブック モンスターの知識書 カプコン監修, ウェッジホールディングス編著 双葉社
【要旨】大型・小型モンスター合計125種の数値データ解禁!!G級+ハンターランク解放までのモンスターを収録。
2017.4 255p 15×11cm ¥750 ①978-4-575-16509-8

◆モンスターハンターダブルクロス攻略ガイド 電撃攻略本編集部編 KADOKAWA
（付属資料：小冊子1）
【要旨】武器の扱い方からモンスターの立ち回りまでG級クエストをクリアするための狩猟テクニックを伝授！
2017.3 623p 26×21cm ¥1850 ①978-4-04-892870-0

◆モンスターハンターダブルクロス G級最速攻略！ グレートハンターズバイブル Vジャンプ編集部企画・編 集英社 （Vジャンプブックス）
【要旨】2大新狩猟スタイルのブレイヴとレンキさらに新狩技を中心に、立ち回りを解説！オトモのスキルやサポートデータ、そして新サポート傾向・ビーストの性能に迫る！モンスターの弱点や肉質などの攻略データ、剥ぎ取りや報酬などの素材データを掲載！G級で生産・強化できるハンター＆オトモの装備品の性能を、画像つきでチェック！
2017.3 449p A5 ¥1500 ①978-4-08-779752-7

◆やってみよう！ マインクラフト組み立てガイド—Wii U版 マイクラ職人組合著 宝島社
【要旨】ブロック名でもう迷わない！立体組立図×50で建物や街づくりがラクラク！
2017.5 223p A5 ¥800 ①978-4-8002-7054-2

◆やってみよう！ マインクラフト組み立てガイド—PS Vita/PS4/PS3版 マイクラ職人組合著 宝島社
【要旨】ブロック名でもう迷わない！立体組立図×50で建物や街づくりがラクラク！
2017.5 223p A5 ¥800 ①978-4-8002-7057-3

◆遊☆戯☆王オフィシャルカードゲーム デュエルモンスターズマスターガイド 5 Vジャンプ編集部編 集英社
【要旨】2014年3月から登場した『OCG』カードが集結！過去のレギュレーション・環境・流行デッキを振り返る！『Yu-Gi-Oh! WORLD CHAMPIONSHIP』の歴代優勝デッキを

公開！リンク召喚をはじめ新マスタールールを解説！ここでしか読めないモンスターのストーリーを紹介！
2017.4 247p B5 ¥1200 ①978-4-08-792516-6

◆遊☆戯☆王オフィシャルカードゲーム パーフェクトルールブック 2017 Vジャンプ編集部編 集英社 （Vジャンプブックス）
【要旨】EXモンスターゾーンやリンクモンスターが新たに追加された最新ルール「新マスタールール」に対応！始めたばかりの人から腕に自信がある上級者まで、全てのデュエリストに送る『OCG』2017年版ルールブックだ！！
2017.3 257p 18cm ¥780 ①978-4-08-779753-4

◆遊☆戯☆王ARC-V オフィシャルカードゲーム 公式カードカタログ ザ・ヴァリュアブル・ブック 19 Vジャンプ編集部編 集英社 （Vジャンプスペシャルブック）
【要旨】『MACR』『RATE』『INOV』『TDIL』『SHVI』『BOSH』6つのブースターの全カードを掲載!!構築済みデッキをはじめ、そのほかのパック限定カードも掲載!!収録カードの五十音順掲載カードリストも完備!!
2017.2 177p B5 ¥1000 ①978-4-08-792512-8

◆よるのないくに2 - 新月の花嫁 - 公式コンプリートガイド 電撃ゲーム書籍編集部編 KADOKAWA
【要旨】詳細マップとフローチャートでストーリーをエンディングまでフォローする完全攻略本。マルチエンディングの条件や周回プレイの要素を公開！各フィールドのマップや宝箱や椿の位置などがわかる詳細マップを掲載！クエスト、アビリティ、装備品、邪妖などの各種データが満載！
2017.9 143p B5 ¥2200 ①978-4-04-893447-3

◆四女神オンライン CYBER DIMENSION NEPTUNE 公式コンプリートガイド+ビジュアルコレクション 電撃攻略本編集部編 KADOKAWA
【要旨】ゲイムギョウ界で超人気のネトゲ「四女神オンライン」へログイン!!「四女神オンライン」の世界を駆ける冒険者に贈る完全攻略+ビジュアルコレクション！隠し含む全クエスト情報&入手場所がわかるダンジョンマップ掲載！キャラクターの三面図など初出ビジュアルマテリアル収録！
2017.2 159p B5 ¥2300 ①978-4-04-892800-7

◆ラブライブ！ スクールアイドルフェスティバル Aqours official story book 電撃G'sマガジン編集部編 KADOKAWA
【要旨】Aqoursメンバーが「スクフェス」にて繰り広げる賑やかなゲームオリジナルストーリーの魅力をたっぷりとお届け！さらに逢田梨香子・小林愛香・降幡愛が贈るゲームにまつわる座談会&本書だけのキュートな撮り下ろしグラビアも収録。
2017.12 63p A4 ¥1300 ①978-4-04-893508-1

◆龍が如く 極2 踏破ノ書 週刊ファミ通編集部著 Gzブレイン, KADOKAWA 発売
【要旨】街での過ごしかたやバトルの基本までが丸わかり！街の探索とバトルの心得。エンディングまで確実に見るための知識を徹底解説。メインストーリー攻略。水商売アイランドやクランクリエイターなど、注目の遊びを攻略。プレイスポット解説&攻略。飲食店や装備品、回復アイテムなど役立つデータを完全網羅。本作開発陣へのインタビューと鳥嶋編の絵コンテを初公開！
2017.12 286p A5 ¥1800 ①978-4-04-733302-4

◆龍が如く6 命の詩。完全攻略極ノ書 週刊ファミ通編集部著 カドカワ, KADOKAWA 発売
【要旨】闘いと夢の果て—ひとりの男の伝説を極めるために！
2017.1 415p A5 ¥1800 ①978-4-04-733204-1

◆わかる！ できる！ マインクラフト「のりもの」ガイド 飛竜, ハヤシ著 PHP研究所
【要旨】マイクラ初心者でも安心。50音順の使用ブロック画像一覧表をカバー裏面に掲載！汽車、モノレール、飛行機、ロケット、海賊船—あこがれの「のりもの」が必ず作れる！！実力派クラフター飛竜＆ハヤシが考案した47レシピ収録。
2017.2 157p A5 ¥1350 ①978-4-569-83256-2

◆BRAVE FRONTIER StoryBook ファミ通App編集部編 Gzブレイン, KADOKAWA 発売

【要旨】『ブレイブフロンティア』の世界を解き明かす真実の書—
2017.8 302p A5 ¥2700 ①978-4-04-733276-8

◆Code:Realize—祝福の未来 公式ビジュアルファンブック B's-LOG編集部著 カドカワ, KADOKAWA 発売 （B'sLOG COLLECTION）
【要旨】各種版権イラストをはじめ、キャラクターの立ち絵・イベントCG・背景などのゲームグラフィックはもちろん、開発初期段階のラフ・デザイン案や制作の裏側を語るディレクター・一ジョー氏とキャラクターデザイン&原画・miko氏インタビューを掲載するなど、ゲームをプレイされた方にも新たな発見と魅力をお届けする一冊です。
2017.3 127p A4 ¥2800 ①978-4-04-733224-9

◆DIABOLIK LOVERS 5th Anniversary Book 電撃Girl's Style編集部編 KADOKAWA
【要旨】シリーズが5年を迎えた「DIABOLIK LOVERS」。5年間の思い出とともに、書き下ろし要素も掲載！貴女が彼らと過ごした5年間を振り返ることができる珠玉の1冊がここに！
2017.3 207p A4 ¥2800 ①978-4-04-892444-3

◆GRAVITY DAZEシリーズ公式アートブック/ドゥヤ レヤヴィ サーエジュ （喜んだり、悩んだり） 電撃攻略本編集部編 KADOKAWA
【要旨】『GRAVITY DAZE/重力的眩暈：上層への帰還において、彼女の内宇宙に生じた摂動』および『GRAVITY DAZE2/重力的眩暈完結編：上層への帰還の果て、彼女の内宇宙に収斂した選択』の独自の世界を支えるビジュアル、イメージボード、キャラクターとイラストレーションの数々を収めた、シリーズファン待望の永久保存版！描き下ろしコミック『GRAVITY DAYDREAM LAST EPISODE』収録。
2017.3 253p A4 ¥3700 ①978-4-04-892523-5

◆GRAVITY DAZE 2 重力的眩暈完結編：上層への帰還の果て、彼女の内宇宙に収斂した選択 ザ・コンプリートガイド 電撃攻略本編集部編 KADOKAWA
【要旨】全ミッションの攻略ノウハウや関連データを掲載しているのはもちろん、メインストーリーの流れを追いかけつつすべてのコミックデモも公開。フォトモードのコレクション、デルヴール採掘海海といったやり込み要素の情報も網羅しているほか、さまざまなインタビューや世界観解説記事なども収録したファン必携のコンプリートブック。
2017.2 223p B5 ¥2000 ①978-4-04-892513-6

◆GRIMOIRE OFFICIAL VISUAL COLLECTION グリモア—私立グリモワール魔法学園—公式ビジュアルコレクション 電撃攻略本編集部編 KADOKAWA
【要旨】キャラクターイラストからプロフィール、人物相関図など、魔法学園の生徒63名+αを大紹介！イベントを含むメインストーリーを登場キャラビジュアル&ダイジェストで振り返る！ガチャテーマごとにカードを掲載。もちろん覚醒前・後ともに掲載できる！ログボやキャンペーン配布、誕生日記念等々特別なカードもあますことなく収録！背景画、歌プロジェクト、ミニモア、ラフィストリーなどお楽しみ要素も盛りだくさん！キャラクターデザイン・CU-TEG氏のここでしか読めないインタビューも必見！
2017.1 487p A4 ¥3800 ①978-4-04-892577-8

◆I★CHU FAN MEETING BOOK— caffre au trèsar 雷鳥社 （付属資料：CD1）
2017.9 63p A4 ¥6482 ①978-4-8441-3730-6

◆KING OF PRISM - PRIDE the HERO - 公式設定資料集 ポストメディア編集部編 一迅社
【要旨】劇場版『KING OF PRISM - PRIDE the HERO - 』の設定資料＆スタッフ・キャストのコメントを超高密度で掲載した公式設定資料集！菱田正和監督への一問一答や、Over The Rainbow キャスト柿原徹也、前野智昭、増田俊樹のインタビューも収録。
2017.12 95p A4 ¥2000 ①978-4-7580-1578-3

◆Minecraftを100倍楽しむ徹底攻略ガイド—Nintendo Switch対応版 タトラエディット著 ソーテック社

◆**NieR：Automata Strategy Guide ニーアオートマタ攻略設定資料集―第243次降下作戦指令書** 電撃オンライン編集部編 KADOKAWA
【要旨】『NieR:Automata』の世界を遊び尽くすための完全攻略本。全ストーリー攻略に加え、やり込みプレイに役立つ各種データや攻略TIPSも掲載。本編のネタバレを含む禁断のストーリー解説＋ヨコオワールドを紐解く年表家。まとめて読みたいアーカイブやウェポンストーリーのほか、本書でしか見られない設定資料も多数掲載。ディレクター・ヨコオタロウ氏による短篇小説、小説家・映島巡先生による書き下ろし小説2篇を収録。
2017.4 303p 26×19cm ¥2500 ①978-4-04-892820-5

◆**THE IDOLM@STER SideM 2nd Anniversary Book** 電撃Girl's Style編集部編 KADOKAWA
【要旨】315プロダクション所属アイドルたちの2年間のメモリアル！全15ユニットのメンバー、理由あってアイドルになった彼らの軌跡を掲載!!2年間のアイドルたちの活動を、アルバム形式で収録!寺島拓篤さんと仲村宗悟さんによるスペシャル対談や、プロデューサーインタビュー、全キャストからのスペシャルコメントも!!
2017.2 175p A5判 ¥4200 ①978-4-04-892521-1

◆**THE LEGEND OF ZELDA HYRULE ENCYCLOPEDIA―ゼルダの伝説 ハイラル百科** ニンテンドードリーム編集部編 アンビット，徳間書店 発売
【要旨】50以上のキーワードを徹底解説。2,000点以上にも及ぶアイテム、敵キャラクター…etcを、画面写真付きで掲載したデータベース。開発資料から紐解ける『ゼルダの伝説』シリーズ30年の歴史と軌跡。プレイした記憶を呼び起こすとともにハイラルの知識を追求した、これまでになく究極の一冊！ゼルダの伝説30周年記念書籍第2集。
2017.3 318p A4 ¥4500 ①978-4-19-864378-2

コレクション

◆**アンティーク・ビスクドール 3 ビジュアルアンティーク編集部編** 里文出版
【目次】人形工房別に見るドールの魅力―ドール図鑑1，ワードローブ持ちのアンティーク人形―ドール図鑑2，ドール専門店で見つけた素敵なドール図鑑3，ドールのためのQ&A―アンティークドールをもっとよく知るために、ビスクドールの秘密、オーダードールを拝見
2017.4 102p A5 ¥1200 ①978-4-89806-452-8

◆**いんちきおもちゃ大図鑑―中国・香港・台湾・韓国のアヤシイ玩具** いんちき番長、加藤アングラ著 パブリブ 新版
【要旨】フィギュア誌完全未収録!!アジアの玩具300種以上大爆笑が!!あのネコ型ロボットの顔が開いて第2の顔が！あの有名ヒーローが自転車で爆走！ガンプラだと思ったら別物だった…スポーツ選手も、映画の人気者も、昔話の主人公だって変形しちゃう。ヒーローもロボットもクマになっちゃう！よく見てビックリ！謎ロボットの意外な正体？少年ロボットが老けた！少年ヒーローが悪人面に！韓国の国民的ロボットアニメの孤児です！台湾のオリジナルヒーロー登場！台湾の駄菓子屋ではこんな玩具発見！各国の玩具屋事情や、笑撃エピソードをコラムで紹介！
2017.5 167p B6 ¥2200 ①978-4-908468-11-7

◆**いんちきおもちゃ大図鑑 2 コミカルキャラクター・変形合体ロボット・アニマルキャラクター編** いんちき番長、加藤アングラ著 パブリブ
【要旨】知的財産権の意識が高まり、技術力やギャグセンスが向上する一方で、不可解な合体や無意味な変形も増加。ネコ型ロボットが犬に乗ってピースサイン。熊から熊に変形？熊の中に猟師が入っちゃう。タイタニック号も空母潜寧にも変形！あの大人気ゲームアプリがアナログゲームだった。果物だって炊飯器だってとにかくロボットに変形！世界的な動物キャラクターが笑撃的な姿に！点数を上回る点数の世界のいんちき玩具大笑介！
2017.5 175p B6 ¥2300 ①978-4-908468-12-4

◆**ウルトラモデリングワールド** 小森陽一著 ホビージャパン
【要旨】作家・小森陽一のライフワークから生まれたこれまで誰も見たことの無いウルトラワールドがこの1冊に！！
2017.2 135p A4 ¥4200 ①978-4-7986-1383-3

◆**オール・アバウト 村上克司―スーパーヒーロー工業デザインアート集** 村上克司著 パイインターナショナル
【要旨】超合金を創った男　そのデザインのすべて。『勇者ライディーン』以降、スーパー戦隊シリーズ・仮面ライダーシリーズ・宇宙刑事シリーズなどの特撮ヒーローから鉄人28号（1980）・ダルタニアス・ゴッドマーズなどのデザインまで掲載。工業デザイナー村上克司の仕事をまとめたファン必携の一冊!!
2017.2 244p B5 ¥4200 ①978-4-7562-4865-7

◆**ガンダムアーカイヴスプラス―アムロ・レイ U.C.0079・0093** モデルグラフィックス編 大日本絵画
【要旨】1冊まるごと、アムロ・レイ!!!!『月刊モデルグラフィックス』お蔵出しアムロ搭乗メカ模型大集合。雑誌誌面を飾った記憶に残る"あの作例"をまとめて一挙掲載。そして新規作例も盛り沢山!!
2017.9 136p A4 ¥3800 ①978-4-499-23220-3

◆**死をめぐるコレクション―病的な蒐集家が紡ぐ奇怪な世界** ポール・ガンビーノ著、堀口容子訳 グラフィック社
【要旨】死をめぐる驚異の部屋が開く―なぜ人は猟奇的なものに魅せられ、蒐集するのだろうか。奇怪なものたちに死を感じ、ただただ魅せられるからか、コントロールできない絶対的な死という運命を仮初めにも支配下におこうと試みるからか、それとも死が待ち受ける運命を心地よく思うからなのか。猟奇的アイテムとその蒐集家たちが紡ぐ奇怪な世界がここに。
2017.7 204p 24×17cm ¥2500 ①978-4-7661-3067-6

◆**シルバニアファミリー コレクションブック** 竹村真奈編著、エポック社監修 洋泉社
【要旨】シルバニアファミリーと過ごすときめきをもう一度。1985年商品誕生からこれまでずっと愛され続けるシルバニアファミリーの軌跡をまとめた永久保存版。人形120ファミリー以上、お家・お店140点以上、家具類150点以上収録!!
2017.6 143p A5 ¥4600 ①978-4-8003-1225-9

◆**シン・ゴジラ造形作品集** ホビージャパン
【要旨】月刊ホビージャパンにて掲載された造形作品&ディオラマを増やさ&新作カットを加え再構成！本書用新規作り起こし作品も多数掲載!!
2017.3 125p A4 ¥2800 ①978-4-7986-1406-9

◆**タカラSFランドエヴォリューション―「変身サイボーグ」の後継者たち** 高谷元基監修，茂木仁、内山和樹、小池顕久編著 双葉社
【要旨】国産SF玩具の金字塔!!豊富なヴィジュアルによるアイテム紹介＋開発者の証言から読み解く進化の系譜!!
2017.4 111p B5 ¥2700 ①978-4-575-31242-3

◆**東京ディズニーリゾート限定デザインミカ ディズニー・ビークル・コレクション公式ガイドブック** 講談社編 講談社（Disney in Pocket）
【要旨】これまでに発売された全モデルを徹底解説！ディズニー・ビークル・コレクションと振り返るパークの歴史、マニアならではのクローズアップ、担当者が語る開発秘話など、読み応えバツグン。ついに刊行！待望の公式クロニクル。
2017.4 127p 18×15cm ¥1480 ①978-4-06-220375-3

◆**日本のレトロびん―明治初期から平成までのレアコレクション** 平成ボトル倶楽部監修 グラフィック社
【要旨】飲料、薬品、化粧品…日本のびんの歴史がわかる332点。
2017.3 143p A5 ¥1600 ①978-4-7661-3003-4

◆**ブライスコレクションガイドブック レガシーコンティニューズ** ジュンコ・ウォング監修 グラフィック社
【要旨】ブライスのレガシーは続きます。ブライスの全てがわかるこの1冊は2012年から始まる5年間のブライスドールのコレクションガイドです。
2017.2 167p 26×21cm ¥3000 ①978-4-7661-3010-2

◆**フレームアームズモデリングガイド 2 俺ームアームズの作り方** ちいたわからし著 新紀元社
【要旨】コトブキヤが提案するオリジナルメカニック商品「フレームアームズ」。組換えがしやすいプレイバリューの高さから、製作者各々のオリジナル作品「俺ームアームズ」を作ることが主流になっている。いくつかのテーマの違う作例を紹介しながら、俺ームアームズの考え方、オリジナル作品の構成の仕方を提案。
2017.5 113p A4 ¥3200 ①978-4-7753-1402-9

◆**マクロスアーカイヴス―『超時空要塞マクロス』『マクロスプラス』『マクロスゼロ』『マクロスF』『マクロスΔ』編** モデルグラフィックス編 大日本絵画
【要旨】『月刊モデルグラフィックス』お蔵出し。おぼえていますか2001～2017。雑誌誌面を飾った記憶に残る"マクロス作例"をまとめて一挙掲載。ファイター、バトロイド、そしてデストロイドまでファン必携の豪華特盛り！
2017.6 176p A4 ¥4300 ①978-4-499-23212-8

◆**マンホールカードコレクション 1 第1弾～第4弾** GKPマエプロ著 スモール出版
【要旨】話題のマンホールカードの第1弾～第4弾計170枚をすべて掲載。他では得られない情報満載で、収集がもっと楽しくなる、オールカラーのコレクション・ガイドブック！
2017.7 128p A5 ¥1800 ①978-4-905158-45-5

◆**モビルスーツアーカイブ ガンプラモデリングマニュアル RX-78-2ガンダム編** ホビー編集部GA Graphic編者、草刈健一模型製作・解説 SBクリエイティブ
【要旨】この"形"を作りたい！正確な作業を行う場合に気をつけたい、汎用性の高い基礎的思考法が学べる新しいプラモデル参考書！ガンプラの「そこから？」を草刈健一から聞き出した本。
2017.9 127p 29×21cm ¥2500 ①978-4-7973-8360-7

◆**Dollybird vol.25** ホビージャパン（付属資料：型紙）
2017.3 112p A4 ¥1800 ①978-4-7986-1407-6

◆**Dollybird vol.26** ホビージャパン（付属資料：型紙）
2017.9 111p A4 ¥1800 ①978-4-7986-1547-9

◆**Figure COLLECTION*―フィギュアコレクション ライツ！カメラ！アクション！撮影** スモール出版
【要旨】アングル、ライティング、トリミングの絶妙テクニックで、美少女フィギュアの"美しさ"を追求した、完全撮り下ろし写真集。付録「フィギュア撮影のコツ」付。
2017.3 131p 18×15cm ¥1700 ①978-4-905158-40-0

その他の趣味

◆**アイデアをカタチにする！ブロック玩具ビルダーバイブル―組み立ての基本からオリジナル作品づくりまで** さいとうよしかず著 翔泳社
【要旨】本書はブロック玩具を利用してオリジナル作品を作るテクニックを紹介する書籍です。ブロック玩具の著書を多数手がける、さいとうよしかず氏が、ついにバイブルとも呼ぶべき創作テクニックの本を執筆。ブロック玩具でオリジナル作品を作るために必要な知識はもちろん、接続方法や組み方、曲線やディテールなどの表現方法まであますところなく解説。
2017.4 319p B5 ¥2780 ①978-4-7981-4984-4

◆**蒼き鋼のアルペジオ-アルス・ノヴァ-造艦技術大全** モデルグラフィックス編 大日本絵画
【要旨】2013年～2015年にかけてTVシリーズ12話＆劇場版2作が制作されたアニメ『蒼き鋼のアルペジオ-アルス・ノヴァ-』。模型情報誌『月刊モデルグラフィックス』誌上に掲載された「アルペジオ」の艦船模型作例をよりぬいて掲載したが本書です。青島文化教材社から発売された公式1/700&1/350キットをはじめ、製品化されていない艦船のフルスクラッチビルド作例や、電飾テクニックを駆使した美麗な巨艦まで、記憶に残る作例がここに集結。また、本書のた

趣味　実用書

◆あなたも虜になるアンティークコイン　大谷雄司著　幻冬舎メディアコンサルティング，幻冬舎　発売
【要旨】なぜ世界の富裕層はコインに惹かれるのか？　創業40年の老舗コイン専門店オーナーが「アンティークコインの魅力」を徹底解剖！　本書でしか見られない超レアコイン多数収録！　初心者も安心の「購入ガイド」付き！
2017.5 119p A5 ¥1400 ①978-4-344-91218-2

◆アネスト岩田 エアーブラシメンテナンスブック　モデルグラフィックス編集部編　大日本絵画
【要旨】「エアーブラシの分解方法、教えます」アネスト岩田製エアーブラシの代表的なモデル全7種をメンテナンスのプロが徹底分解＆組み立て、その全行程を完全収録。
2017.10 79p 26×21cm ¥3000 ①978-4-499-23222-7

◆アレイド ウルトラ怪獣ガレージキット製作記─原型師が教えるガレージキットの作り方　浅川洋著　ホビージャパン
【要旨】ガレージキットの製作法を、原型師自身が徹底解説する。怪獣ガレージキットメーカー、アス工房のブログ『怪獣ガレージキット造形記録』を書籍化!!ウルトラ怪獣14種の製作記を完全収録！　本誌撮り下ろしによる完成品写真も多数掲載!!
2017.9 189p A4 ¥3700 ①978-4-7986-1512-7

◆家は自分の手でつくる。─自然素材を使って　主婦の友社編　主婦の友社　(PLUS 1 Living Books)
【目次】1「自分でできること」はすべてやる。(バッファロー吾郎・竹若さんの家づくり、岩佐さんの家づくり、原さんの家づくり、太田さんの家づくり)　2「ハーフビルド」の達成感はすごい。(大木さんの家づくり)　3「最後」は自分たちで仕上げる。(Nさんの家づくり、Tさんの家づくり、Yさんの家づくり、Oさんの家づくり)　4 DIYで参加する家づくり入門ガイド(DIYでできること、施主支給の成功ポイント、素材のルール、部材の値段と場所別コストコントロールのテクニック)
2017.9 127p 26×22cm ¥1380 ①978-4-07-426124-6

◆いまさら聞けない!?プラモデル製作Q&A　森慎二著　大日本絵画
【要旨】100の質問で模型製作の"わからない"に答える！　初心者からベテランモデラーまで知ってるようで知らない模型の"疑問"を解決。
2017 104p B5 ¥3200 ①978-4-499-23205-0

◆今すぐ役立つ日曜大工のコツ60─この1冊でDIYを完全マスター！　DIY倶楽部著　メイツ出版　(コツがわかる本！)
【要旨】「切る」「削る」「留める」「彫る」の基本から、木工上達テクニック、暮らしの中のメンテナンスまで。家庭でできるDIYのすべてがわかる！
2017.6 160p B5 ¥1570 ①978-4-7804-1892-7

◆「億万長者ボード」を重ねるだけでロト6が当たる本！　2017-2018　坂元裕介著　東邦出版　(付属資料：特製「億万長者ボード」)
【要旨】数字のクセを見抜けばロト6は簡単に攻略できる！
2017.10 119p A5 ¥1500 ①978-4-8094-1520-3

◆親子で飛ばそう！　よく飛ぶ高性能紙飛行機─二宮康明の紙飛行機ベストセレクションつくり方・調整法がわかる入門予備　子供の科学編集部編　誠文堂新光社　(付属資料：型紙)
【目次】基本的な競技用機N-2560、ホチキス・ペグN-2230、棒翼の競技用機N-3023、T尾翼の競技用機N-777F-95、飛ばしやすい無尾翼機N-1963、複葉飛行艇N-2240、だえん主翼の紙飛行機N-2698
2017.2 32p B5 ¥900 ①978-4-416-61707-6

◆カジノ How to PLAY How to WIN　前田将隆著　三恵書房　(サンケイブックス)
【目次】1 カジノを知ろう(カジノ&ホテルはアミューズメント、世界のカジノ ほか)　2 カジノの知的な遊び方(魅力的なカジノゲーム)　3 ブラックジャックで勝つ前田の秘策(ブラックジャック、ブラックジャックのルールと基本戦略(BS) ほか)　4 ミスターMの大冒険(ゲーム解説まとめ)
2017.4 139p A5 ¥1600 ①978-4-7829-0465-7

◆ガバちゃんの懸賞入門　長場典子著　白夜書房
【要旨】ハガキ応募で一攫千金!!当選総額4000万円の日本一の懸賞達人・ガバちゃんが、30年間の懸賞生活で体得した当てるコツ&テクニックを伝授!!
2017.5 127p A5 ¥1400 ①978-4-86494-134-1

◆仮面ライダー電王特写写真集　第2集　RE：IMAGINE　杉田篤生構成、加藤文哉撮影、宇宙船編集部編　ホビージャパン　復刻版
【要旨】大人気作『仮面ライダー電王』の劇場版に登場するライダー7体とイマジン3体、怪人2体を特写!!『仮面ライダー電王』10周年を記念して待望の復刻!!
2017.9 71p A4 ¥1700 ①978-4-7986-1524-0

◆ガールズ&パンツァー ガチンコ戦車模型大作戦　大日本絵画
【要旨】トップクラスの戦車モデラーが本気(ガチンコ)でガルパン模型を製作。工作、塗装、ジオラマとガルパンの世界観から離れることなく、作品をより模型栄えさせるためのコツを解説。
2017.4 64p 26×21cm ¥3000 ①978-4-499-23208-1

◆艦これピクトリアルモデリングガイド─『艦これ』提督のための艦船模型ガイドブック 4　大日本絵画
【要旨】第4弾は「艦これ」に登場する戦艦に絞って、2017年末現在、発売されている戦艦の1/700キットを中心に紹介。これまでに登場した海外戦艦たちも収録！
2018.1 64p A4 ¥3000 ①978-4-499-23229-6

◆簡単！　住まいのDIYマニュアル 水回り─単水栓・混合栓 トイレ　スタジオタッククリエイティブ
【要旨】水栓の基礎知識、単水栓の水漏れ修理、単水栓のグレードアップ、立水栓の水漏れ修理、混合栓の水漏れ修理、混合栓のグレードアップ、キッチン・洗面器の排水修理、トイレの修理
2017.8 103p B5 ¥1400 ①978-4-88393-790-5

◆今日からはじめるヴィンテージDIY─はじめてでも失敗なく作れる風合いあふれる自分だけの家具　成美堂出版編集部編　成美堂出版
【目次】1 ヴィンテージな空間に似合う家具をつくる(リクレイムドウッドタイプのパッチワークテーブル、古い足場板とアイアンレッグのシューズラック ほか)　2 手軽につくれるヴィンテージDIYアイデア(無塗装のスツールをアンティーク風にエイジング加工する、ハンギングプランター ほか)　3 道具の基本と使い方(ドリルドライバーとインパクトドライバー、切る道具/TOOL-S3 はかる道具 ほか)　4 DIYを楽しむ家(古いものにも敬意を払い、DIYで理想を追求する家「JETMINMIN」デザイナー・JETT-T&MINMIN、「本に囲まれた部屋」をテーマに足場板古材を駆使してDIYを実現「Snow Shoveling Books & Gallery」オーナー・中村秀一 ほか)　5 賃貸でも楽しめるDIYリノベーション(棚やフックを付けられる自由な壁をつくる、部屋の壁を好きな色にペイントする ほか)
2017.11 128p 26×21cm ¥1500 ①978-4-415-32274-2

◆空母レキシントン最期の戦闘─LEXINGTON'S FINAL BATTLE日本語版　マレイン・ファン・ヒルス著、石井栄次、望月隆一日本語版編集　ホビージャパン　(MODELERS MONOGRAPHIC SERIES)
【要旨】1/700スケールで精密に再現される空母レキシントンの断末魔。
2017.12 80p A4 ¥2700 ①978-4-7986-1589-9

◆クラシックキットモデリングテクニック　新紀元社　(スケールモデルファン Vol.30)
【要旨】クラシックキットモデリング概論、現在の塗装テクニックで仕上げるロープロファイル突撃砲─タミヤ1/35 ドイツ4号突撃砲、アメリカ軽戦車M41ウォーカーブルドッグ、ミリタリーミニチュア初期の傑作をストレートに作る！─タミヤ1/35 ドイツハノマーク兵員輸送車、ラージスケールのアメリカン・クラシックキットを味わい尽くす！─アメリカレベル1/32 P-51Bムスタング、UH-1Dヒューイガンシップ、少年ゴコロの妄想プラモを筆塗りで完成させる！─タミヤ1/48 日本陸軍四式戦闘機キ-84 1型甲疾風、プラモデル界の至宝、ご機嫌最高モノグラム─アメリカレベル1/48 メッサーシュミットMe262A-1a、1/48スケール初モデル化のキットで初号機を再現する！─フジミ1/48 航空自衛隊T-2A/B高等練習機、現在も唯一無二の艦船キットを徹底工作！─バウマン1/400 帝政ロシア戦艦ポチョムキン、素組み、無塗装で新製品を紹介 ニューキット "すぐモデ" レビュー
2017.8 95p B5 ¥1500 ①978-4-7753-1537-8

◆決定版 DIYでできる！　壁・床リフォーム&メンテナンス百科　ドゥーパ！編集部編　学研プラス　(暮らしの実用シリーズ)
【要旨】自分でできるDIYのファーストステップ！壁・床DIYリフォームで理想の住まいを手に入れるためのプラン・養生・施工・メンテナンスのすべてを徹底解説！
2017.6 194p 24×21cm ¥1680 ①978-4-05-800769-3

◆公式リカちゃん完全読本─50th ANNIVERSARY　講談社編、タカラトミー監修　講談社
【要旨】日本中のお友だちと一緒に歩んだリカちゃんの輝かしい足跡と、日本一有名な女の子の「秘密」をたっぷりと詰め込んだ50周年記念クロニクル。「リカちゃんはお醤油屋さんで作られていた！」「リカちゃんには消息不明の姉がいる」「パパのボディには、愛妻家ならではの仕掛けがある！」など…思わず誰かに教えたくなるLICCA'Sトリビアが満載。
2017.3 159p A5 ¥1500 ①978-4-06-389990-0

◆ここまでできる！ ガンプラ製作完全ガイド　オオゴシトモエ著　大泉書店　(012 Hobby)
【要旨】組み立て+αの簡単ワザ&本格仕上げのプロテクニック。完成度120%アップ！
2017.6 207p 24×19cm ¥1600 ①978-4-278-05388-3

◆御朱印をはじめよう　篠原ともえ著　椎(えい)出版社
【要旨】"かわいい・超レア・御利益がある" 篠原ともえお気に入りの御朱印&御朱印帳をご紹介！
2017.12 143p A5 ¥1300 ①978-4-7779-4959-5

◆最新艦船模型モデリングガイド　新紀元社　(スケールモデルファンEX)
【目次】シブヤン海に眠る世界無比の超巨大戦艦─フジミ1/700 日本海軍超弩級戦艦 武蔵、20世紀初頭、建造直後のフォルムで再現する巡洋戦艦─カジカ1/700 日本海軍超弩級巡洋戦艦 金剛 1914年、戦後最大の巨艦、海上自衛隊の最新鋭護衛艦が登場─ハセガワ1/700 海上自衛隊ヘリコプター搭載護衛艦 かが、アクリジョンで艦船モデルを筆塗りしよう！─アオシマ1/700 日本練習巡洋艦 香取、意外と本格派、「デフォルメキット」で艦船モデルに入門！─フジミ1/700 丸艦隊 長門・雪風・扶桑(航空戦艦)、蒼龍、現代に復活した未生のゲルマン魔女伝説─トランペッター1/350 ドイツ海軍航空母艦 グラーフ・ツェッペリン、迫力の海洋ジオラマで作る "海のスピットファイアー" ─エアフィックス1/72 RAF救命艇、究極のUボートキットを心ゆくまで楽しみ尽くす─トランペッター1/48 ドイツ海軍 Uボート VIIC型 "U-552"、Uボートと死闘を演じたイギリス海軍護衛艇─イタレリ1/144 フラワー級コルベット HMCSスノーベリー、リニューアル満開の駆逐艦キットを作り倒す！─ハセガワ1/700 日本駆逐艦 雪風・早波、タミヤ 島風、他、素組み、無塗装で新製品を紹介 ニューキット "すぐモデ" レビューEX
2017.11 91p B5 ¥1800 ①978-4-7753-1562-0

◆笹原大の艦船模型 ナノ・テクノロジー工廠　笹原大著　大日本絵画
【要旨】もはや肉眼では解析不能なほどの"極限の精密感"がここにある。1/700の極限に挑戦する笹原大の世界。
2017.10 112p A4 ¥3800 ①978-4-499-23223-4

◆ジオラマ ワンランクアップテクニック　さかつうギャラリー監修　スタジオタッククリエイティブ
【要旨】全4作品製作法詳細解説。情景をよりリアルにするテクニックを満載。
2017.12 159p A5 ¥1950 ①978-4-88393-805-6

◆ジオラマで作る懐かしい風景─思い出の風景を情景模型で再現　さかつうギャラリー監修　スタジオタッククリエイティブ
【目次】レイアウト完成図、基本製作(レイアウトを考える、材料類を揃える、建築物製作の基

本、建築物の汚し加工、ディテールアップ、建築物の改造、建築物の配置、ベース製作の基本、ベースの仕上げ、人物・電柱等の立て方)、応用製作(室内照明の設置、街灯の製作、車両の汚し加工)
2017.8 159p A5 ¥1950 ①978-4-88393-789-9

◆知っておきたいカーモデルの作りかた 昭和の名車編　森慎二著　大日本絵画
【要旨】"市販ミニカー"を超える完成度の名車をその手に！ ハセガワ1/24トヨタ2000GTのプラモデルを教材にツルピカでリアルに製作するテクを全解説。プロモデラーが写真付きで教えるカーモデル製作の知っておきたいノウハウ。使用工具、工作法、塗装法から実車データ解説まで、カーモデル初心者もこれでばっちり。トヨタ2000GTのほかにも、ニッサンスカイライン2000GT-R、ニッサンフェアレディ240ZG、"ケンメリ"KPGC110、いすゞ117クーペ、メルセデス・ベンツ300SL、ロータスヨーロッパスペシャル、ランボルギーニミウラなど、'60〜'70年代の名車が1/24の作例で勢揃い！
2017.11 104p 26×21cm ¥3000 ①978-4-499-23225-8

◆自動車模型ヴィンテージキットリフレッシュテクニック　北澤志朗、松本重樹著　新紀元社　(プラモデル徹底工作)
【目次】第1章 基本編——ニッサン・シルビア・ハードトップLSE-X(S110)(ボディの改修、ボディ塗装、シャシー改修、インテリア、ボディ仕上げと最終組み立て)、第2章 応用編——ニッサン・チェリーX1(ボディの改修、上げ底内装の改修)、ヴィンテージキット作品集
2017.5 127p A4 ¥3300 ①978-4-7753-1499-9

◆スケールモデル最新塗料&塗装入門　新紀元社　(スケールモデルファン Vol.29)
【目次】スケールモデル最新塗料&塗装概説、いま再確認するAFVモデル塗装の王道、ソビエト戦車でカラーモジュレーションに挑戦！、調色が難しかったイスラエル国防軍にも専用カラーで簡単チャレンジ！、エクストリームメタルで無塗装機体を再現、フランカー最新型をフィルタリングカラーで仕上げる！、英国艦の迷彩を専用塗輸カラーセットで塗る！、新塗装で新製品を紹介——ニューキット"すぐモデ"レビュー 2017.5 95p B5 ¥1360 ①978-4-7753-1506-4

◆図説 英国アンティークの世界——華麗なる英国貴族の遺香　小野まり著　河出書房新社　(ふくろうの本)
【要旨】貴族の家族から執事、メイドまで。お屋敷のなかのアンティークに出会う夢のような優雅な旅。素敵な家具、ティーカップ、銀器。可愛い銀器、木馬、テディベア、ドールハウス。あなたの暮らしに英国の香りを！
2017.9 127p 22×17cm ¥1800 ①978-4-309-76260-9

◆世界の支配者が愛したアンティークコインという価値を探る　西村直樹著　総合法令出版
【要旨】選ばれし者のみに与えられるステータスとは！? 21世紀の今我々が考えるべき本質的価値資産とは!? お金という価値から、覇権を握った国王達のコインと共に歴史の裏側から本当の真実を伝える。学校では教えないマネーの真。
2017.12 251p A5 ¥1500 ①978-4-86280-596-6

◆脱ビギナー！ ガンプラ製作+4ステップ　有澤浩道著　大日本絵画
【要旨】もっともっとガンプラがうまくカッコよく作れるようになる、プロガンプラモデラー直伝の製作ポイントテクニック満載。これを読んで、アナタも今日から脱ビギナーしちゃおう!!
2017.8 136p A4 ¥3900 ①978-4-499-23204-3

◆超合金魂計画20th——超合金魂20周年記念OFFICIAL BOOK　電撃ホビーウェブ編集部編　KADOKAWA
【要旨】超合金魂20年の歴史を徹底追跡したオフィシャルブック!! 実物大サイズで歴代超合金魂アイテムをズラリ紹介!! バンダイお蔵出し秘蔵資料、2017年新商品の試作品も収録。
2017.1 145p A4 ¥2500 ①978-4-04-892585-3

◆トランスフォーマージェネレーション 2018　ヒーローX、大洋図書 発売　(付属資料：ポスター1)
【要旨】実写映画最新作『最後の騎士王』トイ完全網羅。シリーズナンバー50突破記念『トランスフォーマーレジェンズ』特集!! ビッグサイズの完全新作ダァーツ!! スクープ！ マスターピースダイノボット!!
2017.11 89p A4 ¥2800 ①978-4-8130-2276-3

◆70年代アナログ家電カタログ——メイド・イン・ジャパンのデザイン！　松崎順一著　(京都)青幻舎　新装版
【要旨】第1章 オーディオ(コンパウンド、テープデッキ、オープンリール ほか)、第2章 テレビ(ナショナル、ソニー、シャープ ほか)、第3章 ホーム家電(総合、冷蔵庫、炊飯器 ほか)
2017.3 334p A6 ¥1500 ①978-4-86152-609-1

◆南蔵院当せん祈願「ビンゴ5申込カード」付き ビンゴ5黄金比率「41」攻略　主婦の友インフォス編　主婦の友インフォス、主婦の友社 発売　(超的シリーズ)
【要旨】本書は、2017年4月から発売されたビンゴ5を手軽に、そして楽しく予想することを目的としている。ビンゴ5の当せん確率をアップさせるためには、当せん数字の出現傾向を分析することが必要となるが、さまざまなデータを検証しているうちに、どの数字を選んでいいかわからなくなってしまう人も多いのではないだろうか。そこで本書では、面倒なデータ分析することなく、前回の当せん数字に何が出たかをベースに、分析しオススメ予想数字を掲載。大きな特徴として、ビンゴ5の中心(FREE)を介して対角になる数字を足したとき、最も多い組み合わせが「足して41」になるもの。このような「足して41」になる組み合わせを必ず予想には組み込んでいる。予想を出すのが難しい、面倒、という人はもちろん、自分が出した予想数字の参考にしたいという人も、本書をきっかけに大当たりを目指してほしい！
2017.12 127p A5 ¥1400 ①978-4-07-427750-6

◆ナンバーズを攻略するこの一手　田中裕介著　三恵書房
【目次】1 ナンバーズ入門(数字選択式くじ「ナンバーズ」、ナンバーズの抽せん ほか)、2 ゴールドナンバーで的中(数字の黄金律から生まれた"ゴールドナンバー"、ナンバーズ4で1,193,200円的中 ほか)、3 ナンバーズ3新攻略法(ナンバーズ3にはナンバーズ3の狙い方がある、ゴールドナンバーの出現率は56.9% ほか)、4 ナンバーズ4新攻略法(ナンバーズ4の売上は1日2億円プラス、ゴールドナンバーの出現率は63.9% ほか)
2018.1 174p B6 ¥1500 ①978-4-7829-0475-6

◆ナンバーズ3&4 手堅く狙うも一攫千金も！ 風車盤ダブルボードBOOK 2017　主婦の友インフォス編　主婦の友インフォス、主婦の友社 発売　(超的シリーズ) (付属資料：風車盤ダブルボード)
【目次】ナンバーズ3&4の買い方、ナンバーズ3&4の抽せん方法、当せん数字のチェック方法、本書の使い方と使用データの解説、前回合計数別風車盤ボード専用数列シート ナンバーズ3、前回合計数別風車盤ボード専用数列シート ナンバーズ4
2017.2 127p A5 ¥1300 ①978-4-07-419874-0

◆日本海軍小艦艇ビジュアルガイド 2 護衛艦艇編——模型で再現 第二次大戦の日本艦艇　岩重多四郎著　大日本絵画
【要旨】海防艦、掃海艇、哨戒艇、駆潜艇、そして各種の特務艇……過酷な海上護衛戦で強大な敵と戦った小艦艇たちの姿を模型で再現する！ 艦船模型専門誌『ネイビーヤード』好評連載の単行本化第2弾！ 艦隊決戦至上主義のあまり海上交通路の保護が疎かだったと評される日本海軍において、長大に伸びた資源輸送路や兵力輸送船団の護衛任務を担った小艦艇たちを著者自らが手がけた模型作例、カラーイラスト、図版を軸に立体的に浮かび上がらせる。鹵獲艦を転用したもの、戦時急造の特務艇も一挙に収録！
2017.3 96p A4 ¥3900 ①978-4-499-23202-9

◆日本海軍戦艦武蔵パーフェクト製作ガイド——艦NEXTシリーズを極める　Takumi明春著　大日本絵画
【要旨】フジミ艦NEXTシリーズの「日本海軍超弩級戦艦武蔵」は精密スケールモデルでありながら接着剤不要、塗装不要の革新的キット。キットをそのまま組んでも精密感たっぷりで仕上がるが、メーカー純正エッチングパーツを組み込んだり塗装すればさらに高い満足感が得ることができる。本書はそんなフジミの艦NEXTシリーズのキットをより楽しむための製作ガイドブックだ。
2017.3 96p A4 ¥3900 ①978-4-499-23202-9

◆日本貨幣カタログ 2018　日本貨幣商協同組合編　日本貨幣商協同組合、紀伊國屋書店 発売
【目次】近代貨幣、現行貨幣、記念貨幣、地方自治60周年記念貨幣、貨幣セット、試鋳貨、軍用貨幣、古金銀、丁銀・豆板銀、地方貨、穴銭、絵銭、幕府・政府及府県札電、近代紙幣、軍用手票類、在日米軍軍票、在外銀行券類、在外貨幣類、日本貨幣商協同組合発行メダル他、スーベニアカード
2017.12 310p A5 ¥1500 ①978-4-930810-22-9

◆はじめてのステンドグラス　齋藤万友美監修　スタジオタッククリエイティブ
【要旨】作り方解説6アイテム。
2017.9 151p B5 ¥2800 ①978-4-88393-791-2

◆ハセガワコンプリートワークス——キットで辿る75年　スケールアヴィエーション編集部編　大日本絵画
【要旨】戦前から続く木製模型全盛期から、海外からの"黒船"だったプラスチック製キットの登場と隆盛、そして世界的にも類を見ないプラモデル大国へ。日本の模型産業が辿った流れの中で、「飛行機のハセガワ」として独自の立ち位置を築いたのが株式会社ハセガワである。2016年で創業から75周年を迎えた同社は、まさにこの流れを追うように時代に合わせて製品を発表し続けてきた。本書は、同社が発売してきた数多くのキットを同社刊行のカタログに準じてジャンルごとに完成写真および解説と共に収録。今までにハセガワが発表してきた飛行機、艦船、AFV、クルマなど多岐に渡るキットを網羅した一冊である。
2017.2 256p B5 ¥3900 ①978-4-499-23203-6

◆飛行機模型の作り方——ものぐさプラモデル作製指南　仲田裕之著　新紀元社　普及版
【要旨】飛行機模型の初心者のために1/48サイズの基本的な作り方を4機の作例で紹介。
2017.3 159p B5 ¥2000 ①978-4-7753-1487-6

◆標本BOOK——お気に入りのものを集めて作るインテリア標本の楽しみ　さとうかよこ著　日東書院本社
【要旨】自分で作って楽しめる、楽しい標本アイデアがいっぱい。さまざまな標本箱の作り方も掲載！
2017.6 112p 24×19cm ¥1500 ①978-4-528-02154-9

◆ビリヤードの解析とシミュレーター　小林一夫著　創英社/三省堂書店　(付属資料：CD-ROM1)
【要旨】ビリヤード史上初めての詳しい解析。マッセを含むスリークッションのシミュレーター付き(Windows10対応)。
2017.8 129p A5 ¥2000 ①978-4-88142-158-1

◆フォトモの世界　糸崎公朗著　彩流社
【要旨】切り取って組み立てると街が飛び出す3Dアート写真!! フォトモ＝写真＋模型！ 大人も子供も楽しめる！
2017.10 55p 30×23cm ¥1500 ①978-4-7791-2344-3

◆プラモデル徹底工作 究極のランボルギーニ　北澤志朗、奥村健一、高橋浩二、平野克己著　新紀元社
【目次】第1章 ランボルギーニ・ミウラJ(ボディの製作、シャシーの製作、最終組み立て)、第2章 ランボルギーニ・ウラカンスーパートロフェオ(ボディの製作、シャシーの製作)、第3章 ランボルギーニ・カウンタックウルフ1(開閉工作、シャシーの製作、仕上げ)、第4章 ボディの塗装と研ぎ出し、わたくし「ランボルギーニ」外伝、ランボルギーニ完成写真集
2017.11 143p A4 ¥3600 ①978-4-7753-1539-2

◆プロでも知りたがる！ ビリヤード オシャレな撞き方・練習の仕方　江辺香織著、町田正監修　東邦出版　(付属資料：DVD1)
【要旨】撞きながら覚えられる！ 初心者脱出の最短ステップをわかりやすく解説。見るだけでメキメキうまくなる動画レッスンも充実！
2017.10 111p A5 ¥2300 ①978-4-8094-1451-0

◆ペイントの基本 "壁・インテリア・小物"——簡単！ 住まいのDIYマニュアル　スタジオタッククリエイティブ
【要旨】壁も家具も小物もDIYでカンタン塗装!!
2017.9 95p B5 ¥1400 ①978-4-88393-786-8

◆マクロスモデリングカタログ——ハセガワノツバサ　モデルグラフィックス編　大日本絵画
【要旨】ハセガワ製ヴァリアブルファイター勢揃い。マクロスファン必携の"モデリングカタロ

◆無垢材で作る本格木工家具入門―全5アイテム製作法詳細解説　スタジオタッククリエイティブ　（DIY工作シリーズ）
【目次】スツール、テーブル、オーディオラック、家具連結ミニ仏壇
2017.12 183p B5 ¥2500　978-4-88393-795-0

◆木工でかんたん　使える！　収納インテリアづくり　番匠智香子監修　大泉書店　（012DIYシリーズ）
【要旨】DIYの基本テクニック＋定番の収納家具19作品。「すのこ」＆「カラーボックス」でかんたんにつくれる万能収納家具。
2017.4 143p 27×19cm ¥1200　978-4-278-05502-3

◆モデラーズルームスタイルブック　大日本絵画
【要旨】大人の趣味としての模型製作。そこではより快適な環境を整えたい…はたしてプロモデラー達はどんな環境で模型をつくっているのだろうか？　重要でありながら、これまで顧みることの少なかった模型部屋にスポットをあてた『月刊モデルグラフィックス』の人気特集をフルカラーで収録！　さらにスペシャルトラックとして、日本を代表するAFVモデラー／ダイオラマビルダー吉岡和哉氏のアトリエを特別取材し、新たに収録！　総勢25名の日本を代表するプロモデラー達の模型部屋がここに集結！
2017.8 119p A4 ¥3200　978-4-499-23213-5

◆やりたいことから引ける！　ガンプラテクニックバイブル　改造・ジオラマ編　小西和行、瀬川たかし監修、シゲヤマ☆ジャクソン監修協力　成美堂出版
【要旨】改造：自分に合った改造の方法がみつかる！　ジオラマ：知りたかった情景表現の材料・作り方がわかる！
2018.1 254p B5 ¥1600　978-4-415-32443-2

◆リビングで塗れるプラモ　水溶きアクリル筆塗りテクニック　秋友克也著　新紀元社
【目次】序章「水溶きアクリル」で筆塗りしよう！（水溶きアクリルの基礎、「水溶き」アクリル　プラモデル組み立ての基礎）、第1章　戦車を塗ろう！（戦車編・その1　水溶きアクリル塗装の基礎、戦車編・その2　迷彩塗り分けと土埃の表現、戦車編・その3　迷彩の演出、コラム・その2　ウォッシングの技法と塗料）、第2章　飛行機を塗ろう！（飛行機編・その1　銀剥がしと退色表現、飛行機編・その2　叩きボカシと吹き付け風ボカシ、飛行機編・その3　銀塗装で金属（ベアメタル）の質感を再現、コラム・その3　デカール貼り付けとクリアーコート）、第3章　艦船を塗ろう！（艦船編・その1　筆塗り艦船製作の基礎、艦船編・その2　エッチングパーツの工作と筆塗り、コラム・その4　タミヤアクリル以外の水性塗料）
2017.5 93p B5 ¥2000　978-4-7753-1507-1

◆レゴレシピ　いろんな車　ウォーレン・エルスモア著、吉田周市訳　玄光社
【要旨】手順どおりでだれでもつくれる車が40種類！　使用ブロック数はどの作品も100ピース未満！　入手しやすいレゴクラシックのブロックを使用。
2017.2 96p 25×19cm ¥1700　978-4-7683-0793-9

◆レゴレシピ　いろんな動物　ウォーレン・エルスモア著、石井光子訳　玄光社
【要旨】手順どおりでだれでもつくれる動物が40種類！　使用ブロック数はどの作品も100ピース未満！　入手しやすいレゴクラシックのブロックを使用。
2017.2 96p 25×19cm ¥1700　978-4-7683-0792-2

◆ロト6アクシス・メソッド2018―軸数字選びの大本命はこれだ！　山内健司著　三恵書房
【要旨】01から43まで10口の買い目を公開。アクシス・メソッド2018買い目表。アクシス（軸数字）メソッド（探し出す方法）で一攫千金を狙う。
2018.1 126p B6 ¥1500　978-4-7829-0474-9

◆ロト6新攻略MJブロック　杉山繁雄著　三恵書房　（サンケイブックス）
【目次】1　ロト6 MJブロックとは、2　ロト6 MJブロック予想法、3　MJブロック実践例、4　ロト6攻略新アプリ、特典　ロト6 MJブロック買い目表、資料1　Mブロック検索表、資料2　Jブロック検索表、MJブロック予想シート
2017.9 173p B6 ¥1500　978-4-7829-0471-8

◆ロト6　六耀×合計数×6億円ボード　主婦の友インフォス編、月刊「ロト・ナンバーズ『超』的中法」編　主婦の友インフォス、主婦の友社　発売　（超的シリーズ）（付属資料あり）
【目次】ロト6ってどんな宝くじ？、ロト6の買い方、ロト6の抽せん方法、本書の使い方、当せん数字のチェック方法、全抽せん編　前回当せん数字「合計数」×「六耀」数列シート、コラム「キャリーオーバーの魅力」、キャリーオーバー編　前回当せん数字「合計数」×「六耀」数列シート、抽せん回別「六耀」早見表
2017.12 127p A5 ¥1400　978-4-07-427721-6

◆ロト7　この数字が最強の法則になる―10億円も夢じゃない　山内健司著　三恵書房　（サンケイブックス）
【要旨】統計学に基づくメソッドがさらに進化。本格ノウハウ伝授シリーズ。アクシスメソッド買い目付。
2017.5 130p B6 ¥1600　978-4-7829-0467-1

◆ロト7　六耀×合計数×10億円ボード　主婦の友インフォス編　主婦の友インフォス、主婦の友社　発売　（超的シリーズ）（付録：付録1）
【要旨】前回当せん数字を足して抽せん日の六耀をチェックするだけで、予想数字がすぐに出る！
2018.1 127p A5 ¥1400　978-4-07-427738-4

◆AFVモデリングテクニック　エンサイクロペディア―基本塗装とインテリアの演出編　アモ・オブ・ミグ ヒメネス著、アーマーモデリング編集部訳　大日本絵画
【要旨】現在日本の誌面で活躍する海外モデラーは何人もいますが、なかでも人気No.1を誇るのがスペイン人モデラーのミグ・ヒメネス氏。その氏が解説する戦車模型の塗装テクニックガイドが日本語版で出版。今回は車両の基本塗装とインテリアの塗装、ウェザリング仕上げという戦車模型ならではのテクニックを中心に収録。ビギナー向けのベーシックなものと上級者も納得のアドバンスモードの2系統を設け、その工程を大量の写真とともにステップ・バイ・ステップで紹介します。
2017.10 143p A4 ¥3900　978-4-499-23221-0

◆AFVモデル　ウェザリングガイド　ホセ＝ルイス・ロペス＝ルイス、ホアキン・ガルシア・ガスネル模型製作・解説　新紀元社　（海外モデラースーパーテクニック）
【要旨】単色塗装、迷彩、ジオラマに対応した、多種多様なウェザリングテクニックを解説。
2017.5 96p A4 ¥3200　978-4-7753-1512-5

◆Blytheカスタムテクニック　ジュンコ・ウォング監修　CWC BOOKS、グラフィック社
【目次】Blythe Body & Face―プライスの基礎知識（ネオプライス、ミディプライス　ほか）、カスタムに必要な道具、カスタムを始めよう（シンプルカスタムメイク、開頭・パステルメイク　ほか）、もっとカスタムを楽しもう（メイクアップスタイル（ピュア、フェアリー　ほか）、エクストラテクニック（まぶたを上げる方法、目線を上げる方法　ほか））、世界中のカスタマイザー（Dakawaiidolls、HA-NON　ほか）
2017.10 127p B5 ¥2200　978-4-7661-3104-8

◆F-14トムキャット入門　新紀元社　（スケールモデルファン Vol.28）
【目次】F-14トムキャット概説、最新トムキャトをあえて光沢仕上げで作る！、スペイン人モデラーが作る"スペードのエース"トムキャット、空母「ニミッツ」からの発艦シーンをジオラマ再現！、グラマンF-14Aトムキャットディテール写真、黎明期のアメリカ海軍艦隊防空戦闘機、爆弾を抱いた赤き死神、精密爆撃能力も備えた本格的ボムキャット、現在も運用される欧州共同開発戦闘攻撃機、シリア内戦にも登場した旧ソ連の戦闘爆撃機、F-14トムキャットおすすめキットガイド、素組み、無塗装で新製品を紹介　ニューキット"すぐモデ"レビュー
2017.2 95p B5 ¥1360　978-4-7753-1486-9

◆MOZU　超絶精密ジオラマワーク　MOZU著　玄光社
【要旨】ジオラマとコマ撮りアニメが融合して生まれる、創作の新境地がここに。
2017.10 126p 26×19cm ¥2000　978-4-7683-0889-9

◆STAR WARS 日本のスター・ウォーズグッズ魂　講談社編　講談社
【要旨】新旧のスター・ウォーズグッズ800点以上掲載！
2017.11 127p A5 ¥2400　978-4-06-220582-5

就職ガイド・問題集

◆アイシン精機の就活ハンドブック　2019年度版　就職活動研究会編　協同出版　（会社別就活ハンドブックシリーズ）
【要旨】最新の会社情報と採用データ・対策。決算情報から読み解く会社の実情。業界の"今"がわかるニュース・トピック。
2018.1 217p A5 ¥1200　978-4-319-40487-2

◆アサツーディ・ケイ（ADK）の就活ハンドブック　2019年度版　就職活動研究会編　協同出版　（会社別就活ハンドブックシリーズ）
【要旨】最新の会社情報と採用データ・対策。決算情報から読み解く会社の実情。業界の"今"がわかるニュース・トピック。
2018.1 217p A5 ¥1200　978-4-319-40548-0

◆朝日キーワード　就職　2019　最新時事用語＆一般常識　朝日新聞出版編　朝日新聞出版　（付属資料：赤シート1）
【要旨】就活を勝ち抜く最強の1冊!!必修用語がパッとわかる、サクサク身につく見やすい2色刷り＆赤チェックシートつき！　最新ニュースが面白いほどよくわかる。
2017.11 239p B6 ¥900　978-4-02-227643-8

◆アシックスの就活ハンドブック　2019年度版　就職活動研究会編　協同出版　（会社別就活ハンドブックシリーズ）
【要旨】最新の会社情報と採用データ・対策。決算情報から読み解く会社の実情。業界の"今"がわかるニュース・トピック。
2018.1 209p A5 ¥1200　978-4-319-40560-2

◆味の素の就活ハンドブック　2019年度版　就職活動研究会編　協同出版　（会社別就活ハンドブックシリーズ）
【要旨】最新の会社情報と採用データ・対策。決算情報から読み解く会社の実情。業界の"今"がわかるニュース・トピック。
2018.1 219p A5 ¥1200　978-4-319-40507-7

◆アステラス製薬の就活ハンドブック　2019年度版　就職活動研究会編　協同出版　（会社別就活ハンドブックシリーズ）
【要旨】最新の会社情報と採用データ・対策。決算情報から読み解く会社の実情。業界の"今"がわかるニュース・トピック。
2018.1 209p A5 ¥1200　978-4-319-40525-1

◆イオンの就活ハンドブック　2019年度版　就職活動研究会編　協同出版　（会社別就活ハンドブックシリーズ）
【要旨】最新の会社情報と採用データ・対策。決算情報から読み解く会社の実情。業界の"今"がわかるニュース・トピック。
2018.1 210p A5 ¥1200　978-4-319-40553-4

◆いざ就活　自信を持って臨め―人事部長だった私からの熱き贈り物　横山俊宏著　東京図書出版、リフレ出版 発売
【要旨】皆さんの就活のために人事部長だった著者からの熱き贈り物。就活に極意も王道もない。しかし、原則はある。自分を知り、働こうという意思、それをやり遂げようという強い気持ち、これがあれば、自ずと道は拓ける。
2017.2 87p B6 ¥1000　978-4-86641-030-2

◆5日で攻略！　Webテスト　'19年版　笹森貴之著　成美堂出版　（付属資料：別冊1；赤シート1）
【要旨】この1冊で「玉手箱」「WEBテスティング」を徹底攻略！
2017.7 263p A5 ¥1200　978-4-415-22488-6

◆伊藤忠商事の就活ハンドブック　2019年度版　就職活動研究会編　協同出版　（会社別就活ハンドブックシリーズ）
【要旨】最新の会社情報と採用データ・対策。決算情報から読み解く会社の実情。業界の"今"がわかるニュース・トピック。
2018.1 214p A5 ¥1200　978-4-319-40495-7

◆ウッドワンの就活ハンドブック　2019年度版　就職活動研究会編　協同出版　（会社別就活ハンドブックシリーズ）
【要旨】最新の会社情報と採用データ・対策。決算情報から読み解く会社の実情。業界の"今"がわかるニュース・トピック。
2018.1　217p　A5　¥1200　ⓘ978-4-319-40481-0

◆エイチ・アイ・エスの就活ハンドブック　2019年度版　就職活動研究会編　協同出版　（会社別就活ハンドブックシリーズ）
【要旨】最新の会社情報と採用データ・対策。決算情報から読み解く会社の実情。業界の"今"がわかるニュース・トピック。
2018.1　221p　A5　¥1200　ⓘ978-4-319-40557-2

◆エイチ・ツー・オーリテイリング（阪急阪神百貨店）の就活ハンドブック　2019年度版　就職活動研究会編　協同出版　（会社別就活ハンドブックシリーズ）
【要旨】最新の会社情報と採用データ・対策。決算情報から読み解く会社の実情。業界の"今"がわかるニュース・トピック。
2018.1　208p　A5　¥1200　ⓘ978-4-319-40555-8

◆エイベックスの就活ハンドブック　2019年度版　就職活動研究会編　協同出版　（会社別就活ハンドブックシリーズ）
【要旨】最新の会社情報と採用データ・対策。決算情報から読み解く会社の実情。業界の"今"がわかるニュース・トピック。
2018.1　209p　A5　¥1200　ⓘ978-4-319-40546-6

◆江崎グリコの就活ハンドブック　2019年度版　就職活動研究会編　協同出版　（会社別就活ハンドブックシリーズ）
【要旨】最新の会社情報と採用データ・対策。決算情報から読み解く会社の実情。業界の"今"がわかるニュース・トピック。
2018.1　208p　A5　¥1200　ⓘ978-4-319-40514-5

◆エピソードの就活―キャリアカウンセラーが教える7つのステップ　中山一郎著　（京都）晃洋書房
【要旨】理論でもなく、マニュアルでもハウツーでもなく、実際にあったエピソードから就職活動と向き合う！これまであまたの学生と一緒に就職活動にとりくみ、泣いて笑ってきた著者が、キャリアカウンセラーとしての本音をエピソードとともに紹介。学生自身のコラムも同時収録。
2017.3　188p　B6　¥1900　ⓘ978-4-7710-2829-6

◆エンジニアになりたい君へ―理工系学生のためのキャリア形成ガイドブック　森實敏彦著　幻冬舎メディアコンサルティング，幻冬舎 発売
【要旨】「技術至上主義」で業界の常識を打ち破ってきたエンジニアリング企業社長が明かす、好きな仕事で一生安定した収入を得る秘訣。君の就職活動は本当に正しいのか？エンジニアとして第一歩を踏み出す前に知っておくべきポイントが満載！
2017.2　206p　B6　¥1400　ⓘ978-4-344-91093-5

◆大阪ガスの就活ハンドブック　2019年度版　就職活動研究会編　協同出版　（会社別就活ハンドブックシリーズ）
【要旨】最新の会社情報と採用データ・対策。決算情報から読み解く会社の実情。業界の"今"がわかるニュース・トピック。
2018.1　212p　A5　¥1200　ⓘ978-4-319-40469-8

◆大人になったらしたい仕事―「好き」を仕事にした35人の先輩たち　朝日中高生新聞編集部編　朝日学生新聞社
【目次】第1章 機械やしくみが好き、第2章 のりものが好き、第3章 自然や動物が好き、第4章 食べることが好き、第5章 人と話すのが好き、第6章 人を助けるのが好き、第7章 絵をかいたりものをつくったりするのが好き、第8章 本を読むのが好き、第9章 人を楽しませるのが好き
2017.9　165p　23×18cm　¥1500　ⓘ978-4-909064-20-2

◆オムロンの就活ハンドブック　2019年度版　就職活動研究会編　協同出版　（会社別就活ハンドブックシリーズ）
【要旨】最新の会社情報と採用データ・対策。決算情報から読み解く会社の実情。業界の"今"がわかるニュース・トピック。
2018.1　207p　A5　¥1200　ⓘ978-4-319-40538-1

◆オリエンタルランドの就活ハンドブック　2019年度版　就職活動研究会編　協同出版　（会社別就活ハンドブックシリーズ）
【要旨】最新の会社情報と採用データ・対策。決算情報から読み解く会社の実情。業界の"今"がわかるニュース・トピック。
2018.1　217p　A5　¥1200　ⓘ978-4-319-40556-5

◆会社四季報　業界地図　2018年版　東洋経済新報社編　東洋経済新報社
【要旨】全176業界、3960社。ビジネスパーソン・就活生の必携書。
2017.9　279p　B5　¥1300　ⓘ978-4-492-97326-4

◆花王の就活ハンドブック　2019年度版　就職活動研究会編　協同出版　（会社別就活ハンドブックシリーズ）
【要旨】最新の会社情報と採用データ・対策。決算情報から読み解く会社の実情。業界の"今"がわかるニュース・トピック。
2018.1　231p　A5　¥1200　ⓘ978-4-319-40521-3

◆カゴメの就活ハンドブック　2019年度版　就職活動研究会編　協同出版　（会社別就活ハンドブックシリーズ）
【要旨】最新の会社情報と採用データ・対策。決算情報から読み解く会社の実情。業界の"今"がわかるニュース・トピック。
2018.1　209p　A5　¥1200　ⓘ978-4-319-40506-0

◆兼松の就活ハンドブック　2019年度版　就職活動研究会編　協同出版　（会社別就活ハンドブックシリーズ）
【要旨】最新の会社情報と採用データ・対策。決算情報から読み解く会社の実情。業界の"今"がわかるニュース・トピック。
2018.1　211p　A5　¥1200　ⓘ978-4-319-40498-8

◆カンタン総まとめ就活の一般常識＆時事　2019年度版　就職情報研究会編　実務教育出版　（付属資料：セルシート1）
【要旨】時事、文化・スポーツ、国語、英語、社会、数学、理科、マナーがまとめて1冊でカバー。要点まとめと1問1答で約6000のキーワードが「さくさく」頭に入る。
2017.7　303p　19cm　¥1400　ⓘ978-4-7889-8324-3

◆キッコーマンの就活ハンドブック　2019年度版　就職活動研究会編　協同出版　（会社別就活ハンドブックシリーズ）
【要旨】最新の会社情報と採用データ・対策。決算情報から読み解く会社の実情。業界の"今"がわかるニュース・トピック。
2018.1　204p　A5　¥1200　ⓘ978-4-319-40516-9

◆キヤノンの就活ハンドブック　2019年度版　就職活動研究会編　協同出版　（会社別就活ハンドブックシリーズ）
【要旨】最新の会社情報と採用データ・対策。決算情報から読み解く会社の実情。業界の"今"がわかるニュース・トピック。
2018.1　212p　A5　¥1200　ⓘ978-4-319-40536-7

◆キャリア・シフト―人生戦略としてのアジア就職　岡本琢磨著　経済界
【要旨】シンガポール・タイ・マレーシア・フィリピン・ベトナム・インドネシア…予想以上にアジアは、キャリアも生活も可能性も、豊かだ。フィリピン・セブで「海外キャリア支援型」英会話スクールを運営する著者がアジア就職に必要な情報、手続きを完全解説！
2017.3　259p　B6　¥1400　ⓘ978-4-7667-8610-1

◆九州電力の就活ハンドブック　2019年度版　就職活動研究会編　協同出版　（会社別就活ハンドブックシリーズ）
【要旨】最新の会社情報と採用データ・対策。決算情報から読み解く会社の実情。業界の"今"がわかるニュース・トピック。
2018.1　221p　A5　¥1200　ⓘ978-4-319-40475-9

◆キユーピーの就活ハンドブック　2019年度版　就職活動研究会編　協同出版　（会社別就活ハンドブックシリーズ）
【要旨】最新の会社情報と採用データ・対策。決算情報から読み解く会社の実情。業界の"今"がわかるニュース・トピック。
2018.1　219p　A5　¥1200　ⓘ978-4-319-40519-0

◆業界と職種がわかる本　'19年版　岸健二編　成美堂出版
【要旨】本書は、これから就職活動をする学生のために、業界や職種を解説しています。本書を参考にして万全の態勢で就職試験に臨んでください。
2017.6　207p　A5　¥1100　ⓘ978-4-415-22478-7

◆京セラの就活ハンドブック　2019年度版　就職活動研究会編　協同出版　（会社別就活ハンドブックシリーズ）
【要旨】最新の会社情報と採用データ・対策。決算情報から読み解く会社の実情。業界の"今"がわかるニュース・トピック。
2018.1　210p　A5　¥1200　ⓘ978-4-319-40537-4

◆キリンHD（キリンビール・キリンビバレッジ）の就活ハンドブック　2019年度版　就職活動研究会編　協同出版　（会社別就活ハンドブックシリーズ）
【要旨】最新の会社情報と採用データ・対策。決算情報から読み解く会社の実情。業界の"今"がわかるニュース・トピック。
2018.1　210p　A5　¥1200　ⓘ978-4-319-40508-4

◆キレイゴトぬきの就活論　石渡嶺司著　新潮社　（新潮新書）
【要旨】就活ほどタテマエとホンネがかけ離れている世界も珍しい。「夢を持った若者が欲しい」「学歴不問。実力重視」「1年目から稼げます」―こんなキレイゴトが蔓延したせいで、企業も学生も不幸になるばかり。企業は学生のどこを見ているのか。学生は企業のどこを見るべきか。リアルな就活状況を活写する。就活にまつわるモヤモヤ、ナゾが解消すること間違いなし。社会人も就活生も必見の優良企業300社リスト付。
2017.1　219p　18cm　¥760　ⓘ978-4-10-610701-6

◆近畿日本ツーリストの就活ハンドブック　2019年度版　就職活動研究会編　協同出版　（会社別就活ハンドブックシリーズ）
【要旨】最新の会社情報と採用データ・対策。決算情報から読み解く会社の実情。業界の"今"がわかるニュース・トピック。
2018.1　211p　A5　¥1200　ⓘ978-4-319-40559-6

◆クリエイターのハローワーク―ものづくり業界と職種がわかる本　ビーコムプラス著　マール社
【要旨】モノをつくって生きていく道はたくさんあります！どんな仕事があって、どうすればその職業に就けるのか、60の職業の70人のクリエイターに取材し、生の声を収録しました。進路を考えたとき、夢と真剣に向き合ったとき、やり直したくなったとき、そして他の職業の内情を知りたくなったとき、本書の中にヒントがあります！
2017.8　175p　A5　¥1900　ⓘ978-4-8373-1065-5

◆「欠点」を「強み」に変える就活力―上位5%に入るエントリーシート＆作文の書き方　岩田一平著　サンマーク出版
【要旨】テンプレートを打ち破れ！大学のAO入試・推薦入試も対応！「ほんとうの自分」を見つけ出し、「内定」を勝ち取る方法。
2017.6　159p　B6　¥1200　ⓘ978-4-7631-3608-4

◆こう動く！就職活動オールガイド　'19年版　高嶌悠人監修　成美堂出版
【要旨】こんな時はどう動く？困った時はどうすればいい？筆記試験や面接のあらゆる場面、状況に対応した、内定を勝ちとるための動き方が、すぐにわかります。
2017.6　223p　A5　¥1100　ⓘ978-4-415-22470-1

◆広告界就職ガイド　2019年版　宣伝会議書籍編集部編　宣伝会議
【目次】巻頭企画（広告って面白い！広告クリエイティブの潮流を探る、エリア活性に貢献！地域で躍進するクリエイター）一自分に合う働き方を見つける！第1章 職種研究―広告界の仕事大研究、第2章 業界研究―これだけは知っておきたい、広告ビジネスの基本と最新動向、第3章 就職活動―目指せ内定！就職活動必勝法、第4章 企業研究―主要各社の人事担当者に聞く！求める人材像と採用プロセス、第5章 企業研究―強みと特徴・採用状況は？全国の広告関連会社研究
2017.12　338p　A5　¥1700　ⓘ978-4-88335-419-1

◆広告のやりかたで就活をやってみた。　小島雄一郎著　宣伝会議　（マスナビBOOKS）改訂版
【要旨】「私」という商品。「友達」という競合。「志望企業」というターゲット。「学歴」というスペック。「採用」という opposing もの。「自己分析」というマーケティング。（株）マスメディアンが主催するマスナビの超人気講座「広告式就職活動」が書籍になりました。広告のやりかた、広告のステップに沿って就職活動を検証します。
2017.12　165p　B6　¥1400　ⓘ978-4-88335-423-8

就職ガイド・問題集

◆神戸製鋼所の就活ハンドブック　2019年度版　就職活動研究会編　協同出版　（会社別就活ハンドブックシリーズ）
【要旨】最新の会社情報と採用データ・対策。決算情報から読み解く会社の実情。業界の"今"がわかるニュース・トピック。
2018.1 196p A5 ¥1200 ①978-4-319-40479-7

◆国際協力キャリアガイド　2017・18　あなたの使命は何ですか？　国際開発ジャーナル社, 丸善出版 発売
【要旨】進路のお悩み相談Q&A。なるには!?採用への道と適性、待遇。
2017.10 272p B5 ¥1000 ①978-4-87539-097-8

◆コクヨの就活ハンドブック　2019年度版　就職活動研究会編　協同出版　（会社別就活ハンドブックシリーズ）
【要旨】最新の会社情報と採用データ・対策。決算情報から読み解く会社の実情。業界の"今"がわかるニュース・トピック。
2018.1 213p A5 ¥1200 ①978-4-319-40522-0

◆コーセーの就活ハンドブック　2019年度版　就職活動研究会編　協同出版　（会社別就活ハンドブックシリーズ）
【要旨】最新の会社情報と採用データ・対策。決算情報から読み解く会社の実情。業界の"今"がわかるニュース・トピック。
2018.1 213p A5 ¥1200 ①978-4-319-40524-4

◆この業界・企業でこの「採用テスト」が使われている！　2019年度版　SPIノートの会編著　洋泉社
【目次】第1部 最も効果の高い「採用テスト」対策とは？（新卒採用で使われる「採用テスト」とは、よく使われているテストと「受検方式」ほか）、第2部 主要採用テスト24種問題例と解説（リクルートキャリア社の採用テスト、SHL社の採用テストほか）、第3部 有力「採用テスト」一覧（Webテスト一覧、ペーパーテスト一覧）、第4部 2016年10月～2017年7月有力・人気企業1300社の「マル秘使用テスト」速報─みなさんがいちばん知りたかった最新情報を公開します！（マル秘使用テスト」速報とは、まずはテストの基本的な実施傾向を知ろう ほか）
2017.10 214p A5 ¥1500 ①978-4-8003-1329-4

◆坂本真樹と考える　どうする？　人工知能時代の就職活動　坂本真樹著　エクシア出版
【要旨】理工系も文系も、これまでのアピールポイントはもう通用しない。変わりゆく職場に、求められる人材とは？
2017.8 267p B6 ¥1200 ①978-4-908804-20-5

◆サントリーHD（サントリービール・サントリーフーズ）の就活ハンドブック　2019年度版　就職活動研究会編　協同出版　（会社別就活ハンドブックシリーズ）
【要旨】最新の会社情報と採用データ・対策。決算情報から読み解く会社の実情。業界の"今"がわかるニュース・トピック。
2018.1 212p A5 ¥1200 ①978-4-319-40505-3

◆3年で退職しないための就活読本　三好秀和, 佐々木一雄著　同友館
【要旨】MBA教授と社会人学生が書いた、就活のための本。
2017.1 171p B6 ¥1600 ①978-4-496-05257-6

◆史上最強 自己分析 "驚異の" 超実践法　2019最新版　採用情報研究会著　ナツメ社　（付属資料：別冊2）
【要旨】就職競争に勝つには、まず自分を知ることです。エントリーシートの記入や面接での受け答えの準備となる、自己分析の実践法を解説。本書に従って簡単なチェックをすることにより、自分の隠れた能力や実力を効果的にPRできるようになります。最新の業界、企業情報などの相手を知るための資料集が充実。
2017.5 159p A5 ¥1300 ①978-4-8163-6227-9

◆資生堂の就活ハンドブック　2019年度版　就職活動研究会編　協同出版　（会社別就活ハンドブックシリーズ）
【要旨】最新の会社情報と採用データ・対策。決算情報から読み解く会社の実情。業界の"今"がわかるニュース・トピック。
2018.1 227p A5 ¥1200 ①978-4-319-40520-6

◆自分で動く就職　2018年版　マニュアル本や就職サイトだけでいいと思っているあなたへ　雇用開発センター編　雇用開発センター

【目次】1 就職活動を始めるにあたり、2 就職活動を知る、3 企業・仕事を知る、4 企業の採用活動を知る、5 就職活動で困ったら、6 就職したら、7 退職と転職活動、8 仕事、暮らしのサポート、9 終わりにあたって
2017.3 117p B5 ¥667 ①978-4-904649-11-4

◆事務能力検査　2019年度版　就職試験情報研究会編著　一ツ橋書店　（付属資料：クレペリン検査用紙）
【要旨】事務職に望まれる応用能力・適性をいろいろな角度から検査する。
2017.4 162p B6 ¥900 ①978-4-565-19036-9

◆就活ストーリー 会社選びの「うそ」と「ほんと」　就活満足度向上委員会編　中央経済社, 中央経済グループパブリッシング 発売
【要旨】この本は、洪水のように情報があふれるネット社会で就活を行う皆さんの活動の指針となることを願って作られました。著者である就活満足度向上委員会メンバーの豊富な経験から、就活生が陥りがちな誤解や思い込みから成る失敗事例をベースに、就活での成功とは何かについて語っていきます。
2017.2 132p A5 ¥1300 ①978-4-502-21291-8

◆就活のやり方「いつ・何を・どう？」ぜんぶ！　2019年度版　就職情報研究会編　実務教育出版
【要旨】就職活動をまるごとナビゲート！この一冊で、就職活動の全体を知ることができるスグレモノ。職種図鑑、業界地図、メイクテクニック、就活本ブックガイドも収録！
2017.7 239p A5 ¥1300 ①978-4-7889-8322-9

◆就活必修！ 1週間でできる自己分析 2019　坪田まり子著　さくら舎
【要旨】『急がば回れ』成功する就活とは、まず自分と向き合い、的確な「自己分析」をすること、そして、じっくりと企業研究をし、企業が期待する人は何かを知ることです。激変する就活状況に対応!!自分の価値を高める！"自己分析7日間プログラム"。
2017.6 157p A5 ¥1300 ①978-4-86581-104-9

◆就職一流内定 完全版　ワンキャリア編集部著　プレジデント社
【要旨】「入れる会社」ではない、「入りたい会社」の情報！トップ100社完全フォロー。1万6000人分の内定者データES・筆記・面接・インターンまで徹底解説。
2017.12 397p B6 ¥2000 ①978-4-8334-5128-4

◆就職活動これだけはやってはいけない！　2019年度版　松田満江著　一ツ橋書店
【要旨】就職活動のタブーここに大公開。
2017.4 189p B6 ¥800 ①978-4-565-19039-0

◆就職四季報　2019年版　東洋経済新報社編　東洋経済新報社　（就職シリーズ 1）
【要旨】5000社の客観情報。有休・週休・残業・組合、年収・昇給・ボーナス、初任給とその内訳、新卒3年後離職率、配属部署・勤務地、海外勤務地・人数。働くリアルがわかる！ES・筆記の内容・倍率、選考プロセス・交通費、採用人数・実績校、インターンシップ。選考データも充実！
2017.12 1119p B6 ¥1898 ①978-4-492-97133-8

◆就職四季報 企業研究・インターンシップ版　2019年版　東洋経済新報社編　東洋経済新報社
【要旨】何を、どう見る？　はじめての会社選び決定版！会社情報とインターン内容で、出会えるわかる880社。
2017.6 286p B6 ¥1400 ①978-4-492-97431-5

◆就職四季報 女子版　2019年版　東洋経済新報社編　東洋経済新報社　（就職シリーズ 2）
【要旨】5000社の客観情報。女性の採用人数・採用校（職種別）、配属部署・勤務地（職種別）、女性の平均勤続年数（職種別）、産休・育休の制度と取得人数、女性の既婚者・有子者数、有休・週休・残業・年収、新卒3年後離職率。女子目線の気になるデータが満載！スケジュールや倍率など選考データも掲載！
2017.12 1055p B6 ¥1870 ①978-4-492-97232-8

◆就職四季報 優良・中堅企業版　2019年版　東洋経済新報社編　東洋経済新報社　（就職シリーズ 3）
【要旨】全国の有力企業を網羅！5000社の客観情報。最新ベンチャーも一挙掲載！新卒3年後離職率、有休消化、平均年収、初任給、採用人数・実績校、最新採用スケジュール、特色・近況、求める人材、会社業績など、一挙公開！
2017.12 1311p B6 ¥1898 ①978-4-492-97263-2

◆10代のための仕事図鑑─未来の入り口に立つ君へ　大泉書店編集部編　大泉書店
【要旨】無限に広がる未来へ人生を変える361の仕事。
2017.4 255p A5 ¥1400 ①978-4-278-08413-9

◆自立を育む！ 就活一「親心」の出し方　雇用開発センター編　雇用開発センター
【目次】1 昨今の就活事情（現在の就職環境と学生の就労マインド、変化した産業構造と企業、就職活動の今）、2 企業の採用実態（現在の企業の採用活動、企業の種類と見分け方、内定・内定辞退・内定取り消し、インターンシップ、多様化する職種とキャリアモデル）、3 保護者として（子育てのゴール、未就職で卒業すると、サポート機関との付き合い方、地方学生・短大生・専門学校生・高校生の場合、今どきの就活Q&A）、4 退職を考えたら（退職を考えたら、退職時の手続き、転職活動）
2017.6 94p B5 ¥667 ①978-4-904649-12-1

◆住友商事の就活ハンドブック　2019年度版　就職活動研究会編　協同出版　（会社別就活ハンドブックシリーズ）
【要旨】最新の会社情報と採用データ・対策。決算情報から読み解く会社の実情。業界の"今"がわかるニュース・トピック。
2018.1 196p A5 ¥1200 ①978-4-319-40492-6

◆絶対内定 2019 自己分析とキャリアデザインの描き方　杉村太郎, 熊谷智宏著　ダイヤモンド社
【要旨】後悔しないキャリアと人生のために何を考え、どう動けばいいのかがわかる。大学、キャリアセンター、OBOGからも支援されている「就活本」ロングセラーの決定版！就活とは「心から望む生き方」を見つけるチャンス。
2017.9 564p B6 ¥1800 ①978-4-478-10303-6

◆絶対内定 2019 インターンシップ　熊谷智宏著　ダイヤモンド社
【要旨】誰もが不安な、身だしなみ・マナーの常識。大手、ベンチャー、外資系、海外インターンの種類・期間・スケジュール。インターン参加企業が選べるワークシート（WS）付き。選考対策（ES、面接、グループディスカッション・GD、グループワーク・GW）。人事が評価する学生とは。─「内定につながるインターン」のすべてがわかる決定版。
2017.5 181p B6 ¥1400 ①978-4-478-10256-5

◆セブン＆アイ（セブン・イレブンジャパン・イトーヨーカ堂）の就活ハンドブック　2019年度版　就職活動研究会編　協同出版　（会社別就活ハンドブックシリーズ）
【要旨】最新の会社情報と採用データ・対策。決算情報から読み解く会社の実情。業界の"今"がわかるニュース・トピック。
2018.1 229p A5 ¥1200 ①978-4-319-40554-1

◆千趣会の就活ハンドブック　2019年度版　就職活動研究会編　協同出版　（会社別就活ハンドブックシリーズ）
【要旨】最新の会社情報と採用データ・対策。決算情報から読み解く会社の実情。業界の"今"がわかるニュース・トピック。
2018.1 209p A5 ¥1200 ①978-4-319-40552-7

◆双日の就活ハンドブック　2019年度版　就職活動研究会編　協同出版　（会社別就活ハンドブックシリーズ）
【要旨】最新の会社情報と採用データ・対策。決算情報から読み解く会社の実情。業界の"今"がわかるニュース・トピック。
2018.1 227p A5 ¥1200 ①978-4-319-40496-4

◆ソニーの就活ハンドブック　2019年度版　就職活動研究会編　協同出版　（会社別就活ハンドブックシリーズ）
【要旨】最新の会社情報と採用データ・対策。決算情報から読み解く会社の実情。業界の"今"がわかるニュース・トピック。
2018.1 196p A5 ¥1200 ①978-4-319-40530-5

◆ソフトバンクの就活ハンドブック　2019年度版　就職活動研究会編　協同出版　（会社別就活ハンドブックシリーズ）
【要旨】最新の会社情報と採用データ・対策。決算情報から読み解く会社の実情。業界の"今"が

就職ガイド・問題集

◆「孫子の兵法」で勝つ仕事えらび!!—戦わずしてつかむ、就職・転職・起業　長尾一洋著　集英社
【要旨】超「売り手市場」到来!!だからこそ、最古・最強の「兵法」で幸福をつかむ「仕事えらび」!!進路・就職・転職・起業の心構えよ!
2017.12　253p　B6　¥1300　①978-4-08-786089-4

◆第一生命保険の就活ハンドブック　2019年度版　就職活動研究会編　協同出版　（会社別就活ハンドブックシリーズ）
【要旨】最新の会社情報と採用データ・対策。決算情報から読み解く会社の実情。業界の"今"がわかるニュース・トピック。
2018.1　217p　A5　¥1200　①978-4-319-40540-4

◆大学1、2年生の間にやっておきたいこと　学就BOOK　日経HR編集部編著　日経HR　改訂第4版
【要旨】学業、サークル・部活、アルバイト、資格取得etc…を楽しみながら、社会人に必要な基礎力の養い方を指南。志望企業に、「学生時代に頑張ったこと」をアピールする方法を紹介。
2017.2　143p　B5　¥900　①978-4-89112-167-9

◆大学院生、ポストドクターのための就職活動マニュアル　アカリク編　亜紀書房　改訂新版
【要旨】大学院生を積極的に採用する業界、キャリアプランを構築する方法、エントリーシート攻略法、大学院生ならではの面接アピールなど、就職活動に欠かせない心構え・情報・各種テクニックを徹底解説。
2017.5　222p　A5　¥1600　①978-4-7505-1506-9

◆大学生のためのアルバイト・就活トラブルQ&A　石田眞、浅倉むつ子、上西充子著　旬報社
【要旨】アルバイト、インターンシップ、就職活動、内定、そして入社後…大学生が直面する問題を具体的なQ&Aで解決。先生も親も知っておきたい仕事のルール。
2017.3　127p　A5　¥920　①978-4-8451-1499-3

◆ダイキン工業の就活ハンドブック　2019年度版　就職活動研究会編　協同出版　（会社別就活ハンドブックシリーズ）
【要旨】最新の会社情報と採用データ・対策。決算情報から読み解く会社の実情。業界の"今"がわかるニュース・トピック。
2018.1　223p　A5　¥1200　①978-4-319-40529-9

◆大日本印刷（DNP）の就活ハンドブック　2019年度版　就職活動研究会編　協同出版　（会社別就活ハンドブックシリーズ）
【要旨】最新の会社情報と採用データ・対策。決算情報から読み解く会社の実情。業界の"今"がわかるニュース・トピック。
2018.1　205p　A5　¥1200　①978-4-319-40542-8

◆ダイハツ工業の就活ハンドブック　2019年度版　就職活動研究会編　協同出版　（会社別就活ハンドブックシリーズ）
【要旨】最新の会社情報と採用データ・対策。決算情報から読み解く会社の実情。業界の"今"がわかるニュース・トピック。
2018.1　205p　A5　¥1200　①978-4-319-40489-6

◆高島屋の就活ハンドブック　2019年度版　就職活動研究会編　協同出版　（会社別就活ハンドブックシリーズ）
【要旨】最新の会社情報と採用データ・対策。決算情報から読み解く会社の実情。業界の"今"がわかるニュース・トピック。
2018.1　213p　A5　¥1200　①978-4-319-40551-0

◆武田薬品工業の就活ハンドブック　2019年度版　就職活動研究会編　協同出版　（会社別就活ハンドブックシリーズ）
【要旨】最新の会社情報と採用データ・対策。決算情報から読み解く会社の実情。業界の"今"がわかるニュース・トピック。
2018.1　225p　A5　¥1200　①978-4-319-40526-8

◆中学生・高校生の仕事ガイド　2018-2019年版　進路情報研究会編　桐書房
【要旨】仕事の内容、資格、関連業種。専門学校・大学の選び方。検索しやすい巻末INDEX。進路選択にすぐ役立つベストデータブック。
2017.10　399p　A5　¥2400　①978-4-87647-876-7

◆中国電力の就活ハンドブック　2019年度版　就職活動研究会編　協同出版　（会社別就活ハンドブックシリーズ）
【要旨】最新の会社情報と採用データ・対策。決算情報から読み解く会社の実情。業界の"今"がわかるニュース・トピック。
2018.1　213p　A5　¥1200　①978-4-319-40480-3

◆中部電力の就活ハンドブック　2019年度版　就職活動研究会編　協同出版　（会社別就活ハンドブックシリーズ）
【要旨】最新の会社情報と採用データ・対策。決算情報から読み解く会社の実情。業界の"今"がわかるニュース・トピック。
2018.1　213p　A5　¥1200　①978-4-319-40474-2

◆「適職」に出会う5つのルール—自分に合う仕事に就くことで、人生は開ける！　櫻井秀勲著　きずな出版　（Kizuna Pocket Edition）
【要旨】「この仕事、向いてるのかな…」「がんばっても、うまくいかない…」こんどこそ！　就職、転職で失敗しない必勝テクニック。
2017.11　181p　18x12cm　¥1300　①978-4-86663-013-7

◆デンソーの就活ハンドブック　2019年度版　就職活動研究会編　協同出版　（会社別就活ハンドブックシリーズ）
【要旨】最新の会社情報と採用データ・対策。決算情報から読み解く会社の実情。業界の"今"がわかるニュース・トピック。
2018.1　198p　A5　¥1200　①978-4-319-40485-8

◆電通の就活ハンドブック　2019年度版　就職活動研究会編　協同出版　（会社別就活ハンドブックシリーズ）
【要旨】最新の会社情報と採用データ・対策。決算情報から読み解く会社の実情。業界の"今"がわかるニュース・トピック。
2018.1　213p　A5　¥1200　①978-4-319-40543-5

◆東京海上日動火災保険の就活ハンドブック　2019年度版　就職活動研究会編　協同出版　（会社別就活ハンドブックシリーズ）
【要旨】最新の会社情報と採用データ・対策。決算情報から読み解く会社の実情。業界の"今"がわかるニュース・トピック。
2018.1　225p　A5　¥1200　①978-4-319-40539-8

◆東京ガスの就活ハンドブック　2019年度版　就職活動研究会編　協同出版　（会社別就活ハンドブックシリーズ）
【要旨】最新の会社情報と採用データ・対策。決算情報から読み解く会社の実情。業界の"今"がわかるニュース・トピック。
2018.1　223p　A5　¥1200　①978-4-319-40468-1

◆東宝の就活ハンドブック　2019年度版　就職活動研究会編　協同出版　（会社別就活ハンドブックシリーズ）
【要旨】最新の会社情報と採用データ・対策。決算情報から読み解く会社の実情。業界の"今"がわかるニュース・トピック。
2018.1　210p　A5　¥1200　①978-4-319-40547-3

◆凸版印刷の就活ハンドブック　2019年度版　就職活動研究会編　協同出版　（会社別就活ハンドブックシリーズ）
【要旨】最新の会社情報と採用データ・対策。決算情報から読み解く会社の実情。業界の"今"がわかるニュース・トピック。
2018.1　215p　A5　¥1200　①978-4-319-40545-9

◆トヨタ自動車の就活ハンドブック　2019年度版　就職活動研究会編　協同出版　（会社別就活ハンドブックシリーズ）
【要旨】最新の会社情報と採用データ・対策。決算情報から読み解く会社の実情。業界の"今"がわかるニュース・トピック。
2018.1　218p　A5　¥1200　①978-4-319-40483-4

◆豊田通商の就活ハンドブック　2019年度版　就職活動研究会編　協同出版　（会社別就活ハンドブックシリーズ）
【要旨】最新の会社情報と採用データ・対策。決算情報から読み解く会社の実情。業界の"今"がわかるニュース・トピック。
2018.1　219p　A5　¥1200　①978-4-319-40497-1

◆内定請負漫画『銀のアンカー』式　無敵の就活パーフェクトナビ　2019年版　三田紀房、福島直樹監修　TAC出版　（付属資料：別冊1）
【要旨】大ベストセラーコミック『銀のアンカー』に出てくる元カリスマヘッドハンター白川義彦が驚愕のテクニックであなたを内定獲得まで指南します。就活の知識がまったくない、業界研究中、エントリーシートの書き方がわからないなど就活生の置かれている状況は様々。だからこそ、本書は就活の段階を7つのステップに分け、今いる現在地からのどのように進めばいいのかをナビゲートしていきます。就活スケジュール、学歴差別、ブラック企業の見分け方など就活生からよく聞かれる悩み・不安に対するズバリの答えが満載！
2017.11　229p　A5　¥1200　①978-4-8132-7372-1

◆内定獲得のメソッド　インターンシップ—仕事のホントを知る！見る！考える！　岡茂信、才木弓加、美土路雅子著　マイナビ出版　（マイナビ2019オフィシャル就活BOOK）
【要旨】インターンシップに参加するために知っておきたい情報、社会人としての心得、希望の業界や業種の理解が深まる取り組み方、インターンシップ選考に必要な自己分析、業界研究、ES・面接対策などを具体例をあげながら分かりやすく紹介！
2017　175p　A5　¥1300　①978-4-8399-6224-1

◆内定獲得のメソッド　業界＆業種研究ガイド　'19　マイナビ出版編集部編著、岡茂信監修　マイナビ出版　（マイナビ2019オフィシャル就活BOOK）
【要旨】就職活動の最初のハードル業界研究に役立つ本。就活生が知らない業界や職種はたくさんあるはず。やりたい仕事からその業界とつながるほかの業界を知れば、興味がわく仕事がもっともっとたくさん見つかる。新就活スケジュール対応!!
2017.5　207p　A5　¥1200　①978-4-8399-6294-4

◆内定獲得のメソッド　自己分析—適職へ導く書き込み式ワークシート　マイナビ出版　（マイナビ2019オフィシャル就活BOOK）（付属資料：別冊1）
【要旨】本書の「書き込み式ワークシート」と別冊「就活ノート」で、慌てず、迷いのないES作成、面接への対応を徹底サポート。自己・他己分析はもちろん、適職分析から自己PR・志望動機作成まで、未来を示す「羅針盤」となる『自己分析』作業のすべてが一冊に！
2017　159p　A5　¥1300　①978-4-8399-6285-2

◆内定獲得のメソッド　就活ノートの作り方　'19　才木弓加著　マイナビ出版　（マイナビ2019オフィシャル就活BOOK）
【要旨】自己分析や業界＆企業研究、エントリーシート＆面接対策といった、就活のすべての場面で得た情報をまとめておく「就活ノート」。このノートのまとめ方を知ることが、就活をスムーズに進める近道だ。選考突破のカギを握るノート術を徹底解説。完成した自分だけのノートは内定獲得のための最強ツールになる。新就活スケジュール対応!!
2017.5　159p　A5　¥1280　①978-4-8399-6292-0

◆内定獲得のメソッド　就職活動がまるごと分かる本　'19　いつ？　どこで？　なにをする？　岡茂信著　マイナビ出版　（マイナビ2019オフィシャル就活BOOK）
【要旨】就職活動って、「いつ、どこで、なにをする？」「きまじめA君」「ちゃっかりB君」、「しっかりC子さん」の悪戦苦闘を通して、「就職活動のオモテとウラ」のすべてを紹介します。就活生の等身大の悩みから、絶対に知っておきたい就活情報や攻略ポイント、人事担当者の意見や本音が満載！　新就活スケジュール対応!!
2017　279p　A5　¥1200　①978-4-8399-6293-7

◆内定辞退—辞退の時代？　山近義幸著　（広島）ザメディアジョン
【要旨】学校では教えてくれない！知っておきたい就活のルール。ヤバい時代×ヤバい学生たちのシューカツ戦線に明朗アリ！
2016.11　270p　B6　¥1200　①978-4-86250-474-6

◆内定者が本当にやった究極の自己分析　'19年版　阪東恭一著　成美堂出版　（付属資料：別冊1）
【要旨】31のQ&Aで自分の適性やアピールポイントが見えてくる！　エントリーシート、面接に強くなる！　就職支援のカリスマが成功する自己分析を徹底指南！
2017.6　183p　A5　¥1200　①978-4-415-22482-4

◆内定者の書き方がわかる！　エントリーシート自己PR・志望動機完全対策　'19年版　坂本直文著　大和書房

就職ガイド・問題集

実用書

◆内定者はこう選んだ！ 業界選び・仕事選び・自己分析・自己PR 完答版 '20年度版　坂本直文著　高橋書店
【要旨】業界の現状や業務内容を徹底解説。自分に合った業界・仕事がわかる。"面接でアピールできる自己PR"が完成する。
　　2018.1 239p A5 ¥1300 ①978-4-471-47037-1

◆内定率の高いかくれた大手・中堅優良企業の見つけ方　中川三樹著　秀和システム
【要旨】就活成功＆内定獲得の近道は、安定成長で働きやすくて、応募者の殺到しない穴場の優良企業を見つけること！ みんなが知らない大手企業から大手系列の安定した中堅企業、上場が見込める成長企業まで、高内定率の優良企業はこう探す。
　　2017.3 235p B6 ¥1200 ①978-4-7980-5065-2

◆内定力―自己PR、エントリーシート、面接対策etcこの一冊でライバルに圧倒的差がつく！　光城悠人著　すばる舎リンケージ、すばる舎発売
【要旨】内定請負人が教える最強メソッド「就活ゲーム」でどこにでも居る普通の学生が企業が採用したいレアキャラになる！ この一冊でライバルに圧倒的差がつく！
　　2017.4 279p B6 ¥1400 ①978-4-7991-0616-7

◆日産自動車の就活ハンドブック 2019年度版　就職活動研究会編　協同出版　（会社別就活ハンドブックシリーズ）
【要旨】最新の会社情報と採用データ・対策。決算情報から読み解く会社の実情。業界の"今"がわかるニュース・トピック。
　　2018.1 219p A5 ¥1200 ①978-4-319-40486-5

◆日清食品グループの就活ハンドブック 2019年度版　就職活動研究会編　協同出版　（会社別就活ハンドブックシリーズ）
【要旨】最新の会社情報と採用データ・対策。決算情報から読み解く会社の実情。業界の"今"がわかるニュース・トピック。
　　2018.1 215p A5 ¥1200 ①978-4-319-40515-2

◆日東電工の就活ハンドブック 2019年度版　就職活動研究会編　協同出版　（会社別就活ハンドブックシリーズ）
【要旨】最新の会社情報と採用データ・対策。決算情報から読み解く会社の実情。業界の"今"がわかるニュース・トピック。
　　2018.1 211p A5 ¥1200 ①978-4-319-40478-0

◆ニトリの就活ハンドブック 2019年度版　就職活動研究会編　協同出版　（会社別就活ハンドブックシリーズ）
【要旨】最新の会社情報と採用データ・対策。決算情報から読み解く会社の実情。業界の"今"がわかるニュース・トピック。
　　2018.1 217p A5 ¥1200 ①978-4-319-40549-7

◆日本たばこ産業（JT）の就活ハンドブック 2019年度版　就職活動研究会編　協同出版　（会社別就活ハンドブックシリーズ）
【要旨】最新の会社情報と採用データ・対策。決算情報から読み解く会社の実情。業界の"今"がわかるニュース・トピック。
　　2018.1 208p A5 ¥1200 ①978-4-319-40512-1

◆日本電信電話（NTT）の就活ハンドブック 2019年度版　就職活動研究会編　協同出版　（会社別就活ハンドブックシリーズ）
【要旨】最新の会社情報と採用データ・対策。決算情報から読み解く会社の実情。業界の"今"がわかるニュース・トピック。
　　2018.1 222p A5 ¥1200 ①978-4-319-40502-2

◆日本特殊陶業の就活ハンドブック 2019年度版　就職活動研究会編　協同出版　（会社別就活ハンドブックシリーズ）
【要旨】最新の会社情報と採用データ・対策。決算情報から読み解く会社の実情。業界の"今"がわかるニュース・トピック。
　　2018.1 209p A5 ¥1200 ①978-4-319-40476-6

◆2万2000人超を導いた就活コンサルタントが教える これだけ！ 内定　高田晃一著　あさ出版
【要旨】エントリーシート選考で上位5％に入る！ 面接が有利になる！ 内定がとれる！ TVや雑誌などでも話題の人気コンサルタントが教える！ インターンシップから面接までこれ1冊でOK！
　　2017.5 206p A5 ¥1300 ①978-4-86063-984-6

◆野村證券の就活ハンドブック 2019年度版　就職活動研究会編　協同出版　（会社別就活ハンドブックシリーズ）
【要旨】最新の会社情報と採用データ・対策。決算情報から読み解く会社の実情。業界の"今"がわかるニュース・トピック。
　　2018.1 200p A5 ¥1200 ①978-4-319-40432-2

◆野村総合研究所の就活ハンドブック 2019年度版　就職活動研究会編　協同出版　（会社別就活ハンドブックシリーズ）
【要旨】最新の会社情報と採用データ・対策。決算情報から読み解く会社の実情。業界の"今"がわかるニュース・トピック。
　　2018.1 213p A5 ¥1200 ①978-4-319-40501-5

◆ノリタケカンパニーリミテドの就活ハンドブック 2019年度版　就職活動研究会編　協同出版　（会社別就活ハンドブックシリーズ）
【要旨】最新の会社情報と採用データ・対策。決算情報から読み解く会社の実情。業界の"今"がわかるニュース・トピック。
　　2018.1 217p A5 ¥1200 ①978-4-319-40477-3

◆ハウス食品の就活ハンドブック 2019年度版　就職活動研究会編　協同出版　（会社別就活ハンドブックシリーズ）
【要旨】最新の会社情報と採用データ・対策。決算情報から読み解く会社の実情。業界の"今"がわかるニュース・トピック。
　　2018.1 219p A5 ¥1200 ①978-4-319-40518-3

◆博報堂DY（博報堂・大広・読売広告社）の就活ハンドブック 2019年度版　就職活動研究会編　協同出版　（会社別就活ハンドブックシリーズ）
【要旨】最新の会社情報と採用データ・対策。決算情報から読み解く会社の実情。業界の"今"がわかるニュース・トピック。
　　2018.1 210p A5 ¥1200 ①978-4-319-40544-2

◆パナソニックの就活ハンドブック 2019年度版　就職活動研究会編　協同出版　（会社別就活ハンドブックシリーズ）
【要旨】最新の会社情報と採用データ・対策。決算情報から読み解く会社の実情。業界の"今"がわかるニュース・トピック。
　　2018.1 202p A5 ¥1200 ①978-4-319-40534-3

◆ハローワーク150％トコトン活用術―誰も知らなかった転職成功62の裏ワザ！　日向咲嗣著　同文舘出版　（DO BOOKS）4訂版
【要旨】社会人・無職も大歓迎な「新卒応援ハローワ」、子育てママをサポートする「マザーズハローワ」、月収40万円以上の求人も豊富な「中核人材」、受講すれば7割就職できる「シニア講習会」など、攻略法を知れば、転職・再就職が10倍ラクになる！
　　2017.3 214p A5 ¥1500 ①978-4-495-56604-3

◆日立製作所の就活ハンドブック 2019年度版　就職活動研究会編　協同出版　（会社別就活ハンドブックシリーズ）
【要旨】最新の会社情報と採用データ・対策。決算情報から読み解く会社の実情。業界の"今"がわかるニュース・トピック。
　　2018.1 200p A5 ¥1200 ①978-4-319-40531-2

◆ビルメンテナンススタッフになるには　谷岡雅樹著　ぺりかん社　（なるにはBOOKS）
【要旨】快適で安全な空間を裏方から支える！ 新築ビルの高度化・インテリジェント化に対応するため、若年層が積極的に採用されている。新たな力を求めて急展開する業界の実状を紹介。
　　2017.3 173p B6 ¥1500 ①978-4-8315-1459-2

◆富士通の就活ハンドブック 2019年度版　就職活動研究会編　協同出版　（会社別就活ハンドブックシリーズ）
【要旨】最新の会社情報と採用データ・対策。決算情報から読み解く会社の実情。業界の"今"がわかるニュース・トピック。
　　2018.1 220p A5 ¥1200 ①978-4-319-40535-0

◆富士フイルムHD（富士フイルム・富士ゼロックス）の就活ハンドブック 2019年度版　就職活動研究会編　協同出版　（会社別就活ハンドブックシリーズ）
【要旨】最新の会社情報と採用データ・対策。決算情報から読み解く会社の実情。業界の"今"がわかるニュース・トピック。
　　2018.1 212p A5 ¥1200 ①978-4-319-40533-6

◆ブリヂストンの就活ハンドブック 2019年度版　就職活動研究会編　協同出版　（会社別就活ハンドブックシリーズ）
【要旨】最新の会社情報と採用データ・対策。決算情報から読み解く会社の実情。業界の"今"がわかるニュース・トピック。
　　2018.1 215p A5 ¥1200 ①978-4-319-40471-1

◆ホテル業界就職ガイド 2019　ホテル業界就職ガイド編集部編　オータパブリケイションズ
【目次】HOTEL UNIFORM COLLECTION 2019、就活情報、ホテルの仕事、就職活動研究、ホテル業界の概要、データ編
　　2017.12 341p A5 ¥1900 ①978-4-903721-71-2

◆本田技研工業の就活ハンドブック 2019年度版　就職活動研究会編　協同出版　（会社別就活ハンドブックシリーズ）
【要旨】最新の会社情報と採用データ・対策。決算情報から読み解く会社の実情。業界の"今"がわかるニュース・トピック。
　　2018.1 212p A5 ¥1200 ①978-4-319-40484-1

◆マツダの就活ハンドブック 2019年度版　就職活動研究会編　協同出版　（会社別就活ハンドブックシリーズ）
【要旨】最新の会社情報と採用データ・対策。決算情報から読み解く会社の実情。業界の"今"がわかるニュース・トピック。
　　2018.1 209p A5 ¥1200 ①978-4-319-40490-2

◆丸紅の就活ハンドブック 2019年度版　就職活動研究会編　協同出版　（会社別就活ハンドブックシリーズ）
【要旨】最新の会社情報と採用データ・対策。決算情報から読み解く会社の実情。業界の"今"がわかるニュース・トピック。
　　2018.1 196p A5 ¥1200 ①978-4-319-40493-3

◆マンガ日本の珍しい職業大百科　給料BANK監修　宝島社
【要旨】資格・才能で勝負！ それならこんな職業があります。YouTuber レコーディングエンジニア、南極観測隊員……一般の人がその実情をよく知らない珍しい職業を徹底解説。
　　2017.9 253p B6 ¥640 ①978-4-8002-7543-1

◆ミズノの就活ハンドブック 2019年度版　就職活動研究会編　協同出版　（会社別就活ハンドブックシリーズ）
【要旨】最新の会社情報と採用データ・対策。決算情報から読み解く会社の実情。業界の"今"がわかるニュース・トピック。
　　2018.1 213p A5 ¥1200 ①978-4-319-40558-9

◆三井住友海上火災保険の就活ハンドブック 2019年度版　就職活動研究会編　協同出版　（会社別就活ハンドブックシリーズ）
【要旨】最新の会社情報と採用データ・対策。決算情報から読み解く会社の実情。業界の"今"がわかるニュース・トピック。
　　2018.1 214p A5 ¥1200 ①978-4-319-40541-1

◆三井物産の就活ハンドブック 2019年度版　就職活動研究会編　協同出版　（会社別就活ハンドブックシリーズ）
【要旨】最新の会社情報と採用データ・対策。決算情報から読み解く会社の実情。業界の"今"がわかるニュース・トピック。
　　2018.1 230p A5 ¥1200 ①978-4-319-40494-0

◆三越伊勢丹HDの就活ハンドブック 2019年度版　就職活動研究会編　協同出版　（会社別就活ハンドブックシリーズ）
【要旨】最新の会社情報と採用データ・対策。決算情報から読み解く会社の実情。業界の"今"がわかるニュース・トピック。
　　2018.1 214p A5 ¥1200 ①978-4-319-40550-3

◆三菱商事の就活ハンドブック 2019年度版　就職活動研究会編　協同出版　（会社別就活ハンドブックシリーズ）
【要旨】最新の会社情報と採用データ・対策。決算情報から読み解く会社の実情。業界の"今"がわかるニュース・トピック。
　　2018.1 202p A5 ¥1200 ①978-4-319-40491-9

就職ガイド・問題集

◆三菱電機の就活ハンドブック　2019年度版　就職活動研究会編　協同出版　（会社別就活ハンドブックシリーズ）
【要旨】最新の会社情報と採用データ・対策。決算情報から読み解く会社の実情。業界の"今"がわかるニュース・トピック。
2018.1　213p　A5　¥1200　978-4-319-40528-2

◆もっとやりたい仕事がある！　池上彰著・監修　小学館
【要旨】今後「なくなる仕事」とは？どんな能力が必要なの？「新しい働き方」はどうなる？池上解説で最新の潮流がよくわかる！主要職種の年収比較リスト付き。750職種を網羅。仕事選びのポータルGUIDE。
2017.7　575p　19×12cm　¥1800　978-4-09-388564-5

◆森永製菓の就活ハンドブック　2019年度版　就職活動研究会編　協同出版　（会社別就活ハンドブックシリーズ）
【要旨】最新の会社情報と採用データ・対策。決算情報から読み解く会社の実情。業界の"今"がわかるニュース・トピック。
2018.1　208p　A5　¥1200　978-4-319-40509-1

◆森永乳業の就活ハンドブック　2019年度版　就職活動研究会編　協同出版　（会社別就活ハンドブックシリーズ）
【要旨】最新の会社情報と採用データ・対策。決算情報から読み解く会社の実情。業界の"今"がわかるニュース・トピック。
2018.1　209p　A5　¥1200　978-4-319-40511-4

◆ヤクルト本社の就活ハンドブック　2019年度版　就職活動研究会編　協同出版　（会社別就活ハンドブックシリーズ）
【要旨】最新の会社情報と採用データ・対策。決算情報から読み解く会社の実情。業界の"今"がわかるニュース・トピック。
2018.1　206p　A5　¥1200　978-4-319-40513-8

◆山崎製パンの就活ハンドブック　2019年度版　就職活動研究会編　協同出版　（会社別就活ハンドブックシリーズ）
【要旨】最新の会社情報と採用データ・対策。決算情報から読み解く会社の実情。業界の"今"がわかるニュース・トピック。
2018.1　209p　A5　¥1200　978-4-319-40517-6

◆ヤマハ発動機の就活ハンドブック　2019年度版　就職活動研究会編　協同出版　（会社別就活ハンドブックシリーズ）
【要旨】最新の会社情報と採用データ・対策。決算情報から読み解く会社の実情。業界の"今"がわかるニュース・トピック。
2018.1　211p　A5　¥1200　978-4-319-40488-9

◆ユニ・チャームの就活ハンドブック　2019年度版　就職活動研究会編　協同出版　（会社別就活ハンドブックシリーズ）
【要旨】最新の会社情報と採用データ・対策。決算情報から読み解く会社の実情。業界の"今"がわかるニュース・トピック。
2018.1　219p　A5　¥1200　978-4-319-40523-7

◆夢をかなえる就活―ソニーの面接官をしてわかったこと　金巻裕史著　西村書店
【目次】第1章　挑戦する会社―海外のスタートアップ企業を例に、第2章　かつて日本にも挑戦する個性的な会社があった、第3章　なぜ会社は衰退するのか、第4章　どんな時代を生きているのか、第5章　未来に挑戦する会社、終章　挑戦すること、失敗すること、そしてまた挑戦すること―就活に際して
2017.3　189p　B6　¥1200　978-4-89013-758-9

◆要点マスター！就活マナー　'19　美土路雅子著　マイナビ出版　（マイナビ2019オフィシャル就活BOOK）
【要旨】内定獲得を左右するポイントは、ここにあった！知っているようで知らない、社会人の「マナーとルール」。
2017.5　191p　18cm　¥980　978-4-8399-6291-3

◆リョービの就活ハンドブック　2019年度版　就職活動研究会編　協同出版　（会社別就活ハンドブックシリーズ）
【要旨】最新の会社情報と採用データ・対策。決算情報から読み解く会社の実情。業界の"今"がわかるニュース・トピック。
2018.1　213p　A5　¥1200　978-4-319-40482-7

◆ワコールの就活ハンドブック　2019年度版　就職活動研究会編　協同出版　（会社別就活ハンドブックシリーズ）
【要旨】最新の会社情報と採用データ・対策。決算情報から読み解く会社の実情。業界の"今"がわかるニュース・トピック。
2018.1　222p　A5　¥1200　978-4-319-40465-0

◆JXホールディングスの就活ハンドブック　2019年度版　就職活動研究会編　協同出版　（会社別就活ハンドブックシリーズ）
【要旨】最新の会社情報と採用データ・対策。決算情報から読み解く会社の実情。業界の"今"がわかるニュース・トピック。
2018.1　221p　A5　¥1200　978-4-319-40503-9

◆KDDIの就活ハンドブック　2019年度版　就職活動研究会編　協同出版　（会社別就活ハンドブックシリーズ）
【要旨】最新の会社情報と採用データ・対策。決算情報から読み解く会社の実情。業界の"今"がわかるニュース・トピック。
2018.1　234p　A5　¥1200　978-4-319-40503-9

◆NECの就活ハンドブック　2019年度版　就職活動研究会編　協同出版　（会社別就活ハンドブックシリーズ）
【要旨】最新の会社情報と採用データ・対策。決算情報から読み解く会社の実情。業界の"今"がわかるニュース・トピック。
2018.1　234p　A5　¥1200　978-4-319-40532-9

◆NTTデータの就活ハンドブック　2019年度版　就職活動研究会編　協同出版　（会社別就活ハンドブックシリーズ）
【要旨】最新の会社情報と採用データ・対策。決算情報から読み解く会社の実情。業界の"今"がわかるニュース・トピック。
2018.1　217p　A5　¥1200　978-4-319-40499-5

◆NTTドコモの就活ハンドブック　2019年度版　就職活動研究会編　協同出版　（会社別就活ハンドブックシリーズ）
【要旨】最新の会社情報と採用データ・対策。決算情報から読み解く会社の実情。業界の"今"がわかるニュース・トピック。
2018.1　207p　A5　¥1200　978-4-319-40500-8

◆TOTOの就活ハンドブック　2019年度版　就職活動研究会編　協同出版　（会社別就活ハンドブックシリーズ）
【要旨】最新の会社情報と採用データ・対策。決算情報から読み解く会社の実情。業界の"今"がわかるニュース・トピック。
2018.1　211p　A5　¥1200　978-4-319-40527-5

適性検査

◆「1日30分30日」完全突破！SPI最強問題集　'19年版　柳本新二著　大和書房　（付属資料：別冊1）
【要旨】最強の著者！最新の問題！「よく出る問題」を徹底紹介！圧倒的な問題数！全問題に解答制限時間を設定！1日1時間やれば2週間でマスター！切り離しても使える便利な解答集！
2017.6　317p　A5　¥1200　978-4-479-79591-9

◆「1日10分」から始めるSPI基本問題集　'19年版　柳本新二著　大和書房　（付属資料：別冊1）
【要旨】最新の出題傾向から問題を作成。だから実践的な演習ができる！「基礎計算力診断テスト」の結果から、自分の実力がわかる！豊富な問題数で、必要な類題演習がたくさんできる！押さえておきたい「語彙や慣用句」を完全網羅！問題解答の「目安時間」で、スピード勝負の対策も完璧！
2017.6　319p　A5　¥1200　978-4-479-79592-6

◆1日10分、「玉手箱」完全突破！Webテスト最強問題集　'19年版　柳本新二著　大和書房
【要旨】最新の過去問題を忠実に再現。だから実践的な演習ができる！圧倒的な問題数で、必要な類題演習がたくさんできる！数学から遠ざかっていた受検者でも理解できるわかりやすい解説！
2017.6　319p　A5　¥1500　978-4-479-79593-3

◆イッキに攻略！SPI3＆テストセンター　'20年度版　尾藤健著　高橋書店　（付属資料：別冊1）
【要旨】きめ細かい解説で理解度アップ！「構造的把握力検査」も対応。照合しやすい「別冊」の解答・解説。
2018.1　239p　A5　¥1000　978-4-471-47022-7

◆イッキに内定！適性検査最短攻略"一問一答"　'20　國頭直子著　高橋書店
【要旨】SPI3・ENG・CAB・GAB・SCOA・能力適性検査Webテスト一7つの適性検査を1冊に収録。サクサク解ける一問一答式。各試験、基礎から徹底解説。
2018.1　255p　19cm　¥1000　978-4-471-47027-2

◆イッキに内定！SPIスピード解法"一問一答"　'20　尾藤健著　高橋書店
【要旨】SPI攻略に必須の37分野。テストセンター独自の問題を多数収録。効率よく学習できる「頻出度マーク」つき。
2018.1　255p　19cm　¥1000　978-4-471-47025-8

◆一冊で突破！SPI3＆テストセンター　2019年入社用　成美堂出版編集部編著　成美堂出版　（スマート就活）　（付属資料：別冊1；赤シート1）
【要旨】まったくムダのない攻略本。これだけ知っておけば大丈夫！解法、公式、語句など。超基本から、内定レベルまで、練習問題、まとめ問題で仕上げもカンペキ!!
2017.10　271p　A5　¥1200　978-4-415-22560-9

◆大手・人気企業突破SPI3問題集"完全版"　'20年度版　SPI3対策研究所著　高橋書店　（付属資料：別冊1）
【要旨】高得点に結びつく問題を押さえる。「基本」「大手・難関突破」の2段階で問題を掲載。照合しやすい「別冊」の解答・解説。
2018.1　207p　A5　¥1300　978-4-471-47018-0

◆音声講義　聞いたらわかったSPI―SPI3対応！　近藤孝之著　一ツ橋書店
【要旨】読んだだけではわかりにくいところも、さらに音声講義を聞けばバッチリ！目から、耳から、ダブルで頭に入る！
2017.9　302p　A5　¥1300　978-4-565-19046-8

◆完全最強SPI＆テストセンター1700題　2019最新版　オフィス海著　ナツメ社　（付属資料：別冊1）
【目次】1　非言語能力問題、2　言語能力問題、3　英語（ENG）、4　構造的把握力検査、5　性格検査、6　SPI3模擬試験
2017.2　405p　A5　¥1400　978-4-8163-6133-3

◆これが本当のSCOAだ！　2019年度版―SCOAのテストセンター対応　SPIノートの会著　洋泉社
【目次】1章　SCOAとは？、2章　SCOA・数理、3章　SCOA・論理、4章　SCOA・言語、5章　SCOA・常識、6章　SCOA・英語、7章　SCOA・性格
2017.7　245p　A5　¥1500　978-4-8003-1272-3

◆これが本当のSPI3だ！　2019年度版―主要3方式"テストセンター・ペーパー・WEBテスティング"対応　SPIノートの会，津田秀樹編著　洋泉社
【要旨】SPIの主要3方式に対応！WEBテスティングがわかる！3方式の出題範囲が一目でわかる一覧を掲載。実際の出題範囲、出題内容を忠実に再現！性格検査の解説も掲載。ていねいな解説で理解しやすい！
2017.6　424p　A5　¥1400　978-4-8003-1254-9

◆これが本当のSPI3テストセンターだ！　2019年度版　SPIノートの会編　洋泉社
【目次】1章　テストセンターとは？、2章　テストセンター・非言語、3章　テストセンター・言語、4章　テストセンター・英語、5章　テストセンター・構造的把握力、6章　テストセンター・性格
2017.7　419p　A5　¥1500　978-4-8003-1273-0

◆これだけ押さえる！SPIでるとこだけ問題集　'20年度版　内定塾監修　高橋書店
【要旨】今すぐ使えるSPIの「必勝法」を頻出単元に絞って掲載！頻出単元別に基本問題を収録。丁寧な解説と「速解のコツ」つき！本番レベルの問題で実力チェックと総仕上げ！
2018.1　127p　A5　¥850　978-4-471-47017-3

◆最新最強の適性検査クリア問題集　'19年版　成美堂出版編集部編著　成美堂出版　（付属資料：別冊1）

実用書

就職ガイド・問題集　　　　　　　　　　294　　　　　　　　　　BOOK PAGE 2018

実用書

【要旨】本書は就職活動をスタートするにあたっての適性検査対策に向けたトレーニング・ブックです。「SPI3」とNOMA総研の「SCOA」、SHL社の「CAB」「GAB」代表的なWebテスト「玉手箱」「TG-WEB」など現在行われている適性検査の出題パターンを数多く載せています。適性検査対策なのは何よりも問題を解きその解き方を身につけることです。それが「知識」となりさらに問題集をこなすことで「力」へとつながります。
2017.6 223p A5 ¥1200 ①978-4-415-22466-4

◆最新最強のCAB・GAB超速解法　'19年版　日本キャリアサポートセンター著　成美堂出版　（付属資料：赤シート1）
【要旨】本書は就職活動に成功するための、SHL社の適性検査CAB・GAB・C-GAB、IMAGESの対策ブックです。CAB・GABは問題形式、問題数をできるだけ実際の検査に近くしています。実際の制限時間にあわせて問題を解くことで、どれくらいの解答スピードが要求されるのか、実感できるようになっています。
2017.6 287p A5 ¥1200 ①978-4-415-22467-1

◆最新最強のSPIクリア問題集　'19年版　成美堂出版編集部編　成美堂出版　（付属資料：別冊3）
【要旨】非言語能力問題、言語能力問題の解き方のポイントと性格検査の対策ポイントやウェブテスト・テストセンターについての最新情報まで詳しく収載。本試験感覚が養える別冊模擬試験2回分収録。
2017.6 255p A5 ¥1200 ①978-4-415-22464-0

◆最新！SPI3完全版　'20年度版　柳本新二著　高橋書店　（付属資料：別冊1）
【要旨】テストセンター、ペーパーテスト、WEBテストがわかる！素早く対策するコツが満載。照合しやすい「別冊」の解答・解説。
2018.1 239p A5 ¥1300 ①978-4-471-47024-1

◆最速マスターSPI3&Webテスト　'19年度版　一分かりやすさバツグン！あっという間に対策できる！　内定ロボット著,日経HR編集部編　日経BP　（日経就職シリーズ）
【要旨】主要な対策を1冊で！就職試験でよく実施されるSPI、玉手箱、Web・CAB、TG-WEBの対策法を掲載。内定学生のリアルな情報から問題を再現。基礎から丁寧に解説。数学が苦手でも安心。問題を素早く解くテクニックを掲載。
2017.9 335p A5 ¥1350 ①978-4-89112-168-6

◆サクセス！SPI&テストセンター　2019年度版　中村一樹著　新星出版社　（付属資料：別冊1,赤シート1）
【要旨】これが出た！生の声を徹底調査。よく出る順に再現！
2017.6 223p A5 ¥1200 ①978-4-405-01923-2

◆サクセス！SPI&テストセンター　2020年度版　中村一樹著　新星出版社　（付属資料：別冊2,赤シート1）
【要旨】試験に「出る順」に構成！よく出る問題は重点的に！忙しい就活期でも効率的に対策できます。解説ページがわかりやすい！別冊解答をトコトン丁寧にしました。ハイレベル問題のつまずきもなし！スピーディーに解ける！試験は時間との勝負！この本で解答時間がぐっと早まります。
2018.1 223p A5 ¥1200 ①978-4-405-01951-5

◆3大テストを一気に攻略！Webテスト　2019年入社用　笹森貴之著　成美堂出版　（スマート就活）　（付属資料：赤シート1）
【要旨】これで、関門突破！早期内定！！Webテストって、何？」の状態からでも、バッチリ対策！解法のポイントをピックアップ。各分野をムダなく掲載。類似の問題は、まとめて分析・攻略。
2017.10 303p A5 ¥1200 ①978-4-415-22561-6

◆史上最強SPI&テストセンター超実戦問題集　2019最新版　オフィス海著　ナツメ社　（付属資料：別冊1）
【要旨】テストセンター&ペーパーテストの「最新頻出問題」を復元。素早く正確に解ける解法をていねいに解説。35分で合格レベルが判定できる本番さながらの模擬テストを収録。実際のSPI測定領域に基づく「性格検査」で、面接対策も可能。練習問題、模擬試験の解答が別冊になっているので、答え合わせもらくらく。
2017.5 263p A5 ¥1300 ①978-4-8163-6233-0

◆事務職・一般職SPI3の完全対策　2019年度版　就活ネットワーク編　実務教育出版
【要旨】先輩たちの事務処理テスト必勝法を大公開！金融・保険・証券・商社・メーカーなどで実施される事務職向けSPI（事務処理テスト）を完全再現！学歴を問わずすべての事務職・一般職志望者に対応。性格検査の詳細解説も掲載！高得点を獲得するための必勝テク「カンタン攻略法」を紹介！くり返し学習して、第一志望企業内定を目指せ！2色刷でわかりやすく、書き込みながら学習できる！
2017.6 234p A5 ¥1000 ①978-4-7889-8321-2

◆就活生1000人に聞いた　これが出る！SPI―SPI3・テストセンター対応　新星出版社編集部編　新星出版社　（付属資料：別冊1）
【要旨】解答スピードに圧倒的な差が出る!!記号問題、確率、図表、割合…苦手ジャンルをどこよりもきめ細かくフォロー！学習塾・栄光ゼミナールのスピード解法。誰よりも早く、正確に答えが割り出せる！
2017.2 239p A5 ¥1200 ①978-4-405-01933-1

◆就活必修！はじめてのES&SPI3　要点と盲点　2019　柳本新二著　さくら舎
【要旨】この1冊で万全！はじめての人にもすぐわかるES&SPI3！これをクリアして、面接内定へ！インターンシップのESと本番のESの添削例、エントリーの失敗例、成功例が満載！SPI3は、最新の出題傾向を分析！チェックすべき要点と見落としがちな盲点を重点的に解説！
2017.6 345p A5 ¥1400 ①978-4-86581-106-3

◆就職試験　これだけ覚える適性検査スピード解法　'19年版　LLE著　成美堂出版　（付属資料：赤シート1）
【要旨】SPI3・CAB・GAB・Webテストなど、就職試験でよく使われる適性検査を正確に再現。限られた時間内に効率よく、確実に解くポイントも徹底解説。
2017.6 191p 18cm ¥600 ①978-4-415-22469-5

◆就職試験　これだけ覚えるSPI高得点のコツ　'19年版　阪東恭一著　成美堂出版　（付属資料：赤シート1）
【要旨】できるところとできないところをハッキリさせ、正解率8割をめざそう。「数学が苦手な人は国語問題からやる」数学はスピードアップを心がけよう。
2017.6 191p 18cm ¥600 ①978-4-415-22468-8

◆就職試験によく出る適性・適職問題　'20年度版　就業対策研究会編　高橋書店
【要旨】8種類の試験を収録。演習問題を解いて確実に得点力をアップ！解答のコツや各職業で求められる適性も解説。
2018.1 143p B6 ¥750 ①978-4-471-47015-9

◆速攻！これだけ!!SPI　2019年度版　山本和男著　新星出版社　（付属資料：赤シート1）
【要旨】30年以上の指導実績による超効率メソッド！勉強時間が一番少なくてすむように開発しました。
2017.2 223p 19cm ¥1000 ①978-4-405-01931-7

◆速攻！これだけ!!SPI　2020年度版　山本和男著　新星出版社　（付属資料：赤シート1）
【要旨】効率よく高得点が取れるエッセンスが満載！基礎を踏まえた丁寧な解説！
2018.1 223p 19cm ¥1000 ①978-4-405-01959-1

◆速攻!!ワザあり SPI　2019年度版　山口卓監修　永岡書店
【要旨】一問一答形式で、解き方のコツが身につく！
2017.2 223p 19cm ¥1000 ①978-4-522-45666-8

◆たった9時間でSPIの基礎が身につく!!SPI3対応！　2019年度版　深沢真太郎著　一ツ橋書店
【要旨】ビジネス数学の専門家が解説するからこそ、企業の求める力が身につく！
2017.4 148p A5 ¥900 ①978-4-565-19065-9

◆ダントツSPI ホントに出る問題集　2019年　リクルートメント・リサーチ＆アナライシス編　ナツメ社
【要旨】SPI3のテストセンター、ペーパーテスティング、WEBテスティングの3つの実施形式に完全対応！
2017.5 255p 19cm ¥1000 ①978-4-8163-6224-8

◆でるとこだけのSPI　マイナビ出版編集部編　マイナビ出版　（就活BOOK2019）

【要旨】難易度別に効率よく学習し、最短時間で最大の効果を得られる究極のSPI対策法です。最短4時間でSPI（非言語）の対策が完了します。
2017 159p A5 ¥1150 ①978-4-8399-6286-9

◆動画でわかる！SPI&テストセンターリアル問題集　'20年度版　吉田真也著　高橋書店　（付属資料：別冊1）
【要旨】⇒本書をひと通りこなせば、出題傾向がわかります！⇒本書を繰り返し練習すれば、本番で通用する力が身につきます！⇒解説部分にあるQRコードを読み取れば、スマホで講義が見られます！
2018.1 191p A5 ¥1300 ①978-4-471-47023-4

◆ドリル式SPI問題集　2019年度版　柳本新二著　永岡書店
【要旨】数学や計算が苦手な人も、安心して取り組める！イラスト豊富な例題、わかりやすい解説でSPIの基礎知識と解き方の基本がマスターできる、「ドリル形式」の問題集！
2017.2 159p B5 ¥1000 ①978-4-522-45669-9

◆内定請負漫画『銀のアンカー』式 無敵のSPI3　2019年版　三田紀房、SPI解法メソッド研究会監修　TAC出版　（付属資料：別冊1）
【要旨】SPI3のテストセンター、ペーパーテストに掲載。「でる項目」「でる順」に掲載。「頻出度」が五つ星で表されているので、メリハリをつけて学習ができます。特に非言語は丁寧でわかりやすい解説になっています。ステップごとに順を追って説明しているので、算数アレルギーでもスラスラ頭に入ってきます。また、SPIは決められた時間内に正確に速く解いていくことが大切。超速解法のコツも載っていますので、本書を2回、3回と繰り返すと、速く解けるように！丁寧な解説の後は、たっぷりの練習問題で演習ができます。問題レベルも高くなっているので、レベルアップを目指して、問題演習を繰り返しましょう。難問レベルまで解けるようになったとき、あなたは人気企業のSPIでもクリアする力が身についているはず！
2017.11 262p A5 ¥1300 ①978-4-8132-7374-5

◆内定獲得のメソッド SPI解法の極意　マイナビ出版編集部編　マイナビ出版　（就活BOOK2019）　（付属資料：別冊1）
【要旨】解答パターンを知れば、「SPI」は簡単に解ける！就活生の99%が活用する「マイナビ」が、サイト内で集計したデータをもとに問題を厳選し、各問題ごとに就活生たちのリアルな「正答率」を掲載。もちろん「SPI3」&「テストセンター」にも完全対応した最新最強の『SPI』問題集！
2017 247p A5 ¥1300 ①978-4-8399-6232-6

◆内定獲得のメソッド SPIテストセンター時短テクニック　マイナビ出版編集部編　マイナビ　（就活BOOK2019）　（付属資料：赤シート1）
【要旨】本番の試験で画面に表示される問題レイアウトを完全再現！新卒採用試験で多くの企業が採用しているパソコンを使った「SPI試験＝テストセンター」対策に特化した問題集。テストセンター試験突破のカギを握る短時間で問題を解くテクニックはもちろん、各問題の解答に費やせる参考時間も掲載。本番の試験でも慌てず正確な答えを導くための、たしかな解法力を身につけられます。
2017 239p A5 ¥1300 ①978-4-8399-6288-3

◆7日でできる！SPI必勝トレーニング　'20年度版　就職対策研究会編　高橋書店　（付属資料：別冊1）
【要旨】「難易度別実戦テスト」と「模擬テスト」で出題範囲を網羅。各問題に正解率を掲載。自分のレベルがリアルにわかる！照合しやすい「別冊」の解答・解説。
2018.1 158p A5 ¥1100 ①978-4-471-47026-5

◆7日でできる！SPI「頻出」問題集　'20年度版　就職対策研究会編　高橋書店　（付属資料：別冊1）
【要旨】「1日の量」がわかり、計画的に学習できる。手厚い解説で数学が苦手な人も安心。照らしやすい「別冊」の解答・解説。
2018.1 159p A5 ¥1200 ①978-4-471-47020-3

◆8割が落とされる「Webテスト」完全突破法 1 2019年度版　一必勝・就職試験！"玉手箱・C-GAB対策用"　SPIノートの会編　洋泉社
【要旨】最も使われているWebテスト「玉手箱」を徹底対策。テストセンター版（C-GAB）も対

◆8割が落とされる「Webテスト」完全突破法 2 2019年度版 一必勝・就職試験! TG・WEB・ヒューマネージ社のテストセンター対策用 SPIノートの会編著 洋泉社
【目次】第1部 有力Webテスト「TG・WEB」「ヒューマネージ社のテストセンター」完全突破法!、第2部 「Webテスト」種類特定の「裏技」大公開!、第3部 TG・WEB計数・言語(従来型)、第4部 TG・WEB計数・言語(新型)、第5部 ヒューマネージ社のテストセンター計数・言語、第6部 TG・WEB英語、第7部 TG・WEB性格、第8部「自宅受検型Webテスト」能力面と有力企業「Webテスト」使用速報
2017.9 347p A5 ¥1500 ⓘ978-4-8003-1309-6

◆8割が落とされる「Webテスト」完全突破法 3 2019年度版 一必勝・就職試験! WEBテスティング・CUBIC・TAP・TAL・ESP・CASEC対策用 SPIノートの会編著 洋泉社
【目次】第1部「大注目Webテスト完全突破法!」、第2部「Webテスト」種類特定の「裏技」大公開!、第3部 WEBテスティング(自宅で受けるSPI)、第4部 CUBIC、第5部 TAP、第6部 TAL、第7部 ESP、第8部 CASEC、第9部「自宅受検型Webテスト」能力面と有力企業「Webテスト」使用速報
2017.9 364p A5 ¥1500 ⓘ978-4-8003-1315-7

◆必勝・就職試験! Web・CAB・GAB Compact・IMAGES対応 CAB・GAB完全突破法! 2019年度版 SPIノートの会編著 洋泉社
【目次】第1部 SHL社の採用テスト CAB・GAB・IMAGESとは?(SHL社製の採用テストとは?、CAB・GAB・IMAGESとWebテストの関係は? ほか)、第2部 CAB(Web・CAB)暗算 四則逆算 法則性 命令表 暗号(CAB(Web・CAB)概要、CABの暗算 概要 ほか)、第3部 GAB Compact 計数 言語(GAB Compact 概要、GAB Compactの計数 概要 ほか)、第4部 IMAGES 言語 英語(IMAGES 概要、IMAGESの計数 概要 ほか)、第5部 SHL社共通の性格テスト(OPQ)(概要、尺度の定義と質問例 ほか)
2017.6 355p A5 ¥1500 ⓘ978-4-8003-1260-0

◆文系学生のためのSPI3完全攻略問題集 '20年度版 尾藤健著 高橋書店 (付属資料:別冊1)
【要旨】数学が苦手でSPI対策が進まない人に最適。数学の基礎知識を一問一答でチェックできる。「式の立て方」や「途中式」も解説。
2018.1 239p A5 ¥1300 ⓘ978-4-471-47019-7

◆本気で内定! SPI&テストセンター1200題 2019年度版 ノマド・ワークス著 新星出版社 (付属資料:別冊1)
【要旨】類を見ない圧倒的な問題数で完全攻略! 出題問題をリアルに再現! SPI3(テストセンター&ペーパーテスト&WEBテスティング)の問題を再現しています。
2017.2 382p A5 ¥1400 ⓘ978-4-405-01926-3

◆本気で内定! SPI&テストセンター1200題 2020年度版 ノマド・ワークス著 新星出版社 (付属資料:別冊1)
【要旨】類を見ない圧倒的な問題数で完全攻略! 出題問題をリアルに再現! SPI3(テストセンター&ペーパーテスト&WEBテスティング)の問題を再現しています。
2018.1 382p A5 ¥1400 ⓘ978-4-405-01954-6

◆明快! SCOA総合適性検査 2019年度版 就職試験情報研究会著 一ツ橋書店 (大学生の就職Focusシリーズ)
【要旨】完ぺきな類似問題多数掲載! パーソナリティ検査の全貌もわかる!「SCOA」で実際に出題された問題の情報に基づき、全分野にわたり類似問題を同一の出題形式で再現! 頻出問題を多数掲載!
2017.7 278p A5 ¥1400 ⓘ978-4-565-19096-3

◆要点マスター! SPI '19 マイナビ出版編集部編 マイナビ出版 (就活BOOK2019) (付属資料:別冊1)
【要旨】最新SPI対応問題集。ステップ方式ですぐに解ける!!解答・解説を隠せる赤シート付き。
2017.5 191p 18cm ¥980 ⓘ978-4-8399-6289-0

◆わかる!!わかる!!わかる!!SPI&WEBテスト '19年版 新星出版社編集部編 新星出版社 (付属資料:赤シート1)
【要旨】速攻! 解答力アップで高得点を狙え。赤シート付。
2017.2 175p 18cm ¥600 ⓘ978-4-405-01930-0

◆わかる!!わかる!!わかる!!SPI&WEBテスト '20年度版 新星出版社編集部編 新星出版社 (付属資料:赤シート1)
【要旨】学習のポイントを明示。解答までのプロセスを解説。SPI3を解く時間短縮ワザを紹介。最重要項目の最終確認。
2018.1 175p 18cm ¥600 ⓘ978-4-405-01958-4

◆ワザあり全力解説! ゼロからわかるSPI 2019年度版 山口卓監修 永岡書店 (付属資料:別冊1)
【要旨】ていねいな解説で、基本から復習! 解答のスピードが上がる! 実戦に役立つ高得点GETのコツが満載。
2017.2 383p A5 ¥1200 ⓘ978-4-522-45661-3

◆CAB・GAB完全対策 2019年度版 就活ネットワーク編 実務教育出版
【要旨】先輩たちのCAB・GAB攻略法を大公開! 多くの業界で実施される超難解テストを、実際の難易度・豊富な内容で完全再現! Web・GABなどのWebテスト対策としても使える! 性格検査の詳細解説も掲載。高得点を獲得するための必勝テク「カンタン攻略法」を紹介! くり返し学習して、第一志望企業内定を目指せ!
2017.6 245p A5 ¥1200 ⓘ978-4-7889-8320-5

◆CD-ROM付 最新最強のテストセンター '19年版 アクセス就活監修 成美堂出版 (付属資料:CD-ROM1)
【要旨】複数選択問題など対話式CD-ROMで本試験を疑似体験! SPI新出題形式に完全対応!! 2019年入社用。
2017.8 471p A5 ¥1500 ⓘ978-4-415-22487-9

◆CD-ROM付 最新最強のWebテストクリア問題集 '19年版 ネオキャリア監修 成美堂出版 (付属資料:CD-ROM1)
【要旨】人気企業が採用「玉手箱」「TG-WEB」をダブル収録! 2019年入社用。
2017.8 327p A5 ¥1500 ⓘ978-4-415-22486-2

◆SPI問題集 決定版 2019年度版 柳本新二著 永岡書店
【要旨】とにかくわかりやすい! 数字や計算が苦手な人も安心! 最近の実際の試験問題をもとに問題を作成。
2017.2 295p A5 ¥1200 ⓘ978-4-522-45664-4

◆SPI3英語能力検査こんだけ! 2019年度版 就職試験情報研究会著 一ツ橋書店 (薄い! 軽い! 楽勝シリーズ)
【要旨】就職試験の第一関門SPI3検査の対策は万全ですか? 苦手なところだけを集中的にカバーできます。得意なところはさらに得点力アップを目指します。必要なところだけを取り上げて、分かりやすさが第一の「楽勝シリーズ」です。
2017.4 127p A5 ¥800 ⓘ978-4-565-19043-7

◆SPI3言語能力検査こんだけ! 2019年度版 就職試験情報研究会著 一ツ橋書店 (薄い! 軽い! 楽勝シリーズ)
【要旨】就職試験の第一関門SPI3検査の対策は万全ですか? 苦手なところだけを集中的にカバーできます。得意なところはさらに得点力アップを目指します。必要なところだけを取り上げて、分かりやすさが第一の「楽勝シリーズ」です。
2017.4 127p A5 ¥800 ⓘ978-4-565-19041-3

◆SPI3「構造的把握力検査」攻略ハンドブック 2018年版 ブレスト研編著 学研プラス
【目次】1 パターン別解法(文章題の構造1 割の計算、文章題の構造2 1あたりの量、文章題の構造3 2つの量の関係、文章題の構造4 全体を1とする計算、文章題の構造5 損益計算 ほか)、2 演習問題(文章題の構造 Question と Answer、文のグルーピング Question と Answer)
2017.3 159p A5 ¥1200 ⓘ978-4-05-800757-0

◆SPI3性格適性検査こんだけ! 2019年度版 就職試験情報研究会著 一ツ橋書店 (薄い! 軽い! 楽勝シリーズ)
【要旨】就職試験の第一関門SPI3検査の対策は万全ですか? 苦手なところだけを集中的にカバーできます。得意なところはさらに得点力アップを目指します。必要なところだけを取り上げて、分かりやすさが第一の「楽勝シリーズ」です。
2017.4 127p A5 ¥800 ⓘ978-4-565-19044-4

◆SPI3&テストセンター出るとこだけ! 完全対策 2019年度版 就活ネットワーク編 実務教育出版
【要旨】先輩たちのSPI必勝法を大公開! 実際に受験した学生たちの記憶をもとに、SPIを正確に再現! 新方式の「テストセンター」に対応! テストセンター独自の問題も再現! テストセンター「長文の読み取り(計算)」の再現設問を追加! 頻出問題のみ掲載! 一夜漬けでも学習ができる! 数学の苦手な人、国語が苦手な人でもわかりやすい丁寧な解説。電車の中でも読みやすい! 見開き完結方式!
2017.6 255p A5 ¥1200 ⓘ978-4-7889-8317-5

◆SPI3非言語能力検査こんだけ! 2019年度版 就職試験情報研究会著 一ツ橋書店 (薄い! 軽い! 楽勝シリーズ)
【要旨】就職試験の第一関門SPI3検査の対策は万全ですか? 苦手なところだけを集中的にカバーできます。得意なところはさらに得点力アップを目指します。必要なところだけを取り上げて、分かりやすさが第一の「楽勝シリーズ」です。
2017.4 127p A5 ¥800 ⓘ978-4-565-19042-0

◆SPI3非言語分野をひとつひとつわかりやすく。 2019年度版 ブレスト研編 学研プラス (付属資料:別冊1)
【要旨】解き方のコツがわかる! 累計350万部超! 人気参考書シリーズの就活版!! 豊富なイラストでイメージ化!
2017.3 117p B5 ¥1200 ⓘ978-4-05-800758-7

◆Webテスト 1 完全対策 "玉手箱シリーズ" 2019年度版 就活ネットワーク編 実務教育出版
【要旨】先輩たちのWebテスト必勝法を大公開! Webエントリーと同時にWebテストを課す企業が多い、Webテストのシェアナンバー1テスト「玉手箱シリーズ」を、実際に受験した学生の記憶をもとに正確に再現! 実際の問題と同種類・同じ難易度で再現! 手ごわい計数(数学)は、実物と同じ問題数を掲載! 性格・意欲検査の詳細解説も掲載。Webテストを実施した企業名も掲載。
2017.6 246p A5 ¥1200 ⓘ978-4-7889-8318-2

◆Webテスト 2 完全対策 "TG-WEB・Web・CAB・WEBテスティングサービス" 2019年度版 就活ネットワーク編 実務教育出版
【要旨】先輩たちのWebテスト必勝法を大公開! 実際に受験した学生たちの記憶をもとに、新型Webテストを正確に再現!「WEBテスティングサービス」「TG-WEB」は、性格検査の詳細解説も掲載。「Web-CAB」は、最も頻度が高く難解な「法則性」「暗号」の設問を掲載! Webテストを実施した企業名も掲載! Webテストの気になる疑問をQ&A形式で紹介!
2017.6 238p A5 ¥1200 ⓘ978-4-7889-8319-9

面接・会社訪問

◆会ってみたくなる履歴書・職歴書と添付手紙の書き方 '19年版 福沢恵子著 成美堂出版
【要旨】本書は、就職・転職活動で避けて通ることができない履歴書、職務経歴書、添付手紙(カバーレター)についてさまざまなケース別に事例を挙げて解説をしています。採用を勝ち取るための、自分を的確に伝える応募書類が作れる事例が、必ずみつかるでしょう。
2017.6 158p A5 ¥900 ⓘ978-4-415-22475-6

◆一問一答面接攻略 完全版 '20年度版 櫻井照士著 高橋書店
【要旨】必ず聞かれる! 140の質問。質問の意図、評価ポイント、回答のポイントを解説。伝えるべきことがわかり、自信につながる!
2018.1 175p A5 ¥1000 ⓘ978-4-471-47039-5

◆イッキに内定! 面接&エントリーシート "一問一答" '20 坂本直文著 高橋書店
【要旨】実際に出た質問を、企業名入りで紹介。質問の意図やNG例・OK例がわかる。業界ごとに押さえておきたいキーワードも収録。
2018.1 191p 19cm ¥950 ⓘ978-4-471-47041-8

就職ガイド・問題集

実用書

◆受かる面接、落ちる面接—人事経験者だけが知る採用と不採用の境界線　兵頭秀一著　あさ出版
【要旨】就職サイト「合説どっとこむ」が主催する大人気の「面接力養成就活講座」その内容を余すところなく紹介！人事担当の考えを知ることができる他、面接は簡単に突破できます。3,000人以上の採用に携わり、1万人以上の就活生を指導した人事経験者だからこそ知っている面接突破の秘訣を大公開！
2017.12 159p A5 ¥1200 ①978-4-86667-024-9

◆簡単！ 面接練習帳—ようこそ面接室へ　2019年度版　長尾小百合著　一ツ橋書店
【要旨】書き込み形式で面接対策ができる！ 約30個の質問を質問意図から解説！ 書き込むだけで、自分に何が足りないのかが分かる！
2017.7 207p A5 ¥1100 ①978-4-565-19063-5

◆最新最強のエントリーシート・自己PR・志望動機　'19年版　成美堂出版編集部編著　成美堂出版
【要旨】金融／メーカー／小売・サービス／食品／マスコミ／情報・通信／運輸…志望動機の実例を業界別に掲載！ 就活生のエントリーシート・履歴書を添削指導！「見た目と体験が命！」、「過去は嫌遠に、将来は堂々と！」…「自分らしさ」で勝負する文章のコツを大公開！ 面接を勝ち取る！ 成功実例180＋履歴書の項目別記入例162。2019年入社用。
2017.6 271p A5 ¥1200 ①978-4-415-22471-8

◆最新最強の就職面接　'19年版　福沢恵子著　成美堂出版
【要旨】就活面接のすべてが1冊でわかる！ つい忘れがちなマナーから服装まで、基礎の基礎から丁寧に解説。面接官の心理を徹底分析！ 頻出質問の意図と対策を、採用者側の目線からズバリ解説。エントリーシートの書き方がわかる！ 面接で問われることを視野に入れた効果的な書き方を解説。人事のプロが教える必勝の鉄則116で、よく出る質問を完全攻略！
2017.6 255p A5 ¥1200 ①978-4-415-22481-7

◆最新最強の履歴書・職務経歴書　'19年版　矢島雅己監修　成美堂出版
【要旨】応募書類選びから送付直前の総点検まではじめてでもわかる！ 通る書類の作成法。"職歴にブランクあり""異業種への転職""年齢制限オーバー"…自分の状況別に上手な書き方のコツがわかる！ 履歴書と職務経歴書だけでは不十分！ カバーレターで採用担当者の印象アップ！ 採用担当者の視点を入れて「自分を売り込む書き方」がわかる！ 成功実例・NG例を豊富に掲載。2019年入社用。
2017.6 175p A5 ¥1000 ①978-4-415-22473-2

◆採用側のプロが書いた就職面接 完全対策集　'19年版　菊池一志著　大和書房
【要旨】押さえておきたい「定番質問」を完全網羅！「質問の意図」を日本一わかりやすく解説！ 難問・珍問で「面接担当者が見ているポイント」も丸わかり。採用担当者に嫌われない「マニュアルトーク」が把握できる！ 豊富な応答例で「最重要の準備」は完璧！
2017.6 255p A5 ¥1200 ①978-4-479-79595-7

◆就活必修！ 速習の面接・インターン　2019　坪田まり子著　さくら舎
【要旨】インターンシップから最終面接までを7コマでマスター！ 面接官から最高評価を得るためのポイントを、就活カリスマ講師が完全解説！
2017.6 197p A5 ¥1300 ①978-4-86581-105-6

◆就職試験 これだけ覚える面接・エントリーシート　'19年版　成美堂出版編集部著　成美堂出版　(付属資料：赤シート1)
【要旨】面接で聞かれる内容を、一般的な質問形式で解説。「面接官はここをみている！」、また質問によって何を知りたがっているかを解説。
2017.6 191p 18cm ¥600 ①978-4-415-22474-9

◆絶対内定 エントリーシート・履歴書　杉村太郎, 熊谷智宏著　ダイヤモンド社
【要旨】1時間で強い自己PRと志望動機が書ける。学生たちの書いたエントリーシート実物を多数収録！
2017.9 358p B6 ¥1600 ①978-4-478-10304-3

◆絶対内定 2019 面接　杉村太郎, 熊谷智宏著　ダイヤモンド社
【要旨】面接で大事な「見た目」と「中身」の対策を掲載！「最終」突破のための「自己PR」「志望動機」対策を掲載！ 就職活動における、あらゆる「面接の場」対策を掲載！ 1番ベストの自分を出せる。
2017.9 293p B6 ¥1500 ①978-4-478-10306-7

◆絶対内定 2019 面接の質問　杉村太郎, 熊谷智宏著　ダイヤモンド社
【要旨】必ず聞かれる59の質問、その狙いと攻略ポイント。
2017.9 153p B6 ¥1200 ①978-4-478-10307-4

◆速攻!!ワザあり 面接＆エントリーシート　2019年度版　就活研究所面接班編　永岡書店
【要旨】面接官の質問の「本当の」意図をつかむ！ ポイントを押さえた対策で内定を勝ち取ろう！ 面接突破のポイントが3段階でわかる！
2017.2 223p 19cm ¥1000 ①978-4-522-45667-5

◆ダントツ面接＋エントリーシート ズバリ必勝対策　2019年版　採用情報研究会著　ナツメ社
【要旨】面接・エントリーシートの基本、マナー・敬語・会話術・書き方テクニック、自己アピールに役立つフレーズを収録。
2017.5 207p 19cm ¥1000 ①978-4-8163-6225-5

◆同時に対策！ エントリーシート＆面接　2019年入社用　チームUKT監修　成美堂出版　(スマート就活)　(付属資料：別冊1; 赤シート1)
【要旨】質問の意図、正解がわかる！ ESと面接をイッキに攻略!!
2017.10 255p A5 ¥1200 ①978-4-415-22563-0

◆内定請負漫画『銀のアンカー』式 無敵のエントリーシート・自己分析・自己PR・志望動機 2019年版　三田紀房監修　TAC出版
【要旨】大ベストセラーコミック『銀のアンカー』の漫画とともに大手・人気企業をはじめとした様々な業界の人事担当者の声を集め、「会ってみたい」と思わせるES通過のポイントをわかりやすく解説。過去、現在、未来で見ていくシンプルな自己分析ワークシートで「自分」が明確に！ 成功した先輩たちは何を書いたのか、失敗したのはなぜか。具体例、ワンポイントアドバイスとともに成功の理由、失敗の理由を明らかにして、あなたのESを通過するものに変えます！
2017.11 203p A5 ¥1300 ①978-4-8132-7373-8

◆内定請負漫画『銀のアンカー』式 無敵の面接 2019年版　三田紀房監修　TAC出版
【要旨】『銀のアンカー』の漫画とともに大手・人気企業をはじめとした様々な業界の人事担当者の声を集め、採用のポイントをわかりやすく解説。1次面接、2次面接、GD・GW、最終面接といった各面接ごとの判断基準を人事の声とともにまとめています。目からウロコのアドバイスが満載！ 面接官の質問の意図を、多くの人事担当者から得た生の声をもとに詳細解説。彼らが学生に求めている「答え」を明らかにして下さい！
2017.11 203p A5 ¥1300 ①978-4-8132-7376-9

◆内定を決める！ 面接の極意　'20年度版　酒井正敬著　高橋書店
【要旨】各面接の目的・突破法が一目瞭然。NG回答・OK回答で受かるポイントがわかる。服装、マナーの対策も万全！
2018.1 159p A5 ¥1000 ①978-4-471-47040-1

◆内定獲得のメソッド エントリーシート 完全突破塾　岡茂信著　マイナビ出版　(マイナビ2019オフィシャル就活BOOK)
【要旨】内定獲得のメソッド エントリーシート編を伝授！ 内定者はどのように自己分析を行なっているのか？ 効果的な自己PRはどうやって書くか？ 一流企業から内定をもらった学生のES記入データや添削実例をベースに採用担当者のココロに届くツボを突いたES作成のノウハウを大公開！
2017 303p A5 ¥1300 ①978-4-8399-6282-1

◆内定獲得のメソッド 面接 自己PR 志望動機　才木弓加著　マイナビ出版　(マイナビ2019オフィシャル就活BOOK)
【要旨】内定率100%を誇る「才木塾」の面接試験突破のための手引き書。「面接は開かれた場ではない！」質問の意図を理解し、話し方のコツを覚えれば、優れた経験やエピソードがなくても面接試験は突破できます！ 個人面接はもちろん、グループディスカッションなどをクリアするためのコツ＆ノウハウが満載！
2017 223p A5 ¥1300 ①978-4-8399-6283-8

◆内定獲得のメソッド 面接担当者の質問の意図　才木弓加著　マイナビ出版　(マイナビ2019オフィシャル就活BOOK)
【要旨】自己PRや志望動機など、面接試験における定番の質問はもちろん、ニュースや時事問題に関する質問や、思いがけない質問など、面接担当者の質問の意図を明らかにしながら徹底解説。面接担当者が本当に「知りたい」「探りたい」「確かめたい」ことを先読みした回答例も豊富に掲載。
2017 159p A5 ¥1200 ①978-4-8399-6284-5

◆内定者はこう書いた！ エントリーシート・履歴書・志望動機・自己PR 完全版　'20年度版　坂本直文著　高橋書店
【要旨】エントリーシート／履歴書／志望動機／自己PR／文書とマナー収録。受かるためのコツがつまった「書き方」や「プレゼン」のしかたがわかる。巻頭特集：証明写真のマル秘テクニック。
2018.1 335p A5 ¥1300 ①978-4-471-47036-4

◆内定者はこう話した！ 面接・自己PR・志望動機 完全版　'20年度版　坂本直文著　高橋書店
【要旨】面接官の質問の意図と答え方のコツがわかる。インターンシップの面接、グループディスカッションにも役立つ。ロジカルな話し方や回答のコツが満載。面接の流れや答え方のポイントがわかる。
2018.1 270p A5 ¥1300 ①978-4-471-47038-8

◆内定勝者 私たちはこう言った！ こう書いた！ 合格実例集＆セオリー エントリーシート編 2019　キャリアデザインプロジェクト編著　PHP研究所
【要旨】採用のリアルな舞台裏と合否ポイントを押さえ、エントリーシートを書く前の戦略の練り方、書き方が劇的に上達する7つの極意、そして内定に近づく19の逆転テクニックを伝授！ 就活「負のサイクル」「勝利のサイクル」とは？ 押さえておくべきESの流れや盛り込むべきキーワードとは？ 人事の講評付き「難関＆人気企業の内定ES」を多数掲載!!
2017.11 333p A5 ¥1400 ①978-4-569-83714-7

◆内定勝者 私たちはこう言った！ こう書いた！ 合格実例集＆セオリー 面接編 2019　キャリアデザインプロジェクト編　PHP研究所
【要旨】面接は「伝える中身」と「伝える技術」で決まる。学生が気づかない「面接の盲点」と面接で差がつく4つの最重要ポイントなど、内定を勝ち取れる「面接攻略の極意」を伝授！ 面接対策で強化する「6分野」「この学生はデキる！」と思わせる面接トークとは？ 人気企業の内定者たちの面接実例多数掲載!!
2017.11 333p A5 ¥1400 ①978-4-569-83715-4

◆面接官の心を操れ！ 無敵の就職心理戦略　メンタリストDaiGo著　KADOKAWA
【要旨】就活・面接で、もう受け身にならない！ 自分が主導権を握り、理想の仕事に就くためのスキルとは？ ライフスタイルの変化に合わせて「転職」を繰り返してきたDaiGoによるセルフ・プロデュースの極意。
2017.3 191p B6 ¥1300 ①978-4-04-601724-6

◆面接の達人 2019 バイブル版　中谷彰宏著　ダイヤモンド社
【要旨】「自己紹介」と「志望動機」の2つだけ言えばよい。面接はコミュニケーションだ。丸暗記はやめよう。使ってはいけない言葉—「社交性」「協調性」「好奇心」「指導力」「企画力」。自己紹介は今までしてきたことの中で、一番最近の自分のクライマックスを言おう。面接には具体的な企画を持って行こう。面接官が見るのは答えよりも堂々とした態度である。大きな声でフルネームが言えればあがらない。言いたいテーマは1つに絞る。言いたいことから先に言おう。固有名詞や数字、できるだけ具体的な言葉で話そう。表現はわかりやすく。視点のユニークさで勝負しよう。
2017.10 346p B6 ¥1200 ①978-4-478-10385-2

◆要点マスター！ 面接＆エントリーシート　'19　才木弓加著　マイナビ出版　(マイナビ2019オフィシャル就活BOOK)
【要旨】面接の常識と非常識!?定番の質問、GD(グループディスカッション)ほかの回答例を掲載。直前対策に必携の書。
2017.5 191p 18cm ¥980 ①978-4-8399-6290-6

◆ロジカル・プレゼンテーション就活 エントリーシート対策 2019年度版　高田貴久

著,日経HR編集部編　日経HR　(日経就職シリーズ)
【要旨】学生時代で得た力を、クリアに、ロジカルにまとめれば、差がつくESができる！
2017.10 254p A5 ¥1200 ①978-4-89112-172-3

◆ロジカル・プレゼンテーション就活　面接・グループディスカッション対策　2019年度版　高田貴久著　日経HR　(日経就職シリーズ)
【要旨】よく出る質問・課題への回答のポイント・具体例など満載。明日の面接ですぐ使える！
2017.10 238p A5 ¥1200 ①978-4-89112-171-6

◆ロジカル面接術　2019年度版　津田久資,下川美奈著　ワック
【要旨】面接は自分を売り込む営業活動です→だからマーケティングの専門家が教えます。自己PRは自分への取材活動です→だから現役の報道記者が教えます。
2017.1 220p A5 ¥1400 ①978-4-89831-456-2

◆ロジカル面接術　2020年度版　津田久資,下川美奈著　ワック
【要旨】面接は自分を売り込む営業活動です→だからマーケティングの専門家が教えます。自己PRは自分への取材活動です。→だから現役の報道記者が教えます。
2017.12 214p A5 ¥1400 ①978-4-89831-468-5

◆わかる!!わかる!!わかる!!面接＆エントリーシート　'19年度版　新星出版社編集部編　新星出版社
【要旨】面接官はその一言を待っていた!!
2017.2 191p 18cm ¥1200 ①978-4-405-01928-7

◆わかる!!わかる!!わかる!!面接＆エントリーシート　'20年度版　新星出版社編集部編　新星出版社
【要旨】「自分の言葉」で回答を作る回答の公式！自己PRと志望動機を中心に、豊富な回答例を用意！セルフチェックで弱点を明確化！
2018.1 191p 18cm ¥600 ①978-4-405-01956-0

一般常識・作文

◆一問一答！一般常識問題集　'20年度版　木村正男著　高橋書店　(付属資料：赤シート1)
【要旨】企業が重視するジャンルを徹底網羅。頻出・重要問題をスピーディーに学習できる。問題の周辺知識まで学べる充実の解説。
2018.1 143p B6 ¥800 ①978-4-471-47029-6

◆イッキに内定！一般常識＆時事"一問一答"　'20　角倉裕之著　高橋書店　(付属資料：別冊1；赤シート1)
【要旨】試験を熟知した著者が狙われやすいポイントを厳選。繰り返しチェックできる「一問一答」「赤チェックシート」。最新時事と業界別キーワードを収録した別冊つき。
2018.1 199p 19cm ¥1100 ①978-4-471-47034-0

◆1週間で極める!!基本の一般常識Q&A　2019年度版　新星出版社編集部編　新星出版社
【要旨】1日20分×3回で効率よく総復習。クイズ感覚の「チャレンジ編」。重要事項をまとめた「資料編」。
2017.2 144, 15p B6 ¥800 ①978-4-405-01935-5

◆1週間でマスター　時事＆一般常識の完璧対策　2019年度版　日経HR編集部編著　日経HR　(日経就職シリーズ)
【要旨】先輩たちが就活中に聞かれた「重要ワード」。ビジネスマナーもサクッと理解。面接やGD、インターンシップにも役立つ。気軽に学べる！一問一答。
2017.11 247p A5 ¥1200 ①978-4-89112-173-0

◆一般常識＆最新時事「一問一答」頻出1500問　'20年度版　角倉裕之著　高橋書店　(付属資料：別冊1；赤シート1)
【要旨】重要テーマの頻出問題を一問一答で学べる。基礎から関連情報までを押さえられる充実の解説。全問正解率つきで、自分の常識レベルがわかる。
2018.1 191p A5 ¥1300 ①978-4-471-47032-6

◆受かる小論文・作文模範文例　2019年度版　新星出版社編集部編　新星出版社
【要旨】内定を勝ち取った先輩の文例を紹介！ライバルに差をつける自己アピールのヒントはここにある！
2017.2 237p B6 ¥900 ①978-4-405-01934-8

◆受かる小論文・作文模範文例　2020年度版　新星出版社編集部編　新星出版社
【要旨】内定を勝ち取った先輩の文例を紹介！ライバルに差をつける自己アピールのヒントはここにある！2019年卒、2020年卒両対応。
2018.1 237p B6 ¥900 ①978-4-405-01961-4

◆基本の一般常識Q&A　2020年度版　―1週間で極める!!　新星出版社編集部編　新星出版社
【要旨】1日20分×3回で効率よく総復習！クイズ感覚の「チャレンジ編」、重要事項をまとめた「資料編」。2019年卒、2020年卒両対応。
2018.1 144, 15p B6 ¥800 ①978-4-405-01962-1

◆最新最強の一般常識　'19年版　成美堂出版編集部編著　成美堂出版　(付属資料：別冊1)
【要旨】本書は、就職活動をする上で必要とされる時事問題と一般常識問題を一冊でまとめています。時事問題は、「政治」「国際情勢」「経済」「産業」「金融」「科学・技術」「自然・環境」「社会・生活」「教育・文化」「スポーツ・芸能」の10分野一般常識問題は、「国語・社会」「数学・物理化学」「英語」の3分野に分けています。問題など実践的なものを掲載し見開き右下に「解答と解説」を配しています。また問題に関連するチェックポイントをその下に掲示しています。
2017.6 239p A5 ¥1200 ①978-4-415-22479-4

◆最新最強の一般常識一問一答　'19年版　成美堂出版編集部編著　成美堂出版　(付属資料：別冊1)
【要旨】政治・経済/国際/社会/地理・歴史/文化・スポーツ/国語/英語/理科・数学、基本→重要問題の二段構成でステップアップ！頻出ジャンルがよくわかる！すべての項目について出題頻度を掲載。時事キーワードから経済用語・国際機関までビジュアル別冊収録。SPI3など適性検査にも使える頻出ジャンルを網羅！2019年入社用。
2017.6 223p A5 ¥1200 ①978-4-415-22480-0

◆最新最強の一般常識クリア問題集　'19年版　成美堂出版編集部編著　成美堂出版　(付属資料：赤シート1)
【要旨】「一般常識」の試験で出題が予想されるジャンルのほとんどをカバー。国語、数学、理科、社会、英語、文化の分野ごとに問題を整理。さらに、各分野をジャンルごとに分けているので、弱点がわかりやすい。SPI3でも出題されるタイプの問題には"SPI対応"マークを付記。赤シートつき。
2017.6 223p A5 ¥1200 ①978-4-415-22480-6

◆最新最強の作文・小論文　'19年版　成美堂出版編集部編著　成美堂出版　(付属資料：別冊1)
【要旨】エントリーシート作成にも役立つ！好印象を与える文章のとらえ方も詳しく解説。本番で失敗しないための文章を網羅。上手な作文・小論文実例39。
2017.6 191p A5 ¥1200 ①978-4-415-22472-5

◆サクセス！一般常識＆最新時事　2019年度版　翼学院編,芦澤唯志監修　新星出版社　(付属資料：別冊1)
【要旨】同じ問題が出た！注目ニュースも業界のトレンドもまるわかり!!
2017.2 207p A5 ¥1200 ①978-4-405-01924-9

◆サクセス！一般常識＆最新時事　2020年度版　翼学院編,芦澤唯志監修　新星出版社　(付属資料：赤シート1)
【要旨】絶対におさえておきたい一般常識から最新時事までこの1冊で完全理解！穴埋め式や語群選択、正誤判断などさまざまな問題形式で出題。どんな問題にも即対応できる力が身に付く！志望業界の必須キーワードがわかる！さらに各種データも収録。
2018.1 205p A5 ¥1200 ①978-4-405-01952-2

◆サクセス！小論文＆作文　2019年度版　喜治賢次著　新星出版社　(付属資料：別冊1)
【要旨】採用者の目を引く文章とは？「受かる」文章を書くためのコツを、わかりやすく徹底解説します。小論文＆作文の実例を56本掲載。現役学生が書いた身近な文章だからすぐにポイントがわかります。別冊「重要時事用語BOOK」。

旬の時事ネタとその論点を駆け足でチェックできる！
2017.2 175p A5 ¥1200 ①978-4-405-01925-6

◆サクセス！小論文＆作文　2020年度版　喜治賢次著　新星出版社　(付属資料：別冊1)
【要旨】現役学生が書いた56本の実例を掲載！自己PRの仕方や文章の組み立て方が、身近な実例でわかる！多数の応募の中で、キラリと光るテクニックとは？採用者の目でポイントを指摘！別冊「重要時事用語BOOK」でこの1年間の最新ニュースがわかる！面接にも役立ちます。
2018.1 175p A5 ¥1200 ①978-4-405-01953-9

◆史上最強　一般常識＋時事"一問一答"問題集　2019最新版　オフィス海著　ナツメ社　(付属資料：別冊1；赤シート1)
【要旨】一般常識試験の最新傾向を徹底調査！最頻出の「国語」や新分野「ビジュアル図解」も充実！記憶効果バツグン、赤シートで「重要語句・解答」をダブルチェック！太字の拾い読みで重要語句をインプット。史上最強の頻出85テーマ。
2017.5 239p A5 ¥1200 ①978-4-8163-6234-7

◆就職試験　これだけ覚える一般常識　'19年版　成美堂出版編集部編著　成美堂出版　(付属資料：赤シート1)
【要旨】ジャンルごとに頻出・重要ポイントを総網羅できる。いつでもどこでも手軽に、好きな箇所から取り組める。
2017.6 191p 18cm ¥600 ①978-4-415-22483-1

◆就職試験　これだけ覚える時事用語　'19年版　成美堂出版編集部編著　成美堂出版　(付属資料：赤シート1)
【要旨】現代社会のしくみを理解するための基本用語と、時代の動向を読み解く新キーワードをポイント解説。理解を助ける図版を豊富に収録。
2017.6 191p 18cm ¥600 ①978-4-415-22484-8

◆就職用一般常識　'20年度版　就職対策研究会編　高橋書店
【要旨】充実した解説で知識を増やせる。頻出ジャンルをしっかりカバー。問題・解答が1ページ完結でわかりやすい。よく出る「重要事項」を巻末に収録。
2018.1 159p B6 ¥900 ①978-4-471-47028-9

◆速攻！これだけ!!一般常識＆図解時事　2019年度版　新星出版社編集部編　新星出版社　(付属資料：赤シート1)
【要旨】約7000問！業界別キーワード付。図解だからすぐわかる！超重要！最新時事。
2017.2 182p 19cm ¥1000 ①978-4-405-01932-4

◆速攻！これだけ!!一般常識＆図解時事　2020年度版　新星出版社編集部編　新星出版社　(付属資料：別冊1)
【要旨】一般常識だけでなく、時事用語がセットに！最重要テーマ30項目をビジュアル図解！業界別に、今覚えておきたい旬の用語を解説！常識力が十分に身につく約7000問！
2018.1 182p 19cm ¥1000 ①978-4-405-01960-7

◆速攻!!ワザあり　一般常識＆時事　2019年度版　就職試験リサーチ編　永岡書店　(付属資料：別冊1；赤シート1)
【要旨】出題率・重要度の高い問題約6000問！これ、1冊で完結!!一問一答形式で、基本から応用まで！持ち運べる別冊つき！
2017.2 191p 19cm ¥1000 ①978-4-522-45665-1

◆超速マスター！一般常識＆時事問題　'20年度版　就職対策研究会編　高橋書店　(付属資料：赤シート1；別冊1)
【要旨】一般常識＋最新時事をイッキに対策。重要テーマを押さえた「最新重要時事キーワード」問題の特徴がわかるアイコンつき。
2018.1 111p A5 ¥1300 ①978-4-471-47030-2

◆出るとこだけ！「一問一答」一般常識＆最新時事　'20年度版　小林公夫著　高橋書店　(付属資料：赤シート1)
【要旨】これだけでいい！スピード対策の決定版。「一問一答」「赤チェックシート」で知識を定着。ランキング形式でわかりやすい別冊つき。
2018.1 111p A5 ¥1300 ①978-4-471-47033-3

◆でるとこだけの一般常識＆時事　マイナビ出版編集部編　マイナビ出版　(マイナビ2019オフィシャル就活BOOK)　(付属資料：赤シート1)
【要旨】最新時事と一般常識のポイントを一冊に凝縮！キーワードや、学習ポイントの重要度、

就職ガイド・問題集

実用書

試験への頻出度によって、出題項目を厳選し、シンプルな形にまとめました。大事なところだけを効率よく学べるので、忙しく、時間の限られた人でも、短期間で「スピード学習」できる一冊です。
2017 159p A5 ¥1150 ①978-4-8399-6287-6

◆ドリル式一般常識問題集　2019年度版　一般常識対策研究会編　永岡書店
【要旨】図表とイラストが豊富！解説がわかりやすい！直接答えを書き込んで、試験によく出る重要項目を押さえる！基礎知識を効率よく覚えられる、「ドリル形式」の問題集！
2017.2 159p B5 ¥1300 ①978-4-522-45668-2

◆内定請負漫画「銀のアンカー」式 無敵の一般常識&時事問題 2018年版　就活メソッド研究会監修　TAC出版　（付属資料：別冊1）
【要旨】最新の時事問題、グループディスカッション向け用語解説も充実で、マスコミ就活対策もバッチリ!!厳選1400問で無理なく、ムダなく、就職試験によく出る一般常識問題が身につく！
2017.1 159p A5 ¥1300 ①978-4-8132-7052-2

◆内定請負漫画「銀のアンカー」式 無敵の一般常識&時事問題 2019年版　就活メソッド研究会監修　TAC出版　（付属資料：別冊1）
【要旨】政治・経済、歴史、地理、漢字・語句、文学、数学、理科、英語etc 幅広いジャンルを網羅！無理なく、ムラなく対策ができます。忙しい就活生のために、コンパクトな一問一答式のスタイルに。問題のとなりの解答を赤シートで隠しながら進めていけば、時間を短縮してムダのない勉強ができます。最新時事問題をもとに、試験に出そうな用語を掘り下げて解説。グループディスカッション対策、マスコミ面接対策にも役立ちます！
2017.11 159p A5 ¥1300 ①978-4-8132-7375-2

◆内定獲得のメソッド 一般常識 即戦力問題集　マイナビ出版編集部編　マイナビ出版　（マイナビ2019オフィシャル就活BOOK）（付属資料：赤シート1）
【要旨】新卒採用試験の過去の出題傾向を徹底分析して、頻出・必須ポイントを網羅。解答の要旨だけでなく、関連知識までフォローした丁寧な解説から、問題の本質が分かる「一般常識問題」をたっぷり収録！
2017.4 199p A5 ¥1200 ①978-4-8399-6295-1

◆7日でできる！一問一答 一般常識「頻出」問題集　'20年度版　小林公夫著　高橋書店　（付属資料：赤シート1）
【要旨】各項目を頻出度順で掲載。押さえておきたい項目から解ける！問題の難易度を表示（★やさしい/★★ふつう/★★★むずかしい）。各項目の合格ラインの目安がわかる。
2018.1 159p A5 ¥850 ①978-4-471-47031-9

◆筆記から面接まで！一般常識&最新時事 2019年入社用　成美堂出版編集部編　成美堂出版　（スマート就活）（付属資料：別冊1；赤シート1）
【要旨】継続性のある話題をピックアップ「最新時事トピックス」。多様なパターンの実戦問題「時事問題・基礎問題・発展問題」。問題の分野に対応したポイントがつまった「別冊直前攻略BOOK」。3つの相乗効果で、筆記、論作文、面接のための知識を万全に！話題の人物、キーワードなどももちろん収録!!
2017.10 207p A5 ¥1200 ①978-4-415-22562-3

◆要点マスター！一般常識 '19　マイナビ出版編集部編　マイナビ出版　（マイナビ2019オフィシャル就活BOOK）（付属資料：赤シート1）
【要旨】直前対策にピッタリ！シンプルで分かりやすい！新卒採用試験で扱われる「一般常識」の問題集。頻出・必須ポイントを厳選した一般常識問題を分野別に解説。コンパクトなサイズでも、重要項目を総チェックできて、いつでも、どこでも学習OK！短期間で実力アップ！解答・解説を隠せる赤シート付き。
2017.5 183p A5 ¥980 ①978-4-8399-6296-8

◆わかる!!わかる!!わかる!!一般常識 '19年度版　新星出版社編集部編　新星出版社　（付属資料：赤シート1）
【目次】第1章 社会（政治、経済、地理、歴史）、第2章 語学・文化・教養（国語、文化、英語）、第3章 理数系（数学、理科）、資料
2017.2 191p 18cm ¥600 ①978-4-405-01929-4

◆わかる!!わかる!!わかる!!一般常識 '20年度版　新星出版社編集部編　新星出版社　（付属資料：赤シート1）
【要旨】3色刷りで読みやすい！小さくて運びやすい！巻頭では最新の時事的トピックスを取り上げて、押さえておきたいポイントをヴィジュアル化。項目別の解説で理解しやすく、頻出と予想される分野を中心に、基礎的な内容を網羅。
2018.1 191p 18cm ¥600 ①978-4-405-01957-7

◆わかる!!わかる!!わかる!!小論文&作文 '19年度版　阪東恭一著　新星出版社
【要旨】明日の試験に間に合う！特典1 内定者の作文閲覧券、特典2 作文添削指導。
2017.2 191p A5 ¥600 ①978-4-405-01927-0

◆わかる!!わかる!!わかる!!小論文&作文 '20年度版　阪東恭一著　新星出版社
【目次】第1章 就職活動における作文・小論文の基本（作文とは何か、作文・小論文が採用決定のカギを握る ほか）、第2章 作文・小論文の文章術（文章作成の基本を知ろう、わかりやすい文章を書こう ほか）、第3章 作文・小論文の試験対策ポイント―テーマ対応、文章構成、本番の注意点（多様なテーマに対応できるようにしよう、文章構成の重要性を意識しよう ほか）、第4章 業界別 テーマ別 作文・小論文 文例（自己紹介、抽象 ほか）
2018.1 191p 18cm ¥600 ①978-4-405-01955-3

◆ワザあり時短クリア一問一答 一般常識&最新時事 2019年度版　羽根大介監修　永岡書店　（付属資料：別冊1；赤シート1）
【要旨】約3000問を頻出度別に分け、ムダのない学習が可能。豊富な写真と図解説。最新時事問題の活用法で、直前対策もバッチリ。
2017.2 159p A5 ¥1200 ①978-4-522-45663-7

◆ワザあり速攻マスター！一般常識&時事用語　永岡書店　（付属資料：別冊1；赤シート1）就職試験リサーチ編
【要旨】出題頻度の高い問題を厳選！最新ニュースを網羅！直前対策に役立つ、持ち運べる「時事用語」。
2017.2 207p A5 ¥1200 ①978-4-522-45662-0

大学生むき

◆速解！IMAGES総合適性テスト 2019年度版　就職試験情報研究会著　一ツ橋書店　（大学生の就職Focusシリーズ）
【要旨】IMAGESの出題内容を徹底分析再現！万全の対策でアセらずに実力を発揮できる！30分間で「計数・言語・英語」を解くためには、問題を的確に判断し、スピーディに正答を続けることが重要！出題形式に則った問題に慣れることで、抜群の効果が得られる一冊！
2017.4 175p A5 ¥1000 ①978-4-565-19097-0

◆大学生の就職 やさしいGAB・CAB 2019年度版　就職試験情報研究会編　一ツ橋書店　（付属資料：別冊1）
【要旨】初心者のためのGAB・CAB対策問題集。解法のスピードテクニックがよくわかる！マークシート対応の解答用紙付き。
2017.4 270p A5 ¥1300 ①978-4-565-19006-2

◆大学生の就職 やさしいSPI3 2019年度版　家坂圭一著　一ツ橋書店
【要旨】分かりやすい能力検査!!読んだら解けて覚えてる！例題をあげ、分かりやすく基本公式や図形などを取り入れながら解説。
2017.4 198p A5 ¥1300 ①978-4-565-19002-4

◆大学生の就職 SPIの解法 スピード&シュアー SPI3対応！2019年度版　柳本新二著　一ツ橋書店　（付属資料：別冊1）
【要旨】Speed&Sure 方式で、速さと正確さを身につけよう！
2017 317p A5 ¥1300 ①978-4-565-19045-1

面接・会社訪問

◆大学の就職 やさしいグループ面接 2019年度版　就職試験情報研究会編　一ツ橋書店
【要旨】グループ面接を行う企業に挑戦するには？一般グループ面接、ディスカッション式面接、ディベート式面接、3種類のグループ面接を徹底考察！
2017 185p A5 ¥900 ①978-4-565-19005-5

一般常識・作文

◆大学生の就職 やさしい一般常識 2019年度版　家坂圭一著　一ツ橋書店
【要旨】○×式で基本知識を確実に覚える。赤いシートを使い目隠し学習。チェックポイントで重要項目をチェック。穴埋めで重要語句を暗記。
2017.4 223p A5 ¥950 ①978-4-565-19001-7

◆大学生の就職 やさしい一般常識1問一答 2019年度版　就職試験情報研究会編著　一ツ橋書店
【要旨】試験によく出る重要語。図表がたっぷり。苦手な科目も1問即解答!!
2017 214p A5 ¥900 ①978-4-565-19003-1

◆大学生の就職 やさしい一般常識総ざらい 2019年度版　就職試験情報研究会編著　一ツ橋書店　（付属資料：カード1）
【要旨】広い範囲の一般常識をキーワードで確認。基本用語を集めた「特選！時事カード」95ピース。
2017.4 195p A5 ¥1100 ①978-4-565-19004-8

◆ダントツ一般常識+時事 一問一答問題集 2019年度版　オフィス海著　ナツメ社　（付属資料：赤シート1）
【要旨】人気企業の一般常識・時事問題、業界別の必修用語を徹底分析！一問一答式だからサクサク解ける！圧倒的な問題数約18,700問！
2017.5 335p 19cm ¥1000 ①978-4-8163-6223-1

女子学生むき

◆女子の給料&職業図鑑　給料BANK著　宝島社
【要旨】女性人気の高い職業から気になるレアな職業まで女性のための職業図鑑がついに登場！
2017.3 191p A5 ¥980 ①978-4-8002-6437-4

◆女性の職業のすべて 2018年版　女性の職業研究会編　啓明書房
【要旨】女性に注目される職業232種をピックアップ。ジャンル別13分野に分けて掲載。仕事内容、資格の取り方、収入等をわかりやすく解説。就職までのルートマップをチャートで紹介。仕事名から検索できるインデックス付。
2016.12 267p A5 ¥1400 ①978-4-7671-1273-2

◆ホンネの女子就活―センパイたちが就活中に悩んだこと 2019年度版　女子就活ネット編　実務教育出版
【要旨】内定した先輩の実体験を徹底調査して、「ヘア&メイク&身だしなみ」「敬語/電話&メールのマナー」「人気職種」「一般職の筆記試験」など、女子ならではの就活の基本をホンネで解説。
2017.7 159p A5 ¥1300 ①978-4-7889-8323-6

高校生・専門学校生むき

◆工業高校機械科就職問題 2019年度版　就職試験情報研究会著　一ツ橋書店　（高校生用就職試験シリーズ）（付属資料：別冊1）
【要旨】ちょっと大きめの文字で見やすい！メモや計算など書き込むことができる！面接・作文・一般教科も充実。
2017.12 224p B5 ¥1300 ①978-4-565-19501-2

◆工業高校建築・土木科就職問題　就職試験情報研究会著　一ツ橋書店　（高校生用就職試験シリーズ）（付属資料：別冊1）
【要旨】ちょっと大きめの文字で見やすい！メモや計算など書き込むことができる！面接・作文・一般教科も充実！
2017.2 238p B5 ¥1300 ①978-4-565-18505-1

◆工業高校電気・電子科就職問題 2019年度版　就職試験情報研究会著　一ツ橋書店

（高校生用就職試験シリーズ）（付属資料：別冊1）
【要旨】ちょっと大きめの文字で見やすい！ メモや計算など書き込むことができる！ 面接・作文・一般教科も充実！
2017.12 228p B5 ¥1300 ⓘ978-4-565-19503-6

◆工業高校電子機械科就職問題　就職試験情報研究会著　一ツ橋書店　（高校生用就職試験シリーズ）（付属資料：別冊1）
【要旨】ちょっと大きめの文字で見やすい！ メモや計算など書き込むことができる！ 面接・作文・一般教科も充実！
2017.2 242p B5 ¥1300 ⓘ978-4-565-18502-0

◆高校生就職面接の受け方答え方　'19年版　成美堂出版編集部編著　成美堂出版
【要旨】実際の面接の場におけるマナーや言葉づかいをイラストを交えながら具体的に説明。予想される質問をテーマごとに掲載し、対応する回答例を収録。それぞれの回答にアドバイス付。必ず聞かれる定番の質問は「答えの組み立て方」から取り上げ、特別にくわしく解説。
2017.7 175p A5 ¥800 ⓘ978-4-415-22522-7

◆高校生の一般常識総ざらえ　2018　就職試験情報研究会編著　一ツ橋書店　（付属資料：赤シート1; 別冊1; 時事カード）
【要旨】一般常識を5エリアに分類、見開きで学びやすい。いつでもどこでも読める別冊・時事問題付き。簡単便利に即できあがる特選！ 時事カード。
2017 188p A5 ¥950 ⓘ978-4-565-18521-1

◆高校生の就職活動オールガイド　'19年版　加藤敏明監修　成美堂出版
【要旨】会社選びから入社まで就職活動全体の流れを丁寧に解説。SPI、一般常識などの筆記試験の傾向と対策がわかる。面接試験は代表的な質問を網羅した実戦問題答集で完全対策。
2017.7 191p A5 ¥900 ⓘ978-4-415-22508-1

◆高校生の就職試験 一般常識問題集　'19年版　成美堂出版編集部編著　成美堂出版　（就職試験パーフェクトBOOK）
【要旨】各教科の傾向と対策がわかる。科目別ポイントがおさえられる。練習問題で反復学習できる。
2017.7 166p B6 ¥560 ⓘ978-4-415-22476-3

◆高校生の就職試験 一般常識＆SPI—SPI3完全対応！　2019年度版　柳本新二著　一ツ橋書店　（付属資料：別冊1）
【目次】一般常識（国語、社会、数学、理科、英語、文化/スポーツ）、SPI（非言語分野、言語分野）
2017.12 122p B5 ¥950 ⓘ978-4-565-19523-4

◆高校生の就職試験 基礎から解けるSPI SPI3完全対応　2018年度版　就職試験情報研究会編著　一ツ橋書店　（付属資料：別冊1）
【要旨】繰り返しチャレンジすることで確実に解けるようになる！ ジャンル別にまとめたわかりやすい構成。それぞれの設問に応じたヒントを記載。解き方の一部、考え方のおさえどころを示して解答力をアップ。別冊：これも出る！ 特別問題集。
2017.2 190p B5 ¥1000 ⓘ978-4-565-18524-2

◆高校生の就職試験 適性検査問題集　'19年版　成美堂出版編集部編著　成美堂出版
【要旨】基本的な問題、よく出る問題を掲載。問題の解き方を具体的にわかりやすく解説。「解き方のテクニック」から導かれる「解答」をしっかりインプット。練習問題にチャレンジ！ 形式を覚えるため反復練習をしよう！ 適性検査攻略のための『正確さ』と『スピード』が身につく。
2017.7 191p B6 ¥800 ⓘ978-4-415-22477-0

◆高校生用SPIクリア問題集　'19年版　日本キャリアサポートセンター著　成美堂出版　（付属資料：別冊1; 赤シート1）
【目次】第1章 SPI検査徹底解剖（高校生の就職試験、SPI検査の概要、SPI‐Nとは？、SPI‐Hとは？）、第2章 SPI検査徹底対策（照合、置換、漢字の読み書き、語句の意味、2語の関係、文章理解、計算、文章題1—基本公式で解く、文章題2—図で解く、順列・組合せ・確率、表とグラフ、推論）、模擬試験（SPI‐N、SPI‐H）
2017.7 175p A5 ¥850 ⓘ978-4-415-22519-7

◆高校生よく出る一般常識問題集　'19年版　成美堂出版編集部編著　成美堂出版
【要旨】一般常識全科目と最新時事問題の必須ポイントを完全チェック！
2017.7 190p A5 ¥760 ⓘ978-4-415-22485-5

◆専門学校生のための就職適性検査　一ツ橋書店編集部編著　一ツ橋書店　（就職試験シリーズ）
【要旨】足切りとしての適性検査・常識テストをクリアするためのノウハウ、テクニックを満載した就職ハンドブック！
2017.4 170p B6 ¥700 ⓘ978-4-565-19082-6

資格

◆カッコいい資格図鑑—絶対取るべき400種　鈴木秀明監修　主婦の友社
【要旨】危険物取扱者、マグロ解体師ほか、取得すると"カッコいい"資格をビジュアル化。資格マニアはもちろん、就職、転職にも役立つ1冊！
2018.1 191p A5 ¥1300 ⓘ978-4-07-426839-9

◆最新最強の資格の取り方・選び方全ガイド　'19年版　成美堂出版編集部編　成美堂出版
【要旨】取るべき資格が見つかる！ 1052資格収録！ ひと目でわかる！ 資格試験カレンダーつき。
2017.8 569p A5 ¥1500 ⓘ978-4-415-22536-4

◆資格試験に超速で合格（うか）る勉強法　尾本一明著　すばる舎
【要旨】偏差値40台・高卒でも働きながら宅建士・社労士・行政書士に！ 誰でも、今日から始められる超実践的ノウハウ44。合格する人、落ちる人、超速で合格る人—3つのタイプ別解説で身につく！
2017.4 205p B6 ¥1400 ⓘ978-4-7991-0608-2

◆資格取り方選び方全ガイド　2019年版　高橋書店編集部編　高橋書店
【要旨】人気50資格に資格学校LEC東京リーガルマインド専任講師らのアドバイスを掲載！ 1000資格最新情報収録！
2017.7 575p A5 ¥1550 ⓘ978-4-471-46050-1

◆資格貧乏物語　末木紳也著　ベストブック　（ベストセレクト）
【要旨】資格士業で稼げる時代は終わったのか？ 稼ぐなら、セミナー屋・カリスマ受験講師・タレント!?有資格者の現状や実情を、ストーリー形式に紹介!!
2017.2 207p B6 ¥1200 ⓘ978-4-8314-0214-1

◆10万人が難関資格試験を突破した受かる勉強33のルール　山田浩司著　幻冬舎メディアコンサルティング, 幻冬舎 発売
【要旨】宅建で全国平均の4倍以上、社労士で3倍以上！ 驚異的な合格率を誇る予備校経営者が明かす、試験に一発で受かる人と何度も落ちる人の違いとは？
2017.2 191p B6 ¥1400 ⓘ978-4-344-91180-2

絵本　302

- 学ぶ・遊ぶ絵本　302
  - 遊びの絵本　303
  - もじ・かずを学ぶ絵本　304
  - しかけのある絵本　304
- クリスマスの絵本　307
- のりものの絵本　307
- どうぶつの絵本　308
  - いぬとねこの絵本　308
- 世界の名作・昔ばなし絵本　308
- 日本の名作・昔ばなし絵本　309
- 外国のおはなし　309
- あかちゃんとおかあさんの絵本　318
- 詩・ことば・うたの絵本　319
- シリーズ絵本　319
  - アンパンマンシリーズ　319
  - サンリオの絵本　320
  - テレビ・アニメキャラクターの絵本　320
- その他の絵本　322

児童文学　344

- 民話・神話　344
- 日本の児童文学・名作　344
  - 児童文学全集　356
  - 短篇集　356
  - 童話　356
  - 幼年童話　357
  - 児童読み物　357
  - 低学年向け　357
  - 中学年から　358
  - 高学年・中学生から　365
- 世界の児童文学　371
  - 世界の名作・童話　379
- 推理小説・ミステリー　380
  - 海外の推理小説・ミステリー　381
- ＳＦ・ファンタジー　381
- 詩の本　382
- ノンフィクション　382
- 歴史物語　385
- わらい話・ふしぎな話・こわい話　385

児童書　387

- 事典・年鑑・図鑑　387
- 伝記・偉人伝　388
- 国語の本　391
- 英語の本　394
- 理科・算数の本　396
  - 科学・理科の知識　397
  - 自然・環境　399
  - 化石・恐竜　401
  - 星・宇宙・地球　402
  - 生き物・昆虫・魚　403
  - 植物　406
  - 動物・鳥　406
  - ヒト・カラダ　409
  - いろいろな実験・観察　411
- 社会・生活の本　411
  - 学校生活　423
  - 世界の歴史・地理　424
  - 日本歴史　426
  - 日本地理　427
  - くらしと社会　429
  - くらしと産業　429
- 図工の本　429
- 音楽の本　431
- 体育・スポーツの本　431
- 家庭科・お料理の本　433
- 自由研究・課外活動の本　434
- 乗り物の本　435
- 趣味・遊びの本　436
  - 占い・おまじない　439
  - おりがみ・あやとり　439
  - クイズ・パズル・迷路・ゲーム　439
  - 超能力・ＵＦＯ・幽霊の本　441
- 学習漫画　441
  - 歴史学習漫画　442

絵本・児童書

絵本

学ぶ・遊ぶ絵本

◆あかえほん　Taji絵　成美堂出版　（いろいろずかんえほん）
【要旨】
2017.5 1Vol. 18×12cm ¥900 ①978-4-415-32310-7

◆あかちゃんごおしゃべりえほん　かしわらあきhe作・絵、こばやしてっせい監修　主婦の友社　（頭のいい子を育てるプチ）
2017.5 1Vol. 18×18cm ¥1200 ①978-4-07-422273-5

◆あかちゃんごおしゃべりずかん　かしわらあきhe作・絵、小林哲生監修　主婦の友社　（頭のいい子を育てるプチ）
2017.5 1Vol. 18×18cm ¥1200 ①978-4-07-422304-6

◆あかまるどれかな？　しみずだいすけ作　ポプラ社　（0歳からのあかちゃんえほん 10）
【要旨】(1)自分で考えるクセがつく、(2)いろんなものの見方が身につく、(3)コミュニケーション能力もUP。「できた！」で地頭を育てる、ゆびさしあそびの本。
2017 1Vol. 17×17cm ¥900 ①978-4-591-15641-4

◆頭のいい子を育てる　0～1さい はじめてえほん　成田奈緒子監修、主婦の友社編　主婦の友社
【要旨】色やかたち、かず、ことば、音とリズム、コミュニケーション。赤ちゃんの心をはぐくむ5つをテーマに、"いないいないばあ"や動物の写真、音あそびといった、ワクワクいっぱいのコンテンツをお届けします。親子で楽しいえほんタイムを過ごしてください。0～1さい向け。
2017.4 48p 26×21cm ¥1000 ①978-4-07-422267-4

◆頭のいい子を育てる　1～2さい あそぼうえほん　成田奈緒子監修、主婦の友社編　主婦の友社
【要旨】色やかたち、かず、ことば、音とリズム、コミュニケーション。赤ちゃんの心をはぐくむ5つをテーマに、"いないいないばあ"や動物の写真、音あそびといった、ワクワクいっぱいのコンテンツをお届けします。親子で楽しいえほんタイムを過ごしてください。1～2さい向け。
2017.4 64p 26×21cm ¥1000 ①978-4-07-422268-1

◆アナと雪の女王　まちがいさがし　2・3・4歳　榊原洋一監修　学研プラス　（学研わくわく知育ドリル）
【要旨】まちがいさがしを中心に、さがしあそびや組み合わせ問題、シルエットクイズなどのいろいろなワークを段階的に学習できます。アナやエルサたちといっしょに楽しみながらおけいこすることで集中力、観察力、理解力が自然と伸びていきます。『アナと雪の女王』の映画のストーリーやシーンに関連した問題で、お話の世界に入り込みながら学べます。お子さまの大好きなワークを使うワークもたくさんついているので自発的に取り組めます。1ページ終わるごとにごほうびシールを貼れます。達成感を得ると同時に、次のおけいこへの意欲を高めます。ひとつひとつのワークにワンポイントのアドバイスがついています。参考にして、お子さまといっしょに進めてください。
2017.2 60p 22×30cm ¥760 ①978-4-05-204592-9

◆1歳のえほん百科　榊原洋一監修　講談社　（えほん百科シリーズ）　改訂版
【要旨】親子のふれあいが大切な時期。1歳児の発達に欠かせない身近な内容を、楽しいイラストと写真で構成。内容例：いないいないばあ、犬や猫などの生き物、バスや消防車などの乗り物、色や形の認識。遊びやうた、生き物や乗り物など、お子さまがよろこぶ内容がたっぷりの知育絵本。人気絵本作家による素敵な絵や、親しみやすい写真がいっぱい！年齢で選ぶ知育絵本の決定版。
2017.10 63p 26×21cm ¥1300 ①978-4-06-268980-9

◆いないいないばあっ！　どうぶつとなかよし　小学館　（小学館おでかけシールえほん）　（付属資料：シール）
【要旨】シールあそびがどこでもたのしめるおでかけシールえほん。シールが24枚。
2017.4 1Vol. 19×20cm ¥780 ①978-4-09-726713-3

◆いろをおぼえる　トーマスのミニえほんばこ　ポプラ社
【要旨】あお、あか、きいろ、ちゃいろ、くろ、みどり…。6つのちいさなえほんをよみながら、トーマスたちといっしょにいろをおぼえよう！
2017 6Vols.set 26×25cm ¥1800 ①978-4-591-15311-6

◆音でる♪知育絵本　てあそびうた＆ゆびあそびゲームタブレット　瀧靖之監修　朝日新聞出版　（付属資料：電子モジュール1）
【要旨】手あそびうた＆指あそびうた＆体あそびうた＆英語あそびうた、みんなであそべるおうた30曲。
2017.2 36p 25×19cm ¥2200 ①978-4-02-333176-1

◆おむつはずしのえほん　トイレばっちり！　三石知左子監修　ポプラ社　（付属資料：電子モジュール）
2017 1Vol. 13×16cm ¥1200 ①978-4-591-15529-5

◆かぞえかたいろいろ　すなやまえみこ作・絵　ポトス出版
2017.11 31p 19×19cm ¥1400 ①978-4-901979-40-5

◆からだ あいうえお　中川ひろたか文、佐々木一澄絵、吉澤穣治原案　(大阪)保育社
2017.2 1Vol. 25×22cm ¥1400 ①978-4-586-08565-1

◆きいろえほん　Taji絵　成美堂出版　（いろいろずかんえほん）
2017.5 1Vol. 18×12cm ¥900 ①978-4-415-32311-4

◆くだもの やさい　あかいしゆみ作・絵　学研プラス　（かたりかけ はじめてぶっく）
【要旨】語りかけやすい文章つき！絵さがし・指さし遊びができる！よだれにも強い紙を採用！英語発音のひらがな表記も！0、1、2さいむき。
2017.3 1Vol. 13×13cm ¥600 ①978-4-05-204598-1

◆くろくまくんのかたりかけえほん　たべもの　たかいよしかず作・絵　くもん出版
【要旨】語りかけは赤ちゃんの心とことばをはぐくみます。身近な15のたべもののなまえに親しみましょう。
2017.2 1Vol. 11×11cm ¥540 ①978-4-7743-2582-8

◆くろくまくんのかたりかけえほん　どうぶつ　たかいよしかず作・絵　くもん出版
【要旨】語りかけは赤ちゃんの心とことばをはぐくみます。身近な15のどうぶつのなまえに親しみましょう。
2017.2 1Vol. 11×11cm ¥540 ①978-4-7743-2580-4

◆くろくまくんのかたりかけえほん　のりもの　たかいよしかず作・絵　くもん出版
【要旨】語りかけは赤ちゃんの心とことばをはぐくみます。身近な16のりもののなまえに親しみましょう。
2017.2 1Vol. 11×11cm ¥540 ①978-4-7743-2581-1

◆さわってたのしむ点字つきえほん 1　かず　フラー・スター文、ジェンマ・ウェスティングデザイン　ポプラ社
2017 1Vol. 17×16cm ¥2000 ①978-4-591-15250-8

◆さわってたのしむ点字つきえほん 2　かたち　フラー・スター文、ジェンマ・ウェスティングデザイン　ポプラ社
2017 1Vol. 17×16cm ¥2000 ①978-4-591-15251-5

◆さわってたのしむ どうぶつずかん　ドーリング・キンダースリー社編集部企画・編、長瀬健二郎日本語版監修　(神戸)BL出版　（てんじつき さわるえほん）
【要旨】ゾウやライオン、ワニやヘビなど、さまざまな動物の特徴を紹介した点字つきの図鑑です。迫力ある動物の写真には、毛皮の温かい感じや、うろこのなめらかさなど、各動物を連想させるテクスチャーをほどこしました。視覚に障害がある方も含め、みんなが楽しめます。
2017.6 31p 29×23cm ¥3500 ①978-4-7764-0785-0

◆3歳のえほん百科　榊原洋一監修　講談社　（えほん百科シリーズ）　改訂版
【要旨】言葉での説明がある程度できるようになってくる3歳児。知識をぐんぐん吸収する年ごろです。生き物、乗り物などの絵や写真から、「なに？」「なぜ？」といった疑問を引き出し、考える力を育みます。身につけておきたい、集団生活のルールやマナーも随所に盛り込みました。年齢別・知育絵本。
2017.11 127p 26×21cm ¥1600 ①978-4-06-268982-3

◆すみっコぐらし おけいこ―3・4・5歳　榊原洋一監修　学研プラス　（学研わくわく知育ドリル）　（付属資料：シール）
【要旨】すみっコたちといっしょにまなぼう。ちえあそびで運筆力・思考力・洞察力をのばす知育ドリル。運筆、めいろ、てんつなぎ、えさがしなどのいろいろなワークを、やさしいものから段階的に学習。ひとつずつのワークにワンポイントのおうちの方へのアドバイスつき。
2017.8 52p 21×30cm ¥820 ①978-4-05-204681-0

◆せん　あらいひろゆき作・絵　岩崎書店　（すこやかあかちゃんえほん 5）
【要旨】想像力のトビラをあける。1本の線が赤ちゃんの世界とことばをつなぐ。
2017.9 1Vol. 16×16cm ¥850 ①978-4-265-08225-4

◆ちいさなプリンセスソフィアまちがいさがし 2・3・4歳　榊原洋一監修　学研プラス　（学研わくわく知育ドリル）　（付属資料：シール）
【要旨】大好きなキャラクターと一緒におけいこできる遊び感覚の知育ドリルです。楽しみながら自然と形や数への興味が広がり、観察力や集中力などが身につきます。お子さまの大好きなシールがたくさんついているので自発的に取り組めます。「ちいさなプリンセスソフィア」の物語に関連した問題で、お話の世界に入り込みながら学べます。
2017.9 60p 22×31cm ¥790 ①978-4-05-204692-6

◆でんしゃのまるさんかくしかく　交通新聞社
【要旨】丸いヘッドライト、三角形のつり革、四角い窓など、列車のまわりには「かたち」がいっぱい！列車の外装や車内のいろいろなところで、まる・さんかく・しかくを見つけてください。新幹線、特急列車、通勤電車など、人気の車両がたくさん登場します。鉄道写真家による、プロフェッショナルな鉄道写真は迫力満点です。
2017.3 95p 18×19cm ¥1200 ①978-4-330-75416-1

◆どうぶつ　あかいしゆみ作・絵　学研プラス　（かたりかけ はじめてぶっく）
【要旨】語りかけやすい文章つき！絵さがし・指さし遊びができる！よだれにも強い紙を採用！英語発音のひらがな表記も！0、1、2さいむき。
2017.3 1Vol. 13×13cm ¥600 ①978-4-05-204597-4

◆どうぶつでおぼえる！とけいえほん　小宮輝之監修・写真、交通新聞クリエイト写真　交通新聞社　（付属資料あり）
【要旨】「なんじ」「なんぷん」がわかるよ！かわいいどうぶつたちのいちにちのようすをとけいをうごかしながらたのしもう！
2017.9 24p 22×20cm ¥1400 ①978-4-330-82117-7

◆2歳のえほん百科　榊原洋一監修　講談社　（えほん百科シリーズ）　改訂版
【要旨】言葉を獲得する大切な時期。ものの名前や色、形など、子どもの「これ、なあに？」にこたえる一冊。食べ物、生き物、乗り物、身の回りのもの、あいさつ、生活習慣、からだ。絵や写真から、「これ、なあに？」「見たことある！」といった会話に導き、言葉を引き出す工夫がいっぱい！2歳児の「やる気」にこたえる充実の内容！年齢別・知育絵本の決定版。
2017.10 95p 26×21cm ¥1300 ①978-4-06-268981-6

◆にほんご・えいご はじめてことばのずかん―0才からあそんでおぼえる　（多摩）ベネッセコーポレーション　（たまひよ音でまなべる絵本）　（付属資料：電子モジュール）
【要旨】かわいいイラストとにほんごえいご。みぢかなことば177語、音が出るボタン72こ。0才～5才。
2017.3 23p 18×26cm ¥1980 ①978-4-8288-6823-3

◆のりもの　あかいしゆみ作・絵　学研プラス　（かたりかけはじめてぶっく）
【要旨】語りかけやすい文章つき！絵さがし・指さし遊びができる！よだれにも強い紙を採用！英語発音のひらがな表記も！0、1、2さいむき。
2017.7 1Vol. 13×13cm ¥600 ①978-4-05-204624-7

◆はじめての なぜなにふしぎえほん　てづかあけみ絵・文　パイ インターナショナル
【要旨】しぜん―空・宇宙・星・月・天気・海…。いきもの―犬・鳥・魚・花・虫・恐竜…。からだ―心臓・おなか・足・涙・歯・毛…。せいかつ―乗り物・高所・水・信号・時計…。身近なふしぎから地球のふしぎまで！イラストでよく

◆はじめてのピアノ　さいとうきよみ絵　成美堂出版　（かわいいおとえほん）　（電子モジュール付き）
【要旨】ピアノ、オルゴール、きらりん、おたのしみ音3種。3曲のクラシック。8曲の童謡をメドレーでも。6種類の音色で、聴いても、弾いてもピアノを楽しめます。
2017.8 23p 18×17cm ¥2200 ①978-4-415-32343-5

◆ふれあい親子のほん はじめてのぎょうじ 3・4・5さいだもん　無藤隆、加藤紫識監修、学研プラス編　学研プラス
【要旨】お正月、ひな祭り、七夕、ハロウィン、楽しい歌や工作で、遊べる行事がいっぱい！いっしょに「たのしい！」をあじわうと、「まちどおしいね！」があふれるね。すてきな毎日、すてきな1年！
2017.2 128p 26×22cm ¥1600 ①978-4-05-204599-8

◆ポッケにタッチ！ Chiku Chiku制作　（大阪）ひかりのくに　（0・1・2さいのえほん）
2017 1Vol. 16×14cm ¥680 ①978-4-564-24266-3

◆ほっぷすてっぷかぶとむし　増田純子作　福音館書店　（0.1.2.えほん）
【要旨】カブトムシがホップ、ステップ、ジャンプ！
2017.5 1Vol. 20×19cm ¥800 ①978-4-8340-8329-3

◆4歳のえほん百科　榊原洋一監修　講談社　（えほん百科シリーズ）改訂版
【要旨】食べ物、生き物、乗り物などの名前や特徴、体、宇宙、命とのかかわり。季節の行事など生活のしきたりや、日常生活のマナー。考え、判断する能力が高まってくる4歳児に、ものごとの本当の意味や役割、大切さを届けます。年齢別・知育絵本。
2017.11 143p 26×21cm ¥1800 ①978-4-06-268979-3

◆ルビイのぼうけん―コンピューターの国のルビィ　リンダ・リウカス作、鳥井雪訳　翔泳社
【要旨】コンピューターの中ってどうなってるの？親子で楽しむ！テクノロジーへの興味を育む知育絵本。プログラマーである作者が、子どもたちのために作り上げた、コンピューターを好きになるストーリー＆26のアクティビティ。世界中で大反響！『ルビィのぼうけん』第2弾。5歳以上。
2017.4 87p 24×19cm ¥1800 ①978-4-7981-3877-0

◆ルルロロ　おしっこできたね―1.2.3歳向け絵本　あいはらひろゆき作　KADOKAWA
【要旨】おむつのルルちゃん、おしっこちゃー。ぱんつのロロちゃん、おしっこしゃー。つぎはトイレで！しっぱいしたってだいじょうぶ。こんどはじょうずにできました！にっこりえがおで、はい一ポーズ！1.2.3歳向け。
2017.3 1Vol. 17×16cm ¥650 ①978-4-04-104504-6

◆ルルロロ　はみがきしゃかしょこ―1.2.3歳向け絵本　あいはらひろゆき作　KADOKAWA
【要旨】ルルちゃん、ロロちゃん、はみがきしましょ。うえのは、したのは、おくのは、うらのも、しあげばみがきはパパとママ。おおきなおくちしゃかしょこ、しゃかしょこ、はぴっかぴか！1.2.3歳向け。
2017.3 1Vol. 17×16cm ¥650 ①978-4-04-104507-7

◆わくわく！かたちのえほん　蔵鎌咲帆絵、PHP研究所編　PHP研究所　（たのしいちしきえほん）
【要旨】まる、さんかく、しかく…みのまわりのいろんなかたちをさがしてみよう！ほしがた、ハートがたってどんなかたち？きょうのおつきさまはどんなかたち？かげのかたちでどんなどうぶつわかるかな？うえからみたかたちとよこからみたかたちをみくらべてみよう！わたしたちのまわりはいろんなかたちでいっぱい！みんなでたのしくかたちであそんでみよう！
2017.2 47p 29×22cm ¥1600 ①978-4-569-78624-7

遊びの絵本

◆あかちゃんみーつけた！　ひらぎみつえ作　ほるぷ出版　（ほるぷのしかけえほん）
【要旨】あかちゃんがよろこぶうごくえほん。
2017.4 1Vol. 16×16cm ¥850 ①978-4-593-58322-5

◆ウォーリーをさがせ！ THE COLOURING COLLECTION　マーティン・ハンドフォード作・絵、増田沙奈訳　フレーベル館
【要旨】やあ、ウォーリーファンのみんな！たびのおともにゆかいなぬりえはどうだい？しろくろのせかいから、ぼくとぼくのなかまたちをさがしてくれ。さがしものはほかにもたくさんあるぞ！ぶっとんだいろをぬって、きみのそうぞうりょくをばくはつさせろ！ウォーリーのたびにおわりはない。
2017 1Vol. 16×16cm ¥1180 ①978-4-577-04578-7

◆うたってたたこう！わくわくリズムあそびどうよう絵本　金の星社　（付属資料：電子モジュール1）
【要旨】あかちゃんのうたがきける！どんぐりころころ、あかとんぼ、しゃぼんだまなど、だいにんきのどうよう全14曲。
2017 19p 16×15cm ¥1600 ①978-4-323-89052-4

◆お？かお！　ひらぎみつえ作　ほるぷ出版　（ほるぷのしかけえほん）
【要旨】かおをうごかしてあそぼう！
2017.4 1Vol. 16×16cm ¥850 ①978-4-593-58324-9

◆おたすけおばけ　ひらのゆきこ・絵　（大阪）ひかりのくに
【要旨】さがしてあそぼ。1・2・3さいのえほん。
2017.3 1Vol. 15×17cm ¥680 ①978-4-564-24265-6

◆おててをぽん　ささがわいさむ作、天明幸子絵　学研プラス
【要旨】点線の手形に手を置いて、手と絵をあわせて、みたて遊びを楽しむ絵本です。いろいろな形の手で置いてみたり、おうちの方の大きな手をのせてみたりして、お子さんとふれあいながら楽しんでください。2さいから。
2017.9 1Vol. 18×18cm ¥900 ①978-4-05-204650-6

◆おとのでる♪うたっておどれるからだあそびうたえほん　町田豊監修　金の星社　（付属資料：電子モジュール）
【要旨】曲のスピードが変えられる！♪ミッキーマウス・マーチ、♪チェッチェッコリ、♪ばけたくん、♪オニのパンツ、♪ハイ・ホーほか。9きょくあそべるよ！
2017 19p 16×15cm ¥1600 ①978-4-323-89049-4

◆おとのでる♪おやすみこもりうたえほん　町田豊監修　金の星社　（付属資料：電子モジュール）
【要旨】うたごえとオルゴールの音声が切替えられる！全曲自動演奏＆音量調節機能つき！♪シューベルトのこもりうた♪ゆりかごのうた♪ななつのこ♪こもりうた（ねんねんころりよ）♪いつかおうじさまがほか。8きょくきけるよ！
2017 17p 16×15cm ¥1600 ①978-4-323-89050-0

◆かくれたのだーれ？　おくだちず絵　三起商行　（ミキハウスちいさなパズルえほん）
2017.9 1Vol. 10×10cm ¥700 ①978-4-89588-007-7

◆かみさまみならい ヒミツのここたま おかいものマグネットえほん　講談社　（付属資料：マグネット30）
【要旨】この絵本は五つの場面で構成されています。付属のマグネットをはりながら、遊びましょう。親子でお話をふくらませながら、場面ごとのマグネットを自由にはってみましょう。マグネットを自由に動かしたり、お話をふくらませていく遊びは、お子さまの考える力や想像力を育みます。お話がどんな内容でも、楽しく遊べたことをほめてあげましょう。対象：3歳以上。
2017.6 11p 25×21cm ¥1300 ①978-4-06-509557-7

◆くねくね！一小さい子どものための手遊び絵本　クレール・ズケリ・ローマー作　小学館　（デコボコえほん）
【要旨】さわって感じて楽しい！赤ちゃんからの脳育絵本。
2017.9 1Vol. 17×17cm ¥1400 ①978-4-09-726714-0

◆さわってダヤン　いけだあきこ著　学研プラス　（BABY DAYAN BOOKS）
【要旨】ねこのダヤンにタッチ!!ふわふわのおなか、背中、しっぽ、ぷにぷにのニクキュウ、おひげまで安心してさわれるえほん。
2017.9 1Vol. 18×18cm ¥1200 ①978-4-05-204665-0

◆0・1・2才 おててでたたこう たんたんたいこ　（多摩）ベネッセコーポレーション　（たまひよ楽器あそび絵本）　（付属資料：電子モジュール）
【要旨】たいこ、マラカス、パチパチ、にゃ～ん、ポン…たのしい効果音いっぱい45種。
2017.7 1Vol. 18×22cm ¥2200 ①978-4-8288-6837-0

◆0・1・2歳ママバッグえほん だっこっこ　小学館
【要旨】あかちゃんがはじめて出会う絵本アンソロジー。かわいらしく、みじかいお話をあつめました。大好きなお話がきっとみつかりますよ。
2017.9 43p 22×22cm ¥980 ①978-4-09-726737-9

◆たべたいな、あーん！　クルーロウ華子イラスト　講談社　（べりべりはがしてあそぶえほん）　（付属資料あり）
【要旨】食べ物ピースをべりっとはがす音と感触を楽しむ絵本です。対象年齢：0～2歳。赤ちゃんのための絵本。
2017.5 1Vol. 18×25cm ¥920 ①978-4-06-389998-6

◆たべてるのだーれ？　おくだちず絵　三起商行　（ミキハウスちいさなパズルえほん）
2017.9 1Vol. 10×10cm ¥700 ①978-4-89588-008-4

◆たべものへんしーん　わらべきみか作・絵　教育画劇
【要旨】ページをめくるとたべものが変身するよ。
2017.4 1Vol. 16×14cm ¥900 ①978-4-7746-2111-1

◆知育ちがいさがし100 シルバニアファミリー タウンシリーズ　小学館　（知育ちがいさがしブック）
【要旨】あたらしいまちのしゃしんがいっぱい!!よくみてちがいをみつけてね。
2017.7 1Vol. 10×10cm ¥550 ①978-4-09-726729-4

◆ちっちできたよ　ポプラ社　（いないいないばあっ！ポップアップ 4）
2017 1Vol. 9×9cm ¥650 ①978-4-591-15582-0

◆チャレンジミッケ！ミッケがだいすき 2　ウォルター・ウィック作、糸井重里訳　小学館
【要旨】ビーチでミッケ！ゆきのひのミッケ！つみきのミッケ！たからばこのミッケ！おかしのミッケ！よるのおうちミッケ！ぶきみなまちミッケ！うみべのミッケ！サーカステントのミッケ！どうぶつたちのミッケ！「チャレンジミッケ！」シリーズ9冊から、お気に入りのシーンが大集合!!381個のミッケ！おとなもこどももいっしょにあそべるかくれんぼ絵本。
2017.10 78p 29×21cm ¥1650 ①978-4-09-726683-9

◆ツムツムをさがせ！　ちゃいこ著、ウォルト・ディズニー・ジャパン監修　KADOKAWA
【要旨】楽しく学べる、さがし絵本に挑戦！ツムツムをかぞえる、にているツムツムをくらべる、1コしかないツムツムをみつける。そして…ぜんぶのツムツムをみつけることが、できるかな????
2017.5 1Vol. 22×31cm ¥1100 ①978-4-04-895965-0

◆ツムツムとあそぼ！　ポプラ社　（ともキャラBOOKS 7）
【要旨】めいろ、まちがいさがし、さがしえ。
2018 24p 19×14cm ¥880 ①978-4-591-15673-5

◆でんしゃガタゴト　ひらぎみつえ作　ほるぷ出版　（ほるぷのしかけえほん）
【要旨】あかちゃんがよろこぶうごくえほん。
2017.4 1Vol. 16×16cm ¥850 ①978-4-593-58323-2

◆でんしゃくるかな？　わだことみ作、冬野いちこ絵　岩崎書店　（あかちゃんとあそぶ 4）
【要旨】動物の親子が「でんしゃくるかな？」とワクワク待っています。どんなでんしゃくるのでしょう。しかけをめくると、連結された新幹線です。さらにページをめくると、いろいろな新幹線があるので「さっきのはどれだ？」と記憶力ゲームをしてもいいです。また、「これはこまちだね、やまびこだね」など、でんしゃの名前をおぼえたり、親子でいろいろあそんで楽しんでください。
2017.9 1Vol. 15×15cm ¥850 ①978-4-265-83051-0

◆ドラゴンクエストあそびえほん めざせ竜王じょう！　スクウェア・エニックス企画・制作　スクウェア・エニックス
2017.7 1Vol. A4 ¥1204 ①978-4-7575-5366-8

◆ぱくぱくいただきます　ポプラ社　(いないいないばあっ!　ポップアップ 2)
2017 1Vol. 9×9cm ¥650 ①978-4-591-15580-6

◆はみがきしゅっしゅっ　ポプラ社　(いないいないばあっ!　ポップアップ 3)
2017 1Vol. 9×9cm ¥650 ①978-4-591-15581-3

◆プリプリちぃちゃん!!プリちぃシールブック　篠塚ひろむイラスト　小学館　(まるごとシールブックDX)　(付属資料：シール)
【要旨】サイコーにかわいいシールが450まいも!!
2017 1Vol. 15×11cm ¥600 ①978-4-09-735553-3

◆ふるるるるん　かしわらあきお作　東京書店
【要旨】えほんをふって、びっくりにっこり。新感覚のあそべるえほん。
2017.6 1Vol. 19×22cm ¥980 ①978-4-88574-335-1

◆プレゼントをどうぞ!　ひらのゆきこ作・絵　(大阪) ひかりのくに
【要旨】でこぼこしかけつき。1・2・3さいのえほん。
2017 1Vol. 15×17cm ¥680 ①978-4-564-24263-2

◆へんがおあそび　きむらゆういち作　偕成社　(あかちゃんのあそびえほん 14)
【要旨】おめめやおはなやおくちをたくさん動かして、へんがおあそびって、おもしろいな。0歳から。
2017 1Vol. 19×22cm ¥700 ①978-4-03-131140-3

◆ポケットモンスター サン&ムーン マジックルーペでさがそう!　小学館集英社プロダクションイラスト・監修　小学館　(付属資料：マジックルーペ1)
【要旨】アローラちほうにははじめてみるポケモンがいっぱいいるよ!!マジックルーペでかくれているポケモンたちをさがしにいこう。きみはなんびきみつけられるかな?　すがたやかたちのヒントがあるから、はじめてでもすぐにかくれんぼできる。みんなでいっしょにちょうせんしよう!
2017.6 23p 31×22cm ¥950 ①978-4-09-726710-2

◆まほうがつかえたら　たかいよしかず絵　(八尾) 三起商行　(ミキハウス フリフリえほん)
2017.11 1Vol. 13×15cm ¥850 ①978-4-89588-005-3

◆まほうでたすけよう　たかいよしかず絵　(八尾) 三起商行　(ミキハウス フリフリえほん)
2017.11 1Vol. 13×15cm ¥850 ①978-4-89588-006-0

◆水だけでスイスイ!　まほうのぬりえ　きょうりゅうがいっぱい　ブレンダ・コールデザイン　河出書房新社
【要旨】水だけでスイスイ!　まほうのようにいろんないろがでてくるふしぎなぬりえ。大人もこどももみんなで楽しめる。ぬりおわったらページごとに切りはなせる便利なミシン目つき。一枚ずつ、飾ることもできる!
2017.8 1Vol. 25×22cm ¥980 ①978-4-309-27833-9

◆めいろブック ゆめのなかのぼうけん　ちもとみちこ作　赤ちゃんとママ社
【要旨】ワクワク、ドキドキがいっぱいの「ゆめ迷路」。ラオ・リズ・クークーといっしょにゆめの世界へレッツゴー!　11の夢迷路に楽しいクイズつき。こまを作って、ごっこ遊びもできる。
2017.10 32p 31×26cm ¥1200 ①978-4-87014-130-8

◆めくってあそぼう!　おおいそがし!　はたらくくるま　スティーブン・バーカー、ジョー・バイアット絵, ヘレン・ウィアー文　小学館
【要旨】めくってあそぼう!　はたらくくるまのおてつだいをしてみよう!　えのなかにでてくるうんてんしゅさんのくるまはどれかな?　しかけをめくってただしいのりものをさがしてみてね。16枚のフラップつき。赤ちゃんから幼児まで。ゲーム感覚で楽しむ知育絵本。
2017.6 1Vol. 21×21cm ¥1100 ①978-4-09-726700-3

◆めくってあそぼう!　しゅつどう!　レスキューたいのくるま　スティーブン・バーカー, ジョー・バイアット絵, ヘレン・ウィアー文　小学館
【要旨】めくってあそぼう!　ひとをたすけたり、まもったりするレスキューたいのおてつだいをしてみよう!　えのなかにでてくるレスキューたいのくるまはどれかな?　しかけをめくってただしいのりものをさがしてみてね。16枚のフラップつき。赤ちゃんから幼児まで。ゲーム感覚で楽しい知育絵本。
2017.6 1Vol. 21×21cm ¥1100 ①978-4-09-726699-0

もじ・かずを学ぶ絵本

◆1こ 2ほん 3びき　サイラス・ハイスミス絵, さこむらひろこ文　文溪堂
2017 1Vol. 19×20cm ¥1000 ①978-4-7999-0224-0

◆かずとすうじのでんしゃじてん　くにすえたくし, はるくゆう絵, さかいそういちろう文　視覚デザイン研究所
【目次】すうじをおぼえよう、かずをかぞえよう、すうじのおしごと、すうじのついたでんしゃ
2017.2 97p 18×20cm ¥1200 ①978-4-88108-254-6

◆数え方絵本　高野紀子作　あすなろ書房
【要旨】牛は1頭と数えるのに、ひつじは1匹、どうして?　数え方の基本から、大人も迷う難しい使い分け方まで。この1冊で日本語の「数の数え方」が、楽しく学べます!
2017.10 47p 21×22cm ¥1400 ①978-4-7515-2835-8

◆かぞえてあそぼう１２３　みなみざわみよじ作, たちもとみちこ絵　絵本塾出版
【要旨】すうじがどうぶつになってどうぶつすうじにだいへんしん!　かわいいどうぶつたちがいっぱいのかぞえてあそべるえほん。
2017 1Vol. B5 ¥1300 ①978-4-86484-120-7

◆漢検の絵本 いちまるとふしぎな手　日本漢字能力検定協会編　(京都) 日本漢字能力検定協会
【要旨】きょうはいちまるのおばあちゃんのたんじょうび。いちまるは、ケーキをとどけにいえへむかいます。とつぜんあらわれたのは、「手」とかかれたとびら。ふしぎなぼうけんのはじまりはじまり。読むと手をつなぎたくなる絵本。
2017.11 39p 21×19cm ¥1000 ①978-4-89096-370-6

◆きらきらABC―My First Words　講談社編, マクシーン・ダベンポート, シンディ・ロバーツイラスト　講談社
【要旨】赤ちゃんが認識しやすい白と黒のコントラストをたくさんつかった、はじめての英語ブック。触っても楽しめるカラーのフォイル(箔紙)加工で、目と手を刺激して想像力を育み、認知能力の発達を促します。英語と日本語のバイリンガル表記!　対象年齢0さいから。
2017.7 1Vol. 13×13cm ¥780 ①978-4-06-220516-0

◆ことば 2・3・4歳　わらべきみか絵, 汐見稔幸監修　小学館　(知育ドリルはじめてのおけいこ)　(付属資料：シール)
【要旨】学習することば200語。うれしい、いっぱい!!シール156枚。
2017.3 63p 21×30cm ¥760 ①978-4-09-253478-0

◆たろうがいっぱい　間部香代作, 水野ぷりん絵　チャイルド本社　(スーパーワイド迷路えほん ことばとかず 6)
2017.9 1Vol. 26×27cm ¥972 ①978-4-8054-3929-6

◆チャビコロわんちゃん―くだものといっしょに1から10　スタジオチャビコロ作, さっさりょうえい絵　愛育出版
2017.7 1Vol. A4 ¥1500 ①978-4-909080-20-2

◆てんぐのてんちゃん とっとこ わんわん―1さいからのオノマトペ　フィリケえつこ作・絵　学研プラス
【要旨】聞く×見る×読むで大喜び!　1~3歳さんの大好きな音がいっぱい!　音を感じる文字デザイン!!低月齢でも注目するシルエット絵!!
2017.9

◆でんしゃだいすき あいうえお　無藤隆監修　学研プラス
【要旨】この「でんしゃだいすき あいうえお」は、文字と電車に興味を持ち始めたお子さまにぴったり。電車の名前を音読したり、文字をなぞったりしながらひらがなに親しんでいきましょう。電車に関するクイズやコラムもあるので、最後まで飽きずに楽しめます。この絵本をくり返し楽しんでいくことで、ひらがなや電車がもっと大好きになるでしょう。3~6才向き。
2017.10 101p 16×21cm ¥1200 ①978-4-05-204671-1

◆ミッキーのたべものあいうえお　講談社編　講談社　(ディズニーえほん文庫)
2017.5 1Vol. 11×11cm ¥580 ①978-4-06-220589-4

◆りすりんうごきのことば なにするの?　たかいよしかず作・デザイン　交通新聞社
2017.11 1Vol. 14×14cm ¥800 ①978-4-330-83817-5

◆りすりんはんたいのことば どっちがどっち?　たかいよしかず作・デザイン　交通新聞社
2017.11 1Vol. 14×14cm ¥800 ①978-4-330-83717-8

しかけのある絵本

◆アイラブユー　デビッド・A.カーター作, こばやしけいこ訳　大日本絵画　(とびだししかけえほん)
〔17.7〕1Vol. 19×19cm ¥1600 ①978-4-499-28703-6

◆あおいにわ　エレナ・セレナ作, みたかよこ訳　大日本絵画　(とびだすたいようえほん)
【要旨】よるのにわです。あおくうかぶけしきが7つのばめんでとびだします!
〔17.10〕1Vol. 22×21cm ¥2800 ①978-4-499-28718-0

◆あかちゃんはどこからくるの?　ケイティ・デインズ文, クリスティーヌ・ビム絵, みたかよこ訳　大日本絵画　(めくりしかけえほん)
【要旨】あかちゃんはどこからくるの?　あかちゃんはどうやってできるの?　あかちゃんにはなにがひつようかな?　めくりをひらいてこたえをみつけてみよう!
〔17.1〕1Vol. 23×20cm ¥1700 ①978-4-499-28675-6

◆秋の葉っぱ　ジャネット・ローラー文, リンジー・デール・スコット絵, ユジン・キム紙工作, みたかよこ訳　大日本絵画　(とびだすしかけえほん)
【要旨】7つのとびだすシーンでうつくしい秋の景色や動物たちのようすが楽しめます!
〔17.9〕1Vol. 23×23cm ¥2800 ①978-4-499-28719-7

◆あぶない生き物　今泉忠明監修, 七宮賢司絵　学研プラス　(はっけんずかんプラス)
【要旨】世界の猛獣や猛毒生物が大集合!　スーパーリアルイラストのまどあきしかけ!　幼児～小学校低学年向け。
2017.9 34p 29×22cm ¥1980 ①978-4-05-204556-1

◆いっせーの ばあ　新井洋行作・絵　KADOKAWA　(あけてびっくりしかけえほん)
【要旨】いっしょにあそぼう!　なにがとびだすかな?　それじゃいくよ!　いっせーの…!　1~3歳向け。
2017.11 1Vol. 16×16cm ¥1100 ①978-4-04-106380-4

◆いっぴきののねずみ　はらちえこ絵　学研プラス　(しかけうたえほん)
【要旨】数を1匹ずつ増やしていき、5番(5匹)まで歌う、人気の手遊び歌。穴あきの仕掛けつき。0~3歳向き。
2017 1Vol. 22×19cm ¥900 ①978-4-05-204605-6

◆いないいないばあ　わらべきみか絵　小学館　(しかけえほん)
2017.10 1Vol. 15×15cm ¥980 ①978-4-09-735316-4

◆いないいないばあ　ポプラ社　(いないいないばあっ!　ポップアップ 1)
2017 1Vol. 9×9cm ¥650 ①978-4-591-15579-0

◆うごかす!　めくる!　宇宙　アンヌ・ソフィ・ボマン, オリヴィエ・ラティク著, 中村有以訳　バイインターナショナル
【要旨】宇宙飛行士は宇宙に行くためにどんな準備をするの?　ロケットはどうやってできているの?　火星は、なんで「赤い星」っていうの?　わたしたちが住んでいる地球は、太陽系のどこにあるの?　そんな疑問に、このしかけ絵本が答えます!　宇宙飛行士や天文学者など宇宙についての専門家たちから、直接取材した情報がいっぱいです。この1冊で、夜空の星から最新の宇宙探査まで、宇宙について知っておくべきことを学べます。おすすめ5歳から。
2017.4 1Vol. 35×26cm ¥2700 ①978-4-7562-4869-5

◆うっきうっきおさるさん　ロザリンド・ジェンナー文, アナスターシャ・ドラコヴァ絵,

おがわやすこ訳　大日本絵画　（パペットしかけえほん）
【要旨】おさるさんにあいにきてね。じゃんぐるのおともだちとあそぶのがだいすきなおさるさん。きのぼりしたりかくれんぼしたりていっしょにあそびましょう！
〔17.10〕1Vol. 27×27cm ¥2000 ①978-4-499-28587-2

◆うみのなかをのぞいてみよう　アナ・ミルボーン文，シモーナ・ディミトリ絵，青木信子訳　大日本絵画　（めくりしかけえほん）
【要旨】なみのしたのをのぞいてごらん。さんごのかげになにがいるのかな？はらぺこのサメ、はずかしがりやのタツノオトシゴ、ほかにもいろんないきものがいるよ。ちんぼつせんもあるかもしれないね。なかにはいったいなにがあるのかな？
2017 1Vol. 20×17cm ¥1300 ①978-4-499-28727-2

◆うんちのおはなし　ケイティ・デインズ文，マルタ・アルバレス・ミゲンス絵，みたかよこ訳　大日本絵画　（めくりしかけえほん）
【要旨】うんちって、なに？うんちって、みんなするの？うんちはどこにいっちゃうの？うんちのふしぎをまなぶ絵本。
〔17.2〕1Vol. 20×17cm ¥1200 ①978-4-499-28682-4

◆おーいおばけ　末崎茂樹作・絵　ひさかたチャイルド
【要旨】おばけみたことある？ほんとにいるとおもう？めくって楽しい！しかけ絵本。
2017 1Vol. 25×25cm ¥1300 ①978-4-86549-112-8

◆オータム　デビッド・A.カーター著，きたむらまさお訳　大日本絵画　（とびだすしかけえほん）
【要旨】いちにちのきおんがひごとにさがってくると、きぎのはっぱのいろがかわっていきます。ビーバーたちがたべものをあつめ、とりたちがみなみへながいたびをするようなせわしない、まいとしおこなわれるあきのしゅうかくがはじまるのです。
〔17.8〕1Vol. 19×19cm ¥1800 ①978-4-499-28701-2

◆おにわのおと　サム・タプリン文，フェデリカ・ロッサ絵，みたかよこ訳　大日本絵画　（さわってもたのしい　おとがなるしかけえほん）（付属資料：電子モジュール）
【要旨】おにわではどんなおとがきこえるかな？ページにあるまるいマークをおしてみよう。とり、はち、ふくろう、かえるのなきごえやあめやけのおとなど10しゅるいのおときけます！このほんにはところどころにあるきゃでこぼこしたしかけもついています。ゆびでさわってもたのしめます。
〔17.3〕1Vol. 22×22cm ¥2000 ①978-4-499-28690-9

◆おやつなんだろう？　山本和子作，国松エリカ絵　ひさかたチャイルド
【要旨】うさぎのポッピがおかあさんにたのまれてでかけたさきに、みんなでおいしそうなおやつをつくっています。「いいな、いいな。うちのおやつはなんだろう？」うちのおやつをたのしみにしていたポッピをまっていたのは…？おいしい！たのしい！しかけ絵本。
2017 26p 25×25cm ¥1300 ①978-4-86549-102-9

◆かくれんぼしましょ うさぎさん　スティーブン・バーカー絵，おがわやすこ訳　大日本絵画　（しかけえほん）
【要旨】うさぎさんのめをマグネットがついたまえあしでおしったり、はなしたりしてあそべるよ。もういいかい？さあ、みつけるよ！めくりのしたにかくれているのはだーれ？
〔17.10〕1Vol. 24×16cm ¥1200 ①978-4-499-28722-7

◆かくれんぼしましょ くまさん　スティーブン・バーカー絵，おがわやすこ訳　大日本絵画　（しかけえほん）
【要旨】くまさんのめをマグネットがついたまえあしでおしったり、はなしたりしてあそべるよ。もういいかい？さあ、みつけるよ！めくりのしたにかくれているのはだーれ？
〔17.10〕1Vol. 24×16cm ¥1200 ①978-4-499-28721-0

◆かたちをはぐってうらがえし　ルーシー・フェリクス作，きたむらまさお訳　大日本絵画　（ジグソーしかけえほん）（付属資料あり）
〔17.6〕1Vol. 22×20cm ¥1700 ①978-4-499-28691-6

◆かわいいもりのおんがくたい　ジル・ハワース絵，みたかよこ訳　大日本絵画　（おとがなるしかけえほん）（付属資料：電子モジュール1）
【要旨】ページのみぎがわにあるタブをひっぱるとがっきのおとがながれます。さいごのページでは音符マークをおすときょくながれます。もりのどうぶつたちとおんがくをたのしみましょう！
〔17.10〕1Vol. 19×19cm ¥1800 ①978-4-499-28725-8

◆クラシックおんがくのおやすみえほん　サム・タプリン文，ジュジ・カビッツィ絵，中井川玲子訳　大日本絵画　（おとがなるしかけえほん）（付属資料：電子モジュール）
【要旨】「ブラームス 子守唄」「ショパン ノクターン2番」「フォーレ ドリー組曲より子守唄」「シューベルト 子守唄」「モーツァルト クラリネット協奏曲イ長調K.622第2楽章Adagio」1にちのおわりにこころやすらぐクラシックのめいきょくをどうぞ！えほんのなかの5つのボタンをおすと、それぞれ、ブラームス、ショパン、フォーレ、シューベルト、モーツァルトのやさしいしらべをきくことができます。
〔17.7〕1Vol. 22×22cm ¥2000 ①978-4-499-28702-9

◆ぐるぐるゴー　ヒース・マッケンジー絵，すがのみゆき訳　大日本絵画　（しかけえほん）
【要旨】なにをはこんだりうごかすのかな？このりものがどんなはたらきをするのか、たのしくまなべます。
〔17.9〕1Vol. 21×21cm ¥1200 ①978-4-499-28706-7

◆くるみ割り人形　ショーブナ・パテル作・絵　大日本絵画　（切り絵とびだしかけえほん）
【要旨】時計が真夜中をつげると、クララとくるみ割り人形の魔法の旅が始まります。ネズミが兵隊になり、キャンディーのステッキが踊りだし、霧の中からくるみ割り人形のお城が現れるのです！チャイコフスキーのバレエに着想を得て、繊細な作業によって制作されたきりえと挿絵によって、生きいきと浮かびあがります。
〔17.9〕1Vol. 22×22cm ¥1300 ①978-4-499-28713-5

◆こうじしゃりょうのえほん　クリストファー・フランチェスチェッリ文，ペスキーモ絵，きたむらまさお訳　大日本絵画　（しかけえほん）
〔17.11〕1Vol. 17×15cm ¥1800 ①978-4-499-28715-9

◆これは、ねこです。　ヒース・マッケンジー絵　岩崎書店　（ほんとに？しかけえほん 2）
2017.2 1Vol. 18×18cm ¥800 ①978-4-265-85108-9

◆これは、わにです。　ヒース・マッケンジー絵　岩崎書店　（ほんとに？しかけえほん 1）
2017.2 1Vol. 18×18cm ¥800 ①978-4-265-85107-2

◆こんにちは、世界のみなさん　ジョナサン・リットン文，ラトリエ・カートグラフィク絵，上野和子，林径子訳　大日本絵画　（めくりしかけえほん）
【要旨】このしかけ絵本で、世界の人びとのあいさつ言葉を知ることができます。世界で話されている150以上の言葉がでてきます。各ページのめくりをひらくと、言葉の発音が見つかりますので、声にだしてみましょう。そして、この本では、象形文字、手話や、さまざまな文字の成り立ちについてのお話も描かれています。
〔17.1〕1Vol. 33×27cm ¥2500 ①978-4-499-28678-7

◆さわれるまなべる さむいくにのどうぶつ　エミリ・マロンダン文，ジュリ・メルスィ絵，松永りえ訳　パイインターナショナル
【要旨】ペンギンの羽毛・ホッキョクグマの白い毛並み・ふわふわのアザラシの赤ちゃん！さむいところにいる動物たちは、どうやって暮らしているの？子どもの好奇心に答える、さわってまなべるしかけ絵本。
2017.11 1Vol. 21×24cm ¥1550 ①978-4-7562-4911-1

◆しかけえほん メルちゃんのいちにち　パイロットインキ監修　幻冬舎
【要旨】メルちゃんの一日をとおして、「お食事」「おでかけ」「おトイレ」「お風呂」「はみがき」などの生活習慣が学べます。「おはよう」から「いただきます」「ありがとう」「おやすみ」まで、毎日使う大切なあいさつが身につきます。
2017.10 1Vol. 19×18cm ¥980 ①978-4-344-97935-2

◆したにはなにがある？　クライブ・ギフォード文，ケイト・マクレランド絵，きたむらまさお訳　大日本絵画　（とびだすしかけえほん）
【要旨】ねったいうりんのした、うみのした、ここのちょうじょうのしたには、いろんなやたからものやきょうりゅうのほねなど、ふしぎなものがいろいろみつかります。さあ、いったいなにがあるのか、のぞいてみましょう。
〔17.8〕1Vol. 19×19cm ¥1900 ①978-4-499-28698-5

◆地面の下には、何があるの？―地球のまんなかまでどんどんのびるしかけ絵本　シャーロット・ギラン文，ユヴァル・ゾマー絵，小林美幸訳　河出書房新社
【要旨】なんと、2.5メートルのなが〜い絵本、世界中で大人気！地面の下にはオドロキがいっぱい！地球のまんなかまで、どんどんおりる。ワクワクする大ぼうけんに出かけよう。
2017.10 1Vol. 33×26cm ¥2500 ①978-4-309-27860-5

◆しゃかしゃかはみがき　わらべきみか絵　小学館
2017.10 1Vol. 15×15cm ¥980 ①978-4-09-735315-7

◆ジャングル　キャシー・ウォラード文，ダン・ケイネン作，きたなおこ訳　大日本絵画
【要旨】野生のふしぎがいっぱいつまったジャングルの中をのぞいてみよう。がさごそと地面をはうタランチュラ。からだをくねらせ、ちろちろと舌を出すムチヘビ、木々のあいだをさまようベンガルトラと、さっそうと空をゆくうつくしいベニコンゴウインコー木々のあいだをひらくと、ジャングルの生物たちが、生き生きと動き出します！むせかえるようなジャングルのおくには、たくさんのひみつがひそずまいています。木々のあいまから、こもれ日をあびながら、かぞえきれないほどの植物や動物が、そこでくらしているのです。PHOTICULAR技術による、新感覚のしかけえほん。第4弾は、カラフルなジャングルの世界です。
〔17.4〕1Vol. 22×22cm ¥3200 ①978-4-499-28688-6

◆しょうぼうしゃしゅつどう！　ピーター・ベントリー文，ジョー・ブッコ絵，すがのみゆき訳　大日本絵画　（しかけえほん）
【要旨】かじだ！いそげしゅつどう！しょうぼうしはどんなことをするのかな？しかけをまわしたりめくったりつまみをうごかしてしょうぼうしたちといっしょにしょうかつどうしてみよう。
〔17.9〕1Vol. 28×31cm ¥2200 ①978-4-499-28712-8

◆シンデレラ　アナ・ミルボーン文，カール・ジェイムズ・マウントフォード絵，みたかよこ訳　大日本絵画　（めくりしかけえほん）
【要旨】あなあきとめくりのしかけえほんでたのしむ、ガラスのくつのシンデレラのおはなしです。
〔17.8〕1Vol. 24×17cm ¥1300 ①978-4-499-28681-7

◆せんろはつづくよ　フィオナ・ワット文，アリスター絵，きたむらまさお訳　大日本絵画　（ワインドアップでゴーしかけえほん）（付属資料：きしゃ模型）
【要旨】ゼンマイのネジをまいたきしゃが、せんろをはしります。4つのコースははずすことができるので、つなげるとなが〜いせんろができあがります！
〔17.9〕1Vol. 32×25cm ¥3000 ①978-4-499-28707-4

◆たかい たか〜い　オームラトモコ作・絵　フレーベル館
【要旨】めくってびっくり！いろんなものが、つぎつぎたか〜くなる。縦に開く、しかけ絵本。
2017 1Vol. 23×23cm ¥1200 ①978-4-577-04572-5

◆たのしいことばのえほん　フェリシティ・ブルックス文，コリーヌ・ビットラー絵，キース・ニューウェルデザイン，みたかよこ訳　大日本絵画　（めくりしかけえほん）
【要旨】100いじょうあるめくりをあけて、たのしくことばをおぼえましょう！にほんごのことばといっしょにえいごのたんごものっています。
〔17.2〕1Vol. 27×23cm ¥1600 ①978-4-499-28689-3

◆たのしい たす・ひくのえほん　フェリシティ・ブルックス文，メリザンド・ラスリンガー絵，フランチェスカ・アレンデザイン，みたかよこ訳　大日本絵画　（めくりしかけえほん）
【要旨】0から10までのかずをつかってたしたりひいたりしてみよう。かわいいえと60いじょうあるめくりではじめてのたしざんとひきざんがたのしくできます！
〔17.2〕1Vol. 27×23cm ¥1600 ①978-4-499-28692-3

◆たのしくうんてん！でんしゃ　山﨑たかし絵　成美堂出版　（音と光のでる絵本）（付属資料：電子モジュール1）
【要旨】新幹線・特急電車・通勤電車・SLがたのしめる！25種類の効果音とアナウンスでなりき

絵本・児童書

りあそぼ！運転士、駅員、車内販売。
〔2017.11〕2p 15×21cm ¥2200 978-4-415-32423-4

◆たるとたたんのたいこまつり　ノープスミー作・絵　(神戸)出版ワークス
【要旨】めくって、さがして、むがむちゅう！まいごのこいぬのしんのしんのしんえほん。
〔2017.4〕1Vol. 19×19cm ¥1500 978-4-907108-02-1

◆ダンプカーだいかつやく！　ピーター・ベントリー文、ジョー・バッコ絵、すがのみゆき訳　大日本絵画　(しかけえほん)
【要旨】けんせつげんばではいろいろなしゅいがあります。ハンドルをまわしたりめくったりつまみをうごかしていそがしいけんせつげんばのしごとをてつだってみよう。
〔17.9〕1Vol. 28×31cm ¥2200 ①978-4-499-28711-1

◆チャイコフスキーのくるみ割り人形　ケイティ・フリント文、ジェシカ・コートニー・ティックル絵、中井川玲子訳　大日本絵画　(音のでるしかけえほん)(付属資料:電子モジュール1)
【要旨】「くるみ割り人形」はたいへん有名なバレエの名作です。さあ、主人公のクララといっしょに魔法の冒険に出かけましょう。ねずみの王さまとのたたかい、お菓子の国への旅、金平糖の精との出会い。ドキドキすることわくわくすることがあなたをまっています。
〔17.10〕1Vol. 28×31cm ¥2500 ①978-4-499-28704-3

◆ちょうちょひらひら　新井洋行作・絵　フレーベル館　(あかちゃんといっしょしかけえほん5)
〔2017〕1Vol. 18×18cm ¥980 ①978-4-577-04534-3

◆ツリーハウスホテル　マギー・ベイトソン作、カレン・ウォール絵、みたかよこ訳　大日本絵画　(しかけえほん)
【要旨】とびだすしかけでどうぶつやこものきりぬきをつかってあそびましょう！
〔17.10〕1Vol. 29×29cm ¥2100 ①978-4-499-28720-3

◆てんてんてんとうむし　マガリ・アッティオグベ作、みたかよこ作　大日本絵画　(しかけえほん)
【要旨】あかいせなかにくろいてん。はっぱのうえなにしてる？ちいさなしぜんのあなあきしかけえほんです。
〔17.5〕1Vol. 18×18cm ¥950 ①978-4-499-28695-4

◆どうぶつえんのハロウィン　ジョージ・ホワイト文、ジェイソン・オマリー絵、きたむらまさお訳　大日本絵画　(とびだししかけえほん)
〔17.10〕1Vol. 23×23cm ¥2200 ①978-4-499-28714-2

◆どうぶつだいすき！　ポプラ社　(音がでるミニミニえほん 12)(付属資料:電子モジュール)
【要旨】10しゅるいのどうぶつのなきごえがきけます。
〔2017〕1Vol. 12×12cm ¥880 ①978-4-591-15400-7

◆どこどこ、どっち？ーなぞってみつけるしかけえほん　マルティナ・ホーガン絵、みたかよこ訳　大日本絵画
【要旨】こぎつねのコンといっしょに、ぼうけんにでかけよう！みぞになっためいろのようなみちをゆびでたどっていきます。もり、そら、うみのなか、まち、さばく、ゆきにのそれぞれのおともだちをみつけましょう！
〔17.6〕1Vol. 22×23cm ¥1500 ①978-4-499-28700-5

◆とびだすえほん クリスマス　カレン・ウィリアムソン文、ルーシー・バーナード絵　いのちのことば社
〔2017.10〕1Vol. 14×13cm ¥680 ①978-4-8206-0345-0

◆とびだすまなべる せかいのいきもの　ペギー・ニール作・絵、広野和美訳　バインターナショナル
【要旨】北極のアザラシやホッキョクグマ、庭のアリやチョウ、川をおよぐビーバーやカワウソたち、森やジャングル、海や山など世界のさまざまな環境と、そこでくらすいきものたちと旅しながら、さまざまな環境と、そこでくらすいきものたちを知る。
〔2017.11〕1Vol. 26×19cm ¥1500 ①978-4-7562-4913-5

◆どんどこどんどんたいこのえほん　ダニー・チャトウィコンスタンティヌ絵、みたか

よこ訳　大日本絵画　(おとがなるしかけえほん)(付属資料:電子モジュール1)
【要旨】もりにどんどこどんどん、たいこのおとがひびきます。とってもいいおとです。こざるくんはだれがこのおとをだしているのかもりのなかにききにまわります。こざるくんたいこのほんをよんだあとは、じぶんでたいこをたたいてみよう！
〔17.10〕1Vol. 25×25cm ¥1900 ①978-4-499-28723-4

◆どんなにきみがすきだかあててごらん ふゆのおはなし　サム・マクブラットニィ文、アニタ・ジェラーム絵、小川仁央訳　大日本絵画　(とびだししかけえほん)
【要旨】ちいさなちゃいろいノウサギと、おおきなちゃいろいノウサギは、ゆきののはらであそびます。なぞなぞあそびのこたえがわかるかな？だいすきなえほんが、とびだすえほんになりました。
〔17.10〕1Vol. 24×26cm ¥2200 ①978-4-499-28709-8

◆のりものだいすき！　ポプラ社　(音がでるミニミニえほん 13)(付属資料:電子モジュール)
【要旨】10しゅるいののりもののおとがきけます。
〔2017〕1Vol. 12×12cm ¥880 ①978-4-591-15401-4

◆ばいきんのおはなし　ケイティ・デインズ文、マルタ・アルバレス・ミゲンス絵、みたかよこ訳　大日本絵画　(めくりしかけえほん)
【要旨】ばいきんって、なに？ばいきんは、どこにいるの？ばいきんって、うつるの？
〔17.8〕1Vol. 20×17cm ¥1200 ①978-4-499-28710-4

◆はたらくまち　ジェームズ・ガリバー・ハンコック絵、たかさとひろ訳、ジル・スティレット監修　河出書房新社
【要旨】どうなってるの？まちのなか。高層ビルのなか、工事現場、地下鉄、にぎやかな夜のまちから未来の都市まで、ふだんは絶対見られない世界を冒険しよう！まちのヒミツと人々のくらしがのぞけるしかけが35個！イギリス発、大人気のしかけ絵本！
〔2017.9〕1Vol. 29×29cm ¥2400 ①978-4-309-27850-6

◆ピーターラビット のぞいてごらん　ビアトリクス・ポター作、きたむらまさお訳　大日本絵画　(しかけえほん)
【要旨】ピーターラビットはラディッシュをたべることにむちゅう。かきねのうえからのぞいているあたたかみみのことなんて、まったくきにしていません…。ピーターはキツネにきづくでしょうか？
〔17.3〕1Vol. 20×17cm ¥1100 ①978-4-499-28693-0

◆びっくりおかお へんしん　ジャニー・ホー絵、みたかよこ訳　大日本絵画　(しかけえほん)
【要旨】えほんをひらいてまるいあなたをのぞいてみてね！4つのとびだすおめんであそぼう！対象年齢は3歳以上。
〔17.7〕1Vol. 20×13cm ¥1000 ①978-4-499-28696-1

◆ひっぱってみつけるあついところのどうぶつ　ナタリー・マーシャル絵、おがわやすこ訳　大日本絵画　(つまみひきしかけえほん)
【要旨】みーあきゃっ、コアラ、さる、ひょう、らいおん、ちんぱんじー、かば、かば、ぞうに、しまうま、きりん。しかけのつまみをひっぱって、あついところにいるどうぶつをみつけよう！対象年齢は3歳以上。
〔17.12〕1Vol. 16×16cm ¥950 ①978-4-499-28734-0

◆ひっぱってみつけるさむいところのどうぶつ　ナタリー・マーシャル絵、おがわやすこ訳　大日本絵画　(つまみひきしかけえほん)
【要旨】ほっきょくぐま、せいうち、つのめどり、きょくあじさし、しろふくろう、ほっきょくぎつね、あざらし、ほっきょくくじら、ぺんぎん。しかけのつまみをひっぱって、さむいところにいるどうぶつをみつけよう！対象年齢は3歳以上。
〔17.12〕1Vol. 16×16cm ¥950 ①978-4-499-28735-7

◆ぴょんぴょんかえる　オリビア・コスノー作、みたかよこ訳　大日本絵画　(しかけえほん)
【要旨】ぴょんぴょんかえる、どこにいる？たまごはやがてどうなるの？ちいさなしぜんのあなあきしかけえほん。
〔17.5〕1Vol. 18×18cm ¥950 ①978-4-499-28694-7

◆フェラーリ スーパーサウンドブック　アゴスティーノ・トライーニ絵、みたかよこ訳

大日本絵画　(おとがなるしかけえほん)(付属資料:電子モジュール1)
【要旨】フェラーリをつくるこうじょうではどんなことがおきているのかな？テストをするときのおとやレースそうこうのエンジンおんをきいてみよう！じっさいのおとをろくおんしているからはくりょくまんてん!!
〔17.11〕1Vol. 30×30cm ¥2200 ①978-4-499-28705-0

◆復刻版 ロンドン万国博覧会-1851-　大日本絵画　(のぞきからくり絵本)
〔17.11〕1Vol. 19×17cm ¥2400 ①978-4-499-28672-5

◆へんしん！ トムアードドキドキうごくしかけえほん　グザビエ・ドゥヌ作　小学館
【要旨】ウサギのトムが、だいへんしんしてうごきだす！たのしいしかけがいっぱい!!
〔2017.7〕1Vol. 23×18cm ¥1500 ①978-4-09-726708-9

◆ポケットモンスター サン&ムーン-アローラちほうでかくれんぼ　小学館集英社プロダクション監修・協力　小学館　(めくりしかけえほん)
【要旨】ページにある、しかけ(窓)をめくり、絵がわりを楽しむ絵本です。
〔2017.9〕9p B5 ¥790 ①978-4-09-735314-0

◆マーメイドのさんごのおうち　アグ・ヤトコフスカ絵、みたかよこ訳　大日本絵画　(しかけえほん)(付属資料あり)
【要旨】うみのしたにひろがるさんごのおうちをのぞいてみましょう！サンディ、シェリー、スパークルの3にんのマーメイドは、とくべつのおきゃくさまのマリーナじょうをおまねきしました。かっこうつまえのおうちはここに…。とびだすおおきなシーンが3つ！きりぬきにんぎょうなど25ピースつき！
〔17.8〕1Vol. 31×25cm ¥2400 ①978-4-499-28697-8

◆みつけてじょうず　おのうえ稔作・絵　フレーベル館　(あかちゃんといっしょしかけえほん 4)
【要旨】ぷっくりうきでたおもちゃをさがそう！さわってえさがしできる！しかけ。感じる絵本第4弾!!
〔2017〕1Vol. 18×18cm ¥980 ①978-4-577-04499-5

◆ムーミンのゆびでたどろう！ えさがしえほん　トーベ・ヤンソン、ラルス・ヤンソン原作・絵、当麻ゆか訳　徳間書店
【要旨】ムーミントロールが、しんゆうのスナフキンをさがしています。ゆびでページのみぞをたどって、いっしょにスナフキンをさがしましょう。それぞれのページのなかにかくれているものをさがす、えさがしもたのしめます。
〔2017.12〕1Vol. 22×22cm ¥1300 ①978-4-19-864395-9

◆めくってあそぼう！ ねずみさんのおおきな木のおうち　永岡書店
【要旨】おおきな木の中のねずみさんのおうちにおじゃましま～す！めくってひらいて好奇心をはぐくむ！たのしいしかけえほん。
〔2017.12〕1Vol. 21×21cm ¥1300 ①978-4-522-43559-5

◆もりのとけいがーる　タカミヤユキコ絵　成美堂出版　(音と光のでる絵本)(付属資料:電子モジュール)
〔2017.4〕23p 16×14cm ¥2200 ①978-4-415-32277-3

◆りすりんのおさんぽ どうぶつ　たかいよしかず作・デザイン　交通新聞社　(めくってあそぼう)
〔2017.4〕1Vol. 14×14cm ¥880 ①978-4-330-75617-2

◆りすりんのおさんぽ のりもの　たかいよしかず作・デザイン　交通新聞社　(めくってあそぼう)
〔2017.4〕1Vol. 14×14cm ¥880 ①978-4-330-75517-5

◆ワイルド　キャシー・ウォラード文、ダン・ケイネン作、きたなおこ訳　大日本絵画　(しかけえほん)
【要旨】水あびをするゾウ。大きなつばさをひろげるブオウドリ。草原をなかよくはしるサイの親子。まるでネコのように、まえ足のうらをぺろぺろとなめるヒョウ動物たちは野生の世界で、けんめいに生きています。しかし、いまも世界のどこかで、その命は危険にさらされているのです。PHOTICULAR技術による、新感覚のしかけえほん。第5弾は、絶めつ寸前の動物たちの世界です。本をひらくと、野生の動物たちが生き生きと動き出します！
〔17.12〕1Vol. 21×31cm ¥3200 ①978-4-499-28728-9

◆ROCOといっしょにJAZZ JAZZせかいりょこう　ROCO歌　(京都)いろは出版　(こどもじゃずMUSIC PLAY BOOK)　(付属資料:電子モジュール1)
【要旨】ROCO「こどもじゃず」より人気の5曲収録。歌にあわせてめくれるしかけ絵本！ 3つの楽器ボタンで一緒に演奏気分！ 対象年齢0歳～。
2017.10 1Vol. 17×16cm ¥1980 ①978-4-86607-036-0

クリスマスの絵本

◆あいたくてあいたくて　みやにしたつや作・絵　女子パウロ会
【要旨】きらわれもののおおかみはひとりぼっちでケムシとだいのなかよしになりました。「これからはずっとずっといっしょだよ」たのしいひびが、つづきました。ところがあるひきゅうに…。クリスマス絵本。
2017.10 1Vol. 26×23cm ¥1200 ①978-4-7896-0787-2

◆おめでとうクリスマス　ジル・ハワース絵, みたみよこ訳　大日本絵画　(おとがなるしかけえほん)　(付属資料:電子モジュール1)
【要旨】ページのみぎがわにあるタブをひっぱるとクリスマスのきょくやおとがながれます。さいごのページではおんぷマークをおすときょくがながれます。さあ、サンタさんともりのどうぶつたちといっしょにクリスマスをおいわいしましょう！
〔17.10〕1Vol. 19×19cm ¥1800 ①978-4-499-28724-1

◆きょうりゅうたちのクリスマス　ジェイン・ヨーレン文, マーク・ティーグ絵, なかがわちひろ訳　小峰書店　(世界の絵本コレクション)
【要旨】うきうきそわそわきもちきれない。だってあしたはクリスマス。きょうりゅうたちはどうするの？ いちねんにいちどだけのとっておきの日をたのしみにしているクリスマス…だいすきなおうちのひとたちと。
2017.11 1Vol. 31×23cm ¥1400 ①978-4-338-12655-7

◆クリスマスを探偵と　伊坂幸太郎文, マヌエーレ・フィオール絵　河出書房新社
【要旨】「探偵さん、その話、よければ僕に話してくれませんか？」舞台はドイツ。探偵カールがクリスマスの夜に出会った、謎の男とは…？ 心温まる聖夜の奇跡。伊坂作品のエッセンスすべてが凝縮された、心温まる物語。かつての子どもたちへ、そしていまの大人たちへ。
2017.10 79p 21×20cm ¥1300 ①978-4-309-02616-9

◆クリスマス・キャロル　チャールズ・ディケンズ原作, ブレット・ヘルキスト絵, 三辺律子訳　光村教育図書
【要旨】その日、よりによって一年の中でいちばんすてきなクリスマス・イブに、スクルージは事務所で仕事をしていた。そこへ、おいのフレッドがやってきた。「クリスマスおめでとう、おじさん！」「ふん、ばかばかしい」スクルージは、やさしい心のかけらもない、ふんこな老人だった。「わたしの好きなようにできるなら、『クリスマスおめでとう』などと言ってまわるような愚か者は、グツグツにこんで、ヒイラギの枝をブスリとさして、土の下にうめてやるとだ！」ところが聖夜の、スクルージの前に、三人の幽霊があらわれて―小学生のうちに読みたい名作。
2017.10 1Vol. 28×21cm ¥1500 ①978-4-89572-207-0

◆クリスマストレインしゅっぱつ　視覚デザイン研究所文, くにすえたくじ絵　視覚デザイン研究所
【要旨】このほんに、ぜんぶで13まいのカードがかくれているよ。さがしてみよう。ページのどこかにサンタさんがいるよ。フクロウも5ひきでてくるよ。どこにいるかわかるかな？ 子供の健康な感情を育てる視覚デザインのえほん。ひとりでよむ5さい～、よんでもらってよむ2さい～。
2017.11 24p 25×25cm ¥1200 ①978-4-88108-261-4

◆クリスマスにうまれたあかちゃん　サリー・アン・ライト文, オナー・エアーズ絵　サンパウロ
【要旨】クリスマスに生まれたのはだれでしょう？ ベツレヘムで生まれたのはだれでしょう。だれが飼いおけをベッドにしたのでしょうか。この絵本はイエスさまの誕生の物語を子どもたちのためにかわいいイラストでわかりやすく描いています。
2017.8 27p 16×16cm ¥800 ①978-4-8056-2622-1

◆サンタともりのなかまたち　バリー・ティムス作, アグ・ジャッコウシュカ絵, ゆりよう子訳　ひさかたチャイルド
【要旨】あしたはクリスマス！ なのに…もみのきやくまさんかぞくが、おおゆきでたいへんだ！ サンタのなかまたち、あつまれ～！ いっしょにクリスマスをとどけにいこう！ フラップをめくったり、てがみをあけたり、ポップアップもたのしいよ！ クリスマスのおはなししかけえほん。
2017 1Vol. 28×24cm ¥1600 ①978-4-86549-113-5

◆ジングルベル　キャサリン・N.デイリー作, J.P.ミラー絵, こみやゆう訳　PHP研究所　(おひざにおいで)
【要旨】♪ジングルベルジングルベルすずがなる！ どうぶつたちがそりにのってうたいながらすべっていくと「おうい、とまってくれ！」というこえがしました。いったいだれでしょう？
2017.11 1Vol. 24×20cm ¥1300 ①978-4-569-78706-0

◆ちいさなほしのものがたり　リチャード・リトルデール文, ドゥブラヴカ・コラノヴィッチ絵, サンパウロ訳　サンパウロ
【要旨】小さな星とイエスさまのクリスマス物語。夜空には、いったいどれほどの星が輝いているのでしょうか。皆さんは、疑問に思われたことはないでしょうか。この本には、一番小さな星とイエス様のクリスマス物語が描かれています。小さな星は、ほかの星たちのように美しく立派に輝く星ではありませんでした。どちらかというと、みんなからは良く見えない星でした。しかしその一番小さな星が、神さまから大切な役目をお願いされたのです。そしてほかのどの星よりも明るく輝きました。
2017.9 1Vol. 25×22cm ¥1200 ①978-4-8056-5816-1

◆ちびっこみならい サンタのタンタ　まつむらまい作　小学館　(ぴっかぴかえほん)
【要旨】はじめてのおとどけうまくできるかな？ 小さなサンタの冒険と成長のファンタジー。クリスマスにおすすめ！
2017.11 1Vol. 27×22cm ¥1300 ①978-4-09-726755-3

◆チョキンちゃんのクリスマス　犬飼由美恵作, 柿田ゆかり絵　小学館　(おひさまのほん)
【要旨】チョキンちゃんがやってきたおうちではクリスマスのじゅんびまっさいちゅう！ わたしもはやくおてつだいしたいな。わくわくするよ。
2017.11 1Vol. 27×22cm ¥1200 ①978-4-09-726746-1

◆テオのふしぎなクリスマス　キャサリン・ランデル文, エミリー・サットン絵, 越智典子訳　ゴブリン書房
【要旨】今夜は、クリスマスイブです。なのに、テオのおとうさんとおかあさんは、いつものように仕事で留守。ベビーシッターは、テオをほったらかしていねむりをしています。ひとりぼっちのテオは、窓の外をながめて、流れ星にのりました。だれか、いっしょにいてください！ すると、ツリーの上で、古ぼけたクリスマスのかざりが動きだし…。テオとクリスマスのかざりたちとの、一夜の冒険がはじまったのです。
2017 62p 24×22cm ¥1500 ①978-4-902257-35-9

◆どこ？─クリスマスのさがしもの　山形明美作　講談社　(講談社の創作絵本)
【要旨】もうすぐクリスマス。まちには、たくさんのクリスマスツリーがかざられています。さあ、ペンギンおやこといっしょにクリスマスのおかいものにでかけましょう！ 子どもも大人もさがして楽しい、さがしものの絵本。
2017.10 1Vol. 27×24cm ¥1400 ①978-4-06-133338-3

◆どこかな あるかな さがしてね くまくんのクリスマス　ゲルゲイ・ドゥーダース作, 小林晶子訳　岩崎書店
【要旨】きょうはクリスマス。くまくんはともだちみんなをパーティーにごしょうたい。だけど、じゅんびがなんにもできていない!?みんなもくまくんといっしょにクリスマスにひつようなものをさがしてみましょう！ とってもたのしいクリスマスアイテムさがしえほん。
2017.11 32p 29×24cm ¥1600 ①978-4-265-85118-8

◆とびだす！ クリスマス　フィオナ・ワット文, アレッサンドラ・サカロッリ絵, みたかえこ訳　大日本絵画　(とびだしかけえほん)
【要旨】クリスマスのまえのよる、サンタクロースはおおいそがしい。もりのようせいのエルフがてつだいます。ゆきのけっしょう、ゆきだるま、エルフたち、にぎやかなまち、そしてクリスマスツリーがとびだします。
〔17.10〕1Vol. 19×19cm ¥1700 ①978-4-499-28717-3

◆パノフじいちゃんのすてきな日 クリスマス　レフ・トルストイ原作, ミグ・ホルダー再話, ジュリー・ダウニング画, 女子パウロ会訳　女子パウロ会
【要旨】きょうはクリスマス。ひとりぐらしの年とったくつやのパノフじいちゃんは、とくべつなおきゃくさまをまっています。でも、おもっていたようには、なかなかうまくいきません…トルストイの書いた、このむかしながらの民話を、いまの時代のこどもたちによろこばれるよう、ミグ・ホルダーが書きなおしてくれました。
2017 1Vol. 28×22cm ¥1100 ①978-4-7896-0785-8

◆ひかるえほん メリーメリークリスマス！　岡村志満子作　くもん出版
【要旨】くらやみで光るページつき。おはなしに参加できる！ クリスマス絵本。
2017.10 1Vol. 21×22cm ¥1000 ①978-4-7743-2705-1

◆ももちゃんとじゃまじゃまねこ クリスマス　にわ作　マイクロマガジン社
【要旨】本をふって、ゆらして、おどかして。遊んで楽しめる、参加型絵本。読み聞かせ、おはなし会に最適！
2017.11 1Vol. 22×22cm ¥1200 ①978-4-89637-677-7

のりものの絵本

◆あおいでんしゃでいくからね　滝沢眞規子監修・絵, VERY編集部文　光文社　(VERY BOOKS)
【要旨】VERY表紙モデル・滝沢眞規子さんが貼り絵を制作。"ドキドキするのが大好き、チャレンジするって素敵！"電車を舞台にそうたくんが繰り広げる初めての冒険物語。
2017.7 31p 19×24cm ¥1300 ①978-4-334-97942-3

◆あつまれ！ でんしゃ　交通新聞社　(スーパーのりものシリーズDX)
2017.6 1Vol. 13×13cm ¥800 ①978-4-330-78017-7

◆あつまれ！ のりもの　交通新聞社　(スーパーのりものシリーズDX)
2017.6 1Vol. 13×13cm ¥800 ①978-4-330-78117-4

◆いろんなしんかんせん　交通新聞社　(スーパーのりものシリーズ)
【要旨】親子で楽しめるワンポイントガイド付き。
2017.1 1Vol. 13×13cm ¥600 ①978-4-330-74817-7

◆おでかけ版 のりものしゃしん あいうえおのえほん　よこたきよし文　金の星社
【要旨】だいすきなのりもので、ひらがながおぼえられる。あいすくりーむはんばいしゃからしんかんせんまで、いろいろなのりものがせいぞろい！
2017 1Vol. 18×18cm ¥1200 ①978-4-323-03555-0

◆ぐるぐるまわろう ぐるぐるでんしゃ　間瀬なおかた作・絵　ひさかたチャイルド
【要旨】ぐるぐるまわる環状線の乗り物しかけ絵本！「やままわり」「うみまわり」、どちらにのってたびにでる？
2017 1Vol. 26×26cm ¥1300 ①978-4-86549-116-6

◆こうじのくるま　コヨセジュンジ作　WAVE出版　(はたらくくるま)　普及版
【要旨】はたらくくるまのひみつやなぞがぜんぶわかる絵本。大迫力のしかけつき！
2017.5 1Vol. 28×22cm ¥1300 ①978-4-86621-002-5

◆工事の車　小賀野実写真・文　JTBパブリッシング　(こども絵本エルライン 6)
【目次】ブルドーザー、パワーショベル、ホイールローダー、パワフル！ モンスター自動車、オフロードダンプトラック、災害とたたかう、モータースクレーパー、モーターグレーダー、舗装工事で働く車、リサイクル機械、重機運搬車、クレーン車、除雪車、農業で働く車、ユニットキャリア
2017.8 48p 26×20cm ¥820 ①978-4-533-12056-5

◆こうじのくるま　おがのみのる写真・文　JTBパブリッシング　(のりもの 4)
2017.11 1Vol. 15×15cm ¥550 ①978-4-533-12222-4

絵本

◆たっぷりでんしゃずかん　山中則江写真・文　(大阪)ひかりのくに
2017 1Vol. 16×18cm ¥750 ①978-4-564-24264-9

◆東京のでんしゃのいちにち　もちだあきとし文・写真　小峰書店　(こみねのりもの写真えほん 3)
【要旨】東京の電車たちは、どんな1日をすごしているのかな？　始発から終電まで電車の1日をおいかけよう！
2017.1 1Vol. B5 ¥1200 ①978-4-338-29403-4

◆のりものいっぱい　おがのみのる写真・文　JTBパブリッシング　(のりもの 7)
2017.11 1Vol. 15×15cm ¥550 ①978-4-533-12057-2

◆乗り物ずかん　小賀野実写真・文　JTBパブリッシング　(こども絵本エルライン 1)
【目次】飛行機(新しいジェット旅客機、日本の空を飛ぶジェット旅客機 ほか)、鉄道(東海道・山陽新幹線、西日本の新幹線 ほか)、自動車(みんなを乗せるバス、くらしを守るサイレンカー ほか)、船(カーフェリー、クルーズ客船・レストランクルーザー ほか)
2017.11 48p B5 ¥1200 ①978-4-533-12221-7

◆バス・トラック　おがのみのる写真・文　JTBパブリッシング　(のりもの 5)
2017.6 1Vol. 15×15cm ¥550 ①978-4-533-11890-6

◆パトカー・しょうぼうしゃ　おがのみのる写真・文　JTBパブリッシング　(のりもの 6)
2017.11 1Vol. 15×15cm ¥550 ①978-4-533-12223-1

◆ひこうき　おがのみのる写真・文　JTBパブリッシング　(のりもの 9)
2017.11 1Vol. 15×15cm ¥550 ①978-4-533-12224-8

◆ブルートレインさくらごう　中島章作絵、砂田弘文　復刊ドットコム
【要旨】2005年3月に廃止された「ブルートレインさくら」と懐かしの牽引車たちが、絵本になってよみがえる。
2017.9 1Vol. 25×20cm ¥1800 ①978-4-8354-5517-4

◆町ではたらく車　小賀野実写真・文　JTBパブリッシング　(こども絵本エルライン 4)
【目次】パトロールカー(交通警察隊の車両、警察機動隊の車両)、救急車、消防車(ポンプ車、化学車 ほか)、ライフラインを守る車、バス(連節バス、路線バス ほか)、トラック(カーキャリア、大きいトラック ほか)、空港ではたらく車、町の工事現場に集まる車、道路をきれいにする車
2017.8 48p 26×20cm ¥820 ①978-4-533-12060-2

◆まちではたらくくるま　おがのみのる写真・文　JTBパブリッシング　(のりもの 10)
2017.11 1Vol. 15×15cm ¥550 ①978-4-533-12212-5

どうぶつの絵本

◆いきものかくれんぼ　海野和男、中村庸夫ほか写真, 嶋田泰子文　童心社　(いきものみーつけた)
【要旨】てきにたべられないよう、かくれんぼの天才になったいきものたち。葉っぱや石ころそっくりにヘンシン！
2017.9 35p 22×27cm ¥1900 ①978-4-494-01425-5

◆いきものちえくらべ　海野和男、中村庸夫ほか写真, 嶋田泰子文　童心社　(いきものみーつけた)
【要旨】つよいもの、どくをもつものそっくりになったりきけんなもののそばでくらしたり…手からのがれるためのいきものちえくらべ！
2017.9 35p 22×27cm ¥1900 ①978-4-494-01427-9

◆いのちはめぐる　嶋田泰子文, 佐藤真紀子絵　童心社　(いきものみーつけた)
【要旨】だれもがたべないといけられない。めにみえないちいさないきものからおおきないきものまで、いのちのつながりのわかみえてくる。
2017.9 31p 22×27cm ¥1600 ①978-4-494-01428-6

◆かくれてばくり　海野和男, 中村庸夫ほか写真, 嶋田泰子文　童心社　(いきものみーつけた)
【要旨】まわりのけしきにとけこんで、みごとにすがたをかくし…ばくり！　えものをとらえる、

まちぶせの名人たち！
2017.9 35p 22×27cm ¥1900 ①978-4-494-01426-2

◆くらべてはっけん！パノラマえほん　寺越慶司, 月本佳代美, 千塚鉄也, 池下章裕絵　世界文化社
【目次】1 くらべてみよう！いろいろなきょうりゅう、2 いちばんはやいのはだれ？、3 だれがいちばんとおくまでとべるかな？、4 もりのいきもののくらし、5 いきもののおよぐはやさくらべ、6 どこまでもぐれるかな？、7 くらべてみよう！いろいろのしっぽくらべ、8 こうくうきのひこうくらべ、9 せかいのたかいたてもの、10 くらべてみよう！いろいろなわくせい
2017.3 1Vol. 24×26cm ¥1300 ①978-4-418-17817-9

◆甲虫のはなし—かしこくておしゃれでふしぎな、ちいさないのち　ダイアナ・アストン文, シルビア・ロング絵, 千葉茂樹訳　ほるぷ出版　(海外秀作絵本)
【要旨】あらゆる生きもののなかで、いちばん繁栄していて、さまざまなすがた形や生態のものがいる甲虫。多様でおもしろい甲虫の魅力を、美しいイラストで紹介する知識絵本です。
2017.5 1Vol. 29×24cm ¥1500 ①978-4-593-50589-0

◆コウテイペンギン　ヨハンナ・ジョンストン作, レナード・ワイスガード絵, こみやゆう訳　好学社
2017.12 1Vol. 24×21cm ¥1600 ①978-4-7690-2227-5

◆こんちゅう　すずきともゆき写真・文　JTBパブリッシング　(いきもの 5)
2017.8 1Vol. 15×15cm ¥550 ①978-4-533-12058-9

◆里山のヤママユ—ヤママユが紡ぐ緑の宝物　新開孝写真・文　小学館クリエイティブ, 小学館 発売　(ふれあい写真えほん)
【要旨】えっ?!このガの繭からきれいな絹糸がとれるの？　ヤママユってどんな虫なんだろう？　雑木林と生きものと人って全部つながっているの？
2017.2 30p 27×19cm ¥1400 ①978-4-7780-3529-7

◆サメってさいこう！　オーウェン・デイビー作, 越智典子訳　偕成社
【要旨】サメってなにもの？　無敵のハンター、サメをたずねるぼうけん！　恐竜が生まれる2億年もまえから地球上でくらし、いま、500をこえる種がいるサメ。とっても小さなベリーカラスザメから、いちばん大きいジンベエザメまで、サメのふしぎをてっていてきに紹介！　小学校低学年から。
2017.2 35p 30×24cm ¥1800 ①978-4-03-348380-1

◆写真絵本 カエルLIFE　エクスナレッジ
2017.7 95p 15×15cm ¥1200 ①978-4-7678-2363-8

◆ゾウの赤ちゃん　さえぐさひろこ文, 井上冬彦写真　新日本出版社　(しりたいな！どうぶつの赤ちゃん)
2017.9 31p 27×23cm ¥2300 ①978-4-406-06075-2

◆どうぶつあっぷっぷ　福田幸広写真　東京書店　(だいすきシリーズ 2)
2017.9 1Vol. 13×13cm ¥600 ①978-4-88574-339-9

◆どうぶつおやこ　福田幸広写真　東京書店　(だいすきシリーズ 1)
2017.9 1Vol. 13×13cm ¥600 ①978-4-88574-338-2

◆どこにいるかな？うみのさかなたち　大方洋二写真・文　岩崎書店　(さがしてあそぼう！かくれいきものしゃしんえほん 2)
【目次】みずとひかりにかくれる、いろをかえてかくれる、いわやサンゴのかけらにかくれる、すなにかくれる、かいそうにかくれる、ほかのどうぶつにかくれる、かくれているさかなのずかん(こたえのページ)
2017.3 31p 29×25cm ¥2200 ①978-4-265-08582-8

◆どこにいるかな？のやまのむしたち　安田守写真・文　岩崎書店　(さがしてあそぼう！かくれいきものしゃしんえほん 1)
【目次】くさはらでさがそう、はっぱでさがそう、きのえだでさがそう、きのみきでさがそう、かれはでさがそう、みずべでさがそう、かくれているむしのずかん(こたえのページ)
2017.2 31p 29×25cm ¥2200 ①978-4-265-08581-1

◆どこにいるの イリオモテヤマネコ　横塚眞己人写真・文　小学館クリエイティブ, 小学館 発売　(ふれあい写真えほん)

【要旨】えっ?!このネコ、西表島にしかいないの？　イリオモテヤマネコってどんな動物だろう？　西表島の全部の生きものがつながっているの？
2017.2 30p 27×19cm ¥1400 ①978-4-7780-3530-3

◆はじめてのどうぶつアニアずかん英語つき　講談社ビーシー編　講談社　(BCキッズおなまえいえるかな？)
【要旨】すべての動物に英語表記と簡単な読み方を掲載！　楽しみながら英語学習にもご活用いただけます。動かして遊べる手のひらサイズの動物フィギュア！　動物や恐竜のほか、セット商品も紹介！
2017.8 21p 27×20cm ¥1200 ①978-4-06-220688-4

◆はじめてのどうぶつのおやこ100　内山晟写真, 今泉忠明監修　ポプラ社　(0・1・2さい ぐんぐんそだつ好奇心)
【要旨】まわりの人や、ものに興味をもちはじめたお子さまにぴったり。なかよく寄り添うどうぶつたちが、親と子、あわせて150以上。写真を見ながら、名前をあてっこしたり、しぐさをまねしてみたり。そんな親子の時間が、お子さまの心をより豊かに育ててくれることでしょう。
2017.4 1Vol. 16×13cm ¥850 ①978-4-591-15470-0

◆ひとりになったライオン　夏目義一・絵　福音館書店　(日本傑作絵本シリーズ)
2017.4 1Vol. 24×31cm ¥1400 ①978-4-8340-8331-6

◆まねっこどうぶつたいそう　アマナイメチャー&サイエンス編　河出書房新社
【要旨】まねで広がるコミュニケーション。18のどうぶつといっしょにみんなでからだを動かしてあそぼう。
2017.7 1Vol. 19×19cm ¥980 ①978-4-309-27855-1

◆ミジンコープランクトンのえほん　吉田丈人監修　ほるぷ出版
【要旨】ミジンコはわずか1～3ミリメートルしかない小さな生きものですが、スイスイおよぐし、よく食べるし、しょっちゅうウンチをします。ときには、自分のからだより大きい、たまごまでもかえて生きのびる、たくましい生きものです。この本では、おもに「暗視野観察」という方法で、とりめいなミジンコの生き生きとしたすがたをけんび鏡さつえいしました。
2017.11 24p 31×23cm ¥1500 ①978-4-593-58762-9

◆もふもふ あかちゃんパンダ　神戸万知写真・文　講談社　(講談社の幼児えほん)
【要旨】あかちゃんパンダ、生後1か月～6か月の写真が盛りだくさん。
2018.1 1Vol. 18×20cm ¥1000 ①978-4-06-199142-2

◆よつごのこりす あっくんのおくりもの　西村豊著　アリス館
【要旨】おかあさんへのおくりものはなかなか見つからなかったけれどいっしょうけんめいさがしていたら森のなかまたちにたすけてもらった。よつごのこりすシリーズ第3弾!!3さいからおすすめ！
2017.2 38p 26×20cm ¥1400 ①978-4-7520-0789-0

いぬとねこの絵本

◆ネコのなまえは　枡野浩一文, 目黒雅也絵　絵本館
【要旨】おたくのネコは、ほんとうにネコですか？　うちのネコは…。
2017 1Vol. 27×22cm ¥1300 ①978-4-87110-378-7

世界の名作・昔ばなし絵本

◆あかずきん　西本鶏介監修, こわせたまみ文, 植田真絵　フレーベル館　(ひきだしのなかの名作 5)
2017 1Vol. 28×22cm ¥1280 ①978-4-577-04515-2

◆アリとキリギリス　蜂飼耳文, かわかみたかこ絵　岩崎書店　(イソップえほん 10)
【要旨】あるひキリギリスがアリをからかいました。「どうしてあさからばんまではたらいてばかりなのさ」アリはたちどまりおもいにもつをおろしました。「だってそのうちふゆがくるでしょう。いまのうちにたべものをあつめておかなく

ちゃ」。
2017.3 1Vol. 27×19cm ¥1200 ①978-4-265-08559-0

◆アリとハト 蜂飼耳文, 水沢そら絵 岩崎書店 （イソップえほん 7）
2017.2 1Vol. B5 ¥1200 ①978-4-265-08556-9

◆イソップどうわ いもとようこ文絵, イソップ原作 金の星社 （いもとようこ世界の名作絵本）
【要旨】おもしろくてためになるちえときょうくんがいっぱい！おやすみ前の読みきかせに。全15話収録。
2017 1Vol. 29×23cm ¥1300 ①978-4-323-03628-1

◆イソップものがたり70選 田島信元監修, 小川こころ文 東京書店 （ココロが育つよみきかせ絵本）
【要旨】たっぷり読める全70話320ページ。大きくてかわいいイラストがいっぱい。ふりがな付きで一人読みにも。
2017.6 317p 23×19cm ¥1380 ①978-4-88574-333-7

◆命の水―チェコの民話集 カレル・ヤロミール・エルベン編, 出久根育絵, 阿部賢一訳 西村書店
【要旨】"チェコのグリム"エルベンの集めた珠玉の昔話20編。ブラティスラヴァ世界絵本原画展グランプリ受賞画家・出久根育のオールカラー絵本に。
2017.10 173p 23×19cm ¥2300 ①978-4-89013-985-9

◆絵本・世界の名作 ドン・キホーテ ミゲル・デ・セルバンテス原作, 石崎洋司文, 村上勉絵 講談社
2017.8 1Vol. 31×22cm ¥1700 ①978-4-06-220726-3

◆エリック・カールのイソップものがたり エリック・カール再話・絵, 木坂涼訳 偕成社
【要旨】「ネコとネズミ」「アリとキリギリス」など11話。おなじみのお話を作者流に味つけした一冊。5歳から。
2017.10 22p 29×29cm ¥1380 ①978-4-03-348360-3

◆キツネとぶどう 蜂飼耳文, さこももみ絵 岩崎書店 （イソップえほん 9）
【要旨】あたまのうえのほうにぶどうがぶらさがっていることがわかりました。「ぶどうだ！やっととべるものをみつけたぞ」キツネはおおよろこび。ぴょんととびあがってぶどうをとろうとしました。
2017.3 1Vol. 27×19cm ¥1200 ①978-4-265-08558-3

◆きんのおの 蜂飼耳文, 宇野亞喜良絵 岩崎書店 （イソップえほん 6）
2017.2 1Vol. B5 ¥1200 ①978-4-265-08555-2

◆グリムどうわ50選 田島信元監修, 小川こころ文 東京書店 （ココロが育つよみきかせ絵本）
【要旨】たっぷり読める全50話320ページ。大きくてかわいいイラストがいっぱい。ふりがな付きで一人読みにも。
2017.6 315p 23×19cm ¥1380 ①978-4-88574-334-4

◆さんびきのくま―イギリスの昔話より 神沢利子文, 布川愛子絵, 西本鶏介監修 フレーベル館 （ひきだしのなかの名作 6）
2017 1Vol. 28×22cm ¥1280 ①978-4-577-04516-9

◆シンデレラ シャルル・ペロー原作, 石津ちひろ文, 宇野亞喜良絵 フレーベル館 （ひきだしのなかの名作 4）
2017 1Vol. 28×22cm ¥1280 ①978-4-577-04421-6

◆シンデレラ グリム原作, サラ・ギブ絵, 角野栄子訳 文化出版局
【要旨】シンデレラは、王宮で開かれる舞踏会にいくことを夢みていました。でもふたりのおねえさんに用事を言いつけて、出かけてしまいます。悲しむシンデレラの前に妖精があらわれ、カボチャを馬車に、ネズミを馬にし、ぼろ布をすてきなドレスへと変えてくれました。シンデレラはお城に急ぎ、ハンサムな王子さまとおどりました。でも、妖精の魔法は真夜中の12時までです。王子さまは、小さなガラスの靴をひとつだけ落として姿を消した、なぞのお姫さまをさがします。ふたりはしあわせになることができるでしょうか。語り継がれていた、この愛の物語が、美しく優雅な絵本に生まれ変わりました。
2017.3 28p 30×25cm ¥1400 ①978-4-579-40467-4

◆シンデレラが語るシンデレラ 柴田ケイコ絵, クゲユウジ文 高陵社書店 （1人称童話シリーズ）
【要旨】まさか私、このクツをそのままに？主人公視点で物語を体験する1人称童話シリーズ。
2017.8 42p 18×24cm ¥1000 ①978-4-7711-1025-0

◆藤城清治影絵の絵本 グリム 藤城清治作 講談社
【目次】雪白ちゃんとバラ紅ちゃん、お月さまのなかった国、六羽の白鳥、土のなかの小人たち、花にされた子ども
2017 1Vol. 29×22cm ¥2000 ①978-4-06-220560-3

◆ヘンゼルとグレーテル―グリム童話より 小森香折文, 吉田尚令絵 フレーベル館 （ひきだしのなかの名作 7）
2017 1Vol. 28×22cm ¥1280 ①978-4-577-04517-6

◆ラプンツェル グリム原作, いもとようこ文・絵 金の星社 （いもとようこ世界の名作絵本）
【要旨】こいにおちたラプンツェルと王子は、まじょによって引きさかれてしまいます。2人は、ふたたび会うことができるのでしょうか。
2017 1Vol. 29×23cm ¥1300 ①978-4-323-03627-4

日本の名作・昔ばなし絵本

◆あかいろうそく 新美南吉作, いもとようこ絵 金の星社 （大人になっても忘れたくないいもとようこ名作絵本）
【要旨】さるがもってきた「はなび」にひをつけて、どうぶつたちがドキドキしながらまっていると…？新美南吉のたのしいおはなし！
2017 1Vol. 31×23cm ¥1400 ①978-4-323-03895-7

◆浦島太郎が語る浦島太郎 ニシワキタダシ絵, クゲユウジ文 高陵社書店 （1人称童話シリーズ Vol.3）
【要旨】おいらはもう竜宮城にあきたのでした。1人称で語る童話シリーズ第三弾。
2017.10 42p 18×24cm ¥1000 ①978-4-7711-1026-7

◆貝の火 宮沢賢治作, おくはらゆめ絵 （八尾）三起商行 （ミキハウスの宮沢賢治絵本）
2017.10 1Vol. 26×25cm ¥1800 ①978-4-89588-137-1

◆ざしき童子のはなし 宮沢賢治作, 岡田千晶絵 （八尾）三起商行 （ミキハウスの宮沢賢治絵本）
2017.10 1Vol. 26×25cm ¥1500 ①978-4-89588-138-8

◆さるとかに 神沢利子文, 赤羽末吉絵 （神戸）BL出版
【要旨】柿のたねをひろったさるは、かにのひろったむすびが食べたくて言いだした。「このたねをうえてきっと、うまい柿がなるぞ。とりかえないかね」そして、かにがせっせとせわすると、柿の実がどっさりなった。かには、おおよろこび。ところが…日本のむかし話「さるかに合戦」の決定版。読みついでいきたい名作絵本！
2017.10 1Vol. A4 ¥1500 ①978-4-7764-0820-8

◆大造じいさんとがん 椋鳩十作, あべ弘士絵 理論社 （えほん・椋鳩十）
【要旨】「おれたちはまたどうどうとたたかおうじゃあないか」大造はどうしてしかたがなかったはずのあいて、残雪がとびさるすがたを見まもりながら、大造じいさんは大きな声でよびかけます。かりゅうどとがんの、てきみかたのかんけいをこえた、あつい交わりをえがいたお話です。
2017 30p 27×22cm ¥1500 ①978-4-652-20234-0

◆藤吉じいとイノシシ 椋鳩十作, 保立葉菜絵 理論社 （えほん・椋鳩十）
【要旨】山のしゃめんにすんでる藤吉じいさんは、町でそだった一郎にいいます。「かみさまが、おつくりになったままのすがたで生きているやつは、なんだってすばらしいのよ」。おじいちゃんとまごとイノシシの、ちょっと変わった出会いのお話です。
2017 30p 27×22cm ¥1500 ①978-4-652-20235-7

◆猫の事務所―画本 宮澤賢治 宮澤賢治作, 小林敏也画 好学社
2017.2 35p 31×21cm ¥1700 ①978-4-7690-2333-3

◆もののけの家 ほりかわりまこ文・絵 偕成社 （今昔物語絵本）
【要旨】今は昔、京の都に、もののけがでるといううわさのある屋敷がありました。長いあいだ、うちすてられていましたが、あるとき、国のだいじな仕事をしている宰相が、その家をかいたいといいだしました。まわりの人がとても、宰相は耳をかしません。とうとう、ひっこしをしてしまいました。小学校低学年から。
2017 1Vol. 29×22cm ¥1400 ①978-4-03-427250-3

◆桃太郎が語る桃太郎 岡村優太絵, クゲユウジ文 高陵社書店 （1人称童話シリーズ Vol.1）
【要旨】ぼくは鬼がこわいと思いました。「主人公目線」で語る昔話。
2017.5 42p 18×24cm ¥1000 ①978-4-7711-1022-9

◆雪渡り―版画絵本 宮沢賢治 宮沢賢治文, 佐藤国男画 子どもの未来社
2017.3 1Vol. 29×22cm ¥1700 ①978-4-86412-097-5

◆よだかの星 宮沢賢治文, 佐藤国男画 子どもの未来社 （版画絵本 宮沢賢治）
2017.2 1Vol. 29×22cm ¥1600 ①978-4-86412-096-8

外国のおはなし

◆あおいジャッカル マーシャ・ブラウン作, こみやゆう訳 瑞雲舎 （『あおいやまいぬ』新訳・改題書）
【要旨】むかし、だれよりもあらあらしいとおぼえをするので、あらほえとよばれたジャッカルが、まちはずれのはげやまのどうくつにすんでいた。インドの『パンチャタントラ』という世界で最も古い子どものためのお話集の中の一編をマーシャ・ブラウンが再話し絵本にしました。
2017.10 1Vol. 26×21cm ¥1300 ①978-4-907613-18-1

◆あかい自転車―ビッグ・レッドのながい旅 ジュード・イザベラ文, シモーネ・シン絵, 志多田静訳 六耀社
【要旨】自転車は乗ると楽しく、環境にもやさしい移動手段です。アフリカなどのまずしい農村地域では、人びとの生活を大きく変え、とてもたいせつな乗り物です。荷車や移動手段ばかりでなく、救急車としても役立っているのです。この絵本は、北アメリカのレオ少年がだいじに使っていたビッグ・レッドをアフリカの人びとに大事に使って欲しいと寄付したことからはじまる自転車のながい旅の物語です。
2017.4 32p 31×24cm ¥1600 ①978-4-89737-980-7

◆あかがいちばん キャシー・スティンソン文, ロビン・ベアード・ルイス絵, ふしみみさを訳 ほるぷ出版 （海外秀作絵本） 新装改訂版
【要旨】おかあさんはわかってくれないけれど、あかはとってもすてきなのよ。あかいくつしたをはくとたべるし、あかいパジャマはおばけをおいはらってくれる。だれがなんていったって、わたしはあかがだいすき！子どもの世界を見事にえがききった、カナダのロングセラー絵本。
2017.12 1Vol. 21×21cm ¥1500 ①978-4-593-50599-9

◆赤ずきん―オオカミのひみつ ジャン・リュック・ビュケ作, 大澤千加訳 洋洋社, ロクリン社 発売
【要旨】まんまとオオカミの口車にのせられた赤ずきんちゃん。大事なお使いの途中だというのに、お花摘みの道草をしてしまいました。一方、そのすすに大急ぎでおばあさんの家へと向かったオオカミ。家に入るや否や、おばあさんを…。誰も知らないオオカミの犯行の一部始終を大公開！
2017.12 1Vol. 20×21cm ¥1500 ①978-4-907542-55-9

◆あさがくるまえに ジョイス・シドマン文, ベス・クロムス絵, さくまゆみこ訳 岩波書店
【要旨】どうか一度だけ世界をかえてください。願いと祈りの絵本。
2017.12 1Vol. 26×20cm ¥1500 ①978-4-00-111266-5

◆あしのゆびになまえをつけたら…？ ジャン・ルロワ文, マチュー・モデ絵, 伏見操訳 パイインターナショナル
【要旨】あしのゆびが「色」「数」「果物」に変身！あいうえお、数の数え方、色の名前などが楽しく覚えられる赤ちゃん絵本。1・2歳～。
2017.9 1Vol. 18×18cm ¥850 ①978-4-7562-4946-3

◆あそぶ！　ジェズ・オールバラ作・絵　徳間書店
【要旨】ともだちとあそんでいたこざるのジョジョくん。ねるじかんになってもまだまだあそびたくてたまりません。ママにみつからないようにこっそりねどこをぬけだすと…？　友だちと遊ぶのが楽しくなってきた子どもと、それを見守るママの姿を、あたたかく描きます。
2017.8 1Vol. 25×28cm ¥1500 ①978-4-19-864463-5

◆あたしのすきなもの、なぁんだ？　バーナード・ウェーバー文、スージー・リー絵、松川真弓訳　評論社（児童図書館・絵本の部屋）
【要旨】あたしのすきなもの、なぁんだ？　と、おんなのこがきくと、なにがすきなの？　と、パパがやさしくきいてくれます。なんでも！　おんなのことパパのやりとりを、うつくしいけしきのなかでえがきます。
2017.11 1Vol. 29×24cm ¥1400 ①978-4-566-08030-0

◆あなたのことがだーいすき　ヒド・ファン・ヘネヒテン作・絵、ひしきあきらこ訳　フレーベル館　新装版
【要旨】しろいゆきのあじや、かぜのつめたさ…。シロクマくんはちいさいけれどいろんなことをしています。もしもわからないことがあったらかあさんにききます。でもシロクマくん、いちばんたいせつなことはだれにもきかなくてもちゃあんとわかっていたんです。
2017 1Vol. 29×21cm ¥1300 ①978-4-577-04540-4

◆アームストロング―宙（そら）飛ぶネズミの大冒険　トーベン・クールマン作、金原瑞人訳　ブロンズ新社
【要旨】よし、だれよりもさきに行ってやる！　世界27言語に翻訳された『リンドバーグ』第2弾。
2017.4 1Vol. 29×22cm ¥2200 ①978-4-89309-628-9

◆あめ　イブ・スパング・オルセン作、ひだにれいこ訳　亜紀書房
【要旨】あるあめのひのことです。シャロッテがまどのそとをみていると、おおきなあまつぶがふたつ、いけにとびこんできました。「やあ、ぼくはあまつぶのバラバラ」「おいらはボトボト」「ぼくたちが、どうやってここまできたのか、おしえてあげる」。こうして、バラバラとボトボトのふしぎなぼうけんのおはなしがはじまります。
2017.2 1Vol. 25×18cm ¥1300 ①978-4-7505-1497-0

◆あめのひ　サム・アッシャー作・絵、吉上恭太訳　徳間書店
【要旨】あさ、めがさめるとあめがふっていた。ぼくはそとにいきたくてたまらない。あめのなかであそびたいんだ。でも、おじいちゃんは、あめがやむのをまっていよういう。ようやくあめがやむと…？　雨を楽しむ気持ちをていねいに描く、ファンタジックなわくわくする絵本。5さい～。
2017.6 1Vol. 31×23cm ¥1600 ①978-4-19-864429-1

◆アラン・グレのメッセージブック　アラン・グレ著　KTC中央出版
【要旨】情熱と好奇心、それがすべての原動力。フランスの国民的イラストレーターアラン・グレさんが教えてくれる、子どもの心を忘れないで自由に生きるヒント。
2017.4 107p 18×15cm ¥1500 ①978-4-87758-761-1

◆あるあさ　イジニ・絵、チョンミへ訳　少年写真新聞社
2017.5 1Vol. 27×24cm ¥1600 ①978-4-87981-596-5

◆アンディ・ウォーホルのヘビのおはなし　アンディ・ウォーホル著、野中邦子訳　河出書房新社
【要旨】「こうして、ぼくは名声をかちとったのさ！」クレオパトラからココ・シャネルまで、セレブリティを着崩したキュートなヘビの7変化。アンディ・ウォーホルの分身が大活躍する、ポップでシックな傑作絵本。
2017.6 1Vol. 23×27cm ¥2000 ①978-4-309-27809-4

◆アントワネット―わたしのたいせつなさがしもの　ケリー・ディプッチオ文、クリスチャン・ロビンソン絵、木坂涼訳　講談社（講談社の翻訳絵本）
【要旨】犬のアントワネットには、なやみがあって…ひとりひとりが、とくべつなの！　全米大ヒット絵本『ガストン』姉妹編。
2017.4 1Vol. 30×24cm ¥1500 ①978-4-06-283103-1

◆いえすみねずみ　ジョン・バーニンガム作、谷川俊太郎訳　（神戸）BL出版
【要旨】このいえには、にんげんのかぞくのほかに、ねずみたちのかぞくがすんでいます。ある日、ねずみたちが退治されると知ったこどもたちはねずみに手紙をかきました。ユーモラスであたたかいバーニンガム&谷川俊太郎の絵本。
2017.7 1Vol. 29×23cm ¥1500 ①978-4-7764-0803-1

◆イクバル―命をかけて闘った少年の夢　キアーラ・ロッサーニ文、ビンバ・ランドマン絵、関口英子訳　西村書店
【要旨】「子どもにだって、世界を変えることができるんだ」児童労働を強いられた少年が自由を手に入れ、世界の子どもたちに影響を与えるまでを、イタリアの人気絵本作家ランドマンが描く伝記絵本。
2017.9 111p 24×21cm ¥2200 ①978-4-89013-986-6

◆いっぽんのせんとマヌエル　マリア・ホセ・フェラーダ文、パトリシオ・メナ絵、星野由美訳　偕成社
【要旨】この絵本は、著者のマリアさんが、「せん」が好きな自閉症の男の子マヌエルくんと知り合ったことによって生まれました。チリからやってきた絵本です。日本語版には、文字やお話の内容の理解の助けとなるピクトグラム（ことばを絵で表現した絵文字）がついています。せんをたどったり、いっしょにピクトグラムを見たりして、絵本を楽しんでくださいね。3歳から。
2017.4 1Vol. 29×24cm ¥1800 ①978-4-03-202770-9

◆イードのおくりもの　ファウズィア・ギラニ・ウィリアムズ文、プロイティ・ロイ絵、前田君江訳　光村教育図書
【要旨】あしたは、イード。ラマダンのおわりをいわうおまつりです。イスマトは、イードをむかえるためにあたらしいズボンをかいました。だけど、すそが、ゆび4ほんぶんながくて…。
2017.4 1Vol. 25×22cm ¥1300 ①978-4-89572-206-3

◆今、世界はあぶないのか？　争いと戦争　ルイーズ・スピルズベリー文、ハナネ・カイ絵、大山泉訳、佐藤学解説　評論社（児童図書館・絵本の部屋）
【要旨】戦争って、なんだろう？　どうして、おこるの？　どうしたら、やめられるの？　子どもたちに、できることは？　世界中でおきている問題を、みんなで考えていくシリーズ。
2017.10 1Vol. 23×23cm ¥1500 ①978-4-566-08021-8

◆今、世界はあぶないのか？　難民と移民　セリ・ロバーツ文、ハナネ・カイ絵、大山泉訳、佐藤学解説　評論社（児童図書館・絵本の部屋）
【要旨】難民って、どういう人たち？　子どもが、移民になるの？　自分の国に帰りたい人びとが、どうしたら、帰れるの？　子どもたちに、できることは？　世界中でおきている問題をみんなで考えていくシリーズ。
2017.10 1Vol. 23×23cm ¥1500 ①978-4-566-08022-5

◆いろのかけらのしま　イモンエ作・絵、生田美保訳　ポプラ社（ポプラせかいの絵本58）
【要旨】うみのまんなかにうかぶ「いろのかけらのしま」。そこには、うみどりやカメ、オットセイなど、たくさんのいきものでふれあえるそのしまは、どんなしま？　さあ、みみをすまして、うみどりのはなしをきいてみよう。2015年プラティスラヴァ世界絵本原画展金牌受賞、2015年ボローニャ国際児童図書展入選、2015年国際ナミコンクールグリーンアイランド賞受賞。
2017 1Vol. 26×28cm ¥1400 ①978-4-591-15618-6

◆ヴァンピリーナはバレリーナードキドキのはつぶたい　アン・マリー・ペイス文、レヴィン・ファム絵、神戸万知訳　講談社（講談社の翻訳絵本）
【要旨】ヴァンピリーナ、バレリーナになりたいの？　それならね…バレリーナをめざす女の子たちへおくるおはなし。全米で人気爆発のヴァンピリーナシリーズ、ついに上陸！
2017.9 1Vol. 29×24cm ¥1900 ①978-4-06-283108-6

◆ヴァンピリーナはバレリーナーわくわくのおとまり会　アン・マリー・ペイス文、レヴィン・ファム絵、神戸万知訳　講談社（講談社の翻訳絵本）
【要旨】ヴァンピリーナ、おとまり会をひらきたいの？　それならね…今日はたのしむ女の子たちへおくるおはなし。ヴァンパイアの女の子が主人公。おとまり会のひらきかた、おしえます！
2017.12 1Vol. 29×24cm ¥1900 ①978-4-06-283109-3

◆ウォーリーをさがせ！　THE TREASURE HUNTたからさがしブック　マーティン・ハンドフォード作・絵、増田沙奈訳　フレーベル館（付属資料：シール）
【要旨】ウォーリーがゆかいなぼうけんにでかける！　いきさきは、むかしのせかい、うみ、そら、そしてなんとうちゅうまで！　やまのようなクイズとゲームをといたら、ウォーリーとなかまたちのたからさがしもてつだってくれ！　リュックにたんけんどうぐをつめていそいでしゅっぱつだ！
2017 86p 29×23cm ¥1280 ①978-4-577-04522-0

◆ウサギのすあなにいるのはだあれ？　ジュリア・ドナルドソン文、ヘレン・オクセンバリー絵、とたにようこ訳　徳間書店
【要旨】動物たちがみんな、こわくてたまらない、なぞのかいぶつ「はらぺこぴょんがぶりん」！　その正体は…？　英国で発売後たちまち13カ国で出版決定！　読み聞かせがもりあがる、とびきり楽しい絵本。3さい～。
2017.10 1Vol. 29×24cm ¥1700 ①978-4-19-864499-4

◆うさぎのダンスタイム、はじまるよ！　エリー・サンドル作、二宮由紀子訳　（神戸）BL出版
【要旨】うさぎたちがはらっぱにあつまって…そあなにかがはじまるよ！　ぶんにかくれたことばもみつけてね！
2017.1 1Vol. 26×29cm ¥1500 ①978-4-7764-0802-4

◆うちってやっぱりなんかへん？　トーリル・コーヴェ作、青木順子訳　偕成社
【要旨】おしゃれすぎる家、建築家のパパとママ、へんてこな自転車…わたしはふつうがよかったのに。1960年代の北欧ノルウェー。ひとりの少女のなやましくて美しい日々をアカデミー賞監督が描く。小学校中学年から。
2017 39p 27×24cm ¥1500 ①978-4-03-348350-4

◆うまれてくれてありがとう　マーク・スペリング文、アリスン・ブラウン絵、俵万智訳　WAVE出版
【要旨】いつでも、いつまでも、変わらない子どもへの想いを言葉にして一なにものも替えられない幸福な時間をすごせる絵本。赤ちゃんがうまれたお祝いに。
2017.3 1Vol. 28×26cm ¥1400 ①978-4-87290-849-7

◆うみにかくれているのはだあれ？―魔法のレンズで3つの世界をのぞいてみよう　アイナ・ベスタルド作、きたなおこ訳　（京都）青幻舎インターナショナル、（京都）青幻舎発売（付属資料：3色レンズ）
【要旨】しずかなしずかなうみのなか。ふしぎなレンズでのぞいてごらん。いろんななかまにであえる。どんなひみつがかくれているかな？　なにがみえるかおえかねる？　付属の3色レンズをかざして、かくれんぼしているかわいい動物たちをみつけてみてね。レンズの色で見えるものが変わるよ。
2017.4 1Vol. 29×28cm ¥1900 ①978-4-86152-612-1

◆うみべのまちで　ジョアン・シュウォーツ文、シドニー・スミス絵、いわじょうよしひと訳　（神戸）BL出版
【要旨】ぼくのうちからはうみがみえる。きょうは、とてもいいてんきでうみがひかっている。おとうさんはうみのしたのたんこうではたらいている。おはかにねむるおじいちゃんも、おなじようにはたらいていた。そして、いつかぼくも、そこではたらくんだ。祖父から父、父からすこべひきつがれていく時間―少年とうみと家族の物語。1950年代の炭鉱の町の遠い日の思い出。
2017.7 1Vol. 22×29cm ¥1600 ①978-4-7764-0809-3

◆うるさいアパート　マック・バーネット文、ブライアン・ビッグズ絵、椎名かおる訳　あすなろ書房
【要旨】「うるさいアパート」の住人はちょっと変わった人ばかり。ぱっぱ、ぷぷぷ、ぶ〜ぴ〜ぷっ。こんな夜中に、なにしてる？　ヒントは、9つのふしぎな音！　ユーモラスな音の響きと、当てっこに参加できるしかけがつまった愉快な絵本。
2017.8 25p A4 ¥1300 ①978-4-7515-2831-0

◆えがないえほん　B.J.ノヴァク作、おおともたけし訳　早川書房
【要旨】まじめな本にみえますがまったくバカげていて、ふざけた本です。"書かれている言葉

を、声に出して読むこと"。このシンプルなルールで、子どもは大喜び、本が大好きになる、表現力が磨かれる。親子のかけあいが楽しめる画期的な読み聞かせ本4～6歳児向け。
2017.11 1Vol. 26×19cm ¥1300 ①978-4-15-209724-8

◆**エルマーとクジラ** デビッド・マッキー文・絵, きたむらさとし訳 (神戸) BL出版 (ぞうのエルマー 22)
2017.8 1Vol. 24×21cm ¥1200 ①978-4-7764-0630-3

◆**エルマーとブルーベリーパイ** ジェーン・セアー作, シーモア・フレイシュマン絵, おびかゆうこ訳 ほるぷ出版
【要旨】「ブルーベリーパイをたべたいよー！」ようせいのエルマーは、じぶんのきもちをつたえようと、とびはねたり、てをふったりしました。ところがにんげんには、エルマーのすがたはみえず、けはいも感じられなかったのです―1961年にアメリカで出版された絵本。
2017.6 1Vol. 25×18cm ¥1400 ①978-4-593-50590-6

◆**エンリケタ、えほんをつくる** リニエルス作, 宇野和美訳 ほるぷ出版
【要旨】アルゼンチンの国民的人気マンガ家リニエルスの初邦訳絵本！
2017.8 56p 24×16cm ¥1500 ①978-4-593-50592-0

◆**おうさま** ディック・ブルーナ文・絵, まつおかきょうこ訳 福音館書店
2017.4 1Vol. 17×17cm ¥700 ①978-4-8340-8281-4

◆**おかあさんはね** エイミー・クラウス・ローゼンタール文, トム・リヒテンヘルド絵, 高橋久美子訳 マイクロマガジン社
【要旨】あかちゃんがうまれたとき、いくつねがいごとをしましたか？ひとつ？みっつ？それとも、かぞえきれないほどたくさん？「児童書界のフレッド・アステア＆ジンジャー・ロジャース」と呼ばれているエイミー・クラウス・ローゼンタールとトム・リヒテンヘルド。このコンビの類まれなる才能は、子どもを持つすべての人々の「願い」の集大成を作り上げました。全米のみならず世界中で共感を呼び、各国で翻訳されている、子どもの健やかな成長を願う終わりのない愛の絵本。
2017.5 1Vol. 22×22cm ¥1500 ①978-4-89637-637-1

◆**おさかなちゃんの あのね、ママーおともだち、できたよ！** ヒド・ファン・ヘネヒテン作・絵, 古藤ゆず翻案 学研プラス (おさかなちゃん)
【要旨】こどもの心を通して気づく、友に恵まれるしあわせ…。世界中の0・1・2さいママに、選ばれています！
2017.7 1Vol. 19×19cm ¥880 ①978-4-05-204648-3

◆**おさかなちゃんの できた！―ママ、みてみて！** ヒド・ファン・ヘネヒテン作・絵, 古藤ゆず翻案 学研プラス (おさかなちゃん)
【要旨】ちっちゃくても一生懸命、けなげなこども！世界中の0・1・2さいママに、選ばれています！
2017.7 1Vol. 19×19cm ¥880 ①978-4-05-204647-6

◆**おさるのジョージ バスケットボールをする** H.A. レイ, マーガレット・レイ原作, 福本友美子訳 岩波書店
2017.10 23p 21×22cm ¥900 ①978-4-00-111115-6

◆**おさるのジョージ ほんやさんへいく** H.A. レイ, マーガレット・レイ原作, 福本友美子訳 岩波書店
2017.10 24p 21×22cm ¥900 ①978-4-00-111114-9

◆**おちゃかいのおやくそく** エイミー・ダイクマン文, K.G. キャンベル絵, 林木林訳 光村教育図書
【要旨】おんなのこはこぐまをかかえてとてにでました。クッキーはすぐめのまえです！「さあ、おんなのこがいいました。「もっともたいせつな『おちゃかいのおやくそく』それは…」。
2017.1 1Vol. 26×26cm ¥1400 ①978-4-89572-212-4

◆**おとえほん** エルヴェ・テュレ作, たにかわしゅんたろう訳 ポプラ社
【要旨】あおいまるといっしょに、とんだり、はねたり、おとをだしたり…。うでをまわすと、おとがおおきくなったり、ふえたり、うごいたり、「ぽん」とおとがする。新感覚絵本第4弾!!
2017 1Vol. 23×23cm ¥1300 ①978-4-591-15540-0

◆**おなじそらのしたで** ブリッタ・テッケントラップ作・絵, 木坂涼訳 ひさかたチャイルド
【要旨】だれかが、今日もこの空を見あげている。驚くほど美しい。全ページに型抜きしかけ。広い世界を感じる絵本。
2017 1Vol. 28×23cm ¥1500 ①978-4-86549-122-7

◆**おはよう、はたらくくるまたち** シェリー・ダスキー・リンカー文, トム・リヒテンヘルド絵, 福本友美子訳 ひさかたチャイルド
【要旨】ひろいひろいこうじげんばにあさがきた。5だいのはたらくくるまたち、あくびをしながらかおをあらって、おひさまにおはよう！じゅんびができたら、エンジンかけて…ゴー！乗り物が大好きな子どもたちにおくる、おやすみなさいの絵本。
2017.4 1Vol. 26×26cm ¥1300 ①978-4-86549-100-5

◆**おひるねしましょ** フィリス・ゲイシャイトー文, デイヴィッド・ウォーカー絵, 福本友美子訳 岩崎書店 (うさぎ親子の愛情たっぷりシリーズ)
【要旨】たっぷりねたら、にっこりごきげん。まいにっぱいあそぼうね。
2017.1 1Vol. 23×22cm ¥1100 ①978-4-265-85110-2

◆**おぼろ月のおさんぽ「銀色」** ウォルター・デ・ラ・メア詩, カロリーナ・ラベイ絵, 海後礼子訳 岩崎書店
【要旨】ある春の夜、妖精たちはみんなこぞって森のおくへとむかいます。さあ、夢のパーティがはじまるよ。英国の幻想文学作家W・デ・ラ・メアの詩のえほん。
2017.3 1Vol. 23×22cm ¥1400 ①978-4-265-85080-8

◆**おむかえパパ** ナディーヌ・ブランコム文, オレリー・ギュレ絵, 中川ひろたか訳 主婦の友社 (主婦の友おはなしシリーズ)
【要旨】ぜったいぜったいおむかえ、きてね。毎日の送り迎えが楽しくなる！フランス発アメリカ・メキシコなど世界6カ国で翻訳され大人気！おとなと読むなら2才から、ひとりで読むなら6才から。
2017.2 1Vol. 23×19cm ¥1200 ①978-4-07-418751-5

◆**おやすみ えほんくん** セドリク・ラマディエ文, ヴィンセント・ブルゴー絵, 大浜千尋監訳 バイ インターナショナル
【要旨】えほんくんとおやすみの準備をしよう！フランス発！世界8カ国で26万部突破！
2017.4 1Vol. 26×20cm ¥1400 ①978-4-7562-4919-7

◆**おやすみ、エレン 魔法のぐっすり絵本** カール=ヨハン・エリーン著, 三橋美穂監訳 飛鳥新社
2017.2 31p 26×19cm ¥1296 ①978-4-86410-555-2

◆**おやすみなさいのおともだち** ハインツ・ヤーニッシュ文, バーバラ・ユンク絵, 斉藤洋訳 講談社 (講談社の翻訳絵本)
【要旨】ねるまえに、こわくなったら、おともだちをよびましょう！おおどことか、ぐるぐるりゅうとか、しあわせのねことか、ふわふわライオンとか、みんなおともだちだからまもってくれます。
2017.12 1Vol. 29×21cm ¥1500 ①978-4-06-283111-6

◆**オリオンとクラヤーミ** エマ・ヤーレット作・絵, たわらまち訳 主婦の友社
【要旨】オリオンは、ものすごーくこわがりやさん。なかでも、足がふるえておなかがいたくなるくらいこわいのが…くらいところ！オリオンが、自分のいちばんこわいのといっしょにすごしたら…楽しい夜の冒険絵本。2015 English 4-11 Picture Book Awards、イギリスの絵本賞受賞作！
2017.8 1Vol. 26×26cm ¥1380 ①978-4-07-418774-4

◆**オレ、カエルやめるや** デヴ・ペティ文, マイク・ボルト絵, こばやしけんたろう訳 マイクロマガジン社
【要旨】カエルはカエルがイヤなのです。だってぬれてるし、ヌルヌルしてるし、ムシばっかり食べるし…。それよりも、もっと、もっとかわいくて、フサフサの動物になりたいよー！生意気でかわいいカエルのユーモア絵本。第一弾、ついに邦訳！
2017.11 1Vol. 26×26cm ¥1600 ①978-4-89637-676-0

◆**カエルのえいゆうサー・リリパッドーちっちゃくておっきなぼうけん** アンナ・ケンプ作, サラ・オギルヴィー絵, たなかあきこ訳 フレーベル館
【要旨】つよくてゆうかんな"カエルのえいゆう"になることをゆめみるちっちゃなリリパッド。「おひめさまのキス」で、ついにおっきくなれるとおもったのですが―まさか、「おひめさま」がじぶんだけたかえるなんて―うわっー！リリパッドはどうなっちゃうの！？本当のつよさとは―「自分らしい生き方」を見つけるストーリー。
2017.9 1Vol. 27×27cm ¥1400 ①978-4-577-04417-9

◆**かぞくになって！** ヒラリー・ロビンソン文, マンディ・スタンレイ絵, 尾木直樹解説, きむらゆかり訳 絵本塾出版 (みんなのきょうしつ)
【要旨】わたしたちのクラスのハムスターにあかちゃんが4ひきうまれました。みんなであたらしいかぞくをさがすおはなしです。
2017 1Vol. 24×22cm ¥1300 ①978-4-86484-104-7

◆**がっこうだってどきどきしてる** アダム・レックス文, クリスチャン・ロビンソン絵, なかがわちひろ訳 WAVE出版
【要旨】学校はどきどきしていました。なにしろ、ついこのあいだできあがったばかりでしたし、だれかの家になるのだと思っていたら、なんと学校として、たくさんの子どもをうけいれなくちゃいけないっていうのですから。いよいよ学校がはじまる日。おおぜいの子どもたちがわんさとやってきました…。ワシントン・ポスト紙パブリッシャーズ・ウィークリー誌カーカス・レビュー誌が選ぶ2016年ベスト絵本。
2017.2 1Vol. 30×24cm ¥1500 ①978-4-87290-966-1

◆**カランポーのオオカミ王** ウィリアム・グリル作, 千葉茂樹訳 岩崎書店
【要旨】一頭のオオカミが、一人の男の生涯を変えた。十九世紀アメリカ西部を舞台に、気鋭の作家が描く、新たなシートンとロボの物語。若きロのシートンが、野生動物の心にふれた日。ボローニャ・ラガッツィ賞(ノンフィクション部門)最優秀賞受賞作!!
2017.9 77p 31×25cm ¥2000 ①978-4-00-111264-1

◆**ガルマンの夏** スティアン・ホーレ絵・文, 小柳隆之訳 三元社
【要旨】今日は夏休みの最後の日。三人のおばさんたちが遊びに来ています。あたりには秋の気配が漂ってきました。ガルマンの歯はまだ一本も抜けていません。夏の間、毎日、歯を触ってみました。もう時間がありません。明日には学校が始まります。ガルマンは不安です。もうすぐ終わるなにかと始まるなにかの物語。2007年ボローニャ国際児童図書展大賞。2009年エズラ・ジャック・キーツ賞。2010年ドイツ児童文学賞。2012年イタリア・アンデルセン賞。幼稚園から。
2017.5 1Vol. 29×22cm ¥2000 ①978-4-88303-421-5

◆**がんばれ！あかいしゃしょうしゃ** マリアン・ボター作, ティボル・ゲルゲイ絵, こみやゆう訳 PHP研究所 (おひさまにおいで)
【要旨】ちいさなあかいしゃしょうしゃは、いつもいちばんうしろをはしります。「ぼくもせんとうをはしるくろいきかんしゃのようにこどもたちにてをふってもらいたいな」。
2018.1 1Vol. 24×20cm ¥1200 ①978-4-569-78719-0

◆**喜劇 レオンスとレーナ** ゲオルク・ビューヒナー原作, リスベート・ツヴェルガー絵, ユルク・アマンテキスト翻案, 小森香折訳 (神戸) BL出版
【要旨】むりやり結婚させられるのがいやで逃げだしたレオンス王子。ところがお相手のレーナ王女も、親が決めた結婚にたえられず逃げだしていたのです。ドイツ文学の異端児、19世紀の劇作家ゲオルク・ビューヒナーの喜劇を、リスベート・ツヴェルガーが魅力的に彩ります。しゃれたイラストとともに、ゆかいな恋愛劇をお楽しみください。
2017.1 49p 28×23cm ¥1800 ①978-4-7764-0639-6

◆**キツネとねがいごと** カトリーン・シェーラー作, 松永美穂訳 西村書店
【要旨】死ぬことがわかれば、ずっと幸せでいられるの？「いのち」について考える絵本。
2017.5 1Vol. 26×27cm ¥1500 ①978-4-89013-979-8

◆**キツネと星** コラリー・ビックフォード=スミス作, スミス幸子訳 アノニマ・スタジオ
【要旨】大きな森のおくに住むひとりぼっちのキツネ。まっくらな夜、空にかがやくたったひとつの星だけがともだちでした。でも、ある日、星がいなくなってしまいます。さみしくてたまらないキツネは勇気をだして―さよならがはじ

絵本

きのうえのおうちへようこそ！
ドロシア・ウォーレン・フォックス作、おびかゆうこ訳　偕成社
【要旨】「ひとぎらい、ってわけじゃないのよ。ただ、きのうえでくらしていると、ちょっとだけ、きにあうのがむずかしだけになるの」町の人から、「かわりもの」と思われているツイグリーさん。ある日、大きなあらしが町をおそい、ツイグリーさんは…1966年にアメリカで出版されてから、世代をこえて愛されてきたあたたかいおはなし。3歳から。
2017.12 40p 27×21cm ¥1500 ①978-4-03-348390-0

きみがうちにくるまえ…
マリベス・ボルツ文、デイヴィッド・ウォーカー絵、木坂涼訳　岩崎書店
【要旨】ぼくのうちにくるまえ、きみはいいにおいのする、あったかいえにすんでたの？　うちにくるまえ、なまえはなんてよばれてたの？　ボブ？　サム？　それともジャック？　きみがうちにくるまえ、だれかがきみをすてたんだ。それとも、うちにきみはいじめられてたの…？
2017.4 1Vol. 23×22cm ¥1500 ①978-4-265-85091-4

きみはライオン！―たのしいヨガのポーズ
ユテウム作・絵、竹下文子訳　偕成社
【要旨】しんこきゅうしてはじめよう。があーっ！とほえてライオン。ぱーたぱーたちょうちょ。ぴょんぴょんはねたらかえる。みんなでいっしょにやってみよう！　2歳から。
2017.7 1Vol. 27×24cm ¥1500 ①978-4-03-201650-5

きみもこねこなの？
エズラ・ジャック・キーツ作・絵、当麻ゆか訳　徳間書店
【要旨】こねこたちがあそんでいるところへ、こいぬがいっぴきやってきました。「きみもこねこなの？」と、きかれたこいぬは「えっと…そう！」と、こたえます。「いっしょだね。じゃあ、ついてきて！」こいぬはこねこになりきって、ミルクをのんだり、たかいところをはしったり、ネズミをおいかけたり。コールデコット賞受賞作家キーツが贈る愛らしい絵本。3さい〜。
2017.7 1Vol. 25×20cm ¥1500 ①978-4-19-864444-4

きょうふのおばけにんじん
アーロン・レイノルズ作、中川ひろたか訳、ピーター・ブラウン絵　学研プラス
【要旨】うさぎのジャスパーはにんじんだいすき。ひみつのはたけはおおきくて、あまくて、しかもいつでもたべほうだい！　でも、それも、やつらがつけてくるまでのことだった…。
2017.9 1Vol. 32×24cm ¥1600 ①978-4-05-204652-0

きょうりゅうたちがけんかした
ジェイン・ヨーレン文、マーク・ティーグ絵、なかがわちひろ訳　小峰書店（世界の絵本コレクション）
【要旨】あー、きょうりゅうたちはどうするの？　なかなおりしたいのに、「ごめんね」がいいだせなくてもじもじしているこどもたちに！
2017.3 1Vol. 31×24cm ¥1400 ①978-4-338-12654-0

くまくまくんのかいていたんけん
ベンジー・デイヴィス作　（神戸）BL出版
【要旨】しかけがいっぱいうごかしてみて！
2017.3 1Vol. 18×18cm ¥700 ①978-4-7764-0798-0

くまくまくんのハロウィン
ベンジー・デイヴィス作　（兵庫）BL出版
【要旨】しかけがいっぱいうごかしてみて！
2017.9 1Vol. 18×18cm ¥700 ①978-4-7764-0799-7

クマと森のピアノ
デイビッド・リッチフィールド著、俵万智訳　ポプラ社（ポプラせかいの絵本）
【要旨】ある日、森のなかで、こぐまのブラウンは、へんてこなものをみつけました。そーっと、さわってみるとそれは…。夢をかなえてくれる大切な友との出会いと別れを描いた心あたたまる物語。2016年ウォーターストーンズ児童書賞（絵本部門）受賞作。
2017.3 1Vol. 31×23cm ¥1400 ①978-4-591-15508-0

くまのブルンミ とんとんだあれ？
マレーク・ベロニカ作　風濤社
【要旨】ぼく、ブルンミなかよしくしてね！　あたまの3本の毛がトレードマーク。あ、泣き虫だけどこころやさしいげんきなくまの男の子！　1歳から。
2017 1Vol. 18×19cm ¥850 ①978-4-89219-421-4

金剛山（クムガンサン）のトラ―韓国の昔話
クォンジョンセン再話、チョンスンガク絵、かみやにじ訳　福音館書店（世界傑作絵本シリーズ）
【要旨】金剛山にトラ退治に行ったまま戻らなかった父の敵討ちを誓った少年。長い年月をかけ心身を鍛え金剛山でついにトラと相まみえることに。
2017.6 51p 30×30cm ¥2600 ①978-4-8340-8337-8

くらやみのなかのゆめ
クリス・ハドフィールド作、ザ・ファン・ブラザーズ絵、さくまゆみこ訳　小学館
【要旨】「まっくらなへやからは、ぶきみなエイリアンがやってくるんだ」くらくなるとめをつぶると、やがて、すてきなゆめがおとずれました。宇宙でデヴィッド・ボウイを歌った男、宇宙飛行士「クリス・ハドフィールド」の絵本。宇宙への夢がひろがる！
2017.2 1Vol. 28×28cm ¥1480 ①978-4-09-726679-2

クララ―300年前にはじめてヨーロッパを旅したサイのはなし
エミリー・アーノルド・マッカリー作、よしいかずみ訳　（神戸）BL出版
【要旨】300年近くも前、サイがまぼろしの動物だと思われていた時代にヨーロッパ中を旅したサイがいました。名前はクララ。絵のモデルになったり、歌がつくられたり、"サイ風"ヘアスタイルになったり、"サイ風"ドレスも大はやり。クララは、みんなの人気者です！
2017.1 1Vol. 25×30cm ¥1600 ①978-4-7764-0764-5

こうえん
ジェイムズ・スティーブンソン作、千葉茂樹編訳　岩波書店
【要旨】ぐんぐんのぼる、しゅるしゅるすべる。子どもたちはきょうも元気いっぱい。こまやかな観察眼で詩が生まれる瞬間をすくいあげる。『ニューヨーカー』の人気イラストレーター、ジェイムズ・スティーブンソンによる詩集絵本。
2017.3 48p 21×16cm ¥1100 ①978-4-00-111262-7

ごちそうの木―タンザニアのむかしばなし
ジョン・キラカ作、さくまゆみこ訳　西村書店
【要旨】むかしむかし、日照りで食べ物がなくなってしまった土地に、たわわに実のなる大きな木がありました。おなかがぺこぺこの動物たちは、かっこいイヌに、どうやったら実が食べられるか、聞きにいくことにしました。小さなノウサギが名のりでると、「大きい動物にまかせなさい」とみんなに言われ、ゾウとスイギュウが出かけるのですが…。タンザニアで語りつがれてきたゆかいなむかしばなし。
2017.8 1Vol. 24×29cm ¥1500 ①978-4-89013-983-5

子ネコのスワン
ホリー・ホビー作、三原泉訳　（神戸）BL出版
【要旨】あれ、ママはどこ？　みんながいない。ぼく、ひとりになっちゃった…。子ネコはママたちやたべものをさがしまわります。ぼくの居場所はどこ？　かぞくとはなれ、ひとりぼっちになった子ネコの行き先…やさしい人たちの手で助けられ、「スワン」というなまえもつけてもらえます。あたらしい家族の一員になったスワンが、あたたかくて安心できる場所を見つける物語。
2017.12 1Vol. 25×25cm ¥1500 ①978-4-7764-0811-6

こねこのプーフー 5 はがぬけたよ！
アン・ハレンスレーベン、ゲオルグ・ハレンスレーベン作、ふしみみさを訳　小学館
【要旨】「さあプーフー、おやすみなさいのじかんよ」「まって！　きょうね、すごいことがあったんだよ！　ぼく、はがぬけたんだよ！」「ええっ、そ！　ぐらぐらのはがあったの？　しらなかったわ」「うん。それがね…」ゆかいな想像の世界が広がるベッドタイムストーリー！
2017.1 1Vol. 22×17cm ¥1200 ①978-4-09-726676-1

こねこのプーフー 6 トンネルをほる
アン・ハレンスレーベン、ゲオルグ・ハレンスレーベン作、ふしみみさを訳　小学館
【要旨】「さあプーフー、おやすみなさいのじかんよ」「まって！　きょうね、すごいことがあったんだよ！　ぼく、トンネルをほったんだよ！　おすばでかい？」「ちがう！　そんなちっちゃいのじゃなくて！」想像の世界がぐんぐん広がるベッドタイムストーリー！
2017.2 1Vol. 22×17cm ¥1200 ①978-4-09-726677-8

こねこのプーフー 7 スキーをしたよ！
アン・ハレンスレーベン、ゲオルグ・ハレンスレーベン作、ふしみみさを訳　小学館
【要旨】「さあプーフー、おやすみなさいのじかんよ」「まって！　きょうね、すごいことがあったんだよ！　ぼくね、スキーをしたんだ」「おにわにゆきがあったの？」「うん！　すっごくたくさん！」「なつにゆきがふるなんてめずらしいわね…」クスッとほほえましいベッドタイムストーリー！
2017.7 1Vol. 22×18cm ¥1200 ①978-4-09-726720-1

こねこのプーフー 8 サンタさんにあったよ！
アン・ハレンスレーベン、ゲオルグ・ハレンスレーベン作、ふしみみさを訳　小学館
【要旨】「さあプーフー、おやすみなさいのじかんよ」「まって！　きょうね、すごいことがあったんだよ！」「ええっ、サンタさんがほいくえんにきたの？　そりゃすごい！」「うん。ほいくえんにはこどもがいっぱいいるからね」おやすみまえのしあわせな時間にぴったりなベッドタイムストーリー！
2017.10 1Vol. 22×17cm ¥1200 ①978-4-09-726750-8

この本をかくして
マーガレット・ワイルド文、フレヤ・ブラックウッド絵、アーサー・ビナード訳　岩崎書店
【要旨】ぼくだんが図書館にあたって、まちはもえてしまった。のこった本をつつみながらピーターのおとうさんはいった。だいじなことなんだ。ぼくらがどこからきたか…戦争がすべてをうばっていくなか、だいじなものをかくしながら、どうやってひきつぐのか。その知恵と生命力に満ちた、一冊の本が、ここにある。
2017.6 1Vol. 26×22cm ¥1500 ①978-4-265-85056-3

サイモンは、ねこである。
ガリア・バーンスタイン作、なかがわちひろ訳　あすなろ書房
【要旨】サイモンは、ねこである。こねこvs大型ネコ科動物の対決…?!
2017.8 31p 27×22cm ¥1400 ①978-4-7515-2834-1

さがして！ZOO―どうぶつえんからにげちゃった
ロー・コール作、神田由布子訳　東京書籍（付属資料：ふしぎなレンズ1）
【要旨】どうぶつえんがからっぽだ！　どうぶつたちがどうぶつえんをとびだした！　けいびいんのジェフリーはだいピンチ！　ぞうがこうじげんばに、ごりらがれっしゃに…ふしぎなレンズでいろいろなどうぶつをみつけだそう。ジェフリーがきみのたすけをまっている！
2017.7 1Vol. 26×26cm ¥1750 ①978-4-487-81079-6

サンカクさん
マック・バーネット文、ジョン・クラッセン絵、長谷川義史訳　クレヨンハウス
【要旨】「ぼうし」シリーズの作者、ジョン・クラッセンの絵、ボストングローブ・ホーンブック賞受賞作家、マック・バーネットのお話に、長谷川義史の大阪弁訳がぴったり！　サンカクさんとシカクさん、それぞれ「こわ〜い」ものがあるみたい。仲がいいのか、わるいのか。これぞ、あたらしい友情のカタチ？
2017.9 1Vol. 23×23cm ¥1800 ①978-4-86101-341-6

サンドイッチをたべたの、だあれ？
ジュリア・サーコーン=ローチ作、横山和江訳　（京都）エディション・エフ
【要旨】ベンチにおいてあったサンドイッチ、いったいだれがたべちゃったの？　え？　クマ？　それ、ほんと？　「え、サンドイッチ？　うん、ぼく、しってるよ！」"ぼく"が語る、サンドイッチに起きた出来事とは？
2017.10 1Vol. 23×29cm ¥1800 ①978-4-9908091-5-7

3びきのくま
グザビエ・ドゥヌ作　小学館（おはなしデコボコえほん）
2017.7 1Vol. 17×17cm ¥1500 ①978-4-09-726704-1

しずかにあみものさせとくれー！
ベラ・ブロスゴル作、おびかゆうこ訳　ほるぷ出版（海外秀作絵本）
【要旨】おばあさんは、あみものをしたいだけなのに、まごたちにじゃまされてばかり。とうとう家をでてしまいます。新鮮で新しい観点で、絵本の可能性を広げたベラ・ブロスゴルの絵本デビュー作。コルデコット賞オナー作品。
2017.11 1Vol. 29×23cm ¥1500 ①978-4-593-50596-8

詩ってなあに？
ミーシャ・アーチャー作、石津ちひろ訳　（神戸）BL出版
【要旨】ダニエルは、こうえんで"詩のはっぴょうかい"のポスターをみました。「詩ってなんだろう？」なかよしのどうぶつたちにたずねまわるダニエル。こたえは、みつかったかな。エズラ・ジャック・キーツ賞受賞作。
2017.6 1Vol. 24×27cm ¥1500 ①978-4-7764-0792-8

◆しっぱいなんかこわくない！　アンドレア・ベイティー作, デイヴィッド・ロバーツ絵, かとうりつこ訳　絵本塾出版
【要旨】ロージーはせかいいちのエンジニアになりたいおんなのこ。ほかのひとにはごみにおもえないものでもロージーにはおたからです。「ホットドッグせいぞうき」「ふうせんパンツ」「ヘビたいじヘルメット」ロージーはこれまでもたくさんのユニークなメカをつくってきたのですが…NASAの女性宇宙飛行士・ケイトさんが国際宇宙ステーション（ISS）から地球の子どもたちへ読み聞かせをした話題の絵本！
2017.7 Vol. 27×22cm ¥1400 ①978-4-86484-118-4

◆しーっ！ ひみつのさくせん―ボードブック　クリス・ホートン作, 木坂涼訳　（神戸）BL出版
2017.4 1Vol. 16×16cm ¥1000 ①978-4-7764-0788-1

◆ジャングルのおと　サム・タプリン文, フェデリカ・アイオサ絵, 大日本絵画　（おとがなるしかけえほん）（付属資料：電子モジュール1）
【要旨】ジャングルではどんなおとがきこえるかな？ ページにあるまるいマークをおしてみよう。とり、とら、かえる、ぞう、オランウータン、ヒョウのなきごえや、あめやみずしぶきのおとなど10しゅるいのおとがきけます！ えのなかにはところどころにあなあきがでこぼこしたしかけもついています。ゆびでさわってもたのしめます。
2017 1Vol. 22×22cm ¥2000 ①978-4-499-28732-6

◆重力って… ジェイソン・チン作, 竹内薫訳　偕成社
【要旨】「重力」ってどんなものか知ってる？ はじめて知るごとを、美しい絵でわかりやすく。読み聞かせにぴったりの科学絵本登場！ 3歳から。
2017 1Vol. 23×29cm ¥1500 ①978-4-03-202750-1

◆シュッシュッポッポ きかんしゃチャーリー　ベリル・エヴァンス作, ネッド・ダメロン絵, 風間賢二訳　KADOKAWA
【要旨】スティーヴン・キング、初めての絵本。「ダークタワー」シリーズ登場人物ベリル・エヴァンスによる伝説の絵本、ついに登場。
2017 1Vol. 21×24cm ¥1800 ①978-4-04-105405-5

◆シロクマが家にやってきた！　マリア・ファラー作, ダニエル・リエリー絵, 杉本詠美訳　あかね書房　（スプラッシュ・ストーリーズ 32）
【要旨】アーサーは、障害のある弟のために、家でも学校でもがまんを強いられ、あもしろくない毎日。頭にきてをとびだすと、シロクマが!? 心優しく陽気なシロクマのおかげで、アーサーの気持ちが変化していきます。あたたかく、ユニークな物語。
2017.12 173p 21×16cm ¥1300 ①978-4-251-04432-7

◆シロクマくんのひみつ　ヒド・ファン・ヘネヒテン作・絵, ひしきあきらこ訳　フレーベル館
【要旨】シロクマくんはかあさんのことがだーいすき。ふたりはいつもいっしょです。でも、シロクマくんにひみつができました。かあさんもしらないシロクマくんだけのひみつです。きょうもシロクマくんはどきどきしながら、ひとりででかけていきました。
2017 1Vol. A4 ¥1300 ①978-4-577-04541-1

◆しろさんとちびねこ　エリシャ・クーパー作, 椎名かおる訳　あすなろ書房
【要旨】ひとりでくらすしろさんのもとへ、あるひ、ちびねこがやってきて…ニューヨークでうまれた、かしこいねこのおはなし。
2017.4 31p 21×22cm ¥1300 ①978-4-7515-2829-7

◆すべてのひとに石がひつよう　バード・ベイラー著, ピーター・パーナル画, 北山耕平訳　河出書房新社　新装版
【要旨】あなたは、自分の石を持っていますか？ 石はそれぞれが記憶装置ですし、生きている小さな地球です。石のついあい方がわかってくれば、地球とのつきあい方もわかります。石のきもちが、あなたと地球のごとにつながるのです。自然のこと、地球のこと、友だちのこと。次世代に残したい、大切な1冊。
2017.9 1Vol. 21×29cm ¥1400 ①978-4-309-27887-2

◆スラムにひびくバイオリン―ゴミを楽器に変えたリサイクル・オーケストラ　スーザン・フッド著, サリー・ワーン・コンポート絵, 中家多恵子訳　汐文社
【要旨】パラグアイの貧しいまち、カテウラ。うるさくて、鼻をつくにおいがする、ゴミ処理場のあるこのまちから、びっくりするようなことがおこるとは、思いもしないことでした。ゴミの山には、美しい音楽が埋もれていたのです。
2017 39p 26×26cm ¥1800 ①978-4-8113-2365-7

◆ずるいコウモリ　蜂飼耳文, 杉崎貴史絵　岩崎書店　（イソップえほん 8）
2017.2 1Vol. B5 ¥1200 ①978-4-265-08557-6

◆世界でさいしょのプログラマー―エイダ・ラブレスのものがたり　フィオナ・ロビンソン作, せなあいこ訳　評論社　（児童図書館・絵本の部屋）
【要旨】この本は、世界初のプログラマーだったひとりの女性、エイダ・ラブレスをえがく伝記絵本です。エイダは、英国を代表する詩人バイロン卿と、数学者のアン・イザベラ・ミルバンクとの間に生まれました。エイダの母は、娘が父親のようにほんぽうな人間にならないよう、てっていして数学を中心にすえた教育を受けさせました。詩なんてもってのほかです！ しかし、エイダの想像のつばさは、そんなことで折られたりはしませんでした。「世界で最初のコンピュータ・プログラマー」とよばれるエイダの人生は、たしかな知識と豊かな想像力が結びつけば、だれも思いもおよばない世界がつくりだせることを教えてくれます。コンピュータがとくいな子どもたちや、発明家をめざす子どもたちだけでなく、夢見ることが大好きな子どもたちにもおすすめしたい絵本です。
2017.5 1Vol. 21×29cm ¥1500 ①978-4-566-08019-5

◆世界はまるい　ガートルード・スタイン文, クレメント・ハード絵, マーガレット・ワイズ・ブラウン編, みつじまちこ訳　KTC中央出版
【要旨】むかしあるとき、てくてくとことこ歩いていくと世界をぐるっとまわりすることができる。パリで暮らしたことばの芸術家、ガートルード・スタインが子どもたちへの贈りものとして書いた、ちいさな女の子ローズの物語。9さいのあなた、かつてあこがれるあなた、かつて9さいだったあなたへ。1939年に生まれたオリジナル版、初邦訳！
2017.10 95p 20×16cm ¥1600 ①978-4-87758-769-7

◆ぜったいぜったいひみつだよ　アナ・カン文, クリストファー・ウェイアント, 木坂涼訳　ほるぷ出版
【要旨】ぼく―ママもしらないなやみがあるんだ。コミュニケーション絵本。
2017.4 1Vol. 25×25cm ¥1500 ①978-4-593-50588-3

◆ぜったいにおしちゃダメ？　ビル・コッター作　サンクチュアリ出版
【要旨】このえほんには1つだけルールがあるよ。それはこのボタンをおしちゃダメということ。このボタンのことをかんがえてもダメ。できるかな？ 2〜4歳児向け。
2017.9 1Vol. 18×19cm ¥980 ①978-4-8014-0043-6

◆そーっとそーっとひらいてみよう　ニック・ブロムリー文, ニコラ・オバーン絵, かとうりつこ訳　WAVE出版
【要旨】ヨーロッパで大人気！ 絵本の世界にまぎれこんだ怪物を、みんなで退治しよう！ 本をゆすったり、なでたり…読者が物語に参加して楽しめる絵本。
2017.6 1Vol. 30×24cm ¥1500 ①978-4-87290-968-5

◆空の王さま　ニコラ・デイビス文, ローラ・カーリン絵, さくまゆみこ訳　（神戸）BL出版
【要旨】ぼくは、毎日ハトを見にいった。「レース用に訓練してるハトだよ。そして、この子は、いずれチャンピオンになるぞ」エバンズさんはそう言うと、一羽のハトをぼくの手にのせた。1600キロのハト・レースにいどんだ少年と老人の物語。
2017.11 1Vol. 24×29cm ¥1600 ①978-4-7764-0817-8

◆太陽と月―10人のアーティストによるインドの民族の物語　ギーター・ヴォルフ企画・原案, 青木恵都訳　（武蔵野）タムラ堂
2017.5 1Vol. 29×26cm ¥2000 ①978-4-9906287-3-4

◆楽しい川辺　ケネス・グレアム作, ロバート・イングペン絵, 杉田七重訳　西村書店
【要旨】春の大掃除を放り出し、外に飛び出していったモグラは、川辺を愛する川ネズミや、ぶっきらぼうだけれど優しいアナグマ、うぬぼれ屋のヒキガエルたちに出会い、心おどる冒険に乗り出していきます。ところが、無鉄砲なヒキガエルのせいで、仲間はとんだ騒ぎに巻き込まれて…。

動物自然ファンタジーの名作。イギリスの豊かな田園に暮らす仲間たちの冒険。国際アンデルセン賞受賞画家であるロバート・イングペンの美しい挿し絵と、読みやすい新訳によるカラー豪華愛蔵版。
2017.4 224p 24×20cm ¥2200 ①978-4-89013-980-4

◆たべものはどこからやってくる？　アゴスティーノ・トライーニ絵・文, 中島知子訳　河出書房新社
【要旨】ある朝、みならいコックのフーディーに、とつぜんフライパンが話しかけてきた。「ねえフーディー、ぼくが料理したおいしいもの、どこからやってきたかしってる？」めだまやき、パン、ミルクにハチミツ、チョコレート、どこでどんなふうに生まれて、ここにやってきたんだろう？ みんなもいっしょに、その道のりをたどってみよう。グルメの国・イタリア発、カラフルで美しいイラストが魅力の絵本が誕生!!
2017.7 1Vol. 36×29cm ¥2000 ①978-4-309-27830-8

◆ちいさなあなたがねむる夜　ジーン・E.ペンジウォル文, イザベル・アルスノー絵, 河野万里子訳　西村書店
【要旨】北の国のしずかな夜、子守歌のように神秘的な美しさを見せてくれる大自然。雪がそっと降りはじめ、動物たちが姿をあらわし、いつしか空には星が輝きだします。大自然の鼓動を感じながらあたたかな室内でねむる子どもを見守る母―魔法のような言葉がひとつきをリズミカルに、みずみずしく描きます。ニューヨーク・タイムズ最優秀絵本賞、カナダ総督文学賞をダブル受賞。イザベル・アルスノーの絵本。
2017.2 1Vol. 28×22cm ¥1400 ①978-4-89013-978-1

◆小さな家のローラ　ローラ・インガルス・ワイルダー作, 安野光雅絵・監訳　朝日出版社
【要旨】『大きな森の小さな家』が絵の本になりました。
2017.3 271p A5 ¥1700 ①978-4-255-00982-7

◆ちいさなうさぎのものがたり　アルヴィン・トレッセルト文, レナード・ワイスガード絵, 安藤紀子訳　ロクリン社
【要旨】春にうまれたかわいい子うさぎたち。野原や森をはしりまわって、たくさんのことを学んでいきます。大自然のなかでりっぱに成長するその姿と、命のめぐりを子どもたちに伝えてくれる絵本。
2017.3 1Vol. 25×21cm ¥1500 ①978-4-907542-43-6

◆ちっちゃな木のおはなし　ローレン・ロング作, やまねもとよ訳　評論社　（児童図書館・絵本の部屋）
【要旨】小さな森のちっちゃな木は、しあわせでした。しげった葉っぱにまもられて、夏もすずしかったから。秋になって、ちっちゃな木は、葉っぱを手ばなすことができません。やがて…成長していくためには、たいせつなものを手ばなしたり、いごこちのよさから一歩ふみだす勇気がひつようなことも。小さな木をとおして、そのことを、やさしくかたりかけてくれる絵本。
2017.4 1Vol. 27×23cm ¥1400 ①978-4-566-08018-8

◆ちびゴリラのちびちび ボードブック　ルース・ボーンスタイン作, 岩田みみ訳　ほるぷ出版　（海外秀作絵本）
【要旨】森の動物たちはみんな、ちいさなゴリラのことが大好きでした。ところがちびちびは、どんどんどんどん大きくなって…。子どもも大人も幸せになる、変わらない愛情をえがいた絵本。
2017.1 1Vol. 11×13cm ¥800 ①978-4-593-50587-6

◆ちびのミイとおかしなこづつみ　トーベ・ヤンソン原作, リーナ・カーラ, サミ・カーラ文・絵, もりしたけいこ訳　徳間書店　（ミイのおはなしえほん 4）
【要旨】ゆきがつもったふゆのあるひ、ムーミンやしきに、こづつみがとどきました。なかにはいっていたのは、いただきものクリップダッス。ムーミンいっかはいっしょにすごすように―とははがおくってよこしたの。でも、クリップダッスのおとこのこがちびのミイといっしょに、ムーミンやしきで、おおあばれもすることに。ゆかいなおはなし。トーベ・ヤンソンの姪が代表をつとめるムーミン・キャラクターズ社の公認画家リーナ・カーラ＆サミ・カーラ夫妻による「ミイのおはなしえほん」第4弾！ 5さい〜。
2017.11 1Vol. 25×25cm ¥1400 ①978-4-19-864520-5

◆チャーリーとシャーロットときいろのカナリア　チャールズ・キーピング作, ふしみみさを訳　ロクリン社　［「しあわせどおりのカナリア」新装新訳・改題書］

絵本・児童書

◆チャーリーとシャーロットはいつも一緒。ところがある日、シャーロットの住む古いアパートはとり壊され、どこかへ引っ越してしまいました。さびしいチャーリーは、せめていつも二人でながめていた露店のカナリアを買おうと決心します―。ちいさなカナリアがもたらした、しあわせな奇跡。1967年ケイト・グリーナウェイ賞受賞。叙情的な、そして幻想的な筆致で描かれた、チャールズ・キーピングの代表作。
2017.4 1Vol. 28×21cm ¥1600 ①978-4-907542-44-3

◆春姫(チュニ)という名前の赤ちゃん ピョンキジャ文, チョンスンガク絵 童心社 (日・中・韓平和絵本)
2017.3 1Vol. 25×26cm ¥2500 ①978-4-494-01971-7

◆ちょっとずつちょっとずつ グザビエ・ドゥヌ作 小学館 (はめえデコボコえほん)
【要旨】はめたりはずしたりが楽しい! 赤ちゃんがはじめて出会う本。指を使う遊びは、脳の発達をうながします。
2017.2 1Vol. 21×21cm ¥1500 ①978-4-09-726678-5

◆つかまるわけないだろ! ティモシー・ナップマン文, シモーナ・チラオロ絵, ふしみみさを訳 徳間書店
【要旨】あるところに、とびきりあしのはやいねずみがいました。なまえはジェイク。おじいさんネコのトムは、ジェイクをつかまえられません。とくにだいすきなジェイクは、キツネにもいいました。「つかまるわけないだろ!」そして…? 英国で活躍するベテラン作家とイタリア出身の新進イラストレーターのコンビが手がけた、ゆかいな絵本。3さい〜。
2017.4 1Vol. 25×27cm ¥1500 ①978-4-19-864389-8

◆つちづくりにわづくり ケイト・メスナー文, クリストファー・サイラス・ニール絵, 小梨直訳 福音館書店 (世界傑作絵本シリーズ)
【要旨】おにわはみどりでいっぱい―はっぱやみたらしがでがた。ぐんぐんやさしい、ぐんぐん大きくなる。まくじゅくすみ。いっぽうで、じめんのやつらのなかは、おおいそがしい。ミミズはあなをふくらまし、アリはたべものをはこび、ヘビはたまごをうみ、スカンクはごそごそむしをとり。ほかにも、たくさんのいきものがくらしています。すてきなえがいっぱいのこのえほんをひらくと、おどろきます。えだのすきまから、はっぱのかげで、みんなだいかつやく。ほら、じめんのすぐそこにも…。5才から。
2017.5 1Vol. 31×21cm ¥1600 ①978-4-8340-8153-4

◆天女かあさん ペクヒナ作, 長谷川義史訳 ブロンズ新社
【要旨】天女さまの手もかりたい! とんでもないめめの日におこったじんわりとしたあたたかな奇跡!韓国で人気NO.1のペク・ヒナが描くかぎりなくあたたかな世界。
2017.8 1Vol. 30×24cm ¥1400 ①978-4-89309-636-4

◆どうするジョージ!―ボードブック クリス・ホートン作, 木坂涼訳 (神戸)BL出版
2017.4 1Vol. 16×16cm ¥1000 ①978-4-7764-0789-8

◆どうぶつたちがねむるとき イジー・ドヴォジャーク作, マリエ・シュトゥンプフォヴァー絵, 木村有子訳 偕成社
【要旨】キリン, ラッコ, ニシキヘビ, アザラシ, シロクマ, ヤマネにラクダ, ジャコウネコのねむりかたはさまざま? どんなふうにねむるのかな? どんなゆめをみるのかな? 4歳から。
2017 1Vol. 23×31cm ¥1600 ①978-4-03-202760-0

◆動物たちは、お医者さん!―自分で自分を治すすごい力! アンジー・トリウス, マーク・ドラン, フリオ・アントニオ・プラスコ著, 古草秀子訳 河出書房新社
【要旨】ケガした! カゼひいた! ヘビにかまれた…、そんなとき、動物たちはどうしているのか、してるの? 動物たちは、一匹一匹がお医者さん。自然のなかでくらし、生きのびていく、かれらのスゴい技を、のぞいてみよう! ユニークな生きざまを、かわいいイラストで大解剖!!かしこい治しかたと動物たちの生態がわかる詳細データ付き。
2017.12 31p 25×25cm ¥1800 ①978-4-309-27878-0

◆どうぶつピラミッド クレア・デュドネ作, やまもとともこ訳 NHK出版
【要旨】きょうは、ヤツガシラ"フープー"の10歳の誕生日。世界中から友だちがお祝いにかけつけました。チンパンジー, ウサギ, ラクダ, ジャコウ, アザラシ, ウォンバット、ほかにもたくさんいます。プレゼントをいっぱいもった仲間たちが、どんどんつみあがって、高い高

いピラミッドのできあがり。さあ、パーティーのはじまりです。メディアで話題になった『メガロポリス―空から宇宙人がやってきた!』の著者が贈る、なが〜い絵本第二弾! 広げると1枚の絵になります。各ページに登場する動物たちが、絵のどこにいるか探しながら読み進めて。
2017.10 1Vol. 19×31cm ¥1400 ①978-4-14-036128-3

◆どうやってねるの? オリビア・コスノー文・絵, ベルナール・デュイジット紙工作, みたかよこ訳 大日本絵画 (つまみひきしかけえほん)
【要旨】どうぶつのこどもたちはどうやってねるのかな? こねこ、はくちょうのひな、こいぬ、こうもり、カンガルーのこ、コアラのこがねむるようすをみてみましょう。やんちゃなこざるはねるのかな?
〔17.7〕1Vol. 19×16cm ¥1500 ①978-4-499-28708-1

◆図書館を心から愛した男―アンドリュー・カーネギー物語 アンドリュー・ラーセン文, カティ・マレー絵, 志多田静訳 六耀社
【要旨】アメリカの鉄鋼王として巨万の財産をきずいたアンドリュー・カーネギーは、かつて、スコットランドから移民の子としてアメリカへわたった少年でした。少年時代から一生懸命にはたらき、学校に行けなかったアンドリューの成功には図書館が大きな役割を開始してくれた人物がいたのです。こうしてアンドリューは、ここから多くのことを、どんどん学んでいきました。
2017.10 1Vol. 30×22cm ¥1500 ①978-4-89737-999-9

◆としょかんへぴょん! ぴょん! ぴょん! アニー・シルヴェストロ文, タチアナ・マイ=ウィス絵, 福本友美子訳 絵本塾出版
【要旨】うさぎは、ほんがすきでした。でも、いつがおわると、「おはなしのじかん」はとしょかんのなかになりました。「どうぶつはとしょかんにはいれないよ」あるばん、ほんのことばかりかんがえていたうさぎはあるばん、おもいきって、あるほんをとびだしました。としょかんへぴょん! ぴょん! ぴょん!
2017 1Vol. 28×22cm ¥1500 ①978-4-86484-122-1

◆とてもとてもサーカスなフロラ ジャック・センダック文, モーリス・センダック絵, 江國香織訳 集英社
【要旨】ねえ、そとの人たちってどんなふうなの? フロラの心に芽ばえた不安な気持ち。サーカスで生まれ、サーカスで育った小さな女の子の、たった一人の冒険。そしてーセンダック兄弟が1957年に共作した絵本、初邦訳! 兄ジャックが、外の世界を知ろうとした女の子の冒険の日々を繊細に綴り、弟モーリスが、その舞台となるサーカスの世界を鮮やかに描いた、珠玉の作品。
2017.10 1Vol. 25×19cm ¥1500 ①978-4-08-781535-1

◆トビーがなくしたほね トリーナ・ニヒネージェ作, アニー・ウェスト絵, フューシャ訳 (奈良)アイルランドフューシャ奈良書店
【要旨】かわいそうなトビー。いつもおなかをすかしています。トビーはおぼえているのです。どこかにほねをかくしたことを。…でも、どこに? トビーはくろうしながらそれをさがさなければなりません。でも、にわにはいろんなものがあるんですよね! 5歳から10歳の読者へ。
2016.12 24p 21×26cm ¥1200 ①978-4-9906796-3-7

◆トビーのごはん トリーナ・ニヒネージェ作, アニー・ウェスト絵, フューシャ訳 (奈良)アイルランドフューシャ奈良書店
【要旨】トビーはしあわせなゆめをみています。おいしいごはんのゆめ。きっといつものところにもおいしいものがあるはずです。でも、なにもみつかりません。かわいそうなトビー…では、どうするのでしょう? ともだちのグスがいいことをおもいつきます。5歳から10歳の読者へ。
2016.12 24p 21×26cm ¥1200 ①978-4-9906796-2-0

◆とらさん おねがい おきないで ブリッタ・テッケントラップ作・絵, 木坂涼訳 ひさかたチャイルド
【要旨】とらさんがねむってるよ。ぜったいおこしちゃだめだよ。でもぼくたちふうせんをもってるしちょっぴりへいからくぅっていいんだ。どうしよう…どうしたらいい? とらさんをなでたり、息を吹きかけたり心と体で楽しむ、ことばのしかけ絵本。
2017 1Vol. 27×24cm ¥1400 ①978-4-86549-094-7

◆どれがいちばんすき? ジェイムズ・スティーブンソン作, 千葉茂樹編訳 岩波書店
【要旨】チョコアイス、ソフトクリーム、かきごおり。どれを食べたかきめられません。ユーモアあふれることばと小粋なイラストでおくる、『ニューヨーカー』の人気イラストレーター、ジェイムズ・スティーブンソンによる詩集絵本。
2017.3 48p 21×16cm ¥1100 ①978-4-00-111261-0

◆なかないで、アーサー―てんごくにいったいぬのおはなし エマ・チチェスター・クラーク作・絵, こだまともこ訳 徳間書店
【要旨】いぬのデイジーはとしをとり、あるあさをさまずに、しずかにえいえんのねむりにつきました。てんごくはうつくしいところで、たくさんのともだちもむかしのようににげんきにはしりまわることができます。けれどもしたのせかいをみてみると、かいぬしだったおとこのこ、アーサーが「デイジーにあいたい」といっているすがたがみえました。そこでデイジーは…? 天国に行った犬が、飼い主の男の子の悲しみをあまりようとする姿を温かく描いた、心に響く絵本です。5さい〜。
2017.1 1Vol. 30×23cm ¥1600 ①978-4-19-864330-0

◆なずず このっぺ? カーソン・エリス作, アーサー・ビナード訳 フレーベル館
【要旨】「なずず このっぺ?」といちばんベーシックな昆虫語の問いかけからストーリーは始まります。虫たちのおしゃべり昆虫のえほん。2017年コルデコット賞オナーブック。
2017.1 1Vol. 31×25cm ¥1500 ①978-4-577-04585-5

◆7つの世界で大ぼうけん!―かぞえるさがしもの絵本 ジーマク・ビュッヒェル作, フィデス・フリーデベルク絵, 長谷川圭訳 KADOKAWA
【要旨】「剣をわすれてきちゃったんだ! とどけてくれない?」王子さまから、手紙がとどきました。王女さまは、森をぬけて、山をこえ、町を歩き、王子さまのお城をめざします。8しゅるいのかいじゅう、7ひきのこびと、6ぴきのモルモット。たのしくあそびながら数をおぼえられる! ドイツの人気絵本。文章中に出てくるアイテムを、ぜんぶ見つけよう! 王女が王冠を落としたページを見つけよう! うしろから読んで、王女が帰るお城をさがしみよう! 7つの世界が、どのようなところか、想像してみよう! 最初と最後に登場する、王子と王女のお城をくらべてみよう! 5とおりあそべる、さがしもの絵本。3歳〜。
2017.6 1Vol. A4 ¥1400 ①978-4-04-105799-5

◆ななめうえ まちをゆく ジェイソン・カーター・イートン文, ガス・ゴードン絵, 小手鞠るい訳 マイクロマガジン社
【要旨】あるあさ、へんてこなねこがまちにやってきて…ジェイソン・カーター・イートン(『アイス・エイジ3』原案)と、豪ベストセラー作家ガス・ゴードンが描く、猫からはじまるふしぎなお話。
2017.9 1Vol. 26×26cm ¥1600 ①978-4-89637-656-2

◆なりたいなぁ プレム・ラワット文, しろいあや絵, マックス・ウィトル訳 (小布施町)文屋, サンクチュアリ出版 発売
【要旨】自分の仕事に不満を持っていた若者は、他人をうらやましく思います。ある日、若者が心の底から願ったとき、パッと願いが叶います。大金持、王様、太陽、雲、風、山、そして…。ほんとうの幸せは、心の中にある。「平和の大使」が問いかける2冊目の絵本。
2017.10 1Vol. 23×19cm ¥1500 ①978-4-86113-780-8

◆にんぎょうのおいしゃさん マーガレット・ワイズ・ブラウン作, J.P. ミラー絵, こみやゆう訳 PHP研究所 (おひざにおいで)
【要旨】ひげせんせいは、にんぎょうのおいしゃさん。けがやびょうきのにんぎょうたちによばれると、ちいさなバッグをもってかけつけます。
2017.8 1Vol. 24×20cm ¥1300 ①978-4-569-78687-2

◆ネコの住むまち イブ・スパング・オルセン作, ひだにれいこ訳 (所沢)メディアリンクス・ジャパン, (神戸)BL出版 発売
【要旨】ラウラとラッセの姉弟は、コペンハーゲンにある大きなマンションに住んでいました。窓から見えるのはネコがたくさんいる不思議な家と古いまち並み。二人は遊びに出かけますが、途中でラッセがいなくなりました。弟を見つけようとラウラはまちを探検しますが…。国際アンデルセン賞受賞、デンマークを代表する

絵本作家オルセンの絵本が新訳で復刊。
2017.2 1Vol. 26×21cm ¥1400 978-4-7764-0790-4

◆ねこのピート—だいすきなおやすみえほん キムバリー、ジェームス・ディーン作、大友剛訳、長谷川義史文字画 ひさかたチャイルド
【要旨】ねこのピートはともだちとうちにおでかけ。あそびたりないピートは「ぼくのうちにとまりにおいでだよ！」とみんなでおでかけ。おんがくおえかきかりさいこう！たくさんあそんでようやくねむることにしたけれど、みんななかなかねつけない。そこでピートも……。
2017 1Vol. 29×22cm ¥1300 978-4-86549-119-7

◆ネズミのゆうびんやさん マリアンヌ・デュブク作、ふしみみさを訳 偕成社
【要旨】げつようびのあさ。ネズミのゆうびんやさんは、にぐるまにたっぷりにもつをつんででかけます。ふかいうみも、たかいやまも、はいたつのためならなんのその。ひさかたの「ゆうびんでーす！」さあ、にぐるまのこづつみはそれぞれだれにとどいたかな？ 3歳から。
2017 1Vol. 31×25cm ¥1500 978-4-03-201630-7

◆ネズミのゆうびんやさんのなつやすみ マリアンヌ・デュブク作、ふしみみさを訳 偕成社
【要旨】さあ、まちにまったなつやすみ！ネズミのゆうびんやさんは、かぞくでバカンスにしゅっぱつです。おやおや、にもつにはすてきなこづつみがたくさん。りょこうをしながらとどけるのです。めざすはさばくにジャングル、かざのしまに、とかい……。ゆうびんいっぱいとかい、せかいいっしゅうへでかけましょう！3歳から。
2017 1Vol. 31×25cm ¥1500 978-4-03-201640-6

◆ねぼすけふくろうちゃん マーカス・フィスター作、林木林訳 講談社（講談社の翻訳絵本）
【要旨】「にじいろのさかな」の原点マーカス・フィスターのデビュー作！男の子となかよくなりたいふくろうちゃん、はやおきできるかな？マーカス・フィスター「にじいろのさかな」25周年記念リニューアル復刊！
2017.6 1Vol. 24×24cm ¥1400 978-4-06-283106-2

◆ねむたいひとたち M.B.ゴフスタイン作、谷川俊太郎訳 あすなろ書房
2017.9 1Vol. 13×12cm ¥800 978-4-7515-2833-4

◆ねむれないおうさま ベンジャミン・エルキン原作、ザ・キャビンカンパニー絵、こみやゆう訳 瑞雲舎
【要旨】このごろ、カール王はどうしたことか、ひと晩中眠れずにいました。大臣の大臣たちは、なんとか王さまに眠ってもらおうと、知恵を絞ります。ですが、どうしても王さまは眠ることができません。王さまは、いったいどうしたら眠れるのでしょうか？
2017.6 1Vol. 24×24cm ¥1400 978-4-907613-17-4

◆ネルソンせんせいがきえちゃった！ ハリー・アラード文、ジェイムズ・マーシャル絵、もりうちすみこ訳 （日野）朔北社
2017.12 1Vol. 28×22cm ¥1500 978-4-86085-127-9

◆はくぶつかんのよる イザベル・シムレール文・絵、石津ちひろ訳 岩波書店
【要旨】その夜、コンフリュアンス博物館は、しずかな眠りについていました。ここの住人—カマラサウルスもハチドリも、そしてアンモナイトも……いつもの場所で、身動きひとつせずにじっとしていたのです。ところが、一匹の黄色いチョウが逃げだしたをきっかけに、「あおのじかん」のイザベル・シムレールが描きだす、めくるめく幻想的な世界。
2017.6 1Vol. 23×32cm ¥1800 978-4-00-111263-4

◆走れ!!機関車 ブライアン・フロッカ作・絵、日暮雅通訳 偕成社
【要旨】1869年、夏。ひとつの家族がアメリカ大陸の東から西へ向かって旅立った。開通したばかりの大陸横断鉄道に乗って。鉄の馬！煙とともにやってくる大きな機関、蒸気機関車の西へ続く鉄の道をひたすら走りつづける。コルデコット賞受賞　小学校高学年から。
2017 1Vol. 23×32cm ¥1800 978-4-03-348340-5

◆ハッピーハンター ロジャー・デュボアザン作、安藤紀子訳 ロクリン社
2017.9 1Vol. 19×22cm ¥1600 978-4-907542-50-4

◆発明絵本 インベンション！ アクセル・ドゥベベル作・絵、ウエダノブユキ訳 KTC中央出版
【要旨】火、医学、写真、点字、電話……はるか昔から、人間はたくさんのインベンション（発明）をしてきました。18の発明とその歴史。驚きあふれるしかけで楽しむポップアップ絵本の傑作です！
2017.11 1Vol. 26×19cm ¥3000 978-4-87758-771-0

◆発明家になった女の子マッティ エミリー・アーノルド・マッカリー作、宮坂宏美訳 光村教育図書
【要旨】マッティは、発明が大好き。お兄さんたちのためにおもちゃを作り、そりをつくってあげました。お母さんのために足をあたためる道具をつくってあげました。やがて大人になり、紙袋の工場で働きはじめたマッティは…。19世紀末のアメリカで活躍した女性発明家マーガレット・E.ナイトを描いたノンフィクション絵本。
2017.9 31p 27×22cm ¥1500 978-4-89572-209-4

◆はなくそ アンジェール・ドロノワ著、カロリーヌ・アメル絵、守本倫子日本版監修、たかのゆう訳 竹書房
【要旨】鼻をほじってしまったり、それを食べてしまうのをやめさせたい！この本ははなくその秘密を学んで、子供のくせを直します。カナダの大人気絵本が日本登場!!
2017.11 1Vol. 24×22cm ¥1500 978-4-8019-1219-9

◆バニーといっしょ！ おふろ ヨルク・ミューレ作、まるやまめぐみ訳 （町田）キーステージ21
2017.2 1Vol. 16×16cm ¥999 978-4-904933-04-6

◆パパ、サンドイッチつくってあげる！ ピップ・ジョーンズ文、ローラ・ヒューズ絵、ふしみみさを訳 ほるぷ出版 （海外秀作絵本）
【要旨】ねえパパ、パパのだいすきなものいれたサンドイッチ、つくってあげようか？パパのすきなものはねえ……こんがりやけたパンにバター、くっさ～いチーズに、トマト！（へたはとってあげようね）え～と、それから……。
2017.9 1Vol. 26×26cm ¥1400 978-4-593-50594-4

◆ハミングバードおきにいりのぼうし あさのみどり作・絵、サンリオキャラクター著作 岩崎書店
【要旨】人気キャラクターがすてきな絵本になりました！なかまたちといっしょに、おきにいりのぼうしをさがしにいこう。
2017.3 1Vol. 24×19cm ¥1200 978-4-265-83041-1

◆はらぺこハロルド、なにがみえたの？ ケヴィン・ウォルドロン作、いしいむつみ訳 （神戸）BL出版
【要旨】くいしんぼうの犬のハロルドは、おなかいっぱいたべたあと、おきにいりのイスにねそべっていました。もののゆめがだいすき。ところがある日、だいじなイスがきえてしまいます。あわてて街にとびだしたハロルドの目にとびこんできたものは—
2017.6 1Vol. 30×23cm ¥1400 978-4-7764-0805-5

◆パリのエマ クレール・フロッサール文・絵、クリストフ・ユルバン写真、木坂涼訳 福音館書店 （世界傑作絵本シリーズ）
【要旨】ニューヨークからパリにやってきた、すずめのエマ。はじめてのまちで、ねことともだちになり、いとこのアメリカといっしょにだいぼうけんをはじめます。5才から。
2017.6 1Vol. 32×22cm ¥1600 978-4-8340-8189-3

◆ハリー・ポッターとアズカバンの囚人 イラスト版 J.K.ローリング作、ジム・ケイ絵、松岡佑子訳 静山社
【要旨】エクスペクトパトローナム！湖のほとりで起こったあの奇跡をもう一度。オールカラー・イラストで蘇る魔法の世界！ホグワーツ校の3年生になったハリーは、自らの過去についての新しい真実を知り、暗い噂や死の予兆に付きまとわれることになる。そして、闇の帝王の最も忠実な部下の一人と遭遇することに…古典的名シリーズ第3巻。
2017.10 325p 28×24cm ¥3700 978-4-86389-392-4

◆ぱんつはこう！ ジャレッド・チャップマン作、木坂涼訳 ほるぷ出版
【要旨】ぼくのぱんつさいこう！みんなみんなぱんつをはいているよ！かわいい野菜たちがカラフルぱんつでつぎつぎ登場。みんなが楽しくなる元気なぱんつ絵本！
2017.7 1Vol. 21×21cm ¥1400 978-4-593-50591-3

◆ビークル—ゆめのこどものおはなし ダン・サンタット作、谷川俊太郎訳 ほるぷ出版 （海外秀作絵本）
【要旨】このお話は、はるかかなたの島からはじまる。そこは、「ゆめのこども」が生まれる場所。みんな「ほんとのこども」がみつけて、名前をつけてくれるのをまっている。けれど、いつまでたってもみつけてもらえず、とうとうまちきれなくなった「ぼく」は…コルデコット賞受賞。
2017.10 1Vol. 29×22cm ¥1600 978-4-593-50595-1

◆ピピはいっとうしょう！ ヒド・ファン・ヘネヒテン文・絵、石津ちひろ訳 パイインターナショナル
【要旨】テントウムシのせかいで4かげついちにひらかれるてんてんオリンピック。りくじょう・たいそう・たっきゅう…ちいさなピピにはむずかしい。だけどそんなピピがだいかつやくできるきょうぎがあるんだ。それはね…対象年齢3歳から。
2017.5 1Vol. 23×22cm ¥1200 978-4-7562-4870-1

◆ヒルダさんと3びきのこざる クェンティン・ブレイク文、エマ・チェスター・クラーク絵、むらおかみえ訳 徳間書店
【要旨】ちょっぴり元気がよすぎるこざるたち！ヒルダさんのるすちゅうに3びきは…？どこかのだれかさんに似ている、愛すべきこざるたちのいたずらとは…？英国の絵本作家を代表するクェンティン・ブレイクとエマ・チェスター・クラークのコンビが描いた、ゆかいなおはなし。3さい〜。
2017.5 1Vol. 32×24cm ¥1700 978-4-19-864408-6

◆ファニーのフランス滞在記 アリス・ウォータース著、アン・アーノルド絵、坂原幹子訳 （大阪）京阪神エルマガジン社 （シェ・パニースの絵本）
【要旨】フラットブレッド、バゲット、フランソワ特製オリーブのマリネ、ウフ・マヨネーズ、クレソンのポタージュ—フランスの珍しい食材、おいしい料理に出会って、作って、一緒に食べて—さあ、出発！ファニーたちと一緒に冒険の旅に出ませんか？
2017.4 175p B5 ¥2000 978-4-87435-530-5

◆ファビアンのふしぎなおまつり マリット・テルンクヴィスト作・絵、長山さき訳 徳間書店
【要旨】きょうは、おまつりです。ママが、でかける用意をしているあいだに、ファビアンは、わくわくして、いろんなことをかんがえました。きょうは、車のかわりに、町にゾウがいるかも。キャンディーのなる木や、広場から、はみだしそうに大きなケーキも、あるかも…？ようやく、ふたりが外へでると、ほんとうに…？大きくひろがるページをたくさん使って、わくわくすることが次々におこる、ふしぎなおまつりの一日をえがく、オランダ生まれの楽しいしかけ絵本です。5さい〜。
2017.9 1Vol. 26×22cm ¥1900 978-4-19-864484-0

◆ふしぎな銀の木—スリランカの昔話 シビル・ウェッタシンハ再話・絵、松岡享子、市川雅子訳 福音館書店 （世界傑作絵本シリーズ）
2017.6 56p 27×20cm ¥1400 978-4-8340-8287-6

◆ふなのりのやん ディック・ブルーナ文・絵、まつおかきょうこ訳 福音館書店
2017.4 1Vol. 17×17cm ¥700 978-4-8340-8282-1

◆ブラック・サンボくん ヘレン・バナマン文、阪西明子絵、山本まつえ訳 子ども文庫の会
2017.5 58p 14×10cm ¥800 978-4-906075-05-8

◆ふるいせんろのかたすみで チャールズ・キーピング作、ふしみみさを訳 ロクリン社 （『たそがれえきのひとびと』新装新訳・改題書）
【要旨】古い線路のそばに、6軒の家が連なる長屋がありました。住んでいるのは、みんな年老いた貧しい人ばかり。それぞれの人生を経て、今はこの古い長屋でひっそりと暮らしています。そんなある日、みんなで買ったクジが大当たり！とつぜん舞い降りた幸運に、長屋の人たちはどうしたでしょう？街の片隅や、路上の人々をテーマに多くの名作を遺した作家チャールズ・キーピング。唯一無二の絵の表現と、鋭い洞察力、あたたかいユーモアをもって描かれた作品です。
2017.10 1Vol. 28×22cm ¥1600 978-4-907542-51-1

絵本・児童書

◆ぶんぶん えほんくん　セドリク・ラマディエ文, ヴィンセント・ブルゴー絵, 大浜千尋監訳　パイインターナショナル
【要旨】えほんくんが怒ってる！ どうしたらいい？ えほんくんのきげんをなおすのてつだってくれる？ フランス発！ 世界8ヵ国で26万部突破！
2017.7 1Vol. 24×19cm ¥1200 ①978-4-7562-4920-3

◆ペネロペとおむつのふたごちゃん　アン・グットマン文, ゲオルグ・ハレンスレーベン絵, ひがしかずこ訳　岩崎書店　(ペネロペおはなしえほん 19)
【要旨】わたしペネロペ。おむつはとってもらうちんかとかあかちゃんはいうの。でもねわたしはもうおむつにさよならしているよ。さあほんをひらいて。ペネロペがまっているよ。
2017.5 1Vol. 20×20cm ¥825 ①978-4-265-07169-2

◆ペペットのえかきさん　リンダ・ラヴィン・ロディング文, クレア・フレッチャー絵, なかがわちひろ訳　絵本塾出版
【要旨】「パリでいちばんじょうずなえかきさんをさがしにいこうね」ジョゼットはうさぎのぬいぐるみのペペットと、モンマルトルのひろばへ、そこで、であったのは...。
2017 1Vol. 28×22cm ¥1500 ①978-4-86484-116-0

◆ペンギンピート ひみつのぼうけん　マーカス・フィスター作, 林木林訳　講談社　(講談社の翻訳絵本)
2017.5 1Vol. 23×24cm ¥1400 ①978-4-06-283105-5

◆ぼくたち、いちばん！　ジェーン・イーグランド文, 東條琴枝絵, 松川真弓訳　評論社　(児童図書館・絵本の部屋)
【要旨】ぼくは、エリーのいちばんたいせつなおもちゃじゃないの？―クマくんはなやみます。でも...！ だれかの「いちばん」であることが、どんなにすてきなことかを、あたたかくえがきます。
2017.2 1Vol. 26×23cm ¥1300 ①978-4-566-08016-4

◆ぼくのあかいボール　イブ・スパング・オルセン作, ひしきあきらこ訳　(神戸) BL出版
【要旨】赤くてまるいぼくのボール。いつもいっしょに遊んでいたのに、ボールはいやになったのか、ある日とうとう逃げだしてしまった。ぴょーんとはずんで満員のバスのうえにのっかり、運転手にしかられ、飛んで逃げたボールは、とどまるどころか、ますます調子にのって、公園へおどりこみ...。はたしてボールの行きさきは...？ 国際アンデルセン賞受賞、デンマークを代表する絵本作家オルセンの絵本が新訳で復刊。
2017.2 1Vol. 29×20cm ¥1400 ①978-4-7764-0784-3

◆ぼくのイスなのに！　ロス・コリンズ作・絵, いしいひろし訳　PHP研究所
【要旨】なんよくなってできっこない。ネズミとシロクマにイスいっこだけなんて。
2017.6 1Vol. 24×24cm ¥1200 ①978-4-569-78663-6

◆ぼくのつばさ　トム・パーシヴァル作, ひさやまたいち訳　評論社　(児童図書館・絵本の部屋)
【要旨】ノーマンはごくふつうのおとこのこ。ところが、あるひ、つばさがはえてきました！ そらをとぶのってもちいい！ でも、どうしよう。パパにもママにもともだちにもいえません。だって、みんなノーマンのことを「ごくふつうのこ」だとおもっていますから。やがてノーマンが気づいたことは...？
2017.6 1Vol. 31×25cm ¥1400 ①978-4-566-08017-1

◆ぼくのねこはどこ？　ヘンリー・コール著　岩崎書店
【要旨】この絵本には文章がありません。しかも空の青以外は黒と白で描かれた、一見おとなしく見える世界です。しかし絵をよく見ると、物語は画面のすみずみまであふれていて、にぎやかな音や人々の声が聞こえてくるようです。各画面の中で猫や飼い主の少年の姿をさがすだけでなく、画面の人々の様子や会話、ドラマを想像する楽しさ、思わず時間を忘れて見入ってしまうでしょう。貼り紙までして必死に猫をさがす少年と、そんなこととは知らずに自由気ままに街を探検する猫の物語を、目で存分に味わってください。
2017.8 1Vol. 27×29cm ¥1500 ①978-4-265-85116-4

◆ぼくはきつつきだから　ルーシー・カズンズ作, みたかよこ訳　大日本絵画　(あなあきしかけえほん)

つつくんだ。つつきだしたらたのしくてとまらないんだ。
2017 1Vol. 21×18cm ¥1400 ①978-4-499-28716-6

◆ぼくはスーパーヒーロー――アスペルガー症候群の男の子のはなし　メラニー・ウォルシュ作, 品川裕香訳　岩崎書店
【要旨】「ぼくはスーパーヒーローだ」と胸をはるアイザックはアスペルガー症候群をもつ男の子。記憶力はいいし、言葉も達者、トランポリンも得意です。でも、友だちにあいさつするのをわすれてしまったり、人にヘンなことを言ってしまったり、ちょっと変わったところがあります。そんなアイザックに、まわりの人たちはどうしてあげたでしょう。―アスペルガー症候群を持つ子どもをどう理解して、どう対応したらいいのか、そんなことを教えてくれる絵本です。
2017.1 1Vol. 28×26cm ¥1600 ①978-4-265-85105-8

◆ぼくは発明家――アレクサンダー・グラハム・ベル　メアリー・アン・フレイザー作, おびかゆうこ訳　廣済堂あかつき
【要旨】にぎやかな町の音。ピアノのひびき。赤ちゃんの泣き声。音はどうして聞こえるんだろう？ 声はどのようにして出るのだろう？ アレックはきょうみしんしんでした...。電話の発明で知られるベルを子ども時代から描いた伝記絵本。発明家、教育者としての活躍と大きく変わる時代の流れをいきいきと描き出します。
2017.11 1Vol. 23×29cm ¥1600 ①978-4-908255-64-9

◆ポケット版 I SPY 6 ミッケ！ ゴーストハウス　ジーン・マルゾーロ文, ウォルター・ウィック写真, 糸井重里訳　小学館
【要旨】こわいけどおもしろいかくれんぼ絵本。
2017.6 32p 18×14cm ¥900 ①978-4-09-726726-3

◆ポケット版 I SPY ミッケ！　ジーン・マルゾーロ文, ウォルター・ウィック写真, 糸井重里訳　小学館
【要旨】いつまでもあそべるかくれんぼ絵本。
2017.6 29p 18×14cm ¥900 ①978-4-09-726726-8

◆星空　ジミー・リャオ作・絵, 天野健太郎訳　トゥーヴァージンズ
【要旨】あのころ、未来は遠くて、形さえなかった。夢はまだ遠くて、名前すらなかった。わたしはいつもひとりで、長い道を歩いていた。風が吹くと、まるで自分が落ち葉になったような気がした。空を見上げながら、思った。「この世界のどこかに、わたしのことを見つけてくれる人がいるの？」そして、星の光が、ずっと遠い別の星まで届くみたいに...やっと、あなたが現れ、そして、出会っていった。わたしたちは青春の入り口で出会って、でも、それきり離れになった...。
2017.2 1Vol. 25×19cm ¥2000 ①978-4-908406-05-8

◆ぼちっとあかいおともだち　コーリン・アーヴェリス文, フィオーナ・ウッドコック絵, 福本友美子訳　少年写真新聞社
【要旨】ホッキョクグマのミキはママにさかなをつるよりもっとあそんでたまりません。ひとりでかけだすと、まっしろなゆきのなかにぽちっとあかいものがみえました。ちかづいてみるとあかいものはてをふっているではありません。いっしょにあそべるのかな？ なかよくなれるかな？ いちめんのゆきのなかはじめてであったちいさなふたり。たのしいことも、はらはらすることも、ちょっぴりかなしいことも...。
2017.8 1Vol. 24×28cm ¥1600 ①978-4-87981-609-2

◆ホッキョクグマと南極のペンギン　ジーン・ウィリス文, ジャーヴィス絵, 青山南訳　(神戸) BL出版
【要旨】みなさんはしってますよね、ペンギンは南極にいて北極にはいないってこと。ところが...南極のペンギンと北極のホッキョクグマがいっしょに世界を行ったり来たり。地球のはてからはてまで旅する ど〜んと大きな楽しいおはなし。
2017.8 1Vol. 30×24cm ¥1500 ①978-4-7764-0774-4

◆ほね、ほね、きょうりゅうのほね　バイロン・バートン作, かけがわやすこ訳　ポプラ社　(ポプラせかいの絵本 56)
【要旨】ほねはないか、ほねはないか、ティラノサウルス、アパトサウルス、ステゴサウルス、ガリミムス、さあ、きょうりゅうのほねをほりだしてくみたてよう！
2017 1Vol. 23×26cm ¥1400 ①978-4-591-15122-8

◆ほら なにもかも おちてくる　ジーン・ジオン文, マーガレット・ブロイ・グレアム絵, まさきるりこ訳　瑞雲舎
【要旨】はなびらが、テーブルのうえにおともなくおちてきます。かぜにまっていたのです。はなびらもりんごもあめもゆきもほらなにもかもみんなおちてきます。自然の営みの豊かさや不思議さを伝える美しい絵本。1952年度コールデコット・オナー賞受賞作品『どろんこハリー』の名コンビによるデビュー作。
2017.4 1Vol. 28×21cm ¥1300 ①978-4-907613-16-7

◆ほんとさいこうの日　レイン・スミス作, 青山南訳　(神戸) BL出版
【要旨】おひさまがぽかぽかあったかい。プールの水は、ひんやりきもちよくて、えさいこうにはえさがいっぱい。きょうは、ほんとさいこうの日。うーん、どうがつたちといっしょにひだまりのようにあたたかなたのしい時間をどうぞ。
2017.4 1Vol. 28×22cm ¥1500 ①978-4-7764-0775-1

◆ボンネットの下をのぞいてみれば...　エスター・ポーター文, アンドレス・ロザノ絵　六耀社　(絵本図鑑: その下はどうなっているの？)
【要旨】人びとの仕事や生活に欠かせない自動車は、その役割も、種類もいろいろあります。わたしたちが、いつも目にする自動車は、外から見えるデザインや車体の色などですが、じっさいに自動車を動かす部品がくわしく見ることはできません。この本では、車をおおっている屋根やボンネットの下をのぞいて、エンジン、トランスミッション、ギア、ドライブシャフト、そして燃料や車輪など、たくさんある装置や部品が、それぞれどんな役割をもち、どんなふうにはたらくのか、探っていきます。
2017.7 1Vol. 27×24cm ¥1850 ①978-4-89737-983-8

◆本の子　オリヴァー・ジェファーズ, サム・ウィンストン作, 柴田元幸訳　ポプラ社
【要旨】すべて新訳、柴田元幸訳し下ろし！ こんな本初めて！ 絵の中に、40をこえる名作が詰まってます。あの名作が海に、この名作が山に！ 文章で描かれた世界を、旅しよう。本の子があなたを誘います。
2017.6 1Vol. 27×26cm ¥1600 ①978-4-591-15457-1

◆マウスさん一家とライオン　ジェームズ・ドーハティ作, 安藤紀子訳　ロクリン社
【要旨】知りあっちゃえば、きっと友だち。マウスさん一家がピクニックに行った時、寝ていたライオンを起こして食べられそうに。でもやさしいライオンは見逃してくれました。そんなある日、やさしいライオンが人間に捕まってしまい...。
2017.5 77p 21×16cm ¥1500 ①978-4-907542-45-0

◆まけるのもだいじだよ にじいろのさかな　マーカス・フィスター作, 谷川俊太郎訳　講談社　(世界の絵本)
【要旨】ある日、海をさんぽしていたにじうおは、あかいおに、かくれんぼに誘われます。おにになったにじうおは、すぐにみんなを見つけられると自信満々でしたが...。
2017.7 1Vol. A4 ¥1800 ①978-4-06-283107-9

◆魔女たちのパーティー　ロンゾ・アンダーソン文, エイドリアン・アダムズ絵, 野口絵美訳　徳間書店
【要旨】ハロウィーンのよる、ジャックは、ほうきにのったまじょが、ポッとをとんでゆくのをみた。あとをおってもりへはいると、まじょやこおに、ひくいおにたちがパーティーのじゅんびをしている！ ジャックがこっそりみていると、ひくいおににつかまってしまい...？ ハロウィーンの夜の、ぞくぞくするぼうけんを描いた、アメリカの名作絵本。5さい〜。
2017.9 1Vol. 28×22cm ¥1600 ①978-4-19-864485-7

◆まじょとねこどん ほうきでゆくよ　ジュリア・ドナルドソン文, アクセル・シェフラー絵, 久山太市訳　評論社　(児童図書館・絵本の部屋)　改訂新版
【要旨】まじょとねこどん、ほうきでそらへ。ワンちゃん、とりさん、かえるくんもなかまいり。ところがたいへん。ほうきがポキンッ！ そこへドラゴンがあらわれて...。さあ、どうやってきりぬける？―とってもゆかいななかまたちの、くちずさみたくなるおはなし。
2017.10 1Vol. 26×29cm ¥1300 ①978-4-566-08025-6

◆**マスターさんとどうぶつえん** アーノルド・ローベル作, こみやゆう訳 好学社
2017.8 1Vol. 19×26cm ¥1400 ①978-4-7690-2226-8

◆**マララのまほうのえんぴつ** マララ・ユスフザイ作, キャラスクエット絵, 木坂涼訳 ポプラ社
【要旨】このままではなにもかわらない。だれかがこえをあげなくちゃ。まって…、だれかじゃなくて、わたし！パキスタンの小さな村にくらすごくふつうのせいり、言葉で世界を変えた真実の物語。史上最年少ノーベル平和賞受賞者マララ・ユスフザイさん初の自伝絵本！
2017 1Vol. 24×22cm ¥1500 ①978-4-591-15643-8

◆**まるぽちゃおまわりさん** マーガレット・ワイズ・ブラウン, イーディス・サッチャー・ハード作, アリス・プロベンセン, マーティン・プロベンセン絵, こみやゆう訳 PHP研究所
【要旨】まきの1：こうつうせいり。まきの2：どろぼうをつかまえる。まきの3：おぼれたひとをたすける。ちいさくてふとったまるぽちゃおまわりさんがだいかつやく！
2017.6 1Vol. 24×20cm ¥1300 ①978-4-569-78665-0

◆**ミスターメンリトルミスおはなしえほん** ロジャー・ハーグリーブス原作, 柏ぽち構成・作画 小学館
【要旨】人間の性格やキャラクターになったイギリスで大人気MR.MEN LITTLE MISSのショートストーリー集。読み聞かせや幼児のひとり読みに！1話3ページのショートストーリーなのでちょっとした待ち時間に楽しめます。
2017.2 28p 18×16cm ¥1000 ①978-4-09-726703-4

◆**みつけてかぞえて どこどこきょうりゅう** ガレス・ルーカス絵, ルース・ラッセルデザイン, カースティーン・ロブソン文, 小林美幸訳 河出書房新社
【要旨】きょうりゅうだいしゅうごう！ちょっとこわそうにみえるけどみんなたのしいなかまだよ。いっしょにさがしものをしてみよう。あいことばは「どこどこ？」。カラフルなイラストをたっぷり収録しました。こどももおとなも夢中になれる絵本です。動物やものをさがしたり、みつけたり、かぞえたり。すみずみまでじっくり見ると、いろんな発見があるはず。たくさんお話ししながら、たのしく読んでくださいね。
2017.6 31p 30×25cm ¥1200 ①978-4-309-27810-0

◆**みつけてかぞえて どこどこジャングル** ガレス・ルーカス絵, ルース・ラッセルデザイン, カースティーン・ロブソン文, 小林美幸訳 河出書房新社
【要旨】ジャングルをグルグルたんけんしよう！ここにはいないかもしれないどうぶつたちにあえるよ。いっしょにさがしものをしてみよう。あいことばは「どこどこ？」。カラフルなイラストをたっぷり収録。動物やものをさがしたり、みつけたり、かぞえたり。すみずみまでじっくり見ると、いろんな発見があるはず。みんなで遊べる知育ブック。
2017.11 31p 30×25cm ¥1200 ①978-4-309-27876-6

◆**みつけてかぞえて どこどこわんにゃん** ガレス・ルーカス絵, ルース・ラッセルデザイン, カースティーン・ロブソン文, 小林美幸訳 河出書房新社
【要旨】わんこにゃんこがだいしゅうごう！きみはどんなどうぶつがすき？このほんのなかには、イヌやネコやなかまのどうぶつたちが、いろいろいっぱいいるんだ！いっしょにさがしものをしてみよう。あいことばは「どこどこ？」。カラフルなイラストをたっぷり収録しました。こどももおとなも夢中になれる絵本です。動物やものをさがしたり、みつけたり、かぞえたり。すみずみまでじっくり見ると、いろんな発見があるはず。たくさんお話ししながら、たのしく読んでくださいね。
2017.2 31p 30×25cm ¥1200 ①978-4-309-27807-0

◆**みつばちさんと花のたね** アリソン・ジェイ作・絵, 蜂飼耳文 徳間書店
【要旨】おおきなまちにすむおんなのこデイジーは、まちのひとにうごきをたすけてあげました。「ねえここでくらしてもいいかしら？」「もちろんよ、みつばちさん！」みつばちは、どんどんおおきくなります。デイジーのせたけをこえるくらい！でもあるひ、みつばちのげんきがなくなってしまいました。デイジーはみつばちをせなかにのせてもらい…？人気の絵本作家アリソン・ジェイによる、

文字のない絵本に、詩人の蜂飼耳が文をつけました。みつばちが愛らしく描かれた、かわいらしい絵本。3さい〜。
2017.6 1Vol. 26×25cm ¥1700 ①978-4-19-864430-7

◆**みなみへ** ダニエル・ダンカン作, 山口文生訳 評論社（児童図書館・絵本の部屋）
【要旨】海のうえで出会った"あいぼう"。それぞれが帰る場所は…？ひとりぼっちの漁師さんと1羽のトリのおはなし。
2017.8 1Vol. 28×22cm ¥1300 ①978-4-566-08028-7

◆**みんなみんないただきます** パット・ジトロー・ミラー作, ジル・マケルマリー絵, アーサー・ビナード訳 BL出版
【要旨】「かんしゃさい」ってどんなまつり？あつまってなにをするのか？とてもひとりではできないことをみんなでするんです。さあページをひらいて！アメリカの人びとにとっていちばん大事なこの日のことを、アメリカに生まれ育った詩人アーサー・ビナードが日本語で語ります。
2017.10 1Vol. 26×24cm ¥1500 ①978-4-7764-0781-2

◆**もしかしてオオカミ!?** ヴェロニク・カプラン作, グレゴワール・マビール絵, 石津ちひろ訳 岩崎書店
【要旨】ローズとオスカーは、パパにオオカミのおはなしをよんでもらっていました。そのなかでオオカミをてなづけます。カチカチカチカチ！ちょうどそのとき、そとからカチカチカチ！とおとがして…。
2017.8 1Vol. 27×22cm ¥1400 ①978-4-265-85112-6

◆**もしきみが月だったら** ローラ・パーディ・サラス文, ジェイミー・キム絵, 木坂涼訳 光村教育図書
【要旨】月って、なにしてるとおもう？バレリーナみたいにまわっている!?月のうごきや特徴をお月さまがおしえてくれるたのしい科学えほん。
2017.10 1Vol. 26×24cm ¥1400 ①978-4-89572-208-7

◆**ものがたり 白鳥の湖** ガブリエル・パチェ絵, ものがたり白鳥の湖編集室文, 吉本真悟巻末エッセイ (京都)エディション・エフ
【要旨】空をゆく白鳥は、じつは美しい姫だった―ひとめでひかれあい愛を誓った王子と姫の、命を懸けた恋物語。チャイコフスキー作曲のクラシックバレエ作品として知られる「白鳥の湖」の世界が、幻想美あふれるガブリエル・パチェの絵に深く、いきいきとひろがる。いつまでも色褪せない、恋人たちのおとぎ話。
2017.12 1Vol. 34×26cm ¥2000 ①978-4-9908091-6-4

◆**もりにかくれているのはだあれ？―魔法のレンズで3つの世界をのぞいてみよう** アイナ・ベスタルド作, きたねおこ訳 (京都)青幻舎インターナショナル, (京都)青幻舎 発売 (付属資料：3色レンズ)
【要旨】しずかなしずかなもりのなか。ふしぎなレンズでのぞいてごらん。いろんななかまにであえるよ。どんなひみつがかくれているかな？なにがみえるかおたのしみ！付属の3色レンズをかざして、かくれんぼしているかわいい動物たちをみつけてみてね。レンズの色で見えるものが変わるよ。
2017.4 1Vol. 29×26cm ¥1900 ①978-4-86152-611-4

◆**森のおくから―むかし、カナダであったほんとうのはなし** レベッカ・ボンド, もりうちすみこ訳 (武蔵野)ゴブリン書房
【要旨】これは、いまから100年ほど前に、カナダでほんとうにあった話です。アントニオは、深い森にかこまれた、みずうみのほとりにすんでいました。近くに子どもはいなかったので、アントニオの友だちは、はたらくおとなたち。動物をさがして、ひとりで森を歩くことも好きでした。ある夏、ひどい山火事がおこるました。にげる場所は、ただひとつ―みずうみです。人間も、動物も、必死に生きのようとしたそのとき、アントニオの目の前で、思いもよらないことがおこったのです…。
2017.8 1Vol. 28×23cm ¥1400 ①978-4-902257-34-2

◆**森のおはなし** マーク・マーティン作, おびただす訳 六耀社
【要旨】むかしむかし、あるところに林がありました…時空をこえて、語りだす。しみじみとこころにしみるものがたり。オーストラリアの、今もっともあたらしい、話題の絵本作家がつむぐ、森のおはなし…。
2017.8 1Vol. 26×26cm ¥1500 ①978-4-89737-997-5

◆**やったね！きつねくん** クラウディア・ボルト作・絵, おおまちひろ訳 パイインターナショナル
【要旨】「えっ にわとりさんがきえちゃった？」きつねのハロルドが、きえたにわとりをさがしてだいかつやく！チーズがだいすきできつねらしくない、個性的な、きつね探偵がだいかつやく。対象年齢3歳から。
2017.4 1Vol. 23×20cm ¥1300 ①978-4-7562-4862-6

◆**闇の夜に** ブルーノ・ムナーリ著, 藤本和子訳 河出書房新社 新装版
【要旨】デザインの魔術師、ムナーリの代表作！
2017.11 1Vol. 24×17cm ¥3500 ①978-4-309-27821-6

◆**ゆうかんな3びきとこわいこわいかいぶつ** スティーブ・アントニー作・絵, 野口絵美訳 徳間書店
【要旨】まちにフードをかぶったかいぶつがいるらしい。リスのリックとハリネズミのハリーとハツカネズミのハックはかいぶつをさがしにやってきた。おそろしいってうわさだけど、どんなやつかみてみたい。おもわずかいぶつがかいぶつからにげてくるけれど、ちいさな3びきは、ゆうかんにかいぶつにたちむかって…？英国の新進絵本作家による意外な展開で読者を引きこむ、ちょっぴりこわくて、ゆかいな絵本。ケイト・グリーナウェイ賞候補作！3さい〜。
2017.3 1Vol. 26×26cm ¥1500 ①978-4-19-864188-7

◆**ゆうかんなねこ？くろすけ** エド・ヴィアー作, 木坂涼訳 WAVE出版
【要旨】勇気と元気だけがとりえの子猫くろすけの、前代未聞、はちゃめちゃで底抜けに楽しい冒険がはじまった！世界じゅうで子どもたちを夢中にさせた子猫がついに日本上陸。
2017.6 1Vol. 29×22cm ¥1400 ①978-4-87290-967-8

◆**ゆきのなかのりんご** フェリドゥン・オラル文・絵, ふしみみさを訳 復刊ドットコム
【要旨】雪に閉ざされた真っ白な世界。食べ物を求めてさまようウサギは、木の上に、たった一つの真っ赤なリンゴをみつけます。リンゴは高すぎて、とてもウサギには届きそうもありません。そこでウサギが思いついた名案は？寒い季節に"森の動物たち"に思いを馳せながら読んでほしい絵本です。
2017.2 33p 28×21cm ¥2300 ①978-4-8354-5445-0

◆**ゆきのひのおくりもの** ポール・フランソワ文, ゲルダ・ミューラー絵, ふしみみさを訳 鈴木出版
【要旨】おなかをすかせたこうさぎがたべものをさがしているとゆきにうもれたまっかなおおきいにんじんをみつけました。
2017.10 1Vol. 22×19cm ¥1100 ①978-4-7902-5333-4

◆**夢の川** マーク・マーティン作, 海部洋子訳 六耀社
【要旨】流れ続ける川は、少女に見せてくれます。車の洪水にあえぐ都市、黒煙をふきあげてくすむ工場の街、たどりついた田舎町では、動物たちが草をはみ、田畑はパッチワークのような色合いを見せて広がります。やがて、谷川となった川は、遠い流れの音を聞かせてくれるのでした。気鋭の絵本作家M・マーティンが子どもたちに語りかける、珠玉のエコロジー絵本。
2017.7 1Vol. 23×29cm ¥1500 ①978-4-89737-990-6

◆**ゆめみるじかんよ こどもたち** ティモシー・ナップマン文, ヘレン・オクセンバリー絵, 石井睦美訳 (神戸)BL出版
【要旨】アリスとジャックが、ボールあそびをしていると、森からへんな声がきこえてきました。ゆうゆ、ゆう、らいいいいい、きいの、いいった、ううううう。なんの声でしょう。ふたりはたしかめようと、ゆうきをだして森へとむかいますが…。
2017.7 1Vol. 27×26cm ¥1500 ①978-4-7764-0808-6

◆**ゆめみるハッピードリーマー** ピーター・レイノルズ文・絵, なかがわちひろ訳 主婦の友社
【要旨】落ち着きがない、忘れっぽい、思いつきでっぱしる…こまった子と呼ばないで。(A)あなたは、(D)だいじな、(H)ハッピー、(D)ドリーマー。
2017.6 1Vol. 22×24cm ¥1300 ①978-4-07-419615-9

◆**リサとガスパール とうきょうへいく** アン・グットマン文, ゲオルグ・ハレンスレーベン絵, 石津ちひろ訳 ブロンズ新社
2017.5 1Vol. 20×20cm ¥1200 ①978-4-89309-633-3

絵本・児童書

◆リターン—洞くつ壁画のまほう　アーロン・ベッカー作　講談社（講談社の翻訳絵本）
【要旨】描いたものが実際にあらわれる、まほうのマーカーをもつ少女。部屋の壁にドアの絵を描いて、ふしぎな世界へのとびらをあけた。王さまのいるお城にあらわれたのはマーカーを奪う道具をもったなぞの兵士たち…。『ジャーニー』『クエスト』につづく、待望の第三作！
2017.1 1Vol. 25×28cm ¥1500 ①978-4-06-283102-4

◆ル・コルビュジエ—建築家の仕事　フランシーヌ・ブッシェ, ミッシェル・コーアン作, ミッシェル・ラビ絵, 小野塚知三郎訳　現代企画室（末益千枝子ブックス）（原書新装版）
【要旨】「世界の建築家の先生」ル・コルビュジエ。かれは実際に建築家になろうと思ったのか？かれはほかの建築家とはちがっていた。かれがいなかったら、家も都市もいまとは別のものになっていただろうといわれている。
2017.10 1Vol. B5 ¥2000 ①978-4-7738-1721-8

◆レッド—あかくてあおいクレヨンのはなし　マイケル・ホール作, 上田勢子訳　子どもの未来社　2017.1 1Vol. B5 ¥1500 ①978-4-86412-116-3

◆60秒のきせき—子ネコがつくったピアノ曲　レズリア・ニューマン文, エイミー・ジューン・ベイツ絵, 小川仁央訳　評論社（児童図書館・絵本の部屋）
【要旨】モシェ・コテルは、作曲家。まちどおりで、黒と白の子ネコであって、「ケツェル」となづけます。ある日、60秒いないで曲をつくる、というむずかしいことにとりくむモシェをはげまそうと、ケツェルがけんばんの上を歩いて…そして、きせきのように、小さなピアノ曲が生まれました！アメリカでほんとうにあったおはなし。
2017.10 1Vol. 24×28cm ¥1400 ①978-4-566-08029-4

◆路上のおじさん　サラ. V文, クロード・K. デュボワ絵, おびただす訳　六耀社
【要旨】大都会の一日がはじまりました。さぁ、みんなおきなさい！もう学校にいく時間ですよ！路上のおじさんもおなじようにおきだす時間でした。ぶかぶかなもうふはずいぶんしめっています。おじさんはさむそうです。路上のおじさんはおなかをすかしていました…とても、がまんできないほどはらぺこでした。大都会でくらすきよらかな少女と路上生活をつづけるおじさん。ある一日、接点のないふたりがなんとか出会います。路上で生活するおじさんと、きよらかな少女のふしぎな物語。
2017.1 1Vol. 16×22cm ¥1400 ①978-4-89737-964-7

◆6この点一点字を発明したルイ・ブライユのおはなし　ジェン・ブライアント文, ボリス・クリコフ絵, 日当陽子訳　岩崎書店
【要旨】「目が見えないでも、本が読みたい。文字を読んだり、書いたりしたい」盲目の少年ルイ・ブライユは、暗号から指先だけで読む文字「点字」を発明しました。シュナイダー・ファミリーブック賞（米国図書館協会主催／2017年子どもの本の部門）を受賞した。
2017.8 33p 29×23cm ¥1700 ①978-4-265-85102-7

◆わたしだけのものがたり　パメラ・ザガレンスキー作・絵, 木坂涼訳　フレーベル館　2017 1Vol. 29×23cm ¥1400 ①978-4-577-04500-8

◆わたしの兄の本　モーリス・センダック著, 柴田元幸訳　集英社
2017.10 31p 23×16cm ¥1500 ①978-4-08-781533-7

◆わたしのおひっこし　イヴ・バンティング文, ローレン・カスティーヨ絵, さくまゆみこ訳　光村教育図書
2017.12 1Vol. 27×22cm ¥1400 ①978-4-89572-213-1

◆IMAGINE—イマジン "想像"　ジョン・レノン詩, ジャン・ジュリアン絵, 岩崎夏海訳　岩崎書店
【要旨】想像して、みんなが人生を平和に生きるって。—1羽の鳩が一生懸命に伝えまわっているもの。本当に何ものも越えられない平和と友愛。ヨーコ・オノ・レノン氏の協力のもと、アムネスティ・インターナショナルとの共同企画で刊行された絵本。
2017.11 1Vol. 29×25cm ¥1700 ①978-4-265-85117-1

◆NEWウォーリーをさがせ！　マーティン・ハンドフォード作・絵　フレーベル館
【要旨】こんなせかい、みたことない！ページをめくってウォーリーをさがそう！
2017 1Vol. 33×26cm ¥1350 ①978-4-577-04477-3

◆NEWウォーリーをさがせ！きえた名画だいそうさく！　マーティン・ハンドフォード作・絵　フレーベル館（付属資料：シール）
【要旨】ページをめくってウォーリーをさがすぞ！よーくみてごらん。どの絵もほら、うごきだすぞ！
2017 1Vol. 33×26cm ¥1350 ①978-4-577-04480-3

◆NEWウォーリーのゆめのくにだいぼうけん！　マーティン・ハンドフォード作・絵　フレーベル館
【要旨】きみはもうウォーリーをみつけたか？ふしぎなゆめのせかいでぼうけんがうごきだす！みればみるほどおもしろい！ウォーリーとなかまたちからのちょうせんをうけてたとう！ページをめくってウォーリーをさがそう！
2017 1Vol. 33×26cm ¥1350 ①978-4-577-04478-0

◆NEWタイムトラベラー ウォーリーをおえ！　マーティン・ハンドフォード作・絵　フレーベル館
【要旨】ふしぎなくにをわたりあるくウォーリーをさがすたびにでよう！みればみるほどおもしろい！ウォーリーとなかまたちからのちょうせんをうけてたとう！
2017 1Vol. 33×26cm ¥1350 ①978-4-577-04479-7

◆STAR WARS もっとウーキーをさがせ！　EGMONT社編　講談社（FIND BOOK）
【要旨】チューバッカが戻ってきた！再び銀河を飛びまわるぞ。今回はウーキーの仲間たちもいっしょに。毛むくじゃらのヒーローたちと、それぞれの場面の重要人物たちをさがしだしてくれ。新たな冒険の旅に出発だ！『スター・ウォーズ／フォースの覚醒』と『ローグ・ワン／スター・ウォーズ・ストーリー』の名シーンも楽しめる全15場面と、110の難問がきみをまちうけているぞ。
2017.11 1Vol. A4 ¥2200 ①978-4-06-269901-3

◆TIMELINE タイムライン—地球の歴史をめぐる旅へ！　ピーター・ゴーズ作　フレーベル館
【要旨】ベルギーのイラストレーターが遊び心たっぷりのイラストで描く、おとなから子どもまで楽しめる歴史の入門書。137億年前のビッグバンから、現在までの地球の歴史が、タイムライン（一本の帯）ですっきりわかる、絵で見る世界の歴史！
2017 1Vol. 38×28cm ¥2800 ①978-4-577-04450-6

あかちゃんとおかあさんの絵本

◆1さいだもんポケット とことこみつけた　学研プラス編　学研プラス（ふれあい親子のほん）
【要旨】好奇心いっぱい、1さいちゃん。いつでもどこでもあれこれ指さし、いっぱいいっぱいおなししましょ。
2017.9 1Vol. 16×13cm ¥850 ①978-4-05-204667-4

◆うるしー　ロロン作, 開一夫監修　ディスカヴァー・トゥエンティワン（あかちゃんが選んだあかちゃんのための絵本）
【要旨】あかちゃんのすきな絵はおかあさんと逆でした。東京大学あかちゃんラボ発。帽子からいろいろなものを取り出してみせるのが得意な見習い手品師というテーマで描かれたキャラクターを2つずつならべ、あかちゃんがどっちを長く見つめるかを調べ、人気No.1を選定。
2017.7 1Vol. 19×19cm ¥1400 ①978-4-7993-2109-6

◆3さいだもんポケット ものしりずかん　学研プラス編　学研プラス（ふれあい親子のほん）
【要旨】自信いっぱい、3さいさん。もっともっとしりたい！みたい！いつでもどこでもせかいは広がるよ。
2017.9 1Vol. 16×13cm ¥900 ①978-4-05-204669-8

◆0さいだもんポケット いないいないばあ！　学研プラス編　学研プラス（ふれあい親子のほん）
【要旨】あかちゃんのだいすきなもの、いっぱいいっぱいでてくるよ。うれしいね！たのしいね！いつでもどこでもえがお・にこにこ！
2017.9 1Vol. 16×13cm ¥800 ①978-4-05-204666-7

◆たまごのうた　市原淳作　フレーベル館（あかちゃんといっしょ0・1・2 33）
【要旨】くりかえし読みたくなる！しかけが楽しいうた絵本。あかちゃんの想像力を育む。
2017 1Vol. 18×16cm ¥700 ①978-4-577-04530-5

◆どうぶつえん—英語つき　あかいしゆみ作・絵　学研プラス（かたりかけはじめてぶっく）
【要旨】語りかけやすい文章つき！絵さがし・指さし遊びができる！よだれにも強い紙を採用！英語発音のひらがな表記も！0、1、2さいむき。
2017.8 1Vol. 13×13cm ¥600 ①978-4-05-204623-0

◆なでなでももんちゃん　とよたかずひこ作・絵　童心社（ももんちゃんあそぼう）
【要旨】あかちゃんがたのしく参加できる！なでなでしてくれる？乳児から。
2016.3 1Vol. 22×19cm ¥800 ①978-4-494-01537-5

◆2さいだもんポケット はじめてずかん　学研プラス編　学研プラス（ふれあい親子のほん）
【要旨】おしゃべりぐんぐん、やる気いっぱい。いつでもどこでもしりたい！やりたい！2さいさんがーんばれ！
2017.9 1Vol. 16×13cm ¥850 ①978-4-05-204668-1

◆ばあーっ！　いしづちひろ作, くわざわゆう絵　くもん出版（はじめてであうえほんシリーズ）
【要旨】おやこでいっしょに、ばあーっ！しあわせいっぱい赤ちゃん絵本。
2017.3 1Vol. 19×19cm ¥800 ①978-4-7743-2675-7

◆ぱくぱく はーい！　あかいゆみ作・絵　フレーベル館（かたぬきあかちゃんえほん 3）
【要旨】めくってたのしい！げんきいっぱいおべんとうがおくちのなかへ！
2017 1Vol. 18×18cm ¥900 ①978-4-577-04552-7

◆もいもい　市原淳作, 開一夫監修　ディスカヴァー・トゥエンティワン（あかちゃんが選んだあかちゃんのための絵本）
【要旨】東京大学あかちゃんラボ発。あかちゃんの視線をくぎづけにするイラスト「もいもい」というキャラクターの絵本。なんとそれは、泣く子も見つめる圧倒的な注目度のキャラクター絵本だったのです。
2017.7 1Vol. 19×19cm ¥1400 ①978-4-7993-2110-2

◆モイモイとキーリー　みうらしーまる作, 開一夫監修　ディスカヴァー・トゥエンティワン（あかちゃんが選んだあかちゃんのための絵本）
【要旨】東京大学あかちゃんラボ発。「モイモイ」と「キーリー」という言葉を聞いたときにあかちゃんが思い描いているふしぎな形のキャラクターが、オノマトペの世界を旅していきます。
2017.7 1Vol. 19×19cm ¥1400 ①978-4-7993-2111-9

◆やさいのうた　田代卓絵　フレーベル館（あかちゃんといっしょ0・1・2 34）
【要旨】あかちゃんもノリノリ！手遊びができるうた絵本。親子でいっしょに楽しめる！
2017 1Vol. 18×16cm ¥700 ①978-4-577-04531-2

◆ゆびさしちゃん—あかちゃんえほん　ザ・キャビンカンパニー作・絵　小学館
2017.11 1Vol. 14×14cm ¥700 ①978-4-09-726752-2

◆Sassyのあかちゃんえほん がおー！　SassyDADWAY監修, La ZOO文・絵・デザイン　KADOKAWA

【要旨】いつもにこにこ、左右対称の顔、白と黒や赤などのコントラストの強い模様が、赤ちゃんが大好き。低月齢の赤ちゃんには、目の正面20cm～30cmのところでみせると、焦点が合いやすいので効果的です。さらに、赤ちゃんが楽しくなる言葉もたくさん！ぜひ声に出してやりとりを楽しんでください。0歳から、初めて目にするのにぴったりの絵本。
2017.4 1Vol. 18×18cm ¥880 ①978-4-04-105276-1

◆Sassyのあかちゃんえほん ちゃぷちゃぷ
SassyDADWAY監修, La ZOO文・絵・デザイン KADOKAWA
【要旨】赤ちゃんの目と脳をはぐくむ！いつもにこにこ、左右対称の顔、白と黒や赤などのコントラストの強い模様は、赤ちゃんが大好き。低月齢の赤ちゃんには、目の正面20cm～30cmのところでみせると、焦点が合いやすいので効果的です。さらに、赤ちゃんが楽しくなる言葉もたくさん！ぜひ声に出してやりとりを楽しんでください。0歳から、初めて目にするのにぴったりの絵本です。
2017.11 1Vol. 18×18cm ¥880 ①978-4-04-106186-2

詩・ことば・うたの絵本

◆朝の歌 小泉周二詩, 市居みか絵 岩崎書店 (詩の絵本—教科書にでてくる詩人たち 4)
【要旨】すきな詩は、ありますか？詩には、たのしい詩、やさしい詩、ちょっぴりかなしい詩もあります。この本は詩の絵本です。教科書でよんだことのある詩人の作品です。詩のことばのひとつひとつを、画面いっぱいにえがかれた絵の一まい一まいを、どうぞゆったりと、あじわってみてください。声にだしてよんでみると、より世界がひろがります。
2017.2 1Vol. 27×22cm ¥1800 ①978-4-265-05284-4

◆あなたの好きな歌はなぁに？—音楽療法士がおくる楽しいうたの絵本 二瓶明美著 (京都) クリエイツかもがわ
【要旨】おなかの赤ちゃんに、手あそびしながら、かたづけの合図として、生活のなかに音楽を！乳幼児期にぴったりな歌と楽譜30曲。保育園・幼稚園・小学校・音楽教室でも使えます。コードネームがついて自由にピアノやギターで伴奏ができます。
2017.12 89p 21×19cm ¥1500 ①978-4-86342-227-8

◆うたうたう 東君平作・絵 廣済堂あかつき (ことばのひろば)
【要旨】うえからよんでもしたからよんでもおんなじことば。さかさことばっていうんだよ。みつけてごらん、はじめてのさかさことばえほん。
2017.7 27p 21×16cm ¥880 ①978-4-908255-38-0

◆かん字のうた 川崎洋詩, 久住卓也絵 岩崎書店 (詩の絵本—教科書にでてくる詩人たち 1)
【要旨】すきな詩は、ありますか？詩には、たのしい詩、やさしい詩、ちょっぴりかなしい詩もあります。この本は詩の絵本です。教科書でよんだことのある詩人の作品です。詩のことばのひとつひとつを、画面いっぱいにえがかれた絵の一まい一まいを、どうぞゆったりと、あじわってみてください。声にだしてよんでみると、より世界がひろがります。
2017.2 1Vol. 27×22cm ¥1800 ①978-4-265-05281-3

◆きいてうたって24曲 どうよううたのえほん 永岡書店 (付属資料：電子モジュール1)
【目次】にんきのうた（アンパンマンのマーチ、きしゃポッポ、もりのくまさん ほか）、てあそびうた（むすんでひらいて、おおきなくりのきのしたで、グーチョキパーでなにつくろう ほか）、えいごのうた（Head, Shoulders, Knees and Toes（あたま、かた、ひざ、つま先）、Happy Birthday to You（おたんじょうびおめでとう）、Twinkle, Twinkle, Little Star（きらきらぼし）ほか）
2017.2 1Vol. 24×17cm ¥2300 ①978-4-522-80148-2

◆くまさん まどみちお詩, ましませつこ絵 こぐま社
【要旨】はるがきて めがさめて くまさん ほんやりかんがえた さいているのは たんぽぽだが えと ぼくは だれだっけ だれだっけ。自然に口ずさみたくなるまどさんのやさしい詩にましませつこさんが心を込めて絵を描きました。草木が芽吹く春のよろこび、こぐまの生きているうれしさが伝わってきます。
2017.2 1Vol. 20×22cm ¥900 ①978-4-7721-0235-3

◆しあわせならてをたたこう きむらりひと詞, 村上康成構成・絵 ひさかたチャイルド
【要旨】うさぎさん、くまさん、ぞうさんが、みんなをよんでいるよ。♪しあわせならてをたたこう…さあ、いっしょにうたっておどろう！うたの絵本。
2017 23p 22×19cm ¥1000 ①978-4-86549-124-1

◆だいち 谷川俊太郎詩, 山口マオ絵 岩崎書店 (詩の絵本—教科書にでてくる詩人たち 5)
2017.3 1Vol. 27×22cm ¥1800 ①978-4-265-05285-1

◆竹とんぼ 金子みすゞ詩, 松成真理子絵 岩崎書店 (詩の絵本—教科書にでてくる詩人たち 3)
【要旨】すきな詩は、ありますか？詩には、たのしい詩、やさしい詩、ちょっぴりかなしい詩もあります。この本は詩の絵本です。教科書でよんだことのある詩人の作品です。詩のことばのひとつひとつを、画面いっぱいにえがかれた絵の一まい一まいを、どうぞゆったりと、あじわってみてください。声にだしてよんでみると、より世界がひろがります。
2017.2 1Vol. 27×22cm ¥1800 ①978-4-265-05283-7

◆はいくのどうぶつえん 坪内稔典俳句, 車谷奈穂子, 五鬼上英子, 田中昌宏, 長澤あかね, 松山たかし文, 米津イサム絵 (大阪) 象の森書房
【要旨】俳句は読む人がそれぞれに物語をつくることができる。6人のクリエイターたちがねんてん先生の俳句を読んでそれぞれの物語を描いた。いままでにないユニークな俳句の絵本ができた！
2017.12 1Vol. B5 ¥1400 ①978-4-9907393-7-9

◆よるのこどものあかるいゆめ たにかわしゅんたろう文, むらいさち写真 マイクロマガジン社
【要旨】ゆめはゆらゆら ゆれながら だれかがねるのを まっている。国民的詩人谷川俊太郎＋みカメラマンむらいさちがすべての眠れない夜に贈る子守唄。
2017.2 1Vol. 22×22cm ¥1400 ①978-4-89637-618-0

◆わかれのことば 阪田寛夫詩, 田中六大絵 岩崎書店 (詩の絵本—教科書にでてくる詩人たち 2)
【要旨】すきな詩は、ありますか？詩には、たのしい詩、やさしい詩、ちょっぴりかなしい詩もあります。この本は詩の絵本です。教科書でよんだことのある詩人の作品です。詩のことばのひとつひとつを、画面いっぱいにえがかれた絵の一まい一まいを、どうぞゆったりと、あじわってみてください。声にだしてよんでみると、より世界がひろがります。
2017.1 1Vol. 27×22cm ¥1800 ①978-4-265-05282-0

シリーズ絵本

◆アーサー王と黄金のドラゴン—マジック・ツリーハウス 42 メアリー・ポープ・オズボーン著, 食野雅子訳 KADOKAWA
【要旨】本の世界につれていってくれる魔法のツリーハウスで、ジャックとアニーは多くの国へ冒険に出かけていた。ある日キャメロットに侵略者がおしよせ、アーサー王に重傷を負わせた上、守護神のドラゴン像を略奪した。ふたりは、王の命を救うために立ちあがる！
2017.6 155p B6 ¥780 ①978-4-04-105801-5

◆パディントンのクリスマス マイケル・ボンド作, R.W.アリー絵, 木坂涼訳 理論社 (絵本「クマのパディントン」シリーズ 5)
【要旨】もうすぐクリスマス。クマのパディントンはとってもたのしみにしています。デパートでわくわくのイベントがあることをしり、ブラウン家のみんなとでかけることにしました。さあ、どんな一日になるのかな…。
2017 1Vol. 22×21cm ¥1200 ①978-4-652-20219-7

◆パディントンのサーカス マイケル・ボンド作, R.W.アリー絵, 木坂涼訳 理論社 (絵本「クマのパディントン」シリーズ 6)
【要旨】クマのパディントンは、うまれてはじめてみるサーカスに大こうふん！お客さんだったはずなのにあれあれ!?いつのまにか会場の人気者になっていました。いったいなにをしたのかな…まわりの人をいつのまにか幸せにしちゃうパディントンが大かつやく！絵本「クマのパディントン」シリーズ。
2017 1Vol. 22×21cm ¥1200 ①978-4-652-20220-3

◆森の戦士ボノロン 14 ジャングルのきょうだいの巻 きたはらせいほう文, ながやまごう絵, はれつおプロデュース (武蔵野) コアミックス (ボラメルブックス)
2017.7 1Vol. B5 ¥1200 ①978-4-905246-63-3

アンパンマンシリーズ

◆アンパンマン★スライドえほん アンパンマンといないいないばあ！やなせたかし原作, トムス・エンタテインメント作画 フレーベル館
2017 1Vol. 15×15cm ¥1180 ①978-4-577-04569-5

福音館書店
http://www.fukuinkan.co.jp/
Tel.03-3942-1226

新作 3冊同時刊行
加古里子の「だるまちゃん絵本」
だるまちゃんの新しい友だちは…

だるまちゃんとかまどんちゃん
東北地方のかまど神

だるまちゃんとキジムナちゃん
沖縄のいたずらっこ・キジムナ

だるまちゃんとはやたちゃん
平安時代・源頼政の従者「猪早太（いの・はやた）」

定価各972円（本体各900円＋税）

加古里子 作・絵
Illustrations © Kako Research Institute Ltd.

絵本・児童書

◆アンパンマン★スライドえほん アンパンマンとかくれんぼ！ やなせたかし原作，トムス・エンタテインメント作画 フレーベル館
2017 1Vol. 15×15cm ¥1180 ⓘ978-4-577-04570-1

◆アンパンマンとコネギくん やなせたかし原作，トムス・エンタテインメント作画 フレーベル館 （アンパンマンアニメライブラリー 12）
【要旨】あざやかなけんさばきで、わるものをたいじするせいぎのみかた！と、ナガネギマンにあこがれているおとこのこ。ゲームページつき。
2017 19p 27×19cm ¥450 ⓘ978-4-577-04503-9

◆アンパンマン どっち？ どっち？ めいろ やなせたかし原作，トムス・エンタテインメント作画 フレーベル館
【要旨】アンパンマンといっしょにパンこうじょうへかえろう！ わかれみちでは、ばいきんまんたちがじゃましているから、きをつけて！ すすめるのは、どっち？ どっち？ めくってドキドキ！ しかけつき。ゆびでなぞってあそうう！
2017 1Vol. 21×21cm ¥450 ⓘ978-4-577-04580-0

◆うんてんしよう！ JRしこく アンパンマンれっしゃだいしゅうごう 交通新聞社 （おとのでる スーパーのりものシリーズ） （付属資料：電子モジュール1）
【要旨】みんなでしこくをたびしよう！ ボタンをおすと、いろいろなおとがきこえるよ!!
2017.1 1Vol. 19×19cm ¥1800 ⓘ978-4-330-73917-5

◆おいしいなかまたち やなせたかし原作，トムス・エンタテインメント作画 フレーベル館 （アンパンマンミニキャラずかん 4）
【目次】なかましょうかい、てんどんまん、カツドンマン、かまめしどん、しらたまさん、てっかのマキちゃん、てっかのコマキちゃん、かつぶしまん、らーめんてんし、だいこんやくしゃ〔ほか〕
2017 31p 15×15cm ¥680 ⓘ978-4-577-04509-1

◆こうえん やなせたかし原作，トムス・エンタテインメント作画 フレーベル館 （アンパンマンミニシールえほん 4） （付属資料：シール）
【要旨】理解力想像力UP。はってはがせるシールがいっぱい！
2017 1Vol. 15×15cm ¥650 ⓘ978-4-577-04511-4

◆こんにちは！ やなせたかし原作，トムス・エンタテインメント作画 フレーベル館 （アンパンマンのとびだすえほん 3）
2017 1Vol. 10×10cm ¥600 ⓘ978-4-577-04547-3

◆アンパンマンとしらたまきしだん やなせたかし原作，トムス・エンタテインメント作画 フレーベル館 （アンパンマンアニメライブラリー 11）
2017 19p 27×19cm ¥450 ⓘ978-4-577-04393-6

◆それいけ！アンパンマン スーパーアニメブック 1 アンパンマンとポッポちゃん やなせたかし原作，トムス・エンタテインメント作画 フレーベル館
2017 19p B5 ¥460 ⓘ978-4-577-04504-6

◆それいけ！アンパンマン スーパーアニメブック 2 ドキンちゃんとけむりいぬ やなせたかし原作，トムス・エンタテインメント作画 フレーベル館
【要旨】いっしょにあそぼう！ ゲームページつき。
2017 19p B5 ¥460 ⓘ978-4-577-04505-3

◆だあれ？ やなせたかし原作，トムス・エンタテインメント作画 フレーベル館 （アンパンマンのとびだすえほん 1）
2017 1Vol. 10×10cm ¥600 ⓘ978-4-577-04545-9

◆どうぶつ やなせたかし原作，トムス・エンタテインメント作画 フレーベル館 （アンパンマンミニシールえほん） （付属資料：シール）
【要旨】ストーリーや情景を想像しながら、自由にシールを貼って場面づくりを楽しむ絵本です。シールは、くり返し貼ったりはがしたりできます。いろいろな場面で使えます。同じ場面でも、貼り方を変えて楽しむこともできます。お子さま自身が構成を考え、場面に参加することで、理解力や想像力を育むことができます。
2017 1Vol. 15×16cm ¥650 ⓘ978-4-577-04454-4

◆どこかな？ やなせたかし原作，トムス・エンタテインメント作画 フレーベル館 （アンパンマンのとびだすえほん 2）
2017 1Vol. 10×10cm ¥600 ⓘ978-4-577-04546-6

◆なかまたち やなせたかし原作，トムス・エンタテインメント作画 フレーベル館 （アンパンマンミニシールえほん 3） （付属資料：シール）
【要旨】理解力想像力UP。はってはがせるシールがいっぱい！
2017 1Vol. 15×15cm ¥650 ⓘ978-4-577-04510-7

◆のりもの やなせたかし原作，トムス・エンタテインメント作画 フレーベル館 （アンパンマンミニシールえほん） （付属資料：シール）
【要旨】ストーリーや情景を想像しながら、自由にシールを貼って場面づくりを楽しむ絵本です。シールは、くり返し貼ったりはがしたりできます。いろいろな場面で使えます。同じ場面でも、貼り方を変えて楽しむこともできます。お子さま自身が構成を考え、場面に参加することで、理解力や想像力を育むことができます。
2017 1Vol. 15×16cm ¥650 ⓘ978-4-577-04453-7

◆パトロールにいってきます！ やなせたかし原作，トムス・エンタテインメント作画 フレーベル館 （アンパンマンミニしかけえほん 1）
【要旨】表紙のアンパンマンピースをはずして、あなにあわせて動かし、パズルのようにはめたり、穴に通したりしながら遊んでください。
2017 1Vol. 14×14cm ¥820 ⓘ978-4-577-04456-8

◆パンこうじょうとなかまたち やなせたかし原作，トムス・エンタテインメント作画 フレーベル館 （アンパンマンミニキャラずかん 3）
【目次】なかましょうかい、ジャムおじさん、バタコさん、めいけんチーズ、ようこそ！パンこうじょうへ、まちのこどもたち、みみせんせい、SLマン、ポッポちゃん、アリンコキッド〔ほか〕
2017 33p 15×15cm ¥680 ⓘ978-4-577-04508-4

◆ピンポーン！だれかな？ やなせたかし原作，トムス・エンタテインメント作画 フレーベル館 （アンパンマンミニしかけえほん 2）
【要旨】チャイムのシールを押して「ピンポーン！だれかな？」とよびかけ、ドアの窓から見えるキャラクターをあてっこして遊んでください。
2017 1Vol. 14×14cm ¥820 ⓘ978-4-577-04457-5

◆わくわくびっくり！ やなせたかし原作，トムス・エンタテインメント作画 フレーベル館 （アンパンマンのとびだすえほん 4）
2017 1Vol. 10×10cm ¥600 ⓘ978-4-577-04548-0

サンリオの絵本

◆サンリオキャラクターといっしょに ラブリーシールあそび サンリオ （サンリオギフトブック 26） （付属資料：シール）
2017.6 32p 16×11cm ¥466 ⓘ978-4-387-17030-3

◆シンカイゾクのシールあそび しんかいたんけん！ サンリオ （サンリオギフトブック 22）
2017.5 32p 16×11cm ¥466 ⓘ978-4-387-17027-3

◆ハローキティのひらめき！パズルシールあそび サンリオ （サンリオギフトブック 10） （付属資料：シール）
2017.6 32p 16×11cm ¥466 ⓘ978-4-387-17041-9

◆ハローキティのまいにちなぞなぞ150 サンリオ （サンリオギフトブック）
【要旨】なぞなぞ150問！ 何問とけるかな？
2017.9 47p 16×11cm ¥466 ⓘ978-4-387-17109-6

◆マイメロディーわくわくデイズ せいらんマンガ，サンリオキャラクター著作 KADOKAWA （キャラぱふぇブックス）
2017.1 80p 19×13cm ¥800 ⓘ978-4-04-892635-5

◆マイメロディのおしゃれだいすきシールあそび サンリオ （サンリオギフトブック 33） （付属資料：シール）
【要旨】マイメロディとシールでおしゃれしちゃお。
2017.3 31p A6 ¥466 ⓘ978-4-387-17011-2

◆みんなあつまれ！サンリオキャラクター―つきよのパレード 大塚菜生文，マーブルCHIKO絵 KADOKAWA （サンリオキャラクターえほん）
【要旨】サンリオキャラクターたちが夢の競演。キティ、メロディ、キキとララ、シナモン、プリン、ほかにもいっぱいでてくるよ。
2017.1 1Vol. 27×22cm ¥1500 ⓘ978-4-04-892634-8

◆リルリルフェアリル フェアリルみーつけた サンリオ （サンリオギフトブック 29）
2017.2 48p A6 ¥466 ⓘ978-4-387-17001-3

テレビ・アニメキャラクターの絵本

◆アイカツスターズ！星のツバサアイドル名かん 小学館 （テレビ超ひゃっか）
【目次】星のツバサで世界一のアイドル目ざせっ！、星のツバサはパーフェクトアイドルのあかし！、S4は四ツ星学園の4組のトップスター！、虹野ゆめ、桜庭ローラ、香澄真昼、早乙女あこ、二階堂ゆず、白銀リリィ、七倉小春〔ほか〕
2017.10 41p 15×15cm ¥800 ⓘ978-4-09-750423-8

◆アイドル×戦士ミラクルちゅーんず！ヒロインずかん 小学館 （テレビ超ひゃっか）
【目次】ミラクルちゅーんず！、カノン、マイ、フウカ、ミラクルポッド、ミラクルタクト、スペシャルジュエル、アカリ、ヒカリ、ミラクルブレス・ミラクルタンバリン、ミラクルミラクル、ま王・毒舞団、女神さま・リズムズ、ミラクル・ミラクルを支える人々、かぞく・クラスメイト、ネガティブジュエリー
2017.7 41p 15×15cm ¥800 ⓘ978-4-09-750421-4

◆アイドルタイム プリパラアイドルずかん 小学館 （テレビ超ひゃっか）
【目次】おいでよ！パパラ宿のプリパラへ、ゆいとらぁら なかよしのヒミツ、ゆい、にの、みちる、らぁら、みれい、そふぃ、シオン、ドロシー、レオナ、あろま、みかん、ガァルル、ファル・ひびき・ふわり、のん・ちり・ペッパー、WITH・めが姉ぇ・めが兄ぃ、マスコット、アボカド学園あんない
2017.8 41p 15×15cm ¥800 ⓘ978-4-09-750422-1

◆アナと雪の女王 もきかずこ文 うさぎ出版，永岡書店 発売
【要旨】仲良し姉妹を引き裂いた氷の魔法。凍りついた世界を救うのは、真実の愛だけ！歴史に残る感動の名作を、美しいイラストとともにお楽しみください！
2017.11 96p 24×18cm ¥1300 ⓘ978-4-522-46448-9

◆アナと雪の女王 家族の思い出 うさぎ出版編 うさぎ出版，永岡書店 発売
【要旨】エルサとアナのなかよし姉妹は、幼いころに起きた事件以来、ずっとはなればなれでした。今日は、そんな二人が久しぶりがいっしょに迎えたクリスマス。ところが、アレンデール中どの家にもあるクリスマスのならわしが、長い間はなれて育った姉妹には、何もなかったのです。さびしそうな二人のために立ち上がったのは…オラフでした。姉妹と小倉の強いきずなが胸を打つ。ハートフルなお話です。
2017 1Vol. 15×15cm ¥450 ⓘ978-4-522-48021-2

◆アバローのプリンセスエレナ―エレナとアバローのひみつ クレイグ・ガーバー，キャサリン・ハプカ文，グレース・リー絵，老田勝訳・文 講談社
【要旨】ゆめとまほうとすてきなおんがくがあふれるくに、今日は二人が久しぶりがいっしょに、アバローおうこく。おうじょエレナは、わるいまじょとのたたかいでアバローのペンダントにとじこめられてしまいました。ふういんがとけたとき、あらたなぼうけんがはじまる！
2017.4 1Vol. 27×22cm ¥1550 ⓘ978-4-06-220525-2

◆アバローのプリンセスエレナ―エレナとアバローのひみつ ウォルト・ディズニー・ジャパン監修 KADOKAWA （角川アニメ絵本）
【要旨】はるかな国のゆうかんなプリンセス、エレナの物語が今、始まる!!
2017.9 79p 27×22cm ¥1600 ⓘ978-4-04-106066-7

◆アバローのプリンセスエレナ はじまりの日 斎藤妙子構成・文 講談社 （ディズニーえほん文庫）
2017.12 1Vol. 11×11cm ¥450 ⓘ978-4-06-269643-2

◆あらいぐまラスカル　スターリング・ノース原作、遠藤政治、斎藤繁男監督　徳間書店（徳間アニメ絵本 37）
【要旨】少年とあらいぐまの友情をえがいた、忘れられなかったあの名作が40周年を機に、ついにアニメ絵本で登場！
2017.8 103p 27×22cm ￥1600 ①978-4-19-864465-9

◆いってみよう！　大井川鐵道 トーマス号となかまたち　小賀野実写真・シリーズ　ポプラ社
【要旨】しずおかけんの「おおいがわてつどう」で、トーマスごうやなかまたちがやってくうやくしているのかな？このほんには、トーマスごうとなかまたちのかっこいいしゃしんがいっぱい！トーマスごうたちのがんばるすがたをみてたのしもう！
2017 1Vol. 20×24cm ￥1300 ①978-4-591-15473-1

◆宇宙戦隊キュウレンジャーおあそびブック　小学館（ビギー・ファミリー・シリーズ）
【目次】あくとたたかえ！キュウレンジャー!!、ホウオウソルジャーとうじょう!!、せんしクイズ、バランスとあそぼう、せんしずかん、まねっこあそび、アイテムクイズ、スキルキュータマずかん、メカクイズ、メカボウけん、ロボずかん、めいろあそび、ラッキーうらない、みつけてあそぼう、ぶぶんアップクイズ、ちがいをさがそう
2017.7 191p 10×10cm ￥550 ①978-4-09-736056-8

◆宇宙戦隊キュウレンジャー 全戦士&ロボ ドデカずかん　テレビ朝日、東映AG、東映監修　小学館（てれびくん超ひゃっか）
【要旨】キュウレンジャーは、正義のそしく・リベリオンがあつめた伝説の9人の救世主だ。今は伝説をこえる12人の救世主があつまり、宇宙幕府ジャークマターから宇宙をまもるために力をあわせて戦っているぞ！
2017.9 23p A4 ￥1100 ①978-4-09-726747-8

◆ウルトラマンジード ウルトラカプセル全戦士ずかん　小学館（てれびくん超ひゃっかシリーズ）
2017.11 41p 15×15cm ￥800 ①978-4-09-751122-9

◆ウルトラマン たたかえ！ ウルトラヒーローズ　小学館（ひらめき★シールえほん）（付属資料：シール）
【要旨】ひかりのくにをまもれ！うちゅうだいけっせん！ちきゅうS.O.S！かいじゅうぐんだんとといつのたたかいだ！はってはがせるシールがいっぱい！2～5歳。
2017.10 9p 27×22cm ￥800 ①978-4-09-746105-0

◆おかあさんといっしょ ガラピコぷ～キラッ！ピカッ！シールブック　小学館（まるごとシールブックDX）（付属資料：シール）
【要旨】なまえシール、メッセージシールなどいろいろつかえるシールがいっぱい！キラピカホログラムシール全224まい！
2017.12 20p A6 ￥620 ①978-4-09-735554-0

◆おどるねこざかな　わたなべゆういち原作、スタジオコメット作画　フレーベル館（ねこざかなアニメえほん 2）
【要旨】すなのひろばでタコみたちにであったねこざかな。そこへノコギリザメがおそいかかり…ききをのりこえるさくせんとは!?
2017 1Vol. 16×16cm ￥680 ①978-4-577-04590-9

◆おはなしドラえもんえほん だいひょうざんのちいさないえ　藤子・F・不二雄原作、川辺美奈子文、坪井裕美絵　小学館
【要旨】こおりのせかいであそんじゃえ!!読み聞かせにぴったり！
2017.3 30p 24×19cm ￥1200 ①978-4-09-726701-0

◆おはなしドラえもんえほん ちかてつをつくっちゃえ　藤子・F・不二雄原作、川辺美奈子文、坪井裕美絵　小学館
【要旨】おねがい、ドラえもん！パパにちかてつをプレゼントしたいんだ。
2017.3 31p 24×19cm ￥1200 ①978-4-09-726717-1

◆親子で楽しむ空想特撮さがし絵本 ウルトラセブンのおもちゃ箱　まつやまたかし作画　CRAZY BUMP、三交社 発売
2017.10 28p 27×24cm ￥1500 ①978-4-87919-839-6

◆怪盗グルーのミニオン大脱走　NBCユニバーサル・エンターテイメント監修　小学館

（まるごとシールブックDX）（付属資料：シール）
【要旨】映画の世界を貼って体験！ベタベタ楽しむ！シールは全部で16シートの131枚！
2017.7 16p 19×14cm ￥900 ①978-4-09-735556-4

◆カーズ/クロスロード　ディズニー・パブリッシング・ワールドワイドコミック　KADOKAWA（まるごとディズニーブックス）
【要旨】次世代レーサーとのレースでライトニング・マックイーンはクラッシュし、決断をせまられる。レースをあきらめるべきか。レースにもどるのか。クルーズ・ラミレスとのトレーニングにおいて、彼はその答えを手に入れる…。フルカラーコミックで映画本編を楽しもう！最新作のその後もわかる短編も収録。
2017.7 95p B6 ￥800 ①978-4-04-892999-8

◆カーズ/クロスロード　ウォルト・ディズニー・ジャパン監修　KADOKAWA（角川アニメ絵本）
【要旨】天才レーサー・マックイーンが大クラッシュ!?友を信じて、自分を信じて、ライバルにうちかて！
2017.8 75p 27×22cm ￥1600 ①978-4-04-105976-0

◆カーズ クロスロード　俵ゆり文・構成　講談社（アニメランド）
【要旨】にんきものレーサー、ライトニング・マックイーンに、あたらしいライバルがあらわれました。レースにまけて、チャンピオンのざをうばわれます。マックイーンは、あきらめず、しゅぎょうにでます。はたしてマックイーンは、ふたたび、しょうりをてにすることができるのでしょうか？
2017.8 25p 19×22cm ￥880 ①978-4-06-220676-1

◆カーズのひみつ100―カーズはかせになろう！　ポプラ社
【要旨】マックイーンはどんなレーサーなの？メーターのとくぎは？ラジエーター・スプリングスはどこにある？ピストン・カップでゆうしょうすると？スパイたちのもくてきは？しんせだいのレーサーとうじょう？映画最新作『カーズ/クロスロード』のひみつものってるよ！
2017 96p 23×23cm ￥1100 ①978-4-591-15474-8

◆仮面ライダーエグゼイド ライダーガシャット&レベルアップずかん　小学館（てれびくん超ひゃっかシリーズ）
2017.3 1Vol. 15×15cm ￥800 ①978-4-09-751121-2

◆仮面ライダービルド ひみつ百科　東映監修　永岡書店
[17.12] 1Vol. 13×15cm ￥580 ①978-4-522-43558-8

◆きかんしゃトーマス 走れ！世界のなかまたち　ウィルバート・オードリー原作　ポプラ社
【要旨】せかいじゅうのきかんしゃたちがあつまる「てつどうショー」がひらかれます。トーマスはこのイベントにでなくしかありません…。映画割引券つき！
2017 39p 18×19cm ￥900 ①978-4-591-15417-5

◆きかんしゃトーマス 走れ！世界のなかまたち　小学館（えいが超ひゃっか）
【要旨】「きかんしゃトーマス 走れ！世界のなかまたち」は、テレビと絵本でお子さんに大人気の「きかんしゃトーマス」の劇場公開作品（日本では2017年4月公開）です。この本では、映画のストーリーと、映画に登場する世界のきかんしゃたちを紹介しています。
2017.3 41p 19×19cm ￥800 ①978-4-09-751108-3

◆きかんしゃトーマス 走れ！世界のなかまたち シールあそびえほん　ウィルバート・オードリー原作　ポプラ社
【要旨】たくさんのくにから、いろんなきかんしゃがあつまって、てつどうショーがひらかれることになりました。トーマスは、おおきなレースにでることができるのでしょうか？そして、いちばんになるのは…!?たのしいえいがのシールえほん！
2017 1Vol. 27×22cm ￥800 ①978-4-591-15402-1

◆きかんしゃトーマスファミリーミュージカル ソドー島のたからもの―ダンスとおはなしの世界へようこそ！　学研プラス編　学研プラス
【要旨】あるひトップハム・ハットきょうのところに、ふるいソドーとうのちずがとどきます。

トーマスはちずのなぞをときながら、たからもののさがしはじめるのだ…。
2017.12 31p 18×19cm ￥900 ①978-4-05-204731-2

◆きかんしゃトーマスぷにぷにシール図鑑　ポプラ社（付属資料：シール）
【要旨】せんろにトーマスのシールをはってあそぼう！シールはなんどでも、はってはがせるよ!!ぷにぷにシールで、トーマス図鑑をかんせいさせよう！対象年齢3歳以上。
2017 11p 22×22cm ￥1200 ①978-4-591-15543-1

◆劇場版ポケットモンスターステッカー 2017 キミにきめた！　小学館（まるごとシールブック）（付属資料：シール）
【目次】スペシャルステッカー、サトシとピカチュウ、ホウオウ、マーシャドー、冒険のなかまたち、クロス、登場するポケモンたち、ロケット団、サトシのピカチュウ大集合！、ピカチュウフェイスシール、なまえ＆やくそくシール
2017.7 1Vol. 11×10cm ￥560 ①978-4-09-735557-1

◆さがして！みつけて！怪盗グルーのミニオン大脱走　トレイ・キング著、フラクチャード・ピクセルズ絵、シンコ・ポール、ケン・デュアリオ原作　小学館
【要旨】グルーとミニオンたちが、またまたみんなで大さわぎ。ルーシーや三姉妹も、もちろんいっしょだよ。さあページをめくりながらワクワクするさがしっこをたのしもう！ミニオンたちが大好きなバナナも、いっぱいかくれてるよ！
2017.8 24p 29×23cm ￥950 ①978-4-09-726731-7

◆さがして！みつけて！カーズ クロスロード　俵ゆり訳　講談社（LOOK AND FIND）
【要旨】人気もののレーサー、ライトニング・マックイーン。だがその前に、最新式の車があらわれた。マックイーンは、新世代の車に勝つことができるのか!?さあ、エンジンを全開にして、さがしものの旅に出発！八つの場面から、いろんなものを見つけよう。ぜんぶ見つけたら、もういちどきっと、さらなるさがしものにちょうせんだ！
2017.11 19p 31×26cm ￥1400 ①978-4-06-265699-3

◆さがして！みつけて！美女と野獣　斎藤妙子訳　講談社（LOOK AND FIND）
【要旨】ようこそ、ベルと野獣の愛の世界へ！にぎやかな村の広場、モーリスの仕事場、野獣のお城でのすてきなディナーや、本があふれる図書室、そして運命のたたかい。八つのシーンの絵さがしをたっぷり楽しんでくださいね。お話が終わったあとにも、まだまださがしものがありますよ。あなたはぜんぶ見つけられますか？
2017.11 19p 31×26cm ￥1400 ①978-4-06-269900-6

◆さがして！みつけて！ミニオンズ　トレイ・キング著、フラクチャード・ピクセルズ絵、ブライアン・リンチ原作　小学館
【要旨】ミニオンたちって、どこにでもいるのにさがしてみるとなかなか見つからないもの。でも、キミなら見つけられるかも？ミニオンたちも、悪者たちも、ヘンテコな物も、あれもこれもぜ～んぶさがして、みつけてね！
2017.8 24p 29×23cm ￥950 ①978-4-09-726730-0

◆スタジオジブリの食べものがいっぱい　スタジオジブリ監修、徳間書店児童書編集部編　徳間書店（徳間アニメ絵本ミニ）
【要旨】パズーとシータがわけあうパンと目玉焼き、ポニョの大すきなハム、節子が大切にしていたドロップ、ハウルがカルシファーの火でつくるベーコンエッグ、…。スタジオジブリの長編アニメーション映画に登場するさまざまな食べものをくわしく紹介する、新しい形のアニメ絵本です。
2017.2 63p 23×19cm ￥1400 ①978-4-19-864337-9

◆スプラトゥーン2 イカす！シールブック　小学館（まるごとシールブックDX）
【要旨】キャラのシールがいっぱい!!インクシールをはりまくるバトルもできる！全308枚!!
2017.12 20p 27×22cm ￥900 ①978-4-09-735558-8

◆ちいさなプリンセス ソフィア おともだちのプリンセスといっしょ 10のおはなし　老田勝文・構成　講談社（ディズニー物語絵本）
【要旨】ソフィアやアンバーが通う王立アカデミーでは、いろいろな国からプリンセスがあつまって、べんきょうしています。みんな、個性的なみりょくがいっぱい。そのほかにも、人魚の国のプリンセス、ウーナや、南の島のプリン

絵本・児童書

セス、レイラニが登場します。
2017.8 119p 21×19cm ¥1400 978-4-06-220528-3

◆ディズニー くまのプーさん—プーさんとあそぼう ディズニー・パブリッシング・ワールドワイド文, 中村有里訳 小学館 （ちゃおノベルズ）
【要旨】いっしょに遊んでいたはずが、いつの間にかはぐれてしまって…（「プーさんとピグレット」）。働きもののラビットをみんなで助けよう（「ラビットと畑づくり」）。まだ小さいけど、なんでもひとりでできるようになりたい！（「ルーの悩み」）。なにげないひと言が、大事なことを気づかせてくれる（「イーヨー、ありがとう！」）。いなくなってはじめてわかる、友だちの大切さ（「オウルからの招待状」）。プーさんと仲間たち、クスッと笑えて心あたたまる、かわいい短編集。
2017.10 119p B6 ¥820 978-4-09-289583-6

◆ディズニー/ピクサー カーズ まわしてカチャウ！ とけいえほん 講談社編 講談社
【要旨】えほんについているとけいでたのしみながら、とけいのよみかたをおぼえましょう。対象：3歳以上。
2017.6 17p B5 ¥1100 978-4-06-220552-8

◆塔の上のラプンツェル もきかずこ文 うさぎ出版, 永岡書店 発売
【要旨】盗賊のフリンとの出会い、塔を飛び出したラプンツェル。世界は一気に輝きはじめた！それはディズニー史上最も美しく、ミステリアスな物語です。
2017.11 96p 24×18cm ¥1300 978-4-522-46449-6

◆トーマスキャラクターミニずかん—あつまれ！あたらしいなかまたち ポプラ社 （ミニキャラえほん 29）
2017 1Vol. 10×10cm ¥380 978-4-591-15599-8

◆トーマスりゅうでいこう ウィルバート・オードリー原作 ポプラ社 （トーマスの新テレビえほん 6）
2017.10 1Vol. 18×19cm ¥550 978-4-591-15394-9

◆トムとジェリーをさがせ！めいさくえいがでだいかつやく 宮内哲也, 菅原卓也絵, 栗太郎監修 河出書房新社 （だいすき！トム＆ジェリーわかったシリーズ）
【要旨】あそんで身につく集中力！じっくりさがそう297冊。トムとジェリーさがすし絵本第3弾！
2017.7 27p 24×21cm ¥1200 978-4-309-69052-0

◆にゃんぼー！かわいくなりたい！宮内健太郎文, よつばスタジオ「ニャンボー」原作 岩崎書店 （にゃんぼー！アニメえほん 4）
【要旨】おしゃれがだいすき。にんげんには見えない。ネコのようでネコじゃない。ちょっとふしぎなななかまたち。それがにゃんぼー。
2017.5 1Vol. 22×19cm ¥1000 978-4-265-83049-7

◆にゃんぼー！がんばりやミケ 宮内健太郎文, よつばスタジオ「ニャンボー」原作 岩崎書店 （にゃんぼー！アニメえほん 2）
【要旨】にんげんにはみえないネコじゃないちょっとふしぎなななかまたちがにゃんぼー。「おまたせー！アニメ！おやつだぞ！」ミケがもってきたのはやまもりのキャットフード。しかししろにおおきなかげが！
2017.3 1Vol. 22×19cm ¥1000 978-4-265-83044-2

◆にゃんぼー！トラとコトラ 宮内健太郎文, よつばスタジオ「ニャンボー」原作 岩崎書店 （にゃんぼー！アニメえほん 3）
【要旨】むじゃきでかわいい。にんげんにはみえない。ネコのようでネコじゃない。ちょっとふしぎなななかまたち。それがにゃんぼー。
2017.5 1Vol. 22×19cm ¥1000 978-4-265-83048-0

◆ねこねこ日本史 新選組 そにしけんじ原作, ジョーカーフィルムズ作画 実業之日本社 （テレビアニメえほん）
【要旨】もしも新選組が猫だったら…史実をゆるく学ぶこともできる猫コメディー。
2017.10 1Vol. 15×15cm ¥580 978-4-408-33735-7

◆ねこねこ日本史 卑弥呼 そにしけんじ原作, ジョーカーフィルムズ作画 実業之日本社 （テレビアニメえほん）
【要旨】もしも卑弥呼が猫だったら…史実をゆるく学ぶこともできる猫コメディー。
2017.10 1Vol. 15×15cm ¥580 978-4-408-33736-4

◆美女と野獣 ウォルト・ディズニー・ジャパン監修 KADOKAWA （角川アニメ絵本）
【要旨】真実はただひとつ、幸せは隠せない、だれの目にも。アニメーション映画史上初「アカデミー賞作品賞」ノミネート作品、第64回アカデミー賞「作曲賞」「歌曲賞」をW受賞！世界中で語りつがれている永遠の愛の物語。感動がよみがえる主題歌歌詞を収録。
2017.4 1Vol. 27×22cm ¥1600 978-4-04-105526-7

◆ぴったんこ！ねこざかな わたなべゆういち原作, スタジオコメット作画 フレーベル館 （ねこざかなアニメえほん 1）
【要旨】さかなをつってたべようとしたねこがぎゃくにさかなにたべられちゃった！みなみのしまでのゆかいなまいにちのはじまりです！
2017.4 1Vol. 27×22cm ¥680 978-4-577-04589-3

◆プラレールトーマス—ソドーとうでシュッシュッ！大レース ポプラ社 （ミニキャラえほん 28）
2017 1Vol. 10×10cm ¥380 978-4-591-15598-1

◆ポケットモンスター サン&ムーン 小学館 （知育ちがいさがしブック）
2017.5 1Vol. 10×11cm ¥550 978-4-09-726711-9

◆ポケットモンスター サン&ムーン—ポケモンとあそぼう！小学館 （ひらめき★シールえほん） （付属資料：シール）
【要旨】うみべにはいろんなポケモンがいっぱい！もりのなかにもポケモンがかくれているぞ！アーカラじまでポケモンをゲットしよう！しんかずかんをかんせいさせよう！はってはがせるシールがいっぱい！シール41まいでたっぷりあそべる！2〜5歳。
2017.12 9p 27×22cm ¥800 978-4-09-746106-7

◆ポケットモンスター サン&ムーン ゼンリョク大冒険ステッカー ポケモン監修・協力 小学館 （まるごとシールブック） （付属資料：シール）
2017.6 1Vol. 11×10cm ¥560 978-4-09-735555-7

◆ポケットモンスター サン&ムーン だれかな？おおあそびBOOK 小学館集英社プロダクションイラスト・監修 小学館 （ビギー・ファミリー・シリーズ）
【目次】だれかなクイズ（シルエットクイズ、かくだいクイズ、パーツクイズ、パズルクイズ、しんかクイズ、アニメクイズ、アローラでみられるポケモンのすがたはどっち？、リージョンフォームずかん）、ポケモンとあそぼう（めいろであそぼう、おぼえてあそぼう、みつけてあそぼう、なんびきいるかな？、ちがいさがそう）
2017.5 32p 10×11cm ¥500 978-4-09-746107-4

◆ポケットモンスター サン&ムーン ポケモンぜんこく超ずかん 小学館集英社プロダクションイラスト・監修 小学館 （ビギー・ファミリー・シリーズ）
2017.12 671p ¥900 978-4-09-736057-5

◆星のカービィ おかしなスイーツ島 大塚菜生文, 苅野タウ, ぽと絵 KADOKAWA
【要旨】くいしんぼうカービィが、しんゆうワドルディと、スイーツの島へしゅっぱーつ！
2017.11 1Vol. 19×19cm ¥1000 978-4-04-893356-8

◆星のカービィ キラキラ★プププワールド 南条アキマさまんが KADOKAWA （キャラぶふぇブックス）
【要旨】大人気カービィの4コママンガ。
2017.3 96p B6 ¥800 978-4-04-892805-2

◆星のカービィ そらのおさんぽ 大塚菜生文, 苅野タウ, ぽと絵 KADOKAWA
【要旨】大人気カービィの初の絵本！
2017.3 1Vol. 19×19cm ¥900 978-4-04-892859-5

◆ホーンテッドマンション ジェームス・ジラード絵, 海老根祐子文 講談社
【要旨】アトラクションでは語りのないシーンを、あの、ゴーストホストが案内します。さあ、この本を手にとったからには、引き返すことはできませんぞ。"Grim Grinning Ghosts"の英語歌詞・日本語訳つき。
2017.10 1Vol. 24×26cm ¥1800 978-4-06-220760-7

◆ミニオンズシールブック 小学館 （まるごとシールブック） （付属資料：シール）
【要旨】まるごと1冊ミニオンばっかり！ミニオンだらけ！シール全344枚。
2017.8 1Vol. 11×10cm ¥560 978-4-09-735552-6

◆ミニオンズ ミニオンとあそぼう！小学館 （ひらめき★シールえほん） （付属資料：シール1）
【要旨】ワイドながめんにいっぱいはろう。ミニオンたちとシールであそぶ。
2017.9 9p 28×23cm ¥750 978-4-09-746104-3

◆メアリと魔女の花 メアリー・スチュアート原作, 坂口理子脚本, 米林宏昌脚本・監督, スタジオポノック監修 KADOKAWA （角川アニメ絵本）
【要旨】そうだ！わたし、…今夜だけは魔女なんだ！スタジオポノック第一回長編作品、米林宏昌監督最新作、アニメ絵本。主題歌SEKAI NO OWARI「RAIN」歌詞掲載！
2017.7 99p 27×22cm ¥1600 978-4-04-105561-8

◆モアナと伝説の海 うさぎ出版編 うさぎ出版, 永岡書店 発売 （ディズニー・プレミアム・コレクション）
【要旨】主人公は、勇気と好奇心にあふれる南の島の娘モアナ。16歳になったモアナは、運命に導かれ、初めて航海に出ます。それは、「こころ」をなくした世界を救うため、壮大な冒険の始まり。そして、モアナ自身がほこりや進むべき道を見つける旅でもありました。はたして、世界は「こころ」をとりもどせるのでしょうか？
2017 1Vol. 15×15cm ¥450 978-4-522-48017-5

◆モアナと伝説の海 俵ゆり構成・文 講談社 （アニメランド）
【要旨】ひろいうみにうかぶうつくしいしま、モトゥヌイ。ところが、あるときから、しまにくらいかげがしのびよります。「うみにえらばれたむすめ」モアナは、しまの人びとをまもるため、きんじられたそことうみへ！モアナは、ゆたかなうみをとりもどすことができるのでしょうか？
2017.3 25p 19×22cm ¥880 978-4-06-220449-1

◆モアナと伝説の海 ディズニー・パブリッシング・ワールドワイドコミック, 増井彩乃訳 KADOKAWA （まるごとディズニーブックス）
【要旨】悩み傷つきながら、モアナは旅に出る。世界を襲う闇から愛する人たちを守るため—。映画本編がコミックで読める!!この本だけのショートストーリーが6本も読めるよ！
2017.3 96p B6 ¥800 978-4-04-892804-5

◆モアナと伝説の海 ウォルト・ディズニー・ジャパン監修 KADOKAWA （角川アニメ絵本）
【要旨】ディズニーアニメーション最新作！"海"を愛した、"海"に愛された少女モアナの物語。主題歌「どこまでも〜How Far I'll Go〜」と「俺のおかげさ」歌詞収録!!
2017.3 88p 27×22cm ¥1600 978-4-04-104944-0

◆Disney/Pixar ファインディング・ニモ おふろえほん—ニモとドリーのかくれんぼだあれ？講談社編, しんどうさとこ文・構成 講談社
2017.6 1Vol. 15×14cm ¥1300 978-4-06-220617-4

その他の絵本

◆あいうえどうぶつえん 小林純一詩, 和田誠画 童心社 改訂新版
2017.12 1Vol. 21×21cm ¥1200 978-4-494-01561-0

◆あいさつでんしゃ 木戸直子絵 交通新聞社 （あかちゃんえほん）
【要旨】ねずみさんがうんてんするねずみでんしゃが、きょうもげんきにしゅっぱつします！きちんとあいさつできるかな？0歳から3歳向け。
2017.6 1Vol. 18×20cm ¥800 978-4-330-77917-1

◆あいすくりーむに ありをのせたら あいうえお accototo著 イースト・プレス （こどもプレス）
【要旨】あいすくりーむにありをのせたら、いちごがいえたて、いなばながらうーじん!?大人気！accototoのあいうえお絵本！
2017.1 1Vol. 27×22cm ¥1400 978-4-7816-1500-4

◆**あいたくなっちまったよ** きむらゆういち作, 竹内通雅絵 （ポプラ社の絵本）
【要旨】とうちゃんは、すごいんだぞ。大迫力「お父さん絵本」の新定番誕生。お父さんやまねこが見つけた子ねずみを食べようとしたとき、現れたのは…。
2017 1Vol. 27×22cm ¥1300 ①978-4-591-15512-7

◆**あいててて** タナカカツキ著 PARCO出版
【要旨】いろんなものにぶつかるぶつかる！でもだいじょうぶ！はじめてのユーモアたいけん！コップのフチ子原作、タナカカツキの絵本。
2017.3 1Vol. 17×19cm ¥1200 ①978-4-86506-209-0

◆**青い鳥がなくとき** のりこ作 （京都）自照社出版 （本文：日英両文）
2017.10 1Vol. 17×19cm ¥1200 ①978-4-86566-044-9

◆**あおぞらの木** 佐藤明了文, 佐藤佳志子絵 （鹿児島）ラグーナ出版
【要旨】うつくしい阿蘇の四季を舞台に描く少年と自然の、再生の物語。熊本で育った、こころの専門家が描きました。
2017.10 1Vol. 22×22cm ¥1700 ①978-4-904380-64-2

◆**赤い金魚と赤いとうがらし** 高橋久美子作, 福田利之絵 ミルブックス, サンクチュアリ出版 発売
【要旨】「ひとりぼっちの、赤い赤い金魚 ピッピロ ある日、赤くてかいらやつが 金魚ばちにおちてきた」作家・作詞家として活躍する高橋久美子による、金魚の視点から語られる想像もつかない斬新な物語。それに触発され、福田利之が新たな画風に挑戦。繊細かつ大胆な描写は、絵本から飛び出して来そうなほど生き生きと描かれています。ブックデザインは名久井直子が担当、ふたりが紡いだ不思議な物語に、さらにもうひとつの魔法をかけています。小さな子も楽しめる、ひがらなとカタカナの絵本です。
2017.6 1Vol. 27×19cm ¥1400 ①978-4-902744-87-3

◆**あかいふうせん** 山田和明作・絵 （神戸）出版ワークス
【要旨】くまさん、うさぎさん、ペンギンさん、ぞうさん、きりんさん。つぎつぎにのりこんでくるどうぶつたちといっしょにふうせんのバスのたびがはじまります。次々と乗り込む乗客たちの気持ちがひとつになったとき、思いがけない幸せが訪れます。
2017.12 1Vol. 22×29cm ¥1800 ①978-4-907108-17-5

◆**あかはまが池の摩耶** つちのみえこ文・絵 （鎌倉）銀の鈴社 （伝承民話—よみきかせ絵本） 改訂版
【要旨】透き通るような白い肌、どこか謎めいた大きく切れ長な目、やや青味を帯びた豊かな黒髪。ともすれば消えていきかねない民話を素朴な絵で伝えるよみきかせ絵本。佐吉と摩耶のものがたり。
2017.4 31p B5 ¥1400 ①978-4-86618-007-6

◆**あかりちゃんのつうがくろ** うるしばらともよし文, よしだるみ絵 DINO BOX, 垣内出版 発売
【要旨】小さな動物公園に、童話の国がたくさんできました。「ここが通学路になったらいいのになあ！」さて、あかりちゃんの願いは叶うのでしょうか？
2017.3 1Vol. 19×27cm ¥1600 ①978-4-7734-0408-1

◆**あくまちゃんとてんしちゃん** のぶみ作 幻冬舎
【要旨】わるいところといいところがあってにんげん。けんかしてもすぐに仲直りできる！親子・きょうだいの絆が深まる絵本。
2017.8 1Vol. 24×20cm ¥1300 ①978-4-344-97924-6

◆**あけましてのごあいさつ—お正月** すとうあさえ文, 青山友美絵 ほるぷ出版 （はじめての行事えほん）
【要旨】もうすぐおしょうがつ。みいちゃんはおしょうがつのまえに、たくさんおてつだいをします。あけましてのごあいさつ、もういいかな？
2017.12 1Vol. 19×19cm ¥950 ①978-4-593-56326-5

◆**あこがれのチュチュ** カトウシンジ著 （神戸）出版ワークス
【要旨】猫とちいさなバレリーナの一歩。バレエ雑貨が大人気！Shinzi Katoh待望のバレエ絵本。
2017.6 1Vol. 27×22cm ¥1600 ①978-4-907108-07-6

◆**あしたから1ねんせい** きむらゆういち作, 有田奈央絵 新日本出版社 （きむらゆういちの行事えほん）
【要旨】学校ってどんなところかな…？ 期待でワクワク。不安もドキドキ。あたらしい生活を迎える新1年生応援ドキ本！
2017.1 1Vol. 26×22cm ¥1200 ①978-4-406-06118-6

◆**あたりかも** きたじまごうち作・絵 PHP研究所 （わたしのえほん）
【要旨】ぼくのアイス、あたりなのかおしえてください！ れいとうこのひだりおくを3かいノックして、アイスおうこくへしゅっぱつ！ 4〜5歳から。
2017.7 1Vol. 26×20cm ¥1300 ①978-4-569-78675-9

◆**あっはっは** 川之上英子, 川之上健作・絵 岩崎書店
【要旨】いっしょに笑うとたのしいね。たくさんのわらいがあふれる絵本。
2017.4 1Vol. 26×22cm ¥850 ①978-4-265-08244-5

◆**あなたが生まれたとき、世界中がよろこびました** 大木ゆきの作, さとうようこ絵 PHP研究所 （付属資料：CD1）
【要旨】読むだけで自分を好きになれる奇跡の泣ける絵本。聴くだけで自分を愛せるようになる誘導瞑想CD付。
2017.9 1Vol. 18×15cm ¥1600 ①978-4-569-83843-4

◆**アニーのちいさなきしゃ** たちもとみちこ作 文溪堂
【要旨】きょうは、アニーのおたんじょうび。アニーはうんてんしさんになって、ちいさなきしゃをひきひき、おそとへでかけます。シュッシュッポッポ、シュッシュッポッポ、ポー。さあ、たのしいおきゃくへしゅっぱつです！ ちいさな人気者がかえってきました！ こぐまのアニーの本。
2017 1Vol. 23×23cm ¥1400 ①978-4-7999-0219-6

◆**アニマルバスとわすれもの** こてらしほ作・絵 ポプラ社
【要旨】アニマルバスのなかまたちが、あるひ、ふしぎなわすれものをみつけました。みならいバスのファンファンは、おはりきり！「よ〜し、ぼくがもちぬしにとどけるよ！」でも、ほんとうにひとりでだいじょうぶ？ パンダなのにバス!? ゆかいななかまのちいさなだいじけん！
2017.1 1Vol. 21×30cm ¥1200 ①978-4-591-15471-7

◆**あのときのカレーライス** きむらゆういち作, 伊藤秀男絵 講談社 （講談社の創作絵本）
2017.9 1Vol. 25×27cm ¥1500 ①978-4-06-133334-5

◆**あのね** さえぐさひろこ作, 入山さとし絵 鈴木出版 （はじめてのちいさなえほん）
2017.10 1Vol. 16×15cm ¥361 ①978-4-7902-5317-4

◆**あ、ひょい** タナカカツキ著 PARCO出版
【要旨】あれもこれもよけてよけてよけまくる！ はじめてのユーモアたいけん！ コップのフチ子原作、タナカカツキの絵本。
2017.3 1Vol. 17×19cm ¥1200 ①978-4-86506-210-6

◆**あま〜いしろくま** 柴田ケイコ作・絵 PHP研究所 （PHPにこにこえほん）
2017.8 1Vol. 24×23cm ¥1300 ①978-4-569-78694-0

◆**天草本 いそっぽの物語—かとうむつこ絵本** かとうむつこ和訳・さし絵 （福岡）西日本新聞トップクリエ, （福岡）海鳥社 発売
【要旨】現代に甦るユニーク天草本『おぢゃる言葉のイソップ物語』。戦国時代に天草で和訳され、当時の宣教師が日本語を学ぶため、教えを短い物語で語るために出版された異色のイソップ。日本語の普及のみならず武士道にも影響を与えた感動のイソップ物語。
2017.4 127p 31×23cm ¥1300 ①978-4-87415-995-6

◆**あめがふるふる** 田島征三作 フレーベル館
【要旨】雨の日のおるすばん、ネノくんとキフちゃんの兄妹が窓の外をながめていると、意外なものばかりが現れて…。やさしい想いと楽しい思いがまじわる「雨の絵本」の決定版！
2017.4 1Vol. 26×23cm ¥1400 ①978-4-577-04519-0

◆**あやしい妖怪はかせ** 小森香折文, 西村繁男絵 アリス館
2017.8 1Vol. 27×22cm ¥1400 ①978-4-7520-0804-0

◆**ありがとうございます** 塚本やすし作・絵 冨山房インターナショナル
2017.11 32p 27×22cm ¥1600 ①978-4-86600-042-8

◆**ありがとうトワイライトエクスプレス** かねづかこう文, 金の星社
【要旨】大雪のために札幌を出発したトワイライトエクスプレスは16時間おくれ、38時間、2泊3日、午前4時、大阪に到着しました。リビング・シャワー室のあるスイート、ゆったりとしたサロンカー、レストランのような食堂車。あこがれの寝台列車、"うごく豪華ホテル"。トワイライトエクスプレスのとくべつな旅！
2017 1Vol. 24×25cm ¥1300 ①978-4-323-02465-3

◆**あれあれだあれ？** 中川ひろたか文, 村上康成絵 （大阪）ひかりのくに （あかちゃんあそぼ）
2017 1Vol. 23×22cm ¥880 ①978-4-564-01099-6

◆**あわてんぼうウサギ—ジャータカものがたり** 中川素子再話, ボロルマー・バーサンスレン絵 小学館
【要旨】あついあついインドのうみのちかくに、ウサギがすんでいました。 あるひ さねが すっているとドッダダッドーン！ おおきな おおきな とがしました。「うわっ！ せかいがこわれる—」おおあわてでうさぎは、にげだしました。 むかしむかし、おしゃかさまがライオンだったときのおはなし。
2017.3 1Vol. 19×27cm ¥1400 ①978-4-09-726707-2

◆**安西水丸のどうぶつバシャパシャ** 安西水丸絵, 安西カオリ文 文芸社
2017.1 1Vol. 18×18cm ¥1300 ①978-4-286-19345-8

◆**アントンせんせい あかちゃんです** 西村敏雄作 講談社 （講談社の創作絵本）
【要旨】ある日、アントンせんせいの病院に、ブタのブータさんとブーコさんがやってきました。しんさつをしてみると、ブーコさんのおなかにはなんと、あかちゃんが！ よみきかせ3歳ごろから、ひとりよみ6歳ごろから。
2017.10 1Vol. 27×22cm ¥1300 ①978-4-06-133328-4

◆**いえない いえない** くすはら順子著 文研出版 （えほんのもり）
【要旨】ぼくは、ワニ。にくをたべるのはだいすきだ。でも、ぼくにはなかまたちにいえないひみつがある。じつは…。
2017.9 1Vol. 27×22cm ¥1300 ①978-4-580-82326-6

◆**イースター ハッピー ふっかつの日！** ますだゆうこ作, たちもとみちこ絵 文溪堂
【要旨】イースターのひ、うさぎむらでは"エッグハント"がおこなわれています。ウサギのブータさんとブーコさんがやってきました。うさぎのエレンは、「にじいろのたまご」をさがすうち、つい、もりのおくにはいりこんでしまい…。イースターにまつわる、かわいくて楽しいお話＆知っているようで知らない、イースターについての豆知識がついた、読んで学べる1冊。
2017 1Vol. 23×23cm ¥1400 ①978-4-7999-0199-1

◆**イーストンと春の風** 巣山ひろみ文, 佐竹美保絵 （神戸）出版ワークス, 河出書房新社 発売
【要旨】いたずら風をおいかけて、ひろがれ！ 春のパンのかおり。おいしいパンのひみつはなあに？ イーストンのパンを、はね火のアチネが、きょうもふっくらやきあげます。「若草色のはちみつよもぎパン」レシピつき。
2017.1 1Vol. 24×20cm ¥1400 ①978-4-309-92119-8

◆**いすにすわってたべなさい。** 平田昌広作, 平田景絵 国土社
【要旨】いすにすわってたべなさい。おぎょうぎわるいよね。でも1字たすと、たいへんなことに…。あいすにすわってたべなさい。む、むり、むりだから。…みょうにたのしいことば

絵本

絵本・児童書

絵本・児童書

のたしざんだよ。
2017.2 1Vol. 35×22cm ¥1300 ①978-4-337-01656-9

◆いでおでかけ　五味太郎作　童心社
2017.3 1Vol. 20×20cm ¥1000 ①978-4-494-01459-0

◆いそげ！きゅうきゅうしゃ　竹下文子作, 鈴木まもる絵　偕成社
【要旨】まちのしょうぼうしょ。しれいしつのでんわがなると、きゅうきゅうしゃのしゅつどうです。ライトをつけてサイレンをならして、ピーポーピーポー、きゅうびょうにんのおじいさんは、やまのむこうのおおきなびょういんへはこばなくてはなりません。「よし、ドクターヘリをよぼう。」バラバラバラバラ…グイーン、けわしいやまみちもヘリならひとっとびです。2歳から。
2017.3 1Vol. 28×24cm ¥1000 ①978-4-03-221340-9

◆いたずらおおかみくん　きむらゆういち作, 国松エリカ絵　世界文化社
【要旨】おおかみくんは、いたずらがだいすき。ともだちをこまらせようと、あれこれしかけますが…。ひねくれ者のおおかみくんの「きもち」を描く、クスッと笑えるユーモア絵本。
2017.5 1Vol. 28×24cm ¥1000 ①978-4-418-17807-0

◆いたずらおばけ—世界の昔話　瀬田貞二再話, 和田義三画　福音館書店
【要旨】昔、ひとり暮らしの貧乏なおばあさんが金貨の入った壺をみつけました。喜んで外へ運んでいると、なぜか壺は銀のかたまりに。そしてしばらくすると鉄に、そして石に…。
2017.1 32p B5 ¥900 ①978-4-8340-8302-6

◆いたずらこやぎと春まつり　松居スーザン作, 出久根育絵　佼成出版社　（おはなしみーつけた！シリーズ）
【要旨】ハイジとペーターが大さわぎしたせいで春まつりは、めちゃくちゃなことに…！小学校低学年向け。
2017.2 64p 20×16cm ¥1200 ①978-4-333-02753-8

◆いただきますのおつきさま　鈴木真実作　講談社　（講談社の創作絵本）
【要旨】あるとき、お月さまが落ちてきた！たいへん、たいへん、動物たちがむかったその先には、大きな大きな…。夜空を見上げるのが楽しくなる、お月さまの絵本。
2017.9 1Vol. 27×22cm ¥1400 ①978-4-06-133336-9

◆いちご　こがようこ文・絵　大日本図書　（語りかけ絵本）
【要旨】読めばしぜんに語りかけ！こんなふうに読んでみてね、という「ちょこっとヒント」も後ろのページに。「いちご」と読んで、絵を指してあげるととっても嬉しそう！4、5ヶ月くらいから。あかちゃんが絵本への反応を深めるのは、10ヶ月くらいから。
2017.4 1Vol. 21×21cm ¥1000 ①978-4-477-03073-9

◆いちごひめのたびだち　TOO HAJIMU画, Q・TAコラージュ・デザイン, BOSS BEE文　ポプラ社
【要旨】世界で活躍する日本画家のTOO HAJIMUが描き、コラージュアーティストのQ・TAがデザインしたぶかぶか奇妙な絵本。
2017.5 1Vol. 23×20cm ¥1800 ①978-4-591-15505-9

◆いちにちじごく　ふくべあきひろ作, かわしまなえ絵　PHP研究所　（PHPにこにこえほん）
【要旨】わるいことをしたらじごくにいくって、ほんとうかな？　わるいことをするお子様に。じごくをみる絵本。
2017.7 1Vol. 24×24cm ¥1200 ①978-4-569-78668-1

◆1日10分でちずをおぼえる絵本　あきやまかぜさぶろう作　白泉社　（コドモエのえほん）改訂版
【要旨】子ども日本地図が大進化！みんなの県が動物や乗り物とゆかいに大変身！改訂で鳥取県・島根県などが、さらに覚えやすく!!3歳～小学生対象。
2017.10 56p 27×22cm ¥1800 ①978-4-592-76221-8

◆一角仙人—鹿の角をもつ男　片山清司文, 小田切恵子絵　（神戸）BL出版　（能の絵本）
【要旨】額に鹿の角がある一角仙人が、神通力で龍神を封じこめてしまったため、ハラナ国は雨がふらず、大干ばつになってしまいました。美しく聡明なセンダ夫人は国王から、仙人の神通力を解く役割を申しつけられ、龍神をすくい出すため、山奥の仙境へと向かいます。日本の古典芸能「能」にみる珠玉の物語シリーズ。
2017.11 1Vol. 28×22cm ¥1600 ①978-4-7764-0827-7

◆いっこさんこ　及川賢治, 竹内繭子作　文溪堂
2017 1Vol. 22×15cm ¥860 ①978-4-7999-0183-0

◆いっしょにあそぼう いないいないばあ！　まつおりかこ著　永岡書店　（親子で楽しむしかけえほん）
【要旨】めくって、読んで、まためくって…かわいい動物たちが「いないいないばあ！」親子で笑顔になる、ふれあいしかけえほん。子どもが大好きな遊びの中で、動作や言葉も覚えられます。0～3歳。
2017.3 1Vol. 16×16cm ¥880 ①978-4-522-43514-4

◆1ぽんでもにんじん　長野ヒデ子構成・絵　のら書店　（うたのえほん）
2017.7 1Vol. 18×19cm ¥1000 ①978-4-905015-31-4

◆いのちのたべもの　中川ひろたか文, 加藤休ミ絵（燕）おむすび舎
【要旨】たべることはいただくこと、いのちをいただくこと。たいせつな「食」のことをつたえる食育絵本。
2017.4 1Vol. 26×22cm ¥1400 ①978-4-9909516-0-3

◆祈る子どもたち　目黒実文, 福田利之絵（福岡）アリエスブックス
【要旨】遥か昔の地球。氷の奥深くでうごめいていた原初の生命たちが大爆発を起こしたとき、宇宙の子アーダとハンヌは出逢い、世界を創造する。しかし人間の誕生、進化と堕落、善と悪、愛と憎の発現により、地上は焔に包まれてゆく。再び地球へ向かったアーダとハンヌが、武器や思想、言葉でもなく、静かに捧げ続けた、そしてたったひとつの揺るがぬものとは？人間と人間、世界と生命をつなぐものとは何か……？「スピッツ」のCDジャケットなど、数多くのビジュアルを手掛ける今注目の人気イラストレーター福田利之が、繊細なタッチと鮮やかな色彩で描く眩い絵と、目黒実の綴る、心深くに静かにかたりかける神話的物語、二人のコラボレーションは必見！子どもだけでなく、大人にもぜひよんでいただきたい美しい絵本。
2017.11 1Vol. 28×22cm ¥1600 ①978-4-908447-06-8

◆いらないねこ　ヒグチユウコ絵・文　白泉社（MOEのえほん）
【要旨】大人気絵本『せかいいちのねこ』に続く、ぬいぐるみのニャンコの新作絵本がついに登場。捨てられた子猫を「おとうさん」になって愛情いっぱいに育てるニャンコとあたたかく見守る優しい猫たちの感動の物語。
2017.9 119p 22×16cm ¥1400 ①978-4-592-76215-7

◆いるよね～！ねないこ　たかいよしかず作・絵　主婦の友社
【要旨】両面どちらからもよめるよ！おやすみツアーで、ねかしつけがラクになる絵本。
2017.4 1Vol. 22×22cm ¥1400 ①978-4-07-422132-5

◆いろいろおてがみ　えがしらみちこ作　小学館
【要旨】おてがみきたよ。だれからかな？親子でいっしょに！あてっこ絵本。
2017.3 1Vol. 21×21cm ¥1100 ①978-4-09-726702-7

◆いろいろきのこ　山岡ひかる作　くもん出版
2017.5 1Vol. 19×19cm ¥800 ①978-4-7743-2676-4

◆いろはにほほほ　角野栄子文・絵　（福岡）アリエスブックス
【要旨】『魔女の宅急便』の著者、角野栄子が作画まで手がけた初のことばあそび絵本の誕生です！
2017.3 1Vol. 16×18cm ¥1200 ①978-4-908447-03-7

◆ウサギとかめさん Rabbit and Turtle　髙山千佳子文, 大森淳子絵　（大阪）パレード, 星雲社 発売（日英両文）
【要旨】幸せの4つ葉のクローバーをくれるのはだれ？
2017.11 1Vol. 19×18cm ¥926 ①978-4-434-23843-7

◆うさぎのがくそうや　道野真菜文, とうもりゆみ絵　文芸社
2017.6 26p 25×19cm ¥1000 ①978-4-286-18403-6

◆うし　内田麟太郎詩, 高畠純絵　アリス館
【要旨】うしはうしろをふりかえったら、うしがいた…どんどんふえて、さて、どうなる?!
2017.7 1Vol. 27×21cm ¥1300 ①978-4-7520-0800-2

◆うそうそかわうそのむかしばなし　はやしますみ作　小学館
【要旨】ものしりはおのかわうそがまことしやかにしゃべりだす、ほんとみたいなうそんこばな

しのはじまりはじまり～。
2017.12 1Vol. 27×22cm ¥1300 ①978-4-09-726756-0

◆うそみーるめがね　いわむらかずお文・絵　復刊ドットコム
【要旨】どんなうそもすぐわかる、うそみーるめがね。きみも、かけてみる？「14ひき」シリーズ、「かんがえるカエルくん」シリーズなどでもおなじみ、いわむらかずおの初期傑作絵本があらたな装いで復刊！
2017.5 1Vol. 25×22cm ¥1850 ①978-4-8354-5477-1

◆うたえなくなったとりとうたをたべたねこ　たなかしん絵・文, 竹澤汀歌　求龍堂
【要旨】ねえ、歌ってよ、私のために。窓辺の鳥に恋をした黒猫と歌えなくなった鳥の切ないラブストーリー。歌と朗読が聴けるQRコード付。
2017.11 1Vol. 22×22cm ¥1800 ①978-4-7630-1727-7

◆うちのウッチョパス　のぶみ作　KADOKAWA
【要旨】せかいいちめずらしいいきもの、それがウッチョパス！もしもきみのうちのまえにすてられていたらどうする？とつぜんまっぷたつにわれたら？とつぜんへんしんしちゃったら？
2018.1 1Vol. 24×20cm ¥1200 ①978-4-04-106382-8

◆うちのこ こんなこ　やまもとまもる作　赤ちゃんとママ社
【要旨】2017ボローニャ国際絵本原画展入選作家、山本まもる初の自作絵本！この子、うちの子!?
2017.6 1Vol. 17×17cm ¥650 ①978-4-87014-127-8

◆うまれておいでよ　かまくらまい作・絵　（大阪）竹林館
2017.6 1Vol. 27×19cm ¥1500 ①978-4-86000-365-4

◆うまれるまえのおはなし　ひだのかな代絵・文　ポエムピース
【要旨】胎内記憶って知ってますか？"生まれる前の世界"を忘れずにいた女の子から聞いたお話。
2017.3 1Vol. B5 ¥1400 ①978-4-908827-19-8

◆うみがめぐり　かわさきしゅんいち絵・文　仮説社
【要旨】この瞬間の、世界のどこかの海のいま。陸からみえる水面のうねりは体のほんのはしっこで、そのしたでのいのちのめぐりがダンスする。海っていい、いきてんだって。こどもといっしょにかんがえる絵本。巻末ふろく、ウミガメ解説＋ミニ図鑑。
2017.4 1Vol. 25×25cm ¥1800 ①978-4-7735-0282-4

◆うめぼしくんのおうち　モカ子作・絵　（大阪）ひかりのくに　（わくわくユーモアえほん）
【要旨】みんなだいすきなうめぼしくんのおうち。しゃけくん、たらこさん、こんぶくん、ツナカンさん…ほかにもおきゃくさんがやってきて、あれあれ？おうちがたいへん！ぎゅうぎゅうのぎゅうぎゅうに!!どうなっちゃうの…!?
2017 25p 21×19cm ¥950 ①978-4-564-01427-7

◆うわのそらいおん　ふくながじゅんぺい作・絵　金の星社　（新しいえほん）
【要旨】さかなをたべばうみ。おとをきけばがっき。うわのそらいおんのあたまのなかは、いますぐにいろんなことでいっぱいになる。うわのそらになっちゃうライオン。だからうわのそらいおん。
2017 1Vol. 25×22cm ¥1300 ①978-4-323-03387-7

◆うーん、うん　tupera tupera著　（京都）青幻舎　（ツペラパラパラ1）
2017.11 1Vol. 8×14cm ¥1800 ①978-4-86152-634-3

◆うんこ　みやにしたつや作・絵　鈴木出版（はじめてのちいさなえほん）
2017.6 1Vol. 19×15cm ¥361 ①978-4-7902-5322-8

◆うんこちゃんけっこんする　のぶみ作　（大阪）ひかりのくに
2017 32p 27×23cm ¥1280 ①978-4-564-01880-0

◆うんだらか うだすぼん　いぬいあきと文, ただれいこ絵　NHK出版　（NHKみんなのうた絵本）
【要旨】川の上流を泳いでいるうちに突然、下流を目指すことに決めたカッパ。泳いでいると聞こえてくるのは「うんだらか うだすぼん」。不思議な響きとともに青鬼、ダルマ、雷魚と仲間が増えて…楽しいけれど、ちょっと奇妙な、珍

道中。「みんなのうた」では描かれていないお話や、ちょっと違った結末が！流れていけば、きっといいことがある。ハナレグミとうんだらか楽団の歌うNHKみんなのうた「うんだらか うだすぱこう」から生まれたおはなし絵本。
2017.11 Vol.16×22cm ¥1400 ①978-4-14-036129-0

◆うんどうかい　阿部恵監修，園田トトほか絵　チャイルド本社　（大きな園行事えほんシリーズ）（付属資料：別冊1）
2017 1Vol.37×39cm ¥9500 ①978-4-8054-4653-9

◆うんどうかいがなんだ！―きむらゆういちの行事えほん　きむらゆういち作，大木あきこ絵　新日本出版社
【要旨】ププタンはかけっこでいつもビリ。だけど、こんどは…運動会シーズンにおすすめ！くやしいから、がんばる力がわいてくる！
2017.3 1Vol.26×22cm ¥1200 ①978-4-406-06121-6

◆映画くまのがっこう―パティシエ・ジャッキーとおひさまのスイーツ　小学館
【要旨】ジャッキーはくいしんぼうのくまのおんなのこ。あるひ、スイーツのかおりがするおんなのこミンディとであいました。おとうさんをおいかけたジャッキーがたどりついたのは…！
2017.4 39p 22×18cm ¥1200 ①978-4-09-726736-2

◆ええたまいっちょう！　くすのきしげのり作，吉田尚令絵　岩崎書店　（えほんのぼうけん）
【要旨】きょうもせんせいにおこられた。もうっ！あけんけんは、ぼくだけがきらいなんだ…。学校の帰り道、男の子は、どろだらけのボールをひろって交番へむかった。男の子と若いおまわりさんの言葉を思い出して、一球入魂の「心のキャッチボール」。信頼できる大人に出会った子どもの心の成長を描く感動の絵本。
2017.4 31p 27×22cm ¥1300 ①978-4-265-08150-9

◆エーくんビーくんのなんでもつくります！　中垣ゆたか著　偕成社
【要旨】メカシティーにすむエーくんとビーくんはなかよしきょうだい。みんなにやくだつメカをつくるのがふたりのおしごと。まちのみんなのために、きょうもふたりでたのしくメカをつくるよ！5歳から。
2017.4 1Vol.30×22cm ¥1200 ①978-4-03-332660-3

◆えじえじえじじえ　佐藤可士和絵，谷川俊太郎字　クレヨンハウス
【要旨】谷川俊太郎さんと佐藤可士和さんが発明！あかちゃんには絵も字、字も絵だ。あかちゃんと話せる絵本。
2017.4 1Vol.22×22cm ¥1200 ①978-4-86101-340-9

◆えでみるあいうえおさくぶん　ニシワキタダシ作　あかね書房
【要旨】たてによむことばからよこによむぶんができている？それが、あいうえおさくぶん！
2017.11 1Vol.19×31cm ¥1300 ①978-4-251-09905-1

◆絵本 江戸のまち　太田大輔作・絵　講談社　（講談社の創作絵本）
【要旨】江戸時代の東京にタイムスリップ！江戸の町並みとくらしが、眺めるだけでたのしい「江戸絵本」の決定版！さがしもの絵本としても楽しめます！
2017.5 1Vol.35×26cm ¥1600 ①978-4-06-133318-5

◆えほん図鑑へんてこ！―みずのぜつめつどうぶつ　はたこうしろう作，今泉忠明監修　アリス館
【要旨】きみは、しっていたか？こんなへんてこないきものがみずのなかにいたことを！
2017.8 39p 23×19cm ¥1600 ①978-4-7520-0805-7

◆えほん図鑑へんてこ！りくのぜつめつどうぶつ　はたこうしろう作　アリス館
2017.2 39p 23×29cm ¥1600 ①978-4-7520-0777-7

◆絵本 眠れなくなる宇宙といのちのはなし　佐藤勝彦作，長崎訓子絵　講談社　（講談社の創作絵本）
【要旨】宇宙に生き物はいないの？宇宙人にはどうしたら出会えるの？いのちはどうやって生まれたの？「かぐや姫」から、宇宙生命探査の最先端まで。宇宙人や地球外生命を人間はどう考えてきたのか、大きな流れがわかる絵本！小学生から。
2017.8 1Vol.27×22cm ¥1500 ①978-4-06-133331-4

◆えほん ひつじのショーンをさがせ！ショーンが日本にやってきたDX　アードマン・アニメーションズ原作　宝島社　（付属資料：シール）
【要旨】ショーンが日本にやってきた！日本の読者のために全編イラスト描き下ろし！東京、京都、北海道、東北、沖縄…全国各地にひつじが出没!!
2017.8 1Vol.B5 ¥830 ①978-4-8002-7247-8

◆絵本 むかし話ですよ　五味太郎著　方丈社
【要旨】昔話は今話。五味太郎描き下ろし文芸絵本、第一弾！
2017.6 94p B5 ¥1600 ①978-4-908925-13-9

◆えらいこっちゃのようちえん　かさいまり文，ゆーちみえこ絵　アリス館
【要旨】きょうからようちえん。ようちえんってどんなところ？えらいこっちゃがいっぱいなの？
2017.1 1Vol.27×19cm ¥1300 ①978-4-7520-0771-5

◆おいしいふくやさん あまーいダンスパーティー　のしさやか作・絵　ひさかたチャイルド
【要旨】『はごろもや』はおいしいふくやさん。おみせのしゅじん、はごろもさんのてにかかれば、みんなおしゃれでしあわせいっぱい。こんやはすてきなあま～いダンスパーティーがひらかれます。あま～くなりたいおかしたちがやってきて…。「おいしいふくやさん」シリーズ第2弾！
2017 32p 25×22cm ¥1200 ①978-4-86549-121-0

◆おいしいまんまるさん　五味ヒロミ作，わたなべあや絵　岩崎書店
2017.5 1Vol.19×19cm ¥850 ①978-4-265-83047-3

◆おいしそうなしろくま　柴田ケイコ作・絵　PHP研究所　（PHPにこにこえほん）
【要旨】たべることがだいすきなくいしんぼうのしろくまは、「たべもののなかにはいってみたら、どんなかんじかな？」と、そうぞうしてみました。4～5歳から。
2017.1 1Vol.24×24cm ¥1300 ①978-4-569-78609-4

◆おいしゃさんがこどもだったとき　中川ひろたか文，丸山誠司絵，吉澤穣治医学監修　（大阪）保育社
【要旨】びょういんにいくのが、ちょっぴりこわくなくなる。ちゅうしゃがきらいだった、おいしゃさんのおはなし。
2017.5 1Vol.25×22cm ¥1600 ①978-4-586-08566-8

◆おーいでてこーい／鏡のなかの犬　星新一作，中島梨絵絵　（八尾）三起商行　（ミキハウスの星新一ショートショート えほんシリーズ）
【要旨】ある村にあらわれた、なぞの穴。なんでものみこんでくれる穴のおかげで都会はきれいになっていった…。庭のすみで見つけた鏡のなかにはなんと犬が住んでいた！五郎くんはあることを思いついて…。星新一の名作「おーいでてこーい」ともう一篇を絵本でおとどけ。
2017.11 1Vol.B5 ¥1300 ①978-4-89588-139-5

◆おいもほり・おつきみ　阿部恵，甲斐由美ほか絵　チャイルド本社　（大きな園行事えほんシリーズ）（付属資料：別冊1）
2017 1Vol.37×39cm ¥9500 ①978-4-8054-4654-6

◆おうさまとこわいこわいもり　トオル作・絵　（みなかみ町）井上出版企画
2017.9 11p 18×18cm ¥500 ①978-4-908907-04-3

◆おうちにかえろう　のがわとしこ作・絵　メトロポリタンプレス
2017.10 25p 22×21cm ¥800 ①978-4-907870-39-3

◆おうちのものなあに―クーとマーのおぼえるえほん 10　はたこうしろう作・絵　ポプラ社
【要旨】てんとうむしのまほうでちいさくなったクーとマー。ぬいぐるみのなかをたんけんしたら、ぬいぐるみもはらもし、ちがうものみたい！おうちには、いろいろなものがあるんだね。
2017.10 1Vol.20×20cm ¥880 ①978-4-591-15328-4

◆おおきくなあれ　あべ弘士作　絵本館
2017 1Vol.20×19cm ¥850 ①978-4-87110-361-9

◆おおきなクマのシュー　かどわきひでかず作，かつべちかこ絵　（松江）ハーベスト出版
【要旨】あのクマ、なにもの？ある日、動物たちが住む静かな森に、大きなクマがやってきた。名前はシュー。シューはケガや病気の動物を家へ連れて帰るけど…食べちゃうの？
2017.10 1Vol.27×19cm ¥1000 ①978-4-86456-255-3

◆おおきなドーナツ―ふたごまじょソランとサラン　平塚ウタ子作，はたこうしろう絵　フレーベル館
【要旨】とんがりやまのふたごまじょは、まほうのくしゃべっこがだいすき。おやつじゃないおおきなおおきなドーナツで、さあ、どっちがとおくまでわなげができるの？世界中がふたごまじょの魔法にかかる！壮大なスケールのマジカル・ファンタジー。4才ごろから。
2017.9 1Vol.27×21cm ¥1200 ①978-4-577-04591-6

◆大坂夏の陣 にゃんたときはち　にしむらおり作・絵　（大阪）清風堂書店
【要旨】「むかし大坂で、天下をわける、大きないくさがありました」（解説書付）。2016年ジャルジャル国際絵本原画展敢闘賞受賞。
2017.12 32p 20×20cm ¥1200 ①978-4-88313-868-5

◆おかしなおつかい　ささがわいさむ作，萩原ゆか絵　学研プラス
【要旨】おかあさんにたのまれておつかいにきたんだけど、このおみせ、だいじょうぶかな…。ほんとにほんとにほんとにへん！きみもおばちゃんと、ことばあそびやってみない？ヘンテコことばあそびがいっぱい！！
2017.10 1Vol.19×24cm ¥980 ①978-4-05-204670-4

◆おかしな？ハロウィン ザ・キャビンカンパニー作　ほるぷ出版　（ほるぷ創作絵本）
【要旨】「ハッピーハロウィン！」あなたには、このおかし」ふしぎなおばあさんのくれるおかしなおにびに、こどもたちはびっくりぎょうてん！さて、どんなおかしがでてくるのかな…？
2017.9 1Vol.26×22cm ¥1400 ①978-4-593-50593-7

◆おかしなめんどり　林なつこ作・絵　鈴木出版　（チューリップえほんシリーズ）
2017.11 1Vol.21×29cm ¥1300 ①978-4-7902-5338-9

◆おこらせるくん　のぶみ作　KADOKAWA
【要旨】なんでママはおこるの？ほんとは怒りたくないのに～おこるのには「大きな愛」がある。日本中のママの「怒ってしまう理由」を詰め込みました！絵本作家のぶみ最新作。
2017.7 1Vol.24×20cm ¥1300 ①978-4-04-105800-8

◆おさかなどろぼう　いしいひろし作・絵　PHP研究所　（わたしのえほん）
【要旨】ねらったさかなはにがさない!?おなかがすいたねこのトラは、おいしそうなさかなをぬすむため…。4～5歳から。
2017.11 1Vol.24×20cm ¥1300 ①978-4-569-78714-5

◆おさるのこうすけ　武田美穂作・絵　童心社　（童心社のおはなしえほん）
【要旨】おねえちゃんって、たいへんなんだから!!おとうとって、おさるみたい。でも、かわいいときもあるかな…？おさないきょうだいの、ユーモラスで心あたたまるおはなしです。
2017.4 1Vol.21×23cm ¥1300 ①978-4-494-01626-6

◆おさんぽだいきょうそう　三池悠作　偕成社
【要旨】ぽかぽかようきのひるさがり。ぼくとばあばのきままなさんぽ。とことこってたー、うぃーんごごごぉ…なんとこんなところまできちゃったよ！とびきりいない大冒険。りく・うみ・そらで、はやさくらべ！動物、乗り物の速さをくらべるグラフつき。3歳から。
2017.9 1Vol.27×22cm ¥1300 ①978-4-03-332700-6

◆おじいさんの木　おおかわよしえ文・絵　奈良県東吉野村，（高知）リーブル出版 発売
2017.7 1Vol.A4 ¥900 ①978-4-86338-186-5

◆おじいちゃん　梅田俊作，梅田佳子作・絵　ポプラ社　（ポプラ社の絵本 46）
【要旨】おじいちゃんがしんだ―身近な人の死に直面した男の子。とまどいながらも、一歩先にふみだす姿を描いた絵本。
2017 32p 25×25cm ¥1300 ①978-4-591-15628-5

◆おじいちゃんじてんしゃおしえて　たかしのりひこ作・絵　スタジオタッククリエイティブ
【要旨】おじいちゃんと孫の女の子が、おかあさんの載っていた自転車を直して自転車の練習をします。自転車の乗り方や、安全について学べる絵本です。
2017.11 1Vol.26×22cm ¥1300 ①978-4-88393-798-1

◆おじいちゃんとパン　たな絵・文　パイインターナショナル
【要旨】おじいちゃん、きょうはなにぬるの？おじいちゃんとぼくのやさしくておいしいパンの

おはなし。
2017.6 1Vol. 19×22cm ¥980 ①978-4-7562-4936-4

◆おじいちゃんのふしぎなピアノ　はまぎしかなえ作　講談社　（講談社の創作絵本）
【要旨】おじいちゃんのピアノ。くろくてつやつやで、白いピアノとはちがうふじきなおとがする。コロンコロンおじいちゃんがゆっくりけんばんにてをのせると…。第38回講談社絵本新人賞受賞作。
2017.7 1Vol. 27×22cm ¥1300 ①978-4-06-133323-9

◆おしえてえんまさま―つよくやさしい心を育てる　加藤朝胤監修、田中ユリベラル絵・文　（名古屋）リベラル社、星雲社　発売
【要旨】いじめ、ずる、うそなどお子さんがしがちな「悪いこと」について考える本。子どもが悪いことをした時に、どうしたらいいかをえんまさまが、やさしく教えてくれる道徳えほん。5才から小学校低学年まで。
2017.7 95p 22×22cm ¥1300 ①978-4-434-23619-8

◆おしゃかさま　本間正樹作、たかすかずみ絵　佼成出版社
2017.2 31p 25×22cm ¥1204 ①978-4-333-00678-6

◆おしりたんてい いせきからのSOS　トロル作・絵　ポプラ社　（おしりたんていファイル 5）
【要旨】ジャングルのおくふかからたすけをもとめるないいんに…!?おしりたんていが今回のじけんもププッとかいけついたします。
2017 87p A5 ¥980 ①978-4-591-15515-8

◆おしりたんてい かいとうVSたんてい　トロル作・絵　ポプラ社　（おしりたんていファイル 4）
【要旨】おしりたんていのさいきょうのライバル、かいとうUがあらわれた！おしりたんていが今回のじけんもププッとかいけついたします。
2017 85p A5 ¥980 ①978-4-591-15403-8

◆おしりつねり　桂文我文、北村裕花絵　BL出版　（桂文我のでっち絵本）
【要旨】そうじ、おつかい、だんなさんのおともなど、いっしょうけんめいはたらく子ども、でっちさん。でっちさんが活やくする落語が、たのしい絵本になりました。
2017.12 1Vol. 27×22cm ¥1300 ①978-4-7764-0837-6

◆おしりのねっこ　林なつこ作・絵　教育画劇
【要旨】今日は楽しい芋掘り遠足。みんな一生懸命お芋を掘っているのにしろうさとは木陰でさぼっている。先生が、さぼっているとお尻に根っこがはえちゃうよと言っても、お尻の根っこで笑いとばしてしまいます。そのうちに昼寝をはじめて…。
2017.8 1Vol. 27×22cm ¥1300 ①978-4-7746-2117-3

◆おしりびより　酒巻恵作　WAVE出版
【要旨】本日は10年ぶりの「おしりびより」です。沢山のおしりが観測されるでしょう。おしり絵本の新定番！
2017.7 1Vol. 27×22cm ¥1300 ①978-4-87290-969-2

◆おしりフリフリ　中川ひろたか文、のぶみ絵　ハッピーオウル社
2017.9 24p 22×20cm ¥1200 ①978-4-902528-60-2

◆おたすけこびとのにちようび　なかがわちひろ文、コヨセジュンジ絵　徳間書店
【要旨】きょうはにちようび。おたすけこびともおやすみです。おべんとうつくって、おやつもつめて、みんなでこびにあそびにいきました。ところがそこで、こまっているカメをみつけてしまったこびとたちは…？クレーン車やブルドーザーがやっぱり出動。はたらくるまとこびとたちは日曜日も大活躍！画面のすみずみまで楽しめる、楽しさいっぱいの絵本、のびやかで遊ぶこびとたちの私服すがたもかわいい、シリーズ第六巻。
2017.10 1Vol. 22×31cm ¥1500 ①978-4-19-864407-9

◆おたんじょうケーキをつくりましょ　えがしらみちこ作・絵　教育画劇
【要旨】キキとモモは、ふたごのきょうだい。おねえさんになって、またひとつできることふえたよ！
2017.10 1Vol. 22×23cm ¥1200 ①978-4-7746-2120-3

◆おたんじょうびケーキ　アンマサコ著　ブロンズ新社
2017.5 1Vol. 28×23cm ¥1400 ①978-4-89309-630-2

◆おちたらワニにたべられる！　さいとうあかり作　集文社
2018 1Vol. 25×19cm ¥1200 ①978-4-7851-0319-4

◆おちばであそぼう　大久保茂徳監修、岩間史朗写真　ひさかたチャイルド　（しぜんにタッチ！）
【要旨】色とりどりのきれいな落ち葉。眺めるだけでも楽しいけれど、拾って遊ぶと楽しさいっぱい！発見がいっぱい!!楽しく知るうちに、環境への興味が生まれてくる絵本です。幼児～小学校低学年向き。
2017 27p 24×24cm ¥1300 ①978-4-86549-118-0

◆おちばのプール　西沢杏子文、山口まさよし絵　子どもの未来社
【要旨】もうすぐふゆごもり。くまののんきーは、おいしいものいっぱいたべた。でも、なんだかむねがすうすうする。どうしてかな？そうだ！ともだちとう～んとたのしいことしたい。
2017.9 1Vol. 27×24cm ¥1400 ①978-4-86412-124-8

◆おつきみバス　藤本ともひこ作・絵　鈴木出版　（チューリップえほんシリーズ）
2017.7 1Vol. 21×29cm ¥1300 ①978-4-7902-5335-8

◆おっぱいバイバイ　わたなべけいこ作、やまはしさやか絵　幻冬舎メディアコンサルティング、幻冬舎　発売
【要旨】子どもと一緒に読む、たいせつな、卒乳のはなし。表題作「おっぱいバイバイ」と「2人目が生まれます」の2作を収録。
2017.12 1Vol. 19×27cm ¥1100 ①978-4-344-91484-1

◆おててかいじゅう つみきのまちへ　真珠まりこ作・絵　PHP研究所
2017.10 1Vol. 21×21cm ¥1300 ①978-4-569-78704-6

◆おてんとうさまがみてますよ　山本省三作、日隈みさき絵　PHP研究所　（わたしのえほん）
【要旨】「おてんとうさまがみてますよ」ぼくがいたずらをしていると、ママがこのごろいうくちぐせ。おてんとうさまって、わるいことばかりじゃなくて、いいことしてもみてるのかな？4～5歳から。
2017.9 32p 26×20cm ¥1300 ①978-4-569-78670-4

◆おとしだまをいっぱいもらうコツ　きむらゆういち作、南知里絵　新日本出版社　（きむらゆういちの行事えほん）
2017.10 1Vol. 26×22cm ¥1300 ①978-4-406-06123-0

◆おともだちできた？　恩田陸作、石井聖岳絵　講談社
【要旨】『蜜蜂と遠雷』の恩田陸が放つ、驚愕と戦慄の絵本です。
2017.6 1Vol. 27×22cm ¥1500 ①978-4-06-133325-3

◆おなかをすかせたフライパン　いのうえゆう文、Lilia絵　（みなかみ町）井上出版企画
2017.4 31p 18×18cm ¥1200 ①978-4-908907-03-6

◆おなかのなかで　島野雫作・絵　教育画劇
【要旨】池のほとりで、かもくんを飲みこんだきつねくん。でも次の瞬間、あれっ…!?誰かに飲みこまれてしまいました。このままこうたべられないんだったら…。美しい絵と意外な展開で魅せる、ちょっぴり不思議なユーモアえほん。
2017.7 1Vol. 27×22cm ¥1300 ①978-4-903908-97-7

◆おなみだぽいぽい　後藤美月著　ミシマ社
【要旨】授業で先生の言うことがわからなかった「わたし」は、誰もいない場所で、泣いてしまいました。かくしておいただけのパンのみみも、今日はのどがつまって、うまく食べられません。涙のしみたパンのみみを、わたしが天井の穴にむかって投げると…。うまく言えない、泣きたい気持ちに、そっと寄り添う名作誕生。
2017.10 1Vol. 27×22cm ¥1300 ①978-4-909-7746-2123-4

◆おならまんざい　長谷川義史作　小学館　（ぴっかぴかえほん）
【要旨】おならをしたら、でてきたおならがしゃべった！「ぼくまんざいせえへん？」おならとあいかたになって、はじまります、おならまんざい！「えーかげんにしなさい！」
2017.6 1Vol. 27×22cm ¥1400 ①978-4-09-726751-5

◆おにぎりころころ　トモコ＝ガルシア作　岩崎書店
2017.6 1Vol. 18×18cm ¥850 ①978-4-265-08209-4

◆おにぎりのひみつ　かとうまふみ作・絵　フレーベル館
【要旨】おばあちゃんのおにぎりは「たべるとげんきがわいてくる。」とひょうばんです。ちいさなおとこのこといっしょにおにぎりの気分をさぐってみましょう！おにぎり作りの気分が味わえる！参加型しかけ絵本！
2017.9 1Vol. 25×25cm ¥1300 ①978-4-577-04533-6

◆おにごっこできるえほん　のぶみ作　幻冬舎
【要旨】かいじゅうやおばけ、おに、ライオンなどに見立てて、"バクバク"しながら親子でおにごっこができる新発想の遊び絵本。しかけのないしかけえほん。
2017.8 1Vol. 18×18cm ¥1000 ①978-4-344-97919-2

◆「おに」と名づけられた、ぼく　木根尚登文、寺井広樹原案、もずねこ絵　TOブックス
【要旨】「おに」という名まえから、ぼくは、学校でいじめにあういうちに、生きることがいやになって自殺を考えた矢先、とつぜん知らされたぼくの名まえのひみつ。ぼくはおとうさん、おかあさんから、どれだけ愛されて、のぞまれて生まれてきたのかを！対象年齢5才以上。
2017.8 1Vol. 27×22cm ¥1300 ①978-4-86472-590-3

◆オニのきもだめし　岡田よしたか作　小学館
【要旨】オニのゆくてにまちかまえているのは、ひとだま、ユウレイ、ガイコツ、ひとつめこぞう…。こわ～いおばけたちがせいぞろい?!
2017.7 1Vol. 27×20cm ¥1200 ①978-4-09-726715-7

◆おにのつの　おおつぼかずみ作・絵　PHP研究所　（PHPわたしのえほん）
【要旨】ぼくのつのがなくなっちゃった！おいしゃさんをよんでみてもらったり、つののにいたべものをたべたりしましたが…？4～5歳から。
2017.1 1Vol. 26×20cm ¥1300 ①978-4-569-78616-2

◆おねしょちゃんとなおったね　宮野聡子作・絵　教育画劇
【要旨】「ぼくがおねしょしたら、パンツさんは、いやがるでしょう？」くまのくうちゃんはおねしょがこわくてパンツをはきたくないでいます。優しくおねしょがなおるファンタジーの一冊。
2017.6 1Vol. 21×21cm ¥900 ①978-4-7746-2112-8

◆おねんねさんぽ　よぎまさゆき作　（町田）キーステージ21
【要旨】「あっ、落ちちゃう!?」「どうなるかな？」お子さまと一緒にワクワク、お話をつくって楽しむ絵本。紅型・螺鈿細工・影絵といった伝統文化から、インスピレーションを受けて生み出した、作家オリジナルの「琉球イラストレーション」。見る人の感性で物語を紡いでほしいとの思いから生まれた「ことばのない物語」。
2017.11 1Vol. 19×19cm ¥2000 ①978-4-904933-07-7

◆おばあちゃんがこどもだったころ　菅沼孝浩著　岩崎書店
【要旨】真空管ラジオ・団地・プレハブ校舎・オート三輪・カラーテレビ・東京オリンピック・貸本屋・学生運動・アポロ月面着陸・大阪万博・あさま山荘事件…これらのことを、今の子どもたちはどれほど知っているでしょう？伝えてあげてくれませんか、当時のこと。
2017.4 1Vol. 27×21cm ¥1600 ①978-4-265-81202-8

◆おばけいしゃ　せなけいこ作・絵　童心社　（ちいさな"せなけいこ・おばけえほん"）
2017.6 1Vol. 18×16cm ¥780 ①978-4-494-02140-6

◆おばけくんどこどこ？　かしわらあきお作・絵　教育画劇　（あなあきえほん）
2017.3 1Vol. 16×16cm ¥900 ①978-4-7746-2106-7

◆おばけとおでかけ　新井洋行作　くもん出版
【要旨】手と声をつかって、ワクワク絵本体験！インタラクティブえほんって？絵本をこすったり、ゆびでたたいたり、ゆびさししたり。絵本にむかって呪文を唱えたり、あてっこしたり。子どもたちが手や声で参加することで、絵本の中のおはなしがすすんでいきます。そして、登場人物たちとあそんでいるみたい。子どもたちの「もう1回よんで！」がきっときける、新感覚のワクワクがいっぱいつまった絵本です。
2017.3 1Vol. 21×22cm ¥900 ①978-4-7743-2674-0

◆お化けのおもてなし　川端誠作　（神戸）BL出版
2017.6 1Vol. 29×22cm ¥1300 ①978-4-7764-0807-9

◆おばけのまめ　accototo絵・文　ポエムピース
2018.1 1Vol. 18×18cm ¥1300 ①978-4-908827-33-4

◆おはよう　こわせたまみ作, 宮本忠夫絵　鈴木出版　（はじめてのちいさなえほん）
2017.7 1Vol. 16×15cm ¥361 ①978-4-7902-5323-5

◆おひさまおはよう　鈴木智子作　大日本図書
【要旨】おひさまってでたよ。にわとりさんはコケコッコー。いぬさんはしっぽをぶるんぶるん。ぐっすりねていたそうちゃんは…？ みんなあさがすきになる。おひさまが昇り、大地が光に照らされ、生き物たちが動き出す。そんな瞬間に喜びを感じられる絵本。
2017.11 1Vol. 27×19cm ¥1300 ①978-4-477-03106-4

◆おひさまキッチン パンダくんいそいで！　ヤスダユミコ, むとうゆういち作, まつもとまや絵　パイ インターナショナル
【要旨】どうぶつさんと、おいしいものと、ふしぎなばしょ。子どもの想像力がふくらみます。子どもたち大好き！ エスビー食品の人気シリーズから生まれた絵本。3才から。
2017.8 1Vol. 22×22cm ¥1300 ①978-4-7562-4929-6

◆おひさまキッチン パンダくんプレゼントのもりう　ヤスダユミコ, むとうゆういち作, まつもとまや絵　パイ インターナショナル
【要旨】おひさまキッチンに、おさきのゆきがふりはじめました。もうすぐ、クリスマスがやってきます。どうぶつさんたちは、どんなプレゼントをもらえるのでしょう？ やさしく、おいしくて、ふしぎなおはなし。子どもたち大好き！ エスビー食品の人気シリーズから生まれた絵本。対象年齢：3才から。
2017.11 1Vol. 22×22cm ¥1300 ①978-4-7562-4967-8

◆おふくさんのおふくわけ　服部美法文・絵　大日本図書
【要旨】おふくさんをこわがらせようとやってきたおに。でも、おふくさんたちはへいきのへっちゃら！「こわいおはつまらない。いっしょにわらいましょう」と。さあ、「わらい」たいけつはいったいどうなる!?
2017.9 1Vol. 21×25cm ¥1300 ①978-4-477-03078-4

◆オーブとたびびとのふく―きたかぜとたいようより　ごとうまさる文, わたなべたかゆき絵　あいうえお館　（ウルトラかいじゅう絵本 せかい名作童話編）
2018.1 1Vol. 18×18cm ¥700 ①978-4-900401-97-6

◆おふとんさん　コンドウアキ作　小学館
【要旨】あなたのおふとんになりたくて。リラックマの原作者・コンドウアキが描く、心安らぐぬくもりの絵本。
2017.5 1Vol. 27×22cm ¥1300 ①978-4-09-726709-6

◆おふねにのって　スギヤマカナヨ著　赤ちゃんとママ社
【要旨】ゆ〜らゆら、おふねにのってでかけよう！ 19年ぶり、待望の復刊！ 赤ちゃんといっしょにたのしめる絵本。
2017.7 1Vol. 19×19cm ¥850 ①978-4-87014-128-5

◆おふろでなんでやねん　鈴木翼文, あおきひろえ絵　世界文化社
【要旨】おとうさんなんでやねん！ おかあさんなんでやねん！ うちのねこにもなんでやねん！ みんながえがおになるなんでやねんはまほうのことば。
2017.7 1Vol. 20×19cm ¥1000 ①978-4-418-17809-4

◆おべんとうばこ あけたらね　松田奈那子作　ほるぷ出版
【要旨】みてみて、ぼくのおべんとう。みてみて、わたしのおべんとう。ぱかっ！ おべんとうばこあけたらね…ぼくのおべんとうは、からあげとおにぎり。わたしのおべんとうは、ハンバーグにサンドイッチ。くまくんのはさかな、うさぎさんのはにんじん、りすさんのきのみもおいしそう。さて、かえるのおべんとうはなんだろ…？ あけてびっくり、しかけつき絵本。
2017.5 1Vol. 26×22cm ¥1200 ①978-4-593-56324-1

◆おべんとうばこのばっくん　ひらのゆきこ作・絵　教育画劇
【要旨】ぱっくんはおにくしかたべないおべんとうばこ。「おにくカモーン！」ばっくんの偏食はなおるかな？
2017.5 1Vol. 21×21cm ¥1100 ①978-4-7746-2109-8

◆おもいで星がかがやくとき　刀根里衣著　NHK出版
【要旨】ある日、何も言わずに姿を消してしまったピナの大切なひと。そのひとは、お星さまになって彼女を遠くから見守っているといいます。「わたしのお星さまはどこ？」ピナは、かつてふたりで訪れた場所を必死にさがしますが、そのひとは見つかりません。そして、夜空に輝く星たちから告げられた衝撃の事実とは…。かけがえのないひとの喪失を、主人公はどのように受け止め、乗り越えていくのか、いっしょに見守ってください。
2017.5 1Vol. 37×24cm ¥1600 ①978-4-14-036127-6

◆おもいやりの絵本―みんなのきもちがわかるかな？　WILLこども知育研究所編・著, すみもとななな絵　金の星社
【要旨】おたがいをおもいやれば、みんながうれしいきもちになるよ！ おもいやりのある行動をとるためには、相手の気持ちを想像することが大切です。家族みんなで、おもいやりについて考えてみませんか？ かぞく、友だち、みんな一におもいやりのある行動を、3つの章にわけて紹介！
2017 47p 24×24cm ¥1500 ①978-4-323-07391-0

◆おもちおばけ　ささきようこ作・絵　ポプラ社　（ポプラ社の絵本）
【要旨】おばあちゃんからとどいたおいしいおもち。さっそくだいすきなおしるこをつくることにしました。あずきをたべて、おもちをやいて…すると…かなあみのうえのおもちがくっついて、ふくらんで…。さあ、たいへん！ おもちがおおきくなってにげだした！ とってもあたたかいおもちの絵本。
2017 1Vol. 25×21cm ¥1300 ①978-4-591-15256-0

◆おもちのかみさま　かとうまふみ作　佼成出版社
【要旨】わたしはとくべつなおもちだ。たべられるなんて、まっぴらごめん！ ガンコなおもちの運命やいかに?!
2017.12 1Vol. 25×22cm ¥1300 ①978-4-333-02767-5

◆おもちゃのかたづけできるかな　深見春夫作・絵, 梶ヶ谷陽子監修　岩崎書店　（えほんのぼうけん 79）
【要旨】ぼく、きちんとかたづけできるよ！ かたづけをじぶんでしたくなる絵本。整理収納のスペシャリスト梶ヶ谷陽子さん監修、子どもと楽しくかたづけるコツ解説つき。
2017.3 1Vol. 25×22cm ¥1300 ①978-4-265-08149-3

◆おやさいめしあがれ　視覚デザイン研究所作, 高原美和絵　視覚デザイン研究所　（視覚デザインのえほん）
2017.8 2p 21×20cm ¥800 ①978-4-88108-260-7

◆おやすみ おやすみ みんな おやすみ　かのうかりん作　金の星社
【要旨】みんな寝顔はかわいいね。コアラ、カバ、ペンギン…いろいろな動物たちが登場。
2017 1Vol. 24×25cm ¥1300 ①978-4-323-02463-9

◆おやすみの後に―シュタイナーと出会って生まれた絵本　マルタ・シュトラハヴィッツ作, ヒルデ・ランゲン絵, 伊藤壽浩訳　（上里町）イザラ書房
【要旨】「ねむっているわたしはどこにいるの？」眠りの秘密、生命の源泉、その真実の姿を光に満ちたやさしいタッチで描き出したシュタイナー的子育てにぴったりな絵本。
2017.3 1Vol. A5 ¥3500 ①978-4-7565-0133-2

◆およげ！ いぬやまくん　きむらゆういち作, おくやまひでとし絵　新日本出版社　（きむらゆういちの行事えほん）
【要旨】もうすぐプールびらき！ だけど…いぬやまくんは泳げない。「ようしこういうときこそパパのでばんだ！」。
2017.5 1Vol. 26×22cm ¥1200 ①978-4-406-06122-3

◆おんなじおんなじ ももんちゃん　とよたかずひこ作・絵　童心社　（ももんちゃんあそぼう）
【要旨】冬のあったかプレゼント！ ももんちゃんのあたらしいともだち。いっしょにあそぼう！ 乳児向。
2017.10 1Vol. 21×19cm ¥800 ①978-4-494-01557-3

◆かいぞくの宝さがし　イソビ研究所作, イムギュソク絵　西東社　（あたまがよくなるあそぶえほん）
【要旨】だいすきなおじさんがかいぞくにさらわれた！ おじさんをたすけるため、たからさがし

のぼうけんにでかけよう。さあ、たからのちずをもってしゅっぱ〜つ！ みっけ、めいろ、まちがいさがし、かくしえ、なぞとき。わくわくするあそびが40しゅるい！ 海外で人気の知育本シリーズ。
2018.1 71p 28×22cm ¥900 ①978-4-7916-2756-1

◆怪物学抄　山村浩二作・絵　河出書房新社
【要旨】「筋肉質な暗闇」「レントゲンケーキ」…中世ヨーロッパの怪物学者が覗いた、奇妙なカイブツショウ！
2017.3 1Vol. 18×19cm ¥1300 ①978-4-309-27852-0

◆かえるのピクルス 虹をわたる　平岡淳子文, 吉井みい絵　実業之日本社
【要旨】ぬいぐるみとして多くの方に愛されてきたかえるのピクルスこと、pickles the frog がはじめて絵本になりました！ 心癒される物語は、プレゼントにも最適です。
2017.3 1Vol. 19×19cm ¥1500 ①978-4-408-42073-8

◆かえるのラミー　はせがわさとみ作　（神戸）BL出版
【要旨】みんながかえったよるのこうえんでかえるのラミーがたからさがしをしていると…。
2017.6 1Vol. 27×22cm ¥1300 ①978-4-7764-0813-0

◆かえるぴょん　ささめやゆき作　講談社　（講談社の創作絵本）
2017.5 1Vol. B5 ¥1200 ①978-4-06-133319-2

◆カカオカー・レーシング　今井昌代著, ヒグチユウコ背景画　グラフィック社
【要旨】テディベア・ぬいぐるみ作家の今井昌代がつくる「カカオカーに乗ったぬいぐるみ」たちが、画家・ヒグチユウコの描く風景の中で自由自在に動き回る、見ているだけで楽しく幸せになるビジュアルブック。
2017.10 1Vol. 23×22cm ¥1500 ①978-4-7661-3024-9

◆かがみのくに かわ　藤田伸著　マルジュ社
2017.5 1Vol. 16×13cm ¥1600 ①978-4-89616-153-3

◆かがみのくに しょくぶつえん　藤田伸著　マルジュ社
2017.10 1Vol. 16×13cm ¥1600 ①978-4-89616-158-8

◆かがみのくに すいぞくかん　藤田伸著　マルジュ社
2017.11 1Vol. 15×13cm ¥1600 ①978-4-89616-159-5

◆かがみのくに どうぶつえん　藤田伸著　マルジュ社
2017.9 1Vol. 16×13cm ¥1600 ①978-4-89616-157-1

◆かがみのくに はくぶつかん　藤田伸著　マルジュ社
2017.12 1Vol. 16×13cm ¥1600 ①978-4-89616-160-1

◆学習科学マンガ トリケラトプス　もちつきかつみ漫画, 藤原慎一監修　絵本塾出版　（恐竜のナゾにせまる）
2017 48p 25×19cm ¥1400 ①978-4-86484-125-2

◆かくれんぼ　種村有希子作　アリス館
【要旨】ミミちゃんがクローゼットにかくれていると、キイイィととびらがあきました。やってきたのは…おおきなくまでした。かくれんぼしているのはだれ？ ぬいぐるみたちがでてきて、かくれかたをおしえてくれます。
2017.12 1Vol. 20×25cm ¥1300 ①978-4-7520-0815-6

◆かこさとし・しゃかいの本 ゆうびんですポストです　かこさとし作・絵　復刊ドットコム　復刊
【要旨】ポストに入れた手紙やはがきは、どうして遠くのあて先に届くの？ その不思議が、ちゃんとわかる絵本!!
2017.11 31p 22×20cm ¥1800 ①978-4-8354-5482-5

◆ガーコとリチャードのあいことば　中川ひろたか文, 佐々木一澄絵　文研出版　（えほんのもり）
【要旨】あいことばは、ふたりだけのひみつのことば。人気急上昇中デュオ、ガーガーズのパネルシアターから生まれた絵本。
2017.6 1Vol. 27×22cm ¥1300 ①978-4-580-82319-8

◆かじおやぶん いっけんらくちゃく！　苅田澄子作, つちだのぶこ絵　小学館　（おひさまのほん）
【要旨】じけんだ じけんだ！ 化け猫、ろくろ首、やまんば、のっぺらぼう、天狗の親子…。楽しいおばけまちの平和を守るのは、われらがかさ

絵本　　　　　　　　　　　　　　328　　　　　　　　　　　　　　BOOK PAGE 2018

じおやぶんだ！
　2017.5 1Vol. 27×22cm ¥1400 ⓘ978-4-09-726705-8

◆かさちゃんです。　とよたかずひこ作・絵　童心社　（たのしいいちにち）
　2017.4 1Vol. 18×18cm ¥800 ⓘ978-4-494-00787-5

◆かしてあげたいな　八木田宜子作, 長新太絵　絵本塾出版
　2017.4 1Vol. 23×18cm ¥1200 ⓘ978-4-86484-113-9

◆かじ どうするの？―やさしくわかる ぼうさい・ぼうはんのえほん　せべまさゆき絵, 国崎信江監修, WILLこども知育研究所編著　金の星社
【要旨】「ひ」はみんなのくらしにひつようなもの。でも、あつかいをまちがえるととってもたいへんだ！かじをおこさないためにはどうすればいいのかな？あんぜんにくらすためにきをつけることをしておこうね。
　2017 1Vol. 27×24cm ¥1300 ⓘ978-4-323-03562-8

◆かぜにもらったゆめ　佐藤さとる詩, 村上勉画　童心社　改訂新版
　2017.12 1Vol. 20×21cm ¥1400 ⓘ978-4-494-01560-3

◆風のよりどころ　長田真作作　国書刊行会
　2017.10 1Vol. 20×31cm ¥1500 ⓘ978-4-336-06209-3

◆かたちのえほん―まるさんかくしかく　大塚いちお作　福音館書店　（あかちゃんの絵本）
【目次】まるみつけた、さんかくみつけた、しかくみつけた
　2017.9 3Vols.set 19×19cm ¥2700 ⓘ978-4-8340-4353-2

◆かたつむりくん―ゆっくりだって、いいのよー　かとうまふみ作　風濤社　（らいおんbooks）
【要旨】あじわいぶか～い、かたつむり哲学えほん！
　2017 1Vol. 22×25cm ¥1400 ⓘ978-4-89219-433-7

◆がちょうのたんじょうび　新美南吉作, いもとようこ絵　金の星社　（大人になっても忘れたくない いもとようこ名作絵本）
【要旨】がちょうのたんじょうびに、いたちをよぶか、よばないかみんながまよう、そのわけは…？いたちさんのおならはものすごくくさいらしい…。「きょうだけはおならをしないでください」とおねがいされたいたちさん。新美南吉のたのしいおはなし！
　2017 1Vol. 31×23cm ¥1300 ⓘ978-4-323-03894-0

◆かっくんこ！　林よしえ作　アリス館
【要旨】まあるいものが、ころころころ。しかくいトンネルとおったら…あらあら？ふしぎ！みんなみんな、かっくんこ。
　2017.4 1Vol. 20×21cm ¥1000 ⓘ978-4-7520-0796-8

◆カノンとタクト　山田和明作・絵　（神戸）出版ワークス
【要旨】イタリア「ボローニャ国際絵本原画展」入選、ドイツ「トロイスドルフ絵本賞・ルークス賞」受賞など、国際舞台で活躍する実力派作家が贈る美しい色づかいのファンタジー絵本。
　2017.7 1Vol. 27×22cm ¥1600 ⓘ978-4-907108-10-6

◆かばんうりのガラゴ 小型えほんボックス　島田ゆか作・絵　文溪堂　（付属資料：キーホルダー1）
【目次】うちにかえったガラゴ、かばんうりのガラゴ
　2017 2Vols.set 15×21cm ¥2800 ⓘ978-4-7999-0252-3

◆かぶきがわかるねこづくし絵本 1 仮名手本忠臣蔵　吉田愛文・絵, 瀧晴巳解説　講談社　（講談社の創作絵本）
【要旨】この九寸五分はなんじひへ形見一切腹した主君に無念の思いをたくされた、大星由良之助たち四十七士の運命はいかに！仇討ちを果たした江戸時代の赤穂浪士の実話をもとに、二百五十年以上も愛されてきた不朽の名作「仮名手本忠臣蔵」を、ねこたちがあいきょうたっぷりにおとどけします。
　2017.7 1Vol. 25×27cm ¥1600 ⓘ978-4-06-133326-0

◆かぶきがわかるねこづくし絵本 2 義経千本桜　吉田愛文・絵, 瀧晴巳解説　講談社　（講談社の創作絵本）
【要旨】私めはその鼓の子でござります―「初音の鼓」を受けとったのが、悲劇のはじまり。源平合戦後、都を追われた源氏の総大将・源義経と、平家の落人、そして狐の運命をえがいた名作『義経千本桜』を、ねこたちがあいきょうたっぷりにおとどけします。
　2017.7 1Vol. 25×27cm ¥1600 ⓘ978-4-06-133341-3

◆カミカミ もぐもぐ げんきな は　たかみやまき絵, まるやましんいちろう監修　少年写真新聞社　（からだはすごいよ！）
　2017.10 1Vol. 19×27cm ¥1800 ⓘ978-4-87981-617-7

◆神さまのさがしもの　桂文枝原作, ひろただいさく文, 田中六大絵　ヨシモトブックス, ワニブックス発売　（桂文枝の淡路島らくごの絵本になった！）
【要旨】淡路島のらくごができました。
　2017.8 1Vol. 31×22cm ¥1200 ⓘ978-4-8470-9594-8

◆かものはしくんのわすれもの　かないずみさちこ文・絵　大日本図書
【要旨】きょうはおばあちゃんのたんじょうび！かものはしくんはプレゼントをとどけにいきます。でもかものはしくんはとちゅうでちょっとよりみち。そのたびにかものはしくんはなにかをわすれもの！なにをわすれたのかな？
　2017.10 1Vol. 26×22cm ¥1300 ⓘ978-4-477-03105-7

◆からだはすごいよ！ さらさらもじもじ じゃかみのけのなぞ　まえだみちこ絵, うえきりえ監修　少年写真新聞社
　2017.9 1Vol. 19×27cm ¥1800 ⓘ978-4-87981-616-0

◆カレー地獄旅行　ひげラク商店作・絵　パイインターナショナル
【要旨】みちひと君はカレーが大好き。でも野菜は捨てちゃえと手を伸ばすと、なんとカレーの中に吸い込まれてしまいます!!気がつくと、怖い顔をしたエンマさまによる「さばき」が始まり…。対象年齢：3歳くらいから。
　2017.2 1Vol. A4 ¥1300 ⓘ978-4-7562-4843-5

◆かわいいおとうさん　山崎ナオコーラ文, ささめやゆき絵　こぐま社
【要旨】「おとうさんはかわいいよー」。やさしくて、だいすきなおとうさん。ひざにのっていつまでもいっしょにいたい、おとうさん。そんなふうにおとうさんをいとおしむ子どものきんばかりの想いと、親子のあたたかいふれあいが、いっぱいつまった絵本です。
　2017.10 1Vol. 26×24cm ¥1200 ⓘ978-4-7721-0237-7

◆かわいこちゃん　高畠じゅん子作　（神戸）BL出版
【要旨】「かわいいこがいるね」おかあさんがいいました。「どこどこ？」はなちゃんは、かわいこをさがします。みつかったかな？
　2017.8 1Vol. 27×24cm ¥1300 ⓘ978-4-7764-0806-2

◆かわうそ3きょうだいとらのまき　あべ弘士作　小峰書店　（にじいろえほん）
【要旨】かわうそ3きょうだい、もりでいちばんつよいいきものをさがしにいく!?旭山動物園で飼育係だった絵本作家あべ弘士が、いちばん好きな動物、かわうそを描く！
　2017.6 1Vol. 27×22cm ¥1600 ⓘ978-4-338-26127-2

◆かわをむきかけたサトモちゃん　えぐちよしこ文, 織茂恭子絵　アリス館
【要旨】じつは、あなたはキウイです。そんなてがみがきたのかなにのかなにがになってしかありません。
　2017.6 1Vol. 23×24cm ¥1400 ⓘ978-4-7520-0792-0

◆かんぱい よっぱらい　はらぺこめがね作絵　岩崎書店　（えほんのぼうけん）
【要旨】クリームソーダとビールでかんぱーい！いつでもどこでもかんぱいにいく！ぼくのおとがりのおとがつながる。それがうわさのかんぱいむら。きょうもおいしそうなじゅみんたちがあっちこっちで～。
　2017.12 1Vol. 22×25cm ¥1300 ⓘ978-4-265-08154-7

◆きたきつねとしろふくろう たすけあう　手島圭三郎絵・文　絵本塾出版　（いきるよろこびシリーズ）
　2017 1Vol. A4 ¥1700 ⓘ978-4-86484-107-8

◆きのこのふしぎえほん　山本亜貴子作・絵, 保坂健太郎監修　PHP研究所　（たのしいちしきえほん）
【要旨】おいしいきのこ、キケンな毒きのこ…知れば知るほど、魅力がいっぱい！ノッコちゃんときのこがりにしゅっぱつだ！
　2017.8 45p 28×22cm ¥1600 ⓘ978-4-569-78679-7

◆きゃべつばたけのぴょこり　甲斐信枝作　福音館書店　（幼児絵本ふしぎなたねシリーズ）
【要旨】キャベツの葉っぱの裏がわにくっついた、ふしぎな生きもの「ぴょこり」の大変身。
　2017.5 1Vol. 26×22cm ¥900 ⓘ978-4-8340-8332-3

◆きゅうきゅうばこ　やまだまこと文, やぎゅうげんいちろう絵　福音館書店　（かがくのとも絵本）　新版
【要旨】けがのてあてのおべんきょう。読んであげるなら4才から、じぶんで読むなら小学校初級から。
　2017.2 28p 26×24cm ¥900 ⓘ978-4-8340-8321-7

◆給食番長　よしながこうたく作　好学社　（ビッグブック）
【要旨】1年2組は、「嫌いなものなんか残しちゃえ！」とクラスの番長にそそのかされ給食を残してばかり。怒った給食の先生たちは家出してしまいます、番長は自分たちで給食をつくると…。
　2017.10 1Vol. 52×43cm ¥9800 ⓘ978-4-7690-2335-7

◆ぎゅっ　ミフサマ作・絵　（神戸）BL出版
【要旨】大阪国際児童文学振興財団主催日産自動車協賛第33回日産童話と絵本のグランプリ絵本大賞受賞作品。
　2017.12 1Vol. 26×26cm ¥1300 ⓘ978-4-7764-0830-7

◆キュンすけのおくりもの　小原麻由美文, 小島加奈子絵　（名古屋）三恵社
【要旨】うしなわれたふるさとの自然一人と生き物がなかよくくらせる場所を一そんな思いで庭づくりにはげむゲンさん。彼が気づかされた"自然との共存のカタチ"とは…。小さな庭での奇跡！
　2017.11 1Vol. 27×19cm ¥1500 ⓘ978-4-86487-754-1

◆きょう おひさまがでなかったら　塚本やすし作・絵　フレーベル館　（はじめてのかがくえほん 1）
【要旨】あさめがさめると、そとがまっくらだった。おひさまがなくなってしまっていたみ。おひさまがなくなったせかいはどうなっちゃうんだろう？ぼくは、おとうさんといっしょにおひさまさがしのたびにでた。4才ごろから。
　2017 1Vol. 28×24cm ¥1150 ⓘ978-4-577-04501-5

◆きょうのおやつはなんだろな？　ふじもとのりこ作・絵　鈴木出版　（たんぽぽえほんシリーズ）
【要旨】さつまいもににんじん、たまごにぎゅうにゅう…。ママがおいしくしてくれる。どんなおやつができるかな？
　2017.1 1Vol. 23×22cm ¥1200 ⓘ978-4-7902-5319-8

◆きょうはたんじょうび　中川ひろたか文, 村上康成絵　童心社　（ピーマン村のおともだち）
【要旨】1ねんってなんだろう？人気作家コンビ、シリーズ待望の新刊！
　2017 1Vol. 23×21cm ¥1300 ⓘ978-4-494-00714-1

◆きょうはパーティーのひ―クネクネさんのいちにち　樋勝勝巳文・絵　福音館書店　（日本傑作絵本シリーズ）
　2017.4 1Vol. 26×26cm ¥1400 ⓘ978-4-8340-8330-9

◆恐竜えほん ティラノサウルス　柏崎義明絵, 久保田克博図鑑監修　金の星社
【要旨】「おとうとたちはぼくがまもるんだ」あかげのティンキーは、5さいのティラノサウルス。きょうは、おかあさんといっしょにトリケラトプスをかりにでかけます。ところが、かりのとちゅう、きょだいなケツァルコアトルスがおとうとたちのまつがのほうへとんでいくのみそみて…!?ハラハラドキドキ恐竜のせかい。ティラノサウルスvsケツァルコアトルス。最新の学説に基づく図鑑ページ付き。
　2017 31p 24×25cm ¥1300 ⓘ978-4-323-07386-6

◆きょうりゅうオーディション　たしろちさと作　小学館　（ぴっかぴかえほん）
【要旨】げきだん・ベナートルのきょうりゅうオーディション。あたらしいげきだんいんにえらばれるのは、どのきょうりゅう？
　2017.7 1Vol. 29×22cm ¥1400 ⓘ978-4-09-726718-8

◆恐竜トリケラトプスとアルゼンチノサウルス　黒川みつひろ作・絵　小峰書店　（恐竜だいぼうけん）
【要旨】肉食恐竜ぐんだんをやっつけろ！がんばれ、トリケラトプス！
　2017.3 1Vol. 25×19cm ¥1000 ⓘ978-4-338-27608-5

◆恐竜 トリケラトプスとダスプレトサウルス プレトのぼうけんのまき　黒川みつひろ作・絵　小峰書店　(恐竜だいぼうけん)
【要旨】肉食恐竜のおとうさんとむすこの物語。
2017.7 1Vol. 25×29cm ¥1000 ①978-4-338-27609-2

◆巨人の花よめ―スウェーデン・サーメのむかしばなし　菱木晃子文, 平澤朋子絵　(神戸)BL出版　(世界のむかしばなし絵本シリーズ)
【要旨】おそろしい巨人は、うつくしいチャルミに目をつけました。サーメの人たちにつたわる、大自然のなかでのくらしに根ざしたむかしばなし。
2018.1 1Vol. 29×22cm ¥1600 ①978-4-7764-0836-9

◆きんぎょとしょうぶ！　うどんあこ文, たごもりのりこ絵　文研出版　(えほんのもり)
2017.5 1Vol. 27×22cm ¥1300 ①978-4-580-82318-1

◆きんのつののしか　宮川やすえ再話, 井上洋介絵　復刊ドットコム　新装版
【要旨】旧ソビエト民話の傑作『きんのつののしか』が初めての単行本化決定！なんでもどんどん飲み込んでしまうどろにんぎょうを、最後に待ち受けていたものとは!?
2017.1 1Vol. 26×22cm ¥1850 ①978-4-8354-5447-4

◆くいしんぼうのこぶたのグーグー　得田之久作, イシヤマアズサ絵　教育画劇
【要旨】食いしん坊のこぶたのグーグーは、食べても食べてもお腹がグーグー。働きに出かけた食べもの屋さんでも失敗ばかり。でも、パン屋のおじいさんフクロウは…。
2017.1 1Vol. 27×22cm ¥1300 ①978-4-7746-2115-9

◆クイナくんのだいぼうけん―Kuina's Big Adventure　玉元小百合絵・文, リサ・ヴォート英訳　Jリサーチ出版　(本文：日英両文)
【要旨】クイナくんは最近つまらない。それは、お母さんが小さな妹にかかりっきりだから。怒ったクイナくんは家出した。すると、外の世界はたくさんの冒険が…！
2017.10 1Vol. 20×24cm ¥1500 ①978-4-86392-359-1

◆くずかごおばけ　せなけいこ作・絵　童心社　(ちいさな"せなけいこ・おばけえほん")
2017.6 1Vol. 18×16cm ¥780 ①978-4-494-02139-0

◆くすのきだんちのあめのひ　武鹿悦子作, 末崎茂樹絵　(大阪)ひかりのくに
【要旨】「いこう、いこう、ピクニック！」かえるはぴょんぴょんかいだんをかけおりていきました。くすのきだんちシリーズ第7弾！
2017 1Vol. 27×23cm ¥1200 ①978-4-564-01879-4

◆くだものさがしもの　はらぺこめがね作・絵　PHP研究所
【要旨】絵さがし、迷路、まちがいさがし、みつけて、まよって、かんがえて！くだものいっぱい、だじゃれもいっぱい！4〜5歳から。
2017.6 1Vol. 26×20cm ¥1300 ①978-4-569-78664-3

◆国づくりのはなし―オオクニヌシとスクナビコナ　三浦佑之監修, 荻原規子文, 早川純子絵　小学館　(日本の神話古事記えほん 5)
【要旨】オオナムチは、意地悪な兄たちからのがれるため、嵐の神スサノオのいる根の堅州の国へ行きました。そこで、さまざまな試練を乗りこえ、オオクニヌシとなります。オオクニヌシは、小さな神スクナビコナと力を合わせて、地上の国をつくっていくのでした。語りつがれてきた日本の神話「古事記」絵本の決定版！
2017.10 1Vol. 27×22cm ¥1700 ①978-4-09-726639-6

◆くまくまちゃん　高橋和枝著　ポプラ社　新装版
【要旨】忘れてしまったたいせつなものが、ここにあります。NY・パリ・ロンドンでもひそかなブーム。世界をゆるくする「くまくまちゃん」、待望の新装版。
2017.1 1Vol. 18×14cm ¥1200 ①978-4-591-15294-2

◆くまくまちゃん、たびにでる　高橋和枝著　ポプラ社　新装版
【要旨】忘れてしまったたいせつなものが、ここにあります。NY・パリ・ロンドンでもひそかなブーム。世界をゆるくする「くまくまちゃん」、待望の新装版。
2017.1 1Vol. 18×14cm ¥1200 ①978-4-591-15296-6

◆くまくまちゃんのいえ　高橋和枝著　ポプラ社　新装版
【要旨】忘れてしまったたいせつなものが、ここにあります。NY・パリ・ロンドンでもひそかなブーム。世界をゆるくする「くまくまちゃん」、待望の新装版。
2017.1 1Vol. 18×14cm ¥1200 ①978-4-591-15295-9

◆くませんせいがねているうちに　すとうあさえ文, たかくわこうじ絵　ハッピーオウル社　(ハッピーオウル社の「おはなしのほん」)
2017.10 32p 26×20cm ¥1300 ①978-4-902528-59-6

◆くまのがっこう ジャッキーのしあわせ　あだちなみ絵, あいはらひろゆき文　ブロンズ新社
2017.1 1Vol. 19×22cm ¥1300 ①978-4-89309-625-8

◆くまのコライオン ブース　にしむらもも作　小学館　(おひさまのほん)
【要旨】おとうさんはライオン。おかあさんはくま。だからぼくはライオンとくまのこどもです。ぼくはおかあさんによくにてていもうとのうららはおとうさんにそっくり。みんなげんきでなかよしです。
2017.10 1Vol. 27×22cm ¥1300 ①978-4-09-726735-5

◆くまのまあすけ　馬場のぼる作・絵　ポプラ社
【要旨】こぐまのまあすけがはらっぱであそんでいると、ふわふわふわ…かぜにのってふうせんがとんできました。ふうせんがほしくてたまらないまあすけですが…。
2017 1Vol. 23×19cm ¥1000 ①978-4-591-15451-9

◆くまパンダものがたり　DAIGO作・絵　ワニブックス
【要旨】構想10年！ついに完成!!しあわせはみつかるんだ―DAIGOが描いたいっしゅの絵本・第2弾！
2017.10 1Vol. 19×22cm ¥1000 ①978-4-8470-9614-3

◆くまモンとブルーピーの大冒険　葉山祥鼎文, ハヤマテイジ絵, 熊本県くまもとブランド推進課監修　中央法規出版　(本文：日英両文)
【要旨】海を目指して冒険の旅に出たくまモンとブルーピー。ところが、嵐にあってイカダが壊れ、海の中にザップーン！ふたりは無事に帰ることができるかな?!思いやりを伝える絵本シリーズ第2弾！海のともだちが教えてくれる、自然との共生。
2017.10 1Vol. 23×24cm ¥1500 ①978-4-8058-5481-5

◆雲をつかむはなし　あべ弘士作　パイプライン, メディアパル 発売
【要旨】自然のなかで育まれた動物たちの友情を通し、挑戦することの大切さを描く感動作。
2017.3 1Vol. 21×21cm ¥1200 ①978-4-8021-3048-6

◆雲の森のマーカス　なつのはもと絵, 松井亜弥文　創藝社
【要旨】オレはクラウドフォレストでいちばんの飛行屋、マーカスだ！ひろい空に浮かぶ、個性あふれるたくさんの雲の世界…。マーカスは飛行機で空を飛び、心と心をつなぐ飛行屋です。
2017.10 47p A4 ¥1500 ①978-4-88144-239-5

◆クリスマス　阿部恵監修, すずき大和ほか絵　チャイルド本社　(大きな園行事えほんシリーズ)　(付属資料：別冊1)
2017 1Vol. 37×39cm ¥9500 ①978-4-8054-4656-0

◆くるまからみつけた　宮本えつよし作, 佐々木一澄絵　パイインターナショナル
【要旨】いろ、かずとはじめてであう絵本。だいすきなのりものでたのしく知育！1歳から。
2017.10 1Vol. 18×18cm ¥900 ①978-4-7562-4960-9

◆くるみのなかには　たかおゆうこ作　講談社　(講談社の創作絵本)
【要旨】ゆらしてごらんなにがある？小さなくるみから広がる、美しくたくましい想像力。
2017.10 1Vol. 25×27cm ¥1400 ①978-4-06-133339-0

◆くろくんとちいさいしろくん　なかやみわ作・絵　童心社
2017.9 1Vol. 19×27cm ¥1200 ①978-4-494-01554-2

絵本・児童書

◆くろっぺのおはなばたけ　飯島敏子原作, いもとようこ文・絵　（大阪）ひかりのくに
【要旨】こねこのくろっぺは、おはながだいすき。おはなをみつけると、すぐにつんでしまいます。こまったきんしょのみんなは、くろっぺにあるものをプレゼントすることにしました。
2017 32p 26×26cm ¥1400 ①978-4-564-01881-7

◆くろねこトミイ　神沢利子作, 林明子絵　復刊ドットコム
【要旨】一見気弱に見える心優しいくろねこトミイと、そんなトミイを心から信頼しているまこちゃんとのお互いの愛情を基にした作品で、子供を持つ親にとっては大変恐ろしい誘拐という事件を、単純明快な文と絵で描いた絵本です。大切な子供を守るのは、トミイや大人だけではありません。子供自身が気をつけることは何か。それを、親子で楽しみながら知ることができる一冊です。
2017.2 21p 27×20cm ¥1600 ①978-4-8354-5473-3

◆くんじくんのぞう　たかやまなおみ文, なかのまさのり絵　あかね書房
2017.10 1Vol. 20×20cm ¥1400 ①978-4-251-09904-4

◆けいろうのひ・きんろうかんしゃのひ　阿部恵監修, 森のくじらほか絵　チャイルド本社　（大きな園行事えほんシリーズ）　（付属資料：別冊1）
2017 1Vol. 37×39cm ¥9500 ①978-4-8054-4655-3

◆けっこんしき　鈴木のりたけ作　ブロンズ新社　（おでこはめえほん1）
【要旨】笑顔がはじけるゆかいなえほん。
2017.11 20×18cm ¥1200 ①978-4-89309-638-8

◆けむしのおなら　まつむらまさき作, むらかみゆきこ絵　（京都）京都新聞出版センター
2017.5 1Vol. 18×30cm ¥926 ①978-4-7638-0693-2

◆家来になったネコ―A Cat Who Found Joy　河内文雄作, 丹羽小織絵　幻冬舎メディアコンサルティング, 幻冬舎 発売
【要旨】誇り高いネコはなぜ、ニンゲンの"家来"になったのか？　読み終わったらきっと、大切なひとに会いたくなる。
2017.8 34p 27×19cm ¥1200 ①978-4-344-91210-6

◆げんきにおでかけ　五味太郎作　童心社
2017.2 1Vol. 20×20cm ¥1000 ①978-4-494-01458-3

◆建築戦隊トントンジャー スーパーおかたづけ篇　タツミのえほん部作・絵　（横浜）タツミプランニング, 日本文芸社 発売
2017.5 1Vol. A4 ¥1200 ①978-4-537-27868-2

◆コアラアラアラやってきて　おおなり修司文, 丸山誠司絵　絵本館
2017 1Vol. 29×22cm ¥1300 ①978-4-87110-382-4

◆こーい, こい　tupera tupera著　（京都）青幻舎　（ツペラパラパラ 2）
2017.11 1Vol. 8×14cm ¥1200 ①978-4-86152-635-0

◆恋の七福神　桂文枝原作, ひろただいさく文, ひろたみどり絵　ヨシモトブックス, ワニブックス 発売　（桂文枝の淡路島らくご絵本）
【要旨】淡路島のらくごが絵本になった！
2017.8 1Vol. 31×22cm ¥1200 ①978-4-8470-9595-5

◆こうつうあんぜん　どうするの？―やさしくわかる ぼうさい・ぼうはんのえほん　せべまさゆき絵, 国崎信江監修, WILLこども知育研究所編著　金の星社
【要旨】こうつうルールをしっている？　しんごうのみかたはわかるかな？　どうろをわたるときや、くるまをつかうとき、きをつけることがいろいろあるよ。こうつうルールをまもってこうつうじこにあわないようにしようね。
2017 1Vol. 27×24cm ¥1300 ①978-4-323-03564-2

◆コウノトリのコウちゃん　かこさとし作　小峰書店　（にじいろえほん）
【要旨】やまやもりにかこまれた、しずかなむらでうまれた、コウノトリのコウちゃんのおはなし。
2017.2 25×19cm ¥1200 ①978-4-338-26126-5

◆こぐまになったピーナ　PEIACO作・絵　教育画劇
2017.4 1Vol. 27×22cm ¥1300 ①978-4-7746-2108-1

◆こけこけコケコッコー　にしはらみのり作・絵　PHP研究所
2017.5 1Vol. 26×22cm ¥1300 ①978-4-569-78656-8

◆ココロの虹―虹がくれた9つのお話　青木ガリレオ&出泉アン著, 溝上なおこイラスト　青山ライフ出版, 星雲社 発売
【要旨】虹の光が人の心にもたらした"やさしさと勇気"。現代社会を生きる私たちの苦悩と光をオムニバス形式で描く新しい絵本の世界！
2017.11 29p 25×22cm ¥1300 ①978-4-434-23613-6

◆コスモスちょうじゃ―わらしべちょうじゃより　ごとうまさる文, ヲバタトモコ絵　あいうえお館　（ウルトラかいじゅう絵本 日本昔ばなし編）
2018.1 1Vol. 18×18cm ¥700 ①978-4-900401-96-9

◆ゴチソウドロ どこにいる？　すとうあさえ作, さとうめぐみ絵　くもん出版
【要旨】ほら、おいしいもののちかくにごちそうどろぼうがいるよ。はる、なつ、あき、ふゆ。さがしてたのしむ定点観測えほん。
2017.5 32p 24×25cm ¥1300 ①978-4-7743-2551-4

◆子どもつなひき騒動　宝井琴調文, ささめやゆき絵　福音館書店　（日本傑作絵本シリーズ）
【要旨】おっかさんは、どっち？　ふたりの母親が、ひとりの子どもをとりあっての大騒動。大岡越前の名さばきが光る、講談絵本第二弾！　小学校中級以上。
2017.6 1Vol. 22×17cm ¥1100 ①978-4-8340-8341-5

◆こなべちゃんのジャム　あさみいくよ作　アリス館
【要旨】いよいよ、こなべちゃんがはじめて、おなべのしごとをするときがやってきました！　コンロにすわって、さあ、じゅをつける。いち、に、の、さん！　ところが、あれれれ…？
2017.5 1Vol. 22×24cm ¥1300 ①978-4-7520-0795-1

◆こなものがっこう　塚本やすし作・絵　フレーベル館
【要旨】「こなものがっこう」ってしってる？　こむぎこたちは、しょうらいりっぱな「こなもの」になるために、そこでいろいろなべんきょうをしているんだ。おいしそうなたべものがいっぱいでてくるよ！　4才ごろから。
2017 32p 27×21cm ¥1300 ①978-4-577-04539-8

◆こねことこねこ―はじめてのさかさことばえほん　東君平作・絵　廣済堂あかつき　（ことばのひろば）
【要旨】はじめてのさかさことばえほん。うえからよんでも、したからよんでも、おんなじことば。
2017.6 27p 21×16cm ¥880 ①978-4-908255-37-3

◆こねてのばして　ヨシタケシンスケ作　ブロンズ新社
2017.10 1Vol. 18×23cm ¥980 ①978-4-89309-637-1

◆このあいだになにがあった？　佐藤雅彦, ユーフラテス作　福音館書店　（かがくのとも絵本）
【要旨】2枚の写真から何があったかを推理する写真絵本。
2017.5 27p 26×24cm ¥900 ①978-4-8340-8336-1

◆この星にうまれて　作宮杏奈著　（高松）瀬戸内人
【要旨】大人から子どもまで楽しめる、アート絵本。平和の願いを込めた色彩豊かな「木版彫り絵」が、見る人の心を癒します。「この世界に存在するすべてのものは母なるいのちから生まれたひとつの大家族」インド哲学やジョン・レノン「イマジン」に着想を得た、夢のような美しい世界観を表現する絵本スタイルの作品集です。
2017.4 1Vol. 22×31cm ¥3500 ①978-4-908875-04-5

◆このママにきーめた！　のぶみ作　サンマーク出版
2018 1Vol. 24×20cm ¥1200 ①978-4-7631-3642-8

◆ごはん ごはん　視覚デザイン研究所, 内山悠子絵　視覚デザイン研究所
【要旨】主役はお米。子供の健康な感情を育てる視覚デザインのえほん。ひとりでよむ, 4さい〜。いっしょによむ, 1さい〜。
2017.6 31p 21×20cm ¥1200 ①978-4-88108-259-1

◆ごはんのにおい　中川ひろたか文, 岡本よしろう絵　（燕）おむすび舎
【要旨】ごはんは、ぼくたちにほんじんの、こころのたべもの。絵本は、たいせつな、こころのごはん。
2017.9 1Vol. 26×22cm ¥1400 ①978-4-9909516-1-0

◆コビトカバ　長田真作・絵　PHP研究所　（わたしのえほん）
【要旨】なんだかおくちがさびしいな。なにかをかみたいコビトカバ。いったいなにをさがしているの？　緑一色の世界で、いろんなものを噛んでみるコビトカバが、さいごに見つけたのは…。4〜5歳から。
2017.10 1Vol. 26×20cm ¥1200 ①978-4-569-78703-9

◆コーベッコー　スズキコージ作　（神戸）BL出版
【要旨】ふねのかねや、きてきがいっせいになりました一港町コーベに捧げる絵本。
2017.12 32p 26×26cm ¥1600 ①978-4-7764-0832-1

◆こまったこぐま こまったこりす　かこさとし著　白泉社　（MOEのえほん）　新版
【要旨】今に伝えたいやさしさと希望に満ちたメッセージ。かこさとしの80年代傑作絵本が、装いを新たに登場！　ピンチをのりこえるのは、たすけあいのこころ。やまのなかで、みちにまよってこまったこぐまであったのは、こり、ことり、こざる、みんなさまざまなことでこまったどうぶつたち。ちからをあわせてたすけあいながら、みちをすすんでゆきます。
2017.3 1Vol. 24×21cm ¥1400 ①978-4-592-76207-2

◆こめとぎゆうれいのよねこさん　えばたえり作, 小林ゆたか絵　（神戸）BL出版
【要旨】夜、おこめをとぎにやってくる幽霊のよねこさん。なぜおこめをとぎにやってくるのか謎ですが、毎晩あらわれるうちに「家族」のようになっていきます。「第33回日産童話と絵本のグランプリ」童話の部大賞作。
2017.12 1Vol. 25×19cm ¥1200 ①978-4-7764-0841-3

◆ごめんなさい　サトシン作, 羽尻利門絵　ポプラ社　（ポプラの絵本 42）
【要旨】「しっかりしなさい！」「せっかく買ってあげたのに！」「こんなにちらかして！」子どもをつい、大きな声でしかってしまうことがありませんか？　でも、子どもには子どもの「いいぶん」があるのです。一子どもの声に耳をかたむければ、家族がもっとつながる。もっとあったかくなる。
2017 1Vol. 25×22cm ¥1200 ①978-4-591-15506-6

◆コリスくんのかみひこうき　刀根里衣作　小学館
【要旨】コリスくんは、かみひこうきをつくるのがだいすき。いつもひとりでかみひこうきをつくっていました。そこへ、コネコくんがさそいにきました。「かみひこうきをとばして、いっしょにあそぼうよ！」。
2017.9 1Vol. 31×22cm ¥1500 ①978-4-09-726740-9

◆これ あな　みやにしたつや作・絵　鈴木出版　（たんぽぽえほんシリーズ）
【要旨】ちいさなあな。おおきなあな。いろんなところにいろいろなあなあなあな…あなのなかはどうなってるの？　あなのなかにはなにがある？　これなんのあな？
2017.4 1Vol. 23×22cm ¥1300 ①978-4-7902-5332-7

◆これ, みえるかな？―子どもの目をよくするたからさがし絵本　荒井宏幸著　総合法令出版
【要旨】1日5分あそぼう！　大切なお子さんの目のトレーニング絵本。矯正専門の眼科医オススメ！
2017.8 31p B5 ¥1300 ①978-4-86280-563-8

◆♪コロコロキャスターおばあちゃんの…きいろいおうち　なかむらみつる作, しのざきみつお絵　（川崎）てらいんく
【要旨】おじいちゃんがのこしてくれたきいろいおうちにすんでいる、おばあちゃんとインコのピーちゃん。あるひ、むすこのたくみさんから

◆**こんがらガッち どしんどしんちょこちょこすすめ！の本** ユーフラテス作　小学館
【要旨】トンネルをぬけると、いくらは大きく、小さくなっていた。ゆびでたどる絵本。クリスマスのおはなし入り。
2017.11 37p 31×23cm ¥1200 ①978-4-09-726753-9

◆**こんやはてまきずし** 五味ヒロミ作、石上聖岳絵　岩崎書店　（えほんのぼうけん 82）
【要旨】サーモン、まぐろ、いか、たこ、イクラ、なっとう、たくあん、ハンバーグ!? 今夜はこれ！手巻き寿司の楽しい絵本。
2017.8 1Vol. 22×25cm ¥1300 ①978-4-265-08152-3

◆**さあ、なげますよ** 角野栄子作、山村浩二絵　文溪堂
【要旨】ノビくんはかべをあいて、ひとりでボールなげ。ないっ！ばしっ！ばしっ！ばしっ！すごいね！そしたら、ちいさなおばあさんがあらわれて…ノビくんとおばあさんの、ゆかいなボールなげ。
2017 1Vol. 27×22cm ¥1500 ①978-4-7999-0242-4

◆**さがしえ猫町ナーゴ—みつけて！さがして！** モーリーあざみ野, バースデイ著　KADOKAWA
【要旨】さがしえ、まちがいさがし、めいろ、おはなし。子どもから大人まで、家族みんなで楽しめるさがしええほん。
2017.3 29p A4 ¥1200 ①978-4-04-892794-9

◆**サーカスの旅／薬と夢** 星新一作、ももろ絵（八尾）三起商行　（ミキハウスの星新一ショートショートえほんシリーズ）
【要旨】宇宙を旅していた犬のサーカス団。食料をもとめて降りた星は、「犬ばかりの星」だった！動物の夢が見られるふしぎな薬。ためしてみたアール氏がよくばってしまったばっかりに…。動物が好きな人におすすめの2つのお話をどうぞ。
2017.11 1Vol. B5 ¥1300 ①978-4-89588-141-8

◆**さがそう！ あそびえほん おたすけたんていボム** フィリケえつこ作　偕成社
【要旨】ぼくはボム。きょうはたんていになって、おとどけものをするよ。めいろや、さがし絵もたのしめる絵本！3歳から。
2017 23p 26×21cm ¥1100 ①978-4-03-232500-3

◆**ザキはん** U-suke作・絵　扶桑社　（本文：日英両文）
【要旨】岡山県・湯原温泉に住むオオサンショウウオの純愛物語。
2017.2 1Vol. B5 ¥1400 ①978-4-594-07669-6

◆**サダムとせかいいちの大きなワニ** 松居友文、ボン・ペレス絵　（国立）今人舎　（Imagine Picture Books）
【要旨】「とうさんがしんでから、男はぼくだけだから、はたらかなくっちゃ」湿原にくらす少年サダムは、漁をして家族をささえる。あるとき大雨がつづき、てっぽう水でいえがなくなった。サダムは水牛をあやつり、家族や近所の人をのせた小ぶねを水牛につないで、丘の上の学校をめざす。すべて、ちかいもたの大ワニがとびのびる！フィリピン・ミンダナオ島で暮らす者たちが、現地に息づく「生きる力」を伝える絵本。
2017.7 32p 24×22cm ¥1600 ①978-4-905530-66-4

◆**サバンナのき** やまぐちかずえ文、さくさべまさよ絵　（札幌）柏艪舎、星雲社 発売
【要旨】サバンナのまんなかにたついぽんのき。そこにあつまるどうぶつたちのふれあいたいけん。こころあたたまるともだちのおはなし。
2017.1 1Vol. 22×22cm ¥1200 ①978-4-434-22863-6

◆**サファリ** 松岡たつひで作・絵　金の星社
【要旨】しぜんのなかでくらすいきものをさがしにくくしてある絵を「サファリ」という。このえほんでは、アフリカのケニアというくにで、サファリをするんだ。きみはどれくらいのかずのいきものにであえるかな？
2017 32p 24×25cm ¥1400 ①978-4-323-07394-1

◆**サミーとサルのはじめてのおまっちゃ** 永井郁子作、くすはら順子絵　（京都）淡交社
【要旨】おさるのきょうだい、サミーとサルル、今日ははじめて「まっちゃ」を飲む日です。お茶碗を回すのをみて、「なんでそうするの？」ふしぎいっぱい、子ども目線のそぼくな「なぜ？」を軸に、むりなく茶道の教えに触れられる一冊。テーマは「おもいやり」。対象：3・4歳〜小学校低学年程度。
2017.3 32p 27×19cm ¥1500 ①978-4-473-04177-7

◆**さらじいさん** はせがわはっち著　ブロンズ新社
2017.3 1Vol. 27×22cm ¥1400 ①978-4-89309-627-2

◆**皿たろう だいかつやく！** マスダケイコ作・絵、フジテレビKIDS, 扶桑社 発売
【要旨】回転ずし屋さんのお皿、皿たろうは、いつも積み上げられたお皿の一番下にいてなかなか出番が回ってきません。「あ〜、仲間のお皿がうらやましい。」そんなある夜、台風がやってきました。いっせいに空に飛ばされてしまうお皿たち。お皿たちはどうなる？混乱する町を救ったお皿たろうの活躍とは？第9回be絵本大賞受賞作品。
2017.8 1Vol. A4 ¥1400 ①978-4-594-07783-9

◆**さるとびすけ 愛とお金とゴキZのまき** 宮西達也作・絵　ほるぷ出版
【要旨】たいせつなのは、お金か、それとも愛？ゲームやクイズにチャレンジしながら、すけとといっしょに考えよう！そんなこうやもももたろう、ゴキブリロボットで登場する奇想天外なストーリー。楽しくって役に立つ、すすけの忍者学校シリーズはじまります。
2017.11 95p 22×16cm ¥980 ①978-4-593-53450-0

◆**さわこちゃんと10人のおひめさま** さこもみお話・絵、まるばやしさわこ工作　アリス館　（こうさく絵本 1）
【要旨】おとぎのくにから、おひめさまたちがこまっているという、おてがみが。さて、工作名人のさわこちゃんは？
2017.8 56p B5 ¥1500 ①978-4-7520-0802-6

◆**さんどいっちにー** たんじあきこ作　ほるぷ出版　（0・1・2さいからのえほん）
2017.10 1Vol. 19×19cm ¥850 ①978-4-593-56325-8

◆**しあわせ** いもとようこ作　講談社　（講談社の創作絵本）
【要旨】小学2年生（発表当時）の女の子がお母さんへの感謝の気持ち、「いくらしくらいでみつけた「しあわせ」を書いた作文を、いもとようこが絵本にしました。
2017.9 1Vol. 25×25cm ¥1400 ①978-4-06-133337-6

◆**幸せな木** つつみやすゆき作、ユウ絵　（高知）リーブル出版
2017.11 1Vol. 27×19cm ¥463 ①978-4-86338-203-9

◆**じいちゃんバナナ ばあちゃんバナナ** のしさやか作・絵　ひさかたチャイルド
【要旨】すっかりいいいろにじゅくした、バナナくんのおじいちゃんとおばあちゃん。あるひ、ぬぎっぱなしのかわがおちていて…？！おじいちゃんとおばあちゃんの読み聞かせにも！ユーモアたっぷりの絵本。
2017 24p 26×26cm ¥1200 ①978-4-86549-111-1

◆**ジェイクから10のおねがい—犬の十戒** 葉祥明絵・訳　戎光祥出版
【要旨】インターネット上で、世界中に読まれている作者不詳の英文詩「犬の十戒」。人間の言葉が話せない犬たちに代わって、ジェイクが伝える犬たちの気持ち。やさしい言葉と絵で、子どもから大人まで読める絵本。小学3年生から。
2018.1 1Vol. 21×16cm ¥1500 ①978-4-86403-268-1

◆**じごくにいったかんねどん** 常光徹文、かつらこ絵　童心社　（おばけ×行事えほん）
【要旨】あきのまつり"唐津くんち"がはじまった。とんちものでほらふきのかんねどんは、またまたわるさをおもいついて…。
2017.7 1Vol. 26×20cm ¥1300 ①978-4-494-01461-3

◆**じしん・つなみどうするの?—やさしくわかるぼうさい・ぼうはんのえほん** せべまさゆき絵, 国崎信江監修, WILLこども知育研究所編著　金の星社
【要旨】じしんはとつぜんやってくる。ぐらぐらじめんがゆれて、ものがおちてきたり、たてものがたおれたり…。じしんのあとにはつなみやかざんのふんかがおきることもあるよ。じぶんのいのちをまもるほうほうをしって、じしんにそなえよう！
2017 1Vol. 28×24cm ¥1300 ①978-4-323-03560-4

◆**したじきくんとなかまたち** 二宮由紀子作, 山村浩二絵　アリス館
【要旨】入学式がおわって、あしたはとうとうはじめての授業。文房具たちはみんなはりきっていますが、したじきくんは元気がありません。「ぼく、がっこうへいくのこわいよ。おうちにいたい」1年生の不安とよろこびを楽しく描きます。
2017.3 1Vol. 24×19cm ¥1300 ①978-4-7520-0788-3

◆**七福神の大阪ツアー** くまざわあかね作, あおきひろえ絵　ひさかたチャイルド
【要旨】みなさんに福を授けるため、寝る間もおしんで働いておられる七人の神様、七福神。そんな七福神さんの、年に一度のお楽しみが、七人まとっての慰安旅行。ボケあり、ツッコミありの珍道中、いよいよ、はじまり、はじまり〜。毎日新聞大阪本社版で大好評だった連載が、ついに単行本化!!
2017 111p A5 ¥1300 ①978-4-86549-103-6

◆**しっぽなのぶるる** やまだひろし文, 及川ひろかつ絵　（神戸）アートヴィレッジ
2017.9 1Vol. 26×26cm ¥1600 ①978-4-905247-67-8

◆**じてんしゃのれるかな** 平田利之作　あかね書房
【要旨】「これからまたれんしゅうなんだけど、ちょっとこわい。「へいきへいき」あれ？だれかのこえがした。
2018.1 1Vol. 27×19cm ¥1200 ①978-4-251-09907-5

◆**児童憲章のえほん そのとおりそのとおりおじさん** 児童憲章制定会議制定, 塚本やすし絵・こども訳　求龍堂
【要旨】子どもは、地球の未来をつくる大切な存在です。戦後、すべての子どもたちの幸せを願い、どうしたら幸せになれるのか、大人たちが集まって考えました。そして1951年5月5日の「こどもの日」に、「児童憲章」という「子どもと大人の大切な12の約束」を制定しました。12の約束はどんなものなのか、大人たちの質問に、児童憲章をつくった「おじさん」が「そのとおりそのとおり」と答えてくれます。
2017.6 1Vol. 22×22cm ¥1600 ①978-4-7630-1715-4

◆**自分におどろく** たなかかずお文、あべ弘士絵　童話屋
【要旨】ぼくはどこから来てどこへ行くの？ビッグバンからコンピューター文明に至る壮大な宇宙の歴史絵本。
2017.7 101p A6 ¥1700 ①978-4-88747-133-7

◆**しましまジャム** Goma作・絵　フレーベル館
【要旨】きょうの「へんてこパンやさん」、たくさんのフルーツをむいたり、きったり、ぐつぐつにこんだり…いったいなにをつくっているのでしょう？パンにぬっても、そのままたべてもおいしい、カラフルでジューシーなものですよ。カラフルジャムのレシピ付き。
2017 1Vol. 25×25cm ¥1300 ①978-4-577-04553-4

絵本・児童書

◆シマフクロウのぽこ　志茂田景樹文, 木島誠悟絵, 齊藤慶輔監修　ポプラ社　(ポプラ社の絵本 41)
【要旨】「第19回日本絵本賞読者賞」受賞コンビによる、北海道のいきものと人間のくらしを描く絵本第2弾！今回は、絶滅危惧種である、シマフクロウとの共生がテーマ。猛禽類医学研究所の獣医師である齊藤慶輔さんと、実在する障害のあるシマフクロウの「ちび」がモデルです。主人公の「いさむ」といっしょに、野生動物と人間とが共生するにはどうしたらいいのかを、考えます。
2017 1Vol. 27×22cm ¥1380 ①978-4-591-15464-9

しゃっくりくーちゃん　竹下文子文, 岡田千晶絵　白泉社　(コドモエのえほん)
【要旨】幼年童話の名手・竹下文子と人気絵本作家・岡田千晶のコンビがおくる、とびきりチャーミングでユーモラスな絵本！楽しいリズムが、読み聞かせにぴったりです。1歳から。
2017.9 1Vol. 18×18cm ¥880 ①978-4-592-76219-5

◆しゃぼんだまぶわん　こわせたまみ作, おかべりか絵　鈴木出版　(はじめてのちいさなえほん)
2017.8 1Vol. 16×15cm ¥361 ①978-4-7902-5324-2

◆しょうぎのくにのだいぼうけん　中倉彰子作, 福山知沙絵　講談社　(講談社の創作絵本)
【要旨】子育て中のママ2人がつくった、将棋の楽しさを伝えるはじめての絵本！よみきかせ3歳から、ひとりよみ6歳から。
2017.11 1Vol. 19×27cm ¥1400 ①978-4-06-133315-4

◆ジョンとおさむの7つのクッキー　たかやちひろき作, ふくだひろかず絵　(高知)リーブル出版
【要旨】ジョンとおさむはいつもいっしょに。ある日、まわりのみんなもまきこんで、大騒動をまきおこす、消えた7つのクッキー。はたして、クッキーのゆくえは…？話せば、きっとわかりあえる、大人も子どもも共感する、ともだちとのおはなし。いろんな人と、いっしょに読んでみてね。
2017.7 1Vol. 27×22cm ¥1300 ①978-4-86380-190-2

◆しろいえほん　もりこういちろう著　(福岡)梓書院
【要旨】何もかいていない一冊の白い本を見つけた男の子。その本には、今まで見たこともない色々な世界が広がっていました。韻がうつくしく、リズミカルに広がるふしぎな世界。対象年齢6歳〜6歳。
2017.3 1Vol. B5 ¥1500 ①978-4-87035-593-4

◆しろいおひげの人　はらだたけひで絵・文　冨山房インターナショナル
2017.6 31p 20×16cm ¥1600 ①978-4-86600-033-6

◆白い花びら　やえがしなおこ文, 佐竹美保絵　岩崎書店
【要旨】風がザアッとふいてきて、花びらが一度に空にまい上がった。そして、こんな声が、ゆうたの耳に聞こえたのです。――またねね。また会おうね。やさしく、のびやかな想像の力を育む、教科書にのっていた物語。
2017.2 1Vol. 31×21cm ¥1400 ①978-4-265-83043-5

◆白オバケ黒オバケのみつけて絵本―ハロー！オバケまつり　うるまでるび作・絵　学研プラス
【要旨】ゆかいで楽しいオバケたちといっしょにワクワクおまつりさわぎ！オバケさがし＆めいろ＆かくし絵の絵本。
2017.10 33p 31×24cm ¥1400 ①978-4-05-204651-3

◆シロクマくつや―すてきななつやすみ　おおでゆかこ作　偕成社
【要旨】シロクマくつやはきょうからなつやすみです。かいすいよくへいく3きょうだいのおめあては、ながいながいぎょうれつができるアイスクリームやさん。「ああ、おいしい。もりのともだちにもべさせてあげたいな。」でも、およげないもりのどうぶつたちは、みずがにがてで、めっったにうみにきません。アイスクリームやさんのジャミーさんふうふがシロクマおとうさんにたのみました。「およげないひとも、うみにきてくださいな」4歳から。
2017 1Vol. 29×21cm ¥1300 ①978-4-03-332690-0

◆しんかんせんでもどんかんせんでも　かこさとし作・絵　復刊ドットコム　(かこさとしのしゃかいの本)
【要旨】鉄道ファンの子、必読!!世界に名だたる高速鉄道・新幹線。人々の日常の暮らしを支える

ゆっくりローカル線。それぞれに大切な役割があるんだよ！
2017.7 31p 23×20cm ¥1800 ①978-4-8354-5480-1

しんごうきピコリ　ザ・キャビンカンパニー作・絵　あかね書房
【要旨】パトカーがしんごうきのおはなしをします。しんごうがあおきいろあかにかわったらくるまはどうするかわかるかな？でも…ピコリ！しんごうきのふしぎなはなしにかわったらくるまはいったいどうなっちゃうの〜!?人気絵本ユニット最新作！
2017.4 1Vol. 22×31cm ¥1300 ①978-4-251-09899-3

◆しんらんさま　林佳里絵　(京都)東本願寺出版　(しんしゅうアニメ絵本シリーズ 1)
2017.12 1Vol. 19×19cm ¥600 ①978-4-8341-0569-8

◆しんらんさまみーつけたっ！　ひがしはらかつえ絵　(京都)東本願寺出版
【要旨】誕生、出家、修行、夢のおつげ、法然さまとの出会い、京都を離れて、越後・関東での布教、帰京一家族みんなで楽しめるけいけんがいっぱい！親鸞さまのご一生を8つのシーンで紹介。
2017.12 1Vol. 31×24cm ¥1300 ①978-4-8341-0565-0

◆すきなじかん　きらいなじかん　宮下すずか作, 市居みか絵　くもん出版　(いち、に、さんすう　ときあかしましょうがっこう)
【要旨】じかんってふしぎだな。ともだちとすごじゅかんはさいこう!?小学校低学年から。
2017.3 62p 22×16cm ¥1300 ①978-4-7743-2670-2

◆すすめ！かいてんずし　岡田よしたか作・絵　(大阪)ひかりのくに
【要旨】レーンがぐねぐねめいろみたい！リフトにトンネル!?そしてお店の外へ…その先に待っているのは!?笑える！おすし絵本。
2017 1Vol. 27×23cm ¥1280 ①978-4-564-01865-7

◆すっぱりめがね　藤村賢志作　教育画劇
【要旨】ぼくのもってるふしぎな「すっぱりめがね」。このかけるとなんでもすっぱりとみえちゃって、なんでもすっぱり。なかみがみえるんだ。きみにもすこしみせてあげる！
2017.9 1Vol. 27×22cm ¥1300 ①978-4-7746-2118-0

◆スープになりました　彦坂有紀, もりといずみ作　講談社　(講談社の創作絵本)
【要旨】やさいがへんしん！彦坂有紀・もりといずみ(彦坂木版工房)の「浮世絵」の手法で摺られた木版画絵本。
2017.9 1Vol. 21×21cm ¥1200 ①978-4-06-133333-8

◆すまいる　かくまさみ作, よしおかアコ絵　(神戸)出版ワークス
【要旨】えがおだいすき。いろんなえがおがあつまったえほん。
2017.4 1Vol. 19×19cm ¥1500 ①978-4-907108-01-4

◆すまーとぞうさん　赤川明著　文研出版　(えほんのもり)
2017.10 1Vol. 27×22cm ¥1300 ①978-4-580-82334-1

◆するするする　上野峯三作・絵　鈴木出版　(はじめてのちいさなえほん)
2017.12 1Vol. 16×15cm ¥361 ①978-4-7902-5328-0

◆せかいいちまじめなレストラン　たしろちさと作　ほるぷ出版　(ほるぷ創作絵本)
【要旨】まじめなイタメーニョさんは、おきゃくさんにほんとうにおいしいものをたべてもらうため、とってもまじめにおりょうりをつくります。どれくらいまじめかっていうと…。
2017.12 1Vol. 25×22cm ¥1300 ①978-4-593-56327-2

◆せつぶんのおに　常光徹文, 伊藤秀男絵　童心社　(おばけ×行事えほん)
【要旨】きりょうじしではたらきものの父。ふくにおにがむこをとることになった。山おくのおにが、ふくをきをみつけて…。
2018.1 1Vol. 25×20cm ¥1300 ①978-4-494-01462-0

◆ゼロふしぎなおふだ―さんまいのおふだより　ごとうまさる文, ヲバラトモコ絵　あいうえお館　(ウルトラかいじゅう絵本"日本昔ばなし編")
2017.8 1Vol. 18×18cm ¥700 ①978-4-900401-94-5

◆せんたくやさんのググ　関根知未作・絵　教育画劇
【要旨】おおきなおおきなせんたくもの、どうやってあらう!?ググの大作戦のはじまり!!
2017.10 1Vol. 21×21cm ¥1100 ①978-4-7746-2119-7

◆ぜんまいじかけのトリュフ　エピソード1　トリュフがトリュフになったわけ　あゆみ原案・イラスト, 竹下文子文　(大阪)カミオジャパン, デジタルパブリッシングサービス発売
【要旨】ひとりぼっちのくまのぬいぐるみが、ある日、金色のねじをつけてもらって…小さなおもちゃの店「カトルカール」を舞台に、おもちゃたちの楽しい物語がはじまります。
2017.9 24p 17×24cm ¥1200 ①978-4-86143-134-0

草原の小さなたからもの　南阿蘇ビジターセンターおはなしトライアングル文, 財津友子絵　(高森町)TAKAraMORI, (熊本)熊日出版　発売
【要旨】南阿蘇の高森町にはみんなが大切にしているものがあります。目の前に広がる草原が風に吹かれています。大きな阿蘇のふもとの草原でくり広げられる小さな世界。人間、虫、動物、自然。生きているということ、命があるということ―すべてがつながっているということ―ちいさなたからものはあなたのちかくにもころがっているかもしれません。根子岳のふもと小さなルゥたんのものがたり。
2017.3 32p 20×27cm ¥1500 ①978-4-908313-22-6

そらをとびたかったペンギン―だれもが安心して存在できる社会へ　申ももこ作, shizu協力, はやしみこ絵　学苑社
【要旨】ペンギンのモモちゃんはほかのトリたちが集まる森が大好き。でもほかのトリたちのようにとんだり上手におしゃべりしたりができません。いっしょうけんめい練習しているうちにだんだん悲しくなって、みんなからはなれて遠くに行くことに。ひとと違っても、できなくても、誰もが安心できる社会へ。
2017.7 32p 27×19cm ¥1600 ①978-4-7614-0790-2

◆空からのぞいた桃太郎　影山徹著　岩崎書店
【要旨】誰もが知っている童話『桃太郎』を空からのぞくと、意外な姿が…。
2017.11 1Vol. 22×30cm ¥1500 ①978-4-265-81204-2

◆空飛ぶおべんとうツアー―パンダのポンポ　野中柊作, 長崎訓子絵　理論社
【要旨】空の旅に出かけよう！おべんとうを持って、飛行機に乗って、そして…おいしくって楽しいお話だよ。大人気シリーズ第9弾!!
2017 133p A5 ¥1300 ①978-4-652-20225-8

◆そらの100かいだてのいえ　岩井俊雄著　偕成社
【要旨】あるさむいゆきのひのこと、おなかをすかせたシジュウカラのツピくんがみつけたのは、ひとりぼっちのひまわりの種でした。「これじゃ、おなかいっぱいにはならないや…そうだ！はなをさかせてたねをふやそう！」ツピくんは、うえるばしょをさがしにそらへとっよびたちました。3歳から。
2017 1Vol. A4 ¥1200 ①978-4-03-332600-9

◆そらまめくんのはらっぱあそび―なつのいちにち　なかやみわ作・絵　小学館
2017.5 32p 25×22cm ¥1200 ①978-4-09-726698-3

◆ぞろりぞろりとやさいがね　ひろかわさえこ作　偕成社
【要旨】だいどころのかたすみですっかりふるくなったやさいたち。つきよのばんに、ぞろりぞろりとでかけます。さて、どこにいくのでしょう？4歳から。
2017 1Vol. 25×21cm ¥1400 ①978-4-03-232490-7

◆ダイズマンとコメリーヌ　中川ひろたか文, 丸山誠司絵, まつむらしんご原案　文研出版　(えほんのもり)
【要旨】人気急上昇中デュオ、ガーガーズの歌、「たたかえ！ダイズマン」から生まれた絵本。
2017.7 1Vol. 27×22cm ¥1300 ①978-4-580-82320-4

◆だいちゃんときんたろう　花山かずみ作・絵　PHP研究所　(わたしのえほん)
【要旨】そのときうしろからこえがしました。「だいちゃんはいつもいいわけばっかり！そんなこといっててもつよくなんかなれないよ」なんとそれはたんすのうえのきんたろうでした。4〜5歳から。
2017.3 1Vol. 26×20cm ¥1300 ①978-4-569-78638-4

◆たいふうどうするの？―やさしくわかる　ぼうさい・ぼうはんのえほん　せべまさゆき絵, 国崎信江監修, WILLこども知育研究所編著　金の星社

【要旨】たいふうがくると、つよいかぜがふいて、ものがふきとばされてこわれたり、あめがたくさんふって、かわのみずがあふれたりするよ。きけんなときは、はやめにひなんするのがだいじだね。たいふうがくるまえにしっかりじゅんびしておこう！

◆**たいふうのひ** 武田美穂作 講談社 （講談社の創作絵本）
【要旨】おじいちゃんのうちにあそびにきてるんだけど、こんやたいふうがくるんだって。ぼく、ちょっとワクワクしてる。
2017.7 1Vol. 24×24cm ¥1400 ①978-4-06-133327-7

◆**だいぶつさまのうんどうかい** 苅田澄子文, 中川学絵 アリス館
【要旨】きょうはほとけさまたちのうんどうかい。てがいっぱいのせんじゅかんのんさまは、たまいれでだいかつやく！ でも、だいぶつさまは…仏像解説つき。
2017.8 1Vol. A4 ¥1400 ①978-4-7520-0803-3

◆**太陽といっしょ** 新宮晋絵・文 クレヨンハウス
2017.11 1Vol. 21×31cm ¥2100 ①978-4-86101-345-4

◆**たからもののあなた** まつおりかこ作・絵 岩崎書店
【要旨】愛しいあなたに読みたい絵本。
2017.9 1Vol. 24×22cm ¥1300 ①978-4-265-08153-0

◆**たくはいびーん** 林木林作, 出口かずみ絵 小峰書店
【要旨】たをぬくたぬきのたぬきびん、はこはにもつがへんしんするよ！ わたしは、なにになるかな？ 動物いろいろ！ 楽しい言葉あそび絵本♪
2017.11 1Vol. 28×24cm ¥1500 ①978-4-338-26129-6

◆**タコめし** つきおかようた著 白泉社 （MOEのえほん）
【要旨】愛情いっぱい、タコさんのおべんとうさあ、めしあがれ!!第5回MOE創作絵本グランプリ受賞作を絵本化！ 3歳から。
2017.7 1Vol. 27×20cm ¥1200 ①978-4-592-76213-3

◆**だじゃれかえりみち** くせさなえ作・絵 PHP研究所 （わたしのえほん）
【要旨】がっこうのかえりみち、こうえんのまえをとおろうとすると…、いつもはしずかなこうえんなのに、「ねえ、ゆうくんみて！ トラがトランポリンしてる！」「ほんとだ！ たこがたいこたたこうだって！」「よろこぶこぶら、ぶらさがる」「たまごでたまのり!?」「だちょうにしいだんちょうだー」ゆうくんとあるいていたら、まちのなかがおかしなことになってきた！ 4〜5歳から。
2017.7 1Vol. 26×20cm ¥1400 ①978-4-569-78681-0

◆**だじゃれ世界一周** 長谷川義史作 理論社
【要旨】アメリカからジャマイカまで、世界をだじゃれでめぐります！
2017.7 1Vol. 26×22cm ¥1400 ①978-4-652-20168-8

◆**だじゃれ世界一周—大型絵本** 長谷川義史作 理論社
2017 1Vol. 44×37cm ¥9500 ①978-4-652-20169-5

◆**たす** 石川善樹, 石川理沙子作, 中川貴雄絵 白泉社 （コドモエのえほん）

【要旨】1+1＝2じゃないの？ 理系の人が作った「理系絵本」!!4歳から。
2017.7 1Vol. 18×18cm ¥880 ①978-4-592-76211-9

◆**だって おさるだもん もっと** サトシン作, 中谷靖彦絵 小学館 （おひさまのほん）
【要旨】なんにでも一生懸命のおさるくんは、仕事への情熱はひと一倍。だけど、のめりこむとすぐに周りがみえなくなっちゃうのが、たまにきず—。こんどは、おまわりさん、サッカー選手、花火職人、看護師など、人気＆注目の6つのお仕事に挑戦します。
2017.1 48p 27×22cm ¥1400 ①978-4-09-726692-1

◆**たなばたにょうぼう** 常光徹文, 野村たかあき絵 童心社 （おばけ×行事えほん）
【要旨】むかし、人を一生懸命にだましてわるさをするキツネがおった。そんなキツネをたすけたわかものが、たに川のおくの一本まつにむかうと…。
2017.5 1Vol. 26×20cm ¥1400 ①978-4-494-01460-6

◆**たぬきがのったら へんしんでんしゃ** 田中友佳子作・絵 徳間書店
【要旨】まじめさんは、まじめなでんしゃ。きょう、はじめて「びっくりせん」をはしります。のりこんできたのは、おんせんへいくたぬきたち。ところが、ここはおかしなことがおこる「びっくりせん」のせんろ。いろんなばけものがあらわれます。そのたび、たぬきたちが、おおごえで「ぽんぽこーほん！」とじゅもんをとなえ…？ 読み聞かせで大人気の「こんたのおつかい」の作者によるたぬきとでんしゃの楽しいお話。つぎは、なにがおこるかな？ ページをめくるのが楽しみな、どきどきわくわくの絵本です。5さい〜。
2017.11 1Vol. 31×22cm ¥1600 ①978-4-19-864519-9

◆**旅する風** 新宮晋作 （神戸）BL出版
2017.11 1Vol. 23×23cm ¥3700 ①978-4-7764-0818-5

◆**たべかたのえほん** 石田栞音文, よしのぶもとこ絵, 渡邊忠司監修 PHP研究所
【要旨】食べものによっては、それぞれに「正しい食べかた」が決まっているものもあります。その食べかたを知っていると、いつもよりもずっと食べやすくきれいに食べられるかもしれません。さあ、みなさんもじょうずなごはんの食べかたをおぼえてみましょう。親子で知っておきたいはじめてのテーブルマナー。
2017.7 47p 29×22cm ¥1600 ①978-4-569-78676-6

◆**たべてみたい！** いしいひろし著 白泉社 （MOEのえほん）
【要旨】第3回MOE創作絵本グランプリ受賞、第8回MOE絵本屋さん大賞新人賞第1位のいしいひろしが贈る新作。ちいさなしあわせおすそわけ絵本。3歳から。
2017.3 1Vol. 27×20cm ¥1200 ①978-4-592-76208-9

◆**タマ＆フレンズ うちのタマ知りませんか？—タマとなかまたちをさがそう** キャラぱふぇ編集部編 KADOKAWA
【要旨】イラストの中から、タマとなかまたちをみつけて！ うちのタマ知りませんか？ のさがし絵本。
2017.3 1Vol. 31×22cm ¥1200 ①978-4-04-892861-8

◆**たまごがあるよ** 風木一人作, たかしまてつを絵 KADOKAWA

【要旨】ことばのリズムと動きを楽しむ、あかちゃん絵本。1・2・3さい向け。
2017.11 1Vol. 19×18cm ¥900 ①978-4-04-106318-7

◆**たまごにいちゃんとたまごねえちゃん** あきやまただし作・絵 鈴木出版 （ひまわりえほんシリーズ）
2017.1 1Vol. 27×22cm ¥1300 ①978-4-7902-5314-3

◆**だましえあそび ハテナちゃんとふしぎのもり** 田名網敬一作・画 ART' Publishing, 素朴社 発売
【要旨】『ハテナちゃんとふしぎのもり』は、アーティストの田名網敬一が数々の「だまし絵」を基調にして制作した絵本です。好奇心いっぱいな女の子、ハテナちゃんが、「ふしぎのもり」でたくさんのマジカルワールドを体験します。ページをめくるごとに展開していく「だまし絵あそび」のおもしろさと同時に、ポップでカラフルな画面は、子どもも大人も、そして親子でいっしょに鑑賞できる楽しさに溢れています。
2017.10 1Vol. 31×22cm ¥1800 ①978-4-903773-27-8

◆**たまねぎの王者 ターザン** 桂文枝原作, ひろただいさく文, すずきみほ絵 ヨシモトブックス, ワニブックス 発売 （桂文枝の淡路島らくご絵本）
【要旨】淡路島のらくごが絵本になった！
2017.8 1Vol. 31×22cm ¥1200 ①978-4-8470-9596-2

◆**たまらんちゃん** つぼいじゅり作・絵 金の星社
【要旨】ぷるるんきいろいたまちゃんと、とろろんしろいらんちゃんは、いつもいっしょ。ところがあるひ、ふたりははなればなれに！ 「ぼくたちもう、いっしょにいられないのかなぁ」ハラハラしてほっこりしておなかがすくほん。
2017 1Vol. 25×22cm ¥1300 ①978-4-323-07380-4

◆**だれかな？ だれかな？** とよたかずひこ著 アリス館 （はなしかけえほん）
2017.3 1Vol. 20×21cm ¥900 ①978-4-7520-0774-6

◆**だれのこどももころさせない** 西郷南海子文, 浜田桂子絵 （京都）かもがわ出版
【要旨】安保関連法に反対する「ママの会」コールから生まれた、わが子に語る絵本。
2017.4 32p 22×19cm ¥1600 ①978-4-7803-0902-7

◆**タロとチーコのひみつのだいぼうけん** 中垣ゆたか作 小学館
【要旨】たのしく集中力と想像力がのびる。きみがえらぶみちで、ストーリーがどんどんかわる！ あっちこっち本の中をとびまわって、たからさがしを何度も楽しめるえほん！
2017.4 32p 27×22cm ¥1300 ①978-4-09-726712-6

◆**たんけん絵本 種子島ロケット打ち上げ—組み立てから飛びたつまでパノラマページつき！** 濱美由紀作画 小学館
【要旨】いろいろな部品が町工場をはじめ日本各地で作られる！ 船にのってロケットが運ばれる!!科学の力と人の力が結びあい、組み上がって、宇宙へ向けてカウントダウンが始まった…!!楽しい友だち、かみなりくんと小おにちゃんが、今日は種子島へ来てロケットができるまでに大興奮!!世界一美しい種子島の発射場から日本のロケットが飛びたつまで。主要説明は英訳つき。
2017.11 32p 29×24cm ¥1500 ①978-4-09-726745-4

◆たんたんたまご 高木あきこ作, 本信公久絵
鈴木出版 (はじめてのちいさなえほん)
2017.11 1Vol. 16×15cm ¥361 ①978-4-7902-5327-3

◆たんぽぽのおかあさん こんのひとみ作, いもとようこ絵 金の星社
【要旨】はじめてめをあけたこねこがみたのは、いっぱいのたんぽぽ。こねこはたんぽぽのおかあさんにみまもられて、すくすくそだっていきます。あるひ、たんぽぽのわたげのふわいはなぎの、まっしろいわたげにかわり、おかあさんはふわりわとんでいってしまいます。心がほっこりする、こねことたんぽぽの物語。人気コンビ魅力満載の最新刊!
2017 1Vol. 24×25cm ¥1300 ①978-4-323-02462-2

◆だんぼーるおうじ 長野ヒデ子他・絵 世界文化社 (ワンダーおはなし絵本)
【要旨】子どもたちはダンボールが大好き! ダンボールがあると「ちょうだい!」と大よろこび。幸せそうな顔。ダンボールでなんでも作っちゃう。できあがりはすごいアートだ! 子どもたちのエネルギーはすごい! さあ! ダンボールであそぼう!
2017.5 1Vol. 28×24cm ¥1000 ①978-4-418-17806-3

◆小さな命 森田真弘絵と文 (流山)崙書房出版
2017.6 29p 19×27cm ¥900 ①978-4-8455-1216-4

◆ちいさなかえるくん 甲斐信枝作 福音館書店 (幼児絵本ふしぎなたねシリーズ)
【要旨】おなかをすかせた、ちいさなかえる。虫を食べようとがんばりますが、なかなかうまくいきません…。
2017.5 1Vol. 21×24cm ¥900 ①978-4-8340-8333-0

◆ちいさなちいさなこおりのくに さかいちえ作・絵 教育画劇
2017.11 1Vol. 19×24cm ¥1000 ①978-4-7746-2121-0

◆ちいさなちいさなちいさなおひめさま 二宮由紀子文, 北見葉胡絵 (神戸)BL出版
【要旨】むかしむかし、ある国に、それは美しく、ちいさなちいさなおひめさまがいました。どれくらいちいさかったかというと…「だれも見たことがない」ほど美しいおひめさま、とのうわさをききつけ、いろいろなくにからやってきた王子さま。「小さすぎるから」と、ことわられても、ひるみません。さて、その結末は…。
2017.11 1Vol. 22×21cm ¥1300 ①978-4-7764-0823-9

◆ちいさな天使のものがたり かわかみせいじ文, としくらえみ絵, 満行勝美監修 東洋館出版社
【要旨】長崎の薬店で生まれた奇跡の絵本。刊行から2カ月で1000人が涙した、母親の悲しみと希望に寄り添う天使からのメッセージ。
2017.7 1Vol. 22×16cm ¥1200 ①978-4-491-03362-4

◆チェブラーシカ—どうぶつえんへいく やまちかずひろ文, さんさん絵 小学館 (おひさまのほん)
【要旨】ロシア語で「ばったり倒れ屋さん」という意味の、不思議な生き物「チェブラーシカ」。オレンジの箱に入って南からやってきたチェブラーシカは、この街でワニのゲーナと友だちになり、ゲーナがある日かぜをひいてしまい動物園の仕事に行けなくなってしまいました。そこで、かわりにチェブラーシカが「ワニの仕事」をすることになりました。それをききつけた、いじわるなシャパクリャクさんがみんなをこまらせるようないたずらを思いつき…。
2017.11 41p 22×18cm ¥1300 ①978-4-09-726743-0

◆ちがう ちがう accototo作 大日本図書
【要旨】なんのおと? もしかしておばけ? ちがうちがう、かぜのおと。ドッシーン! いろんなおとがきこえてきて…。
2017.9 1Vol. 27×19cm ¥1300 ①978-4-477-03104-0

◆ちかてつライオンせん サトウマサノリ作・絵 パイインターナショナル
【要旨】まいどごじょうしゃありがとう えきちょうのライオンだ このでんしゃは、しゅうてんまでかくえきにとまるぞ みんな、のりもらしないように! さあ、じゅんびはいいか? まもなくはっしゃするぞ! 対象年齢3歳から。
2017.3 1Vol. 20×25cm ¥1300 ①978-4-7562-4879-4

◆地球を旅する水のはなし 大西健夫, 龍澤彩文, 曽我市太郎絵 福音館書店 (科学シリーズ)
【要旨】水はすがたを変えながら、世界中を旅しています。太古から今まで、同じ量の、同じ水が、あらゆる場所をめぐり、生きとし生けるものをうるおしてきました。そしてこれからもずっと、水の旅は続くのです。
2017.9 38p A4 ¥1400 ①978-4-8340-8351-4

◆ちきゅうのきもち ゆうあ作・絵 (高知)リーブル出版
2017.10 1Vol. A4 ¥1600 ①978-4-86338-191-9

◆地図をつくる本 La ZOO著 徳間書店
2017.6 1Vol. 27×25cm ¥1800 ①978-4-19-864433-8

◆ちゃっくりかき 中澤智枝子再話, 五足萬著, 保立葉菜絵 (大津)大隅書店
【要旨】むかーし、むかしのことじゃった。あるむらにたいそうはたらきもののとっさまと、ちいとぬるさくのむすこがすんどった…。父と子の滑稽なやりとりをユーモラスな眼差しで、ドッシリと描いた絵本。よめば不思議と、元気が湧いて来る!!
2017.1 1Vol. 26×19cm ¥1200 ①978-4-905328-18-6

◆ちゅうちゅうたこかいな 新井洋行作 講談社 (講談社の幼児えほん)
【要旨】楽しい手あそび歌絵本。つぼのなかにいるのは、ちゅうちゅう…?
2017.5 1Vol. 20×20cm ¥1000 ①978-4-06-133322-2

◆チュウとチイのあおいやねのひみつきち たかおゆうこ作 福音館書店 (日本傑作絵本シリーズ)
2017.5 39p 31×20cm ¥1400 ①978-4-8340-8339-2

◆ちゅうもんのおおいレストラン—ちゅうもんぶん, くらしまかずゆき絵 あいうえお館 (ウルトラかいじゅう絵本 児童ぶんがく編)
2017.5 1Vol. 18×18cm ¥700 ①978-4-900401-92-1

◆チューリップ 荒井真紀作 小学館
【要旨】やさしい心を育む科学絵本。
2017.10 1Vol. 25×22cm ¥1500 ①978-4-09-726749-2

◆チューリップ畑をつまさきで 山本容子著 偕成社
【要旨】きれいな花を咲かせることを夢みる球根の女の子たちが、チューリップの花がどうして人を幸せな気持ちにすることができるのか、その秘密を知ることになる物語。山本容子が初めてストーリーも手がけた絵本。小学校低学年から。
2017 1Vol. 27×22cm ¥1500 ①978-4-03-963960-8

◆聴導犬くんれん生 ふく 鈴木びんこ作 新日本出版社
【要旨】ふくは、人間が住めなくなった被災地で生まれ、保護されました。聴導犬くんれん士のれなさんと出会い、くんれん生になったのです…。
2017.2 32p 25×22cm ¥1400 ①978-4-406-06088-2

◆ちょきちょきブロッコリーさん ふくだじゅんこ作・絵 PHP研究所
【要旨】おつぎはいよいよなすびくん。「ぼくもかみがたをかえたいんです」「おまかせください。けっしてがっかりはさせませんぞ!」とはいったものの、なすびくんのかみがたくて、ブロッコリーさんは、だいぶぜん。4～5歳から。
2017.8 1Vol. 25×25cm ¥1300 ①978-4-569-78657-5

◆チョコがけくまたん 1 おはよう! ここはくものうえのまち うずー作・絵 (高知)リーブル出版
【要旨】にんぎょうのせかいで、どこかにころがっていた、にんぎょうチョコがけくん。あるひ、てんしにひろわれて、くものうえのせかいにやってきます。そこでチョコがけくんをまっていたものとは…。勇気と冒険と友情と、かわいいけれど、それだけじゃない、チョコがけくんの物語がはじまります!
2017.8 1Vol. A5 ¥926 ①978-4-86338-189-6

◆チョコのたね Goma作・絵 フレーベル館
【要旨】おいしくておしいパンがじまんの「へんてこパンやさん」。さいきんねずみさんみんなのだいすきなあま〜い"アレ"をつかったパンをつくっているようですが…?
2017 1Vol. 25×25cm ¥1300 ①978-4-577-04484-1

◆チョプラン漂流記 お船がかえる日 小林豊文・絵 岩波書店
【要旨】嵐にあって舵をうしない、たどりついたのは「チョプラン」の地。実際の漂流の記録にもとづいて描く、台湾東海岸の風景と、海がつないだ交流の物語。
2017.7 1Vol. 26×26cm ¥1400 ①978-4-00-111265-8

◆チロリものがたり 大木トオル原作・文, 岡山伸也絵 絵本塾出版
【要旨】殺処分寸前に救い出されたチロリ。その生い立ちがチロリを変えた。よりそう優しい心を持つチロリ、日本第一号のセラピードッグになった感動のものがたり。
2017.5 1Vol. 22×22cm ¥1400 ①978-4-86484-111-5

◆月のしずく 菊田まりこ絵・文 WAVE出版
【要旨】永遠なんてないけれど、確かなことはあるんだよ—あしたが来るのがこわいあなたへ贈る絵本。
2017.12 1Vol. 19×15cm ¥1500 ①978-4-86621-092-6

◆月まつりのおくりもの 石井睦美作, 南塚直子絵 小学館
【要旨】まんげつの夜は、ふしぎなことがおこります。コンコン。コンコン。女の子が、まどをたたきました。「ねえ、わたしといっしょに、月まつりにいかない?」さあ、どんなすてきなことが、まっているでしょうか?
2017 1Vol. 22×19cm ¥1300 ①978-4-09-726741-6

◆つくってあそぼう! おめんブック—12このおめん いしかわこうじ作・絵 偕成社
【要旨】おに、おたふく、だるま、かっぱ、ひょっとこ、きつね。切りとって作るカラフルなおめん6こと、じぶんでぬって作るおめん6こ。12このおめんができあがるよ。かぶってあそべる、楽しい工作絵本! 2歳から。
2017 1Vol. 29×21cm ¥980 ①978-4-03-127140-0

◆つぶっこちゃん—気道異物予防のための絵本 つつみあれい著, 坂井田麻祐子監修 (名古屋)ブイツーソリューション, 星雲社 発売
2017.11 1Vol. 22×16cm ¥1200 ①978-4-434-23710-2

◆つまんない つまんない ヨシタケシンスケ著 白泉社 (MOEのえほん)
【要旨】せかいいちつまんないゆうえんちってどんなところ? いちばんつまんないのって、なんさいだろう? ダンゴムシって、「つまんないな」っておもうんだろうか? おとなはつまんないときどうしてるんだろう? …つまんないことをいっぱいあつめてあつめて、できてみたてのってたのしい! 2013年・15年・16年第1位! MOE絵本屋さん大賞3冠作家注目の新作絵本!
2017.5 1Vol. 28×22cm ¥1300 ①978-4-592-76210-2

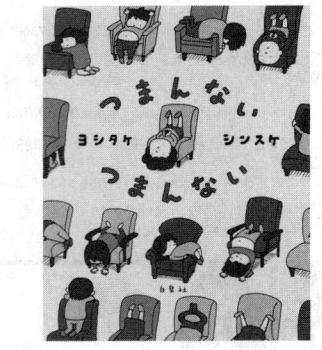

◆てをつなぐ 鈴木まもる作 金の星社
【要旨】ぼくはかあさんとてをつないだ。かあさんはいもうととてをつないだ。つながるつながるつぎからつぎへ…。つぎはだれとてをつなぐのかな?
2017 1Vol. 24×25cm ¥1300 ①978-4-323-02464-6

◆でこぼこ3人組/おじいさんとスイカ しょうじさちこ作・絵, 庄子和彦, 庄子真紀子協力 (松戸)ストーク, 星雲社 発売
【要旨】ふたりのおじいさんとおよめさん、でこぼこ3人組の出発です! およめさんとおじいさんのほっこり奮闘記。
2017.7 16, 15p 16×20cm ¥1000 ①978-4-434-23509-2

◆てるちゃんとようかいさんのおはなし　もへろんかいたひと　本,泰文堂 発売
【要旨】あの「ひこにゃん」や京都タワーの「たわわちゃん」阪急のせでんの「ぴょんちゃん・んちゃん」の産みの親、絵本作家「もへろん」が描く小さな女の子と愉快なようかいさんのお話。
2017.9 1Vol. 17×17cm ¥1000 ①978-4-8030-1098-5

◆デンキー科學処やなぎや　鶴田謙二著　復刊ドットコム
【要旨】何でも解決！屋台は動く研究所!!純和製マッドサイエンティスト八甲田柳之介と、三味線・小唄・超絶数学をたしなむ四万十川揚々。科學を愛する貴方に贈る平成絵物語。幻の連作譚「デンキー科學処やなぎや」と三部作構想のひとつ「展望亭の冒険」を同時収録！
2017.10 1Vol. 31×22cm ¥2800 ①978-4-8354-5528-0

◆点字つきさわる絵本 あらしのよるに　きむらゆういち文,あべ弘士絵　講談社
2017.2 1Vol. 25×25cm ¥2750 ①978-4-06-220383-8

◆でんしゃがきました　三浦太郎作・絵　童心社
2017.2 1Vol. 20×27cm ¥1300 ①978-4-494-01538-2

◆でんしゃからみつけた　宮本えつよし作,佐々木一澄絵　パイインターナショナル
【要旨】おおきさ、かたちとはじめてであう絵本。だいすきなものでたのしく知育！1歳から。
2017.10 1Vol. 18×18cm ¥900 ①978-4-7562-4959-3

◆でんしゃずし　丸山誠司作　交通新聞社
【要旨】ふしぎなおすしやさんでまわっていたものは…こどもの想像力を育むでんしゃのおはなし絵本。
2017.5 1Vol. 22×27cm ¥1300 ①978-4-330-77817-4

◆トイレさん　竹与井かこ作　佼成出版社
【要旨】トイレさんはみずがだいすきです。でも、もうがいあいだみずはながれてきません。やまおくのだれもすんでいないいえのなかでただじっとしています。そんなあるとき…。
2017.9 1Vol. 23×25cm ¥1300 ①978-4-333-02763-7

◆トイレとんとんとん　板橋敦子作,鈴木ящ子絵　ひさかたチャイルド
【要旨】トイレにきたくまくんはドアをとんとんとん。すると、「はいってまーす！」。あれあれ？つぎのトイレはどうかな？
2017 24p 22×20cm ¥1300 ①978-4-86549-098-5

◆どうしてそんなにないてるの？　いしずまさし作・絵　えほんの杜
【要旨】おひるねしている赤ちゃんをつかまえたかったら？一赤ちゃんの見ている世界は、こんなふうかもしれません。おとなも、こどもも、もっとあかちゃんにやさしくなれる本。
2017.2 1Vol. 23×19cm ¥1200 ①978-4-904188-43-9

◆どうぶつマンションにようこそ　二畠由紀子文, 高畠純絵　文研出版　（えほんのもり）
【要旨】ここはね、どうぶつたちがすんでいる。んーんと、15かいだてのマンションなんだ。にんげんは、ひとりもすんでいないみたい。ちょうどみんなおうちにいるよ。はいって、はいって！
2017.11 1Vol. 27×22cm ¥1300 ①978-4-580-82310-5

◆とくしまからきました　やまさきじゅんや絵・文　郁朋社
2017.1 1Vol. 22×16cm ¥1300 ①978-4-87302-635-0

◆とけいの3をとりもどせ　うえだしげこ作・絵　フレーベル館
【要旨】あるつき、まちじゅうがとけいの「3」がぬすまれて、まちじゅうから"おやつのじかん"がきえてしまった。よだれにうかぶかげ、げんばにのこされたてがり…なぞにつつまれたはんにんをおえ！
2017.11 1Vol. 27×22cm ¥1200 ①978-4-577-04550-3

◆どこじゃ？ かぶきねこさがし一かぶきさがしのもの絵本　瀧晴巳文,吉田愛絵,松竹協力　講談社　（講談社の創作絵本）
【要旨】演目全体のあらすじを、挿絵つきで紹介！ふだん、なかなか見ることのできない演目がよくわかります！主要な登場人物を名台詞つきで紹介！こしらえにこまれた意味がひとつずつわかる！知ると楽しい豆知識つき。どこじゃ？かぶきねこさがし。ねこたちではなやかにえがかれる演目の世界。登場人物はどこじゃ？
2017.2 32p 31×24cm ¥1600 ①978-4-06-133316-1

◆どこでもいけるよ　古瀬稔作・イラストレーション　（名古屋）三起社
【要旨】わくわく、ドキドキ、想像する事ってとても楽しい。いつだって、どこにいたって、想像する力があれば、空も飛べる、深い海にもぐったり、宇宙にだって行ける。心が自由になれる。君はもうどこでもいけるよ。
2017.12 1Vol. 25×20cm ¥2000 ①978-4-86487-759-6

◆トコトコとこちゃん　真木文絵文,石倉ヒロユキ絵　ひさかたチャイルド
【要旨】思わずお出かけしたくなる、楽しくておいしいしかけ絵本。お弁当箱のうれしいしかけ！
2017 1Vol. 25×25cm ¥1300 ①978-4-86549-095-4

◆都市の下をのぞいてみれば…　エスター・ポーター文, アンドレス・ロザノ絵, Babel Corporation訳出協力　六耀社　（絵本図鑑：その下はどうなっているの？）
【要旨】都市の下には、人びとの生活を助けるたくさんのしくみがひろがっています。何本もの電線のはいったパイプや、きれいな水をはこぶばかりでなく、よごれた水もはこぶ水道管、さらに、大きなパイプが都市の下には、うめられています。また、地下にあるトンネルやらこちらに連れて行ってくれる地下鉄電車もあります。地上の都会とおなじように、その下の世界もいそがしく動いているのです。その下のシステムは、すべて、きちんと工事計画を立ててつくられています。さあ、いっしょに、都市の下をのぞいてみましょう。
2017.6 1Vol. 27×24cm ¥1850 ①978-4-89737-982-1

◆トーストン　新井洋行著　アリス館
【要旨】おいしい朝食をめしあがれ。みんなが大好きなトースト。たまごをのせたり、ジャムをぬったり、食べ方は人それぞれ。きみの好きなトーストって？このトーストン？簡単になり、おいしいトーストがいっぱいいろんな味のトーストンをつくってみよう！2さいから大人まで。
2017.10 1Vol. 26×20cm ¥1300 ①978-4-7520-0807-1

◆とのさま1ねんせい　長野ヒデ子,本田カヨ子作・絵　あすなろ書房
【要旨】1ねんせいになりたくないのじゃ！あそぶの、だいすき。おべんきょう、だいきらい。とのさまはべんきょうがたけらいたちは、ありゃりゃりゃりゃ…？『とのさまサンタ』の続編、待望の新作刊行！
2017.3 32p A4 ¥1300 ①978-4-7515-2827-3

◆とのさまサンタ　長野ヒデ子,本田カヨ子作・絵　あすなろ書房
【要旨】ちょんまげだけど、クリスマス！おしろは、ツリーにはやがわり。えんとつ100ぽん、たてました！だけど、こまったことに…。
2017.12 31p A4 ¥1300 ①978-4-7515-2836-5

◆とびだせ！ ちんあなご！ ゆうえんちはおおさわぎ　ウタトエスタジオ作　マイクロマガジン社
【要旨】チンアナゴのもちとなごみ、ニシキアナゴのにっしーは、だいのなかよし！きょうはシロナガスゆうえんちにあそびにきたのだけれど、えんごうのそこにであって…。ならがないっぱい！ちんあなごワールド！しりとりや、迷路に挑戦したり、ウッカリカサゴのパパとママを探しだそう！
2017.11 1Vol. 27×22cm ¥1300 ①978-4-89637-675-3

◆とびだせビャクドー！ ジッセンジャー　森田まさのり作・絵　（京都）本願寺出版社
【要旨】ゆうちはがんばっていってきた、せいぎのヒーロー、ジッセンジャービャクドー。でもようおせっかいゆうちはうんざり。「もういいよ、ともだちなんか。いっそ、みんないなくなればいいんだ」ついそんなことをいってしまいました。
2017.4 1Vol. B5 ¥1300 ①978-4-89416-007-1

◆ドームがたり　アーサー・ビナード作,スズキコージ画　（町田）玉川大学出版部　（未来への記憶）
【要旨】はたして、これほど名前をかえられた建物が世界に、ほかにあるのだろうか？原爆ドームのそばに立つて、といものもちっちゃいものも、いんいろんな、みんないなくなる。きょうは、日がくれるころまでずっとかれの物がたりに、耳をかたむけそう。
2017.3 1Vol. 31×26cm ¥1600 ①978-4-472-05991-9

◆友を失った夜/とりひき　星新一作,田中六大絵　（八尾）三起商行　（ミキハウスの星新一ショートショートえほんシリーズ）
【要旨】未来のあるテレビのニュース。人類が失おうとしている「友」とは、いったい誰？悪魔が人間の魂をねらっている！「とりひき」をしてしまった男は、はたしてどうなってしまうのか？ちょっと未来の世界のお話です。
2017.11 1Vol. B5 ¥1300 ①978-4-89588-140-1

◆ともだちなんかいらない　内田麟太郎文,喜湯本のづみ絵　小学館　（ぴっかぴかえほん）
【要旨】ひとりぼっちでもへいきなおばけのギザギザ。きづいたらこころのなかにすんでいた、それは…？ともだち100人いなくてもわかりあえる1人がいれば。
2017.2 1Vol. 27×20cm ¥1300 ①978-4-09-726697-6

◆ともだちのひっこし　宮野聡子作・絵　PHP研究所　（わたしのえほん）
【要旨】ゆうちゃんとともちゃんはあかちゃんのときからなかよしです。ところが、あるひとちゃんがひっこすことになってしまいした。4～5歳から。
2017.2 1Vol. 26×20cm ¥1300 ①978-4-569-78625-4

◆とらきちのいいところ　H@L作・絵　フレーベル館
【要旨】ネコのとらきちはちかごろおちこんでばかり。ともだちのチョビ、おとうさんのシロに、ボスネコのげんさんや、おくさんのけいこおばさん…みんなとってもいいところがあるのに、じぶんにはいいところなんてない。そんなとらきちがみつけた、とっておきの「じぶんらしさ」。
2017.8 1Vol. 28×22cm ¥1300 ①978-4-577-04532-9

◆トラとシロ　江戸奈穂子著　（大阪）風詠社, 星雲社 発売
【要旨】2匹の出会いは、雨の日のベランダでした。トラとシロの出会いと再会。「お母さん」の心温まる本当にあった物語。
2017.7 18p 19×26cm ¥500 ①978-4-434-23629-7

◆とりこしふくろう　滑川まい著　白泉社　（MOEのえほん）
【要旨】第4回佳作受賞。MOE創作絵本グランプリ入賞作、待望の絵本化！ふくろうじいちゃん、まいごのひよこにてんてこ舞い!?期待の新人が贈るハートウォーミングストーリー。
2017.11 1Vol. 27×22cm ¥1300 ①978-4-592-76214-0

◆とれたんずえほん こまちちゃん つぎはー？　yajitama作　オレンジページ
【要旨】「とれたんずえほん」第三弾。こまちちゃんが、かたちの世界を探検。
2017.3 1Vol. 18×18cm ¥1100 ①978-4-86593-142-6

◆ドレミファどうぶつコンサート　二宮由紀子文,みやざきひろかず絵　文研出版　（えほんのもり）
【要旨】♪ドレミファソラシド♪どうぶつたちのたのしいコンサート！ゆかいなアーティストたちがえんそうするよ！
2017.9 1Vol. 27×22cm ¥1300 ①978-4-580-82317-4

◆永遠物語（とわものがたり）　こばやしてるひろ作,あやあこ絵　朝日学生新聞社
【要旨】タヌキに似ているデモとキツネに似ているケドにはとっても大切なお友だちがいる。その子はオオカミに似ているトワという名前の女の子。大きな声で「1,2,3！」の合言葉さえあれば笑顔いっぱいのトワがやってきます。「野菜ずかん」「カレー＆シチューのレシピ」付き。
2017.3 1Vol. 19×24cm ¥1200 ①978-4-907150-95-2

◆どんぐりと山猫　宮沢賢治作,いもとようこ絵　金の星社
【要旨】どんぐりたちは、口々に「自分がいちばんえらいのだ！」といいは、る。山ねこが判決を申しわたす。「このなかで、いちばんえらくなくばかりて、めちゃくちゃて、あたまのつぶれたようなやつが、いちばんえらいのだ」なかなかいい判決ですね！
2017.3 1Vol. 27×22cm ¥1300 ①978-4-323-03893-3

◆どんぐりないよ　間部香代作,ひろかわさえこ絵　鈴木出版　（たんぽぽえほんシリーズ）
【要旨】りすくんがおかのうえへどんぐりをさがしにいくと、「あれ！さんこしかないよ」もうへいってみると、「いっこしかないよ」おいしいどんぐりがみつからなくてりすくんしょんぼり。どうしよう…。
2017.9 1Vol. 23×22cm ¥1200 ①978-4-7902-5337-2

◆とんこととん―のねずみくんのおはなし　武鹿悦子作、末崎茂樹絵　フレーベル館
【要旨】あるひのねずみくんのいえのゆかしたからずんだだ…ずん…ずん…たのしげなおとがきこえてきました。とんこととん！と、ゆかをノックしてみると…。
2017　1Vol.　27×21cm　¥1200　①978-4-577-04513-8

◆とんすけくんはももたろう　長尾謙一郎著　小学館
【要旨】とんすけくんは寝る前にパパに絵本を読んでもらっています。でも毎晩毎晩『ももたろう』。すっかり飽きてしまったとんすけくんは、自分の頭の中で『ももたろう』を考えることに…。
2017.11　1Vol.　27×19cm　¥1300　①978-4-09-726754-6

◆トンダばあさん　北村裕花作・絵　（狛江）小さい書房
【要旨】鏡を前に、ふううとため息のおばあさん。ところがむにょーん、あらららら！
2017.10　1Vol.　20×26cm　¥1600　①978-4-907474-05-8

◆とんでろじいちゃん　山中恒作、そがまい絵　（長崎）童話館出版　（子どもの文学・青い海シリーズ　29）
2017.3　143p　A5　¥1400　①978-4-88750-155-3

◆ドンドン　さくらせかい作・絵　PHP研究所
【要旨】ドンドンドンドンすすんでいくと、かわがみえてきた。てあしをのばしたカメが…。さくらせかいのユーモア絵本！3～4歳から。
2017.3　1Vol.　21×21cm　¥1100　①978-4-569-78639-1

◆どんまい！こめごろう　よしながこうたく作　好学社
2017.2　1Vol.　27×22cm　¥1450　①978-4-7690-2332-6

◆ないてるのはだれだ？　寺井広樹文、早田優絵　愛育出版
2016.11　1Vol.　27×18cm　¥1500　①978-4-909080-07-3

◆ないないプラネット　田村文則絵・作　近代文藝社
【要旨】未知への探究と星さがし。夜空には不思議がいっぱいあふれてる！強い意思と情熱は、知らないあいだに奇跡を引き寄せるかもしれないよ。失敗しても、負けない、めげない、なげかない。ネコのないないが巻き起こす、ロマンあふれる物語―。
2017.6　22p　27×19cm　¥926　①978-4-7733-8039-2

◆ながいながいかもつれっしゃ　溝口イタル絵　交通新聞社　（でんしゃのひみつシリーズ）
【要旨】おきゃくさんはのれません。えきにもとまりません。いったいなにをしているれっしゃなんだろう。なぞだらけのかもつれっしゃをおいかけて。「でんしゃのひみつ」は、てつどうにまつわるなぞを、えとぶんでわかりやすくしょうかいするえほんシリーズです。
2017.10　1Vol.　25×25cm　¥1300　①978-4-330-81017-1

◆ながいながい骨の旅　松田素子文、川上和生絵、桜木晃彦、群馬県立自然史博物館監修　講談社
【要旨】私たちは、体の中に海をもって生きています。私たちのとおい祖先は、海の中で生まれました。海を出て、陸上で生きるようになったいまも、私たちは故郷の海を必要としています。体の中の"骨"は、そのために大切な役割をはたしているのです。
2017.2　1Vol.　25×27cm　¥1800　①978-4-06-219475-4

◆ながれながれてながれずし　うどんあこ文、北村裕花絵　アリス館
【要旨】てっかまき、おおとろ、いくら、ふとまき―いろいろなおすしがだいしゅうごう！おすしたちのぼうけん、はじまりはじまり―。
2017.5　1Vol.　27×22cm　¥1300　①978-4-7520-0791-3

◆なきごえたくはいびん　えがしらみちこ著　白泉社　（コドモエのえほん）
【要旨】ちゅんちゅん、けろけろ、うきき―、ちゅーちゅー。だれのおうちかな？1歳から。
2017.12　1Vol.　18×18cm　¥880　①978-4-592-76222-5

◆なきたろう　松野正子作・文、赤羽末吉絵　復刊ドットコム
【要旨】「なきたろう」は、流す涙で稲が枯れ、山も崩すほどの泣き虫で、村人も両親も、天狗までが困り果てる始末。ついに天狗にされ、知らないところまで飛ばされた。そこでの不思議な出会いから、生まれて初めて泣くのをガマンできた「なきたろう」。「なきたろう」の心の成長を、民話調の語り口で綴った優しい絵本です。
2017.8　1Vol.　27×22cm　¥1850　①978-4-8354-5516-7

◆なぞなぞアンデルセン　石津ちひろなぞなぞ、南塚直子絵　偕成社
【要旨】アンデルセンのものがたりをえがいたえのなかになぞなぞのこたえがかくれています。ものがたりをしらなくてもたのしめるなぞなぞがいっぱいです。なぞなぞ50このこたえをみつけだしてください。5歳から。
2017.12　1Vol.　27×22cm　¥1300　①978-4-03-332430-2

◆なぞなぞリラックマ　キャラばふぇ編集部編、サンエックス監修　KADOKAWA　（キャラばふぇブックス）
【目次】リラックマって？、リラックマキャラクターなぞなぞ♪、リラックマの動物テーマなぞなぞ♪、リラックマのおでかけテーマなぞなぞ♪、リラックマの食べものなぞなぞ♪、いろいろなぞなぞアラカルト★
2017.10　79p　19×13cm　¥800　①978-4-04-892993-6

◆夏がきた　羽尻利門作　あすなろ書房
2017.6　1Vol.　24×26cm　¥1300　①978-4-7515-2830-3

◆なっちゃんの大冒険―音楽がつないだ平和への願い　大谷和美作、中島真由美絵　（福岡）花乱社
2017.2　36p　19×26cm　¥1500　①978-4-905327-65-3

◆なでてなでて　日隈みさき絵、西川季岐文　エンブックス、メディアパル　発売
【要旨】読んで聞かせて"なでてなでて"。親子のスキンシップ絵本。0、1、2歳向け。
2017.10　1Vol.　20×20cm　¥1400　①978-4-8021-3073-8

◆ななちゃんペンギン　さかいあいも作　文溪堂
【要旨】ななちゃんはすいぞくかんへいくのがだいすき。ななちゃんのおきにいりはペンギンです。ママはおなかにあかちゃんがいてしばらくはすいぞくかんにつれていってもらえません。どうしてもペンギンにあいたいななちゃんは…。親子で読みたい絵本。
2017　1Vol.　24×22cm　¥1300　①978-4-7999-0240-0

◆なにたべているのかな？　とよたかずひこ著　アリス館　（はなしかけえほん）
2017.1　1Vol.　20×21cm　¥900　①978-4-7520-0773-9

◆なのはなごう　しゅっぱつしんこう！　尾崎美紀作、まるやまあやこ絵　ひさかたチャイルド
【要旨】はる、なずなちゃんのだいすきなおばあちゃんから、はたけでとれたおおきなキャベツがとどきました。キャベツのなかにはちいさなおむしし、やがてとびたったちょうちょがとどけてくれた、すてきなおくりものとは…？
2017　32p　25×22cm　¥1200　①978-4-86549-096-1

◆なまけてなんかない！―ディスレクシアの男の子のはなし　品川裕香作、北原明日香絵　岩崎書店
【要旨】じをおぼえられない。だからじがよめない。じがかけない。しょうがく1ねんせいになったりんちゃん。どんなにどりょくしてもじをおぼえられずせんせいにもおかあさんにもしかられます。「まだひらがなおぼえてないの？」りんちゃんはおいつめられ…そんなときおうえんしてくれたのはだいすきだったようちえんのせんせいでした。そしてりんちゃんはさけぶのです。「なまけてなんかない！」―まわりの大人がディスレクシアに気づき、支援する大切さがわかる絵本です。
2017.4　1Vol.　23×23cm　¥1500　①978-4-265-83042-8

◆なんじゃ？にんじゃ？レモンじゃ！　岡田新吾作、藤井孝太絵、ポッカサッポロフード＆ビバレッジ監修　（名古屋）三恵社
【要旨】レモンのチカラで家族みんなで元気いっぱい。
2017.2　28p　21×21cm　¥1200　①978-4-86487-627-8

◆なんでもたしざん　ナイジェルグラフ絵　オークラ出版
【要旨】ぼくたちきちんとそろってならんでるよ。たべものができるまほうのどうぐだよ。たしざんで、なにになるかな？ページがおおきくなるよ！
2017.12　1Vol.　21×16cm　¥1500　①978-4-7755-2695-8

◆なんでもできる!?　五味太郎著　偕成社
2017　1Vol.　25×23cm　¥1200　①978-4-03-332670-2

◆なんにでもレナール！　玉置永吉作、中川貴雄絵　教育画劇
【要旨】楽しいことが大好きなぼくらは毎日夢を叶える遊びに夢中！想像力ゆたかに子どもが『なりたい！なりたい！』って思うつよい気持ちを応援する絵本です。
2017.7　1Vol.　27×22cm　¥1300　①978-4-7746-2116-6

◆なんにもせんにん　唯野元弘文、石川えりこ絵　鈴木出版　（チューリップえほんシリーズ）
2017.8　1Vol.　21×29cm　¥1300　①978-4-7902-5334-1

◆なんにもできないおとうさん　ひがしちから作　あかね書房
【要旨】ちいさいけれどいろいろできるみーちゃん。おおきいのになんにもできないおとうさん。きょうはふたりでこうえんへいきます。
2017.5　1Vol.　27×22cm　¥1300　①978-4-251-09900-6

◆にいちゃんのなみだスイッチ　いとうみく文、青山友美絵　アリス館
【要旨】強くてかっこよくて面白い、そんなにいちゃんがだったらがまんする。泣き虫のにいちゃんが、かぜをひいたぼくにしてくれたこととは…？いとうみくと青山友美が描く、やさしい気持ちをつたえる絵本。
2017.4　1Vol.　27×22cm　¥1400　①978-4-7520-0787-6

◆にこにこ　ばあ　新井洋行作　えほんの杜
2017.7　1Vol.　18×19cm　¥762　①978-4-904188-45-3

◆にじいろでんしゃ　はっしゃしまーす！　間瀬なおかた作・絵　学研教育みらい、学研プラス　発売
【要旨】こんなでんしゃがあったらいいな。にじいろでんしゃがふしぎなトンネルをぬけると…あらふしぎ！みんなのいきたいばしょはどんなとこ？穴のあいたトンネルが、お子さんの想像力を刺激するのりものしかけえほんです。2～3歳から。
2017.5　1Vol.　25×25cm　¥1300　①978-4-05-204625-4

◆にじいろのネジ　ゆめづくりものづくりプロジェクト企画、安田真奈文、はりたつお絵　（大阪）象の森書房　（付属資料：別冊1）
2017.1　31p　B5　¥800　①978-4-9907393-3-1

◆にーっこり　3冊セット　いしづちひろ作、くわざわゆうこ絵　くもん出版　（付属資料あり）
【目次】に～っこり、おいし～い、おやすみ～
2017　3Vols.set　20×19cm　¥2400　①978-4-7743-2748-8

◆ににんにんにんじん　いわさゆうこ作　童心社　（どーんとやさい）
【要旨】やさいまいにちいただきまーす。どんなかたち？どんなあじ？いまからあえるよおいしいやさい。
2017.10　1Vol.　21×22cm　¥1100　①978-4-494-00167-5

◆2ひきのねこ　宇野亞喜良作　ブロンズ新社
【要旨】ももちゃんとぼくの幸福な日々は、ずっとずっとつづくと思っていた―。待望の描き下ろし絵本！宇野亞喜良の愛猫の実話にもとづくものだった。
2017.11　1Vol.　28×22cm　¥1400　①978-4-89309-639-5

◆庭のたからもの　大野八生著　小学館
【要旨】四つ葉のクローバー、ハーブ、球根、街路樹、冬のロゼット…。おうちにひろい庭はなくても、いつも通る道、公園、そしてベランダなどで、自分だけの"たからもの"をみつけてみませんか？身近な自然と親しむヒントがたくさんつまった絵本です。
2017.1　31p　24×22cm　¥1350　①978-4-09-726686-0

◆にんじゃつばめ丸―はつにんむの巻　市川真由美文、山本孝絵　ブロンズ新社
【要旨】ある夜、父上から手わたされたひみつの巻物。じじ上にとどけよとの指令。弟・からす丸、こかも丸をしたがえてじじ上の住む琵琶湖めざしていざ西へ！そこへしゅくてき・がまのしん3兄弟があらわれて…。
2017.2　1Vol.　29×22cm　¥1400　①978-4-89309-626-5

◆にんじゃなんにんじゃ　中垣ゆたか作・絵　赤ちゃんとママ社
【要旨】どこもかしこも忍者、忍者、忍者!!遊びながら忍者のひみつがわかる新発想図鑑絵本!!
2017.12　32p　29×23cm　¥1200　①978-4-87014-131-5

◆にんじゃはなまる たぬきじょうのたからのへやのまき 間瀬なおかた作・絵 ひさかたチャイルド
【要旨】『おしろのたからのへやまでできたらたからをみせてやる。』あるひ、たぬきじょうのとのさまからにんじゃがっこうのはなまるたちにてがみがとどきました。たからまでたどりつけるかな？遊びながら、言葉・文字への興味が広がります！
2017 32p 29×22cm ¥1400 ①978-4-86549-086-2

◆ぬくもりいーっぱい きよたかずこ作・絵 （神戸）神戸新聞総合出版センター
【要旨】おるすばんをしていたこりすは、とうとうにんげんのむすのそとへいってしまいました。そこには…。日常の生活の中で、声をかけようことで、助け合ったり、それによって希望がみえたり、人の役に立てる喜び、人間愛、親子愛、命の大切さを孫の世代に伝えたい—そんな思いで描いた絵本です。
2017.3 1Vol. 23×22cm ¥1000 ①978-4-343-00939-5

◆ぬけちゃった スティーブ・アントニー作, せなあいこ訳 評論社 （児童図書館・絵本の部屋）
【要旨】いちにちじゅうコンピュータにつながっているビビちゃん。あるひ、プラグがぬけて、おそとにころがりでてしまいました。でも、そこはなんてたのしいところだったでしょう！あたらしいゆうけんがだいすきな、みなさんによんでほしいえほん。
2017.7 1Vol. 28×27cm ¥1400 ①978-4-566-08020-1

◆ぬすまれた月 和田誠著 岩崎書店 （ボニー・ブックス 6）復刻版
2017.10 1Vol. 25×19cm ¥1450 ①978-4-265-06210-2

◆ねえ、しってる？ かさいしんぺい作, いせひでこ絵 岩崎書店
【要旨】みんながきみをまっているんだ。あたらしいいのちとの出会いととまどい、そして心からのよろこび。
2017.5 36p 22×22cm ¥1350 ①978-4-265-80229-6

◆ねがえりごろん 斉藤洋作, ミスミヨシコ絵 講談社 （講談社の幼児えほん）
【要旨】親子で楽しむ赤ちゃん絵本。新シリーズ誕生！0歳～。
2017.4 1Vol. 19×19cm ¥1000 ①978-4-06-199139-2

◆ねことさかなとなみぼうず わたなべゆういち作・絵 フレーベル館
【要旨】すなはまになみがうちつけ、みていたねこざかな。なみのりをしようとすると、だれかがなにのりこんできます。それは、なみぼうず。なみぼうずとなこざかな、なみのりあそびをはじめます。大迫力のポップアップ！ねこざかなシリーズ第19弾！3才ごろから。
2017 24p 23×24cm ¥1350 ①978-4-577-04514-5

◆ねこネコ猫—ねこがすきなひとにおくる絵本 ささくらつよし作, ありまままこ絵 （京都）あいり出版
【要旨】いろいろなねこのいろいろなおはなし。ねこネコ猫！ねことふれあうくらし。そこにはいつも発見やあたらしいドラマが…。
2017.12 1Vol. 27×19cm ¥1400 ①978-4-86555-045-0

◆ねこのさら—柳家小三治・落語「猫の皿」より 野村たかあき文・絵, 柳家小三治監修 教育画劇
【要旨】猫がご飯をたべていたのは、絵高麗の梅鉢という高価な茶碗。気づいた道具屋は、なんとかそれを手に入れようとして…。絵本に広がる、ちょっと落語な小宇宙。こどもも大人も楽しめる、可笑しさいっぱいのお話。
2017.3 1Vol. 27×22cm ¥1300 ①978-4-7746-2114-2

◆ねこのたくはいびん 奥野涼子作 講談社 （講談社の創作絵本）
【要旨】宅配便って、どうやってとどくの？配達員経験のある絵本作家が、手から手へと宅配便がとどくしくみを絵本化！
2017.3 1Vol. 27×22cm ¥1400 ①978-4-06-133314-7

◆ねこのたまたま 倉本美津留作, いぬんこ絵 好学社
【要旨】たまたま落っこちてきた子猫を、優しいばあさんは"たまたま"と名付けてかわいがっていました。が、隣のばあさんが…。
2017.4 1Vol. 24×19cm ¥1400 ①978-4-7690-2331-9

◆ねずみくんといたずらビムくん なかえよしを作, 上野紀子絵 ポプラ社 （ねずみくんの絵本 34）
【要旨】超いたずらっ子登場!!ビムくんのいたずらをなんとかしなくちゃ!!
2017 1Vol. 25×21cm ¥1000 ①978-4-591-15554-7

◆ねばらねばなっとう 林木林作, たかおゆうこ絵 （大阪）ひかりのくに （わくわく♪ユーモアえほん）
【要旨】『静かな湖畔』のメロディーでうたって、よもう！かえうたえほん。
2017 25p 21×19cm ¥950 ①978-4-564-01428-4

◆ねんねのうた えがしらみちこ作 講談社 （講談社の創作絵本）
【要旨】夜、ねるときもこわくないよ！おやすみなさいの絵本。
2017.12 1Vol. 21×21cm ¥1100 ①978-4-06-133343-7

◆ねんねのじかん ねてるこだあれ？ まつおりかこ著 永岡書店 （親子で楽しむしかけえほん）
【要旨】ふとんをめくると、誰が寝ているのかな…？読んだら「ねんね」と、またふとんをかけてあげましょう。親子でやさしい気持ちになる、ふれあいしかけえほん。寝かしつけえほんとしてもご活用ください。0〜3歳。
2017.3 1Vol. 16×16cm ¥880 ①978-4-522-43529-8

◆ねんねんどっち？ 宮野聡子作 講談社 （講談社の創作絵本）
【要旨】ねえ、ママ。ねむくなるまで、ねんねんどっちしてくれる？「どっち？」にこたえていくうちにあらあらふしぎ、すやすやねんね！
2017.4 1Vol. 27×22cm ¥1400 ①978-4-06-133320-8

◆のびーる のびーる おかだしんご文, みやざきかずと絵 （名古屋）三恵社
2017.11 1Vol. 21×21cm ¥1500 ①978-4-86487-767-1

◆ノボルくんとフラミンゴのつえ 昼田弥子作, 高畠純絵 童心社 （絵本・こどものひろば）
【要旨】おじいちゃんの杖を買いに行ったノボルくんは財布を落としてしまった…。絵本にもっと"物語の力"を！絵本テキスト大賞受賞作。
2017.1 1Vol. 27×19cm ¥1300 ①978-4-494-01542-9

◆のら犬 ボン たじまゆきひこ作 くもん出版
【要旨】橋の向こうの島にすてられたボンは、2匹ののら犬、たくさんの人びとと出会う…犬と人のつながりを考え、人が動物を飼うことの責任を問いかける絵本。
2017 1Vol. 26×25cm ¥1600 ①978-4-7743-2704-4

◆ノラネコぐんだん あいうえお 工藤ノリコ著 白泉社 （コドモエのえほん）
【要旨】こんな「あいうえお」の絵本、見たことない。ノラネコぐんだんと楽しくたくさんの言葉を覚えます。
2017.5 1Vol. 21×21cm ¥1100 ①978-4-592-76209-6

◆ノラネコぐんだん アイスのくに 工藤ノリコ著 白泉社 （コドモエのえほん）
【要旨】ニャー、アイスおいしそう。ニャー、アイスたべたいね。第6弾は、感動巨編!!
2017.11 1Vol. 21×21cm ¥1200 ①978-4-592-76220-1

◆ばいかる丸 柳原良平著 岩崎書店 （ボニー・ブックス）復刻版
2017.12 1Vol. B5 ¥2400 ①978-4-265-06211-9

◆はいちーず 山岡ひかる作 アリス館
2017.10 1Vol. 20×19cm ¥1000 ①978-4-7520-0798-2

◆はいはいあかちゃん 斉藤洋作, ミスミヨシコ絵 講談社 （講談社の幼児えほん）
【要旨】親子で楽しむ赤ちゃん絵本、第2弾！0歳～。
2017.4 1Vol. 19×19cm ¥1000 ①978-4-06-199140-8

◆灰はございー―人情えほん 灰屋灰次郎 飯野和好作 アリス館
【要旨】今日も長屋で事件が起こる!?落語風えほん。人情あふれる江戸ものがたり。
2017.12 1Vol. 27×22cm ¥1400 ①978-4-7520-0818-7

◆ばかっ 森あさ子作 ポプラ社 （はじめてえほん 14）
【要旨】たまごさん、たまごさん、ばかっ。わにさん、わにさん、ばかっ。いろんなものがぱかっとひらくと、なにがでてくるのかな？こどもおとなも、にっこり笑顔になる絵本。
2017.7 1Vol. 18×18cm ¥880 ①978-4-591-15487-8

◆バグバグ3きょうだい 長澤星作・絵 鈴木出版 （たんぽぽえほんシリーズ）
【要旨】バグバグバグ、バグワンワン。ぼくたちバグの3きょうだい。あそんだり、やすんだり、たべたり…なにをするのもいっしょだよ。
2017.12 1Vol. 23×22cm ¥1200 ①978-4-7902-5351-8

◆ばけバケツ 軽部武宏作 小峰書店
【要旨】バケツ？それとも…!?月夜の不思議を描いた、おばけ絵本の新定番！
2017.7 1Vol. 31×24cm ¥1500 ①978-4-338-26128-9

◆ばけばけばけばけ ばけたくん ばけくらべの巻 岩田明子作・絵 大日本図書
【要旨】くいしんぼうなばけたくん。はたけでつまみぐいしていたら「どっちがうまくばけられるかしょうぶだ！」とこごぬきぼんたがやってきました。とまとにきゅうりにすいかになす…ふたりの「やさいばけくらべ」しょうぶはいったいどうなるの〜!?
2017.6 1Vol. 21×25cm ¥1300 ①978-4-477-03077-7

◆ばけものづかい せなけいこ作・絵 童心社 （ちいさな"せなけいこ"・おばけえほん）
2017.6 1Vol. 18×16cm ¥780 ①978-4-494-02138-3

◆パジャマでぽん！ くぼまちこ著 アリス館
【要旨】みーちゃんひとりでパジャマきれるかな？「よーし！」とあたまいれたら—あれれ、まっくら。でもだいじょうぶ！ちゃーんとでぐちがあるよ。「ひとりでできたよ！」シリーズ。
2017.9 1Vol. 21×20cm ¥1400 ①978-4-7520-0806-4

◆芭蕉さん 松尾芭蕉俳句, 丸山誠司絵, 長谷川櫂選句解説 講談社 （講談社の創作絵本）
【要旨】こどもも大人も「そうなんだ！」おもしろくてためになる俳句入門えほん。俳人にして芭蕉研究の第一人者が選びぬいた全二十一句を、楽しい絵とともに紹介。
2017.3 41p 27×22cm ¥1500 ①978-4-06-133313-0

◆走れ！みかんのかわ 吉田戦車著 河出書房新社
【要旨】走らなきゃならないときはみかんの皮も走る！あるものを追いかけて走るみかん。リンゴやバナナ、馬などと遭遇し、最後に出会ったのは…？心温まる冒険ストーリー。
2017.3 1Vol. 22×21cm ¥1350 ①978-4-309-27828-5

◆バスていよいしょ 重松彌佐作, 西村繁男絵 童心社 （絵本・こどものひろば）
【要旨】よいしょ、よいしょ、よいしょ、よいしょ。しんごくんは、バスていをおしたりひっぱったり…。でも、バスていはびくともしません。どうしたらいいんだろう。しんごくんがバスていをみあげていると…。絵本テキスト大賞受賞作。
2017.7 1Vol. 20×27cm ¥1300 ①978-4-494-01556-6

◆ぱたぱたえほん miyauni作 エンブックス, メディアパル 発売
【要旨】2016年度イタリア・ボローニャ国際絵本原画展入選作家miyauniデビュー作。ひらいて、とじて。手遊び絵本。0、1、2歳向け。
2017.11 1Vol. 19×19cm ¥1200 ①978-4-8021-3078-3

◆パーちゃんのパーカ ミシシッピ作 あかね書房
【要旨】国内外で活躍する京都在住のアーティスト、ミシシッピによる同名の私家版絵本が、全面リニューアルで新たな作品に変身。さあ、パーちゃんと一緒に秘密の変身さんぽに出掛けよう。
2017.10 1Vol. A4 ¥1400 ①978-4-251-09903-7

◆ばっちゃのコグマ 志茂田景樹文, 木島誠悟絵 （大阪）コミニケ出版

【要旨】いなかまちにすむナオは、ばっちゃがだいすき。でもおとうさんのしごとのつごうでとうきょうにひっこすことに…。おわかれにばっちゃがつくってくれたのは、「コグマのぬいぐるみ」でした。あたらしいようちえんでまちうけるものにも「ばっちゃのコグマ」にそうおんしてかいけつしていきます。ばっちゃのコグマとの交流を通して、成長していくナオの物語。
2017.4 1Vol. 27×22cm ¥1600 ①978-4-903841-14-4

◆はっぱの旅 森から海へ さとうひろし作 文芸社
2017.12 39p 22×22cm ¥1300 ①978-4-286-19005-1

◆ハッピーイースター ヨシエ作・絵 くもん出版
【要旨】イースターをしっていますか。イースターのひにははるがきたことをおいわいします。チョコレートのたまごをさがしたりパーティーをしたりする、とってもたのしいひ。ところが、るーくんとはなちゃんのイースターパーティーのひにはいいろなうさぎがやってきて…。
2017.2 32p 27×22cm ¥1300 ①978-4-7743-2654-2

◆はなくそにんじゃ よしむらあきこ作・絵・デザイン 教育画劇
【要旨】はなくそをほじくるのが大好きなたっくん。はなくそにんじゃに出会って、鼻の中の世界へGO！新しい発見がある一冊。
2017.6 1Vol. 27×20cm ¥1200 ①978-4-7746-2113-5

◆花咲盛 ながおたかこ著 （名古屋）ブイツーソリューション, 星雲社 発売
【要旨】九州・阿蘇の大自然。美しい花たちを守るやさしいおじさんとおばさんのものがたり。
2017.10 1Vol. 19×26cm ¥900 ①978-4-434-23795-9

◆はなになりたい ＊すまいるママ＊作 東京書店 新装改訂版
【要旨】心ある日ライオンが、ある日ウサギの赤ちゃんを育てることに…。本当の親子ってなんだろう？ラストシーンに胸がじんとあたたまります。大切なこと、絵本を通してやさしく伝えてあげてください。
2017.8 1Vol. 23×23cm ¥1200 ①978-4-88574-337-5

◆はなのいろはどこへいくの 水野翠作 リーブル
2017.5 31p 28×24cm ¥1200 ①978-4-947581-87-7

◆花まつりにいきたい あまんきみこ文, 羽尻利門絵 （京都）本願寺出版社
【要旨】おしゃかさまのおたんじょうびでお寺はわくわく花まつり。さびしそうなさくらの木のまえにあらわれたのは…？
2017.3 1Vol. 25×22cm ¥1200 ①978-4-89416-008-8

◆パノラマ せかいりょこう てづかあけみ作・絵 （大阪）コクヨ （WORK×CREATEシリーズ）
【要旨】パタパタとページをひろげると、いろんなせかいがのぞけるよ。おもては、まどやとびらがひらいて、いろんなところがみえるよ。うらは、おともだちをさがすあそびだよ。せかいいっしゅう2メートルのたび。さあ、はじまり。はじまり。対象年齢：3才頃から。
2017.4 1Vol. 16×20cm ¥1500 ①978-4-905122-46-3

◆パパおふろ きくちちき作・絵 文渓堂
【要旨】くまちゃんはおふろがだーいすき。なぜって、とっておきのおたのしみがまっているからです。それはね…。「パパもういっかい！」の声が聞こえるふれあい絵本。2、3歳児むき。
2017.1 1Vol. 21×20cm ¥1200 ①978-4-7999-0232-5

◆パパのぼり きくちちき作・絵 文渓堂
【要旨】くまちゃんのぼってどこいくの？パパと遊ぶ絵本。2、3歳児むき。
2017.1 1Vol. 21×20cm ¥1200 ①978-4-7999-0231-8

◆ハブラシくん 岡田よしたか作・絵 （大阪）ひかりのくに （わくわくユーモアえほん）
【要旨】「さいきんさとしくん、ちっともはみがきしてくれへん。よーし、いえでしたろ！」おまけページではハブラシくんがはみがきの手順を教えるよ！
2017 25p 21×19cm ¥910 ①978-4-564-01426-0

◆はまなすのおかのきたきつね 手島圭三郎絵・文 絵本塾出版
2017 1Vol. 27×24cm ¥1700 ①978-4-86484-105-4

◆はみがきしないとどうなるの？ ごとうさる文, ヲバラトモコ絵 あいうえお館 （ウルトラかいじゅう絵本 すくすく知育編）
2017.5 1Vol. 18×18cm ¥700 ①978-4-900401-93-8

◆はやくちことばでおでんもんせん 川北亮司文, 飯野和好絵 くもん出版
【要旨】なまたこ なまあげ なまがんも!?爆笑"おでん早口ことば"えほん。
2017.10 1Vol. 24×22cm ¥1200 ①978-4-7743-2702-0

◆はらっぱららら 鈴木智子作 アリス館
【要旨】くまちゃんといっしょに、おさんぽららら。はらっぱには、すてきなことがいっぱい。ららら、ららら、らんらんらん。ちょうちょが、ひらひらとんできて…なににへんしんしたでしょう？
2017.4 1Vol. 25×19cm ¥1300 ①978-4-7520-0793-7

◆はらぺこしりとり おべんとうばこのなかから 中川ひろたか文, 岡田よしたか絵 世界文化社
【要旨】はらっぱに、ぽつんとおべんとうばこ。なかからピョンピョン、ヒョコタン、スーイスイ。何がでてきたのかな？
2017.7 1Vol. 20×19cm ¥1000 ①978-4-418-17810-0

◆はらぺこゆうれい せなけいこ作・絵 童心社 （ちいさな"せなけいこ・おばけえほん"）
【要旨】
2017.6 1Vol. 18×16cm ¥780 ①978-4-494-02142-0

◆はるかぜさんぽ 江頭路子作 講談社 （講談社の創作絵本）
【要旨】そよそよ、すう～、ざざざ～、さわさわさわ、風にのって、おさんぽしよう！よみきかせ2歳ごろから。ひとりよみ5歳ごろから。
2017.4 1Vol. 21×21cm ¥1200 ①978-4-06-133317-8

◆はるですよ くすのきしげのり作, 小林ゆき子絵 フレーベル館
【要旨】もうはるなのに、くまさんはまだねむりつづけています。もりのどうぶつたちはなんとかおこそうとしますが、なかなかおきてくれず…3才ごろから。
2017.3 26p 25×25cm ¥1200 ①978-4-577-04412-4

◆はるとなつ はたけのごちそうなーんだ？ すずきもも作 アリス館
【要旨】おひさまのひかりをたくさんあびて、おいしさまんてん、えいようまんてん。はたけのごちそうわかるかな？はっぱのかげにかくれているよ、なんのやさいかわかるかな？はるとなつが旬の野菜をしょうかい！3さいから。
2017.3 32p 20×26cm ¥1400 ①978-4-7520-0772-2

◆ハロウィーンのおきゃくさま―あかつきもりのルビとルナ みうらゆか作 国土社
【要旨】ハロウィーンが近づいたあかつきもりでは、森のおくに住むまほうつかいのうわさでもちきりです。月が明るくかがやく夜に、ルビとルナ、森のなかまたちは、まほうつかいのいえに出かけました。そこで待ちうけていたものとは…。
2017.8 1Vol. 25×21cm ¥1400 ①978-4-337-02404-5

◆ハロウィン！ハロウィン！ 西村敏雄作 白泉社 （コドモエのえほん）
【要旨】みんなで仮装をして、お菓子をもらいにいこう！2歳から。
2017.9 1Vol. 18×18cm ¥880 ①978-4-592-76217-1

◆パンダ おやこたいそう いりやまさとし作 講談社 （講談社の幼児えほん）
【要旨】おやこそろっていっしょにだいへんしん！大人気おやこたいそう絵本の最新刊！
2017.10 1Vol. 21×21cm ¥1000 ①978-4-06-199141-5

◆パンダルンダ 第1話 パンダちゃんのはじまりのおはなし 大川紫央著,「パンダルンダ」作画プロジェクト絵 幸福の科学出版
2017.3 1Vol. 27×22cm ¥1300 ①978-4-86395-884-5

◆パンダルンダ 第2話 パンダちゃんともりのおともだち 大川紫央著,「パンダルンダ」作画プロジェクト絵 幸福の科学出版
【要旨】おともだちがいっぱいできるよ！心がすくすく育つ絵本。お友だちを思いやる、やさしい心が育ちます。
2017.6 1Vol. 27×22cm ¥1300 ①978-4-86395-915-6

◆パンダルンダ 第3話 パンダちゃんとミラクルそんちょう 大川紫央著 幸福の科学出版
【要旨】心がすくすく育つ絵本。お子様の知的好奇心が育ちます。読めるなら3才から、自分で読むなら6才から。
2017.9 1Vol. 27×22cm ¥1300 ①978-4-86395-938-5

◆パンツいっちょうめ 苅田澄子作, やぎたみこ絵 金の星社
【要旨】「パンパンパンツパンツいっちょうー！」だいくつがあいていたら、あれあれ？『パンツいっちょうめ』にきちゃった!?
2017.1 1Vol. 25×22cm ¥1300 ①978-4-323-07361-3

◆パンのおうさまとシチューパン えぐちりか作 小学館
【要旨】パンが大好きな王さまのパンの王国、第2章!!思わずかじりつきたくなるユニークな絵本、ただいま焼き上がりました！
2017.9 1Vol. 18×14cm ¥1100 ①978-4-09-726716-4

◆ビーカーくんと放課後の理科室 うえたに夫婦絵・文 仮説社 （えほん「ビーカーくんとそのなかまたち」シリーズ 1）
2017.4 1Vol. 21×22cm ¥1600 ①978-4-7735-0283-1

◆ピカピカヒーローせっけんくん うえたに夫婦絵・絵 PHP研究所 （わたしのえほん）
【要旨】てのひらのまちにやってきたよごれだん、あわをつくってたちむかうせっけんくん。ヒーローは、このまちをすくえるのか!?4～5歳から。
2017.10 1Vol. 26×20cm ¥1300 ①978-4-569-78705-3

◆ピクニック たちもとみちこ作・絵 教育画劇
【要旨】たのしいおいしいピクニック。森にはすてきな音がいっぱい！
2017.4 1Vol. 24×19cm ¥1200 ①978-4-7746-2107-4

◆ひげじまん こしだミカ作 小学館
【要旨】ひげじまんのおおなまずがたびにでた。ブルブルブルルーン！いちばんりっぱなのはだれのひげ？
2017.10 1Vol. 25×25cm ¥1400 ①978-4-09-726744-7

◆ひげひげ わたりひげ 酒巻恵作 あかね書房
【要旨】ヤァ！ヤァ！ヤァ！今年もひげがやってくる。海を越えて懸命に生きるひげたちの生態を追った世界初・ひげドキュメンタリー絵本。
2017.2 1Vol. 27×22cm ¥1400 ①978-4-251-09898-6

◆ピーターパンとウェンディ―Peter and Wendy 葉祥明絵, ジェームス・M.バリー原作, 深山さくら日本語再話, リサ・ヴォート英訳 Jリサーチ出版 （世界の名作 英語絵本 3）（本文：日英両文）
2017.10 1Vol. 24×21cm ¥1800 ①978-4-86392-319-5

◆ひだりみぎ 新井洋行作・絵 KADOKAWA
【要旨】ひだりとみぎの覚え方の一つとして、タイトルのような図案でひらがなの「ひだり」「みぎ」の特徴で覚える方法もおすすめです。「ひだり」の「り」は最後が左側に向き、「みぎ」の「ぎ」は最後が右側を向いています。ひらがなが分かるようになったら、ひだり、みぎを思いだす時に、頭の中でひらがなを書いてみるとよいでしょう。本書は遊びながらが自然と楽しく「ひだり」「みぎ」が身につく絵本。
2017.6 1Vol. 19×19cm ¥900 ①978-4-04-105416-1

◆ビッグブック ノラネコぐんだん パンこうじょう 工藤ノリコ著 白泉社 （コドモエのえほん）
2017.7 1Vol. 44×44cm ¥9600 ①978-4-592-76212-6

◆ひとつずつ 八木足宜子文, 長新太絵 絵本塾出版
2017 1Vol. 23×18cm ¥1200 ①978-4-86484-114-6

◆ひとりでえほんかいました くすのきしげのり作, ゆーちみえこ絵 アリス館
【要旨】きょうは、わたしのおたんじょうび。「ひとりでおかいものけん」をもって、ほんやさんですきなほんをかうの。はじめてだけど、だいじょうぶかな…主人公のかおりちゃんに、やさしく、きちんと対応してくれる「しんせつ堂書店」の店員さんたち。子どもが、はじめて一人で、自分で考え、選んでお買い物をするお話。
2017.11 32p 25×19cm ¥1300 ①978-4-7520-0809-5

◆ヒヒヒヒヒうまそう 宮西達也作絵 ポプラ社 （ティラノサウルスシリーズ 14）
【要旨】ずっとひとりできていたティラノサウルスがみつけたたまごから、ふたごのトリケラトプスのあかちゃんがうまれました。「ヒヒヒヒヒうまそう」ティラノサウルスがたべようとし

◆ひみつのきもちぎんこう―かぞくつうちょうできました　ふじもとみさと作, 田中六大絵　金の星社
【要旨】「なんでぼくばっかりおこられるんだよ!」 ひかるがそんなふうに思ったとき, ジャラーン! 頭の上のほうからへんな音がきこえました。なぞの地図をたよりにすすむとそこは "きもちぎんこう" でした。"かぞくつうちょう" が, 青コインでいっぱいになるとどうなっちゃうの? 小学校1・2年向け。
2017 92p 22×16cm ¥1200 ①978-4-323-07397-2

◆100えんのにじ　くすのきしげのり作, にきまゆ絵　フレーベル館
【要旨】だれもしんじず, ひとりでいきてきたタヌキのだいごろう。あるひ, であったにんげんのこどもをからかいます。「ほしいものをいってみな」というと, こどもは「にじがいい」とこたえました。
2017 32p 27×21cm ¥1300 ①978-4-577-04410-0

◆109ひきのどうぶつマラソン　のはなはるか作・絵　ひさかたチャイルド
【要旨】これからはじまるのは, ちきゅういっしゅうどうぶつマラソンたいかい! 109ひきのどうぶつたちがきんメダルをめざして, はしります。いったいだれがきんメダルをもらうのかな? それではいちについて…よーいドン!!
2017 32p 22×31cm ¥1300 ①978-4-86549-099-2

◆ひょうたんめん　神沢利子文, 赤羽末吉絵　復刊ドットコム
【要旨】種子島の妖怪「ひょうたんめん」は塩も馬も食ってしまうという恐ろしい妖怪。ある日, 塩を買いにでかけた村人「おとじろうまごじろう」は, 帰りの山道で運悪く「ひょうたんめん」にみつかってしまった。この二人の攻防戦, はたして最後に勝つのは…!? 赤羽末吉の名作絵本 復刊第2弾!! こわ〜いのに, 憎めない!!妖怪のおはなし。
2017.11 32p 26×21cm ¥1850 ①978-4-8354-5536-5

◆ひよこ　こがようこ文・絵　大日本図書 (語りかけ絵本)
【要旨】読めばしぜんに語りかけ! こんなふうに読んでみてね, という「ちょこっとヒント」も後ろのページに。「ぴよ, ぴよ」と読んであげると, そのリズムに体をゆらしてとっても楽しそう! 4, 5ヶ月くらいから。あかちゃんが絵本への反応を深めるのは, 10ヶ月くらいから。
2017.4 1Vol. 21×21cm ¥1000 ①978-4-477-03074-6

◆ひよよとおとしもの　ひよよ作・絵　三起商行
2017.3 1Vol. 18×18cm ¥750 ①978-4-89588-003-9

◆ひよよとおばけちゃん　ひよよ作・絵　三起商行
2017.3 1Vol. 18×18cm ¥750 ①978-4-89588-004-6

◆ひよよとふうせん　ひよよ作・絵　三起商行
2017.3 1Vol. 18×18cm ¥750 ①978-4-89588-002-2

◆びりかちゃんのブーツ　さとうあや文・絵　福音館書店 (日本傑作絵本シリーズ)
2017.9 31p 28×23cm ¥1300 ①978-4-8340-8352-1

◆ビルくんとはたらくくるま　新井洋行絵　ひさかたチャイルド
【要旨】ひとりぼっちのビルくんのために, はたらくくるまたちがやってきた! 楽しいのりもの絵本。
2017 21p 22×19cm ¥1000 ①978-4-86549-117-3

◆ひろくんとおいら　阪口笑子作・絵　岩崎書店 (えほんのぼうけん 81)
【要旨】いつもなかよしのひろくんとねこのスナウト。ところが, ふとしたことからふたりは大げんかに! どうなっちゃうの? ひろくんとスナウト。
2017.5 1Vol. 25×22cm ¥1300 ①978-4-265-08151-6

◆ピングー絵本 はじめましてピンガ　小学館 (『ピングー1』改題書) 復刻版
【要旨】やんちゃな男の子ペンギン, ピングーがまきおこすユーモアたっぷりのストーリー。世界中のファンをつかんだクレイアートアニメの名作です。
2017.12 35p 17×16cm ¥720 ①978-4-09-726763-8

◆ピングー絵本 ピングーのクリスマス　小学館 (『ピングー6』改題書) 復刻版

【要旨】やんちゃな男の子ペンギン, ピングーがまきおこすユーモアたっぷりのストーリー。世界中のファンをつかんだクレイアートアニメの名作です。
2017.12 35p 17×16cm ¥720 ①978-4-09-726764-5

◆ファミちゃんリアちゃん いちにちあいうえお　こやまくんどう文, たかはしともみ絵 (神戸) ファミリア, (神戸) BL出版発売
【要旨】あいがいっぱい, うれしいえがおのおくりもの。小山薫堂とファミリアのえほん。
2017.11 1Vol. 21×24cm ¥1800 ①978-4-7764-0791-1

◆ファンファンおもちゃランド　はんだみち作・絵　フレーベル館 (付属資料: シール)
【要旨】ゆかいなおんがくにさそわれて, もんちゃんがやってきたのはおばけだらけの「おもちゃランド」。たのしいアトラクションにだいこうふんのもんちゃんだけど, あんまりちょうしにのりすぎて…? しかけとあそびがいっぱい! シール付き。
2017 26p 25×25cm ¥1350 ①978-4-577-04554-1

◆ふうせんいぬティニー―なんだかふしぎなきょうりゅうのくに!　かわむらげんき作, さのけんじろう絵　マガジンハウス
2017.12 1Vol. 19×22cm ¥1300 ①978-4-8387-2939-5

◆ぶきゃぶきゃぶー　内田麟太郎文, 竹内通雅絵　絵本館　復刊
2017 1Vol. 27×22cm ¥1300 ①978-4-87110-360-2

◆不思議な大泉川　小沢さとし文, 橋爪まんぷ絵 (箕輪町) 白鳥舎 (絵本伊那谷ものがたり9)
【要旨】むかし, 戦国時代の初め頃, 経ヶ岳の麓に広がる南箕輪の村は, 野も山も里もふかみどりに包まれて, おだやかな日々が続いていました。しかしある夏, 村に雨が降らずに, 毎日毎日日照りが続いて, 大切な田んぼに水がこなくなってしまいました。困りきった村人たちの間では, 水ふろそいがはじまりそうになってしまいました。それでも雨が降るようすはまったくありません。困った村長は各集落の代表を集めて, それぞれの集落の近くにある神社へ雨乞いに行くように強くすすめました。
2016.11 1Vol. A5 ¥1000 ①978-4-939046-18-6

◆ふしぎなどうぶつランド　高畠純絵, 斉藤洋おはなし　講談社
【要旨】人間が知らない, どうぶつたちのヒミツのせいかつ。親子で読む楽しい「おやすみ絵本」。寝る前に1話ずつ読んでもらえば, 楽しい夢が見られそう!
2017.11 1Vol. 23×30cm ¥1300 ①978-4-06-220858-1

◆ふしぎなのりものずかん　斉藤洋, 田中六大絵　講談社 (講談社の創作絵本)
2017.9 32p 27×22cm ¥1400 ①978-4-06-133335-2

◆ふしぎなふうせん　中川ひろたか作, 布川愛子絵　鈴木出版
【要旨】おじいさんがふうせんをひろってふくらますと, ♪フワフワフワフワリンそらはどこまでそらなのか…ふうせんうたいながらふわふわうかびはじめました。
2017.7 1Vol. 27×22cm ¥1500 ①978-4-7902-5336-5

◆ふたつでひとつ　かじりみな子作　偕成社
【要旨】てぶくろをなくしてしまったおんなのこ。てあたりしだいにさがしても, みつかりません。「ママがわたしにあんでくれたてぶくろなのに…」さあ, いったいどこへいってしまったのでしょう。4歳から。
2017 1Vol. 27×22cm ¥1300 ①978-4-03-332790-7

◆ブタのドーナツやさん　谷口智則作　小学館
【要旨】ドジでおっちょこちょいのブタのドーナツやさん。お店はいつもヒマなのですが, ある日注文の電話が…。おいしいドーナツがやってくる。
2017.8 1Vol. 27×22cm ¥1400 ①978-4-09-726719-5

◆ふーっ!　新井洋行作　ほるぷ出版 (ほるぷ創作絵本)
2017.6 1Vol. 19×18cm ¥850 ①978-4-593-56323-4

◆ブブのどきどきはいたつや　白土あつこ作・絵　ひさかたチャイルド
【要旨】こぶたのブブがあるいていると, おおきなはなばたけにかかえきれないほどのリリさんがやってきました。「のっぽのき」まではいたつをたのまれたことにしたブブ。ところが, ふたりのまえにつぎつぎとピンチが…。ぶじにとどけられるかな?
2017 32p 25×25cm ¥1200 ①978-4-86549-105-0

◆ふ・ふ・ふ　梅田さとえ作, 多田ヒロシ絵　廣済堂あかつき (ことばのひろば)
【要旨】「ふ」はふくろうの「ふ」「ふ」っとふくらむふうせんの「ふ」それから, それから…音でひろがるお話のせかい。
2017.2 27p 21×16cm ¥880 ①978-4-908255-32-8

◆ふりかけヘリコプター　石崎なおこ作・絵　教育画劇
【要旨】きょうはなにをふりかけようかな。おいしさいっぱい♪ユーモアえほん。
2017.10 32p 21×22cm ¥1300 ①978-4-7746-2122-7

◆ブルドッグたんていときえたほし　谷口智則作・絵　文溪堂
【要旨】ブルドッグたんていにとけないなぞはありません。このほし, このはな, このくさがあれば, どんなじけんでも, かいけつします。そらにほしがなくなってしまったら…。そんな世界のはなしです。
2018.1 32p 22×28cm ¥1500 ①978-4-7999-0255-4

◆フワフワ　おおなり修司文, 高畠那生絵　絵本館　2017 1Vol. 26×22cm ¥1300 ①978-4-87110-373-2

◆ふわふわのくま―なつかしいドイツの街・ツェレで遊ぶ　原田みどり著　朝日新聞出版
【要旨】「北ドイツの真珠」を小さな2匹と巡る, 想像でどこまでも行ける, 字のない絵本。名前も性別も誕生日もなく, ただふわふわしているだけの小さなくまさん。一căれに風景を味わい, 空間に漂ううちに, 見えなかったものが見えてきます。物語を作るのはあなた。開くたびに違うストーリーが広がります。欧州で人気の小さなくまさんの物語。
2017.3 52p 22×31cm ¥1500 ①978-4-02-251460-8

◆ベイリーとさっちゃん　田村朗作, 栗冠ミカ絵　絵本「ベイリー物語」刊行実行委員会, (鎌倉) かまくら春秋社発売 (本文: 日英両文)
【要旨】ファシリティドッグって聞いたことがありますか? 毎日, 病院につとめている, ワンちゃんのことです。おもい病気のこどもたちのそばで, しずかに, でも力づよく, そしてかぎりないやさしさで, みんなをゆうきづけています。子どもたちによりそうファシリティドッグ・ベイリーと不安でいっぱいのさっちゃん, いっしょに病気にたちむかいます。
2017.12 1Vol. 22×27cm ¥1600 ①978-4-7740-0740-3

◆へそとりごろべえ　赤羽末吉詩・画　童心社　改訂新版
2017.12 1Vol. 20×21cm ¥1400 ①978-4-494-01559-7

◆へたなんよ　ひこ・田中文, はまのゆか絵　光村教育図書
【要旨】おばあちゃんはみみがとおくて, でんわできくのがへたなんよ。せやからわたしがきいて, おしえるの。「ネネはじょうずにきくねえ」おばあちゃん, あのな, わたしにもへたなことあるよ。
2017.3 1Vol. 27×22cm ¥1300 ①978-4-89572-205-6

◆ヘッチャラくんがやってきた!　さえぐさひろこ作, わたなべみちお絵　新日本出版社
【要旨】ぼくたちのクラスに2しゅうかんだけのてんこうせいがやってきた。どんなこだろう…ぼくのむねは, どきどき。ピヨヨンキューインピヨヨンキューンあらわれたのは―!? しっぽいしても, ヘッチャラヘッチャラーそのこは, きいろくて, まるくて, ぴかぴかだって?
2017.9 61p A5 ¥1300 ①978-4-406-06165-0

◆ペーパーわんこ絵本 コタロウ　いしかわこうじ写真・絵・文　ポプラ社
【要旨】まいごのコタロウ…ぶじにかれんちゃんにあえるかな? ボローニャ国際絵本原画展入選作「コタロウの旅」をもとにした, 心あたたまるストーリー絵本。巻末には, 自分で作れるペーパーわんこキットが付いています!
2017 1Vol. 26×23cm ¥1400 ①978-4-591-15489-2

◆ヘビのレストラン　深見春夫作・絵　PHP研究所 (PHPにこにこえほん)
【要旨】ヘビがレストランをひらきました。ヘビにはてがないから, どうやってりょうりをするのかというと…? うたって, つくって, わらって, ふしぎなお店のおかしな料理。4〜5歳から。
2017.11 1Vol. 24×23cm ¥1300 ①978-4-569-78713-8

◆へろへろおじさん　佐々木マキ作　福音館書店 (こどものとも絵本)
2017.4 31p 27×20cm ¥900 ①978-4-8340-8324-8

絵本・児童書

◆ペロペロくんのたからさがし　井川ゆり子作・絵　文溪堂
【要旨】おかあさんからもらった、きれいなクッキーのはこ。なにかいれようかなぁ。そうだ！たからものをいれよう!!
2017 1Vol. 27×22cm ¥1500 ①978-4-7999-0239-4

◆ペンギンかぞくのおひっこし　刀根里衣絵・文　小学館
【要旨】ペンギンかぞくはひっこしをきめました。ちきゅうがどんどんどんどんあたたかくなって、ペンギンたちのこおりがとけてしまったからです。すてきなばしょがみつかるでしょうか？さあ、しゅっぱつしんこう！
2017.3 1Vol. 19×25cm ¥1300 ①978-4-09-726630-3

◆ペンギンがとぶ　ひだのかな代絵・文　ポエムピース
2018.1 1Vol. 27×19cm ¥1400 ①978-4-908827-32-5

◆ペンギンのまほうのコップ　こはらまゆみ文、しぶぞー絵　DINO BOX、垣内出版 発売
2017.9 1Vol. 19×20cm ¥1400 ①978-4-7734-0410-4

◆ペンギンホテル　牛窪良太作　アリス館
【要旨】ようこそペンギンホテルへ。うみからのアクセスばつぐん。すべてのおへやはオーシャンビュー。よるのおたのしみはディナーとショー♪ぺたぺたよちよちおもてなし。
2017.11 1Vol. 28×22cm ¥1400 ①978-4-7520-0819-4

◆へんしんテスト　あきやまただし作・絵　金の星社（新しいえほん）
2017 1Vol. 25×22cm ¥1200 ①978-4-323-03388-4

◆へんたこせんちょうとくらげのおうさま—へんたこせんちょうのうみをいく 2　いとうひろし作・絵　偕成社
【要旨】海はふしぎなことばかり、ドッパーン！くらげの王さま登場。ドッパーンして船長になった、へんたこさんの新しい冒険。ユーモラスで迫力いっぱい！いとうひろしの会心作。5歳から。
2017 23p B5 ¥1400 ①978-4-03-332580-4

◆へんてこレストラン　古内ヨシ文、竹内通雅構成・絵　絵本塾出版
【要旨】シェフがきょうくで、おきゃくがシェフで。カバのシェフは、カレーがだいすき。へんてこレストランのシェフたちには、それぞれ、おきにいりのレストランがあるのです。さいごまでよんだら、ひょうしにもどってさいしょからどうぞ。あたまがぐるぐる。そうぞういっぱいにへんてこえほん。
2017 1Vol. 25×19cm ¥1300 ①978-4-86484-115-3

◆ほうちょうさんききいっぱつ　宮西達也作・絵　教育画劇
【要旨】カップめんやレトルトカレーがやってきてから、めんりょうりをつくれなくなったおだいどころのみんなは…最後はきっと心温まるユーモア食育絵本！
2017.5 1Vol. 23×22cm ¥1100 ①978-4-7746-2110-4

◆ホウホウフクロウ　井上洋介作　福音館書店（日本傑作絵本シリーズ）
【要旨】井上洋介、最後の水墨画絵本。4才から。
2017.6 1Vol. B4 ¥1700 ①978-4-8340-8343-9

◆ぼく、仮面ライダーになる！ビルド編　のぶみ作　講談社（講談社の創作絵本）
【要旨】かんたろうのたんじょうびにママが、仮面ライダービルドのふくをつくります。ところが、いじめっこのゴンちゃんがやってきて…。対象年齢：3、4歳から。
2017.11 1Vol. 27×22cm ¥1400 ①978-4-06-133342-0

◆ぼく、染五郎　Pecora著　（名古屋）ブイツーソリューション、星雲社 発売
2017.4 42p A4 ¥1100 ①978-4-434-23212-1

◆ぼくと2まい葉　水田宗子文、小原風子絵　ポエムピース
2017.11 31p 27×19cm ¥1400 ①978-4-908827-28-0

◆ぼくとばく—ひともじいれかえあそび　鈴木のりたけ著　小学館（ぴっかぴかえほん）
2017.3 1Vol. 27×22cm ¥1300 ①978-4-09-726706-5

◆ぼくのアッコ　おおうみあかし作・絵　復刊ドットコム
2017 37p 19×27cm ¥1800 ①978-4-8354-5435-1

◆ぼくのおおきさ　殿内真帆作・絵、高柳雄一監修　フレーベル館（はじめてのかがくえほん 3）

【要旨】おおきいってなに？ちいさいってなに？「おおきさ」っておもしろい！「科学の芽」を育てるえほんシリーズ。
2017 1Vol. 24×20cm ¥1200 ①978-4-577-04577-0

◆ぼくのおじいちゃん　カタリーナ・ソブラル作、松浦弥太郎訳　アノニマ・スタジオ
2017.3 1Vol. 20×20cm ¥1500 ①978-4-87758-760-4

◆ぼくのおとうさんとおかあさん　みやにしたつや作・絵　金の星社（こどものくに傑作絵本）
2017 1Vol. 23×22cm ¥1200 ①978-4-323-03510-9

◆ぼくのおとうとは機械の鼻　みんなのことばしゃ文、エアーダイブ絵　（札幌）医療法人稲生会、（札幌）みんなのことば舎 発売
2017.9 1Vol. 22×31cm ¥1111 ①978-4-9901681-6-2

◆僕のお嫁さんになってね—特攻隊と鉛筆部隊の子供たち　高田充也文、柳沢廣絵　（長野）ほおずき書籍、星雲社 発売
2017.3 31p 27×30cm ¥1800 ①978-4-434-23097-4

◆ぼくのこと　長田真作著　方丈社
2017.10 1Vol. B5 ¥1400 ①978-4-908925-20-7

◆ぼくのさがしもの　たけうちちひろ文・切り絵　（神戸）出版ワークス
【要旨】ぼくの○○はどこ？家の中？遊園地？図書館？それとも？ロボットの世界を旅してみませんか？白と黒が織りなす切り絵の世界。2015年イタリア・ボローニャ国際絵本原画展入選。切り絵の絵本第2弾。
2017.4 1Vol. 22×31cm ¥1600 ①978-4-907108-12-0

◆ぼくのつくりかた　たけうちちひろ文・切り絵　（神戸）出版ワークス
【要旨】ながーいキャンディ＋しましまのくつした＋なーいマフラー＋みどりのはっぱ。ぐーにょにょろん。へび。あか・あお・きいろ・みどり…ロボットをいろとりどりの材料をえらんでいくと？カラフルな動物のできあがり！2016年イタリア・ボローニャ国際絵本原画展入選。
2017.4 1Vol. 26×20cm ¥1300 ①978-4-907108-03-8

◆ぼくのともだちカニやまさん　ニシワキタダシ作・絵　PHP研究所（わたしのえほん）
【要旨】ぼくは、バッグをいえにわすれたので、「ものをいれることができるバッグがほしい！」と、いいました。カニやまさんは、また、てかてかギザギザしたひかりを、こんどは、こうぎょうだしてきました。対象年齢4〜5歳から。
2017.12 1Vol. 26×20cm ¥1300 ①978-4-569-78720-6

◆ぼくはフィンセント・ファン・ゴッホ—絵本でよむ画家のおはなし　林綾野作、たんふるたん絵　講談社
【要旨】誰かの、何かの役に立ちたい。ゴッホの想いは絵に向かう。27歳で画家を目指し、苦難の中にも絵を描く喜びを見いだしたゴッホ。駆け抜けるように生きた37年の人生を見つめる。
2017.10 63p 18×20cm ¥1800 ①978-4-06-220812-3

◆ぼくらのエコー　荒井良二著　NHK出版
【要旨】ぼくはうたうよ。ぼくだけのうたを。荒井良二が詩と絵を描いた平成28年度NHK全国学校音楽コンクール課題曲の絵本化。小さな決意とあふれる希望をスケール豊かに紡ぐ、著者新境地の意欲作。
2017.2 1Vol. 30×22cm ¥1600 ①978-4-14-036126-9

◆ぼくんちのねこまたフーじい　上野与志作、青山友美絵　ひさかたチャイルド
【要旨】ねこはながいきしすぎるとねこまたというようになるそうだ。あるひぼくがこどもべやでくつろいでいると、としよりねこのフーじいが2ほんのあしですっくとたちあがり、はなしだした。「わしゃねこまたになったんじゃよ」ええっ！いったいどういうこと?!
2017 1Vol. 27×22cm ¥1300 ①978-4-86549-115-9

◆ほしをさがしに　しもかわらゆみ作　講談社 復刊
【要旨】ながれぼしのあしあとを？動物たちのあたたかなきもちが、一筆一筆にこめられた、「第7回KFS絵本グランプリ」受賞作リニューアル復刊！
2017.11 1Vol. 27×22cm ¥1400 ①978-4-06-133340-6

◆ほしじいたけ　ほしばあたけ—カエンタケにごようじん　石川基子作　講談社（講談社の創作絵本）
【要旨】大人気『ほしじいたけほしばあたけ』シリーズ最新作！歌とおどりが気にいられ、真っ赤なきのこにとらわれた、ほしじいたけ…！「おれたちのために、おどるのだ〜！」きのこ愛あふれる絵本。
2017.8 1Vol. 27×22cm ¥1300 ①978-4-06-133332-1

◆星につたえて　安東みきえ文、吉田尚令絵　アリス館
【要旨】ちっぽけなクラゲと、ひとりぼっちで旅するほうき星の切なくも愛しい物語。
2017.12 1Vol. 22×27cm ¥1500 ①978-4-7520-0811-8

◆ホスピスの詩　おざわせいこ絵・文　（矢巾町）ツーワンライフ
【要旨】両親が障害者の元で生まれた澪は、しかし、大好きな、母親とドイツ人父親が誇りだった。健康で幸せな学校生活を送るが、東日本大震災で親友を失い、ドイツホスピス介護施設の祖母、看護学校の級友を失い、人生を考える。そして、ドイツ国家試験難関をくぐり、ホスピス看護師になる。最初の使命は12歳少年の終末期看護だった。
2016.11 51p 27×22cm ¥1750 ①978-4-907161-76-7

◆ぽっぽこうくう　もとやすけいじ作　佼成出版社
【要旨】ぽっぽこうくうがニューオープンだって！今日はどんな飛行機かなあ？ここはふるすくうこうだい2ターミナル。もうすぐふゆごもりのきせつ。カエルおやこも、おばあちゃんのうちですごすよていなのですが、どうやら、のるはずだったひこうきのハトがねむってしまっていた！おいしい食事に、窓から見える美しい景色。ワクワクがいっぱいつまった飛行機の旅へようこそ！MOE絵本屋さん大賞2016新人賞3位入賞作『つばめこうくう』に続く第2弾！
2017.12 1Vol. 21×21cm ¥1300 ①978-4-333-02764-4

◆ぽつぽつぽつ だいじょうぶ？　しもかわらゆみ作　講談社（講談社の創作絵本）
【要旨】あめですよ、あんなが飛行機のかさはなんでしょう？KFS絵本グランプリ受賞者、注目の最新作！
2017.6 1Vol. 23×23cm ¥1300 ①978-4-06-133321-5

◆ほのちゃん　中野真典作　WAVE出版
【要旨】空想と現実を自由に行き来する子どものある1日を鮮やかに切り取る、ショートムービーのような絵本。
2017 1Vol. 27×22cm ¥1500 ①978-4-87290-959-3

◆ポポくんのひみつきち　ふくだとしお、ふくだあきこ作・絵　PHP研究所（PHPにこにこえほん）
【要旨】すてきなおうちにおじゃまします。ポポくんシリーズ第6弾！4〜5歳から。
2017.7 1Vol. 24×24cm ¥1300 ①978-4-569-78662-9

◆焔（ほむら）　三橋辰雄原作、平風七、根津透構成・文、切り絵教室「葉来真」製作　太陽への道社、星雲社 発売
【要旨】封建時代に生き、侍の圧政に抵抗し闘った百姓たちの物語。
2017.6 1Vol. 19×27cm ¥1800 ①978-4-434-22957-2

◆ぼーるとぼくとくも　加藤休ミ作　風濤社（らいおんbooks）
2017 1Vol. 27×22cm ¥1400 ①978-4-89219-424-5

◆ボールぽーんころがって　廣瀬進子作、うえだしげこ絵　鈴木出版（はじめてのちいさなえほん）
2017.4 1Vol. 16×15cm ¥361 ①978-4-7902-5320-4

◆ボワットちゃんのひみつのはこ　藤田美菜子作・絵　教育画劇
2017.3 1Vol. 27×22cm ¥1300 ①978-4-7746-2086-2

◆ホンシメジ先生となぞのテングバナキン！　コマヤスカン著　PHP研究所（わたしのえほん）
【要旨】ホンシメジ先生の診療所に、助手のナメコ君がとびこんできました。外は、テングバナキンがはえたかんじゃのぎょうれつです。ホンシメジ先生は、テングバナキンの大きな鼻に注目して、…。
2017.7 1Vol. 26×20cm ¥1300 ①978-4-569-78674-2

◆ほんとだもん　高山なおみ文、中野真典絵　（神戸）BL出版
【要旨】ここにあるのは、ぜんぶがホントウのこと。目にみえるのもみえないのも、さわれないものもさわれるものも。
2017.4 1Vol. 19×27cm ¥1500 ①978-4-7764-0801-7

◆ほんはまっています のぞんでいます　かこさとし著　復刊ドットコム　(かこさとし しゃかいの本)
【要旨】なぜ子どもたちは、だんだん本を読まなくなってしまうの？お父さん、お母さんも、ちゃんと本を読んでいますか？かこさとし しゃかいの本第2弾!!
2017.5 31p 21×20cm ¥1800 ①978-4-8354-5479-5

◆ぽんぽん　内田麟太郎作、畑中純絵　鈴木出版　(はじめてのちいさなえほん)
2017.9 1Vol. 16×15cm ¥361 ①978-4-7902-5325-9

◆まあすけのぼうし　馬場のぼる作・絵　ポプラ社
【要旨】じてんしゃのれんしゅうをするこぐまのまあすけ。だけど、ふらふらふら…なかなかじょうずにのれません。そんなとき、やぎのおじさんにもらったぼうしをかぶると…、まあ、ふしぎ！
2017 1Vol. 23×19cm ¥1000 ①978-4-591-15452-6

◆マジメにナマケる ナマケもん　ひぐちともみ文・絵　小学館
2017.8 78p 23×18cm ¥1300 ①978-4-09-726734-8

◆まじょの かいて けして またかいて　La ZOO作・構成・デザイン・イラスト　学研プラス　(あそびのおうさまBOOK)
2017.4 1Vol. 21×30cm ¥900 ①978-4-05-204627-8

◆まじょのかいてけしてまたかいて おばけのくにへ　La ZOO作・絵　学研プラス　(あそびのおうさまBOOK)
【要旨】このほんは、おばけのくにでかいたりぬったりするほんです。かくどうぐは、クレヨン。それから、このほんはまほうのかみでできていて、ティッシュペーパーでふくと、かいたえがきえるんです。だから、けすときもあそべます。かいてけしてまたかいて。なんどでもたのしいまほうのほんです。さあ、おばけたちがまってるよ。
2017.5 1Vol. 22×30cm ¥900 ①978-4-05-204628-5

◆マスク　福井智佑作, 林なつこ絵　童心社　(絵本・こどものひろば)
【要旨】絵本テキスト大賞受賞作。
2017.7 1Vol. 20×27cm ¥1300 ①978-4-494-01555-9

◆まだかなまだかな　伊藤正道文・絵　偕成社
【要旨】星空のずーっとむこうのきいろにかがやく星に、おじいさんがすんでいました。ある日、おじいさんがたねをまくと、おいしい実のなる草木でいっぱいになりました。すると、星じゅうのどうぶつたちがたずねてきて…3歳から。
2017 63p 26×19cm ¥1300 ①978-4-03-232470-9

◆またまたさんせーい！　宮西達也作・絵　フレーベル館
【要旨】5ひきのなかよしおおかみは、きょうもなにしてあそぶかそうだんちゅう。あいことばは、いつだって「さんせーい！」なかよくおにごっこをはじめるのですが、こぶたをみつけてしまったからさあたいへん！
2017 1Vol. 27×21cm ¥1200 ①978-4-577-04571-8

◆まっくらやみのまっくろ　ミロコマチコ作・絵　小学館
【要旨】ミロコマチコが紡ぐ、生命のものがたり。
2017.8 1Vol. 31×23cm ¥1400 ①978-4-09-726739-3

◆まねきねこだ!!　高畠那生作　好学社
2017.7 1Vol. 27×22cm ¥1500 ①978-4-7690-2334-0

◆まねっここねこ　花形恵子作, 沢田桃子絵　すずき出版　(はじめてのちいさなえほん)
2018.1 1Vol. 16×15cm ¥361 ①978-4-7902-5329-7

◆マフィー&ジオ 空とぶレシピ　石津ちひろ文, 伊藤正道絵　(神戸)BL出版
【要旨】ジオじいさんと友だちのマフィーくんが、時空をこえて、おいしい旅にでかけます。江戸の正月にはじまって、シュークリームの山をこえ、アフタヌーンティーでひと休み。ショコラにマカロン、お寿司にパスタ…どうぞめしあがれ！
2018.1 1Vol. 26×20cm ¥1400 ①978-4-7764-0833-8

◆まほうの絵本屋さん　小手鞠るい作, 高橋克也絵　(神戸)出版ワークス
【要旨】ふくろうの声にみちびかれて森をぬけると、そこは、ふしぎなお店。ようこそ、ねがいのかなうお店。
2017.12 1Vol. 27×22cm ¥1600 ①978-4-907108-14-4

◆ママがおばけになっちゃった！ ぼく、ママとけっこんする！　のぶみ作　講談社　(講談社の創作絵本)
【要旨】いきているときに、いちばんみたかったもの─一子の成長、母の卒業。そして感動のラストシーン。3歳から。
2017.9 1Vol. 24×20cm ¥1200 ①978-4-06-133329-1

◆ママのて　やまもとゆうこ著　こぐま社
【要旨】なんでも作れてあったかくて、魔法使いみたいなママの手。ママの手がしてくれることは、なんだってうれしい！そんな子どもたちの気持ちがいっぱいつまった絵本です。
2017.4 1Vol. 18×19cm ¥900 ①978-4-7721-0236-0

◆ママはしらないの？　ふくだいわお作　光村教育図書
【要旨】ママはぼくのことすぐしかるけど…ねえ、きいて。ぼくがしってること、ママにおしえてあげたいんだよ。
2017.10 1Vol. 21×19cm ¥1200 ①978-4-89572-211-7

◆○△□のくにのおうさま　こすぎさなえ作, たちもとみちこ絵　PHP研究所　(PHPにこにこえほん)
【要旨】○△□のくにのおうさまは、いろんなかたちをいれかえて、おしろじゅうのもようがえをするのが、だいすきでした。
2017 1Vol. 24×24cm ¥1300 ①978-4-569-78698-8

◆マローネとつくるクッキー──Cookies for you　刀根里衣著　NHK出版
【要旨】クッキーを愛するすべての人たちへ贈る物語。
2017.11 1Vol. 13×13cm ¥800 ①978-4-14-036131-3

◆マロンちゃん─カレーつくってみよう！　西村敏雄作　文溪堂
【要旨】いつもげんきなマロンちゃん、たのしいことがだいすき。やりたいことがいっぱい。でも、ちょっとおっちょこちょい？きょうは、カレーづくりにちょうせん！さあ、うまくできるかな？
2017 1Vol. 27×22cm ¥1500 ①978-4-7999-0221-9

◆まんなかのはらのおべんとうや たねっぽのおはなし　やすいすえこ作, 重森千佳絵　フレーベル館
【要旨】だんだんむらにあらしがやってきたつぎのひ。おべんとうやのあなぐま、あなパパさんは、「たねっぽ」とでかけます。やさしい祈りがぎゅっと詰まったお弁当絵本。
2017 1Vol. 27×21cm ¥1200 ①978-4-577-04538-1

◆マンボウひまな日　たけがみたえ作　絵本館
【要旨】ある日のこと。びんぼうひまなしのマンボウはとてもひまでした。そこでマンボウはひまつぶしにマンボウ流ことばあそびを考えたのです。Mokuhanger(木版画作家)たけがみたえデビュー作。ことばあそびえほん。
2017 1Vol. 27×21cm ¥1300 ①978-4-87110-383-1

◆マンモスのみずあび　市川里美作　(神戸)BL出版
【要旨】アブーズのパパは、ゾウのせわをするのがしごとです。アブーズはゾウのだいなかよし。マンモスというぞうをみつけて、まいにち、パパのおてつだいをしています。あるひ、アブーズがパパにかわって、マンモスを川でみずあびさせることになりました。ところが、おおあめがふりだして…。
2017.4 1Vol. 28×22cm ¥1400 ①978-4-7764-0810-9

◆みいつけた　La ZOO作, あらかわしずえ絵　学研プラス　(はじめてのあかちゃんあそびえほん) 新装版
2017.1 1Vol. 16×16cm ¥680 ①978-4-05-204554-7

◆みいめいど　まつえだあきこ作　風濤社
2017.12 1Vol. B5 ¥1000 ①978-4-89219-441-2

◆みずのこどもたち　阿部海太作　俊成出版社
【要旨】水はめぐる。全ての命を。光を描く注目の画家阿部海太、初の描き下ろし絵本。
2017.5 1Vol. 31×22cm ¥1800 ①978-4-333-02759-0

◆みーつけた！　三井ヤスシ著　(旭川)ミツイパブリッシング
2017.3 20p 19×18cm ¥1000 ①978-4-907364-06-9

◆3つのとんち─長ぐつをはいたねこ/一休さん/うさぎどんきつねどん　間所ひさこ文, 武田美穂, 古沢たつお, さとうあや絵　学研プラス　(ランドセル名作)
【要旨】この本には、とんちのおはなしが三つ入っているよ。どんなもんだいも、ゆかいなちえですっきりかいけつ！読みやすい名作だから、ひとり読みも楽しい！オールカラーめいろつき。
2017.9 95p A5 ¥980 ①978-4-05-204678-0

◆ミツバチぎんのおくりもの　西本鶏介作, おぐらひろかず絵　鈴木出版　(ひまわりえほんシリーズ)
2017.3 1Vol. 27×22cm ¥1300 ①978-4-7902-5321-1

◆みてみておかあさん　LEE文, みやこしあきこ絵　白泉社　(MOEのえほん)
【要旨】「わたし、おねえちゃんになったからかんばったのに、いっつもひとりぼっちみたいなの」このきもちどうしたらおかあさんにつたわるのかな─。このごろちょっぴり淋しげな、みなちゃん。それは、おかあさんが、あかちゃんのお世話で毎日いそがしいから─あまえたいのにあまえられない、おねえちゃんになった女の子の気持ちを柔らかな空気感で描いた、注目の2人の作家による、はじめてのコラボ絵本！
2017.3 1Vol. 27×20cm ¥1300 ①978-4-592-76204-1

◆宮沢賢治の鳥　国松俊英文, 舘野鴻画　岩崎書店
2017.2 1Vol. 23×27cm ¥1700 ①978-4-265-83037-4

◆みんな生きている　中川ひろたか文, きくちちき絵　小学館　(ぴっかぴかえほん)
【要旨】小学1年生でならうかんじ字80字が、ぜんぶ出てくる絵本です。ゆたかなしぜんや小学校のたのしいまい日を、かん字でかんじてみましょう。
2017.9 1Vol. 27×22cm ¥1300 ①978-4-09-726738-6

◆みんながおしえてくれたこと　かたのしょうこ作, つつみあい絵　ゴマブックス
【要旨】森のどうぶつようちえんでは、いつもかものお顔で大あばれのライオンくん。ある日、大きくてこわいかおが池の中におちてしまいました。ライオンくんは、いくら力が強くてもがんばっても、ひとりではできないことがあると知ります。そして一度は「もういじめられないね！」と、ホッとした気持ちになりました。しかし、だんだんライオンくんがしんぱいになり、「たすけよう！」と力を合わせ、大きなあなからライオンくんをすくい出そうとしますが…。
2017.6 1Vol. A5 ¥1350 ①978-4-7771-1916-5

◆みーんな ははははっ　オームラトモコ作　アリス館
【要旨】ねずみさんやらいおんさんは、どんな歯か知ってる？「はははっ」と笑うと…あ、見えた！歯と笑顔の本。
2017.10 1Vol. 20×19cm ¥1000 ①978-4-7520-0808-8

◆ムキムキだけじゃない ぼくのきんにく─からだはすごいよ！　ミヤジュンコ絵, いわまてつ監修　少年写真新聞社
2017.12 1Vol. 19×27cm ¥1800 ①978-4-87981-618-4

◆むしくい男と光の木　ムライ著　(大阪)青心社
【要旨】研ぎ澄まされた感性が全編描き下しで描く、異様だがどこかなつかしい世界へ。現実世界の合わせ鏡のように残酷だが優しさに満ちた生と光と影を独特の端正な描線で構築するムライワールドの最新作！
2018.1 76p A5 ¥1200 ①978-4-87892-406-4

◆むしさん なんのぎょうれつ？　オームラトモコ作　ポプラ社　(絵本・いつでもいっしょ 43)
【要旨】ドキドキ☆とわくわく♪をたっぷりあじわいたいみなさん！このぎょうれつにおならびくださ〜い！にぎやかなぎょうれつのさきには、なにがあるのかな？
2017 35p 23×23cm ¥1300 ①978-4-591-15472-4

◆名医の昔ばなし　小沢さとし文, 橋爪まんぷ絵　(箕輪町)白皐舎　(絵本 伊那谷ものがたり 10)
【要旨】むかし、伊那谷、箕輪の大出に元恒先生というお医者さんがいました。四十歳を越えたばかりの先生でしたが、どんな病気でも治せるといわれるほどの名医でした。それはどの名医だったので、地元だけではなく、近郊からも噂を聞いた人たちが頼ってきて、大忙しになる名医でした。ある冬の夜、それも雪の降る真夜中頃、雪靴をはいて小田原提灯を手にかざした若者が馬を引いて、西の山際にある元恒先生の家の前に

絵本・児童書

やってきました。―豊かな自然と歴史に育まれた伊那谷各地の懐かしくて新しいおはなし。
2017.5 1Vol. A5 ¥1000 978-4-939046-19-3

◆めいちゃんとクー　もりやまはな作, かんばのりこ絵　（大阪）清風堂書店
2017.3 31p 21×19cm ¥1400 978-4-88313-854-8

◆め・め・め　西内ミナミ作, 和歌山静子絵　廣済堂あかつき　（ことばのひろば）
【要旨】あーがりめ、さーがりめ、ぐるっとまわって、だーれのめ？「め」がいっぱい！とびらをひらくと「め」「め」「め」「め」からひろがるおはなしえほん。
2017.5 27p 21×16cm ¥880 978-4-908255-33-5

◆メロンパン　まきちよ　（大阪）清風堂書店
【要旨】手づくりのメロンパンは世界一！子どもと子ども、人と人のなかからうまれた信頼が、また、あるみだす力をくれた。2016おおしま国際手づくり絵本コンクール奨励賞受賞作品。
2017.10 33p 27×19cm ¥1400 978-4-88313-863-0

◆もうじゅうはらへりくま　塚本やすし作　ポプラ社　（ポプラ社の絵本 45）
【要旨】おなかをすかせたくまに注意！ぶっとびおもしろ食育絵本第5弾。
2017 1Vol. ¥1300 978-4-591-15552-3

◆もうひとつのせかい　長田真作作　現代企画室　（本文：日英両文）
【要旨】みているのか、みられているのか。がうしのむこうにひろがる、めくるめくせかいへのたび。明晰にして混雑、判明にして曖昧。同時代のカルチャーシーンを変幻自在に疾走する奇才絵師が、未知や不思議を求めてやまないあらゆる世代の少年少女に贈る、世界の成り立ちをポップに哲学する予測不能のジェネシス絵本3部作。カオス・オペラ3/3。
2017.9 1Vol. B5 ¥1400 978-4-7738-1719-5

◆モカとつくるホットチョコレート―Hot chocolate for you　刀根里衣著　NHK出版
【要旨】チョコレートを愛するすべての人たちへ贈る物語。
2017.11 1Vol. 13×13cm ¥800 978-4-14-036130-6

◆もぐちゃんちのおひっこし　ようふゆか絵, にらこ作　成美堂出版
2017.5 1Vol. 27×22cm ¥1200 978-4-415-32303-9

◆モノモノノケ　tupera tupera作, 阿部高之写真　（福岡）アリエスブックス
【要旨】暮らしのソコココにひそむ、物の物怪「モノモノノケ」を、人気絵本作家「tupera tupera」と注目の写真家「阿部高之」が、ジャバラ絵本に載せてお届けする超話題作！大人も子どもも楽しめる、こんな写真絵本、見たことない！ときにゆかいに、ときに物悲しく、ときに真面目に物語る「モノモノノケ」たち。彼らに出逢ったことがありますか？ tupera tuperaの生みだす、大人にはちょっと懐かしく、昭和の頃を思い起こさせる日常のさまざまな風景の中に、モノモノノケたちは、そっとそっと、ひそんでいます。ちょっと気取って、ちょっとおどけて、時には物凄く生真面目に。そんな彼らが絵本の中から飛び出しそうな大迫力の「百鬼夜行」のページでは、モノモノノケたちの物憂げな表情も、読めば思わずニタニタしてしまう彼らの個性あふれる習性が、所狭しと並べられ、ほら！これを見てください。彼らからのメッセージはなんなのか…大人も子どもも楽しみながらに、キャッチせよ！
2017.7 1Vol. 25×30cm ¥1600 978-4-908447-05-1

◆モノレールのたび　みねおみつ作　福音館書店　（かがくのとも絵本）
2017.9 1Vol. 26×24cm ¥900 978-4-8340-8348-4

◆もーもーさん　いのうえたかお作, 花之内雅吉絵　鈴木出版　（はじめてのちいさなえほん）
2017.10 1Vol. 16×15cm ¥361 978-4-7902-5326-6

◆モリくんのあめふりぴーまんカー　かんべあやこ作　くもん出版
【要旨】「きらいなものはたべないでね。ぼくのおいしさはむりしないの！」そういわれたモリくんは、にがてでもたべられる！ぴーまんチャーハンレシピつき。
2017.6 1Vol. 27×22cm ¥1200 978-4-7743-2677-1

◆森のかんづめ　日英併版版　中條聖子作, 三浦美代子訳, ロニー・アレキサンダー英訳　（神戸）エピック　（本文：日英両文）

【要旨】小さな国をしってもらおう。王さまはかんづめをあけてみたくなったかとってもいいきもち。王さまがかんづめにつめたのは…!?1995年1月17日夢の途中で命を失った医師が残した作品。彼女の夢のかんづめをあけてください。
2017.8 32p 27×24cm ¥1400 978-4-89985-196-7

◆もりのちいさなしたてやさん　こみねゆら作　風濤社　（らいおんbooks）
【要旨】おひめさまの誕生パーティーまで、あと5日！もりのしたてやさんたちは、「人間のおひめさまの服」を頼まれてしまって、さあたいへん！こびとの三姉妹と、おひめさまの友情をドレスがつなぐ、繊細で美しい物語。
2017 1Vol. 24×19cm ¥1300 978-4-89219-439-9

◆もりのとしょかん　ふくざわゆみこ作・絵　学研プラス
【要旨】本が大好きなふくろうさんの家には、すてきな本がいっぱい。ある日小さなお客さんがやってきて…。森にすてきな図書館ができるまでを描いた心温まる絵本。
2017.5 1Vol. 24.5×25cm ¥1300 978-4-05-204606-3

◆森のパンダ　唐亜明文, 木下晋絵　講談社　（講談社の翻訳絵本）
【要旨】野生パンダの子育てと人との関わり。野生パンダを地元の住民が助けるという実話をベースにした物語。パンダが生まれてからひとりだちするまでの姿が、繊細な鉛筆画で描かれている。
2017.6 1Vol. 25×27cm ¥1500 978-4-06-283101-7

◆もりのやきゅうちーむふぁいたーず ほしのせかいへ　北海道日本ハムファイターズ選手会作, 堀川真絵　（札幌）北海道新聞社
2017.11 1Vol. 27×22cm ¥1300 978-4-89453-881-8

◆文様えほん　谷山彩子作　あすなろ書房
【要旨】古今東西、300種。よく見かける着物の柄から、家紋や世界の文様まで、わかりやすく紹介！
2017.9 47p 21×22cm ¥1400 978-4-7515-2828-0

◆やさいのがっこう ピーマンくんゆめをみる　なかやみわ作　白泉社　（MOEのえほん）
【要旨】やさいのこどもたちが、おいしいやさいになるためにかよう「やさいのがっこう」。じゅぎょうちゅう、ついついいねむりしてしまうのんきなピーマンくんも、ついにりっぱなやさいになることをけっしん！がんばれ!!シリーズ第2弾。
2017.3 1Vol. 19×28cm ¥1200 978-4-592-76205-8

◆やすんでいいよ　おくはらゆめ作　白泉社　（コドモエのえほん）
【要旨】いっしょにほっこり時間。お母さんとおチビさんに贈る、おくはらゆめ最新絵本。1歳から。
2017.9 1Vol. 18×18cm ¥880 978-4-592-76218-8

◆やねの上の乳歯ちゃん　鳥居みゆき著　文響社
【要旨】歯が抜けるという「大人になる機会」を、乳歯の視点から見た、新しい成長物語。
2017.10 48p 25×21cm ¥1400 978-4-86651-034-7

◆やもじろうとはりきち　降矢なな作・絵　佼成出版社
【要旨】ヤモリのやもじろうとハリネズミのはりきちは、あかちゃんのときからだいのなかよし。でも、いつからか、やもじろうははりきちとあそぶのがつまらなくなってしまった…。
2017.10 1Vol. 23×25cm ¥1300 978-4-333-02766-8

◆ヤモップさん、ぴたっとかいけつ！　松山円香作　あかね書房
【要旨】ヤモリのヤモップさんはそうじやさん。たかいところもなんのその。ぴたっとはりつき、きれいにおそうじ！まちのよごれを見つけては、おそうじをしていくうちに、お

かしなじけんにまきこまれてしまった…。よごれもなぞもぴたっとかいけつ！ヤモップさんのゆかいなお話!!
2017.5 1Vol. A4 ¥1300 978-4-251-09901-3

◆ヤモリの赤ちゃん　島崎千代乃作　幻冬舎メディアコンサルティング　発売
2017.10 11p 22×24cm ¥1100 978-4-344-91442-1

◆やわらか頭でのびのび読んでなー！―ニャゴまるとゴーゴー！なんでやねんタウン　トム・スカンプ作・絵, 寿太郎翻案　学研プラス
2017.4 1Vol. A4 ¥1300 978-4-05-204587-5

◆ゆいちゃんのりぼんむすび　きたがわめぐみ作・絵　PHP研究所　（わたしのえほん）
【要旨】「くるっときゅっとゆいちゃんげんき！」ママがりぼんのおまじないをとなえると、ゆいちゃんはげんきがわいてくるのです。4～5歳から。
2017.5 1Vol. 26×20cm ¥1300 978-4-569-78658-2

◆ゆうかい・まいご どうするの？―やさしくわかる ぼうさい・ぼうはんのえほん　せべまさゆき絵, 国崎信江監修, WILLこども知育研究所編著　金の星社
【要旨】しらないおとなにはなしかけられたら、どうする？もしかしたら、こどもをねらうわるいひとかもしれない。まいごになったら、どうする？だれにたすけてもらえばいいのかな？じぶんのみをまもるために、きをつけることをしっておこうね。
2017 1Vol. 27×24cm ¥1300 978-4-323-03563-5

◆ゆうくんのくまパジャマ　カザ敬子作, 中谷靖彦絵　講談社　（講談社の創作絵本）
【要旨】おやすみ絵本の新定番。くまパジャマに着がえたゆうくんに、不思議なことがおこります。
2017.2 1Vol. 27×22cm ¥1400 978-4-06-133312-3

◆ゆうびんやさんのココリさん　中川ひろたか作, 市原淳絵　講談社　（講談社の創作絵本）
【要旨】どうぶつたちがゆかいにたのしくくらすまち、ハッピータウン。シリーズ3作目！
2017.1 1Vol. 19×19cm ¥1400 978-4-06-133307-9

◆ゆうれいのたまご　せなけいこ作・絵　童心社　（ちいさな"せなけいこ・おばけえほん"）
2017.6 1Vol. 18×16cm ¥780 978-4-494-02141-3

◆ゆかいなちびっこモンスター――はがいたい！のまき　たんじあきこ作　風濤社　（らいおんbooks）
2017 1Vol. 20×21cm ¥1200 978-4-89219-435-1

◆ゆきのあかちゃん　宮田ともみ作　アリス館
【要旨】ゆきのあかちゃんがであった、ぽかぽかして、幸せな気持ちになるもの…とは？
2017.10 1Vol. 27×22cm ¥1400 978-4-7520-0814-9

◆ゆだんはきんもつ―うさぎとかめより　ごとうまさる文, カワツナツコ絵　あいうえお館　（ウルトラかいじゅう絵本"せかい名作童話編"）
2017.8 1Vol. 18×18cm ¥700 978-4-900401-95-2

◆ゆでたまごでんしゃ―「まいどごめいわくありがとうございます」の巻　くればやしよしえ作, 北村裕花絵　交通新聞社
【要旨】「まいどごめいわくありがとうございます」電車内で迷惑をかける動物たちを特製の缶に入れる、主人公の車掌・たまごのごま。さて、この缶を開けると…？
2017.7 1Vol. 21×27cm ¥1300 978-4-330-81617-3

◆ゆびさしなーに？　とよたかずひこ著　アリス館　（はなしかけえほん）
【要旨】しょうぼうしゃで～す、パトカーで～す、ベビーカーで～す。テキスト通りに、読まなくてもだいじょうぶ。絵をみながら、はなしかけいっぱい、はなしかけ。1才から。
2017.7 1Vol. 20×21cm ¥1300 978-4-7520-0775-3

◆ゆびにんぎょうぶっく しろくまくんのおいしいものだーいすき　そら人形・絵　主婦の友社　（主婦の友はじめてブックシリーズ）
2017.12 1Vol. 10×10cm ¥890 978-4-07-427490-1

◆ゆびにんぎょうぶっく ねずみくんのたのしいおでかけ　そら人形・絵　主婦の友社　（主婦の友はじめてブックシリーズ）
2017.12 1Vol. 10×10cm ¥890 978-4-07-427483-3

◆夢金―古典落語「夢金」より　立川談春文,寺門孝之絵,ばばけんいち編　あかね書房　(古典と新作らくご絵本)
【要旨】江戸にしんしんと雪のふる夜。一軒の船宿に泊まる男と女。船を出すか金に目がない欲深い船頭。悪巧み、脅し、とっさの機転。全ては闇の中の出来事。平成の名人・立川談春が描き出す人間の欲望を、天使の画家・寺門孝之が黒く輝く新境地で絵本に。
2017.1 1Vol. A4 ¥1500 ①978-4-251-09510-7

◆ゆめねこ　真珠まりこ作・絵　金の星社
【要旨】ある日の夜、ねこがやってきた。くるくるくる～。ねこの目がまわりだしたら、不思議なお話のはじまりです。
2017 1Vol. 27×22cm ¥1300 ①978-4-323-07382-8

◆ゆめピアノ　おかすなお作・絵　(名古屋)三恵社
2017.12 1Vol. 21×21cm ¥1400 ①978-4-86487-781-7

◆ようかいえんのなつまつり　白土あつこ作・絵　ひさかたチャイルド
【要旨】ばけだぬきのばけたは、ようかいえんのみんなとこんこんじんじゃのおまつりにでかけます。わたあめ、かきごおり、やきそば…。あたりはおいしいにおいでいっぱいです。さあ、ようかいたちのなつまつりのはじまりはじまり～!
2017 1Vol. 26×23cm ¥1200 ①978-4-86549-109-8

◆ようかいでんしゃ　ナカオマサトシ作,ドーリー絵　ポプラ社　(ポプラ社の絵本 44)
【要旨】はじめてのひとりりょこ。おじいちゃんのおばあちゃんのすむりゅうじんむらまででんしゃのたび。ところが、ぼくがでんしゃにのりこむと…しゃないのおきゃくさんはなんと、ようかいばかり!
2017 1Vol. 27×22cm ¥1300 ①978-4-591-15531-8

◆妖怪美術館　広瀬克也著　絵本館
【要旨】妖怪横丁の妖怪たちとガンマー画伯の作品展を見るため妖怪美術館へ。ところが絵から飛び出してきた女の子に帽子をとられてしまい…。大人気妖怪絵本シリーズ第7弾!
2017 1Vol. 23×25cm ¥1300 ①978-4-87110-381-7

◆ようかいりょうりばんづけ　澤野秋文作　俊成出版社
【要旨】とうふこぞう、ざしきわらし、すねこすりのようかい3にんぐみは、にんげんのまちで、ようかいのみのあじをさがしては、りょうりばんづけにのせています。あるひ、とうふこぞうは、うんめいのとうふとであい…、「おそろしいほどうまいっ!!」
2017.6 1Vol. 23×25cm ¥1300 ①978-4-333-02756-9

◆ようこそロイドホテルへ　野坂悦子作,牡丹靖佳画　(町田)玉川大学出版部　(未来への記憶)
【要旨】オランダの港町アムステルダムに1匹のネズミがやってきた。名前はピープ。ロイドホテルにすみついたピープ一家はときをこえて生きるネズミになった…さあ、100年前から物語を始めよう。ロイドホテルの歴史は、私たち人間の生の縮図のよう。ロイドホテルの「まなざし」は、未来につながる。
2017.10 1Vol. 31×26cm ¥1600 ①978-4-472-05992-6

◆ヨッ!けつやまシリノスケ　うちむらひろゆき作,かめざわゆうや絵　成美堂出版
2017.11 1Vol. 27×22cm ¥1200 ①978-4-415-32398-5

◆よるだけパンダ　大塚健太作,くさかみなこ絵　小学館
【要旨】パンダがだいにんきのどうぶつえん。ひるまは、おきゃくさんでいっぱいだけど、よるは、がらがらひっそりしている。こまったしいくいんがいろいろかんがえておもいついた。「よし!」さて、どうなるでしょうか～?
2017.10 1Vol. 28×22cm ¥1450 ①978-4-09-726742-3

◆よるのおと　たむらしげる著　偕成社
【要旨】男の子が池のほとりをあるておじいさんの家につくまでのほんの数十秒。そんなひとときにも、世界はこんなにもゆたかに息づいている。ページをめくることが1つの体験だということが感じられる絵本です。3歳から。
2017 1Vol. 30×22cm ¥1400 ①978-4-03-232480-8

◆よるふうふくやさん　穂高順也文,寺島ゆか絵　文溪堂
【要旨】ひるのようふくやさんには、おしゃれなワンピースやきれいなドレスすてきなアクセサリーやかばんがならんでる。よるせじまいたようふくやさんのあとには…

とおそくにまたひらきます。そこにくるおきゃくさんたちは…。
2017 1Vol. 27×22cm ¥1500 ①978-4-7999-0222-6

◆よんでみよう　ごとうゆうか著　岩崎書店
2017.2 1Vol. 19×19cm ¥1400 ①978-4-265-81203-5

◆ライタのたてがみ　モカ子作・絵　ひさかたチャイルド
【要旨】ライタはライオンのおとこのこ。おとうさんみたいなりっぱなたてがみがほしくてしかたありません。いろいろさがしてようやくじぶんにぴったりのたてがみをみつけたライタでしたが…。
2017 32p 25×22cm ¥1400 ①978-4-86549-120-3

◆ライブえほん　いぶくろちゃん　平田昌広作,平田景絵　学研プラス
【要旨】たてにもってよんであげてね。みんなのまえでよんだらもっとたのしい。あそべる、えんじる、ライブえほん!
2017.10 1Vol. 22×21cm ¥1000 ①978-4-05-204710-7

◆ラクダのなみだ―モンゴルに伝わるいのちの物語　宮田美乃,タブハイン・スフバートル絵　講談社ビーシー,講談社 発売
【要旨】モンゴルに広がる砂漠を舞台にした、動物と人間、音楽と文化を背景にした遊牧民たちの愛情の物語です。
2017.11 1Vol. 24×23cm ¥1200 ①978-4-06-220874-1

◆ラッパのつぎはパンツ?　生田竜司文,丸山誠司絵　文芸社
2017.12 23p 25×19cm ¥1200 ①978-4-286-19004-4

◆ラブちゃんのすてきなびようしつ　タナカアイコ作・絵　(名古屋)三恵社
2017.12 1Vol. 21×21cm ¥1550 ①978-4-86487-773-2

◆流木のいえ　石川えりこ作　小学館
【要旨】海のそばにくらす子絵かきは、海岸に流れついた流木をたいせつにくらすいえへ帰ります。流木たちのかつての姿、やぎ、青い馬、オオカミ、トナカイ、じゃんけんするこどもたち―。それぞれの生い立ち、冒険、そして思い出を、絵かきはやさしく聞いてやるのでした。第46回講談社出版文化賞絵本賞受賞作家がつむぐ、やさしくあたたかな物語。
2017.11 1Vol. 27×22cm ¥1400 ①978-4-09-726696-9

◆りょうかんさま　子田重次詩,飯野敏絵　(新潟)考古堂書店　(ほのぼの絵本)　新装版
2017.2 1Vol. 27×19cm ¥1200 ①978-4-87499-857-1

◆りんごとけんだま　鈴木康広作　ブロンズ新社
【要旨】りんごはうちゅう。ぼくたちがすんでいるちきゅうはうちゅうのなかにある。りんごとけんだまはそのひみつをぼくたちにそっとおしえてくれている。世界をひらく、あたらしい見方。
2017.10 1Vol. 27×22cm ¥1400 ①978-4-89309-629-6

◆ルラルさんのだいくしごと　いとうひろし作　ポプラ社　(いとうひろしの本 17)
【要旨】ルラルさんのだいくしごとのうでまえは、なかなかのものです。あまもりするやねぐらいだって、おてのもの。ところが、おもわぬことがおきてしまい…!?「ルラルさんのえほん」シリーズ、第8作目のおはなし。
2017 1Vol. 23×25cm ¥1200 ①978-4-591-15530-1

◆レモンちゃん　さとうめぐみ作・絵　PHP研究所　(PHPにこにこえほん)
【要旨】レモンちゃんはおいしいもりにおともだちをさがしにきました。「なかまにいーれって!」ところが、りんごちゃん、ももちゃん、バナナくんになかまじゃないといわれて…。4～5歳から。
2017.11 1Vol. 24×24cm ¥1300 ①978-4-569-78712-1

◆ろうそく　ぱっ　みなみじゅんこ作　アリス館
【要旨】おはなし会でひっぱりだこ!わらべうたが絵本になりました。「どんぐりころちゃん」に続くわらべうた絵本。みんなでたのしくうたってね♪保育園や幼稚園でおすすめ!
2017.2 1Vol. 27×19cm ¥1100 ①978-4-7520-0810-1

◆ろくろっくびのばけねこしまい　二宮由紀子文,荒戸里也子絵　ブロンズ新社
【要旨】ろくろっくびのばけねこしまい。ろっぴでおんなじにいえにすんでるから、まいにちみんながもつれてたいへん!おしゃれずきな姉妹のたのしみは、ネットでおかいもの。きょう

満員御礼のステージで、はくしゅ大かっさい!
2017.6 1Vol. 29×22cm ¥1400 ①978-4-89309-635-7

◆ロケット発射場の一日　いわた慎二郎作・絵　講談社　(講談社の創作絵本)
【要旨】世界初のモバイル管制で、イプシロンロケットの打ち上げ準備が進められている内之浦宇宙空間観測所。そこでは一つのロケットを打ち上げるために、たくさんの人たちがはたらいています。ロケットを運ぶ人、ロケットを組み立てる人、打ち上げの管制官…。思いをのせたイプシロンロケットが宇宙に向かう発射場の一日…
2017.7 1Vol. 27×22cm ¥1400 ①978-4-06-133330-7

◆ロッタのプレゼント―レトリバーきょうだいのケーキやさん　まつおりかこ作・絵　PHP研究所　(PHPにこにこえほん)
【要旨】レトリバーきょうだいのケーキはいつもだいにんき。おみせをひらくと、おきゃくさんたちがたくさんやってきます。ロッタのしごとはケーキをうること。いつかじぶんもおにいちゃんたちのように、おいしいケーキをつくるのがロッタのゆめです。4～5歳から。
2017.12 1Vol. 24×24cm ¥1300 ①978-4-569-78717-6

◆ロボ木ーと地球　やましたあきのり監修,よこやまえいすけ文,たかみねみきこ絵　(大津)海青社　(木育絵本シリーズ 3)
【要旨】宇宙から帰ったロボ木ーと子どもたちへのメッセージ。地球温暖化防止のために、森の木を育て木材を使うこと、そして光合成の大切さを知る。
2017.3 32p B5 ¥1259 ①978-4-86099-312-2

◆ロボブーマー　菴連也著　風濤社　(本文:日英両文)
【要旨】2000万人に1人のボクは絵の中で楽しく遊ぶ。難病、高IgD症候群と闘う16歳が描く絵本。
2017.10 63p 16×22cm ¥1400 ①978-4-89219-437-5

◆わかったさんのこんがりおやつ―わかったさんとおかしをつくろう!　1　寺村輝夫原文,永井郁子企画・構成・絵　あかね書房
【要旨】「わかったさんのおかしシリーズ」のイラストやおかし作りに加え、新しいレシピもたくさん入ったかわいいイラストブック!この本では、こんがりあつあつのおかしをごちそうします。元のシリーズから「クッキー」「ドーナツ」「アップルパイ」を紹介。ほかにも新しいこんがりレシピでおかしが作れるかわいい一冊。
2017.9 37p 22×18cm ¥1200 ①978-4-251-03791-6

◆わかったさんのひんやりスイーツ―わかったさんとおかしをつくろう!　2　寺村輝夫原文,永井郁子企画・構成・絵　あかね書房
【要旨】「わかったさんのおかしシリーズ」のイラストやおかし作りに加え、新しいレシピもたくさん入ったかわいいイラストブック!この本では、ひんやりあま～いおかしをごちそうします。元のシリーズから「シュークリーム」「プリン」「アイスクリーム」を紹介。ほかにも新しいひんやりレシピが入った楽しい一冊。
2017.9 37p 22×18cm ¥1200 ①978-4-251-03792-3

◆わかったさんのふんわりケーキ―わかったさんとおかしをつくろう!　3　寺村輝夫原文,永井郁子企画・構成・絵　あかね書房
【要旨】「わかったさんのおかしシリーズ」のイラストやおかし作りに加え、新しいレシピもたくさん入ったかわいいイラストブック!この本では、ふんわりあまいおかしをごちそうします。元のシリーズから「ホットケーキ」「ショートケーキ」「クレープ」「マドレーヌ」が登場。新しいふんわりレシピもたくさん紹介。
2017.9 41p 22×18cm ¥1200 ①978-4-251-03793-0

◆和食のえほん　江原絢子監修　PHP研究所　(たのしいしきえほん)
【要旨】おすし、てんぷら、親子丼…日本には、おいしい料理がいっぱい。だけど、それだけじゃないんです。ほかほかのごはんに、あったかいおみそ汁、こうばしい焼き魚や味のしみた煮物など、日ごろおうちで食べている料理も伝統的な和食のひとつ。日本の文化がたっぷりつまった和食の世界をのぞいてみましょう!
2017.9 47p 29×22cm ¥1600 ①978-4-569-78689-6

◆わすれもの　豊福まきこ作　(神戸)BL出版
【要旨】大きな公園のベンチに、ぽつんと置き去りにされたひつじのぬいぐるみ。それは小さな「わすれもの」でした。ひつじは、カラスにつつ

絵本・児童書

かれたり、ベンチから転げ落ちたりしながらも、迎えが来てくれると信じています。けれどあたりが暗くなり、夜になると雨も降ってきて…一昔、どこかに忘れてきた大事なものに、もう一度出会える絵本です。
2017.3 1Vol. 27×22cm ¥1300 ①978-4-7764-0800-0

◆わたしおべんきょうするの　角野栄子作,吉田尚令絵　文溪堂
【要旨】クリちゃんは、いぬのムム、ぬいぐるみのブタコさん、ねこのマコちゃとどんなおべんきょうするのかな？想像がふくらむ、ごっこあそびの絵本。
2017 1Vol. 24×22cm ¥1300 ①978-4-7999-0243-1

◆わたしがノーベルしょうをとったわけ　ナカオマサトシ作,ドーリー絵,滝川洋二監修　フレーベル館　（はじめてのかがくえほん 2）
【要旨】わたしはかんさつがだいすき。あるひ、ふしぎなたまごからみたことのないいきものがうまれたの！「メロウ」となづけたこのこは、ほかのどのいきものともちがうみたい。いったいなにものなんだろう？わたしはメロウのことがしりたくて、かんさつにっきをつけはじめた…。
2017 1Vol. 22×26cm ¥1300 ①978-4-577-04551-0

◆わたしたちのたねまき―たねをめぐるいのちのおはなし　キャスリン・O.ガルブレイス作,ウェンディ・アンダスン・ハルパリン絵,梨木香歩訳　のら書店
【要旨】くりかえしくりかえし、わたしたちは、広く大きな庭に、たねをまいてきました―いのちがつながり、地球というひとつの大きな庭がつくられるようをえがいた、うつくしい絵本。
2017.10 1Vol. 29×25cm ¥1600 ①978-4-905015-34-5

◆わたしのせいじゃない―せきにんについて　レイフ・クリスチャンソン文,にもんじまさあき訳,ディック・ステンベリ絵　岩崎書店　大型版
【要旨】無関心は無責任のはじまり。傍観することは、加担することと同じ。反対しないことは、賛成することと同じ。20年を超えるロングセラー絵本、大きくなって新登場！
2017.2 16p 29×25cm ¥1800 ①978-4-265-85109-6

◆わたしのまちです みんなのまちです　かこさとし作・絵　復刊ドットコム　（かこさとし・しゃかいの本）
【要旨】みんなの住む町ができるまでには、長い長い時間があって、良い事や悪い事、たくさんの出来事がありました…。太古の昔から現代まで。日本の歴史がこの1冊でわかる絵本!!
2017.9 22×19cm ¥2200 ①978-4-8354-5481-8

◆わたしはだあれ？　まつもとさとみ文,わたなべさとこ絵,うしろよしあき構成　KADOKAWA
【要旨】この絵本は、小さな子どもとのコミュニケーションが楽しい絵本です。「だれかな。だれかな…」の後、子どもが応えるのを待ってあげてください。次のページの「あったーりーっ！」で、読み手も、子どもも、ハッピーになれます！小さな子どもは、なんど読んであげても、答えがわかっていても、喜んでくれるでしょう。あったりがうれしくて！だあれ？だあれ？の行進が楽しそうで！1、2がある。
2017.7 1Vol. 20×20cm ¥950 ①978-4-04-105665-3

◆わたり鳥　鈴木まもる作・絵　童心社
【要旨】世界のわたり鳥113種の旅―空を旅する命ものがたり。
2017.3 40p 26×26cm ¥1500 ①978-4-494-01000-4

◆わんぱくだんのおかしなおかしや　ゆきのゆみこ,上野与志作,末崎茂樹絵　ひさかたチャイルド
【要旨】おなかがへったわんぱくだんのけん、ひろし、くみ。すると、めのまえに『おかしなおかしや』というふしぎなおみせがあらわれました。とびらのなかにはいると、きゅうにからだがうきあがって…!?
2017 36p 26×25cm ¥1200 ①978-4-86549-101-2

◆ん ひらがな大へんしん！　まつもとさとみ作,すがわらけいこ絵　汐文社
【要旨】みんなは、ひらがなの「ん」の字、じょうずに書けるかな？なっちゃんははたがいまれんしゅう中。そんなときぴょんぴょんはねる「ん」があらわれて…。
2017 63p 22×16cm ¥1200 ①978-4-8113-2388-6

◆Bam and Kero Go Flying―バムとケロのそらのたび・英語版　島田ゆか作・絵,クリストファー・ベルトン英訳　文溪堂（本文：英文）
【要旨】英語でバムとケロの世界を楽しもう。
2017 1Vol. 22×28cm ¥1500 ①978-4-7999-0103-8

◆My Name is Luck ぼくのともだち　うよたかやま作・絵　（名古屋）三恵社
2018.1 1Vol. 16×16cm ¥1500 ①978-4-86487-785-5

◆UMA水族館　山田玲司著　文響社
【要旨】ここは、世界一ふしぎな水族館。「ぼくは知ってる。何でも知ってる」そう思っていた少年が、知らない生き物＝UMAばかりの水族館に迷い込んで…。著書累約530万部の漫画家が贈る、可愛くて、子どもの想像力がどんどんふくらむ絵本図鑑。トリネコ、イカクマ、ブタフライ…といった、誰も知らない最新UMAの100匹図鑑が楽しい！カバーを裏返すと、100匹のUMAがいっぱいのポスターになります！
2017.6 64p 19cm ¥1420 ①978-4-905073-94-9

児童文学

民話・神話

◆古事記―日本の神さまの物語　那須田淳文,よん絵,加藤康子監修　学研プラス　（10歳までに読みたい日本名作 8）
【要旨】とじこもった女神さまを外に出そうと、神さまたちが力を合わせたり、海の国や、地下の国へ行ったり…。ふしぎでおもしろい、神さまたちの物語。カラーイラストいっぱい！お話図解「物語ナビ」つき！
2017.11 153p A5 ¥940 ①978-4-05-204722-0

◆子どものためのまんがで読む古事記 1　久松文雄著　青林堂
【要旨】わかりやすいと好評を得ていた作品を総ルビにして、お子さまにも読めるようにしました。古事記の内容にもっとも忠実な作品です。神道文化賞受賞作品！
2017.1 207p A5 ¥1000 ①978-4-7926-0576-6

◆日本の神さま―古事記の物語　時海結以文,椎名優絵　講談社　（講談社青い鳥文庫）
【要旨】ふしぎな話と、冒険、恋、そして戦い。日本の神さまのすがたを生き生きとえがいた「古事記」。その中から有名な神話を選んで一冊に。天を治める女の神・アマテラス、その弟で、ヤマタノオロチを退治したあばれんぼうのスサノヲ、いじわるをされたうさぎを助けたオオナムヂ、強ゆえに親に遠ざけられた悲劇の王子ヤマトタケルなど、個性的な神さまが続々登場！小学中級から。
2017.10 156p 18cm ¥600 ①978-4-06-285659-1

◆リスベート・ツヴェルガーの聖書物語　ハインツ・ヤーニッシュ文,リスベート・ツヴェルガー絵,小森香折訳　（神戸）BL出版
【要旨】はじまりは言葉だった。言葉は、神とともにあった。世界はまだ名をもたず、かたちもなく、たぶん暗いやみにおおわれていた。そこで神は「光あれ！」と言った。天地創造にはじまる、神と人間との壮大な物語。旧約聖書十二篇、新約聖書二十篇をもとに、物語として再構成しています。世界的な絵本作家リスベート・ツヴェルガーによる魅力あふれる聖書物語の決定版。
2017.11 139p 27×23cm ¥3000 ①978-4-7764-0772-0

日本の児童文学・名作

◆アイスクリームが溶けてしまう前に―一家族のハロウィーンのための連作　小沢健二,日米恐怖学会著　福音館書店
【要旨】このお話を読むと…ハロウィーンが身近になります。ハロウィーンが愉快になります。小さな誰かと話したくなります。
2017.9 62p 22×16cm ¥1400 ①978-4-8340-8353-8

◆アイドル×戦士 ミラクルちゅーんず！　松井香奈著・脚本,中村雅コンセプトストーリー,三池崇史総監督,藤平久子,青山万史脚本,小倉あすかイラスト　小学館　（小学館ジュニア文庫）
【要旨】初めまして、一ノ瀬カノンです！歌うこと、踊ること、食べることが大好きな小学六年生。ある日、憧れの大人気アイドル・神咲マイちゃんのメンバー募集をダメもとで受けたら、なんと合格しちゃった！そしたらポップというピンクのかわいい妖精が現れて、「魔王に支配された音楽の国を救ってほしいブン」って…まさか夢？と混乱していると、さらにマイちゃんからも、アイドル戦士『ミラクルちゅーんず！』の一員として、一緒に戦ってほしいと言われて―！
2017.3 195p 18cm ¥700 ①978-4-09-231155-8

◆愛の湖―大塚静正ものがたり短編集　大塚静正著　創英社/三省堂書店
【要旨】大塚静正が照らし出した、愛のものがたり、価値観を崩壊させたところに見える真実の、希望のものがたり、あなたのなかのなにかをあぶり出してしまう、秘密のものがたり。全59篇。
2018.1 439p 23×16cm ¥1600 ①978-4-88142-324-0

◆青いスタートライン　高田由紀子作,ふすい絵　ポプラ社　（ノベルズ・エクスプレス）
【要旨】あの海を泳ぎたくなったわけが、少しだけわかった気がした。ぼくも…きっと種をまきたかったんだ。そして、ちょっとしたことでふらふらしない、ぼくだけの根っこを育てたいって思ったのかもしれない。佐渡の青い海で一キロの遠泳にいどむ夏。まぶしい絆が、少年の心をつよくする―さわやかな成長物語。
2017 263p 19×14cm ¥1300 ①978-4-591-15500-4

◆青空トランペット　吉野万理子作,宮尾和孝絵　学研プラス　（ティーンズ文学館）
【要旨】小学校6年生の広弘は、父、妹、それに仲良しの建太郎、トモちんといっしょに、野球の応援をするのが、一番の楽しみ。ところがある日、建太郎が「応援」引退宣言。親に「応援する人じゃなく、応援される人になれ」といわれたらしい。建太郎だけでなく、トモちんや、自分が守ると思っていた妹まで、少しずつゆめに向かいはじめ、あせる広弘。そんな広弘に、父は言葉をかけた一。人は誰かを応援したり、応援されたりながら生きていく。2016年のベイスターズと交錯する、熱い"応援"ストーリー。
2017 231p B6 ¥1400 ①978-4-05-204709-1

◆あぐり☆サイエンスクラブ：秋と冬、その先に　堀米薫作,黒須高嶺絵　新日本出版社
【要旨】田植え以来、稲の成長を見守ってきた「あぐり☆サイエンスクラブ」。学たちは、おいしい新米が食べられるのか―？
2017.10 173p B6 ¥1400 ①978-4-406-06171-1

◆あぐり☆サイエンスクラブ：夏―夏合宿が待っている！　堀米薫作,黒須高嶺絵　新日本出版社
【要旨】学と雄成、奈々は「あぐり☆サイエンスクラブ」の仲間だ。種まきからずっと稲の成長を見守ってきた。気持ちいいぞ！青田風。でも、お米を採るって、こんなに大変なことなの？
2017.7 156p B6 ¥1400 ①978-4-406-06151-3

◆あぐり☆サイエンスクラブ：春―まさかの田んぼクラブ!?　堀米薫作,黒須高嶺絵　日本出版社
【要旨】学は、「あぐり☆サイエンスクラブ員募集」のチラシをひろう。「野外活動。合宿あり」―おもしろいことが待っていそうな予感！農業は科学。田んぼはミラクルワールドだ！
2017.4 176p B6 ¥1400 ①978-4-406-06133-9

◆あさひなぐ　日笠由紀著,こざき亜衣原作,英勉脚本　小学館　（小学館ジュニア文庫）
【要旨】元美術部で運動音痴の東島旭は、この春、高校に入学したばかり。高校の部活界におけるアメリカンドリーム」という言葉にひかれ、薙刀部に入部を決めた。新しく入った将子とくらくらと練習に励む中、夏合宿を迎える。合宿の舞台は山寺。そこには想像を超える地獄が待っていた!!尼僧・寿慶の鬼の指導のもと、部員全員が極限まで薙刀に打ち込むはずが、なぜか旭だけ寺の水汲みをやらされている。悔し涙を流しながらも耐える旭の心に見えてきたのは!?青春を薙刀にかける女の子たちの汗と涙と笑いの物語。
2017.9 199p 18cm ¥700 ①978-4-09-231191-6

◆あした飛ぶ　東田澄江作, しんやゆう子絵
学研プラス　(ティーンズ文学館)
【要旨】姫島に引っこしてきた星乃は、クラスのだれとも関わらず、心を閉ざして毎日を過ごしていた…。ある日、はねに「リュウセイ」と書かれた蝶、アサギマダラをつかまえる―。旅する蝶がつなぐ奇跡の物語。第25回小川未明文学賞大賞受賞作品。
2017.11 156p B6 ¥1400 ①978-4-05-204695-7

◆明日のひこうき雲　八東澄子著　ポプラ社
(teens' best selections)
【要旨】家族の問題に直面し、晴れない心を抱える遊。ある日、遊の目にとびこんできた、ひとりの少年。おもむろにふりかえった鋭いまなざしを見た、そのとき、一遊は恋に落ちた。そこから、遊の生活が変わりはじめる。14歳の等身大の、恋、友情、葛藤を描く青春小説！
2017 286p 20×13cm ¥1400 ①978-4-591-15429-8

◆頭のいい子を育てるおはなし どうぶつだいすき！　主婦の友社編　主婦の友社
【目次】本当にあったどうぶつのおはなし（南極で生きぬいたタロとジロ、野生の少女ティッピ、ごめんねトンキー、忠犬ハチ公、お母さんになったヤギ、出動！ペットたんてい、ホッキョクグマの赤ちゃんを育てる！、すてられた犬や猫を助けたい）、語りつぎたいどうぶつのおはなし 日本編（くまのこポーロ、ごんぎつね、おむすびころりん、サルカニ合戦、ツルの恩返し、十二支のおはなし、花さかじいさん、手ぶくろを買いに）、語りつぎたいどうぶつのおはなし 世界編（みにくいアヒルの子、大きなかぶ、ウサギとカメ、オオカミと七ひきの子ヤギ、ちっちゃなサンボ、ブレーメンの音楽隊、三びきのクマ、子ジカのバンビ、長ぐつをはいた猫、スーホと白い馬、フランダースの犬）
2017.3 207p 23×19cm ¥1400 ①978-4-07-419609-8

◆アニメ絵本 映画かいけつゾロリZZ（ダブルゼット）のひみつ　原ゆたか, 原京子監修, BNピクチャーズ, 亜細亜堂絵　ポプラ社
【要旨】なぞの空間にすいこまれ、行きついた先は見知らぬ街。ゾロリたちは、そこですてきなレディに出会う。「まるで運命の出会いのよう…！」なんと、そのレディは若き日のゾロリママだった！？ゾロリたちをまちうける運命とは、いったい…！？映画のストーリーやキャラクターを完全紹介！30周年記念作品映画のオフィシャルブック。
2017 111p 21×15cm ¥1000 ①978-4-591-15661-2

◆天の川のラーメン屋―たべもののおはなし ラーメン　富安陽子作, 石川えりこ絵　講談社
(たべもののおはなしシリーズ)
【要旨】ラーメン、さいこう！天の川ラーメンなら、もっとさいこう！おはなしを楽しみながら、たべものがもっと好きになる！小学初級から
2017.2 74p A5 ¥1200 ①978-4-06-220440-8

◆雨ふる本屋とうずまき天気　日向理恵子作, 吉田尚令絵　童心社
【要旨】さあいこう嵐をこえてあたらしいわたしに出会うために―"雨音のきこえる"大人気シリーズ、待望の第3弾！
2017.5 358p B6 ¥1400 ①978-4-494-02053-9

◆あやしの保健室 2　思いがけないコレクション　染谷果子作, HIZGI絵　小峰書店
【要旨】いつでも、おいでなさいませ。お力になりましてよ。次なる舞台は、海のそばの小さな小学校。進学・ダイエット・別れetc…妖乃は新たな悩みに出会う。
2017.4 182p B6 ¥1300 ①978-4-338-30502-0

◆あるかしら書店　ヨシタケシンスケ著　ポプラ社
【要旨】"ちょっとヘンな本ってあるかしら？""これなんてどうかしら！"いよいよ「本の時代」がやってくる！！「りんごかもしれない」の絵本作家、ヨシタケシンスケが描く妄想書店、本日開店！
2017.6 102p A5 ¥1200 ①978-4-591-15444-1

◆ある日 犬の国から手紙が来て―家族の樹　松井雄功絵, 田中マルコ文　小学館（小学館ジュニア文庫）
【要旨】遠い空の向こう、虹の橋を渡った場所にある「犬の国」。そこは犬たちがまるで人間の世界のように好きな町に住み、好きな仕事をしながら楽しく暮らしています。そして、「犬の国」では、大切な人にただ一度だけ手紙を出すことができるのです―。この物語は、ある一家に届いた、犬の国からの手紙を5編収録しています。りんごの樹が庭に植えられた家に住むある家族と、犬たちのお話です。犬たちは家族にどんな手紙を書くのか…。飼い主と犬のきずなを描いた感動ストーリー集。
2017.12 197p 18cm ¥700 ①978-4-09-231193-0

◆安寿姫草紙　三田村信行作, romiy絵　ポプラ社（ノベルズ・エクスプレス 36）
【要旨】母親と生き別れ、強欲な山椒太夫のもとで過酷な労働を課される安寿と厨子王の姉弟。命を懸けて弟を守る強くやさしい姫の感動の物語。
2017 447p B6 ¥1500 ①978-4-591-15593-6

◆アンティークFUGA 6 永遠なる者たち　あんびるやすこ作, 十々夜画　岩崎書店（フォア文庫）
【要旨】両親を閉じ込めた精霊をついに追い詰めたが、あと一歩のところで逃げられてしまう。もっと強力に封印するための器物を捜し求める風雅たち。両親を救うことはできるのか？いよいよ完結へ！
2017.4 201p 18cm ¥650 ①978-4-265-06494-6

◆いじめ―勇気の翼　武内昌美著, 五十嵐かおる原案・イラスト　小学館（小学館ジュニア文庫）
【要旨】「いじめは絶対ダメ」凛花の母が事あるごとに言っていた言葉だ。普段は優しくて穏やかな母。だけど、いじめの話になると、厳しい口調で凛花に言うのだ、「いじめを見たら絶対止めて」と。もちろん凛花もいじめなんてしない。だけど凛花のグループにいる、いじられキャラの女の子。彼女は何をされてもニコニコ笑っていた。だから思っていたのだ、「これは仲良しグループの遊びだ」って…。ネットや新聞で話題ふっとうの「いじめ」シリーズ。ノベルズ第9弾です。
2017.1 185p 18cm ¥700 ①978-4-09-231139-8

◆一礼して、キス　橋口いくよ作, 加賀やっこ原案・イラスト　小学館（小学館ジュニア文庫）
【要旨】「俺は先輩のこと、ずっと見てましたよ…」。高校三年生の岸本杏の弓道ときめく姿に恋をした、高校二年生の三神曜太。恋に不器用で、相手を傷つけるほど愛してしまう三神にとまどいながら、必死でその思いに応えようとする杏。両想いのはずなのに、誤解や不安ですれ違ってしまうふたりに、また新たなる波乱の予感が…。一途すぎるふたりの恋から目がはなせない！コミック累計100万部突破の大人気漫画の劇場版、完全ノベライズ。
2017.10 167p 18cm ¥680 ①978-4-09-231197-8

◆イラストストーリー妖怪ウォッチ―メリケン妖怪大集合の巻　レベルファイブ原作・監修, あさだみほ絵, 福田幸江文　小学館（ビッグコロタン）
【要旨】トムニャンをはじめとした、新しいメリケン妖怪たちがぞくぞく登場！「妖怪ウォッチドリーム」も手に入れて、おもしろい読みものとクイズで海を越えて広がる妖怪ワールド!!シリーズ第5弾！小学生向け読みものブック。
2017.7 135p B6 ¥800 ①978-4-09-259156-1

◆うさぎをカメ！　のむらとしや作・絵　東京図書出版, リフレ出版 発売
【要旨】あのうさぎとカメのおはなしのすうねんごふたたびふたりにたいけつのときが！そしてなんともいがいなてんかいに!?おともだっていい！ひとりでできないこともふたりでちからをあわせればなんとかできる！
2017.2 1Vol. A5 ¥1200 ①978-4-86641-038-8

◆うらない師ルーナと三人の魔女―魔法の庭ものがたり 21　あんびるやすこ作・絵　ポプラ社（ポプラ物語館）
【要旨】冬のマーケットで「うらない屋さん」をひらくことにしたジャレット、スー、エイプリル。そこへも有名なうらない師、ルーナがやってきて…。
2017 149p 21×16cm ¥1000 ①978-4-591-15662-9

◆映画くまのがっこう―パティシエ・ジャッキーとおひさまのスイーツ　あいはらひろゆき著　小学館（小学館ジュニア文庫）（付属資料：シール）
【要旨】みんななかよくくらしている、12ひきのくまのこたち。いちばんさいご、たったひとりのおんなのこのジャッキーは、パティシエになりました。ある日、みんなが作ったスイーツをひとりで食べてしまったジャッキーは、おにいちゃんたちに怒られて草原へ。そこで見習いパティシエのミンディと出会います。なんと、ミンディのおうちは「スイーツランド」というスイーツ屋さん。スイーツが大好きなジャッキーはスイーツランドでパティシエのしゅぎょーをすることになって…。
2017.7 190p 18cm ¥680 ①978-4-09-231175-6

◆映画ノベライズ版 二度めの夏、二度と会えない君　時海結以著, 赤城大空原作, 中西健二監督, 長谷川康夫脚本　小学館（小学館ジュニア文庫）
【要旨】北高の3年生・篠原智のクラスに、森山燐が転校してくる。彼女の夢は、この高校でバンドを組み、文化祭でライブをすること。夢を叶え、さらに余韻もさめやらぬ中、倒れる燐。彼女の余命は残りわずかだった。そのことを聞かされ、言ってはいけない言葉を口にしてしまった智。燐は悲しみの言葉を残したまま、この世を去ってしまう。自分の一言を後悔し続ける智は、突然、燐と出会ったころの世界へまい…!?話題の映画『ニドナツ』ノベライズ！
2017.8 196p 18cm ¥700 ①978-4-09-231185-5

◆映画 未成年だけどコドモじゃない　宮沢みゆき著, 水波風南原作, 保木本佳子脚本　小学館（小学館ジュニア文庫）
【要旨】高校の王子様・鶴木尚に一目惚れした、世間知らずなお嬢様・折山香琳。16歳の誕生日に、両親からプレゼントされたのは、なんと尚との"結婚"だった！だけど尚にとっては"金目当て"の政略結婚。しかも「顔で結婚を決めるような女、大っ嫌いなんだ」と超冷たい。香琳は尚を振り向かせようと努力するけれど―？そんな中、香琳に想いをよせる、幼なじみの海老名五十鈴に"絶対秘密の結婚"がバレてしまい、離婚を迫られてしまう！「俺が香琳の望み、全部叶える―」という五十鈴だけど…？さて、香琳の運命の旦那様はどっち？
2017.12 198p 18cm ¥700 ①978-4-09-231203-6

◆映画 妖怪ウォッチ―空飛ぶクジラとダブル世界の大冒険だニャン！　新倉なつき著, 日野晃博製作総指揮・原案　小学館（小学館ジュニア文庫）
【要旨】いつもどおりの日常を過ごしていた天野ケータたち。だけど突然、空にクジラが空に現れ、大きな鳴き声が響き渡った"ホゲェー!!"。世界がぐにゃりと歪みだし、クマの毛穴が空いて、ウィスパーも厚みがある質感になっていた！「これがオレ!?なんか変じゃない？」フミちゃんもクマカンチも変わっていなくけど、世界の変化に気づいているのはケータと妖怪たちだけ。これで絶対に妖怪のしわざだよね！2つの世界を行き来する、大冒険の始まりっ！
2017.1 195p 18cm ¥700 ①978-4-09-231138-1

◆映画 妖怪ウォッチ―シャドウサイド鬼王の復活　レベルファイブ原作, 妖怪ウォッチ制作委員会監修　小学館（まるごとシールブック）（付属資料：シール）
【目次】スペシャルステッカー、ジバニャン、コマさん、エンマ大王VS蛇王カイラ、エンマ大王＆覚醒エンマ、蛇王カイラ＆ぬらりひょん、不動明王、幻魔たち、五右衛門・お松、義経・弁慶 [ほか]
2017.12 27p 11×10cm ¥560 ①978-4-09-735560-1

絵本・児童書

◆映画 妖怪ウォッチ—シャドウサイド鬼王の復活　松井香奈著, 日野晃博製作総指揮・原案・脚本, レベルファイブ原作, レベルファイブ・妖怪ウォッチ製作委員会監修　小学館（小学館ジュニア文庫）
【要旨】ケータが主人公の世界から30年後。数千年に一度、地球を襲う妖怪ウイルス『鬼まろ』によって、人間と妖怪の世界の危機にさらされていた。この危機を救えるのは、新たな『妖怪ウォッチ』に選ばれた少年。そして選ばれたのは、ケータの娘のナツメだった。ウィスパーから『妖怪ウォッチエルダ』を受け取ったナツメは、妖怪を操る少年アキノリや伝説の猫妖怪ジバニャンたちと、鬼まろに立ち向かう！大ヒット映画が、ノベライズで登場！
2017.12 196p 18cm ¥700 ①978-4-09-231207-4

◆江戸っ子しげぞう—あたらしい友だちができたんでい！の巻　本田久作作, 杉験貴史絵　ポプラ社　（江戸っ子しげぞうシリーズ 2）
【要旨】またまた、おいらに友だちができたっでい！しかも、ひとりと一ぴきだぜ。え？なんでだちが一ぴきなのかって？そいつを知りたかったら、エンリョはいらねえ。とっととページをめくってくんな！
2017.7 175p 21x15cm ¥1200 ①978-4-591-15427-4

◆おおかみこどもの雨と雪—細田守作品集　細田守著　汐文社
【要旨】"おおかみおとこ"と恋に落ちした花は、雪と雨という2人の"おおかみこども"を授かるが、彼は帰らぬ人に。残されたこども達が、"人間"と"おおかみ"どちらの生き方も選べるように、花は大自然豊かな田舎町へと移り住む。母と子の13年間にわたる感動の物語。
2017 244p B6 ¥1700 978-4-8113-2411-1

◆オオカミのお札 1 カヨが聞いた声—江戸時代　おおぎやなぎちか作, 中川学絵　くもん出版　（くもんの児童文学）
【要旨】「大神さま、お願いします。ナツを治してください。それから、ナツの顔に…」江戸時代の祈りごと。
2017.8 109p 20x14cm ¥1000 ①978-4-7743-2699-3

◆オオカミのお札 2 正次が見た影—戦時下　おおぎやなぎちか作, 中川学絵　くもん出版　（くもんの児童文学）
【要旨】「大神さま、おじゃんがぶじに帰ってきますように」「そうじゃないだろ、りっぱに戦えますように、だろ」戦時下の願いごと。
2017.8 109p 20x14cm ¥1000 ①978-4-7743-2700-6

◆オオカミのお札 3 美咲が感じた光—現代　おおぎやなぎちか作, 中川学絵　くもん出版　（くもんの児童文学）
【要旨】「お姉ちゃんが幸せになりますように、ってお願いしたのに…。大神さまもかなわなかったって、こと？」現代ののみごと。
2017.8 109p 20x14cm ¥1000 ①978-4-7743-2701-3

◆大林くんへの手紙　せいのあつこ著　PHP研究所　（わたしたちの本棚）
【要旨】学校に来なくなった大林くんに、クラス全員で手紙を書いた。適当に「作文」してしまうことを後悔した文香は、悩んだ末にまずこの一行だけのウソのない手紙を書くことに。大林くんの心が動く日は来るのだろうか？
2017.4 175p B6 ¥1300 ①978-4-569-78651-3

◆お母さんの生まれた国　茂木ちあき作, 君野可代子絵　新日本出版社
【要旨】お母さんは、国境を越えて難民になった一。湿った空気、エアコンなしのバス、にぎわうオールドマーケット一売りの少女に、幼いお母さんの姿が重なる。
2017.12 171p B6 ¥1500 ①978-4-406-06185-8

◆緒崎さん家の妖怪事件簿　築山桂著, かすみのイラスト　小学館　（小学館ジュニア文庫）
【要旨】妖怪が住んでいたという竹取屋敷の取り壊し日に立ち会うことになった緒崎若菜。でもそこに現れたのは、イケメンの酒呑童子！でも、ふもふ妖怪の鵺？！なんと伝説の大妖怪がよみがえっちゃった？！さらにはあの浦島太郎やヤマタノオロチまで現れて、若菜は竹取屋敷で一緒に住むことに。妖怪と言っても、見た目はイケメンなの男の子だから、幼なじみのキンチーとドキドキな？！、町ではアイドルのおじいちゃんになったり、大雨が起こす事件で大変です！
2017.2 189p 18cm ¥650 ①978-4-09-231148-0

◆緒崎さん家の妖怪事件簿—桃×団子パニック！　築山桂著, かすみのイラスト　小学館　（小学館ジュニア文庫）
【要旨】もふもふ妖怪の鵺とイケメン酒呑童子と一緒に、竹取屋敷に住んでいる緒崎若菜。なぜか妖怪がたくさん現れちゃうなかで、今度は町に団子を盗む猿が現れて「これも妖怪？」と不思議に思っていたら、大人気アイドルのハヤテも団子が好きな犬に懐かれている、と相談にやってきた。「もしかしてハヤテって桃太郎！？」そのほかにも、絵を描くことが大好きな天狗が町中に落書きをしたり、正義のたぬき妖怪が呪いをかけてきたりとー！？今日の緒崎さん家もドタバタです！
2017.7 189p 18cm ¥650 ①978-4-09-231180-0

◆おてつだいおばけさん—まんぷくラーメンてんてこまい　季巳明代作, 長谷川知子絵　国土社
【要旨】まりんちゃんは、「まんぷくラーメン」の女の子。おてつだいおばけさんたちのかつやくで、お店はいつも大いそがし。ところが、「ラーメンサービスデー」の日に、ふしぎなゆうれい文字が…。
2017.3 60p A5 ¥1200 ①978-4-337-10802-8

◆おてつだいおばけさん—まんぷくラーメン対びっくりチャンポン　季巳明代作, 長谷川知子絵　国土社
【要旨】まりんちゃんは、「まんぷくラーメン」の女の子。おてつだいおばけさんのかつやくで、お店はいつも、いそがし。ある日、「びっくりチャンポン」と「まんぷくラーメン」の、味くらべをすることに。
2017.7 62p A5 ¥1200 ①978-4-337-10803-5

◆おとぎの国のNico　原明日美漫画, 桑原美保文　小学館
【要旨】ニコは本が大すきな女の子。ある日、光るふしぎな本を見つけてペンダントのカギをつかってあけてみると…なんと！本に書かれているとぎ話のせかいに入りこんでしまったのです。
2017.7 63p A5 ¥1000 ①978-4-09-289758-8

◆おとのさま、小学校にいく　中川ひろたか作, 田中六大絵　俊成出版社　（おはなしみーつけた！シリーズ）
【要旨】1年1組のみなさん、今日は、よろしくおねがいします！1日だけ小学校に行けるようになったおとのさまは…。小学校低学年向け。
2017.12 60p 20x16cm ¥1200 ①978-4-333-02770-5

◆お悩み解決！ズバッと同盟 おしゃれコーデ、対決！？　吉田桃子著, U35イラスト　小学館　（小学館ジュニア文庫）
【要旨】「学校に着ていく服がなーい！」月野森みきこは今日もコーデに悩んでいた。ママと買い物に行っても、「高い服はダメ！」とか言われて全然おしゃれできないし！そんな悩みをズバッと同盟、さおりちゃんとナオと話していたら「アトリエ・アミ」という小さな洋服屋さんと一緒にファッションコンテストに出場することに。しかも対決相手は有名な洋服屋『ロリポップ』のふたごモデル・ルルとヒナ！みんなの悩みのおしゃれ問題も「ズバッと同盟」が解決しちゃうよ！
2017.7 189p 18cm ¥650 ①978-4-09-231169-5

◆おねえちゃんって、いっつもがまん！？　いとうみく作, つじむらあゆこ絵　岩崎書店　（おはなしトントン）
【要旨】「いもうとってかわいいでしょ？」みんないうけど、そんないいもんじゃない。だってまるでかいじゅうなんだもん。もうすぐあたしのうんどうかい。おべんとうはいもうとがすきなおいなりさん！？おねえちゃんの気持ちによりそって、その成長していく姿を追う。小学校低学年むけ。
2017.7 71p 22x16cm ¥1000 ①978-4-265-07406-8

◆お願い！フェアリー—好きな人に、さよなら？　みずのまい作, カタノトモコ絵　ポプラ社
【要旨】どうしよう！わたしたちが「つきあってる」こと、みんなにバレちゃった…。恋する女の子が知りたい気持ちがつまってる！必読の最新刊。
2017 215p B6 ¥880 ①978-4-591-15544-8

◆オバケとキツネの術くらべ—ギナ屋敷のオバケさん　富安陽子作, たしろちさと絵　ひさかたチャイルド
【要旨】料理研究家のオバケさんは、オバケではありません。でも、このあだ名のせいで、本物のオバケたちは、勝手に、オバケさんを仲間だ

と思っています。ある日、テンテル山に住む意地悪ギツネが、オバケさんに術くらべを挑んできて…。おいしいレシピ付！
2017 111p A5 ¥1300 978-4-86549-097-8

◆おばけのたんけん—おばけのポーちゃん 6　吉田純子作, つじむらあゆこ絵　あかね書房
【要旨】ポーちゃんは、こわがりなおばけ。今日は、おばけ小学校の社会科見学で、地獄へ。ところが、みんなとはぐれてしまい…！？「奪衣婆」「最猛勝」「火象」のほかに、いろいろな鬼や、閻魔大王にもにも出会う、力いっぱいなお話。
2017.7 73p A5 ¥1000 ①978-4-251-04536-2

◆おばけ遊園地は大さわぎ—おばけ美術館 5　柏葉幸子作, ひらいたかこ絵　ポプラ社　（ポプラの木かげ 32）
【要旨】「おばけ美術館」で夜中にふしぎな声がするという…。館長のまひるがおばけたちにたずねると、なんと、人間の赤ちゃんのベビーシッターをしているというのです！そのわけは…。「もの」にやどる想いが人をつなぐ、あたたかなファンタジー！
2017 127p 21x16cm ¥980 ①978-4-591-15395-6

◆おはなし 猫ピッチャー—ミー太郎、ニューヨークへ行く！の巻　江橋よしのり著, そにしけんじ原作・カバーイラスト, あさだみね挿絵　小学館　（小学館ジュニア文庫）（付属資料：シール）
【要旨】ミー太郎は、ニャイアンツに所属する球界初の猫ピッチャー。ある時、ミー太郎人気を聞きつけたニューヨーク・ニャンキースから日米親善試合の申し入れがあり、ニャイアンツはアメリカに遠征することになった。ニャンキースのサッターバーグ会長にも対面し、浮かれるメンバーだったが、試合前日、ホテルにいたはずのミー太郎が行方不明になってしまい…。ミー太郎は一体どこへ行ってしまったのか？謎の猫バッターも登場して、ニャンキー・スタジアムは大騒ぎ。果たしてミー太郎の運命は！？
2017.2 189p 18cm ¥680 ①978-4-09-231149-7

◆おはなしのろうそく 6　東京子ども図書館編　東京子ども図書館
【目次】うたうふくろ、おるだんさんとおかみさんの話、なら梨とり、ついでにペロリ、仕立やのイチカさんが王さまになった話
2017.1 47p A6 ¥500 ①978-4-88569-105-8

◆おはなしのろうそく 22　東京子ども図書館編　東京子ども図書館
【目次】こぶたのバーナビー、ふうせんふくらまそ、金の腕、ティッキ・ピッキ・ブン・ブン、心臓がからだのなかにない巨人、話す人のために、お話とわたし
2017.9 47p A6 ¥500 ①978-4-88569-121-8

◆おはなしのろうそく 25　東京子ども図書館編　東京子ども図書館
【目次】お月さまの話、浦島太郎、ブラックさんとブラウンさん(指遊び)、北斗七星、子どもと馬、話す人のために、お話とわたし
2017.3 47p A6 ¥500 ①978-4-88569-124-9

◆オムレツ屋のベビードレス　西村友里作, 鈴木びんこ絵　国土社
【要旨】尚子は、フリーライターの母さんの仕事のつごうで、しばらくの間、「オムレツ屋」で暮らすことになった。オムレツ屋はいま、赤ちゃんを迎えるよろこびでいっぱい。だが、その中で、足に障害をもつ敏也の気持ちはゆれていた…。海外の取材で出会った少女とのやりとりを重ねながら、命の重さと、力いっぱい生きる大切さを伝えるハートウォーム物語。
2017.6 129p A5 ¥1300 ①978-4-337-33631-5

◆オリンピックのおばけずかん　斉藤洋作, 宮本えつよし絵　講談社　（どうわがいっぱい）
【要旨】四ねんに一どのオリンピックにも、なんと、おばけが！でも、このおはなしをよめば、だいじょうぶ！小学1年生から。
2017.11 72p A5 ¥1100 ①978-4-06-199620-5

◆おれたちのトウモロコシ　矢嶋加代子作, 岡本順絵　文研出版　（文研じゅべにる）
【要旨】田舎に引っ越してきた転校生の竜也は、友だちの真琴、健の三人で、旅行のお金をつくるため、トウモロコシを育てはじめる。カラスに種を食べられたり、台風にやられたり、泥棒にねらわれたり、三人はトウモロコシを守るため、知恵を出し合い、体を張ってがんばる。
2017.5 159p A5 ¥1300 ①978-4-580-82312-9

◆終わる世界でキミに恋する―星空の贈りもの　新倉なつき著, 能登山けいこ原作・イラスト　小学館　(小学館ジュニア文庫)
【要旨】余命1年。それが岬に残された時間だった。わずかな時間でも、運命の人とかけがえのない時間をすごしたい、そう願い懸命に生きていた。そんなある日、岬が住む施設「星空の家」に立ち退き要求がつきつけられる。このままでは住むところがなくなってしまう…。窮地に立つ岬の前に現れたのは、「魔王」レイだった！
2017.7 190p 18cm ¥650 ①978-4-09-231182-4

◆かいけつゾロリのかいていたんけん　原ゆたか作・絵　ポプラ社　(かいけつゾロリシリーズ 61)　(付属資料：フィギュア1 (初回限定))
【要旨】うらしまたろうがりゅうぐうじょうでどんなおもてなしをうけたのかしりたくないか？海のしんぴをきみたちにおみせしよう!!
2017 103p A5 ¥900 ①978-4-591-15492-2

◆かいけつゾロリのちていたんけん　原ゆたか作・絵　ポプラ社　(かいけつゾロリシリーズ 62)
【要旨】おれさまとちていのしんぴをみにいくぜ!!「かいけつゾロリ」30周年記念作品。
2017 100p 21×15cm ¥900 ①978-4-591-15619-3

◆怪盗グルーのミニオン大脱走　澁谷正子著　小学館　(小学館ジュニア文庫)
【要旨】大人気イルミネーション映画『怪盗グルー』シリーズの最新作をノベライズ！世界最大のデュモン・ダイヤが盗まれた。犯人は、グルーの新たなライバルで悪党のバルタザール・ブラットだ。グルーとルーシーは現場に急行し、ダイヤを取り戻すが、ブラットを逃がしたため反悪党同盟をクビになってしまう。一方、ミニオンたちはグルーが悪党に戻ることを期待するが、グルーの心は変わらず、家出してしまう。そんなグルーの前にひとりの男があらわれ、衝撃の事実を告げた！
2017.7 196p 18cm ¥730 ①978-4-09-231176-3

◆かえたい二人　令丈ヒロ子作　PHP研究所
【要旨】「変人」だから「ちょっとかわいい女の子」にあこがれる。「お嬢様」だから「悪魔少女」にあこがれる。真逆を求める幼なじみ女子の成長物語。
2017.9 223p B6 ¥1300 ①978-4-569-78693-3

◆かくされたもじのひみつ　やまもとしょうぞう作・絵　フレーベル館　(ゆうれいたんていドロヒューシリーズ 15)
【要旨】やあ、みんな！ぼくは、ゆうれいたんていのドロヒュースだ。じごくのゆうれいたちがおきおこすじけんのそうさにやってきたんだ。みことちゃんとまことくんのともだちが、ようかいのせいで絵本のなかにとじこめられてしまったんだ。ことばのなかにかくれたことばをみつけて、ふたりをたすけなきゃ！だけどぼくもつかまっちゃって…。みんなの力がひつようなんだ！さあ、いっしょになぞときにゴーゴー、ゴー！
2017 87p A5 ¥900 ①978-4-577-04415-5

◆風夢緋伝　名木田恵子著　ポプラ社　(TEENS' ENTERTAINMENT 16)
【要旨】―300年、きみを待っていた。鬼の少年と出会い、少女はめざめる。自らの「力」、そして運命に。ロマンスの名手が放つ、巡りゆく魂と愛の物語。
2017 237p B6 ¥1400 ①978-4-591-15396-3

◆家族コンプレックス　NHK「オトナヘノベル」制作班編, 長江優子, みうらかれん著　金の星社　(NHKオトナヘノベル)
【要旨】10代が抱える悩みや不安、知りたい気持ちにトコトンこたえる、NHK Eテレの人気番組「オトナヘノベル」。番組内で放送された、SNSのトラブルや友だち、恋愛などをテーマにしたドラマが、ついに書籍化！
2017 207p B6 ¥1400 ①978-4-323-06213-6

◆河童のユウタの冒険　上　斎藤惇夫作, 金井田英津子画　福音館書店　(福音館創作童話シリーズ)
【要旨】水源をめざし、今、旅が始まる―北国の「恵みの湖」に棲むひとりの河童、ユウタ。早春のある夕暮れ時、ユウタは不思議なキツネに呼びとめられた。「そなたは旅立たねばならぬのです」その言葉に戸惑いながらも、やがてキツネの言う"龍川"の水源をめざし、目的を見

ぬまし、ユウタは故郷をあとにします。「ガンバの冒険」シリーズの著者がおくる長編ファンタジー。小学校上級以上。
2017.4 403p 21×17cm ¥2500 ①978-4-8340-8334-7

◆河童のユウタの冒険　下　斎藤惇夫作, 金井田英津子画　福音館書店　(福音館創作童話シリーズ)
【要旨】旅立のはてに待っていたのは―河童のユウタは、旅の仲間となった九尾の狐の孫娘アカネと天狗のハヤテとともに、旅を続けます。しかし、ある事件をきっかけにヒトから追われる身となってしまった3にん…。はたして、彼らは無事、めざす水源にたどりつけるのでしょうか。また、道中問いつづけた、旅の目的とは？「ガンバの冒険」シリーズの著者がおくる長編ファンタジー。小学校上級以上。
2017.4 405p 21×17cm ¥2500 ①978-4-8340-8335-4

◆仮名手本忠臣蔵―実話をもとにした、史上最強のさむらい活劇　石崎洋司著, 陸原一樹絵　岩崎書店　(ストーリーで楽しむ日本の古典 18)
【要旨】実話をもとにした、史上最強のさむらい活劇。
2017.2 191p A5 ¥1500 ①978-4-265-05008-6

◆香菜とななつの秘密　福田隆浩著　講談社
【要旨】「気になるものは気になる。そうだったら放っておけない。そうだったら放っておけない。」話すことが苦手な香菜は「聞き上手」と「観察眼」を武器に、クラスメートといっしょに学校の謎を解決！『ふたり』の福田隆浩最新作、ほんわかとあたたかい学校ミステリ！
2017.4 231p B6 ¥1300 ①978-4-06-220473-6

◆カナと魔法の指輪　新高なみ著　クリエイティブメディア出版
【要旨】カナの推理がみんなをハッピーにする。ピアノと本が大好きな少女カナが活躍する謎解きストーリー開幕！
2017.2 327p B6 ¥1200 ①978-4-904420-19-5

◆カーネーション　いとうみく作, 酒井駒子画　くもん出版
【要旨】あたしは、まだ母に愛されたいと思っている。いつか母は、あたしを愛してくれると信じている。そんなことは無理だとわかっていても、あたしはあたしの深いところで、いまも願っている。
2017.5 197p B6 ¥1400 ①978-4-7743-2690-0

◆唐木田さんち物語　いとうみく作, 平澤朋子画　毎日新聞出版
【要旨】小学五年生の唐木田志朗は、お姉ちゃん二人、お兄ちゃん三人、それから妹と弟の八人きょうだい。周りからはずらしがられたし、めんどうなことも多いし、大家族になんてなりたくなかったのに…！そんなある日、長女・いち姉の結婚話が出たかと思えば、とつぜん新しい弟がやって来て―!?誰もが感じたことのある、めんどうで、いとおしい家族の絆を、小学五年生の男の子の成長を通して描く、児童文学。
2017.9 167p A5 ¥1400 ①978-4-620-32468-5

◆四重奏(カルテット)デイズ　横田明子作　岩崎書店　(物語の王国)
【要旨】オレガオノガナルッテなんだろう？オレたちは、自分の音を作るんだ！優柔不断のオレ、陸上一筋の光平、光平大好きの彩音、天オピアノ少女マイが奏でる十二歳たちの奮闘曲！
2017.11 191p B6 ¥1400 ①978-4-265-05791-7

◆咸臨丸にかけた夢―幕末の数学者・小野友五郎の挑戦　鳴海風作, 関屋敏隆画　くもん出版
【要旨】幕末、太平洋を横断した江戸幕府の軍艦・咸臨丸。航海長として航海を支えたのは、小野友五郎という数学者だった。日本独自の数学・和算のさらなる発展をめざし、技術者として日本の近代化につくした数学者の生涯を描く。子どもと大人が共有できる新しい児童文学。
2017.10 201p B6 ¥1500 ①978-4-7743-2709-9

◆キダマッチ先生！　1　先生かんじゃにのまれる　今井恭子文, 岡本順絵　(神戸)BL出版
【要旨】カエルのキダマッチ先生は、どんな病気やけがでも、あっというまになおしてくれる名医です。今日は、どんな患者がやってくるのかな…。
2017.7 1Vol. 22×19cm ¥1300 ①978-4-7764-0814-7

◆きみ、なにがすき？　はせがわさとみ作　あかね書房
【要旨】森のおくにすむあなぐまが、にわのはたけでともだちのすきなものを作りたいと思いつきます。でもともだちは、あなぐまの考えるものをもっていました。きものが空まわりしてしまったあなぐまは、いったいなにを作るのでしょう…!?だれかにわかってもらえることがうれしくなるお話。
2017.10 60p 21×17cm ¥1200 ①978-4-251-01101-5

◆キャンディハンター マルカとクーピー　3　サンデーパークの大レース　さかいさちえ著　岩崎書店
【要旨】マルカは魔法学校にかよっている魔法つかいの女の子。あいぼうはふわふわゆめの子、クーピー。新しくできた遊園地でレースに出ることになりました。優勝賞品は、なんとマジカルキャンディ。
2017.6 87p 22×16cm ¥980 ①978-4-265-07473-0

◆給食室の日曜日―ゆれるバレンタインデー　村上しいこ作, 田中六大絵　講談社　(わくわくライブラリー)
【要旨】しょうゆが、給食室のみんなに、でんごんゲームをしようといいだしました。ケチャップも、フライパンも、ほうちょうも、おたまちゃんも、みんなワイワイ楽しみましたが、あれっ？おたまちゃんが、いません！どこへ、いったのでしょうか!?小学初級から。
2017.5 88p 22×16cm ¥1400 ①978-4-06-195784-8

◆ギルティゲーム　stage2　無限駅からの脱出　宮沢みゆき著, 鈴羅木かりんイラスト　小学館　(小学館ジュニア文庫)
【要旨】ピンポンパンポーン！お待たせいたしました。この電車は近未来経由、無限駅行きだロン！ご紹介が遅れました。ボクは正義の味方・ギロンナ。未来の反逆者である君達と、またまたギルティゲームを開催するためにやってきましたぁ！ギルティゲームに勝てたら、無限駅から脱出できる。だけどもしギルティゲームに負けたら…新しい絶望発明品"ウラシマッチ"も考えちゃいましたぁー。テヘ☆夢もな終点、無限駅、無限駅…！何人が生き残れるかニャ～。
2017.3 191p 18cm ¥650 ①978-4-09-231154-1

◆ギルティゲーム　stage3　ペルセポネー号の悲劇　宮沢みゆき著　小学館　(小学館ジュニア文庫)
【要旨】豪華客船ペルセポネー号にご乗船の薫風館中学のみなさま、緊急事態発生だロン！船底に大穴が空き海水が侵入し、今まさに沈没の危機…だけど安心して！未来からやってきた正義のレスキュー隊・隊長ギロンパ様が、お助けしまぁーす！ただぁ～し☆生き残れるのは優秀な人間のみ。裏切り/だまし合い/絶望、なんでもアリのギルティゲームをクリアして最上階を目指し、脱出用の潜水艇の起動キーを集めろ！早速ギルティゲーム、スタァァァートォォォ！
2017.8 191p 18cm ¥650 ①978-4-09-231187-9

◆銀色☆フェアリーテイル　3　夢、それぞれの未来　藍沢羽衣著, 白鳥希美イラスト　小学館　(小学館ジュニア文庫)

児童文学　348　BOOK PAGE 2018

絵本・児童書

【要旨】空想の生き物と思われていた人狼やヴァンパイアといったクランの特殊能力を軍事利用しようとする、ゼノビア製薬の悪事を世に晒すことに成功した愛。しかし、ゼノビアとの戦いはこのままでは終わらなかった!!残されたクランが一般社会に生きていることが、人々の知るところとなり、世の中は大騒ぎに。一方で、保護区に閉じ込められているクランたちを開放しようという動きも起こってくるが、そんななか、愛はゼノビア製薬・尾崎の恐ろしい仕返しを受けて…。
2017.5 189p 18cm ¥650 ①978-4-09-231162-6

◆きんかつ！　宇津田晴著、わんにゃんぷーイラスト　小学館（小学館ジュニア文庫）
【要旨】小学校六年生になる愛里は、ある日、自宅の蔵で古い箱の札をはがしてしまう。するといきなり大福と名のる白いフクロウが現れ、愛里に「どんどんお金がなくなる呪い」をかけてしまった。大福は以前、愛里の家の守り神だったが、妖怪と間違えられ封印されたことで、祟り神になってしまったのだという。一年以内に守り神に戻さないと、お金だけでなく命にかかわると聞き、青くなる愛里。守り神に戻す方法は、愛里が100万円自力でかせぎ、大福を祀るしかないというのだが!?
2017.1 191p 18cm ¥650 ①978-4-09-231142-8

◆きんかつ！　恋する妖怪と舞姫の秘密　宇津田晴著、わんにゃんぷーイラスト　小学館（小学館ジュニア文庫）
【要旨】「お金がどんどんなくなる呪い」をかけられてしまった小学校六年生の愛里。呪いを解くために必要な百万円を稼ぐため、守り神の白フクロウ・大福とともに、手作り小物をフリーマーケットで販売し、着々と成果をあげていた。ところが、愛里をライバル視する桂木マロンの妨害で、今度の出店を禁じられて大ピンチ！！困った愛里にアルバイトの話を持ちかけたのは、なんと神社の代理巫女を引き受け、さらにお祭りで神楽を舞うことになる愛里だが…!?
2017.7 189p 18cm ¥650 ①978-4-09-231173-2

◆銀河鉄道の夜　宮沢賢治原作、芝田勝茂文、戸部淑絵　学研プラス（10歳までに読みたい日本名作 1）
【要旨】町で、銀河のお祭りがある日のできごと。少年ジョバンニと、親友カムパネルラは、ふしぎな鉄道に乗って、旅に出ます。そこで出会ったのは、みんなきれいな心と個性ゆたかな人たちでした。人や自然へのやさしさがつまった、一度は読んでおきたい名作。カラーイラストいっぱい！お話図解「物語ナビ」つき！
2017.5 153p A5 ¥940 ①978-4-05-204607-0

◆ぐらん×ぐらんぱ！スマホジャック　丘紫真璃著、うっけイラスト　小学館（小学館ジュニア文庫）
【要旨】わたし、重原ナナ。スマホデビューしたばかりの13歳。ある日、ひいおじいちゃんのお葬式から帰ってきたら、死んだはずのひいおじいちゃんにスマホを乗っ取られ、ひいおじいちゃんの一番弟子に任命されちゃった。ひいおじいちゃんはこの世にやり残したことがあるっていうんだけど、それをなんでわたしがやらなくちゃいけないの!?怖いんですけど!!任務を遂行する中で、ヘンな海賊に捕まったり、山姥に出会ったり、わけの分からない毎日がはじまった!?いったいどうなっちゃうの!?第2回小学館ジュニア文庫小説大賞金賞受賞作品。
2017.2 188p 18cm ¥650 ①978-4-09-231147-3

◆ぐらん×ぐらんぱ！スマホジャック　恋の一騎打ち　丘紫真璃著、うっけイラスト　小学館（小学館ジュニア文庫）
【要旨】わたし、重原ナナ。死んだはずのひいおじいちゃんにスマホを乗っ取られて、その指令にしたがって任務を遂行することになっちゃった。そんななか、学校に突然、とっても素敵な男の子が転校してきた。その名も大西洋くん。海堂くんもイケメンでわたしはかやらなくちゃいけないの、大西くんが気になる。もしかして恋の予感!?表題作「恋の一騎打ち」をはじめ、ナナが海竜の赤ちゃんに懐かれてしまう「ナナの海竜」、ナナはとこ・紗矢姉との恋心を描く「人魚のウロコ」の全3話。
2017.7 191p 18cm ¥650 ①978-4-09-231170-1

◆劇場版ポケットモンスター キミにきめた！　水稚しま著、米村正二脚本、首藤剛志一部脚本、石原恒和監修、田尻智原作　小学館（小学館ジュニア文庫）
【要旨】マサラタウンに暮らす少年サトシは、ポケモントレーナーになる資格を得る10歳の誕生日を迎える。オーキド研究所でパートナーになるポケモンをもらうが!?、寝坊をしてしまったサトシに残されていたのは、人間に懐こうとしないピカチュウだけで!?「キミはオレがキライ！オレはキミが好きだよ！」ぶつかり合いながら友情を深めていくふたりは、旅立ちの日に見た伝説のポケモン・ホウオウに再び会いに行くことを誓うが、そこに強敵が…。ふたりはホウオウにたどり着くことができるのか―!?すべてのポケモンファンに贈る、サトシとピカチュウの「出会い」と「約束」の物語!!
2017.7 199p A5 ¥700 ①978-4-09-231179-4

◆ケータイくんとフジワラさん　市川宣子作、みずうちさとみ絵　小学館
【要旨】最新のケータイ電話たちがつぎつぎ売れていく電器屋さん。でも古いガラケーのケータイくんは、もう1年も売れのこっています。そんなある日、ひとりのおじいさんが店にやってきて!?…朝読におすすめ！ケータイくんが運んできてくれた、幸せほっこり物語。
2017.5 126p A5 ¥1200 ①978-4-09-289754-0

◆幻影の町から大脱出　三田村信行作、十々夜絵　あかね書房（妖怪道中三国志 4）
【要旨】予言書「幻霊三国志」をうばった妖怪が、過去を変える!?未来をまもるため、子たちは古代"三国志"の時代へ。孔明、張飛と出会い、「赤壁の戦い」を起こすために旅立った。ところが「死者が甦える町」に！豪傑・張飛が半分死体に！鬼たちのかいをかわして、無事に町から脱出できるのか…!?妖怪だらけの"三国志"アドベンチャー!!
2017.5 160p 21×16cm ¥1200 ①978-4-251-04524-9

◆源氏物語 宇治の結び 上　荻原規子訳　理論社
【要旨】出生の秘密をかかえる青年は自らの体から芳香が漂い、競争心を燃やし調香に熱心な宮とともに、薫中将、匂宮と呼ばれていた。ひっそりと宇治で暮らす二人の姫君との出会いでした。二人の若者がおもいがけない恋の淵へ導くのでした。勾玉シリーズ、RDGシリーズの荻原規子によるスピード感あふれる新訳。
2017.6 360p B6 ¥1700 ①978-4-652-20195-4

◆源氏物語 宇治の結び 下　荻原規子訳　理論社
【要旨】薫大将は亡くなった大君の面影をもとめ、異母妹の娘に惹かれる。匂宮との浮舟と偶然にも会ってしまい…。二人の男性の思いに、浮舟はある決心をします。意外な展開とともに、人の世の計り知れない深みをまとう物語のラストです。勾玉シリーズ、RDGシリーズの荻原規子によるスピード感あふれる新訳。
2017 360p B6 ¥1700 ①978-4-652-20196-1

◆恋する熱気球　梨屋アリエ著　講談社
【要旨】青春はモヤモヤする。「たくさんのなぜ。人はなぜ恋をするのか。恋はなぜ突然醒めるのか」YA小説の名手による傑作青春文学の誕生！
2017.8 239p B6 ¥1400 ①978-4-06-220637-2

◆コウノドリ―命がうまれる現場から　鴻鳥サクラナビゲーター、鈴ノ木ユウ原作・イラスト、日本産科婦人科学会監修　講談社
【要旨】『コウノドリ』の舞台、聖ペルソナ総合医療センターで、人が生まれてくるという"奇跡"を目の当たりにしてみませんか。命が誕生するまでに母胎では何が起きているのか、産科医は、助産師は、どうやって命と向き合っているのか―。この一冊で、妊娠・出産の基本的な知識が身につきます。
2017.9 190p B6 ¥1200 ①978-4-06-287027-6

◆ココの詩　高楼方子作、千葉史子絵　福音館書店
【要旨】金色の鍵を手に入れ、初めてフィレンツェの街にでた人形のココ。無垢なココを待ち受けていたのは、名画の贋作事件をめぐるネコ一味との攻防。切なく焦がれるような恋でした。
2016.10 427p A5 ¥2200 ①978-4-8340-8295-1

◆心が叫びたがってるんだ。―実写映画ノベライズ版　時海結以著、超平和バスターズ原作、熊澤尚人監修、まなべゆきこ脚本　小学館（小学館ジュニア文庫）
【要旨】高校三年生の拓実（中島健人）は、ある日「地域ふれあい交流会」の実行委員に任命される。一緒に任命されたのは、人と直接はなさない順、以前拓実とつきあっていた菜月、野球部の元エース・大樹。会の準備を進める中、拓実の優しさに心を開いていく順と、拓実をあきらめようとする菜月。一方で大樹は順に心を寄せ始める。胸の内に秘めた思いを言葉にできずすれ違う4人。そんな彼らを尻目に本番の日は近づき!?実写映画同「ここさけ」ノベライズ！
2017.7 191p 18cm ¥650 ①978-4-09-231183-1

◆心やさしく賢い子に育つみじかいおはなし366　小学館編　小学館（おはなしプレNEO）（付属資料：シール）
【要旨】好奇心のタネが盛りだくさん。1話が2分ちょっとの366話。聞くほどに、読むほどに…。心やさしく賢い子が育ちます！この本の5つのポイント。どこよりも豊富、20ジャンルのおはなし。どこよりも多彩な監修者と作画家、100名以上！心が育つ、やさしく育つ。コミュニケーション力を養う秘密がいっぱい！読みたい気持ちをうながすしおりがとき7色のシール。興味が広がる豆知識入り。
2017.2 415p 25×20cm ¥2300 ①978-4-09-217279-1

◆心やさしくなるどうぶつのお話　チームDBT編　学研プラス
【要旨】思わずなみだが出ちゃう!?マンガと小説いっぱい!!
2017.8 237p B6 ¥880 ①978-4-05-204675-9

◆子サンタ・ポポナの種物語　セナ ビジャー作、まみ・わっと絵　（大阪）THANKs、メディアパル 発売
【要旨】
2017.9 139p 26×24cm ¥1300 ①978-4-8021-3064-6

◆言葉屋 4 おそろい心とすれちがいDNA　久米絵美里作、もとやまままさこ絵　朝日学生新聞社
【要旨】中学校生活も落ちついてきた詠子。自分や身近な人たちの内面と向き合うきっかけと立て続けに出あいます。お母さんはなぜ言葉屋にならなかったのか。進化する技術には心の種を。本当の恋は何色？お別れに必要な言葉とは…。
2017.6 200p A5 ¥1100 ①978-4-909064-12-7

◆5秒後に意外な結末 青い迷宮　桃戸ハル編著、usi絵　学研プラス（「5分後に意外な結末」シリーズ）
【要旨】ページをめくれば驚愕の結末!!×100連発。だまされる快感100%のノンストップビジュアルショートノベルス！
2017.7 213p B6 ¥1000 ①978-4-05-204620-9

◆5分後に思わず涙。―世界が赤らむ、その瞬間に　桃戸ハル編著　学研プラス
【要旨】涙×意外な結末。悔し涙、嬉し涙、感涙、涙涙…。さまざまな涙の物語を、30編収録。全編、シリーズ新収録。大人気シリーズの「涙」版！
2017.4 346p B6 ¥1000 ①978-4-05-204621-6

◆5分後に思わず涙。―青い星の小さな出来事　桃戸ハル著、田中宥崇絵　学研プラス（5分後に意外な結末）
【要旨】涙×意外な結末。涙×感動、涙×笑い、涙×悲劇…。涙に彩られた、30の人生と物語。全編、シリーズ新収録。
2017.3 342p B6 ¥1000 ①978-4-05-204622-3

◆狐霊の檻　廣嶋玲子作、マタジロウ絵　小峰書店（Sunnyside Books）
【要旨】千代、わしを自由にする手助けをしてくれぬか？富と権力をほしいままにする阿豪家に囚われた狐霊「あぐりこ」。解放されることを条件に願うあぐりこを助けるため、少女は命をかけて阿豪家に立ち向かう…。あぐりこ様、日の光や大地を必ず返してあげます！
2017.1 238p B6 ¥1500 ①978-4-338-28713-5

◆こんとんじいちゃんの裏庭　村上しいこ作　小学館
【要旨】一緒に暮らす認知症のじいちゃんが、交通事故に遭い意識不明となる。しかも車を運転していた人から損害賠償請求までされてしまった。「絶対におかしい！」と憤る少年は、自分で調べはじめる。真実は見つかるのか？みんなは、何を守っているのか？
2017.7 252p B6 ¥1400 ①978-4-09-289757-1

◆こんぴら狗　今井恭子作、いぬんこ画　くもん出版
【要旨】飼い主・弥生の病気が治るようお祈りするため、ムツキは、江戸から讃岐の金毘羅さんまでお参りに出された。京都までは、知り合いのご隠居さんといっしょに旅ができるはずだったが…。ムツキの、往復340里（約1340km）にもおよぶ旅路と、道中での出会いや別れをえがく。「こんぴら狗」というかつて実在した風習をもとにした、江戸時代の歴史物語。
2017.12 342p B6 ¥1500 ①978-4-7743-2707-5

◆里見八犬伝　曲亭馬琴原作，横山充男文　学研プラス　（10歳までに読みたい日本名作 4）
【要旨】時は、戦国時代。ふしぎな玉を持つ、八人の若者「八犬士」が、正義のために戦う！はたして、おろしいのろいや悪人たちに、勝てるのか!?カラーイラストいっぱい！お話図解「物語ナビ」つき！
2017.7 161p A5 ¥940 ①978-4-05-204654-4

◆里山少年たんけん隊　宮下明男文，小林葉子絵　（長野）ほおずき書籍，星雲社 発売
【要旨】昭和13年、南信州。分教場の教員として赴任する父母といっしょに山あいの集落にやってきた和彦ときょうだいたち。豊かな自然のなかで仲間たちと遊び過ごす日々をとおして、たくましく成長していく少年たちを描く長編児童文学。 2017 184p A5 ¥1500 ①978-4-434-23574-0

◆サマーウォーズ―細田守作品集　細田守原作，岩井恭平文　汐文社
【要旨】数学だけが取り柄の少年・健二は、長野の田舎で憧れの先輩・夏希とその親戚達とともに、「OZ」と呼ばれる仮想世界から勃発した、世界の危機に立ち向かう。インターネットと田舎の大家族という全くかけ離れたモチーフをもとに、豪快なバトルと繊細な人間ドラマで魅せる、ひと夏の物語。
2017 350p B6 ¥1800 ①978-4-8113-2410-4

◆3びきのおばけ――一つ目こぞう/びんの中のおばけ/三びきのおふだ　早野美智代文，たかいよしかず，山西ゲンイチ，かとうまふみ絵　学研プラス　（ランドセル名作）
【要旨】この本にはおばけのおはなしが三つ入っているよ。さあ、おばけのせかいへいらっしゃい。
2017.7 95p A5 ¥980 ①978-4-05-204677-3

◆思春期革命（レボリューション）―カラダとココロのハジメテ　市瀬まゆ著，山辺麻由原作・イラスト，金子由美子監修・解説　小学館　（小学館ジュニア文庫）
【要旨】思春期真っただ中の恋する乙女・花南。憧れの悠太くんと同じクラスに、しかも席が隣なんて、女神様が舞い降りてきたとしか思えない♡でも悠太くんの彼女とウワサの彩夏も同じクラスで…。彩夏のこと、美少女すぎるし近寄りがたいと思っていたけど、体の変化に悩む私も、ブラのことや生理のことを教えてくれて…。心と体の変化に戸惑いながら、恋や友情を育む、思春期ドキ☆ワク物語♪思春期専門家の解説つき。 2017.8 207p 18cm ¥700 ①978-4-09-231181-7

◆しずくちゃん　28　まんが家しゅぎょう中！　ぎぼりつこ作・絵　岩崎書店
【要旨】「新人まんが大賞」におうぼするためにインクさんのところにしんじんまんがしゅぎょういいっているしずくちゃん。絵のかきかた、キャラづくり、ストーリーづくりなど…キミもしずくちゃんといっしょに「まんが家入門」してね★
2017.3 56p 21×19cm ¥880 ①978-4-265-83045-9

◆しずくちゃん　29　しずくの森のお正月　ぎぼりつこ作・絵　岩崎書店
【目次】しずくの森のなかま紹介、しずくちゃんのゆめ、むかしばなしげきじょう はつゆめ長者、まちがいさがし、世界の年こし・お正月、むかしばなしげきじょう 十二支のゆらい、お正月クイズ、4コマまんが、クッキングコーナー ガレット・デ・ロワをつくろう！、春の七草パーティー
2017.11 54p 21×19cm ¥880 ①978-4-265-83050-3

◆してはいけない七つの悪いこと　やまもとよしあき著　青山ライフ出版，星雲社 発売
2017.7 47p 24×20cm ¥1500 ①978-4-434-23459-0

◆ジャンケンの神さま　くすのきしげのり作，岡田よしたか絵　小学館
【要旨】「まる花」には、神さまがいる。ジャンケンがめっぽう強いジャンケンの神さまだ。どうやったら強くなれるのだろうか？ぼくらは、ジャンケンの神さまに弟子入りすることにした。
2017.6 175p 21×16cm ¥1400 ①978-4-09-289755-7

◆11歳のバースデー―ぼくたちのみらい　3月31日四季和也　井上林子作，イシヤマアズサ絵　くもん出版　（くもんの児童文学）
【要旨】今日は、ぼくの11歳の誕生日です。そして、五年生がおわる日です。ぼくの未来、ううん、ぼくたちの未来にはいったいなにがまちうけているのでしょうか。
2017.2 133p B6 ¥1100 ①978-4-7743-2543-9

◆15歳、ぬけがら　栗沢まり著　講談社
【要旨】母子家庭で育つ中学三年生の麻美は、「いちばんボロい」といわれる市営住宅に住んでいる。家はゴミ屋敷。この春から心療内科に通う母は、一日中、なにもしないでただ寝ているのに。食事は給食が頼りなのに、そんな現状を先生は知りもしない。夏休みに入って、夜の仲間が、万引き、出会い系と非行に手を染めていくなか、麻美は同じ住宅に住む同級生がきっかけで、学習支援塾『まなびー～』に出会う。『まなび～』が与えてくれたのは、おいしいごはんと、頼りになる大人だった。泥沼のような貧困を生きぬく少女を描いた講談社児童文学新人賞佳作！
2017.6 243p B6 ¥1300 ①978-4-06-220601-3

◆12歳。一すきなひとがいます　辻みゆき著，まいた菜穂原作・イラスト　小学館　（小学館ジュニア文庫）
【要旨】相原カコ、12歳。内気な性格で、男子と話すのがすごく苦手な女の子。隣のクラスの小日向太陽くんに片思い中です。ある日の下校中、愛犬と散歩中の小日向と偶然会ったカコは、小さな公園のベンチでかわいいポーチを見つける。ポーチの持ち主は私立の女子校に通う志緒里だった。どこか自分と似た部分のある志緒里とカコは、すぐに仲良くなるのだけれど…。大人でもない、子どもでもない12歳の少女のピュアな悩みと初恋、成長を描いた大人気まんがのノベライズ第8弾！
2017.3 190p 18cm ¥650 ①978-4-09-231153-4

◆12歳。アニメノベライズ―ちっちゃなムネのトキメキ　8　綾野はるる著，まいた菜穂原作　小学館　（小学館ジュニア文庫）
【要旨】12歳の冬。親友同士の花日と結衣のクラスでも、みんなで力を合わせる最後の学校行事「合唱コンクール」の準備が進んでいる。花日は高尾が「彼氏」だってことをみとめてもらいたくて、大好きなお兄ちゃんをコンクールに招待するけれど…。そして、コンクールが終わるとすぐにクリスマス！初めてカレカノですごす特別な日のデートに、花日と結衣はドッキドキ★大人気テレビアニメ「12歳。」の第22話～第24話を、胸キュン完全ノベライズした、シリーズ最終巻！
2017.1 195p 18cm ¥700 ①978-4-09-231136-7

◆小学生まじょとおしゃべりなランドセル　中島和子作，秋里信子絵　金の星社
【要旨】わたしはリリコ。みんなに、すてきな友だちをしょうかいするね。それは、すごく元気でおしゃべりなランドセル。なんでも話しあえるたいせつな友だちだよ。わくわくしてうきうきしてほんわかしちゃう！「小学生まじょ」シリーズ・第4弾！
2017 92p A5 ¥1200 ①978-4-323-07388-0

◆小説 映画溺れるナイフ　松田朱夏著，ジョージ朝倉原作，井上紀州，山戸結希脚本　講談社
【要旨】東京で雑誌モデルをしていた美少女・望月夏芽は、ある日突然父の故郷である浮雲町に引っ越すことになる。田舎には刺激がなく、夏芽は自分が欲する「なにか」から遠ざかってしまったと落ちこむ。しかし、その土地一帯を取りしきる神主一族の跡取りである長谷川航一朗に出会い、強烈に惹かれる。コウもまた、田舎では頬も見ない夏芽の美しさに同種の力を感じていく。その矢先、運命を変える出来事が起こる…。夏芽とコウ、特別なふたりの一生分の恋を描いた傑作映画をノベライズ！
2017.2 215p 18cm ¥1100 ①978-4-06-220433-0

◆小説 映画きょうのキラ君　時海結以著，みきもと凛原作，中川千英子脚本　講談社
【要旨】「365日、一緒にいます。」友だちが一人もいない変わり者のニノと、無意味な毎日を過ごす遊び人のキラが家が近くなのに、話したこともすらなかった。けれどニノがキラの余命が少ないことを知ったときから運命は交錯して…。何気ない日常に二人が紡ぐ、天国に一番近い恋。
2017.1 186p 18cm ¥670 ①978-4-06-199590-1

◆小説 映画きょうのキラ君　時海結以著，みきもと凛原作，中川千英子脚本　講談社
【要旨】「365日、一緒にいます。」友だちが一人もいない変わり者のニノと、無意味な毎日を過ごす遊び人のキラが家が近くなのに、話したこともすらなかった。けれどニノがキラの余命が少ないことを知ったときから運命は交錯して…。何気ない日常に二人が紡ぐ、天国に一番近い恋。
2017.2 186p 18cm ¥1100 ①978-4-06-220442-2

◆小説 映画ちはやふる 上の句　時海結以著，末次由紀原作，小泉徳宏脚本　講談社
【要旨】小六の千早と太一は、福井から来た転校生、新と出会い、競技かるたの面白さに目覚める。心を通わせる三人だが、卒業とともに新が福井に戻ることになってしまう。「かるたを続けていれば、きっとまた会える」寂し合って別れた日から三年の月日が過ぎ、高校生になった千早はかるた部の創設を目指して奔走する。あの日の約束を胸に、私たちは強くなる。傑作映画をノベライズ！
2017.2 205p 18cm ¥1100 ①978-4-06-220431-6

◆小説 映画ちはやふる 下の句　時海結以著，末次由紀原作，小泉徳宏脚本　講談社
【要旨】創設間もない千早たち瑞沢高校かるた部は、特訓の甲斐あって都代表となり、全国大会への切符を手に入れる。その喜びを伝えようと新の携帯に電話する千早。だが新が口にしたのは耳を疑うようなひと言だった。「俺はもう、かるたをやらんやん」―。大会にのぞんだ瑞沢かるた部に立ちはだかる数々の試練。千早たちは新の心に再び火を着けることが出来るのか―。もう一度、一緒に夢を目指そう。傑作映画のノベライズ！
2017.2 170p 18cm ¥1100 ①978-4-06-220432-3

◆小説 映画ピーチガール　松田朱夏著，上田美右原作，山岡潤平脚本　講談社　（講談社KK文庫）
【要旨】見た目は派手だけど実は超純情な女子高生・もも。ももは、中学時代から硬派男子のとーじに片思い中。ところが、学生一のモテ男カイリに、キスをされてしまい学校中の噂に。さらに小悪魔系女子さやまが、とーじを横取りしようと、ももにつぎつぎと罠をしかけてきて!?そんなピンチを救ってくれたのが、カイリだった。とーじとカイリ、まったく違うタイプの2人の間で、ももの心は激しく揺れて…。累計1300万部突破のウルトラヒットコミックが、ついに映画化。予測不可能なノンストップ胸キュンラブをノベライズ！
2017.4 201p 18cm ¥650 ①978-4-06-199595-6

◆小説 小学生のヒミツ―おさななじみ　森川成美著，中江みかよ原作　講談社　（講談社KK文庫）
【要旨】金髪オレ様男と眼鏡シャイ男子。どっちが本当の"運命の人"なの??突然、おさななじみの徹平に強引なキスをされた源川ひじり。泣き虫で弟みたいだったおさななじみの徹平が、いつのまにか男らしくなっていて、「オレにおぼれろよ。」なんていう。でも、ひじりには高松くんという気になる男子がいて。マンガとはちがうオリジナルストーリーが楽しめるよ！
2017.4 201p 18cm ¥650 ①978-4-06-199596-3

◆小説 小学生のヒミツ 教室　森川成美文，中江みかよ原作　講談社　（講談社KK文庫）
【要旨】初恋、告白、卒業…教室での3つの"胸きゅん"読み切りストーリー。小鳥遊めぐ、12歳。恋バナはちょっとニガテ。教室で突然「好きだ。」ってささやかれて、ドキドキしちゃった。初恋ってはずかしすぎる。カレの気持ちにどうこたえたらいいの??自分の見かけや友だちとのケンカに悩んだり…。みんな悩んで大きくなってる！マンガとはちがうオリジナルストーリーが楽しめるよ！
2017.7 203p 18cm ¥650 ①978-4-06-199650-1

◆小説 先輩と彼女　里見蘭著，南波あつこ原作　講談社
【要旨】都築りか・高校1年生。野望は「甘い恋」。4月、高校生活の始まりに出会ったその先輩に恋をした。けれど、みの先輩には片思いをする彼女がいて…。初めて覚えた嫉妬と絶望。どんな

児童文学

◆小説 近キョリ恋愛　時海結以著、みきもと凛原作　講談社
【要旨】ひょんなことから、つきあいはじめた超天才クール少女・枢木ゆにと臨時担任のイケメン英語教師・櫻井ハルカ。担任をやめたらラブラブになるはずが、元担任のご懐妊で、櫻井ハルカは担任をつづけることに…。絶対にヒミツのこの関係は、甘い危険がいっぱいなの…!? 笑えて泣けて胸キュン！ 禁断の大ヒットラブ漫画「近キョリ恋愛」が、ついに小説になりました。
2017.2 219p 18cm ¥1100 ⓒ978-4-06-220422-4

◆小説 七つの大罪 - 外伝 ― 七色の追憶　松田朱夏著、鈴木央原作・イラスト　講談社
【要旨】ブリタニアの広大な平原を揺らして進む、知る人ぞ知る伝説の酒場「豚の帽子」亭。そこに集いしは、こちらも通り名に「伝説」をいただく『七つの大罪』、そして、リオネス王の治世に一片の乱れも許すまじと、王国の隅々に目を配る誇り高き騎士たち。封印を解かれた魔神によって大地が血で染められてから、ほんの束の間のことだが、戦士たちがこの珍妙な酒場の間で、まさに七色に彩られた思い出にふけった。ここに明かりが灯されるのは、彼らが内に秘めた、甘やかで切なく苦い、珠玉のエピソードたちである―
2017.2 182p 18cm ¥1100 ⓒ978-4-06-220420-0

◆小説 L DK柊聖'S ROOM　里見蘭著、渡辺あゆ原作　講談社
【要旨】アパートでひとり暮らしする久我山柊聖の隣に住むのが、同じ学校の西森葵。葵が起こしたトラブルをきっかけに、柊聖は葵と同居することに…。ひとつ屋根の下、ドキドキの同居生活のなかで、柊聖と葵に恋が芽生えていきます。だけど柊聖には忘れられない人がいて―。大人気漫画L DKが、ついに小説になりました。
2017.2 218p 18cm ¥1100 ⓒ978-4-06-220424-8

◆小説 L DK柊聖'S ROOM 2　里見蘭著、渡辺あゆ原作　講談社
【要旨】ひとつ屋根の下、ドキドキの同居生活をしている久我山柊聖と西森葵。障害を乗り越えて、ようやく気持ちがひとつになれたのも束の間、2人は史上最大の危機を迎える。葵パパの『卒業までの性交渉禁止』という命令で柊聖はもだえ苦しむばかり！ 大人気漫画L DKの小説化第2弾、壁ドンとして登場します。小説の主人公は柊聖。ミステリアスな柊聖の禁欲にどう男ゴコロが、よくわかります。
2017.2 248p 18cm ¥1100 ⓒ978-4-06-220423-1

◆シランカッタの町で　さえぐさひろみ作、にしむらあつこ絵　フレーベル館　(ものがたりの庭)
【要旨】ぼくはよだかずき。小学校3年生。クラスでは、「よわっち」とよばれている。ふしぎなおばあさんに見せてもらった不思議な森林にみちびかれて「シランカッタの町」にやってきた。そこで出会った女の子・キズカ。キズカとすごす時間の中、ぼくはもうひとりの自分を知った。
2017 135p 21×16cm ¥1300 ⓒ978-4-577-04573-2

◆白魔女リンと3悪魔 ― ダークサイド・マジック　成田良美著、八神千歳イラスト　小学館(小学館ジュニア文庫)
【要旨】モデルで生徒会長で美少女の神無月綺羅。そんな完璧な綺羅が、白魔女リンを狙う黒魔女だった…！ 襲い来る黒魔女から逃れるため、リンと3悪魔は夏休みに遠くのペンションでアルバイトすることを決める。仕事内容はリンはメイド服、イケメンすぎる3悪魔は執事姿でおもてなしをすること…！ 3悪魔が猫になっちゃうハプニングがありながらも、リンとそれぞれデートをして、ドキドキの楽しい時間を過ごす。だけど「悪魔の湖」と呼ばれている湖からグールが現れて…!?
2017.1 189p 18cm ¥650 ⓒ978-4-09-231143-5

◆白魔女リンと3悪魔 ― フルムーン・パニック　成田良美著、八神千歳イラスト　小学館(小学館ジュニア文庫)
【要旨】夜の学園にこっそり忍びこみ、3悪魔と幽霊の蘭ちゃんとお月見をしていたリン。だけど学園七不思議の「満月の夜、狼男が出現する」の通りに狼男が現れ、なんとリンにプロポーズをする！ 怒った3悪魔が追い払おうとするが、狼男の弱点を知っている零士が猫にされて、しゃべる

ことができなくなってしまう。そんな絶体絶命のピンチに、リンの白魔女の力が目覚めて…！ほかにも黒魔女・綺羅のバースデイパーティに招待されたり!? トキメキ☆マジカルストーリー！
2017.7 190p 18cm ¥650 ⓒ978-4-09-231177-0

◆真景累ケ淵 ― どこまでも堕ちてゆく男を容赦なく描いた恐怖物語　金原瑞人著、佐竹美保絵　岩崎書店　(ストーリーで楽しむ日本の古典 20)
【要旨】どこまでも堕ちてゆく男を容赦なく描いた恐怖物語。
2017.2 191p A5 ¥1500 ⓒ978-4-265-05010-9

◆スイーツ駅伝　二宮由紀子作、武田美穂絵　文溪堂　2017 107p A5 ¥1300 ⓒ978-4-7999-0225-7

◆助っ人マスター　高森美由紀作　フレーベル館　(フレーベル館 文学の森)
【要旨】あたし、伊藤砂羽。五年一組で助っ人マスターっていう係をしている。クラスのみんなや先生からの頼まれごとを引き受ける係だ。あたしは、頼まれるとイヤとは言えない。だけどクラスでもビリから二番目のあたしがマラソン大会に出場するなんて!?
2017.2 259p B6 ¥1400 ⓒ978-4-577-04575-6

◆スナックワールド　松井香奈著、日野晃博総監督・原案・シリーズ構成、レベルファイブ監修　小学館　(小学館ジュニア文庫)
【要旨】ここは夢と冒険の聖地『スナックワールド』。そして、オレの名はチャップ！ 悪の商人ビネガー・カーンにつぶされたオレは、1000倍返しをするため復讐の旅をしているんだ。まずはビネガーのいるキングオイスターシティ行きの切符代を稼ぐため、魔法使いのマヨネ、ブタ人のペペロロン、ゴブリンのゴブさん、そしてドラゴン見習いのバタ子さん一緒に、どデカイお宝を探して大冒険中！ TVアニメで大人気の『スナックワールド』を完全ノベライズ！
2017.7 195p 18cm ¥700 ⓒ978-4-09-231178-7

◆青春は燃えるゴミではありません　村上しいこ著　講談社
【要旨】パティシエになりたいという将来の夢を胸に、高校生活最後の年を迎えた桃子。でもその夢の前に、家庭の事情が大きく立ちはだかる。夢をあきらめずに進む道はあるのか！ 短歌甲子園をめざす高校生たちの青春小説！
2017.2 301p B6 ¥1500 ⓒ978-4-06-220605-1

◆空飛ぶらネコ探険隊 ― ピラミッドのキツネと神のネコ　大原興三郎作、こぐれけんじろう絵　文溪堂
【要旨】毎夜、夢にあらわれる、あやしく光る青いネコ。このネコなのか、クックたちを、遠い遠いピラミッドの国、エジプトなんかへ。王妃の谷深くに待っていた謎のネコの正体は!? 風船気球に乗って、アクシデントも、いざエジプトへ！ 冒険と友情のシリーズ第四話。
2017 172p A5 ¥700 ⓒ978-4-7999-0229-5

◆そらペン 4　陽橋エント著　朝日学生新聞社
【要旨】朝日小学生新聞の好評連載フルカラーコミック！ ランドセルの中から、魔法のペンが消えちゃった!? 現れたのは自分を「魔法のペンの継承者」という魔法使いで…！ そらとブルックはペンを守れるの？ ハラハラドキドキが詰まった第4巻！
2017.11 165p B6 ¥890 ⓒ978-4-909064-11-0

◆ソーリ！　濱野京子作、おとないちあき画　くもん出版
【要旨】総理大臣になりたいって笑われるような夢なの!? 小学校5年生の少女・照葉の物語をとおして、政治や社会について考える児童文学。
2017.11 211p B6 ¥1300 ⓒ978-4-7743-2710-5

◆太陽ときみの声　川端裕人作　朝日学生新聞社
【要旨】「お日様のように輝け！」 ― そんな名前の由来通り、部活でもクラスでも中心人物の一輝。サッカー部のキャプテンにもなり、充実した高校生活での突然の失先、左目の視力が極端に落ちていることに気づく。ロービジョン、視覚障がい…無縁だと思っていた世界が現実となって迫ってきた時、一輝は目隠しをしながら音の出るボールを蹴る、不思議なスポーツと出会う。それは、音を頼りにプレイするサッカー、"ブラインドサッカー"だった。
2017.9 227p B6 ¥1200 ⓒ978-4-909064-25-7

◆竹取物語/虫めづる姫君　越水利江子著、小坂伊吹、いのうえたかこ絵　学研プラス　(10歳までに読みたい日本名作 2)
【要旨】むかし、おじいさんが竹林で女の子を見つけました。かぐや姫と名づけられたその子は、美しく育ち、やがて五人の貴公子から結婚を申しこまれますが…(『竹取物語』)。あるところに、毛虫が大すきな、ふうがわりな姫がいました…(『虫めづる姫君』)。自分らしく生きる姫の物語2作品！ カラーイラストいっぱい！ お話図解「物語ナビ」つき！
2017.5 153p A5 ¥940 ⓒ978-4-05-204608-7

◆楽しくなっちゃうおはなし16話　小学館　(おひさまセレクション)
【要旨】小学館の絵本雑誌「おひさま」は、これまでにたくさんの良質なお話を掲載してきました。そのなかから、心から楽しめて、おもしろかった！ という気持ちにさせてくれるお話を集めました。小さな読者がお話を読んで笑ってくれたらどんなにすてきでしょう。一流の作家陣による16話、ご家族みなさまでお楽しみください。
2017.11 126p 26×22cm ¥1600 ⓒ978-4-09-726853-6

◆ちびおにビッキ　砂山恵美子作・絵　こぐま社　(こぐまのどんどんぶんこ)
【要旨】おにの子ビッキは、おにの学校に入学し、授業についていけるようになるため、毎日ひとり特訓を重ねます。そんなある日、思いぬことからトンビに空へさらわれてしまい―！ 小さな子どもが成長するドキドキと喜びを描いた一冊。こぐまのどんどんぶんこ第3弾！ 小学校1・2年から。
2017.3 69p A5 ¥1200 ⓒ978-4-7721-9065-7

◆チビまじょチャミーとチョコレートおうじ　藤真知子作、琴月綾絵　岩崎書店
【要旨】リミはチョコレートがだいすき。でもおとうとのレイトはちいさいので、あんまりたべちゃダメ。そんなあるひ、リミがみつけたティーポットがしゃべった！
2017.6 79p 22×16cm ¥1100 ⓒ978-4-265-07405-1

◆ちゃめひめさまとペピーノおうじ　たかどのほうこ作、佐竹美保絵　あかね書房　(ちゃめひめさま 1)
【要旨】「やんちゃできかんぼうのおうじさまにあうなんてまっぴら！」こまづかいのミミーとふくをとりかえたちゃめひめさまは、ヒツジのけがわをきて、おしろをぬけだすと、なんとであったのはオオカミ…!? 読めばにっこり、しあわせな気持ちになるシリーズ、はじまります！
2017.10 77p A5 ¥1100 ⓒ978-4-251-04371-9

◆つくえの下のとおい国　石井睦美著、にしざかひろみ絵　講談社
【要旨】おじいちゃんのつくえは「トホウ・モナイ国」とつながっていた―。現代にあらわれた「アリス」のようなななつかしくて新しい、新・名作

ファンタジー童話。
2017.10 217p 21×16cm ¥1400 ①978-4-06-220785-0

◆繕い屋の娘カヤ　睦田依子絵・文　岩崎書店
【要旨】10歳の少女カヤは、両親が居らず「繕い屋」を生業としている。ある日、神社の台座から落ちた狂犬のミスマルに、神様の危機を救う冒険の旅へと誘われる。不思議な森へと分け入り、カヤの行く手に待ち受けるものとは？二十一世紀のジャパニーズ・ファンタジー。
2017.12 197p B6 ¥1700 ①978-4-265-81205-9

◆ティンクル・セボンスター　3　妖精ビビアンのキケンなひみつ？　菊田みちよ著　ポプラ社
【要旨】「女王試験なんて、なくしてしまえばいいんですわ！」王宮にあらわれた、神様の妖精ビビアンが大あばれ!?アンナのクラスメイトが宝石の国にくるというハプニングまでおきて…キケンな予感です！
2017 88p A5 ¥1000 ①978-4-591-15424-3

◆手ぶくろを買いに／ごんぎつね　ほか　新美南吉作、千野えなが、pon-marsh、たはらひとえ、佐々木メエ絵、加藤康子監修、藤田のぼる解説　学研プラス　（10歳までに読みたい日本名作 5）
【要旨】寒い冬のある日、子どものきつねは、手ぶくろを買いに、はじめて人間の町に出かけます…。（「手ぶくろを買いに」より）。ほか、「ごんぎつね」、「花のき村と盗人たち」、「決闘」、「でんでんむしのかなしみ」、の五話収録。さあ、心にひびく、新美南吉のお話の世界を味わってみましょう。
2017.9 153p A5 ¥940 ①978-4-05-204691-9

◆天国の犬ものがたり―天使の名前　藤咲あゆな著、堀田敦子原作、環方このみイラスト　小学館　（小学館ジュニア文庫）
【要旨】犬だって家族の一員。心をふるわせる感動の四話。はじまりはじまり―空太の新しい家族のゴンタはやんちゃな子犬。ある日、家から脱走してしまい…。バラ色の想い出―歩く気力もなかった小春おばあちゃんが元気になったのは、犬の神様のおかげでした。天使の名前―中三の花は、あることに絶望して自殺を決意し山の中へ。そこで、眠そうな顔の犬に出会う。ふたりのぼっぽ―ベランダに鎖でつながれた犬のぽっぽは、家族からも存在を忘れられていました。
2017.7 189p B6 ¥650 ①978-4-09-231167-1

◆天国の犬ものがたり―僕の魔法　藤咲あゆな著、堀田敦子原作、環方このみイラスト　小学館　（小学館ジュニア文庫）
【要旨】犬と人間との絆のおはなし。本作では五話をお届け。僕の魔法―亡くなったおじいちゃんの愛犬リキを引き取った光。光はリキのことが苦手だったけれど…。そらのいろ、―仲良く暮らしていた圭介くんとチビ。最近圭介くんはチビが好きでないらしく肉食的だと思って、決めつけていた。奇跡―小学生の頃に愛犬ペロに救われた大輔。仕事で秘書と乗るはずの飛行機に乗り遅れてしまい…。クリスマスプレゼント―シトリンと会うのが楽しみ。でも、突然会えなくなって…（他一編）。
2017.12 191p 18cm ¥650 ①978-4-09-231200-5

◆天才発明家ニコ＆キャット　南房秀久著、トリルイラスト　小学館　（小学館ジュニア文庫）
【要旨】とっても運が悪い男の子・二子玉川巧、あだ名は"ニコ"。ある日ニコは夕暮れ商店街にある家へ帰る途中で、ナゾの猫型研究所に迷い込む。そこで出会ったのは、白衣を着た茶トラの猫…しかもしゃべっている!?その猫"キャット"は、天才発明家だけど肉食だから不器用なの。それで助手を探しているらしく―!?キャットの作る「猫戦車」や「ゆ〜ぴょん君」や「タイム・リーパー」でニコの日常はワンダートラブルランドに！ニコ＆キャット発明研究所、本日開店です！
2017.7 188p 18cm ¥650 ①978-4-09-231168-8

◆天才発明家ニコ＆キャット―キャット、月に立つ！　南房秀久著、トリルイラスト　小学館　（小学館ジュニア文庫）
【要旨】とっても運が悪いニコは、運が良くなる『ラッキーマシン』を作ってもらう約束で、猫の天才発明家キャットの助手になった。そんなある日、夕暮れ商店街から福引きの賞品を作って欲しいと依頼がきた。キャットは発明品『ニャポロ13号』での月旅行を考え、試しにニコと月へ、到着した月の環境は最悪

だった!!隕石が降ったり、宇宙船が爆発しちゃって!?ほかにも発明品『異星人ホイホイ』『変身ヒーロー光線』で、ニコの日常はワンダーランドに！
2017.12 186p 18cm ¥650 ①978-4-09-231205-0

◆東海道中膝栗毛―弥次・北のはちゃめちゃ旅歩き！　十返舎一九原作、越水利江子文、丸谷朋弘絵、加藤康子監修　学研プラス　（10歳までに読みたい日本名作 10）
【要旨】ゆかいな二人組み、弥次さんと北さんは、お伊勢参りをするため、江戸から東海道を歩いて旅することに。しかし、そのとちゅうで、色々なさわぎが起こります。はてさて、二人は伊勢までたどりつくことはできるのでしょうか。カラーイラストがいっぱい。ひとめでわかる、お話図解つき。
2017.12 153p A5 ¥940 ①978-4-05-204763-3

◆とうちゃんとユーレイババちゃん　藤澤ともち作、佐藤真紀子絵　講談社　（講談社文学の扉）
【要旨】ぼくの家は、ちょっと変わった。なぜかというと―。小6の優也、そして優也をとりまく人びとの、笑顔と涙の物語。第18回ちゅうでん児童文学賞大賞受賞。
2017.2 197p B6 ¥1400 ①978-4-06-283242-7

◆遠い国から来た少年　黒野伸一作　新日本出版社
【要旨】マサのクラスにやってきた転校生・ジロー。「いらっしゃいませ、わたくしめは、やまもとジローと申します」―自己紹介から変わった！遠い遠い国から来たというジローはもしかして―？
2017.4 188p B6 ¥1400 ①978-4-406-06134-6

◆遠い国から来た少年　2　パパとママは機械人間！？　黒野伸一作、荒木慎司絵　新日本出版社
【要旨】ユリがひろった子犬・モモタローの本当の飼い主は、謎の美少女ミカゲだった。転校生ジローの幼なじみで、遠い遠い国から来たらしい―！
2017.11 184p B6 ¥1400 ①978-4-406-06182-7

◆時知らずの庭　小森香折文、植田真絵　（神戸）BL出版
【要旨】そこは、謎めいた植物が事件を起こす不思議の庭。リスのホップは見習い庭師。ドードー鳥のキミドリと友だちになって…。
2017.5 151p B6 ¥1400 ①978-4-7764-0804-8

◆時の鐘　十一谷朔代著、長野順子絵　未知谷
【要旨】きびしいお母さん、いそがしいお母さん。お互いになかむ2組十二歳の女の子たちが出会う、夏の小さな奇跡の物語。
2017.5 144p B6 ¥1600 ①978-4-89642-528-4

◆とことん―孫正義物語　井上篤夫文、やまなかももこ絵　フレーベル館
【要旨】今や日本を代表する事業家となった、孫正義。いったい、どのような生き方をしてきたのでしょうか―。彼の子供の時代から青年時代までを、事実に基づいていきいきと描いた創作物語。
2017 199p 20×14cm ¥1300 ①978-4-577-04567-1

◆図書館につづく道　草谷桂子著、いしいつとむ絵　子どもの未来社
【目次】美月さんの話―古い地図　つむじ堂にようこそ、メエさんの話―ミ、ミ、ミ　ノムシ　ミノリ虫、章夫さんの話―テングの腰かけ、りょうの話―「ごくろうさん！」、ひなの話―ひとりの時間、宮本さんの話―本がなくてもいい？、げんの話―図書館はふるさと、ゆきの話―おばあちゃんの秘密、館長さんの話―図書館まつりの日、美月さんの話―新しい地図
2017.12 143p B6 ¥1400 ①978-4-86412-129-3

◆となりの猫又ジュリ　金治直美作、はしもとえつよ絵　自社
【要旨】ジュリは、月の光をあびて、体中の毛が逆立ち、ふくふくふくるんで、銀色に光っていた。そして、二本の長いしっぽが、くねくねうごいている。ジュリって、いったいなにものなの？飼い犬のコーギー犬チャルと猫又ジュリの、不思議で温かい物語。
2017.11 134p 22×16cm ¥1300 ①978-4-337-33633-9

◆トンカチくんと、ゆかいな道具たち　松居スーザン作、堀川真絵　あすなろ書房
【要旨】大工道具たちがみんな暮らす町に、やってきたのは…？トンカチくんと、気のいい仲間

たちのおかしなおかしな珍騒動！8編のちいさなお話がひとつになった、楽しい連作童話集。
2017.11 143p A5 ¥1300 ①978-4-7515-2875-4

◆ナイスキャッチ！　横沢彰作、スカイエマ絵　新日本出版社
【要旨】美術部の部員は二人。放課後の静かな美術室が安らぎだった―はずなのに…!?こころは中学一年生。スケッチしていたところへ飛んできた野球のボールを、思わず両手でキャッチ！木下こころ、野球部、入りますっ！新しい野球ストーリーが始まる！
2017.6 173p B6 ¥1400 ①978-4-406-06143-8

◆ナイスキャッチ！　2　横沢彰作、スカイエマ絵　新日本出版社
【要旨】新しい野球ストーリーが始まる！ここみは中学一年生。美術部。スケッチしていたところへ飛んできた野球のボールを、思わず両手でキャッチ！お互いを信じられるか―。バッテリーは、そこから始まる！
2017.8 157p B6 ¥1400 ①978-4-406-06156-8

◆夏空に、かんたーた　和泉智生、高田桂絵　ポプラ社　（ノベルズ・エクスプレス）
【要旨】「かんたーた」は、わたしたちの小さな合唱団。小学生九人で歌ってる。もうすぐ夏のコンクールなのに、指揮と指導の先生が緊急入院！さらに、女装が好きなヘンなおじさんがあらわれて、わたしたちのかんたーたはどうなってしまうの？第6回「ポプラズッコケ文学新人賞」大賞受賞作！
2017.229p B6 ¥1300 ①978-4-591-15478-6

◆先人群像七話（ななつばなし）―三百年前の金沢で　第2集　かつおきんや著　（金沢）能登印刷出版部
【目次】大事な大事な若旦那、お祈りをする、両の行方、ウナギとキンモクセイ、オミツのお守り、江戸みやげ、利口でやさしいユウレイさん
2017.7 205p A5 ¥1400 ①978-4-89010-718-6

◆なみきびブリブリオバトル・ストーリー―本と4人の深呼吸　赤羽じゅんこ、松本聰美、おおぎやなぎちか、森川成美作、黒須高嶺絵　さ・え・ら書房
【要旨】11月3日、並木図書館に集まった4人の小学生。修は、カッコよくチャンプ本をとりたかった。アキは、ペットショップの子犬の現状を伝えたかった。玲奈は、恋バナの主人公のようになりたかった。陸は、ケンカ中の修にわかってほしいことがあった。そして、ビブリオバトルの幕が…。
2017.9 189p B6 ¥1400 ①978-4-378-01552-1

◆「悩み部」の平和と、その限界。―「5分後に意外な結末」シリーズ　麻希一樹著、usi絵　学研プラス
【目次】ラブレターの代筆、男の友情、曾祖父の右腕、3度目の告白、真実の行方、思い出のリゾット、競売、風邪の季節、勧誘作戦、サンタクロースにお願い、命の重さ、クレームの多い料理店、怪しい隣室、レギュラー会議、悩み部の落日、金庫の中身、ケンカ、この荒廃した世界で
2017.2 312p B6 ¥1100 ①978-4-05-204588-2

◆南総里見八犬伝―運命に結ばれし美剣士　越水利江子著、十々夜絵　岩崎書店　（ストーリーで楽しむ日本の古典 19）
2017.1 183p A5 ¥1500 ①978-4-265-05009-3

◆日本の伝説　きつねの童子　安倍晴明伝　堀切リエ文、いしいつとむ絵　子どもの未来社
【要旨】安倍晴明の童子丸と呼ばれた子ども時代―きつねの母との悲しい別れ、宿敵・道満との対決。そして、さらなる別れが待っていた。
2017.12 1Vol.(27×22cm ¥1300 ①978-4-86412-128-6

◆にんじゃざむらいガムチョコバナナ―ばけものりょかんのまき　原ハルカ、原京子作・絵　KADOKAWA
【要旨】大じけん！りょかんにばけものがでた!?ガム、チョコ、バナナが、りょかんにとまってみると、21ぴきのおばけたちがあらわれ、大さわぎ！ガム、チョコ、バナナは、へいわな夜をとりもどせるのか。どうする、どうなる、この話よまなきゃそんだよ！
2017.3 87p A5 ¥900 ①978-4-04-105248-8

◆猫忍―見習い忍者陽炎太とネコの父上　橋本愛理、AMG出版作、月戸絵　フレーベル館
【要旨】『劇場版猫忍』の主人公・陽炎太の少年時代を描いたアナザーストーリー。目の前で父上が消えてしまい、落ちこむ見習い忍者の陽炎

児童文学

絵本・児童書

太と、父上の代わりにふとあらわれたぽっちゃ猫。ふたり!?の運命は!?
2017 151p 18cm ¥680 ①978-4-577-04588-6

◆ねこの町のダリオ写真館　小手鞠るい作, くまあやこ絵　講談社　(わくわくライブラリー)
【要旨】犬の親子が初の記念撮影！世界一かっこいい、ねこカメラマンがステキな「写真のひみつ」教えます！
2017.11 75p 22×16cm ¥1200 ①978-4-06-195787-9

◆ねこの町のリリアのパン—たべもののおはなし　パン　小手鞠るい作, くまあやこ絵　講談社　(たべもののおはなしシリーズ)
【要旨】リリアの店のやきたてパンをめしあがれ！おはなしを楽しみながら、たべものがもっと好きになる！小学初級から
2017.2 70p A5 ¥1200 ①978-4-06-220439-2

◆ネトゲ中毒　NHK「オトナヘノベル」制作班編, 鎌倉ましろ著　金の星社　(NHKオトナヘノベル)
【要旨】10代が抱える悩みや不安、知りたい気持ちにトコトンこたえる、NHK Eテレの人気番組「オトナヘノベル」。番組内で出演した若者のトラブルや友だち、恋愛などをテーマにしたドラマが、ついに書籍化！
2017 279p B6 ¥1300 ①978-4-323-06212-9

◆拝啓、お母さん　佐和みずえ作, かんべあこ絵　フレーベル館　(ものがたりの庭)
【要旨】お母さんにひどい言葉を投げつけたまま、ひとりやってきた九州のじいじの家。そこは、昔ながらの活版印刷所「文海堂」。数えきれないほどの活字のなかで、ゆなのすれられない夏休みがはじまります。
2017 159p A5 ¥1300 ①978-4-577-04549-7

◆化けて貸します！レンタルショップ八文字屋　泉田もと作　岩崎書店　(物語の王国2 10)
【要旨】十一歳の春、文吾は奉公に出た。厳しくも温かい仲間に囲まれ、損料屋(今でいうレンタルショップ)で一生懸命働いていたある日、驚きの事実を知ることに。それも、主人以下、みながタヌキということだった…！江戸に生きる少年の、さわやかな成長記。
2017.6 159p B6 ¥1300 ①978-4-265-05790-0

◆バケモノの子—細田守作品集　細田守著　汐文社
【要旨】ある日、ひとりぼっちの少年・九太は、強さを求めて、バケモノ・熊徹に弟子入りをする。初めはことあるごとにぶつかり合う2人だったが、修行の日々を通して、いつしか、まるで本当の親子のような絆を育んでいく。こどもの成長を祝福する沢山の父親たちの物語。
2017 279p B6 ¥1800 ①978-4-8113-2412-8

◆走れメロス／くもの糸　太宰治, 芥川龍之介原作, 楠章子文　学研プラス　(10歳までに読みたい日本名作 3)
【要旨】悪い王をゆるせなかったメロスは、はむかったため、処刑されることに。しかし、妹の結婚式のため、三日間だけ時間をもらいます。親友を身代わりにして、メロスは走りだす…。(「走れメロス」より)。地獄におちた大どろぼうが、極楽からのがれようとする「くもの糸」、「杜子春」など、太宰治・芥川龍之介の代表作を収録！カラーイラストいっぱい！お話図解「物語ナビ」つき！
2017.7 153p A5 ¥940 ①978-4-05-204655-1

◆八月の光—失われた声に耳をすませて　朽木祥作　小学館
【要旨】あの日、あの時、一瞬にして世界が変わった。そこに確かに存在した人々の物語。あなたに彼らの声が聞こえますか？ヒロシマに祈りをこめて。失われた声を一つ一つ拾い上げた朽木祥、渾身の短編連作。
2017.7 251p B6 ¥1400 ①978-4-09-289756-4

◆バックル森のゆかいな仲間—ポーとコロンタ　倉本采上, 丘光世影絵・イラスト　本の泉社　(子どものしあわせ童話セレクション 3)
【要旨】バックル森の妖精たちは、人間と同じような生活をしています。小さな木の家にすみ、部屋のなかには、ベッドやテーブルやたんすもあります。
2017.4 151p A5 ¥1400 ①978-4-7807-1615-3

◆花あかりともして　服部千春著, 紅木春絵　(神戸)出版ワークス

【要旨】花にこめられたねがいは今、わたしの中に。花禁止令や京都空襲など、いまだ知られざる史実に光をあてた物語を人気児童文学作家がみずみずしい感性で、現代の読者たちにおくる。人気児童文学作家がはじめて描く「花禁止令」の時代の物語。
2017.7 205p B6 ¥1400 ①978-4-907108-08-3

◆春くんのいる家　岩瀬成子作, 坪谷令子絵　文溪堂
【要旨】小4の日向は、両親が離婚したあと、母といっしょに、祖父母の家でくらしていた。そこに「いとこ」の春が、祖父母の養子になってくわわることになった。「祖父母、母、春、日向」が「家族」だと祖父はいう。でも、日向は、「この家、好きになった？」と問われても、「わかんない」としかこたえられない。そんなある…
2017 100p A5 ¥1400 ①978-4-7999-0162-5

◆春待つ夜の雪舞台—くのいち小桜忍法帖　4　斉藤洋作, 大矢正和絵　あすなろ書房
【要旨】ある夜、小桜をのせた駕籠が、能面をつけた男に襲われた！このごろ路上に出没するという辻斬りのしわざか…。不穏な気配ただよう江戸の町で、小桜が、真実を知る!!変幻自在のくのいちが奇妙な事件の謎を解く、シリーズ完結編!!
2017.2 178p B6 ¥1300 ①978-4-7515-2865-5

◆ばんばいやのパフェ屋さん「マジックアワー」へようこそ—ばんばいやのパフェ屋さんシリーズ　1　佐々木禎子著　ポプラ社　(teenに贈る文学)　図書館版
2017 284p B6 ¥1300 ①978-4-591-15379-6

◆ばんばいやのパフェ屋さん　真夜中の人魚姫—ばんばいやのパフェ屋さんシリーズ　2　佐々木禎子著　ポプラ社　(teenに贈る文学)　図書館版
2017 325p B6 ¥1300 ①978-4-591-15380-2

◆ばんばいやのパフェ屋さん　禁断の恋—ばんばいやのパフェ屋さんシリーズ　3　佐々木禎子著　ポプラ社　(teenに贈る文学)　図書館版
2017 262p B6 ¥1300 ①978-4-591-15381-9

◆ばんばいやのパフェ屋さん　恋する逃亡者たち—ばんばいやのパフェ屋さんシリーズ　4　佐々木禎子著　ポプラ社　(teenに贈る文学)　図書館版
2017 276p B6 ¥1300 ①978-4-591-15382-6

◆ばんばいやのパフェ屋さん　雪解けのパフェ—ばんばいやのパフェ屋さんシリーズ　5　佐々木禎子著　ポプラ社　(teenに贈る文学)　図書館版
2017 254p B6 ¥1300 ①978-4-591-15383-3

◆ピアノをきかせて　小俣麦穂著　講談社　(文学の扉)
【要旨】「千弦ちゃんのピアノはすごいけど、いっしょにうたったり踊ったりできない」響音は、姉の心をゆさぶるため、ふるさと文化祭に出場することになったのですが…。感性を信じて生きる姉妹が奏でる音楽小説。
2018.1 207p B6 ¥1400 ①978-4-06-283248-9

◆ひいな　いとうみく作　小学館
【要旨】小学校4年生の由良は、母親の長期出張の間、祖母の家に預けられることになる。祖母が住むのは、季節がすぎ、町中がひな人形で飾られるおひな様の町。女の子の幸せを願う"ひな祭り"に出会ったちょっと不思議な物語。
2017 249p B6 ¥1400 ①978-4-09-289753-3

◆ひかり舞う　中川なをみ著, スカイエマ絵　ポプラ社　(teens' best selections 46)
【要旨】「男の針子やなんて、はじめてやわ。あんた、子どみたいやけど、いくつなん？」仕事のたびに、平兵郎は歳をきかれた。明智光秀の家臣だった父は討ち死にし、幼い妹は亡くなり、戦場で首洗いをする母とも別れて、七歳にして独り立ちの道をえらんだ平兵郎。雑賀の鉄砲衆タツ、絵描きの甚二、そして朝鮮からつれてこられた少女おたあ。「縫い物師」平兵郎をとりまく色あざやかな人々の人生模様を描く!!
2017 391p 20×13cm ¥1500 ①978-4-591-15649-0

◆ひとりぼっちの教室—YA！アンソロジー　小林深雪, 戸森しるこ, 吉田桃子, 栗沢まり著　講談社　(YA！ENTERTAINMENT)
【要旨】友達なんかいない—。ひとりぼっちの「今」を生きる、主人公たちを描いたアンソロ

ジー。
2017.12 211p B6 ¥950 ①978-4-06-269515-2

◆ビブリオバトルへ、ようこそ！　濱野京子作, 森川泉絵　あかね書房　(スプラッシュ・ストーリーズ 30)
【要旨】柚希は、あこがれの幸哉くんと同じ図書委員になった。図書委員会のイベント、好きな本を紹介して投票する「ビブリオバトル」に挑戦。佑、歌音、陽人たちとのバトルで「チャンプ本」を勝ちとり、幸哉くんに注目してもらう！と張り切る柚希は…!?
2017 231p 21×16cm ¥1300 ①978-4-251-04430-3

◆ひみつの友情マドレーヌ—プティ・パティシエール　工藤純子作, うっけ絵　ポプラ社　(プティ・パティシエール 3)　(付属資料：ポストカード；しおり)
【要旨】ボンジュール！わたし、マリエ。フランスでお菓子作りの修業中なの。春、日本から親友のあんこがきて、ひさしぶりの再会!!はなれても心がつながってるって、ステキなことだよね。おうちでできるお菓子のレシピつき！
2017 168p 21×16cm ¥1300 ①978-4-591-15454-0

◆一〇五度　佐藤まどか著　あすなろ書房
【要旨】都内の中高一貫校に、編入した真は中学3年生。スラックスをはいた女子梨々と出会い、極秘で「全国学生チェアデザインコンペ」に挑戦することに…！中学生としては前代未聞の、この勝負の行方は！椅子デザイナーをめざす少年の、熱い夏の物語。
2017.10 255p B6 ¥1400 ①978-4-7515-2873-0

◆100年の二下で　杉本лева, 佐竹美保画　ポプラ社　(teens' best selections 45)
【要旨】友人関係に悩んでいた6年生の千尋。自由奔放に見えて、苦手だった祖母とすごした数日間で、先祖たちの息遣いを感じ、彼女自身が変わっていく—。立山連峰と栗の木に見守られて続く家の、10代の少女を主人公にした、ファミリーヒストリー。
2017 212p B6 ¥1400 ①978-4-591-15638-4

◆ヒャッハー！ふなっしーとフルーツ王国—びっくりフルーツ大うんどうかい　小栗かずまた作・絵, ふなっしー監修　ポプラ社　(ヒャッハー！ふなっしーとフルーツ王国 3)
【要旨】こんかいは、ふなっしーのライバルがあらわれて、うんどうかいでたいけつするなっしー！
2017 104p B6 ¥1000 ①978-4-591-15425-0

◆ヒャッハー！ふなっしーとフルーツ王国—パインかいぞくだんとすごいおたから　小栗かずまた作・絵, ふなっしー監修　ポプラ社　(ヒャッハー！ふなっしーとフルーツ王国 4)
【要旨】こんかいは、ふなっしーは、かいぞくだとでんせつのおたからをさがしにいくなっしー！
2017 104p B6 ¥1000 ①978-4-591-15604-9

◆ピラカンサの実るころ　鳥居真知子著　(大阪)読売ライフ, (大阪)浪速社 発売
【要旨】ピラカンサの赤い実に集まる美しいヒレンジャく。その姿を楽しみにしてきた老人と少女の交流を描いた表題作。きらきら輝くドングリを拾ったためにグーしか出せなくなったクマの子は、ずっとチョキしか出せない沢ガニの子の気持ちを知って…(「じゃんけんグー」)。戦争の時代を支え合い懸命に生き抜いた家族のドラマに平和への祈りを込めた「桜の振り袖」など珠玉の10篇。小学校中学年～大人の皆さんに。
2017.9 131p B6 ¥1400 ①978-4-88854-505-1

◆ピラミッド帽子よ、さようなら　乙骨淑子作, 長谷川集平絵　理論社　新装版
【要旨】数学で「1」をとったことが頭からはなれない洋平。ある日、だれも住んでいないはずの家に、あかりがついていることに気づく。そこから加速度がつくように、不思議なできごとがおしよせる…。自分そして世界の謎を解く少年の冒険を、乙骨淑子が死を前に魂で描いた、未完の物語。
2017 412p B6 ¥1600 ①978-4-652-20221-0

◆ピンクのドラゴンをさがしています—なんでも魔女商会　25　あんびるやすこ　岩崎書店　(おはなしガーデン 54)
【要旨】その日、ナナがリフォーム支店のドアをあけると、シルクとコットンが魔女新聞をのぞきこんでいました。ふたりとも、へんな顔をして、眉をひそめています。ナナも新聞をのぞきこむと、みなれた顔がはいってきました。探偵魔女のデートです。
2017.6 141p A5 ¥1100 ①978-4-265-04565-5

◆風船爆弾　福島のりよ作　冨山房インターナショナル
【要旨】太平洋戦争末期、日本には、もうこれ以外に米国への攻撃の手段はなかった。気球に爆弾を積み、無誘導で9千発以上が放たれた。すべて秘密下で行われ、今もほとんど知られていない。いったい何があったのでしょうか。
2017.2 241p B6 ¥1600 ①978-4-86600-024-4

◆復讐教室　1　山崎烏著, 風の子イラスト　双葉社（双葉社ジュニア文庫）
【要旨】クラスでひどいイジメに遭っていた中学3年生の藤沢彩葉は、あることをきっかけにクラスメイト全員への復讐を決意する。彩葉が仕掛けた巧妙な復讐に、皆ほんろうされ、教室には不穏な空気が立ち込めていくが——見え隠れするイジメの首謀者。黒幕は親友なのか。それとも…？「この復讐は、全員斃るまで終わらない」——28人のクラスメイトへの、命がけの復讐劇。小学上級・中学から。
2017.11 242p 18cm ¥720 ①978-4-575-24071-9

◆ふたごのプリンセスとゆめみる宝石ドレス　赤尾でこ原作, まちなみなもこ絵　学研プラス（まほうのドレスハウス）（付属資料：シール）
【要旨】ファッションのみやこ、マール王国にはおしゃれなたからものがたくさん！しっかり者のお姉さん・クレア姫と、元気いっぱいの妹・アリス姫。ある日、ふたりがお城の地下で、ふしぎなとびらをみつけたところでドキドキの大ぼうけんがはじまったのです！シールきせかえつきストーリーブック。
2017.11 86p 21×16cm ¥1200 ①978-4-05-204741-1

◆ふたりユースケ　三田村信行作, 大沢幸子絵　理論社
【要旨】ぼくは小川ユースケ。引っ越した町の伝説の神童だったという"大川ユースケ"という子にそっくりなんだって。ぼくがだれに似ているかと関係ないのに……。そんなとき、ふっとだれかの気配を感じた…。
2017 222p 21×16cm ¥1400 ①978-4-652-20193-0

◆プティ・パティシエール　4　とどけ！夢みる花束クレープ　工藤純子作, ひのき一郎絵　ポプラ社（付属資料：しおり；メッセージカード）
【要旨】ボンジュール！わたし、マリエ。遠いフランスでのパティシエール修業は、毎日おどろきでいっぱい！大好きなクレープにも、すてきな発見がたくさんあったみたい！日本にいる家族にも、話してあげたいなあ。おうちでできるお菓子のレシピ付き！
2017 170p 21×16cm ¥1200 ①978-4-591-15655-1

◆フライパン号でナポレオンの島へ—ハリネズミ・チコ　3　空とぶ船の旅1　山下明生作, 高畠那生絵　理論社
【要旨】背中の針と勇気をたよりに小さなハリネズミの大きな旅。豪華客船から帆船フライパン号に乗りかえ、スペインのバルセロナからフランスのコルシカ島へ…！
2017 154p 21×16cm ¥1400 ①978-4-652-20206-7

◆ブラック　山田悠介作, わんにゃんぷーイラスト　小学館（小学館ジュニア文庫）
【要旨】「1話」交通事故で野球選手になる夢を閉ざされ、絶望している中学生の俊太。俊太を励ますため、プロ野球選手が奇跡のサイクルヒットを約束するが…。「2話」終てられた島で貧しい生活を送る少年リョウ。腕に×印がついた仲間たちが続々死んでいく。彼は島を出る決意をするが…。「3話」病弱な少女ミサに助けられた、年老いたカンちゃん。助けてくれた恩返しに、ミサが探しているタカラシクンを見つけるが…。3つの物語がつながるとき、あなたは驚愕の真実を知る。
2017.10 190p 18cm ¥650 ①978-4-09-231198-5

◆プリパラ　ガァルマゲドン外伝—怪獣アイドル　ガァル登場ガァル　桑原美保文, 辻永ひつじイラスト, タカラトミーアーツ・シンソフィア原作, タツノコプロ監修　小学館（ちゃおノベルズ）
【目次】怪獣アイドル、ガァル登場ガァル！　ガァル誕生の秘密—呪いの黒い封筒!?
2017.4 88p B6 ¥800 ①978-4-09-289580-5

◆ブルちゃんは二十五ばんめの友だち　最上一平作, 青山友美絵　新日本出版社
【要旨】一年生のきょうしつにやってきたひきがえるのブルちゃん。ブルブルしたせなか—きもちわるくて、きもちいい〜！
2017.9 62p 22×16cm ¥1300 ①978-4-406-06164-3

◆文豪ノ怪談　ジュニア・セレクション　恋　東雅夫編, 谷川千佳絵　汐文社
【目次】幼い頃の記憶（泉鏡花）、緑衣の少女（佐藤春夫）、鯉の巴（小田仁二郎）、片腕（川端康成）、月夜悪魔（香山滋）、押絵と旅する男（江戸川乱歩）、影の狩人（中井英夫）、菊花の約（上田秋成）
2017.2 297p B6 ¥1600 ①978-4-8113-2329-9

◆文豪ノ怪談ジュニア・セレクション　呪—小泉八雲・三島由紀夫ほか　東雅夫編, 羽風利門絵　汐文社
【目次】笛塚（岡本綺堂）、百物語（三遊亭圓朝）、因果ばなし（小泉八雲）、這って来る紐（遠藤周作）、抄（柳田國男）、予言（久生十蘭）、くだんのはは（小松左京）、復讐（三島由紀夫）、鬼火（吉屋信子）、鐵輪（郡虎彦）、咒文乃周圍（日夏耿之介）
2017.3 297p B6 ¥1600 ①978-4-8113-2330-5

◆文豪ノ怪談　ジュニア・セレクション　霊　東雅夫編, 金井田英津子絵　汐文社
【目次】あれ（星新一）、霊魂（倉橋由美子）、木曾の旅人（岡本綺堂）、後の日の童子（室生犀星）、ノツゴ（水木しげる）、お菊（三浦哲郎）、黄泉から（久生十蘭）、幻妖チャレンジ！　謡曲「松蟲」
2017.3 323p B6 ¥1600 ①978-4-8113-2331-2

◆奮闘するたすく　まはら三桃著　講談社
【要旨】最近、佑のおじいさんの様子がおかしい。近所で道に迷ったかのように歩いていたり、やかんをコンロにかけっぱなしにしてボヤ騒ぎを起こしたり…。「行きたくない」としぶるおじいちゃんをなだめすかして、佑はデイサービス（通所介護）に連れていくことになった。しかも、佑が逆らうことのできない早田先生は、そこで見たこと、聞いたことをレポートして夏休みの自由研究として提出しなさいって。友だちの一平と"ケアハウスこもれび"に通うことになった佑は、お年寄りと介護する人、介護される人、それぞれの気持ちに気づいていく。坪田譲治文学賞受賞作家が描く、子どもにとっての「介護」とは？
2017.6 239p B6 ¥1400 ①978-4-06-283245-8

◆平家物語　弦川琢司文, 夏生絵, 加藤廉子監修　学研プラス（10歳までに読みたい日本名作 6）
【要旨】平安時代の終わりにさかえた、平清盛をはじめとする平家一族。しかし、どんなに強い者でも、かならずほろびるときが来る。ほろびゆく平家とせめる源氏の大戦がはじまる！カラーイラストいっぱい！お話図解「物語ナビ」つき！
2017.9 159p B6 ¥940 ①978-4-05-204701-5

◆ホカリさんのゆうびんはいたつ　はせがわさとみ作, かわかみたかこ絵　文溪堂
【要旨】ホカリさんは、ちいさなまちのゆうびんやさん。あかいちいさなじてんしゃにのって、にこにこしながらてがみをとどけます。あるひ、おしごとのとちゅうで、ちいさなかわいいこえによびとめられて。はじめてのひとりきのたのしくてほのぼのあたたかい、3つのちいさなものがたり。
2017 42p A5 ¥1300 ①978-4-7999-0223-3

◆ぼく、ちきゅうかんさつたい　松本聰美作, ひがしちから絵　（神戸）出版ワークス
【要旨】ぼくーよくよくかんさつしたら、せかいはたからもののはっけんでいっぱい！小学1・2年生から。
2017.5 77p 22×16cm ¥1400 ①978-4-907108-04-5

◆僕は上手にしゃべれない　椎野直弥著　ポプラ社（teens' best selections 43）
【要旨】当然、あるとは思っていた。入学式の日には当然これが、自己紹介があるっていうのはわかっていた。言える。言える。言える。言える。言える。その帰りに受け取った、部活勧誘の一枚のチラシ。僕は心をとらわれた。中学校の入学式の日、自己紹介から逃げ出した悠太の葛藤と、出会いそして前進の物語。
2017 328p 20×13cm ¥1500 ①978-4-591-15323-9

◆ぼくらのジャロン　山崎玲子作, 羽尻利門絵　国土社
【要旨】そんとく、しょうま、げんちゃんの三人組は、ある日、川原で、作りかけの、ふしぎな像を見つける。石を積み上げて作ったような像が鎧をまとい、剣を、たかくかかげた姿になっていた。そうとくたちが、いつ、やんのかな、作っている？　そんとくたちは、像を「勇者X」と名付けて探るうちに、思いがけないことをぎつぎと…。
2017.12 133p 22×16cm ¥1300 ①978-4-337-33632-2

◆ぼくらの山の学校　八束澄子著　PHP研究所（わたしたちの本棚）
【要旨】学校や家での居場所をなくしつつある壮太。ある日、ふとしたきっかけで「山村留学センター」を知り、13人のメンバーと共同生活をはじめることに。そこでは、のびのびとした毎日が待っていた。
2018.1 223p B6 ¥1400 ①978-4-569-78727-5

◆ぼくらは鉄道に乗って　三輪裕子作, 佐藤真紀子絵　小峰書店（ブルーバトンブックス）
【要旨】あいさつをしそびれたせいで、悠太は、理子と話をする、最初のチャンスを逃してしまった。なぜ悠太は理子と話してみたいと思ったのか。それは、理子が大事そうに持っていたのが、列車の『時刻表』だったからだ。ぼくの冒険が動き始める！
2016.12 159p B6 ¥1400 ①978-4-338-30802-1

◆星モグラサンジの伝説　岡田淳作・絵　理論社　新装版
【要旨】「それは、ほんとうのところ、信じられない話なのです」と、そのモグラは話しはじめた。「とてもモグラわざとは思えないことをやってのけたモグラの物語なのです」……聞くうちにぼくは、これが夢かどうかなんてもう考えてはいなかった。物語作家・岡田淳が、モグラ・ナンジから聞いた伝説を書き留めた—
2017 170p B6 ¥1300 ①978-4-652-20222-7

◆坊っちゃん　夏目漱石原作, 芝田勝茂文, 城咲綾絵, 加藤康子監修　学研プラス（10歳までに読みたい日本名作 9）
【要旨】物語の舞台は、今から約百数十年ほど前の明治時代。子どものころからむてっぽうで正義感が強い主人公、坊っちゃんは、やがて教師になります。学校では、いたずらずきの生徒たちや、個性ゆたかな先生方がいて、騒動が待ちうけていました。さあ、坊っちゃんは、どうするのでしょう。イラストがいっぱい。ひとめでわかる、お話図解つき。
2017.12 153p A5 ¥940 ①978-4-05-204760-2

◆ホテルやまのなか小学校　小松原宏子作, 亀岡亜希子絵　PHP研究所（みちくさパレット）
【要旨】卒業式の三か月後、廃校になった小学校にもどってきた卒業生がいました。ミナさんは、友だちのうさ子とコンタといっしょに、やまのなか小学校をすてきなホテルにしていきます。でも、やってきたお客さんはなんだか気ずかしそうな人たちで…。100年生きてきた山あくのもと校舎が舞台。ふたりのお客さん、音楽家と宇宙観測家は、いままで見失っていたものに気づいていて。
2017.7 159p 26×16cm ¥1300 ①978-4-569-78677-3

◆ほねほねザウルス　18　たいけつ！きょうふのサーベルタイガー　カバヤ食品原案・監修, ぐるーぷ・アンモナイツ作・絵　岩崎書店
【要旨】ある日のこと、ベビーの家に、見知らぬ男の子がやってきました。その子は、ほねほねアーチャー・ロビンの息子「ロビン・ジュニア」と名のりました。おとうさんが「のろわれた宝石の山」に出かけたまま、かえってこないというのです！ベビー、トップス、ゴンちゃんは、ジュニアとともにその山にむかいました！
2017.9 95p 22×16cm ¥900 ①978-4-265-82049-8

◆炎の風吹け妖怪大戦　三田村信行作, 十々夜絵　あかね書房（妖怪道中三国志 5）
【要旨】予言書で過去を変えようとした妖怪は自害し、巻物は行方不明に…。未来から来た信夫と再会した蒼太たちは、ついに「赤壁の戦い」へ！孔明は、妖怪の正体をあらわした意外な人物とともに、曹操に立ちむかう。蒼太たちは歴史をまもり、未来へ帰ることができるのか…!?"三国志"アドベンチャー、怒涛のクライマックス!!
2017.11 160p 21×16cm ¥1200 ①978-4-251-04525-6

◆マイナス・ヒーロー　落合由佳著　講談社
【要旨】バドミントン部の羽野海は、実力がありながら準優勝どまりの中学校生。同級生の久能凪人は、小学生時代はクラブチームで活動していたが、体が弱く、バドミントンをあきらめた過去がある。ある日の体育の授業で、海は凪人を強引に誘って、現役部員を相手にダブルスで対決することを申し出、勝ち出した。凪人はバドミントン部のマネージャーをすることに—。講談社児童文学新人賞佳作入選。バ

児童文学

絵本・児童書

◆ドミントンにかける青春‼ ど直球のスポーツ小説‼
2017.1 188p A5 ¥1300 ①978-4-06-220633-4

◆枕草子―千年むかしのきらきら宮中ライフ　令丈ヒロ子著，鈴木淳子絵　岩崎書店　（ストーリーで楽しむ日本の古典 16）
【要旨】
2017.7 239p A5 ¥1300 ①978-4-265-05006-2

◆マコの宝物　えきたゆきこ著　現代企画室
【要旨】誰の心の中にもきっとある、子ども時代の宝物。
2017.3 243p A5 ¥1500 ①978-4-7738-1703-4

◆マーサとリーサ―花屋さんのお店づくり、手伝います！　たかおかゆみこ作・絵　岩崎書店
【要旨】もうすぐ港町の花まつり。女の子たちは、花かんむりをかぶっておしゃれをするそうです。ふたごの姉妹のマーサとリーサは、わくわくがとまりません。
2017.2 102p A5 ¥1200 ①978-4-265-06093-1

◆まじょのナニーさん―にじのむこうへおつれします　藤真知子作、はっとりななみ絵　ポプラ社
【要旨】もうすぐおねえちゃんになるユマだけど、みんな赤ちゃんにむちゅうで、つまらない！しかもママがおしごとでおしゃれをするところにつれていってもらえることになって、夏やすみなのにひとりぼっち⁉そこにあらわれたのが、ふしぎいっぱいのナニーさんだったの!!
2017 78p A5 ¥900 ①978-4-591-15493-9

◆都会（まち）のトム＆ソーヤ 10　前夜祭（EVE）―創也side　はやみねかおる著　講談社文庫
【要旨】成績優秀かつクールな名家創也と、ごく普通の少年ながら、もし山で遭難しても必ず生還しそうな内藤内人。二人はコンビニ商品券一千万円分がかかったバトルゲーム「WATER WARS」で勝利を目指す。戦う相手は伝説のゲームクリエイター、栗井栄太ほか、強敵ばかり。知恵と勇気と冒険の傑作ジュブナイル。
2017.2 362p A6 ¥790 ①978-4-06-293601-9

◆都会（まち）のトム＆ソーヤ 14　夢幻（下）　はやみねかおる著、にしけいこ画　講談社　（YA! ENTERTAINMENT）
【要旨】究極のゲーム、「夢幻」のプレイがついに始まった。内人と創也は、二人を殺そうとする「ネズミ」の危険から逃れることができるのか？ゲームが一気に動きだす、待望の下巻。おまけ短編も3つ。
2017.2 265p B6 ¥950 ①978-4-06-269510-7

◆魔天使マテリアル 23　紅の協奏曲（コンチェルト）　藤咲あゆな著、藤丘ようこ絵　ポプラ社　（ポプラカラフル文庫）
【要旨】今回は波琉館登場も、初めの短編集！文化祭シーズンに突入し、パトロールで忙しくなる怪奇探偵団。そんな中、志穂が浮気！？波琉希が字佐見とデート！？けれど、にぎやかな日常の裏でレイヤの奥に潜む闇がじわじわと動きはじめていて…？光と闇―それぞれが奏でる想いが響き合う大人気シリーズ第23弾!!
2017.3 209p B6 ¥790 ①978-4-591-15431-1

◆魔天使マテリアル 24　偽りの王子　藤咲あゆな著，藤丘ようこ絵　ポプラ社　（ポプラカラフル文庫）
【要旨】姉弟ゲンカの翌朝、レイヤが「Windmill」から失踪！双子の弟との距離を感じ、落ち込むサーヤ。その後、レイヤは冷静さを取り戻したものの、身勝手な行動がチーム内に軋轢を生みかけ…。マテリアル分裂の危機に⁉外伝では、重傷を負ったユウトと波香は体禁忌を犯す決意をする。その矢先、誤解と混乱の中で伊吹に悲劇が…⁉潜んでいた闇がついに動き出す！大人気シリーズ第24弾!!
2017 222p 18cm ¥790 ①978-4-591-15640-7

◆魔法医トリシアの冒険カルテ 3　夜の王国と月のひとみ　南房秀久著　学研プラス　（付属資料：ポストカード1；しおり1）
【要旨】アンリ先生が行方不明に！先生をすくうため、トリシアたちがやってきたのは黒髪の美少女が、女王として国を治めるふしぎな夜の王国。アンリ先生に会いに来てしまったトリシアに、女王は「三つの問題を解決すれば、アンリを返してやる」とトリシアに言うけれど。
2017.3 176p B6 ¥820 ①978-4-05-204604-9

◆魔法医トリシアの冒険カルテ 4　飛空城とつばさの指輪　南房秀久著，小笠原智史絵　学研プラス　（付属資料：ポストカード）

◆王国の真上に突然あらわれた、空飛ぶ城。城の正体は？一体なぜあらわれたの？王国がざわつく中、心配してやってきた隣国の王子ソールと、レンが、なぜか、トリシア争奪戦に突入…⁉トリシアは、城の謎をとけるのか⁉
2017.9 175p B6 ¥820 ①978-4-05-204707-7

◆まほうの自由研究―なのだのノダちゃん　如月かずさ作、はたこうしろう絵　小峰書店
【要旨】夏休みの自由研究でミニトマトの観察をしていたサキちゃん。吸血鬼のノダちゃんがお手伝いをすると、ミニトマトは空飛ぶトマトに！自由研究、いったいどうなっちゃうの？イラストいっぱいの楽しいお話が3つ！
2017.6 129p 21x16cm ¥1300 ①978-4-338-29503-1

◆魔法の庭の宝石のたまご―魔法の庭ものがたり 20　あんびるやすこ作・絵　ポプラ社　（ポプラ物語館 72）
【要旨】春の庭が、つぎつぎにさきはじめ、イースターの季節がやってきました。ジャレットは、魔法の庭で、とくべつな「エッグハント」をしようと思いたちますが…。
2017 149p A5 ¥1000 ①978-4-591-15407-6

◆まほうのルミティア―ものがたりのはじまり　七海喜つゆり絵、さくまゆか、ぼうのさつき文　小学館　（ぶっちぐみベスト!!）
【要旨】ものがたり一星の子たちの出会いとルミティアステッキ誕生のエピソード収録。新作のかきおろしも!! グッズだいずかん―これまでに登場したグッズをぜんぶ一気見せ☆秘蔵になれない、じゅんルミティア流ハッピーになれるおまじないやじゅもんって⁉心理テスト―あなたの星の子タイプがわかっちゃう！ほかにもひみつの情報がイッパイ！
2017.11 63p A5 ¥1000 ①978-4-09-280515-6

◆満月の娘たち　安東みきえ著　講談社
【要旨】標準的見た目の中学生のあたしと、オカルトマニアで女子力の高い美月ちゃんは保育園からの幼なじみ。ある日、美月ちゃんの頼みでクラスで人気の男子、日比野くんを誘い、3人で近所の幽霊屋敷へ肝だめしに行くことに…。
2017.12 253p B6 ¥1400 ①978-4-06-220732-4

◆水の森の秘密―こそあどの森の物語 12　岡田淳作　理論社
【要旨】「ねえ、ウニマルって、ほんとうの船になるの？」こそあどの森のあちこちから水がわき出しスキッパーたち調査に行くことから…。
2017.4 203p A5 ¥1700 ①978-4-652-20192-3

◆緑の校庭　芹澤光治良著　ポプラ社
【要旨】生誕120周年記念、今よみがえる、珠玉の少女小説！完全復版。少女小説を中心とした芹澤光治良略年譜つき。
2017.4 166p A5 ¥1000 ①978-4-591-15467-0

◆未来への扉―泣いちゃいそうだよ"高校生編"　小林深雪著、牧村久実画　講談社　（YA! ENTERTAINMENT）
【要旨】未来への扉の向こうには、新しいわたしが、きっと待っていてくれる。「泣いちゃい」オールスターキャストが送る感動のクライマックス！小川凛の高校生編、完結！
2017.2 203p B6 ¥790 ①978-4-06-299504-6

◆ミラクルかがやけ☆まんが！お仕事ガール　ドリームワーク調査会編著　西東社
【要旨】テクノロジー化が進んだ未来では仕事のすべてをロボットが管理。人は、みずきび、楽しさをしりません。この状況に危機感をおぼえた未来政府は極秘に調査員を現代の地球に送りこみました。梅香は大海の裏山奥深くに建てられた「お仕事研究ラボ」。ひょんなことからラボの調査員ララと出会った主人公陽菜ははたらくことの意味をいろいろな職業の現場から知っていく、夢いっぱい！ハートフルストーリー。あこがれ15職業がリアルにわかる！
2017.4 383p B6 ¥930 ①978-4-7916-2486-7

◆昔話法廷 Season2　NHK Eテレ「昔話法廷」制作班編、オカモト國ヒコ原作、イマセン法律監修　金の星社
【要旨】これからフシギな裁判が始まろうとしている。被告人は、友人のキリギリスを見殺しにした『アリとキリギリス』のアリ。自分の舌を切ったおばあさんを殺そうとした『舌切りすずめ』のすずめ。そして、地上に帰ると別れを切りだした浦島を殺そうとした『浦島太郎』の乙姫。昔話の登場人物たちを、現代の法律で裁く「昔話法廷」開廷！
2017 127p B6 ¥1300 ①978-4-323-07399-6

◆紫式部の娘。賢子はとまらない！　篠綾子作，小倉マユコ絵　静山社
【要旨】母・紫式部から引き継いだ賢子の宮仕えも2年目となり、もうすっかり慣れたもの（？）。そんなある日、御所に新しい女房（貴人の身の回りのお世話をする人）がやってきた。藤袴と呼ばれるその女性は、はたこうしろう絵と同じ15歳。対抗する気も失せるほどの美少女で、教養も◎！「藤袴こそ私の友にふさわしい」と賢子は舞い上がるが、母は娘に「その子とは仲良くなろうとは思わないほうが良い」と言う。一体なぜ⁉そんな折、憧れの頼宗さまも藤袴にひとめぼれ⁉恐れていたことが現実になってさあたいへん！賢子、どうする！？
2017.9 258p B6 ¥1200 ①978-4-86389-391-7

◆名作転生 3　主役コンプレックス　田丸雅智，石川宏千花，粟生こずえ，小松原宏子，巣山ひろみほか著　学研プラス
【要旨】一だれもが知っている話を、だれも知らないかたちで。奇想天外二次創作型短編小説集、誕生。名作から生まれた新たな10の物語。
2017.10 210p B6 ¥1200 ①978-4-05-204720-6

◆女神のデバート 3　街をまきこめ！TVデビュー⁉　菅野雪虫作、椋本夏夜絵　ポプラ社　（ポプラポケット文庫）
【要旨】倒産寸前のデバート・弁天堂に、せまる魔の八月。売り上げアップのヒントを求めていった東京で、結羽は意外な人物に出会う。さらに、デバートから街へと視野をひろげる結羽の前には新たな壁が。幼なじみの友則といっしょにどう立ちあがる！？
2017 229p 18cm ¥650 ①978-4-591-15496-0

◆メデタシエンド。―ミッションはおとぎ話のお姫さま…のメイド役⁉　葵木あんね著、五浦マリイラスト　小学館　（小学館ジュニア文庫）
【要旨】内気な中学一年生・つむぎは、ある日、図書室で見つけた本の中に吸いこまれてしまう。そこで彼女を待っていたのは、この世の童話を管理する「物語省」の調整官・レオン。彼の説明によると、童話のデータが何者かに書きかえられてしまい、その修復作業のために、つむぎの力が必要なのだという。筋の変わってしまったあるおとぎ話を再びハッピーエンドにするまでは、元の世界に戻れないと言われ、しぶしぶメイドとして話の中に潜入したつむぎが、そこで目にしたのは⁉
2017.2 191p 18cm ¥650 ①978-4-09-231146-6

◆メデタシエンド。―ミッションはおとぎ話の赤ずきん…の猟師役⁉　葵木あんね著、五浦マリイラスト　小学館　（小学館ジュニア文庫）
【要旨】内向的な中学生女子・つむぎの悩みは、『ハッピーエンドシアター』という本が、自分の行く先々に現れること。なんとか無視しようとするのだが、祖母が本を開いてしまい、二人とも本に吸いこまれてしまう。ついた先は童話『赤ずきん』の中。ゆがんだストーリーをハッピーエンドにするまで元の世界に戻れないと、童話を管理する美形だがイヤミな調整官・レオンに言われ、つむぎはしぶしぶ「猟師役」をやる羽目に。ところが現れたのは「赤ずきん」にびっくり！その正体は…！
2017.10 188p 18cm ¥650 ①978-4-09-231186-2

◆もちもちばんだもちばん探偵団―もちっとストーリーブック　たかはしみか著，Yuka原作・イラスト　学研プラス　（キラピチブックス）
【要旨】わたしの家に住みついた、おもちみたいな不思議な生きもの"もちもちぱんだ"。"でかぱん"や"ちびぱん"と一緒の毎日は楽しいけど、バレないかどうかちょっとドキドキ！学校祭の実行委員にも選ばれて、忙しいけど充実しているある日、思いがけない事件が起こって…！？
2017.3 130p B6 ¥800 ①978-4-05-204618-6

◆もののけ屋 四階フロアは妖怪だらけ　廣嶋玲子作、東京モノノケ絵　静山社
【要旨】ええ！？もののけ屋さんがつかまった？？ついに警察に…ってちがうの！？妖怪ホテルにつかまったもののけ屋。助けにいくの！？いかないの！？
2017.11 125p B6 ¥900 ①978-4-86389-396-2

◆モンスター・ホテルでパトロール　柏葉幸子作, 高畠純絵　小峰書店
2017.4 1Vol. B6 ¥1100 ①978-4-338-07231-1

◆八百屋のすずねえちゃん　佐藤ふさ絵著, 佐藤道明絵　（川崎）てらいんく　（佐藤ふさ絵の本 3）

◆約束の木　菊池和美著, 藤本有紀子絵　（川崎）てらいんく
【要旨】仲良しのタヌキ、ポンタとポン子がすむ山に、突然ブルドーザーがやってきた！ はなればなれになるふたりは、また一緒にどんぐりを拾おうと約束したものの…。
2017.2　139p　B6　¥1200　978-4-86261-124-6

◆やっちゃんの怪我―前田澄子童話集　前田澄子著　鶴書院, 星雲社 発売
【目次】やっちゃんの怪我、栗ご飯、幸せ
2017.9　56p　16×13cm　¥500　978-4-434-23758-4

◆山田県立山田小学校　7　山田島にヤマダノドン!?　山田マチ作, 杉山実絵　あかね書房
【要旨】日本で48番目の県、山田県にある山田小学校。巨大ななにかにおどろいたり、急なかわきにホロリとしたり、気持ちの変化もはげしい毎日です。ヘンにハマることもあるけれど、花も嵐もたえもあるさ！ 山田小の子どもたちは、いつもみんな、のびやかです!!日本のどこかにある県の小学校で起きる、すこし"ヘン"、なぜか"まったり"の5つのお話。
2017.6　114p　22×16cm　¥1300　978-4-251-08887-1

◆幽霊ランナー　岡田潤作　金の星社
【要旨】マラソン大会を3年連続棄権した優。その3回目の大会直後に出会った先輩の指導で、優は本格的な走法を身につけていく。そして4度目の大会がやってくる。
2017　205p　B6　¥1400　978-4-323-07398-9

◆ゆくぞ、やるぞ、てつじだぞ！　ゆき作, かわいみな絵　朝日学生新聞社
【要旨】おっちょこちょいで、ひたむきで、そんなあいつがやってきた！ 勉強はいまいち、運動もさっぱり。だけどてつじの周りには、いつも笑顔があふれてる！ 折り紙つきの「へんなやつ」!?5年生のてつじが仲間たちとくり広げる、ユーモアいっぱいの物語。朝日学生新聞社児童文学賞第7回受賞作。
2017.2　219p　A5　¥1200　978-4-909064-04-2

◆豊かな心を育む日本童話名作集　鬼塚りつ子責任編集, 村田夕海子絵　世界文化社（心に残るロングセラー）
【要旨】日本童話の原点、「赤い鳥」創刊100周年記念。小学校の教科書にも載っている、『ごんぎつね』、『蜘蛛の糸』はじめ読みつがれてきた、日本の童話名作10話を収録。漢字はすべて「ふりがな」つきです。
2017.7　143p　24×19cm　¥1800　978-4-418-17811-7

◆ゆめ☆かわ　ここあのコスメボックス　伊集院くれあ著　小学館（小学館ジュニア文庫）
【要旨】白鳥ここあは、「格好良い！」って言われることが大好きな中学1年生。ママの部屋で見つけた、ゆめ☆かわコスメボックスを開けたら、原宿系妖精ちぇるし～が現れた！ ちぇる～はここあを美少女「ショコラ」に変身させ、憧れのイケメンモデルの登場と、カップルのポスター撮影をすることに！ 登場人気に入られたショコラは、モデルとしてデビューすることになって!?恋にモデルにファッションに、ナイショのゆめ☆かわ生活の始まり！
2017.8　186p　18cm　¥650　978-4-09-231188-6

◆夢見の占い師　楠章子作, トミイマサコ絵　あかね書房
【要旨】明治の近代化もおよばない小さな村をたずねて薬をとどける時雨と弟子の小雨は、"まぼろしの薬売り"と呼ばれていた。薬のいらない村や、はやり病いの村に出会いながら旅を続けるが、ある日、小雨が謎の組織にさらわれてしまう。時雨と小雨の背負う宿命が、国をゆるがす存在と大きくかかわっていく！
2017.11　199p　B6　¥1300　978-4-251-07306-8

◆ようかい先生とぼくのひみつ　山野辺一記作, 細川貂々絵　金の星社
【要旨】ドッカーン!!とつぜん、かいにあいた大きなあな。見るとそこから、バケモノが顔をのぞいていた！ そいつは、ボクのことをにらむと、空へとんでいってしまった。その日、クラスに新しいたんにんの先生がはじめてきた。空飛天助っていうんだけど、なんだかあやしいぞ！
2017　84p　A5　¥1200　978-4-323-07385-9

◆ようこそ！ へんてこ小学校―おにぎりVSパンの大勝負　スギヤマカナヨ作・絵　KADOKAWA
【要旨】もしも、こんな学校があったら…、先生もクラスメイトもぜんいんお○ぎ!?おもしろいじゅぎょう！ びっくりなじゅぎょう？ おいしいきゅうしょく!!楽しいあそび!!！ パンの学校と運動会!?ゆかいな物語、はじまる。
2017.10　79p　22×16cm　¥1000　978-4-04-105669-1

◆妖精のあんパン　斉藤栄美作, 染谷みのる絵　金の星社
【要旨】あんパンづくりにちょうせんする小麦。あんこをつつむのはむずかしく、おまけにパンの妖精ココモモのおてんばに手をやいている。さらに気になるのは入院中のおじいちゃんのこと…。小麦はふたたび、あんパンづくりにちょうせん。そのとき、小麦にあるアイデアがひらめいた！ パンづくりのレッスン＆ステップアップ・ストーリー。巻末に「あんパン」レシピ入り『妖精のパン屋さん』シリーズ。3・4年生から
2017　149p　B6　¥1200　978-4-323-07364-4

◆妖精のスープ　高森美由紀作, 井田千秋絵　あかね書房（スプラッシュ・ストーリーズ 31）
【要旨】学校や家で居場所がないと感じている春香は、ある日、森で妖精のようなおばあさんを見かける。家をたずねた春香に、妖精のおばあさんはスープをふるまうが、とってもマズくて…。妖精との交流が、少女を強く変えていく。
2017.10　165p　21×16cm　¥1200　978-4-251-04431-0

◆ライバル・オン・アイス　3　吉野万理子作, げみ絵　講談社
【要旨】ナンバーワンを決定する最終選考会でヴィルタネン・センターの全国代表5人が東京に集結！ ライバルたちはフィギュアスケートの全国大会上位入賞者や、演技力抜群の帰国子女、女優のような超美人など、実力も個性もある強敵ぞろい。フィギュアをはじめたばかりの美馬は勝てるの??自分を信じる！ それしかない！ 全員を追い越して、トップに立つ！
2017.3　220p　B6　¥1200　978-4-06-220434-7

◆ラストで君は「まさか！」と言う デジャヴ　PHP研究所編　PHP研究所（3分間ノンストップショートストーリー）
【要旨】ホラー、青春、ミステリー、ファンタジー…たっぷり30話！ 3分で読めるショートストーリーだから、朝読にもぴったり。ラストは「まさか！」なエンディングが待っている！
2017.12　207p　B6　¥1000　978-4-569-78725-1

◆ラストで君は「まさか！」と言う 時のはざま　PHP研究所編　PHP研究所（3分間ノンストップショートストーリー）
【要旨】3分間×30話！ どんでん返しのショートストーリー。
2017.5　207p　B6　¥1000　978-4-569-78648-3

◆ラストで君は「まさか！」と言う 望みの果て　PHP研究所編　PHP研究所（3分間ノンストップショートストーリー）
【要旨】ホラー、青春、ミステリー、ファンタジー…たっぷり30話！ 3分で読めるショートストーリーだから、朝読にもぴったり。ラストは「まさか！」なエンディングが待っている！
2017.12　207p　B6　¥1000　978-4-569-78726-8

◆ラストで君は「まさか！」と言う 予知夢　PHP研究所編　PHP研究所（3分間ノンストップショートストーリー）
【要旨】3分間×30話！ どんでん返しのショートストーリー。
2017.5　207p　B6　¥1000　978-4-569-78647-6

◆ラブリィ！　吉田桃子著　講談社
【要旨】主役がブスで、何が悪い!?人の「見た目」についてあれこれ考える中2男子、拓郎の日常を描いた注目作！ 第57回講談社児童文学新人賞受賞作。
2017.6　228p　B6　¥1300　978-4-06-220602-0

◆蘭の花が咲いたら―泣いちゃいそうだよ "高校生編"　小林深雪著　講談社（YA！ ENTERTAINMENT）
【要旨】おさななじみの太宰修治と、超遠距離恋愛をはじめて数か月。今度こそ、大切にしたいと思っている。でも、愛も夢も、どうやって育てていけばいいのかな？ 小川蘭、高校2年生の秋冬の物語。
2017.10　189p　B6　¥950　978-4-06-269513-8

◆リア友トラブル　NHK「オトナヘノベル」制作班編, 長江優子, 鎌倉ましろ著　金の星社（NHKオトナヘノベル）
【要旨】10代が抱える悩みや不安、知りたい気持ちにトコトンこたえる、NHK Eテレの人気番組「オトナヘノベル」。番組内で放送された、SNSのトラブルや友だち、恋愛などをテーマにしたドラマが、ついに書籍化！
2017　191p　B6　¥1400　978-4-323-06214-3

◆理科準備室のヴィーナス　戸森しるこ著, 中島梨絵絵画　講談社
【要旨】私たちの学年の理科の先生は、洋風の印象的な顔立ちをしている。そして、結婚していないのに、子どもがいるっていうウワサ。私はその先生の真似をして髪を伸ばし始めた。そして、先生をみつめる生徒は、もうひとりいた。
2017.8　205p　B6　¥1400　978-4-06-220634-1

◆りっぱな犬になる方法＋1　きたやまようこ作　理論社
【要旨】そうして、ある日…きがつくとイヌになっていた。イヌはじっさいわかったことは…。あの、きたやまようこのロングセラーが、2倍のボリュームになって再登場!!
2017　175p　A5　¥1500　978-4-652-20239-5

◆りりちゃんのふしぎな虫めがね　最上一平作, 青山友美絵　新日本出版社
【要旨】りりのいないしょの虫めがねは虫めがね。虫めがねを使って校門の中を見ると、そこは…！―ひとりがすきな一年生。おともだち、できるかな？
2017.6　61p　22×16cm　¥1300　978-4-406-06145-2

◆リルリルフェアリル―妖精りっぷのたんじょう　サンリオキャラクター著作, 咲坂芽亜イラスト, 坊野五月文　小学館（ちゃおノベルズ）
【要旨】フラワーフェアリルりっぷは弱虫な妖精だったけれど、まわりのおうえんをもらって成長していく―キラキラマジカルストーリー。
2017.4　93p　B6　¥800　978-4-09-289579-9

◆リルリルフェアリル トウインクル―スピカとまいごの流れ星　面出明美作, サンリオリルリルフェアリルデザイナー絵　ポプラ社（リルリルフェアリル 1）
【要旨】わたし、スピカ！ 流れ星をつくるフェアリルよ。流れ星の材料は、人間やフェアリルの思いでできたピカピカ光るきれいな星くず。でも、今日もわたしの星くずはなんだかトゲトゲしていて…。わたし、この星くずのもちぬしに会いにいってくる！
2017　1Vol.　21×16cm　¥1000　978-4-591-15260-7

◆リルリルフェアリル トウインクル―スピカと魔法のドレス　中瀬理香作, 瀬谷愛絵　ポプラ社（リルリルフェアリル 2）
【要旨】わたし、スピカ！ 流れ星をつくるフェアリルよ。魔法のドアをくぐって、人間の世界へやってきたんだけど…女の子につかまっちゃった！ でも、その子のスケッチブックの中をのぞいてみたら…！ アニメから生まれた人気シリーズ第2弾！
2017　98p　21×16cm　¥1000　978-4-591-15591-2

◆ルルとララのハロウィン　あんびるやすこ作・絵　岩崎書店（おはなしトントン 59）（付属資料：タグ；ミニギフトバッグ）
【要旨】秋がやってきました。なんなる日のこと。店の中にとつぜん小さなけむりがふたつ、ポワンとあらわれて、ルルとララ、ニッキをおどろかせました。そしてそこから白いハンカチが二まい、つまみあげられたような形で、ひらひらとでてきたのです。
2017.9　223p　A5　¥1100　978-4-265-07407-5

◆レイナが島にやってきた！　長島夏海作, いちかわなつこ絵　理論社
【要旨】始業式にちこくして、ガジュマルの木の上で歌っていた転校生はケイヤク子どもなんだって…!?長崎夏海がえがく風と光と子どもたち。南の島の新しい生活をはじめたレイナと島の子どもたちのすてきな出会い。
2017　133p　A5　¥1400　978-4-652-20233-3

◆恋愛トラブル・ストーカー　NHK「オトナヘノベル」制作班編, みうらかれん, 長江優子, 宮下恵茉著　金の星社（NHKオトナヘノベル）
【要旨】10代が抱える悩みや不安、知りたい気持ちにトコトンこたえる、NHK Eテレの人気番組

児童文学

絵本・児童書

◆わたしからわらうよ 押切もえ著 ロクリン社
【要旨】素直に気持ちを伝えられない小学校3年生の桜。友だちにも家族にも気を使ってしまいます。その上、自分に自信がもてません。そんな桜に、今年の夏は一大事！鳥取のおばあちゃんの家に一人で行くことになってしまったのです。不安と戸惑いからはじまった夏休み。でもそれは、桜を大きく変える冒険でした。清々しい自然と人々とのふれあい。少女の背中をそっと押しだ、ひと夏の物語。
2017.7 177p B6 ¥1400 978-4-907542-47-4

◆わたしのげぼく 上野そら作、くまくら珠美絵 アルファポリス、星雲社 発売
【要旨】どんくさい「げぼく」と一緒に暮らすネコの「わたし」。「ほんとうに、しかたのないやつだな。わたしのげぼくは」ともに笑い、時にはケンカし、そして迎える切ない別れ―
2017.7 1Vol.18×14cm ¥1320 978-4-434-23631-0

◆わたしの苦手なあの子 朝比奈蓉子作、酒井以絵 ポプラ社 （ノベルズ・エクスプレス 35）
【要旨】ツンとすまして、だれとも仲良くならない本間リサ。心臓がわるいと言って、プールはいつも見学。でもミヒロはリサの秘密を知ってしまった。仲良くなりたいと思うのに、リサの態度は冷たいまま。夏休みに、ミヒロは、苦手なリサを克服することに決めた。二人の女の子の、成長と友情のストーリー！
2017.7 234p B6 ¥1300 978-4-591-15518-9

◆ワニと猫とかっぱ それから… 花編 （神戸)神戸新聞総合出版センター
【目次】すて猫反対！（かねこかずこ）、ワッチョ（なかはらなお）、まぼろしの花「シチダンカ」（石垣文世）、んの反乱（森くま堂）、ムカシトンボの谷（滝まゆ美）、蛸（香山悦子）、かっぱのプボ（エイ子ワダ）、ハロウィンナイト（工藤葉子）、ぼくのおかあさんは魔女です（西村さとみ）、雪だるまくらす方法（岡村佳奈）、そばにいるよ（うたかいずみ）
2017.6 175p A5 ¥1400 978-4-343-00953-1

◆ワンニャンぼくらの大冒険―おはなしタマ＆フレンズ うちのタマ知りませんか？ 2 せきちさと作、おおつかけいり絵 小学館 （ちゃおノベルズ）
【要旨】タマは3丁目に住む小さな猫。犬のポチをはじめとする近所の仲間と、仲良く楽しく暮らしています。ある日、猫の集会全国大会が行われるという話を聞いて、タマたち一行は集会の会場である"ミー島"へ出発！バスにのって、電車にのって、なんとか力を合わせてミー島近くの海辺にたどり着いたはいいけれど、その先はなんと水族館で…!?第1話の「タマ、旅に出る」ほか、犬のポチが小さな猫に恋してしまう「タマ、恋を手伝う」の2本立て。タマと仲間たちの友情が繰り広げる、ちょっと泣けちゃうおはなし。
2017.12 143p B6 ¥800 978-4-09-289584-3

◆わんぱく記者団奮闘中！ 和山幸著 幻冬舎メディアコンサルティング, 幻冬舎 発売
【要旨】学級新聞社発足！水泳大会、サッカーチーム、友達関係…。見落としていた日常にも意味があるということを記事作りを通して学んでいく、少年の成長物語。
2017.9 169p B6 ¥1000 978-4-344-91355-4

◆SINGシング 澁谷正子著 小学館 （小学館ジュニア文庫）
【要旨】取り壊し寸前のムーン劇場。支配人であるコアラのバスター・ムーンは、劇場の再起をかけた歌のコンテストを開催することに決めた。最終候補者は6名に絞られた。ギャングファミリーを抜けて歌手になりたいジョニー、傷心のパンク少女のアッシュ、家事と育児におわれる専業主婦のロジータ、お金、権力、派手なものが大好きなマイク、ハイテンションなダンサーでシンガーのグンター、そして極度のあがり症のネズミ、笑いあり、涙あり、人生を変えるステージが、今、始まる!!
2017.3 198p 18cm ¥730 978-4-09-231151-0

◆SNS炎上 NHK「オトナヘノベル」制作班編、長江優己、如月かずさ、鎌倉ましろ著 金の星社 （NHKオトナヘノベル）
「オトナヘノベル」。番組内で放送された、SNSのトラブルや友だち、恋愛などをテーマにしたドラマが、ついに書籍化！
2017 215p B6 ¥1400 978-4-323-06215-0

【要旨】10代が抱える悩みや不安、知りたい気持ちにトコトンこたえる、NHK Eテレの人気番組「オトナヘノベル」。番組内で放送された、SNSのトラブルや友だち、恋愛などをテーマにしたドラマが、ついに書籍化！
2017 207p B6 ¥1400 978-4-323-06211-2

児童文学全集

◆少年美術物語 豊子愷著、日中翻訳学院監訳者、舩山明音訳 日本僑報社 （豊子愷児童文学全集 第6巻）
【要旨】おばあさんからお母さん、子どもたちへ愛され続ける中国抒情漫画の巨匠。抒情漫画、文学、随筆、散文、美術音楽教育、日本古典文学の翻訳。多彩な作品の中から庶民にもっとも親しまれてきた児童文学を収録。
2017.4 203p B6 ¥1500 978-4-86185-232-9

◆中学生小品 豊子愷著、日中翻訳学院監訳者、黒金祥一訳 日本僑報社 （豊子愷児童文学全集 第7巻）
【要旨】おばあさんからお母さん、子どもたちへ愛され続ける中国抒情漫画の巨匠。抒情漫画、文学、随筆、散文、美術音楽教育、日本古典文学の翻訳。多彩な作品の中から庶民にもっとも親しまれてきた児童文学を収録。
2017.4 131p B6 ¥1500 978-4-86185-191-9

◆灰谷健次郎童話セレクション 2 だれも知らない 灰谷健次郎著 汐文社
【目次】ひとりぼっちの動物園（だれも知らない、オシメちゃんは六年生、ベンケイさんの友だち、ひとりぼっちの動物園、三ちゃんかえしてんか）、とこちゃんのヨット
2017 190p A5 ¥1600 978-4-8113-2357-2

◆灰谷健次郎童話セレクション 3 しかられなかった子のしかられかた 灰谷健次郎著 汐文社
【要旨】ゆうこのお父さんは、とってもやさしいお父さん。ぜったいにゆうこをしからない、友達みたいに遊んでくれる、じまんのお父さんです。でも、ゆうこがどんなにたのんでも、お父さんが聞いてくれないことがひとつだけあるのです。それは、子犬を飼うこと。どうしても子犬を飼いたかったゆうこは、お父さんにうそをついてしまうのですが―。
2017 190p A5 ¥1600 978-4-8113-2358-9

◆灰谷健次郎童話セレクション 4 海になみだはいらない 灰谷健次郎著 汐文社
【要旨】島で生まれ、海辺で育った章太は小学四年生。島いちばんの漁師であるおじいやんに教わったおかげで、章太は海にもぐるのが得意です。海は大好きですが、島の子どもたちは、あまり海で遊びません。そんな島に、都会からひっこして来た女の子・佳与があらわれました。章太は佳与に泳ぎを教えることになるのですが。
2017 190p A5 ¥1600 978-4-8113-2359-6

短篇集

◆オレンジ色の不思議 斉藤洋作、森田みちよ絵 静山社
【要旨】謎の美少女といっしょに「あやしい」時間を体験してみませんか？どんなに追いかけても近づけない"去りゆく警察官"、いつまでも同じ会話をくりかえす"ブランコのカップル"など、まるでトリックアートのような奇妙な光景があらわれる…。稀代のストーリーテラーがおくる連作短編集。
2017.7 175p 20×14cm ¥1300 978-4-86389-385-6

◆さかいめねこ メルヘン21編 花伝社, 共栄書房 発売
【要旨】リタイムパイ（みずきえり）、あしたのヨーグルト（小林和子）、てんぐだいらでたんじょう会（西ノ内多恵）、さかいめねこ（鈴木やすり）、深山行きバスのお客さん（井上一枝）、ぼくたちの背守り（あらいれい）、落ち葉になる（チャウリー）、松本くん（うちだゆみこ）
2017.9 155p A5 ¥1500 978-4-7634-0824-2

◆びっくりたね―たんじょうびのプレゼント 安孫子ミチ作、渡辺あきお絵 （鎌倉）銀の鈴社 （銀鈴・絵ものがたり）

【目次】びっくりにんじん、びっくりまめ、びっくりすいか
2017.7 78p B6 ¥1500 978-4-86618-012-0

◆本当にあった？世にも奇妙なお話 たからしげる編 PHP研究所
【要旨】児童文学界の著名作家10人が書いた、誰にも想像できない「私だけの物語」。
2017.3 182p B6 ¥1000 978-4-569-78631-5

◆本当にあった？世にも不可解なお話 たからしげる編 PHP研究所
【要旨】異世界から私に声が届いた!?児童文学界の著名作家10人が書いた、誰にも理解できない「私だけの物語」。
2017.3 189p B6 ¥1000 978-4-569-78632-2

◆本当にあった？世にも不思議なお話 たからしげる編 PHP研究所
【要旨】二人の運命の糸はつながっていた!?児童文学界の著名作家10人が書いた、誰にも説明できない「私だけの物語」。著者自身が経験したり、見聞きしたりした世にも不思議な出来事をもとに書いたお話。
2017.3 190p B6 ¥1000 978-4-569-78630-8

童話

◆アカネヒメ物語 村山早紀著 徳間書店
【要旨】ある日はるひは、風早の西公園で不思議な女の子と出会う。ちょっとだけ偉そうなその子は、古い桜の木をよりしろにする、土地の神様アカネヒメだった。魔法の力を使えても、まだ幼い神ゆえに、誰の目にも見えず声も聞こえない、ひとりぼっちだった神様とはるひは友達になった―。あの懐かしい、ささやかな奇跡の物語がついに文庫化。書下し「人魚姫の夏」を収録。
2017.12 301p A6 ¥640 978-4-19-894291-5

◆いえのおばけずかん―ざしきわらし 斉藤洋作、宮本えつよし絵 講談社 （どうわがいっぱい）
【要旨】いえのなかには、こわ～いおばけがまだ、こんなに！でも、このおはなしをよめば、だいじょうぶ！小学1年生から。
2017.7 76p A5 ¥1100 978-4-06-199618-2

◆いつも100てん!?おばけえんぴつ―おばけマンション 43 むらいかよ著 ポプラ社 （ポプラ社の新・小さな童話 307）
【要旨】テストで100点とれたらなぁ…。勝手に正しい答えを書いてくれる不思議なえんぴつ「100てんえんぴつ」。でもそれを使うと―。
2017 93p A5 ¥900 978-4-591-15475-5

◆うっかりの玉 大久保雨咲著, 陣崎草子絵 講談社
【要旨】歳を重ねたからこそ見える世界を描いたあざやかな童話集。
2017.9 107p B6 ¥1300 978-4-06-220734-8

◆海に光るつぼ 久留島武彦作、ゴトウノリユキ絵 幻冬舎メディアコンサルティング, 幻冬舎 発売 （くるしま童話名作選 8）
【要旨】明治から昭和にかけて活躍された、久留島武彦の口演童話作品を絵本化した大好評シリーズ「くるしま童話名作選」第8作！終戦後、貧困にまけず靴磨きをする少年ケンイチ。そんな彼が海の底で経験した不思議な成長物語。
2017.3 1Vol. 27×19cm ¥1300 978-4-344-91139-0

◆おかやま しみんのどうわ 2018 第33回「市民の童話賞」入賞作品集 岡山市, 岡山市文学賞運営委員会編 （岡山）ふくろう出版
【目次】一般の部―優秀・おとうと、入選・なつのサンタクロース、入選・白ねこのまるちゃん、入選・小さなケロちゃん、入選・さくらさくおかべ、入選・与太郎さま、小中学生の部―入選・キュウリ化け大会、入選・さるのルンちゃんと夏祭り、入選・うその名人、入選・純白銀河と天使列車、佳作・雪椿の咲く夜、佳作・ヒカリ
2018.1 112p A5 ¥950 978-4-86186-700-2

◆カラスだんなのはりがねごてん 井上よう子著、くすはら順子絵 文研出版 （わくわくどうわ）
【要旨】えきまえひろばのけやきの木にある、カラスだんなのはりがねごてんは、とてもりっぱ

児童文学

◆くじらじゃくし　安田夏菜作、中西らつ子絵　講談社　（わくわくライブラリー）
【要旨】むかしむかし、大阪の米問屋さんにおじうさまが生まれました。あまやかされて育ったイトはんは力もちで、とにかくわがまま。「だれも飼っていないペットがほしい。」と言いだし、頭をかかえるだんなさまは、丁稚の定吉にペットさがしを丸投げです。こまった定吉が池のほとりで出会ったのは、一ぴきのおたまじゃくしでした。講談社児童文学新人賞出身作家がおくる落語風の創作童話。ぜひ、お楽しみください！小学中級から。
2017.4 124p A5 ¥1300 ①978-4-06-195782-4

◆だんまりうさぎときいろいかさ　安房直子作、ひがしちから絵　偕成社　（安房直子名作童話）
【要旨】ひとりぼっちのだんまりうさぎにおともだちができました。やまのむこうのぼうしやうさぎです。だんまりうさぎは、たのしくてなりません。小学2・3年生から。
2017 64p 22×20cm ¥1400 ①978-4-03-313720-9

◆天国への列車　森下みかん著　（旭川）ミツイパブリッシング
【要旨】ある日列車で出会った人々。やがて着いたその場所は？生きることの哀しみや、優しい色にとけていく…。不思議な旅に出たい人への童話集。
2016.12 126p B6 ¥1200 ①978-4-907364-05-2

◆童話集 銀のくじゃく　安房直子作、高橋和枝絵　偕成社　（偕成社文庫）
【要旨】表題作「銀のくじゃく」をはじめ、「緑の蝶」「熊の火」「秋の風鈴」「火影の夢」「あざみ野」「青い糸」など、異界のものとの恋を描いた作品が中心です。甘く幻想的な短編7編。小学上級から。
2017 253p B6 ¥800 ①978-4-03-652800-4

◆7番目の季節 じゅんぐりじゅんぐり―かとうけいこ自選童話集　かとうけいこ作、おのかつこ絵　（鎌倉）銀の鈴社　（鈴の音童話）
【目次】コタロウゆきんこにあう―ありんコこタロウのお話、ぼくとぴんくなっつのお話、一つばめのチーぼうのお話、ネコジャラシティのお月見まつりのお話、モグラのホーリーのお話、ドジョウとコスモス―長生きドジョウのお話、みつみきつね―リンばあちゃんのお話、なごりのさくら―六年生のさとるくんのお話、ペガサスの馬車―中学三年生のユウタのお話
2017.7 79p A5 ¥1600 ①978-4-86618-010-6

◆にじいろ宝箱―滋賀でがんばるお友だち　滋賀県児童図書研究会編　（彦根）サンライズ出版
【目次】たらんぽタラッタオペレッタ（岸栄吾）、みんなで賎ヶ岳に登ったよ（阿部幸美）、古代ゾウ見つけるゾウ（一円重紀）、長浜曳山まつり「シャギリ」（西堀たみ子）、ぼくが学校にいけなかった時のこと（中純子）、オオサンショウウオが棲む里で（村田はるみ）、ミラクルミラクル（樋口てい子）、北リンピックでガチンコ勝負（草香恭子）、ビワコマラソン大会（平松成美）、まみの土器つくり（林田博恵）、金太郎相撲大会（鈴木幸子）、初めてのスキー（近藤きく江）、朝日豊年太鼓酬（藤谷礼子）、「おへそあるん？」（松本由美子）、ゆうれいビルが守った森（古田紀子）、ハッタミミズを知ってるかい？（今関信子）
2017.10 182p 21×17cm ¥1400 ①978-4-88325-623-5

◆原民喜童話集　原民喜、蜂飼耳、竹原陽子、須藤岳史、田中美穂、外岡隆史著　イニュニック
【要旨】詩人/小説家・原民喜が遺した童話7篇/全集未収録の詩編1篇を収録した"原民喜童話集"と、蜂飼耳（詩人）、竹原陽子（原民喜文学研究者）、田中美穂（エッセイスト/蟲文庫店主）、須藤岳史（古楽演奏家）らが作家への思いを綴った書き下ろしエッセイ、および外間隆史による想画集を収録した"別巻『毯』"との函入2冊組。
2017.11 2Vols.set B6 ¥2750 ①978-4-9909902-0-6

◆ワッハワッハハイのぼうけん―谷川俊太郎童話集　谷川俊太郎著、和田誠絵　小学館　（小学館文庫）
【要旨】谷川童話は未だ一度も文庫化されたことがなかった。この小さな本は、子どもから大人までが楽しめる傑作ぞろい。六〇年代から七〇年代に書かれた「けんはへっちゃら」四部作は、"子どもの目の高さ"で描かれた名作中の名作。そして、表題作「ワッハワッハハイのぼうけん」は、この著者にしか書けないような"ナンセンス童話"の金字塔。しかも和田誠によるカラーの絵も収録した豪華版。最後の「ここからどこかへ」は、少年と愉快な"おばけたち"の物語だ。谷川俊太郎の都市的なユーモアとナンセンスが飛び跳ねる、初の文庫版傑作童話集。全篇に和田誠の絵を多数収録。
2017.8 265p A6 ¥890 ①978-4-09-406430-8

幼年童話

◆サラとピンキー パリへ行く　富安陽子作・絵　講談社　（わくわくライブラリー）
【要旨】花の都パリは、ポカポカした春の日に出かけるのにぴったり！女の子のサラちゃんと、ブタのぬいぐるみのピンキー・ブルマーは、うんとおしゃれをして、赤い車にのってパリへ行きました。そこで、エメラルドの女王というほうせきをぬすんだどろぼうとまちがえられてしまい!?小学初級から。
2017.6 79p 20×16cm ¥1200 ①978-4-06-220603-7

◆サラとピンキー ヒマラヤへ行く　富安陽子作・絵　講談社　（わくわくライブラリー）
【要旨】雪にとざされたヒマラヤ山脈は、あつい日に出かけるのにぴったり！女の子のサラちゃんと、ブタのぬいぐるみのピンキー・ブルマーは、青いひこうきにのりこんで、ヒマラヤへ行きました。そこで、ピンキーは、雪男たちをつくった、おとしあなにはまってしまい!?ハラハラドキドキ、ゆかいなおはなし！野間児童文芸賞受賞作家が作・絵を手がけたはじめての幼年童話！小学初級から。
2017.10 79p 20×16cm ¥1200 ①978-4-06-195789-3

児童読み物

◆さきちゃんの読んだ絵本　かわいゆう著　新宿書房
【要旨】おばあちゃんが読んでくれた"かまきり"のお話。そこからひとつずつ紡ぐように綴られた12のエピソード。なんだか懐かしくて、ちょっぴり切ない。
2017.8 285p 17×13cm ¥1800 ①978-4-88008-469-5

低学年向け

◆アバローのプリンセス エレナ―エレナとアバローの秘密　うえくらえり文　KADOKAWA　（角川つばさ文庫）
【要旨】41年もの間、ペンダントにとじこめられていたアバローのプリンセス エレナ。エレナは"ある こと"がきっかけで、ペンダントから出ることができました。そして、王国や大切な家族をとりもどすため、仲間たちといっしょに、アバローをのっとったわるい魔女・シュリキに立ち向かいます！こうして、勇かんなプリンセス エレナのものがたりがはじまったのです。ちいさまプリンセス ソフィアも登場します!!小学初級から。
2017.5 159p 18cm ¥640 ①978-4-04-631713-1

◆えっちゃん ええやん　北川チハル作、国松エリカ絵　文研出版　（わくわくえどうわ）
【要旨】ええやんええやん、わかんないこといっぱいあるけど、ええやんええやん、ないてわらってぶつかって、ともだちできたらええやんなぁ。小学1年生以上。
2017.10 58p A5 ¥1200 ①978-4-580-82311-2

◆大どろぼうジャム・パン　内田麟太郎作、藤本ともひこ絵　文研出版　（わくわくどうわ）
【要旨】世界中に秘密だった、へいたいロボットがあばれだした。村はぜんめつ。巨大ロボットのふりあげるつめの中には、ひめいをあげる女の子が。いそげ！大どろぼうジャム・パン！けいしそうかんの車に、大どろぼうとネコのマリリンをのせ、村へいそぐ。けいしそうかんとどろぼうが、いっしょに？へんてこトリオのなぞが、君をまっている。小学1年生以上。
2017.12 78p A5 ¥1200 ①978-4-580-82338-9

◆おさるのよる　いとうひろし作・絵　講談社　（どうわがいっぱい）
【要旨】よるとなかよしになるとだいじなことがわかるかも？小学1年生から。
2017.6 85p A5 ¥1200 ①978-4-06-199617-5

◆おばけのアッチとくものパンやさん　角野栄子作、佐々木洋子絵　ポプラ社　（ポプラ社の新・小さな童話 311）
【要旨】おばけのアッチと、のらねこのボンと、ねずみのチキとが、おかのうえでねころがっていたら、空から、とってもおいしいパンがふってきた！小学低学年向。
2018 69p 22×16cm ¥900 ①978-4-591-15680-3

◆おばけのアッチ ドララちゃんとドララちゃん　角野栄子作、佐々木洋子絵　ポプラ社　（ポプラ社の新・小さな童話 309）
【要旨】ドラキュラのまごむすめのドララちゃんそっくりな女の子があらわれた！ほんもののドララちゃんは、にせものだといわれて、おしろをおいだされてしまいます！ドララちゃんは、アッチやボンにそうだんします。小学校低学年向き。
2017 69p 22×16cm ¥900 ①978-4-591-15514-1

◆おばけやさん 7 てごわいおきゃくさまです　おかべりか著　偕成社
【要旨】いらっしゃいませ、こちらはおばけやさんでございます。といいましても、おばけをうっているわけではありません。当店のおばけが、おるすばん、おつかい、あかちゃんのおもり…といったちょっとしたおてつだいから、人間にはできないような大きなしごとまで、なんでもおひきうけいたします！さあ、なにか、ごそうだんはございませんか…？小学校低学年から。
2017 84p 21×16cm ¥1200 ①978-4-03-439670-4

◆キャベたまたんてい きょうりゅう島できいっぱつ　三田村信行作、宮本えつよし絵　金の星社
【要旨】ヨットにのりこみ、島めぐりにでかけた、キャベたまたんていたち。とつぜん、あらしがやってきて、雨と風と大波にもみくちゃにされてしまったそ。海の上をゆらゆらただよって、やっとたどりついたのは、ふしぎなきょうりゅう島だった！めいろ、めいさがし、めいあそびいっぱい！キャベたまたんていとなぞをおえ!!はじめてであり、どきどきミステリー。小学校1・2年生も。
2017 91p 22×16cm ¥1200 ①978-4-323-02037-2

◆きょうはやきにく―たべもののおはなし やきにく　いとうみく作、小泉るみ子絵　講談社　（たべもののおはなしシリーズ）
【要旨】スペシャル焼き肉を、もっと、もっと、おいしく食べるには？おはなしを楽しみながらたべものがもっと好きになる！小学初級から。
2017.1 73p A5 ¥1200 ①978-4-06-220382-1

◆きらきらシャワー　西村友里作、岡田千晶絵　PHP研究所　（とっておきのどうわ）
【要旨】広矢は、小学校のシャワーがきらいです。はげしくてこわくて、いきができなくなってしまいます。小学校低学年から。
2017.6 78p A5 ¥1200 ①978-4-569-78669-8

◆きんたろうちゃん　斉藤洋作、森山みちよ絵　講談社　（どうわがいっぱい 115）
【要旨】きんたろうちゃんはなにをしているのかな？問いかけがいっぱい！親子がもりあがるまったく新しい金太郎のおはなし！小学1年生から。
2017.5 77p 22×16cm ¥1200 ①978-4-06-199615-1

◆こうえんのおばけずかん―おばけどんぐり　斉藤洋作、宮本えつよし絵　講談社　（どうわがいっぱい 114）
【要旨】こうえんには、こわ～いおばけがいっぱいいます。でも、このおはなしをよめば、だいじょうぶ！小学1年生から。
2017.9 74p A5 ¥1100 ①978-4-06-199614-4

◆こうちゃんとぼく　くすのきしげのり作、黒須高嶺絵　講談社　（どうわがいっぱい 116）
【要旨】（ぼく、こうちゃんにひどいことをいっちゃった。あやまらなくちゃ…）でも、こうちゃんのふるまうるすのなかに、ぼくはなにもいうことができなかった。ぼくは、なにもいわずに、ランドセルをもって、きょうしつをとびだした。なんでも一番だったぼくの、友情と成長をえが

児童文学

いた物語。小学1年生から。
2017.6 78p 22×16cm ¥1100 ①978-4-06-199616-8

◆サイアク！　花田鳩子作, 藤原ヒロコ絵　PHP研究所　（とっておきのどうわ）
【要旨】べつのクラスになったみきちゃんと、このごろあそばなくなった。クラスがかわっても、ずっとなかよしだと思っていたのに…。クラスがえで、友だちとべつのクラスになって…。小学校低学年から。
2017.3 78p 22×16cm ¥1100 ①978-4-569-78629-2

◆小説 魔法つかいプリキュア！―いま、時間旅行って言いました!?　村山功文, 宮本絵美子絵　講談社　（講談社KK文庫）
【要旨】私、朝日奈みらいは、なかよしのリコやはーちゃんといっしょに魔法界の魔法学校にも通ってる、中学2年生。3人は、伝説の魔法つかい「プリキュア」なの！魔法学校の創立4000年祭の準備をがんばっていた3人とモフルンが「闇の魔法の本」の力で25年前に飛ばされちゃった！それからね、もうたいへん!!ドキドキハラハラの大冒険がはじまるよ！小学校低学年から。
2017.10 222p 18cm ¥680 ①978-4-06-199653-3

◆たんじょう会はきょうりゅうをよんで　如月かずさ作, 石井聖岳絵　講談社　（わくわくライブラリー）
【要旨】きょうりゅうが、ぼくにむかってたずねてきた。「おたんじょう会のあるおうちは、こちらでよろしかったですか？」小学初級から。
2018.1 76p 22×16cm ¥1200 ①978-4-06-195781-7

◆ちいさなはなのものがたり―しろつめくさのはなかんむり　斉藤洋作, 浅倉田美子絵　偕成社
【要旨】どんなひとにもエピソードがあるように、どんなはなにもものがたりがあります。あなたのこころにやさしくとどく、いつつのはなのものがたり。小学校低学年から。
2017 48p 22×20cm ¥1400 ①978-4-03-313750-6

◆ちょっとおんぶ　岩瀬成子作, 北見葉胡絵　講談社　（わくわくライブラリー）
【要旨】動物たちの声が聞こえる女の子、つきちゃんのおはなし。絵本を卒業したお子さんのひとり読みや、読みきかせにぴったり！小学初級から。
2017.5 93p A5 ¥1350 ①978-4-06-195780-0

◆チンアナゴ3きょうだい―うみのとしょかん　葦原かも作, 森田みちよ絵　講談社　（どうわがいっぱい）
【要旨】チンアナゴ、チョウチンアンコウ、エイ、タツノオトシゴ、ジンベエザメ…本がだいすきなうみのいきものたち。一年生から。
2017.12 76p A5 ¥1100 ①978-4-06-199621-2

◆ツトムとネコのひのようじん　にしかわおさむ文・絵　小峰書店　（おはなしだいすき）
【要旨】ツトムのまわりでおこるゆかいなじけんって？げんきいっぱい、ともだちいっぱいのツトムのたのしいおはなしが6つ！「ひとりよみ」にぴったり！小学校1年生から。
2017.11 95p A5 ¥1200 ①978-4-338-19235-4

◆てんこうせいはワニだった！　おのりえん作, こぐま社　（こぐまのどんどんぶんこ）
【要旨】ある日、ぼくのクラスに転校生がやってきた。ぶったまげーたー、アリゲーター！転校生はワニだった。いすに座れなかったり、鉛筆を持てなかったり、給食をお盆ごと食べっちゃったり。ワニくんとの一日は、大騒動の連続で…。小学校1・2年から。
2017.10 71p 23×16cm ¥1200 ①978-4-7721-9068-8

◆どうぶつがっこう とくべつじゅぎょう　トビイルツ作・絵　PHP研究所　（とっておきのどうわ）
【要旨】じゅぎょうでにがてなことや、きらいなことばかり見つかるんです。ある日、目の前にあらわれたのは…。小学校低学年から。
2017.4 95p A5 ¥1100 ①978-4-569-78646-9

◆ドギーマギー動物学校 9 遊園地にカムがったり　姫川明月作・絵　KADOKAWA　（角川つばさ文庫）
【要旨】ここは、世界でたったひとつの動物の学校！個性ゆたかなドッグたちは、新しくできた動物が遊べる遊園地へ行くことに。キリンものれるジェットコースター、ゾウものれるメリーゴーランドだって！ところが、カムにそっくりの、あらぶれたカムが現れた!?どっちが、みんなを楽しませるか勝負だ！この本

ら読んでもおもしろい物語だよ。小学初級から。
2017.5 156p 18cm ¥620 ①978-4-04-631702-5

◆ドジルときょうふのピラミッド　大空なごむ作・絵　ポプラ社　（ドタバタヒーロードジルくん6）
【要旨】さばくのくにジプトンにやってきたドジルたち。そこにそびえるピラミッドには、「ちょうじょうにたどりつけるかな！？」といういいつたえがあった…！ドジルたちはぶじにちょうじょうにたどりつけるのか!?大人気！冒険＆謎ときストーリー。
2017 88p A5 ¥900 ①978-4-591-15447-2

◆ともだちのときちゃん　岩瀬成子作, 植田真絵　フレーベル館　（おはなしのもど）
【要旨】さつきは4月生まれ、ときちゃんは3月生まれの小学2年生。ふたりはクラスもいっしょ、席もとなり。ときちゃんはだまっていることがおおいけれど、さつきはおしゃべりが大すき。知っていることはなんでもはなしたがります。「よく知ってるね」とほめられるとうれしくなるから。でも、ある日、さつきはときちゃんから「生きていると、きのうとはちょっとだけちがっちゃっていうる」と聞いて、かんがえてしまいます。低学年向け読み物。
2017 71p A5 ¥1100 ①978-4-577-04574-9

◆にげたエビフライ―たべもののおはなし　エビフライ　村上しいこ作, さとうめぐみ絵　講談社　（たべもののおはなしシリーズ）
【要旨】にげろ、はしれ、エビフライ！にげろ、にげろ、エビフライ！おはなしを楽しみながらたべものがもっと好きになる！小学初級から。
2017.4 74p A5 ¥1100 ①978-4-06-220365-4

◆ねこ天使とおかしの国に行こう―　中井俊巳作, 木村いこ絵　PHP研究所　（とっておきのどうわ）
【要旨】ゆこちゃんは、ケーキがじょうずに作れません。そこで、ねこ天使・ニャルがおかしの国につれていきます。そこでは、ケーキグランプリコンテストが行われていて…。小学校低学年から。
2017.3 77p 22×16cm ¥1100 ①978-4-569-78618-6

◆ブーカの谷―アイルランドのこわい話　渡辺洋子編・訳, 野田智裕絵　こぐま社　（こぐまのどんどんぶんこ）
【要旨】アイルランドの民話より、ちょっとこわくてふしぎなお話をあつめました。動物の姿をかりてさまよう幽霊の話「ブーカの谷」、妖精たちが織り成すファンタジーの物語「妖精にさらわれたむすめ」、「ふしぎないずみの話」の三話。小学校1・2年から。
2017 92p 22×16cm ¥1200 ①978-4-7721-9069-5

◆ふしぎパティシエールみるか 3 しあわせレインボー・パウダー　斉藤洋作, 村田桃香絵　あかね書房
【要旨】みるかはケーキやさん。今回もらったのは、8つのいろとあじのパウダーがでてくる、ふしぎなパラソル。ななつのあじの「レインボー・スムージー」。とうめいなチョコの「シンデレラ・シューズチョコ」。ちょっとへんてこな「なんでもロールケーキ」。ふしぎなパラソルや、まきうをつかって、ミラクル・スイーツをつくります！
2017.6 79p A5 ¥1100 ①978-4-251-04363-4

◆保健室の日曜日―なぞなぞピクニックへいきたいかあ！村上しいこ作, 田中六大絵　講談社　（わくわくライブラリー）
【要旨】日曜日の保健室は、しーんと、しずまりかえってると思うでしょ。ちがうんですよ、これが…。小学初級から。
2017.11 92p 22×16cm ¥1200 ①978-4-06-195790-9

◆まじょ子とプリンセスのキッチン　藤真知子作, ゆーちみえこ絵　ポプラ社　（学年別こどもおはなし劇場・2年生）
【要旨】プリンセスのおしゃくじを、まじょ子だって気になります。しらゆきひめのモテモテシチューに、クレオパトラの美女ドリンク。でも、まちがって、ふこうのおりょうり食べちゃって。きゃあ、どうしよう！ドキドキ！ふたごプリンセスのおりょうりコンテスト！まじょ子シリーズ59巻。
2017 104p A5 ¥900 ①978-4-591-15440-3

◆まほうのほうせきばこ　吉富多美作, 小泉英子絵　金の星社
【要旨】会うのをたのしみにしていたおじいちゃんが、とつぜんなくなってしまい、ユウナの心はこおりがつまったみたいにチクチクします。

いたくて、くるしくて、ザワザワして。そんなユウナに、ママはきもちを書いて入れるほうせきばこをくれます。ほうせきばこにきもちを入れると、どうなるのかな？『ハッピーバースデー』の作者が贈る心が軽くなるお話。小学校1・2年むき。
2017 91p A5 ¥1200 ①978-4-323-07390-3

◆まほうのゆうびんポスト　やまだともこ作, いとうみき絵　金の星社
【要旨】学校のかえりみちで見つけた、ふしぎなポスト。切手もいらない。住所もいらない。けれど、どこにだってとどけてくれる。手紙をいれると、パタパタパラ―ンいったいにながおきるかな。小学校1・2年向け。
2017 94p 22×16cm ¥1200 ①978-4-323-07396-5

◆モン太くん空をとぶ　土屋富士夫作・絵　徳間書店　（モンスタータウンへようこそ）
【要旨】モン太くんは、モンスタータウンにすんでいる、ドラキュラの男の子。おかあさんはまじょで、おとうさんはフランケンシュタイン。モン太くんのゆめは、おかあさんみたいに、空をとぶこと。あるひ、おかあさんのまほうがまちがってかかり、ちいさくなってしまった。モン太くんとおとうさんは、森で、まいごになり、すごいはづめいも登場。おとうさんが、空をとぶためにつくった、すごいはづめい。モンスタータウンのなかまたちの、たのしいお話。小学校低・中学年～。
2017.6 77p 22×16cm ¥1200 ①978-4-19-864431-4

◆妖怪 いじわるシャンプー　土屋富士夫作・絵　PHP研究所
【要旨】今日は、みなさんのために特別大サービス！シャンプーたっぷり使いましょう！楽しいおふろの冒険のはずが…!?小学校低学年から。
2017.1 78p A5 ¥1100 ①978-4-569-78614-8

◆わすれんぼっち　橋口さゆ希作, つじむらあゆこ絵　PHP研究所　（とっておきのどうわ）
【要旨】黄色いカサのぴかちゃんは丸いまどがおひさまよう。「おひさまぴっかり」のぴかちゃん。いつも、メグちゃんがぬれないようにがんばります。でも、ある日、電車においてけぼりになり…。第17回創作コンクールつばさ賞（童話部門）優秀賞＆文部科学大臣賞受賞作！小学校低学年から。
2017.9 79p A5 ¥1100 ①978-4-569-78688-9

中学年から

◆アイドル・ことまり！2 試練のオーディション！　令丈ヒロ子作, 亜沙美絵　講談社　（講談社青い鳥文庫）
【要旨】二人でメジャーなアイドルを目指すことりと鞠香。一人だけスカウトされたことりは、レッスンとCM撮影のため東京へ。一緒にレッスンを受ける紗生とみな美にくらべて、ダメな自分に落ちこむことり。しかも、過酷なレッスンのあと、まさかのオーディション!!CMの主役に選ばれるのは？一方、花の湯温泉にのこった鞠香は、ことりをはげましつつもフクザツな気持ちで…。小学中級から。
2017.8 201p 18cm ¥620 ①978-4-06-285648-5

◆アイドル・ことまり！3 夢をつかもう！　令丈ヒロ子作, 亜沙美絵　講談社　（講談社青い鳥文庫）
【要旨】「ことまり」として、二人でメジャーなアイドルを目指すことりと鞠香。CMのオーディションで主役の座をうばいあうことに！勝負の結果、主役に選ばれたのは―？そしてCMの収録当日、まさかのアクシデントが！思わず和良屋ノ神様を呼んだけれど…。「ことまり」コンビはどうなるの？二人の夢はかなうの？ドキドキの結末が待っています。小学中級から。
2018.1 185p 18cm ¥620 ①978-4-06-285677-5

◆悪魔召喚！1　秋木真作, 晴瀬ひろき絵　講談社　（講談社青い鳥文庫）
【要旨】わたし、風花、中1です！ふつうじゃありえない不思議現象＝オカルトが大好きで、幼なじみの明人と一緒に、部員0名の「オカルト同好会」に入部しました！本を見ながら、念願の「悪魔をよびだす儀式」を魔法陣を描いたり、呪文をとなえてやってみたところ…ってほんとうにきちゃったよ!!でも、この悪魔、なんか変？さっそく、調べてノートに記録しなくっちゃ！小学中級から。
2018.1 253p 18cm ¥680 ①978-4-06-285676-8

◆アナザー修学旅行 有沢佳映作, ヤマダ絵
講談社 (講談社青い鳥文庫)
【要旨】骨折、ケンカなど、いろんな事情で修学旅行に行けなかったクラスもばらばらの男女7人が一つの教室に集められて修学旅行中の3日間を一緒にすごすことに。互いに存在は知ってる程度の気心が知れていない7人だけですごす微妙な空気は少しずつなごやか?な雰囲気に変わっていきそうで、「やっぱりそうでもなく」。でも退屈しのぎにみんなで考えた賭けゲームから事態は思わぬ方向に！ 小学中級から。
2017.9 269p 18cm ¥640 ①978-4-06-285616-4

◆生き残りゲーム ラストサバイバル—最後まで歩けるのはだれだ!? 大久保開作, 北野詠一絵 集英社 (集英社みらい文庫)
【要旨】50人の小学生が最後の一人になるまでひとつの競技でたたかう大会、ラストサバイバル。今回はだれが一番長く歩けるか競う地獄のサバイバルウォーク。「最後まで残った優勝者はなんでも願いごとがかなう」という。小6の桜井リクは妹のために大会で優勝をめざすが、リクは妹を助けられるか…!?おどろきのラストを見逃すな!!対象年令、小学中級から。
2017.6 188p 18cm ¥640 ①978-4-08-321376-2

◆生き残りゲーム ラストサバイバル—でてはいけないサバイバル教室 大久保開作, 北野詠一絵 集英社 (集英社みらい文庫)
【要旨】世界一の幸運男・ミスターLが主催する謎の大会、ラストサバイバル。今回はだれが最後まで教室に残るかを競う地獄のサバイバル教室。次々起こるおそろしいトラップに耐え、教室内に残る「最後の一人」はだれだ!?小6の桜井リクは特別な思いを胸に今回のラストサバイバルに出場するが…!?小学中級から。
2017.10 183p 18cm ¥640 ①978-4-08-321400-4

◆イケカジなぼくら 11 夢と涙のリメイクドレス 川崎美羽作, an絵 KADOKAWA (角川つばさ文庫)
【要旨】モデルになるのはあきらめる。叶わない夢なら時間のムダだもん！と決めたアオイ。でも本当にこれでいいの？一弥は黙ったままだし、「ずっとそばにいてほしい」と言ってくれた桜庭くんは「あれはプロポーズじゃないよ」とこまった顔するし。せめて学園祭の準備だけはと全力でがんばってたのに、イケカジメンバー全員からしかられちゃって…あたし、またまちがった!?最終巻は、まさかのイケカジ部解散の危機！小学中級から。
2017.5 189p 18cm ¥680 ①978-4-04-631630-1

◆1% 6 消しさりたい思い このはなさくら作, 高上優里子絵 KADOKAWA (角川つばさ文庫)
【要旨】わたし、奈々。チーム1%の全員が片思いのカレとデートして花火大会も終わって、今日はその報告会！…みんなの恋はついに100%になったんだ。わたしも石黒くんに2度目の告白をしたけど、結果は×…。わたしだけ、本当の0%の恋になっちゃった。みんなが卒業しちゃうなら、もう一度チーム1%は解散！って言ったんだけど、新たな参加希望者が現れた!?奈々の恋はこれで終わりか!?急展開の6巻☆小学中級から。
2017.4 215p 18cm ¥640 ①978-4-04-631684-4

◆1% 7 一番になれない恋 このはなさくら作, 高上優里子絵 KADOKAWA (角川つばさ文庫)
【要旨】わたし、絵麻。ハーフ男子のレオくんに片思い中。恋は戦いだもん。ライバルたちには負けられない！だけど何をやってもわたしは、他の女の子と同じ存在で…。ヘコむわたしを助けてくれたのは、恋を諦めたはずの奈々先輩！ 二代目チーム1%を結成したわたしたちは、お互いを知るため、交換日記をはじめることに。ところが日記が紛失!?だれかに読まれたら、好きな人がバレちゃう！ 大ピンチの7巻登場！小学中級から。
2017.8 220p 18cm ¥640 ①978-4-04-631721-6

◆1% 8 そばにいるだけでいい このはなさくら作, 高上優里子絵 KADOKAWA (角川つばさ文庫)
【要旨】おれ、チカ。日野彦。男子なのに、チーム1%に入れられたんだ。こんなチーム、ブッつぶす！って思ってたけど、いつの間にか、仲間として活動するようになった。でも、おれの好きな人を明かす気はない。だってアイツは他に好きな男がいるから。そんな中、事故でおれの好きな相手が、安藤センパイにバレてしまった!?さらに、初代チーム1%の

垣内さんが、おれに相談をもちかけてきて…？ 小学中級から。
2017.12 205p 18cm ¥640 ①978-4-04-631722-3

◆いみちぇん！ 8 消えたパートナー あさばみゆき作, 市井あさ絵 KADOKAWA (角川つばさ文庫)
【要旨】わたし、モモ。もうすぐ小学校最後の運動会！…なんだけど、矢神くんは手紙を残して行方不明になったまま。やっと彼に会えたと思ったら、大切な御書・桃花を折られて…。「おまえはもう、おれの主さまじゃない」って、本気で敵になったの!?マガツ鬼から友達を守りたくても、桃花が折れたままじゃ、なにもできないよ…！ そんなわたしを助けてくれたのは、思いもよらないあの人で!?人気シリーズ第8巻！小学中級から。
2017.3 221p 18cm ¥640 ①978-4-04-631682-0

◆いみちぇん！ 9 サマーキャンプにひそむ罠 あさばみゆき作, 市井あさ絵 KADOKAWA (角川つばさ文庫)
【要旨】わたし、モモ。今日から、待ちに待った姉妹校でのサマーキャンプ！敵である真弓家の近くに行くのは不安だけど、クラスが離れた矢神くんたちと一緒にすごせるから、ずっと楽しみにしてたんだ。薫ちゃんとすこーし仲よくなれたと思いきや、彼女があの人に誘拐されちゃって!?しかも、気になるある一言がきっかけで、矢神くんとはギクシャクしちゃうし。一体どうやって解決したらいいの!?大接近の9巻登場！小学中級から。
2017.7 213p 18cm ¥640 ①978-4-04-631683-7

◆いみちぇん！ 10 がけっぷち！奪われた友情 あさばみゆき作, 市井あさ絵 KADOKAWA (角川つばさ文庫)
【要旨】わたし、モモ。今度の実力テストの点数が悪かったら、中等部に進学できないかもの大ピンチ！ 仲良しメンバーで、テストまで勉強会をすることにしたんだけど、突然みずきちゃんやリオたちが冷たくなって…！ みんなの中にある「わたしの記憶」が、敵に消されてることがわかったんだけど、矢神くんの様子もおかしくなって…!?友情も思い出も、絶対取りもどしてみせる！ Wデートの番外編も収録☆ドキドキの10巻！小学中級から。
2017.12 220p 18cm ¥640 ①978-4-04-631739-1

◆海の子どもとゴチャマゼクトン 木村桂子文, 小池りとな絵 鳥影社
【要旨】海の子ども "クー" は、お父さんとドンドン山のあるタツノコ島にやって来ました。島で出会ったふしぎな人たち "モグリー" と "ゴチャマゼクトン" 〜この島では、いったい何が起きているのでしょう？ 小学校中学年以上から大人まで。
2017.4 156p A5 ¥1300 ①978-4-86265-596-7

◆映画クレヨンしんちゃん一襲来!!宇宙人シリリ 臼井儀人原作, 橋本昌和脚本・監督 双葉社 (双葉社ジュニア文庫)
【要旨】ある夜、野原家の二階に小さな宇宙船が不時着した。なかからあらわれたのは子どもの宇宙人・シリリ。シリリが発射したバブバブ光線で、ひろしとみさえは若返り、子どもの姿になってしまう。ひろしとみさえが大人にもどるためには、シリリの父のスクスクパワーが必要だった。シリリをしんのすけのお尻にかくして、野原一家は日本のどこかにいるシリリの父のもとへ旅に出る。いっぽう、シリリの父は巨大な陰謀をたくらんでいた。ニッポン縦断の旅の途中で次々と起こる事件やハプニング！わたし、しんのすけたちは地球のピンチを救うことができるのか!?小学中級から。
2017.4 221p 18cm ¥700 ①978-4-575-24031-3

◆駅伝ガールズ 菅聖子作, 榎のと絵 KADOKAWA (角川つばさ文庫)
【要旨】「ウチらも優勝めざすぞや！」男子が高校駅伝の強豪校として有名な広島県立世羅高校。そこの女子陸上部キャプテン・しのぶは宣言した。これまで入賞もしたことなかった女子陸上部だったけど、お菓子禁止・恋愛禁止などを乗りこえ、マラソンではライバルだったメンバーとの友情をはぐくみ、チーム一丸となって高校駅伝で男女同時優勝をなしとげた本当のお話です！ 実際の全国高校駅伝で男女同時優勝をなしとげた本当のお話です！ 小学中級から。
2017.12 156p 18cm ¥680 ①978-4-04-631755-1

◆絵物語 古事記 富安陽子文, 山村浩二絵, 三浦佑之監修 偕成社
【要旨】息のかよった文と迫力のある絵でよみがえる神話の世界。こんなにも面白かしい

えの神々の物語。全ページ挿画入り。小学校中学年から。
2017 253p 22×15cm ¥1600 ①978-4-03-744870-7

◆おしゃれプロジェクト Step1 サラツヤ髪で初デート！ MIKA POSA作, hatsuko絵 講談社 (講談社青い鳥文庫)
【要旨】小学5年生の茉子は、髪の多さとクセ毛がなやみのタネ。とくに梅雨どきは髪が広がって手に負えない。でも原宿の美容室でイメチェンしてちょっぴり自信がつき、気になる同級生と思いがけなく初デートをすることに。その恋に小さな影を落とすのは、大好きな親友との友情…。具体的なおしゃれのアドバイスや小物づかいのハウツーなどのお役立ち情報もたくさん！ 小学中級から。
2017.6 200p 18cm ¥620 ①978-4-06-285635-5

◆おともだちにはヒミツがあります！ みずのまい作, 藤実なんな絵 KADOKAWA (角川つばさ文庫)
【要旨】わたし、凡мечт。"悩みがないのが悩み" な、ちょー平凡な小学5年生。退屈すぎて「ドラマチック落ちてこい！」って叫んだある日、スゴい子たちと友達になっちゃった！ 超美少女りん、やんちゃな美少年の池耀、頭脳明晰なドクタロウ。でも、この子たちちょっと変わってる…？ そんな時、学校中を騒がせる大事件が発生したんだ！ え？ 犯人を見つける？ キラキラした目を向けてくるりん。まさか、わたし…!?小学中級から。
2017.1 198p 18cm ¥640 ①978-4-04-631672-1

◆おもしろい話、集めました。D（ダイヤモンド） 宗田理, 一ノ瀬三葉, 大空なつき作, YUME, 市井あさ, 高上優里子, 夏芽もも, 明菜絵 KADOKAWA (角川つばさ文庫)
【要旨】つばさ文庫の、今おもしろい人気シリーズを1冊にまとめちゃいました！「ぼくら」は、安永の欲ばりじいさんをやっつける特別編。「いみちぇん！」は年の差コンビの類とハジメの大ゲンカ!?「1%」は、夏芽の彼氏の朔が主人公！ 黒い封筒からはじまる、各カップルがドタバタのハロウィンだよ♪ そのほか、大注目の新シリーズ「ソラブロ」、「世界一クラブ」も読めちゃう、デラックスな1冊を見逃すな！ 小学中級から。
2017.10 221p 18cm ¥660 ①978-4-04-631748-3

◆怪盗レッド 3 学園祭は、おおいそがし☆の巻 秋木真作, しゅー絵 汐文社 愛蔵版
【要旨】もうすぐ学園祭。わたしたち1年A組は、カフェをやることになって燃えてるんだ！ クラス全員で（もちろんケイも）メニューを考えたり、衣装をつくったり、すっごく楽しい！演劇部のおしばいにも、ちょっとだけ出ちゃうんだよ。ところが、お隣りさわぎの女子で、生徒会長の詩織せんぱいが行方不明になっちゃうの。ねえケイ、これって事件のにおいじゃない!?学園祭を守るため、怪盗レッドが出動するよ！
2017 231p B6 ¥1500 ①978-4-8113-2351-0

◆怪盗レッド 4 豪華客船で、怪盗対決☆の巻 秋木真作, しゅー絵 汐文社 愛蔵版
【要旨】じつはわたし、クジ運がいいの。福引で、豪華客船での年越しパーティーのチケットを当てたんだ。実咲や優月たちといっしょに乗るのが、すっごく楽しみ。ところがその船の上で、ヨーロッパで名だかい怪盗ファンタジスタと勝負することになっちゃって！ なんと、初代レッドがしてやられた相手。絶対、リベンジしようね、ケイ！ ところが船に乗ったとたん、ケイが乗り物酔いでヨレヨレに。もはや大ピンチっ!? 2017 266p B6 ¥1500 ①978-4-8113-2352-7

◆怪盗レッド 13 少年探偵との共同作戦☆の巻 秋木真作, しゅー絵 KADOKAWA (角川つばさ文庫)
【要旨】レッドの作戦中、9歳の天才画家・宝条有栖の誘拐現場にいあわせたレッドたち。なんと今回のターゲットの宝石は、その子が首にかけてるんだ！ それなら有栖を助けてそれから宝石をいただけば一石二鳥だね、よーし、絶対助けるよ！ ところが救出にむかった先で、なんと、あの少年探偵・白里響と出会っちゃうの。響は「不本意だが…協力するか」なんて言いだした！ えっ、敵同士のレッドと探偵が、共同作戦!?小学中級から。
2017.3 237p 18cm ¥660 ①978-4-04-631669-1

◆神様ペット×（ペケ）一運命のノラネコ 廣嶋玲子作, 鈴里々絵 KADOKAWA (角川つばさ文庫)

児童文学

絵本・児童書

【要旨】ボロボロの神様から「神様のペット探し」を頼まれたこむぎは、パートナーの子ネコ・ペケと話せるようになっちゃった！でも、お家で作戦会議を立てたら、ママに見つかって「うちでネコは飼えません！」って怒られて…。ペット探しどころか、ペケとはなればなれのピンチに!?ふたりのナゾのドタバタ生活、はじまるにゃん☆小学中級から。
2017.5 166p 18cm ¥640 ①978-4-04-631706-3

◆牛乳カンパイ係、田中くん―給食皇帝（ロイヤルマスター）を助けよう　並木たかあき作、フルカワマモる絵　集英社　（集英社みらい文庫）
【要旨】天才・増田先輩とともに給食皇帝に会いにきた田中くん。しかし、皇帝は「何も食べられない」というナゾの病に苦しんでいた。このままでは「給食マスター」にはなれない田中くんは皇帝に食べてもらうためにあるメニューをつくりはじめるが…!?皇帝は食べられるようになるのか!?デリシャス学園コメディ第3弾！小学中級から。
2017.4 184p 18cm ¥620 ①978-4-08-321368-7

◆牛乳カンパイ係、田中くん―給食マスター決定戦！父と子の親子丼対決！　並木たかあき作、フルカワマモる絵　集英社　（集英社みらい文庫）
【要旨】給食マスターをかけてタッグマッチに挑む田中くん。相手は父・食郎とその弟子・ロベルト。対決のメニューはなんと「親子丼」。放課後、田中くんは増田先輩と作戦会議へ。しかし、ふだんお facts にも会えない程ぎこちない本音が…!!田中くんはさみしさを乗りこえて給食マスターになれるのか!? 小学中級から。
2017.8 182p 18cm ¥620 ①978-4-08-321388-5

◆牛乳カンパイ係、田中くん―給食マスター初指令！友情の納豆レシピ　並木たかあき作、フルカワマモる絵　集英社　（集英社みらい文庫）
【要旨】給食マスターの座を争ったロベルト石川が御石井小学校に転入してきた。給食皇帝は田中くんに「転入生のロベルトと仲よくしなさい」と指令をだすが、これがなかなか難しい！一緒に給食を食べれば、仲よくなれると思った田中くんはロベルトのために田中秘伝の「納豆」料理をつくるが…!?人気シリーズ第5弾！小学中級から。
2017.12 186p 18cm ¥620 ①978-4-08-321410-3

◆恐怖コレクター　巻ノ6　消える犬　佐東みどり、鶴田法男作、よん絵　KADOKAWA（角川つばさ文庫）
【要旨】「マリちゃん、マリちゃん…」鏡に向かって13回名前を呼ぶと、呪われた女の子を呼び出せるって、都市伝説の本に書いていた。私はママに内緒で、こっそりその儀式をやってみることに。だけど怖くなって、その名前を呼ぶのを途中でやめちゃった。最後までやらなかったから、大丈夫だよね…。なのに、血まみれになったマリちゃんが目の前にあらわれるなんて!!読んだら眠れなくなる、本当の怖い都市伝説！小学中級から。
2017.7 185p 18cm ¥640 ①978-4-04-631668-4

◆恐怖コレクター　巻ノ7　白い少年　佐東みどり、鶴田法男作、よん絵　KADOKAWA（角川つばさ文庫）
【要旨】マラソン大会でいい結果が出なくて、僕は落ち込んでいた。そしたらお父さんが新しい靴をプレゼントしてくれたんだ。それを履いて走ろうとしたら、おばあちゃんが「夜、新しい靴を家の中で履いて、そのまま外に出ると死んでしまう」って。まったく心配性なんだから。一だけさっきから、ヘンな足音が聞こえてくるんだ。後ろを見ると、ええっ!?白い足がものすごいスピードでこっちに向かってくる！小学中級から。
2017.12 192p 18cm ¥640 ①978-4-04-631711-7

◆キワさんのたまご　宇佐美牧子作、藤原ヒロコ絵　ポプラ社　（ポプラ物語館 73）
【要旨】養鶏を営むキワさんのたまごは、絶品だ。夏休み、「弁当屋アサヒ」をやっている両親のために、たまご焼きづくりを計画するサトシ。でも、キワさんのたまごをゆずってもらうには、ある条件があった…！小学校中学年から。
2017 167p 21×16cm ¥1200 ①978-4-591-15517-2

◆金田一くんの冒険　1　からす島の怪事件　天樹征丸作、さとうふみや絵　講談社　（講談社青い鳥文庫）
【要旨】金田一一は、不動小学校の6年生。ふだんはおバカなことばかりしているけど、名探偵といわれたおじいさんゆずりの推理力をもっている。夏休み、はじめたち『冒険クラブ』のメンバーは金銀財宝がねむるという、からす島に行くことに。島に到着したはじめたちは、この島に伝わる島姫伝説を聞く。しかし、テレビでは調査をはじめたはじめたちのまえに、おそろしい姿をした島姫があらわれて―。小学中級から。
2018.1 189p 18cm ¥640 ①978-4-06-285679-9

◆銀魂―映画ノベライズみらい文庫版　空知英秋原作、福田雄一脚本、田中創小説　集英社（集英社みらい文庫）
【要旨】時は幕末。地球人と宇宙人がやってきた天人が共に暮らす、将軍のおひざ元のお江戸かぶき町。この町で、なんでも屋「よろず屋」を営む銀時は、従業員のメガネこと新八や、居候の怪力美少女こと神楽と、いつものようにダラダラした午後を過ごしていた。しかし、テレビで『カブトムシで一攫千金！』というニュースを観て金に目がくらんだ銀さんが「カブト狩りじゃあああああ！」と突然吼えだして…!?一方、平和にみえる江戸の影では、闇の組織がうごめいていた。江戸を揺るがす一世一代の大バトルが、今始まる―!!小学中級から。
2017.7 230p 18cm ¥700 ①978-4-08-321380-9

◆靴屋のタスケさん　角野栄子作、森環絵　偕成社
【要旨】タスケさんは、いつも細ながい背中をまるめてふるい靴をなおしていた。わたしは、タスケさんが大すきだった。戦争の時代の、小さい女の子と靴屋のお兄さんの話。小学校中学年から。
2017 71p A5 ¥1200 ①978-4-03-528520-5

◆氷の上のプリンセス―シンデレラの願い　風野潮作、Nardack絵　講談社　（講談社青い鳥文庫）
【要旨】風邪で熱があるのに中間テストで無理をしたかすみは、教室で倒れてしまう。でも心配するママや瀬賀の言葉から、自分はひとりではないと気づく。ある日、かすみはバレエの『シンデレラ』を見て、夢をあきらめずに踊るシンデレラと自分を重ねるようになるのだった。そして迎えた全日本ノービス。舞台は仙台、パパの故郷―全日本ジュニア出場への切符はだれの手に？ 小学中級から。
2017.2 235p 18cm ¥620 ①978-4-06-285607-2

◆氷の上のプリンセス―自分を信じて！　風野潮作、Nardack絵　講談社　（講談社青い鳥文庫）
【要旨】全日本ジュニア大会に向けて練習にはげむかすみは、衣装やスケート靴が小さくなってしまって、こまっている。でもまわりの人たちのおかげで、無事、大会出場へ！感謝を胸に『ジゼル』をすべるかすみ。そして、失敗をおそれず挑戦する仲間の姿と応援に勇気をもらったかすみは―。その後、瀬賀冬樹がやってきて、衝撃のひとことを告げる。ついに"パパの秘密"が明らかに…。小学中級から。
2017.9 253p 18cm ¥650 ①978-4-06-285657-7

◆氷の上のプリンセス ジュニア編　1　風野潮作、Nardack絵　講談社　（講談社青い鳥文庫）
【要旨】かすみ、真子、墨たちは全中に向けて猛特訓の日々。そんなある日、かすみが超高度なトリプルアクセルに成功したことで、思いもかけない"事件"が…。でもその後無事に全中に参加し、全国のライバルたちとベストを尽くすことを誓い合う。だが、普段元気いっぱいの墨や亜子の様子がいつもと違うことに気づくかすみ。ふたりのその悩みとは？そして、かすみの演技の結果は？ 小学中級から。
2017.12 244p 18cm ¥680 ①978-4-06-285672-0

◆こちらパーティー編集部っ！　8　絶対ヒミツの同居人!?　深海ゆずは作、榎木りか絵　KADOKAWA　（角川つばさ文庫）
【要旨】あたし、白石ゆの。エンマに誘われ、彼のお家で同居することになったんだ!!こんなこと、みんなには言えない…（涙）そんなとき、エンマのパパの部屋で探偵への依頼書を見つけたの。その依頼書をもとにエンマで解決しようと、出版社へむかうことに！そして、こんな状況だけどあたしは『好き』について色々考えちゃって…。一方、カレンちゃんにもふしぎな同居人ができたみたいで…え？ ユーレイ!!!?小学中級から。
2017.1 243p 18cm ¥640 ①978-4-04-631643-1

◆こちらパーティー編集部っ！　9　告白は波乱の幕開け　深海ゆずは作、榎木りか絵　KADOKAWA　（角川つばさ文庫）
【要旨】三ツ星学園についにもどってきたあたし、白石ゆのと王子。部室に行ってみると、パーティー編集部の看板がはずされて、編集部がなくなってる!?しおりちゃんはどうしてるの…って、学校に来ていない!?あたしたちは、しおりちゃんの家に行くことに！そして、王子への「好き」という気持ちに気づいたあたしは、とんでもない状況下で告白することになっちゃって…!?告白がまきおこす大波乱の9巻目!!小学中級から。
2017.7 251p 18cm ¥640 ①978-4-04-631699-8

◆五年霊組こわいもの係　10　六人のこわいもの係、黒い穴にいどむ。　床丸迷人作、浜弓場双絵　KADOKAWA　（角川つばさ文庫）
【要旨】霊組に現れた不気味な黒い穴は、どんどん大きくなっていく。このままじゃ、あと数日で、霊組も、北校舎も、あさひ小も、N市だってのみこまれちゃう!?穴を封印するため集まったのは歴代こわいもの係―佳乃、春、友花、麗子、優香、亜香里。まさに最強オールスターズ!!それぞれ1枚ずつ護符をかまえ、儀式は順調に進んだ…はずが、まさかのトラブル発生!!でもまだあきらめない。だってそれが「こわいもの係」だから！小学中級から。
2017.3 295p 18cm ¥680 ①978-4-04-631669-1

◆五年霊組こわいもの係　11　六人のこわいもの係、だいだらぼっちと約束する。　床丸迷人作、浜弓場双絵　KADOKAWA　（角川つばさ文庫）
【要旨】学校の真下に眠るだいだらぼっちが復活すれば、霊組が、あさひ小が、N市が、日本そのものまでメチャクチャになっちゃう！その前に封印しようと、黒い穴に飛びこんだ佳乃、春、友花、麗子、優香、亜香里の歴代こわいもの係と霊組本来のメンバーたち。雲外鏡の光のおかげで合流できた9人は、とうとうだいだらぼっちと対決する。勇気と知恵を寄せあつめ、奇跡を起こそう。大丈夫、だってそれが「こわいもの係」だから！小学中級から。
2017.7 310p 18cm ¥680 ①978-4-04-631719-3

◆五年霊組こわいもの係　12　佳乃、破滅の予言にとまどう。　床丸迷人作、浜弓場双絵　KADOKAWA　（角川つばさ文庫）
【要旨】五年一組にやってきた季節はずれの転校生虎汰くん。「ぼく、予言者ノストラダムスの生まれ変わりです」と自己紹介するなんてちょっと変わった子だよね。ところが虎汰くんは、本当に次々と事件を予知してみせたんだ！「今年のうちに、この学校でとんでもない事件がおきるよ。ぼくはそれを見届けにきたんだ―」虎汰くんの予言をきけば、あさひ小を破滅の運命から救えるかも!?と期待する佳乃だったけど…。小学中級から。
2017.12 249p 18cm ¥680 ①978-4-04-631751-3

◆5分で夢中！サイコーに熱くなる話　並木たかあき、大久保開、小竹洋介、豊田巧、りょくち真太作、フルカワマモる、北野詠一、裕龍ながれ、トリバタケハルノブ絵　集英社　（集英社みらい文庫）
【要旨】みらい文庫編集部のイチオシ！人気作品のショートストーリーが読めるよ！「牛乳カンパイ係、田中くん」は、給食メニュー決定権をかけて牛乳カンパイ選手権！「生き残りゲーム ラストサバイバル」は、男同士のがまんくらべ対決、サバイバル正座！「実況！空想武将研究所」は、あのー人気武将が漫才コンビを結成…!?「電車で行こう！」は、寝台特急から乗客が次々と消える事件発生！「戦国ベースボール」は織田信長vs山田風太郎、炎の1打席勝負！この本でキミのお気にいりを見つけよう！小学中級から。
2017.10 201p 18cm ¥640 ①978-4-08-321401-1

◆斉木楠雄のΨ難 映画ノベライズ みらい文庫版　麻生周一原作、福田雄一脚本、宮本深礼小説　集英社　（集英社みらい文庫）
【要旨】生まれながらにとんでもない超能力を与えられた高校生・斉木楠雄。彼の切実な願い、それは―「普通に生きたい」。しかし、斉木に想いを寄せる妄想しまくり美女や超能力でも気持ちが読めないバカなど、ワケありのクラスメイトたちがムダにからんでくる。毎年恒例の一大イベント、文化祭。その日を無事にやり過ごしたいだけの斉木に、災難がふりかかりまくる。何かの陰謀か？やっかいな災害や超能力の炎が吹き荒れる！たかが文化祭で、まさかの地球滅亡!?斉木は危機を乗り越えることが出来るの

か？
2017.10 234p 18cm ¥700 ①978-4-08-321398-4

◆作家になりたい！　1　恋愛小説、書けるかな？　小林深雪作, 牧村久実絵　講談社（講談社青い鳥文庫）（『恋愛小説のつくりかた』加筆・修正・改題書）
【要旨】わたし、宮永未央の夢は、小説家になること！現役中学生作家デビューをめざして奮闘しているんだけど、成績優秀な双子の弟と妹からダメ出しが…。そのうえ、恋の妄想ポエムを書きとめたノートを、意地悪なクラスメイトに見られちゃって、とんだ騒動に!?作家を夢見る未央のドタバタ&胸キュンストーリー。作家になるためのヒントもいっぱいです！小学中級から。
2017.3 187p 18cm ¥620 ①978-4-06-285615-7

◆作家になりたい！　2　恋からはじまる推理小説　小林深雪作, 牧村久実絵　講談社（講談社青い鳥文庫）
【要旨】わたし、宮永未央は、作家をめざして奮闘中！クラスの女王、由里亜に「わたしにも彼がいる！」ってウソをついちゃって、大さわぎに。でもそのおかげで、作家志望の高校生、雪人さんと知りあえたんだ。雪人さんに彼のフリをしてもらって、なんとかピンチを切りぬけたんだけど、またまた大騒動の予感!?恋も作家修業も、もりだくさん☆巻末に「天才双子の小説教室」つき！2017.8 187p 18cm ¥620 ①978-4-06-285646-1

◆小学校がなくなる！　麻生かづこ作, 大庭賢哉絵　文研出版（文研ブックランド）
【要旨】わたしが通っている小学校は、おばあちゃんとお父さんも卒業した古い小学校だけど、どの学年も一クラスしかない。始業式で校長先生が「都松原小学校が統廃合されます。」と発表した。そんなのやだ！統廃合なんてされたくない！わたしたちの学校をなくさないでほしい！市長さんにお願いしに行くことにしたが…。小学中級から。
2017.6 127p A5 ¥1200 ①978-4-580-82316-1

◆小説そらペン—謎のガルダ帝国大冒険　水稀しま著, 陽橋エント原作・イラスト　小学館（小学館ジュニア文庫）
【要旨】青葉そらは絵を描くことが大好きな小学四年生。あるとき描いたものが本物になる魔法のペンを手にし、最初に描いたスーパーヒーロー・ブルックとともに、さまざまなことを体験してきた。ある日、そらと仲間たちは、課外授業先の美術館を見学することに。そこでそらは、不思議な少女の肖像画に釘付けになってしまう。すると突然、絵から光が発せられ、気がつくと、そらたちは見知らぬ地で倒れていた。訳がわからない状況の中、仲間のホクトが警備兵に捕まってしまう。小学校中学年から。
2017.3 191p 18cm ¥650 ①978-4-09-231152-7

◆小説 チア☆ダン—女子高生がチアダンスで全米制覇しちゃったホントの話　みうらかれん文, 榊アヤミ絵, 林民夫映画脚本　KADOKAWA（角川つばさ文庫）
【要旨】「笑われたって、できっこないことやってやるし！」高1のひかりは、サッカー部の孝介を応援するためだけにチアダンス部に入部する。かわいい格好で、おどって恋する高校生活が始まるぞ〜！と思いきや、待ちうけていたのは鬼教師・早乙女。前髪禁止・オシャレ禁止・恋愛禁止で、めざすは一、全米！？今までの自分とさようなら、今の世界！？やがて結ばれる、生徒たちと教師の夢の絆。福井商業高校のチアリーダー部が全米優勝した、奇跡の実話から生まれた感動物語！
2017.2 215p 18cm ¥660 ①978-4-04-631677-6

◆少年たちは花火を横から見たかった　岩井俊二著, 永地絵　KADOKAWA（角川つばさ文庫）（付属資料：シール）
【要旨】「典道、なずなちゃん今晩、ウチに泊まるからよろしくね」マジかよ！小学6年の同級生、なずなが典道の部屋の二段ベッドで寝ることに!?典道はあわてふためくが、なずなは、家族のことで悩みをかかえていた。花火大会の夕方、二人が夜の学校に忍びこむと、打ち上げ花火に。彼らに何があったのか？映画『打ち上げ花火、下から見るか？横から見るか？』の原点！なずなと典道の忘れられない恋のストーリー。小学中級から。
2017.8 175p 18cm ¥680 ①978-4-04-631730-8

◆少年探偵響　3　夜の学校で七不思議!?の巻　秋木真作, しゅー絵　KADOKAWA（角川つばさ文庫）（付属資料：シール1）
【要旨】響くんのかよう夏ノ瀬小学校の七不思議はちょっと変なつぼ!?だ。すべてが「妖精のしわざ」だと言われてるんだって。その七不思議をなぞるんだけど、学校内で不思議な事件が連続したの。警察から依頼をうけ、響くんは「プロの探偵」として捜査に乗りだした。七音ちゃんは「響、どっちが先に謎をとくか、競争よ！」って張りあってるし、響くんの助手であるわたしもいっしょに、真夜中の学校に潜入することになって!?小学中級から。
2017.6 230p 18cm ¥680 ①978-4-04-631701-8

◆少年探偵響　4　記憶喪失の少女のナゾ!?の巻　秋木真作, しゅー絵　KADOKAWA（角川つばさ文庫）
【要旨】今回の依頼人は、響くんの幼なじみの琴音さん。すごい美人なうえに、花里グループのお嬢さま！響くんは小さいころから、すごくたのもしいボディガードなんだって。それだけ琴音さんが響くんに「特別なひと」ってことなのかな…？依頼は「ぐうぜん助けた記憶喪失の女の子・ミカちゃんの過去をさがしてほしい」というもの。ええっ、今回のナゾは「なくした記憶」!?いくら響くんが名探偵でも、難しすぎるんじゃない!?小学中級から。
2017.10 198p 18cm ¥660 ①978-4-04-631738-4

◆生活向上委員会！　3　女子vs.男子 教室ウォーズ　伊藤クミコ作, 桜倉メグ絵　講談社（講談社青い鳥文庫）
【要旨】「学校生活のなやみ相談窓口」の生活向上委員会。ぼっち生活をおくっていた美琴や、「自称」イケメンの猪上太、個性的なメンバーがそろう。今回の相談者は、となりの席の男子の悪ふざけがひどく、後に入って、クラス内が女子と男子で「戦争目前」状態になやむ大人系女子。平和なクラスを取り戻せるのか!?笑えて、泣けて、うっかり感動!!と大評判のシリーズ第3弾！小学中級から。
2017.1 235p 18cm ¥650 ①978-4-06-285604-1

◆生活向上委員会！　4　友だちの階級　伊藤クミコ作, 桜倉メグ絵　講談社（講談社青い鳥文庫）
【要旨】クラスの女王のいやがらせにもめげず、堂々と「ぼっち」生活を送っていた美琴。「自称」イケメンの転校生・猪上の登場でなぜか「学校生活のなやみ相談窓口」の生活向上委員会の活動をはじめる。今回の相談者は、親友から、とつぜん冷たくされてしまった女の子。そこにはクラス内の階級問題がからんでいて。友だち関係になやむ、すべての人に超リアルな学校生活とどけます！小学中級から。
2017.5 204p 18cm ¥620 ①978-4-06-285631-7

◆生活向上委員会！　5　激突！クラスの女王　伊藤クミコ作, 桜倉メグ絵　講談社（講談社青い鳥文庫）
【要旨】「学校生活のなやみ相談窓口」の生活向上委員会。みんなのなやみ解決のために悪戦苦闘するメンバーは、「ぼっち」のベテラン美琴をはじめ、個性派ぞろいの4人。今回の相談者は、強気な女王にグイグイ押され、クラス内で「公認カップル」扱いをされて困っている優柔不断男子。さっそく救出作戦を開始するも、うまくいかないあいだに、思わぬ助っ人=ニセカノが登場!?小学中級から。
2017.8 208p 18cm ¥620 ①978-4-06-285652-2

◆生活向上委員会！　6　コンプレックスの正体　伊藤クミコ作, 桜倉メグ絵　講談社（講談社青い鳥文庫）
【要旨】今回の相談者は、「彼氏のためにダイエットしたい！」とがんばる女子と、「彼女にダイエットしてほしい」男子!?ふたりの「ほんとうな元気じゃないよ」、ナタレな元不良少年、カンちがいイケメン転校生が、みんなのなやみを解決!?「学校生活のあるある！　女、かかいい〜！」「予想を裏切る展開にワクワク！」と、共感の声が続々の人気シリーズ！小学中級から。
2017.11 209p 18cm ¥620 ①978-4-06-285664-5

◆青星学園★チームEYE-Sの事件ノート—勝利の女神は忘れない　相川真作, 立樹まや絵　集英社（集英社みらい文庫）
【要旨】わたし、青星学園の中等部1年生の春内ゆず。入学したら、とにかく目立たず、フツーの生活を送るのが目標。なのに、ある日学校で目立ちまくりの4人の男の子から、急に呼び出されて、「なあ、春内。おれたちを助けてくれないか？　お前の『力』が必要なんだ」って。小学中級から。
2017.12 183p 18cm ¥640 ①978-4-08-321411-0

◆世界一クラブ—最強の小学生、あつまる！　大空なつき作, 明菱絵　KADOKAWA（角川つばさ文庫）
【要旨】おれは徳川光一。"世界一の天才少年"って呼ばれている。小6の始業式、登校した学校には、銃を持った脱獄犯が、先生を人質に立てこもっていた！先生を救うため、集めた仲間は一だれでもに投げとばす世界一の柔道少年・すみれ。ものまねはうまいけど、世界一のドジ・健太。それに、人見知りの美少女と忍びの小学生って、これで、大丈夫!?力を合わせて、凶悪犯をやっつけろ！第5回角川つばさ文庫小説大賞"金賞"受賞作。小学中級から。
2017.9 214p 18cm ¥640 ①978-4-04-631740-7

◆絶叫学級—ナイモノねだりの報い編　いしかわえみ原作・絵, 桑野和明著　集英社（集英社みらい文庫）
【要旨】下校途中に試したガチャポンで、性格が激変した少女。今までがウソのように人を笑わせ、勉強を教え、クラスメイトに見直されると、変身願望はエスカレートし…「性格ガチャポン」。夢にみたことが現実になる力を得た少女は、誰もがうらやむ容姿と彼氏を手に入れた。しかし、不気味な女の夢をきっかけに眠ることが怖くなり…「夢をみる少女」ほか、ナイモノねだりにまつわる不穏な4編を収録。小学中級から。
2017.1 185p 18cm ¥620 ①978-4-08-321355-7

◆絶叫学級—人気者の正体編　いしかわえみ原作・絵, 桑野和明著　集英社（集英社みらい文庫）
【要旨】人気読モのクラスメイトにメイクをしてもらい、かわいく変身した少女。しかし、その"かわいさ"には思いもよらない代償が…「顔少女」。男子の誰もがあこがれる学校のアイドルに、バレンタインのお返しが届いた。差出人は不明。しだいに少女は、何者かの視線を感じるようになって…「ラスト・ホワイトデー」。ほか、人気者の少女たちの"黒い正体"をあばく、最恐の4編を収録。小学中級から。
2017.5 184p 18cm ¥620 ①978-4-08-321372-4

◆絶叫学級—いびつな恋愛編　いしかわえみ原作・絵, 桑野和明著　集英社（集英社みらい文庫）
【要旨】恋愛ゲームで設定したキャラクターが、目の前に"彼氏"としてあらわれた。少女は、完璧なスペックの彼にのめりこんでいき…「彼氏物語」。先パイに片思い中の少女は、知人になりすましてSNSでやりとりをはじめ…「フシギスタンプ」。幼なじみにフラれた事実をなかったことにしようと、少女は、時間をあやつる時計を使って過去に戻るが…「黄泉時計」。ゆがんだ恋を描いた、恐怖の3編！小学中級から。
2017.8 185p 18cm ¥620 ①978-4-08-321390-8

◆絶叫学級—つきまとう黒い影編　いしかわえみ原作・絵, 桑野和明著　集英社（集英社みらい文庫）
【要旨】友だちに本音を言えないストレスを、ぬいぐるみにぶつけていた少女。ある日、相いで体調をくずした両親のそばで、ぬいぐるみが動いたような気配を感じ…「愛しのぬいぐるみ」。冷蔵庫の奥に黒いシミを見つけた少女。シミは、しだいに人の形に変わりはじめて…「ごくらくの箱」。ほか、不気味な影につけねらわれた少女たちを描く、最凶の4編を収録。小学中級から。
2017.12 185p 18cm ¥620 ①978-4-08-321413-4

◆絶望鬼ごっこ—さよならの地獄病院　針とら作, みもり絵　集英社（集英社みらい文庫）
【要旨】病気の母のお見舞い中、手術の成功が難しいことを知った章吾。「1人でどうしようもなくなったときはね。一友だちをたよりなさい」母の言葉どおり、大翔に相談しようとするが、すれちがいから孤独を感じはじめる。少しずつ章吾の様子がおかしくなり、章吾は鬼に魂を売ろうとするが…!?人気の鬼ごっこシリーズ第7弾！小学中級から。
2017.3 188p 18cm ¥620 ①978-4-08-321363-2

◆絶望鬼ごっこ—命がけの地獄アスレチック　針とら作, みもり絵　集英社（集英社みらい文庫）
【要旨】「落ちてたまるかあああっ！」大翔は異常な高さの登り棒を、手足の感覚がなくなるほど登っていた。鬼になることを選んだ章吾をとりもどすため、命がけの修業に挑んでいたのだ。ある日、あせった大翔は禁じられた修業を始めてしまい…？　いっぽう章吾は、杉下先生によっ

児童文学

絵本・児童書

て「最強の黒鬼」に仕立てあげられようとしていた!!人気の鬼ごっこシリーズ第8弾!小学中級から。
2017.7 186p 18cm ¥620 ①978-4-08-321382-3

◆絶望鬼ごっこ―ねらわれた地獄狩り 針とら作、もりちかこ絵 集英社 (集英社みらい文庫)
【要旨】鬼化しつつある章吾を、助けにむかった大翔たち。数えきれないほどの鬼におそわれ、森に逃げこむことに。しかし、もっと不気味な「叉鬼」にとらわれてしまう…!「ぬしらが勝った森をとおしてやろう」大翔たちは叉鬼と、命を賭けたおぞましいゲームをすることとなり…!?鬼ごっこシリーズ第9弾! 小学中級から。
2017.11 185p 18cm ¥620 ①978-4-08-321404-2

◆戦国城―乱世に咲く花、散った花―姫君たち編 矢野隆作、森川泉絵 集英社 (集英社みらい文庫)
【要旨】100年もの間、戦乱が絶えなかった戦国時代。当然、多くの女たちもその戦いの渦に巻きこまれていた。落城とともに親や配偶者を失った姫、自分の命を散らした姫、城を守るため自ら戦った姫―。「お市と小谷城」「淀の方と大坂城」「駒姫と聚楽第」「甲斐姫と忍城」…戦国の城を舞台に、姫君たちの涙と戦いを描く、感動の5編! 小学中級から。
2017.10 203p 18cm ¥620 ①978-4-08-321402-8

◆戦国ベースボール―三国志トーナメント編 4 決勝!信長vs呂布 りょくち真太作、トリバタケハルノブ絵 集英社 (集英社みらい文庫)
【要旨】ついに決勝戦!三国志最強選手・呂布を前に戦国武将の間に敗戦ムードがただよう。しかし、あきらめない男が一人いた。その男の名は、織田信長。チーム最大のピンチに信長はイチ㈲か虎太郎を「主将」に任命。力を合わせて勝利を目指すが…!?三国志編、堂々完結! 小学中級から。
2017.4 184p 18cm ¥620 ①978-4-08-321367-0

◆戦国ベースボール―開幕!地獄甲子園vs武蔵&小次郎 りょくち真太作、トリバタケハルノブ絵 集英社 (集英社みらい文庫)
【要旨】「優勝者は自由に歴史を変えることができる」そんな夢のような大会に歴史上の英雄たちが全国から集結!信長ひきいる戦国武将チーム、桶狭間ファルコンズも参戦!第10回戦では武蔵&小次郎ひきいる剣豪チームと対戦するが…!?地獄甲子園、ここに開幕! 小学中級から。
2017.4 184p 18cm ¥620 ①978-4-08-321367-0

◆戦国ベースボール―忍者軍団参上!vs琵琶湖シュリケンズ りょくち真太作、トリバタケハルノブ絵 集英社 (集英社みらい文庫)
【要旨】戦国の乱世に影でかつやくした忍者が参上!猿飛佐助、霧隠才蔵をリーダーに服部半蔵、風魔小太郎、伝説のくノ一…。闇の忍者オールスターズが最強武将軍団・虎太郎たちに挑む。最強vs最速、武将と忍者の頂上決戦! 地獄甲子園2回戦プレイボール! 人気シリーズ第10弾! 小学中級から。
2017.7 186p 18cm ¥620 ①978-4-08-321384-7

◆戦国ベースボール―鉄壁の"鎖国守備"!vs徳川将軍家!! りょくち真太作、トリバタケハルノブ絵 集英社 (集英社みらい文庫)
【要旨】地獄甲子園3回戦の相手は徳川将軍家が勢ぞろいの日光ショーグンズ!「生まれながらの将軍」家光を中心にした鉄壁の"鎖国守備"!そして、エース吉宗の豪速球"暴れんボール"が虎太郎たちを苦しめる!!その他"犬公方"綱吉、"最後の将軍"慶喜などなど、個性あふれる将軍たちが登場! 人気シリーズ第11弾! 小学中級から。
2017.11 184p 18cm ¥620 ①978-4-08-321406-6

◆ソライロ♪プロジェクト 1 初投稿は夢のはじまり! 一ノ瀬三葉作、夏芽もも絵 KADOKAWA (角川つばさ文庫) (付属資料:シール1)
【要旨】一体、どうしたらいいの〜っ!?秋吉一歌12歳、ただいま史上最大のなやみに直面中!きっかけは、たまたま再生した音楽動画にイラストを描いて動画の投稿主に送ったこと。そこまではよかったんだけど、なんと返事がきて「絵師になってほしい」と言われ、スカウトされちゃったの!ネットは危険だらけだし、顔も名前も知らない人のさそいなんて断るのが当たり前のつもりが、OKメールを送ってしまう!?小学中級から。
2017.6 214p 18cm ¥660 ①978-4-04-631718-6

◆ソライロ♪プロジェクト 2 恋愛経験ゼロたちの恋うたコンテスト 一ノ瀬三葉作、夏芽もも絵 KADOKAWA (角川つばさ文庫)
【要旨】わたし、一歌。動画投稿サークル・ソライロで絵師やってます!今回挑戦するのは恋うたコンテスト!優勝すれば、夢の100万回再生に近づけるって、盛り上がるわたしたち。だけど、お題の「恋」のアイディアが浮かばず、曲作りが進まなくて…。恋愛経験ゼロのわたしたちに、このコンテストは厳しすぎるかも!?さらに、わたしの成績が激落ちしたせいで、PC使用禁止令を出されて!?大ピンチの第2巻、登場です! 小学中級から。
2017.11 214p 18cm ¥660 ①978-4-04-631720-9

◆空をけっとばせ 升井純子作、大島妙子絵 講談社 (わくわくライブラリー)
【要旨】ゲーム好きで運動ぎらいの悠斗は、二学期に体育でやるさかあがりを夏休み中にできるようになるため秘密の特訓中。そんな帰り道、ぐうぜんばったり出会った同じクラスの時生くんの家へ遊びに行くことに。そこは一面のスイカ畑だった。時生くんは筋肉もりもりで運動も得意。時生くんも、サッカークラブに入ることをお母さんに許してもらうためにリフティングを10回続けられるよう努力していて…。小学中級から。
2017.5 92p 22×16cm ¥1200 ①978-4-06-195776-3

◆大中小探偵クラブ―猫又家埋蔵金の謎 はやみねかおる作、長谷垣なるみ絵 講談社 (講談社青い鳥文庫)
【要旨】大中小探偵クラブが今回とりくむのは、かつての大名だった猫又家に伝わる埋蔵金伝説!お家お取りつぶしのときに隠されたといわれる埋蔵金は本当にあるのか?隠された場所は?そして、それを受け継ぐ資格のある者とは…。新たにクラスの「エリート」こと北岡恵理人が加わり、ますますパワーアップした探偵クラブが、「猫又家埋蔵金」の謎にせまる! 小学中級から。
2017.11 265p 18cm ¥700 ①978-4-06-285602-7

◆竹取物語―かぐや姫のおはなし 星新一訳、ひと和絵 KADOKAWA (角川つばさ文庫)
【要旨】竹のなかでみつかった女の子、かぐや姫はとても美しく育ちました。そんな姫をひとめ見ようと、たくさんの人々があつまってきました。姫は知らないふり。熱心に求婚する5人の貴人たちにも、それぞれむずかしいお願いをして追いはらってしまいます。とうとう、うわさを聞いたミカドまでもが訪ねてきて…!?日本でいちばん長く愛されている物語を星新一がひもときます。 小学中級から。
2017.4 189p 18cm ¥620 ①978-4-04-631655-4

◆超吉ガール 5 絶交・超凶で大ピンチ!?の巻 遠藤まり作、ふじつか雪絵 KADOKAWA (角川つばさ文庫)
【要旨】私、燈子。バレンタインデーの翌日、夏織は知部くんに告白しようとしたけれど、なんと知部くんには別のカノジョができちゃった!?夏織と歩美は、大ゲンカして絶交宣言をするし、さらに、争いを呼びよせる「絶凶」がつくられ、世界が終わっちゃう!?いったい、どうしたらいいの?コノミ、夏織、歩美…みんな、わたしに力をかして! 第3回角川つばさ文庫小説賞"大賞"受賞作、涙と笑顔の感動の完結巻! 小学中級から。
2017.2 223p 18cm ¥660 ①978-4-04-631670-7

◆月読幽の死の脱出ゲーム―爆発寸前!寝台特急アンタレス号からの脱出 近江屋一朗作、藍本松絵 集英社 (集英社みらい文庫)
【要旨】ガタンゴトン…ガタンゴトン…爆弾をのせた恐怖の列車が走りだす!!さらわれた父・月読礼を探して犯罪組織「死の十二貴族」を追う小学1年生の天才少年小説家・月読幽。爆魔鷹・スコーピオに寝台特急にとじこめられた幽は車内で「死の十二貴族」見習いの少女・夏南と出会、脱出をめざすが…!?恐怖の脱出ゲーム第2弾!! 小学中級から。
2017.1 172p 18cm ¥620 ①978-4-08-321356-4

◆電車で行こう!―スペシャル版!!つばさ事件簿 120円で新幹線に乗れる!? 豊田巧作、裕龍ながれ絵 集英社 (集英社みらい文庫)
【要旨】「あの電車を追いかけよう!」。おばあちゃんを間違えた方向の電車に案内してしまった翼は、出発していまった京浜東北線を追いかけるために、とある裏ワザを使うが。電車大好きな小学四年生の翼と、東京駅で知り合った元気いっぱいのひろみ。二人は電車に関わる事件を「裏ワザ」で解決していく!東京駅と高崎の間をなんと70円で往復したり―えっ!?120円で新幹線に乗れる!?小学中級から。
2017.1 189p 18cm ¥620 ①978-4-08-321354-0

◆電車で行こう!―黒い新幹線に乗って、行先不明のミステリーツアーへ 豊田巧作、裕龍ながれ絵 集英社 (集英社みらい文庫)
【要旨】大樹がスランプ!?T3の春休み旅行のプランを立てているのに、どこかぼーっとしていて話を聞いていない大樹。理由を聞くと、「夢の電車デザインコンテスト」に応募したいのに、何もアイディアがひらめかなくて悩んでいるよう。そこで遠藤さんがミステリーツアーをプロデュース!T3初の、行き先も乗る電車もまったく分からない旅に出発!!旅先で出会う「意外な電車」とは…!?小学中級から。
2017.4 188p 18cm ¥620 ①978-4-08-321369-4

◆電車で行こう!―小田急ロマンスカーと、迫る高速鉄道! 豊田巧作、裕龍ながれ絵 集英社 (集英社みらい文庫)
【要旨】未来が勝利の女神!?レオンに頼まれて、フットサルチームの助っ人に入った末成が大活躍!「打ち上げに行く」というレオンに連れていかれたのは、地下鉄の大手町駅。しかしそこに入ってきた電車はまさかの特急列車!?途中の小田原駅では、意外な切り離しを見られたり、夜は誰もいない真っ暗な駅でキモだめし!?地下から始まる真夏のすごい電車旅に出発進行〜!!小学中級から。
2017.8 188p 18cm ¥620 ①978-4-08-321389-2

◆トキメキ図書館 PART14 みんなだれかに恋してる 服部千春作、ほおのきソラ絵 講談社 (講談社青い鳥文庫)
【要旨】3学期に入って、クラスのなかには中学受験でお休みする人も。そんなある日、萌はわすれ物を取りに教室に戻るとちゅう、となりの教室に女の子の人影があるのに気づく。奈津にそのことを話すと、「もしかして、バレンタインの花子さん」と言う。朝日小学校の怪談としててつたわる「バレンタインの花子さん」とは?いつにもましてドキドキがとまらない展開です! 小学中級から。
2017.6 237p 18cm ¥650 ①978-4-06-285633-1

◆トキメキ図書館 PART15 トキメキのとき 服部千春作、ほおのきソラ絵 講談社 (講談社青い鳥文庫)
【要旨】卒業まで残りわずかとなり、6年1組ではクラスアルバムを作ることに。みんながお気に入りの写真をもってくるなか、宙がさし出したのは亡くなった双子の兄・海といっしょに写った一枚。宙の気持ちに思いをめぐらせ、萌は胸がいたむ。そして迎えた卒業式。卒業証書を受けとる萌たちの前に、奇跡がおきる!笑顔と涙、そして感動のうずが押しよせる、「トキメキ図書」完結編です! 小学中級から。
2018.1 237p 18cm ¥650 ①978-4-06-285675-1

◆徳川四天王―戦国武将物語 小沢章友作、甘塩コメコ絵 講談社 (講談社青い鳥文庫)
【要旨】19歳までの人生の3分の2を他家の「人質」として過ごした苦労人、徳川家康。家康には、のちに「徳川四天王」とよばれるようになった忠臣、酒井忠次、本多忠勝、榊原康政、井伊直政である。今川家での人質時代、武田家との死闘を経て、信長、秀吉と互角にわたりあえるまでになり、ついに天下を手に入れた家康一。4人の男はいかにして家康をささえて天下を取らせたのか。小学中級から。
2017.3 237p 18cm ¥650 ①978-4-06-285629-4

◆トツゲキ!?地獄ちゃんねる―ねらわれた見習いリポーター!? 一ノ瀬三葉作、ちゃつぼ絵 KADOKAWA (角川つばさ文庫)
【要旨】夢はテレビのアナウンサー!…のはずが、クレイのせいで地獄のテレビ局にスカウトされてしまったわたし、渚。はやく映像コンテストで優勝して、地獄のテレビ局と縁を切らなきゃ!そんなとき学校の社会科見学で、本物のテレビ局に行くことになったんだ。しかもクレイといっしょにニュース番組の収録体験をすることに。ところがテレビ局を爆破するって脅迫状が届いて!?渚の突撃リポート第2弾だよ! 小学中級から。
2017.1 205p 18cm ¥660 ①978-4-04-631651-6

◆渚くんをお兄ちゃんとは呼ばない―ひみつの片思い 夜野せせり作、森乃なっぱ絵 集英社 (集英社みらい文庫)
【要旨】あたし、鳴沢千歌、小学5年生。まんがが好きな地味女子。きょうは、今までの人生でいち

ばん緊張している。なぜなら、パパの再婚相手に会うから…だけじゃなくて、その人の息子が、学校1のモテ男子・渚くんだから。「鳴沢、おれの妹な」。渚くんからの突然の宣言で…なんでこんなにえらそうなの!?…)。だけど、近すぎる距離の渚くんに、ときめいてしまって…？　第6回みらい文庫大賞優秀賞受賞作品！　小学中級から。
2017.11 183p 18cm ¥640 ①978-4-08-321407-3

◆なないろランドのたからもの―おしごとのおはなし　保育士　井上林子作，山西ゲンイチ絵　講談社
【要旨】小さな子って、かわいくてたまらない！　おはなしを楽しみながらあこがれのお仕事がよくわかる！　巻末の「まめちしき」で、職業への理解がさらに深まります。小学中級から。
2017.12 75p 22×16cm ¥1200 ①978-4-06-220869-7

◆七時間目の占い入門　藤野恵美作，朝日川日和絵　講談社（講談社青い鳥文庫）新装版
【要旨】友だちのことや自分自身のこと、相性を知りたいとき。なやんだとき。血液型占いや、西洋占星術が気になることって、あるよね。転校した小6のさくらは、新しい学校で、早く友だちを作ろうと、占いが趣味だと自己紹介。あたっていると感謝されて、あっというまに友だちができたんだけど、その占いのせいでクラスの女子が険悪なふんいきに!?こまったさくらは…。小学中級から。
2017.8 213p 18cm ¥620 ①978-4-06-285650-8

◆七時間目の怪談授業　藤野恵美作，朝日川日和絵　講談社（講談社青い鳥文庫）新装版
【要旨】わたし、羽田野はるかの携帯電話に「呪いのメール」がとどいた。9日以内に同じ内容のメールを3人に送らないと、呪われるんだって！　ところが携帯電話を先生に取りあげられてしまったからたいへん！　放課後、順番にこわい話をして、先生をこわがらせることができたら、返してくれると言うんだけど…。はたして、呪いの期限までに、先生をこわがらせることできるの!?小学中級から。
2017.5 231p 18cm ¥650 ①978-4-06-285627-0

◆七時間目のUFO研究　藤野恵美作，朝日川日和絵　講談社（講談社青い鳥文庫）新装版
【要旨】小6のあきらと天馬は、ペットボトルで作ったロケットを飛ばすて実験に夢中。ある日、天馬がUFOを目撃したから大変！　UFOが見えなかったあきらも、ほんとうのことを言えないたいへんさに。しかもクラスの中にUFO目撃者が続々、さわぎは大きくなるばかり。テレビのリポーターや新聞記者、怪しげなカウンセラーまでが町におしかけてきた。あきらはUFOを見ることができるの!?小学中級から。
2017.11 197p 18cm ¥620 ①978-4-06-285667-6

◆なんでやねーん！―おしごとのおはなし　お笑い芸人　安田夏菜作，魚戸おさむ絵　講談社
【要旨】人を笑わせるって、おこらせるより、むずかしい！　おはなしを楽しみながらあこがれのお仕事がよくわかる！　巻末の「まめちしき」で、職業への理解がさらに深まります。小学中級から。
2017.12 75p 22×16cm ¥1200 ①978-4-06-220863-5

◆化け猫落語　1　おかしな寄席においでませ！　みうらかれん作，中村ひなた絵　講談社
【要旨】ぼく、穂村幸歩はフツーの小学5年生。ある日、クラスメイトと行ったらしき転校生の神保さんといっしょに不思議な声を耳にする。彼女に手を引かれて、声のほうに進んでいくと、そこにいたのは江戸っ子口調でしゃべる猫。しかも、数百年の時を生きる化け猫の落語家だった!?幸歩と化け猫師匠がくりひろげる、おかしくて人（猫？）情味あふれるお噺のはじまり、はじまり。小学中級から。
2017.8 221p 18cm ¥620 ①978-4-06-285645-4

◆化け猫・落語　2　ライバルは黒猫!?　みうらかれん作，中村ひなた絵　講談社（講談社青い鳥文庫）
【要旨】小5の幸歩は、化け猫の三毛之丞師匠のもとで、ただいま落語修業中。こ二ツ目に近づいたところ、宵ヶ淵の化け物寄席の新しい試みとして、イベント企画が持ちあがった。それは前座の若手、幸歩と黒吉くんが『猫の皿』で勝負をするというもの！「猫の噺で負けるわけないのにゃ！」と強がる黒吉くんとのライバル対決は、思わぬ騒動に発展して―!?小学中級から。
2017.11 205p 18cm ¥620 ①978-4-06-285668-3

◆パスワード　学校の怪談　松原秀行作，梶山直美絵　講談社（講談社青い鳥文庫）
【要旨】ダイが語りはじめたブキミな「心霊写真」の謎をきっかけに、マコトたち電子探偵団も自分の体験した「学校の怪談」を披露していく。礼拝堂の悪魔、開かずの資料室…。だが、たまみの語る怪談が、ほんものの事件に発展!?事件解決のため、一行はたまみの通う「呪われた学校」に足を踏み入れる。呪いの裏にかくされた真実とは？　新感覚ホラー×パズル！　小学中級から。
2017.2 253p 18cm ¥680 ①978-4-06-285610-2

◆パスワード　パズル戦国時代　松原秀行作，梶山直美絵　講談社（講談社青い鳥文庫）
【要旨】全国各地から集められた選りすぐりの探偵団がパズル勝負をくりひろげる―というテレビ番組「パズル戦国時代」に招待されたマコトたち電子探偵団。しかし、大会の途中で対戦相手がさらわれてしまった！　残された暗号が指ししめす先にまっていたのは…。16組のご当地探偵団が登場！　その土地ならではのユニークな問題が94問！　君は何問解けるかな？　小学中級から。
2017.12 253p 18cm ¥680 ①978-4-06-285641-6

◆初恋マニュアル　和花著，清瀬赤目イラスト　双葉社（双葉社ジュニア文庫）
【要旨】小学校からの友達・愛里は、恋愛の上級者。人見知りで臆病な私は、愛里の恋愛話を聞いて恋に恋していた。でも、恋愛経験どころか男子と話すのがすごく苦手な私には、恋する気持ちなんてわからない。そんな私にも、中学校に入って気になる男の子が現れた。授業中も気付くと彼の姿ばかり見ている。すると私の様子に気付いた愛里が、今までずより冷たい態度をとるようになって…。小学校中級から。
2017.7 198p 18cm ¥700 ①978-4-575-24050-4

◆パティシエ☆すばる　パティシエ・コンテスト！　2　決勝　つくもようこ作，鳥羽雨絵　講談社（講談社青い鳥文庫）
【要旨】パティシエ・コンテストの予選を通過した、すばる、カノン、渚、つばさ。しかし、「黒い森のケーキ」が最下位での通過だったすばるは、元気がありません。自分らしい「黒い森のケーキ」って？　そして、いよいよ決勝の日。ユニークなケーキが次々とできあがるなか、カノンの様子がへん！　優勝はだれの手に？　手に汗にぎる展開、だれも予想できない結末がまっています！　小学中級から。
2017.10 253p 18cm ¥680 ①978-4-06-285663-8

◆はりねずみのルーチカ―ハロウィンの灯り　かんのゆうこ作，北見葉胡絵　講談社（わくわくライブラリー）
【要旨】ハロウィンの日、フェリエの国の住人たちは、いつもより少し気をつけながらすごさなくてはなりません。やみの国の魔物たちは、すきがあればフェリエのいきものたちにとりついて、魔界へ引きずりこもうと機会をねらっているのです…。小学中級から。
2017.9 141p 22×16cm ¥1250 ①978-4-06-195779-4

◆ピアノ・カルテット　1　気になるあの子のトクベツ指導!?　遠藤まり作，ふじつか雪絵　KADOKAWA（角川つばさ文庫）
【要旨】あたし、持田わかば。5年生になって、ピアノが上手であこがれの花音ちゃんと同じクラスになったよ！　しかも、幼なじみの奏太とピアノが学校一うまくてカッコイイ宙くんもいっしょ!?花音ちゃんに近づきたくて、「あたし、ミニコンサートでピアノ弾きます！」でも、花音ちゃんに話しかけては、「あなたは友だちじゃない」。友だちのルールって、何？　思うようにいかない4人の友情と恋の物語が始まる!!小学校中級から。
2017.10 215p 18cm ¥660 ①978-4-04-631742-1

◆ひるね姫―知らないワタシの物語　神山健治作，よん挿絵　KADOKAWA（角川つばさ文庫）
【要旨】わたし、ココネ。お母さんの残してくれたぬいぐるみのジョイが、いちばんの友達。ある日、お父さんがなにもしていないのに、逮捕されちゃった!?お父さんを助けに、幼なじみのモリオといっしょに東京へ向かうことに。とちゅうで出会った人たちは、みんな夢の登場人物にそっくり。しかも、夢の国でおきた事件がほんとうになって！？とめられるのは、わたしたちしかいない！　いざたまたる、夢いっぱいの冒険物語！　小学中級から。
2017.3 254p 18cm ¥700 ①978-4-04-631693-6

◆ふしぎ古書店　4　学校の六不思議!?　にかいどう青作，のぶたろ絵　講談社（講談社青い鳥文庫）
【要旨】図書室で謎めいた手紙を見つけたひびきたち。学校の七不思議について語られているようだけど、7番目だけが暗号になっている。ひびき、絵理乃、紗奈による"福の神探偵団"が論理と推理力で謎を解く！ほか、死神さんとミユキさんの恋の行方、福神堂から逃げだした危険なアヤカシをおびきよせるため本気の怪談会をはじめるレイジさんなど3話収録。悩める小中学生必読の「相談室」も！小学中級から。
2017.11 232p 18cm ¥620 ①978-4-06-285601-0

◆ふしぎ古書店　5　青い鳥が逃げだした！　にかいどう青作，のぶたろ絵　講談社（講談社青い鳥文庫）
【要旨】吸血鬼のオズくんがおみやげにくれた青い鳥を、チィちゃんが逃がしてしまう。幸せの象徴である小鳥をつかまえるため、ひびきたち"福の神探偵団"が再始動！同じころ学校では大きなケンカが起こってギスギスとした空気に。町にサトリさんというアヤカシが、関係ありそうで…？　サトリさんは人の心の中がわかるらしいけれど、"心"ってどうなっているのだろう？　小学中級から。
2017.5 204p 18cm ¥620 ①978-4-06-285630-0

◆ふしぎ古書店　6　小さな恋のひびき　にかいどう青作，のぶたろ絵　講談社（講談社青い鳥文庫）
【要旨】ある日、ひびきは知らない男子スズキくんに告白される。ふしぎなことにひびき以外の全員が、クラスの最初から彼がいたと言うけれど？（第1話「わすれられない男の子」）眠り続ける福の神のレイジさん。心配したひびきは、チィちゃんと一緒に夢の中に旅立つことに！（第2話「疫病神のユウウツ」）大人気の「福の神探偵団の本棚」のテーマはエンデの「モモ」！　小学中級から。
2017.9 206p 18cm ¥620 ①978-4-06-285656-0

◆ふしぎ古書店　7　福の神の弟子卒業します　にかいどう青作，のぶたろ絵　講談社（講談社青い鳥文庫）
【要旨】ひびきの両親がアメリカへ引っ越すことに。転校して一緒に暮らさないかと誘われたけれど、ゆっくり考える時間をもらった。葵野小学校、そして福神堂に来てから大切な人もたくさんできて、自分が一人じゃないと知ったひびきは、福の神の弟子を続けるのか、新しい世界に行くのか迷ってしまう。レイジさんに、チィちゃんに、絵理乃に、自分の気持ちを打ち明けるときが来て。小学中級から。
2018.1 193p 18cm ¥620 ①978-4-06-285678-2

◆ふしぎ駄菓子屋　銭天堂　7　廣嶋玲子作，jyajya絵　偕成社
【要旨】その駄菓子屋は、いつもとちがっている。主人の紅子は、なげきます…。この世の中、勝ち負けだけじゃないんでございますがねぇ。小学校中学年から。
2017 181p B6 ¥900 ①978-4-03-635670-6

◆ふしぎ駄菓子屋　銭天堂　8　廣嶋玲子作，jyajya絵　偕成社
【要旨】その駄菓子屋を目の敵にする娘がいる。いいたいことだけって、よどみはするりと出ていった。…だが、紅子は知らなかったのだ。自分たちが話していたとき、よどみの着物の下から小さな黒いものが二つころがりでて、風のようなすばやさで、すべりこんでいったことに。小学校中学年から。
2017 189p B6 ¥900 ①978-4-03-635680-5

◆ぷよぷよ―アミティと愛の少女!?　芳野詩子作，こめ苺絵　KADOKAWA（角川つばさ文庫）
【要旨】空に突然あらわれた不思議なトビラから、女の子が落ちてきた！　アミティのことを「勇者さま」と呼ぶその女の子・アリィは、別の次元からやってきたみたい。なんとかして元の場所に戻してあげたいけど、肝心のアリィは記憶喪失になってしまっていて、覚えていたのは、「愛」が必要だっていうことだけ。アミティ、アルル、りんごはアリィのために「愛探し」に協力するんだけど…でも、愛ってどこにあるんだろう？　小学中級から。
2017.6 212p 18cm ¥680 ①978-4-04-631685-1

◆放課後おばけストリート―吸血鬼がくる！　桜木日向作，あおいみつる絵　講談社（講談社青い鳥文庫）
【要旨】わたし、「おばけのおなやみ相談がかり」のエリカ。おばけにも人間にも、いろんなやな

児童文学

みがあるんだなって、さいきん実感中。同じマンションに住むアイドルのユメちゃんに、ボーイフレンドができた☆ふたりのためにひみつのデート作戦を考えたら、その現場を追っていた週刊誌の人が気絶させられる事件が発生！「吸血鬼におそわれた。」といっているみたいだけど…。まさかほんもの!?小学中学年から。
2017.1 228p 18cm ¥650 ⓘ978-4-06-285595-2

◆**帽子から電話です**　長田弘作、長新太絵　偕成社　新装版
【要旨】とつぜん、電話がなった。「あっちゃんのおとうさんですか？」「はい、そうです」「青いしました帽子ありますか？」「…いま、いないんです」「また、かすれてきたの？ ちゃんと頭にかぶっていなかったの？ どこかにおいてきちゃうなら、コーヒー屋さんかなんかよけりばいいんだわ」「…！」「帽子から電話があったよ、よろしくね。あっちゃんにもよろしく。さよなら」小学校中学年から。
2017 1Vol. 18×16cm ¥1200 ⓘ978-4-03-502010-3

◆**ぼくのつばめ絵日記**　深山さくら作、宮尾和孝絵　フレーベル館　（ものがたりの庭）
【要旨】ぼくは沢木雄太。小学四年生になる四月から、新しい町に引っこすことになった。親友の伸と、はなればなれになる。修了式の日に、ぼくたちは一羽のつばめを教室のまどから見た。それからずっと、ぼくの心にひっかかっていたんだ。小学校3・4年生向け。
2017 141p A5 ¥1200 ⓘ978-4-577-04475-9

◆**星のカービィ メタナイトと銀河最強の戦士**　高瀬美惠作、苅野タウ、ぽと絵　KADOKAWA　（角川つばさ文庫）
【要旨】メタナイトのもとに、部下になりたいという男の子があらわれた！ しかたなく部下にしたものの、彼は戦いの最中、行方不明になってしまう。その後、メタナイトが急にいなくなり…!?カービィやデデデ大王たちは、ポップスターを出て、メタナイトをさがしに行くことに!!どうもメタナイトは、危険であるため大昔に封印された、銀河最強の戦士・ギャラクティックナイトを復活させようとしているらしく!?小学中級から。
2017.3 214p 18cm ¥680 ⓘ978-4-04-631690-5

◆**星のカービィ 一結成！カービィハンターズZの巻**　高瀬美惠作、苅野タウ、ぽと絵　KADOKAWA　（角川つばさ文庫）　（付属資料：シール）
【要旨】カービィが目をさますと、そこは異世界・プププ王国。とまどうカービィを助けてくれたのは、赤・青・緑色の三人組!?カービィたち四人は「カービィハンターズ」を結成して、力を合わせ、プププ王国のみんなを困らせる暴れん坊たちに立ち向かう！ はたしてカービィハンターズはプププ王国を守れるのか？ そして、カービィは元の世界に戻れるのか？ 大冒険の始まりだよ!!小学中級から。
2017.8 218p 18cm ¥680 ⓘ978-4-04-631731-5

◆**ほっとい亭のフクミミちゃん一ただいま神さま修業中**　伊藤充子作、高谷まちこ絵　偕成社　（偕成社おはなしポケット）
【要旨】おべんとうやさんに、まいおりた小さな神さまフクミミちゃんは福の神修業中です。おとものスアマといっしょに。空を飛べるかわいい宝船ももっています。おべんとうやさんを人気店にするためにまえむきなフクミミちゃんはがんばりつづけますが、「小さい」っていわれるとかんしゃくをおこすので、要注意！ 小学校中学年から。
2017 215p 21×15cm ¥1200 ⓘ978-4-03-501120-0

◆**街角には物語が…**　高楼方子作、出久根育絵　偕成社
【要旨】街の路地のそこここで毎日、小さな物語が生まれています。ふしぎでおかしく美しい八つの話。中学生から。
2017 164p 17×13cm ¥1400 ⓘ978-4-03-814430-1

◆**魔法学校へようこそ**　さとうまきこ作、高橋由為子絵　偕成社
【要旨】圭太は小学4年生。いつものようにぎりぎりで学校にきたけれど、そのとちゅうで道路にかかれた矢印がうごきだした!?ふしぎなおばあさんから魔法ならうことになった圭太・リッチと紅子の三人の物語。小学校中学年から。
2017 180p A5 ¥1400 ⓘ978-4-03-610190-0

◆**まほろ姫とにじ色の水晶玉**　なかがわちひろ作、まほろ茶々丸ふしぎな

冒険に！ タヌキに育てられたお姫さまが活躍する楽しいファンタジー。小学校中学年から。
2017 231p A5 ¥1300 ⓘ978-4-03-530940-6

◆**まるタンクとパイプのひみつ―ねこの風つくり工場**　みずのよしえ作、いづのかじ絵　偕成社
【要旨】町の大通りからすこしはなれた小高い場所に、ガタンガタン、ウインウイン、と、一日じゅういそがしそうな音をたてている工場があります。そこには大きなたてものや、まるいタンクや、いろいろなどこかにのびているパイプがあります。パイプの中を通るのは、できあがったばかりのしんせんな風、のはずなんですが…。ちいさなお話三つ。小学校中学年から。
2017 134p 21×16cm ¥1200 ⓘ978-4-03-528540-3

◆**迷宮の王子―古典から生まれた新しい物語 恋の話**　日本児童文学者協会編、スカイエマ絵　偕成社
【要旨】この本に収められている四つの作品は、"古典"とよばれる古今東西の物語にヒントを得て書かれています。この巻では、恋をテーマにした話を収録しました。それぞれの作品の最後に、作者からのメッセージがあります。また、巻末には、その古典へと導く読書案内もつけました。時の流れにのせて、新しいストーリーから、いにしえの物語が息づきます。小学校中学年から。
2017 117p 20×14cm ¥1200 ⓘ978-4-03-539610-9

◆**物語Go！ プリンセスプリキュア 花とレフィの冒険**　秋之桜子文、東堂いづみ原案、宮本浩史装画　講談社　（講談社KK文庫）
【要旨】小学五年生の園ノ宮花ちゃんは、絵本作家・七瀬ゆいさんの『プリンセスプリキュア』の大ファン。10月31日のハロウィンの日、なかよしの春野はるかさんが働く和菓子屋『春屋』にやってきた花ちゃんの目の前で、はるかさんがとつぜん姿を消した。いったい何が!?はるかさんをさがす花ちゃんに、ふしぎな光に包まれて…。ドキドキの大冒険がいよいよスタート！ 小学中級から。
2017.3 238p 18cm ¥680 ⓘ978-4-06-199594-9

◆**モンスターハンターストーリーズ―絆のかたち**　前田圭士作、布施龍太絵　KADOKAWA　（角川つばさ文庫）
【要旨】モンスターと絆を結び、育て、ともに生きているモンスターライダーのリュート。彼は、アイルーのナビルーといっしょに旅をつづけている途中、ババコンガにおそわれてしまう！ そのピンチを救ってくれたのは、見知らぬハンターで…？ また、リュートの幼なじみのシュヴァルや、別の村出身のライダー・アユリアもその謎のハンターと知りあいに…!?リュートたちのここでしか読めないストーリー!!小学中級から。
2017.3 167p 18cm ¥680 ⓘ978-4-04-631691-2

◆**モンスターハンターストーリーズ―新たな絆**　前田圭士作、布施龍太絵　KADOKAWA　（角川つばさ文庫）
【要旨】モンスターと絆を結ぶ、モンスターライダーのリュートは、アイルーのナビルー＆オトモンのレウスと一緒に、行方不明のアイルーを探す手伝いをすることに。あちこちを見て回っているうちに、モンスターのタマゴを発見！ タマゴからふ化するのは、一体、どのモンスター…？ そして、立ちふさがる大型モンスターに、リュートは新しいオトモンとの絆を試される！ ここでしか読めない、新しい物語!!小学中級から。
2017.9 167p 18cm ¥680 ⓘ978-4-04-631737-7

◆**モンスターハンターストーリーズRIDE ON―たちむかうライダー**　CAPCOM原作・監修、相羽鈴著　集英社　（集英社みらい文庫）
【要旨】リョートは、モンスターライダーの村で育つ少年。相棒モンスター「オトモン」のタマゴを探すために、幼なじみのシュヴァル＆リリアと危険な森を大冒険！ みごとリオレウスをかえすことに成功し、よろこぶリュートたち。あの、のどかな村を凶暴化したモンスター・ナルガクルガがおそってくる。リュートはオトモンといっしょに、たちむかうけど…!?小学中級から。
2017.4 199p 18cm ¥700 ⓘ978-4-08-321371-7

◆**モンスターハンターストーリーズRIDE ON―決別のとき**　CAPCOM原作・監修、相羽鈴著　集英社　（集英社みらい文庫）
【要旨】「モンスターハンターストーリーズRIDE ON」小説化！ モンスターと絆を結ぶライダー

の大冒険！ 小学中級から。
2017.7 203p 18cm ¥700 ⓘ978-4-08-321387-8

◆**モンスターハンターストーリーズRIDE ON―最凶の黒と白い奇跡**　CAPCOM原作・監修、相羽鈴著　集英社　（集英社みらい文庫）
【要旨】モンスターライダーの「リュート」は、「黒の凶器」から世界を救うため、旅にでた。世界中の絆原石を浄化してまわるリュートだけど、家族同然のシュヴァルと決別してしまう!!いっぽうあやしいくらみをもつマネルガー博士が伝説の「白き竜」のタマゴをかえそうと、シュヴァルをさそい…!?
2017.10 204p 18cm ¥700 ⓘ978-4-08-321403-5

◆**妖怪たぬきポンチキン 化けねこ屋敷と消えたねこ**　山口理作、細川貂々絵　文溪堂
【要旨】ポンチキンは、妖怪なのに、ちょっとぬけでおひとよし。「人間を幸せにする」という修行のため、施設で平和な日々をすごし、一人（一匹？）人間界にやってきたのだ！ 人間界で最初に出会った小学生のかずきと、その姉さくらに協力してもらい、人間界でこっそりとくらしている。そんなある日、とつぜん町中のねこが消えてしまう。「化けねこ屋敷」にねこがすいこまれている、といううわさを聞き、行ってみることに…。妖力を持つポンチキンのいるところに、ふしぎな事件あり！ さぁ、人間界でなにが起こっているのか、きみもいっしょに見てみよう。小学校中学年にオススメ！
2017 93p A5 ¥1300 ⓘ978-4-7999-0192-2

◆**妖界ナビ・ルナ 1 解かれた封印**　池田美代子作、戸部淑絵　講談社　（講談社青い鳥文庫）
【要旨】生まれてすぐに両親におきざりにされた竜堂ルナは、施設で平和な日々をすごていた。だが、とつぜん妖怪かまちがあらわれ、ルナとかんちがいして友だちのサエをさらってしまう。おいかけたルナもかまちにおそわれ傷つくが、2匹の妖怪にピンチをすくわれる。彼らから自らの生いたちをきかされたルナは、悪い妖怪をもといた世界へと送りかえす"妖界ナビゲーター"として旅に出ることを決意する！ 小学中級から。
2017.2 171p 18cm ¥600 ⓘ978-4-06-285584-6

◆**妖界ナビ・ルナ 2 人魚のすむ町**　池田美代子作、戸部淑絵　講談社　（講談社青い鳥文庫）
2017 154p 18cm ¥600 ⓘ978-4-06-285598-3

◆**妖界ナビ・ルナ 3 黒い森の迷路**　池田美代子作、戸部淑絵　講談社　（講談社青い鳥文庫）
【要旨】悠久の玉を見つけるため、妖怪の気配を感じてやってきたのは、うつくしい自然にかこまれた果南島。南国のリゾート気分を楽しむルナたちは、急に人がいなくなった人がいるといううわさを聞きつけ、調査をはじめる。しかし、その矢先にルナが何者かにさらわれてしまった！ 待ち受ける新たな妖怪の正体とは？ そして、どうくつの迷路にとじこめられたルナの運命は!?小学中級から。
2017.6 153p 18cm ¥600 ⓘ978-4-06-285626-3

◆**妖界ナビ・ルナ 4 火をふく魔物**　池田美代子作、戸部淑絵　講談社　（講談社青い鳥文庫）
【要旨】3体の妖怪をしりぞけ、3つの玉を手に入れたルナたち。新たにやってきた町では、あやしげな噂がひろがっていた。理科室から泣き声が聞こえてくる夜、火事が起こる…。そんなワサを聞きつけたルナたちは、妖怪のしわざかたしかめるため、小学校にしのびこむ。そこで出会ったのは、ユージという気弱な少年。いじめられっ子のユージは、あるひみつをかかえていて…。小学中級から。
2017.9 157p 18cm ¥600 ⓘ978-4-06-285653-9

◆**妖界ナビ・ルナ 5 光と影の戦い**　池田美代子作、戸部淑絵　講談社　（講談社青い鳥文庫）
【要旨】妖界ナビゲーターとして悪い妖怪をたおし、5つの玉を集めたルナたち。玉にみちびかれるようにやってきた島で、大好きな都和子先生と再会する。都和子先生から明かされたのは、ルナの出生のひみつだった。ルナは伝説の子となったのか、そして、ルナのまえに立ちふさがるなぞの少年タイの正体とは。5つの玉がそろうとき、ルナの運命がうごきだす！ 小学中級から。
2018.1 155p 18cm ¥600 ⓘ978-4-06-285674-4

◆**世にも奇妙な物語―ドラマノベライズ恐怖のはじまり編**　木滝りま著、上地優歩絵、ふじき

みつ彦, 林誠人, 戸田山雅司脚本　集英社　（集英社みらい文庫）
【要旨】一海はもうすぐ7歳の男の子。7歳の誕生日をむかえた友だちの夕子ちゃんが言う。「7歳になったら、あの建物に行くの。だって…」それをさえぎって、担任の先生が夕子ちゃんの足をハイヒールでふんづけた。いったいおとなたちは、なにをかくしているんだろう？　大人気テレビ番組「世にも奇妙な物語」のストーリーを4編収録！　小学中級から。
2017.3 183p 18cm ¥700 ①978-4-08-321366-3

◆らくがき☆ポリス　2　キミのとなりにいたいから！　まひる作, 立樹まや絵　KADOKAWA　（角川つばさ文庫）
【要旨】らくがきで描いた「理想のカレシ」が動きだして、フツーだったわたし、エミの生活はおおさわぎ！　ロマンは絵の中にとじこめられているのに、いつも前向きだし、美術警察として使命感に燃えてて、すごくカッコいいし、男の子なんだ。なのにわたしは、美術のことぜんぜん知らないし、いつも失敗ばかり。わたしとロマンにふさわしくない!? そんなとき、美術部の蓮見先輩がロマンの昔のパートナーだと知って…!?　小学中級から。
2017.2 214p 18cm ¥660 ①978-4-04-631649-3

◆らくがき☆ポリス　3　流れ星に願うなら!?　まひる作, 立樹まや絵　KADOKAWA　（角川つばさ文庫）
【要旨】わたしとロマンは、美術警察の新米コンビ。いっしょに仕事しながら、いつか、絵の中にとじこめられたロマンを、元の姿、少年にもどしてあげることが、わたしの目標なの。ところが、ロマンの体を探す捜査が、もう打ち切りになってると知って!?「この力は警察官として便利だろ。だから、このままでいいんだ」なんて言うロマンとケンカになっちゃった。だって、絶対あきらめられないよ、わたしはロマンのことが…！　小学中級から。
2017.9 196p 18cm ¥660 ①978-4-04-631700-1

◆りすのきょうだいとふしぎなたね　小手鞠るい作, 土田義晴絵　金の星社
【要旨】くろくまレストランのちかくにある林で、りすのきょうだい、ドンくんとグリちゃんが何かをさがしています。どうやら、おばあちゃんからもらったブローチを落としてしまったようです。「あっ、こんなところに！」一谷川のほとりでドンくんが見つけたのは、とても小さなふしぎなたねでした。「これ、光っているよ。いったい、なんのたねだろう？　くろくまシェフと野うさぎパティシエにもたずねてみましたが、まったくわかりません。そうだ、あのひとに相談すれば、きっとわかる！　3・4年生から。
2017 124p B6 ¥1200 ①978-4-323-07383-5

◆リトルウィッチアカデミア—でたらめ魔女と妖精の国　橘もも文, 上químca絵, TRIGGER, 吉成曜原作　KADOKAWA（角川つばさ文庫）
【要旨】あたし、カガリアツコ！　魔女になるのが夢で、はるばる日本から名門魔法学校にやってきたんだ。…だけど、退屈なお勉強ばかりでうんざりな毎日…。そんなある日、妖精が集まるという、魔方いっぱいの丘に遠足へ！　そこで、この丘の番人・シーフラと会ったの。え？　一緒に暮らす犬と猫が逃げ出した？　よし、あたしとロッテとスーシィの3人組が助けに行くよ！　大人気TVアニメのオリジナル小説!!小学中級から。
2017.4 205p 18cm ¥680 ①978-4-04-631705-6

◆リンちゃんとネネコさん　森山京作, 野見山響子絵　講談社　（わくわくライブラリー）
【要旨】リンちゃんは小学四年生の女の子。ネネコさんは「負けてたまるか！」が口ぐせのおばあさんです。ひょんなことからネネコさんに出会ったリンちゃんは、ネネコさんを、クラスのみんなと作るげきにしゅつえんしようと思いつきます。その日から、リンちゃんは、ネネコさんにもう一度会えないかと、さがしはじめるのですが…。年をこえた女の子とおばあさんのふたりの友情の物語。小学中級から。
2017.7 124p A5 ¥1300 ①978-4-06-195785-5

◆霊感少女（ガール）—心霊クラブ、はじめました！　緑川聖司作, 椋本夏夜絵　KADOKAWA　（角川つばさ文庫）
【要旨】わたし、みのり。幽霊と話すことができる霊感少女。このことは、幼なじみのよしくん以外は知らないんだ。だけどオカルト好きなクラスメイトの麻紀ちゃんに、「いっしょに心霊クラブをはじめよう！」と言いだしたら、タイヘン!!さっそく下級生の葉月ちゃんから

依頼がきて、部屋に出るという男の子の幽霊の相談をうけることに。でも、葉月ちゃんは、その幽霊と、離れたくないみたいで…!?小学中級から。
2017.10 166p 18cm ¥740 ①978-4-04-631601-1

◆歴史人物ドラマ　西郷隆盛　小沢章友作, 山田一喜絵　講談社　（講談社青い鳥文庫）
【要旨】薩摩藩の下級武士の家に生まれた西郷隆盛。幼いころから、年下や弱い者を助ける心優しい少年でした。そんな隆盛は農民の暮らしを守る役人となり、広い考えを持ちながら成長し、薩摩藩のために力を尽くします。やがては藩の中にとどまらず、激動の新時代をむかえる、混乱期の日本で大活躍します。思いやりと、まっすぐな心をもって新時代の扉をひらいたヒーロー、西郷隆盛の物語。小学中級から。
2017.11 237p 18cm ¥650 ①978-4-06-285666-9

◆6年1組黒魔女さんが通る!!　02　家庭訪問で大ピンチ!?　石崎洋司作, 藤田香絵　講談社　（講談社青い鳥文庫）
【要旨】魔界から来た、インストラクターギュービッドさまのもとで、絶賛「黒魔女修行中」の黒鳥千代子＝チョコは小学6年生！　ひとりでまったりと過ごすのが大好きなのに、家ではギュービッドさまをテーマにはしゃぎすぎて、学校では苦労がたえない毎日。新学年恒例の行事、家庭訪問がはじまるきりっ3話収録！　小学中級から。
2017.1 240p 18cm ¥650 ①978-4-06-285603-4

◆6年1組黒魔女さんが通る!!　03　ひみつの男子会!?　石崎洋司作, 藤田香, 亜沙美, 牧村久実, 駒形絵　講談社　（講談社青い鳥文庫）
【要旨】「魔宝博物館」から魔界遺産「ですノート」が消えた!?「黒魔女通信No.666」に号外が出るほどの大事件発生！　クラスの男子もこそこそ、そろってようすがヘンだし、大男くんが大事にしているのは、ま、まさか「ですノート」!?自力で解決するぞ！　と決心したチョコですが…。読者のみんなが考えてくれたキャラや魔法がまたまた大活躍の、絶好調に楽しい3話読みきりですっ！　小学中級から。
2017.5 238p 18cm ¥650 ①978-4-06-285628-7

◆6年1組黒魔女さんが通る!!　04　呪いの七夕姫！　石崎洋司作, 藤田香, 亜沙美, K2商会, 戸部淑絵　講談社　（講談社青い鳥文庫）
【要旨】「ふつうの女の子」にもどるために、絶賛黒魔女修行中の小学6年生の黒鳥千代子＝チョコ。むずかしいながらも、とにかくいいかげんなギュービッドさまのもとで修行の毎日。授業参観に見魔もり隊、呪運ブライドと波乱の展開に！「若おかみは小学生！」の亜沙美先生、「怪盗クィーン」のK2商会先生、「妖怪ナビ・ルナ」の戸部淑先生のさし絵を楽しめちゃうスペシャル版です！　小学中級から。
2017.11 232p 18cm ¥680 ①978-4-06-285665-2

◆DAYS　1　出会い　石崎洋司文, 安田剛士絵・原作　講談社　（講談社青い鳥文庫）
【要旨】柄本つくし、15歳。この春、聖蹟高校に進学するつくしは、ハンバーガーショップで中学時代の同級生の不良にからまれているところを、金髪の少年に助けてもらう。彼こそは、孤独なサッカーの天才・風間陣。運命的な出会いが、つくしの運命を大きく変えていく。サッカーに青春をささげる高校生たちの熱き戦いを描く、感動と奇跡の物語が、いま幕を開ける！　小学中級から。
2017.3 215p 18cm ¥670 ①978-4-06-285612-6

◆DAYS　2　インターハイへの戦い　石崎洋司文, 安田剛士原作・絵　講談社　（講談社青い鳥文庫）
【要旨】インターハイにむけた、熱き戦いがはじまった。初戦は都立桜山高校戦。試合は聖蹟ペースで進むも得点できず、後半に入っても0対0のまま。そして残り15分、ずっと声をふりしぼって応援を続けていたつくしに、監督から選手交代の指示が。「いっしょけんめい走れば、仲間は信頼してくれる—。」風間の言葉を胸にきざみ、つくしは初めての公式戦のピッチに立つ！　小学中級から。
2017.8 219p 18cm ¥670 ①978-4-06-285649-2

📖 高学年・中学生から

◆危ない誕生日ブルーは知っている—探偵チームKZ事件ノート　藤本ひとみ原作, 住滝良文, 駒形絵　講談社　（講談社青い鳥文庫）
【要旨】文芸部に入部を決心した彩は、ある日、野球部のエース悠飛に声をかけられる。学園1のモテ男を名乗だったが、実は大きな秘密を抱えていた。一方、KZメンバーは連続事件に巻きこまれ、次々と被害者に！　KZ最大の危機を迎え、リーダー若武は犯人捜しを宣言するものの、謎は深まるばかり。果たして事件の行方は!?そして彩とエース悠飛の関係は!?小学上級から。
2017.7 363p 18cm ¥730 ①978-4-06-285638-6

◆暗黒女子　秋吉理香子著, ぶーたイラスト　双葉社　（双葉社ジュニア文庫）
【要旨】名門女子高で、最も美しくカリスマ性のある女生徒、いつみが死んだ。一週間後に集められたのは、いつみと親しかったはずの文学サークルのメンバー。ところが、彼女たちによる事件の証言は、思いがけない方向へ—。果たしていつみの死の真相とは？　小学上級・中学から。
2017.3 274p 18cm ¥730 ①978-4-575-24023-8

◆雨月物語—悲しくて、おそろしいお話　上田秋成原作, 時海結以文, 睦月ムンク絵　講談社　（講談社青い鳥文庫）
【要旨】怪異小説の名作『雨月物語』。あやしくおそろしいお話、せつなくて悲しいお話のなかから「約束」をテーマに4編を選び、読みやすい現代語訳でおとどけします。まじめに働かない正太郎と結婚することになった磯良。正太郎の約束を信じてがんばりますが…（『がんばり屋「原題：吉備津の釜」』）。ほかに「待っています“浅茅が宿”」「再会の約束“菊花の約”」「決められない男“蛇性の婬”」を収録。小学上級から。
2017.6 204p 18cm ¥620 ①978-4-06-285640-9

◆打ち上げ花火、下から見るか？　横から見るか？　岩井俊二原作, 大根仁著, 永地挿絵　KADOKAWA（角川つばさ文庫）
【要旨】「あたしと典道くんは駆け落ちしてるんだよ」花火大会の日、密かに想いを寄せる同級生のなずな。東京へ行こうと誘われる中学1年の典道。ところが、母親に見つかってしまい…。なずなを取りもどすため、典道は、もう一度同じ日をやりなおすことを願う—。なずなと典道たちに奇跡が起こる!?繰り返す夏休みの1日、何度でも君に恋をする！　アニメ映画の原作小説!!小学上級から。
2017.7 251p 18cm ¥700 ①978-4-04-631729-2

◆占い屋敷のプラネタリウム　西村友里作, 松嶌舞夢画　金の星社
【要旨】「実は、結婚しようと思ってるんだっ」パパから突然、再婚話を切り出された真生。相手は、何度か会ったことがある山辺香織さん。パパが結婚するなんて、考えたこともなかった。おまけに、知らない場所で7人の暮らしを始めるの？　胸の中にもやもやを抱えながら、真生は占い師のてる子たちが待つ占い屋敷へ行く。真生が見つけた、新しい家族のかたちとは？　ふしぎな屋敷を舞台とする成長と絆の物語、第2弾。5・6年生におすすめ。
2017 223p B6 ¥1300 ①978-4-323-07384-2

◆エトワール！　2　羽ばたけ！　四羽の白鳥　梅田みか作, 結布絵　講談社　（講談社青い鳥文庫）
【要旨】エトワール—それは星のこと。そして、世界の頂点、パリ・オペラ座バレエ団ダンサーの最高位。小学5年生の森原めいはバレエが大好き。有村バレエスクールでは、同級生の梨央、南、ニューヨークから戻ってきた杏樹とレッスンをがんばっている。バレエフェスティバルで、有名な「四羽の白鳥」を踊ることになった4人を待っていたものは…。本格バレエ物語、第2巻！　小学上級から。
2017.5 227p 18cm ¥650 ①978-4-06-285625-4

◆エトワール！　3　眠れる森のバレリーナ　梅田みか作, 結布絵　講談社　（講談社青い鳥文庫）
【要旨】エトワール—それは星のこと。そして、世界の頂点、パリ・オペラ座バレエ団ダンサーの最高位。森原めいは、バレエが大好きな女の子。有村バレエスクールでレッスンに励んでいます。6年生に進級して、はじめてコンクールに出ることに。「眠れる森の美女」の中の踊りに挑

児童文学

戦しますが、そこには多くの困難と、新しい悩みも…。本格バレエ物語、臨場感あふれる第3巻！小学上級から。
2017.10 237p 18cm ¥650 ⓘ978-4-06-285662-1

◆王様ゲーム起源8.08　金沢伸明著　双葉社（双葉社ジュニア文庫）
【要旨】すべてはあの日から始まった…壮絶な"王様ゲーム"の始まりがついに明かされる！1977年の夜鳴村、本多一成が16歳の夏、惨劇が幕をあける。ある日、勇二の家のポストに届いた人の黒な封筒。その中には「10代の村人たちは死体に触れ」という命令が書かれた手紙が入っていた。面白半分で墓を掘り起こす一成たちだが、次第に村全体を巻きこんだ恐ろしい命令が下される…！小学上級・中学から。
2017.3 207p 18cm ¥700 ⓘ978-4-575-24025-2

◆王様ゲーム起源8.14　金沢伸明著，千葉イラスト　双葉社（双葉社ジュニア文庫）
【要旨】"王様ゲーム"の始まりは、1977年の夜鳴村からだった！王様からの命令で村人たちが恐怖におびえる中、奈津子が急に行方不明になってしまう。一成は、捜索にはげむが、奈津子が王様の正体だと思った村人たちは、誰一人協力しようとしない。そんな中、村人同士が殺し合わなければならない、怖ろしい命令が下されてしまう。果たして王様の正体は？　一成たちの運命は…!!小学上級・中学から。
2017.7 186p 18cm ¥700 ⓘ978-4-575-24048-1

◆王様ゲーム再生9.19　1　金沢伸明著　双葉社（双葉社ジュニア文庫）
【要旨】全国の高校生がターゲットにされた"王様ゲーム"から、3か月後。友人たちと旅行に来ていた雅人は、再び恐怖のメールを受け取ることになる。しかも今度は、北海道にある旅行先のペンションで、奇妙な生き物の襲撃にもあってしまう！王様の命令に加え、クリーチャーとの戦い。雅人は仲間とともにこの窮地を切り抜けられるのか!?　小学上級・中学から。
2017.11 183p 18cm ¥700 ⓘ978-4-575-24070-2

◆おそ松さん一番外編再び　赤塚不二夫原作，小倉帆真著，おそ松さん製作委員会監修　集英社（集英社みらい文庫）（付属資料：シール）
【要旨】6つ子イチ謎キャラの十四松を尾行!!衝撃の展開が待ち受けていた…!!アイドル大好きチョロ松のヤバすぎるお宝とは…!?焼肉食べ放題。そこは6つ子の戦場だった！　女の子と仲良くなりたい！クソハートたちの切なる願いは叶うのか!?肝試し、生き残るのは誰だ!?選ぶ相手で結末が変わるストーリー!!大人気TVアニメ『おそ松さん』の公式番外編ストーリー、奇跡の復活!!今回も6つ子が大スパーク。小学上級・中学から。
2017.9 192p 18cm ¥720 ⓘ978-4-08-321395-3

◆オンライン！　12　名無しの墓地とバラ魔女ラミファン　雨蛙ミドリ作，大塚真一郎絵　KADOKAWA（角川つばさ文庫）
【要旨】メンテナンス期間を利用して、離れて住むパパとママに会いに行くことにしたんだけど、なんと！朝霧さん、杉浦さん、太一さんも我が家にやってくることに!?そして、リニューアルしたナイトメアでは「名無しの墓地」という謎のマップが千個も出現！このマップにナイトメア攻略班はさっそく挑戦してみたよ。そこに現れたのは悪魔と天使の姿をしたモンスターで…？この二人は敵？それとも味方？小学上級から。
2017.2 228p 18cm ¥680 ⓘ978-4-04-631689-9

◆オンライン！　13　ひっつきお化けウツリーナと管理者デリート　雨蛙ミドリ作，大塚真一郎絵　KADOKAWA（角川つばさ文庫）（付属資料：シール）
【要旨】ナイトメアがゲームを再開すると、攻略班は裏切り者だという怪情報が流れ出した！ナイトメアが仲間割れを狙ったに決まってる！そんなとちょうどひっつきお化けウツリーナにとりつかれた翼君と攻略班が対決することに!?一方、杉浦さんは猛特訓して頭脳戦に挑戦。今回のイベントボス・デリートは、ナイトメアの管理者の一人みたい。デリートに勝てば、完全クリアのルートに行けてくるかも！？小学上級から。
2017.6 225p 18cm ¥680 ⓘ978-4-04-631726-1

◆オンライン！　14　鎧のエメルダと漆黒の魔塔　雨蛙ミドリ作，大塚真一郎絵　KADOKAWA（角川つばさ文庫）
【要旨】ナイトメアからの新たな試練！それはプレイヤー全員参加の虹色のイベントだ。ムチを振るキャンディウィップや姿の見えない幻影の

騎士…。敵たちと次々にバトル。そしてたどり着いた漆黒の魔塔のボスは恐ろしいオーラをまとった鎧のエメルダ。怖いけど攻略班が力をあわせれば絶対に勝てるはず！ってあれ？急に凶暴になったり、涙したりエメルダの様子がなんだか変!?小学上級から。
2017.11 223p 18cm ¥680 ⓘ978-4-04-631753-7

◆怪談収集家　山岸良介と人形村　緑川聖司作，竹岡美穂絵　ポプラ社（ポプラポケット文庫）
【要旨】取材旅行の途中、ある村にたどりついたぼくと山岸さん。その村では子どもの誕生と同時に、人形を作る風習があった。ところが土砂崩れで道路と電話も不通、ぼくらは村からでられない!?霊媒体質のぼく、ドS怪談収集家のミステリーツアー！小学校上級～。
2017 204p 18cm ¥650 ⓘ978-4-591-15652-0

◆怪盗クイーン―ケニアの大地に立つ　はやみねかおる作，K2商会絵　講談社（講談社青い鳥文庫）
【要旨】今回の舞台はアフリカのケニア！擬態する新種の猫が発見されたというニュースをきいたクイーンは、さっそく猫をうばう予告状を出して、ケニアへとむかう。擬態の研究成果を某国に売りわたそうともくろむ科学者軍団、それを阻止しようとするホテルベルリン、さらに探偵卿たちがケニアに集結。サバンナでの大バトルのすえに、クイーンは獲物を手にすることができるのか―!?小学上級から。
2017.6 381p 18cm ¥680 ⓘ978-4-06-285655-3

◆学校の都市伝説は知っている―探偵チームKZ事件ノート　藤本ひとみ原作，住滝良文，駒形絵　講談社（講談社青い鳥文庫）
【要旨】その日、彩は駅で、泣いている少女を見かける。気になったものの、声をかけられなかった。同夜、KZのリーダー若武が彩の家へ。いつになく思いつめた様子が心配になる彩。やがて招集されたKZ会議で決まった今回の事件は、学校に密かに伝わる都市伝説の真相を探るさだった。張り切るメンバーたちに、若武は、彩が駅で見かけた少女を紹介して…若武の決意に、KZは騒然…!!小学上級から。
2017.3 317p 18cm ¥680 ⓘ978-4-06-285611-9

◆角川つばさ文庫版　西郷どん！―西郷隆盛の物語　林真理子原作，吉橋通夫文，勇沢雅木絵　KADOKAWA（角川つばさ文庫）
【要旨】低い身分に生まれた西郷隆盛は、学問にはげみ、出世していく。ところが黒船の来航から、外国に侵略されかねない危機をむかえていた。苦難を乗りこえ、薩摩藩のリーダーとなった西郷は、坂本龍馬の協力で長州と同盟を結ぶ。そして、徳川幕府との戦いの指揮をとり、江戸総攻撃の前日、徳川を救うため、勝海舟と江戸無血開城をなしとげる。新しい国を作った英雄物語！大河ドラマ「西郷どん」原作をつばさ文庫化。小学上級から。
2017.11 222p 18cm ¥680 ⓘ978-4-04-631757-5

◆カブキブ！　1　部活で歌舞伎やっちゃいました。　榎田ユウリ作，十峯なるせ絵，CLAMPキャラクター原案　KADOKAWA（角川つばさ文庫）
【要旨】歌舞伎が大好きなクロの夢は、部活で歌舞伎をすること。だけど、そんな部は学校に存在しなかった！好きなことを仲間と一緒にやれたら、絶対楽しい…自分で「カブキブ」を創ることを決めたクロは、部員集めを開始。まずは演劇部のスター・浅葱先輩を誘いに行くけど、バッサリ断られてしまって！？大注目の青春部活ストーリー、開幕!!小学上級から。
2017.5 287p 18cm ¥760 ⓘ978-4-04-631695-0

◆カブキブ！　2　カブキブVS.演劇部！　榎田ユウリ作，十峯なるせ絵，CLAMPキャラクター原案　KADOKAWA（角川つばさ文庫）
【要旨】おれはカブキブ同好会の部長・クロ。初舞台のピンチを助けてくれたロック少年・阿久津くんも入部してくれて、イイ感じになってきた！とこが、念願の文化祭への練習中、演劇部と大バトルが発生!!演劇部との早口言葉勝負（超長い＆超難しい！）に勝たなきゃ、おれたち文化祭に出られないって…！大ピンチの中、仲間といっしょに突き進め！おもしろさ絶対保証の部活物語！小学上級から。
2017.9 263p 18cm ¥780 ⓘ978-4-04-631694-3

◆カブキブ！　3　伝われ、俺たちの歌舞伎！　榎田ユウリ作，十峯なるせ絵，CLAMP

キャラクター原案　KADOKAWA（角川つばさ文庫）
【要旨】文化祭公演は大盛況！絶好調のカブキブの次の目標は、新入部員を集めること。4月の新入生歓迎会の部活紹介で、短い芝居をすることに。さあ、なにをしよう？　っていうときに、阿久津が赤点で部活停止寸前に!?さらに、歓迎会前日にトラブルが発生して…。絶体絶命の大ピンチの中で、部長のクロが考えた最後の望みとは…？最高の仲間たちとくり広げる、ここにしかない部活小説の第3巻！小学上級から。
2017.11 253p 18cm ¥780 ⓘ978-4-04-631696-7

◆神様がくれた犬―ドンのハッピー新聞　倉橋燿子作，naoto絵　ポプラ社（ポプラポケット文庫）（『扉の向こうの課外授業―お困り犬ひきうけます』加筆・修正・改題書）
【要旨】アズとスズは新聞委員。取材先で出会った、あばれん坊の犬「ドン」の飼育をすることになりましたが…。犬との関係は人間関係に似ています。ドンとの毎日を通して、二人の心も成長していきます。みずみずしい筆致でロングセラー多数の倉橋燿子が贈る、本当のやさしさとは何かを教えてくれる感動の物語！小学校上級～。
2017 197p 18cm ¥650 ⓘ978-4-591-15547-9

◆カラダ探し　2　ウェルザード著，woguraイラスト　双葉社（双葉社ジュニア文庫）
【要旨】その学校には、「赤い人」にまつわる怪談があった…。誰もいない夜の学校で、バラバラになった遙の「カラダ」を探すことになった明日香たち6人。すべてのカラダを見つけるまで、同じ一日が繰り返され、明日香たちは赤い人に殺され続ける。死んでも終わらない恐怖によって明日香たちの友情は狂い始めていく。そんな中、赤い人の正体を知る可能性のある怪しい教師が現れて―。大人気サバイバルホラー第二弾！小学上級・中学から。
2017.3 350p 18cm ¥750 ⓘ978-4-575-24026-9

◆カラダ探し　3　ウェルザード著，woguraイラスト　双葉社（双葉社ジュニア文庫）
【要旨】バラバラになった遙の「カラダ」を探すため、夜の学校で「赤い人」に殺され続ける明日香たち。同じ11月9日を繰り返す中、ついに赤い人の正体にたどり着くものの、様子のおかしくなった健司が赤い人と共に明日香たちを殺し始める。圧倒的に不利な状況のなかで最後のカラダを手に入れたとき、悲しい真実が明かされる。待っていたのは希望か、絶望か―。大人気サバイバルホラー第一章、衝撃のクライマックス！小学上級・中学から。
2017.7 287p 18cm ¥750 ⓘ978-4-575-24049-8

◆カラダ探し　第二夜　1　ウェルザード著，woguraイラスト　双葉社（双葉社ジュニア文庫）
【要旨】「赤い人」の恐怖は、終わっていなかった！孤独な少女・相島美雪は、ある日突然、"友人"の森崎明日香に「カラダ探し」を頼まれる。赤い人の怪談を信じていなかった美雪だが、かつて「カラダ探し」を経験したという伊勢高広と共に、夜の学校でバラバラになった明日香のカラダを捜すことになってしまう。夜の学校で不気味な赤い人に殺され続けながら、死んでも終わらない絶望の11月23日が始まる―。大人気サバイバルホラー第2章、開幕！小学上級・中学から。
2017.11 295p 18cm ¥750 ⓘ978-4-575-24072-6

◆貴族探偵―みらい文庫版　麻耶雄嵩作，きろばいと絵　集英社（集英社みらい文庫）
【要旨】職業は貴族で、趣味が探偵!?謎の紳士「貴族探偵」が事件現場にあらわれるが、自分の執事やメイドや運転手たちを最大限に使い、事件をまたたく間に華麗に解決！どうぞこのミステリーの世界にようこそ！短編『加速度円舞曲』『春の声』の2編を収録。小学上級・中学から。
2017.5 168p 18cm ¥660 ⓘ978-4-08-321374-8

◆貴族探偵対女探偵―みらい文庫版　麻耶雄嵩作，きろばいと絵　集英社（集英社みらい文庫）
【要旨】高徳愛香は理想に燃える新米探偵！親友の紗知の別荘に招かれたが、そこで殺人事件が発生した！地道に捜査をすすめようとする愛香の前に立ちはだかった、「貴族探偵」と名のる謎の男とその使用人たちで!?短編『白きを見れば』『色に出でにけり』『なほあまりある』の3編を収録。小学上級・中学から。
2017.5 234p 18cm ¥700 ⓘ978-4-08-321375-5

◆キミと、いつか。—おさななじみの"あいつ"
宮下恵茉作、染川ゆかり絵　集英社
（集英社みらい文庫）
【要旨】「おまえさ、自分で持ってねえの？」。友だちの意見に流されがちな夏月は、おさななじみの祥吾に、ズバリと指摘されてしまう。はじめは厶ッとしたけれど、祥吾のおかげで、自分をかえるきっかけができて…。野球バカで、全然イケメンじゃない祥吾。ただおさななじみだった2人の関係が、少しずつかわって…!?人気の胸きゅんシリーズ第4弾。小学上級・中学から。
2017.3 181p 18cm ¥640 ①978-4-08-321364-9

◆キミと、いつか。—すれちがう"こころ"
宮下恵茉作、染川ゆかり絵　集英社　（集英社みらい文庫）
【要旨】片思いをみのらせ、大好きな小坂とつきあいはじめた麻衣だったけれど、夏休み明けに会った彼はなぜかそっけない。理由がわからない麻衣は、（もうわたしのこと好きじゃなくなったの？）と、せつない気持ちで押しつぶされそうに…。そんなとき、女子人気の高い五十嵐に告白されて―。恋は、両想いになってからのほうがせつない？ 人気の胸きゅんシリーズ第5弾。小学上級・中学から。
2017.7 181p 18cm ¥640 ①978-4-08-321383-0

◆キミと、いつか。—ひとりぼっちの"放課後"
宮下恵茉作、染川ゆかり絵　集英社
（集英社みらい文庫）
【要旨】智哉とつきあって3か月になる莉緒。最近彼は体育祭の準備に追われていて、いっしょに帰る時間もない。そんななか、2年の柴田先輩が智哉に急接近！ かわいくてスタイルがよくて、おしゃべり上手…自分がない麻衣に自信を持った彼女のせいで、莉緒は自信をなくし、智哉への不信感をつのらせていく。そして、ふたりは電話でケンカしてしまい…!?胸きゅんシリーズ第6弾！ 小学上級・中学から。
2017.11 169p 18cm ¥640 ①978-4-08-321405-9

◆逆転裁判—逆転空港　高瀬美恵作、カプコンカバー絵、菊野郎挿絵　KADOKAWA　（角川つばさ文庫）
【要旨】とある地方空港で、有力政治家が殺された。容疑者として逮捕されたのは、若き熱血弁護士・王泥喜法介！「成歩堂なんでも事務所」の所長・成歩堂龍一は、彼の無実を証明すべく弁護人として法廷に立つことに！ しかし、成歩堂の前に立ちはだかるのは、ワントムジュンに満ちた個性的な証人たち…。成歩堂は部下である王泥喜を信じぬき、苦しい状況から逆転無罪を勝ち取ることができるのか！？小学上級から。
2017.2 206p 18cm ¥680 ①978-4-04-631678-3

◆京都寺町三条のホームズ　望月麻衣著、ヤマウチシズルイラスト　双葉社　（双葉社ジュニア文庫）
【要旨】京都の寺町三条商店街に、ポツリとたたずむ骨董品店『蔵』。女子高生の真城葵は、ひょんなことから、そこの店主の孫の家頭清貴と知り合い、アルバイトを始めることになる。清貴は物腰はやわらかいが恐ろしく感が鋭く、「寺町のホームズ」と呼ばれていた。葵は清貴とともに、様々な客から持ち込まれる奇妙な依頼を受けるが—。小学上級・中学から。
2017.3 195p 18cm ¥700 ①978-4-575-24024-5

◆恐怖のむかし遊び　にかいどう青作、モゲラッタ絵　講談社　（講談社青い鳥文庫）
【要旨】かくれんぼや影踏み、かごめかごめ…子どもなら誰でも知っているあの遊びが恐怖の世界への入り口だった!?廃墟のホテルで撮影していた映画研究部が不可解な現象にまきこまれる。「影を踏むな少女」「学校に伝わる謎の儀式」、「***さんが転んだ」など、ホラーの名手・にかいどう青が放つ、身の毛もよだつ4つの物語。これを読んだら、もう無邪気には遊べない。小学上級から。
2017.12 230p 18cm ¥650 ①978-4-06-285670-6

◆クレオパトラと名探偵！—タイムスリップ探偵団古代エジプトへ　楠木誠一郎作、たはらひとえ絵　講談社　（講談社青い鳥文庫）
【要旨】古代エジプトにタイムスリップした香里・拓哉・亮平が目ざめた先が…棺桶のなか!?なんとかぬけだした先で、3人は世界三大美女のひとり、クレオパトラと出会う。エジプト王となった、カエサルに会いに行く…はずが、肝心のクレオパトラがこのままだと歴史が変わっちゃう！ 助けにきた麻美さんも加わって、事態は思いもよらぬ結末に！ 小学上級から。

級から。

◆劇部ですから！　Act.1 文化祭のジンクス　池田美代子作、柚希きひろ絵　講談社
（講談社青い鳥文庫）
【要旨】はじめて観た舞台にあこがれて演劇部に入部した鑑未来、あだ名はミラミラ。でも、そこにいたのはやる気のない先輩たちばかり。幽霊部員だらけの順でおまけに文化祭の発表会がかならず中止になるという呪いのジンクスまで!?はたしてミラミラの情熱で、文化祭を成功させることができるのか—。笑えて泣ける演劇エンターテインメント、ここに開幕！ 小学上級から。
2017.6 221p 18cm ¥620 ①978-4-06-285617-1

◆劇部ですから！　Act.2 劇部の逆襲
池田美代子作、柚希きひろ絵　講談社　（講談社青い鳥文庫）
【要旨】文化祭の活躍で、ミラミラたち演劇部員は突然、有名人になってしまった。校内で知らない人からも声をかけられるようになって、いたって「フツー」を自認するミラミラはとまどいがち。そんな劇部に蛍と遼子さんというふたりの新入部員が入ってきた！ ヨシノン新部長のもと、県の演劇発表会にむけて再スタートをきった劇部だが、思わぬ敵があらわれる—。小学上級から。
2017.10 231p 18cm ¥620 ①978-4-06-285661-4

◆源氏、絵あわせ、貝あわせ—歴史探偵アン&リック　小森香折作、染谷みのる絵　借成社
【要旨】源氏物語にちなんだ着物イラストを競う絵あわせ大会に出場したアン。歴史好きのリックとともに、数百年前、旧家で消えた貝をさがすことに…。京都を舞台に、お姫さまの宝をさがす「歴史探偵アン&リック」シリーズ第三弾！ 小学校高学年から。
2017 201p B6 ¥900 ①978-4-03-635930-1

◆校内限定彼氏　姫りんご著、堀泉インコイラスト　双葉社（双葉社ジュニア文庫）
【要旨】小田香澄は、クラスメイトの川上由香ちからないじめられる。ある日、香澄は女子から大人気の黒木悠天に呼び出される。何の話かと不安に思っている香澄に、黒木はある提案をもちかける。それは、学校内で黒木の彼女の"ふり"をすれば、香澄をいじめから助けてあげるというものだった。最初はとまどう香澄だったが、時折見せる黒木の優しさに彼女の気持ちは変わっていき—。小学上級・中学から。
2017.3 221p 18cm ¥700 ①978-4-575-24027-6

◆校内限定彼氏　2　姫りんご著、堀泉インコイラスト　双葉社（双葉社ジュニア文庫）
【要旨】小田香澄はいじめから守ってもらうため、黒木悠天を女の子から囲まないようにするため、付き合っているふりをすることになった。しかし、香澄は黒木のことを知っていくうちに、彼を本気で好きになってしまう。洋子と偶然ともに開いた勉強会で香澄と黒木の距離はさらに縮まり—。小学上級・中学から。
2017.7 195p 18cm ¥700 ①978-4-575-24051-1

◆5分でときめき！ 超胸キュンな話　宮下恵茉、みゆ、みずのまい、夜野せせり、針とら作、染川ゆかり、朝吹まり、U35、森乃なっぱ、みもり絵　集英社（集英社みらい文庫）
【要旨】みらい文庫編集部のおすすめ！ 人気作品のスピンオフストーリーが読める！『キミと、いつか。』麻衣が小坂に"恋した瞬間"をえがいた小5時代のエピソード！『通学電車』ハルとユウナが初めて出会った時のエピソード！ クリスマスの奇跡…!?『たったひとつの君との約束』サッカークラブ女子マネージャーの、だれにもないレーの恋。『渚くんをお兄ちゃんとは呼ばない』好きな人はクラスメート兼きょうだい!?ドキドキ初詣デート！『絶冠宝ごっこ』好きな人への贈り物を買い物中、『鬼サンタ』におそわれて…!?小学上級から。
2017.12 189p 18cm ¥640 ①978-4-08-321412-7

◆コンビニ仮面は知っている—探偵チームKZ事件ノート　藤本ひとみ原作、住滝良文、駒形答絵　講談社（講談社青い鳥文庫）
【要旨】コンビニ仮面、それは彩のクラスの女子に付けられたアダ名だった。女子グループ内でランクが低いその少女と接触した彩は、何とか力になりたいと考えるが。一方、KZ会議では、不審な車が議題に上る。一か月以上も同じ場所に停まっているが、車中では男たちがマニキュアを塗っており、その正体を追うKZは、思ってもみなかった大事件に巻きこまれ

る事に！ 小学上級から。
2017.12 245p 18cm ¥680 ①978-4-06-285669-0

◆さいごの夏、きみがいた。—初恋のシーズン　西本紘奈作、ダンミル絵　KADOKAWA
（角川つばさ文庫）
【要旨】幼稚園が同じだった蛍とさくら。小学生になってから距離ができていたけど、今年は席がとなりになった。でも、蛍はもうすぐ転校してしまう。「終業式のあと、2人で会おう」その約束をした待ちあわせ場所で蛍は交通事故にあった。泣きまくるさくらの前に、奇跡のように現れた蛍。「オレのために泣かないで。それより…つきあってくれない？ オレの、さいごの夏休みに」涙が止まらない、最高の初恋ストーリー！ 小学上級から。
2017.8 182p 18cm ¥640 ①978-4-04-631727-8

◆サクラダリセット　上　河野裕原作、川人忠明文、椎名優絵　KADOKAWA　（角川つばさ文庫）
【要旨】ここは、特殊能力を持つ人が集まる街・咲良田。ボクはケイ。記憶を絶対になくさない能力を持っている。時間を巻き戻す「リセット」の力を持つ少女・春埼といっしょに、ある計画を立てたんだ。それは、二年前に亡くなった友達・相麻菫を生き返らせること。仲間たちの能力を組み合わせて救出作戦を進めるけど、一番大切な春埼の能力が奪われてしまって!?青春ミステリー映画のノベライズが、角川つばさ文庫に登場！ 小学上級から。
2017.3 211p 18cm ¥700 ①978-4-04-631687-5

◆サクラダリセット　下　河野裕原作、川人忠明文、椎名優絵　KADOKAWA　（角川つばさ文庫）
【要旨】仲間の能力を集めて、ケイたちは相麻を生き返らせることに成功！ 喜んだのもつかの間、未来を予知できる相麻から、大人たちが「サクラダから能力を消す計画」を企んでいると聞かされて!?大人たちに立ち向かうケイと春埼だけど、計画を防げずに、咲良田から能力が消えていた。しかも、その後の世界では、春埼からケイの記憶がすべてなくなっていて…！大人気実写映画のノベライズ、完結編が登場！ 小学上級から。
2017.4 226p 18cm ¥700 ①978-4-04-631688-2

◆13歳は怖い　池田美代子、辻みゆき、伊藤クミコ、にかいどう青作、高上優里子絵　講談社（講談社青い鳥文庫）
【要旨】『赤い家』と呼ばれる廃墟に潜入した3人組。踏切でイケメンの先輩から声をかけられた女の子。アイドルグループの新メンバーに選ばれた少女。13歳の誕生日に肝試しにさそわれた中1男子。いま、未来を占えるという学園内伝説…。13歳の身にふりかかる世にもおそろしい出来事を描く、恐怖のホラー短編集。怖い話が苦手な人は、ぜったいにページを開かないで。小学上級から。
2017.7 213p 18cm ¥620 ①978-4-06-285636-2

◆小説 DESTINY 鎌倉ものがたり　西岸良平原作、山崎貴監督・脚本・VFX、蒔田陽平ノベライズ　双葉社（双葉社ジュニア文庫）
【要旨】鎌倉に暮らすミステリー作家・一色正和のもとに嫁いできた亜紀子は、その生活に驚くばかり。ここ鎌倉では、人間も幽霊も魔物も神様も仏様もみんな仲良く暮らしているらしい。鎌倉署の捜査にも協力する夫・正和は、小説の仕事に加え、多趣味でもあり忙しい。亜紀子の理想とはちょっと違うが楽しい新婚生活が始まり…!?しかしある日、病に倒れた正和が目を覚ますと、亜紀子の姿が消えていた。夫への愛にあふれた手紙を残して—。小学上級・中学から。
2017.12 186p 18cm ¥700 ①978-4-575-24073-3

◆ジョジョの奇妙な冒険 ダイヤモンドは砕けない　第1章 —映画ノベライズ みらい文庫版　荒木飛呂彦原作、はのまきみ著、江良至脚本　集英社（集英社みらい文庫）
【要旨】"スタンド"と呼ばれる特殊能力を持つ高校生、東方仗助。彼の住む杜王町では、最近、奇妙な変死事件が多発していた。仗助は同じスタンド使いで一連の事件にかかわる凶悪犯・アンジェロを見つけられ、次の標的にされてしまう。仗助に危険を知らせに来た承太郎と共に、アンジェロに立ち向かうが…!?一方、アンジェロの背後では、謎の兄弟がある目的のために動いていた。果たして、仗助と町の運命は一!?小学上級・中学から。
2017.4 186p 18cm ¥700 ①978-4-08-321381-6

◆水族館ガール　2 恋のすれ違いジャンプ
木宮条太郎作、けみ絵　実業之日本社　（実業之日本社ジュニア文庫）

児童文学

絵本・児童書

【要旨】水族館・アクアパークの飼育員の先輩と後輩という立場から恋人の関係になった由香と梶。しかし、梶は関西の老舗水族館で仕事をすることになった。離ればなれの職場でそれぞれが失敗を繰り返す日々。そしてある日、傷を負った野生イルカが海岸に漂着したとの知らせが…女子イルカ飼育員の奮闘と感動のお仕事ノベル。イルカやアシカ、ペンギンたち人気者も登場! 小学上級・中級から。
2017.7 348p 18cm ¥780 ①978-4-408-53709-2

◆絶体絶命ゲーム―1億円争奪サバイバル 藤ダリオ作, さいね絵 KADOKAWA (角川つばさ文庫)
【要旨】春馬は謎めいたゲームへの招待状を手に入れた。最高賞金は1億円。参加条件には(1)金がほしくてたまらないこと(2)親に秘密で外泊できること(3)だれにも言わないこと(4)敗者には命の保証がなくてもかまわないこと…とあった。会場にむかった春馬は、他の参加者とともに閉じこめられた。「あたしは負けないわ!」「絶対に勝つ!」目をぎらつかせる少年少女。勝者はただ1人。春馬はこのサバイバルを生き残れるのか!?小学上級から。
2017.2 238p 18cm ¥660 ①978-4-04-631681-3

◆絶体絶命ゲーム 2 死のタワーからの大脱出 藤ダリオ作, さいね絵 KADOKAWA (角川つばさ文庫)
【要旨】ある秋の日、春馬は遊びにきてた幽霊屋敷から、ふたたび『絶体絶命ゲーム』へ連れてこられてしまう。場所は砂漠の真ん中に建つ謎のタワー。ここから12時間以内に脱出できれば命を助けてやると言われる。タワーのまわりからは火薬のにおいが…まさかここは戦闘地帯!? 激ヤバじゃないか! さらに、前のゲームで最強の敵だったあの少年が「今度こそおまえに勝つ」と立ちふさがって…まずい、今度こそ絶体絶命だ!!小学上級から。
2017.7 239p 18cm ¥660 ①978-4-04-631728-5

◆戦国姫―井伊直虎の物語 藤咲あゆな作, マルイノ絵 集英社 (集英社みらい文庫)
【要旨】徳川四天王の一人、井伊直政、幕末の江戸で大老を務めた井伊直弼。彼らを輩出した歴史ある井伊家は、戦国のある一時期、お家断絶の危機にあった。大大名である今川家に仕えながらも彼らに敵視され、男子は井伊直政の嫡子のみ。その彼も今川から命を狙われ、ただひとりここは姫が家督を継ぐことにするしかない。井伊宗家の姫「祐」は名を「直虎」と改め、女の身で井伊家の当主となる! 小学上級・中学から。
2017.1 205p 18cm ¥680 ①978-4-08-321387-1

◆戦国姫―瀬名姫の物語 藤咲あゆな作, マルイノ絵 集英社 (集英社みらい文庫)
【要旨】徳川家康の元に嫁ぐことになった、今川義元の姪・瀬名。一身一女に恵まれた二人だったが、「桶狭間の戦い」で、家康は瀬名と子どもを置いて今川から離反。姫としての不自由なく暮らしてきた瀬名の日々は急転し、悲劇に向かって突き進む…。今川氏真に嫁いで今川家をもりたてた、「女戦国大名」と呼ばれた寿桂尼。過酷な時代に翻弄された、二人の姫君の物語。対象年令小学上級・中学から。
2017.6 204p 18cm ¥680 ①978-4-08-321378-6

◆戦国姫―松姫の物語 藤咲あゆな作, マルイノ絵 集英社 (集英社みらい文庫)
【要旨】「甲斐の虎」と謳われた名将・武田信玄の五女・松姫は、七歳で織田信長の嫡男・信忠と婚約する。祝言は幼い松姫の成長を待つことになり、二人は手紙のやりとりを重ねてお互いの恋心を育てていくが、松姫が十二歳の時に織田との同盟は破綻し、婚約となってしまう。信忠を一途に慕っていた松姫は味しみに暮れるが、追い討ちをかけるように武田氏の滅亡が迫っていた。小学上級・中学から。
2017.9 205p 18cm ¥680 ①978-4-08-321392-2

◆先生!、、、好きになってもいいですか? 映画ノベライズみらい文庫版 河原和音原作, はのまきみ著, 岡田磨里脚本 集英社 (集英社みらい文庫)
【要旨】島田響は、ちょっぴりマイペースで本当の恋を知らない高校生。そんな響にも、密かに気になる人ができた…相手は口下手だけど生徒思いで、世界史を担当する教師の伊藤貢作。響の純粋すぎる想いは、ゆっくりと伊藤先生の心を動かしていく―。甘くて苦い、温かくて切ない初恋の行方は! 小学上級・中学から。
2017.9 172p 18cm ¥700 ①978-4-08-321394-6

◆先輩の隣 2 はづきりい作, 鳥羽雨イラスト 双葉社 (双葉社ジュニア文庫)

【要旨】私、芹沢繭香の中学に入って最初の夏休みが待っている2学期だけど、私が一番気になるのは "あの人" のこと。それは、保健室で知り合った泉悠史先輩。怖くて優しくて、ちょっとお茶目な先輩に、いつしか私は恋をしてしまったの。でも、泉先輩が好きなのは私だけじゃなくて、友達の亜由美ちゃんも、そして他にも…。"先輩の隣" に行けるのは、誰一? 小学上級・中学から。
2017.3 206p 18cm ¥700 ①978-4-575-24028-3

◆空で出会ったふしぎな人たち 斉藤洋作, 高畠純絵 偕成社
【要旨】さあ、カオスをさがしにいこう! 空飛ぶ玄関マットに乗って出会ったのは、毘沙門天、撃墜王、竜宮の右大将! ふしぎが連鎖する短編集。小学校高学年から。
2017 173p 22×16cm ¥1500 ①978-4-03-727250-0

◆たったひとつの君との約束―はなれていても みずのまい作, U35(うみこ)絵 集英社 (集英社みらい文庫)
【要旨】1年ごしの約束をはたして、ひかりと再会できたみらい。病気で車屋になっていた私を変えてくれたお礼にと、「今度は私が "未来" をあげる」と約束をする。でも、その矢先、ひかりがサッカーの試合でケガをし、入院することに。お見舞いに行った病室にはマネージャーだという女の子がいて…!?2人の距離が、またなれてしまう!?せつなくて泣ける! 超人気恋愛シリーズ第2弾。対象年令小学上級・中学から。
2017.6 189p 18cm ¥640 ①978-4-08-321359-5

◆たったひとつの君との約束―かなしいうそ みずのまい, U35(うみこ)絵 集英社 (集英社みらい文庫)
【要旨】小6のみらいは病気で車屋になっていた時に、サッカー好きの男の子・ひかりに出会い、交通を始めるようになる。ある日、体調をくずし学校を休んでいたみらいが「サッカーをがんばっている」というひかりの明るい手紙を受けとる。ひかりを喜ばせたくない私は「私もスイミングをがんばっている」と、いうその返事を書いてしまう…。だけど、そのうそが、ひかりを傷つけてしまい―? 超人気恋愛シリーズ第3弾! 小学上級・中学から。
2017.6 189p 18cm ¥640 ①978-4-08-321377-9

◆たったひとつの君との約束―キモチ、伝え たいのに みずのまい作, U35絵 集英社 (集英社みらい文庫)
【要旨】小6のみらいは病気でうしろむきになっていた時に、サッカー好きの男の子ひかりに出会い交通を始める。だけどひかりとはちがう学校で、ひかりの学校の学習発表会で衝撃的なものを見てしまったみらい。あせってしまい、ついに告白しようと決心する! ひかり、私のこと、どう思ってるの…? 超人気恋愛シリーズ第4弾。小学上級・中学から。
2017.10 189p 18cm ¥640 ①978-4-08-321399-1

◆探偵・日暮旅人の探し物 山口幸三郎作, 太平洋海絵, 煙楽キャラクターデザイン KADOKAWA (角川つばさ文庫)
【要旨】保育士の山川陽子は、保育園児の百代灯衣を家まで送り届けることになった。たどりついた家は、不思議な建物…!?そこで出会った探偵・日暮旅人は、触覚や嗅覚といった五感のうち、四つの感覚をうしなっていて、たった一つ残った視覚で事件を解決しているという。ある日、遠足で出かけた自然公園で、陽子と園児が行方不明になってしまう。だれも彼女たちを見つけられないなか、旅人が捜索を始めるー。小学上級から。
2017.2 268p 18cm ¥700 ①978-4-04-631697-4

◆通学電車―君と僕の部屋 みらい文庫版 みゆ作, 朝吹まり絵 集英社 (集英社みらい文庫)
【要旨】通学電車で見かける憧れの男の子『ハル』。わかってはいる、名前さえと学年だけ。臆病な私は、彼をこっそり見つめているだけで幸せだったのに…ある朝、目覚めると…えぇ〜!?なんで彼が私の部屋にいるの? しかも、なぜか彼は私の部屋から出られない。これは夢? それとも…!?いちずな気持ちがあふれる、切なくてまぶしい初恋ストーリー! 小学上級・中学から。
2017.4 187p 18cm ¥640 ①978-4-08-321370-0

◆通学電車―何度でも君を好きになる みらい文庫版 みゆ作, 朝吹まり絵 集英社 (集英社みらい文庫)『通学時間―君は僕の傍にいる』修正・改題書

【要旨】転校したばかりの学校で、ミクは雪のようにきれいな男の子ユウと出会った。初めて会ったはずなのに、私、ユウくんを知ってる…? 切なくて、涙があふれそう…この気持ちはなに? 教室でいつもユウを目で追っているミク。なのに、ユウは氷のように冷たくて…。ミクの片想いの行方は! 痛いくらいひたむきな、宿命のラブストーリー! 衝撃のラストに涙が止まらない!!小学上級・中学から。
2017.8 185p 18cm ¥640 ①978-4-08-321391-5

◆通学電車―ずっとずっと君を好き みゆ作, 朝吹まり絵 集英社 (集英社みらい文庫みらい文庫版)
【要旨】彼の笑顔を見るだけで、うれしくて心がぽかぽかになる…。マジメで内気なユキが初めて恋した相手には、もう彼女がいるの。気持ちは止められない。そして、そんなユキをいつも見守っているのは、同じ美術部のコウ。ユキにとっての「真実の恋」の相手は!?それぞれの恋する気持ちが痛いほど切ない、青春ラブストーリー! 小学上級・中学から。
2017.12 183p 18cm ¥640 ①978-4-08-321414-1

◆ドラキュラの町で、二人は 名木田恵子作, 山田デイジー絵 講談社 (講談社青い鳥文庫)
【要旨】わたしは中1の森野しおり。学校の帰り道、かわいい子ネコに、とつぜん、首すじをかまれて。そこにあらわれた転校生の氷月イカルに『『ドラキュ・ララ』にかまれたのだから、ただじゃすまない」と、告げられて。ドラキュ・ララって!?わたしになにが起こっているの? そして、謎につつまれたイカルの正体は? 一冊読み切りのロマンティックホラー登場! 小学上級から。
2017.2 221p 18cm ¥640 ①978-4-06-285605-8

◆龍神王子(ドラゴン・プリンス)! 10 宮下恵茉作, kaya8絵 講談社 (講談社青い鳥文庫)
【要旨】わたし、宝田珠梨は、龍王をめざす王子たちと、"生まれ変わりの泉" をさがしている。クリスマスイブには王子たちがパーティーをしてくれて大感激! 翌日、保育ルームのクリスマス会でヒーローショーをしたらひとりの子になつかれてしまって、その子にあずかることに。ところが、その子にはふしぎな力が!?描いた絵にドキリとさせられたうえ、彼が変わった時、王子たちの心は、バラバラに…!!小学上級から。
2017.8 201p 18cm ¥620 ①978-4-06-285647-8

◆龍神王子(ドラゴン・プリンス)! 11 宮下恵茉作, kaya8絵 講談社 (講談社青い鳥文庫)
【要旨】お正月。王子たちは「初夢」の話で大盛り上がり! でもわたしの初夢は、つらい思い出につながる悪夢だった。夢の中で、顔の見えないだれかが言う。「玉呼びの巫女なんて。」「なに調子にのってんの?」…「そんなこと、言わないで! でも、そもそも、フツーの中学生のわたしが、龍王の代替わりにかかわるなんて、無理があるんだ。もう、「玉呼びの巫女」なんてやめる! 小学上級から。
2017.12 203p 18cm ¥620 ①978-4-06-285671-3

◆トリガール! 中村航作, 菅野マナミ絵 KADOKAWA (角川つばさ文庫) (付属資料:シール)
【要旨】わたし、ゆきな。優しく先輩の圭に誘われて、人の力で空を飛ぶ、人力飛行機を作る部活に入ることに。圭と同じパイロット班になったわたしは、もう一人の先輩、坂場さんに出会うんだけど…こいつが超ムカつくヤツだったの! 「女には無理だ」なんて言われて、だまったままでいられるかっ! 絶対に、坂場をぎゃふんと言わせてやるんだから!!空を飛ぶため、坂場を見返すため、ゆきなの熱い夏がはじまる! 小学上級から。
2017.8 275p 18cm ¥740 ①978-4-04-631736-0

◆トリプル・ゼロの算数事件簿 ファイル5 向井湘吾作, イケダケイスケ絵 ポプラ社 (ポプラポケット文庫)
【要旨】児童会が情報収集のために始めた裏ブログに、反対する生徒たちが出てきた。そこで児童会とトリプル・ゼロは、賛成か反対か、ディベート勝負をすることに。人の心をあやつる天才・副会長の白石大智と、雄天たちはどう戦うのか―!?小学校上級〜。
2017 230p 18cm ¥650 ①978-4-591-15453-3

◆トリプル・ゼロの算数事件簿 ファイル6 向井湘吾作, イケダケイスケ絵 ポプラ社 (ポプラポケット文庫)

◆ナポレオンと名探偵!―タイムスリップ探偵団フランスへ 楠木誠一郎著, たはらひとえ絵 講談社 (講談社青い鳥文庫)
【要旨】英語が苦手な拓哉と充平。成績が悪いのを辞書のせいにするふたりと香里は、書店に行ってタイムスリップ!そこは約200年前のフランス、出会ったのはかの英雄ナポレオン。3人はそこで思いがけないぬれぎぬを着せられてしまい…、困っている人の力になりたい。そう思って返事を書くと、相談の手紙が次々と届いて―!?いったい何が起きている!?今夜、「ナミヤ雑貨店」で奇蹟が起きる!小学上級から。
2017.9 398p 18cm ¥780 ①978-4-04-631744-5

◆ナミヤ雑貨店の奇蹟 東野圭吾作, よん絵 KADOKAWA (角川つばさ文庫)
【要旨】幼なじみの三人組, 敦也・翔太・幸平は、いまは営業していない「ナミヤ雑貨店」に逃げこんだ。そこで受けとった、見知らぬ人からの一通の手紙。なんとそれは、30年以上むかしの人からのお悩み相談だった!わけがわからないけれど、困っている人の力になりたい。そう思って返事を書くと、相談の手紙が次々と届いて―!?いったい何が起きている!?今夜、「ナミヤ雑貨店」で奇蹟が起きる!小学上級から。
2017.9 398p 18cm ¥780 ①978-4-04-631744-5

◆2年A組探偵局―ぼくらの都市伝説 宗田理作, YUME絵, はしもとしんキャラクターデザイン KADOKAWA (角川つばさ文庫)
【要旨】幽霊はいると思う?2A探偵局の有斉は非科学的なことを信じない。ところが、広樹から奇妙な事件の依頼がきた。それは、広樹という少年が転校してきて、不思議な出来事がつづき、悪ガキの妹が人さらいにあったという!さらに、「学校は炎上し、教師が死ぬ」と、脅迫状が校長に届いた。悪霊があらわれて、学校は大混乱。2A&ぼくらが全員集合、都市伝説を解決する!つばさ文庫書きおろし!!小学上級から。
2017.8 231p 18cm ¥680 ①978-4-04-631675-2

◆ノベライズ 夕凪の街 桜の国 こうの史代原作・イラスト, 蒔田陽平ノベライズ 双葉社 (双葉社ジュニア文庫)
【要旨】昭和30年の広島から、数十年後の東京へ―時代を超えてつながる大切な家族の物語。こうの史代の感動名作コミック完全ノベライズ!!小学上級から。
2017.7 148p 18cm ¥600 ①978-4-575-24046-7

◆はいからさんが通る 上 大和和紀原作・絵, 時海結以文 講談社 (講談社青い鳥文庫)
【要旨】時は大正時代。花村紅緒は、明るく元気いっぱいな17歳。ある日、伊集院少尉という「婚約者」があらわれた。祖父母の代に決められた結婚と聞き、紅緒は大反発!でも、よく笑い、おおらかな少尉に、しだいにひかれていく。ところが、紅緒がおこした騒動がもとで、少尉はシベリアの戦地に送られてしまい…。運命の恋のゆくえは?ラブコメコミックスの名作を、ノベライズ!小学上級から。
2017.9 278p 18cm ¥700 ①978-4-06-285654-6

◆はいからさんが通る 下 大和和紀原作・絵, 時海結以文 講談社 (講談社青い鳥文庫)
【要旨】少尉の死を知った紅緒は、悲しみをささえるため、雑誌記者になる。やとい主で女ぎらいの編集長・青江冬星は紅緒に思いをよせるようになる。一方、ロシアから妻と亡命してきた貴族を取材にいった紅緒は、はげしく動揺する。その貴族は、少尉にそっくりだったのだ!しかも、再会した鬼島は、何かを知っていて―。それぞれの思いがぶつかりあう、感動のクライマックス!大人気マンガをノベライズ!小学上級から。
2017.10 299p 18cm ¥700 ①978-4-06-285660-7

◆墓場の目撃者 日本児童文学者協会編, 黒須高嶺絵 偕成社 (古典から生まれた新しい物語 冒険の話)
【要旨】この本に収められている四つの作品は、"古典"とよばれる古今東西の物語にヒントを得て書かれています。この巻では、冒険をテーマにした話を収録しました。それぞれの作品の最後に、作者からのメッセージがあります。また、巻末には、その古典へと導く読書案内もつけま

した。時の流れにのせて、新しいストーリーから、いにしえの物語が息づきます。小学校高学年から。
2017 121p 20×14cm ¥1200 ①978-4-03-539620-8

◆走れメロス―太宰治短編集 太宰治作, 西加奈子絵, 浅見よう絵 講談社 (講談社青い鳥文庫)
【要旨】暴君を殺そうとして死刑を言いわたされたメロスは、たったひとりの妹の結婚式に出るために、親友のセリヌンティウスに身がわりになってもらう。「3日以内に戻ってくる。」という約束のもと、40キロはなれた家へ向かったのだが、ふたたび戻るべく走るメロスの前に、次々と苦難がおそいかかる―。表題作をはじめ「ろまん燈籠」「葉桜と魔笛」など名作7編を収録。小学上級から。
2017.2 249p 18cm ¥650 ①978-4-06-285609-6

◆パズドラクロス 1 諸星崇於, ガンホー・オンライン・エンターテイメント, パズドラクロスプロジェクト2017・テレビ東京原作 双葉社 (双葉社ジュニア文庫)
【要旨】ビエナシティに住む12歳の少年・エースは、海岸で☆マークのついた謎のタマゴを見つけた晩、突如発生したドロップ・インパクトに巻き込まれてしまう。目の前で ギルド龍喚士のランスがカオスデビルドラゴンと戦う姿に圧倒される中、エースは、タマゴからの謎の言葉に導かれドロップを手に取り、ランスの戦いを助けることに…。大人気アニメ『パズドラクロス』待望のノベライズ版!!小学上級・中学から。
2017.4 241p 18cm ¥630 ①978-4-575-24032-0

◆パズドラクロス 2 諸星崇於, ガンホー・オンライン・エンターテイメント, パズドラクロスプロジェクト2017・テレビ東京原作 双葉社 (双葉社ジュニア文庫)
【要旨】ギルド龍喚士になったエース、チャロ、タイガーの3人は、最強の龍喚士を決める『バトルカップ』での優勝を目指し修行にはげむ。タイガーとチャロの最初の課題は、ソウルアーマーに出会えるのか?エースは恐ろしい力を持った敵と出会い、敗北。強くなりたいと願ったエースは、"神"と呼ばれるモンスター「ホルス」に会うため旅に出るのだが…。小学上級・中学から。
2017.7 270p 18cm ¥730 ①978-4-575-24047-4

◆はっけよい!雷電 吉橋通夫著 講談社 (文学の扉)
【要旨】さあきみも、すてきな出会いが待っている江戸時代にタイムスリップ!見合って見合って…。小学生から読める痛快すもう時代小説。
2017.3 251p B6 ¥1400 ①978-4-06-283243-4

◆花里小吹奏楽部キミとボクの協奏曲(コンチェルト) 夕貴そら作, 和泉みお絵 ポプラ社 (ポプラポケット文庫)
【要旨】新学期を迎え、六年生になった怜奈。朝、学校に行くとクラス発表されていた。仲良しの真央と美羽とは別のクラスになってしまったが、省吾とは同じクラスに。新生・吹奏部では四年生になったばかりの入部希望者が集合していた。そのなかのひとりにより、思いがけない事件が起こることに。そして、省吾に誘われ、怜奈は初めてのデート(?)に行く…。小学校上級~。
2017 191p 18cm ¥650 ①978-4-591-15523-3

◆花里小吹奏楽部 キミとボクの幻想曲(ファンタジア) 夕貴そら作, 和泉みお絵 ポプラ社 (ポプラポケット文庫)
【要旨】三学期。吹奏楽部では、六年生を送る会と卒業式での演奏に向けて練習が始まっていた。と同時に新たな部長選をする時期でもあって、新年度を前に部員たちはさまざまな思いを胸に抱えていた。六年生になるとクラス替えもあり、怜奈も、胸の奥のどこかをのぞきこんでいた…。小学校上級~。
2017 208p 18cm ¥650 ①978-4-591-15398-7

◆青(ハル)がやってきた まほろ三桃作, 田中寛崇絵 偕成社 (偕成社ノベルフリーク)
【要旨】「おれの名前はスズキハルなのである。青空の春の日に生まれたのだ」サーカスとともにやってくる、かたやぶりな転校生があなたに魔法をかけるかも!?鹿児島、福岡、山口、大阪、千葉をめぐる「ご当地」連作短編集。小学校高学年から。
2017 212p B6 ¥900 ①978-4-03-649050-9

◆ハルチカ―退出ゲーム 初野晴作, 鳥羽雨絵 KADOKAWA (角川つばさ文庫)

【要旨】わたしは穂村千夏。恋多き乙女。ごめんなさい。うそです。恋なんてしてません…。フルートを買ってもらったわたしは、幼なじみのホルン奏者のハルタと、部員三名で廃部寸前の吹奏楽部に入部した!全国大会出場を夢見て、やさしい草壁先生と、努力を惜しまない毎日です。ところが、文化祭を前に常備薬の盗難事件が起きたり、演劇部と対決することになったり…!?音楽&恋愛&ミステリーの大ヒット小説!!小学上級から。
2017.1 222p 18cm ¥660 ①978-4-04-631679-0

◆ハルチカ―初恋ソムリエ 初野晴作, 鳥羽雨絵 KADOKAWA (角川つばさ文庫)
【要旨】わたしは片想い中のチカ。廃部寸前だった吹奏楽部を、幼なじみのハルタと立直してます!ところが、おかしな事件がつぎつぎ発生!!初恋を鑑定する「初恋研究会」という文化部の活動に巻きこまれちゃった!音楽エリート・芹澤さんのおばさんの初恋を鑑定することになり、そこには、大きな事件が秘められていて…!?全部で3つの短編を収録!音楽&恋愛&ミステリーの大ヒット小説『ハルチカ』の第2巻!小学上級から。
2017.12 239p 18cm ¥680 ①978-4-04-631733-9

◆ビブリア古書堂の事件手帖 2 栞子さんと謎めく日常 三上延作, 越島はぐ絵 KADOKAWA (角川つばさ文庫)
【要旨】鎌倉の片すみにひっそりとたたずむビブリア古書堂。そこの店主・栞子が帰ってきた。大輔はそこでアルバイトとして働き、まったく知識のない本を前に、苦しみながらも一生懸命している。そんな古書堂に持ち込まれた、中学1年生の書いた読書感想文の謎や、100万円以上の価値があるマンガ本について話す男性など、栞子は本にかかわる人の秘密を解き明かしていく。そして、大輔の恋人も現れて…!?小学上級から。
2017.5 268p 18cm ¥740 ①978-4-04-631698-1

◆ひるなかの流星―映画ノベライズみらい文庫版 はのまきみ著, やまもり三星原作 集英社 (集英社みらい文庫)
【要旨】いなかからひとりで上京してきた女子高生「与謝野すずめ」は、すこし変わり者。そんなすずめは、ピンチから救ってくれた教師「獅子尾」を好きになってしまう。先生の気持ちがわからず、ドキドキするすずめ。そのいっぽう、クラスメイトの馬村がいきなりキスしてきて、せつない三角関係になってしまって―!?小学上級・中学から。
2017.2 181p 18cm ¥700 ①978-4-08-321361-8

◆ひるなかの流星―まんがノベライズ特別編 馬村の気持ち はのまきみ作, やまもり三香原作・絵 集英社 (集英社みらい文庫)
【要旨】女子が苦手な男子高校生「馬村」は、東京に上京してきた「与謝野すずめ」と出会う。型破りなすずめに影響されて、少しずつすずめにひかれていく馬村。しかし、すずめの好きな人は分ではなく、担任の教師の「獅子尾」である。そう気づきながらも、馬村はまっすぐに自分の気持ちをすずめに伝えて…?『ひるなかの流星』のキャラクター馬村の、一途な片想いを描く原作まんがノベライズ。小学上級・中学から。
2017.3 199p 18cm ¥700 ①978-4-08-321362-5

◆封魔鬼譚 1 尸解(しかい) 渡辺仙州作, 佐竹美保絵 偕成社
【要旨】記憶力はいいが、何事にも自信のない少年・李斗が、怪事件に巻きこまれ、自分自身をさがしもとめることになる。"封魔"とはなにか?北宋時代のチャイニーズホラーファンタジー、封魔鬼譚三部作。小学校高学年から。
2017 189p B6 ¥1200 ①978-4-03-744840-0

◆封魔鬼譚 2 太歳 渡辺仙州作, 佐竹美保絵 偕成社
【要旨】封魔でありながら白鶴観の見習い道士となった李斗は先輩の少女道士・花蕾と福州で起こった連続殺人事件にいどむことに。李斗は美しい少女とであう…北宋時代の中国を舞台にしたホラーファンタジー、第二弾は、李斗の初恋を描く。小学校高学年から。
2017 229p B6 ¥1200 ①978-4-03-744850-9

◆封魔鬼譚 3 渾沌 渡辺仙州作, 佐竹美保絵 偕成社
【要旨】泉州から蘇州へ向かう乗合馬車に同乗した九人の客と御者と用心棒。十一人は、とある村にたどりつき、宿をとる。乗客の中には、妖魔ハンターからの追跡を逃れた封魔の楊月が

児童文学

まぎれこんでいた…北宋時代の中国を舞台にしたホラーファンタジー封魔鬼譚第三弾は、楊月の活躍を描く。小学校高学年から。
2017 229p B6 ¥1200 ①978-4-03-744860-8

◆ぼくらの消えた学校 宗田理作, YUME絵, はしもとしんキャラクターデザイン KADOKAWA （角川つばさ文庫）
【要旨】英治と相原は、山奥の学校で、楽しそうに遊ぶ生徒に出会うが、生徒も校舎もあとかたもなく消えてしまった!?その後、谷本から、それはVR（仮想現実）かもしれないと言われ、ぼくらは捜査を開始。6人の子どもが誘拐されていた。そして、記憶を消されてハッカーに…!?国際的犯罪組織から、子どもたちを救うだけ！つばさ文庫書きおろし、ぼくらシリーズ第21弾！ 小学上級から。
2017.12 226p 18cm ¥640 ①978-4-04-631734-6

◆ぼくらのハイジャック戦争 宗田理作, YUME絵, はしもとしんキャラクターデザイン KADOKAWA （角川つばさ文庫）
【要旨】中3の冬、ぼくらはスキー旅行に北海道へ行くことに！ところが、東京への帰りに、銃と爆薬を持った男たちがあらわれ、飛行機がハイジャックされてしまった！犯人は乗客一人につき一千万円の身代金を要求してきた。政府も警察も大パニック!?ぼくらは知恵と勇気で、凶悪ハイジャック犯と戦う！つばさ文庫書きおろし、ぼくらシリーズ第20弾！ 小学上級から。
2017.4 208p 18cm ¥620 ①978-4-04-631676-9

◆ぼくらのロストワールド 宗田理著 ポプラ社 （「ぼくら」シリーズ 24）
【要旨】安永の妹と、純子の弟がいる中学校に、「修学旅行をやめないと自殺する」という脅迫電話がかかってきた。犯人探しのためにクラスの意見を聞くと、「面See白くないから修学旅行に行きたくない」という生徒が3分の1ほどもいるという。驚いたぼくらは、なんとかしたいと思うが…。
2017 325p 20×13cm ¥1200 ①978-4-591-15502-8

◆ほしのこえ 新海誠原作, 大場惑文, ちーこ絵 KADOKAWA （角川つばさ文庫）
【要旨】中学生のノボルとミカコは、仲のよいクラスメイト。3年生の夏、ミカコは学校にこなくなった。国連宇宙軍選抜メンバーに選ばれ、宇宙へと旅立ってしまったのだ。離ればなれのふたりをつなぐのは、ケータイのメールだけ。だけどミカコが乗った宇宙船が地球から離れるたび、メールが届くのに時間がかかるようになって!?『君の名は。』の新海誠監督の商業デビュー作『ほしのこえ』を小説化！ 小学上級から。
2017.5 204p 18cm ¥680 ①978-4-04-631708-7

◆坊っちゃん 夏目漱石作, 竹中はる美編, 日本アニメーション絵 小学館 （小学館ジュニア文庫）
【要旨】不公平なことやずるいことは大きらい！体は小さいけど、思いきりがよくて、大胆。正義感のまっすぐな坊っちゃんは、生まれ育った東京をはなれ、四国の中学で数学を教えることになりました。そこで出会ったのは、"くせ者"ぞろいの教師たち。校長先生には「狸」、教頭先生には「赤シャツ」、そのほか「山嵐」、「うらなり」「野だいこ」…とあだ名をつけて、生徒たちのいがみあいともたたかいながら、江戸っ子の坊っちゃんは、さて、どんな大騒動を巻き起こすのでしょうか。高学年から。
2017.3 286p 18cm ¥750 ①978-4-09-231156-5

◆まっすぐな地平線 森島いずみ著 偕成社
【要旨】カメラマンの父親の取材に同行した悠介は、北京で明明という中国人のおばさんと知り合う。三年後、その明明が、日本にやってきた。まっすぐな性格の明明に振りまわされる悠介。だが、明明には、心に秘めた過去があった。第15回小川未明文学賞優秀賞「ニイハオ！ミンミン」を加筆修正。小学校高学年から。
2017 140p B6 ¥1200 ①978-4-03-727260-9

◆まぼろしの怪談 わたしの本 緑川聖司作, 竹岡美穂絵 ポプラ社 （ポプラポケット文庫）
【要旨】ひそかに作家にあこがれていたわたしは、友人にすすめられて物語を書きはじめた。ぐうぜん手にした新しいノートに文章を書き連ねていくと、なぜか書いたことが現実になって…。数年後、大学生になったわたしにも呪いがふりかかる…ダブルで怖い怪談集！ 小学校上級～。
2017 202p 18cm ¥650 ①978-4-591-15653-7

◆まま父ロック 山中恒作, コザクラモモ絵 ポプラ社 （ポプラポケット文庫）
【要旨】ある日ママが、物書きやさんこと、雪影静夫先生のマネージャーになった！同時に雪影先生は、我が家の隣に引っ越してきて…。小学校上級。
2017 284p 18cm ¥650 ①978-4-591-15596-7

◆迷い家 日本児童文学者協会編, 平尾直子絵 偕成社 （古典から生まれた新しい物語 ふしぎな話）
【要旨】この本に収められている四つの作品は、"古典"とよばれる古今東西の物語にヒントを得て書かれています。この巻では、ふしぎな話、ファンタジックな話を収録しました。それぞれの作品の最後に、作者からのメッセージがあります。また、巻末には、その古典へと導く読書案内もつけました。時の流れにのせて、新しいストーリーから、いにしえの物語が息づきます。小学校高学年から。
2017 115p 20×14cm ¥1200 ①978-4-03-539650-5

◆耳あり呆一 日本児童文学者協会編, 山本重也絵 偕成社 （古典から生まれた新しい物語 おもしろい話）
【要旨】"古典"とよばれる古今東西の物語にヒントを得て書かれた、おもしろい、ユニークな話を収録。それぞれの作品の最後に作者からのメッセージ、巻末には、その古典へと導く読書案内つき。小学校高学年から。
2017 127p B6 ¥1200 ①978-4-03-539630-7

◆胸キュンスカッと ノベライズ―ありのままの君が好き 痛快TVスカッとジャパン原作, 百瀬しのぶ著, たら実絵 集英社 （集英社みらい文庫）
【要旨】高校一年生の藤原美里は、電車通学をはじめて早半年。読書が趣味でおとなしい性格の美里は、キラキラ輝く恋なんて自分には全く関係の無いことだと思っていた―。ある日美里は、いつも同じ時間の電車に乗り、自分と同じように本を読んでいる吉賀智と、偶然保健室で出会う。そして少しずつ仲よくなっていくけれど？憧れの学園ライフがたっぷりつまった、青春ラブストーリーを5編収録!!小学上級・中学から。
2017.9 184p 18cm ¥700 ①978-4-08-321397-7

◆村木ツトム その愛と友情 福井智代作, 森英二郎絵 偕成社
【要旨】「五秒だけ、彼になって」クラスのマドンナ、マリにそう話しかけられたのは村木ツトム。「わたし、村木くんがいいの！」ツトムの心は千々に乱れる…。脱力系の中学生、村木ツトムの青春。
2017 133p B6 ¥1200 ①978-4-03-727270-8

◆モンスターストライク―疾風迅雷 ファルコンズ誕生!! XFLAGスタジオ原作, 高瀬美恵作, オズノユミ絵 KADOKAWA （角川つばさ文庫）
【要旨】学校のみんなが楽しんでいるゲーム「モンスターストライク」。しかし、ユウキは「願掛け」でモンストをやめていた。モンスト好きの転校生トオルの誘いもユウキは断る。そんなある日、トオルが中学生・倉田にスマホを奪われて!?取り返すには、モンストスタジアムで勝たなければならない。ユウキはひそかにモンストを起動し、友だちのミライ・リュウとチームを結成!!頭脳、センス、潜在能力を開花させ、バトルに挑め!!小学上級から。
2017.12 221p 18cm ¥700 ①978-4-04-631745-2

◆モンスターストライク アニメスペシャル ノベライズ―君を忘れない XFLAGスタジオ原作, 相羽鈴作, 加藤陽一, 後藤みどり脚本 集英社 （集英社みらい文庫）
【要旨】マーメイド・ラブソディ 夏休み中のモンたちは、アメリカの軍の式典に呼ばれている皆実の父について沖縄へ行くことに。やってきた真夏の砂浜で、レンは謎の少女と出会う。「助けて…」そう言い残し、消えた少女を救うためレンが沖縄を駆ける―!!レイン・オブ・メモリーズ 『モンストアニメ』1話目から1年前の明と春馬のサイドストーリーも読める！ 小学上級・中学から。
2017.12 184p 18cm ¥700 ①978-4-08-321415-8

◆モンスターハンタークロス ニャンターライフ―ライゼクス襲来！ 相坂ゆうひ作, 太平洋海絵 KADOKAWA （角川つばさ文庫）（付属資料：シール1）
【要旨】「どんなニャンターになりたいか」「なにを目標にするのか」…人生を左右するようなテーマに悩むニャンター・ジンは、今日も

の答えを探してクエストへ。森丘でヤシロウと一緒に竜の卵を運搬している最中で、電竜ライゼクスに遭遇してしまって大ピンチ！果たしてジンは無事にクエストを終えて、答えを見つけることができるのか…!?大ヒットゲーム「モンスターハンタークロス」のオリジナル小説版!!小学上級から。
2017.6 194p 18cm ¥680 ①978-4-04-631715-5

◆モンスターハンタークロス ニャンターライフ―氷雪の巨獣ガムート！ 相坂ゆうひ作, 太平洋海絵 KADOKAWA （角川つばさ文庫）
【要旨】上位ハンターとして認められるにはどうすればいいかを熱心に研究している熱血初心者・コスモと出会ったニャンターのジン。コスモと意気投合して、「もっと強くなりたい！」と意欲に燃えるジンが目指すのは、もちろん上位ニャンター!!目標達成のために、ジンとコスモは巨獣ガムートに挑む!!しかし、それは採集専門ハンターのヤシロウとの別れを意味するものでもあって…。果たして、ガムート狩猟の結末は!?
2017.11 198p 18cm ¥700 ①978-4-04-631754-4

◆妖怪アパートの幽雅な日常 香月日輪作, 深山和香絵 講談社 （講談社青い鳥文庫）
【要旨】中1のとき交通事故で両親を亡くし、おじさんの家に引き取られた夕士。高校入学後は自由な寮生活を待ち望んでいたのに寮が火事に。かわりに入居したアパートは格安物件で、大家さんは黒坊主で、まかないさんは手だけの幽霊…。でも人間と人間以外のモノたちが一緒に暮らして、それは採集専門ハンターの、とびきり楽しい場所だった！中高生に大人気の小説が「青い鳥文庫」に登場！ 小学校上級から。
2017.6 253p 18cm ¥700 ①978-4-06-285634-8

◆世にも奇妙な物語―ドラマノベライズ終わらない悪夢編 水田静子著, 上地優歩絵, 深谷仁一, 中村樹基, 大野敏哉, 長江俊和脚本 集英社 （集英社みらい文庫）
【要旨】奇妙でゾクゾクッとする4編を収録！「ひより」の姉は3ヶ月まえに亡くなった。ある日両親が、その姉の死者同士のお見合いをしようと。「異様なふんいきのなか、とりおこなわれるお見合い。しかしお見合い相手の死者の男に、ひよりが気に入られてしまい…？怖いだけじゃない、大人気テレビ番組「世にも奇妙な物語」のストーリーが登場！ 小学上級・中学から。
2017.9 185p 18cm ¥700 ①978-4-08-321396-0

◆夜は短し歩けよ乙女 森見登美彦作, ぷーた絵 KADOKAWA （角川つばさ文庫）
【要旨】クラブの後輩の女の子を「黒髪の乙女」とよんで、ひそかに片思いしてる「先輩」。なんとかお近づきになろうと今日も「なるべく彼女の目にとまる」ナカメ作戦として乙女が行きそうな場所をウロウロしなければ…。行く先々でヘンテコな人たちがひきおこす事件にまきこまれ、ぜんぜん前にすすめず…。この恋、いったいどうなるの!?天然すぎる乙女と空まわりしまくりな先輩の予測不能な初恋ファンタジー！ 小学上級から。
2017.4 317p 18cm ¥760 ①978-4-04-631704-9

◆よみがえる怪談 灰色の本 緑川聖司作, 竹岡美穂絵 ポプラ社 （ポプラポケット文庫）
【要旨】お墓の前に忘れられていた一冊の本。「灰色の本」と題されたその本を手にとったときから、彼女は怪談の世界にまきこまれていく―。「この世」と「あの世」のはざまにとどまっている人は、灰色の存在になるらしい。ほら、あなたのそばにも灰色の人が…！ 小学校上級～。
2017 220p 18cm ¥650 ①978-4-591-15507-3

◆0点天使―シンデレラとクモの糸 麻生かづこ作, 玖珂つかさ絵 ポプラ社 （ポプラポケット文庫）
【要旨】学芸発表会の「シンデレラ」の配役を決めることになり、シンデレラには花音、王子様に星実、魔法使いに美花、いじわるな姉さんに荒木さんが決まった。そんな中、なぜか花音と美花の周囲で物が落ちてくるなど、あぶない出来事が多発する。同時に、荒木さんの様子がおかしくなり…。またまた天使をねらう悪魔のしわざなのか!?小学校上級～。
2017 183p 18cm ¥650 ①978-4-591-15303-1

◆0点天使―あたしが"あたし"になったワケ!? 麻生かづこ作, 玖珂つかさ絵 ポプラ社 （ポプラポケット文庫）
【要旨】夏、白羽小学校では五年生が毎年恒例の臨海学校に出発。体育は好きだけど、泳ぐのは苦手なみかりんは、少々ブルーな気分!?でも、海辺の観察や漁のお手伝いで、徐々に楽しくなってきたみかりん。そんな中、花音とふたりで泳

◆レオナルドの扉　1　真保裕一作, しゅー絵　KADOKAWA　（角川つばさ文庫）
【要旨】ぼくはジャン。今いちばん夢中になっているのは、空を飛ぶ乗りものを発明すること！天才発明家レオナルド・ダ・ヴィンチがあこがれの存在なんだ。—だけどまさか、自分が彼の子孫なんて!?そのレオナルドの秘密のノートが、戦争に悪用しようとたくらむ人たちが、ぼくに襲いかかってきた！そんなの、絶対に許さない。ノートを手に入れるのはこのぼくだ！小学上級から。
2017.11 222p 18cm ¥700 ①978-4-04-631749-0

◆吾輩は猫である　上　夏目漱石作, 佐野洋子絵　講談社（講談社青い鳥文庫）新装版
【要旨】1匹の猫が中学の英語教師、珍野苦沙弥先生の家に入り込んで、飼われることに。先生の家には、美学者の迷亭、教え子で理学者の寒月、哲学者の独仙、詩人の東風など、風変わりな文化人たちがやってきては、他愛ないおしゃべりをしています。猫は、そんな客人たちや家族を観察しては言いたい放題—。ユーモアの中に、人間の本質を描いた漱石のデビュー作。小学上級から。
2017.7 397p 18cm ¥740 ①978-4-06-285621-8

◆吾輩は猫である　下　夏目漱石作, 佐野洋子絵　講談社（講談社青い鳥文庫）新装版
【要旨】中学の英語教師、珍野苦沙弥先生の家に飼われることになった猫は、苦沙弥先生の家族や、家にやってくる友人たちに起こるいろいろなことを観察しては、語ります。近所の金田というお金持ちの女性が、寒月を自分の娘・富子と結婚させたいと、策をめぐらしましたが、はたしてそのなりゆきは…。雑誌「ホトトギス」に連載された人気長編小説、いよいよ後半です。小学上級から。
2017.7 381p 18cm ¥740 ①978-4-06-285622-5

世界の児童文学

◆赤毛のゾラ　上　クルト・ヘルト作, 酒寄進一訳, 西村ツチカ画　福音館書店（福音館文庫）
【要旨】一九四〇年ごろ、クロアチアの港町セニュ。町に住む少年ブランコは、母親を亡くし、天涯孤独の身となる。ゆく当てもなく途方に暮れ、空腹に耐えかねたブランコは、落ちていた魚を拾ったために捕まり、投獄されてしまう。一部始終を見ていた赤毛の少女ゾラは、仲間のみなしごたちとともにブランコを牢獄から救い出す。「長くつ下のピッピ」のモデルとされ、ヨーロッパの少年少女に愛されてきた冒険物語。
2016.11 298p 17×13cm ¥700 ①978-4-8340-8306-4

◆赤毛のゾラ　下　クルト・ヘルト作, 酒寄進一訳, 西村ツチカ画　福音館書店（福音館文庫）
【要旨】赤毛の少女ゾラと仲間のみなしごたちは、牢獄から助け出され、「ウスコックの戦士」と名乗る彼らの仲間入りをしたブランコ。彼らは、古城「ネハイ城」をねぐらに、食べるためには盗みも辞さず、ごろつきとさげすまされながらも、力強くしたたかに生きていた。そんなある日、ある事件をきっかけに市長や警察から追われることになる。その一方で、彼らを対等な人間として扱う大人たちも…。
2016.11 389p 17×13cm ¥800 ①978-4-8340-8307-1

◆あたしのクオレ　上　ビアンカ・ピッツォルノ作, 関口英子訳　岩波書店（岩波少年文庫）
【要旨】プリスカ、エリザ、ロザルバのなかよし3人組のクラスに、きびきびしい先生がやってきます。正義感の強いプリスカは、怒りのあまり心臓がドキドキ、いまにも破裂しそうです。イタリアの子どもたちを夢中にさせたゆかいな学園物語。小学5・6年以上。
2017.2 301p 18×13cm ¥720 ①978-4-00-114237-2

◆あたしのクオレ　下　ビアンカ・ピッツォルノ作, 関口英子訳　岩波書店（岩波少年文庫）
【要旨】先生のえこひいきはエスカレートするばかり。おまけにクラスは、受験ムード一色になって、気をつくこともできません。でも、プリスカたちはひるまず、あの手この手で先生に戦いを挑みます。カメのディノザウラの大活躍で…。小学5・6年以上。
2017.2 350p 18×13cm ¥760 ①978-4-00-114238-9

◆アーチー・グリーンと錬金術師の呪い　D.D.エヴェレスト著, こだまともこ訳　あすなろ書房
【要旨】魔法界最大のイベント「国際魔法ブックフェア」開催！その、はなやかな催しの裏で、"食らう者"たちは、さらに勢力をのばし、"関所の壁"も、ゆらぎはじめる。そして、アーチーには不吉な予言が…！ボドリアン図書館を舞台にくりひろげられる暗黒の魔法をめぐる攻防、第2巻！
2017.1 447p 22×15cm ¥2200 ①978-4-7515-2866-2

◆アラスカを追いかけて　ジョン・グリーン作, 金原瑞人訳　岩波書店（STAMP BOOKS）
【要旨】アラバマの高校に転入したマイルズは新しい環境で寮生活をはじめる。タフでめぐしい日々がはじまり、マイルズはカリスマ的な魅力をもつ同級生の女の子、アラスカに惹かれていく…。ピュアで切ない、ベストセラー作家ジョン・グリーンのデビュー作。
2017.1 305p B6 ¥1800 ①978-4-00-116414-5

◆アルバートさんと赤ちゃんアザラシ　ジュディス・カー作・絵, 三原泉訳　徳間書店
【要旨】ある日、アルバートさんは、海で、野生のアザラシの親子にあいました。お母さんにお乳をもらう、かわいい赤ちゃんアザラシ。ところが、母親アザラシは、死んでしまいました。母親をうしなった赤ちゃんアザラシを、助けたいと思ったアルバートさんは…？父親の実話をもとに、九十歳をこえたジュディス・カーが、ねがいをこめて描いた感動の物語。小学校低・中学年〜。
2017.5 142p 22×16cm ¥1400 ①978-4-19-864409-3

◆アントマン　アレックス・アーヴァインノベル, ペイトン・リード監督, 上杉隼人, 森本ひろこ訳　講談社
【要旨】スコット・ラングは窃盗の罪で服役後、更生を誓い、再出発する。しかし世間の風は冷たく、仕事も家庭も失い、娘の養育費も支払えない…まさに人生崖っぷちの男だった。そんな彼に舞い込んできた仕事は、アリのサイズまで小さくなれる特殊スーツを着用し、"アントマン"となって、身体縮小技術の軍事利用計画を阻止することであった。最愛の娘のためにアントマンになる決意をしたスコットは、本当のヒーローになって世界の危機を救えるだろうか？失敗続きの男の挑戦がいま始まる！小学校中級から
2017.5 319p 18cm ¥750 ①978-4-09-231163-3

◆イザドラ・ムーン—お誕生日会をひらく！ハリエット・マンカスター著, 井上里訳　静山社（バンパイア・フェアリー 3）
【要旨】妖精のママと、バンパイアのパパをもつイザドラは、はんぶん妖精、はんぶんバンパイア。イザドラは、人間のお誕生日会にいくのがすきでした。つぎは、とうとう、自分のパーティーをひらいてもらう番です！でも、ママとパパが計画してくれたお誕生日会は、なんだか、ちょっとようすがちがい…。
2017.2 113p B6 ¥1200 ①978-4-86389-375-7

◆イザドラ・ムーン—バレエにいく！ハリエット・マンカスター著, 井上里訳　静山社（バンパイア・フェアリー 4）
【要旨】妖精のママと、バンパイアのパパをもつイザドラは、はんぶん妖精、はんぶんバンパイア。イザドラがだいすきな、黒いチュチュを着ると、とってもしあわせな気持ちになります。ピンクラビットや、発表会ごっこをしています。そしていよいよ、ほんものの劇場にバレエにいく日がやってきました…。イギリスからやってきた大人気キャラクター！シリーズ第4弾!!
2017.6 113p B6 ¥1200 ①978-4-86389-384-9

◆犬とおばあさんのちえくらべ—動物たちの9つのお話　アニー・M.G.シュミット作, 西村由美訳, たちもとみちこ絵　徳間書店
【要旨】『イップとヤネケ』などで知られるオランダの国民的作家が書いたおとぎ話のなかから、動物たちが登場する九話をあつめました。表題作のほか、女の子が、名前をなくしてしまったウサギとチェスをしつづけるはなしや、しっぽが二本あり、ジャガイモばかりを食べるふしぎな動物の話「しっぽが二本あるマルマドット」などを収録。国際アンデルセン賞受賞作家による、動物たちのゆかいなお話！小学校低・中学年〜。
2017.3 148p A5 ¥1400 ①978-4-19-864341-6

◆ウィル・グレイソン, ウィル・グレイソン　ジョン・グリーン, デイヴィッド・レヴィサン作, 金原瑞人, 井上里訳　岩波書店（STAMP BOOKS）
【要旨】シカゴの街角で、同じ名前をもつ二人の少年が奇跡的に出会う。一人は打ちひしがれたゲイの少年、一人は平凡なヘテロセクシャルな高校生。偶然の出会いがさらなる出会いを呼んで、巻き起こるいくつもの愛の物語。米国の人気YA作家二人による共作。
2017.3 329p A5 ¥1900 ①978-4-00-116415-2

◆ウォーリアーズ4　3　夜のささやき　エリン・ハンター作, 高林由香子訳　小峰書店
【要旨】とくべつな猫になんか、ならなければよかった。四つの部族とスター族を相手に、一大戦争を画策する"暗黒の森"の猫たち。星の力をもつ三匹は、企みを阻止できるか!?
2017.5 422p B6 ¥2000 ①978-4-338-29903-9

◆海べの音楽—ペンダーウィックの四姉妹　3　ジーン・バーズオール著, 代田亜香子訳　小峰書店（Sunnyside Books）
【要旨】四人の女の子たちが耳をすませながら、愛をこめてジェフリーを見つめていた。できれば永遠にジェフリーを大人たちの世界から関係ない安全な場所にいさせてあげたいと、願いながら。全米図書館賞受賞シリーズ第3弾！めちゃくちゃゴキゲンな夏にしなくちゃって！
2017.6 361p B6 ¥1700 ①978-4-338-28714-2

◆エラスモサウルス救出大作戦！ニック・フォーク, 浜田かつこ訳, K-SuKe画　金の星社（サウルスストリート）
【要旨】金もうけのために、首長竜を剥製にしようとたくらむバースニップ夫妻。夫妻の計画を止めるため、トマスとモリーは決死の作戦を立てる。エラスモサウルスは、ぼくたちがまもる！ハラハラドキドキの冒険第3弾！3・4年生〜。
2017 126p B6 ¥1300 ①978-4-323-05812-2

◆エルフとレーベンのふしぎな冒険　6　ついに決戦！さいごの洞くつ　マーカス・セジウィック著, 中野聖訳, 朝日川日和絵　学研プラス　（付属資料：ポストカード1；しおり1）
【要旨】魔法のアイテム「月のなみだ」と「歌う剣」、そして、たのもしい仲間がそろい、ついに決戦の時！悪の王ゴブリン・キングの、意外すぎる正体とは!?エルフとレーベンの恋（？）のゆくえは…。ふたり（と、一匹）の冒険は、最後まで目がはなせない!!
2017.5 183p B6 ¥880 ①978-4-05-204514-1

◆王女さまのお手紙つき　7　しあわせ色の結婚セレモニー　ポーラ・ハリソン原作, チーム151E☆企画・構成, ajico, 中島万璃絵　学研プラス　（付属資料あり）
【要旨】おさないころ、両親をなくしたアミーナ姫。お姫さまのようにしたういとこの結婚式で、花よめのブライズメイドにたのまれます。ところが、準備に大いそがしのお城で、もうひとつの事件が!?不思議なジュエルの魔法や、気になる王子さまも登場。かわいくて、かしこくて、勇気ある女の子へおくる、おとぎ話です。3・4・5年に。
2017.2 151p B6 ¥1000 ①978-4-05-204573-8

◆王女さまのお手紙つき　8　内気なティアラの新学期　ポーラ・ハリソン原作, チーム151E☆企画・構成, ajico, 中島万璃絵　学研プラス　（付属資料あり）
【要旨】王女さまの学園、ロイヤル・アカデミーへ入学したエラ姫。両親とはなれ、ほかの国の王女さまとくらす生活がはじまります。古い校

児童文学

絵本・児童書

舎でみつけたひみつのドア、ちいさな赤ちゃんウサギ、お庭のピクニック、上級生や先生との思いがけないトラブル…かわいくて、かしこくて、勇気ある女の子へおくる、おとぎ話です。3・4・5年に。
2017.2 150p B6 ¥1000 ①978-4-05-204574-5

◆**王女さまのお手紙つき 9 ティアラ会からの招待状** ポーラ・ハリソン原作, チーム151E☆企画・構成 学研プラス (付属資料:手紙)
【要旨】ティアラ会の物語のほか、王女さま12人のドレスや自己しょうかい、本にでてくるお手紙の内容まで、一気にわかっちゃうマル得デラックス版です。3・4・5年以上。
2017.9 225p B6 ¥1280 ①978-4-05-204708-4

◆**オオカミを森へ** キャサリン・ランデル作, ジェルヴ・オンビーコ画, 原田勝訳 小峰書店 (Sunnyside Books)
【要旨】世界でいちばん勇敢で賢いオオカミが帰ってきた。だからわたしは、その分だけ勇敢にならなきゃいけない。この世にある勇気の合計がへってしまわないように─。
2017.9 333p B6 ¥1700 ①978-4-338-28715-9

◆**おしろのばん人とガレスピー** ベンジャミン・エルキン文, ジェームズ・ドーハーティ絵, 小宮由訳 大日本図書 (こころのほんばこシリーズ)
【要旨】せかいじゅうのだれよりも目がいい三きょうだいのうわさをききつけた王さまは、三人をおしろのばん人にしましたが…!?
2017.1 76p A5 ¥1400 ①978-4-477-03070-8

◆**オルガとボリスとなかまたち** マイケル・ボンド作, おおつかのりこ訳, いたやさとし絵 PHP研究所 (みちくさパレット)
【要旨】オルガはこのごろ、なんだか元気がありません。気晴らしにとやってきた海辺で、1ぴきのハンサムなモルモットに出会いました。物語が大好きなオルガも、ドキドキするようなお話をきかせてくれたボリス。2ひきはとてもなかよくなりますが、つぎの日になると、ボリスのようすがすっかりかわっていて…。「むかしむかし、モルモットには長いあしがあったのです…」、あいかわらず、オルガは物語を語ります。おちゃめなモルモットが、恋をした!?かくれた名作第2弾。「くまのパディントン」のマイケル・ボンドが描く!クラシカルでコミカルな動物ファンタジー。
2017.12 159p 22×16cm ¥1300 ①978-4-569-78722-0

◆**カーズ─最速の車、ライトニング!** リー・ステファンズ, ミシェル・ポプロフ, フランク・ベリオス, エイミー・エドガー, リサ・マルソリほか文, 増井彩乃訳 KADOKAWA (角川つばさ文庫)
【要旨】天才レーサーのライトニング・マックィーン!新人として初のチャンピオンをねらう彼は、優勝のかかった大事なレースの直前にて、とある田舎町に迷いこむことに。そこで、はじめての仲間たちに出会うライトニングは、わがままな一匹おおかみから、"真のレーサー"へと生まれ変わるのだった!!車たちのスピードと友情の物語が、今始まる!「カーズ」、「カーズ2」とその後の物語が一冊にまとめて登場!小学初級から。
2017.7 157p 18cm ¥640 ①978-4-04-631724-7

◆**カーズ/クロスロード** スーザン・フランシス, しぶやまさこ訳 偕成社 (ディズニーアニメ小説版)
【要旨】ベテランレーサーとなったマックィーンの地位をおびやかす新人があらわれた。このまま次世代の車に表彰台をあけわたすのか? 再起を誓ったマックィーンの戦いがはじまる! 車たちの世界を描く「カーズ/ピクサーの大人気シリーズ」第3弾。小学生から。
2017.7 222p 18cm ¥700 ①978-4-03-792140-8

◆**カーズ クロスロード** 中井はるの文 講談社 (講談社KK文庫)
【要旨】まっ赤なボディとクールな走りで、大人気のレーサー、ライトニング・マックィーン。今日もぶっちぎりでゆうしょうだぜ! と思っていたら、なんと新世代レーサー、ジャクソン・ストームにまけてしまった! ストームはやつのそなえていて、何度たたかっても勝てそうにない。とうとうマックィーンは、大きなあまり、大じこをおこしてしまう。もうぼくは、いんたいしたほうがいいのか…? じしんをなくしたマックィーンを、すくってくれたのは…!?小学低学年から。
2017.7 191p 18cm ¥680 ①978-4-06-199652-6

◆**ガーディアンズ・オブ・ギャラクシー** アレックス・アーヴァインノベル, 上杉隼人, 広瀬恭子訳 講談社
【要旨】幼いとき宇宙人にさらわれたピーター・クイルは、不思議な力を持つ宝「オーブ」を盗んで、仲間から賞金首にされてしまう。オーブを狙う暗殺者ガモーラ、ピーターの賞金を狙う毒舌のアライグマ型クリーチャーのロケットと、相棒の樹木型ヒューマノイドのグルートは街で大暴れして刑務所行きに。そこには破壊王ドラックスが待ち受けていて…。一方その頃、銀河は滅亡の危機を迎えていた! 5人の悪党どもは脱獄し、銀河を救う英雄になれるのか!?痛快スペースアクションここに開幕! 小学校中級から。
2017.4 199p 18cm ¥880 ①978-4-06-220450-7

◆**ガーディアンズ・オブ・ギャラクシーリミックス** アレックス・アーヴァインノベル, ジェームズ・ガン監督, 上杉隼人訳 講談社
【要旨】宇宙の愛すべきおちこぼれヒーローが帰ってきた! ソヴリンの女帝アイーシャを怒らせたガーディアンズを救ったのは、ピーターの父親と名乗るエゴという男だった。アレクトに心を開いていくピーターとは裏腹に、ガモーラたちはエゴが何かを隠していると疑い始め、分裂していく。一方、ピーターの育ての親からエゴの本性を知るヨンドゥは、ピーターの救出にむかう。隠されたバターの絆が今試される!ガーディアンズは絆を取り戻し銀河を救うことが出来るのか? 真の家族としての絆が今試される! 小学校中級から。
2017.11 199p 18cm ¥880 ①978-4-06-220531-3

◆**神々と戦士たち 4 聖なるワニの棺** ミシェル・ペイヴァー著, 中谷友紀子訳 あすなろ書房
【要旨】テラモンは、エジプトのなにもかもにうんざりだった。遠征隊長として、おばアレクトと異郷の地に来て数か月。いまだ、一族の短剣は見つからない。これもみんなヒュラスのせいだ。ヒュラスとピラが短剣を奪い、ピラの奴隷がそれを持って逃げたりしなければ…「こんな景色、初めて見たな。まるっきり、なにもない」ヒュラスはどこからくつろぐ赤い砂の大地に目を奪われた。ぎらつく日ざしのもと、ピラと道なき道を進むが、死者たちが眠るという砂漠に水場はなく、見たこともない奇妙な草木や、恐ろしい砂漠の生き物たち相手に、狩りも採集もいつもよりうまくいかない。それでもコロナ一族より早く青銅の短剣を探さなければ。短剣を託したユセレフの足取りを追って"大いなる川"をめざすが、そんなときヒュラスに異変が…。
2017.5 279p A5 ¥1900 ①978-4-7515-2869-3

◆**かわいいゴキブリのおんなの子 メイベルとゆめのケーキ** ケイティ・スペック作, おびかゆうこ訳, 大野八生画 福音館書店 (世界傑作童話シリーズ)
【要旨】かわいいゴキブリのおんなの子メイベルは、今日もゴキブリのおきてをまもって、ひっそりとくらしています。キッチンにはおいしそうなカップケーキがおいてあるのに、くらくなるまでちかづくこともできません。「あーあ、食べものを手に入れるのって、どうしてこんなにたいへんなのかしら!」とつぶやくメイベルのもとに、はたらくアリのバーニスがまよいこんできました。メイベルのために、食べものをはこんできてくれるというのです。メイベルは、すっかり女王さま気分でしたが。小学校初級以上。
2017.9 154p A5 ¥1500 ①978-4-8340-8252-4

◆**穢れの町─アイアンマンガー三部作 2** エドワード・ケアリー著, 古屋美登里訳 東京創元社
【要旨】月桂樹の館で暮らす男の子ジェームズ。ある日館を逃げ出したジェームズは、フィルチングの町で、決して使うなと言われていた金貨でパンを買う。それがとんでもない事態を招くとも知らず…物の声を聞く能力をもつクロッド・アイアンマンガーと、勇敢な召使いのルーシー、互いに奇妙で怖ろしい運命に見舞われた二人の未来に待つのは? 堆塵館に何が起きているのか。著者本人によるイラスト満載。『堆塵館』で読書界に衝撃を与えた三部作第二部。
2017.5 364, 2p B6 ¥2800 ①978-4-488-01068-3

◆**木の中の魚** リンダ・マラリー・ハント著, 中井はるの訳 講談社 (講談社文学の扉)
【要旨】アリーは6年生の女の子。読み書きができないことを隠すために、わざと変な行動をとってしまう。自分に自信がなく、学校では頭も悪い子だと思われている。友達もなく、いつもいじめられがちだった。ところが産休をとった先生の代わりにやってきたダニエルズ先生は、アリーの特別な才能にすぐに気がつき、特別な勉強法を試そうとアリーに提案する。またアリーは同じクラスのマイノリティだった天真爛漫な黒人の少女と変わり者の天才少年とある事件を通じて仲良くなり、型破りな3人組はいじめにも立ち向かう。シュナイダー・ファミリー・ブック・アワード受賞! 難読症の少女の成長を描く感動物語。
2017.11 287p B6 ¥1400 ①978-4-06-283244-1

◆**吟遊詩人ビードルの物語** J.K.ローリング著, 松岡佑子訳 静山社 (ホグワーツ・ライブラリー 3) 新装版
【要旨】魔法と策略に満ちた魅力あふれる5つのおとぎ話が収められた『吟遊詩人ビードルの物語』は、何世紀も昔から魔法族の家庭ではベッドタイムストーリーである。ルーン文字で書かれた原書をハーマイオニー・グレンジャーが翻訳し、ホグワーツの記録保管所の重大な許可を得て、アルバス・ダンブルドア校長による解説も掲載している。
2017.4 151p A5 ¥1300 ①978-4-86389-381-8

◆**クィディッチ今昔** J.K.ローリング著, 松岡佑子訳 静山社 (ホグワーツ・ライブラリー 2) 新装版
【要旨】魔法界の大人気スポーツ─その歴史とルールがわかる!
2017.4 147p A5 ¥1300 ①978-4-86389-380-1

◆**九時の月** デボラ・エリス作, もりうちすみこ訳 さ・え・ら書房
【要旨】15歳のファリンは、イランの首都テヘランの名門女子校に通う裕福な父親の一人娘。学校では孤立し、運転手付きの車で家と学校を往復するだけの鬱屈した毎日を送っている。だが、美しいサディーラが転校してきたことで、ファリンの日常は一変する。親友となった二人は、学校だけでなく休みも行動を共にするようになり、互いを想う気持ちを深めていく…LGBTとは、恋とは、愛とは。革命後のイランを舞台とし、愛し合う二人の少女たちの悲しい運命を描く実話をもとにした物語。
2017.8 207p B6 ¥1600 ①978-4-378-01522-4

◆**口ひげが世界をすくう?!** ザラ・ミヒャエラ・オルロフスキー作, ミヒャエル・ローハー絵, 若松宣子訳 岩波書店
【要旨】世界ひげ大会に出る! おじいちゃんが、ある日とつぜん、そうきめた。ぼくはうれしかった。だって、おばあちゃんとおわかれしてから、おじいちゃんはずっと元気がなかったから。まずはひげをのばして、手入れをして…めざすはひげの世界チャンピオン!
2017.11 142p A5 ¥1500 ①978-4-00-116013-0

◆**クリスマスを救った女の子** マット・ヘイグ文, クリス・モルド絵, 杉本詠美訳 西村書店
【要旨】トナカイは空から落ち、トロルは怒り、サンタクロース、大ピンチ! アメリアはプレゼントよりもはるかに大切な願いごとをしていた。そんなのに、その年のクリスマスはこなかった。ファーザー・クリスマスが、子どもたちを訪れる準備をしているあいだに、大変なことが起こっていたのだ。どきどきのクリスマス・ストーリー、決定版!
2017.10 366p B6 ¥1300 ①978-4-89013-984-2

◆**クリスマスウルス** トム・フレッチャー著, 橋本恵訳 静山社
【要旨】さあ、準備はいいかな? みんながこれから会うのは、ウィリアム・トランドルという名の男の子、ウィリアムのお父さんのボブ、サンタクロース(そう! 本物のサンタクロースだ!)、スノズルというエルフ、学校一、いや世界一、意地が悪い女の子、ブレンダ・ペイン、鹿の権化となったトナカイ、そしてもめずらしい一頭の恐竜。少年と恐竜の友情と、冒険を描く全世界で話題のクリスマス・ファンタジー。
2017.11 278p A5 ¥1500 ①978-4-86389-397-9

◆**グレッグのダメ日記 にげだしたいよ!** ジェフ・キニー作, 中井はるの訳 ポプラ社
【要旨】ボクはいつもどおりのクリスマスをすごく楽しみにしていた。でも、パパとママが今年はみんなでリゾートへ行こうっていいだした。クリスマスプレゼントもちゃんともらえるのかって聞いたら、この旅行こそがプレゼントだとさ。そんなヒドイ話はないよ。
2017 221p A5 ¥1200 ①978-4-591-15622-3

◆**こいぬとこねこのおかしな話** ヨゼフ・チャペック作, 木村有子訳 岩波書店 (岩波少年文庫)

【要旨】こいぬとこねこは、人間のきちんとした生活にあこがれて、床そうじやケーキ作り、手紙を書いたりと、あれこれやってみますが…。気のいいふたりの、しっかりもののこねこのおしゃべりがゆかいな10のお話。チェコ児童文学の古典。小学2・3年以上。
2017.5 200p 18cm ¥640 ①978-4-477-03071-5

◆最後のオオカミ マイケル・モーパーゴ作, はらるん訳, 黒須高嶺絵 文研出版（文研ブックランド）
【要旨】孫娘からパソコンの使い方を教わったマイケル・マクロードは、インターネットで自分の家系を調べることにした。やがて遠い親戚からメールが届き、ひいひいひいひいひいおじいさんのロビー・マクロードのこしたという遺言書を見せてもらう。それは「最後のオオカミ」と題された回想録で、むごい戦争の時代を、ともに孤児として生きぬいた少年とオオカミの物語だった。小学中級から。
2017.12 111p 22×16cm ¥1200 ①978-4-580-82337-2

◆サウスストリート タイムトリップ!?すすめ！トリケラトプス ニック・フォーク作, 浜田かつこ訳, K・SuKe画 金の星社
【要旨】屋根裏部屋に閉じこめられてしまったスージー。部屋のかべからつき出していたふしぎなドアノブにさわると、かべが開いて、トリケラトプスがやってきた！肉食恐竜アロサウルスも飛びだしてきて、町はめちゃくちゃに！町のピンチを救うため、時間をこえた冒険の旅に出る。 2017 143p B6 ¥1300 ①978-4-323-05811-5

◆サーティーナイン・クルーズ 25 たとえ命つきるとも ゴードン・コーマン著, 小浜杏訳 KADOKAWA
【要旨】世界最大の富と名誉を誇るケイヒル一族。一族には秘密があった。それは、飲んだ者を無敵の超人に変えてしまう、危険な『秘薬』の製法だった。次期アメリカ大統領候補、J・ラザフォード・ピアースは、この秘薬の製法を盗みだして、みずから秘薬を飲み、世界征服に向けて動きだしていた。ケイヒル一族の若き当主エイミー・ケイヒルと弟のダンは、ピアースの陰謀を阻止するために、秘薬の効果を消す解毒剤を作ることを決意。一族の祖先オリヴィアが残した調合法にしたがって、7つの原材料を集める旅に出た。しかし中盤、不慮の事故で、エイミーが致死量の秘薬を飲んでしまう。エイミーの命はあと数日。解毒剤の完成に、もはや一刻の猶予もない!!
2017.8 191p B6 ¥920 ①978-4-04-105921-0

◆サバイバーズ 5 果てなき旅 エリン・ハンター作, 井上里訳 小峰書店
【要旨】危険が迫っているんだ。ぼくたちの暮らしを永遠にかえてしまうような戦いが起ころうとしている。五感を研ぎ澄まし、迫りくる危機に牙をむけ。
2017.6 348p B6 ¥1500 ①978-4-338-28805-7

◆サバンナを脱出せよ―たったひとりのサバイバル・ゲーム！ トレイシー・ターナー著, 岡本由香子訳, オズユミイラスト KADOKAWA
【要旨】美しい景色に見とれていたキミは、ジープが走り去る音を聞いて、ハッとした。しまった！おいていかれた！ここは、アフリカにある、ンゴロンゴロ自然保全地域。ライオンやチーターをはじめ、さまざまな野生動物がいる。暗くなる前に脱出しなければ、命があぶない一！ひとりのサバイバルが、始まった！キミの選択が結末をきめる！いざというときの、サバイバル知識が身につくゲーム・ブック！
2017.11 1Vol. B6 ¥850 ①978-4-04-105923-4

◆さよなら、スパイダーマン アナベル・ピッチャー著, 中野怜奈訳 偕成社
【要旨】姉さんのローズがテロの犠牲になって、ばらばらになった家族。ぼくを救ってくれたのは、イスラム教徒の少女、スーニャだった。心はずむユーモアが読者を魅了する傑作！テロによる家族の死というテーマを十歳の少年の視点から描いた、ブランフォード・ボウズ賞受賞作。小学校高学年から。
2017 309p B6 ¥1700 ①978-4-03-726900-5

◆サンタクロースのはるやすみ ロジャー・デュボアザン文・絵, 小宮由訳 大日本図書（こころのほんばこ）
【要旨】しょうかをかくして、町にでかけたサンタクロース。けれども、子どもたちが「このおじいさんサンタから赤いはなが
2017.2 1Vol. A5 ¥1400 ①978-4-477-03071-5

◆ジェリーフィッシュ・ノート アリ・ベンジャミン著, 田中奈津子訳 講談社（講談社文学の扉）
【要旨】友だちが、いなくなった。原因究明に挑むアメリカのイケてない7年生（中1）理系女子。孤独な闘いの相手は…小さな小さな猛毒クラゲ!?『全米図書賞児童書部門ファイナリスト』、『ニューヨーク・タイムズ児童書部門ベストセラー』で、選出・受賞15以上の大注目作品！
2017.6 271p B6 ¥1450 ①978-4-06-220604-4

◆ジェロニモとダ・ヴィンチ・コードのなぞ―ねずみたんていノート ジェロニモ・スティルトン作, やまもと妹子絵 KADOKAWA（世界の名作絵ものがたり）
【要旨】ここはねずみ国の首都・新ねずみ市。ねずみ新聞社にとどいた、名画モナ・ネズにつまわるあんごうがもちこまれた。絵の中にかくされたあんごうをさがせ！小学校低学年から。
2017.2 1Vol. A5 ¥980 ①978-4-04-104700-2

◆ジェロニモとばけネコ地下鉄のなぞ―ねずみたんていノート ジェロニモ・スティルトン作, やまもと妹子絵 KADOKAWA
【要旨】ぼくは、ねずみ新聞社の記者ジェロニモ。ぼくが地下鉄にでるばけネコにいどんだ取材ノートのはじまり、はじまり…！小学校低学年から。
2017.8 1Vol. A5 ¥980 ①978-4-04-104695-1

◆次元を超えた探しもの―アルビーのバナナ量子論 クリストファー・エッジ作, 横山和江訳, ウチダヒロコ絵 くもん出版
【要旨】この地球にそっくりだが、細かい点が異なっている世界"パラレルワールド"が無限にあるという。いくつかのパラレルワールドに行き、アルビー少年が見つけたものは―。自分とそっくりで、でも性格がよくなさそうな悪アルビー、自分とそっくりなのに、女の子のアルバ、いっしょにいて楽しい理想の父さん、第二の月、太陽系の九つめの惑星…。でも、アルビーがほんとうに探しもとめていたものは、それじゃないんだ。
2017.10 263p B6 ¥1400 ①978-4-7743-2695-5

◆実写版 美女と野獣 エリザベス・ルドニック作, 橘高弓枝訳 偕成社（ディズニーアニメ小説版 112）
【要旨】魔女に呪いをかけられ、みにくい野獣となった王子。その城に、聡明で美しい娘ベルがあらわれた。とらわれのベルと、野獣の運命は…？不朽の名作を、ディズニーが実写映画化。小学生から。
2017 222p 18cm ¥700 ①978-4-03-792120-0

◆ジャバ・ザ・パペットの奇襲―オリガミ・ヨーダの事件簿 4 トム・アングルバーガー作, 相良倫子訳 徳間書店
【要旨】折り紙で作った、「スター・ウォーズ」のヨーダの指人形をかえ、変わり者のドワイトが再びマクウォーリー学園に戻ってきた！また学校が楽しくなると喜ぶトミーたちだが…。なんと、校長先生が、選択科目（合唱、工作など）をなくして、必修科目（数学、社会、国語、理科）の授業にすると宣言した。おまけに、その内容がサイアク。ヨーダは、トミーたちに反乱軍を作るよう呼びかけた…。マクウォーリー学園七年生のトミーとクラスメイトたちを中心に子どもたちのリアルな日常をユーモラスに描きだす大好評「オリガミ・ヨーダの事件簿」シリーズ第四弾！映画「スター・ウォーズ」ファンはもちろん、まだ映画を見ていない人も楽しめる、全米で大人気の、生き生きとした児童文学。 2017.2 283p B6 ¥1600 ①978-4-19-864339-3

◆宿題ロボット、ひろったんですけど トーマス・クリストス作, もりうちすみこ訳, 柴田純与絵 あかね書房（スプラッシュ・ストーリーズ 29）
【要旨】リヌスがひろったのは、研究所にげてきた小さなロボット「オルビー」。この天才ロボットは、リヌスの宿題をあっという間にかたづけてしまいます。捜索の手や悪者からリヌスはオルビーをまもれるか?!ロボットが活躍する楽しい物語！
2017.3 149p 21×16cm ¥1300 ①978-4-251-04429-7

◆ジュディ★モードのビッグな夏休み―ジュディ・モードとなかまたち 10 メーガン・マクドナルド, キャシー・ウォー作, ピーター・レイノルズ絵, 宮坂宏美訳 小峰書店
【要旨】夏休みを楽しむために、スリルのあることにチャレンジしてポイントを競いあうことにしたジュディとなかまたち。みんなはどんどんポイントがたまっていくのに、ジュディはなかなかうまくいかず、チャレンジ表は0点のまま…。この夏休み、ちゃんと楽しくすごせるの!?
2017.7 209p B6 ¥1400 ①978-4-338-20310-4

◆ジュディ★モード、ラッキーになる！―ジュディ・モードとなかまたち 11 メーガン・マクドナルド作, ピーター・レイノルズ絵, 宮坂宏美訳 小峰書店
【要旨】ジュディは、幸運をよぶ"ラッキー・コイン"を手に入れてから、いいことつづき。この波にのって"単語つづりバチ大会"の代表になり、あこがれのワシントンDCにいく…はずが、だいじなコインを、トイレに落としちゃった！はたして、ジュディの幸運はつづくのでしょうか!?ツイてる11作目！
2017.10 169p B6 ¥1400 ①978-4-338-20311-1

◆ジュビリー パトリシア・ライリー・ギフ作, もりうちすみこ訳 さ・え・ら書房
【要旨】ジュディスは小学校五年生の女の子。アメリカ東部の小さな島で、伯母さんとくらしている。おさないころ、母親にすてられ、しゃべることができなくなった。そんなジュディスを、伯母さんはジュビリー―「最高の喜び」と呼ぶ。普通クラスでの新学期が始まった。でも、ジュディスはクラスになじめない。そんなある日、ジュディスは、伯母さんに届いた母親からの手紙を見つける…。
2017 207p A5 ¥1500 ①978-4-378-01523-1

◆少女探偵アガサ 2 インド編―ベンガルの真珠 スティーヴ・スティーヴンソン作, 中井はるの訳, patty画 岩崎書店（付属資料：シール）
【要旨】インドの寺院から盗まれた「ベンガルの真珠」を見つけだす、というミッションを課せられたラリー。アガサはラリーを手伝うため、猫のワトソンと執事のケントを連れて、インドの都市コルカタへ！そこには、豪快で愉快な、親戚のレイモンドおじさんが住んでいる。
2017.3 150p B6 ¥980 ①978-4-265-86024-1

◆少女探偵アガサ 3 スコットランド編―古城の王剣 スティーヴ・スティーヴンソン作, 中井はるの訳, patty画 岩崎書店
【要旨】スコットランドの美しい小さな村には、アガサとラリーのおじいちゃんが別荘を持っている。そこでのんびり過ごそうとしていたところ、アカデミーから緊急ミッションが！貴重なスコットランド王剣が、展示会場の古城から消えたのだ。気球に乗りこみ、ダノヴォン城へ急げ！イタリア発の冒険ミステリー。
2017.7 142p B6 ¥980 ①978-4-265-86025-8

◆少女探偵アガサ 4 カナダ編―ナイアガラの大怪盗 サー・スティーヴ・スティーヴンソン作, 中井はるの訳, patty画 岩崎書店（付属資料：シール）
【要旨】「マダム」と呼ばれる世界的なオペラ歌手の、執事のケントも熱烈な大ファン。彼女の宝石がホテルの部屋から盗まれ、アガサたちは飛行機を乗り継いでナイアガラの現場へ急行！現地にはアガサの親戚であるジュード・スカーレットが待っていた。どうやら犯人は、大怪盗マスクラットらしい。大怪盗マスクラットの正体を暴く！イタリア発のミステリー。
2017.11 146p B6 ¥980 ①978-4-265-86026-5

◆新訳 ナルニア国物語 1 ライオンと魔女と洋服だんす C.S.ルイス作, 河合祥一郎訳,

児童文学

◆ナルニア国物語 第1巻 ライオンと魔女と衣装だんす C.S.ルイス作, 河合祥一郎訳, Nardack絵 KADOKAWA （角川つばさ文庫）
【要旨】ママたちとはなれ、いなかの風がわりな教授の家にあずけられた四人の兄妹。家の中を探検していると、末っ子のルーシーが大きな洋服だんすをみつけます。ふと開けてみると、たんすのむこうは悪い魔女が支配する魔法の国ナルニアでした！「この国を救うために、私たちが王様に!?」命がけの冒険をへて、四人はふしぎなライオン "アスラン" とともに、魔女に戦いを挑みます！世界中で愛される超名作をたくさんの絵と新訳で！ 小学中級から。
2017.10 235p 18cm ¥660 ①978-4-04-631712-4

◆新訳 メアリと魔女の花 メアリー・スチュアート作, 越前敏弥, 中田有紀訳, YUME挿絵 KADOKAWA （角川つばさ文庫）
【要旨】わたしメアリ。なんのとりえもない、ひとりぼっちの女の子。ぐうぜん出会った黒ネコのティブに連れられて、ふしぎな花を見つけた。7年に1度しか咲かない "夜間飛行" と呼ばれているふしぎなお花。その花の力で、ほうきが舞いあがり、変な大学に連れてこられちゃった。そこでは、魔法を教えてくれるみたいだけど!?メアリとティブの愛と感動の冒険がはじまる！ 小学中級から。
2017.6 191p 18cm ¥700 ①978-4-04-631703-2

◆新訳 メアリと魔女の花 メアリー・スチュアート作, 越前敏弥, 中田有紀訳 KADOKAWA
【要旨】メアリは、夏休みのあいだ、森のそばの屋敷に住む、大おばさんにあずけられることになった。真っ黒な子ネコについていくと、七年に一度しか咲かないふしぎな花を見つける。それは、一夜かぎりの魔法をさずける "禁断の花" だった―。魔法を使えるようになったメアリがほうきで飛び立った先には一絵コンテから選びぬいた美しい挿絵を多数収録！
2017.7 223p B6 ¥1400 ①978-4-04-105564-9

◆スター・ウォーズ―フォースの覚醒 J.J.エイブラムス, ローレンス・カスダン, マイケル・アーント原作, エリザベス・シェーファー文, ブライアン・ルード絵, 伊藤菜摘子訳 偕成社
【要旨】遠いむかし、はるかかなたの銀河系で…。新共和国のもとで平和がたもたれてから30年。ルークは姿を消し、帝国の残党がつくった軍隊、ファースト・オーダーが力を増していた。砂漠の惑星ジャクーで孤独にくらすレイは、ルークの居所をしめす地図をもったドロイドBB-8を助け、敵に追われる身となる。小学生から。
2017 198p 18cm ¥750 ①978-4-03-628270-8

◆スター・ウォーズ エピソード 1 ファントム・メナス ジョージ・ルーカス原案, エラ・パトリック文, ブライアン・ルード絵, 橘高弓枝訳 偕成社
【要旨】遠いむかし、はるかかなたの銀河系で…。平和な銀河共和国に、不穏な動きが起きていた。争いにまきこまれた惑星ナブーのアミダラ女王を二人のジェダイ、クワイ＝ガンとオビ＝ワンが救いだす。彼らが辺境の星で出会ったのは、強いフォースを秘めた少年、アナキンだった。対象年令小学生から。
2017 190p 18cm ¥750 ①978-4-03-628210-4

◆スター・ウォーズ エピソード 2 クローンの攻撃 ジョージ・ルーカス原案, エラ文, ブライアン・ルード絵, 伊藤菜摘子訳 偕成社
【要旨】遠いむかし、はるかかなたの銀河系で…。銀河共和国は、分裂の危機に瀕していた。元老院の最高議長が、共和国からの脱退を宣言したのだ。一方、ジェダイとして修行をつむアナキンは、掟に反し、美しいパドメに惹かれていく。対象年令小学生から。
2017 190p 18cm ¥750 ①978-4-03-628220-3

◆スター・ウォーズ エピソード 3 シスの復讐 ジョージ・ルーカス原案, エラ・パトリック文, ブライアン・ルード絵, 伊藤菜摘子訳 偕成社
【要旨】遠いむかし、はるかかなたの銀河系で…。銀河共和国と分離主義勢力との闘いは、はげしさを増していた。ジェダイとして力を強めたアナキンに、陰謀の魔の手がのびる。パドメを愛するあまり、暗黒面に心を支配され、やがて―。対象年令小学生から。
2017 197p 18cm ¥750 ①978-4-03-628230-2

◆世界一の暗号解読者 ボビー・ピアーズ著, 堀川志朝舞訳 静山社 （ウィリアム・ウェントン 1）
【要旨】ウィリアムが幼いころ、一流の暗号解読者だったおじいちゃんが、行方不明になった。そして、なぜか一家は名前を変え、イギリスからノルウェーに移住した。ある日ふたりは "野球でだいじなことを学ぶ" ため、一九四七年の大リーグ開幕戦へ行くことに。そこで、背番号「42」をつけた、ひとりの選手と出会う―!!
2017.11 155p B6 ¥780 ①978-4-04-106320-0

◆セブン・レター・ワード―7つの文字の謎 キム・スレイター著, 武富博子訳 評論社
【要旨】母ちゃんがいなくなってからも、毎日「スクラブル」で言葉の勉強をしているよ。おかげで、かなり進歩したと思う。大会で優勝したいのは、母さんにぼくを誇りに思ってほしいからなんだ。母さんが今、どこにいるにしても―。
2017.10 358p B6 ¥1500 ①978-4-566-02455-7

◆続・カンヴァスの向こう側―リディアとトラの謎 フィン・セッテホルム著, 枇谷玲子訳 評論社
【要旨】リディアは十三歳の女の子。おじいちゃんと行ったマジックショーの会場で、おじいちゃんが行方不明。リディアは、新たな冒険にまきこまれ―今回リディアは、日本が世界に誇る大芸術家、葛飾北斎に出会います。出会うのは、絵画の巨匠ばかりでなく、物語の主人公や、物理学の巨人にも。みんな一癖も二癖もありながら、愛すべき人たちです。どんな冒険が始まるのでしょう。大好評『カンヴァスの向こう側』の続編。
2017.3 286p B6 ¥1500 ①978-4-566-02453-3

◆タイガー・ボーイ ミタリ・パーキンス作, ジェイミー・ホーガン絵, 永瀬比奈訳　鈴木出版 （鈴木出版の児童文学―この地球を生きる子どもたち）
【要旨】学校で一番成績がよいニールは、地域でトップになって奨学金を勝ち取り、インドの大都会の私立中学校に進むことを期待されています。でも、ニールは大好きな家族や生まれ育った島から離れたくありません。苦手な算数の勉強に気が入らないまま、試験の日は近づいてきます。そんなある日、保護区からトラの子が逃げ出したというニュースがとどき、島じゅうでトラの子探しがはじまりました。『リキシャ★ガール』の作者ミタリ・パーキンスと画家ジェイミー・ホーガンのペアがおくる未来に向かって力強くふみ出す男の子の物語。
2017.6 189p B6 ¥1500 ①978-4-7902-3327-5

◆大草原のローラ物語―パイオニア・ガール（解説・注釈つき） ローラ・インガルス・ワイルダー著, パメラ・スミス・ヒル解説・注釈, 谷口由美子訳 大修館書店
【要旨】あの「小さな家」の物語は、ここから始まった―。アメリカ開拓時代の少女ローラとその家族を描いた、児童文学傑作シリーズのオリジナル版が、ついに日本語で登場！物語との比較が楽しめるエピソード満載の解説・注釈つき。
2018.1 387p 24×19cm ¥5800 ①978-4-469-21368-3

◆太平洋を泳ぎぬけ！ トレイシー・ターナー著, 岡本由香子訳, オズノユミイラスト KADOKAWA （たったひとりのサバイバル・ゲーム！）
【要旨】嵐の中、たったひとり、穴のあいたヨットに取り残された…！陸はどっち？ 食べ物や水は、どうする？ キミの判断が、物語の結末をきめる！ いざというときの、サバイバル知識が身につくゲーム・ブック！
2017.1 Vol.B6 ¥850 ①978-4-04-105922-7

◆太陽と月の大地 コンチャ・ロペス＝ナルバエス作, 宇野和美訳, 松本里美画 福音館書店 （世界傑作童話シリーズ）
【要旨】「見ろよ、ハクセル、海だ。アフリカの海、そしてグラナダの海だ」信じる宗教はちがっても、ふたりは親友だった。時代はめぐり、かれらの子や孫たちは、災いの化の中に巻きこまれていく―。いつか再び、共に平和に暮らせる日まで。16世紀グラナダを舞台に、宗教・民族の違いによってひきさかれ、運命に翻弄される人々をえがく。―スペインで読みつがれてきた児童文学の名作、初邦訳！
2017.4 180p 20×16cm ¥1600 ①978-4-8340-8162-6

◆ただ、見つめていた ジェイムズ・ハウ作, 野沢佳織訳 徳間書店
【要旨】ライフガードの青年、幼い妹のめんどうをみる少年、階段にすわってふたりを見つめる少女。そのとき三人は、他人にすぎなかった。けれども―。三人の若者の心理を繊細に描き、ミステリアスなタッチで一気に読ませる米国のロングセラー。10代で。
2017.7 186p B6 ¥1500 ①978-4-19-864446-8

◆たんけんクラブ シークレットスリー ミルドレッド・マイリック文, アーノルド・ローベル絵, 小宮由訳 大日本図書 （こころのほんばこ）
【要旨】ヒミツのあいことばはマトビ！さぁ、たんけんのはじまりだ！
2017.3 71p A5 ¥1400 ①978-4-477-03072-2

◆小さいママと無人島 キャロル・ライリー・ブリンク作, 谷口由美子訳, 松本春野絵 文溪堂
【要旨】「船が沈む！」乗っていた小舟が難破し、十二歳のメアリと十歳の妹ジーンは、船内に残されていた4人の赤ちゃんとともに、救命ボートで夜の海へ。そして、流れついたのは、小さな無人島？…これから、一体どうなるの？ ニューベリー賞受賞作家、お話づくりの名手ブリンクによる、少女版ロビンソン・クルーソー！
2017 245p A5 ¥1600 ①978-4-7999-0220-2

◆小さな赤いめんどり アリソン・アトリー作, 神宮輝夫訳, 小池アミイゴ絵 こぐま社 （こぐまのどんどんぶんこ）
【要旨】ひとりぼっちでくらすおばあさんのところへ、ある晩、ふしぎな力をもった小さな赤いめんどりがたずねてきました。おばあさんは大喜びで。ふたりの楽しい生活がはじまる―。ところが、もとの主人が、めんどりを取りもどしにやってきて―。こぐまのどんどんぶんこ第3弾！小学校1・2年から。
2017.3 77p A5 ¥1200 ①978-4-7721-9064-0

◆月からきたトウヤーヤ 蕭甘牛作, 君島久子訳 岩波書店 （岩波少年文庫）
【要旨】十五夜の晩、アナンのおじいさんのもとへ、月のおじいさんがわらじを注文しにきました。お礼はトウモロコシだって。そうしてうまれたトウヤーヤは、やがて金の鳥をさがして旅にでますが、さあ、そのゆくてには…。中国チワン族の創作民話。小学2・3年以上。
2017.4 189p 18×13cm ¥640 ①978-4-00-114239-6

◆ディズニーツムツムの大冒険―トキメキパティシエ・パーティ 橋口いくよ著, ウォルト・ディズニー・ジャパン株式会社監修 小学館 （小学館ジュニア文庫）
【要旨】大人気アニメーション『ツムツム』がまさかの小説で登場！ミッキーツムがみんなに手伝ってもらって大きなケーキを作ったり、ベリーツムが海底で巨大なイカに出会ったり、プースンツムが甘い香りに誘われてポップコーンまみれになっちゃったり…。たくさんの場所にみんなで行って、みんなで楽しんで、たまに失敗しても気にしない！最後には笑顔で記念撮影♪小さなツムツムたちが繰り広げる、可愛くて頼もしい大冒険がまたスタートします！
2017.7 178p 18cm ¥700 ①978-4-09-231174-9

◆ディズニープリンセス まごころのメッセージ キティ・リチャーズ, ヘレン・ペレル

マン文, 中井はるの訳　講談社　(講談社KK文庫)
【要旨】『美女と野獣―なぞのメッセージ』本にはさまれた古いメッセージを見つけたベル。それは, 野獣が子どものころの家庭教師の先生が書いたなぞなぞのメモだった。ベルは仲間たちとなぞ解きをはじめた…!?『プリンセスと魔法のキスーレストランへようこそ』長年の夢だったレストランをひらくことになったティアナ。有名な評論家も来てくれることになり, はりきるけれど, つぎつぎとハプニングがおこって…!? プリンセスたちの, 「もうひとつ」の物語! 小学低学年から。
2017.2 188p 18cm ¥680 ①978-4-06-199593-2

◆ディズニープリンセス いちばんすてきな日 塔の上のラプンツェル―忘れられない日 シンデレラーネズミの失敗　ヘレン・ペレルマン, エリー・オライアン文, 中井はるの訳　講談社　(講談社KK文庫)
【要旨】ラプンツェルは塔をぬけだしたあと, どんな冒険をしていたの? シンデレラとネズミたちのおもしらない友情ストーリーって? もっともっとしりたいプリンセスたちの物語! 小学低学年から。
2017.6 189p 18cm ¥680 ①978-4-06-199599-4

◆ディズニープリンセス 大好きな人のために―眠れる森の美女―完ぺきな一日 アラジンー金貨をさがして　ウェンディ・ロッジア, サラ・ネイサン文, 中井はるの訳　講談社　(講談社KK文庫)
【要旨】オーロラがプリンセスの生活にもどって1年。感謝の気持ちを伝えたくて, サプライズ・パーティーを企画しますが…!?『眠れる森の美女～完ぺきな一日』アラジンのバースデーにラクダの金貨をプレゼントしようと思いついたジャスミン。金貨をもとめて旅に出ますが, 砂漠のまんなかで魔法のじゅうたんが動かなくなり…!?『アラジン～金貨をさがして～』プリンセスたちの, とっておきの物語! 小学低学年から。
2017.9 188p 18cm ¥680 ①978-4-06-199654-0

◆ディズニープリンセスのウエディング10話　駒田文子文・構成　講談社
【要旨】ディズニープリンセスたちは, どのような結婚式をあげたのでしょうか。プロポーズされたときのことや, 結婚式むかえる日までのこと, そして, 思わぬハプニングなどもわかる本。ページをひらいてみましょう。
2017.6 119p 22×19cm ¥1400 ①978-4-06-220571-9

◆ディズニープリンセスビギナーズ アリエル―はじめての海の大冒険　リズ・マーシャム文, 俵ゆり訳　講談社　(講談社KK文庫)
【要旨】これは, 『リトル・マーメイド』の物語で, アリエルがエリック王子に出会うよりもずっと前, 彼女がまだ小さい女の子のときのお話。わたしの名前は, アリエル! わたしには, 6人のおねえさまがいるの! まだ7さいだから, おねえさまたちみたいに, 海のなかをすいすい泳ぎまわれないの。ある日, 大きな波がやってきて, 知らない場所に流されてしまったわ。おねえさまも, うちに帰る道がわからないの! ああ, わたしがもっと, しっかりしていればいいのに。小学校低学年から。
2017.7 190p 18cm ¥650 ①978-4-06-199651-9

◆ディズニープリンセスビギナーズ お裁縫のにがてなシンデレラ　テッサ・ロエル文, 俵ゆり訳　講談社　(講談社KK文庫)
【要旨】『シンデレラ』の物語で, シンデレラが王子と出会うよりもずっと前, 彼女がまだ小さな女の子のときのお話です。わたしの名前は, エラ! お母さまからは, 「シンデレラ」とよばれているの。わたしには, どうしてもかなえたい夢があるの。それは, 人形げきコンテストでゆうしょうして, すてきなドレスを買うことなの。でも, じつは, お裁縫がすごくにがてで…。ああ, お母さまがいうように, 妖精が助けてくれればいいのに! 小学校低学年から。
2017.3 191p 18cm ¥680 ①978-4-06-199592-5

◆ディズニープリンセスビギナーズ ベルのひみつの本屋さん　テッサ・ロエル文, 俵ゆり訳　講談社　(講談社KK文庫)
【要旨】これは, 『美女と野獣』の物語で, ベルが野獣と出会うよりずっと前, 彼女がまだ小さい女の子のときのお話。わたしの名前は, ベル! 大好きな本は, 妖精にもらったもので, なぜか友だちのみんなに, 「へんだ」といわれちゃったの。でも, べつにいいの。なぜなら, この村でわたしだけのひみつを発見したの! …みんなが「つぶしている」と思っていた本屋さんが, まだ, やっていたのよ! わたしだけの本屋, ステキだと思わない? 小学校低学年から。
2017.3 191p 18cm ¥680 ①978-4-06-199591-8

◆ディズニープリンセス 友情につつまれて―美女と野獣―すてきなプレゼント プリンセスと魔法のキス―ぬすまれた真珠　エリー・オライアン, カリオペ・グラス文, 中井はるの訳　講談社　(講談社KK文庫)
【要旨】冬至の日にパーティーを開くことになったベルたち。お城の仲間たちは, お父さんを恋しがるベルを元気づけようと, ベルに内緒でプレゼントを考えますが…!?『ママ・オーディの大切な真珠がぬすまれた! 犯人をさがすため, ティアナたちはお店で真珠パーティーを開くことに。うまく見つけられるかしら…!?』プリンセスたちの, 「もうひとつ」の物語! 小学低学年から。
2017.4 189p 18cm ¥680 ①978-4-06-199598-7

◆ディズニー マジックキャッスル―キラキラ・ハッピーライフ　うえくらえり作, ミナミナツキ挿絵　KADOKAWA　(角川つばさ文庫)
【要旨】私, あかり。ミッキーたちが住む夢と魔法の世界「マジックキャッスル」で暮らしているよ。私のカフェでは, パーティーを開いたりしていて, 毎日ハッピー!!でも, もっとみんなをハッピーにしたいんだ! レシピの材料探しで行くことになった, 海底の王国アトランティカ。そこで, 困っているアリエルと出会って…!? また, アレンデールでは, エルサやアナたちのために, なんと私がオバケ退治をすることに! 小学中級から。
2017.10 207p 18cm ¥680 ①978-4-04-631732-2

◆テディが宝石を見つけるまで　パトリシア・マクラクラン著, こだまともこ訳　あすなろ書房
【要旨】吹雪の中, 迷子になり, 途方にくれる幼い兄妹。救いの手をさしのべたのは, 1ぴきの詩人の犬だった。詩人の犬, テディが語る, 小さな奇跡の物語。
2017.11 95p B6 ¥1200 ①978-4-7515-2874-7

◆デルトラ・クエスト 8 帰還　エミリー・ロッダ作, 岡田好惠訳, 吉成曜, 吉成鋼画　岩崎書店　(フォア文庫)
【要旨】ついに七つの宝石がそろった。だがデルトラのベルトが王の子がもたなければ力を発揮しない。王の子をさがして, 最後の賭けにでるリーフたち。迫りくる影の大王の魔手。いま真実が明らかになる! 大どんでん返しの結末は!? 小学校高学年・中学校向け。
2017 229p 18cm ¥650 ①978-4-265-06484-7

◆塔の上のラプンツェル　駒田文子文・構成　講談社　(ディズニームービーブック)
【要旨】続編「ラプンツェルのウェディング」も収録! 1冊で2つのお話が楽しめます!『塔の上のラプンツェル』不思議な魔力がある長い金髪を持つ少女, ラプンツェル。塔の中に閉じ込められて育った彼女は, 育ての親ゴーテルの留守中に塔に逃げ込んできた泥棒フリンとともに, 外の世界へ飛び出しますが…!?『ラプンツェルのウェディング』今日はラプンツェルとフリンの結婚式なのに, マキシマスとパスカルは, 預かっていた指輪をなくしてしまったからさぁ大変! 無事に指輪を取りもどせるかしら…!? 小学校低学年から
2017.8 175p B6 ¥680 ①978-4-06-220724-9

◆動物探偵ミア 7 ひみつのたからさがし　ダイアナ・キンプトン作, 武富博子訳, 花珠絵　ポプラ社
【要旨】カササギが見つけた, 古い指輪。それはなんと, 歴史的な発見だったの! その日から, だれもがたからを見つけようと, 大さわぎがはじまって…。銀のネックレスをつけると動物と話せる! 少女ミアと, 動物たちのものがたり。
2017 152p 18×14cm ¥900 ①978-4-591-15426-7

◆動物探偵ミア 8 シャナリーをさがして　ダイアナ・キンプトン作, 武富博子訳, 花珠絵　ポプラ社
【要旨】動物探偵団のなかまで, いつも冷静なシャムねこのシャナリーが, とつぜん, すがたを消してしまったの。もう会えないなんて, いやだよね! 銀のネックレスをつけると動物と話せる! 少女ミアと, 動物たちのものがたり。
2017 152p B6 ¥900 ①978-4-591-15516-5

◆動物と話せる少女リリアーネ 12 サバンナの女王!　タニヤ・シュテーブナー著, 中村智子訳　学研プラス
【要旨】イザヤの祖父母が住むアフリカのナミビアを訪れたリリアーネたち。たくさんの動物がくらすサバンナで, 恐ろしい事件を目撃してしまいました。動物たちの命をなにより願うリリアーネとイザヤは, 危険をかえりみず, 夜のサバンナに出発していくのでした。
2017.10 335p B6 ¥680 ①978-4-05-204687-2

◆動物と話せる少女リリアーネ スペシャル 4 幸せを運ぶ黒い猫!/ダルメシアンに追加点!　タニヤ・シュテーブナー著, 中村智子訳　学研プラス　(付属資料: カード1; ミニポスター1; しおり1)
【要旨】自分は不吉な猫だと思いこんだ黒猫が, リリアーネと出会って, 変わっていく物語と, 美しいダルメシアンの物語。後半はファン待望のファンブック。
2017.3 175p B6 ¥800 ①978-4-05-204590-5

◆ドクター・ストレンジ　アレックス・アーヴァインノベル, スコット・デリクソン監修, 上杉隼人, 長尾莉紗訳　講談社
【要旨】自信家の天才外科医スティーヴン・ストレンジは, ある日交通事故にあい, 両手を負傷して外科医生命を絶たれてしまう。失意の中, 最後の希望として訪れたカマー・タージで, 不思議な力を操るエンシェント・ワンに出会う。魔術を学び, 魔術師の才能を開花させるストレンジだったが, 魔術師たちには異次元の侵略から地球を守る大きな使命があった! やがて世界に忍び寄る危機。ドクター・ストレンジは医者としての誇りを守りながら, 魔術で世界を救うことができるのか―? 小学校中級から。
2017.6 199p 18cm ¥880 ①978-4-06-220667-9

◆図書館にいたユニコーン　マイケル・モーパーゴ作, ゲーリー・ブライズ絵, おびかゆうこ訳　徳間書店
【要旨】ぼくは, 山や森を歩きまわるのが大すきだった。学校からかえると, いつも森へあそびに行く。でもある日, お母さんに村の図書館へつれていかれた。いやいや入った図書館で, ぼくはユニコーンを見つけて…! やがて, 村に戦争がやってきて…。お話と本の力を, 感動的に描いた物語。小学校低・中学年～。
2017.11 108p A5 ¥1300 ①978-4-19-864521-2

◆とびきりすてきなクリスマス　リー・キングマン作, 山内玲子訳　岩波書店　(岩波少年文庫)
【要旨】エルッキは10人きょうだいのまんなか。クリスマスが近づいたある日, お兄ちゃんの乗っている船がゆくえ不明になったという知らせが…。無事を祈りながらクリスマスの準備をする家族のために, エルッキはあることを思いつきます。小学2・3年以上。
2017.10 142p B6 ¥640 ①978-4-00-114241-9

◆ナミコとささやき声　アンドレアス・セシェ著, 松永美穂訳　西村書店
【要旨】日本の庭園を取材するため, ドイツからやってきたぼくは, 京都の禅寺でナミコに出会う。二度目に会ったとき, 彼女は言った。「まだ, 庭園の語る言葉がわからないんですか?」ナミコに誘われるままに, ぼくは「月のため息」の庭を訪れ, トラクターで田舎を旅し, 庭に隠された物語を見つけていく。同じときを過ごすなかで, ぼくは世界がささやき声に満ちていることをはじめて知るのだった。純度120%の恋愛小説。
2017.10 255p B6 ¥1500 ①978-4-89013-773-2

◆26階だてのツリーハウス―海賊なんてキライ!　アンディ・グリフィス, テリー・デントン絵, 中井はるの訳　ポプラ社
2018 343p 21×15cm ¥1300 ①978-4-591-15675-9

◆ノーム―不思議な小人たち　ヴィル・ヒュイゲン文, リーン・ポールトフリート絵, 遠藤周作, 山崎陽子, 寺地五一訳　グラフィック社　新装愛蔵版
【要旨】オランダ人画家のポールトフリートと医師のヒュイゲンがノームの生活と活動について詳細な観察して詳細なガイドブックを記したのは約40年前。それ以来ずっと, 多くの子供や大人を魅了し, 世界50か国以上で出版されてきた永遠の名作が, 読みやすい小型版でかえってきました。
2017.8 216p B5 ¥1800 ①978-4-7661-3039-3

◆ノラのボクが, 家ネコになるまで　ヤスミン・スロヴェック作, 横山和江訳　文研出版　(文研ブックランド)

児童文学

絵本・児童書

【要旨】ボクってさいこう！ 気ままなノラネコぐらしだからね！ 自分のすきなように生きればいいだけ。気まぐれなボクには、ぴったりなんだ。ヒトには、ソクバクされたくない。でもね…。小学中級より。
2017.1 108p A5 ¥1200 978-4-580-82300-6

◆**灰色の服のおじさん** フェルナンド・アロンソ著、ウリセス・ウェンセル絵、轟志津香訳　小学館
【要旨】不思議で、ほろ苦くて、ちょっとセンチメンタルで…。スペインの子どもと大人を感動させた、珠玉の児童文学短編集。8つの驚きをゆっくり味わってください！ 5分後、あなたを待つ意外な結末。小学生（中学年）からおとなまで。
2017.10 126p 21×16cm ¥1300 978-4-09-290621-1

◆**肺都―アイアマンガー三部作 3** エドワード・ケアリー著、古屋美登里訳　東京創元社
【要旨】穢れの町は炎に包まれ、堆塵館は崩壊した。生き延びたアイアマンガー一族は館の地下から汽車に乗り、逃げのびたロンドンに逃れた。だが、そのロンドンは闇に侵食されて、人々のあいだには奇怪な感染症が蔓延していた。この町にいったいなにが起きているのか？ アイアマンガー一族のおそるべき野望とは？ 一族に反発するクロッド、瓦礫のあいだから脱出したルーシー…。物語はいかなる想像をも凌駕する驚天動地の結末を迎える。アイアマンガー三部作堂々完結。
2017.12 573p B6 ¥3800 978-4-488-01075-1

◆**パイレーツ・オブ・カリビアン―最後の海賊** エリザベス・ルドニック作、橘高弓枝訳　偕成社（ディズニーアニメ小説版 113）
【要旨】自由気ままな海賊ジャックの命をねらう、海の死神サラザールを、魔の海域から解きはなたれた。その復讐をはばむのは、伝説の秘宝ポセイドンの槍だけだ。若い水兵ヘンリー、天文学者カリーナとともに、ジャックの新たな航海がはじまる！ ディズニーが贈る、大人気シリーズ第5弾。小学生から。
2017 206p 18cm ¥700 978-4-03-792130-9

◆**パイレーツ・オブ・カリビアン 最後の海賊―カリーナ・スミスの冒険** メレディス・ルース―ノベル、ヨアヒム・ローニング、エスペン・サンドベリ監督、上杉隼人、広瀬恭子訳　講談社
【要旨】父はカリーナを施設に残し、ガリレオ・ガリレイの日記を置いていった。日記を読み解くことが自らの使命と信じるカリーナは、働き先で学びの新たな道の謎を解くためにカリブ海へむかうことに。だがそこは、海賊や亡霊、兵士が戦いをくりひろげる世界だった！ はたしてカリーナは、地図の謎と、自らの過去を解き明かすことができるのか―そして、想像を絶する危機にのみこまれてしまうのか―？ 『パイレーツ・オブ・カリビアン 最後の海賊』を、カリーナ・スミスの視点から描いた物語！ 小学校中級から。
2017.7 198p 18cm ¥880 978-4-06-220668-6

◆**バクのバンバン、船にのる―ふたりはなかよし マンゴーとバンバン** ポリー・フェイバー作、クララ・ヴリアミー絵、松波佐知子訳　徳間書店
【要旨】マンゴー・ナンデモデキルは、なんでもできるかしこい女の子。パパと、ジャングルからやってきたバクのバンバンといっしょに、にぎやかな大きな町でくらしています。町でくらしはじめたバンバンのために、マンゴーは、なにか、ならいごとをさがしてあげることにしました。まずは、バレエ教室をのぞいてみます。やがてバンバンは、ならいごとがきっかけで、ごうか客船にのることに…？ 町でいっしょにくらすふたりと、女の子のエピソードを四話おさめました。二色刷りのさし絵がたっぷり入ったたのしい読み物。小学校低・中学年～。
2017.1 148p B6 ¥1400 978-4-19-864332-4

◆**パディントン 2 ムービーストーリーブック** ジャンヌ・ウィリス著、堀江里美、増井彩乃訳　キノブックス
【要旨】ウィンザー・ガーデン32番地。街の人気者になったパディントンは、ブラウン一家と幸せに暮らしていた。ある日、大好きなルーシーおばさんの特別な誕生日に贈るプレゼントをさがしていると、グルーバーさんのお店で飛び出す絵本を見つける。そのすてきな絵本を買うためにあるお店に強盗に入り、絵本が盗まれてしまった！ まちがいで刑務所に入れられたパディントンをすくうため、ブラウン一家は懸命に真犯人をさがすが…。果たしてパディントンは無事解放されて絵本を取りかえることができるのか。小学校低学年から。
2017.12 278p B6 ¥800 978-4-908059-85-8

◆**パディントン、テストをうける** マイケル・ボンド作、ペギー・フォートナム絵、三辺律子訳　WAVE出版
2017.11 223p B6 ¥1400 978-4-86621-081-0

◆**はるかな旅の向こうに** エリザベス・レアード作、石谷尚子訳　評論社
【要旨】ぼくの名前はオマル。シリアの、ボスラって町に住んでいた。田舎に逃げなくちゃならなかったんだ。そして、さらにおとなりの国、ヨルダンまで…。ぼくたち家族の旅は、いつまで続くんだろう？
2017.12 368p B6 ¥1600 978-4-566-02456-4

◆**パンツ・プロジェクト** キャット・クラーク著、三辺律子訳　あすなろ書房
【要旨】男子はズボン。そんなの、いったい、いつの時代の話？! いつだって、自分の好きな「自分らしい自分」でいたい！ リヴは、秘密の一大プロジェクトにのりだした。さわやかな青春小説。
2017.10 263p B6 ¥1400 978-4-7515-2872-3

◆**ビーおばさんとおでかけ** ダイアナ・ウィン・ジョーンズ作、野口絵美訳、佐竹美保絵　徳間書店
【要旨】ビーおばさんは、自分の思ったことはぜったいに押しとおす、めいわくな人だ。ある日、ビーおばさんに連れられて海へ行った、ナンシー、サイモン、デビーの三人きょうだいは、たいへんな目にあうことになった。おばさんが、立入禁止の島に入りこみ、「島をおこらせた」せいで、魔法が発動してしまったのだ…！『ファンタジーの女王』の短編に、豪華なカラー挿絵入れて。小学校低・中学年～。
2017.10 92p 22×16cm ¥1700 978-4-19-864500-7

◆**美女と野獣―運命のとびら 上** リズ・ブラスウェル作、池本尚美、服部理佳訳　小学館（小学館ジュニア文庫）
【要旨】ときはむかし、とある王国の物語。人間と、妖精や魔法使いが共存する不思議な国で出会った、人間のモーリスと魔女のロザリンド。恋に落ちたふたりは結婚し、娘を授ける。一方で現在。ある日、出かけたまま帰らない父親を探しに、旅に出るベル。やがて城にたどり着いたベルは、そこで父親を捕らえていた野獣と出会うことになる…。過去と現在が交差しながら浮き彫りになっていく、王子にかけられた呪いの謎。名作『美女と野獣』が贈る、もうひとつの感動巨編。
2017.5 287p 18cm ¥770 978-4-09-231159-6

◆**美女と野獣―運命のとびら 下** リズ・ブラスウェル作、井上舞、志村昌子訳　小学館（小学館ジュニア文庫）
【要旨】王子を野獣にした魔女が自分の母親だったことを知り、その罪の重さに思い悩むベル。そして、日々強まっていく魔女の呪いで野獣化が進むビーストを目に、昔の書物からなんとか真相をつきとめ、呪いを解く方法を探そうとする。魔女はいったいどこに消えたのか？ なぜベルは幼い頃の記憶を失ったのか？ 過去と現在が交差しながら浮き彫りになっていく、王子にかけられた呪いの謎。やがて真実を知った二人は…。名作『美女と野獣』が贈る、もうひとつの感動巨編、下巻。
2017.5 286p 18cm ¥770 978-4-09-231160-2

◆**美女と野獣 本にとらわれたベル―ロスト・イン・ア・ブック** ジェニファー・ドネリー著、富永晶子訳　講談社（講談社KK文庫）
【要旨】野獣の城の図書室のなかでねむる、一冊のふしぎな本。本のなかの世界に迷いこんでいくベルは、いつしかその世界にとりかわれ、出られなくなっていった。野獣から、お城のみんなに会いたいベルは、本のなかからぶじ脱出することができるのでしょうか？ 小学校中学年から。
2017.10 223p 18cm ¥780 978-4-06-199655-7

◆**ビースト・クエスト 9 黄金の鎧編 石魔女ソルトラ** アダム・ブレード作、浅尾敦則訳　静山社（静山社ペガサス文庫）
【要旨】暗黒の魔法使いマルベルに奪われた「黄金の鎧」をとりもどす旅に出たトムとエレナ。魔法の地図が示した次なる目的地は、なんと、トムの生まれ故郷エリネル村だった。ふるさとに帰れることを喜んだトムだったが、それは同時に、エリネル村に悪思の魔の手がのびているということでもある。急いで向かったトムたちだが―。小学中級より。
2017.3 132p 18cm ¥680 978-4-86389-342-9

◆**ビースト・クエスト 10 黄金の鎧編 蛇男ヴィペロ** アダム・ブレード作、浅尾敦則訳　静山社（静山社ペガサス文庫）
【要旨】なつかしい故郷エリネル村をはなれ、トムたちはふたたびぼうけんの旅へ。石魔女ソルトラを倒したときに、悪の魔法使いマルベルが残した言葉が、トムの心に恐怖の影を落とす―「これ以上おれの邪魔をすると、後悔するだろう」。一体、何を後悔しているのか。そして、しゃくねつの砂漠で待ち受ける、次なるビーストは!? 小学中級より。
2017.5 132p 18cm ¥680 978-4-86389-343-6

◆**ビースト・クエスト 11 黄金の鎧編 巨大グモアラクニド** アダム・ブレード作、浅尾敦則訳　静山社（静山社ペガサス文庫）
【要旨】アバンティア王国の危機を救うため、そして大事な友人である善の魔法使いアデュロの命を救うため、トムたちは悪の魔法使いマルベルから黄金の鎧を取りもどす旅をつづける。残る部品はあと2つ。次の敵は巨大グモだとマルベルが予告していたのだが。ほんの少しの間眠ってしまっていたトムが目を覚ますと、そこには目をうたがうような光景が!? 小学中級より。
2017.8 131p 18cm ¥680 978-4-86389-387-0

◆**ビースト・クエスト 12 黄金の鎧編 三頭ライオントリリオン** アダム・ブレード作、浅尾敦則訳　静山社（静山社ペガサス文庫）
【要旨】黄金の鎧も、残る部品はあと1つ。しかし、邪悪で巨大な三頭ライオン・トリリオンがトムたちの行く手をはばむ。アバンティアの伝説のビースト・テーガスもその鋭い牙で深い傷をおってしまう。それでも勇気をふるいおこすトムに、マルベルはあることを告げた―ここでトリリオンを倒したとしても、お前は後悔することになる。小学中級より。
2017.10 132p 18cm ¥680 978-4-86389-389-4

◆**ひつじのショーン―モンスターをやっつけろ！** マーティン・ハワード文、うえくらえり訳　KADOKAWA（角川つばさ文庫）
【要旨】ひつじのショーンや、たくさんの動物がくらす、へいわな牧場。ある夜、見まわり中の牧羊犬・ビッツァーが目げをしたのは、巨大なモンスター!? きょうふにふるえるひつじたち！ そんな中、たちあがったのは、ひつじたちのリーダー・ショーン！ みんなの牧場をまもるため、ショーンたちの"モンスターほかく大さくせん"がはじまった！ モンスターの正体とは…!? 大人気TVアニメが、小説で登場！ 小学初級から。
2017.11 157p 18cm ¥680 978-4-04-631763-6

◆**秘密 下 ―アラルエン戦記 10** ジョン・フラナガン作、入江真佐子訳　岩崎書店
【要旨】ウィル、ホラス、そしてホールトはカルト集団「アウトサイダーズ」の預言者テニソンが圧倒的な発言力で、人びとの心をつかむ様子に呆然とする。不審な事件は、広がるばかりだった。一方、クロンメルの王座を前に、ホラスが目にしたものとは？
2017.3 314p B6 ¥1600 978-4-265-05090-1

◆**ひみつの妖精ハウス―ティファニーの挑戦状！** ケリー・マケイン作、田中亜希子訳、まめゆか絵　ポプラ社（ひみつの妖精ハウス 4）
【要旨】あぶない挑戦だとしても、ほんのすこしの希望があるなら、やっぱりあきらめたくないの。だいすきなみんなのためにーわたし、勝ってみせる！ 小さな魔法を信じる、女の子のための物語。
2017 148p 20×15cm ¥980 978-4-591-15406-9

◆**ひみつの妖精ハウス 5 ひみつの妖精ハウス―真夜中のおとまり会** ケリー・マケイン作、田中亜希子訳、まめゆか絵　ポプラ社
【要旨】今夜はパジャマパーティー！ チョコチップクッキーにミルク。ねぶくろにくるまって、友だちと真夜中のおしゃべり。とびきりの夜になる！ 小さな魔法を信じる、女の子のための物語。
2017 140p 20×15cm ¥980 978-4-591-15621-6

◆**100時間の夜** アンナ・ウォルツ作、野坂悦子訳　フレーベル館（文学の森）
【要旨】私はニューヨークに住みたい。私は生きていたい―アムステルダムからニューヨークへ

◆フェリシーと夢のトウシューズ―ムービーストーリーブック　アンヌ＝マリー・ポル著, 川口明百美訳　キノブックス
【要旨】フランス・ブルターニュ地方、カンペールの、とある孤児院。少女は11年間、ある大きな夢を抱いたままその施設のなかで育った。少女の夢は、ダンサーになって憧れの都、パリのオペラ座で踊ることだ。ある日、フェリシーは施設でともに育った、たったひとりの友達で発明家を目指す少年、ヴィクターとともに脱走し、パリに向かう。そこでフェリシーを待ち受けていたのは…果たして無事にオペラ座へとたどり着くことはできるのか、そして、ダンサーになるという夢はかなうのか―。小学校中学年くらいから。
2017.8 279p B6 ¥850 ①978-4-908059-75-9

◆フォックスクラフト　2　アイラと長老たちの岩　インバリ・イセーレス著, 井上里訳　静山社
【要旨】「うなりの地」を出て、荒野をひとりで旅していたアイラ。川でおぼれかけている灰色のキツネに出会う。シブリンにだまされたやつらに、もうだれともかかわるまいと思っていたが、見捨てることはできなかった。助けた灰色キツネのハイキは、アイラと同じく"憑かれた者たち"に家族を奪われ、北の"荒野"にいるという"長老"たちに助けを求めにいくところだった。ハイキとともに"長老たちの岩"を目指すアイラ。そして、ついにアイラはおしゃべりで大人なつっこいハイキとともに"長老たちの岩"を目指すのだが…。愛と勇気とスリルがいっぱいの子ギツネ・アドベンチャー「フォックスクラフト」第2巻。
2017.10 378,5p B6 ¥1600 ①978-4-86389-395-5

◆フォール　自由への落下　上―地底都市コロニア　5　ロデリック・ゴードン, ブライアン・ウィリアムズ著, 橋本恵訳　学研プラス
【要旨】追いつめられ、底しれぬ地底の"大穴"にふわりふわりと落ちていくウィルと仲間たち。闇の世界から、生きて脱出するには？　謎の病で眠り続けるエリオットを救うため、ウィルはある賭けに出るが…。
2017.3 445p B6 ¥1600 ①978-4-05-204594-3

◆フォール　自由への落下　下―地底都市コロニア　6　ロデリック・ゴードン, ブライアン・ウィリアムズ著, 橋本恵訳　学研プラス
【要旨】ロンドンで身を潜めていたドレイクは、スパイをおびき出し、作戦を決行。一方ウィルは、石板の解読に成功したた博士を連れ、殺人ウイルス"ドミニオン"を封印しようとふたたび地底の奥深くに向かう。しかしそこにはあらたな異世界が待っていた！
2017.3 446p B6 ¥1600 ①978-4-05-204595-0

◆不思議なおしゃべり仲間たち　クリスティナ・ロセッティ文, アーサー・ヒューズ画, 市川純訳　（大阪）レベル, ビレッジプレス　発売
【要旨】不気味な空間を旅して帰還する、フローラ、イーディス, マギー、三人の少女の物語。さあ、あなたも語り部になったお嬢さまのそばで、子供たちといっしょに、どうぞ、お聞きください。アーサー・ヒューズの挿絵も魅力的な童話作家としてのロセッティを知る好著！　日本語、初翻訳！
2017.5 96p B6 ¥1300 ①978-4-903225-49-4

◆舞台裏のゆうれい―ゆうれい探偵カーズ＆クレア　3　ドリー・ヒルスタッド・バトラー作, もりうちすみこ訳　国土社
【要旨】ゆうれいのカーズは、壁抜けもできない気弱なゆうれいだけど、探偵少女クレアといっしょに、ゆうれい事件専門の探偵をすることに。学校劇の練習中に、とつぜんピアノが鳴ったり劇の衣装が消えたりするて。さっそく捜査にとりかかると…。
2017.11p A5 ¥1300 ①978-4-337-03903-2

◆ふたりのスケーター　ノエル・ストレトフィールド著, リチャード・フロース絵, 中村妙子訳　教文館
【要旨】舞台は第2次世界大戦前の英国。健康回復のため10歳でフィギュアスケートを始めたハリエット。スター選手の忘れ形見として3歳から英才教育を受けてきたララ。スケートリンクで出会った性格・境遇にも対照的なふたりは、切磋琢磨しながら友情をはぐくみ、それぞれの夢

に向かって歩き始めます。
2017.11 207p B6 ¥1200 ①978-4-7642-6730-5

◆ベストフレンズベーカリー　4　まごころビスケットで幸せになあれ！　リンダ・チャップマン著, 中野聖訳, 佐々木メエ絵　学研プラス
【要旨】この町に来て、初めての夏休み！　わたしとミアは、犬たちを助けるためのお祭りを手伝うことになったのです。ビスケットのデコレーション体験や、ケーキのくじ引き、宝さがし…さあ、どんなアイデアで、お祭りを盛りあげようかな？　型ぬきビスケットやパーティーケーキなど楽しいレシピものってるよ！
2017.2 191p B6 ¥880 ①978-4-05-204377-2

◆ボイジャーズ8（エイト）　1　8人の最終候補（ファイナリスト）　D.J.マクヘイル著, 小浜杳訳　KADOKAWA
【要旨】天然資源が底をつき、地球は深刻なエネルギー危機におちいった。そこで、新たな資源を手に入れるため、世界中からすぐれた人材を選びだし、宇宙へ送りだすことになった。ただし、その条件は"12歳以下"であること。志願者70万人のなかから8人の最終候補が集められ、いよいよ最後の選抜テストが開始された―!!
2017.7 189p B6 ¥900 ①978-4-04-103511-5

◆ボイジャーズ8（エイト）　2　運命のわかれ道　D.J.マクヘイル著, 小浜杳訳　KADOKAWA
【要旨】宇宙で新たなエネルギー源を手に入れるため、世界中からすぐれた能力をもつ8人の子どもたちが集められた。その後、さらにきびしい選抜テストのすえ、新たに4人の宇宙飛行士が誕生することになっていた。息づまる選考の過程で、候補者たちは、たがいの個性をぶけつあうが―!?
2017.7 189p B6 ¥900 ①978-4-04-104947-1

◆ぼくたち負け組クラブ　アンドリュー・クレメンツ著, 田中奈津子訳　講談社（文学の扉）
【要旨】放課後ひとりで本を読むために、つけた名前は「負け組クラブ」！　だれも入りたくない「負け組クラブ」へ、ようこそ!?
2017.11 255p B6 ¥1400 ①978-4-06-283247-2

◆ぼくとあいつと瀕死の彼女　ジェス・アンドルーズ著, 金原瑞人訳　ポプラ社
【要旨】グレッグは幼なじみのアールと名作のパロディ映画を作るのが趣味というさえない17歳。同級生のレイチェルが白血病になったことを母親から知らされ、アールとともに彼女を訪ねるようになったのだが、次第に心を通わせていく。病状が悪化する中で、グレッグとアールは彼女のために映画を作ろうとするのだが…。
2017.8 343p B6 ¥1700 ①978-4-591-15274-4

◆ぼくとベルさん―友だちは発明王　フィリップ・ロイ著, 櫛田理絵訳　PHP研究所
【要旨】「みんなにはできて, ぼくにはできない…」読み書きができない少年エディ。発明家・ベルとの出会いが、彼を大きく変えていく。
2017.4 222p B6 ¥1400 ①978-4-569-78623-0

◆僕には世界がふたつある　ニール・シャスタマン著, 金原瑞人, 西田佳子訳　集英社
【要旨】妄想と幻覚が見せる海の世界、それはいつしか現実と混ざりはじめ…精神疾患の不安な"航海"をリアルに描く青春小説。2015年全米図書賞児童文学部門受賞、2015年ボストングローブ・ホーンブック賞オナー受賞、2016年ゴールデン・カイト賞受賞。息子の闘病経験にもとづくベストセラー小説。
2017.7 357p B6 ¥2200 ①978-4-08-773489-8

◆ぼくはO・C・ダニエル　ウェスリー・キング作, 大西昧訳　鈴木出版（鈴木出版の児童文学―この地球を生きる子どもたち）
【要旨】使ったあとの綿棒そっくりなぼく、ダニエル13歳。アメフトはへたすぎて控えのキッカー兼給水係。勉強は得意だけど書けない数字がある。気になる女の子もいるけど見つめられない。寝る前に「儀式」を2、3時間する。しないと死んじゃうかも。ぼくはヘンだ。でも、だれにもいえない。2017年エドガー賞児童図書部門受賞。
2017.10 350p B6 ¥1600 ①978-4-7902-3328-2

◆ぼくらの原っぱ森　ジュリア・グリーン作, 杉田七重訳, スカイエマ絵　フレーベル館（フレーベル館文学の森）
【要旨】梨の木通りに並ぶ家に住む子どもたちには、とびっきりの秘密の遊び場がひろがっている。家の前の通りをわたれば、すぐそこに手つかずの自然が待っているのだ！　主人公のノアは、なかまたちと集まって、秘密基地をつくったり、ハンティングゲームをしたりするのがなによりの楽しみ。ある日、たいせつな「原っぱ森」に開発業者が入り、家々が建ち並ぶという計画をノアは知ってしまい、なかまたちと立ち上がり戦いの準備を始めるが…。
2017.9 333p B6 ¥1400 ①978-4-577-04568-8

◆ボトルクリーク絶体絶命　ワット・キー著, 橋本恵訳　あすなろ書房
【要旨】13歳の少年コートは、ハウスボートで父と二人暮らし。腕利きのリバーガイドである父の仕事を手伝ううち、大人顔負けの知恵と技術を身につけていたが、ある日、巨大ハリケーンが、アラバマ州を直撃！　すみずみまでよく知るはずの沼地は、姿を変え、ハウスボートは流されていく。想定外の事態に、二人の少女を守るため、コートは…。
2017.7 255p B6 ¥1500 ①978-4-7515-2871-6

◆炎に恋した少女　ジェニー・ヴァレンタイン作, 田中亜希子訳　小学館（SUPER！YA）
【要旨】父の財産をねらう冷たい母と義理の父…。家族の愛を知らずに育った主人公が本当の父とつむいだ最期の日々は、彼女を思いもよらない結末へと導こうとしていた！　大どんでん返しの復讐劇が痛快!!
2017.6 303p B6 ¥1400 ①978-4-09-290583-2

◆摩訶不思議探偵社　ブライアン・キーニー著, 屋敷直子訳（武蔵野）バベルプレス
【要旨】どこにでもいそうな12歳の少年のオットーに、お母さんが突然いなくなるという事件がふりかかれた。たどりついた「摩訶不思議探偵社」―そこにいたのはマクシミリアンという風変わりな探偵だった。お母さんを救出するため、オットーは探偵マクシミリアンと不思議の魔法の世界へひきこむことに…。一緒に魔法の世界にやって来た友だちのジュリエット、ネコのコーネリアスとも力を合わせ、数々の試練を乗り越えていくハラハラドキドキのストーリー！　きみもオットーと一緒に冒険の旅に出てみよう!!
2017.6 211p A5 ¥1600 ①978-4-89449-169-4

◆幻の動物とその生息地　J.K.ローリング著, 松岡佑子訳　静山社（ホグワーツ・ライブラリー　1）新装版
【目次】序論（この本について、魔法動物とは何か？、幻の動物に関するマグルの認知度小史、隠れた魔法動物、魔法動物学はなぜ重要か）、魔法省分類、幻の動物事典（アルファベット順）
2017.4 159p A5 ¥1300 ①978-4-86389-379-5

◆幻の動物とその生息地　カラーイラスト版　J.K.ローリング作, オリヴィア・ロメネク・ギル絵, 松岡佑子訳　静山社
【要旨】アクロマンチュラ、バジリスク、ケンタウロス、ドクシー、エルンペントーかの有名な魔法動物学者、ニュート・スキャマンダーによって編纂されたこの豪華な「幻の動物事典」で、魔法界の野生の不思議を探検しよう！
2017.11 133p 30×26cm ¥3800 ①978-4-86389-383-2

◆ミオととなりのマーメイド　1　人魚になれるのはヒミツ。　ミランダ・ジョーンズ作, 浜崎絵梨訳, 谷朋絵　ポプラ社
【要旨】海辺の町にすむミオが、あらしの日にであったのは…長い黒髪にグレーのひとみをした、美しい人魚の女の子の―！
2017 153p 18×14cm ¥980 ①978-4-591-15477-9

◆ミオととなりのマーメイド　2　パーティーは海のお城で。　ミランダ・ジョーンズ作, 浜崎絵梨訳, 谷朋絵　ポプラ社
【要旨】人魚のルナをつれてミオが、ミオは海のお城でひらかれるダンスパーティーへ―。さあ、ドレスアップしなくちゃ！新シリーズ、第2弾！　魔法のくしで髪をとかすと、人魚になれる！　少女ミオのものがたり。
2017 161p 18×14cm ¥980 ①978-4-591-15647-6

◆水瓶座の少女アレーナ　1　わたしを呼ぶ水の声　タニヤ・シュテーブナー著, 中村智子訳　学研プラス
【要旨】病気のせいで、冷たい水を飲むことも触れることも禁止されて育ったアレーナは、養母マリアンネ以外には心を開くことができない。そんなアレーナが、ある日、港で古びた帆船を見か

児童文学

け、なぜか目が離せなくなった。乗組員は、三人の少年少女。この出会いが、アレーアを海に水をめぐる壮大な冒険の世界に導くのだった。「動物と話せる少女リリアーネ」の著者によるファンタジー新シリーズ！
2017.7 351p B6 ¥1200 ①978-4-05-204297-3

◆水瓶座の少女アレーア 2 わたしをとりまく海の色 タニヤ・シュテーブナー著、中村智子訳、千野えながイラスト 学研プラス
【要旨】自分の不思議な能力と出生の秘密を知るために、帆船クルクスの仲間アルファ・クルーといっしょにスコットランドのネス湖を目指したアレーアは、海底で魚たちに守られた廃墟の村を発見する。新しいメンバーのレノックスは謎めいていて魅力的な少年だ。アレーアは彼のことが頭から離れない。
2017.12 239p B6 ¥1100 ①978-4-05-204755-8

◆ミッキーマウスの事件簿―月夜の巨人事件 ヴァレンティーナ・カメリーニ、シャンタル・ペリコーリ文、増井彩乃訳 KADOKAWA（角川つばさ文庫）
【要旨】満月の夜にお店にしのびこみ、陶芸品を壊して去っていく"なぞの巨人"。ふしぎな事件が起きる町で起こる、このふしぎな事件に、警察官たちは頭をかかえていた…。そんななか、ミッキーマウスが華麗な推理で、犯人の手がかりを見つけだす！ 巨人の正体とは、いったい―!? ほかにも、「消えた科学者とひみつの研究」や、「鏡の世界での大冒険」を収録。小学中級から。
2017.8 151p 18cm ¥640 ①978-4-04-631746-9

◆3つ数えて走りだせ エリック・ペッサン著、平岡敦訳 あすなろ書房
【要旨】フランスで学び、成長する権利を求めて走ったアントワーヌとトニー、家出のマラソンランナー。二人の少年は、1週間で380キロメートルを走った。13歳の少年たちのごきげんな逃走劇。NRP児童文学賞を受賞したフランスYA文学の傑作！
2017.3 143p B6 ¥1300 ①978-4-7515-2867-9

◆見て！ わたしの魔法 ルース・サイムス作、神戸万知訳、はたこうしろう絵 ポプラ社（見習い魔女ベラ・ドンナ 2）
【要旨】魔女になりたい！ と願いながら児童養護施設で育ったベラ・ドンナをひきとったのは、リリスさんという魔女だった！ 夢がかなって見習い魔女になったベラ・ドンナは、魔法の勉強にはげみながら、人間の学校に通っている。そして、魔法コンテストに出場することに…。
2017 180p 22×16cm ¥1200 ①978-4-591-15476-2

◆緑の霧 キャサリン・ヴァン・クリーヴ作、三辺律子訳 ほるぷ出版
【要旨】緑の霧がもどってきてから、おだやかな生活が狂いだした。親友のハリーは、あたしに意味がわからない。空中ブランコに乗った仕草でなにかを伝えようとするし、あたしに事故を起こし、奇跡の雨は降らなくなり、大好きなエディスおばさんは信じられない行動に出る。自分を信じて、みんなを救う方法を突き止められるの？ 動植物と話せる少女は、大好きな家族と農園を救うため、寒中で走った。奇跡の雨が降るふしぎな農園で紡がれる魔法。
2017.3 365p B6 ¥1700 ①978-4-593-53499-9

◆みんなが知らない美女と野獣―なぜ王子は呪いをかけられたのか セレナ・ヴァレンティーノ著、岡田好惠訳 講談社（講談社KK文庫）
【要旨】お城でくらす、わがままな王子の野獣の姿に変えられたのは、老女ではなく、王子の婚約者だった。そして、ベルと結婚したがっている、うぬぼれやのガストンは、王子の親友だった…。などと知ったら、みなさんも、びっくりすることでしょう。この物語を読むと、次々とわかることがあります。さあ、今すぐ、ページをめくり、みんなが知らない『美女と野獣』の世界へ！ 小学中学年から。
2017.4 191p 18cm ¥680 ①978-4-06-199597-0

◆メキシコへわたしをさがして パム・ムニョス・ライアン作、神戸万知訳 偕成社
【要旨】ひいおばあちゃんと、弟のオーウェンと暮らす少女ナオミの人生に、実の母スカイラがあらわれる。身勝手な理由で、自分だけを引きとろうとするスカイラに対抗するため、ナオミは、はなれて暮らす父をさがして、メキシコへ旅立つことになる。国を越え、ルーツにふれて、自分自身をみつける少女の物語。小

学校高学年から。
2017.12 251p B6 ¥1500 ①978-4-03-726890-9

◆めざせ！ チャンピオン ライトニング・マックィーン/ジャクソン・ストーム デーブ・キーン文、おおつかのりこ訳 講談社（講談社KK文庫）
【要旨】映画「カーズ」シリーズの人気レーサー、ライトニング・マックィーンとジャクソン・ストーム。ふたりの天才は、いかにしてチャンピオンになったのだろうか。速のうらには、驚くほどの努力が隠されていた！ 2話まるごと収録！ 小学低学年から。
2017.12 190p 18cm ¥680 ①978-4-06-199658-8

◆メリーメリー おとまりにでかける ジョーン・G・ロビンソン作・絵、小宮由訳 岩波書店
【目次】メリーメリーおきゃくさんになる、メリーメリーおこづかいをかせぐ、メリーメリーのおりょうり、メリーメリーのハンドバッグ、メリーメリーおとまりにでかける
2017.3 133p B6 ¥1300 ①978-4-00-116007-9

◆メリーメリーのびっくりプレゼント ジョーン・G・ロビンソン作・絵、小宮由訳 岩波書店
【要旨】小さくたって、大かつやく！ せかいいちおもしろいえっ子メリーメリー。
2017.6 134p B6 ¥1300 ①978-4-00-116009-3

◆メリーメリーへんしんする ジョーン・G・ロビンソン作・絵、小宮由訳 岩波書店
【要旨】メリーメリーはせかいいちおもしろいえっ子。「あっというまに、かんばんむすめになっちゃったのよ。」本邦初訳のゆかいなお話！ 5話収録。
2017.9 142p B6 ¥1300 ①978-4-00-116011-6

◆モアナと伝説の海 スーザン・フランシス作、しぶやまさこ訳 偕成社（ディズニーアニメ小説版 111）
【要旨】海に選ばれた少女モアナと風と海をつかさどる半神半人のマウイ。女神に"心"をぬすまれ、愛する者たちを救うため、大海原への航海がいま、はじまる！ 南の海を舞台に、ディズニーが贈る、笑いと冒険のハートフルファンタジー！
2017.3 214p 18cm ¥700 ①978-4-03-792110-1

◆モアナと伝説の海 中井はるの文、駒田文子編集協力 講談社（ディズニームービーブック）
【要旨】"母なる島からマウイが『心』を盗み、闇が生まれた。だが海に選ばれし者がマウイとともに失われた『心』を母なる島に返し、世界を取り戻すだろう―"ここはそんな伝説が残る美しい南の島。村長の娘モアナは、サンゴ礁の向こうの世界に憧れますが、お父さんは危険な外の海に出ることを許しません。そんなある日、島で作物や魚がとれなくなる危機に見舞われます。先祖がかつて航海をする民だったことを知ったモアナは、島を救うため大海原へこぎ出してゆきますが…。自分の未来は自分の力で切り開く―前へ進む勇気をくれる、感動の冒険物語！ 小学低学年から。
2017.3 175p B6 ¥880 ①978-4-06-220500-9

◆もうひとつのWONDER R.J.パラシオ作、中井はるの訳 ほるぷ出版
【要旨】いじめっ子ジュリアン、幼なじみのクリストファー、同級生のシャーロット。3人の「ふつうの子」が、顔がふつうじゃない「ふつうの男の子」、オーガストと出会って―。前作『ワンダー』でえがかれなかった、3つのワンダーストーリー。
2017.7 392p A5 ¥1500 ①978-4-593-53522-4

◆モルモット・オルガの物語 マイケル・ボンド作、おおつかのりこ訳、いたやさとし絵 PHP研究所（みちくさパレット）
【要旨】オルガは、物語をつくるのが大好きなモルモット。ペットショップからオガズくん家へとやってきました。じぶんだけの小屋があるし、タンポポだっておもうぞんぶん食べられる。ネコのノエル、ハリネズミのファンジオ、カメのグレアムという友だちもできて…。だけど、楽しいことにはトラブルもつきもので…。「むかしむかし、モルモットは月へいったのです…」空想好きのモルモットのお話は、とまりません。かくれた名作第1弾。"くまのパディントン"のマイケル・ボンドが描く！ クラシカルでコミカルな動物ファンタジー。
2017.12 159p 22×16cm ¥1300 ①978-4-569-78721-3

◆モンスターズ・インク―モンスター・シティへようこそ！ カリオペ・グラス、ケイト・イーガン、アニー・アウエルバッハ、ゲイル・ハーマン、キティ・リチャーズほか文、増井彩乃訳 KADOKAWA（角川つばさ文庫）
【要旨】「モンスターズ・インク」の名コンビ、サリーとマイクが帰ってきた！ 新しい事務長にげまわったり、料理コンテストに出てみたり、人間のパーティーをマネしたり…。ドタバタ続きで「モンスターズ・ユニバーシティ」での出会いから、笑わせ屋として活やくする「その後」の日々まで、この1冊でまるっと楽しめる、ぜいたくなショートストーリー集！ 小学中級から。
2017.4 181p 18cm ¥620 ①978-4-04-631686-8

◆ゆかいなセリア エレーナ・フォルトゥン著、西村英一郎、西村よう子訳 彩流社
【要旨】おしゃまなセリアはマドリッド・セラーノ通りに暮らす7歳の女の子。想像力ゆたかで好奇心いっぱいの彼女が巻き起こす小さな事件のお話、はじまりはじまり！ 1929年、スペインの新聞に第1話が掲載されスタートした物語は多くの人々に親しまれることとなり、その後、セリアの成長とともに『セリア』シリーズとして巻を重ねていくことになります。本書はその1冊目。ときには甘え、ときには背伸びすることもある、素直でまっすぐな子どもの気持ちと行動がいきいきと描かれています。
2018.1 310p B6 ¥2500 ①978-4-7791-2412-9

◆ライオンつかいのフレディ アレグザンダー・マコール・スミス作、もりうちすみこ訳、かじりみな子絵 文研出版（文研ブックランド）
【要旨】サーカス団長がアシスタントをさがしていることを知ったフレディは、夏休みのあいだ、サーカスで働かせてもらうことになった。働き者のフレディは、てきぱきと仕事をこなし、みんなからの評判がよい。サーカスの出し物の手伝いもさせてもらえることになったフレディ。ついには、ライオンつかいの仕事も？ 小学中級から。
2017.12 127p 22×16cm ¥1200 ①978-4-580-82336-5

◆列車はこの闇をぬけて ディルク・ラインハルト作、天沼春樹訳 徳間書店
【要旨】合衆国に働きに行ったきりの母さんを追って、十四歳のミゲルは故郷グアテマラを出た。やはり合衆国を目指す四人の同年代の若者と出会ったミゲルは、いっしょに貨物列車の屋根に乗り、メキシコを縦断する旅をはじめる。飢えや渇きや寒さ、追いまわす悪徳警官、身代金目あてのギャングなど、さまざまな苦難を切りぬけて、いっぽう、親切な人々にも出会いながら旅を続けるうちに、五人のあいだにはかたい友情が生まれる。実際に出会い、取材を重ねて描き出した、アメリカ合衆国を目指しメキシコを旅する子どもたちの迫力の物語。フリードリヒ・ゲルシュテッカー賞受賞、ドイツ児童図書賞最終候補作。10代～。
2017.12 409p 19×14cm ¥1800 ①978-4-19-864536-6

◆わたしがいどんだ戦い 1939年 キンバリー・ブルベイカー・ブラッドリー作、大作道子訳 評論社
【要旨】一九三九年。二度目の世界大戦さなかのロンドン。足の悪いエイダは、けんめいに歩く練習をしていた。歩けさえすれば、弟といっしょに疎開できる！―自分らしく生きるために戦う少女と、彼女をあたたかく包む村の人たちをえがく。二〇一六年のニューベリー賞、シュナイダー・ファミリーブック賞受賞作。
2017.8 374p B6 ¥1600 ①978-4-566-02454-0

◆わたしも水着をきてみたい オーサ・ストルク作、ヒッテ・スペーリ絵、きただいえりこ訳 さ・え・ら書房
【要旨】学校のプールの授業では、みんな水着をきて、男の子も女の子もいっしょにおよぐととてもたのしそう。でも、ファドマがスウェーデンに来る前にくらしていた国では、とても信じられないことなの。お父さんもお母さんも、ゆるしてくれっこない。だからファドマは、いつもプールのはしで服をきたまま、みんながおよぐようすをみているだけ。
2017 41p A5 ¥1200 ①978-4-378-04146-9

◆笑う化石の謎 ピッパ・グッドハート著、千葉茂樹訳 あすなろ書房
【要旨】ヘビ石、雷石、そして、悪魔の足の爪とは…？ 19世紀後半、迷信とキリスト教信仰に支配されていた世界が、ダーウィンの「進化論」の登場により、音を立てて変わろうとしていた。古い石ころにしか見えないコプロライトが、良質

児童文学

な肥料であることがわかり、グランチェスター村は一変。苦境に陥ったエルウッド家を救ったのは、ビルのするどい観察眼と、物事の本質を探ろうとする類まれな知的好奇心だった…！化石発掘にすべてをかける、少年たちのスリルあふれる冒険物語。
2017.11 287p B6 ¥1500 ①978-4-7515-2876-1

世界の名作・童話

◆**赤毛のアン 上** L.M.モンゴメリ作、対馬妙訳、日本アニメーション絵 小学館 (小学館ジュニア文庫)
【要旨】カナダのプリンス・エドワード島で暮らす従妹マシューとマリラは、農場の仕事を手伝ってくれる男の子を引き取ることにしました。ところが、やってきたのは、赤い髪の毛をした11歳の女の子、アン・シャーリー。一度はアンを孤児院に送り返そうとしたマリラですが、アンのおしゃべりを聞いているうちに気持ちが変わってきて…。大まじめに行動しているのに、なぜか「わが人生最悪の悲劇」ばかりが訪れてしまうアンの毎日。あなたも一緒にドキドキしながらのぞいてみて！高学年以上。
2017.10 319p 18cm ¥750 ①978-4-09-231189-3

◆**赤毛のアン 下** L.M.モンゴメリ作、対馬妙訳、日本アニメーション絵 小学館 (小学館ジュニア文庫)
【要旨】アンがグリーン・ゲイブルズに引き取られて1年。念願だった家族マシューとマリラ、腹心の友ダイアナとともに、アンはきょうも空想をふくらませながら、元気に暮らしています。そでがふんわりふくらんだかわいいエニシダのワンピースが着たいというアンの願いは、はたしてかなうのでしょうか？そして、ライバルでちょっと気になるクラスのモテモテ男子・ギルバートとの関係は…？大人への階段を少しずつのぼりはじめたアンの成長を、あなたも見届けてください。高学年以上。
2017.10 303p 18cm ¥750 ①978-4-09-231190-9

◆**あしながおじさん** ジーン・ウェブスター作、代田亜香子訳、日本アニメーション絵 小学館 (小学館ジュニア文庫)
【要旨】養護施設育ちのジュディは、お金持ちの理事のおかげで、大学に行けることになりました。ただひとつの条件は、「月に一度、大学での生活について、報告の手紙を書くこと」。思いもかけない幸運に、ジュディは大喜び！名前も教えてくれないその理事に「あしながのっぽさん」とあだ名をつけて、ジュディは、日々のできごとをせっせと手紙に書きつづって送ります。4年後、楽しく充実した学生生活を終えた、ジュディの未来は？そして、あしながのっぽさんの正体は…？高学年以上。
2017.7 287p 18cm ¥750 ①978-4-09-231171-8

◆**大きなかぶ―チェーホフ ショートセレクション** チェーホフ著、小宮山俊平訳、ヨシタケシンスケ絵 理論社 (世界ショートセレクション 5)
【要旨】「この世は正しくて美しいものばかり」華よ色よ、こえてゆけ、尊厳なきしほる現実。名作がスラスラよめます。
2017 214p B6 ¥1300 ①978-4-652-20178-7

◆**オズの魔法使い** ライマン・フランク・ボーム作、田邊雅之監訳、日本アニメーション絵 小学館 (小学館ジュニア文庫)
【要旨】ドロシーはカンザスの大草原の真ん中で、ヘンリーおじさん、エムおばさん、子犬のトトと一緒に暮らしていました。ある日、とても大きな竜巻がやってきて、ドロシーとトトは、家ごと、はるか遠くオズの国まで吹き飛ばされてしまいました。カンザスに帰るためには、魔法使いのオズにお願いしなければなりません。途中出会った仲間たち、脳みそが欲しいカカシ、ブリキの木こり、臆病者のライオンとともに、オズの住むエメラルドをめざして、不思議な旅の始まりです！小学3年生以上。
2017.2 312p 18cm ¥750 ①978-4-09-231140-4

◆**鏡の国のアリス** ルイス・キャロル著、高山宏訳、佐々木マキ絵 亜紀書房
【要旨】鏡の向こうには、あいかわらずキュートでフシギな新世界。新訳・新挿絵で贈る、アリス・シリーズ完結編。
2017.12 237p B6 ¥1700 ①978-4-7505-1530-4

◆**キラキラかんどう おんなのこのめいさくだいすき** ささきあり著 西東社
【要旨】女の子が大好きな名作25話。
2017.12 247p 22×15cm ¥1200 ①978-4-7916-2686-1

◆**クマのプー** A.A.ミルン著、森絵都訳、村上勉絵 KADOKAWA (角川文庫)
【要旨】百エーカーの森で暮らすプーは、ハチミツが大好物。風船でうかんで、雨雲に扮してハチミツをとろうとしたり、仲良しのコブタと謎の動物を追跡したり、仕切り屋のラビットたち、カンガとルー親子をだまそうとしたり…。ヒースの原っぱやハリエニシダの茂み、小川など、イギリスの古き良き美しい田園風景を舞台に大好きなクリストファー・ロビンや森の楽しい仲間たちと繰り広げる冒険の数々に、心が温かくなる世界的名作。
2017.6 236p A6 ¥520 ①978-4-04-105374-4

◆**くまのプーさん** A.A.ミルン作、柏葉幸子編訳、patty絵、坪田信貴監修 KADOKAWA (100年後も読まれる名作 6)
【要旨】プーさんって、ロバのイーヨーのお誕生日に、大好きなハチミツをプレゼントするなんて、りっぱだなあ～。あれ？でも、そんなに味見しちゃっていいの？イギリスのゆかいなくまの名作が、さくさく読めるオールカラー版になった！
2017.11 139p A5 ¥880 ①978-4-04-892931-8

◆**グリムのむかしばなし 1** ワンダ・ガアグ編・絵、松岡享子訳 のら書店
【要旨】グリムの世界をこよなく愛した絵本作家が贈る珠玉の昔話7話を収録。小学校中学年以上。
2017.7 175p 20×15cm ¥1600 ①978-4-905015-32-1

◆**グリムのむかしばなし 2** ワンダ・ガアグ編・絵、松岡享子訳 のら書店
【要旨】アメリカの絵本黄金期に活躍したワンダ・ガアグ。幼いころからグリムのむかしばなしに親しみ、むかしばなしをこよなく愛してきたガアグが、生き生きとした再話とユーモアあふれる絵で贈る―。『ブレーメンの音楽隊』『ラプンツェル』『雪白とバラ紅』など9話を収録。小学校中学年以上。
2017.11 175p 20×15cm ¥1600 ①978-4-905015-35-2

◆**こども「シェイクスピア」** 齋藤孝著 筑摩書房
【要旨】人生は舞台、主役はあなたです！愛も、夢も、裏切りもある、人生を学ぶ最高の教科書。英文つき！
2017.4 110p A5 ¥1500 ①978-4-480-83907-7

◆**3にんのおひめさま―ラプンツェル/えんどうまめとおひめさま/おやゆびひめ** 間所ひさこ文、細川紹々、田村セツコ、にきまゆ絵 学研プラス (ランドセル名作)
【要旨】この本には三人のおひめさまのおはなしが入っているよ。かわいいおひめさまのせかいへようこそ！
2017.6 95p 22×14cm ¥980 ①978-4-05-204603-2

◆**少女ポリアンナ** エレノア・ホグマン・ポーター、ルイーザ・メイ・オルコット原作、新星出版社編集部編 新星出版社 (トキメキ夢文庫)
【要旨】父を亡くしたポリアンナは、おばのポリーのもとに向かいます。悲しみに負けず、明るくふるまうポリアンナ。そんなふうにいられたのは、父が教えてくれた「うれしくなるゲーム」のおかげでした。やがてポリアンナは、うれしくなるゲームを通して気難し屋のポリーや周囲の人々を幸せにしていきますが…。
2017.7 222p B6 ¥850 ①978-4-405-07251-0

◆**新訳 名犬ラッシー** エリック・ナイト作、岩貞るみこ訳、尾谷おさむ絵 講談社 (講談社青い鳥文庫)
【要旨】ジョーの愛犬ラッシーは、村でいちばん賢くて美しいと評判のコリー犬。ところが、ラッシーはある日とつぜん、うわさを聞きつけたお金持ちの公爵に買いとられてしまう。ヨークシャーから遠くはなれたスコットランドに連れてこられたラッシーは、大好きなジョーのもとへ帰るため、長い旅をはじめる！世界中で愛されつづけている名犬の物語を、読みやすい新訳で。小学中級から。
2017.7 237p 18cm ¥650 ①978-4-06-285643-0

◆**世界が若かったころ―ジャック・ロンドン ショートセレクション** ジャック・ロンドン作、千葉茂樹訳、ヨシタケシンスケ絵 理論社 (世界ショートセレクション 3)
【目次】荒野の旅人、世界が若かったころ、キーシュの物語、たき火、王に捧げる鼻、マーカス・オブライエンの行方、命の掟
2017 206p B6 ¥1300 ①978-4-652-20176-3

◆**ドキドキときめき おんなのこのめいさくだいすき** ささきあり著 西東社
【要旨】女の子が大好きな名作25話。
2017.12 246p 22×15cm ¥1200 ①978-4-7916-2687-8

◆**ドリトル先生航海記** ヒュー・ロフティング作、河合祥一郎編訳、patty絵、坪田信貴監修 KADOKAWA (100年後も読まれる名作 5)
【要旨】ドリトル先生は、動物の言葉が話せる世界でただ一人のお医者さん。でも患者は動物ばかりで「きょうは、ひまじゃのう」、いつもひまじゃ。ある日、うかぶ島クモザル島で友だちの大博物学者が行方不明になったとしらせを受けます。助手のトミー少年やなかよしの動物たちをつれ、クモザル島へむかいますが、それはゆかいで危険な旅のはじまりでした。海にもぐればカブト虫や巨大カタツムリも登場する、感動の冒険物語！
2017.9 141p 21×15cm ¥880 ①978-4-04-892867-0

◆**二番がいちばん―ロレンスショートセレクション** D.H.ロレンス作、代田亜香子訳、ヨシタケシンスケ絵 理論社 (世界ショートセレクション 2)
【目次】二番がいちばん、馬商の娘、乗車券を拝見します、ほほ笑み、木馬のお告げ、ストライキ手当て、ウサギのアドルフ
2017 206p B6 ¥1300 ①978-4-652-20175-6

◆**ノートルダム・ド・パリ** ヴィクトル・ユゴー作、新星出版社編集部編 新星出版社 (トキメキ夢文庫)
【要旨】中世のフランス・パリ。ノートルダム大聖堂の鐘番カジモドは、その醜い容姿のためにだれからも嫌われ、さみしい生活を送っていましたが、ある日、美しいおどり子エスメラルダと出会い…。さまざまな愛を描いた感動の大作！今、エスメラルダをとりまく人々の運命が動き出します。
2017.7 222p B6 ¥850 ①978-4-405-07252-7

◆**美女と野獣―七つの美しいお姫さま物語** ルプランス・ド・ボーモン夫人、グリム兄弟、ハンス・クリスチャン・アンデルセン、巌谷國士、池田香代子、立原えりか訳、佐竹美保絵 講談社 (講談社青い鳥文庫)
【要旨】やさしい娘、ベルは、バラを持ちかえった父の代わりに、おそろしい野獣の住む屋敷にとらわれることに。しかし、そこでは奇跡のようなことが起こって…。タイトルの「美女と野獣」を含む7編の美しいお姫さまの物語を収録。小学中級から。
2017.3 203p 18cm ¥620 ①978-4-06-285613-3

◆**美女と野獣** ボーモン夫人作、石井睦美編訳、Nardack絵、塚田貴貴監修 KADOKAWA (100年後も読まれる名作 3)
【要旨】お金持ちの商人の娘ベル。美人なのに恋には興味なく、本ばかり読んでるから、おねえさまたちに変わり者と笑われ、いつも一人ぼっちです。ある日、不幸なことが起きて、家を一晩でびんぼうになります。その上、魔法の城のバラをおとうさまがおって、主の野獣を怒らせてしまいます。「父のかわりに自分がその野獣に殺されます」と、ベルは城にむかいますが…それは最高の恋物語のはじまりです。
2017.7 134p A5 ¥880 ①978-4-04-892866-3

◆**ピーターパン** J.M.バリー作、代田亜香子訳、日本アニメーション絵 小学館 (小学館ジュニア文庫)
【要旨】ある日、ウエンディの部屋に突然あらわれたふしぎな少年ピーターパン。空を飛ぶことができて、住所は、ふたつ目を右に曲がって、そのまま朝までまっすぐ！お母さんなんかいない！迷子の子どもたちのリーダーで、妖精たちのリーダーと知り合い!?ウエンディと弟たちは、ピーターパンといっしょに空を飛び、ネバーランドへむかいます。そこで待ち受けていたのは、おそろしいフック船長ひきいる海賊やピカニニ族の戦士たち、人魚、人食いワニ…。さあ、夢の国の大冒険のはじまりです。小学3年生以上。
2017.12 319p 18cm ¥750 ①978-4-09-231202-9

◆**秘密の花園** フランシス・ホジソン・バーネット、イーディス・ネズビット原作、栗生こ

児童文学

絵本・児童書

ずえ、高橋みか編訳、新星出版社編集部編　新星出版社　（トキメキ夢文庫）
【要旨】だれも入れない花園、どこからかひびく泣き声…。両親を亡くしたメアリはおじのもとに引き取られることになりますが、そして美しい自然との出会いを通して、小学校6年生までに学習する漢字を掲載先は奇妙でなぞめいたお屋敷でした。病弱ないとこのコリンや動物と話ができる少年ディッコン、そして美しい自然との出会いを通して、メアリが見つけたものとは…？マンガとイラストで読める。すべてふりがな付き。
2017.3 238p B6 ¥850 978-4-405-07247-3

◆百万ポンド紙幣─マーク・トウェインショートセレクション　マーク・トウェイン著、堀川志野舞訳、ヨシタケシンスケ絵　理論社　（世界ショートセレクション 4）
【要旨】「魂を賭したまえ！」「改心したまえ！」それは悲劇？喜劇？天国とも地獄…？名作がスラスラよめる！世界文学旅行へお連れします！
2017.1 206p B6 ¥1300 978-4-652-20177-0

◆フランダースの犬─動物の名作3選　新星出版社編集部編　新星出版社　（トキメキ夢文庫）
【要旨】心優しい少年ネロは、おじいさんや犬のパトラッシュ、仲よしの少女アロアに囲まれ、貧しくも幸せな日々を送っていました。しかし、悲しい出来事が次々に降りかかり…。少年たちのきずなになみだする、感動の名作。美しい馬が波乱の一生を語る『黒馬物語』、母親をなくした子グマの成長をえがいた『灰色グマワーブの一生（シートン動物記）』も収録。小学校6年生までに学習する漢字を掲載。すべてふりがな付き。
2017.12 222p B6 ¥850 978-4-405-07261-9

◆魔法の学校─エンデのメルヒェン集　ミヒャエル・エンデ作、池内紀、佐々木田鶴子、田村都志夫、矢川澄子訳　岩波書店　（岩波少年文庫）
【要旨】魔法の学校の授業では、自分のほんとうの望みを知って、きちんと想像することが一番大切だと教えます。表題作のほか、「レンヒェンのひみつ」「はだかのサイ」など、エンデならではのユーモアと風刺に満ちた、心にひびく10の物語。小学4・5年生以上。
2017.1 325p 18×13cm ¥760 978-4-00-114236-5

◆3つのぼうけん─いっすんぼうし／ジャックとまめの木／シンドバッドのぼうけん　戸田和代文、ぼりょう、田中六大、にしかわおさむ絵　学研プラス　（ランドセル名作）
【要旨】この本には三つのぼうけんのおはなしが入っているよ。さあ、わくわくどきどきのぼうけんのはじまりだ！
2017.6 95p 22×16cm ¥980 978-4-05-204602-5

◆3つのまほう─アラジンとまほうのランプ／まほうつかいのでし／金のがちょう　間所ひさこ文、山西ゲンイチ、出口かずみ、いとうみき絵　学研プラス　（ランドセル名作）
【要旨】新1年生にぴったり。読みやすい大きな字！最後までたのしいオールカラー！チャレンジしやすい短→中→長の3話！お話をふりがえる迷路つき！
2017.11 99p 22×16cm ¥980 978-4-05-204740-4

◆ロミオとジュリエット─バレエの名作4選　新星出版社編集部編　新星出版社　（トキメキ夢文庫）
【要旨】中世のイタリア・ヴェローナ。パーティの夜、運命的な出会いをしたロミオとジュリエットは、たちまち恋に落ちます。しかし二人の家は、にくしみ合う宿敵同士。許されない恋の行方は…？ラブストーリーの名作『ロミオとジュリエット』のほか『ねむれる森の美女』、『白鳥の湖』、『くるみわり人形とねずみの王さま』を収録。
2017.11 222p B6 ¥850 978-4-405-07260-2

◆若草物語　ルイーザ・メイ・オルコット原作、中川千英子編訳、新星出版社編集部編　新星出版社　（トキメキ夢文庫）
【要旨】マーチ家の四姉妹はとっても個性豊か。ときにはけんかや失敗をすることもありながら、かしこく優しい母に助けられながら、楽しく暮らす戦地に出かけた父もむりをふりしぼって、四姉妹は"小さなレディー"になれているのでしょうか？心温まる家族愛の物語です。マンガとイラストで読める。小学校6年生までに学習する漢字を掲載。すべてふりがな付き。
2017.3 222p B6 ¥850 978-4-405-07246-6

推理小説・ミステリー

◆相棒 season3 上　輿水泰弘、砂本量、櫻井武晴脚本、碇卯人ノベライズ　朝日新聞出版　新装・YA版
【要旨】失踪した公安刑事の行方を追うため、IT企業に潜入した特命係の二人は、社長の北潟の元に、人間の左腕が送られてきた場面に遭遇する。数日後、東京湾から、片腕のない男性の焼死体が発見され…。事件のかかわりを調べる右京と薫の前に、思いもかけない人物が立ちはだかる！
2017.2 353p B6 ¥1500 978-4-02-251448-6

◆相棒 season3 下　輿水泰弘ほか脚本、碇卯人ノベライズ　朝日新聞出版　新装・YA版
【要旨】夜の公園で池に飛び込もうとする全裸の女。特命係の亀山薫が駆けつけたが、そこに女の姿はなかった。その代わり、池の中から頭蓋骨が見つかってしまう。幽霊の仕業？とても信じてもらえないと思い、薫が冗談交じりに話してみると、杉下右京は並々ならぬ興味を示して…。
2017.3 411p B6 ¥1600 978-4-02-251449-3

◆怪人二十面相と少年探偵団　江戸川乱歩原作、那須田淳文、仁茂田あい絵、坪田信貴監修　KADOKAWA　（100年後も読まれる名作 4）
【要旨】小林君はある事件で両親を亡くし、名探偵・明智小五郎にひきとられ、小学生ながら探偵助手になる。そんなある日、大事件が発生！犯人はいま日本中をさわがしている大どろぼう・怪人二十面相。羽柴家から、ロマノフ王朝のダイヤを盗み、息子の荘二君まで誘拐したという！ところが明智先生は海外出張中。小林君はひとり事件の捜査にのりだすが…。歴史にのこる名作ミステリーがオールカラーで登場。
2017.7 137p A5 ¥880 978-4-04-892865-6

◆怪盗王子チューリッパ！　3　怪盗王の挑戦状　如月かずさ作、柴本翔絵　偕成社
【要旨】ながらくすがたを消していた伝説の怪盗王からとどいた予告状。怪盗王子チューリッパは、父である怪盗王にあうため、予告状がとどいた屋敷にしのびこむ。シリーズ最強の怪盗にいどむシリーズ第三弾！小学3・4年生から。
2017 141p A5 ¥1200 978-4-03-517630-5

◆怪盗ジョーカー解決！世界怪盗パークへようこそ!!　福島直浩著、たかはしひでやす原作　小学館　（小学館ジュニア文庫）
【要旨】ジョーカーたちの間で流行中の実践型ゲーム『怪盗エリアンス』。ジョーカーはゲームでナンバー1になるために、スペードやシャドウなどライバルたちとお宝争奪戦を繰り広げていく。しかし、いつもの怪盗仕事とは違って、ゲームの指令に従ってお宝を盗みに行くたびに、なぜか必ず鬼山警部が現れて…。そんなときクイーンの相棒・ロコが何者かにさらわれてしまう！ロコをいったい誰にさらわれたのか？そして『怪盗エリアンス』のゲームの結末は!?
2017.10 189p 18cm ¥650 978-4-09-231194-7

◆科学探偵謎野真実シリーズ 2 科学探偵 VS. 呪いの修学旅行　佐東みどり、石川北二、木滝りま、田中智章作、木々絵　朝日新聞出版
【要旨】修学旅行の行き先は、魔の都・京都！みがえる死体、現れる少女の幽霊、必ず当たる鬼のお告げ─次々起こる怪事件。天才探偵・謎野真実が、科学の力でナゾを解く！
2017.12 249p B6 ¥890 978-4-02-331639-3

◆華麗なる探偵アリス＆ペンギン─アラビアン・デート　南房秀久著　小学館　（小学館ジュニア文庫）
【要旨】怪盗赤ずきんから、学園祭への招待を受けたアリスとしょーは、クラスメイト碇山憩の兄・ジャックの生物研究所に行くことに。そこには人魚の茉莉音や、犯罪界のプリンス「グリム・ブラザーズ」もいた！なんでもジャックの遺伝子が、とても価値があるものを狙っているらしい…。だけどその貴重な研究用の豆が発芽して、巨大な豆の木が研究所を空高く押し上げてしまい!?ほかに『白雪と毒リンゴ』事件や『アリババと恋』事件も！今回も博士アリスが華麗に事件を解決！
2017.5 189p 18cm ¥650 978-4-09-231164-0

◆華麗なる探偵アリス＆ペンギン─パーティ・パーティ　南房秀久著、あるやイラスト　小学館　（小学館ジュニア文庫）
【要旨】アリスがペンギン探偵社に来てから、初めてのクリスマス！わくわくしながらパーティの準備をしていたところに、事件の依頼が舞い込んだ。どうやらサンタクロースが誘拐され、トナカイたちが困っているらしい。クリスマスで町中にサンタがいるなか、鏡の国でアリス・リドルと、パーティまでに華麗に解決できる…？ほかにも、ヘンテコ裁判で鏡の国から出られなくなったり、やまない大雪に『北極猛盗団』が現れたり、ペンギン探偵社は大忙しです！
2017.12 190p B6 ¥650 978-4-09-231204-3

◆きっぷでGo！─ドクターイエローに会う方法　豊田巧原作、田伊りょうき作画　ポプラ社　（ポプラポケット文庫）
【要旨】鉄道ファンの山口悠真（撮り鉄）、加藤葵（鉄道初心者）、林翔（音鉄）。小学5年生の3人組が、列車や時刻表など、鉄道の知識を活用してさまざまな事件を解決していく！小学校中級～。2017 174p 18cm ¥780 978-4-591-15521-9

◆少年探偵団一対決！怪人二十面相　江戸川乱歩原作、芦辺拓文、ちーこ絵、加藤康子監修　学研プラス　（10歳までに読みたい日本名作 7）
【要旨】あらゆる宝石や美術品が、大どろぼう怪人二十面相にねらわれ、次々と事件が起こる！はたして、探偵助手の小林くんや、少年探偵団は、二十面相をとらえられるのか!?カラーイラストいっぱい！全図解「物語ナビ」つき！
2017.11 153p 21×15cm ¥940 978-4-05-204721-3

◆謎新聞ミライタイムズ　1　ゴミの嵐から学校を守れ！　佐東みどり著、フルカワマモる絵、SCRAP謎制作、「シャキーン！」制作スタッフ監修　ポプラ社
【要旨】笑いあり、涙ありの、ドタバタ謎解きストーリー!!NHK Eテレシャキーン！大人気アニメが本になった！リアル脱出ゲームのSCRAP制作による、超絶謎10問を収録！
2017 207p B6 ¥1000 978-4-591-15597-4

◆謎解きはディナーのあとで　東川篤哉著　小学館　（小学館ジュニア文庫）
【要旨】国立署の新米刑事、宝生麗子は世界的な有名な「宝生グループ」のお嬢様。「風祭モータース」御曹司の風祭警部の下で、数々の事件に奮闘中だ。大豪邸に帰ると、ドレスに着替えてディナーを楽しむ麗子だが、難解な事件について相談する相手は"執事兼運転手"の影山。「お嬢様の毒舌で麗子の推理力のなさを指摘しつつ、影山は鮮やかに事件を解き明かしていく。ドラマ化、映画化されて四百万部を突破した国民的ユーモアミステリー。
2017.5 318p 18cm ¥750 978-4-09-231165-7

◆謎解き物語 真夜中の電話　赤川次郎著　汐文社　（赤川次郎ミステリーの小箱）
【要旨】女子大生の由起子は、アルバイトで友人の家の留守番をすることに。三日間留守番をするだけで、バイト料は二万円。楽勝のアルバイトのはずだったが、なんと殺人事件に巻き込まれてしまって!?（「真夜中の電話」より）ラストで必ず驚かされる、謎解きの楽しさに満ちたミステリー作品。
2017 198p B6 ¥1500 978-4-8113-2453-1

◆ナンシー探偵事務所─呪いの幽霊屋敷　小路すず作　岩崎書店
【要旨】母の留学を機に、「おでん町」で祖母と暮らすことになった、小学五年生の南原椎奈。十年ぶりに会う祖母のナンシー（南原しのぶ）は、なんと探偵になっていた！探偵小説好きの椎奈は、気持ちが高まるのを抑えられず─。第15回ジュニア冒険小説大賞受賞作。
2017.4 159p B6 ¥1200 978-4-265-84010-6

◆にちようびは名探偵　杉山亮作、中川大輔絵　偕成社
【要旨】おれの名まえはミルキー杉山。探偵だ。いましごとがないが、これまでかずかずの難事件を解決してきた。今回も、高価な木ぼりの人形をさがしたり、お金もちのおばあさんをたすけたり、有名な宝石「ツタンカーメンのよだれ」をめぐって怪盗ムッシュを追いかけたり、とにかくいそがしい。小学校中学年から。
2017 144p A5 ¥1000 978-4-03-345430-6

◆はじめてのミステリー名探偵登場！明智小五郎　江戸川乱歩著　汐文社

【目次】何者、兇器
2017 192p B6 ¥1600 ①978-4-8113-2362-6

◆はじめてのミステリー名探偵登場！ 金田一耕助　横溝正史著　汐文社
【要旨】しわだらけの着物によれよれのハカマ、すりへった下駄。いつもパッとしないかっこうで、ボサボサ頭をかきまわしている金田一耕助。でも、大好きな河合先生の代理でやってきた性格をいかして事件を調査し、日本全国のふしぎな事件を次々に解決してしまいます。映画化やドラマ化でもおなじみの、日本を代表する名探偵なのです！
2017 156p B6 ¥1600 ①978-4-8113-2363-3

◆魔法探偵ジングル―消えた雪の少女　大空なごむ作　ポプラ社
【要旨】レンガづくりの町並みが美しいディンドンシティー。ベルという少女に出会えたジングルは、家出した彼女の友人を一緒に探すことになって…!?フツーの冒険じゃつまらないきみへ!!魔界で起きた雪の少女誘拐事件を解決せよ!!クイズ暗号付き。
2017 174p B6 ¥800 ①978-4-591-15648-3

◆名探偵コナン―から紅の恋歌（ラブレター）
水稀しま著、青山剛昌原作、大倉崇裕脚本　小学館　（小学館ジュニア文庫）
【要旨】百人一首界を牽引する京都の「皐月会」。その会長との対談のために大阪のテレビ局でやって来た毛利小五郎とコナンたち一行に、平次の婚約者だと言い張る女性と出会う。彼女は競技かるたの元高校生チャンピオン・大岡紅葉。子供の頃に平次と約束したと言うが!?そこへテレビ局の爆破予告が届き避難すすることに。しかし、崩れゆくビルで平次と和葉が残されたまま。コナンの機転で脱出に成功するも、時を同じくして、京都では皐月杯の優勝者・矢島が殺されていた!?
2017.4 229p 18cm ¥700 ①978-4-09-231161-9

◆わたしが、もうひとり？―ものだま探偵団4　ほしおさなえ作、くまおり純絵　徳間書店
【要旨】朝、学校に向かう道で、五年生の七子は、自分と同じ顔、同じ髪型の子を見かけた。ふりむいたその顔も、七子にそっくり！やがて、ほかにも、自分のそっくりさん「ドッペルゲンガー」を見た、という人が、何人もいることがわかってきた。こんなふしぎなことが起こるのは、もしかしたら、もの忍んだ魂＝「ものだま」のせい？七子と、親友の「ものだま探偵団」鳥羽は、捜査にあたることに…。大好評シリーズ第四弾。小学校中・高学年～。
2017.8 244p B6 ¥1600 ①978-4-19-864464-2

◆悪ガキ7（セブン）―人工知能は悪ガキを救う!?　宗田理著　静山社
【要旨】大好きな河合先生の代理でやってきたじわる先生。わざと難しい問題を出してはいやみばかり…。そんなうんざりするような授業をぶちこわし、先生をやっつけてくれたのは、二郎がカッパ池で拾ったスーパーロボットのサム！人工知能搭載で、どんな問題もスラスラ。子供たちにしか聞こえない声で話すことができるので、先生たち大人に見つかることもない。みんなはすっかり夢中になるけれど、やがてとんでもない事件が…！
2017.2 215p B6 ¥1100 ①978-4-86389-376-4

◆IQ探偵ムー　元の夢、夢羽の夢　深沢美潮作、山田J太絵　ポプラ社　（ポプラカラフル文庫）
【要旨】「将来の夢」という作文の宿題を出された元のクラス。クラスのみんなは、おもいおもいの夢を好き勝手にいって盛り上がっていた。コックさん、アイドル、冒険家…。そして、別世界で。出版社に勤めるサラリーマンの玄は、電車の網棚に大切な原画を忘れてしまう。そんな時、ぐうぜんに作家の霧雨があらわれて、いっしょに原画をさがしてくれることに！…大人になったムーと元(!?)が登場する本編＋ほっこりする短編2編収録の人気シリーズ！小学校上級～。
2017 195p 18cm ¥760 ①978-4-591-15450-2

◆KZ' Deep File いつの日か伝説になる
藤本ひとみ著　講談社
【要旨】古都、長岡京で開かれる旧財閥の懇親会。厳重な警戒の中、ナイフを持ち込む少年の目的は？二つの蜘蛛の巣、誘拐された少女、からむ因縁の糸はどこに続くのか!?真実を追う少年たちの夢と挫折、友情と葛藤を描く、書き下ろし長編。
2017.5 299p B6 ¥1400 ①978-4-06-220559-7

◆ 海外の推理小説・ミステリー

◆暗号クラブ　9　暗号クラブ、日本へ！
ペニー・ワーナー著、番由美子訳、ヒョーゴノスケ絵　KADOKAWA
【要旨】コーディ、クイン、エム・イー、ルークは、リカの祖父母の招待で日本へやってきた。新宿、秋葉原をまわり、翌日からは京都へ行こうという夜。5人全員のスマートフォンに、謎のメッセージが届く。それは、アメリカを出発する前に届いたメッセージとよく似ていた。「怪士」を名のる差出人の正体は、いったい―!?体験型なぞ解き冒険ミステリー・シリーズ第9巻。巻末に暗号解答編つき。
2017.4 253p B6 ¥850 ①978-4-04-104518-3

◆暗号クラブ　10　ミステリー館のかくし部屋　ペニー・ワーナー著、番由美子訳、ヒョーゴノスケ絵　KADOKAWA
【要旨】暗号クラブの5人は、ルークのおばあちゃんといっしょにウィンチェスター・ミステリー館へ遊びに来た。133年前に建てられたこの屋敷には、150もの部屋がありきれた階段やドアがあり、謎がたくさんある。わくわくしながら探検を始めた5人だが、コーディがぐうぜん、助けを求めるメッセージを見つける。少女を閉じこめたのは、まさか―!?体験型なぞ解き冒険ミステリー・シリーズ第10巻。
2017.8 253p B6 ¥850 ①978-4-04-106072-8

◆暗号クラブ　11　暗号クラブvs.スーパー★スパイ・クラブ　ペニー・ワーナー著、番由美子訳、ヒョーゴノスケ絵　KADOKAWA
【要旨】暗号クラブの5人は、マットが作った「スーパー★スパイ・クラブ」と暗号解読ゲームで対決することに。新しくマットとデヴの仲間に加わったのは、ホームズファンであるスポーツ少女のホイットニーだ。ところが、スタッド先生が用意した問題を解いていくうちに、本物の事件が起こってしまう！2つのチームは、協力して謎を解けるのか―!?体験型なぞ解き冒険ミステリー・シリーズ第11巻。
2017.12 253p B6 ¥850 ①978-4-04-106073-5

◆怪盗アルセーヌ・ルパン―813にかくされたなぞ　モーリス・ルブラン作、二階堂黎人編著、清瀬のどか絵　学研プラス　（10歳までに読みたい名作ミステリー）
【要旨】パリの大金持ちが、殺される。その人物が応えきれいた暗号には、おどろきの真実がかくされていた。ルパンとおそろしい殺人鬼が、暗号のひみつをかけて、争う！
2017.4 207p 18cm ¥650 ①978-4-05-204593-6

◆黒い犬と逃げた銀行強盗―見習い探偵ジュナの冒険　エラリー・クイーン作、中村佐千江訳、マツリ絵　KADOKAWA　（角川つばさ文庫）
【要旨】ぼくは、ジュナ。12歳だけど、名探偵の助手をしてるよ。ぼくに道を聞いた感じの悪い人が、銀行強盗だったんだ！ぼくとチャンプ（ぼくの相棒の、スコッチテリア）を撃とうとした、ひどいやつらなのに、警察は取り逃がしちゃった。銀行強盗がのった黒い車は、大きな町へ続く道の途中で消えたっていうんだ。そんなの、ありえない。ぜったい、見つけ出してみせる！小学中級から。
2017.1 222p 18cm ¥720 ①978-4-04-631592-2

◆はじめてのミステリー名探偵登場！ ミス・マープル　アガサ・クリスティー著、中尾明訳　汐文社
【要旨】青い瞳と上品な白髪、イギリスの小さな村で暮らすやさしそうなおばあさん―それがミス・マープル。おしゃべり好きのおばあさんに見えますが、じつは、すばらしい推理力の持ちぬしで、身近に起こった事件をさらりと解決してしまいます。その名探偵ぶりは有名で、今日もまた、事件をかかえた村人たちがミス・マープルのところに相談にやってくるのです。
2017 154p B6 ¥1600 ①978-4-8113-2361-9

◆名探偵シャーロック・ホームズ―バスカビルの魔犬　コナン・ドイル原作、芦辺拓編著、城咲綾絵　学研プラス　（10歳までに読みたい名作ミステリー）
【要旨】イギリスの名家・バスカビル家の主人が死体で発見された。事件を受けたホームズは、その事件の調査に乗り出したが、そのときに不思議な出来事が起こり…。ホームズ史上、最大最高の長編推理!!
2017.3 1Vol. A5 ¥940 ①978-4-05-204600-1

◆名探偵ホームズとぼく―愛犬行方不明事件！　エリザベス・ユールバーグ著、中村佐千江訳　KADOKAWA
【要旨】ぼく、ワトソン。11歳。ふつうすぎる自分が悩みだった。それが…9歳の名探偵シェルビー・ホームズに出会ってから、次つぎ、事件に巻きこまれることに！えっ、高級マンションの密室から、ペットの犬が消えた!?防犯カメラにあやしい人は映ってないし、身代金を要求もない。ホームズはさっそく、推理を開始する。これは、名探偵ホームズとぼくがコンビになるきっかけとなった、最初の事件だ。ヒントはすべて、文中にある！本格ミステリー・シリーズ。
2017.2 254p B6 ¥900 ①978-4-04-105150-4

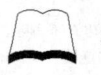

◆ SF・ファンタジー

◆アーサー王の世界　2　二本の剣とアーサーの即位　斉藤洋作　静山社
【要旨】大魔法師マーリンの計らいで、エクター卿の次男として育てられたアーサーは、美しい少年に成長した。そして、誰ひとり抜くことのできない石に刺さった剣を、引き抜いた瞬間からアーサーは、国王としての道を歩みだす…。魔法の剣に導かれた、国王アーサー誕生の物語。
2017.4 158p B6 ¥1300 ①978-4-86389-378-8

◆キキとジジ―魔女の宅急便　特別編　その2
角野栄子作、佐竹美保画　福音館書店　（福音館創作童話シリーズ）
【要旨】ある冬の日、人間のおとうさんと魔女のおかあさんのあいだに、かわいらしい女の子がうまれました。名前はキキ。これは、キキが魔女になる前の物語です。『魔女の宅急便』スピンオフ・シリーズ第二弾!!小学校中級以上。
2015.7 157p A5 ¥1300 ①978-4-8340-8338-5

◆ザ・マミー―呪われた砂漠の王女　坂野徳隆著　小学館　（小学館ジュニア文庫）
【要旨】米軍偵察兵のニック・モートンは、偶然にも古代エジプトの王女・アマネットの墓を発見する。しかしそれは、悪の化身となった王女を生き埋めにするための魔の牢獄だった。調査のため5000年もの間封印されていたアマネットの棺を運び出したが、空輸中に悪夢のような事故が起きて墜落、ニックは死んでしまう。しかし数日後、死んだはずのニックが突然目を覚ますのだった。それはアマネットが仕掛けた復讐劇の始まりだった。ニックは邪悪なアマネットに命がけで立ち向かうが…。
2017.7 207p 18cm ¥650 ①978-4-09-231184-8

◆ジャック・オー・ランド―ユーリと魔物の笛　山崎貴作、郷津春奈絵　ポプラ社
【要旨】山の上の魔物の街の、黒い大きな城には、おそろしい魔物の王、ジャック・オーがいます。人間の少年ユーリは、のろいでめざめなくなってしまった、おさななじみのエルのために、へんそうをして、ひとりで魔物の街へのりこみます。のろいをとくには、ジャック・オーのもつ魔物の笛が必要なのです。ユーリは街で、ゴブリン魔物のコブと友だちになりますが、二人いっしょにジャック・オーにつかまって―
2017 63p 22×16cm ¥1300 ①978-4-591-15615-5

◆心霊探偵ゴーストハンターズ　2　遠足も教室もオカルトだらけ！　石崎洋司作、かしのき彫画　岩崎書店
【要旨】ぼくら小4の春菜は、転校先で心霊探偵ゴーストハンターズのメンバーに。心霊現象のなぞを解くのがお仕事なんだけど、今回は、人形の魂の呪い！学校の鏡の恐怖伝説！…えっ、おそろしい捜査ばかり。霊感をとぎすませて、みんなで事件を解決しよう！
2017.5 223p B6 ¥900 ①978-4-265-01432-3

◆心霊探偵ゴーストハンターズ　3　妖怪さんとホラーな放課後？　石崎洋司作、かしのき彫画　岩崎書店
【要旨】心霊探偵ゴーストハンターズは、王兎小学校ですっかり有名に。これまでの事件は、拝み屋さんの亀じいちゃんに助けられてきたが、今回の相手は妖怪と闇の拝み屋さん!?春菜と仲間たちが力を合わせて不吉な心霊現象に挑むよ！
2017.11 223p B6 ¥900 ①978-4-265-01433-0

◆涙倉の夢　柏葉幸子作、青山浩行絵　講談社

児童文学　382　BOOK PAGE 2018

絵本・児童書

【要旨】母が、どうしても買いたがっていた、実家の倉。亜美はそこで不思議な体験をする…!?人間と動物が、いまよりも仲良く暮らしていた、そんな世界の物語…。感動のファンタジー。
2017.8 239p A5 ¥1600 ①978-4-06-220160-5

◆フェラルズ　2　黒き群れの襲来　ジェイコブ・グレイ著, 岡田好惠訳　講談社
【要旨】"フェラル"とは、動物と意思を通わせることができ、彼らを自在に操れる能力者—。一子相伝のその能力は、ある者たちには能力を持たぬ人間たちを支配したいという欲をもたらし、また、ある者たちには均衡と平和を強く希求する心をもたらした。"カラスのフェラル"の能力に目覚めたコーの前に立ちふさがったのは、正体不明のハエの女王。コーが亡くなった母から託された黒い石を狙い、襲いくる。日本初上陸！読んだことのないダーク・ファンタジーの誕生！
2017.3 350p B6 ¥1500 ①978-4-06-220482-8

◆フェラルズ　3　白き傀儡の逆襲　ジェイコブ・グレイ著, 岡田好惠訳　講談社
【要旨】"フェラル"とは、動物と意思を通わせることができ、彼らを自在に操れる能力者—。一子相伝のその能力は、ある者たちには能力を持たぬ人間たちを支配したいという欲をもたらし、また、ある者たちには均衡と平和を強く希求する心をもたらした。読んだことのないダーク・ファンタジーの誕生！
2017.8 318p B6 ¥1500 ①978-4-06-220643-3

◆魔女バジルと闇の魔女　茂市久美子作, よしざわけいこ絵　講談社（わくわくライブラリー）
【要旨】七魔が山に住む魔女のバジルは、ひとからあまり人気がありませんでした。というのも、バジルは、ひとにおくることができるのは、「努力」「根気」「若いときの苦労」という、「幸運」「勇気」などくらべて、ちょっと地味な力だったからです。そんなバジルのもとに、クリスタル国の女王から手紙がとどきました。成人式で、ひとに幸運をおくる大魔女フェネルといっしょに、バジルの力を若者たちにおくってほしいという、招待の手紙だったのです。大よろこびでクリスタル国をたずねたバジルは、そこで、平和をまもる国宝の水晶が、ある占い師によってねらわれているという歴史を知って—。小学中級から。
2017.9 142p A5 ¥1300 ①978-4-06-195786-2

◆やみ倉の竜—竜が呼んだ娘　柏葉幸子作, 佐竹美保絵　朝日学生新聞社
【要旨】王宮で暮らし始めたミア。大事な命を守るため、立ち上がった！朝日小学生新聞好評連載。
2017.8 266p A5 ¥1200 ①978-4-02-331406-9

◆NASA超常ファイル—地球外生命からの挑戦状　伊豆味成憲, 山浦聡イラスト　小学館（小学館ジュニア文庫）
【要旨】50年以上にわたり宇宙探査を行っているNASA—アメリカ航空宇宙局。彼らは、現在の科学でさえ説明のつかないことや、不思議な現象に数多く直面しています。そう、宇宙は私たちがまだ知らないことに満ちあふれているのです！この本は、ディスカバリーチャンネルの人気番組をわかりやすくノベライズしたもの。トップクラスの科学者や宇宙飛行士たちが、地球外生命の存在をさぐっていることができます！親子2世代でも楽しめる、コズミック・リアル・ストーリーの決定版！
2017.10 188p 18cm ¥650 ①978-4-09-231195-4

詩の本

◆赤いながぐつ—柘植愛子詩集　柘植愛子著, そねはらまさえ絵　（鎌倉）銀の鈴社（ジュニア・ポエム双書）
【目次】1 待ちきれないよ（待ちきれないよ、つなみ草の波、春のおぼえほか）、2 あかんぼついてきた（あかとんぼついてきた、雨がやんだら、とび出すてんとう虫ほか）、3 赤いながぐつ（みいつけた、至福のとき、赤いながぐつほか）
2017.7 95p A5 ¥1600 ①978-4-86618-016-8

◆一年分わらった—高知県こども詩集『やまもも』第41集　高知県児童詩研究会編　（高知）高知新聞社, （高知）高知新聞総合印刷発売
【目次】小学校一年生、小学校二年生、小学校三年生、小学校四年生、小学校五年生、小学校六年生、中学生
2017.4 239p 21×19cm ¥1429 ①978-4-906910-62-5

◆海の唄　麻砂乃里詩・絵　WAVE出版
【要旨】二十年間、海を見続けてきた男の、穏やかで自由な対話の記録。
2017.11 1Vol. 23×31cm ¥1800 ①978-4-86621-088-9

◆大人になるまでに読みたい15歳の詩　4　あそぶ　青木健編　ゆまに書房
【目次】巻頭文 あそび楽しさ（谷川俊太郎）、想像してごらん、遊べこどもたち、ことば遊び／ことばの実験室、わかることよりも感じること、エッセイ「あそぶ」こと、「詩を書く」こと（青木健）
2017.12 265p B6 ¥1500 ①978-4-8433-5214-4

◆大人になるまでに読みたい15歳の詩　5　たたかう　和合亮一編　ゆまに書房
【目次】巻頭文 敵はどこに？（谷川俊太郎）、私と私のこころ（一本のガランス（村山槐多）、前へ（大木実）ほか）、君よ！（先駆者の詩（山村暮鳥）ほか）、「ちさと」、おせ。もっと、（大和田・千聖）ほか）、この道を進め（三つの道（村上昭夫）ほか）、危険な散歩（萩原朔太郎）ほか）、戦争がありました、あります（戦争（北川冬彦）、戦争はよくない（武者小路実篤）ほか）、エッセイ戦争と闘う親友のように詩を傍らに（和合亮一）
2017.12 249p B6 ¥1500 ①978-4-8433-5215-1

◆大人になるまでに読みたい15歳の詩　6　わらう　谷川俊太郎巻頭文, 蜂飼耳編・エッセイ　ゆまに書房
【目次】巻頭文 詩への入りかた（谷川俊太郎）、ちょっと苦くて（着物（石垣りん）、ほほえみ（谷川俊太郎）ほか）、人々のなかで（動物園の珍しい動物（天野忠）、必敗者（鮎川信夫）ほか）、なんでもないことのようで（わらひます（北原白秋）、春のうた（草野心平）ほか）、晴れる心（太陽（西脇順三郎）、小さなリリーに（川崎洋）ほか）、エッセイ おもしろいことがいっぱい（蜂飼耳）
2017.12 238p B6 ¥1500 ①978-4-8433-5216-8

◆家族のアルバム—むらかみみちこ詩集　むらかみみちこ詩・絵　（鎌倉）銀の鈴社（ジュニアポエム双書）
【目次】はじまりのうた、1 家族のアルバム（バトンタッチ、命名、太郎 ほか）、2 小さなひとからの手紙（小さなひとからの手紙、楽譜は泳ぐ ほか）、3 おもいでのアルバム—納戸町14番地（納戸町14番地、東京富士見町教会、紀の善 ほか）
2017.7 87p A5 ¥1600 ①978-4-86618-022-9

◆こころ菌　久保克児著, 葉祥明絵　春秋社
【目次】自由、魔法の言葉、弾む、カレーをつくる、父よ母よ、ゆるキャラの国で、大丈夫、言葉に乗せて、あした、何んにもしたくない日、お釈迦さまからのメッセージ、空耳大王とつぶやき女王、人々と生きる、喜び、夫婦、六根清浄、不思議、人間の力、言葉に乗って、目からウロコ、友情、花火、おつかい、友へ、元気、こころ菌、いつも、山ほど、逆転、子供じゃないもの、こころ、仏、動じない、一緒、おまじない
2017.3 95p A5 ¥2200 ①978-4-393-43448-2

◆埼玉児童詩集　8　わたしのおとうと　大野英子編　旅と思索社
【目次】学校生活—一年生の学校あんない、自然—とかげのたまご、家族—おんぶの宿題、手伝い—きゅうりのハウス、戦争、児童詩六十三年の歩み（大野英子）
2017.2 157p 21×16cm ¥1700 ①978-4-908309-00-7

◆さやのお舟—くらたこのみ童謡詩集　くらたこのみ著, なくみ絵　（川崎）てらいんく（子ども 詩のポケット 50）
【目次】1 さやのお舟（さやのお舟、たんたん法師 ほか）、2 たいこ（きゅうこんちゃん、ピマビビ ほか）、3 オストンダール（かびらの鼻唄、コロンブスの卵 ほか）、4 つば（インタビュー、気まぐれロボット ほか）、5 心を広い大空へ（こしゆけてもいいですか、入道雲 ほか）
2017.10 127p 22×19cm ¥1800 ①978-4-86261-133-8

◆ジャンケンポンでかくれんぼ—馬場与志子詩集　馬場与志子詩, 日向山寿十郎絵　（鎌倉）銀の鈴社（ジュニア・ポエム双書）
【目次】1 昭和の遊び（花かんむり、おはじき、あやとり、お手玉、切りやっこ ほか）、2 昭和のくらし（かあさん、授乳、回想、お別れのこと、タバコ売り ほか）
2017 95p A5 ¥1600 ①978-4-86618-017-5

◆ポケットのはらうた　くどうなおこ詩, ほてはまたかし画　童話屋
【要旨】のはらむらの詩人は総勢125人。みんなで「のはらうた」を書いて、全350編です。その中から子どもたちの人気ナンバーワンばかり26編をあつめた「のはらうた選詩集」です。
2017.5 107p A6 ¥1700 ①978-4-88747-132-0

◆わき水ぶっくん—田沢節子詩集　田沢節子詩, 永田萠絵　（鎌倉）銀の鈴社（ジュニア・ポエム双書）
【目次】1 わき水ぶっくん（わき水ぶっくん、いらっしゃい、だあれ、風さんあそぶ、アイスキャンドル ほか）、2 ありがとうの言葉（ありがとうの言葉、まほうのことば、そよ風の子守歌、おんぶにだっこ、あんよは「ふ」の字 ほか）
2017.7 91p A5 ¥1600 ①978-4-86618-004-5

ノンフィクション

◆生きているだけでいい！—馬がおしえてくれたこと　倉橋燿子著　講談社（講談社青い鳥文庫）
【要旨】かしこくて、こわがりな動物、馬。その命を守る活動をしているのが、沼田恭子さんです。2011年におこった東日本大震災のときには、津波の被害にあった多くの馬を救いました。子どものころ動物がにがてだった沼田さんが、馬にかかわる仕事をするようになった理由は？行きづまったとき、馬たちの存在が気づかせてくれたこととは？『パセリ伝説』の著者が送る、感動のノンフィクション！小学中級から。
2017.9 285p B6 ¥640 ①978-4-06-285658-4

◆いのちは贈りもの—ホロコーストを生きのびて　フランシーヌ・クリストフ著, 河野万里子訳　岩崎書店（海外文学コレクション 5）
【要旨】これほど残酷な中にあっても、気高い精神を持ち続けた少女がいた！時代を超えた、少女の珠玉の証言。
2017.8 319p B6 ¥1600 ①978-4-265-86018-0

◆いやし犬まるこ—お年よりによりそう犬の物語　輔老心著　岩崎書店
【要旨】まるこ、雑種、メス、12さい。"犬すて山"で生まれたけれど、今、老人ホームで、みんなをげんきにする「いやし犬」としてかつやく中！まるこの頭をなでたくて、不自由な手をがんばって動かそうとする人、つえをついて、話しかけにやってくる人、おやつをあげたくて、車いすで近づいてくる人。きょうもまるこは、お年よりをえがおにします。
2017.10 143p A5 ¥1400 ①978-4-265-84011-3

◆海に帰れないイルカ　ジニー・ジョンソン著, 嶋田香訳　KADOKAWA（野生どうぶつを救え！本当にあった涙の物語）
【要旨】エーゲ海で、人間によってむりやりつかまえられた、イルカのトムとミーシャ。2頭は、せまいプールで、どろりと黒くにごった水の中で、ろくなえさももらえず、死にかけていました。トムとミーシャが、ふたたび自由になり、大海原でくらせるようになるまでの物語。
2017.3 141p B6 ¥1500 ①978-4-04-104839-9

◆海に帰れないイルカ　ジニー・ジョンソン著, 嶋田香訳　KADOKAWA, 汐文社発売（野生どうぶつを救え！本当にあった涙の物語）愛蔵版
【要旨】エーゲ海で、人間によってむりやりつかまえられた、イルカのトムとミーシャ。2頭は、せまいプールで、どろりと黒くにごった水の中で、ろくなえさももらえず、死にかけていました。トムとミーシャが、ふたたび自由になり、大海原でくらせるようになるまでの物語！
2017.6 141p B6 ¥1500 ①978-4-8113-2384-8

◆海は生きている　富山和子作, 大庭賢哉絵　講談社青い鳥文庫
【要旨】魚や貝、塩など、海のめぐみを受けて、わたしたちはくらしてきました。海の水が雨になり、森や田畑にふりそそぎ、川をとおって海にもどる。この水のつながりは、いのちのつながりでもあります。一方で海のたたかいもあります。そして今、海に異変が起きています。陸に生きるわたしたちと海との関係を見つめなおす「生きている」シリーズの完結編、待望の文庫化。小学中級から。
2017.7 189p 18cm ¥660 ①978-4-06-285637-9

◆家族をみつけたライオン　サラ・スターバック著, 嶋田香訳　KADOKAWA（野生どうぶつを救え！本当にあった涙の物語）

【要旨】メスライオンのベラは、ルーマニアのさびれた動物園でくらしていました。夫と赤ちゃんライオンがしんでしまい、自分も目の病気でかたほうの目が見えなくなっていたので、一方の目も見えなくなっていました。一方、オスライオンのシンバは、フランスのサーカスでかわれていましたが、サーカスがつぶれ、庭のすみに置かれて、小さなおりにとじこめられていました。2頭がアフリカの動物保護施設で運命の出あいをはたす物語。
2017.7 143p B6 ¥980 978-4-04-104843-6

◆**学校犬バディ—いつもいっしょだよ！ 学校を楽しくする犬の物語** 吉田太郎監修, 高倉優子著, 烏羽雨挿絵 KADOKAWA（角川つばさ文庫）
【要旨】ここは、犬が登校する小学校！ バディは生まれて2か月のころから学校犬になります。ふわふわ、もこもこの茶色の毛のエアデール・テリアのバディは、みんないっしょに、教室で勉強したり、校庭で遊んだり、キャンプや運動会など、学校のイベントにもさんかします。そして、バディは12頭の赤ちゃんを産んで、おさなくママになり…。本当にあった、バディと小学生と先生たちの、命と感動の物語!!小学中級から。
2017.6 159p 18cm ¥1400 978-4-04-631680-5

◆**学校へいきたい！ 世界の果てにはこんな通学路が！—カルロス アルゼンチンの11歳** パスカル・プリッソン原案, 飫肥糺編訳 六耀社
【要旨】地球上でもっとも南にあるといわれるアルゼンチンのパタゴニア。カルロスはこの地方に両親と妹の4人家族で住んでいます。カルロスと6歳の妹ミカエラは小学生です。家から学校まで、なんと18キロの道のりを、おさない兄妹は、毎日、馬で往復します。アンデス山脈につらなるけわしい山々と、大平原を片道1時間半、往復で3時間もかけて通学するふたりの夢は、未来の夢は…。シリーズ第6弾。
2017.6 72p A5 ¥1400 978-4-89737-897-8

◆**学校へいきたい！ 世界の果てにはこんな通学路が！—アニ マレーシアの11歳** 六耀社
【要旨】アニは11歳。マレーシアの小さな島に住んでいます。毎朝、通学につきそってくれるサブリとふたりで、小さなカヌーをこいで1時間、学校のある島まで通っています。
2017.1 76p A5 ¥1400 978-4-89737-868-8

◆**学校へいきたい！ 世界の果てにはこんな通学路が！—ザヒラ モロッコの12歳** パスカル・プリッソン原案, 飫肥糺編訳 六耀社
【要旨】「モロッコの屋根」とよばれるアトラス山脈の中腹に住む12歳の少女ザヒラは、中学生です。毎週月曜日、ザヒラは家から22キロはなれた学校へ通うため山のなかの通学路を歩きます。ふもとでは、町に向かう通りがかりの車に乗せてもらおうと、けんめいにおねがいします。そして、週日は学校の女子寮でくらしつつ勉強にはげみます。モロッコでは、女性が家庭にいて子育てすることという古い考えがまだまだ残っています。だから、学校へいくことをゆるされた少女ザヒラは、きびしい通学路にもめげず、「医者になりたい」という夢を実現しようと一生けんめいです。
2017.7 74p 22×16cm ¥1400 978-4-89737-896-1

◆**学校へいきたい！ 世界の果てにはこんな通学路が！—サミュエル インドの12歳** パスカル・プリッソン著, 飫肥糺編訳 六耀社
【要旨】体が不自由なサミュエルは、12歳の中学1年生。トイレをするにも車椅子が必要なサミュエルは、エマニュエルとガブリエルの小学生の弟の助けをかりて学校に通います。車椅子で通うのを受け入れてくれる学校は、サミュエルの住む地方には、1校しかありません。だから、片道4キロの道のりを、弟たちが車椅子で1時間15分もかけて通うのです。週日、車椅子を、前でエマニュエルが引き、うしろからガブリエルが押すとかいう兄弟の学校への希望、将来の夢とは…。
2017.7 72p A5 ¥1400 978-4-89737-898-5

◆**学校へいきたい！ 世界の果てにはこんな通学路が！—ジャクソン ケニアの11歳** パスカル・プリッソン著, 飫肥糺編訳 六耀社
【要旨】ジャクソンは11歳。アフリカ東部に位置するケニアに住んでいます。妹のサロメと、家から15キロはなれた学校に歩いて通います。サバンナを横切るこの通学路は、さまざまな危険にみちています。
2017.8 72p 22×16cm ¥1400 978-4-89737-899-2

◆**髪がつなぐ物語** 別司芳子著 文研出版（文研じゅべにーる・ノンフィクション）
【要旨】長くのばした自分の髪を寄付する「ヘアドネーション」。寄付された髪はていねいに処理をされて、「医療用ウィッグ」として、病気や、その治療によって髪の毛を失ってしまった子どもたちのために使われる。だれでも参加できるこの活動を、日本でリードするNPO、JHD&Cのとりくみと、自分の髪を寄付する子どもたち、ウィッグを受けとる子どもたちの思いにせまる。
2017.11 159p 22×16cm ¥1300 978-4-580-82315-0

◆**感動のどうぶつ物語キセキの扉** 青空純編著 西東社（ミラクルラブリー）
【目次】第1章 未来を信じて…（"青空純物語" 自然との約束、命をつなぐ犬、ひとりぼっちのジュゴン、鳥の求愛物語、どうぶつおもしろプロポーズ ほか）、第2章 想いが起こしたキセキ（"青空純物語" 突然の試練、あなたを守ります、看護師さん、調律師と鳥、ちょこん救出大作戦！ ほか）
2017.4 284p B6 ¥850 978-4-7916-2543-7

◆**感動のどうぶつ物語 天国のキミへ** 青空純編著 西東社（ミラクルラブリー）
【要旨】キミとの別れを思い出すと涙がとまらないけれど、これはキミと生きた証—
2017.9 287p B6 ¥850 978-4-7916-2681-6

◆**車いすはともだち** 城島充著 講談社（世の中への扉）
【要旨】エンジニア、アスリート、子どもたち—みんなでつくる車いす。みんなで育むバリアフリーの明日。小学上級から。
2017.3 188p B6 ¥1200 978-4-06-287024-5

◆**こまり顔の看板猫！ ハチの物語** にしまひろし写真・文 集英社（集英社みらい文庫）
【要旨】ひたいの八の字模様から"こまり顔"といわれるハチは、「幸運のまねきねこ」として知られています。一方で、飼いねこなのに「ひとり暮らし」、昼間はたばこ店で「アルバイト」と、生活はナゾにつつまれていて…!?なぜひとり暮らし??なぜアルバイト??そこには、いくつかの偶然と、ハチと飼い主、ハチとたばこ店店主親子の間の深い絆がありました。誰も知らなかったハチのヒミツに迫る、心ほっこり感動物語!!小学中級から。
2017.3 158p 18cm ¥640 978-4-08-321365-6

◆**こんにちは、ふたごのカワウソあかちゃん—ツメナシカワウソの成長物語** 横山季未文 学研プラス（動物感動ノンフィクション）
【要旨】日本ではめずらしい、ツメナシカワウソ。そのふたごのあかちゃんが、誕生しました。あかちゃんはお母さんのもとで育っていましたが、三か月たったころから、体調に変化が…。ある日ついに、二匹とも、まったく動けなくなってしまったのです。そこで、小さな命を守るため、お母さんの代わりに、スタッフが育てることになりました。「第六回子どものための感動ノンフィクション大賞」最優秀作品。
2017.7 122p A5 ¥1400 978-4-05-204584-4

◆**さらわれたチンパンジー** ジェス・フレンチ著, 嶋田香訳 KADOKAWA（野生どうぶつを救え！ 本当にあった涙の物語）
【要旨】生まれてまもない赤ちゃんチンパンジーのシノワーズは、家で密猟者のところで、ペット屋台で売られていました。シノワーズを買ったレストランの店主は、シノワーズにえさもあげず、夜になると、観光客にシノワーズと写真をとらせてお金をかせいでいました。やせおとったシノワーズが救い出され、幸せになるまでの物語！
2017.7 117p B6 ¥980 978-4-04-104838-2

◆**自閉症の僕が跳びはねる理由** 東田直樹著, よん絵 KADOKAWA（角川つばさ文庫）（付属資料：シール1）
【要旨】みんなが当たり前にしている人との会話や、「ジッとしていること」が、僕には難しい。それは自閉症っていう障害のせいなんだ。だれかに気持ちを伝えようと考えているうちに頭の中で言葉が消えていってしまう…伝えたいのに伝えられない苦しい気持ち、想像できる？ この本によって、そんな僕の毎日のことや思いが書いてある。僕はみんなと少しちがう。でも同じ世界の一員として、いっしょに歩いている。—ひたむきな少年の感動作が角川つばさ文庫に登場！小学上級から。
2017.6 168p 18cm ¥700 978-4-04-631717-9

◆**瞬間接着剤で目をふさがれた犬 純平** 関朝之作, nanako絵 ハート出版 新装改訂版
【要旨】虐待を受けた犬の不思議な運命。たくさんの人の力で救われた純平もまた、たくさん

人の心を癒やし救った一。「2ヶ月の子犬 両目に接着剤」実際に起きた虐待事件。その後のエピソードをあらたに追加。
2017.6 158p 22×16cm ¥1400 978-8024-0037-4

◆**スカートはかなきゃダメですか？—ジャージで学校** 名取寛人著 理論社（世界をカエル—10代からの羅針盤）
【要旨】世界的に有名な男性だけのバレエ団で活躍した唯一の日本人。名取寛人が語る、女として生まれて男になるまでと、夢の叶え方。
2017 189p B6 ¥1300 978-4-652-20223-4

◆**すくすく育て！ 子ダヌキ ポンタ—小さな命が教えてくれたこと** 佐和みずえ文 学研プラス（動物感動ノンフィクション）
【要旨】ある日、動物病院に連れてこられた一ぴきの赤ちゃん。子犬だと思ったら…なんと、それは、タヌキの赤ちゃんでした。「このままでは死んでしまう。」獣医は、赤ちゃんを育てる決心をしました。でも、無事に里山に返すことができるかな。なやみながらも、赤ちゃんタヌキとの生活が始まったのです。赤ちゃんタヌキを人の手で育てた、427日間のがんばり日記。
2017.12 95p A5 ¥1400 978-4-05-204683-4

◆**すもう道まっしぐら！** 豪栄道豪太郎著 集英社（集英社みらい文庫）
【要旨】大関・豪栄道豪太郎。日本の伝統スポーツ、すもうでかつやくする人気力士！ 小1の時、イヤイヤはじめたはずのすもうでわんぱく横綱、高校横綱、大相撲優勝をツッパリ全開ぜん進中！ そんな豪栄道が強くなるヒミツをたっぷり教えてくれるぞ！ よんでもサイコーにアツい！ 豪栄道のどすこい最強伝説！ 小学中級から。
2017.9 174p 18cm ¥640 978-4-08-321393-9

◆**正義の声は消えない—反ナチス・白バラ抵抗運動の学生たち** ラッセル・フリードマン著, 渋谷弘子訳 汐文社
【要旨】第二次世界大戦が三年目に入った一九四二年、ドイツのいたるところで、郵便受けになぞのビラが入り始めた。「白バラのビラ」という見出しがつけられたそのビラはナチスの政策を批判し、ヒトラーを強く非難するものだった。ビラはどこから来たのか？ 白バラとはいったい何者なのか？ ゲシュタポは特別捜査班を組織した。情報提供者には報奨金が与えられる。白バラ捜査はついにナチス発祥の地ミュンヘンにおよんだ。
2017 137p 20×14cm ¥1500 978-4-8113-2387-9

◆**世界一のパンダファミリー—和歌山「アドベンチャーワールド」のパンダの大家族** 神戸万知文・写真 講談社（講談社青い鳥文庫）
【要旨】和歌山「アドベンチャーワールド」では、17年の間に、15頭の赤ちゃんパンダが生まれ、元気に育っています。パンダが楽しく過ごせるように、心を配る飼育員さんたち。見守られながら安心して出産・子育てする母さんパンダ。大家族のファミリーヒストリーにせまります。3頭のパンダの名づけ親でもある著者の、パンダ愛あふれる1冊。かわいい写真いっぱいの口絵つき。小学中級から。
2017.7 187p 18cm ¥640 978-4-06-285644-7

◆**世界を救うパンの缶詰** 菅聖子文, やましたこうへい絵 ほるぷ出版
【要旨】防腐剤無添加で、3年間おいしさをそのまま保存でき、小さな子どもから歯の悪いお年寄りまで食べられる「パンの缶詰」。パン屋さんの秋元さんは、ゼロから研究をはじめ、缶詰を完成し、世間に広めます。そして、この缶詰を使って、海外の飢餓地域を救う仕組みまで作りました。小さなパン屋さんが世界を救う、「奇跡の缶詰」！
2017.10 155p A5 ¥1400 978-4-593-53523-1

◆**田んぼに畑に笑顔がいっぱい—喜多方市小学校農業科の挑戦** 浜田尚子文 佼成出版社（感動ノンフィクションシリーズ）
【要旨】福島県の喜多方市では、すべての市立小学校で、子どもたちが農業を学んでいます。農家である「農業支援員さん」の指導のもと、イネや野菜を育てて収穫し、調理もするのです。なぜ、喜多方市は小学校のカリキュラムに「農業科」をとりいれたのでしょうか？ 農業を学ぶことでたくましく成長している、喜多方の子どもたちを紹介します。
2017.4 127p A5 ¥1500 978-4-333-02755-2

◆**珍獣ドクターのドタバタ診察日記—動物の命に「まった」なし！** 田向健一著 ポプラ社（ポプラ社ノンフィクション 28）
【要旨】2センチのアマガエルから78センチのリクガメまで！ 毎日、毎日、動物病院にやってく

絵本・児童書

児童文学

る、言葉を話せないさまざまなペットたち。100種類を超える動物たちの治療をしてきた田向先生がたどりついた、「命を飼う」ことの意味とは? 笑って泣いて考える、生きものの命との向きあい方。
2017 173p B6 ¥1200 ①978-4-591-15519-6

◆動物たちを救う アニマルパスウェイ 湊秋作著 文研出版 (文研じゅべにーる―ノンフィクション)
【要旨】アニマルパスウェイとは、動物たちがわかる歩道橋です。人間の都合で道路をつくると、むかしからそこにすんでいた動物たちは、森の中を自由に行き来できなくなってしまいます。その結果、エサがある場所に行けなくなったり、オスとメスが出会えなくなったり、とても困ってしまうのです。そんなヤマネやリスの言葉を伝え、研究と実験をくりかえし、動物を救うための橋を作った研究者たちの感動の記録!
2017.6 151p A5 ¥1400 ①978-4-580-82314-3

◆仲間をみつけた子グマ ジェス・フレンチ著, 嶋田香訳 KADOKAWA (野生どうぶつを救え! 本当にあった涙の物語)
【要旨】ひとりぼっちで、町のごみ山へやってきた子グマと、車からすてられるごみを食べていた、ふたごの子グマ。3頭は食べるものがたりず、やせていました。子グマたちをしあわせにしたいと、多くの人が努力をしました。そのおかげで、山のなかの広いクマの保護施設へひっこすことができたのです。子グマたちがいきいきとくらせるようになるまでの物語!
2017.12 133p B6 ¥980 ①978-4-04-104841-2

◆ナビラとマララ―「対テロ戦争」に巻き込まれた二人の少女 宮田律著 講談社
【要旨】ナビラ・レフマンさんとマララ・ユースフザイさん。マララさんを襲ったのがイスラム過激派だったのに対し、ナビラさんに向けてミサイルを発射したのは、アメリカの無人機「ドローン」でした。マララさんはノーベル平和賞を受賞しましたが、ナビラさんの身に降りかかったことを知る人は、ほとんどいません。加害者の違いこそが、二人のその後の境遇を決定づけたのです。二人の少女の身の上に何が起きたのかを紹介しながら、アメリカとイスラムの関係の変遷や、パキスタンの部族地域の実態について、現代イスラム研究で知られる宮田律氏が解説します。
2017.3 170p B6 ¥1200 ①978-4-06-220484-2

◆ニュートリノの謎を解いた梶田隆章物語 山本省三著 PHP研究所 (PHP心のノンフィクション)
【要旨】「ゆうれい素粒子」ニュートリノに質量があることを証明して、2015年に、ノーベル物理学賞を受賞した梶田隆章さん。目立たなかった少年時代から地道な研究生活まで、大発見にいたる道のりを紹介します。小学校高学年・中学生向け。
2017.4 159p A5 ¥1400 ①978-4-569-78635-3

◆ねだんのつかない子犬 きららのいのち 今西乃子著, 浜田一男写真 岩崎書店
【目次】鼻黒の子犬・きらら、はじめてのどうぶつびょういん、しばいぬみたいな不思議な犬、はじめてのおさんぽ、さいこうのプレゼントはなに?、いちばんの犬はだれ?
2017.10 111p A5 ¥1400 ①978-4-265-84013-7

◆のら猫の命をつなぐ物語 家族になる日 春日走太文 学研プラス (動物感動ノンフィクション)
【要旨】東京のとある場所に、心あたたまる猫の保護施設があります。ここには障がいや病気など、様々な事情を持つのら猫たちと、その猫たちを見守るスタッフやボランティアさんが集まってきます。この場所で新しい家族にめぐりあえて、"のら" じゃなくなる猫たちとそこにかかわる人々のすがたを描いた、心あたたまる物語です。
2017.3 157p A5 ¥1400 ①978-4-05-204484-7

◆8年越しの花嫁―奇跡の実話 時海結以著, 岡田恵和脚本 小学館 (小学館ジュニア文庫)
【要旨】結婚式を間近にひかえ、尚志と麻衣は幸せな日々を送っていた。しかしある日、麻衣は頭痛に襲われ入院してしまう。あと300万人にひとりだけの病にかかっていた。意識不明の状態がつづき、尚志は麻衣の両親から「もう麻衣のことはわすれてほしい」と言われてしまう。動揺する尚志だったが、麻衣のそばにいることを決意する。そして一年半後、麻衣は奇跡的に目を覚ます。リハビリをはじめ、回復していく麻衣。しかし麻衣は、尚志のことをまったく覚えていなかった。
2017.12 199p 18cm ¥700 ①978-4-09-231206-7

◆光をくれた犬たち 盲導犬の一生 今西乃子著, 浜田一男写真 金の星社 (ノンフィクション知られざる世界)
【要旨】盲導犬候補の子犬を育てるパピーウォーカー、盲導犬になる訓練士、盲導犬ユーザー、そして引退犬を引き取り最期を看取るボランティア――一頭の犬にかかわる多くの人たちと盲導犬との絆の物語。
2017 165p A5 ¥1400 ①978-4-323-06094-1

◆ピースワンコ物語―犬と人が幸せに暮らす未来へ 今西乃子著, 浜田一男写真, ピースウィンズ・ジャパン協力 合同出版
【要旨】ピースワンコ・ジャパンにいる犬たちは、人間の手によって殺処分される運命だった。その「命」が救われた。しかし、「命」はただ救えば、それで終わりというものではない。そこからが始まりなのだ――。命の可能性を動物福祉の観点をまじえて追う希望あふれるノンフィクション。
2017.12 151p 22×16cm ¥1300 ①978-4-7726-1331-6

◆ひとりぼっちの子ゾウ ルイーザ・リーマン著, 嶋田香訳 KADOKAWA (野生どうぶつを救え! 本当にあった涙の物語)
【要旨】お母さんからはぐれた赤ちゃんゾウのニーナは、27年間も動物園でそだてられましたが、みんなの努力のおかげで、野生にかえりました。それから数年、ニーナが、2頭めの赤ちゃんをうむために人間のもとへもどってきました。ところが、つぎの日、ニーナは死体で見つかったのです! いったい、なにがおこったのでしょうか…。
2017.3 127p B6 ¥980 ①978-4-04-104837-5

◆ひとりぼっちの子ゾウ ルイーザ・リーマン著, 嶋田香訳 KADOKAWA, 汐文社 発売 (野生どうぶつを救え! 本当にあった涙の物語) 愛蔵版
【要旨】お母さんからはぐれた赤ちゃんゾウのニーナは、27年間も動物園でそだてられましたが、みんなの努力のおかげで、野生にかえりました。それから数年、ニーナが、2頭めの赤ちゃんをうむために人間のもとへもどってきました。ところが、つぎの日、ニーナにたいへんなことが! いったい、なにがおこったのでしょうか…。
2017.6 127p 20×14cm ¥1400 ①978-4-8113-2383-1

◆ヒロシマのいのち 指田和著 文研出版 (文研じゅべにーる・ノンフィクション)
【目次】第1章 ぼく・わたしが体験した8月6日の朝、広島守雄さん―母をうばった原爆。二度とあんなことがあってはいけないという思いを、被爆したピアノと若い人たちにたくしたい、岡ヨシエさん―十四歳でいのちを終えてしまったたくさんの同級生のことを思うと、「助かってしまって――平和にこそ宝。被爆者は生きて最後にしたい」、第2章 平和のバトンをつなぐ 平和活動の芽吹きを追って (宇根利枝さん―原爆献水活動と、大阪の子たちへの平和をたくし活動、兒玉光雄さん―放射線被害のおそろしさを伝える兒玉さんと、ヒロシマの新しい継承活動)、第3章 これからを生きる君たちへ 新しい世代が伝えるヒロシマ (好井敏彦さん―胎内被爆とピアノにたくされた、ぼくの平和活動、佐藤規代美さん―原爆の遺品がもつ意味、遺族の思いを、広島平和記念資料館から未来に伝える)
2017.9 158p A5 ¥1400 ①978-4-580-82276-4

◆ファニー 13歳の指揮官 ファニー・ベン=アミ著, ガリラ・ロンフェデル・アミット編, 伏見操訳 岩波書店
【要旨】これは、フランスに暮らしていたユダヤ人の少女、ファニーの戦争体験の実話です。一九四三年、ユダヤ人迫害の嵐のなか、子どもたちを集めてスイスに逃がす計画に加えてもらったとき、ファニーはまだ十三歳でした。ところが、その危険な旅の途中で引率者の青年が逃走。ファニーはとつぜん、大勢の子どもたちの命をあずかるリーダー役をまかされたのでした。子どもたちの決死の逃避行、そして、手をたしてくれた人たちへの物語は、いまを生きるわたしたちへのメッセージです。
2017.8 174p B6 ¥1500 ①978-4-00-116010-9

◆福島の花さかじいさん―阿部一郎 開墾した山を花見山公園に 森川成美文 佼成出版社 (感動ノンフィクションシリーズ)
【要旨】福島市の「花見山公園」には、春になると何十万人もの人々がおとずれます。阿部一郎さんが丹精こめて花を育ててきた花見山公園は、実は阿部家の敷地内にある私有地です。美しい花々を見たい、という人々の声にこたえ、だれでも自由に花を愛でられるよう、阿部家が無料開放しているのです。花がもたらす幸せを信じ、花と共に生きた一郎さん。今でもその想いは、家族にひっそりと受けつがれています。美しさとやさしさ、花と人の心をつないだ生き方をしょうかいします。
2017.2 127p A5 ¥1500 ①978-4-333-02754-5

◆ふるさとに帰ったヒョウ サラ・スターバック著, 嶋田香訳 KADOKAWA (野生どうぶつを救え! 本当にあった涙の物語)
【要旨】小さな動物園の、小さなおりの中に、ヒョウの家族がくらしていました。やがて、お父さんは病気で死んでしまいました。お母さんと2頭の子ヒョウは、ストレスから、だんだん仲が悪くなり、けんかをするようになり…。ヒョウの親子が、アフリカの動物保護区へひっこし、広い敷地の中で、のびのびとくらせるようになるまでの物語!
2017.12 111p B6 ¥980 ①978-4-04-104840-5

◆ペッギイちゃんの戦争と平和―青い目の人形物語 椎窓猛編・著, 内田麟太郎監修, 長野ヒデ子協力 (福岡)梓書院
【目次】『青い目の人形』にも心のいのちが…、ペッギイちゃん―大腰小学校、平和を紡ぐ、青い目の人形「ペッギイちゃん」、心をつなぐ友情人形ものがたり、ミス長崎・長崎瓊子、ルースちゃん―可也小学校、「ルースちゃん」と子どもたち、「ルースちゃん」が伝えていること、シュリーちゃん―城島小学校、青い目の人形―友情の人形、「青い目の人形」再び、城島小学校へ、ジェシカちゃんとの出会い、「平和のエノキもり」によせて
2017.7 63p 22×22cm ¥1500 ①978-4-87055-610-8

◆ぼくらがつくった学校―大槌の子どもたちが夢見た復興のシンボル ささきあり文 佼成出版社 (感動ノンフィクションシリーズ)
【要旨】東日本大震災の津波で、父と祖父母を亡くした岩手県大槌小学校三年(当時)の佐々木陽音くん。新しく建てる学校の教室をデザインするワークショップに参加するうちに、学校はもちろんのこと、自分たちの住む町を、より笑顔のあふれる場所にしたいと思うようになりました。悲しい過去から立ちあがり、未来の夢へと向かうようになった子どもたちの成長の過程をえがきます。
2017.7 127p A5 ¥1500 ①978-4-333-02757-6

◆未来をはこぶオーケストラ―福島に奇跡を届けたエル・システマ 岩井光子著 汐文社
【要旨】福島県相馬市には、子どもならだれでも参加できるオーケストラがあります。楽器も無料、レッスンも無料で、初心者も大歓迎。子どもが「やってみたい!」と思いさえすれば、だれでもオーケストラのメンバーになれるのです。世界的な大指揮者と共演したり、ドイツに演奏旅行をしたり、わくわくするようなイベントもいっぱい! 震災で大きな被害をうけた相馬市ですが、音楽がすてきな未来をはこんできてくれたのです。
2017 159p B6 ¥1400 ①978-4-8113-2377-0

◆もしも病院に犬がいたら―こども病院ではたらく犬、ベイリー 岩貞るみこ作 講談社 (講談社青い鳥文庫)
【要旨】日本ではじめての "病院ではたらく犬" ベイリー。ハンドラーの森田優子さんといっしょに、入院しているこどもたちを笑顔にするのが仕事です。薬が飲めるようになった、手術がこわくなくなった…ベイリーがいるだけで、病院は楽しい場所へと変わります。もしも病院に犬がいたら…そんな願いから生まれた、ファシリティドッグのベイリーのお話です。小学校上級から。
2017.3 187p 18cm ¥640 ①978-4-06-285608-9

◆友情の輪 パプアニューギニアの人たちと 日野多香子文 佼成出版社 (はじめてのノンフィクションシリーズ)
【要旨】樋口潔さんと光世さん夫婦は、結婚してわずか五カ月後、赤道直下の国、パプアニューギニアへやってきました。ある村の衛生環境を改善するプロジェクトに、共に派遣されたのです。ふたりは村の人たちと心を通わせ合い、パプアニューギニアに友情の美しい輪を広げていきました。小学3年生から。
2017.9 95p A5 ¥1300 ①978-4-333-02760-6

歴史物語

◆真田十勇士 6 大坂の陣 上　松尾清貴著
理論社
【要旨】豊臣と徳川の総力戦がはじまる―大坂城に入った真田幸村は、篭城策を決め込む豊臣方のなかで、最前線の出城―真田丸を預かる。徳川方の大軍をわずかな部隊で迎え撃つ無謀とも思われたが、それぞれの思いを抱えた勇士たちとともに、その戦略のゆくえは…？
2017 238p B6 ¥1300 ①978-4-652-20163-3

◆真田十勇士 7 大坂の陣 下　松尾清貴著
理論社
【要旨】裸城にされた大坂城は、いまや徳川勢の思うがままに攻め落とされようとしていた。決死の覚悟で迎え撃つ真田幸村は、それを426の思いを抱える勇士たちとともに、最後の戦いに挑む…。 2017 251p B6 ¥1300 ①978-4-652-20194-7

◆戦国武将列伝 "疾"の巻―図書館版 戦国武将列伝　1　藤咲あゆな著、ホマ蔵絵　ポプラ社
【目次】織田信長―天下統一を目指した、戦国の風雲児（信長、初陣を飾る、信長、家督を継ぐ ほか）、明智光秀―「三日天下」に終わった悲運の武将（光秀、美濃を出る、信長との出会い ほか）、春日山一夜にして生きた、キリシタン大名（高槻城乗っ取り、荒木村重の謀叛 ほか）、斎藤道三―美濃のマムシと恐れられた、智謀の武将（道三、美濃国を乗っ取る、信長の乱 はか）、毛利元就―猛思無道と呼ばれた中国の覇者（毛利家の家督を継ぐ、吉田郡山篭城戦 ほか）
2017 228p 18×12cm ¥1200 ①978-4-591-15375-8

◆戦国武将列伝 "風"の巻―図書館版 戦国武将列伝　2　藤咲あゆな著、ホマ蔵絵　ポプラ社
【目次】武田信玄―甲斐の虎と呼ばれた名将（海ノ口城の戦い、父・信虎を追放する ほか）、今川義元―海道一の弓取りと呼ばれた駿河の大大名（花倉の乱、駿甲相三国同盟が成立する ほか）、北条氏康―相模の獅子と謳われた北条の三代目（氏康、初陣にて快勝す、河越夜戦 ほか）、上杉謙信―越後の龍と呼ばれた義将（荒れる越後、越後統一 ほか）、直江兼続―「愛」の兜で知られた上杉家の忠臣（春日山城へ、御館の乱 ほか）、前田慶次―天下御免の傾奇者と呼ばれた豪将（前田家を出奔する、上杉家に仕官する ほか）
2017 294p 18×12cm ¥1200 ①978-4-591-15376-5

◆戦国武将列伝 "怒"の巻―図書館版 戦国武将列伝　3　藤咲あゆな著、ホマ蔵絵　ポプラ社
【目次】豊臣秀吉―平民の身から成り上がった天下人（信長に仕える、墨俣一夜城を築く ほか）、竹中半兵衛―知略に長けた若き軍師（稲葉山城乗っ取る、織田に仕える ほか）、長宗我部元親―四国の覇者となった土佐の出来人（元親、初陣を飾る、四国制覇ののち、秀吉に下る ほか）、伊達政宗―独眼竜と呼ばれた奥州の覇者（元服し、正宗と名乗る、人取橋の戦い ほか）、前田利家―加賀百万石の礎を築いた豪将（利家、初陣で武功を挙げる、織田家から追放処分を受ける ほか）
2017 278p 18×12cm ¥1200 ①978-4-591-15377-2

◆戦国武将列伝 "濤"の巻―図書館版 戦国武将列伝　4　藤咲あゆな著、ホマ蔵絵　ポプラ社
【目次】石田三成―生涯を豊臣家に捧げた忠義の武将（秀吉に仕える、小田原攻め ほか）、真田昌幸―表裏比興の者と呼ばれた謀将（武田家滅亡・天正壬午の乱ほか）、島津義弘―決死の勘中突破で知られる薩摩隼人（木崎原の戦い、義弘、豊臣大名となる ほか）、井伊直政―井伊の赤鬼と恐れられた徳川の若き武将（父・直親の死、虎松・家康にお目見えす ほか）、徳川家康―泰平の世を導いた徳川幕府初代将軍（竹千代、人質になる、清須同盟 ほか）
2017 286p 18×12cm ¥1200 ①978-4-591-15378-9

◆戦国武将列伝 "濤"の巻　藤咲あゆな著、ホマ蔵絵　ポプラ社（ポプラポケット文庫）
【要旨】室町幕府の権力が失墜し、覇権をめぐって各地の武将たちが激しい戦いをくりひろげた乱世。戦国時代の武将たちの熱い生き様を描くシリーズ最終巻！"濤"の巻には、江戸幕府の初代征夷大将軍で、三英傑の一人・徳川家康をはじめ、石田三成、真田昌幸、島津義弘、井伊直政の五人の武将を取り上げます。小学校上級～。
2017 286p 18cm ¥720 ①978-4-591-15234-8

◆ひらけ蘭学のとびら―『解体新書』をつくった杉田玄白と蘭方医たち　鳴海風著、関屋敏隆画　岩崎書店
【要旨】まだ、人の体のしくみがよくわかっていなかった江戸時代。罪人の死体を観察し、内臓のつくりがオランダの解剖書にある絵とそっくりだと気づいた医者たちがいました。かれらは、オランダ語を知らない、辞書もないという困難を乗りこえて、その本を翻訳しました。医者たちのひとり、杉田玄白は訳した本を『解体新書』と名づけ、日本で出版することにも情熱をかたむけたのです。
2017.5 164p B6 ¥1500 ①978-4-265-84009-0

わらい話・ふしぎな話・こわい話

◆あなたの後ろの本当は怖い場所 屋外編
野宮麻未、怖い話研究会作　理論社
【要旨】いつも何気なく使っているその場所、あなたが安心しきっているその場所、本当に安全でしょうか？ そっと後ろを振り返ってみたら、実はゾッとするほど恐ろしい場所かもしれません。プール、電車・バス、公園、海、神社、山、駅、遊園地、交差点、海、川、墓地、庭、踏切、寺。あなたのいる場所の、とても怖い話。
2017 108p 27×20cm ¥3200 ①978-4-652-20218-0

◆あなたの後ろの本当は怖い場所 屋内編
野宮麻未、怖い話研究会作　理論社
【要旨】いつも何気なく使っているその場所、あなたが安心しきっているその場所、本当に安全でしょうか？ そっと後ろを振り返ってみたら、実はゾッとするほど恐ろしい場所かもしれません。教室、体育館、トイレ、エレベーター、エスカレーター、保健室・職員室、デパート、屋上、図書室、ホテル、塾、階段、お風呂、映画館、特別教室、病院。あなたのいる場所の、とても怖い話。
2017 109p 27×20cm ¥3200 ①978-4-652-20217-3

◆あなたのとなりにある不思議―びくびく編
日本児童文学者協会編　ポプラ社
【目次】ぼくのドッペルゲンガー（乗松葉子）、音楽室のカスタネット（二宮由紀子）、からくり時計の広場（濱野京子）、うしろの正面、コンタマン（岡田貴子）、清造くん記念日（吉野万理子）、ぼくと死神（加藤純子）、同じクラスのあいつ（令丈ヒロ子）、おたまじゃくし食べた（押尾きょうこ）、魔界階段（小川英子）、だから手をつなぐ（山本悦子）
2017 184p 18×13cm ¥850 ①978-4-591-15300-0

◆あなたのとなりにある不思議 ざわざわ編
日本児童文学者協会編　ポプラ社
【要旨】犬になったぼく…、不思議なアメ玉…、お姉ちゃんのひみつ。すぐに読める短編を10話収録！
2017 171p 15×13cm ¥850 ①978-4-591-15405-2

◆あなたのとなりにある不思議 ぶるぶる編
日本児童文学者協会編　ポプラ社
【要旨】赤い目のına地…、不気味な予言ノート、角を曲がると知らない街に。すぐに読める短編を10話収録！
2017 172p 18×13cm ¥850 ①978-4-591-15404-5

◆あの日の恐怖がよみがえる 学校の怖い話―トイレの花子さんリターンズ 2　平川陽一編　汐文社
【要旨】身の毛もよだつ恐怖！ さまざまな体験は、真実なのか？ つぎはあなたかもしれません。
2017 151p B6 ¥1300 ①978-4-8113-2394-7

◆今泣けてくる怖い話　チームIMAKOWA編　学研プラス
【要旨】おそろしくて…かなしい52話のマンガ＆読み物!!
2018.1 271p B6 ¥880 ①978-4-05-204761-9

◆うわさの怪談 怨（オン）　魔夜妖一、マーク・矢崎治信、夜羽るか監修　成美堂出版
【要旨】現代怪談、都市伝説、恐怖体験、怪奇昔話。今日から語りつがれるホラー33。100パーセントホラー、ストーリー＆コミック。
2017.5 317p B6 ¥800 ①978-4-415-32334-3

◆怪談オウマガドキ学園 21 春は恐怖の家庭訪問　怪談オウマガドキ学園編集委員会編、常光徹責任編集、村田桃香、かとうくみこ、山崎克己絵　童心社
【目次】花見の約束（時海結以）、みくるまがえし（小沢清子）、梅がさいたら（新倉朗子）、あまい香りのライラック（三倉智子）、麦畑をたがやす男（岩倉千春）、五月祭のおどり（杉本栄子）、白椿（常光徹）、シダの花（斎藤君子）、ふしぎな薬草（高津美保子）、猫おどり（望月正子）、へびとわらび（宮川ひろ）、ものいう桜（久保ктяг誉）、桜の木の下（大島晴昭）
2017.4 158p 18×13cm ¥680 ①978-4-494-01670-9

◆怪談オウマガドキ学園 21 春は恐怖の家庭訪問　怪談オウマガドキ学園編集委員会編、常光徹責任編集、村田桃香、かとうくみこ、山崎克己絵　童心社
【目次】花見の約束（時海結以）、みくるまがえし（小沢清子）、梅がさいたら（新倉朗子）、あまい香りのライラック（三倉智子）、麦畑をたがやす男（岩倉千春）、五月祭のおどり（杉本栄子）、白椿（常光徹）、シダの花（斎藤君子）、ふしぎな薬草（高津美保子）、猫おどり（望月正子）、へびとわらび（宮川ひろ）、ものいう桜（久保喬誉）、桜の木の下（大島晴昭）
2017.4 158p 18×13cm ¥1200 ①978-4-494-01729-4

◆怪談オウマガドキ学園 22 パソコン室のサイバー魔人　怪談オウマガドキ学園編集委員会編、常光徹責任編集、村田桃香、かとうくみこ、山崎克己絵　童心社
【目次】パスワードは「4219」（石崎洋司）、スマホの呪い（北村規子）、優秀なカメラマン（大島清昭）、リモコンどこ？（三倉智子）、かきかけのマンガ（時海結以）、レンタルのパソコン（かとうくみこ）、海で会いましょう（紺野愛子）、あらわれなかった男（根岸英之）、三人でとった写真（常光徹）、つかえないはずの電話（高津美保子）、白い犬と電話ノイズ（千世繭子）、ナビ（岡野久美子）、ながめのいい場所（岩倉千春）
2017.4 158p 18×13cm ¥680 ①978-4-494-01671-6

◆怪談オウマガドキ学園 22 パソコン室のサイバー魔人　怪談オウマガドキ学園編集委員会編、常光徹責任編集、村田桃香、かとうくみこ、山崎克己絵　童心社
【目次】パスワードは「4219」（石崎洋司）、スマホの呪い（北村規子）、優秀なカメラマン（大島清昭）、リモコンどこ？（三倉智子）、かきかけのマンガ（時海結以）、レンタルのパソコン（かとうくみこ）、海で会いましょう（紺野愛子）、あらわれなかった男（根岸英之）、三人でとった写真（常光徹）、つかえないはずの電話（高津美保子）、白い犬と電話ノイズ（千世繭子）、ナビ（岡野久美子）、ながめのいい場所（岩倉千春）
2017.4 158p 18×13cm ¥1200 ①978-4-494-01730-0

◆怪談オウマガドキ学園 23 妖怪たちの職場見学　怪談オウマガドキ学園編集委員会編、常光徹責任編集、村田桃香、かとうくみこ、山崎克己絵　童心社
【要旨】オウマガドキってなんだかしってる？「お馬がドキッ！」じゃあないよ。オウマガドキって、オバケや魔ものに出会う時間。夕ぐれどきのことさ。
2017.6 158p 18×14cm ¥1200 ①978-4-494-01731-7

◆怪談オウマガドキ学園 23 妖怪たちの職場見学　怪談オウマガドキ学園編集委員会編、常光徹責任編集、村田桃香、かとうくみこ、山崎克己絵　童心社
【要旨】オウマガドキってなんだかしってる？「お馬がドキッ！」じゃあないよ。オウマガドキって、オバケや魔ものに出会う時間。夕ぐれどきのことさ。
2017.6 158p 18×13cm ¥680 ①978-4-494-01672-3

◆怪談オウマガドキ学園 24 火の玉ただよう消火訓練　怪談オウマガドキ学園編集委員会編、常光徹責任編集、村田桃香、かとうくみこ、山崎克己絵　童心社
【目次】海の月（大島清昭）、金の火（時海結以）、ろうそくの列（小沢清子）、死人の手のろうそく立て（岩倉千春）、運ごsınıらいに出した男（紺野愛子）、赤い炎（斎藤君子）、炎のむち（新倉朗子）、きえた火種（常光徹）、そばやの客（さかき秋雪）、フームのおばあちゃん（高津美保子）、白滝の水（千世繭子）、お稲荷さんの火事（岡野久美子）、炎におわれて（望月正子）
2017.10 158p B6 ¥1200 ①978-4-494-01732-4

◆怪談オウマガドキ学園 24 火の玉ただよう消火訓練　怪談オウマガドキ学園編集委員会編、常光徹責任編集、村田桃香、かとうくみこ、山﨑克己絵　童心社

【目次】海の月（大島清昭）、金の火（時海結以）、ろうそくの列（小沢清子）、死人の手のろうそく立て（岩倉千春）、運だめしに出た男（紺野愛子）、赤い炎（斎藤君子）、炎のむち（新倉朗子）、きえた火種（常光徹）、そばやの客（さかき秋雪）、フーズムのおばあちゃん（高津美保子）、白滝の水（千世繭子）、お稲荷さんの火事（岡野久美子）、炎におわれて（望月正子）
2017.10 158p B6 ¥680 ①978-4-494-01673-0

◆怪談オウマガドキ学園　25　図書室は異次元空間　怪談オウマガドキ学園編集委員会編, 常光徹責任編集, 村田桃香, かとうくみこ, 山崎克己絵　童心社
【目次】怖い本（紺野愛子）、図書室のむこう側（かとうくみこ）、ブリュースの『魔法の書』（斎藤君子）、黒い森の『魔法の本』（高津美保子）、ページが進む本（北村規子）、書けない（大島清昭）、ぜったい当たる性格診断（石崎洋司）、当たりくじ（杉本栄子）、河童の手紙（常光徹）、天狗の手紙（久保華誉）、手を貸してくれ（時海結以）、師匠の竹筒（三倉智子）、むかし話の奇跡（望月正子）
2017.10 158p B6 ¥1200 ①978-4-494-01733-1

◆怪談オウマガドキ学園　25　図書室は異次元空間　怪談オウマガドキ学園編集委員会編, 常光徹責任編集, 村田桃香, かとうくみこ, 山崎克己絵　童心社
【目次】怖い本（紺野愛子）、図書室のむこう側（かとうくみこ）、ブリュースの『魔法の書』（斎藤君子）、黒い森の『魔法の本』（高津美保子）、ページが進む本（北村規子）、書けない（大島清昭）、ぜったい当たる性格診断（石崎洋司）、当たりくじ（杉本栄子）、河童の手紙（常光徹）、天狗の手紙（久保華誉）、手を貸してくれ（時海結以）、師匠の竹筒（三倉智子）、むかし話の奇跡（望月正子）
2017.10 158p B6 ¥680 ①978-4-494-01674-7

◆怪談5分間の恐怖 集合写真　中村まさみ著　金の星社
【要旨】『怪談5分間の恐怖』へようこそ。これから、わたしが目の当たりにし、見聞きしてきた怪しい話、不思議な話、悲しい話…35の怪異をお話ししましょう。
2017 255p B6 ¥1300 ①978-4-323-08112-0

◆怪談5分間の恐怖 立入禁止　中村まさみ著　金の星社
【要旨】何度もおしよせる恐ろしくも不思議な世界…全国各地の怪談ライブで、心に響く「実話怪談」の語りを続けている著者が贈る怪談短編集、シリーズ第七弾！
2017 253p B6 ¥1300 ①978-4-323-08117-5

◆怪談5分間の恐怖 人形の家　中村まさみ著　金の星社
【要旨】これから、わたしが目の当たりにし、見聞きしてきた怪しい話、不思議な話、悲しい話…33の怪異をお話ししましょう。
2017 254p B6 ¥1300 ①978-4-323-08113-7

◆怪談5分間の恐怖 ひとり増えてる…　中村まさみ著　金の星社
【要旨】全国各地の怪談ライブで、心に響く「実話怪談」の語りを続けている著者が贈る怪談短編集。 2017 230p B6 ¥1300 ①978-4-323-08116-8

◆怪談5分間の恐怖 病院裏の葬り塚　中村まさみ著　金の星社
【要旨】全国各地の怪談ライブで、心に響く「実話怪談」の語りを続けている著者が贈る怪談短編集シリーズ第四弾！
2017 255p B6 ¥1300 ①978-4-323-08114-4

◆怪談5分間の恐怖 見てはいけない本　中村まさみ著　金の星社
【要旨】全国各地の怪談ライブで、心に響く「実話怪談」の語りを続けている著者が贈る怪談短編集シリーズ第五弾！
2017 252p B6 ¥1300 ①978-4-323-08115-1

◆学校の怖すぎる話　2　教室が呪われている！　加藤一編・著, 市川友章絵　あかね書房
【要旨】恐怖の60話がたっぷり楽しめる！ 3分で読める怪談!!授業の準備をわすれたら教科書から出てきたもの、幽霊と虫のどちらが怖いかくらべた夜にひびく絶叫、保健室で授業をサボった女子の悲しい変身、あまいミツのアブナイ秘密…。学校が舞台の怪談シリーズ第二弾!!
2017.3 157p B6 ¥1000 ①978-4-251-01302-6

◆恐怖の帰り道―あやしい赤信号　針とら著, 鈴羅木かりん絵　学研プラス
【要旨】いつもの帰り道のはずだったのに、今日はどこかがおかしく見える。見たこともないバケモノがうろつき、危険なワナがまちうけている。子どもが家に帰るとちゅうに、ぽっかりと口を開けた裏世界。それが、カエリミチ。きみが無事に家まで、帰れますように。
2017.5 215p B6 ¥880 ①978-4-05-204635-3

◆恐怖の帰り道―いけない標識　針とら著, 鈴羅木かりん絵　学研プラス
【要旨】子どもが家に帰るとちゅうに、ぽっかりと口を開けた裏世界。それが、カエリミチ。いつもの帰り道と何かがちがう、この世界にまよいこんだ子どもが、今日ものみこまれる。思いがけないワナにかかり、バケモノに体をうばわれる。あの子どもたちは、無事に家に帰れるのだろうか…。
2017.8 205p B6 ¥880 ①978-4-05-204674-2

◆こども妖怪・怪談新聞　水木プロダクション, 日本民話の会監修　世界文化社
【要旨】昔から語りつがれている妖怪の話や、学校でうわさになっている怖い怪談話が盛りだくさん！ 妖怪・怪談博士になっちゃおう!!
2017.7 319p 24×19cm ¥1800 ①978-4-418-17813-1

◆こわい物語 十代最後の日　赤川次郎著　汐文社　（赤川次郎ミステリーの小箱）
【要旨】友也は十六歳の時、「死神」とひとつの取引をした。幼なじみの香子の命を助けるかわりに、友也自身が二十歳になる前日に死ぬ、と約束したのだ。そしてついに、恐れていた十代最後の日が訪れて―（「十代最後の日」より）。思わず背筋が凍る、恐怖の物語をあつめたホラー作品集。
2017 182p B6 ¥1500 ①978-4-8113-2454-8

◆こわくてふしぎな 妖怪の話　ながたみかこ著　池田書店
【要旨】ゾゾッとするけど読みたくなる33話。
2017.1 207p B6 ¥900 ①978-4-262-15492-3

◆最恐ホラー 呪われた怪談ファイル 怨念の鎖　黒影幽編著　西東社
【要旨】読むと震え上がる戦慄ホラーマンガ。特別公開！ 危険心霊写真。
2017.8 335p B6 ¥830 ①978-4-7916-2536-9

◆10分で読める大わらい落語　土門トキオ文, 橘家仲蔵監修　学研プラス
【要旨】みんなだいすきなおもしろおかしいお話ばかり！ どんなオチで、終わるかな？ 江戸のうっかりものからかわいい動物の話までいろんな落語が大集合！ 小学校低～中学年向け。
2017.4 159p A5 ¥800 ①978-4-05-204601-8

◆10分で読めるこわ～い落語　土門トキオ文, 橘家仲蔵監修　学研プラス
【要旨】落語って、おもしろい！ でもおばけが出てくる落語って、いったいどんな話かな？
2017.9 159p 21×15cm ¥800 ①978-4-05-204690-2

◆ゾゾーッ！ こわい話1000　魔夜妖一監修　成美堂出版
【要旨】サヤとコウタは不思議な先生に出会ってあやしいホラーの世界を案内されることに!!怪談だらけの1000本パレード！
2017.11 431p B6 ¥900 ①978-4-415-32428-9

◆第三の子ども　日本児童文学者協会編, 浅賀行雄絵　偕成社　（古典から生まれた新しい物語こわい話）
【要旨】この本に収められている四つの作品は、“古典”とよばれる古今東西の物語にヒントを得て書かれています。この巻では、おそろしい話、まがまがしい話を収録しました。それぞれの作品の最後に、作者からのメッセージがあります。また、巻末には、その古典へと導く読書案内もつけました。時の流れにのせて、新しいストーリーから、いにしえの物語が息づきます。対象年令小学校高学年から。
2017 125p B6 ¥1200 ①978-4-03-539640-6

◆だれかに話すと呪われる学校の怖い話―トイレの花子さんリターンズ　1　平川陽一編　汐文社
【要旨】20年の時をこえて、あの伝説が再び帰ってきた！ 子どもたちを震えあがらせた「トイレの花子さん」新たな恐怖が、ここからはじまる…。
2017 151p B6 ¥1300 ①978-4-8113-2393-0

◆だんご屋政談　春風亭一之輔作, 石井聖岳絵, ばばけんいち編　あかね書房　（古典と新作らくご絵本）
【要旨】「お祭りだっていうのによ、なんにも買ってくれねえのかよー」きんぼうのあまりのワガママぶりに根負けしたお父っつぁんがだんごを買ってやりますが、蜜を全部なめてしまって…。するときんぼう「おいらのいたずら、なめんなよ」とばかりに、店先の蜜にだんごを、ボッチャン！ そこから事態は意外な展開を…。
2016.12 1Vol. A4 ¥1500 ①978-4-251-09509-1

◆図書館の怪談　斉藤洋作, かたおかまなみ絵　あかね書房　（ナツカのおばけ事件簿 16）
【要旨】夜の図書館に、あやしい人かげ…その正体は!?ゾクッと楽しいおばけの事件！
2018.1 106p 22×16cm ¥1000 ①978-4-251-03856-2

◆人間回収車―地獄からの使者　後藤リウ著, 泉道亜紀原作・イラスト　小学館　（小学館ジュニア文庫）
【要旨】「こちらは人間回収車です。ご不要になった人間はいらっしゃいませんか？ 壊れていてもかまいません。どんな人間も回収いたします―」どこからともなく現れる漆黒の軽トラック。不気味なアナウンスを流しながら、誰からも必要とされない嫌われ者や孤独な人間を回収していく…。「ちゃお」で大人気の都市伝説ホラーを完全ノベライズ！ まんがでは読めない完全オリジナルのホラーストーリー5本と、特別かきおろしまんがを収録。戦りつのホラーシリーズ開幕！
2017.5 178p 18cm ¥650 ①978-4-09-231166-4

◆人間回収車―絶望の果て先　後藤リウ著, 泉道亜紀原作・イラスト　小学館　（小学館ジュニア文庫）
【要旨】「ちゃお」で大人気の都市伝説ホラーシリーズ、ノベライズ第2弾！「ご不要になった人間はいらっしゃいませんか？ 壊れていてもかまいません。どんな人間も回収いたします―」誰からも必要とされない人間を回収する黒塗りの軽トラックが、今日も誰かを地獄へ連れて行く…。回収されるのは、友だちをウソであやつる女子、勉強ばかりに明けくれる男子など、身近にいそうな人ばかり。怖いだけじゃない、読むとホロッとできる5本の小説オリジナルストーリー。
2017.12 191p 18cm ¥650 ①978-4-09-231201-2

◆初恋ゆうれいアート　斉藤洋作, かたおかまなみ絵　あかね書房　（ナツカのおばけ事件簿 15）
【要旨】もしもし…えっ？ 有名な画家のアトリエで、ひとりでに描かれていく油絵のなぞ…!?さあ、ナツカとパパといっしょに、おばけたいじに出発!!
2017.1 1Vol. A5 ¥1000 ①978-4-251-03855-5

◆ビビる！ 都市伝説＆怪談スペシャル　実業之日本社編　実業之日本社
【目次】こわすぎる！ 心霊写真大集合、全国各地で大発生!?学校の怪談、海や山で…大自然怪談、事故現場には霊がいる！ 乗り物怪談、ケータイ、PC…デジタルホラー、動物だって…アニマルホラー、信じる？ 信じない？ マジこわ都市伝説、思わず爆笑！ お笑い都市伝説、決して行かないように！ 心霊スポット全国MAP、霊ってなに？ なぜなに相談室、キミは分かるかな？ 心霊写真クイズ
2017.5 207p A6 ¥700 ①978-4-408-33704-3

◆ふり向いてはいけない学校の怖い話―トイレの花子さんリターンズ　4　平川陽一編　汐文社
【目次】1章 トイレの花子さんのたたり（ほんとうにあった花子さんのたたり、開かずのトイレをのぞいたら ほか）、2章 不気味な事件（体育館裏の謎、もうひとりいた？ ほか）、3章 放課後の恐怖（古い本屋さんの怪、階段の雪女 ほか）、4章 ゾーッとする体験（エレベーターのミイラ男、壁のなかから出てきた手 ほか）
2017 151p 19×13cm ¥1300 ①978-4-8113-2396-1

◆本当にこわい！ 学校の怪談スペシャル　実業之日本社編　実業之日本社
【目次】1章 これって本物!?心霊写真アルバム、2章 学校はどこでも霊がいる！ ゴーストクラスルーム、3章 七不思議は十人十色!?学校の七不思議、4章 学校の怪談の有名人!?メジャー学校怪談、5章 メカにまつわる怪奇談デジタルゴースト、6章 霊感度でわかる！ スピチェック天職占い、7章 学校行事は霊の祭典！ イベントホラー、8章 大人たちも霊を見ていた！ 大人が体験した学校怪談、9章 なみだなしには読めない心打たれる怪談、10章 色んな行事で大人気確実！ お化け屋敷を作ろう
2017.5 205p A6 ¥700 ①978-4-408-33705-0

◆**本当に怖いストーリー 最後の審判** 闇月麗編著 西東社 (ミラクルきょうふ!)
【要旨】逃げられぬ罰、怨霊たちのうめき、拡散する邪気。夜も眠れない…閲覧注意ホラーマンガ。不思議な世界を体感! ダウジングシートつき!
2017.8 319p 19×13cm ¥800 ①978-4-7916-2538-3

◆**本当に怖い話MAX 呪詛怨嗟** 宮崎敦司監修 新星出版社
【要旨】呪詛とは、恨みに思う相手を呪って、神仏や悪霊などに祈願する邪悪な行為だ。怨ம்とは恨み嘆くこと…。あなたの気がつかない日常のできごとから…、恨みをもった人があなたの近くにいるかもしれない…。
2017.3 319p B6 ¥800 ①978-4-405-07244-2

◆**本当に怖い話MAX∞逢魔ヶ刻−身近でおこる恐怖現象** 室秋沙耶美監修・著 新星出版社
【目次】恐怖-1 忍び寄る闇 学校の恐怖絵巻(まんが)が教室のみんなを一二の怪 よみがえる怨念、けいぼうず ほか)、恐怖-2 闇の足音 日常の絶叫体験(まんが 死んだはずのあの子、ポスティング ほか)、恐怖-3 芸能界 恐怖のメッセージ(まんが 芸能界の怪談、ずっと一緒にいたもの ほか)、恐怖-4 異文化 阿鼻叫喚のできごと(まんが 晩餐会の記憶、アメリカのホテル ほか)、恐怖-5 心霊ネット探偵団 逢魔地獄(まんが 霊能力者シュウ)
2017.11 319p B6 ¥800 ①978-4-405-07264-0

◆**本当に怖い話MAX∞地獄絵巻** 室秋沙耶美監修 新星出版社
【要旨】地獄とは、生前で悪いことをした人が死んだ後に耐えがたいほどの苦しみを受ける所だ。この世を呪う怨霊・悪霊があなたのそばで蠢いている。あなたの気がつかないところで日常のすぐそばで、闇の世界の地獄絵巻が繰り広げられている!
2017.3 319p B6 ¥800 ①978-4-405-07253-4

◆**マンガで読む心霊体験 本当にあった怖い話 恐怖の手紙** 雅るな監修 池田書店
【要旨】読んだらもう逃れられない。あの世からのメッセージ。
2017.5 279p B6 ¥830 ①978-4-262-15497-8

◆**もののけ屋 三度の飯より妖怪が好き** 廣嶋玲子作、東京モノノケ絵 静山社
【要旨】あたしはもののけ屋。いろいろと問題のある子どもの悩みを解決させるために、この学校に来たの。もののけというと、いわゆる妖怪とかお化けとかって呼ばれる者たちの不思議な子を、みんなに貸し出すのがあたしの役目よ。え? そんなのにたよってたら幸せになれない? まぁ失礼しちゃう。それはあなたしだいじゃない!
2017.3 160p B6 ¥950 ①978-4-86389-377-1

◆**闇に浮かぶ呪いの影 学校の怖い話−トイレの花子さんリターンズ 3** 平川陽一編 汐文社
【目次】1章 花子さんの逆襲(雨の日にあらわれる花子さん、花子さんのお母さん ほか)、2章 あなたの学校の怪奇体験(トーテムポールの呪い、恐怖のうわばき ほか)、3章 不気味な幽霊屋敷(蛇の霊が出た、S荘に住みついた幽霊 ほか)、4章 思い出すのも怖い恐怖の夜(K病院での夜の出来事、仏像の手首 ほか)
2017 151p B6 ¥1300 ①978-4-8113-2395-4

◆**妖怪一家のハロウィン−妖怪一家九十九さん** 富安陽子作、山村浩二絵 理論社
【要旨】妖怪と人間の共生をめざして、新たな国際交流が始まる夜のはずでしたが…。こっそり団地生活をはじめた妖怪一家の物語。
2017 171p 21×16cm ¥1300 ①978-4-652-20224-1

◆**ようかいとりものちょう 6 激闘! 雪地獄妖怪富士・天怪篇 2** 大崎悌造作、ありがひとし画 岩崎書店
【要旨】ゼロ吉ことは、妖怪江戸にやってきた雪女の美雪。ゼロ吉は、姿を消した美雪の父がさがすため、生まれ故郷の妖怪富士へと向かった。一方、妖怪大将軍からのよび出しを受けたコン七は…。風雲急を告げる「天怪篇」第二弾! 2017.2 95p A5 ¥980 ①978-4-265-80956-1

◆**ようかいとりものちょう 7 雷撃! 青龍洞妖海大戦・天怪篇 3** 大崎悌造作、ありがひとし画 岩崎書店
【要旨】妖怪大将軍に呼び出されたコン七。将軍は、妖怪江戸を守るため、コン七よりも先に、新たな神獣を見つけるよう、コン七に命じた。目指すは、荒波逆巻く昇天坡! 疾風怒涛の「天怪

篇」第三弾!
2017.7 95p A5 ¥980 ①978-4-265-80957-8

◆**世にも奇妙なストーリー 鏡凪町の祟り** 黒史郎、狐塚冬里、竹林七草、島村居子、針谷卓史著 西東社 (5分後に起こる恐怖)
【要旨】海沿いにある町、鏡凪町。この町は人知れず、変化している。ある日…家の表札が逆さまになっている。お地蔵様の頭が上下逆になっている、右利きの友だちが左利きになっている−。そして今日もなにかが、昨日と違っている。ぼくらの町は少しずつ、ぼくらの町ではなくなっているんだ。
2018.1 282p B6 ¥900 ①978-4-7916-2630-4

◆**世にも奇妙なストーリー 百壁町の呪い−5分後に起こる恐怖** 黒史郎、大橋崇行、狐塚冬里、竹林七草、針谷卓史著 西東社
【要旨】百壁町。一見ごく普通の町。けれども、この町にはある呪いがかかっていた。百壁小学校、ななし工場、こもれび銀座商店街−。町のいろいろなところで起こる奇妙な出来事は過去のひとつの事件につながっていく…。
2017.8 287p B6 ¥900 ①978-4-7916-2625-0

◆**47都道府県!!妖怪めぐり日本一周 1 北海道・東北** 伊藤まさあき絵、妖怪探検隊編著 汐文社
【要旨】古くから、妖怪は人々が暮らすところにひっそりとすんでいるといわれています。この本で都道府県ごとに紹介する妖怪も、日本のあちこちにあらわれるようです。また、同じ妖怪でも場所や時代、会った人や伝えた人によって、呼び名やすがたち、性格や行いが変わることもあります。みなさんのまわりで、得体の知れないものがあらわれたり、ふしぎなことが起こったりしたら、それは妖怪かも…?
2017 79p 14×19cm ¥2300 ①978-4-8113-2380-9

◆**47都道府県!!妖怪めぐり日本一周 2 中部・近畿** 伊藤まさあき絵、妖怪探検隊編著 汐文社
【要旨】中部・近畿に出現する妖怪を各県の基本情報、名産や名所とともに紹介。
2017 79p 14×19cm ¥2300 ①978-4-8113-2381-7

◆**47都道府県!!妖怪めぐり日本一周 3 中国・四国・九州・沖縄** 伊藤まさあき絵、妖怪探検隊編著 汐文社
【要旨】中国地方(鳥取県、島根県、岡山県、広島県、山口県)、四国地方(徳島県、香川県、愛媛県、高知県)、九州地方(佐賀県、長崎県、熊本県、大分県、宮崎県、鹿児島県)、沖縄地方(沖縄県)
2017 77p 14×19cm ¥2300 ①978-4-8113-2382-4

◆**わらいばなし20話** 西本鶏介監修 学研プラス (名作よんでね)
【要旨】にこにこ笑顔になれる楽しいお話がいっぱい! 日本の昔話から、落語、世界の有名なお話まで20話を収録。幼児教育の現場で人気のあるイラストレーターが描いたさし絵です。おうちの方向けには全20話の解説つき。お話のポイントが分かります。3さい〜6さい。
2017.5 143p 26×22cm ¥1200 ①978-4-05-204591-2

◆**笑い猫の5分間怪談 10 恋する地獄めぐり** 那須田淳責任編集・作、藤木稟、みうらかれん、緑川聖司、越水利江子、令丈ヒロ子作 KADOKAWA
【要旨】「笑い猫」が語る、5分で読めるたのしい怪談、13話。さし絵もいっぱい30枚。
2017.3 172p B6 ¥600 ①978-4-04-892573-0

◆**笑い猫の5分間怪談 10 恋する地獄めぐり** 那須田淳責任編集・作、藤木稟、みうらかれん、緑川聖司、越水利江子、令丈ヒロ子作 KADOKAWA 上製版
【要旨】「笑い猫」が語る、5分で読めるたのしい怪談、13話。さし絵もいっぱい30枚。
2017.3 172p B6 ¥1300 ①978-4-04-892574-7

◆**笑い猫の5分間怪談 11 失恋小説家と猫ゾンビ** 那須田淳責任編集・作 KADOKAWA 上製版
【要旨】陽大にフラれたアリサは、ひきこもって、主人公の自分がモテてモテてモテまくる妄想小説をこっそり書いていた。気分転換に外に出ると、駅前にあやしい図書館バスが止まっていた。「これ、私が書いた小説だわ!」そこへなぜか陽大も登場。笑い猫は二人をアリサの小説世界にひきずりこみ、「笑い猫」が語る、1話5分で読める、たのしい怪談集。
2017.6 170p B6 ¥1200 ①978-4-04-892583-9

◆**笑い猫の5分間怪談 12 初恋なまはげパーティー** 那須田淳責任編集・作、okamaカバー絵、みうらかれん、柏葉幸子、芝田勝茂、藤木稟、令丈ヒロ子作 KADOKAWA 上製版
【要旨】クリスマス。栗林先生に失恋したミサキのために、玲奈と柏崎が、勝手にお見合いをセッティングしてしまう。しかも相手は、あの小山田先輩! しょーもないお見合いがしょーもなくもりあがったころ、なまはげ姿の笑い猫が出刃包丁を持って登場。「命がけの合コンするコはいねえかあ!」そこへなぜか先輩の弟、伶くんと栗林先生もくわわり、恐怖の怪談合コンが始まる。「笑い猫」の、1話5分で読める、たのしい怪談集。
2017.11 172p B6 ¥1200 ①978-4-04-892930-1

◆**笑い猫の5分間怪談 12 初恋なまはげパーティー** 那須田淳責任編集・作、okamaカバー絵、みうらかれん、柏葉幸子、芝田勝茂、藤木稟、令丈ヒロ子作 KADOKAWA
【要旨】クリスマス。栗林先生に失恋したミサキのために、玲奈と柏崎が、勝手にお見合いをセッティングしてしまう。しかも相手は、あの小山田先輩! しょーもないお見合いがしょーもなくもりあがったころ、なまはげ姿の笑い猫が出刃包丁を持って登場。「命がけの合コンするコはいねえかあ!」そこへなぜか先輩の弟、伶くんと栗林先生もくわわり、恐怖の怪談合コンが始まる。「笑い猫」の、1話5分で読める、たのしい怪談集。
2017.11 172p B6 ¥600 ①978-4-04-892929-5

児童書

◆**頭のいい子が育つあそび図鑑** 主婦の友社編、久保田競総監修 主婦の友社 (付属資料:シール)
【要旨】室内で、屋外で、楽しくあそんで子どもの力を育む! 集中力・協調性・コミュニケーション能力…パワーキッズを育てる"力"がこの1冊に。対象年齢3歳〜。
2017.12 223p 27×22cm ¥2300 ①978-4-07-426880-1

◆**くもんのはじめてのおけいこ−2・3・4歳** くもん出版 (付属資料:こどもえんぴつ2; 鉛筆削り1; シール; 賞状) 40周年限定版
【要旨】鉛筆の持ち方、使い方を身につけます。文字や数字を書くための準備をします。直線から曲線まで、少しずつステップアップする練習です。
2017 78p 34×22cm ¥660 ①978-4-7743-2719-8

◆**知育ドリル 宇宙戦隊キュウレンジャー もじ・かず・ちえあそび** 和田ことみ監修 小学館 (付属資料あり)
【要旨】キュウレンジャーといっしょにおけいこ! ふろくもいっぱい! ひらがな・すうじをマスター! 3〜5歳向け。
2017.4 1Vol. A4 ¥760 ①978-4-09-253479-7

◆**ディズニー全キャラクター大事典** M.L.ダンハム、ララ・バーゲン文、上杉隼人、大塚典子翻訳、有馬智子、メディアエッグ翻訳協力 講談社 新版
【要旨】ミッキーマウスや、アナとエルサなど映画の主役から、ストーリーを盛りあげる名脇役まで、ディズニーのキャラクターたちを満載した事典の新版です。DVDやテレビ放送などで、ディズニー映画を鑑賞する時、とても便利で役立ちます! 250のキャラクターが、アイウエオ順ですぐに探せる!
2017.2 191p B6 ¥1300 ①978-4-06-220456-9

事典・年鑑・図鑑

◆**朝日ジュニア学習年鑑 2017** 朝日新聞出版編 朝日新聞出版
【要旨】ニュースや統計、知りたいことは全部載っている。学校でも受験でも役立つ知識の泉。
2017.3 264p B5 ¥1300 ①978-4-02-220818-7

◆**あたまがよくなる! 図鑑** 篠原菊紀監修 学研プラス (学研の図鑑for Kids)
【要旨】脳にいいことがいっぱい! 全ての学力の基礎になる「ワーキングメモリ」を鍛えるク

イズやパズルがたくさん詰まっています。3〜7歳向け。
2017.3 197p 27×22cm ¥2500 ①978-4-05-204555-4

◆おでかけだいすき！ はじめてずかん 415＋ぷらす英語つき　小学館辞典編集部編　小学館
【要旨】人気No.1のしゃしんずかん第2弾は"おでかけ編"。日本語と英語の音声が聴けるのは本書だけ！日本語＆英語＆英語のカナ発音つきことば学習の決定版！春・夏・秋・冬の季節のことばも多数収録。お受験にもピッタリ！0〜6歳。
2017.10 39p 20×18cm ¥980 ①978-4-09-253587-9

◆三省堂こどもかんじじてん 小型版　川嶋優編　三省堂
【要旨】小学校1〜3年生の学習漢字全440字を学年別に収録。オールカラーの美しい紙面に、音訓・意味・文例・熟語・なりたちなど、学習に役立つ情報をぎゅっと満載。運筆の矢印など、どのように書けば良いかがはっきりわかる筆順欄。「なかまの漢字」や「書き方の注意」など、漢字の知識を深めるコラムページ。ひきやすい、あいうえお順配列の本文のほか、学年・音訓さくいんなど、合計5種類の検索方法。小学校入学前から楽しく学ぶ！
2017.8 243, 12p 22×18cm ¥1700 ①978-4-385-14304-9

◆三省堂こどもこくごじてん 小型版　三省堂編修所編　三省堂
【要旨】あいうえお順の配列で、動詞や形容詞などを中心に約1,200語を収録。オールカラーの美しい紙面。すべての漢字にふりがな付き。各項目には、わかりやすい用例文と、1,000点以上の楽しいイラストを配置。巻末には、「文をつなぐことば」や「さしすせそことば」など、ことばの知識を深めるテーマ別特集ページを収録。
2017.8 263p 22×18cm ¥1700 ①978-4-385-14301-9

◆三省堂こどもことわざじてん 小型版　三省堂編修所編　三省堂
【要旨】あいうえお順の配列で、ことわざ・慣用句・故事成語・四字熟語約1,100項目を収録。楽しく読めるオールカラーの美しい紙面。すべての漢字にふりがな付き。各項目には、わかりやすい用例文と、楽しいイラストを豊富に配置。巻末には、「なかまのことわざ」として、ことばの知識を深める、テーマ別さくいんを収録。幼児から小学校3年生まで。総ふりがな・オールカラー。
2017.8 223p 22×18cm ¥1700 ①978-4-385-14307-1

◆しぜんかがくおもしろはっけん！ 図鑑　白岩等総監修　チャイルド本社　（チャイルドブックこども百科）
【要旨】子どもたちの身近には「はっけん！」がたくさん。知的好奇心や科学への興味・関心を育む図鑑です。
2017.9 91p 28×22cm ¥1600 ①978-4-8054-4658-4

◆しゃしんがいっぱい！ はじめてずかん 415 英語つき　小学館辞典編集部編　小学館
（本文：日英両文）
【要旨】どうぶつ、のりもの、きょうりゅう、たべもの、いろ・かたち・かずなど、日本語＆英語＆英語のカナ発音つきことば学習の決定版！0〜6歳向け。
2017.2 39p 20×18cm ¥980 ①978-4-09-253579-4

◆調べる学習 子ども年鑑 2017　朝日小学生新聞監修　岩崎書店
【要旨】調べる学習に配慮したニュース＆資料集の決定版！すべての教材で利用できる最新データが、この1冊に！
2017.3 223p B5 ¥4000 ①978-4-265-09953-5

◆新レインボーはじめて漢字辞典（オールカラー）　学研プラス
【要旨】新たに追加された20字をふくむ、小学校で習う漢字1026字を収録。幼児〜小学校低学年向け。オールカラー！最新版新学習指導要領に対応！
2017.12 624p A5 ¥1800 ①978-4-05-304617-8

◆新レインボーはじめて漢字辞典 ミッキー＆ミニー版（オールカラー）　学研プラス
【要旨】新たに追加された20字をふくむ、小学校で習う漢字1026字を収録。最新版新学習指導要領に対応！幼児〜小学校低学年向け。
2017.12 624p A5 ¥1900 ①978-4-05-304618-5

◆チャレンジ小学漢字辞典　湊吉正監修　（多摩）ベネッセコーポレーション　（付属資料：別冊1）　カラー版コンパクト版
【要旨】初版刊行以来30余年でつちかったノウハウを生かし、ベネッセが子供たちの目線で新しく作り上げました。全ページフルカラー、図版・イラストが多く理解しやすい。子供が迷わず引けるインデックス。軽くて使いやすく、持ち運びに便利。
2017 1067p B6 ¥2250 ①978-4-8288-6827-1

◆チャレンジ小学漢字辞典　湊吉正監修　（多摩）ベネッセコーポレーション　（付属資料：別冊1）　カラー版
【要旨】初版刊行以来30余年でつちかったノウハウを生かし、ベネッセが子供たちの目線で新しく作り上げました。全ページフルカラー、図版・イラストが多く理解しやすい。子供が迷わず引けるインデックス。軽くて使いやすく、持ち運びに便利。
2017 1067p A5 ¥2500 ①978-4-8288-6826-4

◆チャレンジ小学国語辞典　湊吉正監修　（多摩）ベネッセコーポレーション　（付属資料：ポスター1）　カラー版コンパクト版
【要旨】初版刊行以来30余年でつちかったノウハウを生かし、ベネッセが子供たちの目線で新しく作り上げました。全ページフルカラー、図版・イラストが多く理解しやすい。子供が迷わず引けるインデックス。軽くて使いやすく、持ち運びに便利。
2017 1471p B6 ¥2250 ①978-4-8288-6825-7

◆チャレンジ小学国語辞典　湊吉正監修　（多摩）ベネッセコーポレーション　（付属資料：ポスター1）　カラー版
【要旨】初版刊行以来30余年でつちかったノウハウを生かし、ベネッセが子供たちの目線で新しく作り上げました。全ページフルカラー、図版・イラストが多く理解しやすい。子供が迷わず引けるインデックス。軽くて使いやすく、持ち運びに便利。
2017 1471p A5 ¥2500 ①978-4-8288-6824-0

◆チャレンジ小学国語辞典 カラー版コンパクト版　湊吉正監修　（多摩）ベネッセコーポレーション　（付属資料：トートバッグ1；ふせん；DVD1；ポスター1）
【要旨】初版刊行以来30余年でつちかったノウハウを生かし、ベネッセが子供たちの目線で新しく作り上げました。全ページフルカラー、写真・イラストが多く理解しやすい。軽くて使いやすく、持ち運びに便利。側面の「あ・か・さ…」の印字位置がベネッセオリジナル！
2017 1471p B6 ¥2250 ①978-4-8288-6867-7

◆つかってみよう！ 四字熟語365日　青木伸生監修　小峰書店　（ことばの事典365日）
【要旨】1日1つ、四字熟語をおぼえよう！365日の記念日や行事にぴったりな四字熟語を紹介。四字熟語の成り立ちや構成もくわしく説明。
2017.4 223p 29×22cm ¥4000 ①978-4-338-30602-7

◆めくって学べる とけい図鑑　池田敏和監修　学研プラス
【要旨】時計のルールや読み方を、めくって遊びながら学べる、しかけ絵本です。めくるしかけは125！楽しくしかけを何度もめくるうちに、自然と時計の読み方が身に付きます。
2017.3 1Vol. 29×23cm ¥2200 ①978-4-05-204545-5

◆例解学習漢字辞典　藤堂明保編、深谷圭助編集代表　小学館　（付属資料：ポスター1；別冊1）　第八版・オールカラー版
【要旨】小学生用として十分な漢字数3,000字に、読み方・筆順・なりたち・意味などをわかりやすく解説。類書中でも最も多い熟語数25,000語。充実の慣用句・ことわざ・故事成語・四字熟語。学んだ漢字をクイズ形式でたしかめる「一行クイズ」。調べたい漢字がすばやくさがせる「部首ナビ」。
2017.12 1225p 20×14cm ¥2200 ①978-4-09-501759-4

◆例解学習国語辞典　金田一京助編、深谷圭助編集代表　小学館　（付属資料：ポスター1；別冊1）　第十版・オールカラー版
【要旨】36,500語の収録語の中から、基本語7,700語をピックアップ！ことばの使い分けを解説した200点以上の表組！550点以上の、豊富なカラー写真やイラスト！ことばに関する楽しい話を集めたコラムが40点以上！
2017.12 1331p 20×14cm ¥2200 ①978-4-09-501710-5

◆BCキッズおなまえいえるかな？ はじめてのずかん555―英語つき　講談社ビーシー編　講談社　（『はじめてのずかん300』増補改訂・改題書）
【要旨】555もの言葉を日本語と英語で紹介しています。0〜4歳向け。
2017.10 45p 20×18cm ¥980 ①978-4-06-220873-4

伝記・偉人伝

◆アインシュタイン―頭脳で大冒険　岡田好惠文、佐竹美保絵　講談社　（講談社火の鳥伝記文庫）　新装版
【要旨】アルバート・アインシュタインは、1879年、ドイツに生まれたユダヤ人の科学者です。大学の助手の職につくことができなかったため、特許局ではたらきながら研究をつづけます。「時間や空間がのびちぢみする」「光が重力で曲がる」など当時の常識をくつがえす「相対性理論」を打ちたて、科学の発展に大きく貢献しました。戦争の時代に、科学をきっかけに音楽もかなをで、平和をもとめたアインシュタインは、多くの人から愛されました。ところが、アインシュタインの研究がもとで、アメリカが原子爆弾の開発に成功。広島と長崎に投下されてしまうのです…。小学上級から。
2017.10 187p 18cm ¥740 ①978-4-06-149922-5

◆イッキ読み！ 日本の天才偉人伝―日本をかえた天才たち　齋藤孝編　講談社　（マルいアタマをもっとマルく！日能研クエスト）
【要旨】偉人伝＆コラムに、なんと40人の天才＆偉人を紹介！面白くて、ためになる！偉人伝の決定版。
2017.7 286p A5 ¥1200 ①978-4-06-220671-6

◆ウォルト・ディズニー伝記―ミッキーマウス、ディズニーランドを創った男　ビル・スコロン文、岡田好惠訳　講談社　（講談社青い鳥文庫）
【要旨】ディズニーランドのディズニーは、人の名前だと知っていましたか？ウォルト・ディズニーという人の名前なのです。あのミッキーマウスを創ったのもウォルト・ディズニーです。東京ディズニーランドにも、ウォルトとミッキーマウスが手をつないでいる像があります。ウォルトも最初は失敗ばかり。でも、夢はかなうと信じ成功したウォルトの人生を知ると、勇気がわきます！小学中級から。
2017.3 154p 18cm ¥650 ①978-4-06-285606-5

◆エカチェリーナ2世　迎夏生漫画、石井美樹子監修　ポプラ社　（コミック版世界の伝記 36）
【要旨】ロシア貴族の家に生まれ、ロシア帝国の皇太子妃となったエカチェリーナは、のちにクーデターを起こして、みずから皇帝の座につきました。ロシア帝国の発展に尽くしたエカチェリーナは、偉大な皇帝として、今も多くの人びとに称えられています。
2017 126p 23×16cm ¥950 ①978-4-591-15449-6

◆エジソン―不屈の発明王　崎川範行文、GORIO21絵　講談社　（講談社火の鳥伝記文庫）　新装版
【要旨】エジソンは、1847年、アメリカに生まれた発明家です。蒸気機関車の鉄道網が国中に広がり、科学者がつぎつぎと発明、発見をする時代。ライバルたちとの発明競争、特許のうばいあい、そんな日々の中からエジソンは、蓄音機、白熱電灯、映写機、蓄電池と、世界の歴史をかえる大発明を、何度もなしとげました。そうしてエジソンは「メンロパークの魔術師」とよばれるようになったのです。小学上級から。
2017.10 221p 18cm ¥740 ①978-4-06-149920-1

◆葛飾北斎　ちさかあや漫画、すみだ北斎美術館監修　ポプラ社　（コミック版世界の伝記 37）
【要旨】江戸の下町に生まれ、幼いころから絵を描くことが何より好きだった葛飾北斎。やがて絵師の世界に飛びこんだ北斎は、古い決まりや常識にとらわれず、ひたすら絵師としての高みをめざします。そして、いまも多くの人に愛される数かずの傑作を生み出していったのです。
2017 126p 23×16cm ¥950 ①978-4-591-15545-5

◆感動がいっぱい！ 音楽の伝記　ナツメ社　（付属資料：CD1）
【要旨】世界で活躍した5人の作曲家たちの伝記がマンガと読み物で楽しく読める！5人が生み出した名曲の誕生エピソードや時代背景がよく

◆木戸孝允と高杉晋作　梅屋敷ミタまんが，三上修平シナリオ，河合敦監修・解説　集英社（学習まんが世界の伝記NEXT）
【要旨】黒船来航により激動の時代がはじまった江戸時代の末期、日本を変えるために働いた長州藩のふたりのヒーローが、木戸孝允と高杉晋作です。冷静な判断力と幅広い知識を持つ木戸と、大胆な行動力と形にとらわれない発想を持つ高杉は、ともに幕末の日本で大活躍します。薩摩藩や会津藩との対決、西洋の国との戦争、そして、江戸幕府との戦いのなかで、多くの仲間が犠牲となり、長州藩に何度も危機がおとずれます。しかし、そのたびにふたりは仲間の思いを引きついで危機を乗りこえ、ついに明治維新をなしとげるのです!
2017.12　127p　23×16cm　¥980　①978-4-08-240076-7

◆教科書にでてくる 音楽家の伝記　ひのまどか監修，講談社編　講談社
【要旨】音楽家たちのドラマティックな生涯を、子どもにわかりやすく紹介します。時代背景がイメージできる美麗な挿絵で構成して、「ステージのひみつ」「ピアノができるまで」など、音楽家の生涯を知るうえで役にたち、読んで楽しいコラムも充実。
2017.1　191p　25×19cm　¥2300　①978-4-06-220417-0

◆教科書にのせたい! 日本人じてん 1 政治経済　岡澤憲芙監修，こどもくらぶ編　彩流社
【目次】赤松良子、安藤百福、池田勇人、稲盛和夫、井深大、岩田聡、宇沢弘文、小林一三、渋沢栄一、孫正義〔ほか〕
2017.3　31p　A4　¥3000　①978-4-7791-5033-3

◆教科書にのせたい! 日本人じてん 2 国際関係　岡澤憲芙監修，こどもくらぶ編　彩流社
【目次】明石康、市川房枝、猪口孝、緒方貞子、小山内美江子、小和田恆、鹿島守之助、貫戸朋子、北岡伸一、小泉八雲、坂本義和、杉原千畝、田中明彦、遠山正瑛、中嶋宏、中満泉、松井一實、松浦晃一郎、山内昌之、山口仙二、ユリ・コチヤマ、世界で活躍する日本の団体(アムネスティ日本、国境なき医師団、セーブ・ザ・チルドレン・ジャパン、日本国際ボランティアセンター）　2017.3　31p　A4　¥3000　①978-4-7791-5034-0

◆教科書にのせたい! 日本人じてん 3 科学技術　岡澤憲芙監修，こどもくらぶ編　彩流社
【目次】池田菊苗、石坂公成、荻野久作、荻野吟子、北里柴三郎、坂口謹一郎、鈴木梅太郎、高峰譲吉、中谷宇吉郎、牧野富太郎〔ほか〕
2017.3　31p　A4　¥3000　①978-4-7791-5035-7

◆西郷隆盛——幕末 維新の巨人　藤咲あゆな著，森川侑絵　ポプラ社　(ポプラポケット文庫)
【要旨】「敬天愛人」（天を敬い、人を愛す）をモットーとした西郷隆盛は、死後も多くの人から慕われ、愛されました。本書では、子ども時代から「西南戦争」で自決するまでの怒涛の人生を描きます。大久保利通、坂本龍馬、勝海舟など、幕末から明治にかけて活躍した人物も多数登場します! 小学校上級～。
2017.11　261p　18cm　¥680　①978-4-591-15627-8

◆西郷隆盛　楠木誠一郎文，佐竹美保絵　講談社　(講談社火の鳥伝記文庫 11)
【要旨】一おいが不遇でおることより、正装姿を助けるほうが大事じゃ。子どもころ、こまっている仲間がいればすぐに助け、おなかをすかせているきょうだいには、自分が空腹でもごはんを分けてあげた西郷隆盛。18歳で役人になると、農民のためにつくし、藩に意見書を提出しつづけました。そして、藩主島津斉彬に才能を見いだされ、維新の嵐がうずまく江戸へと向かいます。小学上級。
2017.11　221p　18cm　¥740　①978-4-06-149924-9

◆西郷隆盛——明治維新をなしとげた薩摩隼人　泉ışıもと著，十々夜絵　岩崎書店　(フォア文庫)
【要旨】貧しい武士の家に生まれた吉之助は藩の抜擢を受け、激動の幕末で新しい日本をつくるために奔走する。人を愛し、人に愛された、深い人柄と波乱に満ちた生涯。
2017.11　166p　18cm　¥650　①978-4-265-06495-3

◆西郷隆盛——敗者のために戦った英雄　時海結以著，落合弘樹監修　小学館　(小学館ジュニア文庫)
【要旨】太平の世といわれた江戸時代の終わり、薩摩の国で、一人の男の子 - のちの西郷隆盛 - が誕生した。貧しい下級藩士の家の出身ながら、名君と名高い薩摩藩主・島津斉彬に才能を認められ、頭角を現していった西郷だったが、斉彬の急死により人生が一転、ついには罪人として島に送られてしまう。苦難の末、島から戻った西郷が見たものは、日本にせまる外国の脅威と、時代に取り残される江戸幕府の姿だった。日本の未来のために、幕府を倒そうと決意した西郷だったが…!?
2017.12　186p　19cm　¥740　①978-4-09-231199-2

◆西郷隆盛——幕末維新の英傑　講談社編，瀬畑純漫画　講談社　(漫画でよめる!)
【要旨】戦火をまぬがれ、一滴の血を流すこともなく、江戸城は開かれた。歴史的快挙をなしとげ、新時代をつくった幕末の巨人、西郷隆盛。維新の英傑とよばれた男の、激動の生涯を描く! くわしい歴史がわかる、解説コラムつき。
2017.12　174p　A5　¥950　①978-4-06-220915-1

◆西郷隆盛——新たな時代をきりひらいた維新の巨星　大石学監修，卯月趣画，狐塚あやめ構成，南房秀久原作　学研プラス　(学研まんがNEW日本の伝記)
【要旨】今、再び脚光をあびる幕末維新最大の英雄。天を敬い人を愛したその人生を知る。オールカラー&パノラマまんがが付く。
2017.12　128p　23×16cm　¥1200　①978-4-05-204743-5

◆西郷隆盛　上 維新への道　小前亮作　小峰書店
【要旨】「さあ、時代を変えにいこう」薩摩藩の下級武士の家に生まれ、明治維新の大きな役割をになった、稀代の英傑の生涯を描く。2018年大河ドラマの主人公。
2017.10　225p　B6　¥1400　①978-4-338-31401-5

◆西郷隆盛　下 志士の夢　小前亮作　小峰書店
【要旨】これまでの人生を思い返して、西郷は自分のなすべきことを自覚した。幕府を倒す。二百五十年つづいた時代を終わらせ、新しい一歩を踏み出す。過去のすべてを胸にきざんで力に変え、未来のために尽くすのだ。西郷は短く告げた。「おれは鬼になる」。
2017.10　225p　B6　¥1400　①978-4-338-31402-2

◆坂本龍馬——新時代の風　砂田弘文，槙えびし絵　講談社　(講談社火の鳥伝記文庫)　新装版
【要旨】坂本龍馬は、幕末に活躍した志士です。1835年に土佐（高知県）の下級武士の家に生まれました。開国をめぐって日本がまっぷたつにわれるなか、江戸で勝海舟の弟子になり、航海術や政治も学びます。やがて、西郷隆盛と木戸孝允の間をとりもち、薩長同盟を成立させて、大政奉還を実現させます。新しいものが大すきで、古いしきたりがきらいだった龍馬。この国を生まれかわらせるために豪快に幕末の世をかけぬけていきました。小学上級から。
2017.10　195p　18cm　¥740　①978-4-06-149917-1

◆武田信玄——戦国を駆けろ　木暮正夫文，寺田克也カバー絵，八多友哉さし絵　講談社　(講談社火の鳥伝記文庫)　新装版
【要旨】武田信玄は、1521年、甲斐の国（山梨県）に生まれた戦国武将です。「風林火山」の、のぼりを立てた騎馬軍団はとてもおそれられ、上杉謙信との5度にわたる川中島合戦など、いくさにいくさを生きぬいて、その存在を

力ずくで戦国の世に知らしめました。織田信長がもっともおそれた相手が信玄、徳川家康がゆいいつ負けた相手が信玄でした。また信玄は、金山開発や、治水工事を行うなど、すぐれた政治家でもありました。ついに天下を視野に入れはじめたころ、戦国の世をかけぬけた53年の命はつきてしまったのでした。小学上級から。
2017.10　179p　18cm　¥740　①978-4-06-149916-4

◆チームでつかんだ栄光のメダル 女子レスリング——吉田・伊調・登坂・土性・川井　本郷陽二編　汐文社
【目次】序章 リオオリンピックがスタート（6階級で行われる女子レスリング競技、最強の日本女子レスリング陣 ほか）、第1章 女子レスリングで活躍する日本（5000年前から行われていたレスリング、グレコローマンとフリースタイル ほか）、第2章 ロンドンオリンピックの女子レスリング（51キロ級の最優秀レスラー、オリンピック出場を2度逃す ほか）、第3章 リオオリンピックに向けた戦い（オリンピックからレスリングが消える?、最後の最後にレスリングが復活 ほか）、第4章 リオオリンピックでの活躍（減量に成功して絶好調の登坂選手、残り2秒で逆転の金メダル ほか）
2017　155p　B6　¥1500　①978-4-8113-2345-9

◆チームでつかんだ栄光のメダル 卓球——福原・石川・伊藤・水谷・丹羽・吉村　本郷陽二編　汐文社
【目次】第1章 女子団体戦で銅メダルをとった!（大きなプレッシャーを背負って、もっとも過酷な、頭脳とスピードの競技 ほか）、第2章 日本中の人気を集めた3人の女子代表（卓球の天才少女・福原愛選手、日本中が注目した女の子 ほか）、第3章 闘志を燃やす3人の男子代表（日本男子のエース・水谷隼選手、自分自身を信じて戦い抜く ほか）、第4章 メダルへの道・シングルスの戦い（いよいよ始まる熱戦、男子シングルスが始まる ほか）、第5章 男子は団体戦で銀メダル（男子団体戦の幕開け、調子を上げる男子日本チーム ほか）
2017　156p　B6　¥1500　①978-4-8113-2344-2

◆伝記シリーズ 西郷隆盛——信念をつらぬいた維新のヒーロー　奥山景布子著，RICCA絵　集英社　(集英社みらい文庫)
【要旨】江戸時代末期、薩摩藩に生まれた西郷隆盛。二度の島流しのあと、藩の指導者になった隆盛は、日本の進むべき道をさがし、新政府を立ち上げ、中心となって活躍しました。しかし、意見のちがいから、故郷へ帰り、若者のために力を注いでいたときに運命を変えるできごとが…。やさしさと正義感にあふれ、ひたむきに生きた西郷どん51年の人生にせまります! 小学中級から。
2017.11　187p　18cm　¥640　①978-4-08-321409-7

◆徳川家康——江戸の幕開け　松本清張文，寺田克也カバー絵，八多友哉さし絵　講談社　(講談社火の鳥伝記文庫)　新装版
【要旨】徳川家康は、1542年、三河の国（愛知県）に生まれた武将です。3歳で母と生きわかれ、19歳まで駿河の今川家の人質となるなど、少年時代は苦労の連続でした。辛抱することを学んで成長した家康は、織田信長、豊臣秀吉からも一目おかれる大名に成長しました。そして1600年、史上最大の合戦「関ヶ原の戦い」に勝ち天下統一をはたすと、その後260年あまりつづく江戸幕府を開きました。未来を思いえがき、じっとチャンスを待った家康。戦国の世を生きぬき、ついには新しい世をつくったのです。小学上級から。
2017.10　337p　18cm　¥740　①978-4-06-149914-0

◆豊臣秀吉——天下統一せよ　岡田章雄文，寺田克也カバー絵，八多友哉さし絵　講談社　(講談社火の鳥伝記文庫)　新装版
【要旨】豊臣秀吉は、1537年、尾張の国（愛知県）に生まれた武将です。織田信長に仕え、どんな仕事でもよろこんではたらき、戦場では知略をめぐらして急速に出世しました。1582年の本能寺の変で明智光秀に信長が暗殺されると、機をのがさず復讐をはたします。やがて、戦国時代を終わらせて天下統一をなしとげました。人とはちがうユニークな考え方、知恵と行動力で頂点へと登りつめたのでした。そして、秀吉の夢は、朝鮮半島から世界へと向かっていくのです。小学上級から。
2017.10　205p　18cm　¥740　①978-4-06-149915-7

◆ナイチンゲール——戦場に命の光　村岡花子文，丹地陽子絵　講談社　(講談社火の鳥伝記文庫)　新装版

絵本・児童書

【要旨】ナイチンゲールは1820年生まれのイギリスの看護師です。裕福な家庭に生まれ、豊かな環境で育ちました。当時の看護師は上流階級の女性がなる職業ではなかったため、その決断は、家族の大反対にあってしまいます。ナイチンゲールは、クリミア戦争の壮雪な戦場へ看護団をつれていき、傷ついた兵士たちを全力で看病してすくいました。その活躍はイギリス本国で大きく報道され、社会に影響をあたえました。小学上級から。
2017.10 189p 18cm ¥740 ①978-4-06-149919-5

◆野口英世―細菌をさがせ 滑川道夫文, 藤原徹司絵 講談社 (講談社火の鳥伝記文庫) 新装版
【要旨】野口英世は1876年福島県生まれの細菌学者です。おさなころのやけどが原因で、左手が不自由だったものの、持ち前の努力と、母のはげまし、それに応援してくれる人たちとの出会いもあり、細菌学の研究者となりました。その後、ロックフェラー医学研究所のメンバーとなり、世界最先端の研究を行いました。多くの命をうばっていた黄熱病のなぞを解明するため病気が蔓延する南米やアフリカへと、命がけの調査に乗りだすのです。小学上級から。
2017.10 185p 18cm ¥740 ①978-4-06-149918-8

◆幕末青春伝 西郷隆盛―時代をかけぬけた男 澤村修治著, フミカ絵 理論社
【要旨】貧しいサムライとして一生を終えるはずだったひとりの青年が、聡明な藩主や、志をもった友人たちと交わりながら、目標に向けて走り出す。そして、時代のうねりのなか、時を越えてとつもない歴史ドラマの中心人物になっていく。明治維新、その光と影をともに生きた、魅力あふれる人間像を描く。残された言葉や行動を通して西郷隆盛の真実に迫る最新の評伝。
2017 239p B6 ¥1200 ①978-4-652-20241-8

◆ピカソ―型破りの天才画家 岡田好惠文、真斗絵、大高保二郎監修 講談社 (講談社青い鳥文庫)
【要旨】スペイン生まれの天才画家パブロ・ピカソは、20世紀という激動の時代のなかでたくさんの名作を描きました。でも、子どものころは大の勉強ぎらいで劣等生。挫折と挑戦を繰り返して、多くの人の心を動かす絵を描くようになったのです。なかでも有名なのは『ゲルニカ』という大作。この絵はなぜ描かれたのか？人間らしい心を忘れなかったピカソの人生と仕事をたどります。小学上級から。
2017.6 206p 18cm ¥620 ①978-4-06-285632-4

◆土方歳三と新選組 菱山瑠子まんが, 和田奈津子シナリオ, 河合敦監修・解説 集英社 (学習まんが世界の伝記NEXT)
【要旨】新選組は江戸時代の終わりごろ、治安の悪化した京都を守るためにつくられた組織です。その副長が土方歳三でした。土方は農民出身でしたが、子どものころから武士にあこがれていました。近藤勇や沖田総司などの仲間と出会い、剣術修業をつづけるなか、京都に行く将軍を守るという大きな仕事がまいこんできます。京都で新選組となった土方は、組織のため、江戸幕府のため、そしてなにより武士の使命をはたすためにも懸命に働きました。激動の時代のなか、しだいに追いつめられる幕府を支えつづけた男たちは、最後まで自分たちの正義をつらぬくために戦います。
2017.12 127p 23x16cm ¥980 ①978-4-08-240075-0

◆フリーダ・カーロ―リトル・ピープル、ビッグ・ドリーム イザベル・サンチェス・ヴェガラ文, アン・ジー・ファン絵, おびただす訳 六耀社
【要旨】小さなころからとてもおもい病気にかかっていたフリーダの右足はおりとった小えだのようにやせほそっていました。そんな病気にもめげずにフリーダはこころ強く毎日をすごしていました。ある日のこと、たいへんなことがおこります。通学中、フリーダの乗ったバスが路面電車としょうとつしてしまったのです。かわいそうな、少女フリーダ…！この事故のためにフリーダの生活はすっかり変わってしまったのです…。一苦境に負けず、強く生きぬいた情熱の画家、フリーダ・カーロの物語。
2017.3 1Vol. 25x21cm ¥1400 ①978-4-89737-882-4

◆ヘレン・ケラー自伝―わたしの生涯 ヘレン・ケラー作, 今西祐行訳, 佐竹美保絵 講談社 (講談社火の鳥伝記文庫) 新装版
【要旨】ヘレン・ケラーは、1880年に生まれた、教育者、社会福祉活動家です。ヘレンは1歳7か月のときに病気が原因で、見えない、聞こえない、話せないという三重の障害をかかえます。しかし、両親や先生、そして自らのたいへんな努力で、多くの困難を乗りこえて成長し、障害者教育、福祉の発展につくしました。本書はヘレンが22歳のときに書いた『わたしの生涯』を翻訳したものです。小学上級から。
2017.10 221p 18cm ¥740 ①978-4-06-149923-2

◆ヘレン・ケラー物語 東多江子文, 椎名優絵 講談社 (講談社青い鳥文庫)
【要旨】アメリカで生まれたヘレン・ケラーは、1歳のころ、病気のせいで、目と耳が不自由になりました。7歳になるころ、家庭教師のサリバン先生と出会い、手話をはじめます。猛勉強して大学に入学。本を書き、世界中で講演会を行い、弱い立場の人々のために活動しました。けっしてあきらめないヘレンの生き方は、今を生きるわたしたちにも勇気をあたえてくれます。口絵・年表つき。小学中級から。
2017.6 198p 18cm ¥650 ①978-4-06-285639-3

◆まんが人物伝 エジソン―いたずら大好き発明王 金井正雄監修, 黒星紅白カバー・表紙, 亜円堂漫画作画 KADOKAWA (角川まんが学習シリーズ N1)
【要旨】「なんで？なんでなの？」―聞きたがりで有名な少年・エジソンは、落ちこぼれといわれながらも母の愛情のもと、新しい発想や想像力で道を切り開く。やがて、発明をものづくりのおもしろさに目覚め、努力を重ねて、人類が驚く発明王となった!!『まんが人物伝』シリーズは、偉人が子ども時代をどう過ごし、どう偉業を果たしたかをえがいた伝記まんがの決定版！
2017.7 159p B6 ¥850 ①978-4-04-103978-6

◆まんが人物伝 織田信長 山本博文監修, Rickeyまんが作画 KADOKAWA (角川まんが学習シリーズ)
【要旨】うつけ（ばか者）とよばれた少年・信長は、わくにはまらない革新的な考えの持ち主だった。桶狭間の戦いや長篠の戦いなど、新しい戦法で混乱の戦国時代にめきめきと頭角を現していく。はたして信長は天下統一することはできるのか…!?『まんが人物伝』シリーズは、偉人が子ども時代をどう過ごし、どう偉業を果たしたかをえがいた伝記まんがの決定版！
2017.6 159p B6 ¥850 ①978-4-04-103966-3

◆まんが人物伝 西郷隆盛 山本博文監修, 広江礼威カバー・表紙, すずき孔まんが作画 KADOKAWA (角川まんが学習シリーズ M6)
【要旨】貧しい下級武士の子として生まれた西郷隆盛。敵でも友だちにしてしまう、ケタ外れの大きな愛とまごころの持ち主。たくさんの仲間とともに激動の幕末を駆け抜け、命がけで武士の時代を終わらせ、新しい日本の夜明けを作っていった―！『まんが人物伝』シリーズは、偉人が子ども時代をどう過ごし、どう偉業を果たしたかをえがいた伝記まんがの決定版！
2017.11 159p B6 ¥850 ①978-4-04-104823-8

◆まんが人物伝 真田幸村 山本博文監修, 勇沢椰木まんが作画 KADOKAWA (角川まんが学習シリーズ)
【要旨】「日本一の兵」とうたわれた名武将・真田幸村。少年時代はあちこちで人質となり合戦に出られずにいたが、戦場に立つようになると、持ち前の知恵と勇気で数多くの武功を残していく…！『まんが人物伝』シリーズは、偉人がどのような子ども時代を過ごして、どのように偉業を果たしたかを、ていねいにえがいた伝記まんがの決定版！
2017.6 159p B6 ¥850 ①978-4-04-103979-3

◆まんが人物伝 伊達政宗 山本博文監修, 浅田弘幸カバー・表紙, 富亥スズまんが作画 KADOKAWA (角川まんが学習シリーズ M5)
【要旨】「奥州の独眼竜」として天下に名を知られた伊達政宗。しかし子ども時代は病気で失った右目を気にする気弱な性格だった。だがひとつの試練が政宗を変える。天下取りの夢を追いつづけた名将を、型破りな生き方で『まんが人物伝』シリーズは、偉人が子ども時代をどう過ごし、どう偉業を果たしたかをえがいた伝記まんがの決定版！
2017.11 159p B6 ¥850 ①978-4-04-103977-9

◆まんが人物伝 徳川家康 山本博文監修, 備前やすのりまんが作画 KADOKAWA (角川まんが学習シリーズ)
【要旨】天下泰平の江戸時代265年の基礎を築いた家康。人質だった子ども時代、織田信長・豊臣秀吉に仕えた武将時代…苦難の連続の末、天下分け目の戦いに勝利し、ついには天下人となったのだ…！『まんが人物伝』シリーズは、偉人がどのような子ども時代を過ごして、どのように偉業をていねいにえがいた伝記まんがの決定版！
2017.6 159p B6 ¥850 ①978-4-04-103976-2

◆まんが人物伝 豊臣秀吉 山本博文監修, たかぎ七彦カバー・表紙, 高橋功一郎まんが作画 KADOKAWA (角川まんが学習シリーズ)
【要旨】農民の子として生まれながら、知恵と勇気で天下人となった豊臣秀吉。ユイカ痛快、出世ストーリー！
2017.10 159p 19x13cm ¥850 ①978-4-04-103971-7

◆まんが人物伝 ヘレン・ケラー―三重苦の奇跡の人 關宏之監修, okamaカバー・表紙, 天神うまめる漫画作画 KADOKAWA (角川まんが学習シリーズ N2)
【要旨】見えない、聞こえない、話せない少女・ヘレン。サリバン先生の愛情のもと、「言葉」を覚え、「考える」ことを知り、みずから新しい世界の扉を開いていく。好奇心おうせいなヘレンは挑戦を続け、やがて世界の希望の光となっていった―！『まんが人物伝』シリーズは、偉人が子ども時代をどう過ごし、どう偉業を果たしたかをえがいた伝記まんがの決定版！
2017.6 159p B6 ¥850 ①978-4-04-103972-4

◆マンガで読む伝記 夢をかなえる！感動ストーリー 池田書店編集部編 池田書店
【要旨】つらくても負けない！じぶんを信じて夢を実現するヒントがいっぱい！力をくれる！女性偉人の伝記。
2017.6 283p B6 ¥920 ①978-4-262-15448-5

◆マンガポテトキングと呼ばれた男 牛島謹爾 久留米大学文学部情報社会学科「活字メディア実習演習」編, 宮下二三漫画 (福岡) 梓書院
【要旨】1906年、アメリカ・サンフランシスコを襲った未曾有の大地震。悲嘆に暮れる市民を救ったのは、当時アメリカでポテトキングと呼ばれた日本人、"ジョージ・シマ"だった―。戦前にアメリカンドリームを叶えた男・牛島謹爾の生涯をマンガ化！久留米出身の知られざる偉人が今よみがえる。
2017.12 35p A5 ¥648 ①978-4-87035-618-4

◆NHKアスリートの魂―試練を乗りこえて サッカー香川真司 フィギュアスケート宮原知子 柔道野村忠宏 NHK「アスリートの魂」番組スタッフ協力, 山田幸雄スポーツ監修, 岡本圭一郎, 朝吹まり, 岩元健一漫画 学研プラス
【要旨】誰よりも努力して…何度もくやしい思いをして…それでもけっしてあきらめない。栄光に向かってひたむきに生きる、アスリート感動まんが。
2017.7 175p A5 ¥1200 ①978-4-05-204637-7

◆まんが NHKアスリートの魂―野球田中将大 バドミントン高橋礼華・松友美佐紀 体操村上茉愛 信念をつらぬく NHK「アスリートの魂」番組スタッフ協力, 山田幸雄スポーツ監修, 高岩ヨシヒロ, 春野まこと, 東園子漫画 学研プラス
【要旨】誰よりも努力して…何度もくやしい思いをして…それでもけっしてあきらめない。栄光に向かってひたむきに生きる、アスリート感動まんが。
2017.9 175p B5 ¥1200 ①978-4-05-204688-9

◆まんが NHKアスリートの魂―サッカー内田篤人・野球上原浩治・チアリーディング日本代表女子チーム 強い心で NHK「アスリートの魂」番組スタッフ協力, 山田幸雄スポーツ監修, 春野まこと, 神宮寺一, 松野千歌まんが 学研プラス
【要旨】誰よりも努力して…何度もくやしい思いをして…それでもけっしてあきらめない。栄光に向かってひたむきに生きる、アスリート感動まんが。
2018.1 175p A5 ¥1200 ①978-4-05-204714-5

◆読んでおきたい偉人伝 小学1・2年―日本と世界の偉人12人の物語 山下真一, 梅澤真一, 由井薗健監修 成美堂出版

【要旨】先生が選んだ！偉人12人の物語。ミニミニ人物伝つき。
2017.4 223p A5 ¥700 ①978-4-415-32283-4

◆読んでおきたい偉人伝 小学3・4年—日本と世界の偉人12人の物語 山下真一，梅澤真一，由井薗健監修 成美堂出版
【要旨】先生が選んだ！偉人12人の物語。ミニミニ人物伝つき。
2017.4 223p A5 ¥700 ①978-4-415-32284-1

◆読んでおきたい偉人伝 小学5・6年—日本と世界の偉人12人の物語 山下真一，梅澤真一，由井薗健監修 成美堂出版
【要旨】先生が選んだ！偉人12人の物語。ミニミニ人物伝つき。
2017.4 223p A5 ¥700 ①978-4-415-32285-8

◆ライト兄弟—大空をとぶ夢 富塚清文，五十嵐大介絵 講談社 （講談社火の鳥伝記文庫）新装版
【要旨】ウィルバーとオービルのライト兄弟は、19世紀末にアメリカで生まれたアメリカの発明家です。新聞の発行、印刷機の開発などものづくりが大すきだったふたり。独自のグライダーで、飛行実験をしていたオットー・リリエンタールにあこがれ、自に空をとぶことができるエンジンつき飛行機の開発にいどみます。自転車屋の経営のかたわら研究を続け、ついにライト兄弟の飛行機が空へとびたったのです。小学上級むから。
2017.10 213p 18cm ¥740 ①978-4-06-149921-8

◆ルイ・ブライユ—暗闇に光を灯した十五歳の点字発明者 山本徳造著，松浦麻衣イラスト，広瀬浩二郎監修 小学館 （小学館ジュニア文庫）
【要旨】目の見えない人でも、6つの点を使って簡単に読み書きができる一本。世界中の人が当り前に使っているこの6点点字を発明したのは、フランス人のルイ・ブライユという少年でした。フランスのクーヴレ村に生まれたルイは、3歳のときの事故の影響により5歳で全盲に。しかし両親のすすめで盲学校に入学します。そして、15歳のときに6点点字の基礎を発明するのです。ルイは、どのようにして6点点字を発明したのでしょう。その軌跡と、彼の生涯をつづった感動伝記です。
2017.3 187p 18cm ¥680 ①978-4-09-231141-1

◆歴史人物伝 西郷隆盛—明治維新の志士たち 楠木誠一郎著，日能研企画・編集協力 講談社 （日能研クエスト）
【要旨】薩長同盟を実現し、明治維新の原動力となった、西郷隆盛と大久保利通の波瀾万丈の生涯!!いかにして、江戸時代は終わり、新しい時代を迎えたのか!?西郷隆盛のはたした役割とは、なんだったのか？坂本龍馬、木戸孝允、勝海舟なども登場！
2017.11 205p 21x15cm ¥1000 ①978-4-06-220866-6

◆iPS細胞を発見！山中伸弥物語—折れない心で希望をつなぐ！ 上坂和美著 PHP研究所 （PHP心のノンフィクション）
【要旨】難病患者さんの力になりたい！2012年、ノーベル生理学・医学賞を受賞した山中伸弥さん。受賞にいたるまでの道のりは、決して順調なものではなかった…。小学校高学年・中学生向け。
2017.2 150p A5 ¥1400 ①978-4-569-78619-3

◆Mr.トルネード 藤田哲也—航空事故を激減させた気象学者 佐々木健一著 小学館
【要旨】今、私たちは飛行機に乗って安全に世界じゅうを旅することができます。でも、30年ほど前までは、1年半に1度の割合で墜落事故が起こり、多くの人が命を落としていました。そうした悲劇を食い止め、現代に生きる私たちに空の安全をもたらしたのは、一人の日本人の原爆調査がありました。彼の名は藤田哲也。その原点には長崎の原爆調査がありました。アメリカで活躍した、日本ではほとんど知られてこなかった偉大な気象学者の足跡をたどります。
2017.8 196p B6 ¥1250 ①978-4-09-227186-9

📖 国語の本

◆うんこかん字ドリル 小学1年生—日本一楽しい漢字ドリル 文響社
【要旨】子どもが夢中になって勉強する！全例文に「うんこ」を使った、まったく新しい漢字ドリル。新学習指導要領対応。たとえば1年で習う「田」なら…田んぼのまん中でうんこをひろうん、水田にうんこをなげ入れる…。事前調査で「めちゃくちゃおもしろい、すごく楽しい」「これは絶対子どもが食いつく」と大絶賛！男の子も女の子も、親御さんからも笑い声の上がった、おもしろくてしっかり漢字が身につく最強ドリルです。
2017.3 84p B5 ¥980 ①978-4-905073-81-9

◆うんこかん字ドリル 小学2年生—日本一楽しい漢字ドリル 文響社
【要旨】子どもが夢中になって勉強する！全例文に「うんこ」を使った、まったく新しい漢字ドリル。新学習指導要領対応。たとえば2年で習う「刀」なら…刀の先っぽにうんこをつけてたかう男、名刀でうんこを真っ二つに切りさいた、木刀かと思ったらうんこだった…。事前調査で「めちゃくちゃおもしろい、すごく楽しい」「これは絶対子どもが食いつく」と大絶賛！男の子も女の子も、親御さんからも笑い声の上がった、おもしろくてしっかり漢字が身につく最強ドリルです。
2017.3 86p B5 ¥980 ①978-4-905073-82-6

◆うんこ漢字ドリル 小学3年生—日本一楽しい漢字ドリル 文響社
【要旨】子どもが夢中になって勉強する！全例文に「うんこ」を使った、まったく新しい漢字ドリル。新学習指導要領対応。たとえば3年で習う「号」なら…出席番号順にうんこを出していく、「月刊うんこ」の四月号で、ぼくのうんこがしょうかいされている、うんこを表す記号を考えました…。事前調査で「めちゃくちゃおもしろい、すごく楽しい」「これは絶対子どもが食いつく」と大絶賛！男の子も女の子も、親御さんからも笑い声の上がった、おもしろくてしっかり漢字が身につく最強ドリルです。
2017.3 106p B5 ¥980 ①978-4-905073-83-3

◆うんこ漢字ドリル 小学4年生—日本一楽しい漢字ドリル 文響社
【要旨】子どもが夢中になって勉強する！全例文に「うんこ」を使った、まったく新しい漢字ドリル。新学習指導要領対応。たとえば4年で習う「博」なら…ナウマン象のうんこを見に、博物館へ行った、世界平和のためには、博愛の心とうんこが大切だ、ドイツの工学博士が、うんこと話せる機械を発明した…。事前調査で「めちゃくちゃおもしろい、すごく楽しい」「これは絶対子どもが食いつく」と大絶賛！男の子も女の子も、親御さんからも笑い声の上がった、おもしろくてしっかり漢字が身につく最強ドリルです。
2017.3 94p B5 ¥980 ①978-4-905073-84-0

◆うんこ漢字ドリル 小学5年生—日本一楽しい漢字ドリル 文響社
【要旨】子どもが夢中になって勉強する！全例文に「うんこ」を使った、まったく新しい漢字ドリル。新学習指導要領対応。たとえば5年で習う「版」なら…こちらが国宝の版画「富士とうんこつる」です、うんこファンにはたまらない本が出版された…。事前調査で「めちゃくちゃおもしろい、すごく楽しい」「これは絶対子どもが食いつく」と大絶賛！男の子も女の子も、親御さんからも笑い声の上がった、おもしろくてしっかり漢字が身につく最強ドリルです。
2017.3 100p B5 ¥980 ①978-4-905073-85-7

◆うんこ漢字ドリル 小学6年生—日本一楽しい漢字ドリル 文響社
【要旨】子どもが夢中になって勉強する！全例文に「うんこ」を使った、まったく新しい漢字ドリル。新学習指導要領対応。たとえば6年で習う「担」なら…私がうんこ担当の「運子田」と申します、みんなで少しずつ分担して、うんこを持ち帰ろう、うんこパーティーの費用は、父が負担してくれた…。事前調査で「めちゃくちゃおもしろい、すごく楽しい」「これは絶対子どもが食いつく」と大絶賛！男の子も女の子も、親御さんからも笑い声の上がった、おもしろくてしっかり漢字が身につく最強ドリルです。
2017.3 98p B5 ¥980 ①978-4-905073-86-4

◆思いちがいの言葉 山口理著 偕成社 （国語おもしろ発見クラブ）
【要旨】「おっとり刀」は、おっとりしたお侍さん？「情けは人のためならず」は、甘やかすのはよくない？…いやいやどちらも、本当の意味はちがうんだ。この巻では、多くの人が思いちがいをしている言葉を意味や使い方から紹介するよ。小学校中学年から。
2017.3 143p A5 ¥1500 ①978-4-03-629890-7

◆オールカラー 楽しみながら国語力アップ！マンガ 漢字・熟語の使い分け 青山由紀監修 ナツメ社 （ナツメ社やる気ぐんぐんシリーズ）
【要旨】難読漢字、四字熟語、同訓異字、同音異義語。小学校で習う漢字1006字も掲載！
2017.11 223p A5 ¥1000 ①978-4-8163-6348-1

◆外国の本っておもしろい！—子どもの作文から生まれた翻訳書ガイドブック 読書探偵作文コンクール事務局編 サウザンブックス社
【要旨】翻訳本を読むきっかけを作りたい！翻訳書に親しむことで、異文化の魅力にふれてほしい！そんな願いから、翻訳家たちが中心になって2010年から始めた読書探偵作文コンクール。その活動に賛同する人たちの応援を受けて、一冊の本が誕生しました。本書ではコンクール最優秀賞作品と、コンクールを運営する翻訳家たちによる読書ガイドを収録。ナビゲーター役はコンクールのマスコット、ニャーロウがつとめます。子どもから大人まで楽しめる、これまでにない新しい翻訳書ガイドブックです。
2017.8 132p A5 ¥1600 ①978-4-909125-05-7

◆かいてみようカタカナ 1 ポプラ社 （ポプラ社の知育ドリルーぜんぶできちゃうシリーズ）（付属資料：シール）
【要旨】清音24文字と濁音・半濁音・長音の練習。シール・おえかきボードつき。4～5歳。
2017 32p 21x15cm ¥350 ①978-4-591-15495-3

◆漢文に親しもう 日原傳監修 金の星社 （声に出して楽しもう古典の世界）
【要旨】漢文を読んでみよう、漢詩の世界（春暁、涼州詞、鸛鵲楼に登る、静夜思、黄鶴楼にて孟浩然の広陵に之くを送る、元二の安西に使いするを送る、春望、絶句、江雪、春夜、胡隠君を尋ねむ）、論語の世界、故事成語の教え（矛盾、五十歩百歩、推敲、その他の故事成語）
2017 39p 30x22cm ¥2800 ①978-4-323-06592-2

◆クレヨンしんちゃんのまんが四字熟語辞典 臼井儀人キャラクター原作，江口尚純監修，りんりん舎編・構成 双葉社 （クレヨンしんちゃんのなんでも百科シリーズ） 新版
【要旨】まんがも文もおもしろい！四字熟語を使いこなう！
2017.10 207p B6 ¥840 ①978-4-575-31308-6

◆声に出してマンガでおぼえる6年生の漢字 齋藤孝著 岩崎書店 （これでカンペキ！）
【要旨】声に出して、指でなぞって覚える齋藤先生考案の漢字メソッド。
2017.2 199p A5 ¥1280 ①978-4-265-80220-3

◆国語・ことばの習熟プリント—小学校低学年1年2年 考える力を育てる語彙と文法 雨越康子著 （大阪）清風堂書店 改訂版
【目次】1年生（ふではこび1・2、ことばあつめ1～10、五十音字1・2、ひらがな1～7、あいさつことば1・2 ほか）、2年生（かたかな1～3、かなづかい1～6、いみのにたことば1・2、はんたいのことば1～3、音の同じことば ほか）
2017.2 96p B4 ¥1800 ①978-4-88313-924-8

◆国語・ことばの習熟プリント—小学校中学年3年4年 考える力を育てる語彙と文法 細川元子著 （大阪）清風堂書店 改訂版
【目次】3年生（かたかなのきまり1・2、送りがな1～3、「」、のつけ方1・2、同じ音のことば1・2、組み合わせたことば1～3 ほか）、4年生（辞典の引き方2、送りがな1・2、慣用句1～3、ことばの意味1～3、文末の表し方1・2 ほか）
2017.2 96p B4 ¥1800 ①978-4-88313-925-5

◆国語・ことばの習熟プリント—小学校高学年5年6年 考える力を育てる語彙と文法 細川元子著 （大阪）清風堂書店 改訂版
【目次】5年生（送りがな1・2、かなづかい1・2、敬語1・2、ことばの意味1・2、慣用句1～4 ほか）、6年生（送りがな1・2、ふ号の使い方1・2、ぎ声語・ぎ態語1・2、ことわざ1～3、接頭語1・2 ほか）
2017.2 96p B4 ¥1800 ①978-4-88313-926-2

◆国語好きな子に育つたのしいお話365—遊んでみよう、書いてみよう、声に出してみよう 体験型読み聞かせブック 日本国語教育学会著 誠文堂新光社

絵本・児童書

【要旨】日本国語教育学会とは、昭和29年に設立された、国語教育の実践について学び合う会です。国語教師、国語教育研究者は、子供たちの国語力が向上するよう、学校の内外で工夫を重ねています。そのような工夫の実態や成果を、会員同士が研究し、学び合う活動を続けています。本書は、日本国語教育学会の研究部会と小学校部会のメンバーを中心に、「国語を好きになってもらいたい」という願いを込めて執筆したものです。5歳から小学生全般向き。
2017.12 415p 25×20cm ¥2300 ①978-4-416-51798-7

◆ことばでビンゴ!! 小学1・2・3年生—ことばに出合う対戦ゲーム　朝日新聞出版編著　朝日新聞出版
【要旨】遊びながら、ことば力アップ！ おうちの人や友だちと頭の体操バトル！
2017.9 175p B6 ¥850 ①978-4-02-333169-3

◆子どもおもしろ歳時記　金井真紀文・絵、斉田仁選句・監修　理論社
【要旨】季語は全部で600語以上。例句は著名な俳人から子どもたちの句まで、たっぷり紹介。
2017 192p 22×16cm ¥2850 ①978-4-652-20232-6

◆こども論語—故きを温ねて新しきを知る　齋藤孝編、平井きよね絵　草思社　〈声に出して読みたい・こどもシリーズ〉
【要旨】選りすぐりの名言を楽しみながら学べる絵本。（総ルビ付き）
2017.12 79p 21×19cm ¥1500 ①978-4-7942-2313-5

◆古文に親しもう—声に出して楽しもう古典の世界　伊東玉美監修　金の星社
【目次】竹取物語（かぐや姫の誕生、蓬莱の玉の枝 ほか）、枕草子（春はあけぼの（第一段）、九月ばかり（第百二十五段）ほか）、平家物語（祇園精舎、敦盛の最期 ほか）、徒然草（つれづれなるままに（序段）、仁和寺にある法師（第五十二段）ほか）、おくのほそ道（旅立ち、平泉 ほか）
2017 39p A4 ¥2800 ①978-4-323-06591-5

◆語呂合わせで、完全マスター！ 五色百人一首 青札　小宮孝之、近江利江著、向山洋一監修　汐文社
【要旨】語呂合わせで、かんたんに百人一首を覚えよう。歌の意味、キーワードの解説、詠み人の紹介など、百人一首がもっとおもしろくなる情報もいっぱい！ 青札マスターになって、楽しく遊ぼう。
2017 78p A5 ¥1600 ①978-4-8113-2370-1

◆語呂合わせで、完全マスター！ 五色百人一首 黄札　小宮孝之、近江利江著、向山洋一監修、ハラアツシイラスト、前田康裕絵札　汐文社
【要旨】語呂合わせで、かんたんに百人一首を覚えよう。歌の意味、キーワードの解説、詠み人の紹介など、百人一首がもっとおもしろくなる情報もいっぱい！ 黄札マスターになって、楽しく遊ぼう。
2017 78p A5 ¥1600 ①978-4-8113-2371-8

◆語呂合わせで、完全マスター！ 五色百人一首 ピンク札 オレンジ札　小宮孝之、近江利江著、向山洋一監修、ハラアツシイラスト、前田康裕絵札　汐文社
【要旨】語呂合わせで、かんたんに百人一首を覚えよう。歌の意味、キーワードの解説、詠み人の紹介など、百人一首がもっとおもしろくなる情報もいっぱい！ ピンク札・オレンジ札マスターになって、楽しく遊ぼう。
2017 95p A5 ¥1600 ①978-4-8113-2373-2

◆語呂合わせで、完全マスター！ 五色百人一首 緑札　小宮孝之、近江利江著、向山洋一監修　汐文社
【要旨】語呂合わせで、かんたんに百人一首を覚えよう。歌の意味、キーワードの解説、詠み人の紹介など、百人一首がもっとおもしろくなる情報もいっぱい！ 緑札マスターになって、楽しく遊ぼう。
2017 78p 22×16cm ¥1600 ①978-4-8113-2372-5

◆ゴロ合わせ マンガ百人一首—キミもかるた取り名人！　吉海直人監修、造事務所編　実務教育出版
【要旨】簡単な「ゴロ暗記」で難しく感じる和歌もやさしく覚えられるかるた取りで勝てるようになる！ 下の句を実際のかるたと同じレイアウトで紹介。きれいなイラストと写真で、和歌に込められた昔の人の想いがすっと入ってくる！
2017.12 221p B6 ¥1300 ①978-4-7889-1450-6

◆辞書びきえほん ことわざ　陰山英男監修　（大阪）ひかりのくに　改訂新版
【要旨】しりたいことがどんどんひろがる！ 6さいからおとなまで。
2017 238p 27×13cm ¥1800 ①978-4-564-00945-7

◆10才までに学びたい マンガ×くり返しでスイスイ覚えられる1200の言葉　陰山英男監修　（名古屋）リベラル社、星雲社 発売　（付属資料：別冊1）
【要旨】多彩なマンガで飽きずに進められる！ 楽しく読んで自然に言葉の力が上がる！ 毎日の学習から中学受験対策まで！
2017.4 367p A5 ¥1450 ①978-4-434-23271-8

◆下村式となえて書くひらがなドリル ひらがな練習ノート　下村昇著、まついのりこほか絵　偕成社
【要旨】書き順と運筆を楽しくなえてひらがなを練習。はじめは鉛筆を持たず文字をイメージして記憶。あいうえお順ではなく見やすく書ける順に練習。イラスト付きのお話でことばと使いかたも学習。4歳から。
2017 112p A4 ¥900 ①978-4-03-921200-9

◆写真で読み解く 故事成語大辞典　三上英司監修　あかね書房
【要旨】画竜点睛、切磋琢磨、葦編三絶、虎の威を借る狐、完璧、鼎に懲りて膾を吹く、伏竜鳳雛…知っておきたい故事成語を五十音順に収録し、写真、イラストとともに解説。巻頭には、テーマ別に故事成語を集めた。言葉の意味や用例はもちろんのこと、故事成語のもとになったお話をすべての項目で紹介。巻末には「故事成語の出典となった書物」や「故事成語人物伝」、「資料編・中国の地図と年表」を収録。
2017.12 143p A4 ¥5000 ①978-4-251-06648-0

◆小学全漢字おぼえるカード　学研プラス編　学研プラス
【要旨】「じゅもん」のように唱えるだけで、小学全漢字の書き方がおぼえられる。自分だけの暗記カードを作って、効率的に漢字をチェックできる。
2017.10 268p 18×16cm ¥1800 ①978-4-05-304674-1

◆小学校6年間の漢字が学べる物語 トキメキ探偵マヂカ★マジオ　こぐれ京著、池田春香絵、深谷圭助監修　KADOKAWA
【要旨】私、小学5年生のマイカ！ サッカー部のキャプテンになった男の子・五十嵐くんは、同じクラスの小林ちゃんのことが好きなんだって。それを聞いてから、「どうして小林ちゃんが好きになったのかな？」って気になってしかたないの！ そのことを、同じクラスのカッコいいのに変な男の子・真近くん（自称・マジオ）に気づかれて、「ぼくが聞いてきてやるよ！」って、ええええ！ そこからマジオといろいろな人のトキメキの秘密にせまる、トキメキ探偵を結成することになって…。「マヂカ、ラブのナゾを調べよう！」って、変なあだ名つけないでよね！
2017.4 159p B6 ¥1100 ①978-4-04-601918-9

◆人物で探る！ 日本の古典文学 清少納言と紫式部—枕草子 源氏物語 更級日記 竹取物語 ほか　国土社編集部編　国土社
【目次】清少納言と紫式部が活躍した平安時代（比べてみよう 平安時代を代表する二大女流作家、見てみよう 二人がくらした「平安京」、貴族が中心の平安時代）、枕草子の世界へ（『春はあけぼの』、『枕草子』ってどんなお話？、これも読んでおきたい！ 平安時代の名作1 『紫式部日記』 ほか）、源氏物語の世界へ（物語のはじまり、『源氏物語』ってどんなお話？、三部に分かれる『源氏物語』 ほか）
2017.9 79p 29×22cm ¥3800 ①978-4-337-27932-2

◆ぜったい国語がすきになる！　深谷圭助監修　フレーベル館　〈ぜったいすきになる！ 4〉
【目次】言葉・表記—のばす音は、「う」かな？「お」かな？、「んー」、「読み—いーのは「にんき」？ それとも「ひとけ」？、言葉・助数詞—数える言葉は変身する！、言葉・類義語—「想像」と「空想」は何がちがうの？、言葉・語源—ルーツを知れば理解が深まる、文法・助詞—「くっつき言葉」で文が変わる！、文法・接頭語—「か細い」の「か」って何だろう？、文法・助動詞—「切れる」と言えても「着れる」とは言えない？、文法・活用—「ちがくない？」「ちがかった」はまちがっていない？、読解・心情—「どんな気持ちか」を考えて読もう、読解・話題と結論—大事なことは、最初と最後に書いてある！、読解・構成—前を後ろの関係は、「つなぎ言葉」でわかる、作文・修飾語—順序や区切りがちがうと大ちがい、作文・5W1H—「5W1H」をマスターしよう、作文・組み立て—一型を卒業すれば、作文は楽勝！、作文・書き分け—「事実」と「意見・感想」をごちゃまぜにしない！、テスト・答え方—「おしい！」をなくして、目指せ、点数アップ！、テスト・答え方—「○字で答えましょう」は得点王のチャンス！
2017 47p 27×22cm ¥3400 ①978-4-577-04469-8

◆短歌に親しもう　小島ゆかり監修　金の星社　〈声に出して楽しもう俳句・短歌〉
【要旨】短歌を知ろう、万葉集、古今和歌集、後撰和歌集、拾遺和歌集、後拾遺和歌集、金葉和歌集、詞花和歌集、千載和歌集、新古今和歌集、新勅撰和歌集、江戸時代、近・現代
2017 39p 30×22cm ¥2800 ①978-4-323-05602-9

◆ちいさなプリンセスソフィア あいうえお　学研プラス編　学研プラス
【要旨】この本の特長：ソフィアといっしょだから積極的に取り組める。おはなしに関連のあることばで物語の世界を楽しみながらひらがなの学習ができます。くり返し口ずさみたくなるようなリズミカルな短文で、ひらがなが自然と身につきます。カバーの裏はキャラクター図鑑になっています。ソフィアのことがもっとわかる楽しいコーナーもいっぱいです。
2017 1Vol. 18×20cm ¥1200 ①978-4-05-204659-9

◆ちびまる子ちゃんの読書感想文教室　さくらももこキャラクター原作、貝田桃子著　集英社　〈満点ゲットシリーズ〉
【要旨】だれにでも読書感想文が書ける!!具体的な書きかたがわかる、「感想のたね」を見つけて書こう、書きやすい本のえらびかたなど、苦手な読書感想文を好きにさせる。
2017.7 172p 19×13cm ¥880 ①978-4-08-314067-9

◆机の前に貼る一行　ひきたよしあき著　朝日学生新聞社
【要旨】言葉の達人が教える、思考力を育てる81の言葉。新作30編収録。朝日小学生新聞好評連載！ 文章上達のヒントがあると、全国の小学生と保護者が大絶賛。
2017.6 191p A5 ¥1300 ①978-4-909064-17-2

◆天気よほうはことわざで—カバテツのことわざ研究 1　山下明生作、小山友子絵　あかね書房
【要旨】カバテツは、カバの男の子。りっぱなカバになるためにいつも、まじめに考えごとをしています。これをカバたちは「テツガクする」と、いっています。そんなカバのテツガクから、カバのことわざが、たくさん生まれています。ところで、カバのことわざって、どんなもの？ お話を楽しみながら、ことわざを学べる「一石二鳥」「一挙両得」のアイディア・シリーズ第一弾。
2017.6 77p A5 ¥1200 ①978-4-251-01055-1

◆動画できれいな字になる子どものひらがなおけいこ帳　塩田智代美著　（名古屋）リベラル社、星雲社 発売
【要旨】お子さんの文字が上手にならない理由は、（1）正しい形を覚える「目」の認識力、（2）思い通りに「手」をコントロールする力が十分育っていないからです。本書では、お子さんが楽しくおうちで取り組めるよう「目」のおけいこ、「手」のおけいこを教えます。レッスン動画で教え方のコツもわかります。
2017.8 143p B5 ¥980 ①978-4-434-23740-9

◆ドラえもん 5分でドラ語り ことわざひみつ話　藤子・F・不二雄原作, 藤子プロキャラクター監修, 深谷圭助監修　小学館　(小学館ジュニア文庫)
【要旨】「なくて七癖」って、どんな癖？「灯台もと暗し」の灯台って何？「弘法にも筆の誤り」の弘法ってどんな人？「敵に塩を送る」というけれど、誰が誰に塩を送ったのが始まりかな？そんな、ことわざに関するエピソードや、知ってびっくりのひみつを、ドラえもんと一緒に学んじゃおう。慣用句や、歴史上の人の有名な言葉も紹介！ さらに、ことわざが楽しくなるドラえもんのまんがもたっぷり入っているよ！ 一つのお話を5分で読んで、ことわざ博士になっちゃおう！
2017.3 188p 18cm ¥650 ①978-4-09-231150-3

◆ドラえもん5分でドラ語り 四字熟語ひみつ話　藤子・F・不二雄原作, 藤子プロキャラクター監修, 深谷圭助監修　小学館　(小学館ジュニア文庫)
【要旨】サルの食事の話から生まれた「朝三暮四」。子どもの教育のために、何度も引っ越しをしたママのお話「孟母三遷」。なかの悪い人同士が、同じ舟に乗ってしまったらどうなる？「呉越同舟」。英語がもとになっている「一石二鳥」など、日常よく耳にする四字熟語のおもしろエピソードを、ドラえもんといっしょに学んじゃおう！ ドラえもんのまんがや、四字熟語の使い方がわかる2コマまんがもたっぷり入っているよ！ 一つのお話を5分で読めば、きみはもう四字熟語博士だ！
2017.10 191p 18cm ¥650 ①978-4-09-231196-1

◆ドラえもんの国語はじめて挑戦（トライ）しっているかな？ きせつのことばとぎょうじ　藤子・F・不二雄キャラクター原作, 青山由紀監修　小学館　(ドラえもんのプレ学習シリーズ)
【要旨】新学習指導要領ではきせつのことばが注目されています。幼児の語彙を増やすには、身近なきせつの行事やお天気から入るのが一番。言葉は体験や体感を通して定着するからです。語彙の豊かさは表現力, 思考力にも関わります。本書で理解を深め、積極的に使いましょう。
2017.5 135p B6 ¥700 ①978-4-09-253586-2

◆ドラえもん はじめての論語 君子編　藤子・F・不二雄まんが原作, 安岡定子著　小学館
【要旨】『論語』の言葉はお子さんを思いやりがあり、正しい行いができる立派な人物に育てます。小学校低学年からひとりでも学べる！
2017.10 111p A5 ¥1000 ①978-4-09-501827-0

◆熱血！ 故事成語道場 2　上重さゆりまんが　朝日学生新聞社　(朝小の学習まんが)
【要旨】まんがでぐーんと分かりやすく！ 受験勉強にも役に立つ！
2017.3 261p 23×16cm ¥1300 ①978-4-907150-98-3

◆のりものドリル ひらがな 上　小賀野実のりもの監修・写真, 山中則江写真　ポプラ社　(ぜんぶできちゃうシリーズ)
【要旨】お子さんが興味・関心のある乗り物の写真によって、ひらがなの学習を印象づけ、何度も反復することができます。正しい形のひらがなを、上下巻あわせて画数の少ない文字から順に学びます。2・3・4歳向け。
2017 64p 21×15cm ¥500 ①978-4-591-15549-3

◆のりものドリル ひらがな 下　小賀野実のりもの監修・写真, 山中則江写真　ポプラ社　(ぜんぶできちゃうシリーズ)
【要旨】お子さんが興味・関心のある乗り物の写真によって、ひらがなの学習を印象づけ、何度も反復することができます。正しい形のひらがなを、上下巻あわせて画数の少ない文字から順に学びます。2・3・4歳向け。
2017 64p 21×15cm ¥500 ①978-4-591-15550-9

◆俳句・短歌をつくろう　神野紗希, 小島ゆかり監修　金の星社　(声に出して楽しもう俳句・短歌)
【目次】第1章 俳句をつくろう（俳句を知ろう, 俳句の表現と表記, 俳句の音の数, 季節をあらわす季語, 題材を見つける, 俳句のテクニック, 俳句をひらこう, 吟行・句会・句集・コンテスト）、第2章 短歌をつくろう（短歌を知ろう, 短歌で伝える言葉と言葉を書きあてた, 集め、リズムに親しむ, 短歌のテクニック1, 短歌のテクニック2—伝統的な技法, 現代につながる短歌の歴史, 題詠・歌集づくり・コンテスト）
2017 39p 30×22cm ¥2800 ①978-4-323-05603-6

◆俳句でみがこう言葉の力 1　俳句のきまりと歴史　小山正見監修　学研プラス
【目次】"未来"をひらく俳句の力, 俳句はやさしい！ おもしろい！（五・七・五のリズム, 季語を入れる）、自由な俳句もある（切れ字を使う, 思い切った省略, 文語と口語）、俳句の歴史を知ろう、松尾芭蕉と『おくのほそ道』、地域の俳句活動を見てみよう（「奥の細道むすびの地」岐阜県大垣市の取り組み）
2017.2 39p 27×22cm ¥2500 978-4-05-501206-5

◆俳句でみがこう言葉の力 2　俳句の作り方とヒント　小山正見監修　学研プラス
【目次】俳句を作ってみよう（朝ごはん俳句, 名前よみこみ俳句, 中七俳句, へんしん俳句）、俳句作りの流れ（俳句のタネを集めて五・七・五にまとめる, 見方を変えて俳句のタネを育てる, 自信作を選び表現をさらに工夫する, 完成！「光る俳句」ってどんな俳句？）、地域の俳句活動を見てみよう（「歌聖」後鳥羽天皇ゆかりの地 島根県海士町立福井小学校の取り組み）
2017.2 39p 27×22cm ¥2500 ①978-4-05-501207-2

◆俳句でみがこう言葉の力 3　句会の進め方と発表のアイデア　小山正見監修　学研プラス
【目次】ドキドキ！ わくわく!!"句会"って楽しいよ！, 句会ってどう進めるの？, 東京都江東区立中学校俳句部 吟行と一般的な句会, 東京都江東区立八名川小学校五年生 俳句授業とミニ句会, いろいろな句会の楽しみ方, 句会のまとめ, 俳句作品と鑑賞のアイデア, 俳句コンクールに応募しよう!!, 地域の俳句活動を見てみよう（「俳句の里」愛媛県松山市立垣生小学校 俳句委員会の取り組み）
2017.2 39p 27×22cm ¥2500 ①978-4-05-501208-9

◆俳句でみがこう言葉の力 4　覚えておきたい名句と季語　小山正見監修　学研プラス
【目次】名句を鑑賞しよう, 名句を覚えよう, 進化する俳句, 俳人の生涯について知ろう, 小中学生の作品を味わおう, 鑑賞文を書こう, すぐ使える基本の季語
2017.2 39p 27×24cm ¥2500 ①978-4-05-501209-6

◆俳句に親しもう―声に出して楽しもう俳句・短歌　神野紗希監修　金の星社
【目次】俳句を知ろう, 春の俳句, 夏の俳句, 秋の俳句, 冬の俳句, 新年の俳句
2017 39p A4 ¥2800 ①978-4-323-05601-2

◆ポケット版 続・考える力を育てるお話100―名作・伝記から自然のふしぎまで　PHP研究所編　PHP研究所
【要旨】さまざまなジャンルのお話が、子どもたちの知的好奇心・想像力を育みます。
2017.8 287p 16×12cm ¥1200 ①978-4-569-78684-1

◆まいにちおならで漢字ドリル 小学4年生　水王舎編集部編　水王舎
【要旨】楽しく見やすく覚えやすい。全ての漢字の確認テストつき。
2017.8 118p 26×19cm ¥900 ①978-4-86470-084-9

◆まいにちおならで漢字ドリル 小学5年生　水王舎編集部編　水王舎
【目次】名詞の意味を持つ漢字（最重要漢字, 重要漢字, 人間の体に関わる漢字 ほか）、動詞の意味を持つ漢字（最重要漢字, 重要漢字, 意志のある行動を表す動詞 ほか）、形容詞とその他の意味を持つ漢字（最重要漢字, 重要漢字, 形容動詞になる漢字 ほか）
2017.9 110p 26×19cm ¥900 ①978-4-86470-085-6

◆まいにちおならで漢字ドリル 小学6年生　水王舎編集部編　水王舎
【目次】名詞の意味を持つ漢字（最重要漢字, 重要漢字, 人間の体に関わる漢字 ほか）、動詞の意味を持つ漢字（最重要漢字, 重要漢字, 動作を表す動詞 ほか）、形容詞とその他の意味を持つ漢字（形容詞になる漢字, 形容動詞になる漢字, 連体詞になる漢字 ほか）
2017.9 112p 26×19cm ¥900 ①978-4-86470-086-3

◆毎日の生活が楽しくなる「声の魔法」 1　「声の魔法」を使ってみよう　藤野良孝著　くもん出版　(付属資料：DVD1)
【目次】1 オノマトペってどんなもの？（問題1 食べ物とピッタリの言葉を選ぼう, 問題2 表情にピッタリの言葉、使ってない？ 自然にでてくるかけ声, 言われたことない？ なんだかやる気がなくなる声の魔法）、2 オノマトペをためしてみよう（ペットボトルのフタを開けよう, びらをやさしく閉めよう, やる気スイッチを入れよう, 姿勢よく歩こう, 気持ちのよい肩たたきをしよう）、3 オノマトペの効果と種類を知ろう（オノマトペの効果, オノマトペの要素）、4 オノマトペを使いこなそう（くらしのオノマトペ おぼえておきたい4つのポイント, フォロー集 うまくできないときにやってみよう）
2017.1 47p 28×22cm ¥2800 ①978-4-7743-2583-5

◆毎日の生活が楽しくなる「声の魔法」 2　クッキングがスイスイできる　藤野良孝著　くもん出版
【目次】食材を準備しよう（「ギュッ・クッ」で安心安全！ 包丁の持ち方, 「トントントントン」のリズムで楽しくきれいに！ キュウリの輪切り, 「ストン」で半分に！ リンゴを切る ほか）、クッキングしよう（「キュッ・コンコンコン・カパッ」で成功！ 生卵のから割り, 「ゴン・クルクルン・クルクルン・スーッスーッ」魔法のようにゆで卵をむく, 「クルクルクル・サッサッ・トントン」でかっこよくオムレツをつくる ほか）、食べよう（「カチッ」で転がる豆もはじでつかむ, 「ソッ・スーッスーッ」できれいに！ フォークとナイフで食べる, 「チョロ」「ポタッ」で料理に合った量を！「しょうゆ」をかける）
2017.2 47p 28×22cm ¥2800 ①978-4-7743-2584-2

◆毎日の生活が楽しくなる「声の魔法」 3　家の手伝いがワクワクしてくる　藤野良孝著　くもん出版
【目次】せんたくをしよう（「ゴシゴシ」「キュッキュッ」「シュッシュッ」洗う声で使い分け！ せんたく物でよごれを落とす, 「パンパン」でいつもの作業がグッとスムーズに！ せんたく物を干すほか）、さいほうをしよう（「サーッ」ですばやく正確に メジャーでサイズをはかる, 「スッスッスッ・スーッ」で一点集中！ ぶれずに糸を針へとおす ほか）、そうじをしよう（「クルクル」「シュッシュッ」の2つの声を使い分け！ おふろそうじ, 「ゴシゴシ」でパワー全開！ がんこなよごれもバッチリ落ちるトイレそうじ ほか）、お手伝いをしよう（「チョロ」「ソッ」ですばやく、ていねいに！ 食器をシンクにはこぶ, 「フワーンフワーン」「キュキュ」で大きな物から小さな物まで食器洗い ほか）、毎日を楽しくすごそう（「サッ」で1日を気持ちよくスタート 目覚まし時計を止める, 「ニーッ・パッ」で毎朝シャキッと！ 元気に目覚める ほか）
2017.2 47p 28×22cm ¥2800 ①978-4-7743-2585-9

◆まさかさかさま 回文めいじん　ながたみかこ文, 多屋光孫絵　汐文社　(決定版語彙力アップ！ ことばあそび)
【要旨】上から読んでも下から読んでも同じ、昔から親しまれてきた「回文」をたくさん集めました。
2017 63p B6 ¥1600 ①978-4-8113-2427-2

◆マンガでマスター 競技かるたで勝つ！ 百人一首教室　坪田翼監修, 北神諒漫画　ポプラ社
【要旨】ルールからワンランク上のテクニックまでマンガを読んで身につけよう！ 初心者にもすぐ使える！ キミを勝利に導く技が満載。百人一首一覧付き。
2017 189p A5 ¥1000 ①978-4-591-15625-4

◆まんが四字熟語大辞典　笹原宏之監修　西東社　(小学生おもしろ学習シリーズ)
【要旨】この本では、知っておきたい215以上の「四字熟語」をまんがで楽しく説明しているんだ。「四字熟語」を覚えていると短いことばで言いたいことを伝えられる。文章や会話の表現の幅が広がる。生きていく知恵をさずかる。漢字やことばをたくさん覚えられる。勉強にも人生にも役立つ、四字熟語を覚えてみよう！
2017.8 287p A5 ¥1000 ①978-4-7916-2569-7

◆みぞをなぞっておぼえる らんたろう手習い帖 ひらがなの巻　尼子騒兵衛絵　朝日学生新聞社
【要旨】この本は、絵本であると同時に、「ひらがな」をおぼえたいお子さまや、日本語を学習したい人向けのおけいこ帖です。えんぴつを使って、みぞをくり返しなぞっているうちに、楽しみながら自然にひらがなをおぼえられます。さあ、忍者のタマゴ・乱太郎、きり丸、しんべヱといっしょにひらがなのおけいこを始めましょう。
2017.12 1Vol. 26×19cm ¥1500 ①978-4-909064-06-6

◆光村の国語 この表現がぴったり！ にていることばの使い分け 2　性格や特徴を表すことば　髙木まさき, 森山卓郎監修, 青山由紀編　光村教育図書

◆【目次】もっと伝わる！ことばの世界（『たくさん』は卒業！大人っぽいことばを使ってみよう、写真にぴったりのタイトルをつけよう！、この人はどんな人？人物紹介ゲームにチャレンジ！、「手慣れた」様子の人はどこにいる？ことば探し隊！）、にていることばの使い分け（「温かい・冷たい」のなかま、「やさしい・厳しい」のなかま、「明るい・暗い」のなかま、「にぎやか・静か」のなかま、「積極的・消極的」のなかま ほか）
2017.2 63p 27×22cm ¥3200 ①978-4-89572-963-5

◆光村の国語 この表現がぴったり！にていることばの使い分け 3 動作や思考を表すことば 髙木まさき、森山卓郎監修、青山由紀編 光村教育図書
【要旨】もっと伝わる！ことばの世界（「見る」が大量発生！場面にぴったりなことばで表そう！、「頑張る」「思う」をもっとくわしく？ 内容と思いをわかりやすく伝えよう、「ひらめきた」人はどこにいる？ことば探し隊！）、にていることばの使い分け（「言う・話す」のなかま、「説明する・証明する」のなかま、「質問する・答える」のなかま、「見る」のなかま、「聞く」のなかま ほか）
2017.2 63p 27×22cm ¥3200 ①978-4-89572-964-2

◆光村の国語 これでなっとく！にている漢字の使い分け 1 同訓異字—同じ訓読みのことば 髙木まさき、森山卓郎監修、青山由紀編 光村教育図書
【要旨】この本では、みなさんが日常でよく使う同訓異字を取り上げ、発音の変化や意味、その漢字を使った熟語などを手がかりにして、使い分けの考え方を解説しています。考え方がわかると、場面や文脈に合わせて適切な漢字を選ぶ力がつきます。
2017.11 63p 27×22cm ¥3200 ①978-4-89572-968-0

◆見て読んでよくわかる！日本語の歴史 1 古代から平安時代—書きのこされた古代の日本語 倉島節尚著、こどもくらぶ編 筑摩書房
【目次】第1部 世界の中の日本語（世界の言語の歴史、言語によってどんな変化が、日本語ってむずかしい言語なの？）、第2部 奈良時代以前の日本語（日本語の歴史は文字で記録されたものからはじまる、漢字に「音」と「訓」が定着する）、第3部 奈良時代の日本語（歴史書や歌集がつくられる、万葉がなの工夫、日本語の「音」の発明）、第4部 平安時代の日本語（かな文字の発明、多くの文学作品や辞書が生まれる）
2017.11 31p 29×22cm ¥2800 ①978-4-480-85811-5

◆見て読んでよくわかる！日本語の歴史 2 鎌倉時代から江戸時代 武士の言葉から庶民の言葉へ 倉島節尚著、こどもくらぶ編 筑摩書房
【目次】第1部 鎌倉時代の日本語（軍記物と和漢混交文の発達、発音の変化と仮名遣いの混乱、漢文の尊重）、第2部 室町時代の日本語（古代日本語から現代語へ、キリシタンの宣教師が記録した室町時代の日本語）、第3部 江戸時代の日本語（上方から江戸へ、出版の普及と教育制度の発展、黒船の来航）
2017.11 31p 29×22cm ¥2800 ①978-4-480-85812-2

◆メゾピアノドリルコレクション 小1国語読解 学研プラス編 学研プラス （付属資料：クリアファイル1；ノート1；シール）
【要旨】子ども服ブランドメゾピアノとコラボレーションしたドリル。オシャレに楽しく、勉強できる。1日1枚進めれば、学習習慣が身につく。
2017.7 96p 22×15cm ¥900 ①978-4-05-304643-7

◆メゾピアノドリルコレクション 小2国語読解 学研プラス編 学研プラス （付属資料：クリアファイル1；ノート1；シール）
【要旨】子ども服ブランドメゾピアノとコラボレーションしたドリル。オシャレに楽しく、勉強できる。1日1枚進めれば、学習習慣が身につく。
2017.7 96p 22×15cm ¥900 ①978-4-05-304644-4

◆メゾピアノドリルコレクション 小3漢字 学研プラス編 学研プラス （付属資料：別冊1；クリアファイル1；シール）
【要旨】子ども服ブランドメゾピアノとコラボレーションしたドリル。オシャレに楽しく、小学3年生で学習する漢字と学習習慣がしっかり身につく。
2017.3 112p 15×22cm ¥900 ①978-4-05-304593-5

◆メゾピアノドリルコレクション 小3国語読解 学研プラス編 学研プラス （付属資料：クリアファイル1；ノート1；シール）
【要旨】子ども服ブランドメゾピアノとコラボレーションしたドリル。オシャレに楽しく、勉強できる。1日1枚進めれば、学習習慣が身につく。
2017.7 96p 22×15cm ¥900 ①978-4-05-304645-1

◆目と耳で覚える漢字絵ずかん 3・4年生—地域・世界・時に関する漢字 金田一秀穂監修、山内ジョージ漢字絵文字、高梁まい文、タカハシコウコ絵 六耀社
【要旨】小学3・4年生が学習する教育漢字400字をイラスト文字と例文で、成り立ち・書き順・意味を正しく、楽しく学べる図鑑シリーズ（全4巻）の第4弾です。山内ジョージの絵文字と金田一秀穂の漢字にまつわるエピソードが満載です。この巻では、「地域・世界・時」に関する漢字をあつかっています。
2017.11 39p 25×22cm ¥2600 ①978-4-89737-872-5

◆目と耳で覚える漢字絵図鑑 5・6年生—人・行い・気持ち・様子に関する漢字 金田一秀穂監修、山内ジョージ漢字絵文字、高梁まい文、タカハシコウコ絵、こどもくらぶ編 六耀社
【要旨】小学5・6年生が学習する教育漢字366字をイラスト文字と例文で、成り立ち・書き順・意味を正しく、楽しく学べる図鑑シリーズ（全2巻）の第1弾です。金田一秀穂の漢字にまつわるエピソードや、漢字のなりたちが満載です。この巻では、「人・行い・気持ち・様子」に関する漢字をあつかっています。
2017.11 39p 25×22cm ¥2600 ①978-4-89737-953-1

◆目と耳で覚える漢字絵図鑑 5・6年生—物・数・社会・時に関する漢字 金田一秀穂監修、山内ジョージ漢字絵文字、高梁まい文、タカハシコウコ絵、こどもくらぶ編 六耀社
【要旨】小学5・6年生が学習する教育漢字366字をイラスト文字と例文であらわし、成り立ち・書き順・意味を正しく、楽しく学べる図鑑シリーズ（全2巻）の第2弾です。金田一秀穂の漢字にまつわるエピソードや、漢字のなりたちが満載です。この巻では、「物・数・社会・時」に関する漢字をあつかっています。
2017.11 39p 25×22cm ¥2600 ①978-4-89737-954-8

◆よく学べ 楽しいことわざ—カバテツのことわざ研究 2 山下明生作、小山友子絵 あかね書房
【要旨】カバの男の子、カバテツは、学校へ行くことになりました。お友だちといっしょに、ことわざの勉強をします。カバのことわざは、りっぱなことばかりじゃなくて大事なものなのです。カバにも、ニンゲンにも、役に立つことわざを楽しく学びましょう。好評アイディア・シリーズ第二弾！
2017.10 77p A5 ¥1200 ①978-4-251-01056-8

◆よんでかいておぼえる おはなしカタカナ 朝日小学生新聞編、ふじもとあきこ絵 朝日学生新聞社 （あさひ・キッズドリル 2）
【要旨】7選のおはなしでカタカナ学習。5・6・7歳向け。
2017.4 79p 26×19cm ¥850 ①978-4-909064-02-8

◆CD付 頭のいい子が育つ日本語の名文 声に出して読みたい48選 齋藤孝編著 新星出版社 （付属資料：CD1）
【要旨】きらめく宝石のような日本語に出会える！お子さんと一緒に、ぜひ声に出して読んでみてください。「雨ニモマケズ」「雪国」「枕草子」「サーカス」…小さな子の情緒を育て、生きる力を養う48の珠玉の名文を厳選！
2017.7 95p 25×19cm ¥1900 ①978-4-405-07250-3

◆Memorize！HIRAGANA & KATAKANA by tracing strokes & with pictures—なぞりがきと絵でおぼえる！ひらがな・カタカナ 上島史子、竹内夕美子著 ナツメ社 （付属資料：CD1）
【要旨】かなの読み・書きをすべてマスター！イラストで文字のイメージをつかむ！
2017.8 159p B5 ¥1500 ①978-4-8163-6300-9

◆SAPIXの漢字学習字典 SAPI×漢 サピックス小学部企画・制作 代々木ライブラリー
【要旨】小学漢字1006字を学年別に収録。読み書きの基本や用例をしっかり習得。漢字の意味や成り立ちを楽しみながら学べる。中学入試で狙

われるポイントを整理。小学1～6年対象。
2017.2 319p B5 ¥1400 ①978-4-86346-321-9

英語の本

◆えいご好きな子が育つたのしいえいごのおうたベスト46 （多摩）ベネッセコーポレーション （付属資料：CD2）
【要旨】2020年、小学校5・6年生に英語が教科として導入されます。はじめて触れる英語を好きになってほしい！そんな思いを込めて、お子さんにぴったりの人気曲を楽しく集めたベスト46曲集。小学校の英語の授業で触れる言葉もたくさん収録しました。楽しみながら、英語に親しみましょう！
2017.11 99p 27×22cm ¥2200 ①978-4-8288-6861-5

◆えいごで答える小学生のQ&A日記ドリル アルク文教教材編集部企画・編 アルク
【要旨】子どもの「答えたい！」を引き出すQ&A形式！1日1題の質問に2、3行で答えるだけで、自分のことを人に伝える発信力がぐんぐん育つ！小学生〜英語学習歴2年程度〜。
2017.7 83p A4 ¥1300 ①978-4-7574-3000-6

◆親子で楽しむはじめて英語パズル—小学英語の基礎が身につく 5・6・7歳 英語パズル研究会会編 メイツ出版 （まなぶっく） （子どもと遊ぼう！小学生の英語パズル 改訂・改題書）
【要旨】ワークで覚えてパズルでチェック！文字と言葉に自然に親しむ。親子の楽しい時間が英語脳を鍛えます。
2017.6 127p B5 ¥1350 ①978-4-7804-1914-6

◆きいて！うたって！おぼえよう！えいごのうた「DVD+CD」2枚つき アレン玉井光江監修 主婦の友社 （付属資料：DVD1；CD1；別冊1）
【要旨】DVD見て、CD聞いて、たっぷり37曲、英語耳に！英語を聞きとる力がぐんぐん育つ！
2017.11 48p 27×22cm ¥2300 ①978-4-07-427141-2

◆小学生英語イラストBOOK 能島久美江監修 新星出版社 （めちゃカワMAX!!）
【要旨】今すぐ使える英単語880語。名探偵Xからの挑戦状!?マンガとかわいいイラストで楽しく英語をマスター!!おしゃれスタディ！
2017.12 191p B6 ¥2300 ①978-4-405-01143-4

◆新レインボーはじめて英語辞典 CD-ROMつき オールカラー 佐藤久美子監修 学研プラス （付属資料：CD-ROM1）
【要旨】「絵辞典」「英和辞典」「和英辞典」の3部構成。いろんな形で英語に触れられます。「絵辞典」（約640語）では、楽しい絵を見ているうちに自然と英単語に親しめます。「英和辞典」（約900語）では、アルファベットに親しみながら基本フレーズを学べます。「和英辞典」（約1000語）では、身近なものの英語での言い方がすぐに調べられます。アルファベット表、ローマ字表もあるので、英語の文字も覚えられます。英語だけでなくすべての漢字にふりがなつき。幼児〜小学生向け。小学英語から英検5級までOK！
2017.12 478p A5 ¥2300 ①978-4-05-304614-7

◆新レインボーはじめて英語辞典 CD-ROMつき ミッキー＆ミニー版 オールカラー 佐藤久美子監修 学研プラス （付属資料：CD-ROM1）
【要旨】「絵辞典」「英和辞典」「和英辞典」の3部構成。いろんな形で英語に触れられます。「絵辞典」（約600語）では、楽しい絵を見ながら英単語に親しめます。「英和辞典」（約900語）では、アルファベットに親しみながら基本フレーズを学べます。「和英辞典」（約1000語）では、身近なものの英語での言い方がすぐに調べられます。アルファベット表、ローマ字表もあるので、英語の文字が覚えられます。すべての漢字にふりがなつき。幼児〜小学生向け。小学英語から英検5級までOK！
2017.12 478p A5 ¥2300 ①978-4-05-304613-0

◆新レインボーはじめて英語図鑑 CDつき オールカラー 佐藤久美子監修 学研プラス （付属資料：CD1）
【要旨】小学英語に必要な単語や、授業で役立つ会話表現を約2300項目収録しています。お子さんに身近なシーン別の構成。イラストを見ながら英語がどんどん頭に入ります。収録語の音声

児童書

ディズニー イラストでおぼえる1000のことば―英語のバイリンガル表記＆クイズつき
エリカ・ユー著, 高木美保訳 実業之日本社
【要旨】ディズニーの人気キャラクターが勢揃い。英語と発音カタカナつき！家族みんなで楽しめる楽しいことば辞典。
2017.12 136p 26×21cm ¥2000 ①978-4-408-42081-3

ときめきハッピー☆英語レッスンBOOK
下薫監修 ナツメ社
【要旨】みんなは英語が好き？ それともニガテ？むずかしそうに思えるけど、実は英語は身近なところでたくさん使われているんだよ！ そして、英語を話す人たちは世界で4億人以上いると言われているんだって！ さあ、みんなもこの本で英語をもっと好きになって、世界中の人と仲良くなる、はじめの一歩をふみ出そう！
2018.1 207p B6判 ¥880 ①978-4-8163-6381-8

はじめてのえいご―ことばのえじてん 林四郎絵, 木坂涼監修 世界文化社
【要旨】あたらしいまちにひっこし、わたしたちのあたらしいいえ、わたしたちのいえ、だいどころ、わたしのすきなたべもの、わたしがみにつけるもの、のうじょうで、のうかのいちばで、ゆうらんひこう、うみのちゅうしんが、おおきくなってくる、どうぶつえんにいこう、がっこうで、としょかんで、かず、いろ、かたち。身近な英語の言葉500単語。絵で覚えることばのえじてん。
2017.12 31p 27×22cm ¥1200 ①978-4-418-17816-2

はじめてのえんぴつちょう たのしいアルファベット―4・5・6歳 成美堂出版編集部編 成美堂出版 (付属資料：できたよ！ シール；おけいこボード；アルファベットのひょう)
【要旨】大文字を練習してから、身近な言葉とともに小文字をおけいこ。アルファベットが正しく書けるようになります。
2017.12 64p 21×30cm ¥660 ①978-4-415-32436-4

はじめてのえんぴつちょう はじめてのABC―3・4・5歳 成美堂出版編集部編 成美堂出版 (付属資料：できたよ！ シール；おけいこボード；アルファベットのひょう)
【要旨】大文字のAから順に小文字のzまで、イラストも使って楽しくおけいこ。アルファベットを無理なく覚えられます。
2017.12 64p 21×30cm ¥660 ①978-4-415-32437-1

ひとりでできるはじめてのえいご 6 My First Body リサ・ヴォート監修, Live ABC編 Jリサーチ出版 (付属資料：DVD1)
【要旨】韓国、中国、香港、マカオなど8カ国（都市）で翻訳出版された人気DVD教材！ DVDのアニメーションを見ながら一緒に発音し、歌うことで、お子さまが学習した内容を深く記憶にとどめることができます。楽しいリズムや音楽で、お子さまが自然に英語を口にするようになります。前半では頭から肩、後半では腕からつま先まで、自分の体、みんなの体について学習します。
2017.11 94p 24×24cm ¥1800 ①978-4-86392-361-4

ひとりでできるはじめてのえいご 7 My First Family リサ・ヴォート監修, Live ABC編 Jリサーチ出版 (付属資料：DVD1)
【要旨】韓国、中国、香港、マカオなど8カ国（都市）で翻訳出版された人気DVD教材！ DVDのアニメーションを見ながら一緒に発音し、歌うことで、お子さまが学習した内容を深く記憶にとどめることができます。楽しいリズムや音楽で、お子さまが自然に英語を口にするようになります。ジェッドくんの家族を通して、自分の身近な人について学習します。
2017.11 94p 24×24cm ¥1800 ①978-4-86392-362-1

ひとりでできるはじめてのえいご 8 My First Games リサ・ヴォート監修, Live ABC編 Jリサーチ出版 (付属資料：DVD1)
【要旨】韓国、中国、香港、マカオなど8カ国（都市）で翻訳出版された人気DVD教材！ DVDのアニメーションを見ながら一緒に発音し、歌うことで、お子さまが学習した内容を深く記憶にとどめることができます。楽しいリズムや音楽で、お子さまが自然に英語を口にするようになります。トニーくんとティナちゃんのおもちゃやゲーム（外遊び）について学習します。
2017.11 94p 24×24cm ¥1800 ①978-4-86392-363-8

ひとりでできるはじめてのえいご 9 My First City リサ・ヴォート監修, Live ABC編 Jリサーチ出版 (付属資料：DVD1)
【要旨】韓国、中国、香港、マカオなど8カ国（都市）で翻訳出版された人気DVD教材！ DVDのアニメーションを見ながら一緒に発音し、歌うことで、お子さまが学習した内容を深く記憶にとどめることができます。楽しいリズムや音楽で、お子さまが自然に英語を口にするようになります。パンダやウサギなどのかわいい動物と一緒に、町の中にあるものについて学習します。
2017.11 94p 24×24cm ¥1800 ①978-4-86392-364-5

ひとりでできるはじめてのえいご 10 My First Actions リサ・ヴォート監修, Live ABC編 Jリサーチ出版 (付属資料：DVD1)
【要旨】韓国、中国、香港、マカオなど8カ国（都市）で翻訳出版された人気DVD教材！ DVDのアニメーションを見ながら一緒に発音し、歌うことで、お子さまが学習した内容を深く記憶にとどめることができます。楽しいリズムや音楽で、お子さまが自然に英語を口にするようになります。イアンくんとエマちゃんの体の動きを通して、自分の体でできることについて学習します。
2017.11 94p 24×24cm ¥1800 ①978-4-86392-365-2

ホイッキーとおうち★えいごじゅく 3 たんじょうび 橋本れい子監修 （大阪）保育社 (付属資料：ラッキーペン1；別冊1)
【要旨】子どもの脳は英語を聞き分けて進化していきます。本書には、ひとりでに英語が口から出てくる仕掛けがいっぱい！ おうちのかたも、お子さんと一緒に「やり直しの英語」にチャレンジしてみませんか？
2017.9 41p 22×19cm ¥2000 ①978-4-586-08572-9

ホイッキーとおうち★えいごじゅく 4 なつやすみ 橋本れい子監修 （大阪）保育社 (付属資料：別冊1)
【要旨】"英語を話せる夢"家族で実現！ 日本語ゼロの新しい学び方。夏の自然や、夏休みの行事を楽しむ。
2017.9 41p 22×19cm ¥2000 ①978-4-586-08573-6

ホイッキーとおうち★えいごじゅく 5 ハロウィン 橋本れい子監修 （大阪）保育社 (付属資料：別冊1；ラッキーペン1)
【要旨】子どもの脳は英語を聞き分けて進化していきます。本書には、ひとりでに英語が口から出てくる仕掛けがいっぱい！ おうちのかたも、お子さんと一緒に「やり直しの英語」にチャレンジしてみませんか？
2017.9 41p 22×19cm ¥2000 ①978-4-586-08574-3

ホイッキーとおうち★えいごじゅく 6 クリスマス 橋本れい子監修 （大阪）保育社 (付属資料：別冊1)
【要旨】"英語を話せる夢"家族で実現！ 日本語ゼロの新しい学び方。Vol.6では、秋から冬の行事と、空や宇宙のことを知る。2さいから。
2017.9 41p 23×19cm ¥2000 ①978-4-586-08582-8

見て、聞いて覚える！ はじめてのえいごおしゃべりえほん 鶴田一浩イラスト 永岡書店 (付属資料：電子モジュール1；アルファベット表1)
【要旨】単語とフレーズの発音が聞ける、おしゃべりえほん！ えほんに示された番号を押すと音が出ます。発音をよく聞いて一緒に声に出してみましょう。対象年齢3歳以上。
2017.1 Vol.27×20cm ¥2500 ①978-4-522-80141-3

メゾピアノドリルコレクション 小学英語―アルファベットとローマ字 学研プラス編 学研プラス (付属資料：ポスター1；クリアファイル1)
【要旨】子ども服ブランド・メゾピアノとコラボレーションしたドリル。1日1枚勉強すれば、アルファベット、ローマ字と学習習慣がしっかり身につきます。やる気がアップする、ステーショナリーつき。
2017.3 96p 15×22cm ¥900 ①978-4-05-304594-2

やさしい英語のことわざ このことわざ、英語でどう言うの？ 1 日本語と似ている英語のことわざ くもん出版
【目次】時は金なり―Time is money.、せいては事を仕損じる―Haste makes waste.、壁に耳あり障子に目あり―Walls have ears.、火のない所に煙は立たぬ―Where there's smoke, there's fire.、金が物を言う―Money talks.、言うはやすく行うは難し―Easier said than done.、過ぎたるはなお及ばざるがごとし―Too much of one thing is not good.、死人に口なし―Dead men tell no tales.、降れば必ず土砂降り―When it rains, it pours.、終わりよければすべてよし―All's well that ends well. 〔ほか〕
2018.1 48p 28×22cm ¥2800 ①978-4-7743-2731-0

ようこそ日本へ！ 写真英語ずかん 2 まち・自然 大門久美子編 汐文社
【目次】野菜、果物、きのこ類と豆類、魚介類と肉類、花と木、昆虫、鳥、動物園、水族館、ペット 〔ほか〕
2017 40p 27×22cm ¥2500 ①978-4-8113-2160-8

ようこそ日本へ！ 写真英語ずかん 3 日本のくらし 大門久美子編 汐文社
【目次】ふだんの食事、伝統料理、うどんとそば、味噌汁・おにぎり・お茶漬け、干物・漬物・おでん、寿司、和菓子、台所用品と調味料、日本の家、大晦日とお正月 〔ほか〕
2017 40p 27×22cm ¥2500 ①978-4-8113-2161-5

A Trip to Grandma's House アクティビティブック Patricia Daly Oe, 中村麻里執筆 mpi松香フォニックス (付属資料：ステッカー；カード；ボードゲーム)
【要旨】アクティブ・ラーニングの概念に沿った「学ぶ」「考える」「創作する」「遊ぶ」の4つのカテゴリーで、英語力と思考力、クリエイティビティ、協調性を育みます。できたね！ シールでやる気が続きます。
2017.9 25p ¥900 ①978-4-89643-581-8

Benji - Little Bear's Underwear Scare - アクティビティブック Patricia Daly Oe, 中村麻里執筆 mpi松香フォニックス (付属資料：ステッカー；カード；ボードゲーム)
【要旨】アクティブ・ラーニングの概念に沿った「学ぶ」「考える」「創作する」「遊ぶ」の4つのカテゴリーで、英語力と思考力、クリエイティビティ、協調性を育みます。できたね！ シールでやる気が続きます。
2017.9 25p A5 ¥900 ①978-4-89643-576-4

Can We Be Friends？ アクティビティブック Patricia Daly Oe, 中村麻里執筆 mpi松香フォニックス (付属資料：ステッカー；カード；ボードゲーム)
【要旨】アクティブ・ラーニングの概念に沿った「学ぶ」「考える」「創作する」「遊ぶ」の4つのカテゴリーで、英語力と思考力、クリエイティビティ、協調性を育みます。できたね！ シールでやる気が続きます。
2017.9 25p A4 ¥900 ①978-4-89643-580-1

Five Little Ducks アクティビティブック Patricia Daly Oe, 中村麻里執筆 mpi松香フォニックス (付属資料：ステッカー；カード；ボードゲーム)
【要旨】アクティブ・ラーニングの概念に沿った「学ぶ」「考える」「創作する」「遊ぶ」の4つのカテゴリーで、英語力と思考力、クリエイティビティ、協調性を育みます。できたね！ シールでやる気が続きます。
2017.9 25p A4 ¥900 ①978-4-89643-573-3

Goody Goody Gumdrops！ アクティビティブック Patricia Daly Oe, 中村麻里執筆 mpi松香フォニックス (付属資料：ステッカー；カード；ボードゲーム)
【要旨】アクティブ・ラーニングの概念に沿った「学ぶ」「考える」「創作する」「遊ぶ」の4つのカテゴリーで、英語力と思考力、クリエイティビティ、協調性を育みます。できたね！ シールでやる気が続きます。
2017.9 25p A4 ¥900 ①978-4-89643-575-7

Jack and Zakアクティビティブック Patricia Daly Oe, 中村麻里執筆 mpi松香フォニックス (付属資料：ステッカー；カード；ボードゲーム)
【要旨】アクティブ・ラーニングの概念に沿った「学ぶ」「考える」「創作する」「遊ぶ」の4つのカテゴリーで、英語力と思考力、クリエイティビティ、協調性を育みます。できたね！ シールで

児童書

絵本・児童書

◆**Milkshake Shake アクティビティブック** Patricia Daly Oe, 中村麻里執筆 mpi松香フォニックス （付属資料：ステッカー；カード；ボードゲーム）
【要旨】アクティブ・ラーニングの概念に沿った「学ぶ」「考える」「創作する」「遊ぶ」の4つのカテゴリーで、英語力と思考力、クリエイティビティ、協調性を育みます。できたね！シールでやる気が続きます。
2017.9 25p A4 ¥900 ①978-4-89643-579-5

◆**The Balloon Animals アクティビティブック** Patricia Daly Oe, 中村麻里執筆 mpi松香フォニックス （付属資料：ステッカー；カード；ボードゲーム）
【要旨】アクティブ・ラーニングの概念に沿った「学ぶ」「考える」「創作する」「遊ぶ」の4つのカテゴリーで、英語力と思考力、クリエイティビティ、協調性を育みます。できたね！シールでやる気が続きます。
2017.9 25p A4 ¥900 ①978-4-89643-574-0

◆**Where's Sam？ アクティビティブック** Patricia Daly Oe, 中村麻里執筆 mpi松香フォニックス （付属資料：ステッカー；カード；ボードゲーム）
【要旨】アクティブ・ラーニングの概念に沿った「学ぶ」「考える」「創作する」「遊ぶ」の4つのカテゴリーで、英語力と思考力、クリエイティビティ、協調性を育みます。できたね！シールでやる気が続きます。
2017.9 24p A4 ¥900 ①978-4-89643-577-1

理科・算数の本

◆**親子で学ぶ！ 統計学はじめて図鑑** 渡辺美智子監修・著、青山和裕、川上貴、山口和範著、友永たろイラスト 日本図書センター （レッツ！データサイエンス）
【要旨】いま、大注目の「統計学」を楽しく学べる待望の図鑑!!
2017.4 143p B5 ¥1900 ①978-4-284-20394-4

◆**数と図形のせかい** 小原芳明監修、瀬山士郎編、山田タクヒロ絵 （町田）玉川大学出版部 （玉川百科こども博物誌）
【目次】第1章 数ってなんだろう（もし世の中に数がなかったら…、どちらが多い？ ほか）、第2章 計算のふしぎ（カケル、たし算すくう、カケル、カケル、ひくすくわれる ほか）、第3章 はかってみよう（どちらのジュースが多い？、背の高さくらべる ほか）、第4章 図形であそぼう（タングラムって、なに？、めざせ！ タイル職人 ほか）
2017.1 157p A4 ¥4800 ①978-4-472-05973-5

◆**算数を使ってワクワク！ 宇宙探検** アン・ルーニー著、みちしたのぶひろ訳、伊藤真由美、瀬沼花子、富永順一監訳 オーム社 （算数パワーでやってみよう！ 1）
【要旨】火星探検チームのリーダーとなって、算数を使っていろいろな問題を解決しながら、スリルいっぱいのミッションをやりとげよう。算数は、暗記すればいいわけじゃなく、考え方のコツを身に付けることが大切だね。学校のテストだけじゃなく、いろいろな場面で使える算数パワーを身に付けよう。
2017.8 32p 26×20cm ¥1900 ①978-4-274-22089-0

◆**算数で観察 フムフム！ 世界の生き物** アン・ルーニー著、みちしたのぶひろ訳、伊藤真由美、瀬沼花子、富永順一監訳 オーム社 （算数パワーでやってみよう！ 3）
【要旨】世界中の生き物の調査をするチームのリーダーとなって、世界中を飛びまわり、算数の力でいろいろな動物や生き物について調べよう。算数は、暗記すればいいわけじゃなく、考え方のコツを身に付けることが大切だね。学校のテストだけじゃなく、いろいろな場面で使える算数パワーを身に付けよう。
2017.10 32p 26×20cm ¥1900 ①978-4-274-22096-8

◆**算数で探るドキドキ！ ゲーム攻略** ヒラリー・コーレ、スティーブ・ミルズ著、みちしたのぶひろ訳、伊藤真由美、瀬沼花子、富永順一監訳 オーム社 （算数パワーでやってみよう！ 4）
【要旨】算数はパズルゲームはもちろん、いろいろなゲームの攻略に役立つよ。ゲームマスターを目指してね！ 算数は、暗記すればいいわけじゃなく、考え方のコツを身に付けることが大切だね。学校のテストだけじゃなく、いろいろな場面で使える算数パワーを身に付けよう。
2017.11 32p 26×20cm ¥1900 ①978-4-274-22097-5

◆**算数の図鑑—小学生のうちに伸ばしたい数&図形センスをみがく** 子供の科学特別編集、キャロル・ヴォーダマン著 誠文堂新光社 （子供の科学ビジュアル図鑑）
【要旨】すべての項目をカラフルなイラストで図解しています。英国の公立小学校の先生による図解と解説を、日本の公立小学校の先生と『子供の科学』編集部が日本向けに再編集しました。学年別の構成はせず、もっと深く学びたい項目などから読むことができます。学習熟度別学習に最適。2020年に改訂される学習指導要領で、小学生でも習うことになる「統計学」の基礎までカバーしていますので、低学年のお子さんも小学校を卒業するまで使えます。小学校で習う範囲+αまで網羅しているので、算数が得意なお子さんの先取り学習にも最適。中学受験の勉強の元になる勉強にもなります。すべての漢字にルビがふってあるので、学校で習ってない単元でも、興味を持てばどんどん先に読み進めることができます。
2017.9 320p 29×22cm ¥2800 ①978-4-416-51744-4

◆**実験対決 25 力と道具の対決** ストーリーa. 文、洪鐘賢絵、HANA韓国語教育研究会訳 朝日新聞出版 （かがくるBook―実験対決シリーズ 明日は実験王）
【要旨】いよいよ全国実験大会の最後の対決！ 優勝するのはどこ？ そして国際実験オリンピックに進出する2校は？ 本選最後の対決を明日に控えたあかつき小。相手はこれまで負けなしの優勝候補、未来小学校！ 誰もが未来小の勝利を疑わないが、はたして、あかつき小はこの強敵に勝利することができるのか？ 仕事の効率を知り、仕事と道具「てこ」「滑車」「輪軸」についての様々な科学知識を楽しく学んでみよう！
2017.6 177p 23×17cm ¥1200 ①978-4-02-331607-2

◆**実験対決 26 誕生と成長の対決―学校勝ちぬき戦** ストーリーa. 文、洪鐘賢絵、HANA韓国語教育研究会訳 朝日新聞出版 （かがくるBOOK―実験対決シリーズ 明日は実験王）
【要旨】国際実験オリンピックのドイツ代表チームが登場！ 確かな実力と際立つ個性を持つメンバーたち！ ドイツ代表として国際実験オリンピックに出場することになったセナ。オリンピックのために、1分1秒も惜しまず準備しなければならないのに、セナ以外のメンバーは実験以外のことで忙しい。思い余ったセナはみんなの心をひとつにする実験を用意するが…。生物の細胞分裂、無性生殖と有性生殖、ヒヨコと人間の誕生などを通じて、「誕生と成長」についての様々な科学知識を楽しく学べます！
2017.12 168p 23×17cm ¥1200 ①978-4-02-331637-9

◆**たのしいローマ数字** デビッド・A・アドラー文、エドワード・ミラー絵、千葉茂樹訳 光村教育図書
【要旨】さあ、この絵本を持って出かけよう！ ローマ数字は見つかるかな？ いくつをあらわしているのかな？
2017.11 1Vol. ¥22cm ¥1400 ①978-4-89572-210-0

◆**単位がわかる リットルのえほん** ほるぷ出版
【要旨】本書は、イメージしづらい「単位」を視覚化した写真絵本です。「リットル」の巻は、1ミリリットルのものからはじまります。ページをめくると、前のページの10倍の"かさ"のものがあらわれます。16ページ以降は、前のページの100倍です。そして、その"かさ"を分かりやすいように、近いかさのものとの比較の図もつけました。身近なものから宇宙まで、どんなものにでも"かさ"があります。本書で紹介する、「ミリリットル」、「デシリットル」、「リットル」、「キロリットル」を理解することで、手元で測れるものから計測器では測れないものまで"かさ"があることを、「単位」を使ってイメージしやすく学んでいきます。
2017.2 24p 31×24cm ¥1500 ①978-4-593-58752-0

◆**「単位」の学習に役立つ はかってみよう 長さ・重さ・時間 1 からだを使って長さをはかろう** 新聞竹彦著 汐文社
【目次】巻頭マンガ、ものには色々な長さがありますね、チャレンジ・コーナー からだを使って机の長さをはかってみよう！、チャレンジ・コーナー からだを使って木の太さをはかってみよう！、チャレンジ・コーナー からだを使ってバスの長さをはかってみよう！、小さいものではかってみよう！、少し大きいものではかってみよう！、長さの友だちの面積ってなぁに？ はかってみよう！
2018 31p 27×22cm ¥2400 ①978-4-8113-2436-4

◆**ちいさなプリンセスソフィア かず 3・4・5歳** 榊原洋一監修 学研プラス （学研わくわく知育ドリル） （付属資料：シール）
【要旨】大好きなキャラクターと学習ができる遊び感覚の知育ドリルです。ディズニーのかわいいイラストで、自然と数や数字への興味が広がり、意欲的に学習できます。小さい数から順に並んでいるので、やさしいものから段階的に学べます。まずは、数の概念を知り、数字と結びつけて考えていく学習ができます。足し算や引き算などの元になる勉強にもなります。お子さまの大好きなシールがたくさんついているので、自発的に取り組めます。「ちいさなプリンセスソフィア」の物語に関連した問題で、お話の世界に入り込みながら学べます。
2017.12 60p 21×30cm ¥790 ①978-4-05-204734-3

◆**でんしゃのかず・とけいれんしゅうちょう―7さいまでに楽しくおぼえる** 学研プラス （学研の頭脳開発） （付属資料：ボード1；シール）
【要旨】さまざまな電車のイラストを見ながら、楽しく「かず」「簡単なたし算」「時計」を学習。子どもの発達に合わせた楽しい問題で、能力が伸びていくように工夫された幼児ワーク。全国各地の電車のイラストと一緒に、楽しみながら20までのかずを学び、たし算を、電車の連結などに置き換えて、わかりやすく楽しく学習。何時半・10分刻み・5分刻みと、少しずつレベルアップしながら、時計の読み方を学びます。めいろや線つなぎなど、様々な問題を収録。新幹線、特急、観光列車の写真ページつき。年少〜小学校低学年。
2017.12 80p 21×30cm ¥750 ①978-4-05-204737-4

◆**まわして学べる算数図鑑 九九** 朝倉仁監修 学研プラス
【要旨】目と指先からかけ算九九が身につく！ 小学校低学年から楽しく学べます。
2017.4 19p 29×23cm ¥1500 ①978-4-05-204538-7

◆**まんがで身につくめざせ！ あしたの算数王 5 演算の活用 その2** ゴムドリco. 文、朴康鎬絵、猪川なと訳、竹内洋人監修 岩崎書店
【要旨】算数は教科書の中だけのもの？ 発想を転換して、日常の中で算数を感じよう！ テストでビリになったムハンは、点数を上げるため秘密授業を受けることに。計算問題ではミス連発のムハンだが、日常生活で出くわす問題には、すばやく正確に暗算してみせ…。予測不能なムハンの算数力、その秘密とは？ 掛け算と割り算の原理と関係、検算、混合計算の法則などを、まんがで楽しく学んじゃおう！
2017.12 167p 23×17cm ¥2000 ①978-4-265-07715-1

◆**メゾピアノドリルコレクション 小3計算** 学研プラス編 学研プラス （付属資料：別冊1；クリアファイル1；シール）
【要旨】子ども服ブランド・メゾピアノとコラボレーションしたドリル。1日1枚勉強すれば、小学3年生に必要な計算の力や学習習慣がしっかり身につきます。やる気がアップする、ステーショナリーつき。
2017.3 96p 15×22cm ¥900 ①978-4-05-304592-8

◆**幼児のパズル道場ドリル かずと思考力** 山下善徳著 幻冬舎 （付属資料：シール）
【要旨】『かずと思考力』では、「数の認識」「補数の認識」「計算」「かけ算・わり算の感覚認識」「思考力」の学習内容を、ステップ1〜10までくり返しながら取り組むことができます。ステップが上がるごとに、「1〜5の数」「1〜10の数」「1〜20の数」と扱う数も増えて徐々に難しくなっていきます。3・4・5歳向け。
2017.9 62p 30×21cm ¥800 ①978-4-344-97932-1

◆**幼児のパズル道場ドリル ずけいと思考力** 山下善徳著 幻冬舎 （付属資料：シール）
【要旨】『ずけいと思考力』では、「線引き練習」「比較・合成」「平面基本感覚（平行感覚）（対称感覚）」「立体基本感覚」「思考力」の学習内容を、ステップ1〜10までくり返しながら取り組んでいきます。ステップが上がるごとに、徐々に

難しい問題になっていきます。3・4・5歳向け。
2017.9 62p 30×21cm ¥800 ①978-4-344-97933-8

◆よくわかる重力と宇宙─基本法則から重力波まで　佐藤勝彦監修　PHP研究所　(楽しい調べ学習シリーズ)
【目次】第1章「重さ」って何?(重さの調べかた、くらべてわかる重さの正体、地球と月で体重をはかる ほか)、第2章 重力と相対性理論(「相対性理論」って何?、重力と慣性力って?、空間の曲がりによる力 ほか)、第3章「重力波」って何だろう?(重力波、重力波の観測法、干渉を利用した観測法 ほか)
2017.3 63p 29×22cm ¥3000 ①978-4-569-78649-0

◆わくわく微生物ワールド 1 地球ではたらくカビとバクテリアたち　細矢剛監修　鈴木出版
【目次】目に見えない生き物がいる、微生物はどんな姿?、微生物はどこにいる?、森をそうじする微生物、やってみよう! 土の中の微生物を観察してみよう、地球を変えた微生物、やってみよう! シアノバクテリアを観察してみよう、わくわくミクロ偉人伝 微生物学の父レーウェンフック、食べられる微生物、くらしに役立つ微生物
2017.1 39p 29×22cm ¥2900 ①978-4-7902-3323-7

◆わくわく微生物ワールド 2 食べ物ではたらく乳酸菌やコウジカビたち　細矢剛監修　鈴木出版
【目次】食べ物がくさった!、微生物のはたらきで、くらしはおいしくなったりする、微生物がつくる食卓、ヨーグルトをつくる微生物、やってみよう! 牛乳からヨーグルトをつくってみよう、チーズをつくる微生物、わくわくミクロ偉人伝 ぐうぜんの大発見フレミング、つけものをつくる微生物、パンをつくる微生物、みそをつくる微生物、かつおぶしをつくる微生物、納豆をつくる微生物、やってみよう! 納豆をつくる
2017.2 39p 29×22cm ¥2900 ①978-4-7902-3324-4

◆わくわく微生物ワールド 3 体ではたらくビフィズス菌と仲間たち　細矢剛監修　鈴木出版
【目次】きみの体には微生物がたくさんいる、生まれる前はみんな無菌、微生物はどんどんふえる、腸ではたらく微生物、胃ではたらく微生物、皮ふではたらく微生物、やってみよう! 手のひらについている微生物を観察しよう、わくわくミクロ偉人伝 病気の原因は微生物!─コッホ、病気を起こす微生物たち
2017.3 39p 29×22cm ¥2900 ①978-4-7902-3325-1

科学・理科の知識

◆遊んで身につける! 理科実験カード　主婦と生活社　(サピビックス小学部著　サピビックスブックス)　(付属資料:別冊1;ポスター1)
【要旨】小学生がおぼえたい28の理科実験がバッチリ! 理科実験に必要な「実験器具」・「素品・素材」のカードを集めていくゲーム。わかりやすいきれいな写真のカードで、理科実験に必要な知識を身につける。カード写真が載った大判A2ポスター、実験の詳細を解説した別冊冊子付。小学3〜6年生。
2017.10 55p A4 ¥2200 ①978-4-391-15018-6

◆いろいろいっぱい─ちきゅうのさまざまないきもの　ニコラ・デイビス文、エミリー・サットン絵、越智典子訳　(武蔵版)　ゴブリン書房
【要旨】地球には、何種類の生きものがいるのだろう? こたえは、いろいろいっぱい! 地球には生きものがあふれていて、すべての生きものが、たがいに(もちろん、わたしたち人間も!)ふくざつに結びついていることを伝える科学絵本。
2017 33p 30×26cm ¥1500 ①978-4-902257-33-5

◆科学クイズにちょうせん! 5分間のサバイバル 3年生　韓賢東マンガ、チーム・ガリレオ文、金子丈夫監修　朝日新聞出版　(科学クイズサバイバルシリーズ)
【目次】人体のサバイバル(どうしておなかがへると音がでるの?、歯はどうしてぬけるの?、生き物のサバイバル(クモはどうして巣にかからないの?、セミはどうして大きな音で鳴くの? ほか)、自然のサバイバル(海の水はどうしてしょっぱいの?、砂や土

はどうしてできるの? ほか)、身近な科学のサバイバル(時計の針が右回りなのはどうして?、棒磁石を半分に切るとどうなるの? ほか)
2017.5 181p A5 ¥860 ①978-4-02-331596-9

◆科学クイズにちょうせん! 5分間のサバイバル 4年生　韓賢東マンガ、チーム・ガリレオ文、金子丈夫監修　朝日新聞出版　(科学クイズサバイバルシリーズ)
【目次】人体のサバイバル(緊張すると胸がどきどきするのはなぜ?、心はどこにあるの? ほか)、生き物のサバイバル(インコやオウムはどうしておしゃべりできるの?、年輪はどうしてできるの? ほか)、自然のサバイバル(どうして夏は暑いの? ほか)、宇宙のサバイバル(流れ星って地球のどこに落ちるの?、恒星と惑星って何がちがうの? ほか)
2017.5 181p A5 ¥860 ①978-4-02-331597-6

◆科学クイズにちょうせん! 5分間のサバイバル 5年生　韓賢東マンガ、チーム・ガリレオ文、金子丈夫監修　朝日新聞出版　(かがくBOOK─科学クイズサバイバルシリーズ)
【目次】人体のサバイバル(人間は何も食べずにどれだけ生きられる?、人間はどうして太るの? ほか)、生き物のサバイバル(動物のようにオスとメスがいる植物があるって本当?、クマノミの仲間の大きな特徴は? ほか)、自然のサバイバル(どうして海は満ち引きするの?、どうして海の色は青いの? ほか)、身近な科学のサバイバル(ジェットコースターがさかさまになっても落ちないのはなぜ?、鉄でできた船はどうして沈まないの? ほか)
2018.1 181p 21×15cm ¥860 ①978-4-02-331612-6

◆科学について知っておくべき100のこと　竹内薫訳・監修　小学館　(インフォグラフィックス)
【要旨】望遠鏡は過去を見ている? いちばん大きな生物はキノコ? 地球には北極も南極も2つある? クモの糸は鋼鉄の2倍も強い? わかりやすいイラストで、基礎知識からトリビアまで科学に関する100のテーマを大図解!
2017.7 127p 24×17cm ¥1500 ①978-4-09-726693-8

◆きみは科学者　ハリエット・ラッセルイラスト、左巻健男監修　東京書籍
描いたり、塗ったり、走ったり、飛ばしたり、科学センスを育てる体感型ワークブック。
2017.9 92p 25×20cm ¥1700 ①978-4-487-81080-2

◆空想科学学園─熱血! エネルギー編　柳田理科雄原作・監修、吉崎観音カバー・表紙、しいたけ元帥漫画作画　KADOKAWA　(角川まんが科学シリーズ K1)
【要旨】不思議発見! いたい! 「空想科学学園」へようこそ!! なぜロボに乗って登校するヤンチャ男子・元気力ゲンやアーパー系ロボ・エレキボーイ、火を吹く心やさしい怪獣・サラマンチャーにろくろ首っ子や口裂け子…etc. 科学を超越した"ものすごい個性を持った友達"と、転校してきた科学大好きな科学二郎とのドタバタスクールライフが始まる!!
2017.7 144p B6 ¥960 ①978-4-04-104055-3

◆空想科学学園─突撃! 人のからだ編　柳田理科雄原作・監修　KADOKAWA　(角川まんが科学シリーズ K2)
【要旨】人間でもロボットでも妖怪でも、「なんでもこい!」の「空想科学学園」に間違って転校してきた科学二郎! とまどいながらも個性豊かな生徒たちが通うこの学園で、得意の"科学"の知識を活かして人気者に! 相変わらずのドタバタスクールライフを通して、今回は人体の不思議やなぞにせまるぞ!
2017.11 132p B6 ¥960 ①978-4-04-104056-0

◆激流のサバイバル　スウィートファクトリー文、韓賢東絵、HANA韓国語教育研究会訳　朝日新聞出版　(かがくBOOK─科学漫画サバイバルシリーズ)
【要旨】ゴムボートで急流を下るラフティングをするために峡谷にやってきたジオたち。初めての体験にウキウキ気分だったが、それは過酷な下に転落して急流に巻き込まれる、究極のサバイバルの始まりだった! 切り立った崖と荒れ狂う川の流れ! ラフティングボートに乗って、危機を脱出せよ!
2017.7 166p 23×17cm ¥1200 ①978-4-02-331610-2

◆サイエンスコナン 元素の不思議─名探偵コナン実験・観察ファイル　青山剛昌原作、川村康文監修　小学館　(小学館学習まんがシリーズ)

【要旨】日本人が発見し、アジア初の新元素として周期表に記載されるようになった113番元素「ニホニウム」をはじめ、全118元素の発見者から用途までをコナンたちが楽しく解説!!
2017.7 159p B6 ¥850 ①978-4-09-296634-5

◆サイエンスコナン 防災の不思議─名探偵コナン実験・観察ファイル　青山剛昌原作、川村康文監修、新村徳之構成　小学館　(小学館学習まんがシリーズ)
【要旨】マグニチュード7クラスの首都圏直下型地震が今後30年以内に70%の確率で発生することが予測されている現在、防災に関する知識は小学生や中学生にも必ず必要となります。いざという時に備え、この本でコナンと一緒に科学的な防災知識を身につけよう!!
2017.8 159p B6 ¥850 ①978-4-09-296635-2

◆ジュニア空想科学読本 2　柳田理科雄著、藤嶋マル絵　汐文社　愛蔵版
【要旨】マンガやアニメのできごとを科学的に検証する『ジュニア空想科学読本』が、声援に応えて再び登場! ウルトラマンが3分間で守れる範囲は? ポケモンはなぜ小さなモンスターボールに入れる? 足の遅いカメに負けたウサギは、どれだけ眠った!?…など、前作以上に気になる問題を大まじめに考える。テレビやマンガや昔話の世界が、ちょっと視点を変えるだけで、ますます楽しくなるのだ。愛蔵版限定のかき下ろし「やってみよう! 空想科学のプチ実験!」も収録した、日本一笑える理系の本。
2017 205p B6 ¥1500 ①978-4-8113-2347-3

◆ジュニア空想科学読本 3　柳田理科雄著、藤嶋マル絵　汐文社　愛蔵版
【要旨】マンガやアニメを見ながら「あれっ!?」と思ったら、それは科学への入口だ。妖怪ウォッチの仕組みって!? ドラえもんは、机の引き出しから出られるの!? 塔から地面まで届くラプンツェルの髪はどれだけ長い!? そんな素朴な疑問を大まじめに考えていくと、驚きの科学的結論が待っている! 大反響に応え、さらにパワーアップしてお届けする『ジュニア空想科学読本』第3弾。愛蔵版限定のかき下ろしブックガイド「ぜひ読んでみて! 空想科学のおススメ本!」も収録!
2017 205p 20×14cm ¥1500 ①978-4-8113-2348-0

◆ジュニア空想科学読本 4　柳田理科雄著、藤嶋マル絵　汐文社　愛蔵版
【要旨】『進撃の巨人』の巨人たちに勝つ方法を考え、『フランダースの犬』の悲しい最終回に異議を唱え、『星のカービィ』の骨格や『シンデレラ』の足のサイズを推理する! マンガやアニメも教科書に載ってる文学作品も、科学の視点を持ち込むだけで、その魅力はますます深まる! かき下ろし「これはすごい! 空想科学作品案内!」も収録した、『ジュニ空』ファン待望の愛蔵版が登場!
2017 205p B6 ¥1500 ①978-4-8113-2407-4

◆ジュニア空想科学読本 5　柳田理科雄著、藤嶋マル絵　汐文社　愛蔵版
【要旨】マンガやアニメのできごとを科学的に考える爆笑シリーズ、大好評第5弾!『アイカツ!』のフィッティングルームの謎、『弱虫ペダル』のすごいダンシング走法など、大人気作品の「気になる部分」から、『人魚姫』『一寸法師』などの童話、さらに「宇宙人が日本ばかり狙うのはなぜ?」「オナラで大爆発はあり!?」といった「誰もが気になる素朴な疑問」まで、徹底的に大検証! 特別かき下ろし「やってみよう! 空想科学のプチ実験!」も収録した、ファン待望の愛蔵版。2017 205p B6 ¥1500 ①978-4-8113-2408-1

◆ジュニア空想科学読本 10　柳田理科雄著、きっか絵　KADOKAWA　(角川つばさ文庫)
【要旨】応援ありがとう! 『ジュニア空想科学読本』シリーズも本書でなんと10冊目。この記念すべき10巻では、読者からの質問の多い『ドラえもん』の四次元ポケットや、『マインクラフト』の素手で木を切り出す能力、そして多くの作品で扱われてきた「男女が入れ替わる不思議」も大研究! 空想と科学が出会うとき、発見と爆笑に満ちた世界が広がる! その原動力は、キミの知的好奇心だ! 小学上級から。
2017.3 205p 18cm ¥660 ①978-4-04-631692-9

◆ジュニア空想科学読本 11　柳田理科雄著、きっか絵　KADOKAWA　(角川つばさ文庫)
【要旨】直感は大切だ。たとえば『マリオカート』のバナナでスピン、『プリパラ』の校長のプリチケ没収力、そして『うんこ漢字ドリル』の壮絶うんこ世界は、どれも「すごい!」と心に響

児童書

◆ジュニア空想科学読本 12 柳田理科雄著, きっか絵 KADOKAWA (角川つばさ文庫)
【要旨】いったい何が起こったの!?マンガやアニメやゲームには目を疑う現象が満載だ。『私モテ』では太った花依が1週間で激ヤセ&美女化し、『テニプリ』ではラケットが空間を切り取り、『ドラクエ』では3秒でどこへでも飛んでいる。さらに『ガラ仮面』ではマヤも亜弓さんも白目に…! どれも信じがたいけど、本書とともに「もし実現したら?」とシミュレーションしてみよう。自分のアタマで考える力がついていく! 小学上級から。
2017.11 205p 18cm ¥660 ①978-4-04-631758-2

◆ぜったい理科がすきになる! 左巻健男監修 フレーベル館 (ぜったいすきになる! 3)
【目次】生命・粒子―カワセミと新幹線の意外な関係は…、地球一台風の正体見つけた!、エネルギー―電気はどこからくるの?、粒子―ポーズを決めたアシカの体重は?、生命―動けない植物だけど、自分の体を守っている!、地球―スーパームーンが見られるのは?、エネルギー―リニアモーターカーには線路がない!、生命―昆虫の「変身」の意味は…、地球―地震が起こるのは地球が生きている星だから、エネルギー―指1本でアフリカゾウを持ち上げる!?、粒子―ろうそくはどこが燃えているの?、生命―人は毎日生まれ変わっている!、地球―空の高さはどのくらい?、エネルギー・粒子―おかしのふくろがふくらまないのは…、生命―地球上のいのちはみんなつながっている!、地球―溶岩は地下10kmのところからくる!?、粒子―花の色がちがうのは?
2017 47p 27×22cm ¥3400 ①978-4-577-04468-1

◆ぜんぶわかる118元素図鑑―身近な元素から日本発の元素「ニホニウム」まで 子供の科学編集部編 誠文堂新光社 (子供の科学★サイエンスブックス)
【目次】第1章 元素のキホン (いま、ここにある元素、元素とは何だろう?、元素はどうやってできた?)、第2章 元素周期表がわかる! (元素周期表って何だ?、元素周期表で何がわかる?、未来の元素)、第3章 118元素のひみつ (水素、ヘリウム、リチウム ほか)
2017.2 79p 24×19cm ¥2200 ①978-4-416-51715-4

◆ゾウリムシ 吉田丈人監修 ほるぷ出版 (プランクトンのえほん)
2017.3 24p 31×23cm ¥1500 ①978-4-593-58763-6

◆楽しみながら学力アップ! 小学生の理科クイズ1000 学習理科クイズ研究会著 メイツ出版 (まなぶっく) (『楽しくできる! 小学生の理科クイズ1000』改訂・改題書)
【要旨】虹を真上から見ると、どう見えるかな? レモンを使って電池を作ることができる。○か×か? ダイヤモンドを燃やすとどうなる? 身近なギモンから宇宙のフシギまで科学の知識がぐんぐん広がる!
2017.6 128p A5 ¥1200 ①978-4-7804-1913-9

◆食べものはなぜくさるのか 山崎慶太著, 大橋慶子絵 大月書店 (そもそもなぜをサイエンス 5)
【目次】食べものは、かならずくさる、食べものは水と有機物でできている、「くさる」とは食べものが別の有機物に変化すること、くさるとくさいタンパク質、食べものをくさらせる原因は細菌、細菌がいなければくさらない―パスツールの発見、食べものをくさらせるもうひとつの原因―カビ、くさったものを食べたら、かならずおなかをこわす?、くさっていなくてもおなかをこわす一食中毒、食べものを取り除いて、コウジカビによる発酵―米を甘酒に、大豆をみそに変える、酵母菌は糖を変える、乳酸菌は糖を乳酸に変える、酸素も人のくさる、さびる、老化―みんな酸化現象、細菌やカビを殺し、酸素を取り除いて、くさる、さびる、くさせない工夫＝干もの・冷蔵・くん製、生きている人間やぎょうに細菌がいる、皮ふに1兆個、腸には1000兆個の細菌がいる、もしも、細菌やカビがなかったら
2017.1 39p 21×22cm ¥2400 ①978-4-272-40945-7

◆小さな発見大きな感動 藤嶋昭監修, 東京応化科学技術振興財団編 学研プラス (開け! 科学の扉 3)
【要旨】「出張型サイエンスイベント」特集。
2017.6 152p A5 ¥1440 ①978-4-05-406545-1

◆チャールズ・ダーウィン、世界をめぐる ジェニファー・サームズ作, まつむらゆりこ訳 廣済堂あかつき
【要旨】1831年、チャールズ・ダーウィンはビーグル号にのって世界一周の旅に出発しました。イギリスとはちがう風景に目をみはり、船酔いにくるしみながらも、5年のあいだに、南アメリカ大陸や島じまの調査をおこないました。スリルにとんだその旅を、たのしい絵地図でしょうかいします。
2017.9 37p 29×24cm ¥1800 ①978-4-908255-63-2

◆電気はどこで生まれるの 小野洋著, 大橋慶子絵 大月書店 (そもそもなぜをサイエンス 6)
【目次】電気を見たことはありますか?、こすり合わせると引きつけ合う力が生まれる―静電気、静電気で蛍光灯はつくか?、電気には+と-がある、電気のもとは物質のなかにある、こすり合わせるとなぜ電気をおびるのか?、離れていてもはたらく電気の力―電場、電気をおびていなくても引きつけられる、金属は移動しやすい電子をもっている―自由電子、電流が流れるしくみ―自由電子の移動、電気をためて電流を流す電池、離れていてもはたらく磁石の力―磁場、電流のまわりに磁場ができる、磁石で銅線をはさみ、電気を回転する力に変える―モーターのしくみ、磁場から電流をつくるのでは?―ファラデーの発見、モーターのコイルをまわすと電気が生まれる―発電機のしくみ、電気のつくり方、ため方
2017.3 39p 21×22cm ¥2400 ①978-4-272-40946-4

◆でんじろう先生のおもしろ科学実験室 1 びっくり実験 米村でんじろう監修 新日本出版社
【要旨】でんじろう先生のおもしろ科学実験室へようこそ! 5色の衣装に変身するでんじろう先生といっしょに、楽しい科学実験に挑戦しよう。第1巻「びっくり実験」は、赤でんじろう先生があっと驚く実験をしょうかいするよ。さっそく実験の始まり始まり!
2017.5 47p A4 ¥3200 ①978-4-406-06146-9

◆でんじろう先生のおもしろ科学実験室 2 ふしぎ実験 米村でんじろう監修 新日本出版社
【要旨】でんじろう先生のおもしろ実験教室へようこそ! 5色の衣装に変身するでんじろう先生といっしょに、楽しい科学実験に挑戦しよう! 第2巻「ふしぎ実験」は、青でんじろう先生が身のまわりのふしぎをとき明かす実験をしょうかいするよ。
2017.7 48p 31×22cm ¥3200 ①978-4-406-06147-6

◆でんじろう先生のおもしろ科学実験室 3 工作実験 米村でんじろう監修 新日本出版社
【要旨】でんじろう先生のおもしろ科学実験室へようこそ! 5色の衣装に変身するでんじろう先生といっしょに、楽しい科学実験に挑戦しよう。第3巻「工作実験」は、緑でんじろう先生が遊べる工作をしょうかいするよ。さっそく作ってみよう!
2017.7 47p 31×22cm ¥3200 ①978-4-406-06148-3

◆でんじろう先生のおもしろ科学実験室 4 マジック実験 米村でんじろう監修 新日本出版社
【目次】ひとりでに動き出す 念力ふりこ、科学のお話 地球は回っている!?フーコーのふりこ、ハラハラ! ドキドキ! くじ引きポリぶくろ、あっという間にできあがり! しゅんかんポップコーン、魔法の黒い粉 磁石の変身アート、科学のお話 磁石のふしぎ、風船を近づけるだけ!? おどるティッシュオバケ、勝手に進む! スイスイつまようじ、科学のお話 表面張力、見えない空気の力 びんにすいこまれるたまご〔ほか〕
2017.8 47p A4 ¥3200 ①978-4-406-06149-0

◆でんじろう先生のおもしろ科学実験室 5 トリック実験 米村でんじろう監修 新日本出版社
【目次】光の屈折を調べよう 水と光のトリック、科学のお話 光の屈折、色が見えるかな? 色ごま実験、科学のお話 色の三原色、まぼろしの色が現れる! 色の残像実験、見たものの大きさが変わる!?ふしぎなうず巻きごま、とび出ているのはどこ? 浮遊さいころ、科学のお話 目の錯覚、赤青メガネで楽しむ 2コマアニメ、2つの目のはたらき 目のふしぎ実験〔ほか〕
2017.8 47p A4 ¥3200 ①978-4-406-06150-6

◆冬眠のひみつ―からだの中で何が起こっているの? 近藤宣昭監修 PHP研究所 (楽しい調べ学習シリーズ)
【目次】第1章 恒温動物の冬眠 (恒温動物の冬眠のひみつ、シマリス、クマ ほか)、第2章 変温動物の冬眠 (変温動物の冬眠のひみつ、ウシガエル/マブナ、トノサマガエル/アカハライモリ ほか)、第3章 植物の冬ごし (植物の冬ごしのひみつ、ソメイヨシノなど、ススキ/ユリなど ほか)
2017.9 63p 29×22cm ¥3000 ①978-4-569-78660-5

◆ドラえもん科学ワールド―南極の不思議 藤子・F・不二雄漫画, 藤子プロ, 国立極地研究所監修, 小学館ドラえもんルーム編 小学館 (ビッグ・コロタン 151)
【目次】南極とは?、南極の歴史、独特の雪と氷、南極の気象、南極の生物、南極と宇宙、南極探検と観測の歴史、日本の南極観測隊、南極の生活、北極とは?、北極と人間の関わり、南極と地球の将来
2017.3 213p B6 ¥850 ①978-4-09-259151-6

◆なぜ? の図鑑 科学マジック 藤嶋昭監修 学研プラス
【要旨】どうしてまつぼっくりが入っているの?…簡単にできてぜったいびっくり! 科学はおもしろい! 子どものなぜに答える図鑑。実験を大切にした大科学者たちも紹介。
2017.7 120p 27×22cm ¥1900 ①978-4-05-204579-0

◆ネコ博士が語る科学のふしぎ ドミニク・ウォーリマン文, ベン・ニューマン絵, 田中薫子訳, 米沢富美子日本語版監修 徳間書店
【要旨】ものは、何でできているの? 飛行機は、どうしてとぶの? 船が水にうかぶのは、どうして?―身のまわりのことに、決まった法則を見つけだす「科学」。重力、原子、浮力、揚力、音波についてなど、物理や化学のあれこれを、のらネコのなかでも、とびきりかしこいネコ博士がわかりやすく、ユーモラスに語ります。この一冊で、理科が得意に! 3歳から103歳まで楽しめる、世界中で人気沸騰の科学絵本。
2017.12 61p 30×30cm ¥2300 ①978-4-19-864535-9

◆発想力をそだて理科が好きになる 科学のおもしろい話365 ガリレオ工房監修 ナツメ社
【要旨】ふだんの生活の中でお子さんが感じる疑問は、科学の世界への入り口です。本書ではお子さんの「なぜ?」「どうして?」にていねいに答えます。発想力をそだてる実験と観察を多く紹介! からだ、くらし、食べものと飲みもの、道具と機械、自然と地球、宇宙、科学者の伝記の8つのジャンルのおもしろいお話を紹介するとともに、ご家庭で取り組める実験や観察も数多く収録。
2017.4 471p 25×19cm ¥2300 ①978-4-8163-6200-2

◆発明対決 10 今日のための発明 ゴムドリCO文, 洪鐘賢絵, HANA韓国語教育研究会訳 朝日新聞出版 (かがくBOOK―発明対決シリーズ)
【要旨】珍談具対決で快勝したせり小学校発明Bチーム! 今度は大観覧車が待っている?!大観覧車で2つ目のミッションが始まった。彼らを待ち受ける疑問のアイテムボックス。時間を争う

対決で、ユハンにはそれよりも急な問題が生じる…。せり小学校発明Bチームは、はたして無事に対決を終えることができるか？洗浄が楽な両方向の瓶、風のよく通る果物運搬ボックスの発明品を通じて、微生物と発酵、電解質とイオン、遠心力と求心力など、教科書の科学理論に楽しく触れてみよう！
2017.11 161p 23×17cm ¥1200 ①978-4-02-331616-4

◆ビジュアル版 科学の歴史　クライブ・ギフォード, スーザン・ケネディ, フィリップ・パーカー文, 有賀暢迪, 中村威也日本語版監修　ポプラ社
【要旨】1500以上の写真とイラスト、ていねいな図解で世界の科学・技術の発達史の流れをビジュアルでとらえる、画期的な科学の世界への入門書！
2017 256p 29×22cm ¥6800 ①978-4-591-15557-8

◆微生物のサバイバル　1　ゴムドリco. 文, 韓賢東絵, HANA韓国語教育研究会訳　朝日新聞出版　（かがくるBOOK―科学漫画サバイバルシリーズ）
【要旨】ノウ博士の研究室を訪ねてきた、微生物研究所の助手チョウ先輩の無謀な策略で、ヒポクラテス号に乗って微生物の世界へと探検に出てしまったジオ！それに気付いたケイと、2人を必死に探し回るが…。危険がいっぱいの微生物の世界から、果たしてジオは無事に戻って来られるのだろうか？
2017.3 178p 23×17cm ¥1200 ①978-4-02-331574-7

◆微生物のサバイバル　2　ゴムドリCO. 文, 韓賢東絵, HANA韓国語教育研究会訳　朝日新聞出版　（かがくるBOOK―科学漫画サバイバルシリーズ）
【要旨】ヒポクラテス号が故障し、またもや小さくなってしまったジオとケイは再びミクロの世界の探検に！サルモネラ菌からスーパーバクテリアまで、どこに行ってもキケンな微生物だらけ？！目に見える物だけがすべてじゃない！様々な微生物を相手に繰り広げられる予測不能な大冒険！
2017.5 172p 23×17cm ¥1200 ①978-4-02-331595-2

◆ふしぎと発見がいっぱい！ 理科のお話366　小森栄治監修　PHP研究所
【要旨】1日1話形式で、1話3分で読める。「理科」の学習指導要領の「科学の4つの概念」に対応したテーマ分類（ものはたらき（エネルギー）、ものの性質（粒子）、生命、地球）。イラストや図がいっぱいのわかりやすい解説。「ここがポイント」で、お話の内容がひと目でわかる。「おはなしクイズ」で、お話についての理解度をチェックできる。
2017.1 415p 25×19cm ¥2300 ①978-4-569-78603-2

◆ポケット版 続・「なぜ？」に答える科学のお話100―生きものから地球・宇宙まで　長沼毅監修　PHP研究所
【要旨】毎日の「なぜ？」「どうして？」を「なるほど！」「わかった！」に変える科学のお話がいっぱい！
2017.8 287p 16×12cm ¥1200 ①978-4-569-78685-8

◆ポケモン空想科学読本　3　柳田理科雄著, 姫野かげまる絵　オーバーラップ
【要旨】ポケモンたちの能力や特徴について、誰もが感じる疑問がある。最弱なのにコイキングが生き延びたのはなぜ？ゼクロムとレシラムはどうやって世界を焼き尽くす？アローラ地方のラッタが太ったのはどうしてだ？素朴に考えるだけで、たちまち新たな世界が広がり、科学が身近に迫ってくる。全国の学校で大人気「ポケ空」シリーズ第3弾！対象：小学校中級から。
2017.8 207p 18cm ¥660 ①978-4-86554-099-4

◆マンガ世界ふしぎ発見！ 奪われたノーベル賞　「マンガ世界ふしぎ発見！」制作チーム監修, 留divkey漫画　学研プラス
【要旨】大人気クイズ番組『世界ふしぎ発見！』から飛び出たアドベンチャー学習マンガ!!ノーベル賞まるわかり。
2017.12 195p 23×17cm ¥1200 ①978-4-05-204732-9

◆マンガでわかる かんたん！ たのしい理科実験・工作　1　空気とあそぼう　滝川洋二監修　岩崎書店
【目次】1 実験 すいこまれる卵（空気の温度と体積）、2 工作 ペットボトルで的当てゲーム（いきおいよく飛び出す空気）、3 実験 ハンドパワー風車（空気の温まり方）、4 実験 うきあがるつばさ（すばやく流れる空気）、5 工作 ダンボール・ホバークラフト（空気の力でつく）、6 実験 ストローでサイフォンを作ろう（サイフォンの仕組み）、7 実験 空気の重さを感じてみよう（空気の重さ）、8 実験 空気中の酸素をたしかめよう（空気中の酸素）、9 実験 ペットボトルで空気と力くらべ（空気のおし合う力）、10 工作 ゆらゆら水族館（浮力）
2017.9 47p 29×22cm ¥3200 ①978-4-265-08586-6

◆マンガでわかるかんたん！ たのしい理科実験・工作　2　光のふしぎ　滝川洋二監修　岩崎書店
【目次】1 実験 どんどん大きくなるかげ―かげのでき方、2 実験 ぬりえに色をつけよう―光の三原色、3 工作 鏡で光をはねかえそう―光と鏡、4 実験 水のレンズ―光の屈折と像、5 工作 ビー玉シアター―凸レンズの働き、6 実験 にじ色にかがやく光の帯―光の色、7 実験 ペットボトルで空を作ろう―光の散乱、8 実験 消えるコップ―光の反射と屈折、9 実験 赤外線チェッカーで見える光と見えない光、10 工作 光の箱―光の反射
2017.10 47p 29×22cm ¥3200 ①978-4-265-08587-3

◆マンガでわかるかんたん！ たのしい理科実験・工作　3　電気のちから　滝川洋二監修　岩崎書店
【目次】1 実験 クルクルおどる羽―静電気、2 実験 静電気を見つけよう―静電気、3 工作 打ち上げ花火ボックス―直列回路と並列回路、4 工作 電気を通す!?チェックロボ―電気を通すもの、5 実験 アルミはくのフィラメント―電流による発熱、6 実験 手作り電池―電池の仕組み、7 実験 磁石の見えない力を見よう―磁力線、8 実験 磁石でわかる!?北と南―磁石のN極とS極、9 実験 モーターを作ろう―磁力と電気、10 工作 ビー玉で電気スイッチオン！ころころビッグスライダー―スイッチの仕組み
2017.10 47p 29×22cm ¥3200 ①978-4-265-08588-0

◆やさしい科学者のことばと論語　藤嶋昭著, 守屋洋監修　朝日学生新聞社
【目次】科学者のことば（アリストテレス「心の垣根をつくるのは、相手ではなく自分である」、アルキメデス「火をおこすには、二つの火打石が必要」、ガリレオ・ガリレイ「自然は、我々の知性にとっては限りなくおどろくべきである」、アイザック・ニュートン「今日なしうることだけに全力をそそげ。そうすれば、明日は一段の進歩を見るだろう」、マイケル・ファラデー「自ら光かがやくロウソクは、どんな宝石よりも美しい」ほか）、孔子のことば（いつも心をおだやかにして、みんなと仲良くしよう「己の欲せざる所は、人に施す勿かれ。邦に在りても怨みなく、家に在りても怨みなし」、良い友をもち、連絡をとりつづけよう「益者三友、損者三友」、親しい友をもち、連絡をとりつづけよう「朋あり遠方より来たる、また楽しからずや」、お母さんのことばは一番大事だ「父母の年は、知らざるべからず。一つには則ち以て喜び、一つには則ち以て懼る」、自分にしてほしいことは、まず相手にしてあげよう「己立たんと欲して人を立て、己達せんと欲して人を達す」）
2017.6 95p 22×20cm ¥1500 ①978-4-909064-16-5

◆理科実験大百科―理科教育ニュース縮刷・活用版 第17集　少年写真新聞社編　少年写真新聞社　（付属資料：CD-ROM1）
【目次】面白データランド、砕くと磁力が弱まる磁石の磁力、砕いた磁石の磁力が弱まるのを確認しよう、紙を折って本を支えよう！1枚の紙で重なった本を支える、大きさが違って見える錯視、大きさが違って見える錯視、大きさが違って見えるが変わる錯視図形を再現しよう、蛍光増白剤入りペットボトル照明を作ろう、室内を明るく照らすペットボトル照明、太陽を歩いて下る面白もの【ほか】
2017.2 111p A4 ¥2400 ①978-4-87981-590-3

◆理系アタマがぐんぐん育つ 科学の実験大図鑑　ロバート・ウィンストン著, 西川由紀子訳　新星出版社
【要旨】作って遊べる！楽しい28の実験。
2017.7 159p 29×23cm ¥2400 ①978-4-405-02250-8

◆ロウソクの科学―世界一の先生が教える超おもしろい理科　ファラデー著, 平野累次, 冒険企画局文, 上地優歩絵　KADOKAWA　（角川つばさ文庫）
【要旨】1本のロウソクを使ったたのしい実験で、身のまわりのふしぎを学ぼう！科学者のファラデーが子どもたちに見せた24種類の実験を、イラストと物語でやさしく教えるよ！読めばだれでも理科が好きになる。科学をもっと好きになる！たのしくておもしろい、理科実験の入門書！小学中級から。
2017.5 188p 18cm ¥680 ①978-4-04-631707-0

◆われら科学史スーパースター―天才・奇人・パイオニア？ すべては科学が語る！　サイモン・バシャー絵, レグ・グラント文, 片神貴子訳　（町田）玉川大学出版部
【要旨】科学の進歩はかんたんではない！科学の真実をもとめる地道な努力のたまものだ。古今東西43人が語る「われこそはスーパースター！」科学史舞台の幕開け！
2017.1 95p 23×19cm ¥1500 ①978-4-472-40524-2

◆STAR WARS スター・ウォーズ空想科学読本　柳田理科雄著, 石蕗永地絵　講談社　（講談社KK文庫）
【要旨】はるか昔の銀河には、フシギなことがいっぱい！話せるドロイドに、宇宙をたばねるフォース。光をはなつ強力な剣もあれば、惑星を破壊する最終兵器も登場する！どれも、地球の科学の範疇を超えているものばかり！？『空想科学』で大人気の柳田先生といっしょに、『スター・ウォーズ』の世界を楽しみつつ、科学に親しもう！そうすればあなたも、ダークサイドに堕ちずにすむはず!?
2017.10 191p 18cm ¥700 ①978-4-06-199656-4

自然・環境

◆海が泣いている　藤原幸一写真・文　少年写真新聞社　（地球の危機をさけぶ生きものたち 1）
【目次】1 水の惑星・地球（水の旅、流れる海 ほか）、2 海と人（日本の海は世界のホットスポット、捕鯨 ほか）、3 地球の温暖化と海（北極海、南極海 ほか）、4 海をおおいつくすプラスチック（プラスチックごみにくらすヤドカリ、海にただようプラスチックごみ ほか）
2017.12 47p 27×22cm ¥2500 ①978-4-87981-624-5

◆火山とくらす　井口正人監修, 宮武健仁写真・文　くもん出版　（火山の国に生きる）
【要旨】日本にあるたくさんの火山を、火山学者とプロカメラマンが紹介します。この本では、火山の被害とめぐみをお見せします。紹介するおもな火山：桜島、鶴見岳・伽藍岳、箱根山、有珠山、霧島山、蔵王山、磐梯山。
2017.2 1Vol. 24×22cm ¥1400 ①978-4-7743-2652-8

◆火山の国に生きる 生きている火山　井口正人監修, 宮武健仁写真・文　くもん出版
【要旨】この本で紹介するおもな火山。桜島、阿蘇山、八丈島、雲仙岳、樽前山、羊蹄山、開聞岳、青ヶ島。
2017.1 1Vol. 24×22cm ¥1400 ①978-4-7743-2651-1

◆雲と天気大事典　武田康男, 菊池真以著　あかね書房
【要旨】美しい写真、分かりやすい図表で、気象についてパーフェクトにわかる決定版です。豊富な写真による説明で、10種類の雲の特徴や見分け方がわかります。天気の変化がいかに起こるのかを、風や地形といった観点だけでなく、地球規模の動きからもくわしく説明しています。天気予報がどのように行われているのか、「アメダス」や「気象レーダー」などの気象観測から、それらのデータを分析する「スーパーコンピュータ」までをふくめ、くわしく解説しています。昔から言い伝えられた天気の予想「観天望気」を、理解しやすくまとめています。さらに、「クイズ」で天気を予想することにも挑戦できます。
2017.1 144p A4 ¥5000 ①978-4-251-08291-6

◆鉱物と宝石―でき方や性質をさぐろう！　松原聰監修　PHP研究所　（ジュニア学習ブックレット）（『鉱物・宝石のふしぎ大研究』改題書）
【要旨】鉱物、宝石、岩石…何がちがうの？化石も鉱物になるってホント？4300種におよぶともいわれる鉱物について基本的な知識やふしぎな性質、さまざまな利用法を紹介！
2017.5 63p 28×22cm ¥1400 ①978-4-569-78654-4

◆鉱物・宝石のひみつ　松原聰監修　岩崎書店　（調べる学習百科）

絵本・児童書

児童書

【要旨】大地のはたらきによりつくられた鉱物は、あざやかな色をしていたり、宝石のようにキラキラしていたり、面白い形をしていたり、さまざまな性質をもっています。いろいろな鉱物の標本を集めたり、鉱物の種類を調べてみたり。鉱物のなかには数十億年前にできたものや、数億年かかって成長したものもあります。鉱物について調べることは、地球とその環境について知ることでもあります。
2017.10 63p 29×22cm ¥3600 ①978-4-265-08445-6

◆さがしてごらん！ 森のかくれんぼ—擬態と保護色 伊地知英信構成・文 あかね書房
【要旨】生き物は、すがたをまわりににせたり、もののかたちににせたりして身をかくします。また、より強いもののすがたをまねしておたがいににたすがたをしたりしててきから身を守ります。てきにおそわれたときにあいてをおどろかす目玉もようやからだの前後をごまかす身の守りかたもあります。生き物はだましたり、だまされたりして生きのびているのです。森や陸にいる、かくれんぼや、だましっこのじょうずな生き物。
2017.12 49p B4 ¥3000 ①978-4-251-06732-6

◆自然に学ぶくらし 1 自然の生き物から学ぶ 石田秀輝監修 さ・え・ら書房
【要旨】自然の中には、人間にはない、おどろくべき能力をもった生き物がたくさんいます。しかも生き物たちは、太陽エネルギーをもとに、このようなことをやってのけるのです。生き物たちに学ぶことで私たちは、人と地球を考えた、新しいくらし方のヒントを見つけることができるかもしれません。
2017 47p 28×22cm ¥2800 ①978-4-378-02461-5

◆自然に学ぶくらし 2 自然のしくみ・力から学ぶ 石田秀輝監修 さ・え・ら書房
【要旨】私たちは、森、土、水などの自然から、さまざまな恵みをもらっています。その恵みをこれからも受けるには、自然のしくみや力を知り、自然とのつきあい方を学ばなければなりません。この本には、自然とつきあうための知恵やヒントがたくさんつまっています。
2017 47p 29×22cm ¥2800 ①978-4-378-02462-2

◆自然に学ぶくらし 3 自然に学ぶこれからのくらし 石田秀輝監修 さ・え・ら書房
【要旨】地球のかぎられた資源や環境の中で、私たちはどのようにくらしていけばよいのでしょうか。この本には、豊かで楽しい未来を築くための、資源の使い方、新しいライフスタイル、自然とのつきあい方など、さまざまな知恵とヒントがつまっています。
2017 47p 29×22cm ¥2800 ①978-4-378-02463-9

◆自然のふしぎ大図解—ナチュラル・ワールド アマンダ・ウッド，マイク・ジョリー作，オーウェン・デイビー絵，田中真知訳，小宮輝之監修 偕成社
【要旨】自然にはふしぎがいっぱい！ さまざまな疑問に楽しい図解でこたえます。さあ、タブをたどって楽しいページをめくり、発見の旅へとでかけましょう！ 小学校中学年から。
2017 111p 32×27cm ¥3000 ①978-4-03-971190-8

◆ジャングルのサバイバル 1 冒険の始まり 洪在徹文，李泰虎絵，李ソラ訳 朝日新聞出版 （かがくるBOOK—大長編サバイバルシリーズ）
【要旨】南の島のジャングルを訪れたチウとアラ。しかし突然の竜巻に巻き込まれアラのひとりぼっちになってしまう。医者を探すために、2人はジャングルの村の女戦士セリマと共に危険なジャングルに足を踏み入れる…。想像を絶する極限のサバイバル・ゲームが始まる！ 太古の神秘がそのまま残る南の島のジャングルで繰り広げられるスリリングな大冒険！
2017.4 185p 23×17cm ¥1000 ①978-4-02-331590-7

◆ジャングルのサバイバル 2 巨大サソリとの戦い 洪在徹文，李泰虎絵，李ソラ訳 朝日新聞出版 （かがくるBOOK—大長編サバイバルシリーズ）
【要旨】突然現れた巨大生物！ それは新しい危機の始まりだった…。恐ろしい毒をもったスーパーサソリ、地上最強の毒ヘビ・キングコブラなど危険な動物が次々と現れる。ジャングルの冒険は、まだ始まったばかり！ 見たこともない巨大生物は突然変異？ 南の島のジャングルの奇怪天外な生き物たちと繰り広げるスペクタクルな冒険物語第2弾！
2017.4 183p 23×17cm ¥1000 ①978-4-02-331591-4

◆ジャングルのサバイバル 3 突然変異の生物たち 洪在徹文，李泰虎絵，李ソラ訳 朝日新聞出版
【要旨】キングコブラを楽々と倒した巨大なタイガービートル。子どもたちは命がけで逃走するが、時速400kmのスピードを誇る巨大昆虫からは逃げられるはずもなく…。獰猛なタイガービートルとの死闘、地上最強の爬虫類・イリエワニの大巨大化した毒グモ・タランチュラとの遭遇！ ジャングルの冒険はまだまだ続く。
2017.6 181p 23×17cm ¥1000 ①978-4-02-331606-5

◆ジャングルのサバイバル 4 新たな仲間 洪在徹文，李泰虎絵，李ソラ訳 朝日新聞出版 （かがくるBOOK—大長編サバイバルシリーズ）
【要旨】一歩先もわからない恐怖の川を渡れ！ 命を脅かすジャングルの急流、地上最強の爬虫類・イリエワニに立ち向かえ！ 突然変異のタランチュラと死闘の末、なんとか助かったチウ、アラ、そしてセリマ。そこに棒術の達人で天才少年のシャミオンが新しく加わる。川辺を明るく照らす蛍の美しい光を見て、久しぶりに心の平和を感じる子どもたち。しかし、つかの間の平和の後に新たな恐怖が襲いかかる…。様々な危険が渦巻くジャングルの川で繰り広げられるサバイバルの大冒険！
2017.9 171p 23×17cm ¥1000 ①978-4-02-331623-2

◆ジャングルのサバイバル 5 離ればなれの4人 洪在徹文，李泰虎絵，李ソラ訳 朝日新聞出版 （かがくるBOOK—大長編サバイバルシリーズ）
【要旨】イリエワニの襲撃で川渡りの途中に別れてしまった子どもたち。チウとセリマ、アラとシャオミンは再会を誓い激しいジャングルに飛び込んでいく。アラとシャオミンは産卵期を迎え凶暴になったガビアルの群に出くわし、チウとセリマは突然変異により巨大化したサシガメと一触即発の勝負を繰り広げるが…。刻々と迫ってくる危険を乗り越えて無事再会を果たせるのか？
2017.11 174p 23×17cm ¥1000 ①978-4-02-331633-1

◆ジャングルのサバイバル 6 洞窟に潜む危険 洪在徹文，李泰虎絵，李ソラ訳 朝日新聞出版 （かがくるBOOK—大長編サバイバルシリーズ）
【要旨】ジャングルの危険な動物から逃げて、洞窟で夜を迎える子どもたち。巨大な洞窟の規模に驚き、不思議なムカデや目の見えないカニなど洞窟でしか見ない生き物たちに自然の驚異を感じる。しかし平和な時間はあっという間！ ゲジの群れに遺伝子の突然変異で凶暴になったケイブ・レーサースネークまで危険な動物が次から次へと襲って来る…。
2017.12 175p 23×17cm ¥1000 ①978-4-02-331647-8

◆ジャングルのサバイバル 7 大型シロアリの襲来 洪在徹文，李泰虎絵，李ソラ訳 朝日新聞出版 （かがくるBOOK—大長編サバイバルシリーズ）
【要旨】暗黒の洞窟から脱出したチウ一行は、目の前に広がる壮大なビナルカ群落を見て、感嘆の声をあげる。その上、神秘的な羽を持ったボルネオセイランや世界最大を誇るテイオウゼミを見つけて、久しぶりに豊かな生態系を見ていたが…。しかし、影のようにつきまとい襲いかかる突然変異の生物たち。今回は、巨大なオロギや数えきれないほどの大型シロアリの大群！ 生き延びるために、愛する家族と再会するために、一行は再び命をかけた勝負を繰り広げる！
2017.12 174p 23×17cm ¥1000 ①978-4-02-331648-5

◆大迫力バトル 鉱物キャラ超図鑑 門馬綱一監修 西東社
【要旨】鉱物キャラクターたちが自分たちの性質を使って戦う!!204種類の地球の神秘を紹介！
2017.9 191p B6 ¥880 ①978-4-7916-2613-7

◆高尾山の木にあいにいく ゆのきようこ文，陣崎草子絵 理論社
【要旨】二百種類以上の木をかかえる日本一登山客の多い山、高尾山。今日もおじいさんはなじみの木にあいにきました。「こんにちは、また来たよ」。
2017 1Vol. 26×22cm ¥1400 ①978-4-652-20191-6

◆地球と生きる—災害と向き合う知恵 金田義行著 冨山房インターナショナル
【要旨】わかりやすい地球の科学。すべての子どもたちに防災教育の必携書。
2017.3 64p 26×19cm ¥1800 ①978-4-86600-026-8

◆地球の森のハートさがし 藤原幸一写真・文 ポプラ社 （ふしぎいっぱい写真絵本）
【要旨】赤いハート、みどりのハート、きいろのハート、小さなハート、ふとったハート、とがったハート…ふしぎがいっぱいの豊かな森。
2017 47p 21×26cm ¥1500 ①978-4-591-15589-9

◆天気のふしぎえほん 斉田季実治監修 PHP研究所 （たのしいちしきえほん）
【要旨】天気のしくみ・異常気象のなぞ…天気の「なぜ？」にこたえる！
2017.3 47p 21×28cm ¥1600 ①978-4-569-78644-5

◆日本の火山 井口正人監修，宮武健仁写真・文 くもん出版 （火山の国に生きる）
【要旨】日本にあるたくさんの火山を、火山学者と元プロカメラマンが紹介します。この本では、日本各地から39の火山をお見せします。紹介するおもな火山：アトサヌプリ、倶多楽、八幡平、那須岳、弥陀ケ原、伊豆大島、阿武火山群、薩摩硫黄島。
2017.2 1Vol. 24×22cm ¥1400 ①978-4-7743-2653-5

◆はまべでひろったよ 池田等監修，岩間史朗ほか写真 ひさかたチャイルド （しぜんにタッチ）
【要旨】きれいな貝がら、きらきらシーグラス、ふしぎな生き物のほか、なぜか木の実や草の実も!?本当の大きさの拾ったもの図鑑ページもある！ 自然とふれあえる写真絵本。幼児〜小学校低学年向き。
2017 27p 21×24cm ¥1300 ①978-4-86549-110-4

◆ぼくたち、ここにいるよ—高江の森のちいさないのち アキノ隊員写真・文 影書房
【要旨】ノグチゲラ、リュウキュウウラボシシジミ、ホルストガエル、ヤンバルゲオトンボ、リュウキュウヒメミスマシ、ヤンバルクイナ…やんばるの森を探検しながら、森の生きものたちを紹介！ 小学中学年から大人まで。
2017.8 95p 21×16cm ¥1800 ①978-4-87714-474-6

◆マングローブ生態系探検図鑑—日本にもある！ 亜熱帯のふしぎな森をさぐる 馬場繁幸監修，長島敏春取材・撮影 偕成社
【要旨】マングローブの根のひみつは？ マングローブの植林は地球をすくう!!マングローブは海水につかっても大丈夫なの？ マングローブにせまる危機！ マングローブは命のゆりかご！ 小学校高学年から。
2017 80p 28×23cm ¥2400 ①978-4-03-332680-1

◆やさしく解説 地球温暖化 1 温暖化、どうしておきる？ 保坂直紀著，こどもくらぶ編 岩崎書店
【目次】地球があたたまっている、太陽が地球をあたためている、大気と海が熱をはこぶ、二酸化炭素が地球をあたためる、温室効果って、何？、二酸化炭素はどこからきたのか、森林の役割、化石燃料は生き物からできた、化石燃料と地球温暖化、メタンや水蒸気も温室効果ガス、地球温暖化と深層海流、海もあたたまっている、もう1つの地球、気候に影響をあたえる「つぶ」がある？
2017.9 47p 29×22cm ¥3000 ①978-4-265-08583-5

◆やさしく解説 地球温暖化 2 温暖化の今・未来 保坂直紀著，こどもくらぶ編 岩崎書店
【目次】過去の気候変動、世界の地球温暖化、日本の地球温暖化、地球温暖化の予測のしかた、地球の気温は100年で4℃上がる、はげしい雨がふえる、強い台風がふえる、海面が上昇する、日本への影響、生き物のすむ場所がかわる、農作物のとれる場所がかわる、海の酸性化と生き物、サンゴ礁の危機、エルニーニョ
2017.11 47p 29×22cm ¥3000 ①978-4-265-08584-2

◆雪と氷—水の惑星からの贈り物 片平孝著 PHP研究所 （楽しい調べ学習シリーズ）
【要旨】高い空から降ってきて、一瞬にして消えてしまう雪の結晶。ひとつとして同じかたちのない、宝石のようなそのすがたを、厳冬の大雪山で撮った作品の数かずを掲載。雪の結晶、滝やしずくが凍りつく氷柱や氷筍、モンスターのように成長する樹氷、水蒸気が凍りつくダイヤモンドダスト、氷と水のさまざまな造形、現象を紹介。水という物質の性質、雪の結晶がさまざまなかたちになるしくみ、アイ

化石・恐竜

◆アンキロサウルス―よろいをつけた恐竜　たかしよいち文, 中山けーしょー絵　理論社（新版なぞとき恐竜大行進）
【要旨】遠いとおい大昔、およそ一億六千万年にもわたったたくさんの恐竜たちが生きていた時代―。かれらはそのころ、なにを食べ、どんなくらしをし、どのように子を育て、たたかいながら…長い世紀を生きのびたのでしょう。恐竜なんでも博士・たかしよいち先生が、新発見のデータをもとに痛快にえがく「なぞとき恐竜大行進」シリーズが、新版になって、ゾクゾク登場!!
2017 86p 20×16cm ¥1500　①978-4-652-20197-8

◆いきもの 6 きょうりゅう　ヒサクニヒコイラスト・文　JTBパブリッシング
【要旨】たたかう恐竜たち!!
2017.5 1Vol. 15×15cm ¥550　①978-4-533-11949-1

◆オルニトミムス―ダチョウの足をもつ羽毛竜　たかしよいち文, 中山けーしょー絵　理論社（なぞとき恐竜大行進）新版
【目次】ものがたり オルニのたたかい、なぞときアルバータのきょうりゅうたち
2017 86p 21×16cm ¥1500　①978-4-652-20199-2

◆恐竜　小林快次監修　講談社（講談社の動く図鑑MOVE）堅牢版
【目次】鳥盤類（原始的な鳥盤類のなかま、ヘテロドントサウルスのなかま、原始的な装盾類のなかま、ステゴサウルスのなかま、アンキロサウルスのなかま ほか）、竜盤類（原始的な竜脚形類のなかま、原始的な竜脚類のなかま、ディプロドクスのなかま、カマラサウルスのなかま、ブラキオサウルスのなかま ほか）
2017.2 223p 27×22cm ¥2000　①978-4-06-220429-3

◆恐竜　真鍋真監修　学研プラス（学研の図鑑LIVE（ライブ）ポケット 7）
【要旨】お出かけに大活躍！オールカラーのきれいなイラスト、写真！恐竜の特徴がよくわかる！知ると楽しい「発見ポイント」掲載！
2017.6 200p 19×12cm ¥980　①978-4-05-204568-4

◆恐竜キャラクター超大百科　平山廉監修　カンゼン
【要旨】羽毛が生えたふさふさ恐竜、大紹介！117種類の恐竜超集合!!
2017.6 223p B6 ¥1000　①978-4-86255-405-5

◆恐竜最強王者大図鑑　土屋健監修　宝島社
【要旨】最新の研究データに基づく最強恐竜たちの夢のトーナメント！恐竜たちの大きさ・武器・生息地などのデータ、解説も収録！36の恐竜、水生爬虫類が電撃参戦！最強をめぐるデスマッチがはじまる！
2017.7 159p A5 ¥980　①978-4-8002-7140-2

◆恐竜たちが動き出す！リアル！最強！恐竜事典　寺越慶司監修　池田書店
【要旨】アイコンを写すだけ。恐竜が動くすがたを16本の動画で見られる！
2017.7 141p A5 ¥1200　①978-4-262-15522-7

◆古生物　加藤太一監修　学研プラス（学研の図鑑LIVE）（付属資料：DVD1）
【要旨】最新研究にもとづき、大昔の生き物たちのくらしを紹介。過酷な環境に生きていた、巨大生物たちのおどろくべき生態に迫る。美しいイラストと写真が満載！アノマロカリス・スミロドンなど約550種を掲載！3才から。
2017.7 227p 30×22cm ¥2200　①978-4-05-204576-9

◆世界恐竜発見地図　ヒサクニヒコ絵・文　岩崎書店（ちしきのぽけっと 18）
【要旨】あっちに、イグアノドン。こっちに、スピノサウルス。ティラノサウルスはどこにいる？探検！発見！恐竜のたび。なんと！地球は恐竜だらけ！
2017.5 50p 29×22cm ¥1850　①978-4-265-04368-2

◆大迫力！恐竜・古生物大百科　福井県立恐竜博物館監修　西東社
【目次】1章 栄―中生代の恐竜（エオラプトル、シノサウルス、タニストロフェウス ほか）、3章 奇―古生代の生物（ハルキゲニア、ゴチカリス ほか）、4章 進―新生代の生物（ティタノボア、パラミス ほか）
2017.8 255p A5 ¥1300　①978-4-7916-2568-0

◆戦う恐竜大百科 恐竜最強王決定戦　アマナイメージャー＆サイエンス編　西東社
【要旨】時空をこえたもしもバトル！王者に輝くのは誰だ！
2017.8 255p 19×13cm ¥930　①978-4-7916-2601-4

◆超肉食恐竜ティラノサウルスの誕生！―肉食恐竜の究極進化　小林快次監修、土屋健著　講談社（マルいアタマをもっとマルく！日能研クエスト）
【要旨】最新の研究結果からわかる、肉食恐竜のすがた！肉食恐竜とは、いったいどんな生きものなのか？その能力はなんなのか？そして、肉食恐竜を超える、「超肉食恐竜」のひみつとは、いったい？肉食恐竜で、究極の進化をとげて、ティラノサウルスが誕生するまでのすべてがわかる、「肉食恐竜完全読本」！
2017.7 198p A5 ¥1000　①978-4-06-220670-9

◆なるほど恐竜TOP5　アンナ・クレイボーン文、梅田智世訳　大日本絵画（科学しかけえほん）
【要旨】大むかしの地球には、恐竜や、そのなかまの翼竜、首長竜などがすんでいました。恐竜のなかには、狩りをして肉を食べるものもいれば、魚を食べるもの、植物を食べるものもいます。人間より小さな恐竜もいれば、大きな角の生えた恐竜、よろいを着た恐竜までいました。そんなユニークな古代の生物たちを、ジャンルごとにトップ5形式で紹介しています。恐竜の体の特徴がひとめでわかる精密なイラスト。それぞれの恐竜が生きていた時代や、大きさ、食べもの、習慣などもくわしく解説。X線スキャナーを横にスライドさせると、恐竜の体の仕組みが見えてくる！開いて楽しいめくりもついています！7才から。
〔17.2〕30p 34×22cm ¥2400　①978-4-499-28676-3

◆パラサウロロフス―なぞのトサカをもつ恐竜　たかしよいち文, 中山けーしょー絵　理論社（なぞとき恐竜大行進）新版
【要旨】遠いとおい大昔、およそ一億六千万年にもわたったたくさんの恐竜たちが生きていた時代―。かれらはそのころ、なにを食べ、どんなくらしをし、どのように子を育て、たたかいながら…長い世紀を生きのびたのでしょう。恐竜なんでも博士・たかしよいち先生が、新発見のデータをもとに痛快にえがく「なぞとき恐竜大行進」シリーズが、新版になって、ゾクゾク登場!!
2017 86p 21×16cm ¥1500　①978-4-652-20198-5

◆ビックリ3D図鑑 対戦！恐竜バトル　カールトン・ブックス編、小葉竹由美訳　岩崎書店
【要旨】それぞれの肉食恐竜がえものをとらえる能力をチェックして、いちばんいい攻撃方法や防御方法を見つけよう。さあ、キミの近くで恐竜のバトルが始まる。無料アプリで恐竜をたたかわせよう。どの恐竜が勝つ？キミのウデしだいだ！
2017.6 1Vol. 24×17cm ¥1600　①978-4-265-85106-5

◆ヒミツにせまる！恐竜もの知りデータBOOK　子ども科学研究会著　メイツ出版（まなぶっく）
【要旨】日本にはどの恐竜がいた？恐竜はかしこいの？走る速さはどのくらい？なぜいなくなったの？名前はどうやってついたの？恐竜のあれこれがまるわかり！ティラノサウルス、ステゴサウルス、ブラキオサウルス、イグアノドン、アンキロサウルス、トリケラトプス、パラサウロロフス、ベロキラプトル…大迫力のリアルイラスト82種！
2017.7 160p A5 ¥1530　①978-4-7804-1925-2

◆フタバスズキリュウ―日本の海にいた首長竜　たかしよいち文, 中山けーしょー絵　理論社（なぞとき恐竜大行進）（『まんがなぞとき恐竜大行進15およげきて！フタバスズキリュウ』改稿・改題書）新版
【目次】ものがたり―サメをやっつけろ！、なぞとき―フタバスズキリュウの発見
2017 86p 21×16cm ¥1500　①978-4-652-20201-2

◆プテラノドン―空を飛べ！巨大翼竜　たかしよいち文, 中山けーしょー絵　理論社（新版なぞとき恐竜大行進）
【要旨】遠いとおい大昔、およそ一億六千万年にもわたったたくさんの恐竜たちが生きていた時代―。かれらはそのころ、なにを食べ、どんなくらしをし、どのように子を育て、たたかいながら…長い世紀を生きのびたのでしょう。恐竜なんでも博士・たかしよいち先生が、新発見のデータをもとに痛快にえがく「なぞとき恐竜大行進」シリーズが、新版になって、ゾクゾク登場!!
2017 86p 21×16cm ¥1500　①978-4-652-20200-5

◆マンガ古生物学―ハルキゲニたんと行く地球生命5億年の旅　川崎悟司著　築地書館
【要旨】5億年前の生物の多様性が花開いたカンブリア紀から白亜紀の恐竜が繁栄した時代まで。おもな古生物の特徴や暮らしぶりをマンガで紹介。かじられた痕のある三葉虫、生物の陸上進出、石炭紀の森林、巨大トンボのメガネウラ、家族生活を送るディイクトドン、低酸素時代を生きる動物たちの秘密、始祖鳥、翼竜類、モ

児童書

ササウルス、ティラノサウルスvs.トリケラトプス…。
2017.6 94p A5 ¥1400 978-4-8067-1539-9

◆マンガ ティラノサウルス―恐竜のナゾにせまる　もちづきかつみマンガ，藤原慎一監修　絵本塾出版
2017 48p 25×19cm ¥1400 978-4-86484-121-4

理系に育てる基礎のキソ しんかのお話365日　土屋健著，日本古生物学会協力　技術評論社
【要旨】進化がわかると理科がとっても楽しくなる！頭をよくする読み聞かせ。
2017.8 399p 25×20cm ¥2300 978-4-7741-9073-0

ワンダーサイエンス そうだったのか！初耳恐竜学　富田京一著　小学館（ビッグ・コロタン）
【要旨】平均的な大きさはウサギ程度だった!?全盛期でも哺乳類のほうが多かった!?ティラノサウルスの歯はバナナ形！マメンチサウルスは体の半分以上が首！とさかで音をひびかせたパラサウロロフス…など。あなたの知らない恐竜の世界。
2017.11 159p B6 ¥900 978-4-09-259157-8

◆NHKダーウィンが来た！生きもの新伝説 超肉食恐竜ティラノサウルスの大進化！　NHK「ダーウィンが来た！」原作，講談社編，高橋拓真漫画　講談社
【要旨】ティラノサウルスに羽毛が生えていたのは、本当なの？タンバティタニスは、どれくらいのスピードで大きくなったの？ティラノサウルスはトリケラトプスをどうやって食べたの？日本にも、巨大恐竜はいたの？ ティラノサウルス、群れでくらしていたの？話題のNHK「ダーウィンが来た！」の恐竜特集をマンガ化！最新の恐竜情報が満載の解説コラムつき。
2017.2 129p A5 ¥950 978-4-06-220443-9

星・宇宙・地球

◆「あかつき」一番星のなぞにせまれ！　山下美樹文，中村正人，佐藤毅彦監修　文溪堂
【要旨】5つのカメラで金星のなぞをさぐる、「あかつき」の活躍を描く。困難にのりこえ、5年かけて金星にたどり着いた「あかつき」とチームの活躍を描くノンフィクション。小学校中学年～。
2017 109p 23×20cm ¥1300 978-4-7999-0241-7

宇宙　ジャクリーン・ミトン監修，伊藤伸子訳　(京都)化学同人　（手のひら図鑑 10）
【要旨】星雲ってどんな雲なの？天の川って何だろう？望遠鏡はどんなしくみで星を見ることができるの？惑星、恒星、ロケット、探査車など170を超える項目を取り上げ、美しい写真と図にわかりやすい解説をつけている。宇宙探査の歴史や、宇宙の広さを実感するデータを紹介。
2017.4 156p 18×15cm ¥1300 978-4-7598-1800-0

◆宇宙について知っておくべき100のこと　竹内薫訳・監修　小学館（インフォグラフィックス）
【要旨】国際宇宙ステーションでは1日に15回、日が沈むの？地球の中心は太陽の表面より熱い？火星の雪は四角い？目に見えない物質が銀河をつなぎとめている？ わかりやすいイラストで、基礎知識からトリビアまで宇宙に関する100のテーマを大図解！
2017.7 127p 24×17cm ¥1500 978-4-09-726694-5

宇宙の生命 青い星の秘密―ホーキング博士のスペース・アドベンチャー 2-2　スティーヴン・ホーキング，ルーシー・ホーキング作，さくまゆみこ訳　岩崎書店
【要旨】宇宙に水があると命が生まれるの？物語が解き明かす宇宙と生命のミステリー。最新の宇宙研究エッセイ・コラムも大好評！
2017.7 333p A5 ¥1900 978-4-265-86012-8

宇宙の不思議―太陽系惑星から銀河・宇宙人まで　縣秀彦監修　PHP研究所（ジュニア学習ブックレット）（『宇宙の不思議がわかる事典』改題書）
【要旨】空のどこから宇宙なの？ブラックホールはどうやってできるの？宇宙に関する素朴な疑問について写真やイラストで解説。「金星の1日は1年より長い」「土星は水にうく」など、おどろきもいっぱい！
2017.5 63p 28×22cm ¥600 978-4-569-78671-1

◆宇宙のふしぎ最前線！―謎だらけの宇宙にいどむ　大須賀健著　講談社（マルいアタマをもっとマルく）日能研クエスト
【要旨】知れば知るほど、謎だらけ！宇宙って、いったい何なんだ!?「宇宙はどうやってできたのだろう？」「宇宙のはては、どうなっているのか？」「宇宙人はいるのだろうか？」「わたしたちはどこからきたのか？」宇宙の素朴なぎもんから、重力波や系外惑星、大質量ブラックホールなど最先端の情報まで！宇宙のふしぎをいっぱい読み込む。
2017.7 198p A5 ¥1000 978-4-06-220672-3

◆海底大冒険！　池原研監修　実業之日本社（「もしも？」の図鑑）
【要旨】マンガと会話文がいっぱい！物語に沿って楽しく学べる！美しく迫力満点のイラストで、世界中の海底を空想旅行！古代文明、深海生物など、科学と文化の視点から海の全体像にせまる！
2017.7 127p A5 ¥1700 978-4-408-33711-1

◆火山列島・日本で生きぬくための30章―歴史・噴火・減災　夏緑著，末藤久美子絵　童心社
【要旨】日本列島は火山列島だ。火山活動によって日本列島は今のすがたになり、さまざまな生命がうまれた。はるか昔から人は火山をおそれ、火山をうやまい、火山からの恵みを受けて生きてきた。火山のなりたちや噴火のしくみを知り、災害から自分や大切な人のいのちを守る知識を学ぼう。
2017.1 87p B5 ¥3700 978-4-494-00550-5

◆岩石・鉱物　ケビン・ウォルシュ監修，伊藤伸子訳　(京都)化学同人（手のひら図鑑 12）
【要旨】岩石や鉱物って何でできているの？どんなふうにしてつくられるの？何に使われるんだろう？岩石や鉱物を約200種類取り上げ、写真にわかりやすい解説をつけている。岩石や鉱物にまつわるまめ知識も紹介。
2017.4 156p 18×15cm ¥1300 978-4-7598-1802-4

岩石と鉱物　スティーブ・パーカー著　六耀社（図説 知っておきたい！スポット50）

【要旨】身の回りの石や岩を調べてみよう！石膏、方解石、蛍石、ダイヤモンド、雲母、石英、磁鉄鉱、安山岩、花崗岩、軽石、大理石、粘板岩、石炭、火打石…。あなたは、このうち、いくつ知っていますか？
2017.2 55p B5 ¥1850 978-4-89737-878-7

◆算数でめぐる グルグル！地球のふしぎ　アン・ルーニー著，みちしたのぶひろ訳，伊藤真由美，瀬沼花子，富永順一監訳　オーム社（算数パワーでやってみよう！ 2）
【要旨】地球環境調査チームのリーダーとなって、地球環境にいま何が起こっているかを、算数の力を使って調べよう。算数は、暗記すればいいわけじゃなく、考え方のコツを身に付けることが大切だね。学校のテストだけじゃなく、いろいろな場面で使える算数パワーを身に付けよう。
2017.9 32p 26×20cm ¥1800 978-4-274-22095-1

知っておきたい 日本の火山図鑑　林信太郎監修・著　小峰書店
【目次】第1部 火山のしくみをみてみよう！（火山とプレート、火山ができる場所、噴火はどのようにおこるの？、マグマ噴火のいろいろ、その他の噴火 ほか）、第2部 日本のおもな火山（北海道の火山、東北の火山、関東・中部の火山、伊豆・小笠原諸島の火山、九州・沖縄の火山）
2017.3 151p 29×23cm ¥4800 978-4-338-08160-3

◆地面の下をのぞいてみれば…　カレン・ラッチャナ・ケニー文，スティーブン・ウッド絵，Babel Corporation訳出協力　六耀社（絵本図鑑〈その下はどうなっているの？〉）
【要旨】地面の上は、おおくの人びとや動物、木や花の生き物たちで大にぎわいです。一方、地面の下は、不思議でいっぱいです。さあ、どうなっているのでしょうか？のぞいてみましょう。いろいろな種類の土が重なって、層になっている地面の下。生き物がくらす表土上層、下に深くなるにつれて、下層土層、じゃり層、かたい岩の層と層ができています。地面の下の層ができるまでには、何百年、何千年もの時間がかかっています。本書では、それぞれの層のちがいや、その特長をやわらかく、面白く、イラストによる展開で説明します。
2017.8 1Vol. 27×24cm ¥1850 978-4-89737-984-5

◆写真で見る星と伝説―秋と冬の星　野尻抱影，八板康麿写真　偕成社
【要旨】「星の文人」野尻抱影がおくる9つの星物語。美しい写真とイラストで楽しく読める!!星座のくわしい解説つき。
2017 127p 25×19cm ¥1600 978-4-03-509050-2

◆生命38億年の秘密がわかる本　地球科学研究倶楽部編　学研プラス
【要旨】私たちはどこから来たのか、そしてどこへ行くのか―。38億年にわたる長大な時間の中で地球上の生命は進化と絶滅のドラマをくり広げてきた。最新の科学はこれまで解明されなかった生命史の闇の領域にも光を当てている。はるかな過去から現在と未来へつながるビッグスケールの生命のヒストリーに旅立とう。
2017.3 223p B6 ¥600 978-4-05-406546-8

◆生命の歴史えほん　猪郷久義監修　PHP研究所（たのしいちしきえほん）
【要旨】約40億年前、地球上にさいしょの生命が誕生し、激変する地球環境の中で、絶滅と進化をくり返してきた。今日までつながる生命の歴

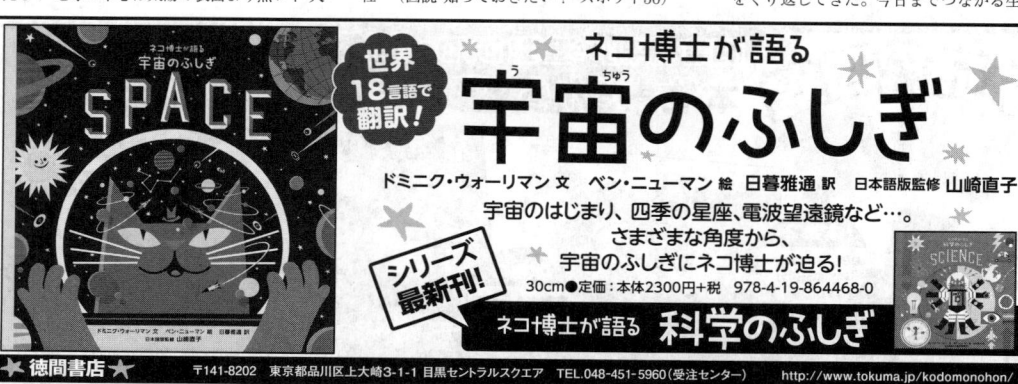

◆**大追跡！宇宙と生命の謎—地球外生命はいるのか!?** 白井三二朗漫画, 田村元秀監修, 講談社編　講談社　（講談社のマンガ図鑑MOVE COMICS NEXT）
【要旨】生命がいる星をさがしだせ！スピカと名のる謎の女子小にぐうぜん出会ったカン太。「私の家をいっしょにさがして！」といって連れていかれたのは、なんと宇宙に!?ここまでわかった！生命探査、最前線!!
2017.11 131p A5 ¥980 ①978-4-06-299959-5

◆**地球** ダグラス・パルマー監修, 伊藤伸子訳　(京都)化学同人　（手のひら図鑑 11）
【要旨】何が地震を引き起こすの？世界で一番大きな氷河はどれ？どうして気候変動が起こるの？火山、川、天気など地球の環境や自然現象を180以上取り上げ、地球のようすを切り取った写真にわかりやすく解説をつけている。地球にまつわるいろいろな記録も紹介。
2017.4 156p 18×15cm ¥1300 ①978-4-7598-1801-7

◆**地球と生命の大進化！—地球46億年のひみつ** 高橋拓真漫画, 森下知美, 土屋健監修, 講談社編　講談社　（講談社のマンガ図鑑MOVE COMICS NEXT）
【要旨】地球研究家・アース博士が開発したへんてこなタイムマシンで、大地と流海子は46億年前の地球へタイムスリップ！小惑星の大接近で、いきなり大ピンチ!?地球と生命の歴史が一冊でまるわかり!!
2017.11 137p A5 ¥980 ①978-4-06-299960-1

◆**地球のあゆみえほん—46億年のれきし** 丸山茂徳監修, 山下美樹文, いとうみちろう絵　PHP研究所　（たのしいちしきえほん）
【要旨】人間がくらす、たったひとつの星、地球。地球は今から46億年ほど前に生まれました。地球誕生から今までのあいだに、陸、海、空、そして生きものは、どのように変わったのでしょうか？さあ、みんなで地球のあゆみをたどる時間旅行にでかけましょう。
2017.2 47p 29×22cm ¥1600 ①978-4-569-78634-6

◆**月を知る！** 吉川真監修, 三品隆司構成・文　岩崎書店　（調べる学習百科）
【目次】月の科学（月を他の星とくらべる、月を観察する ほか）、月面の世界（月はこうして誕生した、クレーターの正体ほか）、月と文化（日本人と月、月の神々・月の伝説 ほか）、月への挑戦（ロケット開発の巨人たち、月への挑戦 ほか）
2017.9 71p 29×22cm ¥3600 ①978-4-265-08442-5

◆**月学—伝説から科学へ** 縣秀彦監修, 稲葉茂勝著　(国立)今人舎
【目次】1月の位相（月の満ち欠け）の秘密（月の位相の満ち欠け）、「月齢」って、どういうこと？、2 知ってスッキリ！月の大疑問（「月の錯視（Moon Illusion）」って、何？、「月の出」の時刻はいつ？、上弦の月と下弦の月の見分け方は？、満月・新月は世界中で同じ日？、三日月と月食のちがいは？、日食が起きる理由は？、月は、どうやってできたの？）、3月と日本人の心象風景（古典の鑑賞と暦のちがい、「歳時記」に見る月、季語が広げる俳句の世界、『小倉百人一首』の月の歌、随筆のなかの「月」）、巻末資料 月の基本情報
2017.8 55p 27×19cm ¥1800 ①978-4-905530-68-8

◆**ネコ博士が語る宇宙のふしぎ** ドミニク・ウォーリマン文, ベン・ニューマン絵, 日暮雅通訳, 山崎直子日本語版監修　徳間書店
【要旨】宇宙には、なにがあるんだろう。銀河は、どんなふうに生まれたんだろう。地球のほかに、生命のいる星はあるの？一地球や太陽系の惑星、恒星、四季の星座、宇宙船や宇宙服、人工衛星、宇宙望遠鏡についてなど、宇宙にまつわるあらゆることをのらネコのなかでも、とびきりかしこいネコ博士がわかりやすく、ユーモラスに伝える一冊で、宇宙のすべてがわかる！3歳から103歳まで楽しめる、世界中で人気沸騰の科学絵本。
2017.9 62p 30×30cm ¥2300 ①978-4-19-864468-0

◆**はっけんずかん うみ** 西片拓史, 長尾嘉信絵, 武田正倫, 河戸勝, 今泉忠明監修　学研プラス　改訂版
【要旨】楽しいしかけ、めくって発見！海にすむ生き物たちのふしぎが詰まった絵本図鑑です。魚、イルカ、あざらし、貝などのしかけイラストや写真がいっぱい！
2017.7 1Vol. 27×22cm ¥1980 ①978-4-05-204644-5

◆**星・星座** 藤井旭監修・執筆　学研プラス　（付属資料：DVD1；星座早見盤1）
【要旨】LIVEを開けば、プラネタリウム！きれいな写真とイラストで、星座がよくわかる！BBC（英国放送協会）のスペシャルDVDつき！
2017.12 215p 29×22cm ¥2000 ①978-4-05-204702-2

◆**星と星座のおべんきょう—春・夏・秋・冬** 金園社企画編集部編　金園社
【要旨】88の星座をすべて掲載！点つなぎ、めいろい星座さがしなど、あそびながら星座を学べる！星座の見つけ方や、星にまつわるエピソード、近くにある星座など、多角的な情報を盛りこんで、自由研究にも役立つ、かんたんな望遠鏡のつくり方も紹介。
2017.8 96p 26×19cm ¥1300 ①978-4-321-41791-4

◆**もしも月でくらしたら** 山本省三作, 村川恭介監修　WAVE出版
【要旨】宇宙探査へのだいじな玄関—月。太古の昔から、地球のすぐとなりにありつづけている星なのに、月には、まだまだ謎や秘密がたくさんあります。そんな謎や秘密を、月でくらすことになった小学生の満くんがときあかします！
2017.12 1Vol. 25×22cm ¥1300 ①978-4-86621-093-3

◆**やさしくわかる星とうちゅうのふしぎ 1 月と地きゅう** 渡辺勝巳監修　汐文社
【目次】月（月のうごきち、月は地きゅうのまわりを回っている、月の形はどうしてかわるの？、月食ってなに？、月のすがたをかんさつしよう、月ってどんなところ？、ほっけん 月をしらべる）、地きゅう（地きゅうってどんな星なの？、空と大気のし組み、きせつがかわるのはなぜ？、地きゅうの気ぞう、地きゅうの中はどうなっている？、はってん 生きものがすむ星、地きゅうにかんけいする言ば）
2017 31p 27×22cm ¥2300 ①978-4-8113-2315-2

◆**やさしくわかる 星とうちゅうのふしぎ 2 太ようとわく星** 渡辺勝巳監修　汐文社
【目次】太よう（太ようはとどく光とねつ、太ようのまわりを回る地きゅう、昼と夜はなぜできるの？、太ようはどんな星なの？、日食ってなに？、はってん 夕日はなぜ赤いの？）、わく星（太ようけいのなか間、水星・金星、火星、木星・土星、天王星・海王星、すい星・太ようけいの外がわ、ながれ星・いん石、太ようと太ようけいにかんけいする言ば）
2017 31p 27×22cm ¥2300 ①978-4-8113-2316-9

◆**やさしくわかる星とうちゅうのふしぎ 3 星とせいざ** 渡辺勝巳監修　汐文社
【目次】星（うちゅうの星ほし、こう星のたん生、太よりりも大こなこう星、星雲ってなに？、天の川ってなに？、色いろなぎんが、うちゅうのれきし、はってん 国さいうちゅうステーションのひみつ）、せいざ（夏の星ざ、冬の星ざ、星ざ星うらない、北きょく星と北と七星、はってん 日本のうちゅう開つ、うちゅうにかんする言ば）
2017 31p 27×22cm ¥2300 ①978-4-8113-2317-6

◆**よむプラネタリウム 春の星空案内** 野崎洋子文, 中西昭雄写真　アリス館
【要旨】現役プラネタリウム解説者と、日本を代表する天体写真家による、世界で一番やさしい星座解説の本。
2017.2 64p A5 ¥1400 ①978-4-7520-0786-9

生き物・昆虫・魚

◆**いきもの** 小学館　（小学館の図鑑NEOまどあけずかん）　（本文：日英両文）
【要旨】めくってあそべる図鑑誕生。めくって楽しんで、いきものの違いやひみつがわかる。
2017.5 32p 21×22cm ¥1700 ①978-4-09-217411-5

◆**生き物のかたちと動きに学ぶテクノロジー—驚異的能力のひみつがいっぱい！** 石田秀輝監修　PHP研究所　（楽しい調べ学習シリーズ）
【目次】自然はすごい！生き物の自然をつくる太陽！、自然はすごい！生き物たちのテクノロジーに学ぼう！、発見！生き物の知恵 遠くまで飛ぶ植物の種、発見！生き物の知恵 くっつく生き物大集合、発見！生き物の知恵 軽くてじょうぶなかたち、発見！生き物の知恵 いっしゅんで広げてたためる
2017.9 63p 29×22cm ¥3000 ①978-4-569-78692-6

◆**生き物の体のしくみに学ぶテクノロジー—環境適応のくふうがいっぱい！** 石田秀輝監修　PHP研究所　（楽しい調べ学習シリーズ）
【目次】自然はすごい！太陽のエネルギーにむかう生き物、自然はすごい！生き物たちのテクノロジーに学ぼう！、ポンプをつかわず水を運ぶ、気もちよくすずしい家、寒い冬をこす、発見！生き物の知恵 きびしい環境を生きぬく!?、自分をまもる、自分をなおす、発見！生き物の知恵 生き物が鉄やガラスをつくる!?、じょうぶでも割れやすい殻、生き物の知恵 太陽がなくても生きられる!?、色のものとがなくても色を見せる、体の色を変えられる、音をつかってものをとらえる、にいおいや熱でものをさがす、生き物の知恵 するどい歯をたもつ
2017.9 63p 29×22cm ¥3000 ①978-4-569-78700-8

◆**いきもの ものしりクイズ100** 講談社著　講談社　（講談社の動く図鑑MOVE）
【要旨】くらべてはっけん！おもしろくてためになる100もん。
2017.11 117p 13×13cm ¥850 ①978-4-06-220788-1

◆**美しい数になった海のいきもの図鑑** デビッド・マクリマン作・絵, 伊藤伸子訳　エクスナレッジ
【要旨】心臓だけで195キログラムあるいきもの、体の一部が光るいきもの、半分寝て半分起きるいきもの…海の中は不思議なことだらけです。海のいきものたちを1から10の数字に見立てたイラストで楽しみながら、いきものたちの不思議な生態、いきものたちが暮らす海の現状を知ることができる絵本。さあ、数を数えながら、広い海を冒険しましょう！
2017.7 1Vol. 25×28cm ¥1400 ①978-4-7678-2364-5

◆**うみのいきもの** (大阪)ひかりのくに　（3さいからのあそべるずかん）　（『SUPER KIDS HYAKKA 9・うみのいきもの2010』改訂・改題書）
2017 30p 21×17cm ¥750 ①978-4-564-20285-8

◆**うみのかくれんぼ いろをかえてかくれる—タコ・ヒラメ・イカほか** 武田正倫監修　金の星社
【要旨】岩場やサンゴなどのそっくりな色になり景色に溶け込むタコ、平たいからだを海の底の色に変えて隠れるヒラメ、あっという間にまわりの環境と似た色に変わり姿を隠すイカなど、色の効果によって隠れる、海の生きものたちを紹介します。
2017 31p 27×22cm ¥2500 ①978-4-323-04172-8

◆**うみのかくれんぼ かたちをかえてかくれる—モクズショイ・タコノマクラ・キメンガニほか** 武田正倫監修　金の星社
【要旨】からだに海藻などをつけて姿を変えるモクズショイ、全身のとげに落ち葉などをくっつけて身を隠すタコノマクラ、ヒトデやウニを背負って別の生きものに姿を変えて見せるキメンガニなど、形の効果によって隠れる、海の生き

児童書　404　BOOK PAGE 2018

ものたちを紹介。
2017 31p 27×22cm ¥2500 ①978-4-323-04173-5

◆うみのかくれんぼ もぐってかくれる―ハマグリ・メガネウオ・アサヒガニほか　武田正倫監修　金の星社
【要旨】貝殻のすき間から出したあしを使って砂にもぐるハマグリ、からだをゆすりながら海の底にもぐり獲物を待ち構えるメガネウオ、後ろあしで掘った砂底にもぐり身を隠すアサヒガニなど、何かにもぐって隠れる、海の生きものたちを紹介します。
2017 31p 27×22cm ¥2500 ①978-4-323-04171-1

◆海のぷかぷか―ただよう海の生きもの　高久至写真、寒竹孝子文　アリス館
【要旨】魚や、エビやカニのなかまは、こどものときに、ぷかぷかする。クラゲやカメガイのなかまは、一生ずっと、ぷかぷか。ふしぎな形のもの、すきとおったもの。大きさも形も、生き方もさまざまぷかぷかたち。
2017.5 1Vol. 28×23cm ¥1400 ①978-4-7520-0797-5

◆海辺の生きもの　カミラ・ド・ラ・ベドワイエール著、Babel Corporation訳出協力　六耀社　（図説 知っておきたい！ スポット50）
【要旨】海辺にすむ生きものたちの生態を観察してみよう。魚、ヒトデやウニ、カニやエビ、巻貝や二枚貝、そして昆虫や海鳥など。
2017.4 56p B5 ¥1850 ①978-4-89737-880-0

◆おもしろいきものポケット図鑑 水族館へ行こう！　月刊アクアライフ編集部編　（横浜）エムピージェー
【要旨】この本では、おもに水族館で飼育されているいきものたちのくらし、自然のなかでの生態、なかまの種などを写真やイラストをまじえて楽しく紹介しています。
2018.1 167p 18×11cm ¥880 ①978-4-904837-64-1

◆外来生物はなぜこわい？　1 外来生物ってなに？　小宮輝之監修、阿部浩志、丸山貴史著、向田智也イラスト　（京都）ミネルヴァ書房
【要旨】図鑑形式ではない、「外来生物」を考える本！ ヒアリ、アメリカザリガニ、マングース、キョン、セイヨウオオマルハナバチなど。外来生物とはなにか、外来生物はなぜやってきたのか、どんな害があるのか、どういう対策があるのか、外来生物を知るための導入巻。
2017.12 31p 27×22cm ¥2800 ①978-4-623-08172-1

◆かがやく昆虫のひみつ　中瀬悠太著・写真、内村尚志絵、野村周平監修　ポプラ社　（ポプラサイエンスランド 6）
【要旨】コガネムシやタマムシなど、メタリックなかがやきをもつ昆虫たち。かれらはどのようにして美しいかがやきをつくりだしているのでしょうか。昆虫の色とかがやきのひみつにせまります。
2017 63p 22×19cm ¥1500 ①978-4-591-15322-2

◆危険生物　小学館　（小学館の図鑑・NEO 21）　（付属資料：DVD1）
【要旨】危険な生物や毒をもつ生き物には、さまざまな種類があります。この図鑑では、「ヒトにとって、どのように危険なのか」という点に注目しました。約750種の危険生物を、毒で刺す・咬む・吸血する・食中毒を起こすなど、ヒトへの被害例で6つに分類しています。事故の実例や、けがの症状がわかる写真が充実。具体的な予防策や応急処置の方法を、科学と医学の両面から解説しています。DVDは、危険生物の生態がわかる貴重な自然映像がたっぷり60分。ドラえもんとのび太といっしょに、海や山にでかける前の注意点を学ぶ5番組を収録しています。
2017.6 191p 29×22cm ¥2000 ①978-4-09-217221-0

◆危険・有毒生物　編集部編・著　学研プラス　（学研の図鑑LIVE（ライブ）ポケット 5）
【要旨】約450種の特徴がよくわかる！ オールカラーのきれいな写真！ 見分け方がよくわかる！ 日本でみられる危険・有毒生物掲載。
2017.4 247p 19cm ¥980 ①978-4-05-204580-6

◆教科書に出てくる生きもののすみか　2 昆虫　岡島秀治監修, 学研プラス編　学研プラス
【目次】アオバセセリのすみか、オトシブミのすみか、アワフキムシのすみか、アリジゴクのすみか、チャミノガのすみか、ダンゴムシのすみか、クロオオアリのすみか、ツムギアリのすみか、シロアリのすみか、キアシトックリバチのすみか、スズメバチのすみか、ミツバチのすみ

か
2017.2 31p 29×23cm ¥2300 ①978-4-05-501215-7

◆教科書に出てくる生きもののすみか　4 水の生きもの　本村浩之監修, 学研プラス編　学研プラス
【目次】アメリカザリガニのすみか、トミヨのすみか、ミズグモのすみか、ナベカのすみか、ジョーフィッシュのすみか、カクレウオのすみか、チンアナゴのすみか、ヤドカリのすみか、アオイガイのすみか、ヘコアユのすみか、カクレクマノミのすみか、アマミホシゾラフグのすみか
2017.2 31p 29×23cm ¥2300 ①978-4-05-501216-4

◆ギョギョギョ！ おしえて！ さかなクン 2　さかなクン著・絵　朝日学生新聞社
【要旨】朝日小学生新聞にて大好評連載中！ も～っとお魚愛が止まらない！ さかなクンのお魚ライフはさらにパワーアップ！ 朝小には出ていないお話も！ スペシャル対談を2本収録。
2017.8 246p 18cm ¥950 ①978-4-909064-21-9

◆極限世界の生き物―砂漠・洞くつから深海まで　長沼毅監修　PHP研究所　（ジュニア学習ブックレット）
【目次】第1章 暑く乾燥した砂漠、第2章 極寒の大地、第3章 大いなる海、第4章 空気のうすい高山、第5章 真っ暗な洞くつ、第6章 なぞが多い深海
2017.7 63p 28×21cm ¥600 ①978-4-569-78655-1

◆巨大生物―陸・海・空から大集合！　今泉忠明監修　PHP研究所　（ジュニア学習ブックレット）　（『巨大生物びっくり図鑑』仕様変更・改題書）
【要旨】ダイオウイカ、シロナガスクジラ、アフリカゾウ…彼らはなぜ巨大なのか？ 大きな体にどんなしくみがあるのか？ 古代から現代まで、巨大生物のひみつにせまる！
2017.7 63p 28×22cm ¥600 ①978-4-569-78653-7

◆クニマスは生きていた！　池田まき子著　汐文社
【要旨】奇跡の魚・クニマスが私たちに問いかける「命のつながり」とは…。最後のクニマス漁師だった三浦久兵衛さんと、久さん親子の姿を通して描いた、感動の物語。
2017.7 159p B6 ¥1500 ①978-4-8113-2423-4

◆クマノミのおさんぽ　広部俊明写真、羽田美智子文　小学館　（ぴっかぴかえほん）
【要旨】うみのなかには、わたしたちがしらないせかいがひろがっているよ。そんなうみのなかをクマノミといっしょにおさんぽしよう。
2017.6 31p 27×22cm ¥1300 ①978-4-09-726733-1

◆昆虫　養老孟司監修　講談社　（講談社の動く図鑑MOVE）　堅牢版
【要旨】おもに日本にすんでいる昆虫と、クモなどを掲載。昆虫の食べものや育ち方、巣のようすなど、くらし方を解説した「生態ページ」と外見や特徴などを解説した「標本ページ」とに分かれています。
2017.2 207p 27×22cm ¥2000 ①978-4-06-220410-1

◆昆虫王超絶バトル大図鑑　小野展嗣監修　宝島社
【要旨】18の最強ムシファイターが頂点を争う何でもありのDXトーナメント開幕！ 日本のカブト・クワガタが世界の猛者と戦う五番勝負も収録！ 昆虫たちの生態・能力・生息地などのデータも完全網羅！
2017.6 159p A5 ¥916 ①978-4-8002-7138-9

◆昆虫って、どんなの？　いしもりよしひこ著　ハッピーオウル社
2017.6 31p 27×20cm ¥1380 ①978-4-902528-58-9

◆昆虫のすごい瞬間図鑑―一度は見ておきたい！ 公園や雑木林で探せる命の躍動シーン　石井誠著　誠文堂新光社
【要旨】命が生まれる瞬間、大変身を遂げる瞬間、獲物に襲いかかる瞬間、身をひそめている瞬間、♂と♀が出会う瞬間…さらには、死んだふりをしたり、エサを運んだり、巣をつくったり、集団で密集していたり。昆虫の生活を知っていると、「なんでこんな姿をしている？」「なんのための行動？」とふしぎに感じるおもしろいシーンに出会うことができるようになります。本書は、身近に出会える昆虫たちのそんな決定的瞬間を紹介していく、新しいスタイルの昆虫図鑑です。
2017.2 223p A5 ¥2100 ①978-4-416-51710-9

◆昆虫ワールド　小原芳明監修, 小野正人, 井上大成編、見山博絵　（町田）玉川大学出版部　（玉川百科こども博物誌）
【目次】第1章 昆虫ってなあに？（昆虫ってどんな生きもの？、昆虫の体のつくり、昆虫の一生と1年、昆虫以外の虫、いろいろな虫いちばん）、第2章 昆虫の生活（昆虫の食べもの、昆虫のコミュニケーション、昆虫が動く、身を守る方法、いろいろなすみか、身近にいる昆虫たち、家族のきずなで結ばれる昆虫）、第3章 昆虫と人間（くらしのなかの虫、農林業・医学と昆虫、昆虫と環境）、参加してみよう、いってみよう、読んでみよう
2017.5 157p A4 ¥3500 ①978-4-472-05974-2

◆最恐昆虫大百科　岡島秀治監修　学研プラス
【要旨】本当にいる！ 恐るべき昆虫が大集結!!リアルなイラストと迫力の写真で昆虫の世界を紹介。
2017.8 175p B6 ¥980 ①978-4-05-204227-0

◆探して発見！ 観察しよう 生き物たちの冬ごし図鑑 昆虫　星輝行写真・文　汐文社
【要旨】寒い日が続き、食べものが少なくなる冬は、生きものにとって、生きるか死ぬかの試練のときです。昆虫たちはどのように冬をすごしているのでしょうか？ 春、夏、秋とくらべて、ちがいはあるでしょうか？ 校庭や公園にでかけて、昆虫を探してみましょう。わくわくする発見や出会いが待っています。
2017 31p 27×22cm ¥2300 ①978-4-8113-2366-4

◆さがそう！ マイゴノビートル　やましたこうへい作、奥本大三郎監修　偕成社
【要旨】ぼくしたまいごのこうちゅう。ぼくのなかまをさがして！ ビートルはこうちゅうのことだよ。かたいからだをもつ、カブトムシやクワガタムシがこうちゅうだ。400種類の甲虫が実物大で出ているよ。4歳から
2017 47p 29×25cm ¥1800 ①978-4-03-221330-0

◆魚　福井篤監修　講談社　（講談社の動く図鑑MOVE）　堅牢版
【目次】海でくらす魚（テンジクザメ目・メジロザメ目・ネズミザメ目など、トビエイ目・シビレエイ目・ガンギエイ目など、シーラカンス目、ヌタウナギ目、ウナギ目 ほか）、河川や湖沼でくらす魚（ヤツメウナギ目、トビエイ目、オーストラリアハイギョ目など、ポリプテルス目・チョウザメ目など、アロワナ目 ほか）
2017.2 224p 27×22cm ¥2000 ①978-4-06-220415-6

◆さかなのたまご―いきのこりをかけたださくせん　内山りゅう写真・文　ポプラ社　（ふしぎいっぱい写真絵本 31）
【要旨】さかなたちのだいじなしごとは、たまごをうんでこどもたちをのこすこと。かわのなかをのぞいてみると、たまごがあります。たまごをまもるさかながいます。たまごをまもるさかながいます。さかなたちの「たまごだいさくせん」をのぞいてみましょう
2017 36p 21×27cm ¥1500 ①978-4-591-15490-8

◆サメ・エイ　トレヴァー・デイ監修、伊藤伸子訳　（京都）化学同人　（手のひら図鑑 9）
【要旨】サメはいったいどこにすんでいるの？ 食べ物は？ 泳ぐのは速いの？ サメやエイを150種類以上取り上げ、写真にわかりやすい解説をつけている。サメにまつわるまめ知識も紹介。
2017.4 156p 18×15cm ¥1300 ①978-4-7598-1799-7

◆さわるな！ 猛毒危険生物のひみつ100　学研プラス　（SG（スゴイ）100）　（付属資料：シール）
【要旨】この世界には、さわってはいけない、おそろしい毒をもつ危険生物がたくさんいる。おもわず「すごい！」と言いたくなる迫力の写真と選びぬかれた100のひみつできみを猛毒危険生物の世界に案内しよう。最後のクイズにすべて答えられたとき、きみは猛毒危険生物博士だ！
2017.6 207p 17×15cm ¥1200 ①978-4-05-204609-4

◆深海生物　武田正倫監修　学研プラス　（学研の図鑑LIVE）　（付属資料：DVD1）
【要旨】ダイオウグソクムシ、タカアシガニなど、話題の深海生物が、原寸大で登場！ ふだん見ることができない貴重な生きものを美しい写真や図で紹介！ 深海や海に関する、最新のデータも掲載。
2017.9 199p 30×22cm ¥2200 ①978-4-05-204583-7

◆ずかん 海外を侵略する日本＆世界の生き物　今泉忠明監修　技術評論社　（見ながら学習 調べてなっとく）
【要旨】日本では何ともないのに海外で大暴れ、という生物をたくさん扱うちょっと変わった本。

同じ生物でも問題のない国、問題のある国、その違いをじっくり解説。海外における「侵略的外来生物」の現状とは！調べ学習に最適。国ごとに対策の打ち方にも特徴が。「それはダメだろ」と突っ込みたくなることも！
2017.8 128p B5 ¥2680 ①978-4-7741-9076-1

◆すごく危険な毒せいぶつ図鑑　西海太介監修　世界文化社
【要旨】知らなかった…じゃ、すまない！日本に生息する身近な危険生物102種。
2017.12 191p B6 ¥1000 ①978-4-418-17261-0

◆巣づくりの名人　スズメバチ　須田貢正作・写真　六耀社
【要旨】気性の荒いスズメバチのやさしい表情を、カメラはとらえた。くる日もくる日も巣にはりついて観察をつづけ、撮りつづけた著者の執念が、門番スズメバチのこころをひらいた。
2017.6 29p 26×22cm ¥1500 ①978-4-89737-989-0

◆ぜんぶわかる！アゲハ　新開孝著，蟻川謙太郎監修　ポプラ社　(しぜんのひみつ写真館 8)
【要旨】アゲハの視力は0.02？はねのもようには意味がある？青いりんぷんには色がない？知っているようで知らない、アゲハのひみつがわかります。
2017 69p 27×22cm ¥2000 ①978-4-591-15433-5

◆空を飛ぶ昆虫のひみつ　星輝行写真・文　少年写真新聞社
2017.4 55p 20×27cm ¥1500 ①978-4-87981-598-9

◆小さな小さな虫図鑑―よくいる小さい虫はどんな虫？　鈴木知之写真・文　偕成社
【要旨】かっこいい姿をしているものや、とても美しいもの、行動がおもしろい虫、見てびっくりの姿をした虫や知ってびっくりの生活をする虫たちがたくさん登場。身近な場所にいる5mmぐらいまでの虫を200種以上集めて紹介する、世界初の『小さな小さな虫図鑑』。小学校中学年から。
2017 144p 22×16cm ¥2000 ①978-4-03-528530-4

◆ちいさな虫のおおきな本　ユーヴァル・ゾマー著，バーバラ・テイラー監修，小松貴日本語版監修　東京書籍
【要旨】色とりどりの小さな宝石のような虫たちのイラスト。ページをめくるたび、うつくしい虫の世界が広がります。「この虫見つけられるかな？」探して楽しむ仕掛も。シンプルだけど、情報たっぷり。知りたかった虫の秘密がわかるかも。
2017.9 63p 35×24cm ¥2200 ①978-4-487-81081-9

◆近づくな！襲撃危険生物のひみつ100　小宮輝之監修　学研プラス　(SG(スゴイ)100)　(付属資料：シール)
【要旨】この世界には、近づいていけない、おそろしい武器をもっている生物や、どう猛で危険な生物がたくさん。おもわず「すごい！」と言いたくなる迫力の写真と選びぬかれた100のひみつで、きみを襲撃危険生物の世界に案内しよう。最後のクイズにすべて答えられたとき、きみは襲撃危険生物博士だ！
2017.8 207p 17×15cm ¥1200 ①978-4-05-204613-1

◆超危険生物スゴ技大図鑑　今泉忠明監修　宝島社
【要旨】バクテリア攻撃!!入れ歯色!?血液ビーム!!電気ショック!!驚きの特殊能力100連発！
2017.3 159p A5 ¥972 ①978-4-8002-6785-6

◆超キモイ！ブキミ深海生物のひみつ100　石垣幸二監修　学研プラス　(SG(スゴイ)100)　(付属資料：シール)
【要旨】この世界には、信じられない奇妙な姿や能力をもった深海生物がたくさん。おもわず「すごい！」と言いたくなる迫力の写真と選びぬかれた100のひみつできみをブキミ深海生物の世界に案内しよう。最後のクイズにすべて答えられたとき、きみはブキミ深海生物博士だ！
2017.8 207p 17×15cm ¥1200 ①978-4-05-204611-7

◆超絶！きみょうな生き物大図鑑196　小宮輝之監修　西東社
【目次】大迫力！コワくてブキミな生き物(ウマヅラコウモリ、ホシバナモグラ ほか)、珍しすぎる！ヘンなやつら大集合(テングザル、ハダカデバネズミ ほか)、生き残れ！サバイバル生物(シロヘラコウモリ、カエルクイコウモリ ほか)、毒を射ぬけ ラブラブ生きもの(イッカク、バビルサ ほか)、感動と熱戦！へんてこ子育て(キタオポッサム、エンペラーマリンほ

か)
2017.4 223p 19×14cm ¥980 ①978-4-7916-2544-4

◆毒をもつ生き物たち―ヘビ、フグからキノコまで　船山信次監修　PHP研究所　(楽しい調べ学習シリーズ)
【目次】プロローグ 毒って何？(毒って何だろう、生き物の進化と毒)、第1章 毒をもつ生き物(毒をつかって狩りをする動物、毒をつかって身を守る動物 ほか)、第2章 毒の種類と作用(神経毒とその作用のしかた、細胞毒とその作用のしかた ほか)、第3章 薬になる毒(薬となったチョウセンアサガオ、漢方につかわれるトリカブト ほか)
2017.9 63p 29×22cm ¥3000 ①978-4-569-78690-2

◆どっちが強い!?カブトムシvsクワガタムシ―昆虫王、決定戦　スライウム，フィービーストーリー，ブラックインクチーム漫画，丸山宗利監修　KADOKAWA　(角川まんがで科学シリーズ A6)
【要旨】巨大化したカブトムシやクワガタムシが南太平洋の島で目撃され、調査に向かうXペンチャー調査隊。なかでも体が小さくて気が弱いビーンが、博士なかまの知識を活かしてその原因にせまる!!巨大昆虫の姿をとらえようとする悪いやつらとの対決や、巨大カブトムシと巨大クワガタムシの夢のバトルも！
2017.7 156p B6 ¥960 ①978-4-04-104941-9

◆なぜ？どうして？昆虫―おどろきの能力がいっぱい！　岡島秀治監修　PHP研究所　(ジュニア学習ブックレット)
【目次】第1章 野原や林の昆虫のなぜ？どうして？(チョウはなぜ花にやってくるの？、モンシロチョウは、どうしてキャベツ畑にやってくるの？、ケムシはなぜトゲトゲ、チクチクしているの？ ほか)、第2章 水にすむ昆虫のなぜ？どうして？(ホタルはどうして光るの？、水にすむ昆虫がいるって本当？、タガメ、タイコウチ、コオイムシのちがいは？ ほか)、第3章 昆虫ではない虫のなぜ？どうして？(ダンゴムシは昆虫ではないの？、ダンゴムシはどうして丸くなるの？、ムカデやヤスデ、ゲジは、生まれたときからムシが多いの？ ほか)
2017.7 63p 29×22cm ¥600 ①978-4-569-78683-4

◆はじめて見たよ！セミのなぞ　新開孝写真・文　少年写真新聞社
【要旨】みんなが知っているセミにはたくさんのなぞがあります。日本各地のセミを観察して、そのなぞ解きに挑戦します！
2017.6 63p 19×27cm ¥1600 ①978-4-87981-603-0

◆発見！マンガ図鑑 NHKダーウィンが来た！―新発見！おもしろ水中生物編　NHK「ダーウィンが来た！」原作，講談社編，戸井原和巳漫画　講談社　新装版
【要旨】NHKの人気番組をマンガ化!!立ち泳ぎ、七変化、高速回遊、大ジャンプ！技あり水中生物が大集合!!この本でしか読めない取材ウラ話やオリジナルコラムもあるよ！
2017.10 135p A5 ¥950 ①978-4-06-220706-5

◆発光する生物の謎　マーク・ジマー著，近江谷克裕訳　西村書店　(生命ふしぎ図鑑)
【要旨】巨大イカやエビ、そしてホタルの共通点はなんでしょう？それは、光を生み出すこと。こうした生物の光を「生物発光(バイオルミネセンス)」とよびます。発光する生物は、異なる化学反応の仕組みで光を生み出し、光る理由も、目的もさまざまです。例えば、情報交換のため、餌を獲得するため、あるいは自分の身を隠すため。生物発光の仕組みの解明は研究の途上にありますが、この魅力的な光は多くの場面で巧みに利用されています。顕微鏡を用いた細胞観察をはじめ、光るタンパク質を用いたマラリア、デング熱、HIVなどの感染過程や、ガンの原因の究明、さらには複雑な神経活動を解明する助けとなっています。また一方で、絵画などの芸術分野や、ファッションデザイナーの衣装作品にも生物発光は取り入れられています。21世紀に入って、生物発光に関わる研究が2つのノーベル賞が授与された、いまもっとも熱い「生物発光」のふしぎな世界を、たくさんの美しいカラー写真とともに探りにいきましょう。
2017.8 255p B5 ¥4200 ①978-4-89013-772-5

◆ビジュアル解説！毒をもつ生き物図鑑　今泉忠明監修　文研出版
【目次】第1章 陸にすむ毒をもつ生き物(爬虫類、両生類、節足動物、クモなどの仲間、ほ乳類)、第2章 海にすむ毒をもつ生き物(魚類、軟体動物、その他の生き物)、第3章 毒をもつ生

き物外伝―植物・キノコ(植物、キノコ)、第4章 毒と人(ウイルス・細菌・カビ(真菌))
2017.4 195p 27×22cm ¥4500 ①978-4-580-88537-0

◆ファーブル先生の昆虫教室　2　昆虫研究の楽しさ　奥本大三郎文，やましたこうへい絵　ポプラ社
【要旨】「虫の詩人」ファーブルが見た小さな虫たちの大きな世界。朝日小学生新聞の連載に、書きおろしを加えて書籍化！好評につきシリーズ第2巻。
2017 175p 21×21cm ¥1800 ①978-4-591-15479-3

◆ふしぎ!?なんで!?ムシおもしろ超図鑑　柴田佳秀著　西東社
【要旨】日本にいる身近なムシから世界にくらすムシのまで、種類やくらし、ふしぎを紹介。
2017.8 255p B6 ¥930 ①978-4-7916-2624-3

◆へんな生き物ずかん　今泉忠明監修，早川いくを著　ほるぷ出版　(見る知る考えるずかん)
【要旨】この地球上には、名前がつけられているだけでも180万種以上の生き物がいる。そのなかにいる、あちらやこちらしがちょっと変わっている「へんな生き物」。そんなへんな生き物のなかから100種をおもしろおかしく紹介。へんてこな姿。すごい能力。したたかな生き方。へんな生き物を楽しみながら、考える力が身につくずかん。
2017.12 127p 29×22cm ¥3600 ①978-4-593-58765-0

◆へんな生きもの図鑑 暗闇　カミラ・ド・ラ・ベドワイエール著，今泉忠明日本語版監修　講談社
【要旨】暗闇に生きる、ハイイロオオカミ、イヌのなかま、フェネックギツネ、キツネのなかま、ラーテル、イタチのなかま、ヒョウのなかま、大型のネコのなかま、センザンコウのなかま〔ほか〕
2017.2 80p 30×23cm ¥1680 ①978-4-06-220378-4

◆へんな生きもの図鑑 深海　カミラ・ド・ラ・ベドワイエール著，新野大日本語版監修　講談社
【要旨】海の生きもの、シロナガスクジラ、ヒゲクジラのなかま、マッコウクジラ、ハクジラのなかま、ウェッデルアザラシ、アザラシとアシカ、オサガメ、海のは虫類、ホホジロザメ〔ほか〕
2017.2 80p 30×23cm ¥1680 ①978-4-06-220343-2

◆みつけたよ！だんごむし　唐沢重考監修，久保秀一写真　ひさかたチャイルド　(しぜんにタッチ！)
【要旨】庭のすみにいる小さな虫、だんごむし。見て触って、「なぜ？」と思うことがあったら、よく観察してみましょう。楽しく知るうちに、生きものへの愛情が生まれてくる絵本です。幼児～小学校低学年向き。
2017 32p 21×24cm ¥1300 ①978-4-86549-104-3

◆めざめる　阿部海太作　あかね書房
【要旨】あなたはだあれ？ほしいうちゅうはいつめざめた？光や命の粒を重ねて、この世界の永遠の謎を描く！いまここに生きているふしぎを考える絵本。
2017.9 1Vol. 28×24cm ¥1500 ①978-4-251-09902-0

◆もっと知りたいイモリとヤモリ―どこがちがうか、わかる？　赤木かん子作，ツク之助絵　新樹社　(もっと知りたいシリーズ)
【目次】なぜ、イモリっていうの？、なぜ、ヤモリっていうの？、なんのなかま？、どこに、すんでいるの？、くいなことは、ほか？、イモリのからだを、みてみよう、ヤモリのからだを、みてみよう、敵におそわれたら、どうするの？、すきなたべものは、なあに？、オスとメスのちがいは？、こびとをさがすよ。卵をうみます。あかちゃんが、うまれました。脱皮をします。寒い冬は、どうしているの？
2017.5 32p 31×24cm ¥1400 ①978-4-7875-8663-6

◆もっと知りたいセミの羽化　赤木かん子作，荒井和人絵，北島英雄写真　新樹社　(もっと知りたいシリーズ)
【目次】よるのおはなし会、百科事典の引きかた、羽化、気をつけなくてはいけない、懐中電灯で照らない！、羽化のはじまり、ぶじに、おとなになりました。ぬけがらで、オスかメスかがわかります。
2017.5 32p 31×24cm ¥1400 ①978-4-7875-8662-9

児童書

絵本・児童書

◆ゆるゆる深海生物図鑑　そにしけんじ漫画, 石垣幸二監修　学研プラス
【要旨】オールカラーゆるゆる4コマ＋しっかり解説。まるがわかる！新感覚図鑑!!70種以上の深海生物をゆる〜く紹介。「ねこねこ日本史」のそにしけんじによる深海生物4コマ！
2017.6　175p　B6　¥980　①978-4-05-204589-9

◆読めばわかる！ 生物　西條広隆監修, 朝日小学生新聞編著　朝日学生新聞社　(ドクガク！―朝日小学生新聞の学習読みものシリーズ)
【要旨】好奇心くすぐる69個の疑問を楽しく学んで、理科を得意教科に！イラストとストーリーで生物分野の基礎が身につく！図説もあってわかりやすい！見開き完結の読みもの形式。
2017.12　191p　A5　¥850　①978-4-909064-32-5

◆EX MOVE 深海の生きもの　奥谷喬司, 尼岡邦夫監修　講談社　(講談社の動く図鑑MOVE)　(付属資料：DVD1)
【要旨】ダイオウイカ、深海ザメの映像も！親子で楽しめるNHKのスペシャル映像！DVDつき。
2017.6　87p　27×22cm　¥1600　①978-4-06-220583-2

植物

◆いろいろはっぱ　小寺卓矢写真・文　アリス館
【要旨】みてみて、ぼくたち！はっぱのかおはみんなちがうよ。まるがお、あたまでっかち、ほっぺぷっくり、なが〜いくび、さんかく、しかく、さかさにしたら…あっ！ ハート。
2017.3　31p　27×22cm　¥1400　①978-4-7520-0799-9

◆大きな木の根っこ　平野恭弘著, 中野明正編, 根研究学会協力, 小泉光久文, 鶴田陽子絵　大月書店　(根っこのえほん 5)
【要旨】海の風に強く海岸でよく見られる、幹がまっすぐ生長する、空に向かってまっすぐのびる、生長が早く大木になる、秋にドングリがなる、ほうきをさかさにしたような形、日本の温帯林を代表する木、神社で大木をよく見かける、葉はかおりのよいお飲み物になる
2017.2　38p　21×22cm　¥2400　①978-4-272-40955-6

◆きのこ　小学館　(小学館の図鑑・NEO 22)　(付属資料：DVD1)
【要旨】本書は日本で初めての本格的児童向けきのこ図鑑です。掲載種はボリューム満載の約700種類。美しい写真とわかりやすい解説で入門にも最適。DNA分類順によって、きのこの基本的なことから最新のきのこ情報までが、この1冊でわかります。DVDは、きのこがもりだくさんの40分。ドラえもんとのび太といっしょに、森の中へきのこのひみつをさぐる旅に出かけましょう。
2017.6　159p　24×22cm　¥2000　①978-4-09-217222-7

◆きのこ　保坂健太郎ほか監修, 大作晃一ほか写真　小学館　(小学館の図鑑NEO 22)　(付属資料：DVD1)　改訂版
【要旨】本書は日本で初めての本格的児童向けきのこ図鑑です。掲載種はボリューム満載の約700種類。美しい写真とわかりやすい解説で入門にも最適。DNA分類順によって、きのこの基本的なことから最新のきのこ情報までが、この1冊でわかります。DVDは、きのこがもりだくさんの40分。ドラえもんとのび太といっしょに、森の中へきのこのひみつをさぐる旅に出かけましょう。
2017.12　159p　29×22cm　¥2000　①978-4-09-217322-4

◆探して発見！ 観察しよう 生き物たちの冬ごし図鑑 植物　亀田龍吉写真　汐文社
【目次】秋から冬へ、ソメイヨシノ、ヤブツバキ、ヤドリギ、セイヨウタンポポ、オオイヌノフグリ、オオミミナグサ、アキノエノコログサ、ハス、フクジュソウ〔ほか〕
2017　31p　27×21cm　¥2300　①978-4-8113-2369-5

◆さくら研究ノート　近田文弘著, 大野八生絵　偕成社
【要旨】春になると、日本じゅうでさくらがさきはじめます。いちばん植えられているのはソメイヨシノ、というさくらです。この本では、ソメイヨシノについていろいろなことをお話しします。小学校中学年から。
2017　47p　26×21cm　¥1600　①978-4-03-437250-0

◆樹木　カミラ・ド・ラ・ベドワイエール著　六耀社　(図説 知っておきたい！ スポット50)
【要旨】葉っぱの形から、身近にある木のことを学ぼう！ だ円形の葉っぱ、細長くてふちがギザギザしている葉っぱ、手のひらの形をした葉っぱなど、葉の形から知る「樹木観察」の入門書です。
2017.3　56p　27×19cm　¥1850　①978-4-89737-879-4

◆食育クイズ これは何の花？―身近な野菜や果物が全32種！ DVD・ROMつき　少年写真新聞社『給食ニュース』編集部編　少年写真新聞社　(付属資料：DVD・ROM1)
【要旨】キャラクターたちが解説！ ワークシートやカードも収録！ 2006年9月から2014年3月まで91回にわたって『給食ニュース』の付属「給食ニュースブックレット」に連載した表紙のクイズをまとめ、新たに写真撮影したものも数多くある。書籍化にあたって、給食に出てくる身近な食品を中心に選び、新たに写真撮影したものも数多くある。
2017.7　79p　A4　¥2200　①978-4-87981-607-8

◆植物　天野誠, 斎木健一監修　講談社　(講談社の動く図鑑MOVE)　堅牢版
【目次】まちの植物 春、まちの植物 夏、まちの植物 秋・冬、田畑・野の植物 春、田畑・野の植物 夏、田畑・野の植物 秋・冬、雑木林の植物 春、雑木林の植物 夏、雑木林の植物 秋・冬、山の植物 春、山の植物 夏、山の植物 秋、水中・水面の植物、海辺の植物
2017.2　200p　27×22cm　¥2000　①978-4-06-220412-5

◆調べてみよう名前のひみつ 雑草図鑑　亀田龍吉写真・文　汐文社
【要旨】カラスノエンドウはなぜ「カラス」なの？ 英語で「猫の耳」ってどんな植物？ 雑草の名前のひみつを調べてみると、「なるほど！」と思うものや「えっ、そうなの？」と思うものまで、おもしろいひみつがいっぱい！ この本では96種類の雑草の名前のひみつにせまります。名前の由来を知れば、足元の小さな草花にもっと興味がわいてきます。さあ、田畑や道端に広がるかれんな雑草の世界に目を向けてみましょう。
2017　63p　27×22cm　¥3200　①978-4-8113-2199-8

◆水中にのびる根っこ　阿部淳著, 中野明正編, 根研究学会協力, 小泉光久文, 堀江篤史絵　大月書店　(根っこのえほん 4)
【目次】お米はこの植物の種子、畳表に使われる水生植物、正月のおせち料理に使われる、レンコンはこの植物から作られる、春の七草で七草がゆに使われる、すしやそばの薬味に使われる、背が高く葉も茎も利用できる、みそ汁やサラダに使われる、川の水と海の水がまじるところにできる林
2017.3　31p　21×22cm　¥2400　①978-4-272-40954-9

◆花とふれあおう―子どもの心を育む花育をはじめよう　大久保有加, 加藤潤子著　汐文社
【目次】1 花を知ろう、2 花を育ててみよう、3 花をいけてみよう、4 日本の花文化、5 いろいろな花育の授業、6 指導者・保護者の皆さんへ
2017　63p　27×22cm　¥3200　①978-4-8113-2307-7

◆ぼくの自然観察記 ロゼットのたんけん　おくやまひさし　少年写真新聞社
【目次】たんぽのあぜ や水辺で見つけたロゼット(オヘビイチゴ、コオニタビラコ ほか)、野原や空き地で見つけたロゼット(ナズナ、セイヨウタンポポ ほか)、畑や道ばたで見つけたロゼット(ハルノノゲシ、オニノゲシ ほか)、家のまわりで見つけたロゼット(ウラジロチチコグサ、ハハコグサ ほか)、寒い冬から春へ
2017.9　44p　27×19cm　¥1800　①978-4-87981-611-5

◆まるごと発見！ 校庭の木・野山の木 6 ブナの絵本　大久保達弘編, 城芽ハヤト絵　農山漁村文化協会
【目次】ぶんか、しゅるい、みつけかた、そだち、くらし、さいばいとりより
2017.2　40p　27×22cm　¥2700　①978-4-540-16148-3

◆まるごと発見！ 校庭の木・野山の木 7 スギの絵本　正木隆編, 宇野信哉絵　農山漁村文化協会
【目次】ぶんか、しゅるい、そだち、くらし、りんぎょう、りよう、これから
2017.3　40p　27×22cm　¥2700　①978-4-540-16149-0

◆まるごと発見！ 校庭の木・野山の木 8 ケヤキの絵本　横井秀一編, 川上和生絵　農山漁村文化協会
【目次】ぶんか、しゅるい、そだち、くらし、さいばい、りよう
2017.3　40p　27×22cm　¥2700　①978-4-540-16150-6

◆みんなのくらしと花―子どもの心を育む花育をはじめよう　大久保有加著　汐文社
【目次】1 花はどこにある(大自然の中の花、人の手で植えられた花 ほか)、2 花ができるまで(花が私たちに届くまで、新品種をつくる仕事 ほか)、3 花を運ぶ(生産者から市場、そして生花店へ、花市場の1日 ほか)、4 花と緑にかかわる仕事(花と緑を売る仕事、生花店の1日 ほか)
2017　63p　27×22cm　¥3200　①978-4-8113-2308-4

◆もっと知りたいイチゴ　赤木かん子作, 藤井英美写真　新樹社　(もっと知りたいシリーズ)
【目次】オランダイチゴ、種、種をまきました。本葉がひらきました。匍匐茎がのびはじめました。花をみてみましょう。花が咲きました。ミツバチが来てくれました。実ができました。イチゴが熟しました。摘まないとどうなるの？ イチゴの種をかぞえました。おまけのページ ベリーとよばれるおいしいなかまたち
2017.5　32p　31×24cm　¥1400　①978-4-7875-8660-5

◆もっと知りたいダイズ　赤木かん子作, 藤井英美写真　新樹社　(もっと知りたいシリーズ)
【目次】これがダイズ！、芽と根がでました。子葉が顔をだしました。これが本葉です。苗が50センチくらいになると、枝をふやしましょう。つぼみがつきました。花のなかをみてみましょう。マメをまいて50日たちました。葉っぱは枯れて、おちました。収穫です。ダイズが、できました。なん粒できたかな？、おまけのページ ダイズは、いろいろなかたちでたべられています。
2017.5　32p　31×24cm　¥1400　①978-4-7875-8661-2

◆ようこそ！ 花のレストラン―植物たちの声を聞くたえこ先生のわ！ 観察記　多田多恵子写真・文　少年写真新聞社
【目次】花のつくりと虫のごちそう、黄色いファミリーレストラン、ヘリポートつきファミリーレストラン、ブラシのファミリーレストラン、あまいかおりのするレストラン、細いグラスでジュースを出すレストラン、からくりドアのレストラン、みつどろぼうがやって来た!?、アスレチックレストラン、羽音のひびくレストラン〔ほか〕
2017.4　63p　20×27cm　¥1500　①978-4-87981-600-9

動物・鳥

◆あかちゃんパンダ　しゅうもうき写真, いわやきくこ翻訳　樹立社　(パンダだいすきシリーズ 1)
【要旨】パンダに魅せられ二十年あまりの撮影期間を経て無数の作品から厳選した極めつきのパンダ写真集。習性からパンダの歴史や生息地、現在の保護活動まで分かりやすくときあかしたパンダ百科。子どもから大人まで手元にほしい二冊です。
2017.12　45p　27×22cm　¥1600　①978-4-901769-76-1

◆アニマルアトラス 動きだす世界の動物　アレクサンダー・ヴィダル絵　青幻舎インターナショナル, (京都)青幻舎
【要旨】動物たちはどんな場所で、どんな暮らしをしているの？ かわいいイラストとダイナミックな地図でめぐるアニマルワールド！
2017.11　47p　29×29cm　¥2200　①978-4-86152-622-0

◆生き物たちの冬ごし図鑑 動物　今泉忠明監修　汐文社　(探して発見！ 観察しよう)
【要旨】寒い日が続き、食べものが少なくなる冬は、生き物にとって、生きるか死ぬかの試練のときです。動物たちは、どこで、どのように冬を過ごしているのでしょうか？ 春、夏、秋とくらべてちがいはあるのでしょうか？ なかなか姿を見ることがむずかしい動物たちの様子を紹介します。
2017　31p　27×22cm　¥2300　①978-4-8113-2367-1

◆生き物たちの冬ごし図鑑 鳥―探して発見！ 観察しよう　佐藤裕樹著, 今泉忠明監修　汐文社

【要旨】寒い日が続き、食べ物が少なくなる冬は、生き物にとって、生きるか死ぬかの試練のときです。鳥たちはどのように冬を過ごしているのでしょうか？ 春、夏、秋とくらべて、ちがいはあるでしょうか？ 校庭や公園にでかけて、鳥を探してみましょう。わくわくする発見や出会いが待っています。
2017 31p 27×22cm ¥2300 ①978-4-8113-2368-8

◆犬がおうちにやってきた！―動物の飼い方がわかるまんが図鑑 井原亮監修 学研プラス (学研の図鑑LIVE)
【要旨】お世話のキホンがよくわかる！ 犬と仲よくなれる！ 犬との暮らし方まんがつき。動画もみられる！ はじめての飼い方マニュアル。
2017.9 142p A5 ¥1200 ①978-4-05-204700-8

◆エナガの一生 松原卓二文、萩岩睦美絵 東京書籍
【要旨】あるエナガがうまれ、はばたき、命をつなぐ。そんな「普通の野鳥」の生態を、丹念に描きました。読めば、エナガを、鳥たちを、もっと好きになる。
2017.9 109p 15×22cm ¥1600 ①978-4-487-81104-5

◆おもしろい！ 進化のふしぎ 続ざんねんないきもの事典 今泉忠明監修、下間文恵、フクイサチヨ、ミューズワーク絵、丸山貴史文 高橋書店
【要旨】トラは笑っちゃうほど狩りがヘタ…。残念すぎて愛おしい、思わずつっこみたくなる生き物続々。
2017.6 159p B6 ¥900 ①978-4-471-10368-2

◆カバ むらたこういち監修 ポプラ社 (くらべてみよう！ どうぶつの赤ちゃん 18)
2017 32p 27×22cm ¥2200 ①978-4-591-15565-3

◆カバのこども ガブリエラ・シュテープラー写真・文、たかはしふみこ訳 徳間書店 (サバンナを生きる)
【要旨】昼は水のなか、夜は陸の上ですごすカバ。東アフリカの大地を力強く生きるカバの親子の姿を、迫力ある写真でじっくりと紹介。数々の賞を受賞した野生動物写真家による迫力ある写真絵本。野生動物のこどもたちの姿を生き生きととらえ、その生態をくわしく解説。小学校中・高学年～。
2017.3 47p 26×20cm ¥1800 ①978-4-19-864340-9

◆かまってシロイルカ 松橋利光著 アリス館 (しってる？ 水族館のにんきもの 2)
【要旨】「海のカナリア」と呼ばれる、きれいな声。わらったような、かわいい顔。5頭の家族を紹介するよ！
2017.7 35p 28×22cm ¥1400 ①978-4-7520-0801-9

◆教科書に出てくる生きもののすみか 1 動物 小宮輝之監修、学研プラス編 学研プラス
【目次】ビーバーのすみか、ムササビのすみか、カヤネズミのすみか、モグラのすみか、アイアイのすみか、プレーリードッグのすみか、シマリスのすみか、ナキウサギのすみか、カモノハシのすみか、チンパンジーのすみか、アメリカクロクマのすみか、ミシシッピワニのすみか
2017.2 31p 29×23cm ¥2300 ①978-4-05-501214-0

◆教科書に出てくる生きもののすみか 3 鳥 小宮輝之監修、学研プラス編 学研プラス
【目次】キツツキのすみか、ツバメのすみか、スズメのすみか、カワセミのすみか、キムネコウヨウジャクのすみか、セッカのすみか、シャカイハタオリのすみか、クサムラツカツクリのすみか、セアカカマドドリのすみか、カイツブリのすみか、ハチドリのすみか、ニワトリのすみか
2017.2 31p 29×23cm ¥2300 ①978-4-05-501217-1

◆教科で学ぶパンダ学―歴史 地理 政治 経済 生物 自然 環境 雑学 小宮輝之監修、稲葉茂勝著 (国立) 今人舎
【目次】1 パンダの歴史と地理 (パンダって、ナゼ！、ケスクセ？ パンダ ほか)、2 パンダと政治・経済 (パンダ外交、パンダのレンタルとは？ ほか)、3 パンダを取りまく自然・環境 (三国志の時代の都・成都では？、パンダの保護活動 ほか)、4 生物としてのパンダ (パンダの食べ物、パンダの成長 ほか)、5 雑学パンダ！ (なんでも情報、パンダの里親制度とパンダの名前)
2017.10 55p 27×19cm ¥1800 ①978-4-905530-70-1

◆キリン むらたこういち監修 ポプラ社 (くらべてみよう！ どうぶつの赤ちゃん 14)
2017 32p 27×22cm ¥2200 ①978-4-591-15561-5

◆キリンのこども ガブリエラ・シュテープラー写真・文、たかはしふみこ訳 徳間書店 (サバンナを生きる)
【要旨】キリンは、地上でいちばん背の高い動物。野生のキリンは、どのように生まれ、成長していくのでしょう。アフリカのサバンナで、キリンの親子で生きていくようすを写真と文で力強く伝える。数々の賞を受賞した野生動物写真家による魅力あふれる写真絵本。小学校中・高学年～。
2017.1 47p 26×20cm ¥1800 ①978-4-19-864331-7

◆コアラ むらたこういち監修 ポプラ社 (くらべてみよう！ どうぶつの赤ちゃん 12)
2017 32p 27×22cm ¥2200 ①978-4-591-15559-2

◆ゴリラ むらたこういち監修 ポプラ社 (くらべてみよう！ どうぶつの赤ちゃん 11)
2017 32p 27×22cm ¥2200 ①978-4-591-15558-5

◆最強の生物 成島悦雄監修 ポプラ社 (ポプラディア大図鑑WONDAアドベンチャー)
【要旨】えものを攻撃し、巨体でふみつぶし、子どもを産み育て、協力にたえる…戦うだけが強さじゃない、最強の生物52種が集結し、強さのヒミツを大公開！
2017.12 215p A4 ¥2000 ①978-4-591-15399-4

◆サルってさいこう！ オーウェン・デイビー作、越智典子訳、中川尚史日本語版監修 偕成社
【要旨】サルってなにもの？ ぼくたちの「いとこ」、サルをたずねるぼうけんにでかけよう！ 地球にいま、260種もいるといわれているサル。いちばん小さいピグミーマーモセットから、いちばん大きいマンドリルまで、サルのふしぎをてっていてきに紹介します！ 小学校低学年から。
2017 35p 30×24cm ¥1800 ①978-4-03-348370-2

◆しくじり動物大集合―進化に失敗したポンコツな動物たち150種以上！ 新宅広二著 永岡書店
【要旨】ダチョウは性格が○○だから座るときに○○しちゃう。テングザルは鼻が○○だけだべれない。スプリングボックは○○するけど結局つかまる。パンダのウンチはとっても○○○。カバのケンカは○○しているだけ…笑って学べる！ オモシロ楽しい動物進化論！
2017.3 191p B6 ¥980 ①978-4-522-43507-6

◆シマウマのこども ガブリエラ・シュテープラー写真・文、たかはしふみこ訳 徳間書店 (サバンナを生きる)
【要旨】体が白と黒のしま模様のシマウマ。野生のシマウマは、生まれて15分ほどで立ちあがり、じきに歩きはじめます。シマウマのこどもは、サバンナでどのように成長していくのでしょう。野生のシマウマの親子が生きていくようすを写真と文で、力強く伝えます。数々の賞を受賞した野生動物写真家による魅力あふれる写真絵本。小学校中・高学年～。
2017.2 47p 25×19cm ¥1800 ①978-4-19-864338-6

◆スゴいぞ！ 動物の子どもたち 1 道具を使う動物―フサオマキザルの子、ヤシの実わりにチャレンジ！ NHK自然番組制作チーム監修 フレーベル館
【目次】1 スクープ！ 道具を使う動物たち、2 ぼくの名前は「ピッコ」生後8か月、3 好奇心いっぱい！ 1年後のピッコ、4 今世紀最大の発見！ もう1つの理由
2017 48p 29×23cm ¥3400 ①978-4-577-04438-4

◆スゴいぞ！ 動物の子どもたち 2 野生ネコの狩り―ライオンは、チームワークでハンティング！ NHK自然番組制作チーム監修 フレーベル館
【目次】1 ネコたちの狩りはスゴ技がいっぱい！、2 チームワークばっちりライオンの群れの狩り、3 野生の子ネコたちの狩りへの目覚め、4 はぐれメスライオン子育て物語
2017 47p 29×23cm ¥3400 ①978-4-577-04439-1

◆スゴいぞ！ 動物の子どもたち 3 動物の会話―ゾウの鳴き声は、ことばでおしゃべり！ NHK自然番組制作チーム監修 フレーベル館
【目次】1 聞こえる音で会話する動物たち、2 以心伝心!?300頭が大集結！、3 70種類もの声を使い分けている！、4 聞こえない声が群れのきずな
2017 48p 29×24cm ¥3400 ①978-4-577-04440-7

◆スゴいぞ！ 動物の子どもたち 4 家族のきずな―ゴリラの父さん、子育て名人！ NHK自然番組制作チーム監修 フレーベル館
【目次】1 ゴリラって、どんな動物？、2 お父さん、がんばる！ 家族の「きずな」を守る、3 お父さんも、お母さんも遊ばせ上手！、4 ささえあい、助けあう家族の「きずな」
2017 48p 29×24cm ¥3400 ①978-4-577-04441-4

◆世界動物アトラス レイチェル・ウィリアムズ、エミリー・ホーキンズ文、ルーシー・レザーランド絵、徳間書店児童書編集部訳 徳間書店
【要旨】大自然の中で生きるさまざまな動物たち。31の動物たちの意外な行動を見てみよう！ 小学校低・中学年～。
2017.4 85p 38×28cm ¥2800 ①978-4-19-864240-2

◆戦う動物大百科 最強獣王決定戦 アマナイチャー＆サイエンス編 西東社
【目次】1 パワータイプ (ライオン、クマ ほか)、2 スピードタイプ (オオカミ、インパラ ほか)、3 ガードタイプ (サイ、バイソン ほか)、4 テクニックタイプ (タスマニアデビル、チンパンジー ほか)
2017.4 255p B6 ¥930 ①978-4-7916-2594-9

◆チーター むらたこういち監修 ポプラ社 (くらべてみよう！ どうぶつの赤ちゃん 15)
2017 32p 27×22cm ¥2200 ①978-4-591-15562-2

◆ツシマヤマネコ飼育員物語―動物園から野生復帰をめざして キムファン著 くもん出版
【要旨】長崎県の対馬だけにすむツシマヤマネコ。生息数はわずか百頭、あるいは七十頭ともいわれていて、絶滅が心配されています。そこで、動物園など全国の十の施設が協力して、ツシマヤマネコをふやし、対馬の野生に返す取りくみが進められています。その拠点のひとつが、京都市動物園です。動物園の職員でさえ、かつて見ることができないとびらの奥でツシマヤマネコたちが暮らしています。子どもを産ませて、ふやそうとしているのです。ツシマヤマネコと飼育員・獣医師たちの繁殖に向けた奮闘ぶりを、はじめて紹介します。
2017.10 142p A5 ¥1400 ①978-4-7743-2689-4

◆動物 山極寿一監修 講談社 (講談社の動く図鑑MOVE) 堅牢版
【目次】カモノハシ目の動物、カンガルー目の動物、オポッサム目の動物、フクロモグラ目の動物、フクロネコ目の動物、バンディクート目の動物、ゾウ目の動物、ハイラックス目の動物、ツチブタ目の動物、カイギュウ目の動物、アフリカトガリネズミ目の動物、ハネジネズミ目の動物、アリクイ目の動物、アリクイ目の動物、ハリネズミ目の動物、コウモリ目の動物、センザンコウ目の動物、ネコ目の動物、ウマ目の動物、クジラ偶蹄目の動物、ツパイ目の動物、ヒヨケザル目の動物、サル目の動物、ウサギ目の動物、ネズミ目の動物
2017.2 224p 27×22cm ¥2000 ①978-4-06-220413-2

◆どうぶつ園のじゅうい 赤ちゃんをまもるしごと 植田美弥監修 金の星社
【要旨】群れで子育てをするミーアキャットやニホンザル、オカピやエランドやキンシコウザルの出産、ドックラングールやリカオンやカワウソの人工哺育、甘えん坊のオオカミ、ベニイロフラミンゴなどを紹介しています。また、人工哺育の道具や、獣医のさまざまな仕事場も紹介しています。
2017 31p 27×22cm ¥2500 ①978-4-323-04175-9

◆どうぶつ園のじゅうい ぜつめつからすくうしごと 植田美弥監修 金の星社
【要旨】絶滅が心配されているオランウータンの人工哺育やツシマヤマネコの健康診断、イノシシの妊娠判定、キリンやサイやホッキョクグマの繁殖のための輸送、トラの出産やレッサーパンダの子のようすなどを紹介しています。また、保護された身近な野生動物たちの治療や、動物を絶滅から救うための国境をこえた作戦も紹介しています。
2017 31p 27×22cm ¥2500 ①978-4-323-04176-6

◆どうぶつ園のじゅうい びょうきやけがをなおすしごと 植田美弥監修 金の星社
【要旨】チーターやペンギンの採血、ワラビーの抜歯、インドライオンの手術、小さなモルモットや大きなゾウの治療、ハイラックスのレントゲン撮影のようすなどを紹介しています。また、獣医のさまざまな仕事道具や、動物が治療など

児童書

に慣れるためのトレーニングのようすも紹介しています。
2017 31p 27×22cm ¥2500 ①978-4-323-04174-2

◆どうぶつのからだ これ、なあに？ 1 なんのくちばし？ 今泉忠明監修 ポプラ社
2017 47p 27×22cm ¥2850 ①978-4-591-15343-7

◆どうぶつのからだ これ、なあに？ 2 なんのきば？ 今泉忠明監修 ポプラ社
2017 47p 27×22cm ¥2850 ①978-4-591-15344-4

◆どうぶつのからだ これ、なあに？ 3 なんのつの？ 今泉忠明監修 ポプラ社
2017 47p 27×22cm ¥2850 ①978-4-591-15345-1

◆どうぶつのからだ これ、なあに？ 4 なんのつばさ・はね？ 今泉忠明監修 ポプラ社
2017 47p 27×22cm ¥2850 ①978-4-591-15346-8

◆どうぶつのからだ これ、なあに？ 5 なんのしっぽ？ 今泉忠明監修 ポプラ社
2017 47p 27×22cm ¥2850 ①978-4-591-15347-5

◆どうぶつのからだ これ、なあに？ 6 なんのもよう？ 今泉忠明監修 ポプラ社
2017 47p 27×22cm ¥2850 ①978-4-591-15348-2

◆どうぶつのからだ これ、なあに？ 7 なんのたまご？ 今泉忠明監修 ポプラ社
2017 47p 27×22cm ¥2850 ①978-4-591-15349-9

◆どっちが強い!?オオカミvsハイエナ―肉食獣軍団、大バトル スライウム、イカロスストーリー、ブラックインクチーム漫画、坂東元監修 KADOKAWA （角川まんが科学シリーズ A8）
【要旨】オオカミやハイエナの群れが殺される事件が多発。原因は狂犬病？Xベンチャー調査隊が調査を開始する。ところが、オオカミの群れに襲われ、クワメが大けが…。さらに、ジェイクとルイスが仲間割れ!?そして、オオカミの群れに、肉食獣軍団がVR（バーチャルリアリティ）で驚きの大決戦！ 動物百科事典も見のがせない！
2017.11 156p B6 ¥960 ①978-4-04-105924-1

◆どっちが強い!?クジラvsダイオウイカ―海のモンスター対決 レッドコード、メングストーリー、ブラックインクチーム漫画、新野大監修 KADOKAWA （角川まんが科学シリーズ A7）
【要旨】今回の舞台は、日本の海！ 浜に打ち上げられたクジラの調査をしに、はりきって日本にやって来たXベンチャー調査隊だが、そこには未知ぜだらけのたくさんのクジラが!? 新たに海洋学者の森博士も登場して、深海にいるクジラや巨大ダイオウイカのなぞにせまる!!
2017.8 156p B6 ¥960 ①978-4-04-104586-2

◆どっちが強い!?ゾウvsサイ―どすこい重量バトル レッドコード、イカロスストーリー、ブラックインクチームマンガ、村田浩一監修 KADOKAWA （角川まんが科学シリーズ）
【要旨】南アフリカ・サン族出身の勇気ある青年・クワメは、野生動物の調査のためにジェイクたちと故郷の村へもどるが、部族の守り神だった動物たちが次々と消えていることを知り…。陸上で最も大きい動物のアフリカゾウと、気性があらいクロサイの超重量級バトルに注目だ！
2017.2 156p B6 ¥960 ①978-4-04-104942-6

◆どっちが強い!?ヘビvsワニ―丸のみ動物の決闘 スライウム、サンドラ、ブラックインクチーム漫画、白輪剛史監修 KADOKAWA （角川まんが科学シリーズ）
【要旨】ヘビが苦手なジェイクとヘビが大好きなシェリーは、カリブ海の島で見世物のヘビとワニを助けることに。一方、ルイスたちはオーストラリアでマインドコントロールされた特大ワニに出会って…。調査で集めたヘビとワニの戦闘能力をデータ化して、VR（バーチャルリアリティ）対決で勝敗を決定するぞ！まんがと科学がコラボした異色のシリーズ。
2017.4 156p B6 ¥960 ①978-4-04-104940-2

◆鳥 川上和人監修 講談社 （講談社の動く図鑑MOVE） 堅牢版
【目次】シギチドリ目、ダチョウ目、キーウィ目、レア目、キイロイトリ目、キジ目、カモ目、アビ目、ペンギン目、ミズナギドリ目、カイツブリ目、フラミンゴ目、ネッタイチョウ目、コウノトリ目、ペリカン目、ツツジ目、タカ目、

ハヤブサ目、ノガン目、クイナモドキ目、ジャノメドリ目、ツル目、チドリ目、サケイ目、ハト目、インコ目、ツメバケイ目、エボシドリ目、カッコウ目、フクロウ目、ヨタカ目、アマツバメ目、ヌキバネドリ目、ネズミドリ目、オオブッポウソウ目、ブッポウソウ目、サイチョウ目、キツツキ目、スズメ目
2017.2 198p 27×22cm ¥2000 ①978-4-06-220411-8

◆鳥 小宮輝之監修 学研プラス （学研の図鑑LIVE（ライブ）ポケット 6）
【要旨】約650種の特徴がよくわかる！ オールカラーのきれいな写真！ 見分け方がよくわかる！ 日本でみられる鳥を中心に掲載！
2017.4 224p 19cm ¥980 ①978-4-05-204578-3

◆鳥の巣つくろう 鈴木まもる著 岩崎書店
【要旨】よういするものは、身近な材料と自由な心だけ！ カンタンにできて、とってもステキなオブジェのできあがり！ 鳥の心でつくってかざろう。
2017.4 31p 26×21cm ¥1000 ①978-4-265-83046-6

◆泣けるいきもの図鑑 今泉忠明監修、内山大助、TOMATOぱす太イラスト 学研プラス
【要旨】いきもの71種の信じられないハードな生き様を紹介。絶滅したいきもの6種を物語形式で紹介。本当にあった感動の物語を11話収録。
2017.9 174p B6 ¥980 ①978-4-05-204630-8

◆なぜ？ どうして？ ペットのなぞにせまる 1 にゃんともいえない！ ネコのふしぎ 今泉忠明監修、小野寺佑紀著 （京都）ミネルヴァ書房
【要旨】ネコとヒトの古くからのつながりや、ネコを飼うために知っておきたいそのふしぎ、世界のネコの品種について解説しています。
2017.1 39p 27×22cm ¥2800 ①978-4-623-07895-0

◆なぜ？ どうして？ ペットのなぞにせまる 2 とってもわんだふる！ イヌのひみつ 今泉忠明監修、小野寺佑紀著 （京都）ミネルヴァ書房
【要旨】イヌとヒトの古くからのつながりや、イヌを飼うために知っておきたいそのひみつ、世界のイヌの品種について解説しています。
2017.2 39p 27×22cm ¥2800 ①978-4-623-07896-7

◆なぜ？ どうして？ ペットのなぞにせまる 3 まだまだいっぱい！ 小さな動物たち 今泉忠明監修、小野寺佑紀著 （京都）ミネルヴァ書房
【要旨】ハムスターやウサギ、インコ、カメ、熱帯魚、ザリガニなど、さまざまなペット動物とのつながりやふしぎについて解説しています。
2017.3 39p 27×22cm ¥2800 ①978-4-623-07897-4

◆なぜ？ の図鑑 ネコ 今泉忠明監修 学研プラス
【要旨】肉球にはどんなひみつがあるの？ なぜ高いところがすきなの？ ネコはどこをなでるとよろこぶの？…「なぜ？」が「わかった！」になる新図鑑。
2017.4 127p 27×22cm ¥1900 ①978-4-05-204577-6

◆ニホンカモシカ むらたこういち監修 ポプラ社 （くらべてみよう！ どうぶつの赤ちゃん 17）
2017 32p 27×22cm ¥2200 ①978-4-591-15564-6

◆ねこがおうちにやってきた！―動物の飼い方がわかるまんが図鑑 山本宗伸著 学研プラス （学研の図鑑LIVE）
【要旨】お世話のキホンがよくわかる！ ねこと仲よくなりたい！ ねことの暮らし方まんがつき。
2017.9 143p A5 ¥1200 ①978-4-05-204699-5

◆ノウサギ むらたこういち監修 ポプラ社 （くらべてみよう！ どうぶつの赤ちゃん 16）
2017 32p 27×22cm ¥2200 ①978-4-591-15563-9

◆野山の鳥を観察しよう！―山や森・草原・まちの鳥 飯村茂樹著 PHP研究所 （楽しい調べ学習シリーズ）
【目次】はじめに―山や森・草原・まちの鳥を観察するにあたって、第1章 野山の鳥の季節、第2章 野山の鳥の子育てを観察しよう、第3章 野山の鳥の生活場所と食べ物、第4章 野山の身近な鳥を観察しよう、おわりに―山や森・草原・まちの鳥、今、何が起こっているのだろう
2017.7 63p 29×22cm ¥3000 ①978-4-569-78667-4

◆のんびりジュゴン 松橋利光文・写真 アリス館 （しってる？水族館のにんきもの 1）

【要旨】わたしは、ジュゴンのセレナ。朝は7時ごろにおきて、のんびりほわほわ泳ぎながら、飼育のおねえさんがくるのをまっているんだ。
2017.5 35p 28×22cm ¥1400 ①978-4-7520-0794-4

◆ハクチョウ むらたこういち監修 ポプラ社 （くらべてみよう！ どうぶつの赤ちゃん 20）
2017 32p 27×22cm ¥2200 ①978-4-591-15567-7

◆は虫類・両生類 矢部隆、加藤英明監修 講談社 （講談社の動く図鑑MOVE） 堅牢版
【目次】は虫類（ワニ目、カメ目、有鱗目（トカゲ亜目）、有鱗目（ミミズトカゲ亜目）、有鱗目（ヘビ亜目）、ムカシトカゲ目）、両生類（無尾目、有尾目、無足目）
2017.2 159p 27×22cm ¥2000 ①978-4-06-220414-9

◆発見！マンガ図鑑 NHKダーウィンが来た！―大迫力の巨大生物編 NHK「ダーウィンが来た！」原作、講談社編、戸井原和巳漫画 講談社 新装版
【要旨】NHKの人気番組がマンガになった！ この本でしか読めない取材ウラ話やオリジナルコラムもあるよ！
2017.3 133p A5 ¥950 ①978-4-06-220546-7

◆発見！マンガ図鑑 NHKダーウィンが来た！―野生のおきてサバイバル編 NHK「ダーウィンが来た！」原作、講談社編、戸井原和巳漫画 講談社 新装版
【要旨】NHKの人気番組がマンガになった！ この本でしか読めない取材ウラ話やオリジナルコラムもあるよ！
2017.3 133p A5 ¥950 ①978-4-06-220539-9

◆発見！マンガ図鑑 NHKダーウィンが来た！―動物天国アフリカ編 NHK「ダーウィンが来た！」原作、講談社編、戸井原和巳漫画 講談社 新装版
【要旨】カバはどうして「まきフン」をするの？ ブチハイエナは名ハンターってほんとう!? シーラカンスは子どもを産むの!? カメレオンの狩りはわずか0.3秒!? 知られざる真実があきらかに！ この本でしか読めない取材ウラ話やオリジナルコラムもあるよ！
2017.5 133p A5 ¥950 ①978-4-06-220600-6

◆発見！マンガ図鑑 NHKダーウィンが来た！―衝撃！ おどろき！ ふしぎ動物編 NHK「ダーウィンが来た！」原作、講談社編、戸井原和巳漫画 講談社 新装版
【要旨】水上に忍者があらわれた!? NHKの人気番組をマンガ化!! 謎の生きものバシリスクのひみつにせまる！ この本でしか読めない取材ウラ話やオリジナルコラムもあるよ！
2017.6 133p A5 ¥950 ①978-4-06-220646-4

◆発見！マンガ図鑑 NHKダーウィンが来た！―動物たちの超（スーパー）テクニック編 NHK「ダーウィンが来た！」原作、講談社編、戸井原和巳漫画 講談社 新装版
【要旨】NHKの人気番組をマンガ化!! この本でしか読めない取材ウラ話やオリジナルコラムもある!! 知られざる真実があきらかに！ 全6話収録！
2017.7 135p A5 ¥950 ①978-4-06-220681-5

◆発見！マンガ図鑑 NHKダーウィンが来た！―サバイバル大作戦編 講談社編、NHK「ダーウィンが来た！」原作、戸井原和巳漫画 講談社 新装版
【要旨】イリエワニはどうして海に進出するの？ ザトウクジラの水しぶきの範囲は大型バス5台分!? グンタイアリの群れにいるのは全員メス!? オオタカの狩りはたった5秒！ 早技のひみつは？ 知られざる真実があきらかに！
2017.8 123p A5 ¥950 ①978-4-06-220705-8

◆発見！マンガ図鑑 NHKダーウィンが来た！―なぞの珍獣大集合編 講談社編、NHK「ダーウィンが来た！」原作、戸井原和巳漫画 講談社 新装版
【要旨】カピバラの肉はおいしい!? 泳ぎももぐりも大得意！ 珍獣カピバラの意外なひみつが満載！
2017.9 123p A5 ¥950 ①978-4-06-220704-1

◆びっくり動物TOP5 アンナ・クレイボーン文、小寺敦子訳 大日本絵画 （科学しかけえほん）
【要旨】地球上には、びっくりするようなすがたや能力をもつ「驚異の動物」がたくさんいます。バスよりも大きなクジラ、指先に乗る小さなカエル、人間と会話ができるチンパンジー…暗やみで光る昆虫もいれば、500年以上も生きる

貝、何にでも変身できるタコもいます。そんなユニークな動物たちを、ジャンルごとにトップ5形式で紹介していきます。動物の体の特徴がひとめでわかる写真とイラスト。絶滅の危機にさらされている動物をピックアップ。その保全状況も紹介。X線スキャナーを横にスライドさせると、恐竜の体の仕組みが見えてくる！開いて楽しめるくりもついています！7才から。
〔17.2〕30p 34×22cm ¥2400 ①978-4-499-28677-0

◆べんりなしっぽ！ふしぎなしっぽ！—いきもの写真館 小宮輝之文・写真 メディアパル
【要旨】アルマジロはしっぽで栓をする。フクロシマリスのしっぽはヘビになる。クモザルのしっぽは尾紋がある。キリンのしっぽは2メートル。カバはしっぽで糞をまき散らす。ー登場動物134種。元園長のとっておき写真大公開！
2018.1 95p 19×15cm ¥1200 ①978-4-8021-1012-9

◆ホッキョクグマ むらたこういち監修 ポプラ社 （くらべてみよう！どうぶつの赤ちゃん 19）
2017 32p 27×22cm ¥2200 ①978-4-591-15566-0

◆ホッキョクグマの赤ちゃん さえぐさひろこ文、前川貴行写真 新日本出版社 （しりたいな！どうぶつの赤ちゃん）
2017.3 31p 23×27cm ¥2300 ①978-4-406-06076-9

◆ミーアキャット むらたこういち監修 ポプラ社 （くらべてみよう！どうぶつの赤ちゃん 13）
2017 32p 27×22cm ¥2200 ①978-4-591-15560-8

◆水辺の鳥を観察しよう！—湖や池・河川・海辺の鳥 飯村茂樹著 PHP研究所 （楽しい調べ学習シリーズ）
【要旨】一年中日本の湖や池、河川などでくらしている水辺の鳥には、どんな鳥がいるだろう？ 水辺にやってくる渡り鳥の中には、移動の中継地として日本に立ち寄る旅鳥がいる。どんな鳥がいるだろう？ 集団で子育てをする水辺の鳥がいる。どんな鳥だろう？ カモにはえさのとり方や飛びたち方に大きく2タイプがある。それぞれの生活とどんな関係があるだろう？ー湖や池、沼、川、水田、海岸や干潟など、水辺で出会える鳥たちのくらしを見ながら、観察の方法を紹介。
2017.8 63p 29×22cm ¥3000 ①978-4-569-78680-3

◆みんなが知りたい！日本の「絶滅危惧」動物がわかる本 今泉忠明監修 メイツ出版 （まなぶっく）
【要旨】日本に生息する希少でおもしろい生きもの56種のくらし！ 詳しい特徴やデータ、分布、豆知識なども満載！ どうして数が減ったの？ 今どんな生活をしているの？ 守るためにどんなことができるの？ いろんなギモンもわかりやすく解説！
2017.7 128p A5 ¥1630 ①978-4-7804-1876-7

◆もっとしくじり動物大集合—愛らしくて面白いポンコツな動物たち150種以上！ 新宅広二著、イシダコウ絵 永岡書店
【要旨】行儀が悪い生態、住む場所がヘン、寄食偏食、バイオレンスなお姿、かわいそすぎる社会。笑って学べる！ オモシロ楽しい動物進化論！おかわり！爆笑4コマ17本つき！
2017.12 191p B6 ¥980 ①978-4-522-43568-7

◆もふもふ動物 今泉忠明監修 学研プラス （学研の図鑑LIVE for ガールズ）
【要旨】本の中には、思わず「かわいい！」って言ってしまうようなとっておきのもふもふ動物がとうじょうする。身近なネコやイヌ、ハムスターから世界のとおく、森やこおりの上にすむ動物まで、いろいろな動物と出会えるよ。小学生の女の子向け。
2017.10 126p 25×22cm ¥1600 ①978-4-05-204629-2

◆森のなかのオランウータン学園 スージー・エスターハス文・写真、海老洋子訳 六耀社 （野生動物を救おう！）
【要旨】ボルネオ島の密林に、孤児になったオランウータンのための特別な施設—オランウータン・ケアセンター/検疫所がある。センターはオランウータン基金インターナショナルが運営しています。地元のボランティアたちが、そこに収容された赤ちゃんオランウータンと、彼らを育てる里親のお母さんの大変な仕事ぶりを心温まる写真で見せながら、センターを案内してくれます。彼女は、成長過程や野生に戻されるオランウータンの様子とともに、センターが、オランウータン保護のために重要な役割をはたしていることも、大事な情報として伝えて。
2017.3 43p 24×25cm ¥1600 ①978-4-89737-888-6

◆野生動物 サリー・モーガン著 六耀社 （図説 知っておきたい！スポット50）
【要旨】絶滅が危惧されているゾウ、キリン、ゴリラ、ホッキョクグマ、水のなかで暮らす哺乳類のクジラ、みつが主食のハチドリ、巨大な毒ヘビのキングコブラ…。世界の野生物50種のオンパレードです！
2017.1 56p B5 ¥1850 ①978-4-89737-877-0

◆やばいウンチのせいぶつ図鑑 今泉忠明監修 世界文化社
【要旨】好奇心を刺激するおもしろいウンチク山盛り！
2017.12 191p B6 ¥1000 ①978-4-418-17262-7

◆両生類・はちゅう類 小学館 （小学館の図鑑・NEO 6） （付属資料：DVD1） 新版
【要旨】両生類は地球の歴史の中で、初めて水中から陸上へ進出した脊椎動物です。はちゅう類は、両生類から進化したグループで、トカゲやカメ、ワニのほか、鳥類などを生み出します。この新版『両生類・はちゅう類』は、日本産全種を含む約580種の最新の国際標準の学説に沿って内容を充実させました。また、進化の歴史がひと目でわかるパノラマページや、充実したコラム・特集ページで、身近な疑問や注目度の高い内容を新たに取り上げるなど、工夫を凝らしました。DVDは、たっぷりの110分。両生類・はちゅう類のびっくり映像やクイズ、世界のカエル、ヤモリの鳴き声図鑑や、ドラえもんとのび太くん一緒に楽しめる、盛りだくさんの内容です。
2017.6 183p 24×22cm ¥2000 ①978-4-09-217306-4

◆ワンダーサイエンス いきものがっかり超能力図鑑 今泉忠明監修、川嶋隆義文、小堀文彦イラスト 小学館 （ビッグ・コロタン）
【要旨】カメレオンは止まっているものがわからない！ クマノミはイソギンチャクをかじる。キリンは超高血圧！ すごいパワーをもっているのにちょっとかわいそうな生物101種！
2017.11 159p B6 ¥900 ①978-4-09-259158-5

◆HELLO PANDA—アドベンチャーワールドのパンダたち 小澤千一郎作、中田健司写真 トランスワールドジャパン
【要旨】和歌山・南紀白浜のアドベンチャーワールドで繁殖する通称・浜家のパンダたち。アドベンチャーワールド公認、父パンダ永明と母パンダ良浜とその子どもたちの日々の愛くるしい姿を綴った1冊!!
2017.6 143p 24×19cm ¥1800 ①978-4-86256-205-0

ヒト・カラダ

◆あそブック—ぐんぐん目がよくなる 日比野佐和子、林田康隆監修 東京書店
【要旨】トリック、めいろ、かくし絵、さがし絵。楽しく遊びながら目のトレーニング。1日10分、視力がよくなるふしぎな絵本！もりのおんがくかい—てんとう虫を探して視野の異常チェック。うみのなかのかいぞくせん—めいろで毛様体筋を鍛えよう！ でんしゃでいこう！—路線図で空間認識力を高める。いきものしりとり一目でたどるしりとりで見る力を鍛錬。たべものいろいろフードコート—こちらがいさがしで目の年齢がわかる!? えからにげたとり—かげあてで外眼筋を鍛えよう！ 他、全13問！
2017.11 33p 27×19cm ¥1380 ①978-4-88574-336-8

◆いのちと細胞 高沢謙二監修 ほるぷ出版 （マルチアングル人体図鑑）
【要旨】いろいろな角度から見せることで、これまではわかりづらかった人体の裏側も知ることができる図鑑シリーズに、いのちの生まれるしくみと、細胞についてさまざまな角度から紹介。
2017.10 31p 28×22cm ¥2800 ①978-4-593-58761-2

◆いのちはなぜたいせつなの？ 細谷亮太監修 フレーベル館 （いのちって、なんだろう？ 3）
【目次】1 食べることでいのちをつないでいる！（わたしたちの食べているもの、食べものがからだをつくり、動かす、牛やブタは殺してもいいの？、「おいしい」と思っていいのかな）、2 人のいのちはとくべつなの？（地球は人がふえすぎているの？、かかわりあう人間の生きもたち、人のいのちをうばうということ、生きているのは、あたりまえなの？）、3 いのちの重さはみんないっしょ？（自分のいのちと他人のいのち、人をきずつけるのは、いのちをきずつけること、地球上のさまざまな動物が絶滅していった、地球にあるいのちを守るには？）、わたしはここで生きていきたい！（いのちって、なんだろう？、考えるヒント）
2017 47p 27×22cm ¥3400 ①978-4-577-04472-8

◆おうちで学校で役にたつアレルギーの本 1 アレルギーって、なんだろう？ 赤澤晃監修、見杉宗則絵 WAVE出版
【目次】わたしたちを守ってくれる体のしくみ、アレルギーって、なに？、いろんなアレルギーがあるよ、どんな人がアレルギーになるの？、かわっていくアレルギー、もしかしたら、アレルギー？、アレルギーがあるかどうか、どうやって調べるの？、アレルギーの薬、なおるの？、お友だちがアレルギーだったら、どうすればいいの？、アレルギーQ&A、おかあさん&おとうさん、学校の先生など、おとなのみなさんへ
2016.12 31p 29×21cm ¥2500 ①978-4-87290-894-7

◆おうちで学校で役にたつアレルギーの本 2 食べものとアレルギー 赤澤晃監修、見杉宗則絵 WAVE出版
【目次】食べものを食べるということ、食物アレルギーって、なに？、食物アレルギーになるとどうなるの？、食物アレルギーの原因になりやすい食べもの、変身するアレルギー、食品表示、食べものを食べて、「なんだかヘンだな」と感じたら、アレルギーの症状が出てしまったら、どうすればいい？、たいへん！ アナフィラキシーだ！、命を守るエピペン、食物アレルギーの子が気をつけること、お友だちが食物アレルギーだったら…、アレルギーQ&A、おかあさん&おとうさん、学校の先生など、おとなのみなさんへ
2017.2 31p 29×22cm ¥2500 ①978-4-87290-895-4

◆おうちで学校で役にたつアレルギーの本 3 皮ふとアレルギー 赤澤晃監修、益子育代編、見杉宗則絵 WAVE出版
【目次】皮ふって、すごい！、皮ふが病気になった！、アトピー性皮ふ炎って、なに？、アトピー性皮ふ炎になると、どうなるの？、アトピー性皮ふ炎の人って、多いの？、アトピー性皮ふ炎って、なおるの？、その1 薬を使って、しっしんを消す、その2「スキンケア」をする、わかりやすい！ スキンケアの方法、その3 しっしんをひどくするものを知り、へらしたりする、学校生活で心がけよう、お友だちがアトピー性皮ふ炎だったら、アトピー性皮ふ炎Q&A、おかあさん&おとうさん、学校の先生など、おとなのみなさんへ
2017.3 31p 29×22cm ¥2500 ①978-4-87290-896-1

◆おうちで学校で役にたつアレルギーの本 4 ぜんそくとそのほかのアレルギー 赤澤晃監修、益子育代編、見杉宗則絵 WAVE出版
【目次】呼吸のしくみ、息が苦しいと感じるとき、ぜんそくって、どんな病気？、発作の強さときっかけ、ぜんそくの人って、多いの？、ぜんそくって、なおるの？、発作がおきる・おきない—ちがいはなに？、学校生活で気をつけること、たいへん！ 発作がおこったらどうする？、ぜんそくQ&A、そのほかのアレルギー、おかあさん&おとうさん、学校の先生など、おとなのみなさんへ
2017.3 31p 29×22cm ¥2500 ①978-4-87290-897-8

◆おばあちゃんが認知症になっちゃった！ 宇津木聡史文、河村誠絵 星の環会 （学校の保健室 2）
【目次】第1章 おばあちゃんが変になっちゃった！（おばあちゃんがおかしくなっちゃったみたい、ニンチショーって何？ ほか）、第2章 どうして忘れてしまうの？（一生懸命にやろうとしているだけなのに、新しい記憶から消えていく ほか）、第3章 周りの人ができることは何？（おばあちゃんの悲しい気持ち、心の声を聞こう ほか）、第4章 みんなが幸せになるために（お母さんがつかれちゃった、認知症のお世話をする人に見られやすい、つかれ方やストレス ほか）
2017.4 63p A4 ¥2800 ①978-4-89294-561-8

児童書　410　BOOK PAGE 2018

絵本・児童書

◆覚えておこう応急手当―小さなけがの手当から命を救うAEDまで　加藤啓一監修　少年写真新聞社　（ビジュアル版 新 体と健康シリーズ）　第3版
【目次】第1章 一次救命処置、第2章 日常的なけが、第3章 手足のけが、第4章 頭部と体幹部のけが、第5章 緊急時の手当、第6章 乳幼児の手当
2017.1 79p B5 ¥2100 ①978-4-87981-597-2

◆からだ　阿部和厚監修　学研プラス　（なぜ？の図鑑）
【要旨】子どもの「なぜ？」に答えます!!迫力の写真・イラストで「なぜ」をくわしく解説！
2017.9 126p 27×22cm ¥1900 ①978-4-05-204575-2

◆からだげんき！ずかん　白鳥亮平監修　チャイルド本社　（チャイルドブックこども百科）
【要旨】子どもたちが成長する上で重要な健康や体のしくみについて、幼児にもわかりやすく紹介した図鑑です。「相手に気持ちを伝える」ことや「思いやり」など心の元気についてもとりあげています。小学校の理科にもつながる内容です。
2017 92p 28×23cm ¥1600 ①978-4-8054-4661-4

◆からだの免疫キャラクター図鑑―病気をふせぐしくみがよくわかる！　岡田晴恵監修、いとうみつるイラスト　日本図書センター
【要旨】いつでも健康でいるために！ 知って役立つ41の免疫キャラクターが登場!!目に見えるからよくわかる！ 免疫"超入門"図鑑。
2017.3 79p 21×19cm ¥1500 ①978-4-284-20401-9

◆きちんと知ろう！アレルギー 2　食物アレルギーとアナフィラキシー　海老澤元宏監修、坂上博著　（京都）ミネルヴァ書房
【要旨】食物アレルギーって？ アナフィラキシーのそなえは？ …など、学校現場でかかせない食物アレルギーの知識と、命にかかわることもあるアナフィラキシーについて見ていきます。小学校高学年～中学生向き。
2017.1 31p 27×22cm ¥2800 ①978-4-623-07885-1

◆きちんと知ろう！アレルギー 3　ぜんそく・アトピー・花粉症　海老澤元宏監修、坂上博著　（京都）ミネルヴァ書房
【要旨】ぜんそくやアトピー性皮膚炎、通年性鼻炎・結膜炎、花粉症のほか、虫によるアレルギーや薬によるアレルギーなど、さまざまなアレルギーの原因や診断、予防、対策などを見ていきます。
2017.2 31p 27×22cm ¥2800 ①978-4-623-07886-8

◆シリーズ疫病の徹底研究 1　人類の歴史は疫病との闘いの歴史　池上彰監修、伊波達也文、こどもくらぶ編　講談社
【目次】1 人類と疫病、2 古代の疫病、3「ローマへの道」と「マラリアの道」、4 差別を受けたハンセン病、5 中世の黒死病・ペスト、6 コロンブスがもちかえった梅毒、7 文明を滅亡させた天然痘、8 産業革命がもたらしたコレラと結核、9 指導者をなやませた発疹チフス、10 第一次世界大戦中のパンデミック、11 病原体の発見
2017.2 31p 29×22cm ¥2800 ①978-4-06-220435-4

◆シリーズ疫病の徹底研究 2　風邪かインフルエンザか？　池上彰監修、稲葉茂勝文、こどもくらぶ編　講談社
【目次】風邪とインフルエンザのちがい、インフルエンザと学校、インフルエンザウイルスの型、「感染」と「流行」、動物のインフルエンザ、新型インフルエンザとは？、鳥インフルエンザのおそろしさ、新型インフルエンザの2つのパターン、風邪・季節性インフルエンザ・新型、免疫力をつける、ワクチンと抗インフルエンザウイルス薬、パニックにならないために、新型インフルエンザが流行しはじめたなら、デマに注意し、正しい情報を！、インフルエンザではないかと思ったら
2017.2 31p 29×22cm ¥2800 ①978-4-06-220436-1

◆シリーズ疫病の徹底研究 3　現代の疫病・さらなる恐怖　坂上博著、こどもくらぶ編　講談社
【要旨】感染症の脅威が日本にせまる、蚊によって感染するデング熱、小頭症の子どもがうまれるジカ熱、中国で出現した SARS、韓国で感染拡大した MERS、偏見の目で見られたエイズ、輸血や注射で感染した C 型肝炎、抗菌薬のつかいすぎがうんだ C 型肝炎、歴史上最恐の感染症・エボラ出血熱、冬場に猛威をふるうノロウィルス、腸出血も起こす食中毒菌・O157、ふたたび患者が増加したはしか

◆シリーズ疫病の徹底研究 4　疫病対策・わたしたちのできること　坂上博著、こどもくらぶ編　講談社
【目次】知識を身につけることの大切さ、感染の経路とすみか、感染力と毒性、予防法と治療法、できることをみんなで話しあう、かからない・うつさない、感染症にまけない体づくり、薬にたよりすぎない、正しい知識と理解で偏見や差別をなくす、行動する勇気をもち、感染を広げない、「咳エチケット」、感染防止の基本は手洗いとうがい、適度の湿度と換気で予防、忘れてはならない予防接種、災害にそなえる
2017.2 31p 29×22cm ¥2800 ①978-4-06-220438-5

◆人体について知っておくべき100のこと　竹内薫訳・監修　小学館　（インフォグラフィックスで学ぶ楽しいサイエンス）
【要旨】わかりやすいイラストで、基礎知識からトリビアまで人体に関する100のテーマを大図解！
2017.11 126p 24×17cm ¥1500 ①978-4-09-726695-2

◆人体のクライシス　上川敦志漫画、三条和都ストーリー　小学館　（科学学習まんが―クライシス・シリーズ）
【要旨】唇、歯、舌の知られざる秘密って？ 人間の目と動物の目のちがいって何？ 耳のヒダはなんのためにあるの？ 呼吸と睡眠の大事な関係って？ 血液は人体をどう巡っているの？ 人体が持つ秘められた力って？ 天才発明家のじいちゃんが発明したマシンによって、幼なじみの大介や渓英は小さくなって人体に入ることに！ そこで目撃したものとは…!?
2017.10 192p 22×15cm ¥1200 ①978-4-09-296649-9

◆人体のふしぎ―脳と血管の大探検！ の巻　講談社編、竹林月漫画、島田達生監修　講談社　（講談社の動く学習漫画 MOVE COMICS）（付属資料：DVD1）
【目次】プロローグ ケガはどうやって治るの？、第1章 体のなかへ、第2章 たたかう白血球、第3章 心臓と肺、第4章 脳・記憶と夢、第5章 鼻から脱出!!、人体のふしぎQ&A
2017.8 139p 22×16cm ¥1200 ①978-4-06-299958-8

◆世界一まじめなおしっこ研究所―高校の先生が本気で教える！ / 自由研究課題・実験事例付き　金子大輔著　（大阪）保育社
【目次】1号室 おしっこ解剖生理学研究室、2号室 おしっこ動物学研究室、3号室 おしっこ物理化学研究室、4号室 おしっこ人間科学研究室、5号室 おしっこ歴史学研究室、6号室 おしっこ自然科学研究室、7号室 おしっこ芸術学研究室
2017.7 150p A5 ¥1900 ①978-4-586-08585-9

◆先生ががんになっちゃった！　宇津木聡史文、河村誠絵　星の環会　（学校の保健室 3）
【目次】第1章 先生ががんになっちゃった！ （先生ががんになっちゃった、がんって、どんな病気なの？、先生の体の中へ！）、第2章 がんって何？ （どうやって治るの？、手ごわいがん細胞、がん細胞だけどりだせないの？）、第3章 どうすれば治るの？ （がん細胞をやっつけろ、薬でもっとやっつけたい！、ぶつけてこわす方法はないの？、どの治療法が一番いいの？）、第4章 がんに立ち向かう人を助けたい！ （私たちに何ができるの？、どんな料理が体にいいの？、がんになると痛いの？、みんなで支えたい！）
2017.5 63p 29×22cm ¥2800 ①978-4-06-220437-8

◆大図解 人体なるほど！ 図鑑―謎にいどんだ医学の歴史もバッチリ！　アレックス・フリス文、イアン・マクニー、アダム・ラーカム絵、しまだようこ訳、伊藤智宏日本語版監修　絵本塾出版
【要旨】血液はなんのためにあるの？ 筋肉ってどんなの？ がんには何本の骨がある？ エックス線写真、顕微鏡写真、イラストたっぷりのこの本で人体のしくみとはたらきがよくわかります。人類がさまざまなくふうと努力で人体のふしぎを解明した医学の歴史をたどることもできます。
2017 31p 27×22cm ¥2000 ①978-4-86484-106-1

◆友だちがインフルエンザになっちゃった！　宇津木聡史文、河村誠絵　星の環会　（学校の保健室 4）
【目次】第1章 インフルエンザって何？ （インフルエンザでサッカー大会が中止に!?、悪い空気みたいなものなの？　ほか）、第2章 インフルエンザをやっつけろ （体を守る免疫の兵士たち、免疫兵士たちのチームプレー　ほか）、第3章 小さな生き物はどうやって体の中に？ （病原微生物がなかまを痛くする!?、食中毒を起こす病原微生物の種類　ほか）、第4章 微生物は全滅にできないの？ （微生物はみんな人を病気にするの？、デング熱やエボラ出血熱の広がり方　ほか）、第5章 友だちが治った!! （治ったのに学校に来られないの？、サッカー大会の開催！）
2017.4 63p 29×22cm ¥2800 ①978-4-89294-560-1

◆なるほど呼吸学―あいうべ体操で息育　今井一彰著　少年写真新聞社
【目次】口呼吸チェック、口呼吸ってなに？、鼻呼吸と口呼吸、鼻の役割、どうして口呼吸になるの？、みんなであいうべ体操、あいうべ体操の効果
2017.9 47p 27×19cm ¥1800 ①978-4-87981-610-8

◆寝ないとドジるよ、アブナイよ！　神山潤著　少年写真新聞社　（自分で考え自分で決めるからだ・食事・睡眠シリーズ）
【目次】第1部 眠り博士が伝える「眠りのためのオススメ生活」（日本の小中学生の眠りの実際、眠りについて勉強しよう、元気でいるために大切なこと、知っておきたい眠りに関係する病気、私にはみんなとがホントに大切なんです！）、第2部 眠り博士が答える「眠り・生活の疑問」（早く寝ようとしても、1時間くらい寝つけません。どうしたらいいですか。（小学生）、子どもたちが、ますます深夜型になってきていると実感しています。中・高生になったとき、何かリスクがあるのではないかと心配です。（小学校養護教諭）、小学生に、メラトニンは光と関係するのでできるだけ暗くして寝た方がよいと話をすると、「真っ暗だと怖くて寝られない」という反応があります。震災などで暗くして寝ることが怖いという思いもあるようです。光と睡眠の関係について教えてください。（小学校養護教諭）、スマートフォンなどのブルーライトの危険性がいわれています。寝る直前までスマートフォンをみている子どもが多いのですが、睡眠への影響がとても気になります。（小学校養護教諭）、とてもハードな生活をしている子どもの中に、短い睡眠時間でも全然平気だという子がいます。からだの不調を感じないといいますが、本当にそうなのでしょうか？（小学校養護教諭））
2017.3 87p A5 ¥1200 ①978-4-89579-389-6

◆皮ふの下をのぞいてみれば…　カレン・ラッチャナ・ケニー文、スティーブン・ウッド絵、Babel Corporation訳出協力　六耀社　（絵本図鑑：その下はどうなっているの？）
【要旨】からだをおおっている皮ふは、たった1まいのうすい皮です。その下は、どうなっているのでしょうか？ 皮ふの下をのぞいてみると、皮の内がわには、たくさんの筋肉、骨、そして器官があります。迷路のような細い血管は、血液や酸素をからだじゅうに、びゅんびゅんという高速道路のようなはたらきをしています。からだのなかの装置や部品は、それぞれにとくべつなはたらきをしています。さぁ、からだのひみつのたんけんに出発です。
2017.5 1Vol. 27×24cm ¥1850 ①978-4-89737-981-4

◆マルチアングル人体図鑑 消化器―消化器と泌尿器　高沢謙二監修　ほるぷ出版
【要旨】食べ物が、わたしたちのからだの「材料」や「エネルギー」になるために、からだの中の長い旅。この長い旅にかかわる、胃や小腸、大腸などの器官「消化器」と、血液と尿にかかわる腎臓、膀胱などの器官「泌尿器」と、それぞれの器官はどんなしごとをしているのか、一つ一つの部位を、精密なイラストで、いろいろな角度から見せることで、これまではわかりづらかった人体の裏側も知ることができる図鑑シリーズ。
2017.12 31p 29×22cm ¥2800 ①978-4-593-58757-5

◆マルチアングル人体図鑑 骨と筋肉　高沢謙二監修　ほるぷ出版
【要旨】人間の体の土台は、200以上の骨と600以上の筋肉でできています。この本では、人間の骨と筋肉をいろいろな角度から紹介します。さあ、骨と筋肉の世界をのぞいてみましょう。
2017 31p 29×22cm ¥2800 ①978-4-593-58756-8

◆iPS細胞と人体のふしぎ33―人体のしくみと最新研究　茨木保監修、小野寺佑紀著、日能研企画・編集協力　講談社　（日能研クエスト）
【要旨】iPS細胞は、人類の病との戦いに終止符をうてるのか!?「iPS細胞とはなにか？」「細菌とウイルスのちがいは？」「DNAとゲノム編集」―病との戦いのあたらしくたどりついた最新の研究内容を豊富な図解とともにいっき読み！
2017.11 205p 21×15cm ¥1000 ①978-4-06-220882-6

いろいろな実験・観察

◆なりきり！ YouTuber実験 小学生―自由研究まとめつき　左巻健男監修, 学研プラス編　学研プラス
【要旨】最近、ユーチューバーによる実験が人気です。見ている人を驚かせる実験のその多くは、科学実験として親しまれてきたものです。実験することで科学現象に興味を抱き、体験からなぜ？どうして？と疑問を持ち、そこから何かを学ぶことは大切なことです。ユーチューバーの実験の中には、手順をくわしく説明していなかったり、実験の危険に触れていないものもあります。この本では、お子様が自由研究として取り組むことを考え、安全上の注意にも触れながら、家庭で無理なくできる実験方法を紹介しています。
2017.7 111p B5 ¥980 ①978-4-05-204633-9

社会・生活の本

◆アイちゃんのいる教室 6年1組にじ色クラス　高倉正樹文・写真　偕成社
【要旨】目がくりっとして、人なつっこくて、漢字がとくいなアイちゃん。ダウン症だから、じょうずにできないことも、周りを困らせることも、たまにあるけれど、クラスの友だちにとって、アイちゃんは大切な仲間です。そんなクラスみんなで「いじめ」について考えるきっかけになったのは、「みんな輝け！にじ色だ！」という言葉でした。にじは、ほんとうは円なのに、ぼくらには半分しか見えない。かくされている残りの半分は、いじめや悪口かもしれない。6年1組の合言葉について、みんなで考え…そして卒業。小学校高学年から。
2017 48p A5 ¥1200 ①978-4-03-417140-0

◆アイデアはひとつじゃない！―アルゴリズムって、こういうもの　松田孝監修　フレーベル館　（プログラミングを学ぶ前に読む アルゴリズムえほん 1）
【要旨】アルゴリズムっていうのは、目的をかなえるための方法のこと。アルゴリズムを考えて、それをコンピュータに命令することをプログラミングっていうよ。そう聞くとむずかしそうだけど、じつは、だれもが生活の中でアルゴリズムを考えて、行動しているんだって！この本を読むと、目的にたいしていろいろなアルゴリズムを考え、どれが一番よい方法を考えるようになる。そして、プログラミングのきほんの考え方を学ぶことができるんだ。
2017 35p A4 ¥2800 ①978-4-577-04561-9

◆アクティブ・ラーニングで身につく発表・調べ学習 4 教科別に発表してみよう　中村昌子, 上田真也, 山本剛久, 田代勝, 大出幸夫監修　河出書房新社
【要旨】この本で、今求められている「アクティブ・ラーニング」の考え方を知り、各教科の発表や調べ学習のコツを身につけていきましょう！
2017.1 47p A4 ¥2800 ①978-4-309-61314-7

◆あこがれのあの人オススメ！マンガのちから 1 スポーツ！人生を熱くするマンガ　教育画劇
【目次】『キャプテン翼』×中村憲剛、『H2』×藤浪晋太郎、『SLAM DUNK』×田臥勇太、『ベイビーステップ』×古畑一幸、『ハイキュー!!』×小野674、『弱虫ペダル』×新城幸也、『柔道部物語』×恵本裕子、『はじめの一歩』×内藤大助、『ガンバ！Fly high』×森末慎二
2017.2 39p 29×22cm ¥3300 ①978-4-7746-2098-5

◆あこがれのあの人オススメ！マンガのちから 2 文化・仕事・絆！日常を豊かにするマンガ　教育画劇
【目次】『ちはやふる』×坪田翼、『3月のライオン』×先崎学、『のだめカンタービレ』×茂木大輔、『バクマン。』×瓶子吉久、『ブラック・ジャック』×吉村和夏、『動物のお医者さん』×宮負賢治、『クッキングパパ』×伊達みきお（サンドウィッチマン）、『赤ちゃんと僕』×オカリナ（おかずクラブ）、『君に届け』×浪川大輔
2017.4 39p 29×22cm ¥3300 ①978-4-7746-2099-2

◆あこがれのあの人オススメ！マンガのちから 3 過去・未来・夢！想像の翼を広げるマンガ　教育画劇
【目次】『火の鳥』×松本零士、『銀河鉄道999』×銀河鉄道999現実化プロジェクト、『宇宙兄弟』×長沼毅、『NARUTO―ナルト』×ダイアナガーネット、『鋼の錬金術師』×竹内整一、『ベルサイユのばら』×水夏希、『へうげもの』×石橋圭吾、『この世界の片隅に』×のん、『ドラえもん』青木俊介
2017.4 39p 29×22cm ¥3300 ①978-4-7746-2100-5

◆あの町工場から世界へ―世界の人々の生活に役立つ日本製品　『あの町工場から世界へ』編集室編　理論社　（世界のあちこちでニッポンシリーズ）
【要旨】あなたの暮らすその町の見なれた町工場から世界の人々の生活を支え毎日を彩る製品が作られています。
2017 79p 28×22cm ¥4300 ①978-4-652-20213-5

◆家の記号とマーク　小峰書店編集部編・著　小峰書店　（さがしてみよう！まちの記号とマーク 2）
【要旨】みなさんのまわりには、どんな記号やマークがあるでしょう？気をつけて見てみると、学校にも、通学路にも、家にも、店にも、数えきれないくらいの記号やマークが見つかるはずです。これらの記号やマークは、だれにでも意味がわかるように、とてもよく考えてつくられています。だからこそ、多くの人の役に立って、便利に使われているのです。それぞれの意味とやくわり、くふうしていることを、この本を読んで学んでください。
2017.4 39p 29×23cm ¥2800 ①978-4-338-31002-4

◆池上彰監修！国際理解につながる宗教のこと 1 宗教のナゼナゼ　池上彰監修　教育画劇
【目次】第1章 くらしの中の宗教（お正月に雑煮を食べるのはなぜ？、おみこしの中には何があるの？、おみくじは当たるの？ ほか）、第2章 宗教を探ろう（お寺と神社はどうちがう？、仏像には種類があるの？、天国や地獄はあるの？ ほか）、第3章 宗教を比べよう―キリスト教、仏教、イスラム教のちがい（三大宗教はどんな宗教なの？、「教え」のちがいは？、祈りや修行のちがいは？ ほか）
2017.4 56p A4 ¥3000 ①978-4-7746-2091-6

◆池上彰監修！国際理解につながる宗教のこと 2 宗教を知ろう　池上彰監修　教育画劇
【目次】第1章 さまざまな宗教（世界の宗教、キリスト教、仏教、イスラム教、その他の宗教）、第2章 宗教のつながり（宗教をめぐる問題、宗教のつながり、聖地をめぐる争い、宗教をめぐる問題や争い、おたがいを理解するために）
2017.4 56p A4 ¥3000 ①978-4-7746-2092-3

◆池上彰監修！国際理解につながる宗教のこと 3 歴史と宗教（アジア編）　池上彰監修　教育画劇
【目次】第1章 日本の宗教の歴史（自然の中の神様をまつり、神話をまとめる ほか）、第2章 中国の宗教の歴史（孔子の教えがもとになった儒教、老子の教えがもとになった道教 ほか）、第3章 インド・東南アジアの宗教の歴史（インドの宗教の始まり、アジアに広がる仏教 ほか）、第4章 アジアの宗教の歴史（500年ごろまで、500〜1500年のごろ ほか）
2017.4 56p A4 ¥3000 ①978-4-7746-2093-0

◆池上彰監修！国際理解につながる宗教のこと 4 歴史と宗教（欧米・中東編）　池上彰監修　教育画劇
【目次】第1章 ヨーロッパとアメリカの宗教の歴史（文明の始まりと宗教、キリスト教が始まる、ローマで広まったキリスト教 ほか）、第2章 中東の宗教の歴史（ユダヤ教が始まる、イスラエルの建国と滅亡、イスラム教が始まる ほか）、第3章 欧米・中東の宗教の歴史（500年ごろまで、500〜1500年ごろ、1500年〜現在 ほか）
2017.4 56p A4 ¥3000 ①978-4-7746-2094-7

◆池上彰さんと学ぶ12歳からの政治 1 いちばん身近な憲法・人権の話　池上彰監修　学研プラス
【目次】池上彰さんにインタビュー 憲法とは？、第1章 日本国憲法、第2章 基本的人権、第3章 グローバル社会と人権、第4章 新しい人権、第5章 性の多様性とジェンダー
2017.2 47p 30×24cm ¥3000 ①978-4-05-501229-4

◆池上彰さんと学ぶ12歳からの政治 2 いちばん身近な選挙の話　池上彰監修　学研プラス
【目次】池上彰さんにインタビュー 選挙とは？、第1章 選挙、第2章 投票、第3章 選挙の課題、第4章 民主政治、第5章 メディアリテラシー
2017.2 47p 30×24cm ¥3000 ①978-4-05-501230-0

◆池上彰さんと学ぶ12歳からの政治 3 いちばん身近な国会・内閣の話　池上彰監修　学研プラス
【目次】池上彰さんにインタビュー 国会・内閣とは？、第1章 政党、第2章 国会と国会議員、第3章 国会の仕事、第4章 内閣、第5章 地方自治
2017.2 47p 30×24cm ¥3000 ①978-4-05-501231-7

◆池上彰さんと学ぶ12歳からの政治 4 いちばん身近な裁判の話　池上彰監修　学研プラス
【目次】池上彰さんにインタビュー 裁判とは？、第1章 裁判所、第2章 三審制、第3章 民事裁判と刑事裁判、第4章 裁判員制度、第5章 三権分立
2017.2 47p 30×24cm ¥3000 ①978-4-05-501232-4

◆池上彰さんと学ぶ12歳からの政治 5 いちばん身近な社会保障の話　池上彰監修　学研プラス
【目次】池上彰さんにインタビュー 社会保障とは？、第1章 社会保障制度、第2章 少子高齢化、第3章 税金、第4章 非正規雇用、第5章 消費者の権利
2017.2 47p 30×24cm ¥3000 ①978-4-05-501233-1

◆稲盛和夫新道徳 子ども こころの育て方　稲盛和夫監修　致知出版社
【要旨】稲盛和夫の「こころ（新道徳）」を学ぼう！人を思いやる「利他のこころ」で京セラ、KDDIの創設やJALの再生を成した日本随一の経営者・稲盛和夫の人生哲学を、子ども向けにまとめた集大成！
2018.1 103p 22×19cm ¥1400 ①978-4-7916-2566-6

◆いのちを考えるブックガイド　尾木直樹監修　ポプラ社　（尾木ママのいのちの授業 5）
【目次】1 自分のいのちを育てよう、2 友だちのいのちと自分のいのち、3 尾木ママのおすすめの7冊、3 みとめあういのち、4 いのちってなんだろう
2017 47p 23×23cm ¥3200 ①978-4-591-15360-4

◆いのちってなんだろう　尾木直樹監修　ポプラ社　（尾木ママのいのちの授業 4）
【目次】尾木ママ先生の授業ですよ！「いのち」を感じるとき、1 いのちはどこからくるんだろう？、2 いのちがけで生まれてきたいのち、3 いのちのリレー、4 いのちについて考え続ける、5 いのちを守る、6 いのちはみんなつながり合っている
2017 63p 23×23cm ¥3200 ①978-4-591-15359-8

◆いのちと福祉のねだん　藤田千枝編, 坂口美佳子著　大月書店　（いくらかな？社会がみえるねだんのはなし 2）
【目次】レントゲンって1枚いくら？、盲腸の手術代、いくらかかる？、出産費用っていくらかかるの？、介護ロボットはいくら？、車いすは給食費は、1食いくらか知ってる？、救急車は「タダ」ではありません！、AEDって知ってる？、薬の飲み残し、こんなにある！、年金はいくらもらえるの？、生活保護って知ってる？、いのちや福祉のために子どもにできる寄付
2017.8 56p 23×26cm ¥3000 ①978-4-272-40962-4

◆命の意味 命のしるし　上橋菜穂子, 齊藤慶輔著　講談社　（世の中への扉）
【要旨】多文化社会の中で、はざまに立たされた人々の「それでも自分はこう生きてみたい」という選択を、願いをこめて書きつづってきた作家・上橋菜穂子。「野のものを、日本へ帰してやりたい」と野生動物たちの声なき声に耳をすませ、共生の道を探しつづけてきた獣医師・齊藤慶輔。人と人、人と自然との関係を見つめてきたふたりが問う、命の意味とは―。小学上級から。
2017.1 133p B6 ¥1200 ①978-4-06-287025-2

◆今こそ知りたい！三権分立 1 立法権ってなんだろう　山根祥利, 平塚晶人監修, こどもくらぶ編　あすなろ書房
【目次】憲法ってなんだろう（「憲法」の誕生、国のあり方を決めるのは、だれ？、日本初の近代憲法「大日本帝国憲法」）、2 日本国憲法と立法府のしくみ（日本国憲法のもとでは、国会が「三権」の最高機関、国会はどんなところ？、国会議員は「全国民の代表」、選挙のルールとして

児童書

◆今こそ知りたい！ 三権分立 2 行政権ってなんだろう　山根祥利, 平塚晶人, 山田兼太郎監修, こどもくらぶ編　あすなろ書房
【目次】1 行政権は「内閣」がもつ（「行政」ってなんだろう、内閣をたばねるのは内閣総理大臣、内閣とは？ ほか）、2 行政にかかわる人（大臣は省庁の「長」、行政機関のトップ・省庁、地方行政）、3 行政府がもつチェック機能（衆議院の解散、最高裁判所長官の指名、内閣は憲法の解釈を変更できる、行政の力が強くなっている？）、4 見学！ 首相官邸（首相官邸見取り図、2階と3階をつなぐ階段・大ホール・記者会見室、閣僚応接室・閣議室・特別応接室・大会議室・太陽光発電パネル、見学！ 霞が関）、資料編
2017.2 55p A4 ¥3300 ①978-4-7515-2882-2

◆今こそ知りたい！ 三権分立 3 司法権ってなんだろう　山根祥利監修, 平塚晶人著, こどもくらぶ編　あすなろ書房
【目次】1 司法権の役割（「司法」ってなんだろう、法の支配 ほか）、2 裁判所と裁判官（裁判所の組織、裁判官の役割 ほか）、3 裁判のしくみ（刑事裁判がはじまるまで、刑事裁判のしくみ ほか）、4 見学！ 最高裁判所（最高裁判所庁舎、大法廷・小法廷 ほか）、資料編
2017.3 55p 31×22cm ¥3300 ①978-4-7515-2883-9

◆今、世界はあぶないのか？ 差別と偏見　ルイーズ・スピルズベリー文, ハナネ・カイ絵, 大山泉訳, 佐藤学解説　評論社　（児童図書館・絵本の部屋）
【要旨】この本では、差別や偏見って、どういうこと？ どうして、差別や偏見があるの？ どうしたら、なくせるの？ 子どもたちに、できることは？ を考えます。
2017.12 1Vol. 23×23cm ¥1500 ①978-4-566-08024-9

◆今、世界はあぶないのか？ 貧困と飢餓　ルイーズ・スピルズベリー文, ハナネ・カイ絵, 大山泉訳, 佐藤学解説　評論社　（児童図書館・絵本の部屋）
【要旨】この本では、貧困や飢餓って、どういうこと？ どうして、そんなことになるの？ どうしたら、変えていけるの？ 子どもたちに、できることは？ を考えます。
2017.12 1Vol. 23×23cm ¥1500 ①978-4-566-08023-2

◆イラストでわかる日本の伝統行事・行事食　谷田貝公昭監修, 坂本廣子著　合同出版
【要旨】この行事の日にはどんな意味があって、どんなものを食べるの？ 子どもたちの五感を刺激して、行事の心を伝えたい。家庭で、園で、学校で―子どもと一緒に楽しむ、日本の特別な日と料理。
2017.3 223p B5 ¥4600 ①978-4-7726-1302-6

◆ウソ？ ホント？ トリックを見やぶれ 1 よく考えて！ 説明のトリック…情報・ニセ科学　曽木誠監修, 市村知文, 伊東浩司絵　岩崎書店
【要旨】一見科学的に思える説明や統計の数字などに、ワナが隠されています。ダマされないための情報リテラシーを身につける本です。
2017.12 47p 20×15cm ¥1200 ①978-4-265-80237-1

◆絵地図をつくってみよう　早川明夫監修　国土社　（地図っておもしろい！ 1）
【目次】1章 どうして地図をつくるの？（お気に入りの場所をしょうかいする、どうやって、しょうかいする？ ほか）、2章 わかりやすい地図をつくろう！（地図が見づらいのは、なぜ？ 目印やコースがわかりにくい地図 ほか）、3章 まちを歩いて調べよう！（まちを歩く準備をしよう、じっさいに歩いてみよう ほか）、4章 自分だけの絵地図をつくってみよう！（ベースとなる地図をつくろう、目印を書き入れていこう ほか）
2017.11 48p 29×22cm ¥3200 ①978-4-337-28301-5

◆お金の使い方と計算がわかる おかねのれんしゅうちょう　学研プラス　（学研の頭脳開発）（付属資料：おかねカード84枚; シール）
【要旨】コインや紙幣の種類・価値を知り、金額の大小について正しく理解する。カードやシールを使って楽しく問題に取り組み、基礎的な知識を定着させる。コインでの支払い方を考えたり、工夫をすることで、計算力やお金のセンスを磨く。さまざまな場面の問題を通して、生活の中でお金を使いこなす力をつける。年少～小学校低学年向き。
2017.12 80p 21×30cm ¥750 ①978-4-05-204727-5

◆おしえてアドラー先生！―こころのなやみ、どうしたらいいの？　八巻秀監修　世界文化社
【要旨】学校では教えてくれない、こころの教室。マンガでよくわかる！ こども向けアドラー心理学。
2017.3 79p 21×19cm ¥1200 ①978-4-418-17212-2

◆お仕事ナビ 11 ファッションに関わる仕事―スタイリスト 靴デザイナー 美容師 店長兼バイヤー　お仕事ナビ編集室編　理論社　（キャリア教育支援ガイド）
【要旨】なりたい職業について、どうすればなれるのか、どんな資格が必要なのか、どんな一日を送っているのか、どんな作業をしているのか、どんなところで仕事しているのか、お給料は？ などなど、本当に知りたいことが、全部わかる！
2017 55p 30×22cm ¥2800 ①978-4-652-20208-1

◆お仕事ナビ 12 ITに関わる仕事―アプリ開発者・AI研究者・ウェブプランナー・ユーチューバー　お仕事ナビ編集室編　理論社　（キャリア教育支援ガイド）
【目次】01 アプリ開発者 キムダソムさん（アプリ開発者ってどんな仕事？ キムさんの一日 ほか）、02 AI研究者 大倉俊平さん（AI研究者ってどんな仕事？ 大倉さんの一日 ほか）、03 ウェブプランナー 平佳奈さん（ウェブプランナーってどんな仕事？ 平さんの一日 ほか）、04 ユーチューバー 葉一さん（ユーチューバーってどんな仕事？ 葉一さんの一日 ほか）、他にもいろいろなお仕事！
2017 55p A4 ¥2800 ①978-4-652-20209-8

◆お仕事ナビ 13 ライフラインを支える仕事―発電所・高速道路・水道局・清掃工場　お仕事ナビ編集室編　理論社　（キャリア教育支援ガイド）
【要旨】なりたい職業について、どうすればなれるのか、どんな資格が必要なのか、どんな一日を送っているのか、どんな作業をしているのか、どんなところで仕事しているのか、お給料は？ などなど、本当に知りたいことが、全部わかる！
2017 55p 30×22cm ¥2800 ①978-4-652-20210-4

◆大人になってこまらない マンガで身につく 自分コントロール　菅原洋介監修, 大野直人漫画・イラスト　金の星社
【要旨】場所、時間、しぐさ、ことば―この4つを覚えるだけで、やる気が出て、がんばれる。それが、自分コントロール!!
2017 143p A5 ¥850 ①978-4-323-05323-3

◆大人になってこまらない マンガで身につく 友だちとのつきあい方　相川充監修, とげとげ. マンガ・イラスト　金の星社
【要旨】あの子と友だちになりたい、仲直りしたいけど…、悪口を言われちゃった―そんなときに！ 勇気とお話力がつくノウハウがいっぱい！
2017 143p A5 ¥1100 ①978-4-323-05324-0

◆親子でかんたん スクラッチプログラミングの図鑑　松下孝太郎, 山本光著　技術評論社　（まなびのずかん）
【要旨】楽しく作れる！ いっしょに学べる！ ゼロからはじめたい親子に最適！ スクラッチの使い方から本格的なプログラミングまでまるごと1冊に凝縮！ プログラミング教育に対応！ 学校教材にも使える！（国語、算数、理科、社会、図工、音楽）
2018.1 191p B5 ¥2580 ①978-4-7741-9387-8

◆オールカラー 発表、スピーチに自信がつく！ マンガ 敬語の使い方　青山由紀監修　ナツメ社　（ナツメ社やる気ぐんぐんシリーズ）
【要旨】場面に応じた話し方が身につく。
2017.11 223p A5 ¥1000 ①978-4-8163-6349-8

◆学校で知っておきたい著作権 3 ネットの写真はSNSで使ってもいいの？　小寺信良著, 上沼紫野, インターネットユーザー協会監修　汐文社
【目次】著作権の歴史、私的複製ってなに？、こんなときどうする？ 著作権Q&A、音楽と私的複製の関係、テレビ放送と私的複製の関係、デジタルコピーと補償金、インターネットの動画と著作権、本と私的複製の関係
2017 39p 27×19cm ¥2500 ①978-4-8113-2306-0

◆学校にいくのは、なんのため？―読み・書き・計算と学ぶ態度を身につけよう　長田徹監修, 稲葉茂勝著　（京都）ミネルヴァ書房　（シリーズ・「変わる！ キャリア教育」 1）
【要旨】「キャリア教育が変わる！」ってどういうこと？ 「読み・書き・計算」が大事だというのはなぜ？ 子どもの貧困と教育には関連がある！…など、子どもが学校にいく目的はなんのためなのかを見ていきます。
2017.3 31p 27×22cm ¥2800 ①978-4-623-08022-9

◆学校の記号とマーク　小峰書店編集部編・著　小峰書店　（さがしてみよう！ まちの記号とマーク 1）
【要旨】みなさんのまわりには、どんな記号やマークがあるでしょうか。気をつけてみると、学校にも、通学路にも、家にも、店にも、数えきれないくらいの記号やマークが見つかるはずです。これらの記号やマークは、だれにでも意味がわかるように、とてもよく考えてつくられています。だからこそ、たくさんの人の役に立って、便利に使われているのです。それぞれの意味と役やくわり、くふうしていることを、この本を読んで学んでください。
2017.4 39p 29×23cm ¥2800 ①978-4-338-31001-7

◆かっこよくいきる すてきにいきるための5つのお話　永原郁子著　ごま書房新社
【要旨】この本には、あなたがまわりの人たちと笑顔で暮らすための5つのお話が書いてあります。読んで下さい。そして毎日、笑顔で、「かっこよく、すてきに」暮らしてください。
2017.8 99p A5 ¥1300 ①978-4-341-13255-2

◆からだと心　旺文社編　旺文社　（学校では教えてくれない大切なこと 18）
【目次】1章 体の中は、どうなっている？（食べたものは、どこへ行く？ なんで呼吸している
の？ ほか）、2章 病気について知ろう（体調が悪いサインに気づこう、病院へ行ったら、どうする？ ほか）、3章 毎日、元気に過ごすには（きみの体は、ずっと働き続けます、食事はバランスよく食べよう ほか）、4章 心も健康に過ごそう（心と体は、つながっている、気持ちを切りかえよう、心を強くする習時句 ほか）
2017.7 143p A5 ¥950 ①978-4-01-011170-3

◆考えよう！ 子どもの貧困―なぜ生じる？ なくす方法は？　中嶋哲彦監修　PHP研究所　（楽しい調べ学習シリーズ）
【目次】第1章 日本の社会と身近な貧困（子どもの貧困の現状 子どもの貧困と支援、貧困とは？ 1 健康、子どもの貧困とは？ 2 学校生活 ほか）、第2章 なぜ貧困が生じるの？（原因は何だろう？ なぜ、子どもの貧困がふえるの？、日本は貧困になりやすい社会 1 低賃金・不安定雇用の増大、日本は貧困になりやすい社会 2 所得再分配制度の問題点 ほか）、第3章 なくそう！ 子どもの貧困（貧困をなくすために 政府の取り組み、経済的理由で高校や大学に行けない人をなくすために 学校教育とお金、子どもの貧困を見落とさないために 子どもを見守る目、見守る心 ほか）
2017.9 63p 29×22cm ¥2800 ①978-4-569-78707-7

◆考えよう！ 女性活躍社会 1 みんなが働きやすい社会って？　孫奈美編　汐文社
【目次】5歳の子どもがいる会社員 仕事と育児を両立して、フルタイムで働きたい、みんなが働きやすい社会のために 病児保育サービス 認定NPO法人フローレンス、三世代同居で自営業 3人の子どもを育てながら、夫婦で動物病院を営んでいます、働く時間と場所が自由な会社員 会社も自宅も仕事場。柔軟な働き方で育児も楽しんでいます、週5日の短時間勤務 敷地内に保育園がある職場で仲間と楽しく働いています、みんなが働きやすい社会のために 男性の育児休業、専業主婦から保育園園長に 社会全体で子育てをする世の中になってほしい、ベンチャー企業の経営者 ずっと女性が活躍できる社会を作りたい、入社2年目の会社員 女性社員がたくさん活躍する会社に就職しました、育児をサポートする会社員 ワーク・ライフ・バランスを大切にしています、みんなが働きやすい社会のために 介護と仕事の両立、2人の子どもがいる専業主婦 主婦の仕事をめいっぱい楽しんでいます
2017 47p 27×19cm ¥2400 ①978-4-8113-2335-0

児童書

◆考えよう！女性活躍社会 2 「女性初」にインタビュー！ 孫奈美編 汐文社
【目次】1 日本人「女性初」に聞く！（宇宙飛行士 向井千秋さん―「挑戦したい」気持ちを大切に、参議院議員・元大阪府知事 太田房江さん―住みやすい町・国をつくる、男女活躍社会を考える 女性と政治の歴史、日本郵船外航商船船舶航海士 小西智子さん―私が動かす船が、世界の海へ）、2 企業の「女性初」に聞く！（日本航空 大川順子さん―客室乗務員から代表取締役へ、秩父鉄道 電車運転士 廣井綾子さん―夢がある限り、道は開ける、男女活躍社会を考える 専業主夫）、3 いろいろな働き方を考えてみよう（消防官、弁護士、トラックドライバー、寿司職人、左官職人、自動車整備士）
2017 47p 27×19cm ¥2400 ①978-4-8113-2336-7

◆考えよう！女性活躍社会 3 データでみる女性活躍社会 孫奈美編 汐文社
【要旨】1日の家事・育児時間女性254分、男性77分。日本女性の就業率は過去最高の62.5%。女性管理職は約1割。子どもが生まれたら、女性の4割以上が仕事を辞める…「女性活躍」にまつわるデータを読み解きながら考える。
2017 47p B5 ¥2400 ①978-4-8113-2337-4

◆考える力の育て方 旺文社編 旺文社 （学校では教えてくれない大切なこと 16）
【目次】1章「考える力」はなぜ必要？（「考える力」ってなんだ？、身近な工夫を見てみよう ほか）、2章 いろいろなアイデアを出してみよう（見方を変えるとうまくいく、当たり前を疑おう ほか）、3章 アイデアを形にしよう（新聞紙1枚の使い方を考える、組み合わせ大作戦！ ほか）、4章 アイデアを実現させるには？（アイデアは発表しよう、アイデアは捨てずに置いておこう ほか）
2017.7 143p A5 ¥850 ①978-4-01-011168-0

◆気をつけよう！情報モラル 4 個人情報漏洩・拡散編 原克彦監修、秋山浩子編、イケガメシノイラスト 汐文社
【目次】01 動画投稿サイトで目立ちたい！、02 自己中の友だちにイライラ！、03 メンバー限定のはずなのに…
2017 35p 27×19cm ¥2400 ①978-4-8113-2416-6

◆気をつけよう！ブラックバイト・ブラック企業―いまから知っておきたい働く人のルール 2 テストなのに休めない!? ブラックバイトから子どもたちを守る会編 汐文社
【目次】ブラックあるある（1）ファミレス編 レイカの場合、ブラックあるある（2）宅配ピザ店編 タイセイとリュウジの場合、ブラックあるある（3）牛丼店編 マサヤの場合、ブラックあるある（4）会社員編 入社1年目・サトシの場合、ブラック・トラブル防止のために 知っておきたい働くルール、バイトあるあるこれもブラック？ バイトVS.店長、なんでも相談室 バイトの疑問に答えます
2017 35p 27×19cm ¥2400 ①978-4-8113-2163-9

◆気をつけよう！ブラックバイト・ブラック企業―いまから知っておきたい働く人のルール 3 ノルマ達成できないと罰金！？ ブラックバイトから子どもたちを守る会編 汐文社
【目次】ブラックあるある1 ファストフード編 アキの場合―辞めたら損害賠償請求するようなリーダーは責任重大？ 脅しがこわくて辞められない！、ブラックあるある2 雑貨店編 ミオリの場合―金額合わないなら補って！売り上げないから商品買って！レジの不足金、お店の赤字、バイトが穴埋めするの？、ブラックあるある3 コンビニ編 ヒトシの場合―チラシ戦で同業競争、売れなかったら連帯責任ね～ 売り上げ最下位で罰ゲーム！、ブラックあるある4 会社員編 入社3年目・ミサキの場合―あと10万円は売ってもらわないと。アナタ社員でしょ 新作商品、自分で買って目標達成？
2017 35p 27×19cm ¥2400 ①978-4-8113-2164-6

◆企業内「職人」図鑑―私たちがつくっています。12 印刷・製本 こどもくらぶ編 同友館
【目次】伝統の木版画の技術をきわめた職人が浮世絵の制作に取り組む―アダチ版画研究所、活版印刷で本をつくれる環境を残したい―ファーストユニバーサルプレス、得意とする和製本の技術で製本の可能性を広げる―博勝堂、アイデアを「かたち」にすることで印刷加工による新たな表現を生みだす―篠原紙工、もっと見てみよう、印刷と紙の博物館
2017.2 39p A4 ¥2800 ①978-4-496-05232-3

◆企業内「職人」図鑑―私たちがつくっています。13 伝統工芸品の四 こどもくらぶ編 同友館
【目次】1 こだわりの包丁づくりで日本の食文化を支える―一和泉利器製作所、2 革新の連続で燕鎚起銅器の伝統を守り受けつぐ―玉川堂、3 天然の秋田杉などで白木の曲げわっぱをつくる―柴田慶信商店、4 伝統技法と原材料の特色をいかし時代にあった甲州印伝を生み出す―印傳屋上原勇七、もっと見てみよう、いろいろな包丁と印伝の博物館
2017.11 39p 29×22cm ¥2800 ①978-4-496-05304-7

◆きびしい社会を生き抜く人になる！こども君主論 齋藤孝監修 日本図書センター
【要旨】『君主論』には、学校では教えることのない「世の中のホント」がたくさんつまっている！これからの人生を本当に役に立つ『君主論』をこども向けに超訳！！シリーズ第3弾!!
2017.3 71p 21×19cm ¥1500 ①978-4-284-20400-2

◆キャリア教育に活きる！仕事ファイル 1 ITの仕事 小峰書店編集部編著 小峰書店
【要旨】この本では高校や大学へと進学し、社会の中で活躍する、さまざまな職業のセンパイが登場します。どのセンパイも、みなさんと同じようにキャリア教育の授業を受け、職場体験を経験してきた人たちです。少し先を歩むセンパイたちの言葉には、みなさんが職業について考えるためのヒントがたくさんあります。この本を読んで、今日から始められること、毎日意識すべきことを見つけてみましょう。そしてあらためて、将来のことを考えてみてください。
2017.4 44p 29×23cm ¥2800 ①978-4-338-30901-1

◆キャリア教育に活きる！仕事ファイル 2 メディアの仕事 小峰書店編集部編著 小峰書店
【要旨】この本では高校や大学へと進学し、社会の中で活躍する、さまざまな職業のセンパイが登場します。どのセンパイも、みなさんと同じようにキャリア教育の授業を受け、職場体験を経験してきた人たちです。少し先を歩むセンパイたちの言葉には、みなさんが職業について考えるためのヒントがたくさんあります。この本を読んで、今日から始められること、毎日意識すべきことを見つけてみましょう。そしてあらためて、将来のことを考えてみてください。
2017.4 44p 29×23cm ¥2800 ①978-4-338-30902-8

◆キャリア教育に活きる！仕事ファイル 3 ファッションの仕事 小峰書店編集部編著 小峰書店
【要旨】この本では高校や大学へと進学し、社会の中で活躍する、さまざまな職業のセンパイが登場します。どのセンパイも、みなさんと同じようにキャリア教育の授業を受け、職場体験を経験してきた人たちです。少し先を歩むセンパイたちの言葉には、みなさんが職業について考えるためのヒントがたくさんあります。この本を読んで、今日から始められること、毎日意識すべきことを見つけてみましょう。そしてあらためて、将来のことを考えてみてください。
2017.4 44p 29×23cm ¥2800 ①978-4-338-30903-5

◆キャリア教育に活きる！仕事ファイル 4 ショップの仕事 小峰書店編集部編著 小峰書店
【要旨】この本では高校や大学へと進学し、社会の中で活躍する、さまざまな職業のセンパイが登場します。どのセンパイも、みなさんと同じようにキャリア教育の授業を受け、職場体験を経験してきた人たちです。少し先を歩むセンパイたちの言葉には、みなさんが職業について考えるためのヒントがたくさんあります。この本を読んで、今日から始められること、毎日意識すべきことを見つけてみましょう。そしてあらためて、将来のことを考えてみてください。
2017.4 44p 29×23cm ¥2800 ①978-4-338-30904-2

◆キャリア教育に活きる！仕事ファイル 5 フードの仕事 小峰書店編集部編著 小峰書店
【要旨】この本では高校や大学へと進学し、社会の中で活躍する、さまざまな職業のセンパイが登場します。どのセンパイも、みなさんと同じようにキャリア教育の授業を受け、職場体験を経験してきた人たちです。少し先を歩むセンパイたちの言葉には、みなさんが職業について考えるためのヒントがたくさんあります。この本を読んで、今日から始められること、毎日意識すべきことを見つけてみましょう。そしてあらためて、将来のことを考えてみてください。
2017.4 44p 29×23cm ¥2800 ①978-4-338-30905-9

◆キャリア教育に活きる！仕事ファイル 6 インターナショナルな仕事 小峰書店編集部編著 小峰書店
【要旨】この本では高校や大学へと進学し、社会の中で活躍する、さまざまな職業のセンパイが登場します。どのセンパイも、みなさんと同じようにキャリア教育の授業を受け、職場体験を経験してきた人たちです。少し先を歩むセンパイたちの言葉には、みなさんが職業について考えるためのヒントがたくさんあります。この本を読んで、今日から始められること、毎日意識すべきことを見つけてみましょう。そしてあらためて、将来のことを考えてみてください。
2017.4 44p 29×23cm ¥2800 ①978-4-338-30906-6

◆キャリア教育に活きる！仕事ファイル 7 新しいキャリア教育ガイドブック 小峰書店編集部編著 小峰書店
【要旨】この本では高校や大学へと進学し、社会の中で活躍する、さまざまな職業のセンパイが登場します。どのセンパイも、みなさんと同じようにキャリア教育の授業を受け、職場体験を経験してきた人たちです。少し先を歩むセンパイたちの言葉には、みなさんが職業について考えるためのヒントがたくさんあります。この本を読んで、今日から始められること、毎日意識すべきことを見つけてみましょう。そしてあらためて、将来のことを考えてみてください。
2017.4 44p 29×23cm ¥2800 ①978-4-338-30907-3

◆今日は何の日？ 366日大事典―放送委員会のヒントがいっぱい！ 校内放送研究所編 あかね書房
【要旨】1年間366日、毎日どこかで何かが起きています。この本では、歴史的な発明や、世の中の変化につながるような事件など、毎日1件、調べる学習のテーマとなる話題を紹介します。忘れられない事故や災害の記録は、現代の知恵にもなります。また、特長として「昼の放送」で放送委員が読み上げやすい文章になっています。ゴロ合わせの記念日、歴史上の人物の誕生日、その日に関連するクイズなど情報満載。巻頭では現役アナウンサーによる「上手な伝え方」も伝授。委員会やクラスで、さまざまな活用のしかたができる事典です。
2017.12 163p A4 ¥5500 ①978-4-251-09225-0

◆空間デザイナー スタジオ248編著, 日本空間デザイン協会協力 六耀社 （時代をつくるデザイナーになりたい!!）
【要旨】この1冊で…空間デザイナーのすべてがみえてくる。多くの人びとが行きかい、つどう生活の場に快適な空間を創造するため、アイディアと技術でデザイン力を発揮するプロフェッショナル。
2017.12 40p 29×22cm ¥2600 ①978-4-89737-956-2

◆くらしと教育のねだん 藤田千枝編, 菅原由美子著 大月書店 （いくらかな？社会がみえるねだんのはなし 1）
【目次】卵1個、いくらか知ってる？、ビッグマック、いくらかな？、犬や猫を飼うのにいくらかかる？、携帯電話の電波は、いくら？、道路1キロつくるのに、いくらかかる？、電車1両、いくらかかる？、教科書はタダ？、学校の机、いくらかな？、国立大学の授業料は、いくらかな？、ノーベル賞の賞金、いくらかな？、最低賃金って、知ってる？、選挙で使われる税金はいくら？、国会議員って、いくらもらえるの？
2017.10 56p 23×16cm ¥2000 ①978-4-272-40963-1

◆クレヨンしんちゃんの自分でもできるお片づけ―先生は教えてくれない 臼井儀人キャラクター原作, 高田ミレイ漫画 双葉社
【要旨】片づけのコツを「楽しんで覚える」。不要な物かを判断するための「決断力を養う」。物に対して「責任が持てるようになる」。全体を把握する「能力が養われる」ほか、幼少期～小学生の教育に欠かせない大切な要素がいっぱい!!
2017.11 127p B6 ¥980 ①978-4-575-31319-2

◆クレヨンしんちゃんの友だちづきあいに大切なこと―先生は教えてくれない 臼井儀人キャラクター原作, 高田ミレイ漫画 双葉社
【要旨】笑顔は友だちづくりの第一歩、自分ばっかり話していない？、友だちにすぐキレてしまう自分、遊ぶ約束を守れなくなったら、泣いている友だちどうしよう、友だちに「ありがとう」を伝えよう、幼少期～小学生の教育に欠かせない大切な要素がいっぱい!!
2017.3 127p B6 ¥980 ①978-4-575-31229-4

児童書

◆計画力おもしろ練習帳―7週間書き込み式
佐々木かをり著 日本能率協会マネジメントセンター （付属資料：別冊1；シール） 新装版
【要旨】子どものうちに身につけたい一生モノの「計画する力」。考える子・言われる前に動ける子に変わる7つのステップ。やる気が続く！シール426枚つき。10歳以上向け。
2017.7 100p B5 ¥1200 ①978-4-8207-5993-5

◆劇場ってどんなところ？ フロランス・デュカトー文、シャンタル・ペタン絵、岡室美奈子日本語版監修、野坂悦子訳 西村書店
【要旨】演劇やバレエを見たり、音楽をききしたりできる「劇場」ってどんなところ？ 劇場ではどんな人たちが働いているの？ 俳優、衣装係、照明係…ほかには？ 遠いむかしからあった演劇。むかしはどんな演劇が演じられていたの？ そして、世界のほかにはどんな演劇があるの？―この本は、楽しいイラストで、劇場や演劇についての、そんないろいろな疑問に答えてくれます。ほかにも、劇場のなかをワイドな見開きで紹介したページ、工作のページ、「考えてみよう」のページなど、楽しいコーナーがいっぱい。さあ、あなたもいっしょに劇場の扉をたたいてみましょう！
2017.1 1Vol. 27×26cm ¥1600 ①978-4-89013-973-6

◆言語障害のある友だち 山中ともえ監修 金の星社 （知ろう！ 学ぼう！ 障害のこと）
【目次】インタビュー 言語障害と向き合う友だち、どうやって話しているんだろう？、言語障害ってどんな障害？、言語障害のある友だちの気持ち、ことばの教室での取り組み、学校外での生活、サポートする人たち、学校で働くために、苦手をサポートする道具、話すときはこうしよう、仲よくすごすために、目に見えない障害、かがやく人たち 小中高校生の吃音のつどい、支援する団体
2017 38p 30×22cm ¥2800 ①978-4-323-05655-5

◆「交通安全教室」クイズこのマークなーに？ 全国交通事故ゼロの会著 スタジオタッククリエイティブ
【要旨】交通に関する標識を、クイズ形式でお子さんと学べる内容です。リング留めになっているので、1ページずつめくっていくことができます。
2017.11 1Vol. 26×19cm ¥1300 ①978-4-88393-799-8

◆交通の記号とマーク 小峰書店編集部編・著 小峰書店 （さがしてみよう！ まちの記号とマーク 3）
【要旨】みなさんのまわりには、どんな記号やマークがあるでしょうか。気をつけて見てみると、通学路にも、家にも、店にも、数えきれないくらいの記号やマークが見つかるはずです。これらの記号やマークは、だれにでも意味がわかるように、とてもよく考えてつくられています。だからこそ、たくさんの人の役に立って、便利に使われているのです。それぞれの意味とやくわり、くふうしていることを、この本を読んでつくり学んでください。
2017.4 39p 29×23cm ¥2800 ①978-4-338-31003-1

◆黄門さまの社会科クイズ 2 地理・農業の旅 国土社編集部編 国土社
【目次】生産量が多い米の品種は？、米づくりの流れは？、やませが吹くと、どうなる？、世界三大穀物って、な〜に？、十勝平野の農業の特色は？、小麦粉からつくられるのは？、春小麦が生産されているのは？、すがたを変える大豆!?、テンサイからつくられるのは？、サツマイモの別名は、どれ？〔ほか〕
2017.3 93p A5 ¥2000 ①978-4-337-21802-4

◆黄門さまの社会科クイズ 3 政治・選挙の旅 国土社編集部編 国土社
【目次】日本国憲法が公布された日は？、日本国憲法の前文は？、日本国憲法に定められた天皇の地位は？、憲法9条で定められているのは？、国が国民からお金を集めるのは？、社会権を憲法に定めた国は？、国が国民からお金を集める法は？、ストライキをする権利は、どれ？、裁判は何回まで受けられる？〔ほか〕
2017.3 93p A5 ¥2000 ①978-4-337-21803-1

◆黄門さまの社会科クイズ 4 地理・水とくらしの旅 早川明夫監修、国土社編集部編 国土社
【目次】地球の真水は、どれくらい？、日本の川の特色とは？、雨量計のしくみは、どれ？、東京の雨温図は、どれ？、森林のまわりの「緑のダム」とは？、東京の水源林を守った人物は、どれ？、東京の水源地の村が出した宣言は、どれ？、日本一堤が高いダ

ムは？、水をコントロールすることは？、徳山ダムは東京ドーム何個分？〔ほか〕
2017.9 93p A5 ¥2000 ①978-4-337-21804-8

◆国際交流を応援する本 10か国語でニッポン紹介 1 日本の自然 こどもくらぶ編、パトリック・ハーラン英語指導 岩崎書店
【目次】日本の地理、四季、もっと知りたい！ 世界有数の豪雪地帯、国境と海、山、森林、里山と里海、川、湖と滝、大小の島じま、草花、農作物、もっと知りたい！ 都道府県、世界自然遺産、世界文化遺産、生きもの、地震と津波、火山と温泉、台風
2017.3 47p A4 ¥3200 ①978-4-265-08544-6

◆国際交流を応援する本 10か国語でニッポン紹介 2 日本のまち こどもくらぶ編、パトリック・ハーラン英語指導 岩崎書店
【目次】大都会、京都と奈良、広島と長崎、下町、いなか、城、看板と広告、もっと知りたい！ 世界じゅうの文字が集まる日本のまち、標識・マーク・記号、交通・電車〔ほか〕
2017.6 47p A4 ¥3200 ①978-4-265-08545-3

◆国際交流を応援する本 10か国語でニッポン紹介 3 日本のくらし こどもくらぶ編、パトリック・ハーラン英語指導 岩崎書店
【目次】あいさつ、冬の行事、春の行事、夏の行事、秋の行事、日本の家、玄関、和室と寝室、風呂、もっと知りたい！ 銭湯〔ほか〕
2017.6 47p A4 ¥3200 ①978-4-265-08546-0

◆国際交流を応援する本 10か国語でニッポン紹介 4 日本の食べ物 パトリック・ハーラン英語指導、こどもくらぶ編 岩崎書店
【目次】世界で知られる日本食、懐石料理、もっと知りたい！ おもてなし、行事食、食事マナー、だし・みそ・しょうゆ、日本独自の食品、和菓子、日本で進化した料理、ファストフード〔ほか〕
2017.2 47p A4 ¥3200 ①978-4-265-08547-7

◆国際交流を応援する本 10か国語でニッポン紹介 5 日本の文化・スポーツ パトリック・ハーラン英語指導、こどもくらぶ編 岩崎書店
【目次】寺、神社、伝統芸能、着物とゆかた、書道、茶道、生け花、短歌・俳句、日本の祭り、伝統工芸、すもう、武道（剣道、柔道）、美術館と博物館、旅行とレジャー、旅館にとまる、電化製品と電気街、キャラクター、伝統的なあそび
2017.3 47p 31×22cm ¥3200 ①978-4-265-08548-4

◆こどもおしごとキャラクター図鑑 給料BANK著、いとうみつる イラスト 宝島社
【要旨】ぼくらの未来はこんなにたくさんあるんだ！ 公務員からYouTuberまで現代の職業もりだくさん！ 大人も子供も楽しく学べるおしごと図鑑！ 全77職業がかわいいキャラに！
2017.12 95p 21×20cm ¥1500 ①978-4-8002-7688-9

◆こども かんきょう絵じてん 木俣美樹男監修、三省堂編修所編 三省堂
【要旨】すべてのいのちと、ともに生きるために。環境に関することばと話題を学びながら、私たちの暮らしを見つめ直す絵じてん！ 幼児から小学校低学年むけ。
2017.9 155, 4p 26×21cm ¥2400 ①978-4-385-14324-8

◆こども かんきょう絵じてん 小型版 木俣美樹男監修、三省堂編修所編 三省堂
【要旨】すべてのいのちと、ともに生きるために。環境に関することばと話題を学びながら、私たちの暮らしを見つめ直す絵じてん！ 幼児から小学校低学年むけ。
2017.9 155, 4p 22×18cm ¥1900 ①978-4-385-14325-5

◆子どもに伝えたい和の技術 8 木づくり 和の技術を知る会著 文溪堂
【要旨】和の技術のひとつ「木づくり」をテーマに、日本の文化に親しみながら、楽しく知識を深められる本です。木のふるさとでもある森林について、また植えて100年育った木の迫力について、興味深く学びます。昔から受けつがれてきた、木を育てたり、大木を切りたおしたりする、すばらしい職人技を学びます。木の基本的な性質や、よく使われる木の種類をすすめ、木でつくられる道具や作業を、今と昔をくらべながら見ていきます。木の基本的な性質や、よく使われる木のさまざまな道具と、新しい木の使われ方、木質バイオマスについて紹介しています。木でつくられる燃料の炭について、つくり方や新しい活用法などを知ることができます。苗木づ

くりから富士山に植えるまでの植樹体験の様子を、順を追って紹介しています。「もっと木づくりを知ろう」では、縄文時代から続く木づくりの歴史や、木の祭りのこと、木のおもな産地、木や森の仕事をする方法など、さらに深く木づくりを学んでいきます。
2017.9 31p 30×22cm ¥2500 ①978-4-7999-0217-2

◆子どもニュース いまむかしみらい―朝日小学生新聞でふりかえる 朝日小学生新聞編著 朝日学生新聞社
【要旨】1 わたしたちの未来、2 日本と世界のすがた―50年をふりかえる、3 科学、技術の進歩―50年をふりかえる、4 学び・くらし・遊び―50年をふりかえる、5 感動くれたスポーツ―50年をふりかえる、6 夢かなえた先輩たち、子どもにまつわる50年のデータあれこれ
2017.3 159p A4 ¥2500 ①978-4-909064-05-9

◆子どものぎもん事典 こんなとき、どうする？ 諸富祥彦、今泉忠明、国崎信江監修 金の星社
【要旨】日常生活の中にいっぱいつまっているぎもんやなやみを、専門家がスパッと解決します！
2017 127p A4 ¥3200 ①978-4-323-07393-4

◆子どものためのニッポン手仕事図鑑 大牧圭吾監修 オークラ出版
【要旨】100年後に残したい職人の技。
2017.9 144p 29×21cm ¥2000 ①978-4-7755-2694-1

◆子どもの貧困・大人の貧困―貧困の悪循環を教え合い、子ども時代に貧困から大人になっても？ 池上彰監修、稲葉茂勝著 （京都）ミネルヴァ書房 （シリーズ・貧困を考える 3）
【要旨】日本や世界の子どもの貧困の原因として、貧困の世代間連鎖に着目。貧困によるいじめや教育格差の問題、学校にいけない子どもたちの実態にせまります。わたしたちにできる貧困対策についても考えていきます。
2017.3 31p 27×22cm ¥2500 ①978-4-623-07923-0

◆こどものろんご―孔子にまなぶこころの授業 宮下真著、まつおかたかこ絵 永岡書店
【要旨】2500年残ってきた人生の教科書『論語』に学ぶ！ やさしく、正しく、強く育つ孔子のおしえ。今こそ読ませたい心の糧になる言葉。小学校低学年から。
2017.10 125p 25×19cm ¥1300 ①978-4-522-43564-9

◆ごみゼロ大作戦！ めざせ！ Rの達人 1 ごみってどこから生まれるの？ 浅利美鈴監修 ポプラ社
【目次】くらしをささえる資源（すべてのものは「地球の資源」でつくられる、ものはいつかごみになる、減っていく資源とふえていくごみ）、ごみはどこから生まれるの？（ものをたくさんつくってたくさん売る社会、「べんり」がごみをふやしている）、ごみとわたしたちのくらし（ごみのしまつにはお金やエネルギーがかかる、ごみをうめてる場所がなくなっていく）、NEWS ごみゼロ 特集 ごみを取りまく環境問題（焼畑によって破壊されるマレーシアの森林、日本で食べるものを外国から運んでいる、人が出したごみが生きものをおびやかす、有害廃棄物が地球環境を汚染する）、Rの取り組みでごみを減らそう（Rのアクションでごみゼロをめざそう、地球の資源を守るエコなくらし）
2017 45p 26×22cm ¥2900 ①978-4-591-15350-5

◆ごみゼロ大作戦！ めざせ！ Rの達人 2 リデュース 浅利美鈴監修 ポプラ社
【目次】リデュースって、なあに？（達人の極意 リデュースとは、教えて！ 達人その1 ものを使いきる、教えて！ 達人その2 ものを長く使う、教えて！ 達人その3 使いすてをしない、教えて！ 達人その4 ものを共有する、教えて！ リデュースの達人たち（京都府京都市 ごみ半減をめざす しまつのこころ条例、神奈川県横浜市 ヨコハマRひろば、全国おいしい食べきり運動推進ネットワーク協議会、セカンドハーベスト・ジャパン（2HJ）フードバンク、食品メーカーの取りくみ ほか）
2017 47p 29×22cm ¥2900 ①978-4-591-15351-2

◆ごみゼロ大作戦！ めざせ！ Rの達人 3 リフューズ・リペア 浅利美鈴監修 ポプラ社
【目次】リフューズって、なあに？（達人の極意 リフューズとは、教えて！ 達人 使う？ 使わない？「使いすて商品」、教えて！ 達人 ことわることわらない？）、リペアって、なあに？（達人の極意 リペアとは、教えて！ 達人 修理して長く使う、教えて！ 達人「リメ

◆ごみゼロ大作戦！めざせ！Rの達人 4 リユース　浅利美鈴監修　ポプラ社
【目次】リユースって、なあに？（達人の極意 リユースとは、教えて！達人 リユースするためにしてくられたものを使う）、リユースの達人たち（千葉県浦安市 ビーナスプラザ、リターナブル包装、イベント会場の取りくみ、学校給食での取りくみ、NGP日本自動車リサイクル事業協同組合 自動車の部品のリユース ほか）
2017 47p 29×22cm ¥2900 ①978-4-591-15353-6

◆ごみゼロ大作戦！めざせ！Rの達人 5 レンタル＆シェアリング　浅利美鈴監修　ポプラ社
【目次】レンタルって、なあに？シェアリングって、なあに？（達人の極意 レンタル＆シェアリングとは、教えて！達人 使う期間が短いものはレンタルする、教えて！達人 いっしょに使えるものはシェアリングする、教えて！達人 ものの持ち方を考える）、レンタル＆シェアリングの達人たち（コミュニティサイクル、シェアハウス、赤ちゃん用の品物のレンタル、店や会社で使うもののレンタル、ファッション、DVD、CDなどのレンタル ほか）
2017 47p 29×22cm ¥2900 ①978-4-591-15354-3

◆ごみゼロ大作戦！めざせ！Rの達人 6 リサイクル　浅利美鈴監修　ポプラ社
【目次】リサイクルって、なあに？（達人の極意 リサイクルとは、教えて！達人 アルミ缶がリサイクルされるまで、教えて！達人 何がリサイクルできるのかを知る ごみの分別、教えて！達人 リサイクルの方法を知る1 マテリアルリサイクル、教えて！達人 リサイクルの方法を知る2 ケミカルリサイクル ほか）、リサイクルの達人たち（福岡県北九州市 北九州エコタウン事業、徳島県勝浦郡上勝町 日比ヶ谷ごみステーション、山形県長井市 レインボープラン、飲料メーカーの取りくみ、太平洋セメント株式会社 エコセメント ほか）
2017 47p 29×22cm ¥2900 ①978-4-591-15355-0

◆これでカンペキ！マンガでおぼえるコミュニケーション　齋藤孝監修　岩崎書店
【要旨】「友だちいないの？」そんなこと言っちゃダメだよ！友だち・学校・面接・就職で使える会話のルール85。
2017.7 159p A5 ¥1100 ①978-4-265-80230-2

◆最強！はたらくスーパーマシンのひみつ 100　学研プラス編　学研プラス　（SG（スゴイ）100）（付属資料：シール）
【要旨】この世界には、さまざまなところで活やくするすばらしいマシンがたくさんある。おもわず「すごい！」と言いたくなる迫力の写真と選びぬかれた100のひみつできみをスーパーマシンの世界に案内しよう。最後のクイズにすべて答えられたとき、きみはスーパーマシン博士だ！
2017.6 207p 17×15cm ¥1200 ①978-4-05-204610-0

◆さいごまで自分らしく、美しく　國森康弘写真・文　農山漁村文化協会　（いのちつぐ「みとりびと」11）
【要旨】東京の郊外に暮らす清子さんは、夫をがんで亡くしてから、自宅で一人住まいをしていましたが、やさしく娘さんたちが泊まるようになりました。しかし、娘さん夫婦にとって、仕事や家事をサポートしながら、親を介護するのは、かんたんではありませんでした。そばにいたいけど…、もう無理。そう思っていたとき、ホームホスピス「楪」という、病や障がいがすすんだ方でもくらせる、「お家」が近くにできたことを知り、やってきました。はじめは、家を追い出されたようにも感じたそうですが、新しいお友だちなかよくなり、娘さん夫婦とも深く理解し合えるようになりました。清子さんが息を引き取るとき、娘さんは、添い寝をしながら看取りました。自宅では介護しきれなかったけど、ここで、母が望むようなときをすごせました。不思議な満足感と幸福感…。「母とすごした最後の日々は、夢のような時間でした」。
2017.2 32p 27×22cm ¥1800 ①978-4-540-16162-9

◆「仕事」と「職業」はどうちがうの？―キャリア教育の現場を見てみよう　長田徹監修、稲葉茂勝著　（京都）ミネルヴァ書房　（シリーズ・「変わる！キャリア教育」2）
【要旨】「仕事」と「職業」の同じとちがいを見ていきながら、世の中にはたくさんの仕事と職業があることを発見していきます。小学校でおこなわれているキャリア教育の授業現場レポートも満載です！
2017.4 31p 27×22cm ¥2800 ①978-4-623-08023-6

◆自信の育て方　旺文社編、藤美沖マンガ・イラスト　旺文社　（学校では教えてくれない大切なこと 14）
【目次】1章「自信」って、なんだろう？（「自信」って、どんな感じ？、自信の育て方1 自分の気持ちを知る ほか）、2章 自分を信じる力「レベル1」自分で決める（落ち着いて、自分の気持ちを考えたら、自分は、どうしたい？ ほか）、3章 自分を信じる力「レベル2」自分を知る（なぜ、自分を知ることが大切？、キミは、どんな性格かな？ ほか）、4章 自分を信じる力「レベル3」みんなと協力する（だれの意見が正しい？、得意なことをいかして、協力しよう ほか）、5章 自分を信じる力「レベル4」ピンチを乗り越えよう（ピンチ1 緊張するとき、ピンチ2 めんどうくさいとき ほか）
2017.2 159p A5 ¥850 ①978-4-01-011166-6

◆自然と生きもののねだん　藤田千枝編、新美景子著　大月書店　（いくらかな？社会がみえるねだんのはなし 7）
【目次】キリン1頭いくらかな？、マウス1匹いくらかな？、牛1頭いくらかな？、マグロ1尾いくらかな？、無人島って買えるの？、富士山に登る、いくらかな？、1杯の水道水いくらかな？、丸太1本いくらかな？、日本ミツバチの値段は？、シカ、イノシシの農作物被害いくらなの!?、アライグマの農作物被害いくらなの？、大豆の種はいくらかな？、昆虫の賃金いくらかな？
2017.6 56p A5 ¥2000 ①978-4-272-40961-7

◆時代をつくるデザイナーになりたい!!ブックデザイナー　スタジオ248編著　六耀社
【要旨】本の歴史や種類、本づくりにかかわる決まりごとについて知ることができる。本が、時代をこえて、多くの人たちから愛されることがわかる。仕事の依頼から本が出版されるまで、ブックデザインのながれがみえる。ブックデザイナーを発想する原点をさぐり、その世界をのぞく。ブックデザイナーのかつやくぶりから本の贅沢な世界をさぐる。ブックデザイナーの仕事への思いから、本の表紙がもつやくわりを知る。
2017.9 40p 27×22cm ¥2600 ①978-4-89737-955-5

◆肢体不自由のある友だち　笹田哲監修　金の星社　（知ろう！学ぼう！障害のこと）
【目次】インタビュー 自分の選んだ道で活躍する、1 肢体不自由って何？、2 肢体不自由ってどんな障害？、3 肢体不自由のある友だちの気持ち、4 進路と学校の取り組み、5 苦手をサポートする器具、6 学校外での取り組み、7 社会で働くために、8 仲よくすごすために、9 バリアフリーを始めよう、世界で輝くアスリートたち、支援する団体
2017 38p 30×22cm ¥2800 ①978-4-323-05657-9

◆10歳から読める・わかる いちばんやさしい日本国憲法　南野森監修　東京書店
【要旨】わたしたちが平和に暮らすにとっても大事な憲法をとことんやさしく解説！
2017.10 95p 23×19cm ¥1280 ①978-4-88574-066-4

◆知ってハダカナ！文房具のひみつ箱　スタジオ248編　六耀社
【要旨】鉛筆や消しゴムなど、文房具は、勉強をするときに欠かせません。この本では、文房具をとおして、便利な道具と人びとの出あいから、かかわりまでをさぐっていきます。知れば知るほどハダカナになれる、文房具の情報がいっぱいつまった"ひみつ箱"を開けていきましょう。
2017.6 127p A5 ¥1300 ①978-4-89737-986-9

◆知ってる？LGBTの友だち マンガ レインボーKids　手丸かのこ漫画、金子由美子解説・監修　子どもの未来社
【目次】1 L・レズビアンの巻（女の子同士のほうが気楽だからこのままでいいよね？、同性愛の人ってどのくらいいるの？ ほか）、2 G・ゲイの巻（男らしさ、女らしさってなに？、「ジェンダーバイアス」ってどういうこと？ ほか）、3 B・バイセクシュアルの巻（性教育、受けた？、持ち物が地味だと男の子っぽい？ ほか）、4 T・トランスジェンダーの巻（生まれ変わったら男がいい？ 女がいい？、小さいときから女の子の服装はきらいだ ほか）
2017.7 150p A5 ¥1400 ①978-4-86412-121-7

◆じてんしゃにのれたよ　スタジオタッククリエイティブ
【要旨】100%誰でも乗れます。短時間でマスター。補助輪無しで自転車に乗るための、トレーニング方法を紹介します。乗り方と交通ルールを学ぼう！
2017.11 39p 26×21cm ¥1300 ①978-4-88393-797-4

◆児童英語教師・通訳案内士・同時通訳者・映像翻訳家―外国語にかかわる仕事　ポプラ社　（職場体験完全ガイド 51）
【目次】児童英語教師（児童英語教師ってどんな仕事？、インタビュー 児童英語教師の日名美奈子さんに聞きました「学んだことが役にたったといわれる授業をしていきたい」 ほか）、通訳案内士（通訳案内士ってどんな仕事？、インタビュー 通訳案内士の高田直志さんに聞きました「庭園を紹介することで日本への理解を深めたい」 ほか）、同時通訳者（同時通訳者ってどんな仕事？、インタビュー 同時通訳者の押田泉さんに聞きました「話し手の思いを共有し伝えていきたい」 ほか）、映像翻訳家（映像翻訳家ってどんな仕事？、インタビュー 映像翻訳家の亀井玲子さんに聞きました「大好きな映画にかかわる仕事をするのがほんとうに楽しい」 ほか）
2017 47p 27×22cm ¥2800 ①978-4-591-15370-3

◆自分に負けないこころをみがく！ こども武士道　齋藤孝監修　日本図書センター
【要旨】日経、プレジデント、週刊ダイヤモンド等で紹介！困難にくじけないで強く生きるための『武士道』をこども向けに超訳!!
2018.1 71p 21×19cm ¥1500 ①978-4-284-20414-9

◆自分のいのちを育てよう　尾木直樹監修　ポプラ社　（尾木ママのいのちの授業 1）
【目次】尾木ママ先生の授業ですよ！自分を好きになる方法（自分の性格をあらわすことばを考えてみよう！、気になることばを書きだそう！ ほか）、1 きみは、けっこうイケテルんだよ（自分ってだめだなあってへこんじゃうこと、ある？、やってみよう！できることビンゴゲーム ほか）、2 自分ってどんな人？（きのうより、イケテル自分になる、何をしているときが楽しい？ ほか）、3 うれしいことばを増やそう！（友だちのことばで、こころがほわんとあたたかくなったことってあるかな？、人から言われてうれしかったことを思い出してみて ほか）、4 気持ちをことばにしよう（今、あなたはどんな気持ちかな？、失敗したときこそパワー全開!! ほか）
2017 63p 23×23cm ¥3200 ①978-4-591-15356-7

◆自閉スペクトラム症のある友だち―知ろう！学ぼう！障害のこと　笹田哲監修　金の星社
【目次】自閉スペクトラム症って何？、自閉スペクトラム症のある友だち、知的障害って何？、進路と学校の取り組み、苦手をサポートする道具、地域のサポート、社会で働くために、仲よくすごすために、目に見えない障害、心のバリアフリー
2017 38p A4 ¥2800 ①978-4-323-05652-4

◆社会科見学！みんなの市役所 1階 暮らしを守る仕事　オフィス303編　汐文社
【要旨】架空のまちの市役所を舞台に、市の仕事をくわしく解説していきます。
2018 31p 27×19cm ¥2300 ①978-4-8113-2424-1

◆社会でがんばるロボットたち 1 家庭や介護でがんばるロボット　佐藤知正監修　鈴木出版
【目次】1 ロボットのことを知ろう（ロボットのはじまり、ロボットってどんなもの？、ロボットはどこにいる？）、2 家庭や介護でがんばる、いろいろなロボット（ロボットそうじ機 ルンバ、コミュニケーションロボットPALRO、ネコ型ペットロボットHello！ Woonyan、アザラシ型ロボット パロ、腰の動きを補助するロボット マッスルツール、見守りロボット OWLSIGHT）、3 家庭や介護でがんばるロボットの未来（トヨタ自動車の開発する未来のロボット、家庭編、介護施設・病院編）
2017.10 47p A4 ¥3000 ①978-4-7902-3329-9

◆社会でがんばるロボットたち 2 災害現場や探査でがんばるロボット　佐藤知正監修　鈴木出版
【目次】1 人間に近づき、人間を超えるロボット（人間のように「感じる」ためのロボット技術 センサー、人間のように「考える」ためのロボット技術 人工知能（AI）、人間のように「動く」ためのロボット技術 アクチュエーター）、2 災害

児童書

現場や探査でがんばる、いろいろなロボット（重機操作ロボット アクティブロボSAM、災害対応ロボット 櫻壱號、空からの調査や災害現場で役立つロボット 災害救助対応ドローン ほか）、3 海や宇宙、空やくがんばるロボットの未来（海洋探査の未来、宇宙開発の未来、ドローン活用の未来）　2017.12 47p A4 ¥3000 ①978-4-7902-3330-5

◆授業が楽しくなる教科別マジック 3 漢字のテレパシー!! 土門トキオ編著 汐文社
【目次】国語、算数/数学、社会、理科/科学、英語、図画/工作
2017 63p A5 ¥1600 ①978-4-8113-2334-3

◆障がい者の仕事場を見に行く 1 ひとのために働く 小山博孝文・写真 童心社
【要旨】みなさんは、障がいのある人が働いている姿を見たことがありますか。写真家・小山博孝が、40年以上にわたり彼らの仕事場を取材、保育園・学校・老人ホームはもちろん、神楽や提灯などの伝統の世界、バイオやITの分野でも活躍しています。障がいがあってもいきいきと働いている姿を紹介します。
2017.3 39p A4 ¥2800 ①978-4-494-01827-7

◆障がい者の仕事場を見に行く 2 学校で働く 小山博孝文・写真 童心社
【要旨】みなさんは、障がいのある人が働いている姿を見たことがありますか。写真家・小山博孝が、40年にわたり彼らの仕事場を取材、保育園・学校・老人ホームはもちろん、神楽や提灯などの伝統の世界、バイオやITの分野でも活躍しています。障がいがあってもいきいきと働いている姿を紹介します。
2017.3 37p A4 ¥2800 ①978-4-494-01828-4

◆障がい者の仕事場を見に行く 3 伝統や先端の世界で働く 小山博孝文・写真 童心社
【要旨】みなさんは、障がいのある人が働いている姿を見たことがありますか。写真家・小山博孝が、40年にわたり彼らの仕事場を取材、保育園・学校・老人ホームはもちろん、神楽や提灯などの伝統の世界、バイオやITの分野でも活躍しています。障がいがあってもいきいきと働いている姿を紹介します。
2017.3 39p A4 ¥2800 ①978-4-494-01829-1

◆障がい者の仕事場を見に行く 4 私たちのこと、もっと知ってほしいな 松矢勝宏編著 童心社
【要旨】あなたは、障がいをどのように考えますか？ 障がいのある人は、日々をどんなふうに過ごしているのでしょうか？ どんな学校に通い、どのようにしていまの仕事を選んだのでしょうか？ 働く三人の生い立ちと現在を、それぞれのお母さんに語っていただきます。子育て、教育、進学、就職などのカベ、家族や仲間、先生方のサポート。そして、いま、社会で働き生きる三人を支える力は何か、を考えます。
2017.3 39p A4 ¥2800 ①978-4-494-01830-7

◆小学生でもわかる 国を守るお仕事そもそも事典 佐藤正久著 （新潟）シーアンドアール研究所
【要旨】実は大人も知らない自衛隊のあれこれ… 大災害時に駆けつけ、外敵の侵入侵略を防ぎ、国民の命を守る自衛隊。その任務をヒゲの隊長がわかりやすく図解！
2017.10 111p 24×19cm ¥1530 ①978-4-86354-225-9

◆小学校では学べない 一生役立つ読書術 齋藤孝著 KADOKAWA
【要旨】読書が得意になる、どんどん頭がよくなる！ テストが大得意になる！ みんなから好かれる人になる！ 子どものうちに身につけておきたい「読書の天才」になる技術。
2017.11 79p 21×20cm ¥1300 ①978-4-04-602203-5

◆小学校の社会 友だちに話したくなる地図のヒミツ 田代博監修, 造事務所編著 実務教育出版
【要旨】小学校でも習う「地図」のことが、基本から最新の知識まで、なんでもわかる！ 紙の地図だけでなく、スマホやパソコンのデジタル地図の世界が広がる！ 地図に描かれた記号の種類と意味が、スーッと頭に入ってくる！ 世界各国の美しい地図や、地図をつくりあげた偉人たちのストーリーも楽しい！
2017.8 79p 21×14cm ¥1300 ①978-4-7889-1338-7

◆将棋棋士・総合格闘技選手・競馬騎手・競輪選手—勝負をきわめる仕事 ポプラ社
（職場体験完全ガイド 54）

【目次】将棋棋士（将棋棋士ってどんな仕事？、インタビュー 将棋棋士の佐藤天彦さんに聞きました「経験を重ねて、結果を出していける棋士になりたい」ほか）、総合格闘技選手（総合格闘技選手ってどんな仕事？、インタビュー 総合格闘技選手の飛鳥拳さんに聞きました「総合格闘技という自分の道をまっすぐに進んでいきたい」ほか）、競馬騎手（競馬騎手ってどんな仕事？、インタビュー 競馬騎手の野中悠太郎さんに聞きました「努力をつづけて日本ダービーで優勝したい」ほか）、競輪選手（競輪選手ってどんな仕事？、インタビュー 競輪選手の石井貴子さんに聞きました「競輪はがんばったぶんだけ報われるスポーツです」ほか）
2017 47p 27×22cm ¥2800 ①978-4-591-15373-4

◆照明デザイナー スタジオ248編著 六耀社 （時代をつくるデザイナーになりたい!!）
【要旨】この1冊で… 照明デザイナーのすべてがみえてくる。照明のプランづくりから照明器具をえらび、実現するまで照明デザインの世界をたんけんする。
2017.3 40p 29×22cm ¥2600 ①978-4-89737-852-7

◆知ろう！ 学ぼう！ 障害のこと 視覚障害のある友だち 久保山茂樹, 星祐子監修 金の星社
【目次】1 視覚障害ってどんな障害？、2 視覚障害のある友だちの生活、3 視覚障害のある友だちの悩み、4 特別な学校や教室、5 学校の取り組み、6 支援団体の取り組み、7 社会で働くために、8 視覚障害のある友だちが活用している道具、9 視覚障害のある友だちとつき合うために
2017 38p 30×22cm ¥2800 ①978-4-323-05653-1

◆知ろう！ 学ぼう！ 障害のこと ダウン症のある友だち 久保山茂樹, 村井敬太郎監修 金の星社
【目次】インタビュー ダウン症のある友だち、1 ダウン症って何だろう？、2 ダウン症のある友だちの悩み、3 こんなときはどうする？、4 ダウン症のある友だちの進学、5 学校の取り組み、6 学校外での生活、7 社会での支援と仕事、8 苦手をサポートする道具、9 仲よくすごすために
2017 38p A4 ¥2800 ①978-4-323-05656-2

◆知ろう！ 学ぼう！ 障害のこと 聴覚障害のある友だち 中瀬ともえ監修 金の星社
【目次】1 聴覚障害ってどんな障害？、2 聴覚障害のある友だちの生活、3 聴覚障害のある友だちの気持ち、4 特別な学校や教室で学ぶ、5 学校外での生活、6 社会で働くために、7 障害をサポートする道具、8 聴覚障害のある友だちとつき合うために、9 手話と指文字、10 聴導犬の働き、11 かがやく人たち
2017 38p 30×22cm ¥2800 ①978-4-323-05654-8

◆知ろう！ 学ぼう！ 障害のこと LD（学習障害）・ADHD（注意欠如・多動性障害）のある友だち 笹田哲監修 金の星社
【目次】インタビュー LD、ADHDと向き合う友だち、発達障害って何だろう？、LDってどんな障害？、LDのある友だちの気持ち、ADHDってどんな障害？、ADHDのある友だちの気持ち、苦手をサポートする道具、学校と地域のサポート、見えない障害、心のバリアフリー
2017 38p A4 ¥2800 ①978-4-323-05651-7

◆人権を守るための国のしくみ 1 ―国民主権・三権分立・国会 伊藤真著 新日本出版社 （日本国憲法ってなに？ 4）
【目次】国民主権（国民主権の原理―前文・第1段、議会制民主主義―第43条、前文・第1段）、象徴天皇制（天皇の地位―第1条、皇位の世襲―第2条）、三権分立（三権分立のしくみ―第41条、第65条、第76条1項）、国会（立法機関としての地位―第43条、第41条、二院制―第42条、会期と国会の種類―第52条、第53条、第54条、国会議のルール―第56条、第57条）
2017.4 32p 29×22cm ¥3000 ①978-4-406-06085-1

◆人権を守るための国のしくみ 2 内閣・裁判所・地方自治 伊藤真著 新日本出版社 （日本国憲法ってなに？ 5）
【目次】内閣、裁判所、財政、地方自治、憲法改正、憲法擁護
2017.8 32p 29×22cm ¥3000 ①978-4-406-06086-8

◆数字に強くなる 旺文社編, 関和之マンガ・イラスト 旺文社 （学校では教えてくれない大切なこと 7）
【目次】1章 数字って何？（数字って大切？、数字には種類がある ほか）、2章 いろいろな見方

ができる数字（同じ量で比べてみよう、「6つ目から半眼」の、6つも必要？ ほか）、3章 感じ方がちがう数字（同じ150円なのに…？、500円もある！ 500円しかない ほか）、4章 数字を使ってきちんと伝えよう、数字は表やグラフにまとめよう ほか）
2017.2 143p A5 ¥850 ①978-4-01-011167-3

◆すごいね！ みんなの通学路―世界に生きる子どもたち ローズマリー・マカーニー文, 西田佳子訳 西村書店
【要旨】世界中の子どもたちが通学する姿をとらえた写真絵本。ノーベル平和賞受賞者、マララさんの写真を追加収録。
2017.7 1Vol. 23×29cm ¥1500 ①978-4-89013-982-8

◆すっきり解決！ 人見知り 名越康文監修 日本図書センター （学校では教えてくれないピカピカ自分みがき術）
【要旨】そもそも人見知りってどんな人？ 人見知りの正体ってなんだろう？ 人見知りにはよいところもある!? 人見知りの「考えかたのくせ」を知ろう！ 人見知りのこころのなかをのぞいてみよう！ 人見知りとじょうずにつきあって、自信をもとう！
2017.9 127p 21×17cm ¥1000 ①978-4-284-20406-4

◆ステキガールをめざせ☆女子力アッププリンセスマナーレッスン 辰巳渚監修 PHP研究所
【要旨】キレイになるためのレッスンはじめちゃお！ 2017.9 159p B6 ¥800 ①978-4-569-78697-1

◆ストップ！ ゲーム依存 1 ゲームにはまる理由 藤川大祐監修 汐文社
【目次】1 ゲームで世界とつながる？、2 インターネットって何だ？、3 ゲームにはまるしくみって？、4 ゲーム依存って何だ？、5 ゲームの中でお金を使う？、6 個人情報がぬすまれる？
2017 31p 27×19cm ¥2300 ①978-4-8113-2312-1

◆ストップ！ ゲーム依存 2 進化するゲームの世界 藤川大祐監修 汐文社
【目次】1 ゲームニクスって何だ？、2 現実がゲームになる？、3 ゲームで助け合い？、4 ゲームで勉強ができる？、5 ゲームが世界を変える？、6 VRって何だ？
2017 31p B5 ¥2300 ①978-4-8113-2313-8

◆ストップ！ ゲーム依存 3 データで見るゲームの最新事情 藤川大祐監修, オフィス303編 汐文社
【要旨】ゲームに関する最新のグラフやデータを見ることで、ゲームを取りまく今の状況を理解することができます。ゲームに関するふたつの授業のレポートがのっています。ゲームの持つ可能性と、子どもとゲームの付き合い方について学ぶことができます。
2017 31p 27×19cm ¥2300 ①978-4-8113-2314-5

◆スーパーマーケット店員・CDショップ店員・ネットショップ経営者・自転車屋さん—ものを販売する仕事 ポプラ社 （職場体験完全ガイド 53）
【目次】スーパーマーケット店員（スーパーマーケット店員ってどんな仕事？、インタビュー スーパーマーケット店員の瀬戸口葉さんに聞きました「農家さんが育てたすばらしい野菜を知ってほしい」ほか）、CDショップ店員（CDショップ店員ってどんな仕事？、インタビュー CDショップ店員の土屋貴史さんに聞きました「新しい音楽を知る楽しさを、お客さんから伝えたい」ほか）、ネットショップ経営者（ネットショップ経営者ってどんな仕事？、インタビュー ネットショップ経営者の金田裕美子さんに聞きました「安心して食べられるクッキーをずっとつくりつづけたい」ほか）、自転車屋さん（自転車屋さんってどんな仕事？、インタビュー 自転車屋さんの田中かずやさんに聞きました「「ここで買ってよかった！」と言われる店でありたい」ほか）
2017 47p 27×22cm ¥2800 ①978-4-591-15372-7

◆スポーツと楽しみのねだん 藤田千枝編, 増本裕江著 大月書店 （いくらかな？ 社会がみえるねだんのはなし 4）
【要旨】優勝のねだん、横綱も月給をもらっている、将棋や囲碁の優勝賞金はいくら？、小学校の綱引きの網はいくら？、公園のぶらんこ、いくら？、プロが使う楽器のねだんはいくら？、障がい者用のチェアスキーはいくらする？、東京花火はいくら？、打ち上げ花火、一発いくら？、テーマパークの1日パスポートはいくら？、宇宙旅行は、いくらで行ける？、オ

リンピックは立候補だけでもお金がかかる、テレビの放映権、いくらだと思う？
2017.12 56p 23×16cm ¥2000 ①978-4-272-40964-8

◆すみれちゃんのお片づけ12ヵ月　渡辺ゆき文、小林キユウ写真　岩崎書店
【要旨】お片づけは子どもをどんどんかしこくする!!子どもによる、子どものためのお片づけ本。4月から3月までの1年を通して、机まわりや本棚の整理、学校で使うものの管理など、子どもの生活に必要な「お片づけのすべて」を紹介。
2017.12 96p A5 ¥1300 ①978-4-265-80233-3

◆スラムのくらし　米倉史隆写真・文　新日本出版社　（シリーズ知ってほしい！世界の子どもたち—その笑顔の向こう側 1）
2017.10 30p 29×22cm ¥2500 ①978-4-406-06172-8

◆税金の大事典　神野直彦監修　くもん出版
【要旨】みんなの暮らしに身近な税金について、その意義、しくみ、使われ方などを、さまざまな角度からとき明かす大事典。税金のなぞが解明がこの1冊で解決！
2017 143p 28×22cm ¥5000 ①978-4-7743-2650-4

◆世界の貧困・日本の貧困—国際比較 世界と日本の同じと違いを考えよう！　池上彰監修、稲葉茂勝著　（京都）ミネルヴァ書房　（シリーズ・貧困を考える 1）
【要旨】日本や世界じゅうの貧困のようすについて、豊富な写真や資料で地域ごとの特徴を見ていきながら、貧困の実態にせまります。戦争や病気、異常気象など貧困の原因となる社会問題や歴史的背景についても解説しています。
2017.1 31p 27×22cm ¥1800 ①978-4-623-07921-6

◆絶対に負けない強い心を手に入れる！超訳こども「ニーチェの言葉」　齋藤孝著　KADOKAWA
【要旨】遠慮なんかいらないよ！高いところを目指せ。「挫けない心」「向上心」をもつことの素晴らしさを学ぼう！今の自分、過去の自分をすべてOK！努力で今を乗りこえよう！成長こそ生きている証！体の中からわき上がる気持ちを感じよう！
2017.4 79p 23×20cm ¥1500 ①978-4-04-601994-3

◆戦争と子ども兵　米倉史隆写真・文　新日本出版社　（シリーズ知ってほしい！世界の子どもたち—その笑顔の向こう側 2）
2017.11 30p 29×22cm ¥2500 ①978-4-406-06173-5

◆「戦争」と「平和」をあらわす世界の言葉　池上彰監修、稲葉茂勝著　（国立）今人舎
【目次】日本、韓国・北朝鮮、中国・台湾、フィリピン、ベトナム、カンボジア、タイ・ミャンマー、インドネシア、インド、パキスタン、アフガニスタン、スリランカ、トルコ、ロシア
2017.9 39p 27×19cm ¥1800 ①978-4-905530-69-5

◆続・10歳の質問箱—なやみちゃん、絶体絶命！　日本ペンクラブ「子どもの本」委員会編、鈴木のりたけ絵　小学館
【要旨】「どうすれば夜がこわくなくなりますか？」「なぜ本を読まなくちゃいけないんですか？」「なぜ人を殺してはいけないんですか？」なやみちゃんとなやむくんが自分らしくあるために！44人の作家たちがアドバイス！
2017.10 221p B6 ¥1300 ①978-4-09-227193-7

◆卒業しよう！めんどくさがり　名越康文監修　日本図書センター　（学校では教えてくれないピカピカ自分みがき術）
【要旨】やる気もちもどうして生まれるの？タイマーを使ってめんどくささを解消!?得意なことでもめんどくさい!?性格によって「めんどくさい」もちがってくる？「めんどくさい」とじょうずにつきあえば未来は大きく変わる！「めんどくさい」とならなくなって、すぐやる自分になろう！
2017.9 127p 21×17cm ¥1000 ①978-4-284-20405-7

◆その町工場から世界へ—世界の人々の生活に役立つ日本製品　『その町工場から世界へ』編集室編　理論社　（世界のあちこちでニッポン）
【要旨】あなたの暮らすその町の見なれた町工場から世界の人々の生活を支え毎日を彩る製品が作られています。
2017 79p 29×22cm ¥4300 ①978-4-652-20179-4

◆それ日本と逆!?文化のちがい習慣のちがい第2期 1 ニコニコ学校生活　須藤健一監修　学研プラス
【目次】中国の場合 秋に入学式があるってほんと？—入学時期のちがい、イギリスの場合 1人で登校してはいけないの？—通学方法のちがい、アメリカの場合 毎時間ちがう教室で授業があるの？—学校の教室の役割のちがい、ドイツの場合 昼ごはんを家で食べるってほんと？—昼食を自分たちでしなくていいの？—学校でのそうじのちがい、ドイツの場合 職員室は先生以外立ち入り禁止？—職員室の役割のちがい、ラトビアの場合 日本の夏休みって長いの、それとも短いの？—夏休みの長さのちがい、フランスの場合 小学校でも飛び級や留年をするの？—進級の制度のちがい、のぞいてみよう！世界の学校のさまざまな授業風景、学校はどうして生まれたの？、世界の教育制度、この本で紹介した国と地域
2017.2 47p 29×22cm ¥3000 ①978-4-05-501221-8

◆それ日本と逆!?文化のちがい習慣のちがい第2期 2 ペラペラことばとものの名前　須藤健一監修　学研プラス
【目次】インドネシアの場合 犬の鳴き声は「ワンワン」じゃないの？—犬の鳴き声のちがい、中国の場合 同じ漢字でも意味がちがうことがある？—漢字の意味のちがい、リベリアの場合 虹の色は国によってちがうの？—色のとらえ方のちがい、実は日本語!?外国語!?ことばとことばの意外なつながり、アメリカの場合 親子で同じ名前のことがある？—名前のつけ方のちがい、アメリカの場合 「ゴマをする」は、日本でしか通じない？—ものにたとえた表現のちがい、ロシアの場合 ことばを男性と女性に分ける国がある？—ことばいらずのコミュニケーション！世界の国々の「しぐさ」、イギリスの場合 年月日の書き方は国によってちがう？—年月日の表記のちがい、アメリカの場合 日本のことわざには、外国では通じないものもある？—ことわざの習慣のちがい、ことばはどのようにして生まれたの？、世界のことばの現状、この本で紹介した国と地域
2017.2 47p 29×22cm ¥3000 ①978-4-05-501222-5

◆それ日本と逆!?文化のちがい習慣のちがい第2期 3 ワクワク音楽と物語　須藤健一監修　学研プラス
【目次】タヒチなどの場合 鼻でふく笛があるってほんと？—笛のふき方のちがい、イギリスの場合 桃太郎の「きびだんご」は、イギリスでは「かんパン」？—物語に登場する食べもののちがい、イギリスの場合 龍ってイギリスでは神様じゃないの？—龍にいだくイメージのちがい、ブルキナファソの場合 音楽が文字の代わりになる国がある？—音楽の意味のちがい、見たことある？聞いたことある？世界の楽器、インドの場合 世界はどうやってできたの？—世界の始まりのちがい、イギリスの場合 干支の物語って、ほかの国にもあるの？—物語に登場する動物のちがい、モンゴルの場合 一度に2つの音を出す歌い方がある？—歌い方のちがい、アメリカの場合 アメリカのマンガは、たくさんの人がかく？—マンガに対する考え方のちがい、世界に飛び出す！日本のアニメ・マンガ、音楽はどのようにして生まれたの？、物語はどのようにして生まれたの？、この本で紹介した国と地域
2017.2 47p 29×22cm ¥3000 ①978-4-05-501223-2

◆それ日本と逆!?文化のちがい習慣のちがい第2期 4 ドキドキお出かけ・乗りもの　須藤健一監修　学研プラス
【目次】フランスの場合 大人にも1か月以上の夏休みがあるの？—大人の夏休みのちがい、イタリアの場合 列車が時間通りに来るのはめずらしい？—鉄道のおくれに対する考え方のちがい、一度は乗ってみたい！世界の人気列車、アメリカの場合 気持ちのよいサービスにはお金がかかる？—チップの習慣があるかないかのちがい、スペインの場合 別荘はお金持ちじゃなくてももてる？—別荘に対する認識のちがい、アメリカの場合 観光地で買ったおみやげを配るのは日本人だけ？—おみやげの習慣のちがい、国や地域の文化がわかる！世界のおみやげ、ドイツの場合 改札口のない駅があるの？—駅に改札口があるかないかのちがい、オーストラリアの場合 救急車の代わりに飛行機が飛んでくるの？—救急車の制度のちがい、アメリカの場合 タクシーのドアは自分で開けるの？—タクシーの使い方のちがい、人は「移動」するのが大好き？、乗りもののちがい、この本で紹介した国と地域
2017.2 47p 29×22cm ¥3000 ①978-4-05-501224-9

◆それ日本と逆!?文化のちがい習慣のちがい第2期 5 ワイワイ記念日とお祭り　須藤健一監修　学研プラス
【目次】イタリアの場合 プレゼントをサンタクロースからもらわないの？—クリスマスの習慣のちがい、トルコの場合 こどもの日には、どこのこどもを祝うの？—こどもの日のお祝い方のちがい、国によってさまざま 世界の祝日、メキシコの場合 がい骨をかざるお祭りがあるの？—死者に対する考え方のちがい、トンガの場合 日曜日に遊んじゃいけないの？—曜日についての考え方のちがい、タイの場合 誕生日の人が、みんなにごちそうをするの？—誕生日の祝い方のちがい、イランの場合 断食って何のためにやるの？—食事の習慣のちがい、スペインの場合 牛に追われるお祭りがあるの？—動物の登場するお祭りのちがい、地域の伝統や文化がわかる！世界のさまざまな祭り、スウェーデンの場合 もっとも夜が長い冬至に、「光」のお祭りをするの？—冬至の習慣のちがい、日本人の宗教観、この本で紹介した国と地域
2017.2 47p 29×22cm ¥3000 ①978-4-05-501225-6

◆大接近！工場見学 1　おべんとクンミートボールの工場 "チルド食品"　高山リョウ構成・文、富永泰弘写真　岩崎書店
2017.2 33p 29×25cm ¥2400 ①978-4-265-08561-3

◆大接近！工場見学 2　ガリガリ君の工場 "アイスキャンディー"　高山リョウ構成・文、添田康平写真　岩崎書店
2017.2 33p 29×25cm ¥2400 ①978-4-265-08562-0

◆大接近！工場見学 3　ガンプラの工場 "プラモデル"　高山リョウ構成・文、添田康平写真　岩崎書店
【要旨】工場取材で明らかになる、ガンプラの設計から製品の完成まで。
2017.3 33p 29×25cm ¥2400 ①978-4-265-08563-7

◆大接近！工場見学 4　フィットちゃんの工場 "ランドセル"　高山リョウ構成・文、富永泰弘写真　岩崎書店
2017.3 33p 29×25cm ¥2400 ①978-4-265-08564-4

◆大接近！工場見学 5　サクラクレパスの工場 "クレパス"　高山リョウ構成・文、富永泰弘写真　岩崎書店
2017.3 33p 29×25cm ¥2400 ①978-4-265-08565-1

◆大切なこころのはなし—和尚さんにきいてみよう！　南泉和尚著　ナツメ社
【要旨】友達に無視されたらどうする？親の言うことは聞かないといけないの？こころがモヤモヤする疑問に和尚さんがやさしくこたえる。子どもに伝えたい、みんながハッピーになれるお釈迦様のおしえ。
2018.1 143p 21×19cm ¥1200 ①978-4-8163-6384-9

◆だれもが生まれながらに持っている権利—基本的人権の尊重　伊藤真著　新日本出版社　（日本国憲法ってなに？ 2）
【目次】人権保障と公共の福祉、精神的自由権、経済的自由権、人身の自由、社会権、参政権、受益権
2017.4 40p 29×22cm ¥3000 ①978-4-406-06083-7

◆だれもが自分らしく生きるための約束ごと立憲主義　伊藤真著　新日本出版社　（日本国憲法ってなに？ 1）
【目次】立憲主義（憲法尊重擁護の義務 第99条、個人の尊重 第13条、基本的人権の本質 第97条、近代立憲主義の成立、現代立憲主義への発展と危機、立憲主義と民主主義）、日本国憲法（日本国憲法の誕生、国民の義務は少なすぎる？、日本国憲法の基本原理）、発展する人権保障（人権保障と不断の努力 第11条、第12条、幸福追求権と新しい人権 第13条、国際化する人権保障）、平等原則（法の下の平等 第14条、家族生活での両性の平等 第24条）
2017.8 40p 29×22cm ¥3000 ①978-4-406-06082-0

◆探検！世界の港—役割や海外とのつながりをさぐろう　PHP研究所編、みなと総合研究財団協力　PHP研究所　（楽しい調べ学習シリーズ）
【目次】1 港の基礎知識（港の種類と役割、船の種類、港で働く人たち、港にある設備 ほか）、2 世界の港（東京港、横浜港、鹿島港、新潟港 ほか）、3 港のQ&A
2017.11 63p 29×22cm ¥3000 ①978-4-569-78708-4

◆地球の子どもたちから、大人たちへの手紙　アラン・セール構成・編、ローラン・コルヴェジイラストレーション　六耀社

児童書

あの、ピカソやノーベルにも、ノーベル平和賞のマータイさんやマララさんにも、ジャン・ジオノの創作した名作『木を植えた男』の主人公にも。118人の地球の子どもたちが、世界中の大人たちへ手紙を書いた。
2017.11 86p 30×20cm ¥2200 ①978-4-89737-965-4

◆地図を読めるようになろう　早川明夫監修　国土社　（地図っておもしろい！ 2）
【目次】1章 地図を読めるようになるには？（駅前の地図、読めるかな？、いまは、どこにいるのかな？、どっちへ行けばいいのかな？、できるだけ大きな道を選んで歩こう！、曲がるところを注意しよう！）、2章 地図を読むときのルールは？（どうして空中写真では、いけないの？、方位は、どうやってあらわされているの？、地図は、どのぐらい縮めているの？、地図は、どうやって書かれているの？、山は、どうやって地図にあらわすの？、谷や山道は、どうやってあらわすの？、山の高さは、どこを基準にしているの？、どうやって正しい位置を調べているの？、見通しのきかないところを測量するには？、地図には、どんな記号が使われているの？）、3章 特色ある地形図を読んでみよう！（リアス海岸・サンゴ礁、扇状地・三角州、カルスト地形・カルデラ、三日月湖・棚田・段々畑）
2018.1 39p 29×22cm ¥3200 ①978-4-337-28302-2

◆できるキッズ 子どもと学ぶビスケットプログラミング入門　原田康徳, 渡辺勇士, 井上愉可里, できるシリーズ編集部著　インプレス　（できるキッズシリーズ）
【要旨】タブレットやスマホで学べる！ 4歳～小学生向け。
2017.12 222p 24×19cm ¥1800 ①978-4-295-00282-6

◆テレビ・ネットの記号とマーク　小峰書店編集部編・著　小峰書店　（さがしてみよう！ まちの記号とマーク 5）
【要旨】みなさんのまわりには、どんな記号やマークがあるでしょうか？ 気をつけて見てみると、学校にも、通学路にも、家にも、店にも、数えきれないくらいの記号やマークが見つかるはずです。これらの記号やマークは、だれにでも意味がわかるように、とてもよく考えてつくられています。だからこそ、たくさんの人の役に立って、便利に使われているのです。それぞれの意味とやくわり、くふうしていることを、この本を読んで学んでください。
2017.4 39p 29×23cm ¥2800 ①978-4-338-31005-5

◆伝統行事　神崎宣武監修, こどもくらぶ編　丸善出版　（47都道府県ビジュアル文化百科）
【要旨】都道府県別に各地のさまざまな行事を紹介。
2017.1 95p 29×22cm ¥3800 ①978-4-621-30092-3

◆伝統工芸のきほん　1　焼きもの　伝統工芸のきほん編集室編　理論社
【要旨】焼きものって…おさらやおわんなどの食器、花びん。わたしたちのまわりには、たくさんの焼きものがあふれています。なにからできているの？ どんなものがあるの？ 実はみぢかな焼きもののギモンを、この本で調べてみましょう。
2017 39p 31×22cm ¥2800 ①978-4-652-20227-2

◆伝統工芸のきほん　2　ぬりもの　伝統工芸のきほん編集室編　理論社
【要旨】昔の人たちは土や石、木や草など、自然にある素材を生かし、暮らしに必要なものを生み出してきました。長い年月にわたって作り続けられるうちに、技がみがかれて美しい工芸品が生まれ、地域には伝統が育ちました。そうした伝統的工芸品のうち、国（経済産業大臣）が指定する伝統的工芸品を紹介しています。生活とかかわりの深いうつわや道具、布や紙を巻ごとに取り上げ、それぞれのきほんをできるだけやさしく解説しています。
2017 39p A4 ¥2800 ①978-4-652-20228-9

◆どう考える？ 憲法改正 中学生からの「知憲」　1　日本の憲法を知ろう　谷口真由美監修　文溪堂
【目次】憲法とはなにか 「憲法」ってなんだろう？―憲法と国家、憲法はどのようにつくられたか 日本国憲法の誕生―第一次世界大戦から第二次世界大戦と日本の再出発、日本国憲法ではなにをさだめているのか 前文―「日本国憲法前文」、天皇―天皇の地位と国事行為（第1条～第8条）、戦争の放棄―平和主義（第9条）、国民の権利および義務―基本的人権、公共の福祉、国民の義務（第10条～第40条）、国会―三権分立と二院制、法律案の審議（第41条～第64条）、内閣―内閣と行政（第65条～第75条）、司法―司法の役割（第76条～第82条）、財政―国の財政と税金（第83条～第91条）、地方自治―地方自治の現状（第92条～第95条）、改正―憲法の改正（第96条）、最高法規―憲法尊重擁護の義務（第97条～第99条）
2017 47p A4 ¥2900 ①978-4-7999-0211-0

◆どう考える？ 憲法改正 中学生からの「知憲」　2　世界の憲法を知ろう　谷口真由美監修　文溪堂
【目次】はじめに 世界の憲法を見てみよう、世界の憲法を見てみよう 憲法はどのように生まれたか―支配者と市民の対立が憲法のもとに、民主主義と立憲主義―民主主義と立憲主義の両立、世界の憲法前文―憲法前文は「国の顔」か、元首と主権―元首と国民の様々な関係、国防と軍隊―国家の安全と平和を守る、国家緊急事項―危機に直面したときの国家緊急権、国民の権利と義務―義務の条文は憲法に必要か、家族と婚姻―幸福を追求する権利と家族を形成する権利、参政権―選挙権と被選挙権、選挙制度―多数代表制と比例代表制、議会―両院制（二院制）と一院制、行政―政府と省庁、司法―様々な裁判、憲法改正―諸外国の憲法改正の実態、新しい人権―世界の憲法にくわえられた権利
2017 47p 29×20cm ¥2900 ①978-4-7999-0212-7

◆どう考える？ 憲法改正 中学生からの「知憲」　3　くらしのなかの憲法を知ろう　谷口真由美監修　文溪堂
【目次】くらしのなかの憲法、憲法はどこにあるの？―憲法とわたしたちのかかわり、事例で探る日本国憲法の論点 憲法第9条についての事例、人権はだれのものか？―人権の享有主体、表現の自由とはなにか―精神的自由権、健康で文化的な最低限度の生活―生存権、夫婦別姓をめぐる問題―家族生活における両性の平等、国旗と国歌の問題―思想、信条の自由、死刑が合憲かどうか―公務員による拷問や残虐な刑罰の禁止、1票の格差問題―法の下の平等、裁判員に選ばれたら―奴隷的拘束・苦役からの自由、憲法と宗教についての事例、憲法と条約
2017 47p 29×20cm ¥2900 ①978-4-7999-0213-4

◆どう考える？ 憲法改正 中学生からの「知憲」　4　憲法改正について知ろう　谷口真由美監修　文溪堂
【目次】憲法改正について考える、憲法改正について考える 憲法改正とはなにか―なぜ考えないといけないのか、憲法の論点 君はどう考える？ 前文にこめられた意味を考える―前文、天皇をめぐる問題―第1条 天皇、平和主義と自衛権―第9条戦争の放棄、安全保障関連法の成立と一第9条 戦争の放棄、国民の権利および義務1―第12条 自由・権利の保持とその濫用の禁止 第13条 公共の福祉、国民の権利および義務2―第26条／第30条 国民の義務、新しい人権―第13条 幸福追求権、自己決定権―第13条 幸福追求権 ［ほか］
2017 47p 29×20cm ¥2900 ①978-4-7999-0214-1

◆道具からみる昔のくらしと子どもたち　4　年中行事　須藤功編　農山漁村文化協会
【要旨】身近な自然や地域の資源を生かし、自分のからだと道具をじょうずに使って、力を合わせて、はたらき・まなび・あそんだ昭和20年代から40年代ころのくらし。それはちょうど、今から50年ほど前、私たちのおじいさんやおばあさんが子どもだったころのくらし。そこには見直したい知恵や思いがいっぱい。そんな昔のくらしの情景と知恵や思いを、子どもたちを中心にした躍動感あふれる写真と文でつづっていきます。
2017.2 32p 27×22cm ¥2500 ①978-4-540-16165-0

◆道具からみる昔のくらしと子どもたち　5　まつり　須藤功編　農山漁村文化協会
【要旨】身近な自然や地域の資源を生かし、自分のからだと道具をじょうずに使って、力を合わせて、はたらき・まなび・あそんだ昭和20年代から40年代ころのくらし。それはちょうど、今から50年ほど前、私たちのおじいさんやおばあさんが子どもだったころのくらし。そこには見直したい知恵や思いがいっぱい。そんな昔のくらしの情景と知恵や思いを、子どもたちを中心にした躍動感あふれる写真と文でつづっていきます。
2017.2 32p 27×22cm ¥2500 ①978-4-540-16166-7

◆道具からみる昔のくらしと子どもたち　6　まなび　須藤功編　農山漁村文化協会
【要旨】身近な自然や地域の資源を生かし、自分のからだと道具をじょうずに使って、力を合わせて、はたらき・まなび・あそんだ昭和20年代から40年代ころのくらし。それはちょうど、今から50年ほど前、私たちのおじいさんやおばあさんが子どもだったころのくらし。そこには見直したい知恵や思いがいっぱい。そんな昔のくらしの情景と知恵や思いを、子どもたちを中心にした躍動感あふれる写真と文でつづっていきます。
2017.2 29p 27×22cm ¥2500 ①978-4-540-16167-4

◆透視絵図鑑 なかみのしくみ 大きな建物　こどもくらぶ編　六耀社
【要旨】日本家屋はどうやってつくられているの？ 五重塔と東京スカイツリーには、共通点があるってほんとう？ 大きな建物がどんな構造になっているか、そのしくみをのぞいてみよう！ みんなが知りたいしくみやしかけを大公開!!
2017.1 31p 29×22cm ¥2800 ①978-4-89737-857-2

◆どうして仕事をしなければならないの？―アクティブ・ラーニングの実例から　長田徹監修, 稲葉茂勝著　（京都）ミネルヴァ書房　（シリーズ・「変わる！ キャリア教育」 3）
【要旨】キャリア教育の「なに」が「どう」変わる？ これだけは知っておきたい、小・中学校のキャリア教育。キャリア教育になぜアクティブ・ラーニングが重要なのか、学校現場を直撃。
2017.4 47p 29×21cm ¥4600 ①978-4-623-08024-3

◆どきどきわくわくまちたんけん 公園・はたけ・田んぼほか　若手三喜雄監修　金の星社　2017 31p 27×22cm ¥2500 ①978-4-323-04231-2

◆どきどきわくわくまちたんけん 交番・えき・しょうぼうしょ ほか　若手三喜雄監修　金の星社
【目次】やくしょ、交番、えき、ろう人ホーム、しょうぼうしょ、見つけたよ！ まちのあんぜん、チャレンジ 人のやくに立つことをさがしてみよう！、まちのたんけんマップ
2017 31p 27×22cm ¥2500 ①978-4-323-04235-0

◆どきどきわくわくまちたんけん 図書かん・公みんかん・じどうかん ほか　若手三喜雄監修　金の星社
【目次】ようち園・ほいくしょ、じどうかん、公みんかん、ゆうびんきょく、図書かん、まちのすてきな人
2017 31p 27×22cm ¥2500 ①978-4-323-04234-3

◆どきどきわくわくまちたんけん 花のお店・本のお店・クリーニング店 ほか　若手三喜雄監修　金の星社
【要旨】りはつ店、花のお店、本のお店、やっきょく、クリーニング店、見つけたよ！ お店でつかっている道ぐ、すてきだね お店の人のたからもの、まちのお店のかたり
2017 31p 27×22cm ¥2500 ①978-4-323-04233-6

◆どきどきわくわくまちたんけん わがしのお店・パンのお店・コンビニエンスストア ほか　若手三喜雄監修　金の星社　2017 31p 27×22cm ¥2500 ①978-4-323-04232-9

◆ときめきハッピー おしごと事典スペシャル　おしごとガール研究会著　ナツメ社
【要旨】なりたい職業が見つかる！ 人気・注目お仕事322種をくわしく紹介！
2017.12 447p B6 ¥950 ①978-4-8163-6365-8

◆どこがあぶないのかな？　6　自転車　渡邉正樹監修　少年写真新聞社　（危険予測シリーズ）
【要旨】青信号だからわたろうとしたら、スピードを出して走っていたら、車道の右がわを走っていたら、歩道を走っていたら、暗い道を走っていたら、かさをさしながら走っていたら
2017.9 43p 27×20cm ¥1800 ①978-4-87981-612-2

◆どこがあぶないのかな？　7　水べ　渡邉正樹監修　少年写真新聞社　（危険予測シリーズ）
【目次】ひとりでザリガニをつかまえようとしたら、落ちたボールを拾おうとしたら、池の中の魚をみようとしたら、プールサイドを走っていたら、海で遊んでいたら、中すで遊んでいたら
2017.10 43p B5 ¥1800 ①978-4-87981-613-9

◆どこがあぶないのかな？　8　野山　渡邉正樹監修, 池田蔵人イラスト　少年写真新聞社　（危険予測シリーズ）
【要旨】けがをするのは、あぶない場所に気づかなかったり、あぶない行動をとったりするからなんだって。何があぶないかに気がつくようになれば、安全に行動することができるよ。そう

◆図書館版 大人になってこまらない マンガで身につく自分コントロール 菅原洋平監修, 大野直人漫画・イラスト 金の星社
【要旨】ユーモアあふれるマンガで自己管理がわかる、できる。マンガで身につくシリーズ。
2017 143p A5 ¥2400 ⓘ978-4-323-05333-2

◆図書館版 大人になってこまらない マンガで身につく友だちとのつきあい方 相川充監修, とげとげ。漫画・イラスト 金の星社
【要旨】ユーモアあふれるマンガで友だちづきあいがうまくできるようになる。マンガで身につくシリーズ。
2017 143p A5 ¥2400 ⓘ978-4-323-05334-9

◆土石流のチカラ 佐藤丈晴著 (岡山)吉備人出版 (子どもの命を守る防災教育絵本 2)
2017.4 30p B5 ¥1200 ⓘ978-4-86069-513-2

◆友だちのいのちと自分のいのち 尾木直樹監修 ポプラ社 (尾木ママのいのちの授業 2)
【目次】尾木ママ先生の授業ですよ!、いじめの境界線ってどこ?(いじめか、いじめじゃないか、分けてみよう、どっちかな? これはいじめ? ほか)、1 友だちについて考えよう(クラスの中で、どの人が友だち…?、友だちって、だれのことかな? ほか)、2 友だちのいのちを考えよう(友だちを大切にするってどういうこと?)、3 いじめといのちを考える(いじめは心に傷を残す、いじめはいのちを傷つける ほか)、4 気持ちをコントロールしよう(これがイライラの正体だ!、やってみよう! トラブルを解決できるかな? ほか)
2017 63p 23×23cm ¥3200 ⓘ978-4-591-15357-4

◆ドラえもん社会ワールド―地図のひみつ 藤子・F・不二雄漫画、藤子プロ、井田仁康監修 小学館 (ビッグ・コロタン)
【要旨】ドラえもんのまんがと記事で地図の楽しさと実用性をしっかり学べる本です!
2017.4 193p B6 ¥950 ⓘ978-4-09-259153-0

◆なぜ? どうして? きせつのふしぎ 斎藤靖二監修 ナツメ社
【要旨】春、夏、秋、冬、きせつのふしぎをイラストで紹介。低学年~中学年向け。
2017.4 255p 18×14cm ¥1300 ⓘ978-4-8163-6203-3

◆ならべかえたり、さがしたり!―よくつかうアルゴリズム 松田孝監修 フレーベル館 (プログラミングを学ぶ前に読む アルゴリズムえほん 2)
【要旨】考える力・問題を解決する力・よりよく行動する意欲が身につく! 指導者向け・プログラミング授業アドバイス解説ページつき。
2017 35p A4 ¥2800 ⓘ978-4-577-04562-6

◆なりたい! 知ろう! デザイナーの仕事 2 快適なくらしをつくるデザイナー 小石新八監修, 稲葉茂勝構成・文, こどもくらぶ編 新日本出版社
【目次】巻頭特集 デザイナーに共通する仕事、1 ファッションデザイナー、2 カーデザイナー、3 インテリアデザイナー、4 グラフィックデザイナー、5 エディトリアルデザイナー、6 いろいろなデザイナー、7 デザイン・デザイナーの賞、資料編
2017.2 31p 29×22cm ¥3000 ⓘ978-4-406-06080-6

◆なりたい! 知ろう! デザイナーの仕事 3 デザイナーになるには? 小石新八監修, 稲葉茂勝構成・文, こどもくらぶ編 新日本出版社
【目次】巻頭特集 デザイナーへの人生デザイン、だれでもデザイナーになれる!、デザイナーのたつの要素、どんなデザイナーでも基本は同じ、デザインを学ぶことから、ファッションデザイナーになるには、カーデザイナーになるには、インテリアデザイナーになるには、グラフィックデザイナーになるには、今からできるデザイナー体験
2017.3 31p 29×22cm ¥3000 ⓘ978-4-406-06081-3

◆なるほどわかった コンピューターとプログラミング ロージー・ディキンス文, ショー・ニールセン絵, 福本友美子訳, 阿部和広監修 ひさかたチャイルド
【要旨】コンピューターの中でどんなことが起こっているのか、しかけをめくって見てみよう。コンピューター本体の各部分のことから、コンピューターに命令を出すプログラムのことまでわかりやすく説明するよ。
2017 14p 29×23cm ¥1800 ⓘ978-4-86549-088-6

◆なんでも未来ずかん―どうなる? こうなる!! ボクらの未来へ出発!! 川口友万監修, 川崎タカオ、田川秀樹、ハマダミノル絵 講談社
【目次】コンピュータは人間の味方か敵か? 人工知能とコンピュータ、料理も! おそうじも! 家庭用ロボット、スーパー消防士さん、出動!! パワードスーツ、絶滅動物がよみがえる!? バイオテクノロジー、もっと知りたい! 未来のこと、空をつき抜ける! 超巨大構造物 驚異の宇宙エレベーター、銀河系も1秒で横断!! ハイパードライブ、宇宙でも電気をつくり出す! 未来のエネルギー、バスも! タクシーも! み~んな空を飛ぶぞ!! 空飛ぶ自動車とドローン、海底都市では毎日が大冒険夢の海底未来都市、超高層! 緑がそだつ!? 未来のたてもの、超音速! 快適空間! 進化する次世代旅客機、どんな世界もつくり出せる! 未来の超人スポーツ、どんな世界もつくり出せる! バーチャルリアリティ
2017.11 63p 27×22cm ¥1700 ⓘ978-4-06-220860-4

◆日本人なら知っておきたい! モノのはじまりえほん 荒俣宏監修, ふわこういちろうイラスト 日本図書センター
【要旨】テレビ・新聞でおなじみ! アラマタ先生! いろんなモノのはじまり教えて下さい! 発明・発見! おどろきのストーリーが、歴史のおもしろさを伝えます!!
2017.1 79p 21×20cm ¥1500 ⓘ978-4-284-20399-9

◆日本全国祭り図鑑 西日本編―これで君も祭りの達人! 芳賀日向監修 フレーベル館
【目次】上野天神祭、桑名石取祭、伊雑宮御田植式、日吉大社山王祭、長浜曳山まつり、伊庭の坂下し祭り、祇園祭、葵祭、時代祭、岸和田だんじり祭 〔ほか〕
2017 71p A4 ¥4500 ⓘ978-4-577-04529-9

◆日本と世界のくらし どこが同じ? どこがちがう?―食 教科書に出てくる「くらしの中の和と洋」 野林厚志監修 汐文社
【目次】主食―米とパン、食材―魚と肉、食卓―ちゃぶ台とテーブル・イス、食事の道具―おはしとスプーン・フォーク、飲み物の器―湯のみとコップ、お茶を飲む―緑茶と紅茶、調味料―しょうゆとソース、カレー料理―カレーライスと世界のカレー、お菓子―和菓子と洋菓子、季節の行事―お正月とクリスマス
2017 47p B5 ¥2400 ⓘ978-4-8113-2338-1

◆日本と世界のくらし どこが同じ? どこがちがう?―衣 教科書に出てくる「くらしの中の和と洋」 上羽陽子監修 汐文社
【目次】衣服 和服と洋服、はきもの―下駄・草履と靴、はきもの―2 足袋と靴下、衣服の収納 和箪笥と洋箪笥、花嫁衣裳 和式と洋式、喪服 白と黒、筆記用具 筆とペン、書く、伝える 和紙と洋紙、衣服や荷物を運ぶ 風呂敷とカバン、顔、手などを拭く 手ぬぐいとタオル
2017 47p B5 ¥2400 ⓘ978-4-8113-2339-8

◆日本と世界のくらし どこが同じ? どこがちがう?―住 教科書に出てくる「くらしの中の和と洋」 日高真吾監修 汐文社
【目次】住まい―本造の家と石造りの家、床材―畳とカーペット、扉の様式―ふすまとドア、建具・インテリア―障子とカーテン、保護―座布団とクッション、寝具―布団とベッド、入浴―風呂とシャワー、トイレ―日本のトイレと西欧のトイレ、暖房―囲炉裏と暖炉、あかり―日本のあかりとヨーロッパのあかり
2017 47p B5 ¥2400 ⓘ978-4-8113-2340-4

◆日本のインフラ 3 エネルギーのインフラ 伊藤毅監修 ほるぷ出版
【要旨】「インフラ」は「インフラストラクチャー」という言葉を省略した言い方で、水道や下水道、道路や鉄道、そしてエネルギー施設など、私たちの毎日の生活をささえている施設のことをいいます。スイッチひとつで電気がつくのも、水道のじゃぐちをひねれば水が出てくるのも、インターネットで世界中の人たちがつながっているのも、私たちの暮らしをさまざまなインフラにささえられているからです。この本では、電力とガスという「エネルギーのインフラ」について、どのように広がっているかを年代別の地図で比較したり、日本で電力やガスをつくりはじめたころのようすや、現在の電力やガスをつくってとどける仕事を写真で紹介したり、最新のデータをわかりやすく視覚的に見せたりすることで、「エネルギーのインフラ」のしくみと大切さを学びます。
2017.1 35p 29×22cm ¥2800 ⓘ978-4-593-58747-6

◆日本のインフラ 4 情報のインフラ 伊藤毅監修 ほるぷ出版
【要旨】この本では、テレビやインターネット、電話などのメディアを通して情報を伝える「情報のインフラ」について、その広がりを年代別の地図で比較したり、通信技術の発達の歴史や、テレビやインターネットをささえる施設や設備を写真で紹介したり、最新のデータをわかりやすく視覚的に見せたりすることで、「情報のインフラ」のしくみと大切さを学びます。
2017.3 35p 29×22cm ¥2800 ⓘ978-4-593-58748-3

◆日本の手仕事―大工さん・すし職人さんほか 遠藤ケイ絵・文 汐文社
【目次】1 大工さん、2 すし職人さん、3 かじやさん、4 竹細工師さん、5 墨匠さん、6 おけ師さん、7 そば打ち職人さん、8 表具師さん
2017 51p 27×22cm ¥2300 ⓘ978-4-8113-2400-5

◆日本の手仕事―下駄職人さん・紙すき職人さんほか 遠藤ケイ絵・文 汐文社
【目次】9 とうふ屋さん、10 下駄職人さん、11 鋳物師さん、12 紙すき職人さん、13 研ぎ師さん、14 木地師さん、15 溶接職人さん、16 左官職人さん
2017 51p 27×22cm ¥2300 ⓘ978-4-8113-2401-2

◆日本の手仕事―ガラス職人さん・建具師さんほか 遠藤ケイ絵・文 汐文社
【目次】ガラス職人さん、金鉢職人さん、鎚起職人さん、曲物師さん、染色師さん、さお師さん、建具師さん、たこ師さん
2017 51p 27×22cm ¥2300 ⓘ978-4-8113-2402-9

◆日本のふしぎ なぜ? どうして? 大野正人執筆 高橋書店 (楽しく学べるシリーズ)
【要旨】忍者はどんなふうに戦うの? 説明に困るいろんなふしぎを、わかりやすく解説。大人が読んでもおもしろい!
2017.4 191p A5 ¥1000 ⓘ978-4-471-10352-1

◆入学準備これだけで大丈夫! せいかつ・ちしき 岩瀬恭子監修 成美堂出版 (付属資料: ポスター; シール; おけいこボード)
【要旨】生活力と学習習慣が身につく!!
2017.11 64p 30×21cm ¥660 ⓘ978-4-415-32424-1

◆人間はだまされる―フェイクニュースを見分けるには 三浦準司著 理論社 (世界をカエル―10代からの羅針盤)
【要旨】メディアリテラシーを身につけた賢い情報受信者、発信者になるために。
2017 200, 8p B6 ¥1300 ⓘ978-4-652-20216-6

◆パイロットのたまご 吉野万理子作, 黒須高嶺絵 講談社 (おしごとのおはなし パイロット)
【要旨】いつか、ぼくも空を飛びたい!! おはなしを楽しみながらあこがれのお仕事がよくわかる! 小学中級から。
2017.11 74p 22×16cm ¥1200 ⓘ978-4-06-220820-8

◆はじめての集団宿泊体験活動 1 みんなで準備! 事前学習 国立青少年教育振興機構監修, こどもくらぶ編・著 文研出版
【要旨】巻頭チェック とつぜんですが、きみはどんな体験をしてきたってる?、「集団宿泊体験活動」って?、なんのために体験活動するの?、行き先はどんなところ?、自分からすすんで学ぶ、クラスの団結となかまづくり、実行委員会をつくろう、係と役割を決めよう、やってみよう 話しあいで意見を出しあおう 〔ほか〕
2017.9 47p 29×22cm ¥3000 ⓘ978-4-580-82331-0

◆はじめての集団宿泊体験活動 2 なかまと協力! 現地学習 国立青少年教育振興機構監修 文研出版
【要旨】巻頭チェック とつぜんですが、きみの生活習慣はどんなふう?、1 目標やめあてを確認しておこう、2 目標やめあての達成を試みる!、3 なかまとともに感動体験!、4 先生やなかまと寝食をともにする、5 自立への第一歩をふみだすために、やってみよう 最強のチームワークをつくろう、6 活動地域の危険を知って安全安心、7 体験活動でなにを学んだのかふりかえる、8 学んだことをつぎに生かす、やってみよう

児童書

絵本・児童書

かを深めるレクリエーション、宿泊体験活動レポート、役立ち資料集
2017.11 47p A4 ¥3000 ①978-4-580-82332-7

◆はじめてのプログラミング　たきりょうこ漫画，うめ漫画監修，橋爪香織執筆，阿部和広監修　学研プラス　（学研まんが入門シリーズ）
【要旨】この本はまんがと解説の立体構成になっているよ。はじめにまんがを読んでプログラミングの楽しさを味わおう！ そして、自分もプログラミングがやりたくなったら、解説ページを読んで、ゲームをつくるためのプログラミングに挑戦しよう！ この本のすべてのプログラムが組めたら、きみは立派なプログラマーだ！ オリジナルのプログラムもどんどん考えて、楽しいゲームをたくさんつくろう！
2017.5 173p 23×16cm ¥1300 ①978-4-05-204585-1

◆パソコンがなくてもわかる　はじめてのプログラミング　1　プログラミングって何だろう？　坂村健監修，松林弘治著，角川アスキー総合研究所編　角川アスキー総合研究所，汐文社 発売
【目次】1 プログラミングって何だろう？、2 まっすぐ動かしてみよう、3 曲がってみよう、4 自由に動かそう、5 繰り返してみよう、6「繰り返し」を繰り返そう、7 集大成の迷路に挑戦だ
2017.2 31p 27×22cm ¥2300 ①978-4-8113-2374-9

◆パソコンがなくてもわかる　はじめてのプログラミング　2　ゲームを作ってみよう！　坂村健監修，松林弘治著，角川アスキー総合研究所編　角川アスキー総合研究所，汐文社 発売
【目次】1「もしも」があればいろいろできる、2 ロボットを動かそう、3 マスる目の上で進むには！？、4「もしも」カードで迷路に挑戦、5 怪獣を避けながら進め！、6 キャラクターをランダムに動かそう、7 対戦ゲームをつくろう
2017.3 32p 27×22cm ¥2300 ①978-4-8113-2375-6

◆パソコンがなくてもわかる　はじめてのプログラミング　3　コンピューターを動かす魔法の言葉　坂村健監修，松林弘治著，角川アスキー総合研究所編　角川アスキー総合研究所,汐文社 発売
【目次】1 アルゴリズムって何だろう？、2 秘密の暗号、3 5本指で31まで数えてみよう、4 絵を数字で伝えよう、5 一筆書きで遊ぼう、6 パピリオンをどう回る？、7 本を並べ替えよう、8 背の順に並べ！、9 犯人を捜せ！、10 しりとり迷路をたどろう
2017.3 31p 27×22cm ¥2300 ①978-4-8113-2376-3

◆はたらく　長倉洋海著　アリス館
【要旨】人は何のために、はたらくのだろう。真剣な眼差し、明るい笑顔。たくさんの人びとに出会い、見えてきたことは…。
2017.9 38p 26×20cm ¥1400 ①978-4-7520-0812-5

◆発見！　会社員の仕事　1　会社ってなんだ？　大野高裕著　フレーベル館
【目次】1 会社ってどんなところ？（会社の中を見てみよう、会社の中はこんなふうになっている、現場におじゃまします！ 気分スッキリ！ アイデアむくむくわいてくる!? 休憩室 ほか）、2 会社をつくってみよう（会社をつくるために必要なものは？、会社ができるまでにすること、重要度で決定者がかわる！ ほか）、3 会社のしくみを知ろう！（会社のルールをのぞいてみよう、休みについての決まりごと、給料についての決まりごと ほか）
2017 47p 29×22cm ¥3300 ①978-4-577-04535-0

◆発見！　会社員の仕事　2　会社とお金のカンケイ―キャリア教育に役立つ！　大野高裕監修　フレーベル館
【目次】パート1 給料はどこからくるの？（会社から入ると入るお金、会社のお金の流れを見てみよう、会社の中にお金はおかない!? ほか）、パート2 もっと大きくしたい！（利益を増やす方法は？、また買いたくなる！ お客さんの心をつかんで大成功、商品の値段はどうやって決めるの？ ほか）、パート3 会社は社会の一部分（商品の値段も給料も！ 社会の流れでかわるお金、株の値段の値段がさがる！？、会社の未来がわかる！ ほか）
2017 47p 29×22cm ¥3300 ①978-4-577-04536-7

◆発見！　体験！　工夫がいっぱい！　ユニバーサルデザイン　川内美彦監修　学研プラス
【要旨】1 移動する（白杖、歩行誘導用ソフトマット ほか）、2 つながる（UDトーク、使っているよ！ UDトークは、本山くんにとってのメガネ。

授業が楽しくなった！ ほか）、3 楽しむ（テーブルゲーム、触記ペン ほか）、4 暮らす（ステープラー、食品ラップ ほか）
2017.2 143p A4 ¥6000 ①978-4-05-501213-3

◆はばたけ！「留学」で広がる未来　1　海外で学ぶってどういうこと？　横山匡監修　くもん出版
【目次】1 みんなグローバル！（グローバルってなんだ？、海外にとびたったグローバルな人たち）、2 海外で学んだ先輩たち（自分の強みをいかし海外進学のチャンスをつかむ 高島綾輔さん、「好き」、「楽しい」をつらぬき自分だけの「unique」を見つける 高橋智隆さん、学校をつくるという夢のためにハーバード大学へ 松田悠介さん、海外進学で再発見した和太鼓の奥ぶかさ エーヴァ・ケストナーさん、日本文化である日本酒を世界へ 伊澤優花さん、フィリピン留学で英語力を高め世界一周の旅に出る 太田英基さん、人生の大逆転 自分を大きく変えてくれた場所 児玉教仁さん）、3 留学って何？（留学で何ができるの？、どんな留学ができるの？）
2017.2 47p 28×22cm ¥2800 ①978-4-7743-2577-4

◆はばたけ！「留学」で広がる未来　2　学びをいかして海外ではたらく　横山匡監修　くもん出版
【目次】1 世界中がホームグラウンド（世界へとびたち世界で活躍する先輩たち、世界を舞台に活躍するには？）、2 海外で活躍する先輩たち（サッカーを仕事にするための イギリス留学、三度目の挑戦で手に入れた夢の舞台！、正しい知識を身につけ、世界の人びとを健康にしたい、一本道じゃない、人それぞれ自分で選んだ生き方を応援する、世界で紛争後の国づくりを助けた）、3 留学ってどうなるの？（留学で広がる無限の可能性、学校に行くことだけが「留学」じゃない）
2017.3 47p 28×22cm ¥2800 ①978-4-7743-2578-1

◆はばたけ！「留学」で広がる未来　3　学んだことを日本でいかす　横山匡監修　くもん出版
【目次】1 どんなところに留学しているの？（世界へとびたち日本で活躍する先輩たち、いろいろある！ 英語圏以外の留学先）、2 海外から日本にもどり活躍している先輩たち（「手話」という言語で、ろう者と聴者をつなぐ 大木洵人さん、障がいを「可能性」に変えるために 一遠藤謙さん、ひとりひとりが「地球市民」として平和を築いていく世界に 一辰野まどかさん、留学で学んだ、人とちがうことのすばらしさ 一吉岡利代さん、留学経験をいかし日本に新しい学びの場を提供 一小林亮介さん）、3 いろいろな形の留学（アメリカ放浪の旅で夢を見つける、留学したくなったら調べてみよう！）
2017.3 47p 28×22cm ¥2800 ①978-4-7743-2579-8

◆浜田広介『泣いた赤おに』の里　まほろばふりこどけい高畠線　五十嵐愛子文・絵（仙台）創栄出版、星雲社 発売
【要旨】行ったり来たり、ふりこ時計の高畠線に繰り広げられた懐かしいドラマを「自然と風景」、「自然と歴史」、「人情とお客さん」編にまとめました。さあ、あなたも、心のふるさと『まほろばの里』を旅しましょう。
[17.6] 62p B5 ¥1400 ①978-4-434-23247-3

◆福祉ってどんなこと？　加山弾監修　岩崎書店　（理解しよう、参加しよう 福祉とボランティア 1）
【目次】福祉マンガ（福祉ってなに？ 福祉ってどういうこと？）、みんながしあわせにくらすために必要なこと（『福祉』のお手本はヨーロッパ、『あたりまえのくらし』という考えかた、新しい福祉の考えかた）、こまったときに利用できる制度や施設を調べよう（体の不自由な人、高齢になった人、子ども・子育ての中の人、しょうがいのお金でこまっている人、震災などで被災した人、ささえあうなゆみをかかえた人）、スポーツはささえあいの精神でだれもが参加できる（パラリンピックをめざす、生涯現役でスポーツを楽しむ、スポーツボランティア）、福祉の制度や施設をささえるしくみ（福祉の制度の決めかた、福祉の制度も使ってみよう）
2017.1 47p 29×22cm ¥3000 ①978-4-265-08541-5

◆仏像なんでも事典　大谷徹奘監修　理論社
【目次】第1章 仏像がよくわかる、第2章 如来、第3章 菩薩、第4章 明王、第5章 天部、第6章 その他の仏像、第7章 奈良・京都の仏像めぐり
2017 87p 29×22cm ¥3800 ①978-4-652-20215-9

◆プログラマー・セキュリティエンジニア・アプリ開発者・CGデザイナー―IT産業の仕事　2　ポプラ社　（職場体験完全ガイド 55）
【目次】プログラマー（プログラマーってどんな仕事？、インタビュー プログラマーの竹内淳史さんに聞きました「日本じゅうの人たちが喜んで使えるものをつくりたい」 ほか）、セキュリティエンジニア（セキュリティエンジニアってどんな仕事？、インタビュー セキュリティエンジニアの中西健太さんに聞きました「たよられるセキュリティエンジニアになりたい」 ほか）、アプリ開発者（アプリ開発者ってどんな仕事？、インタビュー アプリ開発者の長嶋朋さんに聞きました「世界じゅうのどこにもない、便利で役だつアプリをつくりたい」 ほか）、CGデザイナー（CGデザイナーってどんな仕事？、インタビュー CGデザイナーの篠原貴英さんに聞きました「すごい！」と感動してもらえるCGをかきつづけたい」 ほか）
2017 47p 27×22cm ¥2800 ①978-4-591-15374-1

◆プログラミングとコンピューターしくみと基本がよくわかる！　大岩元監修　PHP研究所　（楽しい調べ学習シリーズ）
【要旨】ロボットを命令通りに動かすには？ コンピュータの計算力は、どんなことに使われているの？ 音や画像はどうやって伝えるの？ ほか。
2017.12 63p 29×22cm ¥3000 ①978-4-569-78723-7

◆プログラミングについて調べよう　曽木誠監修，川崎純子文，沼田光太郎絵　岩崎書店　（調べる学習百科）
【要旨】ゲームで使うスマートフォンやタブレットは、コンピューターのなかみです。コンピューターは、自動車や室内のエアコン、掃除機などにも使われています。わたしたちは、知らず知らずのうちに毎日コンピューターを操作しているのです。もっとじょうずに動かしたい、こんなことはできないの、そう思うことも多いでしょう。それを実現するには、もう少しコンピューターのことを知る必要があります。この本ではコンピューターのしくみとともに、それを動かしているプログラミングについてやさしく解説します。プログラミングの前提を楽しく学び、もっとコンピューターとなかよしになってください。
2017.12 63p 29×22cm ¥3000 ①978-4-265-08447-0

◆平和って、どんなこと？　ウォーレス・エドワーズ作，おびただす訳　六耀社
【要旨】平和とは、わたしたちが何かをしたり、何かをつくったりすることでしょうか。わたしたちが、いつか、どこかで発見できる何かでしょうか。平和は、どんなふうに見えるのでしょうか。どんな匂いで、どんな味がして、どんなふうに感じることができるのでしょうか。
2017.5 1Vol. 29×24cm ¥1400 ①978-4-89737-900-5

◆平和は自分らしく生きるための基本―平和主義　伊藤真著　新日本出版社　（日本国憲法ってなに？ 3）
【要旨】平和主義―日本国憲法の平和主義 第9条、前文・第2段（アジア侵略と日本国憲法）、9条=戦争の放棄 第9条1項「戦争の放棄」の歴史、戦力の不保持・交戦権の否認 第9条2項、9条と日米安全保障条約、「自衛権」とは？、防衛省・自衛隊の歴史と任務、前文=積極的非暴力平和主義 前文（平和的生存権）の思想、国際協調主義、人間の安全保障、法律や条約の「前文」を調べてみよう）
2017.7 32p 29×22cm ¥3000 ①978-4-406-06084-4

◆勉強が好きになる　旺文社編，入江久絵マンガ・イラスト　旺文社　（学校では教えてくれない大切なこと 13）
【目次】1章 やる気って何？（やる気の種を探してみよう、オススメ伝記診断テスト ほか）、2章 学習習慣を身につけよう（宿題の取り組み方を見直そう！、もちっとモンスターコレクション おしるこ ほか）、3章 学習環境のつくり方（勉強の環境を探そう・つくろう、勉強する姿勢を見直そう ほか）、4章 のび〜る学習方法（教科別勉強法 国語、国語辞典ゲーム ほか）
2017.2 151p A5 ¥850 ①978-4-01-011165-9

◆僕のナゼ、私のナゼ―わたしたちは「なぜ」うまれてきたの？　自遊空間ゼロ編　（広陵町）編集工房DEP
【要旨】「ナゼ」と出会い、「ナゼ」を探すことで、自分自身と向き合おう。絵本＋フォトブック。
2017.5 77p 22×19cm ¥1200 ①978-4-909201-00-3

◆ボランティアに参加しよう　加山弾監修　岩崎書店　（理解しよう、参加しよう　福祉とボランティア 3）
【目次】福祉マンガ─大震災から学ぶ、ボランティアの意味や心得、日本のボランティアには長い歴史があるよ、自分になにができるかを考えてみよう、ボランティアはどんなときでも、だれにでもできる、実際にボランティアに参加してみよう、ケーススタディ
2017.1　47p　29×22cm　¥3000　①978-4-265-08543-9

マイ・ジャパン─みてみよう日本のくらし　フィリケェつこ著　偕成社
【要旨】ふとんのたたみ方や和式トイレの使い方、七夕やお正月などの年中行事のこと。みんなの毎日のくらしを、絵でみてみよう！　日本のことを知りたいお友だちにも紹介できる、やさしい英語訳つき。小学生から。
2017　45p　26×25cm　¥1500　①978-4-03-425350-2

◆毎日を生きるコツ─勉強・将来・習い事　「毎日を生きるコツ」編集委員会編　学研プラス　（きみたちのSOSにこたえるシリーズ 3）
【要旨】この本では、学校の勉強のこと、習い事、将来のことについての、なやみやぎもんが、ゆるっとかわいいマンガで読めるよ。人にはなかなか相談できないぎもんも、ぼくたちといっしょに考えてみよう。きみの毎日が、もっと楽しくなるといいね！
2017.11　159p　A5　¥850　①978-4-05-204718-3

◆毎日を生きるコツ─自分・いのち・しあわせ　「毎日を生きるコツ」編集委員会編　学研プラス　（きみたちのSOSにこたえる 4）
【要旨】きみたちが毎日を生きていく中で感じる、ぎもんやなやみについて、面白くて楽しいマンガを見ながら、解決していこう。かわいいキャラクターたちといっしょにきみ自身について、しっかり考えてみない？
2018.1　159p　A5　¥850　①978-4-05-204719-0

◆毎日を生きるコツ　学校・おうち・社会　学研プラス編　学研プラス　（きみたちのSOSにこたえる 1）
【要旨】毎日うかんでくる、きみのなやみやぎもんを、ぼくたちといっしょに考えてみない？　ぼくが活やくする、ゆるっとかわいいマンガが、きっと役に立つ!?　パンダ校長のアドバイスできみの毎日がもっと楽しくなるといいね！
2017.7　159p　A5　¥850　①978-4-05-204616-2

◆毎日を生きるコツ　友だち・家族・人間関係　学研プラス編　学研プラス　（きみたちのSOSにこたえる 2）
【要旨】毎日うかんでくる、きみのなやみやぎもんを、ぼくたちといっしょに考えてみない？　ぼくが活やくする、ゆるっとかわいいマンガが、きっと役に立つ!?　パンダ校長のアドバイスできみの毎日がもっと楽しくなるといいね！
2017.7　159p　A5　¥850　①978-4-05-204617-9

◆町の福祉を見つけよう　加山弾監修　岩崎書店　（理解しよう、参加しよう　福祉とボランティア 2）
【目次】福祉マンガ（福祉の視点をもって、町のなかを見てみよう）、福祉の現場ではたらく人に話を聞いてみよう（社会福祉士、介護福祉士、精神保健福祉司、ケアマネジャー、保育士、児童指導員、児童福祉司、医療にかかわる人、福祉の現場ではたらくスタッフ）、町にはくらしやすくなるための工夫がたくさん（町のなかのバリアフリー、ユニバーサルデザイン、福祉マップを作ってみよう）、わたしたちにもできる福祉のかたち「ボランティア」（なぜボランティアをするの？、できることをできる範囲でする、NPO法人はボランティア組織）
2017.4　47p　29×22cm　¥3000　①978-4-265-08542-2

窓をひろげて考えよう─体験！　メディアリテラシー　下村健一著　岬本よしみ企画・構成　（京都）かもがわ出版
【要旨】穴のあいたページをめくったら、びっくり！　同じ絵でも、部分と全体では、印象が変わる！　コツを体験して「メディアリテラシー」を身につけよう！　情報に振り回されない8つの「コツ」。
2017.7　47p　27×22cm　¥2800　①978-4-7803-0893-8

◆漫画から学ぶ生きる力　医療編　宮川総一郎監修　ほるぷ出版
【目次】インタビュー知念実希人、『天久鷹央の推理カルテ』（原作：知念実希人　漫画：緒原博綺　キャラクター原案：いとうのいぢ）、『ブラック・ジャック』（著：手塚治虫）、『医龍』（漫画：乃木坂太郎　原案：永井明）、『JIN-仁-』（著：村上もとか）、『Dr. コトー診療所』：山田貴敏）、『Dr.DMAT─瓦礫の下のヒポクラテス』（原作：髙野洋　作画：菊地昭夫）、『学習まんが人物館　ナイチンゲール』（監修：長谷川敏彦　漫画：真斗　シナリオ：黒沢哲哉）、『プロジェクトX挑戦者たち　決断命の一滴』（原作：NHKプロジェクトX制作班　作画・脚本：本そういち）、『学習まんが人物館　マザー・テレサ』（監修：沖守弘　まんが：あべさより　シナリオ：滝田よしひろ）（ほか）
2017.2　47p　A4　¥3000　①978-4-593-58742-1

◆漫画から学ぶ生きる力　サバイバル編　宮川総一郎監修　ほるぷ出版
【要旨】本書は漫画に出てくるさまざまなエピソードや場面から「生きる力」を伝え、それを体感してもらうことをねらいとしています。事実にもとづいたものもあれば、フィクションもあります。本書で紹介している漫画では、登場人物たちが絶望的な状況でもあきらめず、必死に生き残ろうとする姿が描かれています。努力がむくわれることもあれば、ときに悲劇の結末で終わることもあります。しかし、そこには必ず「命の大切さ」が描かれています。どんなピンチも生き抜くヒントがいくつも得られるでしょう。
2017.1　47p　A4　¥3000　①978-4-593-58741-4

◆漫画から学ぶ生きる力　動物編　宮川総一郎監修　ほるぷ出版
【要旨】本書は漫画に出てくる様々なエピソードや場面から「生きる力」を伝え、それを体感してもらうことをねらいとしています。事実にもとづいたものもあれば、フィクションもあります。本書のテーマは「動物」です。動物と人は長い歴史の中で、地域や時代により、その関係の意味を変えてきました。漫画にはペットや、牧畜された動物、大自然に生きる野生動物など、家族、食料、未知の敵、時に兵器であることをとも描かれています。動物と人は、ともに生き、死を、命を奪い奪われ、戦い、共存してきました。そんな動物漫画の中から、生きる力とは何かを見つけてみませんか。
2017.3　47p　A4　¥3000　①978-4-593-58741-4

◆マンガ×くり返しでスイスイ覚えられる47都道府県と世界の国─10才までに学びたい　リベラル社編　（名古屋）リベラル社、星雲社 発売　（付属資料：ポスター1）
【要旨】楽しいマンガで読める！　都道府県の特色をわかりやすく紹介！　授業を先取りしたい子も、復習したい子も！
2017.12　351p　A5　¥1300　①978-4-434-24156-7

◆マンガでわかるおうちのルール─小学校入学までに身に付けたい45の習慣　横山浩之著　明野みる漫画　小学館
【要旨】じぶんからあいさつをしよう。「ありがとう」をくちぐせにしよう。「どうぞ」「ありがとう」をいおう。くつはそろえてぬごう。ものをだいじにつかおう。こまったときはたすけあおう。ひとのはなしはおへそをむけてきちんときこう。ともだちのいいところをみつけよう。ほか、ルールをマンガ化。「幸せに生きる力」を育てるビジュアル・テキスト。
2017.4　112p　B6　¥1200　①978-4-09-840172-7

◆マンガでわかる！　10歳からの「経済」のしくみ　「子どもと経済」研究会著、ササキマコト漫画　メイツ出版　（まなぶっく）
【要旨】「経済」がわかると社会の動きが見えてくる！　たのしく読んで、役立つ知識がしっかり身につく。
2017.6　160p　A5　¥1570　①978-4-7804-1918-4

店・公共施設の記号とマーク　小峰書店編集部編・著　小峰書店　（さがしてみよう！まちの記号とマーク 4）
【要旨】みなさんのまわりには、どんな記号やマークがあるでしょう？　気をつけて見てみると、学校にも、通学路にも、家にも、店にも、数えきれないくらいの記号やマークが見つかるはずです。それらの記号やマークは、だれにでも意味がわかるように、とてもよく考えてつくられています。だからこそ、たくさんの人の役に立って、便利に使われているのです。それぞれの意味やわたし、くふうしていることを、この本を読んで学んでください。
2017.4　39p　29×23cm　¥2800　①978-4-338-31004-8

◆見つけておぼえる！さがし絵タウン─記号とマーク─くらし・公共施設　永井もりいち絵　汐文社
【目次】桜並木の通りは多くの人たちでいっぱい。「桜まつりでにぎわう街」、街中の人びとが2人を祝福します。『ウエディングマーチが鳴りひびく街』、白い壁と赤い屋根の可愛い街並み。『堀に囲まれた小さな街』、夕日に染まる近未来都市。『運河と高層ビルの街』、すべての通りが人びとで埋めつくされる『フェスティバルの街』、街中にまつりのマーチがあふれ出す！『パレードが通る街』、子どもたちにプレゼントを用意しています。『クリスマスを祝う街』
2017　31p　31×22cm　¥1800　①978-4-8113-2390-9

◆見つけておぼえる！さがし絵タウン─記号とマーク─トラベル・リゾート　永井もりいち絵　汐文社
【目次】遠くの街から大勢の人たちが集まります。「満開の桜と水道橋」、教会の広場ではパーティーが始まっています。『村を挙げての結婚式』、夏休みには親子連れで大にぎわい！『シーサイドリゾート』、漁を終えた漁船がぞくぞくと戻ってきました。『漁船が行き交う入り江』、子どもの歓声が渓谷に響き渡ります。『高原のキャンプリゾート』、収穫の秋。村人たちは畑仕事で大忙し！『紅葉に染まる里山』、大人も子どもも、冬のリゾートを楽しんでいます。『雪まつりの1日』
2017　31p　31×22cm　¥1800　①978-4-8113-2391-6

◆見つけておぼえる！さがし絵タウン　道路標識　永井もりいち絵　汐文社
【目次】川と森に囲まれたドーナッツ形の街。『ドーナツタウン』、水遊びや釣りでにぎわう山沿いの街。『リバーヴィレッジ』、バイクの仲間たちが大集合!!『バイクフェスティバル』、海と山に囲まれた港の街。『シーサイドヴィレッジ』、大きな川と石橋がシンボル。『ブリッジタウン』、たくさんの人でにぎわう。『峠の観光地』、雪景色の丘と赤い屋根。『スノーランド』、日本の道路標識の種類と意味
2017　31p　31×22cm　¥1800　①978-4-8113-2389-3

◆みとめあういのち　尾木直樹監修　ポプラ社　（尾木ママのいのちの授業 3）
【目次】尾木ママ先生の授業ですよ！　いろいろな性について考えよう（体の性と心の性ってどういうこと？、自分らしさを見つけよう　ほか）、1　なりたい自分になろう！（知ることで、誤解も偏見もなくなる、インタビュー自分らしくてしあわせなら、それでいい！　松中権さん　ほか）、2　外国にルーツのある子もたくさんいるよ（あなたはどう思う？　日本で起きている外国人差別、ちがうって、とっても楽しい！　新宿区立大久保小学校　ほか）、3　障がいがある人ってかわいそう？（みんなは障がいについて知っているかな、障がいってなんだろう？　ほか）、4　高齢者になると、どうなるの？（おじいちゃん、おばあちゃんってどんな人？、高齢者になってみよう　ほか）
2017　63p　23×23cm　¥3200　①978-4-591-15358-1

◆見る！知る！考える！ユニバーサルデザインがほんとうにわかる本　1　もののユニバーサルデザイン　小石新八監修、こどもくらぶ編　六耀社
【目次】1　しっかり考えよう！（「はじめから」が肝心！、「だれにでもつかいやすい」って、ほんと？、福祉の心があれば、あそび道具も、UD）、2　目で見るユニバーサルデザイン（UD）（衣料品、文房具、食器、食品などの容器、調理器具　ほか）
2017.11　31p　29×22cm　¥2800　①978-4-89737-958-6

◆みんながいてボクワタシがいる！大切な家族　池田書店編集部編、亀澤裕也マンガ・イラスト　池田書店
【要旨】「みんなが持っている新しいゲームがほしい！」「お姉ちゃんだからといって、わたしばっかりおこられる！」家族の中で起こる、いろいろな問題やなやみの答えをこの本の中から見つけよう！　きっと、家族の大切さがもっとわかってくるよ！
2017.4　175p　A5　¥978　①978-4-262-15496-1

◆みんなが元気になるたのしい！アクティブ・ラーニング　1　これからは、アクティブ・ラーニングだ─授業の仕方の変遷とアクティブ・ラーニング　稲葉茂勝著、こどもくらぶ編　フレーベル館
【目次】1　日本の教育の歴史（1）プラスワン　藩校と寺子屋、2　日本の教育の歴史（2）プラスワン　墨ぬり教科書、3　学校の劇的な変化　プラスワン　大阪府堺市のマンモス校、4　「つめこみ教育」から「ゆとり教育」へ、5　ゆとり教育＆つめこみ教育、6　聖徳太子で考える「知識」とは？　プラ

児童書

スワン「聖徳太子」から「福沢諭吉」、7 総合的な学習の時間へ プラスワン アクティブラーニングの時代へ プラスワン 時間がへった！、9 つめこみ教育と総合的な学習の時間をくらべる、ある実践「ことわざを写真にとる」プラスワン「ことわざを写真で表現」
2017 31p 29×22cm ¥3000 ⓤ978-4-577-04555-8

◆みんなが元気になるたのしい！ アクティブ・ラーニング 3 「キャリア・ノート」つくる意味とつくり方─「キャリア・ノート」は、きみの将来の宝もの 長田徹監修, 稲葉茂勝著 フレーベル館
【目次】1「キャリア・ノート」とは？─プラスワン「キャリア」の語源、2 小・中学生の「キャリア・ノート」とは？、3「キャリア・ノート」は宝もの、4 小・中学生の「キャリア教育」とは？─プラスワン「日本国民の三大義務」、5「キャリア発達」という言葉、6 キャリア教育はアクティブ・ラーニングのさきがけ─プラスワン インターンシップとは？、7 アクティブ・ラーニングの意義の再確認─プラスワン 大学入試改革
2017.4 47p A4 ¥2800 ⓤ978-4-577-04557-2

◆みんなで考える小学生のマナー─社会のルールがわかる本 ジュニアマナーズ協会著, 田中ゆり子監修 メイツ出版 （まなぶっく）
【要旨】知っておきたい！ 礼儀作法からネットのルールまで。子どもだから許される、は卒業して内面から輝くオトナに！
2017.7 144p A5 ¥1480 ⓤ978-4-7804-1908-5

◆みんなでつくる「とも暮らし」 國森康弘写真・文 農山漁村文化協会 （いのちつぐ「みとりびと」12）
【要旨】住宅地のマンションを改修した「楪」は、「都市型ホームホスピスのモデル」といわれることもありますが、大切なのは中身です。施設をいくつも見てきた人たちが、「ここになら、入りたい」といいます。東京・小平にできたばかりの「楪」は、なぜ暮らそうとされるのでしょうか。「楪」は、施設でも、病院でもないし、自宅でもありません。人生の最終幕に、新たに人と出会い、人とのつながりのなかで、「とも暮らし」の場。自分だけではなく、ほかの誰かにとっても、そう。みんなの「第二のわが家」なのです。「楪」は、はじまったばかりで、ここに暮らす人、その家族、遺族、いろんな専門職やボランティアたちの手によって、育てられてきた「お家」です。そして、これからも。そこでのいとなみは、人から人へつながれていきます。それはまるで、ユズリハの葉のように。
2017.2 32p 27×22cm ¥1800 ⓤ978-4-540-16163-6

◆みんなで道トーク！ 1 学校編─考えよう話そう道徳！ 藤川大祐監修, 田中六大漫画 河出書房新社
【要旨】学校や家庭、自分が住んでいるまちで、日々、さまざまなことが起こっています。悩んで考えて、解決したつもりでも、なんだかスッキリしないのは、「こうすればよい」という答えがひとつではないからです。第1巻「学校編」では、クラスのなかで起こるできごとを取り上げています。友だちとの関係、グループ行動、将来の夢、不得意なことや好きな人のこと…本書に登場するみんなと一緒に、考えてみませんか。
2017.9 47p A4 ¥2800 ⓤ978-4-309-61631-5

◆みんなで道トーク！ 2 家庭編─考えよう話そう道徳！ 藤川大祐監修, 田中六大マンガ 河出書房新社
【目次】1時間目 家族の間にひみつがあってもいいの？、2時間目 お母さんは心配性すぎる？、3時間目 どうしても、お姉ちゃんと自分を比べてしまう、4時間目 尊敬できない父でも大切にしなくちゃだめ？、5時間目 おばあちゃんに長生きしてほしい
2017.11 47p A4 ¥2800 ⓤ978-4-309-61632-2

◆みんなで道トーク！ 3 まち編─考えよう話そう道徳！ 藤川大祐監修, 田中六大漫画 河出書房新社
【要旨】町内会の行事やチャリティイベント、バリアフリー、日本のよさについて…第3巻では、自分たちが暮らす街で起こる出来事を取り上げています。
2017.12 47p A4 ¥2800 ⓤ978-4-309-61633-9

◆みんなに本を紹介しよう！ 学校図書館 ディスプレイ＆ブックトーク 3 10・11・12月 本田彰著 国土社
【要旨】秋、おいしいものがいっぱい！ おいしいものの本もいっぱい！ みんなに本を紹介するための各月の「ディスプレイ」「壁面ディスプレイ」

「ブックトーク」「おすすめ本カード」を、具体例をあげて示しながら紹介！
2017.10 47p 29×22cm ¥3200 ⓤ978-4-337-30223-5

◆みんなに本を紹介しよう！ 学校図書館 ディスプレイ＆ブックトーク 4 1・2・3月 本田彰著 国土社
2017.12 47p 29×22cm ¥3200 ⓤ978-4-337-30224-2

◆みんなの命と生活をささえる インフラってなに？ 1 水道─飲み水はどこからくる？ こどもくらぶ編 筑摩書房
【目次】巻頭特集 こういうことを起こさないように！、第1章 水道の歴史（水道のはじまりは？ もっと知りたい！ 水・水道・上水道・下水・飲料水、古代ローマの水道、日本で水道がつくられたのはいつ？、日本の近代水道のはじまり、大阪、京都、福岡の水道、福島、盛岡の四国の水道）、第2章 現在の水道（水不足をさけるために、水をつくっているのはだれ？、もっと知りたい！ さらに安全で、さらにおいしく、水を安全にたもつには）、第3章 水道のいまと未来（上水道のあるくらしを守るには、次の世代について知りたい！ もっと知りたい！ 水道局がおこなう復旧事業、写真で見る3.11の復旧工事）
2017.6 39p 29×22cm ¥2800 ⓤ978-4-480-86451-2

◆みんなの命と生活をささえる インフラってなに？ 2 下水─つかった水はどこへいく？ こどもくらぶ編 筑摩書房
【目次】第1章 下水道の歴史（古代の下水道、下水とトイレ、下水道の近代化、日本の下水道のはじまり、ヨーロッパ式下水道日本に上陸！、日本の下水処理の進化）、第2章 現在の下水（下水道のしくみとはたらき、ますとマンホール、氾濫をふせぐ下水道）、第3章 これからの下水道（世界と日本の下水道の課題、下水道施設の耐震化を進める、虹の下水道館でできる仕事体験）
2017.7 39p 29×22cm ¥2800 ⓤ978-4-480-86452-9

◆みんなの命と生活をささえる インフラってなに？ 3 通信─のろしからWi-Fiまで こどもくらぶ編 筑摩書房
【目次】第1章 人類の通信の歴史（人類の情報伝達いろいろ、文字の発明と情報伝達の進歩、大昔の通信技術の発展と通信インフラ、電話の発明、無線通信の登場による通信インフラの変化、ラジオ放送とテレビ放送のはじまり）、第2章 日本の通信インフラの近代史（日本の電気通信の黎明期、技術の発展から加速、電電公社から通信の自由化へ）、第3章 現代の通信インフラ（インターネットの時代へ、近年の日本の通信インフラ、災害が起きたとき）
2017.9 39p 29×22cm ¥2800 ⓤ978-4-480-86453-6

◆みんなの命と生活をささえる インフラってなに？ 4 電気─電灯から自動車まで こどもくらぶ編 筑摩書房
【目次】巻頭特集 電気はどうやって、やって来る？、第1章 電気の歴史（電気の発見、磁気と電気の関係、電気の証明と電池の発明、19世紀の発見と発明）、第2章 日本の電気のインフラ（日本に電気の明かりがともる、戦後の電気のインフラ：はじまりと、原子力発電時代の到来、世界を震撼させた福島第一原子力発電所事故）、第3章 現代の電気のインフラ（発電所から家庭で、電力消費量のうつりかわり、新エネルギー・再生可能エネルギー）
2017.11 39p 29×22cm ¥2800 ⓤ978-4-480-86454-3

◆みんなの防災えほん 山村武彦監修, YUU絵 PHP研究所 （たのしいしきえほん）
【要旨】避難場所がどこにあるか、知っていますか？ 災害がおこったとき、自分がいる、どこにいても、安全な場所へにげられるように学んでいこう！ 地震、津波、台風、大雪、かみなり…。災害から身をまもるためにできることはなにか、かんがえるきっかけになる1冊！
2017.8 39p 29×22cm ¥1600 ⓤ978-4-569-78686-5

◆名探偵コナン KODOMO時事ワード 2018 読売KODOMO新聞編集室編 小学館
【要旨】コナンと新聞記者がポイント解説!!ニュース読み解く6ジャンル、キーワード201。
2017.11 159p B6 ¥890 ⓤ978-4-09-227194-4

◆目でみる地下の図鑑 こどもくらぶ編 東京書籍
【目次】1 地面の下はどうなってるの？（植物編）（木の根っこのへんの広がりは？、木の根っこの広がりは？）、2 地面の下はどうなってるの？（動物編）（地面の穴は？、アリの巣の大きさは？ 深さは？ ほか）、3 地面と人間、過去・現在・未来（地球上の生物が利用する地下、アリ→モグ

ラ→カッパ？ ほか）、4 地球規模の地下（地下洞窟を探検する、水が流れる地下？ ほか）
2017.8 95p A4 ¥2800 ⓤ978-4-487-81069-7

◆「もうひとつのお家」ができたよ─生活の音がひびくホームホスピス 國森康弘写真・文 農山漁村文化協会 （いのちつぐ「みとりびと」9）
【要旨】だれもが「みとりびと」看取りは、いのちのバトンです。それは、ピカピカ自分がいままで受けつぎ、自身の人生でもたくわえてきた、あふれんばかりの生命力と愛情を私たちが受け取ること。そしていつか自分が「旅立ち」を迎えたときに、愛する人に手渡していくこと。大切な人たちに囲まれたあなたの看取りによって、いのちのバトンはずっと受けつがれていきます。
2017.2 32p 27×22cm ¥1800 ⓤ978-4-540-16160-5

◆もうふりまわされない！ 怒り・イライラ─学校では教えてくれないピカピカ自分みがき術 名越康文監修 日本図書センター
【要旨】怒りっぽい自分にこれでサヨナラ！「怒り・イライラ」とじょうずにつきあえる親子で学べるはじめての絵本！ 日本テレビ「シューイチ」、NHK「ルソンの壺」などでおなじみの精神科医・名越康文先生が手がけた待望の児童書！
2017.4 127p 21×17cm ¥1000 ⓤ978-4-284-20403-3

◆もちもちぱんだ もちっと読書ノート Yukaイラスト, 学研プラス編 学研プラス （キラピチブックス）（付属資料：シール）
【要旨】かわいいシールもいっぱい。自分だけの読書メモがつくれる！ もちもちぱんだと一緒に本の世界を冒険しよう♪
2017.7 94p 19×13cm ¥590 ⓤ978-4-05-204657-5

◆もっと知ろう！ 点字─点字の読み方から、歴史、最新技術まで 日本点字図書館監修 ポプラ社
【目次】点字って、どんなもの？、点字のしくみ、点字のきまり、点字の誕生とあゆみ、くらしに役だつ点字、身のまわりにある点字
2017 40p 23×19cm ¥2200 ⓤ978-4-591-15252-2

◆郵便配達員・宅配便ドライバー・トラック運転手・港湾荷役スタッフ─ものを運ぶ仕事 ポプラ社 （職業体験完全ガイド 52）
【目次】郵便配達員（郵便配達員ってどんな仕事？、インタビュー 郵便配達員の星野訊子さんに聞きました「人と人をつなぎ地域に貢献できる仕事だと思っています」 ほか）、宅配便ドライバー（宅配便ドライバーってどんな仕事？、インタビュー 宅配便ドライバーの川本優美さんに聞きました「運ぶだけでなくお客さまとのふれあいを大切に」 ほか）、トラック運転手（トラック運転手ってどんな仕事？、インタビュー トラック運転手の利根川大さんに聞きました「事故を起こさず無事にもどってくるのが仕事」 ほか）、港湾荷役スタッフ（港湾荷役スタッフってどんな仕事？、インタビュー 港湾荷役スタッフの小野寺康さんに聞きました「どんな状況でもすばやく対応できるリーダーでありたい」 ほか）
2017 47p 29×22cm ¥2800 ⓤ978-4-591-15371-0

◆夢を追いかける起業家たち─ディズニー、ナイキ、マクドナルド、アップル、グーグル、フェイスブック サラ・ギルバート、アーロン・フリッシュ、ヴァレリー・ボッデン著, 原丈人日本語版監修, 野沢佳織訳 西村書店
【要旨】ディズニー、ナイキ、マクドナルド、アップル、グーグル、フェイスブック。世界有数のアメリカのグローバル企業をおこした若き起業家たちのユニークな発想の原点と、斬新な技術を駆使して世界を変えていった足跡をコンパクトにつづる。カラー写真多数収録。巻末には、起業家を支援しつづけるアライアンス・フォーラム財団の創設者、原丈人氏のメッセージを掲載。
2017.3 191p A5 ¥1900 ⓤ978-4-89013-764-0

◆夢活！ なりたい！ アニメの仕事 1 アニメーター 代々木アニメーション学院監修, メディア・ビュー編・執筆 汐文社
【目次】アニメの制作現場に潜入！、アニメができるまでの制作工程、教えて！ アニメーターの仕事とは（アニメーター佐野哲郎さん）、アニメーターの仕事道具、アニメーターを目指すには、教えて！ アニメーターの働きかた（アニメーター竹本直人さん）、アニメーターの1日に密着、日本アニメの歴史をのぞいてみよう、ちょっと息抜きアニメクイズ、今後さらに増える3DCGアニメ、教えて！ アニメの新しいカタチ（ポリゴン・ピクチュアズ代表塩田周三さん）、アニメー

BOOK PAGE 2018　　　423　　　児童書

ターQ&A、アニメーターを目指す人たちへ
2018 47p 27×22cm ¥2500 ①978-4-8113-2430-2

◆夢のかなえ方　旺文社編　旺文社　（学校では教えてくれない大切なこと17）
【目次】1章 好きなことを見つけよう（自分の得意なことを見つけよう、自分の才能を見つけよう、好きなことが見つからないときは？ ほか）、2章 夢を見つけよう（テレビが好き、国語が好き、食べることが好き ほか）、3章 夢をかなえるために（想像しよう！ 将来の自分、将来のために必要なこと、おうちの人に子どものころの夢を聞いてみよう！ ほか）
2017.7 143p A5 ¥850 ①978-4-01-091169-4

◆ゆめはまんが家！　小林深雪作、今日マチ子絵　講談社　（おしごとのおはなし まんが家）
【要旨】わたしでも、まんが家になれるかな？ おはなしを楽しみながら、あこがれのお仕事がよくわかる！ 小学中級から。
2017.11 74p A5 ¥1200 ①978-4-06-220821-5

◆よかった、お友だちになれて―がんでも寝たきりでもひとりじゃない　国森康弘写真・文　農山漁村文化協会　（いのちつぐ「みとりびと」10）
【要旨】だれもが「みとりびと」看取りは、いのちのバトンリレー。それは、亡くなる人が代々受けつぎ、自身の人生でもたくわえてきた、あふれんばかりの愛情を私たちが手渡してゆくこと。そしていつか自分が「旅立ち」を迎えたときに、愛する人たちに手渡していくこと。大切な人たちに囲まれたあたたかな看取りによって、いのちのバトンはずっと受けつがれていきます。
2017.2 32p 27×22cm ¥1800 ①978-4-540-16161-2

◆よくわかる消防・救急―命を守ってくれるしくみ・装備・仕事　坂口隆夫監修　PHP研究所　（楽しい調べ学習シリーズ）
【目次】第1章 消防を守る！ 消防署の組織と仕事（消防署の役割、ポンプ隊、特別救助隊 ほか）、第2章 探検しよう！ 消防署と消防装備（これが消防署だ、消防隊員の1日、指令センターの役割 ほか）、第3章 こんなとき、どうする？ 火災に備えよう！（火災の原因は何？ もが燃えるしくみ、すぐに安全な場所へ避難しよう！ ほか）
2017.6 63p 29×22cm ¥3000 ①978-4-569-78659-9

◆よくわかる人工知能―何ができるのか？ 社会はどう変わるのか？　松尾豊監修　PHP研究所　（楽しい調べ学習シリーズ）
【目次】1 そうだったのか!?人工知能の真実（人工知能はまだ完成していない、人工知能を備えたロボットと備えていないロボット、人工知能のかしこさはちがう ほか）、2 こうして発展！ 人工知能の歴史（どこで分かる人工知能の発展、生みの親は人の研究者、人工知能の可能性を探るコンピュータを使った研究 ほか）、3 一気に成長！ 人工知能（ディープラーニングが登場し人工知能への新たな道をつくる、ディープラーニングの精度を上げる、ディープラーニングで人工知能をかしこくする ほか）
2017.12 63p 29×22cm ¥3000 ①978-4-569-78691-9

◆よくわかるネット依存―心身への影響から予防策まで　遠藤美季監修　PHP研究所　（楽しい調べ学習シリーズ）
【目次】第1章 インターネットって何？（インターネットからつながる社会、暮らしを支えるインターネット ほか）、第2章 ネット依存とは？（依存症って何だろう？、インターネットに依存する人、ネット依存1 ゲーム依存 ほか）、第3章 ネット依存にならないために（依存じゃないかな になっていませんか？ チェックしてみよう、ネット依存を克服するために 利用状況の確認と目標の設定 ほか）
2017.7 63p 29×22cm ¥3000 ①978-4-569-78666-7

◆よくわかる薬物依存―乱用薬物の種類から自分を守る方法まで　阿部和穂著　PHP研究所　（楽しい調べ学習シリーズ）
【目次】第1章 薬物乱用が引き起こす問題（薬物乱用って何？、薬物乱用はなぜいけないの？ ほか）、第2章 危険な乱用薬物の種類（乱用薬物の種類、アヘン類、ヘロイン ほか）、第3章 薬物依存のおそろしさ（なぜ危険な薬物を使ってしまうの？、依存症という底なし沼 ほか）、第4章 自分を守るために（乱用薬物にかかわらないために、情報にまどわされないで ほか）

◆よくわかるLGBT―多様な「性」を理解しよう　藤井ひろみ監修　PHP研究所　（楽しい調べ学習シリーズ）
【目次】第1章 LGBTって何？（「セクシュアリティ」って何だろう？、「男らしさ」「女らしさ」というけれど…、LGBTって何の略？ ほか）、第2章 もしも自分や友だちがLGBTだったら？（自分はLGBTなの？、友だちはひょっとしてLGBT？、もしも自分がLGBTだとわかったら1 LGBTは自分だけじゃない！ ほか）、第3章 LGBTに対する日本の取り組み・世界の取り組み（日本には、LGBTのためにどんな法律や制度があるの？、性別違和に関する医療面での取り組みは？、日本の社会では、どんな取り組みをしているの？ ほか）
2017.9 63p 29×22cm ¥3000 ①978-4-569-78699-5

◆りんごちゃんと、おひさまの森のなかまたち 5　明橋大二監修、太田知子作　1万年堂出版　（よい習慣が身につく絵本）
【目次】1 あかるいえがおでこころぽかぽか―つかれもいかりもけしちゃうまほう、2 こまっている人がいたらたすけてあげよう、3 人をせめたらけんかになっちゃう―じぶんのこうどうをふりかえってみよう、4 おかあさんがしかるのはあなたがとってもたいせつだから、5 ライバルはすてきななかま―いっしょにがんぼろう！
2017.3 A5 ¥1400 ①978-4-86626-019-8

◆ロボット図鑑―はたらくロボット大集合！　クライブ・ギフォード著、大崎章弘監修、定木大介訳　東京書籍
【要旨】この図鑑の専用アプリ「ロボット図鑑AR」をダウンロードして、図鑑にかざしてみて！ なんとキミの目の前にロボットが出現する！ 身のまわりにいる、はたらくロボットのことをたくさん知って学ぼう！
2017.10 1Vol. 24×27cm ¥1680 ①978-4-487-81078-9

◆ロボット大研究 3 どうなる？ こうなる？ ドリーム☆ロボット　日本ロボット工業会監修　フレーベル館
【目次】1 ロボットがある、ちょっと未来のくらし（らくらく！ 自動運転、ドローンが空からびゅーんと配達、水上ロボットですいすい移動 ほか）、2 ロボットのおもしろい研究分野いろいろ（ロボットは生きもの！ バイオロボティクス、とても小さなマイクロロボット、分子からつくる分子ロボティクス ほか）、3 ロボットを研究開発している人たち（岡田美智男先生―豊橋技術科学大学、菅野重樹先生―早稲田大学、中村太郎先生―中央大学 ほか）
2017.9 55p 29×22cm ¥3000 ①978-4-577-04449-0

◆「論理的に考える力」を伸ばす50の方法　小野田博一著　PHP研究所　（YA心の友だちシリーズ）
【要旨】意見を理論的に述べるには、述べ方の様式を学ぶ必要があるのは当然ですが、それ以前に、理詰めに考えることができなければなりません。そのための土台作りの方法を伝えるのが本書です。ジグソーパズルを解く、英語圏小説の翻訳を読む…。通信チェス・インターナショナル・マスターが明かす、理詰め度強化の方法。
2018.1 143p B6 ¥1200 ①978-4-569-78718-3

◆わかる！ 取り組む！ 災害と防災 1 地震　帝国書院編集部編　帝国書院
【目次】1 地球の活動と日本の地形の特色（日本の自然環境と災害、地震・火山とプレート運動、プレート運動と日本列島）、2 地震を知る（地震の種類と特徴、直下型地震が発生するしくみ、直下型地震を引き起こす活断層、海溝型地震が発生するしくみ、地震によるさまざまな被害）、3 地震による被害（熊本地震、阪神・淡路大震災、関東大震災、世界にみる地震災害）、4 防災・減災の取り組み（地震研究を進めてきた日本、建物の地震対策―耐震・制震・免震、地震被害を減らすために一人ひとりができること、減災につながる「共助」の姿勢）、5 大都市における地震災害と対策（大都市特有の地震災害、シミュレーション1 首都直下地震―ゆれと火災による建物の被害、シミュレーション2 首都直下地震―液状化と二次災害、首都直下地震に備えた防災・減災の取り組み）
2017.2 63p 29×22cm ¥3000 ①978-4-8071-6327-4

◆わかる！ 取り組む！ 災害と防災 2 津波　帝国書院編集部編　帝国書院
【目次】1 津波を知る（くり返されてきた津波災害、津波が発生するしくみ、壊滅的な被害をもたらす津波の性質）、2 津波による被害（東日本大震災、南海トラフ地震、世界にみる津波災害）、

3 防災・減災の取り組み（津波による被害を軽減させる設備とまちづくり、津波をいちはやく知らせる技術、ハザードマップの活用と避難行動、後世に語り継がれる津波の警告）
2017.2 55p 27×22cm ¥3000 ①978-4-8071-6328-1

◆わかる！ 取り組む！ 災害と防災 3 火山　帝国書院編集部編　帝国書院
【目次】1 火山を知る（日本列島と火山、プレート運動と火山、火山噴火のしくみ、火山噴火によるさまざまな被害）、2 火山噴火による被害（雲仙普賢岳 200年ぶりの噴火と被害、雲仙普賢岳の噴火、伊豆大島 溶岩が流れ出る大きな噴火、桜島 噴煙を上げ続ける火山、有珠山 噴火をくり返す火山、富士山 日本の象徴としてそびえる活火山、世界にみる火山噴火と人々のかかわり）、3 防災・減災の取り組み（火山との共生（気象庁による火山観測・監視、噴火情報が私たちに届くまで、火山ハザードマップと地域の取り組み、火山の恩恵と人々の生活）
2017.2 47p 27×22cm ¥3000 ①978-4-8071-6329-8

◆わかる！ 取り組む！ 災害と防災 4 豪雨・台風　帝国書院編集部編　帝国書院
【目次】1 日本の気候の特色と大気の動き（変化に富む日本の気候、四季に影響を与える季節風と海流、日本の生活・文化と自然災害）、2 豪雨・台風を知る（豪雨の発生のしくみ、台風の発生のしくみ、雨と風によるさまざまな災害、異常気象をもたらす世界的な動き）、3 豪雨・台風による被害（鬼怒川 大雨がもたらした堤防決壊、鬼怒川の水害をもたらした台風と温帯低気圧、伊勢湾台風 台風と高潮の被害、世界にみる豪雨・台風）、4 防災・減災の取り組み（気象庁による気象観測と予報・警報、水害危険の予測・河川の整備、昔の人々の知恵・工夫）、5 大都市における水害と対策（大都市で水害が起こるしくみ、都市水害の発生、シミュレーション、大都市における防災・減災の取り組み）
2017.2 55p 27×22cm ¥3000 ①978-4-8071-6330-4

◆わかる！ 取り組む！ 災害と防災 5 土砂災害・竜巻・豪雪　帝国書院編集部編　帝国書院
【目次】1 土砂災害（土砂災害と日本の自然環境、土砂災害の発生、広島県広島市 土石流による被害、長野県南木曾山 土石流による被害、土砂災害を防ぐ施設、土砂災害から命を守るために）、2 竜巻による被害（竜巻の実態と発生のしくみ、日本における竜巻の被害、竜巻などの突風への対策）、3 豪雪による被害（大雪が降るしくみ、降雪の特徴と雪による被害、「平成26年豪雪」（2014年）低気圧がもたらす豪雪、「平成18年豪雪」（2006年）季節風がもたらす豪雪、世界にみる雪害・雪との共生、防災への備え）
2017.2 47p 27×22cm ¥3000 ①978-4-8071-6331-1

◆わくわく発見！ 日本のお祭り　竹永絵里画　河出書房新社
【要旨】こんなお祭りがあったんだ！ お祭りの由来や様子を親しみやすいイラストで紹介。おどろきに満ちた日本の文化とふれあうことができます。47都道府県ぜんぶあります。
2017.1 56p A4 ¥1800 ①978-4-309-61341-3

◆わくわく発見！ 日本の伝統工芸　竹永絵里画　河出書房新社
【要旨】伝統工芸品とは、日々の暮らしのなかで使うものを、土地に合った材料や方法をいかしながら主に手仕事で作ったものです。織物や和紙、木工・竹工品など人々の生活にうるおいを与えてきたさまざまな伝統工芸品があります。この本では47都道府県、日本各地の伝統工芸品をイラストで楽しく紹介しています。長い歴史を経て今に伝わる「手作りの技」を通して、日本の文化をあらためて知るきっかけになるようにまとめました。
2017.5 56p A4 ¥1800 ①978-4-309-61343-7

学校生活

◆アクティブ・ラーニング 学習発表編―新聞づくりからディベート、ワークショップまで　西岡加名恵監修　PHP研究所　（楽しい調べ学習シリーズ）
【目次】発表は楽しい！、紙面で伝える方法（かべ新聞をつくろう！、発表用のポスターをつくろう！、パンフレット、リーフレットをつくろう）、対話しながら伝える方法（プレゼンテーションをしよう！、質問をもらおう、質問にこたえよう、ディベートをしよう！、学級討論会をしよ

う！）、ものと体を使って伝える方法（劇をつくろう！、ワークショップをしよう！）を収録！
2017.3 47p 29×22cm ¥3000 ①978-4-569-78628-5

◆アクティブ・ラーニング 調べ学習編―テーマの決め方から情報のまとめ方まで　西岡加名恵監修　PHP研究所　（楽しい調べ学習シリーズ）
【目次】調べ学習ってなんだろう？、1つのテーマを決めよう、計画をたてよう、情報を集めよう、発表しよう、ふり返って、次につなげよう
2017.3 47p 29×22cm ¥3000 ①978-4-569-78627-8

◆キラキラ☆おうちスタディブック 小3
TAC出版編集部編著　TAC出版　（付属資料：シール）
【要旨】みんなと同じ女子小学生の漫画キャラちとかわいい動物の先生＆イケメン先生の会話で、みるみる大切なポイントがわかってくる！勉強が楽しくなる！ 4教科、1年分のポイントが1冊に！ 3年生のまとめ＆復習がかわいく、楽しくできちゃう!!
2017.2 175p A5 ¥1200 ①978-4-8132-7104-8

◆キラキラ☆おうちスタディブック 小4
TAC出版編集部編著　TAC出版　（付属資料：シール）
【要旨】みんなと同じ女子小学生の漫画キャラちとかわいい動物の先生＆イケメン先生の会話で、みるみる大切なポイントがわかってくる！勉強が楽しくなる！ 4教科、1年分のポイントが1冊に！ 4年生のまとめ＆復習がかわいく、楽しくできちゃう!!
2017.2 175p A5 ¥1200 ①978-4-8132-7105-5

◆キラキラ☆おうちスタディブック 小5
TAC出版編集部編著　TAC出版　（付属資料：シール）
【要旨】みんなと同じ女子小学生の漫画キャラちとかわいい動物の先生＆イケメン先生の会話で、みるみる大切なポイントがわかってくる！勉強が楽しくなる！ 4教科、1年分のポイントが1冊に！ 5年生のまとめ＆復習がかわいく、楽しくできちゃう!!
2017.2 175p A5 ¥1200 ①978-4-8132-7106-2

◆キラキラ☆おうちスタディブック 小6
TAC出版編集部編著　TAC出版　（付属資料：シール）
【要旨】みんなと同じ女子小学生の漫画キャラちとかわいい動物の先生＆イケメン先生の会話で、みるみる大切なポイントがわかってくる！勉強が楽しくなる！ 4教科、1年分のポイントが1冊に！ 6年生の復習が楽しくできて、中学入学準備も バッチリ!!
2017.2 175p A5 ¥1200 ①978-4-8132-7107-9

◆これならできる！ 授業が変わるアクティブラーニング 3 いろいろな授業の方法　小林昭文編著　汐文社
【目次】さまざまな「新しい授業」が編み出されている、授業を分類する視点、伝統的な授業の席のカタチと特徴、伝統的な授業を受けるときの苦手な人もいる、伝統的な授業を受ける大きな利点、みんなちがっていて、みんな対等、いろいろな席のカタチがある、席のカタチの特徴と対応のしかた、先生の説明のしかたもさまざま、ペアワークの取り組み方、グループワークで困ったら、グループワーク時の先生とのかかわり方、振り返り、「授業のカタチ」に左右されない授業
2017 51p 27×19cm ¥2300 ①978-4-8113-2321-3

◆これならできる！ 授業が変わるアクティブラーニング 4 未来の生き方・学び方を考えよう　小林昭文編著　汐文社
【要旨】考えはじめた人間、時代が変化するから「考え方」も変化する、事実をもとに考える→哲学から個別科学が抜け出していく、「科学的に考える」は自然科学からはじまった、社会の変化も科学的に考えるようになっていく、弁証法という考え方、精神の分野も科学的になる、昔は生き方を考える科学は必要なかった、社会の発達は「生き方を考える」科学を生み出した、「生き方の科学」の考え方も変化している。［ほか］
2017 51p B5 ¥2300 ①978-4-8113-2322-0

◆小学生になったらどうするんだっけ―自立のすすめマイルールBEST　辰巳渚著、朝倉世界一まんが　毎日新聞出版
【要旨】あいさつができる！ 親友ができる！ 学校を楽しめる！「小学校入学＝自立のスタート」これ1冊で準備万端！ まんがで楽しく学べる新しい「自立の教科書」。「毎日小学生新聞」の人

気連載を書籍化！ 子どもの日常生活に即役立つ50話を収録！
2017.2 123p A5 ¥1000 ①978-4-620-32437-1

◆ディベートをやろう！―論理的に考える力が身につく　全国教室ディベート連盟監修　PHP研究所
【要旨】ディベートの基本を学びます。形式にのっとった議論、判定によって勝敗が決まるといった特徴や、論理的思考、理解力などディベートによってやしなわれる力、実際にあるディベートの種類などを解説。論題の決め方から、メリット/デメリットの立て方、主張のための立論や反ばく、それらの原稿づくり、証拠資料集めまでの必要な準備、メンバー構成や会場の配置、発言する順番や制限時間など、ひとつのケースを参考に学びます。
2017.12 63p 29×22cm ¥3000 ①978-4-569-78716-9

◆「話す・聞く・書く」でアクティブラーニング！ 1・2年生―自分のことばで、じこしょうかい　水戸部修治監修、柴崎早智子絵　あかね書房
【要旨】「自分のことばはどんな色？」人に気持ちを伝えるときのことばの選び方、書きだし方、注意点などを絵本のように見やすくまとめた1冊。
2017.4 32p A4 ¥2200 ①978-4-251-08243-5

◆「話す・聞く・書く」でアクティブラーニング！ 3・4年生 書き出してまとめる、スピーチ　水戸部修治監修　あかね書房
【要旨】「すぐにいい意見が思いつかない…」そんな時のためにも！スピーチの準備やディスカッションの例をわかりやすく示す1冊。
2017.4 47p A4 ¥3000 ①978-4-251-08244-2

◆「話す・聞く・書く」でアクティブラーニング！ 5・6年生もっと深めよう、ディスカッション　水戸部修治監修、オゼキイサム絵　あかね書房
【要旨】スピーチ―他己紹介をしよう！ 教えて、あなたのこと、ディスカッション―クラスでディスカッション、発表・まとめ―運動会のスローガンを決めよう、発表・まとめ―実験結果について、レポートにまとめよう！、発表・まとめ―表やグラフを使って、委員会活動を報告しよう！、ディスカッション―どんなエコがあるか、パネルディスカッションで考えよう！、スピーチ―演説スピーチを聞いて、代表者を決めよう！、ディスカッション―ディスカッションで答えを導き出そう！、ディスカッション―ディベートを通して歴史の知識を深めよう！、発表―テーマにそってインタビューをして、報告スピーチをしよう！、スピーチ―座右の銘を見つけて、自分の生き方について考えよう！
2017.4 63p A4 ¥3000 ①978-4-251-08245-9

◆ひと目でわかる！ 教室で使うみんなのことば（英語・中国語・ポルトガル語・フィリピノ語）―あいさつやこまったとき　柳下則久、森博昭総監修　文研出版
【目次】あいさつ、じこしょうかい、返事、おねがい、しつもん、場所、トイレ、けが・びょうき、こまったときは、友だちカードを書いてみましょう
2017.8 48p A4 ¥2800 ①978-4-580-82321-1

◆ひと目でわかる！ 教室で使うみんなのことば（英語・中国語・ポルトガル語・フィリピノ語）―国語・社会・体育・音楽・図工　柳下則久、森博昭総監修　文研出版
【目次】国語（音読をしましょう、黒板に書いてください、日本語で□といいます、漢字テストをします、図書室の使いかた）、社会（まちをたんけんしましょう、まちの中のいろいろな場所、ふじ山は日本一高い山です、日本の都道府県、これは昔のくらしのカルタです）、体育（体育すわりをしましょう、運動と道具）、音楽（歌をうたいましょう、リコーダーはふけますか？）、図工（工作をします。絵の具で色をぬりましょう、絵をかんしょうしましょう）
2017.11 48p A4 ¥2800 ①978-4-580-82323-5

◆ひと目でわかる！ 教室で使うみんなのことば（英語・中国語・ポルトガル語・フィリピノ語 算数・理科・家庭科・道徳ほか）　柳下則久、森博昭総監修　文研出版
【目次】算数（数をかぞえましょう、計算をしましょう、ほか）、理科（植物を観察しましょう、植物の名前/生きものの名前 ほか）、家庭科（ごはんをたきましょう、にんじんを切りましょう、ほか）、道徳（主人公の気持ちを考えましょう、ほか）、学級活動（係を決めましょう）、総

合的な学習の時間（仕事について調べましょう、みんなの前で発表しましょう）
2017.12 48p A4 ¥2800 ①978-4-580-82324-2

◆ひと目でわかる！ 教室で使うみんなのことば（英語・中国語・ポルトガル語・フィリピノ語）学校の一日　柳下則久、森博昭総監修　文研出版
【目次】朝の会（起立。おはようございます。日づけと曜日 ほか）、授業（これから国語の授業をはじめます。教科書をひらいてください。ほか）、給食（給食当番はマスクをつけてください。いただきます。ほか）、休み時間（休み時間の間に水を飲みましょう。学校の場所）、そうじ（そうじをしましょう。ほか）、帰りの会（手紙をおうちの人にわたしてください。帰りの会のれんらく）、下校（気をつけて帰りましょう）
2017.10 48p A4 ¥2800 ①978-4-580-82322-8

◆みんながいてボクワタシがいる！ 友だちと学校　池田書店編集部編、古田真理子マンガ・イラスト　池田書店
【要旨】「友だちに借りたものをこわしちゃった！」「わたしにとっての親友って？」友だちとの間で起こる、いろいろな問題やなやみの答えをこの本の中から見つけよう！ きっと、友だちの大切さがもっとわかってくるよ！
2017.4 175p A5 ¥880 ①978-4-262-15495-4

世界の歴史・地理

◆イスラームってなに？ シリーズ1 イスラームのおしえ　長沢栄治監修、後藤絵美著　（京都）かもがわ出版
【目次】1 イスラームとムハンマド（イスラームとは？、世界のムスリム人口は？、ムハンマドってだれ？ ほか）、2 コーランを知ろう（コーランってなに？、神のこと、現世のできごと ほか）、3 イスラームの決まり（人間に対する命令1～礼拝、人間に対する命令2～断食、人間に対する命令3～装い ほか）
2017.9 31p 27×22cm ¥2500 ①978-4-7803-0860-0

◆イスラームってなに？ シリーズ2 イスラームのくらし　鳥山純子著、長沢栄治監修　（京都）かもがわ出版
【目次】1 イスラームの生活（世界に広がるイスラーム、ムスリムはなにを食べているの？、ムスリムはなにを着ているの？）、2 アジア・アフリカのイスラーム（インドネシアの一日、インドネシアの一年、エジプトの一日、エジプトの一年）、3 日本・アメリカのイスラーム（日本の一日、日本の一年、アメリカの一日、アメリカの一年）
2017.11 31p 27×22cm ¥2500 ①978-4-7803-0861-7

◆イスラームってなに？ シリーズ3 イスラームとせかい　長沢栄治監修、勝沼聡著　（京都）かもがわ出版
【目次】1 イスラームのひろがり（世界のなかのイスラーム、イスラームのひろがり方、聖者信仰ってなに？、枝分かれするイスラーム、イスラーム法のなりたち、さまざまな巡礼のかたちとその役割）、2 イスラームと他者（ワクフ：イスラーム社会を支えたしくみ、ムスリムとそれ以外の人びととの関係、アラビア語：イスラーム社会の共通語）、3 イスラームと世界（イスラーム社会と科学の発展、イスラーム社会とヨーロッパ、イスラーム社会と日本）
2018.1 31p 27×22cm ¥2500 ①978-4-7803-0862-4

◆1日10分でせかいちずをおぼえる絵本　あきやまかぜさぶろう作　講談社
【要旨】世界55か国のかたちと場所を、面白いイラストと楽しいめいろクイズでたのしくておぼえられる！ 大人気！ あきやまメソッドの地図絵本、待望の世界版。3歳から小学生対象。
2017.10 64p 27×22cm ¥1800 ①978-4-06-220656-3

◆王様でたどるイギリス史　池上俊一著　岩波書店　（岩波ジュニア新書）
【要旨】征服王ウィリアム1世、海賊エリザベス1世、悪魔学者ジェームズ1世、お百姓王ジョージ3世…。個性的な王様たちのもとで醸成された文化と気質を深～く掘り下げ、現代につながるイギリスの素顔に迫ります。「紅茶を飲む英国紳士」はなぜ生まれたのか？「料理がマズイ」は戦略だった!? イギリスの「なぜ」がわかる本！
2017.2 249,5p 18cm ¥880 ①978-4-00-500847-6

◆キッズペディア 世界の国ぐに　小学館
【要旨】地図、カラー写真、イラスト図解がたっぷり1300点以上！！世界各地のさまざまな写真が並び、眺めているだけで世界が見えてきます。小中学校の社会科や、国際理解に役立つ記事が満載。グローバル化時代を生きる子どもたちが、海外に興味をもつきっかけになります。それぞれの国すべて基礎データと写真を掲載！正式名・首都・面積・人口・おもな言語などを紹介。調べ学習の資料に最適です。さらに！大事なテーマをまとめた特集記事を用意!!
2017.11 271p 29×22cm ¥3900 ①978-4-09-221122-3

◆これだけはしっておきたい世界地図　池上彰監修, 稲葉茂勝文, タカハシコウコ絵　WAVE出版　(月がおしえる地図の絵本)
【要旨】この本には、「これだけはしっておきたい」ということを精選してのせました。しかも、小さいうちからしっておいてほしい！大人にも確認してもらいたい！といった世界のようすをのせました。ということで、大人と子どもがいっしょにたのしめるように、絵本に仕立てました。「大人の方へ」の情報ももうけました。
2017.3 39p A4 ¥1900 ①978-4-87290-846-6

◆辞書びきえほん 世界地図　陰山英男監修　(大阪) ひかりのくに　改訂新版
【要旨】しりたいことがどんどんひろがる！6さいからおとなまで。
2017 239p 27×13cm ¥1800 ①978-4-564-00944-0

◆小学クイズと絵地図で世界の国々基礎丸わかり　小学教育研究会編著　(大阪) 増進堂・受験研究社　(付属資料: 世界47か国の国旗カード)
【要旨】楽しいクイズと絵地図で学ぶ世界の国々のすがた。豊富な写真とイラストで覚える国旗・国名・国の形。
[17.10] 112p B5 ¥1300 ①978-4-424-26102-5

◆しらべよう！世界の料理 1 東アジアー日本 韓国 中国 モンゴル　青木ゆり子監修, こどもくらぶ編著　ポプラ社
【目次】日本 (日本の風土と食文化、「和食」の伝統 ほか)、韓国 (韓国のキムジャン文化、キムチの赤い色 ほか)、中国 (中国の風土と食文化、一日の食事 ほか)、モンゴル (モンゴルの風土と食文化、モンゴルの行事と食 ほか)
2017 47p 29×22cm ¥2900 ①978-4-591-15363-5

◆しらべよう！世界の料理 2 東南アジアーベトナム タイ フィリピン インドネシアほか　青木ゆり子監修, こどもくらぶ編著　ポプラ社
【目次】ベトナム、ラオス・カンボジアの食文化、タイ、ミャンマー、マレー半島の食文化、インドネシア、フィリピン
2017 47p 29×22cm ¥2900 ①978-4-591-15364-2

◆しらべよう！世界の料理 3 南・中央アジアーインド ブータン バングラデシュ ウズベキスタンほか　青木ゆり子監修, こどもくらぶ編著　ポプラ社
【目次】インド、スリランカ、ネパール、ブータン、バングラデシュ、パキスタン・アフガニスタンの食文化、ウズベキスタン、カザフスタン
2017 47p 29×22cm ¥2900 ①978-4-591-15365-9

◆しらべよう！世界の料理 4 西アジア・アフリカーサウジアラビア トルコ エジプト ナイジェリアほか　青木ゆり子監修・著, こどもくらぶ編　ポプラ社
【目次】イラン、サウジアラビア、トルコ、エジプト、モロッコ、ナイジェリア、その他のアフリカの食文化
2017 47p 29×22cm ¥2900 ①978-4-591-15366-6

◆しらべよう！世界の料理 5 北・中央・東ヨーロッパースウェーデン オーストリア チェコ ロシアほか　青木ゆり子監修・著, こどもくらぶ編　ポプラ社
【目次】スウェーデン、その他の北ヨーロッパの食文化、オーストリア、ハンガリー、チェコ、ブルガリア、セルビア、ロシア、ロシア周辺の食文化
2017 47p 29×22cm ¥2900 ①978-4-591-15367-3

◆しらべよう！世界の料理 6 西ヨーロッパ・北アメリカーフランス スペイン ギリシャ アメリカほか　青木ゆり子監修, こどもくらぶ編　ポプラ社
【目次】フランス、イタリア、地中海料理、ドイツ、イギリス、アメリカ、カナダ
2017 47p 29×22cm ¥2900 ①978-4-591-15368-0

◆しらべよう！世界の料理 7 中央・南アメリカ オセアニアーメキシコ ブラジル ペルー オーストラリアほか　青木ゆり子監修・著, こどもくらぶ編　ポプラ社
【目次】メキシコ、キューバ、ジャマイカ、ブラジル、アルゼンチン、ペルー、その他の南アメリカの食文化、オーストラリア、ニュージーランド
2017 47p 29×22cm ¥2900 ①978-4-591-15369-7

◆世界の国ぐに大冒険—オリンピック登録国・地域に完全対応　井上仁康監修　PHPエディターズ・グループ, PHP研究所 発売
【要旨】世界の国がよくわかる！首都、人口、面積、主要な山や川など基本データが充実！世界遺産、伝統文化などを写真やイラストで紹介！人気のあるスポーツ、日本との関係など役立つコラムあり！
2017.9 447p 25×20cm ¥2500 ①978-4-569-78702-2

◆たのしく読める世界のすごい歴史人物伝　伊藤純郎監修　高橋書店
【要旨】ジャンヌ・ダルクはなぜ戦ったの？モーツァルト、リンカーン、エジソン…。25人の物語から、歴史と世界が見えてくる。
2017.6 220p A5 ¥1100 ①978-4-471-10381-1

◆地球儀で探検！—まわしながら新発見をしよう　渡辺一夫著, 小泉武栄監修　PHP研究所
【目次】第1章 地球儀って何だろう？、第2章 地球儀のしくみ、第3章 地球儀でわかること、第4章 地球儀をまわして世界一周、第5章 地球儀で知る、水と陸の惑星、おわりに 地球儀で地球の大気の層のうねりを実感しよう
2017.1 63p 29×22cm ¥3000 ①978-4-569-78615-5

◆ちずでぐるり！世界いっしゅうえほん　吹浦忠正監修, てづかあけみ絵　パイ インターナショナル
【要旨】24の地域別に、すみずみまで読みたくなる情報が満載！文化、食べもの、動物、世界遺産など盛りだくさん！世界各国の特色をイラストで学べる地図えほん。世界197カ国の国旗一覧も収録。
2017.10 56p 38×27cm ¥2200 ①978-4-7562-4945-6

◆地図と写真で見る国際情勢年度鑑—2016年4月-2017年3月　岡澤憲芙監修, こどもくらぶ編　彩流社
【目次】2016年 (4月6日 機密文書の「パナマ文書」流出、世界各国に波紋、5月9日 フィリピン大統領選挙で、ドゥテルテ氏当選、26日 第42回主要国首脳会議を伊勢志摩で開催、27日 オバマ大統領が広島を訪問、6月23日 イギリス、国民投票でEU離脱派が勝利 ほか)、2017年 (1月1日 トルコで銃乱射事件、20日 トランプ氏が第45代アメリカ大統領に就任、2月23日 地球外生命発見なづいた？ NASAが「地球型惑星」7つを発見と発表、3月6日 北朝鮮、弾道ミサイル発射、19日 グローバル・ティーチャー賞発表 ほか)
2017.4 63p A4 ¥3800 ①978-4-7791-5051-7

◆中国の歴史・現在がわかる本 第1期 1 20世紀前半の中国　西村成雄監修, 貴志俊彦著　(京都) かもがわ出版
【目次】20世紀中国の幕開け、中国人の日本留学ブーム、中華民国の成立、中国の「新文化運動」、中国共産党の成立、黄金の10年とは？、モダンで贅沢、そして危ない都市・上海、満鉄と満州国、「事変」から「戦争」へ、いったいどういうこと？、中国はなぜ8年も抵抗できたのか、「終戦」の形
2017.2 35p A4 ¥2800 ①978-4-7803-0885-3

◆中国の歴史・現在がわかる本 第1期 2 20世紀後半の中国　西村成雄監修, 日野みどり著　(京都) かもがわ出版
【目次】1 中華人民共和国の建国は、1949年、2「社会主義の中国」をつくる、3 大躍進運動とその後遺症、4 文化大革命—「失われた10年」、5 文革後の中国: 改革・開放前夜、6 改革・開放政策とは？、7 天安門事件とその影響、8 社会主義市場経済への転換、9 選択の自由、競争の厳しさ、10 国際社会で高まる中国の存在感
2017.3 35p A4 ¥2800 ①978-4-7803-0886-0

◆中国の歴史・現在がわかる本 第1期 3 21世紀の中国　西村成雄監修, 阿古智子著　(京都) かもがわ出版
【要旨】胡錦濤時代の中国、「中国モデル」の模索、北京オリンピックと国威発揚、都市と農村の貧富の差はますます拡大、人権と法治、少数民族問題、尖閣衝突と反日感情の高揚、第18回党大会と習近平体制、格差社会の構造と縮まらない地域格差、固定化する社会階層、困難な民主化、ソーシャルメディアのインパクト、「中国の夢」は実現するか、もっと知りたい！台湾と香港の学生民主化運動
2017.3 39p A4 ¥2800 ①978-4-7803-0887-7

◆中国の歴史・現在がわかる本 第2期 1 紀元前から中国ができるまで　渡辺信一郎監修, 目黒杏子著　(京都) かもがわ出版
【目次】中国のはじまり、集落と墓地からわかる社会の変化、「中原」の誕生、殷王朝、周王朝、周～春秋時代の「国」の外となか、春秋時代、戦国時代、諸子百家の活動、秦の中国統一〔ほか〕
2017.12 35p A4 ¥2800 ①978-4-7803-0879-2

◆中国の歴史・現在がわかる本 第2期 2 2度目の中国ができるまで　渡辺信一郎監修, 岡田和一郎著　(京都) かもがわ出版
【目次】1「三国志」の時代、2 つかの間の統一、3 遊牧民の動向、4 躍動する胡族: 五胡十六国時代、5 北朝: 華北の胡族王朝、6 南朝: 江南の漢族王朝、7 隋の中国統一、8 隋の滅亡から「天河汗」の誕生へ、9 黄巾の乱と道教の成立、10 中国仏教の成立
2018.1 35p A4 ¥2800 ①978-4-7803-0880-8

◆超ビジュアル！三国志人物大事典　渡辺精一監修　西東社
【要旨】いきいきとしたイラストで三国志の人物がよくわかる！大迫力のCGで歴史の名場面をリアルに再現！肖像画、写真、地図などの資料も多数掲載！
2017.12 351p 21×15cm ¥1500 ①978-4-7916-2570-3

◆超ビジュアル！世界の歴史人物大事典　仲林義浩監修　西東社
【要旨】いきいきとしたイラストで世界の歴史人物がよくわかる！肖像画、史跡写真などの歴史的資料も多数掲載！
2017.8 351p A5 ¥1500 ①978-4-7916-2502-4

◆ディズニー世界の旅じてん―世界地図ポスターつき　学研辞典編集部編　学研プラス
【要旨】オールカラーのイラストで、45の国と地域のデータ、国旗、見どころ、文化などを紹介。世界の国への興味が広がり、国際理解に役立ちます。ミッキーやミニーたちと旅する気分で世界の国々について楽しく学ぶことができます。小学校全学年向け。
2017.8 128p A5 ¥1500 ①978-4-05-304513-3

◆ドラえもんの社会科おもしろ攻略 日本を変えた世界の歴史 古代～中世　藤子・F・不二雄キャラクター原作, 浜学園監修　小学館　(ドラえもんの学習シリーズ)
【要旨】「日本の歴史」は、日本で起こったできごとのみで成り立っているわけではありません。世界の歴史からも大きな影響を受けています。この本は、日本の歴史に大きな影響を与えたエピソードを取り上げ、日本の歴史と同時に世界の歴史も学べるようにした本です。監修は、関西圏を中心に難関中学への圧倒的な合格実績を誇る「浜学園」です。お子さまの成績アップと中学入試にも必ず役立ちます。
2017.6 191p B6 ¥850 ①978-4-09-253881-8

◆ドラえもんの社会科おもしろ攻略 のび太と行く世界歴史探検 2 ギリシア・ローマ編　藤子・F・不二雄キャラクター原作, 近藤二郎監修　小学館　(ドラえもんの学習シリーズ)

絵本・児童書

【要旨】世界には、おもしろい歴史がいっぱいあります。そのわくわくどきどき感は、予想をこえて大きいものです。この本では、古代のギリシアやローマなどに、のびた太くんたちが足をのばしています。ギリシアのアテネでは、巨大な黄金の女神像におどろいたり、ローマでは、食べ物や娯楽を無料で市民に与えてくれる制度に感動したりしています。この本を通して、お子様が世界の歴史に興味をもっていただければ、と思います。
2017.2 191p B6 ¥850 ①978-4-09-253878-8

◆**トントンの西安(シーアン)遊記―アジアの道案内 中国** 張武静,みせけい文・写真 (町田)玉川大学出版部
【要旨】小学校の宿題で、西安の兵馬俑に。はじめての列車！お湯がでる機械や食堂車もあって…夜中だって走ってる！中国の小学生といっしょに列車にのって「鉄道」から知るアジアのくらし。
2017.7 40p 27×20cm ¥2500 ①978-4-472-05999-5

◆**話したくなる世界の国旗―世界の国旗を知っていますか** 阿部泉監修,コンデックス情報研究所編著 清水書院
【要旨】国旗を見ればその国がわかる!?「国旗」を読み解いて異文化理解を深めよう！
2017.8 215p B5 ¥2900 ①978-4-389-50056-6

◆**ビッグピクチャーアトラス―世界図絵プレミアム** エミリー・ボーン著,柏木しょうこ訳 宝島社
【要旨】大きくカラフルなイラストでえがかれた17枚の地図に、世界の魅力をたくさんつめこんだ世界地図だよ。世界にはどんな建物があるのかな。どんな動物がいて、どんな人々がくらしているのかな。この地図を使って、世界の「いろいろ」を発見してね。
2017.7 40p 38×29cm ¥1840 ①978-4-8002-6965-2

◆**ひよっこダンサー、はじめの一歩―アジアの道案内 南インド** 井上明文・写真 (町田)玉川大学出版部
【要旨】わたしはニヴェダ、4歳から古典舞踊を習ってるんだ。デビュー公演まではあれこれたいへん。招待状や食事の手配、衣裳やアクセサリー…もちろん練習！12歳の踊り手といっしょに「踊り」から知るアジアのくらし。
2017.7 40p 27×20cm ¥2500 ①978-4-472-05998-8

◆**まちの市場で買いものしよう―アジアの道案内 トルコ** 鈴木郁子文・写真 (町田)玉川大学出版部
【要旨】トルコのお母さん、ネルギスさんの案内でトルコの市場に。野菜にくだもの、チーズや食器、くつした、下着…かつらもある！色とりどりの市場。「買いもの」から知るアジアのくらし。
2017.7 40p 27×19cm ¥2500 ①978-4-472-05997-1

◆**マンガ世界ふしぎ発見!―いざ、エジプトへ！歴史ミステリーの旅** 「マンガ世界ふしぎ発見！」制作チーム原作,如月謙一作,扶持田一寛画 学研プラス
【要旨】国民的人気番組がマンガになった!!楽しみながら旅を味わえる!!
2017.8 193p 23×17cm ¥1200 ①978-4-05-204696-4

◆**読めばわかる！世界地理** 竹林和彦監修,朝日小学生新聞編著 朝日学生新聞社 (朝日小学生新聞のドクガク！学習読みものシリーズ)
【要旨】5、6年から中学で役立つ!!「読書」で学ぶ世界地理。中学入試対策にも。今から読めば中学でも困らない！楽しく読んで、しっかり覚える！
2017.3 191p A5 ¥850 ①978-4-907150-73-0

◆**わくわく発見！世界のお祭り** 竹永絵里画 河出書房新社
【要旨】世界には、驚くようなお祭りがいっぱいある！46ヵ国の代表的なお祭りをイラストで楽しく紹介。お祭りには、その国や民族が大切にしているものや文化があらわれる。不思議に思えるような演出にも、さまざまな歴史や背景をかいま見ることができる。お祭りのときの衣裳や道具にも、注目。すべてがふりがなつきで、調べ学習にも最適！
2017.12 56p A4 ¥1800 ①978-4-309-61345-1

◆**わくわく発見！世界の民族衣裳** 竹永絵里画 河出書房新社
【要旨】民族衣裳とは、それぞれの土地の伝統や歴史のなかで生まれた衣服のことをいいます。「民族」とは、人種や文化、言葉などが共通する人々の集まりのこと。近年ではお祭りの日などとくべつなときに着る、とっておきの晴れ着としてあつかわれることも多くなっています。本書では、45ヵ国の民族衣裳をイラストで楽しく紹介しています。民族衣裳を通して、共通点とちがう点から文化の交流を発見したり、見たこともないような衣裳に想像をふくらませたり…。ページをめくって、着てみたい民族衣裳を見つけてみてください。
2017.11 56p A4 ¥1800 ①978-4-309-61344-4

◆**WONDER MOVE 古代文明のふしぎ** 実松克義,西谷大,村治笙子監修 講談社 (講談社の動く図鑑MOVE) (付属資料：DVD1)
【要旨】ピラミッド、ナスカの地上絵、モアイ、土偶！謎とふしぎを発見しよう！わかりやすく、親子で楽しめる！71分DVDつき。
2017.6 127p 27×22cm ¥1900 ①978-4-06-220642-6

日本歴史

◆**あっぱれ歴史人物事典** 大石学監修 学研プラス
【要旨】すごすぎて!?ドヤ顔偉人伝!!偉人ってすげー!!あっぱれ大集合。笑えて楽しくてタメになる！
2017.12 159p B6 ¥1000 ①978-4-05-204746-6

◆**こども 日本の歴史** 齋藤孝著 祥伝社
【要旨】なぜ、戦争をふせげなかったの？明治維新は、なにがすごいの？江戸時代は、なぜ長くつづいたの？天下統一はどうやってできたの？聖徳太子はなにをした人なの？日本が「日本」になったのは、いつから？教科書ではわからない本当のおもしろさ。
2017.12 107p 21×20cm ¥1500 ①978-4-396-61632-8

◆**最強戦士ビジュアル大百科** 入澤宣幸編・著,田代脩監修 学研プラス (学研ファースト歴史百科 2)
【要旨】激戦を生き抜いた「荒武者」、技を極めた「天下無双の戦士」、信じる道に命をかけた「志士」など、無敵の強さで歴史に名を残した「伝説の戦士」が大集合！
2017.5 191p 18×13cm ¥980 ①978-4-05-204649-0

◆**最強！日本の歴史人物100人のひみつ** 大石学監修 学研プラス (SG100シリーズ) (付属資料：シール)
【要旨】日本には、さまざまな偉業を成しとげた人物がたくさんいる。弥生時代から明治時代にかけて厳選した100人の人物のひみつをきみに紹介しよう。最後のクイズにすべて答えられたとき、きみは日本の歴史人物博士だ！
2017.9 207p 17×15cm ¥1200 ①978-4-05-204612-4

◆**最強ライバルビジュアル大百科** 田代脩監修,入澤宣幸編著 学研プラス (学研ファースト歴史百科 3)
【要旨】未来をかけ激突した武将たち。大望のために争った政治家たち。「美しさ」を求めた芸術家たち…。時に戦い、時にたがいを高め合ったライバルたちが大集合！
2017.9 191p 18×13cm ¥980 ①978-4-05-204704-6

◆**しくじり歴史人物事典** 大石学監修 学研プラス
【要旨】あの偉人たちも、じつはポンコツ?!思わずツッコミたくなる、しくじり大集合。笑えて楽しくてタメになる！
2017.12 159p B6 ¥1000 ①978-4-05-204747-3

◆**実況！空想武将研究所―もしも織田信長が校長先生だったら** 小竹洋介作,フルカワマモる絵 集英社 (集英社みらい文庫)
【要旨】みんなの大好きな武将のたのしい研究！楽しい「もしも」を空想武将研究所と一緒に空想しよう！小学中級から。
2017.5 166p 18cm ¥640 ①978-4-08-321373-1

◆**実況！空想武将研究所 もしも坂本龍馬が戦国武将だったら** 小竹洋介作,フルカワマモる絵 集英社 (集英社みらい文庫)
【要旨】もしも歴史上の人物が戦国武将だったら？いちばん試験にでた武将はだれだ!?空想シリーズ第4弾!!戦国武将の「もしも」を大研究！小学中級から。
2017.11 178p 18cm ¥640 ①978-4-08-321408-0

◆**城！ 1巻 弥生時代のむらから、豊臣秀吉の天下統一まで** 日本城郭協会監修 フレーベル館
【要旨】古代から近代まで、その城が歴史上もっともかがやいた時代の順にならべて紹介！1巻目は61城。
2017.7 79p A4 ¥4500 ①978-4-577-04565-7

◆**図解大事典 戦国武将** 新星出版社編集部編 新星出版社
【要旨】戦国時代を代表する武将たちを諏訪原寛幸氏による超リアルな人物イラストや絵巻物とともに文章で解説。戦国時代の始まりといえる応仁の乱から、徳川が権力を確立する大坂夏の陣までをカバー。戦国の世の流れがわかる1冊です。織田信長など大名だけでなく配下の武将も紹介。合戦場面はCGを使ってリアルに再現。読んで楽しく学べる、子供を歴史好きにする必読の1冊。
2017.5 319p A5 ¥1500 ①978-4-405-10806-6

◆**図解大事典 日本の歴史人物** 新星出版社編集部編 新星出版社
【要旨】日本史に足跡を残す偉人を諏訪原寛幸氏による超リアルな人物イラストや、写真とともに文章で解説。神話の時代から近現代の政治家までを網羅。家系図や地図など豊富なビジュアルで歴史上の出来事も詳しく解説。有名な合戦はCGを使って再現。読んで楽しく学べる、子供を歴史好きにする必読の1冊。
2017.5 319p A5 ¥1500 ①978-4-405-10807-3

◆**戦国の合戦と武将の絵事典** 小和田哲男監修,高橋伸幸著 成美堂出版
【要旨】見て楽しむ、すぐ引けて便利な事典。資料充実・戦国年表、有力大名家系図、版図変遷地図、旧国名地図。
2017.4 239p B6 ¥1800 ①978-4-415-32086-1

◆**戦国武将ビジュアル大百科** 入澤宣幸・著,田代脩監修 学研プラス (学研ファースト歴史百科 1)
【要旨】群雄割拠の戦国の世を全力で駆け抜けた熱き武将たちを豪華イラストで紹介！武将たちの魂を感じとれっ！
2017.1 192p 18×13cm ¥980 ①978-4-05-204565-3

◆**大研究！日本の歴史 人物図鑑 1 弥生時代～鎌倉時代** 歴史教育者協議会編 岩崎書店
【目次】卑弥呼、古墳をつくった人びと、蘇我馬子、聖徳太子（厩戸皇子）、小野妹子、中大兄皇子と中臣鎌足、持統天皇、聖武天皇、大仏をつくった人びと、行基〔ほか〕
2017.3 76p B5 ¥3300 ①978-4-265-08549-1

◆**大研究！日本の歴史 人物図鑑 2 鎌倉時代～江戸時代** 歴史教育者協議会編 岩崎書店
【目次】北条政子と北条泰時、親鸞と日蓮たち、北条時宗と竹崎季長、後醍醐天皇・楠木正成と足利尊氏、倭寇といわれた人びと、足利義満と足利義政、一休と雪舟、山城国の人びと、一向宗の人びと、初めて鉄砲を見た人びと〔ほか〕
2017.3 76p B5 ¥3300 ①978-4-265-08550-7

◆**大研究！日本の歴史 人物図鑑 3 江戸時代** 歴史教育者協議会編 岩崎書店
【目次】玉川庄右衛門と玉川清右衛門、羽地朝秀、シャクシャイン、井原西鶴と近松門左衛門、徳川吉宗、青木昆陽、新田をひらいた人びと、千本松原をきずいた人びと、本居宣長、武左衛門、杉田玄白、大黒屋光太夫、伊能忠敬、小林一茶、十返舎一九と歌川広重、銭屋五兵衛、大塩平八郎、シーボルト、高野長英、ペリー、三閉伊一揆の人びと、坂本竜馬、高杉晋作、ジョン万次郎と勝海舟
2017.3 76p B5 ¥3300 ①978-4-265-08551-4

◆**大研究！日本の歴史 人物図鑑 4 明治時代～大正時代** 歴史教育者協議会編 岩崎書店
【目次】徳川慶喜、福沢諭吉、西郷隆盛、大久保利通と木戸孝允、岩倉具視、明治天皇、津田梅子、ポール・ブリューナ、エドモンド・モレル、ウィリアム・スミス・クラーク〔ほか〕
2017.3 76p B5 ¥3300 ①978-4-265-08552-1

◆**大研究！日本の歴史 人物図鑑 5 明治・大正～昭和** 歴史教育者協議会編 岩崎書店
【目次】野口英世、夏目漱石、島崎藤村、東郷平八郎、与謝野晶子、平塚らいてう、富山の女房たち、八幡製鉄所の労働者たち、山田孝次郎、関東大震災で働いた人びと〔ほか〕
2017.3 76p B5 ¥3300 ①978-4-265-08553-8

◆**戦いで読む日本の歴史 1 貴族から武士の世へ** 矢部健太郎監修,そらみつ企画作,sonio絵 教育画劇

【目次】第1話 大化の改新―権力を天皇へ！ 中大兄皇子の挑戦、第2話 壬申・平治の乱―新たな時代の主役 武士たちの戦い、第3話 源平の戦い―源氏の逆襲と鎌倉幕府の成立
2017 127p A5 ¥1900 978-4-7746-2101-2

◆戦いで読む日本の歴史 2 激動の鎌倉・室町時代　矢部健太郎監修, 金田妙作, sonio絵　教育画劇
【目次】第1話 元寇―せまりくる異国の侵略者 武士たちの奮闘、第2話 湊川の戦い―天皇中心の政治の行方は？ かつての仲間が激突する、第3話 応仁の乱―燃えさかる京の都が告げる、戦乱の世の幕あけ
2017 127p A5 ¥1900 978-4-7746-2102-9

◆戦いで読む日本の歴史 3 信長・秀吉 天下への野望　矢部健太郎監修, 大庭桂作, sonioイラスト　教育画劇
【目次】第1話 長篠の戦い―織田対武田 天下の第一人者となるのは（織田信長「天下布武」への戦い、今にのこる戦いの記憶 信長編）、第2話 小田原攻め―豊臣秀吉、天下統一に王手（豊臣秀吉 天下統一への戦い、今にのこる戦いの記録と記憶 秀吉編）、第3話 文禄・慶長の役―大陸への侵略 ゆらぐ豊臣政権（信長→秀吉時代の一大流行「茶の湯」とは？、今にのこる戦いの記録と記憶 秀吉2）
2017 127p A5 ¥1900 978-4-7746-2103-6

◆戦いで読む日本の歴史 4 徳川の世のはじまりと終わり　矢部健太郎監修, 長尾剛作, sonio絵　教育画劇
【目次】第1話 関ヶ原の戦い―東西の大名が激突「天下分け目の戦い」、第2話 大坂の陣―ほろびゆく豊臣家 徳川の世、はじまる、第3話 戊辰戦争―武士の世の終わりと、新しい時代の幕あけ
2017 127p A5 ¥1900 978-4-7746-2104-3

◆戦いで読む日本の歴史 5 近代日本の戦争　矢部健太郎監修, 山本省三作, sonio絵　教育画劇
【目次】第1話 日露戦争―近代日本の難局 大国ロシアの脅威、第2話 満州事変―軍部の暴走そして孤立する日本、第3話 太平洋戦争―悲惨きわまる総力戦 破局はさけられなかった
2017 127p A5 ¥1900 978-4-7746-2105-0

◆超ビジュアル！ 歴史人物伝 伊達政宗　矢部健太郎監修　西東社
【要旨】伊達政宗の人生がマンガとイラストでよくわかる！ 大迫力のCGで合戦や名城をリアルに再現！ 甲冑、陣羽織、城跡などの歴史的資料も多数掲載！
2017.8 223p 21×15cm ¥1100 978-4-7916-2588-8

◆超ビジュアル！ 歴史人物伝 徳川家康　矢部健太郎監修　西東社
【要旨】徳川家康の人生がマンガとイラストでよくわかる！ 大迫力のCGで合戦や名城をリアルに再現！ 甲冑、城跡、古戦場などの歴史的資料も多数掲載！
2017.12 239p 21×15cm ¥1100 978-4-7916-2589-5

◆超ビジュアル！ 歴史人物伝 豊臣秀吉　矢部健太郎監修　西東社
【要旨】豊臣秀吉の人生がマンガとイラストでよくわかる！ 大迫力のCGで合戦や名城をリアルに再現！ 甲冑、陣羽織、城跡などの歴史的資料も多数掲載！
2017.4 239p 21×15cm ¥1100 978-4-7916-2541-3

◆ナンバーワン決定バトル！ サムライ最強王者大図鑑　日本史バトル研究会著　宝島社
【要旨】日本の歴史で一番強かったのは誰だー。歴史好きなら一度は偉人たちによるドリームマッチを空想したのではないだろうか。本書では、史実はもちろん今なお語り継がれる伝説を分析・議論し、夢のトーナメントを実現した。サムライ＝"強者"にふさわしい選ばれた出場者たちが、熱きバトルを繰り広げる―。楽しみながら学べる超歴史バトル歴史ガイド。衝撃の41バトル。
2017.4 159p A5 ¥1000 978-4-8002-6733-7

◆日本の戦争と動物たち 1 戦場に連れていかれた動物たち　東海林次男著　汐文社
【目次】戦争を知るために、人間のくらしとイヌ、お話 軍犬になったモモ、軍犬になったイヌ、イヌはなぜ軍犬にされていたのか？、イヌはどのようにして軍犬になったのか？、人間のくらしとウマ、軍馬になったウマ、ウマは戦場でなにをしていたのか？、お話 戦場はエサを食べられていたウマたち、人間のくらしとハト、ハトはどのようにしていたのか？、戦場に行ったラクダ、戦場に

行ったゾウ、戦場の動物たちは帰れたのか？

◆日本の歴史 最強ライバル列伝　小沢章友著, きろばいと絵　集英社　（集英社みらい文庫）
【要旨】日本の歴史には、多くの「ライバル」同士の対決があった。生き残るのは片方だけという過酷な戦い、どちらがより優れているかの火花の散らしあい、お互いの力を認めあっての真剣勝負…勝者はどのようにして勝ったのか？ 22の名勝負をクローズアップ！ 小学中級から。
2017.2 187p 18cm ¥640 978-4-08-321360-1

◆日本の歴史人物完全図鑑　永岡書店
【要旨】この本では、弥生～昭和に至るまで日本の歴史をいろどった偉人たちを紹介しています。過去の史料や文献からその生涯や能力などを分析するとともに、日本史の重要な出来事もわかりやすく解説。どのように日本がうつり変わっていったのかを個性的でパワフルな偉人たちと楽しく学びましょう！
2017.2 187p B6 ¥1200 978-4-522-43490-1

◆日本の歴史人物事典　川口素生監修　成美堂出版
【要旨】重要人物200人以上登場！ 調べ学習に役立つ！ 歴史の重要項目も覚えられる！ 楽しく読めるエピソード！ 歴史が好きになるようなエピソードを厳選！ 写真や資料がたっぷり！
2017.4 319p B6 ¥950 978-4-415-32322-0

◆忍者大図鑑―人物・忍具・忍術　山田雄司監修, グラフィオ編　金の星社
【要旨】歴史の表舞台にはすがたをみせず、水面下で過酷な任務を遂行した忍者たち。現存する忍術書をもとにして、実在した忍者たちの人物伝や、忍具や忍術などを、迫力あるイラストとともに紹介。忍者たちの壮絶な人生と、奇想天外な世界観。全国各地で暗躍した忍者の実像にせまる！
2017 143p 25×20cm ¥3800 978-4-323-07403-0

◆忍者・忍術ビジュアル大百科　山田雄司監修　学研プラス　（学研ファースト歴史百科 4）
【要旨】歴史の影の主役、NINJAの強さの秘密がまるわかり!!闇の軍団の真実に迫る!!
2017.11 191p 18×13cm ¥980 978-4-05-204738-1

◆幕末維新 人物大図鑑　本郷和人監修, グラフィオ編　金の星社
【要旨】江戸時代末期から明治時代初期にかけての幕末維新の時代、日本という国をなんとか、それぞれの立場で奮闘した傑士たち。この本では、それら志士・政治家・思想家・剣士・軍人の人物史を、彼らのこした名言とともに紹介しています。激動の時代に魂を燃やした、熱くきる志をぜひ感じてください。
2017 143p 25×20cm ¥3800 978-4-323-07407-8

◆ビジュアル事典 日本の城　三浦正幸監修, 古館明廣文・構成　岩崎書店
【目次】第1章 城のしくみ（城の建設現場を見る、天守 ほか）、第2章 戦国の城（戦国 城の攻防、西国の雄、毛利氏の居城 吉田郡山城 ほか）、第3章 城を守る、城を攻める（城の戦い―大坂冬の陣、城を守る ほか）、第4章 天守がのこる12城（国宝 松本城、国宝 犬山城 ほか）、第5章 全国の城めぐり（北海道、東北地方 ほか）
2017.9 175p 29×22cm ¥6000 978-4-265-05970-6

◆ビジュアル版 近代日本移民の歴史 4 アジア～満州・東南アジア　「近代日本移民の歴史」編集委員会編　汐文社
【目次】北海道移住、日清・日露戦争と朝鮮半島への移住、満州100万戸移住計画、長野県入り向村、内原訓練所と満蒙開拓青少年義勇軍、移民花嫁学校、和歌山県立紀南農学校と満蒙開拓、「満州国」と映画、ソ連の参戦と引き揚げ、シベリア抑留、フィリピンへの移民、「からゆきさん」
2017 67p B5 ¥3000 978-4-8113-2284-1

◆秘伝解禁！ 忍者超百科　黒井宏光監修　ポプラ社　（これマジ？ ひみつの超百科 12）
【要旨】時代を動かした23人の最強忍者！ かくれる！ しとめる！ 21の忍術大解剖。使い方徹底分析！ 16の忍具が秘めた力。
2017 191p 18×13cm ¥890 978-4-591-15623-0

◆100人が語る戦争とくらし 1 子どものくらし　大石学監修, 学研プラス編　学研プラス
【目次】1 戦争の始まり（日中戦争が始まったころの小学生の1日、尋常小学校、教育勅語、慰安袋、戦争かるた、戦争のお話 戦争中の世の中で感じたこと）、2 戦争の激化（太平洋戦争の

働く少国民、国民学校、手旗信号・モールス符号、郡司教練、勤労動員、学童疎開、戦争のお話 つらい疎開生活と人のやさしさ、戦争のお話 海に沈んだおそろいのズック）、3 敗戦から復興へ（戦後の子どもたちのくらし、青空教室、戦災孤児、戦争のお話 原爆孤児であることをかくして、進駐軍と戦後の遊び）
2017.2 47p 29×23cm ¥3000 978-4-05-501210-2

◆100人が語る戦争とくらし 2 家庭のくらし　大石学監修, 学研プラス編　学研プラス
【目次】1 戦争の始まり（日中戦争のころの家族のくらし、戦争の宣伝、戦勝祝い、出征兵士の見送り、戦争のお話 生きて帰ってきてください）、2 戦争の激化（食料不足からの戦時中の食べ物、隣組、配給制、代用品、灯火管制、空襲、戦争のお話 しまった、また耳目遊ぼうね、原爆（原子爆弾）、戦争のお話 被爆者として伝えたいこと）、3 敗戦から復興へ（終戦前後の家族のくらし、「戦争未亡人」、引き揚げ、戦争のお話 姉妹2人満州からの引き揚げ、買い出し）
2017.2 47p 29×23cm ¥3000 978-4-05-501211-9

◆100人が語る戦争とくらし 3 戦地のくらし　大石学監修, 学研プラス編　学研プラス
【目次】1 戦争の始まり（初年兵の軍隊生活、徴兵検査、入隊、戦地の兵士、戦争のお話 ふるさとをはなれて海兵団に、戦争のお話 従軍看護婦）、2 戦争の激化（約230万人が死んだ戦場でのくらし、赤紙、玉砕、特攻隊、戦争のお話 駆逐艦雪風とともに見た戦争、沖縄戦、戦争のお話 "戦争はだめ"を伝え続けたい、ソ連軍の侵攻）、3 敗戦から復興へ（戦地から帰った復員兵たち、復員、シベリア抑留、戦争のお話 歌ではげまし合った収容所生活、独立回復）
2017.2 47p 29×23cm ¥3000 978-4-05-501212-6

◆マンガでよくわかる ねこねこ日本史 ジュニア版　そにしけんじ著　実業之日本社
【要旨】サイズが大きくなって読みやすい！ ぜんぶふりがなつき！ わかりやすい解説つき！ 日本史の重要人物が、かわいいマンガで楽しく学べる！ 歴史学習入門にオススメニャー!!
2017.10 325p A5 ¥880 978-4-408-41479-9

◆みんなが知りたい！ 世界と日本の「戦争遺産」―戦跡から平和を学ぶ本　歴史学習研究会著　メイツ出版　（まなぶっく）
【要旨】戦いによる「負の遺産」を心に刻み争いのない世界への想いをあらたに！ 二度の世界大戦の教訓を中心に、軍事施設跡や内戦の爪痕などを紹介。歴史や背景もわかりやすく解説。
2017.6 128p A5 ¥1600 978-4-7804-1883-5

◆名探偵コナン歴史まんが 日本史探偵コナン 10 幕末・維新―暗黒の羅針盤（コンパス）　青山剛昌原作, 狛枝和生漫画　小学館
【要旨】かつてない荒波に船出する若武者たち。彼らとの出会いがタイムドリフターの運命を変える!!
2017.12 159p A5 ¥980 978-4-09-296645-1

◆霊能者・寺尾玲子の真闇の検証 第2巻　「HONKOWA」編集部編　朝日新聞出版
【要旨】古代のヒーロー・ヤマトタケルは実在した？ 頼朝と義経の父・源義朝、暗殺の瞬間とは？ 戦国武将・前田慶次は本当にかぶき者だった？ 最強霊能者・寺尾玲子が答えます！ 古代から戦国時代まで、寺尾玲子の透徹の霊感覚で歴史の謎を紐解く大人気シリーズの最新刊がついに発売！
2017.2 196p A5 ¥1100 978-4-02-275828-6

◆わくわく！ 探検 れきはく日本の歴史 3 近世　国立歴史民俗博物館編　吉川弘文館
【要旨】博物館が本になった！ ここでしか読めない確かな内容を、楽しく！ わかりやすく！ 見て、読んで、体験する江戸時代。
2017.10 79p B5 ¥3000 978-4-642-06823-9

日本地理

◆イラストでわかる都道府県じてん　成美堂出版編集部編　成美堂出版
【要旨】47都道府県のいろんなことが、ながめてわかるじてんです！
2017.8 127p B5 ¥950 978-4-415-32378-7

◆オールカラー 楽しく覚える！ 都道府県―自然・産業・名産・伝統・交通 47都道府県の特色をマンガやクイズで楽しく学べる！　長

谷川康男監修　ナツメ社　（ナツメ社やる気ぐんぐんシリーズ）
【要旨】各地方の気候や特徴をマンガで紹介。47都道府県ごとに「詳しい地図」「特色がわかる4コママンガ」を掲載。「自然・環境」「産業」「歴史・伝統・文化」「伝統工芸」の4テーマで、各県の特色を写真やおみやげなどとともに解説。楽しみながら覚えられる「都道府県クイズ」つき！
2017.5 229p A5 ¥1200 ①978-4-8163-6229-3

◆現地の人に聞く！　日光修学旅行ガイド
日光市観光協会監修　ポプラ社
【要旨】この本では、日光のあらましや歴史、世界遺産に登録されている社寺、華厳ノ滝や戦場ヶ原、徳川家康をはじめとした、日光ゆかりの人物、日光彫などの伝統工芸品とともに、日光の名産やおみやげについても紹介しています。現地のガイドさんなど、日光の人たちに聞いたおすすめ情報も掲載されています。日光に行く前にしっかり事前学習をしておくと、修学旅行がもっと楽しくなりますよ！
2017 127p 27×22cm ¥4500 ①978-4-591-15361-1

◆これだけはしっておきたい日本地図—月がおしえる絵本　池上彰監修、稲葉茂勝文、タカハシコウゴ絵　WAVE出版
【目次】日本のまわりはぜーんぶ海、緑がいっぱいの日本列島、人の数は世界で11番目、47にわかれている、明治時代の教科書にのった「8地方区分」、北から順番にみていこう！、日本にとっての沖縄、日本の海はどこまで？、日本のはじっこの島、宇宙からみえる地球の光、日本の交通、日本列島の世界遺産、日本列島のめずらしい動物たち、日本列島の植物、日本人のわすれられない場所、日本のことば
2017.2 36p 29×22cm ¥1900 ①978-4-87290-845-9

◆小学生のための日本地図帳—この一冊でトコトンわかる！　社会科地図研究会著　メイツ出版　（まなぶっく）
【要旨】東日本と西日本はどこでわかれるの？日本一の川ってなに？世界遺産はどこにあるの？関ヶ原の戦いってどこであったの？大きな地図・わかりやすい図解・いろいろな写真で、楽しみながら社会科の勉強に役立ちます！
2017.11 128p B5 ¥1530 ①978-4-7804-1940-5

◆小学生版1日10分日本地図をおぼえる本
あきやまかぜさぶろう作、大野俊一監修　白泉社　（コドモエのえほん）
【要旨】さめのかたちは鹿児島県、世界遺産はどこ？　かるた都道府県、特産物を探せ！えいのかたちは北海道…都道府県の特色＆県庁所在地、み～んな絶対テストも絶好調！大ヒット作「1日10分でちずをおぼえる絵本」に小学生版登場！形でおぼえる都道府県に加え、県庁所在地、特産品の覚え方など、新しい工夫が満載。慶應義塾幼稚舎の大野先生を監修に迎え、小学生が本当に知っておきたいポイント、まちがえやすいポイントに徹底対応。対象年齢・小学1年生〜4年生、小学5年生〜おとなにもおすすめ。
2017.10 71p 27×22cm ¥1850 ①978-4-592-76216-4

◆調べる！ 47都道府県—生産と消費で見る日本　2017年改訂版　こどもくらぶ編　同友館
【要旨】この本は、各都道府県の生産と消費のようすを、グラフなどで見ながら確認できるようになっています。パート1の「調べてみよう47都道府県」は、国が発表しているさまざまな統計をもとに、食料をはじめとした生産のようすをグ

ラフにし、都道府県ごとに確認できるようにしてあります。また、総務省が発表している「家計調査」をもとに、その都道府県で多く消費されているものが確認できるようにしてあります。パート2の「くらべてみよう47都道府県」は、わたしたちが日常のくらしのなかでふれる機会の多い56の食料品について、全国の生産と消費の数値を一覧にし、47都道府県のようすを比較できるようにしてあります。さらに、資料編を設け、おもな品目の生産と消費について、第1位の都道府県とその占有率を一覧にするなど、生産と消費のようすを全国的に確認できるようにしてあります。
2017.8 175p B5 ¥2700 ①978-4-496-05289-7

◆鉄道にっぽん！ 47都道府県の旅　1　北海道・東北・関東めぐり　山崎友也監修　教育画劇
【要旨】北海道、東北、関東の鉄道の魅力と見どころを紹介。
2017.2 55p 31×23cm ¥3500 ①978-4-7746-2088-6

◆鉄道にっぽん！ 47都道府県の旅　2　中部・近畿めぐり　山崎友也監修　教育画劇
【目次】新潟県、富山県、福井県、山梨県、静岡県、長野県、岐阜県、愛知県、三重県、滋賀県、京都府、和歌山県、大阪府
2017.3 52p 31×23cm ¥3500 ①978-4-7746-2089-3

◆鉄道にっぽん！ 47都道府県の旅　3　中国四国・九州沖縄めぐり　山崎友也監修　教育画劇
【目次】広島県、岡山県、島根県、鳥取県、山口県、愛媛県、香川県、高知県、徳島県、福岡県、佐賀県、長崎県、熊本県、大分県、宮崎県、鹿児島県、沖縄県
2017.3 53p 31×23cm ¥3500 ①978-4-7746-2090-9

◆都道府県の特産品　駅弁編—調べてみよう
都道府県の特産品編集室編　理論社
【要旨】元祖鯛めし、大船軒サンドウィッチ、あなごめし、小鰺押寿司、ますのすし、稲荷寿し、ほか、47都道府県の食文化が見えてくる！
2017 63p 27×22cm ¥3000 ①978-4-652-20189-3

◆都道府県の特産品　お菓子編　都道府県の特産品編集室編　理論社
【要旨】47都道府県の食文化が見えてくる！
2017 63p 27×22cm ¥3000 ①978-4-652-20190-9

◆日本地図の迷宮　瀧原愛治絵、井田仁康監修
学研プラス　（遊べる図鑑絵本）　改訂版
【要旨】主人公たちと日本を探検するうちに、47都道府県のことがわかる！
2017.8 38p 31×24cm ¥1300 ①978-4-05-204676-6

◆日本地理データ年鑑　2017　松田博康監修
小峰書店
【要旨】都道府県ランキングで、日本の今がまるわかり！
2017.3 215p B5 ¥3500 ①978-4-338-01049-8

◆日本の島じま大研究　1　日本列島の歴史と地理　田代博監修、稲葉茂勝著　あすなろ書房
【目次】1 日本列島はこうしてできた、2 日本列島の構造、3 伊豆半島と伊豆諸島のひみつ、4 日本列島付近の海溝とトラフ、5 プレートと地震、6 九州・南西諸島と台湾、7 対馬と朝鮮半島のなりたち、8 北海道と樺太、9 恐竜とマンモス、10 世界地図のなかの日本列島、11 地震・火山

の噴火による大災害
2017.12 31p A4 ¥2800 ①978-4-7515-2891-4

◆日本の島じま大研究　3　日本の島と領海・EEZ　田代博監修、稲葉茂勝著　あすなろ書房
【目次】1 日本の国境は海の上、2 領海が接するとは？、3 外国に近い海、4 日本の最北端のさらに北にある島とは？、5 「千島列島」はどこからどこまで？、6 日本の最南端とは？、7 3か国が自分のものだという尖閣諸島、8 「独島」とよばれる韓国、9 日本の最東端の小島
2017.11 31p 31×22cm ¥2800 ①978-4-7515-2893-8

◆ねこねこ日本史でよくわかる　都道府県
そにしけんじ原作、造事務所編集・構成　実業之日本社
【要旨】『ねこねこ日本史』のキャラクターで日本全国、47都道府県を解説。ご当地の偉人についても learn！きみの住む県はどんな県かな！？
2017.3 127p B6 ¥880 ①978-4-408-41459-1

◆はっけん！　NIPPON—地図と新聞で見る47都道府県　グループ・コロンブス構成・文、古谷充子絵　PHP研究所
【要旨】あなたが住んでいる"まち"のこと、知っていますか？　ほっこり手描きイラスト満載の"絵地図"＆とっておきの話題を集めた"新聞"。クイズに、話のネタに…。子どもから大人まで楽しみながら学べる！
2017.8 103p 38×27cm ¥3200 ①978-4-569-78678-0

◆もって歩ける！　日光ポケットガイド　日光市観光協会監修　ポプラ社
【要旨】修学旅行が楽しくなる！　見学の注意ポイント、必ず見ておきたいポイント、おみやげガイドなど、現地で役立つ情報が満載！
2017 39p A5 ¥880 ①978-4-591-15362-8

◆立体地図で見る日本の国土とくらし　3　低い土地や寒い土地のくらしと平野・川
早川明夫監修、国土社編集部編　国土社
【要旨】低い土地のくらし—濃尾平野（濃尾平野）、寒い土地のくらし—十勝平野（十勝平野）、日本の平野と川（石狩平野、庄内平野、仙台平野、越後平野、関東平野、大阪平野）、日本の湖、日本の国立公園
2017.1 48p 29×22cm ¥3200 ①978-4-337-28203-2

◆立体地図で見る日本の国土とくらし　4　高い土地のくらしと火山・台地　早川明夫監修　国土社
【目次】高い土地のくらし—野辺山原（八ヶ岳）、日本の活火山（富士山、阿蘇山、くじゅう連山、浅間山、御嶽山、日光白根山）、日本の台地（根釧台地、武蔵野、牧ノ原、秋吉台、シラス台地）
2017.3 48p 29×22cm ¥3200 ①978-4-337-28204-9

◆立体地図で見る日本の国土とくらし　5　雪の多い土地のくらしと山地・盆地　早川明夫監修、国土社編集部編　国土社
【要旨】雪の多い土地のくらし—十日町盆地、越後山脈、日本の山地・山脈、日本の盆地（石狩盆地、奥羽山脈、北上盆地、郡山盆地、日本アルプス、諏訪盆地、甲府盆地、紀伊山地、近江盆地、京都盆地と奈良盆地、四国山地、九州山地）、日本の世界遺産、日本の無形文化遺産
2017.3 48p 29×22cm ¥3200 ①978-4-337-28205-6

くらしと社会

◆わたしのまちが「日本一」事典—市区町村でくらべて新発見！　青山やすし監修　PHP研究所
【目次】1 しぜん（地理・気候）（面積が広いのは高山市（岐阜県）、標高が高い場所に役場があるのは川上村（長野県）、源泉の数が多いのは別府市（大分県）ほか）、2 くらし（産業・生活）（お米を多くつくっているのは新潟市（新潟県）、納豆の購入金額が高いのは福島市（福島県）、外食でラーメンが多いのは山形市（山形県）ほか）、3 ひとびと（人口・将来予測）（人口密度が高いのは豊島区（東京都）、外国人が多く住んでいるのは新宿区（東京都）、平均寿命が長いのは北中城村（沖縄県）ほか）
2017.1　63p　29×22cm　¥3000　978-4-569-78608-1

くらしと社会

◆こどものこよみしんぶん　内田かずひろ絵, グループ・コロンブス構成・文　文化出版局
【要旨】1月から12月まで1年かん、きせつのことをつたえるしんぶんです。見たことあるのはどれ？　やったことのあるのはある？　ぎょうじや、しぜん、くらしの中から、みぢかなきせつをはっけんしよう！
2017.2　31p　31×22cm　¥1500　978-4-579-40466-7

◆地震がおきたら　谷敏行原案, 畑中弘子文, かなざわゆうこ絵, 神戸市消防局企画・協力（神戸）BL出版
【要旨】地震がおきたら、どうしよう。もしひとりでいるときだったら？　消防士さんは助けてくれる？　どんな時でも、どんな場所でも、子どもたちが、自分で自分のからだを守り、また、協力して助けあうことが大切です。学校や家庭で必読の一冊。緊急連絡先を書きこめるかぞくのやくそくカードつき。
2017.10　1Vol.22×21cm　¥1200　978-4-7764-0819-2

◆調べよう　ごみと資源　1　くらしの中のごみ　松藤敏彦監修, 大角修文　小峰書店
【要旨】食品ロスに代表される大量廃棄社会にいつからなったか？　可能な限りごみを資源化する3R中心のごみ処理、災害ごみ等の課題をさぐる。小学校中学年から。
2017.4　47p　29×24cm　¥2800　978-4-338-31101-4

◆調べよう　ごみと資源　2　紙・牛乳パック・布　松藤敏彦監修, 大角修文　小峰書店
【要旨】紙や布はせんいからつくられている。そのリサイクルのようすを工場をたずねて、写真とわかりやすい図で紹介する。小学校中学年から。
2017.4　47p　29×24cm　¥2800　978-4-338-31102-1

◆調べよう　ごみと資源　3　びん・かん・プラスチック・ペットボトル　松藤敏彦監修, 大角修文　小峰書店
【要旨】飲み物や食品の容器や包装として使われている素材の特質とリサイクルの現状を写真とイラストでわかりやすく解説。小学校中学年から。
2017.4　47p　29×24cm　¥2800　978-4-338-31103-8

◆調べよう　ごみと資源　4　家電・スマホ・電池・自動車　松藤敏彦監修, 大角修文　小峰書店
【要旨】冷蔵庫などの大型家電、貴重な金属がふくまれ都市鉱山=小型家電や二次電池、自動車などのリサイクルのとくふうをさぐる。小学校中学年から。
2017.4　47p　29×24cm　¥2800　978-4-338-31104-5

◆調べよう　ごみと資源　5　清掃工場・最終処分場　松藤敏彦監修, 大角修文　小峰書店
【要旨】市町村のごみの分別、収集・焼却・リサイクル工場への引き渡し、最終処分の埋め立てまで、写真とイラストでわかりやすく解説。小学校中学年から。
2017.4　47p　29×24cm　¥2800　978-4-338-31105-2

◆調べよう　ごみと資源　6　水道・下水道・海のごみ　松藤敏彦監修, 大角修文　小峰書店
【要旨】浄水場から下水処理場まで、どのように処理されているか、写真とイラストで紹介。また近年、深刻さを増す海のごみへの取り組みも紹介。小学校中学年から。
2017.4　47p　29×24cm　¥2800　978-4-338-31106-9

◆よくわかる病院—役割・設備からはたらく人たちまで　梶葉子著　PHP研究所（楽しい調べ学習シリーズ）
【目次】第1章 病院ってどんなところ？（病院って何だろう？、どんな病院があるの？、外来・入院患者の治療、救急診療、予防医療 ほか）、第2章 病院ではたらく人びと（病院長、外科医、麻酔科医、医師の一日、内科医 ほか）
2017.5　63p　29×22cm　¥3000　978-4-569-78650-6

くらしと産業

◆子どもの手しごとブック ワクワクお花屋さん気分—はじめての花レッスン　今野政代著　六耀社
【目次】1 きせつのお花や葉であそんでみよう、2 お家の中をかざってみよう、3 お花のプレゼントをつくってみよう
2017.2　47p　B5　¥1300　978-4-89737-890-9

◆米のプロに聞く！　米づくりのひみつ　1　米ができるまで（生産）　鎌田和宏監修　学研プラス
【目次】1章 米と米どころを調べよう！（米ってなんだろう？、米づくりのさかんな地域はどこ？、田んぼはどのような種類があるの？、田んぼのしくみと役割は？）、2章 米のつくり方を調べよう（米づくりカレンダー、米づくりをみてみよう、学校で米をつくろう！（バケツ稲・ミニ田んぼ））、3章 米づくり農家を調べよう！（米づくり農家の1日ってどんな1日？、専業農家と兼業農家は何が違うの？、どうやって米づくり農家になるの？、米づくりを支える仕事って？1 米づくりを支える仕事って？　2（JA（農業協同組合）、米づくりを支える仕事って？3（農業機械／肥料・農薬／稲の研究／援農ボランティア））
2017.2　44p　29×23cm　¥3000　978-4-05-501226-3

◆米のプロに聞く！　米づくりのひみつ　2　米が届くまで（流通・消費）　鎌田和宏監修　学研プラス
【目次】1章 米の流通を調べよう！（米はどうやって消費者に届くの？、収穫した米はどこへ行くの？、米はどうやって保管されているの？、米屋さんってどんな仕事なの？、おいしくて安全な米を選ぶには？、たくさんあるよ！米の品種）、2章 米の消費を調べよう！（都道府県別の米の生産の様子は？、米の消費量は減っている、食料自給率と米の関係は？、米を輸出しているの？　輸入しているの？、これからの日本の米はどうなるの？）、3章 米づくりの現在と未来を調べよう！（米づくり農家は減っている、会社はどのぐらいあるの？、田んぼは減っているの？、米づくりの新しい関係つくり、米づくりとテクノロジー1 品種改良、米づくりとテクノロジー2 農業IT管理ツール、米づくりとテクノロジー3 ドローンで管理、米の新しい形と可能性）
2017.2　44p　29×23cm　¥3000　978-4-05-501227-0

◆米のプロに聞く！　米づくりのひみつ　3　米とくらし（歴史・食べ方・世界）　鎌田和宏監修　学研プラス
【目次】1章 日本の米づくりの歴史を調べよう！（米づくり年表、稲作の始まり（弥生・古墳）、米で税を納める（飛鳥・奈良・平安）、農村の発展（鎌倉・室町）、米づくりの発展（安土桃山・江戸）、米づくりの近代化（明治・大正・昭和・平成））、2章 米の食べ方を調べよう！（ご飯はどうやって炊くの？、身近な米料理を知りたい！、全国の米の郷土料理を知りたい！、つくってみよう！郷土料理（深川めし／五平もち）、米づくりの行事、米からつくられるものは？、米がせんべいに大変身！）、3章 世界の米づくりを調べよう！（いちばん米がとれる国はどこ？、世界の米づくりの様子は、世界の米料理を知りたい！）
2017.2　44p　29×23cm　¥3000　978-4-05-501228-7

◆しごと場たんけん　日本の市場　3　食肉市場ほか　ニシ工芸編　汐文社
【目次】食肉市場へようこそ！、食肉市場マップ、市場に家畜が届くまで、食肉市場をたんけんしてみよう！、精肉店の開店準備、卸売市場をもっとくわしく知ろう、全国の中央卸売市場マップ、市場のQ&A、早起きして朝市に行ってみよう！
2017　47p　27×22cm　¥2500　978-4-8113-2311-4

◆総合リース会社図鑑—未来をつくる仕事がここにある　三井住友ファイナンス＆リース監修, 青山邦彦絵　日経BP社, 日経BPマーケティング発売
【要旨】街中のお店、病院、高速道路、工事現場、普段何気なく目にするところでリースが活躍しています。でも、それはほんの一部、リースはもっといろんな場所で社会の役に立っています。
2017.10　39p　29×24cm　¥1500　978-4-8222-5854-2

◆ミャンマーで米、ひとめぼれを作る　橋本玲写真・文　理論社（世界のあちこちでニッポンシリーズ）
【要旨】世界の国の人々の生活に役立ちたいと、現地の人たちといっしょに働く日本人がたくさんいます。今回は、日本の米作りを教える、橋本さん。ミャンマーの人になにを伝えて、そしてミャンマーの人になにを教えられたのでしょう。
2017　63p　29×22cm　¥3800　978-4-652-20180-0

図工の本

◆印象派って、なんだろう？　ケイト・リッグス編　六耀社（図鑑：はじめてであう世界の美術）
【要旨】1800年代、写実主義やバルビゾン派が生まれ、さらに、同年代の後半になると、自然の風景や、そこに存在する人物や物事が、わたしたちのこころにつたえる「感じ」を表現しようとする画家たちが「印象派」の芸術運動をおこした。画家たちは、田舎の田園地域にどんどん出かけ、どこにでも見られる風景や、はたらき、くらす人びとを描くため、戸外で多くの絵画を制作した。
2017.10　24p　26×22cm　¥2800　978-4-89737-994-4

◆うごくおもちゃをつくろう！　うかぶ！はしる！おもちゃ—空気・水　K&B STUDIO作　あかね書房
【要旨】フワリとうかんだり、シューッと走ったり、モコモコふくらんだり…うごくおもちゃは、ふしぎで、おもしろい！　うごくおもちゃをかんたんに手づくりする方法や、わかりやすくせつめいするためのポイントをまとめた本。
2017.3　47p　A4　¥3000　978-4-251-05902-4

◆うごくおもちゃをつくろう！　ゴム・紙ばね—とぶ！はねる！おもちゃ　K&B STUDIO作　あかね書房
【要旨】ピューッととんだり、ビヨヨンとはねたり、クルクルまわったり…うごくおもちゃは、ふしぎで、おもしろい！　そんなおもちゃを自分でつくることができたら、楽しいね。だれかに教えたくなるね。この本は、うごくおもちゃをかんたんに手づくりする方法や、わかりやすくせつめいするためのポイントをまとめたものです。
2017.3　47p　A4　¥3000　978-4-251-05901-7

◆うごくおもちゃをつくろう！　ゆれる！まわる！おもちゃ—重さ・磁石　K&B STUDIO作　あかね書房
【要旨】ピューッととんだり、ピタッとくっついたり、ユラユラゆれたり…うごくおもちゃをかんたんに手づくりする方法や、手づくりおもちゃをかんしょうするためのポイント。
2017.3　47p　31×22cm　¥3000　978-4-251-05903-1

◆折り紙で作るおはなし指人形—遊べる！飾れる！　いしばしなおこ著　世界文化社（PriPriブックス）
【要旨】折り紙を使った、昔話・伝承9話+行事飾り+千金美穂の動物キャラクター。作品は、のりをつけずに顔だけでも指人形として遊べます。飾りつけ向など、アレンジプランもたくさん掲載。
2017.3　79p　26×21cm　¥1500　978-4-418-17801-8

◆音楽のカギ・空想びじゅつかん　小原芳明監修, 野本由紀夫, 辻村益朗編, 辻村章宏, 中武ひぐみつ絵（町田）玉川大学出版部（玉川百科こども博物誌）
【目次】音楽のカギ（音楽とくらし、楽譜ってなんだろう、楽譜から気もちがわかる!?、音楽をつくってみよう）、空想びじゅつかん（粘土でつくった人のかたち、まっ暗な洞くつにある絵、あとがこってできた土偶、かくされていた絵、いろいろな色、100年〜500年まえの絵、絵本は友だち）、いってみよう、読んでみよう
2017.9　157p　31×22cm　¥4800　978-4-472-05975-9

児童書 / 絵本・児童書

◆感じて見よう！はじめてであう日本美術 1 かっこいい、いさましい編　佐野みどり監修　教育画劇
【目次】対決！帝釈天vs阿修羅—帝釈天半跏像・阿修羅像、みんな注目、主役はわたし！—歌舞伎図巻、江戸の粋なアイドルたち—三代目大谷鬼次の江戸兵衛・雨夜の宮詣・ポッピンを吹く娘—婦女人相十品、思わず見上げたくなる！—金剛力士立像、たよりになる神がズラリ！—十二神将立像、ぐるぐる、ギザギザ、メラメラ！—火焔型土器1号(深鉢形土器)・水煙渦巻文深鉢(水煙土器)、するどい、つるつる、ぴかぴか!!—尖頭器・磨製石斧・巴形銅器・巴形石製品・有柄銅剣・銅矛、権力を伝える美—日光東照宮陽明門・大山古墳(仁徳天皇陵古墳)、一歌舞伎たちのお気に入り—黒漆塗兎耳形兜・黒漆塗熱金剛杵形兜・銀ぱく押—の谷形兜・黒田長政像・朱塗合子形兜・三宝荒神形兜、2つの風神雷神図—風神雷神図(俵屋宗達)・風神雷神図(安田靫彦)〔ほか〕
2017 47p 28×22cm ¥3600　①978-4-7746-2095-4

◆感じて見よう！はじめてであう日本美術 2 きれい、かわいい編　佐野みどり監修　教育画劇
【要旨】流行をえがく浮世絵、奈良時代の美人顔、いつの時代もかざりたい！、ファッションは芸術だ！、使うのがもったいない！、金ピカの部屋、竜がねむる？、石の庭、全長16m、空想の風景、和尚がかいた禅画の世界、かわいい姿にくぎづけ！〔ほか〕
2017 48p 28×22cm ¥3600　①978-4-7746-2096-1

◆感じて見よう！はじめてであう日本美術 3 こわい、あやしい編　佐野みどり監修　教育画劇
【目次】私が基本のユーレイです、巨大骸骨、男のうらみ、女の首、道具にだってたましいはある、ぞろぞろ、がやがや「百鬼夜行絵巻」、あれもこれも妖怪のしわざ、人が人でなくなるとき、いろいろな姿のいろいろな面、奇跡の瞬間！、手が何100本！ 観音菩薩が変身、阿弥陀仏のおむかえ到着！〔ほか〕
2017 48p 28×22cm ¥3600　①978-4-7746-2097-8

◆かんたん！かっこいい！よく飛ぶハイパー紙飛行機　長松康男著　メイツ出版
(『作ってあそぼう！とってもよく飛ぶスーパー紙飛行機』加筆・修正・改題書)
【要旨】たのしいペーパークラフト。優雅に大空を飛び回る！最高のデザイン&性能の全20機！
2017.3 56p A4 ¥1280　①978-4-7804-1844-6

◆キュビスムって、なんだろう？　ケイト・リッグス編，Babel Corporation訳出協力　六耀社　(図鑑：はじめてであう世界の美術)
【要旨】自然のなかのすべての事物は、円柱・球・円すいでできている。さぁ、対象の前から横から斜めから立体でとらえて平面に描くキュビスムの大胆なούを見ていきましょう。
2017.11 24p 26×22cm ¥1800　①978-4-89737-995-1

◆恐竜・20—だんボールでつくる　滝口あきはる著　星の環会　新装版
【目次】プテラノドン、クロノサウルス、ティロサウルス、ディアドリマ、イグアノドン、パラサウロロフス、エダフォサウルス、ランベオサウルス、ビナコサウルス、ディメトロドン、トリケラトプス、ブロントサウルス、ティラノサウルス、アロサウルス、ステゴサウルス、モノクロニウス、アンキロサウルス、プロガノケリス
2017.5 88p 26×20cm ¥1200　①978-4-89294-564-9

◆決定版 工作大図鑑　かざまりんぺい著　主婦の友社
【要旨】自分で作って楽しく遊べる！生きる力・考える力が育つ！身近な材料で作れる！自由研究に役立つ！工作56種。
2017.3 319p B5 ¥1580　①978-4-07-425337-1

◆ゴシック美術って、なんだろう？　ケイト・リッグス編，Babel Corporation訳出協力　六耀社　(図鑑：はじめてであう世界の美術)
【要旨】尖塔アーチを持つ大きく高く建てられた教会。神秘的な光と影をうつしだすステンドグラスや、言葉のない物語を語るフレスコ画などゴシック美術の特長や見どころを案内します。ヨーロッパ中世におこったゴシック美術とは何かについてわかりやすく説明していきます。児童・生徒にはじめてであう世界の美術、シリーズ第1巻。
2017.7 24p 26×22cm ¥1800　①978-4-89737-991-3

◆子どものための美術史—世界の偉大な絵画と彫刻　ヘザー・アレグザンダー文，メレディス・ハミルトン絵，千恵伸行監訳，野沢佳織訳　西村書店
【要旨】ラスコー洞窟壁画からポップアートまで。見ても、読んでも、楽しいアート入門。名作誕生の裏ばなし、芸術家の楽しいエピソードが満載！
2017.5 93p 26×26cm ¥2800　①978-4-89013-981-1

◆コロコロドミノ装置 Kids工作BOOK　野出正和著　いかだ社
【要旨】トイレットペーパーの芯、ティッシュボックス空き箱、ピンポン玉、ラップの芯…身近な材料でつくれる。1つずつのつくり方から連動のさせ方までコロコロドミノ装置がかんたんにできる驚きのアイデアがいっぱい！
2017.4 62p B5 ¥2300　①978-4-87051-479-9

◆コロコロドミノ装置 Kids工作BOOK　野出正和著　いかだ社　図書館版
【要旨】トイレットペーパーの芯、ティッシュボックス空き箱、ピンポン玉、ラップの芯。身近な材料でつくれる。超かんたん。
2017.4 62p B5 ¥2300　①978-4-87051-482-9

◆写実主義って、なんだろう？　ケイト・リッグス編，Babel Corporation訳出協力　六耀社　(図鑑：はじめてであう世界の美術)
【要旨】子どもたちが、はじめてであう美術史！クールベ、ミレー…。人びとの日常の社会や生活の現実を、ありのままに、映しとるように描いて真実にせまろうとする画家たちが生まれた。
2017.9 24p 27×22cm ¥1800　①978-4-89737-993-7

◆すごいぞ！ニッポン美術　結城昌子文　西村書店　(直感こども美術館)
【要旨】千年前の夫婦げんかからお江戸のアイドルまで。縄文のヴィーナス、鳥獣人物戯画、風神雷神図屏風、見返り美人ほか、国宝を含む24作品を紹介！世界に誇れる日本のすばらしい美術作品とともに日本の美の繊細なココロを伝える、子どものための画集。
2017.11 57p 26×26cm ¥2400　①978-4-89013-987-3

◆世界の名画物語—子どもたちとたどる絵画の歴史　ミック・マニング，ブリタ・グランストローム著　六耀社
【要旨】美術史を彩った巨匠38人の名画の裏に隠された「おどろき」の物語。石器時代のラスコー洞窟の壁画から、教科書に登場する巨匠たちの絵画、そしてストリートアーティストのジャン＝ミシェル・バスキアの作品までを収録した、子どものための、想像力あふれる絵画史の入門書です。英国ノンフィクション賞など数々の賞を受賞している絵本作家ミック・マニングとブリタ・グランストロームが選りぬいて世界の絵画を集めました。豊富なイラストレーションで、作品に秘められた「おどろき」のエピソードが次々と繰り広げられます。
2017.12 87p 31×25cm ¥3600　①978-4-89737-979-1

◆楽しく覚えるおうちルール工作BOOK—「お約束ポップ」でひとりでできる子に！　北田哲也イラスト　メイツ出版
【要旨】毎日繰り返す"ガミガミ"をルールの見える化で解消！注意したり、くるりとめくったり。使い方アイデアがいっぱい！かわいいイラストポップが「叱らない子育て」をサポート！塗って楽しむオリジナル図案付。
2017.7 112p 21×19cm ¥1480　①978-4-7804-1833-0

◆超カンタン！トリック工作BOOK—ビックリ立体が手作りできる！　杉原厚吉監修　主婦と生活社
【要旨】鏡に映すと絵が動く！ビー玉が坂を登る！?自由工作にピッタリ!!実寸の型紙つき！小学1～6年生対象。
2017.7 64p 27×22cm ¥1100　①978-4-391-14952-4

◆作って学ぼう！リアルな恐竜 たのしいペーパークラフト　和田洋一著　メイツ出版
(『作って学ぼう！かっこいい恐竜がいっぱい！』加筆・修正・改題書)
【要旨】迫力の21モデル！恐竜のデータが学べるカードつき！
2017.6 56p A4 ¥1090　①978-4-7804-1923-8

◆ねんドルキャットひとミィのまほうレストラン　いりやまさとし作，おかだひとみねんど制作　学研プラス
【要旨】チェダー カマンベール ロックフォール ミモレット ゴーダ。ねずみのなかよし5きょうだいがであったしろねこはまほうレストランのシェフだった！まほうレストランとはいったいどんなりょうりをだすおみせなのか？
2017.11 36p 31×24cm ¥1300　①978-4-05-204711-4

◆はじめての浮世絵 1 浮世絵って何？どうやってつくるの？—世界にほこる日本の伝統文化　深光富士男著　河出書房新社
【目次】江戸時代にはじまった浮世絵版画 浮世絵とは？・創始者は？、絵師の直筆による肉筆浮世絵もあるよ、浮世絵版画の歴史1 墨1色から手彩色へ、浮世絵版画の歴史2 版木で色摺りへ 紅摺絵(2～3色)、浮世絵版画の歴史3 もっと色数を！ 錦絵登場!!、話題作・ヒット作を連発！ 傑作が次々生み出されていく、シリーズ物も次々ヒット！集めたくなる「揃物」、複数枚つなげて迫力を出す ワイド画面で楽しむ「続絵」、1枚の値段はいくら？ ヒット作は何枚摺られたか？、海外でも大人気！ 外国人が浮世絵を絶賛!!、江戸時代に浮世絵版画は、どうつくられていたのか？ 制作工程を見ていこう！、「冨嶽三十六景神奈川沖浪裏」ができるまで(彫師・摺師編)、へー、こうなっていくのか…色版が摺られていく過程、彫師の超絶技巧、摺師の入魂妙技、あれれ？こんなのがついていの…初摺と後摺、なんだかヘン！ 絵が変わっている！ 異版を発見！、さまざまな情報を伝えてくれる印と文字の注目！、絵師・彫師・摺師をひとりで体験！ 版画用消しゴムで浮世絵をつくろう
2017.1 47p 31×22cm ¥2800　①978-4-309-62121-0

◆はじめての浮世絵 2 人気絵師の名作を見よう！知ろう！—世界にほこる日本の伝統文化　深光富士男著　河出書房新社
【要旨】シリーズ第2巻は、「人気絵師の名作を見よう！知ろう！」です。歌麿の美人大首絵にうっとり。活動期間わずか10か月の謎の絵師・写楽とは？ 世界がみとめたホオ・北斎の、どこがすごいの？ 豊国は役者絵対決で写楽に勝った?!1万点以上もの作品を残した国貞、画面から飛び出してきそうな国芳の迫力画作品、何度見てもあきない広重の名所絵、明治時代に「最後の浮世絵師」といわれた光線画の清親など、個性あふれる絵師たちとその代表作を満載！
2017.1 47p 31×22cm ¥2800　①978-4-309-62122-7

◆はじめての浮世絵 3 いろんな浮世絵を楽しもう！—世界にほこる日本の伝統文化　深光富士男著　河出書房新社
【要旨】シリーズ第3巻は、「いろんな浮世絵を楽しもう！」です。江戸～明治時代に大量生産された浮世絵版画は、庶民のおこづかいで買えるものでした。その分野は、美人画、役者絵、風景画、うちわ絵、ばけもの絵、切りぬいて遊ぶおもちゃ絵など、「えっ、こんなものまであるの！」とおどろくほど多種多彩。総出版点数は、今でも把握できないほど膨大です。また、今のテレビや新聞、インターネット、ファッション雑誌のような情報源としての役割もはたしました。
2017.1 47p 31×22cm ¥2800　①978-4-309-62123-4

◆パペラ 1枚の紙でつくるはらぺこあおむしとなかまたち　吉原順一作，エリック・カール絵　偕成社
【要旨】くるくるまげてひねってつくれる。パペラカードつき。小学校4・5年生以上。
2017 1Vol. 22×31cm ¥1700　①978-4-03-328630-3

◆魔女やおばけに変身！楽しいハロウィン工作 1 かぼちゃ・ドラキュラほか　いしかわ☆まりこ作　汐文社
【目次】魔女、リトルWitch、ドラキュラ、かぼちゃ、フランケンシュタイン、くろねこ、がいこつ、デビル、ミイラ、モンスター、スパイダー
2017 39p 27×22cm ¥2400　①978-4-8113-2397-8

◆魔女やおばけに変身！楽しいハロウィン工作 2 妖精・忍者ほか　いしかわ☆まりこ作　汐文社
【目次】プリンセス、ピンクプリンセス、サムライ、妖精、忍者、赤ずきん、海賊、フルーツパフェ、ライオン、うさぎ、ピーターパン
2017 39p 27×22cm ¥2400　①978-4-8113-2398-5

◆魔女やおばけに変身！楽しいハロウィン工作 3 ハロウィン折り紙・切り紙・こもの　いしかわ☆まりこ作　汐文社
【目次】Let's Party！、写真もばっちり！、かんたん！ パーティアイテム、パーティのかざり、ハロウィンで大かつやく！ 人気モチーフ、おへやがへんしん！ かべかざり、かん

◆マンガで探検！ アニメーションのひみつ 1 ソーマトロープをつくろう　大塚康生監修・ソーマトロープ画，叶精二編著，田川聡一漫画，わたなべさちよ，和田敏克，小田部羊一ソーマトロープ画　大月書店
【要旨】「アニメーションはなぜ動いて見えるのか」というのは、専門に研究をしている学者さんのあいだでも、真剣に考えなおしてみなければならないと思われているむずかしいことなんです。でも、絵に描いたものがなぜ動いて見えるのは本当かな。それを自分自身で体験してみようというのがこの本です。さあ、やってみましょう。どんなふうに動いて見えるかな？ 小学校中学年～。
2017.5 32p 31×22cm ¥2800 ①978-4-272-61411-0

◆マンガで探検！ アニメーションのひみつ 2 フェナキスティスコープをつくろう　大塚康生監修，叶精二編著，田川聡一漫画，わたなべさちよ，和田敏克フェナキスティスコープ画　大月書店
【目次】第3ステージ たまごからヒヨコ？ 動きをつくり出す頭脳（仮現運動ってなに？一動きをつくり出す脳のふしぎ、ゾートロープってどういう意味？、動きを分解して描くっていうこと？一動きの「はじまり」と「おわり」の間はどうすれば？、どんなポーズの絵を何枚はさめばいいの？、チャレンジ2 フェナキスティスコープをつくろう！（つくる前のスペシャルアドバイス いきいきしたアニメをえがこう！、おどろき盤（フェナキスティスコープ）をえがこう！、フェナキスティスコープ（おどろき盤）見本帖、つくってあそぼう フェナキスティスコープ！、フェナキスティスコープ型紙）
2017.6 32p 31×22cm ¥2800 ①978-4-272-61412-7

◆マンガで探検！ アニメーションのひみつ 3 ゾートロープをつくろう　大塚康生監修・ゾートロープ画，叶精二編著，田川聡一漫画，わたなべさちよ，和田敏克ゾートロープ画　大月書店
【目次】第4ステージ アニメーションの誕生（映像とアニメーションの歴史年表）、チャレンジ3 ゾートロープをつくろう！（ゾートロープをえがこう！、ゾートロープ見本帖、つくってあそぼう ゾートロープ！、ゾートロープ型紙）
2017.7 32p 31×22cm ¥2800 ①978-4-272-61413-4

◆みつけて！ アートたんてい―よくみて、さがして、まなぼう！　ブルック・ディジョヴァンニ・エヴァンス著，篠菜奈子訳　東京書籍
【要旨】モネ、マネ、ルノワール、ルソー、ブリューゲル、スーラ、ボスなど、世界の巨匠たちによる傑作21点が、20の美術館から、この本のために集められました。何が描いてあるのかな？ どこにあるのかな？ どうして描いたのかな？ 絵の中の人たちは何をしているのかな？ 名画をよく見ながら、その手がかりをさぐりましょう。
2017.10 104p 29×23cm ¥1800 ①978-4-487-81059-8

◆名画ここどこ―「はじめまして」の名画探検　結城昌子著　小学館　（小学館あーと知育ぶっく）
【要旨】すみっこだってみつけてほしい。60万部突破、「あーとぶっく」著者の最新作！
2017.9 31p 27×22cm ¥1380 ①978-4-09-727706-4

◆モダニズムって、なんだろう？　ケイト・リッグス編　六耀社　（図鑑：はじめてであう世界の美術）
【要旨】1800年代の終りごろから1900年代なかごろにかけて、文学・美術や建築などにおいて、伝統的な考え方をやめて近代的な考え方で取り組む芸術家たちがあらわれました。モダニズム、近代主義といわれる芸術運動です。美術分野では、作品対象がもつ中身を描く抽象主義、主張を作品で意識し、無意識・偶然性を重視するなど現実主義、さらに、現代につらなるポップアートやパフォーマンス・アートにいたるまでさまざまな美術分野が生まれました。本書はモンドリアン、カンディンスキーからポロック、ウォーホル、リキテンスタイン、そして、パフォーマンス・アートで知られる日本人アーティスト田中敦子などの名作を鑑賞しながらモダンアートの世界を紹介していきます。
2017.12 24p 27×22cm ¥1800 ①978-4-89737-996-8

◆りったい昆虫記 パート3　神谷正徳作　小学館　（小学館の図鑑NEOのクラフトぶっく）
【要旨】23種類の楽しい紙工作！
2017.7 48p 28×21cm ¥1000 ①978-4-09-735005-7

◆りったいロボット戦士 2　神谷正徳作　小学館　（小学館のクラフトぶっく）
【要旨】神の使いか？ 悪の使者か？ 謎のロボット戦士登場！ 光の戦士ミカエリス、闇の戦士サタニウス、空間の戦士ガブリウス。紙で作るリアルロボ。
2017.3 48p 28×21cm ¥1000 ①978-4-09-734298-4

◆ロマン主義って、なんだろう？　ケイト・リッグス編，Babel Corporation訳出協力　六耀社　（図鑑：はじめてであう世界の美術）
【要旨】イギリスで産業革命がはじまり、ギリシャの独立戦争やフランス革命がはじまったヨーロッパでは、新しい芸術運動もおこります。自由な感性を生かした感情表現をたいせつにする芸術が、文学や絵画・音楽などの分野で大きく広がったのでした。この本では、革命に参加する生き生きとした人物像を描いたドラクロワや、遠近法を取り入れて自然を描き続けたターナー、社会を正面からえがき、人間の心のなかを表現しようとしたゴヤなどの画家や、その作品を取り上げて、ロマン主義時代の絵画美術とは、なんであったかを、読者といっしょに考えていきます。
2017.8 24p 27×22cm ¥1800 ①978-4-89737-992-0

◆La ZOOのトリックアートBOOK　竹内龍人監修，La ZOO作　学研プラス
【要旨】見えたこと、ほんとう？ 右と左の同じかたち、同じいろ？ ちがういろ？ 驚きのだまし絵が14種類！ きれいで不思議なだまし絵の世界。
2017.12 1Vol. 28×23cm ¥1400 ①978-4-05-204749-7

音楽の本

◆小学生のための便利な音楽辞典　浦田泰宏，邊見登志雄，飯高陽子，斉藤芳江著　シンコーミュージック・エンタテイメント
【要旨】楽器を始めたての小学生から使える音楽辞典!!写真・イラスト満載&やさしい解説で音楽のギモンが即解決。読み方がわからなくても記号の"見た目"から引ける！ あいうえお順の「さくいん」からも探せる！
2017.11 191p A5 ¥1500 ①978-4-401-64517-6

◆大研究 雅楽と民謡の図鑑　国土社編集部編　国土社
【目次】雅楽を楽しもう！（雅楽ってどんな音楽？、雅楽の舞台ってどんなところ？、どんなふうに演奏されるの？、管絃ってなんだもの？ ほか）、民謡を楽しもう！（民謡ってどんな音楽？、仕事の歌ってどんな歌、おどりの歌ってどんな歌？、祭りや祝いの歌ってどんな歌？ ほか）
2017.3 79p 29×22cm ¥3800 ①978-4-337-27924-7

◆楽しく読めてすぐに聴ける 音楽をもっと好きになる本 1 歌や演奏を楽しむ　学研プラス編，松下奈緒協力　学研プラス
【目次】松下奈緒さんインタビュー「音楽を好きな子が増えていってほしい。」、第1章 歌う一声を出してみよう、第2章 たたく一打楽器で遊ぶ、第3章 鍵盤楽器を弾く一触ってみよう、第4章 鍵盤ハーモニカを弾いてみよう、第5章 リコーダーを吹いてみよう、第6章 木琴・鉄琴をたたいてみよう、第7章 ピアノ一伴奏してみよう、第8章 ハモる―コーラスを楽しもう、第9章 アンサンブル一合奏してみよう
2017.2 47p 30×24cm ¥3500 ①978-4-05-501234-8

◆楽しく読めてすぐに聴ける 音楽をもっと好きになる本 2 いろいろな楽器を知る　学研プラス編，松下奈緒協力　学研プラス
【目次】松下奈緒さんインタビュー「結局、大切なのは「好き」ということ。」、木管楽器の仲間たち1 フルート・オーボエ・ファゴット、木管楽器の仲間たち2 クラリネット・サクソフォーン、金管楽器の仲間たち1 ホルン・トランペット、金管楽器の仲間たち2 トロンボーン・テューバ、擦弦楽器の仲間たち1 ヴァイオリン・ヴィオラ・チェロ・コントラバス、擦弦楽器の仲間たち2 いろいろな擦弦楽器、撥弦楽器の仲間たち1 ハープ・ギター、撥弦楽器の仲間たち2 いろいろな撥弦楽器、鍵盤楽器の仲間たち1 ピアノ、鍵盤楽器の仲間たち2 オルガン、打楽器の仲間たち1 ティンパニ・小太鼓・トライアングル、木琴・鉄琴、打楽器の仲間たち2 カスタネット・シンバル、打楽器の仲間たち3 広がる打楽器ワールド、オーケストラの世界1 オーケストラの編成、オーケストラの世界2 楽器と声の音域、オーケストラの世界3 スコアとパート譜、いろいろなアンサンブル1 吹奏楽、いろいろなアンサンブル2 合唱、いろいろなアンサンブル3 独奏と室内楽
2017.2 47p 30×24cm ¥3500 ①978-4-05-501235-5

◆楽しく読めてすぐに聴ける 音楽をもっと好きになる本 3 音楽家に親しむ　学研プラス編，松下奈緒協力　学研プラス
【目次】松下奈緒さんインタビュー「いろいろな曲をきっかけに、好きな作曲家も変わっていく。」、音楽で神に仕えた人―バッハ、交響曲の発明者―ハイドン、永遠の神童―モーツァルト、運命との闘い―ベートーヴェン、メロディーの泉―シューベルト、勤勉と努力の天才―メンデルスゾーン、愛と夢に生きて―シューマン、ピアノ音楽の開拓者―ショパン、3度の大転身―リスト、オペラの国イタリアのシンボル―ヴェルディ、ウィーンっ子の宝―ヨハン・シュトラウス2世、自由に、孤独に―ブラームス、美しく雄大な調べ―チャイコフスキー、ボヘミアの国民的作曲家―ドヴォルザーク、フィンランドの宝―シベリウス、"ピーターと狼"の人―プロコフィエフ、アメリカの天才音楽家―ガーシュウィン
2017.2 47p 30×24cm ¥3500 ①978-4-05-501236-2

◆楽しく読めてすぐに聴ける 音楽をもっと好きになる本 4 名曲を感じる　学研プラス編，松下奈緒協力　学研プラス
【目次】松下奈緒さんインタビュー「長く、楽しく、音楽と付き合っていってほしいです。」、英国王の舟遊び 水上の音楽 ヘンデル、交響曲でなぞなぞ？ 告別 ハイドン、大スペクタクル・オペラ 魔笛 モーツァルト、リート（ドイツ歌曲）の金字塔 魔王 シューベルト、悲劇の恋を描いたグランド・オペラ アイーダ ヴェルディ、音で描いた祖国の大河 モルダウ（ブルタヴァ）スメタナ、ユーモアあふれる組曲 動物の謝肉祭 サン＝サーンス、世界で最も有名なオペラ カルメン ビゼー、怖～い歌詩 はげ山の一夜 ムソルグスキー、世界で最も有名なバレエ 白鳥の湖 チャイコフスキー、「家路」 新世界より ドヴォルザーク、夢と冒険の物語 ペール・ギュント グリーグ、音で描いた「千夜一夜物語」 海とシンドバッドの船 リムスキー＝コルサコフ、ディズニーもアニメにした 魔法使いの弟子 デュカス、壮大な宇宙を描いた組曲 惑星 ホルスト、バレエになったロシアのおとぎ話 火の鳥 ストラヴィンスキー、音の絵本 ハーリ・ヤーノシュ コダーイ
2017.2 47p 30×24cm ¥3500 ①978-4-05-501237-9

体育・スポーツの本

◆あしたヒーローになれる！ ドッジボール　吉田隼也監修，猿山長七郎漫画，山本イチロー原作　集英社　（集英社版・学習まんが）
【要旨】ボールを投げる・とる・よけるがうまくなる!!
2017.9 176p A5 ¥1100 ①978-4-08-288098-9

◆「英語」で夢を追うアスリート 1 英語が苦手でもプレゼンターになったわけ　太田雄貴著　くもん出版
【目次】1 オリンピックを夢みる無敵の小学生（フェンシングとの出会い、負け知らずの小学生、フェンシングが自分でついていた）、はじめての海外遠征、フェンシングのために英語を勉強）、2 夢のオリンピックに（伝えたいことがあれば英語は伝わる、英語の質問を準備して海外の選手から学ぶ、北京オリンピックで激闘、栄光の銀メダル獲得）、たいせつなのはメダリストとして世のなかに貢献すること、ロンドンオリンピック団体戦でつかんだ銀メダル、3 オリンピックを東京に（オリンピックの招致活動に参加、原稿作成そしてカンペ無しで丸暗記、アスリートを代表して英語でスピーチ、東京オリンピックの開催が決定、オリンピック・パラリンピック招致の最終プレゼンテーション）、4 日本の代表として世界へ（ピストに別れをつげ、次

の舞台へ、フェンシングをもりあげる！）
2017.3 47p 28×22cm ¥2800 ①978-4-7743-2572-9

◆「英語」で夢を追うアスリート　2　金メダルよりうれしかったもの　鈴木大地著　くもん出版
【目次】1 夢はオリンピックで金メダル（水泳との出会い、目標は日本一 ほか）、2 夢にオリンピックの舞台へ！（世界に近づいた高校時代、手ごたえを感じたロサンゼルスオリンピック ほか）、3 海外での経験をいかして、次のチャレンジ（次の選手にも伝えたい！、引退、そしてあらたな夢の舞台へ ほか）、4 世界での学びを、たくさんの人へ出版（経験をいかして医学の研究へ、スポーツイングリッシュの開発 ほか）
2017.3 47p 28×22cm ¥2800 ①978-4-7743-2573-6

◆「英語」で夢を追うアスリート　3　英語でかなえたふたつの夢　朝原宣治著　くもん出版
【目次】1 世界を夢みた少年時代（夢は世界をかけまわるサラリーマン、かっこいい「英語」にあこがれて必死に勉強！ ほか）、2 ひとつめの夢を実現した留学時代（たったひとりのドイツ留学、英語ならドイツでもやっていける!! ほか）、3 オリンピック夢の舞台へ（不安よりも楽しみだったアトランタオリンピック、けがと試練一逆境をバネに ほか）、4 もうひとつの夢の実現へ（ことばの壁が気にならない！、テキサス大学で英語を学ぶ ほか）
2017.1 46p 28×22cm ¥2800 ①978-4-7743-2574-3

◆「英語」で夢を追うアスリート　4　世界中がホームグラウンドになる　杉山愛著　くもん出版
【目次】1 テニスと出会って夢をもった少女（好奇心旺盛な幼少期、運命を変えた英語のテニススクールへの入学 ほか）、2 世界へはばたいたジュニア時代（ジュニアの大会で海外へ、海外遠征でのコミュニケーション ほか）、3 海外を飛びまわる！プロの世界へ（17歳でプロの世界へ！、海外生活で成長！ ほか）、4 英語を通してグローバルに（インタビューで学んだ英語、テニスと英語がつなぐパートナーとの絆 ほか）
2017.3 47p 28×22cm ¥2800 ①978-4-7743-2575-0

◆「英語」で夢を追うアスリート　5　世界に広げたい「つながりの環」　根木慎志著　くもん出版
【目次】1 スポーツ人生への扉（激しくスピーディーな車いすバスケットボール、スポーツに夢中だった少年時代 ほか）、2 車いすバスケットボールで世界へ（車いすバスケットボールと出会って変わった人生、車いすバスケットボールではじめての海外へ ほか）、3 世界をめざし、英語を勉強（日本代表落選、苦しい時期をこえて、もっと英語でコミュニケーションを取る力を ほか）、4 世界中の人と友だちになるために（パラリンピックを経験して、だれもがちがいを認めすべてに輝く社会に ほか）
2017.3 47p 28×22cm ¥2800 ①978-4-7743-2576-7

◆大きな写真でよくわかる障がい者スポーツ大百科　2　いろいろな競技を見てみよう　大熊廣明監修、こどもくらぶ編　六耀社
【要旨】多彩な競技に、きたえられた体とダイナミックな技。ロンドン、リオのオリンピック・パラリンピックの感動は今も残ります。とくにパラリンピックは、競技のすばらしさや感動とともにますます発展する可能性を広く世界の人びとに知らせた大会となりました。「障がい者スポーツ大百科」は、その定義・意義から国内外の競技スポーツとしての歴史、競技者たち、支える人びとなどのすべてを大きな写真を多用してよく理解できるように編成されたシリーズです。
2017.3 31p 29×22cm ¥2800 ①978-4-89737-884-8

◆大きな写真でよくわかる障がい者スポーツ大百科　3　国際大会と国内大会　大熊廣明監修、こどもくらぶ編　六耀社
【要旨】多彩な競技に、きたえられた体とダイナミックな技。ロンドン、リオのオリンピック・パラリンピックの感動は今も残ります。とくにパラリンピックは、競技のすばらしさや感動とともにますます発展する可能性を広く世界の人びとに知らせた大会となりました。「障がい者スポーツ大百科」は、その定義・意義から国内外の競技スポーツとしての歴史、競技者たち、支える人びとなどのすべてを大きな写真を多用してよく理解できるように編成されたシリーズです。
2017.2 31p 28×22cm ¥2800 ①978-4-89737-885-5

◆大きな写真でよくわかる障がい者スポーツ大百科　4　挑戦者たちとささえる人たち　大熊廣明監修、こどもくらぶ編　六耀社
【要旨】多彩な競技に、きたえられた体とダイナミックな技。ロンドン、リオのオリンピック・パラリンピックの感動は今も残ります。とくにパラリンピックは、競技のすばらしさや感動とともにますます発展する可能性を広く世界の人びとに知らせた大会となりました。「障がい者スポーツ大百科」は、その定義・意義から国内外の競技スポーツとしての歴史、競技者たち、支える人びとなどのすべてを大きな写真を多用してよく理解できるように編成されたシリーズです。
2017.3 31p 29×22cm ¥2800 ①978-4-89737-886-2

◆オリンピック大事典　和田浩一監修　金の星社
【目次】1 オリンピックとは？（平和の祭典でもあるオリンピック、南米大陸初のオリンピック大会 ほか）、2 オリンピックの歴史（歴史を年表でみよう、古代オリンピックのはじまり ほか）、3 発展するオリンピック（進化する科学技術・設備・道具、選手のたゆまぬトレーニング ほか）、4 2020年東京大会に向けて（平和の祭典が東京に、東京大会をむかえるために ほか）、5 オリンピックの競技を知ろう（夏季オリンピック、2016年リオデジャネイロ大会から増えた競技 ほか）
2017 79p 29×22cm ¥3800 ①978-4-323-06471-0

◆オリンピック・パラリンピック大百科　別巻　リオから東京へ　日本オリンピック・アカデミー監修　小峰書店
【目次】1 熱かったリオオリンピック・パラリンピック（南米で初めての大会、リオ大会が残したレガシー）、2 2018年平昌オリンピック・パラリンピックを応援しよう！、熱戦の舞台となる韓国・平昌の街）、3 2020年東京オリンピック・パラリンピックへ!!（実力の程が注目の選手たち、東京大会で行われる追加の競技、新種目のいろいろ ほか）
2017.10 43p 29×23cm ¥3000 ①978-4-338-30008-7

◆オリンピック・パラリンピックまるごと大百科　真田久監修、筑波大学オリンピック教育プラットフォーム（CORE）責任編集　学研プラス
【目次】第1章 オリンピック、パラリンピックの基礎知識（オリンピック競技大会とは、パラリンピック競技大会とは ほか）、第2章 オリンピック、パラリンピックからのメッセージ（オリンピックから学ぶこと1 努力することの喜び、オリンピックから学ぶこと2 フェアプレー一正々堂々と戦う ほか）、第3章 オリンピック、パラリンピックに関わる人々（近代オリンピックはこうして生まれた！、パラリンピックはこうして生まれた！ ほか）、第4章 オリンピック、パラリンピックの変遷一最新技術のつまった"魔法のくつ"、ウェアの変遷1―水着 ほか）、第5章 オリンピックとパラリンピックの文化、環境、危機（開会式と閉会式、文化・芸術の祭典 ほか）
2017.2 99p A4 ¥5500 ①978-4-05-501205-8

◆考えて勝つ！少年野球―勝利のカギは「1死三塁」!!　正正人監修、茶屋たかふみ漫画、山本イチロー原作　集英社（学習まんが）
【目次】試合に負ける理由に気づけ！、正面の球を確実にアウトにせよ！、ピッチャーはコントロールの練習を優先で！、点を取るため打撃をみがけ！、ファインプレーの練習をせよ！、キャッチャーは守備の要！、めざせ「1死三塁」！、前のランナーを絶対に進めろ！、「かしこい野球」が勝利に導く！、「1死三塁」をつくらせない守備、大量得点をねらおう！、相手の強打をふうじこめろ！、つまらない走塁をしよう！、相手ランナーに盗塁させるな！、打球をカッコよくさばいて目立とう
2017.3 240p A5 ¥1200 ①978-4-08-288096-5

◆仰天！感動！サッカーヒーローの超百科　日本編　オグマナオト、サッカーヒーロー研究会編　ポプラ社（これマジ？ひみつの超百科 11）
【要旨】超絶テクニックや熱い闘志で世界を魅了する日本のサッカーヒーローたち！詳細なデータと知られざる逸話から彼らの強さの秘密をさぐれ!!選びぬかれた81選手の能力を徹底分析！
2017 191p 18cm ¥890 ①978-4-591-15494-6

◆「逆上がり」だってできる！魔法のことばオノマトペ　藤野良孝著、大野文絵絵　青春出版社
【要旨】運動が苦手な子なんて、ほんとうはいないんだ。かけっこが速くなる、とび箱がとべる、ドリブルがうまくなる。小学生対象の調査で効果は実証済み。さあ、こんどはキミの番だ！ヒミツの呪文をとなえよう!!
2017.9 95p A5 ¥1280 ①978-4-413-11227-7

◆サッカーのスゴイ話　Jリーグのスゴイ話　本多辰成著、新井優佑編　ポプラ社（ポプラポケット文庫）
【要旨】1993年に華々しく開幕したJリーグ。これまでの歴史のなかで、数々の伝説が生まれ、数々の名選手が登場した。そんなJリーグの歴史と、記憶と記録に残るスゴイ話をピックアップして紹介！小学校中級から。
2017 185p 18cm ¥650 ①978-4-591-15548-6

◆実況！空想サッカー研究所―もしも織田信長が日本代表監督だったら　清水英斗作、フルカワマモる絵　集英社（集英社みらい文庫）
【要旨】サッカーの楽しい「もしも」を空想サッカー研究所と一緒に空想しよう！小学中級から。
2017.7 181p 18cm ¥640 ①978-4-08-321386-1

◆写真で見るオリンピック大百科　6　2014年冬季ソチ〜2016年リオデジャネイロ　舛本直文監修　ポプラ社
【目次】第22回冬季オリンピック 2014年ソチ大会、第11回冬季パラリンピック 2014年ソチ大会、平昌オリンピックの新種目／平昌パラリンピックの新種目、第31回オリンピック 2016年リオデジャネイロ大会、復活したラグビーとゴルフ、第15回パラリンピック 2016年リオデジャネイロ大会、2020年東京オリンピックがやってくる！（2020年東京オリンピックの新競技、2020年東京パラリンピックの新競技）、2020年東京大会エンブレム
2017 47p 29×22cm ¥3000 ①978-4-591-15391-8

◆ジュニアサッカー　世界一わかりやすいポジションの授業―マンガでたのしく学ぶ！　西部謙司監修、戸田邦和漫画　カンゼン
【要旨】それぞれの役割どこまで知っている？ポジションの役割を学べば試合でもっと活躍できる！ジュニア年代技術＆戦術上達バイブル。
2017.12 255p A5 ¥1300 ①978-4-86255-444-4

◆小学生のバッティング最強上達BOOK―ライバルに差をつける！　有安信吾監修　メイツ出版（まなぶっく）
【要旨】変化球打ちをマスター！狙い通りに打ち分ける！冷静な選球眼を磨く！大事な場面で平常心を保つ！…etc.リトルリーグ世界一となった監督がわかりやすく打撃のコツを伝授！
2017.6 128p A5 ¥1600 ①978-4-7804-1922-1

◆調べよう！知ろう！体とスポーツ　1　脳　川島隆太監修、稲葉茂勝企画・構成、こどもくらぶ編　ベースボール・マガジン社
【要旨】このシリーズは、運動やスポーツをするときに大きな役目を果たしていながら、ふだんあまり意識されていない体の器官を3つとりあげ、それぞれの器官がどのように運動・スポーツとかかわっているのかを見ていくというものです。体とスポーツのかかわりについて考える本として、画期的なものですよ。目もそうです。運動でもスポーツでも、自分の体とまわりのようすがどうなっているのかをしっかり見ることが必要です。もとより、筋肉や歯、目をふくめ、体のすべてにかかわっているのは、脳です。脳があらゆる体の器官に、どのように動いたらよいか命令を出すのです。「ぐっと歯をくいしばって力を入れろ」とか、「ボールをしっかり見てバットをふれ」とか…。さあこのシリーズで、今まで意識していなかった脳、歯、目のはたらきを見てみましょう。よく読むと、運動やスポーツがもっと楽しくなりますよ。もっと上達するかもしれません。
2017.1 31p 29×22cm ¥2800 ①978-4-583-11007-3

◆調べよう！知ろう！体とスポーツ　2　歯　泰羅雅登監修、稲葉茂勝企画・構成、こどもくらぶ編　ベースボール・マガジン社
【目次】1 歯のはたらきは？、そもそも歯って、どんなもの？、歯並び・かみあわせがいいと？悪いと？、もっと知りたい！（かむ力はどのくらい？、「かむ」ことと脳の関係）、2 歯とスポーツ（歯をくいしばると力が出る？、スポーツ選手は歯がいい？、スポーツ中は口・歯のけがが多い、マウスガードってなに？、見てみよう！マウスガードのつくり方）、3 歯を守る・きたえる（歯をじょうぶにするに

BOOK PAGE 2018　　　　433　　　　児童書

は？、かむ力をきたえるには？、歯の病気を知る、歯の病気をふせぐする、もっと知りたい！　正しい歯のみがき方）
2017.2　31p　29×22cm　¥2800　①978-4-583-11008-0

◆調べよう！知ろう！体とスポーツ　3　目　布施昇男監修, 稲葉茂勝企画・構成, こどもくらぶ編　ベースボール・マガジン社
【目次】1 目のはたらき（目のしくみ、脳と目の関係、「目がいい・悪い」はどうきまる？、見てみよう！ 動物たちは、どう見える？）、2 目とスポーツ（スポーツでつかう「視力」って？、スポーツのちがいと視力のちがい、スポーツと目のけが・病気、見てみよう！ 目のけがの応急手当）、3 目を守る・きたえる（けがから目を守る、視力低下から目を守る、「目をきたえる」トレーニング、スポーツでつかう視力を上げるトレーニング）
2017.3　31p　29×22cm　¥2800　①978-4-583-11009-7

◆スポーツ日本地図　4　ウインタースポーツ　こどもくらぶ編　ベースボール・マガジン社
【目次】1 スキー（アルペン、ジャンプ、クロスカントリー、フリースタイル、スノーボード、もっと知りたい！ そのほかのスキー競技と日本人メダリスト）、2 スケート（スピードスケート、フィギュアスケート、ショートトラック、もっと知りたい！ スピードスケートの種目とスケートの日本人メダリスト）、3 そのほかのウインタースポーツ（アイスホッケー、カーリング、もっと知りたい！ そりを使った競技、もっと知りたい！ 冬の国民体育大会）
2017.1　31p　29×22cm　¥2500　①978-4-583-11034-9

◆ニュースポーツを学ぼう！　1　どうやって生まれた？どんなスポーツ？どこがおもしろい？　的をねらうニュースポーツ　高橋義雄監修, こどもくらぶ編　ベースボール・マガジン社
【要旨】昔からあるスポーツをもとにして、より安全に、よりかんたんに、より幅広い人がいっしょにたのしめるようにと考えだされた、新しいスポーツ「ニュー（new＝新しい）スポーツ」。そんなニュースポーツについて、やり方はもちろん、歴史やほかのスポーツとのちがい、特徴やおもしろさなどさまざまな角度からの情報を、写真や図をたくさんつかって整理。クップなど全15競技。
2017.11　31p　29×22cm　¥2800　①978-4-583-11125-4

◆ニュースポーツを学ぼう！　2　どうやって生まれた？どんなスポーツ？どこがおもしろい？　ゴールをねらうニュースポーツ　高橋義雄監修, こどもくらぶ編　ベースボール・マガジン社
【要旨】ニュースポーツについて、やり方はもちろん、歴史やほかのスポーツとのちがい、特徴やおもしろさなどさまざまな角度からの情報を、写真や図をたくさんつかって整理しました。全19競技。
2017.12　31p　29×22cm　¥2800　①978-4-583-11126-1

◆はじめての水泳　阿部高明漫画, 東京アスレティッククラブ監修　集英社　（学習まんが）
【要旨】水泳は、楽しみながら、体と心をきたえることができるスポーツです。でも小学校低学年のうちに水泳に出会わなかったせいで、水泳が一生苦手になってしまう人も多いのです。この本は子どもが水になれることができる、友だちと競いながら、上達をめざす方法を解説しました。この本といっしょに、水泳の楽しさ、奥深さを体験してください。
2017.4　159p　A5　¥1100　①978-4-08-288097-2

◆パラリンピック大事典　和田浩一監修, 堀切功監修協力　金の星社
【目次】1 パラリンピックとは？（オリンピックと並ぶ世界最高峰の大会パラリンピック、リオデジャネイロ・パラリンピック）、2 パラリンピックの歴史（歴史を年表でみよう、パラリンピックの原点）、3 2020年東京パラリンピック（56年ぶりにパラリンピックが東京へ、東京パラリンピックへの取り組み ほか）、4 パラリンピックの競技を知ろう（夏季パラリンピック、2016年リオデジャネイロ大会まで行われていた競技 ほか）
2017　79p　29×22cm　¥3800　①978-4-323-06472-7

◆よくわかる障がい者スポーツ―種目・ルールから支える人びとまで　藤田紀昭監修　PHP研究所　（楽しい調べ学習シリーズ）
【目次】第1章 障がい者スポーツを知ろう（スポーツとともに生きる、人生における スポー

ツの効果、目が見えない人とスポーツ ほか）、第2章 障がい者スポーツを支える人びと（みんなで支える障がい者スポーツ、陸上選手・高桑早生さんにインタビュー―障がい者スポーツの魅力を伝える、水泳コーチ・峰村史世さんにインタビュー―選手を導き、力を引き出す！ ほか）、第3章 パラリンピックを応援しよう！（知ってる？ パラリンピック、パラリンピックの精神、パラリンピックの歴史とこれから ほか）
2017.11　63p　29×22cm　¥3000　①978-4-569-78709-1

家庭科・お料理の本

◆朝ごはん―ごはんとみそ汁　かんちくたかこ調理・文, 川嶋隆義写真　岩崎書店　（つくりかたがよくわかるお料理教室 1）
2017.12　31p　29×22cm　¥2400　①978-4-265-08611-5

◆油ができるまで　宮崎祥子構成・文, 白松清之写真　岩崎書店　（すがたをかえるたべものしゃしんえほん 14）
2017.3　33p　29×22cm　¥2200　①978-4-265-08534-7

◆イチからつくるカレーライス　関野吉晴編, 中川洋典絵　農山漁村文化協会　（イチからつくるシリーズ）
【要旨】一からつくってみないかな？、「カレーライス」は、どんな食べもの？、カレーらしさは、何で生まれる？ スパイスの調合、「食材に何を選ぶ？」という関野さんの問いかけに、わたしたちが食べているものは、どこで、だれが？、ダチョウを飼うということにしよう！ ところが…、米、米の田んぼと、野菜・スパイスの畑の準備、農家に学んだ田植えと、収穫までの農作業、農家に学んだたねまきと、収穫までの農作業、野菜・スパイスの収穫と、先人たちの保存の知恵、イネの収穫と脱穀、もみすり、精米、塩をつくる。食べるためには、皿ややじもいる、そして屠畜。カレーを食べるということ、これが、わたしたちの「一から」カレー、一からつくって、みえてきたこと
2017.12　36p　27×22cm　¥2500　①978-4-540-17161-1

◆おいしくたべる　松本仲子監修, 加藤休ミ, 得地直美画　朝日新聞出版　（こどものための実用シリーズ）
【要旨】人はどうして「おいしいもの」が好きなんだろう？ 大昔の人もそうだったのだろうか？ 甘いものは、なぜおいしいのか？ 好きなものだけたべていたら、生きていけないのだろうか？ そんなことを思ったときに、手にとってほしいのがこの本です。料理は、料理が得意な人だけがするものって思っているかもしれないけれど、じつはきみが考えているほどむずかしくない方法だってたくさんある。なにより、自分がおいしいと思う味を、自分の手でつくり出すって、わくわくするほどたのしい。たべものから広がるたのしい世界に、はじめの一歩をふみいれるための一冊をどうぞ。
2017.9　170p　29×22cm　¥1200　①978-4-02-333152-5

◆お麩ができるまで　宮崎祥子構成・文, 白松清之写真　岩崎書店　（すがたをかえるたべものしゃしんえほん 15）
2017.1　39p　29×22cm　¥2200　①978-4-265-08535-4

◆カレーの教科書　石倉ヒロユキ編, シャンカール・ノグチ監修　岩崎書店　（調べる学習百科）
【要旨】カレーの歴史、昔と今の調理法、インドの食べ方、スパイスとハーブの特徴、カレーの色のひみつ、レトルトカレーの工場見学…。この本は、カレーのさまざまなことがらについて学べる"教科書"です。もちろん、教科書に載っていることがすべてではありません。気になったこと、確かめたいことを探して、じぶんでもっと調べたり試したりしてみましょう。きっと、楽しいカレーの授業の始まりです！
2017.8　63p　29×22cm　¥3600　①978-4-265-08443-2

◆カレーライス　かんちくたかこ調理・文, 川嶋隆義写真　岩崎書店　（つくりかたがよくわかるお料理教室 2）
2017.12　31p　29×22cm　¥2400　①978-4-265-08612-2

◆カレーライスを一から作る―関野吉晴ゼミ　前田亜紀著　ポプラ社　（ポプラ社ノンフィクション 29―生きかた）
【要旨】みんなが、あたりまえのように食べている「カレーライス」。その材料―野菜、米、

お肉、お米、塩、そして器とスプーンをすべてを「一」から作った、9か月間の記録。さて、どんなカレーができあがるかな？
2017　207p　B6　¥1200　①978-4-591-15592-9

◆かわいくつくっちゃおう！　かんたんクッキング12か月　3　5月＆6月　こどもの日と母の日と父の日　トモコ＝ガルシア作　岩崎書店
【目次】5月（フルーツとクリームチーズの組みあわせがぴったり こいのぼりオープンサンド、かわいいパンといっしょにピクニックへ出発！ ねずみくんのドライブロールパンサンド、プレーンとココアの味が楽しめるよ 母さんの似顔絵ホットケーキ、チャーミングなおにぎりは春の運動会で人気もの えびフライといっしょハートのカプレーゼ、母の日にカーネーションといっしょに ハート型ケーキ）、6月（ぶどうとコンデンスミルクの2つの味がとてもよくあうよ あじさいゼリー、ぎょうざの皮で、とてもかんたんにできるお父さんの似顔絵ピザ、お菓子ですてきで楽しいプレゼントをつくろう お父さんのお仕事セット、ビールみたいなごはんとみんなが大すきなカレー お父さんがよろこぶドライカレー、母の日や父の日のおいわいのテーブルに 花をかざったようなスティックサラダ）
2017.1　48p　29×22cm　¥3000　①978-4-265-08523-1

◆かわいくつくっちゃおう！　かんたんクッキング12か月　4　7月＆8月　七夕とお祭り　トモコ＝ガルシア作　岩崎書店
【目次】7月（さくらんぼでできた金魚がすずしそう フルーツみつ豆の金魚ゼリー、トマトを入れたつゆも夏らしくておいしいね 七夕のカップうめん、土用の丑の日に、まぜて焼くだけのおかずだよ なんちゃってかばやき、まん中に丸いあながあいているジューシーなパンケーキ パイナップルパンケーキ、栄養いっぱいの甘酒であつい夏をのりこえよう すいか甘酒シャーベット）、8月（いろいろデコレーションをして楽しもう お祭り気分でチョコバナナ、ウィンナーをつかったタコとカニもいっしょ 海のなかまとシーフード焼きそば、たまごのケースをつかってつくってみよう タコ焼きみたいなミニおにぎり、大きめに切った野菜の食感がおいしい 夏野菜のカラフルつくね棒、手にもって食べるとデザートみたい アイスクリームコーンのポテトサラダ）
2017.2　48p　29×22cm　¥3000　①978-4-265-08524-8

◆かんたん！おいしい！ジュニアのためのスポーツごはん―栄養満点パワーチャージレシピ　明治監修　金の星社
【要旨】運動をがんばるスポーツジュニアのために、栄養満点のメニューを考えました。どれもかんたんで、手間なく作れるものばかり！ 毎日の食事作りにぜひ活用してください。
2017　95p　24×19cm　¥1500　①978-4-323-07387-3

◆かんたんおいしい防災レシピ びちくでごはん　岡本正子監修, 粕谷浜美文, 杉山薫里絵　子どもの未来社
【要旨】これは便利！ 6日間のレシピと備蓄リスト付。何をどのくらい備えておくか？ 備蓄品でおいしい料理はつくれるか？ その疑問にすっきり答えます。
2017.1　47p　B5　¥1500　①978-4-86412-101-9

◆かんたん15分！材料3つですいすいスイーツ―四季を楽しむ！行事スイーツ　宮沢うらら著　汐文社
【目次】春（ひな祭り いちご道明寺、イースター たまごボーロ ほか）、夏（父の日 ビール風ゼリー、七夕 ラムネ菓子 ほか）、秋（十五夜 お月見団子、敬老の日 栗のパイ ほか）、冬（クリスマス クリスマスケーキ、正月 栗きんとん・鏡開き・おしるこ ほか）
2017　47p　29×22cm　¥2400　①978-4-8113-2325-1

◆かんたん15分！材料3つですいすいスイーツ―プレゼントにぴったり！チョコスイーツ　宮沢うらら著　汐文社
【目次】ベアーチョコ、ビスケットチョコ、ロリポップチョコ、クッキーポップ、トリュフ、テンパリングに挑戦しよう、チョコバナナパイ、フルーツチョコ、グラノーラチョコバー、クランベリークランチ、しみチョコラスク、チョコレートケーキ、レミントン、ダブルチョコクッキー、ミルクチョコムース、生チョコ、ボンボンショコラ、チョコもち
2017　47p　27×22cm　¥2400　①978-4-8113-2326-8

◆季節の食べものクイズ絵本　12ヵ月　角慎作絵, 月刊「学校給食」編集部文　全国学校給食協会

絵本・児童書

◆今日は何をたべよう？―五つの食品群の食べものたちと一緒に、今日のごはんを考えよう
エリーシア・カスタルディ作・絵、ひらさゆきこ訳　（武蔵野）バベルプレス
【要旨】栄養たっぷりの食品群、一般物、野菜、果物、乳製品、たんぱく質―の食べものたちと一緒にからだに良い食事について学びましょう。健康的な食事で元気いっぱい！
2017.3 1Vol. 28×25cm ¥1500 ①978-4-89449-165-6

◆キライがスキに大へんしん！野菜と栄養素キャラクター図鑑　田中明、蒲池桂子監修、いとうみつるイラスト　日本図書センター
【要旨】75の野菜と栄養素のキャラクターたちが野菜のスゴさを教えます！
2017.6 79p 21×19cm ¥1500 ①978-4-284-20402-6

◆子どもと作るスイーツ絵本―四季のレシピ　辻口博啓著、ふくまこ絵　あすなろ書房
【要旨】考えること、手を動かすこと、人を喜ばせること。お菓子作りには、人生のすべてが詰まっています。お菓子作りを通して人を育てる「スイーツ育」を提唱する辻口博啓シェフが、大人と子どもが楽しめる四季のレシピを教えます。
2017.3 62p 24×19cm ¥1600 ①978-4-7515-2823-5

◆こどもりょうりのことば絵じてん　三省堂編修所編　三省堂
【要旨】大人も知らない情報がいっぱい！料理と食事に関することばをわかりやすく解説し、子どもたちの語彙を豊かにするとともに、健全な食習慣を身につけるための指針を示します。幼児から小学校低学年むけ。
2017.4 159p 26×22cm ¥2400 ①978-4-385-14322-4

◆こどもりょうりのことば絵じてん　小型版　三省堂編修所編　三省堂
【要旨】楽しく料理、正しく食育！「食」はことばと成長の基本。料理と食事に関することばをわかりやすく解説し、すこやかな食習慣を提供する絵じてん！幼児から小学校低学年むけ。
2017.9 159p 19×14cm ¥1500 ①978-4-385-14323-1

◆塩ができるまで　宮崎祥行構成・文、白松清之写真　岩崎書店　（すがたをかえるたべものしゃしんえほん 13）
2017.3 32p 29×25cm ¥2200 ①978-4-265-08533-0

◆世界食べものマップ　ジュリア・マレルバ、フェーベ・シッラーニ絵・文、辻調グループ辻静雄料理教育研究所監修、中島知子、赤塚きょう子訳　河出書房新社
【要旨】「カナダでは、アザラシの肉をパイにするよ」「バゲットが大好きな人たちの国ってどこ？」「南アフリカでは1.5kgもある卵を食べるんだって」…世界6大陸、39の国のバラエティ豊かな食文化をカラフルで可愛いイラストとやさしい解説で紹介！子どもの大好きな食べものから世界がわかる！
2017.3 71p 38×28cm ¥1800 ①978-4-309-27798-1

◆たべもの　小学館　（小学館の図鑑NEOまどあけずかん）　（本文：日英両文）
【要旨】めくってあそべる図鑑誕生。めくって楽しんで、英語も学べる。
2017.5 32p 27×22cm ¥1700 ①978-4-09-217412-2

◆つくってみよう！和食弁当WASHOKU BENTO 野菜のお弁当　服部栄養料理研究会監修、一枚田清行料理指導、こどもくらぶ編　六耀社
【要旨】3人の一流料理人が「WASHOKU・BENTO」のすばらしさをしょうかいします。いろどりの「見本」や、栄養素のバランスの取り方などのポイントをしめすことで、読者のみなさんが自分でつくれるようにしています。お弁当箱へのもりつけは、食べる人の顔を思いうかべながら、たのしんでやりましょう。
2017.1 31p 27×21cm ¥2800 ①978-4-89737-864-0

◆どうして野菜を食べなきゃいけないの？　川端輝江監修、せのおしんや絵　星屋出版　（こども栄養学）
【要旨】親子でいっしょに学べる！いちばんやさしい栄養学。「にがいピーマン、どうして食べなきゃいけないの？」「おやつだけ食べてちゃダメなの？」　子どものソボクな疑問を、この1冊で解決！栄養を知れば、食べることがもっと楽しくなる！
2017.2 63p 21×22cm ¥1500 ①978-4-405-07240-4

◆ドラえもん科学ワールドspecial―食べ物とお菓子の世界　藤子・F・不二雄漫画、今津屋直子、尾崎美香監修、小学館ドラえもんルーム編　小学館　（ビッグ・コロタン 154）
【要旨】ポテチを食べると止まらなくなるのはなぜ？小麦粉がふっくらパンに変身するのはなぜ？お砂糖は勉強のできる「ひみつ道具」？食べ物の？が！になると、食べることがもっと楽しくなる！
2017.7 191p 19×13cm ¥850 ①978-4-09-259154-7

◆はじめてのおやつ　寺西恵里子著　日東書院本社　（ひとりでできる！For Kids!!）
【要旨】作って食べておいしい！もらってうれしい！季節のフルーツのおやつ、人気の和菓子、びっくりの野菜おやつ、ゼリーやアイスまで！
2017.10 63p 24×18cm ¥1100 ①978-4-528-02168-6

◆ひとりでできるかな？はじめての家事 1　まずは、ごはんとみそしる　家庭科教育研究者連盟編、大橋慶子絵　大月書店
2017.9 40p 21×22cm ¥2400 ①978-4-272-40721-7

◆フライパンで作るはじめてのごはん―うれしいジュージューデビュー！　寺西恵里子著　日東書院本社　（ひとりでできる！For Kids!!）
【要旨】フライパンひとつでいろいろなごはんが作れる！
2017.10 63p 24×18cm ¥1100 ①978-4-528-02167-9

◆包丁を使わないで作るごはん―うれしいお料理デビュー！　寺西恵里子著　日東書院本社　（ひとりでできる！For Kids!!）
【目次】火を使わないで！（ひらひらサラダ、たたききゅうり ほか）、電子レンジを使って！（アクアパッツァ、ミートソーススパゲティ ほか）、炊飯器を使って！（ドレッシングご飯、ベーコンチーズのっけパン ほか）、オーブン、オーブントースターを使って！（ポテトコロッケ、パンキッシュ ほか）、包丁を使わないで作るスイーツ（チョコパイタワー、里いもアイス ほか）
2017.2 63p 25×18cm ¥1100 ①978-4-528-02087-0

◆まるごとにんじん　八田尚子構成・文、野村まり子構成・絵、大竹道茂監修　絵本塾出版　（絵図解やさい応援団）
【目次】赤いにんじん、黄色いにんじん、旅のはじまり、にんじん、東へ、名前のふしぎ、西に旅してオレンジ色になる、オレンジ色のにんじん日本へ、にんじんのパワーはカロテン、畑に、にんじんの種をまいたら、地下で太く大きくなる、にんじん消費量は増えている、セリ科の野菜は個性が強い、旅を終えてふるさとへ、にんじん新聞を作ったら、おいしく食べよう
2017 32p 27×22cm ¥1600 ①978-4-86484-112-2

◆まるごとほうれんそう　八田尚子構成・文、野村まり子構成・絵、大竹道茂監修　絵本塾出版　（絵図解やさい応援団）
【目次】クイズ★ほうれんそうはどれ？、ほうれんそうはヒユ科の野菜、ほうれんそうのプロフィール、ほうれんそう畑に行こう、葉が大きく育った、ほうれんそうは雌雄異株、ほうれんそうの「旬」は冬、ビタミンCは冬のほうが多い、王妃カトリーヌもほうれんそう、日本のほうれんそう、日本の生産量は世界第3位、世界のほうれんそう料理、寒さのなかで元気に育つ、おいしく食べよう
2017 32p 27×22cm ¥1600 ①978-4-86484-123-8

◆みんな大好き！カレー大百科―進化する日本のカレー　森枝卓士監修　文研出版
【目次】1 カレーライスの大革命（日本で生まれたカレールウ、使いやすい固形ルウが主流に、手軽に食べられるレトルトカレーの登場、進化していくルウとレトルトカレー、カレー工場見学1カレールウができるまで、カレー工場見学2 レトルトカレーができるまで）、2 多様化するレトルトカレー―カレーライス市場のめざましい発展、47都道府県ご当地レトルトカレーMAP東日本、47都道府県ご当地レトルトカレーMAP西日本、3 カレーライスと外食産業（カレー店の広がりと発展、世界に広がる日本のカレーライス、つくってみよう！オリジナル欧風カレー、カレーなんでもQ&A）
2017.1 39p A4 ¥2800 ①978-4-580-82308-2

◆みんな大好き！カレー大百科―カレーで知る世界の国ぐに　森枝卓士監修　文研出版
【요旨】1 インドとその周辺国のカレー（インドの食文化とカレー、インド周辺国の食文化とカレー、つくってみよう！インド風チキンカレー）、2 東南アジアやヨーロッパのカレー（東南アジアの食文化とカレー、つくってみよう！タイ風グリーンカレー、イギリスの食文化とカレー、中南米と日本周辺国のカレー、行ってみたい！世界のカレーが食べられる店）、カレーなんでもQ&A　2017.2 39p A4 ¥2800 ①978-4-580-82309-9

◆もっと知ろう！発酵のちから　小泉武夫監修、中居惠子著　ほるぷ出版　（食べものが大へんしん！発酵のひみつ）
【要旨】ヨーグルト、チーズ、あま酒、パン、納豆、みそ、しょうゆ…これらの食べものには共通点があります。それは微生物の力でつくられる「発酵食品」だということ。じつは、わたしたちの毎日の食事は、たくさんの発酵食品のおかげでなりたっているのです。発酵食品とは、目に見えない小さな生きもの「微生物」のはたらきによってできる食べもののことです。食べものが発酵すると「長もちする」「栄養価が上がる」「おいしくなる」「人のからだによい」など、よいことがたくさんあります。この本では、たくさんのイラストと写真を使って、発酵食品の歴史や日本・世界各地の発酵食品などを紹介しています。また、食品だけではなく、薬や日用品に利用される発酵のちからも紹介しています。
2017.3 47p 28×22cm ¥2800 ①978-4-593-58755-1

◆料理しなんしょ―コッペとオサジのおいしい12か月　まるもとただゆき作、こがしわかおり絵　偕成社
【要旨】「料理なんてやっぱりむり、だれか、たすけて…。」そんなあなたのためのとくべつな本、それがこの『料理しなんしょ』です。「しなんしょ（指南書）」とはなにをどうしたらいいかおしえてくれる本のこと。なにもできなくても、だいじょうぶ。おゆをわかすナントカから、1か月ずつすすんでいけば、12月にはパーティができるうでまえに！たのしくておいしい、料理のおはなしです。小学校中学年から。
2017 64p 22×19cm ¥1500 ①978-4-03-313760-5

◆りんごって、どんなくだもの？　安田守写真・文　岩崎書店　（調べる学習百科）
【目次】1章 りんごの図鑑―いろいろな品種（人気のりんご図鑑―店頭で見られる品種、いろいろなりんご図鑑―いろいろな品種 ほか）、2章 木になるりんご―リンゴという植物（目覚め―芽吹き、白いお花畑―花 ほか）、3章 育てられるリンゴ―リンゴの栽培（リンゴを育て、りんごをつくる―りんご農家の一年、りんご畑のはじまり―苗木を植える ほか）、4章 食べられるりんご―食卓のりんご（りんごのふるさと―リンゴが育つ土地、りんごがお店にならぶまで―流通（生産地編、消費地編）ほか）、5章 旅するりんご―りんごの歴史（野生のリンゴってあるの？―リンゴの仲間とご先祖リンゴ、流行のりんご―りんごの日本史 ほか）
2017.12 76p 29×22cm ¥3600 ①978-4-265-08444-9

◆わくわく発見！日本の郷土料理　竹永絵里画　河出書房新社
【要旨】この本では47都道府県、日本各地の郷土料理を楽しく紹介しています。食べたことのある料理や、気になっていたおやつがあるかもしれません。郷土料理は、それぞれの風土や文化、行事などに根ざした、長い歴史や背景をもっています。使われている食材や味つけ、どんなときに食べる料理かなどをわかりやすくまとめました。ページをめくって、好きな料理を見つけてください。
2017.3 56p A4 ¥1800 ①978-4-309-61342-0

◆わたしにもできるお菓子づくり―気分はパティシエ　いなむら純子著　六耀社　（子どもの手しごとブック）
【目次】道具について、ざいりょうについて、1 はじめの一歩はこのお菓子から！、2 だれかにあげたくなるお菓子！、3 フルーツを使ったカラフルお菓子！、4 できるのがたのしみなおかしなお菓子！、5 最後はステキなケーキにチャレンジ！
2017.7 47p B5 ¥1300 ①978-4-89737-987-6

自由研究・課外活動の本

◆小学生のかっこいい!!自由研究　成美堂出版編集部編　成美堂出版

【要旨】観察！実験！調査！工作！ぜったいやりたくなる自由研究が全28テーマ！！
　　　2017.7　127p　B5　¥900　①978-4-415-32326-8

◆夏休み！　発酵菌ですぐできるおいしい自由研究　小倉ヒラク文・絵　あかね書房
【要旨】「菌」ってなんだろう？「発酵」ってなんだろう？じつは、「菌」も「発酵」もみんなのまわりにあふれてて、とっても役に立っている。ためしに、みぢかな「菌」をそだてて、食べものを「発酵」させてみよう。あまずっぱーいヨーグルト、ネバネバ納豆、あったかーいみそしる、自然なあまさのあま酒、ふっくらしたパン！さあ、「おいしい自由研究」のはじまりだ！
　　　2017.6　63p　B5　¥1800　①978-4-251-08952-6

◆ワクワク！かわいい！自由研究大じてん　成美堂出版編集部編　成美堂出版
【要旨】女の子にピッタリの実験、観察、工作、調査。レポートのかき方もわかっちゃう。
　　　2017.7　127p　B5　¥900　①978-4-415-32327-5

乗り物の本

◆うごかす！めくる！のりもの　アンヌ・ソフィ・ボマン、ディディエ・バリセヴィック著、たけうちとしえ訳　パイ　インターナショナル
【要旨】しかけいっぱい60いじょう！建物の解体・建物の建設・街の整備・農業・漁業・道路や線路・商品を運ぶ人を助ける・海のうえ・空のうえ・宇宙飛行のりものが11の場面で活躍。
　　　2017.10　1Vol.　34×26cm　¥2900　①978-4-7562-4912-8

◆これわかる？鉄道クイズ200　佐藤正樹監修　交通新聞社　（ぷち鉄ブックス）
【要旨】鉄道のクイズが大集合。解説付きで、よくわかる！初級から上級まで幅広ーいレベルの200問！小学校低学年〜中学年向け。
　　　2017.7　79p　19×15cm　¥1000　①978-4-330-78317-8

◆サイレンカー　小賀野実監修　ポプラ社　（ポプラディア大図鑑WONDA超はっけんのりもの大図鑑　3）
【要旨】消防車・パトカーのしくみやはたらきがよくわかる！緊急自動車のひみつを解説がいっぱい！
　　　2017　62p　22×22cm　¥1000　①978-4-591-15325-3

◆しょうぼうしゃ　スタジオタッククリエイティブ　（はたらくくるま図鑑　2）
【要旨】この本をみればはかせになれる！しょうぼうしゃ19台。
　　　2017.5　47p　B5　¥800　①978-4-88393-779-0

◆新幹線クイズ　山崎友也監修　ポプラ社　（めざせ！鉄王〔テツキング〕）
【要旨】新幹線のすべてがわかる!!知ってること、知らないこと、新幹線には楽しいがいっぱい！新幹線のヒミツが全130問！
　　　2017　159p　18×13cm　¥890　①978-4-591-15595-0

◆新幹線検定―電車で行こう！スペシャル版!!　豊田巧作、裕龍ながれ絵　集英社　（集英社みらい文庫）
【要旨】新幹線に超くわしくなっちゃう本!!新幹線の問題が50問！＋歴代新幹線のカラー図鑑!!小学中級から。
　　　2017.7　188p　18cm　¥700　①978-4-08-321385-4

◆世界のくるま図鑑2500　スタジオタッククリエイティブ
【要旨】世界中の働くくるま、くるま、オートバイ2500台以上が、この一冊に集結！
　　　2017.8　319p　B5　¥2200　①978-4-88393-787-5

◆世界の乗りもの大図鑑　クライブ・ギフォード著,日暮雅通訳　河出書房新社
【要旨】陸、海、空、そして宇宙…人類がつくったすべての乗りものが登場！犬ぞりから人気のスーパーカーまでオールジャンル。原始の船から宇宙ステーションまで！成り立ち・歴史・発明の瞬間から最新モデルまで歴史を網羅。世界中の乗りもの、115テーマ、約900点を網羅。世界の珍しい乗りものも登場。
　　　2017.7　256p　29×22cm　¥3600　①978-4-309-61545-5

◆世界の働くくるま図鑑　上巻　スタジオタッククリエイティブ著　スタジオタッククリエイティブ
【要旨】消防車やダンプカー、クレーン車、ホイールローダー、トラックなどが世界中から大集合！ルビ付、オールカラーの誌面におよそ500台の働くくるまが登場！
　　　2018.1　183p　26×21cm　¥2000　①978-4-88393-800-1

◆世界の働くくるま図鑑　下巻　スタジオタッククリエイティブ著　スタジオタッククリエイティブ
【要旨】消防車やダンプカー、クレーン車、ホイールローダー、トラックなどが世界中から大集合！ルビ付、オールカラーの誌面におよそ500台の働くくるまが登場！
　　　2018.1　183p　26×21cm　¥2000　①978-4-88393-801-8

◆探検！世界の駅―くらしと文化が見えてくる　谷川一巳監修　PHP研究所　（楽しい調べ学習シリーズ）
【目次】1　こんなにすごい！駅のひみつ（駅が担っている役割、さまざまな駅の種類、駅構内にある施設・設備、駅で働く人たち　ほか）、2　びっくり！個性的な世界の駅（セント・パンクラス駅―イギリス、パリ北駅―フランス、リエージュ・ギユマン駅―ベルギー、ユルツェン駅―ドイツ　ほか）
　　　2017.12　63p　29×22cm　¥3000　①978-4-569-78724-4

◆超迫力乗りもの図鑑―めくってナゾをとき明かせ！　矢薙じょう絵　東京書店
【要旨】りく・海・空の乗りもの13種、しかけが70いじょう!!地球の奥ぶかくから宇宙に行く乗りものまで、見たい知りたいをめくって解明。
　　　2017.6　16p　29×22cm　¥2000　①978-4-88574-332-0

◆鉄道の仕事まるごとガイド　村上悠太写真・文　交通新聞社　（ぷち鉄ブックス）
【要旨】鉄道にかかわる仕事をくわしく紹介！運転士から時刻表づくりまであらゆる仕事に密着！
　　　2017.2　79p　19×15cm　¥1000　①978-4-330-74917-4

◆でんしゃのずかん　五十嵐美和子作、近藤圭一郎監修　白泉社　（コドモエのえほん）
【要旨】新幹線・特急・地下鉄・在来線から、SL・貨物・リニアまで！日本全国のいろんな鉄道車両が全部でなんと76種類！
　　　2017.5　1Vol.　18×18cm　¥1000　①978-4-592-76206-5

◆とうきょうの電車大百科―首都圏を走るカラフルな電車たち　旅と鉄道編集部編　天夢人,山と渓谷社　発売
【目次】山手線の新型車E235系、ぐるっと1周山手線大研究、東京を縦断・横断する電車、日暮里に電車を見に行こう！、カラフルな電車がいっぱい！JRの通勤電車、私鉄を通べてみよう！、東海道・山陽新幹線、東北・北海道・山形・秋田新幹線、上越・北陸新幹線、JRの特急列車たち
　　　2017.12　79p　B5　¥1200　①978-4-635-82027-1

◆トミカコレクション2018　タカラトミー監修　ポプラ社　（超ひみつゲット！102）
　　　2017　40p　15×15cm　¥820　①978-4-591-15645-2

◆トラクターとコンバイン　スタジオタッククリエイティブ　（はたらくくるま図鑑　3）
【要旨】この本をみればはかせになれる！はたらくくるま18種。
　　　2017.5　47p　B5　¥800　①978-4-88393-780-6

◆のりもの　小学館　（小学館の図鑑NEOまどあけずかん）（本文：日英両文）
【要旨】めくってあそべる図鑑誕生。「まど」をあけると、のりものの動きやしくみ、ひみつがわかる。
　　　2017.5　32p　27×22cm　¥1700　①978-4-09-217413-9

◆乗りもの　講談社編、山崎友也、種山雅夫、船の科学館監修　講談社　（講談社の動く図鑑MOVE）（付属資料：DVD1）
【要旨】鉄道・自動車・飛行機・船の4つのジャンルを中心に、現在かつやくしている、たくさんの乗りものを紹介しながら、乗りものの歴史やしくみの解説にも、力を入れた。乗りものを開発した人たちの伝記も、物語として紹介している。
　　　2017.11　207p　27×22cm　¥2000　①978-4-06-220867-3

◆はじめてのしんかんせん＆でんしゃだいずかん　マシマ・レイルウェイ・ピクチャーズ写真・監修　交通新聞社　（付属資料：ポスター1）
【要旨】本書では、日本全国を走る数多くの車両の中から、300円車を厳選して紹介しています。小さなお子さまにもわかりやすいよう、背景を消して車両だけを掲載し、列車名はひらがなで大きく表しました。巻末には、おうちのかた向けの列車のワンポイント解説を収録しています。オススメ3〜5さい。
　　　2017.9　88p　27×22cm　¥1700　①978-4-330-82417-8

◆はたらく車ずかん　1　パトロールカー　スタジオタッククリエイティブ
【要旨】この本をみればはかせになれる！はたらく車39しゅるい。
　　　2017.8　47p　27×22cm　¥2500　①978-4-88393-783-7

◆はたらく車ずかん　2　しょうぼう車　スタジオタッククリエイティブ
【要旨】この本をみればはかせになれる！はたらく車19だい。
　　　2017.8　47p　27×22cm　¥2500　①978-4-88393-784-4

◆はたらく車ずかん　3　トラクターとコンバイン　スタジオタッククリエイティブ
【要旨】この本をみればはかせになれる！はたらく車18だい。
　　　2017.8　47p　27×22cm　¥2500　①978-4-88393-785-1

◆パトロールカー　スタジオタッククリエイティブ　（はたらくくるま図鑑　1）
【要旨】この本をみればはかせになれる！パトロールカー39種類。
　　　2017.5　47p　B5　¥800　①978-4-88393-778-3

◆ビジュアル日本の鉄道の歴史　1　明治〜大正前期編　梅原淳著　ゆまに書房
【目次】日本人が初めて見た鉄道（1854年）、日本にも鉄道を建設（1870年）、新橋と横浜の間に鉄道が開通（1872年）、日本初の鉄道で走った車両のメカニズム、関西に鉄道が開通（1874年）、釜石、北海道に鉄道が開通（1880年）、鉄道の仕事に日本人が進出（1878年〜1880年）、都市にも鉄道が開通（1882年）、東京と京都との鉄道を中山道経由で結ぶ（1880年代前半）、中山道幹線の一部は登山鉄道（1893年）〔ほか〕
　　　2017.4　49p　B5　¥2800　①978-4-8433-5119-2

◆ビジュアル日本の鉄道の歴史　2　大正後期〜昭和前期編　梅原淳著　ゆまに書房
【目次】外国に負けない鉄道を目指して1（1910年代）、外国に負けない鉄道を目指して2（1919年〜1925年）、関東大震災と鉄道（1923年）、全国に延びる鉄道（1920年代）、新たな時代の息吹（1925年ごろ）、日本の都市にも地下鉄が開通（1927年）、超特急「燕」の登場（1930年）、世紀の難工事、丹那トンネルの開通（1934年）、流線形ブームの到来と戦前の黄金時代（1935年ごろ）、日中戦争の勃発と鉄道（1937年）、弾丸列車計画がスタート（1940年）、戦時体制の強化と鉄道（1941年〜1945年）、関門トンネルが開通（1942・1944年）、濃厚となった敗戦と鉄道（1943年〜1945年）、荒廃した鉄道と終戦直後の混乱（1945・46年）、戦時体制からの決別と国鉄の誕生（1948・49年）、特急列車の復活と湘南電車の登場（1949・1950年）、占領からの復帰と鉄道（1951・52年）、大事故が相次ぐ国鉄の鉄道（1951年〜1955年）、技術の進歩と鉄道（1951年〜1955年）
　　　2017.5　49p　27×19cm　¥2800　①978-4-8433-5120-8

◆ビジュアル日本の鉄道の歴史　3　昭和後期・現代編　梅原淳著　ゆまに書房
【目次】重たい車体から軽い車体へ1（1955年）、東海道線の全線電化が完成（1956年）、東海道新幹線がつくられる（1957年〜1964年）、交流での車体へ2（1958・1962年）、石炭から電気、軽油の時代に（1958年〜1975年）、新時代をひらく“特急三姉妹”（1958年〜1960年）、近代的な鉄道への脱皮と苦労（1959年〜1963年）、地下鉄の躍進と相互直通運転（1960年）、特急列車は庶民の乗り物へ（1961年〜1968年）、東海道新幹線の開業と日本の発展（1964年〜1970年）、国鉄の大投資と経営の悪化（1965年〜1987年）、新たな新幹線の計画（1966年〜1973年）、曲がり角を迎えた日本の鉄道（1970年代）、路面電車が消えてゆく（1970年代）、蒸気機関車が消えていく（1975年）、さようなら国鉄、こんにちはJR（1987年）、青函トンネルと瀬戸大橋が完成（1988年）、さらなるスピードアップをめざして（1985年〜）、21世紀の鉄道（2001年〜）
　　　2017.5　51p　27×19cm　¥2800　①978-4-8433-5121-5

◆本格イラスト図鑑　しょうぼうしゃ　たかのてつさぶろう絵　スタジオタッククリエイティブ
　　　2017.11　1Vol.　B5　¥1200　①978-4-88393-802-5

◆みーつけた！―ガッタとゴットのでんしゃたび　金盛正樹ジオラマ作成・撮影　交通新聞社

児童書　　　　　　　　　　　　　　436　　　　　　　　　　　　　BOOK PAGE 2018

絵本・児童書

【要旨】少年ガッタと愛犬ゴットが住む世界でさがしものをしながら鉄道旅行にでかけよう！ オススメ3〜5さい。
2017.10 1Vol. 31×24cm ¥1300 ①978-4-330-83217-3

◆山手線VS大阪環状線　松本典久監修・文　交通新聞社　（ぷち鉄ブックス）
【要旨】東京と大阪、大都会の二つの電車をくらべよう！ 山手線と大阪環状線の全駅ガイドもあるよ！
2017.12 79p 19×15cm ¥1000 ①978-4-330-83417-7

◆DVDつき 最強のりものパーフェクトずかん　学研プラス編　学研プラス　（最強のりものヒーローズブックス）（付属資料：DVD1）
【要旨】のりもの全ジャンルを完全収録☆ 人気の新幹線、サイレンカーから飛行機、船まで約250掲載！ のりものの貴重なシーンがいっぱいのDVD！ 11チャプターあわせて78分の、大満足のボリューム!!
2017.12 63p 26×19cm ¥1300 ①978-4-05-204759-6

◆DVD付 新幹線大集合！ スーパー大百科　山﨑友也監修　成美堂出版　（付属資料：DVD1）
【目次】北海道新幹線、東北・山形・秋田新幹線、北陸・上越新幹線、東海道・山陽新幹線、山陽・九州新幹線、これからの新幹線
2017.8 80p B5 ¥1200 ①978-4-415-32353-4

◆JR私鉄全線 地図でよくわかる鉄道大百科　JTBパブリッシング　（付属資料：地図ポスター）
【要旨】日本全国の全駅、全路線を掲載。路線地図は都市圏も含め、すべて正確な縮尺、ふりがなつき。地理や漢字の勉強にも最適！ 鉄道のしくみ、車両の種類など、鉄道の基本を豊富なイラストや写真でわかりやすく解説。エリア別の車両図鑑は、地図とリンクしていて覚えやすい！ 親子で楽しめる、四コママンガや車両イラストのクイズつき。
2017.8 96p A4 ¥1400 ①978-4-533-12061-9

◆JR特急クイズ　山﨑友也監修　ポプラ社　（めざせ！ 鉄王(テツキング)）
【要旨】JR特急のすべてがわかる!!JR特急のヒミツが全130問。子どもも大人もJR特急クイズに答えて"鉄"分補給!!!
2017 159p 18×13cm ¥890 ①978-4-591-15683-4

趣味・遊びの本

◆アイカツスターズ！ まんが＆アイドルミニ名かん　小鷹ナヲ絵、かなき詩織まんが、バンダイナムコピクチャーズ監修・協力　小学館　（ぷっちぐみベスト!!）
【目次】アイドル一番星になる☆、わたしの組ABCツドベ、かわいいのモデルレッスン、S4になるために！、力を合わせて！、ダンスはたのしく☆、ツンドラの歌ひめ、友じょうえんに！、新春スタートダッシュレース、すてきなバレンタイン、わらって！ リリィ先ぱい、最強のライバル
2017.4 81p 19×15cm ¥600 ①978-4-09-280512-5

◆あそぼう、マジック　日本奇術協会監修　ベースボール・マガジン社　（こどもチャレンジシリーズ）
【要旨】コツさえつかめれば今日からマジシャンに大変身！ みんながびっくりするようなマジックをあそびながら覚えよう。ちょっと難しいマジックでもくり返し練習すればできるようになる！ マジックの生まれた場所は？ 日本のマジック・手妻ってなに？ 読んでしっかり学べる調べ学習付き。
2017.9 127p A5 ¥1500 ①978-4-583-10875-9

◆いっしょにあそぼ 草あそび花あそび—春・夏編　佐藤邦昭著、近藤理恵イラスト　（京都）かもがわ出版
【要旨】草花がおもちゃにはや変わり！ お散歩がもっと楽しくなる。カラーもくじを見れば、実際の草花がわかる。
2017.2 76p 21×19cm ¥1800 ①978-4-7803-0901-0

◆ウルトラマンのひみつ100　ポプラ社
【要旨】ウルトラマンのひみつがぜんぶわかる！ 最新作『ウルトラマンジード』のひみつものってるよ！
2017 96p 22×22cm ¥1200 ①978-4-591-15513-4

◆追え！ 日本の妖怪スペシャル　なんばきび著　朝日新聞出版
【要旨】出没する場所や種類ごとに紹介！ 大迫力の妖怪318体解説！ 決定！ 最強妖怪番付、妖力・イタズラ度・すばやさ、妖怪No・1はこいつだ!!恐怖から身を守る無敵のまじない・道具・武器大解説！ 特別ストーリー・鳥之助の母親を追え！
2017.12 255p A5 ¥1200 ①978-4-02-333189-1

◆おしゃれ着まわしコーデSTORY春夏秋冬コレクション　めちゃカワ!!おしゃれガール委員会著　新星出版社　（めちゃカワ!!）
【要旨】120日の着まわし物語!!4つのわくわくストーリー。
2017.3 239p B6 ¥930 ①978-4-405-07245-9

◆音が出るおもちゃ＆楽器あそび　吉田未希子著　いかだ社
【目次】あやつる、かえす、ふる、たたく、ふく、こえ、はじく、まわす
2017.2 63p B5 ¥1400 ①978-4-87051-477-5

◆音が出るおもちゃ＆楽器あそび　吉田未希子著　いかだ社　図書館版
【目次】あやつる、かえす、ふる、たたく、ふく、こえ、はじく、まわす
2017.2 63p 27×19cm ¥2300 ①978-4-87051-480-5

◆おはじき　東京おもちゃ美術館監修・文　文溪堂
【要旨】日本のおはじき遊びのルーツとなったきしゃご貝、木の実などのおはじきから、ガラスやプラスチック製の現代のおはじきまで、多数カラー写真で紹介。世界のおはじきでは、アジアやヨーロッパのおはじき遊びをおはじきや遊び方と一緒に紹介。あそび方では、基本的なはじき方と5種類の遊び方、それからおはじきをつなげてアクセサリーを作ったり、おはじきをならべて絵を描いたりする遊びを紹介。
2017 32p 26×24cm ¥1600 ①978-4-7999-0196-0

◆お洋服パーフェクト図鑑　めちゃカワ!!おしゃれガール委員会著　新星出版社　（めちゃカワMAX!!）
【要旨】おしゃれコーデ、学校＆お仕事の制服、ドレス、和服…etc.あこがれの服＆小物355種を紹介！
2017.7 207p B6 ¥930 ①978-4-405-07256-5

◆学研まんが まんがの描き方入門 1 顔を上手に描きたい！　日本マンガ塾監修　学研プラス
【目次】スペシャルインタビュー 横ようこ先生—胸キュン必至の少女まんが家、まんがLesson（顔を上手に描きたい！、キャラクターに個性を出したい！、顔をまんがらしくもっとイキイキとさせたい！）、スペシャルLesson—まんがづくりにチャレンジ！（キャラクターづくりとストーリーの生み出し方）
2017.2 95p B5 ¥3000 ①978-4-05-501218-8

◆学研まんが まんがの描き方入門 2 体を上手に描きたい！　日本マンガ塾監修　学研プラス
【目次】スペシャルインタビュー ヤマザキマリ先生—一時空も風も超えるまんが家、まんがLesson（体を上手に描きたい！、かわいいちびキャラを描きたい！、絵に動きや雰囲気をプラスしたい！、顔をまんがらしくもっとイキイキとさせたい！）、スペシャルLesson—まんがづくりにチャレンジ！（コマ割り、フキダシの使い方をマスターしよう）
2017.2 95p B5 ¥3000 ①978-4-05-501219-5

◆学研まんが まんがの描き方入門 3 カラーイラストを上手に描きたい！　日本マンガ塾監修　学研プラス
【目次】スペシャルインタビュー 高橋しん先生—あらゆるジャンルに挑む"職業・まんが家"、まんがLesson（カラーイラストを上手に描きたい！、背景を上手に描きたい！、いろいろなアイテムを描きたい！）、スペシャルLesson—まんがづくりにチャレンジ！（まんがづくりの流れと道具の使い方）
2017.2 95p B5 ¥3000 ①978-4-05-501220-1

◆歌舞伎　矢内賢二著　偕成社　（日本の伝統芸能を楽しむ）
【要旨】歌舞伎を楽しむ基本の事項と、大道具 小道具 衣装、かつらなど、職人たちの仕事と技を紹介。実際に歌舞伎の舞台が見たくなる。小学校中学年から。
2017 55p 30×23cm ¥3000 ①978-4-03-544710-8

◆仮面ライダー大図鑑デラックス　ポプラ社　（『仮面ライダー大図鑑』増補改訂・改題版）
【要旨】仮面ライダー1号から仮面ライダービルドまで！ 160人以上の仮面ライダーのヒミツがわかる！ ショッカー、ネオショッカー、GOD機関をはじめ、ライダーと戦った怪人・獣人も多数掲載！
2017 248p 22×22cm ¥2000 ①978-4-591-15634-6

◆考える力をつける切り紙—親子で楽しむ!! 切って遊んで飾れる　寺西恵里子著　日東書院本社
【要旨】お花、スイーツ、フルーツ、乗り物、動物、季節飾り、切り紙のドレスまで！ いっぱい切って、たくさん遊ぼう！ カバーを広げてお店屋さんごっこができるよ！
2017.3 127p 26×22cm ¥1480 ①978-4-528-02040-5

◆かんたん・かわいい・おしゃれ！ 子どもの手芸レッスンBOOK　松村忍監修　朝日新聞出版
【要旨】ぬい物や編み物の基本はマンガで解説！ 作り方は写真で解説！ 実物大型紙つき！ 対象：小学校高学年〜
2017.6 127p 26×21cm ¥1100 ①978-4-02-333161-7

◆かんたんかわいいすぐできる ぽんぽんグッズ　いしかわ☆まりこ著　ポプラ社　（はじめてハンドメイドミニブック 2）
【要旨】すきな毛糸をくるくるまいてはさみでチョキチョキ。たのしい「ぽんぽん」作りをはじめよう。ゴムやピンをつけて、アクセサリーに。たくさんあわせれば、クッションやツリーに。かわいくて、かんたんなアイディアがたくさんつまっているよ！
2017 59p 17×19cm ¥650 ①978-4-591-15617-9

◆かんたん できる つかえる ゆびあみ　いしかわ☆まりこ著　ポプラ社　（はじめてハンドメイドミニブック 1）
【要旨】毛糸があれば、すぐできる「ゆびあみ」をはじめよう。ブレスレットにシュシュ、マフラーやかばん、ぼうしまで。はじめてでも、だいじょうぶ！ かんたんな動きのくりかえしだから、ひとりでどんどん、あめちゃうよ。5歳から。
2017 59p 17×19cm ¥650 ①978-4-591-15298-0

◆空想水族館ゆらーり心理テスト　学研プラス編　学研プラス　（キラピチブックス）
【要旨】うすペン、子うさペン、オットセインコ、らっこリス、ハムざらし、オオカメ、サメにゃんこ、チンワンコ、シロクロクマ。自分や友だちや好きな人の、本当の気持ちが心理テストで丸わかり！
2017.7 143p B6 ¥800 ①978-4-05-204656-8

◆ケロポンズとエピカニクスでおどっちゃお！　ケロポンズ歌　ポプラ社　（付属資料：電子モジュール1）
【要旨】電子タイトルのよこのマークとおなじボタンをおすと、うたがながれます。ケロポンズといっしょにうたおう！
2017 1Vol. 17×15cm ¥1580 ①978-4-591-15551-6

◆こんなにいっぱいトランプ手品—不可解だからおもしろい　平岩白風著　金園社
【要旨】相手が思ったカードをピタリと当てる!? 言葉どおりになってしまうカード!?サイコロでなぞると色が変わる!?…etc。みんなビックリ！ 不思議なトリック36種、すべて見せます！
2017.2 183p 21×19cm ¥1300 ①978-4-321-75406-4

◆スーパーマリオメーカーforニンテンドー3DSヒミツ大図かん　ファミ通こどもメディア編集部編　カドカワ、KADOKAWA発売　（ゲームひみつ図かん 3）
2017.3 1Vol. 15×15cm ¥800 ①978-4-04-733241-6

◆すみっコぐらし 心理テスト　阿雅佐著、サンエックス監修　学研プラス　（キラピチブックス）
【要旨】大人気！ すみっコぐらし初めての心理テスト本。性格、恋愛、友情、未来をズバリ診断!!
2017.12 143p B6 ¥800 ①978-4-05-204744-2

◆楽しい学校マジック 1 友だちと楽しむマジック　庄司タカヒト著　小峰書店
【要旨】コインやトランプ、あやとりマジックなど、友だちと少人数でできるテーブルマジックがズラリ勢ぞろい！ 小学校中学年から。
2017.4 47p 29×23cm ¥3000 ①978-4-338-31201-1

◆楽しい学校マジック 2 みんなでもりあがるマジック！　庄司タカヒト著　小峰書店

◆楽しい学校マジック 3 マジックでお勉強！ 庄司タカヒト著 小峰書店
【要旨】すぐできるトランプマジックから高度なハンカチのマジックまで、クラスのお楽しみ会などで披露できるマジック大集合！小学校中学年から。
2017.4 47p 29×23cm ¥2500 ①978-4-338-31202-8

◆楽しい学校マジック 3 マジックでお勉強！ 庄司タカヒト著 小峰書店
【要旨】算数、国語、理科に社会、そして英語のマジックまで。マジックを楽しみながらみんなで勉強ができる！小学校中学年から。
2017.4 47p 29×23cm ¥2500 ①978-4-338-31203-5

◆楽しい学校マジック 4 バスレクで、マジックタイム！ 庄司タカヒト著 小峰書店
【要旨】ティッシュやおかしなど、持ち物でできるマジックがいっぱい！バス遠足のときに、バスの中や遠足先で楽しめる！小学校中学年から。
2017.4 47p 29×23cm ¥2500 ①978-4-338-31204-2

◆楽しいサウンドマジック―実演DVD付 藤原邦恭著 いかだ社 （付属資料：DVD1）
【目次】1章 音が出るマジック（クォーン！―音を注されたコップ、ベキベキ！―かたくなるコップ、ビビビ！―静電気紙コップ ほか）、2章 音の錯覚や原理を使ったマジック（ゴーンゴーン！―この鐘を鳴らすのは私、ポキッ！―まほうじの復活、シャカシャカ！―お菓子のゆくえ ほか）、3章 音が驚きをアップするマジック（パシュッ！―紙ナプキンの串刺し、ジャラジャラ！―お椀からコイン、ピー！―楽器のスゴロクマジック ほか）
2017.3 63p B5 ¥1600 ①978-4-87051-478-2

◆楽しいサウンドマジック―音のトリックの謎をとけ！ 藤原邦恭著 いかだ社 図書館版
【要旨】ありえない音が聞こえる！音が錯覚を引き起こす！音がさらに驚きをパワーアップする！
2017.3 63p B5 ¥2300 ①978-4-87051-481-2

◆たんていわんたとあそべんちゃーブック むらたももこ作・デザイン ポプラ社
【要旨】めいろ・ぬりえ・さがしえ・まちがいさがしなどなどのたのしくってへんてこなゲームがどっさりはいっているよ。たんていわんたといっしょにあそべんちゃーに（あそび×アドベンチャー）でかけよう！！
2017 65p 28×22cm ¥900 ①978-4-591-15642-1

◆超ウケる！最強キメぜりふ さそり山かずき作、ほししんいち絵 ポプラ社 （大人にはないしょだよ 77）
【目次】1章 これで人気者！おもしろキメぜりふ、2章 超シビれる！カッコいいキメぜりふ、3章 キミも天才!?かしこいキメぜりふ、4章 まだまだあるよ！いろんなキメぜりふ
2017 158p 18×13cm ¥700 ①978-4-591-15546-2

◆ディズニー・ガールズーなぞるだけ！キラキラぬりえレッスン帳 オチアイトモミイラスト 宝島社
【要旨】キュートなディズニー・ガールズをなぞってれんしゅう。かわいいアイテムもたくさん！ドレスもすてきにデザインしよう！おてがみメモつき。
2017.2 60p 19×26cm ¥900 ①978-4-8002-6255-4

◆伝説の生き物―世界の神獣・怪物大集合！ 近藤雅樹監修 PHP研究所 （ジュニア学習ブックレット） （『伝説の生き物大図鑑』仕様変更・改題書）
【要旨】ドラゴンはどこにすんでいる？ケルベロス、ユニコーンの能力は？ 伝説の生き物が生まれた背景（神話・伝承）と、その姿（想像図）、すみか、能力がわかる！
2017.4 63p 28×22cm ¥900 ①978-4-569-78652-0

◆東京ディズニーシーでミッキーをさがして！ Disney in Pocket 講談社編、農村清人編集協力、吉野享司構成・デザイン 講談社
【要旨】この本は、なぜか姿を消してしまったミッキーの謎を追っていく、パークアドベンチャービジュアル絵本。ふだん見ることができない、すばらしいパークシーンの中を、次々と移動していくミッキーを発見する喜びを、思う存分に味わうことができます。さあ、ディズニーの仲間たちと一緒に、ミッキーをさがす冒険にでかけましょう！
2017.9 28p 31×25cm ¥1600 ①978-4-06-265698-6

◆心理テスト大じてん マーク・矢崎治信監修 成美堂出版
【目次】1 本当の自分、発見！あなたの才能診断、2 みんなの心をのぞかちゃお！フレンド☆

本音診断、3 ドキドキ＆キュンキュン 運命の恋診断、4 てってい調査！気になる彼診断、5「似合う」を見つけよう♪ファッション診断、6 未来のことが丸わかり！マンガde 未来診断、7 あなたならどうする!?シミュレーション心理テスト、8 盛り上がり度100%★おもしろ！何でも診断、9 あなたのウラの顔が丸見え!?4コママンガde 本音診断
2018.1 319p B6 ¥850 ①978-4-415-32435-7

◆トミカ大集合 2018年版 特集 超巨大パーキングからトミカを発車しよう！ 永岡書店
【要旨】ほんものの写真とアクション写真でトミカがわかる！
2017 53p 19×17cm ¥750 ①978-4-522-43565-6

◆ドラゴンの飼い方 伊藤慎吾著 実業之日本社 （「もしも？」の図鑑）
【要旨】「もしも？」の世界へ誘う漫画『ドラゴンの飼育係に就任!?』を巻頭カラー掲載！美しく迫力満点の精密イラストがたっぷり！特徴がひと目でわかる！幻獣たちの生態や能力を、伝説やむかし話に基づいてわかりやすく解説！子供から大人まで楽しめる！
2018.1 111p A5 ¥1000 ①978-4-408-33757-9

◆どんどん強くなる こども詰め将棋 1手詰め 中村太地監修 池田書店
【目次】序章 詰め将棋の基本（将棋は詰みを覚えると勝てる！、駒の種類と動かし方、駒を成る、駒を取る・打つ、「符号」と「表記」について、そもそも「詰み」ってなあに？、どうやって詰ませるの？、詰め将棋にはルールがある、よくあるウっかりミスの4タイプ）、第1章 まずはこれから！基本の30問（1日目「金」「飛車」「角」で詰める、2日目「銀」「桂」「香」で詰める、3日目「歩」で詰める）、第2章 どんどん解こう！詰め将棋ドリル（3日目 レベル1 問題22傑、4日目 レベル2 問題22傑、5日目 レベル3 問題22傑、6日目 レベル MAX 問題20傑、7日目 実戦問題20傑 何問できるか挑戦！）
2017.12 207p B6 ¥900 ①978-4-262-10153-8

◆人気漫画家が教える！まんがのかき方 4 仕上げのテクニック編 久世みずき著 汐文社
【目次】第1章 モノクロ原稿の仕上げ方（仕上げの流れ、ペン入れ、効果線、かき文字、ベタ、ホワイト、トーンの貼り方、カラー写真の仕上げ、トレペのかけ方）、第2章 カラー原稿を作ろう（カラー原稿の作り方、模様と色を工夫しよう、くまおのコーヒーブレイク 漫画家になるには？）、くまおのひみつ、おしえて久世先生！なんでもQ&A、お手本まんがが「注文の多い亮二君」
2017 48p 24×20cm ¥2400 ①978-4-8113-2301-5

◆人形―DOLL 是澤博昭著 文溪堂
【要旨】日本の伝来遊びの代表格である人形には、長く深い歴史があります。本書では、ヨーロッパやアメリカ大陸、アジア、アフリカなどの世界の個性豊かな人形を、カラー写真で紹介します。江戸時代に作られたひな人形や五月人形、日本の各地域で古くから作られてきた郷土人形など、日本の歴史ある人形を豊富に紹介していきます。遊びに使われる前に作られた、祈りと願いのこもった土偶や埴輪など、日本の人形の源流を知ることができます。ひな遊びや、作って遊ぶ姉様人形、人形を使うままごと遊びなど、ひな遊びと人形の世界を楽しく見ていきます。ひな人形がどうやってできるのか、埼玉県岩槻の人形作りを見ると、学ぶことができます。日本の各地でおこなわれる、人形に関係するさまざまな祭りの一部を紹介します。かんたんに作って遊んでもったりできる、草花の「たんぽぽびな」や、紙の「姉様人形」の作り方を紹介しています。人形の歴史では、世界や日本の人形の文化、祈りのために作られた人形が子どもの遊び道具や鑑賞用の人形になった流れなどを、学んでいきます。
2017 31p 26×24cm ¥1600 ①978-4-7999-0195-3

◆ねことばじてん かしわらあきお作・絵 主婦の友社
【要旨】このじてんは「ねこ」のついたことば「ねことば」でできています。みなさんは「ねことば」からどんなねこをおもいうかべますか？ねことばドリルつきで、じゆうに自由にあそび。国語力＋発想力＋創造力をレベルUP。
2017.12 1Vol. 27×22cm ¥1200 ①978-4-07-426466-7

◆能・狂言 中村雅之著 偕成社 （日本の伝統芸能を楽しむ）

【要旨】能と狂言をあわせて「能楽」といいます。能楽は、およそ七〇〇年もの長きにわたって演じられてきた芸能です。「むずかしい」というイメージをもたれがちですが、実は大人だけでなく小学生にも楽しめる作品があるのです。日本の伝統芸能でよく見られる基礎知識と舞台の裏ではたらく人たちの仕事ぶりを、わかりやすく解説したシリーズです。小学校中学年から。
2017 55p 30×23cm ¥3000 ①978-4-03-544730-6

◆はじめてのこども将棋ドリル―6週間で基本をマスター！ 森信雄著 廣済堂出版 （付属資料：紙将棋）
【要旨】マンガやイラストで解説！これからはじめるリュウくんやケイちゃんと一緒に将棋をはじめよう！5歳くらいから、小学6年生くらい。
2017.10 159p 22×19cm ¥1000 ①978-4-331-52125-0

◆羽生善治監修 子ども将棋入門 羽生善治監修、安次嶺隆幸著 新星出版社
【目次】第0章 将棋ってどんなゲーム？、第1章 将棋学園第1日目、第2章 将棋学園第2日目、第3章 将棋学園第3日目、第4章 将棋学園第4日目、第5章 将棋学園第5日目、第6章 詰め将棋＆修了問題―羽生善治校長先生に挑戦だ！
2017.12 191p A5 ¥950 ①978-4-405-06581-9

◆ヒミツの心理テストMAX クロイ著 西東社 （ミラクルハッピー） （『ミラクルあたる！ヒミツの心理テスト』加筆・再編集・改題書）
【要旨】自分に自信アリ!?どんな人がタイプ？みんなのホンネがぜ〜んぶわかる☆知りたいことがテストでまるわかり!!
2017 287p B6 ¥930 ①978-4-7916-2379-2

◆150%パニック！絶対ダマされる!?からだマジック 坂井建雄監修、斉藤ふみ子、大関直樹文 汐文社
【要旨】きみの友だちもきっとびっくり！からだを使ったマジックにチャレンジしよう。
2017 71p 19×19cm ¥1400 ①978-4-8113-2378-7

◆プラレールコレクション 2018 タカラトミー監修 ポプラ社 （超ひみつゲット！103）
2017 40p 15×15cm ¥820 ①978-4-591-15646-9

◆プラレール大集合 2018年版 特集 プラレールと全国鉄道の旅へ！ 永岡書店
2017 54p 19×17cm ¥750 ①978-4-522-43566-3

◆文楽 岩崎和子著 偕成社 （日本の伝統芸能を楽しむ）
【要旨】文楽は三三〇年ほど前に、江戸時代の大阪で生まれました。太夫が語り、三味線が演奏する義太夫節と、三人の人形遣いによって演じられます。このような形式の人形芝居は、世界でもめずらしい芸能だといわれています。太夫、三味線、人形遣いの芸と、舞台を支える職人たちがつちかってきた技を図版とともに紹介。文楽への興味につながる一冊。小学校中学年から。
2017 55p 30×23cm ¥3000 ①978-4-03-544720-7

◆ポケットモンスターウルトラサン・ウルトラムーン宇宙最速攻略ガイド 小学館
【要旨】試練、制覇テク完全公開!!ウルトラホールを大攻略!!殿堂入りまで完全サポート!!新Zワザの秘密を大公開！
2017.11 245p A5 ¥800 ①978-4-09-227192-0

◆ポケットモンスター サン＆ムーンだいずかん 小学館 （テレビ絵本）
【要旨】あたらしいポケモンとリージョンフォームのポケモンたちがせいぞろい！
2017.4 40p 15×15cm ¥900 ①978-4-09-750420-7

◆ポケモン サン＆ムーン ぜんこく全キャラ大図鑑 上 川島潤二、楓拓磨構成・執筆 小学館 （コロタン文庫）
【要旨】「上」「下」2さつで802ひきのポケモンが集まった大図鑑が登場ロト！「上」には、アイウエオ順でアーケオスからドイトスまで402ひきがのっているロト！
2017.8 464p A6 ¥950 ①978-4-09-281235-2

◆ポケモン サン＆ムーン ぜんこく全キャラ大図鑑 下 川島潤二、楓拓磨構成・執筆 小学館 （コロタン文庫）
【要旨】「上」「下」2さつで802ひきのポケモンが集まった大図鑑が登場ロト！「下」には、アイウエオ順でドッコラーからワンリキーまで400ひきがのっているロト！
2017.8 464p A6 ¥950 ①978-4-09-281236-9

絵本・児童書

◆星のカービィ25周年記念 星のカービィコピー能力大集合図かん ファミ通こどもメディア編集部著 Gzブレイン, KADOKAWA発売 (ゲームひみつ図かん)
2017.8 1Vol. 16×15cm ¥800 ①978-4-04-733271-3

◆ホントの自分がわかる!?心理テストキラキラ★スペシャル マーク・矢崎治信監修 ナツメ社
【要旨】ホントの自分を知りたい! もっとオシャレになる方法は? 成績がアップする勉強法を教えて! どんな恋をするの? 気になるカレの気持ちは? もっと友だちがほしい! キズナを強めたい! 心理テストでぜ～んぶわかっちゃう。
2018.1 277p B6 ¥930 ①978-4-8163-6377-1

◆マジカル! あたる! こわーい心理テスト&おまじない 雅なる監修 池田書店
【要旨】願いがかなう不思議な力をあなたにあげる…。こわいくらいあたる! 診断49問&おまじない204。
2017.10 159p 19×13cm ¥700 ①978-4-262-15521-0

◆マジシャンBAZZIの激ウケ! かんたんマジック おもしろ手品でサプライズ! BAZZI監修 メイツ出版 (まなぶっく)
【要旨】テレビ出演多数の人気マジシャンがおうちや学校、パーティーを盛り上げるとっておきの技を大公開! 定番のカード、コインのほか、お菓子の空き箱、わりばしなど身近なアイテムで本格的に!
2017.6 128p A5 ¥1480 ①978-4-7804-1910-8

◆魔女学校の教科書 西村佑子作 静山社
【要旨】みなさん、秘密の魔女学校にようこそ。私は魔女名をザーゲといい、昔、ドイツで魔女修行をしてきました。これからみなさんに、魔女のほんとうの姿をお教えします。魔女学校で学ぶときに必要なのは、深い興味と、好奇心です。さぁ、教科書を開いて。1時間目は「魔法入門」です。
2017.7 105p 20×14cm ¥1200 ①978-4-86389-386-3

◆魔法世界の影を映すマジカルフィルム 魔法生物 インサイト・エディションズ編, 松岡佑子日本語版監修 静山社
【要旨】さがしてごらん。みつけてごらん。しもべ妖精のドビー、ヒッポグリフのバックビーク、すてきな魔法生物がいっぱい。部屋を暗くして、ページのまどに光をあてると、映画の世界が壁いっぱいに広がるよ。さぁ、本を読もう。そしたらもう、みんなは魔法界の影の中!
2017.4 1Vol. 24×20cm ¥1800 ①978-4-86389-353-5

◆まるごとキッズマジック大集合BOOK—超ウケBEST54 藤原邦恭著 いかだ社
【目次】1 お楽しみ会・お誕生会編(キャンディーカップ、魔法の切り紙、ハンカチと謎の通り道 ほか) 2 休み時間・自由時間編(輪ゴムのテレポート、安全ピンが…?、そろいでる数字 ほか) 3 ミステリーマジック(友だちとテレパシー、手のひらに霊気、ろくろ親指(のびる親指) ほか)
2017.10 187p 21×19cm ¥1400 ①978-4-87051-490-4

◆まるごと! ソフィア大ずかん—ちいさなプリンセスソフィア こざきゆう文 ポプラ社
【要旨】ソフィアのきたいろんなドレスがみたい! ペンダントのふしぎなちからって? どうしてプリンセスになったの? がっこうではどんなべんきょうをするの? キンポウゲのバックパック…なに? プリンセスはなにをおしえてくれたの? ソフィアのひみつがぜ～んぶつまった決定版。
2017 96p 19×16cm ¥1000 ①978-4-591-15590-5

◆マンガでマスター ストリートダンス教室 EXILE ÜSA監修, 芝野郷太漫画 ポプラ社
【要旨】マンガのキャラクターといっしょにレベルアップ!! はじめてでも踊りたくなる! 踊れるようになる!! リズムのとり方、ステップ、演出…かっこよく踊るためのコツが満載!! マンガのほかにも、解説ページでポイントをくわしく紹介!
2017 206p A5 ¥1000 ①978-4-591-15162-4

◆ミシンなしでかんたん! 季節の手芸 春 C・R・Kdesign著 理論社
【目次】初級 切る+貼る作業(モールで作る春の花のブレスレット、折り紙で作るミニミニかぶと、紋切りで作るモチーフのランタン)、中級 切る+貼る+道具で作業(ポンポンで作るいちごのチャーム、プラバンで作る動物アクセサリー、切り紙で作る母の日のカーネーション)、上級 切る+貼る+ぬうで作業(フェルトで作る いちごのブローチ、ちりめんで作るひ な祭りのつるし飾り、刺しゅうで作る動物のカフェエプロン)
2017 47p 27×22cm ¥2800 ①978-4-652-20202-9

◆ミシンなしでかんたん! 季節の手芸 夏 C・R・Kdesign著 理論社
【要旨】この本は、折り紙などでよく使う紙や、布や毛糸を使った手芸の技まで、いろいろな作り方がのっています。紙やモール、フェルトなどのみぢかな素材で、季節に合わせた手作りにチャレンジしてみてね。ミシンなしで、かわいいものがいっぱい作れるよ!
2017 47p 27×22cm ¥2800 ①978-4-652-20203-6

◆ミシンなしでかんたん! 季節の手芸 秋 C・R・Kdesign著 理論社
【要旨】この本は、折り紙などでよく使う紙や、布や毛糸を使った手芸の技まで、いろいろな作り方がのっています。紙やモール、フェルトなどのみぢかな素材で、季節に合わせた手作りにチャレンジしてみてね。ミシンなしで、かわいいものがいっぱい作れるよ!
2017 47p 27×22cm ¥2800 ①978-4-652-20204-3

◆ミシンなしでかんたん! 季節の手芸 冬 C・R・Kdesign著 理論社
【要旨】この本は、折り紙などでよく使う紙や、布や毛糸を使った手芸の技まで、いろいろな作り方がのっています。紙やモール、フェルトなどのみぢかな素材で、季節に合わせた手作りにチャレンジしてみてね。ミシンなしで、かわいいものがいっぱい作れるよ!
2017 47p 27×22cm ¥2800 ①978-4-652-20205-0

◆水木しげる 悪魔くん魔界大百科 水木しげる著 小学館クリエイティブ, 小学館 発売 復刊
【要旨】妖怪学の第一人者が描き下した魔法の図鑑。異色児童書として一世を風靡した本書を新装版で復刊! 魔法のルーツから悪魔との契約の方法、魔法陣の秘密、長者になる魔法や仕事に役立つ魔術など、知られざる魔界のキャラクターと友だちになれる。カラー図版多数収録。
2017.3 183p 19×15cm ¥1200 ①978-4-7780-3525-9

◆水木しげる 河童大百科 水木しげる著 小学館クリエイティブ, 小学館 発売 新装版
【要旨】河童の尻の穴は3つある一!?全国どこでもみんなが知っている川の妖怪—河童とその仲間たちの誰も知らないエピソードを大公開!
2017.3 180p 20×15cm ¥1200 ①978-4-7780-3532-7

◆水木しげる 世界の妖怪百物語 水木しげる著 小学館クリエイティブ, 小学館 発売 新装版
【要旨】妖怪の仲間は世界にたくさん。人魚、小人、一つ目などの著名妖怪から、人間鮫、首なけ男、ローレライ、夜行遊女など、知られざるユニークな妖怪を悪魔くんが大招集!
2017.7 179p 20×15cm ¥1200 ①978-4-7780-3526-6

◆水木しげる 妖精大百科 水木しげる著 小学館クリエイティブ, 小学館 発売 復刊
【要旨】妖精と妖怪はお友だち一!?東西の精霊を知り尽くした水木しげるだけが描けた英国、北欧から世界各地の妖精・精霊の神秘を解き明かした大百科! 妖精絵に勝るとも劣らない気気あふれるイラスト約100点がフェアリーな未知の世界へ誘います。
2017.3 181p 19×15cm ¥1200 ①978-4-7780-3524-2

◆見つけて! キレイ・マップ300 実業之日本社編 実業之日本社
【要旨】かわいいヘアアレもりだくさん★目指せツヤ肌美人。モテコーデで愛される女子に。キレイのヒミツおしえちゃいます。
2017.5 207p A6 ¥700 ①978-4-408-33706-7

◆ミラクル★イラストレッスン 汐文社 新装版
【目次】1 プチイラストを描いちゃおう☆ 2 かわいい女の子を描いちゃおう☆ 3 イラストにちょい足しデコ文字で遊ぼう
2017 79p 19×15cm ¥1200 ①978-4-8113-2379-4

◆みんながたのしくなる影絵の世界 1 つくってみよう! いろいろな影の形 影絵人形劇団みんわ座監修・著, こどもくらぶ編 六耀社 (Rikuyosha Children & YA Books)
【要旨】影のふしぎを見ていきながら、影をつかったいろいろな遊びを紹介。巻の最後には、自分たちで影をつかった楽しい劇づくりができるように、手からだ、物をつかっていろいろな影のつくります。
2017.10 31p 29×22cm ¥2800 ①978-4-89737-961-6

◆めちゃかわヘアが大集合! ヘアアレンジ事典スペシャル 榊美奈子監修 ナツメ社 (キラかわ☆ガール)
【要旨】毎日のスクールヘアから前髪アレンジから特別な日のキメ髪までこれでカンペキ。基本テクをマスターしておしゃれガールをめざそっ。
2017.12 255p 19×15cm ¥900 ①978-4-8163-6354-2

◆妖怪ウォッチ4コマだじゃれクラブ 4 レベルファイブ原作・監修, 春風邪三太漫画 小学館 (コロタン文庫)
【要旨】最新妖怪の爆笑4コマ90本以上収録!!「バスターズ2」の妖怪も大かつやく!!
2017.12 192p A6 ¥800 ①978-4-09-281237-6

◆落語・寄席芸 大友浩著 偕成社 (日本の伝統芸能を楽しむ)
【要旨】落語や寄席芸をテレビで見たり、実際に見に行ったことのある人も多いのではないでしょうか。落語は江戸時代に生まれ、明治時代にかけてさかんになりました。そして今でも発展しつつある現在進行形の芸能なのです。日本の伝統芸能が楽しく見られる基礎知識と舞台の裏ではたらく人たちの仕事ぶりを、わかりやすく解説したシリーズです。小学校中学年から。
2017 55p 30×23cm ¥3000 ①978-4-03-544740-5

◆リカちゃん ドレスいっぱいプリンセス タカラトミー監修 学研プラス (きせかえシールブック:シール)
【要旨】こんにちはリカよ。おしゃれがだいすきなの。いっしょにかわいいドレスにきがえてプリンセスにへんしんしましょう♪ドレスやティアラいっぱい! はってはがせるシールが1128まい!! リカちゃんのきせかえシールブック。
2017.5 55p 19×19cm ¥1200 ①978-4-05-204660-5

◆りっぱなマジシャンへの道—マジック入門絵本 マット・エドモンドソン文, ギャリー・パーソンズ絵, 椎名かおる訳 あすなろ書房 (付属資料:手品グッズ7種)
【要旨】マジックにむちゅうの少年エリオットは、ある日、隠し部屋を発見します。そこには、「奇跡の魔術師デクストリーニ」からの手紙とすばらしいコレクションが眠っていました。エリオットは、偉大なる魔術師の願いをかなえるために、旅にでかけます。さて、その旅のゆくえは…? 対象年齢:8歳から。
2017.9 41p 31×24cm ¥2900 ①978-4-7515-2832-7

◆リルリルフェアリル ようせいずかん サンリオキャラクター著作 小学館 (ぷっちぐみベスト!!)
【要旨】フェアリルってしってる? ふしぎなたねからうまれる小さなようせい。ちょっとはずかしがりやだけど、あなたが「会いたい」とつよくねがえばきっとそのすがたを見せてくれるはず。いつか出会う日のために、フェアリルのことをとく教えます。
2017.7 81p 19×15cm ¥800 ①978-4-09-280513-2

◆レゴ365のアイデア サイモン・ヒューゴ著, 五十嵐加奈子訳 東京書籍
【要旨】レゴの宝さがしに出かけよう、レゴのマジックを披露しよう、レゴのストップモーションムービーを作ろう、レゴの超高層タワーを組み立て、高さを競いあおうゲーム、トリック、チャレンジ、アート…『レゴ365のアイデア』には、1年365日のアクティビティがいっぱい! さあ、きょうは何をする?
2017.11 255p 29×22cm ¥3600 ①978-4-487-81056-7

◆レゴ スター・ウォーズ ダークサイド大百科 ダニエル・リプコーウィッツ著, 高貴準三日本語版監修, 富永和子, 富永晶子日本語版翻訳 ポプラ社 (付属資料:オリジナル・ミニフィギュア1)
【要旨】レゴ スター・ウォーズダークサイドのすべてがここに! ダークサイドにかかわるものたちや、銀河の戦いをかがやく! ライトセーバーやダースベイダーの秘密も徹底解説!! パルパティーン皇帝のオリジナル・ミニフィギュアつき! 対象年齢6歳以上。
2017 95p 29×22cm ¥2100 ①978-4-591-15288-1

◆レゴ スター・ウォーズ ヨーダ大百科 ダニエル・リプコーウィッツ著, 高貴準三日本語版監修, 村上清幸日本語版翻訳 ポプラ社 (付属資料:オリジナル・ミニフィギュア1)

【要旨】レゴ スター・ウォーズのヨーダのすべてがこの1冊でわかる！ヨーダがXウイングを持ちあげられるのはなぜか？ヨーダの家はどんなところ？ヨーダの友人や弟子、または彼の敵にはどんな人がいた？さあ、こんなジェダイ・マスターのヨーダがいるレゴ スター・ウォーズの世界にきみもいっしょに飛びこもう！対象年齢6歳以上。
2017 63p 29×24cm ¥2100 ①978-4-591-15287-4

◆レゴニンジャゴー キャラクター大事典 クレア・シビ著，柏野文映訳 ポプラ社 （付属資料：フィギュア1）
【要旨】勇かんなニンジャからニンドロイドや天空の海賊まで、『レゴニンジャゴー』のミニフィギュアが大集合！この本を読めば、ニンジャのパワーや武器、すごいメカの秘密など、きみの知りたいことのすべてがわかる！さあ、スピン術マスターとといっしょに冒険にくりだそう！対象年齢6歳以上。
2017 223p 24×19cm ¥2000 ①978-4-591-15483-0

◆レゴレシピ いろんな建物 ケビン・ホール著，石井光子訳 玄光社
【要旨】手順どおりでかんたんにつくれる建物が40種類！使用ブロック数はどの作品も100ピース未満！入手しやすいレゴクラシックのブロックを使用。
2017.11 96p 25×19cm ¥1700 ①978-4-7683-0897-4

占い・おまじない

◆2020人Happy名前占いBOOK 章月綾乃占い 小学館 （ちゃおノベルズ）
【要旨】ちゃおの人気No.1企画がパワーアップして登場!!名前だけですべての運勢がわかる!?クラスメイトの名前も気になるあの人の名前も一名前でわかる幸せのヒケツ。JSのマストBOOK。
2017.4 255p B6 ¥950 ①978-4-09-289581-2

◆ハッピーになれる名前占い 宮沢みち著 金の星社
【要旨】名前は、ひとりにひとつだけあたえられる、かけがえのないプレゼント！きっと、あなたの人生をしあわせな方向へとみちびいてくれるはずです。あなたも知らない本当のあなた、友だちや恋人との相性などこの本で占って、ハッピーになりましょう！
2017 143p B6 ¥1200 ①978-4-323-07389-7

◆ミラクル！おまじない大じてん マーク・矢崎治信監修 成美堂出版
【目次】1 マンガde 楽しく一毎月のOMA、2 友だち関係はおまかせっ！ーフレンドOMA、3 恋をしたいあなたへ！ーラブOMA1、4 がんばれっ！片思い一ラブOMA2、5 両思いを応援！ーラブOMA3、6 ミリョクをアップする魔法ービューティーOMA、7 新しい自分になろう☆ーチェンジOMA、8 勉強・部活をサポート！ースクールOMA、9 キミのそばにも、！ーご当地OMA48、10 占い×おまじない！ーミラクルOMA、11 クジ運大アップ↑↑金運ゲットOMA、12 いつでもどこでも風水OMA＆ラッキーサイン
2017.5 319p B6 ¥850 ①978-4-415-32333-6

◆ラッキーガールをめざせ☆女子力アップ心理テスト＆うらないBOOK ルネ・ヴァン・ダール研究所監修 PHP研究所
【要旨】恋も友情もおしゃれもぜーんぶうまくいく！2017.3 159p B6 ¥800 ①978-4-569-78637-7

おりがみ・あやとり

◆あそぼう、あやとり 野口とも監修 ベースボール・マガジン社 （こどもチャレンジシリーズ）
【要旨】楽しいから夢中になる。できることが自信になる！1本のひもがおりなす無限の可能性。さあ、想像力をきたえてあやとりで世界旅行へ！楽しみながら読んで学べる調べ学習付き。
2017.11 127p A5 ¥1500 ①978-4-583-10877-3

◆頭がよくなる育脳あやとり一ひも1本でステップアップ！ 野口とも監修 主婦の友社
【要旨】ステップアップして楽しみながら育脳できるあやとりの本。「ほうき」「2段はしご」などおなじみのあやとり、「流れ星」「クリスマスツリー」などの創作あやとり、「ひきがえる」「つがいの雷鳥」などの外国の珍しいあやとり、「天の川」「はしご連続とり」など難度の高いあやとりを紹介する。
2017.12 95p B5 ¥1280 ①978-4-07-426667-8

◆1・2・3歳児の折り紙あそび一簡単！楽しい！ 阿部直美著 成美堂出版
【要旨】はじめての折り紙あそびに役立つアイデアがいっぱい！
2017.3 111p 26×21cm ¥1300 ①978-4-415-32281-0

◆イベントおりがみ一おって楽しい！使ってもり上がる!! 主婦の友社編 主婦の友社 （実用No.1）
【要旨】パーティー、ギフト、国際交流など、いろんなシーンをもり上げるおりがみ。行事、お祝い、パーティー、応援、プレゼントなどの機会に、それぞれのシーンをもり上げるおりがみ作品＆紙小物がぎっしり。オールカラーの折り図や手順イラストで簡単に作れて、折る/作る段階からワクワク楽しめます！できる上がった作品でどう遊ぶか、どう使うかのヒントも写真＆イラストでわかりやすい。学校や幼稚園・保育園の行事でも使えて、イベントがもっと上がる！
2017.3 111p 24×19cm ¥1000 ①978-4-07-420469-4

◆親子で遊べる！カンタン＆かわいい 女の子のおりがみ いしかわ☆まりこ著 ナツメ社
【要旨】おしゃれ＆かわいい作品160てん!!アイドルやおひめさまのきせかえシートつき!!
2017.2 120p 26×19cm ¥1000 ①978-4-8163-6158-6

◆親子でいっしょにつくろう！わくわくおりがみ 丹羽兌子，宮本眞理子著 成美堂出版
【要旨】うごかしてあそべる！かざってあそぼう！ほんものみたいなのいっぱつくっちゃおう！たくさんつくれる！115さくひん。
2017.7 207p 24×19cm ¥1200 ①978-4-415-32354-1

◆親子で楽しいはじめてのあやとり一5ステップで完成!!ひも＆動画付 福田けい監修 朝日新聞出版 （付属資料：あやとりひも2）
【要旨】1番かんたん！1人でできる！55さくひん。
2017.4 127p 24×19cm ¥1100 ①978-4-02-333149-5

◆おり紙歌あそびソングシアター 藤原邦恭著 いかだ社 図書館版
【要旨】紙1枚で楽しむ童謡＆わらべ歌。コピーして使える型紙付！
2017.1 95p B5 ¥2200 ①978-4-87051-484-3

◆折り紙学一起源から現代アートまで 西川誠司著，日本折紙学会おりがみはうす協力，こどもくらぶ編 （国立）今人舎
【目次】巻頭特集 世界に広がる折り紙アート（ヨーロッパの折り紙作家たち、アメリカ・カナダの折り紙作家たち、アジアの折り紙作家たち、世界に広がる日本の折り紙、さまざまな分野の折り紙アート）、1 折り紙の秘密（日本の折り紙の起源はいつごろ？、ヨーロッパと日本の折り紙のまじわい、「ORIGAMI」が世界語に、紙の歴史と、和紙、用紙のかたち、折り方をつたえる工夫、正方形から6本足の昆虫ができる!?、折り紙の表現いろいろ、折り紙の科学）、2 さあ折ってみよう（シンプルライオン、A4のつつみとハートのかざり、トリケラトプス、クリスマスツリー、サンタクロース、すべての目のサイコロ）
2017.5 63p A4 ¥2200 ①978-4-905530-65-7

◆おりがみ百科 3・4・5才一楽しく算数センスが身につく！ 津留見裕子折り紙指導，大迫ちあき知育監修 世界文化社
【要旨】遊びながら学ぼう！「かず」「かたち」が算数力をのばす！
2017.12 127p 24×19cm ¥1100 ①978-4-418-17818-6

◆おりがみ百科 5・6・7才一図形力と考える力が身につく！ 津留見裕子折り紙指導，大迫ちあき知育監修 世界文化社
【要旨】遊びながら学ぼう！折る・切る・貼る、遊びが広がる。算数力がのびる工夫がいっぱい！
2017.12 127p 24×19cm ¥1100 ①978-4-418-17819-3

◆おり紙マジックシアター一歌あそび＆劇あそび 藤原邦恭著 いかだ社 図書館版
【要旨】うたいながら、お話をもっと演じるびっくりシアター！たっぷり全20作品。
2017.3 95p 27×22cm ¥2300 ①978-4-87051-485-0

◆おり紙マジックシアター 歌あそび＆手あそび一CD-ROM付 藤原邦恭著 いかだ社 （付属資料：CD-ROM1）
【要旨】プリントしてそのまま使えるカラー型紙。全20作品。
2017.3 95p 26×21cm ¥1800 ①978-4-87051-486-7

◆おり紙マジックワンダーランド 藤原邦恭著 いかだ社 図書館版
【要旨】紙1枚であなたもマジシャン。コピーして使える型紙付！やさしくつくれて遊べるよ！
2017.1 94p B5 ¥2200 ①978-4-87051-483-6

◆おりキャラぶっく ミニオンズ 小学館
2017.7 1Vol. 26×19cm ¥800 ①978-4-09-735313-3

◆かわいいおしゃれプリンセスおりがみ いしかわ☆まりこ著 学研プラス （プリンセスおりがみ）
【要旨】しゃしんがいっぱいでわかりやすい！ゆびわ・ドレス・ティアラ・アクセサリー…カンタンにおれて、すぐにあそべる。
2017.5 63p 19×19cm ¥980 ①978-4-05-204632-2

◆カンタン！かわいい！おりがみあそび 1 人気のおりがみ いしかわ☆まりこ作 岩崎書店
【目次】ねこ、いぬ/アレンジねこ、うさぎ、ハムスター、かぶとむし、くわがたむし、ポテト、ハンバーガー、すし、ケーキ、りんご、いちご、車、バス、船、ロケット、花、はと、ふじさん、着物の女の子
2017.1 1Vol. 29×22cm ¥2800 ①978-4-265-08567-5

◆カンタン！かわいい！おりがみあそび 2 おりがみおもちゃ いしかわ☆まりこ作 岩崎書店
【目次】紙ひこうき、ぱっちりカメラ、バッタ、ぴょんぴょんガエル、くるくるちょうちょう、女の子、シャツ、ワンピース、リボン、メダル〔ほか〕
2017.3 47p 29×22cm ¥2800 ①978-4-265-08568-2

◆カンタン！かわいい！おりがみあそび 3 きりがみあそび いしかわ☆まりこ作 岩崎書店
【目次】きりがみのつくり方、きりがみのきほんのおり方、くま、うさぎ、ペンギン、ひこうき、電車、ハート、リボン〔ほか〕
2017.3 47p 29×22cm ¥2800 ①978-4-265-08569-9

◆カンタン！かわいい！おりがみあそび 4 おりがみメモ・ラッピング いしかわ☆まりこ作 岩崎書店
【目次】ハート、星、たとう、四つ葉のクローバー、くま、ふきだし、シャツ、ミトン、キャンディ、ソフトクリーム、プリン、すいか、ねこのしおり/アレンジ魚のしおり、ハンドバッグ、お守りぶくろ、ふうとう、家のカード入れ、三角バック、ケーキボックス、バスケット
2017.3 47p 29×22cm ¥2800 ①978-4-265-08570-5

◆5回おったら完成！へんしんおりがみ 小林一夫監修 朝日新聞出版
【要旨】全部で105の作品がつくれちゃう！好奇心が広がる知育おりがみ。1人でできる！かんたん！楽しい！
2017.2 127p 24×19cm ¥1000 ①978-4-02-333141-9

◆写真でわかる！決定版3〜5才のおりがみ 山口真著 東和社
【要旨】親子でたのしくおれる！はじめてのおりがみ本！
2018.1 191p 24×19cm ¥1200 ①978-4-7916-2629-8

◆藤田浩子のあやとりでおはなし 藤田浩子編者，保坂あけみ絵 一声社 （ひもさえあればいつでも・どこでも楽しめる 1）
【要旨】ひもが1本あれば、レストランや病院の待ち時間でも電車やバスに乗ったときでも雨で外あそびができない日でも子どもと楽しくあそべます。あやとりでおはなしをしたり、子どもと一緒にあやとりをしたり、いろんな使い方のできるあやとりあそびの本です。
2017.2 56p 19×23cm ¥1000 ①978-4-87077-265-6

クイズ・パズル・迷路・ゲーム

◆あたまがよくなる！女の子のキラメキまちがいさがしDX 加藤俊徳監修 西東社

児童書　440　BOOK PAGE 2018

絵本・児童書

◆**あたまがよくなる！　女の子のキラメキめいろDX**　加藤俊徳監修　西東社
【要旨】１から一までゴールをめざそう！　たっぷりあそべる！　235もん！
2018.1 319p B6 ¥900 ①978-4-7916-2627-4

◆**あたまがよくなる！　女の子のキラメキめいろDX**　加藤俊徳監修　西東社
【要旨】１から一までゴールをめざそう！　たっぷりあそべる！　235もん！
2018.1 319p B6 ¥900 ①978-4-7916-2627-6

◆**あたまがよくなる！　たいけつゲームようちえん**　篠原菊紀監修，近野十志夫出題　学研プラス
【要旨】かぞくやともだちとしょうぶ！　たいけつゲームはみんなのあたまをよくするよ。おでかけやあそびのときのまちじかんも、たのしくすごせちゃうぞ。
2018.1 160p 19×13cm ¥720 ①978-4-05-204729-9

◆**あたまがよくなる！　だまし絵１ねんせい**　竹内龍仁監修，おまけたらふく舎案・絵　学研プラス
【要旨】だまし絵で集中力・発想力をきたえる！　だまし絵クイズたっぷり97もん。
2017.8 160p B6 ¥720 ①978-4-05-204680-3

◆**あたまがよくなる！　だまし絵ようちえん**　竹内龍仁監修，おまけたらふく舎案・絵　学研プラス
【要旨】だまし絵クイズ、たっぷり89もん。だまし絵で集中力・発想力をきたえる！
2017.9 160p B6 ¥720 ①978-4-05-204689-6

◆**あたまがよくなる！　寝る前なぞなぞ366日**　篠原菊紀監修　西東社
【要旨】ひらめき力！　そうぞう力！　たのしくあそんでパワーアップ！　750もん。
2017.11 351p 19×14cm ¥930 ①978-4-7916-2628-1

◆**頭すっきり！　なぞなぞゼミナール**　高柳優作　主婦の友社
【目次】なぞなぞ植物園、なぞなぞ昆虫館、なぞなぞ十二支、なぞなぞ水族館、なぞなぞ動物園、なぞなぞ日本一周
2017.5 127p B6 ¥780 ①978-4-07-423835-4

◆**おばけのこわーいなぞなぞ超スペシャル**　やまざきロバ作，森のくじら絵　ポプラ社　（超スペシャルなぞなぞ王国 4）
【目次】1時間目 トイレのおばけ、2時間目 ほけん室のおばけ、3時間目 図書室のおばけ、4時間目 きゅうしょく室のおばけ、5時間目 体育館のおばけ、6時間目 校長室のおばけ
2017 239p B6 ¥1200 ①978-4-591-15387-1

◆**おばけのこわーいめいろ**　小岩よう太作，いとうみつる絵　ポプラ社　（なぞなぞ＆ゲーム王国 51）
【要旨】おばけだらけのおばけの世界につれていかれて、ユータとマミ。あそびのめいろであそびつつ、たいへんなことに…！
2017 191p B6 ¥820 ①978-4-591-15324-6

◆**おもちゃの迷路―夜中にめざめるふしぎな世界**　香川元太郎，香川志織作・絵　PHP研究所
【要旨】おもちゃの国が迷路になった。パズルになぞとき、かくしえさがし。あそびつくそう夢の国。
2017.8 33p 31×24cm ¥1300 ①978-4-569-78672-8

◆**女の子のなぞなぞ―マジカルチャレンジ　めちゃカワ!!なぞなぞ委員会著　新星出版社　（めちゃカワ!!）
【要旨】かわいい！　楽しい！　いっぱいあそべる！　まちがいさがしやめいろもあるよ！
2017 ①978-4-405-07255-8

◆**海賊めいろブック**　サム・スミス文，マッティア・セラト，アンドレア・カステッラーニ，レミ・トルニオル，ローラン・クリング絵，宮坂宏美訳　あかね書房
【要旨】かわいくてこわい海賊がいっぱいのめいろが60ページ!!やさしいめいろからはじまって、だんだんむずかしくなっていく！　すべての船のたからをとって、ゴールをめざせ！
2017.6 64p 32×26cm ¥1300 ①978-4-251-09711-8

◆**考える力がつく！　ひらめきに強くなる！　ロジカルパズル 小学生**　村上綾一，稲葉直貴著　ナツメ社　（ナツメ社英才キッズシリーズ）
【要旨】認識力：さまざまな角度から、問題に気づく力。計算力：早く、正確に計算する力。分析力：問題を整理して理解する力。創造力：新しい考え方を生み出す力。観察力：問題の細かい部分を見抜く力。一算数の力を総合的にのばす5つの力。
2018.1 143p A5 ¥1000 ①978-4-8163-6360-3

◆**恐怖！　おばけやしきめいろブック 吸血鬼ドラキュラ城**　WILLこども知育研究所編，やまおかゆか絵　金の星社
【要旨】つぎのめいろはおまえだ！　キミはこの城からにげだすことができるか？　ドキドキしながら集中力UP！
2017 26p 31×24cm ¥1300 ①978-4-323-07381-1

◆**恐怖！　なぞなぞじごくめぐり**　ながたみかこ作，くろさきげん絵　ポプラ社　（なぞなぞ＆ゲーム王国 52）
【目次】1章 ほのおのじごく、2章 こおりのじごく、3章 ばけものじごく、4章 さばきのとき
2017 239p B6 ¥870 ①978-4-591-15520-2

◆**クリスマスめいろブック**　サム・スミス文，マッティア・セラト，アンドレア・カステッラーニ，エミ・オルダース，レミ・トルニオル，ローレン・エリスほか絵，宮坂宏美訳　あかね書房
【要旨】ソリで空をとぶサンタをつかまえたり、赤鼻トナカイをさがしだしたり、冬のゆうえんちであそびたり、クリスマスのツリーやプレゼントのショッピング！　クリスマスはめいろでいっぱいあそぼう！
2017.10 64p 31×26cm ¥1300 ①978-4-251-09712-5

◆**さがそ！　きせつのぎょうじ12かげつ**　はっとりみどり製作，伝祥爾撮影　学研教育みらい，学研プラス 発売　（たのしいえさがし）
【要旨】お正月、節分、ひな祭り、お花見、こどもの日、梅雨、七夕、夏祭り、お月見、運動会、七五三、クリスマス。12か月の行事を味わいながらお遊び！　1見開きで1つの行事の探し絵遊び！　巻末には、親子で楽しめる行事の解説付き！　人形も食べ物も、み～んな手作り！
2017.11 33p 31×24cm ¥1300 ①978-4-05-204728-2

◆**思考力・発想力をダブルで伸ばすパスカルパズル 小学1・2年生**　市川希著　ナツメ社　（ナツメ社英才キッズシリーズ）
【要旨】人気知育教室の教材を家庭学習でも！　大切な5つの力、論理力、読解力、発想力、表現力、柔軟性を伸ばす！
2017.11 157p A5 ¥1000 ①978-4-8163-6335-1

◆**小学生の学習クロスワードパズル1・2年生―楽しみながら知識が身につく！**　学びのパズル研究会著　メイツ出版　（まなぶっく）
【要旨】答えの解説＋豆知識で勉強がおもしろくなる！　好きになる！　あそび感覚で取り組めるからひらめき力と集中力がぐんぐん伸びる！
2017.3 144p B5 ¥1200 ①978-4-7804-1845-3

◆**小学生の学習クロスワードパズル3・4年生―5教科の知識がひろがる！**　学びのパズル研究会著　メイツ出版　（まなぶっく）
【要旨】勉強に役立つ豆知識つき解説で興味が深まりステップアップ！　あそび感覚で取り組めるからひらめき力と集中力がぐんぐん伸びる！
2017.3 144p B5 ¥1200 ①978-4-7804-1846-0

◆**進撃の巨人ゲームブック ウォール・ローゼ死守命令850**　藤浪智之著，諫山創原作　講談社
【要旨】きみは、第104期訓練兵団の一員だ。壁上にいる兵士たちは「立体機動装置」を装備している。きみは思う。たとえ巨人がまた襲ってきたとしても、今度こそ負けることはない、と。きみは壁外の地平を見ながら、胸に広がる希望を感じていた。一突然。超大型巨人が出現したのは、そのときだった。壁の開閉門は粉砕されて、巨人たちがぞくぞくと侵入してくる。そのまま実戦に投入されることになったきみは、訓練と実戦がまるで違うことを思い知ることになる。この本は、きみが第104期訓練兵団の一員となって、進撃の世界を体感するゲームブックである。さあ、エレンやミカサ、リヴァイとともに巨人に立ち向かえ！
2017.2 255p 18cm ¥1100 ①978-4-06-220425-5

◆**進撃の巨人ゲームブック 女型巨人を捕獲せよ！**　藤浪智之著，諫山創原作　講談社
【要旨】きみは、第104期訓練兵団の一員だ。「トロスト区攻防戦」を戦い抜き、きみは正式な兵士としての道を選ぶことになった。きみは、巨人など、危険な壁外の世界へ赴く「調査兵団」を選ぶのだろうか？　あるいは…。1か月後。第57回壁外調査へ赴いた調査兵団は、いまでも見たこともない、知性を持ち狡猾な巨人一"女型の巨人"に遭遇する。エルヴィン団長の考案した長距離探敵陣形でも苦戦を強いられ、大打撃を受けた壁外調査隊は、巨大樹の森へと向かうだろうか？　この本は、きみがひとりの兵士として進撃の世界を体感するゲームブックである。さあ、エレンやリヴァイ、ハンジとともに女型巨人に立ち向かえ！
2017.2 255p 18cm ¥1100 ①978-4-06-220426-2

◆**スーパー戦隊はどこだ!?**　バンダイ協力　ポプラ社
【要旨】歴代スーパー戦隊全員集合！　きみのヒーローをさがして、さがして、さがしまくれ!!変身アイテム、メカ、巨大ロボ、スーパー戦隊のおもちゃがいっぱい！　ヒーローさがし、巨大ロボまちがいさがし、アイテムシルエットもんだい、めいろ…ほか多数!!
2017 31p B6 ¥900 ①978-4-591-15448-9

◆**すみっコぐらしまちがいさがし いつでもどこでもすみっコ**　主婦と生活社編　主婦と生活社
2017.7 1Vol. 27×22cm ¥1000 ①978-4-391-15034-6

◆**世界遺産のクイズ図鑑**　世界遺産アカデミー監修　学研プラス　（NEW WIDE学研の図鑑）
【要旨】日本の世界遺産全部と海外の主要な世界遺産を掲載！
2017.8 197p A6 ¥850 ①978-4-05-204581-3

◆**絶叫！　おばけのまちまちがいさがし デラックス**　安曇析、さざなみ友裕、三上空太、東京モノノケ、成瀬真琴、古本ゆうみ、丸谷明弘、宮村菜穂作・絵　成美堂出版
【目次】第1章 日本のおばけが飛び出した！、第2章 ヨーロッパおばけ博物館！、第3章 おばけのショッピングモール！、第4章 おばけの城からにげ出せ！、第5章 恐怖のディナーショー！、第6章 フシギな街にまよいこんだ！、第7章 オバケピック！、第8章 妖怪めぐりのバスツアー！
2017.12 319p B6 ¥900 ①978-4-415-32434-0

◆**絶叫！　おばけのめいろあそびデラックス**　奥谷敏彦、嵩瀬ひろし作、アメタロウ、狐芽、きんにく、さざなみ友裕、MAKO.、間宮彩智、宮村菜穂、もや造絵　成美堂出版
【要旨】おばけやモンスターが大集合。きょうふのおばけめいろの世界へようこそ…。
2017.4 319p B6 ¥900 ①978-4-415-32321-3

◆**たおせ！　なぞなぞモンスター**　天狗丸作、へいくD絵　ポプラ社　（超スペシャルなぞなぞ王国 6）
【目次】1章 くらいどうくつのキョンシー、2章 ごうかなやしきのバンパイア、3章 森のユニコーンにょう注意！、4章 海の人魚のおひめさま、5章 岩山のあらくれドラゴン、6章 大てんぐさまをやっつけろ！
2017 239p B6 ¥1200 ①978-4-591-15389-5

◆**東京まちがいさがし**　藤原徹司作・絵　金の星社
【要旨】このたびは、8854トラベルの「東京まちがいさがし」にご参加いただきまして、ありがとうございます。東京のまちにしかけたまちがいをすべて見つけられるよう、がんばってください！
2017 26p 31×23cm ¥1300 ①978-4-323-07400-9

◆**都道府県・クイズ図鑑**　クイズ図鑑編集部著　あかね書房
【要旨】クイズで遊びながら都道府県について学ぼう！　日本は、都道府県の集まり。あなたが住んでいるのはどんな県？　行ってみたい県はどこ？　47都道府県を調べてみましょう。
2017.3 63p B5 ¥900 ①978-4-251-09764-4

◆**トムとジェリーをさがせ！　ドキドキワクワクおしごとワールド**　菅原卓也、宮内哲也絵、栗太郎監修　河出書房新社　（だいすき！トム＆ジェリーわかったシリーズ）
【要旨】商店がい、スポーツしせつ、げいじゅつげき場、研究所、乗り物ターミナル、学校、ファッションビル、テレビ局、病院、ひこうじょう・しょうぼうしょ、おかし工場—こんなところにトムとジェリーがかくれているよ♪トム＆ジェリーさがし絵本大人気シリーズ第4弾！
2017.11 27p 27×22cm ¥1200 ①978-4-309-69053-7

◆**トリックアートハロウィーン**　北岡明佳監修，グループ・コロンブス構成・文　あかね書房　（トリックアートアドベンチャー 7）

【要旨】ハロウィーンの夜、にぎやかなパレードがやってきた！みんなおばけにかそうして、おかしをもらいにいくのかな。おや？本物のおばけやガイコツ、まじょにドラキュラ、ミイラもいるみたい。おばけたちのトリックにだまされないように気をつけて！
2017.8 1Vol. A4 ¥1300 ①978-4-251-09787-3

◆なぞなぞ1081問超スペシャル　小野寺ぴりり紳作、伊東ちゅん子絵　ポプラ社　（超スペシャルなぞなぞ王国 2）
【目次】1 ウキウキなぞなぞ、2 グルグルなぞなぞ、3 ゲラゲラなぞなぞ、4 モリモリなぞなぞ、5 ドキドキなぞなぞ、6 ワクワクなぞなぞ
2017 239p B6 ¥1200 ①978-4-591-15385-7

◆なぞなぞだいすき超スペシャル　ながたみかこ作、伊東ちゅん子、森のくじら絵　ポプラ社　（超スペシャルなぞなぞ王国 1）
【目次】まずはここからはじめよう！―なぞなぞレベル1、みんなでたのしくやってみよう！―なぞなぞレベル2、まだまだここから！―なぞなぞレベル3、はりきっていってみよう！―なぞなぞレベル4、さあ、ちょうせんしよう！―なぞなぞレベル5、わかればなぞなぞの達人だ！―なぞなぞレベル6
2017 239p B6 ¥1200 ①978-4-591-15384-0

◆なぞなぞ大ぼうけん！超スペシャル　石田真理作、伊東ちゅん子絵　ポプラ社　（超スペシャルなぞなぞ王国 3）
【目次】雪山のサル男、湖のナマズ女、さばくのヘビ男、森のタコ女、どうくつのコウモリ男、まおうとのさいごの対決
2017 239p B6 ¥1200 ①978-4-591-15386-4

◆なぞなぞMAXチャレンジ！3000問　嵩瀬ひろし著　新星出版社
【目次】食べ物なぞなぞ、学校なぞなぞ、動物・植物なぞなぞ、国・地名なぞなぞ、怖いおけはなぞなぞ、体なぞなぞ、散歩なぞなぞ、身の回りなぞなぞ、乗り物なぞなぞ、スポーツなぞなぞ〔ほか〕
2017.12 415p B6 ¥990 ①978-4-405-07263-3

◆にんじゃぐんだんペンニンジャー―たいけつ！だましえトリックのまき　ルコラニコラ作・絵、北岡明佳監修　主婦の友社
2017.7 35p 31×23cm ¥1300 ①978-4-07-422497-5

◆びっくり！学校めいろ　このみ・プラニング著　あかね書房　（ぴょこたんのなぞなぞめいろブック 3）
2017.8 71p 18×13cm ¥900 ①978-4-251-00483-3

◆ひらめき！おもしろ！なぞなぞ大百科　なぞなぞ研究所編著　西東社
【要旨】なぞなぞが大すきな「なぞの家」。そこに、ある日とつぜん、なぞなぞ星の王子「ナゾーン」がやって来た！ちきゅうに来てみたかったナゾーンは、なぞなぞであそびながら、いろいろなことをまなんでいくよ。さて、ナゾーンのこの先、どうなる？
2017.7 319p B6 ¥800 ①978-4-7916-2572-7

◆ブラックライトでさがせ！妖怪探偵修業中　ヨシムラヨシユキイラスト、後藤亮平構成　パイインターナショナル　（付属資料：ブラックライト1）
【要旨】ブラックライトで照らすとかくれていた絵が浮かび上がるようにまでにない絵さがしな本です。「暗黒電灯」を手に入れた人間の子ども・ハルトと、「妖怪探偵」の修業中のひとつめこぞう・イチといっしょに、妖怪やアイテムを探そう！絵さがしはおよそ120問！たっぷり遊べる！120種族の『妖怪カード』を掲載。すべて見つけられるかな!?対象年齢6歳から。
2017.9 36p 36×25cm ¥2400 ①978-4-7562-4930-2

◆へんしん！なぞなぞプリンセス　姫木ゆい作、ぴよな絵　ポプラ社　（超スペシャルなぞなぞ王国 7）
【目次】1章 なぞなぞ森のぬいぐるみ、2章 かがやく海の人魚たち、3章 道で出会ったまほうの石たち、4章 雲のおかしのおうち、6章 ユイとまほうのティアラ
2017 239p B6 ¥1200 ①978-4-591-15390-1

◆冒険！発見！大迷路 海底大決戦　原裕朗、バースデイ作・絵　ポプラ社
【要旨】地球の海をまもるんだ！戦え！ドルフィン号。迷路＋さがし絵の絵本。
2017 26p A4 ¥1300 ①978-4-591-15654-4

◆冒険！発見！大迷路 魔法使いと魔人のランプ　原裕朗、バースデイ作・絵　ポプラ社　（付属資料：ポストカード1）
【要旨】さて、天空へ行く方法じゃが近ごろちまたをさわがせておる空飛ぶ盗賊団のむしかすべはない…ふしぎな空飛ぶじゅうたんをあやつる盗賊団の頭の名はグレート・バーン。彼らのかくれがの情報はゼロなのじゃ。どこにおるのか？陸のそうさくはわが兵士たちに、もっともきけんな海のそうさくは勇気あるそなたたちにたのみたいのじゃ！迷路＋さがし絵の絵本。
2017 33p A4 ¥1300 ①978-4-591-15432-8

◆ポケット版 宇宙の迷路―太陽系をめぐって銀河のかなたへ！　香川元太郎作・絵　PHP研究所
【要旨】宇宙旅行にでかけよう。広大な宇宙に何がかくれているのかな？迷路と謎ときの旅に、さあスタート！
2017.3 24p 19×15cm ¥780 ①978-4-569-78642-1

◆ポケット版 お城と騎士1001のさがしもの　ヘイゼル・マスケル作、テリ・ガウアー絵、荒木文枝訳　PHP研究所
【要旨】中世のお城では、どんなくらしをしていたのかこの本がおしえてくれるよ。宴会やおまつりをのぞいてみたり、騎士の戦いや見習い騎士の訓練についていったりしてみよう。
2017.9 32p 19×14cm ¥780 ①978-4-569-78701-5

◆ポケット版 昆虫の迷路―秘密の穴をとおって虫の世界へ　香川元太郎作・絵　PHP研究所
【要旨】昆虫の国へいってみようよ！かくし絵をみつけて、迷路をぬけて、どんな虫たちにであえるかな？
2017.3 24p 19×15cm ¥780 ①978-4-569-78641-4

◆ポケット版 動物の迷路―ウサギ、コアラ、ライオン…250種大集合！　香川元太郎作・絵、成島悦雄監修　PHP研究所
【要旨】動物たちの世界には謎がいっぱい。仲間をふやして迷路をぬけよう。きみは、かくれた動物もみつけられるかな？遊んで学べる迷路×かくし絵。「迷路絵本」のお出かけサイズ！
2017.11 24p 19×15cm ¥780 ①978-4-569-78711-4

◆ポケット版 乗り物の迷路―車、電車から船、飛行機まで　香川元太郎作・絵、小賀野実監修　PHP研究所
【要旨】ここは乗り物王国。迷路をぬけ、かくしえをみつけて、ゴールまで競争だ！遊んで学べる迷路×かくし絵。「迷路絵本」のお出かけサイズ！
2017.11 24p 19×15cm ¥780 ①978-4-569-78710-7

◆ポケット版 物語の迷路―アンデルセンから宮沢賢治の世界まで　香川元太郎作・絵　PHP研究所
【要旨】遊んで学べる迷路×かくし絵。「迷路絵本」のお出かけサイズ！
2017.3 24p 19×15cm ¥780 ①978-4-569-78643-8

◆ポケットモンスター サン＆ムーン ことばクイズ150　小学館　（ビッグコロタン）
【要旨】ポケモンの名前を使ったクイズが、全部で150問。登場するポケモンの数は500ぴき以上!!小学生向けクイズブック。
2017.3 105p B6 ¥750 ①978-4-09-259152-3

◆ポケモンクイズパズルランド ピカチュウのちょうせん！　嵩瀬ひろし構成、溝渕誠漫画　小学館　（ビッグ・コロタン）
【要旨】ピカチュウが旅のなか間たちと、いろんなクイズやパズルにいどむよ！
2017.7 151p 19×13cm ¥750 ①978-4-09-259155-4

◆みんなでなぞなぞまほうの島超スペシャル　やまざきロバ作、ふじもとめぐみ絵　ポプラ社　（超スペシャルなぞなぞ王国 5）
【目次】1章 まほうつかいのめんせつしけん、2章 花畑のとべないようせい、3章 森のエルフは超イケメン!?、4章 岩山のなきむしトロール、5章 川のようせいはキュウリずき？、6章 なぞなぞコーナー：まほうつかいvsでし、なぞなぞコーナー
2017 239p B6 ¥1200 ①978-4-591-15388-8

◆迷宮大脱出！　ショーン・C・ジャクソン作・絵　講談社
【要旨】ここは、空想と現実の狭間に設計された迷宮。いつのまにか迷いこんでしまったあなたがここから脱出するには、出口をさがすしか、方法はない。でも、いったんぬけ出せても、また次の迷路に足を踏み入れたくなる―。あな

たを誘いこむ、48の迷宮からなる迷路本です。
2017.5 57p 31×23cm ¥1900 ①978-4-06-220466-8

◆迷宮のモンスター―めいろをクリアしてゲットしろ！　さそり山かずき作、卯月絵　ポプラ社　（なぞなぞ＆ゲーム王国 53）
【要旨】たくさんのモンスターがまちかまえる伝説の迷宮をぼうけんしよう！きみはすべてのめいろをクリアして、封印されたモンスターたちをかいほうすることができるか!?
2017 191p B6 ¥820 ①978-4-591-15651-3

◆迷路探偵ピエール―摩天楼の秘宝をまもれ！　カミガキヒロフミ、IC4DESIGN企画・構成・イラスト・デザイン・ストーリー、丸山ちひろ文　永岡書店
【要旨】今度の舞台は高層タワー!!ビルの中にはりめぐらされた迷路を攻略して屋上にかがやく秘宝を守れ！
2017 35p 31×24cm ¥1300 ①978-4-522-43530-4

◆もちもちぱんだ もちっとまちがいさがし　学研プラス編　学研プラス
【要旨】スイカわり、花火大会、ハロウィーン、クリスマス…、もちぱんたの1年がぎゅっとつまっているよ！みんな大好き、もちもちぱんだのまちがいさがし絵本。
2017.12 20p 27×22cm ¥1000 ①978-4-05-204658-2

◆UMA＆ブキミ生物めいろあそび190もん　土門トキヨ作　西東社
【要旨】UMAブキミ生物データたっぷり125種！
2017.7 319p B6 ¥930 ①978-4-7916-2587-1

超能力・UFO・幽霊の本

◆絵ときSF もしもの世界　日下実男著　復刊ドットコム　復刻版
【要旨】もしも死なない薬ができたら…、もしも宇宙人がやってきたら…など、か空の世界を絵ときでずばり描いた科学読み物です。あなたの知りたい"もしも"が50くらいのせてあります。絵だけ見ても楽しい本です。
2017.9 216p B6 ¥1900 ①978-4-8354-5526-6

◆図解大事典 世界の妖怪　ながたみかこ監修・執筆　新星出版社
【要旨】人気妖怪＆モンスター130大集合！
2017.9 239p A5 ¥1900 ①978-4-405-07254-1

◆図説 日本の妖怪百科　宮本幸枝著　学研プラス　（『ムーSPECIAL 日本の妖怪FILE』加筆・修正・再編集・改題書）
【要旨】河童、ろくろ首、化け猫、ぬらりひょん…日本各地に蠢く異形のものたちをフルカラーで一挙公開！
2017.6 223p B6 ¥600 ①978-4-05-406566-6

◆妖怪最強王図鑑　多田克己監修、なんばきびイラスト　学研プラス　（最強王図鑑シリーズ）
【要旨】闇の世界の王者は誰だ!?怪力vs 妖力vs神通力…魑魅魍魎たちの最終決戦。
2018.1 143p A5 ¥1200 ①978-4-05-204766-4

学習漫画

◆火山のクライシス　金田達也まんが、三条和都ストーリー　小学館　（科学学習まんが クライシス・シリーズ）
【要旨】温泉街のとある小学校で出された自由研究。優香たちのグループは地元の火山を調べることに。そんななか、火山が大噴火して…。
2017.4 192p 22×16cm ¥1200 ①978-4-09-296632-1

◆砂漠化のクライシス　てしろぎたかしまんが、恵志泰成ストーリー　小学館　（科学学習まんが クライシス・シリーズ）
【要旨】科学者・林竜太は、ある村で起こった砂漠化の悲劇を聞き、農地を元通りにするプロジェクトを立ち上げる。しかし、その作業は、村人に笑われてしまうほど、地味で簡素なものだった…。
2017.4 192p 22×16cm ¥1200 ①978-4-09-296631-4

児童書

◆地底のクライシス 麻生羽呂まんが, 三条和都ストーリー 小学館 (科学学習まんが クライシス・シリーズ)
【要旨】千佳と一真はある日、1人の洞窟探検家と出会う。洞窟探検に出発した彼らを待ち受けていたものは見たことのない世界だった!!
2017.4 192p 22×16cm ¥900 ①978-4-09-296633-8

◆南極のサイエンス 藤子・F・不二雄キャラクター原作, 藤子プロ, 国立極地研究所監修, ひじおか誠まんが 小学館 (学習まんがドラえもんふしぎのサイエンス)
【要旨】「南極の氷の下ってどうなっているの?」「ずっと日がしずまない季節があるってほんと?」「そもそもなんであんなに寒いの?」などなど、南極の「ふしぎ」がドラえもんたちの冒険を楽しんでいるうちにわかっちゃうよ!
2017.1 127p A5 ¥900 ①978-4-09-296630-7

歴史学習漫画

◆伊藤博文―日本最初の内閣総理大臣 季武嘉也監修, 岩田やすてる漫画 小学館 (小学館版学習まんが人物館)
【要旨】初代内閣総理大臣の熱き思い!!激動の幕末を生きぬき、日本を天皇中心の強い近代国家にするために大日本帝国憲法の作成に取り組んだ男の生涯!!
2017.12 159p A5 ¥900 ①978-4-09-270124-3

◆大江戸文化へタイムワープ 市川智茂マンガ, チーム・ガリレオストーリー, 河合敦監修 朝日新聞出版 (日本史BOOK―歴史漫画タイムワープシリーズ)
【要旨】江戸時代の花火大会が見たいと、江戸時代中期にタイムワープしたサラとダイゴのきょうだい。大人気の歌舞伎役者や相撲取りと知り合ったり、物売りや職人などの、庶民の仕事を見学したりして、江戸時代の生活や文化を体験する。
2017.11 173p 23×17cm ¥1200 ①978-4-02-331629-4

◆クレヨンしんちゃんのまんが日本の歴史おもしろブック 1 旧石器時代~鎌倉時代前期 臼井儀人キャラクター原作, 山田勝監修, 造事務所編集・構成 双葉社 新版
【要旨】最新の教科書にも対応したリニューアル版が登場!まんがで楽しく理解できる!歴史上のヒーロー・ヒロインたちの活躍ぶりが、すぐわかる!思わず人に話したくなる、歴史上のおもしろエピソードがいっぱい!本書を読むだけで、歴史の知識が身につきます。学校の勉強や中学受験に役立つことはもちろん、親子でいっしょに日本の歴史を楽しむことができちゃうよ。
2017.3 207p B6 ¥800 ①978-4-575-31232-4

◆クレヨンしんちゃんのまんが日本の歴史おもしろブック 2 鎌倉時代後期~江戸時代 臼井儀人キャラクター原作, 山田勝監修, 造事務所編集・構成 双葉社 (クレヨンしんちゃんのなんでも百科シリーズ) 新版
【要旨】最新の教科書にも対応したリニューアル版が登場!この本では、次の3つのポイントに重点を置いて日本の歴史を紹介します。まんがで楽しく理解できる!歴史上のヒーロー・ヒロインたちの活躍ぶりが、すぐわかる!思わず人に話したくなる、歴史上のおもしろエピソードがいっぱい!本書を読むだけで、歴史の知識が楽しみながら身につきます。学校の勉強や中学受験に役立つことはもちろん、親子でいっしょに日本の歴史を楽しむことができちゃうよ。
2017.7 206p 19×13cm ¥800 ①978-4-575-31277-5

◆古墳時代のサバイバル 工藤ケンマンガ, チーム・ガリレオストーリー, 河合敦監修 朝日新聞出版 (日本史BOOK―歴史漫画サバイバルシリーズ 2)
【要旨】歴史好きの女子小学生コンビと宇宙人の3兄弟が、古墳時代の日本で大冒険!地球の小学生レオナとキサキは、遠い星からやってきた宇宙人のホセと出会って古墳時代にタイムトラベルする。古墳時代の役人に、ホセが持つ時空移動できる乗り物を狙われるなどの騒動に巻き込まれたり、大和朝廷について学んだり、古墳の構造やつくり方を見学したり、古墳時代の人々の暮らしを体験したりする。
2017.2 169p 23×17cm ¥1200 ①978-4-02-331516-7

◆西郷隆盛―信念をつらぬいた明治維新のリーダー 海野そら太まんが, 三上修平シナリオ, 河合敦監修・解説 集英社 (集英社版・学習まんがが世界の伝記NEXT) 新装版
【目次】小吉から吉之助へ、正しい道を進め!、島津斉彬との出会い、苦難の時代、動乱のなかで、西南戦争
2017.11 127p 23×16cm ¥980 ①978-4-08-240074-3

◆縄文世界へタイムワープ もとじろう漫画, チーム・ガリレオストーリー, 河合敦監修 朝日新聞出版 (日本史BOOK―歴史漫画タイムワープシリーズ)
【要旨】未来の世界からやってきた謎の少年ネル。現代の小学生シュン、ユイ、ノブの3人は、彼と一緒に縄文時代へタイムワープしてしまった。縄文のムラで縄文人たちと仲良くなった4人だった、ノブがとんでもないことをしでかして…。狩りや土器づくりなど縄文時代の生活を体験しよう!
2017.10 175p 23×17cm ¥1200 ①978-4-02-331617-1

◆信玄と謙信―決戦!甲斐の虎 越後の竜 田代脩監修, 田中顕まんが 学研プラス (学研まんがNEW日本の伝記)
【要旨】武田信玄と上杉謙信、名将として名をはせた宿命のライバルが川中島で激突する!
2017.7 128p A5 ¥1200 ①978-4-05-204614-8

◆新選組―幕末をかけぬけた剣豪集団 大石学監修, ひのみち漫画, こざきゆう脚本 学研プラス (学研まんがNEW日本の伝記)
【要旨】誠の道をつらぬき、武士よりも武士らしくひたむきに生きる!まんがで読む人間の生きざま。
2017.12 128p 23×16cm ¥1200 ①978-4-05-204742-8

◆新日本人物史 ヒカリとあかり 3 つぼいこう著 朝日学生新聞社 (朝日小学生新聞の学習まんが)
【要旨】敗者の歴史を知ることで歴史が分かる!おもしろくなる!朝日小学生新聞の人気連載が待望の書籍化。8人の生きざまからひもとく日本の歴史!あの出来事がなぜ起きたのかが、わかりやすく理解できるよ!
2017.1 191p B6 ¥850 ①978-4-909064-00-4

◆新日本人物史 ヒカリとあかり 4 つぼいこう著 朝日学生新聞社 (朝日小学生新聞の学習まんが)
【要旨】織田信長、豊臣秀吉による天下統一の裏で活躍した5人の人物。彼らの一生に光をあてると、日本の歴史の深さがみえてくる。
2017.4 195p B6 ¥850 ①978-4-909064-01-1

◆新日本人物史 ヒカリとあかり 5 つぼいこう著 朝日学生新聞社 (朝日小学生新聞の学習まんが)
【要旨】徳川一族の支配のもと、大名のとりしまりや外国との結びつきが弱まっていく時代。その裏で大名、商人、僧、それぞれの立場の7人が、新たな政治や文化をきずいていた!
2017.4 191p B6 ¥850 ①978-4-909064-07-3

◆戦国人物伝 井伊直政 加来耕三企画・構成・監修, 水谷俊樹原作, やまざきまこと作画 ポプラ社 (コミック版日本の歴史 62)
【要旨】徳川軍団最強部隊を率い家康を支えた若き"赤鬼"!!
2017.12 126p 22×16cm ¥1000 ①978-4-591-15302-4

◆戦国人物伝 今川義元 加来耕三企画・構成・監修, すぎたとおる原作, 玉escape一平作画 ポプラ社 (コミック版日本の歴史 57)
【要旨】織田信長、豊臣秀吉、徳川家康が天下取りの手本にした戦国武将。
2017 126p A5 ¥1000 ①978-4-591-15430-4

◆戦国人物伝 上杉謙信 加来耕三企画・構成・監修, 水谷俊樹原作, かわのいちろう作画 ポプラ社 (コミック版日本の歴史 59)
【要旨】勝率九割五分を超える戦の天才!"越後の龍"は「義」をつらぬく!!
2017 126p A5 ¥1000 ①978-4-591-15522-6

◆戦国人物伝 武田信玄 加来耕三企画・構成・監修, すぎたとおる原作, 中島健志作画 ポプラ社 (コミック版日本の歴史 58)
【要旨】戦国最強と謳われた"甲斐の虎"!無敵の騎馬隊を率いて天下をめざす!!
2017 126p 22×16cm ¥1000 ①978-4-591-15480-9

◆戦国人物伝 服部半蔵 加来耕三企画・構成・監修, 水谷俊樹原作, 早川大介作画 ポプラ社 (コミック版日本の歴史 56)
【要旨】伊賀の忍び二百人を引き連れ家康を救った"鬼半蔵"!
2017 126p 22×16cm ¥1000 ①978-4-591-15397-0

◆戦後のサバイバル もとじろうマンガ, チーム・ガリレオストーリー, 河合敦監修 朝日新聞出版 (日本史BOOK―歴史漫画サバイバルシリーズ 14)
【要旨】戦後の焼け野原となった東京にやってきた小学生のハルトと弟のタクミ。この時代には彼らを送り込んだ怪人の目的とは…?東京タワーの建設や新幹線の開業、そして東京オリンピック開幕!ふたりは怪人を追いかけながら、日本の復興と成長をたどる時空の旅をする。
2017.3 175p 23×17cm ¥1200 ①978-4-02-331517-4

◆伊達政宗―天下をにらみつづけた最後の戦国武将 田代脩監修, 梅屋敷ミタまんが 学研プラス (学研まんがNEW日本の伝記)
【要旨】並外れた知恵と度胸をもち"独眼竜"とおそれられた政宗その波乱万丈の生涯!
2017.7 128p A5 ¥1200 ①978-4-05-204615-5

◆知里幸恵とアイヌ―豊かなアイヌ文化を初めて文字で表現した天才少女 ひきの真二まんが, 三条和都ストーリー, 知里幸恵銀のしずく記念館監修 小学館 (小学館版学習まんが人物館)
【要旨】『アイヌ神謡集』というアイヌ語の物語集を書き上げてわずか19歳という若さでこの世を去ったアイヌの天才少女。
2017.11 159p 23×16cm ¥950 ①978-4-09-270123-6

◆忍者世界へタイムワープ イセケヌマンガ, チーム・ガリレオストーリー, 河合敦監修 朝日新聞出版
【要旨】忍者の国・伊賀の里をゆるがす大事件!忍術を使ってピンチを乗り切ろう!エマとケンジは、友達のトーマとともに戦国時代の伊賀の里にタイムワープしてしまった。そこで出会ったのは、忍者修行中の子どもたち。彼らといっしょに忍者の生活や忍術を学ぶエマたちだったが、やがて里を巻き込む大事件が起きて…。
2017.8 173p 23×17cm ¥1200 ①978-4-02-331608-9

◆幕末・維新人物伝 大久保利通 加来耕三企画・構成・監修, 水谷俊樹原作, 早川大介作画 ポプラ社 (コミック版日本の歴史 61)
【要旨】西郷隆盛の親友!江戸幕府を倒し、日本を近代化に導いた男の物語。
2017 126p A5 ¥1000 ①978-4-591-15650-6

◆幕末・維新人物伝 松平春嶽 加来耕三企画・構成・監修, 後藤ひろみ原作, 中島健志作画 ポプラ社 (コミック版日本の歴史 60)
【要旨】大政奉還を唱え、坂本龍馬から頼りにされた、幕末の賢侯。
2017 127p A5 ¥1000 ①978-4-591-15594-3

◆広岡浅子 原口泉監修, 大谷じろうまんが 小学館 (小学館版学習まんが人物館)
【要旨】日本の偉人伝に新たな女性登場!!連続テレビ小説『あさが来た』のヒロインのモデルがまんがに!大same保険会社を創業し、日本女子大学校設立に情熱を燃やした、おてんばじょう様の波瀾の人生!!激動の明治・大正時代に、不屈の意志で数々の事業を成功させた偉大なる女性実業家・広岡浅子―その激しくも美しい魂。
2017.5 159p 23×16cm ¥900 ①978-4-09-270122-9

◆まんが戦国武将大事典 矢部健太郎監修 西東社 (小学生おもしろ学習シリーズ)
【要旨】戦国時代を生きた人々の姿がよくわかる。合戦の特徴と背景がよくわかる。武将のことが、もっと好きになる。ワクワク、ドキドキが止まらない、戦国時代にタイムスリップ!動乱の戦国時代に生きた人々を143人、まんがと特集で紹介。
2017.11 287p A5 ¥1200 ①978-4-7916-2573-4

◆漫画でよめる!武田信玄―戦国最大の巨星 講談社編, なかにしえいじ漫画 講談社
【要旨】戦国時代最強といわれ、上杉謙信と名勝負をくりひろげた、武田信玄。織田信長をも恐れさせ、ついに天下獲りへと動き出すが―!?領民のためにも戦い、天下をねらい、上杉謙信や徳川家康と名勝負をくりひろげた、戦国最強軍団の歴史絵巻―!!
2017.8 159p A5 ¥950 ①978-4-06-220745-4

◆マンガ 歴史人物に学ぶ大人になるまでに身につけたい大切な心 5　太田寿まんが, 木村耕一原作・監修　1万年堂出版
【目次】第1話 南極探検を成功させた白瀬矗―大きな夢を持つと、「よし！頑張ろう」と、元気がわいてくる、第2話 フライドチキンを世界へ広めたカーネル・サンダース―「あきらめたら、終わり！」どんなピンチも、アイデアで乗り越える、第3話 豊臣秀吉が、信頼関係を築いた秘訣―「ありがとう」を、たくさん言うと、みんなと仲良くなれる、第4話 米百俵で学校を建設した小林虎三郎―「今日のことだけ、考えていていいの？」もっと先のことを、考えて行動しましょう、第5話 三献茶で有名な石田三成―自分中心ではなく、相手の立場に立って、気配りできますか、第6話「いざ鎌倉」が教えていること―つらいことがあっても、やけを起こさず、努力を続ければ、必ずチャンスが来る、第7話 イギリスの思想家カーライルのアドバイス―「悩み事を解決するには、まず、家の中を、整理整頓してみましょう」、第8話「愚公、山を移す」の教訓―「ここ一つ、やり抜くぞ！」強く決心して努力すれば、必ず成功する、第9話 災いを避ける方法―「カッと、頭にきたら、すぐに何か言ったり、やったりせずに、三歩、後ろへ下がりましょう」、第10話 わずかな時間もムダにしなかったガーフィールド―「たった三分」の違いで、学校の成績が一番になったり、将来、大統領になったりする
2017.8 143p A5 ¥1200 ①978-4-86626-028-0

◆名探偵コナン歴史まんが 日本史探偵コナン 1 縄文時代 原始世界の冒険者（タイムドリフター）　青山剛昌原作, 山岸栄一, 斉藤むねお漫画　小学館
【要旨】原始の時代へ飛ばされたタイムドリフターに大きな危機が迫る！ コナンと少年探偵団は彼らの危機を救えるか!?
2017.12 158p A5 ¥980 ①978-4-09-296636-9

◆名探偵コナン歴史まんが 日本史探偵コナン 2 弥生時代 ひとりぼっちの女王（リトルクイーン）　青山剛昌原作, 太田勝, 八神健漫画　小学館
【要旨】タイムドリフターを待っていたのは女王・卑弥呼だった！ クニの存続をかけて自然災害に挑む！
2017.12 159p A5 ¥980 ①978-4-09-296637-6

◆名探偵コナン歴史まんが 日本史探偵コナン 3 飛鳥時代―霧の中の異邦人（ストレンジャー）　青山剛昌原作, 太田勝, 狛枝和生漫画　小学館
【要旨】時間冒険の舞台は、まじないと祈りに満ちあふれた時代。迫りくる魔神の正体をコナンとともにあばく！
2017.12 159p A5 ¥980 ①978-4-09-296638-3

◆名探偵コナン歴史まんが 日本史探偵コナン 4 奈良時代―裏切りの巨大像（モニュメント）　青山剛昌原作, あさだみほ漫画　小学館
【要旨】大仏建立の時代に降りたったタイムドリフター。世紀の大事業を目にした彼らはいったい…!?
2017.12 159p A5 ¥980 ①978-4-09-296639-0

◆名探偵コナン歴史まんが 日本史探偵コナン 8 戦国時代 あかね色の落城（カタストロフィ）　青山剛昌原作, 狛枝和生, 斉藤むねお漫画　小学館
【要旨】強者ひしめく戦いの世に舞い降りたタイムドリフター！ 絶世の三姉妹を救う冒険がいま始まる！
2017.12 159p A5 ¥980 ①978-4-09-296643-7

哲学・心理学・宗教	446
◆哲学・思想	446
論理学・現象学	457
人生論・生と死	458
東洋思想	460
日本	461
中国	464
インド	467
西洋哲学	467
古代・中世・ルネサンス	468
ドイツ・オーストリア	469
フランス・オランダ	473
イギリス・アメリカ	475
倫理学・道徳	476
◆心理学	477
精神分析・サイコセラピー・	
カウンセリング	488
発達・異常・認知心理学	498
事典・書誌	499
◆宗教	499
新興宗教	500
創価学会	501
天理教	501
幸福の科学	502
生長の家	505
白光真宏会	505
自由宗教一神会	505
神道	505
宗教学・宗教史	507
神話・神話学	508
◆仏教	508
民間信仰	513
説話・法話	513
巡礼	514
仏教学	514
仏教史	515
経典・仏典・仏書	516
南都六宗	517
密教・真言宗・天台宗	517
禅宗・臨済宗・黄檗宗	518
曹洞宗・正法眼蔵	518
浄土教・浄土宗	518
浄土真宗・歎異抄	519
日蓮宗	521
◆キリスト教	521
ユダヤ教	526
神学・キリスト教史	526
説教集・教話集	527
聖書	528
旧約聖書	529
新約聖書	529
◆イスラム教	529

歴史・地理	530
◆日本史	530
地方史・郷土史	535
京都史	540
縄文・弥生時代	540
古代史（邪馬台国〜平安）	541
奈良・平安時代	547
中世史（鎌倉〜安土桃山）	547
戦国・安土桃山時代	551
近世史（江戸〜明治維新）	556
幕末・明治維新	563
近現代史（明治〜平成）	569
明治・大正時代	572
昭和史	574
日中・太平洋戦争・占領時代	576
戦記・体験記	585
◆世界史	586
東洋史	592
中国	594
朝鮮・韓国	598
エジプト・メソポタミア	599
西洋史	599
アメリカ	603
イギリス・アイルランド	604
フランス	605
ドイツ・オーストリア	606
東欧・バルカン	608
ロシア	608
アフリカ・オセアニア・中南米・	
その他	610
◆歴史学・考古学・地理学	610
歴史学	610
考古学	612
史料・古文書学	615
系譜学	616
地理学・地誌学	617
事典・年表・書誌ほか	618

哲学・心理学・宗教・歴史

哲学・心理学・宗教

哲学・思想

◆「間にある都市」の思想―拡散する生活域のデザイン　トマス・ジーバーツ著, 蓑原敬監訳　水曜社　(文化とまちづくり叢書)
【要旨】地域計画、都市計画、都市デザイン、ランドスケープ・デザインなどの技芸を総動員し、現場からどう取り組んだらよいのか。
2017.12 214p A5 ¥3200 ①978-4-88065-435-5

◆悪について　エーリッヒ・フロム著, 渡会圭子訳　筑摩書房　(ちくま学芸文庫)
【要旨】わたしたちは生を軽んじ、自由を放棄し、進んで悪に身をゆだねてしまうのか。人間の所業とは思えないような残虐きわまりない行為が繰り返されるのはなぜなのか。悪は人間であることの宿命なのか。『自由からの逃走』で、自由の重荷に耐えられぬナチズムへと傾倒していく人々の心理状況を克明に辿ったフロムは、本書でその考察をさらに深め、人間の本性と悪との原理的な関係に迫る。人を悪へと導くさまざまな要因を究明するなかで、しだいに「人間らしく生きること」の本当の意味が浮き彫りにされてくる。代表作『愛するということ』と対をなす不朽の名著を清新な訳文で。
2018.1 235p A5 ¥1000 ①978-4-480-09841-2

◆新しい文明の話―人類が22世紀にも存続し続けているために　横地義正著　(大阪)風詠社, 星雲社　発売
【目次】Prologue、地球の生命史、人類の文明と未曾有の環境変化、環境問題とは何か、19世紀20世紀型の文明は行き詰まった、次のフィールド、人類の文明、地球生命のフロンティア、イヌワシの眼とアリの足
2017.11 53p B6 ¥463 ①978-4-434-24017-1

◆アドルノの芸術哲学　上野仁著　(京都)晃洋書房
【要旨】なぜわれわれには知性が必要とされるのだろうか。芸術や知性がもたらす生のありかとは。現代哲学の巨頭アドルノの哲学全体を芸術の観点から再構成し、そこに秘められたユートピアを音楽作品の分析を通じ実証する。アドルノ哲学の新たな展開。
2017.11 237p A5 ¥3000 ①978-4-7710-2940-8

◆アナキズム入門　森元斎著　筑摩書房　(ちくま新書)
【要旨】国家なんて要らない。資本主義も、社会主義や共産主義だって要らない。いまある社会を、ひたすら自由に生きよう―そうしたアナキズムの思考は誰が考え、発展させてきたのか。生みの親プルードンに始まり、奇人バクーニン、聖人クロポトキンといった思想家、そして歩く人幾スタイン、吟遊坊主マフノといった活動家の姿を、生き生きとしたアナーキーな文体で、しかし確かな知性で描き出す。気鋭の思想史研究者が、激動する瞬間の思考と、自由と協働の思想をとらえる異色の入門書。
2017.3 267p 18cm ¥860 ①978-4-480-06952-8

◆アーバン・トライバル・スタディーズ―パーティ、クラブ文化の社会学　上野俊哉頂　(調布)月曜社　増補新版
【要旨】「都市の部族」の概念とその可能性を、ついに現場に身を置きながら根源的に思考／記述した類書なきエスノグラフィ―100頁超の長大「増補新版への序章」と新たなる書物への誘い「ブック・ガイド」を附した増補新版。
2017.3 443p B6 ¥3000 ①978-4-86503-042-6

◆アメリカンドリームの終わり―あるいは、富と権力を集中させる10の原理　ノーム・チョムスキー著, 寺島隆吉, 寺島美紀子訳　ディスカヴァー・トゥエンティワン
【要旨】今日のアメリカの真実を記す、建国以来の下劣で恥ずべき行動原理。ニューヨークタイムズベストセラー、米国アマゾン#1 Best Seller in Macroeconomics。
2017.10 302p B6 ¥1800 ①978-4-7993-2183-6

◆ありふれたものの変容―芸術の哲学　アーサー・C. ダントー著, 松尾大訳　慶應義塾大学出版会
【要旨】芸術の定義への壮大な思弁の企て。メタファー、表現、様式を体系的に説明し、平凡なものがどのように芸術になるのか哲学的に明らかにする、20世紀美学最大の成果。
2017.10 343, 11p B6 ¥4600 ①978-4-7664-2484-3

◆アルケー―関西哲学会年報　No.25 2017　関西哲学会編　(京都)関西哲学会, (京都)京都大学学術出版会　発売
【目次】共同討議／現実性をめぐって（趣旨説明、現実性をめぐって―トマスの方から、現実性をめぐって―スピノザの方から）、ワークショップ報告「種」とは何か―生物学の哲学の現場から論じる、ショーペンハウアーにおける哲学の問いの変遷―内在的哲学における物自体の布置、道徳性の原理としての衝動―特にフィヒテの『道徳論の体系』「第二部」に即して、偶然のなかの論理―メルロ＝ポンティと言語変化の問題、A Common Faith はなぜそう呼ばれるか―デューイ宗教論の共同性に関する研究、関西哲学会研究奨励賞第四回受賞者の報告
2017.6 78p A5 ¥2000 ①978-4-8140-0110-1

◆アーレントと実存思想―実存思想論集 32　実存思想協会編　(松戸)理想社
【目次】ハイデガーからアーレントへ―世界と真理をめぐって、ハイデガーからアーレントへ―ハイゼンベルク「不確定性原理」との対向を手がかりに、故郷喪失時代のタウンミーティング―福島県飯舘村を事例として、「見捨てられていること」の消息、ニーチェの「権力感情」概念の考察―闘争的関係と幸福、全体における存在者としての自然―前期ハイデガーにおける自然概念再考、世界の意味喪失の経験は共有できるか？―ハイデッガーとパトチカを手引きとして、「汝がそれであるところのものに成れ！」―ハイデガーによるその批判的伝承について、時間性のアポリアの詩的解決―リクールのハイデガー解釈について、書評
2017.6 219, 7p A5 ¥2000 ①978-4-650-00312-3

◆いかにして思考すべきか？―言葉と確率の思想史　船木亨著　勁草書房
【要旨】哲学とは寓話ではなく対話である。哲学者たちとの対話を通じて「思考すること」を思考する。言葉の上での思考と言葉以前の思考を、どうしたら調停できるのか。
2017.7 283, 3p B6 ¥3200 ①978-4-326-15446-3

◆いかに人物を練るか―士学論講　安岡正篤著　致知出版社
【要旨】大正13年、27歳の安岡正篤師が海軍大学校で海軍将校を前に講述した、指導者たる者の心得をここに復刊。
2017.5 280p B6 ¥1800 ①978-4-8009-1148-3

◆生きられた "私" をもとめて―身体・意識・他者　田中彰吾著　(京都)北大路書房　(心の科学のための哲学入門 4)
【要旨】ラバーハンド・イリュージョン、病態失認、身体パラフレニア、離人症、統合失調症、鏡像認知、明晰夢、ブレイン・マシン・インタフェース、共感覚、独我論的体験、心の理論、シンクロニー、ミラーニューロン…心の科学のもたらす多様な知見と、現象学の持つ豊かな理論的考察とを徘徊しながら、「自己アイデンティティ」の根絃をとらえ直す。
2017.5 238, 18p B6 ¥2300 ①978-4-7628-2965-9

◆生きる力を古人に学ぶ―円空・益軒・良寛らから学ぶ今を生き抜く力　井口範之著　郁朋社
【要旨】「人は生きるのではなく、生かされているのだ」生きる力の習得の必要性が見直されている今こそ、先達の知恵と知恵からその道しるべを得よう。
2017.2 164p A5 ¥1000 ①978-4-87302-637-4

◆一茶無の散歩　赤村いさみ著　東京図書出版, リフレ出版　発売
【要旨】人生、目標と競争とルール。そして世代交代。一茶無は歩きながら考えた。
2017.7 75p B6 ¥1200 ①978-4-86641-076-0

◆「意識高い系」の研究　古谷経衡著　文藝春秋　(文春新書)
【要旨】ノマドワーカー、ハロウィン、愛国女子。SNSに巣食う彼ら彼女らはなぜ「面倒くさい」のか―著者自らの体験から紡ぎだす、衝撃の現代若者論。
2017.2 220p 18cm ¥830 ①978-4-16-661102-7

◆井筒俊彦―言語の根源と哲学の発生　安藤礼二, 若松英輔責任編集　河出書房新社　(『道の手帖・井筒俊彦』増補・改題)　増補新版
【目次】特別対談　コトバの形而上学―井筒俊彦の生涯と思想、特別収録　ジャック・デリダ―書簡 "解体構築" DÉCONSTRUCTIONとは何か、井筒俊彦の周縁で―『超越のことば』井筒俊彦を読む、『意識の形而上学―「大乗起信論」の哲学』を読む ほか、インタビュー　高橋巌―エラノスで会った "非" 学問の人、井筒哲学の可能性（創造の出発点、呪術と神秘―井筒俊彦の言語論素描 ほか、増補　井筒俊彦とキリスト教哲学（井筒俊彦と中世スコラ哲学、井筒俊彦とキリスト教―存在論的原理としての愛）、井筒俊彦の基層（存在論とイスラーム精神、禅から井筒哲学を考える ほか、井筒俊彦と東洋哲学（詩とészと哲学の一言語と身心変容技法、地球社会化時代の東洋哲学―井筒俊彦とファム・コン・ティエン ほか
2017.6 255p A5 ¥2400 ①978-4-309-24812-7

◆井筒俊彦の学問遍路―同行二人半　井筒豊子著　慶應義塾大学出版会
【要旨】昭和34(1959)年、ロックフェラー財団で海外研究生活をはじめた井筒俊彦。以降20年に及ぶ海外渡航生活のなかでの研究者との出会い、マギル大学、エラノス学会、イラン王立哲学アカデミー等での研究と生活を豊子夫人が語るインタビュー、エッセイ、論文を通して、鮮やかに蘇らせる。
2017.9 205p B6 ¥4000 ①978-4-7664-2465-2

◆田舎暮らしと哲学　木原武一著　新潮社
【要旨】自然の中で、のびのび子供を育てたい。房総に居を移したものの、それは予想を超えた困難の始まりでもあった。水道未完備、道路は未舗装、台風の水害、木々の手入れの想像を絶する日々…。そんな毎日も、ニーチェ、ゲーテの言葉や、漢詩、禅の思想があれば軽やかに乗り越えられる。鳥の声に「百人一首」を想い、玉葉の中にシェイクスピアや「赤毛のアン」を見る。都会のカルチャーセンターに通うことだけが「学び」なのではない。日々の暮らしは、こんなにも学びの刺激に溢れている。現代版『森の生活』。
2017.9 254p B6 ¥1700 ①978-4-10-437302-4

◆いま自殺を考えている人のための哲学　無所住者　サンガ　(サンガフロンティア)
【要旨】自殺をせずに生き延びるための方法から、自殺をさせない社会を築くための構想まで―現代社会の問題点を総合的にあぶり出し、生きにくい日本社会を変革するための叡智の結晶！
2017.8 469p A5 ¥3800 ①978-4-86564-099-1

◆内田樹による内田樹　内田樹著　文藝春秋　(文春文庫)
【要旨】百冊を超える著書・翻訳書を刊行してきた著者。自作自註の講義でとりあげられた『ためらいの倫理学』『先生はえらい』『レヴィナスと愛の現象学』『街場の中国論』『日本辺境論』『「おじさん」的思考』『昭和のエートス』『下流志向』などを論じる中で先ほどの新たな思考が飛翔する一冊。巻末に著書・翻訳書リストを収録。
2017.12 329p A6 ¥760 ①978-4-16-790988-8

◆宇宙はすべてあなたに味方する　ディーパック・チョプラ, メナス・カファトス著, 渡邊愛子, 水谷美紀子, 安部恵子, 川口富美子訳　フォレスト出版
【要旨】「科学」と「精神世界」。人類史上最もすばらしい2つの世界観によって、現実創造のプロセスが明らかになる―世界的スピリチュアル・リーダーと物理学者が「宇宙と人間」の謎をついに解明！
2017.10 439p B6 ¥2300 ①978-4-89451-774-5

◆生まれてこない方が良かった―存在してしまうことの害悪　デイヴィッド・ベネター著, 小島和男, 田村宜義訳　(川越)すずさわ書店
【目次】第1章 序論、第2章 存在してしまうことが常に害悪である理由、第3章 存在してしまうことがどれほど悪いのか、第4章 子どもを持つということ：反出生的見解、第5章 妊娠中絶：「妊娠中絶賛成派」の見解、第6章 人口と絶滅、第7章 結論
2017.10 253p A5 ¥3000 ①978-4-7954-0360-4

◆「ウラシマ効果」物語　嵐田源二文, 山田ゆう希絵　(柏)暗黒通信団
2017.7 16p A5 ¥200 ①978-4-87310-101-9

哲学・思想

◆叡知の種 覚者は語る 2　ベンジャミン・クレーム監修、石川道子訳　(岐阜)シェア・ジャパン出版
【目次】覚者たちの誓い、新しい落ち着き、究極の勝利、太陽への道、究極の選択、教える者たちと教えられる者たち、前進の道、正気を求める、アメリカの選択、さまようアメリカ〔ほか〕
2017.4 313p B6 ¥4000 ①978-4-916108-23-4

◆ええかんじ ええにっぽん 7　森秀雅彦著　(京都)白馬社
【目次】忠言、三心、金屏風、画家、蠍蛾(とかげ)、発看、頭、乞食、地獄極楽、不動明王〔ほか〕
2017.1 220p B6 ¥1000 ①978-4-907872-13-7

◆おおきく考えよう—人生に役立つ哲学入門　ペーテル・エクベリ作、イェンス・アールボム絵、枇谷玲子訳　晶文社
【要旨】はるか昔から、たくさんの哲学者たちが、生きる意味について考えてきた。人間はほかの生きものと、どこがちがうんだろう？どうして社会をつくるのか？1人で生きていくことはできるだろう？幸せってなんだろう？この本には、人生に役立つ哲学の知恵やノウハウが書いてある。でも、きみがどうやって生きるか、答えは書いていない。考えるのは、きみだ。「教育の国」スウェーデン発、幸福に生きるための考えるレッスン！
2017.10 150p A5 ¥1500 ①978-4-7949-6975-0

◆小川仁志の"哲学思考"実験室　小川仁志著　教育評論社
【要旨】「僕と死体は同一人物なのだろうか」「どこにもない場所」「自分の後ろ姿が映っている鏡」…不思議な言葉や絵を見つけたら、考える練習をはじめよう！
2017.10 214p B6 ¥1400 ①978-4-86624-011-4

◆恐れを超えて生きる　ハロルド・サムエル・クシュナー著、松宮克昌訳　春秋社
【要旨】不確実な時代、困難に直面してもなお豊かに生を享受するために。ユダヤ教ラビによる手引き。
2017.9 232p B6 ¥2000 ①978-4-393-33356-3

◆オックスフォード&ケンブリッジ大学 世界一「考えさせられる」入試問題「あなたは自分を利口だと思いますか？」　ジョン・ファーンドン著、小田島恒志、小田島則子訳　河出書房新社 (河出文庫)
【要旨】イギリス屈指の二人の賢さとは何か？世界トップ10に入る両校の入試問題ではどんな超絶な思考実験が行われている！さあ、あなたならどう答える？どうしたら合格できる？難問奇問を選りすぐり、ユーモアあふれる解答例をつけたシリーズ。
2017.11 275p A6 ¥820 ①978-4-309-46455-8

◆驚きの存在論 Ereignis(エルアイクニス)　中井孝章著　(大阪)日本教育研究センター
【目次】第1部 存在の扉(存在驚愕(エルアイクニス)、言葉、時間×空間、有人/無人、技術)、第2部 存在者の扉(存在者(現存在)の世界)
2017.5 100p A5 ¥1500 ①978-4-89026-186-4

◆恩人の思想—わが半生 追悼の人びと　山折哲雄著　(京都)ミネルヴァ書房 (セミナー・知を究める 2)
【要旨】日本人が忘れかけた「人の恩」—半生の回想を通じて、「義理」や「情」を超え、「善悪」や「正邪」では判断できない「恩」とは何か。
2017.2 239, 5p B6 ¥2800 ①978-4-623-07989-6

◆邂逅の論理—"縁"の結ぶ世界へ　木岡伸夫著　春秋社
【要旨】"邂逅"の不在こそが世界の危機の根源にある。真に生きられる世界を目指し、新たな哲学の地平を切り拓く画期的論攷。
2017.7 308, 9p B6 ¥3500 ①978-4-393-31301-5

◆科学哲学 49-2　日本科学哲学会編　日本科学哲学会、駿河台出版社 発売
【目次】特集 現代行為論の展開（行為の反因果説の復興、理由の内在主義と外在主義、What Is Wrong with Interpretation Q?： A Case of Concrete Skeptic's Alternative Interpretation of Algebra)、書評
2016.12 82p A5 ¥1500 ①978-4-411-90192-7

◆科学とモデル—シミュレーションの哲学入門　マイケル・ワイスバーグ著、松王政浩訳　(名古屋)名古屋大学出版会

【目次】第1章 はじめに、第2章 三つの種類のモデル、第3章 モデルの構成、第4章 フィクションと慣習的存在論、第5章 対象指向型モデリング、第6章 理想化、第7章 特定の対象なしのモデリング、第8章 類似性の説明、第9章 ロバスト分析と理想化、第10章 おわりに—モデリングという行為
2017.4 290, 22p A5 ¥4500 ①978-4-8158-0872-3

◆隠すことの叡智—バルティータ 3　今福龍太著　水声社
【目次】1 ゆれる事実、こだまする物語(社会科学をブラジル化する、荒野のロマネスク ほか)、2 ことば、風景、時間(詩としてのアメリカ、マリノフスキーの風景 ほか)、3 "知のヘルメス"の作法—山口人類学の「詩と真実」(詞華集の精神のもとに、ジプシーの精霊の声を聴きながら ほか)、4 叡智は隠されている(幻を見る人、非情のユートピアニズム ほか)
2017.10 388p B6 ¥3800 ①978-4-8010-0253-1

◆覚醒せよ、わが身体。—トライアスリートのエスノグラフィー　八田益之、田中研之輔著　(西東京)ハーベスト社
【目次】第1章 身体のマネジメント(動機の内実、悦びの共有 ほか)、第2章 覚醒の過程(身体との邂逅、集団のなかの自己 ほか)、第3章 身体への思考と戦略(聖地の価値、身体の構築—五〇・五kmから一一三kmまで ほか)、第4章 ハワイ島コナ二二六km の軌跡(スイム三・八km 一時間○○分—九秒の記録、バイク一八○km 五時間○七分二六秒の記録 ほか)
2017.9 246p B6 ¥1800 ①978-4-86339-092-8

◆学生との対話　小林秀雄講義、国民文化研究会、新潮社編　新潮社 (新潮文庫)
【要旨】さあ、何でも聞いて下さい—。小林秀雄は昭和36年から53年にかけて、雲仙、阿蘇など九州各地で五度、全国から集った学生達に講義を行い、終了後一時間、質疑に応えていた。学生の鋭い問いに、時には厳しく、時には悩みながら、しかし一貫して誠実に応じた。本書はその伝説の講義の文字起こし二編、決定稿一編、そして質疑応答のすべてを収録。小林の学生に対する優しい視線が胸を打つ一巻。
2017.2 225p A6 ¥490 ①978-4-10-100711-3

◆学問をしばるもの　井上寿一編　(京都)思文閣出版
【目次】第1部 大日本帝国の時代から(論文 はたして言語学者はふがいないのか—日本語系統論の一断面、論文 帝国大学の創設と日本型社会科学の形成 ほか)、第2部 戦後の光景(論文 エポックメイキングな歴史書—大塚久雄・越智武臣・川北稔の歴史学、論文「国文学史」の振幅と二つの戦後—西洋・「世界文学」・風巻景次郎をめぐって ほか)、第3部 戦後は明治をどうとらえたか(論文 学問を、国という枠からときはなて—アメリカのフランス革命、ソビエトの明治維新、そして桑原武夫にむかった途、対談 明治絶対王政説とは何だったのか ほか)、第4部 再録(論考「つくられた桂離宮神話」より、論考 歴史はどこまで学統・学閥に左右されるのか)
2017.10 381p A5 ¥2500 ①978-4-7842-1898-1

◆梯明秀の物質哲学—全自然史の思想と戦時下抵抗の研究　中島吉弘著　未来社
【要旨】京都学派の経済哲学者として知られた梯明秀の本格的研究書。梯の戦時下における哲学の再評価と創造的復権をめざして、形而上学批判と根源的自然の復権というまったく新たな視点からその意義と射程を明らかにしようとする力作。
2017.6 269, 14p A5 ¥4500 ①978-4-624-01196-3

◆語る藤田省三—現代の古典をよむということ　藤田省三著、竹内光浩、本堂明、武藤武美編　岩波書店 (岩波現代文庫)
【要旨】『天皇制国家の支配原理』以来、一貫してラディカルな批評精神をもって時代状況に対峙し続けた思想史家・藤田省三。本書は、藤田が読書会や講義・講演の場で展開した、自由な飛躍と挑発的ニュアンス、独特のリズムで切り口鮮やかに問題の本質を抉り出す「語り」を生き生きと再現。「談論風発」の人・藤田の、書き残された著作にない、もう一つの魅力を伝える。岩波現代文庫オリジナル版。
2017.6 308p A6 ¥1200 ①978-4-00-600363-0

◆価値創造学体系序説 第1巻　石塚義高編著　幻冬舎メディアコンサルティング、幻冬舎 発売
【要旨】人々の価値創造を思想・哲学・宗教の観点から追究。"精神"の戦いによる人々の幸福と社会の安定と繁栄の達成に挑む一冊。
2017.11 361p B6 ¥1800 ①978-4-344-91450-6

◆金木義男の哲学—一〇〇年で人間世界を平和で豊かな社会にする 金木義男 100年で人間を救う会、編集工房DEP 発売
【目次】第1部 ソクラテスの世界観(哲学の世界へ入る前のちょっと一言、「ソフィーの世界」に入ってからの一言、古代ギリシャにおける自然哲学、ソクラテス、ソクラテスと自然科学 ほか)、第2部 金木義男の最終到達点(新哲学の話、絶対的価値の不存在、一〇〇年で人間問題全部なくせる"やつ"おるか、こうして人間世界を平和に変える、金木義男の最終到達点)
2017.12 147p A5 ¥1000 ①978-4-909201-04-1

◆カネと暴力の系譜学　萱野稔人著　河出書房新社 (河出文庫)
【要旨】「生きていくためにカネが必要だ」この単純な事実から出発して社会を動かす二つの力—カネと暴力を中心にすると国家、資本主義、そして労働が新しいかたちで見えてくる。それらの戦慄すべき本質をあきらかにして二十一世紀の思想家の誕生を告げた、いまこそ読まれるべき名著が復活。
2017.5 204p A6 ¥740 ①978-4-309-41532-1

◆可能世界の哲学—「存在」と「自己」を考える　三浦俊彦著　二見書房 (二見文庫) 改訂版
【要旨】手軽なニューエイジ思想やポップ哲学と戯れることで文学的空想や宗教的法悦に一挙に飛躍しようとするよりも、一歩一歩の地味かつ地道な論証を積み重ねていった方がそうした超越的境地に深く入り込める。最強の思考ツール「可能世界論」を徹底的に解説した名著、文庫化！
2017.5 301p A6 ¥700 ①978-4-576-17061-9

◆香山リカと哲学者たち 明るい哲学の練習 —最後に支えてくれるものは　中島義道、永井均、入不二基義、香山リカ著　ぷねうま舎
【要旨】精神科医、香山リカが、三人の哲学者の懐に飛び込んで、究極の「なぜ」を連発。いまの生きづらさはどこからきているの？絶対に正しいことって、この世に存在するの？思想って生きるために必要なの？レスリング、瞑想、死と哲学…、もう一つの哲学の顔が見えてきた。確かなことがなにもないなら、自由だ。テッテイすれば、元気が出る。突き抜ければ、明るい…。哲学のパワースポットへ。
2017.3 240p B6 ¥2000 ①978-4-906791-67-5

◆カルメンの穴あきくつした—自伝的小篇と読書ノート　田中克彦著　新泉社 (田中克彦セレクション 1)
【要旨】知識の世界へようこそ！民族、差別、言語、食べ物、ジプシー(ロマ)、モンゴルetc。たたかう言語学者・田中克彦の興味は尽きる。
2017.11 423p B6 ¥3200 ①978-4-7877-1821-1

◆考える教室—東大教授による論理的思考のレッスン　酒井邦嘉著　実業之日本社 (じっぴコンパクト文庫)
【要旨】『脳を創る読書』で、紙の本が人間の想像力や創造性にいかに働きかけているかを論じた酒井先生が、3人の学生を相手にして「考えること」をテーマに講義しました。"脳と心と言語"の関係からはじまり、「たった6語で小説を書いたヘミングウェイ」「理系のセンスだけでは解けないこともある」「答のない問題」「平行線は本当に交わらないのか？」…など、思考力を刺激する話題に触れながら、さまざまな課題を解いていきます。「考えること」の面白さに気づき、思考の奥深さが身につく一冊。
2017.11 159p A6 ¥660 ①978-4-408-45692-8

◆『感覚文明』の始まり—AIの命である電気を活かして　永野芳宣著　財界研究所
【要旨】本書は、次の3点を基本的な主題にしている。第1、これからの時代を「情報化社会」から進化した新たな「感覚文明社会」と捉え、同時に「日本文化」が「感覚文明」時代の主役だ、という点に日本人はしっかり気付く必要がある。第2、日本国の地勢と歴史が創った文化は、日本人の特殊な「12の感覚」、すなわち「突発事故対応の本能的6つのS(センス)感覚」と、「モンスーンの四季の変化対応の理性的6つのF(フィーリング)感覚」とを総合したものであり、それが"おもてなし"の基本である。第3、その"おもてなし"の基盤(ファンデーション)の「電気」が、IoTとAIが支配するネット時代には極めて重要。超高度化した「機械」が支配するネット時代の全ては「電気」が命。その重大性と、この国の特殊性を日本人は改めて再認識することを忘れてはならない。
2017.1 295p B6 ¥1500 ①978-4-87932-119-0

哲学・心理学・宗教

◆カンギレムと経験の統一性―判断することと行動すること 1926 - 1939年　グザヴィエ・ロート著, 田中祐理子訳　法政大学出版局（叢書・ウニベルシタス）
【要旨】カンギレムのエピステモロジーは、承服しがたいものと判断された「現在」と常に格闘し、抵抗する戦闘的エピステモロジーである。カントに源泉をもつこのエピステモロジーは、「生命」そして「医学」を参照する「価値」と「行動」と「選択」の哲学から、新たな現実を創り出すべく、危険を冒し、行動的に参与する"哲学者カンギレム"の知的道程と、その独創的な"生きているものの哲学"を明らかにする。
2017.2 404, 4p B6 ¥4200 ①978-4-588-01050-7

◆観想の文法と言語―東方キリスト教における神体験の記述と語り　大森正樹著　知泉書館（南山大学学術叢書）
【要旨】本書は「観想」を通して、西方とは異質な東方キリスト教の霊性がもつ特徴を解明した画期的業績である。はじめにヘシュカスムによる観想の世界を論ずる。ヘシュカスムとは砂漠や荒れ野で神と結びつこうとした人々に発する東方霊性の根幹にある霊性運動であり、それを通して修行者の苦闘を描くと共に祈りの方法・技法やイコンの役割、霊性言語の領域として考察する。次に擬ディオニュシオスに照準を当て、彼の取り扱った神名、否定神学、テアルキ、秘跡などの問題を解明し、彼が観想を中心に据えていることを確認する。さらに東方霊性を理論的に集大成したグレゴリオス・パラマスを取り上げ、彼がよく引用するディオニュシオスの解釈を検討し、次いでパラマスが関わったヘシュカスム論争の真相を明らかにしている。
2017.12 507, 16p A5 ¥7000 ①978-4-86285-265-6

◆官僚制のユートピア―テクノロジー、構造的愚かさ、リベラリズムの鉄則　デヴィッド・グレーバー著, 酒井隆史訳　以文社
【要旨】なぜ空飛ぶ自動車はまだないのか？かつて人類が夢見た「空飛ぶ自動車」をめぐる科学技術は、ひるがえって人間の内面を規制する「マネジメント（＝官僚制）」を生み出した！新自由主義が自明のものとなった今、それもまた空気と化している。『負債論』の著者グレーバーが、その無意識の現代性に切り込む画期的な文明批評！
2017.12 380p B6 ¥3500 ①978-4-7531-0343-0

◆危機における歴史の思考―哲学と歴史のダイアローグ　鹿島徹著　（札幌）響文社
【要旨】たとえば学校や書物を通して獲得した知は、そのままには、各人が人生でぶちあたっている切実な問いとは関係がない人畜無害なものにとどまるが、それらを「経験」という回路を通過させると、生きるための知恵となる。ベンヤミンは、ナチスが政権をとったヨーロッパで「経験の貧困」を指摘したのだが、「経験」として伝えられていたことが、通信技術の発展によって「情報」として流通し、あっというまに消費されてしまっている現代社会では、事態はもっと深刻ではないか。本書の著者、鹿島徹はこのように言う。どうしたら「経験」を復活させることができるのか。本書は示唆に富む。鍵は、歴史にある。と。哲学と対話する歴史であし、である。
2017.4 260p B6 ¥2500 ①978-4-87799-130-2

◆きけ 小人物よ！　ウィルヘルム・ライヒ著, 片桐ユズル訳　新評論　復刻版
【要旨】自由に怯えるわれら「リトルマン」の胸をえぐる苛烈かつ愛に満ちた檄文。
2017.2 209p B6 ¥2000 ①978-4-7948-1061-8

◆記号論　吉田夏彦著　筑摩書房（ちくま学芸文庫）
2017.10 213p A6 ¥1000 ①978-4-480-09824-5

◆希望を蒔く人―アグロエコロジーへの誘い　ピエール・ラビ著, 天羽みどり訳　コモンズ
【要旨】いのちを守る生態系を守る農業・社会運動・哲学として世界的に注目されているアグロエコロジーの第一人者による語りおろし。自然と向き合い、簡素に生き地球の未来のために活動する姿が私たちの心に響く。
2017.3 253p B6 ¥2300 ①978-4-86187-141-2

◆逆境の中で咲く花は美しい―がん患者の救世主の生きる哲学　工藤進英著　幻冬舎
【要旨】「神の手」を持つ医師は、稀代のはみ出し者だった。成長し続ける人こそ、幸福な人。だから絶対に、あきらめない。あきらめないから、勇気の書。
2017.9 254p 18cm ¥1200 ①978-4-344-03173-9

◆キャリバンと魔女―資本主義に抗する女性の身体　シルヴィア・フェデリーチ著, 小田原琳, 後藤あゆみ訳　以文社
【要旨】マルクスの本源的蓄積、フーコーの身体論を膨大な歴史資料と民族誌の分析を通して批判的に検討。16、17世紀の欧米を席巻した魔女狩りや植民地支配、そして今日のグローバルな規模で実施されるIMF・世界銀行の構造調整プログラムにいたるまでの資本主義の歴史を、女性に対する暴力とその抵抗の歴史として、実証的なフェミニズムの見地から読み替える壮大な意欲作。
2017.1 517p B6 ¥4600 ①978-4-7531-0337-9

◆境界を超える英知：人間であることの核心―クリシュナムルティ・トーク・セレクション 1　J. クリシュナムルティ著, 吉田利子, 正田大観共訳　コスモス・ライブラリー, 星雲社 発売
【要旨】教えの真髄をこの一冊に凝集！本書は、1920年代から1986年の死の直前に至るまでに世界各地で行なわれた数多くのトークや対話から抜粋された、クリシュナムルティの教えの核心に迫る言葉が、周到に編集されて盛り込まれている。
2017.2 328p B6 ¥2000 ①978-4-434-23002-8

◆京都学派 酔故伝　櫻井正一郎著　（京都）京都大学学術出版会（学術選書）
【要旨】京都学派は西田幾多郎を筆頭とする哲学者らだけのものではない。狩野直喜らの東洋学、吉川幸次郎、桑原武夫らによる文学研究、今西錦司の人類学などさまざまな学問を生み出した。本書が酔故伝と銘打たれているように酒の力が、三高の気風があり、東洋と西洋の異質性にとらわれない「文」を尊ぶ空気がずっとあった。今日において学問とは何か、大学はどうあるべきかを改めて考えさせる一冊。立本成文氏による跋を収録。
2017.9 415p B6 ¥2000 ①978-4-8140-0115-6

◆近代の虚妄と軋轢の思想　綱澤満昭著　（大阪）海風社
【要旨】近代化によって手にした果実とひきかえに日本人は何を失ったのか？老練な思想史家が近代の虚妄の正体を作家論という新たな手法で読み解いた。
2017.12 274p B6 ¥1900 ①978-4-87616-049-5

◆空（無）の思想―ニーチェを超えて　堀江秀治著　（仙台）創栄出版, 星雲社 発売
【要旨】自虐的歴史観の構造。国家、宗教としての「集団ヒステリー」。神的超越性、自己偽善、四次元身体と三次元身体。
2017.8 246p B6 ¥926 ①978-4-434-23444-2

◆ぐでたまの『資本論』―お金と上手につきあう人生哲学　朝日文庫編集部編　朝日新聞出版（朝日文庫）
【要旨】19世紀ヨーロッパの思想家マルクスの『資本論』には、お金を稼ぐことにとらわれ、無理をして働き、大切な人生を見失わないための心得が説かれています。働くこととお金の関係について、ぐでたまと一緒に少しだけやる気を出して学びましょう。きっと気持ちがラクになるはず……。
2017.2 126p A6 ¥600 ①978-4-02-264840-2

◆熊を夢見る　中沢新一著　KADOKAWA
【要旨】それは、神話的思考の発生した遠い時空を透視する夢。詩とアニミズムの新たな沃野へ。人類学者・中沢新一、最新論集。
2017.10 349p B6 ¥1800 ①978-4-04-400243-5

◆グラウンデッド・セオリー―バーニー・グレーザーの哲学・方法・実践　ヴィヴィアン・マーティン, アストリッド・ユンニルド編, 志村健一, 小島通代, 水野節夫監訳　（京都）ミネルヴァ書房
【要旨】徹底的にデータと向き合うとは。「理論の創発」をもたらすための実践・指導方法を「生みの親」と直弟子が解説。
2017.8 521p A5 ¥8500 ①978-4-623-07372-6

◆クレオール主義―バルティータ 1　今福龍太著　水声社
【目次】「ネイティヴ」の発明―場所論1、ワイネの村―場所論2、サウスウェストへの憧憬―プリミティヴィズム論1、ファンタジー・ワールドの誕生―プリミティヴィズム論2、文化の交差点で―越境論、資本を交錯するロシア―ブラジル混血論1、父を忘却する―混血論2、旅する理論―ヴァナキュラー論、キャリバンからカリブ海へ―逃亡奴隷論、浮遊する言葉とアイデンティティ―クレオール論1〔ほか〕
2017.3 439p B6 ¥4000 ①978-4-8010-0251-7

◆群島 - 世界論―バルティータ 2　今福龍太著　水声社
【目次】デルタの死者たち、時の疾走、浦巡りの奇蹟、南の糸、あるいは歴史の飛翔力、二世の井、メランコリーの孤島、種の起源、"私"の起源、名もなき歴史の子供、誰でもない者の海へ、薄明の王国、ブラジル島、漂流、私は舌である、音楽の小さな環、一九二二年の贈与、言語の多島海、イデアとしての鯨、痛苦の規範、ハヌマーンの地図、白熱の天体、私という群島
2017.6 492p B6 ¥4500 ①978-4-8010-0252-4

◆経験をリセットする―理論哲学から行為哲学へ　河本英夫著　青土社
【要旨】モンゴルからアメリカへ、八丈島からフクシマへ、世界中の様々な場所を訪ね歩き、「いま・ここにはいない」自己へと変容する。知り得た知識を捨て、目的を持たずに歩き、経験の可動域を広げる。オートポイエーシスの第一人者が、歩いて歩いてたどりついた、行為哲学の真骨頂！
2017.9 258p B6 ¥2000 ①978-4-7917-7012-0

◆経済・社会と医師たちの交差―ペティ、ケネー、マルクス、エンゲルス、安藤昌益、後藤新平たち　日野秀逸著　本の泉社
【目次】序に代えて一医師・医学と経済・社会、1部 マルクス・エンゲルスと医師・医学（マルクス・エンゲルス全集に登場する271人の医師たち、マルクス、エンゲルスと親族や友人の医師たち、マルクスたちは自然科学に強い関心を払った、医師と科学研究、経済学研究の先行者としての医師たち ほか）、2部 日本における先駆者たち―安藤昌益と後藤新平（安藤昌益（1703～1762）、後藤新平（1857～1929））
2017.10 175p B6 ¥1300 ①978-4-7807-1653-5

◆啓蒙　ドリンダ・ウートラム著, 田中秀夫監訳, 逸見修二, 吉岡亮訳　法政大学出版局（叢書・ウニベルシタス）
【要旨】啓蒙思想が花開いた18世紀の当時から今日に至るまで、「啓蒙とは何か」を定義することは困難であり続けている。それは、啓蒙期に生じた根本的な価値観の変化が今も世界を規定していることと無縁ではない。啓蒙思想が生じた社会的な背景から、統治や経済に与えた影響、奴隷制、自然科学、宗教、そして革命との関係に至るまで、総体的に読み解き、啓蒙の抱える矛盾や破壊性をも描き出す、入門書の決定版！
2017.12 267, 9p B6 ¥4300 ①978-4-588-01072-9

◆下山の時代を生きる　鈴木孝夫, 平田オリザ著　平凡社（平凡社新書）
【要旨】大きな経済成長も望めない「下山の時代」に、日本と日本人はいかに生きるべきか。言語学の泰斗と多方面で活躍する劇作家が混迷を深める今こそ求められる日本式の思考スタイルを語り合う。今の地球に必要な日本式の思考スタイルとは。そして下山の先に何が見えるか。人口減少、低成長時代において、混迷を073在く究極の究極のヒント。
2017.4 205p 18cm ¥740 ①978-4-582-85841-9

◆現代形而上学入門　柏端達也著　勁草書房
【要旨】現代哲学の深奥へ！分析哲学のアプローチによる形而上学とはどういうものか。その奥深さと手触りを体感する、新しい入門書。
2017.9 267, 20p B6 ¥2800 ①978-4-326-15449-4

◆現代思想の転換2017―知のエッジをめぐる五つの対話　篠原雅武編　（京都）人文書院
【要旨】新時代への思想のシフトはもう始まっている。歴史の転換点のいま、何を考えるべきか。人文学の最先端を切り拓く五人の研究者が語る、知の未来。
2017.1 205p B6 ¥1800 ①978-4-409-04109-3

◆現代思想のなかのプルースト　土田知則著　法政大学出版局
【要旨】選び抜かれた8人のプルースト論を縦横無尽に解き明かす、前人未到の野心の全て！
2017.8 249, 6p B6 ¥2900 ①978-4-588-13022-9

◆現代思想の名著30　仲正昌樹著　筑摩書房（ちくま新書）
【要旨】近代的思考の限界を乗り越えるため、新たな思考の様式を獲得しようとした「現代思想」。それはフランスを中心に影響力を及ぼした構造主義から、その近代の残滓を批判的に捉えたポスト構造主義へと発展していった。それは、従来の「哲学」に限定されることなく、精神分析や言語論など様々な方法論によって展開された。さらに、その流れは、現代資本主義分

哲学・思想

析や脱近代的な方向での社会批判の潮流も生み出していく。幅広くかつ難解なものが多いといわれる現代思想の著作を一人の書き手が丁寧に解説したこれまでにはないブックガイド。

◆**現代存在論講義 1 ファンダメンタルズ**　倉田剛著　新曜社
【要旨】論理学を武器としてきわめて明断な論理学へと新生した存在論——その最先端まで学生と教員の対話を織り交ぜた解説で導く本格入門書。存在論の方法、カテゴリーの体系、性質について初歩から詳論する。
2017.4 186p A5 ¥2200 ①978-4-7885-1518-5

◆**現代存在論講義 2 物質的対象・種・虚構**　倉田剛著　新曜社
【要旨】目前の机のような「中間サイズの物質的対象」、生物・物質・人工物の「種」、現実世界と事物のあり方が異なる「可能世界」、小説のキャラクターといった「虚構的対象」について論じた、四つの講義を所収。
2017.10 179p A5 ¥2200 ①978-4-7885-1544-4

◆**現代とはどのような時代なのか——現代文明論の試み**　小林道憲著　(京都)ミネルヴァ書房　(小林道憲「生命の哲学」コレクション 6)
【要旨】自然を略奪し、根源性を喪失した人間、高貴なものを見失った大衆の氾濫など、現代の諸相を鋭く抉り、現代の精神状況を批判的に考察する文明論。国家像を喪失した時代状況に熟慮しながら、自由主義と全体主義、国家と倫理、国家の理想と堕落など、"国家とは何か" "現代の国家はどのような状況にあるのか" という問題に取り組んだ現代国家論。
2017.2 395p A5 ¥6500 ①978-4-623-07731-1

◆**現代訳 職業としての学問**　マックス・ウェーバー著、三浦展訳　プレジデント社　新装版
【要旨】二〇世紀最大の社会学者、マックス・ウェーバー。その青年時代に、ドイツ帝国は世界第二位の工業国へと高度成長を遂げた。だが、イギリス、フランスとの対立は、一九一四年の第一次世界大戦開戦へとつながり、ドイツの敗北をもたらした。ウェーバーが『職業としての学問』の講演を行った一九一七年は、政治も、経済も、過去の体験がまったく役に立たなくなった混沌の時代の中で、新しい生き方を求める若者たちに向けて行われたものである。
2017.3 151p 18cm ¥1100 ①978-4-8334-2220-8

◆**権利の哲学入門**　田上孝一編著　社会評論社
【目次】第1部 権利の思想史（アリストテレスの権利論——『政治学』第3巻を中心に、古代ローマにおける市民権と自由、トマス・アクィナスにおける私的所有権、ホッブズの権利論、ロックの権利論における権利、権利の正当化——権利基底的道徳の議論から、民主主義と自由への権利、プロレタリアと想像力への権利、市民の権利 ほか
2017.2 319p A5 ¥2400 ①978-4-7845-1558-5

◆**公共哲学**　山脇直一、齋藤純一編著　放送大学教育振興会、NHK出版 発売　(放送大学大学院教材)　改訂版
【要旨】公共哲学とは何か、公共哲学としての功利主義、公共哲学としてのリベラリズム、リベラリズム批判の公共哲学1——ノージックの権原理論、リベラリズム批判の公共哲学2——マッキンタイアの徳倫理学、アーレントの公共哲学、ハーバーマスの公共哲学とデモクラシーと公共性、社会統合と公共性、経済学と公共性、危機と公共哲学1——巨大災害、危機と公共哲学2——社会保障、公共的問題としての科学技術、科学技術の公共的問題にどう取り組むのか——民主性と専門性の対立を超えて、国際社会における公共性
2017.3 282p A5 ¥2700 ①978-4-595-14087-7

◆**公徳の国JAPAN**　倉田信靖著　明徳出版社
【目次】「公徳心」の系譜、「秘すれば花なり、秘せずば花となるべからず」と「公徳心」、「徳」の定義、「公」についての日本語と漢語の使用例、『論語』に「公徳」なし、福澤諭吉の「公徳」論、「公徳」を評価した夏目漱石、「吾輩は猫である」の「公徳」の二義性について、『論語』「徳」とは、『呂氏春秋』に知見する「公」「徳」 ほか
2017.10 167p B6 ¥1500 ①978-4-89619-942-0

◆**幸福の条件——アドラーとギリシア哲学**　岸見一郎著　KADOKAWA　(角川ソフィア文庫)　「不幸の心理 幸福の哲学」加筆・再編成・改題書

【要旨】過去がどうであれ、これからを決めるのは今。今の決断によって未来を変えることもできる。過去の体験、成育歴、性格など、何らかの理由があるから幸福でないというのは、それを口実に、幸福にならないでおこうと自分で決めているということにすぎない。ギリシア哲学、アドラー心理学の智恵から読み解く幸福ならではの視点で、幸せとは何か、生きることとは何かを考察した現代の幸福論。「より善く生きる」ためのヒントが満載。
2017.4 278p A6 ¥720 ①978-4-04-400258-9

◆**幸福の哲学——アドラー×古代ギリシアの智恵**　岸見一郎著　講談社　(講談社現代新書)
【目次】第1章 幸福とは何か、第2章 なぜ幸福になれないのか、第3章 人間の尊厳、第4章 他者とのつながり、第5章 幸福への道、第6章 人生をどう生きるか
2017.1 228p 18cm ¥760 ①978-4-06-288406-8

◆**幸福の哲学——君主帝王学 支配せず君臨せよ**　石川聖龍著　青林堂
【要旨】数多くの経営者、管理者そして著名人が密かに学んでいる君主帝王学。秘密の扉に隠された真の成功術が今明らかに！経営者のみならず社会人必読の書！
2017.7 223p B6 ¥1200 ①978-4-7926-0597-1

◆**幸福論**　B. ラッセル著、堀秀彦訳　KADOKAWA　(角川ソフィア文庫)　新版
【要旨】数学者の論理的な思考と、哲学者の機知を兼ね備えたB・ラッセル。第一部では問題の本質を明らかにするために原因分析を行い、解決策を論じる。第二部では幸福を獲得するための具体的な方法について解説。晩年は平和運動に身を捧げた哲学者ならではの、時代を超えて読み継がれる名著。どことなく不安定な社会情勢の中、自己を否定しがちな風潮の現代に、平和の意味を問い直し、あらためて幸福になることの意味を示す書。
2017.10 243p A6 ¥800 ①978-4-04-400339-5

◆**功利主義の逆襲**　若松良樹編　(京都)ナカニシヤ出版
【要旨】功利主義は打破されたのか？気鋭の論者たちが逆襲の狼煙を上げる。
2017.8 262p A5 ¥3500 ①978-4-7795-1189-9

◆**心が私を離れるとき**　久保博孝著　幻冬舎メディアコンサルティング、幻冬舎 発売
【要旨】人は「自我」を得て、果たして幸せになったのだろうか？古今東西の文献から人類が自我を得る過程を読み解き、死生観・宗教観・価値観の変遷を綴る名著。
2017.12 179p B6 ¥1200 ①978-4-344-91495-7

◆**志の力——シンギュラリティ時代の成功を決める新・思考法**　下村博文、青木仁志著　アチーブメント、アチーブメント出版 発売
【要旨】新時代で真の成功と幸福を得るためにもっとも大切なことは何か。一度の人生、二度ない人生、いかに生きるか。人を育てる二人のプロが今、伝える未来の人生哲学。
2017.10 243p B6 ¥1400 ①978-4-86643-018-8

◆**心の哲学——新時代の心の科学をめぐる哲学の問い**　信原幸弘編　新曜社　(ワードマップ)
【要旨】心身問題をはじめとする心の哲学の主要な論争をさまざまな思想的立場から、初学者にも向けて解説。脳科学・心理学・人工知能・精神医学など、近年進展めざましい心の科学の基礎を問う。
2017.3 293, 8p B6 ¥2600 ①978-4-7885-1525-3

◆**心の論理——現代哲学による動機説の展開**　金子裕介著　(京都)晃洋書房　新版
【要旨】倫理的な問いには、思考の主観性が見出される。それこそが、人間の心のあり様ではないか。主観性を見据えながら、客観的な自然科学では捉えきれない人間の心のあり様に向って、哲学的にアプローチする。
2017.10 176, 7p A5 ¥3500 ①978-4-7710-2972-9

◆**虎山に入る**　中沢新一著　KADOKAWA
【要旨】人間を解き明かす鍵は、火のように燃える心の原野に隠されている。縄文と現代を結ぶ思考の稜線。思想家・中沢新一、最新論考。
2017.10 236p B6 ¥1700 ①978-4-04-400242-8

◆**答えのない世界を生きる**　小坂井敏晶著　祥伝社　「異邦人のまなざし」改訂・改題書
【要旨】常識から目を覚ますために。大いなる知が紡ぐ「考えるための道しるべ」。
2017.8 357p B6 ¥1800 ①978-4-396-61617-5

◆**古典との再会——文学・学問・科学**　遠山啓著　太郎次郎社エディタス　オンデマンド版
【目次】文学と人間（亡びゆく者たち——ドストエフスキー「死の家の記録」、美のなかの無常感——チェーホフ「曠野」、人間への探索——バルザック、対立者の典型像——ゲーテ「ファウスト」）、学問と教育（進化論への旅——ダーウィン「ビーグル号航海記」、自分自身をつくる——ルソー「エミール」、氷の水へ——「二宮翁夜話」、いやみな感覚——芥川龍之介「蜘蛛の糸」、負の視点——「老子」、つぶやく如く——親鸞「歎異抄」）、詩と科学（本とめぐり会い——森鷗外訳「即興詩人」、ブレークのすすめ——「虎」と「向日葵」、科学と詩のあいだ——ニュートンとブレーク）
2017.3 269p B6 ¥2500 ①978-4-8118-0489-7

◆**孤独は贅沢——ひとりの時間を愉しむ極意**　ヘンリー・D. ソロー著、増田沙奈訳、星野響楊興陽館　「モノやお金がなくても豊かに暮らせる」再編集・改題書
【要旨】静かな一人の時間が、自分を成長させる。お金はいらない、モノもいらない、友達もいらない。本当の豊かさは「孤独の時間」から——。『ウォールデン森の生活』人生の達人「ソロー」の教え。
2017.5 236p B6 ¥1400 ①978-4-87723-215-3

◆**言霊の思想**　鎌田東二著　青土社
【要旨】なぜ人は言葉に魅せられるのか。人は言葉とどのように向き合ってきたか。そもそも「ことば」とは何か。言語論や記号論をはるかに超えて、その思想的・宗教的意義を歴史的にとらえたとき、永々と人びとが描き続けた、言葉をめぐる一大曼荼羅が浮かび上がる。思想史の空隙を埋める画期の書にして、著者畢生の大作。
2017.7 444, 4p B6 ¥3700 ①978-4-7917-7001-7

◆**「言葉」が人生を変えるしくみ その最終結論。**　石田久二著　Clover出版、産学社 発売　(スピリチュアルの教科書シリーズ)
【要旨】「言葉」が人生を劇的に変えるとしたら果たして、信じられるだろうか？本書は、これまで論理的に説明できなかった「言葉」が人生を変える原理を、徹底的に詳解する。経験に基づいて、蓄積された方法論から、さらに精度を上げ、集大成としてここに結論。知らない人と知っている人で、あなたの人生は、全く違うものになる！
2017.8 287p B6 ¥1700 ①978-4-7825-3480-9

◆**この宇宙は夢なんだ——解き明かされる生存の秘密**　アレクサンダー・マルシャーン、加藤三代子訳　中央アート出版社
【目次】第0章 終わりの始まり、第1/9章 夢見の科学、第2/9章 夢見る放蕩息子、第3/9章 起こりえないことが起こっつたわけ（でも本当は起こってない）、第4/9章 自我の悪夢、第5/9章 目覚めつつ見る幸せな夢、第6/9章 トータル・イモータル（まったく不滅）、第7/9章 真の祈りの極意、第8/9章 実相世界からの啓示
2017.2 191p 24×16cm ¥2000 ①978-4-8136-0771-7

◆**コミュニズム——HAPAX8**　HAPAX編　夜光社
【目次】コミュニストの絶対的孤独——不可視委員会の新著によせて、黙示録的共産主義者、自由人の共同体と奴隷の共同体、関破壊機械ビヒモス、あるいは蜂起派のためのシュミット偽史、非統治のための用語集、壁がたたむのか内戦、小説の倫理—「壁のしみ」訳者解題、「復興」共同体と同じ場所に暮らしを作り出す廉想渉「宿泊記」（一九二八）、魯迅「長い物語り」について、巨椋沼における3つの議論、分裂的コミュニズム
2017.11 180p 19×12cm ¥1200 ①978-4-906944-13-2

◆**コミュニズムの争奏——ネグリとバディウ**　アルベルト・トスカーノ著、長原豊訳　航思社
【要旨】マルクス思想の刷新をめざして世界的に注目される若き俊英が、みずからの2人の師であるネグリとバディウの理論を極限まで展開し、さらなる展望を得ながら——2人の批判的入門書として、来るべきコミュニズムを構想する最前線のラディカル思想。
2017.2 304p B6 ¥3200 ①978-4-906738-21-2

◆**コンシアンスの系譜学**　エドワード・グラント・アンドリュー著、樋口克巳、江川隆男、伊藤雅巳、堂囿俊彦訳　文化科学高等研究院出版局
【要旨】権利、自由、正義、所有、信念、確信、さらに価値の思考や言説には、コンシアンスが働いている。感情や振る舞いには、思想とことばと言語の結びつきがなされて、内化

哲学・心理学・宗教

◆今夜ヴァンパイアになる前に―分析的実存哲学入門　L.A.ポール著，奥田太郎，薄井尚樹訳　（名古屋）名古屋大学出版会
【要旨】進学，就職，転職，結婚，出産など，人生の岐路で大きな決断を迫られたとき，人は合理的に選択することができるのか。何かを選ぶことで，今とはまったく違う自分に変わってしまうかもしれないというのに―。誰しもが悩む「変容の経験」，その実存的な問いを分析哲学の視点から考える注目作。
2017.5 203, 26p A5 ¥3800 ①978-4-8158-0873-0

◆佐々木説法 なるほど　佐々木の将人著　（相模原）どう出版
【要旨】合気道開祖植芝盛平，そして中村天風に師事した合気道師範であり，山蔭神道の神官である著者の，日本文化と人の道を説く「佐々木説法」。軽快な語り回しで身体に響く「日本人の原点に帰れ」というメッセージに，ついつい"なるほど"とうなずきます。
2017.3 308p A5 ¥1700 ①978-4-904464-79-3

◆時間学の構築 2 物語と時間　山口大学時間学研究所監修，時間学の構築編集委員会編修　恒星社厚生閣
【要旨】「物語の時間」「時間の物語」の学際的な解説。本巻では，文学研究・社会学・美術史・哲学の観点から「物語と時間」が論じられ物語による時間の網目の歪みが多様に活写されている。
2017.6 231p A5 ¥3300 ①978-4-7699-1609-3

◆時間・自己・物語　信原幸弘編著　春秋社
【要旨】時間を経験する「私」は本当に存在しているのか。時間と脳はどう関係し，時間は意識をどう構成するのか。時間は価値にどう影響を与えるか。謎が謎をよぶ主観的時間を徹底的に探究。心の時間論の最前線！
2017.6 263, 7p A5 ¥3300 ①978-4-393-32370-0

◆時間ってなに？ 流れるのは時？ それともわたしたち？　クリストフ・ブトン文，ジョシェン・ギャルネール絵，伏見操訳　岩崎書店（10代の哲学さんぽ 10）
【目次】1 はじめに，2 時間ってなんだろう，3 今，何時？，4 未来から現在を通り，過去へ，5 ぼくだけの時間
2017.2 77p B6 ¥1300 ①978-4-265-07916-2

◆時間の思想史―双対性としてのフィジカ・メタフィジカ　藤本忠著　（京都）晃洋書房（龍谷叢書）
【目次】第1部 物理学と哲学の時間概念をめぐる問い（物理学的時間表示の起源，物理学の時間とカントの時間論），第2部 近世哲学の時間解釈（A）―カントの時間論のドイツ観念論における展開（シェリングによる自然哲学，フィヒテの根源的直観論，ヘーゲルの概念による時間論），第3部 近世哲学の時間解釈（B）―時間の構造（ライプニッツ対ニュートンとカント，ボルツァーノによる時間の基礎付け），第4部 数理哲学の時間概念とその問題（物理学における時間表示の問題，時間と量子物理学における観測の問題）
2017.3 209p A5 ¥3500 ①978-4-7710-2848-7

◆思考の体系学―分類と系統から見たダイアグラム論　三中信宏著　春秋社
【要旨】図形言語（ダイアグラム）―知の可視化。いかにして万物の多様・複雑かつ膨大な情報の中から本質的な意味を把握し体系化するのか。分ける／つなぐ，部分／全体，既知／未知，直感／論理，類似／差異……千年に及ぶ人類の試行錯誤に根ざす「思考の礎」の核心を開示する。
2017.4 316, 23p B6 ¥2500 ①978-4-393-33355-6

◆自己と他者―主観性・共感・恥の探究　ダン・ザハヴィ著，中村拓也訳　（京都）晃洋書房
【要旨】自己と他者をめぐる哲学と経験科学の豊饒にして生産的な対話。古典的現象学の心の理論論争，共感理論，社会的認知への寄与可能性を余すところなく論じた現象学の現代的展開の到達点！
2017.11 273, 36p 23×16cm ¥3900 ①978-4-7710-2923-1

◆自己発見の哲学―生死透脱のために　田邉笑鬼著　鳥影社

されている。その歴史的変容を仔細に克明に系譜学的に解き明かし，市場社会の現在の道徳的基盤を根源から問い，個性を形成する主観の根拠とは何であるのか，古代哲学，近代哲学，文学，そして日常の事ごとが，コンシアンスから説かれる。
2017.10 185p 21×13cm ¥2500 ①978-4-938710-29-3

【要旨】禅思想を中核に据え，西田幾多郎，鈴木大拙といった日本最高の宗教思想の到達点がここに結晶している。同時にこれは，生死を窮めようとする著者の命がけの闘いの記録でもある。語り口は平易だが，奥底には真剣を構えたような凄みが漲る。
2017.6 190p B6 ¥1500 ①978-4-86265-595-0

◆事実と価値　北村実著　本の泉社
【目次】第1部 価値とは何か（事実と価値，価値とは何か，価値は何によって規定されるか？，自然の価値と自然主義的誤謬，価値の多元性・相対性と普遍性），第2部 価値と文化（人間と文化，芸術を芸術たらしめるものは何か？，文学・芸術と価値），第3部 価値と科学・技術（学問のあり方―哲学・思想の観点から，原発をめぐる科学・技術と倫理，科学の価値中立性と科学者の社会的責任，科学をめぐる事実と価値），付録 旧ソ連哲学の欠陥―ヤコブレフ「マルクス主義の崩壊」をめぐって
2017.6 175p A5 ¥1400 ①978-4-7807-1630-6

◆自信過剰な私たち―自分を知るための哲学　中村隆文著　（京都）ナカニシヤ出版
【要旨】自分を知れば，自分も変えられる。哲学，心理学，経済学，政治学などの幅広い知見に学ぶ，「人間」そして「自分自身」の意外な発見。
2017.9 197p A5 ¥2100 ①978-4-7795-1188-2

◆自然主義入門―知識・道徳・人間本性をめぐる現代哲学ツアー　植原亮著　勁草書房
【要旨】哲学という営みを対象とする諸科学とが交差する場で繰り広げられる知のスペクタクルの最前線へ！ 自然主義からの眺望を示す初めての入門書。
2017.7 301, 6p B6 ¥2800 ①978-4-326-15448-7

◆自然情動論 die Naturemotion―「悪」の自由と宗教・倫理・美的表現労働の探究　中村勝ської（西東京）ハーベスト社
【目次】第1部 純粋情動による表現としての労働形態―古タイヤルの世界表現（われら自然の子，山の民と相対的虚無，バトスの民と母性―バルブー「歴史と情動的風土」説にふれて，人間の自然の特殊形而上学―労働の最初形態についての生成論），第2部 「神」とパッションの表現労働観―自然哲学にみる自生的コミューンの原理（人間と業の魔術―パラケルススの世界表現説，内なる対話と自己工作―ホッブズ「人間の自然状態」について，自由と「黒の思考」―シェリング神秘主義にみる「神」との自然的実在的労働，相対的虚無のコミューン原理―ステッツォ「女性と経済学」説をめぐって），結語にかえて―実証主義と特殊形而上学
2016.12 545p B6 ¥4200 ①978-4-86339-080-5

◆思想としての言語　中島隆博著　岩波書店（岩波現代全書）
【要旨】言語の豊饒なる特殊性を，思想としての普遍性を獲得するような言語経験をめぐる遍歴としての，古今東西の「言語論的転回」の軌跡。
2017.9 246p B6 ¥2300 ①978-4-00-029207-8

◆思想への根源的視座　笹倉秀夫著　（京都）北大路書房
【要旨】思想（とくに法・政治思想）という営為の根源にあるものをクリティカルに論究。
2017.11 332p A5 ¥6000 ①978-4-7628-3001-3

◆悉皆成仏による「更生」を信じて一変質する不信の時代に隗より始める「信」の復権　徳岡秀雄著　村村出版
【要旨】はじめに 想像を超える犯罪の出現，第1章 カニは甲羅に似せて，第2章 不信の現代，第3章 信の復権を，第4章 もう一つの行為基準―超越者からの眼差し，第5章 仏教の人間観，第6章 「悪人正機」の真意，結びに代えて 隗より始めよう
2017.7 156p B6 ¥1700 ①978-4-571-30038-7

◆実在への殺到　清水高志著　水声社（水声文庫）
【目次】1（ヴィヴェイロス論，交差交換と人間，鍵束と宇宙―ウィリアム・ジェイムズをめぐって），2（メイヤスーと思弁的実在論，幹‐形而上学について，非‐ホーリズム的転回―人類学から現代哲学へ），3（グレアム・ハーマンについて，機会原因論的アニミズム，モノの人格化―オブジェクト指向哲学と西田）
2017.8 263p B6 ¥2500 ①978-4-8010-0278-4

◆死の超越―永遠志向社会の構築　渡辺通弘著　丸善プラネット，丸善出版 発売
【要旨】これは，混迷を深める現代が求めている根本原理である。経済至上主義では満たされな

いあなたへ。これを読まずに未来は語れない。
2017.3 354p B6 ¥3200 ①978-4-86345-324-1

◆柴犬まるの幸福論　小川仁志監修，小野慎二郎，wacamera写真　（名古屋）リベラル社，星雲社 発売
【目次】1 考えすぎない，2 とにかく笑おう，3 強く望もう，4 行動しよう，5 視点を変えよう，6 分かち合おう
2017.2 141p B6 ¥1100 ①978-4-434-23056-1

◆ジブリアニメで哲学する―世界の見方が変わるヒント　小川仁志著　PHP研究所（PHP文庫）
【要旨】トトロに会えるのはどんな人？ なぜ千尋は神隠しにあったのか？「飛行石」とはなんだったのか？ アシタカが腕に呪いをかけられた理由。なぜカオナシは千を欲しがったのか？ カルシファーは悪魔？ 流れ星？『崖の上のポニョ』はハッピーエンドなのか？ 宮崎駿監督の10作品の主要なモチーフである「風」「森」「城」「海」などを哲学し，私達が生きる現実世界の本質を解き明かしていく。作品自体のメッセージに迫りつつ，思考の楽しみを教えてくれる新感覚の哲学入門書。文庫書き下ろし。
2017.7 237p A6 ¥640 ①978-4-569-76731-4

◆自分を休ませる練習―しなやかに生きるためのマインドフルネス　矢作直樹著　文響社
【要旨】東大病院救急医療の現場で人間の生と死に向き合ってきた医師が，ストレスを抱え生きる人に伝えたいこと。深呼吸をして，自分の心とからだを見つめれば，「ありのままの自分が素晴らしい」ことに気づきます。
2017.10 178p 18cm ¥1000 ①978-4-86651-036-1

◆自分が信じていることを疑う勇気　長谷川雅彬著　きこ書房
【要旨】私たちは，自分が信じているようにしか物事を見ることができない。
2017.6 207p B6 ¥1300 ①978-4-87771-370-6

◆自分で考える練習―毎日の悩みを解決できる「哲学思考」　平原卓著　KADOKAWA
【要旨】将来の目標は必要か？ 結婚しなければいけないのか？ プラトン，デカルト，ニーチェ，マルクス…すべての悩みの解決法は「知の巨人」が教えてくれる。
2017.3 207p B6 ¥1300 ①978-4-04-601786-4

◆四方対象―オブジェクト指向存在論入門　グレアム・ハーマン著，岡嶋隆佑監訳，山下智弘，鈴木優花，石井雅巳訳　（京都）人文書院
【要旨】思弁的実在論とともに現代哲学の新潮流をなすオブジェクト指向存在論，その第一人者による入門書の決定版。
2017.9 237p B6 ¥2400 ①978-4-409-03094-3

◆宗教哲学論考―ウィトゲンシュタイン・脳科学・シュッツ　星川啓慈著　明石書店
【要旨】宗教哲学者である著者が宗教に関心を抱いてきた2人の哲学者，ルートヴィヒ・ウィトゲンシュタインとアルフレッド・シュッツ。この2人を中心に，生，神，祈り，宗教，脳科学といった問題に独自の視点から鋭く斬り込んだ"星川宗教哲学"の集大成。
2017.8 382p B6 ¥3200 ①978-4-7503-4490-4

◆自由のこれから　平野啓一郎著　ベストセラーズ（ベスト新書）
【要旨】人工知能，自動運転，ドローン，ビッグデータとレコメンド機能…技術の進化によって，私たちの生活からは「自分で選択する機会」が失われつつある。人間の自由意志はどこへ向かうのか？ 予測不可能な未来と，その過渡期を乗りこえるための，新しい自由論。田ППр欣哉氏（Takram 代表），大屋雄裕氏（慶應義塾大学法学部教授），上田泰己氏（東京大学大学院医学系研究科教授）―。現代の「自由」をめぐる三人の専門家との対談を収録。『マチネの終わりに』著者が挑む，人間×自由の可能性とは。
2017.6 187p B6 ¥815 ①978-4-584-12554-0

◆『自由の哲学』から読み解く心臓の秘密 1　山本忍者著　（鏡石町）マグノリア書房，（相模原）ビイング・ネット・プレス 発売（マグノリア文庫 4）
【目次】第1章 四つの部屋の意味（赤ちゃんから心臓へ，31の骨組み，壁の中の秘密 ほか），第2章 12人の匠と48日間の創造（農業的検証，倫理的個体主義），第3章 心電図波形と福音書（心電図波形の意味，ST波の意味，U波の意味）
2017.7 36p A5 ¥480 ①978-4-908055-16-4

◆18歳で学ぶ哲学的リアル―「常識」の解剖学　大橋基著　(京都)ミネルヴァ書房
【要旨】「哲学入門」を迷っている人への「哲学案内」。「哲学」は、実生活の役に立たないだから「現実」を考えるのかもしれない。
2017.4　296p　A5　¥2800　978-4-623-07937-7

◆受苦の時間の再モンタージュ　ジョルジュ・ディディ=ユベルマン著, 森元庸介, 松井裕美訳, 石井朗企画構成　ありな書房　(歴史の眼 2)
【目次】1 収容所を開き、版を閉じる―イメージ、歴史、可読性（イメージと歴史の可読性、証拠場所の状況に眼を開く、試練 時間の状況に眼を開く、憤激 殺人者の眼を開く、尊厳 死者の眼を閉じる、歴史とイメージの可読性）、2 時間を開き、眼を武装する―モンタージュ、歴史、復元（打ち砕く〈世界の暴力を〉、学び捨てる〈全方位に〉、とりもどす〈手で〉、断ち裂く〈モンタージュによって〉、返す〈しかるべき者に〉、理解する〈世界の苦痛を〉、補遺1 辱められた者が辱められた者を見つめるとき、補遺2 大きな死のおもちゃ、書誌ノート
2017.5　290p　A5　¥6000　978-4-7566-1754-5

◆シュタイナー 根源的霊性論―バガヴァッド・ギーターとパウロの書簡　ルドルフ・シュタイナー著, 高橋巖訳　春秋社
【要旨】過去の時代の開花と未来の時代の萌芽が交差する時。人間の魂と運命に及ぼす宇宙観はどのように形成されてきたか。東と西の霊性の融合、壮大なシュタイナー思想の精華。「人智学」の出発点となった重要かつ問題提起の講義。付・高橋巖「カミとヒト」（講演）。
2017.4　260p　B6　¥2500　978-4-393-32546-9

◆情動の哲学入門―価値・道徳・生きる意味　信原幸弘著　勁草書房
【要旨】実は常に情に流されている!?理性は補佐役、むしろ情動こそが主役である?!意識的な感情にとどまらない無数の名もなき情動とともに立ち現れる壮大な哲学的眺望。
2017.11　251, 12p　B6　¥2700　978-4-326-15450-0

◆昭和思想史としての小泉信三―民主と保守の超克　楠茂樹, 楠美佐子著　(京都)ミネルヴァ書房
【要旨】経済学の第一線の研究者として活躍し、文芸評論にも長け、戦後は平和論、帝室論にまで重要な足跡を残した小泉信三。本書は、ゼロ地点から福澤諭吉、ハイエクとの知的交流、そして戦前・戦中・戦後の思想的遍歴を捉える。それは、曖昧な「リベラル」「保守」「自由」「愛国」などの言葉では語ることはできない。「勇気ある自由人」小泉信三没後五〇年に送り出す小泉を通した哲学的評伝。
2017.1　368, 6p　B6　¥4000　978-4-623-07737-3

◆所有しないということ　高橋一行著　御茶の水書房
【目次】1 所有しないということ―アガンベンをヒントに（例外状態、所有しないということ―ヘーゲル、所有しないということ―ロック、所有せざる人々―現行社会における喪失、所有せざる人々―鬱、所有せざる人々―コピーフリー、否定の弁証法）、2 インターレード1 デリダのメランコリー論、2 他者の非在―ラカンを参照する（ジジェクのラカン像、ラカンの鬱論、サントムとは何か）、インターレード2-1 ヘーゲル「論理学」の「否定の否定」と「無限判断」の解釈について―高橋一行『他者の所有』を読む、インターレード2-2 相馬氏の批判を受けての再批判、3 ヘーゲルを繰り返す（偶然の体系『自然哲学』、病の体系『精神哲学』、カント戦争論vs.ヘーゲル平和論『法哲学』を読む）
2017.2　189p　A5　¥3000　978-4-275-02065-9

◆シンクロニシティ「意味ある偶然」のパワー　秋山眞人, 布施泰和著　成甲書房
【要旨】「宇宙の見えざる手」があなたの人生をガラリと変える。恋愛もビジネスもラッキーを引き寄せる「時空を超えたグランドパワー」。
2017.1　253p　B6　¥1600　978-4-88086-351-1

◆「新」実存主義の思想―全体主義に打ち克つ新たな哲学　川本兼著　明石書店
【目次】第1章 実存主義の哲学的拡大―「人間を起点とする社会哲学」と実存主義（実存主義の哲学的拡大、実存主義的発想と「かけがえのない人間」ほか）、第2章 全体主義の思想と新しい実存主義―マルクス主義哲学はどうして全体主義をもたらしてしまったのか（全体主義の思想が持つ一般的論理構造、ヘーゲル哲学と国家至上型全体主義・民族至上型全体主義 ほか）、第3章 日本人はあの戦争で何を反省しなくてはならなかったのか―日本型全体主義の考察（もう戦争という言葉に逃げてはいけない、絶対君主至上型全体主義 ほか）、第4章 講演録・人間を起点とする社会哲学―その成立の背景と特徴（私の思考方法、人間を起点とする社会の図と基本的人権の問題はどうして生まれたか ほか）
2017.1　249p　B6　¥2400　978-4-7503-4464-5

◆身心と自然のつながり―精神世界から見る人間の奥底　加藤彰男著　(大阪)風詠社, 星雲社 発売
【要旨】"人間とは何か" 人間は真空包含生命体（Homo=bio‐vacuum）である。青年期の"アハ体験"（覚醒）をもとに研究を続ける著者が、文理シナジー学会で発表してきた10回の研究論文をまとめた人生の啓蒙書。その哲学的持論をいま世に問う。文理シナジー学会学術奨励賞受賞。
2017.6　103p　B6　¥1200　978-4-434-23379-1

◆人生を危険にさらせ！　須藤凜々花, 堀内進之介著　幻冬舎　(幻冬舎文庫)
【要旨】「将来の夢は哲学者」と公言する異色のアイドルNMB48須藤凜々花が、政治社会学者・堀内先生と哲学ガチ授業！堀内先生から出される「アイドルとファンの食い違いについて」「人工知能との『恋愛』は成立するのか」「子どもは自由か不自由か？」などのお題を、喜怒哀楽も激しく考え掘り下げていく。とことんエンターテインメントな哲学書！
2017.4　299p　A6　¥600　978-4-344-42595-8

◆人生がうまくいく哲学的思考術　白取春彦著　ディスカヴァー・トゥエンティワン
【要旨】『超訳ニーチェの言葉』著者が公開する生き方のコツ。
2017.2　188p　18cm　¥1400　978-4-7993-2038-9

◆人生の意味論―価値評価をめぐって　河西良治著　開拓社　(開拓社言語・文化選書)
【要旨】「名実ともに備わった」とか「名ばかりの」などの表現の「名」と「実」という概念を基軸にした「名実の意味論」を新たに構築していく。カテゴリーの内外の多重境界線による差異化と価値評価の真相を探る。そして、ソシュールと仏教の思想との接点から、カテゴリー化という問題、リアルという問題、さらに、その仕組みを精神基盤とする人間という存在にもふれ、言語の意味論から人生の意味論への新展開を試みる。
2017.3　199p　B6　¥1900　978-4-7589-2566-2

◆人生は残酷である―実存主義（エリート）の終焉と自然哲学への憧憬　森神逍遙著　(町田)桜の花出版, 星雲社 発売
【要旨】森神逍遙氏のロングセラー『侘び然び幽玄のこころ』に続く、待望の新刊！青春を生きる若者たちに一読をお勧めします。哲学書がお苦手な人も人も、池田晶子氏らの本の愛読者も、或いは、人生を模索する方、団塊世代の方々にも、是非読んで頂きたい1冊。今までにない庶民のための哲学と社会批評が載っています。特に〈自分〉への言及は難問中の難問で、人類の大半が一生思考することのない内容です。果たして〈自分〉や〈意識〉とは自覚される知覚と言えないのではないか―。この問いの解は実に難しい！「人生は二つの事で貫かれている。それは〈自分〉の解明であり、〈人生〉の完成である。前者なくして後者は成立しない。そして後者は、決してイデオロギーを求めることではないことを伝えたかった。生きることはもっと平和でに豊かなことだ。決して闘争を仕かけることではない。人は豊かな人生のために他者と戦うのではなく、自己を極める方向へ向かうべきである。」〈まえがき〉より。社会批評でありながら、読者に〈自分〉や〈人生〉について思考させずにはおかない「真に生きる」ことを求める人のための1冊である。
2017.4　283p　B6　¥1340　978-4-434-23183-4

◆新・風景論―哲学的考察　清水真木著　筑摩書房　(筑摩選書)
【要旨】川越、祇園、白川郷…。不自然なまでに「和風」に統一された風景。その実態は、本当の意味における風景の経験を閉ざす「和風テーマパーク」にすぎない。本書では、「風景を眺めるとは何をすることなのか？」という問いを、西洋精神史をたどりながら、哲学的な観点から考える。美しいだけの絶景を求めていても、風景の秘密には到達する道をひらく。
2017.8　222p　B6　¥1500　978-4-480-01653-9

◆人文死生学宣言―私の死の謎　渡辺恒夫, 三浦俊彦, 新山喜嗣編著　春秋社
【要旨】死にゆく他者を見守り支援するばかりだったこれまでの死生学を超え、人類最大の難問である「一人称の死」を、哲学や人類学など人文学の知によって探究。高齢化社会で誰もが長い時間向き合わねばならない自らの死を徹底的に思索する。
2017.11　238p　B6　¥3900　978-4-393-33362-4

◆真理の工場―科学技術の社会的研究　福島真人著　東京大学出版会
【要旨】研究組織の戦略選択、技術革新との関係、国家的な政策とラボ運営、巨大プロジェクトに向けられる期待の動き、そして組織事故やリスク管理…。質的な民族誌的研究、歴史的な分析、さらに政策過程、組織理論、学習理論等の方法を横断し、科学という深く社会的（あるいは文化的）な営みの総体を観察する。
2017.12　338, 40p　B6　¥3900　978-4-13-030209-8

◆人類の幸福論―貧しくても幸せな人と裕福でも不満な人　キャロル・グラハム著, 猪口孝訳　西村書店
【要旨】所得、経済開発レベル、公共財、健康、福祉、政治体制、治安、平等性…。既成の指標だけではとらえきれない人びとの幸福を測定できるか。
2017.7　295p　B6　¥1800　978-4-89013-776-3

◆人類はどこへいくのか―ほんとうの転換のための三つのS"土・魂・社会"　サティシュ・クマール著, 田中万里訳　ぷねうま舎
【要旨】いま変わらなければ！あなたから始まる転換への一歩。あなたから始まる転換への一歩。東方の詩と宗教、西方の変革のヴィジョン、世界の叡智を結晶させた、愛にあふれる変容の教え。自然と心と共同性＝三つの次元を貫く新しい創造原理、土・魂・社会＝エコ・瞑想・小規模経済の三位一体へ。
2017.5　274p　B6　¥2200　978-4-906791-45-0

◆(推定3000歳の)ゾンビの哲学に救われた僕(底辺)は、クソッタレな世界をもう一度、生きることにした。　さくら剛著　(明石市)ライツ社
【要旨】ソクラテス、デカルト、ニーチェ、サルトル…。古代ギリシア時代から生き（死に）続けた、あまたの哲学者と対話してきたゾンビ先生が青年に伝える、「世界の見方」を変える授業。
2017.4　391p　B6　¥1500　978-4-909044-03-7

◆数学はなぜ哲学の問題になるのか　イアン・ハッキング著, 金子洋之, 大西琢朗訳　森北出版
【要旨】イアン・ハッキング、自身の原点「数学の哲学」を語る！なぜ数学では"証明"ができるのか？なぜ数学は"応用"できるのか？数学者や哲学者がそう問うとき、「数学」「証明」「応用」は何を意味しているのか？
2017.10　367p　A5　¥4500　978-4-627-08181-9

◆崇高の修辞学　星野太著　(調布)月曜社　(シリーズ・古典転生 12)
【要旨】われわれが用いる言葉のうち、およそ修辞的でない言葉など存在しない。美学的崇高の背後にある修辞学的崇高の系譜を、ロンギノス『崇高論』からボワローによる変奏を経て、ドゥギー、ラクー=ラバルト、ド・マンによるこんにちの議論までを渉猟しつつ炙り出す。古代から現代へと通底する、言語一般に潜む根源的なパラドクスに迫る力作。
2017.2　287p　A5　¥3600　978-4-86503-041-9

◆素直な心に花が咲く―苦境を乗り切る実践哲学　池田繁美著　(柏)モラロジー研究所, (株)廣池学園事業部 発売
【目次】第1章 だれもが幸福のタネを持つ（人生をやりなおす、だれもが幸福のタネを持つ ほか）、第2章 あたたかい空気をつくる（あたたかい空気をつくる、思いやりが「経済」のもとである ほか）、第3章 幸せの方向を定める（父母の恩重し、十種の恩 ほか）、第4章 徳は孤ならず（人間関係能力を高める、忠恕をつくす ほか）、第5章 素直になる技術と訓練（自然の中を歩く、ふだんの生活に取りこむ ほか）
2017.6　247p　B6　¥1400　978-4-89639-258-6

◆"政治"の危機とアーレント―『人間の条件』と全体主義の時代　佐藤和夫著　大月書店
【要旨】雇用の不安定化と「無用感」、私的領域＝プライヴァシーの消失、「無思考」という安楽―"政治"を成り立たせる条件が崩壊するとき、全体主義はくりかえし復活する。20世紀最大の思想家から21世紀への警鐘。
2017.8　279p　B6　¥2800　978-4-272-43101-4

哲学・心理学・宗教

哲学・心理学・宗教

◆聖書と歎異抄―これまで語られなかった真実　五木寛之, 本田哲郎著　東京書籍
【要旨】人生を変えるふたつの書。付・『歎異抄』私訳。
2017.4 242p 19cm ¥1300 ⓘ978-4-487-80980-6

◆精神の革命―急進的啓蒙と近代民主主義の知的起源　ジョナサン・イスラエル著, 森村敏己訳　みすず書房
【要旨】「啓蒙」とは何か。カント以来続くこの壮大なテーマをめぐって、「急進的啓蒙」という概念によって新たな展望を提示。西洋中心主義批判、相対主義・多元主義のなどで近代的価値観が流動化するなか、自由・平等・理性・人権・民主主義といった概念の普遍性と現代的な意義を問う。
2017.7 249, 60p B6 ¥5000 ⓘ978-4-622-08614-7

◆聖なる約束　4　ヤマト人への福音―教育勅語という祈り　赤塚高仁著　（姫路）きれい・ねっと, 星雲社 発売
【目次】第1章 神話を知る、やまとこころを知る（日本の心を守り伝えた一人の人物、行動と祈りが国を守る ほか）、第2章 歴史に学ぶやまとこころ（日本の危機を救った一人の人物、行動と祈りが国を守る ほか）、第3章 ヤマトをも復活させた教育勅語（明治維新とは文明の衝突、真のヤマト人間、楠木正成 ほか）、第4章 教育勅語という祈り（教育に関する勅語、前文に込められた教育への想い ほか）、第5章 ヤマト人への福音を伝える（平成の玉音放送、人類が最後に到達する究極の民主主義 ほか）
2017.4 267p B6 ¥1500 ⓘ978-4-434-23240-4

◆青年のための哲学概論―大人になるとはどういうことか Précis de Philosophie　前田保著　七月堂
【目次】第1部 哲学史（古代哲学、中世哲学、近代哲学 ほか）、第2部 哲学基礎論（存在論、認識論、実践論）、第3部 応用哲学（法哲学、宗教哲学、自然哲学 ほか）
2017.1 157p B5 ¥1500 ⓘ978-4-87944-269-7

◆生の悲劇的感情　ウナムーノ著, 神吉敬三, 佐々木孝訳, ヨハネ・マシア解説　法政大学出版局　（ウナムーノ著作集 3）　新装版
【要旨】「肉と骨の人間」その雄叫びを聞け！これは、現代の根源を切り裂く「慟哭」である。燃ゆる魂が哭いているのだ。我々一人ひとりに向けられた、著者の発する「荒野に叫ぶ声」が聞こえて来るに違いない。
2017.1 391p B6 ¥3500 ⓘ978-4-588-12006-0

◆生命と現実―木村敏との対話　木村敏著, 桧垣立哉聞き手　河出書房新社　新装版
【要旨】その思考はいかに生まれ、いかに深められてきたのか。臨床と哲学の深みを極めた軌跡を気鋭の哲学者の前に開示する木村敏による木村敏入門。待望復活。
2017.2 223p B6 ¥2400 ⓘ978-4-309-24794-6

◆世界史的観点から現代を考察する―二十一世紀への道　小林道憲著　（京都）ミネルヴァ書房　（小林道憲"生命の哲学"コレクション 7）
【要旨】現代を世界史の大きな枠の中でとらえて、十九、二十、二十一世紀を総括し、われわれが立っている現代の位置を解明する。科学技術が人間精神に及ぼす影響と、それに伴う文化精神の低落や大衆社会の病理をあぶり出し、現代という時代のなかの、現代の精神状況を冷静に眺め診断する文明論的考察。
2017.3 541p A5 ¥6500 ⓘ978-4-623-07732-8

◆世界の学者が語る「愛」　レオ・ボルマンス編, 鈴木晶訳　西村書店
【要旨】ハリウッド映画が終わるところから、本書は始まる。そして映画よりも遠く、深く、愛の核心にまで読者を連れて行く。世界約50カ国100人以上の学者が愛について解き明かす。
2017.9 485p B6 ¥2400 ⓘ978-4-89013-677-0

◆世界の共同主観的存在構造　廣松渉著　岩波書店　（岩波文庫）
【要旨】あるものをあるものとして認識するとはどういうことなのか？ われわれはいかにして「一つの世界」を共有し、相互に作用し合い、認識の構造化されているのか？ 人間を「共同主観的存在」と見る立場から、認識論的な乗越えと再生を目指した廣松哲学の、その核心を示す主著。贈談「サルトルの地平と共同主観性」を付載。
2017.11 552, 16p A6 ¥1320 ⓘ978-4-00-381241-9

◆世界の終焉―今ここにいることの論理　ジョン・レスリー著, 松浦俊輔訳　青土社　新装版
【要旨】核戦争、環境破壊、ウイルスなど、人類はさまざまな危険に脅かされ、いつ滅亡が訪れてもおかしくはない時代に生きている。論理と現実認識を駆使し、わたしたちが直面する未曾有の危機から、人類が生き延びるさまざまな可能性を徹底検証する。
2017.11 399, 25p B6 ¥2700 ⓘ978-4-7917-7026-7

◆世界の見方が変わる50の概念　齋藤孝著　草思社
【要旨】"パノプティコン""野生の思考""身体知""マネージメント"…など、使える専門用語、哲学用語、各種理論。このぐらいは知っておくと人生はラクに生きられる。世界をどう解釈し、現実の中でどう役立てるか。著者が自分でよく使っている、難しそうに見えるいわゆる「概念」を分かりやすく解説し、人生や社会の中でどう生かすかを教える。
2017.6 223p B6 ¥1500 ⓘ978-4-7942-2285-5

◆世界は神秘に満ちている―だが社会は欺瞞に満ちている　革島定雄著　東京図書出版, リフレ出版 発売
【目次】1 はじめに、2 この世界は汎神論の世界だった、3 世界史はユダヤ史である、4 近代化とはユダヤ化のこと、5 国には通貨発行権はないか？、6 隠された言語空間、7 論理の限界と哲学、8 神秘に満ちたこの世界、9 おわりに
2017.8 114p B6 ¥1100 ⓘ978-4-86641-078-4

◆世界平和を実現する思想　谷川清著　幻冬舎メディアコンサルティング, 幻冬舎 発売
【要旨】夢ではない、世界平和を実現する思想が生まれたのです。平田篤胤の思想を昇華させた、現世での生き方を見つめ直す一冊。
2017.2 151p B6 ¥1500 ⓘ978-4-344-91104-8

◆世代問題の再燃―ハイデガー、アーレントとともに哲学する　森一郎著　明石書店
【要旨】ハイデガー、アーレント、ニーチェ、ベルクソン…世代問題を哲学する。この混迷の時代、哲学は何をなすべきか。日常の出来事を切り口として、現代日本の危機の相を穿つ。「世代」を軸に紡がれる"世界継承"の哲学。三部作の完結編にして、その導入となる始まりの書。
2017.10 380p B6 ¥3700 ⓘ978-4-7503-4581-6

◆絶望を生きる哲学―池田晶子の言葉　池田晶子著, わたくし、つまりNobody編　講談社
【目次】不安の正体、人間の品格、社会と現実、他人と自分、肉体と精神、存在の謎、自由の条件、人生の意味、死に方上手
2017.5 222p B6 ¥3000 ⓘ978-4-06-220587-0

◆"戦後思想"入門講義―丸山眞男と吉本隆明　仲正昌樹著　作品社
【要旨】二人の巨人の著作を丁寧に熟読し、戦後思想がこだわった市民社会、国家、"日本的主体"について考えた。戦後思想を知らない世代のための（知ってる人にとっては"再"）入門講義。
2017.7 380p B6 ¥2400 ⓘ978-4-86182-640-5

◆戦後の精神史―渡邉一夫、竹山道雄、E・H・ノーマン　平川祐弘著　河出書房新社
【要旨】日米関係、安保、米軍基地…。渡邊一夫、竹山道雄、E.H.ノーマンは戦後政治をいかに論じたか。その背後に、日本についての歴史認識があったのか。日本の未来に備え、比較文化史の泰斗が検証する。
2017.10 237p B6 ¥2000 ⓘ978-4-309-02621-3

◆"戦後"の誕生―戦後日本と「朝鮮」の境界　権赫泰著, 車承棋編, 中野宣子訳　新泉社
【要旨】"戦後"的価値観の危機は、"他者"の消去の上にそれが形成された過程にこそ本質的な問題がある。捨象の体系としての"戦後思想"そのものを鋭く問い直す。
2017.3 329p B6 ¥2500 ⓘ978-4-7877-1611-8

◆前進あるのみ―「究極の楽観主義」があなたを成功へと導く　オリソン・S.マーデン著, 関岡孝平訳　パンローリング　（フェニックスシリーズ 51）　復刊
【要旨】成功の真理を解き明かした著者が、成功を夢見るすべての者の背中を強く押す。本書は、全世界で1000万部を超える大ベストセラーにして「聖書の次に多くの人生を変えた」とも言われ、時代を超えて読み継がれる名著。読みやすい現代語訳で待望の復刊。
2017.4 392p B6 ¥1500 ⓘ978-4-7759-4172-0

◆禅とマインドフルネス―癒しと気づきの行動学　井上憲一著　ベストブック

【目次】第1章 現実社会と仏教、第2章 禅とマインドフルネス、第3章 禅フルネスのめざす人間像、第4章 「いま・ここ・自分」を生きる禅フルネス四つの心条、第5章 禅フルネス流の生き方とは？、第6章 ケーススタディ「心の危機」―禅フルネス流突破術、第7章 禅フルネスの実践―坐禅と公案、第8章 ポジティブに「禅フルネス人生」を生きる！
2017.8 191p B6 ¥1200 ⓘ978-4-8314-0218-9

◆増補 日本人の自画像　加藤典洋著　岩波書店　（岩波現代文庫）
【要旨】私たちは私たち自身を、どのように描いてきたのか。なにを契機に、いかに「日本人」という自己認識を持つに至ったのか。本書は、「日本人」というまとまりのイメージの形成過程を批判的に検証し、共同性をめぐる新たな思考の方向性を示した画期をなす論考である。「まとまり」から「つながり」へ、「内在」から「関係」への"転轍"は、どのように起こり、なにを私たちにもたらすのか。開かれた共同性に向けて、その可能性を問う。『敗戦後論』の「原論」、待望の文庫化。
2017.1 398p A6 ¥1480 ⓘ978-4-00-600357-9

◆続ヴェネツィアの石―ルネサンスとグロテスク精神　ジョン・ラスキン著, 内藤史朗訳　（京都）法藏館
【要旨】人と芸術の関わりについて、示唆に満ちたルネサンス論を展開！ ヴェネツィアにある多くの宮殿や教会、墓廟を訪ね、ゴシックからルネサンスへの移行と、その背後にある人々の精神性の変化を熱く語って、現代人にも覚醒を促す1冊。代表作『ヴェネツィアの石』待望の続篇。
2017.10 305p B6 ¥3500 ⓘ978-4-8318-8179-3

◆続・哲学用語図鑑 中国・日本・英米（分析哲学）編　田中正人著, 斎藤哲也編・監修　プレジデント社
【目次】中国哲学（年表、人物紹介、用語解説）、日本哲学（年表、人物紹介、用語解説）、大陸哲学（年表、人物紹介、用語解説）、英米哲学（分析哲学）（年表、人物紹介、用語解説）、付録
2017.6 399p 21×14cm ¥1800 ⓘ978-4-8334-2234-5

◆ソクラティク・ダイアローグ―対話の哲学に向けて　中岡成文監修, 堀江剛著　（吹田）大阪大学出版会　（シリーズ臨床哲学 第4巻）
【要旨】哲学の知識がなくても、哲学できる！ 哲学対話ワークショップの魅力。
2017.12 233p B6 ¥2000 ⓘ978-4-87259-604-5

◆尊厳概念のダイナミズム―哲学・応用倫理学論集　加藤泰史編　法政大学出版局
【要旨】"尊厳"とは何か。価値論的なアプローチと「人間の尊厳」そのものの問い直しから、尊厳概念の理論的基礎を構築する。生命倫理から、ヒト胚、再生医療、ゲノム編集、尊厳死、介護、環境倫理、障害者の権利、ワークライフバランス、ロボットの尊厳まで。哲学と応用倫理学の内外の研究者による最先端の議論を通して、多元化する「尊厳概念」と、様々な「現場」を、ダイナミックに架橋する。
2017.11 425, 11p A5 ¥5000 ⓘ978-4-588-15086-9

◆存在肯定の倫理　1　ニヒリズムからの問い　後藤雄太著　（京都）ナカニシヤ出版
【要旨】虚無主義の中にある「真実」を直視する。現代社会に浸透しきったニヒリズムをごまかさず受けとめた先に、まっさらな倫理―歓ばしきエチカ―への道を切り拓く、雄大なスケールの倫理論。
2017.6 255p A5 ¥2600 ⓘ978-4-7795-1173-8

◆存在相成論―心身問題の解消　石田泰紀著　東京図書出版, リフレ出版 発売　（TTS新書）
【要旨】「物」と「心」の謎が解けた二元論克服の書。哲学界の相対性理論。
2017.3 169p 18cm ¥700 ⓘ978-4-86641-041-8

◆存在の概念と実在性―井筒俊彦英文著作翻訳コレクション　井筒俊彦著, 鎌田繁監訳, 仁子寿晴訳　慶應義塾大学出版会
【要旨】何かが「ある」、それは「何」なのか。西洋哲学と接点を探りつつ、「存在」と「本質」をめぐるイスラーム形而上学の真髄を知らしめた一冊、待望の邦訳。
2017.10 254, 12p A5 ¥3800 ⓘ978-4-7664-2456-0

◆「大衆」と「市民」の戦後思想―藤田省三と松下圭一　趙星銀著　岩波書店
【要旨】藤田省三（一九二七‐二〇〇三）と松下圭一（一九二九‐二〇一五）は、一九五〇年代半

哲学・思想

ばの日本社会における「大衆」の問題に主眼をおいて自らの思想を築き上げた。「近代」に区別された「現代」という時代に向き合った二人のデモクラットの軌跡から、戦後日本の「市民」概念がいかに「大衆」を意識しつつ形作られたかを浮き彫りにする。「大衆」「市民」「天皇制」「民主主義」をめぐる戦後思想史探り。
2017.5 384, 4p A5 ¥5900 ①978-4-00-061197-8

◆**多田富雄コレクション 2 生の歓び―食・美・旅** 多田富雄著, 池内紀, 橋本麻里解説 藤原書店
【要旨】免疫学の第一線の研究者として、国内外の各地を忙しく旅する中、風土と歴史に根ざした食・美の魅力に分け入る。病に倒れ半身麻痺を負ってからも、常に愉しむことを忘れなかった著者の名随筆の数々。
2017.7 318p B6 ¥2800 ①978-4-86578-127-4

◆**短歌で読む哲学史** 山口拓夢著 田畑書店（田畑ブックレット）
【要旨】短歌で哲学を詠む？ その破天荒な試みがもたらした絶大な効果！…本書は高校生から読める「哲学史」を目指して書き下ろされた。古代ギリシアのタレスからアリストテレスまで、また中世神学、カント、ヘーゲルからドゥルーズ＝ガタリまで、一気に読ませると同時に、学説の丁寧な解説により哲学の醍醐味を十分に味わうことができる。そして本書の最大の魅力は、短歌の抒情性と簡潔性が複雑な西欧哲学の本質に見事に迫り、そのエッセンスを掴んでいること。本書に触れた読者はおそらく、まるで哲学の大海原に漕ぎ出す船に乗ったかのような知的興奮と醍醐味を堪能するにちがいない。
2017.1 134p A5 ¥1300 ①978-4-8038-0340-2

◆**知覚経験の生態学―哲学へのエコロジカル・アプローチ** 染谷昌義著 勁草書房
【要旨】エコロジカル・アプローチの真髄は、知覚経験を考える上で、主体内部の機構ではなく環境の役割を何よりも重視するという劇的な転回を行ったことにある。この転回の哲学的意義を明らかにし、認知主義的な認識論や存在論を総動員しつつ解放された新しい哲学へと舵を切る鮮烈かつ勇壮な思索の軌跡。
2017.1 409, 23p A5 ¥5200 ①978-4-326-10259-4

◆**知覚と判断の境界線―「知覚の哲学」基本と応用** 源河亨著 慶應義塾大学出版会
【要旨】20世紀はじめにセンスデータ説によって興隆をみせた「知覚の哲学」。一度は忘れられたこの領域が一世紀を経て、意識の自然化の問題に注目が集まったことにより、新たに息を吹き返した。分析哲学、現象学、心の哲学、美学、認知科学、認識論や存在論を総動員しながら「知覚の哲学」から、事物の種類、他者の情動、音の不在、美的性質など、一見すると「理解」「判断」と思われるものが、実は知覚されうる可能性を探る。
2017.4 237, 17p B6 ¥3400 ①978-4-7664-2426-3

◆**ちくま近代評論選―日本近代思想エッセンス** 安藤宏、関口隆一、中村良衛、山根龍一、山本良編 筑摩書房（付属資料：別冊1）
【要旨】日本はいかにして封建思想から脱し、「近代化」を模索したか。福沢諭吉から与謝野晶子、柳田國男にいたるまで、モダン・クリティークを代表する巨人たちの思索をたどる、絢爛たるアンソロジー。
2017.10 223p A5 ¥1100 ①978-4-480-91731-7

◆**知識** 九島伸一著 思水舎, 出版文化社 発売
【要旨】知識は要るのか要らないのか。多く持つことはいいことなのか。そんな疑問について読者と一緒に考える。
2017.6 443p B6 ¥1400 ①978-4-88338-622-2

◆**知的生活―学徒出陣から60年安保、そして知の極北・現在まで** 渡辺淳я著 未知谷
【要旨】大正末年、三重県津市で生まれ、東京帝国大学入学と同時に学徒出陣、舞鶴海兵団へ。敗戦を経て、やっと辿り着いた仏文科での勉強の日々、そして60年安保、その後の日々。社会の変遷と自身の「知」の形成の過程を顧みつつ、歪められた「知」の再生に何が必要なのか。
2017.6 151p B6 ¥2400 ①978-4-89642-529-1

◆**知と存在の新体系** 村上勝三著 知泉書館
【要旨】現代の哲学的状況は底なしの相対主義と自然主義による閉塞的状況に陥っている。本書はそこからの脱却を目指す。アリストテレス＝トマス・アクィナスは始まりを「ある」に置いたが、著者はもう一つの始原、「知ること」を設定して「知ることからあることへ」の思考を切り拓く。そして知るものである「私」の思いを探究していくことで「私」を超えて一なる場としての「無限」を見出し「我々」と「私」の結びつきが示される。
2017.11 347, 23p A5 ¥6000 ①978-4-86285-264-9

◆**超実存系** 近藤義人著 平成出版社, 星雲社 発売
【要旨】本著は読者諸氏にとって、ゆめ"やさしい"作品ではない。本著は、端的には、哲学体系書に該当しよう。が然し自己完結せらるべき理論体系をなす哲学書である以上、いずれか特定の研究者及びその理論や学説等に関する研究論文等の類ではなく、これまでの学術史上の全研究成果については、必要性に応じて紹介もしくは説明し、且つ論述せらるべき対象とはなろう。
2017.11 1251p A5 ¥1900 ①978-4-434-23560-3

◆**超図解「21世紀の哲学」がわかる本** 中野明著 学研プラス
【要旨】正解のない現実に答えを出す思考の武器「21世紀の哲学」をテーマ別に超図解。人生論を超えた現代思想の本質に迫る！
2017.3 175p B6 ¥1200 ①978-4-05-406540-6

◆**出口王仁三郎言霊大祓祝詞CDブック―出口王仁三郎が遺した21世紀日本への贈り物** 武田崇元監修 八幡書店（付属資料：CD1）
【要旨】ノイズリダクション・デジタル・リマスター版最新技術で甦る王仁三郎の大祓詞と天津祝詞！
2017.6 101p A5 ¥2000 ①978-4-89350-772-3

◆**手さぐりでわかる人生の形―いきな人生とやぼな人生** 池田宗彰著 御茶の水書房
【目次】1 手さぐりでわかる「人生の形」と「幸せ」の定義（1）：「普通の言葉」の叙述（諸「前提」"かたい"が大切な前提）、人生の「手さぐり」の仕方「原理」一つの「弁証法」という「原理」、弁証法の具体例、「覚悟」と政治・医学による「補修」、「人間の体」への例え、他人の「経験」の「理解」は可能か、幸せを「定義」する―すべての人生の「肯定」、「文学」と人生、日本の美意識―「芸術」と弁証法という「手さぐり」～「わび」・「さび」と「いき」、2 手さぐりでわかる「人生の形」と「幸せ」の定義（補論1）：「哲学」による記述（認識が先か存在が先か（どちらが親、どちらが子か）、弁証法（Dialektik）、結果を「必然」と定義すること―人生の「肯定」は「幸せ」と同義）、3 手さぐりでわかる「人生の形」と「幸せ」の定義（補論2）：「物理学」での記述（すべての「形」は「同一現象」であることの証明―ボルツマンの原理と散逸構造の両立とシュレーディンガー方程式の帰結、くりこみ：物理学（くりこみ）と哲学（弁証法）の対応）
2017.1 92p A5 ¥1500 ①978-4-275-02061-1

◆**哲学を学ぶ** 中澤務著（京都）晃洋書房
【目次】プロローグ（哲学はどんな学問か、哲学はどのように発展してきたか）、1 人間とその心（自己と他者について、心について、人間存在について）、2 言葉と認識（言葉について、知識について、真理について）、3 世界と存在（存在と無について、世界について、時間について）、4 人生と社会（生きる意味について、自由について、社会について）、エピローグ（現代をよく生きるための哲学）
2017.3 176p A5 ¥1800 ①978-4-7710-2838-8

◆**哲学がわかる 因果性** スティーヴン・マンフォード, ラニ・リル・アンユム著, 塩野直之, 谷川卓訳 岩波書店
【要旨】「原因」と「結果」は、私たちが世界を理解する基本的な用語だ。だが、二つの事柄を原因と結果として結びつけるものが何かについて、人々の意見は分かれている。哲学者たちを悩ませてきた因果性に関する数々の難問について、いくつかの基本的な考え方を平易に解説したうえで、最後に統計を使って因果関係を探る現代の科学的方法について哲学の立場から考える。
2017.12 176, 10p B6 ¥1700 ①978-4-00-061241-8

◆**哲学がわかる 形而上学** スティーヴン・マンフォード著, 秋葉剛史, 北村直彰訳 岩波書店
【要旨】「形而上学」は哲学の核だ。とはいえ、とりわけ初めて哲学に触れる人にとって、形而上学の問いは入りがたいところがなく、とっつきにくい。本書は「時間とはなにか」「性質とはなにか」といった形而上学の抽象的な問いについて、それらの問いの意味を噛み解きしながら、哲学としてこれらを考察する際にどんなことが問題になるのか、ポイントを押さえて明快に示す。
2017.12 193, 13p B6 ¥1700 ①978-4-00-061240-1

◆**哲学がわかる 自由意志** トーマス・ピンク著, 戸田剛文, 豊川祥隆, 西内亮平訳 岩波書店
【要旨】意志の自由は道徳の大切な根拠だ。自由に選べるからこそ結果に責任が生じると私たちは考える。だが、現代科学は、一見自由にみえる私の選択も原因と結果の必然的な連鎖として説明し尽くせると言う。困った、どう考えたらいい？ 似たことは昔もあった。「全能の神が支配する世界では人間が自由勝手に選ぶなんてありえない」「自由とは欲求に従って行為することでしかない」etc. 哲学がどう答えてきたかを見ながら、行為と自由をめぐる問題を考える。
2017.12 180, 10p B6 ¥1700 ①978-4-00-061242-5

◆**哲学研究 第601号** 京都哲学会編（京都）京都哲学会,（京都）京都大学学術出版会 発売
【目次】ジャイナ教における相対主義と寛容の問題について、ガリレオの天体観測と新しい宇宙論、ソクラテスは諸事例にもとづいて定義を獲得すべきだと考えるか？
2017.6 110, 5p A5 ¥2000 ①978-4-8140-0113-2

◆**哲学散歩** 木田元著 文藝春秋（文春文庫）
【要旨】徹底した皮肉屋ソクラテス、衣装に凝り過ぎてプラトンの眉を顰めさせたアリストテレス、偉大でありながらも性格最悪のハイデガー…古代ギリシャ哲学から20世紀現代思想迄の代表的な哲学者の思想とエピソードを、自身の哲学体験を交えながら分かりやすく紹介。インテリジェンスがにじみ出る名エッセイ。
2017.9 222p A6 ¥660 ①978-4-16-790933-8

◆**「哲学」思考法で突然頭がよくなる！** 小川仁志著 実業之日本社（じっぴコンパクト新書）
【要旨】世の中にはどんどん新しい問題が出てくる。しかも、それらは既存の考え方・思考法を越えてやってくるものが多い。仕事のこと、人生のことで教科書・マニュアル通りに解決できないことが、あまりにも多いのが現実だ。しかし、そんなときに役立つのが、偉大な哲学者たちの思考。時代を超えて受け継がれてきた思考に、問題を解決する端緒があるのでは。そこで本書では、世の中のトレンドと哲学の英知を組み合わせた31の思考法を紹介。仕事や人生の難問を解決しよう！
2017.2 202p 18cm ¥900 ①978-4-408-45624-9

◆**哲学しててもいいですか？―文系学部不要論へのささやかな反論** 三谷尚澄著（京都）ナカニシヤ出版
【要旨】哲学は力なり。いまアメリカの大学生が哲学講義に詰めかけるのはなぜか？ 哲学によって養われるアビリティとパワーを問う！
2017.3 217p B6 ¥2200 ①978-4-7795-1125-7

◆**哲学者コレクション―キャラクターでわかる** 哲コレ製作委員会編 水王舎
【要旨】哲学者50人の特徴がざっくりわかる！ 哲男子たちの魅力をオールカラーで紹介！
2017.11 118p A5 ¥1300 ①978-4-86470-088-7

◆**哲学者と下女―日々を生きていくマイノリティの哲学** 高秉權著, 今津有梨訳 インパクト出版会
【要旨】ある日、下女が夜空の星を見上げるなら―。わたしたちの生に気づきと勇気を贈る、静かな「哲学」への招待。
2017.3 214p B6 ¥2200 ①978-4-7554-0276-0

◆**哲学者に会いにゆこう 2** 田中さをり著（京都）ナカニシヤ出版
【要旨】大学の内外で実践する"哲学者"たちにマイクを向ける好評のインタビュー集。「身体性」と「哲学教育」をキーワードに語る第2弾！
2017.8 198p B6 ¥2300 ①978-4-7795-1153-0

◆**哲学塾の風景―哲学書を読み解く** 中島義道著 講談社（講談社学術文庫）「哲学塾授業―難解書物の読み解き方」改題書
【要旨】カントにニーチェ、キルケゴール、サルトル。哲学書は我流で読んでも、じつは何もわからない。必要なのは正確に読み解く技術。そして"戦う哲学者"が主宰する「哲学塾カント」では、読みながら考え、考えながら読む「哲学の作法」が伝授される。手加減なき師匠の、厳しくも愛に満ちた授業風景を完全再現。哲学への道がここにある！
2017.4 269p A6 ¥940 ①978-4-06-292425-2

◆**哲学すること―松永澄夫への異議と答弁** 松永澄夫監修, 渡辺誠, 木田直人編 中央公論新社
【要旨】松永の薫陶を受けた13人が、渾身の力をふるって師に立ち向かう。厳密・緻密・稠密な

哲学・心理学・宗教

言語使用を実践し、人間にとって本質的なことのみを論じ交わった火花散る師弟対決。
2017.11 700p A5 ¥5800 ①978-4-12-005028-2

◆哲学的な何か、あと科学とか 飲茶著 二見書房 (二見文庫)
【要旨】哲学なんて退屈だと思っているアナタのためのテツガク入門。
2017.4 342p A6 ¥700 ①978-4-576-17046-6

◆哲学とはなにか ジョルジョ・アガンベン著、上村忠男訳 みすず書房
【要旨】音声を奪われて文字と化した知の弱さ、無調律の政治風景。哲学は今日、音楽の改革としての在り方へと、思考を開く。哲学の始原＝詩歌女神たちの場所へと、思考を開く。
2017.1 205, 8p B6 ¥4000 ①978-4-622-08600-0

◆哲学のきほん─七日間の特別講義 ゲルハルト・エルンスト著、岡本朋子訳 早川書房 (ハヤカワ・ノンフィクション文庫)(『あなたを変える七日間の哲学教室』改題書)
【要旨】哲学を学んでみたいけれど、そもそも哲学ってなに？ 哲学者との7日間の対話を通して、ソクラテスからヴィトゲンシュタインまで、古代から育まれたヴィトゲンシュタインまで、古代から育まれた英智に触れつつ、哲学者のように考える方法を伝授。人生の意味、道徳と正義、人間はどこまで「知る」ことができるかなど、究極の問いについて自分の頭で考えたい人に、気鋭のドイツ人哲学者が贈る画期的な入門書。
2017.3 332p A6 ¥920 ①978-4-15-050490-8

◆哲学はじめの一歩─働く 立正大学文学部哲学科編 (横浜)春風社
【要旨】「働く」をテーマに考える高校生・大学新入生のための哲学入門。
2017.3 140p B6 ¥1500 ①978-4-86110-542-5

◆哲学 はじめの一歩─楽しむ 立正大学文学部哲学科編 (横浜)春風社
【要旨】なんだか毎日がつまらない。…じゃあ、何をすれば楽しめるんだろう？ 「楽しむ」をテーマに考える高校生・大学新入生のための哲学入門。
2017.3 124p B6 ¥1500 ①978-4-86110-541-8

◆哲学ch 高橋健太郎著 柏書房
【要旨】ワイドショーあり、アニメあり、格闘技中継あり…古今東西の哲学がまるごとテレビ番組になった!? どこから読んでもスッキリわかる？ 哲学「超」入門！ 人類の叡智の結集、哲学史を崩壊寸前のわかりやすさで解説！
2017.7 222p B6 ¥1600 ①978-4-7601-4844-8

◆天運の法則─脳と心と魂の人間学 西田文郎著 現代書林
【要旨】脳を研究して40年。最後の最後に伝えたいこと。「天運の法則」とは、「生きるという生き方」を変えてくれる脳の最終法則である─
2017.4 365p 23×16cm ¥15000 ①978-4-7745-1618-9

◆展示される大和魂─「国民精神」の系譜 森正人著 新曜社
【要旨】"国民精神" をめぐる偉人イメージ、展覧会、史跡、イベント、映画を追い、言葉・物質・身体の側面から、ナショナル・アイデンティティを支える国民性の幻影が立ち上げられていく過程をつまびらかにする。
2017.3 278p B6 ¥2600 ①978-4-7885-1519-2

◆天明の机 愛賀健一著 東京図書出版, リフレ出版 発売
【要旨】男と老人の対話形式で、究極の宇宙に迫る。生と死の世界を含めてID論、進化論を捉えた一元論の世界とは。
2017.12 107p B6 ¥1000 ①978-4-86641-100-2

◆道化師の性─性・エロス・表現者たち 高嶋進著 左右社
【要旨】誰もが性に悩んでた。誰もがこの難問に取り組んだ。俗神迷信が根づき、ファロスイデオロギーと衝動が渦巻く性とは何か。ジァンジァン劇場主の見聞と思索。人間の深淵を探り、いのちの根源に迫る、性の欺瞞と隠蔽を暴く、著者渾身の警告の書。性の言説を追い詰める知の巨人たち、ミシェル・フーコー、森鴎外、吉本隆明、ヴァン・デ・ヴェルデ、謝国権。
2017.11 212p B6 ¥1800 ①978-4-86528-188-0

◆統辞理論の諸相─方法論序説 チョムスキー著、福井直樹, 辻子美保子訳 岩波書店 (岩波文庫) (原書五十周年記念版)
【要旨】人間の心のメカニズムとして言語を捉える内在主義と近代科学的アプローチを根本的に結びつけた「生成文法の企て」の全体像を初めて明快に提示した古典。話者が持つ潜在的言語能力・言語知識の厳密な記述に加えて、言語獲得に関わる事実の説明を可能にする一般言語理論（普遍文法）の構築を目指す研究プログラムが論じられる。
2017.2 218, 20p A6 ¥780 ①978-4-00-336952-4

◆道徳を基礎づける─孟子 vs. カント, ルソー, ニーチェ フランソワ・ジュリアン著、中島隆博, 志野好伸訳 講談社 (講談社学術文庫)
【要旨】井戸に落ちそうな子供を助けることは憐れみなのか、義務なのか。ルソーもカントも道徳を基礎づけることを試みた。しかし「誰も成功していない」(ショーペンハウアー)。ニーチェは道徳の系譜学へと目を向けた。そして今、思想史を相対化し伝統を確認しながら、著者は孟子との対話を始める。賢者の石は、中国思想を批判的に揺さぶり続けたその先にある。
2017.10 357p A6 ¥1150 ①978-4-06-292474-0

◆都市と野生の思考 鷲田清一, 山極寿一著 集英社インターナショナル, 集英社 発売 (インターナショナル新書)
【要旨】哲学者にして京都市立芸大学長の鷲田清一と、ゴリラ研究の世界的権威にして京都大学総長の山極寿一による対談。旧知の二人が、リーダーシップのあり方、老い、家族、衣食住の起源と進化、教養の本質など、さまざまな今日的テーマを熱く論じる。京都を舞台に、思考と野生の思考をぶつけ合った対話は、人間の来し方行く末を見据える文明論となった。
2017.8 220p B6 ¥740 ①978-4-7976-8013-3

◆共にあることの哲学と現実─家族・社会・文学・政治 岩野卓司編著、合田正人、郷原佳以、坂本尚志、澤田直、藤田尚志、増田一夫、宮﨑裕助著 書肆心水 (フランス現代思想が問う "共同体の危機と希望" 2─実践・状況編)
【要旨】現代の世界や一方の状況を考えるうえでフランス現代思想の共同体論が参照可能かどうかを見きわめる試み。
2017 317p 22×16cm ¥3900 ①978-4-906917-74-7

◆「内発的発展」とは何か─新しい学問に向けて 川勝平太, 鶴見和子共著 藤原書店 新版
【要旨】詩学（ポエティカ）と科学（サイエンス）の統合。待望の新版刊行。
2017.8 231p 19×12cm ¥2400 ①978-4-86578-134-2

◆中村天風 健康哲学─医家16代の医師が解く 伊藤豊著 ロングセラーズ
【要旨】脳はつながっている。楽しい、嬉しい、面白いという感情はいかなる名医、名薬にも勝る！ 人間としての理想の人生へとつながる天風哲学の具体的方法。
2017.4 276p 18cm ¥1000 ①978-4-8454-5016-9

◆なぜと問うのはなぜだろう 吉田夏彦著 筑摩書房 (ちくまプリマー新書)
【要旨】心とは何か？ ある／ないとはどういうことか？ 人は死んだらどこに行くのか─好奇心に導かれて人類が問いつづけてきた永遠の謎に、自分の答えを見つけるための、哲学的思考への誘い。
2017.11 140p 18cm ¥700 ①978-4-480-68990-0

◆七〇歳の絶望 中島義道著 KADOKAWA (角川新書)
【要旨】どんなに豊かな人生でも「死ぬ限り」絶望的である。中島義道、七〇歳─。老境を迎えた哲学者の心境とその日々。
2017.11 229p 18cm ¥820 ①978-4-04-082003-3

◆悩める人間─人文学の処方箋 仁平尊明編 (札幌)北海道大学出版会 (北大文学研究科ライブラリ 15)
【目次】第1章 宗教は悩みにどう向き合うか、第2章 作家はつらいよ、第3章 平安文人官僚の切ない昇進の願い─小野道風と菅原文時、第4章 新しい社会原理の模索─三木清と日本イデオロギーの接点、第5章 書くべきか、書かざるべきか─マーク・トウェインの悩み、第6章 傍仰がもたらした苦悩と絶望─忙取の翁の人生を考える、第7章 是か非か、悩んだ果てに─荘子の悩み、第8章 思考抑制に伴う逆効果、第9章 学生相談に見る現代若者の悩み
2017.6 257p B6 ¥2400 ①978-4-8329-3400-9

◆日常を拓く知古典を読む 1 やさしさ 神戸女学院大学大学院総合文化学科監修, 景山佳代子編 (京都)世界思想社 (神戸女学院大学総文教育叢書)
【要旨】"やさしさ" を疑ってみませんか？ ボランティアは偽善なのか？ 傷つけないことがやさしさなのか？ 『旧約聖書』『パイドン』『緋

文字』『たけくらべ』『母よ！殺すな』などの古典を手がかりに、やさしさの深遠に迫る。
2017.8 113p B6 ¥1500 ①978-4-7907-1704-1

◆日本人が忘れた日本人の本質 山折哲雄, 高山文彦著 講談社 (講談社プラスアルファ新書)
【要旨】いま、立ち返るべきこころの原点がある。天皇制、義理と人情、独自の死生観…宗教学者と作家による新しい「日本人原論」。
2017.7 203p 18cm ¥860 ①978-4-06-272997-0

◆日本人の哲学 名言100 鷲田小彌太著 言視舎
【要旨】現在から古代まで、大学の哲学から人生哲学まで。世界水準の日本人の叡智、厳選100！
2017.6 209p B6 ¥1600 ①978-4-86565-096-9

◆日本の覚醒のために─内田樹講演集 内田樹著 晶文社 (犀の教室)
【要旨】沈みゆく国で語った、国家・宗教・憲法・戦争・言葉・教育…そして希望！待つをなしの現場で、あえて広げる思想の大風呂敷。日本をとりまく喫緊の課題について、情理を尽くした講演の数々。日本人よ、目覚めよ。
2017.6 350p B6 ¥1700 ①978-4-7949-7031-2

◆日本のこころ、西洋の哲学 和田圭司著 医学舎, 星雲社 発売
【目次】第1部 日本のこころ（日本のこころ─花鳥風月と四季の世界、こころのリフレッシュ、こころの居場所─こころはどこにあるか、こころの成り立ち─戦国武将に見る生き方と環境、ひと味違うこころ─人生を楽しくするものの見方、百人一首の覚え方）、第2部 西洋の哲学、心理学（古代ギリシアの哲学、ヘレニズム、ローマ時代の哲学、中世の哲学、近世の哲学、近代の哲学、心理学、現代の哲学、心理学、脳科学）
2017.9 299p B6 ¥1300 ①978-4-434-23727-0

◆人間はロボットよりも幸せか？ 保江邦夫, 前野隆司共著 マキノ出版
【要旨】首のない自画像、神へののぞき穴、自由意志の有無、森のネットワーク…物理学者と工学者が自在に語った！ 素領域理論とヒューマンインターフェースの邂逅─理系の幸福論とは？
2017.5 188p B6 ¥1600 ①978-4-8376-7257-9

◆猫的な、あまりに猫的な─人間たちの心を猫にする "哲学猫" 120の言葉 白取春彦著 ディスカヴァー・トゥエンティワン
【要旨】19世紀ドイツの街角に哲学する猫がいた─すべての猫は毎日幸せだ。他者をあてにせず、ねたまない。ミリオンセラー『超訳ニーチェの言葉』著者渾身の新作。
2017.7 285p B6 ¥1400 ①978-4-7993-2125-6

◆「能率」の共同体─近代日本のミドルクラスとナショナリズム 新倉貴仁著 岩波書店
【要旨】一九二〇年代から高度成長期までを貫く近代日本のナショナリティを「能率の共同体」という観点から捉えなおす。産業合理化、大量生産技術、サラリーマン、都市と農村の人口問題、オートメーション、マネジメント（経営）─こうした量と数、機械と能率をめぐるテクノロジーの変容には、同時代の諸言説とどのような影響関係にあり、国民という共同体の想像、ミドルクラスの文化や生活をどう規定したのか。吉野作造から丸山眞男、大衆社会の成立から消費社会化・情報社会化を縦横に論じ、ナショナリズム論に新境地を拓く、歴史的＝理論的探究。
2017.2 319, 18p B6 ¥3300 ①978-4-00-001824-1

◆敗者の想像力 加藤典洋著 集英社 (集英社新書)
【要旨】一九四五年、日本は戦争に負け、他国に占領された。それから四半世紀。私たちはこの有史以来未曾有の経験を、正面から受けとめ、血肉化、思想化してきただろうか。日本の「戦後」認識にラディカルな一石を投じ、九〇年代の論壇を席巻したベストセラー『敗戦後論』から二〇年。戦争に敗れた日本が育てた「想像力」を切り口に、敗北を礎石に据えた新たな戦後論を提示する。本書は、山口昌男、大江健三郎といった硬派な書き手から、カズオ・イシグロ、宮崎駿などの話題作までを射程に入れた、二一世紀を占う画期的な論考である。
2017.5 270p 18cm ¥780 ①978-4-08-720882-5

◆博愛のすすめ 中川淳一郎, 邃策収著 講談社
【要旨】毒舌の果てに見えた新境地。ロクでもない世の中で、幸せに生きる知恵。
2017.6 226p 19×13cm ¥1300 ①978-4-06-220636-5

哲学・思想

◆**はじめての哲学的思考** 苫野一徳著 筑摩書房（ちくまプリマー新書）
【要旨】なぜ人を殺してはならないの？ 生きる意味とは何だろう？ 人生の問いから社会の難問まで力強く「解き明かす」哲学の考え方を知ろう。
2017.4 223p 18cm ¥840 ①978-4-480-68981-8

◆**働くってどんなこと？ 人はなぜ仕事をするの？** ギヨーム・ル・ブラン文, ジョシェン・ギャルネール絵, 伏見操訳 岩崎書店（10代の哲学さんぽ 9）
【要旨】なぜ人は、仕事をしなくてはならないのでしょう。生活をしていくのに必要なお金をかせぐため？ はたして、それだけでしょうか。仕事には、お金をかせぐ以外に価値があるのでしょうか。働くとは、幸せな子ども時代に別れを告げること？
2017.1 84p B6 ¥1300 ①978-4-265-07915-5

◆**ハーバート・スペンサーコレクション** ハーバート・スペンサー著, 森村進編訳 筑摩書房（ちくま学芸文庫）
【要旨】19世紀、日本をはじめ世界中に圧倒的な影響を及ぼしたスペンサーは、20世紀に入ると、社会的ダーウィニズムを唱えた弱肉強食の冷酷な思想家として激しい批判にさらされ、忘却された。しかし、そうした理解は正当だろうか？ 否。自由の論を根源から問うためその議論は、いまこそ再評価されるべきである。本書では、彼の思想の核心を伝える論考を精選して収録。そこからは国家の強制による福祉ではなく、個人の自発的な意志に基づく協力の原理を探究した、社会的弱者への慈悲を当に浮かび上がる。国家を無視する権利まで容認する、その徹底した自由の理論を詳らかにする。文庫オリジナル編訳。
2017.12 475p A6 ¥1400 ①978-4-480-09834-4

◆**バランス思考がわかる本** 東原裕樹著 セルバ出版, 創英社／三省堂書店 発売
【要旨】自然界は、相反する2つの世界をつくることによってバランスを保とうとしている。これを陰陽思想といい、相反するバランス思考の根底となっている。現代の間違った極端な思考について、相反するバランス思考を持って正しく生きていく方法を提案。
2017.7 183p B6 ¥1400 ①978-4-86367-352-6

◆**反脆弱性 上 ―不確実な世界を生き延びる唯一の考え方** ナシーム・ニコラス・タレブ著, 望月衛監訳, 千葉敏生訳 ダイヤモンド社
【要旨】経済、金融から、人生、そして愛まで。この世界で私たちがいかに生きるべきか、すべてに使える思考のものさし「脆弱／頑健／反脆弱」をもとに解き明かす。
2017.6 410p B6 ¥2000 ①978-4-478-02321-1

◆**反脆弱性 下 ―不確実な世界を生き延びる唯一の考え方** ナシーム・ニコラス・タレブ著, 望月衛監訳, 千葉敏生訳 ダイヤモンド社
【要旨】国家、社会の行く末から、生き残る仕事、学ぶべき知識まで―。私たちはこれからどう生きるべきか、万物に通じる思考のものさし「脆弱／頑健／反脆弱」をもとに語り尽くす。
2017.6 422p B6 ¥2000 ①978-4-478-02322-8

◆**反戦後論** 浜崎洋介著 文藝春秋
【要旨】戦後よ、さようなら―。「政治と文学」の接点を問う―郊外、大東亜戦争、象徴天皇、三島由紀夫、小林秀雄、福田恆存、柄谷行人、そして坂口安吾……。戦後思想における本質的問題を提起する、気鋭の批評家による画期的論考！
2017.5 285p B6 ¥1800 ①978-4-16-390648-5

◆**批評について―芸術批評の哲学** ノエル・キャロル著, 森功次訳 勁草書房
【要旨】批評とは、理由にもとづいた価値づけ（reasoned evaluation）である。恣意的な評価みはなぜ悪いのか。作者の意図は批評にどう関わるのか。客観的な評価を行うにはどのような作業が必要か。分析美学の泰斗にして映像批評家としても活躍する著者が送る、最先端の批評の哲学。
2017.11 274, 12p B6 ¥3500 ①978-4-326-85193-5

◆**フィクションの哲学** 清塚邦彦著 勁草書房 改訂版
【要旨】視覚的な作品も含む包括的なフィクション論を視野に収めつつ、さらに精緻な理論の構築を目指した改訂版！ 作者と語り手との分離という事態を手がかりに、分析哲学の立場から「フィクションとは何か？」に挑む。
2017.6 294, 18p B6 ¥3000 ①978-4-326-15445-6

◆**フォークナー、エステル、人種** 相田洋明著（京都）松籟社
【要旨】詩人として出発したフォークナーを、小説へと、そして南部社会と人種意識というテーマへと向かわせたのはなにか。後に妻となるエステル・オールダムとの共作、及び彼女の作品の分析を通じてこの問いに応答する本邦初のエステル論はじめ、フォークナー読解に新たな視点を導入する論考群。
2017.3 237p A5 ¥2000 ①978-4-87984-355-5

◆**不動の自分になるための習慣―逆境をはね返し、順境に乗じる** 新渡戸稲造著 幸福の科学出版（新・教養の大陸BOOKS）
【要旨】新渡戸稲造は、明治から昭和初期にかけての教育者であり、「太平洋の橋とならん」という志の下、世界平和のために活躍した真の国際人である。本書は、その新渡戸の人生の知恵が凝縮されており、逆境に負けないための心構えや、集中力の鍛え方などが説かれている。当時、大ベストセラーとなり、青年・学生をはじめ、多くの人々の糧となったが、その内容は普遍性に富み、現代人にとっても人生の指針となる。
2017.7 216p B6 ¥1200 ①978-4-86395-926-2

◆**プラグマティズムを学ぶ人のために** 加賀裕郎, 高頭直樹, 新茂之編（京都）世界思想社
【要旨】今なおダイナミックに更新され続ける哲学。プラグマティズムの発想を多角的に理解するための入門書。主唱者パース、ジェイムズ、デューイの思索の要点と、クワイン、ローティによる新たな展開を通覧して、教育学、民主主義論など現代の哲学的諸問題との接続を解説する。
2017.4 270, 6p B6 ¥2400 ①978-4-7907-1698-3

◆**ブラスト公論―誰もが豪邸に住みたがってるわけじゃない** 宇多丸, 前原猛, 高橋芳朗, 古川耕, 郷原紀幸著 徳間書店（徳間文庫）増補文庫版
【要旨】「希代のトークマスター」ライムスター宇多丸を筆頭に個性派の五名のクルーが、正論＆暴論ごちゃ混ぜのボンクラトークを繰り広げる！ 各界の熱狂的ファンを持つ伝説の座談本が「増補文庫版」として完全復活。約八年ぶりの再会を果たしたクルーによる公論同窓会、書下ろしコラムも追加し、親本読者も楽しめること間違いなし。今なお色褪せぬ名著を千百ページ超の圧倒的なボリュームでお届け！
2018.1 1132p ¥1400 ①978-4-19-894297-7

◆**触れることのモダニティ―ロレンス、スティーグリッツ、ベンヤミン、メルロ＝ポンティ** 高村峰生著 以文社
【要旨】モダニズムにおける触覚表象を技術と身体の歴史的な境界面、つまり、われわれの環境認識の再考察を、直接性の経験。
2017.2 312p A5 ¥3200 ①978-4-7531-0339-3

◆**プロトコル―脱中心化以後のコントロールはいかに作動するのか** アレクサンダー・R・ギャロウェイ著, 北野圭介訳（京都）人文書院
【要旨】ネット空間を制御する論理＝プロトコルは、いまや現実世界をも深く貫いている。その作動方式を技術面から鮮やかに捉え、大胆に概念化することで、現代社会論、権力論、メディア論など人文諸学を全面的に更新した、新時代のマグナム・オープス。「帝国」論を過去のものにし、『資本論』を生命論として読み替え、アート論にまで飛翔する、思想界を搔き立てる鬼才が20代で著した話題作。ついに邦訳。
2017.8 421p B6 ¥3800 ①978-4-409-03095-0

◆**文人伝―孔子からバルトまで** ウィリアム・マルクス著, 本田貴久訳 水声社
【要旨】過去のテクストに注釈を入れ、ときには未来に向けてテクストを書く者＝文人とはいかなる存在なのか？ 古今東西の文人たちの一孔子から菅原道真、そしてロラン・バルトで一さまざまな"生"を題材に、その誕生から死までの"文人の一生"を24章で描きだす。
2017.3 317p B6 ¥2800 ①978-4-8010-0180-0

◆**文明とは何か―文明の交流と環境** 小林道憲著（京都）ミネルヴァ書房（小林道憲"生命（いのち）の哲学"コレクション 8）
【要旨】人類の文明史を文明交流中心に描き、世界史を関係性のもとで理解する「間の文明論」。文明パラダイムからみた比較文明の展開。世界史形成に遊牧民や交易民や海洋民が果たした役割を丁寧に評価して、人類の文明を陸のみならず海にも張り巡らす中心に描き、世界史を、陸にも海にも張り巡らされたネットワークの発展史としてとらえる試み。日本文明を、これらのネットワークの結節点として眺め、その世界史的位置を確かめる。
2017.4 377p B5 ¥6500 ①978-4-623-07733-5

◆**平安ありて平和なる―ホワイトヘッドの平和論、西田哲学、わが短歌神学日記** 延原時行著（新潟）考古堂書店
【目次】第1章 平和基礎学としてのホワイトヘッド平安哲学―神のエコゾイックスと復活形而上学にちなんで（二究極者の問題と"神のエコゾイックス"の提言―トマス・ベリーとの対話のなかから、ホワイトヘッドの冒険ないし復活形而上学にむけて、第2章 西田における哲学と宗教―ハーツホーン、滝沢、トマスとの対話のなかで（純粋経験とは何か―ハーツホーン、滝沢との対話、自覚の問題：なぜ自覚における直観と反省なのか―滝沢との対比 ほか）、第3章 わが短歌神学日記―2016年春夏（2016年4月の巻：御玄神学の開拓欣求す、2016年5月の巻：オバマ広島平和スピーチまでほか）、エピローグ 形而上学的後書にむけて（In Dialogue with Professor Dr.John B.Cobb, Jr.:Toward a Metaphysical Postscript、わが短歌神学日記―復活形而上学の省察にむけて ほか）
2017.2 312p B6 ¥2500 ①978-4-87499-858-8

◆**勉強の哲学―来たるべきバカのために** 千葉雅也著 文藝春秋
【要旨】人生の根底に革命を起こす「深い」勉強、その原理と実践。勉強とは、これまでの自分を失って、変身することである。だが人はおそらく、変身を恐れるから勉強を恐れている。思想界をリードする気鋭の哲学者による本格的勉強論。
2017.4 237p B6 ¥1400 ①978-4-16-390536-5

◆**ベンサムの言語論―功利主義とプラグマティズム** 高島和哉著 慶應義塾大学出版会
【要旨】プラグマティックな言語論がベンサムの功利主義思想の哲学的基礎にあることを明らかにし、心理学、倫理学、法学、政治学など人間と秩序全般にわたる彼の膨大な思索を統一的に把握する。
2017.8 476, 20p B6 ¥8500 ①978-4-7664-2449-2

◆**変な人が書いた人生の哲学** 斎藤一人著 PHP研究所
【目次】第1章 人生の哲学（人は何のために生きるのか、なぜ、人や自分を愛してはいけないのか ほか）、第2章 仕事の哲学（仕事とは何か、仕事に行きたくない時は ほか）、第3章 人間関係の哲学（嫌いな人とどうつきあうか、信頼できる友人の選び方は ほか）、第4章 お金の哲学（お金の意味とは）
2017.7 173p B6 ¥1600 ①978-4-569-83834-2

◆**ぼくが生まれてきたわけ** 池川明著 KADOKAWA
【要旨】「人はなぜこの世に生まれてくるのか？」「なぜ生きるのか？」「この世になぜ苦しみがあるのか？」―生まれてくる前の記憶を語る子ども達の証言と、医療の現場での体験から著者が信じざるをえなくなった"魂の仕組み"とは？ 流産や死産、不妊、親からの虐待などのシビアな問題にどう向き合うべきか等も掲載した、著者渾身の意欲作。カラー絵本付（第1章）。
2017.9 143p B6 ¥1400 ①978-4-04-891984-5

◆**ポスト・オリエンタリズム―テロの時代における知と権力** ハミッド・ダバシ著, 早尾貴紀, 本橋哲也, 洪貴義, 本山謙二訳 作品社
【要旨】サイードの思想や「ポストコロニアリズム」を超えて中東・西洋の関係を問い直す新たなる古典。「サイード後、最も傑出した中東出身の知識人」とされる著者がさらに混迷を深めるイスラーム世界と欧米の関係を、新たな歴史的視座で分析した名著。
2018.1 376p B6 ¥3400 ①978-4-86182-675-7

◆**ポスト・モダンの左旋回** 仲正昌樹著 作品社 増補新版
【要旨】浅田彰や柄谷行人などの日本のポスト・モダンの行方、現象学と構造主義を介したマルクス主義とデリダやドゥルーズの関係、ベンヤミン流の唯物史観、ローティなどのプラグマティズムの可能性等、冷戦の終結と共に「マルクスがいなくなった」知の現場を俯瞰し時代を画した旧版に、新たにフーコーの闘争の意味、ドゥルーズのヒューム論、ネグリの「帝国」の意義、戦後左翼にとってのアメリカについてなど、新たな論考を付す。
2017.1 349p B6 ¥3000 ①978-4-86182-617-7

◆**"ポスト68年"と私たち―「現代思想と政治」の現在** 市田良彦, 王寺賢太編 平凡社
【要旨】反乱の"68年"、それ以後の現在、"私たち"とはだれか？ "68年"のあとのフーコーとア

哲学・心理学・宗教

ルチュセールの思考について、"68年"、現代思想、政治、主体について、それらを考え抜いてきたバリバールらとともに、根底的に討究！
2017.10 411p A5 ¥5200 ①978-4-582-70355-9

◆ボーダー・クロニクルズ―バルティータ 4 今福龍太著　水声社
【目次】別の時、別の場所で、ディアスポラの美学を求めて、ホノルルの窓から、恩寵が降り注ぐことら、砂漠と孤独、彼は相母の胸で骨の振動する音を聴いた、十月十二日、サンタフェ、瓢箪の肉の味わい、人間のかたわらに、遙かなみなざし、帰還と再会、シャラコ、銀河の首飾り、源流へ
2017.7 267p B6 ¥2500 ①978-4-8010-0254-8

◆ホモ・コントリビューエンス―滝久雄・貢献する気持ちの研究 加藤尚武編著　未来社
【要旨】「貢献心は本能である」（滝久雄）というテーゼをめぐって、国内外の人文科学、社会科学、自然科学の専門家21人が寄稿した24論考による、初めての学際的研究の総合成果。
2017.11 552p A5 ¥5800 ①978-4-624-01197-0

◆まいにち哲学―人生を豊かにすることば 原田まりる著　ポプラ社
【要旨】366日、一日一文。日めくりで新しい哲学との出会いがある。解説付き。
2017.11 394p B6 ¥1600 ①978-4-591-15630-8

◆マインドフルネス：沈黙の科学と技法―日本語・英語バイリンガル・ブック 松尾正信著　近代科学社　（本文：日英両文）
【要旨】UCLAのMindfulnessを日本語と英語で読む。
2017.8 187p 22×14cm ¥1800 ①978-4-7649-0541-2

◆マルクスとヒポクラテスの間―鈴村鋼二遺稿集 鈴村鋼二著　（名古屋）風媒社
【要旨】市民とともに闘った名医！丸山眞男門下の政治・社会思想の学究をめざした著者は、大学院進学の方針を転換、東大卒業と同時に名古屋大学医学部へと再入学。郷里・豊田市に根を下ろし、市民運動へと突き進む。やがて刻苦努力ののち、産婦人科病院を開業、「豊田市巨大サッカー場建設反対運動」等々、さまざまなアイデアで独特の活動を展開した。名医の誉れも高かった。
2017.11 512p B6 ¥2500 ①978-4-8331-5318-8

◆丸山眞男、その人―歴史認識と政治思想 都築勉著　（横浜）世織書房
【要旨】歴史の意味と政治の可能性。丸山眞男研究第一人者の集大成。
2017.11 351p A5 ¥3400 ①978-4-902163-95-7

◆見え始めた終末―「文明盲信」のゆくえ 川村晃生著　三弥井書店
【要旨】スマホに熱中する国民…漢字の読めない政治家…"知の時代"が終わろうとしている。科学と経済に支配され、人間の退化が始まった。いま問われる「正しく絶望する力」とは？　そして「文学の力」とは？
2017.4 334p B6 ¥3800 ①978-4-8382-3316-8

◆"見える"を問い直す 柿田秀樹,若森栄樹編　彩流社
【要旨】「技術」との関わりを通じて見えてくる多くの問題。東西の文化的諸力が交差する美術・写真・文学・映像技術・インターネット等に内在する「視覚」のあり方を批判的に検討し、「見える」と経験の内的可能性への問いを文化的歴史的な側面からアプローチ。
2017.12 288p A5 ¥3000 ①978-4-7791-2432-7

◆右であれ左であれ、思想はネットでは伝わらない 坪内祐三著　幻戯書房
【要旨】保守やリベラルよりも大切な、言論の信頼を問いたい。飛び交う言論に疲弊してしまう社会で、今こそ静かに返したい。時代の順風・逆風の中「自分の言葉」を探し求めた、かつての言論人たちのことを一20年以上にわたり書き継いだ、体現的「論壇」論。
2018.1 413p B6 ¥2800 ①978-4-86488-136-4

◆未来の他者へ―『サクリファイス』『希望のエートス』批評集 神山睦美編著　（札幌）響文社
【要旨】未来の他者へ応答するためには、過去の他者と向き合わなければならない。最も近い過去の他者とは、原点に見出される自分自身ではないか。神山睦美の二者をめぐって、20人の論者による再帰と応答の試み。
2017.1 406p A5 ¥1600 ①978-4-87799-127-2

◆無銭経済宣言―お金を使わずに生きる方法 マーク・ボイル著,吉田奈緒子訳　紀伊國屋書店
【要旨】「お金がないと生きられない」というのは、ぼくらの文化が創りだした物語にすぎない。
2017.9 494p B6 ¥2000 ①978-4-314-01150-1

◆謀叛の児 宮崎滔天の「世界革命」 加藤直樹著　河出書房新社
【目次】宮崎滔天は「アジア主義者」か、肥後の二つの維新、先天的自由民権家、世界を変える、日本人をやめる、虚を衝つて実を出す、革命家と浪人、三十三年の「悪夢」、浪曲と彷徨、民報社の時代、革命の白い旗、対華二十一ヵ条、「亡国」という希望、革命は食なり
2017.4 359p B6 ¥2800 ①978-4-309-24799-1

◆メタファー思考は科学の母 大嶋仁著　（福岡）弦書房
【要旨】言語習得以前の思考＝メタファー（隠喩）思考なくして論理も科学も発達しない。「科学」と「文学」の対立を越えて。メタファー思考と科学をつなぐ「文学的性」の重要性を、心理学、戦争文学、脳科学等の観点から多角的に説く。
2017.10 229p B5 ¥1900 ①978-4-86329-157-7

◆メンデルスゾーンの形而上学―また一つの哲学史 藤井良彦著　東信堂　（立正大学大学院文学研究科研究叢書）
【要旨】脱「講壇哲学」者が示す「哲学する自由」。カントやレッシングの友人で、神の存在証明に関する著作等、顕著な業績を挙げながら、生涯工場に勤め続け「一度も大学に行ったことがない」メンデルスゾーンは、哲学が大学人の専有物ではなく、全ての人に開かれた知であることを如実に示す研究者である。本書はこの在野哲学者の全てを、主著『朝の時間』はじめ詳細に論考した日本初の研究であり、大学人即ち「講壇哲学」全盛のわが国に「哲学する自由」の意義を伝える、渾身の労作である。
2017.1 326p A5 ¥4200 ①978-4-7989-1408-4

◆もうすぐやってくる尊皇攘夷思想のために 加藤典洋著　幻戯書房
【要旨】2018年、明治150年―そして天皇退位、TOKYO2020。新たな時代の予感と政治経済の後退期のはざまで今、考えるべきこととは何か。戦後最の第一人者が、失われた思想の可能性と未来像を探る批評集。
2017.10 323p B6 ¥2600 ①978-4-86488-131-9

◆擬 MODOKI―「世」あるいは別様の可能性 松岡正剛著　春秋社
【要旨】「世」はすべて「擬」で出来ている。「ほんと」と「つもり」は、どっちが歴史なのか？世界と日本の見方が一変する、驚愕の超読的エッセイ。
2017.9 280p B6 ¥1900 ①978-4-393-33354-9

◆物事のなぜ―原因を探る道に正解はあるか ピーター・ラビンズ著,依田光江訳　英治出版
【要旨】古代から現代にいたるまで、人は「因果関係」をどう考えてきたのか？ますます複雑化する問題にどう向き合うべきか。古代哲学から物理科学、カオス理論まで、先人の軌跡をたどりながら、私たちの思考の可能性と限界を問いかける。
2017.12 379p B6 ¥2700 ①978-4-86276-189-7

◆「もの」と「疎外」 津田雅夫著　（京都）文理閣
【要旨】「ものの思想」のうちに探る疎外論の再生―「疎外の発想」を日本の思想伝統のなかに確認し、さらなる展開を図る！
2017.2 184p B6 ¥2500 ①978-4-89259-805-0

◆模倣と創造―哲学と文学のあいだで 井戸田総一郎,大石直記,合田正人著　書肆心水　（明治大学人文科学研究所叢書）
【要旨】ニーチェの詩作における文体への強いこだわりと孤独。タルド/カイヨワ/デリダにおけるミメーシスの星座。森鷗外における古伝承の再生と近代的な表現への問い。芸術と思想におけるオリジナリティの重視が自明である近代における模倣の意味を探究し、近代性の深層を照射する。
2017 350p A5 ¥6900 ①978-4-906917-65-5

◆安岡正篤先生と禅 水野隆徳著　明徳出版社
【要旨】仏教と禅に関する豊富な知識・深い洞察力。
2017.3 415p B6 ¥3700 ①978-4-89619-947-5

◆ヤドカリ考―森羅万象小考 松葉知幸著　（大阪）清風堂書店

【要旨】「ヒトの環世界という視点」「抽象化能力と同値類別の重要性」「抽象化と言葉の獲得の関係」「二次環境としての仮想現実」「欲求の分類」「寄る辺」「可知世界と不可知世界」「群れる生物としての特徴」といったキーワードをもとに自然科学的アプローチでヒトの本質に迫る論考。
2017.5 207p 18cm ¥900 ①978-4-88313-858-6

◆山岡鉄舟修養訓 平井正修著　致知出版社　（活学新書）
【要旨】人を変えようと思うならまず自分から。清く静かな心をやしなう。やるべきことに徹する。本物になる方法。他人様に必要な剣・禅・書の達人が説く人物修養法。
2017.2 171p 18cm ¥1200 ①978-4-8009-1138-4

◆唯物論研究年誌　第22号　現在の"差別"のかたち 唯物論研究協会編　大月書店
【要旨】人間を優劣に切り分け、分断・排除するその根深さを見極め、対抗の方途を探る。優生思想とヘイトクライムが最悪のかたちで結びついた相模原事件。欧米で高まる排外主義。人種、性別、貧富の差など、古くて新しい"差別"の諸相から、現在の社会が抱える問題点をあぶりだす。
2017.10 247p A5 ¥3500 ①978-4-272-43912-6

◆湯殿山の哲学―修験と花と存在と 山内志朗著　ぷねうま舎
【要旨】私はいま、ここにいます。存在の呼び声に応えた、長い旅の果てに。湯殿山と西洋中世哲学とがする地点、そこに神と人との、普遍と個物との、そして存在と花との合一が…。
2017.7 238p B6 ¥2500 ①978-4-906791-71-2

◆夢の夢 裏の裏 いつでもソクラテス―365日の哲学 内田賢二著　元就出版社
【要旨】人は医学書にはない「三つの病（やまい）」をもっている。「人は生まれながらにして壊れている。人生とは、その修復の旅である」人生の実相を自らに問い続け、病理的観察と哲学的瞑想の歳月を経て紡ぎだされた究極の幸福論！
2017.9 477p B6 ¥4200 ①978-4-86106-256-8

◆欲望論　第1巻　「意味」の原理論 竹田青嗣著　講談社
【要旨】6000枚超！一切の哲学原理の総転換!!21世紀、新しい哲学がはじまる！2500年の哲学の歴史を総攬し、かつ刷新する画期的論考!!
2017.10 728p B6 ¥4800 ①978-4-06-220640-2

◆欲望論　第2巻　「価値」の原理論 竹田青嗣著　講談社
【要旨】構想40年！哲学を変える超大作!!竹田欲望論、ついに完成！完全に新しい原理からなる、人間と社会の哲学!!
2017.10 582p B6 ¥3800 ①978-4-06-220641-9

◆"よのなか"を変える哲学の授業 小川仁志著　イースト・プレス　（イースト新書）
【要旨】「生きづらさ」を「生きる力」に変換する哲学―テロ、犯罪、政治的無関心、ヘイトスピーチ、いじめ…いま、世の中には若い人たちを中心に、行きづまる社会とその未来について不満が鬱積している。それがいわば屈折した形で、ときどき爆発を起こしてしまっている。では、いったいどうすれば正しい形で不満を表明することができるのか。どうすれば正しい形で世界を理想どおりに変えることができるのか。じつは、世界を変えるための生き方を考えることにほかならない。ベストセラーを数多く輩出する気鋭の哲学者が提案する、まったく新しい「生き方の教科書」。
2017.2 207p 18cm ¥860 ①978-4-7816-5079-1

◆読まずに死ねない哲学名著50冊 平原卓著　フォレスト出版　（フォレスト2545新書）
【要旨】読まずにほんやり死んでいくなら、読んでもがいて生きていきたい！人類の叡智を一気に読める唯一の本。
2016.3 471p 18cm ¥1200 ①978-4-89451-964-0

◆ヨーロッパ文明批判序説―植民地・共和国・オリエンタリズム　工藤庸子著　東京大学出版会　増補新装版
【要旨】「近代ヨーロッパ批判」三部作、完結！『ヨーロッパ文明批判序説』『近代ヨーロッパ宗教文化論』『評伝スタール夫人と近代ヨーロッパ』を貫くものとは。「ゆるやかな三部作をめぐって」を増補。
2017.5 438, 48p A5 ¥7400 ①978-4-13-010133-2

◆"楽々シンクロ人生"のすすめ―"偶然"におまかせ！　近藤洋一著　ヒカルランド
【要旨】「偶然」は宇宙の意思。共時性（シンクロニシティ）という不思議な現象を著者の体験を基にそのメカニズムについて考察してあり、シンクロ人生をエンジョイする著者の思いが込められた1冊です。
2017.9 216p B6 ¥1815 ①978-4-86471-558-4

◆理性の起源―賢すぎる、愚かすぎる、それが人間だ　網谷祐一著　河出書房新社　（河出ブックス）
【要旨】人間は、理性的な動物のようで、つい、うっかり、ミスをする。しかし、高度な科学技術を生み出せることからわかるように、非理性的な動物とも言い切れない。そもそも理性的であることは進化の上で有利だったのだろう。理性があることは進化の上で有利だったのだろうか。諸科学の最新の成果をふまえながら、ヒトらしさの根源に迫る、知的エンタテインメント。
2017.2 232p B6 ¥1700 ①978-4-309-62501-0

◆臨床哲学対話　あいだの哲学―木村敏対談集2　木村敏著　青土社
【要旨】「哲学」の俊傑たちとともに、人間存在の核心に迫る。
2017.6 411p B6 ¥2900 ①978-4-7917-6998-8

◆臨床哲学の知―臨床としての精神病理学のために　木村敏著、今野哲男聞き手　言視舎
【要旨】『臨床哲学』は、精神医学の本来の精神性を取り戻す人間のための哲学だ。ハイデガーや西田幾多郎を参照軸に『臨床哲学』の場所から現代科学にパラダイム・チェンジを促す。彼自身による「木村敏」入門。
2017.4 222p B6 ¥2000 ①978-4-86565-091-4

◆輪廻転生とカルマの法則　スワーミー・メーダサーナンダ著　（逗子）日本ヴェーダーンタ協会
【目次】序章　世界でもっとも不思議な第1章　よく死ぬ、第2章　死んだらすべてが終わるのか、それとも何かが続くのか、第3章　死とはなにか、第4章　三つのからだと魂、第5章　どのように死ぬのか、死後どうなるか、第6章　天国と地獄はあるのか、第7章　カルマとサムスカーラ、第8章　カルマの法則と輪廻転生、第9章　輪廻転生をめぐる
2017.7 159, 18p B6 ¥1000 ①978-4-931148-63-5

◆黎明　上巻　葦原瑞穂著　太陽出版　新版
【目次】世界という幻、物質の世界、表現媒体、人間、普遍意識、創造の原理、地球生命系、誕生と死、アストラル・レヴェル、メンタル・レヴェル、生れ変り、地球の変容、大師、潜在能力、チャネリング
2017.9 395p A5 ¥2800 ①978-4-88469-908-6

◆黎明　下巻　葦原瑞穂著　太陽出版　新版
【目次】善と悪、魂の先住民、光と影の識別、音楽、地場調整、ピラミッド、日常の生活、霊の向上の方法と瞑想、教育、宗教、新しい時代の地球
2017.9 333p A5 ¥2700 ①978-4-88469-909-3

◆老子道徳経　井筒俊彦著、古勝隆一訳　慶應義塾大学出版会　（井筒俊彦英文著作翻訳コレクション）
【目次】道経―第一章・第三十七章、徳経―第三十八章・第八十一章
2017.4 252, 9p A5 ¥3800 ①978-4-7664-2415-7

◆私たちの星で　梨木香歩、師岡カリーマ・エルサムニー著　岩波書店
【要旨】ロンドンで働くムスリムのタクシー運転手やニューヨークで暮らす厳格な父を持つユダヤ人作家との出会い、カンボジアの遺跡を「守る」異形の樹々、かつて正教会の建物だったトルコのモスク、アラビア語で語りかける富士山、南九州に息づく古島や大陸との交流の名残…。端正な作品で知られる作家と多文化を生きる類稀なる文筆家との邂逅から生まれた、人間の原点に迫る対話。世界への絶えざる関心をペンにして、綴られ、交わされた20通の書簡。
2017.9 168p B6 ¥1400 ①978-4-00-061217-3

◆私の中にいる私でない私―考えの実態を探るマインド本　パクオクス著, On Mind by Tomorrow編・制作, 久貝京子訳　（大阪）澪標　(Mind Book Series 3)
【要旨】考えの過剰時代に、その実態を明らかにするマインド本！ベストセラー「私を引いて行くあなたは誰か」シリーズ第5弾。
2017.8 235p A5 ¥1500 ①978-4-86078-372-3

◆我死に勝てり　中巻　梶原和義著　（大阪）JDC出版
【目次】生活と生命、背任横領罪、人類の犯罪、負け犬思想、生まれてきたままの命をそのまま見る、ユダヤと日本の結びつき、復活の命、霊と肉、神の国を探す、肉とは何か〔ほか〕
2017.6 360p B6 ¥1800 ①978-4-89008-560-6

◆われは何処に　丸山健二著　求龍堂
【要旨】登場する人物たちは、あなた自身であり、あなたの知らないあなたであって、あなたの与り知らないあなたではない。8点の絵画から飛びだした、あらゆる生を営む数十名が、命の瞬間の飛沫をほとばしらせる！
2017.7 189p B6 ¥1400 ①978-4-7630-1708-6

◆われらが最強感情へのベクトル―新総合人間観の提唱　坂本謙蔵著　デジプロ, 星雲社発売
【要旨】最強感情と境界線と相互主体、われらがエネルギーを高める新しい人間観の提唱、境界論、主体論、実在感獲得論、人間観・世界観
2016.12 340p A5 ¥1500 ①978-4-434-22919-0

◆Critical Archive vol.3　批評 前/後―継承と切断　ユミコチバアソシエイツ　(本文：日英両文)
【要旨】思考の再演―芸術批評の状況、中井正一と「委員会」、現実大合戦―花田清輝のシュル・ドキュメンタリズム、傍観者の論理―森鴎外、花田清輝、東野芳明
2017.3 103p A5 ¥3000 ①978-4-908338-07-6

◆FLOW―韓氏意拳の哲学　尹雄大著, 光岡英稔監修　晶文社　増補新版
【要旨】「ある」ことはわかっても、それが何であるのか、はっきりとはわからない。あるから感じられるけれども、「未知」であることは言語化できない。中国の伝説的武術家、王薌齋によって示された、人間本来の「自然」を発見する道とは。光岡英稔氏との出会いから、韓氏意拳を学び始めた著者が稽古の日々から、思索を辿る。
2017.3 224p B6 ¥1800 ①978-4-7949-6959-0

◆myb　新装第3号　団塊の世代の明日へ　(川崎)みやび出版, 星雲社発売
【目次】"先端メディア批評"トランプ現象（粉川哲夫）、特集 日本人が変わり始めている―劣化か進化か、"東京下町写真館"三社祭（長尾宏）、"団塊の実感"コキ（南伸坊）、"食前食盛"「小林カツ代伝」を読んで（山本益博）、"日本の食"が危ない"「食は国家」の時代―安全性確保が喫緊の課題（松延洋平）、ガダルカナル化する築地・豊洲問題（横山直樹）、昔話の国際比較―累積層の淵源としての子ども性をめぐって（鵜野祐介）、"もう一度、あの名場面、あの名セリフ"「第三の男」―アントン・カラスが奏でた「光と影の歪曲」（竹村日出夫）、"ライフワークの達人"検閲令は何の役にも立たない―無許可本『アレオパジティカ』の生命（鈴木隆）〔ほか〕
2017.4 288p A5 ¥1000 ①978-4-434-23093-6

◆TISSUE vol.03　特集：まなざしのいいひと　ハンカチーフ・ブックス編　（葉山町）サンダーアールラボ
【要旨】いのちと芸術をつなげる、スッと流して変化しよう、これからの世の中の「見取り図」、僕たちが渋谷で始めた、新しい生き方の実験、いのちを重ね描きをする、ジャスト・エンジョイ、「おもろい」人生を歩むために、腸という「小宇宙」を旅して、世界を旅し、自己に覚醒する、「宇宙大の熊楠」と出会う、熊楠の『星』をめぐって
2017.11 265p 21x15cm ¥1400 ①978-4-908609-08-4

論理学・現象学

◆詭弁論理学　野崎昭弘著　中央公論新社　(中公新書)　改版
【要旨】知的な観察によって、人を悩ます強弁・詭弁の正体を見やぶろう。言い負かし術には強くならなくとも、そこから議論を楽しむ「ゆとり」が生まれる。人食いワニのパラドックスや死刑囚のパラドックスなど、論理パズルの名品を題材に、論理のあそびをくりひろげる本書は、詭弁術に立ち向かうための頭の訓練にもなる。ギリシャの哲人からルイス・キャロルまでが登場する、愉快な論理学の本。「鏡と左右」問題の付録つき。
2017.4 225p 18cm ¥720 ①978-4-12-180448-8

◆形式論理学と超越論的論理学　エトムント・フッサール著, 立松弘孝訳　みすず書房　新装版
【要旨】認識批判的に学問の基礎づけを行なおうとするフッサールにとって、重大な問題は、論理学の根本法則をいかに現象学的に基礎づけるかということであった。『イデーン』以後、1920年代の講義『受動的総合の分析』をへて、1931年『デカルト的省察』にはじまる後期フッサールによる過程に書かれた本書は、中期フッサールの代表作であり、『論理学研究』から『危機』書へと進んだフッサールの哲学者としての長年の歩みを考えるとき、きわめて重要な書である。
2017.12 367, 11p A5 ¥7400 ①978-4-622-08683-3

◆現象学のパースペクティヴ　河本英夫, 稲垣論編著　(京都)晃洋書房
【目次】1 現象学的方法（現象学の深化、現象学の外から、外へ）、2 現象学的メタモルフォーゼ（触覚・身体、臨床・主体、他者・言語、魔術・芸術）
2017.3 202, 3p B6 ¥2500 ①978-4-7710-2861-6

◆現代現象学―経験から始める哲学入門　植村玄輝, 八重樫徹, 吉川孝編著, 富山豊, 森功次著　新曜社　(ワードマップ)
【要旨】事象の記述のみに満足するものではない。"いまここ"の経験にとどまりながら、真理・存在・価値・芸術・社会・人生をめぐる問いに答えを出す。現代哲学の最前線に立つ現象学の手法を実演する新スタンダードテキスト。
2017.8 314p B6 ¥2600 ①978-4-7885-1532-1

◆自己意識と他性―現象学的探究　ダン・ザハヴィ著, 中村拓也訳　法政大学出版局　(叢書・ウニベルシタス)
【要旨】第1部 準備的反省（「私」、反省的自己意識対反省的自己意識、いくつかの本質的問い）、第2部 主観性の自己顕現（いくつかのはじめの区別、自己意識の時間性、生きられる身体、自己触発と異他触発、自我中心性の異なるレヴェル、人格・身体・他者、自己顕現と自己認識、自己意識と他性一結論、自己意識と無意識）
2017.5 352, 63, 31p B6 ¥4700 ①978-4-588-01058-3

◆対話的現象学の理念　S.シュトラッサー著, 齊藤伸訳　知泉書館
【要旨】現象学は論理実証主義をはじめ言語分析や構造主義からの批判、またフッサールの超越論的現象学では間主観性の問題が解けないという内部からの批判にさらされ、志向性分析の有効性が問われてきた。しかしかつて哲学的探求から排除されてきた地球と景観、建築と住居、舞踊と遊戯、笑いと泣き、恐怖と嫌悪など、拡大された関心の地平は現象学の影響によるものである。著者は現象学の主要テーマを再解釈し、現象学運動が直面する袋小路から抜け出すための道を探究する。本書はフッサールの「精神」に則って、彼以後の現象学者たちを批判検討し、新たな可能性を模索する。とりわけメルロ=ポンティの現象学を受容し、そこにブーバーの「我 - 汝」関係による対話的思考を織り込み、独自

の「対話的現象学」を構想した。現象学にとって肝要なことは、科学との「対話」である。それにより科学と理解する道が開け、その限界が見定められる。認め、両者に対話を促す。本書は「対立・敵意・衝突は、わたしが"汝"に関わりうる方法」の一つであり、実際に両者が「汝」である他者と出会うとはいかなる事態かを現象学的に解明した本格的業績である。
2017.4 252p B6 ¥3300 ①978-4-86285-255-7

◆日常言語で考える論理的思考の手引き―ゼロからスタート イラスト付き 大崎博省著 成隆出版
【要旨】日常生活の場から論理を取り上げ、日常言語を使用して分かりやすく論理を考える予備知識なしで論理使用の基礎が学べる本。
2017.10 145p B6 ¥1713 ①978-4-915348-87-7

◆本能の現象学 ナミン・リー著、中村拓也訳（京都）晃洋書房
【要旨】第1部 静態的現象学から発生的現象学へと移り行くなかでの本能の現象学の露出（静態的現象学と発生的現象学、志向性の問題と本能志向性の発見 ほか）、第2部 世界の現象学的分析と構築分析とによる本能の現象学の展開（世界の構成の解体と本能の問題、外的知覚の分析による衝動志向性の発見 ほか）、第3部 世界の構成の解体分析と構築分析の深化による本能の現象学の続行（世界の構成の解体分析の深化による生来の原本能の発掘、世界の構成の解体分析の深化という理念 ほか）、第4部 本能の現象学と超越論性と超越論的自我の問題、超越論的全モナドの普遍的目的論としての普遍超越論的本能についての学説 ほか）
2017.1 294, 44p A5 ¥4800 ①978-4-7710-2772-5

◆論理的思考 最高の教科書―論証を知り、誤謬に敏感になるための練習 福澤一吉著 SBクリエイティブ （サイエンス・アイ新書）
【要旨】論理とは何か、論理的に思考するとは何か、演繹と帰納はどのように違うのか、また論証上の誤りや認知的なバイアス（誤謬）とは何か。こういった事柄について知っておくのは、議論の場だけでなく、日常生活でも有効かつ重要です。さらには、相関と因果の違いについても、理解しておきたいものです。論証のもととなる根拠に使われるデータが偏りのない適正なものであることも、見極めなければなりません。本書は、一般的に言われる論理的思考についての誤解を解き、「論理」「論理的であるということ」の意味を改めて解き明かします。
2017.8 190p 18cm ¥1000 ①978-4-7973-9142-8

◆論理パラドクス・勝ち残り編―議論力を鍛える88問 三浦俊彦著 二見書房 （二見文庫）
【要旨】獰猛なリクツを飼いならし、コトバの罠を見極めろ！ 哲学・論理学の問題を使って徹底的にロジカルセンスを鍛える最強のテキスト第二弾！
2017.11 253p A6 ¥750 ①978-4-576-17165-4

人生論・生と死

◆明るく死ぬための哲学 中島義道著 文藝春秋
【要旨】私が死ぬとき、私は新しい"いま"に直面する！"死"とは"無"なのか"永遠"か。「死」を探究して50年。古稀を迎えたカント哲学者が、哲学的思索の到達点へと誘う。
2017.6 199p B6 ¥1500 ①978-4-16-390672-0

◆「憧れ」の思想 執行草舟著 PHP研究所
【要旨】ここには、星雲が舞っている。人間の希望が渦巻いている。我々が生きる根源は直立しているのだろう。読み終わったとき、星が降って来るに違いない。
2017.2 319p B6 ¥2000 ①978-4-569-83419-1

◆あの世のこと―死の意味と命の輝き 鈴木秀子著 宝島社
【要旨】臨死体験をしたシスターが語るあの世とこの世の話。死の瞬間、誰もがすべてから救われ、愛されていることを知る。
2017.8 206p B6 ¥1000 ①978-4-8002-7215-7

◆生きて、逝くヒント 高田好胤著 CCCメディアハウス 新装版
【要旨】五〇〇万人を超える生徒たちに佛心の種蒔きをしたとして知られる、故薬師寺管主高田好胤の珠玉の言葉。一文字一文字丁寧に書かれた「書」とともに、いままに心を照らす。
2017.8 307p B6 ¥1500 ①978-4-484-17222-4

◆生きることは闘うことだ 丸山健二著 朝日新聞出版 （朝日新書）
【要旨】人生が楽しいなどとは幻想だと、なぜまだわからないのか。理不尽かつ残酷なこの世で生者であらんとするなら、いかなる困難も排して未来へ駆けこんでいく意欲の情熱が必要だ。群れずに生きる作家のプロテストソング。
2017.3 198p 18cm ¥720 ①978-4-02-273708-3

◆生きる大事・死ぬ大事―死を通して見えてくる幸せな生き方 小林正観著 イースト・プレス 復刊
【要旨】「人生のシナリオ」を受け入れ、"とらわれ"を捨てれば、幸せで、楽な人生。書店では入手不能だった「名著」が待望の復刊！ 人生のすべてに感謝できる38の「法則」。
2017.5 212p B6 ¥1500 ①978-4-7816-1540-0

◆今このとき、すばらしいこのとき―毎日が輝くマインドフルネスのことば ティク・ナット・ハン著、島田啓介訳 サンガ
【要旨】人生のあらゆる場面で「ガーター」を唱える。それは、本当に生きることのできる唯一のときである「今この瞬間」に気づくための方法です。目覚める。窓を開く。歯を磨く。食事をいただく。お皿を洗う。電話をかける。手を見つめる。怒りに微笑む―マインドフルネスは私たちの生活の中にある。
2017.5 254p 18×14cm ¥2200 ①978-4-86564-083-0

◆医療・介護のための死生学入門 清水哲郎、会田薫子編 東京大学出版会
【要旨】東京大学で死生学の研究が開始されてからおよそ15年。市民の関心をもつ多くの人びとに対して開講されてきたセミナーの内容を、哲学、宗教、法律など人文・社会系の知をベースとして、死生の現場でのより人間的なケアをめざす死生学入門。
2017.8 258p B6 ¥1800 ①978-4-13-012063-0

◆エイブラハムの教えビギニング―「引き寄せの法則」で人生が変わる エスター・ヒックス、ジェリー・ヒックス著、島津公美訳 ダイヤモンド社
【要旨】人生はすべて、自分でコントロールできない。重要なのは、「望まないものを創り出さないコツ」だった！ ヒックス夫妻による「引き寄せの法則」シリーズ、「始まりの書」。
2017.9 364p B6 ¥1800 ①978-4-478-10293-0

◆怒らない、落ち込まない、迷わない―苦を乗り越える宿題 アルボムッレ・スマナサーラ著 幻冬舎
【目次】第1章 いま、ここで輝く（人生は一瞬一瞬が本番、リハーサルはない、あなたにできることだけが、あなたの前にやってきます ほか）、第2章 ありのままに見る（心のなかにある鬼の卵を孵化させない、死を受け入れるにはどうしたらいいのか ほか）、第3章 自分の宿題をやろう（何が不幸で、何が幸せかを見極める、仕返しには仕返しで「犬に噛まれたら噛み返す」こと一普、第4章 感情に振り回されない（私たちは「人間」という学校の生徒、「さようなら。幸せになりなさい」が親の愛 ほか）
2017.4 173p 18cm ¥1300 ①978-4-344-03104-3

◆おひとりさまvs.ひとりの哲学 山折哲雄、上野千鶴子著 朝日新聞出版 （朝日新書）
【要旨】日本人の死に方をめぐるガチンコ対談。逝き方の極意。
2018.1 211p 18cm ¥760 ①978-4-02-273751-9

◆覚醒への糧―心の探求の道しるべ ラム・ダス、スティーブン・レヴァイン著、大島陽子訳 サンガ
【要旨】『ビー・ヒア・ナウ』の先へ。「私たちが探求する主な方法は、人生で私たちの前に現れるいかなるものも、スピリチュアルな道を歩むための糧として用いるということだ。」ジョブズ（Apple）、ザッカーバーグ（Facebook）に影響を与えた精神の巨人の軌跡。
2017.5 381p 18×12cm ¥2800 ①978-4-86564-086-1

◆感じるままに生きなさい―山伏の流儀 星野文紘著 さくら舎
【要旨】自然のなかで、修行し、祈る―羽黒山伏のシンプルな教え！
2017.1 164p B6 ¥1400 ①978-4-86581-083-7

◆木内信胤語録 木内信胤著 明徳出版社
【要旨】隠れた巨人木内信胤（岩崎彌太郎の孫、妻は福沢諭吉の孫）が遺した、不滅の金言。
2017.1 145p A5 ¥1900 ①978-4-89619-948-2

◆古稀領解―等身大の死生観 河谷豊治著 幻冬舎メディアコンサルティング、幻冬舎 発売
【要旨】死とは、生命とは、老いとは…。いつか誰もが向き合う命題を、先人たちの言葉から考える。日常を少しだけ哲学するエッセイ集。
2017.4 172p 18cm ¥800 ①978-4-344-91153-6

◆50歳からの「死」の覚悟―残り30年を悔いなく生きるために 井上暉堂著 ぱる出版
【要旨】MBAホールダーにして臨済宗老師の著者が、ビジネス一筋に奔走する仕事人たちに、「死にざま」を考えるヒントを贈る。後半の人生を悔いなく生きるために、いま考えておくこと。
2017.10 206p B6 ¥1300 ①978-4-8272-1080-4

◆死を語る 佐藤優、中村うさぎ著 PHP研究所 （PHP文庫）（『死を笑う』加筆・修正・改題書）
【要旨】原因不明の病で心肺停止に陥った中村うさぎと、「鈴木宗男事件」で社会的に殺されかけた佐藤優。日本、宗教、社会、男と女…。異色の2人が様々な視点から「生と死」について語る。
2017.8 253p A6 ¥680 ①978-4-569-76740-6

◆死者はどこへいくのか―死をめぐる人類五〇〇〇年の歴史 大城道則編著 河出書房新社 （河出ブックス）
【要旨】人は死後どこにいくのか、そこには何があるのか―。それは太古の昔から問いかけられてきた、人類最大の謎のひとつだ。さまざまな時代、地域、宗教において、死がどのように解釈されてきたか、古代オリエント、古代エジプト、古代ギリシア・ローマ、イスラム、インド、日本先史時代から近代にいたるまで、各分野の第一線の研究者が読み解く。さまざまな死から、何が見えてくるだろうか。
2017.2 262p B6 ¥1800 ①978-4-309-62502-7

◆死生学年報 2017 死から生への眼差し 東洋英和女学院大学死生学研究所編 リトン
【目次】論文（安心して生き、死に切るということ―今改めて健康観について考える、ケアの場に求められる宗教性とは何か？、死別後の悲嘆に寄り添う一エッグツリーハウスの活動から、歓談する死者たち―変容する死後世界のイメージ、"垂直のコミュニケーション"という希望―最晩年期における「老の中の死」の意味、老いにおける性と死、石川啄木一短歌にみる生と死の表現、文学作品から考える学校における生と死の教育―「特別の教科 道徳」と総合的な学習の時間における生命の教育を視野に入れて、マスネのオペラ"マノン"における死の表象一敵しと楽園、ヴァージニア・ウルフの死生観一人生と作品から、ダエーナーとその図像表現―ゾロアスター教およびマニ教における死者の運命、空海の提示する密教的死生の克服―開題類の分析を中心に）、シンポジウム発題概要 死別体験のある子どもとその後、研究ノート（ヨブの苦難と変容―『ヨブ記』の死生観と編者の意図、ある女性の死から生への眼差し―女性に対する暴力の根絶を求めて祈る）、エッセイと詩 あの日の私の記録
2017.3 335p A5 ¥2500 ①978-4-86376-056-1

◆死ぬときにはじめて気づく人生で大切なこと33―終末期がん患者2000人に寄り添った医師が知る 大津秀一著 幻冬舎
【要旨】縛られていたものを捨てたとき、悲しみや切なさは消え、執着から解放される。『死ぬときに後悔すること25』の著者がたどりついた、本当に幸せな生き方。
2017.5 205p 18cm ¥1100 ①978-4-344-03120-3

◆死ぬときに人はどうなる10の質問 大津秀一著 光文社 （光文社知恵の森文庫）
【要旨】「最期の時」について考えてみませんか？ ベストセラー『死ぬときに後悔すること25』続編がついに文庫化！
2017.12 302p A6 ¥620 ①978-4-334-78734-9

◆死の準備教育―あなたは死の準備、はじめていますか 曽野綾子著 興陽館
【目次】第1章 いつか必ず訪れる自分の死に備える、第2章 あるものを失うことに備え、第3章 人間関係も移り変わる、第4章 いつ死んでもいい暮らし方、死んだあとへの心づもり、第5章 死んだあとへの心づもり、第6章 死ぬとはどういうことなのか
2017.7 232p 18×12cm ¥1000 ①978-4-87723-213-9

◆死は終わりではない エリック・メドフス、エリーサ・メドフス著、峰岸計羽訳 きこ書房

【要旨】自分の死体を見ているときの、あるいは自分の自殺が引き起こす騒動や、心痛を知ったときの生々しい描写。死ぬとはどういうことかについてのエリックの視点を通して、「いかに生きるべきか」をわれわれに問う衝撃の書。
2017.12 325p B6 ¥1700 ①978-4-87771-380-5

◆死は人生で最も大切なことを教えてくれる 鈴木秀子著　SBクリエイティブ
【要旨】二度と会えないと思うだけで、すべてが愛おしくなる。世界中の死にゆく人たちからの相談が絶えないシスターがエピソードを通して優しく説く。
2017.7 167p 18cm ¥926 ①978-4-7973-9186-2

◆終活のためのメンタルトレーニング—病気・痛み・死に心穏やかに臨む理想的な人生の幕引きを試みる 志賀一雅著　(昭島)エコー出版　(付属資料:CD1)
【目次】1 終活のすすめ(MWTでガンを克服、高めた免疫力による不具合 ほか)、2 メンタルウェルネストレーニング解説(メンタルウェルネストレーニングとは?、メンタルウェルネストレーニングは心を鍛える悩のトレーニング—3つの脳力 ほか)、3 CDトラック解説(従病のためのMWT、痛みを気にならなくするためのMWT ほか)、4 CD読み上げマニュアル(従病のためのMWT、痛みを気にならなくするためのMWT ほか)
2017.10 68p 19×15cm ¥1500 ①978-4-904446-58-4

◆正直に語る100の講義 森博嗣著　大和書房　(だいわ文庫)
【要旨】飾らず、驕らず、無理をしない。人気ミステリ作家による"自分で考える"手引き。
2017.8 227p A6 ¥650 ①978-4-479-30665-8

◆人生を整える禅的考え方 枡野俊明著　大和書房
【要旨】禅とは?悟りとは? 基本がわかる禅入門。禅とは、本来の姿を見抜く術。悟りとは、「一つ気づく」を体感すること。修行というルーティンの中に発見がある。心は自在に変化させることができる。
2017.12 238p B6 ¥1400 ①978-4-479-39299-6

◆人生三毛作—ピンピンころり願望を問い直す 人生論と共生思想 木ノ下勝郎著　創英社／三省堂書店
【要旨】超高齢化社会を生きる退職老人と未来社会の希望を担う学生が地域自治会・町内会において世代間交流する社会システムを創出し、そのシステムを社会保障制度に組み込み国家に救済を求めすぎる人権思想・個人主義を問い直し、自助・共助・公助の連携を目指して相互扶助を理念とする自治的地域共同体を国家行政の統治機構の末端に制度化するために、ウヨク国家主義とサヨク国家主義を中和するナカヨク共生思想に基づいて憲法改正草案を検討するための序論。 2017.5 292p B6 ¥1800 ①978-4-88142-136-9

◆人生は生きがいを探す旅—神谷美恵子の言葉 日野原重明監修、昭和人物研究会編著　三笠書房
【要旨】際立つ才気と感性で、科学と文学の世界を往来し、生涯をかけて「人は何のために生きているのか」を探求し続けた神谷美恵子—。写真と言葉で、その実像に迫る!!
2017.5 206p B6 ¥1500 ①978-4-8379-2675-7

◆人生論ノート 他二篇 三木清著　KADOKAWA　(角川ソフィア文庫)
【要旨】如何に生きるか。生きるとは何か。愛と死、幸福と嫉妬、瞑想と懐疑、孤独と個性、虚栄と名誉心、利己主義と偽善、旅と個性…。透徹した眼差しで人生の諸相を真摯に思索する。近代と現代の狭間で人生の処し方や死生観が問われた時代に書かれながら、今なお読み継がれる畢生の論考集。敗戦直後の昭和20年に獄死した気鋭の哲学者が書き残した23篇からなる『人生論ノート』ほか、『語られざる哲学』『幼き者の為に』ほか、「100分de 名著」で話題!!
2017.3 300p A6 ¥600 ①978-4-04-400282-4

◆生死観 齋藤正義著、寺下和平編　(京都)あいり出版
【目次】第1部 生命論(生命観の意義、生命の謎、謎の中の謎、生命の本質、無限の時空、時空の観念 ほか)、第2部 武備なき国の進路(平和、文化、良識に基づく行動、人口調整の問題 ほか)
2017.10 140p B6 ¥1500 ①978-4-86555-046-7

◆青少年のための自殺学入門 寺山修司著　河出書房新社　(河出文庫)　新装版

【要旨】自殺が贅沢であることを知る者だけが自殺のライセンスを与えられる一生涯にわたって反道徳的な倫理を問うた鬼才による希有なる自殺学の決定版。死の音楽、死と賭博の考察にはじまり、自殺機械の作り方、上手な遺書の書き方、場所の選び方を論じ、自殺紳士録や死をめぐる先人たちの語録まで収めて、「いかに死ぬべきか」を われわれに問う衝撃の書。
2017.9 151p A6 ¥640 ①978-4-309-41567-3

◆魂は、あるか?—「死ぬこと」についての考察 渡部昇一著　扶桑社　(扶桑社新書)
【要旨】父の最期の教え。それは「死ぬことは、何の心配もないぞ」だった。「魂」「霊魂」「死後の世界」の存在…知の巨人が到達した究極の答えとは? 穏やかな終幕へと導く救いの書!
2017.9 227p 18cm ¥850 ①978-4-594-07786-0

◆ためない生き方 アルボムッレ・スマナサーラ著　SBクリエイティブ　(SB新書)
【要旨】仏教では、人間関係の中で生まれるさまざまな感情も、目に見えないお金やモノも、適度な量を保つことが大切だと説きます。とくに現代人は、怒る、妬む、悔やむ、悲しむなどの悪感情をためこみすぎ。一度、自分の心を総点検すべきです。本書では、日本各地で講演や対話を行うスリランカ初期仏教長老が、上手にマイナス感情を減らしていくブッダの智慧を、日本人にわかりやすく語ります。"感情の毒"にまみれた毎日がすがすがしい日々に変わるはずです。
2017.6 199p 18cm ¥800 ①978-4-7973-8862-6

◆知的人生のための考え方—わたしの人生観・歴史観 渡部昇一著　PHP研究所　(PHP新書)　(『わたしの人生観・歴史観』改訂・改題書)
【要旨】人生をどうやって生きるべきか。いかに自己信頼と誇りを取り戻すか。日本の歴史をどう見ればいいのか—。"知の巨人"が遺した多数の名著から、思索のエッセンスを抽出。「自分探しの旅」「不確定性原理の意味」「小恍惚のすすめ」「自分ライブラリーのすすめ」「知的執筆術」「リソースフルのすすめ」「レトリックのすすめ」「精神の源流としての記紀」「和歌の前の平等」「言霊思想と言挙げせぬ国」「東京裁判史観からの解放」など、著者一流の知的生活への具体的なノウハウから、透徹した独特の歴史への視座まで、渡部人生学・歴史学を学ぶ者のための文庫化!
2017.6 312p 18cm ¥920 ①978-4-569-83650-8

◆終をみつめて—往復書簡 風のように 八木誠一、得永幸子著　ぷねうま舎
【要旨】人生航路も終盤、最後の帰港地を視野に置き、宗教哲学者と声楽家とが、それぞれのテリトリーの外で、20年にわたって交わした真率な対話。死の知られざる一面と生き方の極意と…。還っていくところとは。
2017.9 295p B6 ¥2500 ①978-4-906791-73-6

◆哲学者だけが知っている人生の難問の解き方 平原卓著　宝島社
【要旨】この世界に—「正解」はあるか? プラトン/アリストテレス/デカルト/カント/ニーチェ/ハイデガーetc.生きる意味や誰かとの関係。悩んだら哲学者に聞いてみよう。
2017.3 303p B6 ¥1280 ①978-4-8002-6653-8

◆なぜ死ぬのが怖いのか?—一禅僧、漢方医と"生・病・死"を語る 横田南嶺、桜井竜生著　PHP研究所
【要旨】第1章 死—私も死ぬのが怖かった、第2章 生—体を休めるのも「今ここ」で、第3章 修行—仏陀になるための努力を続ける、第4章 治—薬が効く時、効かない時、第5章 縁 執着—禅は常に忖度する、第6章 感性—マニュアルを閉じると目が開く、第7章 伝心—全部は話さずじっと待つ
2017.11 252p B6 ¥1400 ①978-4-569-83825-0

◆なぜジョブズは禅の生き方を選んだのか? 桑原晃弥、藤原東演著　PHP研究所
【要旨】Macintosh,iMac,iPod,iTunes,iPhone…。数々の独創的な製品で世界をリードし続けた男の創造の秘密を明らかにする。
2017.8 221p B6 ¥1400 ①978-4-569-83469-6

◆春の消息 柳美里、佐藤弘夫著、宍戸清孝写真　第三文明社
【目次】1 死者の記憶、2 納骨に見る庶民の霊魂観、3 日本人と山、4 土地に残る記憶、5 生者・死者・異界の住人、6 死者のゆくえ、7 対談 大災害に見舞われた東北で死者と共に生きる(柳美里×佐藤弘夫)
2017.12 263p A5 ¥2200 ①978-4-476-03369-4

◆光の見える死に方—死を意識した人こそ幸せに生きられる 石毛泰道著　幻冬舎
【要旨】最愛の家族との別れ、理不尽な事故、特攻隊…恐怖にとらわれない、悲しみに目をつぶらない。肚の据わった生き方とは? 曹洞宗の住職として死の現場を見続けてきた著者が語る、かけがえのない「生」の美しさ。
2017.5 223p 18cm ¥1100 ①978-4-344-03112-8

◆ほの暗い永久(とわ)から出でて—生と死を巡る対話 上橋菜穂子、津田篤太郎著　文藝春秋
【要旨】母の肺がん判明をきっかけに出会った作家と医者。なんのための「生」なのか、なぜ「死」があるのか、進化、AI、身体、遺伝…人の心と身体の不可思議な関係をあらゆる角度から語りつくす。知的好奇心を刺激する圧倒的な面白さ!
2017.10 191p B6 ¥1400 ①978-4-16-390743-7

◆貧しく辛いさきに真理がある—本当の禅的生き方 金嶽宗信著　さくら舎
【要旨】今、このときにまっすぐ向き合って生きる。生きていれば、さけられない苦痛を味わうときがある。そこで逃げずに立ち向かえば、必ず明るい明日が待っている。
2017.10 203p B6 ¥1400 ①978-4-86581-121-6

◆唯葬論—なぜ人間は死者を想うのか 一条真也著　サンガ　(サンガ文庫)
【要旨】問われるべきは「死」ではなく「葬」である! 博覧強記の哲人が葬送・儀礼のあり方を考え抜く…。人類の秘密を解く途方もない思想書、ついに文庫化!
2018.1 467p A6 ¥1200 ①978-4-86564-108-0

◆霊魂や脳科学から解明する 人はなぜ「死ぬのが怖い」のか 前野隆司著　講談社　(講談社プラスアルファ文庫)　(『死ぬのが怖い」とはどういうことか』改題書)
【要旨】人間以外の動物は死を恐れない。なぜ人間は「死ぬのが怖い」のか? 霊魂から脳のクオリアと、宗教、心理学、進化論、哲学、脳科学まで分野を横断して人類共通の悩みに迫る。そしてその先に見えてきたのは、すべてが幻想!?という脳科学の衝撃の結論。しかし理屈だけでは「怖い」は克服できない。そこで、「死」を生き生きとした「生」へと還元できる7つのルートを示す。知的興奮を体験する、新たな死生観が身につく現代日本人の教養書。
2017.8 301p A6 ¥820 ①978-4-06-281727-1

◆私の生きた証はどこにあるのか—大人のための人生論 H.S.クシュナー著、松宮克昌訳　岩波書店　(岩波現代文庫)
【要旨】私がこれまでしてきたことには、どんな意味があったのだろうか—人生後半にさしかかった人びとがしばしば襲われる、こうした空虚感を埋めるには、どうすればよいのか。世界的ベストセラー『なぜ私だけが苦しむのか』の著者が、旧約聖書、ゲーテ、ユング、ピアジェ、M.ブーバー、W.ジェームズ、エリクソンなど古今の名著や数々の実例を引用しつつ、真に充実した人生とは何かを問い直し、生きる意味に飢え渇くすべての人々悩みにこたえる。現代文庫オリジナル版。
2017.2 257p A6 ¥1140 ①978-4-00-603304-0

◆BEST理論—幸福の道へ 鐘廣喜著　(大阪)風詠社、星雲社 発売
【要旨】日常生活の中でもよくみかける自然現象に着眼し、この世界の万事万物に唯一共通している「本質」(E・essence)は「バランス」(B・balance)だと突き止めた。さらにそのバランスが必ず依存していなければならない2つの必要且つ十分な条件として、「システム」(S・system)と「技術」(T・technical)を見つけることができた。この世界ではこのB・E・S・Tの4つの要素からなる有機結合体こそ、全ての物事の存在と変化を支配し、あらゆる生物の動機と欲望をコントロールし、全人類の平和と幸福を左右する根源である。これに基づいて、この世界の全てを概括する「自然哲理、客観真理、普遍規則、統一法則」として、「科学化、システム化、実用化」した斬新な哲学理論が本書の「BEST理論」である。
2017.4 353p A5 ¥1600 ①978-4-434-23208-4

哲学・思想

東洋思想

◆アジアの思想史脈—空間思想学の試み　山室信一著　(京都)人文書院　(近現代アジアをめぐる思想連鎖)
【要旨】交響するアジアの思想。ここに伝えてほしい思想がある…アジアにおける思想空間と人びとの旅路。日清・日露から安重根事件、韓国併合、辛亥革命、満州国まで…日本を結節点として、アジアは相互に規定しあいながら近代化をすすめた。近代日本の国家デザインはどのようにえがかれ国民国家形成がなされたのか？　戦争の世紀に抗して芽生え受け継がれていった平和思想の水脈とは？　アジアであるとは何なのか、そして未来へアジアはどう連携していくのか。グローバルな視点のなかにアジアの思想と空間を問い直し、境界と想像を越えた思想のつながりを描き出す。
2017.4 374p B6 ¥3400 ①978-4-409-52065-9

◆アジアびとの風姿—環地方学の試み　山室信一著　(京都)人文書院　(近現代アジアをめぐる思想連鎖)
【要旨】人びとの夢のありかは、アジアだった！ここに知ってほしい人びとがいる…アジアにおける思想空間と人びとの旅路。司馬遼太郎や徳富蘇峰、中国学の狩野直喜や台湾慣習調査の岡松参太郎、電通創業者の光永星郎、諜報活動に従事した宗方小太郎や石光真清、日本人教習の中島裁之や中島半次郎など、アジア各地を自らの故郷と思い、生死の場としたあまたの人びとの軌跡が、ここに蘇る。日清・日露から台湾統治、韓国併合、満州国建国の時代、これらの人びとは、近代のあるべき姿をどう思い描いたのか。閔妃暗殺事件、新聞発行、日本語教育など、深く歴史にかかわりながらも歴史の陰に埋もれていった「アジアびと」の姿を描き出す。
2017.4 390p B6 ¥3400 ①978-4-409-52066-6

◆アメジスト・タブレット・プロローグ—純粋冥想の道標　ダンテス・ダイジ著　森北出版　POD版
【目次】おとぎ話し、メシアン・ハンドブック断片、タントラ・ヨーガ・スケッチ、アメジスト・タブレット・プロローグのプロローグ、アメジスト・タブレット・プロローグ、プロローグのエピログ
2017.10 214p B6 ¥3600 ①978-4-627-98219-2

◆ヴィパッサナー瞑想 上級編—ミャンマーの瞑想・解説へのプロセスを歩む修行者のための実践教本　マハーシ・サヤドー、ウ・ウィジャーナンダー・サヤドー著　サンガ
【要旨】『ヴィパッサナー瞑想』の続編。名色分離智慧を得て七清浄に即して解脱へのプロセスを進む。上級実践者のための実践ガイダンス。マインドフルネスのルーツであるヴィパッサナー瞑想の終局・核心に至る道を明らかにする。
2017.4 234p 18×14cm ¥2200 ①978-4-86564-082-3

◆易経 陽の巻　一夢をもつってどういうこと？　竹村亞希子, 都築佳つ良著　新泉社　(こどもと読む東洋哲学)
【要旨】約5千年前に書かれた世界最古の書の一つと言われる「易経」。「君子占わず」の言葉どおり、むかしの中国の武将や王様、日本の戦国時代の武将たちは、ことあるごとに迷ったときに易経を読みました。「易経」をよくよく読めば、物事への対処法が自分で見つけられます。
2017.3 180p B6 ¥1800 ①978-4-7877-1706-1

◆怖れるなかれ(フィア・ノット)—愛と共感の大地へ　ビノーバ・バーベ, サティシュ・クマール著, 辻信一, 上野宗則編　(下関)SOKEIパブリシング　(ゆっくり小文庫)
【要旨】ガンディーの思想を体現し、サティシュに明日を託したビノーバ。6万キロの道を歩き、450万エーカーの土地を譲り受け、貧しい人々に分け与えた。"愛と共感の革命家"からの、厳しくもあたたかい贈りもの。
2017.11 263p B6 ¥1800 ①978-4-9905667-8-4

◆こどもと読む東洋哲学 易経 陰の巻—結果が出ないときはどうしたらいい？　竹村亞希子, 都築佳つ良著　新泉社
【要旨】中学生になった乾太。剛やミヤと一緒に野球部に入ったが、周りは経験者ばかり。どんなに練習しても結果が出ない乾太。「易経」の先生・ゴロさんは「牝馬になれ！」と言う。龍じゃなくて、今度は馬？　それも牝馬！　いっ

どうなっているの？　本書「陰の巻」では、帝王学の書としてリーダーたちに読み継がれてきた「易経」から、「坤為地」(牝馬の物語)を取り上げました。努力しても結果が出ない。そんなつらいときを乗り切る方法を「易経」は教えてくれます。
2017.12 312p B6 ¥1800 ①978-4-7877-1713-9

◆仁斎論語 上　『論語古義』現代語訳と評釈　子安宣邦著　ぺりかん社
【要旨】孔子と門人たちとの問答・言行の記録は、東アジアにおいて二千年以上も読み継がれ、無数の解釈と読み方が堆積していく中、それらの痕跡を不可分にしながら、17世紀の京都で町人の伊藤仁斎が再発見し、市井の民ひいては万人が読んで学びうるものとし、『論語古義』という思想革命を果たした。
2017.8 385p B6 ¥2500 ①978-4-8315-1483-7

◆仁斎論語 下　『論語古義』現代語訳と評釈　子安宣邦著　ぺりかん社
【要旨】『論語』は東アジアにて二千年以上も読み継がれた。それは数知れぬ先人たちの読みと、そして解釈の堆積であり、痕跡でもある。その『論語』を17世紀京都の市井の儒者伊藤仁斎が、古学の眼をもって徹底的に読み直し、再発見した。日常卑近な人間の道を教える吾々のために—『論語古義』によって仁斎は思想革命を実現した。仁斎がその生涯を通じて『論語』を読み抜いていった記録。
2017.12 422p B6 ¥2500 ①978-4-8315-1484-4

◆真の瞑想：自らの内なる光—クリシュナムルティ・トーク・セレクション 2　J.クリシュナムルティ著, 吉田利子, 正田大観共訳　コスモス・ライブラリー, 星雲社 発売
【要旨】精神が若々しく、新鮮で、無垢であるためには、正しい瞑想がどうしても必要である。瞑想は、日常生活と別個ではない。まさに、日々の生を理解するのに、瞑想が必要である。誰かに話しているとき、自分の歩き方、考え方、考えていることに完全に注意すること、そこに注意を向けることは、身心変容の瞬間、よりよく死ぬための技術。稀有のスピリチュアルな教師が瞑想の真の意味に光を当てる。
2017.11 204p B6 ¥1600 ①978-4-434-24080-5

◆聖なる旅—目的をもって生き恩寵を受けて逝く　スワミ・ラーマ著, 羽沼真理世訳, 池田直美監修　(大阪)パレード, 星雲社 発売
【要旨】カタ・ウパニシャッド、ナチケータの選択、宝、宝を掘り下げる、死を学ぶ、目的を持って生きる、鎖から自由か、自由への途、実践、実践、神聖なる恩寵、あの世、死の超越、執着からの自由、わたしは誰か
2017.3 218p B6 ¥1600 ①978-4-434-23041-7

◆禅・チベット・東洋医学—瞑想と身体技法の伝統を問い直す　藤田一照, 永沢哲著　サンガ
【要旨】世界に広がる2つの大きな伝統の対話が明らかにする、身心変容の現在と、よりよく死ぬための技術。グローバルな最新事例を引き合いに語り合った、問題点と今後の行方。
2017.5 316p B6 ¥2400 ①978-4-86564-085-4

◆孫文と北一輝—「革命」とは何か　八ヶ代美佳著　敬文舎
【目次】序章 二人の革命家—孫文と北一輝、第1章 北一輝の革命前夜—「社会民主々義」の理想、第2章 孫文の革命前夜—辛亥革命の根本義、第3章 孫文が提唱する新中国—独自の「民主立憲制」の再構築、第4章 北の"革命"構想の変容—『支那革命外史』、第5章 孫文と北一輝の"革命"構想、終章「革命」とは何か
2017.3 239p A5 ¥3500 ①978-4-906822-86-7

◆ダライ・ラマ 声明 1961-2011　ダライ・ラマ14世テンジン・ギャツォ著, 小池美和訳　(福岡)集広舎
【要旨】ダライ・ラマ十四世の半世紀にわたるチベット民族平和蜂起記念日での声明文をすべて収録。巻末には「ストラスブール提案」「五項目和平プラン」などの訳文資料をはじめ、法王の足跡を辿る史的価値の高い写真群を付す。
2017.11 348p B6 ¥1852 ①978-4-904213-53-7

◆朝鮮思想全史　小倉紀藏著　筑摩書房　(ちくま新書)
【要旨】朝鮮思想史を概観すると、思想の純粋性をめぐる激烈な闘争が繰り返し展開されてきたことがわかる。思想闘争は政治闘争と直結し、その様相は朝鮮時代の儒教や、解放後の韓国と北朝鮮のイデオロギーに典型的に見られる。そしてその思想の純粋志向性がやがて運動となり、

国家や共同体の成員の肉体的生命を超え「朝鮮的霊性」が燃え上がる—それが現代の韓国・北朝鮮の激烈な思想運動にもつながってきた。朝鮮思想をできるだけ客観的に捉え、全体を俯瞰するはじめての試み。
2017.11 451, 10p 18cm ¥1100 ①978-4-480-07104-0

◆東洋思想と日本　谷中信一著　汲古書院　(汲古選書 75)
【目次】東洋の伝統思想に学ぶ意義、身体観—養生術・武術・ヨーガ、学問教育観—儒教の現代的意義、自然観—自然と人間の関わり、欲望観(1)—東洋思想における伝統的欲望論と現代、欲望観(その2)—仏教において、死生観—宗教と思想の狭間で、幸福観(1)、幸福観(2)—東洋の幸福指南書、洪自誠著『菜根譚』より、日本人の伝統倫理観と武士道、東洋思想の行方
2017.2 282, 6p B6 ¥3000 ①978-4-7629-5075-9

◆東アジアの伝統思想への誘い—共通善を求めて　荒木勝, 孫路易, 田口雅弘編著　(岡山)ふくろう出版　(キャンパス・アジア共通教科書)
【目次】第1部 中国での展開(孔子の哲学、儒家の原始経典の精神、新儒教(朱子学)、伝統文化と現代中国)、第2部 韓国での展開(善悪、好悪、価値判断—『論語』を中心に、実学と士意識—燕巌朴趾源を中心にして)、第3部 日本・瀬戸内・岡山での展開(江戸時代前期の思想史—儒学を中心として、熊沢蕃山、岡山を中心とした瀬戸内圏の学者たち)、第4部 資料
2017.2 159p A4 ¥2200 ①978-4-86186-688-3

◆フトゥーワーイスラームの騎士道精神　アブー・アブドゥッラフマーン・スラミー著, 中田考訳, 山本直輝訳　作品社
【要旨】イスラーム思想史における「フトゥーワ」の理念を扱った古典。イスラーム版『武士道』、初翻訳。ムスリム社会において理想とされる気高い生き方、スーフィズムから、社会の道徳の在り方を論じたものであり、家族、友人、仕事仲間などとのつきあいなどの身近な話題が多い。
2017.11 183p B6 ¥2200 ①978-4-86182-649-8

◆不滅の言葉(コタムリト) 第5巻　一大聖ラーマクリシュナ　マヘンドラ・グプタ著, 田中嫺주訳　(名古屋)ブイツーソリューション, 星雲社 発売
【目次】大聖ヴィジャヤ・ダシャミーの日に——一八八五年十月十八日(日)、信者たちとシャームプクルの家で楽しく歓談——一八八五年十月二十二日(木)、シャームプクルの家でサルカル医師たちと共に——一八八五年十月二十三日(金)、ナレンドラ、サルカル医師はじめ、信者たちと共に——一八八五年十月二十四日(土)、信者たちとサルカル医師との楽しい会話——一八八五年十月二十五日(日)、シャームプクルの家において信者たちと——一八八五年十月二十六日(月)、ナレンドラ、サルカル、ギリシュたちと楽しい会話——一八八五年十月二十七日(火)、シャームプクルの家で信者たちと共に——一八八五年十月二十九日(木)、聖ラーマクリシュナ、シャームプクルの家で——一八八五年十月三十日(金)、ハリバラブ、ナレンドラ、ミスラたちと共に——一八八五年十月三十一日(土)〔ほか〕
2017.11 701p B6 ¥3600 ①978-4-434-23310-4

◆瞑想の道—ディヤン・スートラ新装版　OSHO講話, マ・アナンド・ムグダ訳　市民出版社　新装版
【要旨】真理の探求において、身体、思考、感情という3つの観点から、その浄化と本質、それを日々の生活の中でいかに調和させるかを、実際的かつ細部にわたって指し示した、瞑想実践の書。究極なる空(くう)へのアプローチを視野に置いた、生の探求者必読の一冊。
2017.11 313p B6 ¥2200 ①978-4-88178-259-0

◆**Creativity**—創造性　OSHO著, 山川紘矢, 山川亜希子訳　KADOKAWA
【要旨】固定観念を持って動いてはいけない。裸で、ヌードのままで行きなさい。心を開き、空っぽで行きなさい。そうすれば、あなたは一つの意味でなく、多くの意味を見つけるだろう。
2017.3 247p B6 ¥1900 ①978-4-04-101357-1

日本

◆**天野貞祐—道理を信じ、道理に生きる** 貝塚茂樹著 (京都)ミネルヴァ書房 (ミネルヴァ日本評伝選)
【要旨】天野貞祐(一八八四〜一九八〇)哲学者、教育者。カント研究者として活躍。京大での「筆禍事件」の後、旧制甲南高校、一高の校長を経て文部大臣に就任し、道徳教育問題で大論争を引き起こす。その後、獨協大学を創設するが、大学紛争で辞任。道理を説きながらも「徹底的惨敗者」として時代と格闘し続けた生涯に迫る。
2017.4 429,11p B6 ¥4000 ①978-4-623-08030-4

◆**一瞬で道徳力を引き出す「いい話」—二宮尊徳 奇跡のことば** 石川佐智子著 コスモ21 (『世界に誇る日本の道徳力』一部訂正・改題書) 新装版
【要旨】どう考え、どう生き抜くか! 大人でも子供でも心に響く、今、私たち日本人にもっとも必要なこと。
2017.9 231p B6 ¥1500 ①978-4-87795-356-0

◆**1分間武士道** 新渡戸稲造著、齋藤孝監修 SBクリエイティブ (1min BOOK SERIES)
【要旨】武士は何を学び、どう己を磨いたか。たった1分で名著のエッセンスをマスター! いかに生き、死ぬか最高の人生奥義書をポケットに。
2017.12 184p 18cm ¥1000 ①978-4-7973-9432-0

◆**いまこそ知りたい日本の思想家25人** 小川仁志著 KADOKAWA
【要旨】現代社会を生き抜くための25の思考法。
2017.9 254p B6 ¥1600 ①978-4-04-400826-3

◆**英文版 独立自尊—福沢諭吉の挑戦** 北岡伸一著、ジェームス・M・バーダマン英訳 出版文化産業振興財団 (本文:英文)
【目次】The Nakatsu Period, Ogata's Tekijuku, Going to America, Learning about Europe, Condition in the West, Keio Gijuku, An Encouragement of Learning, An Outline of a Theory of Civilization, Leaders of Meiji Restoration and Fukuzawa Yukichi, "Discourse on the National Assembly" and the Political Crisis of 1881 [ほか]
2017.3 335p 22×16cm ¥3600 ①978-4-916055-82-7

◆**英文版 日本人の知らない武士道** アレキサンダー・ベネット著 出版文化産業振興財団 (本文:英文)
【目次】Introduction Ever-Changing Bushido, 1 Zanshin: Lingering Mind and the Essence of Bushido, 2 Koyo-gunkan and the Ideal Leader, 3 Dead Ready to Live: Hagakure and Budo-shoshinshu, 4 Live and Let Live: The Life-Giving Sword, 5 Bushido: The Dark and the Light
2017.3 173p 23×16cm ¥3400 ①978-4-916055-86-6

◆**おふみさんに続け! 女性哲学者のフロンティア—西田幾多郎の姪 高橋ふみの生涯と思想** 浅見洋著 (町田)ポラーノ出版
【目次】序 高橋ふみ 女性哲学者のフロンティア、1 生い立ち—育みしもの、2 生徒の頃—夢物語からの誕生、3 東京女子大学時代—おふみさんの誕生、4 東北帝国大学時代—哲学研究者への、5 自由学園教師時代—教育・研究に伴う寂しさ、6 飛躍一大阪市ベルリンでの留学生活、7 学都フライブルク一思索と対話、8 帰国一志半ばにして、9 託されしもの
2017.3 229p B6 ¥2000 ①978-4-908765-08-7

◆**面白くてよくわかる武士道—世界に誇る日本人の心** 山田一繁監修 日本文芸社 (学校で教えない教科書) 新装版
【要旨】今こそ、日本人の誇りと自信を取り戻せ! 武士道の気高い教えがよくわかる!
2018.1 230p B6 ¥1300 ①978-4-537-26181-3

◆**柄谷行人講演集成1985-1988 言葉と悲劇** 柄谷行人著 筑摩書房 (ちくま学芸文庫)
【要旨】ソシュールからウィトゲンシュタインへ、西田幾多郎からスピノザへ。1980年代後半の代表的講演を収録した本書で、柄谷は哲学、文学、宗教、言語学、経済学、数学など多様な分野を自在に行き来しつつ議論を繰り広げる。ここで執拗に追求されるのは、言語コミュニケーション(交換)における人間の悲劇的条件であり、他者との交通を可能にする普遍性がいかに生み出されるかという問いである。いまなお多くの示唆に満ちたこれらの講演は、後の柄谷理論の展開を予感させるのみならず、批評という営み自体をも予審に付する魅力的な内容となっている。旧版の内容を再構成し、改稿を加えた決定版。
2017.5 374p A6 ¥1200 ①978-4-480-09771-2

◆**漢文圏における荻生徂徠—医学・兵学・儒学** 藍弘岳著 東京大学出版会
【目次】序論(儒学で「近代」、「東アジア」、十八、十九世紀の「武国」と漢文圏における荻生徂徠の「文学」、第1部 荻生徂徠の医学、兵学、文学(詩文論)〈家系とその初期思想—医学と兵学をめぐって、明代古文辞派の宋学批判と詩文論—李攀龍と王世貞をめぐって、漢文学習方法論—訓読批判と「訳学」の展開、詩文論—徳川前期における明代古文辞派の受容と古文辞学)〉、第2部 漢文圏における荻生徂徠の儒学(方法としての古文辞学—荻生徂徠の経学と漢文圏における受容と展開、歴史認識と政治思想—「聖人の道」の再構築と政治改革論)、第3部 漢文圏における徂徠学派(朝鮮と徂徠学派—朝鮮通信使との交流と識者をめぐって、明清中国と徂徠学派—唐話学の展開および清朝認識をめぐって)、結論
2017.12 321,4p A5 ¥7500 ①978-4-13-036265-8

◆**希望について—続・三木清『人生論ノート』を読む** 岸見一郎著 白澤社、現代書館 発売
【要旨】人生は希望である。人生は運命である。人生は仮説の証明である。人生そのものが旅なのである。…危機の時代を生きた哲学者が綴った今を生きるための言葉の数々。昭和の名著、ギリシア哲学とアドラー心理学を専門とする著者が読み解いた『三木清『人生論ノート』を読む』の続編。
2017.4 174p B6 ¥1700 ①978-4-7684-7965-0

◆**決定版 貝原益軒の養生訓** ジョージ秋山著 海竜社
【要旨】鬼才漫画家・ジョージ秋山が、オリジナル訳とマンガで挑む『養生訓』163の訓え。
2017.5 215p 18cm ¥1000 ①978-4-7593-1546-2

◆**言志四録に学ぶ 上** 疋田啓佑著 明徳出版社
【要旨】大儒佐藤一斎が42歳から82歳に至るまで自らの学問観・人生観をはじめ、日頃の考えを述べた『言志四録』から現代にも通じる銘記深い珠玉の文を引用紹介しつつ、今日の社会や教育の問題にもあてはめて、熱く語った101話。上巻には「言志録」「言志後録」の二録を採り上げた50話を収録。
2017.12 282p B6 ¥2500 ①978-4-89619-852-2

◆**言志四録に学ぶ 下** 疋田啓佑著 明徳出版社
【要旨】『言志四録』は幕末・維新に活躍した多くの人々に影響を与え、特に西郷隆盛が愛読しその101条を抄録したことは知られている。下巻には「言志晩録」「言志耋録」を採り上げ解説した51話を収録する。晩年における一斎自身の体験から、現代に切実な健康や老後の生活についての発言も多い。
2017.12 277p B6 ¥2500 ①978-4-89619-853-9

◆**現代への反逆としての保守** 中島岳志編 岩波書店 (リーディングス戦後日本の思想水脈 7)
【要旨】排外主義、全体主義、歴史修正主義、そして米国追従。現下の「保守思想」の表面を覆いつくすこうした要素の対極に、本来の保守はあったのではないか。戦時下統制、戦後の解放、安保闘争、冷戦の終局からアメリカニズムまで、時々のヘゲモニーを下支えする社会的熱狂を徹底的に懐疑し、社会のアウトサイダーとして位置づけられた保守のロジックを炙り出す。
2017.6 289p A5 ¥5000 ①978-4-00-027039-7

◆**『菜根譚』からはじめるつながらない関係—世間に染まらず、世間を生きぬく** 小池龍之介著 青春出版社
【要旨】日常の事柄を他人を傷つけずに調和して行えるなら、そこに真の道がある。つながらなくても、いい関係。つながらないから、いい関係。人間関係で、もう苦しまない。
2017.6 188p B6 ¥1300 ①978-4-413-23041-4

◆**再発見 日本の哲学 北一輝—国家と進化** 嘉戸一将著 講談社 (講談社学術文庫)
【要旨】北一輝は独学で国家論や社会主義論を学び、二三après出版するも発禁となる。国家主義としての社会主義という社会主義論を主張するが、その内実はマルクスではなくプラトンを起源としていた。生物が進化したように国家という人格もまた進化する—独自の構想による思想的営為を、近代日本思想史に位置づけた快著。
2017.2 333p A6 ¥1100 ①978-4-06-292399-6

◆**再発見 日本の哲学 平田篤胤—霊魂のゆくえ** 吉田真樹著 講談社 (講談社学術文庫)
【要旨】何ももたない無一物であるからこその大志を起こし学問で名を挙げるべく江戸に出た篤胤。本居宣長を参照しながら「神」と「道」を導き出し、人は死後、霊になるとの考えのもとに独自の思索を展開する。主著『霊の真柱』はもとより、『新鬼神論』『出定笑語』など主要著作を読み解き、近代日本人へも影響を与えた、死と霊魂の哲学の全貌を明らかにする。
2017.1 319p A6 ¥1080 ①978-4-06-292398-9

◆**さとりと日本人—食・武・和・徳・行** 頼住光子著 ぷねうま舎
【要旨】日本人と日本文化の根にあったこと「さとり」とは何か。精進料理と茶の湯から、武士の倫理と和の精神まで、聖徳太子と千利休から、道元、一遍、盤珪まで—日本文化の根底に、「縁起・無自性・空」の目覚めを掘り起こす。
2017.2 266p B6 ¥2500 ①978-4-906791-66-8

◆**さむらい—日本が一番輝いていた日** 曽根喜美男著 eブックランド、星雲社 発売
【要旨】157年前、外交交渉のため訪米した、江戸幕府の誇り高き"さむらい"たちは、米政府と堂々と渡り合った—。"さむらい"の精神は現在も、日本の社会、文化、スポーツに脈打っている。
2017.2 187p B6 ¥2000 ①978-4-434-22874-2

◆**13歳からの「学問のすすめ」** 福澤諭吉著,齋藤孝訳・解説 筑摩書房 (ちくまプリマー新書)
【要旨】新しい地平を切り開いていくのに必要なのは学ぶこと。それではどう学ぶか、生き方にどう結びつけたらいいだろう。明治初期から読みつがれている日本最強の教育書をもっともわかりやすくコンパクトな現代語訳と解説で伝える。
2017.9 218p 18cm ¥840 ①978-4-480-68986-3

◆**修養** 新渡戸稲造著 KADOKAWA (角川ソフィア文庫)
【要旨】当代一流の国際人であり教養人だった新渡戸が記した、実践的人生論。人としての礼節や心構えはもとより、「不向きな職業を選びて失敗した実例」「打ち明けて頼めば反対者も同情する」「名誉を毀損された時の覚悟」「新刊書はいかにして読むか」など、日常的な事例をふまえた、啓蒙的内容に富んでいる。百年読み継がれてなお、現代日本人に多くの示唆をあたえる、不朽の教養本。現代表記で読みやすい文庫決定版。
2017.6 475p A6 ¥1080 ①978-4-04-400223-7

◆**新校訂 全訳注 葉隠 上** 菅野覚明,栗原剛,木澤景,菅原令子訳・注・校訂 講談社 (講談社学術文庫)
【要旨】佐賀藩主・鍋島光茂の死に際し、殉死を禁じられていたため出家した山本常朝の庵を、祐筆・田代陣基が訪れる。常朝が語り陣基が筆録して成った『葉隠』は十一の聞書で構成される。冒頭に「追って火中すべし」と書かれたほど率直にして過激。いつの世も読む者を惹きつけてやまない魅惑の本文を綿密に再現。読みやすい現代語訳とともに贈る決定版。全三冊。
2017.9 644p A6 ¥1750 ①978-4-06-292448-1

◆**震災後の日本で戦争を引きうける—吉本隆明『共同幻想論』を読み直す** 田中和生著 現代書館 (いまels! 名著)
【要旨】一九六八年に発表され学生を中心に大ブームを巻き起こした吉本隆明『共同幻想論』は日本思想史における名著のひとつだが、本書はその名著を、東日本大震災を折り返し点としながら読み直すというまったく新しい試みに挑んだものだ。前半は、六〇〜七〇年代という動乱の時代になぜ熱狂的に吉本が読まれたのかを現代の視点で検証し直しつつ、吉本が捉えようと試みていた大胆な日本の姿を再確認する。そして戦後の繁栄と背中合わせにという原発産業と日本社会の絡み合いを解きほぐしていくことで「戦後日本」の抱えていた「共同幻想」をあぶりだす。そして「三・一一」を経て、後半は未来へ視線を向ける。震災後に生まれた「共同幻想」の新しい形を文学作品を中心に抽出していき、その新しい「共同幻想」を足がかりに「戦後日本」と、「震災後の日本」が持つ矛盾を解消していく手段を考察していく。
2017.2 213p B6 ¥2200 ①978-4-7684-1009-7

哲学・心理学・宗教

◆神話から現代まで 一気にたどる日本思想 稲田義行著 日本実業出版社
【要旨】古来、日本人は何を考えてきたのか？「日本」誕生以来の、思想の軌跡。壮大な歴史をたどりながら、日本人の行動原理を読み解く！
2017.3 413p B6 ¥2000 ①978-4-534-05479-1

◆図解 言志四録—学べば吉 齋藤孝著 ウェッジ
【要旨】学ぶ人生の構えをつくれば、気質も、人生も、変えることができる。儒学者・佐藤一斎が40年あまりにわたって書き綴った語録で、指導者のためのバイブル。西郷隆盛や吉田松陰、坂本龍馬らが心酔した書としても知られている。
2017.10 222p B6 ¥1300 ①978-4-86310-189-0

◆鈴木大拙 コロンビア大学セミナー講義 上 鈴木大拙著，重松宗育，常盤義伸編訳 (京都)方丈堂出版，(京都)オクターブ 発売
【要旨】"西欧ゼン"の歴史的ランドマークとなったと評された、大拙の「コロンビア大学セミナー講義」(1952～53年)の日本語初訳を堂々一般公刊。西欧社会への禅の紹介を目途とした講義内容には、大拙の心がけた細かな配慮が垣間見られる。
2017.11 246p B6 ¥2100 ①978-4-89231-164-2

◆鈴木大拙 コロンビア大学セミナー講義 下 鈴木大拙著，重松宗育，常盤義伸編訳 (京都)方丈堂出版，(京都)オクターブ 発売
【要旨】"西欧ゼン"の歴史的ランドマークとなったと評された、大拙の「コロンビア大学セミナー講義」(1952～53年)の日本語初訳を堂々一般公刊。西欧社会への禅の紹介を目途とした講義内容には、大拙の心がけた細かな配慮が垣間見られる。
2017.11 320p B6 ¥2500 ①978-4-89231-165-9

◆鈴木大拙の金沢 松田章一著 (金沢)北國新聞社
【要旨】鈴木大拙館の前館長が収集したこぼれ話の数々。
2017.3 157p 18cm ¥1000 ①978-4-8330-2093-0

◆鈴木大拙の「日本的霊性」—エマヌエル・スウェーデンボルグ 新井奥邃との対比から 那須理香著 (横浜)春風社
【目次】第1章 はじめに—先行研究紹介及び末木文美士の『大拙』の批判に対する反論、第2章 鈴木大拙『日本的霊性』の「霊」の目覚め、第3章 鈴木大拙『日本的霊性』が意味するもの、第4章 スウェーデンボルグの「霊」的感性の目覚め、第4章 スウェーデンボルグの「霊」的霊性観との出会い、第5章 新井奥邃の「心」との対比、第6章 おわりに—鈴木大拙の「日本的霊性」とは
2017.7 308p A5 ¥4500 ①978-4-86110-554-8

◆鈴木大拙の妙好人研究 菊藤明道著 (京都)法藏館
【目次】序一鈴木大拙先生と大悲行、序一大乗仏教と菩薩道、序一鈴木大拙と妙好人研究、鈴木大拙の妙好人研究(「妙好人」という語の意味、親鸞における妙好人、『妙好人伝』の成立、妙好人 石見の浅原才市、妙好人を研究・紹介した人々—鈴木大拙・柳宗悦・楠恭)、特別掲載 大行一晩年の先生の仕事をお手伝いして
2017.7 331p A5 ¥3000 ①978-4-8318-2354-0

◆すらすら読める養生訓 立川昭二著 講談社
【要旨】「総ルビつき原文」と著者オリジナル現代語訳つき！古典が分かりやすく、面白く「すらすら読める」！今も現代人の心をとらえる貝原益軒の『養生訓』。今の私たちにとってもっとも耳を傾ける言葉を掬い出しました。このエッセンスを読み解き、この古典が私たちに送るメッセージに耳を傾けてみてください。新鮮な響きを持って、いつしか胸に染み込んできます。
2017.10 215p A6 ¥960 ①978-4-06-281728-8

◆世界を感動させた日本精神—台湾人にわかる本当は幸福な日本人 黄文雄著 ビジネス社
【要旨】欧米も尊敬する日本の「殉国の精神」。そして、神道と結びついた日本の「仏教」こそ世界的意義を持っていた！
2017.4 249p B6 ¥1600 ①978-4-8284-1947-3

◆禅 鈴木大拙著，工藤澄子訳 筑摩書房 ワイド版
【要旨】禅とは何か。悟りとは何か。全世界が注目する "ZEN" の真髄を解き明かす禅入門の名著。大きな字での読みやすい。
2017.2 219p B6 ¥1100 ①978-4-480-01702-4

◆先哲百家傳 游学社
【要旨】藤原惺窩、林道春、石川丈山、江村專斎、三宅寄齋、松永尺五、那波道圓、山鹿素行、中江藤樹、山崎闇齋〔ほか〕
2017.4 377p A5 ¥1800 ①978-4-904827-46-8

◆禅のつれづれ 鈴木大拙著 河出書房新社
【要旨】悟りとは、一心不乱である。没して50年、あらためて「禅とはなにか」を知る。日本人とはなにか、そして、東洋の叡智がここにある。大拙の禅入門。
2017.3 197p 18cm ¥720 ①978-4-309-02553-7

◆禅仏教入門 増原良彦訳、鈴木大拙著 中央公論新社 (中公クラシックス)
【目次】1 はじめに、2 禅とは何か、3 禅は虚無的か、4 非論理の禅、5 禅一高次の肯定、6 禅の日常性、7 悟り、8 公案、9 禅堂と雲水の生活
2017.12 181p 18cm ¥1600 ①978-4-12-160178-0

◆草木成仏の思想—安然と日本人の自然観 末木文美士著 サンガ (サンガ文庫)
【要旨】日本古来の自然観を代表するかのように扱われる「山川草木悉皆成仏」という言葉。しかし、仏典にも日本の古典にも、この言葉は存在していなかったのである—「草木も成仏する」という本来の仏教思想である、平安時代の日本の天台僧・安然が、中国天台の著作を大胆に解釈することによって生まれたものであった。現代日本を代表する仏教学者が、安然の思想がどのように生まれたのかを丹念に検証しながら、日本人の自然観や災害観をあらためて問う。
2017.12 292p A6 ¥1300 ①978-4-86564-107-3

◆徂徠集 序類 2 荻生徂徠著，澤井啓一，岡本光生，相原耕作，高山大毅訳注 平凡社 (東洋文庫)
【要旨】『徂徠集』収録の「序」40点を成立順に配列し、丹念に訳注を施して、徂徠の学問の生成過程を辿り直す意欲的な試み。交流のある人物のために書いた序から徂徠の関心事が鮮明になる(全2巻)。
2017.1 351p 18cm ¥3000 ①978-4-582-80880-3

◆大拙と松ヶ岡文庫—鈴木大拙没後五十年記念 多摩美術大学美術館編 (京都)方丈堂出版，(京都)オクターブ 発売
【要旨】禅をはじめとする仏教思想を広く海外に紹介した世界的に著名な仏教学・宗教学者である鈴木大拙(1870-1966)の没後50周年記念「大拙と松ヶ岡文庫展」(2016年7月2日～9月11日)展覧会図録の待望の改訂版!!掲載の貴重な原稿・書簡等の写真・図版200点余は、仏教を中心とする東洋文化の真髄を世界に伝えることを終生の使命とした人間大拙の全貌に迫る。
2017.7 139p A4 ¥2000 ①978-4-89231-161-1

◆代表的日本人—徳のある生きかた 内村鑑三著，道添進編訳 日本能率協会マネジメントセンター (今こそ名著)
【要旨】西郷隆盛・上杉鷹山・二宮尊徳・中江藤樹・日蓮の使命と行動。信念を貫き、試練を乗り越えてきた日本人の姿。
2017.12 265p B6 ¥1600 ①978-4-8207-1983-0

◆退歩のススメ—失われた身体観を取り戻す 藤田一照，光岡英稔著 晶文社
【要旨】一歩下がったところからはじめる生き方とは。坐禅、五体投地、錬功、内観。古来の修行・稽古法から「自然体」への道を実践的に探求する。

◆茶の本 岡倉天心著，宮川寅雄訳 土曜社
【目次】第1章 人情の碗、第2章 茶の流派、第3章 道教と禅、第4章 茶室、第5章 芸術鑑賞、第6章 花、第7章 茶の宗匠
2017.3 102p A6 ¥595 ①978-4-907511-44-9

◆中学生から大人まで読める本当はすごい日本人 深谷隆司著 幻冬舎メディアコンサルティング，幻冬舎 発売
【要旨】日本人の「すごい寛容」「すごい創造」「すごい道徳」「すごい思想」「すごい開国」「すごい正義」「すごい精神」「すごい事実」とは？政治生活50年、自民党東京都連最高顧問が語る、いま見直すべき日本人の「すごさ」とは？
2017.8 250p B6 ¥1600 ①978-4-344-91335-6

◆超訳「言志四録」—西郷隆盛を支えた101の言葉 濱田浩一郎著 すばる舎
【要旨】少しにして学べば、則ち壮にして為すことあり。壮にして学べば、則ち老いて衰えず。老いて学べば、則ち死して朽ちず。西郷が厳選し

生涯愛読した「リーダーの聖典」全101篇を、わかりやすい訳で完全解説！
2017.11 229p B6 ¥1500 ①978-4-7991-0667-9

◆超訳 報徳記—「代表的日本人」の生き方に学ぶ 富田高慶原著，木村壮次現代訳 致知出版社
【要旨】二宮尊徳の高弟・富田高慶が師の言行を記した名著ここに現代語訳で甦る。
2017.4 299p B6 ¥1800 ①978-4-8009-1145-2

◆定本 葉隠〔全訳注〕 上 山本常朝、田代陣基、佐藤正英校訂，吉田真樹監訳 筑摩書房 (ちくま学芸文庫)
2017.10 582p A6 ¥1600 ①978-4-480-09821-4

◆定本 葉隠〔全訳注〕 中 山本常朝、田代陣基、佐藤正英校訂，吉田真樹監訳注 筑摩書房 (ちくま学芸文庫)
【要旨】山本常朝の強烈な教えに心を衝き動かされた田代陣基は、武士のあるべき姿の実像を求めて、膨大な語りと書付から『葉隠』をまとめあげた。中巻には、主君の直孝の生君、鍋島藩二代藩主光茂の事跡を記した聞書五と、優れた藩士の事跡を集めた聞書六・七を収録。
2017.11 522p A6 ¥1500 ①978-4-480-09822-1

◆定本 葉隠〔全訳注〕 下 山本常朝、田代陣基、佐藤正英校訂，吉田真樹監訳注 筑摩書房 (ちくま学芸文庫)
【要旨】享保元年(1716)九月十日、『葉隠』はついに完成。山本常朝と田代陣基の邂逅からは六年半の歳月が経過していた。その間、陣基は武士たるものいかにあるべきかを求めて煩悶し、膨大な語りと書付のなかを彷徨い格闘を続けてきた。下巻には、さまざまに躍動する鍋島武士たちを活写した聞書八・九と、武田信玄、徳川家康、伊達政宗など他国の名だたる武将たちの縦横無尽の活躍を論評した聞書十、そして、これまでに漏れた重要な教訓や挿話を改めて多数取り集めた聞書十一を収録。常朝の語った真の武士の姿の全貌が、ここに陣基の手によって明らかにされる。全三巻完結。
2017.12 612p A6 ¥1600 ①978-4-480-09823-8

◆哲学者が伝えたい人生に役立つ30の言葉 和の哲学編 小川仁志著 アスコム
【要旨】粋に振る舞う、forぶ、型をつくる、間をとる…。悩んだとき、迷ったとき、うまくいかないとき…。日本人にいちばん馴染む「心が楽になるヒント」。
2017.11 202p 18cm ¥1100 ①978-4-7762-0971-3

◆東洋的な見方 鈴木大拙著 KADOKAWA (角川ソフィア文庫)
【要旨】「来るべき『世界文化』なるものに対して、われら東洋民族の一員として、それに大いに貢献すべきものを持っておる」一。英米の諸大学で教鞭を執り、直に西洋思想にふれた大拙だからこそ看破できた東洋思想の優れた特性。日く「世界の至宝」が、二分性の上に成り立つ西洋思想の不備を補い、互いに補完し合うことで、真の世界思想を可能にする。「自分が到達した思想を代表する」論文、十四編全てを収録。
2017.8 222p A6 ¥680 ①978-4-04-400288-6

◆戸坂潤セレクション 戸坂潤著，林淑美編 平凡社 (平凡社ライブラリー)
【要旨】時代の傾性と徹底的に闘い、敗戦6日前、長野刑務所で獄死した、戦前最大のマルクス主義哲学者。性格、時間、日常性、歴史、また自分一身とモラルなど独創的な原理論的把握から、西田・和辻批判、執筆禁止令直前の鋭利でレトリカルな時評までこの唯物論哲学者を知る最良の入門書。
2018.1 495p A6 ¥1700 ①978-4-582-76863-3

◆7日間で武士道がわかる不思議な授業 小川仁志著 教育評論社
【要旨】高校生の前に現れた先生は武士!?今をどう生きるかを問う、哲学青春ストーリー。
2017.4 221p B6 ¥1600 ①978-4-86624-006-0

◆南洲翁遺訓—ビギナーズ 日本の思想 西郷隆盛著，猪飼隆明訳・解説 KADOKAWA (角川ソフィア文庫) 新装; 改版
【要旨】己れを尽し人を愛せず、我が誠の足らざるを尋ぬべし」—。偽りのない人生を生き、そして死んでいった西郷。その言葉は、新政府への批判を含みながら、国家や為政者のあるべき姿を示し、人として広い度量と高潔な精神を持つ必要性を説く。「敬天愛人」に代表される西郷の遺訓四十一条と追加二条すべてを、原文、現

◆新渡戸稲造はなぜ『武士道』を書いたのか―愛国心と国際心　草原克豪著　PHP研究所（PHP新書）
【要旨】『武士道』は、狭い意味での武士道の解説書ではない。武士道論というよりは日本の道徳思想文化論である。新渡戸はこの本で、日本には宗教教育はないが武士道というものがあり、それが日本人の道徳の基礎となっていることを、広く世界に伝えようとした。その文章からは、新渡戸あるいう想いがひしひしと伝わってくる。それは、日本及び日本人に対するゆるぎない自信と誇りである。新渡戸こそは近代日本の稀にみる発信者であった。人一倍熱い愛国心を持って、世界と対等に渡り合った日本の発信者、新渡戸稲造の人生から「武士道」執筆の想いに迫る。
2017.3　363p　18cm　¥940　978-4-569-83568-6

◆日本漢学研究試論―林羅山の儒学　大島晃著　汲古書院
【目次】1 林羅山の「文」の意識（「読書」と「文」、藤原惺窩「文章達徳綱領」の構成とその引用書―「文章欧冶」等を中心にほか）、2 林羅山の朱子学―「大学諺解」「性理字義諺解」（「大学諺解」の述作の方法と姿勢、「性理字義諺解」の述作の方法と姿勢ほか）、3 日本漢学諸論（桂菴玄樹の四書学と『四書詳説』、江戸時代の訓法と現代の訓法ほか）、4 先学の風景―人と墓（藤原惺窩、吉田素庵ほか）
2017.12　637p　A5　¥12000　978-4-7629-3636-4

◆日本思想史学　第49号　日本思想史学会編　（仙台）日本思想史学会、ぺりかん社　発売
【目次】特集 2016年度大会シンポジウム 思想史のなかの雑誌メディア、特別掲載"2016年度大会パネルセッション"、余録 第48号特集コメント記事への応答、研究史 民衆宗教研究の現在―ナラティヴの解体にむきあう、提言 なぜ丸山理論は朝鮮儒教にはまらないのか、紹介「徂徠集 序類」余言、書評、報告 2016年度大会の概況
2017.9　240p　A5　¥3000　978-4-8315-1489-9

◆日本思想史の射程　末木文美士著　敬文舎（日本歴史 私の最新講義 20）
【要旨】千年ひと昔。自由な目で過去の思想を見直し、豊富で新鮮な先人たちの溢れる知恵を学び、考える。日本列島に生きた人々の声が聞こえてくる！
2017.4　319p　B6　¥2400　978-4-906822-20-1

◆日本思想史への道案内　苅部直著　NTT出版
【要旨】日本の思想は本当におもしろいのか。現代に対してもつ意味は何か。和辻哲郎と丸山眞男を導き手としながら、古代から近代に至る流れのなかで鍵となる古典を丹念に読み解く。これまでなかった『日本思想史入門』。
2017.9　241p　B6　¥2000　978-4-7571-4350-0

◆日本思想の古層　梅原猛、川勝平太著　藤原書店
【要旨】日本文化の古層から汲みだした"美・平等・平和"の思想を今、いかに発信するか。仏像に体現された美と宗教の不即不離、鎌倉仏教における激越な「男女平等」、そして、縄文以来の精神性に深く根ざす「草木国土悉皆成仏」の思想―哲学界の最長老と、「海洋史観」の提唱者が、徹底討論！
2017.8　216p　20×13cm　¥1800　978-4-86578-132-8

◆日本人が大切にしたい7つ 入門編―"書き込み式"ノートBOOK 私のオリジナル教科書　全国日本道連盟編　日本ベンチャー大學パブリッシング、星雲社 発売
【目次】第1章 日本人が大切にしたい"文化・伝統10"入門編、第2章 日本人が大切にしたい"神話・天皇10"入門編、第3章 日本人が大切にしたい"神社・仏閣10"入門編、第4章 日本人が大切にしたい"大和言葉10"入門編、第5章 日本人が大切にしたい"和食・食文化10"入門編、第6章 日本人が大切にしたい"出来事10"入門編、第7章 日本人が大切にしたい"偉人10"入門編
2017.8　166p　A5　¥1000　978-4-434-23731-7

◆日本人の哲学　4　自然の哲学/技術の哲学/人生の哲学　鷲田小彌太著　言視舎
【要旨】「自然」も「技術」も「人生」も人間の哲学＝愛知だ！ 世界に思考革命をもたらし科学から哲学まで技術を芸術まで人生を老・死まで追

究する、日本の哲学者群像。
2017.2　502、8p　B6　¥4000　978-4-86565-075-4

◆日本人の誇り「武士道」の教え―いま、私たちが立ち返るべき哲学　志村史夫著　ワニ・プラス、ワニブックス 発売（ワニブックスPLUS新書）
【要旨】『武士道』、『葉隠』、『極楽寺殿御消息』、『上杉謙信公家訓十六箇条』、『日新館童子訓』より、93の言葉を厳選して紹介＆解説！
2017.12　255p　18cm　¥880　978-4-8470-6119-6

◆日本精神史―自然宗教の逆襲　阿満利麿著　筑摩書房
【要旨】1945年の敗戦後、主体性をもたず権力や多数者にいとも簡単につき従う日本人の傾向をどう克服するか、が大きな課題として論じられた。だが、今もこの問題はなんら解決されていない。これほど根深く、空気のようにわれわれの精神を規定しているのは何なのか―それこそが、日本の「自然宗教」である。われわれの心性の背景をなす「自然宗教」とは、どのように生まれ、いかなる特徴をもつものか？ なにゆえそれは、この国に「普遍的思想」が根づくことを阻害するのか？ 民俗学、歴史学、宗教史、思想史など幅広い知見を渉猟してその淵源を探り、克服へのかすかな道筋を問う。渾身の書き下ろし。
2017.2　306p　B6　¥1800　978-4-480-84746-1

◆日本精神史―高きより高きへ　上松佑二著　人文書館
【要旨】歴史の中の人間の叡智。空海、法然、親鸞、栄西、道元、蓮如ら仏教者、世阿弥、千利休、芭蕉ら芸術家、さらには近世近代の思想家らの「自我の秘蹟」を捉え直す。
2017.8　269p　B6　¥3600　978-4-903179-37-2

◆日本の哲学　第18号　特集 詩と宗教　日本哲学史フォーラム編　（京都）昭和堂
【目次】巻頭エッセー 詩と宗教―言語について、特集 詩と宗教 「住むということ」から見た「詩と宗教」、道元の詩と哲学の世界―詩と仏教をめぐって、詩の言葉と宗教的超越性、事と言―言葉の「平常底」、善の研究」の中国語翻訳、書評 藤田正勝著『九鬼周造―理知と情熱のはざまに立つ「ことば」の哲学』
2017.12　132p　A5　¥1800　978-4-8122-1637-8

◆日本武道の理念と事理―日本古来の精神的且つ身体的文化の伝承としての武道　藤森明著、藤森空海監修　東洋出版　（付属資料：DVD）
【要旨】生涯を修行に努めた著者が、武道の核心である実践智とは何かを、身心の有機的一体・柔剛一体・遅速応現の観点から詳述する。ナンバ説・伸筋理論・脱力論等の一面性を指摘!!
2017.12　517p　A5　¥2000　978-4-8096-7848-6

◆日本文化をよむ―5つのキーワード　藤田正勝著　岩波書店（岩波新書）
【要旨】異なる文化のあいだでの腰を据えた"対話"がますます求められる時代。そのための基礎的な知識として、西行の「心」、親鸞の「悪」、世阿弥の「花」など5つのキーワードから、日本文化の根底にあるものの見かた、美意識のありかたを素描する。西田幾多郎の思想をヒントに、日本文化のひとつの"自画像"を描く試み。
2017.8　202p　18cm　¥780　978-4-00-431675-6

◆宣長はどのような日本を想像したか―『古事記伝』の「皇国」　裵寛紋著　笠間書院
【要旨】日本思想史上の宣長再評価に向けて。『古事記伝』は『古事記』の解釈を通して、宣長による新たな神話を成立させたテキストであったのか。つくり出された『古事記』はいかなる物語となったのか。『古事記伝』の読みが『古事記』と最も乖離している箇所「外国「とつくに」」に着目し、ひるがえって、自国日本に対して用いられた語「皇国「みくに」」の意味を追究する。神について語る『古事記』を、人に適用して読もうとした『古事記伝』の本質が明らかになる。
2017.6　254、3p　A5　¥5500　978-4-305-70834-2

◆幕末的思考　野口良平著　みすず書房
【要旨】幕末から明治への列島の歩みは、暗から明への昇華ではない。列強による開国への圧力を前に、尊皇攘夷から尊皇開国への転向とその隠蔽、新政府の正統性の急速な作りあげなど、慌しい近代国家建設を余儀なくされる過程であった。しかしそこには、植民地化への危機感と理不尽への抵抗を糧に、普遍的価値のうえに新社会を構想する思考が、徒手空拳で模索されていた。中国や西欧からの外圧ではなく、この国に地生えの思考が育まれる契機は、自国日本に対しての外対的「危機感」に圧迫

され、皇国主義イデオロギーの席巻という試練のなかで影を潜めていった。帰結の一つは、現在も続く第二極の不在である。本書は、「明治維新」という事後的外枠から見えてこないこの思考―幕末的思考―の系譜を、吉田松陰、中岡慎太郎、坂本龍馬、福沢諭吉、中江兆民、北村透谷、夏目漱石、朝河貫一、中里介山らに辿り、その画期性を歴史の行間にあぶりだした精神史的試論である。彼らの未成の思考を紡ぎ直すこと、その今日的意味の切実さを、幕末の人びとの経験は我々に教えている。
2017.11　308、4p　B6　¥3600　978-4-622-08652-9

◆幕末の大儒学者「佐藤一斎」の教えを現代に―心を治める指南書「言志四録」を読む　堀江美州著　（名古屋）ブイツーソリューション、星雲社 発売
【要旨】吉田松陰、坂本龍馬そして西郷隆盛ら多くの幕末の志士を育てた「言志四録」とは。心が折れそうな時ひもとく一書。
2017.9　238p　B6　¥1000　978-4-434-23647-1

◆悲哀の底―西田幾多郎と共に歩む哲学　岡田勝明著　（京都）晃洋書房
【要旨】哲学以前にして哲学以降となる「哲学」の試み。「主体から主体を越えて主体の底へ」行こうとした西田哲学と共に、「悲哀の底」の「底なき底」におりたとうとする論考。
2017.4　215p　B6　¥2200　978-4-7710-2869-2

◆批評の熱度 体験的吉本隆明論　大井浩一著　勁草書房
【要旨】絶対的存在か、過去の遺物か？ 新聞社の学芸記者として晩年の吉本隆明に接した著者が、敬意を込めつつニュートラルな姿勢で平明に描く。没後5年、いま浮かび上がる吉本隆明の人と作品！
2017.1　275p　B6　¥2500　978-4-326-85192-8

◆評伝 中江藤樹―日本精神の源流・日本陽明学の祖　林田明大著　三五館
【要旨】中江藤樹は、日本初の私塾を開き、女性にも学問を勧めました。それも、江戸や大坂といった大都市ではなく、琵琶湖の北の寒村にその身を置いて、年少の区別なく塾生を受け入れました。江戸時代前期、藤樹を開祖とする「日本陽明学」はすごい勢いで日本人に広まっていきます。藤樹亡き後、門人たちは日本各地に散らばって、藤樹の教えとともに陽明学を広めます。幕末維新期には日本の近代化の原動力となったこと、特異に評価すること。その他の偉人賢人たちと、影響力の大きさがまるで違うのです。
2017.10　318p　B6　¥1800　978-4-88320-713-8

◆平田国学の霊魂観　小林威朗著　弘文堂（久伊豆神社小教院叢書）
【要旨】どのように受容され、変遷したのか。篤胤の霊魂観を原典に基づいて再検証し、これを受け継いだ岡熊臣、六人部是香、明治新政府の宣教使らの事績を、成立年代を特定した史料により厳密に分析。これまでの恣意的解釈を糺す。
2017.10　314、4p　A5　¥4800　978-4-335-16089-9

◆福岡伸一、西田哲学を読む―生命をめぐる思索の旅 動的平衡と絶対矛盾的自己同一　池田善昭、福岡伸一著　明石書店
【要旨】「動的平衡」概念の提唱者・福岡伸一氏（分子生物学者）が、西田哲学の継承者・池田善昭氏（哲学者）を指南役に、専門家でも難解とされる西田哲学を鮮やかに読み解く。その過程で2人の碩学は生命の真実をがっちり掴む1つの到達点＝生命の定義＝にたどりそく…。西田哲学を共通項に、生命を「内からみること」を通して、時間論、西洋近代科学・西洋哲学の限界の超克、「知の統合」問題にも挑んだスリリングな異分野間の真剣"白熱"対話。
2017.7　353p　B6　¥1800　978-4-7503-4533-8

◆福沢諭吉　髙橋昌郎著　清水書院（新・人と歴史 拡大版 11）
【要旨】福沢諭吉は、思いのままにその生涯を送り、満足しつつこの世を去ったといわれる。この諭吉の死に対して、当時の内外の新聞はこぞって弔詞を掲げ、衆議院は空前の院議としての哀悼の決議を行った。こうした事実は、諭吉に対する同時代人の評価を直裁に示すものである。しかし、現在から、改めて近代日本の栄光と悲惨のなかに諭吉をおき、その全体像を鳥瞰するとき、従来の評価はおのずと異なっていく。本書は、宗教との係わりを重視しつつ、諭吉の既成像を一新しようとする。
2017.6　246p　B6　¥1800　978-4-389-44111-1

哲学・心理学・宗教

◆「福沢諭吉」とは誰か―先祖考から社説真偽判定まで　平山洋著　（京都）ミネルヴァ書房
（MINERVA歴史・文化ライブラリー 32）
【要旨】近代日本を代表する言論人・福沢諭吉には、意外と十分に探られてこなかった重要な来歴がある。すなわち、信州福沢に生まれた先祖がいかにして豊前中津に至ったか、そして『西洋事情』がいかに近代日本の思想形に影響を与えたか、さらに福沢の署名著作がどのような手順で刊行されたのかなかったか。本書では、それらを知るために不可欠な関係資料の紹介とともに、徹底的に解明する。
2017.11 236, 22p B6 ¥3500 ①978-4-623-08069-4

◆福澤諭吉の『世界国尽』で世界を学ぶ―七五調でうたっておぼえる世界の地理と歴史　齋藤秀彦編著　（京都）ミネルヴァ書房
【要旨】日本が一気に世界に門戸を開いた明治時代の初め。福澤諭吉が、日本の子どもたちのために、世界の国々とそこに住む人々、その文化をわかりやすく楽しく学べるよう著した『世界国尽』。原書にある貴重な絵図や、福澤作の七五調の歌で展開する日本の「世界」と、いま現在の「世界」の様子を対比しながら解説。自分たちで世界について調べ、そして実際に七五調でうたを創作、発表することで、世界についての深い理解と学びを実現する。
2017.4 135, 11p B6 ¥2600 ①978-4-623-07828-8

◆武士道―ぶれない生きざま　新渡戸稲造著, 前田信弘編訳　日本能率協会マネジメントセンター　（今こそ名著）
【要旨】誇り高き日本人の、自分に恥じない生き方、「名誉」を重んじる心、これぞ至高の美徳―現代に通じるぶれない生きざまが現代語訳と解説でよくわかる。
2017.3 269p B6 ¥1600 ①978-4-8207-1969-4

◆武士道的一日一言　新渡戸稲造著, 山本史郎解釈　朝日新聞出版　（朝日新書）
【要旨】大正時代の知的ベストセラー。日本人のノブレス・オブリージュがここにある。
2017.7 294p 18cm ¥780 ①978-4-02-273725-0

◆武士道の精神史　笠谷和比古著　筑摩書房　（ちくま新書）
【要旨】侍の気構えと行動を規定してきた「武士道」。軍国主義につながったとして、マイナスのイメージも持たれる一方、日本人の美徳を支える倫理的礎として肯定的なイメージを持っている人も、これまた多かった。歴史的にみれば武士道は、武家社会が発展した中世に自然発生的に、『甲陽軍鑑』等の書物で明文化されていくが、戦闘なき徳川時代になって精神的な「徳義」へと転化した。やがて武士以外の庶民階級にも浸透して、一般の生活経済倫理にまで影響を与えるようになっていく。「武士道」の豊かなる実態の歴史を、実証主義史学の方法を用いつつ鮮やかに描き出し、その本質に迫る。
2017.5 236p 18cm ¥800 ①978-4-480-06960-3

◆文明論之概略　福澤諭吉著, 先崎彰容全訳　KADOKAWA　（角川ソフィア文庫―ビギナーズ日本の思想）
【要旨】日本が本当の「文明」に到達するためには、社会を支配する「権力の不均衡」を治療せねばならない。そして、結果として生じる多少の矛盾と不平等までをも、引き受けて生ききってみせる勁さを持たねばならない―福澤が追い求めた「文明」の真意を、気鋭の日本思想史家が再検証。あらゆる価値観が瓦解する混迷の時代に、明確な理論的指針を与え続けてきた名著の全文を、新解釈とともに、圧倒的に読みやすく現代語訳した最新版。
2017.9 382p A6 ¥840 ①978-4-04-400168-1

◆兵学思想入門―禁じられた知の封印を解く　拳骨拓史著　筑摩書房　（ちくま新書）
【要旨】江戸初期に学問として体系化され、甲州流・山鹿流といった兵法として花開いた兵学。自己を律することを求めるだけでなく、修己・治人・平天下へと繋げていくことで豊かな内容をもたらその体系は、やがて明治維新の原動力となった。それが西洋兵学の流入によって変容し、二十世紀の戦争の時代にはその精神性の強調によって誤解されるに至ったのはなぜか。現代兵学の観点から批判的考察を交え、思想としての日本兵学の特質を総合的に論じる。
2017.9 268p 18cm ¥860 ①978-4-480-06986-3

◆変調「日本の古典」講義　内田樹, 安田登著　祥伝社
【要旨】思想家・内田樹と能楽師・安田登。異才の二人が語り尽くす。日本文化の奥の底のさらに奥へ！能、論語、古事記…あまりに濃厚な対談講義。
2017.12 289p B6 ¥1600 ①978-4-396-61633-5

◆三木清教養論集　三木清著, 大澤聡編　講談社　（講談社文芸文庫）
【要旨】「教養といわれるのは単に専門的乃至職業的知識のことでなく、人間が真に人間らしくなるために必要な知識のことである。」ファシズムが台頭する昭和初期の日本社会での、のびやかに思考し時代と共に息づく教養の重要性を説いた孤高の哲学者、三木清。読書論・教養論・知性論の三部構成で、その思想の真髄に迫る。
2017.1 267p A6 ¥1500 ①978-4-06-290336-3

◆三木清大学論集　三木清著, 大澤聡編　講談社　（講談社文芸文庫）
【要旨】吹き荒れる時代の逆風の中、真理を追究する勇気を持ち続けた哲学者、三木清。時代の流れに学問はいかなる力を持ちうるのか。教育論・改革論・制度論と補論の構成で、「大学」の真の意義を問う。
2017.4 306p 17×12cm ¥1600 ①978-4-06-290345-5

◆三木清とフィヒテ　玉田龍太朗著　（京都）晃洋書房
【要旨】「闇の中へ差し入る光は最も美しい」三木清生誕120周年記念。三木清の思想形成にフィヒテ哲学が果たした役割を探る。
2017.9 147p B6 ¥1600 ①978-4-7710-2908-8

◆水戸学の窓―原典から読み解く水戸学　宮田正彦著　水戸史学会, 錦正社 発売
【目次】元旦祭農夫人文―元旦農夫ヲ祭ルノ文（徳川光圀 義公）―水戸始言志并序―内ヶ始メテ志ヲ言フニ和ス并ビニ序（徳川光圀 義公）、代人欽乞興意宗廟表―人ニ代リテ欽ミテ宗廟ヲ興意センコトヲ乞フノ表（森尚謙 儼斎）、大日本史叙（大井貞広 松隠）、検閲議（安積覚 澹泊）、送原子箭序―原子箭ヲ送ルノ序（藤田一正 幽谷）、賛天堂記（藤田彪 東湖）、小梅水哉舎記（藤田彪 東湖）、古堂記（藤田彪 東湖）
2017.11 211p A5 ¥2500 ①978-4-7646-0132-1

◆もう、ダメッてときに役立つ菜根譚のことば　河出書房新社編　河出書房新社
【要旨】礼節を重んじる「儒教」、無為自然の思想の「道教」、苦しみから解脱する方法を説いた「仏教」。3つの哲学を取り入れた「菜根譚」から知恵を働かせ、シンプルに生きるコツを動物たちが紹介。
2017.10 207p B6 ¥1400 ①978-4-309-24807-0

◆本居宣長『うひ山ぶみ』　本居宣長著, 濱田浩一郎現代語訳　致知出版社　（いつか読んでみたかった日本の名著シリーズ 16）
【目次】『うひ山ぶみ』総論（学問を得たうえで、学問の道に入ろう、自分の不得意な分野の勉強をしてはいけない、勉強しないのに才能は関係ない、自らの専門分野を定めよほか）、『うひ山ぶみ』各論（外国に影響されすぎてはいけない、日本国のために尽力しよう、大きな志を堅持せよ、枝葉末節にこだわるな ほか）
2017.11 166p B6 ¥1400 ①978-4-8009-1164-3

◆山鹿素行修養訓　川口雅昭著　致知出版社　（活学新書）
【要旨】心構え、親孝行、子育てとは、夫婦のありよう、兄弟・姉妹のありよう、友達のありよう、部下への、常在戦場！、礼儀正しく！、法令は簡潔に！〔ほか〕
2017.3 162p 18cm ¥1200 ①978-4-8009-1143-8

◆吉本隆明 江藤淳 全対話　吉本隆明, 江藤淳著　中央公論新社　（中公文庫）（『文学と非文学の倫理』増補・改題書）
【要旨】戦後日本を代表する二大批評家が、一九六〇年代半ばから八〇年代後半にかけて行った全対話を年代順に収める。文学から思想、政治から時代状況まで論じる戦後批評の到達点。『文学と非文学の倫理』に吉本のインタビュー「江藤さんについて」を増補し、改題した決定版。
2017.2 345p A6 ¥1000 ①978-4-12-206367-9

◆吉本隆明『言語にとって美とはなにか』の読み方　宇田亮一著　アルファベータブックス
【要旨】難解で知られる吉本の初期代表作を、臨床心理士が読み解く初の本格的解説書！
2017.1 302p A5 ¥2500 ①978-4-86598-026-4

◆吉本隆明質疑応答集 1 宗教　吉本隆明著　論創社
【要旨】講演後の白熱する問答、初の単行本化！1977年～93年にわたる宗教に関する「質疑応答」の集成。「『最後の親鸞』以後」、「思想詩（原題・良寛詩の思想）」、「喩としての聖書」講演後、他の全16篇を収める。
2017.7 253p B6 ¥2200 ①978-4-8460-1611-1

◆吉本隆明質疑応答集 2 思想　吉本隆明著　論創社
【要旨】1967年～86年にわたる思想に関する「質疑応答」の集成。「現代とマルクス」、「幻想論の根柢に言葉という思想」、「ポーランド問題とは何か」講演後、他の全11篇を収める。
2017.9 273p B6 ¥2200 ①978-4-8460-1612-8

◆吉本隆明1968　鹿島茂著　平凡社　（平凡社ライブラリー）新版
【要旨】団塊世代を中心に多くの支持を得てきた吉本隆明。独学によって自らを鍛え、比類なき思想を作り上げた彼の根底にある倫理観とはいかなるものだったのか。「永遠の吉本主義者」がその初期作品を改めて精読、他で「1968年」の意味を問い直し、吉本思想の核を捉えた著者渾身の書。吉本隆明はいかに「自立の思想」にたどり着いたか。「私小説的評論」を通して、その軌跡をたどる。
2017.11 373p 16×11cm ¥1300 ①978-4-582-76861-9

◆理想 698号　特集 九鬼周造　（松戸）理想社
【目次】九鬼周造における「永遠回帰の思想」、「偶然性の問題」への疑問―「永遠の今」か「先駆的決意性」か、九鬼と形而上学の問題、実存と可能性―「他ならぬこの私である」とはどういうことか、様々な「近代の不安」―九鬼、和辻、テイラー、「いき」の構造―比較文化論、日本文化論の視点から、禁欲主義と実存の美学―九鬼周造、フーコー、九鬼とレヴィ・ストロース―二つの構造論的感性論、九鬼周造とブートル―偶然の現象学的解釈の試み、日本主義という呪縛―九鬼哲学を解放する、九鬼周造からマルクス・ガブリエルの新実在論へ
2017.3 159p A5 ¥2000 ①978-4-650-00698-8

◆論集 福沢諭吉　市村弘正編, 山路愛山, 丸山眞男ほか著　平凡社　（平凡社ライブラリー）
【要旨】「翁は敵人に対しても、味方にして了解せられず」（徳富蘇峰）―。平易な文章で啓蒙の語を語り、日本近代の指南役と自他ともに認めた福沢諭吉。けれども、その言と説は、わかりやすそうでじつに厄介。山路愛山はじめ同時代を生きた人々から、近衛文麿など大正教養派の多くの人々を時流に流され、変節していった。しかし、伝統衰退の世相に立ち向かい、節を貫き通した知識人もいた。その代表格こそ、和辻哲郎である。なぜ和辻は、激動の中で「不動の指標」たりえたのか。危機の時代に、日本人はいかに日本の伝統精神を取り戻すべきかを、知の巨人・和辻哲郎を通して知る。
2017.5 275p A6 ¥1400 ①978-4-582-76855-8

◆和辻哲郎と昭和の悲劇―伝統精神の破壊に立ちはだかった知の巨人　小堀桂一郎著　PHP研究所　（PHP新書）
【要旨】敗戦後、占領政策によって日本の伝統精神は崩壊の危機に瀕した。さらにいえば、戦前から戦争に至る時代で、日本人自らが、伝統を見失いつつあった。そんな中、鈴木大拙、津田左右吉、折口信夫、近衛文麿など大正教養派の多くの人々を時流に流され、変節していった。しかし、伝統衰退の世相に立ち向かい、節を貫き通した知識人もいた。その代表格こそ、和辻哲郎である。なぜ和辻は、激動の中で「不動の指標」たりえたのか。危機の時代に、日本人はいかに日本の伝統精神を取り戻すべきかを、知の巨人・和辻哲郎を通して知る。
2017.10 333p 18cm ¥920 ①978-4-569-83704-8

中国

◆あわいの時代の『論語』―ヒューマン2・0　安田登著　春秋社
【要旨】「君子」とはどんな人なのか？「仁」の境地に達するには？―究極の温故知新がここに！
2017.7 247p B6 ¥1800 ①978-4-393-43650-9

◆えんぴつで老子・荘子　大迫閑歩書, 湯浅邦弘監修　ポプラ社
【要旨】無為無欲を貫いた老子、自由世界を生きた荘子。「道」の言葉に集約された老荘の哲学。私たちを癒やし、励ます中国古典の決定版。
2017.8 176p 19×26cm ¥1000 ①978-4-591-15525-7

BOOK PAGE 2018　　　　465　　　　哲学・思想

◆お茶馬鹿の「ためになるお話」―中国古典から学ぶ人生の智慧と現代ビジネス　叶路綺著（大阪）風詠社、星雲社 発売
【要旨】中国での体験が豊かな著者が、人生の道しるべとなる百編の話をまとめた。現地で経験した意味ある出来事をふり返り、中国古典の言葉を紹介するётом。昔の人の智慧が、いまを生きる私たちにも大いに役立つことを教えてくれる。
2017.5 303p B6 ¥1200 ①978-4-434-23209-1

◆華僑の大富豪が教えてくれた「中国古典」勝者のずるい戦略　大城太著　三笠書房（知的生きかた文庫）
【要旨】『論語』『孫子』『韓非子』…の智恵を使い倒す―華僑のノウハウ。状況がガラッと変わる、とんでもない秘密を教えます！
2017.2 214p A6 ¥630 ①978-4-8379-8451-1

◆韓非子―人を動かす原理　韓非著、前田信弘編訳　日本能率協会マネジメントセンター（今こそ名著）
【要旨】人を動かすものは何か。愛情や思いやりではない、義理や人情でもない。それは「利」である。深い洞察によって導き出された人間学の書。
2017.12 361p B6 ¥1600 ①978-4-8207-1984-7

◆『韓非子』に学ぶリーダー哲学　竹内良雄、川﨑享著　東洋経済新報社
【要旨】優れたトップは常にこう考えている。
2017.5 296p B6 ¥1500 ①978-4-492-96129-2

◆くまのプーさん 心が変わる「論語」　ウォルト・ディズニー・ジャパン監修　KADOKAWA（角川文庫）
【要旨】孔子は紀元前に活躍した中国の思想家・哲学者です。「論語」は孔子と孔子の弟子たちの言葉と行いをまとめたもの。飾らず自然に、正直に、シンプルに生きることの素晴らしさを説き、いまも世界中で読まれている思想書です。同様に世界中で愛されている「くまのプーさん」も、自然体で正直な心を持ち、すてきな友だちがたくさんいます。孔子の教えと重なるのです。さあ、プーさんとその仲間たちと、孔子の教えを味わいましょう。自由に書けるメモつき。
2017.4 1Vol. A6 ¥600 ①978-4-04-105387-4

◆くり返し読みたい論語　野村茂夫監修、臼井治画　（名古屋）リベラル社、星雲社 発売
【要旨】「謙虚さを大切に」孔子の教えでまっすぐに生きる。心を磨く69の言葉。
2017.5 157p B6 ¥1200 ①978-4-434-23374-6

◆孔子―人間、どこまで大きくなれるか　渋沢栄一著、竹内均編・解説　三笠書房（知的生きかた文庫）　新装版
【要旨】『渋沢論語』は、ビジネスパーソンの「最強の教科書」！ 今日から実践できる「実学」としての『論語』を、渋沢自身の経験も交え、心血を注いでわかりやすく解説。理学博士で東京大学名誉教授の竹内均の解説を加え、大反響を呼んだ書籍が、読みやすい新装版で蘇る！
2017.4 253p A6 ¥650 ①978-4-8379-8463-4

◆心が折れない子が育つこども論語の言葉　齋藤孝著　PHP研究所（PHP文庫「子どもが育つ論語の言葉」加筆・修正・改題書）
【要旨】どうして勉強するの？ なぜウソをついちゃいけないの？ 親でも答えるのが難しい子どもの疑問。その答えは、『論語』の中にあった！ 本書では、人生の教科書『論語』から、子どもに伝えたい孔子の教えを45項厳選し、超訳して解説。「仁」や「義」など、生きるのに必要な価値観を親子で学べる1冊。子どもをまっすぐ、たくましく育てるための1冊。
2017.10 249p A6 ¥640 ①978-4-569-76774-1

◆こどもたちへ積善と陰徳のすすめ―和語陰隲録意訳　袁了凡著、無名上人和訳、三浦尚司意訳　（福岡）梓書院　改訂増補版
【要旨】対談「和語陰隲録と廣瀬淡窓」を新たに追加。日本遺産に認定された日本最大の私塾、咸宜園。その創設者・廣瀬淡窓の思想の源流に「和語陰隲録」の教えが流れていた！？
2017.3 127p A5 ¥1000 ①978-4-87035-600-9

◆儒家思想と中国歴史思惟　黄俊傑著、工藤卓司訳、池田辰彰、前川正名訳　風響社
【目次】儒家人文精神の伝統と中国史学、第1部 中国歴史思惟の核心とその現れ（中国伝統歴史思想に見られる時間概念とその特質、中国歴史著作中の史論の作用とその理論について）、第2部 儒家思想と中国歴史思惟の展開（中国古代における儒家的歴史思惟の方法とその運用、儒家言論中の歴史叙述と普遍的史法、儒家的歴史叙述の特質―朱子の歴史叙述における聖王典範、儒家的歴史解釈の理論基礎―朱子の中国史解釈）、第3部 中国歴史思惟の近代的転化（銭穆史学の「国史」観と儒家思想）、結論 儒家思想と伝統中国の歴史思惟における人文精神
2016.12 387p B6 ¥3000 ①978-4-89489-234-7

◆朱子学から考える権利の思想　下川玲子著　ぺりかん社
【要旨】すべての人間には善性があり、学びによってそれが発揮されるという朱子学の思想と、すべての人間には生命権があり、それを守るための組織として政府が存在するという西洋の権利思想との親和性をたしかめ、現代の日本社会を支えている根本を見つめなおす。
2017.6 202p B6 ¥2200 ①978-4-8315-1472-1

◆貞観政要　湯浅邦弘著　KADOKAWA（角川ソフィア文庫―ビギナーズ・クラシックス 中国の古典）
【要旨】源頼朝や徳川家康、明治天皇も治世の参考にしたと言われる帝王学の最高傑作を、原文に触れながらやさしく学べる入門書。中国史上最も安定した時代「貞観の治」を成した名君とその家臣たちの対話で、上司と部下の関係や、組織運営の妙を知る。「部下の諫言を聞き入れよ」「清貧の生活に甘んじよ」「敵の忠臣を登用せよ」など、現代の処世にも生かせる普遍的な知恵の結晶であり、ビジネスにも有効。必読の中国古典の名著。
2017.1 196p A6 ¥800 ①978-4-04-400174-2

◆呻吟語　湯浅邦弘著　KADOKAWA（角川ソフィア文庫―ビギナーズ・クラシックス 中国の古典）
【要旨】明代末期、皇帝は求心力を失い、官僚は腐敗し、世の中は混乱していた。その乱世の中で生まれた『呻吟語』は『菜根譚』と並ぶ処世訓の名著である。朱子学と陽明学を修めた呂新吾が30年の歳月をかけて綴った言葉の数々を、原文、書き下し文、現代語訳で掲載。「冷静沈着の大切さ」「過ちを認める勇気」「読書の秘訣」「時間を無駄にしない」「一つのことに一生懸命になる」など、現在にも役立つその思想を分かりやすく解説する入門書。
2017.10 319p A6 ¥960 ①978-4-04-400291-6

◆人生に迷ったら「老子」　田口佳史著　致知出版社
【要旨】2000社の経営幹部がひと言も聞き漏らすまいと聴き入るカリスマ講師が語る老子との出逢いとその活かし方。
2017.3 197p 19cm ¥1400 ①978-4-8009-1140-7

◆心即理―王陽明前期思想の研究　大場一央著　汲古書院
【目次】序章「陽明学」研究について、第1章 大悟、第2章 知行合一、第3章 誠、第4章 志、終章 心即理
2017.9 252, 2p A5 ¥5800 ①978-4-7629-6596-8

◆図解 ビジネスに絶対使える！『論語』入門　守屋淳著　PHP研究所
【要旨】約束を破っても、ついていきたいと思わせるリーダーになる。「争い」はしないが、「競い合う」。リスクは、とればいいというものではない。許されないはずのことを許す器量すぐにでも、マネジメントに生かせる教えの数々！
2017.4 95p B5 ¥850 ①978-4-569-83576-1

◆説苑　高木友之助著　明徳出版社（中国古典新書）新装版; 6版
【要旨】漢の劉向の著。春秋時代から漢の初めまでの先賢の逸話を捜集。古来より指導者階級の人々に愛読された書を全二十篇の中から、日常に活かし得る章、興味深い章等を選んで収録し、解説。
2017.6 286p B6 ¥2500 ①978-4-89619-225-4

◆生と死のことば―中国の名言を読む　川合康三者　岩波書店（岩波新書）
【要旨】人間は古来、生とは何か、死とは何か、常に考え、悩んできた。自分の老い、その先の死、さらに身近な人たちの死、それにどのように向き合ったらよいのか。孔子、荘子、曹操、陶淵明などの先哲、文人は何を思ったのか、彼らのこしたことばから探っていく。六〇を越える名言を収める。
2017.10 205, 3p 18cm ¥780 ①978-4-00-431683-1

◆世界最高の人生指南書 論語―人生に革命を起こす最強の生き方　守屋洋著　SBクリエイティブ
【要旨】知性、教養、対人関係、逆境力…AI時代を乗り越える、一秒も後悔しない本物の生き方！
2017.3 247p B6 ¥1600 ①978-4-7973-8919-7

◆世界のエリートが学んでいる教養としての中国哲学　小川仁志著　PHPエディターズ・グループ、PHP研究所 発売
【要旨】論語、老子、菜根譚、孟子、荘子、史記…。孔子や孫子に学べ。自分の頭で考え抜く力を身につけよ。名経営者もハーバードも注目する「最強の思考ツール」。
2017.3 198p B6 ¥1400 ①978-4-569-83560-0

◆全文完全対照版 孫子コンプリート―本質を捉える「一文超訳」＋現代語訳・書き下し文・原文　野中根太郎著　誠文堂新光社
【要旨】その胸に突き刺さる箴言を「一文超訳」で。全文掲載＋注釈も完全網羅。孫子の兵法完全版。
2017.12 238p B6 ¥1500 ①978-4-416-71712-7

◆荘子 全現代語訳 上　池田知久訳　講談社（講談社学術文庫）
【要旨】達意の現代語訳で読む中国古典の白眉。「一」であり「無」である「道」とは何か？「万物斉同」「胡蝶の夢」「朝三暮四」「庖丁解牛」「無用の用」…。深遠な問いと軽妙な文章が説く超俗の思想世界に遊ぶ。存在、宇宙、自然、技術、政治などの森羅万象を究めんとする東洋哲学のはじまりの書である。上巻は内篇「逍遥遊」から外篇「至楽」の十八篇を収録。
2017.5 416p A6 ¥1280 ①978-4-06-292429-0

◆荘子 全現代語訳 下　池田知久訳・解説　講談社（講談社学術文庫）（『荘子 全訳注』再構成・改題書）
【要旨】達意の現代語訳で読む中国古典の白眉。「一」であり「無」である「道」とは何か？「万物斉同」「胡蝶の夢」「朝三暮四」「庖丁解牛」「無用の用」…。深遠な問いと軽妙な文章が説く超俗の思想世界に遊ぶ。存在、宇宙、自然、技術、政治などの森羅万象を究めんとする東洋哲学のはじまりの書である。下巻は、外篇「達生」から雑篇「天下」の十五篇を収録する。
2017.6 413p A6 ¥1280 ①978-4-06-292430-6

◆孫子の兵法―信念と心がまえ　孫武著、青柳浩明編訳　日本能率協会マネジメントセンター（今こそ名著）
【要旨】戦う前に負けない態勢をつくり、相手の戦う意志を奪うほど、準備万端整える―人生、ビジネスを「戦わずして勝つ」考え方が現代語訳と解説でわかる。
2017.3 261p B6 ¥1600 ①978-4-8207-1968-7

◆孫子の兵法　湯浅邦弘著　KADOKAWA（角川ソフィア文庫）（『孫子の兵法入門』に加筆修正・改題書）
【要旨】人材登用、戦略の立て方、ライバルとの駆け引きなど、現代社会にも応用できる兵法戦略の要諦と特色とを、史上最高の兵法書『孫子』から明らかにする。二千年以上の時を超えて読み継がれてきたこの名著は、どこから生まれ、いかに伝承されてきたのか。時代ごとに変容する中国兵法の系譜を追うことで、『三国志』をはじめとする歴史書の読解も深まる。兵法用語や兵法書を簡潔にまとめた、貴重な「中国兵法小事典」付き。
2017.6 228p A6 ¥800 ①978-4-04-400254-1

◆台湾儒学―起源、発展とその変転　陳昭瑛著、松原舞訳　風響社
【要旨】台湾儒学の真の力量とは何か。植民地支配と対峙した50年の歴史、400年に亘る台湾原住民文化との対話は、儒学を相対化しながら世界思潮の中に定置し直した。ローカルにしてグローバルな視野からの台湾思想史。
2016.12 356p B6 ¥3000 ①978-4-89489-235-4

◆中国古典の知恵に学ぶ 菜根譚―ビジュアル版　洪自誠著、祐木亜子訳、山口昌弘写真　ディスカヴァー・トゥエンティワン
2017.5 1Vol. 18×13cm ¥1400 ①978-4-7993-2097-6

◆中国思想史―幻の名著復刊　小島祐馬著　ベストセラーズ
【要旨】現代に脈々と生き続ける思想の源流に遡り、混迷する現代社会にも応用できる、往年の京大名誉教授で「中国学」の泰斗、小島祐馬の代表的著書。中国思想を知るための「最高の入門書」が甦る！
2017.5 433p A5 ¥2900 ①978-4-584-13791-8

◆中国名言集――一日一言　井波律子著　岩波書店（岩波現代文庫）

哲学・思想

【要旨】ときに英知の結晶の重みに粛然とし、ときに寸鉄をも有する切れ味に感嘆し、ときに洒脱なユーモア感覚あふれる面白さに哄笑し、ときに鮮やかに世界を凝縮した詩句に心を酔わせる――史書、詩文、随筆、小説、俗諺等々から精選した、時代を超えて生き続ける三六六の名言を、一年各日に配して明解な解説を付す。日々の暮らしを彩る、教養と実用を兼ねた一冊。
2017.11 390,44p A6 ¥1280 ①978-4-00-602295-2

◆**超訳孫子の兵法** 許成準著 彩図社（彩図社文庫）
【要旨】最古にして最強のビジネス書を全文超訳。現代ビジネスに応用できる13の極意。
2017.3 239p A6 ¥648 ①978-4-8013-0207-5

◆**道教経典の形成と仏教** 神塚淑子著 （名古屋）名古屋大学出版会
【要旨】仏教伝来のインパクトを受け体系化する道教。中国固有の思想との相克のなか、融合はいかになされたのか。霊宝経から坐忘論まで、生み出された経典・儀礼・聖像等を通して、六朝隋唐時代におけるダイナミックな展開を描き出す労作。
2017.10 567, 17p A5 ¥6800 ①978-4-8158-0885-3

◆**道教と科学技術** 姜生著 三浦國雄訳 東方書店（東方学術翻訳叢書）
【要旨】『道蔵』に残された文献より、道教の科学思想や技術内容、さらには道教と化学、鉱物学、医学、養生学、数学、天文学、地学、物理学、技術工学、建築学、生物学などとの協働関係を具体的、実証的に明らかにする。
2017.7 650p A5 ¥6500 ①978-4-497-21711-0

◆**道教と中國撰述佛典** 增尾伸一郎著 汲古書院
【要旨】日本と朝鮮における道教と佛教の傳播、1 道教符禁と所依經典の『七千佛神符經』と呪符木簡・墨書土器、"天罡(こう)"呪符と北辰・北斗信仰ほか、2 密教と陰陽道の修法の『天地八陽神呪經』と土公神祭祀、『壽延經』と東密の延命法ほか、3 佛教と道教の重層性（古寫經の跋文と道教的思惟―坂上忌寸石楯供養經を中心に、深智の僧は内外を覩る―『日本靈異記』と古代東アジア文化圏ほか）、4 朝鮮における道佛二教と巫俗の交涉（北斗信仰の展開と朝鮮本『太上玄靈北斗本命延生眞經』、朝鮮本『佛說廣本大歲經』とその諸本ほか）、ベトナムにおける僞經と善書の流傳―佛道儒三教と民間信仰の交渉をめぐって
2017.12 741, 13p A5 ¥15000 ①978-4-7629-2891-8

◆**道教とはなにか** 坂出祥伸著 筑摩書房（ちくま学芸文庫）
【要旨】中国は儒教の国ではない！ 道教こそが今でも生き生きと脈打ち、人々から篤い信仰を得ている。「道教がわかれば、中国のことはまるごとわかる」と魯迅は言ったが、中国人の精神構造を知るための鍵は道教なのである。では道教とはなにか？ この問いに対する答えは単純ではない。なぜなら、道教は教理、哲学、経典を中心にした宗教体系ではなく、呪術、儀礼、戒律を基礎とした民族宗教であって、文献・資料からだけではその全貌を窺い知ることができないからである。本書では文献による歴史的理解はもちろんのこと、東南アジアの華人街の現地調査も踏まえ、中国人のこころの拠りどころとしての「気の宗教」の本質を紹介する。冒頭に初学者のための「道教をめぐるQ&A」を付す。
2017.7 394p A6 ¥1300 ①978-4-480-09812-2

◆**流されるな、流れろ！―ありのまま生きるための「荘子」の言葉** 川崎昌平著 洋泉社

【要旨】あなたは無能のままでいい。不安定な時代を心穏やかに生き抜くための、超実践的「荘子」入門。
2017.4 191p B6 ¥1200 ①978-4-8003-1206-8

◆**日本近世期における楽律研究―『律呂新書』を中心として** 榧木亨著 東方書店
【目次】第1章 蔡元定『律呂新書』―成立と展開、第2章 林家における『律呂新書』研究―林鵞峰『律呂新書諺解』を中心として、第3章 中村惕(てき)斎の『律呂新書』研究―日本における『律呂新書』研究の開祖、第4章 斎藤信斎の『律呂新書』研究―中村惕(てき)斎『律呂新書』研究の継承と『楽律要覧』、第5章 蟹養斎による楽律の「道学資讃」所収の資料を中心として、第6章 内堀英長の『律呂新書』研究―『律呂新書』研究の象数学的展開
2017.3 296p A5 ¥4200 ①978-4-497-21703-5

◆**日本語のなかの中国故事―知っておきたい二百四十章** 小林祥次郎著 勉誠出版
【要旨】史記や韓非子、詩経や文選、論語など、史書、文学・思想の中に躍動するさまざまな中国故事。呉越同舟、臍を嚙む、天道是か非か、五里霧中…これらは日本語のなかに溶け込み、われわれの生活・文化にもいまも寄りそっている。当時の文化や時代背景を踏まえ、ことばの成り立ちや意義を原典に立ち返り解説。日本における新古の使用例を取り上げ、受容の様相をたどる。
2017.9 430, 25p B6 ¥4200 ①978-4-585-28035-4

◆**日本における近代中国学の始まり―漢学の革新と同時代文化交渉** 陶德民著 （吹田）関西大学出版部
【目次】第1部 文章論、「文学革命」観と漢文直読の問題（明治大正期における桐城派の文章論の影響―藤塚隣・重野安繹・西村碩園などに関する考察、民国初期の文学革命に対する日本知識人の反応―吉野作造・青木正兒・西村碩園などの場合、近代における『漢文直読』論の由緒と行方―重野安繹・青木正兒・倉石武四郎をめぐる思想状況）、第2部 文章選録と人物評価をめぐる切磋琢磨（保界町の藤澤東畡(がい)から見た銭泳編『海外新書』―荻生徂徠と大塩中斎の評価問題をめぐって、星野恒選編・王韜評点『明清八家文』について―『方望渓文抄』を中心とする考察、内藤湖南の章實齋顕彰に刺激された中国の学者―胡適・姚名達および張爾田との交流について）、附録 関西大学と二松學舎大学における講演（明治の漢学者と中国―薩州人重野安繹・西村時彥の場合、三島中洲における漢洋折衷のバランス感覚―松陰・安繹・栄一との比較）
2017.3 274, 11p A5 ¥2300 ①978-4-87354-650-6

◆**ニャーるほど論語道場** 上重☆さゆりまんが, 小島毅監修 朝日学生新聞社
【要旨】そこのあなた、よく「ニャーるほど論語道場」の門をたたいてくれたな。『論語』には見慣れない漢字がたくさん出てくるから難しいかもしれないな。心配は無用じゃ。楽しく学べるぞ！ 朝日小学生新聞の人気学習まんが。
2017.5 189p A5 ¥1300 ①978-4-909064-18-9

◆**白居易研究年報 第17号 特集 書蹟と絵書** 白居易研究会編 勉誠出版
【目次】特集に寄せて、尚歯会と書と絵、西域の仏から東土の隠士へ―宋代維摩詰図題詩の変遷、鳥窠(か)白楽天問答図と白居易像の行方、無学祖元賛『白楽天像』の文学的研究、白居易詩と伊勢物語（絵）―詩と絵と和歌の交流・創造、田能村竹田と白居易―近世日本文人の詩書画三絶、尊円親王筆白氏詩巻の文献価値について―その書写底本をめぐる諸問題及び逸詩「看碁贈人」に関する考察、白楽天詩文書跡拓本の古記録をめぐって、投稿論文 白楽天文殊化身説の生成と展開、訳注 晁迥(けい)『法蔵碎金録』所収白居易関係資料抄（一）、戦後日本における白居易の研究（白居易・白氏文集に関する研究）―二〇一五年、日本文学へ与えた白居易の影響に関する研究
2016.12 318p A5 ¥4200 ①978-4-585-07095-5

◆**ビジネスに活かす『孫子』** 佐々木常夫著 PHP研究所（PHPビジネス新書）
【要旨】孫正義氏、ビル・ゲイツ氏も愛読する『孫子』。その戦略は1対1の勝負ではなく、多数のライバルが存在するときに最大の効果を発揮する。東レ3代の社長に仕えた著者が、企業間競争や駆け引きにおいて実践されているノウハウをわかりやすく解説。
2017.9 222p 18cm ¥870 ①978-4-569-83657-7

◆**ひと目で分かる孫子の兵法** ジェシカ・ヘギー著, 福田篤人訳 ディスカヴァー・トゥエンティワン
【要旨】戦略思考の原点をシンプルなフレームワークでの理解。13篇全てを一節ごとに視覚化！
2017.3 253p 18×18cm ¥1500 ①978-4-7993-1759-4

◆**ベトナムにおける「二十四孝」の研究** 佐藤トゥイウェン著 東方書店
【目次】序論 ベトナムにおける儒教と「二十四孝」、第1部「二十四孝」とベトナム、第2部 李文馥系の「二十四孝」、第3部 李文馥系以外の「二十四孝」
2017.2 499p A5 ¥7000 ①978-4-497-21702-8

◆**まんが中国名言故事** 譚小勇著, 田中芳樹監修 潮出版社
【要旨】和紙の壁／三人市に虎をなす／管鮑の交わり／守株／一字千金／夜郎自大／苦肉の策／虎の威を借る狐、他、中国の名言・故事は、日本人の教養の「血」となり、「肉」となってきた。意味や由来を、漫画で読む。
2017.7 269p B6 ¥2000 ①978-4-267-02031-5

◆**みんなで学ぶはじめての『論語』―しあわせに生きる知恵** 一条真也著 三冬社
【目次】第1章 仁―人間には、愛と思いやりが大切です！、第2章 義―「何をしていくか」を見つける、第3章 礼―人として生きる「道」を守る、第4章 智―善悪の区別と"ほんとうの自分"を知る、第5章 忠―誰にでも真心で接するということ、第6章 信―自分を信じ、人を信じてともに成長する、第7章 孝―自分と親、ご先祖さまへと続く生命の"つながり"、第8章 悌―謙虚な気持ちで、人のいいところを認め、敬うこと
2017.7 191p A5 ¥1800 ①978-4-86563-025-1

◆**湯島聖堂漢文検定 藩校編論語テキスト** 湯島聖堂漢文検定委員会編 湯島聖堂漢文検定委員会, 研文社 発売
【目次】二段（初級）（子曰、「学而時習之、不亦説～（学而）、曾子曰、「吾日三省吾身。為～（学而）、子曰、「不患人之不己知。患～（学而）ほか）、三段（中級）（子曰、「君子則不孝、出則弟。～（学而）、子曰、「君子不重則不威。学～（学而）、有子曰、「礼之用和為貴。先～（学而）ほか）、四段（上級）（有子曰、「其為人也、孝弟～（学而）ほか、子禽問於子貢曰、「夫子至～（学而）、子貢曰、「貧而無諂、富而無～（学而）ほか）
2017.1 141p B5 ¥1200 ①978-4-9901683-9-1

◆**六朝言語思想史研究** 和久希著 汲古書院
【目次】大道の中―徐幹『中論』の思想史的位置、経国の大業―曹丕文章経国論考、建安文質論考―阮瑀(う)・応瑒(とう)の「文質論」とその周辺、王弼形而上学再考、言旨論・言不尽意論考、言外の快惘の前に―佛籍の三玄論、言語と沈黙を超えて―王坦之「廃荘論」考、形而上への突破―孫綽小考、逍遙の彼方へ―支遁形而上学考、辞人の位置―沈約『宋書』謝霊運伝論考、経典の枝條―『文心雕龍』の立文思想、隠―『文心雕龍』の言語思想
2017.9 387, 1p A5 ¥8000 ①978-4-7629-6598-2

◆**『老子』―その思想を読み尽くす** 池田知久著 講談社（講談社学術文庫）
【要旨】後の『荘子』『呂氏春秋』『韓非子』『荀子』『淮南子』に多大な影響を与えた『老子』。それは儒家思想のたんなるアンチテーゼではない。老子の提唱する「無為」「無知」「無学」はニヒリズムではない。最終目標の「道」とは何か？ その思想を、哲学・倫理思想・政治思想・自然思想・養生思想の五つの観点から徹底的に解説。付・原文、読み下し、現代語訳。
2017.3 861p A6 ¥2200 ①978-4-06-292416-0

◆**老子と荘子のまあるく生きるヒント―哲学パンダがおしえてくれる** 河出書房新社編 河出書房新社
【要旨】なにごとも自然に任せて、あるがままに生きることを説いた中国の賢人、老子と荘子。彼らと同郷の哲学パンダと一緒に、毎日をのびやかに生きるヒントを探してみませんか。
2017.9 127p B6 ¥1200 ①978-4-309-24825-7

◆**老子の教え―あるがままに生きる** 安冨歩著 ディスカヴァー・トゥエンティワン
【要旨】ものごとは、変化し、生まれては滅ぶ。そのあやうさをおそれる必要はない。それどころか、あなた自身が、可能性に満ちたものとしてあることを理解すれば、あなたは、わけのわからぬ不安から解放される。「東大話法」批判の著者が五年の歳月をかけて取り組んだ渾身の『老

BOOK PAGE 2018　　467　　哲学・思想

子」新訳！
2017.6 255p B6 ¥1500 ①978-4-7993-2115-7

◆論語—朱熹の本文訳と別解　石本道明, 青木洋司著　明徳出版社
【要旨】中国でも日本でも論語の注釈書として最も読まれたのは、朱熹の『論語集注』である。本書は論語全文につき、この書に基づいて書き下し文、現代訳を施し、さらに、何晏の『論語集解』、皇侃の『論語義疏』、伊藤仁斎の『論語古義』、荻生徂徠の『論語徴』の朱熹と異なる解釈は別解として掲げ、論語解釈の多様性を明示し、発展的な理解にも資するようにした万人のための論語テキスト。
2017.11 432p A5 ¥1900 ①978-4-89619-941-3

◆「論語」最強の活用法—ビジネスマンに役立つ！　小宮一慶著　三笠書房　(知的生きかた文庫)　(『論語を知らなくても使えるビジネス「論語」活用法』再編集・改題書)
【要旨】「原理原則」で仕事をする「もう一つ上の自分」になる法。「惑わず」「悩まず」「恐れず」生きるコツ。
2017.8 230p A6 ¥650 ①978-4-8379-8483-2

◆論語と算盤—モラルと起業家精神　渋沢栄一著, 道添進編訳　日本能率協会マネジメントセンター　(今こそ名著)
【要旨】道徳と経済は合一すべき、すなわち論語と算盤はかけ離れているようで近い存在―日本実業界の父渋沢栄一が伝えたかった熱い思いが、現代語訳と解説でよくわかる。
2017.3 294p B6 ¥1600 ①978-4-8207-1967-0

インド

◆古代インド哲学史概説　金岡秀友著　佼成出版社　(『インド哲学史概説』改題書)　新装改題版
【要旨】ヴェーダ文献の成立から六派哲学の展開まで―。3000年を超える歴史の中に蓄積されてきた神々への讃歌、宗教的真理の探求、形而上学的思惟などの解明をとおして、古代インドの人びとの知的営みを知る。
2017.6 277, 37p B6 ¥2200 ①978-4-333-02761-3

西洋哲学

◆悪しき造物主　E.M.シオラン著, 金井裕訳　法政大学出版局　(叢書・ウニベルシタス)　新装版
【目次】悪しき造物主、新しき神々、古生物学、自殺との遭遇、救われざる者、掘割された思念
2017.10 214p B6 ¥3000 ①978-4-588-14046-4

◆イタリア・ファシズムを生きた思想家たち—クローチェと批判的継承者　倉科岳志著　岩波書店
【要旨】20世紀に出現した怪物、ファシズム。発祥の地イタリアで、思想家クローチェと、その批判的継承者であるヴォルペ、グラムシ、デ・マルティーノらは、怪物の正体の解明と克服に挑む。近代の必然的帰結か、頽廃か。歴史を動かすのは誰か、「自由」の理念はいかに守られるのか。彼らの思想的格闘の軌跡を追う。
2017.2 276, 10p A5 ¥1680 ①978-4-00-061181-7

◆ヴィーコ論集成　上村忠男著　みすず書房
【要旨】学問に必要なのは、認識可能なものと不可能なものを区別する原理である。主著『新しい学』を筆頭に、徹底した学問批判を展開したイタリアの哲学者ジャンバッティスタ・ヴィーコ (1668-1744)。つまさに学ぶところの多いその透徹した思考と生涯を研究してきた第一人者による長年にわたる論考を、ここに一書に。学者としての緻密さと思想家としてのヴィーコ研究の集大成を兼ね備えた、著者のヴィーコ研究の集大成。
2017.11 460, 48p A5 ¥10000 ①978-4-622-08665-9

◆ウィトゲンシュタインとウィリアム・ジェイムズ—プラグマティズムの水脈　ラッセル・B.グッドマン著, 嘉指信雄, 岡本由起子, 大厩諒, 乗立雄輝訳　岩波書店
【要旨】オーストリアの哲学者ルートウィヒ・ウィトゲンシュタインをぬきにして、いまや20世紀の哲学は語れない。そのウィトゲンシュタインが、ア

メリカ・プラグマティズムの創始者の一人ウィリアム・ジェイムズに、これまで考えられてきた以上に深く、決定的な影響を及ぼしていた。綿密な文献考証によって二人の哲学者の影響関係を解明した画期的な書。ヨーロッパ哲学とアメリカ哲学の間に伏在する水脈を明らかにし、現代哲学史に一石を投じる斬新な解釈を提示する。
2017.8 324, 54p B6 ¥4000 ①978-4-00-022236-5

◆ウェスレー思想と近代—神学・科学・哲学に問う　清水光雄著　教文館
【要旨】ウェスレーは宗教をどう理解したのか？近代化に伴う社会の大変動に接し、幅広い学問から知の世界を構築したウェスレー。西方と東方、超越と内在、啓蒙主義、義認論、認識論に応答して独自に確立した宗教観に迫る。
2017.3 455p A5 ¥3000 ①978-4-7642-9972-6

◆エラスムスの思想世界—可謬性・規律・改善可能性　河野雄一著　知泉書館
【要旨】著者は初期の『エンキリディオン』(1504)や『パネギュリクス』(同)から晩年の『教会和合修繕論』(1533)や『エクレシアステス』(1535)に至る著作を通して、歴史的、思想史的観点からエラスムスの政治思想を考察する。欧米でもエラスムスの政治思想は軽視あるいは黙殺されてきたが、本書はマキアヴェッリやトマス・モア、カルヴァンに代表されるルネサンス・宗教改革期の政治思想史研究に新たなページを拓くとともにエラスムスの全体像に迫る意欲的な作品である。
2017.1 227p A5 ¥4000 ①978-4-86285-248-9

◆教えることの哲学　ジョン・パスモア著, 小澤喬訳　(横浜) 春風社
【要旨】学校教育としての「教育」(education) の枠組みを超え、「教える」(teaching) という営みそのものを哲学的に探究する。言語教育や性教育における応用例も提示。分析哲学界の重鎮による批判的考察の書、本邦初訳。
2017.5 465, 16p A5 ¥4100 ①978-4-86110-376-6

◆鏡のなかのギリシア哲学　小坂国継著　(京都) ミネルヴァ書房　(Minerva21世紀ライブラリー 93)
【要旨】古代ギリシア哲学では何が議論されていたのか。本書では、ギリシア哲学を単に西洋哲学の流れのなかで捉えるのではなく、同時に東洋思想との比較においてその特質を明らかにする。いわば東洋という鏡に映ったギリシア哲学の形象を描くことが主要なモチーフとなっており、またそうした観点からプラトンのイデア論、アリストテレスの質料・形相論、プロティノスの流出説を対比構築するユニークな試みである。
2017.3 328, 9p B6 ¥4000 ①978-4-623-07908-7

◆革命論集　アントニオ・グラムシ著, 上村忠男編訳　講談社　(講談社学術文庫)
【要旨】稀代のマルキストにしてイタリア共産党創設の立役者アントニオ・グラムシ (一八九一―一九三七年)。本書は、一九二六年一一月に国家防衛法違反の容疑で逮捕・収監されるまでの間にグラムシが残した文章を精選した日本独自のアンソロジーである。農民と労働者の同盟を目指す実践とそれを支える強靭な思想。ファシズムとの激しい闘いの壮絶な記録！
2017.2 617p A6 ¥1680 ①978-4-06-292407-8

◆感応の呪文—"人間以上の世界"における知覚と言語　デイヴィッド・エイブラム著, 結城正美訳　論創社, 水声社 発売
【目次】第1章 魔術のエコロジー―私的序論、第2章 エコロジーに至る哲学―学術的序論、第3章 言語の肉、第4章 アニミズムとアルファベット、第5章 言語の風景のなかで、第6章 時間、空間、そして地蝕、第7章 空気の忘却と想起
2017.9 412p B6 ¥4500 ①978-4-8010-0282-1

◆記憶をめぐる人文学　アン・ホワイトヘッド著, 三村尚央訳　彩流社
【要旨】哲学や文学に表象された「記憶」の意味を問い直す。「記憶」を意識せずに物語は語れない！
2017.8 248p B6 ¥2600 ①978-4-7791-2346-7

◆幸福論　カール・ヒルティ著, 秋山英夫訳　KADOKAWA　(角川ソフィア文庫)
【要旨】幸福とは何か、どうしたら「幸福になる方法」を的確に語る類例のない書。仕事の仕方、時間の使い方、老後の不安など、まさに現代に直結する諸問題を「ともかく、はじめる」「ルーチンこそが簡単かつ永続困難」「定型のない仕事は糸の切れた凧」など。普遍的なメッセージの数々は、仕事に行き詰まったとき、人生の危機に立ったとき、心に必ず響く。全三部のう

ち第一部と、第二部の抜粋からなる抄訳版。
2017.12 403p A6 ¥920 ①978-4-04-400347-0

◆齋藤孝のざっくり！ 西洋哲学—ソクラテスからマルクス、ニーチェまでひとつかみ　齋藤孝著　祥伝社　(祥伝社黄金文庫)
【要旨】哲学や思想といったものを難しく考えすぎず、悩みや疑問への「処方箋」であると考えてみると、それを知ることの意味も見えてきます。「世界はどうなっているのか」といった大きな問題から、「どう生きればいいのか」という身近な問題まで、私達の人生や社会を考えるうえで、西洋哲学はとても実用的なものなのです。
2017.3 312p A6 ¥670 ①978-4-396-31707-2

◆死に至る病　セーレン・キェルケゴール著, 鈴木祐丞訳　講談社　(講談社学術文庫)
【要旨】実存主義の祖セーレン・キェルケゴール (一八一三―五五年)。デンマークに生きた孤高の哲学者は、生きることの意味を問い、「死に至る病とは絶望のことである」という鮮烈な主張を打ち出した。そして「絶望」と「罪」の診断から「病」の治癒に至る道筋を描く。絶望が深まる21世紀の世界に限りない教えと救いを与える決定的名著、ここに甦る。
2017.6 291p A6 ¥1080 ①978-4-06-292409-2

◆図像の哲学—いかにイメージは意味をつくるか　ゴットフリート・ベーム著, 塩川千夏, 村井則夫訳　法政大学出版局　(叢書・ウニベルシタス)
【要旨】ガダマーの薫陶を受け、ブレーデカンプと並ぶイコノロジーの第一人者による最新の成果。洞窟壁画や中世の宗教画からハイデガーのスナップ写真、ウォーホルなど100点を超す図版をオールカラーで掲載。意味の理解を言語に限定しない新たな解釈学。
2017.9 301, 19p B6 ¥5000 ①978-4-588-01066-8

◆スピノザと動物たち　アリエル・シュアミ, アリア・ダヴァル著, 大津真作訳　法政大学出版局
【要旨】蜘蛛、馬、獅子、ネズミ、そしてペガサスやセイレン…。テキストに登場する動物やキマイラたちの寓話を、たくさんの美しいイラストを通じて、スピノザ哲学の核心にいざなう全30話の入門書。
2017.12 173p 21×16cm ¥2700 ①978-4-588-15087-6

◆西洋哲学史　野田又夫著　筑摩書房　(ちくま学芸文庫)
【要旨】戦後日本を代表する哲学者による、ロングセラー入門書。ルネサンス期から現代まで、代表的哲学者約80人の理論の核心とそれが生み出された背景を丁寧に描き、哲学史500年の歩みを通覧する。中世の神に権威づけられた世界秩序は、17世紀の数学的自然学の誕生とともに人間の理性を基盤とした科学的世界観に移行していく。18世紀に登場した啓蒙主義とロマン主義の哲学の相克の歴史は現代まで形を変えて繰り返され、その反省の下で20世紀、新たな世界観を選びとろうとする実存の哲学へと繋がっていく。決定的な転換点に光をあてつつ、流れを一望する。
2017.5 302p A6 ¥1200 ①978-4-480-09796-5

◆西洋の没落 1　シュペングラー著, 村松正俊訳　中央公論新社　(中公クラシックス)
【要旨】百年前に予見されたヨーロッパの凋落。世界史を形態学的に分析し西欧文化の運命を追究した不朽の名著。
2017.6 348p 18cm ¥1800 ①978-4-12-160174-2

◆西洋の没落 2　シュペングラー著, 村松正俊訳　中央公論新社　(中公クラシックス)
【要旨】歴史の論理は存在するのか？ 起源・土地・国家・貨幣などから世界史を発展的にたどり第三世界の優位性を叙述。
2017.6 279p 18cm ¥1600 ①978-4-12-160175-9

◆相互扶助論　ピョートル・クロポトキン著, 大杉栄訳　同時代社　新装増補修訂版
【目次】動物の相互扶助、未開人の相互扶助、野蛮人の相互扶助、中世都市の相互扶助、近代社会の相互扶助
2017.2 341p B6 ¥3000 ①978-4-88683-813-1

◆力の場—思想史と文化批判のあいだ　マーティン・ジェイ著, 今井道夫, 吉田徹也, 佐々木啓, 富松保文訳　法政大学出版局　(叢書・ウニベルシタス)　新装版
【目次】都市から都市への脱出―フランクフルトとニューヨークの社会研究所、行為遂行的矛盾についての論争―ハーバマスとポスト構造主義

哲学・心理学・宗教

哲学・思想

◆者たち、系譜学の道徳―あるいはポスト構造主義的倫理は存在するか、危機の時にあってのみ権の再主張―カール・シュミットとジョルジュ・バタイユ、暗い時代の女性たち―アグネス・ヘラーとハンナ・アーレント、イデオロギーとしての「美的イデオロギー」―あるいは政治を美化するとはどういうことか、黙示録的想像力と悲哀の能力の欠如、解釈学の興隆と視覚中心主義の危機、近代の視覚体制、イデオロギーと視覚中心主義の裏箔の背後に何があるのか、モダニズムと形式からの後退、思想史へのテクスト的アプローチ、"名前を挙げる"のか"名前を落とす"のか―人文諸科学における正統化の諸様式

2017.3 296, 78p B6 ¥4500 ①978-4-588-14040-2

◆**てつがく絵カード** リヒテルズ直子訳、ファビアン・ファンデルハム原作、シンディ・ファンスヘンデルイラスト　ほんの木
【要旨】哲学は大人だけがするものではありません。誰でも、そう、小さな子どもでも哲学はできるし、想像もしていなかったような素敵な会話が生まれてくることもよくあります。この箱の中の50枚の絵と48の問いは、子どもとの深い会話を引き出し、生きるということについて、子どもたちがどんなふうに考えているのかを発見するのに役立つでしょう。

2017.12 1Vol. 10×6cm ¥2500 ①978-4-7752-0105-3

◆**てつがくおしゃべりカード** リヒテルズ直子著、訳, ほんの木編、ファビアン・ファンデルハム原作、シンディ・ファンスヘンデルイラスト　ほんの木
【要旨】さまざまな会話のための50の哲学的問い。50枚の「てつがくおしゃべりカード」で子どもたちがより深く考え、様々な会話を生み出す。2012年ベリー・ヘーセン賞受賞。

2017.6 1Vol. 10×6cm ¥1800 ①978-4-7752-0104-6

◆**哲学のプラグマティズム的転回** リチャード・J・バーンスタイン著、廣瀬覚、佐藤駿訳　岩波書店
【要旨】「言語論的転回」によって大きく変容した現代の哲学は、さらに、二〇世紀の終わりに「プラグマティズム的転回」を遂げた。哲学そのものの捉え方を変えた、忘れられたかにみえた古典的著作に再び光をあて、哲学に新たな進展をもたらした。多くの著作によって同時代の哲学動向を見わたしてきた著者が、パース、ジェイムズ、デューイから、ハーバマスやブランダムまで、百年にわたる現代哲学の大きな潮流を描き出す。

2017.10 330, 69p B6 ¥3600 ①978-4-00-024057-4

◆**20世紀ロシア思想史―宗教・革命・言語** 桑野隆著　岩波書店（岩波現代全書）
【要旨】革命の熱狂のなかで日常の変革を夢みた未来派とアヴァンギャルド運動。弁証法と唯物論によってソヴィエト哲学を確立していった思想家たち。亡命の地で霊性による哲学を問いつづけた宗教哲学者たち。言語的転回、記号として名とイデオロギーの関係性に着目し、新たな芸術批評・社会批判を展開していったフォルマリズム、バフチン・サークル、モスクワ・タルトゥ学派。全体主義文化と言語中心主義をポストモダニズム批評で鋭く分析する「余白の哲学」グループ…。20世紀ロシアの豊饒な思想の森に入り、その全貌を通史としてコンパクトに示す。

2017.2 248, 10p B6 ¥2300 ①978-4-00-029199-6

◆**認識論から存在論へ―わかりやすい哲学入門** 湯浅愼一著　（京都）晃洋書房
【目次】第1部 古代は知性を信頼する（知の種類、哲学の始まり）、第2部 中世は信仰と知性の調和を目指す（トーマス・アキナス（1225 - 1274）の哲学、ウィリアム・オッカム（1300 - 1349））、第3部 近代は人間の理性によると自己保証を求める（確実性を求めて、イマヌエル・カント（1724 - 1804）理性の完成）、第4部 ドイツ観念論はフランス革命にどのように反応したか（ヨハン・ゴットリープ・フィヒテ（1762 - 1811）、フリートリッヒ・ウィルヘルム・シェリング（1775 - 1854）、ゲオルク・ウィルヘルム・フリートリッヒ・ヘーゲル（1770 - 1831））、第5部 主観的主知主義から存在論へ―ひとつのポストモダン（ハイデッガー（1889 - 1976）入門（存在としての語り）、関心の構造分析―カントの範疇表に代えて）　2017.1 125p B6 ¥1700 ①978-4-7710-2795-4

◆**ヨハネス・コメニウス―汎知学の光** 相馬伸一著　講談社（講談社選書メチエ）
【要旨】チェコに生まれ、宗教対立が荒れ狂う17世紀のヨーロッパで苦難の人生を生きたヨハネス・コメニウス。異端判決を受けて処刑されたヤン・フスの系譜を継いだ神学者。チェコ語文学の古典『地上の迷宮と心の楽園』を書いた文学者。『世界図絵』などの教科書を残した教育学者。さまざまな君主と関係をもち、献策した政治活動家。多方向に展開されたその活動の根底にあったのは世界のすべてを把握する「汎知学（パンソフィア）」の構想だった。近代ヨーロッパの源流に立つ知の巨人の全貌を「光」をキーワードにして概観する、初の入門書。

2017.4 317p B6 ¥1850 ①978-4-06-258649-8

◆**ルソー エミール―自分のために生き、みんなのために生きる** 西研著　NHK出版（NHK「100分de名著」ブックス）
【要旨】少年の成長過程を通して語られる教育論『エミール』は、民主主義社会を担う、自立した人間のあり方を問う人間論でもあった。真に「自由」な人間を育てるために必要なことは何か？ どんな教育を施せば、"自分のため"と"みんなのため"を両立させうる人間が育つのか？哲学と教育の融合をライフワークに掲げる実践的哲学者が、稀代の思想家ルソーの提示した課題を解きほぐす。

2017.8 173p B6 ¥1200 ①978-4-14-081719-3

◆**6人の世俗哲学者たち―スピノザ・ヒューム・カント・ニーチェ・ジェイムズ・サンタヤナ** ルイス・ホワイト・ベック著、藤田昇吾訳（京都）晃洋書房
【要旨】宗教信仰を正しく導く哲学の役割―聖職者たちが説く信仰に対し、その根拠の正当性を問いただした「世俗哲学者」たち。理性的・合理的な観点から宗教を批判した著作を論じたL.W.ベックの書、待望の翻訳。

2017.5 127p A5 ¥1800 ①978-4-7710-2809-8

◆**Interactional Mind 10　2017　特集：ミルトン・エリクソンと催眠** 日本ブリーフセラピー協会編　北樹出版
【目次】特集 ミルトン・エリクソンと催眠（ミルトン・エリクソンのブリーフセラピー、ミルトン・エリクソンの催眠操作法、エリクソン催眠からみたブリーフセラピーの実際、ミルトン・エリクソンからの継承―成瀬悟策・鶴光代臨床前法ワークショップ報告）、報告（ブリーフセラピーを習得するために必要なこと、障害のある子どもたちの就職後問題を考える―「福祉・教育・心理」協働型支援の取り組み）

2017.11 156p A5 ¥1700 ①978-4-7793-0549-8

古代・中世・ルネサンス

◆**アウグスティヌス―「心」の哲学者** 出村和彦著　岩波書店（岩波新書）
【要旨】「西欧の父」アウグスティヌス（三五四 - 四三〇）。『告白』『神の国』などの著作をはじめ、永遠なる神を前にして人間の「心」を深く見つめるその思索は、自由意志の問題、悪の原因について、さらには時間論にまで及ぶ。激動のローマ帝国末期、哲学と信仰を架橋して、知の探究をとおしてキリスト教の道を歩んだ生涯を描く。

2017.10 218p 18cm ¥760 ①978-4-00-431682-4

◆**アリストテレス全集　4　自然学** 内山勝利訳　岩波書店
【目次】第1巻（自然学の眼目、先行自然学者たちの諸説 ほか）、第2巻（自然とは何か、自然学的探究の基本的特質 ほか）、第3巻（運動変化について、無限について ほか）、第4巻（場所について、空虚について ほか）、第5巻（運動変化・変化についての総論、運動変化は三種であることの立証 ほか）、第6巻（連続一体的なものと分割不可能なもの、運動変化と連続一体性 ほか）、第7巻（運動変化するもの・させるものの系列、運動変化と接触 ほか）、第8巻（運動変化の恒常性、運動変化の永続性否定論とそれに対する反駁 ほか）、補篇 第七巻第一章・第三章（β版）

2017.11 518, 18p A5 ¥6000 ①978-4-00-092774-1

◆**アリストテレス全集　18　弁論術 詩学** アリストテレス著、堀尾耕一、野津悌、朴一功訳　岩波書店
【目次】弁論術、アレクサンドロス宛の弁論術、詩学

2017.3 621, 27p A5 ¥7600 ①978-4-00-092788-8

◆**アリストテレスの時間論** 篠澤和久著　（仙台）東北大学出版会
【要旨】「時間とは何か」。"論理""自然""倫理""物語"に見出される時間の諸相をテンス・モダリティ・アスペクトの視点から考察。存在論的な時間地平と人間学的な時間地平が交錯するアリストテレス時間論への序説。

2017.12 345p A5 ¥4000 ①978-4-86163-290-7

◆**アルキビアデス クレイトポン** プラトン著、三嶋輝夫訳　講談社（講談社学術文庫）
【要旨】自惚れの強い政治家・軍人で、のちにデマゴーグとなるアルキビアデス、そして『国家』にも登場する政治家クレイトポンの名を冠した二つの対話篇。前者では自己を認識することを通して人間一般の理解が試みられ、後者は「徳」のありようを追究するとともに、ソクラテス哲学の根本を伝える珠玉の二篇！

2017.3 221p A6 ¥820 ①978-4-06-292408-5

◆**クザーヌス 生きている中世―開かれた世界と閉じた世界** 八巻和彦著　ぷねうま舎
【要旨】中世末の15世紀、旧ヨーロッパ世界の破局に直面したクザーヌスは、新しい世界のヴィジョンを開くために、どこに突破口を求めたか。若きクザーヌス、西田幾多郎とクザーヌス…さまざまな角度から、時代に先駆けた思索の苦闘を照らし、暴力と排除の予感が渦巻く現代世界の混沌を超えて、平和と共存の新たな物語を紡ぐための、構想力の足場を探す。

2017.4 509p A5 ¥5600 ①978-4-906791-68-2

◆**語録 要録** エピクテトス著、鹿野治助訳　中央公論新社（中公クラシックス）
【要旨】古代ローマの哲人エピクテトスはストア派に学び、ストイックな思索に特色があるが、その核心は神の存在にあった。人生の深淵と神の関係。

2017.3 241p 18cm ¥1600 ①978-4-12-160172-8

◆**初級者のためのギリシャ哲学の読み方・考え方** 左近司祥子著　大和書房（だいわ文庫）
【要旨】「幸せ」を大切にした古代ギリシャの哲学者たち。ソクラテス、プラトン、アリストテレス…偉大なる論客たちの多彩豊富な哲学語を巧みに整理し、著名なエピソードを取りあげわかりやすく解説。複雑に絡み合う思考がすんなり頭に入ります。さらに、タイトルは知っているけれど、ほとんど人が読んだことがない『ソクラテスの弁明』から、ぶ厚い、なおかつ難解な『国家』『ニコマコス倫理学』まで、読まずに人生を終わらせなくてもいない古典的名著、絶対に押さえておきたい名著の数々は、"一体どんな本なのか"も解明！ これで、あなたはもうギリシャ哲学通！

2017.10 294p A6 ¥780 ①978-4-479-30673-3

◆**人生の短さについて 他2篇** ルキウス・アンナエウス・セネカ著、中澤務訳　光文社（光文社古典新訳文庫）
【要旨】人生は浪費すれば短いが、過ごし方次第で長くなると説く表題作。逆境にある息子の不幸を嘆き悲しむ母親を、みずからなぐさめ励ます「母ヘルウィアへのなぐさめ」。仕事や友人、財産とのつき合い方をアドヴァイスする「心の安定について」。古代ローマの哲学者セネカが贈る"人生の処方箋"。

2017.3 310p A6 ¥900 ①978-4-334-75350-4

◆**新説プラトーンのイデア論―『エウテュプローン』篇におけるイデアの語り方を基本に引き据えて** 水崎博明著　（福岡）櫂歌書房、星雲社　発売
【要旨】西洋の哲学史に伝統ともなったアリストテレスの「イデア論批判」を論駁する。その戦略はエウテュプローン篇で初出する"イデア"という言葉の一義性への徹底だ。

2017.11 532p A5 ¥3500 ①978-4-434-24058-4

◆**新哲学対話―ソクラテスならどう考える？** 飯田隆著　筑摩書房
【要旨】「よい/悪い」に客観的な基準はあるか？ 人工知能は人間と同じにすることができるのか？ 言葉の「意味」とはいったい何か？ 「知っている」とはどういうことか？ そのための条件が不可避的にはらむパラドックスとは―「価値」「人工知能」「意味」「知識」をめぐる問いは現代哲学の超難問だ。もしも、ソクラテスとその素晴らしい仲間たちが、こうした問いをめぐり侃侃諤諤議論を始めたら、どのような「対話篇」が生まれるだろう。甦った古代の賢人たちが哲学的難問をめぐり繰り広げる知の饗宴。

2017.11 318p B6 ¥2300 ①978-4-480-84314-2

◆ストア派哲学入門―成功者が魅了される思考術　ライアン・ホリデイ、スティーブン・ハンゼルマン著、金井啓太訳　パンローリング（フェニックスシリーズ 55）
【要旨】ストレスフリーで生き抜く366のヒント。
2017.7 435p B6 ¥1800 ①978-4-7759-4178-2

◆ゼノン 4つの逆理―アキレスはなぜ亀に追いつけないか　山川偉也著　講談社（講談社学術文庫）
【要旨】「飛矢は動かない」「アキレスは亀に追いつけない」。反常識的理論で「詭弁家」と誹られる一方、「無限」と「連続」をめぐる思考の先駆者とも激賞されるゼノン。その意図はなんだったのか。論敵の「多の理論」を否定し「有」はひとしく「一」であることを掲げた前五世紀の哲学者による逆理の本当の意味と、それが思想史にもたらした深い影響を読み解く。
2017.6 377p A6 ¥1200 ①978-4-06-292436-8

◆中世思想研究　59　特集：東方神化思想と西方神秘思想2 西方キリスト教における神秘思想　中世哲学会編　早稲田大学商学学術院矢内義顕研究室気付中世哲学会事務局、知泉書館 発売
【目次】論文（アウグスティヌス『ヨハネの第一の手紙講解』における兄弟愛―ニーグレンのカリタス理解を超える愛のダイナミズム、熱、力、自然発生―アルベルトゥス・マグヌス『気象論』第四巻における物質的実体の生成について、トマス・アクィナスと天使の個体化―個体化の原理の射程をめぐって、最高から最深への能力と働きへの道、トマス・アクィナスにおける最高原因への愛としての知恵 ほか）、特集 東方神化思想と西方神秘思想2 西方キリスト教における神秘思想（シンポジウム 2016年度企画の趣旨、連動報告 西方神秘思想における東方との連続性と独自性、提題 神化の伝統とエックハルトにおける神認識の問題―神"の子"の誕生をめぐって、提題 クザーヌスにおける神化思想、提題 西方神秘思想史における十字架のヨハネの位置と意義 ほか）、書評 Giulio Maspero, Essere e relazione : l'ontologia trinitaria di Gregorio di Nissa
2017.9 196p 22×15cm ¥3500 ①978-4-86285-934-1

◆哲学の誕生―ソクラテスとは何者か　納富信留著　筑摩書房（ちくま学芸文庫）『哲学者の誕生：ソクラテスをめぐる人々』増補・改訂・改題書
【要旨】哲学はソクラテスとともに始まったと見なされてきた。だが、何も著作を残さなかったソクラテスが、なぜ最初の哲学者とされるのか。それを、彼とその弟子のプラトン、アリストテレスという3人の天才による奇跡的な達成と考える従来の哲学史観では、致命的に見落とされたものがある。ソクラテスが何者だったかをめぐり、同時代の緊張のなかで多士済々の思想家たちが繰り広げた論争から、真に哲学が形成されていく動的なプロセスを。圧倒的な量の文献を丹念に読み解き、2400年前、古代ギリシアで哲学が生まれるその有り様を浮き彫りにした『哲学者の誕生：ソクラテスをめぐる人々』の増補改訂版。
2017.4 356, 10p A6 ¥1200 ①978-4-480-09794-1

◆裸足のソクラテス―哲学の祖の実像を追う　八木雄二著　春秋社
【要旨】プラトンが歪めてきたソクラテスの姿。しかし、これまで重視されなかったクセノポンの著作には、本当の思想と人となりがいきいきと描かれていた。善美を求め、政治から距離を置き、人の知の限界を悟り、はたまた宴会の最中にも突然歌いだし、へんてこな体操をも披露するソクラテス。これが真のソクラテスだ！クセノポンの『ソクラテスの思い出』『ソクラテスの弁明』『饗宴』『家政』に、他にもプラトンの作品ではめずらしくソクラテスの肉声を伝えると思われる『ソクラテスの弁明』を加えて、重要箇所を翻訳し、丁寧な註釈を加えつつ、それらの証言からソクラテスの思想と人となりを再現。いまようやく見えてきたソクラテスの祖の真の姿。
2017.8 273p B6 ¥3200 ①978-4-393-32373-1

◆プラトン エウテュプロン／ソクラテスの弁明／クリトン　朴一功、西尾浩二訳　（京都）京都大学学術出版会
【要旨】敬虔とは何かをめぐり、その道の知者を自負する人物と交わされる対話『エウテュプロン』。不敬虔と若者を堕落させる罪で告発された老哲学者の裁判記録『ソクラテスの弁明』。有罪と死刑の判決を受けて拘禁中の彼が、脱獄をすすめる竹馬の友を相手にその行為の是非について意見を戦わす『クリトン』。ソクラテス裁判を中心に、その前後の師の姿を描いたプラトンの3作品が鮮明な新訳で登場。
2017.8 262, 7p B6 ¥3000 ①978-4-8140-0095-1

◆プラトーン著作集　第6巻 第1分冊　善・快楽・魂　水崎博明著　（福岡）櫂歌書房、星雲社 発売
【要旨】『アルキビアデース』ソークラテースその人がその有為の資質をこよなく慈しんだアルキビアデースとの、その若き日々における問答の書、伝統の与える副題は"人間の本性について"と"祈願について"『ヒッパルコス』伝統的の副題は"利得愛好者"か、万人のことでもあるか。
2017.2 283p B6 ¥2800 ①978-4-434-22987-9

◆プラトーン著作集　第6巻 第2分冊　善・快楽・魂　水崎博明著　（福岡）櫂歌書房、星雲社 発売
【要旨】『プロータゴラース』古代ギリシアにあって最大最高のソフィスト（智者）に学び国家に有為の者たらんと願う青年ヒッポクラテースを、ソークラテースはソフィストらの集った大富豪のカッリアース邸へ連れて行く、有徳とは学び得るものなのか。
2017.2 211p B6 ¥2200 ①978-4-434-22988-6

◆プラトーン著作集　第6巻 第3分冊　善・快楽・魂　水崎博明著　（福岡）櫂歌書房、星雲社 発売
【要旨】『ピレーボス』そもそも"善き生"とは何であるのか。知性の生か快楽の生か。だがそれらも単にそれらだけでは十分でなく知性も喜んであり快楽も心の認めるものでなくてはならないのだ。
2017.2 293p B6 ¥2800 ①978-4-434-22989-3

◆プラトーン著作集　第7巻　自然哲学　水崎博明著　（福岡）櫂歌書房、星雲社 発売
【目次】ティーマイオス、クリティアース
2017.2 379p B6 ¥3500 ①978-4-434-23063-9

◆プラトーン著作集　第8巻 第1分冊　人間存在の在るところ―国家（上）クレイトボーン　水崎博明著　（福岡）櫂歌書房、星雲社 発売（櫂歌全書）
【要旨】かつてイギリスの叡智的機関が西欧三千年の歴史を通して何が最も貴重な古典であるかを広く世に問うたところ、それは断固としてプラトーンのこの『国家』篇だという答えであったとか。『クレイトボーン』篇は『国家』をプラトーンに書かせるソークラテース批判であり、『国家』篇の第一巻から第四巻は「正義」の予備的かつ外面的な議論からの「我々の魂」に密接してこその内的かつ方法的な議論へ到るまでの議論ですが、なかんづく"大文字・小文字の比喩"という着想には、私どもは自ずからその感服を禁じ得ないことでしょう。
2017.10 417p B6 ¥3200 ①978-4-434-23889-5

◆プラトーン著作集　第8巻 第2分冊　人間存在の在るところ―国家（中）　水崎博明著　（福岡）櫂歌書房、星雲社 発売（櫂歌全書 21）
【要旨】かつてイギリスの叡智的期間が西欧三千年の歴史を通して何が最も貴重な古典であるかを広く世に問うたところ、それは断固としてプラトーンのこの『国家』篇だという答えであったとか。この第二分冊は『国家』篇の白眉である第五巻から第七巻までを収めます。「哲学者が王であるか目下に権力者だと呼ばれている者が真正に哲学するのでない限りはこの世の不幸は止まぬのだ」とする所謂"哲人王"の思想の表明を受けて「哲学者とは何者なのか」「哲学者は何を学ぶのか」ということが議論されます。
2017.10 386p B6 ¥3000 ①978-4-434-23890-1

◆プラトーン著作集　第8巻 第3分冊　人間存在の在るところ―国家（下）　水崎博明著　（福岡）櫂歌書房、星雲社 発売（櫂歌全書 22）
【要旨】かつてイギリスの叡智的期間が西欧三千年の歴史を通して何が最も貴重な古典であるかを広く世に問うたところ、それは断固としてプラトーンのこの『国家』篇だという答えであったとか。「理想国」も何故のようにしても傾きかつ偏頗して僭主独裁制の国制にまで落ちてしまうのか。文学は「魂」にとって何なのか。正義の生こそが真実に幸福なるものであるのだとしても、「魂」の永世のこともこの世だけのことなのか。「生の選択」の問題。これこそが第八巻から第十巻までの第三分冊の問題です。
2017.10 449p B6 ¥3500 ①978-4-434-23891-8

◆プラトーン著作集　第10巻 第1分冊　書簡集・雑編―エピノミス書簡集　水崎博明著　（福岡）櫂歌書房、星雲社 発売（櫂歌全書）
【要旨】『エピノミス』：文字通りに『法律後篇』（ノモス・の上に）であり、プラトーンは『法律』篇は最後に国家と国制とを絶えず革新し保全をし続ける議論の場の国家における不可欠を思ったが、その場が如何なる学びと議論の場であるのかということを宿願にした。『書簡集』：プラトーンは「哲人王」の思想に立ちその理想の明かしを求めることの決意をした。彼はディオニュシオス二世とディオーンとの応接に忙殺される日々を送るが、そこから彼らとその周辺の人物たちとの間に十三の書簡を交わした。『第七書簡』の「真に物事が書かれるとは魂が真実の交わりの中から自らのこととなして養い続ける灯火を灯されることだ」との言葉が、恐らくは最も私どもの心を打つことだろう。
2017.6 311p B6 ¥2800 ①978-4-434-23448-4

◆プラトーン著作集　第10巻 第2分冊　書簡集・雑編―雑編　水崎博明著　（福岡）櫂歌書房、星雲社 発売
【要旨】「雑編」とはまた「外典」（apocrypha）とも呼ばれて「正典」（canon）という言葉に対しての対概念であるが、そもそも本来はキリスト教において旧約・新約の聖書（holy script）とされる正式の聖書とは異なってキリスト教的でありそれに絡んではいるものの正式には聖書とはされないものである。そのようにプラトーンの書物もまた七十三篇の伝統的に一応真作扱いされたものと、そうはされなかったものとに区別されるのである。
2017.6 291p B6 ¥2800 ①978-4-434-23449-1

◆法の支配と対話の哲学―プラトン対話篇『法律』の研究　丸橋裕著　（京都）京都大学学術出版会
【要旨】『法律』はプラトンの作品の中でもとりわけ研究されることが少なかった。この大部の著作にある法理論と倫理思想に綿密なる分析を加えることによって、プラトンの政治哲学における「法の支配」を、ソクラテス的な「対話の哲学」から読み解くという大胆な解釈を提示。今日の政治について考える上でも、重要な視座を提供する。プラトン晩年の大著を読み解くわが国初の本格的研究。
2017.7 443, 25p A5 ¥5400 ①978-4-8140-0071-5

◆リュシス 恋がたき　プラトン著、田中伸司、三嶋輝夫訳　講談社（講談社学術文庫）
【要旨】美少年リュシスとその友人メネクセノスを相手に「友」とは何か、「友愛」とは何かを論じる『リュシス』と、「知を愛すること」としての「哲学」という主題を探究していく『恋がたき』―いずれも古代ギリシアの青少年にスポットライトをあてながら「愛する」という根本的な営みについて洞察する珠玉の対話篇を収録。親しみやすい日本語で味わう決定版新訳！
2017.12 161p A6 ¥700 ①978-4-06-292459-7

ドイツ・オーストリア

◆悪の起源―ライプニッツ哲学へのウィトゲンシュタイン的理解　黒崎宏著　春秋社
【要旨】倫理は存在に内在する！ウィトゲンシュタインやライプニッツ、龍樹、道元、老荘思想、さらに西田哲学や和辻の倫理学と、古今東西の哲学・思想を探究したはてに到達した究竟。刻みつけられた思索の断章のなかに、読者は、宗教や哲学の閾を超越した人間本来の実存のすがたを発見する。
2017.3 213p B6 ¥2500 ①978-4-393-32369-4

◆アーレント 最後の言葉　小森謙一郎著　講談社（講談社選書メチエ）
【要旨】一九七五年一二月四日、ニューヨークの自宅でハンナ・アーレントは急逝した。自室に置かれたタイプライターに残されていた一枚の紙片。そこには三部作をなすライフワーク『精神の生活』の掉尾を飾るはずの第三部の表題「判断」に続いて、二つの銘が置かれていた。古代ローマの詩人ルカヌスの『内乱』とゲーテの長編詩劇『ファウスト』からの引用―。この二つの銘は何を意味しているのか？アーレントの秘密に迫るスリリングな思想史！
2017.7 252p B6 ¥1700 ①978-4-06-258657-3

◆アーレントと二〇世紀の経験　川崎修、萩原能久、出岡直也編著　慶應義塾大学出版会

哲学・思想

【要旨】アーレントをいま、読む意味はなにか？二〇世紀の政治の惨禍と真正面から対決した思想家を、現代の諸学知から改めて読み直す。アクチュアルな問いかけと議論を提起する一冊。
2017.9 278p A5 ¥3600 ①978-4-7664-2440-9

◆**アーレントの二人の師―レッシングとハイデガー** ハンナ・アーレント著、仲正昌樹訳 明月堂書店
【要旨】「真理」と「自由」をめぐるアーレントの思考に決定的な影響を与えた二人の「師」。「暗い時代の人間性について」「八〇歳のハイデガー」研究者必読の論文二篇を収録。
2017.12 156p B6 ¥1600 ①978-4-903145-59-4

◆**五つの証言** トーマス・マン著、渡辺一夫訳 中央公論新社 （中公文庫プレミアム）
【要旨】第二次大戦前夜、狂信主義に抗してヒューマニズムの必要を説いたトーマス・マン。戦争末期、空襲が激化するなか、マンへの共感から戦後を見据えて翻訳をした渡辺一夫。この渾身の訳業によるマンの文章と、寛容ほか渡辺の代表的なエッセイ、マン重治との往復書簡を併せて一冊に。文庫オリジナル。
2017.8 217p A6 ¥800 ①978-4-12-206445-4

◆**ヴァルター・ベンヤミン/グレーテル・アドルノ 往復書簡 1930-1940** ヴァルター・ベンヤミン、グレーテル・アドルノ著、ヘンリー・ローニツ、クリストフ・ゲッデ編、伊藤白、鈴木直、三島憲一訳 みすず書房
【要旨】婚約者アドルノを14年間待ち続けた孤独な知的アヴァンギャルド。亡命し困窮の中で思考を深めた知的アヴァンギャルド。ファシズムの荒れ狂う時代に、情熱と友情の間を揺れうごく180通を初公刊。
2017.4 446p A5 ¥7800 ①978-4-622-07989-7

◆**ウィトゲンシュタインとレヴィナス 倫理的・宗教的思想** ボブ・プラント著、米澤克夫監訳、寺中平治、菅崎香乃、河上正秀、出雲春明、馬場智理訳 三和書籍
【要旨】ウィトゲンシュタインは言う。私はあなたに違いを教えるだろう。レヴィナスは、その体系的な説明に重要な示唆を与えてくれるだろう。報いなき愛は価値がある。
2017.8 ¥6000 ①978-4-86251-211-6

◆**エックハルト"と"ドイツ神秘思想の開基―マイスター・ディートリッヒからマイスター・エックハルトへ** 長町裕司著 春秋社
【要旨】キリスト教思想史内部からの"突出せる非連続面"の一断面。日本の禅や西田哲学とも響きあうエックハルトの神秘思想。先蹤たるディートリッヒから説き起こし、ドイツ古典哲学を形成したフィヒテやシェリングやヘーゲルにも及んだ巨大な影響をもち読者や新たに参入した研究者に哲学する醍醐味を伝える試み。
2017.2 272, 3p B6 ¥4200 ①978-4-393-32368-7

◆**エリアス回想録** ノルベルト・エリアス著、大平章訳 法政大学出版局 （叢書・ウニベルシタス）
【要旨】エリアスがその半生を率直な言葉で語ったロング・インタビューと、社会学に対する自身の姿勢をさまざまな角度から綴った自伝的エッセイを収める回想録。大戦期にはユダヤ系ドイツ人として亡命を重ね、学問の為に幾度となく妨げられながらも、生涯にわたり文明化と暴力の関係を問い続けた社会学の革新者エリアスの人間像が明かされる。
2017.10 299, 8p B6 ¥3400 ①978-4-588-01069-9

◆**エルサレムのアイヒマン―悪の陳腐さについての報告** ハンナ・アーレント著、大久保和郎訳 みすず書房 新版
【要旨】「まったく思考していないこと、それが彼がある時代の最大の犯罪者の一人になる素因だったのだ"。アイヒマン裁判から著者が何を考え、理解し、判断したこととは。最新の研究成果を反映し、より正確かつ読みやすい新版。新解説付。
2017.8 438, 31p B6 ¥4400 ①978-4-622-08628-4

◆**"オーストリア哲学"の独自性と哲学者群像―ドイツ哲学との対立から融合へ** 島崎隆著 創風社
【要旨】歴史的にいって、同じ中欧のドイツ語圏で、プロイセンのドイツとハプスブルクのオーストリアという二つの"ドイツ"が対立してきた。それは哲学・思想の世界にも反映し、"オーストリア哲学"の歴史的特徴を形成した。それはもちろんすべての事例に妥当するわけではないが、大きな歴史的必然性をともなう。
2017.12 213p A5 ¥2000 ①978-4-88352-240-8

◆**鏡の背面―人間的認識の自然誌的考察** コンラート・ローレンツ著、谷口茂訳 筑摩書房 （ちくま学芸文庫）
【要旨】鏡は現実の世界を映し出す。ローレンツは、ヒトの心も現実の事象を映し取り認識するものとして鏡になぞらえ、すべての鏡に物理的実体として裏側・背面が存在するようにヒトの心にも背面があるとし、その背面である認識システムに目を向ける。人間の行動の基礎となる五官から中枢神経系までを含めた人間の全認識装置とその機能を、アメーバーやゾウリムシの行動を始めとして、最終的には人間の社会的営みにまで至る"生きたシステム"全域における解明を試みる。ノーベル医学生理学賞を受賞した20世紀を代表する知性による、総合人間哲学を目指したきわめて野心的な試み。
2017.11 486, 11p A6 ¥1600 ①978-4-480-09832-0

◆**カントが中世から学んだ「直観認識」―スコトゥスの「想起説」読解** 八木雄二訳 知泉書館
【要旨】本書はスコトゥスの最大の主著『オルディナチオ』（神と物の秩序についての論考）の最終第14巻の直観に関するテキストを懇切丁寧に註解し、中世哲学が近代哲学と深く関連している事実を解明する。近現代哲学の研究者が中世哲学を軽視する傾向に警鐘を鳴らすと共に、哲学に関心をもつ読者や新たに参入した研究者に哲学する醍醐味を伝える試み。
2017.8 169, 25p B6 ¥3200 ①978-4-86285-261-8

◆**カント哲学の奇妙な歪み―「純粋理性批判」を読む** 冨田恭彦著 岩波書店 （岩波現代全書）
【要旨】近代哲学はカントの認識論で素朴な経験主義を脱し、自然科学から自立したという理解は本当だろうか？哲学史的事情を踏まえるなら、カントの哲学は自然科学を形而上学によって基礎づけるのではなく、自然科学を基盤としてそれに形而上学の装いを与えたのではなかったか。自然主義と全体論の視点から近世哲学史を再検討する。
2017.1 218p B6 ¥2100 ①978-4-00-029198-9

◆**カント伝** マンフレッド・キューン著、菅沢龍文、中澤武、山根雄一郎訳 （横浜）春風社
【要旨】情熱家で、直情家だった。生き方も、哲学の仕方も。従来の通俗的なカント像に修正を迫る、最も詳細な伝記。新たな資料を博捜し、生誕から最晩年に至るまでのカントの生活と学問を多面的に描き出す。
2017.6 971, 64p B6 ¥9000 ①978-4-86110-479-4

◆**カントと啓蒙のプロジェクト―『判断力批判』における自然の解釈学** 相原博著 法政大学出版局
【要旨】自然の反省から「よき生」の構想へ―カント哲学を「自然支配の理論」とみなして批判した、ベーメ兄弟の議論は正当なものであったのか？啓蒙のプロジェクトの再検討を促した問題作『理性の他者』に反論すべく、『判断力批判』の議論を「自然の解釈学」として捉え直し、カントの自然美学および自然目的論を体系的に把握する気鋭の研究。
2017.11 237, 35, 4p A5 ¥4800 ①978-4-588-15084-5

◆**カント入門講義―超越論的観念論のロジック** 冨田恭彦著 筑摩書房 （ちくま学芸文庫）
【要旨】我々が生きている世界は、心の中の世界＝表象にすぎない。その一方で、しかし同時に「物自体」はある、とも言うカントの超越論的観念論。そのカラクリとして、基本的なものの見方・考え方の枠組みが人間の心にはあらかじめセットされていると強調するカントは、後年的哲学者達の思想的転回に大きく貢献したと著者は説く。平明な筆致で知られる著者が、図解も交えてカント哲学の要点を一から説き、各ポイントが現代の哲学者に至るまでどのような影響を与えてきたかを一望することのできる一冊。
2017.3 317p A6 ¥1200 ①978-4-480-09788-0

◆**カントの自由論** ヘンリー・E・アリソン著、城戸淳訳 法政大学出版局 （叢書・ウニベルシタス）
【要旨】現代の英米圏における哲学史家の一人であり、この四半世紀で世界的にも最も高く評価されてきたカント研究者であるアリソンの主著にして、初の邦訳。自由と道徳的意志の根拠をめぐる、近年の発展著しい議論の蓄積を踏まえつつ、カントの超越論的観念論にもとづく倫理学の核心部ならびに全体像を網羅的・体系的に示した第一線の書物、画期的な全訳！
2017.8 486, 71, 18p B6 ¥6500 ①978-4-588-01060-6

◆**カントの政治哲学―自律・言論・移行** 金慧著 勁草書房
【要旨】政治的自律―自由を守るために立法に参加し、自らに法を与えること。これがカントの政治哲学の根幹にあった。
2017.8 221, 15p A5 ¥4500 ①978-4-326-10264-8

◆**カントの世界市民的地理教育―人間形成論的意義の解明** 広瀬悠三著 （京都）ミネルヴァ書房
【要旨】カントの自然地理学や地理教育を、カントの哲学全体における経験的なものと理性的なものとを架橋する重要な位置にあるものとして明らかにする。
2017.3 387, 22p A5 ¥6500 ①978-4-623-07939-1

◆**カントの批判哲学の教育哲学的意義に関する研究** 鈴木宏著 風間書房
【目次】第1部 道徳教育を主軸としたカントの教育哲学の再定位（『教育学』と道徳哲学との関係性から読み解くカントの教育哲学、カントの良心論とその教育学的位置づけ、道徳教育の方法論としての「問答教示法」）、第2部 カントの教育哲学と周辺思想家との関係性の検討（カントの教育哲学に対するルソーの影響―公教育の概念を中心に、教育哲学者としてのロックとカント―理性的位置づけとその陶治の方法をめぐる比較研究、カントの道徳哲学に対するショーペンハウアーの批判）、第3部 カントの批判哲学と教育哲学（カントの公教育論―世界市民的教育の現代的意義の探求、カントの教育哲学にみる強制と自由との両立可能性、「物自体」の概念とその教育哲学との関係性、「絶対的価値」論と道徳教育の構想）
2017.11 269p A5 ¥8000 ①978-4-7599-2195-3

◆**カント 美と倫理とのはざまで** 熊野純彦著 講談社
【要旨】生の目的とは？世界が存在する意味とは？カントの批判哲学が最後に辿りついた第三の書『判断力批判』から、その世界像を読み解く鮮烈な論考。
2017.1 306p B6 ¥2300 ①978-4-06-220394-4

◆**近代ドイツ政治思想史研究** 宮田光雄著 創文社 （宮田光雄思想史論集 5）
【要旨】ルター、カント、ロマン主義に即して近代ドイツ政治思想の特質を探る。

◆**くまのプーさん 前向きな心をつくるニーチェの言葉** ウォルト・ディズニー・ジャパン監修 KADOKAWA （中経の文庫）
【要旨】疲れたとき、落ち込んだとき、心がラクになる。哲学者ニーチェ・自分らしく生きるための教え。
2017.2 125p A6 ¥600 ①978-4-04-601909-7

◆**言語起源論** ヨハン・ゴットフリート・ヘルダー著、宮谷尚実訳 講談社 （講談社学術文庫）
【要旨】独自の思想を打ち立て、文学者としても傑出した才を見せたヘルダー（一七四四 - 一八〇三年）。その名を高からしめた『言語起源論』は、ベルリン王立学士アカデミーの懸賞論文で最優秀賞に選ばれた出世作である。席捲する「言語神授説」の前にヘルダーはいかなる解答を提示したのか？不朽の古典を初めて自筆草稿に基づいて訳した新時代の決定版、ここに完成。
2017.10 223p A6 ¥840 ①978-4-06-292457-3

◆**幸福について** アルトゥール・ショーペンハウアー著、鈴木芳子訳 光文社 （光文社古典新訳文庫）
【要旨】「人は幸福になるために生きている」という考えは人間生来の迷妄であると断じる幸福論。自分を他人と比較し、他人の評価をたえず気にすることが不幸の元凶であり、名誉、地位、財産、他人の評価に惑わされず、自分自身が本来そなえているものを育むことが幸せへの第一の鍵であると説く。
2018.1 427p A6 ¥1000 ①978-4-334-75369-6

◆**シェリング芸術哲学における構想力** 八幡さくら著 （京都）晃洋書房

【要旨】芸術の産出力である構想力に着目し、シェリング芸術哲学を理論と作品分析の両面から議論する。カント哲学との比較、自然哲学との関係、芸術哲学の具体的側面という3つの観点から、シェリングの構想力概念を検討し、芸術哲学の新たな解釈の可能性を示す。
2017.2 224, 17p A5 ¥5200 ⓘ978-4-7710-2847-0

◆シェリング哲学の躓き―『世界時代』の構想の挫折とその超克　岡村康夫著　（京都）昭和堂
【目次】第1部『世界時代』について（「根源存在者の展開の歴史」としての「学」の構想―序について、「思想の深淵」について、「過去」―序に続く部分について、「根源存在者」の本質構造―第一部について、「根源存在者」の展開の可能性―第二部について、「根源存在者」の展開の可能性―第三部について、「根源存在者」の展開の現実化―第四部について、結論部について、後半部について）、第2部『世界時代』以降と以後について（直接性（直接経験）―『哲学と宗教』について、主体性・実存性・無底性―『自由論』について、無底的自由―『シュトゥットガルト私講義』について、脱我性―『学としての哲学の本性について』、消極哲学から積極哲学へ―「最近の哲学の歴史に寄せて」について、超経験的なものに届く感性を巡って―「哲学的経験論の叙述」について、思惟の沈黙―「顕示の哲学への序論あるいは積極哲学の基礎づけ」について）
2017.3 302, 14p B6 ¥3600 ⓘ978-4-8122-1619-4

◆シェリング年報　2017（第25号）　シンポジウム　シェリングと西田哲学　日本シェリング協会編　日本シェリング協会, こぶし書房発売
【目次】シンポジウム　シェリングと西田哲学（自覚・意志・直観―自由をめぐるシェリングと西田の一断面、シェリングと「純粋意志の哲学」、自愛と悪―西谷啓治と近代西洋哲学の対話、司会報告）、クロス討論1　シェリングの時代におけるオリエント観（レッシングとフリードリヒ・シュレーゲルのオリエント観をめぐって、ヒメラのペトロニと「母たち」―世界の複数性の中心におけるゲーテのオリエント観）、クロス討論2　フィクション理論の諸問題―意図と真実らしさ（フィクションの受容可能性におけるパラダイム変化　真理の一致説から整合説へ―古代から近代にかけての「真実らしさ」概念に即して）、公開講演　シェリングにおける"宗教と哲学"―「無底」と「自由」の表現性、特別講演　イェーナ時代のシェリングとカントとゲーテ―ゲーテ=ロイヤー研究からの三者相互影響関係再構成の試み、論文（「オルガノン・テーゼ」から「真と美の統一」へ―同一哲学の成立に関する一考察、ヘルダーリンの詩作における極としてのgeschickt およびschicklich、人類の自由の創造論―シェリング『諸世界時代』を中心にして）、書評
2017.7 134, 8p A5 ¥2200 ⓘ978-4-87559-335-5

◆思索日記　1　1950-1953　ハンナ・アーレント著, ウルズラ・ルッツ, インゲボルク・ノルトマン編, 青木隆嘉訳　法政大学出版局（叢書・ウニベルシタス）新装版
【要旨】全体主義との闘争の過程で敢行された西洋政治哲学の伝統との対決の貴重な記録。現在の出来事に関する証言でもあり、アーレント理解にも不可欠の第一級資料。
2017.5 570p B6 ¥6200 ⓘ978-4-588-14042-6

◆思索日記　2　1953-1973　ハンナ・アーレント著, ウルズラ・ルッツ, インゲボルク・ノルトマン編, 青木隆嘉訳　法政大学出版局（叢書・ウニベルシタス）新装版
【要旨】思想的に最も多産な時期から晩年まで、28冊のノートに書き続けられた膨大な日記・完結篇。活動的生活と観想的生活を包含する独自の思考の生成を記録。
2017.5 534, 41p B6 ¥6000 ⓘ978-4-588-14043-3

◆実体概念と関数概念―認識批判の基本的諸問題の研究　エルンスト・カッシーラー著, 山本義隆訳　みすず書房　新装版
【要旨】ドイツの哲学者カッシーラーによる、その哲学の出発点とも言うべき本書。プラトン、アリストテレス、ライプニッツ、ケプラー、ガリレオ、ニュートンほかをたどり、数学的・自然科学的思惟構造の形成過程を、「実体概念」から「関数概念」への発展として跡づけ、近代科学の認識論的基礎づけを試みる。
2017.4 448, 18p A5 ¥6400 ⓘ978-4-622-08604-8

◆自由の哲学　ルドルフ・シュタイナー著, 森章吾訳　（上里町）イザラ書房

【要旨】シュタイナーの自由論！
2017.9 285p B6 ¥3000 ⓘ978-4-7565-0135-6

◆シュタイナー思想とヌーソロジー―物質と精神をつなぐ思考を求めて　半田広宣, 福田秀樹, 大野章著　ヒカルランド
【要旨】20世紀初頭「新しい霊性の時代」の到来を告げたシュタイナー思想と、日本から生まれた最先鋭の空間論ヌーソロジー、そして現代の生命科学が邂逅し発信する21世紀の宇宙生命論。
2017.9 743p A5 ¥8000 ⓘ978-4-86471-550-8

◆初期フォイエルバッハの理性と神秘　川本隆著　知泉書館
【要旨】本書はフォイエルバッハ思想の全体像を捉えるためにも、19世紀ドイツ思想史における重要な転回（唯物論的・人間学的転回）を問いなおす上でも、さらには宗教分析、他者論、異文化交流、死生観など現代的問題を考察する上でも多くの示唆に富んだ業績である。
2017.1 286p A5 ¥6000 ⓘ978-4-86285-249-6

◆身体と心が求める栄養学　ルドルフ・シュタイナー著, 西川隆範編訳　風濤社　新装版
【要旨】食は心にも届く感覚をはぐくむ。摂取した栄養素は体内をめぐり心を刺激する。食物と人間の関わりを解き明かす講義8篇。
2017.5 220p B6 ¥2200 ⓘ978-4-89219-428-3

◆シンボル・技術・言語　エルンスト・カッシーラー著, 篠木芳夫, 高野敏行訳　法政大学出版局（叢書・ウニベルシタス）
【目次】1 哲学の体系におけるシンボルの問題とその位置づけ（一九二七）（発言の記録、討論、結び）、2 形式と技術（一九三〇）、3 神話的空間、美的空間、理論的空間（一九三一）（発言）、4 言語と対象世界の構築（一九三二・三三）（作業報告―言語心理学）、5 心理学と哲学（一九三二）（シンボル形式の哲学というカッシーラーの考え方―批判的覚書）
2017.6 319, 22p B6 ¥4000 ⓘ978-4-588-14041-9

◆真理・存在・意識―フッサール『論理学研究』を読む　植村玄輝著　知泉書館
【要旨】フッサールは分析家ではあるが体系家ではなかったし、超越論的現象学は世界の意味を成立させる意識の志向性に着眼し形而上学を排除したところが現実が流布している。それに対して著者は、フッサールが初期の主著『論理学研究』(1900/1年)期からすでに体系を志向しており、真理から存在への道を探究する哲学的プログラムの構想をもっていたとして、本書では『論理学研究』を徹底的に精査し、その後の展開の前史を明らかにしている。
2017.3 312p A5 ¥5500 ⓘ978-4-86285-252-6

◆全体主義の起原　1　反ユダヤ主義　ハンナ・アーレント著, 大久保和郎訳　みすず書房　新版
【要旨】国家や法という伝統、さらに人間の本質まで破壊した全体主義への道筋とシステムを描いた不朽の大著。最新の研究を反映し読みやすくなった新版刊行。全3巻。
2017.8 295, 27p B6 ¥4200 ⓘ978-4-622-08625-3

◆全体主義の起原　2　帝国主義　ハンナ・アーレント著, 大島通義, 大島かおり訳　みすず書房　新版
【要旨】"本書が語るのは国民国家崩壊の物語である"。民族主義の台頭、資本家とモッブの同盟、難民と無国籍者の出現、人権の終焉…全体主義に連なる帝国主義とは。
2017.8 376, 26p B6 ¥4800 ⓘ978-4-622-08626-0

◆全体主義の起原　3　全体主義　ハンナ・アーレント著, 大久保和郎, 大島かおり訳　みすず書房　新版
【要旨】ナチ・ドイツとソヴィエト・ロシアの同質性、プロパガンダ、秘密警察、強制収容所、「見捨てられていること」。先例のない統治形式である全体主義の本質に迫る。
2017.8 440, 27p B6 ¥4800 ⓘ978-4-622-08627-7

◆存在と時間　3　マルティン・ハイデガー著, 中山元訳　光文社（光文社古典新訳文庫）
【要旨】第3巻はデカルトの存在論の誤謬を批判し、世界内存在としての現存在の空間性と手元存在者の空間性との関係から、世界の世界性を考察する。また、「共同現存在」「世人」などの概念から現存在とは誰なのか、他者とは誰なのかという実存論的な問いを考える（第1篇第27節まで）。
2017.7 436p A6 ¥1220 ⓘ978-4-334-75358-0

【要旨】シュタイナーの自由論！
2017.9 285p B6 ¥3000 ⓘ978-4-7565-0135-6

◆愉しい学問　フリードリヒ・ニーチェ著, 森一郎訳　講談社（講談社学術文庫）
【要旨】「神は死んだ。だが、人の世の常として、おそらく、さらに何千年もの間、神の影の映ずる洞窟が存在することだろう」。フリードリヒ・ニーチェが一八八二年に発表した本書は『ツァラトゥストラはこう言った』と並ぶ主著である。随所で笑いを誘うアフォリズムの連なりの中から「永遠回帰」の思想が立ち上がり、「神は死んだ」という鮮烈な宣言がなされる。
2017.1 507p A6 ¥1450 ⓘ978-4-06-292406-1

◆超越論的語用論の再検討―現代のフィヒテ主義は可能か　嘉目道人著　（吹田）大阪大学出版会
【要旨】フィヒテを再評価し、ハーバーマスと対決する。
2017.3 310p B6 ¥3800 ⓘ978-4-87259-585-7

◆哲学としての美学―"美しい"とはどういうことか　ギュンター・ペルトナー著, 渋谷治美監訳, 中野裕考, 中村美智太郎, 馬場智一, 大森万智子共訳　（京都）晃洋書房
【要旨】プラトンからアドルノまでの"美"論を批判的に精査したうえで、"美しい"とはどういうことか、をハイデガーの存在論の見地からここに解明する。ウィーン大学を代表する哲学研究者、G.ペルトナー教授の待望の翻訳。
2017.4 329, 20p A5 ¥5000 ⓘ978-4-7710-2497-7

◆哲学ルポ　カントは今、ロシアに生きる　板生郁衣, L.A. カリニコフ共著　（鎌倉）銀の鈴社（銀鈴叢書）
【目次】第1章 カントに恋して（カントとケーニヒスベルク、大聖堂、ケーニヒスベルク大学そして今は、カント博物館、カント先生のお出かけ、カリーニングラード散策、カントの伝道師）、第2章 カントは今、ロシアに生きる（カリーニングラードにおけるカント、「1974年以降のカリーニングラードにおけるカントとケーニヒスベルク文化」（要旨）、カントと21世紀、東京大学講義における学生の意見）、資料 カリニコフ教授の原文（Kant in Kaliningrad, Kant and the Königsberg culture in Kaliningrad after 1974, KANT AND THE 21ST CENTURY)
2017.4 171p B6 ¥2800 ⓘ978-4-86618-006-9

◆ドイツ観念論物語―カントとヘーゲルの哲学　久田健吉著　（名古屋）ほっとブックス新栄（知多の哲学者シリーズ 3）
【目次】第1講 ドイツ観念論の始祖としてのカント、第2講 モノローグ、第3講 カントの『純粋理性批判』、第4講 カントの『実践理性批判』、第5講 カントの『判断力批判』、第6講 ヘーゲルの良心論『精神現象学』、第7講 ヘーゲルの国家論1『人倫の体系』、第8講 ヘーゲルの国家論2『法哲学』
2017.9 127p A5 ¥1000 ⓘ978-4-903036-29-8

◆ドイツ啓蒙と非ヨーロッパ世界―クニッゲ、レッシング、ヘルダー　笠原賢介著　未来社
【目次】第1章 クニッゲと啓蒙の社交性―カント、シュライアーマッハー、レッシングとの連関のなかで（社交の世紀としての十八世紀、カントにおける啓蒙と社交性、クニッゲと『人間交際術』、初期ロマン派との連続と不連続―シュライアーマッハとクニッゲ、カントとの間、むすび―レッシングと社交性）、第2章 レッシングと非ヨーロッパ世界―『カルダーヌス弁護』におけるイスラームをめぐって（ジロラモ・カルダーノ、ピエール・ベール、イスラーム教徒の弁論、「迷宮」としての『カルダーヌス弁護』、「異教徒」の不在と最終判断の欠如、むすび―「ここにも神々はいるのだから、遠慮なく入るがよい」）、第3章 ヘルダー『イデーン』における非ヨーロッパとヨーロッパ（『イデーン』の基本視点―「地球」と「変容」、ヨーロッパ中心主義への批判、歴史への二重の視点の背景―ベールとゲーテ、『イデーン』のヨーロッパ論、窓のあるモナドと、むすび―ヘルダーと啓蒙、カント、レッシング）
2017.1 301, 41p A5 ¥6800 ⓘ978-4-624-01195-6

◆問いと答え―ハイデガーについて　ギュンター・フィガール著, 齋藤元紀, 陶久明日香, 関口浩, 渡辺和典監訳　法政大学出版局（叢書・ウニベルシタス）
【要旨】ドイツのハイデガー協会会長を長らく務め、現象学・解釈学研究の泰斗として知られる著者による、哲学者との「開かれた対決」を示す論考集。ハイデガーの肖像論に始まり、フッサールとの対立および緊張関係、アリストテレスやプラトン、ニーチェやユンガーとの思想的対決など数々の主要テーマを論じた、15篇の論考を収める。存在の思考、出来事としての哲学の

哲学・思想

さらなる理解のために最適の書。
2017.11 317, 31, 8p B6 ¥4000 ①978-4-588-01071-2

◆**となりのカントくん―4コママンガでカント哲学** 貫成人著, 長澤真緒理マンガ 河出書房新社
【要旨】『純粋理性批判』『永遠平和のために』などを著した西洋哲学を代表する哲学者、イマヌエル・カントの思想には現代を生きる上で、非常に多くのヒントが含まれています。そんなカントがある日突然、失恋したばかりのまおりんゴちゃんの元に降り立ちました…。彼女は「カントくん」の導きで、輝かしい日常を取り戻せるのでしょうか?
2017.1 207p B6 ¥1400 ①978-4-309-24790-8

◆**ニーチェに学ぶ「奴隷をやめて反逆せよ!」―まず知識・思想から** 副島隆彦著 成甲書房
【要旨】今の日本人は背骨を叩き折られている。長年、米国の属国をやり過ぎてつもり奴隷民族に成り下がった。「奴隷をやめて反逆せよ!」と説いた本当のニーチェを日本人に伝えたい、という一念で書き下ろした本。
2017.6 309p B6 ¥1700 ①978-4-88086-354-2

◆**ニーチェ入門** 清水真木著 筑摩書房 (ちくま学芸文庫)
【要旨】現代思想に多大な影響を与え、今なお多くの著作が読み継がれているニーチェ。しかしアフォリズム的に書かれたその文章は、他の哲学者にはない魅力である一方で彼の思想の核心を捉えにくくもしている。ニーチェは終生何について考えていたのか? 実はそこにはカントの『健康と病気』をめぐる洞察があり、と著者は述べる。みずからも病に苦しみつつ、その経験の中から「身体の健康とは何か、精神の健康とは何か」という身近な問題意識への思索を深めていったのだ。ニーチェの生涯と思想、キーワードを平明に解説し、その思想のもつアクチュアリティを浮かび上がらせる入門書。
2018.1 264, 5p A6 ¥1100 ①978-4-480-09830-6

◆**日本カント研究 18 3.11後の「公共」とカント** 日本カント協会編 日本カント協会, 知泉書館 発売
【目次】シンポジウム 3.11後の「公共」とカント―Kant in Fukushima(シンポジウム趣意, 現代の公共性とカント―カントとともにあるものがもつポテンシャリティ、"3.11"後の「公共」とカント的公共性の問い)、共同討議1 カントと功利主義(共同討議1趣意、帰結主義と「もしみんながそれをしたらどうなるか」、同じ山に異なる側から登る―パーフィットの定言命法理解から)、共同討議2 空間論から見たライプニッツとカント(ライプニッツ没後300年)(共同討議2趣意、ライプニッツ的空間はいかにして構成されるか?―クラーク宛第5書簡節における「抽象的空間」、「位置解析」の前に立つカント―『方位論文』の切り拓いたもの)、公募論文(判断にとり対象と関与るーカントにおける単称判断とその意味論、カントの事象性と感覚印象の理論―スコトゥス的観点からの再検討、「生の形式」としてのカント―批判哲学における「快」と「生」、『判断力批判』における自然の体系的統一と合目的性)、書評(増山浩人著『カントの世界論―バウムガルテンとニュートンに対する応答』、オノラ・オニール著 神島裕子訳『正義の境界』、Robert B.Brandom, From Empiricism to Expressivism : Brandom reads Sellars, Hannah Ginsborg, The Normativity of Nature : Essays on Kant's Critique of Judgment)
2017.7 214p A5 ¥2000 ①978-4-86285-933-4

◆**人間の美的教育について** フリードリヒ・フォン・シラー著, 小栗孝則訳 法政大学出版局(叢書・ウニベルシタス) 改装版
【要旨】カントが芸術の国を、人間の意志を自然の法則に従わしめる現象世界と人間の自由意志が支配する道徳的世界とを連絡する関節として設定したように、シラーは美的文化の橋を設置して、これを渡ることによって自然国家から自由国家へ到達しようと考えてみた。彼のこの「自由国家」は、人々が至福な安楽のうちにつどい道徳的健康を増進するとともに、各人がその人格の自由な姿を社会でなければなたなかった。…本書は、そうした彼の哲学思想の集大成と清算を意味すると同時に、またカント哲学の帰結と決裁を意味する。その意味では「彼の」著作としてもまた「歴史的」著作としても、重要な位置にあるものと

いえよう。
2017.9 187p B6 ¥2700 ①978-4-588-14045-7

◆**ハイデガー『存在と時間』を読む** サイモン・クリッチリー, ライナー・シュールマン, スティーヴン・レヴィン編, 串田純一訳 法政大学出版局 (叢書・ウニベルシタス)
【要旨】世界最高の講義へ、ようこそ! 『哲学者たちの死に方』のサイモン・クリッチリー、ハイデガー研究史に現代的な意味をもたらしながら早逝したライナー・シュールマンによる珠玉の講義録。
2017.6 276p B6 ¥4000 ①978-4-588-01059-0

◆**ハイデガー『存在と時間』入門** 轟孝夫著 講談社(講談社現代新書)
【要旨】20世紀最大の哲学書が、これで、わかる!! 新知見もふんだんに取り入れた決定版。「ハイデガー」一筋の研究者が10年かけて解明した本当の『存在と時間』。
2017.7 431p 18cm ¥1000 ①978-4-06-288437-2

◆**ハイデガーと生き物の問題** 串田純一著 法政大学出版局
【目次】第1章 能力の問題と超越論的な人間中心主義(『形而上学の根本諸概念』の概要と生物論の位置づけ、道具の出来上がり状態と器官の出来る態勢 ほか)、第2章 形而上学の二重性と人間的な現存在の地位(形而上学の存在論―神学としての二重性、超越論的―経験的な構成から、世界へと超越する現存在へ ほか)、第3章 超越論的な生き物の考察(「動物は世界が貧しい」というテーゼの性格、動物と世界の関係を知るための「移し置き」という方法 ほか)、第4章 超越する生き物の考察(ライプニッツのモナド論と衝迫および脱抑止、脱抑止と抵抗の位置づけを巡るライプニッツとシェーラーの相違 ほか)、第5章 超越する生き物の有限な言葉(言明的なロゴスと存在者の全体性、世界形成を脱抑止するロゴス ほか)
2017.10 258, 11p A5 ¥3200 ①978-4-588-15083-8

◆**ハイデガーとともに、ハイデガーに抗して―無意味な世界における意味の誕生** 後藤嘉也著 (京都)晃洋書房
【要旨】生きているということは、どういうことなのか。宇宙は、地球や人間を特別扱いするという意図も目的もなしに存在する。だが、意味なく存在する他者は「ありのままのものでありしめよ」と私に訴える。ゆえなくして苦しむ人々の存在を忘れずに、存在することへの感謝に近づく書。
2017.9 248, 6p A5 ¥2800 ①978-4-7710-2901-9

◆**ハイデガー入門** 竹田青嗣著 講談社(講談社学術文庫)
【要旨】マルティン・ハイデガー(一八八九―一九七六年)は「20世紀最大の哲学者」として、今なお光を放ち続ける。しかし、その思想は難解で謎めいている。本書は『存在と時間』から後期思想に至る展開を平易に描き、物議を醸したナチズムとの関わりをも概観する決定版入門書である。混迷する21世紀の思想と政治を考える上で必携の書、ついに文庫化!
2017.4 299p B6 ¥1000 ①978-4-06-292424-5

◆**ハイデルベルク論理学講義―『エンチクロペディー』「論理学」初版とその講義録** ゲオルク・ヴィルヘルム・フリードリヒ・ヘーゲル, 黒崎剛監訳, 藤田俊治, 小板田英之, 金澤晶嗣訳 (京都)ミネルヴァ書房(MINERVA哲学叢書)
【要旨】ドイツ哲学の代表者であり、現代哲学へ大きな影響を及ぼしてきたヘーゲル。1817年にハイデルベルクで刊行された『エンチクロペディー』は、彼の哲学体系を世に知らしめた最初の著書であった。本書では、その第1部「論理学」およびハイデルベルク時代の論理学講義の唯一の筆記資料を併せて掲載し、本人が参照を求めさせた初版によって、壮年ヘーゲルの論理思想の核心を提示する。待望の本邦初訳。
2017.12 349, 27p A5 ¥6000 ①978-4-623-07851-6

◆**美学講義** G.W.F. ヘーゲル著, 寄川条路監訳, 石川伊織, 小川真人, 瀧本有香訳 法政大学出版局(叢書・ウニベルシタス)
【要旨】芸術哲学の決定的古典として、西洋美学思想史に燦然と輝いてきた。しかし従来読まれてきた版は、聴講者H.G. ホトーの手で「体系」へと編集され、いわば歪曲されたテキストだった。1995年にE. シュナイダー編で初公刊された本書は、1820/21年冬学期ベルリン大学の美学講義を忠実に伝える校訂版であり、ヘー

ゲル美学のありのままの姿を示すとともに、その後の講義の発展をすべて内包する基礎的内容をなす。
2017.4 387, 8p B6 ¥4600 ①978-4-588-01057-6

◆**ヒューム哲学の方法論―印象と人間本性をめぐる問題系** 豊川祥隆著 (京都)ナカニシヤ出版
【要旨】ヒューム哲学の「印象と観念の体系」を丹念に分析し、その意義と限界点を探るとともに、その体系がヒュームの人間本性の探求にどう活かされているかを丁寧に考察する。綿密なテクスト読解を通して、ヒューム哲学の矛盾を突くと同時に、その可能性を拓く、第一回イギリス哲学会奨励賞を受賞した若き俊英による初の単著。
2017.3 215p B6 ¥3700 ①978-4-7795-1126-4

◆**フィヒテ研究 第25号(2017年)** フィヒテ研究編集委員会編 日本フィヒテ協会,(京都)晃洋書房 発売
【目次】『コロキウム D. ヘンリッヒ教授90歳記念コロキウム報告、シンポジウム ドイツ観念論から現代を問う(観念論を超えた観念論にみる「自他(汝)関係」の現代的可能性、自我という思想―フィヒテの『道徳論の体系』における隠されたもの、根拠なしの共同―ショーペンハウアーの現代性)、研究論文(存在の二重の現存在―フィヒテとヨハネ、なぜフィヒテのイェーナ期哲学はヤコービにニヒリズムとみなされたのか)、書評、独文要旨、報告
2017.11 123p A5 ¥2000 ①978-4-7710-2949-1

◆**フッサールにおける価値と実践―善さはいかにして構成されるのか** 八重樫徹著 水声社
【要旨】「よく生きること」はいかにして可能か? 初期の『論理学研究』から晩年の草稿まで、フッサールの哲学に一貫して見いだせるものは「よく生きること」への問いであった。フッサールにおける「価値論」を丹念にたどることにより、それが「感情」と切り離せないものであることを解明し、フッサール倫理学にひとつの筋道を見出す。
2017.1 307p B6 ¥3500 ①978-4-8010-0181-7

◆**フッサールの現象学** ダン・ザハヴィ著, 工藤和男, 中村拓也訳 (京都)晃洋書房 新装版
【要旨】フッサール現象学を数々の誤解から救い出し、志向性、直観、構成、時間、身体、主観性、相互主観性、生世界などの現象学の根本概念を明解に読み解く。
2017.4 242, 20p B6 ¥2400 ①978-4-7710-2892-0

◆**フッサールの後期還元思想―『危機書』への集束** 堀栄造著 (京都)晃洋書房
【目次】第1部『危機書』の基礎を形作るフッサール現象学の諸転回(一九一〇年代)(『危機書』の学問論の原型(一九一二年―一九一六年)、存在論的転回(一九〇六/〇七年―一九一七/一八年)、形相的心理学的転回(一九一一年―一九一七年)、実在論的転回(一九一二年―一九一八年)、具体的事実的転回(一九一六年―一九一八年))、第2部 実存的生の把握としての実存的現象学の形成(一九二〇・三〇年代)(『危機書』の学問論的枠組みとなる「第一哲学」の理念(一九二二年―一九二四年)、『危機書』の学問論的枠組みたる非デカルト的通の形成(一九二四年―一九二六年)、実存的生を主題化する「実存的現象学」(一九二六年)、現象学的心理学の方法こみる形相的ヴァリエーション(一九二五年―一九二八年)、実存的生のあり方を全面的に捉える「哲学的に真正の人間学」(一九三三年―一九三五年)、『危機書』の前夜―(一九三三年―一九三五年))
2017.9 252p A5 ¥3800 ①978-4-7710-2913-2

◆**フランクル『夜と霧』への旅** 河原理子著 朝日新聞出版(朝日文庫)
【要旨】強制収容所体験の記録『夜と霧』をはじめ、精神科医フランクルの著作が、日本中で静かに読み継がれている。越えがたい苦しみを抱えながら、フランクルの言葉を生きる支えとする人々と、彼の人生をたどり、「それでも人生にイエスと言う」思想の深奥を追う。
2017.4 303, 22p A6 ¥800 ①978-4-02-261898-6

◆**フリードリヒ・シュレーゲルの「生の哲学」の諸相** 酒田健一著 御茶の水書房
【要旨】ヘーゲルに始まりカール・シュミットにおいて絶頂を極める「シュレーゲル・バッシング」をその基層とする幾多の忘恩裏切の歴史の谷間に、「善にして同時に偉大なるものはすべてパラドックスである」を生前、死後の旗印

として渡り歩いて今に到った一思想家の「迷路歴程」。
2017.4 692, 25p A5 ¥14000 ①978-4-275-02057-4

◆ヘーゲル・セレクション　G.W.F. ヘーゲル著, 廣松渉, 加藤尚武編訳　平凡社（平凡社ライブラリー）
【要旨】神学徒として出発するも、カント、フィヒテの影響とフランス革命への共感から、哲学者の道を歩んだヘーゲル。キリスト教的絶対者ではない形でカントの二元論を克服しようと、論理学、自然哲学、精神哲学を展開し、国家、市民、社会、歴史に飽くなき関心を抱き続けたヘーゲルの巨大な哲学体系を見渡す、名アンソロジーにして最良の入門書！
2017.2 333p 16x11cm ¥1500 ①978-4-582-76852-7

◆ヘーゲル哲学を研究する─付・断片集、句歌集、評論　小林道憲著　（京都）ミネルヴァ書房（小林道憲"生命の哲学"コレクション10）
【要旨】ヘーゲルの『精神現象学』は、意識が自己の諸段階を遍歴経験し、「絶対知」に到達するまでの意識の自己形成の歴史を叙述するものといわれる。この『精神現象学』の叙述を可能にしている否定性の契機を取り出して、その根拠を問い、現代批判と哲学的思索の狭間で立って、五十年ほどにおよぶ聞書きしておいた断想、折々の俳句や短歌、評論を収録する。
2017.6 501p A5 ¥6500 ①978-4-623-07735-9

◆ヘーゲル哲学研究　vol.23 2017　ヘーゲルは何を見て、何を考えたか？　日本ヘーゲル学会編　日本ヘーゲル学会, こぶし書房発売
【目次】巻頭言「哲学によって、哲学を通して生きることを学ぶ」とはどのようなことなのか、シンポジウム1 概念とは何か？　ヘーゲル『大論理学』「概念論」二〇〇年、シンポジウム2 ヘーゲルの絵画論─ヘーゲルは何を見て、何を考えたか？、公募論文 意識の経験の必然性と完璧性─ヘーゲル『精神現象学』の根本的構造について、合評会1 田談信廣著『ラインホルト哲学研究序説』、合評会2 中山伸弘著『ヘーゲル国家学』、合評会3 牧野廣義著『ヘーゲル論理学と矛盾・主体・自由』、日本ヘーゲル学会二〇一六年度活動報告、二〇一七年度公募論文審査経緯報告、第一回日本ヘーゲル学会研究奨励賞選考経緯報告
2017.12 145, 12p A5 ¥1800 ①978-4-87559-338-6

◆ヘーゲルと現代思想　寄川条路編著　（京都）晃洋書房
【要旨】ヘーゲル哲学から誕生した現代思想の朝流をたどる。ドイツ観念論という狭い枠組みを超えて、これからどのような方向へ進んでいくのか。19世紀のデンマークから現代思想と欧米のフェミニズムまで、多岐にわたって発展した学問の体系としての影響力を物語る。
2017.5 176, 3p B6 ¥1800 ①978-4-7710-2891-3

◆ヘーゲルとハイチ─普遍史の可能性にむけて　スーザン・バック＝モース著, 岩崎稔, 高橋明史訳　法政大学出版局　（叢書・ウニベルシタス）
【要旨】世界史はいかに可能か？　奴隷制と植民地支配が形成した世界資本主義市場を背景に、近代市民社会をめぐるよく知られた洞察と"ハイチ革命"の現実を同時に思考することで、主人と奴隷の弁証法のプロセスないし階級闘争史とみなされた世界史のヴィジョンを、従来問われずにいたまったく別の観点から批評することである。非西洋中心主義的にして真に哲学的な人類史にむけた、ポストコロニアル的批判の刺激的成果！
2017.9 257, 26p B6 ¥3600 ①978-4-588-01064-4

◆法の哲学─ヘーゲルとその時代　堅田剛著　御茶の水書房
【要旨】フランス革命からウィーン会議、そして三月革命にいたる政治的時代に、ヘーゲルが論じた哲学とは。─法学者によるヘーゲル研究の軌跡。
2017.6 422p A5 ¥8000 ①978-4-275-02066-6

◆星と人間─精神科学と天体　ルドルフ・シュタイナー著, 西川隆範編訳　風濤社　新装版
【要旨】天空に輝く星は私たちの体にも人生にも、そして文化にも深く関わりをもっている。星と人間にふれる、興味あふれる講義9篇。
2017.4 220p B6 ¥2200 ①978-4-89219-427-6

◆無意識のヘーゲル─鏡映理論としての『大論理学』　ヴァルター・ノイマン著, 内田弘訳　こぶし書房

【要旨】鏡に映る「あなた」は他人が見ている「あなた」ではない。「合わせ鏡」の中の鏡1の中の鏡2に映る「あなた」こそ、他人の見ている「あなた」である。このような鏡映過程を神の自己創造過程として論証したのがヘーゲルの『大論理学』なのだ。「大論理学」をマルクス・フロイトの問題構成で読み解く。
2017.4 279p B6 ¥3200 ①978-4-87559-327-0

◆無限の二重化─ロマン主義・ベンヤミン・デリダにおける絶対的自己反省理論　ヴィンフリート・メニングハウス著, 伊藤秀一訳　法政大学出版局　（叢書・ウニベルシタス）　新装版
【要旨】1 パラレリズム、韻、詩的反省、2 ヴァルター・ベンヤミンによるロマン主義反省理論の叙述（反省の直接性と無限性、「反省」対「知的直観」ほか）、3 産出および絶対的総合としての反省─非再現前化主義的な自己二重化モデルの根本規定（記号、言語、表出）（対象化および離反化する反省の他者としての絶対者（シェリング）、「非反省」の逸失としての反省（ノヴァーリス、シュレーゲル）ほか）、4 初期ロマン主義の超越論哲学、神秘主義、幾何学、修辞学、テクスト理論、文芸批評の諸契機の収斂および消尽点としての反省的「屈折」の脱自的「遊動」（生、浮遊、織りとしての反省、無からの創造、無と有の間の炎、反省が自己自身の内に跳び映ること ほか）、5 ロマン主義の絶対的自己反省理論のシステム理論と歴史哲学における消尽点（"充実"した自己関係性についてのロマン主義とシステム理論における思惟、反省理論と歴史哲学）
2017.11 331, 9p B6 ¥3800 ①978-4-588-14048-8

◆模範像なしに─美学小論集　テオドール・W. アドルノ著, 竹峰義和訳　みすず書房
【要旨】芸術は人類にたいして人類の没落という夢を見せるのだが─音楽や美術から建築や映画まで、モダニズム芸術を批判的に擁護する論考から幼年時代の回想へ。アドルノ晩年の思考のエッセンス。
2017.12 247p A5 ¥4500 ①978-4-622-08667-3

◆ヤスパースの実存思想─主観主義の超克　松野さやか著　京都大学学術出版会（プリミエ・コレクション）
【要旨】「意識」「限界状況」「包越者」「了解」「交わり」─悪しき主観主義という実存哲学に対する批判を斥け、五つの基本概念の下にカール・ヤスパース哲学の本質を明らかにする。
2017.3 254p A5 ¥3600 ①978-4-8140-0080-7

◆飲茶の「最強！」のニーチェ─幸福になる哲学　飲茶著　水王舎
【要旨】対話形式＆1コママンガでいちばんわかりやすいニーチェ入門書の決定版！　明日役立つ哲学がこの一冊に。
2017.12 250p B6 ¥1300 ①978-4-86470-091-7

◆ライプニッツの創世記─自発と依存の形而上学　根無一信著　慶應義塾大学出版会
【要旨】被造物における「自発性」と「神への依存性」という矛盾する二つの根本性格は、いかにして両立しうるのか。本書は、ライプニッツ哲学の「神と被造物の関係性」、「世界創造の始源」に焦点を合わせ、哲学史上の大問題を解決することを試みる。さらに、ライプニッツのモットー「真理は中間にある」に忠実に従って、議論を人間の実践の問題、すなわち自由論へと押し広げ、予定調和の世界にあっても人間は自由であるということを論証する。ライプニッツをスピノザ主義とみなす傾向にある今日の研究を全面的に反駁する、気鋭の研究者による野心作。
2017.8 305, 19p A5 ¥6400 ①978-4-7664-2455-3

◆リズムの本質　ルートヴィヒ・クラーゲス著, 杉浦實訳　みすず書房　新装復刊
【要旨】「リズム」とは、何であるのか？　それは周期的な反復運動（現象）であるが、「拍子」（タクト）とはどう違うのか？　三つの問題点─「現象」の意味、リズムと拍子の関係（その対立と結合）、リズムの空間・時間性を骨組みとして、「生命」と「精神」についての独創的な思索を展開する。
2017.9 142p B6 ¥2700 ①978-4-622-08654-3

◆私たちのなかの私─承認論研究　アクセル・ホネット著, 日暮雅夫, 三崎和志, 出口剛司, 庄司信, 宮本真也訳　法政大学出版局　（叢書・ウニベルシタス）
【要旨】正義論、権力論、社会学、精神分析といった様々な分野を他者的に検証し、ヘーゲル現象学・法哲学における自己意識と自由、ロールズらの正義概念とリベラリズム、資本主義におけ

る自己実現と労働問題、道徳と権力の関係、国際関係における文化の問題、さらには、愛する人の死に直面する困難まで、承認論をアクチュアルな問題に対峙させ、議論の射程を新たに拡張する。
2017.5 368, 2p B6 ¥4200 ①978-4-588-01056-9

フランス・オランダ

◆アーカイヴの病─フロイトの印象　ジャック・デリダ著, 福本修訳　法政大学出版局　（叢書・ウニベルシタス）　新装版
【目次】銘句、序言、前書き、諸命題、後記
2017.1 188p B6 ¥2300 ①978-4-588-14037-2

◆アランの幸福論─ビジュアル版　アラン著, 齋藤慎子訳, 山口昌弘写真　ディスカヴァー・トゥエンティワン
【要旨】幸せだから笑うのではない。笑っているから幸せなのだ。幸せを呼ぶ写真とともに味わう累計17万部突破のベストセラー。
2017.5 1Vol. 18x13cm ¥1400 ①978-4-7993-2098-3

◆イマージュの肉─絵画と映画のあいだのメルロ＝ポンティ　マウロ・カルボーネ著, 西村和泉訳　水声社
【要旨】『見えるものと見えないもの』の中心的主題である「肉」の概念を再考し、世界の現実を知覚と想像の両面でとらえる、まったく新しい存在哲学の書。創成期の映画の分析をとおしてイマージュの核心に迫ろうとしたメルロ＝ポンティの遺志を継ぎ、伝統的な哲学から今日の現象学、西洋古来の芸術から現代メディアへの変遷をたどりながら、普遍的な人間の視覚意識を浮き彫りにする。
2017.12 279p B6 ¥4800 ①978-4-8010-0299-9

◆動きすぎてはいけない─ジル・ドゥルーズと生成変化の哲学　千葉雅也著　河出書房新社（河出文庫）
【要旨】全生活をインターネットが覆い、我々は相互監視のはざまで窒息しかけている─現代の「接続過剰」から逃走するチャンスはどこにあるのか？　従来「接続を推進する」ものと見なされがちだったジル・ドゥルーズの哲学を大胆に読み替え、「切断の哲学」を提示した本書は、人間の弱さや「有限性」をこそ思考する、世界的に特異な「生成変化論」である。巻末には千葉＝ドゥルーズ思想を読み解くための手引を付す。異例の哲学書ベストセラー、文庫化。紀伊國屋じんぶん大賞2013/第5回表象文化論学会賞受賞。
2017.9 475p A6 ¥1000 ①978-4-309-41562-8

◆うつむく眼─二〇世紀フランス思想における視覚の失墜　マーティン・ジェイ著, 亀井大輔, 神田大輔, 青柳雅文, 佐藤勇一, 小林琢自, 田邉正俊訳　法政大学出版局　（叢書・ウニベルシタス）
【要旨】視覚の権威剥奪をめぐる思想史。二〇世紀フランス思想は古代ギリシアよりつづく視覚の覇権体制に反旗を翻した。絵画、写真、映画をはじめとする視覚芸術から哲学、宗教、精神分析、ジェンダーにいたる諸論点をめぐり、サルトル、メルロ＝ポンティ、レヴィナス、ラカン、フーコー、デリダらの言説が「反─視覚」の一点において重なりあう思想史の金字塔にして刺激的な視覚論。
2017.12 543, 243p B6 ¥6400 ①978-4-588-01073-6

◆簡素な生き方　シャルル・ヴァグネル著, 山本知子訳, リベル翻訳協力　講談社
【要旨】120年の時を経てよみがえる、フランス・シンプル思想の源流。今の大人が見つめなおしたい「うつくしい道徳」。
2017.2 255p B6 ¥1400 ①978-4-06-220213-8

◆歓待について─パリ講義の記録　ジャック・デリダ著, アンヌ・デュフールマンテル序論, 廣瀬浩司訳　筑摩書房　（ちくま学芸文庫）
【要旨】移民や難民の受け入れはどこまで可能か。何の留保や制約もなしに、異邦人＝他者を歓迎するなど可能なのか。今日さらに切迫したものとなったこの問いにデリダが挑む。現代では、よそからやってきた他者を「私」の空間へ招き入れるという古典的な歓待の構図が崩壊しつつある。こうした歓待の側の自己意識や権力を前提とした条件付きの歓待に対し、デリダはプラトン、ギリシャ悲劇などを参照しつつ、無条件

哲学・心理学・宗教

の歓待の諸相へと目を向ける。この遡行が揺さぶるのはヨーロッパを基礎づけてきた歓待の精神そのものであり、その根源的な(不)可能性にほかならない―。後期デリダ入門にも好適の一冊。
2018.1 201p A6 ¥1000 978-4-480-09836-8

◆観念に到来する神について エマニュエル・レヴィナス著, 内田樹訳 国文社 新装版
【要旨】神の絶対性を毀損することなしに、神について語ることは可能か。
2017.5 328p B6 ¥3000 ①978-4-7720-0540-1

◆観の目―ベルクソン『物質と記憶』をめぐるエッセイ 渡仲幸利著 岩波書店
【要旨】深くものを知るとは何か。本当に勝つとはいかなることか。剣術家×哲学者。ベルクソンの「直観」と宮本武蔵の「観の目」を手がかりに、読者の人生観へと問いかける魂のエッセイ。
2017.12 151p B6 ¥2000 ①978-4-00-061239-5

◆近代の"物神事実"崇拝について―ならびに「聖像衝突」 ブリュノ・ラトゥール著, 荒金直人訳 以文社
【要旨】「事実」と「物神」を区別する西洋近代の存在論を再検討し、「物神事実」という概念を提示するラトゥールは、「我々は一度も近代的ではなかった」と語る。宗教、科学、政治・芸術の諸分野で主体と客体の関係に再考を促し、実在論と構成主義の対立を脱構築する科学人類学の試み。
2017.9 243p B6 ¥2600 ①978-4-7531-0342-3

◆現代フランス哲学に学ぶ 戸島貴代志, 本郷均編著 放送大学教育振興会, NHK出版 発売 (放送大学教材)
【目次】現代フランス哲学概観, 源流としてのベルクソン, ベルクソン哲学の進展, ベルクソン哲学の可能性, 戦後のフランス哲学理解のために, サルトルの哲学, メルロ=ポンティの哲学, 1960年代からの思想状況, ミシェル・フーコーの哲学, 1980年代からの思想状況, ポール・リクールの哲学, 現代フランス哲学に学ぶ
2017.3 235p A5 ¥3000 ①978-4-595-31710-1

◆幸福論 くじけない楽観主義 アラン著, 住友進訳 日本能率協会マネジメントセンター (今こそ名著)
【要旨】幸せになりたければ、上機嫌にふるまいなさい。20世紀初頭のフランス。社会不安を吹き飛ばす実践的な人生哲学。
2017.12 341p B6 ¥1600 ①978-4-8207-1985-4

◆五感―混合体の哲学 ミッシェル・セール著, 米山親能訳 法政大学出版局 (叢書・ウニベルシタス) 新装版
【目次】ヴェール(誕生、入墓 ほか)、ボックス(エピダウロスでの治癒、三つの可聴音域 ほか)、テーブル(動物精気、狼 ほか)、探訪(村々の風景、(全面的に)異郷にあること ほか)、歓喜(ステンドグラス、フランスでの治癒 ほか)
2017.3 572, 4p B6 ¥6200 ①978-4-588-14039-6

◆ザッヘル=マゾッホ紹介―冷淡なものと残酷なもの ジル・ドゥルーズ著, 堀千晶訳 河出書房新社 (河出文庫)
【要旨】マゾッホをサドの陰から救い出し、その独自の秘密=特異性を発見するとともに、差異と反復の希求というドゥルーズ哲学の核心をあきらかにした重要な名著を45年目に新訳。サドの「否定」、「アイロニー」に対するマゾッホの「否認」と「契約」、そして「ユーモア」をとりだし、この奇妙な思考に、「法の本能」を見出す、いまこそ斬新な思考の生成。
2018.1 273p A6 ¥1000 ①978-4-309-46461-9

◆思考と動くもの アンリ・ベルクソン著, 竹内信夫訳 白水社 (新訳ベルクソン全集7)
【要旨】哲学者であるとともに科学者、そして人でもある知の巨人―。ベルクソンの統一的な全体像がわかる、本邦初の個人完訳。
2017.6 353, 14p B6 ¥4100 ①978-4-560-09307-8

◆シモーヌ・ヴェイユ 水声社 (別冊「水声通信」)
【要旨】時の大戦の解決を図るべく無謀としか言えない計画をはじめ政治活動に奔走する一方、ローマ帝国から近代国家に潜む「力」の論理を看破し、キリスト教とは一線を画す「犠牲」の精神へ到達したシモーヌ・ヴェイユ。行動と思想に一貫したラディカルな思考に、いま応答する。
2017.12 293p A5 ¥2800 ①978-4-8010-0320-0

◆社会的事実の数理―デュルケーム、モース、レヴィ=ストロース 落合仁司著 勁草書房
【要旨】「構造が行為を拘束し、行為が構造を持続させる」というフランス社会学派の根本命題は、どのように数学的に表現されるのか? フランス社会理論の本流に初めて数学的表現を与え、アメリカ社会科学の数理モデルに対置させる画期的試み。
2017.1 158p B6 ¥2200 ①978-4-326-15443-2

◆ジャック・デリダ―動物性の政治と倫理 パトリック・ロレッド著, 西山雄二, 桐谷慧訳 勁草書房
【要旨】近代の主権概念は人間と動物の区別と不可分であり、政治は常に人間に固有なものとされてきた。西欧思想においては、人間と人間ではない生きものたちの政治関係の発明が避けられ、獣と主権者のアナロジーによって動物たちに日々ふるまわれる根底的な暴力が見えなくされてきたのだ。デリダが人生の最後に発明した「動物-政治」概念から、「民主主義的な主権」の問いが開かれる。
2017.2 151p B6 ¥2200 ①978-4-326-15444-9

◆ジャック・デリダ講義録 死刑 1 ジャック・デリダ著, 高桑和巳訳 白水社
【要旨】哲学者デリダが死刑論の「夜明け」を宣告する。
2017.7 368, 53p A5 ¥7500 ①978-4-560-09803-5

◆ジャック・ラカン不安 上 ジャック=アラン・ミレール編, 小出浩之, 鈴木國文, 菅原誠一, 古橋忠晃訳 岩波書店
【要旨】誰しもが遭遇する「不安」、それは人間存在に何を投げかけているのか――〇年目のセミネールでラカンは、普遍的でありながら、しかし精神医学でも現象学でも十分に考察されてこなかったこの問いこそ正体する。フロイトはじめ過去の臨床家を悩ませてきた様々な症例の再解釈を通じて、主体と欠如、欲望とその原因をめぐるトポロジカルな迷宮の果てに、ついに「対象のa」をめぐる本格的考察を展開。ラカン思想全域の理解に不可欠な、熱気あふれるセミネール第一〇巻。
2017.3 236p A5 ¥4900 ①978-4-00-061186-2

◆重力と恩寵 シモーヌ・ヴェイユ著, 冨原眞弓訳 岩波文庫
【要旨】たとえこの身が泥の塊となりはてても、魂だけは穢さずにいたい―たえまなく襲いかかる不幸=重力により、自らの魂を貶めざるをえない人間。善・美・意味から引きはがされた真空状態で、恩寵のみが穢れをまぬがれる道を示す。戦火のなかでも、究極の純粋さを志したヴェイユ。深い内省の跡を伝える雑記帳からの新校訂版。
2017.3 448, 4p A6 ¥1130 978-4-00-336904-3

◆主体の論理・概念の倫理―二〇世紀フランスのエピステモロジーとスピノザ主義 上野修, 米虫正巳, 近藤和敬編 以文社
【要旨】アルチュセールの「スピノザ集団」、ラカン、バディウが関与した『分析手帖』、ブランシュヴィックからカヴァイエス、ヴュイユマンへとつながる「概念の哲学」の系譜。その底流には常に17世紀の哲学者スピノザの姿があった―。
2017.2 476p A5 ¥4600 ①978-4-7531-0338-6

◆情報体の哲学―デカルトの心身論と現代の情報社会論 曽我千亜紀著 (京都)ナカニシヤ出版
【要旨】デカルト流の二元論が導く新概念を駆使し、情報社会の構造解明に挑む。「情報」を補完した新概念─「情報的体」を通し、現代の情報社会の構造、さらにはそこにあるべき倫理に迫る大いなる挑戦の書。
2017.1 320p A5 ¥5000 ①978-4-7795-1104-2

◆処罰社会―コレージュ・ド・フランス講義 1972-1973年度 ミシェル・フーコー著, 八幡恵一訳 筑摩書房 (ミシェル・フーコー講義集成3)
【要旨】規律権力はどこから来たのか―現代の監視社会の起源を問う、もうひとつの『監獄の誕生』! 18世紀から19世紀にかけ、監獄という刑罰の形態が、身体刑にとって代わり、突如として一般的になる。このような奇妙な現象が生じたのか。犯罪者を「社会の敵」へと変えるさまざまな刑罰の理論と実践を検討し、『監獄の誕生』では十分に深められなかった「道徳」の観点から、現代における規律社会の到来を系譜学的にさぐる。フーコー権力論の転回点を示す白熱の講義。
2017.6 415, 5p A5 ¥6000 ①978-4-480-79043-9

◆スピノザーナ―スピノザ協会年報 第15号 (2014-2016) スピノザ協会, 学樹書院 発売
【目次】論文、インタヴュー、書評、資料紹介、協会事務局より
2017.1 144p A5 ¥2200 ①978-4-906502-84-4

◆正常と病理 ジョルジュ・カンギレム著, 滝沢武久訳 法政大学出版局 (叢書・ウニベルシタス) 新装版
【目次】1 正常と病理に関するいくつかの問題についての試論(一九四三年)(病理的状態は、正常な状態の量的変化にすぎないか?、正常と病理の科学は存在するか?)、2 正常と病理に関する新考(一九六三年-一九六六年)(二十年後…、社会的なものから生命的なものへ、人間の有機的規範について、病理学における新しい概念― "誤謬"、結語)
2017.1 300, 13p B6 ¥3600 ①978-4-588-14038-9

◆精神の政治学 ポール・ヴァレリー著, 吉田健一訳 中央公論新社 (中公文庫プレミアム)
【要旨】ヴァレリーの全作品は現代世界の一つの無比に精緻な叙事詩である―。表題作ほか、訳者によって精選された「知性に就て」「地中海の感興」「レオナルドと哲学者達」の全四篇を収める。巻末に吉田健一の単行本未収録エッセイを併録する。
2017.12 253p A6 ¥860 ①978-4-12-206505-5

◆叢書『アナール1929-2010』―歴史の対象と方法 5 1980-2010 ジャン=イヴ・グルニエ編, 浜名優美監訳 藤原書店
【要旨】「歴史学の危機」、その後。「構造」「数量」「心性」という従来の歴史叙述の柱が再検討に付されたのち、歴史学はいかなる「批判的転回」を迎えたのか。表象、記憶、ミクロなどの対象に再注目した、R・シャルティエ、F・アルトーグ、M・オズーフ、J・C・シュミットらの論文を収録。
2017.7 574p A5 ¥8800 ①978-4-86578-126-7

◆断章としての身体 1971-1974 ロラン・バルト著, 吉村和明訳 みすず書房 (ロラン・バルト著作集8)
【要旨】「伝記素」「テクストの快楽」を登場させ、「作者の回帰」を主張、身体の探索や独自の断章形式が開花させるバルト。「エクリチュールについての変奏」「では、中国は?」など初紹介の全23篇。
2017.9 375p 21×16cm ¥6400 ①978-4-622-08118-0

◆沈黙の詩法―メルロ=ポンティと表現の哲学 加國尚志著 (京都)晃洋書房
【要旨】沈黙と区別もつかぬかすかなひびき―表現の限界の内側から触れられる、表現の零度へ。「私が語る」/「ことばが語る」の境界水位。
2017.3 237p A5 ¥3600 ①978-4-7710-2801-2

◆テクストの楽しみ ロラン・バルト著, 鈴村和成訳 みすず書房
【要旨】「楽しみのテクスト―満足させ、満たし、幸福感を与えるもの。文明からやって来て、文明と決裂することなく、読書の心地よい実践とむすばれるもの」「歓びのテクスト―放心の状態におくもの、意気阻喪させるもの。読者の、歴史的、文明的、心理的な基底だとか、その趣味、その価値観、その記憶の一貫性を揺り動かすもの」「テクストの楽しみ。古典。文明。知性。アイロニー。繊細さ。幸福感。伎倆。安全。歓びのテクスト。楽しみは粉々になる。国語は粉々になる。文明は粉々になる」46の断章から編まれた、「身体的思考」によるロマネスク。テクストを読む=書く主体が、身をたずさえてここに戻って来る。「制度としての作者は死んだ」、「テク

◆哲学書簡　ヴォルテール著,斉藤悦則訳　光文社（光文社古典新訳文庫）
【要旨】イギリスにおける信教の自由、議会政治を賛美し、ロックの思想、ニュートンの科学などの考察を書簡形式で綴ったヴォルテールの思想の原点。フランス社会の遅れを痛烈に批判し発禁処分にされたベストセラーとなった、のちの啓蒙思想家たちに大きな影響を与えた初期の代表作。
2017.5 362p A6 ¥980 ①978-4-334-75354-2

◆デリダ 脱‐構築の創造力　中田光雄著　水声社
【要旨】"脱‐構築"を"創造"活動の一環として捉え、"アポリア"の先鋭化をもって、すでに失効しつつある伝来の、調和、整合性、弁証法的止揚、二律背反、逆説弁証法、…を克服する"メタポリア"実践への企て。
2017.5 340p A5 ¥5000 ①978-4-8010-0184-8

◆道徳哲学史　ジャン・バルベラック著,門亜樹子訳　京都大学学術出版会（近代社会思想コレクション 20）
【要旨】宗教の名のもとに行われる様々な迫害を弾劾する。ギリシャ・ローマ思想に遡及し自然法に根拠を求め、道徳思想を教会の桎梏から解放する。
2017.6 546p B6 ¥4400 ①978-4-8140-0106-4

◆ドゥルーズと多様体の哲学―二〇世紀のエピステモロジーにむけて　渡辺洋平著　（京都）人文書院
【要旨】ドゥルーズが独自の思想を展開した書物（『差異と反復』『意味の論理学』『シネマ』『ディアローグ』『アンチ・オイディプス』『千のプラトー』『哲学とは何か』）を中心に、出来事、強度、多様体、ノマド、欲望、芸術といったテーマから徹底解読。その哲学の全体像を描き出すとともに、20世紀思想の可能性を再構築する意欲作。
2017.2 367p B6 ¥4500 ①978-4-409-03093-6

◆日本とフランスのあいだで―思想の軌跡　棚沢直子著　御茶の水書房
【要旨】フランス学研究者棚沢直子の思想はいかに形成されたか。その思想の構成要件とはなにか。
2017.9 444, 10p A5 ¥4600 ①978-4-275-02069-7

◆ベルクソニズム 新訳　ジル・ドゥルーズ著,桧垣立哉,小林卓也訳　法政大学出版局（叢書・ウニベルシタス）
【要旨】哲学史家ドゥルーズの初期代表作。直観や持続、記憶の理論を精査し、差異と多様体の概念を創造することでその後のベルクソン解釈を完全に塗り替えるとともに、ドゥルーズ自身の哲学をも決定づけた古典。潜在性と現勢性はいかなる関係にあり、持続の一元論とは何を意味するのか？長く親しまれた『ベルクソンの哲学』から40年以上を経て、近年の研究動向を取り入れた新訳刊行。
2017.5 179p, 16p B6 ¥2100 ①978-4-588-01063-7

◆ベルクソン『物質と記憶』を診断する―時間経験の哲学・意識の科学・美学・倫理学への展開　平井靖史,藤田尚志,安孫子信編　書肆心水
【要旨】時代にあまりに先駆けて世に出たゆえに難解書とされてきた『物質と記憶』を現代諸科学の知見を通して新たに読解する。ベルクソン『物質と記憶』を解剖する』の続編。
2017.9 381p A5 ¥3500 ①978-4-906917-73-0

◆法が作られるとき―近代行政裁判の人類学的考察　ブルーノ・ラトゥール著,堀口真司訳　水声社（人類学の転回）
【要旨】近代国家における行政制度の原点をいわば民族誌的に描き、いまも君臨する「フランス行政法」、「フランス行政最高裁判所」に、世界でもっとも有名な人類学者が、さまざまな制約を乗り越え、奥深くまで潜り込む。
2017.6 473p B6 ¥4500 ①978-4-8010-0263-0

◆ミシェル・フーコー、経験としての哲学―方法と主体の問いをめぐって　阿部崇著　法政大学出版局
【要旨】あらゆる経験的な価値を自明のものとせず、その自明性を歴史的な生成過程のうちに置き直すフーコー。「権力」「狂気」「性」の系譜を洗い出しつつ、その意味を鍛え直し、変容させ、新たな概念を立ち上げ、分析の領域を拓き、哲学的思考の新たな様態性を導入する。主体、統治、真理、歴史、考古学から系譜学へ。フーコーの思考の変動を動態的に描き出し、その「哲学」とともに新たなフーコーを誕生させる。
2017.11 317, 15p A5 ¥4000 ①978-4-588-15085-2

◆民主主義の発明―全体主義の限界　クロード・ルフォール著,渡名喜庸哲,太田悠介,平田周,赤羽悠訳　勁草書房
【要旨】民主主義はまだ発明されていない。全体主義を総括しながら、現代民主主義の理論を打ち立てる、現代フランスの政治哲学者ルフォールの主著。
2017.1 413, 3p A5 ¥5200 ①978-4-326-30254-3

◆メルロ=ポンティ哲学者事典 第1巻 東洋と哲学・哲学の創始者たち・キリスト教と哲学　モーリス・メルロ=ポンティ編著,加賀野井秀一,伊藤泰雄,本郷均,加藤尚志監修　白水社
【要旨】ブッダ、荘子、ソクラテス、トマス・アクィナス、ニコラウス・クザーヌス…古代〜ルネサンスに活躍した200名超の「セレブな哲学者たち」を収録する第一巻。
2017.8 417, 19p A5 ¥5400 ①978-4-560-09311-5

◆メルロ=ポンティ哲学者事典 第2巻 大いなる合理主義・主観性の発見　モーリス・メルロ=ポンティ編著,加賀野井秀一,伊藤泰雄,本郷均,加藤尚志監修　白水社
【要旨】デカルト、スピノザ、ライプニッツ、パスカル、ヒューム、ルソー、カント…おもに17〜18世紀に活躍した120名超の「セレブな哲学者たち」を収録する第二巻。
2017.6 365, 16p A5 ¥5400 ①978-4-560-09312-2

◆メルロ=ポンティ哲学者事典 第3巻 歴史の発見・実存と弁証法・「外部」の哲学者たち　モーリス・メルロ=ポンティ編著,加賀野井秀一,伊藤泰雄,本郷均,加藤尚志監修　白水社
【要旨】ヘーゲル、マルクス、ニーチェ、ベルクソン、ハイデガー、サルトル…おもに19〜20世紀に活躍した300名超の「セレブな哲学者たち」を収録する第三巻。
2017.3 441, 19p A5 ¥5400 ①978-4-560-09313-9

◆メルロ=ポンティ哲学者事典 別巻 現代の哲学・年表・総索引　加賀野井秀一,伊藤泰雄,本郷均,加藤尚志監修　白水社
【要旨】ソシュールをはじめ20世紀現代思想の巨人たちから、サンデル、バトラー、メイヤスー、ピケティ、ガブリエルまで…290名超の「セレブな哲学者たち」を収録する別巻。
2017.12 507, 55p 22×16cm ¥6400 ①978-4-560-09314-6

◆有罪者―無神学大全　ジョルジュ・バタイユ著,江澤健一郎訳　河出書房新社（河出文庫）
【要旨】「生きることは、狂ったように、だが永遠を震撼させつづける『夜の思想家』バタイユの代表作を五十年ぶりに新訳。破格の書物が鋭利な文体と最新研究をふまえた膨大な訳注によって新たによみがえる。『神なき神秘』に捧げられた恍惚、好運、無をめぐる極限の思考がきらめきおそるべき断章群。
2017.12 509p A6 ¥1400 ①978-4-309-46457-2

◆ラカン 真理のパトス―一九六〇年代フランス思想と精神分析　上尾真道著　（京都）人文書院
【要旨】1960年代政治の季節、それは精神分析にとっても画期となる時代であった。医者でもなく心理士でもない特異な存在としての精神分析家、何としてもラカンはそれを歴史のうねりの中から生み出す必要があった。起伏に満ちたその運動の軌跡を、具体的文脈に沿い同時代の視点から炙り出す白熱の論考。
2017.3 342p A5 ¥4500 ①978-4-409-34050-9

◆ラカン的思考　宇波彰著　作品社
【要旨】忘れられてしまった夢こそ、「解釈」の最高の材料である。ラカンの「思考」から汲み取られ、紡がれる思想の可能性と「力」。いまだ刊行中である膨大な講義録「セミネール」を読み解き、断片、痕跡、残滓、忘却から存在の豊饒さを救い出す。フランス現代思想研究の先駆者である著者、畢生のラカン論、結実。
2017.2 233p B6 ¥2400 ①978-4-86182-621-4

◆ラディカル無神論―デリダと生の時間　マーティン・ヘグルンド著,吉松覚,島田貴史,松田智裕訳　法政大学出版局（叢書・ウニベルシタス）
【要旨】痕跡の時間構造と自己免疫性の論理より導かれるデリダのあまりにもラディカルな無神論は、神を否定するにとどまらず、神すらも有限の時間のもとで堕落・汚染・変質の脅威に曝されるものとみなす。神の脱構築を通じて"生き延び"の思考を練り上げたデリダと、カント、フッサール、レヴィナス、ラクラウらとの決定的な差異を鮮やかに指摘する俊英の哲学的主著。日本語版付録としてメイヤスー批判論文を収録する。
2017.6 448, 23p B6 ¥5500 ①978-4-588-01062-0

◆レヴィ=ストロース論集成　川田順造著　青土社
【要旨】資本主義の現代を根底から震撼させた構造主義のレヴィ=ストロース。親交半世紀におよぶ人類学第一人者の著者が、20世紀思想の巨星が照らす碩学不羈の、根源的な思想の核心に、鋭利にそして多彩に迫る。
2017.4 287p B6 ¥2600 ①978-4-7917-6979-7

◆レヴィナス―移ろいゆくものへの視線　熊野純彦著　岩波書店（岩波現代文庫）
【要旨】戦争と虐殺の世紀を生き延び、さまざまな「無用の苦しみ」を問うことから生じたレヴィナスの哲学。そのテクストに刻み込まれた「時間」「所有」「存在」「他者」とは何を意味するのか。倫理学の第一人者である著者が、難解といわれる二つの主著『全体性と無限』『存在とはべつのしかたで』のテクストを緻密に読み解く。現代を生き抜く強靭な思考を浮かび上がらせる名著。
2017.6 342, 3p A6 ¥1360 ①978-4-00-600364-7

◆私の生活技術　アンドレ・モーロワ著,中山眞彦訳　土曜社（土曜文庫）
【要旨】若いうち本を読みあさるのは、ちょうど広い世間に出て行くのと同じで、友を得るためである。しかしいったん、これこそ友とすべきだという人が見つかったら、その人とともに世間づきあいをはなれるべきである。
2017.1 223p A6 ¥795 ①978-4-907511-20-3

◆我と肉―自我分析への序論　ジャコブ・ロゴザンスキー著,松葉祥一,村瀬鋼,本間義啓訳（調布）月曜社（シリーズ・古典転生 15）
【要旨】私とは何か―その問いは今もなお古びてなどいない。ハイデガーの存在論とラカンの精神分析を批判的に乗りこえ、より根源的な自我の思考へとまっすぐに錨を下ろす、ラディカルな哲学。
2017.6 472p A5 ¥4800 ①978-4-86503-047-1

イギリス・アメリカ

◆アメリカ 未完のプロジェクト―20世紀アメリカにおける左翼思想　リチャード・ローティ著,小澤照彦訳　（京都）晃洋書房　新装版
【要旨】可視化されたサイレントマジョリティー―差別、暴動、偏見。現代アメリカが抱える深い闇を、プラグマティズムの重鎮がニューレフト思想から鋭くえぐる。
2017.5 209, 8p B6 ¥2900 ①978-4-7710-2910-1

◆エマソンの「文明」論―その新出邦訳「開化」に関する考察　山本晶編著　慶應義塾大学出版会
【要旨】エマソンの「文明」論―その未刊邦訳原稿「開化」が出現したので、影印・翻刻を提供し、広く時代背景を探ると共に内容を考察し、訳者の同定を試みる。米国で所在不明、かつ先先不詳とされていたエマソンの重要書簡（英国の自由思想家チャールズ・ブレイ宛）を影印・翻刻と共に提供し、内容を考証。日本の文明開化に大きく貢献した福澤諭吉の書幅「開世論」を紹介し、論考を加える。全集未載。門地経歴を問わず有能な若い世代を強く推薦した、福澤諭吉の新書簡を紹介し考察する。全集未載。
2017.6 166p A5 ¥3800 ①978-4-7664-2420-1

◆時間の非実在性　ジョン・エリス・マクタガート著,永井均訳・注解と評論　講談社（講談社学術文庫）
【要旨】第一部はマクタガートの著名な論文「時間の非実在性」の全訳。第二部は訳者による段落ごとの詳細な注解と評論。第三部は訳者による付論。本書は、この三部構成から成る。A系列

哲学・思想　　　　　　　　　　　　　　　　　　　476　　　　　　　　　　　　　　　　BOOK PAGE 2018

（過去・現在・未来）とB系列（より前とより後）というマクタガートが提起した問題を、訳者が第二部以降で縦横に掘り下げる決定版。はたして「現在」とは、「私」とは何か。
2017.2 261p A6 ¥1000 ①978-4-06-292418-4

◆パースの哲学について本当のことを知りたい人のために　コーネリス・ドヴァール著, 大沢秀介訳　勁草書房
【要旨】プラグマティズム、記号論、現象学、数学等、広大なパース哲学の全体像を明快に解き明かす。没後百年を経過してようやくあらわれた入門書の決定版。
2017.7 266, 14p B6 ¥3200 ①978-4-326-15447-0

◆貧しい人を助ける理由—遠くのあの子とあなたのつながり　デイビッド・ヒューム著, 佐藤寛監訳, 太田美帆, 土橋喜人, 田中博子, 紺野奈央訳　日本評論社
【要旨】日本人さえ豊かでいられればそれでいいのか？　金持ち国に住む我々と「遠くの見知らぬ貧しい人」とのつながりが、どれほど密接かつ多岐にわたるか。「自国民第一主義」が蔓延する中、その逆風に立ち向かい、「貧しい人を助ける理由」を次々に挙げていく。
2017.11 177, 8p B6 ¥1700 ①978-4-535-55889-2

◆無意識の幻想　D.H.ロレンス著, 照屋佳男訳　中央公論新社　（中公文庫）
【要旨】森羅万象の土台を成しているのは生であるとロレンスは信じていた。とくにアメリカでは、観念が生の土台となってしまい、教育や育児のみならず、親子、男女、夫婦などあらゆる人間関係に大きな歪みが生じている。フロイトの無意識理解を拒み、常識に大胆に挑むロレンス。現代社会の悪弊を衝き、人の生き生きとした生を激しく希求した超問題作。
2017.2 409p A6 ¥1000 ①978-4-12-206370-9

倫理学・道徳

◆アダム・スミスの倫理学—『哲学論文集』・『道徳感情論』・『国富論』　田中正司著　御茶の水書房　増補改訂版
【目次】アダム・スミス復興の背景と動向、第1部 倫理と法の原理論の展開—『道徳感情論』初版の主題と構造（アダム・スミス問題再訪、スミス倫理学の主題と批判対象、交換的正義の倫理学、自然の原理の衡平性論証、デザイン論と制度論、『道徳感情論』第二版改訂の主題、『哲学論文集』と『道徳感情論』）、第2部 市場社会の道徳性論証—『国富論』の倫理観（自然的自由の体系の根本原理、『国富論』の倫理学、『国富論』の国家論、『国富論』第三版改訂の主題）、第3部 商業社会の道徳的再建論の展開—『道徳感情論』第六版改訂の意図と問題点（『道徳感情論』第六版改訂と商業社会観の変容、良心概念の転換、実践道徳論の展開、ストア哲学とカルヴァン神学）、後世への遺言状
2017.11 474, 7p A5 ¥8200 ①978-4-275-02071-0

◆生きる力を引き出す　超・倫理学講義　鷲田小彌太著　言視舎（『倫理学講義「生きる力」の潜在力を引きだす倫理学のダイナミズム』増補再編集・改題書）
【要旨】「欲望」や「エゴイズム」はなぜ肯定されなければならないか。一般的な倫理学の基礎を踏まえ、社会・経済・歴史哲学を介した鷲田倫理学を講義の形式で展開。日本社会の特質と日本人の底力を引き出す快作。
2017.5 222p B6 ¥2000 ①978-4-86565-093-8

◆親孝行の江戸文化　勝又基著　笠間書院
【要旨】「孝子良民の表彰は封建制度の強化策」という考えは、戦後になってから固定化されたものである。少なくとも江戸時代の人は、孝をそのように批判的に見ていなかった。江戸の「孝」には、誰もが納得し信じて疑わない思想であった。実例をもとに新たな見方をさまざまに提示。今と違う、あの活力と豊かさを掘り起こす！
2017.2 410p A5 ¥7200 ①978-4-305-70839-7

◆共依存の倫理—必要とされることを渇望する人びと　小西真理子著　（京都）晃洋書房
【要旨】離れる他に、できることはないのだろうか。病理／非病理、偽物の愛／真実の愛、不幸／幸福、支配／従属／支え合いなど、多くの両義性を抱える「共依存」をめぐる日本社会の議論を分析。そこに存在する倫理観を暴き出すことで、臨床の専門家や各領域の理論家が見逃してきた倫理と現実

を提示する。
2017.9 297, 17p A5 ¥3000 ①978-4-7710-2927-1

◆ケアの根源を求めて　西平直, 中川吉晴編　（京都）晃洋書房
【要旨】本当にケアしているのは「私」なのか。その問いから議論は始まった。どうやらケアの主体は「私」ではないらしい。しかしその先の理解はそれぞれ異なっている。互いのズレの中で見えてきた驚き、疑問、違和感、共感…ズレの中でこそあらわれる洞察。いまケアの根源へと降りてゆく。
2017.9 275, 2p B6 ¥2800 ①978-4-7710-2921-7

◆現実をみつめる道徳哲学—安楽死・中絶・フェミニズム・ケア　ジェームズ・レイチェルズ, スチュアート・レイチェルズ著, 次田憲和訳　（京都）晃洋書房（原書第8版）　新版
【要旨】身の回りで生起している問題について熱い議論をしよう！　全米でロングセラーをつづける倫理学教科書の決定版。功利主義から正義論まであらゆる学説のエッセンスに新事例を盛り込みつつに明快に解説。
2017.1 203, 23p A5 ¥2500 ①978-4-7710-2761-9

◆"孝子"という表象—近世日本道徳文化史の試み　ニールス・ファンステーンパール著　ぺりかん社
【要旨】「孝子」とは、「親孝子な子」というだけの存在だったのか？　近世日本社会で広く行われた「孝子顕彰」において、為政者から庶民まで、多様な主体によって競合的に意味づけられた「孝子」創作のプロセスを解明し、「孝」の思想と実践をつなぐ「表象」に着目することで、道徳文化史の可能性を探る。
2017.11 214p A5 ¥3800 ①978-4-8315-1476-9

◆子ども・若者とともに行う研究の倫理—研究・調査にかかわるすべての人のための実践的ガイド　プリシラ・オルダーソン, ヴァージニア・モロウ著, 斉藤こずえ訳　新曜社
【要旨】心理学、保育、教育学、社会学、民族誌、文化人類学の研究者、子どもの権利、福祉を守り、支援、保健医療を提供する専門家が、子ども像をメディア化する映像作家—子ども・若者と関わる多様な分野の人々が、倫理規程を共有しつつ、現実に活用するときの問題を指摘、現時点での解決法を考える指針。
2017.11 226p A5 ¥2800 ①978-4-7885-1497-3

◆初稿 倫理学　和辻哲郎著, 苅部直解　筑摩書房　（ちくま学芸文庫）
【要旨】個人の内面ではなく、人と人の「間柄」に「倫理」の成り立つ場を求める和辻倫理学。近代的主体の超克を模索しつづけたその独自の人間観は、『人間の学としての倫理学』『倫理学』において大きく開花する。だが、その二著には知られざる原典、初稿『倫理学』（1931年）が存在した。全集未収録のこの隠れたる論考に、「人間の学」の核心がより活き活きと、克明に綴られている。ここには随筆「面とペルソナ」、講演「私の根本の考」および座談会「実存と虚無と頽廃」を収録した文庫オリジナル編集。初版の瑞々しい情熱と、その思考完成への軌跡を鮮やかに伝える。
2017.9 269p A6 ¥1000 ①978-4-480-09811-5

◆続「戦後」倫理ノート 2004・2017　堀孝彦著　未知谷
【要旨】ペリー初来航時に幕府の首席通訳となった曾々祖父（堀達之助）の生涯を繙きつつ、日本英学史の研究テーマを追求した第一部。第二部には現実の社会に対して"近代倫理"の在り方を問うてきた一貫した姿勢、西欧倫理思想史研究の極めて具体的な適応例が配される—。
2017.6 269p 24x16cm ¥4000 ①978-4-89642-531-4

◆戦うことに意味はあるのか—倫理学的横断への試み　持田睦, 横地徳広編著　（弘前）弘前大学出版会
【要旨】道之本原、存養省察、聖神功化。未見、未聞を恐れ、自分自身を慎む。戦いの詐術にだまされないために。
2017.3 379p B6 ¥2800 ①978-4-907192-47-1

◆道徳2.0—高次の功利主義戦略に向けて　中井孝章著　（大阪）日本教育研究センター
【目次】序　道徳2.0の黎明、1　J.グリーンの道徳脳の二重過程理論—その全体構想、2　集団内道徳とコモンズの悲劇—社会的ジレンマの展開、3　集団間道徳とトロッコ問題、4　思考実験としてのトロッコ・ジレンマから生命倫理問題へ、補遺　マキシマの道徳／ミニマの道徳
2017.10 106p A5 ¥1500 ①978-4-89026-189-5

◆徳は何の役に立つのか？　アンゼルム・W.ミュラー著, 越智貢監訳, 後藤弘志編訳　（京都）晃洋書房
【要旨】生きられた道徳の現象学を出発点に、道徳の存在論を人間学的に基礎づける試み。アンスコムの弟子による最良の徳倫理学入門。
2017.5 248p A5 ¥3000 ①978-4-7710-2895-1

◆二人称的観点の倫理学—道徳・尊敬・責任　スティーヴン・ダーウォル著, 寺田俊郎監訳, 会澤久仁子訳　法政大学出版局　（叢書・ウニベルシタス）
【要旨】人間の尊厳の源泉へ—人はなぜ、道徳的に正しいことを行い、不正なことを避けるべきなのか？　道徳的義務が本質的に相互人格的な性格をもつという「二人称的観点」を明確に導入し、尊敬にもとづく義務や責任の倫理学を構築しようとする問題提起の書。哲学史との対話を通じ、義務論的・契約主義的立場から応用・実践倫理分野に新たな視座をもたらす、現代英語圏を代表する哲学者の一人ダーウォルの主著。
2017.3 425, 31p B6 ¥4600 ①978-4-588-01052-1

◆日本語と道徳—本心・正直・誠実・智恵はいつ生まれたか　西田知己著　筑摩書房　（筑摩選書）
【要旨】本音トークがもてはやされている。「本心」を包み隠さず「正直」に口に出すことが、あたかも「誠実」の証しであるかのように言われる。そして時に、タテマエに立ち向かう正義の人という印象さえ帯びる。しかし、かつて「本心」を隠す人などいなかった。「誠実」な人も存在しなかった。「正直」者は馬鹿呼ばわりされることもある。いったいいつから「本心」や「正直」が、正義と結びつくようになったのか—。今日の倫理観は必ずしも日本古来のものではない。中世から江戸期をへて今日に至る道徳観をめぐる言葉の変化を丁寧に跡付ける意欲的な日本精神史。
2017.7 243p B6 ¥1600 ①978-4-480-01655-3

◆日本人の道徳心　渡部昇一著　ベストセラーズ　（ベスト新書）
【要旨】世界に通用する、日本独自の心のあり方とは？　「知の巨人」のラストメッセージ。
2017.6 231p 18cm ¥815 ①978-4-584-12550-2

◆ポストヒューマン・エシックス序説—サイバー・カルチャーの身体と倫理　根村直美著　青弓社
【要旨】サイボーグや人工知能のように電子テクノロジーが日常化する現在、それらに支えられたサイバー・カルチャーのなかで私たちの身体はどのような意味をもつのか、それに対応する倫理をどう立ち上げるべきかを哲学・現代思想やメディア論から思索する。
2017.2 246p B6 ¥4600 ①978-4-7872-3413-1

◆学びなおすと倫理はおもしろい　村中和之著　ベレ出版
【要旨】予備知識なしで読んでもよくわかる！　哲学・思想入門。西洋哲学の重要テーマと人物を、この一冊に凝縮して、やさしい言葉でわかりやすく解説。
2017.3 238p B6 ¥1500 ①978-4-86064-505-2

◆メタ倫理学入門—道徳のそもそもを考える　佐藤岳詩著　勁草書房
【要旨】善いとか悪いとかってどういうこと？　一歩下がって考えることで、深くて広い新しい世界が見えてくる。丁寧に論点を解きほぐし、読者が自分の倫理を考える旅へといざなう日本初、待望の「メタ倫理学」入門書！
2017.8 328, 10p A5 ¥3000 ①978-4-326-10262-4

◆倫理学研究　第47号（2017年）　シンポジウム総題「自由と平等」　関西倫理学会編　（柏原）関西倫理学会,（京都）晃洋書房　発売
【目次】シンポジウム 自由と平等（戦後民主主義社会における「自由と平等」、自由と平等の和解—ロールズの正義の二原理の意義と限界、中世の二人の思想家とリパブリカニズム）、依頼論文（現代医療における生権力と生命倫理）、公募論文（気質から情熱へ—中期ニーチェ哲学の転換点、他者を存在させることーシャンケレヴィッチの道徳形而上学、デカルト道徳論から見る「わたし」という語りと寛容の可能性、ベルクソン哲学における生命の本質としての倫理、ロールズ初期道徳論における良心、環境プラグマティズムの「政策の合意」の概念について—ロールズの「重なり合う合意」を手掛かりに、道徳の「価値」を問題にするということ—ニーチェ『曙光』における道徳批判、フッサールの「人倫的

自我」、反省から客観性へ―ディルタイの精神科学における「心理学」の展開』、書評
2017.6 187p A5 ¥2200 ①978-4-7710-2911-8

◆倫理的反実在論―ブラックバーン倫理学論文集　サイモン・ブラックバーン著, 大庭健編・監訳　勁草書房　（双書現代倫理学 3）
【要旨】善悪を判断するとき、われわれは何をしているのか。道徳言明の真偽を問える反実在論？!
2017.2 378, 7p B6 ¥3800 ①978-4-326-19969-3

◆「倫理」論文解釈の倫理問題―特に「マックス・ヴェーバーの犯罪」における"不正行為"をめぐって　茨木竹二著　時潮社
【要旨】本書の主たる「目的」は、最近20年来の「倫理」論文の解釈をめぐる"羽入一折原論争"、並びにその周辺の"論議"を、"文献実証主義的解釈の方法的規準"として"理念型的"に構成し、且つそうした"解釈"の"倫理問題"として「総(小)括」することにある。また、その際の副次的関心事として、特に「マックス・ヴェーバーの犯罪」における「大塚の引用文」の「引用」、「職業義務の思想」を主語とする「引用」は、いわゆる"特定不正行為"や"著作物の同一性保持権侵害"に該当することが、明確である。
2017.7 358p A5 ¥4800 ①978-4-7888-0718-1

◆ロック倫理学の再生　小城拓理著　（京都）晃洋書房
【要旨】自然法論・同意論・抵抗権論・政治的責務論、今、甦るジョン・ロック。『統治二論』は何だったのか。『統治二論』が理論的に構築された著作であり、神学の書ではなくあくまでも世俗的な、人間の学としての倫理学の書であることを証明する。ロック倫理学の現代的意義を高らかに宣言する！
2017.2 177, 10p A5 ¥2600 ①978-4-7710-2812-8

◆ロボットからの倫理学入門　久木田水生, 神崎宣次, 佐々木拓著　（名古屋）名古屋大学出版会
【目次】1 ロボットから倫理を考える（機械の中の道徳―道徳的であるとはそもそもどういうことを考えるか、葛藤するロボット―倫理学の主要な立場について考える、私のせいではない―道徳的行為者性と責任について考える、この映画の撮影で傷付けられたロボットはいません―道徳的被行為者性について考える）、2 ロボットの倫理を考える（AIと誠―ソーシャル・ロボットについて考える、壁にマイクあり障子にカメラあり―ロボット社会のプライバシー次第？―兵器としてのロボットについて考える、はたらくロボット―近未来の労働のあり方について考える）
2017.2 187p A5 ¥2200 ①978-4-8158-0868-4

心理学

◆相手のホンネは「しぐさ」でわかる　匠英一監修　PHP研究所　（PHP文庫）（『「しぐさと心理」のウラ読み事典』加筆・再編集・改題書）
【要旨】「電話を受けながら落書きをしてしまう」「質問に答えるとき口元に手をやる」「キョロキョロと目が泳いでしまう」など、無意識の"しぐさ"や"癖"には、実は深い意味があります。言葉はつくろえても、本心は動作に表れているのだ。本書は、こうした身体の動きから深層心理を解き明かそうというもの。注意深く相手を観察すれば、「しぐさ」だけで相手の心は9割わかる！
2017.2 243p A6 ¥680 ①978-4-569-76693-5

◆あいまいさへの非寛容と精神的健康の心理学　友野隆成著　（京都）ナカニシヤ出版
【目次】第1章 あいまいさへの非寛容研究の展開と問題提起（あいまいさへの非寛容研究の経緯、あいまいさへの非寛容研究の諸問題、本書の目的と構成）、第2章 あいまいさへの非寛容概念の整理と尺度構成の試み（本章で検討する問題、MAT-50の因子構造（研究1）、IIASの作成（研究2）、IIAS-Rの作成（研究3））、第3章 あいまいさへの非寛容とストレスコーピング（本章で検討する問題、あいまいさへの非寛容とストレスコーピングとの関連性（研究4）、あいまいさへの非寛容と特性的認知的評価・ストレスコーピングとの関連性（研究5）、あいまいさへの非寛容と状況対人ストレスコーピングとの関連性（研究6））、第4章 認知的脆弱性としてのあいまいさへの非寛容（本章で検討する問題、抑うつへの影響（研究7）、ストレス反応・ハピネスへの影響―対人的ストレッサーの場合（研究8）、ストレス反応・ハピネスへの影響―全般的ストレッサーの場合）、第5章 全体的まとめと展望（本研究の成果と限界、あいまいさへの非寛容研究の展望）
2017.2 129p A5 ¥5200 ①978-4-7795-1133-2

◆アタッチメントに基づく評価と支援　北川恵, 工藤晋平編著　誠信書房
【目次】1 理論編（生涯にわたるアタッチメント、乳幼児期のアタッチメント、児童期から成人期のアタッチメント）、2 アタッチメントのアセスメント（観察法、面接法―成人アタッチメント面接、質問紙法）、3 臨床実践におけるアタッチメントの理解（評価）と支援（アタッチメントに基づく親子関係の理解と支援―COSプログラムと「安心感の輪」子育てプログラムにおけるアセスメントと実践、社会的養護における関係支援、自閉症を抱える子どもと親の関係支援、司法における介入、アタッチメントの観点から見たDVとアルコール・薬物依存症）
2017.11 234p A5 ¥5000 ①978-4-414-41633-6

◆新しい自然主義心理学―自然法則に従う人間モデルからの出発　三ヶ尻晶一著　新曜社
【要旨】認知心理学は、人の心の働きをコンピュータになぞらえて理解しようとしてきた。しかし心の営みも自然の現象であり、人工物の論理とは異なるメカニズムやダイナミクスで活動している。頭の中で起こっている自然現象を根底に据えた1つのモデルを提示し、それがどのように多くの心理現象を説明するかをわかりやすく解説。心理学に新しいパラダイムをもたらす挑戦の書。
2017.11 162p B6 ¥1800 ①978-4-7885-1548-2

◆アドラーをじっくり読む　岸見一郎著　中央公論新社　（中公新書ラクレ）
【要旨】ミリオンセラー『嫌われる勇気』のヒットを受けて、アドラー心理学の関連書が矢継ぎ早に出版された。しかもビジネス、教育、育児など分野は多岐にわたっている。だが、一連の本の内容や、著者に直接寄せられた反響を見る限り、誤解されている部分が多々あるという。そこで本書は、アドラー自身の原著に立ち返る。内容をダイジェストで紹介しながら、深い理解をめざす。アドラーの著作を多数翻訳した著者ならではの、完全アドラー読書案内。
2017.7 237p 18cm ¥900 ①978-4-12-150586-6

◆アドラーの教え―『人生の意味の心理学』を読む　岸見一郎, NHK「100分de名著」制作班監修, 藤田美菜子脚本, 上地優歩まんが　宝島社　（まんが！100分de名著）
【目次】アドラーの著作『人生の意味の心理学』から、「幸福論」「生き方の変革」「対人関係の在り方」「内面との向き合い方」など、現代人が必ず直面するさまざまな問題を読み解き、「人間はどうしたら幸福になれるのか」という普遍的なテーマを考えていきます。
2017.4 190p B6 ¥1200 ①978-4-8002-6160-1

◆あなたのその「忘れもの」コレで防げます　芳賀繁著　NHK出版　（なるほど！の本）
【要旨】あなたが忘れがちなアレもコレもこの心理学のメソッドでもう、忘れません！あります！忘れものを防ぐ12の法則。
2017.5 190p B6 ¥1100 ①978-4-14-011352-3

◆アピアランス "外見" の心理学―可視的差異に対する心理社会的理解とケア　ニコラ・ラムゼイ, ダイアナ・ハーコート著, 原田輝一, 真覚健訳　福村出版
【目次】第1章 外見にまつわる諸問題―外見研究の歴史、第2章 この分野の研究者たちが直面する課題、第3章 可視的差異を持たない人々にとっての外見とイメージの問題、第4章 可視的差異に伴う心理的困難、第5章 脆弱性とリジリエンスに関する心理学的予測因子、第6章 外見に関連する不安への支援・介入の現状、第7章 より有効な支援と介入の可能性、第8章 結論、ジレンマ、そして引き継がれる課題
2017.5 346p A5 ¥5500 ①978-4-571-25049-1

◆ありのままの自分で人生を変える―挫折を生かす心理学　高山恵子, 平田信也著　本の種出版
【要旨】これまでの自己啓発本で変われなかったあなたへ。人前で話すことに苦手意識がある。失敗がこわくてマイナス思考してしまう…。「自分らしさ」を知ってハッピーになる方法！
2017.10 125p A5 ¥1500 ①978-4-907582-15-9

◆言いたいことが言えない人　加藤諦三著　PHP研究所　愛蔵版
【要旨】「イヤだ」と言いたいのに言えない。いつも自分が我慢してしまう―。人づきあいでひどく疲れるのはなぜなのか。
2017.6 253p B6 ¥500 ①978-4-569-83603-4

◆「怒り」を活かす人、「怒り」に振り回される人　和田秀樹著　海竜社
【要旨】なぜ自分を押さえられないのか―。「怒り」のメカニズムがこの一冊でわかる！「怒りの正体」を知れば、「いい怒り方」がわかる！精神医学の第一人者が、「怒り」を具体的・論理的に解き明かす。
2017.9 212p 18cm ¥1000 ①978-4-7593-1567-7

◆怒りを鎮める うまく謝る―科学の知恵　川合伸幸著　講談社　（講談社現代新書）
【要旨】現代人必読！なぜ謝罪はうまく伝わらないのか？怒り、謝罪、仕返し、赦しにまつわるサイエンス！ビジネス、家庭を円滑にするためのヒント。
2017.9 213p 18cm ¥760 ①978-4-06-288444-0

◆意思決定の心理学―脳とこころの傾向と対策　阿部修士著　講談社　（講談社選書メチエ）
【要旨】人間関係、道徳的判断、お金…。生きているということは意思決定の連続である。速いこころと遅いこころ。二重過程理論で解き明かす意思決定の仕組みとは？マシュマロテスト、トロッコジレンマ、損失回避性、ブドウ糖・薬の影響…。実験によって科学的根拠ありとされる、脳とこころの癖を知り、よりよい意思決定を実現するための必読書。
2017.1 205p B6 ¥1300 ①978-4-06-258645-0

◆色は無言であなたの心を動かしている。　七江亜紀著　大和書房
【要旨】「健康」「スポーツ」「仕事」「教育」「インテリア」「食事」に効く色の使い方。
2017.1 199p B6 ¥1400 ①978-4-479-76156-3

◆ヴィゴツキーの生涯　アレクセイ・A・レオンチェフ著, 菅田洋一郎監訳, 広瀬信雄訳　新読書社　新装改訂版
【目次】第1章 心理学におけるモーツァルト、第2章 新しい人間についての科学、第3章 心理学をどのように築いたのか、第4章 支援のための理解、第5章 子どもの宇宙世界、第6章 意識の小宇宙、第7章 新機軸への突破口、第8章 高層心理学、第9章 モスクワからハリコフへ、ハリコフからモスクワへ、第10章 思想の承認と神話の暴露
2017.1 287p A5 ¥2600 ①978-4-7880-4122-6

◆鬱病精神科医、お祓いを試みる　春日武彦著　太田出版
【目次】第1章 三つの呪いとモーパッサン式「お祓い」術、第2章 自罰と自己救済と「居心地のよい家」、第3章 薄暗さの誘惑と記憶の断片、第4章 痛いところを衝く人たち、第5章 ニセモノと余生、第6章 隠れ家で息を殺す、第7章 三分間の浄土
2017.6 254p B6 ¥1600 ①978-4-7783-1584-9

◆海の彼方より訪れしものたち　日本ユング心理学会編　（大阪）創元社　（ユング心理学研究 第9巻）
【目次】シンポジウム（基調講演「海の彼方より訪れしものたち」、討論―基調講演の連続である。講演録（分析という場―対人的および元型的側面、私のユング心理学―心理療法と普遍性にたどりつくこと）、論文（宮沢賢治の「文語詩稿五十篇」―定型をめぐって、「梁塵秘抄」から受け継ぐ今様歌謡の力―キゼイの物たちの身の態度、日本神話における二つのシャーマニズムと霊魂観―米という象徴からみた精神療法）、印象記、文献案内
2017.7 182p A5 ¥2000 ①978-4-422-11499-6

◆浮気の言い訳―こんなに違う男女のこころ　姫野友美著　KADOKAWA　（角川文庫）（『男はなぜ急に女にフラれるのか？』加筆修正・改題書）
【要旨】女性が許せないのはパートナーの「精神的な浮気」。彼の気持ちをほかの女に盗まれると、やがて自分が路頭に迷う可能性が大だから。一方、男性はパートナーの「肉体的な浮気」は絶対NG。男性は自分以外の遺伝子が残るのが恐怖だから。つまり男女で大事なものが全く違う。だから浮気の言い訳も全然違う―浮気なんてことになる前に、男女の性差を知れば、腹の立つことが減り相手が素敵に見えてくる。
2017.4 167p A6 ¥680 ①978-4-04-104784-2

◆お金が貯まる人のちょっとブラックな心理術　内藤誼人著　秀和システム
【要旨】本書は、お金持ちに特徴的な性格やモノの考え方、あるいは習慣や行動をご紹介しながら、こうすれば読者のみなさんもお金持ちになれますよ、というアドバイスをしていく。
2018.1 207p B6 ¥1300 ①978-4-7980-5346-2

◆男と女のアドラー心理学　岩井俊憲著　青春出版社
【要旨】なぜ、すれ違うのか？ 男脳／女脳の違いだけでは語れない！ 恋人、夫婦、家族…あらゆる男女間の"ズレ"を解決！ アドラー研究の第一人者による恋愛・結婚論。
2017.9 190p B6 ¥1400 ①978-4-413-23052-0

◆男と女の心理学入門　齊藤勇著　かんき出版
【要旨】仕事でも、プライベートでも男と女はもっとわかり合える！ 男の本音、女のウソが見えてくる。
2017.1 197, 22p B6 ¥1400 ①978-4-7612-7232-6

◆「思いやり」の心理　加藤諦三著　大和出版
【要旨】「もっと心を開ける親友がほしい」、「もっといい人間関係をつくりたい…」人づきあいに大切な見方・考え方31のポイント。
2017.8 254p B6 ¥1400 ①978-4-8047-5060-6

◆音楽・情報・脳　仁科エミ, 河合徳枝編著　放送大学教育振興会, NHK出版 発売 （放送大学大学院教材）　改訂版
【目次】音楽と情報学、音楽と脳科学、聴く脳・見る脳の仕組み、感動する脳の仕組み、音楽を感じる脳の仕組み、感性脳を活性化するか脳知覚構造、日本伝統音楽の超知覚構造、共同体を支える音楽、人類の遺伝子に約束されてきた快感の情報、音楽による共同体の自己組織化、トランスの脳科学―感性情報は人類をどこまで飛翔させるか、コンピューターと音楽、人類本来のライフスタイルと音楽、情報環境の変容と音楽、最先端情報学・脳科学がひらく音楽の新しい可能
2017.3 237p A5 ¥2700 ①978-4-595-14093-8

◆女の勘 男の鈍感　姫野友美著　KADOKAWA （角川文庫）（『女はなぜ突然怒り出すのか？』加筆修正・改題版）
【要旨】些細な意見の違いから男女が修復不能な関係になる、のはよくある話。原因は性格の不一致、ではなくて、脳の仕組みが違うから。「わかるよ」と共感されたいだけで愚痴っている女性と、その愚痴の解決策を伝えようとくどくど説く男性がぶつかるのは当然。大事なのはお互いの違いを理解し、いたわり合うこと。本書ではメディアでおなじみ姫野先生が、男女間の"あるある"の解決策を教えてくれます。女性も男性もその"余計なひとこと"が減ること間違いなし。
2017.1 205p A6 ¥640 ①978-4-04-104783-5

◆過去をきちんと過去にする―EMDRのテクニックでトラウマから自由になる方法　フランシーン・シャピロ著, 市井雅哉監訳　二瓶社
【要旨】小さな失敗であれ、大きなトラウマであれ、人はだれでも記憶し、自分では覚えていない、あるいは完全に理解できない事件に影響を受けている。本書は、実用的なテクニックを紹介することにより、人間のさまざまな症状の謎を解き、自分の人生を自分でコントロールすることを望む読者に力を与えるものである。
2017.8 295p B6 ¥2800 ①978-4-86108-081-4

◆家族の心理―変わる家族の新しいかたち　小田切紀子, 野口康彦, 青木聡編著　金剛出版
【要旨】少子超高齢社会をむかえ、変動のなかにある現代家族を学ぶ家族心理学の新しい教科書。家族が遭遇する心理社会的な課題を重視しながら、家族のはじまりである恋愛・結婚の心理、離婚・再婚家族の現状もふまえ、子どもの発達から家族と個人の成熟に至るライフサイクルに沿った基礎的かつ普遍的なテーマを通して家族のいまとこれからをとらえる。
2017.9 195p A5 ¥2600 ①978-4-7724-1577-4

◆勝てる！ 極ワザ心理術　奥ညみ人著　秀和システム
【要旨】さあ！ 人の心を操り、誘導し、勝ち抜いていく覚悟は生きていますか。現代社会で今すぐ勝利者に！になる本。
2017.6 190p B6 ¥1300 ①978-4-7980-5036-2

◆過敏で傷つきやすい人たち―HSPの真実と克服への道　岡田尊司著　幻冬舎 （幻冬舎新書）
【要旨】決して少数派ではない「敏感すぎる人（HSP）」。実は「大きな音や騒々しい場所が苦手」「話し声がすると集中できない」「人から言われる言葉に傷つきやすい」「頭痛や下痢になりやすい」などは、単なる性格や体質の問題ではないのだ。この傾向は生きづらさを生むだけでなく、人付き合いや会社勤めを困難にすることも。最新研究が示す過敏性の正体とは？ 豊富な臨床的知見と具体的事例を通して、「敏感すぎる人」の真実と克服法を解き明かす。過敏な人が、幸福で充実した人生を送るためのヒントが満載。
2017.9 260p 18cm ¥820 ①978-4-344-98461-5

◆環境心理学　太田信夫監修, 羽生和紀編 （京都）北大路書房 （シリーズ心理学と仕事 17）
【目次】第1章 環境心理学への招待、第2章 建築と心理学、第3章 施設環境の心理学、第4章 自然と心理学、第5章 地球環境問題の心理学、第6章 犯罪捜査に関する環境心理学
2017.9 163p A5 ¥2200 ①978-4-7628-2989-5

◆「感情」の解剖図鑑―仕事もプライベートも充実させる、心の操り方　苫米地英人著　誠文堂新光社
【要旨】感情を制するものは、人生を制す。怒り、悲しみ、不安、傷つき、興奮、感動、あらゆる感情を、脳科学的な観点に加え、社会学、人類学的な観点から徹底解剖。コーチング理論や瞑想法などのさまざまなメソッドを駆使して、人生を好転させる「感情の使い方」を伝授。楽しく学べるユニークな図解付き！
2017.3 159p A5 ¥1400 ①978-4-416-51660-7

◆感情のコントロールと心の健康　榊原良太著 （京都）晃洋書房
【要旨】苦しい出来事や辛い経験に直面したとき、それをいかに頭の中で捉え直して、自身の感情をコントロールするか、本書は、そうした「認知的感情制御」という現象に着目し、それが心の健康にいかなる影響を与えるかについて、子ども・保護者や保育士、看護師といった「感情労働」を強いられる職業を対象にした調査をもとに考察する。
2017.11 168p A5 ¥4500 ①978-4-7710-2933-0

◆感情への自然主義的アプローチ―自閉症スペクトラムへの発達支援　須田治著　金子書房
【目次】第1部 情動のしくみ （あの瞳のなかに不安がある、身体内での情動のはたらき）、第2部 発達のしくみ（情動はじめて人と会う、主体をささえる原初的感情、どのように調整は生み出されるのか）、第3部 自然主義的な発達支援（自然な調整をとらえる支援の可能性、試みとしての技法、親とのあいだでの発達支援）
2017.4 193p A5 ¥2900 ①978-4-7608-2411-3

◆消えたい―虐待された人の生き方から知る心の幸せ　高橋和巳著　筑摩書房 （ちくま文庫）
【要旨】精神科医である著者は、虐待された人たちが「死にたい」ではなく「消えたい」という表現で「自殺への欲求」を語ることに気付いた。そこには、前提となる「生きたい」がないのだ。彼らがどのように育ち、生き延びて、どんな苦しみを背負っているのかを、丁寧にたどる。そして、立ち直っていった経緯を明らかにする中で、人間の存在の不思議さと、幸せの意味を問う。
2017.2 318p A6 ¥780 ①978-4-480-43432-6

◆効きすぎて中毒（ヤミツキ）になる 最強の心理学　神岡真司著　すばる舎
【要旨】企画もプレゼンもセールスも恋愛も思いどおりになる45の心理術。どんな相手でもあなたにコロッと落ちる悪魔のテクニック。仕組みがわかれば、あなたも今すぐ心理テクニックを使える！
2017.2 207p B6 ¥1400 ①978-4-7991-0607-5

◆危機の心理学　森津太子, 星薫著　放送大学教育振興会, NHK出版 発売 （放送大学教材）
【目次】危機と人間、エラーと危機、事故に遭う危機、犯罪に遭遇する危機、孤独という危機、貧困という危機、うわさと風評被害、自然災害に遭遇するという危機、環境破壊という危機、戦争という危機、危機からの回避とリスクテイキング、危機後の成長、危機についての教育、危機の心理学
2017.3 230p A5 ¥2200 ①978-4-595-31702-6

◆逆転の家族面接　坂本真佐哉編　日本評論社
【要旨】家族面接―それは、困難状況で家族の本来のチカラを引き出す工夫。心理臨床、教育、医療、さまざまな現場の第一線で活躍する専門家の知恵が1冊に集結！
2017.6 195p B6 ¥1900 ①978-4-535-56361-1

◆ギャバガイ！―「動物のことば」の先にあるもの　デイヴィッド・プレマック著, 橋彌和秀訳　勁草書房
【要旨】「心の理論」の原点。「ことば」の問題から「こころ」の問題へと接続される思考が、自身のことばで語られた貴重な記録。
2017.7 234, 18p B6 ¥2900 ①978-4-326-29924-9

◆キャリアカウンセリング再考―実践に役立つQ&A　渡辺三枝子編著, 大庭さよ, 岡田昌毅, 田中勝男, 中村恵, 道谷里英著 （京都）ナカニシヤ出版　第2版
【要旨】1章 カウンセリングの基本的な考え方（そもそもカウンセリングって何ですか？、カウンセリングの基本となる価値観は何ですか？ ほか）、2章 カウンセリング実践における素朴な疑問（カウンセリングでクライエントとの「関係構築」が重視されるのはなぜですか？、カウンセリングにおける関係性とは何ですか？ ほか）、3章 キャリアカウンセリングの基本的な考え方（そもそもキャリアって何ですか？、人はなぜ働くのですか？ ほか）、4章 キャリアカウンセリング実践における素朴な疑問（キャリアカウンセラーが、アドバイスや情報提供をするうえで、注意すべきことはありますか？、キャリアカウンセリングに正解はあると思いますが、どうしたら到達できますか？ ほか）、5章 キャリアカウンセラー自身の今後の成長に向けて（「個人の支援」と「組織のメリット」の融合を目指して、これからのキャリアカウンセラーの役割 ほか）
2017.8 226p B6 ¥2400 ①978-4-7795-1187-5

◆教育・心理系研究のためのデータ分析入門―理論と実践から学ぶSPSS活用法　平井明代編著　東京図書　第2版
【要旨】「本当にこの分析方法で正しいのか」「分析の解釈はこれでいいのか」「最終的な分析結果をどのように論文にまとめればよいのか」という学生の声をよく耳にします。本書はそのような疑問にこたえ、統計の基本概念や理論の解説を充実させ、データ分析の実践、論文へのまとめがスムーズに進められるようにしている。また、妥当性の論証に関する検証方法や有意性検定の問題点に対処する方法、効果量の算出となり得る最新の知見に加え、APAに準拠した論文への記載例も紹介している。
2017.2 281p 22×19cm ¥2800 ①978-4-489-02262-3

◆共時性の深層―ユング心理学が開く霊性への扉　老松克博著　コスモス・ライブラリー, 星雲社 発売
【要旨】因果律を超える、もう一つの原理がある。「意味のある偶然の一致」として知られる共時性（シンクロニシティ）─ユング心理学は「今ここ」への集中にあった！ 個性化の鍵であり、超常現象の説明原理としても注目される共時性の謎に迫る。
2017.9 241p B6 ¥1700 ①978-4-434-22916-9

◆虚偽検出―嘘を見抜く心理学の最前線　P.A.ギヨンゴビ, A.ヴレイ, B.フェルシュクーレ編著, 荒川歩, 石崎千景, 菅原郁夫監訳 （京都）北大路書房
【目次】1 虚偽検出：確立された手法（言語的な虚偽検出のツール：供述妥当性分析、リアリティ・モニタリング、科学的内容分析、非言語的虚偽検出の新知見、ポリグラフ：現在の実務と新たなアプローチ、有罪知識検出のための事象関連脳電位の法科学的応用、神経イメージングを用いた虚偽検出）、2 最近の挑戦（虚偽に関する信念の本質と起源の探究：一般の人と専門家と考えられる人の潜在的、顕在的知識、犯行意図の真偽の区別、異文化間の虚偽検出）、3 虚偽検出の改善：新たなアプローチ（虚偽検出への認知的アプローチ、証拠の戦略的利用技法：概念の概観、脳刺激法を用いた虚偽の探索および虚偽検出、反応時間による虚偽検出、被疑者の言語的な調査や対抗戦略：統合モデルを目指して、虚偽の秘密裏の検出）
2017.3 373p A5 ¥4500 ①978-4-7628-2960-4

◆緊急支援のアウトリーチ―現場で求められる心理的支援の理論と実践　小澤康司, 中垣真通, 小俣和義編著 （三鷹）遠見書房
【要旨】人生を脅かす危機はだれにでもある。すべての人間は被支援者になる可能性がある。対人援助の根本は緊急支援である。臨床家としての準備を怠ってはならない。アウトリーチ型対人支援のすべてを網羅する。
2017.1 267p A5 ¥3400 ①978-4-86616-025-2

◆傾聴の心理学―PCAをまなぶ：カウンセリング・フォーカシング・エンカウンター・グ

ループ　坂中正義編著，田村隆一，松本剛，岡村達也著　(大阪)創元社
【要旨】援助職の「あたりまえ」を総点検してOn Your Side" の姿勢で人と向きあうため、そして…心理・教育、医療・福祉、産業・司法はか様々な領域で人に寄り添うため日常のあらゆるシーンでこころがけておきたい"傾聴"のすすめ。
2017.9 207p A5 ¥2300 ①978-4-422-11668-6

◆計量パーソナリティ心理学　荘島宏二郎編
(京都)ナカニシヤ出版　〈クロスロード・パーソナリティ・シリーズ 3〉
【目次】人間の性格は何次元か？―因子分析、項目反応理論による心理尺度の作成、人を健康/不健康に分けるだけが尺度じゃない―GHQへの潜在ランク理論の適用、一対比較法や順位法による反応バイアスの抑制―イプサティブデータの項目反応理論による分析、外向的な人を内向的に、内向的な人を外向的にふるまわせると？一分散分析と交互作用、自己愛の高い人は健康的なのか―メタ分析、道徳性教育カリキュラムをどう組めばよいか―非対称三角尺度法、大学入試期のストレス対処経験は情動知能の成長感を高める？―多母集団の同時分析と媒介分析、ストレスの強さは人によって違う？―階層的重回帰分析と因子分析、二人一緒ならうまくいく？―マルチレベル構造方程式モデリング、学習方略の使用に対する学習動機づけの時間的な指導効果？―階層線形モデル、遺伝と環境の心理学―高次積率を用いた行動遺伝モデル、パーソナリティの変化と健康の関係性の検討を行う―潜在変化モデルを用いた2時点の縦断データでの変数の分類―決定木および構造方程式モデル決定木
2017.1 246p B5 ¥3800 ①978-4-7795-1110-3

◆激情回路―人はなぜ「キレる」のか　R.ダグラス・フィールズ著，米津篤八，杉田真訳　春秋社
【要旨】穏やかな人が、突然キレて、暴力行為に及ぶことは珍しくない。導火線に火がついた最後、私たちの脳にある「殺し」のプログラムが作動するのだ。人間が我を忘れるのは、どのような状況においてだろうか。それは、ピンチにおいて「火事場の馬鹿力」になりうるか。常識では説明のつかない行動の意味を、スリリングに解きあかす。
2017.8 456p B6 ¥2900 ①978-4-393-36548-9

◆決定版 面白いほどよくわかる！他人の心理学オールカラー　渋谷昌三著　西東社
(『面白いほどよくわかる！他人の心理学』再編集・改題書)
【目次】1 気持ちやタイプからわかる心理、2 口癖・話題からわかる心理、3 行動・態度からわかる心理、4 外見からわかる心理、5 ビジネスシーンで読める心理、6 恋愛における心理
2017.5 255p A5 ¥1000 ①978-4-7916-2563-5

◆決定版 マインド・コントロール　紀藤正樹著　アスコム
【要旨】だましの手口を一挙公開。被害者救済の第一人者がその対策を徹底解説！占い師、霊能者、オレオレ詐欺、訪問販売…自分は絶対だまされないと思っているあなたに。
2017.3 222p 18cm ¥1000 ①978-4-7762-0942-3

◆懸念的被透視感が生じている状況における対人コミュニケーションの心理学的研究　太幡直也著　福村出版
【目次】第1部 理論的概観(内面の被知覚の意識に関する研究の概観、懸念的被透視感に関する研究の意義、本研究のアプローチ、本研究の目的と検討点)、第2部 実証的研究(懸念的被透視感が生じる状況、堅念的被透視感の強さを規定する要因、懸念的被透視感による反応―実験的アプローチによる検討、懸念的被透視感による反応―調査的アプローチによる検討、懸念的被透視感による反応に対する他者の印象)、第3部 全体的総括(本研究の結論、本研究の貢献と今後の展望)
2017.2 181p A5 ¥4000 ①978-4-571-25048-4

◆ゲームの面白さとは何だろうか　大森貴秀，原田隆史，坂上貴之著　慶應義塾大学出版会　〈慶應義塾大学三田哲学会叢書〉
【要旨】双六、チェス、トランプ、そしてデジタルゲームからオンラインゲームまで。古今東西、人々はゲームに魅了され続けている。時にはひとり夢中になり、やめたくてもやめられないほどに。なぜそんなに「面白い」のか？心理学の手法を駆使して、この難問に挑む。
2017.9 95p 18cm ¥700 ①978-4-7664-2462-1

◆謙虚なコンサルティング―クライアントにとって「本当の支援」とは何か　エドガー・H.シャイン著，金井壽宏監訳，野津智子訳　英治出版
【要旨】『人を助けるとはどういうことか』著者、最新刊！顧客、部下、同僚、友人、家族…誰かに相談されたとき、どうすれば相手の役に立つことができるだろう？自分ではなく、相手が答えを見出す「問い方と聴き方」。
2017.5 317p B6 ¥2000 ①978-4-86276-225-2

◆健康・医療心理学　日本健康心理学会企画，島井哲志監修，片岸え一，藤野秀美編著　(京都)ナカニシヤ出版　(保健と健康の心理学標準テキスト 6)
【目次】1 保健医療の健康心理学(健康指標・保健統計、社会保障と健康心理学、健康政策と健康心理学、地域保健と健康心理学)、2 健康心理学と公衆衛生(受療行動、喪失・障害の受容、感染症予防、口腔衛生)、3 医療の健康心理学的側面(医療従事者・患者関係、医療安全・チーム医療)、4 保健医療における健康心理学の展開(性行動、アレルギー疾患、嗜癖行動、自殺予防、高齢者支援、医療・保健領域における健康心理学の今後の方向性と課題)
2017.10 235p A5 ¥3200 ①978-4-7795-1207-0

◆幸運を引き寄せる行動心理学入門　植木理恵著　宝島社
【要旨】科学的に幸せになる方法教えます。すぐに使える心理テクニック74。ビジネス・人間関係・ルーティーン・恋愛で役立つ心理学メソッドを多数掲載。
2017.9 249, 6p B6 ¥980 ①978-4-8002-7346-8

◆交通心理学　蓮花一己，向井希宏著　放送大学教育振興会，NHK出版 発売　(放送大学教材) 改訂版
【目次】交通心理学総論、事故発生のメカニズムと人的要因(1)、事故発生のメカニズムと人的要因(2)―交通コンフリクトとインシデント研究、注意と確認行動、ハザード知覚、リスクテイキング、個人差の諸相理論、交通参加者のリスク―歩行者と自転車運転者、交通参加者のリスク―初心運転者、交通参加者のリスク―高齢ドライバー、社会的行動としての運転、交通安全教育、運転者教育、交通システムと心理学
2017.3 254p A5 ¥2600 ①978-4-595-31706-4

◆交通心理学　太田信夫監修，松浦常夫編　(京都)北大路書房　〈シリーズ心理学と仕事 18〉
【目次】第1章 交通心理学の紹介、第2章 交通事故はなぜ起きるか、第3章 事故者の心理特性、第4章 運転行動、第5章 運転者教育、第6章 歩行者の安全
2017.7 135p A5 ¥2100 ①978-4-7628-2980-2

◆交通心理学入門　日本交通心理学会企画，石田敏郎，松浦常夫編著　(大阪)企業開発センター交通問題研究室，星雲社 発売
【目次】第1章 各章に関連する研究紹介、第2章 ドライバーの応答特性、第3章 交通事故の心理学的問題、第4章 運転適性、第5章 交通教育心理学、第6章 交通設備心理学、第7章 交通カウンセリング、第8章 コーチング、第9章 交通リスク心理学、第10章 交通社会心理学
2017.7 191p B5 ¥3000 ①978-4-434-23674-7

◆行動主義の心理学　ジョン・B. ワトソン，安田一郎訳　ちとせプレス　(原書改訂版)復刊
【要旨】1910年代に行動主義を提唱して心理学会に旋風を巻き起こし、37歳の若さでアメリカ心理学会の会長に選出されたジョン・ワトソン。情動、発達、言語、記憶、思考、パーソナリティーなど、人間心理の諸側面を、行動の科学的な分析から探究する道筋を示し、その後の心理学に多大な影響を与えた「行動主義宣言」とはいかなるものなのか。いま読んでおきたい古典的名著の復刊！
2017.5 387p B6 ¥2800 ①978-4-908736-02-5

◆行動分析的"思考法"入門―生活に変化をもたらす科学のススメ　ジョン・S. ベイリー，メアリー・R. バーチ著，澤倉祐，松見淳子監訳　岩崎学術出版社
【目次】第1章 基本的な考え方、第2章 応用、第3章 行動の科学とテクノロジー、第4章 行動の一般的問題、第5章 心理学の他分野に対する理論的見解、第6章 基礎的な懐疑論、第7章 「神話」とマスコミ、第8章 行動分析家としてのキャリアをスタートするために、第9章 行動分析家の倫理規定
2017.8 221p A5 ¥3000 ①978-4-7533-1122-4

◆声をかける　高石宏輔著　晶文社
【要旨】会社員、美容部員、風俗嬢、大学院生、ダンサー…クラブで、路上で、女性たちに声をかけ続ける。ナンパは惨めな自傷行為だ。それでも、挑まずにはいられない。得体のしれない他者と一瞬つながり、離れていく。人と人とがわかりあえないことはどういうことなのか。人との断絶やさびしさを、どのように抱えていけばいいのだろうか。ナンパを通して辿りついたコミュニケーションの小さな萌芽。
2017.7 417p B6 ¥1700 ①978-4-7949-6969-9

◆誤解の心理学―コミュニケーションのメタ認知　三宮真智子著　(京都)ナカニシヤ出版
【目次】1 事例編(日常の中の誤解)、2 解説編(誤解の言語学的背景、誤解の心理学的背景(1)：言語内容の誤解、誤解の心理学的背景(2)：言語内容以外の誤解、誤解の文化論的背景、コミュニケーションに関わるメタ認知と納機能)、3 予防・対策編(誤解の予防と対策)
2017.2 222p A5 ¥2500 ①978-4-7795-1131-8

◆心をつかめば人は動く―人を導くチカラをつける27の心理学　フジモトマナブ著　(京都)ナカニシヤ出版
【要旨】人の上に立つことを難しく考えていませんか？誰でも理想の上司になれます！心理学者が指南するリーダーシップ術！
2017.7 225p B6 ¥1800 ①978-4-7795-1183-7

◆心の科学―理論から現実社会へ　兵藤宗吉，緑川晶編　(京都)ナカニシヤ出版　第2版
【目次】第1章 心理学とは、第2章 神経心理学、第3章 感覚・知覚、第4章 学習・言語・認知、第5章 感情、第6章 動機づけ、第7章 発達、第8章 性格、第9章 臨床心理学、第10章 社会心理学
2017.2 248p A5 ¥2400 ①978-4-7795-1143-1

◆心のトリセツ「ユング心理学」がよくわかる本　長尾剛著　PHP研究所　(『手にとるようにユング心理学がわかる本』加筆・修正・改題書)
【要旨】アドラー心理学よりユング心理学の方が、日本人にはあっている。そう説く著者が「人の心」を明らかにし、「本当の幸福」を追求したユング心理学をわかりやすく紹介。心の病の原因を探り治すための「夢分析」、人の個性を考えるための「8つのタイプ」、個人に影響を与える「元型」など、心を知るだけでなく対人関係にも役立つヒントが満載。
2017.4 296p A6 ¥700 ①978-4-569-76707-9

◆心はどこから生まれるのか―脳から考える"心"の真実　永井哲志著　幻冬舎メディアコンサルティング，幻冬舎 発売
【要旨】その感情、説明できますか？自我とは何か。どこから、何故、生まれるのか。自分らしく、楽しい人生を送るための「心」の教科書。
2017.3 131p B6 ¥1400 ①978-4-344-91143-7

◆個性心理学―人間関係のイライラがゼロになる！　弦本將裕著　日本文芸社　(動物キャラナビシリーズ)
【要旨】なぜ、あの人と合わないの？どうしてイライラするの？性格、行動、心理、思考パターンの分析で自分と相手の「ある、ある」がよくわかる。
2017.4 253p B6 ¥1300 ①978-4-537-21464-2

◆個と家族を支える心理臨床実践 3 支援者支援の理解と実践　日本家族心理学会編　金子書房　(家族心理学年報 35)
【目次】1 支援者支援と多職種連携(総論 日米における支援者支援の展開 支援者支援と多職種連携のありかた、日本における支援と支援者支援連携の方向性、各論1 それぞれの現場での支援者支援 医療現場における関係者支援―がん緩和ケア医療におけるチーム医療の実践から ほか)、2 家族臨床心理学研究・実践の最前線(日本の現代社会・家族と国連の役割―2030アジェンダ・持続可能な開発目標(SDGs)、認知症高齢者のコミュニケーション支援)、3 日本家族心理学会第33回年次大会「親子の交流、家族の交流」より(育てる 幼少期の親子関係を考える―日本交流分析学会大会シンポジウムの報告)、資料 家族心理学関係文献一覧
2017.8 181p A5 ¥3200 ①978-4-7608-2412-0

◆孤独な世界の歩き方―ゲイの心理カウンセラーの僕があなたに伝えたい7つのこと　村上裕著　イースト・プレス
【要旨】「なぜ、生きることはこんなに苦しいんだろう？」この孤独な世界の中で、私達は、と

心理学

ても小さな存在。大きな道標のように見える誰かの強い価値観や様々な情報に翻弄され、迷い、時に、抜け出せない迷路に入り込むこともある。けれど、生きていれば、必ず道がある。どんな道でも、あなただけの道を歩くことができる。虐待、いじめ、自殺未遂、カミングアウト…。ゲイの心理カウンセラーである著者が、自分自身の半生を紐解きながら、セクシュアル・マイノリティの視点と心理学的視点で語る、この生きにくい孤独な世界との向き合い方。NHK「おはよう日本」、日本テレビ「解決！ナイナイアンサー」、朝日新聞、日経新聞、毎日新聞など多数メディアに登場する、ゲイの心理カウンセラーによる、待望の初著書。
2017.3 197p B6 ¥1400 ①978-4-7816-1541-7

◆**子供にしがみつく心理―大人になれない親たち** 加藤諦三著 毎日新聞出版
【要旨】幼い頃に甘えられなかった人がその求めを抱えて大人になり、仕事や恋愛で自己実現を図れないまま親となったとき、わが子に"母"を求めて、しがみつく―。逆転する親子関係の中にその心理的背景にひそむ概念が行われる。「テレフォン人生相談」（ニッポン放送系列）パーソナリティーとして長年にわたり多くの悩める心を導いてきた著者が贈る、親子問題をひも解く一冊。
2017.3 198p B6 ¥1400 ①978-4-620-32355-8

◆**コフート自己心理学セミナー** ミリアム・エルソン編，伊藤洸監訳 金剛出版 復刊；新装版
【要旨】本シリーズは、コフートがシカゴ大学で行った講義とスーパービジョンであり、彼をめぐる著作の中でもユニークな書である。第1巻はその理論的背景についての概観が行われ、難解といわれたコフートの理論がわかりやすく述べられている。第2巻は"症例検討編"の前半から後半にある。本書はその後半にある。共感をめぐるコフートの考え方、また聴衆からの質問に応えたフロイトの融和性とエリクソンの自我アイデンティティの違いなど、興味つきない話題が盛り込まれ、自己の融和性に注目するコフートの視点が、"コフート"，"症例報告"，"セミナー参加者"三者のやりとりを通して生き生きと伝わってくる。全3巻を合本し新装版として復刊。
2017.10 351p A5 ¥8500 ①978-4-7724-1584-2

◆**困ったときは、トイレにかけこめ！―アドラーが教えるこころのクセのリセット術** 星一郎著 晶文社
【要旨】悩める私にアドラー心理学が教えてくれたこと。アドラー理論によるカウンセリングで長年クライアントの悩みに向き合ってきた著者が語る、実践的アドラー心理学入門。
2017.1 230p B6 ¥1400 ①978-4-7949-6953-8

◆**コミュニケーション実践トレーニング** 杉原桂，野呂幾久子，橋本ゆかり著 （京都）ナカニシヤ出版
【目次】1 本文編（信頼関係を築く（ラポール）、見方を変えてみる（リフレーミング）、人が使っている感覚（VAK）、アイデンティティと価値観、人それぞれの価値観（ビリーフ）、折れない心（レジリエンス））、2 実習シート編
2017.2 97p B5 ¥1900 ①978-4-7795-1120-2

◆**コンフリクト転換の平和心理学―沖縄と大学教育をフィールドとして** 杉田明宏著 風間書房
【目次】第1部 沖縄と向き合う平和心理学（沖縄・平和ガイドの中の個別の考察、沖縄ピースツアーの効果と意義―テキストマイニングを用いた、沖縄の各都道府県別の慰霊塔・碑の特徴―テキストマイニングによる分析）、第2部 コンフリクト転換に基づく平和教育の実践と評価（コンフリクト転換を重視した平和教育とガルトゥング平和理論を主軸にした教員免許状更新講習、コンフリクト転換を重視した平和教育とその評価―教員免許状更新講習におけるアニメ『みんながHappyになる方法』活用の実践と効果、大学新入生講座『アニメで学ぶ対立の解決』におけるコンフリクト対処スタイルの変化）
2017.4 161p A5 ¥2500 ①978-4-7599-2176-2

◆**さよなら、母娘ストレス** 香山リカ著 新潮社 （新潮文庫）（『怒り始めた娘たち』改題新書）
【要旨】「あなたを生んだのは、この私」何かにつけ、口癖を見せるという言い放つ母親たち。かたやその言い分にぐうの音も出ない娘たち…。心底憎らしいのにどうしても嫌いになれない、そんな矛盾に苦しむ女性は決して1人ではありません。診察室を訪れた8名の娘たちのエピソードと著者の実体験を軸に綴る、母と娘の現

実。娘が幸せになるための6つの処方箋を収録。
2017.2 193p A6 ¥460 ①978-4-10-120671-4

◆**産業・組織心理学** 馬場昌雄，馬場房子，岡村一成監修，小野公一，関口和代編著 白桃書房 改訂版
【要旨】産業・組織心理学：定義と歴史、コミュニケーション、モティベーション、コミットメント、職務満足感、募集・採用と適性、評価と処遇、キャリア形成、リーダーシップとフォロワーシップ、職場におけるメンタルヘルス、人間工学とリスクマネジメント、消費者心理学、消費者心理学の応用
2017.1 306p A5 ¥3200 ①978-4-561-26683-9

◆**産業・組織心理学** 太田信夫監修，金井篤子編 （京都）北大路書房（シリーズ心理学と仕事 11）
【目次】第1章 産業・組織心理学への招待、第2章 人事の心理学、第3章 組織行動の心理学、第4章 消費者行動の心理学、第5章 安全とリスク管理の心理学、第6章 職場のストレスとメンタルヘルスの心理学
2017.7 147p A5 ¥2100 ①978-4-7628-2983-3

◆**産業と組織の心理学** 池田浩編 サイエンス社（ライブラリ心理学を学ぶ 9）
【要旨】産業革命以降の問題意識の中から誕生し、近接分野とも関連しながら発展を遂げてきた産業・組織心理学の教科書。採用や人事評価、キャリア、リーダーシップ、ワークモチベーション、メンタルヘルスなどの多様なテーマについて、定説から最新の動向まで標準的に幅広く取り上げた。平易な文章を用い、視覚的に理解しやすい図表を多数盛り込んでいる。
2017.10 249p A5 ¥2350 ①978-4-7819-1410-7

◆**産業保健心理学** 日本健康心理学会企画，島井哲志監修，島津明人編著 （京都）ナカニシヤ出版（保健と健康の心理学標準テキスト 5）
【目次】1 産業保健心理学の基礎（産業保健心理学概論、職業性ストレスと健康影響、職業性ストレスの測定と評価、職場のメンタルヘルス対策のシステム：内部EAPと外部EAP、職場のメンタルヘルス対策の実際：1次予防、2次予防、3次予防、職場のメンタルヘルス対策のステークホルダーと多職種連携、職場のメンタルヘルスと法、組織行動、組織行動、労働者のキャリアとメンタルヘルス）、2 産業心理学のトピック（職場外の要因とメンタルヘルス、職場の諸問題への対応、働き方の多様化と健康支援、職場のメンタルヘルスのアウトリーチ、ワーク・エンゲイジメント）
2017.10 254p A5 ¥3200 ①978-4-7795-1206-3

◆**幸せな劣等感―アドラー心理学"実践編"** 向後千春著 小学館 （小学館新書）
【要旨】「自分は劣っている」と感じるのはつらいもの。でも、他人との比較ではなく、自分の理想像と現在の自分を比べて、足りない部分を埋めていく成長感があるのだと考えれば、本来の自尊心"を高めることができる―。こうした"不完全である勇気"をはじめ、"ライフスタイル"、"共同体感覚"など、アドラーの"哲学"を徹底解説。私たちが幸せに生きていくために、いますぐ実践できる意識改革のヒントを、"アドラー心理学の伝道師"が紹介する。
2017.2 222p 18cm ¥760 ①978-4-09-825284-8

◆**シェアしたがる心理―SNSの情報環境を読み解く7つの視点** 天野彬著 宣伝会議
【要旨】情報との出会いは「ググる」から「＃タグる」へ。宣伝会議人気講義「インスタグラムマーケティング基礎講座」を書籍化。ものを買う人が、何かをシェアし、誰かのシェアに触れていく。シェアがトレンドを生み出すSNS時代のいまとこれからを、新進気鋭の若手メディアリサーチャーが分析。
2017.3 373p B6 ¥1800 ①978-4-88335-411-5

◆**視覚実験研究ガイドブック** 市原茂，阿久津洋巳，石口彰編 朝倉書店
【要旨】実験計画法、心理物理学的測定法、視覚実験環境と装置、視覚実験制御用ソフトウェア、様々な視覚刺激の作成・提示法、反応時間測定法、生体情報・行動計測法、モデリングとシミュレーションなどの解説に加え、視覚実験の応用事例の紹介や、研究成果のまとめ方や国内外の発表の仕方、特許の取得や著作権の問題、研究倫理の問題など、視覚実験を計画し、発表し、その成果を応用する際にやらなくてはならないことをすべて網羅。
2017.6 308p A5 ¥6400 ①978-4-254-52022-4

◆**自我心理学の理論と臨床―構造、表象、対象関係** ガートルード・ブランク，ルビン・ブランク著，馬場謙一監訳，篠原道夫，岡元彩子訳 金剛出版 （原著第二版）
【要旨】精神分析の理論と臨床を包括的に学べるテキストである。2部から成る本書は、第1部（理論）ではマーガレット・マーラーの分離個体化理論を中核に、フロイト父娘をはじめとする自我心理学者の業績を総括し、自我心理学がいかにして対象関係理論になったかを示し、対象関係の用語で構造の性質を説明する。第2部（技法）では、現代精神分析の包括的な技法論を展開し、治療者が患者の治療的要求に応えられることを事例を通して解説する。
2017.7 347p A5 ¥6200 ①978-4-7724-1567-5

◆**自我と無意識の関係** C.G.ユング著，野田倬訳 （京都）人文書院 新装版
【要旨】内面のドラマともいうべき、無意識的な心の変遷過程をたどる。ユング思想の全体像を浮かびあがらせる絶好の入門書。
2017.7 211p B6 ¥2200 ①978-4-409-33054-8

◆**自己愛的（ナル）な人たち** 岡野憲一郎著 （大阪）創元社
【要旨】身近にもいる病的な自己愛人間（ナルシシスト）。彼らに振り回されないために、そして自分がそうならないためにどうすればいいか。サイコパス、アスペルガー、モンスター、いじめとの関連にも触れる。
2017.11 238p B6 ¥1600 ①978-4-422-11640-2

◆**自己の可能性を拓く心理学―パラアスリートのライフストーリー** 内田若希著 金子書房
【要旨】"真の障害"からの脱却とはなにか？人生を自明視してきた日常の喪失と新たな人生の再構築のストーリーは、多くの人々の"生き方の指針"となる。障害の有無にかかわらず、自己の可能性を拓く心のあり方を描きだす。
2017.8 165p A5 ¥2300 ①978-4-7608-2659-9

◆**思春期・青年期支援のためのアドラー心理学入門―どうすれば若者に勇気を与えられるのか** 深沢孝之編著 アルテ，星雲社 発売
【要旨】アドラー心理学は人生の岐路に立つ若者をどう支援することができるか？アドラー心理学による"勇気づけ"により、思春期・青年期が抱える諸問題の解決策を提示する。
2017.11 184p B6 ¥1800 ①978-4-434-23963-2

◆**自信がなくても幸せになれる心理学―世界一優しい精神科医、コフートの人間関係講座** 和田秀樹著 PHP研究所
【目次】第1章 自信がない人ほどうまくいく「甘え」のすすめ（自己愛は大切に、人が生きるために最も必要なもの ほか）、第2章 嫌われる勇気がなくても大丈夫―「相互依存」が理想の関係（タフな心理学者、フロイト、人間は目的をもつことで変われると説くアドラー ほか）、第3章 コフート流人づきあいの秘訣―「自分と他人」両方を大切にする方法（ラーメンとフレンチ、どちらを食べている人が幸せ？、「自分の気持ち」が何より大切 ほか）、第4章 日本は「コフート的」な国―共感力で社会の課題も解決できる（選挙も共感力のある人が勝つ、医学部面接の傲慢 ほか）
2017.5 191p 18cm ¥1100 ①978-4-569-83189-3

◆**システムズアプローチ入門―人間関係を扱うアプローチのコミュニケーションの読み解き方** 中野真也，吉川悟著 （京都）ナカニシヤ出版
【目次】1 "関係"へのアプローチ編（"関係性"を扱うアプローチ、"関係"を図示するほか）、2 システムズアプローチという"ものの見方"のリクツ編（相互作用、人とのやりとりをどう捉えるか：語用論からパターンへ ほか）、3 臨床実践編（システムズアプローチにおけるセラピー、ジョイニングと治療文化の形成 ほか）、4 各論編（システムズアプローチの基本的留意点）
2017.12 272p A5 ¥3500 ①978-4-7795-1204-9

◆**実践！ストレスマネジメントの心理学** 高山恵子，平田信也著 本の種出版
【要旨】身近にいるあの人の言うことは理不尽だ。マイナスの感情をコントロールできない。過去の出来事を後悔してしまう…あなたを悩ますストレスをプラスに生かす、注目の心理学。
2017.10 221p A5 ¥1500 ①978-4-907582-16-6

◆**実践ポジティブ心理学―幸せのサイエンス** 前野隆司著 PHP研究所 （PHP新書）

【要旨】ポジティブ心理学は、それまでの臨床心理学が心の病に対処するためのものだったのに対して、普通の健康状態にある人が「どうすればもっと幸せになれるのか？」を追究する分野です。「マインドフルネス」「レジリエンス」などもポジティブ心理学の重要なキーワードです。アメリカの心理学会会長だったマーティン・セリグマン氏がその概念を1998年に発表し、いまやアメリカのみならず世界各地でその研究は進んでいます。本書では、ポジティブ心理学を日々どのように活かしていけばよいかを明らかにし。

2017.8 230p 18cm ¥860 ①978-4-569-83617-1

◆質的心理学研究 第16号 特集 質的研究における映像の可能性 日本質的心理学会編 日本質的心理学会、新曜社 発売
【目次】特集 質的研究における映像の可能性「かわいい」と感じるのはなぜか？―ビジュアル・ナラティヴによる異種372文法、会話における"収録される"ことの多様な利用、スポーツ実況における発話による出来事の指し示し―「こ」系指示表現と間投詞「ほら」の相互行為上の働き、残るものの意味―線条体黒質変性症患者とその介護者の事例より、サービスエンカウンターにおける店員の「気づき」の会話分析）、一般論文（1970年代の看護師長の語りから見る、よい組織風土の形成と維持のしくみ、潜日中国人のライフストーリーから見る自己アイデンティティの交渉と構築―なぜ永住権を目指して働き続けるのか、保護観察中の性犯罪者の犯罪行動のプロセス、幼稚園クラス集団における自由遊び時間での「乗り物遊び」―仲間文化の形成と変化、小集団学習中にジョイント・アテンションはどのように機能しているか―中学校社会科の授業場面を事例として、雰囲気が言葉になる時―小学校の日々から始まる雰囲気の解釈学的現象学）、書評特集 質的研究と映像との関係を考える

2017.3 248p B5 ¥3000 ①978-4-7885-1510-9

◆嫉妬と自己愛―「負の感情」を制した者だけが生き残れる 佐藤優著 中央公論新社（中公新書ラクレ）
【要旨】外交官時代に見聞した「男の嫉妬」、作家として付き合う編集者たちに感じる「自己愛の肥大」。自分自身を制御できない人たちは、やがて周囲と大きな軋轢を起こす。彼らにどう対応すべきか。自分がそうならないためには何をすべきか。小説や、専門家との対話などを通じて、嫉妬と自己愛を読み解く。

2017.2 237p 18cm ¥800 ①978-4-12-150574-3

◆児童心理学の進歩 2017年版 日本児童研究所監修 金子書房
【目次】1章 視覚的短期記憶とその神経基盤、2章 社会的認知、3章 性ステレオタイプ、4章 サクセスフル・エイジング、5章「チームとしての学校」の具体的な展開、6章 科学教育、7章 情報通信技術（ICT）と学習、8章 ディスレクシア、9章 攻撃性に対する認知行動的アプローチ、10章 自閉スペクトラム症のアセスメント、特別論文1 エピジェネティクス入門―基礎から精神神経疾患との関連まで、特別論文2 少子高齢化社会とはどのような社会か、書評シンポジウム 帯刀益夫著『遺伝子と文化選択―「サル」から「人間」への進化』

2017.6 329p A5 ¥8800 ①978-4-7608-9957-9

◆「自白」はつくられる―冤罪事件に出会った心理学者 浜田寿美男著 （京都）ミネルヴァ書房（叢書・知を究める 10）
【要旨】なぜ「冤罪」という過ちは起こるのか。40年にわたり冤罪事件に向き合ってきた「心理学者」が、被疑者との「獄中の視点」から自白の意味を読み解く途を探る。

2017.2 280p B6 ¥3000 ①978-4-623-07994-0

◆社交不安症UPDATE―エスシタロプラムによるアプローチを中心に 小山司編 先端医学社
【目次】1 社交不安症の概念と病態的特徴（社交不安症の概念および定義―対人恐怖との相互関係、社交不安症の原因と症状、社交不安症の有病率―罹患率などの疫学から）、2 社交不安症の診断と評価尺度（社交不安症の分類と鑑別診断、DSM-5およびICD-11における社交不安症の診断基準、LSAS・SATSによる臨床評価）、3 社交不安症の治療ストラテジーとその評価（社交不安症の治療アルゴリズム―治療の選択と手順、社交不安症の臨床評価と心理教育、社交不安症における薬物療法、社交不安症に対する認知行動療法、社交不安症の寛解を目指した治療の組み立てその評価）、4 社交不安症とComorbidity（気分障害と全般性の社交不安症（社交不安症）、他の不安症と社交不安症、その他の疾患と社交不安症―アルコール使用障害（依存・乱用）、摂食障害など）、5 社交不安症とエスシタロプラム（社交不安症に対する国内臨床試験、EBMからみたエスシタロプラムの有用性、うつ病に併存する社交不安症へのエスシタロプラムの臨床応用）

2017.3 183p A5 ¥3000 ①978-4-86550-251-0

◆障害者心理学 太田信夫監修、柿澤敏文編 （京都）北大路書房 （シリーズ心理学と仕事 15）
【目次】障害者心理学へのいざない、視覚障害の心理とその支援、聴覚障害の心理とその支援、音声・言語障害の心理とその支援、知的障害の心理とその支援、自閉スペクトラム症の心理とその支援、学習障害の心理とその支援、注意欠如・多動症の心理とその支援、情緒障害の心理とその支援、肢体不自由の心理とその支援、健康障害の心理とその支援、重度・重複障害の心理とその支援

2017.7 170p A5 ¥2100 ①978-4-7628-2984-0

◆情動コンピテンスの成長と対人機能―社会的認知理論からのアプローチ 野崎優樹著 （京都）ナカニシヤ出版
【目次】第1章 本書の目的と理論的背景（情動コンピテンスと情動知能の概念上の差異、情動コンピテンスと適応 ほか）、第2章 日本における情動コンピテンス一尺度の適用可能性の検討（情動コンピテンスプロフィールの心理測定学的特性の国際比較、改訂版WLEISの作成）、第3章 ストレス経験と情動コンピテンスの成長（最も大きなストレス経験時のレジリエンスおよびストレス経験からの成長と情動コンピテンスとの関連、大学入試に対する認知的評価とストレス対処が情動コンピテンスの成長感に及ぼす効果 ほか）、第4章 情動コンピテンスと被排斥者に対する情動調整行動（情動コンピテンスと被排斥者の悲しみを調整する行動との関連、情動コンピテンスと被排斥者の悲しみ表出の調整整度（し）―被排斥者の悲しみ表出の調整整度（し） ほか）、第5章 総合考察（得られた結果のまとめ、本研究の意義 ほか）

2017.3 207p A5 ¥4500 ①978-4-7795-1163-9

◆情動とトラウマ―制御の仕組みと治療・対応 奥山眞紀子,三村將編,小野武年監修 朝倉書店 （情動学シリーズ 8）
【目次】総論（単回性トラウマと情動調節、複雑性トラウマと情動調節）、各論1 子ども―青年期に関して（子どもの単回性トラウマと感情調整、子ども虐待によるトラウマと情動調節、愛着形成の問題と情動調節、物質使用障害およびその他の自分の心身を害する行動とトラウマ、トラウマティック・コミュニティが情動調節機能に及ぼす影響と非行、発達障害者のトラウマと情動調節、トラウマ後の情動調節への治療的アプローチ、親子関係における情動調節の相互作用―虐待予防に向けて）、各論2 成人期に関して（性暴力被害と情動制御、トラウマと適応障害、トラウマと自傷・自殺、心的外傷と情動犯罪、災害は情動・認知にどのような影響を与えるか―東日本大震災の現場から、トラウマに対処する薬物療法、ストレス関連障害に対する他の精神療法）

2017.4 230p A5 ¥3700 ①978-4-254-10698-5

◆消費資本主義！一見せびらかしの進化心理学 ジェフリー・ミラー著,片岡宏仁訳 勁草書房
【要旨】人々が見せびらかし消費をしているならみんな知ってる。でも正確なところ何をせびらかそうとしているのかは、マーケティング理論にもよくわかってない。カギを握るのは「ビッグファイブ特徴＋知性」と「コスト高シグナリング」だ。マーケターには洗練された理論を、消費者にはたのしい消費生活のヒントを、進化心理学から提案。

2017.12 469p A5 ¥3500 ①978-4-326-29925-6

◆職業性ストレスの心理社会的要因に関する実証研究 高岸幸弘著 風間書房
【目次】第1章 序論：職業性ストレスとメンタルヘルス―職業性ストレス研究の今日的意義、第2章 市町村合併による地方公務員のメンタルヘルスへの影響、第3章 自尊心と対人依存が職業性ストレス反応に及ぼす影響、第4章 ソーシャルサポートと自己観（Self・Construal）、第5章 対処行動とストレス、第6章 結論

2017.1 149p A5 ¥6000 ①978-4-7599-2155-7

◆ジョジョの奇妙な冒険が教えてくれる最強の心理戦略 内藤誼人著 かんき出版 （神ビジ）
【要旨】ジョースター家に受け継がれる「勝負強さ」の秘密とは？ 自分を変え、相手を動かす心理戦略をモノにする最強の心理戦略。

2017.6 207p 19×13cm ¥1200 ①978-4-7612-7262-3

◆女性脳の特性と行動―深層心理のメカニズム ローアン・ブリゼンディーン著,小泉和子訳 パンローリング （フェニックスシリーズ 62）
【要旨】女性と男性の違いは老若男女を問わず多くの人の悩みの種でした。その問題を解決すべく神経精神科医ローアン・ブリゼンディーン博士は女性の脳機能を研究し本書を執筆しました。過去の多くの研究が男性のみに焦点を当てていたため、女性に特化した本書は大変な注目を集めています。生物学的な女性の身体の変化が女性の一生にどのような影響を及ぼしているのかを"幼児期・思春期・恋愛期・セックス・育児期・閉経期とその後"に区分し検証しています。「身体の変化＝ホルモンの変化」と脳の関係を実例を交えながら、女性だけに見られる思考回路とその理由を解説しました。女性脳で何が起こっているのかを理解すれば、多くの問題は解決することでしょう。女性ならではの行動をコントロールする術も公開しています。パートナーとのすれ違いも解消してくれるでしょう。

2018.1 278p B6 ¥1600 ①978-4-7759-4190-4

◆触覚の心理学―認知と感情の世界 田崎權一著 （京都）ナカニシヤ出版
【目次】基礎編（五感の一つとしての触覚、触覚の生理的基礎、触覚の知覚現象のいろいろ、触覚と開眼手術後の世界）、応用編（触覚が教育に及ぼす影響、触覚が癌症に及ぼす影響、触覚と視覚障がい、触覚が健康（医療・介護）に及ぼす影響、手・皮膚感覚と産業 ほか）

2017.10 138p A5 ¥2000 ①978-4-7795-1154-7

◆自律的な学習意欲の心理学―自ら学ぶことは、こんなに素晴らしい 櫻井茂男著 誠信書房
【目次】第1章 学習意欲とは何か、第2章 自ら学ぶ意欲のメカニズム、第3章 自ら学ぶ意欲と発達、第4章 学習意欲のアセスメント、第5章 学習意欲に関連する理論、第6章 自ら学ぶ意欲がもたらす成果、第7章 自ら学ぶ意欲の育て方

2017.11 148p A5 ¥2000 ①978-4-414-30012-3

◆人工知能を超える 人間の強みとは 奈良潤著 技術評論社
【要旨】人工知能が単純作業から高度な知的作業までこなせるようになり、これまでの人間の価値が見直しを迫られている。かといって、人間が直面するあらゆる繊細な問題を解決するうえで、人工知能が常に正しい判断と意思決定ができるとはかぎらない。正視眼で人工知能の可能性を見るにはどうすればよいか？ 人間の可能性を引き出すためには、何をすべきか？

2017 333p B6 ¥1780 ①978-4-7741-8795-2

◆新 はじめて学ぶ メンタルヘルスと心理学 吉武光世編著,窪内節子,山崎洋史,岩瀧大樹,平澤孝一著 学文社
【目次】第1部 こころのはたらきを理解する（新しい行動を身につける―学習、知ることの仕組み―認知・記憶、こころの発達、ライフサイクルとこころの危機、人と人との間―対人関係）、第2部 こころを支える（こころを支える姿勢、こころを診る、病めるこころ、こころの癒し、こころと社会）

2017.4 244p A5 ¥2400 ①978-4-7620-2698-0

◆心理援助職の成長過程―ためらいの成熟論 割澤靖子著 金剛出版
【要旨】自分は何を学んできたのか？ そして何を学べていないのか？ そもそも心理援助職の初学者に求められる学びとはどのようなものか？ 初学者だったすべての心理職がみずからに投じた疑問から出発、「ポジションの移行」「主体的トライアル・アンド・エラー」「実践知の獲得」「協働・関係構築の技法」という成長過程の法則を発見しながら、ひとりの専門家が誕生するまでの軌跡を探究していく。未だ答えなき謎に挑む臨床フィールドワークの果てにたどりついたものとは？

2017.2 222p A5 ¥3800 ①978-4-7724-1537-8

◆心理学 和田万紀編 弘文堂 （Next教科書シリーズ） 第3版
【目次】序章、第1章 心理学の方法、第2章 感覚・知覚・認知・感性、第3章 記憶と学習、第4章 感情、第5章 性格、第6章 心の発達、第7章 社会行動、第8章 臨床心理

2017.12 260p A5 ¥2100 ①978-4-335-00230-4

心理学・哲学・宗教

◆**心理学からみた食べる行動―基礎から臨床までを科学する** 青山謙二郎,武藤崇編著 (京都)北大路書房
【目次】第1部 基礎(食行動の生理的基礎,食行動への学習の影響,食行動のセッション内変動,食行動と環境要因,食行動と認知,食行動と社会的要因,食行動と態度・感情要因,食べ物の購入,食物渇望),第2部 臨床(偏食,肥満とダイエット,2型の糖尿病,摂食障害)
2017.6 250p A5 ¥2500 ①978-4-7628-2974-1

◆**心理学研究法―心を見つめる科学のまなざし** 高野陽太郎,岡隆編 有斐閣 (有斐閣アルマ)補訂版
【要旨】心理学の知識を正しく理解するためには,研究方法についての知識が不可欠。科学研究の基本的なロジックと結びつけて,さまざまな心理学研究法を紹介し,一歩進んだ方まで予備知識なしに理解できる丁寧でわかりやすい解説。好評のテキストに「効果量」「信頼区間の活用」に関する新たな節を追加。コラムも加筆し,一層充実した内容に。
2017.2 372p B6 ¥2200 ①978-4-641-22086-7

◆**心理学研究法のキホンQ&A100―いまさら聞けない疑問に答える** ニール・J.サルキンド著,畑中美恵訳 新曜社
【要旨】「帰無仮説って何?」「有意ってどういうこと?」「良い研究ってどんなもの?」基本的な概念ほど,理解するのも教えるのも難しい。初心者の誰もが疑問に思う研究法の重要な100のトピックを,Q&A形式で分かりやすく,簡潔に解説。研究法のキホンを学びたい人,分からない用語を調べたい人,研究に困っている人のための,これまでなかったガイドブック。
2017.5 154p A5 ¥1800 ①978-4-7885-1524-6

◆**心理学検定 公式問題集 2017年度版** 日本心理学諸学会連合心理学検定局編 実務教育出版
【要旨】第10回検定試験に完全対応! 出題傾向を把握し実力アップ&合格をめざすための450問。
2017.3 413p A5 ¥2700 ①978-4-7889-6098-5

◆**心理学実験プログラミング―Python/PsychoPyによる実験作成・データ処理** 十河宏行著 朝倉書店 (実践Pythonライブラリー)
【目次】1 Python と PsychoPy の準備(Standalone PsychoPy の準備,Python の基礎),2 PsychoPy による実験の作成(基本的な実験スクリプトの構成,PsychoPy の使い方,刺激提示および反応時間計測の精度,総仕上げ:視覚探索課題),3 より高度な実験を実現するためのデータ処理(実験データの処理,音声データの加工,画像データの加工,実験実行中のデータ処理)
2017.4 182p A5 ¥3000 ①978-4-254-12891-8

◆**心理学統計入門―わかって使える検定法** 板口典弘,森数馬著 講談社 (ステップアップ心理学シリーズ)
【要旨】覚える,実践する,深く知る。理解への王道3ステップ! 最初は「実験に必要な内容」のみを覚え,あとからその背景を解説。ムズかしいことは後回しにするから,レベルにあわせた学習が可能に。
2017.5 259p A5 ¥2400 ①978-4-06-154810-7

◆**心理学と錬金術 1** C.G.ユング著,池田紘一,鎌田道生訳 (京都)人文書院 新装版
【要旨】無意識の世界と錬金術との間にパラレルな関係を見,人間の全体性と西欧文明を根本から問い直す独創的労作! 本書にはその第1部「錬金術に見られる宗教心理学的問題」と第2部「個体化過程の夢表象」を収録。図版111葉を添える。
2017.11 324p A5 ¥4200 ①978-4-409-33055-5

◆**心理学と錬金術 2** C.G.ユング著,池田紘一,鎌田道生訳 (京都)人文書院 新装版
【要旨】心理学のみならず,あらゆる分野で注目を浴びるユング思想の一つの核をなす問題作。本巻に収録した第3部「錬金術における救済表象」は錬金術の分析においても従来の解説を遥かに凌ぐ卓見に満ちている。図版159葉を添える。
2017.11 402p A5 ¥4700 ①978-4-409-33056-2

◆**心理学入門―こころを科学する10のアプローチ** 板口典弘,相馬花恵編著 講談社 (ステップアップ心理学シリーズ)
【要旨】はじめて学ぶ人のためのカラーテキスト。章ごとの異なるアプローチで,心理学の世界を俯瞰する。豊富なイラストや写真で,イメージしやすく理解が進む。
2017.9 305p A5 ¥2400 ①978-4-06-154808-4

◆**心理学の神話をめぐって―信じるこころと見抜く心** 日本心理学会監修,邑本俊亮,池田まさみ編 誠信書房 (心理学叢書)
【要旨】その心理学の知識と常識,ホントに正しい? 心理学叢書第9弾! クリティカルシンキングとは何なのか? 情報過多な現代社会で迷子にならないために。
2017.10 161p A5 ¥1800 ①978-4-414-31119-8

◆**心理学のためのサンプルサイズ設計入門** 村井潤一郎,橋本貴充編著 講談社
【要旨】データはいくつ集めればよいのか?―卒論執筆・論文投稿に必須の基礎知識。
2017.3 166p A5 ¥2700 ①978-4-06-156567-8

◆**心理学ベーシック 第1巻 なるほど! 心理学研究法** 三浦麻子監修・著 (京都)北大路書房
【要旨】難しさが分かると,もっと「研究」したくなる。心のはたらきを科学的に見つめるまなざしを養い,「自らの手で研究すること」に力点をおいたシリーズ『心理学ベーシック』全5巻刊行開始!
2017.5 183p A5 ¥2200 ①978-4-7628-2966-6

◆**心理学ベーシック 第2巻 なるほど! 心理学実験法** 三浦麻子監修,佐藤暢哉,小川洋和著 (京都)北大路書房
【目次】第1部 実験法の基礎(実験とは,研究レポートの書き方),第2部 感覚・知覚(ミューラー・リアー錯視,触二点閾),第3部 認知(パーソナル・スペース,係留効果 ほか),第4部 学習・記憶(系列位置効果,鏡映描写 ほか),第5部 生理(心電図の測定,皮膚コンダクタンスの測定 ほか),PsychoPyを利用した実験プログラムの作成
2017.9 192p A5 ¥2400 ①978-4-7628-2996-3

◆**心理学ベーシック 第3巻 なるほど! 心理学調査法** 三浦麻子監修,大竹恵子編著 (京都)北大路書房
【目次】第1部 調査法の基礎(心理学における調査法,調査法に関する諸問題),第2部 調査法の実習「心理尺度をつくる」(何をつくるのかを考える:測定概念の明確化と質的データの収集,項目を作成する:質問項目の作成と内容的妥当性の検討,調査票をつくる:調査票の作成と調査の実施方法,項目を選ぶ:項目の選定とその手法,心理尺度をつくる:信頼性,妥当性の検討),第3部 調査法の実習「心理尺度をつかう」(SD法,経験抽出法,オンライン調査),第4部 「心理尺度をつかう」応用編(翻訳法,対象者の特性に応じた調査法,比較文化研究における調査法,郵送調査法)
2017.9 121p A5 ¥2200 ①978-4-7628-2990-1

◆**心理学レポート・論文の書き方―演習課題から卒論まで** 板口典弘,山本健太郎著 講談社 (ステップアップ心理学シリーズ)
【要旨】形式+書き方→考え方。一歩ずつ着実にマスター! いきなり頂上をめざすのはたいへん。一段階ずつ到達ポイントを明確にして,効率的にレベルアップ! 「執筆・投稿の手びき」最新版に準拠。
2017.5 151p A5 ¥1900 ①978-4-06-154809-1

◆**心理調査の基礎―心理学方法論を社会で活用するために** 日本心理学会監修,サトウタツヤ,鈴木直人編 有斐閣
【要旨】心理調査のロジックと方法論を体系的に解説。日本心理学会認定資格「認定心理士(心理調査)」のカリキュラム対応。
2017.4 187p A5 ¥1900 ①978-4-641-17428-3

◆**心理統計法―有意性検定からの脱却** 豊田秀樹著 放送大学教育振興会,NHK出版 発売 (放送大学教材)
【目次】データ分布の要約,事後分布とベイズの定理,1群の正規分布の分析,生成量と研究仮説が正しい確率,2群の差の分析1,差を解釈するための指標,相関と2変量正規分布,2群の差の分析2,1要因実験の分析,2要因実験の分析,2項分布による分析,多項分布による分析,単回帰分析,重回帰分析,発展的学習によせて
2017.3 261p A5 ¥2600 ①978-4-595-31705-7

◆**心理臨床と「居場所」** 中藤信哉著 (大阪)創元社 (アカデミア叢書)
【要旨】時代とともに変わりゆく「居場所」の意味を心理臨床家の視座で同定する試み。「居場所」「居場所がない」とはいかなる現象なのか―概念成立の歴史的・社会的・文化的背景や,主体・身体との関連を扱うことで,心理臨床実践における意味を問い直す。
2017.3 186p A5 ¥3400 ①978-4-422-11643-3

◆**心理臨床における法と倫理** 津川律子,元永拓郎編著 放送大学教育振興会,NHK出版 発売 (放送大学大学院教材)
【目次】心理臨床における法と倫理の基本,いのちを支える法と倫理,子どもの心理支援に関係する法と倫理,家族の心理支援に関係する法と倫理,勤労者の心理支援に関係する法と倫理,高齢者の心理支援に関係する法と倫理,学校における法と倫理,司法・矯正・保護における法と倫理,医療・保健における法と倫理,コミュニティにおける法と倫理,精神障害に関係する法と倫理,心理臨床実践における倫理,心理臨床研究における倫理,日本における法と倫理,心理臨床に関する資格の歴史と現状,心理臨床における法と倫理―展望とまとめ
2017.3 270p A5 ¥2700 ①978-4-595-14081-5

◆**末っ子ってこんな性格。―"生まれ順"でまるわかり!** 五百田達成著 ディスカヴァー・トゥエンティワン
【要旨】したたかなアイドル。相性がいいのは中間子。甘え上手で他人本願。最終的には(自分以外の)誰かがなんとかしてくれると思ってる。でも,愛嬌はいいし,ノリと愛嬌には自信がある。そんな自分に不満はない。めんどくさいと言わず,とにかく楽しく暮らそうよ! そんな愛すべき末っ子のための本。
2017.11 135p B6 ¥1000 ①978-4-7993-2191-1

◆**図解版 なぜ,あの人は"人付き合い"が上手いのか―「人間関係」でもう悩まない心理学** 和田秀樹著 ゴマブックス
【要旨】自分を知り,相手を知れば,自ずから自分の取るべき行動がわかる! 図解でわかる! 性格タイプでわかる35の処方箋。
2018.1 223p A5 ¥1200 ①978-4-7771-1994-3

◆**「好き」を「お金」に変える心理学** メンタリストDaiGo著 PHP研究所
【要旨】お金は使わなければただの紙切れ,「貯金」は成功のチャンスを遠ざける,「稼ぐ」だけでは幸せになれない。...お金を生み出し,自由に生きるために大切な17の新常識。
2017.2 254p B6 ¥1300 ①978-4-569-83128-2

◆**スピリチュアルケア研究―基礎構築から実践へ** 窪寺俊之著 (上尾)聖学院大学出版会
【目次】第1部(「宗教的思考」から「スピリチュアルな思考」へ―H.S.クシュナーの悲劇を中心に,スピリチュアル/宗教的ケア」の役割と課題―高見順と原崎百子の闘病日記の比較研究,スピリチュアルケアと信仰の一考察,祈りのなかのスピリチュアルケア―宗教や信仰を持たない人への「執り成しの祈り」,スピリチュアルヒストリー法―経験知は有効か ほか),第2部(スピリチュアルケアと自殺念慮者へのケア,生きる意味を求めて―ホスピスの経験から考える,スピリチュアルなものへの魂の叫び,スピリチュアリティと心の救援)
2017.11 376p A5 ¥4800 ①978-4-909022-78-3

◆**すべての悩みは脳がつくり出す** 茂木健一郎著 ワニ・プラス,ワニブックス 発売 (ワニブックスPLUS新書)
【要旨】人間のあらゆる悩みは脳がつくり出した幻想なのか!? 仕事,家庭,恋愛,勉強...老若男女のさまざまな悩みや脳自体についてのいろいろな疑問などに対して,著者が脳科学の見地から楽しく,ためになるアドバイスをしつつ,最新脳生理学の知見も満載! 読めばココロが軽くなる一冊。
2017.3 191p 18cm ¥830 ①978-4-8470-6109-7

◆**生活と思索―「先駆的二人称」を求めて** 川津茂生著 北樹出版
【目次】第1部 人称の哲学的心理学(視知覚と意味をめぐる考察,存在科学へ向けて,存在の表と裏,先駆的二人称から見た存在,人称的構造の素描 ほか),第2部 「先駆的二人称」への旅路(歩み始めた頃,そしてその後,和解ということ,矛盾について,先駆的二人称とはどういうことか,生活の再発見 ほか)
2017.5 291p B6 ¥2400 ①978-4-7793-0544-3

◆**成熟脳の本番は56歳から始まる** 黒川伊保子著 新潮社 (新潮文庫)
【要旨】ヒトの脳の一生は,面白いほど7年ごとに段階を経ていく。脳は14歳までにおとな脳へと成長し,28年間であらゆる知識や感覚を得てピークを迎えるも,まだ試行錯誤を繰

り返す。やがて更年期やもの忘れを経験し、心細くなるもの。だが、それは「老化」ではなく「進化」の証。物事の優先順位が見えてくる脳の最高潮期は、ようやく56歳で始まりを告げる！脳と感性から紡ぐ「成熟」の極意。
2018.1 217p A6 ¥460 ①978-4-10-127955-8

◆青少年のための自尊心ワークブック―自信を高めて自分の目標を達成する　リサ・M.シャープ著, 高橋祥友訳　金剛出版
【要旨】「あなたの人生のストーリーはあなただけのものです」。心の声に耳を傾け、あなたらしく生きるための40の法則を紹介。本書を読むことで、あなたは本来の自分を発見し、それを探ることができるでしょう。
2017.9 238p B5 ¥2800 ①978-4-7724-1579-8

◆成人発達理論による能力の成長―ダイナミックスキル理論の実践的活用法　加藤洋平著　日本能率協会マネジメントセンター
【要旨】スキルはどう伸びるのか？スキルはどう伸ばすのか？ハーバード大学教育大学院カート・フィッシャー教授の実証研究をもとに解説！環境依存性・課題依存性・変動性・サブ能力・最適レベル・発達範囲・5つの能力階層・5つの成長法則など、様々なキーワードで読み解く能力開発のメカニズム。
2017.6 309p A5 ¥2500 ①978-4-8207-5982-9

◆生理心理学と精神生理学　第1巻　基礎
日本生理心理学会企画, 堀忠雄, 尾﨑久記監修, 坂田省吾, 山田冨美惠編　(京都) 北大路書房
【目次】第1部　生理心理学とは何か (生理心理学の歴史, 脳科学としての生理心理学研究法)、第2部　脳と行動の研究法 (動物実験 (脳への操作による心理・行動研究, 脳の直接的操作、脳と行動の遺伝子操作、動物を用いた脳の組織学的研究 ほか)、第3部　生体反応の計測技術1: 中枢反応 (中枢活動1: 脳波、中枢活動2: 脳イメージングの技法)、第4部　生体反応の計測技術2: 末梢反応 (心臓循環系、呼吸器系活動、温熱系、視覚・運動系、骨格筋系、生化学的指標)
2017.5 313p B5 ¥3800 ①978-4-7628-2972-7

◆生理心理学と精神生理学　第2巻　応用
日本生理心理学会企画, 堀忠雄, 尾﨑久記監修, 片山順一, 鈴木直人編　北大路書房
【目次】第1部　感性・情動、第2部　認知、第3部　社会・健康、第4部　睡眠、第5部　犯罪、第6部　スポーツ
2017.6 397p B5 ¥4600 ①978-4-7628-2993-2

◆セルフ・アサーション・トレーニング　菅沼憲治著　東京図書　増補改訂版
【目次】第1部　セルフアサーショントレーニングの総論 (セルフ・アサーション・トレーニングの目的、アサーティブ行動とは何か)、第2部　セルフアサーショントレーニングの奥義 (金魚鉢方式のロールプレイング, セルフに気づく)、第3部　多元化するアサーション (さわやかなアサーション, しなやかなアサーション、こまやかなアサーション, 和顔愛語)、禅讃 (SCATで測るアサーティブ行動傾向, アサーションにはかるた, セルフ・アサーション・ファシリテーターに成る, アサーティブトレーニングに関する倫理綱領)
2017.6 261p A5 ¥2000 ①978-4-489-02268-5

◆セルフ・コントロールの心理学―自己制御の基礎と教育・医療・矯正への応用　高橋雅治編著　(京都) 北大路書房
【目次】第1部　セルフ・コントロール研究の基礎 (セルフ・コントロールについての行動分析学的研究, 価値割引過程からみたセルフ・コントロールと衝動性, 経済行動におけるセルフ・コントロールと衝動性, 心理検査で測るセルフ・コントロールと衝動性)、第2部　教育分野への応用 (教育場面におけるセルフ・コントロールと衝動性, 幼児期, 児童期, 青年期のセルフ・コントロールと衝動性, セルフ・コントロールの教育の実践, 大学生における勉強行動と遅延価値割引)、第3部　医療分野への応用 (医療場面におけるセルフ・コントロールと衝動性, 糖尿病とセルフ・コントロール, 肥満とセルフ・コントロール, 口腔保健行動におけるセルフ・コントロール)、第4部　矯正分野への応用 (矯正分野におけるセルフ・コントロール, 犯罪とセルフ・コントロール, 依存と価値割引)、第5部　今後の展望 (セルフ・コントロールの神経経済学, 衝動性とセルフ・コントロールの神経基盤, もう1つのセルフ・コントロール―エゴ・セントリックな自己制御からエコ・セントリックな自己制御へ)
2017.5 391p A5 ¥4800 ①978-4-7628-2973-4

◆ゼロからはじめる！心理学見るだけノート　齊藤勇監修　宝島社
【要旨】89の心理学が2時間で頭に入る！イラストだけでサクッと基本がわかる！
2017.10 191p A5 ¥920 ①978-4-8002-7416-8

◆閃光の催眠術入門　十文字幻斎著　三五館
【要旨】握った手が開かなくなる、笑いがとまらなくなる、嫌いな食べ物が大好きになるetc. 全10種類の門外不出のテクニックを動画解説付きで完全公開。
2017.7 188p B5 ¥1400 ①978-4-88320-703-9

◆戦争好きな左脳アメリカ人, 平和好きな右脳日本人　篠浦伸禎著　かざひの文庫, 太陽出版 発売
【要旨】第1章　左脳と右脳 (左脳, 右脳について, 最近の日本の話 ほか)、第2章　人間脳と動物脳 (人間脳と動物脳について, 日本の話―公の精神の消失 ほか)、第3章　二次元と三次元 (二次元と三次元, 左脳と右脳の組み合わせで4タイプ, 4つのタイプの例. 歴史上の人物, 世界の国 ほか)、第4章　「自我＋小脳vs扁桃体」と「受動vs能動」(「自我＋小脳vs扁桃体」、「受動vs能動」がなぜ脳にとって大事か、昔に比べて最近の日本人は, 自我と小脳が弱っている ほか)、第5章　日本人らしく脳を使うにはどうするか (ホルミシス (自然治癒力) について, 日本人が脳をフルに使うための脳科学 ほか)
2017.2 221p B6 ¥1500 ①978-4-88469-896-6

◆ソシオパスの告白　M.E. トーマス著, 高橋祥友訳　金剛出版
【要旨】現代社会で時として遭遇する、あまりに身勝手で自己中心的な人々…。彼らに思いやりや罪悪感はないのだろうか？英国, アイルランド, 米国でベストセラー、著者は現役の弁護士であり, ソシオパスは世界で五千万人いるとされている。
2017.2 356p B6 ¥2800 ①978-4-7724-1538-5

◆それでいい。―自分を認めてラクになる対人関係入門　細川貂々, 水島広子著　(大阪) 創元社
【要旨】「当たり前の気持ち」を受け入れると、人生がラクになる。そのヒケツは、対人関係のズレと役割期待にあり!! "ネガティブ思考クイーン"の漫画家・細川貂々が、精神科医で「対人関係療法」の第一人者・水島広子さんに会いに行く、等身大の成長物語。
2017.6 215p A5 ¥1200 ①978-4-422-93075-6

◆「損」を恐れるから失敗する　和田秀樹著　PHP研究所　(PHP新書)
【要旨】誰だって、「得」をしたいけれど同じ分だけ「損」もしたくない。だが著者によれば、心理学の実験では、人間は「得をした」ときよりも「損をした」ときのほうが心理的インパクトは大きく、損を恐れる傾向が強いこと (「損失回避性」の法則) が明らかだという。その研究が一番注目されているのが、「行動経済学」という分野で、経済活動に伴う「判断や意思決定」を心理学的なアプローチで解き明かした学説だ。「心の問題」のプロが、「行動経済学」の理論をベースとして人間の心理特性への理解を深めつつ、仕事に役立つ思考を解説。
2017.4 221p 18cm ¥820 ①978-4-569-83559-4

◆対人援助と心のケアに活かす心理学　鈴木伸一編著　有斐閣 (有斐閣ストゥディア)
【要旨】「人間理解」に役立つ心理学の理論から、援助者自身のセルフマネジメントまで、対人援助のあらゆる「現場で役立つ」知見に焦点化。日常場面や臨床場面をイメージさせるEPISODE・CASE、具体的に手を動かし考えるWORK等、学びを促すツールが豊富。誤解や思いこみも解きほぐす、コンパクトな心理学入門書。
2017.3 204p A5 ¥1800 ①978-4-641-15040-9

◆第二印象で取り戻せ―「挽回」の心理学　内藤誼人著　毎日新聞出版
【要旨】"ヤな感じ"をぬぐい去って、人から好かれる, 人気者になれる。職場でも, 就活でも, 恋愛でも使える。あなたが知らない「ギャップ」の力、教えます！
2017.2 222p B6 ¥1400 ①978-4-620-32429-6

◆多元的自己の心理学―これからの時代の自己形成を考える　溝上慎я編著　金子書房
【要旨】自己理解が深まり, 生き方が見えてくる！アイデンティティ形成や, セルフコントロール, 教育のあり方, キャリア形成についても提言。
2017.11 187p A5 ¥2700 ①978-4-7608-2841-8

◆正しさをゴリ押しする人　榎本博明著　KADOKAWA　(角川新書)
【要旨】一見, 正しいことを主張しているようでありながら, 強烈な攻撃性を感じさせる人。「正義の人」と「危ない人」の境目はどこにあるのだろうか。「歪んだ正義感」を振りかざしてしまう人たちの特徴と心理を考える。
2017.10 210p 18cm ¥820 ①978-4-04-082119-1

◆他人を平気で振り回す迷惑な人たち　片田珠美著　SBクリエイティブ　(SB新書)
【要旨】周りに潜む「害になる人」の精神構造―「自分は特別だと考え, 多少のことは許されると思っている人」「支配欲が強く, 自分の思い通りにならないと気がすまない人」「うわべはいいのに陰で他人を攻撃する人」「巧妙な言い逃れで真実を歪める人」…。このように周囲を「平気で振り回す人」が今、増えている。振り回される側は、翻弄され, 気疲れするばかりか, こちらに非があるかのごとく思い込まされることすらある。今や、職場や家族、友人、ママ友、SNS等での厄介な問題と言える。本書では相談者による職場や家庭などの豊富な実例を取り上げ、背景とともに深層心理に鋭く迫る。
2017.2 205p 18cm ¥800 ①978-4-7973-8861-9

◆「他人」の壁　養老孟司, 名越康文著　SBクリエイティブ　(SB新書)
【要旨】「あの人はいつも話が通じない」「自分はなかなか理解されない」…。これは、相手を理解することの本質に気づかず、かえって自分の認識すらできていないことが根源にある。いわば相手を理解する「壁」が存在して、それが邪魔しているのだ。大事なのは, 理解することの本質を早く「気づく」こと。唯識論の養老先生と仏教心理学の名越先生が, 人生, 世間, 自然, 宗教, そしてAIや反グローバリズムといった時事問題を通して語る, 理解の本質に気づくためのヒント。
2017.7 211p 18cm ¥800 ①978-4-7973-9057-5

◆誰でもできる催眠術の教科書　林貞年著　光文社 (光文社知恵の森文庫)
【要旨】催眠術とは, 人間が持つ暗示のかかりやすさを利用して潜在能力を引き出すものです。催眠術を受ける者の無意識と繋がり, 強い信頼関係を作ります。深いところで繋がった相手に幻覚までも見せることができる。いわば科学に基づいた究極のコミュニケーション術です。催眠術のかけ方から解き方まで詳しく解説。あなたも本物の催眠術がかけられます！
2017.8 251p A6 ¥680 ①978-4-334-78726-4

◆誰にでもできるアンガーマネジメント　安藤俊介著　ベストセラーズ　(ベスト新書)
【要旨】普段からココロが軽やかに見える人でもイライラ, 怒りの感情はある。ただその感情を選択する機会が少ないだけ。考え方を少し変えるだけで人生は大きく変わる。イライラに振り回されない人生を送るための考え方。
2017.10 223p 18cm ¥824 ①978-4-584-12564-9

◆誰にも知られたくない大人の心理図鑑　おもしろ心理学会編　青春出版社
【要旨】「こころ」のメカニズムを知っておくのは、いまや, 大人と大人の人間関係に, 欠かせない必須知識。なぜあの人は, あの時, そう言ったのか。どうしてあんな表情を見せたのか。正しくおさえれば, 気持ちのゆとりが断然違うのはもちろん, 次にとるべき「心理戦略」もくっきり見えてくる。本書は, 知っている人だけが得をする大人の心理図鑑です。
2017.12 224p 21×14cm ¥1540 ①978-4-413-11234-5

◆中学生における友人との相談行動―援助要請研究の視点から　永井智著　(京都) ナカニシヤ出版
【目次】第1部　理論的検討、第2部　相談行動に関する基礎的研究、第3部　尺度の作成、第4部　援助要請の生起、第5部　発展的検討、第6部　全体のまとめ
2017.2 262p A5 ¥7700 ①978-4-7795-1130-1

◆中間子ってこんな性格。―"生まれ順"でまるわかり　五百田達成著　ディスカヴァー・トゥエンティワン
【要旨】永遠の思春期。こじらせ気味のかまってちゃん。人間関係のエキスパート。相性がいいのは末っ子。抜群のバランス感覚で、誰とでもうまくやれる。人, 気がつくし, 優しく, 人も好き。でも、本当は人見知りで、人の言動に一喜一憂して、ついつい他人と自分を比べちゃう。わたしのすべてを受け止めてくれるのはだれなの〜!? そんな愛すべき中間子のための本。
2017.11 135p B6 ¥1000 ①978-4-7993-2192-8

心理学

◆長子ってこんな性格。―"生まれ順"でまるわかり！　五百田達成著　ディスカヴァー・トゥエンティワン
【要旨】甘え下手な女王様。お人好しでおせっかい。相性がいいのは一人っ子。まじめで責任感があって、情に厚い。困っている人を見ると放っておけない。ついつい世話を焼いちゃって、みんなに頼られる。本当の自分が好き。でも、本当は、自分より頼りになる誰かに頼りたい〔どこにいるの〜!!〕そんな愛すべき長子のための本。
2017.11 133p B6 ¥1000 ①978-4-7993-2190-4

◆使うための心理学　ポーポー・ポロダクション著　PHP研究所　（PHP文庫）
【要旨】あらゆる行動には理由があり、たいていは同一の思考パターンや行動の法則があるもの。心理学を学べば、相手の言動の裏側が見えてくる。これを理解していれば、コミュニケーションの悩みが軽くなり、おだやかな人間関係を構築しやすくなるというわけだ。本書は、活用してこそ価値がある心理学のポイントがこの一冊で手に取るようにわかる！あらゆる人間関係がラクになる心理学の入門書。
2017.4 243p A6 ¥640 ①978-4-569-76701-7

◆つらさを乗り越えて生きる―伝記、文学作品から人生を読む　山岸明子著　新曜社
【要旨】子どもはつらさにどう対処しているか。心から離れない罪悪感にどう向きあったか。うまくいかない母娘関係を和解に導いたものは？誰もが人生のどこかでつまずき、つらさを乗り越える困難と向き合う。そんな時、何が生きる力となるのか。心理学者が文学作品、実在の人物の伝記やエッセイから読み解く。
2017.6 193p B6 ¥2200 ①978-4-7885-1527-7

◆テンプレートで学ぶ はじめての心理学論文・レポート作成　長谷川桐、鵜沼秀行著　東京図書
【要旨】テーマ＆統計手法別に書くべきポイントをおさえ、参考論文を使った詳しい解説で論文・レポートの書き方を学ぶ！
2017.12 212p 21×19cm ¥2000 ①978-4-489-02279-1

◆統計嫌いのための心理統計の本―統計のキホンと統計手法の選び方　白井祐浩著　（大阪）創元社
【要旨】自分で統計手法を選べるようになろう！100点以上の図版を駆使した説明で、統計に詳しい人を頼るために必要な最低限の知識と統計の全体像がつかめる画期的入門書。
2017.1 206p A5 ¥2000 ①978-4-422-11625-9

◆トラウマと記憶―脳・身体に刻まれた過去からの回復　ピーター・A. ラヴィーン著、花丘ちぐさ訳　春秋社
【要旨】最先端の神経生理学および斬新な身体アプローチの方法論に基づきトラウマを癒すソマティック・エクスペリエンシング（Somatic Experiencing）。トラウマがいかにして消えない「記憶」となるのかを明らかにするとともに、重要な手がかりである「手続き記憶」を介して身体に刻まれたトラウマ体験を完了させ、回復に導く具体的プロセスをירוק示す。
2017.10 240, 8p B6 ¥2800 ①978-4-393-36547-2

◆ドラッグと分断社会アメリカ―神経科学者が語る「依存」の構造　カール・ハート著、寺町朋子訳　早川書房
【要旨】「薬物常用者」とされるアメリカ人は2000万人にものぼり、過剰摂取による死亡者が増えつづけている。有効な対策なしに薬物政策はどこから生まれたのか。神経科学者が規制の歴史をたどり、薬物が人々にもたらす影響を未検証することで、従来の依存のイメージを問いなおす。なぜ科学的な裏づけのない政策がまかり通るのか。この政策の犠牲者はだれなのか。マイアミの貧困地区から身を起こし、アフリカ系アメリカ人として初めてコロンビア大学の自然科学系終身教授についた著者が、自らの人生をかけて告発する。PEN/E・O・ウィルソン科学文芸賞を受賞し、"ニューヨーク・タイムズ"紙や"ボストン・グローブ"紙などで絶賛された科学啓蒙書。
2017.1 409p B6 ¥3000 ①978-4-15-209667-8

◆トランスジェンダーの心理学―多様な性同一性の発達メカニズムと形成　佐々木掌子著　（京都）晃洋書房
【要旨】性同一性障害傾向をもつ人に、遺伝と環境はどのような影響をおよぼすのか。ホルモン療法、性別適合手術、性役割、性的指向、他者からの受容、パッシング…これらは、トランスジェンダーの性同一性にどのような影響をあた

484

えるのであろうか。3300組以上の双生児と、545名のトランスジェンダー当事者への調査を通じて、多様で流動的な性別のあり方がどのような発達メカニズムで起こり、どのように形成されていくのかを解明する。男性にも女性にも規定されない性別（Xジェンダー）にも注目する。
2017.4 209p A5 ¥2500 ①978-4-7710-2845-6

◆ナイスガイ症候群―一生人が思うようにならない理由　ロバート・A. グラバー著、石山淳訳　パンローリング　（フェニックスシリーズ 65）
【要旨】本書はアメリカの心理療法士、ロバート・A. グラバー博士が、自らの満たされない人生体験を基に、このような心理状態を「ナイスガイ症候群」と名付けて20年にわたって研究した症候群克服のための手引書である。「ナイスガイの一体何が悪いのか？」という声が聞こえてくるかもしれない。しかし本書を読めば、その答えが手に取るように納得できるはずだ。ナイスガイ症候群が生まれる大きな要因は、「自分はダメ人間だ」「だから本当の自分は隠さなければいけない」という誤った思い込みだ。それはどのような背景でかたちづくられてきたのかが詳しく検証されている。そこに症候群克服のカギがある。
2018.1 333p B6 ¥1600 ①978-4-7759-4188-1

◆なぜ心を読みすぎるのか―みきわめと対人関係の心理学　唐沢かおり著　東京大学出版会
【目次】第1章 対人認知を考える視点―他者をみきわめる目、第2章 性格特性の評価の役割、第3章 行動の原因としての心、第4章 心の推論方略、第5章 人間としての心、第6章 道徳性の根拠としての心、第7章 互いにみきわめあう私たち
2017.7 294, 15p B6 ¥2800 ①978-4-13-013310-4

◆「なるほど！」とわかるマンガ見るための心理学　ゆうきゆう監修　西東社
【要旨】目は口以上に物申す「ココロ」が見える1番わかりやすい入門書です！
2018.1 191p A5 ¥1200 ①978-4-7916-2561-1

◆乳幼児・児童の心理臨床　小林真理子、塩崎尚美編著　放送大学教育振興会、NHK出版 発売　（放送大学教材）
【目次】子どもを取り巻く現状と心理臨床、乳幼児期・児童期の子どもの発達、子どもの心理療法1 遊戯療法、子どもの心理療法2 親面接、子どもの心理療法3 認知行動療法、子どもの心理療法4 グループアプローチ、トピックス1 児童虐待、トピックス2 発達障害、トピックス3 ひとり親・再婚家庭の子ども、トピックス4 災害後の子どもの心理支援、臨床現場から1 子育て支援・保育カウンセリング、臨床現場から2 教育センター・教育相談室、臨床現場から3 児童福祉施設・児童相談所、臨床現場から4 小児科・児童精神科、子どもの心理臨床のこれから
2017.3 272p A5 ¥3000 ①978-4-595-31707-1

◆ニューロラカン―脳とフロイト的無意識のリアル　久保田泰考著　誠信書房
【要旨】ラカン対談?!―これまでラカニアンにとって脳を語ることは暗黙のタブーだった。しかし真にフロイトへの回帰を志向するなら、その神経学的基盤にも目を向けざるを得ず、要するにフロイトは元来ニューロフロイトなのだ。では、ニューロラカンを語る根拠はどこに見出されるのか。人々を魅了してやまない「エクリ」におけるピンポイント攻撃というべき脳への正確な言及を思い起こすだろう。精神分析と神経科学の交錯から明らかにするフロイト的無意識の現場のリアルとは！
2017.8 232p A5 ¥3000 ①978-4-414-41630-5

◆人間アレルギー―なぜ「あの人」を嫌いになるのか　岡田尊司著　新潮社　（新潮文庫）
【要旨】花粉などアレルゲンによって引き起こされる身体的アレルギー。これとよく似た心理的拒絶反応「人間アレルギー」については、これまで語られることはなかった。良好だった人間関係がなぜ急にうまくいかなくなるのか。些細な理由で相手の存在までも許せなくなるのはなぜか。自身のクリニックの具体的な臨床例と歴史上の人物のケースを分析しながら、この心理的葛藤状態を克服する処方を示す。
2018.1 253p A6 ¥490 ①978-4-10-121066-7

◆人間関係の理解と心理臨床―家庭・園・学校・施設・職場の問題解決のために　吉川晴美、松井知子編著　慶應義塾大学出版会
【要旨】カウンセリング（心理臨床・教育）の基本を学ぶ。人間関係の理解にもとづき、発達段階に象徴的な問題を取り上げ、心理劇（ロールプレイ）を用いた豊富な事例から、問題解決の方

法を習得する。大人の発達障害の復職支援も紹介。
2017.9 237p A5 ¥2200 ①978-4-7664-2466-9

◆人間関係ハンドブック　小山望、早坂三郎監修, 日本人間関係学会編　福村出版
【目次】第1章 人間関係の基礎的諸理論、第2章 人間関係の心理、第3章 人間関係の発達、第4章 教育と人間関係、第5章 福祉・医療の分野における人間関係、第6章 地域における支援活動、第7章 人間関係の改善に関するカウンセリング的アプローチ、第8章 被災地における人間関係のアプローチ、第9章 人間関係士
2017.3 277p B5 ¥3500 ①978-4-571-20084-7

◆認知行動療法入門　下山晴彦シリーズ編集・監修・著, 熊野宏昭, 鈴木伸一著　講談社　（臨床心理学フロンティアシリーズ）
【要旨】公認心理師を目指す学生から心理職の人まで、基礎と実践がよくわかる。動画講座「臨床心理学フロンティア」と連携。
2017.10 247p A5 ¥2400 ①978-4-06-154811-4

◆認知とは何か　中村三夫, 宮本省三著　協同医書出版社
【要旨】臨床の羅針盤を見つけよう。認知をめぐるコラージュ。大事なことはいつも、とても個人的なことである。
2017.3 293p 18cm ¥1500 ①978-4-7639-1082-0

◆認知脳科学　嶋田総太郎著　コロナ社
【目次】1章 認知脳科学とは、2章 脳のアーキテクチャ、3章 視覚、4章 視覚以外の感覚、5章 運動、6章 情動・感情、7章 記憶と学習、8章 エグゼクティブ機能、9章 社会性認知、付録 神経細胞
2017.3 179p A5 ¥2900 ①978-4-339-07812-1

◆ネガティブ・ケイパビリティ―答えの出ない事態に耐える力　帚木蓬生著　朝日新聞出版　（朝日選書）
【要旨】「負の力」が身につけば、人生は生きやすくなる。セラピー犬の「心くん」の分かる仕組みからマニュアルに慣れた脳の限界、現代教育で重視されるポジティブ・ケイパビリティの偏り、希望する脳とプラセボ効果との関係…教育・医療・介護の現場でも注目され、臨床40年の精神科医である著者自身も救われている「負の力」を多角的に分析した、心揺さぶられる地平。
2017.4 254p B6 ¥1300 ①978-4-02-263058-2

◆値決めの心理作戦 儲かる一言 損する一言　田中靖浩著　日本経済新聞出版社
【要旨】「30％OFF」より「無料」が儲かるのはなぜ？ 顧客の喜ぶ表をつく奇襲で稼げ！
2017.3 203p B6 ¥1400 ①978-4-532-32134-5

◆「眠り」と「夢」のなぜなぜなーぜ―臨死体験は夢見現象です　杉山弘道著　（大阪）風詠社, 星雲社 発売
【要旨】なぜ夢を見るのか。なぜ不眠症が増えたのか。なぜ植物には眠りがないのか…。自身の夢を記録しながら睡眠時思考の研究を続ける医師が、様々な「なぜ？」に答える眠りと夢のユニークな解説書。
2017.8 258p A5 ¥1400 ①978-4-434-23735-5

◆眠る―心と体の健康を守る仕組み　日本行動科学学会編, 松田英子著　二瓶社　（行動科学ブックレット 11）
【目次】第1章 序論、第2章 睡眠と覚醒のリズム（睡眠の生理学、睡眠のリズムを保つ要因）、第3章 睡眠と心身の健康（短時間睡眠の影響、不眠とうつ病と生活習慣病のトライアングル）、第4章 睡眠障害の種類（睡眠障害のアセスメント、外在因性睡眠障害）、第5章 睡眠障害からの回復と支援（医学的支援、心理学的支援）
2017.3 47p B6 ¥600 ①978-4-86108-080-7

◆脳の配線と才能の偏り―個人の潜在能力を掘り起こす　ゲイル・サルツ著, 竹内要江訳　パンローリング　（フェニックスシリーズ 66）
【要旨】天才とは、いったい何なのだろう。アインシュタインなどの非凡な才能の持ち主は、私たちが精神的な欠陥とみなす「脳の特異性」を持っていた。本書の目指すところは、天才と脳の特異性との相関関係を明らかにし、そのずば抜けた才能を育てサポートする家族や地域社会に助力することだ。弱点を補い、彼らの強みを最大限に活かす道を探る。
2018.1 309p B6 ¥1600 ①978-4-7759-4189-8

◆脳は嘘をつく、心は嘘がつけない―脳と心のミステリー　高田明和著　春秋社
【要旨】心はどこにあるか。脳イコール心か、別のものか。古今東西最大の謎にして、日常でも経

◆初めに動きありき―身体と感情の行動学　平松哲司著　幻冬舎メディアコンサルティング，幻冬舎 発売
【要旨】「我動く、故に我あり」は非常識？「運動のメロディー」の唯識論。先端科学の広汎な知見を縦横に論じ、身体と感情の論理を架橋する21世紀の行動学。
2017.10 377p A5 ¥1800 ①978-4-344-91309-7

◆パーソナリティと感情の心理学　島義弘編　サイエンス社　（ライブラリ心理学を学ぶ 6）
【要旨】パーソナリティ心理学と感情心理学という2つの領域を扱った教科・参考書。相互に影響を与え合ってきたそれぞれの領域について、理論や歴史、認知や動機づけ、発達、対人関係、適応・健康、といったテーマにおける重要な知見を、精力的に研究・教育活動をすすめている気鋭の著者陣がわかりやすく解説。
2017.4 221p A5 ¥2200 ①978-4-7819-1394-0

◆発達と老いの心理学　藤田文編著　サイエンス社　（ライブラリ心理学を学ぶ 5）
【要旨】生涯発達心理学について、初学者向けにやさしく書かれた教科書。研究の蓄積の多い幼児期と青年期、実証的研究が行われるようになった成人期、近年急速に広がりをみせている赤ちゃん・高齢者・障害児研究といった分野に関して、新しいテーマを加えて解説している。
2017.7 253p A5 ¥2350 ①978-4-7819-1396-4

◆「話し方」の心理学―必ず相手を聞く気にさせるテクニック　ジェシー・S.ニーレンバーグ著，小川敏子訳　日本経済新聞出版社　（日経ビジネス人文庫）
【要旨】そもそも人と人がわかりあうのは大変なこと。気のない相手の注意を引きつけるには？ 言いたいことをストレートに伝えるには？ 頑迷な相手を説得するには？ 半世紀にわたって全米で読み継がれてきたビジネス＆コミュニケーションの古典的名著を文庫化。
2017.10 325p A6 ¥780 ①978-4-532-19818-3

◆パフォーマンスがわかる12の理論―「クリエイティヴに生きるための心理学」入門！　鹿毛雅治編　金剛出版
【要旨】「コストパフォーマンス」や「最高のパフォーマンス」など、勉強でもビジネスでもスポーツでもさまざまな使われ方をする言葉…「パフォーマンス」とはいったいなんだろう？ 人が生きるうえで欠かせない思考や行動や感情、それらを駆使して生まれる作品や成果、「創造と達成」として束ねられるパフォーマンスという正体不明の現象を、12の心理学セオリーで徹底解剖！
2017.4 391,6p B6 ¥3200 ①978-4-7724-1548-4

◆犯罪学ハンドブック　アンソニー・ウォルシュ著，松浦直己訳　明石書店　（原著第2版）
【目次】犯罪、犯罪学とは、犯罪と犯罪行動の数値化、被害者学―犯罪被害経験を探究する、犯罪を形成した初期の学派、合理的選択としての犯罪、および犯罪行動、社会構造理論、社会過程理論、批判理論とフェミニズム理論、心理社会学的理論―個人特性と犯罪行動、生物社会学的アプローチ、発達理論―非行発症から離脱まで、暴力犯罪、テロリズム、財産犯罪、公共秩序犯罪、ホワイトカラー犯罪、組織犯罪
2017.8 548p B5 ¥20000 ①978-4-7503-4543-7

◆犯罪心理学―再犯防止とリスクアセスメントの科学　森丈弓著　（京都）ナカニシヤ出版
【目次】第1章 リスクアセスメントの現状及び理論、第2章 リスクアセスメント発展の歴史、第3章 少年用サービス水準／ケースマネジメント目録について、第4章 我が国の非行少年を対象としたYLS/CMIを用いた再犯分析、第5章 課題についての論考及び少年保護法制への示唆、第6章 プログラム評価と効果検証
2017.3 239p A5 ¥4600 ①978-4-7795-1151-6

◆パンダ先生の心理学図鑑　ポーポー・ポロダクション著　PHP研究所
【目次】第1章 社会心理学―相手の心を左右する心理がわかる、第2章 性格心理学―私の性格は？ あの人の性格は？、第3章 認知心理学―五感と心の見逃せない関係、第4章 恋愛心理学―恋愛感情を左右するものは何か、第5章 経済（行動経済学）―心理が見えると経済は面白い、第6章 その他の心理効果―色彩心理学から発達心理学まで、第7章 心理学の研究者―誰が心理学を作ったか？
2017.11 223p B6 ¥1200 ①978-4-569-83493-1

◆人と会っても疲れない コミュ障のための聴き方・話し方　印南敦史著　日本実業出版社
【要旨】若い頃から「コミュ障」を自覚していた著者が、ライターやラジオ番組のパーソナリティーとして、初対面の人の取材を数多くこなせるまでになった「頑張らずにうまくいくノウハウ」を初公開。読めば「これなら自分にもできるかも」と実感するはず！
2018.1 198p B6 ¥1300 ①978-4-534-05554-5

◆人の心は読めるか？―本音と誤解の心理学　ニコラス・エプリー著，波多野理彩子訳　早川書房　（ハヤカワ・ノンフィクション文庫）
【要旨】他人の心を理解するのは難しいけれど、家族や親しい仲間の気持ちならわかると思っていたら、それは大きな勘違い。人は予想以上に相手の心が読めていないのだ。仕事でも私生活でも、相手を理解することは物事を円滑に進めるために不可欠な要素なのに、なぜか不必要な誤解や対立は起きてしまうのか？ 人間の偉大な能力「第六感」が犯すうそを認識し対人関係の向上させる方法を、シカゴ大学ビジネススクール教授がわかりやすく解説。
2017.5 342p A6 ¥860 ①978-4-15-050496-0

◆ヒトは「いじめ」をやめられない　中野信子著　小学館　（小学館新書）
【要旨】「子どものいじめ撲滅」に向けて、大人たちが尽力している一方で、大人社会でもいじめによる事件が後を絶たない。これは、「いじめは本来人間に備わった"機能"による行為ゆえ、なくすことは難しい」という一面があることから考えるようになってきた。ならば、いじめに対するアプローチ法を変えて、その回避策を考えていくことが、良好な人間関係を維持するための最善策だ。本書では、子ども、大人の「いじめ」に関して、どのように防止・対応していけばよいのか、脳科学の観点から論を進める。
2017.10 190p 18cm ¥780 ①978-4-09-825308-1

◆人は記憶で動く―相手に覚えさせ、思い出させ、行動させるための「キュー」の出し方　カーメン・サイモン著，小坂恵理訳　CCCメディアハウス
【要旨】脳科学的アプローチによる記憶をゆさぶるマーケティング。自分にとって重要な事柄を他人に記憶させる系統的な方法がなければ、特にビジネスにおいては不便このうえない。忘れられてしまえばビジネスは損失をこうむる。本書では、記憶の研究に関する成果から「忘れさせない」実践的なテクニックを紹介する。
2017.6 347p B6 ¥1800 ①978-4-484-17104-3

◆人はなぜ宇宙人に誘拐されるのか？―自我を形作る「意識」と「無意識」の並列システム　エリエザー・J.スタンバーグ著，水野涼訳　竹書房
【要旨】「自我」を守るためなら嘘もつく、無意識下の脳で働く驚異のメカニズム。神経科学×哲学×心理学、イェール・ニューヘイヴン病院神経科医が教える脳科学の最新知見。
2017.7 335p B6 ¥1800 ①978-4-8019-1123-9

◆一人っ子ってこんな性格。―"生まれ順"でまるわかり！　五百田達成著　ディスカヴァー・トゥエンティワン
【要旨】マイペースな天才肌。人間関係にドライ。相性がいいのは長子。素直で裏表がなく、好きなことには一途。競争心がなくのんびり屋。人と一緒にいるのも楽しいけど、一人でも楽しみ方を知っている。でも、たまに「空気読めない」とか「常識がない」とか言われちゃうんだよな、気にしないけど！ そんな愛すべき一人っ子のための本。
2017.11 135p B6 ¥1000 ①978-4-7993-2193-5

◆不安や緊張を力に変える心身コントロール術　安田登著　実業之日本社　（じっぴコンパクト新書）（『肝をゆるめる身体作法』加筆・修正・改題書）
【要旨】現代人が抱える悩みの解決法は、日本の古典芸能にあった！
2017.2 223p 18cm ¥900 ①978-4-408-45630-0

◆武器化する嘘―情報に仕掛けられた罠　ダニエル・J.レヴィティン著，和田美樹訳　パンローリング　（フェニックスシリーズ 56）
【要旨】わたしたちは、毎日、頭で処理できない量の情報を受け取っている。質の低いデータ、半端な真実、そしてあからさまな嘘の嵐にさらされているのだ。このような情報化時代において最も信頼できる指南書の1冊である本書では、国際的に高く評価される著者が、誤解を与えるようなニュース報道や統計、グラフ、ウェブサイトなどを見破る方法を伝授し、真偽や正誤の判別を難しくする、ウソつき狐たちの手法を明かす。
2017.8 341p B6 ¥1800 ①978-4-7759-4179-9

◆福祉心理学　太田信夫監修，小畑文也編　（京都）北大路書房　（シリーズ心理学と仕事 14）
【目次】第1章 福祉心理学へのいざない、第2章 保育と福祉心理学、第3章 児童福祉と福祉心理学、第4章 精神障害と福祉心理学、第5章 就労支援と福祉心理学、第6章 看護・介護と福祉心理学
2017.12 141p A5 ¥1800 ①978-4-7628-3005-1

◆武術家、身・心・霊を行ず―ユング心理学からみた極限体験・殺傷の中の救済　老松克博著　（三鷹）遠見書房
【要旨】武術家として著名な老師範から、数十年にわたる修行の過程を克明に綴った記録を託された深層心理学者に、その神秘の行体験をどう読み解き、そこに何を見るのか。
2017.10 205p B6 ¥1800 ①978-4-86616-037-5

◆フロイト症例論集 2 ラットマンとウルフマン　藤山直樹編・監訳，坂井俊之，鈴木菜実子，山崎孝明編・訳　岩崎学術出版社
【目次】強迫神経症の一症例についての覚書（一九〇九）（病歴の抜粋、理論編）、ある幼児神経症の病歴より（一九一八［一九一四］）（前置き、患者と環境と病歴の概観、誘惑とその直接的結果、夢と原光景、若干の議論、幼児神経症、肛門性愛と去勢コンプレックス、最早期からの新しい素材一解決、総括と諸問題）
2017.11 248p A5 ¥4000 ①978-4-7533-1130-9

◆ベイズ統計で実践モデリング―認知モデルのトレーニング　マイケル・D.リー，エリック・ジャン・ワーゲンメイカーズ著，井関龍太訳，岡田謙介解説　（京都）北大路書房
【目次】第1部 はじめに（ベイズの分析の基礎、WinBUGSではじめよう）、第2部 パラメータ推定（二項分布を使った推論、ガウス分布を使った推論 ほか）、第3部 モデル選択（ベイズ式のモデル比較、ガウス分布の平均の比較 ほか）、第4部 ケーススタディ（記憶の保持、信号検出理論 ほか）
2017.9 247p B5 ¥3600 ①978-4-7628-2997-0

◆ベクションとは何だ!?　妹尾武治著，鈴木宏昭コーディネーター　共立出版　（共立スマートセレクション 16）
【要旨】自然科学の各分野におけるスペシャリストがコーディネーターとなり、「面白い」「重要」「役立つ」「知識が深まる」「最先端」をキーワードにテーマを選定。第一線で研究に携わる著者が、自身の研究内容も交えつつ、それぞれのテーマを面白く、正確に、専門知識がなくとも読み進められるようにわかりやすく解説します。
2017.5 117p B6 ¥1800 ①978-4-320-00918-9

◆ポジティブ心理学を味わう―エンゲイジメントを高める25のアクティビティ　J.J.フロウ，A.C.パークス編，島井哲志，福田早苗，亀島信也監訳　（京都）北大路書房
【目次】第1部 概念を経験から理解する（勇気―行動を勇気あるものにするのは何か、謙虚―謙虚、最も控えめな強み、強み―強みのアプローチを用いた他者の視点からみる力の形成 ほか）、第2部 実験による経験を通じて学ぶ（ポジティブ感情―ポジティブな感情はどのように拡張と形成をもたらすのか、ポジティブヘルス―ポジティブ心理学活動による心的拍変化、人間関係づくり―インタビュー法によりポジティブな出来事を活用する ほか）、第3部 経験の振り返りを中心に学ぶ（感謝―感謝を持って事柄に対応する、好奇心―社会的潤滑油としての好奇心：会話を面白くて魅力的で有意義なものに変える、幸福感の促進―マインドフル・フォトを用いたポジティブ感情と感謝の増強 ほか）
2017.8 228p A5 ¥2700 ①978-4-7628-2988-8

◆ほっとする人間関係―ポチ・たまと読む心理学　林恭弘著　PHP研究所　（PHP文庫）
【要旨】他人にイライラしてしまう心理の裏には、自分でも気づいていないあなたの"本当の気持ち"が隠されているのかも!?本書では、カウンセリングの現場で実際に活用されている心理テストを通して喜びや怒りを読みとき、あなたの「心の個性」を診断。自分の感情との向き合い方や相手の感情への寄り添い方など、心地よい人間関係をつくるためのコツを、ポチと

心理学　486　BOOK PAGE 2018

たまと一緒に学べる一冊。
2017.2 211p A6 ¥640 ①978-4-569-76675-1

◆ポテンシャル知覚心理学　中村浩, 戸澤純子著　サイエンス社　(テキストライブラリ心理学のポテンシャル 2)
【要旨】私たちが考えたり感じたりする心の働きは、感覚と知覚を通して行われます。絶えず変化する自分を取り巻く外界の状況を知ることも、感覚や知覚を通して行われます。このように、感覚や知覚は人間のできることの中でとりわけ簡単なことのように思えますが、心の活動の出発点でもあるのです。本書では、長年研究を行い、その成果を教育現場にも活かしてきた著者陣が感覚と知覚の仕組みをわかりやすく解説します。
2017.4 209p A5 ¥2300 ①978-4-7819-1395-7

◆「本当の大人」になるための心理学―心理療法家が説く心の成熟　諸富祥彦著　集英社　(集英社新書)
【要旨】今は、大人が真に内面的に成長・成熟した人間として、心から満たされた人生を生きるのが難しい時代である。なぜか。それは、今の日本社会では「いつまでも若々しくあること」といった活動性ばかりに価値が置かれて、「中高年期における人格の成長・成熟」を軽視する価値観が育まれてきたからである。本書は、人格的に成長・成熟した大人として「心から満足のいく人生を生きたい。悔いなく人生中盤以降をまっとうして生きたい」、そう願っている人のために心理療法家が分かりやすくその理路と方法をガイドブックである。
2017.9 218p 18cm ¥740 ①978-4-08-721001-9

◆毎日使える心理学―ココロの本音を上手に扱う50の方法　ポーポー・ポロダクション著　SBクリエイティブ　(『マンガでわかる心理学』加筆・再編集・改題書)
【要旨】相手のウソを見抜く方法も、上司や部下との接し方も…、明日着ていく勝負服も…、端っこが好きな理由も…、夢が教える心の本音も…、木曜日に事故が多い理由も全部わかる！家庭や職場でも役立つ普段使いの心術。
2017.4 111p A5 ¥648 ①978-4-7973-9162-6

◆マインドフルネス実践講義―マインドフルネス段階的トラウマセラピー(MB・POTT)　大谷彰著　金剛出版
【要旨】好評の『マインドフルネス入門講義』の続篇が、マインドフルネスをもっと上手に使いこなすための理論と方法をガイドする実践篇として刊行！対象は、フラッシュバックや身体症状など不可解な現象をもたらすトラウマ＝PTSD。トラウマからの回復という孤独な長距離走を「安全基地(secure base)」としてのセラピストと共に走り抜き、サバイバーとして生きるために、マインドフルネスにはいったい何ができるのか？ ビギナーセラピストからベテランセラピスト、セルフケアにトライしてみたい当事者にとっても役に立つ、「マインドフルネス段階的トラウマセラピー(MB・POTT)」が学べる最良の実践ガイド！
2017.5 178p A5 ¥2800 ①978-4-7724-1555-2

◆マインドフルネスで不安と向き合う―不安から自由になり、人生をとりもどす　スーザン・M. オルシロ, リザベス・ローマー著, 仲田昭弘訳　星和書店
【目次】恐れと不安を理解する―感情と向き合う、不安に妨げられていませんか？、不安との付き合い方を変える―新しい道へ踏み出そう、マインドフルネスへのご招待―元々あなたの中にあるスキル、マインドフルネス・スキルを育む―生活の中で優しく注意を向け始めよう、感情と友達になろう、マインドフルネスをもって、濁ってしまった感情をきれいにする、気持ちは思わずコントロールしたくなるが、誘惑に従うと何を失うか？、アクセプタンスとウィリングネス―柔軟に新しい可能性に心をひらく、何が大切かをはっきりさせて、方向を定める、スキルを使いこなす―コミットメント、自分への思いやりを持とう、苦しい時期にも心を開いたまま
2017.11 409p A5 ¥2700 ①978-4-7911-0969-2

◆マンガでわかる　仕事もプライベートもうまくいく感情のしくみ　城ノ石ゆかり監修, 今谷鉄柱作画　実業之日本社
【要旨】コーピング、未処理の感情、ABC理論、セルフのB、認知行動療法などを簡単解説。感情を見つめ直すと人生が拓ける！「号泣するセミナー」を完全マンガ化。
2017.9 190p A5 ¥1300 ①978-4-408-33732-6

◆マンガでわかる！　心理学超入門　ゆうきゆう監修　西東社

【要旨】ストーリーを読みながら、心理テクニックが身につく！心を知れ！心を使え！
2017.7 287p B6 ¥1000 ①978-4-7916-2434-8

◆マンガでわかる！　ホンネを見抜く心理学　ゆうきゆう監修　西東社
【要旨】自分とあの人のホントのココロがわかる！
2017.5 287p B6 ¥880 ①978-4-7916-2623-6

◆ミッキーマウス　ありのままで夢がかなうアドラーの言葉　ウォルト・ディズニー・ジャパン監修　KADOKAWA　(中経の文庫)
【要旨】だいじょうぶ。越えられない壁なんてない。心理学者アドラー・勇気がわき出る教え。
2017.4 125p A6 ¥600 ①978-4-04-601910-3

◆見るなの禁止―日本語臨床の深層　北山修著　岩崎学術出版社　定版
【目次】はじめに〈見るなの禁止〉、〈見るなの禁止〉総論〈愛する者を「害する」こと―父神イザナギの罪悪感〉、悲劇と発達〈日本の悲劇的民話における前エディプス的「タブー」、昔話における同化と異化 ほか〉、禁止と臨床〈転移・逆転移における「乙姫の禁止」、患者の羞恥体験に対する治療者の"受けとり方" ほか〉、日常的世話役たち〈「世話役」人類の治療の一側面―劇化、傷ついた世話役たち ほか〉、さいごに〈「とも眺めること」と「浮かんで消える」、浮世絵の中の日本の母と子〉
2017.8 298p A5 ¥3700 ①978-4-7533-1121-7

◆ミレイ先生のアドラー流"勇気づけ"保健指導―アドラー心理学で面談技法のスキルが身につく！　上谷実礼著　(大阪)メディカ出版
【要旨】面談数4,000人以上の実績！支援者も相談者もハッピーになれる保健指導！ミレイ先生が、保健師・看護師・管理栄養士の苦手な保健指導のコツを"勇気づけ"たっぷりで紹介します。
2017.6 204p A5 ¥2600 ①978-4-8404-6177-1

◆無意識の構造　河合隼雄著　中央公論新社　(中公新書)　改版
【要旨】私たちは何かの行為をしたあとで「われ知らずにしてしまった」ということがある。無意識の世界とは何なのか。ユング派の心理療法家として知られる著者は、種々の症例や夢の具体例を取り上げながらこの不思議な心の深層を解明する。また、無意識のなかで、男性・女性によって異性像がどうイメージされ、生活行動にどう現れるのか、心のエネルギーの退行がマザー・コンプレックスに根ざす例なども含めて鋭くメスを入れる。
2017.5 243p 18cm ¥700 ①978-4-12-180481-5

◆無意識の心理　C.G. ユング著, 高橋義孝訳　(京都)人文書院　新装版
【要旨】ユング自身によるユング理論の解説ともいうべき本書は、最も興味深い問題である無意識を様々な例を引いて解き明かす。
2017.7 198p A5 ¥2300 ①978-4-409-33053-1

◆メンタルサプリ―自分を操るポジティブな心理学　メンタリストDaiGo著　ヒカルランド
【要旨】メンタリストDaiGoが明かす成功と幸せの秘密です。
2017.2 191p B6 ¥1500 ①978-4-86471-405-1

◆「めんどくさい人」の心理―トラブルの種は心の中にある　加藤諦三著　青春出版社　(青春新書)　(『人とモメない心理学』加筆・修正・改題書)
【要旨】職場・家族・人間関係で人とモメない心理学。なぜ、あの人はトラブルをいつも引き寄せるのか？ 人間関係がうまくいかない自分を変える生き方のヒント。
2017.2 252p A6 ¥690 ①978-4-413-09664-5

◆もうひとつの"夜と霧"―ビルケンヴァルトの共時空間　ヴィクトール・E. フランクル著, 諸富祥彦編・訳, 広岡義之編・訳, 林嵜伸二訳　(京都)ミネルヴァ書房
【要旨】同じ過ちを繰り返してはならない。フランクルの残した創作劇、初の邦訳刊行！『夜と霧』の内容がリアルに戯曲化、人間の真実の生き方や在り方、宗教的・形而上学的真理や文明批判が込められた。
2017.3 193p B6 ¥2200 ①978-4-623-07936-0

◆元良勇次郎著作集　別巻2　元良勇次郎著作集解題　大山正監修, 大泉溥編集主幹, 元良勇次郎著　クレス出版　(付属資料：CD-ROM1)
【目次】この著作集企画の趣旨と刊行の意義、第1部 明治期の代表的心理学者元良勇次郎―その

主要テーマの解説〈元良勇次郎の生理学的心理学、元良勇次郎の注意研究と聾性児問題への適用、「大宇宙」と「小宇宙」―元良勇次郎における「物」「心」「人格」、明治の教育問題と元良勇次郎、明治の婦人問題と元良勇次郎 ほか〉、第2部 元良勇次郎著作集補遺〈元良勇次郎の生涯―伝記的経歴を中心に、元良勇次郎と日本心理学史に関する研究文献リスト(別巻1追補)、別巻1の元良勇次郎関係文献補遺、付録2解題佐久間鼎の『元良教授心理学概論講義』について〉
2017.12 392p A5 ¥17000 ①978-4-87733-747-6

◆物語世界への没入体験―読解過程における位置づけとその機能　小山内秀和著　(京都)京都大学学術出版会　(プリミエ・コレクション)
【要旨】物語を読みながら、あたかも自分が主人公になったようにその世界に没頭する。本好きと言われる人なら大抵経験したことのある体験には、人が生きる上でどんな意味があるのだろうか。他者を慮る心、ひらめきや想像力、表現力など、読書と社会的能力の関わりを知る上での定量的データを集める手法を初めて提案する。"読書を科学する"方法を探る意欲作。
2017.3 184p A5 ¥2800 ①978-4-8140-0083-8

◆物語としての家族　マイケル・ホワイト, デイヴィッド・エプストン, 小森康永訳　金剛出版　新訳版
【要旨】人も人間関係も問題ではない。問題が問題である。二人のセラピストが颯爽としたアイデアで切り開いた新たな領域。ナラティヴ・セラピー最重要文献、新訳新装版。
2017.3 364, 6p B6 ¥3200 ①978-4-7724-1544-6

◆物語の語るこころ―存在の揺らぎをめぐるユング心理学　横山博著　(大阪)創元社　(アカデミア叢書)
【要旨】つげ義春、村上春樹、中上健次―物語に耳を傾けて、「存在」にこころを響かせて、視えてくる。「生と死」「聖と聖」これらの交わりこそが心理療法には不可欠である。世界の神話/社会の力動/人の個性化は「揺らぎ」とともに…。一人ひとりがそれぞれに"生きにくさ"を抱えて苦悶する物語。
2017.7 175p A5 ¥3000 ①978-4-422-11644-0

◆ものづくり心理学―こころを動かすものづくりを考える　神宮英夫著　川島書店
【要旨】ものづくりに心理学を応用して、「今までとは異なるものを生み出す」ことを目指しているのが、"ものづくり心理学"です。食べておいしい食品を作ろうと、どの食品メーカーでも目指しています。しかし、食べたいと思ってもらえなければ、手にとってもらうことはできません。食べたい、売りたい、いつも持っていたい、使ってみたい、あの旅館に泊まりたいなど、こころを動かすようなものづくりが、今後は必要です。こころの動きは、心理学の中心の研究分野です。こころを動かすものづくりに、心理学はどのような貢献ができるのか、このことにチャレンジしてみました。
2017.12 165p B6 ¥1800 ①978-4-7610-0921-2

◆モラルハラスメント　あなたを縛る見えない鎖　リサ・アロンソン・フォンテス著, 宮家あゆみ訳　晶文社
【要旨】互いに親密だった関係が、恐るべき支配・被支配の関係に転化する。監視、脅迫、ストーカー行為、セックスの強要、虐待など、アメリカにおけるモラルハラスメントの事例を紹介するとともに、そこからの脱出方法を詳しく解説。LGBTカップル間のモラルハラや、ティーンエイジャーにおけるモラハラ、ネットを使ったハラスメントの実態も！なぜモラハラは起きるのか？どうして関係を続けてしまうのか？どうしたら関係を終わらせることができるのか？モラルハラスメントの罠から自由になるための決定版指南書！
2017.9 341p B6 ¥2000 ①978-4-7949-6974-3

◆「安らぎ」と「焦り」の心理　加藤諦三著　大和出版
【要旨】あなたは"ありのままの自分"でいい―楽しく大らかな人生を送るためのアドバイス。
2017.7 254p B6 ¥950 ①978-4-8047-5059-0

◆痩せという身体の装い―印象管理の視点から　鈴木公啓著　(京都)ナカニシヤ出版
【目次】第1部 体型と痩身願望と痩身希求行動〈女性の体型と痩身認識に関する先行研究の概観とその問題点、痩身、装い、そして印象管理〉、第2部 装いにおける痩身の位置づけの確認〈装いの

なかの痩身の位置づけの検討、痩身の機能の検討、賞賛獲得・拒否回避欲求と装いの関連、第3部 痩身の印象管理モデル(痩身の印象管理モデルについての概念的検討、痩身の印象管理モデルの検証―基本モデルの検討、痩身の印象管理モデルの精査―自尊感情を調整要因とした検討、痩身の印象管理モデルの受容を調整要因とした検討、痩身の印象管理モデルの精査―他者または自身の体型の受容を調整要因とした検討、痩身の印象管理モデルの検証―対象と場面の影響の検討)、第4部 総論(まとめ)

2017.2 176p A5 ¥6000 ①978-4-7795-1129-5

◆やっかいな人に振り回されないための心理学　齊藤勇著　宝島社
【要旨】残念な親戚・上司・友人…接し方をちょっと変えるだけで、きっとあなたはラクになる！ 話し方、立ち回り方、いなし方etc. あいづちの権威が教える、64の心理テクニック。困ったあの人と、縁切りしなくても大丈夫。

2017.6 223p B6 ¥1300 ①978-4-8002-7231-7

◆ヤバすぎる心理学―心理学者が隠し続けてきた真実を一挙公開!!　内藤誼人著　廣済堂出版
【要旨】心理学のエビデンスに基づく、"知らないほうがいい"ファクト61連発!!

2017.5 238p B6 ¥1400 ①978-4-331-52100-7

◆やりたいことを次々と実現する人の心理術　ゆうきゆう著　キノブックス
【要旨】累計300万部突破『マンガで分かる心療内科』の原作者が明かす今日から始められる目標達成の簡単メソッド。

2017.1 255p B6 ¥1300 ①978-4-908059-59-9

◆勇気づけの方法―アドラー心理学を語る　4　野田俊作著　(大阪)創元社
【要旨】日本におけるアドラー心理学の第一人者が、やわらかな語り口で説く実践講座。勇気づけのコツを、子どもが個性を伸ばして生きる力を身につける方法を自由自在に語る。アドラーの教えの要諦に触れる全4巻シリーズの第4巻。巻末に名越康文氏の寄稿を収載。

2017.2 189p B6 ¥1400 ①978-4-422-11634-1

◆ユングのタイプ論に基づく世界諸国の国民性―そして内向型国民の優れた特性　山口實著　CCCメディアハウス
【目次】第1部 世界諸国の国民性(感覚が主機能の場合、直観が主機能の場合、思考が主機能の場合 ほか)、第2部 内向型国民の優れた特性(内向型と外向型の特徴の違いが生じる生物学的基盤、内向型と外向型の特徴、気質に関わる問題 ほか)、C.G.Jung「心理学的タイプ」の第10章縮訳(序文、外向型、内向型)

2017.9 582p A5 ¥3200 ①978-4-484-17224-8

◆よくわかるコミュニティ心理学　植村勝彦、高畠克子、箕口雅博、原裕視、久田満編　(京都)ミネルヴァ書房　(やわらかアカデミズム・わかるシリーズ)　第3版
【目次】コミュニティ心理学とは何か、基本的発想、歴史的背景、背景となる理論、介入・援助とその評価、家庭・地域における実践、学校・教育の場における実践、産業・職場における実践、医療・保健・福祉の場における実践、多文化コミュニティを支える実践〔ほか〕

2017.10 209p B5 ¥2500 ①978-4-623-08091-5

◆"弱いロボット"の思考―わたし・身体・コミュニケーション　岡田美智男著　講談社　(講談社現代新書)
【要旨】自らはゴミを拾えない"ゴミ箱ロボット"、たどたどしく話す"トーキング・アリー"、一緒に手をつないで歩くだけの"マコのて"…。ひとりでは何もできないロボットとともに、コミュニケーションについて考えてみた。環境、他者、自己、不完全…。人とロボットの持ちつ持たれつの関係とは。

2017.6 257p 18cm ¥800 ①978-4-06-288433-4

◆ライフコースの健康心理学　森和代監修、石川利江、松田与理子編著　(京都)晃洋書房
【要旨】生涯にわたってこころも身体も健康であるためには？ 健康心理学の入門テキスト。ストレス、生活習慣、病気対処、アセスメントなど健康心理学の基礎理論編と、ひとの各発達段階(乳幼児期、児童期、青年期、成人期、高齢期)に沿った健康心理学的課題を取り上げる実践編の2部構成。各章に話題性のあるコラムを多数収録。

2017.3 177p A5 ¥2200 ①978-4-7710-2887-6

◆力動的心理査定―ロールシャッハ法の継起分析を中心に　馬場禮子編著　岩崎学術出版社
【要旨】検査の施行から解釈まで、クライエントを生き生きと理解するための一貫した方法。

「馬場法」として集大成し、その秘密を明らかにする！

2017.11 352p A5 ¥4500 ①978-4-7533-1128-6

◆臨床から心を学び探究する―齋藤久美子著作集　齋藤久美子著　岩崎学術出版社
【目次】第1部 自我と自己・人格理解(「自我機能」と「現象的自己」との関係における統合作用(1969)、人格理解の観点からの発達論―自己形成と関係性(同一化と人格発達(1988)、子ども理解の方法と理論―縦断的観察研究しいて(1993)ほか)、第3部 発達理解2―性アイデンティティ・アイデンティティ・青年期心性(性アイデンティティ(1983)、青年期後期と若い成人―女性を中心に(1990) ほか)、第4部 臨床訓練・心理療法(臨床心理学の実践的学び(1994)、「初回」時面接の意義と難しさ(1996)ほか)

2017.5 504p A5 ¥8000 ①978-4-7533-1118-7

◆臨床健康心理学　日本健康心理学会企画、島井哲志監修、羽鳥健司編著　(京都)ナカニシヤ出版　(保健と健康の心理学標準テキスト 4)
【目次】1 臨床健康心理学の基礎(臨床健康心理学とは)、2 臨床健康心理学の臨床的展開(慢性疾患や身体障害の受容とその対処、血液透析患者への健康心理学的援助、心臓疾患者に対する健康心理学的リハビリテーション、がん患者に対する健康心理学的援助、喫煙者への健康心理学的援助の実際、飲酒者への健康心理学的援助、女性特有の疾患に対する健康心理学的援助、不眠症者への健康心理学的援助、糖尿病者への健康心理学的援助の実際、糖尿病者への健康心理学的援助の実際、災害精神保健(被災者支援)における健康心理学的アプローチ)、3 臨床健康心理学的介入法(行動療法/認知行動療法、コーチング)

2017.10 264p A5 ¥3200 ①978-4-7795-1205-6

◆臨床心理学　太田信夫監修、高橋美保、下山晴彦編　(京都)北大路書房　(シリーズ心理学と仕事 8)
【目次】第1章 臨床心理学へのいざない、第2章 医療・保健領域の仕事、第3章 学校・教育領域の仕事、第4章 産業・組織領域の仕事、第5章 司法・矯正領域の仕事、第6章 福祉領域の仕事、第7章 臨床心理学と仕事

2017.6 157p A5 ¥2200 ①978-4-7628-2976-5

◆臨床心理学特論　小川俊樹、倉光修編著　放送大学教育振興会、NHK出版 発売　(放送大学大学院教材)
【目次】臨床心理学とは何か、臨床心理学の歴史と展開、臨床心理学の近接領域、臨床心理学と精神医学1:統合失調症と気分の障害、臨床心理学と精神医学2:不安と神経症、臨床心理学と精神医学3:ストレスと精神疾患、心のはたらき1:意識と無意識、心のはたらき2:行動と認知論、心のはたらき3:イメージと身体、心のライフ・サイクル〔ほか〕

2017.3 566p A5 ¥3200 ①978-4-595-14080-8

◆臨床描画研究　Vol.32　描画に表現される「自分らしさ」とその葛藤　日本描画テスト・描画療法学会編　(京都)北大路書房
【目次】特集 描画に表現される「自分らしさ」とその葛藤、特別講演 まどみちおと自分らしく生きる―こころの小宇宙を描きながら、特別寄稿 児童虐待における援助の可能性、研究論文、書評『バウムテストを読み解く:発達的側面を中心に』、追悼 故高橋雅春先生を偲ぶ

2017.6 159p A5 ¥4800 ①978-4-7628-2977-2

◆レクチャー 青年心理学―学んでほしい・教えてほしい青年心理学の15のテーマ　高坂康雅、池田幸恭、三好昭子編著　風間書房
【要旨】青年心理学のエッセンスを凝縮！ 学ぶ側と教える側の両者を満足させたはじめての本。最新データに基づいた15の章で現代青年の動向を把握。さらにアクティブラーニングに役立つ尺度・ワークシート、小レポート課題とディスカッション・テーマを活用。

2017.3 266p A5 ¥2500 ①978-4-7599-2183-0

◆正当性(レジティマシー)の社会心理学―海と草原と基地が問う「社会的決定の権利」　野波寛著　(京都)ナカニシヤ出版　(関西学院大学研究叢書 第188編)
【目次】第1章 社会的決定を行う権利とその根拠:正当性について、第2章 海を守る権利:沖縄県の赤土流出をめぐる正当性、第3章 草原は誰のものか:内モンゴル自治区における牧草

地の管理をめぐる正当性、第4章 軍事基地と廃棄物処理場:迷惑施設をめぐる正当性、第5章 自他の正当性を判断する模擬体験:トレーニング・ツールとしての"誰がなぜゲーム"、第6章 正当性の枠組みを通して見えるもの:多数者が参加することの意義

2017.3 172p A5 ¥5600 ①978-4-7795-1132-5

◆劣等感と人間関係―アドラー心理学を語る　3　野田俊作著　(大阪)創元社
【要旨】日本におけるアドラー心理学のパイオニアがやさしく語る実践講座。「健康な心とは」「性格や知能は遺伝だ」など、劣等感から脱し健康な人間関係を築くための方法を説く。アドラーの教えの極意に触れる全4巻シリーズの第3巻。巻末に岸見一郎氏の寄稿を収載。

2017.2 166p B6 ¥1400 ①978-4-422-11633-4

◆老年的超越―歳を重ねる幸福感の世界　ラーシュ・トーンスタム著、冨澤公子、タカハシマサミ訳　(京都)晃洋書房
【要旨】老いることで新しいステージへと至る。価値観の変容と成熟した世界観の形成をもたらす老いを質的調査・量的調査による実証研究から解き明かす。

2017.1 211p A5 ¥2800 ①978-4-7710-2807-4

◆ロールシャッハ法の豊かな多様性を臨床に生かす―1症例をめぐってのさまざまなアプローチから　氏原寛、森田美弥子編著　金子書房
【目次】第1部 日本ロールシャッハ学会第14回大会シンポジウム―ロールシャッハ・テストを臨床にどう生かすか(シンポジウムの企画の趣旨、シンポジウム発言内容、討論)、第2部 1症例をめぐっての異なった技法からのアプローチ(症例の解釈、片口法を用いての解釈、阪大式による解釈、名大法による解釈、精神力動派による解釈、主に認知論的立場からの解釈、包括システムからのコメント、各システムを超えるもの、あるいは共通するもの、ロールシャッハ法からの学び―養成教育の中で何ができるか)、第3部 座談会―ロールシャッハ法のこれまでとこれから

2017.7 203p A5 ¥2900 ①978-4-7608-3823-3

◆ADHDタイプの大人のための時間管理ワークブック　中島美鈴、稲田尚子著　星和書店
【要旨】仕事の締め切りにいつも間に合わない。しょっちゅう約束の時間を忘れたり、遅れたりする。部屋を片づけられず、物は山積みで、やるべきことはあとまわし…行動を場面別に学べるので、改善が早い！ 楽しく、快適で、充実した生活を送るために。

2017.3 162p A5 ¥1800 ①978-4-7911-0947-0

◆Collected Papers on Trajectory Equifinality Approach　サトウタツヤ著　ちとせプレス　(本文:英文)
【要旨】人はどう生きているか？ 時間とプロセスを扱う新しい研究アプローチ、TEA(複線径路等至性アプローチ)。問題意識はどこにあるのか。理論的背景はいかなるものか。研究をどのように実践すればよいのか。心理学の新機軸を切り拓く、珠玉の英語論文集！

2017.3 242p A5 ¥8000 ①978-4-908736-03-2

◆ICT・情報行動心理学　太田信夫監修、都築誉史編　(京都)北大路書房　(シリーズ心理学と仕事 20)
【目次】第1章 ICT・情報行動心理学への招待、第2章 人工物の使いやすさの心理学、第3章 インターネット上の様々なトラブルと対応、第4章 メディアの影響に関する心理学―方法、実際、仕事、第5章 集団による課題遂行とコミュニケーション、第6章 ビッグデータを用いた人間行動の分析

2017.5 170p A5 ¥2200 ①978-4-7628-2964-2

◆N:ナラティヴとケア　第8号　オープンダイアローグの実践　野村直樹、斎藤環編　(三鷹)遠見書房
【目次】はじめに―「開かれた対話」の世界へようこそ、オープンダイアローグ:日本で実践可能か？―ACT・Jにおける対話的臨床実践の試み、オープンダイアローグを日々の実践に落とし込むために―Need・Adapted Approach、オープンダイアローグという会話のつぼ、オープンダイアローグを殺さないための二様のリフレクティング、オープンダイアローグをACTに取り入れる、専門職はなぜオープンダイアローグを避けるのか？、オープンダイアローグ、どこまでやれるのか、「患者カルテ」を使っ

心理学

哲学・心理学・宗教

たオープンダイアローグー精神科看護の専門性をめぐって、オープンダイアローグ・パターンをつくる―実践の支援と教育・組織分野への応用に向けて、ビジネスにおけるオープンダイアローグ、しつけか虐待か―協働するナラティヴあるいはオープンダイアローグの可能性とは、沈黙と言葉―西アフリカの小児科病棟におけるすれ違いとオープンダイアローグへの考察、自殺希少地域のコミュニティ特性に見出した、オープンダイアローグとの共通点、オープンダイアローグの復権、オープンダイアローグと精神科文化、ソーシャルネットワークの、走りながら考える―あとがきに代えて
2017.1 105p B5 ¥1800 ①978-4-86616-026-9

◆Off-JTに活用する人間関係づくりトレーニング　星野欣生監修，船木幸弘著　金子書房
【要旨】7つのキーワードをもとに人間関係づくりをわかりやすく学べます。「体験学習」のプロが厳選した個人でもグループでも活用できる14のエクササイズは、「自己分析」、「マネジメント」、「コミュニケーションの棚卸し」や本書オリジナルの「ルーブリック」を掲載。身近な例を豊富に取り入れ、明るく働きやすい職場づくりを明日からでも活用できる体験学習の実践書。
2017.9 164p B5 ¥2300 ①978-4-7608-2176-1

◆SPSSによる心理統計　山田剛史，鈴木雅之著　東京図書
【要旨】基礎編では、分析方法の選択と結果の解釈について詳しく説明。実際にSPSSを操作することで、SPSSの操作手順と出力内容も理解できる。実践編では、実際の研究で生じる問題、より発展的な分析、統計改革の動向についても説明。
2017.7 283p 21×19cm ¥2800 ①978-4-489-02250-0

◆TEMでひろがる社会実装―ライフの充実を支援する　安田裕子，サトウタツヤ編著　誠信書房
【目次】序章 TEA（複線径路等至性アプローチ）とは何か、第1章 言語を学ぶ・言語を教える、第2章 学び直し・キャリア設計の支援―看護・経営の現場から、第3章 援助者・伴走者のレジリエンスとエンパワメント、第4章 臨床実践をリフレクションする、第5章 TEAは文化をどのようにあつかうか―必須通過点との関連で
2017.8 239p A5 ¥3400 ①978-4-414-30011-6

精神分析・サイコセラピー・カウンセリング

◆愛する人を失ったときあなたに起こること―グリーフケアに学ぶ、深い悲しみの癒やし方　松家かおり著　日貿出版社
【要旨】本書では、愛する人との死別の悲しみから立ち直り、歩き出すためのヒントを書きました。私自身、両親を相次いで失ったことをきっかけにグリーフカウンセリングを学んだ経験から、あなたと同じようにもちろん、身近な人が悲しみに暮れる姿を見て、「どう接していいか分からない」「なにかしてあげたい」と思う方にも、お役に立てるものと思います。
2018.1 247p B6 ¥1500 ①978-4-8170-8248-0

◆愛着関係とメンタライジングによるトラウマ治療―素朴で古い療法のすすめ　ジョン・G.アレン著，上地雄一郎，神谷真由美訳　（京都）北大路書房
【要旨】第1部 愛着トラウマと精神医学的障害（愛着・メンタライジング・トラウマ、心的外傷後ストレス障害と解離性障害、複雑な心的外傷性ストレス障害）、第2部 治療と臨床（エビデンスに基づく治療、素朴で古い療法、実存的・スピリチュアルな視座）
2017.5 334p A5 ¥3800 ①978-4-7628-2969-7

◆アイデンティティー青年と危機　エリク・H.エリクソン著，中島由恵訳　新曜社
【要旨】1968年に出版されて以来、世界中で読み継がれ、アイデンティティの概念は私たちの人間理解に深く、大きな影響を与えてきた。だが今日、エリクソンはあまりに単純化して読まれていないだろうか。原典を読むと、今日も私たちにとって切実であり続けている問題に誠実に向き合った、人間探求の古典の一冊であることがよくわかる。初めてエリクソンを読む人にも、改めて読む人にもお勧めしたい、エリクソンの思想の神髄に触れる一冊。
2017.11 434, 11p B6 ¥3300 ①978-4-7885-1549-9

◆旦那（アキラ）さんはアスペルガー――アスペルガーと知らないで結婚したらとんでもないことになりました　野波ツナ著，宮尾益知監修　コスミック出版
【要旨】独特のマイルール、コミュニケーションが苦手―発達障害男子との結婚生活、ぜんぶ描いちゃいました。結婚したからわかったこと、結婚してもわからなかったこと。
2017.11 139p A5 ¥1000 ①978-4-7747-9138-8

◆明日も、アスペルガーで生きていく。　国実マヤコ著，西脇俊二医療監修　ワニブックス
【要旨】空気が読めない、こだわりが強すぎる、人ごみがとても苦手…あなたの身近にもいる、見えない生きづらさを抱えた8人の実録物語。
2017.11 286p B6 ¥1200 ①978-4-8470-9623-5

◆アスピーガールの心と体を守る性のルール　デビ・ブラウン著，村山光子，吉野智子訳　東洋館出版社
【要旨】周りに流されず、自分らしく性と向き合う―同年代の女の子に比べて性の知識が乏しくなりがちな"アスピーガール"を守る、自分の心と体を大切にして生きる方法。
2017.3 193p B6 ¥1800 ①978-4-491-03329-7

◆アスペルガー症候群の大学生―教職員・支援者・親のためのガイドブック　ロレーヌ・E.ウォルフ、ジェーン・ティアーフェルド・ブラウン、G.ルース・クキエラ・ボルク著，藤川洋子監訳，渡邊哲子，本山真弓訳　日本評論社
【要旨】困った大学生の対応に悩む教職員のみなさんへ。アスペルガー理解の決定版！
2017.2 257p A5 ¥3000 ①978-4-535-98449-3

◆アタッチメント・スタイル面接の理論と実践―家族の見立て・ケア・介入　アントニア・ビフィルコ，ジェラルディン・トーマス著，吉田敬子，林もも子，池田真理監訳　金剛出版
【要旨】思春期以降の成人のためのアタッチメントを評価する面接法であるASI（ビフィルコ他、1998）を紹介。家族における心理学的障害のリスクに関わるアタッチメントとしての面接法の利用例を紹介し、研究と実践応用の両方における情報を提供。豊富な事例により、アタッチメント・スタイルに応じた予防や介入の貴重な資料が提示されている。
2017.7 346p A5 ¥4000 ①978-4-7724-1563-7

◆アドラー臨床心理学入門―カウンセリング編　山口麻美著　アルテ，星雲社発売
【要旨】アドラー派カウンセリングの理論と実践とは何か？　アドラーが心の不調をどのように捉え、現代のカウンセラーがクライアントにどのように関わっているのかを具体的な架空事例を通して考える。
2017.7 189p B6 ¥1800 ①978-4-434-23325-8

◆あなたを輝かせる花セラピー―幸せをよぶ花たちの優しいストーリー　青山克子著　評言社
【要旨】花のもつ不思議な力―心を癒してくれる花の選び方・生け方、大切な人の心に届く贈り方をやさしく解説。
2017.5 183p A5 ¥1500 ①978-4-8282-0589-2

◆ある不登校児の自我分析―対象愛とナルシシズム　池谷さわか著　中央公論事業出版
【要旨】不登校とは何か？　思春期のこどもたちにいったい何が起きているのか？　父親たちは何も見てはいない。誰が誰にも、何処にも繋がらずに孤立した社会になったことが、思春期のこどもたちの深層心理に深刻な外傷を負わせたのだとすれば…。3人のこどもたちの心に寄り添ってきた母親が彼らの生活史をフロイトの理論によって読み解く。
2017.12 263p A5 ¥2315 ①978-4-89514-485-8

◆生きづらいと思ったら親子で発達障害でした　入園編　モンズースー著　KADOKAWA
【要旨】幼いころから生きづらさを抱えていた私が生んだ子は、二人とも発達障害グレーゾーンでした。長男の幼稚園入園、そして突きつけられる進路の問題。立ちはだかる壁を、それでも、親子で一緒に乗り越える―。圧倒的な共感と応援の声を呼んだ前作から約1年、子育ての勇気が静かに強く湧いてくるノンフィクションコミックエッセイ、待望の続編。
2017.9 207p A5 ¥1100 ①978-4-04-069449-8

◆「異情」な人々　和田秀樹著　フォレスト出版
【要旨】攻撃的になる、暴言を吐く、必要以上にキレる、理屈が通じない…。「感情」に振り回されて、思考停止・暴走する人のかわし方・付き合い方。あなたの職場や家族に潜む感情コントロール不能の「困った人」の正体と対処法。
2017.8 235p B6 ¥1400 ①978-4-89451-769-1

◆遺族外来―大切な人を失っても　大西秀樹著　河出書房新社
【要旨】愛する人の死にうちひしがれた人を診察する遺族外来で患者さんが教えてくれた、新しい世界に適応しながら生きていく力。
2017.6 238p B6 ¥1400 ①978-4-309-24810-3

◆「今ここ」神経系エクササイズ―「はるちゃんのおにぎり」を読むと、他人の批判が気にならなくなる。　浅井咲子著　梨の木舎
【要旨】「はるちゃんのおにぎり」のストーリーには神経系を整えて穏やかにする秘密が隠されています。絵本の中には5つの動作が出てきます。この5つの動作はいわゆる神経系の「下ごしらえ」をするものです。日常生活に神経系の知識を少しプラスすることで、今まで以上により柔軟に気楽に日常を送れるヒントを提供します。はるちゃんの行動の背景にあるものを神経生理学の知識によって解説します。絵本をより効果的に活用できるようになります。
2017.12 100p 20×15cm ¥1600 ①978-4-8166-1707-2

◆インナーチャイルドの理論と癒しの実践―初心者からプロのセラピストまで　由井寅子著　ホメオパシー出版
【目次】第1部 魂・心・体とインチャ（魂、心、体）、第2部 感情と価値観（インチャ）の階層構造と変遷（ホメオパシーとインチャ癒し、感情と価値観（インチャ）の階層構造と変遷、第1段階拒否（嫌だ）ほか）、第3部 インチャ癒し（インチャ癒しの概説、自力と他力、本当の勇気と本当の自信ほか）
2017.10 242p B6 ¥1500 ①978-4-86347-105-4

◆うつと不安の認知療法練習帳　デニス・グリーンバーガー、クリスティーン・A.パデスキー著，大野裕監訳，岩坂彰訳　（大阪）創元社（原書第2版）増補改訂版
【要旨】この本がお教えする方略やスキルは、うつ、不安、怒り、パニック、嫉妬、罪悪感、恥といった、人間の気持ちに関わる問題の解決に有効であるばかりでなく、人間関係の問題や、ストレスへの対処、自尊心の向上、不安の軽減、自信の強化などにも有用です。自分にとって意味のある変化を素早く実現していくスキルを、一歩一歩学んでいきましょう。
2017.8 375p A5 ¥2500 ①978-4-422-11665-5

◆うつは自分で治せます。　吉家重夫著　万来舎
【要旨】治療の第一歩は「心の構造」の理解から。心の統合が心を癒します。経験則に頼るという、従来の方法ではうつを完治できなかった方に必見の書!!
2018.1 183p B6 ¥1400 ①978-4-908493-19-5

◆売れっ子セラピストだけが知っている3つの軸―自分もお客様も幸せになる方法　藤井美江子著　つた書房，創英社/三省堂書店発売
【要旨】セラピストとして輝けていますか？　お客様を想うばかりで自分を蔑ろにしていませんか？　売り上げを追い続けることに疲れていませんか？　自分のスタイルがうまくいかずに悩んでいませんか？　あなたに合ったスタイルの見つけ方ワークシート付き。豊かさを引き寄せる秘訣を完全網羅！
2017.9 166p B6 ¥1500 ①978-4-905084-22-8

◆援助要請と被援助志向性の心理学―困っていても助けを求められない人への援助　水野治久監修，永井智，本田真大，飯田敏晴，木村真人編　金子書房
【要旨】相談をためらう人にどうしたら援助を届けられるのか―援助をどのように届けるか、援助を受ける側の立場から考える。援助ニーズを持つ人の支援につなぐための視点と取り組み。
2017.3 213p A5 ¥2500 ①978-4-7608-2174-7

◆怖れない―幸せに生きるための3週間プログラム　マリー=フランス・バレ・ド・コクロモン，エマニュエル・バレ・ド・コクロモン著，遠藤ゆかり訳　（大阪）創元社
【要旨】これから（未来）が不安でしょうがないんだ、虫のたくさんの足を見るとゾワッとするの！　あのとき（過去）のことを後悔しているー―こんなふうに、対象がはっきりしているものから漠然としたものまで、私たちはつねに怖れ（恐怖）を抱いて生活しています。しかしその怖れの原

◆夫の恋を許せますか?—もう一度、彼を信じたいあなたへ　武石晃一監修　河出書房新社　増補新版
【要旨】なぜ、彼は浮気したの?許すために。忘れるために。やり直すために。恋愛・不倫問題の専門カウンセラーが教える「夫の気持ち」「あなたの問題」「やり直し方」。
2017.9 253p B6 ¥1400 ①978-4-309-28643-3

◆男が痴漢になる理由　斉藤章佳著　イースト・プレス
【要旨】痴漢は、依存症です。実態を見誤っているうちは、痴漢は減らない!加害者を見つめ続ける性犯罪・依存症の専門家が、社会で大きく誤解されている「痴漢の実態」を解明し、その撲滅を目指す!
2017.8 279p B6 ¥1400 ①978-4-7816-1571-4

◆大人の"かくれ発達障害"が増えている　岩橋和彦著、星野仁彦監修　法研
【要旨】かくれ躁うつ病、新型うつ病、依存症、食べ吐き、リストカット、暴言、パニック障害・不安障害…治らないその症状は、発達障害に「重ね着」しているのかも!
2017.6 173p A5 ¥1600 ①978-4-86513-388-2

◆大人の自閉症スペクトラムのためのコミュニケーション・トレーニング・マニュアル　加藤進昌監修、横井英樹、五十嵐美紀、小峰洋子、内田侑里香、月間紗也執筆・編　星和書店
【要旨】昭和大学附属烏山病院では2008年より発達障害専門外来・デイケアを開設し、プログラムを展開してきた。このプログラムの有効性を繰り返し検証して完成させた、発達障害の心理社会的治療の実践マニュアル。
2017.4 203p B5 ¥2200 ①978-4-7911-0951-7

◆大人の自閉症スペクトラムのためのコミュニケーション・トレーニング・ワークブック　加藤進昌監修、横井英樹、五十嵐美紀小峰洋子プログラム作成・編、内田侑里香、月間紗也編　星和書店
【要旨】人と関わるのが苦手だったり、コミュニケーションがうまくいかなかったり…。これら対人技能やコミュニケーション技術は少しの工夫と練習により、上達が可能。大人の発達障害の生きづらさをやわらげるためのワークブック。
2017.4 83p B5 ¥1400 ①978-4-7911-0952-4

◆大人の自閉スペクトラム症—他の人とは「違う」特徴との向き合い方　備瀬哲弘著　SBクリエイティブ　(SB新書)
【要旨】「空気が読めない」「極度にこだわる」「同じミスを繰り返す」…最近は職場において周囲との関係に支障を来す人が増えている。発達障害への無理解や誤解もあり、ときに周囲はおろか本人すら無自覚なケースも少なくない。彼らはどういった困難を抱え、何に生きづらさを感じているのか?どうすれば誤解なく活躍できるのか?長年、発達障害と向き合ってきた臨床医が、22の実例から大人に急増する「自閉スペクトラム症」を解説。
2017.12 221p 18cm ¥800 ①978-4-7973-8498-7

◆おとなの発達障害かもしれない!?　森島明子著　イースト・プレス　(コミックエッセイの森)
【要旨】「私って発達障害!?」そう感じたことから始まった、ADHD(注意欠如多動性障害)と向き合う日々。クリニック選びから、検査、診断、投薬、そして、人との付き合い方。キャリア20年のマンガ家業へ感じていた限界と、これからと、ADHDとの自分なりの付き合い方を見つけるまでを描くコミックエッセイ。
2017.9 175p A5 ¥1000 ①978-4-7816-1566-0

◆オトナの発達障害大図解—ASDとADHDの基礎知識から社会復帰の方法まで　藤田潔、古川修、森脇正詞編　幻冬舎メディアコンサルティング、幻冬舎 発売
【要旨】ASD(自閉スペクトラム症)、ADHD(注意欠如・多動性障害)とは?自分の症状を理解して、日常生活や仕事に適応するには?障害の内容とリワークプログラムを活用した克服への道筋を、精神科医が分かりやすく解説!
2017.9 129p 24×19cm ¥1500 ①978-4-344-91344-8

◆「大人の引きこもり」を救え!　廣岡政幸著　扶桑社

【要旨】「引きこもり」から抜け出せない根本の原因は、じつはすべて自分の中にあるのです。こうした怖れとのつき合い方を学び、「いま、ここ」に生きる方法を紹介します。
【目次】第1章「引きこもり」を救うという仕事、第2章 100万人が引きこもるという国、第3章 障害のある少年が、非行少年になるまで、第4章 自分の「天命」を見つけるまで、第5章 引きこもり支援の実際、第6章 集団生活だから立ち直れる、第7章 長いトンネルを抜けた人々、第8章 家族だからこそできること、第9章 前を向いて、未来へ
2017.3 222p B6 ¥1500 ①978-4-594-07683-2

◆驚きの因果律あるいは心理療法のディストラクション　中井孝章著　(堺)大阪公立大学共同出版会
【目次】序論 アドラー心理学からの問題提起、1 因果律とは何か―D.ヒュームへの遡及、2 日常的世界における因果律の制作、3 科学的世界における因果律の制作、4「脳」を用いた因果律の制作―そのアポリア、5 主観的因果律論をベースとする因果律方程式とその制作上の禁忌―医学モデル批判と仮説構成概念の使用禁止!、6 行動分析学から抽出する「行動の正しい推論形式としての因果律」、7「正しい推論形式としての因果律方程式」の基準とその活用、8 情動の因果律、結語 キーパーソンを中心にした本書の要約
2017.3 178p B6 ¥1800 ①978-4-907209-68-1

◆オネイログラフィア—夢、精神分析家、芸術家　ヴィクトル・マージン著、斉藤毅訳　書肆心水
【要旨】精神分析を理論に閉じ込めるのではなく、生の実践とするための、ロシア人精神分析家・美術キュレーター、ソ連アンダーグラウンド芸術の証言者である著者による、夢と視覚芸術を通したフロイトとラカンへのユニークな手引き。
2017 286p A5 ¥3600 ①978-4-906917-64-8

◆親に壊された心の治し方—「育ちの傷」を癒やす方法がわかる本　藤木美奈子著　講談社　(こころライブラリー)
【要旨】どんな家に生まれようと、人は生まれ変われる。不適切な養育によってもたらされたトラウマ=「育ちの傷」は、必ず回復させられます。傷ついた心を癒やし人生を好転させる方法が、この本のなかにきっと見つかります。
2017.1 215p B6 ¥1400 ①978-4-06-259718-0

◆親の依存症によって傷ついている子どもたち—物語を通して学ぶ家族への援助　ジェリー・モー著、水澤都加佐監修、水澤寧子訳　星和書店
【要旨】これまで、問題が起きるまで援助の手がさしのべられてこなかった"依存症の親をもつ傷ついた子どもたち"。この問題にいち早く気づき、活動を始めたジェリー・モーが子どもたちの物語を通して、援助の具体的方法を熱く紹介する!
2017.3 313p B6 ¥2200 ①978-4-7911-0950-0

◆解決志向リハーサルブック—読んでわかるやって身につく 面接と対人援助の技術・基礎から上級まで　龍島秀広、阿部幸弘、相場幸子著　(三鷹)遠見書房
【要旨】解決志向アプローチとは、世界で一番簡単で、なおかつ、うまく問題が解消するという心理支援法です。心理臨床や医療分野はもとより、教育やビジネスでの応用も進んでいますが、やはり習得にはちょっとしたコツが必要。「やってみる」のが大事なのですが、なかなか練習は難しく…。本書は、北海道を中心に解決志向アプローチの「伝道活動」を行い、多くの支援者を育ててきた著者たちによって書かれた、解決志向アプローチの「超」入門です。わかりやすい解説はもちろんのこと、「やってみる」ワークも盛り沢山で、1人でも2人でもグループでもリハーサルができます。初学者からベテランまで、面接のコツがつかめ、グッとうまくなること間違いなし!
2017.8 214p B6 ¥2200 ①978-4-86616-034-4

◆カウンセリングとコーチングの合わせ技—クライアント満足を10倍にする　倉成央、谷口祥子著　秀和システム
【要旨】「根本解決」のカウンセリング×「願望実現」のコーチング。第一線のカウンセラーとコーチが書く、クライアント満足を劇的に高める、業界初の手引き書。
2017.10 262p B6 ¥1500 ①978-4-7980-5061-4

◆カウンセリングにおける宗教性—アニミズム的汎神論的宗教性とトポス　加ները廣隆著　(大阪)創元社
【要旨】人の苦しみの前に、創建一二〇〇年、京の古刹釘抜地蔵石像寺住職が宗教家として臨床心理士として接した迫真の事例。
2017.7 211p A5 ¥2500 ①978-4-422-11664-8

◆カウンセリングの技術—クライアントの信頼を深め心を開かせる　今泉智樹著　同文舘出版　(DO BOOKS)
【要旨】いくらカウンセリング理論を学んでも、いざクライアントを前にすると、自信が持てず、どうしていいかわからないというカウンセラーの卵は少なくありません。一人の悩みを解決しようとカウンセラーを志したのに、そこで挫折してしまうのはとてももったいない話。本書では、自らそうした経験をし、失敗や苦労を重ねながらもプロのカウンセラーに成長し、現在も活躍を続ける著者が、余すところなくその本質とノウハウを伝授します。
2017.5 214p B6 ¥1500 ①978-4-495-53661-9

◆拡大自殺—大量殺人・自爆テロ・無理心中　片田珠美著　KADOKAWA　(角川選書)
【要旨】2016年7月に起こった相模原障害者施設殺傷事件は日本社会に大きな衝撃を与えた。世界を見渡しても、大量殺人や自爆テロが繰り返されている。こうした不特定多数の人々を巻き込む事件だけでなく、親子心中や介護心中などの無理心中にも通じるのが絶望感と復讐心である。強い自殺願望に突き動かされ、誰かを道連れにせずにはいられない拡大自殺の根底に潜む病理を分析する。
2017.8 211p B6 ¥1700 ①978-4-04-105165-8

◆隠れアスペルガーでもできる幸せな恋愛—恋愛難民もトレーニングで救われる　吉濱ツトム著　ベストセラーズ
【要旨】アスペルガーの症状を知って、「恋愛難民」を克服。20人に一人は隠れアスペルガー。あの人気ドラマ『逃げ恥』の二人もアスペルガーだった!そもそも、アスペルガーとは何か?恋愛タイプチェックリスト・アスペルガー診断テスト。こんなに簡単!吉濱式恋愛トレーニング。
2017.7 239p B6 ¥1148 ①978-4-584-13802-1

◆かぞくがのみすぎたら　リチャード・ラングセン作、ニコール・リューベル絵、いなみまりえ、たにぐちまち監修、ひさまつのりこ訳　サウザンブックス社
【要旨】アルコール依存症って何?なんで病気といわれるの?アルコール依存症の人のかぞくにはどんなえいきょうがあるの?この本は、子どものみなさんにもわかりやすく、アルコール依存症についておしえてくれます。かわいいイラストで、ふあんやおそれをやわらげてくれます。みなさんが自分のきもちを知るための、たのもしい手びきとサポートとなるでしょう。
2017.1 31p 23×27cm ¥2000 ①978-4-909125-02-6

◆家族と向きあう不登校臨床—保護者の積極的な関わりを引きだすために　中西康介著　誠信書房
【要旨】病院臨床における事例をもとに、現場にいる援助者が、臨床のなかで応用できる治療的アプローチを紹介する。同時に、方法の根拠となる原理原則についても問いなおす。
2017.7 168p A5 ¥1800 ①978-4-414-41627-5

◆片付けられない自分が気になるあなたへ—ためこみ症のセルフヘルプ・ワークブック　デビッド・F.トーリン、ランディ・O.フロスト、ゲイル・スティケティー著、坂野雄二監修、五十嵐透子、土屋垣内晶訳　金剛出版　(原書第2版)
【要旨】本書は、「ものをためこむ」という問題を持っている方へのワークブックである。ものの整理ができない、という状態は誰にでも起こり得ることである。生活をしていれば必要なモノを購入し、不必要なモノを捨てたり、必要な場所に回したり、生活空間を維持できるようにするが、「いつかは使うかもしれない」と思い、手放すことが困難になることがある。それがひどくなり、モノに支配されている状態がためこみ症である。当事者は、「誰にも触れてほしくない」「誰にも何も言われたくない」そして「誰もわかってくれない」などの思いや怒り、不安、孤独感などにさらされていることが多い。また、ためこみの状態は、同居している人たちの身体的・心理的・社会的影響、また地域の公衆衛生や生活への安全性への影響も多大である。このような状況への対応は早期発見・早期対応が難しく、今後、モノが増え続けるであろう環境下でさらに重要になってくるだろう。そういった流れもあり、DSM-5でためこみ症は診断に加えられた。本書では、ためこみ症がどのような状態か、また、その状態を脱却するにはどのような解決法があるか、についてワークをしながら紐解いて

哲学・心理学・宗教

いく。
2017.9 201p B5 ¥2700 ①978-4-7724-1570-5

◆かんもくって何なの!?―しゃべれない日々を脱け出た私　モリナガアメ著, 加藤哲文解説　合同出版
【要旨】なんでクラスメイトと話せないんだろう？中学生になっても克服できないなんて…私ってダメなヤツ！ 周りの人たちも自分も、「人見知りの激しい、とても大人しい子」だと思っていました。でも、ほんとは…場面緘黙症だったんです。
2017.5 211p A5 ¥1280 ①978-4-7726-1313-2

◆帰宅恐怖症　小林美智子著　文藝春秋（文春新書）
【要旨】常に妻の顔色をうかがい、妻とのやりとりに疲れ、帰宅が億劫になり、仕事が終わっても会社に居残り、まっすぐ家に帰らず、わが家を目の前にしても近くの公園のブランコで家の灯が消えるのを待つ…放置すれば、いずれ「別居」か「離婚」。病のメカニズムを解説し、対処法も伝授。
2017.6 238p 18cm ¥780 ①978-4-16-661133-1

◆衣笠隆幸選集 1 対象関係論の理論と臨床：クライン派の視点を中心に　衣笠隆幸著　誠信書房
【目次】第1部 基礎理論（英国における治療的退行の研究―とくにクライン派の研究について、イギリスにおける自己愛の研究 ほか）、第2部 技法論（自由連想と治療回数をめぐって―英国および日本での経験から、「共感」理解の基礎になるものと理解を妨げるもの ほか）、第3部 夢（対象関係論における夢の理論、クライン・ビオンの発展 ほか）、第4部 疾患（イギリスにおける「境界パーソナリティー」研究の現状、イギリスにおけるいわゆる「境界例」研究について―症例を中心に ほか）、第5部 フロイト（対象関係から見た鼠男の治療要因、フロイト・ユング・エリクソン―その臨床的発達論 ほか）、第6部 クライン派（ビオンの精神分裂病の病理学―主として1950年代から60年代前期の研究について、現代クライニアンの動向 ほか）
2017.11 768p A5 ¥8500 ①978-4-414-41391-5

◆機能的家族療法―対応困難な青少年とその家族へのエビデンスにもとづいた処置　トーマス・L・セックストン著, 岡本吉生, 生島浩監訳　金剛出版
【要旨】「機能的家族療法Functional Family Therapy（FFT）」は、近年もっとも成功した統合的なファミリーセラピーの家族モデルであり、矯正処遇の対象となる重い行動上の問題がある青少年にめざましい効果をあげてきた。高度な専門性に裏打ちされた少年とその家族への家族療法を基盤に目標志向の段階的な介入を組み立て、治療の質をモニターし共有するクライエント情報システムを実装したセラピーは、セラピスト、スーパーヴァイザーに明確な指針を示し、治療の入口と出口において地域処遇システムを統合することで強力な費用対効果を発揮する。これは現代的な非行少年処遇の方針を包括的に解説した臨床実践書である。
2017.9 321p A5 ¥4600 ①978-4-7724-1578-1

◆99%の人がしていないたった1%のメンタルのコツ　河野英太郎, 田中ウルヴェ京著　ディスカヴァー・トゥエンティワン
【要旨】しなやかなメンタルはアスリートに学べ！ ビジネスもスポーツも心の使い方は同じです。最高のパフォーマンスを発揮するために今すぐ使えるメンタルのコツ、教えます。
2017.9 228p A5 ¥1500 ①978-4-7993-2170-6

◆緊急支援のためのBASIC Phアプローチ―レジリエンスを引き出す6つの対処チャンネル　ムーリ・ラハド, ミリ・シャハム, オフラ・アヤロン編, 佐野信也, 立花正一監訳　（三鷹）遠見書房
【要旨】危機や災厄に見舞われても、多くの人はやがて自らの力で立ち直る。彼らに寄り添い、その回復力を引き出すための援助とはどうあるべきか。ストレスの予防とケア、トラウマ後の成長を促す支援アプローチBASIC-CPhの実際。
2017.6 294p A5 ¥3600 ①978-4-86616-030-6

◆グループにおける動機づけ面接　クリストファー・C・ワグナー, カレン・S・インガーソル著, 藤岡淳子, 野坂祐子監訳　誠信書房
【目次】第1部 動機づけ面接グループの基礎（はじめに、治療グループ、動機づけ面接の概観、動機づけ面接とグループ治療をブレンドする、実

証的根拠に基づいた動機づけ面接グループ）、第2部 動機づけ面接グループの実践（動機づけ面接グループをデザインする、動機づけ面接グループを実施する、動機づけ面接の会話を形作る、第1段階：グループに招き入れる、第2段階：視点の探索、第3段階：視点を広げる、第4段階：行動に移す）、第3部 動機づけ面接グループの適用（強制的な参加による薬物依存者のための動機づけ面接グループ、アディクションのある女性のための動機づけ面接エンパワメントグループ、親密なパートナーへの暴力行為歴のある男性のための動機づけ面接グループ）
2017.10 372p A5 ¥4200 ①978-4-414-41467-7

◆「経験代謝」によるキャリアカウンセリング―自己を見つめ、学びを得る力　立野了嗣著　（京都）晃洋書房
【要旨】キャリアカウンセリングは悩みや問題を扱うだけではない。人には日常の経験を取り入れて、ありたい方向に成長する力がある。同分野のパイオニアである著者が、個人の発達成長を通して社会の成熟を実現していく道筋を提唱する。
2017.6 216p A5 ¥1500 ①978-4-7710-2909-5

◆結局、怒らない人が長生きする　保坂隆著　朝日新聞出版
【要旨】仕事人間ほどキレやすくなるのは、わけがある。ハードルを低く設定すれば怒らずにすむ。「第一感情」と「第二感情」を知ってますか。怒りの六秒間ルールを覚えましょう。不眠気味の人は「四七八呼吸法」にチャレンジ…怒りは万病の元。この専門医がすすめる50歳からの「怒らない生活」。
2017.12 191p 18cm ¥1000 ①978-4-02-331645-4

◆幻想としての"私"―アスペルガー的人間の時代　大饗広之著　勁草書房
【要旨】貧困化する心の臨床に警鐘を鳴らす！ 一般的な学生や臨床例に見られる諸現象をもとに、「中心のない多元化」の時代を読み解く。生物学的精神医学では捉えきれない心の深層を浮き彫りに。
2017.3 204, 4p B6 ¥2600 ①978-4-326-29923-2

◆現代の自殺―追いつめられた死：社会病理学的研究　石濱照子著　東信堂
【要旨】2016年、日本では毎日約60人が自殺した。近年は減少傾向にはあるとは言え、未だ世界ワーストレベルである。果たして、人々はこの異常さを認識しているだろうか？「自殺は個人の選択のひとつ」。このような意見を持ってしまうこと、自体がまさに近代化―個人主義、地域共同体の瓦解、家族の縮小の暗部である。競争社会が「敗者」を死へと追い込む。その死を「個人の選択」とみなすのは、もはや深刻な社会病理である。本書は、社会病理としての自殺の社会・文化的要因を明らかにし、行政が実践としてどう問題に対処できるかを提示する、よりよい社会の構築に向けた研究提言である。
2017.11 220p A5 ¥3800 ①978-4-7989-1449-7

◆効果的な心理面接のために―サイコセラピーをめぐる対話集　森俊夫, 黒沢幸子ほか著　（三鷹）遠見書房（森俊夫ブリーフセラピー文庫 2）
【要旨】万年、東大医学部助教にして元役員、ブリーフセラピー系心理士にして、東京・吉祥寺に日本全国から人が集まるKIDSカウンセリングシステムを立ち上げた森俊夫は、2015年3月に57歳で永眠した。森の死の直前に行われた名臨床家たちとの対談集。「効果的に、早く治す」ことを志し、新しい心理療法の世界を切り開いてきた仲間たち―吉川悟、山田秀世、遠山宜哉、西川公平、田中ひな子、児島達美らが登場し、黒沢幸子もまじえて、セラピストの成長や心理療法、対人援助に関する叡智について存分に語った。この本は、その刺激に満ちた対話を余すところなくまとめたものである。心理面接のエッセンスを語り、ユーモアと真剣さに満ちた一冊。「森俊夫ブリーフセラピー文庫」第2弾。
2017.8 318p B6 ¥1620 ①978-4-86616-017-7

◆心を操る超プロ メンタリストになる！　サイモン・ウィンスロップ著, メンタリストDaiGo翻訳・監修　ヒカルランド　新装版
【要旨】政治であれビジネスであれ、人を信服させ、説得することが決定的な要素となる分野で、メンタリズムは絶大な効果を発揮します。メンタリストDaiGoが認める、実際に市販されている本で、メンタリストのテクニックを扱った最良の一冊！！
2017.8 318p B6 ¥1620 ①978-4-86471-530-0

◆心がつながるのが怖い―愛と自己防衛　イルセ・サン著, 枇谷玲子訳　ディスカヴァー・トゥエンティワン
【要旨】知らぬ間に心の壁をつくる仕組みと、そこから脱け出す方法を公開！「鈍感な世界に生きる敏感な人たち」に続く、デンマーク発「読むセラピー」。
2017.9 151p B6 ¥1400 ①978-4-7993-2171-3

◆心と体を蝕む「ネット依存」から子どもたちをどう守るのか　樋口進監修　（京都）ミネルヴァ書房（MINERVA Excellent Series 1―心理NOW！）
【要旨】中高生の100人に8人がネット依存の疑いあり！ 子どもの未来を奪うネット依存の驚くべき実態とは。
2017.11 140p B5 ¥1800 ①978-4-623-08082-3

◆心の青空のとりもどし方　加藤久雄著　海鳴社（バウンダリー叢書）
【要旨】すべての人の心の奥底には「立ち直る力」、つまりあなただけの青空があるということを、何千人ものセッションで僕は確信している。その青空を見つけるために、心の奥底に響く音（楽器ライナー）やツボのタッピング（TFT）など子供のいいところが見えてくる手法（ピカリノート）など、著者が長年の経験から身につけた技術を、ここに公開。
2017.12 196p B6 ¥1500 ①978-4-87525-337-2

◆こころの地図―色調が教えてくれるこころの世界　春田博之著　フレグランスジャーナル社
【要旨】医師からのメッセージ「こころの地図」言葉を超えるツールが相互理解を深め、さまざまな悩みを軽減する!!医療者やセラピストが本人のこころの状態の正確に捉えるのは、至難のわざ。教師と生徒、親子間でも相手の気持ちを把握することはとても難しい。それぞれの認識のギャップを埋める、「こころの地図」が問題解決に導きます！
2017.4 98p A5 ¥2200 ①978-4-89479-286-9

◆こころの病に挑んだ知の巨人―森田正馬・土居健郎・河合隼雄・木村敏・中井久夫　山竹伸二著　筑摩書房（ちくま新書）
【要旨】森田正馬、土居健郎、河合隼雄、木村敏、中井久夫。明治以降一〇〇年にわたる「心の病」との格闘のなかで、彼らは日本の文化に合った精神医療、心の治療の領域を切り開いてきた。日本人の心とはなにか。その病をどう癒すのか。臨床心理学・精神医学の広範な知見を活かしつつ、独自の人間理解から患者と向き合い続けた五人を取り上げ、その理論の本質と功績をわかりやすく解説する。
2018.1 302p 18cm ¥900 ①978-4-480-07118-7

◆心は1分で軽くなる！―あなたを"うつ"から救う1分間心理セラピー　石野みどり著　自由国民社
【要旨】心を軽くする方法はとても簡単です。窓の外を眺めてください。もし、空が広がっていたら、ほんの60回、数をかぞえてください。もし、雨が降っていたら、そのときは目をつぶって青空をイメージしてください。たった1分、青空を想像するだけであなたの心はどんどん軽くなっていきますよ。
2017.2 201p B6 ¥1200 ①978-4-426-12076-4

◆心屋さん、わたしの人生、このままでいいのかな？　こうさかあきこ著　PHP研究所
【目次】第1章 6月 心屋カウンセリングルームOPEN（自信がなくて、仕事もイヤで、好きなこともない私、何をどうしたらいいのかわからないんです ほか）、第2章 7月 イヤな「あの人」は、なぜ現れる？（つまらない自分を「ダメ」と思ってる？、気に障る「あの人」にイライラする毎日ですて ほか）、第3章 8月 人生を大きく変える方法（意味わかんない！ 現実が変わった、お母さんが嫌いな人を、なぜ自分も嫌う？ ほか）、第4章 何かが大きく変わる（自分でも気づかないうちに変わってる？、「自分の好きなこと」がわからなくなる理由 ほか）、第5章 すごいオープンカウンセリング（ほかの人の「相談」を聞いてみた、「私は1番になれない」という思い込み ほか）
2017.8 202p B6 ¥1200 ①978-4-569-83833-5

◆子どものこころの生きた理解に向けて―発達障害・被虐待児との心理療法の3つのレベル　アン・アルヴァレズ著, 脇谷順子監訳　金剛出版
【目次】心理療法の仕事のレベルと病理のレベル、第1部 説明的レベルの諸条件（複線思考の発達

◆子どもの精神分析的心理療法の基本　鵜飼奈津子著　誠信書房　改訂版
【目次】第1部 子どもの精神分析的心理療法の基本（枠組み、相談の受付から心理療法に至るまで、そして終結までのプロセス、親面接の基本）、第2部 子どもの精神分析的心理療法の実際（精神分析的心理療法のためのアセスメントの実際、心理療法の経過中に行う振り返り面接の実際、集中的心理療法の実際）、第3部 英国における公的医療制度と子ども・青年心理療法士のトレーニング（子ども・青年心理療法士のトレーニング、スーパーヴィジョンと教育分析）、第4部 英国における子どもの精神分析的心理療法の展開（英国における子どもの精神分析的心理療法の措置に関する並行プログラム・研究の展開—GBOMの導入、英国の公的保護下にある子どもの措置に関する並行プログラム、わが国での応用の可能性）、資料編
2017.4 239p A5 ¥2700 978-4-414-41626-8

◆子どもの敏感さに困ったら読む本—児童精神科医が教えるHSCとの関わり方　長沼睦雄著　誠文堂新光社
【要旨】「敏感すぎる」は「才能」である！ ささいなことを気にして、傷つきやすい。でも、感性が豊かで、気持ちがやさしい。それは5人に1人が持つ敏感気質（HSP/HSC）のせいかもしれません。HSP/HSCの臨床医が教える、子どもの敏感気質の考え方・生かし方。
2017.6 239p B6 ¥1300 ①978-4-416-51788-8

◆子ども・パートナーの心をひらく「聴く力」　辰由加著　秀和システム
【要旨】相手の心に寄り添う「聴き方」で親子関係、夫婦関係が変わる！ 心をひらく「聴き方」のポイント。肯定する、共感する、ジャッジしない、意見を言わない。
2017.6 190p B6 ¥1300 ①978-4-7980-4936-6

◆困った悩みが消える感情整理法　水島広子著　さくら舎
【要旨】イライラが収まらないときに／言いたいことが言えないときに／自信をなくしたときに／嫉妬心が芽生えて苦しいときに／大切な人を失ったときに／ネガティブ思考に陥ってしまうときは…「どうしていいかわからない」とき読んでみる本。
2018.1 170p B6 ¥1400 ①978-4-86581-133-9

◆「困った人」との接し方・付き合い方　リック・ブリンクマン,リック・カーシュナー著　菊池由美訳　パンローリング（フェニックスシリーズ 60）（原著第3版）
【要旨】本書は、効果的なコミュニケーションとはどういう要素ででき上がっているのかをひもとき、それらをうまく組み合わせるお手伝いをします。そして、典型的な困った人を13タイプに分け、具体的な対処法・人間関係をよくするノウハウを伝授します。
2017.11 493p B6 ¥2700 ①978-4-7759-4183-6

◆コミックエッセイ アスペルガー症候群との上手なつきあい方入門　西脇俊二著　宝島社（宝島SUGOI文庫）
【要旨】空気を読まない、人間関係の微妙な変化に気づかない、気が利かない、笑顔で挨拶しない…人渡すと意外に多いちょっと変わった人たち。実は感じの悪い人ではなく、もしかしたらアスペルガー症候群かもしれません。そうした症状をもつ人はどうすればいいのか、周りの人はどう対応すればいいのかをコミックエッセイで紹介します。知れば納得！ アスペルガーの人の気持ちがわかってきます。
2017.4 191p A6 ¥600 ①978-4-8002-6990-4

◆コミックエッセイ 敏感過ぎる自分に困っています　長沼睦雄著,えのきのこイラスト　宝島社
【要旨】敏感過ぎる性質（HSP）は病気ではありません。欠点でもなく、むしろ長所です！ 他人の気持ちがわかり過ぎるあなたへ。仕事も人間関係もラクになる方法満載!!
2017.4 143p A5 ¥1200 ①978-4-8002-6753-5

◆コミュ障で損しない方法38　吉田尚記著　日本文芸社
【目次】01 コミュニケーションはゲームだ!!、02 会話というカードゲーム、03 質問は会話のトリガー、04 キャラは弱点が作ってくれる、05 よくある会話で困るパターン小技集、06 会話に大切なのは勇気
2018.1 159p 18cm ¥700 ①978-4-537-26179-0

◆サイコパス解剖学　春日武彦,平山夢明著　洋泉社
【要旨】「わたしたちは不完全なサイコパスである！」「100パーセントのサイコパスは存在しない」異色の精神科医・春日武彦と鬼才・平山夢明の本音炸裂！ 不謹慎放談が炙り出す、「サイコパス」の知られざる真実！
2017.12 229p B6 ¥1600 ①978-4-8003-1362-1

◆最新図解 大人の発達障害サポートブック—発達障害を考える心をつなぐ　小野和哉著　ナツメ社
【要旨】人づきあい、周囲のサポート、自立、職場。「生きにくさ」を解消し、自立した生活をサポート！
2017.5 167p 24×19cm ¥1400 ①978-4-8163-6231-6

◆最新版 よくわかる大人のADHD（注意欠如／多動性障害）　司馬理英子著　主婦の友社（こころのクスリBOOKS）
【要旨】片づけられない・時間に間に合わない・仕事を途中で投げ出す。代表的な発達障害の一つであるADHD（注意欠如・多動性障害）は、子どもだけでなく大人にも多い。大人になって初めて気づき、悩む人が後を絶たない。子どもにも見過ごされていた症状が、大人になり、会社勤めをし、結婚生活をして多くのトラブルを引き起こし、悩み続ける。日本ではまだまだ理解されていない大人のADHDの問題の解決法を、『のび太・ジャイアン症候群』で逸早くADHDを日本人に知らしめた著者ならではの、具体的な対処法をふんだんに紹介する。子育て・夫婦関係・会社でのトラブルを解消し、ズタズタにされた自尊心を取り戻し、自信を取り戻すための一冊。
2017.2 127p 22×19cm ¥1400 ①978-4-07-422072-4

◆催眠トランス空間論と心理療法—セラピストの職人技を学ぶ　松木繁編著　（三鷹）遠見書房
【要旨】トランスという奥深い現象は、特別な場合にのみ起こるわけではなく、日常のなかにも現れている。そうしたトランスをうまく活用するセラピーは、催眠療法ばかりではなく、自律訓練法や臨床動作法、イメージ療法、フォーカシングなど数多く存在する。本書は、そうした催眠療法とその関連法を貫く「催眠トランス空間論」を通して、心理療法の職人技に迫る1冊である。多くのセラピーがマニュアルやガイドラインに沿って行われる中、微妙なクライエントの反応を感受し、治癒につなげる職人芸がある。本書は、催眠療法とその関連領域でプロフェッショナル中のプロフェッショナルとして活躍する10人のセラピストに、その真髄を思う存分に描いてもらった。本物のプロフェッショナルを目指す臨床家に読んでもらいたいものである。
2017.11 253p A5 ¥3200 ①978-4-86616-038-2

◆30分でできる怒りのセルフコントロール　ロナルド T. ポッターエフロン,パトリシア S. ポッターエフロン著,堀越勝,樫村正美訳　金剛出版
【要旨】怒りとは何か？ 怒りをどう付き合っていくとよいのか？ 怒りを敵視しない考え方。取り組む時間は1日わずか30分。怒りのメカニズムを知り、その取り扱い方を学ぶことで、怒らなくさずに今よりも「楽に生きる」方法が見つかる。
2017.4 107p A5 ¥1800 ①978-4-7724-1545-3

◆30分でできる不安のセルフコントロール　マシュー・マッケイ,トロイ・デュフレーヌ著,堀越勝,樫村正美訳　金剛出版
【要旨】取り組む時間は1日わずか30分。不安のメカニズムを知り、その扱い方を学ぶ、不安の取り扱い方のコツ。
2017.4 111p A5 ¥1800 ①978-4-7724-1546-0

◆幸せを呼び込む色彩セラピー　飯田暢子著　ロングセラーズ（ロング新書）
【要旨】色彩の効果は想像をはるかに超える！ 独自の臨床色彩心理療法「キューピック・カラーセラピー」で、今の自分がたちまちわかる。なりたい自分の願望や欲求がわかる。あなたをバックアップしてくれる色を使い、未知の能力を引き出すチャンスカラーのエネルギーで、人生は必ず好転する。
2017.10 250p 18cm ¥1000 ①978-4-8454-5037-4

◆幸せになるための心身めざめ内観　千石真理著　佼成出版社
【要旨】呼吸法、気功法を導入した、心身めざめ内観で、心と身体が癒され、いのちがめざめる―うつや依存症、家庭内不和などへの効果も。ハワイでマインドフルネス瞑想や坐禅を取り入れた新しい内観療法を確立した著者の第一弾！
2017.10 162p B6 ¥1600 ①978-4-333-02769-9

◆死を思うあなたへ—つながる命の物語　吉田ルカ著　日本評論社
【目次】プロローグ 命の連鎖、第1章 築かれていない家庭、第2章 うつ病になる、第3章 一回目の精神科入院、第4章 退院してから、第5章 死にたい、でも生きたい、第6章 二回目の精神科入院、退院、そして再び入院、第7章 摂食障害克服、そして出産へ、第8章 私は生きづづけ、虐待は連鎖していない、エピローグ 愛の連鎖
2017.9 214p B6 ¥1200 ①978-4-535-58717-5

◆思春期リプロダクティブヘルス（ARH）プロジェクトを経験して　高木史江著　幻冬舎メディアコンサルティング,幻冬舎 発売
【要旨】国際保健協力と地域医療の未来を考える—ニカラグアを対象としたリプロダクティブヘルス向上のため、日本人と現地の保健医療関係者、地域の人々とが協働で展開した貴重なJICA／ジョイセフのプロジェクト報告。思春期女性の望まない妊娠・予期しない妊娠、HIV／AIDSの予防、思春期の若者が主体的に自らの健康のために行動することを目指し、そのための環境づくりに取り組んだニカラグアでの思春期リプロダクティブヘルス（ARH）プロジェクトの活動報告から、ひいては地域医療のあり方を考える。
2017.12 206p B6 ¥1200 ①978-4-344-91073-7

◆実践音楽療法 関係の創造を目指して—セラピーでの勘所を解く　石村真紀,師岡宏之著（京都）晃洋書房
【要旨】音楽療法における音・音楽の出どころとなり受けどころとなる「人」の心の動きと、クライエントとセラピストの関係性という点に焦点を当て、臨床的に活きた場をクリエイトするために必要なセラピストの基本姿勢とセラピーの実践原理を日々の臨床から明示する。
2017.3 132p A5 ¥1800 ①978-4-7710-2881-4

◆実践家のためのナラティブ／社会構成主義キャリア・カウンセリング—クライエントとともに"望ましい状況"を構築する技法　渡部昌平編著,高橋浩,廣川進,松本桂樹,大原良夫,新目真紀著　福村出版
【目次】第1章 企業内におけるナラティブ／社会構成主義キャリア・カウンセリング、第2章 離転職者に対するナラティブ／社会構成主義キャリア・カウンセリング、第3章 メンタルヘルス・EAPにおけるナラティブ／社会構成主義キャリア・カウンセリングアプローチ、第4章 生徒・学生に対するナラティブ／社会構成主義キャリア・カウンセリング、第5章 ナラティブ／社会構成主義キャリア・カウンセリングを教える、第6章 キャリアコンサルタント向け学習コミュニティにおけるナラティブ／社会構成主義キャリア・カウンセリング
2017.5 227p A5 ¥3000 ①978-4-571-24061-4

◆疾風怒濤精神分析入門—ジャック・ラカン的生き方のススメ　片岡一竹著　誠信書房
【目次】第1部 精神分析とはどのような営みか（それでも、精神分析が必要な人のために—精神分析は何のためにあるのか—精神分析が目指すのは自分じゃない誰か—精神分析は目指すもの）、第2部 精神分析とはどのような理論か（国境を越えると世界が変わってしまうようなもの？—想像界・象徴界・現実界について、私とはひとりの他者である—鏡像段階からシニフィアンへ、父親はなぜ死んでいなければならないのか—エディプス・コンプレックスについて、不可能なものに賭ければよいと思ったら大間違いである—現実界について、すべてうまくいかなくても一分分析の終結について）
2017.9 199p A5 ¥2300 ①978-4-414-41631-2

◆自分を支える心の技法　名越康文著　小学館（小学館新書）新版
【要旨】日本人は「怒りに甘い文化」を持っており、わけもなく怒りくるう怪獣や、怒声まじり

心理学

に主張する政治家たちになぜかシンパシーを抱いてしまう。しかし、怒りにまかせたコミュニケーションはストレスの元になるだけ。家族関係、友人関係、仕事上の人間関係などで生じるストレスの多くは、不幸なコミュニケーション＝対人関係に行き着く。テレビやラジオで人気の心理学者が、対人関係の難題をスッキリ解決する「心の技法」を解き明かす！ 名越流の8つのレッスンで生き方が変わる！
2017.12 222p 18cm ¥780 ①978-4-09-825311-1

◆自分でできる認知行動療法―うつ・パニック症・強迫症のやさしい治し方 清水栄司監修, 浅岡雅子著 翔泳社 （ココロの健康シリーズ）
【要旨】本書は、認知行動療法についての知識と、それをベースにしたセルフカウンセリングを紹介した本です。「うつ病」「パニック症」「強迫症」に特化し、疾患ごとに最適なセルフカウンセリングの方法がわかります。
2017.8 159p 19x19cm ¥1200 ①978-4-7981-5240-0

◆自分に「いいね！」ができるようになる本 玉井仁著 清流出版
【要旨】ちゃんとがんばっているのに、苦しいのはなぜ？ あなたを縛る、心のクセにサヨナラしよう。認知行動療法を基本にした心のレッスン。「あなたのための」ワークシートつき！
2017.4 186p B6 ¥1300 ①978-4-86029-461-8

◆自閉症スペクトラムの症状を「関係」から読み解く―関係発達精神病理学の提唱 小林隆児著 ミネルヴァ書房
【要旨】自閉症スペクトラムの生涯発達で出現する多様な症状を「甘えのアンビヴァレンス」を軸に「関係」から解き明かす。従来の精神病理に対する見方を根本から覆す、新たな関係発達精神病理学の構築。
2017.4 273p A5 ¥3500 ①978-4-623-07912-4

◆自閉症と感覚過敏―特有な世界はなぜ生まれ、どう支援すべきか？ 熊谷高幸著 新曜社
【要旨】当事者たちが必ず口にする感覚過敏は、自閉症の成り立ちをも語っている！ 視覚、聴覚、触覚などに現れ、こだわりや鈍感にもつながる感覚過敏の意味を、当人の声や独自の調査により探り、自閉症理解を新しようする書！
2017.1 185p, 3p B6 ¥1700 ①978-4-7885-1507-9

◆自閉症の哲学―構想力と自閉症からみた「私」の成立 相川翼著 花伝社, 共栄書房 発売
【要旨】自閉症を通じてよみがえるカント、フロイト、ラカン。特別支援教育の現場から得た知見をもとに、自閉症者・「健常」者の経験の成り立ちの違いを詳細な哲学的議論によって活写。
2017.4 277p A5 ¥2600 ①978-4-7634-0823-5

◆自閉症は津軽弁を話さない―自閉スペクトラム症のことばの謎を読み解く 松本敏治著 福村出版
【要旨】自閉症児者が方言をしゃべらないという噂は本当なのか？ 自閉症児の方言使用調査、方言の社会的機能論、意図理解、自閉症児者の言語習得、自閉症児者のコミュニケーションの特異性など、筆者の飽くなき探究心から見えてきた真相とは！
2017.4 262p B6 ¥1800 ①978-4-571-42063-4

◆自閉スペクトラム症を抱える子どもたち―受身性研究と心理療法が拓く新たな理解 松本拓真著 金剛出版
【目次】第1部 自閉スペクトラム症の受身性の研究から（なぜ自閉スペクトラム症の受身性に注目するのか？、受身性が発達していく過程にある家族の物語から、「うちの子に受身性など関係ない」といえるのか？、受身性の3水準モデルと「自分」の生まれ方）、第2部 自閉スペクトラム症を抱える人に心理療法ができること（健全なコミュニケーションと自分と他者のバランス：精神分析的心理療法の考えから、身体がまとまりを得ることとその利点：赤ちゃんの観察から、心の心理療法がどう始まって、どう進むの？、子どもの意志に居場所を与える：Aとの心理療法1年目、出てきた自分を消さないために：Aとの心理療法の小学校卒業まで ほか）
2017.11 233p A5 ¥3800 ①978-4-7724-1586-6

◆自閉スペクトラム症の子どものための認知行動療法ワークブック―愛情をしっかり理解し上手に表現しよう！ トニー・アトウッド, マイケル・ガーネット著, 下山晴彦監訳 金剛出版
【要旨】みんなが元気になるための「気持ちが伝わるCBTマニュアル」。科学的根拠＝エビデン

スにもとづいて設計された5つのステップは、愛情表現を学ぶ「ソーシャルストーリー」、大切に思う気持ちをはかる「好き・愛情の温度計のワーク」、実際に交わした愛情表現を書き留める「愛情のやりとりの日記」など、誰でもわかりやすく、自宅でも学校でもかんたんにチャレンジできるように工夫されている。
2017.7 146p B5 ¥2400 ①978-4-7724-1565-1

◆自閉スペクトラム症の理解と支援―子どもから大人までの発達障害の臨床経験から 本田秀夫著 星和書店 （付属資料：DVD1）
【要旨】発達障害がテレビ報道など様々な領域で大きく注目!!生きづらさを抱える大人になった自閉スペクトラム症の人たち。その生活支援や就労支援は極めて重要な問題である。発達障害をもつ人と二十余年にわたりかかわり続けてきた著者が、自閉スペクトラム症について、そのすべてを分かりやすく解説する。
2017.12 225p B6 ¥1800 ①978-4-7911-0971-5

◆シャイン博士が語るキャリア・カウンセリングの進め方―"キャリア・アンカー"の正しい使用法 エドガー・H.シャイン, 尾川丈一, 石川大雅著, 松本美央, 小沼勢矢訳 白桃書房
【要旨】E.H.シャインが日本人向けに、個人、グループ、組織の3つの視点とその関係性について、やさしく語りかける初めての本！
2017.1 81p A5 ¥1800 ①978-4-561-24690-9

◆週一回サイコセラピー序説―精神分析からの贈り物 北山修監修, 高野晶編著 創元社
【要旨】「週一回」で行うという特別な日一日曜、週刊誌、TV番組、塾、習い事…私たちの生活のなかで自然と身に染みた「周期的／円環的な時間の流れ」。そんなリズムにのった"一セラピー"と、精神分析（週四回以上）は、どこが？ どう？ 違うのだろうか…！
2017.11 175p A5 ¥2800 ①978-4-422-11637-2

◆周産期のこころのケア―親と子の出会いとメンタルヘルス 永田雅子著 （三鷹）遠見書房 新版
【要旨】親と子が出会う、親が親として育っていく周産期。その大切な時期に求められる暖かいサポートとこころのケアとは。マタニティブルー、さまざまな不安…出産を通して出会った親と子が、本当の「親子」になるのを支えるために。
2017.12 173p B6 ¥1800 ①978-4-86616-041-5

◆集団精神療法の実践事例30―グループ臨床の多様な展開 日本集団精神療法学会編集委員会監修, 藤信子, 西村馨, 樋掛忠彦編 （大阪）創元社
【要旨】若手の挑戦、ベテランの知恵。集団のこころの動きを活用した治療。長年の蓄積から集まった、現場のニーズに合わせたグループの実際。
2017.4 331p A5 ¥2800 ①978-4-422-11662-4

◆主要5因子性格検査ハンドブック―性格測定の基礎から主要5因子の世界へ 村上宣寛, 村上千恵子著 筑摩書房 三訂版
【目次】第1部 性格測定の基礎（歴史から学ぶ、テストの統計的基礎、信頼性、妥当性、効率性、テストの開発）、第2部 主要5因子性格検査（BigFive）（歴史をさかのぼる、日本のビッグ・ファイブ研究、主要5因子性格検査（BigFive）の実施法、尺度解釈、プロファイルタイプ、事例への理解、ビッグ・ファイブ研究のトピックス、語彙研究、青年期用主要5因子性格検査（LittleBigFive）の制作）
2017.4 294p B5 ¥5000 ①978-4-480-97019-0

◆職場と家庭ですぐに使える「心支援（メンタルサポート）」の知恵袋 佐藤茂則著 セルバ出版, 創英社／三省堂書店 発売
【要旨】人の共通の願いは、幸せに生きたいということ。だからといって、専門にカウンセリングを学ぶ必要はない。人の存在、生きるとは何か、そうしたことを考え、一緒になって対話する、そこにヒントがたくさんある。
2017.7 191p B6 ¥1600 ①978-4-86367-349-6

◆職場のポジティブメンタルヘルス 2 科学的根拠に基づくマネジメントの実践 島津明人編著 誠信書房
【目次】第1部 セルフマネジメントへの活用（今、目標がありますか？―自己一致した目標がより良く生きるコツ！、「ポジティブ」の流れについていけ乗れないあなたに―「ネガティブ」も案外悪くない、「信じる」ことが大切―自己効力感（セルフ・エフィカシー）が仕事のいきいきを作る、Win - Win で

なくてもよい？―本当は損ではない他人を思いやる行動、ポジティブ・チョイス―職場におけるポジティブな物事に着目し、いきいき感を高める）、第2部 組織マネジメントへの活用（多様化する職場の組織力を高める―組織風土と経営理念の活かし方、倫理風土と仕事の有意味感の関連性、ジョブ・クラフティングをうながす「しなやか」マインド・セット、みんなの心を一つにすればチーム力を引き出せる―職場における共有認知の形成、オフィス環境の空間デザイン―いきいきと働くために、オフィス環境とワーク・エンゲイジメント）、第3部 生活のマネジメントへの活用（仕事とのほどよい距離感―オフの過ごし方からワーク・エンゲイジメントを考える、睡眠による身体的回復とポジティブな関係―仕事でいいこと、家で応用、プライベートを仕事で活用）
2017.11 166p A5 ¥1800 ①978-4-414-80210-8

◆事例で学ぶ発達障害者のセルフアドボカシー―「合理的配慮」の時代をたくましく生きるための理論と実践 片岡美華, 小島道生編著 金子書房
【要旨】発達障害者の「セルフアドボカシー（自己権利擁護）」を学ぶための入門書。当事者自身が「合理的配慮」を周囲に求めていく時代に不可欠なセルフアドボカシーについて、その概念理論をはじめ、自らその力をつけるための方法、セルフアドボカシーのポイントである「自己理解」と「提唱力」についての解説、そして、国内で取り組まれている先駆的な実践や、セルフアドボカシーについての当事者の声を紹介する。
2017.9 162p A5 ¥1800 ①978-4-7608-2661-2

◆新「感情の整理」が上手い人下手な人―対人関係をよくする方法 和田秀樹著 新講社 （新講社ワイド新書） （『「感情の整理」が上手い人下手な人』新版・改題書）
【目次】プロローグ 成功する女性の賢い「感情の整理」とは？、第1章 あなたの感情生活には「法則」があります、第2章 不機嫌な人は自滅しやすい、第3章 「嫉妬」なんてもう卒業！、第4章 心の掃除はかんたんです、第5章 「好かれる人」はいつだって機嫌のいい人、第6章 人間関係はみんな「好き」がいい！
2017.5 189p A5 ¥1300 ①978-4-86081-556-1

◆身心変容の科学〜瞑想の科学―マインドフルネスの脳科学から、共鳴する身体知まで、瞑想を科学する試み 鎌田東二編 サンガ （身心変容技法シリーズ 1）
【目次】第1部 瞑想の脳科学（瞑想の脳科学の現在、瞑想を測定する、瞑想の脳内メカニズム解明の試み、身心変容の科学的実践研究の試み）、第2部 心のはたらきと身心変容（響き合う他者と身心変容、瞑想と連関する身体技法、シンポジウム―身心変容の比較宗教学）
2017.10 438p A5 ¥3600 ①978-4-86564-092-2

◆心的変化を求めて―ベティ・ジョセフ精神分析ワークショップの軌跡 ハーグリーブス, ヴァーケヴァー編, 松木邦裕監訳 創元社
【要旨】経験豊かな分析家でも、防衛組織に取り込まれ、ナルシシスティックな対象関係の一部となり、困窮し、治療の行き詰まりを迎える。その局面をいかに乗り超えるか？―治例（重症ナルシシズム、ボーダーライン、倒錯など）の進展を描きながら、"こころの変化"の理論＆技法を総合ディスカッション―みずからの"生"が生きられるために。
2017.11 270p A5 ¥4300 ①978-4-422-11638-9

◆心理カウンセラーをめざす人の本 '18年版 新川旧譲監修, コンデックス情報研究所編著 成美堂出版
【要旨】必要な適性、活躍のフィールド、職場の実際がわかる！
2018.1 166p A5 ¥1100 ①978-4-415-22634-7

◆心理カウンセラーが教える 本当の自分に目覚める体癒論 小高千枝著 主婦と生活社
【要旨】"これから女子"とは、本当の自分に目覚め、未来に輝く女性のこと。本当のあなたの「顔」は？
2017.12 159p B6 ¥1300 ①978-4-391-15118-3

◆心理カウンセラーと考えるハラスメントの予防と相談―大学における相互尊重のコミュニティづくり 杉原保史著 （京都）北大路書房
【要旨】1部 ハラスメントの理解（ハラスメントとは、ハラスメントの分類、大学におけるハラスメント、ハラスメントについてのさらなる考

察)、2部 ハラスメントの予防（予防のために、権力を自覚し、使い方を考える）、3部 ハラスメントの相談（ハラスメント相談の基本、相談者の心理、ハラスメント相談の技術）、4部 ハラスメントの調査と対応（ハラスメントの調査、ハラスメントへの対応）
2017.2 194p B6 ¥2100 ①978-4-7628-2955-0

◆心理カウンセリング実践ガイドブック―面接場面に大切な7つのプロセス　福島脩美著　金子書房
【要旨】駆け出しカウンセラーは、基本に支えられる。ベテランカウンセラーも、基本に立ち返る。カウンセラーとクライエントの出会いから別れまでのかかわりあいを有効なカウンセリング関係へと結実させる技量とは。キーワードやチェック項目を示しながらカウンセリングの流れを詳述した。
2017.9 259p A5 ¥2800 ①978-4-7608-2660-5

◆心理社会的ケアマニュアル―傷ついた心に寄り添うために　桑山紀彦著　福村出版
【目次】1 基礎知識、2 二次元表現、3 三次元表現、4 四次元表現、5 震災後の「こころのケアセミナー」、6まとめ
2017.8 126p B6 ¥1700 ①978-4-571-24062-1

◆心療内科産業医と向き合う職場のメンタルヘルス不調―事例で解説 会社と社員が最適解を導く方法　石澤哲郎著　第一法規
【要旨】「病名」にとらわれず「職場での問題」を把握し解決しよう！心療内科専門医、司法試験合格の産業医が、医学的・労務的・法律的な観点から、メンタルヘルス対応でのトラブルを防ぎ、上手な労務管理と健全な職場作りを両立する方法を解説します。
2017.12 258p B6 ¥2300 ①978-4-474-05882-8

◆心理療法がひらく未来―エビデンスにもとづく幸福改革　リチャード・レイヤード, デイヴィッド・M.クラーク著, 丹野義彦監訳　ちとせプレス
【要旨】人生の成長、社会の繁栄。社会は心の健康にどう取り組むべきか？ 精神疾患に苦しむあらゆる人が適切な心理療法を受けることができれば、人生や社会はもっとよくなり、国の財政も改善する。心理療法アクセス改善（IAPT）政策でタッグを組んだ経済学者と臨床心理学者が、イギリス全土で巻き起こった幸福改革の全貌を明らかにする。
2017.7 369p B6 ¥2600 ①978-4-908736-05-6

◆心理療法における無意識的空想―セラピストの妊娠に焦点を当てて　若佐美奈子著　金剛出版
【目次】序章 問題提起と本書の構成、第1章 無意識的空想と転移について、第2章 セラピストの妊娠に関連する先行研究、第3章 セラピストの妊娠をめぐる無意識的空想の諸相、第4章 事例研究 セラピストの妊娠をつなげる、第5章 事例研究 セラピストの妊娠を契機に変化する治療プロセス、終章 妊娠したセラピストが心理療法を行うことの可能性と課題
2017.10 239p A5 ¥4200 ①978-4-7724-1587-3

◆心理療法の想像力　織田尚生著、復刻　創元社
【要旨】ユング派心理療法の名著、復刻。日本の「昔話」西洋中世の「錬金術」そしてクライエントの「夢」。これらの分析を通して、織田心理療法の核である「変容性逆転移」について考察し、心理療法の根本課題を開示する。
2017.9 260p B6 ¥3000 ①978-4-8460-1571-8

◆心理療法の第一歩―こころの臨床ファンダメンタル　中島登代子編著　（大阪）創元社
【要旨】癒されるのはクライエント？ それともセラピスト？ 理不尽に出会うことが日常を超えるチャンス！ こころと魂の「揺らぎ」を見つめて…いまふたたび心理臨床学のLegendをまなぶ。
2017.2 261p A5 ¥2300 ①978-4-422-11623-5

◆心理療法の未来―その自己展開と終焉について　田中康裕著　（大阪）創元社
【要旨】終焉の時はすでに始まっている。現代の精神病理を代表する「解離性障害」や「発達障害」は心理療法をどう変えているのか？ 現代の意識の特徴である「サイコロジカル・インフラの消失」とはどのような事態か？ 人類の精神史において心理療法というプロジェクトがどのように展開してきたか。そのプロセスを解き明かし、今日の心理療法のあり方を根本から問う。ここがロドス島だ、ここで跳べ！
2017.10 305, 9p B6 ¥2600 ①978-4-422-11670-9

◆心理臨床実践―身体科医療を中心とした心理職のためのガイドブック　矢永由里子編　誠信書房
【要旨】より良い出会い、アセスメント、カルテの書き方、地域とつながる、臨床のエッセンス―ベテランが語り、問いかける。
2017.8 242p A5 ¥2700 ①978-4-414-41629-9

◆心理臨床スーパーヴィジョン―学派を超えた統合モデル　平木典子著　金剛出版　増補改訂版
【目次】第1章 スーパーヴィジョンの特殊性と普遍性、第2章 心理臨床スーパーヴィジョンの基本、第3章 スーパーヴィジョンの統合モデル、第4章 スーパーヴィジョンの形式と方法、第5章 スーパーヴィジョンの実際、第6章 スーパーヴィジョンの倫理、第7章 スーパーヴァイジーの発達段階、第8章 スーパーヴァイザーの養成・訓練、特別章 私の「心理臨床スーパーヴィジョン」前史
2017.7 215p A5 ¥3800 ①978-4-7724-1552-1

◆スキーマ療法最前線―第三世代CBTとの統合から理論と実践の拡大まで　M. ヴァン・ブリースウィジク, J. ブロアーゼン, M. ドナルド編, 伊藤絵美, 吉村由未監訳　誠信書房
【目次】第1部 スキーマ療法―理論と技法の最前線（スキーマ療法―歴史と現状とこれから、スキーマ、コーピングスタイル、そしてモード、中核的感情欲求モデルの新たな展開、スキーマ療法におけるケース概念化について、スキーマ療法で用いるさまざまな技法、スキーマ療法における喜びと遊びの役割）、第2部 マインドフルネス・ACTとスキーマ療法の統合（スキーマ療法、マインドフルネス、そしてACT、スキーマ療法におけるマインドフルネスとアクセプタンスの役割、ヘルシーアダルトモードの強化のためのマインドフルネスとACTの活用）、第3部 カップルやセラピスト自身のためのスキーマ療法（カップルのためのスキーマ療法、セラピストのセルフケアにも活かす治療的再養育法）、第4部 司法領域におけるスキーマ療法（司法領域におけるスキーマ療法、司法領域における多職種協同によるスキーマ療法の実践、オランダの触法精神科センターにおけるスキーマ療法の実践）
2017.7 347p A5 ¥3900 ①978-4-414-41466-0

◆「すぐ不安になってしまう」が一瞬で消える方法　大嶋信頼著　すばる舎
【要旨】ちょっとしたことで不安になっていませんか？ 簡単なコツで、「不安モード」を解除できる！
2017.6 214p B6 ¥1400 ①978-4-7991-0621-1

◆ストーカー―「普通の人」がなぜ豹変するのか　小早川明子著　中央公論新社（中公新書ラクレ）
【要旨】ストーカーによる凶悪事件がたびたび報道されるが、それは氷山の一角にすぎない。著者のもとには毎日のように相談者が訪れている。SNSの普及で、素性を知らない相手へのストーキングや、リベンジポルノなどの悪質な手口は増える一方だという。「交際相手と別れるときに注意すべき点は」「ストーカーからの贈り物はどうすべきか」「警察にはいつ行けばいいか」「加害者は治療で変わるか」等々、経験豊かなカウンセラーが解説する。
2017.12 213p B6 ¥800 ①978-4-12-150606-1

◆ストーカーの時代　ブラン・ニコル著, 内藤憲吾訳　青土社
【要旨】おぞましくも邪悪な行動に走るストーカー。インターネット、TVバラエティからたちまち炎上する社会現象の核心を、ミステリー・映画・犯罪心理学・精神分析・カルチュラルスタディーズなど多角的に分析する。時代の気分の奥深くに蔓延する恐怖そして欲望を浮上させる異色の現代文化論。
2017.6 214p B6 ¥1800 ①978-4-7917-6996-4

◆ストレス社会とメンタルヘルス　片山和男編著　樹村房
【目次】序章 心のとらえ方の歴史、第1章 認知と行動の心理学、第2章 現代社会とストレス、第3章 ストレスの仕組みとストレスマネジメント、第4章 ストレス社会への接近、第5章 ストレス社会への展望、第6章 メンタルヘルス
2017.5 195p A5 ¥2000 ①978-4-88367-272-1

◆スマホ廃人　石川結貴著　文藝春秋（文春新書）
【要旨】コミュニケーションやゲームのみならず、しつけや子守にも使われ、単なる端末の域を超えて活用の幅が広がるスマホ。一方で、高い中毒性が指摘され、長時間の使用は身体に影響が懸念されている。文明の利器は諸刃の剣なのか？ 豊富な取材をもとに最前線を追う。
2017.4 223p 18cm ¥740 ①978-4-16-661126-3

◆「ずるい人」が周りからいなくなる本　大嶋信頼著　青春出版社
【要旨】あなたの心を支配してくるモヤモヤ・怒り・憤りたちを臨床数7万件超の大人気カウンセラーがみるみる解決！
2017.10 189p B6 ¥1400 ①978-4-413-23057-5

◆成功する精神障害者雇用―受入準備・採用面接・定着支援　刎田文記, 江森智之著　第一法規
【要旨】不安定な体調、同じミスを繰り返す、雇用しても定着しない、配慮の加減がわからない、精神障害者への苦手意識…。そんな経営者の雇用にまつわる不安を解消！「受入準備」「採用面接」「定着支援」のステップで実践できる、具体的なノウハウが満載。
2017.6 202p B6 ¥2300 ①978-4-474-05773-9

◆精神分析過程における儀式と自発性―弁証法的・構成主義の観点　アーウィン・Z.ホフマン著, 岡野憲一郎, 小林陵訳　金剛出版
【要旨】本書は、新しくより効果的な精神分析の技法を提示しているわけではない。それよりも精神分析や精神分析的心理療法に従事していることを、どのように捉えたらよいのか、という問題を論じている本であり、それは人間の人生をどのように捉えるかという問題と繋がっている。
2017.11 371p A5 ¥6000 ①978-4-7724-1588-0

◆精神分析再考―アタッチメント理論とクライエント中心療法の経験から　林もも子著　みすず書房
【要旨】精神分析はいま、どう理解し、心理療法の現場でどのように用いていけばよいのだろうか？ 実証研究の不足、男性中心主義の限界…豊富な臨床経験から"伝統"を再考し、精神分析を描きなおす。
2017.5 185, 17p A5 ¥3600 ①978-4-622-08532-4

◆精神分析とユング心理学　大場登, 森さち子著　放送大学教育振興会, NHK出版　発売（放送大学教材）　改訂版
【目次】精神分析とユング心理学：フロイトとユング、精神分析のなりたち、精神分析における心の発達論、精神分析の本質―現実と幻想、精神分析的対象喪失、症状をめぐる精神分析的"力動"の理解、精神分析的治療論、精神分析的心理療法の実際、ユング心理学：コンプレックスと元型、ペルソナ（顔・面）とゼーレ（ソウル・こころ・たましい）、カインとアベル、「母」なるもの：「魔女」「山姥」、異類婚姻譚、ユング派心理療法：心理療法と「イメージ」「言葉」、ユング派心理療法：「夢」と向き合う
2017.3 255p A5 ¥2600 ①978-4-595-31708-8

◆性犯罪者への治療的・教育的アプローチ　門本泉, 嶋田洋徳編著　金剛出版
【要旨】社会問題としての性犯罪を論じた報道は多くあるが、性犯罪を起こした人を「いかに理解し、いかにかかわるか」を詳説した書物は未だ少ない。この現実を前に、刑事施設における性犯罪者処遇プログラムに携わった専門家たちが結集する。ここにあるのは無敵の知でもなく、学術的見地のみから構成された性犯罪防止の包括的提言でもない。性犯罪の理論的考察、性犯罪の心理臨床概論、性犯罪の治療理論、性犯罪臨床の実践アプローチまで、性犯罪の再発防止に取り組む実務家、そして性犯罪からの回復を目指す人々を支援する「現場の知」、性犯罪者と日々向き合う経験から織り成された実践知の集積。
2017.9 275p A5 ¥4200 ①978-4-7724-1580-4

◆世界基準のヒプノセラピー入門　今本忠彦著　河出書房新社
【要旨】ヒプノセラピー（催眠療法）の第一人者がトップレベルの秘訣をやさしく伝授します。
2017.3 189p B6 ¥1600 ①978-4-309-24797-7

◆それって、「悩みぐせ」かもしれませんよ―自分でカウンセリングする技術　榎本博明著　（大阪）創元社
【要旨】このイライラ、クヨクヨ、モヤモヤはなんだろう？ 自分の心の習慣!?それを確かめれば、気持ちはずっと軽くなります。
2017.10 190p B6 ¥1400 ①978-4-422-11669-3

◆大学生のこころのケア・ガイドブック―精神科と学生相談からの17章　福田真也著　金剛出版　新版

哲学・心理学・宗教

◆**大学生メンタルヘルスケア必携ガイド**
【要旨】LGBT、留学生、障害学生支援、そして大学生活の定番テーマ（授業、サークル、奨学金・アルバイト、留年・休学、運転免許、ハラスメント、カルト、就職活動）を論じた「大学生も楽じゃない」など、新たに4章を再構成＋追加して2007年刊行初版を全面改訂増補。専門家も教職員も学生本人も、気軽に読めて納得できる「大学生メンタルヘルスケア必携ガイド」を辿る。
2017.12 302p A5 ¥3000 ①978-4-7724-1599-6

◆**対象関係論の源流—フェアベーン主要論文集** W.R.D.フェアベーン著, 相田信男監修, 栗原和彦編訳 （三篠）遠見書房
【要旨】「人はリビドー的である限り対象を求めている」「対象関係の発達とは、対象への幼児的依存（一次的同一化）が対象への成熟した依存（分化）へとその席を譲ってゆく過程である」—臨床経験に根ざした独創的な発想と思索のプロセスを辿る。フロイト以降、現代の精神分析に潮流を基礎づけた孤高の精神分析家の主要論文集。
2017.9 421p A5 ¥5000 ①978-4-86616-031-3

◆**対人援助職に効く認知行動療法ワークショップ—専門職としての力量を高める3つのチカラ** 竹田伸也著 中央法規出版
【要旨】「認知行動療法」を知らないなんて、何てもったいないんだ！対人援助職が実践の困りごとを、相手の「考え方（認知）」「行動」を通して、スッキリ解決する。すべての援助職に装備してほしい注目の技法!!
2017.3 245p A5 ¥2200 ①978-4-8058-5479-2

◆**対人援助の現場で使える聴く・伝える・共感する技術便利帖** 大谷佳子著 翔泳社
【要旨】本書は、介護・福祉・医療・看護業界で働く専門職や、その他さまざまな現場で、さまざまな人の相談にのる方のため、すぐに現場で役立つ「傾聴の技術・伝える技術・共感の技術」をやさしく解説する。「スムーズな信頼関係の土台を築くテクニック」は、対人援助職にとって大変重要なスキル。専門知識や技術だけに頼らず、心理学に基づいたコミュニケーションテクニックを知っていただき、それぞれの現場で活用してください。
2017.8 159p 21×19cm ¥1800 ①978-4-7981-5255-4

◆**他人に敏感すぎる人がラクに生きる方法—脳科学医が教える 私も80年間、HSP（敏感すぎる人）として苦しみました** 高田明和著 幻冬舎
【要旨】気にしすぎ、真に受けすぎ、人の顔色をうかがいすぎ。うつ病でもないし、性格でもない、今話題のHSP（Highly Sensitive Person）がよくわかる。生きづらさを解消する処方箋。
2017.2 182p 18cm ¥1100 ①978-4-344-03065-7

◆**他人の目を気にしない技術** 諸富祥彦著 大和出版 （DAIWA Premium Select）
（『「他人の目」を気にせずに生きる技術』再編集・改題書）
【要旨】ひとりでいることを楽しむ、「いい子」を卒業する、違いを認めて受け入れる、束縛ではなく共感し合う…生きづらさを抜け出し、新しい人間関係を築くためのヒント。
2017.6 216p B6 ¥950 ①978-4-8047-5058-3

◆**多様化する「キャリア」をめぐる心理臨床からのアプローチ—青年期から老年期までのケースに学ぶ** 長尾博編著 （京都）ミネルヴァ書房
【要旨】日本における働き方の現状をふまえながら、カウンセリングの諸理論をわかりやすく紹介。「就労の壁に遭遇し、またはじめての仕事を体験する青年期」から「退職後、新たな働き方・生き方の道を模索する老年期」までを対象に、「不登校」「抑うつ」「発達障害」を抱えたケースなどについても具体的な事例を紹介。「キャリア」をめぐる心理臨床について広く理解できる指南書。
2017.12 200, 21p B6 ¥2400 ①978-4-623-08171-4

◆**ちゃんと人とつきあいたい 2 発達障害や人間関係に悩む人のためのソーシャルスキル・トレーニング** 霜田浩信, 橋本創一, 三浦巧也, 堂山亞希, 熊谷亮ほか編著 エンパワメント研究所
【目次】1「ちゃんと人とつきあうってどういうこと？」—社会性やソーシャルスキルとは何か（社会性・ソーシャルスキルとは、ちゃんと人とつきあうことに困難を抱える人、ちゃんと人とつきあうためのソーシャルスキル・トレーニング（SST））、2 各ライフステージにおけるソーシャルスキルの課題（幼児期におけるソーシャルスキルの課題、小学校低学年期におけるソーシャルスキルの課題、小学校高学年期におけるソーシャルスキルの課題 ほか）、3 各ライフステージに応じた葛藤・ストレス場面でのソーシャルスキル・トレーニング（幼児期、小学校低学年期、小学校高学年期 ほか）
2017.12 239p A5 ¥1800 ①978-4-907576-48-6

◆**ちょっとしたことでうまくいく 発達障害の人が上手に働くための本** 對馬陽一郎著, 林寧哲監修 翔泳社
【要旨】当たり前すぎて誰も教えてくれない仕事術で働きづらさが解消できる！発達障害の特徴に苦しむ社会人のためのビジネススキルのアイデアを紹介。発達障害の特徴をカバーする仕事のアイデアが満載。発達障害あるあるの悩み・その原因→具体的な解決アイデアの手順で解説。施設での実例をベースにしているので非常に具体的。
2017.5 191p 22×19cm ¥1600 ①978-4-7981-4929-5

◆**治療論からみた退行—基底欠損の精神分析 新装版** マイクル・バリント著, 中井久夫訳 金剛出版
【要旨】本書は、力動的立場をとると否とを問わず、「境界例」をはじめ困難な精神科臨床にたずさわる人々に欠くことのできない実践的英知と心構えを示すものである。著者バリントは、欧米ではじめて土居の「甘え」理論をとりあげた学者として知られ、本邦では中井氏との共同作業による心身医学の領域でも名高い。しかし彼は1920年代にはやくも対象関係に注目し、ブダペシュトからイギリスに移ってからはその地に興った対象関係論の推進者としても活躍をつづけた。とりわけフロイトの古典分析の限界を超える患者の治療を志して途半ばにして倒れた師フェレンツィの遺志を継いでいく。そのような患者の特徴を対象関係論的に「基底欠損」と把え、その治療を展開、従来否定的な面のみが論じられていた「退行」の治療的意義をも発見する。該博な知識と言語に対する深い造詣で知られる訳者を経て、本書は近年とみに重要性を強調される重症患者の精神療法的接近に新しい視野を拓いてくれるであろう。
2017.4 292p A5 ¥5800 ①978-4-7724-1557-6

◆**つい「がんばりすぎてしまう」あなたへ—自分のこころを見つめなおすために** 髙垣忠一郎著 新日本出版社
【要旨】思い当たるフシも？あるカウンセリングの記録も収録。
2017.11 239p B6 ¥1700 ①978-4-406-06183-4

◆**つぶやくだけで心が軽くなるひと言セラピー** 植西聰著 三笠書房（知的生きかた文庫）
（『つぶやくだけで元気になる「ひと言」セラピー』再編集・改題書）
【要旨】落ちこんだとき、苦しいとき、ツイてないとき…。つぶやく「ひと言」を持っている人は強い！怒りや不満も、やさしく癒やされる100のパワーフレーズ。
2017.10 237p A6 ¥650 ①978-4-8379-8492-4

◆**統合失調症患者と家族が選ぶ社会復帰をめざす認知矯正療法** 髙橋太郎著, 中込和幸監修 幻冬舎メディアコンサルティング, 幻冬舎発売
【目次】第1章 統合失調症でも社会復帰はできる、第2章 症状は緩和しても社会復帰には直結しない薬物療法の「限界」、第3章 薬物療法の限界を打破する認知矯正療法「NEAR」、第4章 6カ月で認知機能が向上する認知矯正療法「NEAR」、第5章 認知矯正療法の効果を飛躍的に高める心のケア、第6章 社会復帰を後押しする、家族による支援体制、第7章 認知機能の向上で、統合失調症から社会復帰は可能になる
2017.4 236p B6 ¥1500 ①978-4-344-91196-3

◆**突然、感情を爆発させる人々** 酒井和夫著 洋泉社（新書y）
【要旨】なぜすぐにキレるのか？職場、友人、家族…あなたの周囲の「困った人」の精神構造。治癒率80％を誇る第一線の精神科医が教える対処法。
2017.4 191p 18cm ¥900 ①978-4-8003-1219-8

◆**トポスの知—「箱庭療法」の世界** 河合隼雄, 中村雄二郎著, 明石箱庭療法研究会協力 CCCメディアハウス 新・新装版
【要旨】限定された砂箱という「場」に、人間存在の在り様が示される。「箱庭療法」をめぐる哲学者と心理療法家の対話。
2017.3 291p B6 ¥2500 ①978-4-484-17211-8

◆**友だち作りの科学—社会性に課題のある思春期・青年期のためのSSTガイドブック** エリザベス・A.ローガソン著, 辻井正次, 山田智子監訳 金剛出版
【要旨】科学的根拠にもとづくSSTプログラムでステップ・バイ・ステップの友だち作りを親子でいっしょに実践！
2017.4 293p B5 ¥2800 ①978-4-7724-1554-5

◆**トラウマの過去—産業革命から第一次世界大戦まで** マーク・ミカーリ, ポール・レルナー編, 金吉晴訳 みすず書房
【要旨】本書は、トラウマがなぜ心の傷を表わすものとして社会に浸透し、いかに欧米社会を混乱に陥れてきたのかを明らかにするものである。戦争、災害、事故……。未曾有の外傷的出来事に襲われた後、われわれは何を作りなおし、何を語り継がなくてはならないのだろうか？トラウマ研究の決定版にして新たな端緒となる、学問分野を越越した重要文献。
2017.8 320, 71p A5 ¥6800 ①978-4-622-08623-9

◆**ナラティヴ・アプローチによるグリーフケアの理論と実際—人生の「語り直し」を支援する** 水野治太郎, 生田かおる著 金子書房
【要旨】喪失の語りに人生の輝きがみえる。大切な人との絆、かけがえのない過去の記憶。喪失がもたらす贈り物に気づくとき、人は再び歩き出すことができる。ストーリーの熟成に寄り添って同行するグリーフケアは、生きることの奥深さに触れるこころの旅である。
2017.7 226p A5 ¥2800 ①978-4-7608-3037-4

◆**日常臨床に活かす精神分析—現場に生きる臨床家のために** 祖父江典人, 細澤仁編 誠信書房
【要旨】今日の臨床状況においては、正式な精神分析の対象となるクライアントはごく限られており、精神分析に関心がある臨床家の大多数は、日常臨床の中でいかにして精神分析に基づいた実践を行うことができるのかという葛藤に満ちた現実の中にいる。本書は、そうした要望に応えようとするものである。すなわち、医療、教育、福祉、産業等の領域において、精神分析が日常臨床にどのように活かしうるのか、一流の執筆陣による実践が論じられている。
2017.3 269, 5p A5 ¥4800 ①978-4-414-41624-4

◆**日本のありふれた心理療法—ローカルな日常臨床のための心理学と医療人類学** 東畑開人著 誠信書房
【目次】ポストモダンのローカルな心理療法論、第1部 ありふれた治療文化（日本のありふれた心理療法のための理論、「心理学すること」の発生—Super・Visionを病むこと）、第2部 こころの表面を取り繕うこと—日本のありふれた説明モデル（覆いをつくることの二種一病理性のありふれた心理療法、かたちづくることと美的治癒—パーソナリティ障害のありふれた心理療法1、「オモテとウラ」の裏—パーソナリティ障害のありふれた心理療法2）、第3部 人類学的分析へ—文化を考える（文化的抵抗—文化的抵抗と文化的交渉、心理療法を再考する—霊から心へ）、第4部 方法について（野生の事例研究論—ありふれた心理臨床家のための方法、ありふれた事例研究執筆マニュアル）
2017.2 323p A5 ¥3400 ①978-4-414-41623-7

◆**日本の心理療法 国際比較篇** 秋田巌, 名取琢自編 新曜社
【要旨】心理療法の実践にかかわる"局所性"や"日本的風土"とは。日本と西洋諸国に根ざすさまざまな文化の「場」の違いを知悉した心理臨床家の実体験を通じ、思想、宗教、慣習、文学、民間伝承などから幅広く検討する。
2017.9 199, 5p A5 ¥3600 ①978-4-7885-1530-7

◆**日本の心理療法 身体篇** 秋田巌編 新曜社
【要旨】心の癒しをもたらす"日本人的"身体性とは—西洋のような身体接触は禁忌とされる日本においても抵抗なく受け入れられている、身体性と深くかかわる四つの「セラピー」を紹介。
2017.2 224, 5p A5 ¥3200 ①978-4-7885-1494-2

◆**認知臨床心理学の父 ジョージ・ケリーを読む—パーソナル・コンストラクト理論への招待** フェイ・フランセラ著, 菅村玄二監訳 （京都）北大路書房
【目次】第1部 ジョージ・ケリーの人生（ケリーの遍歴、ケリーの複雑さ）、第2部 理論への貢献（心理学の理論、心理療法の理論）、第3部 方法への貢献（心理測定法、心理療法の技法）、第4

◆ハイパーアクティブ：ADHDの歴史はどう動いたか　マシュー・スミス著，石坂好樹，花島綾子，村上晶郎訳　星和書店
【要旨】多動衝動性障害，器質的脳症候群，行動化，微細脳損傷，児童期の多動性反応，微細脳機能不全，注意欠如障碍（ADD），注意欠如・多動性障碍（ADHD）…。ADHDの概念には歴史がある。時代のうねりに揉まれ，文化的背景に彩られた壮大なストーリー。
2017.10　370p　A5　¥2700　①978-4-7911-0965-4

◆ハイパーワールド―共感しあう自閉症アバターたち　池上英子著　NTT出版
【要旨】大人になった自閉症の人は世界をどう見ているか。米国では約50人に1人いると言われる「自閉症スペクトラム」の人たち。仮想空間で遭遇した自閉症の人々が語っていた内面世界は，情報を過剰なままに取り込んでいる強烈な脳内景色，ハイパーワールドだった。「自閉症」の社会史への深い洞察と，仮想エスノグラフィーから見える世界を新たにリポートする。
2017.3　316p　B6　¥2600　①978-4-7571-4347-0

◆はじめての芸術療法　橋本和幸著　ムイスリ出版
【目次】第1章 芸術療法概論，第2章 芸術療法の歴史，第3章 芸術療法で扱うもの，第4章 芸術療法の背景にある臨床心理学の諸理論，第5章 芸術療法実技1―描画法，第6章 芸術療法実技2―造形，第7章 芸術療法実技3―身体表現，第8章 芸術療法実技4―文芸療法
2017.9　98p　A5　¥1480　①978-4-89641-255-0

◆はじめてまなぶ行動療法　三田村仰著　金剛出版
【要旨】サイコセラピーの歴史そのものと呼ぶにふさわしい行動療法の研究と実践の歴史をわかりやすくガイドしながら，「パブロフの犬」の実験から，認知行動療法，DBT，ACT，マインドフルネス，臨床行動分析まで最新ムーブメントをカバーした，学生・研究者・実践家必読の行動療法入門ガイド！
2017.8　333p　A5　¥3200　①978-4-7724-1572-9

◆働く女性のストレスとメンタルヘルスケア　丸山総一郎編　(大阪)創元社
【要旨】固定的な性別役割分業規範，危ういワーク・ライフ・バランス，男女間賃金格差…厳しい状況の中で過剰なストレスとメンタルヘルス不調に苦しんでいる多くの働く女性に，いま何が必要なのか。重要な構成の，現状と課題の全容を提示。全30章＋4つのコラムで，国内外で研究が進められている重要テーマをカバー。資料として女性労働とメンタルヘルスに関する法政策の動向をまとめた年表を収録。
2017.3　381p　A5　¥5000　①978-4-422-11628-0

◆発達障害を仕事に活かす　星野仁彦著　朝日新聞出版　(朝日新書)
【要旨】「多動」「衝動性」「過集中」といった発達のアンバランスも，その適性が職業と結びつけば，想像を絶するプラスの効果をもたらす。斯界の第一人者であり当事者でもある著者による，あなたの人生を輝かせるための処方箋。
2017.9　292p　18cm　¥820　①978-4-02-273733-5

◆発達障害に気づかない大人たち　星野仁彦著　祥伝社　(祥伝社黄金文庫)
【要旨】片づけられない，すぐキレる，話を聞けない…みんなちょっと「困った」大人たち。実は「発達障害」かもしれない。大人の発達障害の実態から治療法，日常生活の注意点やサポート方法まで，この一冊で全部わかる！
2017.9　263p　A6　¥630　①978-4-396-31719-5

◆発達障害の基礎知識―0歳から大人，進学から就職への対応がすべてわかるハンドブック　宮尾益知著，オーク発達サポート協力　河出書房新社
【要旨】ADHDやASD，LDなどの言葉の意味から診断基準…どんな学校や会社を選べばいいのか？ 発達障害への社会の取り組み，法律の内容まで全部わかる決定版。
2017.9　212p　B6　¥1600　①978-4-309-24824-0

◆発達障害の時代とラカン派精神分析―"開かれ"としての自閉をめぐって　上尾真道，牧瀬英幹編著　(京都)晃洋書房
【要旨】ラカン派精神分析を手掛かりに，臨床と思想の両面から，現代の臨床‐倫理を模索する。自閉を「開かれ」としてとらえ，「心」の見方について再考を試みる本。
2017.6　260，20p　B6　¥3800　①978-4-7710-2900-2

◆発達障害・被虐待児のこころの世界―精神分析による包括的理解　マーガレット・ラスティン，マリア・ロード，ヘレン・ダビンスキー，アレックス・ダビンスキー編，木部則雄監訳，黒崎充勇，浅野美穂子，飯野晴子訳　岩崎学術出版社
【目次】第1部 精神病と性的虐待（安全な場所を見つけること―4歳の子どもが性的虐待から回復すること，思考する空間をつくることの困難さ―7歳の女の子とのセラピー，自己が生き延びること―16歳の女の子がよい対象を探し求めること，ディスカッション―情緒的剥奪経験を持つ3人の女の子の内界に性的虐待がもたらした衝撃についての記録），第2部 精神病と発達遅滞（こころの初期過程―6歳の女の子とのサイコセラピー，象徴化とアイデンティティの感覚，「僕はここにいるよ！」―自閉的特徴を合併した発達遅滞の少年の自己と対象について，何も学ぼうとしなかった男の子，ディスカッション），第3部 複雑化した精神病状態（精神病と自閉症―サイコセラピーにおいて進展する統合失調症と倒錯，躁うつ病状態，ジェレミーと食いちぎられた屋根，「お化けがやって来る」―9歳の男の子の絶滅恐怖，バラバラになった子どもと一自閉症的またはスキゾイドの解決方法，精神病患者の堅さと安定性―サイコセラピーにおいて，ディスカッション）
2017.6　351p　A5　¥6000　①978-4-7533-1119-4

◆母親の孤独から回復する―虐待のグループワーク実践に学ぶ　村上靖彦著　講談社　(講談社選書メチエ)
【要旨】私は子どもをきちんと育てられているのだろうか…なぜ自分の子どもなのに苛立ってしまうのだろう…誰にも相談できず，ついに子どもを叩きたくてしまう…子どもへの虐待の児童相談所への相談件数は現在，一〇万件を超えています。なぜ子どもが可愛くてしまうのか？ 母親の奥底には，恐怖や不安，孤立感があります。本書は，そんな孤独の中で悩む母親のために書かれました。自分を取り戻す道は「独り」から始まります。
2017.11　141p　B6　¥2000　①978-4-06-258665-8

◆母ロス―悲しみからどう立ち直るか　榎本博明著　幻冬舎　(幻冬舎新書)
【要旨】母の死は誰もが経験することである。しかし，いざ直面すると，悲しみから立ち直れずに鬱っぽくなるだけではなく，異常なほどの不安に苛まれたり，怒りが込み上げてきたり，罪悪感に襲われたりするケースも多い。これらは母と仲がよかった人だけでなく，母と折り合いが悪かった人にも顕著に表れるという。なぜこのようなことが起きるのか？ また，喪失感が消えないとき，どうすれば克服できるのか？ 大切な人を失ったときにどんな心理状態になるかを示し，そのダメージを軽減する手法を具体的に指南した一冊。
2017.1　232p　18cm　¥800　①978-4-344-98448-6

◆速い思考／遅い思考―脳・心の二重過程理論の展開　中井孝章著　(大阪)日本教育研究センター
【目次】序 「速い／遅い」というフレーム，1 速い無意識／遅い無意識（遅い無意識―精神分析の無意識と現象学の無意識，速い無意識―進化心理学における無意識，まとめ），2 速い道徳／遅い道徳―J. グリーンの二重過程理論（集団内道徳と集団間道徳，速い道徳／遅い道徳―オートモードとマニュアルモード，「スイッチ」ジレンマと「歩道橋」ジレンマ，道徳的情動の心像の概念化としての権利，人身的加害との相互比較，トレードオフとしてのオートモードとマニュアルモード），3 速い思考分析／遅い思考分析―当事者の心理療法（アドラー心理学から見た心理療法の分水嶺，正しい推論形式としての因果律，フレームワークとしての自由連想と当事者の心理療法とその展開）
2017.10　110p　A5　¥1500　①978-4-89026-188-8

◆ひきこもりの心理支援―心理職のための支援・介入ガイドライン　日本臨床心理士会監修，江口昌克編集　金剛出版
【要旨】心理職として「ひきこもり」をどう理解し，アセスメントし，支援していくかを，予防・教育的アプローチ，家族支援，コミュニティワークなど援助技術各論を紹介し，課題も含めて詳述。
2017.11　243p　A5　¥3400　①978-4-7724-1595-8

◆非行と反抗がおさえられない子どもたち―生物・心理・社会モデルから見る素行症・反抗挑発症の子へのアプローチ　富田拓著　合同出版　(子どものこころの発達を知るシリーズ 08)
【要旨】非行は精神障害としてとらえられるのか？ 精神医学的な働きかけがどの程度有効なのか？ 環境やり合いの自己の成長を通して一人ひとりに影響を与えるのか？ 心理，教育，社会の観点を通して問題提起にあふれた本。
2017.12　245p　A5　¥1800　①978-4-7726-1151-0

◆非行・犯罪の心理臨床　藤岡淳子著　日本評論社　(こころの科学叢書)
【要旨】「非行少年」「犯罪者」の回復の現場から。発達と状況の要因，被害・加害といった関係性から非行・犯罪行動を理解すること，人々とのつながりよりよい自分の成長を通して一人ひとりが持てる力を発揮できるコミュニティ作りに貢献すること。
2017.3　223p　B6　¥2000　①978-4-535-80439-5

◆人を育む愛着と感情の力―AEDPによる感情変容の理論と実践　ダイアナ・フォーシャ著，岩壁茂，花川ゆう子，福島哲夫，沢宮容子，妙木浩之監訳，門脇陽子，森田由美訳　福村出版
【目次】第1部 理論的基盤（感情と変容，感情のレンズを通して見る愛着，ほどよい養育者とより望ましい二者プロセス，精神病理の発症，人を育む理解―臨床行動における内省的な自己機能の事例），第2部 ツールと題材（構成化のツール―3つの表象図式，コア感情体験のバリエーション，ヒーリング感情，人を癒すこと愛してくれるんだね―精神力動的フォーミュレーションを協働して確立する：事例による理解），第3部 介入方略（関係的方略，再構成方略，体験的・感情的方略，お腹とお腹，胸と胸を合わせて―コア感情体験の持続的な展開を示す事例，体験的STDPの技法とタブー）
2017.11　473p　A5　¥7000　①978-4-571-24063-8

◆人付き合いが苦手なのはアスペルガー症候群のせいでした。　吉濱ツトム著，カタノトモコ画　宝島社
【要旨】他人と一緒にいるのが苦手なアスペさん必見！ アスペルガーさんでもコミュ力がアップする27の方法！
2017.5　141p　A5　¥1200　①978-4-8002-6870-9

◆描画からわかる子どもの危機と成長のサイン　加藤孝正監修，馬場史津編，アートセラピー研究会著　(名古屋)黎明書房
【要旨】子どもたちが描いた絵や作った箱庭などのアートは，「親の過干渉や無関心」「友だちとうまく付き合えない」といった悩みや葛藤のサイン，反対に「悩んでいたけど自分の中で整理できた」といった成長のサインが隠されています。バウムテストや箱庭，動的家族画，動的学校画等を用い，そのサインを的確にとらえ，子どもの悩みを解決へと導く方法を実例と共に紹介。専門的な知識のない保護者や教師でもアートの世界が体験できるように，各種描画の実施法が解説されている。
2018.1　118p　A5　¥1800　①978-4-654-04043-8

◆表現する「私」はどのように生まれるのか―精神分析と現代美術の語らいから　岡田彩希子著，新宮一成解説　(京都)ミネルヴァ書房
【要旨】ことばにならないことばで，誰が何をどのように語っているのか。私たちの表現や表象作用としての夢・描画・現代美術の作品たちの語らいを，具体的なエピソード・作品とともに，フロイト，ラカンの精神分析概念によって辿り，その主体生成の原点に迫る。誰もが抱き得る自分とは何かという問いは，精神分析と現代美術の交点として浮かび上がる。「私」という表現の有る構造を解く鮮烈な表現論。
2017.3　216p　A5　¥3200　①978-4-623-08001-4

◆「敏感すぎて苦しい」がたちまち解決する本―HSP＝敏感体質への細やかな対処法　高田明和著　廣済堂出版
【要旨】HSPの皆さん，これまで辛かったことでしょう。この本の著者もHSPに苦しんできた一人。「自分が苦しんでいたのは，HSPのせいだったんだ！」とわかるだけでも楽になります。HSPの特徴を理解し，この本の対処法を実践すれば，もっと楽になります。「HSPに与えられた才能を生かせばいいんだ」という気持ちになれば，生きていくことが楽しくなります。
2017.9　196p　B6　¥1400　①978-4-331-52122-9

◆「敏感」にもほどがある　高橋敦著　きこ書房

心理学　496　BOOK PAGE 2018

【要旨】気になるものは、ずっと気になる。人類を絶滅の危機から救う!?HSP（敏感すぎる人）の困った日常。
2017.7 174p B6 ¥1100 ①978-4-87771-372-0

◆不安　青木紀久代,野村俊明監修・編,堀越勝監修　福村出版　（これからの対人援助を考えるくらしの中の心理臨床 4）
【目次】第1部 事例編（医療、福祉、教育、地域・家庭）、第2部 理論編（精神医学から見た不安、子どもの不安、不安に対する認知行動療法、力動的精神療法的アプローチ）、第3部 資料編（現代社会の不安、不安障害に関する統計資料、診断基準）
2017.7 189p A5 ¥2000 ①978-4-571-24554-1

◆不安　下　ジャック・ラカン著,ジャック＝アラン・ミレール編,小出浩之,鈴木國文,菅原誠一,古橋忠晃訳　岩波書店
【要旨】「不安」、それは「対象なし」ではない―古今東西のエロスとタナトスを自在に巡りながら、自我の奥底に閉じ込められた「不安」を他者の弁証法の「残余」として取り出すダイナミックな考察を、ラカン思想は、精神分析はもとより、哲学、社会学を含む広大な領域での不可欠な基盤に至らしめた。ラカン思想全域を、実践も今日的課題の中で活かすための枠組みとして理解するに不可欠な、熱気あふれるセミネール第一〇巻。
2017.5 286p A5 ¥5500 ①978-4-00-061187-9

◆不安神経症・パニック障害が昨日より少し良くなる本　ポール・デイヴィッド著,三木直子訳　晶文社
【要旨】本書で取り扱っている症状は：不安神経症、離人症、社会不安障害、鬱傾向、パニック障害/パニック発作。誰もが一生に一度は経験するようなこうした症状もちょっとした発想の転換により必ず回復へと導かれた。
2017.8 269p B6 ¥1800 ①978-4-7949-6971-2

◆不安でたまらない人たちへ―やっかいな病的な癖を治す　ジェフリー・M.シュウォーツ著,吉田利子訳　草思社　新装版
【要旨】手を洗わずにはいられない、カギや火元を何度も確認してしまう、何でもとっておかずにいられない。バカげていると分かっていても、それをしないと不安でたまらない「強迫性障害（OCD）」は、じつは脳の生物化学的なはたらきの問題だった。脳の主要な機構がロックされ、まちがった指令を送りつづけるのだ。そのロックを外して脳のはたらきを変えれば、こうした強迫行為から解放される。そのための「四段階方式」の行動療法を本書は呈示。強迫障害や過食症、依存症のほか、さまざまな悪癖を改善したい人まで幅広く応用できる療法です。自分の行動を変え、人生を変えたいすべての人のために。2016年版「新まえがき」が追加された新装版。
2017.1 325p B6 ¥2000 ①978-4-7942-2254-1

◆夫婦の危機は発達障害が原因かもしれない―離婚を考える前に読むカップルセミナー入門　宮尾益知,滝口のぞみ著　河出書房新社
【要旨】夫婦やパートナーの危機は妻や女性だけでは解決しない。なぜなら、カップルの問題の多くには夫の発達障害が関係しているから…。夫や男性が自身の特性を理解することで、ふたりの心の葛藤は劇的に少なくなる。近年増えてきた、ふたりの困難を力を合わせて乗り越えるという新しい方法。
2017.8 191p B6 ¥1500 ①978-4-309-24819-6

◆部下がアスペルガーと思ったとき上司が読む本　宮尾益知,滝口のぞみ著　河出書房新社
【要旨】会社や社会で社員の不適応が始まっている！ すべては他人のせいで困難な状況を避け、社会や組織のルールに反発し職場に適応しないけど、本人以外にはそんなすべての人がいる―信じられない言動をする部下の心がわかる。
2017.4 190p B6 ¥1500 ①978-4-309-24800-4

◆復職支援ハンドブック―休職を成長につなげよう　中村美奈子著　金剛出版
【目次】第1章 復職を目指す、第2章 リワークプログラム1 プログラムを始める、第3章 リワークプログラム2「ComPs・CBT」による自己理解と再発予防、第4章 リワークプログラム3 コミュニケーションと問題解決、第5章 リワークプログラム4 働く感覚をとりもどす、第6章 リワークプログラム5 復職準備の総仕上げ、第7章 事例
2017.11 111p A5 ¥2400 ①978-4-7724-1592-7

◆不在の臨床―心理療法における孤独とかなしみ　日下紀子著　（大阪）創元社　（アカデミア叢書）
【目次】不在のあらわれ、理論篇 こころの現象とこころの機能（母子関係にみる不在、セラピストのこころの機能、セラピストの不在が及ぼす影響）、実践篇 往還するものと二重性なるもの（不在の対象からの攻撃をめぐって、孤独感の再演としてのかなしみ、セラピストの内的な不在）、不在の彼方にあらわれるもの
2017.6 202p A5 ¥3000 ①978-4-422-11663-1

◆不登校・ニート・ひきこもりの家族に贈る気持ちを切り替える力（レジリエンス）　森薫著　学びリンク
【要旨】もう自分を責めないで！ 頑張っている自分をほめてあげよう！ もっと抱きしめてあげよう！ 母親が笑顔になると、家族みんながラクになる！
2017.9 153p B6 ¥1200 ①978-4-908555-12-1

◆ブレインスポッティング入門　デイビッド・グランド著,藤本昌樹監訳・訳,鈴木孝信訳　星和書店
【要旨】トラウマに素早く、効果的に働きかける視野を活用した革新的心理療法。視線の位置と脳・身体の関係を究めて、トラウマを癒す！ 世界中に急速な広がりをみせている革命的な治療ツールの全容を紹介。
2017.7 239p B6 ¥2500 ①978-4-7911-0961-6

◆ベイシック・フロイト―21世紀に活かす精神分析の思考　マイケル・カーン著,妙木浩之監修,秋田恭子,清水めぐみ訳　岩崎学術出版社
【目次】第1章 イントロダクション、第2章 無意識、第3章 精神・性的発達、第4章 エディプス・コンプレックス、第5章 反復強迫、第6章 不安、第7章 防衛機制、第8章 罪悪感、第9章 夢、第10章 悲哀と喪、第11章 転移、第12章 結論
2017.11 197, 15p A5 ¥3000 ①978-4-7533-1126-2

◆防衛機制を解除して解離を語れ　中井孝章著　（堺）大阪公立大学共同出版会
【目次】序 解離という現象、1 解離における防衛機制批判、2 精神発達としての解離―想像上の友達（IF）の発達心理学、3 障害としての空間的変容・時間的変容と解離の臨床―精神病理としての解離、4 想像上の友達（IF）と解離する主体の空間的変容―発達心理学と精神病理学との対話、5「能力」としての解離―気配過敏・体外離脱と俯瞰力・メタ認知力
2017.11 104p A5 ¥2000 ①978-4-907209-78-0

◆ぼくは社会不安障害　伊藤やす著　彩図社
【要旨】会議や発表の何日も前から不安でしかた ない。人がいるところで話を取るのが苦手。飲み会など人と食事をするときに極度に緊張する。社会不安障害と向き合う本人が語る体験記。
2017.9 220p A6 ¥630 ①978-4-8013-0251-8

◆本人も家族もラクになる強迫症がわかる本　上島国利監修,松田慶子著　翔泳社　（ココロの健康シリーズ）
【要旨】強迫症とはどのような病気か、症状や治療、発症のメカニズムなどをやさしく解説。治療をする医療研究会が語る　家族や周囲の人が心がけるポイントも詳しくご紹介。
2017.8 159p 19×19cm ¥1200 ①978-4-7981-5241-7

◆ほんものの逐語の書き方・学び方　青木羊耳著　幻冬舎メディアコンサルティング,幻冬舎 発売
【要旨】しっかり学ぶ「カウンセリング逐語論」この一冊で逐語記録のすべてが分かる！ 産業カウンセラー必読の書。
2017.9 206p B6 ¥1300 ①978-4-344-91353-0

◆マンガで読み解く プロカウンセラーの聞く技術―家族を通して知る「聞く」ことの大切さ　東山紘久原作,早川恵子漫画　（大阪）創元社
【要旨】魔法使いトーザン（原作者）がアプリで登場！ 聞き上手になるコツが楽しみながらわかる
2017.9 189p B6 ¥1200 ①978-4-422-11667-9

◆マンガで読み解く プロカウンセラーの共感の技術―温かい人間関係を築くための第一歩　杉原保史原作,やまさき拓味漫画　（大阪）創元社
【要旨】対人関係スキルの基本をリアルな漫画で学ぼう。原作者が自ら漫画に扮装して登場。描き込まれた物語の中に何を感じ取れるだろうか　2017.9 189p B6 ¥1200 ①978-4-422-11667-9

◆マンガでわかる発達障害の僕が羽ばたけた理由　栗原類著,酒井だんごむし画　KADOKAWA
【要旨】どのような困難があり、どんな思いで乗り越えてきたか、中学不登校など壁を乗り越える道がみつけられた理由。新たに、「スマホの活用法」や現在の「発達障害の支援環境」を加筆。
2017.12 189p B6 ¥1000 ①978-4-04-602048-2

◆マンガでわかる もしかしてアスペガー!?―大人の発達障害と向き合う　司馬理英子著,ふじいまさこマンガ　主婦の友社
【要旨】思っていることを言えない…。すぐに感情的になってしまう…。こだわりが強すぎる。そんなあなたはアスペルガーかも!?でもタイプがわかればもう悩まない!!
2018.1 157p B6 ¥1000 ①978-4-07-427840-4

◆マンガでわかる 私って、ADHD脳!?―仕事&生活の「困った！」がなくなる　司馬理英子著,しおざき忍漫画　大和出版
【要旨】里子。28歳。雑誌編集者。企画や原稿には定評があるものの、締め切り遅れ、ぐちゃぐちゃ机、遅刻や凡ミスで後輩にも先を越される始末…。ある日、彼女はひとりの精神科医と出会い、1冊のノートを手渡される。そこに書かれていたことは―。ストーリーを追うだけで、発達障害のひとつ「ADHD」の特徴と対処法がマルゴトわかる。
2017.2 151p B6 ¥1300 ①978-4-8047-6272-2

◆マンダラ・アートセラピー―密教とユング心理学をつなぐ臨床技法　黒木賢一著　（大阪）創元社　（大阪経済大学研究叢書 第84冊）
【要旨】マンダラを用いたアートセラピーの背景となる密教とユング心理学の理論を詳細に解説し、著者の多様な実践事例を豊富な描画とともに紹介する。
2017.2 215p A5 ¥3000 ①978-4-422-11642-6

◆見えないものに、耳をすます―音楽と医療の対話　大友良英,稲葉俊郎著　KTC中央出版
【要旨】ノイズ、即興音楽から「あまちゃん」まであらゆる枠を超えて活躍する音楽家・大友良英×「これからの医療」を模索する型破りな東大病院医師・稲葉俊郎。今までにない音楽と、あたらしい医療。その先に見えてくる可能性とは…人気番組「SWITCHインタビュー達人達」（NHK Eテレ）待望の書籍化！
2017.9 269p B6 ¥1600 ①978-4-87758-768-0

◆“見すてられ不安”に悩んだら―実践！ ナラティヴ・セラピー　水澤都加佐著　春秋社
【要旨】「あの人と別れたら生きていけない」「空気を読みすぎて、もうへとへと」その感情の正体を、知っていますか？ ベテランカウンセラーが、生きづらさを手放して新しい人生をデザインする方法を、徹底指南。充実のワークシートつき！
2017.11 175p B6 ¥1700 ①978-4-393-36546-5

◆ミニマリストの心理療法　中井孝章著　（大阪）日本教育研究センター
【目次】1 驚きの因果律と「クライエント中心」の心理療法、2 マキシマリストの精神病理―モノが増える原因（モノとは何か、なぜモノは増えるのか）、3 ミニマリストの先駆としての断捨離、4「生きられる」心理療法家としてのミニマリスト―空間の変化と自己の変化（ミニマリストの実践と変化、ミニマニストを超える「新しい消費」）、5 ミニマリストの心理療法に学ぶ学校改革とその前途（モラトリアム装置としての学校制度―時間のマキシマリスト、心理療法の教育関係への転写と学校改革の契機―長期療法から短期療法へ）
2017.3 106p A5 ¥1500 ①978-4-89026-183-3

◆ミーニング・センタード・サイコセラピー がん患者のための個人精神療法―人生の意味に焦点を当てた精神療法　ウィリアム・S.ブライトバート,シャノン・R.ポッピート著,大西秀樹監訳,藤澤大介,石田真弓訳　河出書房新社
【要旨】緩和ケア従事者必携!!がんと診断された患者さんが、残りの人生を最後の瞬間まで、人生の意味を失わないで生きられるように支援する、世界が注目する精神療法、待望の邦訳。
2017.6 167p A5 ¥2700 ①978-4-309-24808-0

◆ミーニング・センタード・サイコセラピー がん患者のための集団精神療法―人生の意

◆味に焦点を当てた精神療法　ウィリアム・S.ブライトバート，シャノン・R. ポッピート著，大西秀樹監訳，石田真弓，藤澤大介訳　河出書房新社
【要旨】緩和ケア従事者必携!!がんと診断された患者さんが、残りの人生を最後の瞬間まで、人生の意味を失わないで生きられるように支援する精神療法、世界が注目するエリクソン博士の邦訳。
2017.6 187p A5 ¥2700 ①978-4-309-24807-3

◆ミルトン・エリクソンの催眠の経験―変性状態への治療的アプローチ　ミルトン・H.エリクソン，アーネスト・L.ロッシ著，横井勝美訳　金剛出版
【要旨】講演と面接記録から迫る臨床催眠の奥義。メスメル、シャルコー、ベルネームらから連綿と続く近代催眠の歴史をふまえて、発展させ洗練させていったエリクソン催眠の集大成！
2017.5 303, 3p A5 ¥5400 ①978-4-7724-1558-3

◆無意識さんに任せればうまくいく　大嶋信頼著　PHP研究所（PHP文庫）（『無意識さんの力で無敵に生きる』加筆・修正・再編集・改題書）
【要旨】なぜ、うまくいかないんだろう―それは自分の思い込み（=意識）が原因かもしれません。意識を取り払って、あなたの中に眠る"無意識さん"に任せてみると、物事は自然な方向へ導かれていくのです。意識と無意識、大きくは難解なテーマですが、本書では著者が体験したエピソードを中心に、考えない（=無意識）で行動する方法を丁寧に解説します。
2017.12 285p A6 ¥700 ①978-4-569-76790-1

◆無心の対話―精神分析フィロソフィア　西平直，松木邦裕著　（大阪）創元社　（こころの臨床セミナーBOOK）
【要旨】七色のダイアローグ、"こころ"の真髄にふれて交わり聴く"ことば"哲学／人間学と精神分析が出会って奏でるポリフォニー。
2017.12 151p A5 ¥2700 ①978-4-422-11310-4

◆メールカウンセリングの技法と実際―オンラインカウンセリングの現場から　中村洸太編著　川島書店
【要旨】昨今のオンライン事情やインターネットにおけるコミュニケーションの移り変わり、インターネットに現れる人の心模様から、メールカウンセリングの歴史や論理、メールカウンセリングを行う上での「読む力」や「書く力」のトレーニング、事例の検討、これからのインターネットを介したカウンセリングの展望など、オンラインカウンセリングの「今」を11の章+8のコラムで学ぶ。
2017.3 228p A5 ¥2400 ①978-4-7610-0915-1

◆「もしかしてコミュ障（コミュニケーション障害）かも？」という人のための気くばりのコツ大全　トキオ・ナレッジ著　PHP研究所
【要旨】人と接するのがぐっとラクになる！どんな人ともそつなく話せる大人の会話術とマナー。
2018.1 204p B6 ¥1450 ①978-4-569-83716-1

◆物語としての面接―ミメーシスと自己の変容　森岡正芳著　新曜社　新装版
【要旨】ことばの底に沈む体験、出来事が語られ出すとき、自然へとつがれる。相手と共に経験となり、表現が同時に了解となるようなことばを探し求める、それがクライエントとセラピストの対話になる。
2017.7 256, 21p B6 ¥2900 ①978-4-7885-1533-8

◆薬物依存者とその家族 回復への実践録―生まれ変わり、人生を取り戻す　岩井喜代仁著　（相模原）どう出版
【要旨】薬物依存回復者と家族の手記をふんだんに掲載した「回復のレール」に乗るまでを具体的に追う実践録。薬物依存者の家族が、本人にどんなふうに関わっていけばよいかを示した本。
2017.7 244p A5 ¥1800 ①978-4-904464-82-3

◆遊戯療法―様々な領域の事例から学ぶ　伊藤良子編著　（京都）ミネルヴァ書房
【要旨】現代の社会において遊戯療法は重要な役割をはたしている。本書は、遊戯療法の基本的な知見や、主要な理論を解説するとともに、心理・教育・福祉・医療等の多様な領域での事例を紹介するテキストである。臨床家を目指す学生・大学院生にとっての教科書・入門書であるとともに、臨床家にとっては遊戯療法の奥深さをあらためて知ることのできる実践書となる。
2017.12 288p A5 ¥2600 ①978-4-623-08134-9

◆夢分析実践ハンドブック　エラ・シャープ著，松本由起子訳　勁草書房
【要旨】徹底したプラグマティストの明晰な実践が克明に語られる全編、臨床場面から採られた怒濤の解釈例。夢・談話・身振りを修辞法で解釈。フロイト派信頼の古典にして現代認知言語学の足場に立つ異色の談話分析。
2017.9 224p A5 ¥3500 ①978-4-326-25121-6

◆よくわかる大人のアスペルガー　梅永雄二監修，主婦の友社編　主婦の友社　（こころのクスリBOOKS）
【要旨】人とかかわりをもつことが苦手、コミュニケーション能力に問題がある、臨機応変な対応ができない…。アスペルガーの人たちは、発達障害に気づかれないまま大人になるケースが多いのです。子ども時代であれば、家庭や学校がサポートしてくれますが、大人になると、サポートしてくれる人がいつもいてくれるとは限りません。しかし、周囲の理解があれば、アスペルガーの人たちも、伸び伸びと生きていけるのです！
2017.2 127p 21×19cm ¥1400 ①978-4-07-422043-4

◆よくわかるギャンブル障害―本人のせいにしない回復・支援　蒲生裕司著　星和書店
【要旨】ギャンブルにのめり込んで抜け出せず…借金を重ね、周囲に嘘をつく…「自業自得」と本人を責めても治らない。本人・家族・治療者など、ギャンブル障害に悩むすべての人に向けた1冊。
2017.9 194p B6 ¥1700 ①978-4-7911-0964-7

◆寄る辺なき自我の時代―フロイト『精神分析入門講義』を読み直す　妙木浩之著　現代書館　（いま読む！名著）
【要旨】本書は、第一次世界大戦期にフロイトが発見した神経症の新しいかたち「ナルシス的神経障害―自己愛神経症」によって、大きく形を変えていった「自我」のありかたを追い直す。そして著者は現代のインターネット時代における、あまりに多様な価値観のなかで翻弄・分析される「寄る辺なき自我」になってしまう姿を見出していく。本書のもうひとつのねらいは、「大戦期に生み出された思想」としてフロイトを読み直すことだ。著者はフロイトと同時代に生きたヒトラーをナルシス的神経症と捉えることによってナチの台頭、その後の現代まで続く群衆心理の危うさも指摘していく。
2017.5 230p B6 ¥2200 ①978-4-7684-1010-3

◆ラカン「リチュラテール」論―大意・評注・本論　佐々木孝次著　せりか書房
【要旨】「リチュラテール」は、『エクリ(Écrits)』以後に書かれた短文、論考を集めた『オートルゼクリ(Autres écrits)』の巻頭を飾る文である。本書は、その内容を原文とともに平易な訳文と詳しい評注によって紹介し、最後の地平「現実界」に向かって進むラカン思想の歩みを、四つの定式（マテーム）を克明に辿りながら解明する。「日本」と「精神分析」を包む深い暗闇に新たな光を投げかける探究の書である。
2017.9 349p A5 ¥5000 ①978-4-7967-0368-0

◆"理由のない不安"を一瞬で消す方法―手で触れない感情が、すぐ楽になる！　高牟禮憲司著　主婦の友社
【要旨】明日の衣食住に困るわけではないけれど…モヤモヤした不安をマインドフルネスを使った方法で消し去る。2万人以上のカウンセリングから生まれた「心の気持ちに寄りそう不安除去法」。漠然として不安から解放されます。
2018.1 223p B6 ¥1200 ①978-4-07-427891-6

◆臨床アドラー心理学のすすめ―セラピストの基本姿勢から実践の応用まで　八巻秀，深沢孝之，鈴木義也著　（三鷹）遠見書房
【要旨】自己啓発のイメージが強いアドラー心理学。ですが、本書は今でいう児童相談所を世界で初めて開設し、教育と医療と地域社会との協働的なアプローチを行なった生粋の臨床家でした。そのアドラーの考えに立ち返り、使える臨床思想+技法としての「臨床アドラー心理学」を詳しく書きました。
2017.8 218p B6 ¥2000 ①978-4-86616-033-7

◆臨床家の感性を磨く―関係をみるということ　小林隆児著　誠信書房
【目次】第1章 こころの病の成り立ちと治療を考える（こころはどのようにして育まれるか―"ヒト"から"人"へ、こころの病はどのようにして生じるか ほか）、第2章 なぜ臨床家は感性を磨く必要があるのか（なぜ今改めて感性を考えようとするのか、「関係をみる」ことによって

関係病理を捉える ほか）、第3章 なぜ感性を働かせることは難しいのか―感性教育を実施してわかったこと（感性教育の試み、対話の過程からみえてきたこと ほか）、第4章 なぜ「アタッチメント」ではなく「甘え」か―感性教育の実際（実際の対話の過程、対話の過程からみえてきたもの ほか）、第5章 感性を磨く（感性と理性のあいだ、感性の働きを阻むもの ほか）
2017.10 181p A5 ¥2500 ①978-4-414-41632-9

◆臨床力up！動画と音声で学ぶ 失語症の症状とアプローチ　森田秋子，春原則子著　三輪書店
【要旨】いまがわかる、先がみえる！失語症臨床に役立つ1冊。患者さんの音声をもとに、判断がむずかしい失語症をわかりやすく解説。失語症状の経過（発症5年と10年後の発話の違い、発症2カ月と2年後の発話の違いなど）を動画で紹介。
2017.12 118p B5 ¥4800 ①978-4-89590-619-7

◆ロールシャッハ・テスト統計集―数値の比較検討と解釈に役立つ変数データ　西尾博行，高橋依子，高橋雅春著　金剛出版
【要旨】ジョン・E.エクスナーは最も実証的で最も臨床に役立つロールシャッハ・テストの体系の構築を意図し、アメリカにおける主要な5つの学派を比較検討し、信頼性と妥当性のある方式として1974年に包括システム（Comprehensive System）を作成した。本書ではわが国の健常成人400人（男性200人・女性200人）に実施した包括システムによるロールシャッハ・テストに関する変数の詳細な統計値を表と図によって明らかにした。本書に示した各種の統計値は、ロールシャッハ・テストを用いる臨床家や研究者が、結果を解釈したり、被検者の数値と比較検討する時、実証的で客観的な資料として活用できる。また、初学者が健常者のロールシャッハ・テスト反応の特徴を正確に理解するのにもきわめて有益であろう。
2017.10 231p B5 ¥4500 ①978-4-7724-1589-7

◆ワークブック「対話」のためのコミュニケーション―ピアメディエーションによるもめごと防止　ピアメディエーション学会監修，水野修次郎，井上孝代著　協同出版
【目次】1 ピアメディエーションの実際（ピアメディエーションを支える4つの柱、ピアメディエーションの導入、もめごとの解決にむけて、理解する、問題の明確化、感情の理解、会話を促進する技術 ほか）、2 もめごとや紛争（コンフリクト）を超えて和解へ―対話による創造的転換（トランセンド法）とホーポノポノ（対話による創造的なコンフリクト転換（トランセンド法））、"コンフリクト転換"（トランセンド法）のワーク、ホーポノポノ―"和解"の総括ともいえる12番目の方法、ホーポノポノのワーク―「いじめ防止」のための学校現場に生かすピアメディエーション体験講座 アニメーション「みんながHappyになる方法」を基に）、付録 ピアメディエーション学会の設立について
2017.8 174p A5 ¥1800 ①978-4-319-00299-3

◆私の中のわたしたち―解離性同一性障害を生きのびて　オルガ・R.トゥルヒージョ著，伊藤淑子訳　国書刊行会
【要旨】トラウマのサバイバーたちへ。どのように傷つけられても、人はその痛みを克服し、立ちあがることができる。家族によって加えられた残酷で不幸な性的虐待にもかかわらず、著者が生きのびてきた物語は心を打ち、我々すべてを励ます。
2017.9 350p B6 ¥2900 ①978-4-336-06193-5

◆Animalogy（アニマロジー）―人間の取扱説明書　白石まるみ著　牧野出版
【目次】1 3分類（MOONグループ（いい人チーム）、EARTHグループ（しっかり者チーム） ほか）、2 12分類（狼、こじか ほか）、3 円グラフ（目標指向型と状況対応型、未来展望型と過去回想型 ほか）、4 トキのリズム（大樹、草花 ほか）、5 60分類（長距離ランナーのチータ、社交家のたぬき ほか）
2017.11 244p 20×13cm ¥1500 ①978-4-89500-218-9

◆ASD（アスペルガー症候群）、ADHD、LD 大人の発達障害 日常生活編―18歳以上の心と問題行動をサポートする本　宮尾益知監修　河出書房新社
【要旨】「空気が読めない」「恋人ができない」「毎日の家事ができない」…発達障害の大人が起こしてしまう日常生活のトラブルを防ぎさぽーとする本。
2017.10 111p B5 ¥1400 ①978-4-309-24832-5

心理学

◆ASD（アスペルガー症候群）、ADHD、LD 職場の発達障害―職場内での悩みと問題行動を解決しサポートする本　宮尾益知監修　河出書房新社
【要旨】「上司が理解してくれない」「同僚との人間関係に悩む」「仕事が長続きしない」…、特性のために職場内で起きるトラブルの解決には、周囲の理解と支援が必要です。職場内の対応策をやさしく解説！
2017.5 111p B5 ¥1400 ①978-4-309-24804-2

◆ASD（アスペルガー症候群）、ADHD、LD 女性の発達障害―女性の悩みと問題行動をサポートする本　宮尾益知監修　河出書房新社
【要旨】「同性の友だちができない」「面接に何度も落ちた」「仕事が長続きしない」…、友人、恋愛、就職…、特性を持つ女性の「困難」を減らすやさしい対応と治療法。
2017.3 111p B5 ¥1400 ①978-4-309-24798-4

◆MSSMへの招待―描画法による臨床実践　細川佳博、山中康裕編　（大阪）創元社
【要旨】ぐるぐる描きの線から紡がれる数々の物語。
2017.4 282p A5 ¥3200 ①978-4-422-11661-7

◆RPMで自閉症を理解する　ソマ・ムコパディエイ著、鈴木麻子、片瀬ケイ訳　（木更津）エスコアール
【要旨】著者が独自に作り上げた、自閉症を持つ人への新たな教育方法。それぞれの生徒が持つ自閉の特性を理解し、必要な援助を駆使しながら、彼らの持てる能力を高めていき、学習を通して自己表出（ポインティング）が可能になる。
2017.3 199p A5 ¥2000 ①978-4-900851-86-3

発達・異常・認知心理学

◆色は語る―色彩と心理の不思議な関係を読む　山脇惠子著　大和書房　（だいわ文庫）
2017.5 319p A6 ¥840 ①978-4-479-30646-7

◆絵本とともに学ぶ発達と教育の心理学　増田梨花編著　（京都）晃洋書房
【要旨】絵本の物語は人間心理に深く根ざしていて、人を支え豊かにしてくれる。発達心理学と教育心理学を1冊にまとめ、専門的な内容をやさしく解説。人の発達と家族や社会のなかでの人の成長・学習について、絵本とコラムを挟み込みながらたのしく学ぶ。絵本の可能性と人の心の不思議、生きる力を考える。専門的な内容をわかりやすくやさしく学べるテキスト。
2018.1 236p A5 ¥2800 ①978-4-7710-2932-3

◆「落ち着きがない」の正体　スチュアート・シャンカー著、小佐田愛子訳　東洋館出版社
【要旨】じっとしていられない、集団になじめない、すぐに癇癪を起こす…脳はなぜ"周りの子とちょっと違う"行動を命じてしまうのか。我が子の敏感すぎる反応をやわらげる「セルフ・レグ（自己調整法）」という提案。脳科学に基づいた理解と触れ合いが、親子のストレスサイクルを断つ。
2017.11 343, 20p B6 ¥2200 ①978-4-491-03376-1

◆利き脳論　坂野登著　勁草書房
【要旨】感情から認知へという進化の道筋の中に利き脳を位置づけ、認知科学研究をもとに、こころと脳の関係を問い直す。
2017.12 223, 10p B6 ¥2700 ①978-4-326-29926-3

◆言語発達とその支援　秦野悦子、高橋登編著、臨床発達心理士認定運営機構監修　（京都）ミネルヴァ書房　（講座・臨床発達心理学 5）
【目次】第1部 言語発達論（言語発達の生物学的基礎、言語の発達、音声の理解と産出の発達、前言語期のコミュニケーション、話し言葉の発達、読み書きの発達）、第2部 言語発達のアセスメントと支援（言語発達のアセスメントの考え方、言語アセスメントと支援の基本的考え方、言語発達の支援方法、語用論的アプローチによる言語発達の支援、ディスレクシアのアセスメントと支援）
2017.10 334p A5 ¥2800 ①978-4-623-08074-8

◆現代洗脳のカラクリ―洗脳社会からの覚醒と新洗脳技術の応用　苫米地英人著　ビジネス社
【要旨】世界は洗脳に満ちている！　パナマ文書、オリンピックの刷り込みの裏側を読み解く！
2017.2 218p B6 ¥1400 ①978-4-8284-1937-0

◆古典で読み解く現代の認知心理学　マイケル・W・アイゼンク、デイヴィッド・グルーム編、箱田裕司、行場次朗監訳　（京都）北大路書房
【目次】認知心理学における古典的研究の紹介、注意1―Cherry（1953）によるカクテルパーティ問題を超えて、知覚―Gibson（1950）による直接知覚を超えて、知覚の計算論的アプローチ―Marr（1982）による視覚の計算論的アプローチを超えて、知覚と行為―Goodale&Milner（1992）による2つの視覚経路を超えて、注意2―Stroop（1935）による色名単語干渉現象を超えて、健忘症―Scoville&Milner（1957）によるH.M.に関する研究を超えて、ワーキングメモリ―Baddeley&Hitch（1974）によるワーキングメモリを超えて、記憶システム―Tulving（1972）によるエピソード記憶と意味記憶の区分を超えて、符号化と検索―Tulving&Thomson（1973）による符号化特殊性原理を超えて〔ほか〕
2017.9 305p A5 ¥3600 ①978-4-7628-2982-6

◆子ども・大人の発達障害診療ハンドブック―年代別にみる症例と発達障害データ集　内山登紀夫編、宇野洋太、蜂矢百合子編集協力　中山書店
【目次】1 総説編（総論、年代別に発達障害を診る、周辺の問題）、2 症例編（幼児期―知的能力障害を伴う自閉症児における早期支援、幼児期―自閉症スペクトラム児における家庭への包括的支援、学齢期―知的能力障害を伴う自閉症スペクトラムの例 ほか）、3 発達障害データ集（法制度、福祉制度（学齢期）、福祉制度（成人期）ほか）
2018.1 314p B5 ¥7500 ①978-4-521-74568-8

◆子どもの気質・パーソナリティの発達心理学　水野里恵著　金子書房
【目次】1部 気質・パーソナリティの概念・理論について（気質からパーソナリティへの発達―2つの気質概念を例に考える、「気質」の生理的基盤に関する知見―その変遷の歴史、情動反応性・情動制御性における気質的個人差、パーソナリティの発達過程）、2部 気質・パーソナリティの実証研究を行うために（子どもの気質に関する研究の萌芽・先駆的研究・展開研究、子どもの気質・パーソナリティの発達研究の方法、研究倫理）、3部 2010年出生コホート第一子を対象にした実証研究（研究の意義と全体的構想、発達初期の気質と就学前期の自己抑制行動に関する縦断研究、対人場面での自己制御行動に関する研究）
2017.3 122p A5 ¥1800 ①978-4-7608-2410-6

◆子どもの成長を支える発達教育相談　鎌倉利光、藤本昌樹編著　北樹出版　第4版
【要旨】第1部 子どもの発達の問題とその支援（子どもの発達の特徴、子どもの発達の特徴をとらえるためのアセスメント ほか）、第2部 学校生活に関わる子どもの諸問題とその対応（不登校の問題とその支援、子どもの問題行動とその対応 ほか）、第3部 家族への支援（子育てと家族の問題とその支援、家族と家族への支援 ほか）、第4部 発達相談・教育相談のための心理療法の基礎（心理療法の基礎理論）
2017.10 190p A5 ¥2800 ①978-4-7793-0548-1

◆社会・情動発達とその支援　近藤清美、尾崎康子編著　（京都）ミネルヴァ書房　（講座・臨床発達心理学 4）
【目次】第1部 社会・情動発達の理論（社会・情動発達の基礎、情動の機能と関係性の発達、気質と個性、社会性の発達、対人関係と集団参加の発達、アタッチメントの発達、自己の発達）、第2部 社会・情動発達のアセスメントと支援（社会・情動発達アセスメントの考え方、自閉症スペクトラム障害における社会・情動支援、多動・衝動性・攻撃性への社会・情動支援、情動調整の問題解決と支援、事故・災害と心的外傷への支援、異文化適応に対する支援）
2017.6 324p A5 ¥2800 ①978-4-623-08073-1

◆図解サイコパスの話―あなたの近くの危険な人物！　名越康文監修　日本文芸社
【要旨】身近な人や世間に潜む「裏の人格」を読み解く！
2017.9 127p A5 ¥680 ①978-4-537-26172-1

◆成人発達心理学　星薫著　放送大学教育振興会、NHK出版 発売　（放送大学大学院教材）
【要旨】成人発達心理学のテーマ、成人の発達モデル、成人発達と加齢の研究法、運動能力の加齢変化、中年期以降の神経と感覚の変化、注意と記憶、成人の問題解決と知能、パーソナリティの発達、成人期と人間関係、仕事と引退、死と死に逝くこと、サクセスフル・エイジング、天才児たちの老後、30から70まで、ハーバード研究
2017.3 240p A5 ¥2700 ①978-4-595-14086-0

◆動物の賢さがわかるほど人間は賢いのか　フランス・ドゥ・ヴァール著、松沢哲郎監訳、柴田裕之訳　紀伊國屋書店
【要旨】ラットが自分の決断を悔やむ。カラスが道具を作る。タコが人間の顔を見分ける。霊長類の社会的知能研究における第一人者が提唱する"進化認知学"とはなにか。驚くべき動物の認知の世界を鮮やかに描き出す待望の最新作。
2017.9 412p B6 ¥2200 ①978-4-314-01149-5

◆働くひとの生涯発達心理学―M-GTAによるキャリア研究　岡田昌毅編著　（京都）晃洋書房
【要旨】組織で働くひとやその支援者を分析対象とし、働くひとが生涯にわたるキャリア形成プロセスを紹介する、実践的な内容。将来に悩むひとびとの生の言葉を集めた、キャリアに関して興味がある方やキャリア支援者・研究者のための一冊。
2017.2 210p A5 ¥2600 ①978-4-7710-2811-1

◆発達心理学　太田信夫監修、二宮克美、渡辺弥生編　（京都）北大路書房　（シリーズ心理学と仕事 5）
【要旨】第1章 発達心理学へのいざない、第2章 胎児・乳児の心理学、第3章 幼児心理学、第4章 児童心理学、第5章 中学生・高校生（青年期前半）の心理学、第6章 大学生・有職青年（青年期後半）の心理学、第7章 成人心理学
2017.3 187p A5 ¥2000 ①978-4-7628-2961-1

◆発達心理学をアクティブに学ぶ　山本真由美編著　（京都）北大路書房
【目次】第1部 アクティブラーニングとインストラクショナルデザインを学ぶ（アクティブラーニング、インストラクショナルデザイン）、第2部 さまざまな視点から発達をアクティブに学ぶ（発達・発達段階・発達心理学研究法、発達の一般的傾向・発達理論、身体と運動の発達、感覚・知覚・認知発達、注意・記憶の発達、動機づけ・学習の発達、言語・思考・知能の発達、感情・パーソナリティの発達、コミュニケーション・社会性の発達、発達障害）
2017.12 222p B6 ¥2800 ①978-4-7628-3004-4

◆発達心理学概論　向田久美子編著　放送大学教育振興会、NHK出版 発売　（放送大学教材）新訂
【要旨】発達とは、発達心理学の諸理論、発達研究の方法、乳幼児の発達：知覚とコミュニケーション、乳児期の発達：アタッチメントの形成、幼児期の発達：言葉と認知、幼児期の発達：自己と社会性、児童期の発達：認知発達と学校教育、児童期の発達：自己概念と社会性、青年期の発達：アイデンティティの形成、成人初期の発達：大人への移行、成人期の発達：中年期危機とジェネラティビティ、老年期の発達：喪失とサクセスフル・エイジング、発達と環境：メディアの影響、発達と環境：文化の影響
2017.3 244p A5 ¥2600 ①978-4-595-31703-3

◆発達心理学・再入門―ブレークスルーを生んだ14の研究　アラン・M・スレーター、ポール・C・クイン編、加藤弘通、川田学、伊藤崇監訳　新曜社
【要旨】発達心理学の形成に貢献し、今も論文やテキストに引用され続けている重要研究は、どのように登場し、批判され、乗り越えられようとしているのか。私たちの認識を、どのように

深め、広げたのか。誰もが立ち戻って学ぶべき鍵となる研究を精選、その分野の第一人者が現在の理論的・実証的な見地から解説した新感覚の発達心理学・再入門。
2017.3 283p A5 ¥2900 ①978-4-7885-1521-5

◆発達心理学の新しいパラダイム―人間科学の「二人称的アプローチ」 ヴァスデヴィ・レディ, 松沢哲郎, 下條信輔, 佐伯胖, 當眞千賀子著 中山人間科学振興財団, 中山書店 発売
【目次】基調講演 乳児期におけるかかわることと心への気づき(ヴァスデヴィ・レディ)、ミニ・レクチャー1 想像するちから―チンパンジーが教えてくれた人間の心(松沢哲郎)、ミニ・レクチャー2 こころは孤立しているか?―実験的発達心理学の可能性と限界(下條信輔)、ディスカッション(ヴァスデヴィ・レディ、松沢哲郎、下條信輔)
2017.10 153p A5 ¥1380 ①978-4-521-74554-1

◆発達の心理―ことばの獲得と学び 内田伸子著 サイエンス社 (コンパクト新心理学ライブラリ 4)
【要旨】本書は、発達心理学の第一人者による最新の教科書・参考書です。近年、発達心理学は脳科学や生命科学との接近・架橋・連携がすすみ、人間発達についての見方も大きく様変わりしました。そのような情勢を踏まえ、本書では「人間は生まれてから死ぬまでどのように発達するか」という発達心理学における基本的な問いに答えるために人間の証左である言語に焦点をあて、ことばの獲得と教育という視点から、人間の発達を描き出しています。
2017.2 213p B6 ¥2100 ①978-4-7819-1392-6

◆比較認知科学 藤田和生編著 放送大学教育振興会, NHK出版 発売 (放送大学教材)
【目次】学習1―行動の分類と反射行動の変容原理、学習2―オペラント条件づけと強化スケジュール、学習3―学習の生物学、認知1―動物たちの色の知覚、認知2―動物たちの形の知覚、認知3―動物たちの記憶、認知4―動物たちのコミュニケーション、認知5―動物たちの思考、認知6―動物たちの社会的知性、認知7―動物たちの感情、トピック1―チンパンジーのこころ、トピック2―カラスのこころ、トピック3―イヌのこころ、トピック4―イルカのこころ、認知8―動物たちの意識と内省
2017.3 283p A5 ¥2800 ①978-4-595-31704-0

◆歩行開始期の仲間関係における自己主張の発達過程に関する研究 野澤祥子著 風間書房
【目次】第1部 序論(論文の目的と各章の構成、歩行開始期の仲間関係における自己主張の発達を検討する意義、歩行開始期の仲間関係における自己主張の発達に関する先行研究とその問題点、研究のアプローチ、研究の概要および観察の手続き)、第2部 歩行開始期の仲間関係における自己主張の発達的変化および保育者の介入に関する検討(研究1:歩行開始期の仲間関係における自己主張の発達的変化―自己主張に伴う情動的側面と発達的軌跡の違いを考慮した分析、研究2:歩行開始期の仲間関係における自己主張に対する保育者の介入―子どもの自己主張に応じた保育者の介入に関する検討、研究3:歩行開始期の仲間関係における主張的やりとりの発達過程の検討(研究3:歩行開始期の仲間関係における主張的やりとりの発達過程の共通性に着目した検討、研究4:歩行開始期の子ども同士のやりとりにおける主張的やりとりの発達過程の個別性や保育者の介入との関連に着目した質的分析)、第4部 総括(結論、まとめ)
2017.2 184p A5 ¥6500 ①978-4-7599-2166-3

◆幼児期における空想世界に対する認識の発達 富田昌平著 風間書房
【目次】第1章 問題の所在と課題の明確化、第2章 子どもの空想世界とその認識の発達、第3章 空想と現実との区別の認識の発達、第4章 想像と現実との境界の揺らぎの発生とその要因、第5章 空想世界を楽しむ心理の発達、第6章 子どもの日常生活における空想とその役割、第7章 総合的考察
2017.11 312p A5 ¥8500 ①978-4-7599-2196-0

◆よくわかる言語発達 岩立志津夫, 小椋たみ子編 (京都)ミネルヴァ書房 (やわらかアカデミズム・わかるシリーズ) 改訂新版
【目次】1 言語発達の基礎、2 言語発達の概要、3 言語発達研究の歴史遺産、4 言語発達の生物学的基礎、5 言語発達の障害の基礎、6 言語発達の障害の実際、7 言語障害の最近のトピックス
2017.4 206p B5 ¥2400 ①978-4-623-08033-5

◆臨床発達心理学の基礎 山崎晃, 藤崎春代編著 (京都)ミネルヴァ書房 (講座・臨床発達心理学 1)
【目次】第1部 臨床発達心理学の理論(生涯にわたる発達をとらえる、生涯発達をとらえる基礎理論、現代社会における発達支援、臨床発達支援の基本的視点)、第2部 臨床発達心理学におけるアセスメントと支援(臨床発達心理学の視点に立つアセスメントの原理、医学的情報とその利用、支援活動の展開、支援におけるコミュニケーション、臨床発達支援の基本的技法、臨床発達支援と研究)
2017.6 278p A5 ¥2800 ①978-4-623-08070-0

事典・書誌

◆夢の事典 ラッセル・グラント著, 豊田菜穂子訳 飛鳥新社 (文庫版)
【要旨】あなたの未来は、昨日の夢が教えてくれる。夢占いで最も売れたロングセラーが待望の文庫化!
2017.11 439p A6 ¥907 ①978-4-86410-577-4

宗教

◆生けるブッダ、生けるキリスト ティク・ナット・ハン著, 池田久代訳 春秋社 新版
【要旨】西洋と東洋に共通する「霊性」そのものによりそい、マインドフルネスの実践と深遠な思索が美しく融合した世界的仏教者の円熟の境地。
2017.6 275p B6 ¥2100 ①978-4-393-33359-4

◆伊勢白山道問答集 第3巻 神さまとの正しい向き合い方編 伊勢白山道著 電波社
【要旨】誰もが、これから観音様へと進化が始まります。死ぬまでは誰にでも、チャンスは平等にあります。つらいでから遅くはないのです。全3巻シリーズ完結!
2017.5 500p B6 ¥1850 ①978-4-86490-092-8

◆イラストでわかる日本のお寺と神社 日本の寺社研究会著 KADOKAWA (中経の文庫)
【要旨】日本各地の神社仏閣に足を運んだとき、「お寺の本堂って、そもそもなんだろう?」「神社の鳥居は、なぜあんな形なの?」「ここに祀られている神さまって?」といったギモンを誰もが抱くはず。本書は、日本の寺社における各種建築物の名称から、世界文化遺産の寺社、そしてパワースポットまで、オールカラーのイラストで楽しく解説。日本のお寺・神社のことがよくわかる一冊です!
2017.10 206p A6 ¥720 ①978-4-04-601898-4

◆英文版 神と仏の出遭う国 鎌田東二著, ゲイノー・セキモリ英訳 出版文化産業振興財団 (本文:英文)
【目次】1 The Mechanism of Combination, 2 The Encounter of Shinto and Buddhism in the Early Japanese State, 3 The New Buddhism of the Heian Period, 4 Kami and Buddhas in the Medieval Period, 5 Nativist Studies and a New View of Kami‐Buddha Combination, 6 Epilogue : Toward a New Kami‐Buddha Combination
2017.3 217p 24×16cm ¥3900 ①978-4-916055-84-2

◆神さまってなに? 森達也著 河出書房新社 (河出文庫)
【要旨】宗教とは不確かなもの。しかし「神さま」はその誕生以来、政治や社会と深くかかわり、「世界」を動かしてきた。時に凍えた人を暖め、時にすべてを焼き尽くし…「神さま」とは一体何者なのか? 仏教・キリスト教・イスラム教の変遷と、現在新たに生まれた宗教の内実に鋭く切り込みながら、宗教と信仰のあいだで人はどう「神さま」と対峙できるのかに迫る。
2017.2 209p A6 ¥760 ①978-4-309-41509-3

◆教科書では教えてくれない イエス・キリストと神武天皇―茂木誠が世界の五大宗教を講義する 茂木誠著 ヒカルランド (Knock the Knowing 021)
【要旨】現代の日本人が忘れてしまった神話的、宗教的思考を思い出そう。今の世界を理解する

のに絶対必要な「知らなかった」では済まされない本物の教養。世界は宗教で出来ている!
2017.10 242p 19×12cm ¥1500 ①978-4-86471-559-1

◆くらべてわかる! ブッダとキリスト―原典から読み解く「宗教二大スター」の教えと生涯 中村圭志著 サンガ
【要旨】仏教とキリスト教をザックリ理解する! 仏教の開祖とキリスト教の開祖―それぞれの個性とエッセンスを、原典をひもときながら、わかりやすく解説するガイドブック!
2017.7 159p A5 ¥1300 ①978-4-86564-097-7

◆啓示された人類のゆくえ 2 本山博著 (三鷹)宗教心理出版
【要旨】著者の1994年より2012年にかけての年頭の予言と現実世界の動きから、啓示の内に人類の進むべき道を求める。
2017.11 576p B6 ¥3000 ①978-4-87960-070-7

◆この世に「宗教」は存在しない 白取春彦著 ベストセラーズ (ベスト新書)
【要旨】「世界四大宗教」を哲学の目で解剖する、超刺激的な宗教原論。
2017.10 235p 18cm ¥824 ①978-4-584-12566-3

◆知っているようで実は知らない世界の宗教 池上彰, 「池上彰のニュースそうだったのか!!」スタッフ編 SBクリエイティブ (SB新書)
【要旨】イスラム教徒はなぜ断食するの? カトリックとプロテスタントの違いは? 神社とお寺はどう違うのか? いまさら聞けない宗教の基本!
2017.10 172p 18cm ¥800 ①978-4-7973-9450-4

◆死と生―恐山至高対談 鎌田東二, 南直哉著 東京堂出版
【要旨】恐山の視点から浮かび上がる、生死と宗教の本質、自己のリアル。霊場恐山で出会った二人が鋭く投げかける、現代の危機への思考と言葉。
2017.9 314p B6 ¥1900 ①978-4-490-20971-6

◆宗教ってなんだろう? 島薗進著 平凡社 (中学生の質問箱)
【要旨】どうして宗教は生まれたの? 宗教がなければよく生きられない? 心の軸がもてない時代、宗教を根っこから知れば "気づき" がいっぱい! 2017.2 223p B6 ¥1400 ①978-4-582-83751-3

◆「宗教」のギモン、ぶっちゃけてもいいですか? 島田裕巳著 実務教育出版
【要旨】えっ? 仏教にはもともと葬式も極楽もなかったの? えっ? 結婚式場の神父さんはニセモノなの? えっ? 神道は経典がないの? 素朴なギモンを入口に一通り学べる大人の教養。
2017.5 293p B6 ¥1400 ①978-4-7889-1295-3

◆神社・お寺開運帖―ご利益別・お願い別 神社・お寺開運研究会編著 ロングセラーズ (ロング新書)
【要旨】女性の願いを1つだけ叶えてくれる神様、商売繁盛といえばこの神様、ぜんぶ封じの神様、IT時代の守護神…「お願いする作法」を知っていても、肝心の「お願いする神様」を間違えていたら…。"ご利益別" に神様を紹介! ベストな神社をご案内。
2018.1 322p 18cm ¥1000 ①978-4-8454-5047-3

◆神秘の光 マイスター・エックハルト 金子順一著 幻冬舎メディアコンサルティング, 幻冬舎 発売
【要旨】「魂に於ける神の子の誕生」不思議な言葉を残したエックハルトに、科学の論理と表現で迫る。
2017.9 223p B6 ¥1500 ①978-4-344-91369-1

◆神仏のなみだ 桜井識子著 ハート出版
【要旨】桜井識子、東北をめぐる旅―なぜ、神社に沿って被害を免れた地域があるのか―。キリストが教えてくれた愛はニブログでも話題となったアメリカ・セドナ旅行。昔の人々の素朴な信仰―いまとは違う、人と神様の関係から見えた純粋な信仰とは。閻魔王庁ものがたり―人はどのような目的でこの世に生まれ、また生まれ変わっていくのか。
2017.9 268p B6 ¥1600 ①978-4-8024-0044-2

◆聖書、コーラン、仏典―原典から宗教の本質をさぐる 中村圭志著 中央公論新社 (中公新書)
【要旨】宗教にはそれぞれ教典がある。開祖やその弟子たち、あるいは教団によって書かれ、編

まれ、受け継がれた「教えの原点」だ。時代が変わり、教義が揺れる時に、人々が立ち返る場所としての原典ともいえよう。ユダヤ教、キリスト教、イスラム教、仏教から、ヒンドゥー教や神道、儒教・道教まで。歴史を超えて受け継がれてきた教典はどのように生まれ、何を私たちに伝えようとしているのか。信仰の核心に迫る新しい宗教ガイド。
2017.10 319p 18cm ¥900 ①978-4-12-102459-6

◆**聖地巡礼コンティニュード** 内田樹, 釈徹宗著 東京書籍
【目次】1日目 時空の交差点（はじまりの対馬（概略 魏志倭人伝）、小茂田浜（元寇）、日露戦争）、法清寺（お墓塚）、平安時代の仏像）ほか）、2日目 日本の源流と海民（海を走る人々、雉旬（けき）（古墳時代遺跡）、大船越（ほか）、3日目 天と海と地と人と（亀卜の雷神社、多久頭魂神社、龍良山 ほか）
2017.9 359p B6 ¥1800 ①978-4-487-80842-7

◆**世界の裏側がわかる宗教集中講座―ユダヤ教、キリスト教、イスラム教、仏教、神道、儒教** 井沢元彦著 徳間書店（徳間文庫）
【要旨】テロ、パレスチナ・イスラエル問題、アメリカの世界戦略、アジア情勢…。激動の現代を理解するために、日本人に決定的に欠けているのが宗教への理解だ。ユダヤ・キリスト・イスラム教を知ることで、世界を動かす裏の仕組みがわかる。日本の神道・儒教を知ることで、アジアの中での日本の立ち位置がわかる。「本当の世界」を読み解くために必須知識を凝縮した井沢式宗教講座の決定版！
2017.2 427p A6 ¥900 ①978-4-19-894193-2

◆**全国霊場・観音めぐり** 日外アソシエーツ編 日外アソシエーツ, 紀伊國屋書店 発売 （「知」のナビ事典）
【要旨】四国八十八ヶ所、西国三十三所など全国の著名な霊場・観音めぐり432件の解説と参考図書を収録。各霊場別に参考図書を併載。2,156冊収録。寺名・観音名等から引ける「札所索引」つき。
2017.3 499p A5 ¥9250 ①978-4-8169-2647-1

◆**巷の神々 上** 石原慎太郎著 PHP研究所
【目次】第1章 神々の誕生、第2章 見えぬものの実在、第3章 霊の世界、第4章 教祖、第5章 神秘的体験、第6章 信者
2017.6 332p B6 ¥1700 ①978-4-569-83593-8

◆**巷の神々 下** 石原慎太郎著 PHP研究所
【目次】第7章 宗教の哲理、第8章 組織、第9章 布教、第10章 神の復権、第11章 なぜ、なにを求めるのか、第12章 自身の人生のために
2017.6 284p B6 ¥1700 ①978-4-569-83594-5

◆**なぜ日本人は神社にもお寺にも行くのか** 島田裕巳著 双葉社
【要旨】あなたが初詣に行っているのは神社？それともお寺？知っているようでよく知らないこれが日本人の必須知識！
2017.4 222p 18cm ¥1000 ①978-4-575-31249-2

◆**日本人が知らない「世界の宗教」の見方** 呉善花著 PHP研究所 （PHP文庫）（『日本人として学んでおきたい世界の宗教』加筆・修正・改題書）
【要旨】キリスト教やイスラム教と神道のようなアジアの宗教では、「神」という言葉がもつイメージは大きく異なる。自然の外側に無限に拡大するのか、自然の細部に遍透しているのか。日本人が理解しづらい「世界の諸宗教」の特徴をわかりやすく講義した一冊。異文化を知ることで、無意識になりがちな日本人独特の「神の感じ方」も見えてくる。
2017.7 277p A6 ¥740 ①978-4-569-76749-9

◆**日本人の信仰** 島田裕巳著 育鵬社, 扶桑社発売 （扶桑社新書）
【要旨】仏教も神道も熱心に受け入れながら、なぜか「無宗教」と感じてしまう。いったい日本人は何を信じてきたのか？宗教を理解するために、信仰のあり方を見つめ直す。日本人の宗教観を考察。
2017.7 207p 18cm ¥800 ①978-4-594-07742-6

◆**日本の神様と仏様大全―小さな疑問から心を浄化する！** 三橋健, 廣澤隆之監修 青春出版社
【要旨】四十九日の法事がとっても大事な理由、稲荷神社の鳥居はなぜ朱色なのか？お地蔵さんはなぜ赤いよだれかけをしてる？二度引いてはいけない理由、なぜ天照大御神が神様の中心とされるのか…一家に一冊、神

様・仏様の全てがわかる決定版！
2017.7 380p B6 ¥1000 ①978-4-413-11221-5

◆**日本の新宗教** 島田裕巳著 KADOKAWA（角川選書）
【要旨】幕末・明治維新期、国の形が大きく変わるなか、それまでの伝統宗教とは違う天理教、大本など新宗教が誕生した。以降も、戦争や高度経済成長の過程で、個人の悩みと寄り添うことの希薄な既存宗教のすき間を埋めるように、神道系・仏教系ともに多くの教団が生まれた。戦前の新宗教に大きな影響を与えた国家神道から戦後のカルト的な教団まで、近代社会を揺るがした日本の新宗教の全貌に迫る。
2017.9 310p B6 ¥1700 ①978-4-04-105252-5

◆**聖の社会学** 勝桂子著 イースト・プレス（イースト新書）
【要旨】バブル崩壊後の停滞期に入ると、平均的な家庭では、亡くなった人の供養のために払える原資が薄くなった。給与は上がらないのに、闘病や介護で資産は激減。子どもたちの教育にかかる金額も尋常でない。その結果が、「寺離れ・墓じまい」の大流行である。昭和の慣習の礎を失った現代日本人の多くがメンタルヘルスに問題を抱えていることも、葬儀や供養の簡略化・個人化とは無関係ではない。多忙な現代社会において、生きる実感を取り戻し、「いかに生き、いかに死者を弔うべきか」を示唆する聖と出会うための処方箋！
2017.4 326p 18cm ¥907 ①978-4-7816-5082-1

◆**人は死んだらどこに行くのか** 島田裕巳著 青春出版社 （青春新書INTELLIGENCE）
【要旨】釈迦の涅槃が仏教にもたらした意味とは「黄泉の国」はなぜ地下にあるのかインド人はなぜ輪廻を恐れるのかキリスト教が「原罪」を強調する理由。その死生観を知ることで、宗教の本質が明らかになる。
2017.4 206p 18cm ¥830 ①978-4-413-04506-3

◆**弁才天信仰と俗信** 笹間良彦著 雄山閣 新装版
【要旨】数多の願いを叶えてくれる弁才天。弁財天、弁天様とも呼ばれるこの仏体が、いつ日本に入ってきたのか。なぜ人の願いを叶えるようになったのか自然神であるサラスヴァティー神まで、さかのぼり考察する。笹間良彦の「信仰と俗信」シリーズ第2弾！
2017.8 247p B6 ¥2200 ①978-4-639-02499-6

◆**マンガでわかる 現代を読み解く宗教入門** 島崎晋著 新星出版社
【要旨】エルサレムが三つの宗教の聖地なのはなぜ？キリスト教世界では人工妊娠中絶の是非が選挙の争点になるのはなぜ？etc.現代がわかる11のエピソード。ビジネスパーソン必読！教養としての宗教。
2017.5 223p A5 ¥1500 ①978-4-405-12007-5

◆**無宗教でも知っておきたい宗教のことば** 島田裕巳著 朝日新聞出版
【要旨】日本人に唯一欠けた世界の必須教養。政治、経済、歴史、地理、文芸、思想、哲学。そして、マナー、交渉、ビジネス、テクノロジー…宗教は、すべてに底流する。宗教は「ことば」から学べ！
2017.7 223p B6 ¥1300 ①978-4-02-251266-6

◆**世にも美しい教養講義 超図解宗教—100のインフォグラフィックで世界を知る** マチュー・グランプレ文, マリルー・ダルモン絵, 佐藤絵里訳 ディスカヴァー・トゥエンティワン
【要旨】世界で信者が多いのはどの宗教？信者が神に唱える言葉の意味は？宗教が探求するのは幸福？それとも真理？キリスト教、イスラム教、ユダヤ教、ヒンドゥー教、仏教、神道、シク教…インフォグラフィックを交えた明快な解説で、知っておきたい世界の宗教の常識と本質が直感的に理解できる！
2017.7 159p A5 ¥2000 ①978-4-7993-2124-9

◆**47都道府県・寺社信仰百科** 中山和久著 丸善出版
【要旨】日々の暮らしに疲れたり、悲しいことがあった時、寺社を訪れると不思議と心が安らぐ。季節の節目にも行事があり、それに加わればもちろんのこと、見ているだけでも元気になれる—。現在、全国に約8万の神社と約7万の寺院がある。祭りや行事などが多くの寺社を拠点に営まれているほか、彫刻や絵画、古文書や建築物、史跡・名勝・天然記念物など多くの文化財も保有し伝承している。本書では、寺社を舞台として繰り広げられてきた全国各地の信仰を通観するととも

に、日本人の心の古里を見つめ直すきっかけを提供する。知りたいことが探しやすい都道府県別の編集！主要な「お経・祝詞」を付録に収録！利便性の高い「寺社名索引」も収録！
2017.1 328p B6 ¥3800 ①978-4-621-30122-7

新興宗教

◆**芸能人と新宗教** 島田裕巳著 イースト・プレス（イースト新書）
【要旨】新宗教を怪しいと感じる理由。清水富美加が幸福の科学に出家すると宣言したことで、注目をあびることとなった新宗教の存在。過去にも、オウム真理教や統一教会などに入信した女優やスポーツ選手の騒動が世間を騒がせてきた。ほかにも、多くの芸能人たちが創価学会や真如苑などの信者ではないかと噂され、関心を集めてきた。なぜ、芸能人の芸能人信者には注目するのか。そもそも新宗教とはどんなものなのか。なぜ、芸能人は新宗教にはまるのか。芸能界と新宗教はどんなかかわりがあるのか。新宗教と芸能人にまつわる歴史と事件をふり返りながら、分析する。
2017.4 207p 18cm ¥861 ①978-4-7816-5084-5

◆**検証・統一教会＝家庭連合―霊感商法・世界平和統一家庭連合の実態** 山口広著 緑風出版
【要旨】統一教会の被害にあった人は、みなまじめで、素直な人たちだ。加害者でありつづける信者たちも、かつてはまじめで素直な嘘をつけない人だった。統一教会は宗教を組織的な資金集めの手段とし、人集めの道具に悪用している。反社会的な犯罪行為・違法行為を正しいこと、信者としてなすべきことと思い込ませ日々実践するような人格に彼らを変容させている。世界平和統一家庭連合（略称「家庭連合」）と名称を変えて、文鮮明の死で内部分裂をしても巧妙に仕組まれる霊感商法の手口は変わらない。本書は、1993年春に刊行した『検証・統一協会＝霊感商法の実態』をその後24年間の統一教会の被害救済の活動をふまえて、ほぼ全面的に書き直した。
2017.4 388p B6 ¥2500 ①978-4-8461-1706-1

◆**素盞嗚尊の平和思想** 出口王仁三郎著, みいづ舎編 （亀岡）みいづ舎
【要旨】戦後「日本国憲法」が施行され、平和に対する愛善運動・みろく運動・友愛運動が猛烈に展開された。平和憲法の戦争放棄、その「画竜点睛」とは何か！神・儒・仏・耶、諸教の同根思想からその根源を探求し恒久平和の実現を図る。
2017.4 327p B6 ¥2000 ①978-4-908065-09-5

◆**つつまれて** 荻野清照著, 金光教全国学生会OB会編 （浅口）金光教徒社 （「みち」シリーズ8）
【目次】安武文雄二代親先生、小学生の頃 少年少女会 子供会、中学生の頃、高校生の頃、大学生の頃 金光教江田教会 熊本学生会 学生生活、教職の道、社会福祉法人「真愛園」真愛保育園、小倉親教会に参拝して、母の信心、家族、一区青年会活動、日々の思い、甘木教会 月刊誌「しんあい」、安武松太郎初代親先生御歌（日めくり）
2016.12 187p 19×11cm ¥800 ①978-4-906088-39-3

◆**出口王仁三郎 愛善主義と平和** みいづ舎編 （亀岡）みいづ舎
【要旨】地球は一つ。人口増加に伴い生存競争、愛国、自己欲のため戦争や闘争の歴史は繰返されて来た。人間の命あまりにも軽い。平和か戦争か、いや平和か滅亡か。真理は一つ、大海原を知食すサノオ尊の御経綸（教）を考察する。
2017.8 304p B6 ¥2000 ①978-4-908065-10-1

◆**出口なお・王仁三郎―世界を水晶の世に致すぞよ** 川村邦光著 （京都）ミネルヴァ書房 （ミネルヴァ日本評伝選）
【要旨】激動の近代日本に直面する中で「大本」を創唱し発展させた、開祖なおと聖師王仁三郎。本書では、二人が開祖・聖師となる過程を近代日本と民俗社会の相剋の中から辿るとともに、その思想の創造性を考察する。
2017.9 473, 9p B6 ¥3000 ①978-4-623-08120-2

◆**日本宗教の闇・強制棄教との戦いの軌跡―室生忠著作集** 室生忠著 （神戸）アートヴィレッジ
【目次】第1章 総論、第2章「連載・知られざる『強制改宗』めぐる攻防」―拉致監禁・強制棄教

の問題提起、第3章 富澤裁判、エホバの証人裁判、アントール裁判の顛末、第4章 室生忠VS浅見定雄・名誉毀損裁判、第5章 依然として執拗に起きた「隔離説得」事件、第6章 軌道に乗る「拉致監禁」根絶運動の迫力—国内編、第7章 軌道に乗る「拉致監禁」根絶運動の迫力—国際編1、第8章 国際人権NGO「国境なき人権」レポートの衝撃／ついに世界の俎上にあがった日本の「強制棄教」問題—国際編2、第9章 拉致監禁の根絶キーポイントはPTSD問題、第10章 後藤徹・拉致監禁強制棄教裁判の歴史的顛末、第11章 拉致監禁・強制棄教の根絶を指向する警察・検察、最終章 日本の強制棄教が"プレ根絶"宣言のレベルに 2017.4 517p A5 ¥2000 ①978-4-905247-61-6

◆**日本の新宗教50 完全パワーランキング—人脈力・資金力・政治力を全比較** 別冊宝島編集部編 宝島社
【要旨】「最強の教団」はどこか？ 信者数を伸ばす「真如苑」の秘密、「幸福の科学」出版ビジネスの驚愕、安定の「創価学会」桁違いの集票力。50教団を徹底比較！
2017.5 269p B6 ¥900 ①978-4-8002-7044-3

創価学会

◆**アメリカ創価学会における異体同心—二段階の現地化** 川端亮、稲場圭信著 新曜社
【要旨】アメリカファーストの時代に、多文化共生はいかに可能なのか。異なる文化と出会った日本型組織はどのように変容するのか。組織と翻訳の変遷、ライフヒストリーを絡めた回心の過程と教の受容から、グローバリゼーション時代における宗教の海外布教のステップを明らかにした、姉妹書『"SGI-USA"の55年』に続く宗教社会学の成果。
2018.1 211, 9p B6 ¥1600 ①978-4-7885-1552-9

◆**アメリカ創価学会 "SGI-USA" の55年** 秋庭裕著 新曜社
【要旨】「もはや戦後ではない」といわれた半世紀以上前、創価学会は海外への第一歩をアメリカから踏み出し、今や世界192カ国・地域へ、その連帯のネットワークは広がっている。アメリカ広布はどのように始まり、どう根付いていったのか、アメリカの人びとはなぜ題目を唱え、どんな願いを込めて信心を続けているのか。緻密な現地調査により、あまり紹介されることのなかった"SGI-USA"の歩みを丹念にたどり、アメリカ創価学会員の実像と、太平洋を越えて半世紀以上にわたる事実と客観的連関を生き生きと描き出す、宗教社会学の成果。
2017.11 258, 6p B6 ¥1800 ①978-4-7885-1543-7

◆**池田大作と日本人の宗教心** 山本七平著 さくら舎
【要旨】山本七平の最後の創価学会論！ 池田大作と創価学会問題の核心を衝く！ そして、日本人の宗教心とは何かを根源から問う、初の単行本化！ 2017.5 225p B6 ¥1500 ①978-4-86581-101-8

◆**内側から見る創価学会と公明党** 浅山太一著 ディスカヴァー・トゥエンティワン （ディスカヴァー携書）
【要旨】社会学の新鋭にして創価学会員の著者が、緻密な資料分析をもとに解き明かす！
2017.12 273p 18cm ¥1000 ①978-4-7993-2201-7

◆**教学用語集** 創価学会教学部編 聖教新聞社
2017.9 407p B6 ¥1111 ①978-4-412-01630-9

◆**原水爆禁止宣言と神奈川 受け継がれる平和の心** 創価学会神奈川青年部編 潮出版社
【目次】特別寄稿「核なき世界へ誓いの連帯」（創価学会インタナショナル会長 池田大作）、原水爆禁止宣言（創価学会第二代会長 戸田城聖）、第1章 宣言の歴史的意義、第2章 恩師の遺訓から六十年—神奈川の平和運動、第3章 識者が語る「正義と平和の神奈川」、第4章 使命—池田SGI会長の指針から
2017.9 127p A5 ¥741 ①978-4-267-02092-6

◆**現代語訳 撰時抄** 池田大作監修、創価学会教学部編 聖教新聞社
【目次】時が肝要であることを標榜する（御書二五六ページ一行目～五行目）、仏の教説は時によって広がる（御書二五六ページ五行目～十三行目）、機根と教説が相違する難点を解消する（御書二五六ページ十三行目～十六行目）、正像末に関して滅後の弘教を明らかにする（御書二五七ページ十七行目～二五八ページ十七行目）、

証拠となる経文（御書二五八ページ十八行目～二五九ページ十四行目）、注釈の文を引いて保証する（御書二五九ページ十五行目～二六〇ページ十二行目）、正法時代の前半の五百年の弘教（御書二六〇ページ十三行目～二六一ページ二行目）、正法時代の後半の五百年の弘教（御書二六一ページ二行目～二六一ページ九行目）、像法時代の前半の五百年の弘教（御書二六一ページ九行目～二六一ページ四行目）、像法時代の後半の五百年の弘教（御書二六二ページ四行目～二六三ページ二行目）〔ほか〕
2017.4 323p B6 ¥1111 ①978-4-412-01625-5

◆**さぁはじめよう 幸福学入門** 聖教新聞社教学解説部編 聖教新聞社
【目次】十界論—幸福になるための生命哲学、一生成—生きていること自体が楽しい、宿命転換—生命を変革する幸福への実践、広宣流布—みんなで広げよう「幸のネットワーク」、立正安国—平和と幸福の世界を建設していこう、地涌の菩薩—私たちが自他共の幸福を、皆が「幸福学」の博士に！
2017.7 135p B6 ¥648 ①978-4-412-01628-6

◆**信仰の基本「信行学」** 池田大作作 聖教新聞社
【目次】信仰の基本「信行学」（無量無辺の福徳開く学会の「信心」、現代に菩薩行を貫く学会の「行動」、民衆の境涯を高める学会の「教学」）、御書を根本に（広布と人生の勝利の大道、共戦の師子吼をわが胸に！）
2017.5 157p B6 ¥648 ①978-4-412-01626-2

◆**生活に生きる仏教** 聖教新聞社教学解説部編 聖教新聞社
【要旨】つらくなったら、いつでも保健室へ、病を防ぐ力は、笑い・明るさ・前向き、牛も私たちもストレスフリー、痛みは必ずコントロールできる！、世界の家族のお付き合い、認められた感情が「生きる力」に、生きること自体に喜び感じる、未経験の私が、農業に目覚めた時、「ふわふわ言葉」で優しく広げる、衣服とともに快適に過ごしたい〔ほか〕
2017.10 165p B6 ¥833 ①978-4-412-01633-0

◆**創価学会の悪宣伝にだまされないで!!** 折伏教本編纂委員会編 （富士宮）大日蓮出版 （創価学会員への折伏教本 分冊版7）
【目次】第6章 日蓮正宗に疑問を感じている創価学会員に（宗門は、戒名や塔婆供養を金儲けの道具にしているのではないか、第十七世日精上人は釈迦仏を造立したのではないか、第六十二世日恭上人が客殿の火災で亡くなったのは現罰ではないのか、日顕上人は、禅寺の墓地に石塔を建立したのではないか、日顕上人は、正本堂や大客殿を破壊して八百万信徒の真心を踏みにじったのではないか、「芸者写真事件」で宗門が敗訴したのは、創価学会の主張が正しかったからではないのか、「クロウ事件裁判（シアトル事件裁判）」は和解したことのことだが、本件について教えてほしい、宗門は創価学会との敗訴で連戦連敗だというのは本当か、日顕上人は、少欲知足の精神を忘れて腐敗堕落の元凶となっているのではないか、日顕上人は法主を詐称しているのではないか、僧侶は唱題も折伏もしないのではないか）、第7章 法華講を知らない学会員に（法華講の目的と名称の由来を教えてほしい、法華講は脱会者の組織なのか、法華講の組織形態について教えてほしい、「寺信心では成仏できない」と創価学会ではいっているが、本当か、法華講に入るとお金がかかるのではないか、法華講は衰退しているのではないか）
2017.4 54p B6 ¥190 ①978-4-905522-56-0

◆**データで学ぶ「新・人間革命」 Vol.3 6巻〜7巻** パンプキン編集部編 潮出版社
【要旨】「新・人間革命」学習の活用書！ データを用いてわかりやすく解説。名言集、御書の索引、もっと知るためのデータベースなど、『新・人間革命』をより深く学ぶための情報・資料が満載！ 2017.2 191p B6 ¥1000 ①978-4-267-01983-8

◆**戸田城聖述 水滸会記録を解読する 永久保存版** 小川頼宣、小多仁伯編著 人間の科学新社
【要旨】池田大作の創価"簒奪"のカラクリ。創価公明党の行動原理を余すところなく暴露。"カメレオン党""ヌエ党"の実態が解る"目からウロコ！"の書。なぜ創価学会は"都議会選挙"を重要視するのか。"首長選挙"は学会の直営選挙!? 暴力による言論封殺は、元山口組下谷藤組組長も呆れている。日本占領計画のテキスト。創価学会の"秘伝書"として今回初公開された門外不出の指南書。
2017.6 434p A5 ¥2300 ①978-4-8226-0329-8

◆**『人間革命』の読み方** 島田裕巳著 ベストセラーズ （ベスト新書）
【要旨】創価学会とは人間革命をめざす宗教団体である。池田大作のベストセラーを、宗教学者が徹底解剖。もっとも重要な書物である『人間革命』に焦点を当て、そこから創価学会の特徴について見ていく。
2017.12 229p 18cm ¥824 ①978-4-584-12568-7

◆**ビクトリー御書** 「未来ジャーナル」編集部編 第三文明社
【要旨】有名な御書の要文50編の御文・英訳・通解・解説を掲載。Q&Aコラム「教学質問POST」も収録。「なぜ信心が必要なんですか？」「理想的な祈り方ってありますか？」など、教学に関するQ&Aを30編収録！
2017.3 158p A5 ¥900 ①978-4-476-06233-5

◆**評伝 牧口常三郎** 「創価教育の源流」編纂委員会編 第三文明社 （創価教育の源流 第1部）
【要旨】豊富な資料に基づいて、牧口常三郎・創価学会初代会長の73年の歩みを丹念にたどり、真実の姿を明らかにする。月刊『第三文明』に好評連載、待望の書籍化。「教育革命」と「宗教革命」に一身を捧げた先師の生涯。
2017.6 511p B6 ¥1600 ①978-4-476-03367-0

◆**法華講でなければ正しい信仰はできません** 日蓮正宗宗務院折伏教本編纂委員会編 （富士宮）大日蓮出版 （創価学会員への折伏教本 分冊版8）
【目次】第7章 法華講を知らない学会員に（法華講に隷属させられているのではないか、法華講には、信心の歓喜がないのではないか、法華講の組織に所属しなければ、日蓮正宗の信仰はできないのか、法華講に入ると、創価学会の悪口ばかり聞かされるのではないか、法華講に入らないと、日蓮正宗の葬儀や法事をしてもらえないのか、法華講では、創価学会員からいやがらせを受けたときに守ってくれるのか、法華講員は、総本山や寺院参詣を強要されるのではないか、法華講と創価学会の信心では、どのような違いがあるのか）
2017.10 54p B6 ¥190 ①978-4-905522-63-8

◆**未来に贈る人生哲学—文学と人間を見つめて** 王蒙、池田大作著 潮出版社
【要旨】日中国交正常化45周年記念、現代中国を代表する作家と日中友好を願う仏法者の文学と芸術を通した対話。
2017.5 424p B6 ¥1600 ①978-4-267-02083-4

◆**民衆こそ王者—池田大作とその時代 10 「炎の海を越えて」篇** 「池田大作とその時代」編纂委員会著 潮出版社
【要旨】一〇〇巻をめざす創価学会の反戦出版。真実を後世に残そうとした人々の"祈り"にも似た声。「軍国主義の蹂躙を二度と起こしてはならない」。強い信念でアジアの人々と対話を重ね、真の友好を結ぶ。後継の第10巻!!
2017.9 196p B6 ¥954 ①978-4-267-02100-8

◆**忘れ得ぬ旅 太陽の心で 第1巻** 池田大作著 潮出版社
【要旨】みんな「太陽の心」を持っている一師から託された人と世界への忘れ得ぬ旅を、宝の友と語らう思いで綴る感動のエッセー集！
2017.9 95p A5 ¥741 ①978-4-267-02101-5

天理教

◆**朝の信仰読本—こころ澄ます教話集** 中山慶純著 （天理）天理教道友社
【要旨】「一日を勢いよくスタートさせてほしい」との思いから、修養科の朝礼で教話の取り次ぎを続けた著者。人間味豊かな慈しみあふれる語り口で、日々の心づかいや教えのかどめを、優しく、時に厳しく論じた、心に染みわたる教話集。 2017.10 238p B6 ¥1300 ①978-4-8073-0613-8

◆**おふでさき通解** 上田嘉太郎著 （天理）天理教道友社
【要旨】お歌の語句の正確な解釈を目指すとともに、各章のテーマやお歌の流れを重視しながら、『おふでさき』全号を通解する。
2017.2 601p A5 ¥2500 ①978-4-8073-0606-0

◆**高みをめざす幸せ** 金戸幸著 （天理）天理教道友社

宗教　502　BOOK PAGE 2018

【要旨】飛込一家の金戸家。祖父母はローマ、東京の2大会、両親はソウル、バルセロナ、アトランタの3大会に連続出場した元オリンピック選手ぞろいの家族だ。そして華、快、凛の3きょうだいも東京五輪をめざす。飛込競技で史上初となる"五輪3世"の誕生なるか―。母としてコーチとして奮闘する著者が、"腕まくりの日々"をつづった子育てエッセー！
2017.7 230p B6 ¥1300 ①978-4-8073-0611-4

◆たすかる道 たすけの道―篠田欣吾の人生相談　篠田欣吾著　（天理）天理教道友社
【要旨】『天理時報』の人気コーナー「人生相談」。その回答者を長く務めた著者が、200を超える回答のなかから60編をセレクト。豊富なおたすけ体験をもとに解決の糸口を示す。
2017.5 254p 17cm ¥900 ①978-4-8073-0609-1

◆ひのきしん人生―ご恩報じの信仰群像　道友社編　（天理）天理教道友社　（きずな新書）
【要旨】「生かされているご恩を思うと、させてもらわずにはいられない」。日々たゆまぬ信仰実践を心がけ、いきいきと人生を送る教友たち。報恩感謝を胸に「なるほどの人」を目指す生き方が、ここにある。ようほどの国民が社会で携わり、さまざまなひのきしん活動。その姿を追った『天理時報』連載「ひのきしん人・生・記」（平成24年～27年）の単行本化。
2017.8 189p 17cm ¥800 ①978-4-8073-0612-1

◆大和―わがふるさとの…　中山正善著　（天理）天理教道友社
【要旨】回想と素描のなかに自ずと披瀝する、信仰へのあくなき情熱。中山正善二代真柱様が思慕を込めて語る、大和の人・もの・風物…。
2017.11 149p A5 ¥1400 ①978-4-8073-0614-5

幸福の科学

◆悪魔からの防衛術―「リアル・エクソシズム」入門　大川隆法著　幸福の科学出版
【要旨】その心の迷いを、悪魔は狙ってくる。現代人が知るべき、悪魔の手口と具体的な対処術。現代社会では教わらない秘儀、「悪魔祓い」の実戦的な智慧を網羅。
2017.6 215p B6 ¥1600 ①978-4-86395-912-5

◆新しい霊界入門―人は死んだらどんな体験をする？　大川隆法著　幸福の科学出版
【要旨】霊界で変わる最新情報が満載！あの世には、どんな暮らしが待っている？　食事は？　仕事は？　大切な人たちとの再会は？　地上の価値観や学問では、まったく感じるあの世。現代人が知りたい、最先端の霊界事情が明らかに。
2017.12 189p B6 ¥1500 ①978-4-86395-965-1

◆天照大神の神示―この国のあるべき姿　聞き手大川咲也加　大川隆法著　幸福の科学出版
【要旨】真珠湾霊への苦言、経済不況や天変地異の真因、そして、生前退位問題と皇室の意義―すべての国民が知るべき日本の主宰神の「願い」が、ここに。
2017.2 101p B6 ¥1400 ①978-4-86395-873-9

◆インパール作戦の真実―牟田口廉也司令官の霊言　大川隆法著　幸福の科学出版
【要旨】日本軍最悪の敗戦ともいわれる「インパール作戦」。メディアが伝えない歴史の真相と戦争の教訓。
2017.9 143p B6 ¥1400 ①978-4-86395-936-1

◆梅崎快人守護霊インタビュー―大物新人俳優の演技観　ニュースター・プロダクション、幸福の科学出版 発売
【要旨】映画「君のまなざし」は、ハリウッドへの挑戦状!?霊的世界の力を描いた衝撃作！　作品の奥深い魅力と主演俳優の素顔に迫る。
2017.5 181p B6 ¥1400 ①978-4-86395-904-0

◆永遠なるものを求めて―人生の意味とは、国家の理想とは　大川隆法著　幸福の科学出版
【要旨】人生の意味とは、国家の理想とは。なぜ、北朝鮮のような国が存在するのか。自由を奪われた人びとのために、日本人が、訴えるべき正義とは。人類普遍の真理から導きだされた「個人」と「国家」の幸福論。
2017.6 131p B6 ¥1500 ①978-4-86395-913-2

◆映画「沈黙‐サイレンス‐」にみる「信仰と踏み絵」―スコセッシ監督守護霊とのスピリチュアル対話　大川隆法著　幸福の科学出版
【要旨】「神への不信」と「日本への偏見」―？　ハリウッドの巨匠は、「沈黙」で何を描こうとしたのか。作品のテーマに潜む問題点と危険性を検証する。
2017.2 239p B6 ¥1400 ①978-4-86395-877-7

◆演技する「心」「技」「体」と監督の目 赤羽博監督守護霊メッセージ　大川隆法著　幸福の科学出版
【要旨】「教師びんびん物語」「GTO」のヒットメーカー、目に見えない世界のリアリティに挑戦。「制作秘話」と「演出論」、そして「監督論」を語る。
2017.3 131p B6 ¥1400 ①978-4-86395-891-3

◆老いて朽ちず―知的で健康なエイジレス生活のすすめ　大川隆法著　幸福の科学出版
【目次】第1章 老いて朽ちず（何歳になっても肉体の鍛錬を続ける秘訣、「小さな習慣」を継続させることで「精神力」をも鍛えていく工夫、エイジレスに若い人から学び、自分を変化させる実践法、老いても気にならないための「四つの秘訣」、頭や目や耳が悪くなる「意外な理由」と対応法ほか）、第2章 スマホを置いて、本を読もう（質疑応答）"スマホ時代"における「読書の効用」とは
2017.9 135p B6 ¥1400 ①978-4-86395-940-8

◆大川咲也加の文学のすすめ―世界文学編 中　大川咲也加著　幸福の科学出版
【目次】1 イギリス文学 H・G・ウェルズ『タイム・マシン』、2 フランス文学 ユーゴー『レ・ミゼラブル』、3 ドイツ文学 ゲーテ『ファウスト』、4 中国文学 羅貫中『三国志演義』
2017.8 215p A5 ¥1400 ①978-4-86395-967-5

◆大川宏洋ニュースター・プロダクション社長の守護霊メッセージ　大川隆法著　ニュースター・プロダクション、幸福の科学出版 発売
【要旨】リアルな霊的映像、かつてない神秘体験―映画「君のまなざし」は、いかにして誕生したのか？
2017.5 189p B6 ¥1400 ①978-4-86395-903-3

◆学問の総本山HSUの教育革命―開学3年目成果レポート　HSU出版会編　（長生村）HSU出版会, 幸福の科学出版 発売　（幸福の科学大学シリーズ B‐32）
【目次】巻頭インタビュー、創立者の言葉、教員インタビュー（各学部紹介）、人間幸福学部紹介1 黒川白雲バイス・プリンシパル、人間幸福学部紹介2 松本泰典プロフェッサー、経営成功学部紹介1 鈴木真実哉ディーン、経営成功学部紹介2 石見泰行プロフェッサー、未来産業学部紹介1 福井幸男ディーン、未来産業学部紹介2 佐鳥新プロフェッサー、未来創造学部紹介1 泉聡彦ディーン、未来創造学部紹介2 田中昭司プロフェッサー、学生インタビュー1 世界初の研究で学会表彰、学生インタビュー2 プロの漫画家としてデビュー、学生インタビュー3 TOEICで410点&500点アップ達成！、体験談「心と体」の健康を取り戻した物語、HSUのキャリア支援、学生対談「HSUはここがすごい」、学生インタビュー4 HSUの授業は「世界最先端」
2017.3 239p A5 ¥1100 ①978-4-86395-928-6

◆危機の中の北朝鮮 金正恩（キムジョンウン）の守護霊霊言　大川隆法著　幸福の科学出版
【要旨】北朝鮮と本当にアメリカは戦うのか？　追い詰められた「独裁者の本心」と、「対トランプ戦略」3つのシナリオ。
2017.10 139p B6 ¥1400 ①978-4-86395-907-1

◆危機のリーダーシップ―いま問われる政治家の資質と信念　大川隆法著　幸福の科学出版
【要旨】米朝開戦が現実となりつつある、いま―。政治家よ、これ以上国民を欺いてはいけない。党利党略の安倍政権にも、ポピュリズムの小池新党にも日本は任せられない。必要なのは、清濁で判断できる新しい政治。
2017.10 139p B6 ¥1500 ①978-4-86395-945-3

◆恐怖体験リーディング―徹底解明「異界」からの訪問者たち　大川隆法著　幸福の科学出版
【要旨】東日本大震災の被災地に現れた幽霊、"異界の生物"、そして"巨大な貞子"―出家者たちが遭遇した、リアルすぎるホラー現象。その背後に隠された驚愕の霊的真相とは。
2017.8 265p B6 ¥1400 ①978-4-86395-933-0

◆緊急守護霊インタビュー 金正恩vs.ドナルド・トランプ　大川隆法著　幸福の科学出版
【要旨】暴走する北朝鮮の「シナリオ」とは。トランプの「本心」と「決断」とは。世界が注目する北朝鮮問題のトップ・シークレット、解禁。
2017.8 189p B6 ¥1400 ①978-4-86395-877-7

◆経営と人望力―成功しつづける経営者の資質とは何か　大川隆法著　幸福の科学出版
【要旨】トップに「徳」と「智慧」を。組織に「発展」と「永続性」を。ゼロから世界的組織をつくった著者が伝授。事業を成功させる「経営の悟り」が、この一冊に。
2017.11 249p 23x17cm ¥10000 ①978-4-86395-948-4

◆芸能界の「闇」に迫る―レプロ・本間憲社長守護霊インタビュー　幸福の科学広報局編　幸福の科学出版
【目次】1 本間社長守護霊を招霊し、今回の騒動の責任を問う、2「表に出るのがプロダクション社長の当たり前の姿だ」、3 タレントには「仕事を選ぶ権利」がないのか、4 所属タレントが「死にたい」と訴える実態とは、5「人権侵害契約」は「業界の共通フォーマット」、6 その本質は「蟻地獄の鬼」なのか？、7「法治国家」の外にある闇社会を暴く、8 芸能プロダクションはマスコミすら牛耳っている!?、9 芸能界の「闇」に光をあてる、10 人権上、清水富美加さんを護る必要がある
2017.2 285p B6 ¥1400 ①978-4-86395-879-1

◆現代ドイツ政治概論　大川裕太著　幸福の科学出版　（幸福の科学大学シリーズ）
【要旨】揺れるドイツとEUの未来図が、その歴史的背景から見えてくる。ドイツは「ヒトラーの呪縛」をどう解くべきか？
2017.3 153p B6 ¥1300 ①978-4-86395-886-9

◆公開対談 千眼美子のいまとこれから。―出家2カ月目、「霊的生活」を語る　大川隆法, 千眼美子著　幸福の科学出版
【要旨】泣いて、悩んで、学んで、祈って、笑って。清水富美加は、千眼美子としてただいま奮闘中！　幸福の科学総裁と語りあう。
2017.6 215p B6 ¥1300 ①978-4-86395-909-5

◆公開宣言 アドラーが本当に言いたかったこと。　大川隆法著　幸福の科学出版
【目次】『嫌われる勇気』で知られる心理学者・アドラーの霊を招霊する、本人は「不愉快」に感じている「アドラーブーム」、「嫌われる勇気」だけでは、本当は何も解決しない、自分の生き方は、確実に変わっていける、「ほめる教育」でもなく、「叱る教育」でもなく、「劣等感」は自分と他人との価値観のズレから出る、このままでは「心理学は滅びる」、心理学と宗教の「違い」と「重なり」、「過去世」と「他の哲学者たちとの関係」を訊く、アドラーが「幸福の科学の悩み」を分析する
2017.4 197p B6 ¥1400 ①978-4-86395-899-9

◆幸福の科学的「演出論」入門―新時代の映画監督を目指して　松本弘司, 小田正鏡著　（長生村）HSU出版会, 幸福の科学出版 発売　（幸福の科学大学シリーズ）
【要旨】未来創造学部の目指す映画監督・演出家の姿とは（新文明の価値基準を探究する、未来創造学部の目指す映画とは、映画監督・演出家に求められる能力）、映画製作の流れと監督の役割（映画監督は映画製作における現場責任者、企画の立案、脚本解釈（制作）、キャスティング/スタッフィング、ビジュアル・デザイン、ロケーションハンティング/ショットプランとストーリーボード（絵コンテ）作成、リハーサル、撮影、編集、音楽/音響）、幸福の科学的映画演出を学ぶ（俳優の活かし方―赤羽博監督インタビュー、天使の演出―園田映人監督インタビュー、仏法真理をアニメーション化する―今掛勇監督インタビュー）
2017.3 239p B6 ¥1100 ①978-4-86395-883-8

◆国軍の父・山県有朋の具体的国防論　大川隆法著　幸福の科学出版
【要旨】政治家やマスコミができない、当たり前の議論をしよう。「憲法9条」どうする？「核装備」は必要か？　国を守る「勇気」と「気概」とは？　国軍の父が、若い世代の疑問に答えてくれる。
2017.6 149p B6 ¥1400 ①978-4-86395-918-7

◆国家繁栄の条件―「国防意識」と「経営マインド」の強化を　大川隆法著　幸福の科学出版
【目次】第1章 日本の進む道（国家としての「日本のあり方」を考えて行く時、日本の「危機の本質」は「吉田ドクトリン」の呪縛、「平和主義」が第三次世界大戦を招く、「国家社会主義」に向かっている安倍政権 ほか）、第2章 国家繁栄

◆孤独な天才俳優か!?―神木隆之介の守護霊インタビュー　大川隆法著　幸福の科学出版
【目次】若手俳優・神木隆之介の「人気の秘密」と「悩み」に迫る、怖くてしょうがない、「天才子役と言われた、そのあと」、プロの世界で生き残る厳しさ、光と影、なぜ「天才子役」は「大人の役」が難しい？、「神がかり」を感じる瞬間、「霊的秘密」とは、「人生学」を教えてほしい、「子役」の人に言っておきたいこと、今後の運命はどうなる？、「今後の人生設計の必要性」が見えた守護霊インタビュー
2017.4 157p B6 ¥1400 ①978-4-86395-901-9

◆婚活必勝法Q&A　大川隆法著　幸福の科学出版
【要旨】婚活中のあなたも、いつか結婚したい人も。婚活は、見切りとタイミング。イマドキ男女のリアルな悩みに答えます。「結婚」という人生の問題集を解くためのヒント。
2017.6 139p B6 ¥1400 ①978-4-86395-919-4

◆ジェームズ・アレンの霊言―幸福と成功について　大川隆法著　幸福の科学出版（本文：日英両文）
【要旨】人生を変える鍵は、私たち一人一人の「心の中」にある。幸福や成功は、決して物質的なものではない。世界に影響を与えた『原因と結果の法則』の著者が語る、「思いの力」の真実とは？
2017.12 129p B6 ¥1400 ①978-4-86395-964-4

◆仕事ができるとはどういうことなのか　大川隆法著　幸福の科学出版
【要旨】がんばっているのに認められない人へあなたも今日から実践できる！目に見える「成果」を生みだす仕事の秘訣。
2017.2 183p B6 ¥1500 ①978-4-86395-878-4

◆仕事のできる女性を目指して　大川紫央著　幸福の科学出版
【要旨】「仕事中にイライラしてしまう」「部下が言うことを聞いてくれない」「仕事が思うように進まない」など、働く女性の悩みを解決！仕事がもっと楽しくなる「黄金ルール」、「女性だから」を言い訳にしない、「女性ならでは」の働き方。
2017.3 149p B6 ¥1400 ①978-4-86395-889-0

◆自制心―「心のコントロール力」を高めるコツ　大川隆法, 大川直樹著　幸福の科学出版
【要旨】環境の変化や逆境に強くなる！「できない自分」に、さよならできる。「感情」や「欲望」をマネジメントし、成果を生みだし続ける秘訣。
2017.12 168p B6 ¥1500 ①978-4-86395-963-7

◆自分の国は自分で守れ―「戦後政治」の終わり、「新しい政治」の幕開け　大川隆法著　幸福の科学出版
【要旨】北朝鮮の脅威に対し、具体的対処策がない政府。バラまき選挙が生んだ1100兆円の財政赤字。消費増税によるアベノミクス失敗を隠蔽…日本をこのままにしては、終わりにしよう。
2017.9 135p B6 ¥1500 ①978-4-86395-942-2

◆清水幾太郎の新霊言―戦後保守言論界のリーダー　大川隆法著　幸福の科学出版
【要旨】日本よ、武装せよ！核武装か？核開発を進める北朝鮮、覇権拡大を目論む中国、そして弱体化する安倍政権とトランプ政権―保守の権威が斬り込む、日本存続の条件とは。
2017.7 151p B6 ¥1400 ①978-4-86395-930-9

◆釈尊の出家―仏教の原点から探る出家の意味とは　大川隆法著　幸福の科学出版
【要旨】釈尊が出家した時代の社会的背景とは、少年期・青年期の釈尊はどんな気質だったのか、釈尊に出家を思いとどまらせようとした父王の「作戦」、釈尊が王子の地位を捨てて出家したきっかけとは、「出家する」ことの本当の意味と試練、釈尊が発見した「仏教の正しい修行のあり方」とは、出家後の悟り―「宇宙即我」とはどのような体験だったのか、宗教の普遍的な修行である「執着を断つこと」、現代的な仕事でも、結婚や子育てが束縛になる面がある、釈尊が「禁欲」と「苦行」をどう捉えたかなど、「大いなる目的」のための「常識との戦い」である
2017.3 141p B6 ¥1500 ①978-4-86395-887-6

◆守護霊インタビュー 金正恩 最後の狙い　大川隆法著　幸福の科学出版
【要旨】戦争か？降伏か？それとも―Xデーが迫る北朝鮮問題。逃げ道を塞がれた独裁者―強気の外交に垣間見える焦りと迷いとは？
2017.10 209p B6 ¥1400 ①978-4-86395-947-7

◆守護霊インタビュー ナタリー・ポートマン＆キーラ・ナイトレイ―世界を魅了する「美」の秘密　大川隆法著　幸福の科学出版（本文：日英両文）
【要旨】二人の守護霊が明かす「美と成功」の秘密。女優としてのポリシー。生来のハンディや民族の出自を超えて。神への信仰と「本物の美」。俳優、女優、映画監督を目指す人へ。世界が憧れるふたりのハリウッド女優、その輝きの秘密に迫る。
2017.1 185p B6 ¥1400 ①978-4-86395-869-2

◆守護霊メッセージ 能年玲奈の告白―「独立」「改名」「レプロ」「清水富美加」　大川隆法著　幸福の科学出版
【要旨】芸能界から「干される」ということ。自分の「本名が使えない」ということ。元同僚の「清水富美加さん」に伝えたいこと。いま話題のレプロの実態が、またひとつ明らかに。
2017.2 155p B6 ¥1400 ①978-4-86395-882-1

◆女優・蒼井優の守護霊メッセージ　大川隆法著　幸福の科学出版
【要旨】演じる。魅せる。自分らしく生きる。女優・蒼井優の素顔をスピリチュアル・リサーチ。
2017.1 171p B6 ¥1400 ①978-4-86395-954-5

◆女優・清水富美加の可能性―守護霊インタビュー　大川隆法著　幸福の科学出版
【要旨】映画やドラマ、バラエティで大活躍！愛されキャラに隠された、幅広い教養と神秘的な魅力。若手個性派女優の知られざる素顔に迫る。
2017.1 183p B6 ¥1400 ①978-4-86395-876-0

◆女優水月ゆうこのスピリチュアルメッセージ　大川隆法著　ニュースター・プロダクション, 幸福の科学出版 発売
【要旨】映画「君のまなざし」ヒロインの素顔と、神秘的な作品の見どころに迫る。
2017.5 129p B6 ¥1400 ①978-4-86395-906-4

◆女優・宮沢りえの守護霊メッセージ 神秘・美・演技の世界を語る　大川隆法著　幸福の科学出版
【要旨】トップアイドルから演技派女優へ。変わらずに輝くために、「変えてゆく生き方」がある。日本を代表する女優になった彼女の秘密に迫る。
2017.4 141p B6 ¥1400 ①978-4-86395-892-0

◆信仰の法―地球神エル・カンターレとは　大川隆法著　幸福の科学出版（法シリーズ 24）
【目次】第1章 信じる力―人生と世界の新しい現実を創り出す、第2章 愛から始まる―「人生の問題集」を解き、「人生学のプロ」になる、第3章 未来への扉―人生三万日を世界のために使って―この星から紛争をなくすための国造りを、第4章「日本発世界宗教」が地球を救う、第5章 地球神の信仰とは何か―新しい地球文明記の時代を生きる、第6章 人類の選択―地球神の下に自由と民主主義を掲げよ
2018.1 309p B6 ¥2000 ①978-4-86395-957-6

◆真実の霊能者―マスターの条件を考える　大川隆法著　幸福の科学出版
【要旨】これが、「目に見えない世界」の法則と「霊的能力」の真実。霊的現象の実態、霊status人間7つの注意点、波長同通の法則とは、地獄霊から身を護る5つの方法etc.「神秘性」と「合理性」を融合した悟りが、この一冊に。
2017.7 181p B6 ¥1600 ①978-4-86395-925-5

◆秦の始皇帝の霊言 2100中国・世界帝国への戦略　大川隆法著　幸福の科学出版
【要旨】北朝鮮有事の次に迫る米中激突、中国の「皇帝システム」の原型―秦の始皇帝、中国の歴史二千年を支配する「考え方」、変貌する巨大経済、中国が狙う世界戦略、中国が狙うアジア戦略、中国の対米戦略、十四億の巨体崩壊を防ぐ防衛戦略、中国式・搾取の世界経済構想、「日本？悪あがきしなければ、存在してもいい」、秦の始皇帝は、世界の指導者をどのように見ているのか、二一〇〇年、世界帝国への野望、中国の世界戦略を超える「もう一段大きな構想」を
2017.11 167p B6 ¥1400 ①978-4-86395-951-4

◆数学者・岡潔 日本人へのメッセージ　大川隆法著　幸福の科学出版（幸福の科学大学シリーズ）
【目次】1 世界的数学者・岡潔を招霊する、2「数学の限界」が「文明の限界」、3 数学とは「野に咲く一本のスミレの花」、4 数学における「救世の悟り」とは、5 日本文明には三十万年の歴史がある!?、6 日本の誇りを取り戻す教育とは、7 岡潔が見た「幸福の科学」、8 岡潔の過去世の秘密に迫る、9 岡潔の「霊界での姿」とは、10「科学における精神統一の重要性」が説かれた岡潔の霊言
2017.6 187p B6 ¥1400 ①978-4-86395-916-3

◆スピリチュアル自然学概論―生命を見つめる自然観の挑戦　木村貴好著　（長生村）HSU出版会, 幸福の科学出版 発売（幸福の科学大学シリーズ）
【要旨】現代科学が教えてくれない生命の真実―。すべての生き物への「優しさ」を育む新しい霊的自然観。
2017.4 267p B6 ¥1100 ①978-4-86395-900-2

◆政治の意味―日本と世界の論点、その「本質」と「未来」　大川隆法, 大川裕太著　幸福の科学出版
【目次】1 政権vs.ジャーナリズム、その駆け引きの攻防、2「森友」「加計」問題に見るマスコミと役所の課題、3「共謀罪」がもたらす怖い社会、4 テロ事件の奥にある「国家vs.宗教」の価値観の戦い、5「天皇制」と「皇室制度」の未来を見通す、6 インターネットの発達と「失業（ガラクタの日）」の関係、7 現代日本の「政治参加」「言論」の問題点、その未来、8「全体主義化」と「生前退位」が危機をもたらす、9 何年も前に結論が分かる「先見性の政治」がある
2017.6 175p B6 ¥1500 ①978-4-86395-924-8

◆全部、言っちゃうね。―本名・清水富美加、今日、出家します。　千眼美子著　幸福の科学出版
【要旨】芸能界のこと、宗教のこと、今までのこと、これからのこと、本人しか語れない、ほんとうの気持ち。
2017.2 147p B6 ¥1200 ①978-4-86395-881-4

◆ダイアナ元皇太子妃のスピリチュアル・メッセージ―没後20年目の真実　大川隆法著　幸福の科学出版（本文：日英両文）
【要旨】突然の事故から20年、その死の真相から二人の王子とキャサリン妃への思い、そしてチャールズ皇太子と王室に対する本心まで。悲劇のプリンセスは、いま何を語ったのか。
2017.8 141p B6 ¥1400 ①978-4-86395-934-7

◆「太平天国の乱」の宗教革命家 洪秀全の霊言―北朝鮮の「最期」と中国の「次の革命」　大川隆法著　幸福の科学出版
【要旨】アジアの歴史が変わる瞬間を、あなたは目撃する。中国近代化のきっかけとなった「太平天国の乱」。その指導者が語る、アジア情勢の衝撃の未来とは。
2017.12 181p B6 ¥1400 ①978-4-86395-966-8

◆「宝の山の幸福の科学」―上野樹里守護霊インタビュー　大川隆法著　幸福の科学出版
【目次】演技派女優・上野樹里の守護霊にスピリチュアル・インタビュー、スピリチュアル・インタビューを買って出た理由、「魅力の磨き方」、「天国的な映画」を数多く世の中に送り出してほしい、天然で愛される上野樹里の「魅力の秘密」、今、日本から第二のルネッサンスが起きている、上野樹里守護霊からの意外な叱咤激励!?、幸福実現党の政治活動について訊いてみる、上野樹里の、驚きの守護霊の姿とは？、自らの「使命」と「幸福の科学への期待」を語る、まだまだ芸能界の味方はいる
2017.3 161p B6 ¥1400 ①978-4-86395-885-2

◆「戦えない国」をどう守るのか 稲田朋美防衛大臣の守護霊霊言　大川隆法著　幸福の科学出版
【要旨】「北朝鮮問題」への政府の本音とは？「中国の軍拡」に対する国防戦略とは？国民の命を守るためにいま、防衛大臣の本心を問う。
2017.5 209p B6 ¥1400 ①978-4-86395-908-8

◆正しい供養 まちがった供養―愛するひとを天国に導く方法　大川隆法著　幸福の科学出版
【要旨】供養の「常識」をくつがえす一冊。故人も子孫も幸せになる供養を、わかりやすく解説。
2017.2 173p B6 ¥1500 ①978-4-86395-874-6

◆中国民主化運動の旗手 劉暁波の霊言―自由への革命、その火は消えず 大川隆法著 幸福の科学出版
【要旨】人権の抑圧、情報統制、そして粛清―メディアでは報道されない自由なき独裁国家中国の実態。
2017.7 137p B6 ¥1400 ①978-4-86395-931-6

◆「天職」を発見する就活必勝の極意 大川隆法著 幸福の科学出版
【要旨】8つの極意で、就活の「不安」が人生の「チャンス」に変わる。メンタルと人材論の達人が伝授！「天職」を発見するためのヒント。「内定」をもらうためのポイント。
2017.3 211p B6 ¥1400 ①978-4-86395-880-7

◆徳のリーダーシップとは何か―三国志の英雄・劉備玄徳は語る 大川隆法著 幸福の科学出版
【要旨】経営者、政治家、組織のリーダーをめざす人必読！組織マネジメントにおける、「徳の力」を磨くための極意。有能な部下を集め、長所を生かし、大を成す「器」とは。一人一人を惹きつけるリーダーの絶対条件とは何か。
2017.10 159p B6 ¥2000 ①978-4-86395-943-9

◆ドストエフスキーの霊言―ロシアの大文豪に隠された魂の秘密 大川隆法著 幸福の科学出版
【要旨】今なお世界に影響を与えつづけるドストエフスキー。日本と世界に語る、驚愕の真実とは。
2017.12 131p B6 ¥1400 ①978-4-86395-969-9

◆日蓮聖人の霊言「大悟」を見守った者の証言 大川隆法著 幸福の科学出版
【目次】1 日蓮聖人から「幸福の科学の源流」の話を聴く、2 天上界から見た大川隆法の「大悟」の様子、3 若き大川隆法の「霊的格闘」の時代、4 さまざまな障害のなかでの「真理の探究」、5 「エル・カンターレの使命」と現実との葛藤、6 今、明かす大悟前後の「秘話」、7 ニューヨーク勤務で得た「世界的眼」、8 イエス、釈迦が降臨した「歴史的瞬間」、9 全人類救済に向けての「悟りの進化」、10 日蓮聖人の「証言」を終えて
2017.6 157p B6 ¥1400 ①978-4-86395-923-1

◆日本うちゅうばなし あまのはごろも 大川隆法原案, 大川咲也加作 幸福の科学出版
【要旨】ベガ星のお姫様ユナが、ちきゅうで大かつやく！日本の神々のルーツは宇宙にあった！あの有名な伝説「天の羽衣」は、ベガ星の星に帰れなくなったベガ星のお姫様の物語だったのです。羽衣伝説のあとの話。読んであげるなら3才から、自分で読むなら6才から。
2017.11 1Vol. 27×22cm ¥1500 ①978-4-86395-960-6

◆日本をもう一度ブッ壊す―小泉純一郎元総理守護霊インタビュー 大川隆法著 幸福実現党, 幸福の科学出版 発売
【要旨】アベノミクス失速、憲法論争、北朝鮮の核問題―日本政治の迷走を斬る！
2017.1 213p B6 ¥1400 ①978-4-86395-866-1

◆俳優・佐藤健の守護霊メッセージ「人生は戦いだ」 大川隆法著 幸福の科学出版
【目次】1 二十八歳で国民的スター・佐藤健の守護霊に訊く、2 現れた"維新の志士"、3 役者は真剣勝負だ！、4 人を"斬り倒して"勝ち抜くための「死生観」、5 今の日本は、ぬるすぎる！、6 土佐勤王党、無念だった！、7 過去世は「武士の心」と「芸術」に関係していた、8 この国の軟弱なるものを斬りたい！、9 甘い甘い！もっと強くなれ！、10 あまりにも直截的な結論だった佐藤健の"正体"
2017.6 179p B6 ¥1400 ①978-4-86395-914-9

◆俳優・星野源守護霊メッセージ「君は、35歳童貞男を演じられるか。」 大川隆法著 幸福の科学出版
【要旨】共感を呼ぶ魅力の秘密、驚きのセルフプロデュース力とは。俳優、ミュージシャン、文筆家―マルチな才能を スピリチュアル検証。
2017.1 185p B6 ¥1400 ①978-4-86395-871-5

◆パパの男学入門―責任感が男をつくる 大川隆法著 幸福の科学出版
【要旨】成功する男、失敗する男、その差をつけるのは"責任感"にあり。努力の大切さ、仕事の責任、人間関係と異性―厳しい実社会で成功し続けるための智慧とは。
2017.12 115p B6 ¥1500 ①978-4-86395-970-5

◆光り輝く人となるためには―クリエイティブでプロダクティブな人材を目指す 大川隆法著 （長生村）HSU出版会, 幸福の科学出版 発売 （幸福の科学大学シリーズ）
【目次】第1章 光り輝く人となるためには（日本の大学のレベルをはるかに超えるHSU、日本を再起動させるクリエイティブでプロダクティブな遺伝子、日本と世界を輝かせるHSUの四つの学部、新文明の創造を目指して）、第2章 新時代に向けての「美」の探究―幸福の科学大学創立者の精神を学ぶ2（概論）「第1章講義」（「美の法門」を説いてきた日本の美の歴史、「美の民主主義化」の功罪、宗教における「美の探究」の方法、美の探究における注意点、美とは何か）、第3章 質疑応答（光り輝く人となるための信念を貫くには、未来創造学部生に期待すること、数学と美について、美の発展段階について、成果を生む「組織美」
2017.6 153p B6 ¥1400 ①978-4-86395-921-7

◆日野原重明の霊言―幸福なエイジレス人生の秘訣 大川隆法著 幸福の科学出版
【要旨】長生きすることが、うれしくなる。いくつになっても楽しく働けるための仕事術。健康の不安、経済問題、孤独を解決するヒント。105歳まで生涯現役の名医が実践アドバイス。
2017.8 157p B6 ¥1400 ①978-4-86395-932-3

◆広瀬すずの守護霊☆霊言 大川隆法著 幸福の科学出版
【要旨】10代最強女優のカワイイの秘密に迫る。成功の秘訣から、愛されるその素顔まで。
2017.4 151p B6 ¥1400 ①978-4-86395-893-7

◆不惜身命2016大川隆法伝道の軌跡―未来社会を創るDNA 大川隆法監修, 幸福の科学編 幸福の科学出版
【要旨】トランプ当選、ブレグジット、北朝鮮情勢―また予言が当たった。2016年の法話・霊言を、計126本所収。専門家もマスコミも示せない「未来」と「正義」を幸福の科学で。
2017.8 235p 21×14cm ¥1400 ①978-4-86395-922-4

◆ブルース・リーの霊言―ドラゴンの復活 大川隆法著 幸福の科学出版 （本文：日英両文）
【目次】1 東洋発の世界的スター、死後44年ぶりの復活（「早すぎた死」の謎とあの世の行き先は今も色褪せぬ東洋のヒーロー ほか）、2 ブルース・リーが語る「真理、美、正義」（截拳道の精神は「真理の探究」、截拳道は「世界一、美しくて強い武術」 ほか）、3 ブルース・リーが信じた「タオイズムと自由」（アジア人が鍛錬の力で白人への劣等感に克てる、タオイズム（道教）こそ世界の真理であり、ブルース・リーが救済する「中国、日本、北朝鮮」（カンフーで世界に中国精神を広めた、映画は「新たな武器」であるほか）、5 ブルース・リーが明かす「過去世、死の真相、魂の使命」（私はいつの時代も「ドラゴン」だった、「早すぎた死」のスピリチュアルな真相 ほか）
2017.11 171p B6 ¥1400 ①978-4-86395-953-8

◆「報道ステーション」コメンテーター後藤謙次守護霊インタビュー―政局を読む 大川隆法著 幸福の科学出版
【目次】学者の論よりも勉強になる後藤謙次氏の見識、いかにあるべきか、「解散の大義」、解散の舞台裏―安倍晋三、私の分析1、腹の黒さと"安倍帝国"―安倍晋三、私の分析2、「選挙の強さ」はどこから来るか―安倍晋三、私の分析3、「消費増税」と深謀遠慮―安倍晋三、私の分析4、古きよき政治家のスケールと仕事に学ぶこととは、この人の"あざとさ"はどこから来るか―小池百合子、私の分析、なぜ、勝てない？―幸福実現党を分析する、マスコミ生態の研究―この十年の業績評価は…［ほか］
2017.9 209p B6 ¥1400 ①978-4-86395-944-6

◆凡事徹底と人生問題の克服―悟り・実務・家族の諸問題について 大川隆法著 幸福の科学出版
【要旨】自分自身を客観視し、悩みをどう見切るか 人間関係や家庭問題をいかに解決すべきか。逆境に負けずに、前へ進むための秘訣。
2017.9 125p B6 ¥1500 ①978-4-86395-927-9

◆凡事徹底と成功への道 大川隆法著 幸福の科学出版
【要旨】成功しつづける人が実践している「基本動作」とは。すべての世界で共通する、一流になるための法則。
2017.6 125p B6 ¥1500 ①978-4-86395-917-0

◆マイティ・ソーとオーディンの北欧神話を霊査する 大川隆法著 幸福の科学出版
【要旨】ハリウッド映画を超えた、驚愕の新事実！北欧神話の神々が語る、失われた古代文明の真実。
2017.11 195p B6 ¥1400 ①978-4-86395-952-1

◆マハトマ・ガンジーの霊言―戦争・平和・宗教・そして人類の未来 大川隆法著 幸福の科学出版 （本文：日英両文）
【要旨】現代の国際問題を解決するカギとは何か―。インド独立の父が、神の「愛」と「慈悲」の視点から読み解く。
2017.11 135p B6 ¥1400 ①978-4-86395-868-5

◆マララの守護霊メッセージ―イスラム世界を変える新しい風 大川隆法著 幸福の科学出版 （本文：日英両文）
【要旨】女性の自由と教育を受ける権利―彼女の瞳には、どんな未来が映っているのか。銃撃にも屈しなかった、若きパキスタン女性の夢が広がる。
2017.11 117p B6 ¥1400 ①978-4-86395-950-7

◆マルコムXの霊言 大川隆法著 幸福の科学出版 （本文：日英両文）
【要旨】「人種差別」やあらゆる「憎しみ」を終わらせるために。マルコムX、死後51年目の新証言。生前の真相、現代アメリカの問題、そして未来への願い。
2017.9 191p B6 ¥1400 ①978-4-86395-937-8

◆ミステリアス女優・小松菜奈の「カメレオン性」を探る 大川隆法著 幸福の科学出版
【要旨】みんなの予想を裏切ること、―それが女優のはじまり。その神秘的な魅力の秘密が明らかに。
2017.9 161p B6 ¥1400 ①978-4-86395-935-4

◆文在寅韓国新大統領守護霊インタビュー 大川隆法著 幸福の科学出版
【要旨】あのムッソリーニの生まれ変わり、韓国新大統領の驚くべき本心と戦略。韓国新大統領が描く外交戦略とは？ 半島情勢の今後を占う重要な新証言。
2017.5 265p B6 ¥1400 ①978-4-86395-910-1

◆吉田茂元首相の霊言―戦後平和主義の代償とは何か 大川隆法著 幸福の科学出版
【要旨】アメリカ頼みの国防軽視、信念なき経済優先主義。「吉田ドクトリン」の呪縛から、日本の政治を解き放つために。今日の危機を招いた張本人に、その真意と罪を問う。
2017.10 239p B6 ¥1400 ①978-4-86395-946-0

◆嫁の心得 山内一豊の妻に学ぶ―さげまん妻にならないための6つのヒント 大川隆法著 幸福の科学出版
【目次】序論「良妻賢母の鑑」から現代版「嫁の心得」へ、Q1 何が違う？「あげまん妻」と「さげまん妻」、Q2「神仏」と「夫」、どっちに仕える？、Q3 結婚後の「孤独感」、どうやって克服？、Q4 どう両立すればいい？「夫の家庭の伝統」と「新しいチャレンジ」、Q5 ああ、「嫁姑問題」！どう乗り越える？、Q6 実はコワイ！「玉の輿」のあとの「落とし穴」
2017.11 133p B6 ¥1500 ①978-4-86395-955-2

◆和田アキ子の守護霊メッセージ―聞き手 千眼美子 大川隆法著 幸福の科学出版
【要旨】芸能界のご意見番は、守護霊も豪快で繊細で情け深かった。厳しい芸能界を生き抜くための秘訣と知恵を、本音トーク。アッコさんが50年間輝きつづける その理由。
2017.6 235p B6 ¥1400 ①978-4-86395-920-0

◆渡部昇一 死後の生活を語る―霊になって半年の衝撃レポート 大川隆法著 幸福の科学出版
【要旨】あの世を信じたほうが、人は幸せになれる。
2017.11 183p B6 ¥1400 ①978-4-86395-956-9

◆渡部昇一 日本への申し送り事項―死後21時間、復活のメッセージ 大川隆法著 幸福の科学出版
【要旨】「勇気」と「誇り」を取りもどせ。もう一度、日本の陽は昇る。歴史認識、生前退位、マスコミ論、そして知的鍛練の大切さ―保守言論界の巨人が日本人に遺言。
2017.4 169p B6 ¥1400 ①978-4-86395-902-6

◆HSUテキスト 19 幸福の科学的霊界観―幸福の科学応用教学B 今井二朗編著 （長生村）HSU出版会, 幸福の科学出版 発売
【目次】第1章 人間はどこから来て、どこへゆくのか、第2章 次元構造という概念、第3章 死後の世界、第4章 菩薩、如来、救世主の世界、第5章 地獄の様相、第6章「因果応報」について、

第7章 魂の進化と転生輪廻、第8章 供養の意義、第9章 永遠の進化をめざして
2017.2 256p A5 ¥1500 ①978-4-86395-875-3

生長の家

◆**この星で生きる** 谷口純子著 （北杜）生長の家，日本教文社 発売
【目次】第1章 生きること（「喜びを選ぶ」生き方、人はなぜ生きる ほか）、第2章 大切なこと（笑顔で「おはよう」、朝五時に起きる ほか）、第3章 結婚のこと（伴侶は必ずいる、手づくりの結婚 ほか）、第4章 新しい文明のこと（太陽を仰ぐ、世界を変えるもの ほか）、第5章 倫理的に暮らすこと（"三ない生活"の勧め、人生は面白い ほか） 2017.4 242p 18cm ¥833 ①978-4-531-05270-7

◆**新編 生命の實相 第23巻 倫理篇 永遠価値の生活学 上** 谷口雅春著 光明思想社
【目次】第1章 永遠価値の生活学序説、第2章 第一の神性隠蔽、第3章 第二の神性隠蔽とそれ以後、第4章 自心の展開としての客観世界、第5章 実相を隠蔽する驕慢と自卑、第6章 価値の本質
2017.2 204, 37p B6 ¥1524 ①978-4-904414-54-5

◆**新編 生命の實相 第26巻 人生問答篇―人生の悩みを解く 中** 谷口雅春著 光明思想社
【要旨】恋愛・占い・因縁因果・心霊現象の諸問題に答える！
2017.9 196, 36p B6 ¥1524 ①978-4-904414-65-1

◆**新編 生命の實相 第27巻 人生問答篇―人生の悩みを解く 下** 谷口雅春著 光明思想社
【要旨】キリストの神と日本の神は違うのか、この世界は「弱肉強食」の世界か、など宗教上の根本問題に答える！
2017.11 219, 35p B6 ¥1524 ①978-4-904414-67-5

◆**真理 第2巻 基礎篇** 谷口雅春著 光明思想社 新装新版
【要旨】"真理"は至福の生活を営むためにある！読んで"真理"を理解し、生活に活かすとき、あなたの生活と人生は劇的に変化する！ その導きの書！
2017.10 350p B6 ¥2000 ①978-4-904414-66-8

◆**真理 第3巻 初学篇** 谷口雅春著 光明思想社 新装新版
【要旨】物質を超える自覚、新たに生まれる自覚、富の無限供給の自覚、今ここが極楽世界の自覚―"自覚"があなたを変える！ 『真理の自覚』があなたの人生と生活を変える！
2017.11 340p B6 ¥2000 ①978-4-904414-69-9

◆**真理 第9巻 生活篇** 谷口雅春著 光明思想社
【目次】新しき人間像、想念の選択による運命の改造、本当の幸福はこうして得られる、神と偕に生くる道、霊的修行と神に近づく道、神の叡智を身に受けて、繁栄への黄金律、霊的微小体を活用して、神の導きによる問題の解決、自己の内部を凝視して、自己が自己の主人公となること、善と愛との充溢せる世界、埋蔵されたる力、魂の浄化と物質の比重
2017.3 336p B6 ¥2000 ①978-4-904414-55-2

◆**戦後の運動の変化について** 谷口雅宣著 （北杜）「生長の家」，日本教文社 発売 （誌友会のためのブックレットシリーズ 4）
【要旨】運動の変化について（人類の環境破壊の歴史、"冷戦"の大きな影響、明治憲法復元に向けて、"政治の季節"の終焉、冷戦の終焉、自然から奪うグローバル化、鎮護国家から世界平和へ、鎮護国家の意味、生長の家の「鎮護国家」、「護国の神剣」は両刃の剣、唯物思想が生んだ地球温暖化、宗教目玉焼き論、"コトバの力"を正しく理解する、コトバの表現は人・時・処で変わる、形は事物の本質ではなく、現状の「改善」でなく「転換」のために）、運動の変化と宗教の使命（歴史の中で運動を考える、教えの中心は変わらない）
2017.1 88p A5 ¥227 ①978-4-531-05915-7

白光真宏会

◆**神のみ実在する―五井先生かく説き給う** 髙橋英雄著 （富士宮）白光真宏会出版本部
【要旨】この世の存在は、みなある時間存在して、消えてゆく。肉体も、地球も、星々も。神の大光明以外のものは、みな現われては消えてゆくのである。だから神以外のものは、この世界に実在しない。ひとりの直弟子が克明に記録した救いの人、五井昌久の真理のことば。
2017.3 242p B6 ¥1650 ①978-4-89214-215-4

◆**神の満ちる星の話―五井先生が語った地球と人類の未来図** 髙橋英雄著 （富士宮）白光真宏会出版本部
【要旨】地球人類は完成に向かって着々と塵あくたを削り取られ、祈りの光明の中で、真理以外のものはすべて消えてゆく―五井先生が語り説いたこの星の運命と世界平和の祈りの秘密を、一人の愛弟子が解き明かす。『五井せんせい』『神のみ実在する』につづく三部作完結編ここに完成。
2017.9 219p B6 ¥1650 ①978-4-89214-216-1

自由宗教一神会

◆**不思議と神秘の使者 ソロンの予言書 2** ソロン アサミ著 （松戸）自由宗教一神会出版部，星雲社 発売 改訂版
【要旨】手相人相世相と神理・人間の10本の指の神秘・手相と人相の謎・流行は世相の雰囲気を感受して現れる・世相は色彩服装に反映する・神理の予言・天変地変の予言・人間が悪くなれば世の中が悪くなる・食物を粗末にすると罰が無くなる―不思議な記録の兄弟本。世界救け人助けの為に記した不思議な予言書。
2017.7 354p B6 ¥2000 ①978-4-434-23453-8

神道

◆**あなたにも奇跡が起こる 瀬織津姫神社めぐり―姫旅しませんか？** 山水治夫著 ナチュラルスピリット
【要旨】神社は、祓い浄めで始まり祓い浄めで終わる配置・構造になっています。瀬織津姫は、祓い浄めの神様。水の神様、滝の神様、龍神、それのみならず宇宙の根源神！ 瀬織津姫の神社をめぐることによって、あなたにも奇跡が起きます！ 2017.5 196p B6 ¥1400 ①978-4-86451-239-8

◆**伊勢神宮** 藤田庄市写真，河合真如，隈研吾，渡邊直樹文，音羽悟解説 新潮社
【目次】神事編、遷宮編、解説編
2017.3 3Vols.set 26×26cm ¥15000 ①978-4-10-437902-6

◆**伊勢神宮と、遷宮の「かたち」** 神社本庁監修 扶桑社 （神社検定公式テキスト 11―神社のいろは特別編）
【要旨】平成30年は3級で、平成31年は2級で使用。伊勢神宮の「第62回神宮式年遷宮」はもちろん、平成21年から平成28年に行われた勅祭社の遷座祭の模様を中心に紹介する。好評だった「遷宮のつぼ」の改訂版！
2017.12 311p A5 ¥2000 ①978-4-594-07887-4

◆**イラストでよくわかる日本の神様図鑑** カワグチニラコイラスト，古川順弘テキスト （京都）青幻舎
【要旨】お寺には仏像があるのに、なんで神社には神像がないの？ こんな疑問を抱いたことはないでしょうか。「日本の神々をわかりやすいイラストと簡潔なテキストで紹介しよう」という本書では、たんに神々の肖像画ではなく、なるべく神話や伝説の場面をおりまぜて描くことで、八百万の神の姿を生き生きと描写しています。本書を活写していただければ、本書を活字に神社巡りに出かけ、神々と出会い、『古事記』や『日本書紀』などの神話世界や信仰の歴史に親しんでいただければと思います。
2017.5 189p B6 ¥1600 ①978-4-86152-578-0

◆**氏神さまと鎮守さま―神社の民俗史** 新谷尚紀著 講談社 （講談社選書メチエ）
【要旨】神社も「日本」もなかった時代から現代まで、地下水脈のように受け継がれてきた日本人の神観念。そして初詣や秋祭り、七五三のお宮参りと、今なお、私たちの生活に神社は寄りそっている―。ごくふつうの村や町の一画に祭られる氏神や鎮守をとおして人びとのくらしとともにあった神々や祭祀を精緻に追い、信心のかたちとしての神と神社、その変容のさまを描き出す！
2017.3 261p B6 ¥1650 ①978-4-06-258648-1

◆**オオクニヌシ 出雲に封じられた神** 戸矢学著 河出書房新社
【要旨】地の果てへ流された神霊。「国譲り」はなかった。古き民は、新興国家ヤマトとの抗争に敗れて三輪の地を追われ、山背へ、そしてイヅモへと追いやられたのだ。『古事記』の出雲神話は何を隠蔽しているのか―。最大の謎の神・オオクニヌシを解明する、戸矢史観の到達点。
2017.8 219p B6 ¥1800 ①978-4-309-22709-2

◆**お金が舞い込む！ 願いが叶う！「神社仏閣」で開運する方法** すごい！ 神様研究会著 宝島社
【要旨】神様たちと仲良くなると、運やツキをコントロールすることだって可能です。でも、神様たちは、こちらが意思表示をしなければ手を差し伸べることはできません。神様・仏様とつながるのはあなた次第です！ そのコツや心構えをしっかり伝授します。
2017.12 173p A5 ¥800 ①978-4-8002-7818-0

◆**オッショイ！ 福岡の神社が面白い―古事記の神様（オールスターズ）は福岡にいた** 井上政典著，兵土剛編 啓文社書房，啓文社 発売
【目次】1章 イザナギとイザナミ（イザナミは福岡にいた！、飯盛神社 ほか）、2章 禊祓（イザナギの禊祓は博多湾岸で行われた！、対談 禊祓の場所を探る―住吉神社宮司 横田昌和×井上政典 ほか）、3章 誓約で生まれた神々（神に導かれて沖ノ島へ、対談 信仰と世界遺産―宗像大社権宮司 葦津幹之×井上政典 ほか）、4章 神功皇后（男装の麗人、神功皇后は実在した！、対談 筥崎宮の立地―筥崎宮権宮司 田村邦明×井上政典 ほか）、5章 大宰府と太宰府（神様になった菅原道真公、対談 天満宮と天神信仰―太宰府天満宮禰宜 味酒安則×井上政典 ほか）、付録
2017.8 137p A5 ¥1400 ①978-4-89992-038-0

◆**開運したければこの神社に朝、一人でお参りしなさい。** 長崎洋二著 河出書房新社
【要旨】ホンモノの神仏パワーを秘めた「神域」とは？ ご利益によって神社の御利益な体験をした著者が神道・仏教・占術の文献も渉猟して幸運を手に入れるための奥義を考究。ビジネス・マネジメントの専門家が、研究者の目線で日本古来のすばらしい叡智を伝授する！ お出かけ気分の寺社めぐりではだめ！ 霊力が強い神社・寺・スポットはどこ？ 招福パワーをたっぷり浴びる法とは？ 自分と相性のよい「神域」を知りなさい！ 手に入れたご利益を最大化しよう！
2017.4 222p B6 ¥1400 ①978-4-309-22697-2

◆**香取群書集成 第9巻** （香）取神宮社務所，八木書店古書出版部 発売
2017.4 695, 2p A5 ¥2000 ①978-4-8406-2075-8

◆**神さまが熱烈に味方してくれる生き方** 能津万喜著 リンダパブリッシャーズ，泰文堂 発売
【要旨】自分を変える一歩、幸せへの一歩のため、神さまからほんの少し力を借りてみませんか？ 神仏の言葉を聴き、そのメッセージを伝えることのできる著者が、「神さまを絶対的に味方につける方法」を教えます！ 意外と知らない参拝の仕方、願い事が叶いやすくなる方法など役立つ情報も満載！
2017.3 287p B6 ¥1400 ①978-4-8030-1017-6

◆**神様が宿る家の清め方―掃き清める新しい暮らし** 神田明神監修 大和書房
【要旨】チリ、ホコリ、ため息、イライラは部屋のなかに降り積もっています。キレイさっぱり掃き清めて、我が家の神様に喜んでいただきましょう。
2017.12 159p A5 ¥1500 ①978-4-479-78410-4

◆**神様が宿る御神酒** 大浦春堂著 神宮館
【要旨】知らなかった御神酒の知識や、全国の神社の見どころを御神酒の写真とともに紹介。全国109社の御神酒を紹介。
2017.7 159p A5 ¥1480 ①978-4-86076-372-5

宗教　　506　　BOOK PAGE 2018

◆神さま どうぞよろしくお願い申し上げます　柴山壽子著　ごま書房新社　(『儲かる社長の神事のルール』改定・改題書)
【要旨】神社の基本知識、参拝の方法、神棚の祀り方…儲かる社長の神事のルール。
2017 172p B6 ¥1400 ①978-4-341-08662-6

◆神様にごひいきされるすごい「神社参り」　中井耀香著　KADOKAWA
【要旨】マイ神社を決めれば勝手に願いが叶います! 神様に「ホウレンソウ」に行く。お賽銭は「3・6・9」の数で。お願いは「小さなこと」からステップアップで! この数を避けよう! 誕生日でわかる! 破壊の数・完全版掲載。
2017.6 239p B6 ¥1300 ①978-4-04-601850-2

◆神と人との出会い―わが心の自叙伝　加藤隆久著　(神戸)エピック
【目次】第1部 わが心の自叙伝(神主と医師の家系を両親に)「生田の森は子どもの楽園」ほか)、第2部 神事と奉仕(「神と仏と日本人」、神仏和合の「神仏霊場会」を設立 ほか)、第3部 談話・随想(神田兵右衛門に宛てた嘉納治五郎の手紙、尾崎放哉句集の書軸をめぐって ほか)、第4部 寄稿文(「時の祭事喜一悔を越えて」ほか)、「摂播歴史研究」25周年記念特別号序文 ほか)
2018.1 367p B6 ¥1800 ①978-4-89985-197-4

◆きれいな心のつくりかた　石崎貴比古著　文響社
【要旨】日常のささくれだった心をきれいに洗浄してみませんか? 神道的アプローチで、ほんの少しだけ生活習慣を変えれば、美しい心を手に入れることができるのです。
2017.10 208p 19×13cm ¥1350 ①978-4-86651-020-0

◆金運がどんどん上がる日本のすごい神社100　戸部民夫著　光文社 (光文社知恵の森文庫)
【要旨】「金運上昇」は、いつの世も神社で祈願したいことのひとつだろう。では金運を上げてくれる神社とは? これがいわゆる「福神様」が祀られている神社である。しかし、一口に「福神」といってもいろいろで、その個性を理解して、初めて自分の目的に合った神社を見つけることができるのだ。そんな神社を見つける一助となるのが本書である。
2017.12 243p A6 ¥640 ①978-4-334-78733-2

◆近現代神道の法制的研究　河村忠伸著　弘文堂
【要旨】近現代神道史に確かな礎を築く神社に関する法制度・行財政の変遷を実証的に考究。未開拓の分野に果敢に挑んだ貴重な成果。
2017.3 351, 3p A5 ¥5000 ①978-4-335-16085-1

◆現代祝詞例文撰集―祝詞例文CD付　宮西修治編　戎光祥出版　(付属資料: CD1)
【要旨】東京永田町・日枝神社の社頭や出向祭典で、実際に奏上された多様な287例文をCDと共に収録。急な祈願にも、書き換えて素早く作成できます!!
2017.5 557p A5 ¥6800 ①978-4-86403-243-8

◆さいふまいり―太宰府天満宮への道がある　森弘子文、安本多美子写真　(福岡)海鳥社
【要旨】903年、太宰府で生涯を閉じた菅原道真公。1100年以上の時を経た現在も「天神さま」として多くの人々の信仰を集めている。道真公の足跡をたどりながら歴史、伝統、祭事、美術、自然、季節ごとの街の表情まで、太宰府に積み重なる時にふれる1冊。
2017.6 143p A5 ¥1800 ①978-4-86656-008-3

◆首都圏近郊 出雲系神社探索ガイド―東日本に広がる古代出雲の世界　出川通著　言視舎 (言視BOOKS)
【要旨】出雲大社に行かなくてもご利益! 神社めぐりの友。なぜ東日本に「出雲系」の神社がこれほどたくさん鎮座しているのか。その由来を解きながら歴史散歩を楽しむ。
2017.4 154p A5 ¥1600 ①978-4-86565-077-8

◆神社年鑑 2017(平成29年度版)　神社年鑑発行委員会編、『WAGO‐和合』編集部協力　ギャラリーステーション
【要旨】日本の歴史、貴重な文化を千年以上にわたり支えてきた"神社"。その幅広い活動を「神社発見」「お祭りカレンダー」「宮司講話」「全国主要神社200」などで、分かり易く紹介。
2017.3 319p 30×21cm ¥2700 ①978-4-86047-261-0

◆神葬祭―その歴史を探る　神社新報社 (鎮守の杜ブックレット 2)
【目次】覗かれる未消化の異国文化―古代の墓制、日本固有の葬法―仏教伝来で葬法の変化、平安時代以後の葬法―追善供養の仏教教学が波及、神道葬祭の成立―江戸幕府の宗教政策、吉田流葬祭の発展、近世の墓地と墓石―工夫みられる神道の墓、神道宗門と神葬祭運動、水戸藩の葬礼―神葬実行の苦辛、離檀運動支へたもの―国学者の死後観、幕末の離檀運動―浜田・津和野の離檀運動をめぐって、明治維新と神葬祭―近代の神葬祭と墓地制度、近代神葬祭の光と影、地域社会と神葬祭の受容―儀式の今と昔
2017.4 71p A5 ¥500 ①978-4-908128-12-7

◆神道から観たヘブライ研究三部書―言霊学事始　小笠原孝次著、七沢賢治監修　和器出版
【目次】第1部 日本という国(日本への招待状)、第2部 シオンと日本(日本とユダヤの宗教的歴史的関係について覚え書、大祓祝詞と預言者モーゼ、日本の三種の神器の三種の神宝)、第3部 天皇の世界経綸(須佐之男月読命の東洋経営、外国王、予言者、神人達の来朝留学、神足別豊饒天皇の勅命によるモーゼのヨーロッパ経営―神の旧約、エホバの神格の変化、魔神の世界経営―日本古来の生存競争の真実、魔王隠れ―仏陀の入涅槃 ほか)、巻末 ヘブライ研究座談会報告書
2017.1 532p A5 ¥4000 ①978-4-90980-06-8

◆戦時日本の大学と宗教―シリーズ大学と宗教 2　江島尚俊、三浦周、松野智章編　(京都)法藏館 (大正大学綜合佛教研究所叢書)
【要旨】宗教系大学は、戦時下において、いかなる変質を迫られたのか。強制動員と自主参加、相反する現象を総力戦体制から読み解く。戦時下を特殊な時代ではなく、近代の結実点として論じた注目の論文集。
2017.3 484p A5 ¥3500 ①978-4-8318-5546-6

◆大迫力! 日本の神々大百科　戸部民夫監修　西東社
【要旨】日本の神々99柱を紹介。神の特徴や神話のエピソード、その神をまつっている神社やゆかりの祭などを記載。
2018.1 255p A5 ¥1300 ①978-4-7916-2683-0

◆「第六天」はなぜ消えたのか―東京謎の神社探索ガイド　川副秀樹著　言視舎 (言視BOOKS)
【要旨】東京圏の地名や神社に残る「第(大)六天」の文字。これは江戸時代に絶大な信仰を集めながら、明治の廃仏毀釈のあおりで曖昧な存在になってしまった謎の神社の痕跡。もともと「仏さま」だった存在が、「仏敵」の「魔王」に変わり、その数奇な魔力が投影を呼んだ「第六天」の歴史を解読。いまも謎のまま祀られる「魔王」さまを徹底的に探索する。
2017.8 191p A5 ¥2000 ①978-4-86565-101-0

◆第6回神社検定問題と解説―参級・弐級・壱級　日本文化興隆財団企画, 神社本庁監修　扶桑社
【目次】3級「神社の基礎と神話」編 全100問、2級「神社の歴史と神話」編 全100問、1級 指定テキストから総合的に出題 全100問
2017.12 245p 15×11cm ¥1400 ①978-4-594-07886-7

◆遠い道程―わが神職累代の記　上村武男著　(名古屋)人間社
【要旨】いまはむかし―200年前に遡る、尼崎の神社の記録。江戸・明治・大正・昭和・平成それぞれの時代の神主さんのものがたり。
2017.1 284p B6 ¥1400 ①978-4-908627-10-1

◆日本人が知らない神社の秘密　火田博文著　彩図社
2017.5 221p A6 ¥630 ①978-4-8013-0219-8

◆日本人が大切にしてきた神様に愛される生き方　中島隆広著　アスコム
【要旨】自然を崇拝し、人との和を大切にする心―。八百万の神と共に暮らすこと―。古来からの伝統を大切にしてきた日本人ならではの暮らしに学ぶ「願いの叶え方」。
2017.5 157p 18cm ¥1000 ①978-4-7762-0922-5

◆日本人入門―海外と向き合うビジネスパーソンに向けて　小倉実著、神田明神監修　ブームブックス、三和書籍 発売
【要旨】アニミズムとハイテクが共存している唯一の国、日本。経典が存在せず、布教をしないが故に敵をつくらず、環境変化に柔軟に対応してきた日本。神道をベースに日本人のアイデンティティーを確認し、海外の人に自信をもって日本を説明できる基本の書。知ると楽しいトリビアや大祓詞とその現代語訳も掲載。
2017.11 128p B6 ¥1200 ①978-4-86251-309-0

◆日本人はなぜ外国人に「神道」を説明できないのか　山村明義著　ベストセラーズ (ベスト新書)
【要旨】シントウって何だろう…? 大嘗祭、大相撲、歌舞伎、アニメ、経営学、量子論、リベラル思想―その根源には神道の精神がある!
2018.1 269p 18cm ¥815 ①978-4-584-12570-0

◆日本の神様解剖図鑑　平藤喜久子著　エクスナレッジ
【要旨】神話の神々から、自然物の神、異形の神、方角・季節の神、家のなかや道ばたにいる神まで徹底解説。神社やパワースポットの参拝時に、そこにいる神は誰なのかが必ずわかる。
2018.1 163p A5 ¥1600 ①978-4-7678-2296-9

◆日本の神社さんぽ―全都道府県から開運神社と御朱印が大集合!　戸部民夫著　エクスナレッジ
【要旨】全国47都道府県100神社。日本全国の神社を巡りたい!「どんなご利益があるの?」「神社の由緒や創建の歴史が知りたい!」「アクセス情報が知りたい!」「どんな御朱印がいただける?」…etc.
2017.11 143p A5 ¥1600 ①978-4-7678-2350-8

◆願いをかなえるお清めCDブック　大野靖志著　サンマーク出版　(付属資料: CD1)
【要旨】すっきり、浄化! お祓い効果。音を流すだけで、人生が変わる。しかも音量ゼロでもOK! 古神道のすごい言霊パワー。いにしえより神道で受け継がれてきた「祓い清め」を、デジタル化し、さらにパワーアップ!
2017.11 143p B6 ¥1600 ①978-4-7631-3666-4

◆秘境神社めぐり―神々だけに許された地　渋谷申博著　G.B.
【要旨】山のむこう、海のかなた、里のまほろば。神社の世界に誘われ、聖なるものへの畏敬を思い出せる場所―大自然と一体化した神域、境内に秘められた幽遠な森―聖なる秘境を訪ね、神々の息吹にふれる。
2017.11 175p A5 ¥1600 ①978-4-906993-44-4

◆不思議と自分のまわりにいいことが次々に起こる 神社ノート　羽賀ヒカル著　SBクリエイティブ
【要旨】運命の人に出会えた! 夢の仕事に就けた! 月収が3倍になった! 「神社ノート」を味方にうまく願いをオーダーする方法。「神社ノート」に書いたら、○○するだけ。あとは神様があなたを最高の未来へ導いてくれる。あなたと「ご縁の深い神社」がわかる、神様チャート付き。
2017.12 191p A5 ¥1300 ①978-4-7973-9466-5

◆マンガでわかる日本の神様―起源や個性を知って、もっとご利益を!　東條英利監修　誠文堂新光社
【要旨】商売繁盛、恋愛成就、必勝祈願、学業成就、子宝・安産祈願など、あなたは神様の前で何を願いますか。神社に祀られている神様にもそれぞれの由来や個性があります。それによって、ご利益が大きく変わります。神様についてもっと深く知ってお参りすれば、願いごとも成就するはず…。
2017.12 191p A5 ¥1300 ①978-4-416-71711-0

◆見るだけですっきりわかる神さま―八百万神の由来とご利益がイラストでよくわかる!　平藤喜久子監修　メディアイラストソフト、三交社 発売
【要旨】仕事運、金運、健康運、恋愛運…運をアップさせる日本の神さま大集合! 目的に応じた神さまにお願いすれば、自分の願いを叶えてくれるかも?!150以上の日本の神さまたちをイラストで楽しく紹介! 神さまと年中行事や、神社参りの作法まで詳しく解説!
2017.12 157p A5 ¥1400 ①978-4-87919-036-9

◆明治神宮365日の大御心　明治神宮監修　PARCO出版
【要旨】明治神宮の御祭神である明治天皇の御製9万3千余首、昭憲皇太后の御歌約3万首から選ばれた「365日の大御心」。
2017.12 398p B6 ¥1800 ①978-4-86506-235-9

◆八幡神万華鏡―神託とはなにか 加護とはになに　木下博民著　(松山)創風社出版
【要旨】地元の氏神の八幡神社って一体どんな神さまなのか、九州の宇佐神宮(通称 宇佐八幡)を総本社として、全国に四万四千も分霊社がある

という八幡さまとは、どんな神さまなのか？子どもの頃に抱いた疑問を尋ね辿った、八幡神をめぐる歴史の旅。
2016.12 266, 10p A5 ¥2200 ①978-4-86037-234-7

宗教学・宗教史

◆カルト宗教事件の深層—「スピリチュアル・アビュース」の論理 藤田庄市著 春秋社
【要旨】「精神の自由」を奪うカルトの実態に迫る！オウム真理教など今も活動を続けるカルト宗教が、人々を支配し隷従させる過程を、「スピリチュアル・アビュース」（霊的虐待）の視点から、個々の事件を追いながら明らかにする、渾身のルポ！
2017.5 311p B6 ¥2800 ①978-4-393-29929-6

◆記憶と追悼の宗教社会学—戦没者祭祀の成立と変容 粟津賢太著 （札幌）北海道大学出版会
【目次】第1部 理論編（集合的記憶のポリティクス、儀礼国家論と集合的記憶—集合的記憶の社会学構築のために、現在における「過去」の用法—集合的記憶研究における「語り」について）、第2部 事例編（偉大なる戦争—英国の戦没者祭祀における伝統と記憶、古代のカノンと記憶の場—地方都市における戦争記念施設、市民宗教論再考—米国における戦没者記念祭祀の形態、近代日本ナショナリズムにおける表象の変容—埼玉県における戦没者碑建設過程を通して、戦没者慰霊と集合的記憶—忠魂・忠霊をめぐる言説—忠霊公葬問題を中心に、媒介される行為としての記憶—沖縄における遺骨収集の現代的展開）
2017.1 355, 20p A5 ¥6400 ①978-4-8329-6826-4

◆基礎ゼミ 宗教学 大谷栄一、川又俊則、猪瀬優理編 （京都）世界思想社
【要旨】宗教って何？宗教を学ぶ必要があるの？本書を読めば、宗教が私たちの生活や社会と深くかかわっていることがわかります。自分で考え、仲間と一緒に考えることも、筆者の考察から学ぶこともできる体験的入門書！
2017.4 188p A5 ¥1900 ①978-4-7907-1697-6

◆儀礼学概論 キャサリン・ベル著、木村敏明、早川敦訳 仏教出版 （原書第2版）
【目次】第1部 儀礼研究の歴史（神話と儀礼、儀礼と社会、儀礼の意義、統語論、実践）、第2部 儀礼活動の諸相（儀礼行為の基本的類型、儀礼類似活動の性格）、第3部 儀礼生活の文脈（儀礼の密度、儀礼の変化、儀礼の为体）
2017.9 556p A5 ¥4800 ①978-4-9908331-8-3

◆金枝篇—呪術と宗教の研究 第7巻 穀物と野獣の霊 J.G.フレイザー著、神成利男訳、石塚正英監修 国書刊行会
【要旨】神なる動物を殺すこと。山羊や雄牛としてのディオニュソス、オシリスと豚の供儀、狩人による野獣の慰霊、農民による有害生物の慰霊、アイヌの熊祭、人間霊魂の動物への転生など、世界各地の動物霊の死と再生に関するフォークロアを詳説する。世紀転換期の読書界を震撼させた驚異の書。
2017.9 295, 38p 24×16cm ¥9500 ①978-4-336-05559-0

◆現代中国の宗教変動とアジアのキリスト教 櫻井義秀編 （札幌）北海道大学出版会 （現代宗教文化研究叢書）
【目次】第1部 東アジアの社会と宗教（現代東アジアの社会と宗教、アジアの宗教の福祉と家族、中国における計量的宗教社会学とその課題）、第2部 アジアのキリスト教（アジアのキリスト教会—日本、韓国、中国、タイ、モンゴルの比較調査、中国と日本における韓国カトリック教会と信者たち、社会参加する中国の家庭教会）、第3部 中国の宗教復興（中国にみる多神教世界の社会的ダイナミズムと可能性—価値意識における両義性と流動性に着目して、現代中国のチベット仏教の高僧—中国共産党の宗教政策と権利擁護の主張、雲南保山信徒にとっての国家—記憶と予期に裏切られたシンボル的な存在としての儿）
2017.3 453, 9p A5 ¥7500 ①978-4-8329-6832-5

◆死後の世界—東アジア宗教の回廊をゆく 立川武蔵著 ぷねうま舎
【要旨】輪廻、浄土、涅槃…東アジアの宗教は「死」と向き合い、さまざまな「いのちの延長戦」を考えてきた。そこで人々はいかに生き、いかに救われるのか。比較宗教学の視点から、説き明かしてゆく。
2017.6 245p B6 ¥2500 ①978-4-906791-70-5

◆死者と苦しみの宗教哲学—宗教哲学の現代的可能性 佐藤啓介著 （京都）晃洋書房 （南山大学学術叢書）
【要旨】なぜこんなことが？苦しみに満ちた生をどう受け止めればいいのか。死者とのあるべき関係がもはや引き受けてくれない課題を、現代思想と宗教思想を縦横に参照しながら思索することを通して宗教哲学の再生を目指す！
2017.3 212p A5 ¥2900 ①978-4-7710-2790-9

◆宗教教誨の現在と未来—矯正・保護と宗教意識 赤池一将、石塚伸一編 （京都）本願寺出版社 （龍谷大学社会科学研究所叢書）
【要旨】刑事施設で、宗教に求められていることとは—受刑者の更生支援として行われる宗教教誨。死刑に関する問題や各国の状況などを通して、専門家による最新の研究成果と提言を網羅する。
2017.3 379p A5 ¥3000 ①978-4-89416-034-7

◆宗教哲学研究 No.34（2017） 宗教哲学会編 （京都）宗教哲学会、（京都）昭和堂 発売
【目次】特集「学知・仏教・信仰」（宗教と哲学—清沢満之の思索、鈴木大拙における「禅」の発見、近代日本仏教の一場面—井上円了の仏教復興活動について）、論文（死を語る言葉をどのように聞くか—ハイデガー『存在と時間』における「死の実存論的分析」について、宗教史の哲学—ベルリン期ヘーゲル宗教哲学における その展開と意義、鈴木大拙における妙好人研究の位置づけ）、書評（薗田坦著『無底と意志・形而上学—ヤーコプ・ベーメ研究』、長谷正當著『本願とは何か—親鸞の捉えた仏教』、土井健司『救貧看護とフィランスロピア—古代キリスト教におけるフィランスロピア論の生成』、井上克人著『〈時〉と〈鏡〉 超越的覆蔵性の哲学—道元・西田・大拙・ハイデガーの思索をめぐって』、Christopher Harding, Iwata Fumiaki, Yoshinaga Shin'ichi (eds.) Religion and Psychotherapy in Modern Japan）、第八回学術大会 研究発表要旨「H.G.ガダマーの解釈学における「有限性」の概念、レヴィナスにおける民主主義・常識と歴史—ジョン・ヒックの二つの論理、J・L・マリオンの現象学的神—論における「応答」の成立根拠の解明へ向けて—現象学的人間論としての側面から）
2017.3 121, 5p A5 ¥2400 ①978-4-8122-1613-2

◆宗教と対話—多文化共生社会の中で 小原克博、勝又悦子編 教文館
【要旨】現代社会と宗教の関係を多面的に問う。偏狭なナショナリズムと宗教、世界各地で頻発するテロリズム—宗教・文化・民族間の摩擦が絶えない現代において、目指すべき共存の形とはどのようなものか？ユダヤ教、イスラームなど諸宗教の勉強や現状を考察し、複雑な今日的課題に多角的視点から取り組んだ代表の論考集！
2017.3 302p B6 ¥3500 ①978-4-7642-6128-0

◆宗教の誕生—宗教の起源・古代の宗教 月本昭男編 山川出版社 （宗教の世界史 1）
【目次】第1部 宗教の起源（フェティシズム、アニミズム、トーテミズム、シャマニズム、祖先崇拝）、第2部 古代の宗教（メソポタミアの宗教、エジプトの宗教、イスラエルの宗教、インド・イランの宗教、ギリシア・ローマの宗教）
2017.8 279, 29p B6 ¥3500 ①978-4-634-43131-7

◆儒教の歴史 小島毅著 山川出版社 （宗教の世界史 5）
【目次】序章 儒教をどう描くか、第1章 儒家の巨匠たち 孔子・孟子・荀子—前五世紀—前三世紀、第2章 儒教国家の成立—漢—唐・五代、前二世紀—十世紀、第3章 宋学の諸相—宋、十一世紀—十二世紀、第4章 朱子学と陽明学の拮抗—元明、十三世紀—十七世紀前半、第5章 清・朝鮮後期・徳川日本—十七世紀後半—十八世紀、第6章 近代社会と儒教—十九世紀—現在
2017.5 284, 58p B6 ¥3500 ①978-4-634-43135-5

◆「呪術」の呪縛 下巻 江川純一、久保田浩編 リトン （宗教史学論叢 20）
【目次】第1部 呪術概念の再検討—「呪術」の魅力—「永遠のオルタナティブ」の来歴と可能性についての試論、社会学年報学派の呪術論素描、「magia」とは何か—デ・マルティーノと、呪術の認識論）、第2部 事例研究：古代〜中世（メソポタミアにおける「祈禱明言」と誓約—「宗教」と「呪術」と「法」。その声はどこから来るのか—腹話術の魔術性についての考察、カバラーにおける神名の技法と魔術の境界、ゾロアスター教神官マゴスの呪術師イメージ—バビロニア文化の影響と呪術師イメージの由来、古代ローマにおける宗教的儀式—トロンフスに関する最近の研究動向を中心に）、第3部 事例研究：近現代（近代ドイツ・オカルティズムの「学問」における「魔術」、「魔術ではない」祭儀—「秘義」としての聖体拝領、19世紀合衆国における回心と「呪術」—チャールズ・G・フィニーの新手法擁護論とその批判を中心として、近代ドイツにおける「奇術＝魔術」—奇術とスピリチュアリズムの関係に見る「秘められたもの」の意味論、ロシアにおける呪術概念の検討、呪術としてのキリスト教受容—ミクロネシア・ポンペイ島を中心に）
2017.2 414p A5 ¥4000 ①978-4-86376-054-7

◆人口減少時代の宗教文化論—宗教は人を幸せにするか 櫻井義秀著 （札幌）北海道大学出版会 （北大文学研究科ライブラリ 14）
【目次】第1章 人口減少時代を生きる宗教（人口構成の変動と寺院、僧侶の肉食妻帯と世襲 ほか）、第2章 歴史認識と国家・ナショナリズム（神道と地域・国家、日韓関係と従軍慰安婦問題 ほか）、第3章 世俗化社会のスピリチュアリティ（現代の聖地ツーリズム、ペット葬ブーム ほか）、第4章 日本のカルト問題（日本のカルト問題—オウム真理教1、時代の価値意識と信者の指向性—オウム真理教2 ほか）、第5章 日本人の幸せと宗教（高邁なる大志と逆境、原発事故被災と震災復興 ほか）
2017.5 280p B6 ¥2600 ①978-4-8329-3399-6

◆旅する民間宗教者—歓待と忌避のはざまに生きて 西海賢二著 岩田書院
【目次】第1章 近世の木食僧（木食観海—勧進と聖のはざまで、木喰行道—微笑仏の聖、木食観正—逸亡者としての旅、木食仏山—渚の聖、菅江真澄と木食）、第2章 村に入り来る民間宗教者（霊威を求める民間宗教者—御師を中心にして、陰陽師指田摂津藤諠の旅）、第3章 庶民の霊地参詣と遊山（羽黒修験道と飯豊山信仰—道中日記が活写するみちのくの山岳信仰、善光寺道中日記を読む、武蔵野の戸隠講—江戸期農民の所乞信仰、旧跡巡行、奥州からの霊地参詣—富士・四国と南九州との関連から、東海道小田原周辺の練り歩き—女たちの盆踊りを中心に）
2017.7 196p B6 ¥2600 ①978-4-86602-990-0

◆多文化時代の宗教論入門 久松英二、辻野東生編著 （京都）ミネルヴァ書房
【要旨】冠婚葬祭やグローバル化した社会との関係など日常の宗教から、世界三大宗教（キリスト教、イスラーム、仏教）に至る議論を通じて、宗教間の対話の可能性を探る。初学者の疑問に応える入門書。
2017.6 259p A5 ¥3200 ①978-4-623-08045-8

◆なぜ私たちは生きているのか—シュタイナー人智学とキリスト教神学の対話 佐藤優、高橋巌著 平凡社 （平凡社新書）
【要旨】神なき時代、人間のエゴと欲望は肥大化し、それは私たちの生きづらさを引き起こしている。国家・資本・宗教を切り口に、物質世界のなかで精神生活の重要性を説くシュタイナー人智学の第一人者高橋巖と、キリスト教神学と現代社会を取り結ぶ著作活動をつづける佐藤優が、世界のあり方を問い直す。「見える世界」と「見えない世界」の結びつきに光をあて、いま、ここに生きる意味を探る一冊。
2017.11 197p 18cm ¥820 ①978-4-582-85858-7

◆日本の奇僧・快僧 今井雅晴著 吉川弘文館 （読みなおす日本史）
【要旨】卓越した能力で政治・社会に大きな影響を与えた、奇僧・快僧たち。超能力や新たな倫理、横紙破りな生き方、新しい信仰のかたちで人々の心をとらえ、時代を変えていった。彼らの行動と魅力に満ちた実像を検証する。
2017.11 197p B6 ¥2200 ①978-4-642-06755-3

◆反知性主義と新宗教 島田裕巳著 イースト・プレス（イースト新書）
【要旨】「日本的反知性主義の系譜」を説き明かす—アメリカのキリスト教が生み出した「反知性主義」は、ついにはトランプ大統領を誕生させ、その潮流の勢いを再確認させた。この言葉はポピュリズムに近い意味合いで使われることもあるが、本来は「知性」や「知的な権威」に異を唱え、誰しもが持っている「知能」を信頼する考え方をさす。日本でそれらを体現したの

仏教　508　BOOK PAGE 2018

は、創価学会などの新宗教であり、政治や経営の中にも浸透していった。いま、日本社会に顕著な思想の実体を宗教学者・島田裕巳が徹底解剖する。
　2017.2 238p 18cm ¥860 ①978-4-7816-5081-4

◆ポスト多文化主義教育が描く宗教—イギリス"共同体の結束"政策の功罪　藤原聖子著　岩波書店
【要旨】IS(イスラム国)に多数の若者が渡航しているイギリス。しかし教育界は手をこまねいているわけではない。二〇〇一年の米国同時多発テロ、〇五年のロンドン地下鉄テロを経て、公教育の宗教科の教育内容と学習目標を、それまでの多文化主義的・異文化理解型から、学校・地域社会・国家・世界の諸レベルでの「共同体の結束 community cohesion」促進をめざす市民性教育型に改める試みが本格化してきた。それにより、教育のなかで宗教はどう変形され、利用されているか。宗教観や、各宗教の描かれ方はどのように変容しているか。こうした「コミュニタリアン的転回」にいたる歴史的背景を論じるとともに、その実態と問題性を、日本の教科書との比較を含め、教科書・シラバス等の資料にもとづき授業例・課題例を多数示しながら検証する。
　2017.3 280, 12p A5 ¥4500 ①978-4-00-024795-5

神話・神話学

◆アフリカの神話と伝説　キャサリーン・アーノット採録, 小室輝昌訳　東京図書出版, リフレ出版 発売
【要旨】広大なアフリカの大地に伝わる神話と伝説。
　2017.8 215p A5 ¥1800 ①978-4-86641-066-1

◆イラストで読むギリシア神話の神々　杉全美帆子著　河出書房新社
【要旨】西洋の芸術作品を鑑賞するときに、絶対に役立つ神話の知識。わかりやすく親しみやすいイラストでストーリーと神々の特徴を紹介した画期的な一冊。
　2017.2 135p A5 ¥1600 ①978-4-309-25574-3

◆新・神話学入門　山田仁史著　朝倉書店
【目次】聖書という前提—ユダヤ=キリスト教世界、古典古代の遺産—ギリシャとローマ、新世界との出会い—南北アメリカ大陸、『エッダ』や『オシアン』の衝撃—ゲルマンとケルト、比較言語学から宗教学・神話学へ—インドとイラン、ロゼッタストーンとギルガメシュ—エジプトとメソポタミア、南海の魅惑—オセアニア、翻訳された日本・琉球・アイヌの神話、新大陸との再会—マヤ・アステカ・インカ、フェティッシュとシャマン—アフリカと北ユーラシア、宜教と民俗誌—東南アジア、シノロジーから東アジア学へ—中国と朝鮮半島
　2017.4 193p A5 ¥2500 ①978-4-254-50025-7

◆世界神話学入門　後藤明著　講談社(講談社現代新書)
【要旨】亡き妻を求めて冥界に下るイザナキとオルフェウス。海幸・山幸神話と釣針喪失譚。—なぜ世界中でよく似た神話が見られるのか? 近年까지에 많은 사람들에게 エキサイティングな仮説=世界神話学説とは? 最新の神話研究とDNA研究のコラボが解明! ホモ・サピエンスの壮大なドラマ。
　2017.12 282p 18cm ¥900 ①978-4-06-288457-0

◆世界神話入門　篠田知和基著　勉誠出版
【要旨】想像力の源泉、古代からの声—。宇宙の成り立ち、異世界の風景、異類との婚姻、神々の戦争と恋愛…世界中の神話を類型ごとに解説し、神話そのものの成立に関する深い洞察を展開する。『世界神話伝説大事典』との姉妹編。
　2017.5 273p 19×13cm ¥2400 ①978-4-585-22165-4

◆世界鳥類神話　篠田知和基著　八坂書房
【要旨】太古の昔、神は鳥だった—世界を飛び翔り、天と地を結ぶ、羽の彩りと歌声の美妙で人を魅惑する鳥を巡る神話伝承を、物語や詩、絵画の領域にまで探り、人類史の大空へのあこがれを跡づける壮大な鳥の神話学。『世界動物神話』『世界植物神話』に続き、比較神話学の第一人者が積年の研究の圧倒的な蓄積を基に綴る第三弾!!
　2017.6 221p A5 ¥2800 ①978-4-89694-236-1

◆ゼロからわかるインド神話　かみゆ歴史編集部編著　イースト・プレス
【要旨】多面的で個性豊かな神々。壮大かつ神秘的な世界を一挙紹介!!ダイアグラム、図版&イラストで徹底解説! キャラクター&エピソード満載!!!
　2017.12 205p B6 ¥680 ①978-4-7816-1622-3

◆ゼロからわかるギリシャ神話　かみゆ歴史編集部編著　イースト・プレス(文庫ぎんが堂)
【要旨】カオス(混沌)からはじまる宇宙生成で幕を開けるギリシャ神話。次々と神が生まれる中、父クロノスを倒し、頂点に君臨したのが最高神ゼウスである。オリュンポスの神々は喜怒哀楽が激しく、しばしば愛憎劇をくりひろげ、それは時として星座の物語となった。ヘラクレスやペルセウスなどの英雄たちも舞台に同居しながら、冒険譚、恋愛劇などが縦横無尽に展開される。世界中で親しまれている神話の世界をキャラクター&エピソード満載で紹介!
　2017.4 220p A6 ¥686 ①978-4-7816-7155-0

◆ゼロからわかる北欧神話　かみゆ歴史編集部編著　イースト・プレス(文庫ぎんが堂)
【要旨】最高神オーディンは原初の巨人ユミルを殺害し、巨大樹ユグドラシルを中心とした世界を創造した。そこでは神々や巨人、小人たちが9つの国に分かれて暮らし、雷神トール、戦乙女ヴァルキューレ、魔女グルヴェイグなど、個性豊かな面々が、旅や賭け事、戦い比べ、恋愛などに興じている。しかし、世界はラグナロクによって破滅へと向かうことが予言されていた—。さまざまな魅力が詰まった北欧神話の世界をキャラクター&エピソード満載で紹介!
　2017.4 221p A6 ¥686 ①978-4-7816-7156-7

◆日本神話はいかに描かれてきたか—近代国家が求めたイメージ　及川智早著　新潮社(新潮選書)
【要旨】絵葉書・引札・挿絵に見る、逸脱と変容の神話図像。明治維新以降、天皇による支配の正統性を国民に刷り込むべく、『古事記』『日本書記』がさまざまにビジュアル化されていった。イザナキ・イザナミ神の国生みから、スサノヲ神によるヤマタノオロチ退治、イナバのシロウサギ譚、神武天皇や神功皇后の雄姿まで、原典にはない要素を加えながら巷にあふれたイメージの数々。この国ならではの受容のかたちを探る。
　2017.10 221p B6 ¥1700 ①978-4-10-603817-4

◆「日本」の起源—アマテラスの誕生と日本語の生成　福田拓也著　水声社(水声文庫)
【要旨】『古事記』の「天の石屋戸伝説」と山上憶良の「日本挽歌」に着目しながら、日本の起源ともいえるアマテラスの誕生の謎をたどる。古来から連綿と息づき、いまも日本の深層意識に眠る"日本"という複合的システムの在り処を探った新しい日本論。
　2017.3 185p B6 ¥2500 ①978-4-8010-0237-1

◆深読み! ギリシャ星座神話—独自の解釈でもっと楽しむ　浅田英夫著　地人書館
【要旨】星占いでおなじみの黄道12星座やオリオン座などメジャーな星座の神話世界の"舞台裏"! ギリシャ星座神話を現代風にアレンジした物語と、著者独自の解説・解釈を交えながら紹介する。
　2017.7 238p A5 ¥2000 ①978-4-8052-0910-3

◆北欧の神話　山室静著　筑摩書房(ちくま学芸文庫)
【要旨】キリスト教流入以前のヨーロッパ世界を鮮やかに語り伝える北欧神話。グングニールを携えた戦いの神にして知識の神オーディン、あらゆるものを粉砕する槌をもつ雷神トール、神々の世界に評判をもたらすトリックスター・ロキなど、バラエティーに富んだ神々や巨人、小人たちが登場するこの神話は、神々と巨人たちとの最終戦争という壮絶な幕切れでも知られる。その特異な世界観は人々を魅了し、これまで多くの芸術やファンタジーの源となってきた。本書では、そんな北欧神話の代表的な物語や主要な神々をわかりやすく紹介。北欧文学研究の第一人者による、北欧神話の世界への最良のガイド。
　2017.3 238p A6 ¥1000 ①978-4-480-09793-4

◆女神信仰と日本神話　吉田敦彦著　青土社
【要旨】日本の神話における女性の神々の役割を多角的に分析し、現在にいたるまで私たちの信仰や生活に影響をあたえつづけている女神の力を、日本だけでなく、他の地域の古代信仰や男性との比較から明らかにする。
　2018.1 155p B6 ¥2000 ①978-4-7917-7032-8

◆萌える! エジプト神話の女神事典　TEAS事務所著　ホビージャパン
【要旨】イシス、セクメト、バステト…古代エジプト神話は女神天国! 総数63柱! 女神たちのヒ・ミ・ツを紹介! カラーイラスト総数40枚。3000年間(!)生き続けるエジプト神話の解説はもちろん、神聖文字「ヒエログリフ」の読み方もわかる! エジプト神話入門。
　2017.4 191p B6 ¥1600 ①978-4-7986-1435-9

仏教

◆青虫は一度溶けて蝶になる—私・世界・人生のパラダイムシフト　藤田一照, 桜井見典, 小出遥子著　春秋社
【要旨】宇宙のパワーから生まれた究極の「福の神」。あなたは「聖天さま」を知っていますか? それは千古の昔より多くの人に祈り継がれてきた絶対の秘仏「大聖歓喜天」。あらゆる祈願を必ず成就するといわれる至極の天尊。そのパワーを頂くための正しい祈り方がここにあります。
　2017.5 200p B6 ¥1600 ①978-4-393-13597-6

◆あなたに出会えてよかったぁ—おじぞうさんと心のつぶやき　石原晴美著　(福岡)西日本新聞社
　2017.10 63p A5 ¥1200 ①978-4-8167-0945-6

◆あなたの願いを叶える最強の守護神 聖天さま　羽田守快著　大法輪閣
【要旨】宇宙のパワーから生まれた究極の「福の神」。あなたは「聖天さま」を知っていますか? それは千古の昔より多くの人に祈り継がれてきた絶対の秘仏「大聖歓喜天」。あらゆる祈願を必ず成就するといわれる至極の天尊。そのパワーを頂くための正しい祈り方がここにあります。
　2017.4 271p B6 ¥1800 ①978-4-8046-1394-9

◆阿毘達磨仏教における業論の研究—説一切有部と上座部を中心に　清水俊史著　大蔵出版
【要旨】仏教は因果の理論をどのように体系化したのか—古代インドの宗教家たちは、業報輪廻の世界を苦しみと捉え、それを終極させ解脱する方法を探究した。本書は、仏陀直説と伝わる初期経典(阿含・ニカーヤ)から、かつて北西インドを席巻した説一切有部と、スリランカを中心に今も栄える上座部の教理までを考察の対象とし、仏教が業報輪廻の世界をいかに認識・分析し教理化していったかを浮き彫りにする。
　2017.9 530p A5 ¥13000 ①978-4-8043-0592-9

◆天野山金剛寺善本叢刊 第一期　後藤昭雄監修・編, 仁木夏実, 中川真弓, 荒木浩, 近本謙介編　勉誠出版
【目次】第1巻 漢学(影印、翻刻、解題)、第2巻 因縁・教化
　2017.2 2Vols.set A5 ¥32000 ①978-4-585-21211-9

◆生かされて生かして生きる　青山俊董著　春秋社　新版
【要旨】どんな過去も、今日の生き方ひとつで光ってくる。たった一度きりの人生。どのように"生かされて"いきますか? 悩みや苦しみの尽きない人生を、幸せに過ごすには。随一の女性僧侶が最高の「生き尽くし方」を語る。
　2017.2 231p B6 ¥1500 ①978-4-393-15341-3

◆生きる稽古 死ぬ稽古　藤田一照, 伊東昌美著　日貿出版社
【要旨】仏教は苦悩を苦悩にしているという、苦悩のカラクリを教えてくれる。
　2017.8 255p B6 ¥1600 ①978-4-8170-8239-8

◆"いのち"を生き切る　則竹秀南著　春秋社
【要旨】一度の人生、あなたはどう生き、どう死にますか。自らの半生を振り返りつつ、人が生きてあることの大切さを切々と語る、珠玉の人生法話集!
　2017.9 222p B6 ¥1600 ①978-4-393-14430-5

◆ヴィパッサナー瞑想—智慧を開発し解脱に導くマインドフルネスの実践教本　マハーシ・サヤドー著, 星飛雄馬訳　サンガ(サンガ文庫)
【要旨】マハーシ・サヤドー(1902〜1982)は、20世紀のミャンマーを代表する瞑想指導者で、仏教瞑想の代名詞といえるヴィパッサナー瞑想を世界に広めた、テーラワーダ仏教の大長老である。1954〜1956年にヤンゴンで開かれた第六結集では質問者の大役を務め、このとき編纂された三蔵経典のすべてのテキストに対して責任を負う委員も務めた。教学と実践において突出した存在として、国内外で精力的に活動し、以降の仏教に強い影響を与えている。本書は、瞑想入門の理論と実践の書として最初ビルマ語で書かれ、その後英訳され、広く英語圏で読まれ

◆うちのお寺の総本山―わが家の "宗教を知る" シリーズ　わが家の宗教を知る会著　双葉社　（双葉文庫）
【要旨】大人気シリーズ待望の文庫オリジナル版。わが家の宗派の総本山のことが、この一冊でまるわかり。日本の仏教13宗派の総本山と重要寺院の場所と歴史を解説。
2017.3 237p A6 ¥611 ⓘ978-4-575-71462-3

◆永観『往生講式』の研究―影印・訓訳　養福寺蔵本『往生講私記』　五十嵐隆幸著　（京都）思文閣出版
【目次】史料篇―養福寺蔵本『往生講私記』、論文篇―永観『往生講私記』における信仰とその思想・新資料『往生講私記』を中心として（講式と絵画、講式の流布、永観の著述、『往生講式』の形成過程、養福寺蔵本『往生講私記』にみられる特色、『往生講式』における念仏往生思想、永観とは、まとめ）
2016.12 75p B5 ¥2500 ⓘ978-4-7842-1844-8

◆縁を生きる　中野東禅著　（大阪）創元社
【要旨】命の縁、おかげさまの縁、こころの縁をどう生きますか。
2017.5 158p B6 ¥1200 ⓘ978-4-422-14029-2

◆えんぴつでなぞれば心が安らぐやさしい写仏―仏を写せば心が癒される　人気国宝仏30体以上収録！　濱田悠介仏像画、主婦の友社編　主婦の友社
【要旨】細かな筆さばきも、難しい彩色も必要なく、えんぴつでお手本の線を一本一本ゆっくりとなぞるだけ。誰もが一度は見たことがある人気の国宝仏を30体以上収録。
2017.6 79p B5 ¥1200 ⓘ978-4-07-424088-3

◆お経は本当にありがたいのか？　水下心賛著　幻冬舎メディアコンサルティング、幻冬舎発売
【要旨】非能力主義の世襲社会、教育制度の欠落。変革を拒む組織体制…本当に死後を任せて大丈夫？　現役僧侶が暴く寺社会の光と闇。
2017.1 163p B6 ¥1000 ⓘ978-4-344-91081-2

◆教えて！　仏さま―あなたに寄りそう仏さまBOOK　悟東あすか著　（川崎）じゃこめてい出版
【要旨】悩み・苦しみ・夢・希望―あなたの「願い」を叶えてくれる21の仏さま。お願いの仕方、心構え、ご真言、「知ってとくする仏さまのおはなし」も掲載。
2017.9 136p 17×15cm ¥1400 ⓘ978-4-88043-449-0

◆お坊さんが教える新発見！　日本の古寺　松島龍戒監修　三栄書房
【要旨】境内から見る絶景、弾痕が残る門、UFOのような謎の建築物…こんなお寺があったのか！　日本仏教を代表する大寺院から知られざる小院まで、個性豊かなお寺を厳選紹介！　お寺の見所がわかれば、お寺めぐりは10倍楽しくなる。
2018.1 158p A5 ¥1300 ⓘ978-4-7796-3502-1

◆お坊さんに聞く108の智慧―この世の憂さを晴らす　田中ひろみ著　藝術学舎、幻冬舎発売
【要旨】お坊さん達の言葉の中には生きるヒントがたくさんあります。108の憂さを晴らすために、五人のお坊さんの智慧を借りました！
2017.3 143p B6 ¥1400 ⓘ978-4-344-95317-8

◆お星さまは知っている―おかげさまの心で　赤川浄友著　国書刊行会
【要旨】アウシュヴィッツを生き延びた精神科医の話、高校受験に失敗した中学生の話、結婚についての詩、植木等と父親の話、世論調査…著者自身が感動したこと、考えさせられたことなど、さまざまな例を紹介しながら、困難にあってもユーモアを忘れないこと、感謝して生きることの効用について語る。
2017.8 212p B6 ¥1500 ⓘ978-4-336-06200-0

◆オンマニベメフン―「生きる」意味を求めて　野口法蔵著　七つ森書館
【要旨】人は、何のために生まれてきたのか？　アジア諸国―タイ、インド、チベット、スリランカを巡る旅が始まり、ヒマラヤ山脈を命懸けで越冬し、壮絶なる自己との闘いの末、インドの秘境・ラダックで得度した著者の原点を記す。
2017.7 252p B6 ¥1800 ⓘ978-4-8228-1782-4

◆必ず役立つ仏教ドリル―葬式、仏事、年中行事、参拝のことがよくわかる　瓜生中監修　NHK出版（なるほど！）の本
【要旨】知っていそうで、実は知らないことの多い仏教―。そんな仏教のあれこれが全43問でわかります！
2017.12 127p B6 ¥1200 ⓘ978-4-14-011357-8

◆鎌倉仏教と専修念仏　平雅行著　（京都）法藏館
【要旨】顕密体制論とは結局何か？　顕密体制論は何を提起し、どのような達成があり、何が課題として残されているのか―。顕密体制論の立場から、鎌倉仏教と専修念仏の歴史を読み解く。
2017.6 519, 11p A5 ¥9000 ⓘ978-4-8318-6246-4

◆歓喜天信仰と俗信　笹間良彦著　雄山閣
（『歓喜天（聖天）信仰と俗信』改題書）　新装版
【要旨】聖天さんと呼ばれることもある歓喜天。大型歓喜天、難提最自在天、俄那鉢底、毘那夜迦などの名をもつこの仏神。ルーツとなるヒンドゥー教の神ガネーシャが、仏教に取り込まれ歓喜天となる中で、どのように変化していったのか。日本で信仰が広まる中どのように変遷していったのか。丁寧に跡づけた一書、復刊！
2017.7 188p B6 ¥1800 ⓘ978-4-639-02498-9

◆かんたんイス坐禅のすすめ　Kosyo著　スモール出版
【要旨】イスに座るだけで、誰でも気軽にはじめられるイス坐禅の「技術」や「コツ」を分かりやすく紹介。イス坐禅を通して、ストレスに負けない「しなやかで強い心」の育み方を教えます。話題のマインドフルネスにも通じる "イスを使った坐禅" のすすめ。
2017.3 157p B6 ¥1300 ⓘ978-4-905158-41-7

◆清水寺にあいにこないか　大西英玄、大西晶允、大西皓久、森清潤共著　日本ビジネスプラン
【目次】仏さんと向き合う、自分自身と向き合う（心身の予防と準備、仏さんは自身の心の中にほか）、生かされて生きている（お釈迦さんの手のひら、仏法こそは幸せのレシピ　ほか）、真似て磨いて自他を照らす（出家と行、知恵と知慧ほか）、生きること死ぬこと（水の縁、観音様のお手　ほか）
2017.9 255p B6 ¥1800 ⓘ978-4-86114-497-4

◆「空」の発見―ブッダと龍樹の仏教対話術を支える論理　石飛道子著　サンガ（サンガ文庫）
【要旨】「空」とは何か？　それは仏教において、「語り」と「ことば」に関わるすべてを貫く論理である。その意味は「中身はからっぽ」というシンプルなものであるが、では現実において、「空」はどのような姿をとって現れるのだろうか？　そして、「空」の論理がいきわたることによって成り立つスムーズな対話とは？―仏教の開祖・ブッダと「空」の理論家・龍樹の偉大な智慧に導かれながら、変幻自在なその姿を様々な角度から明らかにしていく珠玉の18作品！
2017.4 436p A6 ¥1500 ⓘ978-4-86564-109-7

◆暮らしの中に仏教を見つける　織田顕祐著　（京都）法藏館
【目次】1　今、「幸せ」を考える（井の中の蛙、井も蛙も知らず、便利のないな現代社会、便利の陰に、大きな落とし穴　ほか）、2　生活の中で仏教に出会う（何が何と出会うのか、「仏教を学ぶ」と「仏教に学ぶ」の違い、「自分」のことを一番知らない、私　ほか）、3　不安は、実は宗教心だった（私の不安、お釈迦さまはなぜ、何不自由ない生活を捨てて出家したのか、出家のきっかけ　ほか）
2017.4 97p B6 ¥1000 ⓘ978-4-8318-8741-2

◆くり返し読みたいブッダの言葉　山川宗玄著、臼井治画　（名古屋）リベラル社、星雲社発売
【要旨】穏やかで自由な心になるためのブッダの教えを、わかりやすく解説します。「とらわれない」無我の思想で伸びやかに生きる。心を洗う69の言葉。
2017.1 157p B6 ¥1200 ⓘ978-4-434-22945-9

◆現在を生きる仏教入門　古田和弘著　（京都）東本願寺出版（真宗新書）
【要旨】「いま、なぜ仏教なのか？」という問いを念頭に、釈尊からはじまり、インドから中国を経て親鸞聖人の教えに至る仏教の真髄をわかりやすくひもといた、仏教を初めて学ぶための入門書。
2018.1 193p 18cm ¥780 ⓘ978-4-8341-0568-1

◆心を省みる―四季折々の仏教の教え　長谷慈弘著　（高松）瀬戸内人
【要旨】今年の桜は、どう見えましたか―心の在り方によって変わる、風景があります。讃岐発のみずみずしい仏教エッセイ集。四国新聞の好評連載を書籍化。
2017.3 193p B6 ¥1800 ⓘ978-4-908875-08-3

◆心が軽くなる仏教とのつきあいかた　勝桂子著　啓文社書房、啓文社　発売
【要旨】ハッピーになれなければ仏教じゃない！　気軽に通えて話せて、行けば心を軽くできる。そんな「マイいきつけ寺院」を見つけ、リバウンドしない心のおそうじを実現するために。
2017.11 207p B6 ¥1500 ⓘ978-4-89992-043-4

◆心と体が最強になる禅の食　千葉公慈著　河出書房新社
【要旨】道元禅師は、なぜ「食」にこだわり続けたのか？　"少食＋粥＋菜食" でパワーが生まれる秘密とは、精進料理で「精」を「進ませる」料理だった…。食べることは "気づき" の始まりだった！　パーフェクトフード「禅の食」こそ、幸福への近道。
2017.6 207p B6 ¥1300 ⓘ978-4-309-25366-4

◆この道をゆく―東香山大乗寺　山主就任十五周年記念　東隆眞著、北國新聞社出版局編　（金沢）北國新聞社
【目次】第1章　仏教のいちばん大切なこと、第2章　禅のこころ、第3章　大乗寺を中心に（金沢　大乗寺のうた、御開山徹通義介禅師七百回御遠忌、東日本熊本大震災義捐金NHK、金沢市、その他義捐金ほか）、第4章　大乗寺旧国宝国指定重要文化財石川県指定有形文化財（建造物）、附記　大乗寺の歴史、歴代住持系図、大乗寺の概要（大乗寺の歴史、東香山大乗寺歴代住持系図、大乗寺の概要）
2017.4 213p B5 ¥2593 ⓘ978-4-8330-2092-3

◆ごまかさない仏教―仏・法・僧から問い直す　佐々木閑、宮崎哲弥著　新潮社（新潮選書）
【要旨】どのお経が「正典」なのか。「梵天勧請」はなぜ決定的瞬間なのか。釈迦が悟ったのは本当に「十二支縁起」なのか。「無我」と「輪廻」はなぜ両立するのか。善い行いをしても「業」は生じるのか。日本仏教にはなぜ「サンガ」がないのか。日本の仏教理解における数々の盲点を、二人の仏教者が、ブッダの教えに立ち返り、根本から問い直す「最強の仏教入門」。
2017.11 301p B6 ¥1400 ⓘ978-4-10-603818-1

◆虚妄分別とは何か―唯識説における言葉と世界　小谷信千代著　（京都）法藏館
【目次】第1部　虚妄分別の解明をめざして（『中辺論』のテキストと翻訳、安慧の注釈の特徴、『中辺論』の構成、『中辺論』第一章の主題「虚妄分別」、所取・能取としての顕現、現象世界の生起と識転変、アーラヤ識の所縁と行相、行相と所取・能取、転識受と表象、七転識の両義性、虚妄分別の両義性と言葉、瑜伽行派はなぜ言葉を重視したか、『中辺論』（第一章　相品）釈・疏の原典解明（帰敬頌、論の綱要）、第3部　校訂テキスト
2017.1 261, 91p A5 ¥9000 ⓘ978-4-8318-7091-9

◆これだけは知っておきたい日本仏教文化事典　佐々木宏幹、山折哲雄監修、荒川正憲、梁原恒久、後藤典生、神野哲州編　大法輪閣
【要旨】日本文化における仏教の影響とルーツを明らかに。日本文化を13の分野に分けどのように影響を及ぼし、浸透してきたかを解説。
2017.6 486p A5 ¥7800 ⓘ978-4-9908331-0-7

◆さすらいの仏教語―暮らしに息づく88話　玄侑宗久著　（新座）埼玉福祉会　（大活字本シリーズ）
【目次】1（師子身中の虫、莫逆　ほか）、2（餓鬼、素性　ほか）、3（三千大千世界、女郎　ほか）、4（利益、薮と野暮　ほか）、5（えたい、微塵　ほか）、6（言語道断と自業自得、上品　ほか）、7（南無、七難　ほか）
2017.6 390p A5 ¥3300 ⓘ978-4-86596-174-4

◆坐禅の真実―「正法眼蔵　坐禅儀」・「大智禅師法語」提唱　酒井得元著　大法輪閣
【要旨】釈尊も達磨大師も終生常に坐禅をされた。共にすでに無上の覚りを得ていたのだから、それは覚りを得るための坐禅ではなかったことは明らかである。では「坐禅とは何か」。その真実を明らかにする書。
2017.10 254p B6 ¥2100 ⓘ978-4-8046-1400-7

◆坐禅要典―附　坐禅の仕方・心得　大法輪閣編集部編　大法輪閣　改訂新版
【目次】開経偈、搭袈裟偈、懺悔文、四弘誓願文、三帰依文（三帰戒文）、三帰礼文、舎利礼文、摩

仏教 / 哲学・心理学・宗教

訶般若波羅蜜多心経、消災妙吉祥陀羅尼（消災呪）、大悲心陀羅尼（大悲呪）ほか
2017.2 147p 18×10cm ¥800 ⓘ978-4-8046-1392-5

◆「悟り」は開けない　南直哉著　ベストセラーズ（ベスト新書）
【要旨】「坐禅」をする本当の理由とは？"ブッダの教え"その本質がわかる！ 恐山・院代が語るアウトサイダー仏教論。
2017.7 239p 18cm ¥815 ⓘ978-4-584-12558-8

◆三国伝来 仏の教えを味わう──インド・中国・日本の仏教と「食」　花園大学文学部監修、安永祖堂、松田隆行編　（京都）臨川書店（臨川選書）
【要旨】食の変遷から仏教のきた道をたどる──一流の講師陣による連続講座を書籍化。
2017.6 206p B6 ¥2100 ⓘ978-4-653-04435-2

◆地獄の経典─『正法念処経』の地獄136全解説　山本健治著　サンガ（『現代語・地獄めぐり─『正法念処経』の小地獄128案内』改稿・加筆・改題書）
【要旨】地獄はこんなに恐ろしい！「136種類の地獄」は、犯した罪によって種類が異なり、課される責め苦も違うという──西暦500年頃成立『正法念処経』に記された八大地獄と各16ずつある小地獄とは？
2018.1 322p B6 ¥1800 ⓘ978-4-86564-111-0

◆思想としての近代仏教　末木文美士著　中央公論新社（中公選書）
【要旨】日本における「近代仏教」はどのように形成されて、展開していったのか。本書は、こうした問いを念頭に、思想と実践の両面から、代表的知識人の営為に光をあてる。また、浄土、日蓮、禅という三系統について、それぞれの複雑な思想動向を取りあげていく。幅広い視点から、近代仏教の諸相をとらえた充実の書。
2017.11 421p B6 ¥2400 ⓘ978-4-12-110030-6

◆実践!!瞑想の学校─どうやって坐る？ なにがはじまる？ 日常にどう生かすか？　ネルケ無方、プラユキ・ナラテボー、藤田一照、島田啓介、宮下直樹、井上ウィマラ著　サンガ
【要旨】いま瞑想は「マインドフルネス」と呼ばれて、企業で、病院で、学校で実践が始まっているが、そのおおもとである仏教の瞑想には2600年の歴史がある。本質は変えないまま受け継がれ、時代に応じて姿を変えてきている仏教瞑想の、伝統的方法と現代的方法を第一線の指導者が紹介する。初心者に好適な、本格的な仏教瞑想の入門書。
2017.6 230p A5 ¥1600 ⓘ978-4-86564-089-2

◆慈悲のかたち─仏教ボランティアの思考と創造　大菅俊幸著　佼成出版社
【要旨】内なる自己を見つめつつ、外なる社会に働きかける。その一見矛盾した方向にある両者を統合するものは「慈悲心」である──。流動の時代に生きる現代人への激励を読み取るための現代仏教ノンフィクション。
2017.9 361p B6 ¥2200 ⓘ978-4-333-02768-2

◆社会に関わる仏教─この現実のただ中で　尾畑文正著　樹心社、星雲社 発売
【目次】社会に関わる仏教（自己とは何ぞや─今、問われている、戦争する自己・差別する自己、震災・原発事故を通して何が問われているのか、在家仏教を考える─人間の倫理と仏の倫理、悲しみは、今、世界をひらく一筋の声なき声をきく、社会に関わる仏教─「解放の神学」の地から考える）、仏教の社会倫理、仏教者の戦争責任
2017.10 220p B6 ¥1700 ⓘ978-4-434-23853-6

◆釈迦の教え　三上満著　武蔵野書院（原典でたどる仏教哲学入門 1）
【要旨】釈迦の深遠な思想を、誰にでもわかりやすく理解してもらえるよう、さまざまな工夫がなされている。「我」を巡る問題に焦点を据えた、覚りの内実をその独自の修習法と関連付けて有機的に説き明かすことによって、単なる知識の習得だけでなく、読者の理解を「腑に落ちる」次元にいざなう一書。
2017.3 379、7p A5 ¥2300 ⓘ978-4-8386-0470-8

◆柔訳 釈尊の言葉 第3巻　谷川太一著　電波社
【要旨】地獄に落ちる人、天国に行ける人。動物以下になってしまう人、象のように精神性高く生きる人。色情のサガに巻かれて落ちる人、自分自身がつくったワナを上手に抜ける人。世の法則に絡め取られる人、存在することに感謝して新しい自分を発見する人。愚かなままで終

わる人、「最高の人間」に至る人。釈尊直伝！「霊界法則」。全3巻シリーズ「原始仏典ダンマパダ」完結！
2017.8 319p B6 ¥1600 ⓘ978-4-86490-109-3

◆春夏秋冬 "自然" に生きる　塩沼亮潤著　春秋社
【要旨】野に咲く一輪の花のように──仙台秋保の里山から人生をよりよく生きるメッセージ。
2017.7 203p B6 ¥1400 ⓘ978-4-393-13409-2

◆図説 一度は訪ねておきたい！ 日本の七宗と総本山・大本山　永田美穂監修　青春出版社（青春新書INTELLIGENCE）
【要旨】延暦寺・金剛峯寺・知恩院・本願寺・永平寺・妙心寺・久遠寺…。日本仏教の原点に触れる仏教本による心洗われる旅！
2018.1 188p 18cm ¥1210 ⓘ978-4-413-04530-8

◆捨てる力─ブッダの問題解決入門　大喜多健吾著　ダイヤモンド社
【要旨】1円玉にも仏が宿っていると思えば、お金が貯まってきます。時間は生命。時間を有意義に使えば、問題は回避できます。「合わない人」こそが、あなたを成長させてくれます。あなたの「煩悩」を消せば、子どものやる気は引き出せます。人に知られることのない隠れた善行が、幸福をもたらします。顔は心を映す鏡。笑顔を心がけると身体も元気になります…悩みを解決する38のブッダの教え。
2017.7 189p B6 ¥1400 ⓘ978-4-478-06838-0

◆聖地・高野山で教えてもらった もっと！ 神仏のご縁をもらうコツ　桜井識子著　KADOKAWA
【要旨】今度は聖地に住む神様、仏様とお話してきました！ 空海さんとのおしゃべり、般若心経の教え、さらに写経や瞑想まで…神仏とつながるスポット案内から、リアルな宿坊情報まで─識子流、高野山スピリチュアルガイド。
2017.4 238p B6 ¥1400 ⓘ978-4-04-069135-0

◆聖（セイント）♡尼さん─「クリスチャン」と「僧職女子」が結婚したら。　露の団姫著　春秋社
【要旨】結婚式は2回、発達障害の発覚…笑って泣ける異宗教夫婦エッセイ！
2017.11 193p B6 ¥1400 ⓘ978-4-393-43651-6

◆石塔調べのコツとツボ─図説 採る 撮る 測るの三種の実技　藤澤典彦、狭川真一著　高志書院
【目次】1 石塔の見方─時代判定のコツ（層塔─古代の石塔、宝塔─真言・天台と地方色、五輪塔─時代のわかる重要ポイント、蓮弁と格狭間─表現の意味、宝篋印塔─源流と新旧関係、仏様の姿─木彫仏を知る）、2 石塔と向き合う─実測調査のツボ（実測の基本とアイテム、五輪塔の測り方 手順と着眼点、宝篋印塔の測り方 手順と着眼点、層塔の屋根と宝塔の塔身、荘厳部の測り方─反花座・基壇・格狭間・仏像・梵字・銘文、拓本の採り方、写真の撮り方）
2017.1 195、5p A5 ¥1400 ⓘ978-4-86215-165-0

◆絶対他力─共に救われる生き方　笹原浩彦著（福岡）梓書院
【要旨】本当の他力浄土とは真心の提案型営業！エコノミーを「経世済民」と訳したのは先人たちからの重要な伝言だった。宗教界と経済界のはざまに立ち、経営・仏壇業界の表と裏を見てきた著者が現代の病を読み解く。
2017.4 238p B6 ¥2000 ⓘ978-4-87035-599-6

◆葬式無用と言う和尚─先祖供養四百年の大誤解　中村寛行著　東洋出版
【要旨】釈尊「えっ、ワシそんなこと言うてるへんで！」じつは、殆どの日本人は「昭和40年以降」葬式をする必要がなかった。先祖供養四百年の大誤解。
2017.2 133p B6 ¥1400 ⓘ978-4-8096-7861-5

◆続・ゆかいな仏教　橋爪大三郎、大澤真幸著　サンガ（サンガ新書）
【要旨】仏教は日本人の精神の基層を形成する重要な要素である。それが日本人の無意識にまで定着したために、仏教がいかに現代社会において有用であるかが見えにくくなっている。紀元前五世紀に誕生した人類の宝ともいえる仏教が中国を経て伝来し、現代社会や日本人に残した痕跡をたどることで、今を生きる私たちにとっての仏教の意味を問い直し、これからの日本人を励まし、自ら耐えがたき困難な時代を生き抜き、強靭で豊かな日本へと変えていくための道を探る。
2017.2 193p 18cm ¥700 ⓘ978-4-86564-076-2

◆「そのままのあなた」からはじめる『修証義』入門─生死の問いを31節に学ぶ　大童法慧著　雄山閣
【目次】第1章 総序（問いを抱く、いのちを看るほか）、第2章 懺悔滅罪（慈しみの門、自他共にほか）、第3章 受戒入位（拠り所、信決定 ほか）、第4章 発願利生（菩提心を営む、「今・ここ」の「そのままの私」ほか）、第5章 行持報恩（修するは、師を持つほか）
2017.5 242p B6 ¥1800 ⓘ978-4-639-02481-1

◆醍醐寺文書聖教目録 第4巻 第六一函～第八〇函　総本山醍醐寺編　勉誠出版（醍醐寺叢書 目録篇）
2017.3 930p A4 ¥19000 ⓘ978-4-585-21039-9

◆『大乗起信論』を読む　竹村牧男著　春秋社
【要旨】空・唯識・如来蔵思想からなる珠玉の名作を読み解く。宗派・時代を問わず多くの人々を魅了してきた大乗仏教の綱要書を、法相唯識の教理と対照させて、一心二門三大四信五行からなる独自の体系をわかりやすく解説。
2017.1 272p B6 ¥3200 ⓘ978-4-393-11341-7

◆大乗起信論成立問題の研究─『大乗起信論』は漢文仏教文献からのパッチワーク　大竹晋著　国書刊行会
【要旨】『大乗起信論』の素材である漢文仏教文献、同論に含まれる北朝仏教固有の学説とインド仏教の撰述を確定し、馬鳴と真諦への仮託の経緯も解明。『大乗起信論』の北朝人撰述を確定し、馬鳴と真諦への仮託の経緯も解明。『大乗起信論』の出現以来、千五百年に亙る諸であった成立問題に終止符が打たれる。
2017.11 545、19p A5 ¥13000 ⓘ978-4-336-06187-4

◆高雄山神護寺文書集成　坂本亮太、末柄豊、村井祐樹編　（京都）思文閣出版
【目次】潅頂暦名、文書篇、記録篇、解題
2017.2 573、17p A5 ¥12500 ⓘ978-4-7842-1883-7

◆高田長老の法隆寺いま昔　高田良信著、小滝ちひろ構成　朝日新聞出版（朝日選書）
【要旨】2017年春に急逝した高田良信法隆寺長老最後の自伝。12歳で法隆寺の小僧となり、いたずら盛りの年頃に厳しい修行の毎日、師匠や周囲の大人の慈愛に満ちたまなざしの中、「瓦葺法師」に成長し、当代一の学僧として法隆寺の興隆に尽力するさまを、軽妙なエピソードを交えて語り下ろす。平安時代の史料を発見し、藤ノ木古墳被葬者論に一石を投じ、「法隆寺昭和資財帳」編纂事業を立ち上げて寺宝を編み直し、寺宝を再発見した。梅原猛氏との対決の裏側や、日本初の世界文化遺産登録、百済観音堂建立など、当時の古代史ブームの熱気も伝える。
2017.10 270p B6 ¥1500 ⓘ978-4-02-263063-6

◆ただ念仏せよ─絶望を超える道　中川皓三郎著　（京都）東本願寺出版（同朋選書）
【要旨】生きていることを貫いてある私たちの要求は何か。生活の中で感じる孤独や劣等感の内実を問い直し、自分が自分として生きるとはどういうことかを考える。
2017.10 119p B6 ¥1000 ⓘ978-4-8341-0567-4

◆多宝如来の日記　多宝仏金蓮著　幻冬舎メディアコンサルティング、幻冬舎 発売　増補版
【要旨】人類は「南無妙法蓮華経」を唱えることでマネー（金銭）に翻弄されることなく幸福な社会を築くことができる。そう信じて祈りを捧げ続けた著者の記録。
2017.11 415p B6 ¥1500 ⓘ978-4-344-91435-3

◆ダライ・ラマとチベット─1500年の関係史　大島信三著　芙蓉書房出版
【要旨】現在の14世と先代13世を中心に、古代チベット王国までさかのぼって歴代ダライ・ラマの人物像を描く。明治・大正期にチベットを目指した河口慧海、能海寛、寺本婉雅、成田安輝、青木文教、多田等観、矢島保治郎などについても取り上げ、なぜチベットが注目されてきたのかを明らかにする。2014年にダライ・ラマ14世が「転生相続システム」の廃止を発言。これに対する中国の対応など、これからのチベットから目が離せない。
2017.9 289p A5 ¥2500 ⓘ978-4-8295-0720-9

◆陀羅尼の世界　氏家覚勝著　（大阪）東方出版　新装版
【要旨】陀羅尼とは何か。原始仏教から密教に至る長大な流れの中で答える。陀羅尼のルーツとその発展形態をつぶさにたどり、真言密教の誕生と陀羅尼の思想をわかりやすく説き明かす。
2017.6 234p B6 ¥2000 ⓘ978-4-86249-286-9

仏教

◆ダンマ・ニーティ（さとりへの導き）―テーラヴァーダ（南伝上座）仏教パーリ語教訓詩（ミャンマー伝承） ウー・ヴィジャーナンダ僧正監修, 池田正隆訳註 （京都）方丈堂出版, （京都）オクターブ 発売
【要旨】仏教の開祖ブッダ（釈尊）が、かつて布教した東インドのマガダ地方を故地とする民衆語とされるパーリ（聖典）語による"教訓詩"のことを「ニーティ」という。すなわち、仏法の目的である「さとり・涅槃」へ導くための教訓詩集の最多偈数で、それらは序偈以外に合計二四章に大別構成された、ミャンマー（旧ビルマ）国内で現存する最も権威あるものとされる。詳細な註記を付けた待望の初めての日本語訳定本！ 2017.3 169p B6 ¥1700 ①978-4-89231-159-8

◆智恵の系譜―ロシアの愛智の精神と大乗仏教 谷寿美著 慶應義塾大学三田哲学会, 慶應義塾大学出版会 発売 （慶應義塾大学三田哲学会叢書）
【要旨】ロシアの愛智の精神を代表するソロヴィヨフ、その全一思想を介し、聖書世界と大乗仏教に広がる智恵の光芒を探る。 2017.3 104p 18cm ¥700 ①978-4-7664-2417-1

◆地球のほとけ お地蔵さま―あなたを必ず守ってくれる 羽田守快著 大法輪閣
【要旨】私たちの「苦しみ」を、代わりに引き受けてくださる方。なぜ、こんなにも慈悲深いのか。なぜ、こんなにも癒されるのか。その秘密がここにあります。お地蔵さまに抱かれて心豊かに生きる手記を付けた待望の本。 2017.7 263p B6 ¥1800 ①978-4-8046-1397-0

◆中世仏教文学の思想 沼波政保著 （京都）法藏館
【目次】第1章『撰集抄』の研究、第2章 中世仏教説話集の研究、第3章 仏教説話の研究、第4章 覚一本『平家物語』の研究、第5章 隠者文学の研究、附篇 中世仏教文学の周縁（中世文学にみる人間観、「雅び」の崩壊と継承、狂言綺語観の展） 2017.7 615p A5 ¥13000 ①978-4-8318-7715-4

◆ツォンカパ 菩提道次第大論の研究 3 ツルティム・ケサン, 藤仲孝司訳著 （京都）UNIO, 星雲社 発売
【要旨】自己の解脱を考える「小士の道次第」、解脱を求めた「中士の道次第」を説いた第1巻、利他のために最高の正覚を求める「大士の道次第」を説いた第2巻に続く、それを締めくくる観（ヴィパシャナー）を説いた章。主題は、縁起と空性と中道。インド大乗仏教のナーガールジュナ（龍樹）、チャンドラキールティ（月称）の示す深遠な空性を、論理学的方法により解明した未曾有の探求。 2017.10 664p B5 ¥15000 ①978-4-434-23618-1

◆テーリー・ガーター―尼僧たちのいのちの讃歌 植木雅俊著 KADOKAWA （角川選書）
【要旨】釈尊の教えに最も忠実といわれる「原始仏典」。そのうちの1つが、釈尊に直接教えを受けた尼僧たちの言葉でつづられた詩集「テーリー・ガーター」である。リアルな不幸や辛苦ゆえに、釈尊のもとに集った女性たちの、現代にも通じる悩みや苦しみ、そして喜びが赤裸々に記された不朽の名経典が、ここに新訳で蘇った。仏教が本来もっていた男女平等思想を明らかにする名著。 2017.7 291p B6 ¥1700 ①978-4-04-703617-8

◆天台学者の浄土思想 竹本公彦著 中央公論事業出版
【要旨】明代の著名な天台学者、幽渓伝灯の『浄土無生論』を中心に、天台教学者の浄土思想について検証。愛、正穀、達默等の註釈を参照し、さらに『浄土無生論』の出現に大きな影響を与えた、智顗（ぎ）、知礼等の浄土関係の著書を検証して、伝灯への影響を考察する。 2017.1 238p B6 ¥3000 ①978-4-89514-468-1

◆東京マインドフルネスセンター―ワークショップ入門 1 仏教瞑想の多面的適用 貝谷久宜, 長谷川洋介責任編集 サンガ
【目次】まえがき マインドフルネスを三つの流れから定義する、第1章 他者において価値一マインドフルネスの実践を通して安定する心、第2章 ボディーワークから坐禅の割り稽古へ、第3章 青空としての私を生きる―身体的感覚に気づき、シンキング・マインドからマインドフルネスにピッチャー交代、第4章 苦しみを越える仏教の伝えた実践―心を見つめる仏教瞑想のめざしたもの、第5章 考える

い練習と、考えをとらえない練習

◆東陽英朝 少林無孔笛訳注 1 芳澤勝弘編著 （京都）思文閣出版
【目次】東陽和尚少林無孔笛 巻之一（初住丹州路富山龍興禪寺語、住甲安城龍寶山大德禪寺語、再住米山龍興禪寺語、住尾張州青龍山瑞泉禪寺語、住堆葦語）、東陽和尚少林無孔笛 巻之二（住平安城正法山妙心禪寺語、住濃州賀茂郡不二菴禪寺語、住濃州法雲山定慧禪寺語、再住青龍山瑞泉禪寺語、開山濃州臨濟（こ）山大德禪寺語、住濃州龍慶山少林禪寺語）
2017.4 600p A5 ¥13000 ①978-4-7842-1894-3

◆ときめく御仏図鑑 門賀美央子, 嵐山晶, 瀬谷貴之監修 山と溪谷社
【目次】1 御仏の基礎知識（仏教の誕生、仏像の起こり ほか）、2 世にも美しい御仏図鑑（如来、菩薩 ほか）、3 御仏の美を楽しむ（曼荼羅の世界、禪宗絵画の世界 ほか）、4 御仏に会いに行く（博物館で御仏に会う、お寺を撮ってみよう ほか）、5 近ごろの御仏事情（現代仏師の世界、御仏イラストレーション ほか）
2017.4 127p A5 ¥1600 ①978-4-635-20239-8

◆敦煌寫本『大乘起信論疏』の研究 金剛大學佛教文化研究所編 国書刊行会 （金剛大學外國語叢書）
【要旨】曇無の義疏に先行し、法藏の義記に影響を与えた羽333Vは、2011年に初めて公開された。全文を解読してテクストと訳註とを作成し、解題論文によって思想史的位置づけを解明した訳注研究。
2017.6 352p A5 ¥8800 ①978-4-336-06171-3

◆那谷寺の歴史と白山・泰澄―開山一千三百年記念 木崎馨山, 室山孝孝 （小松）自生山那谷寺
【目次】第1章 原始・古代 白山信仰の源と越の大德泰澄（古代の信仰と岩屋寺、那谷寺、越の大德泰澄 ほか）、第2章 中世・近世 真言宗寺院としての歩みと白山（鎌倉・南北朝期の那谷寺と白山、那谷寺遺跡と宗教活動 ほか）、第3章 歴代住職とその時代（後正憲一高野山から招かれた中興開山、第二世慈昌 ほか）、第4章 那谷寺と文学（陣出達朗監修『那谷寺』より、短歌、俳句）、第5章 現在と未来の宗教（那谷寺の社会福祉事業について、公益事業那谷寺清水基金 ほか）
2017.9 238p B5 ¥2000 ①978-4-8330-2091-6

◆悩みや不安にふりまわされない！ こどもブッダのことば 齋藤孝監修 日本図書センター
【要旨】日本テレビ「世界一受けたい授業」でも話題のシリーズ！「ブッダのことば」をこども向けに超訳!!自分と向き合い、強く生きる方法をブッダはぼくたちに教えてくれます！
2017.9 71p 21x19cm ¥1500 ①978-4-284-20404-0

◆南山進流 声明大系 潮弘憲著 （京都）法藏館
【目次】上巻（南山進流声明の歴史と楽理、南山進流声明の諸法則）、下巻（南山進流声明の諸法則、南山進流声明の諸法、三箇秘韻、補欠篇）
2017.2 2Vols.set A5 ¥28000 ①978-4-8318-6229-7

◆似ているようで、こんなに違う日本の仏教宗派 歴史の謎を探る会編 河出書房新社 （KAWADE夢文庫）
【要旨】生きたまま仏になれると説くのは？ 経典や本尊を定めないのは？ お題目をとなえるのは？…など、宗派の特色を知ればわが家の仏教もぐっと身近になる！
2017.9 222p A6 ¥680 ①978-4-309-49975-8

◆日本の古寺101選―宗派別に特長と楽しみ方がわかる！ 廣澤隆之監修, ロム・インターナショナル編 成美堂出版
【要旨】お寺の基本から絶景、建築・仏像、教えまで。
2017.8 223p A5 ¥1300 ①978-4-415-32403-6

◆日本文化と仏教イマージュ 池見澄隆編 （京都）晃洋書房
【要旨】日本文化に影響をあたえた仏教的世界感覚とはどのようなものであったか。あの世とこの世の世界感覚をあらわす冥顕論を基底に、多様なテーマから各時代の心性を探る。
2017.4 220p A5 ¥4200 ①978-4-7710-2868-5

◆人間・釈迦 2 集い来たる緑生の弟子たち 高橋信次著 三宝出版 新装改訂版
【目次】第3章 緑生の弟子たち（ヤサの苦悩、伝道の旅立ち、病を癒す、火を拝む、ウルヴェラ・

カシャパーの帰依、三宝の意義、カシャパ兄弟の帰依、仏・法・僧の条件、乱入者、愛の十字架、竹林精舎の寄進、伝道の拠点、帰依のすすめ、機縁、帰依、お盆と供養、ウパヴッサの改心 ほか）
2017.6 291p 18cm ¥1000 ①978-4-87928-114-9

◆人間・釈迦 4 カピラの人びとの目覚め 高橋信次著 三宝出版 新装改訂版・第3版
【目次】第7章 人間として生きる女性（ベシャキャの帰依、女の業、パセナティー王の厚意ほか）、第8章 十二年ぶりの帰城（カピラに向かうブッダ、乞食集団の行進、両親、妻子との再会 ほか）、第9章 神理に生きるもの（一週間の反省、ブッダの思いやり、ウパリの入門 ほか）
2017.6 273p 18cm ¥1000 ①978-4-87928-115-9

◆ニンティクの研究―ロンチェンパの思想を中心に 安田章紀著 （浦安）起心書房
【要旨】チベット仏教最古の宗派・ニンマ派で、全仏教の頂点に位置づけられるゾクチェン。その奥義とされるニンティクを、ニンマ派を代表する学匠ロンチェンパ（14世紀）の著作を中心に原典自身の言葉により解明。「ロンチェンパ要集版」としての面も持つ一冊。
2017.9 510p A5 ¥11000 ①978-4-907022-11-2

◆念仏者 蜂屋賢喜代 伊藤益著 北樹出版
【目次】序章 蜂屋賢喜代とはだれか、第1章 万人悪人説、第2章 現在における救済、第3章 真の宗教、第4章 求道ということ、終章 愛の地平
2017.3 217p B6 ¥2000 ①978-4-7793-0527-6

◆バガヴァッド・ギーター―ローマ字とカタカナに転写したサンスクリット原典とその日本語訳 （逐子）日本ヴェーダーンタ協会
【要旨】アルジュナの苦悩、論理的思考の道、奉仕の道、知識・行為・放棄の道、離欲・無差別の道、瞑想（心の制御）の道、（至高者に関する）知識・識別の道、不滅の至高者（ブラフマン）に到る道、最高知識・最高神秘の道、神格認識の道、（至上神の）宇宙的形相拝見の道、信愛（バクティ）の道、場（物質源・肉体）と場の認識者（精神源・霊魂）識別の道、物質自然の三性質識別の道、超越霊（滅・不滅を超越した普遍存在）の道、神性と魔性を識別する道、信仰の三面識別の道、解脱の道
2017.7 222p 18x14cm ¥1400 ①978-4-931148-64-2

◆博士が遺した仏教ノート―住職と二足わらじ 川岸舜朗著 （名古屋）中日出版
【要旨】科学者が説く仏教とは「お坊さんは職業か？」愛知県みよし市「与願寺」第29代住職にして、生業は農学博士。科学者のフィルターを通した「仏教」を説く。
2017.11 162p A5 ¥2500 ①978-4-908454-16-5

◆墓と仏壇の意義 八田幸雄著 （大阪）東方出版 新装版
【要旨】在家の人々のために、仏壇と墓の歴史を説き、その本来的意義を明らかにする。また、仏教各宗派による祀り方を、現代語訳の経典と宗祖の解説ほかに明示する。懇切に説かれた日本仏教入門の決定版。
2017.8 272p B6 ¥2500 ①978-4-86249-291-3

◆裸の仏教 平野純著 芸術新聞社
【要旨】なぜブッダはわが子に「悪魔」と名づけたのか？ "聖人"の不都合な真実がてんこ盛り。ありのままのブッダがここにいる！
2017.4 231p B6 ¥1850 ①978-4-87586-509-4

◆花曼陀羅 森本博子著 春秋社
【要旨】兄の死から始まった「法の舞」の探求、縁談、八雲琴、花屏風、看取り。風雅の時、日々の苦悩や生死の深淵を見つめる。
2017.7 174p B6 ¥1700 ①978-4-393-13737-6

◆反骨のブッダ―インドによみがえる本来の仏教 高山龍智著 コスモ21
【要旨】日本人が知らなかった仏教の真髄。
2018.1 150p B6 ¥1400 ①978-4-87795-361-4

◆ひろさちやのいきいき人生 1 釈迦にまなぶ ひろさちや著 春秋社
【要旨】人生を宗教的に見直すシリーズ第1弾！ 苦しみにどう対処するか。釈迦・仏陀の説いた教えと実践を、大乗仏教の立場から語る、やさしくさわやかな人生論。
2017.9 211p B6 ¥1700 ①978-4-393-13411-5

◆深草元政『草山集』を読む―近世初期学僧のことばと心 口口智康編 勉誠出版
【要旨】近世初期、仏教界のみならず、文学そして出版界にも名を馳せたひとりの学僧がいた―

京都深草に庵を結んだ元政上人である。当時の人びとに愛され数多くの著作が版行されたが、元政の文学の精髄を集めた詩文集『草山集』の全編を読みやすい読み下し文にして収載。元政そして『草山集』の魅力を紹介する一書を付した。
2017.3 445p A5 ¥4800 ①978-4-585-21040-5

◆**ブータンの瘋狂聖ドゥクパ・クンレー伝** ゲンデュン・リンチェン編、今枝由郎訳 岩波書店 (岩波文庫)
【要旨】瘋狂聖の愛称を冠されるドゥクパ・クンレー(1455‐1529)は、ブータン人に語り継がれ、賞仰されてきた民衆的遊行僧。本来の仏教から堕落し形骸化した教団を痛烈に批判し、奔放な振舞いとユーモアで民衆に仏教の真の力を説く。型破りの遍歴、奇行、聖と俗にわたる逸話集は、ブータン仏教を知るための古典作品である。
2017.12 238p A6 ¥720 ①978-4-00-333441-6

◆**仏教とお金** 松岡幹夫著 (札幌)柏艪舎、星雲社 発売
【要旨】「お金」に振り回されずに生きる"活金主義"の人生の薦め―そのカギは仏の力。仏教を生きる著者が、お金から仏教の生命観・社会観を解き明かす。
2017.5 221p B6 ¥1400 ①978-4-434-23172-8

◆**仏教と科学が発見した「幸せの法則」—「心」と「私」のメカニズムを解き明かす** アルボムッレ・スマナサーラ、前野隆司著 サンガ
【要旨】「私」という幻覚を越え、ブッダの「真の幸福」へ! 2500年前の「ブッダの教え」と最新の「幸福学の研究」が、「幸せになる」で、重なり合いながら突き進む—生き方をダイナミックに変える白熱対談!
2017.11 286p B6 ¥1800 ①978-4-86564-102-8

◆**仏教の救い 4 アジャセ王の帰仏に学ぶ** 池田勇諦著 (金沢)北國新聞社出版局
【目次】第10講 アジャセの回心(上) ‐ 無根の信 ‐ 毒樹のような私から、香木の芽が吹いた(私の深い心に確かな信が生じた、治らない3つの病、五逆、謗法、闡提、道を求める心が断たれている「一闡提」の問題、「闡提」は浄土真宗のさとり、ティリッヒの表現「信仰とは何でないか」、肯定的な表現は分かりやすいが、それまでのこと ほか)、第11講 アジャセの回心(中) ‐ 回心の体験は ‐ 行き詰った今、一念、一瞬、聞こえてくる世界(『回心』は浄土真宗のさとり、ティリッヒの表現「信仰とは何でないか」、肯定的な表現は分かりやすいが、それまでのこと ほか)、第12講 アジャセの回心(下) ‐ 新しい関係 ‐ 自分を問う他者の存在が見えてくる(『もろもろの衆生のために』は横糸、救われるとは負の状態が改善されることではない、自我意識を立場とするほか)
2017.11 102p A5 ¥1800 ①978-4-8330-2086-2

◆**仏陀—その人と思想** 佐与土茂文、井上秀一画 清水書院 (マンガと図解で知る 1)
【目次】第1編 仏陀の生涯(仏陀(ブッダ)はいつ生まれたか、誕生、王としての教育、結婚、「四門出遊」と出家の伝説 ほか)、第2編 仏陀の思想(悪魔の誘惑、無記(形而上学的問題の廃棄)、中道、対機説法—人を見て法を説く、現実主義 ほか)
2017.11 215p B6 ¥1300 ①978-4-389-50068-9

◆**ブッダが教える執着の捨て方** アルボムッレ・スマナサーラ著 大和書房 (だいわ文庫)
【要旨】きっぱり捨てると、本当に必要なものが手に入る。心がスーッとなる「怒り」「思い込み」「儀式」「エゴ」の手放し方。
2017.10 205p A6 ¥650 ①978-4-479-30675-7

◆**ブッダたちの仏教** 並川孝儀著 筑摩書房 (ちくま新書)
【要旨】インドで誕生した仏教は、二千年以上の年月をかけ、アジアの広範な地域に伝播し、各地の文化に大きな影響を与えつつ、自らも多様に変化した複雑な宗教である。神にあるのではなく、歴史上の一人の人間ゴータマ・ブッダが発見した真理に端を発した仏教は、さまざまなブッダを輩出し、それぞれの仏教が独自性をもちながら多彩な変容を生み出し展開してきた。仏教の歴史をブッダたち「仏」と、それに基づく「教え」という二つの極をもつ運動としてとらえるダイナミックな論考。
2017.12 205p 18cm ¥760 ①978-4-480-07105-7

◆**ブッダに学ぶ「やり抜く力」** 佐々木閑著 宝島社
【要旨】やりたいことをできる自分になる。そのための方法は、2500年前にすでに存在した―。ブッダの教えに学ぶ、人生に効く自己変革の指南書。
2017.6 223p B6 ¥1200 ①978-4-8002-6835-8

◆**ブッダの真理** 牛尾日秀著 (福岡)みずすまし舎
【要旨】ブッダが悟られた真理の法とはどういうことか―。人間に内在するとどまることのない欲望という矛盾に解決を与えるものであり、これからの人類の幸福と発展をもたらすのである。その鍵は人間はなぜ生まれ、いかに生きるかという問いに答えてくれるブッダの真理にある。
2017.10 317p B6 ¥2500 ①978-4-944052-60-8

◆**ブッダの毒舌—逆境を乗り越える言葉** 平野純監修 芸術新聞社
【要旨】まず"ありのまま"を見よ! 癒されない、慰められない、痛いところを突きまくる。でもクセになる…"毒舌の極み" ブッダの名言集。
2017.9 158p 18cm ¥1300 ①978-4-87586-530-8

◆**ブッダはダメ人間だった—最古仏典から読み解く禁断の真実** 大村大次郎著 ビジネス社
【要旨】わざわざ苦しいことをするな! 誰だって自分が一番かわいい。この世には聖も俗もない。肉を食って何が悪いのか…恐るべきブッダの教えの真実!
2017.8 213p B6 ¥1300 ①978-4-8284-1965-7

◆**仏道に学ぶ心の修め方** 白取春彦著、しりがり寿イラスト ディスカヴァー・トゥエンティワン (『さわやかに生きる』再編集・改題書)
【要旨】悟りはずっと誤解されてきた。一つ目の誤解は、悟りを得るには特別な超能力のようなものが備わるというものである。これはブッダが用いた比喩を弟子たちが事実ととらえたことから生まれた。もう一つの誤解は、実際に悟るのは凡人にとってはなはだ困難だというものである。ブッダ自身が、これは誰にでもできる簡単な方法だと述べたにもかかわらず。本書はこれらの誤解をとき、悟りに至る道を可能なかぎり簡単に解説したものである。
2017.5 140p 18cm ¥1300 ①978-4-7993-2105-8

◆**仏法—テーラワーダ仏教の叡智** ポー・オー・パユットー著、野中耕一訳 サンガ 上製版
【要旨】タイ仏教界最高の学僧が明晰に語るブッダの真の教え。経典の引用に基づく的確なブッダの言葉によって導かれる、仏教の体系的な理解。テーラワーダ仏教を学ぶための必携の教科書となる一冊!
2017.4 422p A5 ¥3500 ①978-4-86564-081-6

◆**碧巌の空** 木村太邦著 春秋社
【要旨】「宗門第一の書」として今に伝わる『碧巌録』。その全百則の提唱、第三弾。
2017.12 250p B6 ¥2200 ①978-4-393-14431-2

◆**「法華経」を読む** 紀野一義著 大法輪閣
【要旨】どこまでも明るく、どこまでも肯定的に、風のごとくさわやかに生きていきたい!!壮絶な戦争体験を持つ仏教学の泰斗が、平易な言葉で自らの経験談やエピソードを織り交ぜ語った、諸経の王「法華経」の真髄。「法華経は現代にどのように生きるか」を追補して待望の名著復刊!
2017.11 256p ¥2000 ①978-4-8046-1401-4

◆**仏の道 衣の道—善光寺大本願鷹司誓玉上人** 鷹司誓玉著、信濃毎日新聞社編 (長野)信濃毎日新聞社
【要旨】仏縁にみちびかれ、入山して60年余—善光寺上人として、服飾史・有職故実の研究者として。
2017.10 107p B6 ¥2000 ①978-4-7840-8816-4

◆**梵字入門—願いをかなえるお守り文字** 小峰彌彦監修、中野展子著 東京堂出版 (付属資料：携帯用「守護梵字カード」)
【要旨】一つひとつの文字に神聖な力が備わる梵字。その意味・読み・書き方で、すべてがわかります。生まれ年の干支や月から、悩みや願いごとから、あなたを守り力をあたえてくれる文字を探してみませんか。
2017.12 125, 16p A5 ¥1500 ①978-4-490-20974-7

◆**梵文『普賢成就法註』研究** 田中公明著 渡辺出版
【目次】文献概説、Introduction、付表(Accompanying Tables and Diagrams)、Romanized Sanskrit and English Translation、ビブリオグラフィー(Bibliography)、あとがき(Postscript)
2017.6 284p A5 ¥3000 ①978-4-902119-27-5

◆**『摩訶止観』を読む** 池田魯參著 春秋社
【要旨】坐禅の原点へ。天台大師智顗(ぎ)の宗教体験と実践に基づく瞑想の指南書『摩訶止観』。その壮大で緻密な「止観」の体系を、要点を絞って簡潔に解説。
2017.3 366p B6 ¥3000 ①978-4-393-17165-3

◆**マハーバーラタ 上** チャクラヴァルティ・ラージャーゴーパーラーチャリ著、奈良毅、田中嫺玉訳 第三文明社 (第三文明選書)
【要旨】世界最大の叙事詩が、平易に語り直され、古代インドより甦る。百七の物語で記述されたバーラタ王朝の争い―その発端。
2017.7 335p 18cm ¥2000 ①978-4-476-18009-1

◆**マハーバーラタ 中** チャクラヴァルティ・ラージャーゴーパーラーチャリ著、奈良毅、田中嫺玉訳 第三文明社 (第三文明選書)
【要旨】世界最大の叙事詩が、平易に語り直され、古代インドより甦る。パーンドゥ家とクル家は、ついにクルクシェートラの会戦に突入。
2017.7 311p 18cm ¥2000 ①978-4-476-18010-7

◆**マハーバーラタ 下** チャクラヴァルティ・ラージャーゴーパーラーチャリ著、奈良毅、田中嫺玉訳 第三文明社 (第三文明選書)
【要旨】世界最大の叙事詩が、平易に語り直され、古代インドより甦る。激しく燃え盛る憎悪と流血の地獄から、神の国が示される未来へ。
2017.7 303p 18cm ¥2000 ①978-4-476-18011-4

◆**団姫流お釈迦さま物語** 露の団姫著 春秋社
【要旨】ブッダの生涯から生き方を学ぶ、落語家で尼僧の超ユニークな仏伝! 誕生から出家、修行、悟り、そして涅槃に至るまで、お釈迦さまの一生をならではの笑いのセンスも随所にまじえて楽しく語る。
2017.3 188p B6 ¥1500 ①978-4-393-13595-2

◆**見るだけですっきりわかる仏さま** 政田マリ監修、メディアソフト書籍部編 メディアソフト、三交社 発売
【要旨】イラストでわかる仏さま77体＋76の各パーツを詳しくご紹介!
2017.9 159p A5 ¥1400 ①978-4-87919-039-0

◆**無我仏教を語りつぐ—正福寺通信** 林寺脩明著 (京都)自照社出版
【目次】正福寺通信より—無我仏教を語りつぐ(お世話さまの人間世界、薫習ということ、掌を合わす世界への目覚めほか)、正福寺通信新年号特集(2007年から2017年)(教育現場に求めるもの、「貧格」を思う、それぞれの道に「初心」をほか)、正福寺通信一三三〇号に寄せる記念特集、我が想い四篇(我が人生の師塩尻公明、母を想う、勢至の智慧、二葉憲香師ほか)
2017.6 146p A5 ¥1500 ①978-4-86566-038-8

◆**もう迷わない!!正しい教えは一つ—謗法の苦悩から一転、歓喜の人生に** 大日蓮出版編 (富士宮)大日蓮出版 (法華講員体験談シリーズ 17)
【要旨】今、慈悲の折伏に立とう、懺悔に命懸けての弘通誓う、今度こそ本物の信心ができる、『ニセ本尊』は奪命者に!
2017.1 31p A5 ¥185 ①978-4-905522-51-5

◆**勿体なや祖師は紙衣の九十年—大谷句仏** 山折哲雄著 中央公論新社 (中公叢書)
【要旨】大谷光演(一八七五〜一九四三)は二つの顔をもつ人物だった。東本願寺第二十三世法主であり、高濱虚子、河東碧梧桐と交流した、句作に優れた文人でもあった。俳号は句仏。本書のタイトルは、その代表句である。俳句は正岡子規に私淑し、子規門下の高濱虚子、河東碧梧桐と交流した。僧衣に身を包む句仏は、なぜ俳諧の道を歩むことになったのか。句作の旺盛な句作活動や、虚子に宛てた書簡等を手がかりに、祖師・親鸞から芭蕉へ、そして句仏へといたる日本精神史の新たな水脈をさぐる。
2017.9 220p B6 ¥1600 ①978-4-12-004998-9

◆**薬師寺のお坊さんがやさしく教える はじめてのお写経—おしえてお坊さん** 薬師寺監修 (名古屋)リベラル社、星雲社 発売
【要旨】さあ、お写経を始めましょう。一文字書くごとに、心が落ち着いていきます。
2017.9 127p 21x19cm ¥1000 ①978-4-434-23834-5

◆**湯殿山系 即身仏の里** 野沢博美著 (秋田)無明舎出版
【要旨】人々を飢饉や天災、疫病から救うため即身仏となった上人たち。今も残る上人たちの遺物や山寺を訪ね、その信仰の風土や強靭な精神の源泉を追う写真紀行!
2017.3 125p A5 ¥1600 ①978-4-89544-623-5

◆落語に花咲く仏教―宗教と芸能は共振する
釈徹宗著 朝日新聞出版 （朝日選書）
【要旨】仏教を知れば、落語は何倍も楽しめる。宗教学者であり僧侶でもある著者が、小さい頃から親しんできた落語と宗教がじつは密接なつながりをもつことに着目し、歴史的に文化的に人間学的に読み解く。芸能の発生には宗教の儀礼がふかく関係し、古代の社会では宗教と芸能とアートは渾然一体となっていた。日本の「語り芸能」や「話芸」は仏教の説教の影響が大きく、説経節、講談、浪曲、落語などには仏教的要素があふれている。江戸時代の落語の祖である策伝上人『醒睡笑』から、現在の「八五郎出世」「子ほめ」「平林」などの源流をさぐり、僧侶や宗派仏教を揶揄する話を読み取り、宗教や芸能が交叉し響き合う部分を見通す。それは現代人の宗教性を成熟させる道のりでもある。「蒟蒻問答」や「始末の極意」「後生鰻」「松山鏡」「宗論」など人気の噺の理解がぐっと深まる。
2017.2 218p B6 ¥1400 ①978-4-02-263054-4

◆両界曼荼羅の仏たち 田中公明著 春秋社
【要旨】曼荼羅の諸尊のルーツに迫る。空海請来の現図曼荼羅を中心に、『大日経』『金剛頂経』やインド・チベットの作例と比較しながら両界曼荼羅の尊格が組み込まれるまでの経緯を明かす。図版95点。
2017.9 226, 16p B6 ¥2800 ①978-4-393-11257-1

◆老病死に勝つブッダの智慧―心と健康の因果法則 アルボムッレ・スマナサーラ著 サンガ 新装版
【要旨】2500年前に実証された「仏教の健康法」で「最高の幸福」を手に入れる！現代医療も注目する、お釈迦さまの治癒する力。
2017.3 275p B6 ¥1700 ①978-4-86564-079-3

◆論集 古代東大寺の世界―『東大寺要録』を読み直す GBS実行委員会編 （奈良）東大寺、（京都）法藏館 発売 （ザ・グレイトブッダ・シンポジウム論集 第14号）
【目次】基調講演 『東大寺要録』の原構造、特別講話 草創期の東大寺僧に思いをはせて、古代東大寺の楽舞と楽人、ブックロードにおける闕本・草本・真本・好本 『東大寺六宗未決義』その他を中心として、ネットワークとしての東大寺、全体討論会 古代東大寺の世界―『東大寺要録』を読み直す
2017.11 117, 9p A4 ¥2000 ①978-4-8318-0714-4

◆論集 日宋交流期の東大寺―奝然上人一千年大遠忌にちなんで GBS実行委員会編 （奈良）東大寺、（京都）法藏館 発売 （ザ・グレイトブッダ・シンポジウム論集 第15号）
【目次】基調講演 日中相互認識のなかの奝然、奝然入宋と「釈迦信仰」の美術―清凉寺蔵奝然請来出土品を参照して、奝然が見た唐宋絵画―平安後期画史の前提として、『宗鏡録』に説かれる根本釈迦像奝然請来釈迦立像に納められた線刻鏡に対する一考察、天皇と日宋の仏教文化、東大寺僧奝然と入実僧奝然、全体討論会 日宋交流記の東大寺―奝然上人一千年大遠忌にちなんで
2017.11 126, 8p A4 ¥2000 ①978-4-8318-0715-1

◆枠を破る 堀澤祖門著 春秋社
【要旨】「求道遍歴」の稀有の仏教者が、自らの半生を語る。混迷する社会のありようを見据えて、人が生きるとは何か、悟りとは何かなど、"生きる道"を示唆豊かに語る。
2017.11 216p B6 ¥1800 ①978-4-393-13410-8

◆私たちは今の世をどう生きるか 大谷暢順著 中央公論新社 （『蓮如の遺した教え知れるところを問ふ』増補・改題書）
【要旨】『蓮如の遺した教え知れるところを問ふ』に第四章「信心獲得」を増補。自己自身を問うことから新しい生き方を発見する。
2017.12 183p B6 ¥1700 ①978-4-12-005035-0

民間信仰

◆諏訪信仰の発生と展開―日本原初考 古部族研究会編 （名古屋）人間社 （人間社文庫―日本の古層 4）
【目次】諏訪信仰の性格とその変遷―諏訪信仰通史、薩摩の諏訪信仰、翻刻『諏訪祭禮之次第記』、穴巣始と外来魂―古諏訪祭政体の冬期構成、山中諏訪発―古諏訪祭政体の研究、諏訪神社下社祭政体の研究（1）、ちかとさま、千鹿頭神へのアプローチ、日光地方の千鹿頭神、祖父

真幸の日記に見る神長家の神事祭祀
2017.12 489p A5 ¥900 ①978-4-908627-17-0

◆立山信仰と三禅定―立山衆徒の檀那場と富士山・立山・白山 福江充著 岩田書院
【目次】第1章 霊場の形成と御師の活動―越中立山に見る加賀藩と立山衆徒、第2章 富士山・立山・白山を巡る三禅定の時期的変遷―三禅定関係史料の分析から、第3章 芦峅寺宿坊家の尾張国・三河国・美濃国の檀那場と三禅定関係史料、第4章 石造物資料に見る江戸時代の三禅定、第5章 芦峅寺宿坊家が東海道筋に形成した檀那場―特に駿河国と横浜の事例をとりあげて、第6章 芦峅寺衆徒が常陸国・上総国・下総国で形成した檀那場―最近の檀那場、第7章 芦峅寺教算坊が大坂で形成した檀那場と立山曼荼羅
2017 404p A5 ¥8800 ①978-4-86602-009-9

◆出羽三山―山岳信仰の歴史を歩く 岩鼻通明著 岩波書店 （岩波新書）
【要旨】近畿の大峰山、九州の英彦山とならぶ修験道の聖地、羽黒山。「雲の峰幾つ崩て月の山」と芭蕉が詠んだ主峰、月山。古来より「語るなかれ聞くなかれ」と伝えられる、湯殿山。信仰の山としての長い歩みと、今も各地に息づく多様な宗教民俗、そして名所・旧跡を解説。人々を惹きつけてやまない"お山"の歴史と文化を案内する。
2017.10 219, 7p 18cm ¥900 ①978-4-00-431617-7

説話・法話

◆頭の決まりの壊し方 小池龍之介著 小学館
【要旨】あなたがいつのまにか身につけた残念な常識を吹いて飛ばしてみませんか。優しい説法19題。
2017.11 205p B6 ¥1300 ①978-4-09-388578-2

◆一日一生 酒井雄哉著 朝日新聞出版 愛蔵版
【目次】第1章 一日一生、第2章 道、第3章 行、第4章 命、第5章 恵、第6章 和、酒井雄哉さんからいただいた「最後の言葉」、酒井雄哉さんと千日回峰行
2017.4 277p 18×12cm ¥1000 ①978-4-02-251461-5

◆いま、死んでもいいように―執着を手放す36の智慧 小池龍之介著 幻冬舎 （幻冬舎文庫）
【要旨】「自分らしく生きなければ」「健康でなければ」「老いてなる盛んでなければ」―現代人がいかに誤った思い込みで自分を苦しめているかを、ブッダの言葉をひもときながら説き明かす。自分が"いま、ここ"にいること、自分が"いま、ここ"でしていることだけに集中し、清々しく満ち足りた幸せを手にするための、心の持ち方、暮らし方。
2017.8 254p A6 ¥580 ①978-4-344-42637-5

◆えんま様の格言―心の天気は自分で晴らせ！ 名取芳彦著 永岡書店
【要旨】地獄の大王が教える、幸福への正しい道すじ。「心がすっきりかるくなる般若心経」他著者による心がラクになる言葉。
2017.10 207p 18cm ¥1400 ①978-4-522-43547-2

◆恩に気づく生きかた 淺田恵真、天岸淨圓著 （京都）自照社出版 （報恩講法話集 第17）
【要旨】「恩」を感じなくなった今、仏恩によってこそ、人が正しく"まこと"を心に宿す、お念仏を拠りどころとした生き方を語る。
2017.11 98p B6 ¥1400 ①978-4-86566-045-6

◆軽やかに生きる 泉田玉堂典 世界文化社
【要旨】心をもっと自由にするための、108の禅語。
2017.6 191p B6 ¥1300 ①978-4-418-17215-3

◆今日を死ぬことで、明日を生きる ネルケ無方著 ベストセラーズ （ベスト新書）
【要旨】心に響く人生のヒント集!!ドイツ人僧侶が伝える、日本人が知らずに実践している禅の教え。
2017.4 187p 18cm ¥741 ①978-4-584-12548-9

◆現代説教の真髄 神子上惠了述、洗聲会編 （京都）自照社出版 新編
【目次】第1講 説教の意義と由来、第2講 説教者の資格、第3講 練習の方法と作法、第4講 説教の組織、第5講 口調の研究、第6講 今後の問題、付録 獲麟寮規則
2017.7 146p A5 ¥1500 ①978-4-86566-041-8

◆こころころころ―はがきで送る禅のこころ 横田南嶺著 （京都）青幻舎
【要旨】海のように広い心で生きるには。はがきに託した76の「お寺からの教え」。
2017.12 143p 18×12cm ¥1400 ①978-4-86152-651-0

◆心に響く3分間法話 やわらか子ども法話 桜井俊彦著 （京都）法藏館
【目次】おもいやりの心（おもいやりの心、一休さんの話 ほか）、あしあと（あしあと、グッドバイ ほか）、亀は万年（亀は万年、おばあさんのさしあげもの ほか）、足るを知る（足るを知る、ビジネス ほか）、あずかりもの（あずかりもの、ぜんざいの話 ほか）
2017.5 94p B6 ¥1400 ①978-4-8318-8978-2

◆この世でもっとも大切な話―悩める人と共にある和尚の実話30 篠原鋭一著 興山舎
【要旨】どんなに落ち込んでも必ず希望の光がさします！涙あり感動あり、人と人の絆が織りなすここにしかない実話。
2017.7 209p B6 ¥1800 ①978-4-908027-47-5

◆人生の標準時計―苦悩なく生きる術 安達瑞光著 （大阪）風詠社 発売
【要旨】「世の中」は、なるようにしかならぬものなり。"心の悩み・人生相談"二十年の禅僧が語る！
2017.8 282p B6 ¥1700 ①978-4-434-23548-1

◆禅僧が教える心がラクになる生き方 南直哉著 アスコム
【要旨】不安・怒り・執着・嫉妬は手放せる。「自分を大切にする」ことをやめる。生きるか死ぬか以外に大したことない。永平寺で20年修行した、霊場・恐山の禅僧が説く"善く生きる"ヒント。
2017.7 238p 18cm ¥1100 ①978-4-7762-0957-7

◆禅の坊さんもぼやく。そして学ぶ。 永井宗直著 KADOKAWA
【目次】第1章 禅寺の社長さん業―仕事の話（あたりまえをあたりまえに、道端の石ころのように ほか）、第2章 イライラする日々―心の話（有り難い叱咤、地獄と極楽 ほか）、第3章 人見知りの僧、坊さんに一歩みの話（おさきに、どうも、禅への道 ほか）、第4章 命を見つめて―終わりの話（どこにいても、見えなくても、引導、そのはじまり ほか）
2017.2 158p 18cm ¥1200 ①978-4-04-104035-5

◆悩みごとに振りまわされない「生活禅」の作法 枡野俊明著 悟空出版
【要旨】生活禅とは、日常生活に禅的思考を少しだけ取り入れること。「疲れたなと思ったら、ちょっと背筋を伸ばしてみる」「思い立ったら、すぐに始める」「モヤモヤするときは、裸足になって足の指を刺激する」「時間に追われていると感じたなら、まず深呼吸をする」―。心とカラダの簡単ストレッチ！
2017.4 207p B6 ¥1200 ①978-4-908117-34-3

◆坊さんの妙薬小咄88話 松本修明著 国書刊行会
【要旨】今日も信者やお檀家がお寺を訪ね、「実は、ご上人…」と、抱腹絶倒の話題に花が咲きます。まるでお寺は、「万相談承り所」の様相です。境内に、黄金色の彼岸花の咲く、蓮華寺無庵の名物住職が綴る、珠玉の「妙薬小咄」88話―読んで、ほっこり和んでください。
2017.5 190p B6 ¥1600 ①978-4-336-06140-9

◆マインドフルな毎日へと導く108つの小話 アジャン・ブラム著、浜村武訳 （京都）北大路書房 （原書版）
【要旨】世界中で読まれているマインドフルネス指導者の笑える仏教小話。
2017.7 221p B6 ¥1800 ①978-4-7628-2979-6

◆マインドフルネスの原点―心の静寂と気づきの瞑想 アチャン・チャー著、出村佳子訳 サンガ （アチャン・チャー法話集 第2巻）
【要旨】深遠なる仏教の真髄を、平易な言葉で明晰に説き続けたタイの高僧アチャン・チャー長老。1960年代後半から70年代にかけて、アチャン・チャー長老がタイやイギリスで語った法話の中から、瞑想についての12の法話を厳選して収録。各国から集まった修行者たちはアチャン・チャー長老に感銘を受け、マインドフルネスはますます国際的に広がっていた。世界に影響を与えたマインドフルネスの源流に、時空を超えて触れる一冊。
2017.8 385p 18×12cm ¥3000 ①978-4-86564-098-4

◆やすらぎ説法―幸せへのプレゼント 大嶽正泰著 （静岡）静岡新聞社 （付属資料：CD1）

【要旨】SBS Radio East「和尚のやすらぎ説法」を本に!!番組の一部＆お経CD付。心のやすらぎを得るために―仏教の教えをはじめ、身近なエピソードや逸話、前向きに生きるヒントなど、心を豊かにするためのお話を、住職がわかりやすい言葉で語ります。
2017.4 127p B6 ¥1400 ①978-4-7838-9952-5

◆よか人生って、なんじゃろな―小さなお寺の田舎和尚 心が軽くなる名物法話　山本英照著　ディスカヴァー・トゥエンティワン
【要旨】人は死なыんば生きらればよか。いま命があるということは、なにかしらの役目があるですたい。…北九州の片田舎にある小さなお寺の和尚がつむぐ、あたたかく、ときに厳しいメッセージ。
2017.7 239p B6 ¥1500 ①978-4-7993-2121-8

巡礼

◆お遍路さん必携 四国霊場と般若心経　大塚耕平著　大法輪閣
【要旨】辺地修行から生まれたお遍路。ご心経が教え導く「空」の境地。仏教の心を平易に伝える座右の一冊。
2017.9 223p B6 ¥1300 ①978-4-8046-1399-4

◆お遍路は心の歩禅―現代版お遍路のススメ　坂上忠雄著　（福岡）梓書院
【要旨】歩きお遍路1400km・53日間の旅路に加え、お遍路の基本情報から、寄り道情報、快適に旅を進めるコツなどお遍路に役立つ情報が満載。
2017.5 250p B6 ¥1400 ①978-4-87035-603-0

◆回遊型巡礼の道 四国遍路を世界遺産に　五十嵐敬意, 岩鼻通明, 西村幸夫, 松浦晃一郎編著　ブックエンド
【目次】第1章 四国遍路の歴史と概要（四国遍路の歴史と特徴にせまる、「四国八十八箇所霊場と遍路道」の構成資産）、第2章 座談会―世界に類のない円環構造の巡礼路、第3章 遍路を支える信仰と文化（路を彩る景観と信仰―遍路から学びとなる安心、文化の真髄と心の絆、聖なる島と人々の邂逅―四国文化と求心力、四国遍路の魅力を世界に伝えた西洋人オリヴァー・スタットラーの功績を中心に）、第4章 世界遺産登録に向けて（ロングトレイルとしての四国八十八箇所巡りの可能性、文化の道、四国の道―スペイン・フランスの取り組み、四国遍路の世界遺産登録を目指して、四国遍路をめぐる議論―「顕著で普遍的な価値」と今後の論点）
2017.11 174p A5 ¥1800 ①978-4-907083-44-1

◆神なび―新88ヵ所お遍路紀行　真印著　光文社
【要旨】あなたが神様とつながる場所へとご案内します。
2017.9 135p B6 ¥1200 ①978-4-334-97950-8

◆熊野古道 巡礼の旅―よみがえりの聖地へ！　高森玲子, 熊野古道女子部編著　説話社
【目次】第1章 聖地めざして歩く（熊野古道中辺路マップ、滝尻王子から高原へ ほか）、第2章 熊野本宮（熊野本宮大社、大斎原 ほか）、第3章 海の熊野へ（熊野速玉大社、神倉神社 ほか）、第4章 口熊野田辺（闘雞（けい）神社、蟻通神社、南方熊楠邸 ほか）
2017.5 110p A5 ¥1600 ①978-4-906828-33-3

◆四国八十八ヶ所遍路旅日記―七十歳暴走老人の二十八日記　湯浅晴夫著　（諏訪）鳥影社・ロゴス企画
【目次】発心の道場へ、修行の道場へ、菩提の道場へ、涅槃の道場へ、遍路旅計画・実績対比表
2017.10 265p B6 ¥1800 ①978-4-86265-631-5

◆四国遍路 こころの旅路　柴谷宗叔著　慶友社
【要旨】遍路とは…。100周を超す遍路を経験したカリスマ先達が解き明かす最適の入門書。
2017.4 196p B6 ¥1500 ①978-4-87449-258-1

◆四国遍路日誌―風土と民俗史を巡って歩んだ四三日　袴克明著　梧桐書院
【目次】第1章 発心門の地・阿波の道（一番札所 竺和山 霊山寺、二番札所 日照山 無量寿院 極楽寺 ほか）、第2章 修行門の地・土佐の道（二四番札所 室戸山 明星院 最御崎寺、二五番札所 宝珠山 真言院 津照寺 ほか）、第3章 菩提門の地・伊予の道（四○番札所 平城山 薬師院 観自在寺、四一番札所 稲荷山 護国院 龍光寺 ほか）、第4章 涅槃門の地・讃岐の道（六六番札所 巨鼇山 千手院 雲辺寺、六七番札所 小松尾山 不動光院 大興寺 ほか）、最終章 高野山
2017.8 546p B6 ¥2800 ①978-4-340-40220-5

◆信濃三十三カ所巡礼道中記　離求庵著　（長野）信濃毎日新聞社
【目次】森のお観音さんへ―六番札所 観龍寺へ、竹ノ尾の観音さん―五番札所 妙音寺へ、観音―四番札所 風雲庵へ、虫歌の観音さん―七番札所 引虫寺へ、清流観音堂―十一番札所 明真寺へ、保科の観音さん―十六番札所 清水寺へ、大谷の不動さん―十番札所 高顕寺へ、べべ出し観音―九番札所 養雲へ、小菅神社―十九番札所 菩提院へ、布引観音―二十九番札所 釈尊寺へ〔ほか〕
2017.10 93p B6 ¥1000 ①978-4-7840-8818-8

◆スマホ片手にお遍路旅日記―四国八十八ヶ所霊場めぐりガイド　諸原潔著　日本地域社会研究所（コミュニティ・ブックス）
【要旨】人の優しさ・おもいやり・お接待に感動！ 八十八ヶ所へ加え別格二十ヶ所で煩悩の数と同じ百八ヶ所。金剛杖をついて弘法大師様と同行二人の歩き遍路旅。実際に歩いた人しかわからない、おすすめのお遍路宿やルート・費用などを紹介。初めてのおへんろ旅にも役立つう。これぞ四国の魅力！
2017.2 259p B6 ¥1852 ①978-4-89022-191-2

◆秩父三十四ヶ所札所めぐり 観音霊場巡礼ルートガイド　小林祐一監修　メイツ出版　改訂版
【要旨】語り継がれる伝説・歴史を詳述。「観音霊験記」の縁起解説。御朱印や御詠歌の予習に。豊富な写真で見どころ案内。巡礼道をわかりやすく解説。札所間の歩き方がわかる地図。ルートごとの目印や起伏を詳述。周辺の立ち寄り情報etc.
2017.8 128p A5 ¥1650 ①978-4-7804-1714-2

◆坂東三十三ヶ所札所めぐり―観音霊場巡礼ルートガイド　小林祐一著　メイツ出版
【目次】相模国の札所、武蔵国の札所、上野国の札所、下野国の札所、常陸国の札所、下総国の札所、上総国の札所、安房国の札所
2017.9 128p A5 ¥1650 ①978-4-7804-1715-9

◆百八観音霊場ガイド　西原そめ子著　（福岡）西日本新聞社
【要旨】煩悩と同じ数の寺をめぐるいさ自分を見つめ直す旅へ―。中国観音霊場、四国三十三観音霊場、九州西国霊場、由緒ある三霊場を結ぶ新しい巡礼ブック。
2017.3 254p B6 ¥1500 ①978-4-8167-0933-3

◆大和北部八十八ヶ所霊場巡拝ハンドブック（手引き編）　（奈良）大和北部八十八ヶ所霊場を会う会準備室
【要旨】巡拝の基礎知識、所在マップ、寺院紹介、御朱印のいただき方など、このコンパクトな1冊に！ 江戸時代の明和年間に制定されたといわれ、250年の間にさまざまな変遷を経て現在に至る大和北部八十八ヶ所札所巡りの初心者向けガイドブック。
2017.7 69p A5 ¥1111 ①978-4-87806-603-0

仏教学

◆生きている文化を人に学ぶ　林行夫編　（京都）京都大学学術出版会（情報とフィールド科学 5）
【要旨】タイをはじめとする上座仏教社会で長く調査してきたフィールドワーカーが、ことばの習得、信頼関係の築き方、聞き取りの方法、そして何より、多様な生が重層する世界で生きる生き方を語る。情報とは畢竟人であることを教える、現代フィールド科学の体験的入門書。
2017.3 69p A5 ¥1800 ①978-4-8140-0104-0

◆祈りと現世利益の仏たち―別尊曼荼羅の世界　小峰彌彦, 小峰智行著　春秋社
【要旨】人々の願いに応えるために、わが国には金剛界・胎蔵の両部曼荼羅の他、不動明王や観音菩薩、吉祥天等を本尊とする別尊曼荼羅がある。本書では36種の別尊曼荼羅を選び、典拠となる文献や諸尊の配置、功徳効能などを解説すると共に。さらに、新作の曼荼羅図と第3部「種子曼荼羅」の解説を付す。
2017.4 238p A5 ¥2400 ①978-4-393-13390-3

◆神と仏の日本文化―遍照の宝鑰　小峰彌彦著　大法輪閣

【要旨】キーワードは、「マンダラ的思考」。今、世界中の人々から注目されている、日本人の「和」の精神。その源は、神と仏を等しく重んじる「神仏融合」の文化にあり、その奥には空海によってもたらされた「曼荼羅的思考」があった。日本人の思惟構造を宗教の視点から解明する、知的冒険の書。
2017.8 215p B6 ¥1800 ①978-4-8046-1398-7

◆現代佛教の謬見より出でよ　釈迦青陽著　（八王子）揺籃社（未来佛教 01）
【要旨】仏教の真諦を明らめ、森羅万象の運行の真相を公にする。読書子は必ずや流布することと2500余年の仏法の本義を理解せんと願うことであろう…なぜ人は死ぬとすぐに霊魂が七七四十九日の内に次の肉体に宿るべきであるのか？ 金運や健康、そして運命はいかに変わるのか？「代理仏」とは何か？ 本書は読書子の極楽往生に対する誤解や、密宗を修める上での誤った認識を匡して、「長壽無限慧命」を開く神秘の小径となる。そして陰陽、陽間、陰陽間の枠組みへと立向かう意欲を覚醒するのである。本書では「涅槃」に纏わる故事を解き明かし、「活佛」という名称の誤った用法を剔抉する。生命の真実本来の姿を理解せんと欲すれば、『未来佛宗教典』はまさに座右に置かざるべからざる宝典である。
2017 394p A5 ¥2500 ①978-4-89708-380-3

◆国家と上座仏教―タイの政教関係　矢野秀武著　（札幌）北海道大学出版会（現代宗教文化研究叢書 6）
【目次】第1部 タイの政教関係（タイ政教関係論の諸相、国教・公認教論の問題点、二重の政教関係―国家と宗教、国王と宗教）、第2部 タイの行政と宗教（宗教関連行政の広がり、国家仏教庁および文化省宗務局の事業と予算配分）、第3部 タイの宗教教育（宗教省のプロジェクト―仏教式学校、外郭団体の宗教教育活動―善徳プロジェクト、文化省宗務局のプロジェクト―道徳教育僧侶の学校派遣、宗教科目教育制度と仏教の教科書、権威主義的統治と仏教教育）、第4部 タイの宗教研究（タイにおける宗教研究と「宗教」概念とタイの比較宗教、タイ人研究者による政教関係論）
2017.2 405p A5 ¥5800 ①978-4-8329-6830-1

◆三論宗の基礎的研究　伊藤隆壽著　大蔵出版
【要旨】漢字文圏における中観仏教の展開！ 中国では隋代に嘉祥吉蔵によって最盛期を迎え、日本では飛鳥時代に広まり、法相宗と並んで奈良・南都六宗の一翼を担った三論宗。その後も日本の仏教思想の基盤に深く根付いた教学を、法会記録に見る学僧たちの動態分析や、著者発見のものを含む文献の整理・復元等を通して、多角的に考察・解明。
2018.1 747p A5 ¥19000 ①978-4-8043-0594-3

◆地論宗の研究　金剛大學佛教文化研究所編　国書刊行会（金剛大學外國語叢書）
【要旨】中国南北朝時代の北朝で隆盛を誇り、隋唐仏教に大きな影響を与えた地論宗。地論宗の思想面のみならず歴史も扱い、特に約大成者慧遠にスポットを当て、資料篇には逸文などの重要資料を収める。
2017.3 986, 39p A5 ¥22000 ①978-4-336-06113-3

◆新訳 往生要集 上 付詳註・索引　源信著, 梯信曉訳註　（京都）法藏館
【要旨】日本人の地獄観・極楽観に大きな影響を与えた『往生要集』巻上を収録。
2017.2 272, 7p A5 ¥3200 ①978-4-8318-6064-4

◆新訳 往生要集 下 付詳註・索引　源信著, 梯信曉訳註　（京都）法藏館
【要旨】「念仏」実践の方法とその成就のための心構えを説く『往生要集』巻中・巻下収録。
2017.2 306, 7p A5 ¥3200 ①978-4-8318-6065-1

◆「世界」へのまなざし―最古の世界地図から南方熊楠・大谷光瑞へ　三谷真澄編　法藏館（龍谷大学アジア仏教文化研究センター文化講演会シリーズ 2）
【目次】最古の世界地図「混一図」から見る「世界」（龍谷大学所蔵『混一図』の概要、日本はなぜ逆さまに描かれているのか、『混一図』に描かれた交易路から見える「世界」、仏教における世界認識の研究に向けて）、南方熊楠とアジア（幼少期に愛読した和漢の書物、『和漢三才図会』から広がる世界、渡米以後の人との交遊、チベットに向けるまなざし、『ロンドン抜書』の中のアジア、『ロンドン抜書』から「十二支考」へ）、大谷光瑞の世界認識（大谷光瑞とは、大谷

光瑞の事跡、大谷探検隊とは、大谷光瑞と農業、大谷光瑞の世界認識)
2017.12 113p B6 ¥1300 ①978-4-8318-6431-4

◆陀羅尼思想の研究　氏家覚勝著　(大阪)東方出版　新装版
【要旨】初期大乗仏教から密教へ、陀羅尼思想の展開を跡づける論文集。大乗仏教の巨視的研究を通して、密教の成立をよう実証的に解明する。
2017.7 195p A5 ¥3500 ①978-4-86249-287-6

◆天皇は今でも仏教徒である　島田裕巳著　サンガ (サンガ新書)
【要旨】これまで天皇が、自らの信仰は仏教であると公言したことはない。しかし、明治に入るまで、天皇の信仰の中心にあったのは仏教にほかならない。古代から中世にかけて、代々の天皇は仏教に対する強い信仰を持っていた。代々の天皇の熱心な信仰がなかったとしたら、果して日本の社会にこれだけ仏教は浸透したであろうか。天皇の仏教信仰は、個人的な次元にとどまらず、日本社会全体に多大な影響を与えたのである。天皇が象徴行為を模索した背景には、仏教を信仰して菩薩行に励んだ光明皇后と貞明皇后がいるのではないか。天皇と仏教との関係は深い。その関係がいかなるものか、本書において明らかになる。
2017.12 240p 18cm ¥800 ①978-4-86564-105-9

◆東アジア仏教の生活規則 梵網経―最古の形と発展の歴史　船山徹著　(京都)臨川書店
【目次】第1章『梵網経』の概略、第2章『梵網経』下巻の本文―最古形と後代の書換え、第3章『梵網経』最古形の現代語訳―後代の本を踏まえて、第4章『梵網経』下巻の素材と注解、第5章 京都国立博物館蔵天平勝宝七歳写本の録文、第6章『梵網経』の思想と修正の歴史―本書の新知見、第7章 結論―『梵網経』校本の意義
2017.3 523, 3p A5 ¥9200 ①978-4-653-04336-2

◆仏教概観年表　熱田茂初版編、日蓮正宗宗務院教学部新訂版編　(富士宮)大日蓮出版　補訂新版
2017.6 20p A5 ¥1000 ①978-4-905522-54-6

◆仏教における実践を問う　2　社会的実践の歴史と展望　日本佛教学会編　(京都)法藏館
【目次】論文（真宗大谷派における同朋会運動、ビハーラ活動と臨床宗教師研修の歴史と意義―親鸞の死生観を基盤にして ほか)、セッションコメント（セッションNo.1の発表に対するコメント、セッションNo.2の発表に対するコメント ほか)、論文（批判原理としての浄土)、発表要旨（道元禅と社会貢献―「叢林生活」の展望)、セッションコメント（井上円了の仏教社会論―国民道徳論の構想と実践、仏教福祉の理論から実践への条件 ほか)
2017.8 326, 186p A5 ¥7000 ①978-4-8318-7717-8

◆仏教の女神（じょしん）たち　森雅秀著　春秋社
【要旨】仏教になぜ女性のほとけが出現したのか。ターラー、孔雀明王、チュンダー（准胝観音)、鬼子母神、弁才天、吉祥天の六女神を取り上げ、そのルーツをはじめ図像的特徴、信仰、実践儀礼等をまとめする。図版92点。
2017.4 250, 4p B6 ¥3000 ①978-4-393-11913-9

◆仏教の大意　鈴木大拙著　中央公論新社　(中公クラシックス)
【要旨】没後五十年、大智と大悲について自らの言葉で語った不朽の名著。初心者必読の書。
2017.1 132p 18cm ¥1300 ①978-4-12-160171-1

◆仏教の大意　鈴木大拙著　KADOKAWA (角川ソフィア文庫)
【要旨】人は、耐え難い苦しみや大きな悲しみの経験なくして、本当の慰めと平和に至ることはできない―「大智」と「大悲」の導きで現れる「霊性」を生きることの意味とは何か。知性や理性だけでは到達できないその世界こそが、仏教の精髄へと繋がっていく。キリスト教的概念や華厳仏教など独自の視点を交えつつ、困難な時代を生きる実践学としての仏教、霊性論の本質を説く渾身の一冊。『日本的霊性』と対をなす名著。
2017.1 158p A6 ¥600 ①978-4-04-400224-4

◆方融山淨圓寺所蔵　藤井静宣写真集―近代日中仏教提携の実像　三好章監修、広中一成、長谷川怜編著　(愛知)大東亜同文書院大学記念センターシリーズ)
【目次】第1章 中国以前―静宣の生い立ちから青年期、第2章 中国留学、第3章 鈴木大拙との旅―「支那仏跡見学旅行」、第4章 中国での活動―日中提携と戦争の間、第5章 息子・藤井宣光に

見た、父・藤井静宣―特高裁判から戦後にかけて
2017.3 159p A5 ¥2000 ①978-4-7845-1559-2

◆臨終行儀の歴史―高僧往生伝　岸田緑渓著 (藤沢)湘南社、星雲社 発売
【要旨】「臨終行儀」は、平安・鎌倉期で盛んに行われましたが、今ではほぼ失われています。その要因を信仰との関連で解き明かし、同時に、中世浄土教と現代の終末期ケアの共通点に注目した一冊。好評の葬送民俗シリーズ第3弾。
2017.10 326p A5 ¥2800 ①978-4-434-23810-9

◆Buddha 英語 文化―田中泰賢選集　1　英語・文学・文化の仏教　田中泰賢著　(名古屋)あるむ
【目次】現代社会に生きる道元禅師の教え、英語学者・鈴木勇夫教授の英訳般若心経の研究について、高橋源次氏のEveryman（『万人』）研究について、エドウィン・アーノルドの詩作品『アジアの光』（The Light of Asia）について、リディア・マリア・チャイルド著『仏教とローマ・カトリックの類似性』（翻訳）、ジェームズ・F・クラーク著「仏教、言い換えれば東洋のプロテスタンティズム」（抄訳）、超絶主義季刊誌『ダイアル』に書かれた「仏陀の教え」の大意、エミリ・ディキンスンの師、トマス・W・ヒギンスン「仏陀の特性」の紹介―故安藤正瑛先生に捧げる、トマス・W・ヒギンスン「仏教経典『法句経』」について、故ダイズイ・マックフィラミー師「カルマ（業）とは何か」（翻訳）、Some Poems of Zen Master Dogen―Translated by Hiroyoshi Taiken Tanaka
2017.2 287p A5 ¥3000 ①978-4-86333-111-2

◆Buddha 英語 文化―田中泰賢選集　2　スティーブンス、ウィリアムズ、レクスロスの仏教　田中泰賢著　(名古屋)あるむ
【目次】スティーヴンスの無我、スティーヴンスの愛語、スティーヴンスとサンタヤナ、スティーヴンスの「日曜日の朝」、スティーヴンスのチャレンジ精神、スティーヴンスの茶の心、スティーヴンスの「空」の視像、スティーヴンスの小泉八雲、レクスロスに見られる小泉八雲の心、ウィリアムズの小泉八雲、仏教に出会った二人の詩人、ウィリアムズとオクタビオ・パス、ウィリアムズの心の治癒、ウィリアムズの直観、ウィリアムズの「事物を離れて観念はない」
2017.2 292p A5 ¥3000 ①978-4-86333-112-9

◆Buddha 英語 文化―田中泰賢選集　3　ギンズバーグとスナイダーの仏教　田中泰賢著 (名古屋)あるむ
【目次】ギンズバーグの坐禅、スナイダーの道元―森と水の循環思想、スナイダーの宮沢賢治、ギンズバーグの宮沢賢治、ギンズバーグの公案、万象はエネルギーの節目であり、渦だ、亀の島、スナイダーの仏教、スナイダーの素材な心、スナイダーの誓願、スナイダーの禅機、スナイダーのシャーマニズム、スナイダーの青空
2017.2 299p A5 ¥3000 ①978-4-86333-113-6

◆Buddha 英語 文化―田中泰賢選集　4 Buddhism in Some American Poets：Dickinson, Williams, Stevens and Snyder　田中泰賢著　(名古屋)あるむ (本文：英文)
【目次】1 Emily Dickinson and Buddhism (Thomas Wentworth Higginson), 2 William Carlos Williams and Buddhism (Octavio Paz, Japanese Lyrics, True Triumph), 3 Wallace Stevens and Buddhism (Basho, Daruma, Nothingness, Kakuzo Okakura, The Irish Cliffs of Moher), 4 Gary Snyder and Buddhism (Allen Ginsberg, The Sea of Information, Kenji Miyazaki, Zen Master Dogen)
2017.2 199p A5 ¥3000 ①978-4-86333-114-3

◆Buddha 英語 文化―田中泰賢選集　5　禅 Modern Zen Poems of Toshi Tanaka（1916 - 1996)　田中泰賢著　(名古屋)あるむ
【目次】対訳 田中登志 (1916 - 1996) 現代禅詩集禅 Modern Zen Poems of Toshi Tanaka (1916 - 1996), Appendix（田中愛子「ちぎれ雲」、田中省util「愛執」、田中省util「川柳と高校生」、田俊朗「つゆくさの径」第1号～第15号、飯尾山完全寺八十八箇所お大師さま並びに御堂管理者一覧表、田中正一氏の親鸞様の版画と書、佐藤省道老師の米寿（88歳)の書、楢原通元老師の米寿（88歳)の書、手代木和子氏の陶芸作品、田中省util の書、田中満枝の日本画)
2017.2 332p A5 ¥3000 ①978-4-86333-115-0

仏教史

◆アジャ・リンポチェ回想録―モンゴル人チベット仏教指導者による中国支配下四十八年の記録　アジャ・ロサン・トゥプテン著、馬場裕之訳、三浦順子監訳　(福岡)集広舎
【要旨】チベットにおける幼少での即位から覚悟の亡命までを語る波乱の半生記。
2017.10 500, 13p A5 ¥2778 ①978-4-904213-51-3

◆韓国仏教史　金龍泰著、蓑輪顕量監訳、佐藤厚訳　春秋社
【要旨】伝来から現代までの1700年に及ぶ朝鮮半島における仏教の歴史を簡明な文章で解説。中国・日本にも影響を与えた韓国仏教の全貌を明らかにする。
2017.4 200, 10p B6 ¥2500 ①978-4-393-11823-8

◆近現代仏教の歴史　吉田久一著　筑摩書房 (ちくま学芸文庫)
【要旨】今でこそ脚光を浴びる研究領域となった近代仏教は、少し前までは日陰の存在としてごく少数の先駆者によってひっそりと研究がなされているに過ぎなかった。本書は吉田久一で、綿密な文献的実証をもとに多数の著作を残し、その成果が近代仏教研究の隆盛へとつながった。本書は近代前史としての幕藩体制下の仏教から、二十世紀末のオウム真理教までを含む仏教総合史の概説で、廃仏毀釈運動、大逆事件、神道国教化政策、大正デモクラシー、戦争、国家主義、戦後思想、新宗教など主要な問題を公正にバランスよく網羅している。社会史、政治史を絡めながら思想史的側面を重視した画期的労作。
2017.5 390p A6 ¥1300 ①978-4-480-09798-9

◆史実 中世仏教　第3巻　大災害と戦乱の中の僧侶 驚くべき戒律の実相　井原今朝男著　興山舎
【要旨】今に続く寺院僧侶社会の刮眼の新解明。迫り来る戦乱・大災害・飢饉に寺院僧侶は何をしたのか。寺院軍事力の実態、また中世約600年の未解明だった戒律と差別とは何かを問う衝撃の史書。
2017.12 380, 16p B6 ¥3500 ①978-4-908027-48-2

◆修験道本山派成立史の研究　近藤祐介著　校倉書房（歴史科学叢書）
【目次】本山派研究の課題と視角、第1部 中世後期の聖護院門跡（一四世紀における武家祈禱と寺門派門跡、聖護院門跡と「門下」―一五世紀を中心に、室町期における備前児島山伏の活動と瀬戸内水運、修験道本山派組織構造の成立)、第2部 中世後期の地域社会と山伏（中世後期の東国社会における熊野先達・山伏、戦国期関東における幸手不動院の台頭とその背景、後北条領国における聖護院門跡と山伏、年行事職の誕生と聖護院門跡)、修験道本山派の成立と展開
2017.11 310p A5 ¥8000 ①978-4-7517-4770-4

◆禅―沈黙と饒舌の仏教史　沖本克己著　講談社（講談社選書メチエ)
【要旨】ブッダは、真理は言語表現できないという。しかし仏教は万巻の書にその教えをとどめてきた。禅宗は、教学仏教に抗して生まれた。しかし禅語は難解、禅問答は不条理、「不立文字」という言葉は、それ自体が矛盾である。禅は、語り得ぬものにどう向き合い、何を伝えてきたのか。ブッダの教えが禅宗へと至り、さらに日本で発展するまで。禅とは何か、仏教史から問い直す。
2017.12 300p B6 ¥1800 ①978-4-06-258668-9

◆中世叡尊教団の全国的展開　松尾剛次著（京都)法藏館
【要旨】綿密な史料分析と現地調査、さらに新出の史料を用いて、中世叡尊教団が全国的に展開した社会救済活動、およびその背景にある思想を明らかにする基礎的研究の成果。甦る「もう一つの鎌倉仏教団」。
2017.2 538, 10p A5 ¥12000 ①978-4-8318-6059-0

◆中世後期 泉涌寺の研究　大谷由香著　(京都)法藏館
【要旨】応仁の乱以来のたび重なる炎上により多くの資料が失われ、その歴史については謎に包まれていた泉涌寺。智積院新文庫より発見された『視覚雑記』に基づき、室町時代後期から戦国

仏教 / 哲学・心理学・宗教

時代にかけての歴史の空白を埋める最新研究！
2017.2 385, 16p A5 ¥6000 ⓘ978-4-8318-6244-0

◆**仏教史研究ハンドブック** 佛教史学会編
（京都）法藏館
【要旨】インド、アジア諸国・地域、中国・朝鮮半島、日本の"仏教史"に関する研究テーマを地域横断的、通時代的に見渡しながら、わかりやすくコンパクトにまとめた入門書。仏教史を学びはじめたい人、はば広く、深く知りたい人に最適！
2017.2 410p A5 ¥2800 ⓘ978-4-8318-6005-7

◆**法華経をインド仏教史から読み解く** 藤本晃孝著　展転社
【要旨】多様な教えの統合を説く法華経、説法に先んじて描出される多様な世界、唯心と仏のみよく知る境の唯一、仏の教えは唯一つとか、舎利弗の領解、四大声聞の信解、遠い昔からの仏の縁、みんな仏に成れる、仏使のつとめ、説法の座虚空に移る〔ほか〕
2017.10 306p A5 ¥2000 ⓘ978-4-88656-445-0

◆**民衆救済と仏教の歴史　下** 中屋宗寿著　郁朋社
【要旨】宗教の普及が都市を発展させ庶民の生活を向上させた。その歴史から民衆救済の意味を学ぶ。
2017.6 242p A5 ¥2500 ⓘ978-4-87302-644-2

◆**もっと知りたい 仁和寺の歴史** 久保智康、朝川美幸著　東京美術（アート・ビギナーズ・コレクション）
【要旨】仁和寺の二つのルーツ、第1章 創建から隆盛の時代（平安時代）、第2章 宝物からみた中世の仁和寺、第3章 応仁の乱での焼失と再興（室町時代〜江戸時代初期）、第4章 御室の文化を支えて（江戸時代初期〜後期）、終章 明治期から現在
2017.12 79p B5 ¥2000 ⓘ978-4-8087-1098-9

◆**わかる仏教史** 宮元啓一著　KADOKAWA（角川ソフィア文庫）
【要旨】上座部か大乗か、出家か在家か、実在論か唯名論か、顕教か密教か─。ひとくちに仏教といっても、その内実はさまざま。国と時代を超えて広がり、発展した仏の教えはいかに枝分かれし、豊かな思想の森をつくりあげたのか。インドに開花したブッダの教えが中国において整理され、やがて日本に根づくまでをインド哲学の第一人者が徹底解説。空海、法然、親鸞ら国内の名僧も簡潔に位置づけ、流れがわかって疑問が解ける仏教入門の決定版！
2017.4 269p A6 ¥920 ⓘ978-4-04-400181-0

経典・仏典・仏書

◆**生きるのがラクになる「般若心経」31の知恵** 枡野俊明著　サンマーク出版（サンマーク文庫）
【要旨】仏様の智慧を集結した600巻、482万693字の仏典を凝縮し、わずか262文字にまとめたのが『般若心経』。この仏教の真髄ともいえるお経を、禅僧でありながら世界的に有名な庭園デザイナーである著者が、まっさらな心で読み解きます。理解しやすいように31に分け、「心訳」「解説・枡野流」という順で構成。あなたもこの一冊で生きるのがラクになること間違いなし。
2017.3 270p A6 ¥700 ⓘ978-4-7631-6084-3

◆**一念三千とは何か─『摩訶止観』正修止観章** 菅野博史著　第三文明社（第三文明選書）
【要旨】天台智顗（ぎ）が説き明かした究極の大法・一念三千。その典拠である『摩訶止観』の該当箇所を現代語訳し、訳注と解説を付す。
2017.6 268p B6 ¥1800 ⓘ978-4-476-18008-4

◆**意訳 無量寿経** 戸次公正訳　（京都）法藏館
【要旨】真実の教を顕さば、すなわち『大無量寿経』これなり。親鸞が『究極の真実の教え』とした『無量寿経』上下二巻の全文を、原文・訓読文・現代語訳、訳註でわかりやすく伝える決定版！『教行信証』での引用箇所を示す注記や、本願文・本願成就文の説明付き。
2017.6 222p A5 ¥2200 ⓘ978-4-8318-8752-8

◆**えてこでもかける笑い飯哲夫訳般若心経写経帖** 笑い飯哲夫著　ヨシモトブックス、ワニブックス 発売
【要旨】東京大学、奈良国立博物館や、仏教講座多数！お笑い界一の"仏教伝道師"が8年ぶりに

刷新完訳！
2017.6 236p B6 ¥1300 ⓘ978-4-8470-9576-4

◆**大阪弁訳 法華経** 大阪弁訳「法華経」製作委員会著　データハウス
【目次】序品、方便品、譬喩品、信解品、薬草喩品、授記品、化城喩品、五百弟子受記品、授学無学人記品、法師品、見宝塔品、提婆達多品、勧持品、安楽行品、従地涌出品、如来寿量品、分別功徳品、随喜功徳品、法師功徳品、常不軽菩薩品、如来神力品、嘱累品
2017.3 186p B6 ¥1200 ⓘ978-4-7817-0226-1

◆**「空」の正体と「人間の不死」─古事記と般若心経で読み解く** 山本謹也著　フリープレス、星雲社 発売
【要旨】人は、死なない！般若心経が説く仏教の精髄「空」の本当の意味とは？『古事記』に記された天地創造の謎に向き合うとき、その本性が解き明かされてくる。数多くの修羅場をくぐり抜けてきた元刑事が思索の果てに辿りついた括目の「真理」。
2017.6 255p B6 ¥1200 ⓘ978-4-434-23549-8

◆**経典釈文論語音義の研究** 髙橋均著　創文社（創文社東洋学叢書）
【目次】序章 『経典釈文』「論語音義」研究の試み、第1章 『経典釈文』「論語音義」の成書、第2章 『経典釈文』「論語音義」を通じてみた『論語鄭玄注』、第3章 『経典釈文』「論語音義」を通じてみた『論語集解』、第4章 『経典釈文』「論語音義」の修改、第5章 日本における経書研究と『経典釈文』の受容、附論 〈定州漢墓竹簡『論語』試探、『論語鄭玄注』は日本に伝来したのか〉
2017.2 453, 27p A5 ¥8500 ⓘ978-4-423-19273-3

◆**劇的に運が良くなるお経─般若心経・延命十句観音経篇** 立花大敬著　KADOKAWA
【要旨】健康長寿、願望成就、危機回避─魂の進化への最短ルート！九州一の進学校の物理教師にして、法話を50年続けてきた禅者が、多くの図とともに世界一わかりやすく解き明かす、お経の真義。毎日が心安らぐ、奇跡を起こす強力なお経瞑想法をご紹介！
2017.3 143p B6 ¥1300 ⓘ978-4-04-892856-4

◆**原始仏典　3　増支部経典　第2巻** 中村元監修、前田專學編、浪花宣明訳　春秋社
【要旨】本邦初のパーリ語原典からの現代語訳！原始仏教の世界を平明な訳文で記す、『原始仏典』1・2につづく決定版。増支部（アングッタラ・ニカーヤ）より、第3集（全16章）を収録。
2017.4 336p A5 ¥6000 ⓘ978-4-393-11352-3

◆**原始仏典　3　増支部経典　第3巻** 中村元監修、前田專學編、勝本華蓮訳　春秋社
【目次】バンダ村、歩行、ウルヴェーラー、輪、ローヒタッサ、福徳、適当な行ない、戯論をはなれること、不動、アスラ〔ほか〕
2017.9 447p A5 ¥8000 ⓘ978-4-393-11353-0

◆**原訳 原始仏典　上** 中村元編集　筑摩書房（ちくま学芸文庫）
2017.10 653p A6 ¥1700 ⓘ978-4-480-09808-5

◆**原訳 原始仏典　下** 中村元編集　筑摩書房（ちくま学芸文庫）
2017.10 492p A6 ¥1400 ⓘ978-4-480-09809-2

◆**心が洗われ、迷いが晴れる！　般若心経入門** 大栗道榮著　三笠書房（二見レインボー文庫）『元気が出る哲学─般若心経入門』加筆・再編集・改題書
【要旨】古代インドで生まれ、玄奘三蔵らが漢語に訳して中国に渡り、日本に伝わった仏教経典「仏説摩訶般若波羅蜜多心経（般若心経）」。本文わずか262文字のお経には釈迦の教えが凝縮され、現代に通ずる"生きるヒント"がぎっしり。本書では、難しい字も含めた278文字を24に区切り、軽妙な会話形式でわかりやすく紐解いてゆく。うまくいかない時、疲れて前に進めない時こそ読みたい、現代人必読の書。
2017.5 338p A6 ¥720 ⓘ978-4-576-17064-0

◆**西來寺本 仮名書き法華経 原色影印** 萩原義雄編　勉誠出版
【目次】序品第一、方便品第二、譬喩品第三、信解品第四、薬草喩品第五、授記品第六、化城喩品第七、五百弟子受記品第八、授学無学人記品第九、法師品第十〔ほか〕
2017.10 407p 32×24cm ¥38000 ⓘ978-4-585-28036-1

◆**寂照山成菩提院所蔵『悟鈔』影印・翻刻** 大島薫編著　（吹田）関西大学出版部（関西大学東西学術研究所資料集刊）
【目次】影印〈釋迦、題未詳─観音、不空羂索、勢至─延命、五部大集経─花厳 大集、仁王般若、四巻経、金光明経、金剛頂経 ほか〉、翻刻
2017.3 190p B5 ¥9200 ⓘ978-4-87354-657-5

◆**全訳ダライ・ラマ1世倶舎論註『解脱道解明』** 現銀谷史明、ガワン・ウースン・ゴンタ訳　（浦安）起心書房
【要旨】仏教の基礎学『倶舎論』を、簡潔・平易に解説した格好の入門書。仏教の人間観・世界観を詳細に説き、北伝仏教で広く親しまれた『倶舎論』。ダライ・ラマ1世ゲンドゥンドゥプが、インド・チベットの諸註を踏まえて、その全偈頌を明快に解説した「倶舎論入門」である。
2017.9 616p A5 ¥12800 ⓘ978-4-907022-12-9

◆**天宮事経─天界往生の物語　初期仏教経典現代語訳と解説** 藤本晃著　サンガ
【要旨】「天界」とはどのような素晴らしいところなのか？果てしない輪廻の中で、「天界」に生まれ変わった人々は、どのような善業を積んだのか？初期仏教経典『天宮事経』を、解説付きの現代語訳で読む！
2017.10 511p B6 ¥3300 ⓘ978-4-86564-103-5

◆**はじめて読む般若心経** 武山廣道監修　（名古屋）リベラル社、星雲社 発売
【目次】第1章 般若心経について〈般若心経とは、大乗仏教と般若心経 ほか〉、第2章 般若心経を読む〈摩訶般若波羅蜜多心経、観自在菩薩─ ほか〉、第3章 般若心経を知る〈般若心経の教えとは、"空"とは何か ほか〉、第4章 般若心経を生活に取り入れる〈般若心経を実践する、お経を読んでみよう ほか〉
2017.7 171p 17×9cm ¥1000 ⓘ978-4-434-23615-0

◆**般若心経を読みとく─二六二文字の仏教入門** 竹村牧男著　KADOKAWA（角川ソフィア文庫）『般若心経を読みとく─仏教入門の第一歩』加筆修正・改題書
【要旨】大乗仏教のエッセンスを262字に凝縮した『般若心経』。日本人に最も親しまれてきた仏典であるものの、ほとんどすべてが専門用語によってつくられ、その最深部の理解には仏教学の基礎知識を欠くことができない。空とは何か。自己とは何か。そして、わだかまりを捨て、ただ生きてただ死ぬ、本当に自由な境地とは─？言葉のひとつひとつをていねいに味わい、「一切皆苦」の現実を生き抜く智慧を浮かび上がらせる仏教入門。
2017.7 301p A6 ¥920 ⓘ978-4-04-400195-7

◆**般若心経 自由訳─「永遠」の秘密を説く大いなる智慧** 一条真也著　現代書林
【要旨】「空」とは「永遠」のことだった。『般若心経』は死の真実を解き明かす！死は不幸ではない！そこには、万人が死を受け容れるための呪文が隠されていた。
2017.8 1Vol. B6 ¥1000 ⓘ978-4-7745-1653-0

◆**"仏典をよむ"　1　ブッダの生涯** 中村元著、前田專學監修　岩波書店（岩波現代文庫）
【要旨】原始仏教から大乗仏教まで、仏教学の泰斗がその内容を講義形式でわかりやすくよみ解く「お経」入門シリーズの第一歩。本書では、ブッダの誕生から悪魔の誘惑との闘い、最後の説法まで、ブッダの生涯に即して語り伝えられている最初期の仏典をよむ。ブッダのことばに最も近いと言われる、その力強く智慧に満ちたことばは、現代人に「生きる心がまえ」を教えてくれる。NHKラジオで大好評を博した中村元博士の名講義が、ついに文庫化。
2017.12 188p A6 ¥940 ⓘ978-4-00-600373-9

◆**仏典百話** 高橋勇夫著　（大阪）東方出版　新装版
【目次】戦場において百万人に打ち勝つより己れ一人に打ち勝つものこそ、一法に勝れ、何ものをもわがものであると執着し動揺している人々を見よ。─スッタニパータ、この世で自らを島とし、自らをたよりとして、他人をたよりとせず、一大般涅槃経、それは目的にかない、清らかな修行の基礎となるが、一箭喩経、この筏は実にわれに益することが多かった。われはこの筏によって─中部経典、さきには放埓であったが、のちに放埓でない人、一中部経典、父母は東方である。師は南方である。妻子は西方である。─六方礼経、八正聖道は、一三世諸佛の…般涅槃におもむきたまえる所なり─過去現在因果経、二十五年の間、わたしは慈愛にあふれた身体の

行いによって―長老偈、すでにわたしは煩悩の矢を折り、重き荷をおろし、一長老尼偈〕。
2017.10 304p 18cm ¥1500 ①978-4-86249-293-7

◆法華経諺解 上 ―ハングル訳注、法華経要解 朝鮮国刊経都監刊行、河瀬幸夫、金星周訳 (横浜)春風社
【要旨】1463年、朝鮮王朝の時代に刊行された『妙法華華経』中の『法華経』と北宋の戒環著『法華経要解』の中世韓国語による翻訳文と夾注の日本語訳。
2017.4 377p A5 ¥6500 ①978-4-86110-549-4

◆法華文句 2 菅野博史訳註 第三文明社 (第三文明選書)
【要旨】『妙法華華経』の文々句々を解釈した注釈書として古来、読み継がれてきた天台智顗(ぎ)の三大部の一つ。(2)は『法華文句』巻第三上から巻第五上までを収録。
2017.6 625p 18cm ¥2300 ①978-4-476-18005-3

◆法華文句 3 菅野博史訳註 第三文明社 (第三文明選書)
【要旨】『妙法華華経』の文々句々を解釈した注釈書として古来、読み継がれてきた天台智顗(ぎ)の三大部の一つ。(3)は『法華文句』巻第五下から巻第八上までを収録。
2017.6 967p 18cm ¥2300 ①978-4-476-18006-0

◆法華文句 4 菅野博史訳註 第三文明社 (第三文明選書)
【要旨】『妙法華華経』の文々句々を解釈した注釈書として古来、読み継がれてきた天台智顗(ぎ)の三大部の一つ。(4)は『法華文句』巻第八下から巻第十下までを収録し、解説(下)と語注索引を付す。
2017.6 1310p 18cm ¥2300 ①978-4-476-18007-7

◆瞑想経典編―ヴィパッサナー実践のための5つの経典 アルボムッレ・スマナサーラ著 サンガ (サンガ文庫)
【要旨】ブッダの瞑想は、心の問題を解決するための客観的で科学的なプログラム。実践することで、原始脳が引き起こす衝動に振り回されている大脳が、正しい判断能力を取り戻します。そして、心の悩み苦しみが消え、安らぎを獲得することができるのです。―数多くの経典の中から、ヴィパッサナー瞑想の支えとなる5つの経典を厳選して解説。「ヴィパッサナー瞑想とは何か?」という現代人の問いに、初期仏教経典が明快に答えます。
2017.9 357p A6 ¥1800 ①978-4-86564-101-1

◆維摩経ノート 2 弟子品第三・菩薩品第四 高橋尚夫編著 ノンブル社
【目次】弟子品 第三、菩薩品 第四、付表
2017.12 325p B5 ¥6000 ①978-4-86644-009-5

◆よこがき般若心経 菊池市矢太著 人間の科学新社
【要旨】玄奘(三蔵法師)が漢訳に潜めた「暗号」が(翻訳時から)1300年の時を隔てて今、初めて解読!たった260余文字の般若心経が、なぜ1800年以上もの長い間、解明されなかったのか。般若心経に、なにが隠されているのか。
2017.11 156p B6 ¥1300 ①978-4-8226-0332-8

◆輪廻する葦―阿含経講義 桐山靖雄著 平河出版社 新装版
【要旨】未来の運命を変えるには、生きているいまから運命を変えることだ。明日の運命を変えるには、いまから変わっていかなければならない。その瞬間からあなたの運命は変わっていく。
2017.10 347p A5 ¥1800 ①978-4-89203-349-0

南都六宗

◆華厳教学成立論 織田顕祐著 (京都)法蔵館
【目次】序章 本書の問題意識、第1章 華厳一乗思想の背景、第2章 華厳一乗思想の成立、第3章 華厳法界縁起の背景、第4章『大乗起信論』をめぐる問題、第5章 地論学派の「縁起」思想、第6章 智儼の法界縁起思想、第7章 法蔵における法界縁起思想の形成過程、結章 法界縁起思想の確立―杜順・智儼から法蔵へ
2017.3 543, 32p A5 ¥12000 ①978-4-8318-7394-1

◆華厳とは何か 竹村牧男著 春秋社 新装版
【要旨】大乗仏教の極致『華厳経』の豊かな内容と、東アジア仏教の基調となった華厳思想の展開について、その全容と核心を示し、さらに現代における可能性にまで言及した、"華厳大全"。
2017.4 337p B6 ¥2500 ①978-4-393-13596-9

密教・真言宗・天台宗

◆いつも初心 酒井雄哉著 PHP研究所
【要旨】すべては心の持ち方一つ。千日回峯行を二度満行。稀世の行者が遺した生き方の神髄。
2017.9 285p B6 ¥1200 ①978-4-569-83856-4

◆祈りとご利益―川崎大師公式ガイドブック アートデイズ編集制作 (川崎)大本山川崎大師平間寺,アートデイズ 発売
【要旨】この一冊で川崎大師の全てがわかる!
2018.1 81p A5 ¥926 ①978-4-86119-271-5

◆回峰行の祖 相応さん 天台宗典編纂所監修 (大津)天台宗祖師先徳鑽仰大法会事務局,探究社 発売
【要旨】比叡山に千年伝わる荒行・千日回峰行の祖。平安の名僧・相応和尚の物語。厳しくも思いやりに満ちた生涯をやさしい筆致で描いた相応伝記。上原行照師・釜堀浩元師 両阿闍梨の語る、千日回峰行。解説も収録!
2017.3 151p A5 ¥1000 ①978-4-88483-984-0

◆加持力の世界 三井英光著 (大阪)東方出版 新装版
【要旨】真言密教は加持祈禱の宗教。真摯な密教行者として心を委ね、三密瑜伽行の加持祈禱を通して語る密教世界。加持力の論理と、弘法大師入定留身の悲願を説き、瑜伽秘法を修しての実際の体験を語る。
2017.2 201p B6 ¥1800 ①978-4-86249-279-1

◆空海に学ぶ仏教入門 吉村均著 筑摩書房 (ちくま新書)
2017.10 237p 18cm ¥800 ①978-4-480-06996-2

◆空海の瞑想で迷いが消える!超健康になる! 大下大圓著,星野惠津夫監修 マキノ出版 (付属資料:DVD1;ポスター1)
【要旨】曼荼羅を見つめて呼吸するだけ!これで悟りの境地に近づける。曼荼羅、月空仏、阿字観を収録!
2017.10 75p A5 ¥1500 ①978-4-8376-7261-6

◆空海名言法話全集 空海散歩 第1巻 苦のすがた 白象の会者、近藤堯寛監修 筑摩書房
【要旨】弘法大師御遺生千二百五十年に向けて、空海の名言2180句を選び、解説と法話を付けた記念全集。ついに刊行開始!真言宗の叡智がここに結実する。
2017.12 473p B6 ¥2300 ①978-4-480-71311-7

◆現代日本語訳 空海の秘蔵宝鑰 正木晃著 春秋社
【要旨】欲望に支配された心は、道徳・宗教に目覚め、小乗から法相・三論・天台・華厳を経て、最高の密教の教えへと至る。弘法大師の説いた十段階の心の世界"十住心"を完全現代語訳。予備知識なしで読める、きわめて平易な訳文。
2017.12 268p B6 ¥1900 ①978-4-393-11345-5

◆後七日御修法再興記―影印・翻刻・解題 総本山醍醐寺、仲田順和編 勉誠出版
【目次】影印、翻刻、解題
2016.12 171p A5 ¥10000 ①978-4-585-21037-5

◆三教指帰と空海―偽撰の文章論 河内昭圓著 (京都)法藏館
【要旨】空海研究はまだ終わらない!空海の名著とされてきた『三教指帰』を"偽撰"と決定づけ、空海伝の見直しを迫る、画期的な空海研究!「三教指帰偽撰説」を提唱した著者による、待望の書き下ろし。
2017.5 238p B6 ¥2300 ①978-4-8318-7713-0

◆時空を超えた聖地をめぐる高野山と密教の仏様 ワニブックス
【要旨】永久保存版!真言密教を代表する仏像の美。仏教の奥深さを実感する宿坊の密教体験。奥之院・壇上伽藍の二大聖地と金剛峯寺を詳細解説。金堂・根本大塔、金剛峯寺・霊宝館、特典付き!
2017.12 96p A5 ¥1100 ①978-4-8470-9636-5

◆真言宗社会福祉の思想と歴史 山口幸照著 セルバ出版、創英社/三省堂書店 発売
【要旨】本書は、筆者が高野山大学に奉職後、機会あるごとに発表してきた小論をまとめたものである。筆者のような社会福祉学からの密教や空海についてのアプローチは皆無。
2017.3 151p A5 ¥2000 ①978-4-86367-320-5

◆聖なる珠の物語―空海・聖地・如意宝珠 藤巻和宏著 平凡社 (ブックレット"書物をひらく" 10)
【要旨】ある場所が"聖なる力"によって"聖なる空間"に変容されるそのなりゆきを、たとえば寺社の縁起が物語る。そして"聖なるモノ"が、その言葉に力を与え、その聖性を持続させる。空海が中国から請来した如意宝珠。この聖なるモノの由来を語り、その由来譚を解釈しなおす言葉の群れがあり、室生寺の、高野山の聖性を増幅する。歴史のなかに、その言説システムを丹念に解きほぐす。
2017.11 119p A5 ¥1000 ①978-4-582-36450-7

◆續天台宗全書―論草 3 義科 廬談 摩訶止観 天台宗典編纂所編 春秋社
【目次】M 六即義(摩訶止観一)18論貝5稿(六即義私抄―貞和元年(一三四五)、六即義聞書 草木成佛―貞治三年八月(一三六二)、四種三昧義(摩訶止観二)2論貝4稿(四種三昧義案立 彌陀報應―永享九年六月(一四三七)、四種三昧義精簾抄 彌陀報應事―貞和二年十一月(一三四六)ほか)、O 三観義(摩訶止観三)15論貝4稿(三観義案立 三惑同時異時事―延文二年六月(一三五七)、三観義 三惑同時異時事―貞治五年十一月(一三六六)ほか)、P 被接義(摩訶止観三)19論貝5稿(被接義聞抄、被接義聞書 本教義盡不盡事―貞治三年九月(一三六四)ほか)、Q 名別義通義(摩訶止観六)1論貝1稿(名別義通義案立 名別義通證據事―貞治三年十一月(一三六四))
2017.1 572p A5 ¥22000 ①978-4-393-17130-1

◆天台維摩経疏の研究 山口弘江著 国書刊行会
【目次】第1部 天台維摩経疏の成立と流伝(成立に関する諸問題、流伝に関する諸問題)、第2部 天台維摩経疏のテキストとその問題(天台維摩経疏の現存諸本、『文疏』所引の『維摩経』経文とその特質)、第3部 天台維摩経疏の教学と特質(経典解釈法の形成過程、『玄疏』にみる『維摩経』の体・宗・用 ほか)、第4部 天台維摩経疏をめぐる諸問題(法華思想の展開とその特質、思想的側面よりみる成立の諸問題)
2017.2 421, 8p A5 ¥12000 ①978-4-336-06114-0

◆日本天台教学論―台密・神祇・古活字 水上文義著 春秋社
【要旨】多角的な視点から、日本天台思想のさらなる解明に資する待望の刮目の書。円爾円珍の密教説と台密、台密における胎内五位説の検討…など19篇の論考からなる。
2017.6 383p A5 ¥9000 ①978-4-393-11275-5

◆密教姓名学"音声篇"―奇門遁甲に基づく音声による名前の吉凶 掛川東海金著 太玄社、ナチュラルスピリット 発売
【要旨】密教と中国古来の占学が融合した、『密教姓名学』には「音・形・義・数」という四つの要素があり、最初の"音声篇"を公開!姓名学の哲学と歴史がわかり、同時に、本書の「名づけ辞典」で参照すれば、なまえの吉凶が簡単にわかります!どんな有名人と共通するかもわかります。
2017.7 337p A5 ¥2500 ①978-4-906724-33-8

◆密教入門―聖なる道 密教入門聖なる道編集委員会編 日本密教文化社、世論時報社 発売
【要旨】すべての人が知ることができる神と人とのつながり。21世紀に啓示された真実。
2017.5 79p 18cm ¥2300 ①978-4-915340-92-5

◆密教の聖地 高野山―その地に眠る偉人たち 上永哲矢、野田伊豆守著 三栄書房
【要旨】高野山の「奥之院」には、歴史上に名を残した数多の偉人の魂が祀られている。その供養塔の数は実に数万基にも達するそうだが、特に多いのが織田信長・明智光秀・武田信玄・上杉謙信といった、いわゆる戦国武将を祀ったものである。その名を聞けば歴史に詳しくない人でも知っているような著名な人物たちである。生前、敵として戦ったり、殺したり殺されたりした主義主張も信仰していた宗派も違った人々の供養塔が、なぜこのようにひとつの場所に集まっているのか。なぜ高野山だけが全国各地の寺院の中で、特別な存在なのか―。
2018.1 175p 18cm ¥880 ①978-4-7796-3503-8

◆歴史のなかの根来寺―教学継承と聖俗連環の場(トポス) 山岸常人編 勉誠出版
【要旨】真言宗中興の祖・覚鑁の遺志を継ぎ、稀代の学僧である頼瑜により、根来の地にて展開した新義真言宗の総本山、根来寺。中世という変革の時代にあって、聖俗様々な要素の変容と葛藤の中で、真言寺院はいかなる営みを為し、展開していったのか。寺院史・政治史における最新の研究成果、また、根来寺遺構調査および文化財調査の成果と、その実像を明らかにする。 2017.10 238p A5 ¥3800 ①978-4-585-21042-9

禅宗・臨済宗・黄檗宗

◆一休「禅」の言葉―自由に読む、自在に生きる 境野勝悟著 三笠書房 (知的生きかた文庫)
【要旨】毎日を、さらりと生きるヒント。「本当に大切なこと」に気づく50話。
2017.2 222p A6 ¥600 ①978-4-8379-8453-5

◆黄檗宗資料集成 第4巻 木村得玄編 春秋社
【要旨】『通航一覧』(約350巻)は、1566～1825年までの江戸幕府の対外関係資料。国別にまとめて記録され、その数は約20カ国にも及ぶ。第四巻は、そうした膨大な資料の中から、唐国総師部から江蘇省蘇州府までの、黄檗宗に関連するものをすべて選び出して収録した。
2017.1 364p A5 ¥4200 ①978-4-393-17614-6

◆オトナの一休さん NHKオトナの一休さん制作著 KADOKAWA
【要旨】常識や正論に悩んでいるアナタに。破戒僧・一休の生き様が、道しるべになる!
2017.5 200p A6 ¥620 ①978-4-04-602108-3

◆稀覯禅籍集 中世禅籍叢刊編集委員会編 (京都)臨川書店 (中世禅籍叢刊 第10巻)
【目次】影印篇(見性成仏論 称名寺蔵(神奈川県立金沢文庫管理)、覚性論 称名寺蔵(神奈川県立金沢文庫管理)、百丈禅師広説・法門大綱 称名寺蔵(神奈川県立金沢文庫管理)、養心抄 称名寺蔵(神奈川県立金沢文庫管理) ほか)、翻刻篇(見性成仏論 称名寺蔵(神奈川県立金沢文庫管理)、覚性論 称名寺蔵(神奈川県立金沢文庫管理)、百丈禅師広説・法門大綱 称名寺蔵(神奈川県立金沢文庫管理)、宗鏡要処 称名寺蔵(神奈川県立金沢文庫管理)、養心抄 称名寺蔵(神奈川県立金沢文庫管理) ほか)
2017.7 701p A5 ¥28000 ①978-4-653-04180-1

◆心がみるみる晴れる坐禅のすすめ 平井正修著 幻冬舎 (幻冬舎文庫)
【要旨】「周囲の目線や評価が気になる」「進むべき道を迷っている」「過去を悔やみ、引きずっている」「心が折れやすい」「自由になりたい」「孤独を感じる」……一つでも当てはまったら、今すぐ「坐禅」。静かな場所で、姿勢を調え、長くゆっくり呼吸。それだけで“心の自然治癒力”が高まります。余計なものを捨て、安らかな心で、自分らしい毎日を。
2017.4 222p A6 ¥540 ①978-4-344-42607-8

◆坐禅の仕方と心得―附・行体の仕方 沢木興道著 大法輪閣 増補改訂版
【要旨】道元・瑩山・大智・白隠らの坐禅についての要文を引用し、坐禅の意義、身構え・心構えを綿密に説く。何ものをも求めない道元禅師の坐禅「只管打坐」を世に蘇らせた沢木老師の原点! 昭和14年発行の稀覯本に、新たに老師の貴重な写真と「沢木興道老師の言葉(坐禅について)」を加えて復刊。
2017.5 142p B6 ¥1500 ①978-4-8046-1395-6

◆聖一派続 中世禅籍叢刊編集委員会編 (京都)臨川書店 (中世禅籍叢刊 第11巻)
【目次】影印篇(菩提心論随文正決一真福寺寶生院(大須観音)蔵、大日経疏住心品開書一真福寺寶生院(大須観音)蔵、安養寺流印信一真福寺寶生院(大須観音)蔵)、翻刻篇
2017.1 669p 23×17cm ¥25000 ①978-4-653-04181-8

◆すみっコぐらしの毎日がしあわせになる禅語 サンエックス、武山廣道監修 (名古屋)リベラル社、星雲社 発売
【要旨】喫茶去…一杯のお茶で人との距離が近づきます。青山流水も是ならず…そのままの、ありのままの自分が好き。明珠在掌…大切なものはここにある。大機大用…チャンスは誰にでも巡ってくる。以心伝心…言葉はなくても心でつながる。主人公…私らしく生きていますか、など、禅語にはおだやかに生きるヒントがいっぱいある。すみっコぐらし×禅語のコラボレーション。
2017.12 111p 19×15cm ¥980 ①978-4-434-24166-6

◆禅、比べない生活―「自分のものさし」で生きるヒント 枡野俊明著 三笠書房 (知的生きかた文庫)
【要旨】『競争からちょっと離れると、人生はうまくいく』再編集・改題書
【要旨】「心のざわめき」を手放せばラクになる。禅僧で大学教授、庭園デザイナーとしても活躍する著者が教える“処世の秘訣”
2017.10 221p A6 ¥630 ①978-4-8379-8495-5

◆禅と生きる―生活につながる思想と知恵20のレッスン 宇野全智著 山川出版社
【要旨】人生にはさまざまな出来事が起こります。それらは戦いの真っ只中で矢に当たるようなもので、避けて通ることはできません。ただ、矢に当たったことを悔やみ嘆き、怒り、先々の不安につぶされてしまったら、それこそ、第二の矢、第三の矢に襲われたことと同じです。思考の連鎖、感情の連鎖から生まれる二次災害を防ぐ。思い通りにならないことを苦しまにしない知恵が、禅の実践の中にあります。
2017.5 220p B6 ¥1600 ①978-4-634-15116-1

◆禅とことば 乖離と近接―「這箇」との接点を索めて 信原修著 明石書店
【目次】第1部 わたしにとっての禅(わたしの禅体験と禅理解―挫折のなかから、わたしの理解する禅の諸特性―語録のなかの落ち穂拾い)、第2部 禅とことばのインターフェイス(ことばの特性―サインとしてのことば、禅とことばの接点―這箇(直示)とオノマトペ(擬容・擬態語))
2017.4 244p B6 ¥3000 ①978-4-7503-4496-6

◆禅問答100撰 山田史生著 東京堂出版
【要旨】弟子の切実な問いを受け、師はさらなる問いへとみちびく―『碧巌録』の100の問答を縦横自在に読み解き味わい尽くす。
2017.3 301p B6 ¥2000 ①978-4-490-20961-7

◆「そのままの私」からはじめる坐禅―抱えている問いを禅の智慧に学ぶ 大童法慧著 メタモル出版
【要旨】マインドフルネスに疲れた人、禅の“もの”の見方を知りたい人、暮らしに坐禅を取り入れたい人へ―あなたが生きやすくなる手立ては「今・ここ」にある!
2017.2 167p B6 ¥1380 ①978-4-89595-905-6

◆日本人のこころの言葉 栄西 中尾良信, 瀧瀬尚純著 (大阪)創元社
【要旨】日本の本格的な禅は栄西に始まる。日本臨済宗の祖としてまた、日本に茶を伝えた僧として栄西は輝いている。
2017.6 206p 19cm ¥1200 ①978-4-422-80071-4

◆はじめて読む禅語 武山廣道監修 (名古屋)リベラル社、星雲社 発売
【目次】第1章 禅語とは、第2章 穏やかに暮らす、第3章 うまく付き合う、第4章 自分と向き合う、第5章 一歩を踏み出す、第6章 心をラクにする
2017.7 173p 17×9cm ¥1000 ①978-4-434-23614-3

◆碧巌の海 木村太邦著 春秋社
【要旨】禅の代表的な語録『碧巌録』の提唱を通して禅の生き方を豊かに語る。
2017.1 256p B6 ¥2200 ①978-4-393-14429-9

◆リーダーの禅語―人を動かす5つの力、50の言葉 枡野俊明著 三笠書房
【要旨】判断に迷ったとき。重圧を感じたとき。誘惑に負けそうなとき。―「禅」が支えとなり、拠りどころとなる。風格、育成力、平常心、行動力、信頼力。本書では、リーダーが身につけるべき力をこの5つに集約し、そのためのヒントとなる「禅語」を紹介します。この言葉が、悩み多きリーダーを救い、よりよい仕事を実現する助けとなることを願って。
2017.10 221p A6 ¥630 ①978-4-8379-2670-2

◆臨済録の研究 柳田聖山著 (京都)法藏館 (柳田聖山集 第4巻)
【目次】1 興化存奨の史伝とその語録―中国臨済禅草創の歴史的社会的事情―中国臨済禅草創時代をめぐる文献資料の綜合的整理、覚書(その1)、2 唐末五代の河北地方における臨済録成立の歴史的社会的事情―中国臨済禅草創時代をめぐる文献資料の綜合的整理、覚書(その2)、3 南院慧顒(ぎょう)―中国臨済禅草創時代をめぐる文献資料の綜合的整理、覚書(その3)、4 風穴延沼―中国臨済禅草創時代をめぐる文献資料の綜合的整理、覚書(その4)、5 臨済録ノート―中国臨済禅草創時代をめぐる文献資料の綜合的整理、覚書(その5)、6 臨済録ノート(続)―中国臨済禅草創時代をめぐる文献資料の綜合的整理、覚書(その6)、7 臨済のことば―『臨済録』口語訳の試み、8 訓註臨済録の補訂、9 『臨済録』と『歎異抄』
2017.3 534, 18p A5 ¥18000 ①978-4-8318-3864-3

曹洞宗・正法眼蔵

◆正法眼蔵―行仏威儀を味わう 内山興正著 大法輪閣
【要旨】行仏とは、天地一杯のいのちの力を自らの力として生きること、そこに天地の威儀が現れる。「行仏威儀」の巻を単なる解釈でなく、自らの生きるいのちの言葉として読みとき、新たな息吹を感じさせる提唱録。
2017.2 174p B6 ¥1900 ①978-4-8046-1393-2

◆正法眼蔵第一 現成公按 私訳―世界を荘厳する道 松岡由香子著 東京図書出版、リフレ出版 発売
【要旨】道元自らの言葉と用例に拠った画期的解釈。伝統的解釈と現代の諸解釈を詳細に吟味し、『現成公按』の真意を読み解く。
2017.1 219p A5 ¥2000 ①978-4-86223-999-0

◆跳訳 道元―仏説微塵経で読む正法眼蔵 齋藤嘉文著 ぷねうま舎
【要旨】失われた仏典、仏説微塵経の解読を物語の枠として、道元の宇宙に跳び込み、正法眼蔵の跳訳と注解に挑戦する。
2017.8 246p B6 ¥2500 ①978-4-906791-72-9

◆道元禅師研究における諸問題―近代の宗学論争を中心として 角田泰隆編著 春秋社
【要旨】道元研究の第一人者による、約二十年にわたる本覚思想と十二巻本『正法眼蔵』をめぐる宗学論争の総括と、新進気鋭の研究者による、これまでの常識を覆す新たな研究の試み六篇を収録。
2017.2 368p A5 ¥6500 ①978-4-393-11343-1

◆道元禅師の周辺にて 大谷哲夫著 仏教タイムス社
【要旨】道元禅師と栄西禅師、2人に相見はあったのか?『永平広録』研究の第一人者が謎に迫る、道元禅師のドラマが曹洞宗をつくる。
2017.9 109p B6 ¥1000 ①978-4-938333-08-9

◆道元「宝慶記」 大谷哲夫全訳注 講談社 (講談社学術文庫)
【要旨】「時に道元、感涙襟を沾す」。真の仏法を求めて入宋した若き僧は、天童山でついに最高の先達・如浄に巡り会った。燃えたぎるが如き情熱で重ねられる問いを受けとめる師の喜び。積年の疑団が氷解し、正しい教えを得たと確信する弟子の感激。ここに一器の水が一滴も余すことなく移されるように仏法は成った。八百年の時空を超えて伝わる求道の書!
2017.8 380p A6 ¥1150 ①978-4-06-292443-6

◆如圭詩偈稿―石附賢道老師語録 石附賢道著 (南足柄)石附賢道老師語録刊行会、国書刊行会 発売
【目次】1 詩偈(綴本前半―昭和六年頃～昭和十六年頃、道補―昭和十一年頃～昭和二十二年頃、綴本後半―昭和二十三年頃～昭和二十七年、未綴―昭和二十八年～昭和四十三年)、2 賀扇・寿言、3 悼辞、4 疏・香語、5 牓・鐘銘・塔銘、6 漢詩の作り方と鑑賞―『現代禅林香語集』下編より転載
2017.10 779p 24×17cm ¥15000 ①978-4-336-06219-2

浄土教・浄土宗

◆一枚起請文のこころ 藤堂恭俊著 (大阪)東方出版 新装版
【要旨】法然上人の御遺言の書『一枚起請文』を、上人の御法語を通してやさしく解き明かす。常随給仕の愛弟子源智上人の生涯を、新発見の資料を駆使し、師弟関係のうえでとらえる。お念仏の道、浄土の法門を明かした好著。
2017.8 228p B6 ¥2000 ①978-4-86249-290-6

仏教

◆一百四十五箇条問答─法然が教えるはじめての仏教　法然著, 石上善應訳・解説　筑摩書房（ちくま学芸文庫）
【要旨】法然が登場する以前、仏教は驚くことに、一部のエリートのためだけに存在する宗教だった。漢文で書かれた難解な経典が読めること、日常生活を気にせず修行に打ち込めること、が条件だったからだ。しかし実際に苦しみ、救済を必要としたのは、文字も読めない市井の人びとに他ならない。そこで法然は、誰でも、いつでも、どこでも実践可能な「念仏」を柱とする浄土宗を打ち立てた。この『一百四十五箇条問答』は、法然の教えに惹かれながらも、従来の仏教との違いに戸惑ったり、生活を改めなければならないのかと不安に思った人びとの145の疑問に、法然がやさしく答えたもの。浄土仏教や法然その人を理解するための、またとない入門書となっている。
2017.7　319p　A6　¥1200　①978-4-480-09806-1

◆一遍 捨聖の思想　桜井哲夫著　平凡社（平凡社新書）
【要旨】「心」にとらわれているのは「生き死に」に迷う道であり、無心が涅槃の境地である。はからいを放棄するだけではなく、はからいの放棄すら放棄すること。名号が名号を称えている─日本浄土教が行きついた一遍の思想。
2017.8　255p　18cm　¥860　①978-4-582-85851-8

◆一遍仏教と時宗教団　長澤昌幸著　（京都）法藏館
【要旨】「捨ててこそ」を掲げ、全国を遊行に過ごした時宗の一遍。遺された門弟たちはいかにして「一期ばかり」だったはずの一遍の思想を受け継ぎ、伝統化していったのか。一遍の思想を浄土教史の中に位置づける稀少な研究。
2017.11　321, 7p　A5　¥5000　①978-4-8318-7509-9

◆清沢満之の浄土教思想─「他力門哲学」を基軸として　脇崇晴著　（福岡）木星舎
【要旨】激動の明治を生きた宗教者・哲学者、清沢満之。彼の思想を浄土教思想として読み直し、その根底に一貫性を見たとき、新たな解釈が生まれる。
2017.6　151p　A5　¥1800　①978-4-901483-94-0

◆死してなお踊れ──一遍上人伝　栗原康著　河出書房新社
【要旨】家も土地も財産も、奥さんも子どもも、ぜんぶ捨てた一遍はなぜ踊り狂ったのか─いま最高度に注目される思想家による絶後の評伝。
2017.1　248p　B6　¥1600　①978-4-309-24791-5

◆真珠院という真珠─浄土教小智識　真曽道彦著　西田書店
【目次】第1部 浄土宗の基本（「法然上人行状絵図」に見る上人の生涯、法然上人のおことば（十話）、結縁五重相伝（紙上抄録）、勤行式差定（おつとめのじゅんじょ）、経典の一句解説、仏教用語ア・ラ・カルト）、第2部 宗教と暮らし（昭和57年〜昭和59年、昭和60年〜昭和63年、平成元年〜平成6年、平成7年〜平成10年、平成11年〜平成15年、平成16年〜平成20年、平成21年〜平成25年、平成26年〜平成28年）
2017.12　430p　A5　¥3200　①978-4-88866-621-3

◆親鸞と一遍─日本浄土教とは何か　竹村牧男著　講談社（講談社学術文庫）
【要旨】無の深淵が口をあけ虚無の底に降り立った中世日本に日本浄土教を大成した二人の祖師がいた。定住型の親鸞と漂泊型の一遍という、全く対照的な生き方と思索を展開した両者の思想を、原典に現代語訳を付して緻密に読みこみ比較考量、日本文化の基層に潜む浄土教の精髄を浮き彫りにする。日本人の仏教観や霊性、宗教哲学の核心に鋭く迫る清新な論考。
2017.6　323p　A6　¥1100　①978-4-06-292435-1

浄土真宗・歎異抄

◆悪と往生─親鸞を裏切る『歎異抄』　山折哲雄著　中央公論新社（中公文庫）
【要旨】中世以来、あまたの人々の心を捉え、読み継がれてきた『歎異抄』は、親鸞の弟子・唯円の手になる聞き書きである。しかし親鸞の教えと『歎異抄』の間には絶対的な距離があるのではないか。この距離の意味を考えない限り、「根元悪」の問題も、「悪人」の救済という課題も解決はしない─。著者による親鸞理解の到達点を示す力作論考。
2017.3　297p　A6　¥840　①978-4-12-206383-9

◆イラストで知る浄土真宗　川添泰信監修　洋泉社　（うちのお寺がよくわかる）
【要旨】悪人正機とは何か。南無阿弥陀仏の意味。歴史で見る浄土真宗。お勤めの作法とは。知っておきたい親鸞の教えと仏事・しきたり。イラストとやさしい解説でわかる浄土真宗入門。
2017.5　191p　A5　¥1400　①978-4-8003-1198-6

◆教行信証を読む　桜井鎔俊著　（京都）法藏館　新装増補版
【目次】総序、教巻、行巻、信巻、証巻、真仏土巻、化身土巻
2017.10　265, 13p　B6　¥2300　①978-4-8318-6550-2

◆『教行信証』「信巻」の究明─如来回向の欲生心　本多弘之著　（京都）法藏館
【要旨】親鸞が説いた他力信心の真実の意義を、現代によみがえらせる。他力信心の獲得によってもたらされる、凡夫のままで本願の真実に生きるという、宗教世界の内実を具体的に明らかにし、他力念仏の教えに対して広く持たれている、「死後に救われる教え」という誤解を、徹底的に払拭する待望の論考。
2017.9　473p　A5　¥9000　①978-4-8318-8765-8

◆共生の大地─講話録　幡谷明著　（京都）自照社出版
【要旨】曽我量深・金子大栄・山口益師の値遇を得て、齢九十に至るまで真宗学を学び得てきた著者が、曇鸞教学の学問研究を土台に、親鸞聖人の深い聞思を領解して味わい得た、その感動と大乗仏教の念仏の道を現代に示さんとする気骨あふれる講録─。"真宗光明団婦人部会研修会における講述"「信力増上」「悲喜交流」「浄土の大菩提心」の三部を収録する。
2017.11　380p　A5　¥3000　①978-4-86566-046-3

◆近代西本願寺を支えた在家信者─評伝松田甚左衛門　中西直樹著　（京都）法藏館
【要旨】廃仏毀釈などの厳しい外圧にさらされる西本願寺を様々な側面から支え続け、「本山のために終始一身を捧げ尽されたか」と称賛された在家信者・松田甚左衛門。近代化を進める西本願寺において、多大な功績を残しながらも、なぜ彼はその歴史に埋もれてしまったのか。開明的な近代仏教のイメージを覆し、在家信者の視点から、仏教の近代化を今一度問い直す！
2017.9　166p　B6　¥1900　①978-4-8318-5551-0

◆愚禿釈親鸞の行実─東国常陸の仏教事情　西谷隆義著　（水戸）茨城新聞社
【要旨】後世に多大な影響を与えた名僧親鸞。浄土真宗の開祖として広く知られる存在でありながら、その生涯は謎が多い。情報科学を専攻し、郷土史家を自認する著者が膨大な資料をもとに調査・研究を重ね "等身大" の親鸞に迫る。
2017.7　325p　A5　¥3000　①978-4-87273-453-9

◆こころを満たす智慧─『歎異抄』を読む　三明智彰著　産経新聞出版, 日本工業新聞社 発売（団塊世代の仏教入門）
【要旨】「老病死」と向き合う。かけがえのない人生を生き抜く力の源泉がここに。
2017.3　233p　B6　¥1800　①978-4-8191-1302-1

◆こころにとどく歎異抄　三田誠広著　（西東京）武蔵野大学出版会
【目次】弥陀の誓願不思議に助けられ、地獄は一定すみかぞかし、善人なほもつて往生をとぐ、慈悲に聖道浄土の変りめあり、親鸞は父母の孝養のためとて、親鸞は弟子一人も持たず候ふ、念仏は無碍の一道なり、我が計らひにて行ずるにあらざれば、親鸞もこの不審ありつるに、念仏には無義をもって義とす〔ほか〕
2018.2　247p　A5　¥1800　①978-4-903281-34-6

◆釈尊から親鸞へ─七祖の伝統　狐野秀存著　（京都）東本願寺出版　（真宗文庫）
【要旨】法然に出会い本願念仏の世界に導かれた親鸞。師の衣鉢を受け継いで、大型釈尊から法然に至る真実の仏教の伝承を、インド、中国、日本の三国の七高僧─龍樹・天親・曇鸞・道綽・善導・源信・源空（法然）─の信心のこころのなかに読み取り、念仏の僧伽復興の悲願成就の生涯へと結びつけた親鸞の真宗仏教への思いをたどる。
2017.7　317p　A5　¥750　①978-4-8341-0560-5

◆正信偈　内藤知康著　（京都）法藏館　（聖典読解シリーズ 5）
【要旨】親鸞聖人の教えのかなめが説かれた「正信偈」を、現代の真宗教学者の最高峰が丁寧に読み解いた決定版！ 原文・訓読文・現代語訳・語釈・解説で、一句一句を詳解。往生とは、念仏を称えるとはどのような意味なのかも解説。
2017.9　392p　A5　¥3800　①978-4-8318-7905-9

◆浄土真宗ではなぜ「清めの塩」を出さないのか─知っておきたい七大宗派のしきたり　向谷匡史著　青春出版社　（青春新書INTELLIGENCE）
【要旨】浄土真宗、真言宗、浄土宗、曹洞宗、日蓮宗、天台宗、臨済宗。基本の教えで、日々のお参りで…そんな違いがあったのか！ 寺院参拝の際に法事の席で大人の教養として知っておきたい日本仏教、七大宗派の超入門。
2017.8　189p　18cm　¥940　①978-4-413-04518-6

◆浄土真宗とは何か─親鸞の教えとその系譜　小山聡子著　中央公論新社（中公新書）
【要旨】日本最大の仏教宗派、浄土真宗。開祖・親鸞は、絶対他力の教え、悪人正機説など、思想の革新性で知られている。本書では、さらに平安時代の浄土信仰や、密教呪術とのつながりにも目を向け、親鸞の教えと、それがどのように広まったのかを、豊富な史料とエピソードに基づき描きだす。師・法然から、親鸞、その子孫、室町時代に教団を確立した蓮如、そして東

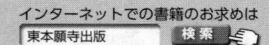

西分裂後まで、浄土真宗の思想と歴史を一望す
る。　2017.1 272p 18cm ¥860 ①978-4-12-102416-9

◆**浄土真宗の法事が十倍楽しくなる本**　長澤
靖浩著　（堺）銀河書籍、星雲社 発売
【要旨】退屈な法事が大切で感動的な時間に早変わり！
2017.4 105p B6 ¥1000 ①978-4-434-23199-5

◆**浄土真宗 仏教・仏事のハテナ？**　（京都）
東本願寺出版
【目次】真宗門徒の暮らしのハテナ？（門徒、帰敬式（おかみそり）ほか）、浄土真宗のお寺と教えのハテナ？（宗派、お寺 ほか）、葬儀・法事とお墓のハテナ？（お焼香、弔電・弔辞 ほか）、法要と行事のハテナ？（修正会、花まつり ほか）、付録（各種相談連絡先、全国教務所・別院一覧 ほか）　2017.9 117p B6 ¥600 ①978-4-8341-0557-5

◆**浄土和讃のおしえ　下　大経意、観経意、弥陀経意、諸経意、現世利益和讃、大勢至和讃**　澤田秀丸著　（京都）法藏館
【目次】大経意、観経意、弥陀経意、諸経意弥陀仏和讃、現世利益和讃、『首楞厳経』によりて大勢至菩薩和讃したてまつる
2017.9 156p A5 ¥1300 ①978-4-8318-8743-6

◆**初参式記念「いのちのであい」**　本願寺出版社編　（京都）本願寺出版社　第2版
2017.3 1Vol. 30×30cm ¥800 ①978-4-89416-033-0

◆**新講 教行信証 行巻7**　本多弘之著　（国立）樹心社、星雲社 発売
【目次】第1講 名号に備わる物語の用い、第2講 若き親鸞を動かし、生涯にわたって歩ませた源泉、第3講 往生の業は念仏を本とす、第4講 みな同じく斉しく選択の大宝海に帰して、念仏成仏すべし、第5講 浄土真宗こそ本当の場、第6講 光明と名号は浄土真宗成立の因縁、第7講 行の一念と信の一念に分ける意味、第8講 大利無上は一乗真実の利益なり
2017.3 367p A5 ¥2600 ①978-4-434-23161-2

◆**真宗大谷派のゆくえ―ラディカルに問う儀式・差別・靖国**　戸次公正著　（京都）法藏館
【要旨】問われ続ける教団の在り方。様々な歴史的課題を指摘し、乖離する教団の姿を問う問題作。　2017.12 226p A5 ¥2800 ①978-4-8318-8760-3

◆**信心獲得のすすめ**　稲垣瑞雄著　（京都）自照社出版
【目次】信心獲得のすすめ（巻頭詩、緒言、私の体験、山下師警策、信心歓喜、信心の会、信心の法徳、自力の信心と他力の法徳、信心獲得の心得と法雷会の流れ、信後の心得）、附編雄佛敎漢詩「信心」（奪命符、無御獨悟、瑞雄信心獲得、無心之信、大魔窟、善知識、銀山鐵壁、信心獲得）
2017.1 44p A5 ¥800 ①978-4-86566-034-0

◆**親鸞が出遇った釈尊―浄土思想の正意**　小川一乘著　（京都）東本願寺出版　（真宗文庫）
【要旨】すべての存在は、他との関係においてのみ成り立っている。「私がいて、私が生きる」「私がいて、私が老いる」「私がいて、私が病む」「私がいて、私が死ぬ」のでは、けっしてない。もろもろの因縁のままに「生かされている私」がいるだけである。釈尊のさとりの原理、"縁起の道理" の発見とその展開とを分かりやすく跡づけながら、親鸞の浄土思想の中核へと導く。
2017.7 271p A6 ¥750 ①978-4-8341-0559-9

◆**親鸞聖人と山伏弁円と板敷山**　今井雅晴著　（京都）自照社出版
【目次】1 悪人の弁円、2 弁円はどのような人であったか？、3 山伏とは何か？、4 板敷山とはどのような山か？、5 ためらいながら板敷山で待ち伏せる弁円、6 親鸞聖人に如来を観た弁円、7 その後の弁円、8 板敷山の伝説
2017.5 37p B6 ¥1000 ①978-4-86566-036-4

◆**親鸞聖人の教えをいただいて―私の聴聞**　岡本智水著　（国立）樹心社、星雲社 発売
【目次】1章 私と仏教、浄土真宗との出会い、2章 浄土真宗の教えについて、3章 親鸞聖人の教義理解について
2017.12 240p B6 ¥1700 ①978-4-434-24155-0

◆**親鸞と日本主義**　中島岳志著　新潮社　（新潮選書）
【要旨】なぜ「南無阿弥陀仏」は、ファシズムと接続したのか―。大正から昭和初期にかけて起きた親鸞ブーム。その「絶対他力」や「自然法爾」の思想は、やがて "国体" を正当化する論理として、右翼や国粋主義者の拠り所となる。或る者は煩悶の末に、ある者は戦争の大義を説くために「南無阿弥陀仏」と唱え、「弥陀の本願＝天皇の大御心」を主張した。「親鸞思想と国体」という近代日本の思想の盲点を衝き、信仰と愛国の危険な関係に迫る。
2017.8 297p B6 ¥1400 ①978-4-10-603813-3

◆**親鸞の教化―和語聖教の世界**　一楽真著
（京都）東本願寺出版　（真宗文庫）
【要旨】如来の教化にあずかった身として、人々にそれをどう伝えるかが親鸞の課題であった。教義理解のための『唯信鈔文意』や『一念多念文意』、仏法讃嘆の為の『三帖和讃』、また関東、関東の弟子たちに宛てた消息等、和語によって綴られた文章からは、日々教えに立ち帰り聞思に生きた親鸞の姿が浮かび上がってくる。　2017.7 274p A6 ¥750 ①978-4-8341-0562-9

◆**親鸞の還相回向論**　小谷信千代著　（京都）法藏館
【要旨】善鸞事件を経て、親鸞が思索の末に見出したものとは―曾我量深以来の還相回向論理解を、聖教の読解から再考し、親鸞の説いた還相回向論の実態を解明する。話題を呼んだ往生論理解についても新資料をもとに改めて考察した一冊。
2017.6 220, 2p A5 ¥2800 ①978-4-8318-8763-4

◆**親鸞の妻・恵信尼**　仁科龍著　雄山閣　第三版
【要旨】「末法」の世、乱世動乱の時代に親鸞の妻として、宗教弾圧「承元の法難」での親鸞流罪を堪え忍び、六人の子たちを育て、常に浄土の信仰を持ち続けて九十年の生涯を終えた恵信尼の足跡をたずねる。
2017.5 271p B6 ¥2800 ①978-4-639-02480-4

◆**親鸞の妻 玉日は実在したのか？―父とされる関白九条兼実研究を軸に**　今井雅晴著　（京都）自照社出版　（歴史を知り、親鸞を知る 10）
【目次】1「親鸞の妻は関白九条兼実の娘玉日」を伝える史料、2 玉日伝説の成立、3 九条兼実が法皇と呼ばれた、という話について、4 摂関家の娘たち―藤原道長から九条兼実まで、5 道長以降の摂政・関白と娘たち、6 九条兼実と娘、7 甲の身分が低い子
2017.3 63p 19×13cm ¥800 ①978-4-86566-035-7

◆**親鸞の仏道―『教行信証』の世界**　寺川俊昭著　東本願寺出版　（真宗文庫）
【要旨】『教行信証』は、一般には法然の教えを奉じた親鸞が、浄土真宗興起の基に思索に

を重ねて築き上げた整然たる教義の体系であると思われているが、その底に流れるものは、「誓願一仏乗」の仏道に至りついた親鸞の謝念にみちた信仰的情熱と、揺るぎない信念の叫びの表白である。本書では怜悧な教義上の分析に傾かず、その親鸞の肉声へと読者をいざなう。
2017.7 289p A6 ¥750 ①978-4-8341-0561-2

◆**親鸞「四つの謎」を解く**　梅原猛著　新潮社　（新潮文庫）
【要旨】『歎異抄』を旧制中学時代から愛読し、長い間、親鸞に関心を持ち続けてきた著者が、それまで答えが見出せなかった根本的な謎に迫る！ なぜ出家したのか？ 法然門下に入ったのはなぜか？ タブーを破り妻帯した理由、悪の自覚に関する疑問…大きな四つの謎を解くため、これまで見捨てられていた「異端の書」の中の伝承に着目し、これまでにない聖人理解に結びつけた梅原日本学の新境地。
2017.5 377p A6 ¥840 ①978-4-10-124415-0

◆**選択本願念仏集**　浅井成海著　（京都）本願寺出版社　（聖典セミナー）
【要旨】親鸞聖人が生涯、師と仰がれた法然聖人の主著『選択本願念仏集』。従来の念仏理解を打ち破り、平等往生の道を開いた浄土教の金字塔―その真髄を、法然研究の第一人者が丁寧に解き明かす。本文・現代語訳・講読の構成で詳解。
2017.2 373p A5 ¥2500 ①978-4-89416-032-3

◆**大系真宗史料 文書記録編 9　天文日記 2**
真宗史料刊行会編　（京都）法藏館
【目次】天文十一年、天文十二年、天文十三年、天文十五年、天文十六年、天文十七年、天文十八年、天文二十年、天文二十一年、天文二十二年、天文二十三年、年次不詳日記・挟込紙等
2017.1 454p A5 ¥9500 ①978-4-8318-5068-3

◆**中世の声と文字 親鸞の手紙と『平家物語』―シリーズ "本と日本史" 3**　大隅和雄著
集英社　（集英社新書）
【要旨】本書が扱うのは、親鸞聖人の手紙や『平家物語』などの "声の記録" だ。その当時、文字を知らない大多数の民衆には『平家物語』などによって文化や思想が伝えられていた。親鸞聖人が遠隔地の弟子に向けて語りかけるように書いた、情感溢れる手紙とともに、当時の知識人と民衆の関係性を鮮やかに描き出す。また、同時期に成立した『平家物語』にも触れ、"声" が "文字" として書き留められることで成立した中世文化の誕生の背景を解き明かす。日本中世史学の泰斗による、研究の集大成となる一冊。
2017.1 187p 18cm ¥700 ①978-4-08-720864-1

◆**日本仏教を変えた法然の先鋭性―親鸞にとっての「真宗」**　根津茂登著　（京都）法藏館
【要旨】比叡山を捨てて末世を救い、法然の教えとは!? 日本仏教を、「貴族の仏教」から「民衆の仏教」へと変革させた法然。その求道と布教のあり方を、著者渾身の一冊。
2017.2 339p B6 ¥1300 ①978-4-8318-7712-3

◆**ばあばあのおめめは仏さま―老病死に向き合った "信" の歩み**　海野公子著　（京都）自照社出版
【要旨】浄土真宗に出遇った喜びを綴る、ある門徒進員の法話記録。父の死、認知症の母の介護、所属する合唱団指揮者のガンの闘病と往生―さらに、自らのバセドウ氏病と向き合いつつ「安心せば必ず救う」の仏の願いに、気づかされて生きる喜びを綴る。
2017.3 193p B6 ¥1500 ①978-4-86566-037-1

◆**ビハーラと『歎異抄』による救い―ビハーラ医療団講義集パート 6**　ビハーラ医療団編　（京都）自照社出版
【要旨】『歎異抄』に気づかされ、救われていく姿を、中村久子の生涯とビハーラの現場から説く。　2017.8 250p B6 ¥1800 ①978-4-86566-042-5

◆**三木清遺稿「親鸞」―死と伝統について**　三木清著、子安宣邦編著　白澤社、現代書館 発売
【要旨】終戦から40日後の1945年9月26日、豊多摩刑務所に拘留されていた哲学者・三木清は解放されることなく無念の死をとげた。三木の疎開先から見つかった未完の原稿「親鸞」は、彼の死の翌年にその理不尽な死への怒りとともに、唐木順三によって『展望』創刊号（筑摩書房）に掲載された。三木は親鸞の思想をどのように読もうとしたのか。この遺稿「親鸞」を日本思想史家による解説とあわせて復刻する。
2017.9 149p B6 ¥1600 ①978-4-7684-7967-4

◆**門徒ことば―語り継がれる真宗民語**　三島清円著　（京都）法藏館

【要旨】「いなだく」って聞いたことありますか？日本各地に伝わる、不思議な響きの言葉たち。
2017.7 142p B6 ¥1200 ①978-4-8318-8757-3

◆歴史のなかの親鸞—真実のおしえを問う　名畑崇著　(京都)東本願寺出版　(真宗文庫)
【要旨】親鸞が明らかにした浄土真宗は、日本仏教史においてどのような意味をもつのか。平安末期から鎌倉時代の宗教状況を踏まえ、法然から親鸞へと受け継がれた「宗教改革」の実像を明かす。また親鸞その人の上の営みが、大乗の仏道のみの真実性を証明するものであったことを、実証的歴史学の視点からあきらかにする。
2017.7 333p A6 ¥750 ①978-4-8341-0558-2

日蓮宗

◆一念三千法門　大石日應著　(富士宮)大日蓮出版　改訂新版
【目次】緒論、内外相対の一念三千、権実相対の一念三千、十界の数量、一念三千、十界互具、具遍の現象、性体・性徳・性悲の法門、三種の世間、十如是、空仮中の三諦〔ほか〕
2017.8 103p A5 ¥500 ①978-4-905522-62-1

◆現代語訳 日蓮聖人の宗旨　河村孝照編訳　国書刊行会
【目次】日蓮聖人の宗旨、仏陀設化の元意、仏教観の大綱、本化別頭の教観、本経の依拠、本門の本尊の主体、本門の本尊(1)実体と写象、本門の本尊(2)本尊の意義、本門の本尊(3)三宝の調和、本門の題目(1)一言の妙行、本門の題目(2)適時と傍正、本門の戒壇(1)教観の一致、本門の戒壇(2)戒律の意義、本門の戒壇(3)事戒と理戒、本門の戒壇(4)本門の戒体、本門の戒壇(5)受戒の作法、本門の戒壇(6)理壇と事壇、本門の戒壇(7)因壇と果壇、三秘の要領、学解と実行
2017.5 211p B6 ¥1600 ①978-4-336-06137-9

◆現代日本語訳 日蓮の立正安国論　正木晃著　春秋社
【要旨】歴史的名著を日蓮の意図どおりに正しく理解する。予備知識なしで誰でも読める、きわめて平易な訳文。難解な仏教語には、本文中に説明を織り込むなどの工夫を凝らし、「解説」では当時の時代背景や鎌倉祖師たちの国家論にも言及する。
2017.2 238p B6 ¥2000 ①978-4-393-11344-8

◆最蓮房と阿仏房—虚飾を剥ぎ真実に迫る　北林芳典著　報恩社, 平安出版 発売
【要旨】竜の口の奇瑞は天変地夭ではない。出現した「月天子」は「人」。最蓮房は日興上人の佐渡期の異名。佐渡流罪中、最蓮房は佐渡と駿河を往還していた。「諸法実相抄」の「錯簡」とされてきた箇所は、真実の対告衆を示す。阿仏房の享年は四十歳前後。順徳上皇供奉の侍とする説はまったくの虚妄。阿仏房は佐渡土着の「いびす」。
2017.11 429p B6 ¥2700 ①978-4-902059-08-3

◆信行要文　8　御法主日如上人猊下御講義集 平成二十八年度第十三回法華講夏期講習会　日蓮正宗宗務院編　(富士宮)大日蓮出版
【目次】第1期 御義義テキスト九ページ一行目〜一〇ページ三行目(上野尼前御返事(御書一五七四ページ七行目)、上野尼前御返事(御書一五七六ページ〇行目) ほか)、第2期 御義義テキスト一〇ページ一行目〜同ページ一〇行目(三大秘法稟承事(御書一五九五ページ八行目)、本因妙抄(御書一六七九ページ一行目))、第3期 御義義テキスト一〇ページ一行目〜一一ページ一行目(寿量品文底大事(御書一七〇七ページ七行目)、御義口伝(御書一七二四ページ二行目) ほか)、第4期 御講義テキスト一一ページ九行目〜一二ページ七行目 御義口伝(御書一七六五ページ九行目)、御義口伝(御書一七七一ページ二行目) ほか)、第5期 御義義テキスト一二ページ一行目〜一四ページ八行目 御義口伝(御書一七七三ページ二行目)、御義口伝(御書一七七五ページ一一行目) ほか)
2017.3 262p A5 ¥1200 ①978-4-905522-53-9

◆全篇解説 日蓮聖人遺文　渡邊寶陽, 関戸堯海, 高森大乘 校成出版社
【要旨】厖大な著作を遺した日蓮聖人の思想的全体像を把握し、理解。書き遺されたあらゆる著作の読解を通して日蓮思想を描き出す、初めて

の「日蓮聖人遺文」解説本。
2017.12 460, 10p A5 ¥4000 ①978-4-333-02774-3

◆総本山第六十七世日顕上人猊下御教示 すべては唱題から—唱題の功徳と意義六十一カ条　(富士宮)大日蓮出版
【目次】題目の大利益、真実の悟り、我が心の妙法、我が心を磨く、真実を開く、尊厳の体に帰す、中の仏顕る、本地甚深の奥義、順逆二縁共に成仏す、身・口・意三業の功徳成就〔ほか〕
2017.7 103p A5 ¥231 ①978-4-905522-61-4

◆総本山第六十八世御法主日如上人猊下 御指南集　20　大日蓮出版編　(富士宮)大日蓮出版
【目次】信心がなければ成仏はかなわない、唱題の功徳は極めて大きい、折伏前進の原動力は唱題、少しでも説く者は如来の使、勇気をもって折伏逆化の戦いに、誓願は必ず達成できる、法華は折伏して権門の理を破す、広布の戦いで大切なこと、三宝の恩を報じる、強いて法華経を説くべき〔ほか〕
2017.6 87p B6 ¥231 ①978-4-905522-57-7

◆総本山第六十八世御法主日如上人猊下 御指南集　21　大日蓮出版編　(富士宮)大日蓮出版
【目次】謗法厳誡、不幸の原因は謗法にあり、浄土教は逃避の教え、謗法あらば必ず地獄にをつべし、折伏の原点、妙法蓮華経の五字の功徳、大聖人様御出現の目的、折伏した人の責任、一生懸命な言葉は、きちんと通じる、謗法を知る〔ほか〕
2017.12 87p B6 ¥231 ①978-4-905522-64-5

◆日蓮紀行—滅罪、求道、救国の旅　福島泰樹著　大法輪閣
【要旨】東国の貧しき漁村に生まれ、「日本第一の智者となし給へ」と誓願。死罪、流罪を怖れず国家を諌暁！滅罪、救国に生きた「法華経の行者」日蓮の、心中の嘆願、其生中の足跡を辿る！「大法輪」連載5年半、「日蓮紀行」ついに完結！
2017.6 357p B6 ¥2500 ①978-4-8046-1396-3

◆日蓮正宗略解　阿部日顕監修、日蓮正宗宗務院編　(富士宮)大日蓮出版　改訂版
【目次】宗名、信仰の主体と血脈相承、所依の経典、宗教の五綱、三大秘法、本迹二門、一念三千、本因下種、修行の方軌、謗法厳誡、即身成仏、善と悪、僧俗一途
2017.10 117p A5 ¥1000 ①978-4-905522-60-7

◆日蓮における宗教的自覚と救済—「心み」の宗教　間宮啓壬著　(仙台)東北大学出版会
【要旨】日蓮自身の方法に即して、日蓮自身を捉える。一詳細な読解から思想転回を辿り、日蓮の言葉の中にある「仏の御心」を浮き彫りにする。
2017.11 526p A5 ¥7000 ①978-4-86163-277-8

◆百六箇種脱對見拝述記　阿部日顕著　(富士宮)大日蓮出版　改訂版
【目次】「一、理の一念三千・一心三観の本迹」「一、事の一念三千・一心三観の本迹」「二、大通今日法華の本迹」「二、久遠元初直行の本迹」「三、応仏一代の本迹」「三、久遠実成直体の本迹」「四、迹門を理円一致と為すの本迹」「五、久遠の本門を事円と為すの本迹」「五、心法即身成仏の本迹」「六、色法即身成仏の本迹」「六、心法妙法蓮華経の本迹」「七、色法妙法蓮華経の本迹」「七、従因至果中間・今日の本迹」「八、久遠従果向因の本迹」「八、本果の妙法蓮華経の本迹」「九、本因の妙法蓮華経の本迹」「九、余行に渡る法華経の本迹」「十、不渡余行の法華経の本迹」「十、在世の観心法華経の本迹」「十三、下種の得法観心の本迹」〔ほか〕
2017.3 628p A5 ¥4500 ①978-4-905522-52-2

◆弁惑観心抄　大石日應著　(富士宮)大日蓮出版　第6版
【目次】第1章 本門の本尊を論ず、第2章 下種人法体一を論ず、第3章 本門の戒壇を論ず、第4章 下種三宝を論ず、第5章 本門の題目を論ず、第6章 当家相承を論ず、第7章 当家修行を論ず、第8章 像仏破責論
2017.6 495p A5 ¥3000 ①978-4-905522-58-4

◆良医病子の譬え　二木ちかこ絵　(富士宮)大日蓮出版　(法華七喩シリーズ 7)
2017.7 14p B5 ¥682 ①978-4-905522-59-1

キリスト教

◆愛の十字架 苦しみの彼方に開く扉 ヘブライ語訳版　伊藤飛鳥著　東洋出版　(本文：ヘブライ語)
2017.10 83p B6 ¥1500 ①978-4-8096-7888-2

◆愛の連鎖　マザー・テレサ, 苦しむ弟子達著, キャサリン・スピンク編, 森谷峰雄訳　(神戸)シオン出版社, 星雲社 発売　(NPO法人アサエ記念マザー・テレサ基督教蘇活園双書)　改装改訂版
【目次】1 マザー・テレサ「私には祈りかつ苦しむ魂が必要なのです」、2 ジャクリーン・ド・デッカー「喜んで与えた命」、3 苦難を捧げる共労者会「共に耐えた苦難は喜びである」、4「慈悲心を強める薬」
2017.12 205p B6 ¥1500 ①978-4-434-24038-6

◆アウグスティヌスとトマス・アクィナス　エティエンヌ・ジルソン, フィロテウス・ベーナー著, 服部英次郎, 藤本雄三訳　みすず書房　新装復刊
【要旨】ローマ帝政没落のさなか、キリスト教思想形成期に生きたアウグスティヌスと、中世キリスト教界の円熟期に生きたトマス・アクィナ—対照的な個性の相違をもってヨーロッパ精神史に聳えるこの二人の思想家が目ざしたものは何であったのか。中世哲学史の碩学による本書は、テキストに即して両者の思考過程をたどりつつ、現代におけるその意義を描き出し、キリスト教ヒューマニズムを基調とする中世思想への最良の道案内となっている。
2017.9 308p B6 ¥4200 ①978-4-622-08656-7

◆あなたが気づかないだけで神様もゲイもいつもあなたのそばにいる　平良愛香著　学研プラス
【要旨】日本で初めて男性同性愛者であることを公表したうえで牧師となった平良愛香。沖縄で牧師の家庭に生まれ、自分は「男の人が好きだ」と気づき、当時は主流だった「同性愛は罪」とするキリスト教の教えと差別に苦悩し、やがて「神はすべての人を愛する」と確信、自らカミングアウトして牧師となった苦闘の半生。立教大学、桜美林大学での講義をもとに「誰もが自分らしく生きられる社会」をつくるために知っておきたい「性と差別にまつわる特別講義」も収録。
2017.12 279p B6 ¥1300 ①978-4-05-406611-3

◆イエスが渡すあなたへのバトン—関西労伝60年の歩み　関西労働者伝道委員会編　(大阪)かんよう出版
【目次】1 関西労働者伝道委員会の誕生とそれから (一九五五〜一九九二年)(人間の尊厳、インターン経験とその後の「現場」、神学教育の現場から)、2 日雇い労働者の町・釜ヶ崎で(一九九二年〜現在)(「釜ヶ崎」の問いに応えて、釜ヶ崎と人権、教会ムーブメントと「関西労伝」、今後の働きに寄せて)
2017.4 277p B6 ¥2000 ①978-4-906902-83-5

◆イエス・キリストを思い起こしてください—現代の信仰問題への応答として　ラニエロ・カンタラメッサ著, 小平正寿, パウロ・ヤノフスキー監訳, 金子知香子, 高木利彦訳　サンパウロ
【要旨】ローマ教皇ベネディクト十六世の臨席のもとに、教皇公邸にて、2005年の待降節と2006年の四旬節に行われた黙想会の説教集。共通した主題は、現代におけるキリストをめぐる信仰についてであり、二つの異なる視点から考察。第一部の待降節はキリストを告げ知らせることに重点が置かれ第二部の四旬節は、キリストに倣うこと、特にキリストのご受難に倣うことを重視している。
2017.3 216p B6 ¥2000 ①978-4-8056-0479-3

◆イエス・キリスト時代のユダヤ民族史　5　エーミール・シューラー著, 木村和良訳　教文館
【要旨】イエス時代のユダヤ史を知るための価値ある資料集。本巻では、ヘレニズム世界に四散したユダヤ人ディアスポラについて、共同体組織や市民生活・宗教生活の実態を詳述する。また聖書外典・偽典など、ヘブライ語・アラム語で記された当時のユダヤ文学についても通観する。
2017.2 430p A5 ¥9500 ①978-4-7642-7355-9

哲学・心理学・宗教 / キリスト教

◆**イエス・キリストの系図を彩る女性たち**
平山澄江著　キリスト新聞社　(聖書を学ぶ入門シリーズ)
【要旨】本書では、イエス・キリストの系図に登場する女性について考えていきます。
2016.12 116p 18cm ¥1000 ①978-4-87395-714-2

◆**イエズス会士と普遍の帝国―在華宣教師による文明の翻訳**
新居洋子著　(名古屋)名古屋大学出版会
【要旨】カトリック拡大のため東方に渡った宣教師らが、巨大な清朝に見出したものは何か。中国古来の世界像や学術が、キリスト教の教義や勃興する科学と結びつくなかで。共通言語から統治体制や歴史編纂まで、新たな帝国像を描き出した18世紀のアミオを軸に、「文明の翻訳」の実相を捉える力作。思想のグローバルヒストリー。
2017.11 373, 32p A5 ¥6800 ①978-4-8158-0889-1

◆**イエスに出会うということ―人生の意味と思いがけない答え**
ティモシー・ケラー著, 廣橋麻子訳　いのちのことば社
【要旨】キリスト教に「答え」はあるのか？ 福音書の登場人物が経験した、人生を一変させるイエスとの出会いから、信仰の本質を説き明かすイエスとの真剣な対峙を促す説教集。
2017.9 253p B6 ¥1600 ①978-4-264-03854-2

◆**イエスの譬え話　2　いのちをかけて語りかけたメッセージは？**
山口里子著　新教出版社
【目次】第1章 ファリサイ人と徴税人(ルカ18：10‐14a)、第2章 種まき(マルコ4：3b‐8)、第3章 からし種(マルコ4：30‐32)、第4章 断られた食事会(ルカ14：16b‐23)、第5章 パン種(ルカ13：20‐21)、第6章 10人の乙女(マタイ25：1‐12)、第7章 裁判官と寡婦の譬え話(ルカ18：2‐5)、第8章 サマリア人(ルカ10：30b‐35)、さんびか「かみさまがせかいを」
2017.3 245p A5 ¥2200 ①978-4-400-12759-8

◆**烏賊星(いかまぶ)の一筋垂れて冬の弥撒(ミサ)―万葉神父の日々是好日**
前田万葉著　(鎌倉)かまくら春秋社
【要旨】五島列島出身の前田万葉大司教が、俳句に福音をのせて語る恵みの書。
2017.9 251p B6 ¥1800 ①978-4-7740-0721-2

◆**生き方の問題なんだ。**
大嶋重徳, 桑島みくに, 佐藤勇, 吉村直人著　いのちのことば社
【要旨】この国でクリスチャン「らしく」歩むって、どういうこと？ 教会、学校、職場、家庭、政治―「生きる」ことと「信じる」ことに真摯しつつも向き合ってきた、若者たちの等身大の声を集めた。
2017.2 143p 18×13cm ¥1200 ①978-4-264-03620-3

◆**イギリスの教会事典―英文学の背景を知る**
三谷康之著　日外アソシエーツ, 紀伊國屋書店発売
【要旨】"教会文化"をビジュアルに紹介。英文学の底流にある、教会にまつわる文化語彙・慣習・建築用語を知るための「読む事典」。192作品からの引用・翻訳に加え、写真・図版を981点掲載。
2017.3 660p A5 ¥15000 ①978-4-8169-2648-8

◆**イースター・ブック―改革者の言葉と木版画で読むキリストの生涯**
マルティン・ルター著, ローランド・H. ベイントン編, 中村妙子訳　新教出版社
【要旨】宗教改革史研究の碩学であるローランド・ベイントン教授が、福音書に関するルターの説教から新たな視点によって採択・編集したユニークな書。ルターと同時代の画家、ヴィルギリウス・ソリスの木版画を数多く掲載。改革者の復活信仰の真髄を伝える名著を、宗教改革500年を記念して新装復刊。
2017.3 128p 21×19cm ¥1800 ①978-4-400-52782-4

◆**痛みを担い合う教会―東日本大震災からの宿題**
第6回日本伝道会議「痛みを担い合う教会」プロジェクト編　いのちのことば社
【要旨】私たちは聖書が示す教会を築いてきただろうか？ 典型的な「地方」において「共生」が問われた東日本大震災から私たちは何を学んだのか―。全キリスト者必読！ 第7回日本伝道会議への道標。震災の現場で問われた「教会」「伝道」のあり方は「福音とは何か」を見直すことを投げかけた。それを受け、日本宣教の進むべき方向を提言する。
2017.9 95p A5 ¥1200 ①978-4-264-03870-2

◆**慈しみとまこと―いのちに向かう主の小道**
上智大学キリスト教文化研究所編　リトン
【目次】聖書ヘブライ語からみる「いつくしみ」と「まこと」、教皇フランシスコの神学における「いつくしみ」の意、「肝苦りさ」の心―神のいつくしみと私たちの回心、二〇一六年度聖書講座シンポジウム慈しみとまこと―いのちに向かう主の小道
2017.10 132p B6 ¥1500 ①978-4-86376-062-2

◆**五つの"ソラ"から―「宗教改革」後を生きる**
吉田隆著　いのちのことば社
【目次】1 ただ信仰のみ(Sola fide)、2 ただ聖書のみ(Sola Scriptura)、3 ただ恵みのみ(Sola Gratia)、4 ただキリストのみ(Solo Christo)、5 ただ神の栄光のみ(Soli Deo Gloria)、6 私たちが生きる"ソラ"
2017.9 141p 19cm ¥1100 ①978-4-264-03853-5

◆**いのちを紡ぐ―聖人たちのことば**
須永紅宏著　ドン・ボスコ社
【要旨】聖人たちのことばを冒頭に掲げそのうえで聖人の全貌を浮き彫りにする従来の聖人伝とは一味違った新しい形の「聖人伝」。
2017.10 237p B6 ¥1100 ①978-4-88626-625-5

◆**いのちの水**
トム・ハーパー作, 中村吉基訳, 望月麻生絵　新教出版社
【要旨】聖なるものが囲い込まれてしまうのは宿命なのか。宗教が陥りがちな閉鎖性を痛烈に批判したトム・ハーパーの寓話を、達意の訳文と美しい消しゴム版画によって贈る。
2017.11 1Vol. B6 ¥1500 ①978-4-400-62774-6

◆**いのちのまなざし**
日本カトリック司教団著　カトリック中央協議会　増補新版
【要旨】第二章以降を全面的に書き改めた増補新版。混迷を続ける現代にあって「いのちのしるし」を見極め、全被造物を優しさといつくしみをもって見守る神のまなざしが、わたしたち一人ひとりのまなざしとなるようにと願う、変わることのないメッセージ。
2017.3 166p B6 ¥500 ①978-4-87750-203-4

◆**祈りの精神**
ピーター・テイラー・フォーサイス著, 斎藤剛毅訳　しののめ出版, キリスト新聞社 発売　新版
【要旨】真実のいのちを信仰生活の中に実現するために。P.T. フォーサイスの古典的名著が装いも新たに出版！
2017.12 192p B6 ¥1600 ①978-4-87395-736-4

◆**祈りのちから**
クリス・ファブリー著, 中嶋典子訳　いのちのことば社フォレストブックス
【要旨】有能な会社員の夫と一人娘。何不自由なく見えるエリザベスは夫婦の問題を抱えていた。一方、祈りの友として若い人の力になりたいと願う老婦人クララ。二人は出会い、クララは「本当の敵」と立ち向かうには「戦いの部屋」が必要だと説く。家族の愛と絆を取り戻す感動のドラマ。映画「祈りのちから」ノベライズ、待望の日本語版。
2017.5 469p B6 ¥2300 ①978-4-264-03381-3

◆**祈る―パウロとカルヴァンとともに**
R. ボーレン著, 川中子義勝訳　教文館
【要旨】祈りの扉を開こう！ 自由への扉を。パウロのテモテへの第二の手紙を導きとし、この書簡を重んじたカルヴァンの言葉に照らしつつ、祈りの修練を教える指南書。狭隘な「私」の祈りに死んで、キリストの体なる「我ら」のうちに甦る「至福」がここに！
2017.11 214p B6 ¥2500 ①978-4-7642-6731-2

◆**内なる生**
イヴリン・アンダーヒル著, 金子麻里訳　新教出版社
【要旨】霊的感覚を深め、拡充するために―国教会の司祭たちのために語った3つの講話。牧師を含む多忙な現代人の魂のケアについて、また祈りと観想、愛と奉仕について、平易で透徹した言葉で語りかける。原書は1926年刊行。
2017.3 148p B6 ¥1800 ①978-4-400-31081-5

◆**内村鑑三 代表的日本人―永遠の今を生きる者たち**
若松英輔著　NHK出版　(NHK「100分de名著」ブックス)
【要旨】日本は、その歴史に独自の「代表的」人物を有している―。新渡戸稲造『武士道』、岡倉天心『茶の本』とともに、日本人の精神性を世界に向けて発信した名著のひとつが『代表的日本人』である。西郷隆盛、上杉鷹山、二宮尊徳、中江藤樹、日蓮という五人の生涯を通して、内村鑑三はみずからの精神的自叙伝を書いた。講演録「後世への最大遺物」にも触れながら、生きがいなき現代を生きる力となり、迷える魂を救済する一冊。
2017.10 173p B6 ¥1000 ①978-4-14-081724-7

◆**美しいものを信じて―兄弟を通して神様のもとへ**
フォコラーレ編・監修　サンパウロ
【目次】わたし 兄弟 神様、ゆるし、現代人への招き、祈り、死、福音宣教、違い、み言葉、信頼、天の父、老い、喜び、信頼、肉の心、寄り添う、母の愛、自分の百パーセント、神から呼ばれる―召命、自分の家族
2017.2 166p 18cm ¥1200 ①978-4-8056-0811-1

◆**裏切られてもなお―キリスト教があなたへ贈る喜びのエッセイ**
浦川愼二著　幻冬舎メディアコンサルティング, 幻冬舎 発売
【要旨】聖書は何を訴えているのか―聖書に秘められたキリストの思いを掘り起こす―キリスト教の新しい捉え方を日々のエッセイで綴った44の物語。
2017.6 127p B6 ¥1200 ①978-4-344-91288-5

◆**エイレナイオス 1　異端反駁 1**
大貫隆訳　教文館　(キリスト教教父著作集 2-1)
【要旨】ギリシア教父エイレナイオス(130年頃‐200年頃)の主著である、異端反駁の書(全5巻)の第1巻。自分たちこそが真理の認識(グノーシス)を有すると主張する論敵のプトレマイオス派、マルコス派、ヴァレンティノス派らの教説を報告。プレーローマ(神的世界)、中間界、この世から成る彼らの宇宙観や、救済神話、人間論を伝える。グノーシス主義研究の基礎資料となる重要な証言！
2017.1 190, 8p A5 ¥4300 ①978-4-7642-2902-0

◆**エロイエロイラマサバクタニ―愛の十字架の命**
伊藤飛鳥著　東洋出版
【目次】すべては十字架から始まる―十字架への野心 十字架への限りなき野望、本当の地獄を見た人間にしかイエスの素晴らしさはわからない、人生の肝心要―人生とはゴルゴタにおいて十字架につくこと―絶対愛、ユダの悪魔を一刀両断に切り裂いたイエスの十字架―ユダに肉を切らせて骨を断ったイエス 十字架が背負う絶対罪、十字架と核、十字架と原子爆弾、神か悪魔か、十字架か悪魔か、十字架か原子爆弾か、十字架の誕生 絶対愛の誕生―十字架から絶対愛が生まれゴルゴタから絶対愛が生まれた、通るはずのない青の洞門が通る道―神の不撓不屈の愛 人類は十字架の上で完全燃焼しきれるか、地獄の十字架が天国の十字架に変わる―神の十字架と人間の十字架、十字架の霊魂 神の霊魂、十字架の霊魂、絶対愛の霊魂―その人だけの十字架に出会える時、その人だけの十字架の素晴らしさに気づく時、十字架の全体生殺与奪と絶対自由 絶対愛と絶対自由―十字架のもたらす絶対自由と絶対支配、絶対能動力、ゴルゴタのイエスの十字架が人々の絶対の本質を光らせる
2016.12 133p B6 ¥1500 ①978-4-8096-7858-5

◆**置かれた場所で咲いた渡辺和子シスターの生涯―"名誉息子"保江邦夫が語る**
保江邦夫著　マキノ出版
【要旨】「人間に上下はありません。しかし、人格に上下はあります」2・26事件、大失恋、ルルドの泉、マザー・テレサ…2016年12月30日に、すい臓がんで89歳の生涯を閉じたシスターの思い出を、30年以上にわたり"名誉息子"として心の交流を重ねてきた著者が語り尽くす。
2017.4 286p B6 ¥1500 ①978-4-8376-7256-2

◆**落ちこんだら―正教会司祭の処方箋171**
アントニー・M. コニアリス著, 松島雄一訳　ヨベル
【要旨】聖書の人物たちも、最も偉大な聖者たちも、教会の司祭や牧師たちも…みんなが「落胆」の経験者。でもだいじょうぶ。嘆きは心のなかに大聖堂がそびえるための、その礎の槌音なのだから…。171のタイムリーな処方箋。
2017.11 303p B6 ¥1600 ①978-4-907486-56-3

◆**オリゲネスの祈祷論―「祈りについて」を中心に**
梶原直美著　教文館　(関西学院大学研究叢書 第187編)
【要旨】祈りは本当に聞き入れられるのか？ キリスト教信仰へと導いた父を殉教で奪い、自らも財産没収や迫害の危機の中を生きたオリゲネス。神の予定と予知が決定的なら祈りは不要ではないかと説いた祈祷不要論者と対峙する中で、彼は「祈り」をどのように考えたのか？「キリスト教会最初の祈祷論」と呼ばれる『祈りについて』から、キリスト教的霊性と実践の本質に迫る。
2017.2 329p A5 ¥4500 ①978-4-7642-7409-9

◆**恩寵燦々と 聖霊論的自叙伝　上　雌伏の時代**
手束正昭著　キリスト新聞社

キリスト教

【要旨】人生の秘義にかかわる稀少な自叙伝。
2017.3 397p B6 ¥2000 ①978-4-87395-719-7

◆**改革教会の伝道と教会形成** 袴田康裕著 教文館
【要旨】「健やかな教会」を建てるにはどうすればよいのか？ 伝道、説教、礼拝、信条、教会政治から、伝道者養成や教会の政治的・社会的責任に至るまで、教会の今日的課題に取り組んだ8編の講演を収録。改革派・長老派教会の伝統と神学に立脚しながらも、何よりも聖書から、混迷の時代を生きる教会への確かな指針を告げる。
2017.2 215p B6 ¥1800 ①978-4-7642-6126-6

◆**改革派教会** オリヴィエ・ミエ著、菊地信光訳 （札幌）一麦出版社
【要旨】ただ、神の栄光のために。神の言葉に従って、常に改革されなければならない教会。
2017.10 151p A5 ¥2000 ①978-4-86325-107-6

◆**風をとらえ、沖へ出よ—教会変革のプロセス** チャールズ・リングマ著、深谷有基訳 あめんどう
【要旨】教会は変革を嫌う。それでも、教会の変革は急務だ、とリングマは訴える。それは、教会が自らの制度的仕組みに突き動かされ、人々を疎外しているからだ。では、どうしたら教会はそのような本末転倒から解放され、人々をエンパワーできるのか。本書はそこで、神学的な「教会論」や「成功する教会モデル」といった「答え」を与えてくれない。むしろ、変革の必然性、政治学、障壁、聖書の読み直し、実践などのテーマから新しい「問い」を提供し、読者自らが考え、責任ある変革の担い手となることを励ます。宗教改革から500年の年、共に考えたい。教会は変革されつづけることができるのか。
2017.1 198p A5 ¥1800 ①978-4-900677-31-9

◆**カトリック教会情報ハンドブック 2018** カトリック中央協議会出版部編 カトリック中央協議会
【要旨】特集の他教会はじめ国内カトリック関連施設約3300件の住所録と、海外主要日本人教会またはグループ所在地／手話ミサ案内／外国語のミサ案内／2018年教会暦／カトリック教会の動き（年表）／2017年教皇メッセージ集。
2017.11 359p B6 ¥480 ①978-4-87750-565-3

◆**神の国とキリスト者の生—キリスト教入門** アルブレヒト・リッチュル著、深井智朗、加藤喜之訳 春秋社
【要旨】神学を形而上学から解放せよ！ 神学をロマン主義から解き放ち、啓示の場所を人間の道徳性に求めて、神学を実証主義に耐えうる学問たらしめんとした近代神学の巨人、日本初紹介！ 氏家の複雑な学問・社会状況からリッチュル神学の特質を詳細な解説を付す。
2017.11 336p B6 ¥4000 ①978-4-393-32375-5

◆**神の聖霊に導かれて生きよ—使徒行伝を読む** 氏家富緒著 ルネッサンス・アイ、白順社発売
【要旨】導かれし宣教の道。イエス・キリスト昇天の後、使徒たちは、聖霊により福音を世に広めていった。本書は、使徒たちによってなされてきたことを、新約聖書中の一書『使徒行傳』をもとに読み解いていく。
2017.5 262p B6 ¥1300 ①978-4-8344-0209-4

◆**神の物語 上** マイケル・ロダール著、大頭眞一訳 ヨベル（ヨベル新書）（原書第2版）
【目次】第1部 神の物語はいかに語られるか（神のことばは「聖書」、受け継がれて行くもの「伝統」ほか）、第2部 神の物語の始まり—創造論（創造の神、創造された宇宙ほか）、第3部 神の物語の悲劇—罪の教理（人間の責任と罪、罪、そして人類の連帯責任ほか）、第4部 神の物語とユダヤ人—契約論（ノア「被造物との神の契約」、アブラハム「神に召された民」ほか）、特別付録 ロダール来日講演（人は神のかたちに造られている—創世記1・2章とクルアーン、イエス・キリストこそが神のかたち—「わたしが弟の番人でしょうか」）
2017.10 318p 18cm ¥1400 ①978-4-907486-51-8

◆**神の物語 下** マイケル・ロダール著、大頭眞一訳 ヨベル新書
【目次】第5部 神の物語の新たな展開—キリスト論（キリストと契約、まことの人イエス・キリスト「聖霊キリスト論」、まったき神「ロゴス・キリスト論」、復活の主イエス・キリスト、十字架の主イエス・キリスト）、第6部 神の物語を生きる—教会論（ペンテコステ—バベルの塔の逆転、聖礼典—物語の実演、キリストにおける教

い、聖書的聖め、クリスチャン存在のプラクシス）、第7部 神の物語の結末—終末論（あなたがたは何を見たいのか—バプテスマのヨハネに学ぶ教訓、王国の到来、死、復活、そして不死、人の責任と審き、神の物語の結末）
2017.10 303p 18cm ¥1400 ①978-4-907486-52-5

◆**カール・バルトにおける神論研究—神の愛の秘義をめぐる考察** 稲山聖修著 キリスト新聞社
【目次】序 日本のバルト神学受容の諸問題—本論文の課題、第1章『知解を求める信仰』以降のバルト神学の神認識の立場—『教会教義学』黎明期について、第2章 バルト神学とプロテスタント主義の関係の再吟味—文化プロテスタント主義概念を軸として、第3章 バルト神学におけるシュライアマハー受容の再吟味、第4章『教会教義学』「神論」における神理解、結び 結論と展望 2017.3 195p A5 ¥2000 ①978-4-87395-716-6

◆**聴くこと祈ること** 榎本保郎著 いのちのことば社
【要旨】没後40年ちいろば牧師が最後に残した言葉の初の単行本化。終戦後の混乱の中で開拓伝道を始め、日本が高度経済成長を突き進む中、自らを「ちいろば」（小さなろばの子）と称し、イエス様を背中に乗せ歩みたいと願い生き抜いた牧師がひたすらに伝えたかったこと。
2017.10 210p B6 ¥1300 ①978-4-264-03695-1

◆**奇蹟はどのように起こったのか—はじめて明かされるイエスの生と死の真実** 山村エリコ著 明窓出版
【目次】第1部 道を開く（誕生から旅立ちの時まで、修練時代、帰郷）、第2部 伝道の日々（洗礼者ヨハネと弟子ペテロ（シモン）、それぞれの持つ幸福の器とは？、あなたに与えられた平凡な一日こそ最大の奇跡である、見えないものにこそ愛が宿っている、「ペテロよ、行って人々に知らせなさい」、イスカリオテのユダに語る。「真実の扉は重く哀しい」、十二使徒への言葉と花の魂）、第3部 運命の時は来た！（ユダの約束、命が罪れ、エルサレム入城、刑を逃れ）、第4部 夢路の果てに（最期の日）
[17.12] 347p B6 ¥1900 ①978-4-89634-384-7

◆**教会の聖人たち 下巻** 池田敏雄編著 サンパウロ 全面改訂版
【要旨】福者パウロ六世教皇によれば、第二バチカン公会議の狙いは教会の革命ではなく、「教会の現代世界への適応」である。すなわち典礼、教会法、司教の権能拡大、つまりシノドス（世界代表司教会議）、エキュメニズム（教会一致運動）、聖職者と信徒との役割分担など教会のアジョルナメント（現代化）を目標にした。
2017.11 789, 8p A5 ¥5000 ①978-4-8056-2097-7

◆**キリスト教を世に問う！** 奥山篤信著 展転社
【目次】序章 ジョン・レノンの指摘、第1章 神は存在するのか？、第2章 パウロ神学がイエスの思想を捻じ曲げた、第3章 山上の垂訓（SERMON ON THE MOUNT）に見るお伽話の世界、第4章 キリスト教的生命の尊さという欺瞞、第5章 欺瞞と偽善だらけのキリスト教、第6章 キリスト教の歴史上最大の偽装、第7章 キリスト教の本質はこれだ、第8章 キリスト教が存在できる可能性、第9章 我々には倫理は必要だが宗教は必要ない、第10章 ヘドニズム（Hedonism）讃歌
2017.4 211p B6 ¥1800 ①978-4-88656-436-8

◆**キリスト教と社会学の間—宗教と社会倫理論集** 村田充八著 （京都）晃洋書房 （阪南大学叢書 108）
【目次】第1部 キリスト教と社会学の間（キリスト教と社会学の間—聖書から読み解く社会と人間、キリスト教年報と環境問題—神の創造とスチュワード（管理人）、教育と社会学—教育社会学の源流とキリスト教の教育、社会的規範とネットワークの社会学—日本の女性と社会倫理）、第2部 宗教と社会倫理の間（宗教とソーシャル・キャピタル、悪と死の倫理—人間の本性、社会のエートス、宗教的共生、リスク化する国際社会と戦争責任—世代間倫理と共生）
2017.3 347, 10p A5 ¥5000 ①978-4-7710-2853-1

◆**キリスト教とは何か 7 殉教ところびを越えて** 粕谷甲一著 女子パウロ会
【要旨】今は拷問も、迫害もないけれど、棄教に追いやる力は強く、昔と違う形で教会は迫害を受けているのです。この現代の「迫害」にどのように対処したらいいのか。
2017.2 222p 18cm ¥1200 ①978-4-7896-0780-3

◆**キリスト教とは何か 8 新しい霊性を求めて** 粕谷甲一著 女子パウロ会
【要旨】キリスト教徒だけではなく、すべての人に通じる新しい霊性とは何か。それをどのように育てていけるか。日常の生活の中での神秘体験について語る。
2017.5 221p 18cm ¥1200 ①978-4-7896-0784-1

◆**キリスト教とは何か 9 混迷の闇を越えて** 粕谷甲一著 女子パウロ会
【要旨】混迷する競争社会の中で、心が砕け、人間関係がもつれ、悪霊が働いて熾烈な内戦が続き、毎日、四十代、五十代の男性が死んでいく—。こういう人たちにどのような態度をとったらいいのか。
2017.10 204p 18cm ¥1200 ①978-4-7896-0789-6

◆**キリスト教について** 池田裕著 （府中）エコテクノ出版
【要旨】おおむかしのこと（はじまりはじまり、むかしむかし、アダアダとイブイブ、茂造の出ジャングル、クロクロと二人の兄ちゃん ほか）、ちょいむかしのこと（ナザレの日々、ゆー吉とよん六代、五十代の男性、与えられた福音、イエスとぼくと神殿で、ア・デイ・イン・ザ・ライフ、イエスの夢 ほか）
2017.9 569p B6 ¥2000 ①978-4-904630-25-9

◆**キリスト教年鑑 2017年版** キリスト教年鑑編集委員会編 キリスト新聞社
【要旨】キリスト新聞社創業70年を迎え、戦後の1945年から2016年までの70年のキリスト教界活動記録を収録。わが国唯一のキリスト教総合年鑑。WEBと合わせて、キリスト教界のあらゆる情報を網羅！
2017.2 1322p B5 ¥15000 ①978-4-87395-718-0

◆**キリスト教は「宗教」ではない—自由・平等・博愛の起源と普遍化への系譜** 竹下節子著 中央公論新社 （中公新書ラクレ）
【要旨】本来、「生き方マニュアル」として誕生した教えは、受難と復活という特殊性から「信仰」を生み、「宗教」として制度化したことで成熟する。広く世界に普及する一方で、様々な思惑が入り乱れ、闘争と過ちを繰り返すことにもなった。本書は、南米や東洋での普及やその影響を通して、ヨーロッパ世界が相対化され、近代に向かう中で「本来の教え」が普遍主義理念に昇華するまでの過程を、激動の世界史から解読する。
2017.10 222p 18cm ¥800 ①978-4-12-150597-2

◆**キリスト教は役に立つか** 来住英俊著 新潮社 （新潮新書）
【要旨】信仰とは無縁だった灘高・東大卒の企業人は、いかにして30歳でカトリック司祭への転身を決意したのか。なぜ漠然と抱えてきた「孤独感」を解消できたのか。旧約聖書から新約聖書、遠藤周作からドストエフスキー、寅さんからエヴァンゲリオンまで、幅広くエピソードを引きながら、ノン・クリスチャンの日本人にも役立つ「救いの構造」をわかりやすく解説する。
2017.4 237p B6 ¥1300 ①978-4-10-603800-6

◆**キリストのうちにある生活—日本と欧米の対話の向こうに** ジェームズ・フーストン著、高橋秀典監修 いのちのことば社
【目次】第1章 変動する現代グローバル化社会におけるクリスチャンのアイデンティティー、第2章 東洋と西洋でキリスト教を脅かす実利主義、組織主義、テクノクラシー、第3章 家族関係—日本、西欧、そしてクリスチャン、第4章 個人的感情—古典、日本、西欧、そしてクリスチャンとして、第5章 人間関係に関する文化的価値観の核心—友情と共同体、日本と欧米人という文脈において、第6章 人生の四季における成熟と知恵、第7章 クリスチャンによって豊かになる苦難、沈黙、美に対する日本人の考察
2017.10 158p B6 ¥1400 ①978-4-264-03856-6

◆**キリストの復活** メリル・C. テニイ著、いのちのことば社出版部訳 いのちのことば社 新版
【要旨】キリストの復活は、真実か—キリスト教信仰の重要な教えである「復活」を取り上げ、弟子たちに、また現代の私たちの信仰に何がもたらされたのかを考える。
2017.8 125p B6 ¥1300 ①978-4-264-03852-8

◆**キリストは再び十字架にかけられる** ニコス・カザンザキス著、藤下幸子、田島容子共訳 教文館
【要旨】アナトリア半島にあるギリシア人の小さな村に、ある日トルコ軍の迫害を受けた難民たちが流れ込む。以来、難民たちと村人たちの間

哲学・心理学・宗教

には軋轢が生じ、次々と事件が勃発する…。二〇世紀初頭のオスマン帝国治下のギリシア人村で復活大祭から降誕祭までに起こる一連の事件を描いた物語。政治的・社会的・宗教的主題を内包する重厚な人間ドラマが、牧歌的な美しい自然描写と共に語られ、全篇に横溢する著者のユーモアを味わえる、現代ギリシア文学の代表的小説。
2017.10 769p B6 ¥3500 ①978-4-7642-9974-0

◆キリストへの道　岩島忠彦著　女子パウロ会
【要旨】キリスト教の核心がよく分かる本。随想・説教・講話集から輝きでる生きるための光。
2017.2 253p B6 ¥1400 ①978-4-7896-0782-7

◆ギレアド　マリリン・ロビンソン著、宇野元訳　新教出版社
【要旨】カルヴァンとバルトを愛読する老牧師が自らの死期を意識し、幼い息子に手紙を綴る。南北戦争以来三代にわたる牧師一族の信仰の継承と屈折。帰郷した知己の青年と妻との間で揺れる心。隣人たちの人生一。2005年ピューリッツァー賞・全米批評家賞受賞。
2017.10 348p B6 ¥2400 ①978-4-400-64001-1

◆近代日本キリスト者との対話―その信の世界を探る　鵜沼裕子著　(上尾)聖学院大学出版会
【目次】序章 方法的視座としての宗教体験―今後の研究への期待を込めて、第1章 植村正久における文学と信仰、第2章 内村鑑三における信仰と倫理―戦争と平和の問題をめぐって、第3章 新渡戸稲造の世界―その植民地観をめぐって、第4章 波多野精一の他者理解、第5章 賀川豊彦の世界―「悪」の問題を中心に、第6章 高倉徳太郎の生と死をめぐって―信徒としての立場から、第7章 キリスト教から見た国家と倫理
2017.9 228p A5 ¥3000 ①978-4-909022-65-3

◆金のりんご　第2集　金のりんごBOOKS編集員編　(神川町)金のりんごBOOKS　(本文：日英両文)
【要旨】聖書と、聖書を基に書かれた書物から、選り抜きの言葉を紹介。
2017.11 127p B6 ¥500 ①978-4-9909206-2-3

◆久山康先生その思想と実践　『久山康先生その思想と実践』刊行・編集委員会編　(西宮)関西学院大学出版会
【目次】第1部 教育者・哲学者としての足跡(信仰と思想、久山先生の師と親友)、第2部 関西学院「第三の創造」を目指して(理事長・院長就任にあたって、創立者W.R.ランバスを再発見し、留学基金を設け、記念講座を開く、広報委員会・企画調査委員会の設置と役割、学園紛争の収拾とガバナンスの確立および財政の安定化、久山先生の自然観と祈り、そして美化活動、千刈キャンプ場の整備とセミナーハウスの建設、三田キャンパスの建設等と二十一世紀への展望)、第3部 学外における主な活動(基督教学徒兄弟団を結成し『兄弟』を発行された、国際日本研究所、甲山を守る会)、第4部 追想(特別寄稿、追想『兄弟』(四王三八号、平成七年四月三十日発行)より、追想 寄稿)
2017.5 551p A5 ¥5600 ①978-4-86283-239-9

◆クリスマスの原像―福音書の降誕物語を読む　嶺重淑著　(大阪)かんよう出版
【目次】第1章 マタイの降誕物語(イエス・キリストの系図(マタイ一・一—一七)、イエスの誕生と命名(マタイ一・一八—二五)、占星術の学者たちの来訪(マタイ二・一—一二)、エジプトへの逃避行とナザレへの移住(マタイ二・一三—二三)、結びマタイの降誕物語の中心的主題)、第2章 ルカの降誕物語(ヨハネの誕生告知(ルカ一・五—二五)、イエスの誕生告知(ルカ一・二六—三八)、マリアとエリサベトの出会い(ルカ一・三九—五六)、ヨハネの誕生(ルカ一・五七—八〇)、イエスの誕生(ルカ二・一—二一) ほか
2017.11 152p B6 ¥1500 ①978-4-906902-87-3

◆結婚と家族の絆―キリスト教人間学の視点から　長島正、長島世津子著　教文館
【要旨】家族という集団は人間にとっていかなる存在なのか。多様化する社会において、伝統的な結婚制度は人生の一選択肢にすぎないのか。大学や社会人講座で若い世代を長年指導してきた著者による現代的・実践的な考察！
2017.1 336p A5 ¥2700 ①978-4-7642-7410-5

◆現代カトリシズムの思想　稲垣良典著　岩波書店　(岩波新書)　復刊
【要旨】社会があらゆる面で大きな転換期を迎えた時代において、カトリック思想は何を思考しうるのか。神、信仰、ニヒリズム、善、正義…

人間にとって根源的な問題を深く見つめ、私たちが生きる世界の神学を捉える。神学であり哲学でもあるカトリシズムの真髄と、知られざるその現代的展開を第一人者が論じた名著。
2017.12 210p 18cm ¥780 ①978-4-00-412013-1

◆現代に生きる内村鑑三―人間と自然の適正な関係を求めて　三浦永光著　御茶の水書房　改訂版
【目次】内村の時代と非戦論、1部(平民としての立場、足尾鉱毒事件と内村、科学の進歩と人類の退歩)、2部(進化論と天然観、農を主題とする社会)、補論(福島原発事故に直面して内村鑑三の言葉を想い起こす、矢内原忠雄における学問・信仰・政治―一九三〇年代を中心に)
2017.2 279, 7p A5 ¥4400 ①978-4-275-02060-4

◆現代に生きる教会―対話・共生・平和　森野善右衛門著　新教出版社
【目次】1 論座(福音の"真理"に立ち、教会の"一致"を求めて、キリスト教ジャーナリズムの使命 ほか)、2 教会論(日本基督教団七五年―その責任と課題、平和の福音に生きる―エキュメニカル運動一〇〇年の歴史に立って ほか)、3 惜別(惜別秋山憲兄さん―真のキリスト教ジャーナリストであろうとする志 ほか)、4 聖書に聴く(教会の生命と使命―この世を旅する神の民―ペテロ第一の手紙二章九・一二節、新しいいのちの夜明け―ルカ福音書二四章一・一二節 ほか)
2017.4 361p A5 ¥1500 ①978-4-400-33328-9

◆心が豊かになる　マザー・テレサ 聖人の言葉　沖守弘監修・写真、世界偉人研究会編著　三笠書房
【要旨】愛、信念、生と死、平和…心が豊かになるマザー・テレサの言葉。珠玉の74語録を厳選収録！
2017.3 222p B6 ¥1400 ①978-4-8379-2672-6

◆こころの深呼吸―気づきと癒しの言葉366　片柳弘史著　教文館
【要旨】一日ひとこと、あなたの心に新しい風。多くの共感を集めた神父の言葉を厳選！
2017.11 386p A6 ¥900 ①978-4-7642-0036-4

◆子どもと共に学ぶ　新・明解カテキズム　全国連合長老会日曜学校委員会編、関川泰寛解説　教文館
【要旨】わたしたちが生きるために最も大切なことは何ですか？現代人に「生きる目的」を問いかけ、神との出会いへと導く信仰問答。好評であった『明解カテキズム』『続・明解カテキズム』を全面改訂した新版。
2017.12 228p B6 ¥1900 ①978-4-7642-6132-7

◆コヘレト・エステル記　ミルトス・ヘブライ文化研究所編　ミルトス　(ヘブライ語聖書対訳シリーズ 39)　(本文：日本語ヘブライ語両文)
【要旨】コヘレト、エステル記
2017.11 179p A5 ¥2800 ①978-4-89586-228-8

◆ゴメンナサイ　ありがとう　鍋谷憲一著　日本基督教団根津教会、ヨベル 発売
【要旨】商社マンとして海外を飛び回り、帰国して47歳でキリスト教の洗礼を受け、52歳で神学校に飛び込み、その2年後から根津教会の牧師に。『もしキリストがサラリーマンだったら』の著者、69歳にして初の説教集。
2017.12 191p 19cm ¥1000 ①978-4-907486-50-1

◆再生へのリ・ビジョン―次の伝道会議"2023年"へのロードマップ　第6回日本伝道会議実行委員会編　いのちのことば社
【要旨】"危機の時代"目指すべき道に視野をひらく。クリス・ライト主題講演ほか、JCE6主要プログラム収録！
2017.9 167p A5 ¥1500 ①978-4-264-03871-9

◆事実によりて―福音の証言　西田恵一郎、西田玄著　新教出版社
【要旨】父は2人の息子と妻を病で天に送るという痛切な経験をした。息子は中学生として志半ばで天に召された。2人に与えられた恵みとは何か。魂の向かい合いから紡ぎ出された珠玉のメッセージ。
2017.3 170p B6 ¥1500 ①978-4-400-52730-5

◆知ったかぶりキリスト教入門―イエス・聖書・教会の基本の教養99　中村圭志著　幻冬舎
【要旨】キリスト教は二千年前、ユダヤ教の活動家だったイエスを人類の救世主(=キリスト)だ

と信じた人々がつくった宗教だ。今では二十二億人もの信者がおり、世界の政治や文化にも大きな影響を与え続けている。しかし、そもそもイエスは実在したのだろうか。イエス＝神か、それとも神の子なのか。一神教でありながら、神は「三つで一つ」だという教理とは何か―。人気宗教学者が、イエスの一生、聖書のエピソードと意味、仏教との比較、イスラム教との関係などを、Q&A方式で説明。最低限の知識を99の質問で学べるキリスト教ガイド。
2017.11 290p 18cm ¥880 ①978-4-344-98476-9

◆使徒的書簡　あわれみあるかたと、あわれな女　教皇フランシスコ著　カトリック中央協議会　2017.2 39p A5 ¥125 ①978-4-87750-202-7

◆使徒パウロは何を語ったのか　N.T.ライト著、岩上敬人訳　いのちのことば社
【要旨】パウロが語った「福音」「義認」の意味とは？パウロはイエスをどうとらえたのか？パウロはキリスト教の「創始者」なのか？パウロにまつわる重要な問いを手掛かりに、使徒パウロが今日の私たちに「ほんとうに伝えたかったこと」を考える。
2017.4 384p B6 ¥2400 ①978-4-264-03624-1

◆詩編を祈る―人間の経験から生まれる詩　レナト・フィリピーニ編著　(習志野)教友社　("Lectio Divina" 2―聖なる読書によってみことばを祈る)
【要旨】厳選された24の詩編を黙想する。
2017.12 155p B6 ¥1000 ①978-4-907991-38-8

◆写真で訪ねる信仰遺産―日本キリスト教史の夜明け　伊東泰生写真、熊田和子文　いのちのことば社フォレストブックス
【目次】横浜海岸教会の鐘、キャラハン邸、リードオルガン、旧マッケンジー邸、片岡健吉の聖書、安中教会と「上毛教界月報」、十五人の宣教師、郷里伝道の熱き思い、内村鑑三と天然学、女性医師のさきがけ、「組合教会讃美歌」、西欧文学の導入
2017.4 63p 21×19cm ¥1400 ①978-4-264-03396-7

◆ジャパン・クリスチャン・インテリジェンサー―日本と世界の友へ　内村鑑三著、小舘美彦、小舘知子訳　燦葉出版社
【目次】第1章 創刊の辞(本誌の名称、日本の最良のもの、なぜ「クリスチャン」という語を加えるか)、第2章 論説文・詩文(ある楽観主義者の告白、溺れはてた泉、新しい文明「本」)、第3章 解説(内村のキリスト教信仰の本質、内村のキリスト教信仰の特徴、内村のキリスト教信仰の問題点 ほか)
2017.8 258p B6 ¥1800 ①978-4-87925-128-2

◆シャローム 神のプロジェクト―平和をたどる聖書の物語　ベルンハルト・オット著、杉貴生監修、南野浩則訳　いのちのことば社
【要旨】聖書に述べられている神の意志は、個々人が救われることに留まらず、この世界が神の価値観の実現に向かって変革されることである。失われたシャロームを回復するために私たちに示された神の壮大なプロジェクト。
2017.8 188p B6 ¥1500 ①978-4-264-03851-1

◆十字架上の七つの言葉と出会う　W.H.ウィリモン著、上田好春訳　日本キリスト教団出版局
【要旨】神に、盗賊に、家族に、弟子に、そしてふたたび父なる神へと語りかける主イエスの言葉から、わたしたちは何を受け取るのか。ひとつひとつの言葉を取り上げた7つのメッセージが、現代を生きるわたしたちを十字架へと向かわせ、イースターの喜びを真実なものとしてくれる。
2017.3 222p B6 ¥2200 ①978-4-8184-0965-1

◆十字架は何を実現したのか―懲罰的代理の論理　J.I.パッカー著、長島勝訳　いのちのことば社
【要旨】パッカーの最も優れた論文の1つと評される贖罪論。キリストの十字架は、人間に対して、信じる者に対していかなる意味を持ち、どのような効果をもたらすのか。さまざまな異論を取り上げながら、真に聖書的な福音理解を提示する。
2017.4 125p B6 ¥1300 ①978-4-264-03625-8

◆主が共にいませば―G.M.フィーリー宣教師が日本の教会に遺したもの　西垣二一監修、日本基督教団兵庫教区フィーリー記念室委員会編　(大阪)かんよう出版

◆**主日礼拝の祈り** 越川弘英,吉岡光人監修 日本キリスト教団出版局
【目次】開式の祈り(降誕前第9主日、降誕前第8主日、降誕前第7主日、降誕前第6主日 ほか)、行事の祈り(元旦礼拝、信教の自由を守る日、世界祈祷日、労働聖日(働く人の日)、罪の告白の祈り/執り成しの祈り/奉献の祈り(献金後の感謝の祈り)
2017.10 134p B6 ¥1500 ①978-4-8184-0985-9

◆**受難と復活の賛美歌ものがたり** 大塚野百合著 教文館
【要旨】人々の罪のために十字架につけられて死に、復活された主イエス。その復活の喜びに溢れて、心から神を賛美せずにはいられなかった人々がいた。時代や地域を越えて歌い継がれる、レント・イースターの賛美歌の作詞者・作曲者たちをめぐる逸話満載のエッセイ集!
2017.2 232p B6 ¥2400 ①978-4-7642-6127-3

◆**初期キリスト教の宗教的背景―古代ギリシア・ローマの宗教世界** 上巻 H・J・クラウク著,小河陽監訳,吉田忍,山野貴彦訳 日本キリスト教団出版局
【要旨】キリスト教が生まれたころ、東地中海世界の庶民は、どのような宗教的日常を送り、宗教に何を期待していたのか? 碩学クラウクが、史料を基に生き生きと描く世界的名著。待望の邦訳。
2017.3 349p A5 ¥5000 ①978-4-8184-0968-2

◆**「真の喜び」に出会った人々** 菊地功著 オリエンス宗教研究所
【要旨】困難の中で喜びに輝く、忘れがたき友人。8年間滞在したアフリカで、また世界各地での、地の塩、世の光である人々の思い出。新東京大司教による、勇気を与えられる一冊。
2017.12 139p B6 ¥1200 ①978-4-87232-102-9

◆**神父さま、なぜ日本に?―ザビエルに続く宣教師たち** 女子パウロ会編著 女子パウロ会
【要旨】戦後、日本各地で宣教に従事されている11修道会、15人の神父たち…ざっくばらんな話のなかに浮かぶキリストを伝える幸い。
2017.6 215p 18cm ¥1200 ①978-4-7896-0783-4

◆**シンプリー・ジーザス―何を伝え、何を行い、何を成し遂げたか** N.T.ライト著,山口希生,山口秀生訳 あめんどう
【要旨】人々の期待を超えた驚くべきメシヤ、世界の王として即位したイエスへの新しいヴィジョン。イエスによる「神の王国」の全貌を明らかに。
2017.3 414p B6 ¥2750 ①978-4-900677-28-9

◆**聖餐とは何か** R.C.スプロール著,三ツ本武仁訳 いのちのことば社
【要旨】パンはキリストの体そのものなのか、それとも象徴にすぎないのか。そもそも何のためにあるのか―宗教改革者をはじめ歴代の神学者がさまざまに論じてきた主の晩餐(聖餐)を簡潔に解説する、一歩踏み込んだ入門書。
2017.4 70p B6 ¥900 ①978-4-264-03626-5

◆**戦時下のキリスト教主義学校** 榑松かほる,大島宏,高瀬幸恵,柴沼真,影山礼子,辻直人著 教文館
【要旨】固定的な歴史観を排する新しい事例的知見! 国家の教育統制に対して、キリスト教主義学校はどのように対峙したのか? 各学校の多様な実態を史料に基づいて比較検討し、一方的な抑圧や迫従という通念的な見方を再考する共同研究。日本の教育史・キリスト教史にとって重要な研究結果を提供する。
2017.3 220p A5 ¥3700 ①978-4-7642-7411-2

◆**旅する教会―再洗礼派と宗教改革** 永本哲也,猪刈由紀,早川朝子,山本大丙編 新教出版社
【要旨】再洗礼派(アナバプテスト)は幼児洗礼を否定し信仰洗礼のみを主張するなど、ラディカルなゆえに宗教改革主流派から徹底的に弾圧され、安住の地を求めて世界を旅する教会となった。しかし彼らの信仰理解、教会形成、ライフスタイル、社会実践は、現代に貴重な遺産を残している。宗教改革500年の年、もう一つの改革運動の全容を明らかにした、気鋭の研究者たちによる共同執筆。
2017.2 302p B6 ¥2800 ①978-4-400-22725-0

◆**知的障碍者と教会―驚きを与える友人たち** フェイス・バウアーズ著,片山寛,加藤英治訳 新教出版社
【要旨】教理や説教の知的理解に偏りがちな教会のあり方に対して、知的障碍者の友は何を示しているのか。ダウン症の息子を持つ著者が私たちの信仰観にチャレンジする。「まえがき―知的障碍者の神学に向けて」(片山寛氏・西南学院大学神学部教授)と詳細な「訳者解説」(加藤英治・日本キリスト教団四日市教会牧師)を付す。
2017.2 252p B6 ¥2400 ①978-4-400-40741-6

◆**超訳 イエスの言葉** 白取春彦編訳 ディスカヴァー・トゥエンティワン
【要旨】敵をなくす一番の方法は敵を愛することだ。ミリオンセラー『超訳ニーチェの言葉』編訳者がイエスの言葉を現代によみがえらせる。
2017.7 1Vol. B6 ¥1700 ①978-4-7993-2129-4

◆**天使** ニコル・マッソン著 グラフィック社(ちいさな手のひら事典)
【要旨】本書は、天使に関するさまざまな疑問に答える「天使の事典」です。かつてフランスに大ブームを巻き起こした、貴重で珍しいクロモカードのレトロなかわいいイラストが、本のページを飾り、コレクションにも欲しい手のひらサイズの本1冊となっています。
2018.1 175p 16×11cm ¥1500 ①978-4-7661-3109-3

◆**東方キリスト教諸教会―研究案内と基礎データ** 三代川寛子編著 明石書店
【目次】第1部 ナイル流域、第2部 レヴァント、第3部 メソポタミア、第4部 アルメニア、第5部 アナトリア、第6部 インド、第7部 マグリブ・イベリア半島
2017.8 605p A5 ¥8200 ①978-4-7503-4507-9

◆**憎しみを越えて 宣教師ディシェイザー―平和の使者になった真珠湾報復の爆撃手** ドナルド・M・ゴールドスタイン,キャロル・アイコ・ディシェイザー・ディクソン著,藤原祥隆訳 いのちのことば社
【要旨】復讐に燃え日本空襲に志願、捕虜収容所での虐待と屈辱、その独房に射した光とは? 真珠湾攻撃総隊長・淵田美津雄を変えた仇敵との出逢い/愛と赦しの軌跡。
2017.8 285p B6 ¥1800 ①978-4-264-03850-4

◆**「ニケア・コンスタンチノープル信条」「使徒信条」の旋律(伴奏用)** 日本カトリック典礼委員会編 カトリック中央協議会
【目次】ニケア・コンスタンチノープル信条と使徒信条の伴奏譜を用意しました。ニケア・コンスタンチノープル信条、使徒信条
2017.12 15p B5 ¥454 ①978-4-87750-210-2

◆**日本カトリック司教協議会イヤーブック 2018** カトリック中央協議会出版部編 カトリック中央協議会
【要旨】司教協議会、各委員会の一年間の活動の記録。主要部分には見開きで英文を併記。司教総会議事録、各委員会発行物一覧等も収録。
2017.12 286p B6 ¥1300 ①978-4-87750-566-0

◆**日本基督教団戦争責任告白から50年―その神学的・教会的考察と提言** 『時の徴』同人編 新教出版社 (新教コイノーニア 33)
【目次】第1部 論考(「戦責告白」五〇年、戦後七〇年と福音派諸教会の戦責告白、戦責告白はいかにして成立したか―教団史におけるその歴史的検証)、第2部 戦責告白とわたし(教団の牧師となることを決意させた戦責告白、教団の信仰への問い・促しとして、戦争責任告白とわたしの歩み ほか)、第3部 資料編―各教派・団体の戦争責任告白(日本基督教団、日本基督改革派教会、日本バプテスト連盟 ほか)
2017.3 166p A5 ¥1400 ①978-4-400-40711-9

◆**日本基督教団年鑑 2018** 日本基督教団事務局編 日本基督教団事務局,日本基督教団出版局 発売
【要旨】教団の記録、教団総会議員、教団、教区、教会・伝道所、統計、キリスト教会館入居団体一覧、逝去教師、逝去宣教師、教師名簿、教育主事名簿、各種センター、教師養成機関、教団関係団体、幼稚園名簿、保育所名簿
2017.10 510p A5 ¥3200 ①978-4-8184-0987-3

◆**人間の運命―キリスト教的歴史解釈** ラインホールド・ニーバー著,高橋義文,柳田洋夫訳 (上尾)聖学院大学出版会
【要旨】宗教改革から500年。いま、歴史の限界と可能性を問う。
2017.3 392, 10p A5 ¥3700 ①978-4-907113-22-3

◆**はじめて出会うキリスト教** オリエンス宗教研究所編 オリエンス宗教研究所
【要旨】私たちに馴染み深い言葉でキリスト教のエッセンスを解説。各界で活躍する方々の信仰との出会いやカトリック通信講座に寄せられたさまざまな疑問への回答も紹介する。
2017.1 283p B6 ¥1800 ①978-4-87232-097-8

◆**『羽仁もと子著作集』「信仰篇」4「神の国」~「キリストを信ずる者の生活」** 廣瀬薫著 ヨベル (良く生きる手がかり 11)
2017.12 127p A5 ¥1000 ①978-4-907486-60-0

◆**バプテスト自由吟味者** フランク・S・ミード著,鹿嶋春平太訳・解説 編集工房DEP,かんぼう 発売
【目次】訳者解説―聖書に真理を探究した人々の物語(異端、真理は仮説と識、一創造神と在物神、聖書はどう出来たか、「真理だという宣言」をどう受け止めるか ほか)、バプテスト自由吟味者(聖句自由吟味の基本原理、いくつかの自由吟味グループ、近代バプテストの誕生、新大陸での近代バプテスト、信教自由国家の建設に向けて ほか)
2017.10 162p B6 ¥1000 ①978-4-909201-02-7

◆**人はみな、オンリーワン―だれも幸せになる権利がある** 森一弘著 女子パウロ会
【要旨】人はみな、尊く、かけがえのない存在であり、誰一人同じ人はいない。それぞれオンリーワンなのだ。その一人ひとりが、生きてきてよかったと思えるための道を語る。
2017.3 237p B6 ¥1700 ①978-4-7896-0781-0

◆**平信徒が読み解く『福音書』―矢内原忠雄、藤井武および内村鑑三を通して** 平本潤著 (大阪)かんよう出版
【目次】1 矢内原忠雄は福音書をどう読み解いたか(イエスの生涯、その言葉と行動、愛国と警世)、2 藤井武は福音書をどう読み解いたか(イエスの存在とその意義)、3 内村鑑三は福音書をどう読み解いたか(福音は確に向けて語られたか、イエスの奇蹟、疾病と罪、山上の垂訓、復活、カイザルの物と神の物、軍人・武士道と信仰、十字架の死)
2017.12 104p B6 ¥1800 ①978-4-906902-80-4

◆**ヒルデガルト―緑のよろこび** 辻信一,上野宗則編 (下関)素敬SOKEIパブリッシング (付属資料:DVD1)
2017.10 80p 19×14cm ¥3000 ①978-4-9905667-7-7

◆**仏教からクリスチャンへ** 川口一彦編著 (柏)イーグレープ 新装改訂版
【目次】僧侶志願生からキリストへ(川口一彦)、仏教からキリストへ(亀谷凌雲)、道は開かれた―私の回心記(笠川光晴)、仏教よりキリストへ(大堀蕃諦)、仏僧より牧師へ(道族泰誠)、仏教とキリスト教の違い、浄土教とキリスト教の違い
2017.10 82p B6 ¥1300 ①978-4-909170-03-3

◆**プロテスタンティズム―宗教改革から現代政治まで** 深井智朗著 中央公論新社 (中公新書)
【要旨】1517年に神聖ローマ帝国での修道士マルティン・ルターによる討論の呼びかけは、キリスト教の権威を大きく揺さぶった。その後、聖書の解釈を最重要視する思想潮流はプロテスタンティズムと呼ばれ、ナショナリズム、保守主義、リベラリズムなど多面的な顔を持つにいたった。世界に広まる中で、政治や文化にも強い影響を及ぼしているプロテスタンティズムについて歴史的背景とともに解説し、その内実を明らかにする。
2017.3 221p 18cm ¥800 ①978-4-12-102423-7

◆**文脈化するキリスト教の軌跡―イギリス人宣教師と日本植民地下の台湾基督長老教会** 三野和恵著 新教出版社
【要旨】イングランド長老教会から植民地支配下の台湾へと派遣された宣教師キャンベル・N・ムーディ。そこでの台湾人キリスト者たちの出会いは、両者を大きく変えていく―。植民地支配下という文脈と格闘しながらキリスト教の教えを再解釈し、カトリック信仰下のイギリス人宣教師と台湾人たち。その出会いと信仰の変遷を、台湾、イギリス、日本に残された膨大な資料か

キリスト教

◆ら浮かび上がらせる。日本の帝国主義下で文脈化した福音の軌跡をたどる貴重な研究。
2017.3 1Vol. A5 ¥7000 ①978-4-400-22726-7

◆ほんとうの自分になるために―マザー・テレサに導かれて 片柳弘史文,RIE絵 PHP研究所
【要旨】あなたの「したいこと」が必ず見つかる。マザー・テレサが教えてくれた23のヒント。
2017.4 1Vol. B6 ¥1200 ①978-4-569-83584-6

◆まことの自分を生きるイエスへの旅 井上洋治著 日本キリスト教団出版局 (井上洋治著作選集 7)
【要旨】自らの心の友、良寛、芭蕉、西行、良寛を師イエスに紹介する思いで綴る『まことの自分を生きる』と、自身の経験から日本の福音宣教のあり方を探求した『イエスへの旅』を収録。
2017.2 264p A5 ¥2500 ①978-4-8184-0957-6

◆マッチ棒の詩―死で終わらない人生 服部稔著 ヨベル (ヨベル新書)
みの道程 服部稔著 ヨベル (ヨベル新書)
【要旨】今自分にできることをまず見つける、の達人だった。多様な好奇心いっぱいに物事に取り組み、楽しめる人だった。自作の詩「春よ来い」「朝が来た」の歌詞のとおり希望を抱いて待つことのできた人だった一人。牧師の妻として、ひとりの女性として、燃えて輝いた72年の生涯を夫が回顧する。
2017.3 238p 18cm ¥1000 ①978-4-907486-34-1

◆みこころのままに―ボリビア宣教師とその仲間たち、愛の実践の危機 小野豊和著 幻冬舎メディアコンサルティング,幻冬舎 発売
【要旨】妻の誕生、再びボリビアへ、宣教師第一号、日本出発、サンフアン日本人移住地、モンテーロを拠点に無償の愛を実践、政権交代があったが…、輝け少年の誕生、靴磨き少年の第一の召し出し、第二の召し出し、司祭階梯〔ほか〕
2017.8 207p B6 ¥1300 ①978-4-344-91265-6

◆メレイライヲン一代記を読む 川上律子,杉村みどり編著 同成社
【目次】『メレイライヲン一代記』原本複写、『メレイライヲン一代記』現代語意訳、『メレイライヲン一代記』解題、付録(諸資料と年表)
2017.12 286p A5 ¥1500 ①978-4-88621-780-6

◆もし、キリストが聖書を読んだらどう思うか 白井真幸著 幻冬舎メディアコンサルティング,幻冬舎 発売 (幻冬舎ルネッサンス新書)
【要旨】世界最大規模の宗教「キリスト教」。しかし大半の日本人は年に一度の行事、クリスマスにしかこの宗教のことを意識しない。では「キリスト教」は日本人にとってどんな宗教なのか?果たして、信仰に役に立つ宗教なのか?現代日本の状況と照らし合わせ、徹底解説する痛快の書!
2017.12 184p 18cm ¥800 ①978-4-344-91485-6

◆モルモン書は現代の偽典―ジョセフ・スミスが19世紀アメリカで霊感によって著した
ロバート・M・プライス著,沼附治郎訳 (大阪)せせらぎ出版
【目次】1 「モルモン書」は現代の偽典ジョセフ・スミスが19世紀アメリカで霊感によって著した(よみがえった文書、先行例に続く新参者ジョセフ・スミス、際限のない物語の世界、「なぜわたしの名を聞くのですか」(創世32:29)、「変形エジプト文字」は「異言」、「預言」)、預言者とその改訂・加筆、ニーファイ人の菩薩(涅槃に到達できるが、苦しむ衆生を憐れこの世に留まる人)、「もし遅くなっても、それを待て」(ハバクク2:3)、黙示と弁明)、2 「モルモン書」を現代の偽典と見なした研究者・学者、3 「モルモン書」理解に参考となる19世紀初頭の背景資料
2017.7 119p A5 ¥1200 ①978-4-88416-258-0

◆矢内原忠雄―戦争と知識人の使命 赤江達也著 岩波書店 (岩波新書)
【要旨】戦時抵抗を貫いたキリスト教知識人のミッションとは何だったのか。内村鑑三門下の無教会キリスト者、新渡戸稲造門下の植民政策学者にして、東大総長をも歴任した公共的知識人。その多面的な相貌と生涯を、預言者意識、「キリスト教ナショナリズム」、天皇観などに着目し、矢内原像を刷新する新しい視点から描く。
2017.6 244, 10p 18cm ¥840 ①978-4-00-431665-7

◆余はいかにしてキリスト信徒となりしか
内村鑑三著,鈴木範久訳 岩波書店 (岩波文庫)
【要旨】幕末から明治へ、激動の時代を生きた内村鑑三が、自らの魂の変容を記した記録。札幌農学校に進学した青年は上級生に強制されてキリスト信徒となり、新しい自分と世界とを知る。二十四歳で単身渡米、養護院で働き大学に通うなかで、徐々に天命を悟る。傑出した宗教家は、キリスト教の「聖地」アメリカと明治日本で、何を見、経験し、考えたのか。
2017.2 404, 10p A5 ¥1070 ①978-4-00-381512-0

◆ヨブ記に見る 試練の意味 河村従彦著 いのちのことば社
【要旨】神が愛のお方であるというのに、どうして人は理不尽な苦しみに遭い、不幸に襲われるのか。
2017.2 174p B6 ¥1300 ①978-4-264-03617-3

◆ルーテル教会の信仰告白と公同性―神学的自伝 石田順朗著 リトン
【目次】ルーテル教会の公同性―戦後日本の各派ルーテル教会、宗教改革の意味をリフォームとして考える、隣人への臨場―リフォーマー人の場合、信仰、愛において働くもの、伝道論から観たルーテル神学、信条教会と信仰告白する教会、世界信仰告白共同体のエキュメニカルな貢献、「家庭の食卓」から、単純に語り、教えよう「普通」の有り難さ、ルーテルDNA1―神の言葉に「とりつかれる」〔ほか〕
2017.10 200p B6 ¥1800 ①978-4-86376-061-5

◆霊性の現象学―キリスト教哲学のために 佐藤国郎著 アルテ,星雲社 発売
【目次】第1章 キリスト教哲学の現象学的基礎(主体の外で、 思惟の受動性、ヴィジョン)、第2章 キリスト教哲学の現象学的展開(形而上学的思惟、神学の扉の前で、扉の中へ、再試行、未聞の対話からキリスト教哲学へ、呼びかけ応答、眼差しの諸相)
2017.4 136p A5 ¥2800 ①978-4-434-23241-1

◆ロザリオー信仰の花束 ジョマル・ヴィグネロン著,レミ・オード訳 (習志野)教友社
【目次】喜びの神秘(お告げ、マリア、エリザベトを訪問する ほか)、光の神秘(主の洗礼、カナの婚宴 ほか)、苦しみの神秘(ゲッセマネのイエスの祈りと苦しみ、イエス、鞭打たれる ほか)、栄光の神秘(主の復活、イエス、天に上げられる ほか)
2017.1 291p A5 ¥1800 ①978-4-907991-31-9

◆わかるとかわる!“神のかたち”の福音 河野勇一著 いのちのことば社
【要旨】"神のかたち"が"わかる"と聖書の読み方が生き方が福音の見方が"かわる"。
2017.2 431p B6 ¥2200 ①978-4-264-03621-0

◆私の天使ダニエル―「神のうちの真のいのち」の夜明け ヴァスーラ・リデン著 TLIG日本,(名古屋)三恵社 発売
【目次】私の天使ダニエル、『神のうちの真のいのち』より、聖ミカエルと天使ダニエルのメッセージ
2017.1 189p B6 ¥400 ①978-4-906398-18-6

◆Kärlekens kors―En öppen dörr för avlägsen smärta 愛の十字架 苦しみの彼方に開く扉 スウェーデン語版 伊藤飛鳥著 東洋出版 (本文:スウェーデン語)
【目次】Inledning Utarmningen av kärleken i dagens samhälle, 1 Första de olika formerna av kärlek, 2 Att leva utan kärlek efter att ha vänt ryggen mot kärleken, 3 Guds kärlek, 4 Kärleken i undervisningen har gatt förlorad, 5 Kärleken och livet, 6 Förslag till ett samhälle i kärlek
2017.2 95p B6 ¥1500 ①978-4-8096-7864-6

ユダヤ教

◆旧約文書の成立背景を問う―共存を求めるユダヤ共同体 魯恩碩著 日本キリスト教団出版局
【要旨】バビロン捕囚による「崩壊後」の時代、その試練と苦闘の中から旧約聖書諸文書を生んだユダヤ共同体の実態に光を当てる。
2017.1 399p A5 ¥4000 ①978-4-8184-0963-7

◆入門ユダヤ思想 合田正人著 筑摩書房 (ちくま新書)
【要旨】ディアスポラ以降、世界中に散り散りとなり、それでもなおユダヤという名のもとに存続しつづけてきたユダヤ。彼らは、現実の地上において安定した土地を見いだすことはできず、また自分の内面においてもアイデンティティを見いだすことはできない宿命にあった。それが、彼らは歴史の中で、混乱と分裂と抗争の種となり、社会の不安や憎悪を掻き立ててきもた。そうした中で、ユダヤはどのように、自分たちを世界内に位置づけようとしてきたのか? 本書では、そうしたユダヤ思想を知ることのできる主要な書物を追いながら、その核心へ踏み込んでいく。
2017.8 259p 18cm ¥860 ①978-4-480-06979-5

神学・キリスト教史

◆愛と英知の道―すべての人のための霊性神学 ウィリアム・ジョンストン著,九里彰監訳,岡島禮子,三好洋子,渡辺達子共訳 サンパウロ
【目次】第1部 キリスト教の伝統(背景、理性対神秘主義、神秘主義と愛、東方のキリスト教、愛を通して生まれる契り)、第2部 現代の神秘神学(科学と神秘神学、修徳主義とアジア、神秘主義と根源的なエネルギー、英知と"空")、第3部 現代の神秘的な旅(信仰の旅、浄化の道、暗夜、"愛のうちにある"、花嫁と花婿、一致、英知、活動、社会活動の神秘主義)
2017.10 572, 21p A5 ¥3000 ①978-4-8056-0064-1

◆アルゼンチンカトリック教会の変容―国家宗教から公共宗教へ 渡部奈々著 成文堂
【目次】序章、第1章 公共宗教とは何か、第2章 カトリック教会の「現代化」とアルゼンチン教会、第3章 公共宗教の萌芽―「第三世界のための司祭運動」、第4章 公共宗教への変容、第5章 ソーシャル・キャピタルから捉える公共宗教性―モレノ市の事例、第6章 結論
2017.12 299p A5 ¥3000 ①978-4-7923-3366-9

◆小川修パウロ書簡講義録 6 コリント後書講義―神の"まこと"から人間の"まこと"へ 小川修著,小川修パウロ書簡講義録刊行会編 リトン
【目次】書簡A―第2章14節～第7章4節(使徒パウロの宣教の真正性(宣教者パウロの有資格性)、使徒の推薦状としてのコリント人 ほか)、書簡B―第10章～第13章(獅子中の虫に対して)「あなたがたは自分の前にあるものをよく見るがよい」、本物の宣教者とは ほか)、書簡C―第1章1節～第2章13節、第7章5節～16節(挨拶、患難からの呼びかけ ほか)、書簡D―第8章(自発的な施し、テトスとその同労者たち)、書簡E―第9章、補遺
2017.10 353p A5 ¥3000 ①978-4-86376-060-8

◆神のいつくしみ―苦しみあわれむ愛 2016年上智大学神学部夏期神学講習会講演集 片山はるひ,高山貞美編著 日本キリスト教団出版局
【要旨】苦しみにみちたこの現代世界にあって、どのようにいつくしみにみちた神の愛を伝えてゆくことができるのか。聖書、神学、霊性といった観点から考察した論考もある。
2017.3 162, 3p B6 ¥1800 ①978-4-8184-0966-8

◆ガリラヤからローマへ―地中海世界をかえたキリスト教徒 松本宣郎著 講談社 (講談社学術文庫)
【要旨】イエスがローマ総督によって処刑されたとき、帝国にとってそれはまだ辺境州の些細なできごとでしかなかった。しかし、やがて彼を神の子と信ずる奇妙な集団が都市にあらわれる。キリスト教徒と呼ばれたいかがわしく忌むべき存在は、迫害を乗り越え、徐々に信徒の数と伝道の地域を拡大していく。地中海世界そのものをかえた心性のドラマを描く。
2017.4 341p A6 ¥1130 ①978-4-06-292426-9

◆キリシタン時代とイエズス会教育―アレッサンドロ・ヴァリニャーノの旅路 桑原直己著 知泉書館
【要旨】東インド巡察師A・ヴァリニャーノの活動を通して、キリシタン時代のイエズス会の教育事業を軸に日本への宣教活動を独自な視点から紹介する。イエズス会教育の基本『イエズス会学事規程』(1599年)の教育理念は、キリスト教的人文主義とスコラ学の統合にあった。ヴァリニャーノは日本人の合理性を考え最先端の自然科学を紹介し、トリエント公会議の最新の神学を日本に伝えた。またギリシア語とギリシア古典に代えて日本語教育と日本の古典教育を採用

◆**キリスト教会の社会史——時代と地域による変奏** 指昭博、塚本栄美子編著　彩流社
【要旨】それぞれの地域、時代のなかで育まれたキリスト教のさまざまなかたち——。中東、ヨーロッパ、そしてインドまで、時の流れとともに変化、発展していくキリスト教の信仰のありようとキリスト教会の姿。その多様性を、歴史家の目で見つめる。
2017.9 249p B6 ¥2800 ⓘ978-4-7791-2326-9

◆**キリスト教史** 藤代泰三著　講談社（講談社学術文庫）
【要旨】イエスの十字架後、ペテロ、パウロら原始教団が、やがて世界各地で宣教をおこなう世界宗教となる。ローマ帝国との闘い、中世の十字軍・異端審問、ルターらの宗教改革とカトリック側の対抗改革…。日本のキリスト教を、キリスト教の枠組みのなかで捉え直しつつ、古代から現代にいたるキリスト教二〇〇〇年の歩みを描き出す決定版。
2017.11 753p A6 ¥2100 ⓘ978-4-06-292471-9

◆**キリスト教神学で読みとく共産主義** 佐藤優著（光文社新書）
【要旨】トランプの勝利は、労働者階級の勝利か？　世界を覆う格差・貧困。新自由主義＝資本主義が生み出す必然に、どう対峙するか？　キリスト教神学的アプローチで、廣松渉『エンゲルス論』を読み直す。
2017.2 385p 18cm ¥920 ⓘ978-4-334-03969-1

◆**宗教改革を生きた人々——神学者から芸術家まで** マルティン・H．ユング著、菱刈晃夫、木村あすか訳　知泉書館
【要旨】宗教改革はルターに負っている。彼なくして宗教改革は起きなかったが、彼一人では改革は実現できなかった。改革を実現するためにはドイツとヨーロッパの多くの地域に存在した支持者や後援者が必要であった。本書は他の宗教改革伝記集もまた、有名無名の区別なく宗教改革史にとって重要な人々が紹介されている。しかし本書は単なる伝記の寄せ集めではなく、一つのまとまった宗教改革の歴史叙述として織り上げられた。宗教改革500年を迎えて他に類のない、一般読者向けの最適な概説書である。
2017.8 265, 13p B6 ¥3200 ⓘ978-4-86285-260-1

◆**宗教改革から明日へ——近代・民族の誕生とプロテスタンティズム** ヨゼフ・ルクル・フロマートカ編著、平野清美訳、佐藤優監訳　平凡社
【要旨】「ナショナリズム」の源泉を宗教改革に探る一。社会と教会が一体化した中世において、ボヘミア（チェコ）のヤン・フスは、福音を再発見することにより教会の権威を否定、異端として処刑されるも、その思想は近代への扉を開き、20世紀にチェコスロヴァキア共和国が独立を果たす精神的支柱となった。作家・佐藤優が最も敬愛する神学者フロマートカがヤン・フスの業績から現代に受け継ぐべき遺産を明らかにする論文集。
2017.12 413p B6 ¥4800 ⓘ978-4-582-71718-1

◆**宗教改革三大文書＋付「九五箇条の提題」** マルティン・ルター著、深井智朗訳　講談社（講談社学術文庫）
【要旨】一五一七年に出現した「九五箇条の提題」は贖宥状を販売する教会を激しく批判し、全ヨーロッパを巻き込む宗教改革を勃発させた。マルティン・ルターによるこの記念碑的文書と、その三年後に発表された『キリスト教界の改善について』、『教会のバビロン捕囚について』、『キリスト者の自由について』を収録。そのすべてを新訳で贈る、待望の文庫版！
2017.9 437p A6 ¥1300 ⓘ978-4-06-292456-6

◆**宗教改革の人間群像——エラスムスの往復書簡から** 木ノ脇悦郎著　新教出版社
【要旨】エラスムスは『痴愚神礼讃』を著して時の支配層と教会を痛烈に諷刺し、また新約聖書のギリシャ語本文を初めて校訂するなど宗教改革運動に大きく寄与したが、自由意志論をめぐってルターと対立し、後に改革陣営から絶縁されたキ16世紀最大の人文学者である。彼はまた偉大な文通者でもあった。往復書簡から浮かび上がる、当時の改革者たちの人間群像。
2017.4 275p B6 ¥3000 ⓘ978-4-400-22727-4

◆**十字軍の思想** 山内進著　筑摩書房（ちくま学芸文庫）増補
【要旨】聖地エルサレムを異教徒たちから奪還すべく、中世ヨーロッパで構想された「十字軍」。それは神の名において行われる聖なる戦争であり、参加者に救済をもたらすとして、無数の人々を戦いに熱狂させ、ムスリムの大量虐殺をひきおこした。制度としての十字軍は16世紀末に終わりを迎えるが、9.11以降、現代まで続く一連のテロ事件と、それに対する欧米社会の反応は、「十字軍」が決して過去の歴史ではないことを明らかにしている。なぜ「聖戦」は繰り返すのか？　対立の根源にあるものとは？　十字軍の思想1700年の歴史を辿り、いまなお世界を脅かす確執の構造を解き明かす。
2017.3 266p A6 ¥1000 ⓘ978-4-480-09784-2

◆**ジョン・ダン研究** 髙橋正平著　（名古屋）三恵社
【目次】ダンはカトリックか—1590年代のダンの宗教的立場について、『イグナティウスの秘密会議』におけるジョン・ダンのコペルニクス像、『神学論集』におけるアングリカンとしてのジョン・ダン、ジョン・ダンと「被造物の書」、ロヨラの「無知」とマキアヴェリージョン・ダンの『イグナティウスの秘密会議』における二つのマキアヴェリ像、ジェームズ一世の"novelist"とジョン・ダンの"Innovator"ー『イグナティウスの秘密会議』におけるダンのジェームズ一世擁護について、ジョン・ダンとMariana. de Rege.l.1.c.7—マリアナは「王殺し」論者か、RatioからSapientiaヘージョン・ダンの理性と信仰をめぐって、"who"から"thou"か"me"か—ジョン・ダンの "A Valediction：Forbidding Mourning"の2つの日本語訳について、ロマン派以前の形而上詩批判［ほか］
2017.12 216p A5 ¥2000 ⓘ978-4-86487-756-5

◆**聖人と竜——図説・聖ゲオルギウス伝説とその起源** 髙橋輝和著　八坂書房
【要旨】"竜殺し"として名高い聖ゲオルギウスは、なぜ、またいつごろから、聖人界きっての"武闘派"として勇名を馳せるようになったのだろうか？　セント・ジョージ（英国）サン・ジョルディ（カタルーニャ）などの呼び名でもおなじみの"闘う聖人"の原像とは？　400点の図版とともにキリスト教文化の古層へと迫る刺激的な論考。貴重な最古の殉教伝（5世紀頃）の全訳も収載。
2017.10 213, 17p A5 ¥3500 ⓘ978-4-89694-241-5

◆**戦後70年の神学と教会** 新教出版社編集部編　新教出版社（新教コイノーニア 35）
【目次】第1章 神学（戦後の新約聖書学がやり残したこと、戦後日本の旧約聖書学の歩み、キリスト教史学の展開と課題—戦後の歴史神学をたどりつつ、戦後・組織神学の歩みと課題、戦後日本の実践神学の展開—「牧会百話」から「教会と世界の関係を問う」学へ、戦後日本の神学教育—焼け野原から現在まで、権利と権威を求めて—戦後日本の女性神学の歩みと課題、米国統治下における沖縄の社会正義神学、寄留の民・神学者 李仁夏牧師—移住民の神学の素材として）、第2章 教会（「戦後七十年」と教会—バルトとボンヘッファーの線に立って、戦後70年と福音派諸教会の戦責告白、罪責を告白する教会となるために一関東教区「日本基督教団戦責告白」成立経緯、「沖縄戦」後七〇年と沖縄の教会、戦後・日本基督教団と沖縄の関係、戦後70年の歴史に学ぶ—共生と平和を願って、キリスト者として社会問題に発言する—地方自治体から日本社会の正義の実現へ、"Being Church"への視点から見た「生き生きとした」教会）
2017.10 157p A5 ¥1500 ⓘ978-4-400-30718-1

◆**トマス・アクィナス——理性と神秘** 山本芳久著　岩波書店（岩波新書）
【要旨】西洋中世において最大の神学者であり哲学者でもあるトマス・アクィナス（一二二五年—一二七四）。難解なイメージに尻込みすることなく『神学大全』に触れてみれば、我々の心に訴えかけてくる魅力的な言葉が詰まっていることに気づく。生き生きとしたトマス哲学の根本精神の秘密を、理性と神秘の相互関係に着目して読み解く。
2017.12 274, 2p 18cm ¥860 ⓘ978-4-00-431691-6

◆**『ハイデルベルク信仰問答』の神学——宗教改革神学の総合** L.D. ビエルマ著、吉田隆訳　教文館
【要旨】"最も麗しい信仰の書"と評され、今日でも信仰の手引きとして愛されている『ハイデルベルク信仰問答』。その神学的主題と構造から、宗教改革期におけるエキュメニカルな精神までを、歴史的・批判的研究から実証的に明らかにする。
2017.10 360, 17p A5 ¥3700 ⓘ978-4-7642-7420-4

◆**二つの宗教改革——ルターとカルヴァン** H. A. オーバーマン著、日本ルター学会、日本カルヴァン研究会訳　教文館
【要旨】ルターは本当に「最初のプロテスタント」なのか？　カルヴァンの「偉大さ」と「限界」はどこにあるのか？　神学史と社会史の複合的な視点から中世後期と宗教改革の連続性を明らかにし、宗教改革研究に画期的な影響を及ぼした歴史家オーバーマンの本邦初訳書。
2017.10 304, 9p A5 ¥3500 ⓘ978-4-7642-7413-6

◆**マルティン・ルター——エキュメニズムの視点から** ヴァルター・カスパー著、高柳俊一訳　教文館
【要旨】「九五か条の提題」でルターが教会の再生を求めた出来事から500年。彼が投じた神学的問いの今日的意義とは？　カトリック教会でエキュメニズムを牽引してきたカスパー枢機卿が、ルター像を再解釈し、多様性における一致への希望を語る。
2017.1 97, 5p B6 ¥1400 ⓘ978-4-7642-6459-5

◆**聖心（みこころ）のイコノロジー——宗教改革前後まで** 蜷川順子著　（吹田）関西大学出版部（関西大学東西学術研究所研究叢刊）
【目次】第1章 こころと心臓のアルケオロジー、第2章 中世俗社会におけるこころの登場と展開、第3章 湧きだすハート記号、第4章 聖なるこころの登場と広がり、第5章 キリストの血と心臓のイメージ、第6章 聖職者たちの聖心、第7章 聖母の聖心と「ルターの薔薇」
2017.3 316p A5 ¥4800 ⓘ978-4-87354-655-1

◆**ロシア中世教会史** ジョン・フェンネル著、宮野裕訳　教文館
【要旨】大国ロシアの宗教文化と政治風土はどのようにはぐくまれたのか。キエフ・ルーシ時代のキリスト教受容から、教会が1448年にコンスタンティノープル総主教座を離れ、ロシア正教会として自立するまでを描く。さまざまな年代記を渉猟し、ロシア・キリスト教萌芽の時代を碩学が読み解く貴重な通史。
2017.3 344, 41p A5 ¥5000 ⓘ978-4-7642-7412-9

◆**Japanese and Korean Theologians in Dialogue—Establishing the Dignity of Life/Forming a Theology of Confession, Forgiveness, and Reconciliation** （上尾）聖学院大学出版会（A Theology of Japan Monograph Series 10）（本文：英文）
【目次】1 Establishing the Dignity of Life (2014) (Spiritual Care for the Wounded Soul, Response ： Spiritual Healing (Spiritual Care)、Seeking a Theological Response in the Time of Crisis to Establish the Dignity of Life ほか)、2 Forming a Theology of Confession, Forgiveness, and Reconciliation (2016) (An Essay on the Theology of Confession, Absolution, and Reconciliation ： with Emphasis on D.Bonhoeffer、Theology of Reconciliation, Reconciliation and Atonement：A Response to Chul‐Ho Youn)、3 Essays on Spirituality, the Sanctity of Life, and Japan‐Korea Reconciliation (Contributions of Spiritual Discourse in the 21st Century Society：Peace and Spirituality、"Is There Anything More Precious than Life？"：A Response from a Christian Faith Vowing to "Establish the Sancity of Life"、Toyohiko Kagawa (1888‐1960)：Pioneering Japan‐Korea Reconciliation)
2017.11 156p 24×19cm ¥3000 ⓘ978-4-909022-79-0

説教集・教話集

◆**いつくしみ——教皇講話集** 教皇フランシスコ著　カトリック中央協議会（ペトロ文庫）
【要旨】いつくしみの特別聖年中に行われた一般謁見連続講話。聖年の意味の明示から始まり、旧約聖書における御父のわざを考察し、いつくしみに満ちたイエスの姿を福音書に見て、いつくしみの「ゆるすこと」と「与えること」というふたつの二本の柱を示して、慈善のわざの実践を促す。
2017.10 216p A6 ¥800 ⓘ978-4-87750-208-9

キリスト教

◆**神と人間のドラマ―創世記25～36章による説教** 松本敏之著　キリスト新聞社
【要旨】神の選びにふさわしい器へ！ 試練を経て変えられるヤコブの人生。『神の美しい世界』『神に導かれる人生』に続く、創世記説教集第3巻。2015年4月から1年半にわたって、日本キリスト教団鹿児島加治屋町教会の主日礼拝において語られた15編の説教。
2017.10 191p B6 ¥1400 ①978-4-87395-733-3

◆**教皇フランシスコ講話集 4** 教皇フランシスコ著, カトリック中央協議会事務局編訳　カトリック中央協議会 (ペトロ文庫)
【要旨】二〇一六年内の発言を集めた教皇フランシスコの講話集。WYDクラクフ大会開会ミサ、マザー・テレサ列聖式ミサ、宗教改革五〇〇周年記念合同祈願会、いつくしみの特別聖年閉幕ミサでの説教や、渡航中に亡くなった難民犠牲者を追悼したレスボス島でのあいさつなどを収録。
2017.12 286p A6 ¥900 ①978-4-87750-209-6

◆**キリストは甦られた―20世紀レント・イースター名説教集** R. ランダウ編, 野崎卓道訳　教文館
【要旨】罪の赦しと永遠の命がここに！ 20世紀ドイツ語圏で語られたレントとイースターの説教から精選された28篇を収録。バルト、トゥルンアイゼン、イーヴァントらによる喜びと慰めに満ちたメッセージを、フラ・アンジェリコやジョットらのカラー絵画が彩る。
2017.3 352, 2p B6 ¥3200 ①978-4-7642-6727-5

◆**十字架のキリスト以外に福音はない―ガラテヤの信徒への手紙による説教** 近藤勝寿著　教文館
【要旨】信仰の核心とは何か？ 私たちの信仰を支えるイエス・キリストの恵みを、パウロの伝道の言葉とともに力強く語る。
2017.11 180p B6 ¥1700 ①978-4-7642-6461-8

◆**信仰の醍醐味―朝講会証し集 2** 東海林昭雄編, 朝講会全国連合会協力　キリスト新聞社 (「語り継ぐ信仰」シリーズ)
【要旨】次世代に伝えたい、教派教団を超えた神との出会、不思議な導きを受けた人びとが語る、溢れるほどの恵み―。神は人生の折々に、時に応じて道を示される。朝講会に集う人びとが、混沌とした時代の中にあって、救いへの招きとその喜びを証しする。
2017.1 251p B6 ¥1400 ①978-4-87395-715-9

◆**真実の憐れみをもって招く神―ケズィック・コンベンション説教集** 日本ケズィック・コンベンション, ヨベル 発売
【要旨】キリスト者は聖められて生きる。日本ケズィック・コンベンションの全説教、各地区から一編ずつ寄せられた17の説教で聖化の信仰を深める。
2017.11 159p B6 ¥1300 ①978-4-907486-62-4

◆**藤盛勇紀牧師の礼拝説教 説教聴聞録―ルカによる福音書** 門叶國泰著　ヨベル (YOBEL新書)
【要旨】牧師の説教、信徒の聴聞―御言葉をめぐる真剣勝負の場。説教は単に受けとめられるものではない。あくまで"わたくしはこう聞いた"という主体的な「聴く」姿勢のなかに活きする―。牧師と一聴衆の共同作業として記された説教「追想録」によってルカ伝を活写。
2017.11 382p 18×11cm ¥1100 ①978-4-907486-58-7

◆**三井百合花牧師説教集 希望の光** 三井百合花著　東京希望宣教会, いのちのことば社 発売
【要旨】強くあれ、雄々しくあれ―ヨシュア1・9、喜びと祈り、感謝の心―第一テサロニケ5・16～18、大胆な信仰の祝福―ヨシュア2・1、みことばの力―テモテ4・1～8、恵みの下にある者―ローマ6・9～14、確かなもの―マルコ16・1～20、五旬節の聖霊―使徒2・1～4、古い人と新しい人―エペソ4・21～24、ただお言えされたいだかせてください―マタイ8・5～8、祝宴を催す場合には―ルカ14・12～14 [ほか]
2017.10 223p B6 ¥1500 ①978-4-264-03859-7

◆**ユダヤ人と人類に与えられた永遠の生命 10** 梶原和義著　(大阪) JDC出版
【要旨】へびを追い出す、神を掴まえる、墓の中の死者たちが神の子の声を聞く、不朽の神の栄光、文明に命を与える、神と人の完成、摩訶不思議、希望がない異邦人、天皇家とダビデ王朝 [ほか]
2017.9 342p 20cm ¥1800 ①978-4-89008-564-4

聖書

◆**今日からわかる聖書ヘブライ語―聖書対訳シリーズの手引き** 谷内意咲著　ミルトス
【目次】イントロダクション (ヘブライ語聖書について、アレフベート)、聖書ヘブライ語の基本 (対訳シリーズの手引き、名詞、代名詞・冠詞・形容詞、前置詞、動詞と副詞、接続詞、接尾詞、その他の品詞、語根について、ケティブとケレー、タアメー・ハミクラー、辞書の引き方)、対訳シリーズを読む (対訳シリーズの解説)
2017.5 109p A5 ¥1700 ①978-4-89586-049-9

◆**3分でわかる！ 聖書** 中川健一著　文芸社
【目次】聖書とはどういう本なのか、知りたいと思います。聖書は膨大な書です。どこから読めばいいのですか。旧約聖書と新約聖書の違いはなんですか。イエス・キリストとは誰ですか。どうしたら救われますか。キリスト教は、西洋の宗教ではないのですか。キリスト教で言う救いとはなんですか。神は信じているのですが、どうしてキリスト教の神でないといけないのですか。神が愛なら、どうしてこの世に悲しみや苦しみがあるのですか。 [ほか]
2017.12 245p B6 ¥1400 ①978-4-286-19086-0

◆**主日の聖書を読む―典礼暦に沿って (B年)** 和田幹männ　オリエンス宗教研究所
【要旨】マルコ福音書は、イエスが十字架をとおして救いの御業を成し遂げられることを、凝縮した言語で描く。前半では特に癒しの奇跡を神の国到来のしるしとして描く。後半ではご自分の死と復活によってしか人間の救いがないことを明確にし、頑なに理解を拒む弟子たちに教え込もうとするイエスの姿が示される。

◆**人生の役に立つ聖書の名言** 佐藤優著　講談社
【要旨】仕事や人間関係の悩みに、人生の岐路や逆境に、効く！ 世界最高の古典、「聖書」の言葉を佐藤優が読みとき、迷える現代人に贈る"もっと強く生きる知恵"。
2017.9 221p B6 ¥1400 ①978-4-06-220703-4

◆**図説 旧約・新約 聖書入門** 月本昭男監修　学研プラス (『決定版 図説 新約・旧約聖書』再編集・改題書)
【要旨】天地創造からイエスの奇跡物語、弟子たちの活躍までがすぐにわかる！ 一度は耳にしたことがある「名言」もまとめて紹介！
2017.5 223p 18cm ¥690 ①978-4-05-406565-9

◆**聖書学論集 48** 日本聖書学研究所, リトン 発売
【要旨】ヨシュアは二度死ぬ―士師記の二重の始まり、ユダヤ人共同体における「出身地」、イエスとパウロにおける独身―周辺世界の事例との比較にみる動機の特徴
2017.9 96p A5 ¥3000 ①978-4-86376-820-8

◆**聖書植物園図鑑―聖書で出会った植物たちと、出会う。** 西南学院大学聖書植物園圖書館・出版委員会編　丸善プラネット, 丸善出版 発売
【目次】アーモンド、アカザ/あかざ・ぜにあおい、アカキア・トルティリス/アカシア、アドニス・ミクロカルパ/野の花、アネモネ/野の花、アマ/亜麻、レッポマツ/まつ・つげ、アロエベラ/アロエ、イタリアイトスギ/糸杉、イタリアカサマツ/柏 [ほか]
2017.5 119p B6 ¥1200 ①978-4-86345-328-9

◆**聖書 新共同訳―大型 ジッパーつき/サムインデックスつき** 日本聖書協会
【要旨】ジッパーつき聖書についに大型判が登場。厚さを抑えられていて持ち運びしやすい。探したい箇所がすぐに見つけられる、書名サムインデックスつき。
〔17.10〕502, 480, 71p 23×17cm ¥7200 ①978-4-8202-1339-0

◆**聖書新共同訳―ジッパーつき/サムインデックスつき 大型** 日本聖書協会
【要旨】ジッパーつき聖書についに大型判が登場。厚さを抑えられていて持ち運びしやすい。探したい箇所がすぐに見つけられる、書名サムインデックスつき。
2017 1502, 480, 71p 23×17cm ¥7200 ①978-4-8202-1338-3

◆**聖書物語** 木崎さと子著　KADOKAWA (角川ソフィア文庫) (「ビジュアル版 聖書物」加筆・修正・改題書)
【要旨】優れた文学でもある聖書。そこには、超絶的な神だけでなく王も奴隷も、聖人も罪人も、あらゆる人間の生き様が刻みこまれている。天地と悪の初源を明かす創世記から、イスラエルの民の歴史、救い主イエスの生涯、そして世界の終末を告げる黙示録まで。そのすべてを、人間が息づく百の物語として芥川賞作家が紡ぎ出す。数々の名場面、悠久のドラマがよみがえり、豊富な図版とともに新旧約聖書を読み通すことができる決定版。
2017.8 508p A6 ¥1200 ①978-4-04-400289-3

◆**七十人訳ギリシア語聖書 エゼキエル書** 秦剛平訳　青土社
【要旨】ヘブライ語版よりも1000年以上古いギリシア語版エゼキエル書、本邦初訳。イスラエルの民は主なる神の声を聞かず、それゆえ都エルサレムは滅んた。バビロン捕囚という苦難の中で召命を受けた預言者エゼキエルは、あまたの幻を見、神の声を聞き、それをヘブライ語版よりも1000年以上古いギリシア語版テクストを原典に忠実に翻訳。詳細な註による決定版。流麗な訳文と詳細な註による決定版。
2017.8 348, 10p A5 ¥3600 ①978-4-7917-7004-5

◆**七十人訳ギリシア語聖書 エレミヤ書** 秦剛平訳　青土社
【要旨】歴史的にも重要な「最初の聖書」。本邦初訳。都エルサレムの陥落、バビロンへの捕囚、異郷の地での希望なき生活。ユダ王国に住む者たちを襲った民族的危機を前に、預言者エレミヤは「主の言葉」と信じたものを語り続けた。ヘブライ語版よりも1000年以上も古いギリシア語版テクストを原典に忠実に翻訳。詳細な解説を付した決定版。
2017.6 385, 8p A5 ¥3800 ①978-4-7917-6991-9

◆**七十人訳ギリシア語聖書 十二小預言書** 秦剛平訳　青土社
【要旨】旧約聖書正典の最後をかざる、示唆と魅力に富んだ12の預言書。バビロン捕囚以前から前2世紀に活躍したとされる12人の預言者たちと残された文書。アッシリア帝国時代、バビロニア帝国時代、そしてそれに続いたペルシア時代に生きたユダヤ民族についての歴史資料。預言者たちの神理解の展開を知る上でも第一級の資料、本邦初訳。
2017.11 312, 14p A5 ¥3600 ①978-4-7917-7018-2

◆**七十人訳ギリシア語聖書 モーセ五書** 秦剛平訳　講談社 (講談社学術文庫)
【要旨】前三世紀頃、アレクサンドリアで七十二人のユダヤ人長老がヘブライ語聖書をギリシア語に訳しはじめた。この通称「七十人訳」こそ、現存する最古の体系的聖書であり「イエス時代の聖書」である。本書は当時の聖書解釈までを含めて翻訳・注釈し、ヘブライ語聖書との相違も明示した唯一訳。歴史、哲学、文学、美術…すべてに通底する西洋文明の基礎文献。
2017.11 1196p A5 ¥3150 ①978-4-06-292465-8

◆**はじめての聖書** 橋爪大三郎著　河出書房新社 (河出文庫)
【要旨】羊、クリスマス、十字架、アダムとイブ、ノアの方舟、モーセの十戒、罪、メシア、愛、最後の審判、黙示録…聖書がわかると、世界がわかる！ これだけは知っておきたい39の重要トピックをとりあげ、聖書のなかみをざっくりと噛み砕く。学生も社会人も―すべての人へ贈る。世界標準の教養への道案内。
2017.5 203p A6 ¥640 ①978-4-309-41531-4

◆**モーセからガリラヤのイエスへ** 大河原礼三著　(堺) 銀河書籍, 星雲社 発売
【要旨】モーセからガリラヤのイエスへ (モーセと出エジプト、部族連合時代、王国の支配と預言者、王国時代最後の歴史、バビロン捕囚以後、ガリラヤのイエス、「人の子」と復活信仰)、創世記一章～二章四節前半の祭司資料の創造記、創世記二章四節後半――一章に登場するヤハウィストの物語、聖書における「人間の尊厳」、藤田若雄研究覚え書き
2017.11 95p B6 ¥741 ①978-4-434-24098-0

◆**レオンの「960年聖書」研究** 毛塚実江子著　中央公論美術出版
【目次】序論、第1章『960年聖書』の諸問題、第2章『960年聖書』の旧約聖書挿絵、第3章 対観表研究、第4章『960年聖書』の対観表の福音書記者表現について、第5章『960年聖書』対観表の章句番号、第6章 フロレンティウスとサンク

ティウス、第7章「パウロの肖像」の意味、第8章 オメガの解釈と『960年聖書』の挿絵構成、結論 2017.2 415p A5 ¥19500 ①978-4-8055-0782-7

旧約聖書

◆アートで魅せる旧約聖書物語　フレデリック・ボワイエ著, セルジュ・ブロック絵, 船曳建夫監修, 石野沓奈子, 千倉真理訳　千倉書房
【要旨】『創世記』から『ダニエル書』まで、いまだかつてない斬新な視点から旧約聖書のエッセンスを35章に凝縮して2000枚のクールなイラストで描きます。
2017.10 509p B5 ¥8800 ①978-4-8051-1123-9

◆旧約聖書続編 スタディ版 新共同訳　日本聖書協会
【要旨】『旧約聖書続編』15書全書の解説と注を収録。本文（新共同訳）は、新共同訳聖書特有の読みをする漢字に振り仮名付き。「ヘレニズム」「セレウコス朝の支配下」など、続編の時代背景を知るための45のコラム・年表を掲載。最新のスタディ版聖書（The CEB Study Bible with Apocrypha）の邦訳。続編の時代を知るための巻末地図（カラー）を新たに収録。
2017.11 550p A5 ¥4800 ①978-4-8202-2228-6

◆出エジプト記1～18章　鈴木佳秀著　日本キリスト教団出版局　（VTJ旧約聖書注解）
【要旨】主とイスラエルの民との出会いや記憶の原点とも言える、エジプト脱出や荒れ野の旅。その出来事を通して、神が現代の「われわれ」に語りかけるメッセージとは？
2017.11 318p A5 ¥4400 ①978-4-8184-0981-1

◆図説 聖書物語 旧約篇　山形孝夫著, 山形美加図版解説　河出書房新社（ふくろうの本）新装版
【要旨】なぜ労働は罰なのか、なぜ豊穣の女神は拒絶されねばならなかったのか。宗教人類学・ジェンダー論などの斬新な視角から物語の謎に迫る、知的冒険の旅。
2017.2 135p 22×17cm ¥1800 ①978-4-309-76250-0

新約聖書

◆神の国一説教　及川信著　（札幌）一麦出版社
【要旨】「神の国」の重要な柱は十字架と復活。ルカによる福音書の「神の国」という語のある箇所のみをセレクト。「神の国に生きよ」と招く神の言葉を力強く語る。
2017.9 302p B6 ¥2400 ①978-4-86325-105-2

◆ガラテヤ書簡　浅野淳博著　日本キリスト教団出版局　（NTJ新約聖書注解）
【要旨】キリストとの出会いが、熱烈な律法教師を、民族の垣根を越える福音宣教者とした。この遭遇の衝撃を伝える物語が、キリスト教神学の礎となった。今後、本書なくしてガラテヤ書簡を読み、パウロを語ることはできない。
2017.10 532p A5 ¥6000 ①978-4-8184-0980-4

◆新約聖書に見るキリスト教の諸相　小河陽著　（横浜）関東学院大学出版会, 丸善出版 発売
【目次】第1部 現代における聖書解釈（聖書解釈をめぐる最近の動向から―適切な聖書解釈はあり得るかを、譬え読解のための解釈戦略）、第2部 福音書をめぐって（20世紀新約聖書解釈史における「神の国」、マタイ福音書における矛盾要素の並存の問題―律法と福音の問題に寄せて、安息日における癒し―マルコ3：1‐6についての伝承史的考察、イエスと罪ある女の物語、矛盾の書としてのヨハネ福音書）、第3部 原始教会における展開をめぐって（ヘレニストの選択的迫害説について―迫害はヘレニストにのみ向けられていたか？、「家庭道徳訓」とヘレニズム家政論、終末観と永遠の時―黙示文学のヴィジョン、第4部 イエスの死と復活をめぐって（十字架上のイエスの叫び―勝利の叫び、あるいは絶望の叫び？、十字架上のイエスの叫びの解釈をめぐって―批判への応答、イエスの復活に関する考察―研究ノート）、第5部 聖書から見る人間とその時代（聖書的勇気について、民族主義と普遍主義―イエスとパウロの場合）
2017.5 400p A5 ¥3800 ①978-4-901734-67-7

◆新約聖書 訳と註 7 ヨハネの黙示録　田川建三訳著　作品社
【要旨】今日我々が知っている黙示録には、二人の書き手の文章が混在している。ギリシャ語の語学力、著作の目的、主題、質、そして人間の品性のまったく異なる二人の書き手の…。徹底的かつ綿密な検証作業を経て、世界で初めてその真の姿を明らかにした、画期的な「黙示録」！
2017.8 374p A5 ¥6600 ①978-4-86182-419-7

◆図説 聖書物語 新約篇　山形孝夫著, 山形美加図版解説　河出書房新社（ふくろうの本）新装版
【要旨】イエスはなぜ殺害されねばならなかったのか。キリストがローマ帝国の桧舞台に躍り出るまでの経緯を生き生きと描きだし、福音書物語の原初の謎に迫る。
2017.2 135p 22×17cm ¥1800 ①978-4-309-76251-7

◆第二コリント書 8・9章　佐竹明著　新教出版社　（現代新約注解全書）
【目次】序説（コリントの地理的環境、コリントの歴史、新しいコリントの住民、コリントの文化、パウロとコリント、コリント教会の構造、2コリント書の構成）、8章および9章 エルサレム教会への献金（序論 2コリント書における8章および9章の位置、エルサレム教会への献金、パウロとマケドニア、コリントへ、コリントについて、パウロによるエルサレム教会のための献金運動）
2017.11 393p A5 ¥7000 ①978-4-400-11169-6

◆100の傑作で読む新約聖書ものがたり―名画と彫刻でたどる　マルグリット・フォンタ著, 遠藤ゆかり訳　（大阪）創元社
【要旨】西洋文化はすべて聖書から始まった。天使、使徒、聖母マリア、受難、最後の晩餐…絵画主題の源泉である『新約聖書』から厳選した100の名画と彫刻をオールカラーで読み解く！ 西洋を読み解くカギがここにある！
2017.11 214p 15×20cm ¥2000 ①978-4-422-14394-1

◆霊魂の不滅か死者の復活か―新約聖書の証言から　オスカー・クルマン著, 岸千年, 間塚洋助訳, 辻学解題　日本キリスト教団出版局
【要旨】キリスト教会の中にも深く入り込んでいるギリシア思想の霊魂不滅説。信仰との違いを明瞭にして出版時議論を巻き起こした名著の復刊！
2017.12 85p B6 ¥1200 ①978-4-8184-0990-3

イスラム教

◆イスラム教徒の頭の中―アラブ人と日本人、何が違って何が同じ？　吉村作治著　CCCメディアハウス
【要旨】吉村先生が見た、アラブ社会の本当のところ。交渉事、恋愛、結婚、離婚、宗教。どんな考え方をしているのか？ ちょっと知るだけで、世界はぐっと近くなる！「なぜ？」がわかれば、もっとわかりあえる。アラブ入門に最適の一冊！
2017.3 252p B6 ¥1500 ①978-4-484-17208-8

◆イスラーム入門―文明の共存を考えるための99の扉　中田考著　集英社（集英社新書）
【要旨】イスラーム教徒（ムスリム）が少ない日本では、その教え自体になじみが薄い。よくわからない一方で、日々の報道を通じ中東の戦争や、欧州のテロ事件、難民といった言葉でイスラームのイメージが形成されています。世界のムスリムの人口が16億人を超えると言われる今、無益な文明の衝突を減らすには、相手のロジックを知り考えることが何よりも大切なはずです。本書は、日本人イスラーム法学者が「ムハンマド」「スンナ派」など、99のトピックでイスラームの教えをやさしく概説して、その多様性と共存の可能性へと扉を開く一冊です。
2017.2 247p 18cm ¥760 ①978-4-08-720869-6

◆イスラームの歴史―1400年の軌跡　カレン・アームストロング著, 小林朋則訳　中央公論新社　（中公新書）
【要旨】一六億人にのぼるイスラーム教徒。だが、行動原理は外からは理解しづらく、欧米や日本からの偏見は根強い。本書は、世界的宗教学者がイスラーム一四〇〇年の歴史を概観。誕生から近代化、世俗化との葛藤までを宗教運動や思想的背景とともに解説する。十字軍以降、西洋は歪んだイスラーム像をつくり文明の敵と見なしてきたと指摘し、比較宗教の視点と事実の掘り起こしから、理解の修正を迫る。
2017.9 318p 18cm ¥900 ①978-4-12-102453-4

◆イスラームのロシア―帝国・宗教・公共圏 1905-1917　長縄宣博著　（名古屋）名古屋大学出版会
【要旨】多数のイスラム教徒が存在したロシア帝国。彼らはいかに生きたのか。日露戦争から第一次世界大戦・革命へと至る時代に、政治・行政・教育・出版・戦争・慈善事に積極的に関わり、言論と行動によって自らの「公共圏」を生み出したムスリム社会の苦闘を、かつてない深度で描きだす。
2017.11 326, 101p A5 ¥6800 ①978-4-8158-0888-4

◆クルアーン的世界観―近代をイスラームと共存させるために　アブドゥルハミード・アブー・スライマーン著, 塩崎悠輝解説・訳, 出水麻野訳　作品社
【要旨】イスラーム文明は、今、なぜ危機に瀕しているのか？ 現代の代表的イスラーム思想家による解決策。7か国語で紹介された重要書、本邦初訳。
2017.8 307p B6 ¥2400 ①978-4-86182-644-3

◆クルアーンにおける神と人間―クルアーンの世界観の意味論　井筒俊彦著, 鎌田繁監訳, 仁子寿晴訳　慶應義塾大学出版会　（井筒俊彦英文著作翻訳コレクション）
【要旨】クルアーン論の世界的名著、待望の邦訳。
2017.6 366, 23p A5 ¥5800 ①978-4-7664-2416-4

◆神戸モスク―建築と街と人　宇高雄志著　（大阪）東方出版
【要旨】日本で最初にできたイスラーム教寺院。異国情緒をまといつつ街になごんだ外観と光あふれる礼拝室。優美で個性的な建築としての魅力とたずさわった人たち、港町神戸の歩みを語る。
2018.1 213p A5 ¥2600 ①978-4-86249-297-5

◆シャルリ・エブド事件を読み解く―世界の自由思想家たちがフランス版9・11を問う　ケヴィン・バレット著, 板垣雄三監訳　第三書館, 電子本ピコ第三書館販売 発売
【要旨】「ポスト真実」時代の到来とともに、デマとテロ、偽旗作戦とポピュリズム、IS化とトランプ化の津波に揉まれつつ、イスラーム教・キリスト教・ユダヤ教・非宗教の知性22人がシャルリ・エブド事件を解明する、根源的エッセー集。全知識人必読の1冊。
2017.5 481p B6 ¥3500 ①978-4-8074-1710-0

◆図説 イスラム教の歴史　菊地達也編著　河出書房新社（ふくろうの本）
【要旨】世界を読み解くために、今、もっとも知るべき宗教。争いが絶えない理由は？ なぜテロリストが生まれるのか？ コーラン、宗派、思想、法、科学、スーフィズムなどの角度から、変化を続ける宗教の多様性を紐解き、イスラム文化の豊饒さへと誘う。総合的理解を導く決定版！
2017.11 135p 22×17cm ¥1900 ①978-4-309-76262-3

◆チャムパ王国とイスラーム―カンボジアにおける離散民のアイデンティティ　大川玲子著　平凡社
【要旨】かつて「海のシルクロード」で栄華を極めた亡国の民のサバイバル史―21世紀より今のベトナムに存在したチャムパ王国の末裔、チャム人の離散的物語と宗教文化を、フィールドワークと埋められた文献群の解読から明らかにし、イスラームを媒介に展開した知られざる東南アジア史への誘い。
2017.2 246p A5 ¥5000 ①978-4-582-70354-2

◆雄弁の道―アリー説教集　アリー・イブン・アビー・ターリブ著, 黒田壽郎訳　書肆心水
【要旨】神与の聖典クルアーンと無謬の預言者の言行録ハディースに対して、本書はイスラームの教えをカリフとして地上の社会において具体的に実現することに生涯を捧げたアリーがその実践の道を説くものであり、預言者没後のイスラームの政治の実践に関する第一級、唯一の古典である。若年より従兄の預言者に親しみ、預言者の妻に次いで入信し、男性としては最初の信者であったアリーが、ムハンマドなき後イスラームはいかにあるべきかを力強く説いた言葉の記録。
2017 276p A5 ¥3300 ①978-4-906917-75-4

歴史・地理

日本史

◆愛されたい！なら「日本史」に聞こう―先人に学ぶ「賢者の選択」 白駒妃登美著 祥伝社 （祥伝社黄金文庫）
【要旨】坂本龍馬、真田幸村、豊臣秀吉、福澤諭吉…彼らが歴史に名を刻んだのは、男にも女にもモテたから。歴史を彩った"愛され上手"たち。その魅力と秘密とは!?
2017.4 283p A6 ¥640 ①978-4-396-31709-6

◆赤門―溶姫御殿から東京大学へ 堀内秀樹、西秋良宏編 東京大学総合研究博物館, 東京大学出版会 発売
【目次】1 江戸の赤門（下屋敷から上屋敷へ―17世紀の加賀藩本郷邸、加賀藩邸内の徳川将軍家、溶姫御殿の正門―その建築的特徴と国持大名上屋敷の表門様式に関する考察）、2 東京大学―歴史資料が語る実像（溶姫の引移り婚礼、溶姫入輿後の加賀藩）、3 溶姫をとりまく社会―考古資料が語る御殿生活（溶姫御殿の発掘調査、奥女中の暮らし―情報学環・福武ホール地点SK一〇出土遺物の検討、食生活）、4 東京大学の赤門へ（赤門と東京大学、赤門の旧塗装材料に関する基礎調査、情報のひろがりと空間の流れ―三次元スキャンデータのユーザビリティ）
2017.3 268p 25×19cm ¥2500 ①978-4-13-020270-1

◆悪の歴史 日本編 上 関幸彦編著 清水書院
【要旨】"悪"の心が権力をもたらすのか!?歴史を紡いだ偉人たちの実相に迫る衝撃の書。
2017.8 439p B6 ¥2400 ①978-4-389-50062-7

◆悪の歴史 日本編 下 ―隠されてきた「悪」に焦点をあて、真実の人間像に迫る 大石学編著 清水書院
【要旨】"悪"の心が権力をもたらすのか!?歴史を紡いだ偉人たちの実相に迫る衝撃の書。
2017.12 507p B6 ¥2400 ①978-4-389-50064-1

◆あなたの歴史知識はもう古い！ 変わる日本史 日本歴史楽会著 宝島社 （宝島SUGOI文庫）
【要旨】歴史研究のめざましい進展によって、これまでの日本史の常識が次々と覆されている。教科書の記述は、たとえば誰もが知っているあの古代の偉人・聖徳太子は厩戸王になり、鎌倉幕府の成立時期については多くの異説が生まれ、江戸時代の「鎖国」は「幕府の対外政策」と書き換えられる可能性が出てきた。本書は最新の研究や発見、史料をもとに、目からウロコの歴史の真実を明らかにする。
2017.4 286p A6 ¥520 ①978-4-8002-6908-9

◆あの偉人たちにも黒歴史!?日本史100人の履歴書 矢部健太郎監修 宝島社
【要旨】「個人情報」で読む偉人たちの人物像。
2017.3 447p B6 ¥1400 ①978-4-8002-6605-7

◆「天橋立学」への招待―"海の京都"の歴史と文化 天橋立世界遺産登録可能性検討委員会編 （京都）法藏館
【要旨】謎多き「神のハシゴ」、その実像に迫る！日本三景の一つであり、古来より文学や芸術作品などに影響を与えてきた天橋立。その文化的価値について、日本史・考古学、宗教史、美術史、歴史地理学、文学、風景学、森林植生学といった幅広い分野の研究者が、これまでになかった新しい観点から改めて考察し、天橋立の秘められた魅力を紹介する、天橋立を知るための格好のガイドブック！
2017.3 321p A5 ¥1500 ①978-4-8318-6236-5

◆雨森芳洲以前の対馬人と朝鮮語に関する研究 鄭惠遠著 風間書房
【要旨】第1部 古代対馬人の周辺状況と多言語習得能力に関する研究（縄文期より紀元前3世紀ごろまでの対馬人の多言語能力、紀元前3世紀ごろから紀元3世紀ごろまでの古代対馬の言語、対馬という名称から古代対馬人の言語能力を読み取る ほか）、第2部 平安時代後期の対馬人の朝鮮語能力の研究（新羅末期の倭人（対馬人）の朝鮮語能力、無交渉時代、飢餓難民と遭難者保護の時代 ほか）、第3部 14世紀末から、雨森芳洲が朝鮮語教育を始めるまでの、対馬人と朝鮮語の関係について（三浦の乱までの倭館で生活していた倭人（対馬人）と朝鮮語の関係、三浦の乱前後の倭人の朝鮮語能力について、『老松堂日本行録』に残された朝鮮語の記録 ほか）、結語
2017.8 190p A5 ¥6000 ①978-4-7599-2186-1

◆井伊一族のすべて 歴史と文化の研究所編 洋泉社 （歴史新書）
【要旨】なぜ、井伊氏のイメージは、今ひとつ掴みにくいのか？ 井伊氏といえば、何を思い浮かべるであろうか？ 徳川氏に関心のある読者は、「徳川四天王」の一人、井伊直政を。城郭に関心のある読者は、国宝の彦根城を思い浮かべるであろう。また、幕末に関心のある読者は、幕府・大老の井伊直弼を思い浮かべるに違いない。しかし、二〇一七年の大河ドラマのヒロインに直虎が取り上げられたことにより、中世以前の井伊氏の歴史が注目されるようになった。しかし、当該期は史料が不足し、その実像はなかなか見えてこない。なお、戦国期には、名門の武田氏、今川氏ですら、近世以降に大名として命脈を保つことが出来なかった。そうした点を考慮すると、井伊氏は特筆すべき存在といえる。本書では、可能な限り、同一族の歴史を復元してみた。
2017.2 238p 18cm ¥950 ①978-4-8003-1165-8

◆失われた日本史―迷宮入りした53の謎 歴史の謎研究会編 青春出版社 （青春文庫）
【要旨】本書では、古代から明治維新まで53の謎を取り上げ、闇に覆われた真相に迫る。ヴェールに包まれた「あの騒動」の舞台裏、事件に隠された不可解な経緯、時代の転機に暗躍した謎の男たち、教科書では語られない未解決の歴史を読み解く。
2017.8 347p A6 ¥880 ①978-4-413-09677-5

◆英字新聞が語る日本史―幕末から東京オリンピックまで デイビッド・セイン著 秀和システム
【要旨】黒船来航、生麦事件、明治維新…立場が変われば歴史も変わる!?外国人が書いた「もうひとつの」日本史。
2017.3 215p A5 ¥2300 ①978-4-7980-4963-2

◆絵解きでわかる日本の城―現代の都市設計家が解説 山田雅夫著 日東書院本社
【要旨】日本に存在する城郭の中から、独自性の高い21の城郭を選び、縄張、造形の美しさ、そしてその機能などそれぞれの城が持つ個性を350点を超える絵と図でわかりやすく伝えます。日英バイリンガル表記。
2017.12 283p 24×19cm ¥2600 ①978-4-528-02011-5

◆江戸・東京の事件現場を歩く―世界最大都市、350年間の重大な「出来事」と「歴史散歩」案内 黒田涼著 マイナビ出版
【要旨】伊達騒動、赤穂事件、桜田門外の暗殺、彰義隊壊滅、竹橋事件、原敬首相暗殺、二・二六事件、宮城事件ほか家康の江戸入府から終戦まで江戸・東京がわかる出来事満載。
2017.5 287p 18cm ¥1100 ①978-4-8399-6117-6

◆エロ語呂日本史年号 江口五郎著 パブリブ （エロ語呂暗記法 2）
【要旨】エッチな情景が脳裏にこびりついて忘れられない！ 伝説の珍本いよいよ待望の日本史版が登場！
2017.6 223p B6 ¥1500 ①978-4-908468-10-0

◆延喜式 下 虎尾俊哉編 集英社 （訳注日本史料）
【要旨】百科全書の趣をもつ古代法典。千年余の課題に応えた初の全注釈本、堂々完結！ 日本文化を育んだ古代法典、『延喜式』全巻共通の頭注・補註索引を収載。
2017.12 1482p 24×17cm ¥40000 ①978-4-08-197010-0

◆王朝貴族の葬送儀礼と仏事 上野勝之著, 倉本一宏監修 （京都）臨川書店 （日記で読む日本史 10）
【要旨】古代から中世へ―弔い、祈りの儀礼と人びとの意識はどのように変遷してきたのか。仏教との関わりを軸に、その展開をたどる。
2017.11 290p B6 ¥3000 ①978-4-653-04350-8

◆大友館と府内の研究―「大友家年中作法日記」を読む 大友館研究会編 東京堂出版
【目次】第1章 大友家年中作法日記、第2章 「作法日記」にみる式三献・七五三膳・酒宴、第3章 大友氏の守護所、第4章 大友氏家臣団と年中行事、第5章 大友氏と寺社、第6章 大友館の復元と戦国府内の発掘
2017.8 604p A5 ¥10000 ①978-4-490-20967-9

◆お金の流れで読む日本の歴史―元国税調査官が「古代～現代史」に"ガサ入れ" 大村大次郎著 KADOKAWA （中経の文庫）
【要旨】本書では、歴史に精通した元国税調査官が「日本の古代～現代史」に"ガサ入れ"します。歴史上の謎も「お金の動き」を読み解くことでどんどん解決、新発見も満載です。歴史を動かしているのは「人」ではなく「お金」―こんな視点を持つだけで、日本史の全体像がすっきりと、立体的に頭に入ってくる。
2017.4 273p A6 ¥640 ①978-4-04-602002-4

◆「お寺」で読み解く日本史の謎 河合敦著 PHP研究所 （PHP文庫）
【要旨】「お寺」を通して日本史を紐解いていくと、"知られざる舞台裏"が明らかになる。寺院が歴史の流れに及ぼしてきた影響だけでなく、偉人と寺院の意外なつながりが見え、日本史がもっともっと面白くなる一冊。文庫書き下ろし。
2017.2 364p A6 ¥780 ①978-4-569-76674-4

◆お墓からの招待状―怪異・珍奇・面白墓めぐり 合田一道著 （札幌）北海道出版企画センター
【目次】第1章 虚実混在の人物の墓、第2章 不気味で爽快な人物の墓、第3章 脚色された人物の墓、第4章 架空の主人公の墓、第5章 別世界に現れる人物の墓、第6章 おもしろ人物の墓、第7章 おとぎ話の墓、第8章 昔話を彩る鳥獣の墓
2017.11 305p 17cm ¥1200 ①978-4-8328-1705-0

◆女系図でみる驚きの日本史 大塚ひかり著 新潮社 （新潮新書）
【要旨】嵐（たね）よりも腹（はら）が大事―母親が誰かに注目した「女系図」でたどると、日本史の見え方が一変する。滅亡したはずの平家は、実は今上天皇まで平清盛の血筋を繋ぐ一方、源頼朝の直系子孫はほどなくして途絶えているのだ。「史上初にして唯一の女性皇太子はなぜ誕生したのか」「徳川将軍家にはなぜ女系図が作れないのか」等々、著者作成の豊富な系図をもとに、歴史の謎を解き明かしていく。
2017.9 222p 18cm ¥760 ①978-4-10-610735-1

◆海賊がつくった日本史 山田順子著 実業之日本社
【要旨】越智海賊、河野海賊、三島村上海賊、九鬼海賊、松浦党、多賀谷海賊、宗像海賊、熊野海賊、渡辺党、忽那海賊、三浦海賊、梶原海賊、伊豆海賊。海の民、海族から海賊へ、そして水軍に！ 白村江の戦い、源平合戦、元寇、応仁の乱、関ヶ原の戦い。日本史の重大事件にはすべて海賊の活躍があった！ 略奪、関料徴収、輸送、戦略、食糧確保…、時代考証家がさまざまな観点で、日本の海、海賊、そして水軍の謎を紐解くノンフィクション歴史エンターテインメント！
2017.8 311p B6 ¥1600 ①978-4-408-33712-8

日本史

◆**家系図で読み解く 日本を動かす名門一族**
歴史の謎を探る会編　河出書房新社
(KAWADE夢文庫)
【要旨】注目の"血脈"を表と裏から探る!!政界・財界から文化・芸能・スポーツ界まで、知らなかった"つながり"に驚く本!
2017.5　220p　A5　¥680　①978-4-309-49967-3

◆**学校は教えてくれない日本史の授業─書状の内幕**　井沢元彦著　PHP研究所　(PHP文庫)　(『歴史if物語』加筆・再編集・改題書)
【要旨】手紙が重要な通信手段だった時代、それは時に歴史を左右した! 聖徳太子はなぜ無礼な国書を送ったのか。ねねへの手紙からわかる織田信長がその手紙とは信長だった理由には。勝海舟の手紙はどのようにして江戸城の決定打となったのか。一日本史の有名人が書状に込めた思いやその背景を探ることで史実の裏側を読み解く井沢流「新しい日本史講義」。
2017.3　330p　A5　¥780　①978-4-569-76673-7

◆**合戦の日本史**　安部龍太郎、伊東潤、佐藤賢一、葉室麟、山本兼一著　文藝春秋　(文春文庫)
【要旨】歴史小説界の論客たちが語り尽くす、日本の合戦の真相。桶狭間から、幕末維新の合戦まで。織田信長、豊臣秀吉、徳川家康を軸に西郷隆盛、ついには司馬遼太郎まで。合戦を語るほどに日本が見えてくる。作家たちそれぞれの個性が際立つトークで切り結ぶ。読めば知的好奇心を必ず刺激される。トリビア満載の座談会へようこそ。
2017.7　205p　A6　¥650　①978-4-16-790892-8

◆**鎌倉へのいざない─歴史と文化の「鎌倉学」入門**　大嶽真康著　丸善プラネット, 丸善出版発売
【目次】序章 鎌倉の誕生(鎌倉の誕生─万葉集 東歌の鎌倉、「鎌倉」の由来)、1章「武家の都」への序奏(平安時代の鎌倉、源頼義・義家と相模、源義朝と鎌倉、平氏と坂東─相撲・伊豆、源頼朝の挙兵─鎌倉までの道のり)、2章「武家の都」鎌倉の誕生と発展(鎌倉政権の誕生、源氏将軍と鎌倉)、3章「武家の都」とその文化(北条氏と鎌倉)、4章「武家の都」から「武家の古都」へ(鎌倉府の時代、「武家の古都」の誕生)、5章鎌倉の今と未来(近現代の鎌倉、二十世紀の鎌倉、そして未来に向けて)
2017.12　193p　A5　¥1600　①978-4-86345-361-6

◆**紙の日本史─古典と絵巻物が伝える文化遺産**　池田寿著　勉誠出版
【要旨】古来、日本人の生活のなかに紙は常に存在していた。時代の美意識や技術を反映しながら、さまざまな用途に合わせ、紙は作られ、利用されていた。長年文化財を取り扱ってきた自身の知見を活かし、さまざまな古典作品や絵巻物をひもときながら、文化の源泉としての紙の実像、そして、それに向き合ってきた人びとの営みを探る。
2017.3　276, 9p　B6　¥2400　①978-4-585-22176-0

◆**偽史と奇書が描くトンデモ日本史**　原田実監修、オフィステイクオー著　実業之日本社　(じっぴコンパクト新書)
【要旨】学術的に認められていない史料たち。恥らずもうなってしまうものもあれば、意図的に作り出されたものもある。そこに描かれた内容は、しかし、読む者を壮大なロマンへと誘う。「偽史」「奇書」といわれる書物を「もう一つの日本史」として、それらが書かれた時代とそれらがもたらした影響を交えながらブックガイドのスタイルで紹介する。また、異説や仮説を展開した人びとなど歴史をめぐるできごとにもスポットをあてる。
2017.1　206p　18cm　¥800　①978-4-408-11205-3

◆**狐の日本史─古代・中世びとの祈りと呪術**　中村禎里著　戎光祥出版　改訂新版
【要旨】霊力。そんなパワーが稲荷などと習合し、徐々に信仰の対象となっていった狐。人びとはなにを期待し、どう利用したのか。諸史料を駆使し、狐観念の変遷を丹念に跡づける。
2017.6　322p　A5　¥2600　①978-4-86403-248-3

◆**疑問に迫る日本の歴史─原始・古代から近現代までを考えながら学ぶ**　松本一夫著　ベレ出版
【要旨】歴史研究の進展を踏まえて史料から歴史の真相を解き明かす! 歴史研究者たちの思考を追体験する。
2017.1　325p　B6　¥1600　①978-4-86064-499-4

◆**宮廷物質文化史**　猪熊兼樹著　中央公論美術出版

【目次】序、1 礼制と物質文化、2 有職、3 祭祀系、4 朝賀系、5 公事系、付 雅楽系、凶事系、結
2017.8　374p　A5　¥15000　①978-4-8055-0768-1

◆**教科書一冊で解ける東大日本史**　野澤道生著　光文社　(光文社新書)
【要旨】自身の授業を解説したホームページが受験生や歴史ファンの間で人気を得た日本史の高校教員が、好評の市民講座「東大入試で学ぶ日本史」の内容をもとに書籍化。オリジナルの「東大チャート」を埋めながら解けば、誰でも「歴史の本質」にたどり着く! 受験勉強、ビジネスマンの学び直しに最適の一冊!
2017.1　236p　18cm　¥740　①978-4-334-03963-9

◆**教科書が教えてくれない18禁の日本史**　下川耿史著　河出書房新社
【要旨】性の物語を紡げば、この国のかたちが見える! エロティックな日本史ふしだらな事件簿57。
2017.1　319p　B6　¥800　①978-4-8002-6290-5

◆**暗越(くらがりごえ)奈良街道を歩いた旅人たち─歩いて知る街道の歴史**　杉山三記雄著　(生駒)読書館　(河内の街道を歩く 4)
【要旨】くらがり峠は、幾多の時代をながめ、様々な旅人を迎えては見送ってきた。実際に街道を歩きながら、そこを通った旅人たちと見所を紹介する。
2017.3　124p　A5　¥1000　①978-4-925170-37-6

◆**グローバル時代の夜明け─日欧文化の出会い・交錯とその残照 一五四一─一八五三**　小林頼子、望月みや著　(京都)晃洋書房
【要旨】地球規模で人と経済と文化が動き始めた初期近代に、日欧文化はいかなる往来をしたか。そのとき、日本はいかに異文化と向き合ったか。「出会い・交錯・その残照」の三つの視点からその多様を浮き彫りにする。カラー図版多数収録。
2017.3　281, 19p　A5　¥4500　①978-4-7710-2842-5

◆**芸術国家 日本のかがやき 1 縄文時代から飛鳥時代**　田中英道著　勉誠出版
【要旨】独自の文明「芸術国家」を発展させた日本。日本人の感性、創造性、信仰心の「すぐれ」の淵源は縄文時代の火焔土器と土偶に表れている。形象から把握する新しい日本文化史。
2017.4　174p　A5　¥2800　①978-4-585-27035-5

◆**芸術国家 日本のかがやき 2 天平時代から鎌倉時代**　田中英道著　勉誠出版
【要旨】日本芸術が世界で最も輝いていた時代は天平時代から鎌倉時代においてである。平安・鎌倉の文化は神道と仏教が統合し、宗教性に裏打ちされた芸術を創造した。古典からマニエリスム、そしてバロックへと形を変え、西洋史の時代を超越した、日本の芸術は見事な展開を見せた。時間軸で捉える歴史観ではなく、様式の形式、すなわち文化的達成度の比較から彼我の歴史を見直す。
2017.4　216p　A5　¥2800　①978-4-585-27036-2

◆**芸術国家 日本のかがやき 3 室町時代から現代**　田中英道著　勉誠出版
【要旨】浮世絵は芸術の民衆文化の象徴であり、芸術国家 日本を世界的にした。神々を表現した中世の能、中国や西洋文化の吸収、そして西欧に立ち向かった近代日本─日本が大きく花開いた中世・近世から、日本人としてのアイデンティティを問われる現代まで幅広い時代を大観する。日本の美術・芸術・文学を歴史と画像で実証する壮大な文明論。
2017.4　293p　A5　¥3400　①978-4-585-27037-9

◆**「系図」を知ると日本史の謎が解ける─歴史を変えたあの事件・人物の舞台裏**　八幡和郎著　青春出版社　(青春新書INTELLIGENCE)
【要旨】そんなの次は!?日本人が知らない歴史。表舞台からは見えてこない歴史の底流を読み解く。
2017.10　189p　18cm　¥950　①978-4-413-04523-0

◆**元号─全247総覧**　山本博文著　悟空出版
【要旨】「平成」の次は!?日本人が知らない元号の秘密。歴史ファン必携! 日本史が面白くなる座右の一冊!
2017.9　367p　B6　¥1700　①978-4-908117-39-8

◆**甲信越の名城を歩く 長野編**　中澤克昭, 河西克造編　吉川弘文館
【要旨】真田・小笠原ら、名雄が割拠した往時を偲ばせる土塁や曲輪などが訪れる者を魅了する。長野県から精選した名城五九を、北信・東信・中信・南信に分け、発掘成果もふまえ、豊富な図

版を交えて紹介。城探訪の手引きに最適。
2018.1　296p　A5　¥2500　①978-4-642-08289-1

◆**交通史研究 第90号**　交通史学会編　交通史学会, 吉川弘文館 発売
【目次】論文(近世甲州の塩流通における役負担と商業特権の変質─宝暦間の甲府塩問屋再興一件を素材として、規制下の航空運賃政策と路線経営─昭和三〇年代の全日空をモデルとして)、十字路(近世から近代にかけての旅の連続性─川崎市市民ミュージアム企画展「旅する人びと」の開催を通して)、シンポジウム(第二回例会)・巡見報告、書評、新刊紹介
2017.3　81p　A5　¥2500　①978-4-642-09444-3

◆**交通史研究 第91号**　交通史学会編　交通史学会, 吉川弘文館 発売
【目次】論文、大会発表要旨、大会総会報告・巡見報告、会則の改正について、新刊紹介、例会報告要旨、投稿規定、展覧会情報、常任委員会報告、会員彙報、会告
2017.10　95p　A5　¥2500　①978-4-642-09445-0

◆**誤解だらけの日本史**　雑学総研著　KADOKAWA　(中経の文庫)
【要旨】学校で習った日本史には数多くの歴史人物が登場し、それにまつわる重要なエピソードが記されているが、暗記に必死になるために、その内容を誤解したまま記憶していることも多く、また、後年の歴史検証で史実そのものが変わってしまっている事柄も少なくない。本書は、そんな読者の"誤解"を"正解"を、面白くそして読みやすく解説する一冊!
2017.2　414p　A6　¥720　①978-4-04-601821-2

◆**こんなに変わった! 日本史教科書**　山本博文監修　宝島社
【要旨】第1章 日本古代史の改訂(日本神話が教科書に載る?、風土記の記述が増える? ほか)、第2章 日本中世史の改訂(中世の始まりが鎌倉じゃなくなった?、鎌倉武士、意外と立場が弱かった? ほか)、第3章 日本近世史の改訂(慶安の御触書は慶安時代に出ていない?、江戸幕府が北に開けた窓・山丹交易とは? ほか)、第4章 日本近現代史の改訂(明治維新が何年から何年までかは決まっていない?、西南の役が西南戦争にどうして変わった? ほか)
2017.6　308p　B6　¥800　①978-4-8002-7071-9

◆**混浴と日本史**　下川耿史著　筑摩書房　(ちくま文庫)
【要旨】温泉列島・日本に花開いた混浴文化。常陸風土記にも記されるなど、長い歴史のなかで、庶民の日常生活の一風景となった。宗教や売春の場となったり、権力からの弾圧もされたり、多様な面を持つ。明治以後、西欧文明の波が押し寄せ、不道徳とされながらも消えずに残った混浴。太古から現代まで、混浴が照らす日本人の心性に迫る。図版多数収録。
2017.5　254p　A6　¥760　①978-4-480-43448-7

◆**30の都市からよむ日本史**　金田章裕監修, 造事務所編著　日本経済新聞出版社　(日経ビジネス人文庫)
【要旨】仙台が杜の都になった理由、日本初の上水道がつくられた小田原、徳川軍の襲来を恐れて築かれた金沢の惣構、外国人にも金を貸し、紙幣も発行していた今井、京都と並ぶ文化都市だった山口─。古都、城下町、港町から商業都市、自治都市、寺内町まで、30の街のエピソードでたどる地域からの日本史。
2017.2　302p　A6　¥800　①978-4-532-19808-4

◆**知っておきたい歴史の新常識**　歴史科学協議会編　勉誠出版
【要旨】人・モノ・情報の移動を中心とする厳選した51のトピックから第一人者が切り拓く歴史研究の最前線。
2017.5　215p　A5　¥2800　①978-4-585-22182-1

◆**失敗と成功の日本史─人生の成功に必要な60の史実**　加来耕三著　滋慶出版/つちや書店
【要旨】歴史の興亡は、人間の一生のいとなみとそもそも同じ道筋をたどる。人は生まれ、育ち、壮年期を迎え、やがて衰亡する。この個人のメカニズムは、国家であれ、企業であれ、時代そのものであっても変わることはない。過去を振り返れば、そこに現代と同じプロセスを経た"歴史"がある。
2017.2　254p　B6　¥1700　①978-4-8069-1606-2

◆**島津家の戦争**　米窪明美著　筑摩書房　(ちくま文庫)
【要旨】鎌倉時代から650年にわたり薩摩の地を治めてきた島津家。その私領である都城島津家

歴史・地理／日本史

◆**詳説日本史研究** 佐藤信、五味文彦、高埜利彦、鳥海靖編　山川出版社
【要旨】日本通史のロングセラーを9年ぶりに全面改訂。『詳説日本史』に準拠した、最も詳しい一冊。
2017.8 566p A5 ¥2500 ①978-4-634-01073-4

◆**"女帝"の日本史** 原武史著　NHK出版（NHK出版新書）
【要旨】神功皇后、持統天皇、北条政子、淀殿…連綿と続いた女性権力者の系譜を掘り起こす。女性天皇はいかなる状況で登場したか、天皇や将軍の「母」はいかにして権力を得たのか、なぜ時代とともに女性は権力から遠ざかったのか。多様な史料を駆使し、社会構造や女性観の変遷、東アジア諸国からの影響を検討しつつ謎に迫るとともに、日本の特性をも明らかにする。天皇の退位を控え、転換点にある今こそ読みたい注目作！
2017.10 293p 18cm ¥900 ①978-4-14-088529-1

◆**神宮伝奏の研究** 渡辺修著　山川出版社
【要旨】中世から近世にかけての約800年にわたり、朝廷の伊勢神宮行政を担った神宮上卿・神宮伝奏の体系的研究。
2017.3 412, 16p A5 ¥6500 ①978-4-634-52022-6

◆**神社でわかる日本史—あの歴史上の人物はここに祀られている** 戸部民夫著　光文社（光文社知恵の森文庫）
【要旨】聖徳太子、源義経、織田信長、宮本武蔵、坂本龍馬…。彼ら日本史上の偉人・英雄たちは、みな神社に祀られ、神様となって、人々の信仰の対象となってきた。彼らが祀られている神社とその功績を紹介しながら、神社巡りの新しい楽しみ方を提案する。
2017.7 372p A6 ¥660 ①978-4-334-78725-7

◆**人物比較でわかる日本史** 小和田哲男著　KADOKAWA
【要旨】学び直しの秘訣は「比較」だ！時代や立場を超えてつながる96人から読み解く、新たなる日本史講義！
2017.1 319p A5 ¥1900 ①978-4-04-400216-9

◆**図解 近畿の城郭 4** 中井均監修、城郭談話会編　戎光祥出版
【要旨】考古学、縄張り論、文献史学など主要分野の研究成果を集積し、6府県の城郭史上で最重要な山城・城館216ヵ所を解説。かつてないスケールで描く城郭バイブル第四弾!!46名に及ぶ専門研究者が実地踏査した精緻な縄張り図、さらに図版・貴重写真などのビジュアルも数多く収録。1/25000地形図を掲載し、詳細な地理情報を提供するなど城郭探訪にも最適です。
2017.8 593p B5 ¥6500 ①978-4-86403-256-8

◆**図説 戦う日本の城最新講座** 西股総生著　学研プラス
【要旨】本書は、何となく基礎知識は覚えたけれど、城の見方がどうもピンとこない、というあなたのための講座です。「あ～なるほど、そうだったのか」と思わず納得の48テーマで、城歩きの面白さもグ～ンとUP！
2018.1 154p A5 ¥1400 ①978-4-05-406618-2

◆**「世界史」で読み解けば日本史がわかる** 神野正史著　祥伝社
【要旨】徳川家康が天下統一できたのは、コロンブスがアメリカ大陸を発見したから!?国際化の時代、日本人が自国の歴史について知ることがますます重要になっています。しかし、日本史だけを学んでいても、歴史は本当の姿を現しません。同じ時代の日本と世界を見比べることで、日本史の様々な場面を思いきって世界史的視点から見ていくことで、これまで皆さんが学んできた日本史の別の側面や意外性を発見していく試みです。
2017.9 276p B6 ¥1600 ①978-4-396-61622-9

◆**世界単位 日本―列島の文明生態史** 高谷好一著　（京都）京都大学学術出版会（学術選書）
【要旨】日本とは何か、私たちの未来とは何か。この、繰り返されてきた問いに、列島の生態環境と、この列島にある諸文明からの力学の広がりを見る立場から応える。東アジアに太古以来の自然・文化の多様性の結実として形成された日本の姿を自覚することで、我々は、現代世界の混迷を主体的に乗り越えることが出来る一高谷世界単位論の最終メッセージ。
2017.8 471p B6 ¥2200 ①978-4-8140-0079-1

◆**世界のどこにもない 特殊なこの国と天皇家の超機密ファイル―神の国の神がわれわれにさえも隠したもの** 吉田雅紀、菅沼光弘、板垣英憲、出口恒、小野寺直ほか著　ヒカルランド
【要旨】これまでに明らかにされてないのはなぜなのか？日本人なら絶対に知っておきたい、この国の奥底に脈々と流れる熱き秘密の潮流…そのすべてを明らかにするため、各界の頭脳がタブー抜きに多角的に分析！
2017.11 260p B6 ¥2000 ①978-4-86471-564-5

◆**"総合資料学"の挑戦―異分野融合研究の最前線** 国立歴史民俗博物館編　吉川弘文館
【要旨】全国の大学や博物館が所蔵し、生み出した多種多様な資料。それらを学問の領域を超えた新たな視点で把握し、デジタルデータとして結びつけ、有機的に活用する異分野融合型研究「総合資料学」の創成。大学と博物館・図書館等の連携、デジタル技術を核とする次世代の歴史研究と実践例を紹介し、今後の課題を示したシンポジウムの記録集。
2017.3 180p A5 ¥3200 ①978-4-642-03866-9

◆**相続の日本史** 安藤優一郎著　日本経済新聞出版（日経プレミアシリーズ）
【要旨】古今東西を問わず、相続を巡る争いが歴史を動かしてきた。天皇家、摂関家、将軍家、大名家における相続争いは、その象徴と言える。本書は、歴史研究者として定評ある筆者が、古代から江戸時代まで、知られざる事例も挙げながら、権力の基盤と相続争いをキーワードに読み解くことの国の歴史。
2017.6 216p B6 ¥850 ①978-4-532-26342-3

◆**誰も教えてくれなかった 日本史有名人の子孫** 『歴史読本』編集部著　KADOKAWA（中経の文庫）
【要旨】教科書に載っている歴史上の人物たちも子を残し、その多くは現在まで血脈を保っている。有名な祖先を持った子孫たちはどのような生涯を送ったのか？滅亡したはずの戦国大名が今も続いている？テレビで見かけるあの人の祖先が歴史有名人と!?過去と現在をつなぐ「血」が織り成す、意外な発見がいっぱいの1冊！
2017.1 248p A6 ¥600 ①978-4-04-601913-4

◆**誰も知らなかった日本史 その後の顛末** 歴史の謎研究会編　青春出版社（青春文庫）
【要旨】本書では、バラエティに富んだ歴史上の人物を約四十人取り上げ、ヴェールに覆われた「その後」の足跡。数奇な運命をたどったあの人の結末。後世に残る偉業を成し遂げた偉人たちのその後…。教科書では語られない「秘史」が今明らかに！
2017.2 348p A6 ¥890 ①978-4-413-09665-2

◆**地域社会の文化と史料** 東四柳史明編　同成社
【要旨】古代から近代までのさまざまな史料を取り上げながら、加賀・能登地域を中心に地域社会における文化の多様性を描き出す。編者の古稀を機に、史料研究の第一線で活躍する執筆陣24名による編む論文集。
2017.2 458p A5 ¥9800 ①978-4-88621-754-7

◆**智将は敵に学び愚将は身内を妬む** 中村彰彦著　ワック
【要旨】智将のもとで才能を発揮するか、愚将のもとで不運を嘆くか。―日本一の裏切者は、明智光秀か小早川秀秋か。上杉謙信と武田信玄の決定的な違いとは？豊臣秀吉はなぜ養子・秀次を憎んだか？幸村を妬んだ豊臣重臣・大野治長。
2017.3 239p B6 ¥1500 ①978-4-89831-457-9

◆**地名の謎を解く―隠された「日本の古層」** 伊東ひとみ著　新潮社（新潮選書）
【要旨】その地名には、理由がある！太古からつづく深い「名づけの森」に分け入り、日本の地名に秘められた意味と歴史的変遷を明らかにする。日本全国の具体例を多数紹介！
2017.7 229p B6 ¥1400 ①978-4-10-603812-9

◆**中学・高校6年分の日本史が10日間で身につく本** 大迫秀樹著　明日香出版社（アスカビジネス）
【要旨】教科書読んでもわからなかった方へ。時代の流れをつかむ90の事件！先生と直接連絡！質問券付き。「もう一度学びたい」そんなあなたのための、日本史の流れがつかめる一冊！
2017.4 227p B6 ¥1300 ①978-4-7569-1877-2

◆**中近世の生業と里湖の環境史** 佐野静代著　吉川弘文館
【要旨】近年、国際的に関心が高まる「環境史」。里山・里海と並ぶ「里湖」として、琵琶湖・淀川水系をフィールドに「二次的自然」の環境史を展開。各時代の絵図・文書の分析に地形復原や生態学的知見を重ね合わせ、里湖の生態系の成立と変化のプロセスを論じる。古代以来の水辺の複合生業と資源管理の実態から、人間と自然の関わりを解明した注目の書。
2017.4 330, 4p A5 ¥9500 ①978-4-642-02936-0

◆**釣具考古・歴史図譜** 小田淳著　羲文社　新装改訂版
【要旨】縄文の時代から魚を捕るために釣具はどのように改良されてきたのか驚くべき先人の知恵—。
2017.3 235p B6 ¥1800 ①978-4-7947-0767-3

◆**伝奏と呼ばれた人々―公武交渉人の七百年史** 日本史史料研究会監修、神田裕理編著　（京都）ミネルヴァ書房
【要旨】武士の時代にあってはただの「お飾り」、あるいは「文化の担い手」でしかなかったとされてきた天皇と朝廷。しかし、実際には社会秩序の維持に重要な役割を果たし、武家もまたその機能を利用して守るために存在した。本書では、天皇・朝廷と武家との交渉の現場を描き出し、交渉人となった公家衆「伝奏」の活動に注目する。鎌倉時代から江戸時代末期まで、朝廷と武家の関係を支えた彼らは、一体どのような存在だったのか。
2017.12 259, 2p B6 ¥2800 ①978-4-623-08096-0

◆**天皇とは北極星のことである** 副島隆彦、斎川眞著　PHP研究所
【要旨】中国の属国であることをやめて日本が目指した国の形は？
2017.3 263p B6 ¥1700 ①978-4-569-83245-6

◆**天皇の歴史 1 神話から歴史へ** 大津透著　講談社（講談社学術文庫）
【要旨】神意を知る王はいつ生まれ、いかに国土を統一したか。卑弥呼と「倭の五王」に遡り、『古事記』『日本書紀』が描く神話の解読と考古学の最新成果から、神武以降の天皇を検証。さらに天皇号と日本国号の成立を分析し、日本史の原点を究明する。やがて朝鮮半島情勢の緊迫が大化の改新を引き起こし、斉明・天智・天武らにより律令国家が形成されていく。
2017.12 385p A6 ¥1250 ①978-4-06-292481-8

◆**天皇墓の政治民俗史** 岩田重則著　有志舎
【要旨】近現代の神道的な形式による天皇墓は、他の時代の天皇墓と比較して明らかに異質である。これは前近代の再編成なのだろうか、それとも前近代との断絶なのだろうか。本書は、文献資料はもちろん、考古資料・民俗資料をも利用し、さらには武士墓や庶民墓などとも比較しながら、古代から近現代にかけての天皇墓の全体像を通史として叙述する。天皇墓の変遷をたどることにより、その変容の意味や政治と民俗との相関関係を考える。
2017.5 522, 6p A5 ¥3400 ①978-4-908672-12-5

◆**天皇125代と日本の歴史** 山本博文著　光文社（光文社新書）
【要旨】天皇を知れば、日本史がわかる。国家が見える。東京大学史料編纂所の名物教授による、画期的な天皇史。生前退位を知るために今、押さえておきたい一冊！
2017.4 329p 18cm ¥850 ①978-4-334-03980-6

◆**統計学の日本史―治国経世への願い** 宮川公男著　東京大学出版会
【要旨】先覚者たちの理念と足跡。統計学は国の政策科学たるものである。日本の明治維新以後の近代史において、明治、大正、昭和、平成の4つの時代の大きな転機に統計学は重要な関わりを持ってきた。統計学の源流を訪ねることから、現代社会において統計学と統計の果たすべき役割を再考する。
2017.9 269, 5p B6 ¥2800 ①978-4-13-043039-5

◆**東北の名城を歩く 北東北編―青森・岩手・秋田** 飯村均、室野秀文編　吉川弘文館
【要旨】往時を偲ばせる石垣や土塁、曲輪の痕跡などが訪れる者を魅了する中世城館跡。青森・岩手・秋田の三県から精選した名城五九を紹介する。最新の発掘成果に文献による裏付けを加えた、「名城を歩く」東北編の姉妹編。
2017.11 267p A5 ¥2500 ①978-4-642-08319-5

◆東北の名城を歩く 南東北編―宮城・福島・山形 飯村均、室野秀文編 吉川弘文館
【要旨】往時を偲ばせる石垣や土塁、郭の痕跡などが訪れる者を魅了する中世城館跡。宮城・福島・山形の三県から精選した名城六六を紹介する。最新の発掘成果に文献による裏付けを加え、好評"名城を歩く"シリーズ待望の東北編。
2017.9 287p A5 ¥2500 ①978-4-642-08320-1

◆西尾幹二全集 第18巻 国民の歴史 西尾幹二著 国書刊行会
【要旨】日本の歴史は中国や西洋から見た世界史の中にではなく、どこまでも日本から見た世界史の中に位置づけられた日本の歴史でなくてはならない。そのような信念から書かれた大胆な日本通史への試み。ほかに関係文献も多数併載。
2017.12 765p A5 ¥7800 ①978-4-336-05397-8

◆日本皇統が創めたハプスブルク大公家―國體ネットワークから血液型分類を授かった陸軍特務 落合莞爾著 成甲書房 (落合・吉薗秘史 3)
【要旨】欧州に極秘潜入した周蔵、それはハプスブルク家の企図だった！
2017.11 361p B6 ¥1800 ①978-4-88086-362-7

◆日本国史学 第11号 日本国史学会編 啓文社書房、啓文社 発売
【目次】日本国史学会ソ連崩壊二十五周年記念東京シンポジウム（ソ連崩壊とパックス・アメリカーナ、革新幻想の戦後史）、論文（高杉晋作の思想と戦略、9・11事件の検証 後編、国史における聖人の再臨について ほか）、評論（ハラリ『サピエンス全史』、田中英道『日本人にはリベラリズムは必要ない』）
2017.9 139p A5 ¥1000 ①978-4-89992-037-3

◆日本史ウソみたいなその後―歴史は、知られざる"つづき"が面白い 歴史の謎を探る会編 河出書房新社 (KAWADE夢文庫)
【要旨】歴史を動かした歴史人物たちの意外な後半生、有名事件の知られざる顛末、偉人・英雄の子孫の意外すぎる生きざま…日本史はやっぱり"その後"が面白い！
2017.2 221p A6 ¥680 ①978-4-309-49961-1

◆日本史を変えた20の合戦！ パノラマ大図鑑―大迫力の合戦CGで見る歴史の大転換点 小和田哲男監修 宝島社
【要旨】古代〜明治、総勢40将の大決戦！地図とCGでよみがえる大逆転の戦術。
2017.9 125p A4 ¥640 ①978-4-8002-7389-5

◆日本史最後の謎 日本歴史楽会著 宝島社
【要旨】虚実が錯綜する歴史の真相に迫る！
2017.10 254p B6 ¥640 ①978-4-8002-7601-8

◆日本史 謎の殺人事件 楠木誠一郎著 二見書房 (二見レインボー文庫)
【要旨】あの殺人事件の黒幕は誰だったのか？本当の犯人は他にいたのではなかったのか？…織田信長、坂本龍馬、源義経ら日本史の重要人物15人の死の謎を「殺されたことが明白で犯人もおよそ確定しているが、黒幕が不明な事件」「殺されたのではないかとの説がある事件」「殺されたことになっているが、実は生きていた可能性を追究」の3つに分類。状況証拠を収集して犯人・黒幕に迫っていく、本格歴史推理。
2017.3 281p A6 ¥640 ①978-4-576-17031-2

◆日本史の内幕―戦国女性の素顔から幕末・近代の謎まで 磯田道史著 中央公論新社 (中公新書)
【要旨】西郷隆盛の性格は、書状からみえる。豊臣秀頼の父親は本当に秀吉なのか。著者が原本を発見した龍馬の手紙の中身とは。司馬遼太郎と伝説の儒学者には不思議があった―日本史にはたくさんの謎が潜んでいる。著者は全国各地で古文書を発見・解読し、真相へと分け入ってゆく。日本の"本当の姿"は、古文書の中からしかみえてこない。小説や教科書ではわからない、日本史の面白さ、魅力がここにある！
2017.10 250p 18cm ¥840 ①978-4-12-102455-8

◆日本史の謎を斜めから見る 井上知明著 烏影社
【要旨】古代史を中心として、"志賀島金印"から"本能寺の変"までの14のテーマで、学者や専門家でも見解が分かれる日本史の謎にせまる。知的興奮をさそう読者。
2016.12 122p B6 ¥1500 ①978-4-86265-594-3

◆日本史の謎は地政学で解ける 兵頭二十八著 祥伝社
【要旨】地政学とは、地理的な条件から諸国間の関係を考える学問であるが、国内の権力闘争の歴史を説明するのにも応用できる。日本というのは、どういう国か？外国軍が日本の本土を占領するのは至難だ。日本の重点は、西から東へ移っていった。気候変動によって東西の力関係は左右された。日本の半島進出は、地政学上のセオリーだった。一歴史のポイントをつかめれば、この国のあるべき姿も見えてくる。
2017.11 204p B6 ¥1300 ①978-4-396-61631-1

◆日本史のまめまめしい知識 第2巻 日本史史料研究会編 日本史史料研究会、岩田書院 発売 (ぶい&ぶい新書)
【目次】1 歴史の常識（その名は尊し―将軍御印判に刻まれた文字のこと、慶長五年伏見城攻防戦と醍醐寺義演、兼好法師と斎藤基任―『徒然草』第四十段のことなど ほか）、2 こだわりの史実（天皇の忠義―新田義貞「北陸朝廷」の真相、佐竹義重の渾名についての小考、江戸時代の大嘗祭復興の決め手は裏帳簿 ほか）、3 史料と向き合う（戦うお坊さん―東大寺西室院院主顕宝の挙兵、安達泰盛の息子・修道房と霜月騒動に関する一史料、『高野春秋編年輯録』と著者懐英 ほか）
2017 260p 18cm ¥1000 ①978-4-86602-803-3

◆日本史のライブラリー 東京法令出版教育出版部編 東京法令出版 (歴史資料館) (付属資料:別冊1)
【要旨】時代の概観…写真と略年表、大地図から時代の特色をつかむ。歴史の舞台…航空写真や模型で歴史の都市をクローズアップ。史跡地図…遺跡や名所、歴史的な地名を地域別の大地図に掲載。
2017.2 368p 27×22cm ¥848 ①978-4-8090-7789-0

◆日本史は逆から学べ―近現代から原始・古代まで「どうしてそうなった？」でさかのぼる 河合敦著 光文社 (光文社知恵の森文庫)
【要旨】歴史の授業は原始・古代から現代へと学んでいくが、現代との関係が分かりづらく歴史を身近に感じられないのが難点だ。そこで有効なのが"逆から学ぶ"方法である。現在から過去へと時系列をさかのぼり、推理小説を読むように「なぜ？」「どうして？」と因果関係を紐解いていけば、日本史のあらすじは一気に頭に入るだろう。
2017.8 283p A6 ¥780 ①978-4-334-78727-1

◆日本史は「嫉妬」でほぼ説明がつく 加来耕三著 方丈社
【要旨】秀吉は、信長の嫉妬をうまくかわして天下をとれた―。男の嫉妬は、歴史を大きく動かしてきた。そんな、人間の素朴な感情を通して、日本史を眺めてみる。これまで霞んでいた、壮絶な歴史が、姿をあらわしてきた。
2017.3 250p B6 ¥1400 ①978-4-908925-07-8

◆日本史パノラマ大地図帳 山本博文監修 宝島社
【要旨】古代から現代までの重要な出来事を完全網羅。充実の史料図版！ 新発見の史実を掲載。日本史の秘話もとりあげているから時代背景がより深く理解できる！ 大迫力の美麗CG、地図、写真で立体的に解説。日本史の100大テーマが見るだけでわかる。
2017.12 159p A4 ¥1200 ①978-4-8002-7783-1

◆日本史100人のカルテ 和田秀樹監修 宝島社
【要旨】日本史を動かした偉人と病の物語。
2017.12 286p B6 ¥680 ①978-4-8002-7403-8

◆日本史ミステリー 博学面白倶楽部著 三笠書房 (王様文庫)
【要旨】「あの大事件・人物」の謎、奇跡、伝説―「まさか」があるから、歴史は面白い！有名人物の"その後"、歴史の転換点、愛と死、欲望と権力、今なお消えない呪い―こんなにドラマティックで、今なお謎天外！
2017.7 221p A6 ¥630 ①978-4-8379-6827-6

◆日本史ミステリー 天皇家の謎100 不二龍彦、山下晋司監修、グループSKIT編著 宝島社
【要旨】天皇の公務は1年間300日！予定が一切ない日はその六日！?天照大神の「天岩戸隠れ」は超古代の火山噴火だった!?日本の伝統的な習慣「元号」はどのように決まるの？元号と漢字の驚くべき秘密！10人ほどの天皇が100歳超長寿は168歳って本当!?歴史から行事・日常生活まで―天皇にまつわる100の疑問。
2017.4 223p B6 ¥600 ①978-4-8002-6885-3

◆日本史論―黒潮と大和の地平から 小路田泰直編著 敬文舎 (奈良女子大学叢書)
【目次】日本史論―黒潮と大和の地平から（邪馬台国論争再論、日本の形成と黒潮の道、日本の建国、天皇制国家の誕生へ、王権の大和離脱とその帰結、聖地大和の誕生、悟りから公議輿論へ）、論点（大和と吉野―壬申の乱の前後、熊野の神と本質、熊野街道の夜、装飾品から考える人間社会）
2017.3 305p B6 ¥3500 ①978-4-906822-87-4

◆日本刀の雑学100―世界に誇る「勇」と「美」 別冊宝島編集部著 宝島社
【要旨】国宝＆重要文化財。武将が振るった名刀90振り。
2017.5 223p B6 ¥600 ①978-4-8002-7028-3

◆日本と世界がわかる最強の日本史 八幡和郎著 育鵬社、扶桑社 発売 (扶桑社新書)
【要旨】世界史の中に日本の栄光と挫折はどう描かれるべきか？ベストセラー歴史作家が綴る日本とアジアの過去と未来。世界が納得し、中国・韓国も黙る日本国家の正史。
2017.3 326p 18cm ¥880 ①978-4-594-07626-9

◆日本二千六百年史 大川周明著 毎日ワンズ新書
【要旨】日米両政府が発禁にした歴史書、待望の新書化！削除された「不敬罪違反」部分を復原！
2017.10 293p 18cm ¥1100 ①978-4-901622-95-0

◆日本の偉人物語 1 二宮尊徳 坂本龍馬 東郷平八郎 岡田幹彦著 光明思想社
【要旨】600に及び日本の礎を立て直した"農村再建の神様"・二宮尊徳。薩長同盟を実現させた"真の維新三傑"の一人・坂本龍馬。日本海海戦で世界を驚かせた偉大な偉人・東郷平八郎。時を超え、今よみがえる！誇りある日本人のこころ。著者渾身の偉人伝。
2017.4 197p B6 ¥1296 ①978-4-904414-58-3

◆日本の歴史―歴史の流れをつかむ 日本史教育研究会編 新泉社
【要旨】大人のための再読・日本史。日本の歴史の流れをわかりやすく多角的に提示した読む通史。原始・古代から現代まで、日本の通史をわかりやすく読める。高校の授業は2ページに相当する1テーマを見開き2ページに提示。コラム「時代の風景」で歴史の背景がより理解できる。大きな活字と豊富なルビで読みやすい。
2017.1 321, 17p A5 ¥1500 ①978-4-7877-1609-5

◆日本の歴史を旅する 五味文彦著 岩波書店 (岩波新書)
【要旨】地方を訪ねる旅の中で出会い、見た歴史の足跡を追う。各地には遺跡や文化財をはじめ、歌や祭、食など、その地に営まれる生活の諸側面に、長く育まれてきた"地域の力"が息づいている。北は青森・津軽から南は宮崎・日向まで。実際にその地を歩きながら綴られた歴史の練達の筆に、列島の多様な魅力が浮かびあがる。
2017.9 248p 18cm ¥860 ①978-4-00-431676-3

◆日本の歴史をよみなおす (全)―ワイド版 網野善彦著 筑摩書房
【目次】日本の歴史をよみなおす（文字について、貨幣と商業・金融、畏怖と賤視、女性をめぐって、天皇と「日本」の国号）、続・日本の歴史をよみなおす（日本の社会は農業社会か、海からみた日本列島、荘園・公領の世界、悪党・海賊と商人・金融業者、日本の社会を考えなおす）
2017.1 409p B6 ¥1800 ①978-4-480-01700-0

◆日本文化史講義 大隈和雄著 吉川弘文館
【要旨】独特の自然環境によって形成された基層文化の上に、外来文化を受容することで重層的な構造を持った日本文化。思想・宗教・文学・芸能など、幅広い事象を講義形式で解説。その複雑な性格と、豊かな内容を明らかにする。
2017.11 223, 7p B6 ¥2400 ①978-4-642-08326-3

◆忍者の誕生 吉丸雄哉、山田雄司編 勉誠出版
【要旨】忍者とは何か？「忍者」をモデルにした小説・マンガなどは多くあるが、実際の忍者たちはどのようなものだったのか。忍術書を用いて忍者の戦術・精神史を探り、日中における忍者(的な存在)にも言及する。また現代における「忍者像」はどのようにして形成され、中国・韓国などでどう受容されているのか。忍術書・忍具、アジア圏の忍者の小説・漫画なども紹介するとともに、現代でも衰えない人気を誇る「忍者」を解明する。
2017.3 305, 15p A5 ¥3600 ①978-4-585-22151-7

日本史

◆忍者まるごと事典―The Ninja FAQ100　土屋晴仁著, 坂本真実子訳　IBCパブリッシング　（対訳ニッポン双書）　（本文：日英両文）
【要旨】いまや世界中で大人気のニンジャ！その歴史・得意技・道具・思想・伝説などをわかりやすい英語でコンパクトにまとめた1冊！
2018.1　157p　19cm　¥1600　①978-4-7946-0515-3

◆猫づくし日本史　武光誠著　河出書房新社
【要旨】猫はどうして「ねこ」と呼ばれるようになった？ 猫がまつられている山とは？ 招猫や猫地蔵がおかれた寺社！ 女性と会うときに必ず猫を連れてきた人物とは？ 三毛猫のおすは昔から希少だった！ 猫の放し飼いは江戸時代から！ オオカミの毛皮で猫の蚤をとる珍商売とは？など。
2017.2　111p　A5　¥1800　①978-4-309-22694-1

◆ねこねこ日本史　4　そにしけんじ著　実業之日本社
【要旨】全国の小中学生が熱中！ NHK・Eテレでアニメ大ヒット放送中!!千利休も春日局も高杉晋作も み～んな猫!!日本一かわいい歴史マンガ。
2017.12　120p　B6　¥800　①978-4-408-41468-3

◆ねこねこ日本史でよくわかる 日本の歴史 風雲編　そにしけんじ原作, 福田智弘監修　実業之日本社
【要旨】『ねこねこ日本史』のキャラクターで歴史上の重要人物をまるっと解説。かわいい猫のイラストを見ながら日本史を楽しく学べる。
2017.8　127p　B6　¥880　①978-4-408-41472-0

◆眠れなくなるほどおもしろい日本史の「その後」　歴史雑学研究所編　三オブックス
【要旨】大正時代に徳川政権が復活したかもしれない!?青森に渡って生き延びていた石田三成の子孫。足利義昭が西国開いたもう1つの幕府とは？ 坂本龍馬の暗殺後、海援隊はどうなった？ ほか、教科書では教えてくれない歴史の「ラスト」をたどる！
2017.9　317p　B6　¥1000　①978-4-86199-991-8

◆白山平泉寺―よみがえる宗教都市　勝山市編　吉川弘文館
【要旨】霊峰をはるかに望み、苔むす境内が広がる白山平泉寺。一三〇〇年前に開かれ、戦国時代に巨大都市に発展、一向一揆と対峙した。白山信仰や経済活動に迫り、中世の都市・城郭に匹敵する宗教都市の栄華を明らかにする。
2017.3　255p　A5　¥1500　①978-4-642-08316-4

◆ハーバード日本史教室　佐藤智恵著　中央公論新社　（中公新書ラクレ）
【要旨】世界最高の学び舎、ハーバード大学の教員や学生は日本史からの何を学ぶのか。『源氏物語』『忠臣蔵』から、城山三郎まで取り上げる一方、玉音放送を読み上げての日本の天皇について考えたり、和食の奥深さを噛み締めたり…。授業には日本人も知らない日本の魅力が溢れていた。ハーバード大の教授10人のインタビューを通して、世界から見た日本の価値を再発見する一冊。
2017.10　254p　18cm　¥820　①978-4-12-150599-6

◆東アジアの女性と仏教と文学　張龍妹, 小峯和明編　勉誠出版　（アジア遊学 207）
【要旨】『蜻蛉日記』『枕草子』『源氏物語』…平安の物語や日記には高い思想性が見られ、その裏打ちとして仏教(信仰)が通底している。近年のジェンダー論や経済活動の隆盛を受けて関心の高まる女性と文学、そして仏教との関わりを、東アジア全体に視野を広げながら論じる。
2017.5　333p　A5　¥2800　①978-4-585-22673-4

◆ビジュアルワイド図解日本の歴史智将・軍師100　入澤宣幸著　西東社　（『大判ビジュアル図解大迫力！ 写真と絵でわかる日本史人物ナンバー2列伝』再編集・改題版）
【要旨】700点超のCG・写真・絵図で「陰の主役」の真価に迫る！ 歴史を変えた100人の生き様！
2017.8　159p　A4　¥925　①978-4-7916-2678-6

◆秘伝・日本史解読術　荒山徹著　新潮社　（新潮新書）
【要旨】こんな方法があったのか！ 多くの人が早くから日本史につまずくのは何故か。歴史を学ぶのに欠かせない基礎トレーニングとは何か。縄文時代から幕末まで日本史の流れをたどりながら、真に押さえるべきポイントを解説。ときに中国史、朝鮮史もまじえ、古代史学の妄説や日本史観への誤解なども追究し、世紀末的視点で傑作、名作歴史小説の読みどころも開陳。誰でも日本史がすっきりわかる秘伝はここに伝授する。
2017.5　255p　18cm　¥800　①978-4-10-610716-0

◆武士神格化の研究　高野信治著　吉川弘文館
【要旨】武士の神格化という事象を通じて、武士の自他認識、武士層が自らの存在をどのように認識していたのか、武士以外の人々が武士層を如何なる存在と捉えていたのか、武士の本質やそのイメージをトータルに考える。
2018.1　2Vols.set　A5　¥16000　①978-4-642-03482-1

◆ふるさとで戦われた外国との戦争―どのように国を守ってきたか　天児都著　（福岡）梓書院
【目次】第1部（白村江の戦い、刀伊の入寇、元寇（高麗・蒙古襲来）、大東亜戦争）、第2部 戦争の時代に生まれて（古い時代の戦争を振り返って、第二次世界大戦を振り返って、戦争にならないためにどうするか
2017.4　134p　B6　¥1100　①978-4-87035-605-4

◆変と乱の日本史―歴史を変えた18の政変とクーデター　河合敦著　光文社　（光文社知恵の森文庫）
【要旨】日本史に強い作用を与えたのは大規模な武力衝突だけではない。ほとんど武力を行使しない政変や内乱、クーデターが歴史を動かすことも多いのだ。乙巳の変（大化の改新）から始まり歴史を揺るがした18の政変、クーデターを人気歴史作家が分かりやすく解説。教科書の定説だけに囚われない多角的な視点で歴史の舞台裏を描きます。文庫書下ろし。
2017.2　332p　A6　¥820　①978-4-334-78714-1

◆誇りある日本文明―中韓が絶対に超えられない、先進と継続の理由　高田純著　青林堂
【要旨】世界も一目置く「技術」と「職人」の国、日本が生み出し、今も発展を続ける独自の文明！ 縄文土器から新幹線、ウォシュレットまで、世界でも類をみない高度な技術と職人技は縄文時代から絶えることなく日本人が受け継いできた「日本文明」が生み出した！
2017.7　220p　B6　¥1200　①978-4-7926-0595-7

◆本当は怖い日本史　堀江宏樹著　三笠書房　（王様文庫）
【要旨】時代を動かした人物の知られざる「裏の顔」、正義を体現すべき権力がはらむ大いなる闇、いまだ解き明かされない「史実の謎」が隠すもの、歴史のはざまに見え隠れする怨霊や呪詛、人々を惑わし続けた愛憎と謀略――これまでの「日本史観」が、ひっくり返る！
2017.10　253p　A6　¥650　①978-4-8379-6835-1

◆ほんとはこんなに残念な日本史の偉人たち　後藤寿一監修　実業之日本社　（じっぴコンパクト新書）
【要旨】水戸光圀は札付きのワルだった!?「英世」への改名に隠された野口英世の過去！ 誰もが知っている日本史有名人の意外な過去、いかにも「黒歴史」が面白い！ 偉人たちが世に出る前にやってしまった出来事、にわかには信じられない意外な過去…その一方で「いかにも」と思わせるエピソードや、その人のイメージが一変する出来事や定説をくつがえす事実など、知れば知るほど面白い「意外な過去」の日本史。
2017.11　189p　B6　¥800　①978-4-408-33758-6

◆負け組の日本史―蘇我氏、平家、南朝、足利家、関ケ原西軍…その後どうなった？　山本博文監修, 造事務所編著　実業之日本社　（じっぴコンパクト新書）
【要旨】蘇我入鹿、新田義貞、石田三成、徳川慶喜…日本史の流れを変えるターニングポイントで敗れた人物や家族の、その後、どうなったのか？ しぶとく生きのびた者、意外にも出世した者、いつの間にか消えていった者、そして現代にまで続いている者…敗者が築いた、知られざるもうひとつの日本史。
2017.4　191p　A6　¥800　①978-4-408-45637-9

◆道と越境の歴史文化―三遠南信クロスボーダーと東西文化　和田明美編　青簡舎
【要旨】古代律令制「七道」以来の海の道「東海道」と山の道「東山道」を擁する、三河・遠江・南信州地域に着目。この地域は相互に交流・流通しながら豊かな歴史文化を創出してきた。
2017.4　909p　A5　¥4　①978-4-909181-01-5

◆見るだけですっきりわかる「日本史」　渡邊大門監修　メディアソフト, 三交社 発売
【要旨】日本史の気になるギモンをすべてすっきり解決！ 習った時を思い出すか!?変わる日本史！ あの頃の知識はもう古い！
2017.7　191p　A5　¥1200　①978-4-87919-034-5

◆名城への誘い―出張・旅先でもう一足　萩原さちこ著　経済法令研究会　（経法ビジネス新書）
【要旨】歴史的に人気の名城、「いつか訪れてみたい」名城を地域ごとにセレクト。出張や旅先での短い滞在時間でお城を気軽に楽しんでいただけるよう解説。お城を楽しむ格好のパートナーです！
2017.6　213p　18cm　¥800　①978-4-7668-4816-8

◆名著で読む日本史　渡部昇一著　育鵬社, 扶桑社 発売　（扶桑社文庫）
【要旨】細かい歴史的事実だけでは歴史は見えてこない。いま日本人が、「国史」という美しい「虹」を見るための必読書！
2017.4　229p　A6　¥640　①978-4-594-07695-5

◆もうすぐ変わる日本史の教科書―"常識"を塗りかえる新しい定説が続々　河合敦著　河出書房新社　（KAWADE夢文庫）
【要旨】「大化の改新」「最古の貨幣」「士農工商」「鎖国」…。日本史の教科書に記述されていた「史実」は、新説や新発見によってどう変わっていくのか、ズバリわかる！
2017.10　221p　A6　¥680　①978-4-309-49976-5

◆"ものまね"の歴史―仏教・笑い・芸能　石井公成著　吉川弘文館　（歴史文化ライブラリー）
【要旨】古来、日本ではものまねが好まれ、さまざまな芸能や文学の底流となってきた。人間・神仏・動物その他を巧みにまね、花開いた芸態を、仏教芸能との関係を軸に読み解く。今日に至るものまねの歴史を描く初めての試み。
2017.6　246p　B6　¥1800　①978-4-642-05848-3

◆モンスターストライクで覚える日本の武将　XFLAGスタジオ, 矢部健太郎監修　日本文芸社
【要旨】戦国武将から源平合戦、剣豪、維新の志士まで！ モンストのキャラクター解説×"戦乱"のあらましで歴史がイッキにマスターできる!!
2017.4　127p　A5　¥850　①978-4-537-21469-7

◆夢の日本史　酒井紀美著　勉誠出版
【要旨】夢はどこから来るのか、いったい誰のものなのか―神や仏からのメッセージか、はたまた、自己の欲望の現われか。古代から現代にいたるまで、夢をめぐる議論は幾度となく重ねられてきた。時にはその内容が政治を左右し、正夢や予知夢に人々は一喜一憂する。現実と密接に絡み合いながら、夢は社会や生活のなかに溶け込んでいく…日本人と夢の関わりを、夢を語り合う社会のあり方、さまざまな証言と記録、物語や絵画などの記事に探り、もう一つの日本史を描きだす。
2017.6　241,7p　B6　¥2800　①978-4-585-22177-7

◆よくわかる日本の城 日本城郭検定公式参考書　加藤理文著, 小和田哲男監修　学研プラス
【要旨】城の歴史と構造が一冊でわかる決定版！ 歴史編と構造編の2部で構成。項目ごとの見開き解説。図版・写真が満載！ ポイント説明で納得！ 検定受験者必読！ 検定統一城郭用語集つき。
2017.3　295p　A5　¥1800　①978-4-05-406506-2

◆より深く楽しむために 日本の城 鑑賞のポイント65　中井均著　メイツ出版　（コツがわかる本！）
【要旨】構造や形式の特徴から、築城の背景や役割まで、戦国武将たちの戦略と工夫がつまった城の見どころを徹底解説！ 城めぐりをもっと楽しむ"目の付けどころ"がわかる！
2017.12　128p　A5　¥1650　①978-4-7804-1954-2

◆47都道府県別 よみがえる日本の城　香川元太郎著　PHP研究所
【要旨】戦国の山城から、近世の名城まで…今は見ることのできない雄姿をオールカラーイラストで完全再現！
2017.9　111p　29×21cm　¥880　①978-4-569-83686-7

◆流罪の日本史　渡邊大門著　筑摩書房　（ちくま新書）
【要旨】日本史上初の流罪は近親相姦の姫、恨みのあまり怨霊になった天皇、親鸞や日蓮の法難、真田昌幸・信繁親子や宇喜多秀家の苦しい流人生活…。流罪は死刑につぐ大罪で、罪状や時代によって、流される場所は細かく規定されていた。誰がどんな罪でどこに流されたのか。地位も名誉も財産も剥奪されて遠隔地に追われた罪人

と一族は、縁もゆかりもない土地で、どう生き延びたのか。そこには権力闘争や策謀の壮絶なドラマがあった―。古代から近代までの流刑の変遷を辿り、そこに見える刑罰観の変遷を読み解く！
2017.11 260p 18cm ¥860 ①978-4-480-06999-3

◆歴史に「何を」学ぶのか　半藤一利著　筑摩書房（ちくまプリマー新書）
【要旨】天皇はなぜ退位を望んだのか。戦前の昭和史と現代、何が似ているのか。「いま」を考えるために歴史へアプローチし、歴史を知ることの面白さと大切さを学ぼう。
2017.8 254p 18cm ¥820 ①978-4-480-68987-0

◆歴史の現場から　内藤真治著　東銀座出版社
【要旨】歩むきが今が見えてくる。全国各地に残る歴史の舞台をたずね、先人の足跡をたどり、あるいは旅先での思いがけぬ発見から過去が今によみがえり、明日を考えるヒントともなる。憲法、裁判、公害や戦争遺跡をめぐる日本史の旅から、この国の近代化を問い直す。「歴史は暗記もの」は間違い、楽しく学ぼうという一冊。
2017.4 169p A5 ¥1389 ①978-4-89469-192-6

◆歴史の坂道―戦国・幕末余話　中村彰彦著　中央公論新社（中公新書ラクレ）
【要旨】大坂の陣で、将に将たる器であることを自ら証明した加賀藩主・前田利常。秀吉に仕えて戦国を生き抜き、国宝松江城を築いた名将・堀尾吉晴。さらに会津藩、新選組、旧幕臣など、時代の奔流のなかで己の志を貫いた人々の潔い生き方を取り上げ、歴史の陰に埋もれていたエピソードを発掘する。史料を博覧し、全国の史跡を探訪して、小説・史論を書き進める過程でもたらされた豊かな果実―。最新エッセイ54篇を収録する。
2017.8 318p 18cm ¥880 ①978-4-12-150591-0

◆歴史のなかの天文―星と暦のエピソード　斉藤国治著　雄山閣（『宇宙からのメッセージ―歴史の中の天文こぼれ話』改題書）
【要旨】古来、人の生活と星や月、太陽の運行には深い関係があった。古代から中近世までの暦制度や天文の研究に一生を捧げ、「古天文学」を提唱した著者が、歴史の表舞台で語られることの少ない、歴史的事件と天文の関係をつまびらかにする天文こぼれ話、ここに復刊!!
2017.4 262p B6 ¥2400 ①978-4-639-02494-1

◆歴史のなかの東大寺　栄原永遠男、佐藤信、吉川真司編　（京都）法藏館（東大寺の新研究2）
【目次】第1部 正倉院宝物と東大寺（正倉院繊維製品の調庸関係銘文をめぐって―東大寺要録封戸水田章への展望、正倉院文書と聖語蔵経巻 ほか）、第2部 大仏造顕と東大寺領荘園（大仏和同産銅の歴史的前提、『東大寺要録』の産金記事 ほか）、第3部 平安・鎌倉期の東大寺（東大寺の伊勢神宮参拝―その歴史的背景、伊賀国玉滝杣の成立と四至 ほか）、第4部 正倉院文書と東大寺（紫香楽宮における写経の再検討、正倉院文書にみえる櫃 ほか）
2017.3 735p A5 ¥17000 ①978-4-8318-6022-4

◆歴史の話―日本史を問いなおす　網野善彦、鶴見俊輔著　朝日新聞出版（朝日文庫）
【要旨】歴史家・網野善彦と哲学者・鶴見俊輔が「日本」と「日本人」をめぐって縦横無尽に語り合う。「百姓」とは誰をさすのか。「天皇制」をどう読むか。知識人が作り上げた日本史からこぼれ落ちた視点にこそ、見逃せないこの国の未来がある。ここでしか読めない二人の貴重な対談。
2018.1 207p A6 ¥620 ①978-4-02-261919-8

◆歴史の勉強法―確かな教養を手に入れる　山本博文著　PHP研究所（PHP新書）
【要旨】真の教養は、歴史を勉強することで身につけられる。過去を学ぶことにより、未来の姿、人生の成功例・失敗例が見えてくる。東大教授が、歴史に強い大人になるための勉強法を伝授。初級編では、旧国名、官位、役名の換算方法など、覚えておいたほうがいい基礎知識をやさしく解説する。中級編では、歴史好きのための現地探訪方法を惜しみなく披露。上級編では、戦国武将の手紙や古文書のくずし字にも挑戦。日本人として知っておくべきことが満載。愉しみながら歴史を学び直したい人必読の書。
2017.11 248p A5 ¥860 ①978-4-569-83677-5

◆列島縦断「幻の名城」を訪ねて　山名美和子著　集英社（集英社新書）
【要旨】本書が扱うのは、何層もの天守閣がそびえる「国宝の名城」ではない。見事な構造を備えながらも朽ちていき、今は遺構を残すのみの場所だ。安土城、渋谷城、小谷城、今帰仁城、シベリヤチャシなど全国48選。
2017.4 254p 18cm ¥760 ①978-4-08-720879-5

◆和気清麻呂にみる誠忠のこころ―古代より平成に至る景仰史　若井勲夫著　（京都）ミネルヴァ書房
【要旨】宇佐八幡託宣事件の立役者として忠臣の名を後世に残した和気清麻呂。本書は、文献を丁寧に追いながら、日本人の思想的態度の変遷とともに古代から平成に至る和気清麻呂の評価を景仰の視点から俯瞰した希少な労作である。史書・書評をはじめ、和歌・漢詩・俳句・読み物などの文学作品、修身・歴史・唱歌の教育、また、絵画・芸能や歴史漫画などをも研究対象に入れつつ、人々がどのように受け入れてきたかを解明する。巻末の「附篇」では、全国の神社・史蹟・記念碑などを実地調査し、さらに縁のあるものと同名で誤解されやすい無関係な神社などについても詳しく解説する。
2017.10 464p A5 ¥8000 ①978-4-623-07915-5

◆渡部昇一の少年日本史―日本人にしか見えない虹を見る　渡部昇一著　致知出版社
【目次】序章 日本人にしか見えない虹を見る―歴史の見方、第1章 神話と歴史が地続きになっている国―神代・古代、第2章 遠い祖先たちが生きていた古代日本の姿―古代、第3章 武士政権の誕生と荒ぶる皇の逆襲―中世、第4章 信長・秀吉・家康の時代から江戸幕府の興亡へ―近世、第5章 新しい日本の創生と欧米列強の圧力―近代、第6章 日本の底力を見せた戦後の復興―現代
2017.4 315p B6 ¥2000 ①978-4-8009-1142-1

◆CD2枚で古代から現代まで 聞くだけで一気にわかる日本史　馬屋原吉博著　アスコム（付属資料：CD2）
【要旨】開成、灘、桜蔭、筑駒といった難関中学に数多くの生徒を送り出したカリスマ講師の「すごい講義」を自宅でリアルに再現!!面白くロマンあふれる歴史の世界をたった2時間で知ることができる。本書を連続したストーリーで語る「馬屋原メソッド」で、大人も子どもも日本史が不思議なほどするすると頭に入る！
2017.6 188p B6 ¥1500 ①978-4-7762-0950-8

地方史・郷土史

◆会津・近世思想史と農民　前田新著　（会津若松）歴史春秋出版
【目次】第1章 会津近世史の前史、第2章 会津近世思想史と保科正之、第3章 会津藤樹学と『会津農書』、第4章 会津の農民一揆の史的展開の概括、第5章 会津藩における寛政の改革、第6章 結―「会津近世民衆思想史」としての視点 2016.12 382p A5 ¥2800 ①978-4-89757-896-5

◆会津戊辰戦死者埋葬の虚と実―戊辰殉難者祭祀の歴史　野口信一著　（会津若松）歴史春秋出版
【要旨】虚構だった「埋葬禁止令」！新発見史料で今、明かされる50年目の真実。会津藩士は埋葬されていた！
2017.10 250p B6 ¥1500 ①978-4-89757-912-2

◆青い眼の琉球往来―ペリー以前とペリー以後　緒方修著　芙蓉書房出版
【要旨】琉球は、唐から大和、ヤマト世、アメリカ世、そして再びヤマト世と荒波にさらされてきた。明治の初めに王国がなくなるまでの琉球の姿を、バジル・ホール、クリフォード、フォルカード、そしてペリーら"青い眼"の人々の航海記、遠征記などの記録から読み解く。さまざまなエピソードで綴る歴史紀行エッセイ。
2017.10 244p B6 ¥2200 ①978-4-8295-0721-6

◆秋田の中の「伊勢」　金児紘征著　（秋田）無明舎出版
【要旨】江戸時代、秋田には多くの伊勢商人がいた。お伊勢参りや秋田を旅した文人墨客、本居宣長門人、真澄の書神や俳諧交流に至るまで、秋田と浅からぬ縁で結ばれた、伊勢の面影を探る！　2017.6 124p A5 ¥1500 ①978-4-89544-634-1

◆「秋田藩」研究ノート　金森正也著　（秋田）無明舎出版
【要旨】政治、経済にとどまらず、藩校の気風や改革派官僚たちの肖像、農民一揆や海難、大坂藩邸役人の暮らしぶりまで、知られざる「藩」内部にわけいって考察する歴史読本！
2017.5 193p A5 ¥2000 ①978-4-89544-628-0

◆足利―緑ゆたかな歴史のまち　前澤輝政著　（宇都宮）随想舎
【要旨】自然、歴史遺産、神社、寺院、年中行事 etc. 足利の魅力を満載。足利の歴史や文化をコンパクトにまとめた街歩きに必携の一冊。
2017.11 239p B6 ¥1389 ①978-4-88748-335-4

◆蘆名騒動―角館・御家断絶と再興事件　江井秀雄著　（秋田）無明舎出版
【要旨】東北の強大な戦国大名に成長した会津・蘆名氏。その後、悲運が続き常陸・佐竹氏から義広を迎えるが兄・佐竹義宣と共に秋田転封となる。そして義勝（義広を改名）は角館城主（一万六千石）に任命されるが、三代で断絶する。蘆名氏の波瀾万丈の血脈を克明に描く、歴史ドキュメント！
2017.4 147p A5 ¥1700 ①978-4-89544-631-0

◆ある奉行と秋田藩の戊辰戦争―江間伊織の日記から　片岡栄治郎著　（秋田）秋田文化出版
【要旨】浮かびあがる勤王秋田藩の真実！秋田の戊辰戦争において軍事方・評定奉行などを務めた江間伊織の日記から、豊富な資料を駆使して、望まない戦争に引きずり込まれていく秋田藩の実情を解き明かす。
2017.4 321p A5 ¥1500 ①978-4-87022-576-3

◆あれから七十年　展示会場に御来場の皆さん、引揚げ港・博多を考える集い著、高杉志緒監修・著　（福岡）のぶ工房（九州アーカイブズ B）
【要旨】1 博多港引揚（海外から博多港へ、釜山港からの出発、終戦から引揚へ）、2 あれから七十年（引揚体験、引揚と私、次世代へのメッセージ、未来へ語り継ぐ若者達）、3「集い」の活動報告（二十五年の活動を振り返る）
2017.8 128p A4 ¥2200 ①978-4-901346-31-3

◆出雲の古墳アドベンチャー　まりこふん著　（米子）今井印刷、（米子）今井出版 発売
【要旨】島根県から送る、古墳中級者向けの結構アドベンチャーな古墳ガイドブック。
2017.10 127p A5 ¥1500 ①978-4-86611-097-4

◆イタリア伯爵 糸の町を往く―明治2年の上州視察旅日記　富澤秀機著　（前橋）上毛新聞社
【目次】1 いざ出発―シルク・ロードを遡って、2 いよいよ養蚕地帯へ入る、3 サンタネの島村、4 前橋藩に無事到着―藩士80人が出迎え、5 製糸場見学―完璧さに驚嘆するばかり、6 伊香保温泉で休養、7 帰路は秩父の山越えで
2017.4 209p B6 ¥1200 ①978-4-86352-176-6

◆古（いにしえ）に想いを馳せて―出雲国風土記散策　吉川晴雄著　（米子）今井出版
【要旨】40数年前に出雲に降り立って以降、出雲にそこはかとない魅力を感じていた著者。出雲の自然・歴史に魅了され、『出雲国風土記』ゆかりの地を3年半かけて散策し、記録した渾身の1冊。
2017.6 355p A5 ¥1852 ①978-4-86611-075-2

◆伊予天徳寺千四百年の歴史　田中弘道著　（松山）創風社出版
【要旨】平成29年春、門外不出の全てが明らかになる。
2017.2 413p A5 ¥3500 ①978-4-86037-242-2

◆石見銀山の社会と経済―石見銀山歴史文献調査論集　島根県教育庁文化財課世界遺産室編　島根県教育庁文化財課世界遺産室、（松江）ハーベスト出版 発売
【要旨】平成29年、世界遺産登録10周年を迎えた石見銀山。登録前から続く地道な調査研究から見えてきた新たな歴史。石見銀山研究の専門家達がおくる新たな知見とその魅力がこの1冊に。
2017.3 203p A5 ¥1000 ①978-4-86456-221-8

◆越中の豪族 石黒一族の事典―奈良・平安・戦国から江戸　石黒克彦著　（会津若松）歴史春秋出版
【要旨】奈良・平安から戦国期にかけて活躍した石黒一族、これに関わる人物や出来事を中心に文献や史料を収載。
2017.1 150p B5 ¥2600 ①978-4-89757-895-8

◆越中の古代勢力と北陸社会　木本秀樹著　（富山）桂書房
【目次】序章 日本古代における北陸道の国制と島・半島との交流―能登・越前・越中・越後・佐渡国

歴史・地理

◆を中心にして、第1章 古代越中の在地勢力（国造制と評制下木簡、射水臣氏とその動向、利波臣氏と礪波郡領氏族 ほか）、第2章 越中国司と古代社会（唐人皇甫東汪の来朝中介補任、五百井女王と越中国司、越中介興世注臣高世の慶雲奏上 ほか）、第3章 古代越中国の災異と思想（古代越中国の災異概観、貞観五年越中・越後国大地震とその周辺、内閣文庫蔵『異本塔寺長暦』にみえる北陸道大地震と紅色雪）、付論 地域史研究と地域文化論序説
2017.12 300p A5 ¥2500 ①978-4-86627-040-1

◆**絵葉書で見る神戸―ハイカラ・モダンの時代**　石戸信也著　（神戸）神戸新聞総合出版センター
【要旨】明治・大正・昭和。ミナト神戸の原風景をめぐる旅へ。1868年の開港は近代都市を生み出していった。絵葉書、古写真など貴重な資料で振り返る神戸の歩み。
2017.12 183p A5 ¥2000 ①978-4-343-00976-0

◆**近江を愛した先人たちの言葉―人生の四季と向き合うヒント**　渕上清二著　（彦根）サンライズ出版
【要旨】近江を愛した先人たちをはじめ、近江で生まれ育った人々や近江とゆかりの深い人々、著名人から勁草の人々も含めて一六二名を取り上げ、それぞれの人生節目の言葉や詩、座右の銘、辞世の句（歌）、先祖代々守り続けてきた家訓などを紹介。
2017.6 249, 6p B6 ¥2200 ①978-4-88325-617-4

◆**近江の埋もれ人―中川禄郎・河野李由・野口謙蔵**　角省三著　（彦根）サンライズ出版
【要旨】井伊直弼の影武者。松尾芭蕉の愛弟子。蒲生野の鬼才画家。埋もれたエピソードを掘り起こし、光を当てる。
2017.3 394p B6 ¥2200 ①978-4-88325-612-9

◆**大阪城・大坂の陣・上町台地―北川央対談集**　北川央著、地域情報紙『うえまち』編集局編　（大阪）新風書房
【要旨】大阪城天守閣北川央館長が大阪城・大坂の陣・上町台地をテーマに、友人・知人の芸能人・文化人・研究者と繰り広げる珠玉の対談集。
2017.10 216p A5 ¥2000 ①978-4-88269-860-9

◆**大坂 民衆の近世史―老いと病・生業・下層社会**　塚田孝著　筑摩書房（ちくま新書）
【要旨】江戸時代、大坂で市井の人びとはどんなふうに生きていたのか？ どんな仕事をしていたのか？ どんな人生の荒波にもまれ、どうくぐり抜けたのか？ 江戸時代の「褒賞」の制度的記録を読みとくと、当時の職業などのほか、病に倒れた親を支える孝行な娘や息子、没落した主人を支え続けた奉公人など、「名もなき」人びとのドラマが見えてくる。本書は巨大都市大坂の形成と町の構造、そして当時の人びとの暮らしを解説する。また江戸時代の「褒賞」が、現在の叙勲や褒章の制度にどのように受け継がれたのか、その歴史をたどる。
2017.12 286p 18cm ¥880 ①978-4-480-07111-8

◆**岡山県郷土文化財団の歩み**　高山雅之著，岡山県郷土文化財団編　（岡山）日本文教出版（岡山文庫）
【目次】第1章 岡山県郷土文化財団の創設について（発案から創設にいたるまでの経緯、組織と会員制度）、第2章 文化保護事業について（熊沢蕃山と山田方谷居宅跡の復旧支援、鳥尾と郷土記念物の修復助成 ほか）、第3章 自然保護事業について（岡山県による自然保護のための土地取得、苗木の交付 ほか）、第4章 普及活動について（広報活動、研修会、講演会などの開催 ほか）、第5章 受託事業について（県民愛唱歌「みんなのこころに」の選定、普及、岡山後楽園の運営管理 ほか）
2017.10 156p A6 ¥900 ①978-4-8212-5307-4

◆**岡山蘭学の群像 2**　山陽放送学術文化財団編　（岡山）山陽放送学術文化財団,（岡山）吉備人出版 発売
【目次】4 開国へ 幕末外交の裏舞台で奔走—箕作阮甫（基調講演、幕末の外交と箕作阮甫の役割、基調講演、箕作阮甫、その学者としての系譜、対談・箕作阮甫の人物像とは）、5 初めてのジャーナリストと呼ばれた男—岸田吟香（基調講演・傑人岸田吟香、美作より現る、講演・アジアの中の岸田吟香—混沌の時代の多くの悲劇を読み解く—質問に答えて）、6 オランダ技術で海を割った男—杉山岩三郎（基調講演・オランダ技術の国内・岡山への影響、パネルディスカッション・オランダ技術で海を割った男—杉山岩三郎）
2017.4 232p A5 ¥1400 ①978-4-86069-515-6

◆**「沖縄学」の父 伊波普猷**　金城正篤，高良倉吉著　清水書院　（新・人と歴史 拡大版 14）新訂版
【要旨】現代沖縄の自己認識は、近代沖縄の自己認識を前提にしてはじめて可能といえる。なぜなら、伊波普猷の「沖縄学」が近代沖縄の自己認識の集約されたものであるためである。その三〇〇編余の論文と二〇冊を超える著書すべてが、沖縄を対象にしていることから理解できるように、伊波普猷はひたすら、沖縄を愛しつづけた。しかし、それにもかかわらず、敗戦の混乱のさ中に、脳溢血でかれは急死した。本書は、伊波普猷の学問的業績を読み取りつつ、近代沖縄史に深く立ち入って今日ある沖縄理解の入門書にしようとするものである。
2017.7 235p B6 ¥1800 ①978-4-389-44114-2

◆**角館城下町の歴史**　林正崇著　（秋田）無明舎出版　改訂版
【要旨】中世の芦名氏の出自から戊辰戦争の角館戦まで、角館城下町やその武家屋敷の成り立ちを、135点の図版と平易な文章で解説する決定版の歴史読本!!
2017.7 215p A5 ¥2000 ①978-4-89544-633-4

◆**かごしま歴史探訪―歴史を生んだ現場からの考察**　中村明人著　（霧島）国分進行堂
【要旨】火山と人びとの共生。儒教・仏教と教育、隼人と蝦夷、俊寛と伝説、多[U6]|8939|（ね）島、十島村（南海の島々）と歴史の辺境、俊寛と鬼界島、平城京と法隆寺、廃仏毀釈のエネルギー。人生を通して訪ね歩いた50余年の旅路が歴史の姿を明かす。
2017.2 248p B6 ¥1500 ①978-4-9908198-6-6

◆**風の街・福岡デザイン史点描**　武田義明著　（福岡）花乱社
【目次】序 風の街から、1 グラフィックデザイン史素描、2 見えない都市、3 福岡発！ デジタル・デザイン革命、4 インテリアショップNIC、5 九州芸術工科大学、6 共生の街へ、7 ノート「交響する風景」
2017.10 319p B6 ¥1700 ①978-4-905327-80-6

◆**鎌倉震災志**　NAMAZUの会編　（鎌倉）冬花社　新編
【要旨】今、鎌倉を大地震が襲ったら!? 関東大震災の被害をまとめた『鎌倉震災誌』（鎌倉町行）を防災の観点からわかりやすく改編。
2017.7 294p A5 ¥1800 ①978-4-908004-23-0

◆**鎌倉千年の歩み―段葛からのオマージュ**　浅田勁著　（鎌倉）歴史評論社，メディアパル 発売
【目次】段葛を語る、年表 鎌倉千年の歩み、若宮大路の設計、近世からの段葛風景、段葛考、昭和28年鎌倉在住の文化人は、昭和36年若宮大路一下馬から三の鳥居まで、私の段葛ストーリー、段葛を語る
2017.1 96p B5 ¥1300 ①978-4-8021-3044-8

◆**鎌倉の歴史―谷戸めぐりのススメ**　高橋慎一朗編　高志書院
【目次】1 谷戸に暮らす人びと―北西エリア（扇谷―源氏ゆかりの地、扇谷・藤谷―絵図に読む谷戸の風景 ほか）、2 武家の興亡、栄枯盛衰の跡―北東エリア（比企谷―比企一族の夢の跡、英西谷―滑川と六浦道の交点 ほか）、3 中世の世界と仏教の広がり―南エリア（笹目谷―忘れられた霊地、市西谷―極楽寺一帯）、こだわりの鎌倉探訪（鎌倉の石造物、鎌倉のやぐら）
2017.12 273p A5 ¥3000 ①978-4-86215-175-9

◆**釜トンネル―上高地の昭和・平成史**　菊地俊朗著　（長野）信濃毎日新聞社　（信毎選書）（『釜トンネル―上高地の昭和史』再編集・補筆・修正・改題書）
【要旨】"衛兵" 釜トンネル開削の経過、大正池の浚渫と電力利用、バス運行と入山規制の変遷、災害との闘い、変わる登山者…歴史の空白を埋める！ 上高地の全て。21世紀の新たな動きを大幅加筆して復刊！
2017.4 269p B6 ¥1300 ①978-4-7840-7305-4

◆**樺太、永遠なる大地**　工藤敏行著　（伊丹）牧歌舎，星雲社 発売（『樺太、わが心の故郷』改訂改題書）
【要旨】昭和20年8月ソ連の侵攻で樺太は悲惨な戦場と化した！ 驚くべきことに、樺太の多くの悲劇は8月15日以降に発生したのだ。日本人が知っておくべき樺太の史実が本書にある。
2017.5 431p A5 ¥2000 ①978-4-434-23264-0

◆**河内・泉州歴史探訪 南大阪ふらり旅**　國眼隆一，TOYRO倶楽部編著　（池田）自然研，（神戸）神戸新聞総合出版センター 発売

【要旨】人あり、歴史あり、見事な風景もある「わがまち再発見」。
2017.6 191p B6 ¥1200 ①978-4-343-00954-8

◆**館長と学ぼう 大阪の新しい歴史 1**　栄原永遠男編　（大阪）東方出版
【要旨】大阪歴史博物館の学芸員が専門分野の話題を語り、館長と質疑を深める連続講座から、難波宮、古道、陶磁器、芝居、近代建築、淀川漁業等の9回分をまとめる。
2017.7 283p A5 ¥2200 ①978-4-86249-285-2

◆**関門の近代―二つの港から見た一〇〇年**　堀雅昭著　（福岡）弦書房
【要旨】軍港・国際貿易港として発展してきた門司と下関、二つの港は近代化をどのように見てきたのか。明治20年代の黎明期から昭和戦後の高度経済成長期までを中心に港が果たした役割を克明に読む。
2017.2 340p B6 ¥2200 ①978-4-86329-147-8

◆**北前船寄港地ガイド**　加藤貞仁著　（秋田）無明舎出版
【要旨】動く海の総合商社といわれた北前船の寄港地を全国に訪ね、史跡や文書、記念館などを、平易な文と写真でガイドする最新情報満載のオールカラー版歴史探訪!!
2018.1 144p A5 ¥1900 ①978-4-89544-642-6

◆**京近江の豪商列伝**　京都新聞編集著　（彦根）サンライズ出版　（淡海文庫）
【要旨】千年の都「京」や、東西交通の要衝「近江」からは多くの豪商や企業家が生まれている。本書では、京近江が生んだ四十九人の豪商・企業家を取り上げ、その軌跡に迫った。
2017.7 225p B6 ¥1800 ①978-4-88325-186-5

◆**郷土研究を志す人へ**　富山県郷土史会編　（富山）桂書房
【目次】A 研究法・私の実践、B 自然、C 先史・古代、D 中世・近世、E 近現代、F 地名・地域研究、G 民俗・宗教、H 郷土文学・図書館
2017.11 199p A5 ¥2000 ①978-4-86627-038-8

◆**郷土の記憶・モニュメント**　由谷裕哉編　岩田書院　（岩田書院ブックレット 歴史考古学系 H22）
【目次】多胡碑の模刻と羊太夫の墓誌―記念物とフォークロア（多胡碑と発見の歴史、羊太夫伝説の世界 ほか）、藁の大人形祭祀における記念行為と祭祀の変遷―新潟県東蒲原郡阿賀町大牧のショウキサマの奉納物（大牧のショウキサマ祭祀の実態、堂内の奉納物 ほか）、沖縄地域社会における歌碑と伝承―琉球歌人の「恩納ナビ」伝承とその資源化を事例に（問題の所在、事例ほか）、安宅関址をめぐる言説と小松市一フィクションから史蹟を経てモニュメントへ（問題の所在、安宅関の実在および場所に関する言説の流れ ほか）、郷土とモニュメント―コンクリート作りの白衣大観音（群馬県高崎市所在）を事例に（観音山公園造成計画、陸軍特別大演習 ほか）
2017 154p A5 ¥1800 ①978-4-86602-004-4

◆**熊本物語―加藤家三代、細川家十二代、そして西南戦争**　中村彰彦著　自由社　（中村彰彦史伝シリーズ―歴史の裏に真（まこと）あり 1）
【要旨】平和な徳川時代から激動の明治時代へ―反撃命の烈士たちと敬神党が挙兵した神風連の乱、薩摩軍の猛攻をしのいだ西南戦争。時代の荒波に堪え、そびえる巨城・熊本城。
2017.7 127p B6 ¥700 ①978-4-908979-02-6

◆**下馬将軍酒井雅楽頭の菩提寺 龍海院**　井野修二著　（前橋）上毛新聞社　（前橋学ブックレット 10）
【要旨】寺号は「是字寺」、徳川家康祖父・清康の吉兆夢に由来する。徳川家重臣の酒井氏とともに、"関東の華" 前橋に移ってきた名刹。
2017.6 70p A5 ¥700 ①978-4-86352-177-3

◆**神戸・近代都市の形成**　高寄昇三著　公人の友社
【要旨】神戸の都市形成にみる歴代市長の経営能力、都市づくりの行政の知恵、開発事業の投資効果の実践的な成果を検証する。
2017.9 442p A5 ¥2800 ①978-4-87555-804-0

◆**荒野に町をつくれ―三本木原開拓ものがたり**　川口泰英著　新渡戸記念館ボランティア，（弘前）北方新社 発売
【目次】第1章 手つかずの土地（開拓の町、「無益の野原なり」ほか）、第2章 台地に水を（矢神の

日本史

八十八人、五百六十人では足りない ほか)、第3章 開けゆく町(初めての田植え、「稲生」の名に ほか)、第4章 大志を継いで(藩がなくなる、開拓再開 ほか)、第5章 未来へ(五千円札の肖像に、大鳥居再建 ほか)
2016.12 191p A5 ¥1000 ①978-4-89297-234-8

◆**小金原開墾の記録** 土屋浩著 (長野)ほおずき書籍、星雲社 発売
【目次】第1章 信州日出塩村の庄屋(水田開発と平田派国学入門、木曽谷における騒動)、第2章 東山道軍への従軍(東山道軍の進軍、新政府を支えた豪商たち)、第3章 小金原開墾と小作争議(開墾奨励から入植完了まで(〜明治四年十月)、開墾開始から裁判開始まで(〜明治五年五月)、加村区裁判所の審理から大審院の審理まで(〜明治十一年五月)、千葉県の授産処分以降の小作人たち)、第4章 まとめ
2017.6 153p A5 ¥1800 ①978-4-434-23375-3

◆**古代出雲繁栄の謎** 川原和人著 (松江)ハーベスト出版 (山陰文化ライブラリー 12)
【要旨】これまで明らかにされなかった古代出雲繁栄の謎を解く。縄文時代から奈良時代までの社会状況を究明し、繁栄の謎にせまる。
2017.9 331p B6 ¥1500 ①978-4-86456-251-5

◆**古代信濃の地域社会構造** 傳田伊史著 同成社 (同成社古代史選書)
【要旨】古代信濃の自然環境や社会構造を、多数の重要木簡の検証をはじめとして、文献史学・考古学等の関連諸学を総合して探求。当該地域が律令国家へと編成されてゆく歴史過程を重層的に探究し、信濃における地域社会の実像に迫る。
2017.5 322p A5 ¥7500 ①978-4-88621-763-9

◆**古地図で楽しむ近江** 中井均編著 (名古屋)風媒社 (爽BOOKS)
【要旨】地図とともに歴史を遊ぶ。東西文化の交錯点の歴史・文化・地理を辿って、しばしタイムトリップ。"近江"の成り立ちが見えてくる1冊。
2017.11 163p A5 ¥1600 ①978-4-8331-0175-2

◆**古地図で楽しむ尾張** 溝口常俊編者 (名古屋)風媒社 (爽BOOKS)
【要旨】地図をベースに"みる・よむ・あるく"謎解き散歩のすすめ。「古地図で楽しむシリーズ」第6弾! ちょっとディープな歴史探索のお供に。
2017.1 149p A5 ¥1600 ①978-4-8331-0170-7

◆**古地図で楽しむ金沢** 本康宏史編著 (名古屋)風媒社 (爽BOOKS)
【要旨】江戸から近代へ―。地図が物語るユニークな歴史都市・金沢の知られざる貌。
2017.9 161p A5 ¥1600 ①978-4-8331-0174-5

◆**壺中天地―大国のはざまでしたたかに生きてきた先人たち** 山里永吉著 (那覇)榕樹社 復刻版
【要旨】沖縄は大国(日本・アメリカ・中国)のはざまで苛酷な歴史の波に翻弄されてきました。琉球処分から太平洋戦争まで70年間、そして今日までさらに70年の歴史の奔流の中にあって、今、沖縄は厳しい歴史の岐路に立たされています。本書は沖縄県民に、未来を拓く指針を与える好個の史料であると確信します。
2017.3 423p A5 ¥2300 ①978-4-86192-303-6

◆**今昔 奈良名所** 森下惠介著 (奈良)奈良新聞社
【目次】1 猿沢池周辺、2 一の鳥居周辺、3 春日参道、4 春日二の鳥居から中間道へ、5 春日若宮周辺、6 春日御本社周辺、7 水谷通から若草山、8 手向山から二月堂、9 大鐘から大佛殿、10 博物館から縣廳へ、11 興福寺境内
2017.8 229p B6 ¥1200 ①978-4-88856-144-0

◆**こんなことも知らなかった信州の縄文時代が実はすごかったという本** 藤森英二著 (長野)信濃毎日新聞社
【要旨】縄文時代中期・八ヶ岳そこはニッポンの銀座だった。私たちがまだまだ知らない信州の不思議が詰まっています。
2017.3 135p 20×21cm ¥2000 ①978-4-7840-7299-6

◆**「西條誌」絵図の今むかし** 伊藤茂著 愛媛新聞サービスセンター
【要旨】西條藩の紀行や風土、文化を鮮やかな絵図で紹介した、江戸後期刊行の地誌「西條誌」。伊予史談会会員の著者が、ふんだんな写真を元に175年を経た現在の西条の姿と比較検証。西條藩70カ村の過去と現在に迫る!
2017.3 154p A5 ¥1600 ①978-4-86087-130-7

◆**埼玉 地名の由来を歩く** 谷川彰英著 ベストセラーズ (ベスト新書)
【要旨】全国5位730万人もの人が住む埼玉の魅力が地名でわかる!!古代史・街道筋の謎を解く!
2017.8 319p 18cm ¥852 ①978-4-584-12561-8

◆**佐賀学 3 佐賀をめぐる「交流」の展開** 伊藤昭弘編 (佐賀)佐賀大学地域学歴史文化研究センター、(福岡)海鳥社 発売
【要旨】中世、松浦党の拠点はどう築かれたか。近世の日中交流はいかに行われたか。幕末期、鉄砲や医療などの新技術への対応はどうしたのか。近代、海外への飛躍や郷土意識はいかに形成されたのか。海外文化の窓口であった佐賀と佐賀人を論ず。
2017.3 314p A5 ¥3000 ①978-4-86656-001-4

◆**佐賀・九州の南方開拓者たち―副島八十六・田中丸善蔵・石橋正二郎** 山﨑功著 (佐賀)佐賀大学地域学歴史文化研究センター、(福岡)海鳥社 発売 (佐賀学ブックレット 5)
【要旨】これまで知られることのなかった佐賀・九州人脈の多様な伏流の中に、良質なアジア提携と欧米との協調交流を併せ持った「アジア主義」創出の可能性。大隈に代表される合理主義と江藤・島の流れをくむ激しい伝統回帰の熱情、この佐賀の育んだ両極的な特性の解明と近代日本・アジアに与えた影響の分析。
2017.3 101p A5 ¥1000 ①978-4-86656-003-8

◆**桜島 大爆震記録集成** 古垣光一著 (鹿児島)南方新社
【要旨】大正噴火の重要記録を網羅。その時、何が起き、何を聞き、人々はどう行動したのか。桜島は3分の2の家屋が滅失し、鹿児島市民は大混乱の中、家・財産を捨て遠く各地に避難した。大隅半島の始良、曽於、肝属各郡は降灰で埋まった。本書は、各地の村長、学校教員、住職、測候所、新聞記者、地震学者など、当事者ならではの迫真の記録を網羅する。
2017.9 279p A5 ¥2800 ①978-4-86124-366-0

◆**蚕糸王国 長野県―日本の近代化を支えた養蚕・蚕種・製糸** 新津新生著 (須坂)川辺書林
【要旨】厳しい自然条件を逆手に取った長野県民の知恵とズク。明治・大正期の輸出を牽引し全国首位を独走した長野県の蚕糸。
2017.2 263p A5 ¥1500 ①978-4-906529-86-5

◆**自伝的歴史考察 間人(たいざ)考** 谷五佐夫著 (大阪)星湖舎
【要旨】著者のふるさとは「間人」と書いて「たいざ」と読む…なぜ?
2016.12 111p B6 ¥1200 ①978-4-86372-085-5

◆**島原半島の信仰と歴史―一揆とその後の松平氏治世 九州のキリスト教シリーズ 5** 野藤妙、内島美奈子編 (福岡)西南学院大学博物館、(福岡)花乱社 発売 (西南学院大学博物館研究叢書)
【目次】1 島原半島とキリスト教(有馬氏の海外交流、島原・天草一揆の顛末)、2 島原藩深溝松平氏の治世(深溝松平氏について、島原藩の禁教政策、島原藩と災害―島原大変、島原藩の復興と移住政策、日本キリスト教史における文化財の保護と活用―南島原市との連携事業をとおして)
2017.6 79p B5 ¥1000 ①978-4-905327-75-2

◆**下出民義父子の事業と文化活動** 愛知東邦大学地域創造研究所編 唯学書房、アジール・プロダクション 発売 (地域創造研究叢書)
【目次】第1章 下出隼吉の生涯、第2章 「明治文化全集」と下出隼吉、第3章 昭和戦前期における下出義雄の活動と思想―東邦学園所蔵「東邦商業新聞」を手がかりとして、第4章 八重垣劇場誕生とその時代、第5章 東邦商業野球部の黄金時代と野球統制、第6章 寒川恒貞による水力発電開発と電気製鋼事業の草創、第7章 木曽川電力と大同電気製鋼所木曽福島工場の変遷
2017.10 210p A5 ¥2000 ①978-4-908407-13-0

◆**下総原氏・高城氏の歴史 上 第1部 原氏** 千野原靖方著 (柏)たけしま出版 (手賀沼ブックレット No.10)
【要旨】「原氏研究」初の単行本化!!下総千葉氏の最有力の重臣・原氏は、両総各地に一大勢力を形成した。各地の原氏一族の系譜を追い、その権力基盤・支配構造を明らかにする。
2017.7 139p A5 ¥1200 ①978-4-925111-56-0

◆**下野国が生んだ足利氏** 下野新聞社編集局著 (宇都宮)下野新聞社
【要旨】下野国が生んだ名門氏族、足利氏。そのゆかりの地と研究者を訪ね、歴史と現在を紹介します。下野新聞連載時から好評を博した大型企画、待望の書籍化。
2017.12 203p B6 ¥1500 ①978-4-88286-672-5

◆**「宗教都市」奈良を考える** 中世都市研究会編 山川出版社
【要旨】15世紀から17世紀にかけての景観や宗教、政治、一揆、近世への展望などから中世都市としての「奈良」を問う、野心的な試み。
2017.8 239p A5 ¥4000 ①978-4-634-16005-7

◆**出典明記 中世房総史年表** 千野原靖方編 岩田書院
【目次】出典明記 中世房総史年表―寛平1年(889)〜元和8年(1622)
2017 267p A5 ¥5900 ①978-4-86602-993-1

◆**昭和の子・安子ストーリー―信州から房州へ** 大場ヤス子著 (流山)崙書房 (ふるさと文庫)
【目次】第1章 信州に生まれ房州へ(館山市に、枇杷と杏 ほか)、第2章 安子ストーリー1(一番最初の記憶、終戦の日の記憶 ほか)、第3章 安子ストーリー2(結婚して宇和島へ、千葉県館山市に移住 ほか)、第4章 安子ストーリー3(日本万国博覧会、八ヶ岳登山 ほか)、第5章 安子ストーリー4(昨今の安子、高齢化の社会を考える ほか)
2017.11 124p 18cm ¥1200 ①978-4-8455-0216-5

◆**史料にみる宗像三女神と沖ノ島傳説** 宗像善樹著 右文書院
【要旨】悠久の時を超えた、海の正倉院「神宿る島 宗像沖ノ島」。50年にわたり追い求めてきた「宗像三女神と宗像沖ノ島」の信仰の歴史と文化をここに繙く!
2017.7 183p B6 ¥1600 ①978-4-8421-0786-8

◆**信越国境の歴史像―「間」と「境」の地方史** 地方史研究協議会編 雄山閣
【要旨】「間(あわい)」―地域を構成する様々な要素から成り立つ。相互に密接な関係性を保ちながら時代を越えて展開した空間。「境(さかい)」―空間を二分する機能をもつ。自然地形をもって引かれた広域の「境」が「間」に影響するのか。「間」が「境」へ変化を与えるのか。「境」を挟みつつ展開する「間」の世界に分け入り、地域の歴史をつむぎ上げる。
2017.10 285p A5 ¥6800 ①978-4-639-02526-9

◆**信州往来もののふ列伝** 山崎泰著 (長野)しなのき書房
【要旨】義仲、信玄、謙信、信長、そして真田家の男たち。信州ゆかりのもののふ50人! その壮絶な生きざまをたどる!
2017.4 275p B6 ¥1200 ①978-4-903002-55-2

◆**戦後小樽の軌跡―地方都市の衰退と再生** 内藤辰美、佐久間美憲著 (横浜)春風社
【要旨】なぜ小樽は衰退したのか? 30人以上の小樽市民を丹念に取材し、コミュニティ解体の過程と生活者の実態を微視的に考察。地方創生の時代における国家と都市のあり方を模索する。
2017.7 415, 16p B5 ¥4500 ①978-4-86110-526-5

◆**仙台藩の武術** 小野崎紀男著 (矢巾町)ツーワンライフ
【目次】仙台藩について、兵学・軍法、弓術、馬術、剣術、居合術、長刀術、槍術、砲術、柔術、棒術
2017.9 337p A5 ¥2400 ①978-4-907161-93-4

◆**続今を築いた中濃の人びと** 中濃史談会編 (岐阜)岐阜新聞社
【目次】第1章 先駆ける、第2章 夢見る、第3章 育む、第4章 伝える、第5章 創る、第6章 磨く
2017.2 179p B5 ¥1389 ①978-4-87797-238-7

◆**続・図説 茨城の城郭** 茨城城郭研究会著 国書刊行会
【要旨】『図説 茨城の城郭』に続き、新規調査城郭209城を集成した続編!
2017 293p A5 ¥2800 ①978-4-336-06176-8

◆**続々 水戸光圀の餘香を訪ねて** 住谷光一著 錦正社 (水戸史学選書)
【要旨】元禄三年、藩主の座を徳川綱條に譲ってから西山荘に隠居し、藩内をくまなく巡遊するのを日課とした光圀。巡遊は藩民の信頼を絶大なものとし、甍去から三百年以上を経た現在でも、偉大な足跡は各地に残り、人々の心の奥深くにしみ込んでいる。著者自ら、光圀巡遊の地を訪ね、史料を渉猟し、その偉大な足跡を繙め

歴史・地理

た珠玉の書。
2017.7 263p B6 ¥2800 ①978-4-7646-0131-4

◆続・秩父鉱山―写真と証言でよみがえる　黒沢和義文, 渡部喜久治ほか写真　同時代社
【目次】秩父鉱山の風景, サービス立坑の開発記録, 秩父鉱山の記録写真, 秩父鉱山の記憶―様々な人の証言集, 文化会機関誌 掘進, 秩父鉱山の資料編
2017.9 299p A5 ¥2500 ①978-4-88683-825-4

◆続・歴史物語を歩く―名古屋, 愛知, 岐阜, 三重, 滋賀, 静岡　長屋良行著　(名古屋)ゆいぽおと
【要旨】葛飾北斎, 宮本武蔵が滞在した名古屋, 家康「伊賀越え」の亀山金王道, 井伊直虎ゆかりの浜松市井伊谷など, 54コースを物語と地図で紹介。
2017.6 118p 22×14cm ¥1200 ①978-4-87758-463-4

◆大大阪の時代を歩く―大正～戦前の大阪はこんなにすごかった！　橋爪紳也編　洋泉社（歴史新書）
【要旨】かつて大阪には,「大大阪」と呼ばれた時代があった。―1編人口203万人は東京を凌ぎ世界6位,「東洋一の商工都市」と謳われた工業都市化, 御堂筋を始めとする「格」と「美」を備えた都市計画, 世界最先端の文化を集めた情報発信地。世界に冠たるメトロポリス「大大阪」の歴史と魅力を伝える息吹を！
2017.9 190p 18cm ¥800 ①978-4-8003-1277-8

◆大美保関―出雲国の玄関口　松江歴史館編　(松江)松江歴史館,（松江）山陰中央新報社発売
【要旨】平成二九年企画展「大美保関―出雲国の玄関口」の展示図録。古くから続く美保の信仰, 海上交通の要衝としての役割などの歴史をひもく。
2017.9 56p 30×21cm ¥1200 ①978-4-87903-208-9

◆伊達宗城公御日記　明治元辰四月末より六月迄　在京阪―宇和島・仙台伊達家戊辰戦争関連史料　その1　その他　宇和島伊達文化保存会監修, 近藤俊文, 水野浩一編纂　創泉堂出版（宇和島伊達家叢書 5）
【目次】史料及び現代語訳 伊達宗城公御日記 明治元辰四月末より六月迄 在京阪,「御日記 明治元辰四月末より六月迄 在京阪」, 仙台・宇和島・吉田伊達家と徳川旗本内匠山口家略系図
2017.8 119, 7p A5 ¥1600 ①978-4-902416-39-8

◆田村の史蹟めぐり　高橋貞夫著　(会津若松)歴史春秋出版
【目次】田村郡三春町, 田村市船引地区（旧田村郡船引町）, 田村市大越地区（旧田村郡大越町）, 田村市常葉地区（旧田村郡常葉町）, 田村市滝根地区（旧田村郡滝根町）, 田村市都路地区（旧田村郡都路村）, 田村郡小野町
2017.4 182p B6 ¥1500 ①978-4-89757-902-3

◆誰にでもわかる安積開拓の話　助川英樹著　(会津若松)歴史春秋出版　改訂新版
【要旨】日本遺産指定認定記念出版。安積疏水2017年版。近代都市へ歩み続けてきた郡山の輝かしい水の物語に。
2017.5 211p A5 ¥1500 ①978-4-89757-903-0

◆竹生島―琵琶湖に浮かぶ神の島　竹生島奉賛会編　(長浜)竹生島奉賛会,（彦根）サンライズ出版 発売
【要旨】琵琶湖に浮かぶ竹生島は古来, 人々の信仰を集めてきた。日本三大弁天の一つが本尊の宝厳寺や, 本殿が国宝の都久夫須麻神社など, 島の歴史や文化財, 自然など, すべての魅力をオールカラーで紹介。
2017.9 190p B5 ¥1500 ①978-4-88325-603-7

◆地図と地形で楽しむ名古屋歴史散歩　都市研究会編　洋泉社（歴史新書）
【要旨】六千年前まで名古屋の半分は海だった―。名古屋の発展の鼓動は, 熱田神宮が熱田台地の先端に築かれ, 家康が清須の町を名古屋の台地に移させたことから飛躍的に発展を遂げる。地形や地名・歴史などの視点から, 知られざる魅力を再発見できれば, 名古屋散歩がいっそう楽しくなる！
2018.1 189p 18cm ¥950 ①978-4-8003-1402-4

◆地図と地形で楽しむ横浜歴史散歩　都市研究会編　洋泉社（歴史新書）
【要旨】知っているようで知らない「横浜市」の秘密。地形・地名・鉄道・道路から探る巨大都市「横浜」発展の謎と魅力とは？
2017.4 191p 18cm ¥950 ①978-4-8003-1205-1

◆地方史文献年鑑　2016　郷土史研究雑誌目次総覧20　飯澤文夫編　岩田書院
【目次】地方誌（北海道, 青森県, 岩手県, 宮城県, 秋田県, 山形県, 福島県, 茨城県, 栃木県, 群馬県 ほか）, 全国誌
2017 635p A5 ¥25800 ①978-4-86602-006-8

◆鶴屋駅弁当ものがたり　(熊本)鶴屋百貨店,（熊本）熊日出版 発売
【要旨】峠の釜めし, ますのすし, いかめし―御三家そろい踏みの奇跡を成し遂げた鶴屋駅弁大会。創成期から現在まで受け継がれる鶴屋のDNAとその神髄を探る。
2017.5 231p 18cm ¥1500 ①978-4-908313-25-7

◆ですかばあ北九州　石碑は語る　馬渡博親文, 赤星文明写真　(北九州)櫻の森通信社
【要旨】常陸丸の慰霊碑, ロシア兵卒の墓, フランス水兵の記念碑, カール・キヨーラーの墓, 安廣紫川・伴一郎の碑, 八幡校校須徳碑, 石材検校の墓碑, 蓮門教島村光津子碑, 山家先生之碑, 乃木希典居住の趾 ほか
2017.10 205p 15×21cm ¥2000 ①978-4-9905053-8-7

◆東北の近代と自由民権―「白河以北」を越えて　友田昌宏編著　日本経済評論社（東北アジア研究専書）
【目次】「白河以北」から自由民権運動研究に新たな息吹を！, 1 過去の研究が問いかけるもの（東北自由民権運動研究史の再検討―精神史の提唱をめぐって, 宮城県における自由民権運動の展開とその研究）, 2 各地における運動の展開（社会的弱者の民権運動―『朝野新聞』にみる宮城県の多彩な結社に注目して, 「反民権」の思想史―福島・喜多方事件再考のために, 山形県庄内地域の自由民権運動―ワッパ事件と三島県政との関連を中心に), 3 運動の背景とその後（明治初期のハリストス正教会と政治的活動―南部地域における動向を中心に, 雲井龍雄と米沢の民権家たち―精神の継承をめぐって, 自由民権運動から初期社会主義運動へ―単純論を軸として）, 東北自由民権運動関係文献目録（一九八六～二〇一五年）
2017.2 345p A5 ¥5800 ①978-4-8188-2451-5

◆徳一と勝常寺　白谷孝一著　(会津若松)歴史春秋出版
【要旨】徳一の実像と創建時勝常寺の推理を主題とし, 顕彰する完結編。「徳一の生きた時代」西暦七五〇年から八五〇年までの一〇〇年間, 多彩な活躍する天皇に依って冗長分し, 日本及び東国, 仏教界の様相を見る。生没年は, 先行研究を精査し, 鎌倉仏教期に成立した『恵日寺役記』と『南都高僧伝』に基づき, 「天平神護二年（七六六）生, 承和八年（八四一）没, 行年七十六」と訂正した。
2016.12 562p B6 ¥2700 ①978-4-89757-900-9

◆鳥取藩研究の最前線　鳥取藩政資料研究会編　(鳥取)鳥取県立博物館, 今井出版 発売　（付属資料：CD‐ROM1）
【要旨】鳥取藩の歴史を解き明かす複眼的研究書。建築史学生必見, 鳥取城御殿図等トレース図42点収録。
2017.3 331p A5 ¥3000 ①978-4-86611-065-3

◆名古屋地名ものがたり　杉野尚夫著　(名古屋)風媒社（爽BOOKS）
【要旨】「鶴舞」は「ツルマ」か「ツルマイ」か,「今池」は「馬池」にあらず, 本山は「ほんやま」が正解か…。地名を丹念に読み読き描いた知られざる15のストーリー。
2017.3 132p A5 ¥1600 ①978-4-8331-0171-4

◆なにわ大坂をつくった100人―その素顔を探し求めて 16世紀‐17世紀篇　関西・大阪21世紀協会編　(大阪)澪標（歴史は生きている―最新フィールドノート）
【目次】武野紹鷗（1502～1555年）, 三好長慶（1522～1564年）, 織田信長（1534～1582年）, 津田宗及（生年不詳～1591年）, 千利休（1522～1591年）, 顕如（1543～1592年）, 今井宗久（1520～1593年）, 豊臣秀吉（1537～1598年）, 細川ガラシャ（1563～1600年）, 小西行長（1558～1600年）〔ほか〕
2017.11 269p A5 ¥1600 ①978-4-86078-378-5

◆仁和寺尊寿院阿證―数奇な運命を仏道に生きた佐竹氏世子　神宮滋著　(横手)イズミヤ出版
【目次】第1章 汎乱の生涯（父義重, 鷹野に没す, 母は細谷氏 ほか）, 第2章 風雅のすさび（巻物上の和歌百首, その他の和歌 ほか）, 第3章 伝記（尊寿院伝記（仁和寺所蔵）, 尊寿院元祖開基記其の一（国典類抄）ほか）, 第4章 特定研究（居眠り一件, 薩嫡一件の「本質」ほか）, 結言
2017.1 227p A5 ¥2000 ①978-4-904374-28-3

◆幕末から明治に生きた会津女性の物語　(会津松)歴史春秋社出版　改訂新版
【目次】井深八重, おけい, 中野竹子, 大山捨松, 山川二葉, 瓜生岩子, メリー・ロレッタ・ダージス・ノグチ, 新島八重, 海老名リン, 照姫, 沼澤道子, 西郷千重子
2017.8 294p B6 ¥1500 ①978-4-89757-908-5

◆発掘された出雲国風土記の世界―考古学からひもとく古代出雲　内田律雄著　(松江)ハーベスト出版（山陰文化ライブラリー）
【要旨】考古学の視点から,『出雲国風土記』の世界を読み解く。村井康彦氏の創建伝承にせまる画期的論考など, 風土記研究に新たな視点をもたらす。
2017.5 261p B6 ¥1400 ①978-4-86456-245-4

◆藩地域の村社会と藩政―信濃国松代藩地域の研究 5　渡辺尚志編　岩田書院
【目次】第1編 藩地域の村社会と藩政（入会地開発訴訟にみる村と領主, 近世中期の上納制と土地所有秩序の変容―信州松代藩を事例として, 松代藩難渋村制度における指定・解除の実態の検討, 松代藩の社会政策―文政期の導入過程の検討, 松代藩道橋方の組織と水論処理―天保年間の八幡原一件を事例に), 第2編 藩地域の武士と町人（天保期松代藩における学問・知識の展開と「風俗」改革―山寺常山の交友と思想を中心に, 鎌原桐山『朝陽館漫筆』の基礎的研究―松代藩家中における記録の蒐集と継承, 天保期老中における手留の伝達と文書管理―水野家・真田家を事例に, 松代藩第九代藩主真田幸教の思想的背景―病弱な大名が物言う大名になるまで, 松代藩八田家の産物会所運営―天保期を中心に）
2017 405p A5 ¥8400 ①978-4-86602-982-5

◆「日出づる国」の山と海―大和・出雲・伊勢「東西」「天地」の信仰軸　伊藤通子著　(彦根)サンライズ出版
【要旨】「日出づる国」日本の「東西観（東西信仰）」と, 天地を結ぶ「柱を立てる」祭祀は, どのように生まれ, 受け継がれているのか。纏向遺跡や土偶「縄文のビーナス」, 諏訪大社の御柱祭, 出雲大社の高層神殿, 伊勢における夏至と冬至の太陽などから, そのルーツをたどり, それらが生み出した生活文化「神道」と稲作との密接な関係にふれるダイナミックで画期的な論考。
2017.7 268p B6 ¥1900 ①978-4-88325-618-1

◆非常非命の歴史学―東北大飢饉再考　菊池勇夫著　校倉書房
【要旨】非常・非命の歴史学―近世東北の災害・飢饉史, 1 非常態のなかへ（火事と飢饉―天明飢饉下の弘前藩, 飢饉のリアリティー―仙台藩天保七・八年の飢饉の場合), 2 情報・風聞とその実相（八戸藩の天明の飢饉情報―二つの書状から,『三川雑記』にみる盛岡藩の飢饉風聞―天保四・五年を中心に, 秋田藩家老切腹の風聞について―天保四年の飢饉責任, 天保四年の奥羽飢饉聞書について), 3 救済と備荒（救済をめぐる公権力と地域社会―天保飢饉下の八戸藩, 越後する飢人と領主的対応―天保四・五年の秋田藩と弘前藩, 天保の飢饉と備米―秋田藩の場合）
2017.1 276p A5 ¥8000 ①978-4-7517-4720-9

◆『常陸国風土記』入門ノート―風土記ロマン読む歩く　増田寧著　(流山)崙書房出版
【目次】1 総記, 2 新治の郡, 3 筑波の郡, 4 信太の郡, 5 茨城の郡, 6 行方の郡, 7 香島の郡, 8 那賀の郡, 9 久慈の郡, 10 多珂の郡, 11 奥書など
2017.3 613p A5 ¥4000 ①978-4-8455-1211-9

◆ヒロスケ長崎ぶらぶら歩き―まちなか編　町に人あり, 人に歴史あり　山口広助編著　(長崎)長崎文献社（長崎游学シリーズ 12）
【目次】第1章 駅前周辺, 第2章 市役所周辺, 第3章 県庁周辺, 第4章 宮ノ下周辺, 第5章 伊勢宮周辺, 第6章 中通り周辺, 第7章 浜町周辺, 第8章 大波止湊公園周辺, 第9章 銅座丸山周辺
2017.1 97p A5 ¥1000 ①978-4-88851-273-2

◆びわ湖 葛籠尾崎湖底遺跡の謎を解き明かす　山口隆雄著　ミヤオビパブリッシング,（京都）宮帯出版社 発売
【要旨】大正13年, 底引き網漁で多くの縄文・弥生土器が引き上げられて以来, 数多くの仮説が発表されたが, 今も定説はない。「琵琶湖最大の謎」に挑んだ著者の新たな仮説（新

説)とは？
2017.11 133p A5 ¥1200 ①978-4-8016-0133-8

◆福島県の古代・中世文書―福島県史資料編
福島県編纂　戎光祥出版　(『福島県史 第7巻 資料編2 古代・中世資料』新装・改題書)　復刻版
【要旨】福島県に関する古代の記録類や、江戸初期にまで至る中世史料を網羅した『福島県史 第7巻 資料編2 古代・中世資料』を復刊。新たな装丁のもと、震災等で失われた数多くの貴重な史料はよみがえりへ。ページが開きやすく、見開きで固定できる特殊製本技術を採用。使いやすさにも考慮した、古代・中世史研究者必携の史料集です。
2017.1 1171p A5 ¥8600 ①978-4-86403-232-2

◆福島のウォール街―福島市の銀行のあゆみ
柴田俊彰著　(会津若松)歴史春秋出版　(歴春ブックレット信夫 4)
【目次】福島のウォール街、甚兵衛火事と銀行、銀行設立の背景、県内初の銀行 第六国立銀行、第七国立銀行、福島銀行、明治一〇年代に進出した国立銀行、明治一〇年代に進出した私立銀行、明治一〇年代の銀行福島町周辺で設立された銀行等、明治二〇年代の銀行設立と進出、明治三〇年代から明治末一日本銀行福島出張所開設と新たな銀行、大正の銀行合併と福島の富士見銀行、県外から進出したその他の銀行、昭和の銀行設立と進出
2017.7 73p B6 ¥600 ①978-4-89757-907-8

◆富士見高原―環境と文化の50年　富士見高原愛好会編　彩流社
【要旨】堀辰雄『風立ちぬ』の舞台として知られる伝説の避暑地―その50年にわたる文化史。東北部には八ヶ岳山麓、西部には入笠山から釜無山地、甲斐駒ヶ岳に連なる南アルプスにはさまれ、富士見峠からは遠く富士山をのぞむ風大、で風光明媚な富士見高原は、毎夏、学問研究やそ学活動、芸術創作にいそしむ者たちにとって絶好の避暑地だった。その一方、公害をもたらす工場が誘致されるおそれもあった。それを阻止せんと、環境保護を標榜し結成された富士見高原愛好会の多士済々が織りなしてきた選りすぐりの文章を一冊にしました！
2017.8 287p A5 ¥2800 ①978-4-7791-2383-2

◆武州久良岐郡郷考　武内廣吉著　(横浜)まほらば書房
【目次】久良岐の地名の起り、戸籍と条里制、久良岐郡界の変遷、久良岐郡の郷名とその位置、久良岐郡の郡家郷に関する諸説、久良岐郡の郡家郷、郡家郷時代の久良岐郷・小田原時代の杉田郷、大岡川考、上大岡と下大岡並びに岩井ヶ原、杉田郷(郡家郷・久良岐郷)人物編、杉田の地名の起こり、鎌倉時代以後の金沢道、鎌倉隠し道、僧万里の『梅花無尽蔵』と下ノ道
2017.9 123p A5 ¥2100 ①978-4-943974-24-6

◆北條五代を支えた女性たち―小田原北條氏は平和外交を目指したのか　石井啓文著　(秦野)夢工房　(小田原の郷土史再発見 5)
【要旨】初代宗瑞・二代氏綱・三代氏康・四代氏政・五代氏直、北條五代の治世を女性の視点から解き明かす。戦国大名の弱肉強食とは一線を画す縁組・平和外交の実態と悲劇。数少ない女性史料を求め全国を渉猟する著者渾身の「郷土史再発見」。
2017.7 421p A5 ¥2500 ①978-4-86158-077-2

◆房総の仙客 日高誠實―日向高鍋から上総鴨ケ瀬へ　渡邉茂男著　創英社/三省堂書店
【要旨】日向高鍋藩(宮崎県)から häftmann鍋(千葉県)へ。近代国家の建設と教育に生涯を捧げた漢学者、日高誠實。世に知られないひとりの教育者が到達した「理」とは何か、人生の理想とは何であったか。
2017.5 264p B6 ¥1600 ①978-4-88142-157-4

◆本音で語る沖縄史　仲村清司著　新潮社　(新潮文庫)
【要旨】なにかと喧しい話題が多い沖縄。だが、日本と中国に挟まれたこれらの島々を「悲鳴の島」や「栄光の琉球王国」という紋切型のイメージでみると、その本当の姿を見誤る。国王即位を巡る後宮の陰謀、琉球史上最大の海戦の結末、離島を治めた女帝、最後の琉球王の淡い追憶など…「アジアの交差点」という琉球諸島に生きた人々の足跡を、沖縄人二世の視点で辿る。「沖縄の戦後史」を新たに収録！
2017.5 361p A6 ¥590 ①978-4-10-116344-4

◆松江城をつくった堀尾一族のあしあと　石井悠著　(松江)ハーベスト出版　(山陰文化ライブラリー 11)
【要旨】堀尾からはじまる松江城と城下町の歴史。関ヶ原の戦い後、徳川家康に出雲・隠岐24万石を封じられた堀尾一族。富田城から松江城築城、およそ30年にわたる統治と、その後の松江の姿を豊富な資料から紐解いていく。
2017.10 214p B6 ¥1200 ①978-4-86456-250-8

◆松戸市石造物遺産―ふるさと史跡を探訪　松戸史跡マップ研究会編集協力　万葉舎
【要旨】ふるさとの先祖が生きる情熱、生きる力を後世に伝え遺していた！ 2040基の石造物は文化遺産として今、よみがえる。学術的にも貴重なふるさとの史跡めぐりガイドブック。
2017.9 688p A4 ¥3241 ①978-4-86050-081-8

◆三河国、ここにはじまる！　安城市教育委員会, 土生田純之編　雄山閣
【要旨】桜井古墳群・鹿乗川流域遺跡群の歴史的価値をやさしく解説し、「三河国」につながる地域性を探る。研究者・地域住民・教育委員会が心を開いて討論し、地域の「文化財とまちづくり」を考える。
2017.10 220p A5 ¥2400 ①978-4-639-02527-6

◆陸奥(みちのく)烈女伝―安倍・清原・藤原三代を支えた母たち　三島黎子著　(矢巾町)ツーワンライフ
【要旨】なぜ、岩手の女性に良妻賢母が多いのか？ 古代から脈々と流れるそのDNAの謎を女性の視点から解き明かす。「人倫在世妻子」と立ち上がった安倍一族。「烈女」と称賛された安倍則任の妻、仏国土「平泉」を現出した藤原清衡を育てた「母」の一前、中尊寺に次ぐ観自在王院を建立した基衡の妻などその源流には陸奥の女らでは平安の雄々しい風土があった。安倍・清原・藤原へと続く血脈の内、これまで疑問とされてきた系図も著者の新しい視点ですっきりと読み解ける筆力は圧巻である。
2017.2 331p B6 ¥1600 ①978-4-907161-83-5

◆みむろ物語―見沼と氷川女体社を軸に　井上香厳羅著　(さいたま)さきたま出版会
【要旨】武蔵一宮氷川女体社の神域である三室を日本史の中で捉える。三室山信仰の謎。
2017.4 242p B6 ¥1200 ①978-4-87891-438-6

◆見る読む 静岡藩ヒストリー　樋口雄彦著　(静岡)静岡新聞社
【要旨】「静岡」の地名は明治維新直後に生まれた。幕府崩壊後、約70万石の一大名となった徳川家と旧幕臣たちは、この地で何をしたのか？ 大政奉還から150年。写真と史料で静岡藩の歴史がよくわかる！ 維新後の静岡を近代化に導いた旧幕臣たちと徳川家、静岡藩の物語。
2017.4 207p A5 ¥1800 ①978-4-7838-1086-5

◆武蔵の商都「引又」の栄光―新河岸川舟運を最大に享受　神山健吉著　(東松山)まつやま書房　(志木歴史考)
【要旨】江戸期から昭和中期にかけ新河岸川舟運で栄えた商業都市「引又」が埼玉県志木市に存在した。その「引又」研究を郷土史家が語る。
2017.4 287p A5 ¥1800 ①978-4-89623-104-5

◆宗像祭祀と大和のはじまり　占部玄海著　(福岡)櫂歌書房, 星雲社 発売
【目次】第1部 古事記にみる三女神降誕神話(宗像三女神降誕グラビア、古事記にみる宗像三女神誕生物語、古代の宗像・出雲・大和、皇統継承と宗像三女神の系譜)、第2部 宗像三女神の相、第3部 宗像三女神候補新原・奴山古墳群
2017.5 65p B5 ¥880 ①978-4-434-22959-6

◆目録で読む北奥新田農民生活史　舘山誠編著　(大阪)風詠社, 星雲社 発売
【目次】第1部 舘山藤右衛門家歴史資料目録編(村況、村政、租税、農地改革、消防、水利、教育、中泊氏栄会 ほか)、第2部 画像史料および翻刻・分析編(画像史料一覧、翻刻・分析史料一覧)
2017.12 234p B5 ¥1852 ①978-4-434-24086-7

◆ヤマトタケルと常陸国風土記　黒澤彰哉著　(水戸)茨城新聞社
【要旨】古代史の第一級史料といわれながら、謎の多かった『常陸国風土記』。本書では、風土記に記されたヤマトタケルの足跡を辿り、東国巡幸伝承を復原する。また、里(郷)などの記載順を丹念に紐解くことで、郡ごとに編纂された可能性を指摘。取り上げられた場所を現在地に位置づけ、人々を『常陸国風土記』の世界へ誘う。
2017.4 341, 9p A5 ¥3500 ①978-4-87273-457-7

◆横浜もののはじめ物語　斎藤多喜夫著　(横浜)有隣堂
【要旨】横浜の開港に伴い、居留外国人の手を経て今まで目にしたことのない様々な西洋文化がもたらされた。それはマッチやラムネなどの身の回りの品々から、医療・学術・スポーツはもちろん鉄道や水道などの社会基盤にまで及んで、日本人の日常生活を根底から一変させるものであった。それらの移入とその定着ての過程には、数多くの人々の努力や熱意、そして幸運が存在した。本書は、横浜において欧米から移入された数多くの「もののはじめ」を探りながら、幕末から明治初期にかけての、熱気に満ちた横浜の歩みを概観する。
2017.11 197p 18cm ¥1000 ①978-4-89660-225-8

◆横浜吉田新田と吉田勘兵衛―横浜開港前史
斉藤司著　岩田書院
【要旨】序章 江戸時代都市横浜の前史として、第1章 吉田勘兵衛の事蹟と顕彰(吉田家文書と吉田勘兵衛の顕彰活動、吉田勘兵衛の生涯と事蹟―「贈従五位吉田勘兵衛翁事蹟」を中心に)、第2章「開発前図」と「開発図」(「開発前図」を読む―新田開発以前の入海と沿岸の村々、「開発図」を読む―吉田新田の開発と経営(開発資金の調達―「惣中間」の人々、耕作の開始と農民の移住、耕地の分割と吉田新田の「完成」、吉田勘兵衛による耕地集積、吉田家による新田経営)、第4章 一八世紀～一九世紀半ばの新田開発(元禄一六年の地震・津波と宝永四年砂降りの被害、池上幸豊による開発計画と横浜新田、太田屋新田の開発)、終章 横浜開港と吉田新田開発の意義
2017 252p A5 ¥3200 ①978-4-86602-984-9

◆四日市昭和創世記 日比義太郎日記(翻刻) 1　大正十五年(1926)七月二十六日‐昭和二年(1927)八月二十四日　日比義也監修　(名古屋)人間社
【目次】埋立1―大正十五年七月二十六日・十一月二十二日、埋立2―大正十五年十一月二十三日‐昭和二年二月二十五日、セメント1―大正十五年十二月二十四日‐昭和二年二月十五日、セメント2―昭和二年二月十八日‐三月二十日、鉄道1―昭和二年三月二十五日‐五月四日、鉄道2―昭和二年六月六日‐八月二十四日
2017.7 531p A5 ¥4000 ①978-4-908627-14-9

◆米沢藩の武術　小野崎紀男著　(矢巾町)ツーワンライフ
【目次】第1章 米沢藩について、第2章 兵学・軍学、第3章 弓術、第4章 馬術、第5章 剣術、第6章 居合術、第7章 超刀術、第8章 槍術、第9章 砲術、第10章 棒術、第11章 鎖鎌
2017.3 260p A5 ¥2300 ①978-4-907161-86-6

◆琉球王国那覇役人の日記―福地家日記史料群 下冊剛著, 倉本一宏監修　(京都)臨川書店　(日記で読む日本史 17)
【要旨】近世琉球王家に仕えた福地家。そこに伝来する日記史料を読み解き、公と私のはざまに生きた役人たちの姿を明らかにする。
2017.11 214p B6 ¥3000 ①978-4-653-04357-7

◆琉球史料学の船出―いま、歴史情報の海へ
黒嶋敏, 屋良健一郎編　勉誠出版
【要旨】印章や花押、碑文や国王起請文、さまざまな史料が持っている歴史情報に着目し、琉球史料学が持つ魅力と可能性を提示する。「古琉球」「近世琉球」「周辺(中国・日本)」の3つの視点から、関連史料を分析・琉球の政治、社会、文化の様相を浮かび上がらせる。
2017.5 333p B6 ¥4200 ①978-4-585-22175-3

◆IJOS：International Journal of Okinawan Studies　Volume 7 December 2016　(西原)琉球大学国際沖縄研究所, 研究社 発売
【目次】論文(幕末琉球におけるベッテルハイムの宣教と崎浜の「殉教」―コンタクトゾーンにおける自律性についての一考察、19世紀中葉の西洋と琉球―フランス語史料にみる琉球所属認識並びに対外政策認識の変遷、Rising Ryukyus？ Ulterior Motives for the Production of Rising Ryukyus (1953)、Towards a Description of the Case System of Yoron Ryukyuan：The Nominative Case Particles Ga／Nu and the Bare Case、The Search for a Usable Past：The U.S.and the Lessons of the Occupation of Japan)、書評
2016.12 113p B5 ¥2000 ①978-4-327-33311-9

日本史

京都史

◆季語になった京都千年の歳事　井上弘美著
角川文化振興財団、KADOKAWA 発売
【要旨】春から新年まで、季節ごとの京都の50の歳事を案内。その歳事が行われる寺社の紹介と、名句が鑑賞できる一冊。伝統的な歳事から、一度は見たい奇祭まで。知られざる、未知の見どころを古今の名句とともに読み解く、新・京都歳事案内。
2017.4 235p B6 ¥1600 ①978-4-04-876457-5

◆京都地蔵盆の歴史　村上紀夫著　（京都）法藏館
【要旨】"京の伝統行事"として知られる地蔵盆。子どもたちによる流行現象にはじまり、現在京都の約8割の町で実施される年中行事へといったその歴史はどのようなものだったのか。またその歴史のなかでどういった意義が付与されてきたのか──。歴史学者が文献調査とフィールドワークの成果を基に描く、ディープ京都本！
2017.7 232p B6 ¥2000 ①978-4-8318-6237-2

◆京都　知られざる歴史探検　上　上京・洛北・洛東・山科　山田邦和著　新泉社
【要旨】いつも見ているけれど、知らなかった京都！　京都生まれ、京都育ちの歴史学者が案内する京都。
2017.10 286p B6 ¥2000 ①978-4-7877-1711-5

◆京都　知られざる歴史探検　下　下京・洛西・洛南・伏見・乙訓・宇治・南山城・丹波・丹後　山田邦和著　新泉社
【要旨】思いもかけないところで歴史に出会う京都！　平治の乱の真相は？　神様だって流罪にされる。映画に出演した古墳。
2017.10 285p B6 ¥2000 ①978-4-7877-1712-2

◆古都の占領―生活史からみる京都1945-1952　西川祐子著　平凡社
【要旨】1945年の敗戦で戦後がはじまったのではなく、1952年の講和条約発効までは休戦期であり、戦争状態はつづいていた─国は忘却に躍起となり、人々は故意に忘れたいと願った占領の事実から戦争そのものの構造を問う。10年をこえるフィールドワークを行い、虫の目と鳥の目をもって、小さな歴史（地方行政文書・住民証言）と大文字の歴史（政府行政文書・GHQ/SCAP文書）を最新のデジタル地図技術でけり合わせ、世代をつなぐ戦後史絵巻。路地裏のかそけき記憶。地面下の消えない歴史。
2017.8 507p B6 ¥3800 ①978-4-582-45451-2

◆時代別・京都を歩く―歴史を彩った24人の群像　蔵田敏明著　山と溪谷社　（ヤマケイ文庫）
【要旨】京に都を制定した桓武天皇にはじまり、藤原道長、在原業平、小野小町、光源氏、牛若丸と弁慶、世阿弥、織田信長、明智光秀、豊臣秀吉、千利休、於大、坂本龍馬、山南敬助、川端康成等々、日本史に名を残す人物24名と、市内に残るゆかりの地を紹介する異色の京都案内。著者によるユニークな人物紹介とともに、読んだらすぐに京都に出かけたくなる一冊。
2017.2 365p A6 ¥880 ①978-4-635-04826-2

◆知れば行きたくなる！　京都の「隠れ名所」　若村亮著　実業之日本社　（じっぴコンパクト新書）
【要旨】おもしろご利益、著名人ゆかりの地など、7つのテーマで魅力的な「隠れ名所」が集結。小さくても京都の歴史の奥深さを再発見！
2017.2 205p 18cm ¥800 ①978-4-408-00896-7

◆平安京は正三角形でできていた！　京都の風水地理学　円満字洋介著　実業之日本社　（じっぴコンパクト新書）
【要旨】平安京。条坊や建物はどう配置すべきか？　そんなときに参照されたのが五行説だった。万物は木・火・土・金・水のいずれかであり、それぞれが関係し合う。大路や建物をそれらに見立て、都を造っていったのだ。本書は、五行説の観点から地形や建物の関係性に注目し、なぜそこにあるのか、そこにどんな意図を込めたのかを考察していく。
2017.4 193p 18cm ¥800 ①978-4-408-45638-6

縄文・弥生時代

◆押型紋土器の広域編年研究―縄紋時代早期　岡本東三著　雄山閣
【要旨】回転施紋の押型紋土器から新たな描線施紋を獲得した沈線紋土器の出現によって、美術的にも装飾性が高い多様な縄紋土器に発展する。文様の「互換性」をキーワードにして地域間における同時代性を把握して、押型紋土器を軸とした縄紋時代早期の編年を構築。日本列島における地域間交流・交易や地域集団の動向をとおして、縄紋社会の構造と特質を明らかにする。
2017.9 342p B5 ¥14000 ①978-4-639-02500-9

◆さらにわかった！　縄文人の植物利用　工藤雄一郎、国立歴史民俗博物館編　新泉社　（歴博フォーラム）
【要旨】縄文時代の3分の2、9000年近くを占める前半期（草創期・早期・前期）は謎に包まれている。鳥浜貝塚・東名遺跡などの注目低湿地遺跡で見つかった植物質遺物、とくに多量に出土した編みかごの研究と最新の自然科学分析から、高度な植物利用の知識と技術の起源を解き明かす。
2017.3 212p A5 ¥2500 ①978-4-7877-1702-3

◆山陰地方における縄文文化の研究　柳浦俊一著　雄山閣
【要旨】山陰地方の縄文時代像を構築！　山陰地方の縄文土器の編年、自然環境と集落・生業、「第二の道具」などの信仰と習俗・精神性を、研究を踏まえる多角的かつ緻密に解明する。附編として山陰地方出土の人骨の炭素・窒素同位体比分析、骨角製装飾に関する論考を収録。
2017.5 306p B5 ¥12000 ①978-4-639-02478-1

◆縄文時代―その枠組・文化・社会をどう捉えるか？　山田康弘、国立歴史民俗博物館編　吉川弘文館　（歴博フォーラム）
【要旨】今日、考古学のみならず年代学や動植物学・人類学などの研究成果により、縄文の時代像が多様になってきている。縄文文化の範囲や地域性、社会の複雑化など、気鋭の研究者たちが論じ、縄文時代研究の到達点を示す。
2017.3 228p A5 ¥2700 ①978-4-642-08311-9

◆縄紋時代史　上　縄紋人の祖先たち　安斎正人著　敬文舎
【要旨】初の縄文時代通史、ついに刊行!!安斎考古学の集大成。
2017.12 375p A5 ¥9500 ①978-4-906822-50-8

◆縄紋時代の実年代―土器型式編年と炭素14年代　小林謙一著　同成社
【要旨】列島各地で出土する土器付着物等の炭素14年代測定例3287点の分析から較正年代を算出し、縄紋時代13000年間の土器型式別実年代を検証。弥生時代開始期も視野に入れ、縄紋時代の暦年代比定を総括する。
2017.11 263p A5 ¥4800 ①978-4-88621-774-5

◆縄文時代の社会複雑化と儀礼祭祀　谷口康浩著　同成社
【要旨】縄文人の死生観・祖霊観とは。縄文社会はなぜコメを受け入れたのか。葬制が発達し儀礼祭祀が盛行した縄文後・晩期の文化変容は何を意味するのか。またそれは社会の複雑化や農耕受容とどのように関係していたのか。原始共同体という縄文時代像を脱却し、新たな歴史観で捉える。
2017.3 319p A5 ¥6500 ①978-4-88621-757-8

◆縄文の奇跡！　東名遺跡―歴史をぬりかえた縄文のタイムカプセル　佐賀市教育委員会編　雄山閣
【要旨】有明海に沈んだまぼろしの縄文文化。8,000年前の日本には、すでに豊かな物質文化と精神文化が存在した！　国史跡がまるごとわかる！　第一線で活躍する考古学と自然科学の研究者をはじめ、バスケタリー作家・イラストレーター（総勢22名）が語る日本文化の起源。
2017.1 279p A5 ¥2600 ①978-4-639-02443-9

◆縄文の思想　瀬川拓郎著　講談社　（講談社現代新書）
【要旨】アイヌ・海民・南島…。縄文は、生きている！！　われわれの内なる「縄文性」に迫る、まったく新しい縄文論。
2017.11 266p 18cm ¥840 ①978-4-06-288454-9

◆縄文文化―入門から展望へ　今村啓爾著　ニューサイエンス社　（考古調査ハンドブック17）
【目次】1 縄文時代とは何か、2 年代差と地域差、3 物質文化、4 縄文人のかたち、5 社会のかたち、6 縄文人の知恵、7 世界の中の縄文文化
2017.10 236p A5 ¥3000 ①978-4-8216-0529-3

◆知られざる縄文ライフ─え？　貝塚ってごみ捨て場じゃなかったんですか!?　譽田亜紀子著, 武藤康弘監修　誠文堂新光社
【要旨】はじめに　彼らに会いに行く前に知っておきたい縄文知識（縄文基本のキ、縄文人はどこから来たの？　ほか）、1章 縄文人のすがたと暮らし（向こう三軒両隣のお付き合い、縄文人の1日　ほか）、2章 縄文人の一生（縄文人のライフステージ、遊びは学び　ほか）、3章 縄文人と食（食料調達が一番のお仕事、縄文食料事情　ほか）、4章 縄文の祈り（太古の祈り、ストーンサークルと時の流れ　ほか）
2017.3 159p A5 ¥1500 ①978-4-416-71616-8

◆進化する縄文土器―流れるもようと区画もよう　長野県立歴史館編　（長野）信毎書籍出版センター
【要旨】長野県立歴史館平成29年度秋季企画展「縄文土器展2」。
2017.9 135p B5 ¥1111 ①978-4-88411-148-9

◆図説　縄文人の知られざる数学――一万年続いた縄文文明の正体　大谷幸市著　彩流社
【要旨】縄文文明は、双曲図形と楕円図形の曲線図形が基本だ！　森羅万象を結ぶこの"異形同質を結ぶ方法"こそ彼らが自然界から学んだ幾何学だった！
2017.7 371p A5 ¥3500 ①978-4-7791-2333-7

◆東北アジアの初期農耕と弥生の起源　宮本一夫著　同成社
【要旨】土器・石器の編年、墓葬分析などの考古学的検証により、東北アジア初期農耕化4段階説をあらためて論証。あわせて当該期の気候変動や人間の移動と言語系統の関係性に言及し、縄文から弥生への実像を描く。
2017.2 311p B5 ¥10000 ①978-4-88621-751-6

◆土偶界へようこそ―縄文の美の宇宙　譽田亜紀子著　山川出版社
【要旨】土偶のお尻、見たことありますか？　日本最古のフィギュア、360度大解剖。
2017.6 195p B6 ¥1600 ①978-4-634-15114-7

◆ニシキトベの復活―太古の記憶の解放、根源的な生への回帰　佐藤シューちひろ著　ナチュラルスピリット
【要旨】縄文の熊野の女酋長ニシキトベを通して、人間本来の姿を取り戻す！　熊野の磐座、レイライン、陰陽、女と男、レムリア、縄文と征服者カムヤマトイワレビコ、ニギハヤヒ、和合―。封じ込められた記憶を解放してゆく…。
2017.5 270p B6 ¥1600 ①978-4-86451-240-4

◆日本旧石器時代の起源と系譜　安蒜政雄著　雄山閣
【要旨】海をも渡って旧移住民がやってきた―北海道と九州に分かれた新移住民が渡来。環日本海旧石器文化回廊を巡る石器作り・集団構成・イエ造り・ムラ構えの連動した東アジアの中の日本列島の旧石器時代史を解明！！
2017.3 254p A5 ¥4200 ①978-4-639-02473-6

◆火と縄文人　髙田和徳編　同成社　（ものが語る歴史シリーズ 34）
【要旨】調理や暖房、あかり、祭祀の場面など、くらしに不可欠な「火」。その火を巧みに利用していた縄文人のくらしについて、御所野遺跡や北方民族の事例、民俗学的な見地を踏まえて検証し、縄文人の世界観に迫る。
2017.2 146p A5 ¥3300 ①978-4-88621-748-6

◆文明に抗した弥生の人びと　寺前直人著　吉川弘文館　（歴史文化ライブラリー）
【要旨】水田農耕や金属器などの新文化を、列島の在来社会はどう受け止めたのか。縄文の伝統をひく土偶や石棒など儀礼品から、打製石器に着目し、文明に抗う人びとを描く。大陸文明の受容だけでは説明できない弥生の今に迫る。
2017.7 309p B6 ¥1800 ①978-4-642-05849-0

◆弥生時代国家形成史論―弥生時代政治史研究　寺沢薫著　吉川弘文館
【目次】第1部 集落と地域社会構造の展開（環濠集落の成立とその系譜、環濠集落の内的発展と首長層の成長、弥生時代地域社会構造論の試み

―大和弥生社会の展開とその特質)、第2部 政治的社会の醸成と首長墓の形成(戦争の発生と階級的首長の出現、北部九州の首長墓形成―王墓の形成と階級構造の重層性、方形墓の系譜と近畿周辺の首長墓形成 ほか)、第3部 日本列島の国家形成(日本古代国家形成史研究の現状と理論的問題、弥生時代論の試み、日本列島における国家形成の枠組み)
2018.1 690p B5 ¥35000 ①978-4-642-09351-4

◆弥生時代人物造形品の研究　設楽博己, 石川岳彦著　同成社
【要旨】弥生時代の人物造形品について全国悉皆調査を行い、600余点を集成。起源、分布状況や特質を抽出し、縄文時代や古墳時代との相違・継承点を分析するほか、中国の出土例を含めた考察により、その文化変容と社会的背景を論究する。
2017.3 290p B5 ¥9800 ①978-4-88621-758-5

◆弥生時代って、どんな時代だったのか?
藤尾慎一郎編　朝倉書店　(国立歴史民俗博物館研究叢書)
【目次】序章 弥生時代像の再構築、第1章 縄文から弥生へ、第2章 むら、まち、人口、第3章 金属器との出会い、第4章 青銅器のまつり、第5章 弥生文化の北の隣人―続縄文文化、第6章 弥生時代から古墳時代へ―時代を越えた鏡の視点
2017.3 172p A5 ¥3400 ①978-4-254-53561-7

◆弥生時代のモノとムラ　秋山浩三著　新泉社
【目次】第1部 土器移動と地域間交流(「河内系」土器について、弥生拠点集落における土器搬入の実態、吉備・近畿の交流と土器、近畿の下川津B類土器(讃岐産)をめぐって、「土佐産」弥生後期土器の近畿所見例をめぐる検討)、第2部 農具と耳飾と、(「大足」の再検討、稲株状痕跡の新視角―現生稲の経時観察・「発掘」と軟X線分析による試考)、第3部 理化学分析・試考実験と実年代論(年代測定法―近年の理化学的手法・「二つの事件」と弥生実年代論、弥生時代の被熱変形土器類と試考実験、銅鐸鋳型の試考実験と試考実験)、第4部 大形建物と史跡整備(教科書に登場する遺跡―池上曽根遺跡、実録!池上曽根大形建物・井戸の復原工事)、第5部 集落特性と専業・都市論(弥生「集住」集落の基本特性、弥生の風と火と水と―事業生産の理解をめぐって、チャイルドの「長距離交易」と唐古・鍵～纒向の時代)
2017.3 429p B5 ¥15000 ①978-4-7877-1703-0

◆弥生文化形成論　設楽博己著　塙書房
【目次】縄文系弥生文化の構想、第1部 土器の様式編年と年代論、第2部 生業論、第3部 社会変動と祖先祭祀、第4部 縄文系の弥生文化要素、第5部 交流と新たな社会の創造、農耕文化複合と弥生文化
2017.2 626p B5 ¥18000 ①978-4-8273-1289-8

📖 古代史(邪馬台国～平安)

◆飛鳥京物語 律令国家への道　尾崎桂治著　三樹書房
【要旨】内乱に勝利した大海人大王は新しい国づくりを始めた。それから律令国家になるまで三十年かかっていろう。そのあいだにも大宮が誕生、新益京(藤原京)に遷都した。その後、若い大王が誕生し、時代は大きく動いた。女帝の時代が続いたのはなぜか。新益京はなぜ棄てられたか。唐の律令を参考にしながら成立したわが国の律令制度の特徴は? 藤原不比等はどのようにして頂点まで登り詰めたのか。そして『日本書紀』はどのようにして誕生したのか。
2017.3 389p A5 ¥3000 ①978-4-89522-657-8

◆飛鳥・藤原京を読み解く―古代国家誕生の軌跡　国立文化財機構奈良文化財研究所編　クバプロ
【要旨】古代国家誕生の歴史を奈文研の気鋭の研究者六名が、最近の研究成果、キトラ古墳天文図、木簡、大宝元年元日朝賀と宝幡・四神幡、飛鳥寺塔心礎埋納品、銀銭―銅銭―をもとに新しい視点で読み解いた解説書。熊本史氏がイラストを添える。白鳳衣裳と天平衣裳もあわせて紹介。
2017.10 194p A5 ¥2600 ①978-4-87805-154-8

◆飛鳥文化と宗教争乱―伝承の日本史　斎木雲州著　(藤沢)大元出版
【目次】蘇我王国と仏教、継体大王の都、越前出身の大王、欽明王と外来宗教、幸ノ神と仏教、宗教争乱と四天王寺、女帝と太子の対立、小治

田宮の尾治大王、上宮法王の昇天、舒明・孝徳と石川勢力、間人・斉明と天智大王、壬申の乱以後、付録 大王と豪族の系図
2017.7 221p A5 ¥2778 ①978-4-901596-16-9

◆穴師兵主神の源流―海東の古代史を繙く　皆神山すさな著　彩流社
【要旨】日本古代史は"一国史観"では何も見えてこない! 全国にある兵主神の源流を求めて、目を北東アジアに向けたとき、朝鮮半島を舞台に繰り広げられる高句麗、新羅、百済、任那諸国の覇権争いに倭王権の関与が見られる。
2017.10 226p B6 ¥2000 ①978-4-7791-2410-5

◆阿倍氏の研究　大橋信弥著　雄山閣　(日本古代氏族研究叢書 7)
【要旨】地方豪族や渡来氏族を同族に組み込み、マエツキミ(大夫)の筆頭として大和政権の中枢で多方面的な活動を示すなど、様々な顔を持つ阿倍氏。継体・欽明朝から、急速に政権中枢に進出し、蘇我氏とともに政局を牽引した阿倍氏とその一族のルーツと氏族的性格を、王権儀礼や海外交渉、さらにミヤケ運営への関与などのほか、同祖系譜の成立過程の詳細な分析から検証する。
2017.12 267p A5 ¥5000 ①978-4-639-02543-6

◆天照大神は卑弥呼だった―邪馬台国北九州説の終焉　大平裕著　PHP研究所
【要旨】天孫降臨の謎が解けた! 出雲大社は大和朝廷の戦勝記念碑、天孫降臨は瓊瓊杵尊の熊襲(九州南部)平定物語であった。
2017.6 249p B6 ¥1600 ①978-4-569-83827-4

◆失われた倭国年号"大和朝廷以前"―古田史学論集『古代に真実を求めて』第20集　古田史学の会編　明石書店
【目次】1 倭国(九州)年号とは(初めて「倭国年号」に触れられる皆様へ、「九州年号(倭国年号)」が語る「大和朝廷以前の王朝」、九州年号(倭国年号)偽作説の誤謬―所功『日本年号史大事典』「年号の歴史」批判、倭国年号の史料批判―「二中歴」九州年号原型論と学問の方法、「二中歴」細注が明らかにする九州王朝(倭国)の歴史)、2 次々と発見される「倭国年号」史料とその研究(九州年号「大長」の考察、「近江朝年号」の考察、九州王朝を継承した近江朝廷―正木新説の展開と考察、越智国・宇摩国に遺る「九州年号」、「九州年号」を記す一覧表を発見―和水町前原の石原家文書 ほか)
2017.3 189p A5 ¥2200 ①978-4-7503-4492-8

◆海の向こうから見た倭国　高田貫太著　講談社　(講談社現代新書)
【要旨】倭国だけ見ていては見えないことが、朝鮮半島という「外部」の目を使えば見えてくる。古墳時代の日韓交流は、従来、倭も百済、新羅、加耶など朝鮮半島の国々も、強力な権力を有する中央(倭の場合にはヤマト王権)が鉄などの必需品の対外交易をすべて掌握し、地方の権力者に分配していたと考えられてきた。しかし近年の日韓両国の考古学の進展により、事実はもっと複雑だったことが明らかになっている。日本の古墳から朝鮮系の遺物が、朝鮮半島の古墳からは倭系遺物が数多く出土する。のみならず、朝鮮半島南西部には倭独自の古墳である前方後円墳が築かれた時期さえあった。両者の交易は多様で、その中心を担ったのは「中央」ではなく、大小様々な地方の勢力だった。対外交易ルートをヤマト王権が手中に収めたのは、従来よりもかなり遅い六世紀の前半。北九州の「君主」だった磐井を倒したことで、ようやくその長い行ないかあった。新世代の研究者による斬新な研究アプローチ。歴史研究の醍醐味を味わうことのできる1冊。
2017.2 289p 18cm ¥880 ①978-4-06-288414-3

◆越境の古代史　田中史生著　KADOKAWA　(角川ソフィア文庫)　(『越境の古代史―倭と日本をめぐるアジアネットワーク』改題書)
【要旨】日本各地の首長層とアジア諸地域との直接的な交流、新羅商人の国際的な人脈、倭人の国際交流の歴史だった朝鮮半島南部・加耶との関わり。古代人は、互いをつなぐ驚くほど多様な社会的装置を持ち、それを駆使し、使い分けて、越境的なネットワークを育てていた。倭国時代から律令国家成立以降まで、古代の列島と半島の歴史を実証しながら再現。国家間の関係として描かれてきた古代日本とアジアの関係史を見つめ直す。
2017.6 288p A6 ¥800 ①978-4-04-400262-6

◆小野妹子・毛人・毛野―唐國、妹子臣を号けて蘇因高と曰ふ　大橋信弥著　(京都)ミネルヴァ書房　(ミネルヴァ日本評伝選)

【要旨】小野妹子・毛人・毛野(七～八世紀初頭)古代の豪族・貴族。遣隋使に登用され推古朝で活躍した小野妹子。そしてその衣鉢を継ぐように重要な地位を占める子の毛人、孫の毛野。本書は文献史料および考古資料を駆使してその事績を読み解くと同時に、奈良時代から平安時代に活躍したその後の小野氏の群像までを追う。
2017.12 326, 13p B6 ¥3500 ①978-4-623-08168-4

◆解析『日本書紀』―図版と口語訳による『書紀』への招待　相原精次著　彩流社
【要旨】初心者から専門家まで、『日本書紀』を身近にする基本図書! 『日本書紀』の全体構造を七層化で図解し、層ごとに登場する主な人物関係を系図化して示す。『日本書紀』の特色、読み方、楽しみ方を親しみやすいビジュアル化した編集のもとに解析。口語訳は簡明に。
2017.7 396p A5 ¥5500 ①978-4-7791-2316-0

◆鏡が語る古代史　岡村秀典著　岩波書店　(岩波新書)
【要旨】中国の皇帝が邪馬台国の卑弥呼に贈った「銅鏡百枚」。日用の化粧具のほか、結婚のしるし、護符、政権のプロパガンダなど、さまざまに用いられた古代の鏡は、どのようにしてつくられ使われてきたか。鏡づくりに情熱を注いだ工匠たちの営みに注目しつつ、図像や銘文を読み解くことから、驚くほど鮮やかに古代びとの姿がよみがえる。
2017.5 231, 13p 18cm ¥860 ①978-4-00-431664-0

◆柿本人麻呂　多田一臣著　吉川弘文館　(人物叢書)　新装版
【要旨】持統朝に活躍した歌人。下級官人として朝廷に出仕し、草壁・高市皇子らへの挽歌、吉野行幸の際の宮廷讃歌など、多くの儀礼歌を作ったほか、物語性の強い創作歌や瀬戸内海などへの旅の歌も残した。和歌の独自の表現を創造して、その人間像は後世に悲劇性を帯びて神格化した。『万葉集』を唯一の手がかりにしながら、謎に包まれた「歌聖」の生涯に迫る。
2017.6 244p B6 ¥2100 ①978-4-642-05281-8

◆覚醒する"関東"―平安時代　荒井秀規著　吉川弘文館　(古代の東国 3)
【要旨】平安時代、東国の律令社会はどのように変化したのか。「兵」誕生と勢力拡大の背景を、事件・災害・土地開発・信仰・他地域との交流などから探る。「関東」としての自立に目覚め、古代社会の終焉に向かうさまを描く。
2017.6 297, 23p B6 ¥2800 ①978-4-642-06820-8

◆神楽が伝える古事記の真相―秘められた縄文の記憶　高見乾司著　廣済堂出版　(廣済堂新書)
【要旨】アマテラスやウズメ、海幸彦など、『古事記』でおなじみの神々が登場する神楽。しかし、『古事記』の物語をそのまま演じているわけではない。日本列島には、大和政権の担い手である渡来民がやってくるよりずっと以前から、自然と共生して暮らしてきた人々がいた。その先住民の伝承―縄文にまでさかのぼる古層の記憶や、渡来民との衝突と和解の物語―が、神楽にはゆるやかに織り込まれている。
2017.4 191p B6 ¥1000 ①978-4-331-52088-8

◆火山で読み解く古事記の謎　蒲池明弘著　文藝春秋　(文春新書)
【要旨】なぜ、古事記神話は日向(九州南部)と出雲(島根県)を主な舞台としているのか。もし、7300年前の巨大噴火を縄文人が記憶していたのだとしたら―。地質学データ、足で集めた情報をもとに古事記神話の謎ときに挑戦する。
2017.3 252p 18cm ¥920 ①978-4-16-661122-5

◆官衙・集落と土器 2　宮都・官衙・集落と土器 第19回古代官衙・集落研究会報告書　奈良文化財研究所研究報告 第18輯　クバプロ　(奈良文化財研究所研究報告 第18輯)
【目次】1 報告(東国の官衙・集落と土器様相―常総地域を中心に、豊前・豊後の官衙・集落と土器様相、越後の官衙・集落と土器様相、陸奥国北辺における城柵の造営と集落―土器―賀美郡と栗原郡の様相から、古代宮都とその周辺の土器様相―「律令的土器様式」の再検討、難波地域とその周辺の土器様相、南山城地域における官衙と集落の土器様相について)、2 討議
2016.12 278p A4 ¥3500 ①978-4-87805-149-4

◆元慶の乱と蝦夷の復興　田中俊一郎著　郁朋社
【要旨】北東北の朝廷支配から脱却すべく蜂起した蝦夷と天変地異の中、奥地に散逸した百姓(編

日本史

戸の民）が、新たな共同体を構築するまでの過程を検証する。第17回歴史浪漫文学賞特別賞受賞作。
2017.10 271p B6 ¥1600 ①978-4-87302-660-2

◆**紀氏・平群氏―韓地、征東で活躍の大族** 宝賀寿男著 （田原本町）青垣出版、星雲社 発売
（古代氏族の研究 10）
【目次】1 序説、2 紀氏の初期段階の動向と都怒国造、3 紀臣氏の先祖と平群氏の動向、4 大化前代の紀一族の活動、5 飛鳥時代及び奈良時代の紀一族、6 平安時代の紀一族の動向、7 紀伊国における紀臣氏と紀直氏、8 中世の紀氏一族の後裔諸氏、まとめ
2017.6 226p A5 ¥1400 ①978-4-434-23368-5

◆**魏志倭人伝精読―卑弥呼と壹與** 山下浩著 東京図書出版、リフレ出版 発売
【要旨】歴史のジグソーパズルの中で、宙に浮いている卑弥呼と邪馬台国。ひとつひとつピースを並べていくと…。
2017.3 168p B6 ¥1300 ①978-4-86641-046-3

◆**九州王権と大和王権―中小路駿逸遺稿集** 中小路駿逸著 （福岡）海鳥社
【要旨】大和王権は九州の王権の傍流だった。天武天皇即位の宣命は、九州の「倭国」が受け継ぐ本流の名分を大和の王権に継承した宣言であることを指摘。大和なる天皇家の王権に古代中心的権力はなかったとする「一元通念」は、根拠がなく学理上無効であることを論証し、真実の古代史像を描き出す。
2017.6 270p A5 ¥2500 ①978-4-86656-007-6

◆**行基と長屋王の時代―行基集団の水資源開発と地域総合整備事業** 尾田栄章著 現代企画室
【要旨】天平の名僧・行基と悲劇の宰相・長屋王の、「水」にまつわる意外な絆とは？「天平十三年記」に記録された行基集団の社会事業を、熟達の河川実務家が史料と現地の状況に即して詳細に読み解く。そこから浮かび上がってきたのは、従来の定説をはるかに超える行基による開墾事業のスケールの大きさと、律令国家創成期の政権内で繰り広げられた歴史の秘められたドラマだった。
2017.1 407p A5 ¥2400 ①978-4-7738-1701-0

◆**郡庁域の空間構成 第20回古代官衙・集落研究会報告書** 国立文化財機構奈良文化財研究所編 クバプロ （奈良文化財研究所研究報告 第19冊）
【目次】1 報告〔遺構からみた郡庁の建築的特質と空間的特質、九州の郡庁の空間構成について、郡庁域の空間構成―西日本の様相、弥勒寺東廻廊跡（史跡弥勒寺官衙遺跡群）の郡庁院―変遷の把握とその意味、関東地方における郡庁域の空間構成、東北の郡庁の空間構成、東海からみた郡庁内・郡庁域の空間構成〕、2 討議
2017.12 238p A4 ¥3000 ①978-4-87805-155-5

◆**消された古代史** 松尾清著 （福岡）梓書院
【要旨】古事記、魏志を読み解いて古代史の謎に迫る。
2017.4 107p B6 ¥1100 ①978-4-87035-597-2

◆**建築から見た日本古代史** 武澤秀一著 筑摩書房 （ちくま新書）
【要旨】建築とは、権力者たちが駆使した政治的言語である―。日本誕生の舞台となる古代において、権力者が自らの権威を明らかにし、体現する文明の壮大さ、美意識の優越を高らかに宣言する最大最強のメディアであった。飛鳥寺、法隆寺、四天王寺から本薬師寺、伊勢神宮式年遷宮にいたるまで、建築様式や構造、配置パターンのなかに、母系と父系、天皇と豪族、ナショナリズムと文明開化、それぞれの葛藤と融合を見いだし、まったく新しい日本古代史を組み立てる。
2017.4 426p 18cm ¥1200 ①978-4-480-06956-6

◆**光明皇后―平城京にかけた夢と祈り** 瀧浪貞子著 中央公論新社 （中公新書）
【要旨】大宝元年（七〇一）、藤原不比等の子として生まれ、同い年の聖武天皇と同じ邸宅で育った光明子。やがて皇后となり、天武‐文武‐聖武となる皇統の継承が最大の使命となる。長屋王の変、相次ぐ遷都、身近な人々の死など、動乱の荒波は彼女にひとときの安らぎも与えることはなかった。「稀代の女傑」か、慈悲深い篤信の女性か。毀誉褒貶半ばする光明皇后の心奥まで光をあて、天平のヒロインの実像にダイナミックに迫る。
2017.10 282p 18cm ¥880 ①978-4-12-102457-2

◆**国造制・部民制の研究** 篠川賢, 大川原竜一, 鈴木正信編著 八木書店古書出版部, 八木書店 発売
【要旨】大和王権は日本列島をどのように支配したのか。古墳から飛鳥時代に、地方支配の中核を担った国造制と部民制に注目し、大和王権による列島支配の実態を解明。部民制・伴造制の文献目録・関連史料集も作る。
2017.10 388p A5 ¥10000 ①978-4-8406-2222-6

◆**国民のための日本建国史 神武東征から邪馬台国「謎」の時代を解き明かす** 長浜浩明著 アイバス出版 （国民のための日本建国史―すっきり分かる日本の国のはじまりと成り立ち」改訂・改題書） 改訂新版
【要旨】「神武東征は史実」を論証！神武天皇の存在を科学的・論理的に解き明かした衝撃の書。
2017.2 287p B6 ¥1500 ①978-4-907322-01-4

◆**古事記学者（コジオタ）ノート―神話に魅せられ、列島を旅して** 三浦佑之著 青土社
【要旨】「浦島太郎」は昔話ではなく恋愛小説、金印「漢委奴國王」は偽造、古事記の序は偽書では、律令国家の歴史書ではない…。ときに天衣無縫、ときに傍若無人。異色の古代文学者の魅惑の世界へようこそ。見破りな説を展開しつづける「不良」研究者のすべて。
2017.1 274, 8p B6 ¥2400 ①978-4-7917-6968-1

◆**古事記―日本の原風景を求めて** 梅原猛, 上田正昭, 三浦佑之, 上野誠著 新潮社 （とんぼの本）
【要旨】地上に強大な国を築いた出雲、神々が降り立った日向、神武東征の輝かしき終着点である大和―。編纂されて1300年、現存する日本最古の歴史書『古事記』のふるさとを訪ねて見えてきたのは、いにしえより続く、美しき日本の姿でした。泰斗による対談や、国文学者2人による紀行、イラストすごろくも収録。知っているようで知らなかった『古事記』の世界を、その舞台とともに、分かりやすく案内します。
2017.9 123p 22×17cm ¥1600 ①978-4-10-602277-7

◆**古事記新解釈―南九州方言で読み解く神代** 飯野武夫著, 飯野布志夫編 鳥影社
【要旨】古事記上巻の謎めいた言葉は南九州方言で初めて読み解けることを発見した労作。神代の諸相が浮かび上がる。
2016.12 399p B6 ¥4800 ①978-4-86265-582-0

◆**古事記と日本書紀どうして違うのか** 武光誠著 河出書房新社 （KAWADE夢文庫）
【要旨】二代から九代までの天皇の重要な記事が違うのは、なぜか？天孫ニニギの人物像が、別人のように描かれている理由は？出雲神話と大国主命の取り上げ方に大きく異なる事情とは？『日本書紀』が、黄泉国訪問を詳しく書かない意図とは？邪馬台国の卑弥呼についての記述はあるのか？数々の疑問から、歴史の紡ぎ手の作為・思惑が浮かび上がる！天武天皇が国史を二つつくらせた理由。
2017.12 222p B6 ¥680 ①978-4-309-49980-2

◆**古事記の暗号―古史古伝「竹内文書」を継承する第73世・武内宿禰が神々の秘密を明かす!!** 竹内睦泰著 学研プラス
【要旨】「正統竹内文書」で読み解く！「古事記」に隠された神話の真実！正しい「日本建国」の歴史がここに！
2017.8 195p B6 ¥1600 ①978-4-05-406573-4

◆**古事記の神様ゆかりの地を旅する** 大江秀人著 セルバ出版, 創英社/三省堂書店 発売
【要旨】「古事記」に登場する神様は、その言動に意外と人間臭さもある。神様の人間臭さのなせる業が転化し、ほとんどの地が、今ではパワースポットとなる。淡路島、出雲市、宮崎市、鳥取市など15府県31市町村へ、46箇所の神様ゆかりの地を旅する。
2017.4 159p B6 ¥1600 ①978-4-86367-327-4

◆**古事記の邪馬台国―正統竹内文書より** 竹内睦泰著 青林堂
【要旨】前作『古事記の宇宙』で正統竹内文書に伝わる古事記の全貌を解き明かした著者がいよいよ邪馬台国の所在地、卑弥呼の正体を明かす！邪馬台国論争終結の書。
2017.4 226p B6 ¥1200 ①978-4-7926-0585-8

◆**古代飛鳥の都市構造** 相原嘉之著 吉川弘文館
【要旨】大宝元年（701）正月、律令制度が完成して誕生した「日本国」。時の為政者である「天皇」はどのような政治判断をし、いかなる理念

のもとに国家形成を行なっていたのか。最新の考古学成果をもとに飛鳥、近江、藤原京の成立過程を追究。7世紀の王宮の変遷や構造、官衙の成立、飛鳥地域の都市構造を解き明かし、律令国家の形成過程を展望する。
2017.3 386p A5 ¥11000 ①978-4-642-04635-0

◆**古代出雲ゼミナール―古代文化連続講座記録集 4** 島根県古代文化センター編 （松江）ハーベスト出版 （山陰文化ライブラリー 13）
【要旨】それぞれの研究者がつむぐ古代出雲像。古代史・考古学・国文学など、最新の研究から次々に明らかになる古代出雲の姿。若手から中堅・ベテランまで、幅広い年齢と専攻の講師陣がおくる講座記録集第4弾。
2017.10 232p B6 ¥1000 ①978-4-86456-259-1

◆**古代尾張氏とヤマト政権―「東夷圏」のなかの日本古代史物語** 野原敏雄著 （名古屋）愛知書房
【目次】プロローグ 熱田奉置の草薙剣にまつわる不思議、第1章「東夷圏」のなかで倭を考える、第2章 ホムタ（応神）の出現で急転する倭の国家形成、第3章「東夷圏」の覇者をめざした倭王たちの試み、第4章 継体天皇を実現させた尾張氏の意図と結末、エピローグ「草薙剣が天武に祟った」と、なぜ信じられたか、付録 歴代天皇登号
2017.5 239p A5 ¥2500 ①978-4-900556-59-1

◆**古代豪族葛城氏と大古墳** 小笠原好彦著 吉川弘文館
【要旨】奈良盆地南西部に葛城氏の大型古墳が集中して造られたのはなぜか。考古学による研究成果と『古事記』『日本書紀』の首長系譜を対比し、葛城氏の被葬者をすべて想定。畿内の最有力豪族の政治力、経済力、軍事力を解明する。
2017.9 195p B6 ¥2200 ①978-4-642-08323-2

◆**古代国家成立と国際的契機** 中野高行著 同成社 （同成社古代史選書）
【要旨】律令制の導入と国家成立過程において外交・対外戦争および宗教・思想等の国際的諸契機が、いかに多大な影響を与えたかを検証し、朝鮮半島からの移住民による先進技術導入にも着目した画期的諸論考を集成。
2017.7 298p A5 ¥7000 ①978-4-88621-768-4

◆**古代国家と北方世界** 小口雅史編 同成社 （同成社古代史選書）
【要旨】古代における北方地域の実像と国家による支配の実態について、文献史学・考古学等の研究者が集い学際的な視点から論じ、近年、飛躍的に進展した北方古代史研究の到達点を提示する。
2017.10 383p A5 ¥7500 ①978-4-88621-775-2

◆**古代国家の地方支配と東北** 今泉隆雄著 吉川弘文館
【要旨】文献史学と考古学双方による研究のあり方について模索しつつ、古代史研究を牽引した著者の業績を集成。按察使や郡司など地方官の実態を解明した若き日の実証的研究と、その成果をもとに陸奥南部＝南奥地域に光をあて東北古代史の捉え直しを試みた、近年の未発表稿を含む研究、合わせて七編を収録する。付録として金石文に関する論考一編を加える。
2018.1 260, 11p A5 ¥7500 ①978-4-642-04641-1

◆**古代国家の土地計画―条里プランを読み解く** 金田章裕著 吉川弘文館
【要旨】方格状の都市計画と「条里」と呼ばれる農地管理を特徴とする古代の土地制度。一町四方の地割と位置を示す条里呼称を合わせた「条里プラン」の成立と展開、変容過程を探り、壮大な古代の土地プランの実態に迫る。
2018.1 244, 3p B6 ¥2800 ①978-4-642-08328-7

◆**古代寺院の土地領有と荘園図** 三村雅弘著 同成社
【要旨】現存する八世紀の古代荘園図を軸に、作成過程・契機等の相違を詳細に検証。寺領の形態と領有の実態を明らかにし、班田図にもとづく土地管理システムの成立との対比・検討を通して、寺院による土地領有の歴史的展開を解明する。
2017.2 240p A5 ¥5000 ①978-4-88621-753-0

◆**古代史が解き明かす日本人の正体** 関裕二著 実業之日本社 （じっぴコンパクト新書）
【要旨】予測できない新たな時代の節目に、日本がどこに向かって進めばよいのか。その答えは古代史にある。古代史を学ぶことがいったい何の役に立つのか―。古代史がわからなければ、「日本人とは何者なのか」がはっきり理

解できず、そして「何をすべきなのか?」の答えが出てこない。今まさに、日本という国について、立ち止まって、目を向けるときではないか。 2017.6 202p 18cm ¥800 ①978-4-408-33708-1

◆**古代史疑** 松本清張著 中央公論新社 (中公文庫) 増補新版
【要旨】邪馬台国があったのは北九州か、それとも畿内か。女王卑弥呼とは誰か。従来の論争点を詳述し、独創的推理によって大胆な仮説を提示した清張古代史の記念すべき第一著作。牧健二、上田正昭、佐原眞、井上光貞といった当時随一の歴史家・考古学者と本書をめぐって討論した、貴重なシンポジウムも収載。
2017.2 333p A6 ¥920 ①978-4-12-206364-8

◆**古代史講義―邪馬台国から平安時代まで** 佐藤信編 筑摩書房 (ちくま新書)
【要旨】昨今の研究の進展を受けて、かつての古代史の通説は覆され、学校教科書での古代史の記述も様変わりしつつある。大化の改新は六四五年のクーデタではなく、「聖徳太子」は厩戸王でありその役割は限定的であった、東北の城柵は行政官庁だった、などはその一部である。そこで十五人の研究者が集い、古代史の最新の研究成果と研究動向を一般読者にわかりやすく伝える。一般読者が誤解しがちな点やかつての教科書で書かれていたために広まっている誤解などを正す、最新・最良の入門書。
2018.1 286p 18cm ¥880 ①978-4-480-07117-0

◆**古代史の真相** 植月宏治著 表現社出版販売, 文藝書房 発売
【要旨】九州王朝倭国と分流の大和王朝。天皇の古事記と藤原氏の日本書紀。一片の神和から生まれた万世一系の天皇。これまでにない視点で解き明かす古代史の真相。
2017.7 125p B6 ¥1300 ①978-4-89477-466-7

◆**古代史 不都合な真実―12の古代文書が暴く「日本書紀」の嘘** 関裕二著 実業之日本社 (じっぴコンパクト新書)
【要旨】古代史は謎だらけだといわれる。なぜか。その理由はじつははっきりしている。大昔に仕掛けられた古代史の「罠」=「日本書紀」にとらわれているからである。本書ではこの罠を解くカギそして、12の古代文書を用意した。古代史研究の異端児が総力をもって披露する「集大成」としての本書に読者は一読驚嘆することだろう。
2018.1 207p 18cm ¥800 ①978-4-408-33764-7

◆**古代太上天皇の研究** 中野渡俊治著 (京都)思文閣出版
【要旨】太上天皇とは、譲位した天皇のことである。太上天皇の存在は「大宝律令」に規定されたことに始まり、奈良・平安時代以降多くの天皇が譲位し、太上天皇となった。王位継承が譲位によって行われ、また前君主の地位が国家の基本法に規定されたことは、世界的にも類例が少ない。本書は、奈良時代から平安時代にかけての太上天皇を考察の対象とし、律令法上の規定、『六国史』などの史書に見える実態や、上表文などに見る天皇や臣下との関係を分析。太上天皇の成立背景・存在意義から、譲位後の天皇や臣下との関係に迫り、太上天皇の地位の歴史的変遷を解明するとともに、太上天皇が王位継承や天皇の正当性の問題に深く関わる様相を明らかにした。
2017.3 268, 7p A5 ¥5400 ①978-4-7842-1887-5

◆**古代地方寺院の造営と景観** 梶原義実著 吉川弘文館
【目次】序章 研究史および本書での指針、第1章 近江地域における寺院選地、第2章 伊勢地域における寺院選地、第3章 尾張地域における寺院選地、第4章 下総・上総地域における寺院選地、第5章 播磨地域における寺院選地、第6章 備前・備中地域における寺院選地、第7章 讃岐地域における寺院選地、第8章 豊前・筑前地域における寺院選地、終章 古代寺院の選地傾向についての考察
2017.11 224p B5 ¥9000 ①978-4-642-04638-1

◆**古代天皇家と『日本書紀』1300年の秘密―応神天皇と「日十大王」の隠された正体** 仲島岳著 WAVE出版
【要旨】世界文化遺産への推薦決定で脚光を浴びる百舌鳥・古市古墳群。その代表が大仙陵古墳(伝仁徳天皇陵)と誉田山古墳(伝応神天皇陵)。この二つとも実は被葬者が特定されていない。では、本当は誰が葬られているのだろうか。その謎を解く鍵は、『日本書紀』と謎の国宝「隅田八幡鏡」にある。が720年に成立した『日本書紀』は、天皇家の本当の系譜を

巧妙なやり方で隠蔽し、現代にいたるまで1300年もの間、その秘密を人々の目から隠し続けてきた。石渡信一郎史学を踏まえた新鋭歴史研究家が、満を持して謎の解明に挑戦する。
2017.11 255p B6 ¥2500 ①978-4-86621-090-2

◆**古代東国の地方官衙と寺院** 佐藤信編 山川出版社
【目次】序論 古代東国の地方官衙と寺院をめぐる課題、第1部 古代地方官衙と寺院をめぐって(評者と白鳳寺院、古代東国の駅路・郡衙・寺院に関する予察、相模国における官衙・初期寺院の景観とその形成、国師と地方寺院 ほか)、第2部 古代地方官衙と寺院(相模国高座郡家と下寺尾廃寺―下寺尾官衙遺跡群の調査と保存、香取の海をめぐる寺社と郡家、常陸国那賀郡家と周辺寺院―その造営と修造に係る三つの隠し絵、常陸国鹿島郡家(神野向遺跡)と鹿島神宮 ほか)
2017.8 249p B5 ¥4500 ①978-4-634-52023-3

◆**古代都城の形態と支配構造** 山内絵里子著 同成社 (同成社古代史選書)
【要旨】古代都城の成立と変遷について、都城の形態変化のみならず、儀礼空間としての観点から考察し、政治的背景を中心に丹念に追究。さらに中国・朝鮮半島の都城とその行政制度との比較を通して、日本都城の独自の性質を明らかにする。
2017.7 206p A5 ¥5000 ①978-4-88621-767-7

◆**古代日本人の生き方を探る―古代日本研究** 小林道憲著 (京都)ミネルヴァ書房 (小林道憲 "生命の哲学" コレクション 9)
【要旨】われらの祖先は何を考え、何を感じ、何を畏れ、何を敬い、何を喜び、何を悲しんできたか。この世界をどのように見、人間の生や死をどのように捉え、自然に対してどのような感情を抱いてきたか。大地と生命の永遠を信じていた古代日本人の心象風景を叙述する日本古代文化史入門。さらに「文明の交流史観」に立って、古代日本海を舞台にした歴史を叙述する古代日本文明史。
2017.5 431p A5 ¥6500 ①978-4-623-07734-2

◆**古代日本の神々の世界―神はいつごろ登場したのか?** 岩本隆二著 中央公論事業出版
【要旨】古の人々が見た神の姿とは?現在に伝わる神話の世界が形成される以前、古代の人々はどのように「神」を認識するに至ったのか。未だはっきりと解明されていない謎がいま解き明かされる。
2017.7 83p A5 ¥1000 ①978-4-89514-477-3

◆**古代の技術を知れば、『日本書紀』の謎が解ける** 長野正孝著 PHP研究所 (PHP新書)
【要旨】日本最初の正史である『日本書紀』には頻繁に軍隊の派遣がある。当時の交通の技術を考えれば、特に冬季における軍隊の移動が難しいことは明白であるにも拘わらず、なぜ冬場の行軍の記述が数多くあるのだろうか?また、対馬で二世紀ごろから海の安全を祈る太占やアマテラスの信仰が行われていたこと、そして、出雲や丹後が交易で栄えていたことに、『日本書紀』はなぜ触れていないのか?対馬、壱岐、丹後、敦賀などで現地を訪れ、技術者の視点で先人観を排して分析する『日本書紀』の実質的な編纂者である藤原氏の深謀が明らかになった。古代史研究の盲点を突く意欲作。
2017.10 260p 18cm ¥880 ①978-4-569-83713-0

◆**古代の坂と堺** 市澤英利, 荒井秀規編 高志書院 (古代東国の考古学 4)
【目次】第1部 坂と堺の視点(古代の国境・境界の分析視角、坂と堺の分析と手向け―足柄坂を中心に、古代の国境論争)、第2部 神坂と御坂(国境画定以前の神坂峠、神坂峠東麓の古代遺跡、東海道甲斐路の御坂と追坂、坂(峠)に関わりと「万葉集」)、第3部 国堺の郡(坂東への入り口 正家廃寺、信濃国の堺、那須・白河と建都山―東北への口、関と堺についての諸問題)、トピック 国府域の堺と祭祀
2017.5 251p A5 ¥5800 ①978-4-86215-169-8

◆**古代の天皇祭祀と神宮祭祀** 藤森馨著 吉川弘文館
【要旨】天皇が執り行う神今食・新嘗祭などの天皇祭祀と、月次祭・神嘗祭などの神宮(伊勢)祭祀との密接不可分な構造上の対応関係を、具体的な祭儀をもとに考察する。また、大神神社の鎮花祭や三枝祭、伊勢神宮とも関係の深い真名鶴神話などと祭祀との関連も言及。長年にわたる著者の古代祭祀研究を集大成する。
2017.12 296, 10p A5 ¥9500 ①978-4-642-04639-8

◆**古代の日本がわかる事典―知れば知るほどおもしろい** 北川隆三郎著 日本実業出版社
【要旨】日本には文明が1万年以上前からあった?!遺跡の発掘や出土品から見えてきた、古代の人びとの暮らしとは?日本各地のおすすめ遺跡を多数紹介!今につながる古代人の足跡を探しに行こう。
2017.4 221p B6 ¥1500 ①978-4-534-05488-3

◆**古代の日本列島と東アジア** 石井正敏著, 鈴木靖民, 赤羽目匡由, 浜田久美子編 勉誠出版 (石井正敏著作集 1)
【要旨】虚心に史料と対峙し、地域・時代を越える数々の卓越した業績を残した碩学の軌跡。五世紀から七世紀におよぶ東アジア諸国、諸地域との関係性を、史料の博捜・吟味により描き出した論考十四篇を収載。
2017.10 434, 23p A5 ¥10000 ①978-4-585-22201-9

◆**古代の文字文化** 犬飼隆編 竹林舎 (古代文学と隣接諸学 4)
【目次】1 日本語と漢字との出会いと融和(古代日本語の表記・文体、境界と地名―声と文字は か)、2 正倉院文書が語る八世紀の文字世界(古代資料史料学、写経所の機構 ほか)、3 出土資料からもたらされる学的成果(古代木簡のなかの七世紀木簡、出土資料に書かれた歌 ほか)、4 東アジアの一地域としての日本(高句麗・百済・新羅・倭における漢字文化受容、古代日本と古代朝鮮における金石文 ほか)
2017.7 557p A5 ¥10000 ①978-4-902084-74-0

◆**古代ユダヤで読み解く物部氏と「アーク」の謎** 飛鳥昭雄, 柚浩二著 文芸社
【目次】プロローグ トランプ大統領誕生後の世界を分析する(第3の候補エヴァン・マクマリンが健闘した、トランプほど正しいことを言った大統領はいた、かつて1人もいなかった)、第1章 飛鳥昭雄氏も認める柚浩二氏のフィールドワーク力(シャハン博士の主張を裏付けるために調査を始めた、10支族は「スサノオ」に率いられて渡来した ほか)、第2章「日本史最大のタブー」物部氏の封印がついに解かれた!(元伊勢で「三揖三拍一礼」をしてきた、ウガンダにある「ジンジャ」 ほか)、第3章 日本とユダヤのつながりから天皇家の未来を読み解く!(成田とか神武天皇の秦氏となった、八幡鳩と「ハト」とは次の天皇でありイエス・キリストだった? ほか)、エピローグ 八幡鳩が現れるときイエス・キリストが再臨する(徐福が物部のルーツとなり、弓月君が神武天皇の秦氏となった、八幡鳩の「ハト」とは次の天皇でありイエス・キリストだった? ほか)
2017.11 295p B6 ¥1600 ①978-4-286-18425-8

◆**古代倭国北縁の軋轢と交流―入の沢遺跡で何が起きたか** 辻秀人編 雄山閣 (季刊考古学 別冊24)
【目次】第1章 入の沢遺跡を知る(入の沢遺跡の調査成果、銅鏡から見た入の沢遺跡と東北の古墳時代、玉類の流通から見た古墳時代前期の東北地方)、第2章 古墳時代社会のなかに入の沢遺跡を位置付ける(古墳時代前期の倭国北縁の社会―宮城県北部の様相、「入の沢」の頃の東北北部社会、東北地方の古墳時代の始まり、ヤマト王権の動向と東北の古墳時代社会)、第3章 討論 入の沢遺跡で何が起きたのか
2017.2 135p B5 ¥2600 ①978-4-639-02441-5

◆**古地図からみた古代日本―土地制度と景観** 金田章裕著 吉川弘文館 (読みなおす日本史)
【要旨】日本は世界でも稀有な古代の地図が多く伝存する。残された現在の地図と照合し、山川・地形・耕地、建物の形態と彩色を分析。文献史料を合わせていかなる意図で描かれているのかを探り、景観と土地計画の実態に迫る。
2017.5 239p B6 ¥2200 ①978-4-642-06725-6

◆**斎王研究の史的展開―伊勢斎宮と賀茂斎院の世界** 所京子著 勉誠出版
【要旨】天照大御神・賀茂大神に仕えるため、伊勢の斎宮・賀茂の斎院に赴いた未婚の内親王・女王は「斎王」と呼ばれた。古代から中世まで数百年にわたる歴代の斎王たちの数奇な生涯を辿り、そこで花開いた文雅の世界を歴史の記録と和歌・物語から解き明かす。
2017.1 249, 11p A5 ¥3600 ①978-4-585-22163-0

◆**斎宮―伊勢斎王たちの生きた古代史** 榎村寛之著 中央公論新社 (中公新書)
【要旨】天皇の代替わりごとに占いで選ばれ、伊勢神宮に仕える未婚の皇女―それが斎王であり、

日本史

その住まいが斎宮である。飛鳥時代から鎌倉時代まで六〇〇年にわたって続いた斎宮を、あらゆる角度から紹介し、斎王一人一人の素顔に迫る。『伊勢物語』のモデルとなった斎王、皇后となり怨霊となった斎王、悲恋に泣いた斎王…彼女たちは都を離れた伊勢で何を祈り、何を思って人生を送ったのか。古代史の新たな姿が浮かびあがる。
2017.9 294p 18cm ¥920 ①978-4-12-102452-7

◆**坂上田村麻呂と大多鬼丸伝説—1200年のときを越えて、今甦る朝廷と蝦夷戦争** 安藤勝著 （会津若松）歴史春秋出版
【目次】第1章 田村麻呂と大多鬼丸伝説（田村麻呂生誕、蝦夷征伐命令、国見坂の悪呂丸、征討軍の進軍、田村麻呂と大多鬼丸の激戦、最後の戦い、三春地方の伝説、大滝根山北部の伝説）、第2章 田村麻呂ゆかりの地を訪ねる、第3章 解説 田村麻呂伝（朝廷と蝦夷戦争、蝦夷とは、阿弖流為と母禮、日高見国と連合軍、胆沢城とは、戦いの経緯と田村麻呂年譜、田村の起源と語源を考える、蝦夷近年の考え方、京都、奥州ゆかりの地）
2017.3 105p A4 ¥1800 ①978-4-89757-899-6

◆**持統天皇と藤原不比等** 上橋寛者 中央公論新社 （中公文庫）
【要旨】草壁皇太子の病死後、鸕（う）野讃良皇后（持統天皇）は、孫である軽皇子（文武天皇）による皇位継承の協力者として、藤原不比等を選んだ。不比等と盟約を結んだ背景にはどのような人脈があったのか。古代史を規定した盟約の内容を探り、その後の協力体制の展開を追う。
2017.3 202p A6 ¥700 ①978-4-12-206386-0

◆**「死の国」熊野と巡礼の道—古代史謎解き紀行** 関裕二著 新潮社 （新潮文庫）
【要旨】熊野に迂回してヤマト入りを図った神武天皇、応神天皇。なぜ彼らは「死の国」熊野を目指したのか。熊野本宮大社・熊野速玉大社・熊野那智大社の熊野三山、荘厳な名瀑・那智の滝、聖なる道・熊野古道、大與な磐座がご神体の神倉神社、国生みの神イザナミの御陵・花窟神社…。紀伊半島の「死と再生」の聖地を巡り、ヤマト建国の謎を解き明かす、古代史紀行シリーズ、書下ろしで登場。
2017.11 266p A6 ¥520 ①978-4-10-136481-0

◆**聖徳太子—ほんとうの姿を求めて** 東野治之著 岩波書店 （岩波ジュニア新書）
【要旨】誰もが知っているのに、謎だらけの存在、聖徳太子。偉人か、実在の皇子か、「聖徳太子」か「厩戸王」か…、彼をめぐる議論は絶えません。いったいなぜそんな議論になるのでしょう。問題の答えを知るには、歴史資料に触れてみるのが一番。仏像、繍帳、お経、遺跡などをめぐる、ほんとうの太子を探す旅に出かけましょう。
2017.4 220, 6p 18cm ¥880 ①978-4-00-500850-6

◆**聖徳太子の真相** 小林惠子著 祥伝社 （祥伝社新書）
【要旨】「七カ国の王」を名乗った突厥の達頭は六世紀末、中国史上から忽然と姿を消す。そして倭国に現われ、倭王となった。この達頭こそ、後に聖徳太子と呼ばれる人物の「正体」である。聖徳太子は倭王＝天皇として即位する条件を兼ね備えていた。にもかかわらず、史書には一切記されていない。それはなぜなのか。また達頭とは、そもそも何者なのか。本書では、これまで不詳だった、その出自をも明らかにしていく。大陸では隋が滅亡して唐が興り、半島では高句麗、百済、新羅の三国が割拠。激動の七世紀、聖徳太子こと達頭の生涯を描く。
2018.1 193p 18cm ¥800 ①978-4-396-11525-8

◆**聖徳太子 本当は何がすごいのか** 田中英道著 育鵬社 扶桑社 発売
【要旨】やっぱり聖徳太子は実在した！ 決定的証拠で「不在説」を粉砕！
2017.7 207p 18cm ¥1500 ①978-4-594-07760-0

◆**新説『古事記』『日本書紀』でわかった大和統一** 家村和幸著 宝島社 （宝島社新書）
【要旨】神武東征にはじまる『古事記』と『日本書紀』の歴史記述には、世界最古の土器・鉄器文明「縄文文明」という基盤の上に、国家による統制で水田稲作中心の豊かな農耕社会「弥生文化圏」が西から東へ拡大していった古代日本の姿が描かれている。しかし、両書には記述されていないなど、重要な史実が書かれていないなど、謎の部分も多い。そこで、本書では『古事記』と『日本書紀』の内容を重ね合わせ、さらに『記紀』より古い漢文・朝鮮半島の史書も引用しながら、歴代天皇の真実の姿をリアルに再現していくことで、隠され

てきた「日本古代史の真実」を明らかにする。
2018.1 319p 18cm ¥832 ①978-4-8002-7048-1

◆**新「日本の古代史」 下** 佃收著 （松戸）ストーク, 星雲社 発売 （「古代史の提言」シリーズ 3）
【目次】1 上宮王権と豊王権（「九州の王権」と年号（その四））、2 天武王権と天智王権（「九州の王権」と年号（その五））、「九州の王権」と年号（その六））、「白村江の敗戦」後の唐・新羅と日本（ほか）、3『古事記』と『日本書紀』の謎を解く（『日本書紀』は『日本紀』の改竄—森博達氏の「α群」「β群」による検証、『古事記』成立の謎を解く）、4 歴史学者・考古学者へ（歴史学者へ—科学的・論理的研究とは『日本の歴史学』、考古学者へ—「天孫降臨」と「吉武高木遺跡」の年代、「邪馬臺国＝纒向遺跡」説の考古学者へ）、5 日本人と日本語の起源（「日本人」と「日本語」の起源）
2017.8 338p B6 ¥1600 ①978-4-8021-3063-9

◆**神武天皇—その実在性と実年代の証明** 生野眞好著 （福岡）春吉書房, メディアパル 発売 （記紀・解読シリーズ 2）
【要旨】第1章『記紀』は科学の書—前書の補足説明（年次記事は「二年分」隠されている（ふつうにカウントすると「449年分」しかない）、歴代中国王朝名を「常世国・呉国・大唐国」に置き換えて対比）、第2章「神武紀」の設計方法とその設計図（「記紀」のルールについて、「神武紀」の具体的な「編年方法」 ほか）、第3章 先興「奴国王家」と新興「ヤマト王家」との闘い（「ヤマト王朝」の実態は「奴国王家」との共生王朝、「鏡」と「鐸」との「憎しみの連鎖」 ほか）、第4章 神武の「近畿東遷」の歴史と「前方後円墳」の起源（神武の近畿東遷と奴国の滅亡、「四道将軍」は、奴国の王族 ほか）
2017.8 336p B6 ¥1600 ①978-4-8021-3063-9

◆**「神武東征」の原像** 宝賀寿男著 （田原本町）青垣出版, 星雲社 発売 新装版
【要旨】建国伝承の神武天皇・神武東征を多角的に考察、イワレヒコの実像を浮き彫りにする。神武伝承の実証的探究。
2017.5 340p A5 ¥2000 ①978-4-434-23246-6

◆**「神話」から読み直す古代天皇史** 若井敏明著 洋泉社 （歴史新書y）
【要旨】三～五世紀の古代史を扱う際には、『古事記』『日本書紀』の記述は信用度が低いため、中国の史料や考古学の成果に頼るしかない。しかし神武天皇から仲哀天皇については、神代に挟まれた伝承にすぎない。この時代はヤマト王権が成立する重要な時期であり、その政治過程を復元するには『古事記』『日本書紀』の積極的な活用が不可欠である。記紀は十分に歴史的事実を含んだ情報に満ちており、初期天皇の時代はまぎれもなく人代であることが明らかになる。
2017.2 223p 18cm ¥950 ①978-4-8003-1160-3

◆**神話ゆかりの地をめぐる 古事記・日本書紀 探訪ガイド** 記紀探訪倶楽部著 メイツ出版
【要旨】伝説の息遣いが感じられる、全国のスポットを紹介します。各地の見どころとともに記紀の世界観をわかりやすく解説。
2017.6 128p A5 ¥1840 ①978-4-7804-1901-6

◆**図説 いちばんわかりやすい古事記入門** 吉田邦博著 学研プラス （GP BOOKS）（決定版 古事記と古代天皇 再編集・改題書）
【要旨】神々の物語から古代天皇の事跡までを豊富な図版とともに一挙紹介！ 古事記に登場する神様の図鑑つき！
2017.5 223p 18cm ¥690 ①978-4-05-406564-2

◆**全解 絵でよむ古事記 上巻** 奈良毅監修, 柿田徹絵 冨山房インターナショナル
【要旨】八百万の神々と共に生きている国、日本！ 古事記のすべてを絵でよみとる！
2017.5 287p A5 ¥1800 ①978-4-86600-030-5

◆**戦争の日本古代史—好太王碑、白村江から刀伊の入寇まで** 倉本一宏著 講談社 （講談社現代新書）
【要旨】今日の中国、韓国との関係は、近現代史を追うだけでは解決しない！ 日本人の「異国」観がつくられていく過程を辿る一冊。
2017.5 302p 18cm ¥880 ①978-4-06-288428-0

◆**蘇我氏と飛鳥** 遠山美都男著 吉川弘文館 （人をあるく）
【要旨】六～七世紀半ば、大臣として天皇の権力をささえた、稲目・馬子・蝦夷・入鹿ら蘇我氏

四代。狭小な飛鳥の地をいかに切り拓き、隋唐に対抗できる都市的空間を築いたか。従来の蘇我氏像を書きかえ、王権の聖地の姿に迫る。
2017.3 157p A5 ¥2000 ①978-4-642-06795-9

◆**蘇我氏と馬飼集団の謎** 平林章仁著 祥伝社 （祥伝社新書）
【要旨】蘇我氏は、五三六年に稲目の大臣就任後、馬子を経て六四五年の乙巳の変で蝦夷・入鹿が滅ぼされるまでの約一〇〇年間、ヤマト王権内で権力を振るい、栄華をきわめた。この巨大豪族・蘇我氏に「馬」というキーワードで迫ったのが、本書である。蘇我氏台頭と継体天皇即位との関連、蘇我氏と馬飼集団の関係、蘇我氏系有力王族・聖徳太子の非実在説など多角的に検証していく。蘇我氏とは何だったのか？ 蘇我氏および古代氏族の終焉は何を意味するのか？ 律令国家以前の古代社会の実態を明らかにする。
2017.8 258p 18cm ¥820 ①978-4-396-11513-5

◆**高天原は関東にあった—日本神話と考古学を再考する** 田中英道著 勉誠出版
【要旨】形象学（フォルモロジー）を基軸に日本の歴史を再構築!!日本古代史の常識を覆す衝撃の一冊!!
2017.7 267p A5 ¥2800 ①978-4-585-22183-8

◆**タケミカヅチの正体—オミ姓氏族対ムラジ姓氏族** 藤井耕一郎著 河出書房新社
【要旨】古代永遠の謎に迫る！ 藤原中ツ国平定に際し、タケミナカタを敗り大国主の国譲りを実現したタケミカヅチは、弥生時代の、手焙形土器・前方後方墳の担い手に尊崇された。ワニ（和珥）氏／オオ氏の祭神が"倭国大乱"の平定の象徴となる背景を突きとめる。
2017.2 232p B6 ¥2000 ①978-4-309-22695-8

◆**角田文衛自叙伝** 角田文衛著, 古代学協会編 （京都）古代学協会, 吉川弘文館 発売 （角田文衛の古代学 4）
【目次】第1部 角田文衛の生涯（自叙伝、角田文衛年譜、古代学協会の沿革、角田史学の構想）、第2部 理想の研究機関の構想（「古代学」創刊の辞、財団法人古代学協会設立の趣旨と沿革、勧学院大学設立趣意書、平安博物館設立、第3部 初期論文（伊達の読方の史的一考察、郷土史前学の研究に就いて—地歴館の落成に際して、近代における女性憎悪の潮流、メガロン）
2017.10 406p A5 ¥5000 ①978-4-642-07899-3

◆**天皇家関東起源論 第1巻 狗奴国発祥論** 杉山「天道」実著 （大阪）パレード, 星雲社 発売
【目次】杉山の出自、日本最古碑葬"上野三碑"、人間の心理から狗奴国天皇家起源論を解く！、論証理論歴史学・狗奴国・邪馬台国治定の為の序章、狗奴国を治定する—邪馬台国治定論争に完全終止符！、狗奴国（毛野国）が何故大皇家源流なのかの追加考察、物証としての歴史から何を読み解くか？—歴史学者と呼ばれる人たちの面白い見解（その1）、古代氏姓・系名から分かること、古墳・埴輪は何を教えてくれるか？、特異傾向分析による帰結論、論証理論歴史学の帰結方法、スサノオ尊（一族）の血は、天皇家の源泉＝そのサインは杉、"本巻完結証明"としての帰結とダメ押しの辞（証拠1・2）
2017.3 404p A5 ¥2800 ①978-4-434-22179-8

◆**天皇家の祖先・息長水依比売を追って—古代天皇史探訪** 松本昭著 アールズ出版
【要旨】そもそも息長水依比売とは何か。大和民族の原型文化を始点に、天皇創始の道筋をたどる。景行天皇から応神、継体、天智、天武、そして今生天皇へ。皇統の主役となった「毛野国」の謎と息長氏の系譜から見える天皇の天皇たる所以は？
2017.8 853p B6 ¥3500 ①978-4-86204-293-4

◆**天皇の音楽史—古代・中世の帝王学** 豊永聡美著 吉川弘文館 （歴史文化ライブラリー）
【要旨】前近代の天皇は帝王学の一つとして管絃の習得を積み、どの楽器を演奏するかは、時には皇統の在り方をも左右した。音楽と天皇の権威との関わりや帝器の変遷を、古代・中世の天皇の音楽事績を紹介しつつ明らかにする。
2017.2 203p B6 ¥1700 ①978-4-642-05842-1

◆**土木技術の古代史** 青木敬著 吉川弘文館 （歴史文化ライブラリー）
【要旨】古代から、土木技術は社会発展の礎となってきた。日本各地の古墳や名だたる仏教寺院・宮殿建築を生み出してきた伝統の工法を、豊富な発掘成果とともに紹介する。古代の先端技術から、当時の人々が目指した社会を照射する。
2017.10 278p B6 ¥1800 ①978-4-642-05853-7

◆渡来氏族の謎　加藤謙吉著　祥伝社　(祥伝社新書)
【要旨】四世紀末から七世紀後半にかけて、大陸・朝鮮半島から日本列島に移住した渡来人。その有力集団は「ウヂ」を名乗り、大和政権に奉仕した。大和政権は最先端の技術・知識・文化を有した彼らを積極的に登用し、やがて律令国家が形成された。渡来氏族はまさに古代国家形成の立役者であったが、その功績はもちろん、出自すら明らかでないものも多い。彼らが出自や移住の経緯を改め、さらに政治の表舞台に上がることが少なかったため、東漢氏、西漢氏、秦氏、西文氏、難波吉士氏など、氏族ごとに職掌から盛衰までを追い、謎に包まれた実像に迫る。
2017.4 312p 18cm ¥840 ①978-4-396-11510-4

◆奈良で出会う 天皇になった皇女 (ひめこ) たち　生駒あさみ著, 上村恭子イラスト (京都) 淡交社
【要旨】飛鳥・奈良時代、天皇の約半数は女性であった。六人八代の女帝の軌跡を奈良にたどる。
2017.9 111p A5 ¥1600 ①978-4-473-04190-6

◆日本「国つ神」情念史 3 トベ達の悲歌―弥生「ヒメ・ヒコ」統治時代の女性首長　津名道代著　(京都) 文理閣
【目次】第1章「トベ」達のいた時代、第2章さまざまなアプローチと、なお残る問題点、第3章 地域女性首長「トベ」と蛇族「大和イヅモ族」「イヅミ川水系」環濠国、第4章 神話のなかの「トベ」、第5章 神武東征軍に誅された三人の「トベ (トベA群) ―「名草戸畔」「丹敷戸畔」「新城戸畔」、第6章 初期大和王権と縁組みする「トベ」達 (トベB群)、第7章 イヅモ族女性首長「トベ」最後のかがやき―丹波の「氷香戸邊」と出雲神宝事件
2017.1 949p B6 ¥5000 ①978-4-89259-703-9

◆日本古代君主制成立史の研究　北康宏著　塙書房
【目次】第1部 日本古代の陵墓と王権―古墳から陵墓へ (大化薄葬令の研究―大化の葬制から律令葬制へ、律令国家陵墓制度の基礎的研究―「延喜諸陵寮式」の分析からみた、陵墓治定信憑性の判断基準 ほか)、第2部 日本古代の君主権の構造と記紀神話 (天皇号の成立とその重層構造―アマキミ・天皇・スメラミコト、古事記神話の構成原理と世界観―神々の「成」「生」「所成」と「歴史の起源」の観念、敏達紀「善信尼」考―初期仏教と記紀神話 ほか)、第3部 日本古代君主権の成立過程 (日本律令国家法意識の形成過程―君臣意識と習俗統制から、飛鳥浄御原令から近江令へ、大化前代の政権構造、国造制と大化改新―大化前代の支配構造 ほか)
2017.2 650, 22p A5 ¥12000 ①978-4-8273-1287-4

◆日本古代交流史入門　鈴木靖民, 金子修一, 田中史生, 李成市編　勉誠出版
【要旨】ヒト・モノ・文化・情報の移動と定着、受容と選択を伴いつつ変容していく社会と共同体へ。日本列島の歴史はウチ/ソトに広がる多層的・重層的関係性のもとに紡がれてきた。3世紀～7世紀の古代国家形成の時期から、11世紀の中世への転換期までを対象に、さまざまな主体の織りなす異文化の視点から当時の人びとの営みを描き出す。日本古代史を捉えるための新たなスタンダード！
2017.6 573p A5 ¥3800 ①978-4-585-22161-6

◆日本古代国家の形成過程と対外交流　中久保辰夫著　(吹田) 大阪大学出版会
【目次】序章 本書の目的と課題、第1章 古墳時代土器にあらわれた外来の特質、第2章 3～5世紀における日韓交流の展開、第3章 韓半島系集団と倭人社会、第4章 古墳時代中央政権の質的変化と生産組織、終章 日本古代国家形成論に関する理論的展望
2017.3 333p B5 ¥6400 ①978-4-87259-578-9

◆日本古代史集中講義―天皇・アマテラス・エミシを語る　林順治著　えにし書房
【要旨】私たちはどこから来たのか？「日本」そして「私」の源流を遡る、古代史の真実を熱く語る。
2017.3 208p B6 ¥1800 ①978-4-908073-37-3

◆日本古代史問答法―『日本書紀』の虚と実を明らかにする　林順治著　彩流社
【要旨】何故か！ 天皇＝「日本」の起源を問う。
2017.1 195p B6 ¥1800 ①978-4-7791-2290-3

◆日本古代女帝論　義江明子著　塙書房
【目次】1 古代女帝論の意義 (古代女帝論の軌跡、"聖なる女"の思想的位置)、2 日本古代の女帝論 (王権史の中の古代女帝、古代女帝の過去と現在、古代女帝論の転換、持統女帝の歴史的意義、元明天皇と奈良初期の皇位継承、巫女王の真実―「イヒトヨ」王の物語より)、3 古代社会のジェンダー編成 (女丁の意義・律令国家支配と女性労働、村と宮廷の「刀自」たち)、4 系譜論と女帝論の接点 (系譜様式論からみた大王と氏、古代は父系社会か―溝口睦子・吉川敏子両氏の批判に答えて)
2017.3 369, 9p A5 ¥11000 ①978-4-8273-1290-4

◆日本古代中世の葬送と社会　島津毅著　吉川弘文館
【要旨】古代中世の人々はどのような遺体・遺骨観、霊魂観を持ち、いかにして葬送を執り行っていたのか。葬送の時刻とその推移、行われる儀礼・習俗、関与した人々とその役割の変化など、当時の実態を明らかにし、人々の他界観・死生観にも迫る。また、済水坂非人の葬送権益を通して、彼らの実像と葬送や寺院等との関係を解明。九百年にわたる日本葬送史。
2017.9 332, 24p A5 ¥9500 ①978-4-642-04637-4

◆日本古代都鄙間交通の研究　市大樹著　塙書房
【目次】第1部 駅伝制度の展開と構造 (日本古代駅制の法的特徴―日唐令の比較を中心に、日本古代伝制の法的特徴―日唐令の比較を中心に、出土文字資料からみた駅制と七道制、伝制の運用実態)、第2部 都鄙間交通体系と関制 (日本律令国家の都鄙間交通体系―文書伝達・貢納物運送・役民往来を中心に、伊勢国評金物の作成年代と浮浪人の通送、日本古代関制の特質と展開、過所木簡に関する一試論)、第3部 国司と朝使 (国司制度と伝制―国司朝集使の伝送関係から、国司任符の伝達と受信、国司任符の発給、朝使派遣の構造と展開、弘仁・天長の畿内国別当、日本古代における都鄙間交通の展開)
2017.2 643, 30p A5 ¥13000 ①978-4-8273-1288-1

◆日本古代の氏族と系譜伝承　鈴木正信著　吉川弘文館
【要旨】古代氏族の系譜や伝承は、単なる家系の記録ではない。それは彼らの祖先がいつの時代に、どのような職掌で王権に奉仕したのかを伝えたもので、氏族の政治的地位の正統性を主張するきわめて現実的な役割を有していた。「円珍俗姓系図」や「海部氏系図」などの分析を通して、地方支配・祭祀・外交に活躍した古代氏族の実態と諸相を解明する注目の一冊。
2017.5 497, 15p A5 ¥11000 ①978-4-642-04636-7

◆日本古代の氏族と宗教―日野昭論文集 2　日野昭著　(大阪) 和泉書院　(和泉選書)
【要旨】生涯にわたる「日本古代伝承学」の追究。古代氏族伝承研究の泰斗故日野昭博士の論文を精選した第二集。仏教・神社・道教 (神仙思想) など、飛鳥白鳳期の宗教文化とその思想を探る。『記』・『紀』神話、神武天皇伝承、物部氏の宗教、聖徳太子の信仰世界、白鳳仏教、『天皇記』・『国記』や蘇我氏などの卓論を収録。
2017.7 291p B6 ¥3700 ①978-4-7576-0840-5

◆日本古代の政治と仏教―国家仏教論を超えて　佐藤文子著　吉川弘文館
【要旨】古代の日本は、中央集権的な国家が政治の手立てとして仏教を興隆し、得度を統制したと理解されてきた。それは本当に実態に即したものであるのか。得度と為政者との関係、天皇の発動契機などを古代人の感性に沿って分析し、古代社会における権力の実情を探る。さらに、"国家仏教"論の歴史的成立過程を解き明かし、従来の理解を超えする意欲作。
2018.1 271, 16p A5 ¥11000 ①978-4-642-04640-4

◆日本古代の道路と景観―駅家・官衙・寺　鈴木靖民, 荒木敏夫, 川尻秋生編　八木書店古書出版部, 八木書店 発売
【要旨】交通施設・官衙・寺院が並び立つ全国各地の景観を、最新の調査事例に基づき復元。駅家や官衙、寺など、多面的な機能を持ち合わせた遺跡に注目し、全国の発掘成果をふまえた論考、駅家遺跡の紹介・コラム等、合計34本を収録。古代社会の実像を解明する。
2017.5 536p A5 ¥9500 ①978-4-8406-2220-2

◆日本書紀を歩く 1 悲劇の皇子たち　霞井忠義著　(田原本町) 青垣出版, 星雲社 発売
【要旨】非業の最期を遂げた皇子たち。皇位継承争いに敗れた。はからずも権力闘争に巻き込まれた。計られて、謀反人にされた。それでも、愛を貫き、恋に命を懸けした。
2017.10 168p B6 ¥1200 ①978-4-434-23814-7

◆日本書紀研究 第32冊　日本書紀研究会編　塙書房
【目次】1部 (犬養氏と犬養部の理解に関する現状と課題、『古事記』『日本書紀』の開発史記事について―七世紀以前の開発史研究の現状と課題、三角縁神獣鏡研究の現状と課題)、2部 (四世紀後半における九州とヤマト政権―佐紀陵山古墳タイプの古墳出現の歴史的意義、大来が奉じた伊勢神宮神能性格―斎王を手がかりとして、高分解能古気候データを『日本書紀』の解釈に利用する際の留意点、飛鳥時代の大型方墳―蘇我本宗家と榛原石、律令国家形成期の天皇観とミカド、古代外国使の迎接と客館)
2017.11 276p A5 ¥9000 ①978-4-8273-1532-5

◆『日本書紀』集中講義―天武・持統・藤原不比等を語る　林順治著　えにし書房
【要旨】『日本書紀』の"虚と実"を解明する！ 天智と天武、「異母兄弟」、天武と古人大兄は同一人物 (蘇我馬子の孫) など、驚くべき古代天皇家の系譜を紐解き、壬申の乱 (672年) の原因、藤原不比等が隠した蘇我王家三代 (馬子・蝦夷・入鹿) の実在など核心的謎を明らかにする。孤高の天才石渡信一郎氏の「新旧二つの渡来集団による日本国家成立」という命題に依拠した、好評の古代史講義シリーズ第2弾。
2017.12 212p B6 ¥1800 ①978-4-908073-47-2

◆『日本書紀』千三百年の封印を解く　藤崎周五著　郁朋社
【要旨】倭国そして日本国とは何者なのか。壬申の乱の真実と大海人の身分とは。高安城修復と廃城の意味することとは…。日本書紀に秘められた真実を紐解く衝撃の書。
2017.9 176p B6 ¥1000 ①978-4-87302-654-1

◆日本人なら知っておきたい英雄 ヤマトタケル　産経新聞取材班著　産経新聞出版, 日本工業新聞社 発売
【要旨】この物語が、なぜ胸を打つのか。神武天皇からバトンを渡された日本の「国固め」。古事記が、即位もしていない全ての生涯を、なぜ破格の扱いで記したのか。南は鹿児島、北は岩手まで日本各地の伝承を検証。新聞連載時から大評判、待望の単行本化！
2017.10 277p B6 ¥1400 ①978-4-8191-1323-6

◆日本の古代国家　石母田正著　岩波書店　(岩波文庫)
【要旨】日本の古代国家はどのような構造だったのか。中国・朝鮮との緊張関係は、内政にいかなる影響を及ぼしたのか。大王と国造、官僚制、軍事と農事、租税と共同体…。推古朝から大化改新を経て律令国家の成立に至る過程で、首長制の切り口で正面から迫った本書は、今なお古代国家を論じるに避けて通れぬ必読文献である。
2017.1 554, 14p A6 ¥1380 ①978-4-00-334362-3

◆日本の古代中世　佐藤信, 近藤成一編著　放送大学教育振興会, NHK出版 発売　(放送大学教材)
【目次】古代・中世史への招待、日本列島の原始から古代へ、律令国家への道、律令国家と天平文化、平安王朝の形成、平安国風の展開と大地動乱・兵乱、摂関政治と国風文化、古代から中世へ、院政と文化、鎌倉と京、荘園と社会、室町時代の政治史、室町時代の社会、戦国時代の政治と文化、古代中世日本の達成
2017.3 283p A5 ¥3000 ①978-4-595-31713-2

◆ねずさんと語る古事記 1　小名木善行著　青林堂
【要旨】全話、ねずさんによる「現代漢字表記の原文」「読み下し文」「現代語訳」「解説」で構成。
2017.3 238p B6 ¥1400 ①978-4-7926-0581-0

◆ねずさんと語る古事記 2 天照大御神と須佐之男命、八俣遠呂智、大国主命　小名木善行著　青林堂
【要旨】古事記の中でもっともよく知られた天照大御神と須佐之男命、大国主神の章を収録！ 原文・読み下し・現代語訳・解説付き。
2017.6 237p B6 ¥1400 ①978-4-7926-0593-3

◆ねずさんと語る古事記 3 葦原中国の平定、天孫降臨、海佐知山佐知、神倭伊波礼毘古命　小名木善行著　青林堂
【要旨】邇々芸命に始まる日本のモノ作りの原点！ 海幸山幸が語る日本国家外交とは!?神武東征の真実とは何か？ ヤタガラスとは何者なのか？ 大人が読む古事記!!完結編!!日本の国の成り立ちがわかる第三巻！
2017.10 238p B6 ¥1400 ①978-4-7926-0604-6

◆捏造の日本古代史―日本書紀の解析と古墳分布の実態から解く　相原精次著　えにし書房

日本史　　　　　　　　　　　　　　　　　546　　　　　　　　　　　　　　　　　BOOK PAGE 2018

歴史・地理

【要旨】大化改新と明治維新は双子の兄弟である—新たな国の出発に際し、捏造された過去を内包したまま定着し、更に近代によって再利用され歪められた古代史の「前提」を疑い、解きほぐす。日本書紀成立過程の「層」構造の究明と積年の古墳研究をリンクさせることで見えてくる多様性に富んだ古代日本の真の姿。明治維新後から戦後70年にまで及ぶ古代史のタブーに切り込む渾身の論考。いまこそ"古代史"を取り戻せ！
2017.4 246p B6 ¥2000 ①978-4-908073-35-9

◆眠れないほどおもしろい「古代史」の謎—「神話」で読みとく驚くべき真実　並木伸一郎著　三笠書房　（王様文庫）
【要旨】天孫降臨、卑弥呼、箸墓古墳、古史古伝、仁徳天皇陵、神代文字…「神話」と「歴史」がリンクする瞬間とは—！　読み始めたら、やめられない知的スリリングなおもしろさ！
2017.4 253p A6 ¥650 ①978-4-8379-6817-7

◆秦氏・漢氏—渡来系の二大雄族　宝賀寿男著　（田原本町）青垣出版、星雲社 発売　（古代氏族の研究 11）
【目次】第1部 秦氏（序説、秦氏の初期段階の動向と同族、秦氏の起源と祭祀、秦氏とその同族諸氏の地方分布、奈良・平安時代の秦一族の動向、中世以降の秦氏一族の後裔諸氏）第2部 漢氏（序説、漢氏の初期段階の動向、漢氏の先祖と韓地・漢土での漢一族の活動、奈良・平安時代以降の東漢一族の動向、西文氏とその同族、資料編）
2017.12 258p A5 ¥1600 ①978-4-434-24020-1

◆坂東の成立—飛鳥・奈良時代　川尻秋生著　吉川弘文館　（古代の東国 2）
【要旨】卓越した軍事力を誇った坂東は、ヤマト王権から特殊な位置づけを与えられ、征夷や防人の拠点となった。飛鳥・奈良時代の東国を、古代人の信仰や交通・交流、東北との関係から多面的に蘇らせ、新しい地域像を提示する。
2017.2 266, 17p B6 ¥2800 ①978-4-642-06819-2

◆卑弥呼の墓は、すでに発掘されている!!—福岡県平原王墓に注目せよ　安本美典著　勉誠出版　（推理 邪馬台国と日本神話の謎）
【目次】第1編「卑弥呼の墓=奈良県箸墓古墳説」を検討する—考古学者、森浩一の見解を手がかりに（卑弥呼の墓についての諸説、考古学者、森浩一の見解 ほか）、第2編「卑弥呼の墓=福岡県平原王墓説」を検討する—女王墓in九州（卑弥呼の墓=平原王墓」説の、検討すべき諸問題、平原王墓の築造年代は、卑弥呼の没年ごろにあうのか ほか）、第3編 卑弥呼の宮殿は、どこにあったか—箱式石棺の分布からみた「朝倉市所在説」（卑弥呼の「みやこ」、福岡県朝倉市所在説の強強、古代の「市」について）、第4編 人口からみた邪馬台国—「邪馬台国」の戸数「七万余戸」は、北九州にはいりうるか（日本列島人口小史、中国の人口 ほか）、付録 人口増大曲線による古代人口の推定—パンディミックモデルの人口増大曲線（指数曲線モデル、桑原秀夫の双曲線モデル ほか）
2017.1 338p A5 ¥2800 ①978-4-585-22558-4

◆卑弥呼Xファイル—驚愕の邪馬台国論　黒澤一功著　たま出版
【要旨】日本中のどこをさがしても、卑弥呼の墓は、これまで見つからず、これからも見つからないだろう。なぜか？　卑弥呼は日本にいなかったからだ！　卑弥呼と倭の五王、ほんとうは恐い話!?驚愕の邪馬台国論。
2017.5 327p B6 ¥1500 ①978-4-8127-0399-1

◆氷解「倭人伝」—沖ノ島からの幻視　和田潤著　彩流社
【要旨】沖ノ島。ここが知られざる遙拝所だ！遺跡・古墳・博物館をめぐって邪馬台国を探ろう！古代国際幹線航路「沖ノ島路」。
2017.7 207p B6 ¥2000 ①978-4-7791-2350-4

◆深読み古事記—日本の神話と古代史が一〇〇倍おもしろくなる！　戸矢学著、ふわこういちろうイラスト　かざひの文庫、太陽出版 発売
【要旨】ヤマタノオロチの正体と宝剣。「国譲り」はなかった!?ヤマトタケルは天皇だった!?徐福は日本で神になった!?初代天皇はニギハヤヒ？ヒミコは卑弥呼?!ヤマトは国家神道のための鎮魂の書。「太陽の道」に並ぶ聖地。天皇家の苗字とは？…知られざる神々の物語が明かされる！　思わず人に話したくなる！「古事記外伝」。
2017.6 223p B6 ¥1500 ①978-4-88469-905-5

◆藤原氏の研究　倉本一宏著　雄山閣　（日本古代氏族研究叢書 6）

【要旨】鎌足・不比等・房前・仲麻呂。藤原氏を築き、定着させ、雄飛の基礎を固めた四人を中心に、氏族としての創始から恵美押勝の乱までの初期藤原氏の活動を、特に王権との関係を重視して跡づける。丹念に史料を読み解き、藤原氏に有利になるよう設計された律令体制など、初期藤原氏の形成とその時代に迫る。
2017.11 229p A5 ¥4200 ①978-4-639-02537-5

◆藤原伊周・隆家—禍福は糾へる纏のごとし　倉本一宏著　（京都）ミネルヴァ書房　（ミネルヴァ日本評伝選）
【要旨】藤原伊周（九七四〜一〇一〇）・隆家（九七九〜一〇四四）平安期の公卿。父道隆に引き立てられたものの、その死後に叔父道長と対立し、花山上皇と闘乱した等の罪で大宰権帥に左遷された伊周。兄に連座して左遷されるも後に復帰し、大宰権帥として「刀伊の入寇」を撃退した隆家。栄華を誇る道長の陰で生きた中関白家の栄光と没落、そしてその後を描く。
2017.2 270, 8p B6 ¥3000 ①978-4-623-07848-6

◆藤原良房・基経—藤氏のはじめて摂政・関白したまう　瀧浪貞子著　（京都）ミネルヴァ書房　（ミネルヴァ日本評伝選）
【要旨】藤原良房（八〇四〜八七二）・基経（八三六〜八九一）平安時代初期の公卿。藤原冬嗣の次男として生まれた良房は兄の長良を越腹として驚異的に昇進し、外戚として権力を掌握、応天門の変を経て人臣初の摂政となる。また、良房の養子となった基経は宇多天皇との間に阿衡事件を起こし、初の関白に就任する。藤原北家による摂関政治の礎を築いた二人の生涯に迫る。
2017.2 394, 10p B6 ¥3800 ①978-4-623-07940-7

◆骨からみた古代日本の親族・儀礼・社会—もう一人の田中良之 2　田中良之著　すいれん舎
【要旨】既存の文献史学による古代家族論、双系説を揺るがす人骨にみる古代家族・親族の実態とは？　人骨の考古学から葬送儀礼、原始、古代社会の実像に迫る。
2017.6 562p A5 ¥5500 ①978-4-86369-495-8

◆松本清張"倭と古代アジア"史考　久米雅雄監修　アーツアンドクラフツ　（「やまかわうみ」別冊）
【要旨】没後25年を経ても、変わらずに評価の高い松本清張の"古代史"。清張古代史のなかから、晩年に近く全集・文庫未収録の作品を含め収録にした。
2017.7 199p A5 ¥2000 ①978-4-908028-20-5

◆マンガ 面白いほどよくわかる！古事記　かみゆ歴史編集部編
【要旨】マンガでひも解く「この国」の原点！神々の誕生から古代天皇の伝説まで、歴史がつながる33の物語。
2017.6 255p A5 ¥1200 ①978-4-7916-2526-0

◆「任那」から読み解く古代史—朝鮮半島のヤマト王権　大平裕著　PHP研究所　（PHP文庫）（「知っていますか、任那日本府」加筆・修正・改題書）
【要旨】現在、教科書ではほとんど触れられない「任那」だが、古代日本と東アジアの歴史を語る上で避けて通ることはできない。日本人の居留地、交易の中心地であったとされる任那は、半島中南部を軍事的に押さえる要衝の地でもあった。任那の日本府の実像とは。任那の衰退と朝鮮半島の動乱の関係とは。現代以上に国際的だった古代東アジアの真実に迫る。
2017.3 325p A6 ¥780 ①978-4-569-76691-1

◆宮川流域の遺跡を歩く　田村陽一著　（名古屋）風媒社
【要旨】ディープな"いなか旅"のススメ。…氷河時代が終わりを告げるころの縄文のキャンプ、狩りや採集に明け暮れた縄文のムラ、収穫に活気づいた弥生のムラ、地域のリーダーが眠る墓や争いに備えた城、遺跡…。さあ、悠久の時を巡る旅に出かけよう！
2017.7 154p A5 ¥1500 ①978-4-8331-0173-8

◆モノと技術の古代史—陶芸編　小林正史編　吉川弘文館
【要旨】貯蔵・調理・食事に使われた壺・甕、鍋釜、鉢・坏などの土器。民族誌の比較に基づいて各器種の使い方を解明し、時期や地域ごとに形・作りが異なる理由、および必要とされる形・作りを得るための製作技術の工夫を描き出す。
2017.10 277p A5 ¥6000 ①978-4-642-01738-1

◆モノと技術の古代史 金属編　村上恭通編　吉川弘文館

【要旨】青銅や鉄を弥生文化に取り入れて以降、日本の金属器文化はどのように発展したのか。生活に欠かせない利器や祭器・装身具など、金属器の加工技術や製品の使用方法に着目しながら、古代日本人のモノ作りを描き出す。
2017.3 316p A5 ¥6000 ①978-4-642-01737-4

◆物部氏の伝承と史実　前田晴人著　同成社
【要旨】古代氏族のなかでも謎の多い物部氏。その活動拠点に残された足跡を丹念にたどりつつ、伝承と系譜をわかりやすく検証。新しい物部氏像を鮮やかによみがえらせる。
2017.9 219p B6 ¥2300 ①978-4-88621-772-1

◆邪馬台国全面戦争—捏造の「畿内説」を撃つ　安本美典著　勉誠出版　（推理・邪馬台国と日本神話の謎）
【要旨】中国・洛陽で出現した三角縁神獣鏡は、捏造鏡である！　フェイク（偽）の情報にだまされるな。日本の行政考古学者やマスコミが、捏造者の宣伝媒体となっている。
2017.7 350p A5 ¥2800 ①978-4-585-22559-1

◆邪馬台国は畿内大和にはなかった　藤本昇著　（福岡）櫂歌書房　梓書院 発売
【要旨】漢書三国志からひもといた邪馬台国の謎。里程は漢人、日数表記は倭人と華夷思想で差別。科学がつき崩した畿内大和説。
2017.12 164p B6 ¥1200 ①978-4-434-24059-1

◆倭 古代国家の黎明—邪馬台国から律令国家成立まで　和邦夫著　大蔵財務協会
【目次】第1章 史料・遺跡が示す日本の古代、第2章 古事記・日本書紀の伝える古代ヤマト王権—神武試から欽明まで、第3章 推古の時代、第4章 天智の時代、第5章 天武・持統の時代、第6章 聖武の時代、第7章 桓武の時代—平安時代へ
2017.9 273p B6 ¥1852 ①978-4-7547-4441-0

◆よみがえる古代の港—古地形を復元する　石村智著　吉川弘文館　（歴史文化ライブラリー）
【要旨】古代の船は喫水が浅かったので、港はラグーン（内海）に作られた。GIS（地理情報システム）を駆使して全国を探索し、土砂が堆積して陸化する前の景観を再現する。また港を繋ぐネットワークから、海の往来の実態を描く。
2017.11 247p B6 ¥1800 ①978-4-642-05855-1

◆律令国家の隼人支配　菊池達也著　同成社　（同成社古代史選書）
【要旨】古代国家による九州南部辺境支配の成立と展開、特質を検討し、蝦夷・南島人と隼人との対比を通じて、大化前代から倭王権と従属関係を築き、その権力基盤を固めていった隼人の独自性を論証する。周辺地域支配研究を大きく前進させる斬新な論集。
2017.9 279p A5 ¥6000 ①978-4-88621-770-7

◆律令財政と荷札木簡　鐘野好治著　同成社　（同成社古代史選書）
【要旨】律令国家の中央財政機構を論じつつ、国家が土地所有の主体となることの歴史的特質を解明。さらに、律令財政研究に新展開をもたらした出土木簡について、独自の視点から考究し、租税制から国家の成立までを示唆する重要諸論考を収録。
2017.1 280p A5 ¥6000 ①978-4-88621-752-3

◆レッツ!!古事記　五月女ケイ子著　ポプラ社　（ポプラ文庫）
【要旨】シリーズ40万部ヒットの『新しい単位』などで知られ、サブカルチャーの垣根を超えて活躍中の著者による『古事記入門書』の定番が待望の文庫化。神話の基礎知識なども網羅し、古事記や神話にこれまで縁のなかった人でも笑いながら神話が学べる一冊。
2017.2 150p A6 ¥560 ①978-4-591-15305-5

◆倭国創世紀—ヤマトタケルの物語　伊達興治著　敬文舎
【要旨】大陸からの脅威に立ち向かうヤマトタケル30年の波瀾の生涯を、数多くの戦闘シーンとともに描くスペクタクル巨編!!
2017.9 447p A5 ¥2400 ①978-4-906822-75-1

◆倭国末期政治史論　中田興吉著　同成社
【要旨】白村江の敗戦を契機として国号が倭国から「日本」へと誕生した七世紀。「王族と豪族」「両者の相違と冠位」「外交の主導権」という三つの政治的論点を中心に、従来説とは異なる新解釈を打ち出すとともに、律令制導入期の統一国家成立過程を捉え直す意欲作。
2017.10 387p A5 ¥9500 ①978-4-88621-761-5

◆倭の五王は誰か──二大王家の並立と巨大古墳の被葬者　伊藤友一著　東京図書出版，リフレ出版　発売
【要旨】文献史料と古墳から「倭の五王」の謎に迫る！
2017.6　105p　B6　¥1350　①978-4-86641-061-6

◆わらべ歌に隠された古代史の闇　関裕二著　PHP研究所　（PHP文庫）（『かごめ歌の暗号』加筆修正・改題書）
【要旨】「カゴメカゴメ、籠の中の鳥は、いついつ出やる。夜明の晩に…」この意味不明な歌詞のカゴメ歌に登場する籠、鳥、亀などは、実は古代日本の民俗信仰や神事と深い関係がある。また「竹取物語」「羽衣伝説」とも共通点が見られるのだ。本書は、カゴメ歌の暗号を端緒に、古代史の真相に迫ろうというもの。歌に秘められた悲劇とは？　歴史から抹殺された者たちの怨念とは？
2017.4　312p　A6　¥740　①978-4-569-76700-0

奈良・平安時代

◆大伴家持──波乱にみちた万葉歌人の生涯　藤井一二著　中央公論新社　（中公新書）
【要旨】大伴家持（七一八頃〜七八五）は、天平文化を代表する歌人であり、『万葉集』の編纂にも関わったとされる。橘奈良麻呂の変など、数多くの争乱が渦巻く時代を官人として生き、さまざまな美しい景色や心豊かな親しい人々との思い出を歌に込めた。その歩みを追うと、時代に翻弄されながら、名門一族を背負った素顔が浮かび上がる。本書は、残された資料と自らで詠んだ歌から、謎の多い彼の全生涯を描き出す。
2017.6　236p　B6　¥820　①978-4-12-102441-1

◆牛車で行こう！──平安貴族と乗り物文化　京樂真帆子著　吉川弘文館
【要旨】平安貴族が用いた牛車とは、どんな乗り物だったのか。乗り降りの作法、車種の違い、動力＝牛の性能、乗車マナーなど、失われた日常生活を豊富な図版とともに生き生きと再現。1000年前のカーライフから読み解く平安貴族社会と都市文化。
2017.4　164p　A5　¥1900　①978-4-642-08318-8

◆現代語訳 小右記 4　寛弘二年四月〜寛弘八年十二月　倉本一宏編　吉川弘文館
【要旨】一条天皇の中宮彰子は待望の皇子を相次いで出産するものの、天皇に残された時間は少なかった。定子所生の敦康親王ではなく敦成親王を東宮に立てて崩御。三条天皇の代となり、実資と道長にも新たな時代が訪れる。
2017.4　291p　B6　¥2800　①978-4-642-01819-7

◆現代語訳 小右記 5　長和元年正月〜長和二年六月──紫式部との交流　倉本一宏編，藤原実資著　吉川弘文館
【要旨】娍（せい）子立后をめぐって対立する三条天皇と道長。実資は「天に二日無し」といって立后の儀を主宰する。道長と彰子の確執も表面化し、実資は彰子と頻繁に接触する。その間の取り次ぎ役を務めたのが、かの紫式部である。
2017.10　286p　B6　¥2800　①978-4-642-01820-3

◆皇位継承の記録と文学──『栄花物語』の謎を考える　中村康夫著　（京都）臨川書店　（日記で読む日本史 8）
【目次】第1章 歴史を書くということ（国史、物語、歴史的展開ということ ほか）、第2章 重畳する皇位継承問題（有間皇子の事件前史、有間皇子の謀反について、建王の話 ほか）、第3章『栄花物語』の謎（『栄花物語』の事実、後宮が抱える歴史的状況、後宮はどう形成されるか ほか）
2017.7　182p　B6　¥2800　①978-4-653-04348-5

◆天皇側近たちの奈良時代　十川陽一著　吉川弘文館　（歴史文化ライブラリー）
【要旨】古代における天皇側近とは、いかなる存在なのか。聖武天皇・光明皇后を中心とした人間関係や、内廷をはじめとする側近たちの動向から具体像に迫る。天皇家と律令制の下で側近が果たした役割を探り、古代国家像を描く。
2017.5　192p　B6　¥1700　①978-4-642-05847-6

◆藤原道長事典──御堂関白記からみる貴族社会　大津透，池田尚彦編　（京都）思文閣出版
【要旨】『御堂関白記全註釈』（全16冊）の成果をふまえて、約1050項目を下記に書きおろし、11の大分類に整理。ユネスコ記憶遺産『御堂関白記』（陽明文庫蔵）を通して、最新の研究成果にもとづいた新たな平安朝の貴族社会像を提示。各ブロック冒頭には、専門の執筆者による詳細な解説を収録。小項目は御堂関白記にみられるおもな語や表現を、分野別に網羅。おもな出所や出典・参考史料等も記載。
2017.9　432, 12p　A5　¥6000　①978-4-7842-1873-8

◆平安貴族社会と具注暦　山下克明著　（京都）臨川書店　（日記で読む日本史 2）
【目次】第1章 具注暦とは何か（中国における具注暦の形成、飛鳥・奈良時代における具注暦の受容）、第2章 具注暦の日本的変容（平安前期における日本的具注暦の形成、具注暦の内容、暦の供給と暦家賀茂氏）、第3章 貴族社会と具注暦（貴族の生活と具注暦、暦を開いて吉日を問う──生活の基準としての具注暦、暦と方角神信仰、文学作品と暦）、第4章 暦の成立と展開（暦記の成立と展開、中世暦記の多様性）
2017.7　236p　B6　¥3000　①978-4-653-04342-3

◆平安宮廷の日記の利用法──『醍醐天皇御記』をめぐって　堀井佳代子著　（京都）臨川書店　（日記で読む日本史 7）
【目次】はじめに（『醍醐天皇御記』の成り立ち、天皇の日記の位置）、第1章『醍醐天皇御記』から見た醍醐天皇（即位までの醍醐天皇、少年期・青年期の醍醐天皇と儀式、醍醐天皇と時平、醍醐天皇の判断基準──「内裏式」と承和例、壮年期の醍醐天皇、父としての醍醐天皇）、第2章『醍醐天皇御記』の利用（醍醐天皇の死、天皇による利用、天皇以外の利用）、第3章 摂関期における『醍醐天皇御記』の利用（宮中架蔵本の散逸、宮中以外の流布の状況）
2017.7　270p　B6　¥3000　①978-4-653-04347-8

◆平安後期散逸日記の研究　大島幸雄著　岩田書院　（古代史研究叢書）
【目次】第1部 散逸日記の諸相（散逸日記の背景、私記の起筆、『長秋記』の起筆時期、藤原教通と『二東記』）、第2部 散逸日記抄（藤原師通の後二条関白記抄、源顕房の六条右府記、藤原宗俊の宗俊卿記、藤原顕隆の顕隆卿記、藤原重隆の重隆記 ほか）
2016　301, 8p　A5　¥4800　①978-4-86602-960-3

◆平安時代の地方軍制と天慶の乱　寺内浩著　塙書房
【目次】本書の視角と構成、第1編 九世紀の地方軍制（軍団兵士制の廃止理由について、健児の差点対象について ほか）、第2編 一〇・一一世紀の地方軍制（一〇・一一世紀の地方軍制、押領使・追捕使関係史料の一考察 ほか）、第3編 天慶の乱（藤原純友と紀淑人、藤原純友の乱後の伊予国と東国 ほか）、第4編 平安時代の東国と瀬戸内海賊（古代伊予国の俘囚と温泉郡筥原郷、承平年間の東国と瀬戸内海賊 ほか）
2017.11　279, 8p　A5　¥8000　①978-4-8273-1291-1

◆平安朝の女性と政治文化──宮廷・生活・ジェンダー　服藤早苗編著　明石書店
【目次】平安朝の女性と政治文化──序に代えて、第1部 朝廷の女性たち（『古今集』の作者名表記と女官・女房、天皇の沐浴に見る摂関期の奉仕形態の特質、摂関期内裏の后──源倫子を中心に、禄から見る天皇の乳母──『栄花物語』を中心に）、第2部 上東門院彰子の周辺（兼通政権の前提──外戚と後見、国母の役割と平安文化──東三条院子と上東門院彰子、鎌倉期摂関家と上東門院故実──「道長の家」を演じた九条道家・竴（しゅん）子たち、待賢門院領の伝領）、第3部 生活（歯の病と処置──平安中期を中心に、平安朝の女性たちの日常──『蜻蛉日記』を中心に、平安朝『日記文学』における婚姻用語とその実態、『栄花物語』に見る年中行事──祭を中心に）
2017.3　306p　B6　¥2500　①978-4-7503-4481-2

◆紫式部日記を読み解く──源氏物語の作者が見た宮廷社会　池田節子著　（京都）臨川書店　（日記で読む日本史 6）
【要旨】平安文学を代表する女流作家・紫式部。栄華を誇る藤原道長の娘・中宮彰子のもとで、彼女が見たもの・感じたこととは何だったのか。とされる部分も多い彼女の日記『紫式部日記』を丹念に読み解き、紫式部自身の姿とその目に映る宮廷社会に迫る！
2017.1　270p　B6　¥3000　①978-4-653-04346-1

◆物語がつくった騒れる平家──貴族日記にみる平家の実像　曽我良成著　（京都）臨川書店　（日記で読む日本史 12）
【要旨】一時は権勢を誇りながら、驕り高ぶり、遂には滅びた一族「平家」。長らく受け入れられてきたこれらの平家像は多分に『平家物語』の影響によるものだった。『玉葉』『小右記』などの貴族日記を丹念に読み解き『平家物語』と比較することで、物語がつくりだした平家像を浮かびあがらせ、従来の解釈とは異なる彼らの実像に迫る！
2017.1　207p　B6　¥2800　①978-4-653-04352-2

◆列島を翔ける平安武士──九州・京都・東国　野口実著　吉川弘文館　（歴史文化ライブラリー）
【要旨】中世前期の武士は所領に根を下ろして土着するイメージが強いが、実際は列島を広く移動した。京都に出仕することで傍輩とのネットワークを築き、様々な情報を得て列島各地に活動の場を広げていった彼らの実態に迫る。
2017.4　199p　B6　¥1700　①978-4-642-05846-9

中世史（鎌倉〜安土桃山）

◆安居院作『神道集』の成立　福田晃著　三弥井書店
【要旨】『神道集』は誰によって編まれたのか。安居院流唱導僧の東国における活動の実態と教学・文書・縁起類を丁寧に分析しその問いに答える。
2017.2　310p　A5　¥8500　①978-4-8382-3308-3

◆悪党召し捕りの中世──鎌倉幕府の治安維持　西田友広著　吉川弘文館
【要旨】中世において「悪党」と呼ばれる人々が、朝廷・幕府や荘園領主と敵対し、召し捕りの対象とされた。犯罪者を逮捕・処罰する「検断」の実態を探り、自力救済が前提の中世社会を治安維持から追究。悪党の実像に迫る。
2017.3　215p　B6　¥2800　①978-4-642-08313-3

◆朝河貫一と日欧中世史研究　海老澤衷，近藤成一，甚野尚志編　吉川弘文館
【要旨】明治から昭和期に欧米の歴史学者との交流の中で学問を磨き、アメリカから日本史研究を世界に発信したイェール大学教授・朝河貫一。日本と西欧を比較し、中世社会の封建制度を追究する朝河の先駆性と史学史上の意義を、現在の中世史研究に照らして再評価する。同大学図書館の日本史資料収集に関わる記録や、歴史家と交わした書簡の翻刻なども掲載。
2017.3　264, 39p　A5　¥9000　①978-4-642-02935-3

◆足利将軍と室町幕府──時代が求めたリーダー像　石原比伊呂著　戎光祥出版　（戎光祥選書ソレイユ 001）
【要旨】幕府の長であるために、天皇家を庇護する宿命を負った将軍たち。朝廷や有力守護との関係を丹念に分析して、室町時代特有の政治システムを明らかにする。
2017.11　208p　B6　¥1800　①978-4-86403-274-2

◆足利尊氏　森茂暁著　KADOKAWA　（角川選書）
【要旨】足利尊氏は、室町幕府の政治的基礎を固め、武家政治の隆盛へと道筋をつけた武人である。その評価はこれまで時代の影響を色濃く受けて定まらず、「英雄」と「逆賊」のあいだを揺れ動いた。近年、南北朝時代を再評価するムーブメントのなかで、足利尊氏への関心は飛躍的に高まった。新出史料を含めた発給文書1500点を徹底解析しながら、これまでになく新しいトータルな足利尊氏像を描き出す。
2017.3　254p　B6　¥1700　①978-4-04-703593-5

◆足利義昭と織田信長──傀儡政権の虚像　久野雅司著　戎光祥出版　（中世武士選書）
【要旨】徐々にすれちがう二人の関係。義昭はほんとうに信長の操り人形だったのか。「天下」を巡る二人の関係をていねいに分析し、最新の研究成果から義昭政権の権力構造に迫る。
2017.11　220p　B6　¥2500　①978-4-86403-259-9

◆足利義晴　木下昌規編著　戎光祥出版　（シリーズ・室町幕府の研究 3）
【目次】総論 足利義晴政権の研究、第1部 政権運営と内談衆（足利義晴期御内書の考察──発給手続と「猶〜」表記、足利義晴期における内談衆の人的構成に関する考察──その出身・経歴についての検討を中心に、天文年間の御前沙汰手続にみられる「折紙」について）、第2部 義晴を支えた人々（将軍足利義晴の嗣立と大館常興の登場──常興と清光院（佐子局）の関係をめぐって、室町幕府内談衆の考察──足利義晴期を中心として）、第3部 大名・朝廷との関係（戦国期における将軍と大名、戦国期大名足利将軍家の任官と天皇─足利義晴の譲位と右大将任官を中心に）、第4部 足利義晴発給文

日本史

◆足利義持—累葉の武将を継ぎ、一朝の重臣たり　吉田賢司著　（京都）ミネルヴァ書房
（ミネルヴァ日本評伝選）
【要旨】足利義持（一三八六〜一四二八）室町幕府四代将軍。カリスマ的な父義満の跡を継ぎ、父の「偉業」を転換していった足利義持。反動政策の背景には、国内外にわたり山積する諸問題があった。禅宗と儒学に精通した一級の知識人でもあった義持は、高邁な理想と過酷な現実のはざまで葛藤しながら、室町幕府をいかに確立へと導いたのか。
2017.5 324, 19p B6 ¥3200 ①978-4-623-08056-4

◆井伊直政—家康筆頭家臣への軌跡　野田浩子著　戎光祥出版（中世武士選書）
【要旨】家康に天下をもたらした二代将軍秀忠。卓越した交渉能力で関ヶ原の戦いを勝利に導き、徳川幕府の名門・井伊家の基礎を築いた彦根藩祖の生涯を、豊富な史料を駆使して描き出す。
2017.10 233p B6 ¥2500 ①978-4-86403-262-9

◆出雲の中世—地域と国家のはざま　佐伯德哉著　吉川弘文館　（歴史文化ライブラリー 451）
【要旨】出雲にもまぎれもなく「中世」という時代はあった。日本海西部の出雲においていかに「地域」が形成・展開し、これを公家・武家・寺社勢力による権門体制国家がいかに支配しようとしたのか。地域と国家の相克に迫る。
2017.9 310p B6 ¥2000 ①978-4-642-05851-3

◆遺跡に読む中世史　小野正敏、五味文彦、萩原三雄編　高志書院　（考古学と中世史研究 13）
【目次】1 建物を読む（館・屋敷をどう読むか—戦国期大名館を素材に、発掘された建物遺構をどのように読み解くか—中世住宅発掘遺構の研究方法をめぐって、金山遺跡の館の成立と姿）、2 出土文字資料の見方（出土文字史料の見方、経塚出土文字資料と考古学的視点—同一人物が関与した経塚か、鴨田遺跡出土の巡礼札が語るもの）、3 場（城と聖地—近年の「城とは何か」論にふれて、ムラが消えた—ムラ研究の可能性、金山遺跡の「場」と「景観」）、「考古学と中世史研究」シンポジウムの一応の区切りにあたって
2017.4 227p A5 ¥3000 ①978-4-86215-168-1

◆移動者の中世—史料の機能、日本とヨーロッパ　髙橋慎一朗、千葉敏之編　東京大学出版会
【目次】序、1 移動する史料、移動者の史料（"船の族"の威光—戦国日本の海外通交ツール、旅行者との通信—関所通過のメカニズム、王の移動—エドワード一世の巡幸と神戸都辺録）、2 移動の意味（移動する歌人—宇津の山のイメージの変容、いくつもの巡礼道—西国三十三所のイデア、ひとの移動と意味の変容—オトラント大聖堂床モザイクの大樹と裸人）、3 移動と地形（水都の輪郭—ヴェネツィア・ラグーナのかたち、岩窟と大天使—ヨーロッパにおける大天使ミカエル崇敬の展開）、結—移動の資料学へ
2017.5 222, 7p A5 ¥5000 ①978-4-13-020306-7

◆絵図でよむ荘園の立地と環境　額田雅裕著　古今書院
【目次】1 臨海沖積平野における荘園の立地と環境変遷（荘園の立地と環境、和歌山市木ノ本付近における微地形と遺跡の立地、和歌山平野南部の地形と土地環境、南部平野における地形の区分について、南部平野の地形と条里型地割、南部平野の地形と沖積層）、2 ラグーン性低地と台地における環境変遷と荘園絵図（紀伊日高平野北部の地形環境—紀伊国高家荘絵図の地形学的検討、貴佐野平野の地形とその変化—天和三年日根野村上之郷村河川論絵図と完新世段丘、日根野・中嶋遺跡の地形環境、日根野沿岸のラグーン性低地の環境変遷）、3 河川中流域における荘園の立地と絵図（桛田荘の立地に関する地形地理学的検討、伊都郡田尻庄田中氏伊旧伊都郡絵図について—桛田荘絵図の作成年間時期、慶安三年賀勢田荘絵図に描かれる灌漑用水と耕地の立地環境、井上本荘の絵図とその地形環境、井上本荘絵図の水系と地形表現）
2017.8 280p A5 ¥7400 ①978-4-7722-2022-4

◆応仁の乱人物データファイル120　応仁の乱研究会編　講談社ビーシー、講談社 発売
【要旨】面識もない武将同士が相手を殺すために戦ったのが戦国武将。応仁の乱は、京都で暮らす顔見知りの武将たちが権謀術数を尽くして戦い、しかも主将クラスの戦死者ゼロ。現代人が学ぶべきは、むしろ本書で取り上げる人物だろう！
2017.7 143p A5 ¥1300 ①978-4-06-220765-6

◆大内氏の領国支配と宗教　平瀬直樹著　塙書房
【目次】第1部 家臣団統制と自己認識（領国形成と家臣団、本拠地の変遷、在京と自己認識）、第2部 地域支配と寺社（山口の都市空間、応永の乱と堺、地域共同体と神社の祭祀、海辺の武装勢力）、第3部 宗教と妙見信仰（興隆寺と二月会、大内氏と妙見信仰、妙見の変貌、日本中世の妙見信仰）
2017.2 372, 15p A5 ¥8500 ①978-4-8273-1286-7

◆加賀中世城郭図面集　佐伯哲也編著　（富山）桂書房
【目次】1 城館遺構、2 城館関連遺構、3 城館候補遺構、4 城館類似遺構、5 位置図、6 加賀中世城郭一覧表、7 あとがき
2017.3 229p A4 ¥5000 ①978-4-86627-022-7

◆鎌倉遺文研究　第39号　鎌倉遺文研究会編　鎌倉遺文研究会、吉川弘文館 発売
【目次】論文（鎌倉時代の小槻氏と常陸国吉田社、日蓮の駿河下向をめぐって、鎌倉後期—南北朝期の官人陰陽師一変革期の安倍氏と賀茂氏）、研究ノート（義演の史料書写・編纂と『鎌倉遺文』）、史料紹介（高梁川下流域に所在する二つの寶篋印塔銘文）、新刊紹介
2017.4 91p A5 ¥2000 ①978-4-642-09284-5

◆鎌倉を読み解く—中世都市の内と外　秋山哲雄著　勉誠出版
【要旨】「つながり」のなかに中世都市鎌倉のかたちを探る。都市鎌倉が形成されていく過程、そこを往来する人々の営み、都市におけるさまざまな「場」が有する意味や機能—。文献史学・考古学の諸史料を紐解きつつ、中世鎌倉の内実を明らかにし、また、外部との関わりの諸相を検討することで、東国における中枢都市として展開した鎌倉の歴史的意義を読み解く。
2017.10 211, 16p B6 ¥2800 ①978-4-585-22194-4

◆鎌倉街道中道・下道　高橋修、宇留野主税編　高志書院
【目次】序論 中世大道の成立と鎌倉街道—常陸・北下総の事例から、第1部 論考編（金砂合戦と鎌倉街道、鎌倉街道下道常陸—常陸国府の宿と町、小田城と常陸の中世道、下野の鎌倉街道中道、中世下総国毛呂郷の「鎌倉大道」、考古資料からみた茨木県内の中世道路）、第2部 資料編—鎌倉街道下道現況調査報告（下総との国境湿地に浮かぶ台地の道—北相馬郡利根町、内海世界と下道を結ぶ一本の道—行方市街道、うちわ浦を望む桜川・花室川の渡河点—土浦市、常陸国府と筑波に通じる二本の道—かすみがうら市、五万堀古道—笠間市、筑波山南麓の東西遺構—土浦市、下野国と奥大道をつなぐ小栗への道—桜川市・筑西市）
2017.5 280p A5 ¥6000 ①978-4-86215-170-4

◆関東上杉氏一族　黒田基樹編著　戎光祥出版（シリーズ・中世関東武士の研究 第22巻）
【目次】総論 上杉氏一族の研究、第1部 庁鼻和・深谷上杉氏（深谷上杉氏の興亡と深谷城の創築と開城、深谷（庁鼻和）上杉氏—深谷上杉氏の系譜、深谷上杉氏の墓について、尊経閣文庫蔵『上杉憲英寄進状』について、二通の医療関係文書から—庁鼻和上杉氏の系譜と動向、深谷城主上杉憲賢筆清隠斎詩軸并（ならびに）序について）、第2部 越後・上条上杉氏（上杉房方の時代、応永の大乱、越後応永の乱、上杉定実、房定の一族と家臣、上杉定昌と飯沼次郎左衛門尉、上杉房能の家臣、上条上杉定憲と享禄・天文の乱、上条家と享禄・天文の乱）、第3部 その他の上杉氏（八条上杉氏・四条上杉氏の基礎的研究、越後守護家・八条家と白河荘、三浦氏と宅間上杉氏）、第4部 室町期上杉氏関係日記事一覧
2018.1 393p A5 ¥6500 ①978-4-86403-269-8

◆関東下知状を読む—弘長二年越中石黒荘弘瀬郷　前悦郎、山崎栄著　（富山）桂書房
【目次】第1章 弘長二年関東下知状を読む前に（荘園史概観、石黒荘弘瀬郷と藤原氏、弘瀬郷の土地構成 ほか）、第2章 裁許状にみる石黒荘弘瀬郷の荘園現場（事書と署名、地頭の存在、検注1—新田はだれのものか ほか）、第3章 その後の弘瀬郷における相論と和与（弘安元年（一二七八）の和与、正応二年（一二八九）の相論、延慶四年（一三一一）竹内地内における和与ほか）
2017.10 211p A5 ¥2000 ①978-4-86627-034-0

◆観応の擾乱—室町幕府を二つに裂いた足利尊氏・直義兄弟の戦い　亀田俊和著　中央公論新社（中公新書）
【要旨】観応の擾乱は、征夷大将軍・足利尊氏と、幕政を主導していた弟の直義との対立から起き

た全国規模の内乱である。本書は、戦乱前夜の動きも踏まえて一三五〇年から五二年にかけての内乱を読み解く。一族、執事をも巻き込んだ争いは、日本の中世に何をもたらしたのか。その全貌を描き出す。
2017.7 269p 18cm ¥860 ①978-4-12-102443-5

◆起請文と那智参詣曼荼羅　大学院六十周年記念國學院大學影印叢書編集委員会編、千々和到責任編集　朝倉書店　（大学院開設六十周年記念國學院大學貴重影印叢書 第5巻）
【目次】巻頭カラー 起請文と牛玉宝印、牛玉宝印 軽禁制起請文、志摩国鳥羽藩御側坊主等起請文、久我家文書の起請文、吉田神社の起請文、解説1 起請文と牛玉宝印、解説2 吉田神道関係近世文書、那智参詣曼荼羅 巻子本・掛幅本、解説3 那智参詣曼荼羅
2017.3 429p B5 ¥19000 ①978-4-254-50545-0

◆木曽義仲伝 信濃・北陸と源平合戦の史跡　鳥越幸雄著　（大阪）パレード、星雲社 発売
【要旨】平清盛から源頼朝へ歴史を繋ぐ木曽義仲の一生とその戦い。能や歌舞伎の観劇、寺社・史跡散策のお供にも。「史話と史跡」シリーズ第三弾。
2017.12 166p B6 ¥1200 ①978-4-434-23925-0

◆享徳の乱—中世東国の「三十年戦争」　峰岸純夫著　講談社（講談社選書メチエ）
【要旨】列島大乱の震源地は関東だった！ 古河公方と関東管領上杉氏の怨念の対立、将軍足利義政の介入。生き残りをはかる在地武士の絶えざる離合集散と争乱の軋轢は、やがて京へと飛び火して「応仁・文明の乱」を誘発した。利根川を境とした仁義なき抗争が地域の再編をうながし、渦を巻く利害と欲望が「戦国」の扉を開く！
2017.10 221p B6 ¥1550 ①978-4-06-258664-1

◆楠木正成・正行　生駒孝臣著　戎光祥出版（シリーズ・実像に迫る 006）
【要旨】くつがえされる「悪党」のイメージ。数々の戦術で敵を手玉に取った正成。父の遺志を継ぎ、四條畷に散った正行。南朝の忠臣として名を馳せる英雄の戦いがここに！ 武勲・生涯・人となり—楠木正成・正行の実像に迫る。
2017.2 95p A5 ¥1500 ①978-4-86403-229-2

◆倉山満が読み解く足利の時代—力と陰謀がすべての室町の人々　倉山満著　青林堂
【要旨】観応の擾乱から足利義満の皇室乗っ取り計画まで、倉山満の視点が冴える！ いち早く室町時代に着目した著者がおくる第2弾！
2017.6 226p B6 ¥1200 ①978-4-7926-0592-6

◆元寇と玄界灘の朝凪　江刺家丈太郎著　郁朋社
【要旨】高麗国の叛乱軍「三別抄」からの元軍と戦うために日本への救援を求めた高麗牒状。通常ならば捨て置かれる筈のこの不審な牒状を一体誰が、大宰府経由で幕府にもたらし、差し迫った元軍の状況を説き、更に幕府をしてこの不審な代物を朝廷にまで送達せしめたのか…。
2017.9 331p B6 ¥1700 ①978-4-87302-655-8

◆権勢の政治家 平清盛　安田元久著　清水書院（新・人と歴史 拡大版 01）
【要旨】一二世紀は、日本の歴史の激動期のひとつである。長い間の天皇・上皇、あるいは貴族による支配から、武士階級を基礎にした支配へと政治の形態が移る激動期にあたっている。平清盛は、まさに、この時代に生まれ、院政に抵抗して自ら激動をおこし、その激動の最中に滅びていった。その中に、歴史の大きな流れと、清盛自身の卓越した力と悲劇とがある。本書は、その歴史的過程を史実にのっとって克明に描き出したものである。
2017.3 234p B6 ¥1800 ①978-4-389-44101-2

◆現代語訳 応仁記　志村有弘訳　筑摩書房（ちくま学芸文庫）
【要旨】日本史上類を見ない泥沼の長期戦となり、京中を焼き尽くすに至った応仁の乱。『応仁記』は、乱が終結してほどなく書かれたとされる軍記物である。作者は現在も未詳だが、戦乱勃発の背景から文明5年（1473）の山名宗全の死に至るまでの過程を克明に描いたその筆致は、「あの戦いはいったい何であったのか」という、当時の人々が抱いたであろう虚無感を現代にまで伝えている。応仁の乱を知るうえで欠かせない、貴重な第一級史料。
2017.11 229p A6 ¥1000 ①978-4-480-09826-9

◆**交換・権力・文化―ひとつの日本中世社会論**　桜井英治著　みすず書房
【要旨】「贈与経済は極限まで進むと市場経済ときわめて近いものになる。」『贈与の歴史学』(角川財団学芸賞)の俊英による、鮮やかな中世社会論。「成熟した儀礼社会」とは、非ポトラッチ社会の互酬とは。
　2017.6　303,5p　A5　¥5200　①978-4-622-08611-6

◆**高麗・宋元と日本**　石井正敏著、川越泰博、岡本真、近藤剛編　勉誠出版　(石井正敏著作集 3)
【要旨】虚心に史料と対峙し、地域・時代を越えた数々の卓越した業績を残した碩学の軌跡。唐・新羅の滅亡以降から交代を経た十一~十四世紀の東アジアの世界像を史料学的考察を軸に活写した十一篇の業績を集成。
　2017.10　415,21p　A5　¥10000　①978-4-585-22203-3

◆**御成敗式目編纂の基礎的研究**　長又高夫著　汲古書院
【目次】第1部 法典論(『御成敗式目』編纂試論、『御成敗式目』の条文構成について、『御成敗式目』成立の背景─律令法との関係を中心に)、第2部 立法者の思想(北条泰時の政治情勢、北条泰時の道理、本所訴訟から見た北条泰時執政期の裁判構造、寛喜飢饉時の北条泰時の撫民政策、北条泰時の法解釈について)
　2017.10　344p　A5　¥8000　①978-4-7629-4218-1

◆**相模武士団**　関幸彦編　吉川弘文館
【要旨】武家の都「鎌倉」を有し、中世における権力の中枢を擁した相模国。その地域に根ざした武士団の戦国にいたるまでの歴史を追う。源平の争乱や南北朝の動乱に射程を拡げ、『平家物語』や『太平記』の時代を生きた彼らの興亡を、考古学などフィールドワークの成果も踏まえて描く。古戦場・街道・館など、武士団の活躍した舞台を訪ね、地勢的性格を問う。
　2017.9　292,22p　A5　¥4600　①978-4-642-08322-5

◆**佐竹一族の中世**　高橋修編　高志書院
【目次】新羅三郎義光と佐竹氏の成立、常陸奥郡十年戦争、南北朝の動乱と佐竹氏、東国の戦乱と「佐竹の乱」、部垂の乱と佐竹氏、佐竹氏と江戸氏・小野崎氏、佐竹氏と常陸平氏、佐竹氏と下野の武士、戦国期佐竹氏の南奥進出、佐竹氏の権力構造と家臣たち、謙信の南征、小田原北条氏との抗争、豊臣政権と佐竹氏─関ヶ原合戦への道、秋田移封で一つ残った佐竹者たち
　2017.1　269p　A5　¥3500　①978-4-86215-166-7

◆**ジェンダーの中世社会史**　野村育世著　同成社　(同成社中世史選書)
【要旨】古文書や説話集などの史料を渉猟し、中世の文化と社会にとって基本的な事柄をジェンダーで分析。中世日本を舞台に、ジェンダーをキーワードとして、人間の文化史を読み解こうとする意欲的な試みの書。
　2017.4　288p　A5　¥4800　①978-4-88621-759-2

◆**真説 楠木正成の生涯**　家村和幸著　宝島社　(宝島社新書)
【要旨】鎌倉時代から南北朝時代にかけての日本で最強の精鋭軍団を育てた楠木正成。彼の将兵は皆、人生を意気に感じて正成の下で戦い、正成のために死ぬことを至上の喜びとしていた。あらゆる兵法書を血肉化し、『孫子』を超えた日本の兵法を完成させ、卓越した統率力でそれらを実践、時代の流れを変えた楠木正成。本書は自衛隊指揮官・教官を歴任した家村氏が『太平記評判秘伝理尽鈔』の現代語訳を通して、知られざる楠木正成の実像、とりわけ家臣・兵士や領民の心を引きつけたその人間的魅力を明らかにする。現代社会を生きる組織リーダーたちにとって「必読の書」である。
　2017.5　255p　18cm　¥780　①978-4-8002-7092-4

◆**新・中世王権論**　本郷和人著　文藝春秋　(文春学藝ライブラリー)
【要旨】"王権とは王たる意思である。王であろうとは自らの統治に属する地域を掌握し、そこに生きる人々と自らの行いを因果関係として把握し続けなくてはならない。"鎌倉から室町時代、東国の武家が掌握した王権をどう活かしたかを検証しつつ、この国を統べる天皇、そして国家の成り立ちを考える記念碑的著作。
　2017.6　299p　A5　¥1400　①978-4-16-813071-7

◆**図解 観応の擾乱と南北朝動乱―鎌倉幕府滅亡から観応の擾乱、南北朝動乱の終幕まで**　水野大樹著　スタンダーズ
【要旨】全国の各勢力の動きを各年代別に網羅！果てしなき戦いを完全図解で網羅！複雑な関係性もビジュアル図解！室町時代幕開けの動乱を彩る多彩な人物たちの動きを追う。
　2018.1　127p　A4　¥1700　①978-4-86636-227-4

◆**征夷大将軍・護良親王**　亀田俊和著　戎光祥出版　(シリーズ・実像に迫る 007)
【要旨】親王を倒幕へと駆り立てたものとは？生死をかけたゲリラ戦─。悲願成就ののち、新たに現れたライバル"足利尊氏"。父後醍醐との確執、尊氏への嫉妬の果てに護良を待ち受ける、悲しい運命。
　2017.4　102p　A5　¥1500　①978-4-86403-239-1

◆**続 島津忠久とその周辺―薩摩大隅建国事情散策**　江平望著　(鹿児島)高城書房
【目次】1部 島津忠久とその周辺(島津氏初代忠久の生涯─朝河貫一博士著『島津忠久の生い立ち』に接して、鎌倉・南北朝時代の河辺郡・知覧院・頴娃郡、島津佐多氏の由来について)、2部 薩摩・大隅建国事情散策(薩摩・大隅両国誕生記、古代「衣評」はどこにあったか、薩摩・大隅古代史の謎をよむ)
　2017.3　153p B6 ¥1500　①978-4-88777-161-1

◆**中近世移行期の公儀と武家権力**　久保健一郎著　同成社　(同成社中世史選書)
【要旨】戦国大名など中近世移行期武家権力のありかたは、権力機構、戦国権力、境目」の領主、権力内部の構造と編成原理等の問題から、「公儀論」に重点を置いて追究し、移行期の権力を展望する。
　2017.12　318p　A5　¥7000　①978-4-88621-776-9

◆**中近世日本の貨幣流通秩序**　川戸貴史著　勉誠出版
【要旨】社会経済を展開させる装置、貨幣。中世から近世への社会変容のなかで、その使用の具体像はいかなる様相を呈していったのか。海域アジア世界との連環と地域社会における展開の実態を複合的に捉え、貨幣流通秩序の形成過程を照射する。
　2017.3　306,9p　A5　¥7000　①978-4-585-22170-8

◆**中近世の家と村落―フィールドワークからの視座**　遠藤ゆり子著　岩田書院
【目次】本書の視角と構成、第1部 村を歩く─多元的な生活・生存保障システム(名主屋敷と寺地の交換伝承たどる―武蔵国榛沢郡荒川村の考察、産金と肝煎家の氏神─陸奥国東磐井郡津谷川村平原の雷神社、水利調査からみた村落─和泉国木島地域の村落)、第2部 宗門帳からみた村落─近世期上野国絲埜郡三波川村を事例として(縁組みと奉公契約、村と小村─宗門帳の考察、生業からみた村落)
　2017　395p　A5　¥8800　①978-4-86602-017-4

◆**中世奥羽の墓と霊場**　山口博之著　高志書院　(東北中世史叢書 3)
【目次】序論 中世奥羽の霊場、第1部 墓(陸奥の中世墓─火葬と納骨、中世出羽の屋敷墓、中世奥羽の墳墓堂、中世奥羽の六道銭、出羽南半の中世古道一墓と道、上荻野戸村絵図に表われた樹木)、第2部 塔婆と供養(板碑と霊場、成生荘型板碑の世界、板碑と木製塔婆─山形県と大分県の板碑の類似から、古代陸奥の造塔─新田(1)遺跡出土の相輪状木製品、中世前半期の追善仏事─石造物銘文について)、第3部 寺社と城館(遊佐荘大槻遺跡と鳥海山信仰の中世史─空間の考古資料論、城館と霊場、首が護る城、窯業と寺社─羽黒町東谷地坂窯業の刻画文と中国意匠)、付 荷葉蓮台牌の展開─荷葉盒(荷叶盒) 小考
　2017.12　335p　A5　¥7000　①978-4-86215-176-6

◆**中世楽書の基礎的研究**　神田邦彦著　(大阪)和泉書院　(研究叢書)
【要旨】日本音楽史上の重要史料『教訓抄』『続教訓鈔』『春日楽書』ほか中世成立楽書の基礎研究と翻刻を提唱。『教訓抄』は古写本をはじめて網羅的に調査し、近世の写本との相違点を考察。今後は古写本によって基礎研究がなされるべきことを主唱する。『続教訓鈔』は曼殊院本と日本古典集成本とを比較検討して古典集成本中の混入記事を明らかにする。また、春日大社伝来の楽書(通称『春日楽書』)から、狛氏相伝の秘曲『陵王荒序』相伝の歴史を紐解く。
　2017.2　549p　A5　¥10000　①978-4-7576-0824-5

◆**中世・近世堺地域史料の研究**　矢内一磨著　(大阪)和泉書院　(日本史研究叢刊 32)
【要旨】正続『堺市史』の空白を埋める。近世初期堺地域の寺院復興の貴重な一次史料である、龍光院蔵の大通庵復興普請文書や、堺奉行浅野長恒宗判「堺手鑑」に収録された新史料、妙國寺成満院の「己行記」の紙背文書などの実証的な史料研究により、堺の中世・近世史研究に新しい成果を提示する。また、堺の寺院に残された近世の地震記録に関する論文も収録。
　2017.12　360p　A5　¥8500　①978-4-7576-0854-2

◆**中世国語資料集**　龍谷大学仏教文化研究所編、藤田保幸責任編集　(京都)思文閣出版　(龍谷大学善本叢書)
【目次】影印(職原抄、異名盡、名目抄)
　2017.10　330p　A5　¥17400　①978-4-7842-1912-4

◆**中世寺社と国家・地域・史料**　稲葉伸道編　(京都)法藏館
【目次】1 国家と寺社(嘉応元年延暦寺強訴と後白河の「盛徳」、南北朝・室町期の門跡継承と安堵─延暦寺三門跡を中心に ほか)、2 地域と寺社(鎌倉期の東大寺領荘園と武士─山城国玉井荘の下司職構造からみる、荘園制成立期の物流と交易 ほか)、3 寺社の組織と経営(中世北野「社家」考─「社家」と松梅院・公文所を中心に、中世東寺寺長者の拝堂費用に関する覚書─大覚寺義昭の事例を中心に ほか)、4 史料と思想(関東御教書と得宗書状、『院秘抄』所載書札礼に関する基礎的考察 ほか)
　2017.5　523p　A5　¥12000　①978-4-8318-6245-7

◆**中世東大寺の国衙経営と寺院社会─造営料国周防国の変遷**　畠山聡者　勉誠出版
【目次】第1部 鎌倉時代初期における大勧進と周防国(重源と栄西による再建事業と周防国の経営、行尚による再建事業と周防国の経営、中世前期における東大寺による国衙支配と在庁官人、中世前期における東大寺の国衙領支配─与田保)、第2部 東大寺と周防国の経営(鎌倉時代中・後期の周防国と東大寺、建武新政期における東大寺と大勧進、南北朝・室町時代における東大寺の周防国衙経営と組織)、第3部 武家勢力と造営料国周防国の終焉(周防国経営における東大寺と守護大内氏、中世後期における官司領と守護大内氏、毛利氏の周防国進出と東大寺、毛利氏による国衙土居八町の安堵について)
　2017.11　467,25p　A5　¥10000　①978-4-585-22195-1

◆**中世の下野那須氏**　那須義定著　岩田書院　(岩田選書 地域の中世 19)
【目次】那須与一と那須庄、鎌倉期の那須氏─那須御狩を中心として、南北朝期の那須氏─本宗那須氏と伊王野氏の関係を中心として、十五世紀の那須氏─上・下那須氏分裂の再検討を中心として、上・下分裂期の那須氏、上・下那須氏統一に関する一考察、室町・戦国期の那須氏─那須・佐竹同盟を中心として、那須氏の秀吉小田原攻め静観─「北条・伊達・那須同盟」を中心として、付論 その後の那須氏
　2017　232p　A5　¥3200　①978-4-86602-994-8

◆**中世の門跡と公武権力**　永村眞編　戎光祥出版
【要旨】法流・貴種・所領支配などの観点から、寺院・「門跡」個人の動向に着目し、時代を超えて朝廷・幕府と深く結びつく、門跡寺院それぞれの特質に迫る。
　2017.6　354p　A5　¥9800　①978-4-86403-251-3

◆**中世の"遊女"―生業と身分**　辻浩和著　(京都)京都大学学術出版会　(プリミエ・コレクション)
【要旨】"遊女"のありようは中世と近世以後では大きく異なる。元々は芸能を主たる生業とし、家長として営業の自由を有し、卑賎視されることもなかった。しかし職業の複層化を経て売春が主たる生業となり、戦国期には家長の座を男性に奪われる。遊女への卑賎視はその過程で定着していった。遊女の芸能と"イエ"を丹念に精緻に追い、遊女の地位の変容を見事に炙り出す。
　2017.3　380p　A5　¥3800　①978-4-8140-0074-6

◆**中世武家服飾変遷史**　山岸裕美子著　吉川弘文館
【要旨】服飾は着用する者の心情や美意識、身分や地位のみならず、社会の規範や秩序のあり方も映し出す。鎌倉から室町中期を対象に、絵巻に見える服飾の図版に併せ、一次史料である日記類を考察。武士が公家に対抗し、秩序としていかなる服飾体系を築き、背後にどのような規範や企図があらわれているのかを解明する。中世服飾史上の大転換を論じた意欲作。
　2018.1　235,7p　A5　¥9000　①978-4-642-02941-4

◆**中世美濃遠山氏とその一族**　横山住雄著　岩田書院　(岩田選書 地域の中世 20)
【要旨】遠山氏の興亡、中世の岩村城、中世末期の遠山氏、近世初期の岩村氏、遠山明知氏、苗

歴史・地理

木氏、近世の苗木城、遠山延友氏、菩提寺の盛衰、中世末の苗木城と苗木氏の動向、天正期遠山佐渡守・半左衛門父子の動向
2017 145p A5 ¥2000 ①978-4-86602-999-3

◆朝廷儀礼の文化史—節会を中心として　近藤好和著　（京都）臨川書店
【目次】序章 本書の目的と考察の前提、第1章『内裏儀式』にみえる節会、第2章『内裏式』にみえる節会、第3章『江家次第』にみえる節会、第4章『三節会次第』にみえる節会、終章 節会式次第の変遷
2017.7 343p B6 ¥3800 ①978-4-653-04338-5

◆対馬宗氏の中世史　荒木和憲著　吉川弘文館
【要旨】倭寇や朝鮮の「唐入り」など、国境の舞台になった対馬。一方で、朝鮮半島との交流は不可欠であった。この"国境の島"で、中世の日朝外交や貿易を公的に主導した宗氏とはいかなる存在だったのか。歴代当主の治世を辿り、朝鮮との間で五世紀にわたり継続した外交・貿易の基本的な枠組みや、"国境"ゆえに揺れ動いた領国経営の実態に迫る。
2017.3 289p B6 ¥3200 ①978-4-642-08314-0

◆南朝諸録要諦—「南山雲錦拾葉」ここに展かる　山地悠一郎著　八幡書店
【目次】1 美作後南朝史の研究、2 甲州・秋山村における吉野朝時代の二つの伝承、3 尾伊・野長瀬家の周辺の研究、4-（1）まほろしの秘書『南山雲錦拾葉』とは何か、4-（2）南朝の皇胤、伊勢北畠家に埋没し終る、4-（3）「大塔宮熊野落の事」に関する疑義、4-（4）地方文書に見る楠正儀の評価、4-（5）南山雲錦拾葉（影印版）
2017.3 223p A5 ¥3880 ①978-4-89350-779-2

◆南北朝—日本史上初の全国的大乱の幕開け　林屋辰三郎著　朝日新聞出版　（朝日新書）
【要旨】後醍醐天皇—古代律令国家再興を夢見た異形の帝。楠木正成—南北朝随一の軍略家の栄光と悲劇。足利尊氏—「逆臣」と呼ばれた室町幕府創設者の真実。佐々木道誉—傲岸不遜な婆娑羅大名の典型。足利義満—国内統一を成し遂げ、「日本国王」を称する。かつてない大乱の全体像と当時を生きた人物の息づかいまでもが手に取るようにわかる一冊！
2017.12 227p 18cm ¥760 ①978-4-02-273744-1

◆南北朝 恩讐の争乱　加賀淳子著　河出書房新社　『現代人の日本史10 南朝・北朝』改題書）
【要旨】隠岐に配流されていた後醍醐天皇が復活、糾合された新田義貞、楠木正成、足利尊氏らの武士団によって、北条氏・鎌倉幕府は滅亡に追い込まれる。建武の新政がスタートするも、天皇・公家方と、実権を握った武士方とで齟齬を来し、大きな軋轢・亀裂が生まれ、それぞれ南朝、北朝に天皇を樹て、両側の思惑が入り乱れ激突、大混乱の戦闘争乱時代に突入する―。どうやらやこしくてすっきりしない南北朝の時代とは何だったのか、いま注目の中世という歴史の「裂け目」がすっきり腑に落ちる名著！
2017.11 242p 18cm ¥820 ①978-4-309-22718-4

◆南北朝期法隆寺雑記—南都寺社史料集 2　「法隆寺雑記」を読む会編　岩田書院　（岩田書院史料選集 5）
【目次】第1部 影印編（表「康安二年具注暦」自暦序至六月月建、紙背「法隆寺雑記」）、第2部 翻刻編（表「康安二年具注暦」自正月至五月上部圏外、紙背「法隆寺雑記」）、解説（「要旨」「項目」「典拠名」と法隆寺諸記録・「大日本史料」との関係、「法隆寺雑記」と「大日本史料」の対応表）2017 158, 19p A5 ¥3200 ①978-4-86602-979-5

◆南北朝動乱—太平記の時代がすごくよくわかる本　水野大樹著　実業之日本社　（じっぴコンパクト新書）
【要旨】後醍醐天皇が京都より吉野へ入った1336年から後亀山天皇が京都へ帰る1392年までの約60年間、2つの朝廷が並び立つという日本史上類を見ない、南北朝時代があった。なぜ、このような異常事態が起こったのか。鎌倉幕府の弱体化から、建武の新政、足利尊氏の反旗…。京都、奈良、隠岐島、九州と舞台を変えながら、新田義貞、楠木正成も、太平記の主役級たちが活躍する、歴史スペクタルを図解で解説する。
2017.6 223p 18cm ¥800 ①978-4-408-33700-5

◆日記に魅せられた人々—王朝貴族と中世公家　松薗斉著　（京都）臨川書店　（日記で読む日本史 13）
【要旨】院政期から戦国時代まで一つの時代も一生懸命生きていた人々がいて、面白い人物がたくさん蠢いていた！栄華が過去のものになりつつあるときにも、決してあきらめず前向きに、押し寄せる時代の波に順応しながらたくましく生きていた個性豊かな貴族・公家たちの姿を、中世日記研究の第一人者がわかりやすく説き明かす。
2017.4 206p B6 ¥2800 ①978-4-653-04353-9

◆日宋貿易と仏教文化　大塚紀弘著　吉川弘文館
【要旨】中国と国家間の外交関係を結ばなかった中世前期、民間の唐船による貿易が日本の社会・文化にもたらした影響を考察する。特に、僧侶が博多在住の貿易商人とつながることで、宋版一切経などの唐物や中国の知識・情報を手に入れ、仏牙信仰や宝篋印塔、輪蔵などの新しい文化が日本に広がったことを解明。社会史の視点から豊かな国際関係を描き出す。
2017.12 327, 12p A5 ¥11000 ①978-4-642-02940-7

◆日本中世社会と禅林文芸　芳澤元著　吉川弘文館
【要旨】漢詩文を駆使した中世の禅僧と、武家や商人など社会の諸階層との文芸交流は、海域を越えて室町文化として具現化した。仏事や芸術を通じた足利将軍・領主社会との結びつき、社会生活を鼓舞する思考などを、漢文や肖像画の厳密な読解により分析。宗教勢力としての禅宗寺院と世俗の切り離せない関係を活写し、仏教史から新たな中世社会像を切り拓く。
2017.12 285, 9p A5 ¥8500 ①978-4-642-02942-1

◆日本中世に何が起きたか—都市と宗教と「資本主義」　網野善彦著　KADOKAWA　（角川ソフィア文庫）
【要旨】「なぜ、平安末・鎌倉という時代にのみ、すぐれた宗教家が輩出したのか」。高校教諭時代、教え子らから問われて以来30年余、通説を覆す数々の研究の過程で見えてきたものとは何か。「無縁」論から「資本主義」論へ—対極に考えられてきた経済活動との関わりを解明。中世社会の輪郭を鮮明に描くと共に、国民国家という枠組みをも超えた、現代歴史学の課題を提言。網野史学の全容を俯瞰できる名著。
2017.3 269p A6 ¥880 ①978-4-04-400191-9

◆日本中世の民衆・都市・農村　小西瑞恵著　（京都）思文閣出版
【要旨】都市とそこに生きた民衆、武士、悪党、女性、そしてキリスト教徒の姿を再検討し、中世への理解とは異なった中世の社会をもたらす。前著『中世都市共同体の研究』に続く中世史研究の集大成。
2017.2 392, 22p A5 ¥8500 ①978-4-7842-1880-6

◆ニャンと室町時代に行ってみた—おかしな猫がご案内　もぐら著　ベストセラーズ
【要旨】応仁の乱以後、一新!?室町庶民の暮らしをのぞいてみる。年中行事、御伽話、和室、和食、茶道・能…日本のイメージの源流へ!! ゆる〜くタイムトラベル。おか猫シリーズ第2弾。
2017.4 191p A5 ¥1150 ①978-4-584-13790-1

◆平泉の世紀　藤原清衡　高橋富雄著　清水書院　（新・人と歴史 拡大版 07）
【要旨】「平泉の世紀」とは、地方の一勢力が未開野蛮の地とされていた平泉を、東北全体を支配する政治都市を築きあげ、さらに中尊寺金色堂に象徴される絢爛たる王朝文化の花を咲かせたことを指している。俘囚長藤原清衡は、日本古代の辺境政治において、前を受け、後を定める「かなめ」の位置に立つ人物である。われわれは、彼を通して「平泉の世紀」の歴史を明らかにすることができるだけでなく、東北古代史の総まとめを試みることができるのである。
2017.5 237p B6 ¥1800 ①978-4-389-44107-4

◆武士が活躍しはじめた、その頃のお話。　磯水絵、小井土守敏、小山聡子著　創英社/三省堂書店
2017.3 53p 31×22cm ¥1500 ①978-4-88142-105-5

◆藤原氏—権力中枢の一族　倉本一宏著　中央公論新社　（中公新書）
【要旨】「大化改新」で功績を残したとされる鎌足に始まる藤原氏。律令国家を完成させた不比等から四家の分立、ミウチ関係から天皇家と一体化した摂関時代まで権力中枢を占めつづける。中世の武家社会を迎えても五摂家はじめ諸家は枢要な地位を占め、その末裔は近代以降も活躍した。本書は古代国家の成立過程から院政期、そして中世に至る藤原氏千年の動きをたどる。権力をいかにして掴み、後世まで伝えていったかを描く。
2017.12 297p 18cm ¥900 ①978-4-12-102464-0

◆平家政権と荘園制　前田英之著　吉川弘文館
【要旨】中世社会における平家の存在とはいかなるものだったのか。荘園制が中世的土地所有制度として定着するプロセスと平家政権との関わりを着目し、鞆田荘ほか平家領の形成・領有と政治過程との連動や、軍役・一国平均役の徴収方式を精緻に分析する。さらに、平家政権の方針が、鎌倉期にも受け継がれたことを論じ、その歴史的役割をとらえ直す注目の書。
2017.11 301, 11p A5 ¥8000 ①978-4-642-02939-1

◆平家物語の女たち—大力・尼・白拍子　細川涼一著　吉川弘文館　（読みなおす日本史）
【要旨】男の合戦を描く『平家物語』には、魅力的な女性も多く登場する。男勝りの武蔵坊弁慶、白拍子祇王、義経の愛妾静、悲劇の女房小督、平家を弔う建礼門院など、彼女らの背後にある歴史事象から、描かれたイメージを読み解く。
2017.12 193p B6 ¥2200 ①978-4-642-06756-0

◆南九州御家人の系譜と所領支配　五味克夫著　戎光祥出版　（戎光祥研究叢書 13）
【目次】第1部 薩摩国の御家人（薩摩の御家人について、薩摩国伊集院の在地領主と地頭、安在末・鎌倉初期の南薩平氏覚書—阿多・別府・谷山・鹿児島郡司について、薩摩国御家人鹿児島郡司について、薩摩国御家人比志島氏について、新田宮執印道教具書案その他、薩摩の在国司、薩摩国守護島津氏の被官について）、第2部 大隅国の御家人（大隅の御家人について、調所氏寸考、大隅国御家人税所氏について、大隅国御家人酒井氏について）、第3部 日向国の御家人（日向の御家人について、日向守護三俣院と伴氏、島津庄日向方 救二院と救二郷）
2017.4 429, 16p A5 ¥9500 ①978-4-86403-236-0

◆南近畿の戦国時代—躍動する武士・寺社・民衆　小谷利明、弓倉弘年編　戎光祥出版　（戎光祥中世史論集 第5巻）
【要旨】高野山や興福寺、一向一揆や寺内町など多種多様な宗教勢力を抱え、独自の地域圏を形成した南近畿は、どのように武家権力と結びつき、政治史を彩ったのか。河内・摂津・和泉・大和・紀伊をあわせて「南近畿」として把握し、権力や城郭から地域性を読み解く。
2017.12 259p A5 ¥8000 ①978-4-86403-267-4

◆源義経—伝説に生きる英雄　関幸彦著　清水書院　（新・人と歴史 拡大版 04）新訂版
【要旨】古代と中世のはざまを風の如く駆け抜けた源義経。恋があり、戦いがあり、命を燃やした時代は大きな変革の時期にあたる。この中世の"生まれ出づる悩み"の時代、これが義経に与えられた舞台である。この舞台で義経と頼朝を演じ、演じさせられたのか。同じ舞台に頼朝がいる。後白河法皇もいる。そして秀衡・泰衡もいる。歴史の大きなうねりの中で、生を凝縮するかのように平家とそして自分と戦い続けた"未完の英雄"源義経。彼の短い生涯は、伝説のうえで真の英雄となることで完了したのであろうか。本書はその義経の実像と虚像に鋭く迫る。
2017.4 243p B6 ¥1800 ①978-4-389-44104-3

◆源頼朝—鎌倉幕府草創への道　菱沼一憲著　戎光祥出版　（中世武士選書 38）
【要旨】なぜ、頼朝は天下を取れたのか—。激動の治承・寿永内乱の中で、複雑にからみ合うそれぞれの思惑。平清盛や後白河院、東国武士団をはじめとする地域社会はどう動いたのか。鎌倉幕府草創の要因を丹念に分析し、頼朝の人物像をあぶり出す。
2017.7 213p B6 ¥2500 ①978-4-86403-250-6

◆源頼義　元木泰雄著、日本歴史学会編集　吉川弘文館　（人物叢書）新装版
【要旨】平安時代中期の武将、源頼義。八幡太郎義家や頼朝を輩出した河内源氏の祖、頼信の長男として生まれる。藤原道長に仕えた父と共に平忠常の乱を平定。相模守を経て陸奥守として赴任、前九年合戦で苦戦の末に安倍氏を滅ぼした。父や弟頼清の活動や京で築いた政治基盤などに着目して生涯を追い、『吾妻鏡』『陸奥話記』から創出された頼義像を見直し実像に迫る。
2017.9 226p B6 ¥2100 ①978-4-642-05282-5

◆武蔵武士の諸相　北条氏研究会編　勉誠出版
【要旨】鎌倉幕府の成立におおきく寄与した「武蔵武士」。平安末期から南北朝期に至る彼らの諸相を、古文書・史書をはじめ、系図や伝説・史跡などの諸史料に探り、多面的な観点から武蔵武士の営みを歴史のなかに位置付ける。新視点から読み解く日本中世史研究の最前線。
2017.10 572p A5 ¥9800 ①978-4-585-22199-9

◆陸奥国の中世石川氏　小豆畑毅著　岩田書院　（岩田選書—地域の中世 18）

◆【目次】序章 本書の目的と研究史、第1章 奥州藤原氏と石川氏―柳之御所跡出土折敷墨書をめぐって、第2章 鎌倉期・南北朝初期の石川小平・石川大嶋氏、第3章 石川一族惣領石川泉氏の成立、第4章 一五～一六世紀前半の南奥石川氏、第5章 沢井・上館氏ノート、第6章 戦国期石川一族の存在形態と伊達領国化、第7章 石川昭光と奥羽仕置、終章 中世石川氏の史的概観
2017.2 237p A5 ¥3200 ①978-4-86602-986-3

◆陸奥話記の成立　野中哲照著　汲古書院
【目次】前九年合戦の実体解明論（前九年合戦における源頼義の資格、安倍頼時追討の真相―永承六年～天喜五年の状況復元 ほか）、『陸奥話記』の成立論（『陸奥話記』前半部の後次性―「扶桑略記」から照射する『陸奥話記』前半部の形成―黄海合戦譚の重層構造を手がかりにして ほか）、『陸奥話記』の表現構造論（『陸奥話記』成立の根本三指向、『陸奥話記』の歴史叙述化―「リアリティ演出指向」"整合性付与指向"等による ほか）、総括的な論（『陸奥話記』成立の第二次と第三次―"反源氏指向"から"軸帥最優先指向"へ、『後三年記』成立の第一次と第二次―漢文体から講文体へ ほか）、付録『陸奥話記』の"櫛の歯接合"論のための三書対照表
2017.2 602, 14p A5 ¥13500 ①978-4-7629-3634-0

◆室町期顕密寺院の研究　西尾知己著　吉川弘文館
【要旨】中世前期の顕密寺院研究で重要な位置を占めた東寺と東大寺。在地に強い基盤をもたなかった両寺は室町期の政治・社会状況にどのように対応したのか。室町幕府の権力を背景に寺内で影響力を発揮した貴種僧や、自立的な経営をめざした学侶衆中の活動から寺家運営の実態を追究。組織内の変化を解明するとともに幕府権力の動向との関わりを描き出す。
2017.12 334, 11p A5 ¥11000 ①978-4-642-02943-8

◆室町の学問と知の継承―移行期における正統への志向　田中尚子著　勉誠出版
【要旨】戦乱の世から新たな政治秩序へと向かう混沌とした時代、特筆すべき知の動きがあった。それは革新的なものを取り入れつつも、伝統を再生産し、正統性を希求していく…。室町期に形作られた知のあり方を、五山僧や公家学者などの担い手の変遷、さらには林家におよぶ近世への継承のあり方から解き明かす。
2017.11 356, 13p A5 ¥10000 ①978-4-585-29156-5

◆室町幕府将軍列伝　榎原雅治, 清水克行編　戎光祥出版
【要旨】頻発する将軍の暗殺、更迭、京都からの追放。波瀾万丈な将軍たちの生涯とは裏腹に、なぜ室町幕府は200年以上もつづいたのか!?数々のエピソードから各将軍の人間性に迫り、新たな時代像を切りひらく!
2017.10 423p B6 ¥3200 ①978-4-86403-247-6

◆室町幕府の地方支配と地域権力　市川裕士著　戎光祥出版（戎光祥研究叢書）
【目次】第1部 南北朝・室町初期における室町幕府の地方支配と地域権力（南北朝・室町初期における室町幕府の地方支配と地域権力、応永・永享年間における室町幕府の地方支配と地域権力、嘉吉の乱後の室町幕府の地方支配と地域権力、第2部 守護山名氏の分国支配と同族連合体制（南北朝動乱と山名氏、安芸守護山名氏の分国支配と地域社会、室町期における山名氏と足利義満の西国大名政策）、第3部 西国における国人の政治動向と室町幕府・守護（備後国人宮氏・一宮と室町幕府・守護、伊予国人大野氏と室町幕府・守護）
2017.3 326, 13p A5 ¥6400 ①978-4-86403-234-6

◆室町幕府崩壊　森茂暁著　KADOKAWA（角川ソフィア文庫）
【要旨】3代将軍足利義満のときに全盛期を迎えた室町幕府。その半世紀ほどのち、重臣による将軍謀殺という、前代未聞の事件が起きる―。この謀殺はなぜ起きたのか？　幕府前期の4代義持から6代義教の時代に焦点を当て、足利家・有力守護たちの複雑で重層的な関係から、室町時代の政治史を読み直す。室町動乱への一大転換点となった「義教謀殺=嘉吉の乱」にいたる道筋を実証的に跡付けながら、崩れゆく室町幕府の実態に迫る。
2017.12 297p A6 ¥880 ①978-4-04-400338-8

◆蒙古襲来と神風―中世の対外戦争の真実　服部英雄著　中央公論新社（中公新書）
【要旨】鎌倉中期、日本は対外戦争を経験した。二度にわたる蒙古襲来（元寇）である。台風が吹き、文永の役では敵軍が一日で退散し、弘安の役では集結していた敵船が沈み、全滅したとされる。だが、それは事実なのか。本書では、通説の根拠となった諸史料の解釈を批判的に検証。戦闘に参加した御家人・竹崎季長が描かせた『蒙古襲来絵詞』ほか、良質な同時代史料から真相に迫る。根強い「神風史観」をくつがえす、刺激に満ちた一冊。
2017.11 246p 18cm ¥860 ①978-4-12-102461-9

◆蒙古襲来の真実―蒙古軍はなぜ壊滅したのか　北岡正敏著（名古屋）ブイツーソリューション, 星雲社 発売
【目次】蒙古襲来、蒙古襲来と鎌倉時代の日本、蒙古帝国、蒙古襲来と鎌倉幕府、文永の役での日本侵攻の準備、文永の役における蒙古軍と日本軍の兵站、文永役の対馬と壱岐の戦闘、日本の合戦、鎌倉武士と戦闘に出陣した兵士、合戦の作業分析、日本軍と蒙古軍の武器の優劣比較、上陸作戦と戦闘をする人間、上陸作戦とは何か、集団戦法と混沌とした戦闘、文永の役での博多湾の戦闘、異国征伐と元寇防塁、弘安の役
2017.6 297p A5 ¥1600 ①978-4-434-23258-9

◆義経伝説と為朝伝説―日本史の北と南　原田信男著　岩波書店（岩波新書）
【要旨】歴史に名をのこす英雄、源義経とその叔父為朝。だが確実な史料は少なく、膨大な「英雄伝説」のみが流布する。とくに義経伝説は主に北海道へ、為朝伝説は琉球へと広まり、彼らの像は大陸の覇者や王朝の始祖的存在へと飛躍を遂げる。なぜそうなったのか？　二人の伝説を通して北と南から「日本史」を読み解く、刺激的な一書。
2017.12 241, 7p 18cm ¥860 ①978-4-00-431692-3

戦国・安土桃山時代

◆愛蔵版 地図から読み解く戦国合戦　外川淳著　ワック
【要旨】オールカラー・徹底図解!!戦国時代10大合戦を、詳細な勢力分布図の変遷から読み解く！新たに浮かび上がる歴史の真実。
2017.9 178p A5 ¥2778 ①978-4-89831-464-7

◆朝倉氏と戦国村一乗谷　松原信之著　吉川弘文館（読みなおす日本史）
【要旨】応仁の乱で活躍して主家から自立し、有力な戦国大名となった越前朝倉氏。一乗谷を拠点に合理的な分国法を制定して国内を支配し、和歌・連歌・古典にも精通したが信長に滅ぼされる。残された史料を博捜して実像に迫る。
2017.2 224p B6 ¥2200 ①978-4-642-06722-5

◆暴かれた伊達政宗「幕府転覆計画」―ヴァティカン機密文書館史料による結論　大泉光一著　文藝春秋（文春新書）
【要旨】伊達政宗による慶長遣欧使節団の本当の目的は、ローマ教皇の力を借りてスペインと軍事同盟を結び、徳川幕府に乾坤一擲の大勝負を挑むことだった。ヴァティカン機密文書館に眠っていた戦国日本の「ダヴィンチ・コード」が今、読み解かれる―。
2017.9 173p 18cm ¥730 ①978-4-16-661138-6

◆尼子氏関連武将事典　島根県広瀬町観光協会編（松江）ハーベスト出版
【要旨】中国地方に覇を唱えた尼子氏。大内氏・毛利氏との攻防。月山富田城落城と尼子再興軍の奮闘。戦国乱世に生きた武将たちの興亡の物語。
2017.4 206p A5 ¥1500 ①978-4-86456-222-5

◆荒木村重　天野忠幸著　戎光祥出版（シリーズ・実像に迫る 010）
【要旨】戦国乱世を最も象徴する男！信長に実力を認められ、織田政権の西国政策を担うなど、異例の立身出世を遂げた陰で起こした、突如の謀叛。長きにわたる籠城戦の果てに、村重が描いた未来とは!?武勲・生涯・人となり、荒木村重の実像に迫る。
2017.6 103p A5 ¥1500 ①978-4-86403-246-9

◆淡路洲本城―大阪湾を見下ろす総石垣の山城　城郭談話会編　戎光祥出版（シリーズ・城郭研究の新展開 2）
【要旨】明らかになる巨大城郭、洲本城の歴史！安宅、脇坂、蜂須賀氏と受け継がれてきた淡路島支配の拠点城郭。日本で3例しか現存しない貴重な「登り石垣」に着目するほか、縄張り・出土遺物・城下町などを多角的に検討し、新たな地平を切り開く！
2017.4 270p A5 ¥3600 ①978-4-86403-235-3

◆井伊直虎の真実　黒田基樹著　KADOKAWA（角川選書）
【要旨】井伊直虎は、戦国時代に遠江国井伊谷領を領国とした国衆・井伊家最後の当主だが、実像は殆ど知られていない。通説では井伊直盛の娘・次郎法師とされてきた。直虎がみえる史料はわずか8点。そのうち6点は井伊谷領で実施した「井伊谷徳政」と呼ばれる徳政に関するものである。解読が難しい「井伊谷徳政」の実態を明らかにし、戦国時代の徳政とはいかなるものであったのか、直虎とはどのような存在であったのかに迫る。
2017.5 214p B6 ¥1600 ①978-4-04-703621-5

◆石田三成　谷徹也編著　戎光祥出版（シリーズ・織豊大名の研究 7）
【要旨】本書の6点は第1部 石田三成の人物像（石田三成の生涯―その出自と業績、戦国を疾走した秀吉奉行、石田三成書状―その趣好）、第2部 豊臣政権における石田三成（豊臣期「取次」論の現状と課題、文禄期「太閤検地」に関する一考察―文禄三年佐竹氏領検地を中心に、島津氏の財政構造と豊臣政権）、第3部 領主・代官としての石田三成（石田三成佐和山入城の時期について、佐和山城の絵図、豊臣期博多と町奉）、第4部 合戦における石田三成（忍城水攻め、豊臣政権の情報伝達について―文禄二年初頭の前線動向に関して、関ヶ原合戦の再検討―慶長五年七月十七日前後）、付録 石田三成発給文書目録稿
2018.2 399p A5 ¥6500 ①978-4-86403-277-3

◆一度は訪れたい名将ゆかりの名城　昭文社（付属資料：地図）
【要旨】名将にゆかりのある城をはじめとした、86の日本の名城を厳選！
2017.12 79p A5 ¥1000 ①978-4-398-14563-5

◆『伊東マンショの肖像』の謎に迫る―1585年のヴェネツィア　小佐野重利著　三元社
【要旨】日本とイタリア、異文化の出会いが生んだ肖像画。ヴェネツィア元老院が画家ティントレットに発注したとする資料が広いながらその存在が見失われていた天正遣欧少年使節の記念肖像画。400年を経てついに発見されたこの少年像の制作プロセスの解明州、世界初公開に関与した美術史家が挑む。
2017.4 146, 12p B6 ¥1800 ①978-4-88303-436-9

◆今川氏研究の最前線―ここまでわかった「東海の大大名」の実像　日本史史料研究会監修, 大石泰史編　洋泉社（歴史新書y）
【要旨】世の中の常識―公家趣味に傾倒した今川義元は、天下号令のために上洛を目指したが、桶狭間合戦で敗死。その子息・氏真は、信長に報復もできない軟弱大名で、家康にも裏切られて同家は没落してしまった。本書の核心―今川氏は室町将軍家の支流で、駿河守護、遠江守護を務めた。一時は、駿河から尾張の一部まで勢力を拡げ、周辺の有力大名と「同盟」を結び、外交戦略を駆使した大大名だった。
2017.6 287p 18cm ¥980 ①978-4-8003-1263-1

◆今川氏年表―氏親 氏輝 義元 氏真　大石泰史編　高志書院
【目次】戦国前史、文明十一年（一四七九）～文明十八年（一四八六）、文明十九年・長享元年（七月三日改元一四八七）、長享二年（一四八八）、長享三年・延徳元年（八月二十一日改元一四八九）、延徳三年（一四九一）、延徳四年・明応元年（七月九日改元一四九二）、明応二年（一四九三）、明応三年（一四九四）、明応四年（一四九五）〔ほか〕
2017.7 222p A5 ¥2500 ①978-4-86215-171-1

◆イラストで時代考証 日本合戦図典　笹間良彦文・画　雄山閣
【要旨】イラストから時代考証をする。テレビ・映画の時代劇等で目にすることも多い合戦シーン。武器や戦の方法等、考証を必要とすべき事項は数多く存在する。綿密な研究に裏付けされた緻密なイラストで、微細な考証図を描く。これは約260点の合戦時代考証絵巻。
2017.6 260, 11p B5 ¥3600 ①978-4-639-02493-4

◆石見の山城―山城50選と明らかにされた城館の実像　高屋茂男編（松江）ハーベスト出版
【要旨】戦国時代、石見地方は大内氏、尼子氏、毛利氏などの有力武将が覇を競い、幾多の激闘が繰り広げられた地。500ヵ所にもおよぶ山城が築かれた。約400年もの間、草木の中に存在する遺構から、悠久の歴史に思いを馳せることは、山城

めぐりの楽しみだ。本書では50城を厳選し、「地理」「歴史」「構造」の視点から詳しく解説。巻頭グラビアをはじめとする豊富な写真や、縄張り図なども貴重な資料を多数収録。入門者から上級者まで、山城ファン必携の一冊。
2017.10 341p A5 ¥2000 ①978-4-86456-256-0

◆**上杉謙信** 福原圭一、前嶋敏編 高志書院
【目次】1 統治と信仰(景虎の権力形成と晴景、謙信の家族・一族と養子たち、戦国期の越後守護所「堀内」の考察を通じて、謙信の揚北衆支配、謙信が信仰した異形の神—飯縄大明神と刀八毘沙門天について、不識庵御堂と謙信の神格化—精神的方支柱と付祀化への過程)、2 戦争と外交(「川中島合戦」と室町幕府、謙信と関東管領、上杉謙信の雪の越山、上杉謙信と城、上杉謙信の北陸出兵、豊臣政権と上杉家)
2017.11 291p A5 ¥6000 ①978-4-86215-174-2

◆**上杉謙信** 石渡洋平著 戎光祥出版 (シリーズ・実像に迫る 014)
【要旨】通説を覆す、英雄の意外な側面! 急な引退宣言や、北条氏政を馬鹿と罵り、家臣に怒り狂う。反面、信仰悩な顔を景勝に見せる謙信。はたして、その真の姿とは? 信長・信玄らと覇を競い、激動の時代を駆け抜けた男の生きざまに迫る!
2017.12 111p A5 ¥1500 ①978-4-86403-271-1

◆**上杉謙信の夢と野望** 乃至政彦著 ベストセラーズ (ワニ文庫)
【要旨】「軍神」と呼ばれ、「生涯不犯」を貫いた上杉謙信。毘沙門天を信仰し、助けを求められれば東奔西走し、敵味方にさえ直接馬を乗り入れる「義」を重んじる姿は、戦国最強の義将として定着していた。だが、本来の謙信は、父・為景が朝廷や幕府権力を利用した武略を見て育ち、その政治手法を引き継いだ。謙信が目指したのは自らが上に立つことではなく、「室町幕府再興」であった。今までの通説を覆し、最新資料をもとに論考を重ね、新たな結論から導いた上杉謙信の実像がここにいる。
2017.3 319p A6 ¥722 ①978-4-584-39394-9

◆**宇喜多秀家** 大西泰正著 戎光祥出版 (シリーズ・実像に迫る 013)
【要旨】なぜ秀吉に愛されたのか? 若くして大大名となり、順風満帆だった最年少「大老」の悲運。栄光と挫折を極めた「貴公子」像を払拭する!
2017.10 111p A5 ¥1500 ①978-4-86403-261-2

◆**描かれたザビエルと戦国日本—西欧画家のアジア認識** 鹿毛敏夫編 勉誠出版
【要旨】十六世紀の日本に生きたザビエルの生涯を十七世紀に生きた画家が描いた。その絵画群を読み解くことで、当時のヨーロッパの人々が、日本をどう理解し、日本人をどう見ていたか、そして、アジア世界をどう認識していたかが見えてくる。本書に配した日欧・東洋史・西洋史・宗教史・絵画史の各専門研究者による重層的な「考察」を解読のよりどころとしながら、読者のみなさんを「描かれたザビエルと戦国日本」の絵解きへと導くことにしよう。
2017.1 158p B5 ¥2800 ①978-4-585-22156-2

◆**近江から会津そして越後へ 浅井長政嫡子浅井帯刀秀政一落ち延びの道** 浅井俊典著 ミヤオビパブリッシング、(京都)宮帯出版社発売 増補改訂版
【要旨】越後・浅井帯刀秀政、小谷落城とその後の真実。長政の遺児が、何故会津の山ノ内家に落ち延びたのか。越後浅井氏末裔の著者が、新史料を基に、その「謎」と「落ち延びの道」を明らかにする。
2017.9 369p B6 ¥1600 ①978-4-8016-0119-2

◆**大内義弘—天命を奉じ暴乱を討つ** 平瀬直樹著 (京都)ミネルヴァ書房 (ミネルヴァ日本評伝選)
【要旨】大内義弘(一三五六～一四〇〇)南北朝・室町時代の守護大名。室町幕府を支えて大内氏の礎を築いた義弘。妙見信仰を重んじ、自らのルーツを朝鮮半島に求めて一族の結束を高めるも、応永の乱を引き起こし滅亡する。本書では、義弘の統治や一族の争いなどから、義弘の駆け抜けた時代に迫る。
2017.3 223, 6p B6 ¥3000 ①978-4-623-08029-8

◆**大間違いの織田信長** 倉山満著 ベストセラーズ
【要旨】本当に室町幕府を滅ぼしたのか? 権威をないがしろにしたのか? 革新的な人物だったのか? 戦争の天才だったのか? 信長像が打ち砕かれる! 権威主義者、勝ちきれない男、土下座名人、無類の働きもの、セコイ…etc.人間信長の魅力に迫る!!本書を読めば、あなたも信長になれる。
2017.9 286p B6 ¥1296 ①978-4-584-13810-6

◆**織田信長と戦国の村—天下統一のための近江支配** 深谷幸治著 吉川弘文館 (歴史文化ライブラリー)
【要旨】信長の地域支配はいかなる形で行われたのか。近江を事例に、各郡を管轄した佐久間信盛や柴田勝家の行政、信長直領増加と武将の立場などを解明。支配される村落の側からも政権の特質に迫った、新視点の戦国時代史。
2017.12 218p B6 ¥1700 ①978-4-642-05857-5

◆**織田信長の家臣団—派閥と人間関係** 和田裕弘著 中央公論新社 (中公新書)
【要旨】織田家中で最古参の重鎮・佐久間信盛は、本願寺攻めでの無為無策を理由に信長から突如追放された。一見理不尽な「リストラ」だが、婚姻や養子縁組による集団を築けなかった結果とも言える。本書では、一万を超す大軍勢を率いた柴田勝家・羽柴秀吉・滝川一益・明智光秀ら軍団長と、配下の武将たちの関係を、地縁・血縁などから詳細に検証。これまで知られなかった「派閥」の構造に迫り、各軍団の特性を明らかにする。
2017.12 318p 18cm ¥900 ①978-4-12-102421-3

◆**織田信長 不器用すぎた天下人** 金子拓著 河出書房新社
【要旨】なぜ信長は、かくも裏切られ続けたのか? 天下人の余命なまでの人間像が史料の細部から浮かび上がる。
2017.5 197p B6 ¥1600 ①978-4-309-22700-9

◆**鬼武者にも裏の顔!?日本の武士100人の履歴書** 矢部健太郎監修 宝島社
【要旨】「個人情報」で読み解く!「武士」たちの人物像。
2017.11 159p B5 ¥700 ①978-4-8002-7629-2

◆**女城主「直虎」の謎** 原口泉著 海竜社
【要旨】2017年NHK大河ドラマ「おんな城主直虎」が10倍面白くなる? 井伊直虎は男だったのか?!戦国時代、おんな城主は他にもいた? 最新史料と取材によって明らかになった真実。
2017.9 190p B6 ¥1500 ①978-4-7593-1528-8

◆**隠れキリシタンと政宗** 栗村芳實著 (宇都宮)随想舎 (ずいそうしゃ新書)
【要旨】茨城県那珂湊に、仙台から伊達政宗の計画で隠れキリシタンが移住していたのである。旧秋田藩宍戸領における江戸時代の歴史には、大きな空洞があるような気がしてならないのである。
2017.1 95p 18cm ¥1000 ①978-4-88748-336-1

◆**家訓で読む戦国—組織論から人生哲学まで** 小和田哲男著 NHK出版 (NHK出版新書)
【要旨】戦国最強とも名高い武田信玄は「完勝よりも七分の勝ち」と教訓を垂れ、歴戦の猛者・朝倉宗滴は「武将は犬ともいえ大敗北を喫したをいう」と説いた。武将たちが残した家訓(戦国家法・武辺咄・遺言状)には、乱世を生きるための組織論、リーダー論、勝負論が詰まっている。名将・猛将・知将の言葉から、戦国時代に新たな光を当てるとともに、現代にも通じる成功の秘訣を探る。大河ファンも必読の一冊!
2017.4 205p 18cm ¥780 ①978-4-14-088515-4

◆**学校では教えてくれない戦国史の授業—秀吉・家康 天下統一の謎** 井沢元彦著 PHP研究所
【要旨】秀吉の中国大返しから大坂夏の陣まで、信長亡き後の戦国乱世の謎を解き明かす!
2017.11 284p B6 ¥1600 ①978-4-569-83705-5

◆**カラー図解 城の攻め方・つくり方** 中井均監修、かみゆ歴史編集部編著 宝島社
【要旨】彦根城、熊本城、大坂城! 滝山城、玄番尾城、江戸城、姫路城…縄張りとイラストで名城の構造をイッキ読み。横矢、虎口、水堀、石垣、切岸、櫓、石落し…堅城に見る防御施設。すべてがわかる決定版。
2017.6 207p A5 ¥830 ①978-4-8002-6974-4

◆**関東戦国史—北条VS上杉55年戦争の真実** 黒田基樹著 KADOKAWA (角川ソフィア文庫)(『戦国関東の覇権戦争—北条氏VS関東管領・上杉氏55年の戦い』改題新書)
【要旨】信長の出現、秀吉の天下統一で、戦国時代は終焉を迎えた。天下取りの舞台は西日本にあったといわれてきたが、戦乱の始まりも終わりも、実際は関東の動きが基準になっていた! 関東の動向をなぞるように、畿内では室町幕府の秩序を脅かす下克上が相次いだ。関東の覇権戦争の中心にいたのが西から来た新勢力の北条氏と、旧来の関東秩序勢力である山内・扇谷の上杉氏だった。両氏の関東支配権を懸けた争いから戦国史の真相に迫る。
2017.1 231p A6 ¥840 ①978-4-04-400189-6

◆**騎馬武者—サムライの戦闘騎乗** 市村弘企画・制作、紅葉台木曽馬牧場甲州和式馬術探求会監修・協力 新紀元社
【要旨】絵巻物の彼方より、騎馬武者がやって来た。日本に残された数少ない、和式馬術に練達した乗り手。いにしえの絵巻物から騎馬武者が抜け出して来た。超大作映画でも、大河ドラマでも見ることができての甲冑武者が馬蹄を轟かせ、矢を放ち、薙刀を揮う。本物の騎馬武者がここにいる。
2017.12 159p B5 ¥3000 ①978-4-7753-1567-5

◆**京近江の武将群像** 京都新聞社編 (彦根)サンライズ出版 (淡海文庫)
【要旨】天下分け目の関ヶ原の合戦で、西軍の事実上の統率者だった石田三成は、太閤秀吉亡き後、豊臣家を盛り立てようと、忠義を尽くした湖北出身の武将だった。反家康派を糾合し、関ヶ原の合戦を実現していった一徳川四天王に名を連ねた井伊直政は、武勇と知略に優れた名将だった。幼時は不遇の時期で流浪の身となって苦労を重ねたが、家康に重く用いられ、井伊家を再興して彦根藩という大藩の礎を築いた。近江を制するは天下を制す—。戦国の京近江を駆け抜けた武将26名の生涯を追う。
2017.9 225p B6 ¥1500 ①978-4-88325-187-2

◆**キリシタン大名—布教・政策・信仰の実相** 五野井隆史監修 (京都)宮帯出版社
【要旨】宣教師・統治者・領主層。キリスト教をめぐる戦略と行動の全貌! 布教・政策・信仰、それぞれの視点から、第一線研究者25名が書き下ろした35論文を収録。キリシタン大名研究の決定版、ついに登場!
2017.9 546p A5 ¥4500 ①978-4-8016-0018-8

◆**国衆の戦国史—遠江の百年戦争と「地域領主」の興亡** 鈴木将典著 洋泉社 (歴史新書y)
【要旨】戦国大名の領国には、地元に基盤をもつ「地域領主」=国衆たちが多く存在し、大名は国衆たちの存立を保障することが求められた。国衆たちは、複数の戦国大名の間で利害によって従属関係を変え、生き残りを賭けて戦った。
2017.4 239p 18cm ¥950 ①978-4-8003-1218-1

◆**経済で読み解く織田信長—「貨幣量」の変化から宗教と戦争の関係を考察する** 上念司著 ベストセラーズ
【要旨】中世を終わらせた英雄・信長は何と戦ったのか? 日明貿易から室町幕府の経済政策、寺社勢力の金融ビジネスまで、室町・戦国の世を"経済的視点"で描く—
2017.3 293p 18cm ¥1111 ①978-4-584-13778-9

◆**現代語訳 信長公記(全)** 太田牛一著、榊山潤訳 筑摩書房 (ちくま学芸文庫)
【要旨】『信長公記』(しんちょうこうき)は、織田信長の家臣であった太田牛一が著した、信長の一代記である。足利義昭を奉じて上洛してから本能寺の変に斃れるまでの15年間の足跡がとりわけ詳細に書き記されている。しかもその記録はきわめて正確で、歴史研究が進み故来の信長像が大きく塗り替えられようとしている現在においても、本書は信長記としての地位を失っていない。戦国時代を駆け抜けた信長の生きざまが現代によみがえる!
2017.2 519p A6 ¥1400 ①978-4-480-09777-4

◆**小早川秀秋** 黒田基樹著 戎光祥出版 (シリーズ・実像に迫る 005)
【要旨】明らかになる関ヶ原の真相! 終生ついてまわった、秀吉の養子・羽柴家一門筆頭という呪縛。そして迎えた関ヶ原。決戦を前に、秀秋の胸に去来した想いとは!?武勲・生涯・人となり—小早川秀秋の実像に迫る。
2017.2 95p A5 ¥1500 ①978-4-86403-228-5

◆**真田信之** 黒田基樹編著 戎光祥出版 (シリーズ・実像に迫る 織豊大名の研究 第5巻)
【目次】総論 真田信之発給文書の概要、第1部 真田信之の生涯(真田信之文書の基礎的考察、真田氏の沼田領支配、真田氏時代、真田信政時代)、第2部 真田信之の諸問題(真田氏時代における織豊系城郭上田城の再検討、古

文書講座(第27回)、伏島家文書について、史料紹介 真田信之の隠居・三代藩主の擁立に関わる文書、松代藩初代藩主「真田信之画像」)、第3部 真田信之発給文書目録
2017.4 397p A5 ¥6500 ①978-4-86403-237-7

◆柴田勝家と支えた武将たち　小野之裕著
(名古屋)ゆいぽおと、KTC中央出版 発売
【要旨】生涯を通して織田家のために尽くした柴田勝家。文献資料からその足跡を追い、ゆかりの地を訪ねる。
2018.1 102p B6 ¥1000 ①978-4-87758-469-6

◆島津四兄弟の九州統一戦　新名一仁著　星海社、講談社 発売 (星海社新書)
【要旨】九州を統一寸前まで切り取った島津四兄弟(義久・義弘・歳久・家久)。彼らは固い絆で結ばれ、無類の強さを発揮して九州統一に邁進した。そんな四兄弟のイメージには、実は史料的な根拠を見いだすことができません。それでは、なぜ島津氏は北へと攻めのぼり、数々の合戦に勝利を収めることができたのでしょうか? 本書では、これらの疑問に答えるべく、一次資料を丹念に読みこんで九州統一戦を追っていきます。その結果、「面目」が島津氏の行動原理となっていたこと、そして必ずしも「団結」とは言えない、四兄弟の個性が浮かび上がってきました。九州統一戦の挫折より、430年。いま、戦国島津氏研究の新境地がひらかれます!!
2017.11 269p 18cm ¥980 ①978-4-06-510575-7

◆守護所・戦国城下町の構造と社会—阿波国勝瑞　石井伸夫、仁木宏編　(京都)思文閣出版
【要旨】戦国時代、一〇〇年以上にわたり阿波国の中心地であった守護町「勝瑞」。阿波細川氏の拠点であり、その被官三好氏はこの地を基盤に京都で政界の覇権を争った。将軍候補や管領・任置の両管領も滞在し、ここから捲土重来をはかった。阿波国は、中世後期の政治史にかけて、権力主体が変遷したにもかかわらず、ずっと一国単位で歴史が変遷した。その中心は勝瑞から徳島へ引きつがれた。これを「阿波モデル」として全国の城下町研究に提示する。ユニークな空間構造をもつ一六世紀の地方都市・勝瑞の姿を、考古学、歴史学、地理学など多様な視角から解き明かし、中世都市史研究を大きく前進させる一書。
2017.2 352p A5 ¥6600 ①978-4-7842-1884-4

◆首都圏発 戦国の城の歩きかた　西股総生著
ベストセラーズ
【要旨】行ける! わかる! 21城。すぐそこにある土の城で戦国時代を体感! 城好きも知らない"名城"を徹底紹介!! 図解・戦国の城がいちばんよくわかる本第2弾!
2017.5 197p A5 ¥1400 ①978-4-584-13792-5

◆織豊期研究の現在(いま)　織豊期研究会編
岩田書院
【目次】総論 織豊政権の独自性、基調講演 身分としての奉公人—その創出と消滅、第1部 論考編(織豊期経済論、織豊期の政治過程と戦争、織豊大名論、天下統一論—停戦令・国分・仕置の視点から、豊臣期検地論)、第2部 研究史を振り返る(軍事・戦争、経済・流通、寺社・宗教、真宗・一向一揆、武家儀礼)
2017 317p A5 ¥6900 ①978-4-86602-995-5

◆織豊系城郭とは何か—その成果と課題　城郭談話会30周年記念　村田修三監修、城郭談話会編　(彦根)サンライズ出版
【目次】第1章 総論、第2章 織豊権力の城郭政策、第3章 織豊系城郭と地域社会、第4章 織豊系城郭における遺構と遺物、第5章 織豊系城郭の諸論点、第6章 個別城郭
2017.4 445p B5 ¥5000 ①978-4-88325-605-1

◆織豊系陣城事典　高橋成計著　戎光祥出版
(図説日本の城郭シリーズ 6)
【要旨】信長・秀吉の天下統一戦で多様に築かれた臨時の城郭群。元亀争乱、賎ヶ岳合戦、小牧長久手合戦、小田原合戦など、戦国時代を彩る数々の合戦で重要な役割を果たした161城の縄張り図・写真を一挙掲載!
2018.1 285p A5 ¥2600 ①978-4-86403-270-4

◆真説 戦国武将の素顔　本郷和人著　宝島社
(宝島社新書)
【要旨】歴史を知るうえで一番大事なのは疑うこと—。東京大学史料編纂所の教授である著者が最新歴史学の研究成果を踏まえ、愛される毒舌で戦国武将の実像を紹介する。さまざまな英雄譚とともに語られる戦国武将だが、「類まれなる能力主義」で自らの首を絞めた織田信長、一国への侵略に固執するあまり天下の形勢を見誤った武田信玄、目的なき戦いに離反する家臣を止められ

ない"義の人"上杉謙信、"独眼竜"伊達政宗の情けない失敗の数々—こうした批判的視点からは、じつに人間味にあふれた等身大の姿が見えてくる。また、中央からの独立を志した今川義元の意外な姿や、人間関係で読む本能寺の変など、史実で戦国時代のリアルに迫る。
2017.5 237p 18cm ¥780 ①978-4-8002-6768-9

◆杉山城の時代　西股総生著　KADOKAWA
(角川選書)
【要旨】城好きなら一度は訪れてみたいと憧れる杉山城。文献には登場しないものの精密機械のような縄張りを持つこの城を、城郭研究者たちは北条氏の築城と考えてきた。だが、今世紀に入って行われた発掘調査の結果は、山内上杉氏の築城である可能性を示していた—。発掘調査によって判明した事実は何だったのか。北条氏築城説は成立しないのか。「杉山城問題」の論点を徹底検証し、縄張り研究の立場から杉山城の「謎」に挑む。
2017.10 282p B6 ¥1700 ①978-4-04-703614-7

◆3DCGでよみがえる「信長公記」　小和田哲男監修　宝島社
【要旨】戦国の乱世を鮮やかに駆け抜けた不世出の天才・織田信長—。その生涯と素顔を一級史料でたどる。
2017.8 127p B5 ¥1000 ①978-4-8002-7209-6

◆世界史のなかの天正遣欧使節　伊川健二著　吉川弘文館
【要旨】ヨーロッパで文化交流の記録を残して帰国した最初の日本人、天正遣欧使節。イエズス会による日本開教以来の遣欧計画や使節の旅程、彼らが残した知的遺産を読み解き、日欧双方に衝撃を与えた天正遣欧使節の全貌に迫る。
2017.4 219p B6 ¥2600 ①978-4-642-08325-6

◆関ヶ原合戦の謎99　かみゆ歴史編集部著
イースト・プレス　(イースト新書Q)
【要旨】石田三成は、なぜ敗れたのか。「天下分け目」の大決戦に臨んだそれぞれの武将たちの思惑とは? 99の謎を追いながら、日本史の大転換期に焦点を当てる。
2017.7 189p 18cm ¥800 ①978-4-7816-8030-9

◆関ヶ原はいかに語られたか—いくさをめぐる記憶と言説　井上泰至編　勉誠出版 (アジア遊学)
【要旨】関ヶ原の戦いとは慶長五年九月十五日の合戦のみをさすものではなく、秀吉政権後の体制を巡り、全国各地で石田方・徳川方に別れて行われたいくさのことである。この戦いのイメージは、文学・演劇・屏風・絵巻など様々なメディアによって表象され、伝えられてきた。歴史学と文学研究の成果を踏まえ、虚像(文学および美術)を中心に武将の銘々伝的アプローチを行い、この多様な語りの諸相を整理し、関ヶ原の戦いのイメージの形成過程を明らかにする。
2017.8 213p A5 ¥2200 ①978-4-585-22678-9

◆戰國遺文 大内氏編　第2巻 明応六年(九四五号)—大永七年(一九八六号)　和田秀作編　東京堂出版
【目次】明応六年(九四五~九九一号)、同七年(九九二~一〇一五号)、同八年(一〇一六~一〇五二号)、同九年(一〇五三~一〇八八号)、同亀元年(一〇九九~一一四六号)、同二年(一一四七~一一七四号)、同三年(一一七五~一一八六号)、永正元年(一一八七~一一九八号)、同二年(一一九九~一二一七号)、同三年(一二一八~一二七一号)
2017.7 358p A5 ¥17000 ①978-4-490-30771-9

◆戰國遺文 下野編　第1巻 応永三〇年(一号)—天正元年(九八四号)　荒川善夫、新井敦史、佐々木倫朗編　東京堂出版
【目次】応永三〇年(第一号~第二号)、永享元年(第三号)、同四年(第四号)、同七年(第五号)、同八年(第六号)、同十七年(第七号~第九号)、同十二年(第一〇号~第一六号)、嘉吉元年(第一七号~第二二号)、文安三年(第二三号~第二四号)、同四年(第二五号)
2017.9 368p A5 ¥17000 ①978-4-490-30774-0

◆戦国家臣団 実力ナンバーワン決定戦　本郷和人監修　宝島社
【要旨】およそ100年にわたり戦いが繰り広げられた戦国時代—。戦国大名の命運を握っていたのが主君に忠義を誓った家臣団だった。主君と家臣の関係が、時代とともにどのように変化したのか—。乱世における家臣団の変遷を紹介するとともに、ランキング形式で最強の家臣団と、その強さの秘密に迫る!
2017.10 111p A4 ¥700 ①978-4-8002-7641-4

◆戦国合戦 通説を覆す　工藤健策著　草思社
(草思社文庫)
【要旨】幸村はなぜ家康本陣に迫れたのか? 秀吉はなぜ毛利攻めからすぐ帰れたのか? 川中島から大坂夏の陣まで戦国時代の有名な8つの合戦とは実際にはどのようなものだったか—。著者は広く流布している"通説"は、のちの勝者による書き換えであると断じて、残されている史料を駆使して真相を解き明かす。地形、陣地、合戦の推移、政治的状況などから眺めれば、真実の戦いが見えてくる。戦国時代に躍動した武将たちの姿、たぐいまれな戦略眼、失敗の数々が生き生きとよみがえる、戦国ファン必読の歴史読物。
2017.6 286p A6 ¥760 ①978-4-7942-2283-1

◆戦国期越前の領国支配　松浦義則著　戎光祥出版　(戎光祥研究叢書)
【目次】朝倉氏の戦国大名化と名・内徳について、第1部 戦国期の朝倉氏領国(戦国大名朝倉氏領国と寺社領、朝倉氏領国制下の府中周入、大名朝倉氏領国制下の寺庵・給人の所領支配について、戦国大名朝倉氏知行制の展開、朝倉氏領国制下の路次と関)、第2部 戦国期越前の在地社会(越前国人堀江氏の動向について、中世後期の大野郡、越前大野郡小山荘の市場について、中世越前の諸地域について、戦国期北陸地域における指出について、柴田勝家の越前検地と村落)、内徳と在地社会
2017.10 371, 10p A5 ¥9000 ①978-4-86403-266-7

◆戦国期政治史論集 西国編　戦国史研究会編　岩田書院
【目次】永禄六年・同七年の家康の戦い—三河一向一揆の過程、戦国・豊臣大名徳川氏と形原松平氏—海上活動を中心として、松平家忠と連歌会—「家忠日記」の記述方法、美濃国郡上安養寺と遠藤氏、幕府奉公衆結城氏の基礎的研究、中世後期における御一家渋川氏の動向、戦国期管領の政治的位置、細川晴元期京兆家の領国支配と守護職、足利義輝・義昭期における将軍御供衆一色藤長〔ほか〕
2017 363p A5 ¥7400 ①978-4-86602-013-6

◆戦国期政治史論集 東国編　戦国史研究会編　岩田書院
【目次】大内定綱の動向と伊達氏、室町~戦国初期常陸真壁氏の基礎的考察、十五世紀後期における千葉氏の支配構造、中世武蔵国豊島郡・新座郡における高野山信仰—高野山西南院所蔵「関東過去帳」の検討を中心に、北条氏規家臣朋出奈氏について、上杉謙信家中にみる祈願の様相と戦況の変化、甲斐に下向した奉公衆武田氏について、戦国大名武田氏と曹洞宗一武田信虎による大泉寺開創、依田松平氏の信濃佐久郡支配、真田信之発給文書における印判の変遷〔ほか〕
2017 351p A5 ¥7400 ①978-4-86602-012-9

◆戦国期風俗図の文化史—吉川・毛利氏と「月次風俗図屛風」　井戸美里著　吉川弘文館
【要旨】山口県岩国の吉川家伝来「月次風俗図屛風」。その形態や画面構成、主題・モティーフ選択は異色で、大田植・富士巻狩など地方・歴史に取材した題材も含め、同時代の風俗画作品とは異なる風景を描く。作品成立に関わった安芸・周防の土壌に根ざした文化の諸相を、美術をはじめ文学や芸能・歴史などから横断的に考察し、作品の実態と広がりを解明する。
2017.3 350, 11p A5 ¥16000 ①978-4-642-01658-2

◆戦国京都の大路小路　河内将芳著　戎光祥出版　(シリーズ・実像に迫る 012)
【要旨】平安京の衰退、長きにわたる応仁の乱により、失われていった大路・小路。一方、「上京」「下京」の成立や、大路・小路から「通」への変化など、現代につながる新たな動きが。次々と変化していく「首都」の京都を、信長や秀吉たちはどのように支配したのか!?
2017.8 106p A5 ¥1500 ①978-4-86403-258-2

◆戦国史研究　第73号　(川崎)戦国史研究会、吉川弘文館 発売
【目次】伊勢貞親と細川勝元—連携とその破綻の実態をみる、永禄期の三河国牛久保の牧野氏とその家中、羅針盤(青年期の細川晴元、新出資料・北条氏綱判物について、讃岐における毛利・長宗我部関係、天正八年における有馬氏と龍造寺氏の和平交渉)、戦国史関係論文目録(平成28年1月~6月)
2017.2 54p A5 ¥649 ①978-4-642-09241-8

◆戦国史研究　第74号　戦国史研究会編　(川崎)戦国史研究会、吉川弘文館 発売

日本史　554　BOOK PAGE 2018

【目次】足利義昭政権滅亡の政治的背景、「御名代」島津義弘の権限と政治的位置、羅針盤（明応の政変直後の足利義稙御内書について、北条氏邦の生年について、「年未評正月十三日付慮維書状」について、秀吉死去前後の前田利長と宇喜多秀家）
2017.8　52p　A5　¥649　978-4-642-09242-5

◆戦国時代前夜—応仁の乱がすごくよくわかる本　水野大樹著　実業之日本社（じっぴコンパクト新書）
【要旨】戦国時代の始まりを告げる歴史的重要事件！ 将軍家の継嗣争い、幕府内の権力闘争、守護大名家の家督争い…、混沌の社会！ 京都を灰燼と化した、約10年にわたる戦乱を追う！
2017.2　207p　18cm　¥800　978-4-408-11215-2

◆戦国時代と禅僧の謎—室町将軍と「禅林」の世界　清水眞澄著　洋泉社
【要旨】応仁・文明の乱、東山文化の開花—。禅僧たちにとって、芸能・贈答文化さえ「戦略」になる時代だった。彼らは、なぜ歴史の大転換期に将軍権力を支え、外交・軍事・文化政策に関与したのか？
2017.4　207p　B6　¥2200　978-4-8003-1196-2

◆戦国時代のハローワーク 職業図鑑　ライブ編著　カンゼン
【要旨】今は昔の戦国時代でも、現代と同じように人々は働いていた。その頃の仕事はいったいどのようなものがあったのか。いったいどんなことをしていたのか。本書では、意外と知らない"戦国時代の職業"を紹介する。
2017.2　143p　A5　¥1400　978-4-86255-386-7

◆戦国大名伊達氏の領国支配—小林清治著作集　1　小林清治著、小林清治著作集編集委員会編　岩田書院
【目次】第1部 戦国大名伊達氏とその一族（伊達氏と奥州探題職、伊達政宗の奥州王意識、伊達晴宗夫人とその娘たち）、第2部 家臣団構造（伊達氏における奉行人制の成立、晴宗期伊達家中の構成、伊達家の家法と政宗の家臣団、戦国大名上級家臣団の存在形態—伊達家家臣懸紫の研究、伊達大名の新領土支配の態容と武士層の基本的形態—伊達政宗の二本松領支配）、第3部 領国支配（東北大名の成立—伊達氏における知行制の成立、天文期伊達臣団の知行分布状況—「伊達晴宗采地下賜録」による分析、伊達氏戦国領国の城館、戦国大名伊達氏の城館）、第4部 下町（戦国期城下町の成立—宿地千軒から八丁目城下町へ、伊達氏時代の米沢城下、封建領主「町」支配の権原、近世城下町の成立と初期町人の系譜）、第5部 村落・交通と商人（戦国末期奥羽の農民構成について、戦国期における在家の被収取形態、戦国期伊達領国の交通について、奥羽往還と近世奥州街道）
2017　484p　A5　¥8800　978-4-86602-998-6

◆戦国大名の危機管理　黒田基樹著　KADOKAWA（角川ソフィア文庫）
【要旨】戦国屈指の名君と呼ばれた北条三代・氏康。彼が領民を守るために行った秘策とは？ 武田信玄や上杉謙信の小田原進攻、慢性化する飢餓…。郷村を維持するための対策として、検地を行い領国把握に努め、さまざまに重なる税と夫役の負担を整理。飢饉のときには、領民の生活に寄り添って目配りをすることで未曾有の危機を乗り越えたのである。はじめて民政を行い、領国経営を成し遂げた戦国大名の真像を、民衆の視点から迫る。
2017.11　251p　A6　¥840　978-4-04-400287-9

◆戦国大名の末裔たちが明かす歴史秘話—信長、幕末・維新から村上水軍まで！ 子孫&お宝を大発掘　別冊宝島編集部編　宝島社
【要旨】豊臣秀頼とその息子は九州で生きていた!?本能寺の変は明智光秀の逆恨みが原因ではなかった!?長宗我部元親は秦の始皇帝の末裔だったのは伊達政宗!?井伊直弼は穏やかな文化人だった!?西郷隆盛と勝海舟の知られざる関係とは!?ほか、誰も知らないエピソード満載の歴史読本！
2017.7　127p　A4　¥700　978-4-8002-7331-4

◆戦国の軍隊　西股総生著　KADOKAWA（角川ソフィア文庫）（『戦国の軍隊—現代軍事学から見た戦国大名の軍勢』改題書）
【要旨】封建制の枠組みを壊すことなく、戦国大名が劇的な軍事改革を成し遂げられたのはなぜか。その答えは日本軍の「二重構造」にあった！ 支配階級に属し、重装歩兵の性格を強めた職業戦士の「侍」。被支配階級に属し、大量に動員した非正規雇用兵からなる「足軽・雑兵」。非正

規雇用兵たちを兵力調達の調整弁とすることにより、戦国大名は、組織戦に対応できる軍隊を創り上げた―。軍事の視点から戦国史研究の欠落を埋める意欲作。
2017.6　297p　A6　¥960　978-4-04-400188-9

◆戦国の地政学—地理がわかれば陣形と合戦がわかる　乃至政彦監修　実業之日本社（じっぴコンパクト新書）
【要旨】「川中島の合戦」で、上杉謙信はなぜ妻女山に布陣したのか？「桶狭間の戦い」で、今川義元があの場所で休息した理由は？ 佐々成政の"真冬の北アルプス縦断"の実態は？ 足利義昭はなぜ、東ではなく西へ落ちのびた？ 十数段の陣を突破からの「姉川の戦い」の大逆転劇の真相は―。戦国時代の合戦、諸大名の勢力の変遷を、地理や地形のフィルターを通して見れば、戦略や戦術の正しさや、奇跡の裏側がまざまざと浮き上がってくる！
2017.11　223p　18cm　¥850　978-4-408-00906-3

◆戦国の肥前と龍造寺隆信　川副義敦著　（京都）宮帯出版社
【要旨】龍造寺研究の第一人者による隆信の生涯と北部九州の戦国史。曾祖父・家兼、母・慶闇（ぎん）、後に義理の弟となる最強の家臣・鍋島信昌（直茂）ら、登場人物の興味深いエピソードを盛り込んで、龍造寺氏の興隆から衰亡をダイナミックに描く！
2018.1　350p　B6　¥2500　978-4-8016-0104-8

◆戦国の北陸動乱と城郭　佐伯哲也著　戎光祥出版（図説日本の城郭シリーズ 5）
【要旨】上杉謙信・景勝vs北陸織田軍vs一向一揆。三つ巴の覇権戦争の全貌と、それに伴って深化する城郭構造。そして前田利家の捕縛処刑や織田軍の大砲使用から変わる縄張り技法等、文献史料も多用して挑む新たなる北陸戦国史。
2017.8　283p　A5（B5）¥2500　978-4-86403-255-1

◆戦国武将「お墓」でわかる意外な真実　楠戸義昭著　PHP研究所（PHP文庫）
【要旨】戦国武将の「お墓」を辿っていくと、事件の舞台裏、最期にまつわる異説、胸打つ秘話が見えてくる。名将たちの波瀾の生涯に思いを馳せつつ、人物の魅力と語られざる歴史に光をあてた一冊。豊富な写真と史跡ガイド付。
2017.12　413p　A6　¥880　978-4-569-76789-5

◆戦国武将真田一族と高野山　木下浩良著　セルバ出版、創英社／三省堂書店 発売
【要旨】戦国武将の真田家と、弘法大師空海が開いた真言宗の聖地の高野山とは、実は昌幸以前の室町時代中頃から深い関係にあった。真田家のルーツを探ると、信濃国の古豪族の滋野氏にたどりつく。高野山には、その滋野氏が造立した鎌倉時代の石塔が1基ある。
2017.5　127p　A5　¥1800　978-4-86367-335-9

◆戦国武将 勢力パノラマ大地図帖—10大事件と3D地図でわかる！ 戦国武将の興亡　武光誠監修　宝島社
【要旨】織田氏vs今川氏、尼子氏vs毛利氏、上杉氏vs武田氏―戦略が一目瞭然！ 勢力図大全。超図解！ 戦国の動乱を招いた応仁の乱。織田信長、豊臣秀吉、徳川家康―天下人の攻略ルートを徹底解説。地域別戦国大名の国盗りMAP。
2017.8　127p　A4　¥640　978-4-8002-7207-2

◆戦国武将のカルテ　篠田達明著　KADOKAWA（角川ソフィア文庫）（『戦国武将の死生観』改題書）
【要旨】ADHDの信長、消化器系の癌だった秀吉、メタボ体型で健康オタクの家康、時代劇とは全く別人「近視」の光秀、医療研究に日夜励んでいた政宗…。彼らは日頃どんな養生法を心がけていたのか。健康状態や精神状態を中心に、戦国武将を現代医学で診断。病歴・死因・死生観等を、盛りだくさんのエピソードを交えて綴る「戦国武将の診断書」。巻末に、戦国時代の主要な武将とその妻など114人の病歴・寿命・死因の一覧付き。
2017.2　268p　A6　¥880　978-4-04-400221-3

◆戦国武将の辞世—遺言に秘められた真実　加藤廣著　朝日新聞出版（朝日新書）
【要旨】最期の言葉にこそ、本音が宿る。武将たちが遺した辞世の句や遺言状。自らの一生を締めくくる言葉には、彼らが抱いていた夢、恨み、怒り、嘆き、そして、決して明かせぬ秘密さえも隠されていた！
2017.5　215p　18cm　¥760　978-4-02-273718-2

◆戦国武将の病が歴史を動かした　若林利光著　PHP研究所（PHP新書）

【要旨】長らく謎とされてきた豊臣秀吉の死因や、信長軍を撃破した直後の上杉謙信を死に追いやった病などを、当時の史料に基づいて診断する。
2017.5　261p　18cm　¥860　978-4-569-83627-0

◆戦国武将の「闇」100のミステリー—常識がくつがえる！　渡邊大門著　PHP研究所
【要旨】あなたが知ってる戦国は、どこまで本当か？　2017.12　253p　B6　¥648　978-4-569-83737-6

◆戦国武将ビジュアル人物大図鑑—人気武将、美しい姫君など120人一挙紹介　山村竜也監修　PHPエディターズ・グループ、PHP研究所 発売
【要旨】楽しみながら、本格的に歴史を学べる！　紹介総人数120！　戦国時代を彩った武将や姫君がカッコいいビジュアルで蘇る!!
2017.8　319p　A5　¥1500　978-4-569-78682-7

◆『大かうさまぐんき』を読む—太田牛一の深層心理と文章構造　小林千草著（平塚）東海大学出版部（東海大学文学部叢書）
【目次】第1章 『大かうさまぐんき』と著者太田牛一について（『大かうさまぐんき』について、『大かうさまぐんき』の著者太田牛一について、『大かうさまぐんき』釈文、および本文引用にあたっての凡例）、第2章 『大かうさまぐんき』"条々天道おそろしき次第"私注（三好実休、松永弾正久秀、斎藤山城道三、明智光秀、柴田勝家、神戸三七殿、北条左京大夫氏政事、北条左京大夫氏政の最期）、第3章「天道おそろしき」表現の系譜—『信長記』から『大かうさまぐんき』へ、「条々、天道おそろしき次第」の表現構造、「秀次謀反」の段における「天道恐ろしき」、『原本信長記』『信長公記』に見る「天道おそろしき」表現、『原本信長記』巻十二と『信長公記』巻十二における「天道おそろしき」型表現の問題点、『信長公記』首巻における「天道おそろしき」型表現の存在について）、第4章 『大かうさまぐんき』"条々天道おそろしき次第"以降の物語展開に触れて
2017.2　338p　A5　¥3000　978-4-486-02119-3

◆第六天魔王 信長　片岡昌一著　幻冬舎メディアコンサルティング、幻冬舎 発売
【要旨】これまでにない信長、現る。謎とされていた実像に迫り、新解釈でその秘められた素顔を描き出す。
2017.11　255p　B6　¥1200　978-4-344-91461-2

◆武田勝頼—試される戦国大名の「器量」　丸島和洋著　平凡社（中世から近世へ）
【要旨】生き残りをかけて、信頼が問われた乱世—。個の実力のみに帰してなぜ見誤る、武田氏滅亡への道。勝頼の「不運」とはいかなるものであったのか。その正体を探っていけば、戦国大名の本質が見えてくる。
2017.9　383p　B6　¥1900　978-4-582-47732-0

◆武田氏滅亡　平山優著　KADOKAWA（角川選書）
【要旨】武田信玄の後継者である勝頼は、天正十年三月十一日、織田・徳川・北条の侵攻を受けて滅亡した。戦国の雄・武田氏はなぜ、亡国へと追い込まれていったのか。勝頼個人の「暗愚」な資質に原因を求める見方は正しいのか—。甲相越三国和睦構想、御館の乱、高天神城攻防戦という長篠敗戦後の転換点を主軸に、史料博捜と最新研究から、詳述されてこなかった勝頼の成果と蹉跌を徹底検証。戦国史研究に新たな足跡を刻む決定版！
2017.2　751p　B6　¥2800　978-4-04-703588-1

◆伊達政宗と南奥の戦国時代　垣内和孝著　吉川弘文館
【要旨】陸奥国の南部「南奥」では、強力な戦国大名が存在せず、数程度を有する領主が割拠していた。南奥が佐竹氏の侵攻を契機に伊達政宗による地域統一に向かっていく様相を描き、地域の特色、伊達・蘆名・相馬らの境目に築かれた城館の姿など、和戦・境目・城館をキーワードに文献史学・考古学両面から追究。従来の伊達氏研究に新知見を加える。
2017.10　279, 10p　A5　¥9000　978-4-642-02938-4

◆伊達政宗の研究　小林清治著　吉川弘文館 新装版
【要旨】奥羽を制覇し屈指の大藩を築いた伊達政宗の研究を牽引してきた第一人者による決定版。誕生にまつわる伝説や家督相続、様々な合戦、領国の構造をはじめ、豊臣秀吉による奥羽仕置との関わり、仙台築城の歴史的意義、支倉遣欧使節、政宗文書の特色など、政宗に関わるあらゆ

る事柄を解明しその全体像に迫る。永らく入手困難だった不朽の名著を新装復刊。
2017.6 479p A5 ¥9000 ①978-4-642-02937-7

◆朝鮮日々記を読む―真宗僧が見た秀吉の朝鮮侵略　朝鮮日々記研究会編　(京都)法蔵館　新装版
【目次】1「朝鮮日々記」本文(朝鮮日々記、補註、頭註・補註関係文献一覧)、2「朝鮮日々記」と慶念(「朝鮮日々記」の諸本、慶念の生涯と文化的素養)、3「朝鮮日々記」を読む(丁酉・慶長の役戦場と慶念―「朝鮮記」と対比して、慶念の系譜を探る―豊後・日向・三河、善知識と「あさまし」の思想 ほか)
2017.11 385p A5 ¥7500 ①978-4-8318-6551-9

◆超訳 戦国武将名言録　富増章成著　かんき出版
【要旨】戦国武将60人の生き様が、ざっと学べる! 人生の難問を解決する、武将のアドバイスつき。
2017.12 271p 19×12cm ¥1400 ①978-4-7612-7301-9

◆地理と地形で読み解く 戦国の城攻め　渡邊大門編著　光文社　(光文社知恵の森文庫)
【要旨】大規模な水攻めが行われた「備中高松城の戦い」、17万の百姓に堤を築かせた「紀伊太田城の水攻め」、多数の付城を築いた「三木城の戦い」など、自然の要害を活かして築かれた難攻不落の城を、武将らはいかなるネットワークと戦術で攻めたのか? 夜襲、兵糧攻め、水攻め、篭城戦などバリエーション豊富な戦を、地形図とともに詳解。
2017.6 277p A6 ¥680 ①978-4-334-78722-6

◆天下人の父・織田信秀―信長は何を学び、受け継いだのか　谷口克広著　祥伝社　(祥伝社新書)
【要旨】織田信長は中世的権威の破壊者、近世の開拓者、改革者とされてきたが、近年その評価が変わりつつある。彼の独創的とされる戦闘方法、外交政策、経済政策、家臣統制に、父・信秀からの影響があったことを実証したのが本書である。信秀は、守護代家臣から短期間で尾張随一の実力者に伸し上がった、戦国の出世大名の一人である。しかし、史料の少なさから、その実像は謎とされてきた。今回、信長研究の第一人者である著者が、一次史料をもとに信秀、信長二代にわたる事績を明らかにした本書で何に変わるだろう。天才、魔王、革命家とまで称される信長像はまちがいなく本書で変わるだろう。
2017.4 254p 18cm A5 ①978-4-396-11501-2

◆刀剣・兜で知る戦国武将40話　歴史の謎研究会編　青春出版社　(青春文庫)
【要旨】武具に秘められた波乱のドラマに迫る! 刀剣・兜・陣羽織・茶器…から、武将の本当の素顔が見えてくる。
2017.11 287p A6 ¥770 ①978-4-413-09683-6

◆徳川家康―境界の領主から天下人へ　柴裕之著　平凡社　(中世から近世へ)
【要旨】こんな家康が見たかった―。追われて、迫られて、翻弄されて、揺らぐ家康像。天下人への道をリアルに描いた決定版。
2017.2 287p B6 ¥1700 ①978-4-582-47731-3

◆徳川軍団に学ぶ組織論　小和田哲男監修、造事務所編著　日本経済新聞出版社　(日経ビジネス人文庫)
【要旨】家康の天下統一は徳川軍団による共同作業だった。武名を轟かせた猛将・本多忠勝、傷だらけの切り込み隊長・井伊直政、家康を育てた四天王筆頭・酒井忠次、大胆かつ繊細な兵法家・榊原康政、信頼のおける名参謀・本多正信、合戦では手ばなしの隠密部隊・服部正成―。家康はいかに彼らの才能を引き出していったのか? 最強の集団に学ぶ組織づくりの秘訣。
2017.2 226p A6 ¥830 ①978-4-532-19817-6

◆豊臣期武家口宣案集　木下聡編　東京堂出版
【要旨】豊臣期の口宣案を集成。本能寺の変が起きた天正十年(一五八二)六月から、豊臣氏が滅亡した元和元年(一六一五)五月までを対象とし、約五四〇通を収録している。
2017.10 246p A5 ¥18000 ①978-4-490-20970-9

◆豊臣政権の東国政策と徳川氏　片山正彦著　(京都)佛教大学、(京都)思文閣出版 発売　(佛教大学研究叢書)
【目次】第1章 天正年間における豊臣政権の在京賄料、第2章 豊臣政権の対北条政策と家康、第3章 天正後期豊臣政権の「取次」と家康、第4章 豊臣政権の統一過程における家康の位置付け、第5章 豊臣政権樹立過程における於豊勝の位置づけ、第6章「江濃越一和」と関白二条晴良―

秀吉権力の源泉の解明に向けて
2017.2 242, 4p A5 ¥7000 ①978-4-7842-1875-2

◆豊臣秀吉朝鮮侵略関係史料集成 全3巻　北島万次編　平凡社
【目次】1 1585～1592年、2 1593～1595年、3 1596～1598年
2017.2 3Vols.set A5 ¥46000 ①978-4-582-46820-5

◆豊臣秀吉文書集　3　天正十四年～天正十六年　名古屋市博物館編　吉川弘文館
【目次】天正十四年(一五八六)(堀尾毛介宛朱印状 天正十四年正月二日、一柳市介宛切手 天正十四年正月二日、観音寺宛切手 天正十四年正月四日 ほか)、天正十五年(一五八七)(羽柴北庄侍従宛九州御座次第 天正十五年正月一日、福島左衛門大夫宛定 天正十五年正月一日、佐伯宛判物写(天正十五年)正月三日 ほか)、天正十六年(一五八八)(大坂普請栗石寄人数書上 天正十六年正月二日、小早川左衛門佐宛判物(天正十六年)正月五日、慈心院寺宛折紙 天正十六年正月五日 ほか)
2017.2 284, 3p A5 ¥8000 ①978-4-642-01423-6

◆「長篠・設楽原の戦い」鉄炮玉の謎を解く　小和田哲男、宇田川武久監修、小林芳春編著　(名古屋)黎明書房
【要旨】「長篠・設楽原の戦い」に使われた鉄炮玉の鉛同位体比の測定により、鉛の産地が日本だけでなく中国に及んでいることを解明。あわせて分析結果の詳細なデータを公表。鉄炮の秘伝書『玉こしらへの事』の分析・解読から、玉に細工をし撃った先で玉が二つに分かれる「二つ玉」等、戦国期の玉に施された工夫の数々を紹介。地元鉄炮隊の協力のもと、実際の火縄銃を使って『信長公記』の記述「鉄炮を以て散々に」の実態を検証。古戦場跡で発見された鉄炮玉の場所、来歴、大きさ等の報告を収録。
2017.10 214p A5 ¥2000 ①978-4-654-07657-4

◆難攻不落の城郭に迫る!「山城」の不思議と謎　今泉慎一監修　実業之日本社　(じっぴコンパクト新書)
【要旨】上杉謙信の初陣となった栃尾城。武田家の持つ詰の城・要害山城。賤ヶ岳の戦いの玄蕃尾城。武田と北条の争いの舞台だった滝山城。武田vs徳川の最前線だった高天神城。不思議な伝説の残る八王子城。天空の城郭の竹田城。石垣がそびえる岡城。断崖の隠れ城の城井谷城。「魅せる城」安土城―。近代城郭という戦闘使用の強固な構造、そこを舞台にした武将たちの攻防など、山城をひもとけば知られざる合戦史が見えてくる!
2017.3 191p 18cm ¥850 ①978-4-408-00897-4

◆南北朝遺文 関東編　第7巻 無年号文書(4635号) - 年月日未詳(5341号)　佐藤和彦、山田邦明、伊東和彦、角田朋彦、清水亮編　東京堂出版
【目次】無年号文書(正月(四六三五号～四六五六号)、二月(四六五七号～四六九八号)、三月(四六九九号～四七二九号)、四月(四七三〇号～四七六七号)、五月(四七六八号～四八〇八号)、年月日未詳(山形県、茨城県、栃木県、群馬県、千葉県 ほか)
2017.3 269p A5 ¥16000 ①978-4-490-30749-8

◆日本史劇場 信長たちの野望　金谷俊一郎著　ベレ出版
【要旨】信長をはじめ、戦国武将たちの野望と栄枯盛衰を描きつつ、本能寺の変までの流れを丁寧に追いながら解説。歴史の「動き」と「流れ」がわかる年表が満載! 歴史が苦手な中高生から学びなおしたい大人まで楽しめる本格的内容。
2017.12 286p A5 ¥1600 ①978-4-86064-517-5

◆日本100名城めぐりの旅―7つの魅力でとことん楽しむ!　萩原さちこ著　学研プラス　学研プラス
【要旨】7つの魅力に注目すれば、お城めぐりがさらに楽しくなる! 見逃せないポイントを写真満載で紹介! 持ち運びにも便利なハンディサイズで登場!
2017.3 143p A5 ¥1200 ①978-4-05-800743-3

◆忍者の兵法―三大秘伝書を読む　中島篤巳著　KADOKAWA　(角川ソフィア文庫)
【要旨】世を忍び、極限の状況の中を生き延びて、難問を解決してきたのが忍者。彼らの培った忍術は、机上の論ではなく、実戦によって練り上げられた「生きる技術」の結晶である。古来より明らかにされることのなかった忍術の全貌について、詳細な記録を残す『正忍記』『万川集海』『忍秘伝』などの秘伝書を読み解きながら、歴史や概念から術や武具、禅との関わりまで、忍者の全てを白日の下に晒す。新史料・『武田流忍

之書』も収載。
2017.2 350p A6 ¥920 ①978-4-04-400210-7

◆忍者はすごかった―忍術書81の謎を解く　山田雄司著　幻冬舎　(幻冬舎新書)
【要旨】黒装束で素早く動き、手裏剣で敵を撃退する…忍者に対するそんなイメージは、すべてフィクションだった!「忍者」という呼び名自体が昭和三十年代に小説などを通じて定着したもので、歴史的には「忍び」と呼ばれた。最も大事な使命は、敵方の情報を主君に伝えるため必ず生きて帰ること。敵城に忍び込んで情報を得ることはもちろん、日中は僧侶や旅人に化けて話を聞き出していた。「酒、淫乱、博打で敵を利用せよ」「人の心の縛り方」など忍術書の八十一の教えから、忍者の本当の姿を克明に浮かび上がらせる。
2017.7 222p 18cm ¥780 ①978-4-344-98464-6

◆信長研究の最前線 2 まだまだ未解明な「革新者」の実像　日本史史料研究会監修、渡邊大門編　洋泉社　(歴史新書y)
【要旨】信長はイエズス会に長らく好意的ではあったが、特別に保護したわけではなかった。仏教弾圧、キリスト教保護の二項対立論は間違いで、日常生活まで西洋化された信長像は疑ってかかる必要がある。信長の従来説を検証した16論考を掲載。
2017.8 303p 18cm ¥980 ①978-4-8003-1306-5

◆信長と美濃　土山公仁監修　(岐阜)岐阜新聞社　(岐阜新聞アーカイブズシリーズ 3)
【要旨】信長は、単に武力だけでなく「天下布武」という理念で領国を治め勢力を拡大していった。信長が「岐阜」と名づけた城下町は、「楽市楽座」や西洋との融合によって「バビロンのごとく」賑わいに! 岐阜から安土へ、その原動力はまさしく「岐阜時代」にあったのだ。急逝した元記者の遺した岐阜新聞連載企画を25年ぶりに書籍化。
2017.9 221p B6 ¥1482 ①978-4-87797-248-6

◆信長と弥助―本能寺を生き延びた黒人侍　トーマス・ロックリー著、不二淑子訳　太田出版
【要旨】一五八二年、本能寺。織田信長の側近のなかに、特異な容貌でひときわ眼を惹く男がいた。その男こそ、日本史上初とされる黒人侍、弥助だった。信長の切腹後、弥助は危険をかえりみず、嫡男の信忠のもとへと走る。彼を駆り立てたのは、自分を信頼し、任って引き立てた信長への忠義心だった―。国内のみならず海外でも注目を集める異色の黒人侍、弥助。その知られざる生い立ちから来日にいたる経緯、信長との出会いと寵愛、本能寺後の足取りまで、詳細に踏み込んだ歴史ノンフィクション。
2017.2 263, 16p A5 ¥1800 ①978-4-7783-1556-6

◆羽柴家崩壊―茶々と片桐且元の懊悩　黒田基樹著　平凡社　(中世から近世へ)
【要旨】こんな茶々は見たくなかった―。想いは一つだった家長と家臣。羽柴(豊臣)家存続の願いは、どこすれ違ったのか。
2017.7 278p B6 ¥1700 ①978-4-582-47733-7

◆支倉六右衛門常長「慶長遣欧使節」研究史料集成　第3巻「スペイン国立シマンカス総文書館」「セビィリャ市立文書館」「ヴァティカン機密文書館」「フランス国アンガンベルティヌ図書館」所蔵文書、その他の史料　大泉光一訳註・解説　雄山閣
【要旨】半世紀にわたる「慶長遣欧使節」研究の集大成(全3巻)完結―スペイン、イタリア、フランス、メキシコほか、遣欧使節関係国の文書館・図書館に所蔵されている原文史料の調査により発掘した新史料の翻刻・解説と、『大日本史料』等掲載の先行翻訳史料に対する厳密な校訂を通して、「慶長遣欧使節」の隠された真実の姿を浮き彫りにする。
2017.6 397p A5 ¥14000 ①978-4-639-02475-0

◆畠山入庵義春―上杉謙信の養子、上条政繁を名乗って活躍、のちに豊臣・徳川に仕え、復姓した畠山義春の生涯　志村平治著　歴研
【目次】畠山入庵義春とは、畠山義春、誕生、義春、長尾景虎の養子となる、義春、上条政繁を名乗る、御館の乱と上条宜順政繁、宜順政繁、松倉城代となる、宜順政繁と織田軍との戦い、宜順政繁と信長死後の争奪戦、宜順政繁、上杉家奉者として活躍、宜順政繁、海津城代となる、宜順政繁、秀吉に仕える、宜順政繁、入庵を名乗る、入庵、家康に従う、入庵、畠山義春に復す、

歴史・地理

その後の畠山氏
2017.8 127p A5 ¥2000 ①978-4-86548-056-6

◆バテレンの世紀　渡辺京二著　新潮社
【要旨】ペリー来航の三百年前、日本人とヨーロッパ人の衝撃的な出遭い！ キリスト教伝来と布教、信長・秀吉・家康らの反応、禁教、弾圧、鎖国など、日欧の「ファースト・コンタクト」を鮮やかに描く「渡辺史学」の到達点。
2017.11 478p A5 ¥3200 ①978-4-10-351321-6

◆文学で読む日本の歴史 戦国社会篇―応仁の乱・秀吉・家康　五味文彦著　山川出版社
【要旨】戦国乱世に立ち向かった秀吉は、刀狩・検地・富の分配により、近代に繋がる国家秩序と社会基盤の礎を築いた。
2017.9 470p B6 ¥2000 ①978-4-634-15118-5

◆平成甲冑論考―我が甲冑探訪　吉田幸平著　(名古屋)中日出版
【要旨】甲冑調査記録で遺しておきたい話、異端教師、「甲冑研究家吉田幸平」、「日本佐渡学会」と「学問研究」(新保佐æ留)、甲冑探訪(吉田幸平発表要旨)真先寺と金比羅仰、当世具足の特徴、破損四枚筋突盔(せん)形兜鉢、破損胴の金交ぜ胴(真光寺蔵)、美濃国における甲冑製作、美濃国可成寺筒膽当について(千喜多直家)
2017.4 334p A5 ¥3800 ①978-4-908454-01-1

◆兵農分離はあったのか　平井上総著　平凡社　(中世から近世へ)
【要旨】中世から近世への社会転換を示す重要素とされる「兵農分離」。いま、この概念の存在自体が揺らいでいる。時代の変化はどのように訪れるのか。最新の研究成果から実態に迫る。
2017.9 309p B6 ¥1700 ①978-4-582-47734-4

◆芳春院まつ―尾山神社没後四百年祭記念　野村昭子著　(金沢)北國新聞社
【目次】第1章 尾山神社の御祭神になる(前身は越中の神社、金谷御殿の地に ほか)、第2章 生い立ち、多産の良妻として(十二歳で二十二歳の利家の妻に、幼少のころは「おてんば娘」？ ほか)、第3章 女丈夫として、賢夫人として(女丈夫まつの面目躍如、要衝の地めぐり攻防 ほか)、第4章 信心の人、篤志家として(波瀾万丈、信仰をなし、法名を菩提寺の名に付けられる ほか)、第5章 文人また教養人として(『東路記』に見る深い文学的素養、スマートの人たちとの交流深める)
2017.8 177p A5 ¥1500 ①978-4-8330-2110-4

◆北条氏康―関東に王道楽土を築いた男　伊東潤、板嶋恒明著　PHP研究所　(PHP新書)
【要旨】北条五代の中でも傑出した実力を有し、北条氏を躍進させた三代目北条氏康。河越合戦における天才的軍略、民を重視する理想的内政などの中身、その手腕は、同時代を生きた信玄が最も恐れたものでもあった。江戸の泰平の礎をなす、稀代の名将の素顔を生き生きと描く意欲作！
2017.9 207p 18cm ¥860 ①978-4-569-83676-8

◆北条氏康の妻 瑞渓院―政略結婚からみる戦国大名　黒田基樹著　平凡社　(中世から近世へ)
【要旨】大名家の正妻の在り方を問い直す。名門今川家で寿桂尼の子として生まれ、北条氏康に嫁いだ女性。その生い立ちは、関東最大の大名北条家の歩みにどう影響をしたのか。当主中心の歴史とは異なる視点から、戦国大名家の具体像に迫る。
2017.12 287p B6 ¥1700 ①978-4-582-47736-8

◆北条早雲―新しい時代の扉を押し開けた人　池上裕子著　山川出版社　(日本史リブレット人 042)
【要旨】わずかな兵をもつ外来者から大名へ。伊豆の平定に五年もかかり、その間には相模・武蔵へ、甲斐へ、遠江へとめまぐるしく動きまわっている。遅々としているようで、二カ国平定という軍事的成功をおさめた。もう一つ、早雲の治者としての側面が重要である。検地を始めるとともに、領国全体の郷村の百姓に直接課税する仕組みをつくり、百姓を法的・政治的主体として認定した。これがその後の北条氏の領国支配政策の柱となった。
2017.7 95p 21x14cm ¥800 ①978-4-634-54842-8

◆謀略！ 大坂城―なぜ、難攻不落の巨城が敗れたのか　加来耕三著　こう書房
【要旨】豊臣方は大坂落城をまねがれる手立てを持っていなかったのか。大坂城はなにをもって難攻不落といわれたのか。最強の武将は誰か、最大の裏切り者は誰か。関ケ原の合戦後、西軍はなぜ大坂城に籠城しなかったのか。真田信繁はなぜ大坂城の総大将になれなかったのか。夏の陣、大坂方の武将はそれまでの戦国武将とは異なって、なぜ自滅の道を選択したのか。最大の決戦にして最大の謎！ 豊臣・家康の攻防、裏と表！
2017.1 283p B6 ¥1600 ①978-4-86581-086-8

◆ポンコツ武将列伝　長谷川ヨシテル著　柏書房
【要旨】連戦連敗、敵前逃亡、からみ酒、セクハラ、パワハラ…ダメだこりゃ。英雄にはなれなかったけれど、人間くさくて愛おしいトホホな"サムライ"たちの肖像！
2017.12 253p B6 ¥1400 ①978-4-7601-4934-6

◆松永久秀―歪められた戦国の"梟雄"の実像　天野忠幸編　(京都)宮帯出版社
【目次】序章 総論(松永久秀の再評価)、第1章 久秀を取り巻く人々(松永久秀の出自と末裔、松永長頼(内藤宗勝)と丹波、久秀の義兄・武家伝奏広橋国光と朝廷、松永久秀と将軍足利義輝、松永久秀と興福寺官符衆徒沙汰衆中坊氏)、第2章 久秀の城と町(大和多聞山城研究の課題と成果、松永久秀と楽市、松永久秀と貴筑山城、久秀の時代の堺)、第3章 久秀と戦国の文化(松永久秀と茶の湯、「法華宗の宗徒」松永久秀―永禄の規約を中心に)、第4章 中世下剋上(関東足利氏と小田原北条氏、陶晴賢の乱と大内氏、斎藤道三・一色義龍父子と美濃支配、安見宗房と管領家畠山氏、宇喜多家直家)
2017.5 346p A5 ¥3500 ①978-4-8016-0057-7

◆松永久秀　金松誠著　戎光祥出版　(シリーズ・実像に迫る 009)
【要旨】「悪人」か、「名将」か。数々の虚像にまみれたイメージとはうらはらに、垣間見える築城の名手、有能な武将という実態…。"裏切り者"か、"知恵者"か。なぜ、二度も信長を裏切ったのか？ 信貴山城での"爆死事件"の真相とは。武勲・生涯・人となり、松永久秀の実像に迫る。
2017.6 102p A5 ¥1500 ①978-4-86403-245-2

◆マンガ 応仁の乱　小和田哲男監修　宝島社
【要旨】足利義政、日野富子、細川勝元、畠山義就、山名宗全、朝倉孝景ほか、それぞれの思惑が生んだ日本最長の内乱。11年間の戦乱の物語をマンガで一気に読む。重要人物の人間関係がよくわかる！
2017.8 253p B6 ¥600 ①978-4-8002-7445-8

◆三河岡崎城―家康が誕生した東海の名城　愛知中世城郭研究会編　戎光祥出版　(シリーズ・城郭研究の新展開 3)
【要旨】徳川家康が生まれた三河の拠点城郭は、中世から近世移行するなかでどう変化したのか。菅生曲輪・石垣・清海堀などの現存遺構、絵図・地形・城下町の考察から実態を浮き彫りにし、史跡保存の方向性にも切り込む！
2017.10 257p A5 ¥3800 ①978-4-86403-260-5

◆「道」で謎解き合戦秘史―信長・秀吉・家康の天下取り　跡部蛮著　双葉社
【目次】第1道 織田信長 桶狭間への「道」、第2道 信玄対謙信 川中島の合戦の「道」、第3道 織田信長 小谷城攻めの「道」、第4道 明智光秀 本能寺への「道」、第5道 豊臣秀吉 中国大返しの「道」、第6道 北条・上杉・徳川の三つ巴 天正壬午の乱の「道」、第7道 秀吉対勝家 賤ヶ嶽の合戦の「道」、第8道 徳川家康 江戸入府の「道」、第9道 家康対三成 関ヶ原の合戦の「道」、第10道 黒田如水 九州征服の「道」、最終道 家康対豊臣家 大坂ノ役の「道」
2017.7 204p 18cm ¥1600 ①978-4-575-31288-1

◆最上義光　竹井英文編著　戎光祥出版　(シリーズ・織豊大名の研究 6)
【目次】総論 最上義光研究を振り返る、第1部 最上義光と親族の動向(戦国大名最上氏の成立過程―元亀・天正初年の内訌をめぐって、慶長五年の戦局と最上義光 ほか)、第2部 最上氏の領国支配と山形城(大名領国制の形成と最上川水運、最上氏慶長検地の実施過程と基準 ほか)、第3部 最上義光と文化・芸術・宗教(最上義光の文芸活動―その古典摂取を中心に、最上義光の「文禄二年六月十三日連歌」について ほか)、第4部 最上義光史料(最上義光の印判状―特に伝馬印章を中心として、最上義光文書の古文書学 判物・印判状・書状)
2017.10 415p A5 ¥6500 ①978-4-86403-257-5

◆山中鹿介―願わくは、我に七難八苦を与え給え そのひたむきな生きざま　藤岡大拙著　(松江)ハーベスト出版
【要旨】美しき孤高の戦国武将、山中鹿介の実像にせまる。
2017.8 204p B6 ¥1500 ①978-4-86456-249-2

◆ユネスコ世界記憶遺産と朝鮮通信使　仲尾宏、町田一仁共編　明石書店
【要旨】1 ユネスコ世界記憶遺産登録、経緯と意義(「朝鮮通信使に関する記録」をユネスコ世界記憶遺産に登録―その経緯・意義・課題)、2 日韓両市民の相互理解から世界記憶遺産への道―対談 ユネスコ世界記憶遺産登録申請をめぐって(日韓両国の朝鮮通信使研究について、朝鮮通信使に対する市民の理解 ほか)、3 朝鮮通信使ゆかりの地と登録資料(ソウル・釜山、対馬・壱岐 ほか)、4 ユネスコ世界記憶遺産登録資料ガイド(ユネスコ世界記憶遺産登録申請書、日本側の登録資料)
2017.12 150p A5 ¥1600 ①978-4-7503-4603-8

◆楽市楽座令の研究　長澤伸樹著　(京都)思文閣出版
【要旨】織田信長に代表される楽市楽座令は、これまで日本中世における流通政策の完成型として、市場での「自由取引」「旧慣破壊」の実現や、近世城下町の成立に結びつく画期的な法令と見なされてきた。本書では、同時代における他の流通政策や交通網・経済といった、地域ごとの政治的・社会的情勢と法令との相関関係を見ることで、楽市楽座令や楽市場が、地域ごとにいかなる意義をもち、中近世移行期の社会変動にどう位置づけられるのか再考する。
2017.11 441, 4p A5 ¥9000 ①978-4-7842-1908-7

◆利休の生涯と伊達政宗―茶の湯は文化の下剋上　生形貴重著　(京都)河原書店
【要旨】戦国武将たちの心のネットワークの中心にいた利休は、なぜ切腹しなければならなかったのか。長らく政宗にかけられていた誤解とは―。茶の湯創成期、激動の時代を駆け抜けた人々が織りなす歴史群像劇。利休が茶道史に登場してから自刃に至るまでの時代に焦点をあて、当時の社会状況や価値観、茶の湯の展開を、各種史資料や伝承を繙きながら鮮やかに描き出す。
2017.6 419, 15p A5 ¥2500 ①978-4-7611-0176-3

歴史を逆流させた「本能寺の変」―根本史料で読み解く　安原俊実著　(名古屋)ブイツーソリューション、星雲社 発売
【要旨】「本能寺の変」の近くにいた公家・僧侶の当時の日記類や、大名家に保存されていた文書を読み込んで解明を図った。桶狭間の合戦、上洛直前の「楽市楽座」に見る信長の経済政策から説き起こし、「変」後の衝撃的な動きから信長の真の姿と敵が誰であったか見えてくる。
2017.11 144p A5 ¥1800 ①978-4-434-23869-7

近世史（江戸～明治維新）

◆会沢正志斎の晩年と水戸藩―国立国会図書館所蔵『会沢正志斎書簡』解題と翻字　井坂清信著　ぺりかん社
【要旨】江戸時代後期の水戸藩儒であり、幕末屈指の思想家であった会沢正志斎(1782‐1863)が、同じ水戸藩儒の青山延光に宛てた書簡一八〇通を翻字紹介。日本を含むアジア諸国が欧米列強の進出による巨大なうねりに呑み込まれていた最中、人生の最終局面にあった会沢が当時の複雑な水戸藩情・藩校弘道館・晩年の私事について述べた見解を詳細に分析した解題を併録することで、幕末政治思想史の重要な一面を明らかにする。
2017.1 433p A5 ¥8000 ①978-4-8315-1461-5

◆家光は、なぜ「鎖国」をしたのか　山本博文著　河出書房新社　(河出文庫)(寛永時代)加筆・修正・改題書
【要旨】かつて、日本が徳川家光政権時に「鎖国」にいたった道筋は、現在の状況によく似ている。世界的にも「内向き」傾向の今、その歴史の流れをつかむ。刻々と変わる海外情勢、幕府内部の勢力関係の変化、それゆえに起こる外交方針の急展開、そして将軍・家光の個性にたいたまで、総合的に追究することで、「鎖国」の本質を明らかにする。
2017.6 288p A6 ¥840 ①978-4-309-41539-0

◆家康と播磨の藩主　播磨学研究所編　(神戸)神戸新聞総合出版センター
【要旨】家康と強い結びつきを持つ播磨各地の藩主たち。新たな家康像と、播磨との知られざる関わりが明らかに。「播磨の殿さま群像」シリー

ズ第3弾！

◆**家康の時計 渡来記** 森威史著　（静岡）羽衣出版
【目次】第1章 時計師ハンス・デ・エバロ（パウリナ・フンケラの論文（一九五五年）、佐久間正の論文、アントニオ・ロドリゲス・モニーノの論文、ルイス・モンタニェスの論文、エドワード・ファレ・オリベの論文、まとめ―ハンス・デ・エバロの真実）、第2章 ドン・ロドリゴの海難事故（アカプルコからマニラへの航海、赴任前のフィリピン諸島と日本との友好通商、フィリピン諸島の総督として着任、帰国の途中で海難事故）、第3章 答礼大使セバスティアン・ビスカイノ（金銀島の探険命令、副王ドン・ルイス・デ・ベラスコ・イ・カスティーリャ、答礼大使ビスカイノの派遣）、第4章 エスパーニャ国王との友好通商交渉について
2017.3　315p　A5　¥2315　①978-4-907118-28-0

◆**一揆の作法と竹槍席旗** 内田満著　（さいたま）埼玉新聞社
【目次】第1部 近世の民衆運動（近世藩幕制国家の枠組み、百姓一揆の作法、慶応四年一月三日鳥羽・伏見の敗戦と三月二十七日旗本殺害一揆）、第2部 近代の民衆運動（明治〇年代一揆の行動様式の特質、明治八年十一月、滿木清緊による「竹槍席旗」文言の「製造」、埼玉県域における旗運動、明治二十五年小林清緊による「竹槍席旗」図像の製造、明治二十五年第二回総選挙における選挙干渉と知事・警部長不信任（排斥）運動の展開）
2017.7　406p　A5　¥2500　①978-4-87889-473-2

◆**埋もれた江戸―東大の地下の大名屋敷** 藤本強著　吉川弘文館　（読みなおす日本史）
【要旨】東京大学の改築工事の際に、加賀大聖寺藩の上屋敷跡が検出された。何層にも重なる遺構と大量の出土遺物から、焼失・再建の変遷や食器などの時代的推移が判明。近世史を塗り替える成果を、調査の臨場感と併せ紹介する。
2017.9　313p　B6　¥2500　①978-4-642-06729-4

◆**浦上四番崩れ―長崎・天草禁教史の新解釈** 安高啓明著　長崎文献社
【要旨】「潜伏キリシタン」悲運の歴史！ その運命は「信徒発見」から激変した。検挙した幕府、処罰した政府。長崎浦上の信徒を「旅」と「帰村」で待ち受けていたものは？
2016.12　259p　A5　¥2600　①978-4-88851-268-8

◆**英文版 無私の日本人** 磯田道史著、ジュリエット・ウィンタース・カーペンター英訳　出版文化産業振興財団　（本文：英文）
【目次】1 Kokudaya Juzaburo (1719 - 1777)、2 Nakane Tori (1694 - 1765)、3 Otagaki Rengetsu (1791 - 1875)
2017.3　207p　22×16cm　¥3200　①978-4-916055-76-7

◆**江戸時代年鑑―雄山閣アーカイブス資料篇** 遠藤元男著　雄山閣
【要旨】天正18（1590）年から慶応3（1867）年の277年の毎年を綴る！ 1年を1ページにまとめた歴史年表。「世相」「生活」「宗教・教育」「芸能・娯楽」「産業・経済」「交通」の6つのジャンルに分けて、江戸時代の生活を垣間見る。
2017.4　348, 63p　A5　¥3600　①978-4-639-02482-8

◆**江戸時代の家―暮らしの息吹を伝える** 大岡敏昭著　水曜社
【要旨】人々はどのような家に住んでいたか。暮らしの豊かさとは何か。今に残る家々を全国に訪ね、たたみ、かまど、江戸の風呂を調べてみると、きわめて地域独自の多彩な家であり、開放的でかつな家であった。地域の風土と文化によって養われた多様性があり、人と人とのつながりを大切につくられていたのである。図版202点収載。
2017.11　269p　A5　¥2200　①978-4-88065-433-1

◆**江戸時代の「格付け」がわかる本** 大石学監修　洋泉社　（歴史新書）
【要旨】将軍、大名、侍から、町人・遊女まで、複雑なようでじつは面白い、「官位」「役職」「呼び名」の基礎知識！
2017.4　189p　18cm　¥900　①978-4-8003-1220-4

◆**江戸時代の白砂糖生産法** 荒尾美代著　八坂書房
【目次】第1章 序論、第2章 白砂糖生産 第1期―宝暦年間前期の方法、第3章 白砂糖生産 第2期―宝暦年間後期から安永年間前期の方法、第4章 白砂糖生産 第3期―明和年間から天明年間の方法、第5章 白砂糖生産 第4期―寛政年間の方法、第6章 白砂糖生産 第5期―享和年間から天保年間の方法、第7章 結論、第8章 付論「覆土法」の民族事例―ベトナム中部における伝統的な白砂糖生産について、資料「和三盆」方式と「覆土法」方式の図と写真
2017.5　205p　A5　¥3800　①978-4-89694-234-7

◆**江戸時代の地方役人と村人の日常的日々―「三河国八名郡岡部藩半原陣屋御用状留帳を読む」** 神谷智著　（豊川）シンブリ　（愛知大学綜合郷土研究所ブックレット 26）
【目次】1 年中行事・通常業務、2 江戸屋敷と陣屋、3 幕府触への対応、4 駆け巡る情報、駆け集める情報、5 陣屋と村人、6 陣屋奉公人、7 江戸屋敷・陣屋と村、8 江戸屋敷奉公人
2017.3　68p　A5　¥800　①978-4-9907005-9-1

◆**江戸時代のハイテク・イノベーター列伝―「明治維新」を創ったエンジニアたちのフィールド・ガイド** テクノ未来塾、出川通編・著　言視舎
【要旨】江戸期の科学技術の蓄積なくして文明開化もその後の日本の発展もなかった！ 技術について高い見識を持ったテクノ未来塾の塾生が日本全国を駆け巡り、さまざまな分野の技術者の足跡を追った。
2017.11　219p　A5　¥1600　①978-4-86565-109-6

◆**江戸時代恋愛事情―若衆の恋、町娘の恋** 板坂則子著　朝日新聞出版　（朝日選書）
【要旨】江戸時代に入って太平の世が長く続き各地で都市文化が発達すると、人々の暮らしは豊かになり、大衆小説や歌舞伎、浮世絵などのさまざまな楽しみが、瞬く間に庶民の間に浸透していく。いつの時代も「恋愛」は小説の主要テーマであった。けれども「恋愛のかたち」は時代により大きく変わる。江戸初期には「若衆」がもて囃され、武家の「男色」譚がロマン性溢れる恋愛として語り継がれたが、すぐに遊女が恋の相手として浮上し、江戸後期には町娘が「かわいい」を演出して人気者になっていく。本書は多数の江戸期小説や春画・春本、浮世絵などをカラー画で示しながら、恋愛がどう描かれたかを丹念に読み解き、江戸の恋愛のかたちを描き出す。
2017.6　309, 5p　B6　¥1700　①978-4-02-263060-5

◆**江戸一〇万日全記録** 明田鉄男著　雄山閣　（雄山閣アーカイブス資料篇）新装版
【要旨】本書の「事件」とは、現代の新聞の社会面を賑わせた、犯罪、事故、天災・人災は勿論、近世独特の一揆や騒動をさす。また人物は、庶民を重視し、とくに人間性を示す逸話などを、数多く収録した。興味深い事件は、当時の新聞である「よみうり」「瓦版」と照合し、どのように報じられて、どのように庶民に感じられたかを解説する。天下泰平下庶民の一挙一動を知りえる事件の数々から、時代を読み解く。
2017.7　349p　A5　¥3200　①978-4-639-02502-3

◆**江戸城の全貌―世界的巨大城郭の秘密** 萩原さちこ著　さくら舎
【要旨】江戸城の全てと秘密！ 江戸城は面白い！ 徳川家康は不毛の地・江戸を、どのようにして世界最大級都市へと発展させたのか？ 江戸城の秀逸な構造と築城秘話に迫る！
2017.3　271p　B6　¥1600　①978-4-86581-087-5

◆**江戸庶民の読書と学び** 長友千代治著　勉誠出版
【要旨】出版文化が花開いた江戸時代、さまざまな知識が書物によって伝播していく中で、人びとのなかに「学び」への熱が高まっていた。彼ら・彼女らはどのような知識を求め、どのような体系のなかで知を自家薬籠中のものとしていったのか。そして、それを担う書物はどのように読者の手に伝えられたのか。当時のベストセラーである啓蒙書や教訓書、そして、版元・貸本屋の記録など、人びとの読書と学びの痕跡を残す諸資料の博捜により、日本近世における教養形成・書物流通の実情を描き出す。
2017.10　322, 10p　A5　¥4800　①978-4-585-22193-7

◆**「江戸大名」失敗の研究―政治力の差が明暗を分けた** 瀧澤中著　PHP研究所　（PHP文庫）
【要旨】泰平の世が260年以上続いた江戸時代でも、その裏では幕府や大名の熾烈な権力闘争が繰り広げられていた。本書は、気鋭の政治学者が「福島正則と蒲生石」「田沼意次と田中角栄」「赤穂事件と二・二六事件」「上杉鷹山と濱口雄幸」など、江戸時代と近現代史の類例を比較する独自の視点で「失敗の教訓」を導き出す。彼ら

が大局を見失い、誤った道へ突き進んだ理由とは何だったのか。
2017.9　342p　A6　¥780　①978-4-569-76730-7

◆**江戸鷹場制度の研究** 山崎久登著　吉川弘文館
【要旨】領主が鷹を放って狩猟する特定の場所だけでなく、狩りが行われない村にも規制や役負担をかけていた、江戸鷹場制度。近世中期以降、江戸及びその周辺地域に設定された制度の実態を「御場肝煎制」などの制度面、役負担が地域で果した機能面、藩領在地代官と鳥見の関係などの行政面から追究。当該地域における役割を解明し、制度の特質に迫る注目の書。
2017.4　206, 4p　A5　¥8000　①978-4-642-03477-7

◆**江戸天下祭の研究―近世近代における神田祭の持続と変容** 岸川雅範著　岩田書院　（神田明神選書 5）
【目次】序章 江戸天下祭に関する研究史、第1章 江戸の神社祭礼―その形態と執行状況、第2章 江戸天下祭の諸要素と歴史的展開―神田祭を中心に、第3章 神輿―江戸幕府の「官祀」、第4章 山車、附祭―氏子町による祭礼行列、第5章 御雇祭―江戸祭礼による祭礼行列、終章 天下祭、その後―神田祭の近代化、補論1 将門信仰と織田完之、補論2 江戸・東京の祭礼文化―江戸天王祭を中心に
2017　417p　A5　¥8900　①978-4-86602-014-3

◆**江戸・日光の建築職人集団** 川村由紀子著　岩田書院　（近世史研究叢書 47）
【目次】江戸の職人集団、第1部 元禄期における江戸の職人層と都市構造（大工頭鈴木修理の日記と元禄期の諸職人別帳、元禄期における寛永寺門前の諸職人、元禄期における江戸寺社地の諸職人、元禄期における江戸代官支配地の諸職人）、第2部 享保～宝暦期における幕府寺社工事と作事組織（近世中期における江戸の「町棟梁」、享保期における江戸幕府作事方と大工職人）、第3部 宝暦・明和期における日光棟梁と江戸方（宝暦・明和期における日光東照宮の修理と日光棟梁、近世中期における日光棟梁の訴願と自治）、職人集団の変容―近代への萌芽
2017　423, 19p　A5　¥8900　①978-4-86602-008-2

◆**江戸の居酒屋** 伊藤善啓編著　洋泉社　（歴史新書）
【要旨】居酒屋「誕生」と「繁盛」の謎。江戸っ子に愛された憩いの場の原風景を探る！
2017.10　191p　18cm　¥950　①978-4-8003-1325-6

◆**江戸の大普請―徳川都市計画の詩学** タイモン・スクリーチ著、森下正昭訳　講談社　（講談社学術文庫）
【要旨】一六〇三年、江戸開幕。当時の江戸は、東の卑小な要塞だった。徳川家は、千年の雅都・京に負けない町を作り出す。壮麗な日本橋を、経済の象徴「金座」、時を支配する「時の鐘」、そして異国への扉「長崎屋」を従えた。延暦寺と「寛永寺」、琵琶湖と「不忍池」が対にされた。江戸の風景を明かし、その意味を解説。格好の江戸散歩手引書です。
2017.9　277p　A6　¥960　①978-4-06-292446-7

◆**江戸の親子―父親が子どもを育てた時代** 太田素子著　吉川弘文館　（読みなおす日本史）
【要旨】家の継承に重きをおく江戸時代、父親は主体的に子育てにかかわった。下級武士の日記から、子どもの誕生、成育儀礼、年中行事、遊びや手習い、病の心配と死の悲しみなどを読み解き、親子関係と子育ての実態に迫る。
2017.8　243p　A5　¥2200　①978-4-642-06728-7

◆**江戸の瓦版―庶民を熱狂させたメディアの正体** 森田健司著　洋泉社　（歴史新書y）
【要旨】心中、敵討、火事、地震―実物の瓦版を材料に、庶民の好奇心に応えた"非合法出版物"の魅力に迫る！
2017.7　221p　18cm　¥1000　①978-4-8003-1274-7

◆**江戸のギャンブル** 有澤真理著　洋泉社　（歴史新書）
【要旨】IR整備推進法案、通称・カジノ法案が成立し、にわかにギャンブルに対する関心が高まっている。いまでは公営ギャンブル以外ご法度とされる賭博は、江戸では身分も性別も年齢も超えてもっとも親しまれた娯楽であった。二百六十年余続いた泰平の世において、人びとはどのようにギャンブルを楽しみ、そして泣き笑いしたのだろうか。お上が何度取り締まりに乗り出しても冷めることのなかった賭博熱。江戸の知られざるギャンブル事情を紐解くことで見えてくるものとは？
2017.9　190p　18cm　¥900　①978-4-8003-1311-9

日本史

◆**江戸の異性装者(クロスドレッサー)たち—セクシュアルマイノリティの理解のために** 長島淳子著　勉誠出版
【要旨】多様な性のかたち。性規範のもとで葛藤・苦悩する人。男装を禁止されても此岸で遠島に処された女、女装姿で貸金業を営み女に求婚した男、男同士の夫婦、陰間茶屋で男色に従事する美少年たち…。社会規範からの逸脱の実態を記録した事件史料を読み解く。
　2017.11 248, 6p B6 ¥3200 ①978-4-585-22198-2

◆**江戸の高利貸**　北原進著　KADOKAWA
(角川ソフィア文庫)（『江戸の高利貸―旗本・御家人と札差』改題書）
【要旨】蔵米取の旗本・御家人1万数千人を相手に、俸禄米を対象とする高利貸金融をわずか百人ほどで独占した札差。返済不能にして証文を書き替えさせ、最後の月はひと月分二重取りまでして莫大な利益を得ていた。しかし、幕府の基盤を揺るがすこのシステムは永くは続かなかった。高利貸の成立と繁栄、武士の困窮と借金棒引きの歴史を丁寧に解説。粋や通の文化を生んだ札差から、知られざる江戸の姿を描き出す。
　2017.7 235p A6 ¥840 ①978-4-04-400071-4

◆**江戸の「事件現場」を歩く**　山本博文監修　祥伝社 (祥伝社新書)
【要旨】江戸時代二六五年間に、数多の事件が江戸のさまざまな場所で起こっている。有名な「忠臣蔵」のもとになった元禄赤穂事件、大老井伊直弼が水戸藩士に討たれた桜田門外の変、八百屋お七の放火事件、落語や歌舞伎でも知られる高田馬場の決闘など…。本書は、これらの事件のあらましと、その事件が現在のどの場所で起きたのかをわかりやすく解説。また、時代小説や時代劇の舞台となった現場、剣客の道場、江戸の著名人の住まいにもスポットを当てた。今立っている場所は、過去にどんな事件の舞台だったのか。歴史散歩の楽しみが深まること請け合い。
　2017.9 252p 18cm ¥800 ①978-4-396-11512-8

◆**江戸の出版統制―弾圧に翻弄された戯作者たち**　佐藤至子著　吉川弘文館 (歴史文化ライブラリー)
【要旨】江戸時代後期、多くの読者を魅了した娯楽小説の戯作は、たびたび取り締まりの対象となった。権力側は何を問題視し、作者や版元はいかに受け止め対処したのか。形を変え現代に続く出版統制をめぐる攻防の歴史を描く。
　2017.11 232p B6 ¥1700 ①978-4-642-05856-8

◆**江戸の蔵書家たち**　岡村敬二著　吉川弘文館 (読みなおす日本史)　復刊
【要旨】江戸時代中後期、商業出版が盛んになり、多くの書物を収集する武士や町人が現れた。体系的に書物を蓄積した小山田与清、屋代弘賢、塙保己一らの知的営為と目指したものを、遺された目録や解題、索引から探る。
　2017.4 259, 6p B6 ¥2400 ①978-4-642-06724-9

◆**江戸の長者番付―殿様から商人、歌舞伎役者に庶民まで**　菅野俊輔著　青春出版社 (青春新書INTELLIGENCE)
【要旨】驚くほどの年収から江戸の生活が浮かび上がる！では、宵越しの金を持たない庶民、内職が欠かせない下級武士は？
　2017.3 187p 18cm ¥890 ①978-4-413-04509-4

◆**江戸の犯罪と仕置**　丹野顯著　洋泉社 (歴史新書)
【要旨】大江戸八百八町を揺るがした数々の犯罪。現代に横行する犯罪のほとんどは江戸時代にもあった。児童虐待、セクハラ接待、ゲス不倫、経歴詐称…伝説の大泥棒事件から庶民の命を救うまで、どのような犯罪が起き、その裁きはいかに行なわれたのか。拷問、処刑の希少な図版を満載、見てわかる江戸の犯罪判例！
　2017.8 189p 18cm ¥950 ①978-4-8003-1302-7

◆**江戸のCFO―藩政改革に学ぶ経営再建のマネジメント**　大矢野栄次著　日本実業出版社
【要旨】地元産品の高付加価値・ブランド化、流通改革、リスケ交渉…批判にめげず、汚名をいとわず、巨額の累積債務を抱えた藩を救うために奔走するCFOたちの挑戦！彼らの言動をたどり、そのリーダーシップとマネジメントに学ぶ！
　2017.12 222p B6 ¥1400 ①978-4-534-05540-8

◆**江戸幕府大坂金蔵勘定帳**　大野瑞男校訂
八木書店古書出版部、八木書店 発売 (史料纂集 古記録編)
【目次】1 享和二戊年分大坂御金銀灰吹銀納払銀勘定帳、2 天保以丑年分大坂御金銀灰吹銀納払勘定帳、3 享和三亥年分大坂御金蔵金銀拝借帳
　2017.6 345, 26p A5 ¥15000 ①978-4-8406-5191-2

◆**江戸幕府法の基礎的研究 論考篇・史料篇**　高塩博著　汲古書院
【目次】論考篇「享保年間の律令研究―「公事方御定書」編纂前史、「公事訴訟取捌」と「律令要略」―「公事方御定書」編纂期の幕府法律書、「公事方御定書」の成立―編纂と増補修正の過程、「公事方御定書」の法体系と伝本」・史料篇「『評定所法規集(仮称)』―「御評定所御定書」(著者蔵)・論考篇第二部第一章の史料(その一)、「評定所御定書」(名古屋大学法学図書室蔵)・論考篇第二部第一章の史料(その二)、「評定所御定書」から「公事訴訟取捌」へ移行途上の法律書―「評定所裁許之写」(著者蔵)・論考篇第二部第一章の史料(その三)、「公事訴訟取捌」―「公事取捌記」(国立公文書館内閣文庫蔵)・論考篇第二部第一章の史料(その四)ほか」
　2017.2 2Vols.set A5 ¥22000 ①978-4-7629-4217-4

◆**江戸始図でわかった「江戸城」の真実**　千田嘉博、森岡知範著　宝島社 (宝島社新書)
【要旨】徳川家康が築城した江戸城は、いくたびもの改築や焼失によって、その本当の姿はしっきりしていなかった。しかし、二〇一七年二月八日、松江市が発表した「江戸始図」によって、その姿がより鮮明に浮かび上がってきた。「江戸始図」とは、家康が築城した初期の江戸城の絵図のことである。これを解読した千田嘉博氏は、江戸城が強力な要塞機能を備え、当時最高の高さを誇っていたことがはっきりわかった。本書は、その「江戸始図」を解読した先生の千田嘉博氏と歴史研究家の森岡知範氏が、江戸城と江戸の都市の歴史について解説した一冊である。最新の研究による江戸の姿がここにある。
　2017.6 194p 18cm ¥740 ①978-4-8002-7129-7

◆**江戸・明治の古地図からみた町と村**　金田章裕著　敬文舎 (日本歴史私の最新講義 19)
【要旨】古地図を読み解くことで、町や村の歴史や土地の記憶をより詳細に知ることができる!!
　2017.2 319p B6 ¥2400 ①978-4-906822-19-5

◆**江戸・明治 百姓たちの山争い裁判**　渡辺尚志著　草思社
【要旨】江戸時代の百姓たちにとって、食料、田畑の肥料、燃料、建材など山から得られる資源の確保は、死活問題だった。山は近隣の村々で共同利用されることが多かったが、山のどこかは自村の領域かをめぐってしばしば村々は対立し、領主や幕府にしきりに訴訟を起こした。時を経て明治を迎えると、政府の近代化政策により村々は村落画定を迫られ、山争いはいっそう過熱してゆく。山をめぐる熾烈な争いと相互協力への努力を、当事者の肉声をふまえて克明に描く。
　2017.6 258p B6 ¥1800 ①978-4-7942-2284-8

◆**江戸遊里の記憶―苦界残影考**　渡辺憲司著　ゆまに書房 (ゆまに学芸選書)
【要旨】江戸時代の各地の遊里を訪ね歩き、歴史と文化の光と影をあぶり出す。過去の現実と向き合い、現代に語り継がれる廓の物語。
　2017.6 276p B6 ¥2200 ①978-4-8433-5160-4

◆**絵本と浮世絵―江戸出版文化の考察**　鈴木重三著　ぺりかん社　改訂増補版
【要旨】「今日の浮世絵研究のベースは、文学・美術・芸能に相渉る領域に精通し、博識を駆使した「鈴木浮世絵学」」と内外の研究者に知られる著者が、江戸の出版文化を縦横無尽に解き明かした画期的論文集。大幅に改訂増補し、復刊。
　2017.10 750p A5 ¥8000 ①978-4-8315-1485-1

◆**煙管亭喜荘と「神奈川砂子」―近世民間地誌の成立と地域認識**　斉藤司著　岩田書院 (近世史研究叢書)
【目次】第1章 『神奈川駅中図会』の編纂「『神奈川駅中図会』の構成と内容、『東海道名所図会』における神奈川宿の記述、『神奈川駅中図会』における「神奈川」認識、挿絵の紹介、説明文の内容」、第2章 煙管亭喜荘による神奈川宿認識―「神奈川砂子」を素材として「武相叢書本と三井文庫本の比較、序文・凡例の検討、「東海道」と子安村の挿絵、「神奈川砂子」にみる「神奈川」認識、各寺の記述内容 ほか」、補論 「神奈川砂子」刊行後の編纂計画
　2017 292p A5 ¥6400 ①978-4-86602-002-0

◆**園芸の達人 本草学者・岩崎灌園**　平野恵著　平凡社 (ブックレット"書物をひらく" 8)
【要旨】日本初の彩色植物図鑑『本草図譜』をつくった岩崎灌園。どんな仕事を、どんな条件で、どんな人びととのつながりのなかで、成し遂げたのか。本草学者の本道の活躍とともに、園芸の達人として手引書をつくり、救荒書の性格をもつ園芸ダイアリーを頒布する。それらの書籍自体から、豊富な図版とともに、灌園の全体像を探り出す。
　2017.7 119p A5 ¥1000 ①978-4-582-36448-4

◆**大江戸残酷物語**　氏家幹人著　洋泉社 (歴史新書y) 増補版
【要旨】島原の乱以後、幕府倒壊寸前まで戦争も内乱も経験せず、総じて平和を享受していた時代においても、刑場や屋敷の中、そして路上で、合法と違法を問わず、目を覆い耳を塞ぎたくなるような情景が繰り広げられていた。太平の世の裏にある、暗くて深い江戸の闇。
　2017.3 254p 18cm ¥950 ①978-4-8003-1188-7

◆**大山詣り**　川島敏郎著　(横浜)有隣堂 (有隣新書)
【要旨】江戸時代中期以降、関東一円の庶民は講中を組織して、一路大山へと参詣に向かった。「大山詣り」はすべてを演出したのが、修験を出自とする御師たちであった。大山へと向かう街道(大山道)には、数多くの道標などが設置され、参詣客の便宜を図った。浮世絵などに活写されたその賑わいは、旅案内書、旅日記などでも窺い知ることができる。大山の歴史を通観し、縁起絵巻、霊験記をはじめとする各種史料を読み解くことで、大山信仰の全貌を描き出し、現在辿ることのできる史跡にまで言及する。
　2017.4 213p 18cm ¥1400 ①978-4-89660-223-4

◆**「鬼平犯科帳」から見える東京21世紀―古地図片手に記者が行く**　小松健一著　CCCメディアハウス
【要旨】小説の世界と、現実の江戸と、21世紀東京と。フィクションとノンフィクションのはざまを時空を越えて歩いた。大切なのは古地図と、想像力。そうすると、きっと見えてくる。いまにつながる社会の仕組みと、いまも変わらぬ人の情。
　2017.12 219p B6 ¥1350 ①978-4-484-17237-8

◆**生実藩—将軍・秀忠に殉じた森川重俊で藩は始まる。海・川・道の拠点、生実藩一万石陣屋の世界**　西村慎太郎著　現代書館 (シリーズ藩物語)
【要旨】三河以来の徳川譜代。初代追い腹のために代々年寄や寺社奉行などの幕府要職を歴任。藩校・郁文館は人材を育み、海で獲れたキサゴは田畑を肥やし、生産を促進。千葉市発展の礎・生実藩。
　2017.2 206p 22×14cm ¥1600 ①978-4-7684-7144-9

◆**紅毛沈船引き揚げの技術と心意気—漁師・村井喜右衛門の壮挙 付・関係資料**　片桐一男著　勉誠出版
【要旨】輸出銅と樟脳を満載した蘭船が長崎沖で沈没。1798年。幕府もオランダも引き揚げに手を焼く。立ち上がったのは周防の漁師・村井喜右衛門。新発見の文書と絵画資料から揚船の秘策を読み解く。
　2017.8 195p A5 ¥6000 ①978-4-585-22187-6

◆**尾張名古屋の武芸帳—朝日文左衛門の武芸遍歴**　大下武著　(名古屋)ゆいぽおと、KTC中央出版 発売
【要旨】剣は武蔵の円明流、矢田川河原で砲術も。『鸚鵡籠中記』から読み解く江戸時代の武芸。
　2017.11 150p 20×15cm ¥1300 ①978-4-87758-468-9

◆**春日局—今日は火宅を遁れぬるかな**　福田千鶴著　(京都)ミネルヴァ書房 (ミネルヴァ日本評伝選)
【要旨】本書は、良質な史料に基づき客観的事実関係からその生涯を検証し、家光生母の謎にも迫る。そして、一本筋の通ったぶれない生き方をした春日その人に光をあてる。江戸城大奥を築いた女一代記。
　2017.1 233, 6p B6 ¥3000 ①978-4-623-07933-9

◆**鎌倉寺社の近世—転換する中世的権威**　中野達哉編　岩田書院
【目次】豊臣秀吉・徳川家康の鎌倉寺社政策―両政策の異質性と家康の関東領国整備、御朱印地配分からみる近世静岡寺社領の成立と構造、近世臨済宗建長寺派における在地寺院の編成、近世における建長寺の寺院経営と祠堂金貸付、近世における鎌倉寺社と江戸―建長寺江戸宿坊の

機能と役割を中心に、鎌倉周辺における異国船来航と寺社の対応—近江多賀大社の配札と鎌倉五山の祈禱を中心に
2017 210p A5 ¥2800 ①978-4-86602-985-6

◆カラー版 重ね地図で読み解く大名屋敷の謎 竹内正浩著 宝島社（宝島社新書）
【要旨】16のコースを詳細にガイドすることにより、東京の地形における高低差を味わいつつ、楽しみながら大名屋敷知識が身に付く街歩き新書です。なぜ、大名屋敷の跡地に今日にも通ずる大庭園が多いのか？ 大名屋敷の跡地は明治から現在に至るまで、どのように活用されてきたのか？ 五街道と大名屋敷の配置には、どのような幕府の深謀遠慮が秘められていたのか？ 譜代大名と外様大名の屋敷は、どのように割りあてられたのか？ などの疑問に答えます。江戸時代の切絵図に、高低差を表現した現代の3D地図を重ねて見ることによって、「江戸」と「いま」の違いが一目瞭然に。オールカラーでビジュアル満載、東京歴史散歩のお供にもってこいの決定版ガイドです。
2017.11 223p 18cm ¥1000 ①978-4-8002-6978-2

◆完訳 塩尻夜話記 付 宮部一跳小伝 辰野利彦著 東洋出版
【要旨】生没年も家族構成も不詳とされてきた"信濃貞門俳諧の魁" 宮部一跳。その存在を伝えられながらも今日まで公開されることのなかった俳諧をいま初めて open に!!松尾芭蕉と時代を共有した謎の俳諧師の出自と家族の運命を辿る。
2017.12 157p B6 ¥1500 ①978-4-8096-7891-2

◆消えた江戸300藩の謎—明治維新まで残れなかった"ふるさとの城下町" 八幡和郎著 イースト・プレス（イースト新書Q）
【要旨】関ヶ原の戦いの直前から幕末までの270年間を通じて見ると、600家の大名家のうち、260だけが明治維新まで残り、残りの半数は消えていった。「関ヶ原の戦い」の怨念で消えた藩、「築城」「城の移転」で消えた藩、「反乱の嫌い」で消えた藩、松平・徳川一族の「お家事情」で消えた藩、「お家騒動」「大人の事情」で消えた藩、「セクハラ」「パワハラ」「スキャンダル」で消えた藩、後継者が確保できずに消えた藩…などなど、藩名にまつわる雑学をベストセラー作家が徹底分析。
2018.1 236p 18cm ¥800 ①978-4-7816-8039-2

◆京都町触集成 別巻3 参考資料・拾遺 京都町触研究会編 岩波書店
【要旨】『京都町触集成』（一三別巻二巻）の続編。その後、発見・確認がなされた元和年間から明治四年までの町触約五百点などを収録。
2017.5 362p 23x16cm ¥15000 ①978-4-00-008738-4

◆キリシタン時代対外関係の研究 高瀬弘一郎著 八木書店古書出版部、八木書店 発売 新訂増補版
【要旨】旧著に新稿3本を加えて復刊！ 海外に所在するカトリック教会の同時代史料を博捜し、教会が一翼を担った海上貿易、商人、通貨、送金、為替、利子、教会と権力者に焦点をあて、キリスト教会の本音と建て前を徹底解明。詳細な索引を付す。
2017.7 731, 27p A5 ¥16000 ①978-4-8406-2212-7

◆キリシタン時代のコレジオ 高瀬弘一郎著 八木書店古書出版部、八木書店 発売
【要旨】イエズス会の教育機関で何が行われていたのか？ 虚と実の交錯したキリスト教布教の真実！ 府内・天草・長崎等の各地に作られたキリスト教イエズス会の聖職者養成機関「コレジオ」の知られざる実態を、海外の原史料を博捜・読解して明らかにする。詳細な索引を付す。
2017.7 782, 31p A5 ¥15000 ①978-4-8406-2211-0

◆キリシタン信仰史の研究 五野井隆史著 吉川弘文館
【要旨】ザビエルにより布教されたキリスト教は、救いを求める多くの信者を獲得した。天下統一後に禁圧されるが、キリシタンは殉教を伴いつつも信仰を堅持した。彼らは教えをどのように育み深めていったのか。また、その信仰生活はいかに展開したのか。教理書「どちりな・きりしたん」や信心具、「組」と呼ばれる組織の活動などから、実態を解き明かす。
2017.7 327, 22p A5 ¥9000 ①978-4-642-03479-1

◆近世関東の水運と商品取引 続々—鬼怒川・利根川上中流域を中心に 丹治健蔵著 岩田書院
【目次】第1編 鬼怒川水運の展開と商品流通—東北・北陸農村の江戸廻漕商品（鬼怒川水運の研究回顧、近世前期鬼怒川水運の動向、近世中期商人荷物の江戸廻漕、近世後期商人荷物の江戸廻漕、鬼怒川水運史の総括）、第2編 利根川水運と商品流通の動向—北関東農村の江戸廻漕商品（関東水運と商品流通の研究回顧、大利根川水運と江戸廻漕商品、中利根川水運と江戸廻漕商品、取手宿本陣染野家の醤油の江戸廻漕、北関東農村の江戸廻漕商品の総括）、付論 近世後期関東廻り経済と江戸入荷商品
2017 220p A5 ¥3000 ①978-4-86602-991-7

◆近世近代移行期の歴史意識・思想・由緒 近代茨城地域史研究会編 岩田書院
【目次】第1編 歴史意識・思想・情報（徳川斉昭の名誉回復をめぐる動向、明治二〇年代初頭 地方青年の政治活動—民権運動家・森隆介と雑誌『常総之青年』を中心にして、明治知識人の思想と行動—野口勝一と旧水戸藩の勤王功績調査、岡倉覚三の明治維新観—世代転換期における「日本」の再認識、会沢正志斎と「水戸学」の系譜—幕末から戦後まで）、史料紹介 茨城大学図書館所蔵古文書にみる幕末維新期の水戸藩、第2編 由緒意識とその行動（近世後期北郷商人の由緒的結合と活動—水戸藩領の土地証文解析と郷士格取得の経緯を通して、秋田藩佐竹家中長瀬氏系図の成立と旧領常陸—幕末・明治期の由緒探求と同苗間交流）
2017 264p A5 ¥5600 ①978-4-86602-003-7

◆近世近代日中文化交渉の諸相 井上克人編著 （大阪）ユニウス （東西学術研究所研究叢書—近世近代日中文化交渉（日中移動伝播）研究班）
【目次】1 近世東アジアにおける宗教文化（江戸時代長崎来航の唐船と菩薩揚）、2 言説と文章をめぐる問題（東アジア史をめぐる言説について—歴史研究の枠組としての東アジアを考えるための覚書、宮崎市定と『東亜史概説』について、明治期における桐城派文章論の影響—清国文人や駐日外交官との文化交渉）、3 近世近代の東アジア文化圏における"画像表現"をめぐって（青木正児の画業とその南画認識—金冬心、石涛を素材にして、冷泉為恭『稚児普賢菩薩像』試論、東アジアの肖像画—渡辺崋山筆『佐藤一斎像』）、4 総論 東アジア圏における"もの"と"自然"—東西比較思想的視点から
2017.3 230p A5 ¥2400 ①978-4-946421-52-5

◆近世西海捕鯨業の史的展開—平戸藩鯨組主益冨家の研究 藤本隆士著 （福岡）九州大学出版会
【要旨】『勇魚取絵詞』で知られる旺然たる経営。近世捕鯨業において国内最大の鯨組主である益冨家。様々な史料をもとに多角的視点からその経営を分析する。
2017.10 183, 5p A5 ¥4000 ①978-4-7985-0216-8

◆近世史研究遺文 児玉幸多先生論集刊行委員会編 吉川弘文館
【目次】1 近世の上賀茂社（賀茂別雷神社の集会制度、賀茂清茂氏、梅辻則清遠島始末、上賀茂の三手文庫について）、2 一揆と騒動（鱗茂左衛門の背景、百姓一揆談の成立—佐倉惣五郎の場合、百姓一揆の素性—上総国夷隅郡の杢右衛門、福田八郎右衛門、出羽国大山騒動、陸奥の地割制度と経済事情）、3 地域改正と町村制（木曽山林の地租改正、明治町村制の実施上の諸問題）、4 交通史拾遺（交通史研究の発展、幕末将軍の上洛と宿駅の負担、峠と街道）
2017.7 403, 11p A5 ¥12000 ①978-4-642-03478-4

◆近世寺社伝資料『和州寺社記』・『伽藍開基記』神戸説話研究会編 （大阪）和泉書院（研究叢書）
【要旨】近世において、前代までに蓄積されてきた寺社の縁起や高僧の伝記は、どのような形で継承されつつ、新たな展開を見せていくのか。本書収録の二作品は、このような疑問に迫っていく上できわめて有益な資料である。大和国の、そして東北から九州に及ぶ日本各地の寺院に関わる多様な情報を集成した、まさに縁起・伝記の広大なる沃野であり、後代の作品にしばしば利用されていることも見逃せない。本書の刊行は、文学・歴史・宗教・地理学などの諸分野での研究拡充の礎、さらには中世と近世との連環を探る契機ともなろう。
2017.2 562p A5 ¥14000 ①978-4-7576-0822-1

◆近世商人と市場 原直史著 山川出版社（日本史リブレット 88）
【要旨】江戸時代は、問屋・仲買といった商人同士が特定の商品を大量に取引する専門的な市場が、各地に登場した時代だった。蝦夷地から九州まで、全国各地で生産され、遠くまで運ばれ消費される魚肥を例に、江戸や東浦賀、大坂といった中継拠点の都市に誕生した市場のありさまをさぐり、商人と流通の歴史を考える。
2017.7 96p A5 ¥800 ①978-4-634-54700-1

◆近世植物・動物・鉱物図譜集成 第44巻 伊藤圭介稿植物図説雑纂 19 伊藤圭介著、近世歴史資料研究会編 科学書院、霞ケ関出版発売 （諸品産物帳集成 第3期）
2017.1 1Vol. B5 ¥50000 ①978-4-7603-0369-4

◆近世植物・動物・鉱物図譜集成 第45巻 伊藤圭介稿植物図説雑纂 20 伊藤圭介著、近世歴史資料研究会編 科学書院、霞ケ関出版発売 （諸品産物帳集成 第3期）
2017.4 1Vol. A4 ¥50000 ①978-4-7603-0434-9

◆近世植物・動物・鉱物図譜集成 第47巻 伊藤圭介稿植物図説雑纂 22 伊藤圭介著、近世歴史資料研究会編 科学書院、霞ケ関出版発売 （諸品産物帳集成 第3期）
2017.12 21374p 27×21cm ¥50000 ①978-4-7603-0436-3

◆近世政治社会への視座—「批評」で編む秩序・武士・地域・宗教論 高野信治著 （大阪）清文堂出版
【目次】第1章 政治秩序と治者認識（領主結集と幕藩制、民族・民衆と戦争 ほか）、第2章 近世武士論（武家社会の歴史的意義、武家社会の階層と世襲 ほか）、第3章 地域研究のとらえ方（近世研究と地域史研究の融合を目指して、近世の領主制と行政をめぐって ほか）、第4章 宗教と規範・いのち（近世の「宗教」も政治・社会を読み解くカギ、政治文化としての為政者の死 ほか）、終章 総まとめにかえて言いたいもらいたいこと—政治社会にみるアイデンティティ・差異化・いのち：藩政と領民（関心事—自己紹介をかねて、「政治社会」研究としての近世研究 ほか）
2017.11 289p A5 ¥3800 ①978-4-7924-1080-3

◆近世潜伏宗教論—キリシタンと隠し念仏 大橋幸泰著 校倉書房（歴史科学叢書）
【目次】近世日本の異端的宗教活動と近世人の個性、第1部「切支丹」と「異宗」「異法」（近世日本の秩序維持とキリシタン禁制、文政期京坂「切支丹」考、民間信仰から「切支丹」への転回、近世の秩序と「異宗」と「切支丹」）、第2部 潜伏をめぐる社会状況（村社会の宗教活動と異端的宗教活動、潜伏キリシタンの信仰共同体と生活共同体、隠し念仏という宗教運動）、第3部「邪正」観の変容（異端的宗教活動と近世秩序、近世宗教の「邪正」、幕末期における異端的宗教活動の摘発）、「邪」と「正」の間
2017.2 352p A5 ¥9000 ①978-4-7517-4730-8

◆近世蔵書文化論—地域 "知" の形成と社会 工藤航平著 勉誠出版
【要旨】近世日本における出版文化の隆盛、そして文書による行政・経済システムの発展は、都鄙・身分を問わず、それぞれの社会的環境のもとで "知" の形成・蓄積をうながした。村落においては、当地における先例、行政や生活に関わる文書、そして書籍からの抜き書きなどを実務的な目的に併せて集成した編纂物が広く作成され、地域固有の "知" の源泉としてさまざまな場に応じて活用された。地域で受け継がれるアーカイブズを「蔵書文化」という観点から読み解き、近世社会特有の "知" の構造を探る。
2017.11 457, 12p A5 ¥10000 ①978-4-585-22200-5

◆近世中後期の藩と幕府 荒木裕行著 東京大学出版会
【目次】研究史と本書の課題、第1部 藩・大名の政治ネットワーク（近世中期の幕藩関係—金沢藩の御用頼、近世後期の鳥取藩御用頼、天保改革期の御用頼締、文政期古河藩の幕府向内願交渉—御内用役の活動を事例として、会津藩主松平容敬の交際と政治化）、第2部 幕府の支配機構（同時代赴任時の老中上京について、株仲間再興令決定過程の検討、天保期水口藩の家中動、老中松平乗全の大名・旗本情報探索、目付の職掌について）、近世中後期の幕藩関係と幕府の支配機構
2017.10 248, 4p A5 ¥6400 ①978-4-13-026246-0

◆近世日本政治史と朝廷 山口和夫著 吉川弘文館
【要旨】古代以来、近世・幕末維新期を経て今なお存続する天皇。戦国期に政治的・経済的に衰退した朝廷という集団は、どのようにして近世を迎えたのか。「復活した賤」をめぐる諸問題、幕府の経済支援・政治関与のもとにあった朝廷体制が解体してゆく契機などを、時代をおっ

日本史

近世日本石灰史料研究 10
川勝守生著 岩田書院
【目次】寅年(文化三年、一八〇六)、卯年(文化四年、一八〇七)、辰年(文化五年、一八〇八)、巳年(文化六年、一八〇九)、午年(文化七年、一八一〇)、未年(文化八年、一八一一)
2017.5 294, 13p A5 ¥7200 ①978-4-86602-992-4

近世の開幕と貨幣統合—三貨制度への道程
高木久史著 (京都)思文閣出版
【要旨】歴史上には、かつて数々の貨幣(通貨)統合が存在した。日本においては、「三貨制度」と呼ばれる貨幣様式の統一が知られている。一六世紀に民間で自生的に成立した貨幣システム(金貨・銀貨・銭)をベースに、信長・秀吉・家康政権の時代を通じて、近世的な貨幣統合が政策的に達成された。本書は、地域別の定点観測的な事例研究に基づき、その統合過程を復元しようという試みである。現在の貨幣システムと貨幣統合を考えるためのヒントが、近世開幕期にある。
2017.8 280, 11p A5 ¥6500 ①978-4-7842-1902-5

近世の山科 山科の近世—京都近郊天皇領の記録
中山清吉 (京都)文理閣
【目次】山科の戸数・人口と家族構成、天正の太閤検地、天皇領の村々と年貢、寛文五年の名寄帳—村民の存在状況、村とは何か—近世の村概観のために、村明細帳にみる村のありさま、威し鉄砲と村の戸口、酒造業、請酒業の展開、各種商売・稼ぎの展開、竹と山科・京都〔ほか〕
2017.4 296p A5 ¥2900 ①978-4-89259-813-5

近世村方文書の管理と筆耕—民間文書社会の担い手
冨善一敏著 校倉書房 (歴史科学叢書)
【目次】第1部 近世村方文書の管理と文書引継論 (近世村落における文書整理・管理について、大庄屋文書の引継について、近世村落における文書引継争論と文書引継・管理規定について、検地帳所持・引継争論と近世村落、検地帳所持争論と近世地方の事例紹介)、第2部 近世民間文書社会の担い手—村方文書を代筆する専業的実務者 (近世飛騨幕地域における筆工と村社会、近世天草の筆者について—京都町奉行所付雑色筆耕について)
2017.10 272p A5 ¥8000 ①978-4-7517-4760-5

熊倉功夫著作集 第5巻 寛永文化の研究
熊倉功夫著 (京都)思文閣出版
【要旨】戦国の争乱をこえ平和の時がきた。寛永時代を謳歌する新しい文化誕生。後水尾院はじめ禁中ならびに公家社会、武士や町衆、僧侶さらに牢人者で一つに溶けあって、"きれい"で"美しい"寛永文化の花を開かせた。
2017.4 472, 13p A5 ¥7000 ①978-4-7842-1856-1

廓の媚学
菊地ひと美著・絵 講談社
【要旨】花魁とはどうやって遊ぶのか。彼女たちがいた妓楼の中はどうなっていたのか? 実在した高級遊女たち。そして男を虜にした手練手管とは…。いままで描かれることのなかった内側の世界を、わかりやすく掘り下げた「廓」本の登場です! オールカラーの美麗挿絵とともに語られる、"廓"の内側。
2017.9 123p A5 ¥1850 ①978-4-06-220749-2

啓蒙の江戸—江戸思想がよびおこすもの
西田耕三著 ぺりかん社
【要旨】江戸の思想がよびおこすもの—運命、先入見・固定観念、偏見・偽善・自己欺瞞などから自由になるための思考を読み解いていく。
2017.9 290p B6 ¥3500 ①978-4-8315-1480-6

決定版 紅葉山文庫と書物奉行
森岡三郎著 (松戸)暘品版
【要旨】長年にわたり数多くの資料や墓碑を渉猟し、江戸時代唯一の官設図書館である紅葉山文庫の沿革と書物奉行の事蹟をまとめた書。著者の訂正・補化を反映させた八十四年ぶりの改訂新版。
2017.8 214p A5 ¥4800 ①978-4-903251-13-4

校注 本藩名士小伝—真田昌幸・信之の家臣録
柴辻俊六、小川雄、山中さゆり翻刻・校訂、丸島和洋校注・解題 高志書院
【目次】巻之1 (矢沢薩摩守頼綱、矢沢但馬守頼幸、春原豆佐 ほか)、巻之2 (鎌原石見守重宗、大熊備中守朝秀、大熊民部頼常光 ほか)、巻之3 (祢津宮内大輔分綱、祢津伊予守信秀、祢津

長右衛門利直 ほか)
2017.10 227p A5 ¥4000 ①978-4-86215-173-5

古地図から読み解く 城下町の不思議と謎
山本博文監修 実業之日本社
【要旨】古地図と現代図、定点で「くらべて」分かる! 城下町に隠された驚きの秘密とは? 当時の名残も追って歩ける!
2017.11 157p B6 ¥1500 ①978-4-408-00907-0

鎖国の地球儀—江戸の"世界"ものしり帖
松尾龍之介著 (福岡)弦書房
【要旨】江戸期の人々は世界をどのように見ていたのか。江戸中期の国際貿易港・長崎に集まっていた世界各地の商品や情報に対する観察の鋭さ、そして現代のネット社会で失われつつある未知なるものへの想像力の豊かさが満載!
2017.6 283p A5 ¥2300 ①978-4-86329-153-9

篠塚宗碩とその周縁—近世初頭・京洛の儒生
長坂成行著 汲古書院
【要旨】宗碩(かん)探索の発端と資料、五山僧との交流、漢和聯句会への参加、宗碩(かん)と西院時慶・加藤清正、宗碩(かん)と文英清韓、中院通勝の源氏講釈と浅井五馬助・烏丸光広、宗碩(かん)と林羅山との交流、宗碩(かん)と智仁親王、漢籍講釈、宗碩(かん)と中院通純、宗碩(かん)の加賀行きと松永昌三・王国鼎、松永昌三の『宗碩(かん)老生誄并叙』、篠塚宗碩(かん)の生涯、多福文庫について
2017.2 292, 14p A5 ¥8000 ①978-4-7629-3632-6

真田松代藩の財政改革—『日暮硯』と恩田杢
笠谷和比古著 吉川弘文館 (読みなおす日本史)
【要旨】江戸中期、財政破綻に直面した真田松代藩の再建を託された恩田杢。その改革を描き、当時から経世の書として読み継がれてきた『日暮硯』を読み解いて、再建に成功した理由とリーダーの資質を、史実から検証する。
2017.10 165p B6 ¥2200 ①978-4-642-06730-0

彷徨える日本史—翻弄される赤穂の浪士たち
源田京一著 幻冬舎メディアコンサルティング、幻冬舎 発売
【要旨】「赤穂事件」に関する書本、評論の類は、1,000本を優に超える。しかし、検証に値する第一級史料は2冊しかない。なぜ赤穂話が国民化し、四十七士が「義士」と呼ばれるようになった経緯を探る。
2017.11 251p B6 ¥1500 ①978-4-344-91459-9

四国の近世城郭
四国地域史研究連絡協議会編 岩田書院 (岩田書院ブックレット—歴史考古学系)
【目次】第1章 四国の近世城郭誕生、第2章 四国の織豊系城郭「徳島城」、第3章 高知県の中世城郭から織豊系城郭の成立、第4章 高松城の概要と変遷、第5章 見えてきた伊予松山城の歴史—近年の発掘調査から、第6章 宇和島城下絵図屏風の歴史的考察
2017 148p A5 ¥1700 ①978-4-86602-007-5

シーボルト事件で罰せられた三通詞
片桐一男著 勉誠出版
【要旨】シーボルトが帰国の直前に幕府禁制の日本地図を持ち出そうとした「シーボルト事件」。この時、最も重い罪で処せられたのが、馬場為八郎・吉雄忠次郎・稲部市五郎の阿蘭陀三通詞であった。彼らとシーボルトといかなる関係にあり、本罪に処せられた後はどのような足跡をたどり、功績を残したのか。三通詞に関する手紙や判決文といった史・資料を読み解き、シーボルト事件の新たな側面と阿蘭陀通詞の実態を明らかにする。
2017.4 220p A5 ¥4000 ①978-4-585-22181-4

シーボルト『NIPPON』の書誌学研究
宮崎克則著 (福岡)花乱社
【要旨】広汎な博物調査によって、シーボルトが約20年間にわたり制作・刊行した『NIPPON』は、1800年代の日本の社会・産業技術・文化・風習 等々の膨大な情報を収め、「未知の国日本」を鮮明に描き出した未完の大著であった。当時最新の技術をもって製作された図版367枚を収録し、ドイツ語版に続きフランス・ロシア語版も刊行された。現在、各国・各地に残る刊本・写本を渉猟し比較検討、その制作・印刷・出版過程を明らかにする。
2017.2 167p B5 ¥5000 ①978-4-905327-67-7

写真で読む三くだり半
高木侃著 日本経済評論社
【要旨】離縁状研究50年の著者が誘う、三くだり半のワンダーランド。収集した一三〇〇通から

選り抜いた一〇〇通の三くだり半が、悲喜こもごもの男女の離別の姿を描き出す。
2017.10 232p A5 ¥3200 ①978-4-8188-2474-4

知られざる江戸時代中期200年の秘密—いまの日本の基礎を作った!
島崎晋著 実業之日本社 (じっぴコンパクト新書)
【要旨】江戸時代中期は、実は、疲弊した制度をあぶりだし、新しい時代に対応し、社会がいろいろな熟成を繰り返して明治維新への地盤固めが進行した時代。江戸中期がなかったら、明治以降の発展した日本はなかった!?現代とみまがう経済や世相。「太平の世」に武士は町民は何をしていた!?学校の授業では鎖国から幕末まですっとばされる江戸中期。将軍も皇室も庶民も、淡々と立場を熟成させていた。江戸の華である鎖国までと幕末「以外」に注目!
2017.8 215p 18cm ¥840 ①978-4-408-33715-9

菅江真澄とみちのく
石黒克彦著 (名古屋)ブイツーソリューション, 星雲社 発売
【要旨】菅江真澄が旅した頃は、世界の潮流が変わりつつある時代にあって、幕府のなかでも蝦夷対策に意見が分かれ混沌としていた。しかし、時の流れはひたひたと明治へと加速しつつあった時代である。
2017.2 175p B6 ¥1800 ①978-4-434-22904-6

杉田玄白評論集
片桐一男著 勉誠出版
【要旨】博学にして決断と行動の人、玄白。対ロシア海防策、社会経済、学者仲間や世人に対する鋭い風刺、風俗批判、自慢話、独白など縦横無尽に論評。
2017.5 232p A5 ¥6000 ①978-4-585-22185-2

図説 大江戸性風俗事典
永井義男著 朝日新聞出版 (朝日文庫) (『江戸のフーゾク万華鏡』加筆・修正・図版追加・改題書)
【要旨】世界有数の歓楽地だった吉原をはじめ、江戸のいたるところには女郎屋が軒をつらね、寺社の参詣や冠婚葬祭の度にも盛り上がるのは当たり前だった。吉原、江戸四宿、岡場所の違いや、花魁、芸者、陰間、夜鷹の実情など、江戸の「フーゾク」を豊富な図版で徹底解剖。浮世絵・戯作から厳選した図版とエピソード満載!
2017.5 299, 21p A6 ¥760 ①978-4-02-261902-0

角倉素庵
林屋辰三郎著 吉川弘文館 (読みなおす日本史)
【要旨】父了以の高名に隠れているが、近世の経済や文化の発展に多大な役割を果たした素庵。朱印船による交易や大堰川・高瀬川開鑿、藤原惺窩・林羅山との朱子学研究、華麗な嵯峨本刊行など、卓越した業績と清雅な生涯を辿る。
2017.7 235p B6 ¥2200 ①978-4-642-06727-0

政談
荻生徂徠著, 辻達也校注 岩波書店 (岩波文庫) (第5刷(第1刷1987年))
【要旨】『政談』は、荻生徂徠(1666-1728)が徳川幕藩体制に弛緩を生じさせている根本原因を指摘し、その対策を論じて、八代将軍吉宗に呈した意見書である。現今の都市問題の雛型を見るような、江戸における人口激増に対する無政策への批判のほか、興味を引くのは人身登用策であり、徠来の政治論の最も輝ける部分といわれている。
2017.5 386p A5 ¥1010 ①4-00-330041-6

性なる江戸の秘め談義
氏家幹人著 朝日新聞出版 (朝日文庫)
【要旨】江戸と明治、庶民から殿様まで、恋と情事と結婚の風景をおさめた性史。インテリの過激な色事日記から妻たちの不義密通、たぎる性欲と禁不淫に悩むエリート少年の告白、廓にはう美艶女の嘆き、武士が男色を好んだ理由など。書き下ろし2本収録。
2017.7 311p A6 ¥720 ①978-4-02-261907-5

政隣記 天明三—六年—耳目甄録 13
高木喜美子ほか校訂・編集 (富山)桂書房
2017.6 571p A5 ¥3500 ①978-4-86627-025-8

政隣記 天明七—九年—耳目甄録 14
津田政隣著 (富山)桂書房
【目次】天明七年、天明八年、天明九年、内容一覧
2017.9 362p A5 ¥3000 ①978-4-86627-035-7

絶海の碩学—近世日朝外交史研究
池内敏著 (名古屋)名古屋大学出版会
【要旨】近世日朝関係のルートは朝鮮通信使にとどまらない。その外交を最前線でささえた京都五山僧の役割と実像を、訳官使の往来、釜山倭館との関係、漂流民送還や唐子絵画の受け取りなど、広い視野でとらえて日朝外交システムの全体像を解明、東アジア国際秩序の理解

◆**潜伏キリシタン村落の事件簿** 吉村豊雄著 (大阪)清文堂出版 (歴史ルポルタージュ 島原天草の乱 第3巻)
【目次】第1章 江戸初期から存続した潜伏キリシタン村落、第2章 潜伏キリシタン村落は、どうして発覚したのか、第3章 潜伏キリシタン村落に送り込まれた庄屋、第4章 潜伏キリシタン探索日記、第5章 潜伏キリシタン村落の隠密たち、第6章 幕府に通報された六千人の潜伏キリシタン、第7章 ベールを剥がされた潜伏キリシタン村の信仰、第8章 さらに出てきた潜伏キリシタン、第9章 改篡された潜伏キリシタン事件
2017.11 216p B6 ¥1800 ①978-4-7924-1076-6

◆**続編孝義録料 第2冊 東海道** 菅野則子編 汲古書院
【目次】東海道一 伊賀/伊勢(山城・大和・下総)、東海道二 伊賀/伊勢(山城・大和)、東海道三 伊勢、東海道四 伊賀、東海道五 尾張(美濃)、東海道六 三河/遠江(三河)、東海道七 遠江/駿河/伊豆(下総)、東海道八 相模(駿河・河内・美作・武蔵・常陸)、東海道九 武蔵、東海道十 武蔵/相模(上総・播磨)
2017.11 464p A5 ¥10000 ①978-4-7629-4222-8

◆**それ、時代ものにはNGです** 若桜木虔著 義文社
【要旨】時代小説、時代劇の間違い探しをしてみませんか？ 知ってるつもりのそれ、意外や意外…。
2017.9 213p 19cm ¥1000 ①978-4-7947-0771-0

◆**闘いを記憶する百姓たち─江戸時代の裁判学習帳** 八鍬友広著 吉川弘文館 (歴史文化ライブラリー)
【要旨】江戸時代、百姓一揆の訴状が民衆の読み書き教材として流布した。実力行使から訴訟へという紛争解決法の転換期に、彼らはいかにして先人の記憶を受け継ぎ、学び、権力と闘う力を得たのか。民衆自身が主人公となる歴史。
2017.11 194p B6 ¥1700 ①978-4-642-05854-4

◆**旅と交流にみる近世社会** 高橋陽一編著 (大阪)清文堂出版
【目次】第1部 領域・境界・道中・権力(幕藩制と寺社参詣─米沢藩の旅人統制と国益思想、藩境と街道─境を守る・境を抜ける、流人他所者と飯盛女─奥州郡山宿と越後との関係を中心に、景勝地と生業─出羽国象潟の開田をめぐって)、第2部 人・地域・交流(江戸勤番武士と地域、民衆の旅と地域文化─阿波藍人酒井弥蔵の俳諧と石門心学・信心、高野山麓地域の日常生活と山中十市橋英元を事例に)
2017.3 296p A5 ¥5600 ①978-4-7924-1065-0

◆**茶人・小堀遠州の正体─寛永文化の立役者** 矢部良明著 KADOKAWA (角川選書)
【要旨】歌を詠み、花を生け、多彩な交遊関係・パワーバランスのなかで寛永のサロン文化を支えたと伝えられる小堀遠州。時は後水尾天皇を中心として、独自に文化が花開いた時代だった。幕府の作事奉行として、当時多くの建築・作庭などに才を発揮した彼の茶の湯の世界観を、当時の茶会記や、周辺の記録から分析し、その考え方と美意識を明らかにしていく。
2017.4 291p B6 ¥1700 ①978-4-04-703597-3

◆**超速!!倹約!?大名行列のオモテとウラ『参勤交代』の不思議と謎** 山本博文監修 実業之日本社 (じっぴコンパクト新書)
【要旨】総勢4000人からなる加賀藩前田家。いくつかのバリエーションがあった仙台藩伊達家。海路と陸路で遠路はるばるの薩摩藩島津家。長い歴史がありながら、さまざまな藩による参勤交代の実態は意外に知られていない。基本的な作法にローカルルール、リッチな貧乏な藩の規模や流儀の違いなど、参勤交代と大名行列にまつわるうんちくを学び、江戸期の各藩のお家の事情もひも解く。さらに参勤交代の舞台となった五街道や脇往還の、知られざる用途と素性にも肉迫。「超高速！」だけではない、参勤交代の新・珍事実とは。
2017.1 191p 18cm ¥800 ①978-4-408-00895-0

◆**通訳酬酢** 田代和生編著 ゆまに書房 (近世日朝交流史料叢書)
【要旨】政治から外交、女性、音楽、礼儀作法、怪奇現象まで─江戸時代の日朝関係の担った対馬藩通詞と朝鮮訳官との問答集。交渉の苦悩、本音を現代に伝える第一級史料。
2017.10 555p A5 ¥5800 ①978-4-8433-5167-3

◆**津山藩** 岩下哲典著 現代書館 (シリーズ藩物語)
【要旨】森氏のあと、徳川家康二男結城秀康の子孫が跡を継ぎ、将軍の息子を藩主に迎え「制外の家」の格式を有する。主家の誉れになるような天下に鳴り響く著作の刊行を目指し、学問を修めた学究の者津山の学問の源流を探る。
2017.10 206p 21×14cm ¥1600 ①978-4-7684-7145-6

◆**鉄気籠山─山田方谷「改革」の地を歩く** 鎌倉国年著 (岡山)吉備人出版
【要旨】日本経済の停滞、掛け声倒れの地方創生、中小企業経営者の苦悩─解決の突破口は山田方谷にあった！
2016.12 381p A5 ¥2500 ①978-4-86069-491-3

◆**寺子屋で学んだ朝鮮通信史─「大船用文三韓蔵」** 北村欽哉著 (静岡)羽衣出版 (朝鮮通信使研究ノート 第1号)
【要旨】1 大船用文三韓蔵、2 宝暦本と安永本との比較、3 内容の検討、4 子供と朝鮮通信使、5 朝鮮人朝貢の濫觴の事、6 幕府より民衆に強かった来朝観、7 結語、影印「宝暦新刻大船用文三韓蔵」
2017.11 71p A5 ¥1200 ①978-4-907118-34-1

◆**東西海上交流の起源─オランダと海国日本の黎明** 小暮実徳著 彩流社
【要旨】16世紀後半に遠洋航海の技術を向上させたオランダはアジアに目を向け、オランダ東インド会社の成功を基点にヨーロッパの海上大国に躍り出ることで、東西貿易のネットワークを築き上げた。長崎の出島を拠点にしたオランダとの交流は、「海国日本」への道を開く航海術と海軍創設の礎でもあった。
2017.2 217, 7p B6 ¥2400 ①978-4-7791-2289-7

◆**東大教授の「忠臣蔵」講義** 山本博文著 KADOKAWA (角川新書)
【要旨】「吉良を討ち取ったのは武林唯七だった」「大石は遊廊を総揚げしていない」「討ち入りのとき、赤穂浪士たちは太鼓を持っていなかった」─。時代劇や小説に埋もれた真実を、テレビでおなじみの東大教授が、根拠となる史料を丁寧に引きながらライブ講義形式で解説。索引付き。
2017.12 303p 18cm ¥880 ①978-4-04-082216-7

◆**徳川家康文書の研究 上巻** 中村孝也著 吉川弘文館 新訂版; 新装版; オンデマンド版
【目次】第1篇 流寓時代(松井忠次(松平康親)に與へたる誓書―天文二年六月六日、三河大垣城に與へたる所領宛行状―永禄三年五月二十二日、三河法蔵寺に下せる禁制―永禄三年七月九日 ほか)、第2篇 岡崎在城の時代(淺井道忠に與へたる所領宛行状―永禄三年五月二十一日、三河法蔵寺に下せる禁制―永禄三年七月九日 ほか)、第3篇 濱松在城の時代(中安滿千世に與へたる所領安堵状―元亀元年八月十三日、平岩親吉に遺れる書状―元亀元年十月二日 ほか)、第4篇 駿府在城の時代(山田七郎左衛門丁に與へたる諸役免許状―天正十五年正月十五日、駿河下方等百姓に下せる定書―天正十五年二月二十日 ほか)
2017.11 922p A5 ¥25000 ①978-4-642-73047-1

◆**徳川家康文書の研究 中巻** 中村孝也著 吉川弘文館 新訂版; 新装版; オンデマンド版
【目次】第5篇 江戸在城の時代(上)(瀧川雄利・黒田孝高に與へたる書状―天正十八年七月十四日、新田守純に遺れる直書―天正十八年七月十六日、遠山直吉に與へたる直書―天正十八年七月二十三日、鳥居元忠に與へたる直書―天正十八年七月二十三日 ほか)、第6篇 江戸在城の時代(下)(黒田長政に遺れる豊臣氏四大老連署の書状―慶長三年八月二十八日、立花親成(宗茂)に遺れる豊臣氏五大老・五奉行連署の誓書―慶長三年九月二日、黒田長政に遺れる豊臣氏四大老連署の書状―慶長三年九月五日 ほか)
2017.11 937p A5 ¥25000 ①978-4-642-73048-8

◆**徳川家康文書の研究 下巻之1** 中村孝也著 吉川弘文館 新訂版; 新装版; オンデマンド版
【目次】第7篇 江戸在城の時代(下)(遠江新居宿に與へたる新船諸役免許状―慶長六年正月七日、山上義光に遺れる書状―慶長六年正月十三日、遠江見海寺に遺れる寺領寄進状―慶長六年正月二十三日、遠江岡部井賀茂社に遺れる社領寄進状―慶長六年正月二十三日 ほか)、第8篇 再び駿府在城の時代(將軍秀忠に遺れる書状―慶長十二年三月十一十日、松松平秀康の重臣に遺れる内書―慶長十二年四月二十四日、西るいに授けたる来航許可朱印状―慶長十二年六月二日、有馬豊氏に與へたる内書―慶長十二年六月二十日 ほか)
2017.11 1002p A5 ¥25000 ①978-4-642-73049-5

◆**徳川家康文書の研究 下巻之2** 中村孝也著 吉川弘文館 新訂版; 新装版; オンデマンド版
【目次】第8篇 再び駿府在城の時代(つづき)(黒田長政に與へたる内書―元和元年正月五日、最上家親に與へたる内書―元和元年正月十五日、般右衛門に授けたる呂宋渡海朱印状―元和元年正月十六日、川人華宇に授けたる交趾渡海朱印状―元和元年正月十六日 ほか)、日光東照宮文書(從五位下口宜案―永禄九年十二月廿九日、從五位下口宜案―永禄九年十二月廿九日、參河守口宜案―永禄九年十二月廿九日、參河守宣旨―永禄九年十二月廿九日 ほか)
2017.11 310, 139p A5 ¥25000 ①978-4-642-73050-1

◆**徳川社会の底力** 山崎善弘著 柏書房
【要旨】底力を読み解くカギは「仁政」「御救い」「百姓成り立ち」「中間層」の4つ。将軍も藩主も、武士も百姓も商人も職人も、みんなが一丸となって支えた日本！
2017.6 271p B6 ¥2200 ①978-4-7601-4810-3

◆**徳川十五代を支えた老中・大老の謎─江戸幕府要職の表と「裏」がよくわかる！** 福田智弘著 実業之日本社 (じっぴコンパクト新書)
【要旨】江戸幕府260余年の歴史の中で、徳川歴代将軍の下にあって、幕政の中枢を担った老中・大老たち。しかし、意外とその役職の真の姿は伝わっていない。本書では、幕藩体制の要職であった老中・大老にスポットを当て、その役職の中身を徹底解説するとともに、歴代老中・大老の実名・官職、悪名・不始末の数々を面白エピソードをまじえ、紹介する。初めての江戸読み物！
2017.11 190p 18cm ¥800 ①978-4-408-33743-2

◆**徳川制度 補遺** 加藤貴校注 岩波書店 (岩波文庫)
【要旨】明治時代半ばの段階で、欧文史料を含め史料を博捜して書かれた鎖国の通史として注目される『鎖国始末』をはじめ、「柳沢吉保」など江戸幕府の政争に関する逸話、「商人鑑」、下層社会の記録「社界魔」、幕末の陸海軍の実話や法令、町人の願書などを収録。『徳川制度』を補足する歴史実録集。詳細な索引を付す。
2017.3 639, 179p A5 ¥1740 ①978-4-00-334964-9

◆**徳川吉宗の武芸奨励─近世中期の旗本強化策** 横山輝樹著 (京都)思文閣出版
【要旨】「ひたすら講武の事を沙汰せられける」太平の江戸時代中期、質実剛健の士風を守れど、幕府の中核部隊であるはずの旗本五番方の面々は満足に乗馬も出来ない体たらくであった。こうしたなか将軍となった徳川吉宗は、新旧さまざまな武芸奨励を実施し、軍事演習さながらの大規模な狩猟をも執行した。番士を鍛え直すべく始められた、吉宗の武芸奨励の実態に迫る。
2017.7 250, 4p A5 ¥7500 ①978-4-7842-1899-8

◆**徳川四代 大江戸を建てる！─驚きの江戸の町づくり** 河合敦監修 実業之日本社 (じっぴコンパクト新書)
【要旨】現代の東京は、いまを去ること四百年以上も前、徳川家康の時代にその礎が築かれた。当時は未開の地でありながら、なぜこの地に？ という疑問から始まり、その遠大な計画はいかにして進められ、竣工を見たのか。本書では、東京都民はもちろん、日本人といえども、よくその全貌を知らない真実を、主に家康から始まる徳川家将軍四代までを中心に、そのプロジェクトの全工程を検証する！
2017.9 215p 18cm ¥800 ①978-4-408-33731-9

◆**図書館と江戸時代の人びと** 新藤透著 柏書房
【要旨】収集、出納、館外貸出、レファレンス、司書制度…明治時代には"ライブラリー"ができる以前の歴史を掘り起こす。
2017.8 300p B6 ¥2600 ①978-4-7601-4877-6

◆**殿様が三人いた村─葛飾郡幸谷村と関家の江戸時代** 渡辺尚志著 (流山)崙書房出版 (ふるさと文庫)
【要旨】下総国葛飾郡幸谷村の関家に伝わる三〇〇〇点の古文書を紐解き、村人たちの江戸時代の姿を描く、かけがえのない地域の歴史。
2017.11 267p 18cm ¥1300 ①978-4-8455-0215-8

◆**永井尚政─数寄に通じた幕府の重鎮** 深谷信子著 (京都)宮帯出版社 (宮帯茶人ブックレット)

【要旨】直勝の子として生まれ、徳川秀忠に側近として老中となり、家光の下では山城淀十万石の藩主として幕府の畿内支配を担う。茶の湯を古田織部に学び、小堀遠州、松花堂昭乗ら一流文化人たちと交遊。文人佐川田喜六昌俊を家老として遇した。文治の才と教養を生かして幕府を支えた江戸初期の能臣と文化人のネットワーク。
2017.10 302p B6 ¥2700 ①978-4-8016-0124-6

◆中臣祐範記 第3 春日大社編, 中臣祐範記研究会校訂 八木書店古書出版部, 八木書店 発売 (史料纂集 古記録編)
【目次】元和二年、元和三年、元和四年、元和五年、元和七年、元和八年、元和九年
2017.11 303p A5 ¥15000 ①978-4-8406-5192-9

◆西尾幹二全集 第20巻 江戸のダイナミズム―古代と近代の架け橋 西尾幹二著 国書刊行会
【目次】第1部 前提編、第2部 展開編、追補1 世界のさきがけとなった江戸期の文献学、追補2 自然から西洋哲学から『江戸のダイナミズム』を読む、追補3 長谷川三千子・西尾幹二対談 荻生徂徠と本居宣長、追補4 友人からのある質問に対する著者の応答
2017.3 586p A5 ¥6800 ①978-4-336-05399-2

◆二宮尊徳と桜町仕法―報徳仕法の源流を探る 阿部昭著 (宇都宮) 随想舎
【要旨】江戸時代後期、二宮尊徳による創造的で工夫に富んだ地域社会復興事業は日本各地に普及拡大し、幕末維新期の人々に大きな足跡を残した。その源流こそ、下野国桜町での知行所復興事業だった。「報徳仕法」「報徳思想」が生まれた現場をたどり、さまざまな史料群から丹念に読み込み明らかにする。
2017.7 389p A5 ¥5000 ①978-4-88748-342-2

◆日本科學技術古典籍資料／數學篇 14 近世歴史資料研究会編 科学書院, 霞ケ関出版 発売 (近世歴史資料集成 第7期 第11巻)
【目次】磁石篇（さん）根元記、算法天元樵談、七乗冪演式、算學啓蒙諺解大成、開商點兵算法、招差偏究篇（さん）法、「新編」和漢算法
2017.1 876p B5 ¥50000 ①978-4-7603-0413-4

◆日本科學技術古典籍資料 數學篇 16 關流草術、關流算法艸術 近世歴史資料研究会編 科学書院, 霞ケ関出版 発売 (近世歴史資料集成 第8期 第10巻)
【目次】關流草術（關流草術利足用、關流差之、關流盈朒（じく）、關流之分、關流鉤股弦、關流求積、關流截術、關流截術算籌巻、關流統術、關流理數随筆）、関流篦（さん）法艸術
2017.10 1016p 27×21cm ¥50000 ①978-4-7603-0431-8

◆日本の近世社会と大塩事件 酒井一著 (大阪) 和泉書院 (日本史研究叢刊)
【要旨】本書は、35年の長きにわたって大塩事件研究会会長をつとめ、2011年に急逝した酒井一氏の業績を収める論文集である。冒頭のインタビュー記事に加え、氏の研究歴を物語り、戦後の日本史学との接点を持つ論考21本を掲載。各部には解題を付し、氏の業績を近世史研究史上に位置づける。口絵には氏旧蔵大塩肖像・修養日誌他を掲載、年譜、著作目録付。
2017.12 604p A5 ¥11000 ①978-4-7576-0820-7

◆日本の名城 地図帳 名城研究会著 電波社 (『名城の地図帳』加筆・修正・再編集・改題書)
【要旨】47都道府県の名城1000城の美麗写真付き！ お城めぐりにピッタリのハンディ版。
2017.3 193p A5 ¥1000 ①978-4-86490-088-1

◆如来教の成立・展開と史的基盤―江戸後期の社会と宗教 神田秀雄著 吉川弘文館
【要旨】家族形成が底辺層に潜み、病気治しや亡魂慰撫の要求が高まった十九世紀初頭、尾張国熱田で元奉公人の女性によって唱説された如来教。民衆宗教・新宗教の嚆矢とされる同教は、いかにして誕生したのか。流行中の金毘羅信仰や浄土系・法華系の仏教的世界観を摂取しつつ、民衆宗教の継承・再構築を志向した経緯を追求し、民衆宗教の出自を解き明かす。
2017.12 341, 11p A5 ¥11000 ①978-4-642-03481-4

◆忍者の末裔―江戸城に勤めた伊賀者たち 高尾善希著 KADOKAWA
【要旨】天下泰平の徳川時代。戦に出なくなった忍者の子孫たちはどんな生活をしていたのか？ ひょんなことから発見された古文書には誰もが驚く仔細な記録が残されていた。くじ引きで決まった人事異動、皆勤賞に胸を張り、こさえた借金に肝を冷やす…。新発見史料で江戸の生活が明らかに！ 下級武士はつらいよ!?
2017.1 315p B6 ¥1700 ①978-4-04-400208-4

◆猫の怪 横山泰子、早川由美、門脇大、今井秀和、飯倉義之、鷲羽大介、朴庾卿、広坂朋信著 白澤社, 現代書館 発売 (江戸怪談を読む)
【要旨】猫は不思議な生き物だ。江戸時代にも、猫をこよなく愛する人たちがいた。いきおい、さまざまな猫の怪異の物語が生まれる。奇っ怪な行動をとる猫にまつわる物語のなかから、江戸怪談における猫の怪の世界を、文学・芸能史・民俗学などの視点から選りすぐって紹介する。江戸時代の化け猫話といえば、講談で有名な鍋島の化け猫騒動があるが、いくつもの物語が伝わるなかでその原型と考えられる『肥前佐賀二尾実記』と、飼い主の美女を懸けて戦う猫の話『三浦遊女薄雲が伝』の原文を現代語訳とともに掲載。そのほか猫にまつわる江戸の随筆、日本や韓国での民間伝承、芝居や映画を紹介する。祟る猫・化ける猫・助ける猫・招く猫etcと、江戸怪談猫づくしの巻。
2017.7 220p B6 ¥2000 ①978-4-7684-7966-7

◆宣長にまねぶ―一志を貫徹する生き方 吉田悦之著 致知出版社
【要旨】古事記を千年の眠りから目覚めさせた知の巨人・本居宣長の人生に学ぶ。
2017.2 412p B6 ¥2500 ①978-4-8009-1139-1

◆八王子千人同心における身分越境―百姓から御家人へ 吉岡孝著 岩田書院 (近世史研究叢書 45)
【目次】身分と八王子千人同心の研究動向、第1部 八王子千人同心における寛政改革の意義、御家人言説の遂行過程、八王子千人同心の役職と格式、八王子千人同心株売買の実態）、第2部 身分越境による組織と社会の変容（八王子千人組における月番所の成立とその意義、八王子千人組における番組合の成立とその意義、千人同心と家・村、幕末期における社会統合の破綻）
2017 344p A5 ¥7200 ①978-4-86602-987-0

◆原城の戦争と松平信綱 吉村豊雄著 (大阪) 清文堂出版 (歴史ルポルタージュ 島原天草の乱 第2巻)
【目次】第1章 若手閣僚としての松平信綱、第2章 飛躍の舞台となった原城戦争、第3章 戦後政局の火種＝幕府の原城評定、第4章 始まった知恵伊豆の政略、第5章 幕府抗争下の軍法裁判、第6章 江戸幕府 寛永の政変
2017.11 147p B6 ¥1500 ①978-4-7924-1079-7

◆藩の借金200億円を返済し、200億円貯金した男、山田方谷 皆木和義著 柏書房
【要旨】勝海舟と吉田松陰の師である佐久間象山の兄弟子、河井継之助からは神と崇められ、大久保利通と木戸孝允から新政府への出仕を口説かれた男の生き方、そして改革者の実像に迫る！
2017.8 234p B6 ¥1800 ①978-4-7601-4841-7

◆百姓たちの戦争 吉村豊雄著 (大阪) 清文堂出版 (歴史ルポルタージュ 島原天草の乱 第1巻)
【目次】第1章 立ち帰りか、潜伏か―直前段階の転びキリシタン、第2章 武力蜂起へのシナリオ、第3章「城の占拠」をめざした百姓たちの戦い、第4章 籠城のシステム、第5章 原城戦争、第6章 原城の落城
2017.11 290p B6 ¥1900 ①978-4-7924-1073-5

◆評伝／ことば 大塩平八郎への道 森田康夫著 (大阪) 和泉書院 (IZUMI BOOKS)
【要旨】大塩事件からでなく、大塩平八郎の思想の原点に立ち返り、幸田成友『大塩平八郎』以来の新しい大塩の人物像を提示する。
2017.10 175p B6 ¥1600 ①978-4-7576-0846-7

◆貧困と自己責任の近世日本史 木下光生著 (京都) 人文書院
【要旨】江戸時代の農村は本当に貧しかったのか。奈良田原村に残る片岡家文書、その中に近世農村の家計をきわめて詳細にしるした記録が存在する。本書ではその世界史的にも貴重なデータを初めて精緻に分析し公開。そこから導かれる数々の発見は、これまでの近世観を根底から覆す、世界水準の研究とも連携した歴史学の新たな地平をひらくだろう。なぜ日本人は貧困についてかくも冷淡で、自己責任をよしとするのか。日本像の刷新を試み、現代の問題意識に貫かれた渾身の歴史書。
2017.10 324p B6 ¥3800 ①978-4-409-52067-3

◆武家奉公人と都市社会 松本良太著 校倉書房 (歴史科学叢書)

【目次】第1部（江戸屋敷奉公人と抱え―信州抱元の人を対象として、藩財政と抱え―信州抱元一労働力供給の問題を中心に、長州藩江戸屋敷と「御国者」奉公人―元禄期における武家奉公人の実態 ほか）、第2部（上総国奉公人と抱え、史料紹介『上総国奉公人抱方為取替規定』について―上総における抱元関係史料、書評森下徹著『日本近世雇用労働史の研究』）、第3部（近世後期の武士身分と都市社会―「下級武士」の問題をめぐって―「下級武士」の問題に議論をふりかえって―山本・水林論争の性格と問題点）
2017.12 360p A5 ¥10000 ①978-4-7517-4780-3

◆武州世直し一揆 近世村落史研究会編 慶友社
【要旨】「武州世直し一揆」蜂起から150周年。その時、民衆は命を懸けて結集した。命を奪われ、金品を取られ、ただ格差社会を打ち壊そうとした。何が変わり、何が変わらなかったのか？ どのような意味があったか？「近世村落史研究会」発足から半世紀、研究の成果を集大成した。
2017.2 596p A5 ¥10000 ①978-4-87449-096-9

◆触頭制度の研究 宇高良哲著 青史出版
【目次】第1章 諸宗江戸触頭成立年次考、第2章 新義真言宗江戸四箇寺の確立、第3章 天台宗の初期の触頭最教院晃蓮と双蔵院豪俊の役割について―特に紛争時の対応を中心に、第4章 浄土宗の触頭制度、第5章 浄土宗触頭増上寺役者譜年次考、第6章 天台宗触頭寛永寺執当譜年次考
2017.11 218, 35p A5 ¥6500 ①978-4-921145-61-3

◆文明としての徳川日本―一六〇三・一八五三年 芳賀徹著 筑摩書房 (筑摩選書)
【要旨】徳川日本を「江戸趣味」や「暗黒史観」として捉えるか、でなければ近代日本を準備した時代として捉えるのが一般的だろう。しかし宗達・光琳の琳派や芭蕉、蕪村、貝原益軒の本草学や新井白石の『西洋紀聞』、杉田玄白の『蘭学事始』、さらに崋山や源内まで併せて考えると、完結した文明体としか言いようのない姿が浮かんでくる。二五〇年という時間と、日本列島という限定された空間のなかで生まれた独特な文化的風景を点描する。
2017.9 391, 6p B6 ¥1800 ①978-4-480-01646-1

◆保科正之―仁愛と果断の大名政治家 中村彰彦著 自由社 (中村彰彦史伝シリーズ 2―歴史の裏に真あり)
【要旨】民にやさしい世界初の福祉制度を創設。「明暦の大火」（江戸市民十万人死亡）で示した抜群の危機管理能力。日本史に輝く数々の偉業と魅力の人柄。
2017.10 142p B6 ¥700 ①978-4-908979-05-7

◆保科正之 小池進著, 日本歴史学会編 吉川弘文館 (人物叢書) 新装版
【要旨】江戸前期の会津藩主。2代将軍徳川秀忠の実子でありながら認知されず、高遠城主保科正光に養育される。保科家を相続した後、兄家光に取立てられ、幼将軍家綱の兄貴として幕府支配体制を安定させ、秩序化へと導いた。会津藩主としても家訓十五条を定め、幕末にまで影響を与えた。神道家および儒学者としての側面にも触れ、62年の生涯に迫る。
2017.11 307p B6 ¥2300 ①978-4-642-05283-2

◆堀景山伝考 高橋俊和著 (大阪) 和泉書院 (研究叢書)
【要旨】京都の儒学者堀景山は、学問形成期の本居宣長に大きな影響を与えた人物である。しかし、景山を主体とした研究は、残された資料が少ないこともあり、今日までほとんどなされてきていない。本書は、現在調査可能なあらゆる資料を詳細に検討することによって、景山の学問観や人物像を明らかにする初めての試みである。
2017.2 713p A5 ¥18000 ①978-4-7576-0823-8

◆本阿弥行状記(上・中・下) 和田宗春訳註 はる書房
【要旨】琳派の源流であり近世初期の隠れた大芸術家、本阿弥光悦の一族に伝わる「行状記」の完訳本。江戸時代中期、洛北の鷹ヶ峰に芸術村を築いた本阿弥光悦は、俵屋宗達や尾形光琳、酒井抱一などのちに「琳派」として名をなす人人に比べて知られることの少ない人物であろう。だが、わが国の近世芸術史における重要性は疑いえないところである。本書は、上巻についての訳本が出版されていた『本阿弥行状記』の下巻まで、全三百八十段の完全な現代語訳である。光悦の玄孫の代までが生きていた江戸時代の暮らしや世情が映し出された時代絵巻である。
2017.12 320p A5 ¥2500 ①978-4-89984-164-7

◆真淵と宣長―「松坂の一夜」の史実と真実 田中康二著 中央公論新社 （中公叢書）
【要旨】「松坂の一夜」とは、本居宣長が賀茂真淵に出会い、古代研究の志を受け継いで国学を大成するきっかけとなる、一期一会の一夜を指す。一九一七年に佐佐木信綱が発表した同名の文章は、二人の出会いを劇的に構成した。以来、麗しい師弟関係は人の記憶に残る物語として、国語教科書などさまざまなメディアを通して流布することになった。しかしこの「美談」は、一方の当事者である真淵から見ればどのようなものであったか。あるいは別の第三者の視点で切り抜けば、どのような姿を現すのか。残された資料を読み解き、いくつもの様相を呈する「松坂の一夜」の真実を描き出す野心的な試み。
2017.2 257p B6 ¥1800 ①978-4-12-004948-4

◆マンガ徳川15代の裏話 小和田哲男監修 宝島社
【要旨】教科書には載らない、将軍たちの意外な姿。 2017.1 255p B6 ¥556 ①978-4-8002-6363-6

◆宮本武蔵の一生 濱田昭生著 東洋出版
【要旨】ミステリアスな「宮本武蔵の一生」が初めて明らかに！ 誕生と幼年期、巌流島の決闘、『五輪書』執筆、明石藩主の下での隠密活動、その没後の影響まで実在した武蔵の姿を克明に追いかけた「武蔵一代記」！
2017.8 406p B6 ¥2700 ①978-4-8096-7883-7

◆むらと家を守った江戸時代の人びと―人口減少地域の養子制度と百姓株式 戸石七生著 農山漁村文化協会
【要旨】江戸時代の後半、日本の人口は停滞ないし減少に転じ、深刻な後継者難に悩んだ農・農村が少なくなかった。それに抗し、むらと家が一体となって多様な養子制度を駆使して地域社会と家の維持・存続を目指した江戸時代農村の姿を活写。少子高齢化時代に転じた現代日本社会への処方箋を示唆。
2017.11 271p A5 ¥4500 ①978-4-540-17185-7

◆本居宣長―近世国学の成立 芳賀登著 吉川弘文館 （読みなおす日本史）
【要旨】儒教・仏教など漢意を排し、日本古来の精神を追究した本居宣長。松阪の商家に生まれながら、古典研究から国学の道を歩む。『古事記伝』の成立過程を中心に、学問的営みと特徴を詳述し、後代に与えた影響を解き明かす。
2017.3 202p B6 ¥2200 ①978-4-642-06723-2

◆盛岡藩家老席日記 雑書 第41巻 文化八年（一八一一）～文化十年（一八一三） 盛岡市教育委員会編 東洋書院 （付属資料：CD-ROM1）
【目次】文化八年（一八一一）、文化九年（一八一二）、文化十年（一八一三）
2017.3 671p B5 ¥26000 ①978-4-88594-507-6

◆病とむきあう江戸時代―外患・酒と肉食・うつと心中・出産・災害・テロ 岩下哲典著 北樹出版
【目次】第1章 外患（ロシア船の出没）と藩医、第2章 藩医の出張旅行と酒・肉食、第3章 藩医の好んだ酒と好んだ大名の話、第4章「うつ」の藩士をどうするか、第5章 御殿で心中した男女、第6章 幕末篠城と懐紙・出産、第7章 幕末期の公務・子どもの死・出産、第8章 災害にむきあった写真大名、第9章 医師シーボルトが見た幕末日本「これが日本人である」、第10章 病とむきあう江戸の医師たちを学ぶ
2017.9 212p B6 ¥2400 ①978-4-7793-0547-4

◆山田方谷ゼミナール Vol.5 方谷研究会編 （岡山）方谷研究会、（岡山）吉備人出版 発売
【目次】巻頭言 山田敦（山田方谷玄孫、高梁市観光協会常務理事）、研究会紹介、研究ノート・史料紹介、エッセイ・探訪、書評、方谷研究会役員会の報告
2017.8 119p A5 ¥1200 ①978-4-86069-518-7

◆吉原の真実―知らないことだらけの江戸風俗 秋吉聡子著 自由社 （自由社ブックレット10）
【要旨】古文書の探求から見えてきた新たな「江戸吉原」の姿。吉原の遊女は閉じ込められていて自由がなかった？ 吉原の遊女は酷い環境や条件で働かされていた？ 吉原の遊女は悲惨な末路をたどった？
2017.8 133p B6 ¥740 ①978-4-908979-03-3

◆頼山陽とその時代 上 中村真一郎著 筑摩書房 （ちくま学芸文庫）
【要旨】名は襄、字は子成、通称久太郎。安永9年、儒者頼春水の長子として大坂に生まれる。後に、天賦の詩才と史書の叙述で天下に令名を馳せる頼山陽（1780-1832）である。その一代の文章は、幕末期に尊王攘夷運動の原動力ともなった。作家中村真一郎は、この人物の内面を丹念に掬い上げながら、生涯の全貌と時代の知的風景を余すところなく描き出す。発表後、山陽のみならず、江戸漢詩の再評価をもたらした傑作評伝。上巻では、精神の異変や、脱藩事件や遊蕩によって訪れる山陽の生涯、つきあい様、西遊中の交際などを扱う。芸術選奨文部大臣賞受賞。
2017.3 484p A6 ¥1500 ①978-4-480-09778-1

◆頼山陽とその時代 下 中村真一郎著 筑摩書房 （ちくま学芸文庫）
【要旨】「私は頼山陽という一人物を、小説的な想像力のたすけを藉りて再現することを目的とした」（本書「後書」）と述べるように、著者が山陽や周辺の人々を捉えるさまは、一読忘れがたい面影を残す。そこから感知されるのは、江戸後期の知識人たちとわれわれとのまぎれもない同時代性である。本書はまた、著者自身の人生が山陽のそれと呼応し、その関係の解明に力を費やした著述の跡でもあった一。下巻では、江戸の学者や山陽の弟子、諸国の知友などを眺めた後、畢生の書『日本外史』をはじめとする文業を論評して筆は擱かれる。
2017.3 648p B6 ¥1700 ①978-4-480-09779-8

◆六義園の庭暮らし―柳沢信鴻『宴遊日記』の世界 小野佐和子著 平凡社
【要旨】柳沢家江戸下屋敷の名庭「六義園」を舞台に、柳沢吉保の孫・信鴻が、隠遁の日々を綴った『宴遊日記』。同書を自在に読み解きながら、「庭」を舞台に、自然や人と交遊する「庭暮らし」の豊かな世界を生き生きと伝える。
2017.7 252p B6 ¥2400 ①978-4-582-54459-6

◆歴史探索のおもしろさ―近世の人々の歴史観 伊powerpoint純著 （大阪）和泉書院 （和泉選書）
【要旨】未紹介の摂津国風土記逸文／織田信長、徳川家康…正倉院に伝わる香木「蘭奢待」を截った人物／正倉院宝物盗難事件／法隆寺での聖徳太子画像の利用／諸葛琴台、木村蒹葭堂…学者たちの研究姿勢・ネットワーク／熊本・八代地方の名産品、天平亀と藤原広嗣の関係ほか―江戸時代に生きた人々の過去への思いや歴史観を伝える19編。
2017.4 233p B6 ¥3300 ①978-4-7576-0834-4

幕末・明治維新

◆愛の安住地―龍馬と佐那と名刀吉行 北村精男著 ダイヤモンド・ビジネス企画、ダイヤモンド社 発売
【要旨】龍馬は名刀「陸奥守吉行」に魂を宿し、佐那は「北辰一刀流長刀兵法目録」に魂を移して悲願を達成し、一世紀否をかけて「愛の安住地」を求めた。
2017.10 174p B6 ¥1200 ①978-4-478-08425-0

◆威ありて猛からず―学知の人 西郷隆盛 立元幸治著 新講社
【要旨】難問「西郷」を解く9つの「カギ」。誰も書かなかった西郷がここにある！
2017.12 228p B6 ¥1400 ①978-4-86081-564-6

◆維新を創った男 西郷隆盛の実像―明治維新150年に問う 粒山樹著 扶桑社
【要旨】この国の近代を創った維新の巨人の事績を精緻に再検証。
2017.11 351p B6 ¥1500 ①978-4-594-07850-8

◆「維新革命」への道―「文明」を求めた十九世紀日本 苅部直著 新潮社 （新潮選書）
【要旨】明治維新で文明開化が始まったのではない。すでに江戸後期にはその萌芽を迎えていたのだ―。荻生徂徠、本居宣長、山片蟠桃、頼山陽、福澤諭吉、竹越与三郎ら、徳川時代から明治時代にいたる思想家たちを通観し、十九世紀の日本が自らの「文明」観を成熟させていく過程を描く。日本近代史を「和魂洋才」などの通説から解放する意欲作。
2017.5 283p B6 ¥1300 ①978-4-10-603803-7

◆維新史再考―公議・王政から集権・脱身分化へ 三谷博著 NHK出版 （NHK BOOKS）
【要旨】明治維新は武士という支配階級がみずから消滅する大変革だった。徹底した革命が犠牲者も少なく実現されたのはなぜか。この問いに答え、複雑を極める維新史の全体を通観するために、公議・王政・集権・脱身分化の四課題をめぐる提携と対抗として安政五年政変から西南内乱までを史料に即してつぶさに描く。さらに、武力よりも多数派形成の努力が鍵であったことを見出し、今日のリベラル・デモクラシーの起源をも解き明かす。志士や雄藩の活躍物語という伝統的なスタイルを完全に脱し、第一人者が研究の集大成として世に問う、新説・明治維新史。
2017.12 446p B6 ¥1700 ①978-4-14-091248-5

◆維新の悪人たち―「明治維新」は「フリーメイソン革命」だ！ 船瀬俊介著 共栄書房
【要旨】「明治維新」は、日本の近代革命である。しかし、それらは、「明治維新」の表の姿に過ぎなかった。国際秘密結社フリーメイソンが仕組んだ「明治維新」衝撃の「真実」を暴き、日本近代史の2大スキャンダルの闇に迫る！
2017.10 315p B6 ¥2000 ①978-4-7634-1079-5

◆異説で読み解く明治維新―「あの謎」がすっきり解ける10の物語 河合敦著 イースト・プレス
【要旨】本当は幕府を倒す必要はなかった！？テレビで人気の歴史研究家が教科書が書かない学説をわかりやすい語り口で解説！
2017.10 253p B6 ¥1300 ①978-4-7816-1599-8

◆一箇の大丈夫 西郷吉之助 早川幹夫著 道義主義の会、出版文化社 発売
【要旨】己の個を強くせよ!!連綿と続く人間の生と死。歴史を視ることと真に昼夜のごとし。西郷の死生観である。何ものも恐れない勇気と人間愛。西郷隆盛の実像に迫る！
2017.12 273p B6 ¥1500 ①978-4-88338-633-8

◆偽りの幕末動乱―薩長謀略革命の真実 星亮一著 潮書房光人社
【要旨】黒船の来航で国論が二分した日本。テロが横行する混乱のなか、幕府打倒を目指す薩長の狡猾な策略が巡らされた！幕末史最大の転換点を読み直す！
2017.9 220p B6 ¥1900 ①978-4-7698-1652-2

◆犬たちの明治維新―ポチの誕生 仁科邦男著 草思社 （草思社文庫）
【要旨】幕末の開国は、犬たちにとっても激動の時代の幕開けだった。幕府から米国への贈り物としてペリー艦隊に乗り海を渡った狆。下田や横浜に現れた外国人に中で殴られても応戦した町犬、村犬たち。明治を迎えると、洋犬が世を席巻。多くの洋犬がポチと名付けられ、町じゅうポチだらけの時代が到来する。膨大な史料を渉猟し「犬にとっての幕末明治」を描く傑作ノンフィクション。
2017.2 371p A6 ¥760 ①978-4-7942-2256-5

◆命もいらず名もいらず―西郷隆盛 北康利著 ワック （WAC BUNKO）
【要旨】西郷は当時にあってすでに伝説であった―ノンフィクションの雄、北康利渾身の「西郷伝」決定版！
2017.11 390p 18cm ¥926 ①978-4-89831-765-5

◆岩瀬忠震―五州何ぞ遠しと謂わん 小野寺龍太著 （京都）ミネルヴァ書房 （ミネルヴァ日本評伝選）
【要旨】忘れられた幕臣の開国外交、「不平等条約」締結の真意とは何か。
2018.1 337,6p B6 ¥4000 ①978-4-623-08259-9

◆英傑の日本史 西郷隆盛・維新編 井沢元彦著 KADOKAWA （角川文庫）
【要旨】下級藩士の家に生まれ、何度も島流しという不遇に遭いながら、なぜ西郷は藩内で重用されるに至り、維新のリーダーとなり得たのか。その要因を薩摩藩のユニークな風土、鎌倉以来の「名門中の名門」島津家の家風と歴史にまで遡りつつ解明。さらに日本の歴史教育が見落としている「朱子学中毒」という視点から、改革と弾圧とが繰り返されてきた背景と歴史のこの苦悶の真相に迫る。混沌とした歴史の点が線につながる、新たなる幕末維新史。
2017.8 268p A6 ¥800 ①978-4-04-400233-6

◆英傑の日本史 新撰組・幕末編 井沢元彦著 KADOKAWA （角川文庫） 増補決定版
【要旨】黒船来航、安政の大獄、長州征伐、戊辰戦争―攘夷か開国か、佐幕か討幕かの大変革期、数々の困難を前に、歴史に名を刻んだ人物たちはどんな決断をしたのだろうか。今なお「問題の先送り」を繰り返す島国日本にあって、私たちが学ぶべき教訓はどこにあるのか。徳川

日本史

将軍や諸大名、幕臣や藩士、志士や新撰組隊士など、人気の69人を一挙掲載。独自の史観をもとに、英傑たちの生涯とその活躍から幕末史を通覧する増補改訂版。
2017.10 422p A6 ¥920 ①978-4-04-400297-8

◆栄光と落城―城から見た幕末・維新史 鞍掛伍郎著 ウェッジ
【要旨】あらゆる城、あらゆる藩にそれぞれの維新がありました。不思議な因縁、気高い心を持った武士の赤誠、生き残るための苦渋の決断など、城に秘められたたくさんの物語。
2017.12 167p A5 ¥1600 ①978-4-86310-191-3

◆榎本武揚と明治維新―旧幕臣の描いた近代化 黒瀧秀久著 岩波書店 (岩波ジュニア新書)
【要旨】幕末から明治へと至る激動期にオランダに留学して海外の最新の科学技術を吸収し、「蝦夷共和国」を夢見て箱館戦争を戦った榎本武揚。その後、旧幕臣にもかかわらず新政府にその才知と国際感覚を買われて北海道開拓や殖産興業など日本の近代化に大きな役割を果たした「近代日本の万能人」の姿を描く。
2017.12 173, 10p 18cm ¥820 ①978-4-00-500864-3

◆大奥の女たちの明治維新―幕臣、豪商、大名 敗者のその後 安藤優一郎著 朝日新聞出版 (朝日新書)
【要旨】幕府が瓦解したあと、徳川に連なる人々は、どう生き抜いたのか!?篤姫の執念、津田梅子の情熱、江戸っ子の心意気、リストラされた旗本・御家人たちの悲喜劇ー。これまで語られてこなかった維新史に新たな光を当て、日本の夜明けの真実に迫る!教科書には載っていない「もう一つの維新史」。
2017.2 231p 18cm ¥760 ①978-4-02-273705-2

◆大阪「断刑録」―明治初年の罪と罰 牧英正、安竹貴彦著 (京都) 阿吽社
【目次】1 大阪府時代前期(旧幕府法期・明治二～三年末) (いちばんはじめの事件、前代のあと始末、まぼろしの多田隊 ほか)、2 大阪府時代後期(新律綱領期・明治四～五年末) (外国人の犯罪、強盗、職務違反 ほか)、3 大阪裁判所時代(明治六～九年) (最後の仇討ち、士族の果て、政治犯罪)
2017.10 475p B6 ¥4400 ①978-4-907244-31-6

◆覚えておきたい幕末・維新の100人+1―勤王から佐幕までの人物伝 本間康司絵・文、ビビる大木執筆協力 清水書院
【要旨】幕末・維新の推しメン西郷隆盛、吉田松陰、坂本竜馬、大隈重信、岩倉具視…日本人として忘れちゃいけない人がたくさんいる。覚えておきたい人々の、名言・エピソードが満載。まずはこの1冊で、幕末・維新のアツーい時代を体感しよう!!
2017.7 149p B5 ¥1600 ①978-4-389-50054-2

◆学問の暴力―アイヌ墓地はなぜあばかれたか 植木哲也著 (横浜) 春風社 新版
【要旨】江戸末期、犯罪として裁かれたアイヌ墓地発掘は明治以降、「学術調査」の名の下に公認され、アイヌ民族の抵抗は無視され続けた。小金井良精、児玉作左衛門など代表的アイヌ学者たちの動きを追い、学問に内在する「暴力への意志」を浮き彫りにする!
2017.2 330p B6 ¥2400 ①978-4-86110-531-9

◆カロライン・フート号が来た!―ペリーとハリスのはざまで 山本有造著 (名古屋) 風媒社
【要旨】一八五五年三月一五日の夕暮れ、アメリカ商船カロライン・E・フート号が下田港に来航。平服の紳士、妙齢の婦人と二人の幼い子供連れで上陸した。彼らは何を求めて日本を訪れ、日本に何を見たのか。そして、日本人は彼らに何を見たのか…。日米関係もう一つの原点。
2017.2 165p A5 ¥2000 ①978-4-8331-3175-9

◆官賊に恭順せず―新撰組土方歳三という生き方 舟津伊織著 KADOKAWA
【要旨】壬生狼と怖れられた鉄の集団新撰組鬼の副長・土方歳三。女と梅の花をこよなく愛した男は、何を想って日本史最大の動乱に身を投じたのか。京都、勝沼、宇都宮、会津、そして箱館。戦い尽くした男の生涯。
2017.6 274p B6 ¥1500 ①978-4-04-400209-1

◆義の人西郷隆盛 誠の人山田方谷 みのごさく著 幻冬舎メディアコンサルティング、幻冬舎 発売
【要旨】ワシントンの民主政治を理想としながら、正義と天命に生きた隆盛。貧しい人々の格差是正のため、至誠を貫いた方谷。同じ師・佐藤一斎の教えを受けた、対照的な二人の生きざま。西郷らの生きざま、死にざまを探る。
2017.12 211p B6 ¥1200 ①978-4-344-91494-0

◆逆説の日本史 20 幕末年代史編 3 井沢元彦著 小学館 (小学館文庫)
【要旨】"バカ殿"島津久光を国父に戴き、生麦事件そして薩英戦争を引き起こしながらも「攘夷」の無謀さに目覚めた薩摩。一方、攘夷派を抑えきれず、ついには「朝敵」の汚名を着ることになった長州。のちに明治維新の原動力となった両藩がまつたく異なる道を歩んでいた激動の3年間に迫る!
2017.4 443p A6 ¥730 ①978-4-09-406414-8

◆教科書には書けない!幕末維新おもしろミステリー50 跡部蛮著 ビジネス社
【目次】第1部 ペリー来航から明治維新まで(日本の夜明けか?―幕末開港編、疾風怒濤の「西国雄藩」と「幕府」―幕末争乱編、幕末動乱のクライマックス!―大政奉還・王政復古編、内乱勃発!―戊辰戦争編、明治維新なる!―新政府編)、第2部 西郷隆盛と幕末暗黒史(『西郷どん』ってどんな人?―西郷隆盛編、『西郷どん』を取り巻く人々の幕末維新人物編、ドス黒い幕末維新史!―暗殺・襲撃・陰謀編)
2017.10 223p B6 ¥1000 ①978-4-8284-1980-0

◆京都幕末史跡案内―志士たちの夢の跡を訪ねて イカロス出版
【要旨】龍馬や新選組の隊士たちが行きかっていた往時の空気を感じ取ろう。
2017.5 143p A5 ¥1400 ①978-4-8022-0370-8

◆近代日本 製鉄・電信の源流―幕末明治初期の科学技術 『近代日本製鉄・電信の源流』編集委員会編 岩田書院
【要旨】1 製鉄編(幕末長州藩における洋式大砲鋳造―鋳物師郡司家を中心に、薩摩の製鉄技術―わが国最初の集成館洋式高炉(熔鉱炉)の探究、韮山反射炉の歴史と築造技術、加賀藩鈴見鋳造所における大砲の生産―嘉永六年より元治元年までの大砲生産の記録、幕末伊達・南部の「水車ふいご」―その形式と国内での位置づけ、出雲の角炉製鉄、幕府の年制改革と兵站整備―火薬製造を中心に)、2 電信編(幕末期の電信機製造―蘭書文献の考察を中心に、幕末・明治期の電信技術と佐賀、明治電信丸丸安世、早田連平と電信機(エーセルテレカラフ))
2017 347p A5 ¥7400 ①978-4-86602-988-7

◆黒船の世紀―「外圧」と「世論」の日米開戦秘史 猪瀬直樹著 KADOKAWA (角川ソフィア文庫)
【要旨】「ハワイへの奇襲攻撃」も「東京への空襲」も「日米の敗戦」も、すべては予言されていたのだった―。日露戦争以後、日米で多数出版された「日米未来戦記」。もはや忘れられた存在となった作品群と膨大な周辺取材から、日本人を襲った黒船の「外圧」や、戦争を後押しした「世論」をかつてない空気のうちに醸成されたのかを炙り出す。作家・猪瀬直樹の不朽の大作。
2017.11 583p A6 ¥1280 ①978-4-04-400332-6

◆権力に対峙した男 上巻―新・西郷隆盛研究 米村秀司著 (鹿児島) ラグーナ出版
【要旨】埋もれていた史実と証言から西郷の実像を探る。西郷隆盛を研究した明治から大正にかけての多くの書籍。これらの書籍には、知られていない史実や証言が多く残されていた。板垣退助や祇園の芸妓君尾、従僕の永田熊吉らが語る証言で西郷の実像を追う。
2017.9 295p B6 ¥1800 ①978-4-904380-65-9

◆工作員・西郷隆盛―謀略の幕末維新史 倉山満著 講談社 (講談社プラスアルファ新書)
【要旨】「大河ドラマ」では決して描かれない陰の貌も。今、西郷が問う、明治維新150年後の我が国。
2017.11 219p 18cm ¥840 ①978-4-06-291509-0

◆考証 西郷隆盛の正体 城島明彦著 カンゼン
【要旨】「空前絶後の偉人」にしてなぜ西郷さんと、誰からも愛されるのか? 西郷伝説を、膨大な史料から徹底検証。
2017.11 253p B6 ¥1500 ①978-4-86255-423-9

◆古河と辺見貞蔵―幕末から明治を生きた博徒 知らずの博徒 臼井紀幸、臼井陽一著 創英社/三省堂書店
【要旨】辺見貞蔵とは、何者だったのか。古河の歴史を掘り起こし、謎に満ちた博徒の人生を解き明かす。
2017.7 211p B6 ¥1300 ①978-4-88142-159-8

◆西郷家の人びと 原口泉著 KADOKAWA
【要旨】「西郷家の人びと」を丁寧に追うことで、西郷隆盛一人ではなく、世代を超えて群生する西郷家の人材・人的資源の担われた"西郷的なもの"が歴史を動かしたことが見て取れる一冊。
2017.12 249p B6 ¥1600 ①978-4-04-400249-7

◆西郷隆盛一人を相手にせず、天を相手にせよ 家近良樹著 (京都) ミネルヴァ書房 (ミネルヴァ日本評伝選)
【要旨】西郷隆盛(一八二八～七七)薩摩藩士、政治家。薩摩藩兵を率いて戊辰戦争に勝利するも、新政府で征韓論争に敗れて下野し、郷里西南戦争の総指揮官に担がれた西郷隆盛。明治維新を成し遂げた英雄とされる一方、多面的な顔をもつその特性と素顔を、主として一次史料に基づいて解明する。
2017.8 567, 12p B6 ¥4000 ①978-4-623-08097-7

◆西郷隆盛―日本の精神を代表する英雄 岡田幹彦著 有鷹社 (まほろばシリーズ 10)
【要旨】「西郷さん」と呼ばれる西郷隆盛は、幕末維新の志士であり、明治新政府では参議、陸軍大将として活躍しました。西郷は、明治天皇より絶大な信頼を受けた明治維新第一の功労者でした。本書は、西郷隆盛を子供たちにもわかりやすく、やさしく書いた伝記です。
2017.8 47p A5 ¥600 ①978-4-905410-43-0

◆西郷隆盛―日本人はなぜこの英雄が好きなのか 宮崎正弘著 海竜社
【要旨】明治維新を成し遂げた英雄が、なぜ切腹して果てねばならなかったのか―。「征韓論」は誤解され、ねじ曲げられた。西南戦争は「大義なき内戦」ではない―西郷の思想に共鳴する著者がその悲劇的な生涯を限りない哀惜の念を込めて描く。
2017.9 247p B6 ¥1500 ①978-4-7593-1563-9

◆西郷隆盛―滅びの美学 澤村修治著 幻冬舎 (幻冬舎新書)
【要旨】豪放磊落に振る舞いながら、実は人間嫌いで常に「死にたい」という思いを抱える、悲哀と無常の人でもあった西郷。何より「義」を重んじながら、冷徹な権略家でもあった西郷。その深い矛盾に満ちた人間性こそが、西郷の魅力の源泉であった―明治維新という奇跡の革命を成し遂げ、最後は西南戦争で武士道に殉じた「滅びの美学」を、書簡や直話など、西郷自らの言葉から描き出す。矛盾を生ききった「最後のサムライ」の姿から、いかに生きるべきかを問う、魂の西郷論。
2017.9 281p 18cm ¥840 ①978-4-344-98467-7

◆西郷隆盛―天が愛した男 童門冬二著 成美堂出版 (成美文庫)
【要旨】時は安政5年(1858)、ペリー来航から5年。西郷吉之助は藩主の斉彬に見出されて、その手足となって江戸・京の町を奔走していた。しかし、突然斉彬が死んだ。絶望する西郷に待っていたのは2度の島流し。それでも、時代が人が西郷を放っておかない。元治元年(1864)、禁門の変で見事な復活を見せると、薩長同盟、戊辰戦争と表舞台のど真ん中で躍動するのだった。会う人会う人をその大きな度量で魅了する唯一無二の人、西郷の生きざまを深い洞察力で描く。
2017.10 319p A6 ¥546 ①978-4-415-40257-4

◆西郷隆盛―維新の功臣 明治の逆賊 相川司著 中央公論新社 (中公文庫)
【要旨】明治維新を実現した最大の「功臣」でありながら、なぜ明治政府に叛き、無謀な西南戦争を起こして「逆賊」の汚名を負ったのか? 彼を育んだ薩摩国と藩主島津家の歴史を紐解き、激動の時代を共に生きた大久保利通、島津久光・勝海舟・坂本龍馬らの証言を織り交ぜながら、西郷の「成功と失敗」を分析し、波瀾の生涯を辿る書き下ろし歴史評伝。
2017.10 373p A6 ¥800 ①978-4-12-206468-3

◆西郷隆盛―手紙で読むその実像 川道麟太郎著 筑摩書房 (ちくま新書)
【要旨】西郷が親友や家族に送った私信に注目しつつ系統的に読み解いて、歴史上の人物・西郷(隆盛)ではなく、現実に生きた生身の人間・西郷(吉之助)の実像を明らかにしていく。併せて、西郷のいくぶん謎めいた心奥にも迫る。
2017.12 515, 10p 18cm ¥1200 ①978-4-480-07112-5

◆西郷隆盛 維新150年目の真実 家近良樹著 NHK出版 (NHK出版新書)

◆西郷隆盛「神」行動力の磨き方　本郷陽二編著　実務教育出版
【要旨】最強の行動力は、最強の信念に宿る。何のために生きるのか。どうすれば人は動くのか。義と志と誠に生きた西郷に学ぶ究極の人間学。
2017.9 230p B6 ¥1400　①978-4-7889-1448-3

◆西郷隆盛53の謎―知っているようで知らない「せごどん」の真実　原口泉著　海竜社
【要旨】「西郷どん」の時代考証を担当する著者が、維新の英雄・西郷隆盛の知られざる謎を解く!!　2017.11 237p B6 ¥1400　①978-4-7593-1544-8

◆西郷隆盛 十の「訓え」　西郷隆文著　三笠書房
【要旨】幕末・維新の錚々たる人物の中にあって、今なお「さん」づけで親しまれている西郷隆盛。多くの人に愛されるその人物は、どこから生まれたのでしょうか。西郷家に伝わる言葉や逸話などから、現代にも通じる「西郷さんの訓え」をひもといていきます。
2017.9 238p B6 ¥1500　①978-4-8379-2700-6

◆西郷隆盛その生涯　不破俊輔著　明日香出版社　（アスカビジネス）
【要旨】島津斉彬、坂本龍馬、勝海舟、そして大久保利通、かれらとどう影響し合ったか？しかし、西郷は最後まで"薩摩藩士"であった！謎の征韓論、そして西南戦争、その「なぜ？」が明かされる―。
2017.10 289p B6 ¥1400　①978-4-7569-1932-8

◆西郷隆盛伝説　佐高信著　KADOKAWA　（角川ソフィア文庫）改版
【要旨】今も西郷の傍らで静かに眠る二人の年若い庄内藩士。西南戦争で歿した二人の墓の前で、同郷の著者は衝撃を受ける。仇敵さえも魅了する西郷とは、一体どんな人物だったのか。多くの史実にあたり、その真の姿を、庄内藩との深い関係の中から浮かび上がらせる。その人生と人となりを描くことで、同時に、勝者の歴史には現れない埋もれた真実をも照らし出す。現代に残る維新が顕れる、略年譜を付した新版。
2017.10 398p A6 ¥720　①978-4-04-400244-2

◆西郷隆盛という生き方―「波瀾」に捧げた生涯が語るもの　桐野作人、調所一郎編著　里文出版
【要旨】維新の英雄でありながら賊軍の将という、常人ではとらえきれない数奇な生き様。その謎と魅力を探る！
2017.12 279p B6 ¥2000　①978-4-89806-459-7

◆西郷隆盛と勝海舟―江戸無血開城一五〇年　安藤優一郎著　洋泉社　（歴史新書）
【要旨】敵に味方あり！幕臣でありながら幕府を見限った男と、討幕を成功させながら朝敵になった男。対極にいた二人は、また最大の理解者でもあった。英雄は英雄を知る―。新たな目の幕開けとなった薩摩兵を薩摩の邂逅と別離の真実。
2017.11 191p 18cm ¥950　①978-4-8003-1355-3

◆西郷隆盛と徳之島―徳のある島…徳のある人との出会い…　益田宗児著　（大阪）浪速社　新装版
【要旨】これまで殆ど知られていない二度目の流罪地、徳之島の75日間。その史実・功績・徳のある人々とのエピソードが現代に蘇る！
2017.12 208p A5 ¥1389　①978-4-88854-507-5

◆西郷隆盛と「翔ぶが如く」　文藝春秋編　文藝春秋　（文春文庫）新装版
【要旨】西郷隆盛は革命家・政治家であったが、維新後どういう国家をつくるかについて、青写真を持っていなかったという挙兵原理を薩摩文化の側面から検証した司馬遼太郎。歴史の転回点に立つ巨人の姿を探った山本七平。ほか星新一、山田風太郎ら多彩な執筆陣から人物論と、当時の写真・絵で辿る西郷隆盛と「翔ぶが如く」の世界。
2017.11 277p A6 ¥650　①978-4-16-790967-3

◆西郷隆盛の冤罪 明治維新の大誤解　古川愛哲著　講談社　（講談社プラスアルファ新書）
【要旨】明治政府は史実を抹消し、西郷に全ての罪を着せた。一歴史捏造の全記録。
2017.12 219p 18cm ¥840　①978-4-06-291512-0

◆西郷隆盛のことがマンガで3時間でわかる本―へえーそうなんだ！　津田太愚著、つだゆみマンガ　明日香出版社　（アスカビジネス）
【要旨】下級武士に生まれ、維新を成し遂げ、明治の逆賊となり、薩摩に散った男。誰もが彼を愛さずにはいられなかった。今も日本人に最も愛され続ける維新の英雄「西郷隆盛」の一生と彼の生きていた時代が、わかる。
2017.11 227p A5 ¥1400　①978-4-7569-1937-3

◆西郷隆盛の言葉100―人生を切り開く！　高橋伸幸著　扶桑社
【要旨】出会ったものが皆、惚れ込むという男…その言葉から、実像に迫る！改革者の人生哲学、成功の秘訣。
2017.10 303p B6 ¥1200　①978-4-594-07831-7

◆西郷隆盛の明治―激動の10年を追う　安藤優一郎著　洋泉社　（歴史新書）
【要旨】迫りくる欧米列強、徳川家衰退による動乱。幕末の国難に立ち向かった男、西郷。新生日本をみごとに誕生させるが、それは悲劇の始まりでもあった。維新最大の功労者は、「賊」となった。彼は何を考え、そして何を想って死んでいったのか。
2017.3 190p 18cm ¥950　①978-4-8003-1180-1

◆西郷隆盛はどう語られてきたか　原口泉著　新潮社　（新潮文庫）
【要旨】「維新の三傑」でありながら、西南戦争を引き起こした賊軍の首魁。にもかかわらず、国民の間では圧倒的な人気を誇る。武士にして思想家、軍略家にして温情の人、農本主義者にして詩人でもあった。西郷隆盛ほど捉えにくい人物はいない。だからこそ、さまざまな西郷論が語られ続けてきた。その変遷はまた、時代を映す鏡でもある。同時代人の証言から、小説における描かれ方までを総ざらいする。
2018.1 316p A6 ¥900　①978-4-10-121096-4

◆西郷隆盛はなぜ犬を連れているのか―西郷（せご）どん愛犬史　仁科邦男著　草思社
【要旨】日本史上最大の愛犬家、西郷隆盛。幕末京都では芸者には目もくれず、犬と鰻飯。維新後は政局から離れ、犬を引き連れ、狩り、温泉ざんまい。その真の姿。その、西南戦争中には犬連れ出陣。なぜあれほどまでに、犬から離れられなかったのか―。
2017.12 287p B6 ¥1500　①978-4-7942-2312-8

◆西郷隆盛 人を魅きつける力　童門冬二著　PHP研究所　（PHP文庫）（『"新装版"西郷隆盛の人生訓』加筆・修正・改題書）
【要旨】戦前と戦後で、歴史上の人物の評価が大きく変わる中、一貫して日本人に慕われ続ける男―それが、西郷隆盛である。なぜ、彼は人の心をとらえてやまないのか。恩師・島津斉彬、大久保利通や坂本龍馬らとのエピソードを交えつつ、その生涯と深層心理を辿り、激動の時代を生き抜くための"人を魅きつける力"と"真の知恵"を解き明かす一冊。
2017.5 293p A6 ¥720　①978-4-569-76718-5

◆西郷隆盛101の謎　幕末維新を愛する会著　文藝春秋　（文春文庫）
【要旨】軍人として戦い明治維新をもたらした立役者が、なぜ私服を着て上野に立っているのか？なぜ政府に叛旗を翻して死んだ男が、日本人のあいだで愛され続けているのか？薩摩の下級武士がやがて傑出した大人物となる、その生涯を詳細にたどり、知られざる実像に迫る。
2017.10 255p A6 ¥630　①978-4-16-790951-2

◆西郷隆盛100の言葉　加来耕三著　潮出版社　（潮新書）
【要旨】西郷を稀代の英傑たらしめた数々の「言葉」が、苦境を切り拓く力となる！
2017.12 221p 18cm ¥796　①978-4-267-02114-5

◆西郷隆盛論―その知られざる人物像　堤克彦著　（熊本）熊本出版文化会館、創流出版 発売　（熊本新書）
【目次】薩摩西郷氏の遠祖と出自、西郷隆盛の変名「菊池源吾」、奄美大島・龍郷紀行、西郷隆盛の写真の有無と肖像画、新聞にみる「西南戦争」の経緯、「西南戦争」と熊本県三話、「熊本鎮台告論」と鎮台兵・軍夫の書翰
2017.4 252p 18cm ¥1200　①978-4-906897-42-1

◆西郷どん式リーダーの流儀　吉田幸弘著　扶桑社
【要旨】現代だからこそ、この男に学ぶべし！人気リーダー育成講師が解説する45個のメソッド。
2017.9 239p B6 ¥1400　①978-4-594-07793-4

◆西郷どんと薩摩藩物語　産業編集センター著　産業編集センター　（大人の学び旅 5）
【要旨】維新の英雄「西郷どん」の生涯をたどりながら、薩摩の歴史旅をじっくり味わうための旅ガイド。今も鹿児島に残る西郷どんと維新の史蹟を豊富な写真で紹介。コラム満載で読み応え十分。
2017.11 127p A5 ¥1400　①978-4-86311-170-7

◆西郷どんの言葉―「やり抜く力」が磨かれる！　齋藤孝著　ビジネス社
【要旨】「日本人はもっともっと強くなれる！」挫折、中傷、波乱、決別、孤独…すべてを飲み込む西郷流リーダー論!!生誕190年＆没後140年、そして明治維新150年！今こそ知っておきたい大西郷の人生と熱い名言！
2017.11 199p B6 ¥1300　①978-4-8284-1975-6

◆西郷内閣―明治新政府を築いた男たちの七〇〇日　早瀬利之著　双葉社　（双葉文庫）
【要旨】廃藩置県（明治4年7月）後も混乱が続く日本。そんな中、岩倉具視は同年11月に欧米使節団を送り出すと、留守政府のトップ＝事実上の首相として、内政、外交、財政、教育など日本の国づくり、新政府の立て直しに着手する―。近代日本の礎を築いた西郷と同内閣を支え活躍した男たちの「2年間」を、時系列でドラマ風に描いたノンフィクションノベルズ。
2017.10 357p A6 ¥657　①978-4-575-52041-5

◆坂本龍馬 志の貫き方―現代社会で日々あがき続ける志士たちに贈る　岡信太郎著　カンゼン
【要旨】現実に流されて生きるな。志とともに死ぬか。龍馬の手紙から読み解く先行きの見えない社会をまっすぐに生きる方法。
2017.11 254p B6 ¥1400　①978-4-86255-420-8

◆坂本龍馬最後の一カ月―新たな国を夢みた龍馬の足跡　河合敦監修　WAVE出版
【要旨】坂本龍馬が暗殺されて150年。運命の日までの一カ月を追い、新たな国を夢見た龍馬の足跡を立体化する。そのとき彼は、何を見て何を感じたのか。
2017.8 87p B5 ¥850　①978-4-86621-074-2

◆坂本龍馬の正体　加来耕三著　講談社　（講談社プラスアルファ文庫）
【要旨】坂本龍馬が幕末に没して間もなく150年を迎える。そして明治維新150周年を迎える2018年の大河ドラマ「西郷どん」にも龍馬は登場するだろう。だが、その実像を知っている方はどれほどいるだろうか？近年、龍馬研究の重要な手がかりとなる手紙も相次いで発見され、坂本龍馬の実像がいよいよ見えてきた。人気歴史作家が新出の史料を読み解き、入念な取材の分析によって、現在望みうるもっとも実像に近い龍馬の正体を描き出す！
2017.9 404p A6 ¥950　①978-4-06-281729-5

◆薩長史観の正体―歴史の偽装を暴き、真実を取り戻す　武田鏡村著　東洋経済新報社
【要旨】150年目にして明かされる真実。「明治維新」という名の洗脳を解く！「薩摩、長州」がでっち上げた通史の誤りを徹底究明。「薩長史観」と「真相」の対比で、幕末維新の真実を明らかにする。会津はじめ旧幕府側の名誉を回復する"反薩長"本の決定版。
2017.9 189p B6 ¥1500　①978-4-492-06204-3

◆薩摩精忠組―幕末・維新を駆け抜けた男たち　早瀬利之著　潮書房光人新社
【要旨】西郷隆盛、大久保利通、長沼嘉兵衛、海江田信義、税所篤、吉井友実、伊地知正治らが中心となって結成された「精忠組」―日本の将来を憂い、わが国の未来のために力を尽くした若者たちの物語。激動の時代に翻弄されながらも、命懸けで己の信念を貫き通し、逞しく戦い抜いた志士たちの生きざまを描いた感動作。
2017.12 297p B6 ¥1750　①978-4-7698-1654-6

◆史伝 西郷隆盛　海音寺潮五郎著　文藝春秋　（文春文庫）
【要旨】維新の英傑、西郷隆盛の生き様は薩摩の風土・人情、そして主家島津家の家風を抜きにしては語れない。名君斉彬から多くの影響を受けた西郷は志士橋口東湖、橘本佐内、月照らとの交流から次第に天下に目を向けるようになった―疾風怒涛時代の若き西郷の軌跡を辿

り、その実像に迫る傑作歴史読物。
2017.2 314p A6 ¥690 ①978-4-16-790794-5

◆**島津斉彬** 松尾千歳著 戎光祥出版 （シリーズ・実像に迫る 011）
【要旨】日本を強く、豊かに！次々に押し寄せる外国船の脅威。世界情勢に精通した斉彬は、"富国強兵"に活路を見いだす。そして始めた集成館事業。日本の"文明開化"が、いまここに始まる！ 2017.7 103p A5 ¥1500 ①978-4-86403-254-4

◆**島津久光の明治維新―西郷隆盛の"敵"であり続けた男の真実** 安藤優一郎著 イースト・プレス
【要旨】「名君」だったのか、ただの「地ゴロ」だったのか。鎌倉時代の誕生から、約700年。多くの名君を生み出し、薩摩藩となった島津家。その家に生まれながらも、維新の立役者・西郷隆盛に「地ゴロ（田舎者）」と否定された男・島津久光。「薩摩の国父」として、幕政の中枢に乗り込み、藩の存在感を示した彼の功績とは。久光を中心に、薩摩藩から見た幕末をニュートラルに分析すると、今まで顧みられなかった、明治維新の一面が浮かび上がる一！
2017.11 335p B6 ¥1600 ①978-4-7816-1613-1

◆**仕末に困る人 西郷吉之助** 早川幹夫著 道義主義の会、出版文化社 発売
【要旨】西郷が目指した道義国家。道義とは人の行うべき正しい道。資本主義の次は道義主義！「敬天愛人」は究極の包み込みの思想!!
2017.12 269p B6 ¥1700 ①978-4-88338-632-1

◆**儒教が支えた明治維新** 小島毅著 晶文社 （犀の教室 Liberal Arts Lab）
【要旨】中国や韓国は儒教によって国が統治され、儒教は服装や冠婚葬祭のやり方まで、社会のすみずみに行きわたっていた。日本では、朱子学や陽明学は、武家の間に広まり、その儒教的教養の水脈は、水戸光圀、大塩平八郎、吉田松陰、西郷隆盛、伊藤博文…と受け継がれ、日本の近代化を育てた。中国哲学の専門家が、東アジアの中の日本を俯瞰して論じる、あたらしい明治維新論。
2017.11 273p B6 ¥1900 ①978-4-7949-7033-6

◆**常野記―水戸藩領武茂郷と下野国黒羽藩の幕末・維新** 大金歳昭著 （宇都宮）随想舎
【要旨】明治150年を機に「下野・常陸」の幕末・維新を探訪！よみがえれ！ふるさとの山野を駆け抜けた時代の熱風。
2017.9 384p A5 ¥1800 ①978-4-88748-343-9

◆**知られざる幕末維新の舞台裏 西郷どんと篤姫** 中江克己著 青春出版社 （青春文庫）
【要旨】薩摩藩主・島津斉彬に見出されながらも、維新の動乱の中、相反する過酷な運命をたどった薩摩の旗手・西郷隆盛と十三代将軍徳川家定の正室・天璋院篤姫。二人の知られざる絆とは？
2017.11 201p A6 ¥830 ①978-4-413-09682-9

◆**仁義なき幕末維新―われら賊軍の子孫** 菅原文太、半藤一利著 文藝春秋 （文春文庫）
【要旨】菅原文太氏急逝でお蔵入りしていた「幻の対談」がここに！明治維新で敗れたばかりに「賊軍」とされた歴史のアウトローたちをめぐる、仁義なき幕末維新対談。「歴史の片隅に追いやられた敗者に惹かれる」と語る文太さん、いまも続く「薩長史観」にもの申す昭和史家・半藤氏が、お互い賊軍の子孫として意気投合。西郷という巨きな男の謎に挑む！
2017.12 243p A6 ¥800 ①978-4-16-790987-1

◆**信じる覚悟―超訳西郷隆盛** 鈴木博紋著 KADOKAWA
【要旨】混迷の幕末期に新しい日本を目指した維新のリーダー・西郷隆盛が説く、困難を乗り越える力の高め方。維新のリーダーの言葉に、誰にも恥じない生き方を学ぶ。
2017.7 207p B6 ¥1300 ①978-4-04-602014-7

◆**真説 西郷隆盛の生涯―2度の絶望から這い上がった「信念」と「実行力」** 幕末・維新 歴史研究会著 宝島社
【目次】巻頭 西郷隆盛年表、特集 平成30年大河ドラマ『西郷どん』、特別インタビュー 東京大学史料編纂所教授・本郷和人氏『西郷隆盛の二面性』、第1章 明治天皇が愛したラスト・サムライ西郷隆盛、第2章 歴史の表舞台で活躍する西郷隆盛、第3章 苦悩する西郷隆盛と生身の男、巻末付録 西郷隆盛ゆかりの地MAP
2017.11 111p A4 ¥700 ①978-4-8002-7602-5

◆**新撰組顛末記** 永倉新八著、木村幸比古解説 KADOKAWA （角川新書）
【要旨】幕末を戦い抜いた新選組幹部・永倉新八は、最晩年に回顧録を新聞に連載していた。その場にいた者にしか語れない、新選組の誕生から崩壊までの戦いと軌跡を余すことなく収録。
2017.11 270p 18cm ¥800 ①978-4-04-082185-6

◆**図解詳説 幕末・戊辰戦争** 金子常規著 中央公論新社 （中公文庫） 『兵乱の維新史（1）幕末・戊辰戦争』改題書
【要旨】日本を脅かした外国船との戦闘から、長州征伐、鳥羽・伏見、北関東・北越・奥羽・会津、五稜郭までの様々な戦争の攻略陣形図を総覧しながら、戦闘の経過を詳述。さらに各藩の兵員・装備・軍制を分析、官軍と幕府軍の情報力・作戦力・統率力・機動力の相異を押さえつつ「史上最大級の内乱」を軍事学の観点から解読する快著。
2017.3 376p A6 ¥1000 ①978-4-12-206388-4

◆**図解 幕末史** 水野大樹著 スタンダーズ 増補改訂版
【要旨】開国前夜から明治政府成立まで、維新の軌跡を年代順に詳細図解。各勢力の関係・動きがいちいちわかる！
2017.11 143p A4 ¥1700 ①978-4-86636-213-7

◆**西南戦争と自由民権** 小川原正道著 慶應義塾大学出版会
【要旨】明治10年、鹿児島において、西郷隆盛を中心とした不平士族が反乱を起こす。このとき、もうひとつの反政府勢力の一大拠点・高知では、板垣退助率いる立志社が西郷に呼応して決起するのではないかと思われていた。西南戦争を契機に、日本はふたたび混乱に陥るのではないか一このの可能性に、政府は動揺する。しかし、板垣は起たなかった。それはなぜだったのだろうか。本書は、民権運動家たちの反政府の姿勢や挙兵計画にもかかわらず、開戦の報に触れてなお彼らが暴発せず、その後は言論活動へと転換した理由を実証的に明らかにし、暴力という手段の理論的位置付けを検証する。また、西郷・板垣をそれぞれ敬愛し高く評価した福沢諭吉の思惑と、彼の高知・立志学舎への支援や、これまで知られてこなかった鹿児島の民権運動家の戦前・戦後についても新たな光を当てる。西南戦争の知的インパクトと、自由民権運動が高揚していった背景を、歴史のなかに浮き彫りにする。
2017.9 233p B6 ¥3200 ①978-4-7664-2434-8

◆**政府に尋問の筋これあり―西郷隆盛の誤算** 鈴木荘一著 毎日ワンズ
【目次】第1章 江戸無血開城から西南戦争まで、第2章 島津斉彬に見出された西郷、第3章 一橋慶喜の擁立を目指した斉彬と西郷、第4章 西郷は立場が変わる時に違う、第5章 再び登用される西郷の活躍、第6章 勝海舟に騙された西郷
2018.1 277p B6 ¥1400 ①978-4-901622-97-4

◆**世界一よくわかる新選組** 山村竜也著 祥伝社
【要旨】NHK大河ドラマ『新選組！』、アニメ『活撃刀剣乱舞』など、大ヒット作品の時代考証家が新資料で明かす真実！
2017.9 259p B6 ¥1400 ①978-4-396-61621-2

◆**世界を見た幕臣たち―幕末遣外使節団の軌跡** 榎本秋著 洋泉社 （歴史新書）
【要旨】坂本龍馬や新選組は出てこないけれど、彼らのことを知らなければ幕末日本を理解したことにはならない一。ペリー来航以降、欧米列強との関係の懸案となるなか、七度にわたって海を渡った幕府の遣外使節団。その体験と持ち帰った知識は、その後の日本に大きな影響を与えていた！未知の文化や列強との難交渉に悩まされた人間ドラマからたどる幕末秘史。
2017.9 221p A6 ¥950 ①978-4-8003-1313-3

◆**西郷（せご）どん大百科** ライブ編著 カンゼン
【要旨】薩摩藩のリーダーとして幕府を倒し、日本一の高い位に就くも、のちに行き場を失った士族のために故郷の薩摩にて反乱軍として決起した。その生涯は悲劇に終わったにもかかわらず、今でも彼は多くの人々から愛され、名を歴史に轟かせている。西郷隆盛の魅力はどこにあったのか。本書はその理由を徹底的に分析し、わかりやすく解説した大百科。幼少時代から西南戦争まで徹底分析。関連人物をイラストと貴重資料で超解説。西郷どんの生涯を一目で追う詳細年表付き。
2017.11 191p A5 ¥1800 ①978-4-86255-430-7

◆**西郷（せご）どんとよばれた男** 原口泉著 NHK出版
【要旨】薩摩の下級藩士の家に生まれた西郷が、どのようにして明治維新の中心的役割を果たすようになったのか。近代日本最大の内戦「西南戦争」の第一人者が語るその生涯と時代。2018年大河ドラマ「西郷どん」の生涯と時代を徹底解説。最新研究を踏まえたコンパクトな「西郷ドン」の入門書。史蹟ガイド・年譜も収載！
2017.8 219p B6 ¥1100 ①978-4-14-081722-3

◆**西郷（せご）どん入門** 北影雄幸著 勉誠出版
【要旨】日本人の美徳を体現し、最も愛された人、西郷隆盛―思想、美学、人間関係等多様な史料から、愛をたどった西郷どんの人間像を浮き彫りにする。
2017.8 223p B6 ¥1800 ①978-4-585-21533-2

◆**西郷（せご）どんの真実** 安藤優一郎著 日本経済新聞出版社 （日経ビジネス人文庫）
【要旨】将たる器を備えたヒーローか、それとも毀誉褒貶の激しい激情家なのか？二度にわたる島流し。三人の妻と五人の子供。明治維新の立役者で、藩内の権力闘争に勝利し、新政府の内政トップに登り詰めながらも、西南戦争を機に朝敵に転落―。西郷隆盛の人生は謎に満ちている。各種資料から知られざる人物像に迫る。
2017.9 282p A6 ¥800 ①978-4-532-19833-6

◆**西郷（せご）どん評判記** 北影雄幸著 勉誠出版
【要旨】文武両道を貫徹した最後の武士、西郷隆盛―大久保利通、坂本龍馬、勝海舟、伊藤博文、アーネスト・サトー…その家族や同時代を生きた武士たち、思想家や文化人など様々な人物による「西郷さん」の記録。その真の人物像に迫る。 2017.9 255p B6 ¥1800 ①978-4-585-21534-9

◆**「絶体絶命」の明治維新** 安藤優一郎著 PHP研究所 （PHP文庫）
【要旨】混迷を深めた幕末とは対照的に、明治維新後の日本は「富国強兵」「文明開化」で目覚ましい発展を遂げたとされるが、本当にそうだろうか？一本書は、維新の立役者である西郷隆盛の動きに注目しながら、首都の大反乱、財政窮状、繰り返される薩長の暗闘など、討幕直後から崩壊の危機に晒され続けた明治政府の"不都合な真実"を描き出す。近代化の光に覆い隠された「本当の維新史」とは？
2018.1 306p A6 ¥780 ①978-4-569-76800-7

◆**浅草寺日記 第37巻 自明治元年 至明治二年** 金龍山浅草寺、吉川弘文館 発売
【要旨】本書は、江戸時代中期より幕末維新期に至る間の、浅草寺寺中の年次別日並記録の集大成である。本巻には、明治元年（慶応四〈一八六八〉年・九月改元）および同二年（一八六九）の二年間の日記四冊を収めた。
2017.6 679p A5 ¥10000 ①978-4-642-01626-1

◆**大西郷遺訓** 西郷隆盛著、林房雄訳 中央公論新社 （中公クラシックス）
【目次】序章（西郷は著作を残さなかった、庄内藩士との奇縁、「征韓論議」の真相、写真や画像を嫌った西郷）、本章「語録解釈」（廟堂、政事、「地下の同志」、人材、道は天地自然のもの、敬天愛人 ほか）
2017.10 166p 18cm ¥1600 ①978-4-12-160177-3

◆**大西郷兄弟物語―西郷隆盛と西郷従道の生涯** 豊田穣著 潮書房光人社 （光人社NF文庫） （『西郷従道』改題書）
【要旨】波瀾激動の時代を雄々しくリードしながら、朝敵として蔑れた西郷。維新早々に欧米を視察して、外国の文明や制度に触れ、兄の知らない新しい世界を見てきた従道―稀大な英雄を兄としたがゆえの悲しき宿命を背負いつつ、時代の潮流を見すえて、新生日本の舵取り役となった大人物の内面を照射した感動の人物伝。
2017.11 445p A6 ¥920 ①978-4-7698-3040-5

◆**武市半平太** 松岡司著 戎光祥出版 （シリーズ・実像に迫る 008）
【要旨】剣術修行中の青年期を襲った未曾有の国難。迫り来る外国船の脅威の前に土佐勤王党を結成し、尊王攘夷に奔走。攘夷の決定を引き出すも、八・一八政変をきっかけに追い詰められていく…。憂国の士を襲った悲劇。
2017.4 103p A5 ¥1500 ①978-4-86403-238-4

◆**誰も書かなかった西郷隆盛の謎** 徳永和喜監修 KADOKAWA （中経の文庫）

2017.9 222p A6 ¥640 ①978-4-04-602088-8

【要旨】明治維新のリーダー・西郷隆盛は、日本史上屈指の知名度を誇る偉人ですが、知っているようで実はよくわからない人物でもあります。「なぜ薩摩藩の有力者となることができた?」「なぜ僧・月照とともに入水自殺しようとした?」「なぜ西南戦争が起こった?」など、50の謎を解きながらスイスイ読める、これから西郷隆盛を知りたいビギナーにピッタリの1冊。

◆**知識ゼロからの西郷隆盛入門** 木村幸比古著　幻冬舎
【要旨】隠密、革命家、軍人、哲人、教育者、政治家…いくつもの顔をもつ謎多き実像に迫る!
2017.12 175p A5 ¥1300 ①978-4-344-90328-9

◆**チャールズ・ワーグマン 幕末維新素描紀行** 山本秀峰編訳　露蘭堂, (富士見)ナウカ出版 発売
【要旨】イラストレイテッド・ロンドン・ニュース特派画家・通信員チャールズ・ワーグマンが活写した時代の風景。
2017.10 246p A5 ¥3700 ①978-4-904059-57-9

◆**超訳 西郷隆盛語録―大きな心で生きろ** 齋藤孝著　キノブックス
【目次】1章 天を敬い、人を愛する―敬天愛人、2章 困難をバネにする―氷心辛苦、3章 学んだことを実践する―聖賢の書、4章 とことん考え抜く―黙坐沈思、5章 筋道を通す―義の一字、6章 人を大切にする―水魚の交、7章 徳を磨く―智仁勇、8章 素顔の西郷どん―十五の逸話
2017.12 221p B6 ¥1500 ①978-4-908059-86-5

◆**道義国家を目指した 西郷吉之助** 早川幹夫著　道義主義の会, 出版文化社 発売
【要旨】混迷する世界の政治と経済に西郷の道義主義を!! イギリス人アーネスト・サトウの日記で表現される新たな西郷像。
2017.12 275p B6 ¥1500 ①978-4-88338-634-5

◆**東北を置き去りにした明治維新―戊辰戦争の謝罪なしに、日本の融和はない** 星亮一, 安藤優一郎著　文芸社
【目次】第1章 戊辰戦争で幕府側が敗れた原因は何だったか(「輝ける明治維新150年」に対する違和感、会津が幕府から押し付けられた京都守護職ほか)、第2章 奥羽越列藩同盟と会津藩の敗北(幕府の軍隊は戦争を知らなすぎた、薩長は外国と戦争をしたが、会津には海がなく、会津藩は船も持たなかったほか)、第3章 「明治維新150年事業」をどう活かすか(安積良斎が仲裁人になれば、会津の悲劇は起きなかったかもしれない、安倍首相の発言を聞き、会津と長州の和解はまだ困難だと感じたほか)、安積良斎とはどんな人物か―研究家・安藤智重氏に聞く(門人帳には吉田松陰、高杉晋作、秋月悌次郎、岩崎弥太郎、前島密らの名も、幕末に開明思想を広めて、明治維新の源流になったほか)、有識者を交えての座談会 明治維新150年に際しての東北からの率直な声(産業革命遺産」に横須賀造船所が入らないのはおかしい、明治政府正当化、薩長の側だけの史観でやってきたほか)
2017.12 248p B6 ¥1500 ①978-4-286-19238-3

◆**徳川家が見た西郷隆盛の真実** 徳川宗英著　KADOKAWA (角川新書)
【要旨】維新の立役者・西郷隆盛とはどんな人物だったのか? 徳川家に伝わるエピソードを織り交ぜながら、その実像に迫る。
2017.12 244p 18cm ¥880 ①978-4-04-082138-2

◆**なぜ、地形と地理がわかると幕末史がこんなに面白くなるのか** 大石学監修　洋泉社 (歴史新書)
【要旨】ペリー来航から西南戦争まで。「なぜ、その場所だったのか?」から見直すと、幕末維新期の複雑な人間関係がよくわかる! 政治・経済・文化・社会―新しい歴史の楽しみ方。
2017.10 189p 18cm ¥900 ①978-4-8003-1336-2

◆**『南洲翁遺訓』に訊く―西郷隆盛のことば** 加来耕三著　河出書房新社
【要旨】西郷の人徳に心酔し、貴重なことばをまとめたのはなんと、敵方の旧庄内藩の藩主と藩士たちであった。西郷の思想や行動に大きな影響を与えた出来事や人物を振り返りながら、数々の遺訓の真意を解き明かす!
2017.11 220p 18cm ¥840 ①978-4-309-22714-6

◆**南摩羽峰と幕末維新期の文人論考** 小林修著　八木書店古書出版部, 八木書店 発売
【要旨】会津藩士南摩羽峰を中心に敗者の維新史に光を当て、併せて同時代の埋もれた文人の群

像を掘り起こす。
2017.3 355, 15p A5 ¥9800 ①978-4-8406-9766-8

◆**新渡戸稲造 日本初の国際連盟職員** 玉城英彦著　彩流社
【要旨】国際連盟の星・新渡戸稲造は、"日本人らしさ"を強烈な個性として打ち出した。国際社会で活躍した新渡戸の人生から読み取れる、現代へのメッセージとは。日本が戦争へと突き進む時代、どのような苦悩があったのかもていねいに読み解く。
2018.1 214p B6 ¥2200 ①978-4-7791-2307-8

◆**日本が世界に尊敬される理由は明治維新にあった** 黄文雄著　徳間書店
【要旨】体制の大変革により近代化を成し遂げ、「世界の奇跡」と言われる明治維新。他国もこれを真似るも、その多くが失敗している。なぜ日本だけができたのか。世界の評価とともにその理由を探る。
2017.9 198p 18cm ¥1000 ①978-4-19-864481-9

◆**日本ナショナリズムの歴史 1 「神国思想」の展開と明治維新** 梅田正己著　高文研
【要旨】日本ナショナリズムの源流から形成・確立期、崩壊、そして復活までの全過程を、通して叙述した初めての著作!
2017.9 368p B6 ¥2800 ①978-4-87498-621-9

◆**呪われた明治維新―歴史認識「長州嫌い」の150年** 星亮一著　さくら舎
【要旨】長州は一体、会津の地でどんな蛮行を働いたのか! なぜ会津は長州を許せないのか! 過去を水に流したい長州、過去を消さない会津―すれ違う「もう一つの幕末維新史」!
2017.4 238p B6 ¥1500 ①978-4-86581-097-4

◆**幕府海軍の興亡―幕末期における日本の海軍建設** 金澤裕之著　慶應義塾大学出版会
【要旨】本書は、幕末に江戸幕府が創設した近代海軍、いわゆる幕府海軍の実態を解明するものである。明治以降に偏重していたこれまでの海軍研究とは一線を画し、本書では幕末期の海軍建設と、明治海軍との連続性、非連続性に焦点を当てる。伊勢の豪商竹川竹斎、幕臣勝麟太郎(海舟)ら近世日本人の海軍認識、咸臨丸米国派遣の成果と課題、艦船運用や経費執行の状況、人事システムの構築、第二次幕長戦争における戦闘の様相、明治政府への移管など、幕府海軍の軍事組織としての活動実態を、広範な史料を駆使して明らかにする。
2017.5 275, 8p A5 ¥6500 ①978-4-7664-2421-8

◆**幕末一非命の維新者** 村上一郎著　中央公論新社 (中公文庫)
【要旨】大塩平八郎の乱から安政の大獄、そして天誅組の変へ…。大塩среに橋本左内、藤田東湖から真木和泉守、伴林光平まで、歴史の激流の中を生き、非命に倒れた維新者たち。彼らの心情と行動に迫り、明治維新の精神過程をたどる著者の代表作。巻末に保田與重郎との対談「松陰の精神とその人間像」を増補。
2017.9 299p A6 ¥1100 ①978-4-12-206456-0

◆**幕末・維新ナンバーワン決定戦** 矢部健太郎監修　宝島社
【要旨】ペリーの浦賀来航によって泰平の眠りから目覚めた日本列島。「佐幕」「勤王」「攘夷」「倒幕」…自らの正義と新しい日本の姿を求めた志士たちが動乱の時代を戦った。
2017.12 111p A4 ¥640 ①978-4-8002-7539-4

◆**幕末維新の古文書** 岩下哲典監修　柏書房
【要旨】本物に出会える歓喜! 本物と向き合える恍惚! 時代を超えても光り輝く文書の迫力と力強さが、直接魂に訴えかけてくる!! ペリーの来航予告情報が届いてから箱館開港が終結するまでの期間、たったの17年。北海道から鹿児島まで、日本中を巻き込んだ動乱の時代を文書で追いかける。
2017.7 327p A4 ¥10000 ①978-4-7601-4840-0

◆**幕末・維新の真相史** 武田鏡村著　ロングセラーズ (ロング新書)
【要旨】幕末維新の起爆剤は、実は勝海舟をはじめとする幕臣たちによって作用されている。そこには土佐の坂本龍馬の働きもある。決して薩摩や長州の志士によってだけで起こされていたわけではない。もちろん十五代将軍となる徳川慶喜と幕閣による自壊作用も働いている。幕末維新の動きは、きわめてネジれたもので、その結果、複雑な現象を起こしていて分かりにくい。これを分かりやすくするために、闇に葬られた幕末の動きを追って

まざまな角度から構成したのが本書である。
2017.12 227p 18cm ¥1000 ①978-4-8454-5043-5

◆**幕末維新まさかの深層―明治維新一五〇年は日本を救ったのか** 加来耕三著　さくら舎
【要旨】幕末維新の"うそのような本当の深層の話"が満載!
2017.12 274p B6 ¥1600 ①978-4-86581-130-8

◆**幕末群像伝 土方歳三** 小島政孝著　(町田)エーアイ出版
【目次】歳三の出生と家の移転、商家へ奉公に出る、家庭環境、天然理心流入門、書道と俳句を学ぶ、見合いの仲介、風邪薬を贈った歳三、女性自慢、富沢忠右衛門の上洛、佐久間象山と新選組〔ほか〕
2017.6 61p B6 ¥740 ①978-4-906062-11-9

◆**幕末証言『史談会速記録』を読む** 菊地明著　洋泉社
【要旨】旧大名の島津・毛利・山内・徳川の四家と公家の三条・岩倉、中山の三家が編纂委員となって収集した臨場感あふれる意外なる実話とその真実とは―事件・動乱の体験者と目撃者が語る「もう一つの幕末維新史」。
2017.4 271p B6 ¥1900 ①978-4-8003-1210-5

◆**幕末と帆船―ジョン万次郎が歩んだ道** 草柳俊二著　(高知)高知社会基盤システム, 英光社 発売
【目次】第1章 西洋帆船の日本来航(大航海時代の到来、南蛮貿易と帆船ほか)、第2章 ジョン万次郎と帆船(ジョン万次郎の人生と船、標流し鳥島に流れ着いた漁船ほか)、第3章 幕末の帆船とジョン万次郎(幕末の西洋型帆船建造技術、「箱館丸」の建造ほか)、第4章 ジョン万次郎帆船模型博物館による地域振興構想(観光施設建設計画の背景、成熟社会に適合する観光施設ほか)
2018.1 179p A5 ¥1000 ①978-4-87097-183-7

◆**幕末と明治維新10のツボ―"ややこしい"をスッキリさせる** 歴史の謎研究会編　青春出版社 (青春文庫)
【要旨】そんな意外なポイントがあったのか! 夢、怒り、欲望…が渦巻く混沌の時代を、ていねいに解きほぐす、大人のための超入門!
2017.5 203p A6 ¥750 ①978-4-413-09670-6

◆**幕末の海軍―明治維新への航跡** 神谷大介著　吉川弘文館 (歴史文化ライブラリー)
【要旨】ペリー来航から十年、洋式海軍が組織され、将軍家茂は蒸気船で上洛した。西洋の新技術はいかに導入されたのか。蒸気船の普及、海軍教育、軍港の成立から戊辰戦争の展開までをたどり、明治維新のメカニズムに迫る。
2018.1 272p B6 ¥1800 ①978-4-642-05859-9

◆**幕末の言語革命** 楠家重敏著　(京都)晃洋書房
【目次】第1章 幕末の条約(1)―アメリカ、ロシア、オランダ、第2章 幕末の条約(2)―イギリス、第3章 オランダ語通訳官、第4章 オールコック公使、第5章 アーネスト・サトウの文法書とスタッフ、第6章 サトウ登場、第7章 イギリス公使館と日本語、第8章 フランス公使館と日本語、第9章 オランダ語の盛衰
2017.1 214p A5 ¥2400 ①978-4-7710-2806-7

◆**幕末の農兵** 樋口雄彦著　現代書館
【要旨】幕末、武士だけでなく農民たちも銃を持ち戦うことになった。幕府の韮山代官によって採用された農兵、そして全国各地の農兵について、その全体像を初めて明らかにする。
2017.12 206p B6 ¥2300 ①978-4-7684-5825-9

◆**幕末武士の京都グルメ日記―「伊庭八郎征西日記」を読む** 山村竜也著　幻冬舎 (幻冬舎新書)
【要旨】隻腕ながら遊撃隊長として榎本武揚とともに戦い、二十六歳にして五稜郭で散った伊庭八郎。死の五年前の一八六四年、伊庭が将軍・家茂の京都上洛に帯同した際に記した日記がある。その「征西日記」には、勇ましいタイトルとは裏腹に、伊庭が忘欲に京都を食べ歩く日常が綴られている。ある日は赤目を食べ鰻巻きで寝込んでしまう。本書では初めてその全文を現代語訳し、当時の政情・文化に照らし合わせ、詳細な解説を加えた。殺伐とした幕末京都を訪れた幕臣のリアルな日常が実感できる、稀有な一冊である。
2017.7 213p 18cm ¥840 ①978-4-344-98465-3

◆**幕末名言物語―激動の瞬間をキーパーソンの言葉で追う** 内池久貴著　言視舎
【要旨】幕末は逆転につぐ逆転のドラマ。歴史の曲がり角を駆け抜けた人物たちとその言葉一

日本史

いっきに幕末の流れを読み解く!
2017.7 229p B6 ¥1600 ①978-4-86565-098-3

◆**幕末明治 鹿児島県謎解き散歩** 徳永和喜監修 KADOKAWA (中経の文庫)
【要旨】西郷隆盛や大久保利通といった幕末明治期の偉人を数多く輩出した鹿児島県は、明治維新の原動力となり、近代日本の歩みに大きな影響を与えました。本書では、鹿児島県内の幕末明治期の史跡を、ゆかりの人物60余人とともに紹介し、地元の人も知らないような珍しいスポットの写真も満載です。読めば鹿児島県を旅したくなること間違いなしの1冊!
2017.9 223p A6 ¥720 ①978-4-04-602089-5

◆**幕末明治人物誌** 橘川文三著 中央公論新社 (中公文庫)
【要旨】幕末維新から日清・日露戦争を経て、明治の終焉まで。吉田松陰、坂本龍馬、西郷隆盛から乃木希典、岡倉天心まで、疾風怒濤の時代を生きた人間の思想と矛盾と葛藤を描く。歴史における敗者への想像力が息づく、出色の歴史人物論集。文庫オリジナル。
2017.9 308p A6 ¥1000 ①978-4-12-206457-7

◆**幕末・明治の横浜 西洋文化事始め** 斎藤多喜夫著 明石書店
【目次】はじめに―近代世界における文化移転をめぐって、第1章 横浜開港、第2章 ホテルとクラブの始まり、第3章 肉食と畜産の始まり、第4章 花と緑の国際交流、第5章 食生活の国際化、第6章 健康を求めて、第7章 おしゃれの世界、第8章 娯楽とスポーツ、第9章 横浜の洋学、第10章 幕末・明治のヴェンチャー企業、第11章 真か?偽か? 徹底検証、史料編 ロジャースの回顧談
2017.3 370p A5 ¥2800 ①978-4-7503-4482-9

◆**幕末「遊撃隊」隊長 人見勝太郎―徳川脱藩・剣客隊士の死闘と華麗なる転身** 中村彰彦著 洋泉社
【要旨】旧幕府脱走軍を統率し、軍略をめぐらせ鳥羽・伏見の戦いから五稜郭の戦いを駆け抜けた人見勝太郎。「好し五稜郭下の苔と作らん」―殉じる覚悟で戦いに挑むも、生き残った人見は身のくすぶる思いを勝海舟や西郷隆盛、薩摩藩士との交流のなかで昇華してゆく。明治新政府下では、殖産に努め、茨城県令として活躍。退官後は、実業家として成功を収めた。かれの思いとその破天荒な生涯に迫る、書き下ろしノンフィクション。
2017.6 271p B6 ¥1900 ①978-4-8003-1253-2

◆**幕末雄藩列伝** 伊東潤著 KADOKAWA (角川新書)
【要旨】「藩」という組織の観点から、幕末と明治維新を紐解く! 十四の雄藩を例に、英雄豪傑ではなく藩の実像を描いていた人々を中心に描くことで、この時代の大きな流れを捉え、幕末維新の真実に迫る。
2017.11 241p 18cm ¥860 ①978-4-04-082154-2

◆**百姓たちの幕末維新** 渡辺尚志著 草思社 (草思社文庫)
【要旨】武士の活躍のみが語られがちな幕末。だが、当時の日本人の約8割は百姓身分であり、彼らの営みを見ずして、幕末という時代像は見えてこない。本書では、1830年代~1880年代を幕末維新期ととらえ、日本の百姓たちの衣食住から、土地と農業への想い、年貢をめぐる騒動、百姓一揆や戊辰戦争への関わり、明治になってからの百姓たちまでを、史料に基づき微細にわかりやすく解説。知られざる、もう一つの幕末維新史。
2017.4 366p A6 ¥1000 ①978-4-7942-2269-5

◆**ほんとはものすごい幕末幕府―消し去られた江戸幕末史と明治維新** 野口武彦著・監修 実業之日本社 (じっぴコンパクト新書)
【要旨】江戸幕府の政治は行き詰まって失敗した、それを打倒した薩摩や長州が正しいのが明治維新観。歴史の教科書で当たり前のように刷り込まれた、幕府、幕末のイメージは正しいのか? 幕府の組織、人材登用術、現在の政府では閣僚にあたる大老・老中の能力、外交や朝廷との関係、軍備を知るとわき起こる「こんなに強くてどうして滅びた?」との疑問…。江戸幕府崩壊の真実に迫る!
2017.11 223p 18cm ¥800 ①978-4-408-33744-9

◆**街歩き 西郷(せご)どん!** 林真理子監修 KADOKAWA
【要旨】明治維新の立役者・西郷隆盛の生涯をたどる。あの歴史の舞台を、林真理子さんと歩いて楽しむ!
2017.11 127p A5 ¥1500 ①978-4-04-105676-9

◆**未完の西郷隆盛―日本人はなぜ論じ続けるのか** 先崎彰容著 新潮社 (新潮選書)
【要旨】西郷が目指した「国のかたち」とは、何だったのか―。アジアか西洋か。道徳か経済か。天皇か革命か―日本人はいつも自らが理想とした「国のかたち」を西郷に投影し、「第二の維新」による「もう一つの日本」の実現を求めてきた。福澤諭吉、中江兆民、頭山満から、丸山眞男、橋川文三、三島由紀夫、司馬遼太郎、江藤淳まで、西郷を論じ続けてきた思想家たちの一五〇年から、改めて「日本のかたち」を問い直す。
2017.12 268p B6 ¥1400 ①978-4-10-603820-4

◆**明王太郎日記―堂宮大工が見た幕末維新 上** 手中正、小沢朝江編著 (平塚)東海大学出版部
【目次】第1章 嘉永七年(一八五四)三月~安政三年(一八五六)九月 「史料一~一二」、第2章 安政三年(一八五六)八月~万延元年(一八六〇)十二月 「史料一三~二〇」、第3章 文久元年(一八六〇)正月~文久三年(一八六三)十二月 「史料二一~三八」、第4章 文久四年(一八六四)二月~明治二年(一八六九)十月 「史料三九~四八」、附章 「萬覚帳」 「史料三」 嘉永二年二月~明治二年四月
2017.8 428p B5 ¥7500 ①978-4-486-02073-8

◆**明治維新を読みなおす―同時代の視点から** 青山忠正著 (東京)清文堂出版
【目次】近世から近代へ―何がどう変わるのか、1 政争のなかの戦い(通商条約の勅許と天皇、功山寺決起と高杉晋作 ほか)、2 造型される人物(将軍継嗣問題の実情、江戸無血開城の真相―天璋院篤姫 ほか)、3 暗殺の構図(井伊直弼、生い立ちほか)、4 明治国家を作り出す(全国統一政府の成立、東アジアとの確執と訣別 ほか)
2017.2 220p A6 ¥2700 ①978-4-7924-1066-7

◆**明治維新史研究** 羽仁五郎著 岩波書店 (岩波文庫) (第11刷)(第1刷1978年)
【要旨】明治維新史に初めて世界史的観点をうちたてた「東洋における資本主義の形成」など維新史研究の基調をなす論文5篇を収録。幕末の人民大衆闘争の革命的意義を指摘したこれらの論文は、治安維持法下のきびしい制約のなかで書きつがれた。「生きた日本人民の生活とたたかいの歴史」が躍動する不朽の名著。
2017.5 520p A6 ¥1260 ①4-00-331431-X

◆**明治維新 司馬史観という過ち** 原田伊織、森田健司著 悟空出版
【要旨】近代日本史の根底をくつがえす新・維新論! 作られた美談「明治維新」を一刀両断! 定説をくつがえした作家と気鋭の学者が、「明治クーデター」の真相を語り尽くす。
2017.10 349p B6 ¥1500 ①978-4-908117-38-1

◆**明治維新 血の最前戦―土方歳三 長州と最後まで戦った男** 星亮一著 さくら舎
【要旨】明治維新の正体は血で血を洗う最前線にあった! 孤高のサムライVS.長州の最新兵器による「真っ赤」な戦い! 長州の物量作戦に徹底抗戦した土方歳三の戦いはかくも壮絶だった!
2017.11 273p B6 ¥1500 ①978-4-86581-127-8

◆**明治維新で変わらなかった日本の核心** 猪瀬直樹、磯田道史著 PHP研究所 (PHP新書)
【要旨】明治以降、なぜ日本は近代化に成功したのか。それは明治維新で日本が変わったのではなく、成功の要因がすでに江戸時代までの歴史の中で形づくられていたからだ。日本には、古来から変わらない「国の核心」がある。古来、培ってきた組織原理や行動原理、権威に対する考え方などが、今なお日本人に大きな影響を与えている。この「日本的原理」の長所と短所を知らねば、この国で成功をつかむことは難しいし、いかなる変革も望めない。では、「この国の秘密」とは何か? 平安時代から江戸時代まで「通史的思考」で読み解き、日本のあり方に迫る、白熱討論。
2017.11 302p 18cm ¥920 ①978-4-569-83710-9

◆**明治維新という過ち―日本を滅ぼした吉田松陰と長州テロリスト** 原田伊織著 講談社 (講談社文庫) 完全増補版
【要旨】幕末戦乱期以降、いい加減な美談が歴史としてまかり通る時代はない。京都御所を砲撃し朝敵となった長州を筆頭に、暗殺者集団として日本を闇に陥れた薩長に、明治維新を近代に導いた無条件の正義なのか? 明治維新そのものを根本から疑い立て、この国の「近代」の歩みを徹底的に検証する刮目の書。
2017.6 394p A6 ¥760 ①978-4-06-293683-5

◆**明治維新というクーデター** 星亮一著 イースト・プレス

【要旨】幕末、テロリスト集団と化した長州の浪士たちは、京の都を焼き討ちし、あらんことか禁裏に大砲を放ち、孝明天皇を拉致して、革命政権を起こさんとする暴徒であり、紛れもない"朝敵"だった。攘夷派の薩長は、孝明天皇の急死(毒殺説あり)をきっかけに立場が逆転。武力蜂起へ狂乱する。尽忠報国の会津藩に"賊軍"の汚名をきせ、悲惨極まる殺戮、乱暴狼藉のかぎりを尽くした。非戦闘員の無抵抗な婦女子や老女にむかって昼夜大砲を撃ち続け、暴行虐害することが正義なのか。教科書では絶対触れない戊辰戦争、会津戦争の深層を底辺から問いただす。
2017.2 343p B6 ¥1500 ①978-4-7816-1512-7

◆**明治維新という名の洗脳** 苫米地英人著 ビジネス社 新装版
【要旨】明治維新が明るく、素晴らしいものであった、という印象操作。これこそが、支配階級の仕掛けたそもそもの洗脳であった。たとえ、維新の時に内戦が始まっていたら日本は欧米に乗っ取られていた、ということもしかるべき嘘。実は、外国勢力は日本の植民地化など狙っていなかったのだ! つまりどう動いていたのか? 現代につながる歴史の真実を抉り出すドクター苫米地の脱洗脳!
2017.8 209p 18cm ¥920 ①978-4-8284-1970-1

◆**明治維新と外交** 明治維新史学会編 有志舎 (講座明治維新 6)
【要旨】一九世紀後半に地球規模で起こったグローバリゼーションの波。それによる衝撃と対応によって明治維新は引き起こされた。そして日本は、アジア世界における「西洋標準」(グローバル・スタンダード)の推進派として外交を展開し、「華夷秩序」とのさまざまな摩擦や衝突を引き起こしつつ、伝統的なアジア世界が解体していくきっかけをつくった。本書では、「外交」を民間レベルから含めた広義の意味でとらえ、「西洋標準」を導入していった日本と、それと新たな関係を築きつつあった諸外国との関係を通して維新変革の姿を描いた。
2017.10 302p A5 ¥3400 ①978-4-908672-15-6

◆**明治維新と西洋文明―岩倉使節団は何を見たか** 田中彰著 岩波書店 (岩波新書) (第6刷)(第1刷2003年)
【要旨】男女の風俗、議会、工場、公園に博物館―明治初年、近代化の課題を背負って二年近い欧米視察の旅を続けた「岩倉使節団」にとって、西洋文明との出会いは衝撃の連続だった。その公的な報告書である『米欧回覧実記』を丹念に読み解き、「大国」への道を選んだ近代日本がその経験から何を受け止め、何を排除していったのかを浮き彫りにする。アンコール復刊。
2017.6 213p 18cm ¥820 ①4-00-430862-3

◆**明治維新とは何だったのか―薩長抗争史から「史実」を読み直す** 一坂太郎著 (大阪)創元社
【要旨】薩摩・長州の権力闘争史から見えてくる維新のゆくえ。黒船来航から日本最後の内戦を経て近代国家樹立まで、激動の時代を一次史料から丹念にたどり、一五〇年の間に書き換えられた「史実」を問い直す。
2017.11 287p B6 ¥1500 ①978-4-422-20159-7

◆**明治維新の正体―徳川慶喜の魁、西郷隆盛のテロ** 鈴木荘一著 毎日ワンズ
【要旨】異色の歴史家が満を持して送る、明治維新150年めの真実! 幕末最高のステーツマン・徳川慶喜VS幕末ポピュリストの親玉西郷隆盛。
2017.4 318p B6 ¥1500 ①978-4-901622-93-6

◆**明治維新150年を考える―「本と新聞の大学」講義録** 一色清、姜尚中、赤坂憲雄、石川健治、井手英策、澤地久枝、高橋源一郎、行定勲著 集英社 (集英社新書)
【要旨】二〇一八年は、あの明治維新からちょうど一五〇年である。この歴史上でも稀な「画期」に、各界を代表する論客が一堂に会した。民俗学の赤坂憲雄、憲法学の石川健治、財政社会学の井手英策、ノンフィクション作家の澤地久枝、小説家の高橋源一郎、映画監督の行定勲という、実力派のメンバーは、これまで語られることのなかった「近代日本」のブラインドスポットを次々に提示する。私たちは、何を得て、何を失ったのだろうか? そして、この国を呪縛してきたものの正体とは? 朝日新聞と集英社による連続講座シリーズ「本と新聞の大学」第五期、待望の書籍化。
2017.11 314p 18cm ¥900 ①978-4-08-721006-4

◆**吉田松陰の再発見―異国に眠る残影** 山口栄鉄著 芙蓉書房出版

【要旨】黒船への密航を企てた松陰が米国の通訳官に手渡した密書が米国のエール大学に保存されている。この資料の存在をいち早く日本に紹介した著者が松陰の思想と行動、現代的意義をわかりやすく解説。英文による初の松陰伝を書いた英国の文豪スティーブンソン、黒船上で松陰と筆談した通訳官ウィリアムズが教鞭を執ったエール大学、エールの東アジアコレクションで知られる朝河貫一──など多角的なテーマから松陰の再評価を試みる。
2017.7 188p B6 ¥1800 ①978-4-8295-0716-2

◆吉田松陰の時代　須田努著　岩波書店　（岩波現代全書）
【要旨】激動の幕末維新前夜、危機的状況に過敏に反し転変しつつ生きた「時勢」の人・松陰。「山鹿流兵学師範」としての自立から死にいたるまでの一〇年間、彼はどこへ行き、何を見て、誰と語らい、時代にどう対峙したのか。その思索と行動を克明に跡づけ、既成の松陰像を問い直すとともに、彼の生きた嘉永～安政期の時代像をも鮮やかに描き出す。
2017.7 216p B6 ¥2100 ①978-4-00-029205-4

◆立法と事務の明治維新―官民共治の構想と展開　湯川文彦著　東京大学出版会
【目次】第1部　立法と事務の課題（明治初年の立法における議事院と事務、明治初年における教育事務の立案─大木喬任と学制、明治初年における事務分野の形成─開港場事務の再編をめぐって）、第2部　立法審査の方法（法制機関の台頭、元老院の自己改革、官民訴訟の形成と再編─司法事務の変革）、第3部　地方事務の形成（警察事務の形成─行政警察導入と府県治、教育事務の形成─学資金問題を中心に）、第4部　基本法令の制定（三新法の制定─松田道之の地方制度構想を中心に、教育令の制定─田中不二麿の教育事務構想を中心に、教育令改正と教育事務の再編、明治維新の展開構造）
2017.4 529, 4p A5 ¥8400 ①978-4-13-026244-6

◆龍馬を殺した男　西郷隆盛　大野富次郎著　（京都）宮帯出版社
【要旨】従来の西郷像に一石を投じる衝撃の書！「反逆者」であった男の行跡を、負の側面をも含めて赤裸々に描く。新発見の坂本龍馬直筆書状を収録。
2017.11 214p B6 ¥1800 ①978-4-8016-0129-1

◆龍馬を守った新撰組―禁断の幕末維新史　加治将一著　水王舎
【要旨】龍馬は龍馬の大政奉還路線を選んでいた。明治維新は英国が書いたシナリオとピタリと一致する。
2017.11 358p B6 ¥1800 ①978-4-86470-075-7

◆龍馬の「人たらし」力　西村克己著　日本経済新聞出版社　（日経プレミアシリーズ）
【要旨】一介の「脱藩者」が、なぜ幕末の有力者たちを巻き込み、歴史的交渉を成し遂げることができたのか。その背景には、現代の会社員が身につけるべき数々のヒントが隠されていた。経営コンサルタントが、「人脈術」「人心掌握術」「交渉術」「コミュニケーション術」の4つの軸をもとに、混乱の時代に大きな仕事を成功させるためのヒントを解明する。
2017.1 261p 18cm ¥850 ①978-4-532-26327-0

◆歴史のなかの新選組　宮地正人著　岩波書店　（岩波現代文庫）
【要旨】新選組にまつわる記述はどこまでが史実でどこからが虚構なのか？　激動の幕末維新期に異彩を放ち、今なお多くの人を惹きつけてやまない新選組の実像に、維新史研究の第一人者が信頼に足る諸史料を駆使して迫る。幕末期のダイナミックな構造の中に不可欠の要素として新選組を改めて位置づけた画期的な"新選組史論"。研究の進展を踏まえた増補版。「浪士組・新徴組隊士出身地別一覧表」を付載。
2017.11 325, 12p A6 ¥1360 ①978-4-00-600369-2

◆レンズが撮らえたオックスフォード大学所蔵　幕末明治の日本　フィリップ・グローヴァー著、三井圭司編　山川出版社
【要旨】福澤諭吉／徳川慶喜／茶屋の娘たち／花売り／清水寺境内／神戸の大仏／道頓堀／名古屋城／石炭運び／アイヌの村他、初公開、幕末明治の秘蔵写真を一挙掲載。
2017.2 207p 21×25cm ¥1600 ①978-4-634-15106-2

◆レンズが撮らえた幕末維新の日本　高橋則英監修　山川出版社
【要旨】激動の幕末維新から150年。奔走する志士、美しくも逞しい女たち、変貌する日本の風景など、歴史的瞬間を撮らえた貴重な写真で綴

◆忘れられた黒船―アメリカ北太平洋戦略と日本開国　後藤敦史著　講談社　（講談社選書メチエ）
【要旨】ペリーは去った。しかし…。日米和親条約調印後、すぐに鹿児島・下田・箱館にあらわれ、幕閣を恐慌に陥れた「もうひとつの黒船」を知る人は少ない。司令官ロジャーズの目的はなんだったのか？　日本開国の経緯をアメリカの視点から検討し、歴史の波間に沈んだ「幻の艦隊」を引き上げる！
2017.6 299p B6 ¥1850 ①978-4-06-258654-2

◆私の西郷（せご）どん　井手窪剛著　方丈社
【要旨】坂本龍馬から松下幸之助まで歴史上の人物64人が見た、感じた西郷隆盛像！
2017.11 286p B6 ¥1500 ①978-4-908925-23-8

◆Saigo Takamori─西郷隆盛　西海コエン著　IBCパブリッシング　（ラダーシリーズ）（本文：英文）
【要旨】斉藤一、天璋院、愛加那、大久保利通、勝海舟、伊藤博文、立見尚文、西郷糸子。幕末の当事者たちが語る、西郷隆盛の物語。巻末辞書、登場人物相関図、関連地図付き。
2018.1 117p 18cm ¥1000 ①978-4-7946-0520-7

近現代史（明治～平成）

◆アジア主義─西郷隆盛から石原莞爾へ　中島岳志著　潮出版社　（潮文庫）
【要旨】戦後、侵略者の別名として否定された「アジア主義」。しかしそこには本来、「アジアの連帯」や「近代の超克」といった思想が込められていたはずだ。アジア主義はどこで変質したのか。気鋭の論客が、宮崎滔天、岡倉天心、西田幾多郎、鈴木大拙、柳宗悦、竹内好らを通して、「思想としてのアジア主義」の可能性を掘り出そうと試みた大著。
2017.7 603p A6 ¥1100 ①978-4-267-02088-9

◆安達峰一郎─日本の外交官から世界の裁判官へ　柳原正治、篠原初枝編　東京大学出版会
【目次】第1部　安達峰一郎とその時代（安達峰一郎の生涯、安達峰一郎と国際協調外交の確立、安達峰一郎と日本国際法学）、第2部　安達峰一郎と欧米の国際秩序（安達峰一郎と戦間期ヨーロッパの協調、安達峰一郎とフランス─駐仏大使時代（一九二七～一九三〇）に焦点をあてて、安達峰一郎とアメリカ─日米協調のもう一つのシナリオ）、第3部　安達峰一郎と国際連盟（戦間期日本と普遍的国際組織、国際連盟理事会における安達峰一郎─「報告者」の役割、安達峰一郎と歴史的世界の形成─国際社会における地位）、第4部　安達峰一郎と国際裁判（安達峰一郎と国際裁判制度、安達峰一郎と「国家間紛争の解決方式」）
2017.2 263, 16p A5 ¥4500 ①978-4-13-036259-7

◆"異郷"としての日本─東アジアの留学生がみた近代　和田博文、徐静波、兪在真、横路啓子編　勉誠出版
【要旨】近代化と帝国主義の波が押し寄せた東アジアにおける、交流と対立の歴史を探る。19世紀後半～20世紀前半にかけて、日本への留学経験を持つ24名を取り上げ、彼らの日本体験や、作家や画家、音楽家、出版人、活動家などとして活躍したその後の動向から、近代日本と東アジア諸地域の関係性を描く。
2017.11 490, 11p A5 ¥6200 ①978-4-585-22179-1

◆石橋湛山の慈愛精神と世界平和　石村柳三著　コールサック社
【目次】第1章　石橋湛山の感性と信念（石橋湛山の人間的感性を見る─仏典「一心欲見仏」の揮毫に想念するもの、石橋湛山の涙─その胸臆の悲しみ　ほか）、第2章　平和精神の水脈（「山梨平和ミュージアム─石橋湛山記念館」理事長で平和史学を語る、浅川保先生への手紙─新刊書『地域に根ざし、平和の風を』浅川保著（平県社）を読んで、平和憲法といわれる「第九条」への感懐─とくに自公政権茶石橋湛山の視点をからめて　ほか）、第3章　湛山の相逢と引き継がれし言説（日野原重明先生と石橋湛山─石橋湛山の主治医で、九十八歳のとき処女詩集を出版した日野原重明『いのちの哲学詩』を手にして、石橋湛山と辻井喬の詩、第4章　湛山に捧ぐ詩─生命の粘液（物言えぬ暗黒の道を再び歩むな─寡言論人の信念の生涯をかえりみて、"戦争の愚"

を認識しよう　ほか）
2018.1 255p B6 ¥1500 ①978-4-86435-322-9

◆イノベーターたちの日本史─近代日本の創造的対応　米倉誠一郎著　東洋経済新報社
【要旨】高島秋帆、大隈重信、笠井順八、三野村利左衛門、益田孝、岩崎弥太郎、高峰譲吉、武井正毅…アヘン戦争から新興財閥の成立まで。彼らはどのように未来を切り拓いていったのか。従来の史実では描かれてこなかった躍動感あふれるストーリー。構想40年、歴史家・米倉誠一郎の集大成。
2017.5 313p B6 ¥2000 ①978-4-492-37120-6

◆異邦から／へのまなざし─見られる日本・見る日本　白幡洋三郎、劉建輝編著　（京都）思文閣出版
【要旨】国際日本文化研究センター所蔵、明治～戦前期の内地・外地絵葉書など、カラー図版約500点収録。日文研創立30周年記念企画。
2017.5 255p A5 ¥2800 ①978-4-7842-1896-7

◆海の民のハワイ─ハワイの水産業を開拓した日本人の社会史　小川真和子著　（京都）人文書院
【要旨】海の視点からみた知られざる日本人移民の姿。海と深い関わりをもつ生活を送る「海の民」を中心に、その生業の実態のみならずその社会や文化について、ジェンダーの視点も加えながら考察。主に19世紀以降から強制収容もされた戦時、今日にいたるまでの歴史が、綿密なきとりも交えて描き出される。
2017.11 286p B6 ¥4000 ①978-4-409-53051-1

◆オーストリア皇嗣の日本訪問　渡辺肇訳・著　（岡山）ふくろう出版　増補改訂版
【目次】第1部　翻訳・オーストリア皇嗣の日本訪問（オーストリア皇嗣の訪日日記─1893（明治26）年8月2日～25日）、第2部　翻訳・リーザ・フリッチュの手記、第3部　随筆・中欧の夏（中欧2006年夏、中欧2007年夏、中欧2008年夏、中欧2009年夏、中欧2010年夏、中欧2011年夏、中欧2012年夏、中欧2013年夏）
2017.7 288p B5 ¥3600 ①978-4-86186-687-6

◆語る歴史、聞く歴史─オーラル・ヒストリーの現場から　大門正克著　岩波書店　（岩波新書）
【要旨】文字史料だけでなく、聞き取りによる歴史の重要性に光が当てられて久しい。しかし、経験を語り、聞くという営みはどう紡がれてきたのか。幕末明治の回顧、戦前の民俗学、戦争体験、七〇年代の女性たちの声、そして現在…。それぞれの「現場」を訪ね、筆者自身の経験も含め考察、歴史学の可能性を展望する初の試み。
2017.12 263p 18cm ¥860 ①978-4-00-431693-0

◆北前船の近代史─海の豪商たちが遺したもの　中西聡著　交通研究協会、成山堂書店　発売　（交通ブックス）　改訂増補版
【要旨】いまやブームとなっている北前船─しかし、その名を知られているほどには、これまで実態の解明は十分とはいえなかった。本書は、北前船主たちの活動実態と、明治期以降の産業化に与えた影響を詳しく調べ、わかりやすく解説した。改訂増補版では、補章として、19世紀の日本海海運を先導した北前船主による、汽船経営への展開について追加した。
2017.11 171, 18p B6 ¥860 ①978-4-425-77182-0

◆近代日本偽りの歴史─無意識に史実を歪ませるリベラルの「病」　辻貴之著　扶桑社　（扶桑社新書）
【要旨】明治・大正時代を席巻した"理想主義者"たちの罪。
2017.12 207p 18cm ¥850 ①978-4-594-07861-4

◆近代日本・朝鮮とスポーツ─支配と抵抗、そして協力へ　金誠著　塙書房（塙選書）
【要旨】帝国日本からみた統治技術としてのスポーツ、植民地朝鮮からみたナショナリズム高揚のためのスポーツ、双方の思惑とスポーツの実際にせまる。
2017.12 229p B6 ¥4000 ①978-4-8273-3122-6

◆近代日本の海外地理情報収集と初期外邦図　小林茂編　（吹田）大阪大学出版会
【目次】近代日本の海外地理情報収集と初期外邦図、第1部　初期編集外邦図（東アジア地域に関する初期外邦図の編集と刊行、19世紀後半における朝鮮半島の地理情報の収集と花房義質）、第2部　初期外邦測量図（中国大陸における初期外邦測量の展開と日清戦争、朝鮮半島における初期外邦測量の展開と「朝鮮二十萬分一圖」の作

日本史

製、広開土王碑文を将来した酒匂景信の中国大陸における活動―アメリカ議会図書館蔵の手描き外邦図を手がかりに)、第3部 アメリカ議会図書館蔵初期外邦測量原図 構築過程と目録(アメリカ議会図書館蔵初期外邦測量原図データベースの構築)、目録(「アメリカ議会図書館蔵初期外邦測量原図」目録、アメリカ議会図書館蔵「清國二十萬分一圖」目録)
2017.2 266p B5 ¥7400 ①978-4-87259-508-6

◆近代日本の偽史言説―歴史語りのインテレクチュアル・ヒストリー 小澤実編 勉誠出版
【要旨】現代に生きるわれわれも一度は耳にしたことがある俄かに信じがたい言説のかずかず。近代日本において、何故、このような荒唐無稽な物語が展開・流布していったのか―オルタナティブな歴史叙述のあり方を提示することで、歴史を描き出す行為の意味をあぶりだす画期的成果。
2017.11 375, 9p A5 ¥3800 ①978-4-585-22192-0

◆近代日本の空間編成史 中川理編 (京都)思文閣出版
【要旨】わが国戦前の空間はどのように編成されてきたのか―。それは重要な研究課題であるにもかかわらず、従来、個別の事業史の議論にとどまる傾向があった。本書はそうした状況を乗り越え、日本の近代化過程という歴史全体のなかで議論することを掲げ、インフラストラクチャーと制度や政治、あるいは共同体などとのかかわりを考究。建築史、都市計画史、土木史、造園史、歴史学や歴史的研究に携わる一線の研究者が、広くわが国の空間変容の実相を描き出す。
2017.4 528, 12p A5 ¥7800 ①978-4-7842-1891-2

◆近代日本の対外認識 2 萩原稔、伊藤信哉編著 彩流社
【要旨】19世紀末から20世紀半ばの日本、そして世界はまさに激動の時代であった。刻々と変わりゆく世界情勢に対するその時代を生きた近代の「知識人」たちの視座を再認識することによって、その時々の国際情勢の「現実」をどのように見据えるのか、いかにして自分たちの立ち位置を定め、かつ「外」と向き合うかという「現代日本の対外認識」に関する多くの手掛かりを得られるに違いない。
2017.8 484p A5 ¥4500 ①978-4-7791-2324-5

◆近代日本の地域工業化と下請制 橋口勝利著 (京都)京都大学学術出版会
【要旨】日本の工業化を担った三つの主人公、すなわち、企業投資や経営者として活躍した地域商人、その彼らと「下請」という有機的・動的な関係を結ぶ中、市場に機敏に対応した産地工場、そして現場で要になった、農家労濃から切り離され労働者へと変化した女性たち。彼らの主体的な活動を分析することで、工業化の形と要因を斬新な視点で描き出す。
2017.2 291p A5 ¥3500 ①978-4-8140-0064-7

◆軍港都市史研究 4 横須賀編 上山和雄編 (大阪)清文堂出版
【要旨】幕末製鉄所から大海軍の策源地へ、大海軍の策源地から平和産業港湾都市への一世紀半の歩み。
2017.1 388p A5 ¥8500 ①978-4-7924-1050-6

◆軍用機の誕生―日本軍の航空戦略と技術開発 水沢光著 吉川弘文館 (歴史文化ライブラリー)
【要旨】第一次世界大戦を経て、兵器としての飛行機が重視され始めるなか、日本も独自の開発を進めていく。陸海軍の航空戦略や研究機関の整備などを明らかにし、世界的レベルの名機を生み出した科学技術体制の実態を描き出す。
2017.2 196p B6 ¥1700 ①978-4-642-05843-8

◆激動の日本近現代史 1852‐1941―歴史修正主義の逆襲 宮崎正弘、渡辺惣樹著 ビジネス社
【要旨】日本人がまるで知らない歴史のダークサイドに踏み込む！
2017.9 268p B6 ¥1800 ①978-4-8284-1972-5

◆「元号」と戦後日本 鈴木洋仁著 青土社
【要旨】「明治・大正・昭和」を読む。
2017.9 298, 4p B6 ¥1900 ①978-4-7917-7006-9

◆好古の瘴気―近代奈良の蒐集家と郷土研究 黒岩康博著 慶應義塾大学出版会
【要旨】アカデミズムの視線を撥ね返す、あくなき蒐集・踏査と人々のネットワーク。「郷土で研究する」（柳田国男）ことの意味を近代奈良に探る。
2017.11 312, 59p A5 ¥6400 ①978-4-7664-2480-5

◆國體アヘンの正体―大日本帝国を陰から支えた「天与のクスリ」 落合莞爾著 成甲書房 (落合・吉薗秘史 2)
【要旨】「黄金よりも価値がありもす！ケシを研究してたもんせ」。"草"＝諜報スパイに課された陸軍最高首脳の極秘指令。
2017.8 276p A5 ¥1800 ①978-4-88086-359-7

◆国民国家と戦争―挫折の日本近代史 加藤聖文著 KADOKAWA (角川選書)
【要旨】開国から明治維新の近代国家創設、日清・日露戦争を経て植民地帝国への拡大、満洲事変から日中戦争、第二次世界大戦敗北による帝国崩壊まで…。日本は、アメリカ・フランスのような理念型ではなく、民族型の国民国家を形成し、天皇中心の国体に収斂してしまった。国民による戦争への積極的な関わりにも注目。「国民」をキーワードに、日本近代史を解明し、単純な支配・被支配関係ではない国民国家・日本の実像に迫る。
2017.11 219p B6 ¥1600 ①978-4-04-703585-0

◆齋藤孝の一気読み！ 日本近現代史 齋藤孝著 東京堂出版
【要旨】よくわかる！現在の日本をつくった「激動の150年」の歴史。黒船来航から明治維新、二度の大戦、戦後の高度経済成長から現代まで―。150年の流れを一気読み！
2017.9 270p B6 ¥1600 ①978-4-490-20972-3

◆事典 観桜会 観菊会全史―戦前の"園遊会" 川上寿代著 吉川弘文館
【要旨】毎年春と秋に天皇・皇后主催で開かれる園遊会。その前身は、明治政府による条約改正交渉の側面工作として始まった「観桜会」「観菊会」であった。古より長く受け継がれた花を楽しむ催しは、内外の要人との応接をはじめとする外交・社交の場として機能し、次第に年中行事となった。欧化政策と伝統行事が融合した戦前の"園遊会"の歴史と世界を描く。
2017.2 293, 14p A5 ¥6000 ①978-4-642-03865-2

◆渋沢栄一は漢学とどう関わったか―「論語と算盤」が出会う東アジアの近代 町泉寿郎編著 (京都)ミネルヴァ書房 (渋沢栄一と「フィランソロピー」 1)
【要旨】一九〇九年、七〇歳を期に実業界から引退した渋沢栄一、以後は道徳教育などの文化事業や民間外交に尽力し、漢学者・三島中洲 (二松学舎の創立者) との交流によって生まれた『論語講義』や『論語と算盤』は国内外でも親しまれている。本書では、渋沢栄一と漢学塾・二松学舎に焦点を当てて、日本の近代化と「漢学」は相容れないものではなく、「漢学」という伝統的知が近代日本の発展を下支えしたことを明らかにする。
2017.2 221, 10p A5 ¥3800 ①978-4-623-07778-6

◆ジャポニスムと近代の日本 東田雅博著 山川出版社
【要旨】今日、クールジャパンとして、世界の注目を集めている日本の文化。幕末・明治期の頃にも、ジャポニスムと呼ばれる同様の現象が見られた。日本が文化的に輝いていた、150年ほど前の日本の文化の交流について考える。
2017.2 127p B6 ¥1500 ①978-4-634-59088-5

◆植民地がつくった近代―植民地朝鮮と帝国日本のもつれを考える 尹海東著、沈熙燦、原佑介訳 三元社
【要旨】あらゆる近代は、すべからく植民地近代である。韓国歴史学において、親日か反日かの閉鎖回路からの脱却をはかり、植民地収奪論／近代化論の対立をのりこえ、東アジアにおけるトランスナショナル・ヒストリーの可能性を拓く。一国の民族主義に批判の一石を投じ、「韓国歴史学界の異端児」と恐れられる尹海東の本邦初の単著。
2017.4 354p B6 ¥3600 ①978-4-88303-437-6

◆植民地期朝鮮の地域変容―日本の大陸進出と咸鏡北道 加藤圭木著 吉川弘文館
【要旨】ロシア・中国と国境を接する朝鮮東北部に位置し日本の大陸進出の拠点とされた咸鏡北道。植民地時代の経済活動・軍事基地や港湾の建設・貿易・地方行政機構・人口の動きを、地域社会の特質や国際情勢、自然環境など複合的視点から考察する。朝鮮社会の主体性や独自性に迫りつつ、日本の植民地支配下における地域変容の実態を明らかにする旺盛な意欲作。
2017.2 253, 10p A5 ¥9500 ①978-4-642-03864-5

◆人生を逆転させた男・高橋是清 津本陽著 PHP研究所 (PHP文芸文庫) (『生を踏んで恐れず』改題書)

【要旨】留学先の米国で奴隷同様の扱いを受けながら、底辺にまで上り詰めた男がいた。教師、官吏、相場師、銀行員と様々な職を経験し、失敗を繰り返しながらも、性来の楽天主義と自学自得の精神で、日銀総裁、大蔵大臣、首相となった高橋は清。世界恐慌、日露戦争の戦費調達など、大国を相手に国家の誇りを捨てず堂々と渡り合い、幾度も日本の危機を救った男の生涯に迫った力作評伝。
2017.11 380p A6 ¥840 ①978-4-569-76804-5

◆進歩がまだ希望であった頃―フランクリンと福沢諭吉 平山祐弘著 勉誠出版 (平山祐弘決定版著作集 第8巻)
【要旨】片やフランクリンはすべての「ヤンキーの父」、片や福沢諭吉は明治日本の"intellectual father"、独立に向かう米国と、開国に向かう日本の国家の誇りを自伝ほど見事に語った文学はない。日米の対比評伝は比較精神史上の最高の好取組である。
2017.3 234, 8p A5 ¥3600 ①978-4-585-29408-5

◆一九一一年版ブリタニカが語った日本外交史 戸山穣著 展転社
【要旨】ブリタニカ百科事典が語った日本外交史。ソ連成立前の1911年に出版されたブリタニカ百科事典第11版は、反日工作活動の影響をあまり受けていない英米の知識人が、日本をどのように捉えていたかを示す貴重な資料である。
2017.5 267p B6 ¥2000 ①978-4-88656-437-5

◆戦争する国のつくり方―「戦前」をくり返さないために 海渡雄一編著 彩流社
【要旨】戦前の軌跡を振り返り、見えてきたものは――歴史と不思議なまでに似通っていた歴史的経緯。「戦前」が、また始まっている！いま、何をなすべきなのか――
2017.5 205p B6 ¥1500 ①978-4-7791-2314-6

◆戦争とファシズムの時代へ 河島真著 吉川弘文館 (日本近代の歴史 5)
【要旨】政党内閣制は五・一五事件で崩壊し、軍部の政治介入が強まる。満洲事変後の欧米との対立、昭和恐慌から戦時経済への転換、そして二・二六事件。デモクラシーがいかにして潰えたか。戦争に向かう時代を克明に迫る。
2017.2 257p B6 ¥2800 ①978-4-642-06816-1

◆総力戦のなかの日本政治 源川真希著 吉川弘文館 (日本近代の歴史 6)
【要旨】日中戦争、日米開戦、そして敗戦に至る戦争の時代。翼賛体制・統制経済・大東亜共栄圏は、いかに構築されたのか。さまざまな政治勢力や錯綜する国家構想を整理し、社会構造の変容をふまえて総力戦体制をとらえる。
2017.3 253p B6 ¥2800 ①978-4-642-06817-8

◆大日史 山内昌之、佐藤優著 文藝春秋 (文春新書)
【要旨】博学無双の黄金タッグが幕末から太平洋戦争まで「日本の最も熱い時代」を縦横無尽に徹底討論。激動の世界史のなかで「日本とは何か」「日本人とは何か」、そして今を生きるヒントが見えてくる！
2017.12 248p 18cm ¥860 ①978-4-16-661150-8

◆帝国と戦後の文化政策―舞台の上の日本像 朴祥美著 岩波書店
【要旨】第二次世界大戦期・占領期・高度成長期の各時代、日本は自らをどのような国として他国に見せようとしたのか。また、理想としての「日本」のイメージはいかに作り上げられ、他国の反応は日本のアイデンティティ形成にいかに影響を与えたのか。宝塚少女歌劇団の欧米公演、舞踊家・崔承喜の活躍、戦時下の移動演劇運動、進駐軍向けの慰問公演などから考える。解放後の韓国で日本の文化政策が導入される過程も合わせ見て、文化政策とそのもとで生きた人々の文化経験を描き出す。
2017.10 171, 2p B6 ¥2300 ①978-4-00-024056-7

◆帝都防衛―戦争・災害・テロ 土田宏成著 吉川弘文館 (歴史文化ライブラリー)
【要旨】近代東京の安全を脅かしたものは何だったのか。明治から昭和の敗戦までを分析し、対外戦争、関東大震災、二・二六事件など時代に要請された防衛課題を探る。帝都がいかに守られてきたかを検討しその社会的影響に迫る。
2017.9 229p B6 ¥1700 ①978-4-642-05852-0

◆天馬行空大同に立つ―福澤桃介策論集解題 藤本尚子著 世界書院

【要旨】これは桃介の未公開資料を紹介する解説書である。と同時に「天馬空を行くがごとき奔放の財界人」といわれた彼の魅力を解き明かす書でもある。福澤桃介の真の価値は電気立国論を唱え、近代工業の父となったところにある。その鮮やかな手腕はまさに資本の魔術師といっても過言ではない。資本の王道を現代に問う。
2017.3 483p A5 ¥4500 ①978-4-7927-9571-9

◆獨逸だより ライプツィヒ篇―ニキシュを聴いた日本人 髙辻玲子著 中央公論事業出版
【目次】ライプツィヒへの道、寅彦と亮一、亮一とみつ、二つの実況記録、ゲッティンゲンからライプツィヒへ、ジーモント君、シュレーダー家の食卓、戦時下の日々、戦争記念碑（工事中）、シラーの家〔ほか〕
2017.10 248p B6 ¥2300 ①978-4-89514-481-0

◆東京王―首都の背後に君臨した知られざる支配者たち 小川裕夫著 ぶんか社
【要旨】日本中の富が流れ込む東洋一の魔都の裏歴史。総勢14名!!経済界のドンから伝説の建築家、電力の鬼まで。
2017.11 189p B6 ¥1300 ①978-4-8211-4467-9

◆中山道追分茶屋物語―家族史・高砂屋盛衰記 土屋十朗著 （京都）かもがわ出版
【要旨】家族史・中山道追分宿の盛衰から近現代をのぞく。
2017.5 206p B6 ¥1600 ①978-4-7803-0919-5

◆中野武営著作集 石井裕晶編 早稲田大学出版部
【目次】官史から政党政治家へ、日清戦後経営、日露戦争と戦後経営、桂園時代後期の政治経済、国民的外交の推進と渡米実業団、大正政変と山本内閣、第一次大戦と工業立国論、日中実業交流と朝鮮の開発、東京市論、実業人材育成、回顧録・処世訓・人物評
2017.11 1056p A5 ¥18000 ①978-4-657-16017-1

◆日記文化から近代日本を問う―人々はいかに書き、書かされ、書き遺してきたか 田中祐介編 笠間書院
【要旨】虚実が入り混じり、読み手の解釈によりさまざまな相貌を見せるうえに、書き手が想像しなかった意味をも見出すことができるテクスト、日記。本書は知られざる他者の書かされた無数の日記に向き合うことで、多数の新鮮な「問い」の磁場を発見し、分析していく。果たして人々は、日記をいかに書き、書かされ、書き遺してきたか。歴史学、文学、メディア学、社会学、文化人類学等、多数のジャンルの研究者たちにより、近代日本の日記文化を、史料・モノ・行為の三点を軸に明らかにしていく。
2017.12 564p A5 ¥4800 ①978-4-305-70888-5

◆日本が果たした人類史に輝く大革命―「白人の惑星」から「人種平等の惑星」へ ヘンリー・S・ストークス、植田剛彦著 自由社
（『目覚めよ！ 日本』増補改訂・改題書）
【要旨】人種平等の世界を築いたのは、日本であった！日本のめざましいアジア進攻がなければ黒人のオバマ大統領や政治家、スポーツ選手等は誕生しなかった。イギリス人の大記者と熱く語る。
2017.4 177p B6 ¥1200 ①978-4-915237-99-7

◆日本企業の東南アジア進出のルーツと戦略―戦前南洋での国際経営と日本人移民の歴史 丹野勲著 同文舘出版
【要旨】明治維新から戦前昭和期までの忘れられていた南洋への企業進出と南洋日本人移民の歴史について、膨大な史料で解き明かす。
2017.4 302p A5 ¥3500 ①978-4-495-64861-9

◆日本近現代史の真実―50の質問に答える 勝岡寛次監修、土屋たかゆき著 展転社
【目次】日本の神話・歴史と立国、愛国心と道徳・宗教、天皇・靖国神社をめぐる問題、近現代史の中の沖縄、近現代史の中の日韓関係、近現代史の中の日朝関係、近現代史の中の日台関係、近現代史の中の日中関係、近現代史の中の日米関係、近現代史の中の日露関係、日本の安全保障と歴史認識問題、政治家に求められる国家への視座―日本国憲法無効論
2017.8 253p B6 ¥2400 ①978-4-88656-444-3

◆日本植民地研究 第29号 日本植民地研究会編 （八王子）日本植民地研究会、アテネ出版社 発売
【要旨】論文〈日本占領下の華北セメント産業、植民地朝鮮における埋葬地（＝山林）の所有構造について〉、書評〈石川亮太著『近代アジア市場

と朝鮮―開港・華商・帝国』、李海訓著『中国東北における稲作農業の展開過程』、坂本悠一編『地域のなかの軍隊7帝国支配の最前線 植民地』、三尾裕子・遠藤央・植野弘子編『帝国日本の記憶―台湾・旧南洋群島における外来政権の重層化と脱植民地化』〉
2017.6 73p B5 ¥4000 ①978-4-908342-29-5

◆日本人を精神的武装解除するためにアメリカがねじ曲げた日本の歴史―国際派学者による歴史認識の神髄 青柳武彦著 ハート出版
【要旨】現在もなお教育界、メディアで拡大再生産を続けているGHQが植え付けた罪悪史観を正す。
2017.7 277p B6 ¥1600 ①978-4-8024-0038-1

◆日本人学徒たちの上海―上海日本中学校生と東亜同文書院生 佐藤恭彦、藤田佳久編 （名古屋）あるむ （愛知大学東亜同文書院大学記念センター叢書）
【要旨】1 上海日本中学校生の上海（上海日本中学校の誕生とあゆみ、上海日本中学校生時代、上海再訪―変わったもの、変わらないもの）、2 東亜同文書院生のあゆみとともに、東亜同文書院生時代、上海を回想する、書院生がみた戦後の上海）、付録
2017.12 302p A5 ¥4000 ①978-4-86333-136-5

◆日本人のシンガポール体験―幕末明治から日本占領下・戦後まで 西原大輔著 （京都）人文書院
【要旨】かつて欧州航路の寄港地であったシンガポール。文学者の二葉亭四迷、夏目漱石、永井荷風、井伏鱒二、画家の藤田嗣治、映画監督小津安二郎、春ひさぐ「からゆきさん」から暗躍するスパイまで、ここには多くの日本人が降りたった。幕末から明治、シンガポール陥落後の昭南島といわれた日本軍の占領下から戦後の日本人戦犯が処刑されたチャンギー監獄、現在の経済発展まで、日本人はどう南洋都市シンガポールをみつめ表象してきたのか。
2017.9 457p B6 ¥3800 ①978-4-409-51074-2

◆日本人の朝鮮観はいかにして形成されたか 池内敏著 講談社 （叢書東アジアの近現代史 第3巻）
【要旨】竹島問題、漂流民、朝鮮通信使、そして近代の日朝関係…歴史学が明らかにする問題の核心！
2017.10 332p B6 ¥2200 ①978-4-06-220792-8

◆日本―喪失と再起の物語 上 ―黒船、敗戦、そして3・11 デイヴィッド・ピリング著、仲達志訳 早川書房 （ハヤカワ・ノンフィクション文庫）
【要旨】黒船と維新、敗戦と復興、そして東日本大震災の惨禍と再生への胎動―。相次ぐ「災いを転じて」、この国に力強い復元力を発揮してきた。"フィナンシャル・タイムズ"の元東京支局長で、東北の被災地住民から村上春樹、安倍晋三まで、自ら集めた生の声と膨大な経済データをもとに、画一的な悲観論を覆し、日本の多様性と潜在力を鮮やかに描きだす。"3・11"をきっかけに生まれ、国内外で絶賛を浴びた画期的な日本論、待望の文庫版。
2017.2 347p A6 ¥880 ①978-4-15-050488-5

◆日本―喪失と再起の物語 下 ―黒船、敗戦、そして3・11 デイヴィッド・ピリング著、仲達志訳 早川書房 （ハヤカワ・ノンフィクション文庫）
【要旨】大震災の悲劇をへて、たくましく復興へと向かう岩手・宮城・福島の人々、少子高齢化社会で新たな生き方を模索する若者や女性、課題山積の近隣外交、生き残りを図る日本企業とアベノミクスの成否、そして混迷の時代のこの国の行方は？ 広範な取材とフェアな視点で、「ジャパン・アズ・ナンバーワン」でも「衰退必至」でもない多面的な実像を浮き彫りにする。下巻には激動の国際情勢を踏まえた「文庫版あとがき」を新たに収録。
2017.2 373p A6 ¥880 ①978-4-15-050489-2

◆日本帝国の崩壊―人の移動と地域社会の変動 柳沢遊、倉沢愛子編著 慶應義塾大学出版会
【要旨】日本帝国勢力圏の形成と崩壊を人々の「生活」に着目つつ政治史・経済史・社会史の視点から描写。克明な実証に基づいて敗戦を挟んだ「1940年代」を問う。
2017.7 474p A5 ¥6400 ①978-4-7664-2430-0

◆日本ナショナリズムの歴史 2 「神権天皇制」の確立と帝国主義への道 梅田正己著 高文研

【要旨】「神権天皇制」を支柱に近代日本が形成されてゆく過程で、ナショナリズムはどう喚起され、造形、拡大されていったのか―。
2017.9 311p B6 ¥2800 ①978-4-87498-622-6

◆日本ナショナリズムの歴史 3 「神話史観」の全面展開と軍国主義 梅田正己著 高文研
【要旨】陸軍による「軍国主義宣言」から「国体明徴」運動、文部官僚による『国体の本義』、そして遂に「無謀な戦争」へと突き進んだ―この国を「神国ナショナリズム」が席巻した時代を描く！
2017.10 406p B6 ¥2800 ①978-4-87498-637-0

◆日本ナショナリズムの歴史 4 国家主義の復活から自民党改憲草案まで 梅田正己著 高文研
【要旨】大日本帝国の崩壊と共に、「日本ナショナリズム」も消滅したはずだった。だが戦後70余年、今や国政の主流を占める。どうしてそうなったのか？ 復活のプロセスをたどり、検証する！
2017.10 447p B6 ¥2800 ①978-4-87498-638-7

◆日本の近代とは何であったか―問題史的考察 三谷太一郎著 岩波書店 （岩波新書）
【要旨】政党政治を生み出し、資本主義を構築し、植民地帝国を出現させ、天皇制を精神的枠組みとした日本の近代。バジョットが提示したヨーロッパの「近代」概念に照らしながら、四つの成り立ちについて解き明かしていく。学界を主導してきた政治史学が、日本近代のありようについて問題史的に考察する重厚な一冊。
2017.3 276, 4p 18cm ¥880 ①978-4-00-431650-3

◆「日本の朝鮮統治」を検証する 1910‐1945 ジョージ・アキタ、ブランドン・パーマー著、塩谷紘訳 草思社 （草思社文庫）
【要旨】内外の朝鮮統治史研究においては、統治下朝鮮の人々の否定的な体験に焦点を絞った民族史観的パラダイムが大勢を占めてきた。だが、こうした体験談のみで統治のすべてを語れるのか。米国人研究者が統治史研究の最前線を紹介・批評しつつ、史実に基づき、統治の実態を可能な限り客観的に検証。日本の植民地政策は「当時としては驚くほど現実的、穏健かつ公平で、日朝双方の手を携えた発展を意図した」ものであり、朝鮮の近代化に貢献し、戦後韓国の発展につながったことを明らかにしていく。ナショナリズムに偏した一面的な歴史認識に180度の修正を迫る第一級の研究書。
2017.2 378p A6 ¥1100 ①978-4-7942-2259-6

◆日本はこうして世界から信頼される国となった―わが子へ伝えたい11の歴史 佐藤芳直著 小学館 （小学館文庫プレジデントセレクト）
【要旨】その時代その時代を懸命に生きた日本人の"真情"を考え、先人の"声"に耳を澄まし、彼らが未来を生きる私たちに託した"心情"とは何かに思いを馳せる。ペリー来航、吉田松陰、エルトゥールル号遭難事件、日露戦争、日米戦争、特攻、新幹線…など、学校では教えてくれない歴史の真実を明らかにしながら、日本とはどういう国か、先祖はどう生きたのかを見つめ直す、親から子の世代へ語り継ぎたい一冊。
2017.9 243p A6 ¥680 ①978-4-09-470019-0

◆泊園書院と漢学・大阪・近代日本の水脈―関西大学創立130周年記念泊園書院シンポジウム論文集 吾妻重二編著 （吹田）関西大学出版部 （関西大学東西学術研究所研究叢刊）
【要旨】泊園書院は大阪最大、最高の学問所であった！泊園書院の学問や芸術、門人、人脈の軌跡を漢学・大阪・近代日本とのかかわりの上に照射する。関西大学創立百三十周年を記念して開かれたシンポジウムの論文8点を収める。最新の研究成果。
2017.8 235p A5 ¥3500 ①978-4-87354-662-9

◆はじめての日本現代史―学校では"時間切れ"の通史 伊勢弘志、飛矢崎雅也著 芙蓉書房出版
【要旨】歴史学と政治学の複眼的視角で描く画期的な日本現代史入門。政治・外交・経済の分野での世界の潮流をふまえ戦前期から現在の安倍政権までの日本の歩みを解説する。
2017.4 376p A5 ¥2200 ①978-4-8295-0708-7

◆飛行機の戦争 1914‐1945―総力戦体制への道 一ノ瀬俊也著 講談社 （講談社現代新書）

日本史 572 BOOK PAGE 2018

歴史・地理

【要旨】貧困層の立身出世の手段としての航空兵。防空演習でうえ込まれる空襲への恐怖。一人一人がお金を出し合う軍用機献納運動。未成年の航空兵「志願」と学校、親への「説得」。「日本軍＝大艦巨砲主義」という常識をくつがえし、戦争の実態に迫る力作！
2017.7 379p 18cm ¥920 ①978-4-06-288438-9

◆ふたつの憲法と日本人—戦前・戦後の憲法観 川口暁弘著 吉川弘文館 （歴史文化ライブラリー）
【要旨】明治以降の日本に存在するふたつの憲法が、これまで一度も一文字も改正されなかったのはなぜか。戦前の「不磨ノ大典」と改憲論、戦後の革新護憲・保守改憲・解釈改憲の歴史から、日本人の憲法観に迫る、いま必読の書。
2017.8 323p B6 ¥2000 ①978-4-642-05850-6

◆復興亜細亜の諸問題 上巻 大川周明著 土曜社 （土曜文庫）
【要旨】新しき世界の黎明が来た。ヨーロッパは夢より醒めねばならぬ。而してアジアは惰眠よりに起たねばならぬ。
2017.1 158p A6 ¥495 ①978-4-907511-38-8

◆復興亜細亜の諸問題 下巻 大川周明著 土曜社 （土曜文庫）
【目次】第8 青年トルコ党の五十年、第9 エジプトにおける国民運動の勝利、第10 ヨーロッパ治下の回教民族、第11 復興アジアの前衛たるべき回教聯盟、第12 メソポタミア問題の意義、第13 バグダード鉄道政策の発展
2017.1 176p A6 ¥495 ①978-4-907511-43-2

◆平成トレンド史—これから日本人は何を買うのか？ 原田曜平著 KADOKAWA （角川新書）
【要旨】平成時代を「消費」の変化という視点から総括する。バブルの絶頂期で幕を開けた平成は、デフレやリーマンショック、東日本大震災などで苦しい時代になっていく。次の時代の消費はどうなるのか？
2018.1 249p 18cm ¥820 ①978-4-04-105167-2

◆幻の大学校から軍都への記憶—国府台の地域誌 田中由紀子著 萌文社
【目次】第1部 幻の「国府台大学校」建設計画（明治期の大学計画の変遷、「国府台大学校」建設計画と土地収用の経過、計画中止の理由）、第2部 軍都から学術文化都市への変容（軍都市川の形成、軍都の生活と生活空間、軍都から学術文化都市へ）
2017.3 225p A5 ¥1800 ①978-4-89491-328-8

◆満蒙開拓団—虚妄の「日満一体」 加藤聖文著 岩波書店 （岩波現代全書）
【要旨】満洲事変を契機として計画された日本各地からの農業移民は、日中戦争の本格化にともない、関東軍と陸軍主導の強力な国策となり、未成年の青年までもが満蒙開拓青少年義勇軍として送り込まれた。開拓先で現地民の反発を受けながらの厳しい生活の果てに待っていたのは、敗戦で難民となる悲惨な体験と、住む場所と農地を失い再び開拓民となる悲劇であった。そして満洲開拓民の残留孤児をめぐる、今なお清算されない国家の失敗のツケも。移民の計画から終結、そして戦後史までの全歴史をたどる。
2017.3 243, 7p B6 ¥2200 ①978-4-00-029200-9

◆陽明丸と800人の子供たち—日露米をつなぐ奇跡の救出作戦 北室南苑編著 並木書房
【要旨】今から百年ほど前、ロシア革命後の混乱期に八百人の子供難民を救った日本の船がある。貨物船「陽明丸」は米国赤十字社の要請に応じ、当時の首都ペトログラードからシベリアまで避難してきた子供たちを親元に返すために、二つの大洋を横断し機雷が漂うバルト海を通過するという、危険だが失敗は許されない大航海に乗り出した—。それから一世紀の時を経て子供たちの子孫から「日本人船長に感謝を伝えたい」と、船長探しを依頼された著者が、二年の歳月をかけて船長の子孫を探し当て、船長の貴重な手記に基づきロシア連邦で子供たちを本国に戻した四人の男たちと陽明丸の知られざる偉業に迫る！
2017.4 267p B6 ¥1500 ①978-4-89063-361-6

◆横須賀鎮守府 田中宏巳著 （横浜）有隣堂 （有隣新書）
【要旨】鎮守府とは明治期に設置され太平洋戦争の敗戦により消滅した日本海軍の地方軍政機関であり、横須賀のほか呉、佐世保、舞鶴に置かれた。その中でも最も早い時期から機能していたのが横須賀であった。本書は明治初期からの海軍をめぐる状況を読み解くことから始まり、横須賀鎮守府の終焉にいたるまでの

全体像を紹介するとともに、日本史・海軍史・地域史のなかに位置づける。
2017.5 222p 18cm ¥1000 ①978-4-89660-224-1

◆理論近現代史学—本当の日本の歴史 藤誠志著 扶桑社 増補版
【要旨】中国は喧嘩する相手を間違えた！ 日本の近代史は嘘だらけ。隠された真実がここにある。
2017.5 190p 18cm ¥741 ①978-4-594-07724-2

◆歴史と国家—19世紀日本のナショナル・アイデンティティと学問 マーガレット・メール著、千葉功、松沢裕作訳 代表 東京大学出版会
【要旨】日本史学の誕生。明治政府が取り組んだ歴史編纂事業の全体像を東京大学史料編纂所の歴史から語り起こす史学史の基本書。
2017.11 272, 11p A5 ¥5800 ①978-4-13-020156-8

◆FAKEな平成史 森達也著 KADOKAWA
【要旨】ドキュメンタリーとは、抗うである。平成という時代が終わる。しかし、報道をはじめ、表現の自粛と萎縮は終わることなく続いている。この三十年で、この波は高く、強くなったのか、それとも…。天皇、放送禁止歌、オウム、オカルト、小人プロレスetc.撮影したいテーマはことごとくタブー視され、発表媒体が限られていく中でも、作品の力で"空気"を吹きはらってきたドキュメンタリー監督が、テロリストしか描けないもう一つの顔を探る！ 森監督作品のテーマを軸に、時代の表現者たちと「平成」を斬るルポ&インタビュー。
2017.9 262p B6 ¥1600 ①978-4-04-105254-9

明治・大正時代

◆アーネスト・サトウの明治日本山岳記 アーネスト・メイスン・サトウ著、庄田元男訳 講談社 （講談社学術文庫）
【要旨】幕末維新期に通訳官として、明治中期には公使として来日したアーネスト・サトウは、登山家としても大きな足跡を残した。北海道から九州、八丈島まで訪れたサトウの厖大な著作から、本書では富士山や日本アルプス、高野山、日光などの旅行案内と旅日記を抜粋。すでに失われた登山道や、素朴な人々の姿が味わい深い。詳細な登山ルートと地図も収録。
2017.4 285p A6 ¥980 ①978-4-06-292382-8

◆ある明治人の記録—会津人柴五郎の遺書 石光真人編著 中央公論新社 （中公新書）改版
【要旨】明治維新に際し、朝敵の汚名を着せられた会津藩。降伏後、藩士は下北半島の辺地に移封され、寒さと飢えの生活を強いられた。明治三十三年の義和団事件で、その沈着な行動により世界の賞讃を得た柴五郎は、会津藩士の子であり、会津藩士の自刃した祖母、母、姉妹を偲びながら、維新の裏面史にみえるべき苦難の少年時代の思い出を遺した。『城下の人』で知られる編著者が、その記録を整理編集し、人とその時代を概観する。
2017.12 182p 18cm ¥700 ①978-4-12-180252-1

◆絵で見る明治の東京 穂積和夫絵・文 草思社 （草思社文庫）
【要旨】江戸から明治維新を経て、急速に文明開化を進めた日本。巨大都市東京は江戸趣味の風流文化が入り混じり、急激に変貌する都市空間となった。建築イラスト、都市イラストの第一人者が160枚のイラストレーションで描き上げた、幻影の都市の全貌。銀座レンガ街、鉄道馬車、隅田川の一銭蒸気船、鹿鳴館、浅草凌雲閣、細民街、万世橋駅、吉原大門など、今は見ることができない明治の情景を新しく生き生きと再現する。
2017.10 330p A6 ¥1000 ①978-4-7942-2300-5

◆大隈重信—民意と統治の相克 真辺将之著 中央公論新社 （中公叢書）
【要旨】数々の挫折を経験しつつも、政治的姿勢を変えながら、常に理想を追求した大隈重信の素顔を第一級史料をもとに描く。また、「円」の創出や、鉄道、自動車、飛行機の発展やスポーツの振興に残した功績、私邸で専念した温室栽培や得意な人生一二五箇条にまつわるユニークな逸話も紹介。自らを「歴史の大勢」の一部として位置づけ、近代日本の基盤の形成に貢献した巨人の足跡を辿る決定版評伝。
2017.2 495p B6 ¥2200 ①978-4-12-004939-2

◆お殿様、外交官になる—明治政府のサプライズ人事 熊田忠雄著 祥伝社 （祥伝社新書）

【要旨】明治政府は、藩主出身者、いわば「元お殿様」を公使としてイタリア、フランスなどの外国へ派遣していた。彼らは外交のプロではない。現地語は話せないし、なかには洋行の経験がまったくない人もいた。ちゃんと務まったのか？ とはいえ、「お殿様→公使」の転身を認められただけあって、夜会、晩餐会、国王との謁見をこなし、社交では夫以上に活躍する公使夫人もいた。また、ある公使は赴任先に妾を同伴するなど、エピソードには事欠かない。日本の"国際デビュー"顛末記。
2017.12 262p 18cm ¥840 ①978-4-396-11522-7

◆おもしろ文明開化百一話—教科書に載っていない明治風俗逸話集 鳥越一朗著 （京都）ユニプラン
【要旨】異例の短期間で近代化を達成した明治の日本。しかし、新政府の急激な欧化政策に、庶民たちはドタバタの連続だった…。
2018.1 280p A5 ¥1500 ①978-4-89704-445-3

◆女たちが立ち上がった—関東大震災と東京連合婦人会 折井美耶子, 女性の歴史研究会編著 ドメス出版
【目次】1 総論 関東大震災と東京連合婦人会—女たちの大同団結、2 東京連合婦人会 活動記録（年表）、3 東京連合婦人会の初期の活動、4 東京連合婦人会の部活動、5 主な活動団体と活躍した人びと、6 資料編
2017.3 270p A5 ¥2800 ①978-4-8107-0831-8

◆脚気と軍隊—陸海軍医団の対立 荒木肇著 並木書房
【要旨】明治の初めから大正にかけて、「国民病」だった脚気に挑んだ二人の軍医がいた。食物に原因ありと考えて海軍脚気を撲滅したのは海軍軍医総監高木兼寛、もう一人は伝染病ではないかと考え、麦食を認めなかった陸軍軍医総監森林太郎（鷗外）。鷗外は多くの将兵を殺したとされ、現在も批判されることが多い。しかし、当時は世界中で脚気の存在を知らなかった。実は高木の成功も偶然の産物だった。二人の脚気の取り組み方はどうだったのか。医学史から見た二人の実像に迫る！
2017.10 327p B6 ¥2000 ①978-4-89063-365-4

◆韓国人が知らない安重根と伊藤博文の真実 金文学著 祥伝社
【要旨】日韓併合へと道を開いた伊藤博文は、韓国では侵略の元凶、いわば極悪人である。著者によれば、すべての罪を伊藤に着せて憚らない韓国人にとって、伊藤は誤解されたままの存在である。彼の統治理論と、死後に展開された併合とは、似ても似つかないものからだ。一方、伊藤を暗殺した下手人・安重根の本当の姿を知る日本人は少ない。安は単なるテロリストではなく、卓越した文人であり、天皇崇拝者であり、平和思想家であった。その短い一生を調査して見えてくるのは、共に誤解された二人の英雄—韓国系中国人の比較文化学者が、真の日韓関係を問う。
2017.12 252p 18cm ¥840 ①978-4-396-11523-4

◆貴族院研究会の領袖 水野直日記 尚友倶楽部, 西尾林太郎, 松田好史編 芙蓉書房出版 （尚友ブックレット 32）
【要旨】貴族院派「研究会」のリーダーとして政界に名をはせた水野直の日記を翻刻。研究会が貴族院の一大勢力となっていく時期を知るための貴重な資料。日露戦争の戦費調達のため発行した外債償却のために設立された減債基金の還元問題（大正五年）や研究会の組織拡大に努め本格的な政党内閣（原敬・政友会）と深く関わっていく時期（大正六年）の日記。水野直日記の時代背景がわかる解説も収録。
2017.11 239p A5 ¥2500 ①978-4-8295-0726-1

◆逆説の日本史 23 明治揺籃編—琉球処分と廃仏毀釈の謎 井沢元彦著 小学館
【要旨】歴史ノンフィクションの金字塔！ 僧侶の肉食妻帯解禁は「陰謀」だったのか？ 神道vs仏教！「国教」とすべきはどちらか!?
2017.10 381p B6 ¥1600 ①978-4-09-379898-3

◆記録を記憶に残したい 大正時代—時空を超えて現代社会に影響を与えた大正ロマン 山口諸司編著 徳間書店
【要旨】かくも濃密な15年間！ ラジオ・女性の社会進出・モダンガール・普通選挙…現代日本の礎は大正時代にあった！ ニッポンが明治より成熟し、昭和より輝いていた時代。大正時代をひも解くと新時代の日本が見えてくる！
2017.12 198p 18cm ¥1000 ①978-4-19-864527-4

◆曠野の花―新編・石光真清の手記 2 義和団事件　石光真清著, 石光真人編　中央公論新社（中公文庫プレミアム）
【要旨】明治三十二年、諜報活動に従事すべく、ロシアの進出著しい満洲に入った石光陸軍大尉。そこは、中国人、ロシア人、韓国人、コサック、そして日本人など多彩な民族の坩堝であり、日本人娼婦を妻とする中国人馬賊が疾駆する大地だった。未公開手記『得体の知らぬ日本人』『因果物語ほか』等を収録。
2017.12 469p A6 ¥1000 ①978-4-12-206500-0

◆「国民主義」の時代―明治日本を支えた人々　小林和幸著　KADOKAWA　（角川選書）
【要旨】明治時代、国民の困難を見ず専制的な政治にかたよる藩閥政府に対峙すると共に、民権派や政党の利己的な行動を非難する政治勢力があった。陸羯南が「国民主義」と称すこの政治勢力には、国民の利益を守ろうとする政治家や軍人、思想家、新聞記者、はては宗教家や探偵家などさまざまな人々が連携、結集した。いま、忘れ去られようとしている国民主義が担ってきた役割を検証し、近代国家建設期の日本の多様な姿を描き出す。
2017.12 263p A6 ¥1700 ①978-4-04-703573-7

◆城下の人―新編・石光真清の手記 1 西南戦争・日清戦争　石光真清著, 石光真人編　中央公論新社（中公文庫）
【要旨】明治元年に生まれ、日清・日露戦争に従軍し、満洲やシベリアで諜報活動に従事した陸軍将校の手記四部作。第一部は、故郷熊本で西南戦争に遭遇した後、陸軍士官学校に入り、日清戦争までの日々を綴る。未公開だった手記『思い出の記（抄）』及び小説『木苺の花』を併せて収録する。
2017.11 400p A6 ¥920 ①978-4-12-206481-2

◆世界史を変えた「明治の奇跡」―インテリジェンスの父・川上操六のスパイ大作戦　前坂俊之著　海竜社
【要旨】張り巡らされるスパイ網、発揮された智謀――。日清・日露戦争大勝利の背景には、川上操六の指導力があった！ 今、明らかになる明治人の国を護る思い。
2017.8 319p B6 ¥2200 ①978-4-7593-1555-4

◆大逆事件と新村善兵衛　石山幸弘著　（須坂）川辺書林
【要旨】新村忠雄の兄、善兵衛はなぜ幸徳事件に連座する懲役八年の冤罪に巻き込まれたのか。
2017.11 191p A5 ¥1500 ①978-4-906529-89-6

◆大正デモクラシーと鳥居素川 評伝　冨田啓一郎著　（熊本）熊本出版文化会館, 創流出版発売
【目次】生い立ち、済々黌のころ、上京、ドイツへ専攻、日清貿易研究所へ転ず、雌伏の京都時代、新聞「日本」からスタート、「大阪朝日」に入社、大正デモクラシーへの道、ドイツへ社費留学、新聞「新新論」を読む、大正戦争 主戦論と講和反対、発議した漱石招聘、信念が親交結ぶ、素川と西村天囚の確執、憲政擁護と白虹筆禍事件、「大正日日新聞」創刊と挫折、鳥居素川という人 思想形成の過程
2017.12 415p A5 ¥3000 ①978-4-906897-45-2

◆大正天皇実録 補訂版 第2 自 明治三十四年 至 明治四十年　宮内庁図書寮編, 岩壁義光補訂　ゆまに書房
【主な内容】威仁親王、東宮補導となり、皇太子養育の全権を委任される（明治三十二年〜明治三十六年）。迪宮裕仁親王（昭和天皇）誕生。信越・北関東地方巡啓。淳宮雍仁親王（秩父宮）誕生。和歌山・瀬戸内地方巡啓。日露戦争開戦。第二十回帝国議会開院式に初めて参列。天長節観兵式に列せず。光宮宣仁親王（高松宮）誕生。日露講和条約締結。講和条約反対運動おこる。韓国統監府設置。山陰地方巡啓。韓国行啓。南九州・高知巡啓。
2017.11 398p 24×18cm ¥8800 ①978-4-8433-5040-9

◆田中正造と足尾鉱毒問題―土から生まれたリベラル・デモクラシー　三浦顕一郎著　有志舎
【要旨】足尾銅山鉱毒問題の解決に尽力した田中正造。彼は、国家本位・国益至上主義であった近代日本において、国民のために政治を実践しようとした「希有の人」であった。本書は、田中が「希有の人」になる過程を足尾鉱毒問題との闘いに則して明らかにし、さらに田中の人権・憲法・政治の意味について論じていく。人々の権利や生命を守るための闘いを通して「土から生まれたリベラル・デモクラット」となった田中に焦点を当て、政治が本来、誰

のためにあるのかを考える。

◆帝国日本の外交1894－1922―なぜ版図は拡大したのか　佐々木雄一著　東京大学出版会
【目次】序章 近代日本外交と帝国の拡大、第1章 日清戦争、第2章 日清戦後外交、第3章 日露戦争、第4章 韓国併合、第5章 辛亥革命と第一次大戦、第6章 第一次世界大戦後の外交、終章 なぜ版図は拡大したのか
2017.3 406, 28p A5 ¥7500 ①978-4-13-036260-3

◆殿様は「明治」をどう生きたのか 2　河合敦著　洋泉社（洋泉社新書）
【要旨】語られてこなかった元お殿様たちの「その後」。尊王攘夷の嵐が吹き荒れ、幕府が瓦解する。王政復古、藩籍奉還、廃藩置県…新たな世の幕開けに、最後の藩主たちは、どう生きたのか？ 海外へと雄飛する大名、故郷に骨をうずめる当主、欧米化の一翼を担った者様…。自らの意志を毅然と貫き通す藩主たちの「その後」は、劇的である。人気シリーズ第2弾！
2017.12 223p 18cm ¥950 ①978-4-8003-1389-8

◆富原文庫蔵陸軍省城絵図―明治五年の全国城郭存廃調査記録　戎光祥出版編　戎光祥出版
【要旨】発見された幻の城絵図124点を一挙公開！ 明治政府が全国に指示して測量のうえ、作成させた「城郭存廃絵図」。海外より戻されたその現存分をオールカラーで掲載。城郭の規模やケバなど、難読箇所を全体図・部分拡大図・詳細図を駆使して解説。江戸幕府によって描かれた『正保城絵図』を超える、空前のスケールで作成された絵図群が、今、ここによみがえる！
2017.4 259p B5 ¥4800 ①978-4-86403-240-7

◆荷車と立ちん坊―近代都市東京の物流と労働　武田尚子著　吉川弘文館
【要旨】明治のはじめ、荷車の技術的変革は東京の経済発展に大きく貢献した。人力輸送の補助動力として不可欠な「立ちん坊」とはどのような人たちだったのか。運輸や労働の視点から明治社会を掘り起こし、物流問題の実態に迫る。
2017.9 210p B6 ¥2400 ①978-4-642-08324-9

◆日露戦争と中学生―『山岡信夫日記』と創作雑誌『海之少年』　山岡信夫著, 小口悦子, 篠原由紀編　（大阪）清風堂書店
【要旨】「露国ニ対シ宣戦ノ詔勅を下シ給フ」―日露戦争に涌く日本。旧制岸和田中学生徒は日露戦争をどう見たか？
2017.8 119p B6 ¥1500 ①978-4-88313-864-7

◆日本人のための第一次世界大戦史―世界はなぜ戦争に突入したのか　板谷敏彦著　毎日新聞出版
【要旨】第一次世界大戦を理解すれば今日の世界がわかる。日本人の知らない歴史の転換点を金融のプロが読み解く、今を生きるための世界史。
2017.10 402p B6 ¥2000 ①978-4-620-32481-4

◆秘録 維新七十年図鑑　東京日日新聞社, 大阪毎日新聞社編　新装版
【要旨】昭和十二年に開催された、明治政府発足七十年と大日本帝国憲法発布五十年を記念する政治博覧会の展示品をまとめた図鑑。昭和にいたる政治の発達・変遷を中心に、今では失われつつある目にすることができない古文書や実物資料を豊富に掲載。憲政・外交・軍事をはじめ、明治時代史の研究に新たな活路を見出すことができる稀覯本を新装復刊。
2018.1 278p A4 ¥10000 ①978-4-642-03870-6

◆明治をつくった人びと―宮内庁三の丸尚蔵館所蔵写真　刑部芳則編　吉川弘文館
【要旨】明治天皇に献上するため、大蔵省印刷局や国内外の写真館で撮影した写真をまとめた、宮内庁三の丸尚蔵館所蔵の『明治十二年明治天皇御下命人物写真帖』。収録された約四五〇〇人に及ぶ皇族・華族・政府官・軍人から、重要な人物一〇〇〇人を抜粋し、当時の職・年齢、家格・爵位などを掲載。近代国家建設を担った人びとの姿が鮮やかによみがえる。
2017.3 356p A5 ¥3400 ①978-4-642-08306-5

◆明治期の地方制度と名望家　飯塚一幸著　吉川弘文館
【要旨】数度にわたり行われた明治期の地方制度改革には、いかなる意味があったのか。国家による官治的役割が強調されてきた従来の評価を、地域社会の側から捉え直す。名望家層が主導した地域振興、土木事業、政党勢力の浸透などに着目して分析。行政単位として創出された府県が、人々の共通利害を有する切実な公共空間が

と変貌していく過程を描き出す。
2017.10 308, 8p A5 ¥3800 ①978-4-642-03868-3

◆明治国家と万国対峙―近代日本の形成　勝田政治著　KADOKAWA　（角川選書）
【要旨】明治政府の掲げた国家目標とは何であったのか。それは、欧米諸国と向かい合い並び立つ、「万国対峙」が可能な近代国家となることであった。内実整備に邁進した廃藩置県（1871年）から明治十四年の政変（81年）までの10年間は、万国対峙の実現を目指してさまざまな道が模索された。西郷隆盛・木戸孝允・大久保利通の万国対峙策を検証しつつ、明治日本における国家構想の試行錯誤の道程を、相克の政治史として描き出す。
2017.8 258p B6 ¥1700 ①978-4-04-703591-1

◆明治、このフシギな時代 2　矢内賢二編　新典社（新典社選書）
【目次】第1章 三井八郎右衛門高棟 建築と生活、第2章 歌舞伎が「西洋」と出会うとき―『漂流奇譚西洋劇』の大失敗、第3章 明治時代の正岡子規―芭蕉二百回忌と蕪村忌、第4章 廃仏毀釈は文化に何をもたらしたか
2017.2 127p B6 ¥1000 ①978-4-7879-6834-0

◆明治頌歌―言葉による交響曲　新保祐司著　展転社
【要旨】言葉で奏でる「明治の精神」。美しい音となって日本人の魂に響き渡れ！
2017.7 191p B6 ¥1300 ①978-4-88656-440-5

◆明治史論集―書くことと読むこと　御厨貴著　吉田書店
【要旨】「実証」と「物語」の間、単行本未収録作品群で、御厨政治史学の原型を探る一巻末には、解題「明治史の未発の可能性」（前田亮介）を掲載。
2017.5 575p B6 ¥4200 ①978-4-905497-50-9

◆明治大帝　飛鳥井雅道著　文藝春秋（文春学藝ライブラリー）
【要旨】平成元年に刊行されて以来世評の高い明治天皇研究における古典的名著。十六歳の若さで践祚した天子が、困難な内乱期を乗り越え、近代国家体制を確立し「大帝」へと変貌していく様を、共感を持って描く。日本人にとって天皇とは何かを考えるための必読書である。
2017.12 348p A6 ¥1400 ①978-4-16-813072-4

◆明治天皇 その生涯と功績のすべて　小田部雄次監修　宝島社
【要旨】大政奉還から150年―ベールに包まれたその素顔。木戸孝允、岩倉具視、伊藤博文、西郷隆盛、大久保利通。大帝と明治の偉人たち、秘められた相関図。
2017.7 127p B5 ¥1000 ①978-4-8002-7311-6

◆明治の革命―自由民権運動　三浦進著　同時代社　増補版
【要旨】自由民権運動は近代人民運動の「原点」だった。運動の出発から加波山事件と自由党の解党まで、幸徳秋水や田中正造の出現までの政治史を描く。
2017.3 254p B6 ¥1800 ①978-4-88683-812-4

◆明治の金勘定―今昔価格比較でわかる明治の暮らし　山本博文監修　洋泉社（歴史新書）
【要旨】近代化に邁進する明治の物価はどうだったのだろうか？ また、明治時代の一円は現在だといくらの価値があったのか？ 西洋文化の導入とともに新たな商品が生まれ高価な値段で売買された。当時の自転車は今では高級自動車並みの値段、約四百万円相当だった！ 食糧、給料、文化、娯楽、交通など、現代価格から換算すると、ホントの明治の暮らしが見えてくる。
2017.6 191p 18cm ¥950 ①978-4-8003-1259-4

◆明治の商店―開港・神戸のにぎわい　大国正美, 楠本利夫編, 神戸史談会企画　（神戸）神戸新聞総合出版センター
【要旨】『豪商神兵湊の魁』を解説付きで完全復刻！ 明治期の商店・事業所を紹介する当時の"商工名鑑"から、開港直後の神戸の風景が生き生きと浮かび上がる。
2017.4 207p 15×21cm ¥1600 ①978-4-343-00940-1

◆明治の"青年"―立志・修養・煩悶　和崎光太郎著　（京都）ミネルヴァ書房
【要旨】本書は、明治期においてどのように"青年"という概念が生まれ、変容していったかに迫るものである。当初はこれからの時代を担う「期待すべき存在」という見方であったが、学校制度の成立と相まって"煩悶青年"が登場、藤村操の自殺などにより"青年"は危うさを秘めた「対処すべき存在」とみなされるようになる。変

わりゆく"青年"像に迫る渾身の一冊。
2017.3 310, 9p B6 ¥3000 ①978-4-623-07905-6

◆凜―近代日本の女魁・高場乱　永畑道子著
藤原書店　新版
【要旨】胎動期近代日本の主役の一翼を担った玄洋社は、戦後の日本史の中で、なぜ抹殺されたのか？ その玄洋社は、どのようにして生まれたのか？ 玄洋社生みの親である女医・高場乱の壮絶な生涯を描き切る名作を、新たに解説を加え刊行！
2017.7 260p B6 ¥2200 ①978-4-86578-129-8

昭和史

◆現人神から大衆天皇制へ―昭和の国体とキリスト教　吉馴明子、伊藤彌彦、石井摩耶子編　刀水書房
【目次】1 総論（国民統合軸としての「天皇教」―制度の視点から）、2 現人神天皇から象徴天皇へ（敗戦と天皇の聖性をめぐる政治・「国体護持」と「国体のカルト」の制御、天皇は人間宣言でどう変わったか、敗戦直後の教育勅語の廃止をめぐるキリスト者の言説―田中耕太郎と南原繁を中心に）、3 宗教からみる天皇制の桎梏（神道指令後における新しい神道の構想―岸本英夫の神道論をめぐって、村岡典嗣の神道史研究とキリスト教―近代国体論と宗教理解、「大東亜戦争」下の日本基督教団と天皇制―教団機関紙に見る「日本基督教団史」の問題、賀川豊彦における戦前期の天皇制とのはざま）、4 ケーススタディー教育・教会・無教会の現場で（満洲国におけるキリスト教教育と国民道徳―孔子聖廟参拝強制をめぐって、戦中戦後の同志社と天皇制―湯浅八郎と牧野虎次の時代、田中剛二と神港教会一戦後、教団を脱退した教会の歩み、戦後初期「無教会」にとっての「象徴天皇制」―肯定と批判の意識の交錯）、5 象徴天皇制の課題（神権天皇制から象徴天皇制への転換―大衆天皇制の成立）
2017.3 345p A5 ¥4600 ①978-4-88708-434-6

◆異郷のモダニズム―満洲写真全史　竹葉丈編著　国書刊行会
【要旨】大陸に注がれた「眼差し」の変容―満洲を含むか中国各地を記録した『亜東印画輯』、淵上白陽と「満洲写真作家協会」によって展開された芸術写真、プロパガンダを彩った華やかなグラフ雑誌の数々―。当時制作されたヴィンテージ・プリントなど300点を超える写真と論考によって、その変遷をつぶさに跡付ける決定版。
2017.4 252p B5 ¥3500 ①978-4-336-06157-7

◆エロ・エロ東京娘百景―ワイド復刻版解説付　壱岐はる子編、毛利眞人監修　えにし書房
（ぐらもくらぶシリーズ 3）
【要旨】昭和5年11月15日に誠文堂より発行され、12月23日に発禁処分となり、国会図書館にも蔵書のない『エロ・エロ東京娘百景』を復刻。冒頭に監修者による解説を増補し、各ページを拡大して収録のうえ、註を挿入、理解の一助にすべく編集。虚実皮膜にありながら、現代にも通じる昭和初期の裸の東京を描いた貴重資料。
2017.8 173p B5 ¥2600 ①978-4-908073-42-7

◆えん罪・欧州拉致―よど号グループの拉致報道と国賠訴訟　「えん罪・欧州拉致」刊行委員会編、前田裕司監修、浅野健一特別寄稿　社会評論社
【要旨】なぜ、よど号グループの3人に「ヨーロッパ拉致」の逮捕状が出されたのか。「70年安保決戦」への軍事訓練のために、1970年3月31日、共産同赤軍派は日航機よど号をハイジャックし、9名が朝鮮に政治亡命した。それから半世紀近い歳月が流れ、そしてよど号グループの現在は…？ 朝鮮半島をめぐるもうひとつの現代史。
2017.4 334p B5 ¥2500 ①978-4-7845-2403-7

◆「沖縄県民」の起源―戦後沖縄型ナショナル・アイデンティティの生成過程1945-1956　坂下雅一著　有信堂高文社
【目次】第1部（理論的前提、前史―近代沖縄型「ネーション」の生起、舞台―「戦時占領期」の政治・社会と「我々観」の揺らぎ）、第2部（「自治」「経済自立」理念の表出（一九四五―一九五二）、「脱基地経済」理念の生成と「自治」の「高揚」（一九五一―一九五二）、「復帰」の理念の表出と高揚（一九五一―一九五二）、「自己決定」の行方―「離日」消滅と複合ヴィジョン再生、抵抗主体としての「沖縄県民」（一九五二―一九五六））
2017.2 416, 20p A5 ¥7500 ①978-4-8420-6588-5

◆"同い年"ものがたり―「世代」と「人物」から語る昭和史　佐高信著　作品社
【要旨】人物が世代をつくり世代が歴史をつくる。生まれ年を見てみると意外な人物が"同い年"だったりする。7つの世代、102人の著名人を取り上げ、著者の幅広い交流と味わい深い人間的考察から、激動の昭和という時代をつくった人物と世代が織りなす物語を描く。
2017.6 251p B6 ¥1800 ①978-4-86182-637-5

◆海洋国家日本の戦後史―アジア変貌の軌跡を読み解く　宮城大蔵著　筑摩書房　（ちくま学芸文庫）増補
【要旨】戦後世界でアジアほど巨大な変貌を遂げた地域はない。「陸のアジア」では朝鮮戦争やベトナム戦争が勃発し、米中対立がその背景になったのに対し、「海のアジア」では米中に加え、帝国の威勢を保つイギリスと、経済的「南進」を試みた日本が重要な役割を果たすことになった。しかし海域アジアはそうした国々の思惑を越え、世界で最も経済的活力に溢れる地域へと姿を変えた。アメリカの冷戦戦略やアジアにおける大英帝国の解体、そして「中国問題」の台頭という、アジアの現在を形作った劇的な時代における東西の密かな蠢きを描き出し、ふたたび政治の時代を迎えつつあるアジアの行方を展望する。
2017.8 270p A6 ¥1100 ①978-4-480-09816-0

◆感性文化論―"終わり"と"はじまり"の戦後昭和　渡辺裕著　春秋社
【要旨】「戦後昭和」の大きな転換点として語られる"1968年"。政治や社会、メディア環境の変化とともに、人々のものの見方や価値観、そしてそれを支える感性のあり方にも大きな変化が訪れていた…ラジオ「架空実況放送」、東京オリンピック（'64）と公式記録映画、新宿西口フォークゲリラ（'69）と『朝日ソノラマ』、日本橋と首都高の景観問題…戦後の文化史をとらえ直す視座。
2017.4 319, 33p B6 ¥2600 ①978-4-393-33352-5

◆旧軍用地と戦後復興　今村洋一著　中央公論美術出版
【要旨】終戦によって遊休国有地となった旧軍用地が、どのように新市街に組み込まれ、戦後復興が図られたのかを、全国的な動態と個別の都市の具体例から包括的に考究し、戦後史としてだけではなく、人口減少時代における現代の土地活用と都市計画の課題にも広く示唆を与える気鋭の論文集。
2017.1 332p A5 ¥6500 ①978-4-8055-0780-3

◆空中写真に遺された昭和の日本―戦災から復興へ　東日本編　日本地図センター編　（大阪）創元社
【要旨】空襲前後および占領期の米軍撮影写真に国土地理院空中写真＋地形図でたどる、昭和初期から平成へと至る都市の姿。汎用性の高い、昭和期日本のヴィジュアル国土基本資料。
2017.9 167p A4 ¥8000 ①978-4-422-22007-9

◆くらしの昭和史―昭和のくらし博物館から　小泉和子著　朝日新聞出版　（朝日選書）
【要旨】昭和30年代は史上、もっともくらしが充実した時代だった。昭和になって普及したちゃぶ台を囲んで、一家団欒が満面開花する。戦争中のもんぺ着用、戦後の衣料払底を画期に、きものから洋服への大衣服革命が進化したのも昭和20年代～30年代半ばである。現在以来の西洋医学が一般家庭に普及し、吸入器や注射器を常備するなど家庭看護がハイレベルで浸透したのもこの時代であった。著者が館長をつとめる「昭和のくらし博物館」では、17年に及ぶ企画展示で、くらしの変化とその要因を詳細に検証してきた。その成果をまとめ、戦争、敗戦から経済成長による奇跡の発展を遂げた昭和史の変化と画期を鮮やかに描き出す。
2017.8 311p B6 ¥1700 ①978-4-02-263062-9

◆軍が警察に勝った日―昭和八年ゴー・ストップ事件　山田邦紀著　現代書館
【要旨】戦争は軍人の怒声ではなく、正論の沈黙で始まった。大阪の交差点での信号機無視をめぐる兵士と警官の口論は、なぜ戦争へのターニングポイントになったのか？ "もの言わぬ日本人"への、戦前史からのメッセージ。
2017.5 228p B6 ¥2500 ①978-4-7684-5801-3

◆「経済交渉」から読み解く 日米戦後史の真実　榊原英資著　詩想社
【要旨】トランプ大統領は、日米新時代のチャンス！ 日本はいかに「外圧」と対峙してきたのか。超大国・米国の思惑と、日本の外交戦略一。大戦後の日米の経済交渉史をひも解くと見えてくる、日本と米国のせめぎ合い。そこに戦後史の真実を発見！
2016.12 300p B6 ¥1600 ①978-4-908170-10-2

◆「月給100円サラリーマン」の時代―戦前日本の"普通"の生活　岩瀬彰著　筑摩書房　（ちくま文庫）
【要旨】戦前社会が「ただまっ暗だったというのは光明ném でなければほうそである」（山本夏彦）。戦争が間近に迫っていても、庶民はその日その日をやりくりして生活する。サラリーマンの月給、家賃の相場、学歴と出世の関係、さらには女性の服装と社会的ステータスの関係までー。豊富な資料と具体的なイメージを通して、戦前日本の"普通の人"の生活感覚を明らかにする。
2017.2 297p A6 ¥800 ①978-4-480-43426-5

◆現代史の目撃者―動乱を駆ける記者群像　上　原光晴著　潮書房光人新社　（光人社NF文庫）
【要旨】血盟団事件、神兵隊事件、二・二六事件、血なまぐさい数多の戦前の事件につづき価値観が一変した戦後は、想像を絶するニュースが人心を翻弄し、混乱させる。頻発する大事件に果敢に挑んだ記者たち。その命懸けの真実追究の活動の一断面を克明に伝える現代史の記者外伝。戦前中戦後、その間の道は平坦ではなかった。
2017.12 436p A6 ¥900 ①978-4-7698-3043-6

◆航空から見た戦後昭和史―ビートルズからマッカーサーまで　夫馬信一著、鈴木真二航空技術監修　原書房
【要旨】一九四五年八月三〇日、一連合国軍最高司令官ダグラス・マッカーサーが専用機バターン号のタラップを下りて厚木飛行場の地を踏んだ―日本の戦後は「飛行場」から始まった。戦前に勇名を馳せた伝説のパイロット、JAL・ANAの第1期CA、聖火輸送に献身した知られざる男など、意外な戦後航空秘話をひもとく。
2017.2 308p A5 ¥2500 ①978-4-562-05367-4

◆三里塚燃ゆ―北総台地の農民魂　伊藤睦編、鳥寛征、石毛博道語り、加藤峯輔史論　平原社
【要旨】三里塚空港反対同盟争は如何に闘われ、何を遺したか。鳥寛征・石毛博道氏に聞く。
2017.5 281p B6 ¥2600 ①978-4-938391-60-7

◆昭和維新史との対話―検証 五・一五事件から三島事件まで　保阪正康、鈴木邦男著　現代書館
【要旨】北一輝、大川周明、橘孝三郎、磯部浅一、石原莞爾、そして三島由紀夫。貧困と格差、愛郷と憂国、戦争と革命をめぐり彼等はどう思索し行動したのか？ 思想と国家改造運動を通じ日本を変えようとした昭和史の軌跡を二人の碩学が熱く語り合う。
2017.3 287p B6 ¥1800 ①978-4-7684-5794-8

◆昭和史講義 3　リーダーを通して見る戦争への道　筒井清忠編　筑摩書房　（ちくま新書）
【要旨】なぜ昭和の日本は戦争へと向かい、あのような結末を迎えたのか。政治家、軍人らキーパーソン一五名―加藤高明、若槻礼次郎、田中義一、幣原喜重郎、浜口雄幸、犬養毅、岡田啓介、広田弘毅、宇垣一成、近衛文麿、米内光政、松岡洋右、東條英機、鈴木貫太郎、重光葵―のリーダーシップを分析。生い立ちから要職に就くまでの経歴、要職での業績と、岐路における行動、下した決断の経緯、最新研究に基づいて客観的に描き出し、その功罪を問いなおす。好評シリーズ第3弾。
2017.7 302p 18cm ¥900 ①978-4-480-06977-1

◆昭和初期政治史の諸相―官僚と軍人と党人　堀茂著　展転社
【要旨】憲法改正だけでは、真の「国軍」にはなれない！ 天皇陛下による「国軍」統帥が、日本を救う！
2017.6 326p B6 ¥1700 ①978-4-88656-439-9

◆昭和天皇、退位せず―共産革命を憂慮した天皇　更級悠哉著　青山ライフ出版、星雲社　発売
【要旨】「耐えがたきを耐え、忍びがたきを忍ぶ」決断をした天皇の真意は何だったのか？ 昭和天皇から見た激動の昭和史。
2017.10 281p B6 ¥1500 ①978-4-434-23747-8

◆昭和天皇の戦争―「昭和天皇実録」に残されたこと・消されたこと　山田朗著　岩波書店
【要旨】軍部の独断専行に心を痛めつつ、最後は「聖断」によって日本を破滅の淵からすくった平和主義者―多くの人が昭和天皇に対して抱くイメージははたして真実だろうか。昭和天皇研究

の第一人者が従来の知見と照らし合わせながら「昭和天皇実録」を読み解き、「大元帥」としてアジア太平洋戦争を指導・推進した天皇の実像を明らかにする。
2017.1 1Vol. B6 ¥2400 ①978-4-00-061177-0

◆**昭和テンペスト 上海リル正伝―吹き荒れた戦争と陰謀の嵐** 猪俣良樹著 現代企画室
【要旨】時代は、アジア・太平洋戦争を挟む1930年代から1950年代まで。舞台は、東京、神奈川、筑豊、満州、上海、浅草。実在した作家、鹿地亘の波瀾万丈の動静と、幻のダンサー、上海リルの軌跡を結び合わせた先に見えてきたものは？戦争へと向かう社会の実相を明かすエンターテインメントの荒業！
2017.10 428p B6 ¥2700 ①978-4-7738-1724-9

◆**昭和の思い出ドリル―50歳からの「あれ…なんだっけ」対策にボケないための忘れを防ぐ大人の脳トレ本** 篠原菊規監修 主婦の友社
【要旨】あなたは何問正解できる？若いころの出来事を思い出すことで、脳が若返ります。昭和の暮らし、芸能、スポーツ、社会、文化。
2017.10 159p B6 ¥1000 ①978-4-07-425410-1

◆**スポーツ団体への統制と報国団化** 廣畑成志著 青の泉社（過去の戦争とスポーツ―その痛恨の歴史シリーズ 3）
【目次】追録5 競技団体ににじむ戦争の遺恨（スポーツの一番長い日―1980年5月24日、スポーツ団体の戦中始末記、スポーツ界を破壊した邦図化）、4 大日本体育協会の報国団化（スポーツの国際化を主導する、報告団・大日本体育会への改組）
2017.7 60p A5 ¥550 ①978-4-7807-1297-1

◆**戦後日韓関係史** 李鍾元、木宮正史、磯崎典世、浅羽祐樹著 有斐閣（有斐閣アルマ）
【要旨】戦後からは約70年が経ち、国交が正常化してからも半世紀以上となる日韓関係。今の日韓関係の歩みを、政治・社会・経済の側面から描き、その全体像を示す。
2017.2 303p B6 ¥2200 ①978-4-641-22077-5

◆**戦後日本の開発と民主主義―地域にみる相剋** 庄司俊作編著 （京都）昭和堂（同志社大学人文科学研究所研究叢書）
【要旨】高度経済成長期などの戦後の歴史事象を経て、日本社会で変わったもの、変えなかったものとは―。地域の史資料と調査に基づき、「開発と民主主義」の視点から戦後の日本を歴史的に検証し、経済・社会・政治等の特殊性の解明に挑む。
2017.3 450, 6p A5 ¥6400 ①978-4-8122-1623-1

◆**戦後日本の歴史認識** 五百旗頭薫、小宮一夫、細谷雄一、宮城大蔵、東京財団政治外交検証研究会編 東京大学出版会
【目次】歴史認識の歴史へ、1 戦後日本の歴史認識の変遷を読む（吉田茂の時代―「歴史認識問題」の自主的総括をめぐって、佐藤栄作の時代―高度経済成長期の歴史認識問題、中曽根康弘の時代―外交問題化する歴史認識、沖縄と日本本土の溝―政治空間の変遷と歴史認識）、2 歴史認識と和解をめざして（歴史和解は可能か―日中・日米の視点から、東アジアの歴史認識と国際関係―安倍談話を振り返って）、3 歴史認識を考えるために（歴史認識問題を考える書籍紹介、戦後七〇年を考えるうえで有益な文献を探る）
2017.3 268p B6 ¥2800 ①978-4-13-023072-8

◆**戦後法制改革と占領管理体制** 出口雄一著 慶應義塾大学出版会
【要旨】戦前と戦後は断絶しているのか、それとも連続しているのか？戦後日本の起点となった占領期。この極めて混乱した権力・政治状況下における法制改革の実態と占領管理の構造を解明する。GHQ側、日本側双方の史料の掘り起こし、在アメリカの貴重史料に基づいた歴史的実証、また理論的論証において他の追随を許さない精緻な議論を展開し、日本近現代法の新しい局面を開く。占領期前後の日本の法制度・法文化の跛行した歩みをまさに連続性をもって描く、学界未知の領域への挑戦的著作。
2017.5 504p A5 ¥6800 ①978-4-7664-2433-1

◆**戦前期日本の対タイ文化事業―発想の起点と文化事業の特性との関連性** 佐藤照雄著 柏樹書房新社
【目次】序章、第1章 国際文化事業と対タイ文化事業、第2章 稲垣満次郎とタイ、第3章 仏骨奉迎事業、第4章 タイ皇后派遣学生の日本留学、第5章 矢田部保吉と伊藤次郎左衛門、第6章 招致留学生奨学資金制度、結論
2017.11 221p A5 ¥3000 ①978-4-8068-0698-1

◆**戦争を乗り越えた日米交流―日米協会の役割と日米関係 1917～1960** 飯森明子著 彩流社
【要旨】初代会長金子堅太郎から吉田茂就任までの足跡。日本で最も歴史のある民間日米交流団体、日米協会。戦前の国際交流から、戦後日米関係が「安保体制」へと変化する直前までの活動を追いかけた、画期的研究。戦前から築かれ、戦後の知的交流の架け橋となった、日米の友情がここにある！日米協会で開催された主要講演などの年譜（1917～1960年）付き。
2017.7 193, 29p A5 ¥3200 ①978-4-7791-2331-3

◆**占領は終わっていない―核・基地・冤罪そして人間** 中村尚樹著 緑風出版
【要旨】民主主義をもたらした今の日本国憲法が占領下に起草され発効したという意味で、現代日本の起点は日本の敗戦と連合国軍の占領にあるのだが、それだけではない。本書は、原爆被爆を含む核問題をはじめ米軍基地と安保条約、奄美と沖縄、在日コリアン、それに占領軍と冤罪など、様々な論争が続けられている現代の課題について、「占領下」と、それに連なる出来事を切り口に、再検討する。
2017.8 252p B6 ¥2000 ①978-4-8461-1714-6

◆**ゾルゲの見た日本** みすず書房編集部編 みすず書房 新装版
【要旨】1930年代、日本を舞台に世界を変えた男、リヒャルト・ゾルゲ、スパイとして、ジャーナリストとして、知識人として、ゾルゲは戦前の日本、われわれが失いつつある「昭和」の時代に何を見たか。日本についての論考7篇に、モスクワ宛「秘密通信」を収録。巻末には、戦後の冷戦構造にまで影響をあたえた「ゾルゲ事件」の全体像を包んだ、小尾俊人「歴史のなかでの「ゾルゲ事件」」を付す。
2017.7 227p B6 ¥2600 ①978-4-622-08633-8

◆**対話 沖縄の戦後―政治・歴史・思考** 河野康子、平良好利編 吉田書店
【要旨】沖縄政治の深淵を探る。
2017.6 297p B6 ¥2400 ①978-4-905497-54-7

◆**台湾人の歌舞伎町―新宿、もうひとつの戦後史** 稲葉佳子、青池憲司著 紀伊國屋書店
【要旨】"らんぶる"も"スカラ座"も"風林会館"も台湾人がつくった―終戦までの50年間、日本の統治下にあった台湾。8万人あまりが"日本兵"として戦争に駆り出され、戦前から日本に"内地留学"をしていた者も多くいた。戦後、今度は一転、"外国人"として裸一貫で放り出された台湾人はやがて駅前のヤミ市で財をなし、焼け野原に新たに構想された興行街・歌舞伎町を目指した―初めて明らかにされる、貴重な時代証言。
2017.9 249p B6 ¥1800 ①978-4-314-01151-8

◆**父の謝罪碑を撤去します―慰安婦問題の原点「吉田清治」長男の独白** 高木未貴著 産経新聞出版、日本工業新聞社 発売
【要旨】日韓関係、「謝罪碑」、父が発信した虚偽、父・吉田清治とは何者か、日本と日本人への思い―「吉田清治」長男がすべてを語る。
2017.6 198p B6 ¥1300 ①978-4-8191-1312-0

◆**張作霖―爆殺への軌跡―一八七五～一九二八** 杉山祐之著 白水社
【要旨】長年、中国報道に携わってきたジャーナリストが日中双方の公開資料を渉猟し、その人物像と時代を重層的に描いた本格評伝。
2017.2 356p B6 ¥2600 ①978-4-560-09534-8

◆**妻たちの二・二六事件** 澤地久枝著 中央公論新社 （中公文庫） 新装版
【要旨】二・二六事件で"至誠"に殉じた熱血の青年将校たち。遺された妻たちは事件後、どのような人生を歩んでいったのか。困難な取材をねばり強く重ね、文字通り足で歩いて検証した、もう一つの二・二六事件。衝撃と感動を呼ぶ、ノンフィクションの金字塔。
2017.12 283p A6 ¥800 ①978-4-12-206499-7

◆**帝国から開発援助へ―戦後アジア国際秩序と工業化** 秋田茂著 （名古屋）名古屋大学出版会
【要旨】現代アジアの工業化の起源に迫る。奇跡の経済的再興を可能にしたものとは。イギリスの政策構想を手がかりに、先進国からの所得移転が果たした役割を解明、アジアの主体的対応も含めた戦後開発援助の新たな全体像を描き出し、グローバルヒストリーの新機軸を示す。
2017.2 241p A5 ¥5400 ①978-4-8158-0865-5

◆**帝都復興の時代―関東大震災以後** 筒井清忠著 中央公論新社 （中公文庫）
【要旨】未曽有の災害から復興を目指した官庁は政治に翻弄され、ついに「伏魔殿」となった。本書は後藤新平の動きを中心にその事情を捉える一方、大震災以後に登場した様々な社会意識を追い、大衆消費社会の成立過程を見据える。震災と日本人について、歴史的視座から多くの示唆を投げかけた傑作。
2017.6 268p B6 ¥860 ①978-4-12-206423-2

◆**テロと陰謀の昭和史** 文藝春秋編 文藝春秋 （文春文庫）
【要旨】満州事変、血盟団事件、五・一五事件、二・二六事件…昭和初年から日本を震撼させ、結果として軍部の台頭と日米開戦を招いたテロや陰謀の当事者たちが文藝春秋に寄せた肉声を集成。彼らは何を目指し、どう行動したのか。現代に通じる教訓は何か。衝撃と陰謀が緊迫する現在、読まれるべきもう一つの昭和史。
2017.10 342p A6 ¥730 ①978-4-16-790948-2

◆**「天皇機関説」事件** 山崎雅弘著 集英社 （集英社新書）
【要旨】「天皇機関説」事件は、この学説を主張する憲法学者の美濃部達吉への、天皇を崇拝する退役軍人や右派政治家の攻撃が発端となった。一九三五年二月に始まり、約半年にわたる「機関説」排撃運動の中で、美濃部に対する政治的な弾圧が行われただけでなく、言論や学問の自由も奪われ、立憲主義が事実上停止した。その結果、「権力の暴走」を止める安全装置が失われ、日本は破局的な戦争へと突き進む。この事件は、社会がどのように「壊れて」いくのかを物語る昭和史の重要な分岐点である。現在の政治・社会状況との類似点の多さに戦慄が走る…！
2017.4 254p 18cm ¥760 ①978-4-08-720878-8

◆**天皇の戦争宝庫―知られざる皇居の靖国「御府」** 井上亮著 筑摩書房 （ちくま新書）
【要旨】存在が隠されている一角が皇居にある。かつて「御府」と呼ばれた五つの施設。振天府（日清戦争）、懐遠府（北清事変＝義和団事件）、建安府（日露戦争）、惇明府（第一次大戦、シベリア出兵）、顕忠府（済南・満州・上海事変、日中・太平洋戦争）には、戦利品や戦病死者の写真・名簿が収蔵されており、天皇が英霊に祈りを捧げていると伝えられた。国威発揚、戦没者の慰霊・顕彰、国民と軍に対する君徳施設、つまり「皇居の靖国」といえる。しかし、戦後その存在は封印されてしまった。皇居に残された最後の禁忌を描き出す歴史ルポルタージュ。
2017.8 230p 18cm ¥800 ①978-4-480-06975-7

◆**東大駒場全共闘―エリートたちの回転木馬** 大野正道著 白順社
【要旨】1968年春、片田舎の秀才が意気揚々と東大の門をくぐり学生運動の荒波に出会う一新左翼ML派とクラスメート、新宿騒乱と機動隊、東大篭城と内務班生活、逮捕また逮捕、そして起訴。"全共闘運動とは何だったのか"19歳で渦中に飛び込み、50年を経て見つけた答えは…今だからこそ語りうる、敗北と再起の回想録。
2017.7 205p B6 ¥1800 ①978-4-8344-0211-7

◆**日常化された境界―戦後の沖縄の記憶を旅する** 屋良朝博、野添文彬、山本章子著 （名古屋）国境地域研究センター、（札幌）北海道大学出版会 発売 （ブックレット・ボーダーズ）
【目次】1 本書の視角、2 国道五八号線、3 ドーナツの穴をめぐって―宜野湾市と普天間飛行場、4 嘉手納の門前町コザ、5 巨大な

歴史・地理

基地と小さな集落―辺野古と金武、6ヤンバルを行く　2017.7 59p B5 ¥900 ①978-4-8329-6833-2

◆日本の長い戦後―敗戦の記憶・トラウマはどう語り継がれているか　橋本明子著、山岡由美訳　みすず書房
【要旨】憲法改正、領土問題、歴史認識問題はなぜ、こんなにも軋轢を招くのか。アメリカで教える気鋭の社会学者が比較文化の視点から、日本の「敗戦の文化」を考察する。私たちが家族、学校、メディアをとおして触れる戦時の物語は多様だ―戦場で英雄だった祖父、加害の体験を話さずに逝った父、トラウマを解消できない被害者たち。それらの記憶は、史実に照らして見直されることなく、調和が最優先される語りが主観的に選びとられる。高校の歴史教科書・歴史漫画の分析からは、なぜ若い世代が自国に自信をもたないか、その理由が見えてくる。そしてメディアは、記憶に政治色をつけながら、それぞれ違う物語を映し出す。戦後70年を過ぎた今、不透明な過去に光を当て、問題の核心に迫る。
2017.7 200, 56p B6 ¥3600 ①978-4-622-08621-5

◆「働く青年」と教養の戦後史―「人生雑誌」と読者のゆくえ　福間良明著　筑摩書房（筑摩選書）
【要旨】高度経済成長が進む中で、経済的な理由で進学を断念し、町工場や商店などに就職した若者たち。低賃金、長時間労働、そして孤独な日々。そんな彼ら彼女らが熱心に読んだのが「人生雑誌」と総称される雑誌だった。その代表格『葦』『人生手帖』は、それぞれ八万部近く発行されるようになった。「生き方」「読書」「社会批判」を主題とどこに、読者は何を求めたのか？　人生雑誌の作り手側にも光を当てながら、この雑誌とその読者がいかなる変容を遂げていったのかを描き出す。戦後空白の空白を埋める貴重な労作である！
2017.2 347p B6 ¥1800 ①978-4-480-01648-5

◆遥かなる一九七〇年代 - 京都一学生運動解体期の物語と記憶　松岡利康、垣沼真一編著（西宮）鹿砦社
【要旨】本書は、学生運動解体期の一九七〇年代前半を京都（同志社大学／京都大学）で実際的に闘った者による渾身の"政治的遺書"である！　簒奪者らによる歴史の偽造に抗し、学生運動解体期は一九七〇年代・京都の物語と記憶をよみがえらせ"知られざる真実"を書き残す！
2017.11 300p A5 ¥2800 ①978-4-8463-1200-8

◆貧困の戦後史―貧困の「かたち」はどう変わったのか　岩田正美著　筑摩書房（筑摩選書）
【要旨】敗戦直後の貧困は「食べるものすらない」という「かたち」で現れた。こうした中で、戦争により生み出された浮浪者や浮浪児の一部は炭鉱へと送られた。そこで生まれ育った若者の多くは集団就職で都会へと出ていき、その一部は「寄せ場」の労働者となった。高度経済成長により実現した大衆消費社会は多重債務問題をもたらし、バブル崩壊はホームレスを生んだ―。戦後日本の貧困の「かたち」がいかに変貌したかを描き出し、今日における貧困問題の核心を衝く。
2017.12 343p B6 ¥1800 ①978-4-480-01659-1

◆米国大統領への手紙―市丸利之助中将の生涯／高村光太郎と西洋　平川祐弘著　勉誠出版（平川祐弘決定版著作集 第7巻）
【要旨】昭和の軍人で範とするに足る人は誰か―陸軍ならば今村均、海軍ならば予科練の教育者市丸利之助をあげたい。米国大統領へ遺言をしたためて硫黄島で玉砕した軍人歌人の生涯。
2017.1 360, 9p A5 ¥4200 ①978-4-585-29407-8

◆靖国の軍馬―戦場に散った一〇〇万頭　加藤康男著　祥伝社（祥伝社新書）
【要旨】戦時、「天皇の分身」として銃の次に大切にされたのが軍馬であった。先の大戦で戦地へ送られたその数、約一〇〇万頭。日本の赤紙一枚で集められる兵より、よほど金がかかるとされた。機械化が遅れた日本軍は物資輸送、情報伝達に軍馬を駆使し、馬たちも見事に期待に応えたのだ。一銭五厘の赤紙一枚で集められた兵より、いかに大切に扱われていたか。国民の愛馬精神はいかにして形作られていったか。そしてなぜ、祖国に帰れなかったのか。その謎の解明から明らかになった、馬と国家と国民が一体となった戦時の姿だ。近代史に新たな光を当てる、渾身のノンフィクション！
2017 291p 18cm ¥840 ①978-4-396-11514-2

◆私だけが知っている昭和秘史―GHQ "連合国軍総司令部"異聞　小山健一著　潮書房光人新社（光人社NF文庫）
【要旨】マッカーサー極秘調査官の証言。みずからの体験と直話を初めて赤裸々に吐露する戦前・戦後秘録―金丸信、北朝鮮土下座外交の真相も披瀝する驚愕、衝撃の一冊。
2018.1 231p A6 ¥780 ①978-4-7698-3049-8

📖 日中・太平洋戦争・占領時代

◆あざみの花　古川豊子著　（下関）長周新聞社
【要旨】広島への原爆投下から72年間、胸の奥深く閉じ込めてきた母の最期…「原爆さえなかったら！」被爆者とその家族の叫び
2017.6 37p 19x21cm ¥1600 ①978-4-9909603-0-8

◆アジア系アメリカと戦争記憶―原爆・「慰安婦」・強制収容　中村理香著　青弓社
【要旨】「アメリカ帝国」への批判的視座から、日本の植民地支配や戦争犯罪、軍事性暴力を問う北米アジア系の人々の声を、日系や在米コリア系の作家・研究者・政治家・運動家などの言説から検証する。そして、それらの語りが、太平洋横断的なリドレスの希求と連結を拓く可能性を提示する。
2017.7 327p B6 ¥3000 ①978-4-7872-3420-9

◆アッツ島とキスカ島の戦い―人道の将、樋口季一郎と木村昌福　将口泰浩著　海竜社
【要旨】一九四二年、日本軍が占領したアッツ島とキスカ島。しかし、それから一年。両島は数奇な運命をたどる―玉砕のアッツ島、撤退のキスカ島。わずか三百キロしか離れていない両島の運命はなぜわかれたのか？
2017.6 230p B6 ¥1600 ①978-4-7593-1549-3

◆あのころのパラオをさがして―日本統治下の南洋を生きた人々　寺尾紗穂著　集英社
【要旨】1920年から終戦まで日本の統治下にあったパラオ。その一つである南洋庁という役所が置かれ、作家の中島敦をはじめ、日本から移り住む者も多かった。「楽園」と呼ばれた島で、日本人移民と現地島民が織りなす暮らし。そして「戦争」のリアルとは―。各地で拾い集めた、75年前の「日常」の証言。植民地支配の歴史を、そこに暮らした人々の記憶から見つめなおすルポルタージュ。
2017.8 293p B6 ¥1700 ①978-4-08-771117-2

◆あの太平洋戦争はどうして起きたのか―十五年戦争下に生きて　松下ナミ子著　（富山）桂書房
【目次】1 明治維新から国際連盟脱退までの対外的に発生した主な事件や戦争（国民皆兵の徴兵制、日清戦争と三国干渉 ほか）、2「日中戦争」から「太平洋戦争」勃発までの「南方進出策」と日米交渉（日中戦争（支那事変）の勃発、国家総動員法の制定 ほか）、3 太平洋戦争はなぜ長引いたのか―戦線の拡大「和平工作」の低迷（真珠湾の攻撃、南方地域の占領 ほか）、4 太平洋戦争下の新湊―「十五年戦争」下に生きて（中隊長となった兄、市街で「千人針」を作った日々はか）　2017.11 103p B6 ¥1000 ①978-4-86627-039-5

◆アメリカはいかにして日本を追い詰めたか―「米国陸軍戦略研究所レポート」から読み解く日米開戦　ジェフリー・レコード著, 渡辺惣樹訳・解説　草思社（草思社文庫）
【要旨】圧倒的な工業力格差を承知しながら、日本はなぜ真珠湾攻撃を決断したのか。なおも議論が尽きないこのテーマを、米国の国防政策専門家ジェフリー・レコード氏が分析。過重な経済制裁を加えて日本を「戦争か、米国への隷属か」の二者択一へと追い詰めたルーズベルト大統領の外交政策に開戦原因の半分があったと結論づける。これをまとめた「米国陸軍戦略研究所レポート」に、米側資料を駆使した日米関係史研究で注目される渡辺惣樹氏が詳細な解説を付す。開戦責任をひとり日本に帰し、内省的に語る戦後史観に修正を迫る、瞠目の書。
2017.2 251p A6 ¥900 ①978-4-7942-2260-2

◆「慰安婦」問題を子どもにどう教えるか　平井美津子著　高文研
【要旨】韓国・沖縄の人びとから受け取った平和への思いを教室の子どもたちとともに考える。大阪の公立中学校の教師が積み重ねてきた20年にわたる実践記録。
2017.10 188p B6 ¥1500 ①978-4-87498-639-4

◆「慰安婦」問題と未来への責任―日韓「合意」に抗して　中野敏男, 板垣竜太, 金昌禄, 岡本有佳, 金富子編　大月書店
【要旨】被害者の声を受けとめた解決とは何か―政府間「合意」の評価をめぐる深い溝。日・韓の識者が、その原因を徹底検証し、未来へ向けて果たすべき責任を探る。戦時性暴力の歴史を断ち切るために。
2017.12 277, 19p B6 ¥2400 ①978-4-272-52109-8

◆「慰安婦」問題の境界を越えて―連合国軍兵士が見た戦時性暴力、各地にできた"少女像"、朝日新聞と植村元記者へのバッシングについて　テッサ・モーリス・スズキ, 玄武岩, 植村隆著（札幌）寿郎社（寿郎社ブックレット 3）
【要旨】アジア太平洋戦争における日本軍と連合国軍の「慰安婦」（テッサ・モーリス・スズキ）（慰安婦）の新たな側面に光を当てる、連合国軍兵士の証言 ほか）、「想起の空間」としての「慰安婦」少女像（玄武岩）（少女像を訪れる人々、少女像への批判 ほか）、歴史修正主義と闘うジャーナリストの報告―朝日バッシングの背後にあるもの（植村隆）（二三年前の記事、元「慰安婦」女性の記者会見 ほか）、ディスカッション「慰安婦」問題と越境する連帯（テッサ・モーリス・スズキ, 玄武岩, 植村隆, 司会・水溜真由美）（インタビューアーの無関心、「帝国の慰安婦」の評価 ほか）　2017.7 105p A5 ¥800 ①978-4-909281-03-6

◆「慰安婦」問題の言説空間―日本人「慰安婦」の不可視化と現前　木下直子著　勉誠出版
【要旨】日本の政治とナショナリズムに現れる権力に迫り痛みの痕跡から歴史を捉え直すー。90年代前後に「従軍慰安婦問題」が日本の政治的な問題として表面化する一方、日本人「慰安婦」は「加害国の被害者」という立場ゆえこれまで可視化されていなかった。雑誌や新聞記事などのメディア表象や運動資料、城田すず子ら当事者たちの残した手記をもとに、「慰安婦」を語る言説が「被害者」「加害者」像を形成していった過程と、当事者たちがどのように戦後を生きたのかを浮かび上がらせる。
2017.2 287p A5 ¥4200 ①978-4-585-23055-7

◆石原莞爾 北支の戦い　早瀬利之著　潮書房光人社
【要旨】参謀本部作戦部長の苦闘。盧溝橋事件に端を発し、拡大していった戦争の経緯を丹念に調べ上げ、詳細緻密に描いたノンフィクション。日中双方の視点から多角的に捉えた戦いの全貌。
2017.9 509p B6 ¥3600 ①978-4-7698-1650-8

◆いつも笑顔で―あの戦争と母の言葉　海老名香葉子著, いわさきちひろ絵　新日本出版社
【要旨】ちひろさんの絵とともに、幼き日の体験を通して戦争と母の心を語ります。
2017.6 127p B6 ¥1400 ①978-4-406-06144-5

◆偽りの日米開戦―なぜ、勝てない戦争に突入したのか　星亮一著　潮書房光人社（光人社NF文庫）
【要旨】中国との泥沼の戦闘を続けながら、なぜ大国アメリカはじめ、列強を敵に回しての戦争を決断したのか。満州事変、国際連盟脱退、日中戦争、ノモンハン事件、国際社会での孤立を深め、軍部の台頭を許し、戦争へと突き進んでいった日本はどこで針路を間違えたのか。視野狭窄に陥った昭和日本の悲劇の航跡を読み直す。
2017.8 233p A6 ¥780 ①978-4-7698-3023-8

◆伊四〇〇と晴嵐全記録　高木晃治, ヘンリー境田, ゲイリー・ニラ原著　双葉社　改訂増補版
【要旨】長年にわたってヴェールに包まれていた、未曽有の巨大潜水艦・伊四〇〇と特殊攻撃機・晴嵐。その実像をあぶりだした究極の1冊が、この日及び追跡調査で明らかになった多数の新事実をふまえ、伊四〇〇の設計図面をも加えて、今ここに蘇る！
2017.8 398p A5 ¥4200 ①978-4-575-31294-2

◆海なお深く―徴用された船員の悲劇 全日本海員組合編　成山堂書店（付属資料：DVD1）
【目次】上巻（緒戦の海―昭和16年〜17年／開戦当時の海上輸送、制海権なき帝国シーレーン―昭和18年／南方海域、昭和19年／北洋方面、戦火の海の標的となって―昭和16年〜20年／反復被災を生きのびた船員たち、特攻船団の潰滅―昭和19年〜20年／断末魔の海上補給路で、受難の傷あと―昭和20年―敗戦／痛恨の記憶を胸に、残された者の戦記―遺族の思いはいまも海に）、下

日本史

海なお深く―徴用された船員の悲劇 上巻 全日本海員組合編 成山堂書店
【要旨】凄まじい爆発、噴きあげる水柱、船艙に流れ込む海水…。第二次世界大戦で犠牲となった船員六万余。その御霊は、海なお深く眠る…。否応なく戦火に巻き込まれる若き少年海員たち。軍事主義下、彼らは非人間的、消耗品なみの扱いを受けた。戦後70年を過ぎたいま、徴用された船員たちの手記を公表する。
2017.7 363p A5 ¥2700 ①978-4-425-30401-1

海なお深く―徴用された船員の悲劇 下巻 全日本海員組合編 成山堂書店
【目次】第1章 戦時体制へのうねり―昭和12年～16年/日中戦争下の徴用船舶、船舶部隊の補給路―昭和16年～18年/奇襲開戦のもたらした辛酸、第3章 潰滅への怒涛―昭和19～20年/帝国海軍の末期の海で、特攻輸送の生と死―昭和20年～敗戦/"水漬く屍"の船友に代って、第5章 兵士たちの見た戦火の海―護衛艦・関連部隊からの証言、癒やされぬ傷を負って―船員家族・軍属の戦時体験
2017.7 425p A5 ¥2700 ①978-4-425-30402-8

海は語らない―ビハール号事件と戦犯裁判 青山淳平著 潮書房光人新社（光人社NF文庫）
【要旨】救助した俘虜111名、うち65名を艦長は、なぜ殺害したのか。ノンフィクション大賞受賞作家が戦後70年を機に問う。英国軍法会議のスケープゴートとなって刑死した元戦隊司令官近衛尚正中将を主軸に、国家と組織の軋轢の中で仕組まれた英国戦争裁判香港法廷の実情を描く、異色のノンフィクション。
2018.1 280p A6 ¥780 ①978-4-7698-3048-1

追いかけた77の記憶―信州全市町村戦争体験聞き取りの旅 清水まなぶ著 （長野）信濃毎日新聞社
【要旨】メッセンジャーの清水まなぶが受け取った過去とは？ 太平洋戦争を知る世代からの願いが詰まった一冊!!これからも幸せを感じて生きていく全ての人に知って欲しい一人また一人の物語。
2017.10 287p A5 ¥1600 ①978-4-7840-7315-3

沖縄戦を生きぬいた人びと―揺れる想いを語り合えるまでの70年 吉川麻衣子著 （大阪）創元社
【要旨】「私たちの言葉を、戦争を直接経験していないすべての世代の人たちへ」単なるインタビューではない。時を経て、場と仲間を得て、初めて言葉になった人びとの想いの記録。
2017.7 190p B6 ¥2400 ①978-4-422-30070-2

沖縄鉄血勤皇隊―人生の蕾のまま戦場に散った学徒兵 大田昌秀編著 高文研
【要旨】沖縄戦男子学徒隊全12校の記録！ 二度と悲劇は繰り返してはならない…。多くの学友を戦場で失い、九死に一生を得て生き延びた著者の"鎮魂の仕事"。
2017.6 319p B6 ¥2000 ①978-4-87498-620-2

沖縄の戦争遺跡―"記憶"を未来につなげる 吉浜忍著 吉川弘文館
【要旨】今も米軍との激しい地上戦が行われた沖縄。今も残る数千件の戦争遺跡から厳選し、豊富な写真と現地調査に基づく平易な解説で、沖縄戦の実態に迫る。モノが語りかける戦争の"記憶"を辿った、戦跡めぐりに最適な一冊。
2017.7 267, 13p A5 ¥2400 ①978-4-642-08317-1

男たちの真珠湾攻撃―写真で見る「トラ・トラ・トラ」 平塚柾緒著 ビジネス社
【要旨】パールハーバーでなにが起こったのか？ 男たちの生死をかけた激闘を見よ！ 特殊潜航艇乗組員10名の過酷な結末とは？
2017.3 107p B5 ¥1200 ①978-4-8284-1941-4

海軍乙事件を追う―日本の運命を決めた十二日間 後藤基治著 毎日ワンズ
【要旨】消えた連合艦隊司令長官の行方。12月8日開戦をスッパ抜き「世紀のスクープ男」として名を馳せた著者が自ら遭遇した戦史の大きな謎に迫る。
2017.7 277p 18cm ¥1100 ①978-4-901622-94-3

海軍水上機隊―体験者が記す下駄ばき機の変遷と戦場の実像 高木清次郎ほか著 潮書房光人社（光人社NF文庫）
【要旨】単機で洋上遥か最前線の敵情偵察任務に従事、さらには夜間単独偵察、海上護衛、対潜・対艦攻撃、特攻と、連合艦隊の目となり尖兵となり、縁の下でささえた海軍水上機隊。水偵、観測機、水戦、瑞雲・紫雲、幻の晴嵐、飛行艇―世界に誇る日本海軍水上機を生んだ技術者と搭乗者たちが語る、"下駄ばき機"の発達変遷と奮闘記。
2017.9 397p A6 ¥900 ①978-4-7698-3029-0

海軍大将嶋田繁太郎備忘録・日記 1 備忘録 第一～第五 軍事史学会編、黒沢文貴、相澤淳監修 錦正社
【要旨】昭和期の政治外交史・軍事史の基本史料。昭和10年12月から昭和19年5月までの間、軍令部次長、支那方面艦隊司令長官、海軍大臣、軍令部総長等の要職を歴任し、二・二六事件、日中戦争、太平洋戦争などの歴史的重大事に深く関与した嶋田繁太郎海軍大将が記した貴重な記録。
2017.9 444p A5 ¥9500 ①978-4-7646-0346-2

カウンターの向こうの8月6日―広島 バースワロウテイル「語り部の会」の4000日 冨恵津次郎著 光文堂
【要旨】被爆3世のバーテンダーが開く「被爆証言」の場である小さな空間の記録。伝える戦争の記憶。
2017.7 230p B6 ¥1400 ①978-4-334-97939-3

加害の歴史に向き合う―日中戦争から80年 『週刊金曜日』編 金曜日
【目次】日本は誰に負けたのか（纐纈厚）（はじめに 三つの課題と結論、日本は何故、中国を侵略したのか ほか）、731部隊の隠蔽・免責・復権（加藤哲郎）（はじめに NHKスペシャル「731部隊の真実」の衝撃、ゾルゲ事件と「赤色スパイ事件」と名付けた『政界ジープ』ほか）、毒ガスを製造した巨大企業（北宏一朗）（国際条約に違反した毒ガス開発・保歪・使用、戦後に存続し続けた毒ガス事故 ほか）、拉孟全滅戦の証言（遠藤美幸）（美化された全滅戦、ビルマ戦の特徴とは ほか）
2017.12 134p A5 ¥1000 ①978-4-86572-024-2

学生を戦地へ送るには―田辺元「悪魔の京大講義」を読む 佐藤優著 新潮社
【要旨】「悠久の大義のために死ねば、永遠に生きられる」。日米開戦前夜、京都帝国大学教授・田辺元の講義録『歴史的現実』は戦地へ赴く若者のバイブルとなった。戦後ずっと口を拭った田辺の矛盾と欺瞞を探り当て、"戦前回帰"の進む現代に警鐘を鳴らす佐藤優の合宿講座完全収録。
2017.7 365p B6 ¥1600 ①978-4-10-475213-3

学童集団疎開―受入れ地域から考える 一條三子著 岩波書店（岩波現代全書）
【要旨】子どもたちの悲惨な戦争体験として語られてきた学童集団疎開。しかし、受入れ地域からはまた別の側面が見える。県別に割り当てられた四〇万人もの宿舎、決定から最初の受入れまでわずか一カ月余、宿舎や食糧の工面、農作業や軍事施設までもの疎開…。埼玉県立高校の郷土部の調査を契機に、地域全体が戦時体制に巻き込まれる状況を明らかにした、新たな観点からの学童疎開史。
2017.10 265, 8p B6 ¥2400 ①978-4-00-029208-5

学徒出陣とその戦後史 久野潤監修、但馬オサム構成 啓文社書房
【要旨】大学生にとって戦場とは何だったのか？ 生還した学徒達が語る最期の証言集。
2017.10 289p A5 ¥1700 ①978-4-89992-022-9

華北の万人坑と中国人強制連行―日本の侵略加害の現場を訪ねる 青木茂著 花伝社、共栄書房 発売
【要旨】戦時中、日本の民間企業が行なった中国人強制労働。労働は過酷と凄惨を極め、過労と飢えや虐待や事故などで多数が死亡した。犠牲者が埋められた万人坑を訪ね、当事者の声に耳を傾ける。
2017.8 250p A5 ¥1700 ①978-4-7634-0827-3

河井弥八日記 戦後篇 2 昭和二十三年～昭和二十六年 尚友倶楽部、中園裕、内藤一成、村井良太、奈良岡聰智、小宮京編 信山社出版
【要旨】占領下日本の政治と社会。戦後政治と地域の復興を活写。参議院選挙、静岡県政と国政のつながりと、各地の砂防状況、地域インフラの整備等を解き、戦時と国政の関係を克明に記録する。
2016.12 656p A5 ¥9200 ①978-4-7972-6078-6

完結「南京事件」―日米中歴史戦に終止符を打つ 水間政憲著 ビジネス社
【要旨】やっぱりなかった「南京大虐殺」！ スクープ連発の著者が繰り出す決定的証拠。
2017.9 171p A5 ¥1600 ①978-4-8284-1968-8

韓国人の皆さん「強制連行された」で本当にいいの？ 杉田水脈著 育鵬社、扶桑社 発売
【要旨】10月、慰安婦が記憶遺産に登録!?韓国人を「日本人の奴隷」にしたがるのは誰ですか？朝日新聞が虚偽報道を謝罪し、日本が韓国に10億円払っても止まらない"反日プロパガンダ"！
2017.10 215p A5 ¥1500 ①978-4-594-07825-6

消えゆく太平洋戦争の戦跡「消えゆく太平洋戦争の戦跡」編集委員会編 山川出版社
【要旨】海底で朽ちゆく特攻機、ジャングルに眠る日本軍の爆撃機。虚空を睨む砲台跡、波に洗われる座礁船―。海外と国内に残る戦跡の現状をジャーナリストや作家、研究者らがレポート。風雨に晒され、多くが消滅の危機に。海外23地域、写真400点が物語る太平洋戦争遺跡のレッドデータブック。
2017.9 299p A5 ¥1800 ①978-4-634-15117-8

記憶の中のシベリア 久保田桂子著 東洋書店新社、垣内出版 発売
【要旨】戦争とシベリア抑留の現実を等身大に知りたい―自分の家族からはじまった取材の旅は海を渡った。元兵士へのインタビューを続けた映像作家の長い道行きの記録。兵士たちの肉声を聞くことは、消えゆく記憶を自分の中に生かし続けることだった。
2017.8 301p B6 ¥2200 ①978-4-7734-2028-9

冀東政権と日中関係 広中一成著 汲古書院
【目次】第1部 冀東政権の成立―板垣征四郎と殷汝耕（華北分離工作と板垣征四郎、殷汝耕の経歴 ほか）、冀東政権の主要政策（冀東政権の対日満外交、冀東政権の財政とアヘン専売制度、華北経済開発と灤（らん）河水力発電所建設計画（一九三一年～一九三七年）、冀東政権の防共政策）、第3部 通州事件と冀東政権の解消（通州事件の史的展開、通州事件に残る疑問）
2017.12 298, 7p A5 ¥7500 ①978-4-7629-6606-4

機動部隊出撃―空母瑞鶴戦史（開戦進攻篇） 森史朗著 潮書房光人社（光人社NF文庫）（『勇者の海』改題書）
【要旨】空母瑞鶴から見た真珠湾攻撃―日米開戦の真相に迫る。艦長から整備兵にいたるまで、幾多の生存者を取材して証言を集め、日米の史料を徹底検証し、未曾有の戦いを壮大なスケールで再現した珠玉のノンフィクション。瑞鶴乗員、艦攻・艦爆隊員たちはなにを思い、いかに戦ったのか。『勇者の海』シリーズ第1弾。
2017.6 483p A6 ¥1000 ①978-4-7698-3013-9

旧アメリカ兵捕虜との和解―もうひとつの日米史 徳留絹枝著 彩流社
【要旨】太平洋戦争中、あまりにも酷い扱いを受けた旧日本軍の捕虜たち。長年苦しみ抜いてきた元捕虜たちとの戦後和解は可能なのか。謝罪をめぐる日米両政府・企業との度重なる交渉と挫折、正義と和解を求め続けた元捕虜たちの活動、それを支えた一人の日本人女性の長年にわたる渾身の地道な支援と交流。
2017.8 341p A5 ¥3000 ①978-4-7791-2341-2

旧軍用地転用史論 下巻 杉野圀明著 （京都）文理閣
【目次】第3部 地域分析篇（北海道、東北地方、東京都、神奈川県（横須賀市を除く）、横須賀市、関東地方（東京都・神奈川県を除く）、甲信越地方、北陸地方、静岡県、愛知県 ほか）
2017.5 954p B5 ¥15000 ①978-4-89259-806-7

旧日本軍朝鮮半島出身軍人・軍属死者名簿 菊池英昭編著 新幹社
【目次】1 陸軍篇（全羅南道、全羅北道、慶尚北道、慶尚南道、京畿道、咸鏡南道、咸鏡北道、黄海道、平安北道、平安南道、忠清北道、忠清南道、江原道）、2 海軍篇（忠清南道、忠清北道、慶尚南道、慶尚北道、全羅南道、全羅北道、京畿道、江原道、黄海道、咸鏡南道、咸鏡北道、平安南道、平安北道）、3 解説・ほか
2017.7 1346p 27×19cm ¥30000 ①978-4-88400-118-5

教誨師関口亮共とBC級戦犯―シンガポール・チャンギー刑務所一九四六・一九四七 布川玲子、伊藤京子編著 日本評論社
【要旨】世代を超えて託された比類なき歴史の証言。シンガポールで兵士として終戦を迎えた関

口亮共は、戦犯裁判の開始後、チャンギー刑務所で教誨師を務め、多くの死刑囚を見送った。本書は、亮共が住職を務めた天台宗・明長寺の本堂の奥で発見された当時の、元BC級戦犯死刑囚の手記と、刑死者の遺族らから寄せられた手紙を世に公開するために、亮共の教え子と孫によって編纂されたものである。

2017.7 152p A5 ¥2300 ① 978-4-535-58707-6

◆**極東国際軍事裁判審理要録—東京裁判英文公判記録要訳　第5巻**　国士舘大学法学部比較法制研究所監修、松元直歳編・監訳・要訳、山本昌弘要訳　原書房　（明治百年史叢書 471）
【目次】2 検察主張立証段階（承前）（第13・14局面「対民間人・戦争捕虜残虐行為」（蘭領東インドでの残虐行為、太平洋諸島での残虐行為、支那での残虐行為、日本内地での残虐行為、B級・C級戦争犯罪と日本政府の対応（第2回審理）））

2017.3 494p B5 ¥25000 ① 978-4-562-04897-7

◆**キリング・ザ・ライジング・サン—アメリカは太平洋戦争でいかに日本を屈服させたか**　ビル・オライリー著、竹田純子訳　楓書店、サンクチュアリ出版 発売
【要旨】太平洋戦争で、アメリカは予想外の日本軍の抵抗に苦慮していた。ついにトルーマン大統領はこの戦争に決着をつけるため、悪魔の兵器の使用を決断した。日本軍に対し敵意とリスペクトを持つマッカーサー将軍。果て無き泥沼へと突き進んでいく日本の軍部。昭和天皇の苦悩。数多くの関係者と文献を取材し、激しい戦場、大統領執務室、日本軍の会議場など、まるでその場にいるかのような臨場感溢れる筆致で多くの読者を魅了し、全米で大ベストセラーとなったノンフィクションの邦訳書籍である。

2017.12 430p B6 ¥1800 ① 978-4-86113-831-7

◆**近代日中関係史の中のアジア主義—東亜同文会・東亜同文書院を中心に**　馬場毅編（名古屋）あるむ　（愛知大学東亜同文書院大学記念センター叢書）
【目次】第1章 日本と「興亜」の間—近衛篤麿と東亜同文会のアジア主義について、第2章 宮崎滔天と孫文の広州府における対日外交—第4章 孫文支援者・山田純三郎の革命派への関与とその実施について—1920年代、革命中国の資源開発を目指す動きを中心に、第5章 東亜同文書院中の台湾籍学生と林如堉（いふ）、呉逸民両人の戦後の白色テロ体験、第6章 東亜同文書院の「復活」問題と霞山会

2017.3 173p B5 ¥2500 ① 978-4-86333-122-8

◆**黒島の女たち—特攻隊を語り継ぐこと**　城戸久枝著　文藝春秋
【要旨】1945年、春。6人の特攻隊員がこの島に不時着した。けんめいの介抱によって、いのちを救われた。あれから70年が過ぎて、いまでも交流は続いている。老いもあって、きずなは途絶えた。記憶は風化される。それでも、あの戦争を語り継ごうとする人たちがいる。

◆**『軍神』を忘れた沖縄—戦後生まれの第一線記者が沖縄戦史の空白に迫る**　仲新城誠著（那覇）閣文社
【要旨】特攻隊の伊舎堂用久が後世に遺したメッセージは「自分の国は自分で守る」という強い決意であった。米軍基地問題で揺れる沖縄、そして、尖閣諸島では、中国公船の領海侵犯が常態化している現在、本書は現代の日本人にある種の示唆を投げかけてくれる。国民必読の書。

2016.12 179p A5 ¥1550 ① 978-4-86192-302-9

◆**経済制裁と戦争決断**　佐藤元英著　日本経済評論社
【要旨】太平洋戦争開戦の決断はいかになされたか。前史としての経済戦争の視点から、外務官僚の果たした役割を明らかにする。

2017.2 296p A5 ¥5500 ① 978-4-8188-2466-9

◆**検証/「若き哲学徒」死の真実**　弘津啓三編著　弓立社
【要旨】「どうぞお先に」…美談は本当だった。児玉隆也はルポ『「若き哲学徒」はなぜ救命ボートを拒んだか』で、昭和16年気丸遭難での彼の死を「多勢の死」に貶めたか、著者は生存者を含め全国に捜し求め真相に迫る！

2017.5 345p B6 ¥2200 ① 978-4-89667-993-9

◆**"原爆"を読む文化事典**　川口隆行編著　青弓社
【要旨】多様な核のイメージや言説の全体像をとらえるために、70項目をピックアップして解説

する。"原爆"から「戦後70年」を見通すだけでなく、「いま」と「これから」を考える有用な知の資源として活用できる、最新の知見と視点を盛り込んだ充実の「読む事典」。

2017.9 388p A5 ¥3800 ① 978-4-7872-3423-0

◆**原爆死の真実—きのこ雲の下で起きていたこと**　NHKスペシャル取材班著　岩波書店
【要旨】八月六日、原爆投下三時間後に撮影された写真から再現される地獄の声。人びとはどう逃げ、何を目にし、どんな音を耳にし、どのような苦痛を耐え忍び、あるいは力尽きていたのか。緻密な証言収集に科学的分析を加え、原爆によって人はどう死んでいったのか、その本当の酷さを解明。人類史上初めての原爆投下から七〇年以上経ってなお、いまだ拡散する核兵器の非人道性を明らかにする。

2017.7 184p B6 ¥2000 ① 978-4-00-061208-1

◆**原爆被爆者三世代の証言—長崎・広島の悲劇を乗り越えて**　澤田愛子著　（大阪）創元社　オンデマンド版
【目次】第1章 なぜ被爆三世代に注目するのか（なぜ私は被爆三世代の聞き取りを始めたのか、被爆の影響の世代間研究の全貌、被爆者を取り巻く心理社会的問題—リフトンの知見を中心に）、第2章 インタビューの実施：プロセスと方法（難航を極めたインタビュー対象者の獲得プロセス、わが国を霧のように被う「沈黙」の問題、インタビューの実施方法、どんな点に注目しながら各談話を読んでほしいか）、第3章 被爆三世代のメッセージ（山野三世代のメッセージ、内田三世代のメッセージ、山本三世代のメッセージ）、第4章 全体のまとめと提言

2017.5 342p B6 ¥3800 ① 978-4-422-93375-7

◆**皇軍兵士、シベリア抑留、撫順戦犯管理所—カント学徒、再生の記**　絵鳩毅著　花伝社、共栄書房 発売
【要旨】和辻哲郎門下生としてカント哲学に傾倒した絵鳩毅にとって、戦争とはいかなるものだったのか。シベリアの極限状況はどのように俘虜の心を壊していったのか。中国撫順戦犯管理所にて、戦犯はなぜ人間性を取りもどすことができたのか—。

2017.8 325p A5 ¥2000 ① 978-4-7634-0828-0

◆**こうして歴史問題は捏造される**　有馬哲夫著　新潮社　（新潮新書）
【要旨】中国、韓国から「歴史問題」ハラスメントが繰り返される中、終始おためごかしに迎合するかに新聞記者やテレビ番組制作者が歴史を歪曲しているのはなぜか。問題の根本は「歴史リテラシー」の欠如にある。第一次資料の読み方、証言の捉え方等、研究の本道を説き、慰安婦、南京事件等に関する客観的事実を解説。プロパガンダに与せず、イデオロギーに依らず、謙虚に歴史を見つめる作法を提示する。

2017.9 255p 18cm ¥800 ① 978-4-10-610734-4

◆**抗命 柳尚雄の物語**　柳道彦著　幻冬舎メディアコンサルティング、幻冬舎 発売
【要旨】1945年、終戦直後の遼陽。あの日の決断は、正しかったのだろうか。約4500人もの命を救ったにもかかわらず、彼が選んだのは「自死」だった。実話をもとに描かれる、個の意思を持つことが許されなかった第二次世界大戦直後に自らの考えを貫き行動した、一人の青年将校の物語。

2017.8 147p B6 ¥1100 ① 978-4-344-91272-4

◆**極秘司令皇統護持作戦—我ら、死よりも重き任務に奉ず**　将口泰浩著　徳間書店
【要旨】使命はただひとつ。天皇家の血筋を死守せよ。精強無比でなる三十三航空隊24名—。敗戦直後から8年間におよんだ極秘作戦の全容に迫る、灼熱と感動の群像ドキュメント！

2017.7 286p B6 ¥1700 ① 978-4-19-864439-0

◆**心の糸車—太平洋戦争が紡ぐ人間愛**　橋本妃壽奈著　栄光出版社
【要旨】遺された手帳と財布に託された日本兵とアメリカ兵の命。太平洋戦争の激戦地で、二人の日本兵が儚く散った。いつまでも戦争を終わらせることのできないアメリカ兵がいた。二人の足跡を辿る著者が、残された方々の姿から戦後70年の心の軌跡を追う。

2017.7 173p B5 ¥1500 ① 978-4-7541-0161-9

◆**五人の海軍大臣**　吉田俊雄著　潮書房光人新社　（光人社NF文庫）
【要旨】五人の思考と行動とは。日米開戦は阻止できなかったのか。海軍の苦難の時代を担当し

た最高責任者に誤りはなかったのか。

2018.1 366p A6 ¥880 ① 978-4-7698-3047-4

◆**近衛文麿 野望と挫折**　林千勝著　ワック
【要旨】昭和天皇、陸軍、尾崎秀実、東条英機らを操り、敗戦革命を計画。戦後、一転してマッカーサーに取り入り、天皇退位を画策。復権を試みた近衛だが、彼のシナリオは思わぬところで破綻した。

2017.11 398p B6 ¥2300 ① 978-4-89831-465-4

◆**コミンテルンの謀略と日本の敗戦**　江崎道朗著　PHP研究所　（PHP新書）
【要旨】戦前の日本もスパイ天国だった…。ロシア革命が成功したあと、レーニンは世界革命を遂行すべく、「コミンテルン（共産主義インターナショナル）」を創設した。それは恐るべき思想と悪魔的な手法に裏打ちされた組織であった。そして大日本帝国は、やすやすとその術中に乗せられ、第二次大戦に追い込まれていく。なぜ、そうなってしまったのか？ 実は、その背後には、日本の「自滅的」な大失敗があった。リヒャルト・ゾルゲ、尾崎秀実らの暗躍から、軍や政府内部の闇、左翼全体主義・右翼全体主義になった保守自由主義者の実像まで、隠された歴史の真実に迫る刮目の書。

2017.8 414p 19cm ¥980 ① 978-4-569-83654-6

◆**子らと妻を骨にして—原爆でうばわれた幸せな家族の記憶**　奈華よしこ著、松尾あつゆき、平田周原著　（福岡）書肆侃侃房
【要旨】子らと妻を骨にして—原爆でうばわれた幸せな家族の記憶、物語を読む前に/読んだ後に（編集部編）、「子らと妻を骨にして」発刊にあたって

2017.8 221p A5 ¥1500 ① 978-4-86385-272-3

◆**最後の帝国海軍—軍令部総長の証言**　豊田副武著　中央公論新社　（中公文庫プレミアム）
【要旨】山本五十六戦死後に連合艦隊司令長官をつとめ、最後の軍令部総長として戦艦大和の水上特攻など断末魔の帝国海軍の各作戦を命令した海軍大将が残した手記。そこに描かれた海軍内部の生々しいやりとりから見えてくる「海軍の失敗の本質」とは何か。

2017.7 306p A6 ¥860 ① 978-4-12-206436-2

◆**再発見 日本の哲学 石原莞爾—愛と最終戦争**　藤村安芸子著　講談社　（講談社学術文庫）
【要旨】関東軍参謀として「満州事変」を主導した石原は、昭和十五年には『世界最終戦論』を公刊。王道の東洋文明と、覇道の西洋文明との最終戦争を唱える。その背景には、軍事研究と日蓮信仰が相携わっていた。そして敗戦後の戦争放棄論。では世界統一とは何なのか。近代日本と法華経の関係をどう捉えるのか？ 変転の中に一貫する哲学を照射する。

2017.3 267p A6 ¥940 ① 978-4-06-292400-9

◆**自壊の病理—日本陸軍の組織分析**　戸部良一著　日本経済新聞出版社
【要旨】「東条英機は独裁者だったのか」「なぜ近衛声明を出してしまったのか」「大正期に肩身が狭かったはずの軍人がなぜ変貌したのか」—。素朴な疑問に答え、日本を敗戦に導いたエリート集団の失敗のメカニズムを、史実に基づいて解明する待望の昭和陸軍論。

2017.4 319p B6 ¥2000 ① 978-4-532-17620-4

◆**"自粛社会"をのりこえる—「慰安婦」写真展中止事件と「表現の自由」**　安世鴻、李春熙、岡本有佳編　岩波書店　（岩波ブックレット No.973）
【要旨】世界的カメラメーカーが、予定された「慰安婦」写真展を突如中止。その真の理由を明らかにしようと、裁判に訴えた写真家が勝訴した。事件から5年、あたりまえのように自己検閲＝自粛が広がり、日本の報道自由度ランキングは、評価対象180カ国・地域のうち72位とG7で最低となった。健全な社会のために、いま問い直す"自粛社会"の実像。

2017.9 77p A5 ¥620 ① 978-4-00-270973-4

◆**シベリア抑留関係資料集成**　富田武、長勢了治編　みすず書房
【要旨】第二次世界大戦終結、そしてシベリア抑留から70年余。旧ソ連が保持していた資料も開示された今、ようやく問題の全貌が明らかになった。関係者・研究者待望の、わが国最初の客観的資料集を公刊。

2017.1 865, 80p A5 ¥18000 ① 978-4-622-08515-7

◆**シベリア抑留 最後の帰還者—家族をつないだ52通のハガキ**　栗原俊雄著　KADOKAWA（角川新書）

【要旨】未完の悲劇、シベリア抑留。最後の帰還者の一人、佐藤健雄さんが妻とし子さんらと交わしたハガキが見つかった。ソ連は国際法違反である抑留の実態を知らせたくて、文書の持ち出しを固く禁じていた。一つの家族がつないだ奇跡の一次資料を基に、終わらなかった戦争を描く!
2018.1 273p 18cm ¥820 ①978-4-04-082175-7

◆『写真週報』とその時代 上 戦時日本の国民生活　玉井清編著　慶應義塾大学出版会
【要旨】戦時中、政府のプロパガンダを国民にわかりやすくアピールする目的で、昭和13年2月から20年7月まで発行されていた国策グラフ雑誌『写真週報』。当時掲載された350点を超える画像を紹介しつつ、そこから読みとれる当時の政策、国民の生活や意識を立体的に描き出す。上巻「戦時日本の国民生活」では、『写真週報』の創刊事情をまず詳述し、食糧や物資の徴用、労務動員など、モノから人へと広がった動員に『写真週報』が果たした役割と、国民生活の変容の実態を明らかにする。
2017.7 353p A5 ¥3400 ①978-4-7664-2435-5

◆『写真週報』とその時代 下 戦時日本の国防・対外意識　玉井清編著　慶應義塾大学出版会
【要旨】戦時中、政府のプロパガンダを国民にわかりやすくアピールする目的で、昭和13年2月から20年7月まで発行されていた国策グラフ雑誌『写真週報』。当時掲載された350点を超える画像を紹介しつつ、そこから読みとれる当時の政策、国民の生活や意識を立体的に描き出す。下巻「戦時日本の国防・対外意識」では、啓蒙活動による国防意識の刷り込みや、大東亜共栄圏構想や南進政策といった外交方針、同盟国ナチス・ドイツの礼賛と英米に対する誹謗などがいかに喧伝されたかを明らかにする。
2017.7 359p A5 ¥3400 ①978-4-7664-2436-2

◆写真で見る 日めくり日米開戦・終戦　石山永一郎編著、沼田清写真監修　文藝春秋（文春新書）
【要旨】あの日、何があったのか？ 太平洋戦争を考えるうえでもっとも重要な、真珠湾攻撃までの一カ月と、終戦前後のそれぞれの一カ月を、まったく新しい、写真付きの「日めくり」形式でつづる。後知恵を排した、臨場感ある百日間をあなたは目撃する！
2017.8 254p 18cm ¥1260 ①978-4-16-661136-2

◆十五歳の戦争―陸軍幼年学校「最後の生徒」　西村京太郎著　集英社（集英社新書）
【要旨】昭和二十年四月一日。少年・矢island喜八郎、のちの作家、西村京太郎は、エリート将校養成機関「東京陸軍幼年学校」に入学した。八月十五日の敗戦までの、短くも濃密な四か月半。「天皇の軍隊」の実像に戸惑い、同級生の遺体を燃やしながら死生観を培い、本土決戦で楯となる!という命令に覚悟を決めた一。戦時下の少年は何を見て、何を悟ったのか。そして、最後の混乱をどのように生き抜いて作家となったのか。本書は、自身の来歴について、著者が初めて書き下ろした自伝的ノンフィクション。いまこそ傾聴したい、戦中派の貴重な証言である。
2017.8 220p 18cm ¥760 ①978-4-08-720895-5

◆十四歳の「満州」―満蒙開拓青少年義勇軍千葉中隊鈴木弘一　かわな静著　(流山)榧書房出版
【要旨】「おれ満州に行って百姓になる」―14歳の弘一は内原訓練所を経て少年義勇軍として満州へ。酷寒の満州で下中の友を亡くし、遺骨を抱いて帰国。今伝えたい少年たちの過酷な異国の地での"戦争"。
2017.3 155p B6 ¥1200 ①978-4-8455-1214-0

◆書院生、アジアを行く―東亜同文書院生が見た20世紀前半のアジア　加納寛編　(名古屋)あるむ　(愛知大学東亜同文書院大学記念センター叢書)
【目次】第1部 総論、第2部 北方の大調査旅行、第3部 南方の大調査旅行、第4部 日本の勢力圏における大調査旅行
2017.3 273p A5 ¥3000 ①978-4-86333-121-1

◆証言―ナガサキ・ヒロシマの声 2017（第31集） 特集 ふたたび問う「平和は長崎から」　長崎の証言の会編　(長崎)長崎の証言の会、汐文社 発売
【目次】特集 ふたたび問う「平和は長崎から」(「真珠湾への誓い」、長崎市議会議員への核問題アンケート回答率はわずか4割弱、「言論ながさき」結成から1年 ほか）、証言(痛恨の私の被爆、それなりに苦労した周辺の人びと―今博多町での被爆体験、国民学校一年生の戦争・原爆・終戦直後の体験 ほか）、反核・平和運動（長崎・この一年を振り返る（16年8月～17年7月）、遺構めぐりと被爆講話―2017年度総会の記録、これからも「黒焦げの少年」とともに ほか
2017.10 171p A5 ¥1800 ①978-4-8113-0229-4

◆証言 零戦 真珠湾攻撃、激戦地ラバウル、そして特攻の真実　神立尚紀著　講談社（講談社プラスアルファ文庫）
【要旨】昭和15(1940)年9月13日の初空戦で、零戦は敵機を殲滅し、味方の損害はゼロという戦果を挙げ、開戦時の真珠湾、フィリピン攻撃でも、敵機を圧倒し続けた。ところが、4年後、次々と投入される敵新鋭機を前に形勢は逆転。その名機は、重大に撃墜を抱えて敵艦船に突入させられるまでに落ちぶれていた。この間、ときに撃墜され海を漂い、ときに被弾して重傷を負い、ときにマラリアを思い高熱にうなされながら、最前線で戦い続けた6人の男たちが、生身の体で記憶した戦場の真実を語る。
2017.11 469p A6 ¥1000 ①978-4-06-281735-6

◆証言録 海軍反省会 10　戸高一成編　PHP研究所
【要旨】「小柳史料」編纂の背景と海軍出身者としての意識、連合艦隊における暗号についての意識の低さ、伏見宮軍令部総長、嶋田海軍大臣の問題点など、談論風発の中に事実が浮かび上がる。第93回から第112回までを収録。
2017.9 667p A5 ¥7000 ①978-4-569-83652-2

◆昭和天皇をポツダム宣言受諾に導いた哲学者―西晋一郎、昭和十八年の御進講とその周辺　山内廣隆著　(京都)ナカニシヤ出版
【要旨】1943年1月22日皇居にて、尊皇の哲学者が、なぜ敗戦を見据えた講義を行なったのか？ かつて日本哲学界の最高峰にありながら、戦後忘れ去られた西晋一郎、その人となりと思想から最後の御進講に込めた願いが浮かび上がる。
2017.7 171p B6 ¥1800 ①978-4-7795-1162-2

◆知らなかった、ぼくらの戦争　アーサー・ビナード編著　小学館
【要旨】「敵性語」を習い、「毒ガス島」で働き、「アメちゃん」を驚かせた23人の「生きつづける体験」を、もと「敵国」の詩人が耳をすまし、つかみとった。「和解」も「理解」も、語ることから始まるのだ―。日本民間放送連盟2016年ラジオ報道番組"最優秀賞受賞、文化放送「アーサー・ビナード『探しています』」が本になりました！
2017.4 255p B6 ¥1500 ①978-4-09-388508-9

◆知られざる本土決戦南樺太終戦史―日本領南樺太十七日間の戦争　村村建雄著　潮書房光人社
【要旨】1945年8月9日、40万人の日本人が暮らす南樺太に突如、ソ連軍が攻撃を開始した。終戦の日を迎えてもなお南進を止めないソ連軍、空爆下に必死の逃避行を続ける住民、停戦命令と避難民の板挟みとなる日本軍…北方の「内地」で戦われた熾烈な地上戦の全貌を初めて明らかにする！
2017.8 649p B6 ¥3500 ①978-4-7698-1636-2

◆真実の日米開戦―隠蔽された近衛文麿の戦争責任　倉山満著　宝島社
【要旨】米開戦なぜ賢い人が愚かな選択をしたのか!?誰も書かなかった日本近現代史のタブー。初めて明かされるリベラルと平和主義の大罪！
2017.12 255p B6 ¥1300 ①978-4-8002-6966-9

◆神兵隊事件 別巻5　専修大学今村法律研究室編　専修大学出版局
【目次】神兵隊事件被告人訊問調書 豫審第一號室備付（宣誓書 證人 櫻井忠三、證人訊問調書 證人 櫻井艶三、證人訊問調書 證人 花野井荘蔵、宣誓書 鑑定人 菊地甚一、鑑定人訊問調書 鑑定人 菊地甚一、訊問調書 被告人 小池欽次郎、訊問調書 被告人 中島勝治郎、第二回訊問調書 被告人 中島勝治郎、訊問調書 被告人 白阪英 ほか）
2017.1 444p A5 ¥5600 ①978-4-88125-310-6

◆図説 東京裁判　太平洋戦争研究会編、平塚柾緒著　河出書房新社（ふくろうの本）　新装版
【要旨】東京裁判から70年、A級戦犯はなぜ、どのように裁かれたのか。一極東国際軍事裁判のすべてを、この一冊で知る。「日本軍の犯罪」「軍国主義」「満州国」「南京虐殺」「自衛権」「連合軍の誤解」…さまざまな論争とドラマ。
2017.7 151p 22×17cm ¥1800 ①978-4-309-76257-9

◆図説 日中戦争　太平洋戦争研究会編、森山康平著　河出書房新社（ふくろうの本）　新装版
【要旨】盧溝橋事件から80年、日中戦争はいかに始まり、「熾烈な泥沼の戦い」を経ていかに終わったか。―そのすべてを、この一冊で知る。北京近郊の盧溝橋で始まった日中戦争の8年間の"すべての作戦"を詳しく解説。
2017.7 175p 22×17cm ¥1800 ①978-4-309-76256-2

◆スポーツ物資の規制と軍部への供出　廣畑成志著　本の泉社　(過去の戦争とスポーツ―その痛恨の歴史シリーズ 2)
【要旨】追跡3 物資統制でスポーツ用具を規制、制限した（国家総動員体制のもとで、ゴム・皮革・鉄製用具の制限、耐えしのいだ「代用品」時代）、追跡4 球場は廃墟となり、軍事基地化していった（金属回収による鉄製品の徴集、軍事基地となったスタジアム、国技館が風船爆弾の工場に）
2017.2 61p A5 ¥550 ①978-4-7807-1296-4

◆「正定事件」の検証―カトリック宣教師殺害の真実　峯崎恭輔著、藤岡信勝解題　並木書房
【要旨】支那事変が始まった昭和12年10月、中華民国河北省の城塞都市「正定」を日本軍が占領した夜、カトリック宣教師ら9人のヨーロッパ人が、修道院から謎の武装集団によって連れ去られ殺害された―この正定事件から80年後、驚くべきことに事件被害者たちは日本軍による慰安婦要求から身を挺して二百人の婦女子を守った英雄になっていた。しかも殺害された宣教師の「列福審査」がバチカンで進行している。このままでは第二の南京事件や慰安婦問題になりかねない。一次史料をもとに「歪曲された悲劇」の真相に迫る！
2017.12 242p A5 ¥2000 ①978-4-89063-368-5

◆関千枝子 中山士朗 ヒロシマ往復書簡 第3集 2014‐2016　関千枝子, 中山士朗著　西田書店
【要旨】1945年8月6日午前8時15分、地上600mで炸裂した原爆は、10秒後に都市広島を壊滅させ、その年の12月末までに約14万人を死亡させた。その日、13歳の少女と15歳の少年は、ともに閃光と爆風の下にいた。生きのびてふたりはジャーナリストと作家になった。そしてここに「ヒロシマ忘れ残りの記」を完結させる。
2017.6 249p B6 ¥1600 ①978-4-88866-616-9

◆戦艦大和誕生 上　西島技術大佐の未公開記録　前間孝則著　草思社
【要旨】建造責任者が残した一千枚超の未公開手記により初めて明かされた。世界最大の戦艦建造の全容！
2017.6 467p A6 ¥1200 ①978-4-7942-2281-7

◆戦艦大和誕生 下 「生産大国日本」の源流　前間孝則著　草思社（草思社文庫）
【要旨】悲劇の最期を遂げた大和、そして敗戦。だがその技術は戦後日本に継承され開花する。
2017.6 472p A6 ¥1200 ①978-4-7942-2282-4

◆一九四五 占守（しゅむしゅ）島の真実―少年戦車兵が見た最後の戦い　相原秀起著　PHP研究所（PHP新書）
【要旨】終戦後の昭和20年8月17日深夜。ソ連は千島、北海道の占領をめざし、その最北端の占守島への侵攻を開始する。この暴挙に対し、日本軍は敢然と反撃。結果、戦車部隊を率いた池田末男連隊長はじめ約300名の戦死者を出すものの、ソ連軍には約3000名の損害を与え、侵攻を足止めさせた。もし、その戦いがなければ、北海道はソ連に占領され、日本の戦後は大きく変わっていたかもしれない。だが奮闘した兵士たちは、シベリアに送られ、さらに苦闘を重ねることになる…。貴重な証言から浮かび上がる、知られざる真実。
2017.7 273p 18cm ¥880 ①978-4-569-83634-8

◆戦後日本の反戦・平和と「戦没者」―遺族運動の展開と三好十郎の警鐘　今井勇著　御茶の水書房
【要旨】なぜ反戦・平和は無力なのか？ 戦後日本の国是ともいうべき反戦・平和の可能性と限界について、戦没者遺族運動の追求した「戦没者」像に注目して読み解く。反戦と平和の乖離に対する劇作家三好十郎の警句は決して過去のものではない。
2017.8 328,6p 23×17cm ¥5000 ①978-4-275-02068-0

歴史・地理

日本史

◆戦時下の絵本と教育勅語　山中恒著　子どもの未来社
【目次】1 美談をつくりあげる絵本、2 歴史観をすり込む絵本、3 アジアの子どもは皆仲良し、4 家族と国家、5 戦う子どもの教育、6 日の丸のもとに、7 子どもも働け、8 撃ちてし止まむ
2017.11 127p A5 ¥1500 ①978-4-86412-126-2

◆戦前日本の「戦争論」を読む─「来るべき戦争」はどう論じられていたか　北村賢志著　潮書房光人社　（『日米もし戦わば』改題書）
【要旨】「戦争」か「協調」か、戦ってети戦てるのか─満州事変をめぐり日本が国際的孤立を深めていた1930年代前半、中国、ソ連、米国などとの緊張が増すなかで多数刊行された近未来のシナリオ。第二次大戦前夜、識者は何を主張し、国民は何を求めていたのか？
2017.4 324p B6 ¥2000 ①978-4-7698-1643-0

◆戦争調査会─幻の政府文書を読み解く　井上寿一著　講談社　（講談社現代新書）
【要旨】1945年11月、幣原喜重郎内閣が立ち上げた国家プロジェクト＝戦争調査会。多数の戦犯逮捕、公文書焼却という困難のなかでおこなわれた40回超の会議。日本人自らの手で開戦、敗戦の原因を明らかにしようとしたものの、GHQによって1年弱で廃止するよう求められた未完のプロジェクトの全貌。
2017.11 259p 18cm ¥880 ①978-4-06-288453-2

◆戦争とトラウマ─不可視化された日本兵の戦争神経症　中村江里著　吉川弘文館
【要旨】アジア・太平洋戦争期に軍部の関心を集めた戦争神経症。恐怖を言語化することが憚られた社会で患者はどのような処遇を受けたのか。また、この病の問題はなぜ戦後長らく忘却されてきたのか。さまざまな医療アーカイブズや医師への聞き取りから忘却されたトラウマを浮かび上がらせ、自衛隊のメンタルヘルスなど現代的課題の検討に繋げる注目の一冊。
2018.1 316,4p A5 ¥4600 ①978-4-642-03869-0

◆戦争と平和　百田尚樹著　新潮社　（新潮新書）
【要旨】日本は絶対に戦争をしてはいけない。日本人ほど、戦争に向かない民族はいないのだから─。「ゼロ戦」と「グラマン」の徹底比較から見えてきた、日本たちの致命的な欠点とは何か。ベストセラー『永遠の0』に秘めた、本当の想いとは。作家が「何としても戦争を阻止しなければならない」という強い想いから真摯に綴った、圧倒的説得力の反戦論。
2018.1 220p 18cm ¥760 ①978-4-10-610731-3

◆戦争と放送　竹山昭子著　吉川弘文館　（読みなおす日本史）
【要旨】ラジオ放送は一九二五年、開始と同時に政府の統制下に入り、国策通信社が配信する情報をそのまま放送した。原爆などの不都合な情報を秘され、政府の指導に従った国民。戦時期の情報操作に果たした放送の役割を解明。
2018.1 285p B6 ¥2400 ①978-4-642-06757-7

◆祖国の選択─あの戦争の果て、日本と中国の狭間で　城戸久枝著　新潮社　（新潮選書）
【要旨】「中国では七回も売られたんだ」終戦は新たな苦難の始まりだった。肉親と逸れ、大陸に取り残されてしまった日本人は、運命の分かれ道で重い選択を強いられた。戦時下の満州や戦後の中国を彼らはどのように生き延び、帰国を果たしたのか。元戦争孤児の父をもつ筆者は、人生の終着駅に向かう六人の体験を丹念に聞き取り、戦争体験者のいなくなる時代に残すべき貴重な証言の記録。
2017.8 380p A6 ¥630 ①978-4-10-121051-3

◆組織の不条理─日本軍の失敗に学ぶ　菊澤研宗著　中央公論新社　（中公文庫）　『組織の不条理 なぜ企業は日本陸軍の轍を踏みつづけるのか』改題書
【要旨】個々の人材は優秀なのに、組織となると不条理な方向に突き進んでしまう。現代日本においても、あらゆる組織に見られるこの病理の根源は何か。「取引コスト理論」「エージェンシー理論」「所有権理論」など最新経済学理論での分析を通して追究。
2017.3 386p A6 ¥720 ①978-4-12-206391-4

◆側近日誌─侍従次長が見た終戦直後の天皇　木下道雄著，高橋紘編　中央公論新社　（中公文庫）
【要旨】天皇は退位すべきか？ 首都を東京から遷すべきか？ 宮中祭祀はどうなる？ マッカーサー司令部の本音は？ 敗戦という未曾有の事態に対して、昭和天皇がとった「独自の行動」とは？ 側近が綴るその「肉声」。
2017.2 571p A6 ¥1400 ①978-4-12-206368-6

◆素描・杉原千畝　小谷野裕子著　（横浜）春風社
【要旨】第二次世界大戦中に多くのユダヤ人を救った外交官・杉原千畝。岐阜県八百津町、中国のハルビン、リトアニアのカウナスなど、杉原と縁のある場所を訪ね、彼が未来に向けて描いた「いのち」の軌跡をつづる。
2017.3 214p B6 ¥1800 ①978-4-86110-528-9

◆ソロモンに散った聯合艦隊参謀─伝説の海軍軍人樋端久利雄　高嶋博視著　芙蓉書房出版
【要旨】"昭和の秋山真之""帝国海軍の至宝"と言われた伝説の海軍士官の生涯を描いた評伝。
2017.3 333p B6 ¥2200 ①978-4-8295-0707-0

◆大正っ子の太平洋戦記　美濃部正著　方丈社　復刻版
【要旨】死を目前にした著者が、渾身の力を振り絞って書き残した遺書を忠実に再現。私家版として刊行されたため、国会図書館でしか閲覧できなかった著書の初公刊。真珠湾攻撃から終戦直前まで、常に戦争の最前線で戦い続けた著者にしか書けない、迫真の戦記記録。合理的思考と戦略的思考を持った、誇り高き軍人の軌跡を伝える、第一級の証言資料。
2017.6 415p 24×17cm ¥6400 978-4-908925-15-3

◆対中外交の蹉跌─上海と日本人外交官　片山和之著　日本僑報社
【要旨】戦前期上海は、総領事館とともに公使館・大使館事務所が設置され、日本の対中外交上の一大拠点であった。当時の文官エリートであった日本人外交官は、なぜ中国との関係を外交的にマネージすることができず、陸軍に代表される武官エリートに翻弄され、あるいは同調することによって、明治の開国以来、近代日本が血と汗をもって営々と築き上げてきた遺産を崩壊させていったのか。上海で活躍した代表的な外交官の足跡を辿ることにより、彼らが果たした役割と限界、そして対中外交の蹉跌の背景と、現代の日中関係に通じる教訓と視座を提示する。
2017.9 332p B6 ¥3600 ①978-4-86185-241-1

◆タイ鉄道と日本軍─鉄道の戦時動員の実像 1941〜1945年　柿崎一郎著　（京都）京都大学学術出版会
【要旨】第2次世界大戦でタイは特殊な位置にあった。日本と同盟し枢軸国の一員となりながらも、終戦後は敗戦国としての扱いを受けなかった。それは「自由タイ」の抗日の成果であり、参戦も日本に強制されたものだといわれるが実際はどうだったのか。鉄道研究で名高い著者が、軍事輸送の細密な分析を通じて日タイ間の知られざる「戦い」を問う。
2018.1 595p A5 ¥5500 ①978-4-8140-0131-6

◆大東亜戦争の開戦目的は植民地解放だった─帝国政府声明の発掘　安濃豊著　展転社
【要旨】大東亜戦争によるアジアの解放は結果論や後づけではない。大日本帝国は開戦時に「政府声明」を発表し、開戦目的の一つがアジアの植民地解放であることを明確に謳っていた！
2017.10 158p B6 ¥1400 ①978-4-88656-447-4

◆大東亜戦争は日本が勝った─英国人ジャーナリストヘンリー・ストークスが語る「世界史の中の日本」　ヘンリー・S・ストークス著，藤田裕行訳・構成　ハート出版
【要旨】「太平洋戦争」はアメリカの洗脳だった。世界史を俯瞰して明らかになった真実。来日50年の総集編。
2017.4 284p B6 ¥1600 ①978-4-8024-0029-9

◆第二次世界大戦「戦闘機」列伝─カラー写真・決定版　三野正洋著　PHP研究所　（PHP文庫）
【要旨】零戦、スピットファイア、マスタング…。第二次世界大戦で活躍した戦闘機が、いまでも大空を舞い、多くの人を魅了しているのをご存じだろうか。本書は、現代に残された機体を撮影したカラー写真90点とともに、世界各国の戦闘機の歩みと特質を、列伝形式で解説。目で楽しみ、読んでじっくりわかる傑作の一冊。巻末にエアショー、体験フライトなどに関する便利なガイド付き。
2017.6 267p A6 ¥860 ①978-4-569-76727-7

◆対日協力政権とその周辺─自主・協力・抵抗　愛知大学国際問題研究所編　（名古屋）あるむ　（愛知大学国研叢書）
【要旨】植民地期朝鮮における親日派の民族運動─朴勝彬の自治運動・生活改善運動を中心に、満州国建国工作と金井章次の民族協和論、対日協力政権下の日本人顧問、官吏・職員に関する制度的変遷─「満洲国」・中華民国臨時政府・中華民国維新政府について、一九三〇年代中期華北における日本の電力開発─灤（らん）河水力発電所建設計画を例に、日中開戦前後の中国将来構想─張晴の「五族解放」「大満国」論、日本占領下華北における欧米キリスト教会と新民会の相克、維新政府の対日交流─中小学教員訪日視察団の見たもの、山東抗日根拠地における通信政策、台湾文化人における「抗日戦争」、日本の宣伝活動への対応にみるタイ政府の自主・従属・抵抗
2017.3 334p A5 ¥3000 ①978-4-86333-120-4

◆「太平洋戦争」アメリカに嵌められた日本　マックス・フォン・シュラー著　ワック　（WAC BUNKO）
【要旨】米国籍・米国人の私が、袋叩きにあおうとも真実を語ろう！ 先の大戦は「自衛の戦争だった」と、マッカーサーも後に考えは変わった！ アメリカ人が教わった「日米戦争」は嘘だらけ。「真珠湾・南京事件・慰安婦」の嘘を撃破しよう！
2017.3 219p 18cm ¥920 ①978-4-89831-751-8

◆大本営発表の真相史─元報道部員の証言　冨永謙吾著　中央公論新社　（中公文庫）
【要旨】「最初の六カ月間は戦果、被害共に極めて正確に近いものであった…マリアナ沖海戦以後は、誇大の戦果に損害の加わった隠しが加わって、見せかけの勝報が相次いだ」。虚報の代名詞として今でも使われ続ける大本営発表。その舞台裏を当事者自身が、豊富な関係資料を駆使して分析する。
2017.5 373p A6 ¥1000 ①978-4-12-206410-2

◆多田駿伝─「日中和平」を模索し続けた陸軍大将の無念　岩井秀一郎著　小学館
【要旨】「陸軍＝悪玉」史観を根底から覆す「良識派」軍人の知られざる軌跡。涙ながらに「戦線不拡大」を訴え続けた参謀次長がいた─初めての本格評伝。
2017.3 317p B6 ¥1700 ①978-4-09-379876-1

◆多摩の戦争遺跡　増田廣雄写真・文，入江進監修　新日本出版社
2017.7 119p 20×23cm ¥2300 ①978-4-406-06153-7

◆智将小沢治三郎─沈黙の提督その戦術と人格　生出寿著　潮書房光人社　（光人社NF文庫）
【要旨】連合艦隊の総力を挙げた─フィリピン沖海戦は失敗に終わった。しかし小沢の捨身の囮作戦成功は日本海軍の救いの一つとして残り、小沢は再び名将となった。
2017.7 355p A6 ¥860 ①978-4-7698-3017-7

◆千葉の戦後70年─語り継ぐ戦争体験　大和田武士編著　（柏）たけしま出版　（手賀沼ブックレット No.9）
【目次】1 千葉の大空襲、2 パラオから我孫子へ、3 爆煙を花火に─山下清と戦争、4 万鉄が来た─東京湾岸の開発、5 語り継ぐ戦争─戦争体験者の証言
2016.12 93p A5 ¥1000 ①978-4-925111-55-3

◆張学良が仕掛けた四つの罠─日中戦争と太平洋戦争の真実　橋田惠子著　（前橋）上毛新聞社
【要旨】日中戦争のきっかけになった"張作霖爆殺事件"では、「満蒙開拓の父」と呼ばれた群馬県出身の将校、東宮鉄男が実行犯とされる。殺害された張作霖の長男、張学良は日本を敗戦に追い込む周到な罠を仕掛けた。日中戦争の開始から日本の敗戦に至るまでの大きな歴史の謎に迫った力作。
2017.4 257p B6 ¥1300 ①978-4-86352-171-1

◆朝鮮出身の帳場人が見た慰安婦の真実─文化人類学者が読み解く「慰安所日記」　崔吉城著　ハート出版
【要旨】本当に「強制連行」「性奴隷」はあったのか!? 「悪魔の証明」といわれた難問に終止符を打つ。第一級史料から紐解いた著者渾身の書き下ろし！ 韓国で刊行された話題の書。『日本軍慰安所管理人の日記』の原典にあたり、その記述と内容を精査。
2017.11 221p B6 ¥1500 ①978-4-8024-0043-5

◆諜報憲兵─満州首都憲兵隊防諜班の極秘捜査記録　工藤胖著　潮書房光人社　（光人社NF文庫）
【要旨】新京憲兵隊特高課「工藤室」。満州国の首都・新京で活動する敵性国のスパイ網を殲滅

すべく、一九三七年九月、工藤胖憲兵軍曹を長として全員わずか七名で編成された特命防諜班一任務秘匿のため防諜班の呼称は部内でも禁じられ、室員は制服を着用せず、軍の服務規程の一切が免除されたー知られざる活動の記録。
2017.6 246p A6 ¥760 ①978-4-7698-3014-6

◆**通州事件—日本人はなぜ虐殺されたのか** 藤岡信勝、三浦小太郎編著　勉誠出版
【要旨】居留民225人惨殺陵辱！昭和12年7月29日、北京東方約20km。親日政権の兵士がなぜ反乱を起こしたのか？事件は偶発的出来事だったのか？通州事件の時代的・思想的背景は？中国周辺諸民族への弾圧とソックリなのは？戦後歴史学の闇に踏み込む。
2017.7 223, 29p B6 ¥1500 ①978-4-585-22186-9

◆**帝国軍人の弁明—エリート軍人の自伝・回想録を読む** 保阪正康著　筑摩書房　(筑摩選書)
【要旨】昭和の戦争を経験した陸軍軍人たちが書き残した書物は数多い。そこには開戦から終戦に至るまでの生々しい経緯、帝国陸軍内の空気、さらには戦後思想への評価なども、当事者でしか描きえない貴重な証言が数多く見出される。石原莞爾、瀬島龍三、堀栄三、田中隆吉、遠藤三郎等々の著作を取りあげ、書き手の政治的立場や信条面軍内での地位、見識と教養、さらには語り手としての誠実さを見極めながら、第一級の昭和史資料を読み解く試み。
2017.7 205p B6 ¥1500 ①978-4-480-01654-6

◆**帝国と立憲—日中戦争はなぜ防げなかったのか** 坂野潤治著　筑摩書房
【要旨】日本の命運を決した「相克」の近代史。80年前の夏、この国が破滅への道を選ばざるをえなかったのはなぜかー近代日本が抱えた宿命の「矛盾」に挑む。
2017.7 267p B6 ¥1700 ①978-4-480-85809-2

◆**提督の責任　南雲忠一——最強空母部隊を率いた男の栄光と悲劇** 星亮一著　潮書房光人社　(光人社NF文庫)　(「南雲忠一」改題書)
【要旨】数多の逸材を輩出した「米沢海軍」の系譜を継ぎ、魚雷戦の権威としてその名を謳われた海の男。連合艦隊司令部や自らの幕僚たちの間に軋轢を抱えながら畑違いの空母機動部隊を指揮し、太平洋戦争緒戦のハワイ・インド洋作戦で大戦果を挙げながらミッドウェー海戦で大敗を喫して一人その責めを負った寡黙な提督の悲劇。
2017.2 312p A6 ¥850 ①978-4-7698-2993-5

◆**データで見る太平洋戦争—「日本の失脚」の真実** 高橋昌紀著　毎日新聞出版
【要旨】太平洋戦争を日本はどのように戦い、負けたのか？数字が証言する、"一億総特攻戦"のリアル。
2017.8 206p A5 ¥1700 ①978-4-620-32462-3

◆**撤退—ガダルカナル・コロンバンガラ・キスカ** 有近六次ほか著　潮書房光人社　(光人社NF文庫)　新装版
【要旨】太平洋戦争の三大撤退作戦、生還にかけた軍人の英知！太平洋という大海原の作戦、先見の明を欠き、敵軍に関する判断を誤り、周到な準備なきまま逐次作戦を余儀なくされた果ての蹉跌—。不可能と思われた撤退作戦の全容を伝える。
2017.6 260p A6 ¥750 ①978-4-7698-3015-3

◆**東京裁判における通訳** 武田珂代子著　みすず書房　新装版
【要旨】いったい誰がどのように通訳業務を遂行したか。日米両国で入手した資料やインタビューを基に通訳作業の全体像に光をあてるとともに、通訳体制の三層構造、通訳手順成立の過程、三世モニターの複雑な立場といった、東京裁判通訳における際立った特徴に焦点を当てた。今日の通訳学の新潮流である社会科学的アプローチを適用し、東京裁判の歴史的・政治的文脈のみならず、裁判関係者間の力関係、通訳作業に関わった人々の社会的・文化的背景に目を向けながら、通訳事象の説明を試みる。法廷におけるリアルなコミュニケーション過程を明らかに。通訳学の専門家が、政治社会学との架橋の成果を問う。
2017.7 231, 7p B6 ¥4200 ①978-4-622-08634-5

◆**トーキョー・レコード　上　—軍国日本特派員日記** オットー・D. トリシャス著、鈴木廣之、洲之内啓子訳　中央公論新社　(中公文庫)
【要旨】ナチス・ドイツ報道でピューリッツァー賞を受けたトリシャスが、一九四一年二月、日本の地を踏めり。『ニューヨーク・タイムズ』の特派員としてであり、太平洋には戦争の暗雲

が広がり始めていた。取材した政治家の言動や印象、大使館員、特派員らとの交流に加え、本国に送った記事が引用・再現される。日米開戦前後の日本を伝える貴重な証言。
2017.9 443p A6 ¥1300 ①978-4-12-206459-1

◆**トーキョー・レコード　下　—軍国日本特派員日記** オットー・D. トリシャス著、鈴木廣之、洲之内啓子訳　中央公論新社　(中公文庫)
【要旨】困難な取材環境でまとめられた本書だが、著者による日本外交・国内政局の分析は鋭く、筆は第三帝国と軍国日本の比較に及ぶ。検閲に苦しみながらも記事を送り続けた著者は、一二月八日の日米開戦直後、スパイ容疑で逮捕・勾留される。五か月もの間、厳しく尋問され、たびたび拷問を受ける記述が生々しい。近代史の基本史料の完訳。
2017.9 446p A6 ¥1300 ①978-4-12-206460-7

◆**徳富蘇峰と大日本言論報国会** 赤澤史朗著　山川出版社　(日本史リブレット 98)
【要旨】第二次世界大戦は、イデオロギーの闘いでもあった。アメリカにとっては、それは民主主義に敵対するファシズムの哲学を打倒する闘いであり、ファシズム諸国の国家改造が目標に近い。これに対して日本の「思想戦」は、対外的な宣伝力が弱く、「思想戦」の主体とされた大日本言論報国会は、国内に残されている米英思想の排撃に狂奔する。同会々長の徳富蘇峰は、十五年戦争期に戦争を賛成して不死鳥のように戦時下の蘇峰の姿とともに描きたい。
2017.4 111p 21×15cm ¥800 ①978-4-634-54710-0

◆**と号第三十一飛行隊「武揚隊」の軌跡—さまよえる特攻隊　信州特攻隊物語完結編** きむらけん著　えにし書房
【要旨】インターネットでの偶然から5年、広がる機縁や因縁からついに明らかになった武揚隊の全貌！『鉛筆部隊と特攻隊』『特攻隊と「松本褶曲山脈」』『忘れられた特攻隊』(彩流社)出版を通して寄せられた情報がパズルのピースを埋め、新資料と検証の積み重ねで辿り着いた真実。
2017.12 258p B6 ¥2000 ①978-4-908073-45-8

◆**特攻隊語録—戦火に咲いた命のことば** 北影雄幸著　潮書房光人社　(光人社NF文庫)　(『特攻隊語録　命のことば』改題書)
【要旨】特攻散華した若き勇士たち139人の遺書・遺稿にこめられた魂の叫び。
2017.9 411p A6 ¥920 ①978-4-7698-3028-3

◆**特攻隊長のアルバム—B29に体当たりせよ「屠龍」制空隊の記録** 白石良著　元就出版社　改訂版
【要旨】写真で見る特攻の真実！日記とアルバムが語る特攻隊員の真情。本土防衛のために生命を懸けて戦いつづけた若者たちの苛烈なる日日。
2017.8 196p A6 ¥1600 ①978-4-86106-255-1

◆**特攻長官　大西瀧治郎—負けて目ざめる道** 生出寿著　潮書房光人社　(光人社NF文庫)
【要旨】特攻に対する責任はすべてが大西ひとりにあるのか。展望のない戦術への決断のときを描く。
2017.10 263p A6 ¥800 ①978-4-7698-3032-0

◆**特高と國體の下で—離散、特高警察、そして内戦** 孫栄健著　言視舎
【要旨】ある在日韓国人一世が歩んだ壮絶な韓国・日本現代史。
2017.4 303p B6 ¥2200 ①978-4-86565-090-7

◆**特高に奪われた青春—エスペランチスト斎藤秀一の悲劇** 工藤美知尋著　芙蓉書房出版
【要旨】新しい「国際語」を創るエスペラント運動を通して反戦平和を訴えた青年教師は、なぜ死なねばならなかったのか。「漢字を制限しローマ字化することで言葉の民主化を推進する」エスペラント運動が日本語抹消論、国際共産主義運動につながるとして山形県特高は徹底的に弾圧した。特高により捏造された斎藤秀一事件の全容と背景を秀一の日記、警察側の資料、関係者の証言などの分析で明らかに。
2017.8 200p B6 ¥1800 ①978-4-8295-0717-9

◆**とめられなかった戦争** 加藤陽子著　文藝春秋　(文春文庫)
【要旨】なぜ戦争の拡大をとめることができなかったのか、なぜ敗戦の一年前に戦争をやめることができなかったのか。歴史の流れを大きく方向づけた満州事変、日中戦争、日米開戦、サイパン陥落。この4つのターニングポイントから、歴史

をさかのぼり、戦争へと突き進んだ激動の昭和を、人々の思いが今なお染みついた土地と史料から考えていく。
2017.2 181p A6 ¥550 ①978-4-16-790800-3

◆**長き沈黙—父が語った悪魔の731部隊** 神谷則明著　かもがわ出版
【要旨】父は自らが隊員であった旧日本軍731部隊の罪状をマスコミに告白し、その2年後に世を去った。父の遺志をうけて、470回におよぶ「語り継ぐ活動」をおこなってきた著者。「憲法改正」が声高に叫ばれ、70年間守られてきた平和憲法が脅かされている今、学びとってほしい戦争の真実を伝える。
2017.6 115p A5 ¥900 ①978-4-7803-0925-6

◆**永田鉄山軍事戦略論集** 川田稔編・解説　講談社　(講談社選書メチエ)
【要旨】「帝国陸軍の至宝」永田鉄山(一八八四—一九三五)。第一次世界大戦がもたらした甚大な被害の衝撃は、このエリート軍人に「次の大戦は必ず起こる」と確信させた。国家総動員、資源の確保、政治への介入、若者の教育…。危難の時代を生き延びるため、あるべき国の姿とは？戦間期に永田自身が遺した論考七編に解説を加え、のち開戦に至る論理の核となった思考と足跡をたどる。
2017.8 357p B6 ¥1950 ①978-4-06-258661-0

◆**なぜ台湾人は世界一親日家なのか？** 板垣寛著　(矢巾町)ツーワンライフ　(みちのく文庫 Vol.4)
【要旨】あの大震災から6年。世界中からの支援に涙した日本！中でもいち早く200億の義援金と600トンの支援物資を寄せたのは台湾。「なぜ台湾から世界一の篤志が届いたのか」と疑問を持った著者の探求の旅が始まる—「そうか、日本にはこんな先覚者たちがいたのか…と」。
2017.4 181p A6 ¥790 ①978-4-907161-87-3

◆**「南京事件」を調査せよ** 清水潔著　文藝春秋　(文春文庫)
【要旨】戦後70周年企画として、調査報道のプロに下されたミッションは、77年前に起きた「事件」取材。なぜ、この事件は強く否定され続けるのか？「知ろうとしないことは罪」と呟き、西へ東へ南へ…。いつしか「戦中の日本」と「言論の自由」が揺らぐ「現在」がリンクし始める。伝説の事件記者が挑む新境地。
2017.12 319p A6 ¥740 ①978-4-16-790986-4

◆**2016年の「8.15」** 日中友好元軍人の会編　日本僑報社　(反戦平和・世代友好シリーズ 14)
【目次】1月号(政治の闘いは歴史認識の闘い、全世界同時代史アルチュール・ランボー伝(70) ほか)、2月号(教育公務員として迎える60歳定年の意味、全世界同時代史アルチュール・ランボー伝(70) ほか)、3月号(電力自由化と脱原発、全世界同時代史アルチュール・ランボー伝(71) ほか)、4月号(そうでない道、全世界同時代史アルチュール・ランボー伝(72) ほか)、5月号(オバマ大統領広島訪問、全世界同時代史アルチュール・ランボー伝(73) ほか)、6月号(武器輸出をやまさせよう、全世界同時代史アルチュール・ランボー伝(74) ほか)、7月号(改憲のステージに突入した、七・七集会報告 ほか)、8月号(サンダースの〈現象〉に学ぼう、沖松代表幹事平和学習会講演報告 ほか)、9月号(つぶやきをこだまに、全世界同時代史アルチュール・ランボー伝(77) ほか)、10月号(静かに進む改憲の動き、知覧特攻平和会館を見学して ほか)、11月号(立ち止まって考える大切さ、平和をつくる力 ほか)、12月号(民主主義国の非民主政治、今月の本「国のためにに死ぬのはすばらしい？」 ほか)
2017.8 1Vol. B5 ¥15000 ①978-4-86185-235-0

◆**日米開戦へのスパイ—東條英機とゾルゲ事件** 孫崎享著　祥伝社
【要旨】昭和史に刻まれる諜報事件、驚愕の真相。ゾルゲを嵌めたのはあの男だった?!元外務省国際情報局長が、これまでの「ゾルゲ事件」の定説を覆し、もうひとつの「日米開戦の正体」を説き明かす。
2017.7 352p B6 ¥1700 ①978-4-396-61609-0

◆**日米の衝突—ペリーから真珠湾、そして戦後** ウォルター・ラフィーバー著, 土田宏監訳, 生田目学文訳　彩流社
【要旨】日米関係は常に"衝突"の連続であり、"堪え忍ぶ"ことだった。「文化の違い、価値観の相違、さまざまな局面で顕在化した歴史を検証し、相互の理解と齟齬、底流に潜む問題点を俯瞰する大作！
2017.4 525, 74p A5 ¥5500 ①978-4-7791-2299-6

歴史・地理

日本史

◆日中戦争全史 上 対華21カ条要求(1915年)から南京占領(1937年)まで
笠原十九司著　高文研
【要旨】戦争には「前史」と「前夜」がある。日本の戦争指導者たちが踏み越えていった、数々の「point of no return(戦争回避不能な段階)」とは何か―日中戦争研究の第一人者による集大成！　2017.7 326p B6 ¥2300 ⓘ978-4-87498-624-0

◆日中戦争全史 下 日中全面戦争からアジア太平洋戦争敗戦まで　笠原十九司著　高文研
【要旨】日中全面戦争とは何だったのか。100万の日本軍が送り込まれた中国戦場で何が行われたのか―日本人の欠落した歴史認識を埋める、日中戦争とアジア太平洋戦争の全体像を描いた労作！　2017.7 373p B6 ¥2300 ⓘ978-4-87498-625-7

◆"日中戦争"とは何だったのか―複眼的視点　黄自進、劉建輝、戸部良一編著　(京都)ミネルヴァ書房
【要旨】日中戦争は、両国の近代史における最大の不幸であり、今日の日中関係の原点でもある。歴史認識の和解を視野に入れ、日本・中国・台湾の研究者が「あの戦争」をさまざまな角度から分析する。両国を戦争へと導いた力学、そして戦争の実態を明らかにし、さらに日中戦争がその後、世界の発展にいかなる影響を与えてきたのかを検討する。
2017.9 388, 11p A5 ¥6500 ⓘ978-4-623-07995-7

◆日本外交文書 占領期 第1巻 占領政策への対応　外務省編　六一書房
【目次】1 占領政策への対応(降伏文書調印と初期占領政策への対応(昭和20年9月～10月)、民主化・非軍事化政策への対応(昭和20年10月～21年5月)、経済施策への対応(昭和21年5月～24年4月)、制限緩和に向けた対応(昭和24年5月～27年4月))
2017.5 1Vol.A5 ¥7000 ⓘ978-4-86445-085-0

◆日本外交文書 占領期 第2巻 外交権の停止・日本国憲法の制定・中間賠償・他　外務省編　六一書房
【目次】2 外交権の停止、3 日本国憲法の制定、4 中間賠償(対象施設の決定と撤去に向けた対応、賠償の緩和から中止までの対応)、5「マッカーサー・ライン」をめぐる漁業問題、6 極東国際軍事裁判開廷までの対応
2017.5 1Vol. A5 ¥7000 ⓘ978-4-86445-086-7

◆日本軍兵士―アジア・太平洋戦争の現実　吉田裕著　中央公論新社
【要旨】310万人に及ぶ日本人犠牲者を出した先の大戦。実はその9割が1944年以降と推算される。本書は「兵士の目線・立ち位置」から、特に敗色濃厚になった時期以降のアジア・太平洋戦争の実態を追う。異常に高い戦死率、30万人を超えた海没死、戦場での自殺や「処置」、特攻、体力が劣悪化した補充兵、靴に鮫皮まで使用した物資欠乏…。勇猛と語られる日本兵たちが、特異な軍事思想の下、凄惨な体験を強いられた現実を描く。
2017.12 228p 18cm ¥820 ⓘ978-4-12-102465-7

◆日本軍鹵獲機秘録　押尾一彦、野原茂編　潮書房光人社　新装版
【要旨】日本航空史の空白を埋める衝撃の書！大戦中に日本軍が接収した故障軍用機の知られざるエピソードの数々を稀少フォトとともに一挙公開―捕らえられた敵機は、いかに性能を審査され、運用されたのか!?鹵獲時の塗装図、性能データ一覧も併載。
2017.8 166p A5 ¥2000 ⓘ978-4-7698-1649-2

◆日本人が知らない満洲国の真実―封印された歴史と日本の貢献　宮脇淳子著、岡田英弘監修　扶桑社　(扶桑社新書)(真実の満洲史1894～1956)加筆・改題書
【要旨】近代中国をつくったのは日本である！日清戦争勃発から、最後の引き揚げ船、舞鶴入港まで、日本と大陸の歴史を再検証。気鋭の歴史学者が世界史の視点で満洲国を読み解く。
2018.1 366p 18cm ¥880 ⓘ978-4-594-07840-9

◆日本人の目、アメリカ人の心―ハワイ日系米兵の叫び 第二次世界大戦・私たちは何と戦ったのか　荒了寛編著、大川裕男訳　開拓社
【要旨】ハワイ日系移民150年に明かされる衝撃の真実！「第二次大戦・最強の米兵は日系兵士だった！」彼らの戦いがアメリカ人の日本を見る目を変え、今日の激動の日米関係の源点にある！多大な犠牲を払って「戦争」と「差別」と戦い、戦後ハワイのリーダーになった日系二世二世元兵士の「死闘と栄光」の証言を座談会として収録。
2017.12 236p B6 ¥1600 ⓘ978-4-7589-7019-8

◆日本人のモンゴル抑留とその背景　ボルジギン・フスレ編　三元社
【要旨】ソ連は対日戦で60万人の日本軍捕虜を獲得し、その中から1万2000人がモンゴルに送られ、ウランバートルの都市建設の労働力などとして過酷な日々を過ごすことになった。捕虜がモンゴルに送られた背景、そして過酷な日々の実態を明らかにする。
2017.2 174p A5 ¥2000 ⓘ978-4-88303-432-1

◆日本占領期 性売買関係GHQ資料 第1巻　林博史監修　蒼天社出版
【目次】法務局資料―法務局 (Legal Section、LS) (BOX1416 12.2A：Prostitution, Punishment of (1416/17 LS 16296～LS 16299)、BOX2011 Venereal Disease (2011/19 LS 41409))、民事局資料―民事局 (Civil Affairs Section、CAS) (BOX2401 Venereal Disease Control (2401 / 12 CAS (D) 00545)、BOX2542 Monthly Venereal Disease Report (2542/33 CAS (C) 02690～CAS (C) 02691))
2016.11 198p B5 ¥30000 ⓘ978-4-901916-55-4

◆日本占領期 性売買関係GHQ資料 第2巻　林博史監修　蒼天社出版
【目次】民事局資料―民事局 (Civil Affairs Section、CAS) (BOX3032 Venereal Disease Control(3032/26 CAS(C) 08251～CAS(C) 08258))
2016.11 225p B5 ¥30000 ⓘ978-4-901916-56-1

◆日本占領期 性売買関係GHQ資料 第3巻　林博史監修　蒼天社出版
【目次】公衆衛生福祉局資料 公衆衛生福祉局 (Public Health and Welfare Section、 PHWS) (BOX9321 Summary Report of Venereal Disease Control Activities in Japan, October 1945 - December 1949 (9321/2 PHW 01141～PHW 01142)、BOX9336 Venereal Disease Control - Staff Visits, #1 (1945 - 1948)、#2 (1949 - 1950) (9336/5 PHW 00187～PHW 00189)、BOX9336 Venereal Disease Control (9336 / 6 PHW 00189)、BOX9432 United Nations Civil Assistance Command, Korea - Public Health Technical Bulletins (9432 / 4 PHW 04240～PHW 04241)、BOX9432 Communicable Disease, Korea (9432 / 9 PHW 04245～PHW 04248)、BOX9437 Communicable Diseases - Ryukyu (9437/18 PHW 03081～PHW 03082))、その他の部局資料―その他の部局 (Miscellaneous、MISC) (BOX9894 Miscellaneous Correspondence (9894/2 MISC 00768～MISC 00771)、BOX9894 Miscellaneous Confidential (9894/1 MISC 00765～MISC 00768))
2016.11 279p B5 ¥30000 ⓘ978-4-901916-57-8

◆日本占領期 性売買関係GHQ資料 第4巻・第5巻・第6巻　林博史監修　蒼天社出版
【目次】第4巻 公衆衛生福祉局資料―公衆衛生福祉局 (Public Health and Welfare Section、 PHWS) (BOX9370 Venereal Disease Control, #1 (1945 - 1946) (9370/8 PHW 00857～PHW00860)、BOX9370 Venereal Disease Control, #2 (1947 - 1948) (9370/9 PHW 00860～PHW 00864))、第5巻 公衆衛生福祉局資料―公衆衛生福祉局 (Public Health and Welfare Section、PHWS) (BOX9370 Venereal Disease Control, #2 (1947 - 1948) (9370/9 PHW 00860～PHW 00864)、BOX9370 Venereal Disease Control, #3 (1949 - 1950) (9370/10 PHW 00864～PHW 00867))、第6巻 公衆衛生福祉局資料―公衆衛生福祉局 (Public Health and Welfare Section、PHWS) (BOX9370 Venereal Disease Control, #3 (1949 - 1950) (9370/10 PHW 00864～PHW 00867)、BOX9370 Venereal Disease Control, #4 (1951) (9370/11 PHW 00867～PHW 00868))
2017.1 3Vols.set B5 ¥90000 ⓘ978-4-901916-53-0

◆日本とアメリカ戦争から平和へ 上 アメリカの誕生、日清・日露・欧州大戦から日英同盟廃棄まで―グリスウォルド『米国極東政策史』に学ぶ　長浜浩明著　アイバス出版
【要旨】アメリカの日本に対する深謀遠慮がよくわかる！
2017.4 269p B6 ¥1500 ⓘ978-4-907322-08-3

◆日本とアメリカ戦争から平和へ 下 欧州大戦から東亜戦争へ、アジアの独立とシナ内戦、ソ連崩壊まで―米国、シナ、ソ連の「極秘資料」で読み解く　長浜浩明著　アイバス出版
【要旨】日本が戦争に突き進んだ真相がよくわかる。戦後、姿を現す謀略から学ぶ歴史の真実！
2017.6 302p B6 ¥1500 ⓘ978-4-907322-12-0

◆日本の戦争責任についての認識　歩平著　グローバル科学文化出版
【要旨】本書は七章に分け、各章の前部分が歴史資料によって戦後の日本社会の歴史認識過程を実証と理論的に分析や説明や、各章の後部分が著者の接触した一部日本人の戦争経験と戦争歴史認識を紹介して前部分の理論を検証するのである。読者の方々がこの二部分の内容を結合して総合的に思考して、戦後日本人の戦争認識に対して割合客観的な結論を出すことを願っている。
2017.6 584p 24×16cm ¥4980 ⓘ978-4-86516-019-2

◆日本の戦争：歴史認識と戦争責任　山田朗著　新日本出版社
【要旨】過去から何を学ぶかで、現在と未来は大きく変わる。
2017.12 219p B6 ¥1600 ⓘ978-4-406-06188-9

◆日本は誰と戦ったのか―コミンテルンの秘密工作を追及するアメリカ　江崎道朗著　ベストセラーズ
【要旨】ヴェノナ文書で裏づけられる真珠湾攻撃というシナリオ。衝撃！米保守派の最新歴史研究。戦後の常識が全てひっくり返る！ロシア革命から100年今明かされるスターリンの戦争犯罪。日米を戦争に追い込んだソ連の謀略。
2017.12 303p B6 ¥1157 ⓘ978-4-584-13829-8

◆日本はなぜ、負ける戦争に突っ込んだのか―封印された現代史・昭和天皇の秘密計画　柏植喬介著　成甲書房
【要旨】十五年にもわたった昭和の戦争―日本はなぜ、敗北が決定的な対米英蘭戦に突っ込んでいったのか？日本の敗戦で「得」をするは、人は、どこで、誰だったのか？日本が戦った昭和の戦争の真相を追究し、その背後につくりあげた皇族と公家集団、陸海軍部の政治軍人、国内に巣食う共産主義者らの奸計を暴いた異色の史書。
2017.10 465p B6 ¥1800 ⓘ978-4-88086-361-0

◆日本陸軍試作機物語―名整備隊長が綴る自伝的陸軍航空技術史　刈谷正意著、秋本実補訂解説　潮書房光人社　新装版
【要旨】陸軍航空のメッカ・航空技術研究所で試作機の審査に携わり、実戦部隊では整備隊長としてキ84の稼働率100%を達成した整備のエキスパートが、自らの経験に加え、当時の担当者に取材しても、先人たちの夢と苦闘の跡をたどった知られざる記録！
2017.9 290p A5 ¥2200 ⓘ978-4-7698-1651-5

◆日本陸軍の機関銃砲―戦場を制する発射速度の高さ　高橋昇著　潮書房光人社（光人社NF文庫）
【要旨】弾丸を連続発射し、敵を制圧する威力を持った機関銃の登場によって戦場の形態は大きく変わった―日本銃器開発史に名を残す南部麒次郎の十一年式機関銃、二式陸軍戦闘機塵に搭載した三七ミリ大口径砲、画期的な防空システムだった二式多連高射機関砲など日本陸軍が装備した各種火器を写真と図版で詳解する。
2017.10 221p A6 ¥750 ⓘ978-4-7698-3031-3

◆日本陸軍の対ソ謀略―日独防共協定とユーラシア政策　田嶋信雄著　吉川弘文館
【要旨】日独関係深化の契機となった日独防共協定はいかに締結されたか。諜報・謀略活動、航空路整備、対イスラーム政策など陸軍の対ソ工作から再考。内実に不明な点が多い防共協定の全体像を解明し、両国の戦略的関係に迫る。
2017.3 201, 3p B6 ¥2800 ⓘ978-4-642-08315-7

◆日本陸軍の大砲―戦場を制するさまざまな方策　高橋昇著　潮書房光人社（光人社NF文庫）
【要旨】日露戦争、第一次大戦、太平洋戦争―通常の陸上戦闘から陣地戦まで、戦場の主役として活躍した強力な各種火砲―。旅順攻略に貢献した二十八センチ榴弾砲、山岳戦に威力を発揮した軽便な四一式/九四式山砲、要塞攻撃に期待がもたれた野戦用十センチ加農砲など、日本陸軍の屋台骨を支えた兵器を写真と図版で詳解。
2017.9 240p A6 ¥760 ⓘ978-4-7698-3026-9

◆日本陸軍の秘められた兵器—最前線の兵士が求める異色の兵器　髙橋昇著　潮書房光人社（光人社NF文庫）
【要旨】戦場において、敵を直接撃滅する目的を持った表の兵器とともに、第一線で行動する兵士たちを支えた陰の兵器—敵陣前の障害物を除去する、工兵の必需品・地雷探知機、鉄条網鋏。敵情観察、射弾観測に活躍した大観測鏡。指揮、連絡、救難用に重宝した信号拳銃など、陸軍のユニークな異色兵器を写真と図版で詳解。
2017.4 236p A6 ¥770 ①978-4-7698-3001-6

◆敗戦復興の千年史—天智天皇と昭和天皇　山本直人著　展転社
【要旨】未曾有の敗戦から奇跡的な復興を遂げた日本。その背景には昭和天皇が天智天皇から受け継いだ大化改新の精神がある。日本人が忘れたもう一つの敗戦"白村江の戦"を探り、千年の時空を超えて甦る壮大な敗戦復興史。
2017.2 214p B6 ¥1600 ①978-4-88656-433-7

◆敗走千里　陳登元著、別院一郎訳　ハート出版　復刻版
【要旨】中国人兵士が自ら語った、中国軍の腐敗と略奪の記録。昭和13年に刊行されるや、またたく間に100万部を超えるベストセラーとなった、「知られざる」戦争文学の名著が、現代に甦る！
2017.6 302p B6 ¥1800 ①978-4-8024-0039-8

◆パール判事の日本無罪論　田中正明著　小学館（小学館新書）　新版
【要旨】第二次大戦後、A級戦犯を裁くために開かれた東京裁判で、11人の判事中唯一、「被告人全員無罪」を主張したのがインドのパール判事だった。「東京裁判は、勝者が作った事後法によって、敗者だけを断罪した違法裁判である」。当時は読み上げることも許されなかったパール判決文をもとに、裁判の真実に迫ったベストセラー『パール判事の日本無罪論』（小学館文庫）を新書化。マッカーサーも認めた不正を、なぜ日本人だけが知ろうとしないのか。百田尚樹氏による書き下ろし原稿を巻末に収録。
2017.4 286p 18cm ¥800 ①978-4-09-825305-0

◆「反戦主義者なる事遺告申上げます」—反軍を唱えて消えた結核医・末永敏事　森永玲著　花伝社、共栄書房 発売
【要旨】キリスト教・内村鑑三の弟子として、結核の先駆的研究者でありながら戦争の時代に公然と反軍を唱え時代の霧と消えた医師、末永敏事—流転の人生を掘り起こす。
2017.7 227p B6 ¥1500 ①978-4-7634-0825-9

◆ハンドブック戦後日本外交史—対日講和から密約問題まで　宮下明聡著　（京都）ミネルヴァ書房　Minerva KEYWORDS
【要旨】「経済大国」日本がなしえた外交とは。日米同盟、自衛隊、沖縄返還、貿易摩擦、PKO派遣、密約問題、歴史・占領から70年間に直面する、82の外交事例を解明する。
2017.3 318, 14p A5 ¥3500 ①978-4-623-07861-5

◆不死身の特攻兵—軍神はなぜ上官に反抗したか　鴻上尚史著　講談社（講談社現代新書）
【要旨】1944年11月の第一回の特攻作戦から、9回の出撃。陸軍参謀には「必ず死んでこい！」と言われながら、命令に背き、生還を果たした特攻兵がいた。
2017.11 292p 18cm ¥860 ①978-4-06-288451-8

◆不戦海相 米内光正—昭和最高の海軍大将　生出寿著　潮書房光人社　（光人社NF文庫）（『昭和最高の海軍大将 米内光政』改題書）
【要旨】戦争をひきいる米内が、陸軍同様に戦争継続を主張していれば、広島、長崎への原爆投下、ソ連の参戦があったあの時点でも、天皇の終戦裁断はけれなかった。米内は「海軍を預る者」（海軍大臣）として、海軍を運営して国を誤らず、敗戦の真実に迫った国家と国民を破滅から救うという、抜群の功績を残したのである。
2017.11 491p A6 ¥980 ①978-4-7698-3037-5

◆兵器たる翼—航空機への威力をめざす　渡辺洋二著　潮書房光人社（光人社NF文庫）
【要旨】離敵の捕捉と一撃必墜を期した百式司令部偵察機の戦い。「震電」「研三」の開発。そして空対空爆弾の成果は…。
2017.6 240p A6 ¥780 ①978-4-7698-3011-5

◆米軍基地下の京都 1945年～1958年　大内照雄著　（京都）文理閣
【目次】憲法と日米安保体制の狭間で、第1部「基地の街」京都（米軍の京都進駐、「慰安」施設の設置、占領下の民衆運動）　第2部 朝鮮戦争下の京都（朝鮮戦争を支えた京都の米軍基地、戦争と京都、朝鮮戦争下の弾圧と抵抗）、経ヶ岬から見える京都の戦後
2017.7 263p A5 ¥2200 ①978-4-89259-808-1

◆平和の海と戦いの海—二・二六事件から「人間宣言」まで　平川祐弘著　勉誠出版　（平川祐弘決定版著作集第6巻）
【要旨】信頼すべき日本とは何か—日米戦争の最中、グルー大使は青年将軍に殺された重臣斎藤實を I admired, respected, and loved と讃えた。日米双方の当事者の目で見た二・二六事件から「人間宣言」まで。
2016.12 306p A5 ¥3800 ①978-4-585-29406-1

◆平和の発見—巣鴨の生と死の記録　花山信勝著　（京都）方丈堂出版、（京都）オクターブ 発売　並製版
【目次】巣鴨の門、文人の惑起、花とローソク、東京裁判の二年間、二十七名死刑囚の記録、巣鴨生活のまま、東京裁判の終幕、七人との面談記録、昭和二十三年十二月二十三日午前零時一分、平和の発見、東条英大将の遺言
2017.4 349, 9p B6 ¥2000 ①978-4-89480-214-8

◆平和へのバトン—私たちの戦争体験　山岡富美ほか編著　天地人企画
【目次】僕の戦争体験、裸足での通学、私は、あの戦争にどう協力したか、女学校・東京大空襲・敗戦、「軍国少年」はこうして育てられた、学校はどういう場所だったか、私の戦争体験 7～8歳、資料
2017.4 152p B6 ¥1400 ①978-4-908664-04-5

◆忘却の引揚げ史—泉靖一と二日市保養所　下川正晴著　（福岡）弦書房
【要旨】戦後日本の再生は、ここから始まる。中絶施設・二日市保養所は、忘却された「戦後の穴」である。跡地に立つ「仁」の慰霊碑が、その記憶を静かに語る。—満州などでの性暴力被害者数百人を、引揚げ港・博多近郊で治療を受けた。女性や孤児らを支えた献身的行為に光をあてた労作。インカ遺跡を発掘した文化人類学者・泉靖一を、「災害人類学」の先駆者として再評価する。
2017.8 333p B6 ¥2200 ①978-4-86329-155-3

◆「飽食した悪魔」の戦後—731部隊と二木秀雄『政界ジープ』　加藤哲郎著　花伝社、共栄書房 発売
【要旨】731部隊で結核・梅毒の人体実験を企画・実行した二木秀雄。戦後GHQによって免責された彼は、故郷の金沢で時局雑誌刊行を始め、政財界にも人脈を広げる。個人の一生をたどりながら、戦後に連続した731部隊の隊員たちの活動と、医療民主化の裏側での医学者たちの復権をアメリカ公文書などの新資料から明らかにする。
2017.5 397, 10p A5 ¥3500 ①978-4-7634-0809-9

◆茫漠の曠野ノモンハン　松本草平著　東方通信社、ティ・エー・シー企画 発売
【要旨】日本を戦争のできる国にしてはならない！ ノモンハン戦争では20人に1人しか生き残れなかった。指揮官（リーダー）失格の無謀な戦争だった。この凄惨な戦争の生き残り兵、一軍医の『憤慨の手記』を復刻!!
2017.8 417p B6 ¥1800 ①978-4-924508-24-8

◆葬られた文部大臣、橋田邦彦—戦前、戦中の隠されてきた真実　高橋琢磨著　WAVE出版
【要旨】世界的科学者を多数有して科学立国日本を抱いた男。日本の政治・経済に大きな貢献をした。にもかかわらず葬り去られたのはなぜか？ 浮かび上がる真実とは？ 近衛・東條内閣の文相が歴史から消された真相を探り戦時の昭和に斬り込む！
2017.3 287p B6 ¥1900 ①978-4-86621-056-8

◆マッコイ病院—玉砕の島サイパンから生きて還る　大日向葵著、よしだきょう編　彩流社
【要旨】砲撃で負傷した左腕をかばいながら、右手で自力で手榴弾を探す。「ない！しまった」と思う間もなく敵の手榴弾が炸裂し、泥をかぶる。暗夜の戦い…。気がつけば米軍の捕虜に！ 戦争記録文学の金字塔！ 時代を超えて再び世に問う！ 附録 ゲーテル物語。サンデー毎日大衆文芸賞受賞作品（第44回昭和28年度・下期）。
2017.8 263p B6 ¥2000 ①978-4-7791-2390-0

◆学びなおし太平洋戦争 1 徹底検証「真珠湾作戦」　半藤一利監修、秋永芳郎、棟田博著　文藝春秋（文春文庫）
【要旨】昭和16年12月8日の真珠湾攻撃から昭和20年8月15日の終戦まで、快哉と苦汁と辛苦の激闘の戦史を克明に描き出すシリーズ全4巻。第1巻は山本五十六連合艦隊司令長官の秘策の的中した緒戦から南方作戦での快進撃まで。巻末のみならず各章ごとに監修者・半藤一利氏の解説付き。総ルビ表記で、大人から子供まで楽しめます！
2017.5 425p A6 ¥850 ①978-4-16-790860-7

◆学びなおし太平洋戦争 2 「ミッドウェー」の真相に迫る　半藤一利監修、秋永芳郎、棟田博著　文藝春秋（文春文庫）
【要旨】大人から子どもまで楽しめる戦記シリーズ第2弾。緒戦で勝利を挙げた日本軍は昭和17年、南方作戦に踏み切ります。インド洋、ミッドウェー、ガダルカナル島、熾烈と激闘を繰り広げるその描写は、手に汗握るリアリティに満ちています。監修者・半藤一利氏の解説は、前巻同様、巻末に加えて各章ごとに詳細に語られています。
2017.6 459p A6 ¥870 ①978-4-16-790876-8

◆学びなおし太平洋戦争 3 運命を変えた「昭和18年」　半藤一利監修、秋永芳郎、棟田博著　文藝春秋（文春文庫）（ジュニア版太平洋戦争1～4）再編集・改題書）
【要旨】昭和18年は太平洋戦争の折り返し点だけでなく、日本の行く末を大きく左右する出来事ばかり。山本五十六の戦死、アッツ島での玉砕の連鎖…。米英の連合国は日本に突きつけた終戦の条件とは？ 移りゆく戦場の中で、日本兵たちは最後に何を思ったのか？ 半藤一利氏の解説は、各地で繰り広げられた戦闘の意味を問います。
2017.7 401p A6 ¥840 ①978-4-16-790896-6

◆学びなおし太平洋戦争 4 日本陸海軍「失敗の本質」　半藤一利監修、秋永芳郎、棟田博著　文藝春秋（文春文庫）（ジュニア版太平洋戦争1～4）再編集・改題書）
【要旨】昭和20年8月、ついに終戦を迎えた。ここまでの足掛け5年の戦争で失ったものは何だったのか？ 硫黄島、沖縄、特攻隊、広島・長崎への原爆投下…。70年前に、日本人が体験した悲劇を知るためにも、戦争の全貌が読み継がれるべきではないか。稀代の戦記作家が書き残した、半藤一利監修の全4巻、完結です！
2017.7 439p A6 ¥860 ①978-4-16-790897-3

◆幻の声 NHK広島8月6日　白井久夫著　岩波書店　（岩波新書）　（第5刷）（第1刷1992年）
【要旨】八月六日、壊滅状態の広島で、交信を求める悲しげな女性の声がラジオから流れた…。NHKに舞い込んだ一通の手紙から、"幻の声"の主を追う著者の旅は始まる。一七年にも及ぶ取材から見えてきた、巨大な歴史の下の人間ドラマとは？ 戦時下のメディアの実像、そして、敗戦を目前にした日本の防空体制の不備もつく異色の記録。
2017.7 246p 18cm ¥840 ①4-00-430236-6

◆幻の雑誌が語る戦争—『月刊毎日』『国際女性』『新生活』『想苑』　石川巧著　青土社
【要旨】存在すら知られなかった雑誌『月刊毎日』が発見された。検閲のゆるい占領下北京だからこそ見逃がされた小説や批評は、現在ほど冷静に現実を直視する文化人の姿を映し出す。戦後GHQの検閲の実態や、女優・原節子の貴重なエッセーも掲載。附・『月刊毎日』『国際女性』『新生活』総目次。
2018.1 318p B6 ¥2600 ①978-4-7917-7037-3

◆"幻"の日本語ローマ字化計画—ロバート・K・ホールと占領下の国字改革　茅島篤編著　くろしお出版
【要旨】占領下、一人の米軍士官が計画した日本語ローマ字化。戦後の日本語表記にも影響を与えた、幻の計画に迫る史料集。知られざる終戦直後の攻防！
2017.6 261p A5 ¥3700 ①978-4-87424-737-2

◆マル秘 外国新聞に現はれたる支那事変漫画—"リプリント版" 内閣情報部・情報宣伝研究資料第七輯　白戸健一郎解題　（大阪）創元社　（創元学術アルヒーフ）
【目次】マル秘 外国新聞に現はれたる支那事変漫画、解題「情報宣伝研究資料 第七輯 マル秘 外国新聞に現はれたる支那事変漫画」（白戸健一郎）
2017.10 187p A5 ¥3700 ①978-4-422-93376-4

◆漫画 特攻最後のインタビュー　そやままい著、神崎夢現、長尾栄治原案　扶桑社
【要旨】あの日の若者から、今の若者へ。入隊・訓練・直掩・桜花突入目撃・敵弾命中・墜落・捕

日本史

虜収容所・復員…。極限状況をくぐりぬけた特攻隊員が語る戦争の真実。
2017.8 302p A5 ¥1200 ①978-4-594-07775-4

◆満州 安寧飯店―昭和二十年八月十五日、日本の敗戦　岡田和裕著　潮書房光人社（光人社NF文庫）新装版
【要旨】満州国崩壊―そのとき、日本人は何を考え、どう生きたのか。日本人が入植して造りあげた町・安東。ソ連軍進攻にともなって地獄図絵と化した国境の町でくりひろげられた敗戦国民・日本人の長く苦しい暑い夏。官僚でもなく、軍人でもなく、財閥とも無縁の市井の人々の苦闘の時代を描く感動のノンフィクション。
2017.9 388p A6 ¥900 ①978-4-7698-3030-6

◆満州開拓団の真実―なぜ、悲劇が起きてしまったのか　小林弘忠著　七つ森書館
【要旨】軍隊の庇護も受けずに、現地に取りのこされ、逃げまどったあげく自決した「満州開拓団の悲劇」を、元毎日新聞記者が後世に伝える。
2017.8 239p B6 ¥2000 ①978-4-8228-1780-0

◆「満州国」における抵抗と弾圧―関東憲兵隊と「合作社事件」　荻野富士夫、兒嶋俊郎、江田憲治、松村高夫著　日本経済評論社（小樽商科大学研究叢書）
【要旨】「満州国」統治に猛威をふるい、反満抗日運動・在満日系共産主義運動を弾圧した関東憲兵隊。フレーム・アップされた「合作社事件」の実態を解明。
2017.3 356p A5 ¥6000 ①978-4-8188-2458-4

◆満洲帝国ビジュアル大全　辻田真佐憲監修　洋泉社
【要旨】幻の国家のイメージ戦略が貴重な資料からよみがえる！
2017.3 127p B5 ¥2800 ①978-4-8003-1186-3

◆満洲統制経済人脈　杉田望著　文芸社（文芸社文庫）
2017.6 285p A6 ¥680 ①978-4-286-18769-3

◆満洲における政府系企業集団　柴田善雅著　日本経済評論社
【要旨】満鉄設立から日本敗戦までの持株会社企業集団の分析を行う。満洲で活躍した満鉄系、東拓系、満洲国系、満業系の企業集団はいかなる投資を模索したかを実証的に検証。
2017.2 728p A5 ¥8800 ①978-4-8188-2448-5

◆満鉄技術者たちの運命―国共内戦下の逃避行　片濱泰雄著　(我孫子)オーラル・ヒストリー企画、星雲社 発売
【要旨】ソ連占領下の大連。満鉄技術者と家族127名、全員中国人に変装して脱出。山東半島の科学技術センター設立のため招聘されたが、国共内戦勃発。グループに分裂し逃避行開始する。生活は辛酸を極め、日本への帰国を主張する者、残留やむなしとする者に分裂。しかし再び大連へ…。
2017.6 283, 6p B6 ¥1800 ①978-4-434-23424-8

◆三笠宮と東條英機暗殺計画―極秘証言から昭和史の謎に迫る　加藤康男著　PHP研究所（PHP新書）
【要旨】平成28年10月27日に百年のご生涯をまっとうされ、薨去された三笠宮崇仁親王。実は、将来発表されることを望まれて、封印された歴史についての証言を遺されていた。昭和19年夏。日本が絶対国防圏と定めたサイパンが危機に陥ると、首相、陸相、参謀総長を兼ねる東條英樹への批判が巻き起こる。「このままでは日本は蹂躙される」と意を決したある陸軍少佐が、東條抹殺を企図。計画書を三笠宮に渡そうとする。そして―。三笠宮邸下のロングインタビューや未公開史料から、昭和史上、稀に見る怪事件の謎を解き明かし、歴史の闇に迫る。
2017.1 248p 18cm ¥820 ①978-4-569-83272-2

◆水を石油に変える人―山本五十六、不覚の一瞬　山本一生著　文藝春秋
【要旨】真珠湾攻撃の三年前、海軍省で三日三晩の夜を徹した実験が行われていた。その「街の科学者」は、海軍次官山本五十六や後に「神風特攻」を考案する大西瀧治郎らの前で、水をガソリンに変えてみせたのだという。石油の八割をアメリカからの輸入に頼る日本が、きたるべき日米戦に際しての秘策になるのか？　戦争・石油・日本人をめぐる数奇な歴史ノンフィクション！
2017.6 253p B6 ¥1770 ①978-4-16-390675-1

◆見捨てられた戦場　平塚柾緒著　洋泉社（歴史新書）

【要旨】戦闘が終結しても、戦争は終わらない。沖縄、満州、北千島、樺太、東南アジア、南洋諸島、インドネシア―「8月15日以降」も戦わざるを得なかった日本人の記憶。
2017.7 239p 18cm ¥980 ①978-4-8003-1275-4

◆緑十字機 決死の飛行　岡部英一著　(静岡)静岡新聞社
【要旨】昭和20年8月20日夜半。静岡県磐田市の鮫島海岸に、飛行機が不時着した。終戦直後、マッカーサーの軍使派遣命令により、降伏軍使を乗せて飛行した日本海軍の一式陸攻機であった。マッカーサーの命令で、機体を白く塗り十字マークを表示していた。マニラでの会議を終え、一刻も早く結果を復命すべく、沖縄県伊江島を離陸し、夜間飛行で東京に向かった。しかし、復路の途中、磐田市の鮫島海岸に予期せぬ不時着を遂げる。緑十字機は何故不時着したのか。派遣命令から任務完遂までの7日間の記録。
2017.6 427p B6 ¥2300 ①978-4-7838-9956-3

◆迷宮歴史倶楽部―戦時下日本の事物画報　モリナガ・ヨウ著　学研プラス
【要旨】風船爆弾、照空燈、戦時マネキン、竹槍少女…戦中の日本ってどんなとこ!?イラスト・ルポの名手がやわらかく、しかし精密に描きだす！　加藤陽子×モリナガ・ヨウ特別対談を収録！
2017.8 80p B5 ¥2200 ①978-4-05-406589-5

◆もしも魔法が使えたら―戦争孤児11人の記憶　星野光世著　講談社
【要旨】東京大空襲、親を失った戦争孤児は、どう生きたのか？　子どもたちに伝えたい戦争の真実。83歳の主婦が描く11人の戦争孤児の体験。
2017.6 159p A5 ¥1800 ①978-4-06-220655-6

◆『焼き場に立つ少年』は何処へ―ジョー・オダネル撮影『焼き場に立つ少年』調査報告　吉岡栄二郎著　(長崎)長崎新聞社
【要旨】少年はだれ？　まなざしの先にあるのは…。1枚の写真のナゾを追い続ける渾身のルポ。
2017.6 37, 106p B6 ¥1100 ①978-4-86650-002-7

◆『吉薗周蔵手記』が暴く日本の極秘事項―解読！陸軍特務が遺した超一級史料　落合莞爾著　成甲書房（落合・吉薗秘史1）
【目次】第1章『吉薗周蔵手記』とは何か、第2章 吉薗周蔵の背景、第3章 上原勇作の密命、第4章 薩摩ワンワールドの三人の総長、第5章 薩摩ワンワールドと國體再工会の接点、第6章 公家堂家と大室王朝、第7章 落合秘史の状況証拠は「國體伝承」、第8章 元帥上原勇作とは何者か、第9章 ウバイド・ワンワールドとは、第10章「台湾・先島経略」は大和ワンワールドの秘密国是、付章 佐伯祐三と吉薗周蔵
2017.5 408p A6 ¥920 ①978-4-88086-357-3

◆四人の連合艦隊司令長官―日本海軍の命運を背負った提督たちの指揮統率　吉田俊雄著　潮書房光人社（光人社NF文庫）
【要旨】四人の情勢判断と意志決定とは。日米戦の作戦指導の欠陥を指摘！山本五十六、古賀峯一、豊田副武、小沢治三郎各司令長官とスタフたちの指揮統率の経緯を分析し、作戦優先の日本海軍の弊習を指弾する。
2017.6 320p A6 ¥920 ①978-4-7698-3027-6

◆陸軍省軍務局と政治―軍備充実の政策形成過程　大前信也著　芙蓉書房出版
【要旨】昭和戦前期の陸軍が果たした役割を「予算編成過程の考察」というこれまでとは別の角度で分析。陸軍予算編成の実態、陸軍と大蔵省・帝国議会との関係などの検討から政策形成の構図を明らかにする。
2017.2 248p A5 ¥3200 ①978-4-8295-0705-6

◆ルーズベルトの開戦責任―大統領が最も恐れた男の証言　ハミルトン・フィッシュ著、渡辺惣樹訳　草思社（草思社文庫）
【要旨】ニューディール政策を厳しく批判し、米国伝統の非干渉主義の立場から、第二次大戦への関与に反対していた著者ハミルトン・フィッシュ下院議員（当時）は、フランクリン・ルーズベルト大統領が最も恐れ、かつ最も憎んでいた共和党の重鎮である。フィッシュは真珠湾攻撃後のルーズベルトの対日宣戦布告に同調するものの、のちに大統領が日本への最後通牒を隠していたことを知り、日本との戦争は対ドイツ参戦の前段にすぎず、チャーチルこそがアメリカをこの戦争に巻き込んだ張本人であると確信するに至る。本書は、大戦前夜の米政権の内幕を知る政府高官が自ら書き残した、現代史の相貌を根底から覆す驚くべき証言である。
2017.4 427p A6 ¥1000 ①978-4-7942-2266-4

◆ルーズベルトは米国民を裏切り日本を戦争に引きずり込んだ―アメリカ共和党元党首H・フィッシュが暴く日米戦の真相　青柳武彦著　ハート出版
【要旨】ルーズベルトの策謀がなければ広島・長崎の原爆も大空襲も日米合計約350万人もの将兵たちの尊い命も失われることはなかった。フィッシュが彼の戦争犯罪を告発した渾身の書"Tragic Deception"（邦題：日米・開戦の悲劇）によって明らかとなった"先の大戦の真実"とは？
2017.2 271p B6 ¥1600 ①978-4-8024-0034-3

◆歴史を学ぶ、今を考える―戦争そして戦後　内海愛子、加藤陽子著　梨の木舎（教科書に書かれなかった戦争 Part66）
【目次】1部 歴史を学び、今を考える（それでも日本人は「戦争」を選ぶのか？、日本の戦後―少数者の視点から）、2部 質問にこたえて（「国家が想像を超える形で国民に迫ってくる場合があります」、「戦争も歴史も身近な出来事から考えていくことで社会の仕組みが見えてきます」）、資料（英米共同宣言、開戦の詔書、『内外商業新報』1941年12月9日ほか）
2017.6 154p 21×14cm ¥1500 ①978-4-8166-1703-4

◆歴史教科書の日米欧比較―食料難、移民、原爆投下の記述がなぜこれほど違うのか　薄井寛著　筑波書房
【目次】第1章 戦争と食料難―飢餓を忘れる日本、忘れないヨーロッパの歴史教科書（二度の大戦をつないだ飢餓への怨念、第二次世界大戦の食料危機を詳述するヨーロッパ諸国の歴史教科書、食料備蓄の積み増しもせずに日米開戦に踏み切った日本、教科書が語るアメリカからの食料支援、歴史の教科書から消えた「タケノコ生活」、なぜ日本の教科書は戦中・戦後の食糧難を忘れようとするのか）、第2章 日米独三カ国の教科書が伝える移民の歴史（移民の送出国から受入大国へ転換したドイツ、アメリカの教科書が書く移民の迫害と競合の歴史、出稼ぎ農民の送金をあてにした明治時代の日本経済、農業を踏み台にした明治の殖産興業、日清・日露の戦争に勝った「一等国」と排日移民法の制定、アメリカ・ブラジルからも締め出された日本人移民、「百万戸計画」の次は「青少年義勇団」へ、移民を忘れる日本の歴史教科書）、第3章 日米の歴史教科書に存在する著しい違い、第4章 支配者のための歴史教科書から私たちのための歴史教科書へ
2017.8 221p B6 ¥1800 ①978-4-8119-0515-0

◆歴史のなかの中島飛行機　桂木洋二著　グランプリ出版 増補新訂版
【要旨】財閥系企業と肩を並べる規模を誇った中島飛行機はどのようにして急成長を遂げたのか。本書では、日本の航空黎明期の歴史にさかのぼり中島知久平という人物の生き方を通じて、その発展の軌跡を語る。巻末に資料を加えた増補新訂版。
2017.5 223p A5 ¥1800 ①978-4-87687-350-0

◆忘れないでヒロシマ　ランメル幸著　(広島)南々社
【目次】第1部 父を恋うる手紙、第2部 萩、広島、東京、第3部 チャックとの出会い、第4部 カナダへ、第5部 結婚・出産・子育て、第6部 被爆を語る、第7部 ふるさと広島、第8部 娘たちへ
2017.6 198p B6 ¥1200 ①978-4-86489-062-5

◆早稲田の戦没兵士 "最後の手紙"―校友たちの日中戦争　早稲田大学大学史資料センター編　芙蓉書房出版
【要旨】これは、早稲田版「きけわだつみのこえ」だ！　日中戦争（一九三七年～）で戦死した青年らの戦地からの"最後の手紙"が当時の校友会誌『早稲田学報』に連載されていた。中国戦線で何を見たのか、どう感じたのか？　青年たちの"肉声"をリアルタイムで伝える貴重な記録。
2017.8 322p A5 ¥2600 ①978-4-8295-0715-5

◆私の沖縄現代史―米軍支配時代を日本（ヤマト）で生きて　新崎盛暉著　岩波書店（岩波現代文庫）
【要旨】沖縄現代史研究と市民運動を長年牽引してきた著者の、日本にいながら「沖縄を生きた」前半生の回顧録。日中戦争勃発前年に日本で生まれ、焼け跡で少年時代を過ごし、米軍支配下の父祖の地・沖縄に思いを寄せながら東京で学び働いた青年期を経て、復帰後もまもない沖縄に移住するまでの自身の軌跡と、様々な出会いの記憶を織りなぎ、沖縄と日本の激動の同時代史を描く。岩波現代文庫オリジナル版。
2017.1 280, 6p A6 ¥980 ①978-4-00-603303-3

日本史

◆私の八月十五日 5 戦後七十二年目の証言 8・15黙読・収録プロジェクト実行委員会編 (国立)今人舎
【要旨】江崎玲於奈(物理学者、20歳)、鳥越俊太郎(ジャーナリスト、5歳)らが寄稿。コシノヒロコ(ファッションデザイナー、8歳)、安藤忠雄(建築家、3歳)は自ら描いた絵を、加藤登紀子(歌手、1歳)に表紙絵・ちばてつや。
2017.8 143p B5 ¥1800 ①978-4-905530-67-1

◆Starvation—B-29部隊による"飢餓作戦" 日笠俊男著 (岡山)岡山空襲資料センター、(岡山)吉備人出版 発売 (岡山空襲資料センターブックレット)
【目次】1 女王丸沈没、2 肝心の一次資料、3 B-29部隊の日本本土への機雷投下作戦(陸海軍の「協同作戦」、B-29の機雷(B-29の投下した多種多様な機雷、機雷投下の方法)、Starvation作戦、日本の敗北)、4 本題提出の動機、付章
2017.6 40p B5 ¥800 ①978-4-86069-521-7

戦記・体験記

◆赤い夕日の満州で—少年の日の引揚手記 谷島清郎著,ちばてつやさしえ, 渋井喜四司写真 (金沢)北國新聞社 復刻版
【要旨】1945年、日本の敗戦により満州国は消滅。一家は野宿をしながら何十kmも歩き、命からがら日本へ。引揚げ翌年、富山の新制中学の生徒だった著者が、鮮明な記憶を綴った貴重な手記。
2017.4 154p A5 ¥1200 ①978-4-8330-2094-7

◆伊号潜水艦—深海に展開された見えざる戦いの実相 荒木浅吉ほか著 潮書房光人社 (光人社NF文庫)
【要旨】潜水空母や水中高速潜をも生んだ造艦技術の粋、伊号潜水艦。燃料、糧食、水、被服を搭載して出撃すれば、艦艇以下、一蓮托生の長期「カン詰め」生活となる。隠密行動を旨とし、敵艦撃沈破の戦果をあげた魚雷攻撃、補給輸送等の任務に従事。爆雷攻撃に耐え生還した艦長と乗組員らの手記が、潜水艦生活の全貌を描く。
2017.7 382p A6 ¥880 ①978-4-7698-3019-1

◆伊25号出撃す—アメリカ本土を攻撃せよ 横幸義著 潮書房光人社 (光人社NF文庫) 新装版
【要旨】ここに潜水艦魂の全てがある!潜水艦乗員は親しい中にも礼儀と信義は揺がすて、制裁のない特別な軍隊になっていた—伊25潜は北はアリューシャン、南はオーストラリア、東は米国オレゴン沖まで、敵の領土深くに忍びこんで、敵の心胆を寒からしめた。太平洋戦争下の日本海軍潜水艦の戦いを描いた傑作戦記。
2017.3 237p A6 ¥750 ①978-4-7698-3000-9

◆伊予絣の匂—十三歳の従軍看護婦 小池ともみ著 (大阪)JDC出版
【目次】第1章 白蛇さんとの別れ、第2章 おおらかな満州、第3章 終戦になったのに、第4章 十三歳の従軍看護婦、第5章 引揚げ列車の惨事、第6章 六日間の軍艦地獄、終章 伊予絣のにおい
2017.7 140p B6 ¥1200 ①978-4-89008-563-7

◆インパール作戦従軍記—葦平「従軍手帖」全文翻刻 火野葦平著, 渡辺考, 増田周子解説 集英社
【要旨】火野葦平は、兵士・報道班員として従軍し、戦地から二十数冊の手帖を持ち帰った。戦場は中国大陸、マレー半島、ビルマ、インドに及ぶ。勝ち戦から敗北の撤退戦までが、つぶさに記録されたその膨大な直筆手帖は、本書では「インパール編」6冊をその図版も含め活字化。加えて、同行した画家・向井潤吉のリアルな戦場スケッチも掲載。「火野は人間を書こうとする。記録ではなく小説家の目である。しかし表現は細心に制御されている。検閲に際して、あえて破り棄てるような愚は犯さなかったであろう。」と火野の従軍手帖の全貌を、かつて自らの目で取材した作家・浅田次郎をして言わしめた、魂の記録が今、甦る。
2017.12 589p B6 ¥4800 ①978-4-08-781630-3

◆海軍下駄ばき空戦記—同期の桜たちの生と死 藤代護著 潮書房光人社 (光人社NF文庫) 新装版
【要旨】母艦搭載員として零式観測機を、また、零式水偵を駆って水上戦乗りひとすじに奮い、偵察に掩護に、そして爆撃に死闘をかさね、修羅場をくぐりぬけた不屈の男の空戦記。不況と貧困の時代に生をうけ、大空に己れのすべてを賭けざるを得なかった"昭和の申し子"予科練の若者たちの生と死をえがいた感動の墓碑銘。
2017.10 274p A6 ¥800 ①978-4-7698-3035-1

◆海軍兵学校生徒が語る太平洋戦争—日中・日米戦の舞台裏 三浦節著 潮書房光人社 (光人社NF文庫) (『私観 大東亜戦争』改題書)
【要旨】第一次大戦後、アジアにおける国際秩序を支えてきた米英主体のワシントン条約体制、革命をへて国際部コミンテルンを結成するソ連、欧州で強大な軍を擁するドイツ—三者のあくなき権謀術数の渦中に立たされた日本が進んだ道とは…。兵学校七〇期卒、元海軍大尉が三年半に及ぶ戦場体験を礎に綴る戦争の本当の姿。
2017.5 257p A6 ¥760 ①978-4-7698-3007-8

◆海兵四号生徒—江田島に捧げた青春 豊田穣著 潮書房光人新社 (光人社NF文庫)
【要旨】俺たちの青春は何だったのか…海軍兵学校に己の拠り所を求め、学び、鍛え、鍛えられた、遠巡して、時代の奔流に身を投じた若き魂の叫び!
2017.12 275p A6 ¥800 ①978-4-7698-3041-2

◆変わりダネ軍艦奮闘記—裏方に徹し任務に命懸けた異形軍艦たちの航跡 塩山策一ほか著 潮書房光人社
【要旨】艦艇修理に日夜邁進する工作艦や無線操縦標的艦、前線強行測量艦など数々の特務艦をはじめ、下駄ばね河用砲艦、偽装迷彩ほどこし通商破壊に任じた仮装巡洋艦。あるいは軍艦旗のかげ捕鯨工船や漁船が転じた油槽船や特設監視艇。特型運貨船やコンクリート油槽船等々、戦火にさらされた支援艦艇の航跡!
2017.8 287p B6 ¥2000 ①978-4-7698-1647-8

◆九九双軽空戦記—ある軽爆戦隊長の手記 土井勤著 潮書房光人社 (光人社NF文庫) 『わが大空の決戦』改題書 新装版
【要旨】悲運の飛行機—九九双発軽爆撃機—米軍から"ジャパニーズ・ライター"と呼ばれた非力な爆撃機をあやつり、レイテ航空決戦で勇名を馳せた七十五戦隊の死闘を描いた空戦記。強い戦友愛で結ばれ—丸となって祖国防衛に身を投じた若き隊員の活躍を戦隊長自らが綴る。知られざる陸軍軽爆隊の航跡をたどる異色作。
2017.8 287p B6 ¥2000 ①978-4-7698-3025-2

◆軽巡海戦史—駆逐艦を率いて突撃した戦隊旗艦の奮戦と最後 松田源吾ほか著 潮書房光人社
【要旨】最新鋭水雷戦隊旗艦の阿賀野矢矧。潜水戦隊旗艦から連合艦隊旗艦に転じた大淀。また近代軽巡の草分け天龍や重雷装艦の大井。世界を驚かせた夕張。5500トン三本煙突の由良鬼怒に五十鈴。4本煙突の神通ほか高速強武装を擁した全25隻の航跡を付したライトクルーザー激闘記!
2017.3 287p B6 ¥2000 ①978-4-7698-1639-3

◆撃墜王は生きている! 井上和彦著 小学館 (小学館文庫)
【要旨】撃墜王。かつてこの国には、そう呼ばれる英雄たちがいた。敗戦後の日本で、彼らの活躍は語り継がれることなく忘れられていったが、戦後70年が過ぎたいま、5人の元日本軍エースパイロットたちがついにその重い口を開く。B29に二度体当たりして生還した「イケメンスター」、一撃離脱で敵機を撃ち墜とした「空の狩人」、戦後の自衛隊のトップに立った「帝都防空の達人」、二人のスーパーエースの列機を務めた「紫電改の職人」、ラバウルで43機を撃墜した「空戦の人間国宝」…感動と興奮の戦場秘話が明らかになる!文庫版で新たに加筆された、感涙のラストへ!
2017.7 253p A6 ¥570 ①978-4-09-406429-2

◆航空母艦物語—体験者が綴った建造から終焉までの航跡 野元為輝ほか著 潮書房光人社 (光人社NF文庫)
【要旨】航空母艦に結集された造艦技術、乗艦員、艦上機搭乗員たちの技術と情熱。武運に恵まれた翔鶴・瑞鶴・隼鷹、ミッドウェーに果てた加賀・蒼龍、新鋭にして悲運の大鳳・信濃・雲龍、輸送任務に活躍した改装空母群…。当事者の綴った三十余篇の体験手記が、日本空母の建造と構造変遷、運命を分けた海空戦の決定的瞬間を描く。
2017.5 396p A6 ¥900 ①978-4-7698-3009-2

◆慈愛の将軍安達二十三—第十八軍司令官 ニューギニア戦記 小松茂朗著 潮書房光人社 (光人社NF文庫) (『愛の統率安達二十三』改題書)
【要旨】食糧も武器弾薬も乏しい地獄の戦場ニューギニアにおいて、米豪軍からその卓越した用兵ぶりを賞賛された安達中将。最高指揮官として、戦後みずからを裁いた高潔な生涯を描く。
2017.8 240p A6 ¥760 ①978-4-7698-3024-5

◆私記「くちなしの花」—ある女性の戦中・戦後史 赤沢八重子著 潮書房光人社 (光人社NF文庫)
【要旨】「俺が死んだらくちなしの花を飾ってくれる奴が一人」と、いとしき人への思いを日記に記して散華した若き学徒兵宅嶋徳光との恋、そして別れ—死の病から奇蹟的に生還をとげ、悲しみをのりこえ、新しい愛を育んで半世紀を引き寄せたある女性の悲喜交々、波瀾万丈の人生。思いのたけをこめて来し方を綴る感動の手記。
2017.10 302p A6 ¥820 ①978-4-7698-3034-4

◆死守命令—ビルマ戦線「菊兵団」死闘の記録 田中稔著 潮書房光人社 (光人社NF文庫) 新装版
【要旨】世界戦史にその例を見ない死守命令—酷薄非情な命令の下、食料も物量もとどかないビルマ奥地で、装備・物量ともに優秀な連合軍を迎え撃った「菊」兵団。敵弾の降りそそぐ最前線で、重なる犠牲に苦悩しつつも活路を切り開いた不屈の独立支隊長の奮闘記。血染めの戦場に斃れた無名兵士の痛憤を若き将校が赤裸々に綴る。
2017.7 411p A6 ¥920 ①978-4-7698-3020-7

◆死闘の水偵隊—予科練パイロット艦隊偵察隊戦闘記録 安永弘著 潮書房光人社 (『サムライ索敵機 敵空母見ゆ!』改題書)
【要旨】寄る辺なき洋上にただ1機、頼るべきは自らの腕と経験、そして一蓮托生のペア2人—。「敵機動部隊発見」を打電する間もなく僚機が次々に消息を絶つ魔の空で、敵機と悪天候と戦いながら苛酷な任務に従った若き搭乗員の物語。零式三座水偵、彩雲を駆って飛行時間3300時間、機動部隊索敵90回、カタパルト射出100回を数える空の男の予科練魂!
2017.6 430p B6 ¥2400 ①978-4-7698-1646-1

◆証言 零戦 大空で戦った最後のサムライたち 神立尚紀著 講談社 (講談社プラスアルファ文庫)
【要旨】零戦の誕生から77年。誕生当時、世界水準を大きく上回る性能を誇った名機は、終戦までに約1万9400機が製造され、日本海軍の主力戦闘機として最後まで戦い続けた。この名機を駆って最前線で戦った搭乗員たちは、個性も歩んだ道も異なるが、共通するのは、ただ大空に憧れて搭乗員を志したということ。そんな彼らは、戦争という荒波のまっただなかで、何を思い、何のために戦ったのか!?そして、彼らにとって零戦とは何だったのか!?
2017.7 531p A6 ¥950 ①978-4-06-281723-3

◆松花江(スンガリー)を越えて—少年の見た満洲引き揚げの記録 "1945〜46" 山本直哉著 (長野)信濃毎日新聞社
【要旨】あの時、10歳のぼくは見た。これが戦争に負けたこと。信じていたものが、いともあっけなく崩れ去ること。そして、生と死が常に隣り合っていることを。
2017.1 342p A5 ¥2000 ①978-4-7840-8814-0

◆青春は戦争とシベリアで 栗田義一著 (横手)イズミヤ出版
【目次】はじめに、戦争末期の日ソ外交戦略、シベリア抑留は国体護持の肩代わりか、軍事捕虜とは、シベリアになぜ連行されたのか、捕らわれてソ連の囚人と交代、捕虜でなくどうして抑留というのか、シベリアの生活環境とその実態、その他、忘れられない珍事、カンボイの教訓
2017 139p A5 ¥1500 ①978-4-904374-30-6

◆潜水艦戦史—圧倒的脅威に耐え敢闘した勇者たちの記録 折田善次ほか著 潮書房光人社
【要旨】電探ソーナー航空機ヘッジホッグ。圧倒的脅威に耐えて敢闘した深海の勇者たちの航跡！号号。波号。世界一流の潜水艦と素質技量ともに卓越した乗組たち。通商破壊に作戦輸送に、また中部太平洋から比島沖と、飛躍的に向上する対潜兵力の前に切歯扼腕、爆雷の恐怖に武者ぶるいした第六艦隊の死闘。戦勢の傾斜とともに様相を一変した戦場の実相！
2017.5 287p A6 ¥900 ①978-4-7698-1642-3

◆戦争青春記 秋葉洋著 一葉社
【目次】第1章 昭和が始まった頃(東京郊外の自然と暮し、小・中学校の思い出)、第2章 病める星の生徒(広島仮校舎にて、杜の都の結核患者、療養、休学そして転校)、第3章 日米戦争下の士官学校(市ヶ谷台から埼玉へ、仲間達の温かい支

歴史・地理

◆第七駆逐隊海戦記—生粋の駆逐艦乗りたちの戦い　大高勇治著　潮書房光人社　（光人社NF文庫）（『"海の狼" 駆逐艦奮迅録』改題書）新装版
【要旨】太平洋戦争開戦時、南雲機動部隊の行動をカムフラージュするため囮部隊となり、ミッドウェーに猪突猛進。スラバヤ海戦は勇躍奮戦するも、戦果はすべてが上級部隊の手柄となる—高速力を生かして重宝がられ貧乏くじをひき続けた駆逐艦の戦いの白々。太平洋狭しと暴れ回った"駆逐艦野郎"の赤裸々な姿を描く海戦記。
2017.2 316p A6 ¥840 ①978-4-7698-2995-9

◆台湾沖航空戦—T攻撃部隊 陸海軍雷撃隊の死闘　神野正美著　潮書房光人社　（光人社NF文庫）
【要旨】一九四四年十月—台湾東方に来襲した米機動部隊と日本軍航空部隊の五日間にわたる死闘。米機動部隊撃滅の切り札として出撃した「T攻撃部隊」の海軍中攻隊と陸海軍の連携、通信が乗する史上初の陸軍雷撃隊の知られざる戦いの記録。洋上に消えた精鋭雷撃隊の想像を絶する激闘の実相を再現するノンフィクション。
2017.7 395p A6 ¥900 ①978-4-7698-3018-4

◆「断乎反撃せよ！」知られざる戦記—キスカ島の奇跡、占守島の真実、ムルデカ（独立）の約束…語り継ぐべき日本人たち　『歴史街道』編集部編　PHP研究所
【要旨】本書は終戦後に占守島の戦いをはじめ、アメリカ軍を「パーフェクト・ゲーム」と驚嘆させた、昭和十八年（一九四三）七月のキスカ島守備隊の全員脱出劇、そして終戦後、植民地化をねらうイギリス、オランダに対し、独立を賭けて戦うインドネシアの人々を助けるべく、祖国に還らず激闘に身を投じた日本兵たちの記録である。彼らの決断と行動が語りかけるものは何か。
2017.7 253p B6 ¥1400 ①978-4-569-83655-3

◆通州の奇跡—凶弾の中を生き抜いた母と娘　皿木喜久編著　自由社　（自由社ブックレット9）
【要旨】日本人居留民を守るべき支那の保安隊が、突然牙をむいて、民間人ら二百数十人を虐殺した「通州事件」—妊娠六ヶ月の母の胎内で事件に遭遇し、奇跡的に生まれた娘と、生き抜いた母による「遺越記」。
2017.5 106p B6 ¥600 ①978-4-908979-01-9

◆帝国軍人カクアリキ—陸軍正規将校わが祖父の回想録　岩本高周著　潮書房光人社　（光人社NF文庫）改訂・改題書
【要旨】今中武義陸軍少将、陸軍士官学校18期生。明治、大正、昭和（大東亜戦争以前）の三代の軍隊に従事し、建軍精神を貫いた少将の肉声を伝え、戦前の日本の行為・行動は全て悪であるという、軍隊家人に対する認識を新たにするー同期生たち将軍、山下奉文、阿南惟幾、岡部直三郎、山脇正隆、藤江惠輔の素顔も綴る回想記。
2017.6 418p A6 ¥920 ①978-4-7698-3012-2

◆「敵空母見ユ！」—空母瑞鶴戦記「南方攻略篇」　森史朗著　潮書房光人社　（光人社NF文庫）（『勇者の海』改題）
【要旨】空母瑞鶴から見た南方攻略戦。初の空母対空母の航空撃滅戦において、空母レキシントン撃沈、空母ヨークタウン撃破の戦果をあげた日本艦隊—空母乗員、パイロットたちはいかに戦いにのぞんだのか。日米の膨大な史料と生存者へのインタビューにより明らかにした激闘の全容。壮大なスケールで描いた珠玉の実録戦記。
2017.11 525p A6 ¥1800 ①978-4-7698-3038-2

◆慟哭の海—戦艦大和死闘の記録　能村次郎著　中央公論新社　（中公文庫）
【要旨】最新鋭の技術をもって建造された「世界最強」の帝国海軍戦艦は、終戦直前の出撃の際、あっけなく撃沈された…。片道ぶんの燃料のみを積んだ「水上特攻」に従事した人々は、どのような思いを抱いて出撃していったのか。生還した大和副長が生々しく綴った手記。
2017.4 234p A6 ¥900 ①978-4-12-206400-3

◆搭乗員挽歌—散らぬ桜も散る桜　小澤孝公著　潮書房光人社　（光人社NF文庫）新装版
【要旨】"カミカゼ" 特別攻撃のさきがけとなった二〇一空にあって志願して特攻隊員となりながら、運命の糸に操られて奇しくも生き残りえた予科練搭乗員が、関大尉、久納中尉、植村少尉、国原少尉をはじめ死出の旅路に赴いた幾多の搭乗員たちと共に過ごした特攻基地での日々と彼らの真情を伝える感動のノンフィクション。
2017.4 380p A6 ¥870 ①978-4-7698-3005-4

◆特攻基地の少年兵—海軍通信兵15歳の戦争　千坂精一著　潮書房光人社　（光人社NF文庫）
【要旨】日中戦争のさなかに小学生時代を過ごし、六年生で、日米開戦。戦時下に生まれた幼顔の軍国少年は、親孝行のために海軍に志願、通信学校を経て配属されたのは、鹿児島の特攻基地だった—出撃前夜の特攻隊員との別れの姿、グラマンの襲撃で、出撃搭乗員たちが少年に託した一冊のノート—少年兵の苛烈な戦場。
2017.11 313p A6 ¥850 ①978-4-7698-3039-6

◆特攻セズ—美濃部正の生涯　境克彦著　方丈社
【要旨】太平洋戦争末期、敗色濃いなか、航空戦力全軍特攻の方針が出される。この方針を拒否した指揮官がいた。自ら夜間航空戦法を練成し、沖縄上陸米軍爆撃を敢行し、戦後は、航空自衛隊の育成に尽力した名指揮官の生涯を描き出した、初の評伝！
2017.8 389p A6 ¥1800 ①978-4-908925-16-0

◆特攻戦艦「大和」—その誕生から死まで　吉田俊雄著　潮書房光人社　（光人社NF文庫）
【要旨】『大和』下士官兵の戦いと姿勢を描く感動作。
2017.4 211p A6 ¥750 ①978-4-7698-3002-3

◆7％の運命—東部ニューギニア戦線 密林からの生還　菅野茂著　潮書房光人新社　（光人社NF文庫）新装版
【要旨】生存を望むべくもない東部ニューギニア戦線を生きぬいた末端兵士が描く凄惨な戦場の実態—飢餓に、傷病に、次々と戦友たちが斃れる中で、なぜ自分は生き残ることができたのか—自らのおかれた「運命」をふり返り、戦場における残虐性、そして人間の尊厳を赤裸々に綴る。戦争の愚かさを素材に伝える渾身のノンフィクション。
2017.12 269p A6 ¥800 ①978-4-7698-3045-0

◆日本陸海軍機英雄列伝—大東亜を翔けた荒鷲たちの軌跡　野原茂著　イカロス出版
【要旨】広大な中国大陸、茫洋たる太平洋、そして本土上空で縦横無尽に戦った日本陸海軍の航空部隊。彼らの勇姿と知られざる逸話をイラスト、写真、図版満載で解説!!
2017.3 192p B5 ¥1944 ①978-4-8022-0333-3

◆ニューギニア兵隊戦記—陸軍高射砲隊兵士の生還記　佐藤弘正著　潮書房光人社　（光人社NF文庫）（『ラエの石』改題書）新装版
【要旨】飢餓、寒気、マラリア、赤痢、そして、連合軍の猛攻撃—東部ニューギニアの高峰サラワケット越での無念の涙をのんだ日本軍兵士たちの凄惨な敗退の途を描く。絶え間なき熾烈な砲撃下、己れの使命を果たさんと果敢に戦いぬいた一砲兵が最悪の戦場から奇跡的に生還した自らの体験を綴した感動のノンフィクション。
2018.1 240p A6 ¥770 ①978-4-7698-3050-4

◆隼のつばさ—比島最後の隼戦闘隊　宮本郷三著　潮書房光人社　（光人社NF文庫）新装版
【要旨】太平洋戦争末期、制空権なきフィリピンで、青春のすべてを愛機に賭けた戦いの大空に翔けのぼった若者たちは、いかに生き、いかに散っていったか。第四航空軍の中核戦力となって、崩れゆく比島防衛線を支えた誇り高き戦闘隊の死闘を描く。戦乱のまっただなかに身を置いた若き飛行将校が描いた感動の空戦記。
2017.5 278p A6 ¥800 ①978-4-7698-3010-8

◆武勲艦航海日記—伊三八潜、第四〇号海防艦の戦い　花井文一著　潮書房光人社　（光人社NF文庫）（『伊号三八潜水艦／第四〇号海防艦』改訂・改題書）
【要旨】ソロモン方面、潜航輸送13回。大戦末期の船団護衛と対潜掃海。孤立した友軍の陣地に物資を届ける潜水艦勤務。制空権なき海域を進む商船を護る海防艦勤務。ひたすら任務完遂に挺身した最前線の日々！
2017.8 214p A6 ¥720 ①978-4-7698-3022-1

◆藤井軍曹の体験—最前線からの日中戦争　伊藤桂一著　潮書房光人社　（光人社NF文庫）
【要旨】直木賞作家が生と死の戦場を鮮かに描く実録戦隊戦記。
2017.5 257p A6 ¥800 ①978-4-7698-3008-5

◆『俘虜』—戦争に翻弄された兵士たちのドラマ　豊田穣著　潮書房光人社　（光人社NF文庫）
【要旨】潔く散り得た者は名誉にも似て見事だが、散り切れなかった者はどうなるのか。生き延びて、筆を執る道を切り拓いた直木賞作家の原点ともいえる、それぞれの戦士が辿った茨の道。
2017.2 286p A6 ¥800 ①978-4-7698-2992-8

◆母艦航空隊—実戦体験記が描く搭乗員と整備員たちの実像　高橋定ほか著　潮書房光人社　（光人社NF文庫）
【要旨】空母機動部隊の擁する艦戦、艦攻、艦爆、艦偵。発着艦や艦上航法をはじめ、水平爆撃・急降下爆撃・雷撃の戦術と鍛練、そして整備員の奮闘と収容格納の実態とは…。生還した者の記した体験手記二十九篇。人艦一体となり飛行甲板を舞台にした戦いの日々、母艦航空機搭乗員と整備員たちの実像、そして熾烈な海空戦の実相を描く。
2017.3 386p A6 ¥800 ①978-4-7698-2999-7

◆本土空襲を阻止せよ！—従軍記者が見た知られざるB29撃滅戦　益井康一著　潮書房光人社　（光人社NF文庫）
【要旨】昭和十九年六月十六日—ついに米戦略爆撃機B29の日本本土空襲が始まった。インドから中国成都を経由して北九州へ、片道四五〇〇キロを飛来する高性能機として、陸軍部隊は旧式機をも総動員して必死の阻止作戦を展開する。乗員たちと寝食を共にし、爆撃機に乗って取材した新聞記者の知られざる戦いの記録。
2017.3 266, 14p A6 ¥820 ①978-4-7698-2998-0

◆勇猛「烈」兵団ビルマ激闘記—ビルマ戦記 2 『丸』編集部編　潮書房光人社　（光人社NF文庫）（『密林の底に英霊の絶叫を聞いた』改題書）
【要旨】インパール白骨街道。生と死の峠を越えた者たちの肉声。歩けない兵は死すべし。飢餓とマラリアと泥濘の"最悪の戦場"を彷徨する傷つき疲れ果てた兵士たちの死力を尽くした戦い。
2017.4 436p A6 ¥900 ①978-4-7698-3004-7

◆ルソン海軍設営隊戦記—残された生還者のつとめとして　岩崎敏夫著　潮書房光人社　（光人社NF文庫）
【要旨】太平洋戦争末期、比島に設営隊員として駆り出された三十歳から四十歳なかばの妻子を抱えた一家の人間群像。トロッコ、つるはし、ショベル等を使って密林を切り開き、人力主体で基地建設にあたった設営隊の苦闘。指揮系統は崩壊、食糧もなく、マラリアに冒され、ゲリラに襲撃されて倒れていった隊員を悼む鎮魂の譜。
2017.3 313p A6 ¥800 ①978-4-7698-2994-2

◆われは銃火にまだ死なず—ソ満国境・磨刀石に散った学徒たち　南雅也著　潮書房光人新社　（光人社NF文庫）
【要旨】ソ満国境、磨刀石という戦場—終戦を目前にして、ここで若い学徒兵たちが死んだ。数ヵ月前まで学窓にあった平均年齢弱冠二十歳の陸軍甲種幹部候補生九百二十余名は、初陣となったわずか二日間の戦闘でその大半が散華した。生き残った数少ない候補生の一人が克明に書き綴った同期生一人一人の生き様、死に様！
2017.12 246p A6 ¥740 ①978-4-7698-3044-3

◆BC級戦犯の遺言—誇りを持って死を迎えた日本人たちの魂　北影雄幸著　潮書房光人社　（光人社NF文庫）（『『無念の涙』BC級戦犯の遺言』改題書）
【要旨】勝者の敗者に対する報復・復讐の色彩が濃厚な暗黒裁判での刑死者九〇八名、自決・病死一六〇名、有期刑五七〇〇余名、A級「平和に対する罪」で裁かれた極東軍事裁判に対して、B級「通例の戦争犯罪」とC級「人道に対する罪」で裁かれた第八軍横浜軍事裁判の一死と真正面から対峙した彼らの凛烈な死に様を描く。
2017.4 357p A6 ¥860 ①978-4-7698-3003-0

世界史

◆悪の歴史 西洋編 上 +中東編—隠されてきた「悪」に焦点をあて、真実の人間像に迫る　鈴木董編著　清水書院
【要旨】"悪"の心が権力をもたらすのか!?歴史を紡いだ偉人たちの実相に迫る衝撃の書。
2017.12 401p B6 ¥2400 ①978-4-389-50066-5

◆アレクサンドリアーグノーシスのカオスと宇宙創生神話を生んだ学問都市・古代アレクサン

ドリア・そして現代へ　小野俊夫著　近代文藝社
【要旨】古代アレクサンドリアにおいてギリシア語で書かれた匿名のパピルス文書群、「ヘルメス文書」「ナグ・ハマディ文書」―。その名には、二三〇〇年余の昔、流星の光芒をもって歴史の天空をよぎり、そして瞬間に消えた。それは、個性の抑え難い衝迫に圧縮されて噴出した、新しい時代のエネルギーそのもの、ともいえた。若さは、いつの時代にも、既存に抗し、偏安を根底から覆す衝撃力である。アレクサンドロスは、おのれの可能性をほとんど無限に信じた。かれの前に道はない。かれが道をつくるのだ。それは星への道、「誉れ」への道であった。
2017.7 302p A5 ¥2300 978-4-7733-8028-6

◆アレクサンドロス大王―「世界」をめざした巨大な情念　大牟田章著　清水書院　（新・人と歴史 拡大版 09）　新訂版
【要旨】「アレクサンドロス大王」という名前の裡には、なにか人の心を捉え、惹きつけるものが潜んでいる。その名は、二三〇〇年余の昔、流星の光芒をもって歴史の天空をよぎり、そして瞬間に消えた。それは、個性の抑え難い衝迫に圧縮されて噴出した、新しい時代のエネルギーそのもの、ともいえた。若さは、いつの時代にも、既存に抗し、偏安を根底から覆す衝撃力である。アレクサンドロスは、おのれの可能性をほとんど無限に信じた。かれの前に道はない。かれが道をつくるのだ。それは星への道、「誉れ」への道であった。
2017.5 271p B6 ¥1800 978-4-389-44109-8

◆アレクサンドロス大王 東征路の謎を解く　森谷公俊著　河出書房新社
【要旨】大王が世界征服の野望を抱いて駆け抜けた道。実際のルートは？ ペルシア帝国との激戦地はどこか？ 定説を疑い、古典史料を再検証した著者は、真実を知るために、2300年前の戦いの地へと赴く。ザグロス山脈を越えて、伝説の実像が明らかになる！ 机上にとどまらない歴史研究とは何かをあらためて考えさせられる、歴史に学ぶすべての人必読の一冊。現地調査の臨場感あふれる旅行記も収録。
2017.11 369p B6 ¥3500 978-4-309-22719-1

◆生きものにあやつられた日本と世界の歴史　宮崎正勝監修　実業之日本社　（じっぴコンパクト新書）
【要旨】ペットや家畜など、人間にとって身近かつ欠かせない存在である動物。どのように人間と出会い、人間の役に立ち、時には脅威となり、あるいは人間にとって絶滅させられ…。イヌやネコ、鳥類、魚類、昆虫など、さまざまな生きものと人間の交わりで読む日本と世界の歴史。
2017.9 191p 18cm ¥800 978-4-408-33729-6

◆偉人はそこまで言ってない。―歴史的名言の意外なウラ側　堀江宏樹著　PHP研究所（PHP文庫）
【要旨】世界史や日本史の教科書で習った、印象的な歴史的名言の数々。実はどれもに、「ウソ」が隠されているとしたら…？ 本書では、誰もが一度は聞いたことのある名言を入り口に、偉人たちの少し残念な素顔に迫る。名言が生まれた意外な背景を知ったら最後、もう座右の銘にはできなくなってしまうかも？
2017.12 253p A6 ¥660 978-4-569-76792-5

◆異説で解き明かす近現代世界史―"経済"から見えてくる歴史教科書のウソ　菊川征司著　イースト・プレス
【要旨】在米30年の著者が公開情報からつかんだ、勝者の「印象操作」によって封印された真実。
2017.11 399p B6 ¥1700 978-4-7816-1609-4

◆一冊でわかる日本史＆世界史 ビジュアル歴史年表　カルチャーランド著　メイツ出版
【要旨】世界を動かした事件、時代に名を遺す偉人、注目の文化的事柄、歴史の流れがエリア別で比較できる！
2017.5 128p B5 ¥1630 978-4-7804-1893-4

◆イブン・バットゥータと境域への旅―『大旅記』をめぐる新研究　家島彦一著　（名古屋）名古屋大学出版会
【要旨】中国、インド、北方ユーラシア、アフリカなど、イスラーム世界の海・陸の「境域」情報を伝える『大旅記』は、まさに記録史料の宝庫と呼ぶにふさわしい。完訳を成し遂げた碩学による新たな到達点。
2017.2 391, 73p A5 ¥5800 978-4-8158-0861-7

◆ヴァイキングの歴史―実力と友情の社会　熊野聰著, 小澤実解説・文献解題　（大阪）創元社　（創元世界史ライブラリー）
【要旨】8世紀末から11世紀にかけて西欧諸国を恐怖に陥れたヴァイキング。だが、彼らは単なる略奪者ではなかった。傭兵、商人として、あるいは政治的支配者として東西ヨーロッパの歴史に深く関与し、他方は農業を営み独自の法的社会を築いた。本書では北大西洋のヴァイキングに着目し、当時のサガを用いてその社会を再構成し歴史的存在としてのヴァイキングの実像に迫る。北欧初期社会史のパイオニアによる必読の1冊。
2017.2 306p B6 ¥2200 978-4-422-20341-6

◆海のシルクロードの染織史　吉田雅子著　中央公論美術出版
【目次】第1編 大航海時代の染織品をめぐる生産・交易・受容、第2編 形態、第3編 材質と技法、第4編 文様、第5編 生産と交易、第6編 受容と意匠展開、補論 ビロードと繻子の基礎研究
2017.2 509p A5 ¥17000 978-4-8055-0775-9

◆英語対訳で読む世界の歴史　綿田浩崇監修, リー・スターク英文執筆　実業之日本社　（じっぴコンパクト文庫）
【要旨】有史以前の昔より現在にいたるまで、人は何を行ない、何に遭遇し、何を経験したのか？ 本書では、こんなシンプルな英語で「世界の歴史」を解説しています。「目には目を、歯には歯を＝An eye for an eye, and a tooth for a tooth.」「最後の晩餐＝"The Last Supper"」初級者でもわかる英語で、やさしく丁寧に英訳していくので、世界史のおもしろさがすんなりと頭の中に入ってきます。
2017.11 207p A6 ¥640 978-4-408-45691-1

◆エマニュエル・トッドで読み解く世界史の深層　鹿島茂著　ベストセラーズ　（ベスト新書）
【要旨】英国のEU離脱、トランプ当選など予言を次々と的中させ、世界中で注目を集めているフランス人類学者エマニュエル・トッド。なぜ、トッドの予言は的中するのでしょうか？ 大胆な彼の発言を支える理論を、鹿島茂教授がわかりやすく解説します。明治大学で人気の「トッド入門」講義を一冊にまとめました。初の解説書。「あらゆる問題は、彼の家族システムという概念で説明ができる」と、世界史の有名な出来事や混迷する社会の問題、さらには現代人の悩みや未来の切り開き方まで、トッド理論で紐解いていきます。
2017.5 245p 18cm ¥830 978-4-584-12543-4

◆エロ語呂世界史年号　江口五郎著　パブリブ　（エロ語呂暗記法 1）　新装版
【要旨】普通の年号本より量が凌駕。驚異の470語呂！
2017.4 205p B6 ¥1500 978-4-908468-09-4

◆おいしく世界史　庭乃桃著　柏書房
【要旨】ヨーロッパの「食」と「歴史」をめぐる旅へようこそ！
2017.9 159p B6 ¥1500 978-4-7601-4894-3

◆王妃たちの最期の日々 上　ジャン=クリストフ・ビュイッソン, ジャン・セヴィリア編, 神田順子, 土居佳代子, 谷口きみ子訳　原書房
【要旨】クレオパトラ、メアリ・ステュアート、カトリーヌ・ド・メディシス、マリア＝テレジア…尊厳、狂気、孤独、幽閉…世界史に大きな影響をあたえたさまざまな人生と運命を描く物語！
2017.4 240p B6 ¥2000 978-4-562-05385-8

◆王妃たちの最期の日々 下　ジャン=クリストフ・ビュイッソン, ジャン・セヴィリア編, 神田順子, 土居佳代子, 山川洋子訳　原書房
【要旨】マリー＝アントワネット、エカチェリーナ2世、ジョゼフィーヌ、エリーザベト（シシ）…信仰心、病魔、処刑台…世界史に大きな影響をあたえたさまざまな人生と運命を描く物語！
2017.4 228p B6 ¥2000 978-4-562-05386-5

◆「お金」で読み解く世界史　関眞興著　SBクリエイティブ　（SB新書）
【要旨】古代エジプトから近代が始まる前までをお金と経済で読み解くユニークな世界史。教科書が描かない、政治や戦争とは違った視点でつかむ世界史の本質。
2017.4 239p 18cm ¥800 978-4-7973-8866-4

◆オリュンポスの神々の歴史　バルバラ・グラツィオージ著, 西村賀子監訳, 西塔由貴子訳　白水社
【要旨】儀礼の対象から想像力の象徴へ。なぜデルポイの神託は当たるのか。なぜローマは自らの神々がありながら、敗者であるギリシアの神々を受け入れたのか。古代ギリシアからルネサンス、そして二十世紀まで、神々の時間・空間の旅と変容をたどる。
2017.3 287, 32p B6 ¥3700 978-4-560-09517-1

歴史上の大事件を超大判の地図で再現！

まさに世界史のエンタメ本　あなたの歴史観が、一変します

大型のB4変型版160頁

世界史MAPS　歴史を動かした72の大事件

定価:本体2800円＋税

世界史MAPS　歴史を動かした72の大事件

主婦と生活社　http://www.shufu.co.jp
〒104-8357 東京都中央区京橋3-5-7 TEL03-3563-5121
お求めはお近くの書店またはネット書店で

世界史

◆オールカラー図解 日本史＆世界史並列年表 人物編　歴史の読み方研究会著　PHP研究所
【要旨】世界情勢を示した地図上で、同時代に活躍した人物がひと目でわかる！　同時代の人物、意外な人間関係がわかるので歴史が2倍おもしろい！
2017.5 94p 29x22cm ¥850 978-4-569-83601-0

◆海賊史観からみた世界史の再構築―交易と情報流通の現在を問い直す　稲賀繁美編　(京都)思文閣出版
【要旨】本書は、文化交流・交易全般における「海賊行為」を綜合的に再検討することを目的とし、国際日本文化研究センターで行われた共同研究の報告書である。ここで言う「海賊行為」とは、交易路に対する私掠、著作権・複製権への侵害、公的秩序へのサボタージュ、さらには近年のサイヴァー攻撃などを含む。狭義の美術史、文化史、交易史のみならず、経済史、国際法、情報流通論などの分野の知見をも学際的に取り入れ、国際的視野から葛藤の現場を解明する。
2017.2 814, 18p A5 ¥14000 978-4-7842-1881-3

◆海賊の世界史―古代ギリシアから大航海時代、現代ソマリアまで　桃井治郎著　中央公論新社　(中公新書)
【要旨】古代ギリシアのヘロドトスは海賊たちを英雄とみなし、ローマのキケロは「人類の敵」と罵倒した。スペインとオスマン帝国が激突したレパントの海戦の主役は海賊であり、大英帝国を裏面から支えたのもカリブ海に跋扈するバッカニア海賊だった。19世紀、欧米の覇権主義で海賊は滅びたが、現代のソマリア海賊として蘇る。キリスト教とイスラームの対立、力と正義の相克など、多様な視座で読み解く、もう一つの世界史。
2017.7 270p 18cm ¥860 978-4-12-102442-8

◆科学が解いた!?世界の謎と不思議の事件ファイル　北山哲著　大和書房　(だいわ文庫)
【要旨】歴史に残る有名な大事件の真相は？ 語り継がれる奇談と伝説は本当に起きたことなのか？ あの重要人物に秘められた疑惑と謎とは？ あり得ない現象や未知の生物の正体は解明可能なのか？ 古代遺跡と遺物にまつわる不可思議な事象を現代科学はどう読み解くのか？ 思わず誰かに話したくなる、謎と不思議の最新レポート！
2018.1 223p A6 ¥680 978-4-479-30688-7

◆近現代の空間を読み解く　ジョン・モリッシー、デヴィッド・ナリー、ウルフ・ストロマイヤー、イヴォンヌ・ウィーラン著、上杉和央監訳、阿部美香、網島聖、春日あゆか、島本多敬訳
【目次】1 コロニアル/ポストコロニアルなリアリティ、2 国家/民族建設と地政学、3 歴史的ヒエラルキー、4 建造環境、5 場所と意味、6 モダニティと近代化、7 境界を越えて、8 歴史地理的知の生産　2017.4 268p A5 ¥3200 978-4-7722-3184-8

◆楔形文字を書いてみよう読んでみよう―古代メソポタミアへの招待　池田潤著　白水社　新装復刊
【要旨】現存最古の文学がわかる！ ギルガメシュ叙事詩、ハンムラビ法典、最古の世界地図を記した文字で、名前を書いてみませんか。
2017.5 127p A5 ¥2400 978-4-560-08747-3

◆グローバル時代の必須教養「都市」の世界史　出口治明著　PHPエディターズ・グループ、PHP研究所 発売
【要旨】経済、政治、戦争…世界を牽引してきた「都市」の歴史を知ることは生き抜くための武器になる。ビジネス界きっての知識人による1冊！
2017.3 447p B6 ¥1800 978-4-569-83562-4

◆グローバル・ヒストリーの可能性　羽田正編　山川出版社
【要旨】グローバル・ヒストリーはどのように生まれ発展してきたか。アメリカ・ドイツ・フランス・日本における歴史研究の方法を紹介する研究の過程と、新しい歴史研究の方法を紹介する。
2017.10 331p A5 ¥3000 978-4-634-64088-7

◆現代ニュースの真相がわかる逆読み世界史　島崎晋著　SBクリエイティブ　(SB新書)
【要旨】「あの紛争や対立はなぜ解決しないのか？」「移民や難民の問題はなぜおきるのか？」「あの戦いや事件がそもそもなぜ起きたのか？」。絶えず問題が起きる世界の問題は、どうしても現代という表層的な部分だけで理解しがちだ。だが、原因を本当に知るには、長い歴史の中に経緯を紐解く必要がある。そのためには100年、500年…と遡る視座をもてば、近代や遠因、転換点などが理解しやすくなる。本書は世界の「いま」を知るために、歴史を「逆読み」する画期的な1冊。
2017.8 223p 18cm ¥800 978-4-7973-9168-8

◆興亡の世界史 東インド会社とアジアの海　羽田正著　講談社　(講談社学術文庫)
【要旨】一七世紀、さかんな交易活動で「世界の中心」となっていた喜望峰からインド、中国、長崎にいたる海域に、英、蘭、仏の東インド会社が進出した。茶や胡椒など多彩な商品でヨーロッパの市場を刺激し、近代の扉を開いてグローバル化の先駆けとなったのである。「史上初の株式会社」の興亡と、その二〇〇年間の世界の変貌を描く、シリーズ屈指の異色作。
2017.11 411p A6 ¥1280 978-4-06-292468-9

◆古代地中海の聖域と社会　浦野聡著　勉誠出版
【要旨】古代地中海。そこはさまざまな宗教が展開した混沌たる世界。宗教の闘技場にもたとえられるその地は、多くのヨーロッパの芸術に豊かな題材を与えたギリシア・ローマ神話を生み、ヨーロッパ人の思考・ふるまいを支配するキリスト教を育んだ世界でもある。その世界に生きた人々は、やがて各地に叢生した「聖域」を、祭儀の場から信仰の場へと変えていく。キリスト教など世界宗教が人々の心を支配するようになる以前、古代人はどこで何を感じ、考え、お互いの結びつきを得ようとしたのか。聖域に注目し、古代地中海世界の精神と社会に迫ろうとする意欲作。
2017.2 414, 16p B6 ¥3500 978-4-585-22167-8

◆国旗で読む世界史　吹浦忠正著　祥伝社　(祥伝社新書)
【要旨】「日の丸」「星条旗」「五星紅旗」「太極旗」—それぞれの国旗には、それぞれの物語がある。本書は古代の紋章から説き起こし、中世から近代、そして現代に至るまで、各国の国旗の成り立ちや移り変わりを掘り下げて、まったく新しい世界史理解を提供する。
2017.9 269p A6 ¥840 978-4-396-11515-9

◆「国境」で読み解く世界史の謎　武光誠著　PHP研究所　(PHP文庫)
【要旨】国家が誕生してから、領土をめぐる争いは絶えない。近年でも、ロシアのクリミア併合や中国による南沙諸島の埋め立てなど、領土拡大に野望を燃やす国は多い。本書は、アメリカがメキシコとの国境にこだわる理由や、なぜブラジルの国土が南米の約半分を占めるのかなど、国境の変遷から世界史を見直す一冊。国境について知ることで、国際問題の真の原因がみえてくる。
2017.9 317p A6 ¥780 978-4-569-76750-5

◆3時間半で国際的常識人になれる「ゆげ塾」の"速修"戦後史(欧米編)　ゆげ塾著　ディスカヴァー・トゥエンティワン
【要旨】冷戦前夜から雪どけ、新冷戦を経て現在までの国際関係史と、アメリカ、西ヨーロッパ、ソ連・東欧諸国の各国史の大事なところだけ一気読み。戦後史の「構造」が分かれば、今後の世界情勢が見えてくる。
2017.8 421p B6 ¥1600 978-4-7993-2099-0

◆ざんねんな偉人伝―それでも愛すべき人々　真山知幸著　学研プラス　(新しい伝記シリーズ)
【要旨】ワガママで評判が悪かったり、得意なこと以外、何もできなかったり、甘えたり失敗して周囲に迷惑をかけたり。偉人たちの「ざんねん」な部分にスポットライトをあてた。65人の人生。
2017.8 237p B6 ¥1000 978-4-05-204631-5

◆"しくじり"から学ぶ世界史　宇山卓栄著　三笠書房　(知的生きかた文庫)
【要旨】学ぶべきは、「成功の秘訣」よりも「失敗の本質」！「しくじり」こそ、すなわち失敗は多くの教訓を与えてくれる「人生の宝」です。本書は、失敗をしくじった世界史の偉人たちにインタビューを敢行！彼ら・彼女らの失敗の背景にせまり、そこから得られる教訓を大いに学びましょう！
2017.4 270p A6 ¥720 978-4-8379-8462-7

◆詳説世界史研究　木村靖二、岸本美緒、小松久男編　山川出版社
【要旨】世界通史のロングセラーを10年ぶりに全面改訂。『詳説世界史』に準拠したもっとも詳しい一冊。
2017.11 575p A5 ¥2500 978-4-634-03088-6

◆植民地化の歴史―征服から独立まで/一三～二〇世紀　マルク・フェロー著、片桐祐、佐野栄一訳　新評論
【要旨】数百年におよぶ「近代の裏面史」を一望する巨大な絵巻物。負の遺産なる「植民地化」思想。今日世界を覆うグローバルな収奪構造との連続性を読み解く。
2017.3 634p A5 ¥6500 978-4-7948-1054-0

◆真実の世界史講義 古代編―誰も教えてくれない　倉山満著　PHP研究所
【要旨】世の中のことが怖いほどよくわかる！中国人とヨーロッパ人が歪めた「世界の歴史」の謎を解く！
2017.2 323p B6 ¥1400 978-4-569-83482-5

◆人類5000年史 1 紀元前の世界　出口治明著　筑摩書房　(ちくま新書)
【要旨】文明の誕生から現代まで、五〇〇〇年の人類の歩みをまとめる著者のライフワークの第一巻。文明の誕生と最初の文明(BC三〇〇〇‐BC二〇〇一)から、チャリオットによる軍事革命と紀元前一二〇〇年のカタストロフ(BC二〇〇〇‐BC一〇〇一)、世界帝国の時代(BC一〇〇〇‐BC五〇一)、知の爆発の時代(BC五〇〇‐BC一)まで、紀元前およそ三〇〇〇年の歴史をダイナミックに展開する。
2017.11 245, 6p 18cm ¥820 978-4-480-06991-7

◆図解！「戦後」世界史　「歴史ミステリー」倶楽部著　三笠書房　(知的生きかた文庫)
【要旨】ニュースがストンとわかる！ 学校では教えてくれない「現在」を理解するための「歴史の実用書」！ 「いま」だけではなく、未来を探るための重要な手立てとなる戦後の世界史を、徹底図解で解説します！
2017.2 221p A6 ¥600 978-4-8379-8455-9

◆図説 万博の歴史―1851・1970　平野暁臣著　小学館クリエイティブ、小学館 発売
【目次】1 未来と異国のワンダーランド、2 世紀末の幻影、3 台頭するアメリカ模索するパリ、4 第二世代の胎動、5 勧業博から大阪万博へ、主な国際博覧会
2017.11 159p 29x22cm ¥4800 978-4-7780-3612-6

◆3DビジュアルDX版 超古代文明禁断の新説―超立体画像で蘇る世界のミステリー最終結論!!　神谷充彦監修　宝島社
【目次】第1章 禁断の新説！世界の「古代遺跡」、第2章 本当は残酷だった「古代文明」、第3章 最終結論！オーパーツ、第4章 四大文明どころじゃない 失われた古代文明を探せ！、第5章 「偽書」にかいま見る超古代文明への導き、特別収録 日本人はユダヤ人!?「日ユ同祖論」はどこまで本当なのか　2017.3 111p B5 ¥700 978-4-8002-6807-5

◆世界を変えた暦の歴史　谷岡一郎著　PHP研究所　(PHP文庫)
【要旨】現代では暦の常識が薄れているので、古代文明が驚異的な天文知識があったと聞くとすごいと感じてしまうが、暦によって農業の生産力を高められた。暦を司る者は権力を確実にした。つまり、集団を統治するうえで重要なものだった。暦が果たす役割はこれまで歴史学的には重要視されてこなかったが、本書では社会誕生のプロセスに焦点を当てて暦の影響力を考察する。文庫書き下ろし。
2018.1 253p A6 ¥680 978-4-569-76782-6

◆世界を変えた世紀の決戦　世界戦史研究会編著　学研プラス
【要旨】有名決戦から知られざる名勝負までをイラスト＆図版つきで紹介！ あなたはまだこの戦いの本当の結末を知らない！
2017.5 222p B6 ¥600 978-4-05-406555-0

◆世界をまどわせた地図　エドワード・ブルック＝ヒッチング著、関谷冬華訳、井田仁康日本語版監修　日経ナショナルジオグラフィック社、日経BPマーケティング 発売
【要旨】本書で紹介する国、島、都市、山脈、川、大陸、種族などは、どれもまったくの絵空事だ。しかし、かつては実在すると信じられていたのである。なぜだろう？ それらが地図に描かれていたからだ。神話や伝承として語り継がれていたものもあれば、探検家の間違いや誤解から生まれたものもある。なかには、名誉のため、あるいは金銭を集めるための完全な"でっち上げ"

すらある。そのような幻の土地や国、島々は、20世紀の地図にもたびたび登場し、現代のグーグルマップにまで姿を現した。130点を超える美しい古地図と貴重な図版・写真とともに、人々を翻弄した幻の世界を読み解いていこう。
2017.8 256p 26×20cm ¥2700 ⓘ978-4-86313-391-4

◆世界史「意外な結末」大全　日本博学倶楽部著　PHP研究所　（PHP文庫）
【要旨】「アメリカ初代大統領ワシントンは"ヤブ医者"にかかって死んだ!?」「スペイン無敵艦隊を破った海賊ドレイクの最期は"財宝船探し"で大失敗!」「清国の創始者ヌルハチは"最後の妻"に殉死するよう強制した」…こんな歴史のウラ話、古今東西の"超有名人物"の知られざる結末を一挙紹介。学校では教えてくれない「本当の姿」が明らかになる！　文庫書き下ろし。
2017.7 390p A6 ¥800 ⓘ978-4-569-76732-1

◆世界史/いま、ここから　小田中直樹, 帆刈浩之編　山川出版社
【要旨】歴史を知り、未来に目をこらす。世界史は教養を超える！　移動・宗教・環境から、わたしたちの「いま」を考える。
2017.4 646p A6 ¥2300 ⓘ978-4-634-64086-3

◆世界史ウソみたいなその後　歴史の謎を探る会編　河出書房新社　（KAWADE夢文庫）
【要旨】英雄・偉人の驚くべき晩年、あの歴史的事件が迎えたまさかの結末、天才・芸術家のイメージが崩れる後半生…世界史はやっぱり「その後」が面白い！
2017.4 221p A6 ¥680 ⓘ978-4-309-49964-2

◆世界史を変えた39の「道」　日本博学倶楽部著　PHP研究所　（PHP文庫）
【要旨】十字軍の遠征路によって、巨万の富を築いたイタリア都市がルネサンスの原動力に。大陸横断鉄道の誕生で、南北戦争で分裂に陥ったアメリカが再統一へと動き出す—。かつて"新しい道"ができることは、世界史を左右するインパクトがあった。本書では「征服」「伝道」「交易」など、今の世界を形づくる基盤となった39の道が、どう歴史を変えたのかを紹介する。写真・地図も満載！
2017.8 237p A6 ¥680 ⓘ978-4-569-76744-4

◆"世界史"の哲学 近世篇　大澤真幸著　講談社
【要旨】神に属する知性をもたぬ人間の不安が歴史を動かすという逆説。ルネサンスと宗教改革という正反対の運動がなぜ同時代に起きたのか。ラテン語で書かれた聖書を読めないカトリック信者のジレンマとは。科学革命のハイライト・万有引力は非合理な遠隔作用ではないか。
2017.3 473p B6 ¥2500 ⓘ978-4-06-220453-8

◆世界史のなかの近世　青木敦編　慶應義塾大学出版会　（青山学院大学総合研究所叢書）
【要旨】近世と呼ばれる時代に、近代とも中世とも異なる強固な独自性を見出す研究潮流が、世界各地に生まれている。本書は、日本、イギリス、フランスを研究対象とする歴史学・文学の研究者たちが、それぞれの研究対象における「近世的なもの」を追究し、共通する特徴を浮び上がらせた、画期的な共同研究の成果である。伝統の再解釈による文化の活性化、文学の世俗化・大衆化、人々の移動の拡大や身分制の再構成による社会の変容など、近世を画する重要な論点に迫り、それらを世界史的文脈のなかに位置づける、意欲的な論考8本を収載。
2017.3 255, 2p A5 ¥4500 ⓘ978-4-7664-2409-6

◆世界史のなかの産業革命—資源・人的資本・グローバル経済　ロバート・C. アレン著, 眞嶋史叙, 中野忠, 安元稔, 湯沢威訳　（名古屋）名古屋大学出版会
【要旨】中国やインド、大陸ヨーロッパでなく、イギリスで産業革命が起こり得たのはなぜか？　食事、健康などの生活水準をもとに、世界史的な視野で産業革命を捉えなおし、エネルギーなどの自然環境が果たした役割も視野に、産業革命の新たな全体像を示した決定版。
2017.12 365p A5 ¥3400 ⓘ978-4-8158-0894-5

◆世界探検史　長澤和俊著　講談社　（講談社学術文庫）
【要旨】人類の歴史は「探検の歴史」でもあった。太古の人々の移動に始まり、アレクサンドロスの東征、張騫の西域探険、ヨーロッパによる「地理的発見」、近代の植民地獲得競争。そして二十世紀には、人類の極地やアフリカ奥地までが踏破され、人類は深海や宇宙へと進出していく。有名、無名を問わず、古今東西の探検家の足跡を

網羅し、発見と革新の歴史をたどる。
2017.7 497p A6 ¥1450 ⓘ978-4-06-292438-2

◆世界の歴史はウソばかり—倉山満の国民国家論　倉山満著　ビジネス社
【要旨】世界が知られたくない暗黒史を大暴露！
2018.1 257p B6 ¥1800 ⓘ978-4-8284-2001-1

◆世界文化遺産の思想　西村幸夫, 本中眞編　東京大学出版会
【要旨】世界文化遺産の理念・歴史・制度の解説から、現場の課題やその取組みの紹介まで、第一人者らによる実践的入門書。
2017.8 297p B6 ¥2400 ⓘ978-4-13-023074-2

◆世界文明史—人類の誕生から産業革命まで　下田淳著　（京都）昭和堂
【要旨】「民族」と「宗教」をキーワードに、独自の視点で描かれた世界文明史。「コア文明」は、移動民を媒介として新たな派生文明を作りだし、高等宗教をもたない文明はコア文明に呑み込まれていく。文明の様相・本質を理解し、近現代文明に生きる私たちの「あやうさ」を再考する。
2017.5 288p A5 ¥2400 ⓘ978-4-8122-1622-4

◆世界文明史の試み 上　一神話と舞踊　山崎正和著　中央公論新社　（中公叢書）
【要旨】数千年を分裂のうちに閲した人類の文明は、いまや地球的な規模で統一され、かつてない「世界文明」というべきものが誕生しつつある—。その始原を先史時代に遡って探り、人類の文明史を「一貫した趨勢の連続」として捉える野心的論考。
2017.12 311p A6 ¥1000 ⓘ978-4-12-206482-9

◆世界文明史の試み 下　一神話と舞踊　山崎正和著　中央公論新社　（中公叢書）
【要旨】「ある」身体と「する」身体、「世界洞窟」と「世界開豁」—。レオ・フロベニウスに着想を得、ベルクソンやメルロー＝ポンティの思索を批判的に継承しつつ、哲学と歴史学など関連諸学の成果を取り入れて展開される独創的な文明史。
2017.12 295p A6 ¥1000 ⓘ978-4-12-206483-6

◆世界流通史　谷澤毅著　（京都）昭和堂
【目次】第1部 流通史の考え方（流通史の射程、流通を形づくる要素）、第2部 歴史と経済のとらえ方（歴史とは何か、ドイツ歴史学派経済学の誕生の背景—歴史重視の風潮と社会、ドイツ史学・ドイツ経済学の系譜、全体を見る眼）、第3部 商業・流通の展開（交換の始まり、古代地中海地域の商業・流通、中世ヨーロッパの商業・流通、南北二つの海域通商—地中海地域とバルト海・北海地域、ユーラシア・ネットワーク、世界市場の誕生、近世ヨーロッパの商業・流通、産業革命と流通—日本を事例として）、大衆消費社会の成立、戦後の経済発展と流通—日本を事例として）
2017.4 269p A5 ¥2700 ⓘ978-4-8122-1630-9

◆戦史 上　トゥーキュディデース著, 久保正彰訳　岩波書店　（岩波文庫）　（第17刷（第1刷1966年））
【要旨】ペロポネーソス戦争は、古代ギリシア世界始まって以来の大規模な戦争であった。その渦中にあったトゥーキュディデースは、動乱の全過程を克明に記録する。
2017.4 407p A6 ¥1070 ⓘ4-00-334061-2

◆戦史 中　トゥーキュディデース著, 久保正彰訳　岩波書店　（岩波文庫）　（第14刷（第1刷1966年））
【要旨】ペロポネーソス戦争の経過を克明に追うことによって、トゥーキュディデースは、この古代ギリシア世界をゆさぶる激動の意味をつきとめようとした。
2017.4 494p A6 ¥1140 ⓘ4-00-334062-0

◆戦史 下　トゥーキュディデース著, 久保正彰訳　岩波書店　（岩波文庫）
【要旨】自らの存亡をかけて激突するアテナイとスパルタ。この戦いは、相手を根絶やしにせずには止まない、相いれない二つの文化の争いであった。
2017.4 511, 32p A6 ¥1260 ⓘ4-00-334063-9

◆戦争を始めるのは誰か—歴史修正主義の真実　渡辺惣樹著　文藝春秋　（文春新書）
【要旨】「歴史修正主義」とは、戦前の日独をことさら評価する史観ではない。米英両国の外交に問題はなかったのか、あったとすれば何が問題なのか、それを真摯に探ろうとする歴史観だ。英米露独の外交と内政を徹底検証し、二つの世界大戦が実は「必要」も「理由」もない

戦争だったことを明かす。
2017.1 326p 18cm ¥1100 ⓘ978-4-16-661113-3

◆1493 入門世界史—コロンブスからはじまるグローバル社会　チャールズ・C. マン著, レベッカ・ステフォフ編著, 鳥見真生訳　あすなろ書房
【要旨】コロンブスのアメリカ到達によって、世界はどう変わったのか？　さまざまな思惑によって、人とモノが行き交い、世界がつながっていく様子をダイナミックにたどる新しい歴史入門書。タイム誌ベストノンフィクション部門（2011年度）第1位の大著が、わかりやすくコンパクトに！
2017.6 239p 20×16cm ¥1600 ⓘ978-4-7515-2870-9

◆第一次世界大戦の起原　ジェームズ・ジョル著, 池田清訳　みすず書房　（原著第2版）　改訂新版; 新装版
【要旨】火元はサライェヴォ事件だった。歴史のダイナミックな力学と当時の雰囲気を、現代の第一人者が再現する名著。
2017.1 357, 27p B6 ¥4500 ⓘ978-4-622-08592-8

◆第一次世界大戦への道—破局は避けられなかったのか　ウィリアム・マリガン著, 赤木完爾, 今野茂充訳　慶應義塾大学出版会
【要旨】大国間の平和はなぜ失われたのか？　普仏戦争以降40年にわたって機能した大国間の平和維持メカニズムが崩壊した理由を、各国の国内情勢、外交、指導者の言動、軍部の思惑、世論などから明快に解き明かす。大国が世界規模で複雑に交錯する現代にこそ、学ぶべき「歴史の教訓」がちりばめられた一冊。
2017.8 407p B6 ¥3200 ⓘ978-4-7664-2445-4

◆大航海時代の地球見聞録 通解『職方外紀』　ジュリオ・アレーニ, 楊延筠著, 齊藤正高訳訳・解説　原書房
【要旨】巨人の闊歩する国、悪人ばかりの地域、石を噴く川、そして海には無数の怪物…。江戸時代の「国際派」も携えた奇本を、わかりやすい現代語と詳細な注釈ではじめて紹介！　17世紀、中国に渡ったイエズス会宣教師が語った「世界」は、不思議で謎と奇跡に満ちていた！
2017.3 309p B6 ¥3200 ⓘ978-4-562-05389-6

◆大航海時代の日本人奴隷—アジア・新大陸・ヨーロッパ　ルシオ・デ・ソウザ, 岡美穂子著　中央公論新社　（中公叢書）
【要旨】戦国時代の日本国内に、「奴隷」とされた人々が多数存在し、ポルトガル人が海外に連れ出していたことは知られていない。しかし、その実態は不明であり、顧みられることもほとんどなかった。ところが近年、三人の日本人奴隷がメキシコに渡っていたことを示す史料が見つかった。「ユダヤ教徒」のポルトガル人に対する異端審問記録に彼らに関する記述が含まれているのだ。アジアにおける人身売買はどのようなものだったのか。世界の海に展開したヨーロッパ勢力の動きを背景に、名もなき人々が送った人生から、大航海時代のもう一つの相貌が浮かび上がる。
2017.4 201p B6 ¥1400 ⓘ978-4-12-004978-1

◆誰が第二次世界大戦を起こしたのか—フーバー大統領『裏切られた自由』を読み解く　渡辺惣樹著　草思社
【要旨】ヒトラー、チャーチル、ルーズベルト…悲劇の元凶はいったい誰だったのか？　大著『裏切られた自由』を翻訳した歴史家がその記述をもとに浮き彫りにする驚愕の真実！　そして、日米開戦、原爆投下の真相とは？
2017.7 222p B6 ¥1700 ⓘ978-4-7942-2277-0

◆ダンケルク　ジョシュア・レヴィーン著, 武藤陽生訳　ハーパーコリンズ・ジャパン　（ハーパーBOOKS）
【要旨】1940年フランス、ダンケルク港。ナチスドイツの攻撃を受けた30万人の連合国軍兵が、海上への異例の撤退作戦によって劇的に救出された。9日間の戦闘に加わった陸・海・空の兵士たち、そして民間人にまつわる実話は今や伝説に—W・チャーチルが"奇跡"と評した作戦の全貌を、ベストセラー作家が渾身の筆で描く。退役軍人や生還者へのインタビューを含む、圧巻のノンフィクション。
2017.9 470p A6 ¥972 ⓘ978-4-596-55069-9

◆男色英雄図鑑　開発社編　創藝社
【要旨】英雄や武将、哲学者、大統領、文豪まで…歴史に名を残す数々の英雄たち。しかし彼らが愛したのは男性だった！　性を超越した愛の

世界史

エピソードを余すことなく紹介!!
2017.6 127p A5 ¥1500 ①978-4-88144-230-2

◆地域から考える世界史―日本と世界を結ぶ
桃木至朗監修，藤村泰夫，岩下哲典編　勉誠出版
【要旨】日本史と世界史の総合的理解を模索。グローバル化、多文化共生の時代だからこそ、地域を見つめる視点が求められる。列島各地に世界史を見出す多彩な事例と取り組みを紹介。暗記中心ではない、生きた学びを実現する新たな歴史教育のアイデアとモデルを提示。
2017.10 429p A5 ¥4200 ①978-4-585-22191-3

◆小さな大世界史―アフリカから出発した人類の長い旅　ジェフリー・ブレイニー著，南塚信吾監訳　(京都)ミネルヴァ書房
【要旨】本書はオーストラリアの歴史家・ブレイニーがコンパクトにまとめた世界史。アフリカを出発した人類が各地に散らばり、いかに暮らし、働き、技術を磨いたのか。ヨーロッパを相対化しつつ、著者ならではのユニークな視角で、世界の大きな流れをわいやすく描き出す。随所にちりばめられた軽妙な比喩とユーモアも味わい深いダイナミックな通史。
2017.9 373, 10p B6 ¥4200 ①978-4-623-07140-1

◆地球と人類の46億年史―ビジュアルでわかる
土屋健，宮崎正勝著　洋泉社
【要旨】地球誕生から生命の進化、ホモ・サピエンスの拡散、文明の発展まで、「奇跡の惑星」の壮大でドラマチックな物語。
2017.12 207p A5 ¥1600 ①978-4-8003-1376-8

◆地政学で読み解く！海がつくった世界史
村山秀太郎監修　実業之日本社　(じっぴコンパクト新書)
【要旨】海洋を制するもの、世界を制す！現代ニュースがよくわかる、海の地政学と歴史。ローマを世界帝国たらしめた地中海の覇権、ヨーロッパ世界成立に大きな役割を果たしたヴァイキング、アメリカ、中国と海の関わり…海との関わりが世界史と現代にもたらしたものを追う！
2017.7 189p 18cm ¥800 ①978-4-408-33713-5

◆中世宝石賛歌と錬金術―神秘的医薬の展開
大槻真一郎著，澤元亙監修　コスモス・ライブラリー，星雲社　発売　(ヒーリング錬金術 2)
【要旨】真の健康と安らぎを求める現代人に語りかける名講義・シリーズ全4巻。第2巻は、パワーストーンを讃美する『石について(マルボドゥス著)』『リティカ(作者不詳)』の解読に始まり、ヘルメスの錬金術から「医化学の祖」パラケルススによる錬金術的医学へと展開された神秘的医薬の世界を、人生論を交えつつユニークに解説。「真の医師は優れた信仰をもたねばならない」—錬金術的人生論！
2017.7 173p B6 ¥1400 ①978-4-434-23669-3

◆鳥瞰図で見る古代都市の世界―歴史・建築・文化　ジャン＝クロード・ゴルヴァン著，吉田春美訳　原書房
【要旨】130におよぶ復元図で甦る、古代世界のパノラマ！古代都市の景観を精緻な水彩画で再現し、歴史や建築、都市計画をわかりやすく紹介。地中海沿岸を中心とした9つの地域別に、全85都市の復元図を掲載。
2017.3 221p 29×20cm ¥4800 ①978-4-562-05375-9

◆帝国の復興と啓蒙の未来　中田考著　太田出版
【要旨】「文明の再編」の時代。イスラームの側からしか見えない歴史を解き明かし、未来を予見する。読み終わったとき、もっとも危険な世界史が見えてくる。
2017.7 291p B6 ¥2500 ①978-4-7783-1585-6

◆東西を繋ぐ白い道―地球をめぐる思想のドラマ　森和朗著　鳥影社
【要旨】世界が直面する二河白道を辿る。原始仏教からトランプ・カオスまで、宗教も政治も一筋の道に流れ込む、壮大な歴史のドラマ。
2017.4 410p B6 ¥2200 ①978-4-86265-609-4

◆独裁者たちの最期の日々　上　ディアンヌ・デュクレ，エマニュエル・エシュト編著，清水珠代訳　原書房
【要旨】本書は、世界に惨禍をもたらしたおもな独裁者たちの最期の日々にはじめて焦点をあて、史実を追いながらその今日的意味を問いかけている。信頼できる資料に裏づけられた臨場感あふれる24章はいずれも、多くの新たな事実を掘り起こした有意義なルポルタージュにもとづいている。これらの独裁者たちの肖像は、殺戮、陰謀、クーデター、革命がくりかえされた残虐きわまりない半世紀の歴史そのものだ。秩序と繁栄の希望を餌に、民をあざむきつづけた体制の姿でもある。
2017.3 216p B6 ¥2000 ①978-4-562-05377-3

◆独裁者たちの最期の日々　下　ディアンヌ・デュクレ，エマニュエル・エシュト編著，清水珠代訳　原書房
【要旨】本書は、世界に惨禍をもたらしたおもな独裁者たちの最期の日々にはじめて焦点をあて、史実を追いながらその今日的意味を問いかけている。信頼できる資料に裏づけられた臨場感あふれる24章はいずれも、多くの新たな事実を掘り起こした有意義なルポルタージュにもとづいている。これらの独裁者たちの肖像は、殺戮、陰謀、クーデター、革命がくりかえされた残虐きわまりない半世紀の歴史そのものだ。秩序と繁栄の希望を餌に、民をあざむきつづけた体制の姿でもある。
2017.3 193p B6 ¥2000 ①978-4-562-05378-0

◆どの教科書にも書かれていない日本人のための世界史　宮脇淳子著　KADOKAWA
【要旨】教科書で教えられる「世界史」は、戦前の西洋史と東洋史を無理やりにつなげた代物だった一。ならば、「モンゴル帝国」から始まり「大日本帝国」で終わる、日本人の価値観を中心に据えさせる「一つの世界史」とは、何か。これが他国のためではなく、日本のために書かれた世界史だ！
2017.2 287p B6 ¥1600 ①978-4-04-601899-1

◆トランプ vs. 中国は歴史の必然である―近現代史で読み解く米中衝突　石平著　産経新聞出版，日本工業新聞社　発売
【要旨】中国のデッドラインを簡単に超えたトランプ。彼は中国幻想という米国伝統の病を持たない。中国もその生死をかけて一歩も引けない理由がある。アジア覇権をめぐり米中は衝突する。だからこそ日本が危険なのだ。
2017.2 214p B6 ¥1300 ①978-4-8191-1298-7

◆ナショナル・アイデンティティを問い直す
川田順造編　山川出版社
【要旨】国家単位では敵味方の境界が定かでない戦争と殺戮・破壊が熾烈さを増す今日、人類史の視野で「ナショナル・アイデンティティ」とは何かを考える。古くて新しい問題群。
2017.10 409p A5 ¥4500 ①978-4-634-67246-8

◆なぜ、地形と地理がわかると現代史がこんなに面白くなるのか　関真興監修，三城俊一著　洋泉社　(歴史新書)
【要旨】全50項に地図がついてよくわかる！「なぜ、その場所起きたのか」—。第一次世界大戦以降の世界情勢を知らずして"いま"がわかる。変わりつつある世界秩序を理解するために一〇〇年の現代史を、地形的・地理的要因から読み直す
2017.3 193p B6 ¥1000 ①978-4-8003-1177-1

◆20世紀を知る―21世紀の問題の原点　広瀬一郎著　(平塚)東海大学出版部
【目次】序 19世紀までの近代―産業革命～社会・国民国家の誕生、第1の視点 国際(政治・経済)の世紀(経済の世紀、アメリカの世紀―Pax-Americana／「アメリカニズム」とは何か？、国際戦争の世紀～1945年、戦後の世紀、国際協調の世紀、多極化の世紀、グローバル化の世紀)、第2の視点 テクノロジーの世紀、第3の視点 文化産業の世紀(メディアの世紀、ファッションの世紀、ポップ・ミュージックの世紀、スポーツの世紀)、第4の視点 環境問題の世紀
2017.3 165p A5 ¥2400 ①978-4-486-02137-7

◆日本人が知らない最先端の「世界史」　2　覆される14の定説　福井義高著　祥伝社
【要旨】英米独仏露西の最新歴史論文を原語で読破。日本の常識は、もはや非常識。国内論争と歴史教育からは見えてこない、瞠目の真実！
2017.7 332p B6 ¥1900 ①978-4-396-61613-7

◆ニュースがわかる世界史　宮崎正勝著　KADOKAWA
【要旨】苦悩するアメリカ、北朝鮮の暴走、膨張する中国、激震する中東、難産する「新しいヨーロッパ」…。日本は大丈夫か？教科書では学べないリアルな国際情勢がこの一冊で!!
2017.12 269p B6 ¥1600 ①978-4-04-400298-5

◆ニュースの深層が見えてくる　サバイバル世界史　茂木誠著　青春出版社　(青春新書 INTELLIGENCE)
【要旨】世界史の本質は、人間という群れによる「3つの宝」を奪い合うサバイバル・ゲーム。その視点で見ていくと、複雑な世界の「いま」と「これから」がスッキリ見えてくる！
2017.12 204p 18cm ¥900 ①978-4-413-04528-5

◆ニュースの"なぜ？"は世界史に学べ　2　日本人が知らない101の疑問　茂木誠著　SBクリエイティブ　(SB新書)
【要旨】前作から1年半、世界はさらに混迷の度を深めています。まさかのトランプ政権発足、イギリスのEU離脱、ISの崩壊、米中対立…激変する世界のニュースも、根っこをたどればすべて同じ。それは、グローバリズムVSナショナリズムのぶつかり合い一。「歴史」という高みから、先行きの見えないニュースを、総ざらいしていきましょう。
2017.9 255p 18cm ¥820 ①978-4-7973-9165-7

◆ネブカドネザル2世―バビロンの再建者　山田重郎著　山川出版社　(世界史リブレット人 003)
【要旨】聖書と古典古代の著作に記された伝説の都市バビロンは、不可思議な繁栄と滅びの象徴として人々の想像力をかきたててきた。紀元前7世紀末から前6世紀にかけて、新バビロニア王としてメソポタミアとシリアにまたがる帝国を確立し、バビロンを卓越した古代帝国首都に築き上げたネブカドネザル2世もかつては伝説的な人物だった。しかし、19世紀以来、考古学的調査によりバビロンの都市遺構が明らかにされ、発見された楔形文字文書がネブカドネザルとその時代について新情報をもたらした。こうした同時代の「証言」に照らして、ネブカドネザルとその時代の実像に迫る。
2017.5 95p 22×14cm ¥800 ①978-4-634-35003-8

◆反転授業 世界史リーディングス―歴史の流れをつかむ12章　上野昌之著　花伝社，共栄書房 発売
【要旨】まずは流れと基本を押さえる―限られた時間で効果的に学びを深める「反転授業」。時代の空気を感じ、出来事の因果関係を学ぶ一流れから入ると、世界史はこんなに面白い！「世界史B」に対応。
2017.4 188p A5 ¥1500 ①978-4-7634-0811-2

◆万能機列伝―世界のオールラウンダーたち
飯山幸伸著　潮書房光人社　(光人社NF文庫)
(『万能機列伝 1939～1945』改題書)
【要旨】零戦、銀河、P-38ライトニング、F4Uコルセア、Ju88、モスキート…。名機と呼ばれた軍用機たちは本来の任務だけでなく、他の多くの用途でも充分に活躍した一戦闘機、爆撃機、雷撃機、偵察機など、数々の目的に使われ、その姿を多彩に変化させていった第二次大戦の航空機を多数の図面とともに詳解する。
2017.2 327p A6 ¥860 ①978-4-7698-2991-1

◆ビジネスパーソンのための近現代史の読み方　佐藤けんいち著　ディスカヴァー・トゥエンティワン
【要旨】「逆回し」で見えてくる「現在」の本質。世界のビジネスパーソンの必修科目。
2017.5 477, 8p B6 ¥1700 ①978-4-7993-2100-3

◆秘密結社の世界史―フリーメーソンからトランプまで、その謎と陰謀　海野弘著　朝日新聞出版　(朝日文庫)
【要旨】人はなぜ"秘密結社"に魅せられるのか？古代密儀、テンプル騎士団、薔薇十字団、フリーメーソン、イルミナティ、KKK、ナチス、カルト、マフィア、そしてトランプ…。古代から中世、近代、20世紀、現代に至るまで、秘密結社という「隠された視点」から世界史を読み直す。
2017.6 276p A6 ¥640 ①978-4-02-261906-8

◆百科全書　マドレーヌ・ピノー著，小嶋竜寿訳　白水社　(文庫クセジュ)
【要旨】本文・図版あわせて二十八巻におよんだ『百科全書』。七万を超える項目の多くが先行する文献からの引用、改編、要約であり、この事業は知識再創造の一大実験場といえよう。本書は、ディドロをはじめとする主要人物のみならず、図版に関する情報を充実させ、後世に名を残さなかった市井の職人たちにも目を向ける。運動に身を投じた人々、編集史、数々の告発事件、後続版本の内容をまとめた入門書。
2017.9 181, 9p 18cm ¥1200 ①978-4-560-51014-8

◆封印された国家プロジェクト　歴史ミステリー研究会編　彩図社
【要旨】未完成なのに"廃墟"と呼ばれる「柳京ホテル」、小さな島国ナウルに住む国民全員の移住計画、あまりに強力すぎて封印された「ツァーリボンバ」、アメリカ・カナダで本気で開発されていた空飛ぶ円盤、ソフトウェアのプロ育成を

目指していた「シグマ計画」他、壮絶な失敗・中止となった計画の数々。
2017.5 221p B6 ¥537 ①978-4-8013-0221-1

◆不思議？ 歴史発見！─歴史の裏の隠された不思議の真実を発掘　佐野量幸著　元就出版社
【要旨】日本の敗戦後復興は旭化成のおかげであり、延岡藩の重役たちが激動の幕末を演出した。歴史は無名の人、か弱き女性が動かした！
2017.3 205p B6 ¥1200 ①978-4-86106-253-7

◆船乗りがつなぐ大西洋世界─英領植民地ボストンの船員と貿易の社会史　笠井俊和著
（京都）晃洋書房
【要旨】船乗りが織りなす近世アメリカの貿易史。海運とともに発展した英領植民地アメリカの港町ボストンの貿易の構造を、商船の移動経路や船乗りの役割に注目して究明する。海運記録から構築した独自のデータベースを駆使して、船乗りが積荷の売買から情報伝達までを担っていた、帆船時代の貿易のあり方を描き出す。
2017.5 292, 26p A5 ¥4700 ①978-4-7710-2893-7

◆普遍史の変貌─ペルシア語文化圏における形成と展開　大塚修著　（名古屋）名古屋大学出版会
【要旨】歴史叙述の根底を問い直す。前近代の世界には、天地創造に始まる人類の系譜を描く「普遍史」という歴史類型が存在した。ペルシア語の「王書」や「集史」から、地方王朝やモンゴル時代の多様な手稿本までを徹底的に調査し、世界認識のダイナミックな変容を跡づける力作。
2017.12 444p A5 ¥6300 ①978-4-8158-0891-4

◆プリニウスの系譜─『博物誌』がつなぐ文化・歴史　中野里美著　雄山閣
【要旨】『博物誌』の著者として、歴史に名を刻む古代ローマ帝国の人プリニウス。彼と彼の著作が後の世に与えた影響を、洋の東西を問わず、衣鉢を継ぐ人々を通して浮かび上がらせる。『博物誌』翻訳者によるプリニウス論の第3弾!!
2017.6 189p B6 ¥2000 ①978-4-639-02495-8

◆フリーメイソン真実の歴史─現役メイソンが語る世界最大の秘密結社の正体　クリストファー・アーンショー著　学研プラス
【目次】序章 フリーメイソンリーは世界を制するか？、第1章 大自然の神秘の十字架はイエスにかかわるか？、第2章 古代エジプトの宗教は永遠の生を目指す、第3章 アンクが象徴するフリーメイソン・エジプト儀式、第4章 フリーメイソンの起源は孟子にあるのか？、第5章 古今の錬金術とフリーメイソンリーの深いかかわり、第6章 テンプル騎士団と聖杯を結ぶ謎、第7章 ホスピタル騎士団の転落と再興、第8章 カルトと宗教と秘密結社、第9章 新たなエルサレムを目ざして
2018.1 287p B6 ¥1900 ①978-4-05-406622-9

◆兵士の歴史大図鑑　R.G. グラント著、等松春夫日本語版監修、山崎正浩訳　（大阪）創元社
【目次】第1章 ギリシアのファランクスとローマ軍団─紀元前600年・紀元450年、第2章 征服騎兵と騎士道─450年・1500年、第3章 パイク兵とマスケット銃兵─1500年・1775年、第4章 帝国と辺境─1775年・1914年、第5章 塹壕と空中戦─1914年・1945年、第6章 ゲリラと特殊部隊─1945年・現代
2017.2 360p 31×26cm ¥15000 ①978-4-422-21524-2

◆ベトナム戦争に抗した人々　油井大三郎著　山川出版社　（世界史リブレット 125）
【要旨】米国史上初めての「敗戦」となったベトナム戦争。第二次世界大戦後の世界では「脱植民地化」が大勢となっていたにもかかわらず、ベトナム独立運動が共産主義者に主導されているという「冷戦の論理」で介入したことにその敗因はあった。それに対し米国内の反戦運動は内部に対立や停滞を抱えつつも、「冷戦の論理」を乗り越え、徐々に幅広い統一を実現し、ジョンソン政権を和平交渉に転換させる上で一定の役割を果たした。本書はこの反戦運動の紆余曲折の過程を概観したいと思う。
2017.8 115p 22×15cm ¥729 ①978-4-634-34963-6

◆宝石 欲望と錯覚の世界史　エイジャー・レイデン著、和田佐規子訳　築地書館
【要旨】美しい宝石や高級腕時計を手に入れたい。そして、それを身につけている姿を、誰かに見てもらいたい。人はなぜ、きらきら輝く宝石や腕時計に惹きつけられてしまうのか。宝石の価値とは、一体何なのか。マリー・アントワネット、エリザベス女王、御木本幸吉、デビアス。人々を虜にし、国をも動かしてきた宝石の魅力を、社会史、文化史として華麗に綴った8章。
2017.12 375p B6 ¥3200 ①978-4-8067-1548-1

◆マーカス・ガーヴェイの反「植民地主義」思想─パンアフリカニズムとラスタファリズムへの影響　小倉英敬著　（八王子）揺籃社
（グローバルヒストリーとしての「植民地主義批判」第3巻）
【要旨】カリブ海のジャマイカは、17世紀にイギリスによって植民地化され、黒人奴隷制に基づく砂糖プランテーション生産が拡大された。黒人奴隷たちはアフリカ伝統の宗教や慣習を維持したが、18世紀末に米国から黒人バプティスト教会が到来し、両者が混合して「アフリカ帰還」志向とブラック・ナショナリズムに基づく精神傾向が強まった。19世紀末にジャマイカに生まれたマーカス・ガーヴェイ（1887～1940）は、このような環境下で思想形成し、1914年に世界黒人地位改善協会（UNIA）を設立した。1916年には渡米してUNIAの運動を米国、カリブ地域、アフリカの環大西洋地域に拡大し、数百万人規模の黒人史上最大の黒人地位改善的な黒人解放運動に発展させた。ガーヴェイの影響は1930年代に低下したが、その思想はジャマイカではラスタファリズムやレゲエ音楽に結実しただけでなく、米国、カリブ地域、アフリカ諸国においてパンアフリカニズム運動に影響を残し、21世紀にも奴隷制賠償請求運動を支持する諸組織に強い影響力を持ちえている。本書は、ガーヴェイの反「植民地主義」思想の影響の全容解明を試みる。
2017.7 258p A5 ¥2600 ①978-4-89708-384-1

◆マジカル・ヒストリー・ツアー─ミステリと美術で読む近代　門井慶喜著　KADOKAWA　（角川文庫）
【要旨】名作ミステリを読み解くと、美術が、宗教が、歴史が見えてくる！『葬儀の娘』に隠された絵画の秘密、『緋色の研究』が提示する産業革命の功罪、『薔薇の名前』で描かれた中世の宗教裁判。ミステリと絵画の密接な関係を論じながら、時代背景や当時の文化事情に華麗なロジックで鋭くメスを入れる。ミステリと歴史小説を知り尽くした気鋭の作家ならではの、画期的な近代史入門書。第69回日本推理作家協会賞（評論その他の部門）受賞作。
2017.12 335p A6 ¥880 ①978-4-04-104749-1

◆マルコ＝ポーロ─東西世界を結んだ歴史の証人　佐口透著　清水書院　（新・人と歴史 拡大版 16）　（『マルコ＝ポーロ・東西を結んだ歴史の証人』改題書）　復刊
【要旨】一二世紀の中ごろ、ヴェネツィア生まれのマルコ＝ポーロは、二五年にもわたる東方への空前絶後の大旅行の途にのぼった。もちろんクビライの宮廷に向かったのである。彼は単に旅行家、商人であったのみならず、ローマ教皇特使の任をも帯びていた。ローマ教皇とモンゴル帝国とを結ぶ東西交渉の檜舞台で、マルコは何を考え、何を観察し、いかに行動したのであろうか。本書は、マルコの実像をもとめて「東方見聞録」を細かに読み返しつつ、その裏面から新しい視点で、マルコを生き生きと捉え直した力作である。
2017.7 235p B6 ¥1800 ①978-4-389-44116-6

◆マンガでわかる！ 世界最凶の独裁者18人　黒い世界史調査会著　水王舎
【要旨】ヒトラー、フセイン、毛沢東。いかにして残虐非道な独裁者になったのか!?金正恩など、現代の独裁者も登場！
2017.9 158p B6 ¥1200 ①978-4-86470-087-0

◆まんがでわかる「発明」と「発見」1000
世界文化社
【要旨】まんが、イラスト、図解が盛りだくさん、楽しく読める決定版。自然科学、数学、機械…さまざまな領域で発達を楽しく解説！古代人の知恵から最先端技術まで、発明、発見、発達のエピソード満載！
2017.10 286p B6 ¥1900 ①978-4-418-17246-7

◆夢遊病者たち─第一次世界大戦はいかにして始まったか　1　クリストファー・クラーク著、小原淳訳　みすず書房
【要旨】「それは20世紀最初の災厄であり、あらゆる災厄はここから湧き出した」（フリッツ・スターン）。19世紀末から開戦までを見事に描き、異例の反響を呼んだ、第一次世界大戦研究の決定版。
2017.1 369, 50p B6 ¥4200 ①978-4-622-08543-0

◆夢遊病者たち─第一次世界大戦はいかにして始まったか　2　クリストファー・クラーク著、小原淳訳　みすず書房
【要旨】政策決定者たちは、自らの決定が戦争へと展開することを見ようとしない「夢遊病者」だった。戦争勃発のメカニズムを慄然と照らし出す、新しい戦争史学の誕生。
2017.1 844, 88p B6 ¥5200 ①978-4-622-08544-7

◆名著で読む世界史　渡部昇一著　育鵬社、扶桑社 発売　（扶桑社文庫）
【要旨】インターネットの情報や知識ではグローバル時代を生き抜くことはできない。いま日本人に欠けている「洞察力」を養うための必読書！
2017.4 206p A6 ¥640 ①978-4-594-07696-2

◆最もシンプルな世界史のつかみ方 メソポタミア文明から現代まで─世界を動かす軸が見えてくる　祝田秀全著　KADOKAWA
【要旨】世界史指導のプロが教える、5000年の歴史を一気に理解する方法。世界を動かす「覇権」を軸に読み解けば、世界史はこんなにシンプル！
2017.8 287p B6 ¥1500 ①978-4-04-600470-3

◆「モノ」で読み解く世界史　宮崎正勝著　大和書房　（だいわ文庫）
【要旨】世界の歴史は、身の回りのものから簡単にわかる！権力と秩序を示した「印章」、ステイタスとなった異国の特産品「コショウ」、通貨としても使われた「チョコレート」、モンゴル帝国の機動力を支えた「ズボン」、戦争の引き金にもなった「新聞」、37の重要な「モノ」の起源・成り立ちから読む、教科書には書かれていない世界史！
2017.7 230p A6 ¥740 ①978-4-479-30658-0

◆ユーラシア帝国の興亡─世界史四〇〇〇年の震源地　クリストファー・ベックウィズ著、斎藤純男訳　筑摩書房
【目次】英雄とその友たち、二輪戦車の戦士たち、王族スキュタイ、ローマと中国の軍団、フン族の王アッティラの時代、突厥帝国、シルクロード、革命、そして崩壊、ヴァイキングとカタイ、チンギス・カンとモンゴルの征服、中央ユーラシア人、ヨーロッパの海へ、道は閉ざされた、中心なきユーラシア、よみがえった中央ユーラシア、バルバロイ
2017.3 622, 45p B6 ¥4200 ①978-4-480-85808-5

◆歴史家が語るガイドブックにはない世界の旅　内田知行著　創土社
【要旨】中国近現代史をフィールドワークとするベテランの歴史家が、アジア、西欧を旅して見出したこと、考えたこと。
2017.7 287p B6 ¥1700 ①978-4-7988-0229-9

◆レーナの日記─レニングラード包囲戦を生きた少女　エレーナ・ムーヒナ著、佐々木寛、吉原深和子訳　みすず書房
【要旨】1941年9月、ナチス・ドイツ軍は250万の市民が暮らすレニングラードの包囲を完了。包囲は872日間におよび、約80万人以上が犠牲となる。飢餓と爆撃と酷寒の都市で、食べ物と言葉への執着が命をつないだ。16歳の少女が圧倒的筆力でとらえた独ソ戦下の生活。発掘された「レニングラードの『アンネの日記』」。
2017.9 339p B6 ¥3400 ①978-4-622-08641-3

◆EUやらイスラムやら、ここ100年くらいの世界情勢をマンガでチラッと振り返る　関眞興著　宝島社
【要旨】現代史「超」入門。イギリス…なぜEUを離脱するのか？北朝鮮…なぜミサイルを撃ちまくるのか？時事問題＆現代史を速攻アップグレード。
2017.8 287p B6 ¥900 ①978-4-8002-6412-1

◆MI6対KGB─英露インテリジェンス抗争秘史　佐藤優監訳、レム・クラシリニコフ著、松澤一直訳　東京堂出版
【要旨】007の華やかな活動の裏にある英国秘密情報部の「黒い活動史」を敵対国の当事者が詳細に記録！KGB元諜報員による対MI6の「裏面史」。
2017.4 454p B6 ¥3000 ①978-4-490-20963-1

◆NHKスペシャル新・映像の世紀大全　NHK「新・映像の世紀」プロジェクト編著　NHK出版
【要旨】本書は「新・映像の世紀」から鮮やかに立ち上がるビジュアルブック。「映像の世紀」を含む膨大なアーカイブスから約1000点の静止画を抽出して、117のトピックスをモンタージュ。20世紀～21世紀の「罪と勇気の連鎖」を描き出す。「瞬間」が連なるドラマから、「現代相貌」の源流が浮かび上がる。"映像史"年表収載。
2017.2 291p 27×22cm ¥4100 ①978-4-14-081713-1

東洋史

◆アジアから考える―日本人が「アジアの世紀」を生きるために　水羽信男編　有志舎
【要旨】21世紀の現在、国際社会における「アジア」諸国の存在感はますます大きくなっている。日本にとってもアジアとどう付き合っていくのかは、どうしても考えなければならない重大な問題である。そこで、本書は国際政治学・歴史学・文学・人類学など様々な視点から、日本人のアジア認識にはどのような問題があり、また新たな関係を構築するうえでの可能性はどこにあるのかなどを考えるためのヒントや、現状を冷静にみつめるために必要な知識を読者に提示したい。アジアと共にこの世紀を歩みたい人びとのための「アジア学」入門。
2017.3　272, 3p　A5　¥2800　①978-4-908672-11-8

◆イスラエルの文化遺産マネジメント―遺跡の保護と活用　岡田真弓著　慶應義塾大学出版会
【要旨】文化遺産はいかに守られてきたのか。イスラエルにおける遺跡や歴史的建造物の保護と活用をめぐるさまざまな制度の変遷と実践の両面を、多角的な視点から豊富な事例をもって包括的、実証的に検証。
2017.9　252, 46p　A5　¥6500　①978-4-7664-2451-5

◆イスラーム世界史　後藤明著　KADOKAWA　(角川ソフィア文庫)
【要旨】イスラーム世界から過去、現在、未来を見つめると、西洋中心の視点とはまるで異なる歴史が浮かび上がる。肥沃な三日月地帯に産声をあげる前史から、宗教としての成立、民衆への浸透、多様化と拡大、近代化、そして民族と国家の20世紀へ―。シーア派とスンナ派の起源とは？　パレスチナ問題はなぜ生じた？　宗教と政治の関係は？「歴史は誰かがつくるもの」とするイスラーム史の第一人者が日本人に語りかける100の世界史物語。
2017.9　478p　A6　¥1240　①978-4-04-400264-0

◆イスラム帝国夜話　下　タヌーヒー著、森本公誠訳　岩波書店
【要旨】現代に通じる人びとの営み。ブワイフ朝の法官を務め、若くして宰相の側近に加えられた著者が熱心に集めた逸話の数々。サロンでの座談の賑わいを今に伝える。
2017.5　581, 6p　A5　¥15000　①978-4-00-061173-2

◆インドおよびインドシナ　エリゼ・ルクリュ著、柴田匡平訳　古今書院　(ルクリュの19世紀世界地理　第1期セレクション 4)
【目次】第1章　総説 (南アジアとインドシナ)（インドという地名、地勢　ほか）、第2章　ヒンドスタン (南アジア)（総説、西ヒマラヤ地方「五つの河」上流秘谷―カシュミール、東ダルディスタン、ハザラ、チャムバ、カングラ、高サトレジ地方の諸邦　ほか）、第3章　インドシナ（総説、チッタゴン、アラカン　ほか）、付録　インドおよびインドシナの行政区分 (英領インド、インドシナ半島)
2017.9　917, 68p　A5　¥25000　①978-4-7722-9010-4

◆インドネシア国家と西カリマンタン華人―「辺境」からのナショナリズム形成　松村智樹著　慶應義塾大学出版会
【要旨】ふたつの国家に翻弄された西カリマンタン華人。その60年の歩みを辿り「辺境」に暮らす民衆の視点から歴史を考える。
2017.2　320p　A5　¥5800　①978-4-7664-2386-0

◆ヴェトナム戦争 ソンミ村虐殺の悲劇―4時間で消された村　マイケル・ビルトン、ケヴィン・シム著、藤本博、岩男龍男監訳、富谷明美、後藤遥奈、堀井達朗訳　明石書店　(世界人権問題叢書)
【目次】序章、戦争、歩兵中隊、ソンミ 1968年3月16日　午前、ソンミ 1968年3月16日　午後、その後、調査、余波、ヴェトナム再訪、ピアーズの審判、そしてすべての人々に正義を、最終章
2017.6　599p　B6　¥5800　①978-4-7503-4537-6

◆欧米の侵略を日本だけが撃破した―反日は「奇蹟の国」日本への嫉妬である　ヘンリー・S. ストークス著、藤田裕行訳・構成　悟空出版
【要旨】なぜ日本は「奇蹟の国」なのか。なぜ理不尽な反日にさらされ続けているのか。英国人記者が説く日vs中韓vs欧米「文明の対決」。
2017.7　270p　B6　¥1400　①978-4-908117-37-4

◆オスマン帝国治下のアラブ社会　長谷部史彦著　山川出版社　(世界史リブレット 112)
【要旨】オスマン帝国が治めたアラブ地域は、西アジアと北アフリカの広域にわたる。十六～十八世紀、そこにはどのような社会があり、帝国はいかなる支配を試みたのだろうか。政治の変転、都市空間とワクフ、移動・交流する宗教者たち、法廷の役割、多元共存と異議申立て、ベドウィンと農民の動き。近世アラブ社会の複雑な史的現実に、多方向から光をあてる。
2017.5　111p　A5　¥729　①978-4-634-34950-6

◆オスマン帝国の崩壊―中東における第一次世界大戦　ユージン・ローガン著、白須英子訳　白水社
【要旨】中東混迷の遠因となった「大戦」と戦後処理の過程をトルコ・アラブ側の体験とともに克明に描き上げた歴史大作。斯界の権威による、学識と読みやすさを兼ね備えた中東近現代史の必読書。
2017.10　543, 58p　B6　¥4500　①978-4-560-09566-9

◆韓石泉回想録―医師のみた台湾近現代史　韓石泉著、韓良俊編注、杉本公子、洪郁如編訳　(名古屋)あるま
【要旨】政治、医療、家族、信仰、人生―次世代に残す歴史の証言。日本の台湾領有初期の台南に生まれ、1920～60年代に台湾の政壇と医学界で活躍した知識人・韓石泉。開明的な考えをもって行動したその事績を、後代の注釈とともに編訳する。
2017.10　390p　B6　¥2500　①978-4-86333-132-7

◆カンボジアPKO日記―1991年12月～1993年9月　明石康著　岩波書店
【要旨】内戦により疲弊を極めたカンボジアに平和をもたらす国連平和維持活動、「カンボジア暫定統治機構 (UNTAC)」を率いた明石康の630日にわたる詳細な日記を活字化。シハヌークはじめ政治闘争を続けるカンボジア政治家間の調整、武装抵抗へと傾斜するポル・ポト派の説得活動、初の自衛隊派遣をめぐる日本政府とのやりとり、そして緊張に包まれた総選挙と憲法制定へ…。現地でのPKO活動やそれをとりまく政治・外交の内幕を臨場感ゆたかに伝える第一級の現代史資料。
2017.11　378p　A5　¥4200　978-4-00-061230-2

◆共同研究 安重根と東洋平和―東アジアの歴史をめぐる越境的対話　李洙任、重本直利編著　明石書店　(龍谷大学社会科学研究所叢書)
【目次】安重根の遺墨と和解に向けての越境的対話、第1部 安重根像 (歴史の沈黙と歴史の記憶―安重根の遺墨と「東洋平和論」の意義、東アジア歴史認識問題の焦点としての安重根―東北アジア情勢と「東洋平和論」、安重根と梁啓超―近代東アジアの二つのともしび、安重根遺骸発掘の現況と課題―日本人に問う、遺骸はどこにあるのか、東洋平和とは何か―安重根が拓いた新地平)、第2部 歴史認識 (越境する戦争の記憶―歴史認識、草の根の和解そして安重根の遺産、安重根の汎アジア主義と日本の朝鮮学校のトランスナショナルな類似点について、福澤諭吉の朝鮮観―勝海舟と対比して、転向者・小林杜人における「弁証法」的真宗理解について)、第3部 過去責任 (こじれた日韓関係 和解への道を探る！―強制連行・「慰安婦」問題についての韓国の判決を手掛かりに、韓国大法院判決とダーバン宣言から見る朝鮮人強制連行・強制労働―日本製鐵 (現・新日鐵住金) の事例から、強制連行企業の戦後補償責任―現代日本企業の過去責任と責任倫理、戦時期国策会社の鉱山開発―「帝国鉱業開発株式会社社史」から、地域史料の掘りおこしと国際、「東洋平和論」の現代的探究―越境的連帯へ)
2017.3　445p　A5　¥5000　①978-4-7503-4498-0

◆近代東アジア土地調査事業研究　片山剛編　(吹田) 大阪大学出版会
【目次】第1部 技術・方法の東アジア間交流と移転 (東アジアの土地調査事業研究へのもう一つの視角、20世紀初頭の清国学生の陸地測量部修技所への留学―地図作製技術の移転の視角から　ほか)、第2部 資料の発見・整理と利用価値 (地籍整理事業の作業過程と地籍資料―浙江省を中心に、南京関係時空間情報の紹介と利用の可能性 (ほか)、第3部 南京市都市部 登記文書分析 (満鉄上海事務所調査室の南京不動産慣行調査、国民政府時期の土地登記と「他項権利」(1)―国史館蔵「土地他項権利証明書存根」試探　ほか)、第4部 南京市都市部 地籍図を用いた登記文書分析 (国史館南京市都市部の地区別収蔵状況、秦淮区上磨盤街社区の古民居群　ほか)、第5部 南京近傍農村研究 (江心洲地籍図、江心

洲地籍図をどう読むか―業権・佃権と関発史　ほか)
2017.2　446p　A5　¥11000　①978-4-87259-558-1

◆黄文雄の「歴史とは何か」―"日・中・台・韓" の歴史の差異を巨視的にとらえる　黄文雄著　自由社
【要旨】歴史戦に勝つために！　日・中・台・韓の歴史を比較検証。文明と歴史の関係を鮮やかに解明する！
2017.4　241p　B6　¥1500　①978-4-908979-00-2

◆興亡の世界史 スキタイと匈奴 遊牧の文明　林俊雄著　講談社　(講談社学術文庫)
【要旨】紀元前七世紀前半、カフカス・黒海北方に現れたスキタイ。紀元前三世紀末、モンゴル高原に興った匈奴。ヘロドトスや司馬遷が書き記した彼らの共通点とは？　ヨーロッパを混乱に陥れたフン族は、匈奴の後裔なのか？　ユーラシアの草原に国家を築き、独自の文明を創出した騎馬遊牧民の真の姿は、ソ連崩壊後の発掘調査で、次々と明らかになっている。
2017.1　401p　A6　¥1250　①978-4-06-292390-3

◆砂糖の帝国―日本植民地とアジア市場　平井健介著　東京大学出版会
【目次】第1部 東アジアの砂糖市場と植民地糖業 (ジャワ糖問題の登場と抑制―帝国内砂糖貿易の形成、ジャワ糖問題の発生―東アジア間砂糖貿易の再興、過剰問題の時代―帝国内砂糖貿易における相場、過剰問題の国際環境―東アジア間砂糖貿易における二つの「日蘭会商」)、第2部 台湾糖業の資材調達と帝国依存 (栽培技術の向上と「肥料革命」、製糖技術の向上とエネルギー調達の危機、砂糖の増産と包装紙変更問題、日本植民地の国際的契機)
2017.9　278p　A5　¥4800　①978-4-13-046123-8

◆14歳からのパレスチナ問題―これだけは知っておきたいパレスチナ・イスラエルの120年　奈良本英佑著　合同出版
【要旨】ユダヤ教・キリスト教・イスラム教の三大宗教の聖地パレスチナ。紛争を平和的に解決する道はどこにあるのか？　14歳から読めるパレスチナ現代史の決定版！
2017.6　214p　A5　¥1480　①978-4-7726-1273-9

◆宿命ある人々―孫悟空 追っかけ "西域" ひとり旅　浅野勝人著　時評社　(JIHYO BOOKS)
【目次】第1章 生き仏 - 生の講話―無の境地に達した「極限の行」、第2章「孫悟空」って誰だ！―軍事戦略に抽かれた三蔵法師の地誌、第3章 白髑髏とチンギス・ハーン―「宿命ある人が横綱になる」
2017.6　241p　B6　¥1600　①978-4-88339-241-4

◆植民地期台湾の銀行家・木村匡　波形昭一著　ゆまに書房
【要旨】あの時代、日本人はどういう生き方を選択できただろうか。明治・大正を台湾の地で懸命に生きた植民地銀行家の一生。
2017.1　299p　A5　¥2800　①978-4-8433-5111-6

◆植民地台湾の自治―自律的空間への意思　野口真広著　早稲田大学出版部　(早稲田大学エウプラクシス叢書)
【要旨】楊肇嘉とは何者か？　植民地時代、台湾人による台湾のための自治を目指した人々がいた。
2017.12　322, 5p　A5　¥4000　①978-4-657-17807-7

◆清朝の興亡と中華のゆくえ―朝鮮出兵から日露戦争へ　岡本隆司著　講談社　(叢書東アジアの近現代史　第1巻)
【目次】第1章 明清交代、第2章 変貌する東アジア、第3章 雍正帝、第4章「盛世」、第5章 内憂外患、第6章 清末、第7章 終局―消えゆく多元共存
2017.3　299p　B6　¥2200　①978-4-06-220486-6

◆鈴木商店と台湾―樟脳・砂糖をめぐる人と事業　齋藤尚文著　(京都) 晃洋書房
【目次】第1章 台湾進出と小松組、第2章 樟脳販売制度と製糖業、第3章 粗製樟脳販売、第4章 内地樟脳関連業、第5章 後藤回漕店と台湾陸運業、第6章 支店出張所の開設と製糖業、第7章 製糖機械仕業、補章 台湾専売塩販売
2017.3　293, 5p　A5　¥4800　①978-4-7710-2833-3

◆スターリンとモンゴル 1931 - 1946　寺山恭輔著　みすず書房　(東北アジア研究専書)
【要旨】中露二大国の間に横たわるモンゴル。地政学上重要なこの隣国にスターリンが及ぼした影響とは何か。満洲事変後その戦略はどう変化

したのか。ソ連史研究に新たな基礎的知見をもたらす実証研究。
2017.3 453, 122p A5 ¥8000 ①978-4-622-08598-0

◆スポーツがつくったアジア―筋肉的キリスト教の世界的拡張と創造される近代アジア　シュテファン・ヒュープナー著，高嶋航，冨田幸祐訳　一色出版，悠書館 発売
【要旨】圧倒的なパワーと影響力により、スポーツを通して試みられた欧米による西洋的価値観の移植戦略と、それに応じてとられたアジア各国の近代化戦略。両者の間の複雑なダイナミクスを跡づけるグローバルヒストリー。
2017.11 531p B6 ¥6000 ①978-4-909383-00-6

◆世界遺産パルミラ 破壊の現場から―シリア紛争と文化遺産　西藤清秀，安倍雅史，間舎裕生編，東京文化財研究所，奈良文化財研究所，ユネスコ・アジア文化センター文化遺産保護協力事務所企画　雄山閣
【要旨】IS（自称「イスラム国」）に破壊された後、初めて露わになったパルミラの惨状―わたしたちにできることは何か。生々しい破壊の現場に向き合い、復興への道筋を模索する―
2017.11 255p B6 ¥4500 ①978-4-639-02539-9

◆草原の覇者 成吉思汗　勝藤猛著　清水書院
（新・人と歴史 拡大版 08）　新訂版
【要旨】一二世紀のなかごろ、モンゴル族という、当時、弱小民としてこの世に生まれ、幼くして父を失う逆境の中から身を起こし、モンゴル族を統一して、東アジアや西アジアの大部分を支配下に収め、ユーラシア大陸の大草原や諸都市を馬蹄の下に踏みにじり、文明の破壊とともに、東西交通の発展をもたらした成吉思汗。この成吉思汗についての著作は昔から数多いが、本書はそうした研究成果の上に立って、あえて著者自身の成吉思汗像を世に問おうとするものである。
2017.5 229p B6 ¥1800 ①978-4-389-44108-1

◆台湾原住民研究　第20号　日本順益台湾原住民研究会編　風響社
【目次】論文、特別企画 科研費成果報告「日本国内所在・台湾原住民族資料とその来歴の基礎的研究」、論文と解説、20号を記念して、報告、追悼文：宋文薫先生・楊南郡先生、書評、彙報
2016.11 276p A5 ¥3000 ①978-4-89489-860-8

◆台湾人生―かつて日本人だった人たちを訪ねて　酒井充子著　光文社（光文社知恵の森文庫）
【要旨】1895年から50年にわたり、台湾は日本の統治下にあった。この時代を生きた彼らは「日本語世代」と呼ばれる。「私たちは日本人以上の日本人」「私たちも日本に捨てられた。でもやっぱり、日本人好きなの」「ごくろうさんの一言がほしいの」…。台湾に魅せられた映画監督が、歴史に翻弄された人々への取材を重ね、その悲しみと愛情を丁寧に記録する。
2018.1 253p A6 ¥740 ①978-4-334-78736-3

◆台湾拓殖株式会社研究序説―国策会社の興亡　森田明，朝元照雄編訳　汲古書院
【目次】序章 導論：台湾拓殖株式会社研究の回顧と展望、第1章 台湾拓殖株式会社の設立過程、第2章 台湾拓殖株式会社档案とその史料価値、第3章 台湾拓殖株式会社の土地投資と経営―総督府出資の社有地を中心に、第4章 戦時台湾拓殖株式会社広東支店におけるタングステン鉱石の収購活動（1939～1943年）、第5章 台湾拓殖株式会社における海南島事業の研究、第6章 台湾拓殖株式会社の政商ネットワーク関係（1936～1945年）　2017.10 258p A5 ¥7500 ①978-4-7629-6595-1

◆台湾はなぜ親日なのか―元駐在員が見た台湾の素顔　田代正廣著　彩図社
【要旨】東日本大震災の義援金は世界最高額の200億円、日本文化をこよなく愛する親日族、日本の新幹線技術を導入した台湾高速鉄道―日本人が知らない親日の本当の理由とは？ 蔡英文・新政権下が見えてくる。
2017.8 189p A6 ¥630 ①978-4-8013-0240-2

◆中国が反論できない真実の尖閣史　石平著，いしゐのぞむ史料監修　扶桑社
【要旨】中国人にとって尖閣はニセモノの骨董品！ ウソと捏造から領土を守れ！ 中国人でも読める漢文史料と世界中の航海地図を検証すれば、尖閣が日本の領土であることは明白だ！
2017.8 230p A6 ¥1400 ①978-4-594-07773-0

◆テュルクの歴史―古代から近現代まで　カーター・V・フィンドリー著，小松久男監訳，佐々木紳訳　明石書店　（世界歴史叢書）

【目次】序論、第1章 前イスラーム期のテュルクとその先駆者たち、第2章 イスラームと帝国―セルジューク朝からモンゴル帝国まで、第3章 ティムールからムガル帝国までのイスラーム帝国、第4章 近代世界のなかのテュルク―改革と帝国主義、第5章 テュルクとモダニティ―共和主義者と共産主義者、結論 テュルクの隊商をふりかえる
2017.8 507p B6 ¥5500 ①978-4-7503-4469-0

◆ドイツと東アジア―一八九〇‐一九四五　田嶋信雄，工藤章編　東京大学出版会
【目次】総説（ドイツの外交政策と東アジア・一八九〇‐一九四五―重畳する二国間関係、ドイツの通商政策と東アジア・一八九〇‐一九四五―崩壊・再建・変容）、1「文明化の使命」とその帰結（一八九〇‐一九一九：清独通商条約改正交渉―規制緩和要求と主権確保の衝突、ドイツ土地改革者同盟と膠州租借地令―シューラマイヤーと孫文の民生主義、ドイツ領サモアにおける「人種」と社会層―混合婚をめぐる議論を起点として、植民地朝鮮におけるキリスト教宣教団―文明・共同体・政治）、2 東アジアへの固執・一九一四‐一九三一（第一次世界大戦と「独墺馬賊」―ドイツのユーラシア「革命促進」戦略と満洲、北京関税特別会議とドイツの通商政策―東アジアでのドイツ外交のアメリカへの追随、一九二〇年代における中国市場調査―市場の再獲得をめざして）、3 危機のなかの模索・一九三一‐一九四五（戦間期日本の「西進」政策と日独防共協定―ユーラシア課報・課報協力の展開と挫折、ドイツのファシズム政権と中国―協力関係から断絶へ、IGファルベンの中国戦略―阿片戦争準備と人造石油、第二次世界大戦期の「満」独通商関係―満洲大豆から阿片へ、ドイツ東洋文化研究協会（OAG）の東アジア研究―学術的関心の持続）
2017.2 737, 21p A5 ¥14000 ①978-4-13-021083-6

◆東南アジア―歴史と文化 46　東南アジア学会編　山川出版社
【目次】研究ノート（ベトナム民主共和国の新生活様式政策における規約の策定指導、新刊書紹介（箕曲在弘『フェアトレードの人類学―ラオス南部ボーラヴェーン高原におけるコーヒー栽培農村の生活と協同組合』、津田浩司・櫻田涼子・伏木香織編著『「華人」という描線―行為実践の場からの人類学的アプローチ』、甲斐田万智子・佐竹眞明・長津一史・幡谷則子編著『小さな民のグローバル学―共生の思想と実践をもとめて』、野中葉『インドネシアのムスリムファッション―なぜイスラームの女性たちのヴェールはカラフルになったのか』、岩生有作紀・大野美紀子・大田省一『ベトナム「新経済村」の誕生』ほか）
2017.5 101p A5 ¥4200 ①978-4-634-68382-2

◆東南アジア地域研究入門　1 環境　山本信人監修，井上真編著　慶應義塾大学出版会
【要旨】多様な生態系を含む東南アジアの地域社会の変容は、西洋的な単線発展モデルよりも人間と自然生態系との相互作用による地域固有の発展として理解することがふさわしい。本書では、生態史を概観し、人間と自然生態系の関連である「生業」に着目するとともに、近年の重要な論点や現代トピックを整理し、将来の課題を展望する。
2017.2 345p A5 ¥3600 ①978-4-7664-2394-5

◆東南アジア地域研究入門　2 社会　山本信人監修，宮原曉編著　慶應義塾大学出版会
【要旨】行為やモノ、思考や言語をやりとりする際の交換やコミュニケーションのあり方が交錯する東南アジア。人々が生きる日常、その「社会」の根底にある構造を、「あいだ」という観点から人類学的に問い直し、その多様性の淵源を描き出す。
2017.2 336p A5 ¥3600 ①978-4-7664-2395-2

◆東南アジア地域研究入門　3 政治　山本信人監修・編著　慶應義塾大学出版会
【要旨】「アジアの冷戦」とともにアメリカで発展した政策指向型の東南アジア研究と、諸国家の多様性や政治／地域フェーズの政治力学にも射程を広げてきた日本型の地域研究。両者の再検討と止揚から新たな分析枠組みを提示し、東南アジア地域社会の政治動態を描き出す。
2017.2 321p A5 ¥3600 ①978-4-7664-2396-9

◆東部ユーラシアのソグド人―ソグド人漢文墓誌の研究　福島恵著　汲古書院（汲古叢書）
【目次】第1部 墓誌から見たソグド人（ソグド墓誌の基礎的考察、ソグド人墓誌の時代層）、第2部 植民聚落のソグド人（長安・洛陽のソグド人、

武威安氏「安元寿墓誌」（唐・光宅元年（六八四））、唐の中央アジア進出とソグド系武人―「史多墓誌」を中心に、青海シルクロードのソグド人―「康令俱（ぐん）墓誌」に見る郡（ぜん）州平西の康氏一族）、第3部 東西交流中のソグド人（翟（けい）寘李氏一族弦一シルクロードのバクトリア商人、唐代における景教徒墓誌―新出「花献墓誌」を中心に、東アジアの海を渡る唐代のソグド人）
2017.2 365, 15p A5 ¥10000 ①978-4-7629-6039-0

◆トルコ現代史―オスマン帝国崩壊からエルドアンの時代まで　今井宏平著　中央公論新社
【要旨】1923年に建国したトルコ共和国。革命を主導し、建国の父となったムスタファ・ケマルは、共和主義・民族主義・人民主義・国家資本主義・世俗主義・革命主義という6原則を掲げ国家運営の舵を取った。それから約1世紀、数度のクーデタ、オザル首相の政治改革を経たトルコでは、エルドアンが政敵を排除しながら躍進を続けている。ケマルが掲げた6原則を通して、トルコの百年の足跡を振り返る。
2017.1 320p 18cm ¥900 ①978-4-12-102415-2

◆なぜ中韓はいつまでも日本のようになれないのか―わが国だけが近代文明を手に入れた歴史の必然　石平著　KADOKAWA
【要旨】朴槿恵政権の崩壊は「必然」だった―。「近代化の本質」を知れば、中韓がいまだに前近代国家のままで、日本だけが「明治維新の奇跡」を起こせた理由もよくわかる。日中韓の壮大な歴史を読み解きつつ、彼我の決定的な差を鮮やかに描く！
2017.2 255p B6 ¥1400 ①978-4-04-601870-0

◆21世紀の東アジアと歴史問題―思索と対話のための政治史論　田中仁編　（京都）法律文化社
【目次】総論（21世紀の東アジアと歴史問題）、第1篇 20世紀中国政治の軌跡（中華民国史と「歴史の語り」、中華民国における「民主」をめぐる「歴史の語り」、人民共和国における「歴史の語り」、中国外国における「平和共存」と「歴史の誇り」を「想像」する（戦後日本のアジア主義論―竹内好を中心に、第一次世界大戦後の大連日本人社会における中国認識―総合雑誌『青島』を事例として、「越境アジア」と地域ガバナンス―東アジアにおける歴史・政治経済の発展のあた分析、原爆投下と日米の歴史認識―オバマ米大統領の広島訪問を踏まえて）、第3篇 韓国・台湾・中国の歴史認識（自国史の帝国性を問う―韓中日3国歴史教科書比較、東アジア共同研究と台湾の歴史認識、東アジア共同体と中国の歴史認識）
2017.4 219p A5 ¥3000 ①978-4-589-03840-1

◆日韓安全保障協力の検証―冷戦以後の「脅威」をめぐる力学　冨樫あゆみ著　亜紀書房
【要旨】歴史問題で政治が停滞したのに安全保障協力が進んだ理由とは？ 国際関係理論を用いながらも、それだけでは割り切れない、冷戦後の日韓安全保障の特異な在り方を探った画期的な書！　2017.7 270p B6 ¥2800 ①978-4-7505-1514-4

◆日韓文化交流の現代史―グローバル化時代の文化政策：韓流と日流　鄭榮蘭著　早稲田大学出版部（早稲田大学エウプラクシス叢書 6）
【要旨】ポップカルチャーからみる日韓交流史。映画、テレビドラマ、マンガ、アニメは、両国民の心情にいかなる影響を及ぼしてきたか。
2017.11 324p A5 ¥4000 ①978-4-657-17804-6

◆日台関係を繋いだ台湾の人びと　浅野和生編著　展転社（日台関係研究会叢書 4）
【要旨】日台関係の友好促進および相互理解増進に寄与した辜振甫、江丙坤、許世楷、曽永賢、蔡焜燦。日本と台湾の間をかけ架け橋となった台湾人たちの活躍の軌跡を描き出す！
2017.12 248p B6 ¥1700 ①978-4-88656-450-4

◆日中関係2000年の真実　拳骨拓史著　育鵬社，扶桑社 発売　（扶桑社文庫）
【要旨】今の日本は、歴史を毀され、消されつつある。そして日本は衰退し、消滅していく状況に追い込まれている。だが、私たちができる対抗策が一つだけある。それは、他国の言いなりにならない“真実の歴史”を知ることだ。歴史とは、今起きていることの積み重ねである。真実の歴史を知ることは、今の時代に、先人たちの思いを繋ぐことになる。先人との記憶をたぐる道が「歴史」なのであり、祖先の思いを引き継ぎ羅針盤たるのだ。中国や韓国との関係が不透明になりつつある今こそ、日本の真の姿を蘇らせなければならない。
2017.4 254p A6 ¥680 ①978-4-594-07702-0

世界史

◆**日本の奇跡、中韓の悲劇** 加瀬英明, 石平著 ビジネス社
【要旨】繁栄vs. 衰亡という行く末はすでに150年前に決していた！中国と韓国が未だに近代化できない本当の理由！日中韓が未来永劫わかり合えない理由を歴史的大局から読み解く！
2017.7 207p B6 ¥1200 ①978-4-8284-1962-6

◆**入門 東南アジア近現代史** 岩崎育夫著 講談社 （講談社現代新書）
【要旨】6億4000万人の巨大市場の「いま」がわかる決定版！近代都市シンガポールの高層ビル、ベトナムやタイを流れるメコン川、ボルネオ島のジャングル—、日本と深い関係を持つ地域の「多様性の中の統一」を読む！
2017.1 279p 18cm ¥880 ①978-4-06-288410-5

◆**パレスチナ現代史—岩のドームの郵便学** 内藤陽介著 えにし書房
【要旨】中東100年の混迷を読み解く！世界遺産、エルサレムの"岩のドーム"に関連した郵便資料分析という独自の視点から、複雑な情勢をわかりやすく解説。郵便学者による通史！
2017.9 302p A5 ¥2500 ①978-4-908073-44-1

◆**東アジア近世近代史研究** 吉田光男編著 放送大学教育振興会, NHK出版 発売 （放送大学大学院教材）
【目次】東アジア近世近代史を学ぶに当たって、中国近世と科学、中国近世の官職授与制、中国近世の士大夫政治と皇帝専制政治、中国近世の対外関係、中国近世の訴訟と社会、高麗から朝鮮への王朝転換、朝鮮社会と士族、朝鮮後期の地域社会—良民化と氏族化、清朝の動揺と社会変動—中国近代の出発点としての「中国」の国家建設、中華民国の国家建設と国際政治、戦後中国への道程、近代朝鮮の文化と政治、植民地期朝鮮における「近代」
2017.3 299p A5 ¥3200 ①978-4-595-14091-4

◆**東アジアと百済土器** 土田純子著 同成社
【要旨】中国陶磁器や倭 (系) 遺物などの年代決定資料と共伴する百済土器を緻密に検討し、広く東アジアの視点から編年の新機軸を提示。日韓古代史研究上に重要な百済の発展にも言及した、現在韓国で教鞭を執る著者による野心的論考。
2017.2 411p B5 ¥13000 ①978-4-88621-750-9

◆**東アジアにおける石製農具の使用痕研究** 原田幹著 六一書房
【目次】第1部 石器使用痕の研究（使用痕分析の方法、使用痕と人間行動の復元）、第2部 使用痕からみた東アジアの石製農具（石製農具の使用痕、日本列島における石製農具の使用痕分析、朝鮮半島における石製農具の使用痕分析、長江下流域における石製農具の使用痕分析）、総括
2017.10 319p A4 ¥14000 ①978-4-86445-095-9

◆**ビカミング"ジャパニーズ"—植民地台湾におけるアイデンティティ形成のポリティクス** レオ・チン著, 菅野敦志訳 勁草書房
【要旨】植民地下の台湾において、人々はどのようにして「日本人」になったのか。苦渋に満ちた思考の道筋を辿り、台湾人アイデンティティのゆらぎを描く。
2017.8 269, 9p A5 ¥7500 ①978-4-326-20057-3

◆**ひと・もの・知の往来—シルクロードの文化学** 荒木浩, 近本謙介, 李銘敬編 勉誠出版 （アジア遊学 208）
【要旨】ことばや造形、信仰のなかにあらわれる西域のひびき。アジア全域にさまざまなインパクトをもたらした仏教東漸。これらの文化の融合と展開の基盤には、道であり、システムとしてのシルクロードの存在があった。西域という現実の場、そしてイメージ、そして伝播の媒介となる「道」を焦点化し、諸領域の知見より、ひと・もの・知のクロスロードを描き出す。
2017.5 236p A5 ¥2400 ①978-4-585-22674-1

◆**プラナカンの誕生—海峡植民地ペナンの華人と政治参加** 篠崎香織著 （福岡）九州大学出版会
【要旨】東洋の真珠と呼ばれる世界文化遺産の街、マレーシア・ペナン島。イギリス植民地下で自由貿易港として発展したこの島を拠点に生きた華人が、19世紀末から20世紀初頭に東南アジアと中国で秩序が大きく転換した後の双方の地域における積極的な政治参加を通じて越境を生きる過程を、当時の新聞や雑誌など膨大な資料の分析により解明する。
2017.9 484p A5 ¥5400 ①978-4-7985-0211-3

◆**ベト・ドクと考える世界平和—今あえて戦争と障がい者について** 尾崎望, 藤本文朗編著 新日本出版社
【要旨】悲劇の教訓を「今」に生かす。
2017.2 196p B6 ¥1852 ①978-4-406-06125-4

◆**ベトナム北部における貿易港の考古学的研究—ヴァンドンとフォーヒエンを中心に** 菊池百里子著 雄山閣
【要旨】アジア各地から出土するベトナム陶磁器。これらの積み出し港があったヴァンドン、都と並び称されるほど栄えた華人の港町フォーヒエン、両遺跡における発掘調査成果を集成し、出土陶磁器・銭貨を糸口としてベトナム・大越国と海域アジアの交易関係、アジアの視点から一石を投じる。ベトナムの考古学情報も広く紹介する。
2017.6 243p B5 ¥12000 ①978-4-639-02468-2

◆**北東アジアにおける帝国と地域社会** 白木沢旭児編著 （札幌）北海道大学出版会
【目次】序 帝国と地域社会に関する覚書、第1部 帝国のプレゼンスの原初形態（「トコンヘ一件」再考—北蝦夷地ウショロ場所におけるアイヌ支配と口露関係、辛亥革命期の奉天在地軍事勢力—張作霖・馬賊・陸軍士官学校留学生）、第2部 帝国と「勢力圏」（植民地都市・安東の地域経済史—2つの帝国のはざまで、日中合弁企業：営口水道電気株式会社の経営展開、1940年代初頭の奉天市における中国人工場の地域分布—『満洲国工場名簿』の分析を中心に、朝鮮人「満洲」移民体験者の語りの諸相についての一考察—ライフヒストリー（生活史）法を用いて、日中戦争までの中国関係を改善するための胡適の模索—胡適の日記を中心に）、第3部 帝国と「公式植民地」（旧植民地本国人または出自の人々の記憶とその記録、第二次朝鮮教育令施行期（1922～1938年）における全州高等普通学校卒業生の進路選択について、植民地企業城下町の構築と変容—日本窒素肥料の事例、朝鮮北部残留日本人の活動と「脱出」「公式引揚」—日本窒素肥料の事例、日本の植民地下における生漆「国産化」の展開過程、日本領期の樺太における温泉開発と温泉をめぐる人びとの精神形成）
2017.3 498p A5 ¥8200 ①978-4-8329-6831-8

◆**渤海国とは何か** 古畑徹著 吉川弘文館 （歴史文化ライブラリー）
【要旨】古代の中国東北部～朝鮮半島北部に栄えた渤海国。この国の歴史を、現在各国が自国とのかかわりを強調して語りだしながである。この大きな枠組みに焦点を合わせ捉え直す。
2018.1 228p B6 ¥1700 ①978-4-642-05858-2

◆**マカオの空間遺産—観光都市の形成と居住環境** 是永美樹編著 萌文社
【要旨】序章 マカオの空間概説と都市空間の拡大過程、1章 ポルトガル人が野望を託した「丘陵地」—17世紀～18世紀に描かれた地図から読み解く、2章 クリスチャンシティの形成とその文化的役割—17世紀前半に描かれた地図から読み解く、3章 歴史的な空間遺構としてのオープンスペース—18世紀後半～19世紀前半に描かれた地図から読み解く、4章 クリスチャンシティに継承された歴史的建造物と路地の日常—19世紀末に描かれた地図から読み解く、5章 近代化を迎えたマカオの都市構成の変化—19世紀末～20世紀初頭に描かれた地図から読み解く、6章 沿岸部での大規模開発と新馬路—1920年代に描かれた地図から読み解く、7章 観光都市へのあゆみ—20世紀後半に描かれた地図から読み解く、終章 マカオの都市空間に継承された重層的な空間遺産と今後の展望
2017.10 302p A5 ¥2300 ①978-4-89491-343-1

◆**マハーワンサ スリランカの大年代記** 竹内雅夫著 （名古屋）ブイツーソリューション, 星雲社 発売
【目次】マハーワンサ（釈尊来降、マハーサンマタの王統—釈尊の血筋、第一結集 ほか）、付録 インド化仏教のさきがけスリランカ（シンハラ人の出自に関する考察 / 現代スリランカ人の出自、スリランカ仏教はインド西部から伝わった、ヴィジャヤの航路と旅の考察 ほか）、別冊 補subscript集（釈尊の呼称、インド暦について、古代インドの長さの単位について ほか）
2017.6 325p A5 ¥3500 ①978-4-434-23456-9

◆**モンゴル人ジェノサイドに関する基礎資料9 紅衛兵新聞1** 楊海英編 風響社 （静岡大学人文社会科学研究叢書 56—内モンゴル自治区の文化大革命 9）
【目次】1 従来の研究、2 自治区首府の造反派と保守派、3 造反派新聞が伝える初期文化大革命、4「呼三司」時代の幕開け、5「抉りだして粛清する運動」への参入、6 内モンゴル人民革命党への作戦、7 深化と抗争、そして動揺、8 工人の指導を受ける造反派、9「紅衛兵」時代、10 第九回全国党大会の開催
2017.1 1069p A4 ¥20000 ①978-4-89489-889-9

◆**モンゴル帝国誕生—チンギス・カンの都を掘る** 白石典之著 講談社 （講談社選書メチエ）
【要旨】小さな遊牧民グループの若きリーダー、テムジンは、厳しい自然環境を生き抜くため、良質の馬と鉄を手に入れ、道路網を整備し、モンゴルの民の暮らしを支え続けた。そして、質素倹約・質実剛健を旨とするこの男が四十代を迎えた時、図らずも「世界征服への道」は拓かれた—。十三世紀、ユーラシアの東西を席巻したモンゴル帝国。その誕生への道のりを、最新の考古学で解明する。
2017.6 241p B6 ¥1650 ①978-4-06-258655-9

◆**躍動する青春—日本統治下台湾の学生生活** 鄭麗玲著, 河本尚枝訳 （大阪）創元社
【要旨】台湾を訪れると、流暢な日本語を話す老人に出会うことがある。日本統治下の台湾（1895～1945）で、彼らはどのような青春を過ごしたのだろうか。本書は、調査資料やインタビューをもとに、170点以上の貴重な写真で当時の学生たちの自由ではつらつとした日常を描く。18のテーマで学生生活をいきいきと紹介。
2017.8 285p A5 ¥2500 ①978-4-422-20272-3

◆**ワン・アジアに向けて** 崔吉城編 （下関）東亜大学東アジア文化研究所, （福岡）花乱社 発売 （付属資料：DVD1）
【目次】第1部 2016年度ワンアジア財団支援講座・ITによるアジア共同体教育の構築（ワン・アジア、民族主義、ナショナリズム、「台湾は捨て子」、ワンアジアとは、世界観、戦争と地図、アジア共同体の原点、言語の壁、暦と美、断髪、スパイスロード、オリンピック、アジアの人類学誌：民族ビビンバ）、第2部 記憶と記録（小山正夫上等兵が撮った日中戦争、満洲映画協会、日韓往来談、インタビューを終えて）
2017.9 222p A5 ¥2000 ①978-4-905327-73-8

◆**G.E.モリソンと近代東アジア—東洋学の形成と東洋文庫の蔵書（コレクション）** 東洋文庫監修, 岡本隆司編 勉誠出版
【要旨】アジア地域の歴史文献95万冊を有する世界に誇る東洋学の拠点、東洋文庫。その蔵書形成の基盤には、ひとりのジャーナリストの存在があった—清末民国初という激動の時代を中国で過ごし、東アジアと世界をつないだG.E.モリソン。各地に残された資料、書籍を中心とした比類なきコレクション、そして近年研究の進展を見せる貴重なパンフレット（小冊子）類を紐解くことにより、時代と共にあった彼の行動と思考を明らかにし、東洋文庫の基底に流れる思想を照射する。
2017.9 289, 4p B6 ¥2800 ①978-4-585-22189-0

中国

◆**悪の歴史 東アジア編 上** 鶴間和幸編著 清水書院
【要旨】隠されてきた「悪」に焦点をあて、真実の人間像に迫る。歴史上の悪人は本当に"悪"だったのか!?歴史上の善人は本当に"善"だったのか!?歴史の常識を覆す興味あふれる一冊。
2017.9 331p B6 ¥2700 ①978-4-389-50063-4

◆**安禄山と楊貴妃—安史の乱始末記** 藤善真澄著 清水書院 （新・人と歴史 拡大版 15） 復刊
【要旨】中世より近世へ、歴史はまさに激しく変わろうとする唐の開元・天宝時代。豪華絢爛たる宮廷生活を舞台に、奇しくも結ばれた男と女たち。天性の美貌のゆえに運命に翻弄され、悲劇へと導かれる楊貴妃…運命にあらがい、あらゆる策を駆使しながら人生との闘争にあえてする安禄山…畢竟、かれらが得たものは何であったのか。栄華をほこった大唐帝国がようやく衰えはじめた激動の時代を縦糸に、安禄山・楊貴妃・玄宗皇帝の生き様を横糸にして、己がじし織りなす人間模様を鮮やかに描きだす。
2017.7 235p B6 ¥1800 ①978-4-389-44115-9

◆殷代青銅器の生産体制―青銅器と銘文の製作からみる工房分業　鈴木舞著　六一書房
【目次】第1章 殷代青銅器生産研究の現状と課題、第2章 鄭州商城における青銅爵の製作、第3章 盤龍城遺跡における青銅爵の製作、第4章 殷墟青銅器銘文の字体と工房、第5章 殷代青銅器銘文に関する考察、第6章 殷代における青銅器生産
2017.5 209p B5 ¥9000 ①978-4-86445-087-4

◆雲南の歴史と文化とその風土　氣賀澤保規編　勉誠出版　（明治大学人文科学研究所叢書）
【要旨】雲南は中国の西南角に位置する。だが決して辺境ではない。その地は古来、多くの民族を受け入れ、多彩な文化を生み出し、中国本土とは異なる独自の世界を培ってきた。雲南に身を寄せ、生態や歴史や文化、民族や民俗、そしてそこに暮らす人々の目線から地域の本質に迫った、雲南をめぐる初めての総合研究。
2017.3 269, 2p A5 ¥7000 ①978-4-585-22178-4

◆英雄たちの装備、武器、戦略 三国志武器事典　水野大樹監修　実業之日本社　（じっぴコンパクト新書）
【要旨】豪傑やストーリーだけではない！ 叡智を競った武具こそ、三国志の魅力だ。攻城戦で活躍した霹靂車とはどんな武器？ 水上戦ではどんな船が使われたのか？ 三国時代当時の武器や防具、兵器を図解で詳解！ 全70アイテム完全収録。
2017.7 179p 18cm ¥800 ①978-4-408-45649-2

◆鏡鑑としての中国の歴史　砺波護著　（京都）法藏館
【要旨】歴史が過去を映しだす鑑であることは確かだが、ゆがんだ鑑には十分すぎるほど気をつけないと、危険なのである。
2017.6 342p B6 ¥2500 ①978-4-8318-7716-1

◆華南中国の近代とキリスト教　土肥歩著　東京大学出版会
【目次】近代中国におけるキリスト教史をいかに論じるか、第1部 キリスト教伝道と華南の人々（広州格致書院の創設と地域社会、清末在外中国人と中国キリスト教伝道事業―広州郷村伝道団と在オタゴ華僑）、第2部 中国人キリスト教界による募金活動（嶺南大学による南洋募金活動、教師招親海の「南捐」―南洋華僑による恵愛堂への募金）、第3部「梁発」をめぐる歴史叙述（『梁発伝』についての考察、梁発の「発見」―中華民国期における太平天国叙述とキリスト教）、中国近代史研究における地域社会とキリスト教、付録『基督教中国第一宣教師梁発先生伝』全文
2017.6 273, 4p A5 ¥6800 ①978-4-13-026154-8

◆乾浄筆譚―朝鮮燕行使の北京筆談録　2　洪大容著、夫馬進訳注　平凡社　（東洋文庫）
【要旨】18世紀の朝鮮時代の実学派儒者・洪大容が北京に赴き、中国の儒者と縦横無尽に語り合った面白い筆談記録。数奇な個性との出会いと交流を臨場感あふれる訳注で（全2巻）。
2017.1 290p 18cm ¥2800 ①978-4-582-80879-7

◆漢とは何か、中華とは何か　後藤多聞著　人文書館
【要旨】中華と漢と騎馬民族、どこでどう交差して中華という概念が顕在化したのか。草原の覇者たちの、虹のごとき野望、「中華帝国」「中華」探索の旅がはじまる。
2017.4 405p B6 ¥4800 ①978-4-903174-36-5

◆魏晋南北朝官人身分制研究　岡部毅史著　汲古書院　（汲古叢書）
【目次】官人身分制と魏晋南北朝史研究―本書の課題、上編 魏晋南北朝期における官人身分の成立と展開（官人身分の成立と展開―晋南朝期の免官を手がかりに、北朝における位階制度の形成―北魏の「階」の再検討から、魏晋南北朝期の官制における「階」と「資」「品」との関係を中心に、北魏北斉「職人」考―位階制度研究の視点から）、下編 魏晋南北朝期における官人身分の諸相（南朝時代における将軍号の性格に関する一考察―唐代散官との関連から、北魏前期の位階秩序について―爵と品の分析を中心に、北魏における官の清濁について）、付論 書評 閻歩克著『品位与職位 秦漢魏晋南北朝官階制度研究』、魏晋南北朝期における官人身分制の確立とその意義
2017.11 358, 36p A5 ¥10000 ①978-4-7629-6045-1

◆魏晋南北朝のいま　窪添慶文編　勉誠出版　（アジア遊学）
【要旨】魏晋南北朝時代は秦漢統一帝国と隋唐統一帝国の中間に位置する。中国に複数の政権が並立する分裂の時代ではあるが、そこには新しい動きが様々な点で生まれ、成長して行き、隋唐時代に繋がって行く。それら新しい動きを「政治・人物」、「思想・文化」、「国都・都城」、「出土資料」の四つの側面から捉え、魏晋南北朝史研究の「いま」を分かりやすく解説して、当該時代の研究者にも理解され、興味を持ってもらえる一冊としたい。
2017.8 299p A5 ¥2800 ①978-4-585-22679-6

◆96人の人物で知る中国の歴史　ヴィクター・H. メア, サンピン・チェン, フランシス・ウッド著, 大間知知子訳　原書房
【要旨】皇帝、官吏、寵姫、哲学者、作家、革命家…中国をつくった人々の波乱の生涯から中国の歴史と民族がわかる。あらゆる分野で活躍した男女96人の評伝を通じて語られる新しい魅力あふれる中国史。
2017.3 275, 15p A5 ¥3800 ①978-4-562-05376-6

◆教科書には書かれていない 封印された中国近現代史　宮脇淳子著　ビジネス社　（『教科書で教えたい真実の中国近現代史』加筆・修正・改題書）
【要旨】中国人にとって歴史は政治である！ 教科書から抹殺された「日本人のための」新しい中国近現代史。
2017.11 314p B6 ¥1700 ①978-4-8284-1989-3

◆近代中国への旅　譚璐美著　白水社
【要旨】天安門から近代中国へ。元中国共産党の亡命者と日本陸軍中将の長女の間に生まれたノンフィクション作家の半生と血中百年の群像。
2017.12 198p B6 ¥1900 ①978-4-560-09578-2

◆"軍"の中国史　澁谷由里著　講談社　（講談社現代新書）
【要旨】"軍"がわかれば中国がわかる。"軍"と"政"―4000年の葛藤の歴史が暴き出す、赤裸々な中国の姿!!
2017.1 237p 18cm ¥800 ①978-4-06-288409-9

◆元大都形成史の研究―首都北京の原型　渡辺健哉著　（仙台）東北大学出版会
【要旨】現在の北京と直接に連続する、元朝の国都・大都。世祖クビライが建設したこの都城の形成史を動態的に検証し、その実像に迫る。
2017.12 328p A5 ¥8000 ①978-4-86163-284-6

◆元典章が語ること―元代法令集の諸相　赤木崇敏, 伊藤一馬, 髙橋文治, 谷口高志, 藤原祐子, 山本明志著　（吹田）大阪大学出版会
【要旨】モンゴルがもたらした衝撃、したたかに生きた人びと。政権と地域をつなぐことばが語る知られざる帝国のすがた。ニセ薬禁止、ヒツジの税金、仏教、インフレ…広大な領土を治める法令集を読み解く。
2017.3 359, 14p A5 ¥4500 ①978-4-87259-589-5

◆五山版中国禅籍叢刊　第8巻 語録 3　椎名宏雄編　（京都）臨川書店
【目次】虚堂和尚語録、蘭渓和尚語録、希叟和尚語録、高峰和尚語録、横川和尚語録、月江和尚語録、清拙和尚語録、清拙和尚禅居集、笑隠和尚語録、了菴和尚語録
2017.1 780p 28×21cm ¥28000 ①978-4-653-04158-0

◆三国志―その終わりと始まり　上永哲矢著　三栄書房
【要旨】吉川英治の小説をはじめ、横山光輝の漫画、川本喜八郎の人形劇など、日本のあらゆるメディアで人気を誇る三国志。そのブームは江戸時代に始まり、講談から浮世絵、歌舞伎の題材となり、日本史にも少なからぬ影響を与え続けてきた。諸葛亮、曹操、関羽など、当時の男たちの生き様が1800年の時を超え、国境をも越えて語り継がれ、今なお愛され続けるのはいったい何故なのだろうか。彼らの熱い志、儚き夢、激動の時の流れに触れる。
2018.1 191p 18cm ¥880 ①978-4-7796-3504-5

◆三国志事典　渡邉義浩著　大修館書店
【要旨】三国志研究の第一人者による初めての総合的な三国志事典！ 正史『三国志』に伝のある人物全員を取り上げ、三国時代の歴史・文化・国際関係や、三国志の基礎情報を網羅。
2017.6 352, 32p A5 ¥3600 ①978-4-469-23278-3

三国志研究の第一人者による初めての総合的な事典！

三国志事典
渡邉義浩[著]

好評3版！

●A5判・上製・388頁
本体3600円

正史『三国志』に伝のある人物440人全員の解説、名場面、歴史・文化など基礎情報を網羅。「魏志倭人伝」も解説。年表、資料類完備。

全米16万部の大ベストセラー
あの「小さな家」の物語は、ここから始まった―

大草原のローラ物語
パイオニア・ガール[解説・注釈つき]
ローラ・インガルス・ワイルダー〈著〉

●B5変型判・上製・442頁
本体5800円

パメラ・スミス・ヒル〈解説・注釈〉
谷口由美子〈訳〉 児童文学の傑作として読みつがれてきた小さな家シリーズの原型がついに邦訳で登場！ シリーズとの比較が楽しめ、エピソードも満載。

大修館書店
〒113-8541 東京都文京区湯島2-1-1
TEL 03-3868-2651（販売部）
https://www.taishukan.co.jp
＊定価＝本体＋税

世界史

歴史・地理

◆三国志読本　宮城谷昌光著　文藝春秋　（文春文庫）
【要旨】『三国志』をはじめ長年中国歴史小説を書き続ける著者が、自らの歴史観、世界観、小説観を余すところなく開陳した一冊。『三国志』をめぐる多彩な論考と、五木寛之、井上ひさし、宮部みゆきらとの歴史小説をめぐる対話、さらには碩学・白川静との中国古代史をめぐる対話など、読者を宮城谷昌光の世界へと誘う最良のガイドブック。
2017.5　470p　A6　¥710　①978-4-16-790856-0

◆「三国志」ナンバーワン決定戦　渡邉義浩監修　宝島社
【要旨】「三国志」最強の英傑は誰!?5つの実力を徹底比較。
2017.5　111p　A4　¥700　①978-4-8002-6994-2

◆「三国志」の世界 孔明と仲達　狩野直禎著　清水書院　（新・人と歴史 拡大版 02）　新訂版
【要旨】『三国志演義』という虚構のプリズムを通してしか、われわれの前に像を結ばなかった諸葛孔明と司馬仲達、そして彼らの生きた三国の時代とははたして何か？　約四〇〇年もの間、中国を支配した漢王朝が音をたてて崩壊する、まさにその時が三国時代の始まりであった。それは単に、一つの王朝が倒れただけではなかった。古代統一国家が崩壊したのである。統一から分裂へ、これがこの時代を流れるキーワードであった。政治だけにとどまらず、思想・文学・芸術……。本書は、孔明と仲達を軸に分裂の時代「三国志」の世界を明らかにするものである。
2017.3　255p　B6　¥1800　①978-4-389-44102-9

◆史記と三国志―天下をめぐる覇権の興亡が一気に読める！　おもしろ中国史学会編　青春出版社　（青春文庫）
【要旨】その時、本当は何が起きていたのか。中国全土をはじめて統一した「始皇帝」の実像とは？　項羽と劉邦、その戦いの顛末は？　諸葛孔明が「出師の表」に込めた本当の"意図"とは？　運命をかけた波乱と激動のドラマ、その全真相。
2017.12　364p　A6　¥980　①978-4-413-09685-0

◆史記 列伝　5　青木五郎著、向嶋亜由美編　明治書院　（新釈漢文大系 38）
【要旨】個人の事跡を描く「列伝」は、『史記』の中でも最も精彩を放つ部分である。大臣・将軍・学者・商人から侠客・刺客にいたるまで、様々な人間像が、司馬遷の筆によりドラマチックに活写されているかのようだ。本書では、儒学者・酷薄な役人・遊侠の徒・占者・大金持ちなどの伝記のほか、列伝の最後を締めくくる、司馬遷の自伝「太史公自序」を収録した。
2017.9　162p　18cm　¥1000　①978-4-625-66429-8

◆司馬遷と『史記』の成立　大島利一著　清水書院　（新・人と歴史 拡大版 19）
【要旨】司馬遷の生きた西暦前二世紀の後半期は、中国民族の最初の大発展期であった。英邁な専制君主武帝の積極政策の下に、東は朝鮮から西は中央アジアに及ぶ世界帝国が建設されていた。しかしたび重なる征服戦争は、やがて国家経済を破壊し、民衆の生活を極度に圧迫した。本書では、儒家の栄光と民衆の苦難との矛盾は、そのまま『史記』のなかに、その雄大な構成と苛烈なリアリズム精神となって現われていた。司馬遷の生涯と『史記』の精神を描くことによって、歴史とは何か、人はいかに生きるべきかという問題を考えてみようとしたものである。
2017.8　207p　B6　¥1800　①978-4-389-44119-7

◆上海の日本人街・虹口（ホンキュウ）—もう一つの長崎　横山宏章著　彩流社
【要旨】上海の共同租界の一角に作られた日本人街は10万人を超える人々が活動していた、その多くが長崎人だった。上海の日本人街の歩みを長崎人の関わりを通して描く、日中関係史の側面史。図版多数収載！
2017.6　198p　B6　¥2500　①978-4-7791-2334-4

◆周縁領域からみた秦漢帝国　髙村武幸編　六一書房
【目次】第1部 秦の周縁領域（戦国秦の国境を越えた人びと—岳麓秦簡『為獄等状』の「邦亡」と「帰義」を中心に、秦代県下の「廟」—里耶秦簡と岳麓書院蔵秦簡「秦律令」にみえる諸廟の考察）、第2部 漢代西北周縁領域の新中国（漢代酒泉郡表是県城遺跡を探して—草溝井遺跡調査記、漢代肩水地区A32所在機関とその業務関係—肩水金関と肩水東部を中心に、前漢後半以降の河西地域に対する物資供給—漢代辺郡の存在意義を考える手がかりとして、公孫述政権の興亡—両漢交替期地域政策の一事例、終の棲家—女性の帰属に関する試論）、第3部 周縁の地域社会とその構成員（漢代フロンティア形成者のプロフィール—居延漢簡・肩水金関漢簡にみる卒の年齢に着目して、漢代訴訟制度と刑罰—文献と簡牘からみる卑男・卑女の身分、女性と家族のあり方について）
2017.9　227p　B5　¥4000　①978-4-86445-094-2

◆習仲勲の生涯—改革開放の立役者　夏蒙、王小強著，水野衛子訳　科学出版社東京
【要旨】習仲勲氏は、中国国家主席習近平の父親であり、また、改革開放の実質的推進者として新中国を拓いた1人である。本書は、習仲勲が亡くなる二〇〇二年五月二四日までの八九年にわたる一生を、三九項目に及ぶエピソードで構成しています。若き時代での考えや行動、毛沢東との出会い、中央人民政府、また改革開放時代での各事業における活躍そして冤罪による下放、さらに家族とのきずなど、その多難な人生を生き生きかつ豊富な写真をもとにまとめています。
2017.9　323p　A5　¥5200　①978-4-907051-20-4

◆儒教—怨念と復讐の宗教　浅野裕一著　講談社　（講談社学術文庫）（『儒教 ルサンチマンの宗教』加筆・改題書）
【要旨】生涯のほとんどを無位無官で流浪する一介の匹夫・孔子。夢破れた男の妄執が、「受命なき聖人」の神話を生んだ。時に体制擁護のイデオロギーとして利用され、時に苛酷に弾圧されながら、その底に流れるルサンチマンは二千年余りの間、払拭されることはなかった。東アジア世界の精神的紐帯として機能してきた宗教の本質を抉り、そのイメージを一新する。
2017.8　310p　A6　¥1050　①978-4-06-292442-9

◆出土遺物から見た中国の文明—地はその宝を愛します　稲畑耕一郎著　潮出版社　（潮新書）
【要旨】地中からの出土遺物は、人類の文明の歩みを私たちに伝える無価の文化遺産！　中国の歴史を彩り創造してきた数々の貴重な文物から、中国文明の多様性とその奥深さを詳細に解き明かす！
2017.11　172p　18cm　¥889　①978-4-267-02110-7

◆春秋戦国時代 燕国の考古学　石川岳彦著　雄山閣
【要旨】燕国の文化編年と年代を綿密に考察。日本列島への鉄器流入時期の通説を覆し、弥生時代研究に大きな影響を与える！
2017.5　253p　B5　¥10000　①978-4-639-02485-9

◆商人たちの広州——七五〇年代の英清貿易　藤原敬士著　東京大学出版会
【目次】広州貿易史研究の新視座、第1部 広州貿易の商人・制度・取引（広州貿易社会の構成員と乾隆初期の貿易制度、行商の「独占」布告の発布と撤回、貢品制度から見た広州貿易、貿易の実態——七五五・五六年、広州貿易時代のブラックティー考）、第2部 鳴動する広州貿易（広州一港制限令に見る清朝の対外政策、寧波貿易の成果、東インド会社による貿易改編と清朝の対応、補論 行商ギルド論誕生の背景）、対立の本質と模索される協調
2017.9　296, 3p　A5　¥6800　①978-4-13-026155-5

◆清華簡研究　湯浅邦弘編　汲古書院
【目次】第1部 清華簡とは何か（発見から最新分冊の刊行まで、清華簡（壹）〜（陸）の字跡分類、清華簡（壹）〜（陸）所収文献解題）、第2部 清華簡の分析（「殷高宗問於三壽」の思想的特質、『程寤』考—太似（じ）の夢と文王の訓戒、『尹誥』の思想史的意義 ほか）、第3部 清華簡研究の展開（『保訓』と三体石経古文一斗斗の淵源、『良臣』と書写者一個別問題再考、『楚居』の割線・墨線と竹簡の配列 ほか）
2017.9　412, 2p　A5　¥12000　①978-4-7629-6599-9

◆世界航海史上の先駆者 鄭和　寺田隆信著　清水書院　（新・人と歴史 拡大版 21）（『中国の大航海者・鄭和』改訂・改題書）　復刊
【要旨】一五世紀のはじめ、二九年間に七度も大船隊を率いて、東南アジアからインド・アフリカ東岸にまで及ぶ広い海域に活動した鄭和の事績は、人々を驚かせる。しかし、それは規模の大きさや華々しさのみで注目されるべきものではない。八世紀の唐末以来、時代をおって発展してきた海上貿易の歴史を前提としてはじめて、大航海はなりたつ。「大航海時代」以前に、東・西アジアの二つの世界は、海路でつながっていた事実を、見逃してはならない。本書は、当時の航海術や造船技術にもふれながら、鄭和の事績をイスラム新史料にも目をくばりつつ書き下ろした労作である。
2017.8　230p　B6　¥1800　①978-4-389-44121-0

◆世界史劇場 正史三國史　神野正史著　ベレ出版
【要旨】臨場感あふれる解説で、楽しみながら歴史を"体感"できる。陳寿『三國志』にみる後漢末期から晋の統一までの100年史。『三國志演義』との違いにも触れながら、総勢約450名もの関連人物を扱い、人物解説も充実。歴史が"見える"イラストが満載！
2017.7　469p　A5　¥2100　①978-4-86064-516-8

◆戦時上海グレーゾーン—溶融する「抵抗」と「協力」　堀井弘一郎、木田隆文編　勉誠出版　（アジア遊学 205）
【要旨】四〇を超える国の人びとが居住していた国際都市・上海は、一九三七年八月の侵攻により、日本の占領下におかれた。それから終戦まで、日本人は、中国人は、世界各国から上海にたどり着いた人びとは、どのような政治的・文化的空間に置かれたのか。戦時期の上海を、人びとが出会い、衝突と交流を繰り広げる「場」として捉え直し、敵/味方、支配/被支配、抵抗/協力といった二項対立によって色分けをすることのできない、複雑な関係のあり様＝グレーゾーンを考察する。
2017.2　239p　A5　¥2400　①978-4-585-22671-0

◆戦時秩序に巣喰う「声」—日中戦争・国共内戦・朝鮮戦争と中国社会　笹川裕史編　創土社
【要旨】中国共産党は、日中戦争・国共内戦・朝鮮戦争を通じ、国民の総動員に成功して、一党独裁の権力を築いた。しかし、その過程で多くの矛盾・軋轢が起きていた。本書は、そうした矛盾・軋轢の過程でいまだ充分に分析されていなかった動きや声を発掘し、中国現代史の再構築をめざす。
2017.8　350p　A5　¥3500　①978-4-7988-0230-5

◆宋 - 清代の政治と社会　三木聰編　汲古書院
【目次】北宋交子論、社倉法は誰のものか—南宋版を基点にして、南宋四明史氏の斜陽—南宋後期政治史の一断面、地主甲戸関係の具体像のために—万暦九年休寧県二十七都五図における租佃関係、明末広東における吏員の人事・考課制度—顏俊彥『盟水斎存牘』を中心に、明末の弓術書『武経射学正宗』とその周辺、雍正五年「抗租禁止条例」再考、清代の溺女問題認識、元明清公文書における引用終端部について
2017.2　297, 4p　A5　¥8000　①978-4-7629-6582-1

◆宋代南海貿易史の研究　土肥祐子著　汲古書院　（汲古叢書）
【目次】第1篇 宋代における貿易制度—市舶の組織（北宋末の市船制度—宰相・蔡京をめぐって、提挙市舶の職司）、第2篇 宋代における南海貿易（宋代の南海交易品、宋代の泉州の貿易、占城（チャンパ）の朝貢、南海貿易の発展と商人の活動、東洋文庫蔵手抄本『宋会要』食貨三十八市舶について）
2017.2　716, 6p　A5　¥18000　①978-4-7629-6037-6

◆『孫子の兵法』がわかる本—「駆け引き」「段取り」「競争」…に圧倒的に強くなる！　守屋洋著　三笠書房　新装新版
【要旨】世界最高の「人生戦略の書」をどう読むか！ページをめくった数だけ、「あなたの武器」が増えていく！
2017.6　269p　B6　¥1400　①978-4-8379-2686-3

◆孫文とアジア太平洋—ネイションを越えて　日本孫文研究会編　汲古書院　（孫中山記念会研究叢書）
【目次】1 基調講演、2 第一分科会 制度と公共圏—日中和のデザイン、3 第二分科会『尹譜』の思想史的意義、4 第三分科会 ボーダーを越えて、5 第四分科会 参加と動員—いかに革命を組織するか、6 総合討論の記録
2017.11　397p　A5　¥8500　①978-4-7629-6601-9

◆太平廣記研究　西尾和子著　汲古書院
【目次】第1章『太平廣記』の體例と『太平廣記』の性格、『太平廣記』における記事の收錄規準 ほか、第2章『太平廣記』成立後の出版經緯（異論の提出—『玉海』太平廣記條に見る王應麟の自注から、『廣記』成立後の受容状況 ほか）、第3章 變容する『廣記』の受容形態、南宋中後期における『廣記』から「讀み物」へ（北宋末期から南宋初期における『廣記』の受容の一人的つながりの中で）、第4章 南宋兩浙地域における『太平廣記』の普及（南宋期における刊記事業を行っていた地域と『廣記』流傳の關係、『廣記』の印刷・刊行における轉運司副興の可能性 ほか）、第5章 海を渡る『廣記』—『太平廣記詳節』について、『太平廣記詳節』の構成 ほか
2017.3 207, 5p A5 ¥6000 ①978-4-7629-6587-6

◆谷川道雄中国史論集　上巻　谷川道雄著　汲古書院
【目次】1（北魏研究の方法と課題、六朝社会史をめぐる最近の研究動向—分期問題と共同体論、中国士大夫階級と地域社会、「中國中世」再考 ほか）、2（北朝郷兵再論—波多野教授の本理研究に寄せて、六朝貴族における学問の意味、六朝・隋唐社会の史的性格より見た「東アジア世界」問題、東アジア世界形成期の史的構造—冊封体制を中心として ほか）
2017.12 447, 3p A5 ¥12000 ①978-4-7629-6583-8

◆谷川道雄中国史論集　下巻　谷川道雄著　汲古書院
【目次】3（隋唐帝国をどう考えるか、唐代の藩鎮について—浙西の場合、唐代の職田制について、「安史の乱」の性格について、龐勛（ほうくん）の乱について、武后朝末年より玄宗朝初年にいたる政争について—唐代貴族制研究への一視角、書評・谷藤光著『府兵制度考釈』、唐末の諸叛乱の性格、隋唐政治史に関する二三の問題—とくに古代末期説をめぐって、書評・布目潮渢（ふう）・栗原益男共著『隋唐帝国』（「中国の歴史」四） ほか
2017.12 408, 2p A5 ¥12000 ①978-4-7629-6584-5

◆知識ゼロからのCGで読む三国志の戦い　渡邉義浩監修　幻冬舎
【要旨】官渡、赤壁、五丈原…群雄たちが、駆け巡った戦いのすべて。戦略・戦術から見る、三国時代の戦い方。
2017.7 158p A5 ¥1300 ①978-4-344-90324-1

◆地図作成に見る世界最先端の技術史—世界のトップを走り続けた中国　今村遼平著　郁朋社
【要旨】地図作成とそれに伴う測量や天文観測で常に世界をリードしてきた中国の太古から清代までの歩みを分かり易く解説。
2017.10 260p A5 ¥2000 ①978-4-87302-658-9

◆中国外交史　益尾知佐子、青山瑠妙、三船恵美、趙宏偉＊著　東京大学出版会
【要旨】中国はどこへゆくのか？ 中国はいかにして世界と向き合い、グローバルな大国として台頭するのか。建国以来の中華人民共和国の対外関係の歩みを包括的に描き出す。
2017.9 263p A5 ¥2900 ①978-4-13-032225-6

◆中国侠客列伝　井波律子著　講談社（講談社学術文庫）
【要旨】「弱きを助け、強きを挫く」。乱世に登場する侠客たち。不正を許さず替天行道。信義を重んじ一諾千金。公憤・義憤・忠義のために、命を賭して果断に行動する侠の精神。歴史を変え、物語世界を豊かに彩った魅力あふれる人物たち。『趙氏孤児』、『史記』『刺客列伝』、『三国志』、『水滸伝』…。三千年脈打つ侠の精神の強さとやさしさが心を揺さぶる。
2017.2 311p A6 ¥1050 ①978-4-06-292413-9

◆中国古代化学—新しい技術やものの発明がいかに時代をつくったのか　趙匡華著、廣川健監修、尾関徹、庾凌峰訳　丸善出版
【要旨】新石器時代以前から清代に至る中国の化学技術の発展の歴史を、今日の科学的知見をもとに紹介。化学の立場から、現代科学の基礎概念の発展に古代中国が関わってきた役割を知ることができる。内容には、青磁・唐三彩・天目釉などの窯業、青銅・黄銅・白銅・鋼等の丹薬の開発や物質について、古代の概念の発展、火薬の発展、さらに、製塩技術、糖・酒・酢・味噌・醤油という発酵・醸造技術、藍・茜・紫・緑などの染色や、織物の洗浄技術の発展の経緯が含まれる。
2017.9 257p B6 ¥1500 ①978-4-621-30184-5

◆中国史を彩った女たち　高橋英司著　エムケープランニング、高陵社書店 発売
【要旨】やっぱり中国が一番おもしろい！ 浮気、陰謀、嫉妬、復讐、わが子殺し、毒殺、なんでもありの裏の中国史！
2017.9 249p B6 ¥1700 ①978-4-7711-1024-3

◆中国史書入門 現代語訳 隋書　中林史朗、山口謠司監修、池田雅典、大兼健尭、洲脇武志、田中良明訳　勉誠出版
【要旨】遣隋使が訪れた古代中国の王朝「隋」はどんな国であったのだろうか？ 悪名高き「煬帝」ってどんな皇帝だったのであろうか？「隋」という国を読み解く扉を開いてみましょう。原文と現代語訳が対照でき、皇帝の本紀全篇を中心に掲出した諸列伝が読める。
2017.5 519p A5 ¥4200 ①978-4-585-29611-9

◆中国史にみる女性群像—悲運と権勢のなかに生きた女性の虚実　田村実造著　清水書院（新・人と歴史 拡大版 17）（『中国史にみる女性群像』改題書）　復刊
【要旨】本書は、秦末、楚・漢抗争から清朝の滅亡までのおりおりに歴史を彩った女性群像を選び、その歴史の虚実、光と陰とをえがくものである。
2017.7 236p B6 ¥1800 ①978-4-389-44117-3

◆中国周辺地域における非典籍出土資料の研究　玄幸子編　（大阪）ユニウス　（東西学術研究所研究叢書—非典籍出土資料研究班）
【目次】字書韻書の発展から見た唐代言語文字の雅俗問題、南山新城碑冒頭文の解釈と新羅の「法」、古代チベットと金石文—概観と展望、凶儀における物品の授受に関する覚え書き—S.4571v「（擬）隨唐宅案孔目官謝大徳慰問吊儀状」を中心に、遼寧省朝陽市発見孫姃墓誌葬に関する一件—唐代鞨鞨支配下の牡丹の研究、調査ノートから見る内藤湖南の敦煌学—ペリオ邸資料調査記録の資料接合から
2017.2 196p A5 ¥2200 ①978-4-946421-51-8

◆中国少数民族「独立」論　寺島英明著　東京図書出版、リフレ出版 発売
【要旨】今日、苦しめられている中国少数民族。その原点が大戦間にあった！ 大戦間期の中国少数民族の歴史を検証し、その「独立志向性」を実証する。
2017.8 194p B6 ¥1500 ①978-4-86641-070-8

◆中国初期国家形成の考古学的研究—土器からのアプローチ　秦小麗著　六一書房
【目次】第1章 研究史、第2章 土器の型式分類と系統識別、第3章 中心地における土器様式の変遷、第4章 二里頭時代の地域動態、第5章 二里頭時代から二里岡時代への転換、第6章 二里岡時代の地域動態、第7章 土器の地域動態と城邦遺跡の出現
2017.8 278p B5 ¥10000 ①978-4-86445-093-5

◆中国政治経済史論 毛沢東時代一1949-1976　胡鞍鋼著、日中翻訳学院本書翻訳チーム訳　日本僑報社
【要旨】「功績七分、誤り三分」といわれる毛沢東時代はいかにして生まれたのか。膨大な資料とデータを駆使して新中国建国から第一次五カ年計画、大躍進、人民公社、文化大革命へ連なる政治経済史を立体的に描き、毛沢東時代の功罪と「中国近代化への道」を鋭く分析した渾身の大作。
2017.12 708p A5 ¥16000 ①978-4-86185-221-3

◆中国の教科書に描かれた日本—教育の「革命史観」から「文明史観」への転換　松田麻美子著　国際書院（早稲田大学中国研究叢書）
【要旨】中国の教科書に日本がどのように描かれてきたのかを、年代別に分析。中国の知識人による共産党の「正しい歴史観」から脱却するための努力が、教科書の対日記述をどう変化させたかを検証する。
2017.3 353p A5 ¥3800 ①978-4-87791-280-2

◆中国の近現代史をどう見るか—シリーズ中国近現代史 6　西村成雄著　岩波書店（岩波新書）
【要旨】中国の近現代史をどう見るか。この問いに答えるには、欧米を中心に展開するグローバルな世界史の変容過程をも視野に入れることが必要である。強い軍事的、政治的、経済的の圧力の下で、中国はどう変わろうとしてきたのか。清末の嘉慶帝から習近平まで、「二〇〇年中国」という独自の視点で歴史的ダイナミズムの源泉をさぐる。
2017.6 212, 4p 18cm ¥840 ①978-4-00-431254-3

◆中国の政治家と書—激動の時代を生きた政治家達の残したもの　松宮貴之著　雄山閣
【要旨】清朝末から中華人民共和国までの大変革の時代を生きた政治家達。その人生、思想を、彼らの残した書を通じ見つめ直すことで、より生身に近い彼らに迫り、息吹を感じてほしい。著者入魂の一書、ここに刊行!!
2017.9 231p A5 ¥2800 ①978-4-639-02522-1

◆中国の宗族と祖先祭祀　馮爾康著、小林義廣訳　風響社（風響社あじあブックス 別巻2）
【要旨】「宗族」は独特の血縁集団として中国社会を特徴づけ、いまも華僑や中国企業の背景で健在である。時代に応じて変化し続ける家族・宗族の歴史の側面を簡潔に記した好著の翻訳。
2017.7 356p A5 ¥3000 ①978-4-89489-241-5

◆張騫とシルク・ロード　長澤和俊著　清水書院（新・人と歴史 拡大版 12）　新訂版
【要旨】アジアとヨーロッパを結ぶ中央アジアの横断路—それがシルク・ロードである。それは砂漠や高山や氷河をこえる長い険しい道だが、太古から東西文化の交流の道として栄えてきた。そこには、多くの冒険と夢とロマンがあった。本書は、この夢幻の道シルク・ロードを、はじめて打開した張騫が、いかに粒々辛苦したか、漢の武帝以来、いかに多くの人々がシルク・ロードの建設と経営に当たり、いかに華やかな東西文化の交流路をめぐって、いかに華やかな東西文化の交流が行なわれたかを、幾多の事件、エピソードとともに、興味深く語っている。
2017.6 237p B6 ¥1800 ①978-4-389-44112-8

◆治乱のヒストリア—華夷・正統・勢　伊東貴之編、渡邉義浩、林文孝著　法政大学出版局（シリーズ・キーワードで読む中国古典 4）
【要旨】自らと他者を区分して、世界観や世界秩序もたす「華夷」。治乱興亡の『三国志』から現在も、政権などについて問い直される「正統」。君主の権力や勢威から派生し、空間的布置や形勢、歴史的・時間的趨勢も表現する「勢」。中国の政治思想、文化論、国家観など広範な領域の本質を横断的に考察する。
2017.3 238, 8p B6 ¥2900 ①978-4-588-10034-5

◆独裁君主の登場 宋の太祖と太宗　竺沙雅章著　清水書院（新・人と歴史 拡大版 20）
【要旨】一〇世紀の中国は、分裂から統一への激動の時代であった。世紀はじめに唐朝が崩壊し、五代十国とよばれる乱世が半世紀も続き、幾多の武将が覇権を求めて抗争をくりひろげた。この混乱をおさめ、ふたたび中国を統一したのは、宋の太祖と太宗とであった。二人は統一事業を遂行するとともに、唐代の貴族政治に代わる新しい君主独裁体制を完成した。その歴史上の役割は、わが豊臣秀吉と徳川家康とに似ているといわれる。本書は、激動の世に生き、新しい時代をきり開いた二人の皇帝の生涯をたどり、その人間像を鮮明に浮かび上がらせた労作である。
2017.8 214p B6 ¥2900 ①978-4-389-44120-3

◆日中交流の軌跡　崔淑芬著　（福岡）中国書店
【目次】徐福—東渡上陸地の謎、鑑真—鹿児島の上陸記念地と伝教、楊貴妃—東渡の謎、空海—ゆかりの地 西安の青龍寺、阿倍仲麻呂—興慶宮と甘棠寺の記念碑、謝国明—博多文化の展開と承天寺、朱舜水—儒学の伝播と日本の弟子達、呉錦堂—神戸の「呉錦堂池」と「移情閣」、黄遵憲—『日本雑事詩』・『日本国志』、孫文—在日の革命運動 ほか
2017.1 369p A5 ¥3500 ①978-4-903316-55-0

◆馬賊の「満洲」—張作霖と近代中国　澁谷由里著　講談社（講談社学術文庫）（『馬賊で見る「満洲」—張作霖のあゆんだ道』改題書）
【要旨】日露の脅威が迫る清朝末期の混沌の中で馬賊は生まれた。混乱の中、軍閥の長となり中原への進出をうかがい、覇権を目指した「東北王」張作霖もそんな一人だった。虚像にとらわれた従来の張作霖像を解体し、中国社会が包含する多様性にねざす地域政権の上に馬賊を位置づけ、近代へと変貌する激動の中日関係史を鮮やかに描き出す意欲的な試み。
2017.6 266p A6 ¥940 ①978-4-06-292434-4

◆林謙三『隋唐燕楽調研究』とその周辺　長谷部剛、山寺三知共訳訳　（吹田）関西大学出版部
【目次】1 出版説明、2 翻訳篇、3 研究篇、4 資料篇
2017.3 374p A5 ¥2000 ①978-4-87354-654-4

◆文化大革命—"造反有理"の現代的地平　明治大学現代中国研究所、石井知章、鈴木賢編　白水社

【要旨】あの時代は何だったのか？ 徐友漁や宋永毅、矢吹晋ら世界的権威が、新事実から新左翼まで文化大革命を論じ尽くす決定版。貴重な図版50点をオールカラーで掲載。
2017.9 203, 9p B6 ¥2600 ①978-4-560-09565-2

◆**北京官話全編の研究—付影印・語彙索引 上巻** 内田慶市編 （吹田）関西大学出版部
（関西大学東西学術研究所資料叢刊 40‐1‐文化交渉と言語接触研究・資料叢刊 8）
【要旨】北京官話の新資料。19世紀末、1人の日本人外交官の手による全378章からなる北京官話テキスト。今、私たちは、北京官話の資料として『言語自迩集』に匹敵する極めて質の高い資料を手にしたことになる。
2017.2 745p 27×20cm ¥7100 ①978-4-87354-644-5

◆**北京官話全編の研究—付影印・語彙索引 中巻** 内田慶市編 （吹田）関西大学出版部
（関西大学東西学術研究所資料叢刊 40‐2‐文化交渉と言語接触研究・資料叢刊 9）
【要旨】19世紀末、1人の日本人外交官の手による全378章からなる北京官話テキスト。今、私たちは、北京官話の資料として『言語自迩集』に匹敵する極めて質の高い資料を手にしたことになる。
2017.5 756p B5 ¥7100 ①978-4-87354-658-2

◆**北京古代建築文化大系 近代建築編** 北京市古代建築研究所編、佐藤嵐士訳、劉偉監訳 グローバル科学文化出版
【目次】"西洋楼"風の建築（円明園西洋楼建築、頤和園清晏舫 ほか）、西洋古典風建築（西什庫教堂、申堂 ほか）、折衷主義風建築（東交民巷使館建築群、清陸軍部と海軍部旧跡 ほか）、中国伝統式擬洋風建築（協和医学院旧跡、未名湖燕園建築 ほか）、その他の建築（大柵欄商業建築、勧業場旧跡 ほか）
2017.9 185p A5 ¥2980 ①978-4-86516-009-3

◆**北京古代建築文化大系 城壁編** 北京市古代建築研究所編、島田陽介訳、劉偉監訳 グローバル科学文化出版
【目次】明清代の北京城（皇城、北京の内城、北京の外城）、長城北京段（長城北京段、城壁、城）、城外城
2017.9 210p A5 ¥2980 ①978-4-86516-004-8

◆**北京古代建築文化大系 その他の文化財建築編** 北京市古代建築研究所編、岩切沙樹訳、劉偉監訳 グローバル科学文化出版
【目次】衙署（皇史宬、升平署衙門 ほか）、学府、書院（国子監及び国子監街、国立蒙蔵学校旧址 ほか）、会館（安徽会館、湖広会館 ほか）、有名遺跡、村落等（北京鼓楼、鐘楼、南新倉、北新倉 ほか）
2017.9 200p A5 ¥2980 ①978-4-86516-008-6

◆**北京古代建築文化大系 庭園編** 北京市古代建築研究所編、田中久幾、谷尾祥織訳、劉偉監訳 グローバル科学文化出版
【目次】皇室専属庭園（西苑三海、景山、頤和園、円明園）、自家庭園（恭王府庭園、醇親王府庭園、濤貝勒府庭園、可園、馬輝堂庭園 ほか）
2017.9 195p A5 ¥2980 ①978-4-86516-000-0

◆**北京古代建築文化大系 府邸・宅院編** 北京市古代建築研究所編、高野梓、徳水冬美訳、劉偉監訳 グローバル科学文化出版
【目次】府邸（親王府、郡王府と貝勒府、公主府とモンゴル族王府）、宅院（崇礼住宅、東城区府学胡同36号四合院（交道口南大街136号四合院を含む）、名人故居（朱彝尊故居（順徳会館）、紀曉嵐故居、康有為故居 ほか）
2017.9 248p A5 ¥2980 ①978-4-86516-006-2

◆**北京古代建築文化大系 陵墓編** 北京市古代建築研究所編、大城祐聖訳、劉偉監訳 グローバル科学文化出版
【目次】漢代から元代の陵墓（大葆台西漢墓遺跡、老山漢墓、金陵）、明代陵墓（明十三陵、明景泰陵、太監墓）、清代陵墓（慶親王園寝、粛慎親王園寝、醇親王園寝 ほか）
2017.9 167p A5 ¥2980 ①978-4-86516-007-9

◆**変法派の書簡と『燕山楚水紀遊』—「山本憲関係資料」の世界** 山本憲関係資料研究会編 汲古書院
【目次】書簡（康有儀書簡（解題・翻訳・翻刻 呂順長・小野泰教）、康広仁書簡（解題・翻訳・翻刻 古谷創・高橋俊）、梁啓超書簡（解題・翻訳・翻刻 周雲喬）、汪康年書簡（解題・翻訳・翻刻 吉尾寛・呂順長）、小野湖山書簡（解題・翻訳・翻刻 小野泰教 翻訳・翻刻 呂順長・小野泰教）、葉瀚書簡（解題・翻訳・翻刻 蔣海波）ほ

か）、『燕山楚水紀遊』（解題・翻訳・翻刻 蔣海波/監訳 狭間直樹）
2017.1 540, 2p A5 ¥12000 ①978-4-7629-6589-0

◆**北伐と西征—太平天国前期史研究** 菊池秀明著 汲古書院 （汲古叢書）
【目次】第1部 太平天国北伐史（北伐の開始と懐慶攻撃、北伐軍の山西転戦と天津郊外進出、北伐軍の敗退と援軍の臨清攻撃、太平天国北伐の壊滅について）、第2部 太平天国西征史（太平天国の西征開始と南昌攻撃、西征軍の湖北進出と廬州攻略、西征軍の湖北、湖南における活動と湘軍の登場、湖南岳州、湖北武昌と田家鎮をめぐる攻防戦、湖口の戦いと太平軍、湘軍の湖北、江西経営、西征軍の湖南の戦い、石達開の江西経営と西征の終焉）
2017.2 575, 11p A5 ¥12000 ①978-4-7629-6036-9

◆**本当はこうだった！ 三国志の嘘と真実** 三国志の謎研究会著 宝島社
【要旨】三国志の史跡・合戦一挙掲載。52の疑問とタブーに切り込む！
2017.2 320p B6 ¥556 ①978-4-8002-6576-0

◆**明清のおみくじと社会—関帝霊籤の全訳** 小川陽一著 研文出版 （研文選書）
【目次】前篇 『関帝霊籤』とその世界（関帝廟と『関帝霊籤』、明清小説の中の『関帝霊籤』、『関帝霊籤』の歴史、『関帝霊籤』流行の背景、『関帝霊籤』の籤紙の体裁と内容、『関帝霊籤』と明清社会）、後篇 『関帝霊籤』全百籤の訳文（凡例、『関帝霊籤』の引き方）
2017.9 320p B6 ¥2700 ①978-4-87636-425-1

◆**毛沢東、周恩来と溥儀** 王慶祥著，松田徹訳 科学出版社東京
【要旨】清朝最後の皇帝、愛新覚羅・溥儀の人生を変えた毛沢東、周恩来との出会いと交流、そして晩年までの史実を詳述！
2017.11 395p A5 ¥6400 ①978-4-907051-21-1

◆**六朝貴族の世界 王羲之** 吉川忠夫著 清水書院 （新・人と歴史 拡大版 05） 新訂版
【要旨】すぐれた造形性をそなえた漢字の美を発見し、芸術としての「書」を確立したひとりの人間であった。漢帝国の崩壊は儒教的規範から人間を自由にし、六朝人は、人間のあらゆるいとなみに価値をみいだしたからである。王羲之は「書聖」とよばれている。しかし、書聖王羲之、それは彼の全体像の一部分にしかすぎない。彼の書は、貴族にふさわしい教養のひとつとしてあったのである。本書は王羲之その人となり、生活、思想および生きた時代を語り、彼を通じて四世紀の中国を生きた一知識人の全体像を生き生きと描いた。
2017.4 221p B6 ¥1800 ①978-4-389-44105-0

◆**六朝文評価の研究** 福井佳夫著 汲古書院
【目次】曹丕「典論論文」の文章、陸機「文賦」の文章、沈約「宋書謝霊運伝論」の文章、劉勰（きょう）「文心雕龍序志」の文章、裴子野「雕虫論」の文章、鍾嶸（こう）「詩品序」の文章、蕭統「文選序」の文章、蕭綱「与湘東王書」の文章、徐陵「玉台新詠序」の文章、李諤「上隋高帝革文書」の文章、太安万侶「古事記序」の文章、懐風藻序」の文章、六朝文の評価
2017.1 604, 7p A5 ¥15000 ①978-4-7629-6579-1

◆**李徳全—日中国交正常化の「黄金のクサビ」を打ち込んだ中国人女性** 石川好監修、程麻、林振江著、林光江、加藤千洋訳 日本僑報社
【要旨】戦後初の中国代表団を率いて訪日し、戦犯とされた約1000人の日本人を無事帰国させた中国人女性。一日中国交正常化十八年前の知られざる秘話を初刊行。
2017.9 258p B6 ¥1800 ①978-4-86185-242-8

朝鮮・韓国

◆**「慰安婦」謀略戦に立ち向かえ！—日本の子供たちを誰が守るのか？** マイケル・ヨン、杉田水脈、西岡力、山岡鉄秀、高橋史朗、永門洋子、德永信一著 明成社
【要旨】反撃せよ、日本！「慰安婦」問題を反日ツールとした中韓のプロパガンダは過激化の一途を辿っている。そして日本への偏見が増長し、海外在住の日本人へのいじめが多発する事態に。今こそ、国際社会に向け、正しい情報発信が必要だ！
2017.5 162p B6 ¥1200 ①978-4-905410-42-3

◆**「韓国からの通信」の時代—韓国・危機の15年を日韓のジャーナリズムはいかにたたかったか** 池明観著 影書房
【要旨】韓国・軍事政権下の民主化運動とメディア。朴正熙・全斗煥と続く軍事政権下、韓国の学生・市民はいかにたたかい、韓・日のジャーナリズムはどう伝え、支えたのか。
2017.9 422p B6 ¥4200 ①978-4-87714-475-3

◆**韓国研究の魁 崔書勉—日韓関係史を生きた男** 橋本明著 未知谷
【要旨】明治から現在まで日韓間で何が起きたか、最もよく知る人物の研究成果とその生涯を、読み易い文章で分かり易く。
2017.5 249p B6 ¥2500 ①978-4-89642-526-0

◆**韓国史からみた日本史—北東アジア市民の連帯のために** 池明観著 （大阪）かんよう出版
【要旨】書き下ろしを含む五章構成。最新の日韓古代史。
2017.4 137p B6 ¥1500 ①978-4-906902-79-8

◆**韓国 近い昔の旅—植民地時代をたどる** 神谷丹路著 凱風社 （日韓の歴史・文化を学ぶ 1） 新版
【要旨】反日感情があってもあふれんばかりの情と世話好きな人々。かれらとのトランスナショナルな交流を通じて培われた、等身大の韓国を知るテキスト＆ルポ。
2017.3 270p A5 ¥2000 ①978-4-7736-4103-5

◆**韓国・朝鮮史への新たな視座—歴史・社会・言説** 須川英徳編 勉誠出版
【要旨】徹底的な史料分析と体系的な歴史像の提示を軸に言説形成・思想・制度・政策など社会・生活とを切り結ぶ視角より前近代と現代を架橋する韓国・朝鮮史のパースペクティブを提示する。
2017.5 374p A5 ¥8000 ①978-4-585-22171-5

◆**韓国で起きたこと、日本で起きるかもしれないこと—1人の日本人が目撃した韓国市民革命** 高木望著 彩流社
【要旨】市民の抗議行動で朴槿恵大統領を退陣に追い込んだ！ 100万人を超える人々が何度も路上に集った、その思いとは？ 軍事政権を経験してきた韓国現代史における歴史的意義を、現場から伝える。
2017.8 162p B6 ¥1600 ①978-4-7791-2345-0

◆**韓国と日本がわかる最強の韓国史** 八幡和郎著 育鵬社、扶桑社 発売 （扶桑社新書）
【要旨】日本国民のための韓国史の真実。南北朝鮮の「迷走」は歴史を知らなくては理解できない！ 日本の半島史観は唯我独尊の「コリアン視点」だった！「世界史」「日本史」に続く最強シリーズ第3弾！
2018.1 254p 18cm ¥840 ①978-4-594-07890-4

◆**韓国の小さな村で—伝統文化の世界を刻む** 神谷丹路著 凱風社 （日韓の歴史・文化を学ぶ 2） 新版
【要旨】心奥で響く魂の根っこをつかみたい—村人たちが集う祝祭は、一つの完成した体系をもつ宇宙を描く。隣国の精神世界に触れる旅が始まる。小さな村々には「歴史」がいくつも刻印されていた。統治と被統治の痕跡もその一つ。学び合う気持ちで読めば見えなかったものがおのずと立ち現れてくる。
2017.6 253p A5 ¥1800 ①978-4-7736-4104-2

◆**韓国の歴史** 李景珉監修、水野俊平著 河出書房新社 増補改訂版
【要旨】交流と善隣、反目と戦乱—隣国を知り、自国を見直す。韓国、北朝鮮についての断片的な知識をつなげる「韓国通史」の最新決定版。5000年の悠久の歴史を俯瞰する。
2017.1 303p B6 ¥2000 ①978-4-309-22693-4

◆**"犠牲者"のポリティクス—済州4・3/沖縄/台湾2・28 歴史清算をめぐる苦悩** 高誠晩著 （京都）京都大学学術出版会 （プリミエ・コレクション）
【要旨】済州島4・3事件—3万人もの島民が軍や右翼に虐殺され、反共体制下の韓国で語ることもタブーとされた事件が、ようやく国家が謝罪し、真相究明と補償がなされた。しかしそこで生じたのは、誰を慰霊するかを巡る新しい差別であった。沖縄戦や台湾での事件にも触れながら、国家による大量死の「犠牲者」が国家によって認定されるポリティクスに迫る。
2017.3 258p A5 ¥3200 ①978-4-8140-0076-0

世界史

◆金工品から読む古代朝鮮と倭——新しい地域関係史へ　金宇大著　（京都）京都大学学術出版会　（プリミエ・コレクション）
【要旨】出土金工品から読む朝鮮諸国と倭の交流実態。4～6世紀の朝鮮諸国と倭の関係には謎が多い。両地域の古墳に副葬された金銀の耳飾や大刀の精査を通じて、複雑に交錯する諸国の利害と意図を読み解き、真の交流史像に迫る。
2017.3　411p　A5　¥4900　978-4-8140-0081-4

◆草の根の通信使　上　玄界灘を越えた人々　原健一著　本の泉社
【要旨】なぜ「近くて遠い国」になってしまったのか。韓国で日本語を教えながら、日本と韓国（朝鮮）との古くて、長い交流史に思いを馳せる。私たちも現代の通信使になれるだろうか…。
2017.10　310p　B6　¥2000　978-4-7807-1645-0

◆草の根の通信使　下　帝国の記憶　原健一著　本の泉社
【要旨】橋を架ければ誰かが渡る——帝国時代の記録をたどり、交流を重ねる現代の「通信使」たち。歴史を動かす力とは何なのか著者渾身の力作長編。
2018.1　310p　B6　¥2000　978-4-7807-1646-7

◆古代朝鮮の国家体制と考古学　山本孝文著　吉川弘文館
【要旨】三国時代の韓半島に流入した中国式の政治制度は、遺跡から出土する物質資料にどのように反映されているのか。墳墓と葬制、土器様式に現れた生活・祭祀の変化や文書行政の開始、服飾に現れた身分表象など、発掘資料から古代朝鮮の国家体制を追究。文献史学の研究対象だった古代の政治史に、考古学的な手法で鋭くアプローチした画期的な一冊。
2017.11　316p　A5　¥10000　978-4-642-08153-5

◆世界歴史大系　朝鮮史　1　先史→朝鮮王朝　李成市、宮嶋博史、糟谷憲一編　山川出版社
【目次】序章　朝鮮史研究と植民地主義の克服、第1章　先史から古朝鮮、第2章　高句麗・百済・新羅・加耶、第3章　後期新羅と渤海、第4章　高麗前期、第5章　高麗後期、第6章　朝鮮初期、第7章　朝鮮中期、第8章　朝鮮後期、第9章　朝鮮末期（十九世紀）
2017.10　529, 97p　A5　¥7500　978-4-634-46213-7

◆世界歴史大系　朝鮮史　2　近現代　李成市、宮嶋博史、糟谷憲一編　山川出版社
【目次】序章　朝鮮の開国と開化、第2章　植民地支配下の朝鮮、第3章　南北分断体制下の独立と民主化の挫折——李承晩政権・張勉政権（一九四五～六〇年）、第4章　開発独裁による南北体制競争への対応——朴正熙政権一八年（一九六一～七九年）、第5章　民主化と脱冷戦への対応——八〇～二〇一七年、第6章　社会主義体制の歴史
2017.10　381, 78p　A5　¥6500　978-4-634-46214-4

◆朝鮮王朝と現代韓国の悪女列伝——魔性の女の栄華と転落！　康熙奉著　双葉社
【要旨】韓流ドラマに次々に登場して強烈な印象を残した悪女たち。しかし、現実の彼女たちはドラマよりもっと波乱万丈だった。序列社会の韓国で、肩書に頼りきる男たちを尻目に、権力型の悪女たちが社会の虚構をあぶりだしていく。その展開はドラマ以上に面白い。本書では、朝鮮王朝時代から現代まで、韓国社会を騒がせた悪女たちの痛快で哀しき物語を満載！
2017.3　205p　18cm　¥1000　978-4-575-31234-8

◆朝鮮外交の近代——宗属関係から大韓帝国へ　森万佑子著　（名古屋）名古屋大学出版会
【要旨】朝鮮はなぜ、東アジア政治の焦点となるのか。中華と近代の結節点に位置し、摩擦のなかから生み出された外交の論理を解明。外交機構の形成から大韓帝国までを一貫した視座でとらえ、東アジア国際関係史のなかで決定的な位置を占めた姿を浮かびあがらせる。
2017.8　332, 20p　A5　¥5400　978-4-8158-0883-9

◆朝鮮儒学史の再定位——十七世紀東アジアから考える　姜智恩著　東京大学出版会
【目次】第1章　二十世紀初頭、「東アジア」の誕生（儒学史への関心、十七世紀への注目）、第2章　十七世紀朝鮮儒者の様相（朝鮮の士大夫社会、共鳴できない朝鮮の儒者）、第3章　儒者たちの信念（朝鮮儒者社会の思想的基盤、新たな経書注釈の登場に際して）、第4章　新たな解釈への手段（朱子学継承、朝鮮儒学の創見提出パターン、新たな解釈への手段の意義）、第5章　中国中心の朝鮮儒学史（観点の転換、東アジアから見つめる）
2017.5　316p　A5　¥8500　978-4-13-036262-7

◆朝鮮戦争は、なぜ終わらないのか　五味洋治著　（大阪）創元社　〔戦後再発見〕双書
【要旨】一九五〇年六月、日本の独立直前に起こり、「戦後日本」の形を決定した朝鮮戦争。現在もまだ「休戦中」であり、日本に戦時体制を強制し続けるこの戦争が、いま、再び始まろうとしている!?
2017.12　316p　B6　¥1500　978-4-422-30057-3

◆朝鮮半島はなぜいつも地獄が繰り返されるのか——中国人ですら韓民族に関わりたくない本当の理由　石平著　徳間書店
【要旨】なぜ韓民族は約束を守れないのか？どうしてすべて他人のせいにするのか？朝鮮半島に内紛が絶えないのはなぜか？元中国人の著者だからわかる韓民族の歴史的悪癖とその背景。
2017.6　203p　B6　¥1000　978-4-19-864425-3

◆日韓をつなぐ「白い華」綿と塩　明治期外交官・若松兎三郎の生涯　永野慎一郎著　明石書店
【要旨】日本の朝鮮植民地化が進む時代、韓国・木浦領事館領事に着任し、日韓共生の架け橋として「陸地綿」と「天日塩」の導入に尽力した若松兎三郎。私利に流されず、クリスチャンとして良心と慈愛に満ちた仁利に徹した生涯を、膨大な外交資料や事績、遺族・関係者への綿密な取材から浮かび上がらせる。
2017.10　254p　B6　¥3000　978-4-7503-4578-9

◆日韓関係史　関周一編　吉川弘文館
【要旨】活発な通交・貿易、そして戦争と断絶…。古来、日本列島と朝鮮半島は、国境を史的現象としない多様・多元的な移動や交流があり、王権・国家のあり方や対外関係に大きな影響を与えてきた。律令国家群の形成と展開、秀吉の「唐入り」、日韓国交正常化交渉など、双方の関係を東アジア内の広範な交流にも触れつつ解明。広域史の視点から見つめ直す。
2017.2　386, 15p　B6　¥3500　978-4-642-08308-9

◆日本が忘れ韓国が隠したがる本当は素晴らしかった韓国の歴史　松木國俊著　ハート出版
【要旨】韓国問題のエキスパートが語る"深掘り"半島近現代史！
2017.11　222p　B6　¥1500　978-4-8024-0045-9

◆日本植民地時代の朝鮮経済——数値・証言が語る日本統治下の社会　卜鉅一著、堤一直訳　桜美林大学北東アジア総合研究所、JRC発売
【要旨】出口の見えない隣国との歴史問題、日本の植民地支配は何を残していったのか。予想外の実態に韓国で発禁処分の書、本邦初公開！
2016.12　223p　B6　¥1600　978-4-904794-81-4

◆評伝　尹致昊（ユンチホ）——「親日」キリスト者による朝鮮近代60年の日記　木下隆男著　明石書店
【目次】序章　尹致昊とはいかなる人物か？、第1章　誕生から甲申政変まで——1865～1884年、第2章　海外亡命・留学時代——1885～1893年、第3章　日清戦争から三国干渉へ——1894～1896年、第4章　独立協会と地方官吏の時代——1897～1902年、第5章　日露戦争から日韓保護条約へ——1903～1906年、第6章　空白の10年——1907～1915年、第7章　武断統治から3・1独立運動へ——1916～1919年、第8章　文化政治の時代——1920～1930年、第9章　満州事変以後——1931～1935年、第10章　親日協力の時代——1936～1943年、終章　なぜ尹致昊は日記にこだわったのか？
2017.9　492p　A5　¥6600　978-4-7503-4562-8

◆本当に悲惨な朝鮮史——「高麗史節要」を読み解く　麻生川静男著　KADOKAWA　〔角川新書〕
【要旨】高麗を知れば、今の韓国、北朝鮮がわかる——ダメ王が続いた王朝、大国に挟まれた二股外交、密告と讒言の横行、過酷な収奪と惨めな民衆。悲惨な500年の歴史から、日本人が知らないあの国の倫理・価値観を読み解く。
2017.4　268p　18cm　¥860　978-4-04-082109-2

◆夢のあとさき——帰郷祈願碑とわたし　黒田福美著　三五館
【要旨】女優の「日韓」愛と、立ちはだかる「反日」。それでも私は、あきらめない。朝鮮人戦没者を弔う「帰郷祈願碑」をめぐる、哀しみの実話。20年以上にわたり奔走した建立をめぐる記録。
2017.8　348p　B6　¥1500　978-4-88320-705-3

エジプト・メソポタミア

◆古代エジプトを学ぶ——通史と10のテーマから　馬場匡浩著　六一書房
【要旨】通史、テーマの2部で構成。通史では紀元前7000年頃の新石器時代から紀元前30年のプトレマイオス時代までを13の章にわけて説明。テーマでは、ピラミッド建設や食文化など馴染みの深い10のテーマから古代エジプトを解説している。著者の20年以上にわたるエジプトでの発掘調査経験を活かし、最新の研究成果を盛り込みながら、比較的日本語概説書の少ない紀元前3000年以前の先王朝時代も丁寧に記述している。
2017.4　328p　A5　¥2300　978-4-86445-088-1

◆初期イスラーム文化形成論——エジプトにおける技術伝統の終焉と創造　長谷川奏著　中央公論美術出版
【要旨】第1章　エジプト物質文化の史的背景、第2章　エジプト古代末期～初期イスラーム時代の生活文化と土器群（マルカタ南イシス神殿周域集落域——ローマ時代の生活文化と土器群、マルカタ南イシス神殿内井戸址——ビザンツ時代の生活文化と土器群、フスタート遺跡——初期イスラーム時代の生活文化と土器群）、第3章　赤色光沢土器の系譜とその周辺（赤色光沢土器の研究史、エジプト古代末期の土器生産、赤色光沢土器を中心とした古代末期の生活雑器）、第4章　古代末期における地域的生活空間の展開（西方デルタ、メンフィス、テーベ）、第5章　イスラーム文化形成へのプロセス（フスタートの建設と発展、フスタートの生活空間と生活雑器、初期イスラーム時代土器の展開）
2017.11　461p　23×17cm　¥17000　978-4-8055-0795-7

◆初期メソポタミア史の研究　前田徹著　早稲田大学出版部　（早稲田大学学術叢書 52）
【目次】第1部　中心地域——領邦都市国家と統一王権（都市国家の成立、領邦都市国家、領邦国家期、統一国家形成期の領邦都市国家、統一国家確立期・ウル第三王朝）、第2部　周辺地域——周辺異民族：エラム、マルトゥ、グティ（エラム、マルトゥ、グティ）
2017.5　385p　A5　¥5000　978-4-657-17701-8

西洋史

◆生きる力——アウシュヴィッツ強制収容所の収容体験に学ぶ　中丸弘子、グリンバーグ治子著　悠光堂
【目次】1　はじめに、2　生きる力　学習のねらい、3　アウシュヴィッツ強制収容所の歴史、4　ヴィクトル・エミール・フランクル、5　マリアン・コウォジェイ、6　マキシミリアン・マリア・コルベ、7　学生の反応、8　学生のレポートより、9　おわりに、10　中丸先生との旅
2017.3　180p　B5　¥1200　978-4-906873-82-1

◆イタリアの歴史を知るための50章　高橋進、村上義和編著　明石書店　（エリア・スタディーズ 161）
【目次】第1部　古代（ローマの成立と発展——都市国家から地中海世界の覇者へ、ローマの「内乱の一世紀」——カエサルの権力掌握と暗殺 ほか）、第2部　中世～ルネサンス（紀元1000年ごろのイタリア半島6～11紀ごろの北部・中部・南部イタリア、コムーネの誕生と展開11～13世紀ごろの様相 ほか）、第3部　近代（16世紀のイタリア——近世の始まり、17世紀のイタリア動乱のなかで ほか）、第4部　現代（20世紀の幕開け——ジョリッティ時代から第一次世界大戦へ、ヴェルサイユ体制と戦後危機——両極化するイタリア社会 ほか）
2017.12　366p　B6　¥2000　978-4-7503-4585-7

◆イタリアルネサンスとアジア日本——ヒューマニズム・アリストテレス主義・プラトン主義　根占献一著　知泉書館　（ルネサンス叢書）
【要旨】「オリエント世界」に関心を持つ者は、野心的な政治家や探検家ばかりでなく、知識人、商人、修道士など幅広い人々であった。数世紀に及びアジアに関する地理情報や広範な知識が蓄積されてきたが、それらを踏まえて、ヨーロッパの実情、特にイタリアの宗教・思想状況を視野に入れてキリシタン時代の日本を考察し、こ

の時代に特有の世界史的意義を呈示する。
2017.2 245, 29p A5 ¥5000 978-4-86285-250-2

◆ウィーンとヴェルサイユ―ヨーロッパにおけるライバル宮廷1550～1780　イェルン・ダインダム著,大津留厚,小山啓子,石井大輔訳　刀水書房　〈人間科学叢書〉
【目次】第1部 序(宮廷史研究の諸問題、近世前夜の王室)、第2部 廷臣たち(宮廷の人数と費用、地位と収入)、第3部 宮廷生活(宮廷生活のカレンダー、宮廷における儀式と地位)、第4部 権力(宮廷における権力のあり方、国家の中心としての宮廷)、第5部 結(結論と展望)
2017.3 417p A5 ¥4500 978-4-88708-424-7

◆欧州各国に於ける国家革新運動―内閣情報部・情報宣伝研究資料第十輯　佐藤卓己解題　(大阪)創元社　〈創元学術アルヒーフ〉　リプリント版
【目次】獨逸、伊太利、ベルギー、ブルガリア、デンマーク、英國、エストニア、芬蘭、佛蘭西、アイスランド〔ほか〕
2017.4 334p A5 ¥4500 978-4-422-93374-0

◆オデュッセウスの記憶―古代ギリシアの境界をめぐる物語　フランソワ・アルトーグ著,葛西康徳,松本英実訳　(平塚)東海大学出版部
【目次】序章 旅する人と境界人、第1章 オデュッセウスの帰還(旅と帰還、人間分別学 ほか)、第2章 エジプトの旅(エジプトを見る、ギリシアと人の視線 ほか)、第3章 バルバロイの発案と世界の目録(バルバロイとギリシア人、世界を表象するため、ほか)、第4章 ギリシアの旅(元祖アナカルシスの旅と境界の忘却、内側の境界あるいは日常の差別 ほか)、第5章 ローマの旅(ポリュビオスの旅、ハリカルナッソスのディオニュシオスの旅 ほか)、結章 アポローニオスの記憶とピュタゴラスの名前
2017.3 447p B6 ¥4800 978-4-486-01950-3

◆改革と革命と反革命のアンダルシア―「アフリカ風の憎しみ」、または大土地所有制下の階級闘争　渡辺雅哉著　晃星社
【目次】第1章 砂上の楼閣?―マヌエル・アサーニャとスペイン第2共和制の崩壊、第2章 アンダルシアで「ヨーロッパで最も不幸な人々」の末裔たちのたうつ土地、第3章 リベルテールたちのアンダルシア「マノ・ネグラ」騒動から「ボリシェヴィキの3年間」まで、第4章 「純粋」アナキズムの系譜―サルボチェア、サンチェス・ロサ、そして「コルドニエフ」、第5章 「帝政ロシアよりも劣悪」?―アンダルシアのカシキスモ、共和派とレルー派、カストロ・デル・リオとプランセーFAI派と第2共和制期コルドバ県の階級闘争、第7章 第2共和制農地改革の限界―ディアス・デル・モラールと「アンダルシアの農業問題」、第8章 社会カトリシズムの敗北サルバドール・ムニョス・ベレスとアンダルシアの反革命、第9章 ヘレスからベーサへ―アンダルシアのFAI派と「アンチ・サルボチェア」たち、むすびにかえて
2017.2 763p A5 ¥8500 978-4-7744-0627-5

◆カロリング帝国とキリスト教会　オイゲン・エーヴィヒ著,瀬原義生訳　(京都)文理閣
【目次】第1部 ローマ教皇のビザンツ皇帝権からの離脱とそのフランクへの接近(八世紀初頭のキリスト教世界、フランク王国の興隆とアングロ・サクソン人の大陸伝道、カロリング王権の成立と教会改革の継続、ローマ教会のフランクへの嘆願と教会国家の発胎)、第2部 カール大帝と教会(カールの登場、ランゴバルド王国の併合、ペトロ世襲領の境界設定、カロリング大帝国の完成、帝国・教会の改革とカロリング・ルネサンスの端緒、聖像論争、キリスト養子説、聖霊発現論、フランク王国からキリスト教帝国へ、カロリング神学の発展、コンスタンティノープルとの和解、カールの死)、第3部 カロリング時代の絶頂とその下降の始まり(八一四‐八四〇)(ルートヴィヒ敬虔帝(八一四‐八二八)統治下の帝国・教会改革、ルートヴィヒ敬虔帝時代のカロリング・ルネサンス、帝国と教会の危機(八二八‐八四〇))、第4部 カロリング後半期の国家と教会(ルートヴィヒ敬虔帝の死から皇帝ルートヴィヒ二世(八四〇‐八七五)の死にいたるまでのカロリング帝国、スペインとブリテン島、西欧へのサラセン、ノルマン人の殺到、ルートヴィヒ敬虔帝の死からルートヴィヒ二世の死にいたるまでの教皇と西欧、教皇権、皇帝権(八七五‐九〇四)の変遷、カール大帝の孫、曾孫期における教会、神学、教養)
2017.4 268p A5 ¥3200 978-4-89259-802-9

◆教養のイタリア近現代史　土肥秀行,山手昌樹編著　(京都)ミネルヴァ書房
【要旨】大学生を射程に、「教養」を意識する諸氏に贈るイタリア近現代史の入門テキスト。政治・経済・社会・芸術の多様な歴史を接続。イタリア国民国家形成に苦慮し、ファシズムを経て、戦後に至る過程を、写真や図表を多用し、明快に描写する。
2017.5 322, 8p A5 ¥3000 978-4-623-08021-2

◆ギリシア人の物語 2 民主政の成熟と崩壊　塩野七生著　新潮社
【要旨】黄金時代を迎えたアテネ。しかし、その崩壊の足音を手繰りよせたのは民主政に巣くうポピュリズムだった―民主政の光と影を描く、待望の第二巻。
2017.1 413p A5 ¥3000 978-4-10-309640-5

◆ギリシア人の物語 3 新しき力　塩野七生著　新潮社
【要旨】夢見るように、炎のように―永遠の青春を駆け抜けたアレクサンダー大王。32年の短くも烈しい生涯に肉薄した、塩野七生最後の歴史長編。
2017.12 464, 13p A5 ¥3200 978-4-10-309641-2

◆禁書―グーテンベルクから百科全書まで　マリオ・インフェリーゼ著,湯上良訳　法政大学出版局
【要旨】活版印刷の発明から宗教改革をへて、近代ヨーロッパ世界が形成される過程で、異端思想を取り締まる禁書目録のシステムはどのように作られ、機能し、消滅したのか。現代イタリアの近世史・出版史研究の第一人者が、教権から王権へと統制主体の移行していく時代を背景に、各国の書物発禁や検閲の内情、人々の抵抗の実態をたどり、やがて出版の自由が実現されるまでの知られざる歴史を解き明かす。
2017.8 183, 10p B6 ¥2500 978-4-588-35233-1

◆剣と清貧のヨーロッパ―中世の騎士修道会と托鉢修道会　佐藤彰一著　中央公論新社　(中公新書)
【要旨】俗世間を離れ、自らの心の内を見つめる修道院。だが12世紀、突如その伝統から大きく離れた修道会が生まれた。騎士修道会と托鉢修道会である。かたや十字軍として聖地エルサレムやイベリア半島、北方で異教徒と戦い、かたや聖フランチェスコらが都市のただ中で民衆の信仰のあり方をラディカルに変革した。これら"鬼子"ともいうべき修道会の由来と変遷を、各修道会の戒律や所領経営などにも注目しながら通観する。
2017.12 278p 18cm ¥880 978-4-12-102467-1

◆公職選挙にみるローマ帝政の成立　丸亀裕司著　山川出版社　〈山川歴史モノグラフ 34〉
【要旨】先細的でオリジナルな研究をこの1冊に。
2017.11 213, 58p A5 ¥5000 978-4-634-67392-2

◆興亡の世界史 近代ヨーロッパの覇権　福井憲彦著　講談社　〈講談社学術文庫〉
【要旨】一五世紀末に幕を開けた大航海時代を皮切りに、長くアジアの後塵を拝してきたユーラシア極西部の国々が世界を圧倒し始めた。宗教改革やアメリカ独立革命、フランス革命を経て成立した国民国家と、産業文明による近代化は、地球世界に何をもたらしたか。二度の世界大戦で覇権を失うも国際統合に到り再生し、新時代を模索するヨーロッパの光と影。
2017.10 409p A6 ¥1250 978-4-06-292467-2

◆興亡の世界史 地中海世界とローマ帝国　本村凌二著　講談社　〈講談社学術文庫〉
【要旨】古代ローマ史には、「人類の経験のすべてがつまっている」という。都市国家に溢れる「共和政ファシズム」のエネルギー。ハンニバル率いるカルタゴとの死闘。カエサルとアウグストゥスが開いた帝政。人類初の「世界帝国」出現と、一神教世界への転換。そして帝国が終焉を迎えた時、文明は大きく変貌していた―。多彩な人物と歴史で満ちた千年史。
2017.9 397p A6 ¥1230 978-4-06-292466-5

◆古代西洋万華鏡―ギリシア・エピグラムにみる人々の生　沓掛良彦著　法政大学出版局
【要旨】嗚呼、かくもいとおしき古代ギリシア。笑いあり涙あり！人々の声を刻んだ詩篇の数々―古典詩翻訳の名手が贈る極上の古代ギリシア・ガイド。
2017.7 249p B6 ¥2800 978-4-588-35603-2

◆古代ローマの港町 オスティア・アンティカ研究の最前線　坂口明,豊田浩志編　勉誠出版
【要旨】首都ローマに物資を補給するための重要拠点であり、地中海世界の各地から多くのモノとヒトが流れ込んだ港湾都市オスティア・アンティカ。ネットワークの結束点でありながら、いまだその全貌が明らかになっていない都市を、建築、経済、社会、宗教、美術、住環境といった様々な観点から調査。3Dレーザー測量や、考古学的調査、壁に記された史料を復元することで、古代ローマの都市の構造や人々の生活を明らかにする。
2017.2 404, 114p A5 ¥12000 978-4-585-22174-6

◆黒海の歴史―ユーラシア地政学の要諦における文明世界　チャールズ・キング著,前田弘毅監訳　明石書店　〈世界歴史叢書〉
【目次】第1章 先史時代の黒海、第2章 ギリシア・ローマと黒海―各あしらいのよい海 紀元前七〇〇年‐紀元五〇〇年、第3章 ビザンツ帝国と黒海―偉大なる海 五〇〇‐一五〇〇年、第4章 オスマン帝国と黒海―カラ・デニズ 一五〇〇‐一七〇〇年、第5章 ロシア帝国と黒海―チョールノエ・モーレ 一七〇〇‐一八六〇年、第6章 国際社会と黒海―ブラック・シー 一八六〇‐一九九〇年、第7章 黒海の荒波を前にして
2017.4 467p B6 ¥4800 978-4-7503-4474-4

◆コロンブスの不平等交換―作物・奴隷・疫病の世界史　山本紀夫著　KADOKAWA　(角川選書)
【要旨】15世紀末にコロンブスが大西洋を横断して以来、ヨーロッパからはサトウキビや小麦・牛・馬などがアメリカ大陸に持ち込まれ、アメリカ大陸からはトウモロコシ・ジャガイモ・トウガラシなどがヨーロッパに運び込まれた。世界のグローバル化が始まり、後世にも多大な影響を与えた。新旧両大陸による交流は「コロンブスの交換」と呼ばれるが、はたして正しい名称なのだろうか。コロンブスの功績を作物・家畜・疫病の観点から掘り下げる。
2017.1 246p B6 ¥1700 978-4-04-703592-8

◆ザクセン人の事績　コルヴァイのヴィドゥキント著,三佐川亮宏訳　知泉書館
【要旨】オットー朝(919 - 1024年)の東フランク=ドイツ王国史の10世紀前半は、同時代史料が乏しく「歴史叙述者たちの欠如の故に暗黒の世紀」と呼ばれた。その中でフランク帝国においても最もキリスト教化の遅れた北方の布教の前進基地、コルヴァイ修道院の修道僧ヴィドゥキントは、旧約聖書外典や古代ローマの古典文学の影響を受けつつ、羊皮紙の文字史料とさらに重要な情報源である口頭伝承を活用して本書を執筆した。オットー朝とザクセン民族の理想的・調和的協調の歴史を、異教的・戦士的エートスからキリスト教的救済史への変遷として捉え、神と直結した神聖王権が国外の蛮族との戦争や国内の内乱の鎮圧を通じて、「平和と協調」を実現してゆくプロセスが詳細に描かれる。
2017.4 298, 20p A5 ¥4000 978-4-86285-256-4

◆サクロ・モンテの起源―西欧におけるエルサレム模造の展開　関根浩子著　勉誠出版
【要旨】パレスティナの代用聖地、プロテスタントに対するカトリックの要塞などさまざまに解釈されてきた「サクロ・モンテ」。その起源は、イスラムによるエルサレム支配以降、危険な長旅を敢行できない信徒のために導入された「代用エルサレム」にあった。中世の聖地模造の伝統を受け継ぎ、北イタリアで独自の近世的形態を獲得したその歴史を明らかにする。
2017.10 329, 58p A5 ¥4800 978-4-585-22188-3

◆ジオコスモスの変容―デカルトからライプニッツまでの地球論　山田俊弘著,ヒロ・ヒライ編　勁草書房　(bibliotheca hermetica叢書)
【要旨】17世紀ヨーロッパの科学革命を生きた知識人たち。彼らによって世界とその歴史の理解が変革をとげるデンマーク人ステノを案内人に、この壮大な旅路を「ジオ・コスモス」観の変容として読みとき地球惑星科学の起源に肉迫する！
2017.2 256, 27p A5 ¥4800 978-4-326-14829-5

◆地獄の淵から―ヨーロッパ史1914 - 1949　イアン・カーショー著,三浦元博,竹田保孝訳　白水社　〈シリーズ近現代ヨーロッパ200年史〉
【要旨】独自の構成と解釈で二〇世紀前半を俯瞰。今日の世界を形成した二〇世紀の諸力を解明。二度の世界大戦を軸に、政治・経済・社会・文化と欧州全域を網羅、英国の泰斗による、学識と読みやすさを兼ね備えた、通史の決定版！カラー口絵図版・地図多数収録。
2017.3 480, 32p A5 ¥6200 978-4-560-09536-2

世界史

◆死者を記念する―古代ギリシアの墓辺図研究
篠塚千惠子著　中央公論美術出版
【目次】第1部 前史―アッティカの埋葬習慣と葬礼陶器の変遷（葬礼図像の誕生、器形、ジェンダー、レキュトスの登場）、第2部 ルトロフォロス（前6世紀のプロテシス図像、ルトロフォロス再考 ほか）、第3部 白地レキュトス（白地レキュトスの墓辺図、「描かれた墓」とデーモシオン・セーマ ほか）、補論 南イタリア陶器の墓辺図序説（南イタリア陶器の墓辺図の作品資料について、グラヴィーナ出土の墓辺図をめぐってほか）
2017.11 782p A5 ¥17000 ①978-4-8055-0792-6

◆写本の文化誌―ヨーロッパ中世の文学とメディア
クラウディア・ブリンカー・フォン・デア・ハイデ著, 一條麻美子訳　白水社
【要旨】写本製作にあたり注文主が、作者が、書記が、各種職人が果たした役割や、できあがった写本がもった政治的意味、そして傑作「マネセ写本」を生み出した文芸マネジメントまで、写本をめぐる文化活動をわかりやすく解説する。
2017.8 258, 37p B6 ¥3300 ①978-4-560-09559-1

◆集中講義！ギリシア・ローマ
桜井万里子, 本村凌二著　筑摩書房　（ちくま新書）
【要旨】古代地中海世界を中心に歴史をつくりあげたギリシアとローマ。同じような時期に政治・経済・文化が発展していったが、ギリシアではポリスが大きな大国とならなかった一方、ローマは超大国へと、その覇権を広げていった。また思想・哲学などの華々しい文化が生みだされたギリシアに比べて、ローマでは目立ったものは出てきていない。なぜ、そのような違いはうまれたのか？ギリシアからローマへも受け継がれ、その後ヨーロッパまで影響をあたえたものはなにか？それぞれの専門家が通史からはこぼれおちた側面に光をあてる。
2017.12 222p 18cm ¥780 ①978-4-480-07102-6

◆十二世紀のルネサンス―ヨーロッパの目覚め
チャールズ・ホーマー・ハスキンズ著, 別宮貞徳, 朝倉文市訳　講談社　（講談社学術文庫）
（『十二世紀ルネサンス』改題書）
【要旨】イタリア・ルネサンス以前に、十二世紀の西欧ではすでに知的復興が行われ、活き活きと文化が華開いていた。ローマ古典の再発見、新しい法学、アラビアの先進知識との遭遇、大学の誕生…「封建的で陰惨な断絶された時代」という中世の理解は正しいのか―精緻な写本研究と文献学の成果で西洋史に新たな枠組みを提示し、今も指標とされる不朽の名著。
2017.8 417p A6 ¥1280 ①978-4-06-292444-3

◆商業と異文化の接触―中世後期から近代におけるヨーロッパ国際商業の生成と展開
川分圭子, 玉木俊明編著　吉田書店
【目次】第1部 北海・バルト海、第2部 イギリスと海、第3部 大西洋世界、第4部 フランスと海、第5部 地中海世界、第6部 オスマン帝国と海、第7部 アジア世界
2017.7 897p A5 ¥13500 ①978-4-905497-55-4

◆ジョンソン博士とスレイル夫人の旅日記―ウェールズ（1774年）とフランス（1775年）
中央大学人文科学研究所編, 市川泰男, 諏訪部仁, 稲村善二, 江藤秀一訳　（八王子）中央大学出版部　（中央大学人文科学研究所翻訳叢書）
【目次】1 一七七四年のウェールズ（ウェールズの旅―サミュエル・ジョンソン、ジョンソン博士のウェールズの旅―サミュエル・ジョンソン）、2 一七七五年のフランス（フランス紀行―サミュエル・ジョンソン、フランス紀行―スレイル夫人）、3 解説にかえて（ジョンソンの旅、ヘスター・リンチ・ピオッツィ（スレイル夫人）小伝）
2017.3 315, 11p B6 ¥2300 ①978-4-8057-5416-0

◆水都ヴェネツィア―その持続的発展の歴史
陣内秀信著　法政大学出版局
【要旨】交易都市から文化都市へ、そして環境都市への歩みを跡づける。比類なき水都の生い立ちと魅力を語り、16世紀における庶民の生活空間、サン・マルコ広場の再構成の過程、祝祭空間としての都市構造を論じて、水と共生してきたヴェネツィアの持続的発展の歴史を明らかにする。
2017.4 311p A5 ¥4500 ①978-4-588-78640-8

◆図解 第2次世界大戦対ナチ特殊作戦
スティーヴン・ハート, クリス・マン著, 角敦子訳　原書房
【要旨】150点を超えるイラストとともに、秘密部隊が1939～1945年に占領軍との戦いで採用したテクニックと技能を紹介する。
2017.2 323p B6 ¥2400 ①978-4-562-05362-9

◆図説 ゲルマン英雄伝説
マックス・コッホ本文挿画, アンドレアス・ホイスラー文, 吉田孝夫訳　八坂書房
【要旨】ジークフリート、ベーオウルフなど英雄たちの愛と裏切り、復讐と破滅をうたう雄渾壮大な伝説絵巻31篇。北欧からイタリアまで、ゲルマン人の残した足跡をたどりつつ特徴ある「英雄伝説」の全容を明らかにする名案内の全訳。
2017.8 220, 5p A5 ¥2400 ①978-4-89694-239-2

◆スペイン初期中世建築史論―10世紀レオン王国の建築とモサラベ神話
伊藤喜彦著　中央公論美術出版
【目次】第1部 スペイン中世建築研究史（国民的建築をもとめて、西ゴート、アストゥリアス、モサラベ、「モサラベ教会堂」と10世紀レオン王国建築、近年の成果と問題点）、第2部 レオン王国とモサラベ移民（イベリア半島の初期中世、ドゥエロ川北岸の無人化と再入植活動、レオン王国に見られるアラビア語の残滓、10世紀レオン王国建築の背景としての社会）、第3部 10世紀レオン王国建築の特質（スペイン初期中世建築の特徴と諸問題、サンティアゴ・デ・ペニャルバのレンガ積みトロンプルイユ、サン・ミゲル・デ・エスカラーダの円柱使用法、馬蹄形アーチの構造と意匠、テクストから読み解くイベリア半島初期中世建築の様相）、第4部 10世紀レオン王国の建築（サンティアゴ・デ・ペニャルバ、サン・ミゲル・デ・エスカラーダ、サン・セブリアン・デ・マソーテ、サン・ミゲル・デ・セラノーバ）、結論（10世紀のスペイン・キリスト教建築をモサラベと呼ばないこと、10世紀レオン王国建築の特質）
2017.1 659p A5 ¥16000 ①978-4-8055-0786-5

◆スペイン旅行に行く前に歴史の話をざっくりと
河合美奈子著　（大阪）パレード, 星雲社 発売
【要旨】旅がおもしろくなる、歴史が好きになる。スペインの人気観光地の歴史をシンプルに解説！歴史に興味はあるけど、難しい本はちょっと…でも大丈夫な、歴史本です。
2017.7 135p A5 ¥1400 ①978-4-434-23447-7

◆西洋中世研究 No.8 特集 ブルゴーニュ公国と宮廷―社会文化史をめぐる位相
西洋中世学会, 知泉書館 発売
【目次】特集：ブルゴーニュ公国と宮廷―社会文化史をめぐる位相, 論文, 研究動向 中南米の西洋中世学, 新刊紹介, 西洋中世学会第8回大会シンポジウム報告「西洋中世の"知的中心"としてのパリに、何が生じていたのか」、第9回日韓西洋中世史研究集会報告 2015年度若手セミナー報告1「外国語で論文を書く、報告する」、2015年度若手セミナー報告2「西洋中世哲学において、なぜ写本を読まないといけないのか」
2016.12 334p B5 ¥3500 ①978-4-86285-930-3

◆対比
A. ウェルビー・N. ピュージン著, 佐藤彰訳・編　中央公論美術出版
【目次】第1章 中世の偉大な建物を生み出した思いについて、第2章 宗教の変動直前のイギリスにおける建築の状況、第3章 ヘンリー八世治下における教会の略奪と破壊、第4章 エドワード六世治下で教会堂が蒙った略奪と破壊、そして新規の教派の最終的確立以降の事態、第5章 教会建築の今日における堕落した有様について、結び 当世の建築の特性の状況について、補註, 図版
2017.7 136p A4 ¥7500 ①978-4-8055-0790-2

◆魂深き人びと―西欧中世からの反骨精神
香田芳樹著　青灯社　（叢書・魂の脱植民地化 7）
【目次】第1章 チューリヒ一鏡の小路、第2章 寛集家は国境を越えられた、第3章「すべてを殺せ。神は味方の者を知りたもう」―南仏カタリ派の悲劇、第4章 モンタユー―土と生きる牧歌的異端、第5章 ペトルス・ヨハネス・オリヴィ―無一物の子、第6章「ペンにて汝を護らん」―ウィリアム・オッカム、第7章 マイスター・エックハルトと魔部アヴィニョン、第8章 ルター―三つの肖像画が描く矛盾の人、第9章 ヤーコプ・ベーメ、あるいは吹き飛ぶ門、第10章「それでも動いている」―ガリレオ・ガリレイ
2017.3 272p B6 ¥2500 ①978-4-86228-092-3

◆ダンヌンツィオ 誘惑のファシスト
ルーシー・ヒューズ＝ハレット著, 柴野均訳　白水社
【要旨】ジョイス、プルースト、三島由紀夫を魅了し、ムッソリーニに先駆けた男。イタリア国民的詩人にしてナショナリストのデマゴーグ、色事師にして戦争の英雄―いくつもの貌を持つ奇才のスキャンダラスな生涯に迫る、伝記の決定版。サミュエル・ジョンソン賞、コスタ賞、ダフ・クーパー賞トリプル受賞！図版多数収録。
2017.7 648, 22p B6 ¥9200 ①978-4-560-09560-7

◆地図で見るバルカン半島ハンドブック
アマエル・カッタルッツァ, ピエール・サンテス著, 太田佐絵子訳　原書房
【要旨】1990年代からつねに激動のなかにある国家と民族のモザイク、バルカン半島の複雑さを理解するための100以上の地図とグラフ。アルバニア、ボスニア、ヘルツェゴヴィナ、ブルガリア、クロアチア、ギリシア、コソヴォ、モンテネグロ、マケドニア共和国、セルビア、ルーマニア、スロヴェニア国家のなりたちとその変遷。ロシアの影響力と欧州連合への統合とのあいだで、大きな地政学的課題をかかえる地域。音楽とスポーツと遺産―バルカン半島がヨーロッパや世界におよぼす影響力。
2017.11 163p A5 ¥2800 ①978-4-562-05427-5

◆地中海世界の覇権をかけて ハンニバル
長谷川博隆著　清水書院　（新・人と歴史 拡大版 13）新訂版
【要旨】機略縦横、ローマに抗して戦い続けたカルタゴの名将、ハンニバル…。アルプス越え、カンナエの包囲戦をはじめとする挿話はよく知られているが、雄大な抱負、そして経綸の才を有した「大政治家」ハンニバルの真の姿は、意外なほど知られていない。本書は、将軍としてのハンニバルはもちろんのこと、ローマに抗しつつ、祖国のために、63年の生涯を生き抜いたハンニバルを、地中海世界最大の視野を有した大政治家として、その姿をあますところなく著わした唯一のものである。
2017.6 251p B6 ¥1800 ①978-4-389-44113-5

◆中世ヴェネツィアの家族と権力
髙田京比子著　京都大学学術出版会
【要旨】家族で読み解くイタリア都市国家の変遷。中世ヴェネツィアを舞台に、家族生活の息吹を史料から掘り起こし、家族に関わる実践・言説が、都市の制度・権力と絡み合いながら、より「国家的」なしくみを形成する過程を描く。
2017.2 322p A5 ¥4100 ①978-4-8140-0069-2

◆中世仕事図絵―ヨーロッパ、"働く人びと"の原風景
ヴァーツラフ・フサ編著, 藤井真生訳　八坂書房
【要旨】農村で、街角で、工房で、書斎で、鉱山で…中近世の人びとが労働に精を出す姿を求めて、同時代の図像資料を中心に収集。世界遺産の鉱山クトナー・ホラ等の貴重な図像資料多数を含み、英独仏各国語に翻訳紹介された、チェコの中世史家による古典的労作。図版250点余。
2017.5 320, 38p A5 ¥3800 ①978-4-89694-235-4

◆中世の窓から
阿部謹也著　筑摩書房　（ちくま学芸文庫）
【要旨】かつてヨーロッパ史において、中世は文化的にも経済的にも停滞した「暗黒時代」だと見なされてきた。そうした通俗的理解に対し、著者は、実はこの時代に後の産業革命にも匹敵するような大転換が生じていたことを、庶民や戦民の視点から鮮やかに描き出してみせた。貨幣経済の浸透は、人と人との関係を根底からくつがえし、人びとの生活や社会構造、さらには倫理や世界観をも大きく組み換えていく。ドイツ・ニュルンベルクを舞台に、民衆たちの生活世界をたどることで、そのダイナミクスを浮き彫りにする阿部史学の白眉。大佛次郎賞受賞。
2017.6 377p A6 ¥1300 ①978-4-480-09801-6

◆中世ヨーロッパの騎士
フランシス・ギース著, 椎野淳訳　講談社　（講談社学術文庫）
【要旨】豪壮な城、華麗な騎馬試合、孤独な諸国遍歴―中世ヨーロッパを彩った戦士たち。十字軍やテンプル騎士団の活躍から、吟遊詩人と騎士道物語の誕生、上級貴族のものにしあがったウィリアム・マーシャルや、ブルターニュの英雄ベルトラン・デュ・ゲクランの生涯、さらに、『ドン・キホーテ』でパロディ化されたり騎士階級が、近代の中に朽ちていくまでを描く。
2017.5 318p A6 ¥1050 ①978-4-06-292428-3

◆トレント公会議―その歴史への手引き
アドリアーノ・プロスペリ著, 大西克典訳　知泉書館
【要旨】トレント公会議や対抗宗教改革はイタリア近現代史の主題である。日本語版書き下ろしでアジア関連の終章を付した、イタリアを代表する碩学によるイタリア近世史入門。
2017.2 250, 34p A5 ¥3500 ①978-4-86285-258-8

◆ナチ強制収容所における拘禁制度
ニコラ・ベルトラン著, 吉田恒雄訳　白水社

世界史

【要旨】「規制された地獄」の本質に迫る、斬新かつ戦慄の論考。ナチ強制収容所には無法が横行していたとする見方を退け、懲戒・強制労働・配給食・郵便制度など、規範が厳格に適用された結果の「地獄」の実態を、精緻に分析する。
2017.5 331, 57p B6 ¥4500 ⓘ978-4-560-09548-5

◆ニューヨーク―錯乱する都市の夢と現実　田中正之編　西洋近代の都市と芸術 7）
【目次】主題としてのニューヨーク（アフター・イメージとしてのニューヨーク―モダニティとモダニズムの狭間で、ダイアン・アーバス、不在のニューヨーク ほか）、モダニズムの展開（ニューヨークあるいはモダニズムの首都、抽象表現主義のニューヨーク ほか）、ポストモダニズム―芸術への新たな視座（ホワイト・キューブの外側―ドナルド・ジャッド、リチャード・セラ、ロバート・スミッソンの都市への眼差し、「アンチ・イリュージョン：手続き/素材」展における「映像」「彫刻」の交差 ほか）、解体される境界（ゲシュタルトとアッサンブラージュ―即興を巡るジャズと美術とビートニクの複雑で曖昧な関係、ジョン・ケージと東洋、そして日本 ほか）　2017.1 502p B5 ¥15000 ⓘ978-4-902084-69-6

◆背教者の肖像―ローマ皇帝ユリアヌスをめぐる言説の探究　添谷育志著　（京都）ナカニシヤ出版
【要旨】"背教者"を超える「何者か」――。賛否を越え語られ続ける理由。無数に描かれたユリアヌス像の交叉の先に「リベラル・アイロニスト」という生のスタイルが浮かぶ。
2017.10 331p B6 ¥3000 ⓘ978-4-7795-1186-8

◆ハプスブルク・スペイン 黒い伝説―帝国はなぜ憎まれるか　ジョゼフ・ペレス著, 小林一宏訳　筑摩書房
【要旨】1492年、スペイン王国はイスラム勢力からイベリア半島を奪還。同年発見された新大陸からの銀資産を背景に、16世紀という一大世界帝国へのし上がった。カルロス1世とその息子フェリーペ2世によるハプスブルク家の支配で、スペインは黄金時代を迎える。だがその繁栄の裏で、大国の残虐非道ぶりを糾弾する怪文書がヨーロッパ各地を駆け巡る。新大陸での先住民虐殺、異端審問の過酷な拷問、王室内部のスキャンダル…「噂」が次第に「事実」として語られ、「黒い伝説」はスペイン帝国凋落の一因となった―。21世紀の今日にいたるまで、スペインに対する根深い偏見のもととなったプロパガンダは、一体誰が、どんな目的で流布させたのか。そこにはいかなる真実が含まれるのか。ヨーロッパ史の泰斗が緻密な検証から、歴史の「真実」が形作られる過程をあぶり出す。
2017.1 280p B6 ¥3600 ⓘ978-4-480-86133-7

◆ハプスブルク帝国　岩崎周一著　講談社（講談社現代新書）
【要旨】1000年の歴史が、これ1冊で、わかる!!　図版多数。新知見もふんだんに取り入れた決定版。
2017.8 442p 18cm ¥1000 ⓘ978-4-06-288442-6

◆ハプスブルクの「植民地」統治―ボスニア支配にみる王朝帝国の諸相　村上亮著　多賀出版
【目次】サライェヴォ事件とハプスブルク帝国、第1部 二重帝国体制とボスニア統治領への道、二重帝国体制への編入過程、第2部 周辺地域開発の展開―クメット問題と農業振興（クメット問題への取り組み、農業振興策の展開）、第3部 ボスニア農政と二重帝国体制（畜産問題にみるボスニアの従属性、「ボスニア・ヘルツェゴヴィナ特権農業・商業銀行」の設立問題、クメット問題解決の切り札―1911年「償却法」の制定）、ハプスブルクと「七月危機」、ボスニア統治にみるハプスブルク支配の特質
2017.3 294p A5 ¥4600 ⓘ978-4-8115-7931-3

◆パンツァー・オペラツィオーネン―第三装甲集団司令官「バルバロッサ」作戦回顧録　ヘルマン・ホート著, 大木毅編・訳・解説　作品社
【要旨】総統に直言、陸軍参謀総長に異議、戦車将軍に反論。兵士たちから"親父"と慕われ、ロンメル、マンシュタインなどと称される将星、"知られざる作戦の名手"が、勝敗の本質、用兵思想、戦術・作戦・戦略のあり方、前線における装甲部隊の運用、戦史研究の意味、そして人類史上最大の戦い独ソ戦の実相を自ら語る。貴重な原書オリジナル図版全収録。
2017.9 460p B6 ¥3600 ⓘ978-4-86182-653-5

◆ピカトリクス―中世星辰魔術集成　大橋喜之訳　八坂書房
【要旨】西欧中世の闇を映す伝説の魔道書、その全容を明らかにする、待望の原典訳！オカルティストたちが渇仰し、ネオプラトニストたちが偏愛した、隠された知の宝庫の深みへと錘鉛を垂らすラテン語版からの全訳。馥郁に満ちた奇書の読み解きに欠かせぬ、註・解題・資料も充実！
2017.4 691, 10p A5 ¥6800 ⓘ978-4-89694-233-0

◆ヒトラーの原爆開発を阻止せよ！―"冬の要塞"ヴェモルク重水工場破壊工作　ニール・バスコム著, 西川美樹訳　亜紀書房（亜紀書房翻訳ノンフィクション・シリーズ31）
【要旨】ナチスが原子爆弾を手にしていたら、世界はどうなっていただろう？ナチスが極秘裏に進めていた原爆開発計画を中止させるために闘った男たちがいた！開発の鍵となる「重水（ヘビーウォーター）」をめぐってノルウェーを舞台に繰り広げられた、第二次世界大戦中、最も困難か最大の秘密工作。その全貌をドラマティックに描き抜く、傑作ノンフィクション！
2017.10 527p B6 ¥2500 ⓘ978-4-7505-1523-6

◆忘却の彼方に〈運命の人 ヒメナ〉―スペインの歴史に埋もれたレオン王家の足跡　藏納睦子著　中央公論事業出版
【要旨】11世紀、激動の時代を迎えたスペインで、カスティーリャ=レオン王アルフォンソ6世の寵愛を受けた伯爵令嬢ヒメナの運命は…。
2018.1 194p B6 ¥1200 ⓘ978-4-89514-482-7

◆ホロコースト―女性6人の語り部　大内田わこ著　東銀座出版社
【要旨】世界で、日本で右傾化する今日、戦争の痛ましさをドイツやポーランドではどう語り伝えているか。人種差別、難民問題、憲法改正などを考えるために、6人の女性ジャーナリストが現地取材。
2017.6 144p 19x15cm ¥1389 ⓘ978-4-89469-193-3

◆ホロコーストに教訓はあるか―ホロコースト研究の軌跡　マイケル・R.マラス著, 真壁広道訳　えにし書房
【要旨】ホロコースト研究に草創期から携わった第一人者ならではの、精緻にして誠実な最新のホロコースト研究史。
2017.6 269p B6 ¥3300 ⓘ978-4-908073-38-0

◆マーシャの日記―ホロコーストを生きのびた少女　マーシャ・ロリニカイテ著, 清水陽子訳　新日本出版社
【要旨】バルト海沿岸にある森と湖の美しい国、リトアニア。1941年、ナチス・ドイツ侵攻後に始まったユダヤ人狩りで、わずか半年の間にはほぼ10万人が銃殺された。アンネ・フランクと同年代の少女・マーシャは、ゲットーおよび強制収容所での苛酷な体験を目に耳に心に刻みつけた―！少女・マーシャが、強制収容所での苛酷な迫害のさなかに、信念をもって書きつづけた真実の記録。
2017.8 253p B6 ¥2200 ⓘ978-4-406-06141-4

◆マニラ・ガレオン貿易―陶磁器の太平洋貿易圏　宮田絵津子著　慶應義塾大学出版会
【要旨】16世紀から17世紀にかけて興隆をみせたガレオン貿易。マニラを起点に太平洋を横断し、アメリカ大陸を経てイベリア半島に至る世界的な流通は、ヨーロッパのライフスタイルまでをも変質させた。しかし、従来スペインが独占してきたとされるこの貿易は、ポルトガル人、中国人、コンベルソ、その他数多の勢力が時に対立し、時に協働しながら構築されたものだった。陶磁器の考古学的分析と文献史料の渉猟により、マニラ・ガレオン貿易におけるモノと人の交錯を巨視的に捉えなおす力作。
2017.11 202p A5 ¥5000 ⓘ978-4-7664-2471-3

◆ミュンヘン会談への道―ヒトラー対チェンバレン 外交308日の記録　関静雄著　（京都）ミネルヴァ書房（MINERVA西洋史ライブラリー112）
【要旨】1933年のナチス政権の成立から1939年のドイツのポーランド侵攻による第二次欧州戦争勃発に至るまでの、欧州社会の激動期において、「危機」と呼ばれる節目の時期が幾度かあった。本書はその中でも、ヒトラーのニュルンベルク演説、ズデーテン騒動を経て欧州戦争必至の様相を呈した1938年の「ミュンヘン9月危機」に焦点を当てる。そして、この間、四たび持たれたヒトラーとチェンバレンの直接会談を中心に、開戦か避戦かをめぐる英独外交戦略の実像を探る。
2017.11 538, 9p A5 ¥8500 ⓘ978-4-623-08089-2

◆ムッソリーニ――イタリア人の物語　ロマノ・ヴルピッタ著　筑摩書房（ちくま学芸文庫）
【要旨】鍛冶屋の息子として生まれた男は、いかにして統一以来のイタリアを象徴する指導者となったか。パレート、ソレル、ニーチェの影響下での思想形成、資本主義と社会主義を一挙に否定する「第三の道」の追求、国民ファシスト党の結成と政権獲得、多彩な女性遍歴、第二次世界大戦の敗北、そしてパルチザンによる殺害――。その生涯は、新しい社会を創造するための天命の意識に貫かれていた。従来のイメージを刷新するのみならず、一個の叙事詩にも比せられる卓抜なムッソリーニ伝。
2017.8 440p A6 ¥1400 ⓘ978-4-480-09807-8

◆メタヒストリー――九世紀ヨーロッパにおける歴史的想像力　ヘイドン・ホワイト著, 岩崎稔監訳　作品社
【要旨】歴史の詩学、第1部 受け入れられた伝統―啓蒙と歴史意識の問題（隠喩とアイロニーのはざまの歴史的想像力、ヘーゲル―歴史の詩学とアイロニーを超える方法）、第2部 一九世紀の歴史記述における四種類の「リアリズム」（ミシュレ―ロマンスとしての歴史的リアリズム、ランケ―喜劇としての歴史的リアリズム、トクヴィル―悲劇としての歴史的リアリズム、ブルクハルト―風刺劇としての歴史的リアリズム）、第3部 一九世紀後期の歴史哲学における「リアリズム」の拒否（歴史意識と歴史哲学の再生、マルクス―換喩の様式における歴史の哲学的弁護、ニーチェ―隠喩の様式における歴史の詩的弁護、クローチェ―アイロニーの様式における歴史の哲学的弁護）、結論
2017.10 703p A5 ¥6800 ⓘ978-4-86182-298-8

◆物語オランダの歴史―大航海時代から「寛容」国家の現代まで　桜田美津夫著　中央公論新社（中公新書）
【要旨】16世紀、スペイン支配との戦いから「低地諸州」北部であるオランダは生まれた。商機を求めてアジアや新大陸へ進出し、17世紀、新教徒中心の共和国は、世界でも最有力の国家となった。だが四次にわたる英蘭戦争、フランス革命の余波により没落。ナポレオン失脚後は王国として復活し、20世紀以降、植民地を貴ぶ先進国として異彩を放つ。本書は、大航海時代から現代まで、人物を中心に政治、経済、絵画、日本との交流などを描く。
2017.5 322p 18cm ¥900 ⓘ978-4-12-102434-3

◆物語フィンランドの歴史―北欧先進国「バルト海の乙女」の800年　石野裕子著　中央公論新社（中公新書）
【要旨】古来スウェーデン王国下にあったフィンランド。19世紀にロシア帝国下、「大公国」となり広範囲な自治を獲得。ロシア革命後、独立するが内戦で混迷する。第2次世界大戦では、ソ連に侵略され領土喪失、冷戦期は「中立」を掲げ西・ドイツにも接近し、近親民族の「解放」を唱えソ連に侵攻するが敗退。戦後は巨大な隣国を意識しての中立政策を採りつつ、教育、福祉、デザイン、IT産業などで特異な先進国となった。「森と湖の国」の苦闘と成功を描く。
2017.10 290p 18cm ¥880 ⓘ978-4-12-102456-5

◆ユダヤ人の起源―歴史はどのように創作されたのか　シュロモー・サンド著, 高橋武智監訳, 佐々木康之, 木村高子訳　筑摩書房（ちくま学芸文庫）
【要旨】二千年にわたる「追放＝離郷」、そして約束の地への「帰還」。このユダヤの物語をもとにイスラエルは建国された。だが、そこに歴史の正当性はあるのか、そもそも、ユダヤ人とは何か。著者は精緻な検証作業で、イスラエルにおける集団的アイデンティティを根底から突き崩し、民族の神話と出自は近代の創作であると暴露し、現国家に対し再出発を迫る。どうすればイスラエルは未来を拓くことができるのか。タブーを破り、イスラエル本国をはじめ、世界各国で反響を巻き起こした画期的大著、ついに文庫化。
2017.7 609, 42p A6 ¥1800 ⓘ978-4-480-09799-6

◆ヨハネス・ブーゲンハーゲン―もうひとりの宗教改革者　伊勢田奈緒著　日本評論社
【目次】第1部 ルターとともに歩いたブーゲンハーゲンが辿った宗教改革への道（宗教改革者ブーゲンハーゲンの目指した教育改革―ブーゲンハーゲン自身の生き方を支えたもの、ブーゲンハーゲンの苦悩―デンマーク王クリスチャン三世に宛てた書簡から、ブーゲンハーゲンがヨナ書から学んだこと―ルターの「ヨナ書」から学び、さらに発展させたブーゲンハーゲンの「ヨ

◆ヨーロッパ・アメリカ 労働者の反乱—1930年代の階級闘争 現代革命ライブラリー 刊行委員会編著 出版最前線、星雲社 発売 （現代革命ライブラリー 第1巻）
【要旨】大恐慌下のドイツ、アメリカ、フランス、スペイン。ロシア革命100年の今、この歴史から何を学ぶか？
2017.5 175p A5 ¥1200 ①978-4-434-23259-6

◆ヨーロッパの帝国主義—生態学的視点から歴史を見る アルフレッド・W. クロスビー著、佐々木昭夫訳 筑摩書房 （ちくま学芸文庫）
【要旨】南北アメリカ、オーストラリア、ニュージーランドといった温帯には、ヨーロッパに由来する住民が多い。これらの地域へのヨーロッパ人の進出—帝国主義は、なぜ成功したのか。その謎は生物学的・生態学的考察を抜きにしては解き明かせない。本書は、「雑草」「野生化した家畜」「ヒトと結びついた微生物」の三つの、軍事力以上にヨーロッパ人の席捲を後押ししたことを巧みな叙述で実証する。10世紀以降の世界史を壮大な視野から描き始めた歴史学者クロスビーの代表的名著。文庫化にあたっては、原著第2版の序文を新たに訳出した。
2017.4 548p A6 ¥1700 ①978-4-480-09789-7

◆ヨーロッパ文明の起源—聖書が伝える古代オリエントの世界 池上英洋著 筑摩書房 （ちくまプリマー新書）
【要旨】ヨーロッパ文明は、メソポタミアとエジプトを親として生まれた。ではその最初期に何があり、どんな風に人類は「文明を築いてきた」のか。聖書の記述をてがかりにわかりやすく解き明かす。
2017.11 236p 18cm ¥860 ①978-4-480-68992-4

◆ラインの伝説—ヨーロッパの父なる河、騎士と古城の綺譚集成 吾孫子豊著 八坂書房
【要旨】伝説と幻想の川下りへ！ ローレライ、白鳥の騎士、ジークフリート伝説など、アルプス山麓から河口まで、大河が育んだ74篇の伝説を、W. ルーントの名訳に拠りつつ、融通無得の名調子でご案内。図版150点余（カラー口絵8頁）。
2017.1 391, 5p B6 ¥2700 ①978-4-89694-229-3

◆ランゴバルドの歴史 パウルス・ディアコヌス著、日向太郎訳 知泉書館
【要旨】本書は790年前後に執筆されたもので、ランゴバルドの民族起源からはじまり、いわゆる民族移動期の動乱を経てイタリア半島に進出し、2世紀あまり後にフランク王国に滅ぼされるまでの歴史的経緯を描く。原典文と詳細な訳注を付した第一級資料の初の翻訳である。
2016.12 269p A5 ¥6000 ①978-4-86285-245-8

◆リトアニア—歴史的伝統と国民形成の狭間 早坂眞理著 彩流社
【要旨】大国に囲まれた小国=境界領域の国民形成のアイデンティティを求める活動は多岐にわたり、ナショナリズムを含めて往々にして分断に及ぶ。特にリトアニア、ベラルーシ、ウクライナ、ポーランド地域の歴史は複雑に錯綜し、様々な政治権力が絡み合う。そうした歴史潮流において、元々、「歴史的リトアニア」という多元文化社会を元にした郷土理念が底流にある人物の思想と行動、また、その郷土理念が影響する政治の流れや、それぞれの時代に表出した出来事を読み解いていく。"早坂史学"とも言うべき研究成果の労作、東欧・ロシア史研究の基本図書。
2017.7 428, 112p A5 ¥5800 ①978-4-7791-2340-5

◆ルネサンス再入門—複数形の文化 澤井繁男著 平凡社 （平凡社新書）
【要旨】ルネサンスという「時代」は、十九世紀に、近代のはじまりとして発見された。そこで数え上げられたいくつかの徴表はしかし、今以前にすでに存在し、「暗黒の中世」はいまや否定されている。ではルネサンスとは、歴史のどの時期に該当するただの「過渡期」なのか？ 中世と近代の諸要素がともに生命力をもって共存する特異な時期としてのこの時代を描きなおす。
2017.11 263p 18cm ¥860 ①978-4-582-85859-4

「ナ書」理解、ルター亡き後のブーゲンハーゲンの抵抗）、第2部 ルターの運動の影響（ポーランドにおける宗教改革運動の受容、キリスト教擁護者としての皇帝カール五世についての一考察、一六世紀ネーデルラントにおける宗教改革運動、ルターの宗教改革を支えた音楽の役割、民衆本『ティル・オイレンシュピーゲル』と宗教改革運動） 2017.12 244p A5 ¥3800 ①978-4-535-56363-6

◆ローズヴェルトとスターリン—テヘラン・ヤルタ会談と戦後構想 上 スーザン・バトラー著、松本幸重訳 白水社
【要旨】チャーチルとの複雑な関係から、米国からの膨大な援助物資（レンドリース）、戦後国際秩序を見据えての「信頼構築」まで、巨頭二人の知られざる交流とは？ 米国の著述家が書簡・電信など新史料を駆使して、逸話満載で描く現代史の焦点！
2017.10 380, 38p B6 ¥3800 ①978-4-560-09575-1

◆ローズヴェルトとスターリン—テヘラン・ヤルタ会談と戦後構想 下 スーザン・バトラー著、松本幸重訳 白水社
【要旨】ローズヴェルト急逝から、トルーマン登場、原爆投下、ソ連の対日参戦、米ソ関係の急変まで、偉大な指導者を喪った戦後世界に新たな「恐怖」が胎動する。米国の著述家が書簡・電信など新史料を駆使して、逸話満載で描く現代史の焦点！
2017.10 343, 66p B6 ¥3800 ①978-4-560-09576-8

◆ローマ貴族 9つの習慣 マルクス・シドニウス・ファルクス著、ジェリー・トナー解説、北綾子訳 太田出版
【要旨】出世、資産運用、結婚と子育て、健康、信仰、死に支度。超格差社会を生き抜いたローマ貴族の栄光の秘訣。『奴隷のしつけ方』著者が教える成功の原則。
2017.3 263p B6 ¥1800 ①978-4-7783-1565-8

◆ローマ教皇庁の歴史—古代からルネサンスまで ベルンハルト・シンメルペニッヒ著、甚野尚志、成川岳大、小林亜沙美訳 刀水書房 （人間科学叢書）
【要旨】今、世界で最も読まれている中世教皇庁史の邦訳完成！ 古代ローマのキリスト教徒共同体から16世紀のルネサンス教皇の時代まで「近現代の教皇史に関心がある読者にとっても本書は絶好の入門書」。
2017.10 459p A5 ¥6000 ①978-4-88708-432-2

◆ローマ帝政の歴史 1 ユリアヌス登場 アンミアヌス・マルケリヌス著、山沢孝至訳 （京都）京都大学学術出版会 （西洋古典叢書）
【要旨】後4世紀に活動した、「古代ローマ最後の歴史の大家」とも評されるギリシア系歴史家がラテン語で著わした本書は、タキトゥスの後を継ぐべく、ネルウァ帝からウァレンス帝までを扱うものだったが、最初の部分が失われ、伝存するのはユリアヌス帝を主とする同時代史である。本分冊では、正帝コンスタンティウス2世治下、兄ガルスの後を受けた副帝ユリアヌスの台頭が描かれる。本邦初訳。
2017.10 342, 30p B6 ¥3800 ①978-4-8140-0096-8

アメリカ

◆アメリカ人の物語 1 青年将校ジョージ・ワシントン 西川秀和著 悠書館
【要旨】なぜアメリカ人はイギリスから独立しようと考えたのか。青年ワシントンの人生を追いながら独立戦争勃発までの動乱を描く。 2017.1 505p B6 ¥2800 ①978-4-86582-020-1

◆アメリカ人の物語 2 革命の剣ジョージ・ワシントン 上 西川秀和著 悠書館
【要旨】勝利か死か。アメリカの独立を賭けた10日間が始まる。
2017.10 490p B6 ¥2800 ①978-4-86582-021-8

◆アメリカ大統領戦記—1775-1783独立戦争とジョージ・ワシントン 2 兵頭二十八著 草思社
【要旨】新視点による米国通史シリーズの第二巻となる本書では、フランス参戦からヨークタウンで英コーンウォリス将軍が降伏して帰趨が決し、83年に英軍が撤退するまでが活写される。過酷な冬営、モンマスの戦い、南部戦線、チェサピーク湾海戦。ヨーロッパ列強の対立の構図が重なる戦いのなかで、軍の総司令官ワシントンは大政治家へと変貌を遂げ、米軍は鍛え直され、精強となる。その後の戦い方のすべてのパターンがここに凝縮されている。
2017.2 398p B6 ¥2800 ①978-4-7942-2240-4

◆アメリカ大統領物語 猿谷要編 新書館 増補新版
【要旨】初代ワシントンからトランプまで、歴代大統領の足跡をたどり、アメリカ政治のエッセンスを明らかにする。激動の時代に贈る待望の増補新版。
2017.4 217p A5 ¥1800 ①978-4-403-25110-8

◆アメリカの汚名—第二次世界大戦下の日系人強制収容所 リチャード・リーヴス著、園部哲訳 白水社
【要旨】人種差別、排外主義、恐怖と表裏をなす報復感情—。アメリカ人ジャーナリストが合衆国史に連綿としてある暗部を暴き、警鐘を鳴らした問題作。
2017.12 345, 27p B6 ¥3800 ①978-4-560-09583-6

◆アメリカ 暴力の世紀—第二次大戦以降の戦争とテロ ジョン・W. ダワー著、田中利幸訳 岩波書店
【要旨】第二次大戦および冷戦の覇者、アメリカ。そのアメリカは、どのような経緯で現在の世界の、そして自国の混沌を生み出してしまったのか。大ベストセラー『敗北を抱きしめて』の著者があらたに取り組む、アメリカの暴力の歴史。軍事をめぐる歴史と、テロなどの不安定の連鎖拡大の現状について、簡潔に、しかし深く洞察した一冊。特別の書下ろしとして、トランプ時代を危惧する日本語版オリジナルの序文を付す。
2017.11 186p B6 ¥1800 ①978-4-00-022099-6

◆裏切られた自由 上—フーバー大統領が語る第二次世界大戦の隠された歴史とその後遺症 ハーバート・フーバー、ジョージ・H. ナッシュ編、渡辺惣樹訳 草思社
【要旨】本書は第31代アメリカ大統領ハーバート・フーバー（任期1929～33）が第二次世界大戦の過程を詳細に検証した回顧録である。第二次世界大戦とは何だったのか—。従来の見方とは真っ向から対立する歴史観をもつ本書は長い間、公にされなかったが、2011年に米国で刊行され議論を呼んでいる。さまざまな情報にアクセスできたアメリカの最高権力者が、20年の歳月をかけて完成させた第一級の史料である。
2017.7 702p A5 ¥8800 ①978-4-7942-2275-6

◆裏切られた自由 下—フーバー大統領が語る第二次世界大戦の隠された歴史とその後遺症 ハーバート・フーバー、ジョージ・H. ナッシュ編、渡辺惣樹訳 草思社
【要旨】本書は第31代アメリカ大統領ハーバート・フーバー（任期1929～33）が第二次世界大戦の過程を詳細に検証した回顧録である。第二次世界大戦とは何だったのか—。従来の見方とは真っ向から対立する歴史観をもつ本書は長い間、公にされなかったが、2011年に米国で刊行され議論を呼んでいる。さまざまな情報にアクセスできたアメリカの最高権力者が、20年の歳月をかけて完成させた第一級の史料である。
2017.11 591p A5 ¥8800 ①978-4-7942-2276-3

◆カナダの歴史を知るための50章 細川道久編著 明石書店 （エリア・スタディーズ "ヒストリー" 156）
【目次】第1部 "総論" 世界のなかのカナダ、第2部 "通史編" 先住民の時代からフランス植民地時代へ、第3部 "通史編" イギリス植民地時代、第4部 "通史編" 国家の自立への模索、第5部 "通史編" 第二次世界大戦後の発展、第6部 "テーマ編" カナダ社会と移民・先住民、第7部 "テーマ編" カナダと日本
2017.8 370p B6 ¥2000 ①978-4-7503-4506-2

◆近代アメリカの公共圏と市民—デモクラシーの政治文化史 遠藤泰生編 東京大学出版会 （アメリカ太平洋研究叢書）
【目次】アメリカ近代史研究における公共性あるいは公共圏への関心と日本におけるその希薄、第1部 選良と代理代表「ザ・フェデラリスト」を読む—国家形成とデモクラシー、代表制と公共圏—被治者の言葉から主権者市民へ、公定教会制と公共圏・序説——七八〇年マサチューセッツ憲法典を読む)、第2部 人種・ジェンダー・エスニシティ（植民地フロンティアの変容と「公民」の創出—ヴァジニア植民地の入植地構想、奴隷制の時代における天分の問題、参政権なき女性の政治参加——八四〇年代マサチューセッツ州における一〇時間労働運動、交錯する市民権概念と先住民政策——九二四年市民権法の歴史的意義）、第3部 メディアとコミュニケーション（公共圏以前—近世イングランドおよび北米ニューイングランド植民地における異議申し立てと討議、建国期フィラデルフィアにおける印刷文化、人種、公共空間、ニューイングランドの出版文化と公共倫理—プロテスタント・ヴァナキュラー文化の継承と変容、都市をまなざすーブロードウェイと一九世紀ニューヨークにおける視覚の

世界史

文化）
2017.4 353,5p A5 ¥5500 ①978-4-13-026153-1

◆**憲法で読むアメリカ現代史** 阿川尚之著 NTT出版
【要旨】建国以来、政治や社会のあり方に関して、憲法に基づく判断を示してきた合衆国最高裁判所。その判決は、この国のかたちをどのように変えてきたか。三権分立のダイナミズムを通し、20世紀後半以降のアメリカ史を鮮やかに読み解く。 2017.11 409p B6 ¥2500 ①978-4-7571-4351-7

◆**ジェームズ・モンロー伝記事典／ジョン・クインジー・アダムズ伝記事典** 西川秀和著 （岡山）大学教育出版 （アメリカ歴代大統領大全第1シリーズ 建国期のアメリカ大統領 5）
【目次】ジェームズ・モンロー（概要、出身州／生い立ち、家庭環境、学生時代、職業経験、大統領選挙戦、政権の特色と課題、副大統領／閣僚／最高裁長官、引退後の活動／後世の評価、ファーストレディ／子ども、趣味／エピソード／宗教、演説、日本との関係）、ジョン・クインジー・アダムズ 2017.5 297p A5 ¥3600 ①978-4-86429-174-3

◆**11の国のアメリカ史 上 ―分断と相克の400年** コリン・ウッダード著、肥後本芳男、金井光太朗、野口久美子、田宮晴彦訳 岩波書店
【要旨】北米の歩みを、11のネイション間の分断と相克の歴史として描くユニークな歴史書。上巻では、植民地時代から独立革命後までを扱う。どのような地域文化圏が植民地として作られたのか。統一を欠いたまま発展していった諸ネイションは、なぜ一緒に国家を建設したのか。その斬新な歴史解釈は、現在の合衆国の深刻な亀裂を考える上でも示唆に富む。 2017.10 271, 19p B6 ¥2400 ①978-4-00-022097-2

◆**11の国のアメリカ史 下 ―分断と相克の400年** コリン・ウッダード著、肥後本芳男、金井光太朗、野口久美子、田宮晴彦訳 岩波書店
【要旨】北米の歩みを、11のネイション間の分断と相克の歴史として描くユニークな歴史書。下巻では、西部開拓・南北戦争から現在までを扱う。「北部対南部」という二項対立の見方を修正し、いかなる南北戦争像を描くのか。20世紀半ばより先鋭化したネイション・ブロック間の対立は、アメリカをどこへ導くのか。北米大陸の再編までをも展望する壮大な歴史叙述。 2017.10 564, 28p A6 ¥2400 ①978-4-00-022098-9

◆**銃後のアメリカ人：1941〜1945―パールハーバーから原爆投下まで** リチャード・リンゲマン著、滝川義人訳 悠書館
【要旨】これが銃後の生活!?成年男子が次々と戦地へ出征するなか、未曾有の経済的繁栄を謳歌していた第二次大戦中のアメリカ人の文化・社会・生活の諸相を克明に活写！ 2017.7 538, 20p B6 ¥4800 ①978-4-86582-030-0

◆**ジョージ・F・ケナン回顧録 2** ジョージ・F・ケナン著、清水俊雄、奥畑稔訳 中央公論新社 （中公文庫）
【要旨】本巻「2」はケナンの名を一躍知らしめた「X・論文」と、それが米国対ソ政策の基調となり冷戦が始まる時代を描く。ケナンは政策企画部本長の要職に就きワシントン外交の中枢に立つ。時に冷遇と無視をもって迎えられながらも奮闘するケナンの姿は、真率なドラマとなって読者に迫るであろう。日本占領政策に影響を与えた対日問題の考察も重要だが（全三巻）。 2017.1 453p A6 ¥1500 ①978-4-12-206356-3

◆**ジョージ・F・ケナン回顧録 3** ジョージ・F・ケナン著、清水俊雄、奥畑稔訳 中央公論新社 （中公文庫）
【要旨】完結篇である本書3巻は冷戦の激化する一九五〇・六三年が対象。当時の重要問題は対ソ政策のほか対日講和、朝鮮戦争、ドイツ問題、核問題などで、ケナンはこれらと向き合い時に具体的な政策を示す。また駐ソ大使時代、国外退去を命じられたエピソードも綴られ、激動の歴史を生きた姿を伝える。全巻索引収録。 2017.2 564, 28p A6 ¥2400 ①978-4-12-206371-6

◆**世界の流れがよくわかるアメリカの歴史―英語対訳付き** 島崎晋著 実業之日本社 （じっぴコンパクト新書）
【要旨】世界をけん引してきたアメリカの歴史は、実は浅い。しかし、そんなアメリカがなぜ大国にのぼりつめることができたのか。アメリカ誕生からゴールドラッシュ、2つの大戦、さらには同時多発テロを経て、世界や日本に関わりあってきたのか…。英語対訳で読む「大統領の名演説」も付いている、アメリカの建国と歴史の真実！ 2017.2 255p 18cm ¥900 ①978-4-408-11214-5

◆**戦後アメリカ外交史** 佐々木卓也編 有斐閣 （有斐閣アルマ） 第3版
【要旨】戦後のアメリカ外交のダイナミックな全体像を提示する。国際秩序の形成に決定的な役割を担う国、アメリカ。戦後のアメリカ外交を政権ごとに分析・考察した、読み応えある通史。オバマ政権の総括とトランプ政権発足の素描を加えた。 2017.3 386p B6 ¥2300 ①978-4-641-22080-5

◆**母なる大地の器―アメリカ合衆国南西部プエブロ・インディアンの文化史** 飯山千枝子著 （京都）晃洋書房
【目次】序章、第1章 前史としての先史時代および歴史時代、第2章 交易商人の台頭―インディアン・キュリオの通信販売、第3章 鉄道開通と南西部観光、第4章 土器の品質改良運動とマーケットの創出、第5章 汎プエブロ文化の創出、第6章 革新的土器製作への動き―現代土器の先駆者たち、第7章 現代プエブロ土器の多様性―変容からの視点、終章 2017.4 353, 79p A5 ¥7400 ①978-4-7710-2837-1

◆**「ヘイト」の時代のアメリカ史―人種・民族・国籍を考える** 兼子歩、貴堂嘉之編 彩流社
【要旨】日本国内のヘイトへの違和感、憤りから本書は出来上がった。そして、人種差別主義者にして性差別主義者、移民排斥論者の「トランプ政権」が選出された「ヘイトの時代」にこそ、本書は刊行される意義がある！アメリカを「人種・民族・国籍・ジェンダー」の観点から論じた刺激的なテキストから浮かび上がる「日本を問い直すためのアメリカ史」！ 2017.2 292p B6 ¥2500 ①978-4-7791-2292-7

◆**米比戦争と共和主義の運命―トウェインとローズヴェルトと"シーザーの亡霊"** 大井浩二著 彩流社 （フィギュール彩86）
【要旨】シーザー以来（＝帝国主義）の亡霊に絶えず晒されてきた美徳の共和国アメリカが、その対極に位置する帝国主義国家に変貌した最大のきっかけは米比戦争にあった。アメリカ文学研究者の著者が、政治家と小説家を両輪に配置して、その亡霊のような戦争の本質に、歴史的、文化的な角度からアプローチする。 2017.4 222p B6 ¥1800 ①978-4-7791-7089-8

◆**米墨戦争前夜のアラモ砦事件とテキサス分離独立―アメリカ膨張主義の序幕とメキシコ** 牛島万著 明石書店 （世界歴史叢書）
【目次】第1章 アラモ砦事件前夜、第2章 メキシコからみたテキサス暴動の制圧の意義―サンタアナのテキサス進攻、第3章 アラモ砦事件と篭城者の性格をめぐる論争、第4章 アラモ砦陥落とサンタアナの暴虐性をめぐって、第5章「アラモ砦」事件をめぐる史実と伝説の相克―生き証人による語りの伝承における問題を中心に、第6章 もう一つのアラモ―ゴリアド虐殺事件、第7章 サンハシントの戦いとテキサス独立、第8章 映画「アラモの殉教者」をめぐる文化批評、第9章 現代テキサスの表象としての「アラモ」「カウボーイ」―歴史文化の観光化と政治化 2017.7 267p B6 ¥3800 ①978-4-7503-4523-9

◆**ポトマックの桜物語―桜と平和外交** 海野優著 学文社
【目次】プロローグ ポトマックと桜、1 アメリカ人ジャーナリストの日本体験、2 桜に魅せられて、3 紡がれた人の繋がり、4 アメリカに桜を、5 転換と躍進、6 桜植樹の推進、7 太平洋を渡る桜、8 裏切られた期待、9 名誉挽回の挑戦、10 期待に応える桜、11 桜植樹がすんで、エピローグ 桜物語のその後 2017.2 201p B6 ¥1800 ①978-4-7620-2700-0

◆**列伝アメリカ史** 松尾弌之著 大修館書店
【要旨】ポカホンタスからトランプまで。時代に影響を与えた人々の人生の物語を通していきいきと描く魅力あふれるアメリカ史。 2017.6 309p B6 ¥2300 ①978-4-469-24605-6

イギリス・アイルランド

◆**イギリス現代史** 長谷川貴彦著 岩波書店 （岩波新書）
【要旨】第二次世界大戦を起点とする福祉国家体制の形成、「英国病」とサッチャリズム、そして現在へ、戦後イギリスのあゆみを描く通史。政治経済のみならず、国際関係、また階級や文化をめぐる社会変容にも着目し、多角的で論争的な現代史像を提示する。EU離脱に揺れるイギリスの「いま」を考えるために求められる、歴史的思考軸。 2017.9 194, 20p 18cm ¥780 ①978-4-00-431677-0

◆**イギリス植民地貿易史―自由貿易からナショナル・トラスト成立へ** 四元忠博著 時潮社
【要旨】イギリス経済史を俯瞰することは現在のグローバル化世界の根幹を知ることでもある。そのたゆまぬ人・モノ・カネの交流・交易―経済成長の行く先が「自然破壊」であった。そんななか自然豊かで広大な土地を不必要な開発行為から守る運動として始まったナショナル・トラスト。その成立過程をイギリス経済史のなかに位置づける。 2017.6 357p A5 ¥3000 ①978-4-7888-0717-4

◆**イギリス女性参政権運動とプロパガンダ―エドワード朝の視覚的表象と女性像** 佐藤繭香著 彩流社
【要旨】彼女たちはどのように闘ったのか―20世紀初頭のイギリス。「戦闘的行為」で世間の批判を浴びたた女性参政権運動が、バナー行進、演劇、バザー、ポスター等、「視覚的プロパガンダ」に溢れていたことを明らかにする。「女性たちよ、行進せよ！色彩を身につけよう！」 2017.2 217, 51p B6 ¥2500 ①978-4-7791-2283-5

◆**ヴィクトリア朝英国人の日常生活 上 ―貴族から労働者階級まで** ルース・グッドマン著、小林由果訳 原書房
【要旨】目覚まし時計なしで定刻に目を覚ます方法とは？クリノリン着用時はどうやって椅子に座るのか？『大いなる遺産』のピップはどんなふうに授乳されていたのか？当時の水着の着心地は？ヴィクトリア朝英国人の日常生活が浮き彫りに！多彩な資料と著者による再現で迫る。 2017.7 298p B6 ¥2000 ①978-4-562-05424-4

◆**ヴィクトリア朝英国人の日常生活 下 ―貴族から労働者階級まで** ルース・グッドマン著、小林由果訳 原書房
【要旨】ヴィクトリア朝の英国人になる方法!?住居から衣服、食べ物まで再現するBBCの歴史ドキュメンタリー番組で人気を博した歴史研究家が、多彩な資料とみずからの実践によってとをあかす、ヴィクトリア朝の人々の生活、起床から就寝まで。 2017.7 242p B6 ¥2000 ①978-4-562-05425-1

◆**興亡の世界史 大英帝国という経験** 井野瀬久美惠著 講談社 （講談社学術文庫）
【要旨】大陸の片隅の島国は、「アメリカ植民地の喪失」をステップに大発展し、女王ヴィクトリアが君臨する最盛期を迎えた。博物館と万国博覧会、紅茶、石鹸、ミュージック・ホール。あらゆる文化と娯楽を手に入れ、女性が世界を旅し、いちはやく奴隷を解放した「博愛の帝国」。現在のイギリスにとって「世界帝国だった過去」は何を残しているのだろうか。 2017.12 427p A6 ¥1310 ①978-4-06-292469-6

◆**最初の首相ロバート・ウォルポール―王権と議会と** 岸本俊介著 丸善プラネット, 丸善出版 発売
【要旨】ロバート・ウォルポールは、世界初の首相といわれる人物である。政治機構がまだ混沌としている時代にあって、権力闘争の末、首相として国王と議会、政府を統一的に機能させることで、責任内閣制の原型を生み出すこととなった。本書は、ウォルポールの時代の政治背景とともに、彼が首相と呼ばれるに至るまでの過程を追ったものである。 2017.11 181p B6 ¥1600 ①978-4-86345-356-2

◆**シェイクスピアの時代のイギリス生活百科** イアン・モーティマー著、市川恵里、樋口幸子訳 河出書房新社
【要旨】魔術をつかったら絞首刑？牛をいじめるのが娯楽？航海に出るのは命がけ？16世紀、エリザベス朝の人々は何を着て、何を食べ、何を楽しみに暮らしていたのか？リアルな日常が今、よみがえる！450年前のイギリスへタイムスリップ！ 2017.6 517p B6 ¥3800 ①978-4-309-22705-4

◆**スコットランド近代繊維工業の展開** 林妙音著 （京都）晃洋書房

世界史

【目次】序章 近代スコットランド経済史研究の回顧、第1章 一七世紀スコットランドの政治・経済構造、第2章 一八世紀スコットランド亜麻産業の発展過程、第3章 スコットランド「ブリティッシュ亜麻会社」の経営基盤—経営構造と事業内容との関連を中心に、第4章「ブリティッシュ亜麻会社」の事業展開(1)—生産から販売、第5章「ブリティッシュ亜麻会社」の事業展開(2)—販売から金融へ、第6章 スコットランドの綿工業の発展過程、第7章 イギリス綿工業の市場構造—イングランド・スコットランド・アイルランド綿工業の相関をめぐって、第8章 スコットランドの人口動向と繊維生産の地域分布—一七五五年から一八三一年、第9章 産業革命期におけるスコットランド中西部地域の人口動向と教区分布—スコットランド統計報告書を手掛かりにして
2017.3 222, 14p A5 ¥3000 ①978-4-7710-2875-3

◆図説 アイルランドの歴史　山本正著　河出書房新社　（ふくろうの本）
【要旨】歴史の荒波に翻弄された「妖精の国」「緑の島」。古代から現代までを俯瞰する画期的通史！ 巨石文化、タラの丘、聖パトリック、『ケルズの書』。イギリスによる植民地支配、宗派対立。ジャガイモ飢饉と海外移民、イースター蜂起から南北分裂。北アイルランド紛争と和平プロセス。豊かな文化を育むも苦難の歴史を歩んできたアイルランドのすべてがわかる！ 決定版！
2017.4 179p 22×17cm ¥2000 ①978-4-309-76253-1

◆図説 ヴィクトリア女王—英国の近代化をなしとげた女帝　デボラ・ジャッフェ著、二木かおる訳　原書房
【要旨】波乱万丈の生涯と、大英帝国の黄金時代。200点以上の写真や絵画を駆使し、その生涯から社会、政治、世相、文化までをあますところなく解説したヴィジュアル評伝。
2017.9 365p A5 ¥3800 ①978-4-562-05429-9

◆図説 英国社交界ガイド—エチケット・ブックに見る19世紀英国レディの生活　村上リコ著　河出書房新社　（ふくろうの本）
【要旨】訪問、カード、茶会、正餐、舞踏会…19世紀の英国で、中流階級のレディが「エチケット」を武器に乗り出した社交生活。礼儀ともてなしの壁の向こうに彼女たちが見たものは？
2017.1 127p 22×17cm ¥1800 ①978-4-309-76249-4

◆図説 ケルトの歴史—文化・美術・神話をよむ　鶴岡真弓、松村一男著　河出書房新社　（ふくろうの本）新装版
【要旨】2500年の時を経てなお、ケルト文化に魅了されるのはなぜか。「美術」と「神話」を手がかりに、その歴史と世界観を読み解く。ケルト学、神話学の第一人者による決定版。
2017.11 143p 22×17cm ¥1900 ①978-4-309-76263-0

◆戦争国家イギリス—反衰退・非福祉の現代史　デービッド・エジャトン著、坂出健監訳、松浦俊輔、佐藤秀昭、髙田馨里、新井田智幸、森原康仁訳　（名古屋）名古屋大学出版会
【要旨】20世紀イギリスは、衰退に苦しむ福祉国家などではなかった。エキスパートが権力を握り産業界と手を結びつつ科学技術の開発に熱を上げた「闘志あふれる」国家の姿を大胆に描き出し、現代史の前提を覆す。現代史の神話をラディカルに破壊する壮大作。
2017.5 337, 123p A5 ¥5400 ①978-4-8158-0874-7

◆中世英国人の仕事と生活　テリー・ジョーンズ、アラン・エレイラ著、高尾菜つこ訳　原書房
【要旨】さまざまな身分の人々の役割と生活をいきいきとした筆致で伝え、中世英国の実像に迫る。モンティ・パイソンのメンバーにして歴史家のテリー・ジョーンズがときあかす、中世英国の真相！
2017.3 332p B6 ¥3200 ①978-4-562-05392-6

◆発見！ 不思議の国のアリス—鉄とガラスのヴィクトリア時代　寺嶋さなえ著　彩流社
【要旨】この本ではアリスと一緒に、ヴィクトリア時代の文化をたどっていきます。もしかするとあなたの身近にある食べものや洋服、今では生活の一部となっているものも、この時代に生まれていたかもしれません。それでは、アリスと一緒に発見しましょう！
2017.6 123p 22×17cm ¥1800 ①978-4-7791-2309-2

◆ボディントン家とイギリス近代—ロンドン貿易商1580-1941　川分圭子著　（京都）京都大学学術出版会
【要旨】清教徒革命前夜から20世紀初頭までロンドン市民、貿易商、新教非国教徒として—民主主義と資本主義を築いた300年。レヴァント貿易・西インド貿易に従事し、シティを拠点に、自由に、勤勉に、生き抜いた中産階級の一族。その経験とネットワークを軸に鮮やかに描き出す。貿易商、地主、聖職者、政治家、文化人を結びつける系図を多数掲載。
2017.2 720p A5 ¥6000 ①978-4-8140-0070-8

◆名画で読み解くイギリス王家12の物語　中野京子著　光文社　（光文社新書）
【目次】第1部 テューダー家（ハンス・ホルバイン『大使たち』、アントニス・モル『メアリー一世像』、アイザック・オリヴァー『エリザベス一世の虹の肖像画』）、第2部 ステュアート家（ジョン・ギルバート『ジェイムズ一世の前のガイ・フォークス』、ポール・ドラローシュ『チャールズ一世の遺体を見るクロムウェル』、ジョン・マイケル・ライト『チャールズ二世』）、第3部 ハノーヴァー家（ウィリアム・ホガース『南海泡沫事件』、ウィリアム・ビーチー『ジョージ三世』、ウィリアム・ターナー『奴隷船』、フランツ・ヴィンターハルター『ヴィクトリアの家族』、フランツ・ヴィンターハルター『エドワード王子』、ジョン・ラヴェリ『バッキンガム宮殿のロイヤルファミリー』）
2017.10 203p 18cm ¥980 ①978-4-334-04313-1

◆物語 ウェールズ抗戦史—ケルトの民とアーサー王伝説　桜井俊彰著　集英社　（集英社新書）
【要旨】ケルトの民ブリトン人の島だったブリテン島をローマ軍が征服し、属州として支配を開始したのは一世紀中頃。五世紀に入るとローマは撤退、アングロサクソン人が侵入を始める。以来ブリトン人は、後にウェールズと呼ばれる島の西の隅に追いやられ蹂躙されながらも、外敵イングランドに抵抗を続けた。そして一四八五年、ついに「勝利」の日が訪れる。それはあまりにもドラマチックな大逆転劇だった—。本書は、救世主「アーサー王」の再来を信じ、一五世紀にわたり強大な敵に抗い続けた、ウェールズの誇りと栄光の物語である。
2017.10 254p 18cm ¥760 ①978-4-08-721004-0

◆冷戦変容期イギリスの核政策—大西洋核戦力構想におけるウィルソン政権の相克　小川健一著　吉田書店
【要旨】野党時代の核放棄の訴えはレトリックだったのか？ 政権獲得後に打ち出した大西洋戦力構想をつぶさに観察しながらウィルソンが直面していた外交・防衛政策の課題をも浮かび上がらせる。
2017.4 227p A5 ¥3600 ①978-4-905497-51-6

◆ロンドン大火—歴史都市の再建　大橋竜太著　原書房
【要旨】中世の繁栄は燃え尽きたこの日から「近代」が始まった。史上最大の災厄でった1666年大火からの復興を都市再生、そして建築史の観点から再評価する。
2017.8 284, 26p A5 ¥2800 ①978-4-562-05423-7

◆ロンドン歴史地名辞典　A.D. ミルズ著、中林正身、今野史朗訳　柊風舎
【要旨】ヒースロー、テムズ、ピカデリー、アビーロード、アーセナル、チェルシー…誰もが目にしたことのある地名からあまり知られていない地名まで、地名が持つ成り立ちの歴史と意味を詳細に解き明かす。地名からロンドンの歴史が見えてくる画期的な辞典。
2017.6 491p A5 ¥9100 ①978-4-86498-047-0

◆ワットとスティーヴンソン—産業革命の技術者　大野誠著　山川出版社　（世界史リブレット人59）
【要旨】動力と輸送を劇的に転換して現代の工業社会を生み出した蒸気機関と蒸気機関車。発明者のワットとスティーヴンソンの生涯を追い求めつつ、これらの発明の基盤を明らかにする。『ジェントルマンと科学』（世界史リブレット34）で好評を得た著者が本書で浮き彫りにした、イギリス科学技術のもう一つの伝統を形成した技術者たちの世界。その独自な価値観に迫る。
2017.10 94p 21×14cm ¥800 ①978-4-634-35059-5

フランス

◆アンシアン・レジーム期フランスの権力秩序—蜂起をめぐる地域社会と王権　仲松優子著　有志舎
【要旨】アンシアン・レジーム期のフランスは、典型的な絶対王政国家と長らくとらえられてきた。しかし、それは妥当なのだろうか。本書は、南仏ラングドック地方において、王権と地域権力が地域秩序の形成をめぐって交渉し、頻発する蜂起にどう対応したのかという点に焦点をあてている。ここでは、王権が志向する支配秩序とは異なるさまざまな秩序が併存し競合していた社会の実態が浮かび上がってくる。絶対王政論・社団的編成論を批判的に検討しつつ、ヨーロッパ近世史研究との架橋を試みながら、新たなアンシアン・レジーム像を描き出す本書は、フランス革命の意味をも問う。
2017.12 247, 19p A5 ¥6000 ①978-4-908672-17-0

◆異貌のパリ1919-1939—シュルレアリスム、黒人芸術、大衆文化　澤田直編　水声社
【要旨】狂乱の20年代から暗雲が漂う30年代にかけて、サブ・カルチャーがパリに雪崩れ込んだ。写真、映画、黒人芸術、ジャズ、ダンスといったそれらはハイ・カルチャーとどのように邂逅したのか。思想と芸術の豊穣な交雑とその可能性を探る。祝祭空間としてのパリ。
2017.7 275p A5 ¥4000 ①978-4-8010-0277-7

◆失われたパリの復元—バルザックの時代の街を歩く　鹿島茂著　新潮社
【要旨】オスマン大改造で消滅した古き街並みが、幻の銅版画集をもとによみがえる。著者のライフワーク、ついに刊行！『人間喜劇』『レ・ミゼラブル』『感情教育』『悪の華』…当時のパリを知れば、名作の数々がよりリアルに。パリ風景の克明な記録者マルシアルの150点を中心にカラー図版・地図多数掲載。
2017.4 333, 11p B5 ¥10000 ①978-4-10-407202-6

◆嘘だらけの日仏近現代史　倉山満著　扶桑社　（扶桑社新書）
【要旨】日本人の「フランス大好き」幻想を打ち砕く。
2017.7 277p 18cm ¥760 ①978-4-594-07653-5

◆クルタンの礼儀作法書—十七、十八世紀フランス紳士淑女の社交術　アントワーヌ・ド・クルタン著、増田都希訳　作品社
【要旨】十七、十八世紀のフランスの紳士淑女のあいだで"礼儀正しい"ふるまい方の模範とされた礼儀作法書のベストセラー、初の全訳！ 1671年から1730年の間に30版以上を重ね、英語、イタリア語、ドイツ語などにも翻訳され、瞬く間に、ヨーロッパ中で話題となった、礼儀作法の指南書。
2017.12 353p B6 ¥2800 ①978-4-86182-670-2

◆最強の女—ニーチェ、サン=テグジュペリ、ダリ…天才たちを虜にした5人の女神（ミューズ）　鹿島茂著　祥伝社
【要旨】『ツァラトゥストラはかく語りき』『星の王子さま』…歴史に残る傑作誕生の背後には彼女たちの存在があった。世紀末から20世紀のパリ。有名文化人のミューズとなり、自らも燦然と輝いた女たちの壮絶な人生。
2017.10 436p B6 ¥1900 ①978-4-396-61619-9

◆ジャンヌ=ダルクの百年戦争　堀越孝一著　清水書院　（新・人と歴史 拡大版06）　新訂版
【要旨】ジャンヌ・ダルクが「救国の聖女」の極印を打たれてすでに久しい。これほど女性史に有効で、なにか動乱があって女性が登場すると、すぐさまジャーナリズムは「現代のジャンヌ=ダルク」をうんぬんする。これも確かに「ひとりのジャンヌ=ダルク」ではあろう。だが、神格化された人々のアスピレーションのむかう対象となったジャンヌ=ダルクの陰に、「もうひとりのジャンヌ=ダルク」がいる。同時代人はジャンヌ=ダルクをヴァロワ王権の味方、教会にそむく異端の少女としか見なかった。本書は、その時代の生身のジャンヌ=ダルクを追い求めた、ユニークなジャンヌ=ダルク伝である。
2017.4 267p B6 ¥1800 ①978-4-389-44106-7

◆19世紀パリ時間旅行—失われた街を求めて　鹿島茂著　（京都）青幻舎
【要旨】約400点の地図・書籍・版画・油絵を辿りノスタルジーあふれる往時の旅へ。パリへの熱い思いと、パリ研究の成果が集約された決定版。
2017.4 234p 28×23cm ¥3200 ①978-4-86152-591-9

◆15世紀ブルゴーニュの財政—財政基盤・通貨政策・管理機構　金尾健美著　知泉書館
【要旨】従来の研究はブルゴーニュ公の北方政策で獲得した低地地方が主流だったが、本書ではフィリップ・ル・ボンによる1420年頃から四半

世紀に至る領地の経営と財政を考察し、宮廷や戦争を支えていた財務基盤を明らかにする。租税については、地代と間接税収入は1420年代後半をピークに下落していくが、それを補うために御用金や借入金がたびたび課せられた。それらの徴税業務を担った勘定役は世帯調査や実態を把握して住民の不満に対応した。かれらは富の収奪者ではなく、資金融資ネットワークの主体的運営者として機能したことを明らかにする。通貨政策では、国王貨幣の委託製造で莫大な利益を得るとともに、金銀の含有量を操作するインフレやデフレの政策を通して貨幣は高品位で安定したが、その反面、財政の弾力性は低下した。首都を持たず連邦制を構成していた統治機構については財務管理の観点から検討される。公領に設置された諮問会と会計院の高い信頼を基に、それらを核として各諸邦間の対等で連邦の特性を活かした自立的相互協力ネットワークにより情報と資金が提供されたことを解明する。本書は会計史料や法史料500点2万枚を体系的に整理・分析し、公家の財政と金融政策の関連を解明して、初めて領邦経営の実態に迫った画期的業績である。
2017.7 542p A5 ¥9000 ①978-4-86285-259-5

◆**ゾラと近代フランス―歴史から物語へ** 小倉孝誠著 白水社
【要旨】百貨店、炭鉱、そして近代市場。資本主義が立ち上がってくる近代フランスを支配していたものは何か？ 自然主義文学と"欲望の力学"の鮮やかな交錯。
2017.8 338, 20p B6 ¥3200 ①978-4-560-09558-4

◆**大統領府から読むフランス300年史―エリゼ宮の権力者たち** 山口昌子著 祥伝社（祥伝社黄金文庫）
【要旨】フランス大統領の仕事場であり生活の場でもあるエリゼ宮。歴代の住人には、ルイ15世の愛人ポンパドール夫人や皇帝ナポレオンも名を連ね、大統領府となる以前からフランスの権力争いの中心だったことがうかがえる。愛人を連れての入居、暗殺、白血病で死の数日前まで閲議などだ歴代大統領の逸話も興味深い。フランスの歴史がよくわかり、同時にフランス人の生態をも浮き彫りにしてくれる稀有な1冊。
2017.10 318p A6 ¥670 ①978-4-396-31721-8

◆**太陽王ルイ14世―ヴェルサイユの発明者** 鹿島茂著 KADOKAWA
【要旨】「太陽王」と称されたフランス史上もっとも有名な王、ルイ14世。72年という長き治世の最大の業績―絶対王政と"ヴェルサイユ"の発明を、フランス文学研究の第一人者ならではの視点で語り尽くす。本格・痛快・歴史評伝！
2017.2 412p B6 ¥2500 ①978-4-04-400173-5

◆**中国興業銀行の崩壊と再建―第一次大戦後フランスの政治・経済・金融的対抗** 篠永宣孝著（横浜）春風社
【要旨】中国政府の支援とフランス外務省の庇護によって1913年に設立された中仏合弁銀行は、いかに発展し、破綻したのか？ 厖大な一次史料や民間銀行史料を駆使して全貌を究明した、世界初の本格的実証研究。
2017.12 695, 103p A5 ¥8000 ①978-4-86110-565-4

◆**著作権の誕生―フランス著作権史** 宮澤溥明著 太田出版（出版人・知的所有権叢書）
【要旨】著作権の真の誕生はフランス革命だった！ フランス著作権法は人格権を尊重する。財産権を重視する思想が支配的ないまだからこそ、あえて、著作権の原点に立ち戻ってみたい―研究者、出版人必携の書。
2017.5 335, 10p B6 ¥3800 ①978-4-7783-1570-2

◆**ドゴールと自由フランス―主権回復のレジスタンス** 渡辺和行著（京都）昭和堂
【要旨】ドイツの支配から主権をとりかえすためにドゴールの組織した「自由フランス」。植民地に足場を置いたその組織は、英米とも、国内レジスタンスとも、そしてフランス国外の対独組織とも、決して良好な関係ではなかった。この組織とドゴールは、いかにしてフランスにもどり、主権を回復したのか。その足取りに迫る。
2017.12 340, 16p A5 ¥5200 ①978-4-8122-1702-3

◆**ナポレオン時代―英雄は何を遺したか** アリステア・ホーン著, 大久保庸子訳 中央公論新社（中公新書）
【要旨】若き砲兵将校としてフランス革命に参加したナポレオンは、数々の軍功により頭角を現した。クーデタで政権を奪取し、ついには皇帝に即位。欧州大陸を制覇して広大な帝国を築く。軍事以外にも不朽の事績として民法典の編纂が

知られるが、彼の影響力は建造物、室内装飾、ファッションから教育制度などにまで広く及んだ。近現代フランス史の泰斗が、一代の英雄の全盛期を活写し、その"遺産"を検証する。
2017.12 302p 18cm ¥960 ①978-4-12-102466-4

◆**バトスの受難―考証の時代における追随の文化と自己発露の始まり、フランス近世初期** 高橋薫著（八王子）中央大学出版部（中央大学学術図書）
【目次】第1部 フランス・宗教戦争前後の考証と註釈の変遷（ルイ・ル・カロンと『フランス法パンデクト』「第一巻」、註釈者ブレーズ・ド・ヴィジュネール、第三の人、ニコラ・リシュレー、『テュアナのアポロニオス伝』とその註解者トマ・アルチュス）、第2部 模写と自立（ロンサール『ラ・フランシヤード』の影：クロード・ガルニエ、ロンサール『ラ・フランシヤード』の影：ジュフランとデガリエ、デュ・バルタス『聖週間』の影：(擬?)ドービニェ、デュ・バルタス『聖週間』の影：クリストフ(ル)・ガモン）
2017.10 550p A5 ¥5800 ①978-4-8057-5178-7

◆**パリーモダニティの首都** デヴィッド・ハーヴェイ著, 大城直樹, 遠城明雄訳 青土社 新装版
【要旨】19世紀、パリ。中央集権的な発展を遂げた大都市が、"近代"の幕を切って落とした国家、金融、労働、ジェンダー、階級、消費など、"近代"の矛盾とそれを利用しつつ肥大化していく歴史を、あらゆる分野の文献を渉猟しつつ検証。マルクス主義を「空間の学」と発展させた社会経済地理学の第一人者が、強靭な知性で描き出した、「パリの地誌学」の一大メルクマール！
2017.6 441, 27p A5 ¥4800 ①978-4-7917-6987-2

◆**悲運のアンギャン公爵―フランス大革命、そしてナポレオン独裁のもとで** クロード・パストゥール著, 伊東冬美訳（札幌）寿郎社
【要旨】近代独裁政治の原点、アンギャン公爵VSナポレオン。疾風怒濤のフランス大革命、ナポレオンの非情の独裁政治、そして悲恋―"戦慄の歴史ドラマ"をひもとく。
2017.10 373p B6 ¥2600 ①978-4-902269-98-7

◆**フランス王妃列伝―アンヌ・ド・ブルターニュからマリー＝アントワネットまで** 阿河雄二郎, 嶋中博章編（京都）昭和堂
【要旨】最新の研究成果をもとに、激動の時代を生きた一〇人のフランス王妃の姿をドラマティックかつリアルに描き出す。彼女たちの生きざま、王妃の役割、王妃と政治について真摯に考察した、日本とフランスの歴史家による新たな王妃論。巻末には近世フランス王妃一五人の略歴等を付した。
2017.7 283, 21p B6 ¥2800 ①978-4-8122-1632-3

◆**フランス現代史 隠された記憶―戦争のタブーを追跡する** 宮川裕章著 筑摩書房（ちくま新書）
【要旨】一国の今は過去を抜きに語れない。華やかに語られることが多いフランスも例外ではない。第一次大戦の激戦地では現在も、不発弾と兵士の遺体で住めない村がある。第二次大戦中のユダヤ人の強制連行への加担の事実は、その重さゆえに負い目としてフランス人の心にのしかかる。アルジェリア戦争を解決する、現地民「ハルキ」への冷たい処遇は人権の国の根幹を揺るがす。それらが「悪に抵抗した少数の英雄」レジスタンスにすがりたい心情へとつながっている。歴史に苦悩するフランスの姿を、多くの証言から紐解くルポルタージュ。
2017.9 270p 18cm ¥840 ①978-4-480-06980-1

◆**フランス史 "中世" 3** ジュール・ミシュレ著, 桐村泰次訳 論創社
【要旨】シチリアの晩禱から賢王シャルル五世まで。大著『フランス史』中世編の全訳。フランスの国家形成期となった十四世紀―"ブルジョワジー"はエティエンヌ・マルセルの革命のなかから、"農民"はジャックリーの乱から現れ、"フランス"自身、イギリス人との戦争のなかから姿を現す。
2017.3 442p B6 ¥4200 ①978-4-8460-1599-2

◆**フランス史 "中世" 4** ジュール・ミシュレ著, 桐村泰次訳 論創社
【要旨】大著『フランス史』中世編の全訳。狂王シャルル六世から百年戦争激化まで。
2017.6 378p B6 ¥3500 ①978-4-8460-1620-7

◆**フランス史 "中世" 5** ジュール・ミシュ

レ著, 桐村泰次訳 論創社
【要旨】ジャンヌ・ダルクと百年戦争の終結。大著『フランス史』中世編の全訳。
2017.9 394p B6 ¥3500 ①978-4-8460-1637-1

◆**フランス史 "中世" 6** ジュール・ミシュレ著, 桐村泰次訳 論創社
【要旨】滅亡寸前から蘇ったフランスをルイ十一世はいかにして近代的国家に変えたのか、"中世編"全六巻完結。
2017.11 484p B6 ¥4500 ①978-4-8460-1664-7

◆**フランス第三共和政期の子どもと社会―統治権力としての児童保護** 岡部造史著（京都）昭和堂
【要旨】子どもの保護が、彼らの境遇を改善する一方で、ひとつの「統治権力」として人々の私的領域に介入し、新たな社会の仕組みを作りあげていく契機となる―歴史におけるこうした逆説の様相を、近代から現代への転換期のフランスを舞台として検討する。
2017.3 252, 22p A5 ¥4800 ①978-4-8122-1616-3

◆**フランスの共済組合―今や接近可能な歴史** ミシェル・ドレフュス著, 深澤敦, 小西洋平訳（京都）晃洋書房
【目次】第1部 フランスにおける共済組合運動の主要な諸段階 1789～1948（起源から1852年まで、帝政共済から共和主義的承認へ 1852～1898、共済組合憲章から労働者・農民年金法へ 1898～1910、共済組合と社会保障の創設 1910～1940、第二次世界大戦と国土解放―共済組合と社会保障 1940～1947、第二次世界大戦から今日までの共済組合）、第2部 今や接近可能な歴史（見落された歴史、社会的危機と歴史的変化、共済にとっての新たな挑戦、共済の歴史、共済の歴史を求めて、歴史のためのアーカイブどんな記録か？、アーカイブの歴史、図書館、エコミュージアム、産業科学技術文化センター）
2017.3 196p A5 ¥2400 ①978-4-7710-2867-8

◆**マリー・アントワネットの髪結い―素顔の王妃を見た男** ウィル・バショア著, 阿部寿美代訳 原書房
【要旨】高くそびえる奇妙な髪形を考案、あふれる才能と天才的な技術を持ち、王妃が終生信頼を寄せた髪結い、レオナール・オーティエが見た激動の時代。日常生活、ファッション、人間関係、革命、逃亡事件、その後の混乱…彼の回顧録を精査しながら再構成。間近にいた者のみが知りえた王妃の真実の姿。
2017.2 353p B6 ¥2300 ①978-4-562-05366-7

◆**マルセイユの都市空間―幻想と実存のあいだで** 深沢克己著 刀水書房（世界史の鏡 都市6）
【要旨】地中海に開かれた南仏プロヴァンスの港町。かつて「東方の門戸」と呼ばれたこの国際都市は、「移民の町」「不衛生で物騒な町」「マフィア暗黒都市」と偏見・蔑視でよそ者扱い！何故なのか？ 町を見守り続けた著者だからこその温かい眼差しで、2600年の歴史が語られる。
2017.6 199p B6 ¥2000 ①978-4-88708-513-8

◆**民衆と司祭の社会学―近代フランス"異教"思想史** 杉本隆司著 白水社
【要旨】「信じる」ことは、なぜいつも困難なのか？ 一方に朽ち果てる大伽藍、目を転じれば無数の「野生人」と「素朴な人々」…フェティシズムの発見からオリエンタル・ルネサンスを経て社会学の誕生までを描く初めての思想史。
2017.4 304, 3p B6 ¥3200 ①978-4-560-09538-6

◆**ロベスピエール** ピーター・マクフィー著, 高橋暁生訳 白水社
【要旨】恐怖政治によって革命を破滅に追い込んだ独裁者でもなく、共和国の徳を謳いあげた「清廉の人」でもなく―未来に鼓舞されるとともに、不安に駆られた、一人の若者…新しい時代と青年の挫折…世界的権威による決定版。
2017.3 378, 61p B6 ¥3600 ①978-4-560-09535-5

ドイツ・オーストリア

◆**アイヒマン調書―ホロコーストを可能にした男** ヨッヘン・フォン・ラング編, 小俣和一郎訳 岩波書店（岩波現代文庫）
【要旨】ナチスによるユダヤ人殺戮のキーマン、親衛隊中佐アドルフ・アイヒマン。戦後アルゼンチンに逃亡していた彼を、一九六〇年にイスラエルの情報機関モサドが拘束。全世界が注目

するアイヒマン裁判の準備にあたり、イスラエル警察によって八カ月、二七五時間にわたる尋問が行われた。自らの父親も殺戮の犠牲者である尋問官と、迫真の駆け引きから浮かび上がるアイヒマンの人間像とは？歴史の事実と将来へのあらゆる可能性を直視し、「悪の凡庸さ」を超えて、人間存在の理解を深める必須仮説。
2017.8 433p A6 ¥1460 ①978-4-00-600367-8

◆いのちの証言──ナチスの時代を生き延びたユダヤ人と日本人 六草いちか著 晶文社
【要旨】ナチ政権下、ホロコースト時代をどのように生き延びたのか──。生存ユダヤ人と日本人たちの証言が70年以上たった今、一斉に明かされる。生死を分けた一瞬の偶然。市民がなぜあのような非道に同調することができたのかという人間性への問い。そしてヒトラー政権の同盟国であった日本人がユダヤ人に助けの手を差し伸べた新事実…。ベルリンに暮らし、数年にわたって丹念に取材を続けた著者が、悲劇の時代に生きた人間の姿をありのままにつづる、渾身のノンフィクション。
2017.1 229p B6 ¥1900 ①978-4-7949-6952-1

◆踊る裸体生活──ドイツ健康身体論とナチスの文化史 森貴史著 勉誠出版
【要旨】自然愛好・菜食主義・健康志向など、今にいたる様々な潮流の淵源ともなった"裸体文化"の思想と歴史、実践を200点以上の貴重な写真資料とともに追い、人類における"裸"の意味を探る。
2017.10 303, 6p B6 ¥2190 ①978-4-585-22190-6

◆泳ぐ権力者──カール大帝と形象政治 ホルスト・ブレーデカンプ著, 原研二訳 産業図書
【目次】1 毛沢東からフリードリヒ・バルバロッサまで（揚子江の毛沢東：行動力、そして漂うままに、泳ぐ悦びの史的証言、溺死の象徴学）、2 泳ぐ（先講泳者カール大帝、水泳の階級、アウグストゥス帝を継承する技芸としての水泳）、3 編む（波打つ髪を編む、猛獣との交戦、動物園と織り物の至福感）、4 眼前に彷彿と（象牙製二つ折り彫板、ブロンズの熊、テオドリクスの騎馬像）、5 鏡面化（彫塑対象としての獅子、鏡面となるブロンズ、反映の世界）
2016.12 204p B6 ¥3500 ①978-4-7828-0180-2

◆灰緑色の戦史──ドイツ国防軍の興亡 大木毅著 作品社
【要旨】戦略の要諦。用兵の極意。作戦の成否。シュリーフェン計画、電撃戦から、最後の勝利「ゼーロウ高地の戦い」まで、その"勝利"と"失敗"の本質から学ぶ。独自の視点、最新の研究、ドイツ連邦軍事文書館などの第一次史料の渉猟からうかがえる「灰緑色」の軍隊、ドイツ国防軍の戦史。
2017.5 397p B6 ¥2800 ①978-4-86182-629-0

◆記憶と忘却のドイツ宗教改革──語りなおす歴史 1517-2017 踊共二編著 （京都）ミネルヴァ書房 （MINERVA西洋史ライブラリー113）
【要旨】宗教改革史の研究は、歴史的事実の「記憶」と「忘却」の選択をめぐって、「宗教」にたいする相異なる──それは時には相反するまでさまざまな立場からなされた言説間の緊張関係のなかで営まれてきた。本書は、ドイツ宗教改革五〇〇周年を記念して、これまで語り継がれてきたこと、抹消されてきたこと、そして記憶の回復の対象となるべきことを総点検し、多彩な視点から宗教改革史を語りなおす試みである。
2017.10 330, 7p A5 ¥6500 ①978-4-623-08133-2

◆近代ドイツの歴史とナショナリズム・マイノリティ 伊藤定良著 有志舎
【要旨】ナポレオン戦争以来、19世紀から20世紀前半の国際社会において、ドイツはつねにナショナルな動きの中心にした。そのなかで、「東方」＝ポーランドに対する分割・支配は戦間期を除いて第二次世界大戦終了まで続き、国内においてマイノリティへの差別や蔑視の意識も生み出した。しかし、戦後は欧州統合を積極的に進めながら、ポーランドとの政治的和解や教科書対話、ホロコーストの記憶などをとおして、ドイツは「過去の克服」に努めている。本書はナショナリズムとマイノリティの問題に焦点を当てて近代ドイツの歴史を読み解く。
2017.6 282, 22p B6 ¥2400 ①978-4-908672-13-2

◆「計画」の20世紀──ナチズム・"モデルネ"・国土計画 山井敏章著 岩波書店
【要旨】フーコー的近代論と呼応する形で、ナチズムを近代からの逸脱ではなく、その理念（規律や秩序の追求）の発現と捉える議論が通説となって久しい。それらの議論が捨象してしま

った、規律に抗して人間の主体性を取り戻す試みの歴史を、近代を体現する「国土計画」を戦中戦後のドイツで担った一人のテクノクラートの生涯を通じて描き出す。
2017.1 193, 47p A5 ¥4200 ①978-4-00-061176-3

◆これが人間か──アウシュヴィッツは終わらない プリーモ・レーヴィ著, 竹山博英訳 朝日新聞出版 （朝日選書） 改訂完全版
【要旨】レーヴィがナチスのユダヤ人強制収容所から救出されたのは1945年1月27日。自宅に帰り着くとすぐに、彼は記憶を頼りに、本書の執筆にとりかかった。飢えと寒さ、不潔な寝床、病い、そして死にゆく人々…。過酷な強制収容所での生活が非常に緻密に、きめ細かく記されている。ものを考えることが死につながるほどの極限状態にあって、人間の魂がいかに破壊されていくのか。体験を書くという行為は、アウシュヴィッツで全面的に否定された自己の人間性を回復する作業でもあったのかもしれない。生還以来、その体験を証言してきたレーヴィの集大成的ともいえる古典的名著『アウシュヴィッツは終わらない』の改訂完全版。
2017.10 314p B6 ¥1500 ①978-4-02-263065-0

◆写真でたどるアドルフ・ヒトラー──独裁者の幼少期から家族、友人、そしてナチスまで マイケル・ケリガン著, 白須清美訳 原書房
【要旨】200点以上の貴重な写真資料、充実したトピック・コラムとともに独裁者の生涯と激動の時代をたどる。
2017.9 319p A5 ¥3800 ①978-4-562-05433-6

◆障害者の安楽死計画とホロコースト──ナチスの忘れ去られた犯罪 スザンヌ・E. エヴァンス著, 黒田学, 清水貞夫監訳 （京都）クリエイツかもがわ
【要旨】ヒトラーの秘密命令書により、価値のない命として、数十万人の障害者を殺戮した安楽死計画。「津久井やまゆり園」での障害者殺傷事件の本質を考え、ナチスの安楽死計画の背後にある優生思想、排斥主義への闘いと誰も排除しない社会の構築に挑む。
2017.12 220p A5 ¥2200 ①978-4-86342-229-2

◆1918年最強ドイツ軍はなぜ敗れたのか──ドイツ・システムの強さと脆さ 飯倉章著 文藝春秋 （文春新書）
【要旨】一九一八年の春季大勢で連合国軍に大勝したドイツ軍が、わずか半年後、降伏せざるをえなくなったのはなぜか。容赦なく勝つことはできても、上手に負けることができない、ドイツというシステムを徹底検証。第一次世界大戦休戦から百年目の真実を明らかにする！
2017.12 287p 18cm ¥920 ①978-4-16-661149-2

◆想起する帝国──ナチス・ドイツ「記憶」の文化史 溝井裕一, 細川裕史, 齊藤公輔編 勉誠出版
【要旨】ナチス・ドイツは、西洋で育まれた諸文化を無節操に利用し、過去のイメージを想起させることで、大衆操作を試みた。現在では、ナチスやヒトラーのイメージが映画や小説で再生産され、受容されている。過去と現在、2つの視点から、ナチス・ドイツの記憶をめぐる文化政策と、彼らの受容のあり方を探る。
2017.1 302, 5p B6 ¥3200 ①978-4-585-22155-5

◆第二帝国 上巻 政治・衣食住・日常・余暇 伸井太一編著, 齋藤正樹著 パブリブ （帝国趣味インターナショナル Vol.1）
【要旨】それは第三帝国へと繋がる道だったのか『ニセドイツ』伸井太一編著でドイツ第二帝政時代を豊富な図版で解説する。
2017.11 207p B6 ¥2300 ①978-4-908468-17-9

◆第二帝国 下巻 科学・技術・軍事・象徴 伸井太一編著, 齋藤正樹, 小野寺賢一著 パブリブ （帝国趣味インターナショナル Vol.2）
【要旨】鉄兜・軍艦・大砲・戦車・潜水艦・ガスマスク等、まるで第三帝国で活躍する兵器達のプロトタイプ見本市。
2017.11 207p B6 ¥2300 ①978-4-908468-18-6

◆中世ドイツの修道院医学 ヒルデガルトの精神療法（スピリチュアルセラピー）35の美徳と悪徳 ヴィガート・シュトレーロフ著, 畑澤裕子訳, 豊泉真知子監修 フレグランスジャーナル
【要旨】自分の中の悪徳を美徳に昇華させ、心身の健康と幸せを手に入れる本書は、心と体の健康にとって、まったく新しい視点で語り、あなたを生きる喜びに満ちた人生へと導く指針となるでしょう。セラピーをサポートする節食療

法と宝石療法の詳しいレシピ付。
2017.7 259p A5 ¥2900 ①978-4-89479-290-6

◆ドイツ機甲軍団 中西立太著 復刊ドットコム （ジャガーバックス） 復刻版
【要旨】男のロマン。第二次世界大戦の電撃戦の始まりから最後までのドイツ機甲師団の攻防を描く、日本で初めての単行本『ドイツ機甲軍団』が待望の復刊！
2017.2 189p B6 ¥3700 ①978-4-8354-5455-9

◆ドイツ三〇〇諸侯──千年の興亡 菊池良生著 河出書房新社
【要旨】闘いの果てに望むものは、富か、権力か、神の祝福か？親子が殺し合い、兄弟が憎しみあう。中世からハプスブルク、ヒトラー登場まで、破天荒で支離滅裂な諸侯たちが跳梁跋扈した激動の時代を活写。名家が並び立ち、群雄割拠して覇権を争う。魑魅魍魎入り乱れる歴史活劇。
2017.5 323p B6 ¥2700 ①978-4-309-22702-3

◆ドイツの平和主義と平和運動──ヴァイマル共和国期から1980年代まで 竹本真希子著 （京都）法律文化社
【目次】序章 ドイツにおける平和主義と平和運動、第1章 ヴァイマル知識人の思想としての平和主義、第2章 ヴァイマル共和国期の平和主義者の外交記事、第3章 ヴァイマル共和国の崩壊と平和主義者、第4章 第二次世界大戦後の平和運動、終章 平和運動の変化と現在
2017.1 246p A5 ¥5300 ①978-4-589-03802-9

◆ドイツの忘れられた世代──戦争の子どもたちが沈黙をやぶる ザビーネ・ボーデ著, 齋藤尚子, 茂機保代訳 高文研
【要旨】子どもたちの戦争体験は後の人生にどのように影響したか。戦後ドイツでは、ナチスの犯罪への罪の意識の中で、第二大戦下で心的外傷を負った子どもたちについて熟考し、手をさしのべることがタブーとされてきた。数十年の年月を経てようやく戦争の子どもたちが苦しみの原因をたぐりよせ、そして語りはじめる。
2017.7 391p B6 ¥4500 ①978-4-88303-443-7

◆ナチスドイツと障害者「安楽死」計画 ヒュー・グレゴリー・ギャラファー著, 長瀬修訳 現代書館 新装版
【目次】序章 ハダマーでのT4計画、第1章 T4計画開始、第2章 T4計画の起源、第3章 T4計画の実施、第4章 子供計画、第5章 アプスベルクT4計画、第6章 T4計画のつまずき、第7章 T4計画と医者、第8章 T4計画と法律家、第9章 T4計画と教会、第10章 T4計画その後：一九四五年〜一九九四年
2017.1 422p A5 ¥3500 ①978-4-7684-5797-9

◆ナチス・ドイツと中間層──全体主義の社会的基盤 柳澤治著 日本経済評論社
【要旨】ヒトラー・ナチス党による全体主義体制と営業的中間層の中小商工業者との緊張関係を社会経済史的に分析し、ドイツ・ファシズムの社会的基盤の動揺と危機のダイナミズムを描く。
2017.1 388p A5 ¥8200 ①978-4-8188-2445-4

◆ナチスの「手口」と緊急事態条項 長谷部恭男, 石田勇治著 集英社 （集英社新書）
【要旨】自民党が、ながらく憲法に加えることを狙ってきた緊急事態条項。災害・テロ発生時への対策だというのが表向きの説明だ。しかし、首相に権限を集中させ、国民の権利を制限するこの条項に別の意図があった。じつはヒトラー独裁の始まりは、ワイマール憲法に書かれた同様の条項だった。憲法学界の重鎮と、ナチ・ドイツ研究の最先鋒をいく歴史家とこの条項の危うさを徹底的に解明する。
2017.8 253p 18cm ¥760 ①978-4-08-720896-2

◆ナチの子どもたち──第三帝国指導者の父のもとに タニア・クラスニアンスキ著, 吉田春美訳 原書房
【要旨】ナチ高官たちは何を行い、戦後、自らの罪にどう向き合ったのか。子どもたちは父の姿をどのように見つめたのか。本名を隠して生きた者、極右運動に走る者…。さまざまな人生を追い、語られざる現代史に迫る。
2017.9 269, 23p B6 ¥2500 ①978-4-562-05432-9

◆ヒトラーと第二次世界大戦 三宅正樹著 清水書院 （新・人と歴史 拡大版 10） 新訂版
【要旨】世界恐慌と数百万に及ぶ失業者の氾濫からの脱出を願って、ドイツ国民は、ヒトラーの率いるナチ党に期待を寄せたのである。しかし、ヒトラーは、独裁権を掌握すると、戦争への道

世界史

をつき進んだ。ミュンヘン会談で回復されたかに見えた平和は、ドイツ軍のポーランド侵攻によって、わずか一年で粉砕された。とくに運命的に作用したのは、対ソ戦指令である。本書ではヒトラーの戦争計画を史料に則して詳細に展開させ、ヒトラーと日本との関係にも日独伊三国同盟締結の過程で言及した、ユニークなヒトラー伝である。
2017.5 269p B6 ¥1800 ①978-4-389-44110-4

◆ヒトラーとは何か　セバスチャン・ハフナー著, 瀬野文教訳　草思社　(草思社文庫)
【要旨】「今日の世界は、それが私たちに気に入ろうが入るまいが、ヒトラーがつくった世界である」(中略)かつて歴史上の人物で、さして長くない生涯のうちに、これほど根底から世界をひっくり返し、しかもその影響があとあとまで長く続いた人間が、ヒトラーをおいて他にいただろうか」(本文より)画家になり損ねた我の強いオーストリア青年はいかにして人類史上類を見ない独裁者になったのか？ナチスの興亡を同時代人として体験したジャーナリストがヒトラーの野望の軌跡を臨場感あふれる筆致で描いた傑作評伝。独自のヒトラー解釈で話題を読んだ名著の新装版。
2017.8 316p A6 ¥980 ①978-4-7942-2292-3

◆ヒトラーの裁判官フライスラー　ヘルムート・オルトナー著, 須藤正美訳　白水社
【要旨】独裁者に仕えた「血の裁判官」の実相に迫る！ナチス抵抗運動の青年グループ「白バラ」の被告人をはじめ、無数の死刑判決を下した「人民法廷」長官の生涯、戦争体制下と戦後ドイツの司法界の闇を暴く、戦慄の書。著者特別寄稿「記憶と忘却について日本語版読者の皆さまへ」「死刑判決文」・図版・史料多数収録。
2017.4 319, 52p B6 ¥3400 ①978-4-560-09539-3

◆ヒトラー 野望の地図帳　サカイヒロマル著　電波社
【要旨】生誕の地から自ら命を絶った現場まで、ヒトラーの足跡をつぶさに辿った戦跡探訪記!!ヒトラーゆかりの地を訪ね、その痕跡を追い求めてくまなく探索。時系列に沿って展開していくことによって、第2次世界大戦の全体像をも浮かび上がらせた、著者渾身の処女作!!
2017.11 307p A5 ¥1400 ①978-4-86490-107-9

◆フリッツ・バウアー──アイヒマンを追いつめた検事長　ローネン・シュタインケ著, 本田稔訳　アルファベータブックス
【要旨】ドイツの未来のため、これからを担う若い世代のためにも、過去の戦争犯罪(強制収容所とホロコースト)と向き合わなければならない…。ナチスの戦争犯罪の追及に生涯を捧げた検事長の評伝!!
2017.8 390p B6 ¥2500 ①978-4-86598-025-7

◆ベルリン陥落1945　アントニー・ビーヴァー著, 川上洸訳　白水社　新装版
【要旨】ヒトラーとスターリンによる殲滅の応酬を経て、最終章、戦場は首都ベルリンへ…。『第二次世界大戦1939‐45』の泰斗が活写、「戦争の本質」を突く、圧巻の戦史ノンフィクション！写真・地図多数収録。
2017.8 647, 22p B6 ¥4800 ①978-4-560-09572-0

◆ベルリン終戦日記──ある女性の記録　アントニー・ビーヴァー序文, ハンス・マグヌス・エンツェンスベルガー後記, 山本浩司訳　白水社　新装復刊
【要旨】戦争被害と加害の実態。1945年、首都の陥落前後、ある女性ジャーナリストが身近な惨状を冷徹な眼差しで捉え、綴っていた。生と死、空襲と飢餓、略奪と陵辱…。身を護るため赤軍の「愛人」となった女性の行方は？女性の目、市民の目から描く、類を見ない戦争日記。
2017.5 327p B6 ¥3800 ①978-4-560-09550-8

◆ホロコーストと戦後ドイツ──表象・物語・主体　高橋秀寿著　岩波書店
【要旨】なぜ、戦後のドイツで、ドイツ国内で沈黙・抑圧・忘却の状態におかれていたホロコーストの記憶が三〇年以上の歳月を経たのちに「発見」され、その想起が政治・社会・文化的な「ブーム」として全世界に広がり、現在まで続いているのか。その背景と原因を、戦後ドイツにおけるナショナル・アイデンティティの変容を辿りながら描き出してゆく。
2017.12 218, 30p B6 ¥2800 ①978-4-00-024799-3

◆ユーゲントシュティルからドイツ工作連盟へ──世紀転換期ドイツの美術工芸工房と教育　針貝綾著　(福岡)九州大学出版会
【要旨】マイスターの手仕事から規格化・大量生産へ。芸術性の追求と市場経済の進展の間で展開した、20世紀初頭ドイツの芸術運動。バウハウス以前の工房と、その担い手たちの教育に光を当てた初の書。
2017.9 298, 93p A5 ¥5400 ①978-4-7985-0212-0

◆"和解"のリアルポリティクス──ドイツ人とユダヤ人　武井彩佳著　みすず書房
【要旨】ホロコースト加害者と被害者を和解させたのは、道徳上無欠の謝罪ではなく国益と償いの理性的な競合だった。後世の歴史認識を形成した現実政治の実証的検証。
2017.1 257, 22p B6 ¥3400 ①978-4-622-07921-7

東欧・バルカン

◆移動がつくる東中欧・バルカン史　山本明代, パプ・ノルベルト編　刀水書房
【目次】第1部 移動と地域の変容(ハンガリーのバルカン半島へのアプローチ、ハンガリーへのクロアチア人移民──六世紀から一八世紀、第二次世界大戦後チェコスロヴァキアとハンガリー間の住民交換の社会的影響)、第2部 地域と諸集団の形成(一八世紀中期ハンガリーの「ギリシア商人」居住地分布──七五五年調査記録から、ハンガリーのクロアチア人エスニック集団の多様性と移住・統合過程、バルカン地方の野菜栽培人の移動──九世紀から二〇世紀初頭、クロアチア多民族社会におけるセルビア人の自決問題──領域的自治の限界と文化的自治のジレンマ)、第3部 国家と地域(困難な不均衡──ユーゴスラヴィアの国家形成とマケドニア(一九一八─三九年)、ボスニア=ヘルツェゴヴィナの国家性──ハーツホーン・モデルを手がかりに、ユーゴスラヴィア継承諸国における歴史教科書の叙述とその特徴)
2017.2 337, 11p A5 ¥6400 ①978-4-88708-433-9

◆バルカン──「ヨーロッパの火薬庫」の歴史　マーク・マゾワー著, 井上廣美訳　中央公論新社　(中公新書)
【要旨】南東ヨーロッパに位置するバルカン半島。オスマン帝国時代、住民の多くを占める正教徒たちは平和裡に暮らしていた。19世紀、帝国が衰退すると、彼らは民族意識に目覚め、ギリシャ、セルビア、ブルガリアなどが独立を果たす。だがそれら新興国家に待ち受けていたのは、欧州列強の思惑と厳しい民族対立だった。ユーゴ紛争とともに20世紀が終わるまでを描いた、いま最も注目される歴史家の名著を翻訳。監修・村田奈々子。
2017.6 314p 18cm ¥920 ①978-4-12-102440-4

◆ブダペストを引き剥がす──深層のハンガリー史へ　戸谷浩著　彩流社
【要旨】ハンガリーの首都ブダペストを構成する主要な地区を取りあげ、そこに積み重ねられた歴史の古層と特殊性を掘り起こし、中身の流れとともに複雑な"混淆"を経た今の現代を逆照射する。ブダペスト都市案内から展開される、新たな歴史の読み方と方法の試み。図版45点収録！ 2017.4 188p B6 ¥1800 ①978-4-7791-2319-1

◆ポーランド国歌と近代史──ドンブロフスキのマズレク　梶さやか著　(横浜)群像社　(ポーランド史叢書 3)
【目次】第1章 ポーランド分割とポーランド軍団、第2章 在イタリア・ポーランド軍団の歌、第3章 歌の普及と変容、第4章 民族的シンボルとしての「ドンブロフスキのマズレク」、第5章 ポーランドを越える「ポーランド未だ滅びず」、第6章 一月蜂起とその後、終章 現代ポーランド国歌としての「ドンブロフスキのマズレク」
2016.12 129p B6 ¥1500 ①978-4-903619-72-9

◆物語 ポーランドの歴史──東欧の「大国」の苦難と再生　渡辺克義著　中央公論新社　(中公新書)
【要旨】十世紀に産声をあげたポーランド王国は、十四～十六世紀に隆盛を極めるが、王朝断絶後、衰退に向かう。十八世紀、ロシア・プロイセン・オーストリアによる分割で国家は消滅。第一次大戦後に束の間の独立を勝ち取るも、第二次大戦中にはドイツソ連に再び国土を蹂躙された。冷戦下の社会主義時代を経て一九八九年に民主化を達成。潜在力を秘めた地域大国は今、どこへ向かうのか。栄光と悲運に彩られた国と民族の歴史。
2017.7 224p 18cm ¥820 ①978-4-12-102445-9

ロシア

◆神と革命──ロシア革命の知られざる真実　下斗米伸夫著　筑摩書房　(筑摩選書)
【要旨】「無神論」国家、ソ連の秘密。長らく伏せられた、異端の宗派の、革命とのかかわり。ロシア革命100年の今、明かされる真実。従来のロシア・ソ連史研究を刷新する画期的な書！
2017.10 382p B6 ¥1800 ①978-4-480-01657-7

◆クロンシュタット叛乱　イダ・メット, レオン・トロツキー著, 蒼野和人, 秦洋一訳　風塵社　(復刊ライブラリー)
【要旨】ロシア革命最後の高揚は苛烈な弾圧を受ける。革命とは見果てぬ夢なのか？
2017.12 190p B6 ¥1800 ①978-4-7763-0073-1

◆現代史とスターリン──『スターリン秘史・巨悪の成立と展開』が問いかけたもの　渡辺治, 不破哲三著　新日本出版社
【要旨】『スターリン秘史』の新たで鋭角的な視角を解き明かす。
2017.6 349p B6 ¥2200 ①978-4-406-06139-1

◆最後のソ連世代──ブレジネフからペレストロイカまで　アレクセイ・ユルチャク著, 半谷史郎訳　みすず書房
【要旨】強大で安定した体制と誰もが思っていたソ連が突然ガタガタになり、あっという間に消えてしまった。ソ連崩壊とは一体何だったのだろうか？ その鍵はブレジネフ時代にあった。何も起こらないと言われたこの時代が、着々と崩壊を準備していたのだ。しかも内側から。はじめてソ連社会を内側から見いだした書物として、本書は英語圏とロシアで大きな反響を得た。ソ連を知る必読書。
2017.10 457, 73p B6 ¥6200 ①978-4-622-08642-0

◆資本論と社会主義、そして現代──資本論150年とロシア革命100年　現代社会問題研究会編　明石書店
【目次】第1部『資本論』と現代(『資本論』と現代経済学、『資本論』と日本的雇用システム、『資本論』の現在の利潤率)、第2部 ロシア革命と現代(ロシア「一〇月革命」とレーニン、世界史をめぐったロシア革命からソ連崩壊までの総括、革命期ロシアにおける労働者統制をめぐって)
2017.8 255p B6 ¥2000 ①978-4-7503-4559-8

◆スターリン──超大国ソ連の独裁者　中嶋毅著　山川出版社　(世界史リブレット人 89)
【要旨】ロシア帝国の支配下にあったグルジアで、靴職人の子に生まれ、社会主義ソ連の最高指導者となったスターリン。彼はソ連国家をアメリカ合衆国と並ぶ超大国へと導いたが、それは反対者からの弾圧と国民に多大な犠牲を強いた長い道のりであった。独ソ戦に勝利した偉大な指導者か、大量抑圧を推進した冷酷非道な独裁者か、スターリンに対する評価は今日も揺れ動く。本書は、ソ連国家の確立と拡大に重ねあわせて彼の生涯を描き出す。
2017.12 102p 21×14cm ¥800 ①978-4-634-35089-2

◆スターリンの娘──「クレムリンの皇女」スヴェトラーナの生涯 上　ローズマリー・サリヴァン著, 染谷徹訳　白水社
【要旨】「あなたがスターリンの娘に生まれたとしよう。それは現実にはすでに死んでいることを意味している」父親の名前の重圧を背負い、過酷な運命から逃れようとした波瀾の八十五年。生誕から、母親の死、粛清の嵐、スターリンの死、結婚と離婚、アメリカ亡命まで、まさにもう一つの「20世紀史」。写真多数収録。
2017.11 414, 47p B6 ¥3700 ①978-4-560-09573-7

◆スターリンの娘──「クレムリンの皇女」スヴェトラーナの生涯 下　ローズマリー・サリヴァン著, 染谷徹訳　白水社
【要旨】「自分自身の人生なんてあり得ない。いや、どんな人生もあり得ない。父親の名前の付属品でしかないからだ」父親の名前の重圧を背負い、過酷な運命から逃れようとした波瀾の八十五年。東西冷戦の影響から、回想録の出版、財産の喪失、ソ連の崩壊、プーチン登場まで、まさにもう一つの「20世紀史」。写真多数収録。
2017.11 401, 62p B6 ¥3700 ①978-4-560-09574-4

◆世界を揺るがした10日間　ジョン・リード著, 伊藤真訳　光文社　(光文社古典新訳文庫)

【要旨】1917年11月。ロシア革命のさなか、若きジャーナリスト、ジョン・リードが、革命の指導者から兵士、農民、さらには反対派までを取材し、冬宮の占拠など刻一刻と変動する革命の緊迫した現場を臨場感あふれる筆致で克明に描いた20世紀最高のルポルタージュ。ロシア革命100周年NF企画第2弾！
2017.11 748p A6 ¥1540 ①978-4-334-75365-8

◆赤軍と白軍の狭間に　レフ・トロツキー著，楠木俊訳　風塵社　（復刊ライブラリー）
【要旨】レーニン革命後に西側でささやかれた噂の真実とは。虚実の情報がとびかうソ連の軍艦建造事情とは、いかなるものだったのか。帝政ロシア、第一次大戦を経て、独立体制を確立したスターリンの艦隊計画の実体、ソ連大型艦の建造史とその活動を追った異色作。図写真多数。
2017.7 263p A6 ¥780 ①978-4-7698-3016-0

◆歴史の審判に向けて—スターリンとスターリン主義について　上　ロイ・メドヴェージェフ著，佐々木洋解題・監修，名越陽子訳　現代思潮新社　（ジョレス・メドヴェージェフ，ロイ・メドヴェージェフ選集 1）
【要旨】地下出版された本書のタイプ原稿がKGBに押収され、「反ソ活動」の容疑者として迫害・監視下にありながら、旧ソ連邦内の逃避行を敢行する著者ロイ。そのあとタイプ稿をアメリカで出版することを決断、やがて独・仏・伊・日などの各国で翻訳され、世界的に反響を呼んだ。その後ロイのもとには、矯正労働収容所で命を落とした囚人の家族や生き延びた元囚人の証言が、作家や友人たちが秘匿し封印していた諸文書や回想が多数寄せられ、彼は大幅に改稿した。大著『共産主義とは何か』の増補・改訂新版。
2017.10 538p A5 ¥5600 ①978-4-329-10001-6

◆レーニン—二十世紀共産主義運動の父　和田春樹著　山川出版社　（世界史リブレット人 73）
【要旨】ロシアは専制君主が支配する国であり、解放を求める人々の運動が絶えることのない国であった。しかし、20世紀になっても革命は成功せず、専制権力の国ロシアは世界戦争に突入した。専制の打倒を求めてきた革命家レーニンは世界戦争と闘うことに全力投球し、生まれかわった。世界戦争から解放されるにはドイツの「戦争社会主義」を採用すればよい。フランス革命に学び、テロルの発動も躊躇しない。十月革命で権力を握ったレーニンは、ソ連共産党の最高指導者として世界共産主義運動をつくりだした。さて飛躍の結果はどうなるのか。
2017.5 103p A5 ¥800 ①978-4-634-35073-1

◆レーニン　権力と愛　上　ヴィクター・セベスチェン著，三浦元博，横山司訳　白水社
【要旨】同志より、妻と愛人に信を置いた革命家の「素顔」。生誕から革命前夜まで、書簡など新史料を駆使して、その人間像と真意に迫る傑作評伝！
2017.12 360, 21p B6 ¥3800 ①978-4-560-09585-0

◆レーニン　権力と愛　下　ヴィクター・セベスチェン著，三浦元博，横山司訳　白水社
【要旨】「善を望みながら、悪を生み出した」革命家の悲劇。10月革命から志半ばの病死まで、人間模様と逸話を通して、その人生と時代を活写する傑作評伝！
2017.12 355, 49p B6 ¥3800 ①978-4-560-09586-7

◆ロシア革命—破局の8か月　池田嘉郎著　岩波書店　（岩波新書）
【要旨】史上初の社会主義国家誕生の契機となったロシア革命から一〇〇年。これまで革命の障害のように見なされてきた立憲主義者・自由主義者らの奮闘に光をあて、新たな社会を模索した人びとが当時に賭けていた思いや挫折を臨場感ある筆致で描き出す。あの時潰え、民衆の間に新たに生まれたものは何だったのか。歴史的意義を考える。
2017.1 232, 4p 18cm ¥840 ①978-4-00-431637-4

◆ロシア革命史入門　広瀬隆著　集英社インターナショナル，集英社 発売　（インターナショナル新書）
【要旨】四〇〇年近くに及ぶ帝政を打倒し、世界初の社会主義国を樹立したロシア革命。貧困を克服し、第一次世界大戦を終わらせるという崇高な理想のもとにつくられたソヴィエト連邦が、いかに当初の精神を失い、粛清の嵐の吹く独裁国家へと変貌を遂げていったのか。革命の主人公レーニン、トロツキー、スターリンたちをめぐる人間模様、バクー油田を巡る欧米諸国との利権争いなども描きながら、革命の全貌と真実にせまる。
2017.2 253p 18cm ¥760 ①978-4-7976-8007-2

ンゲリ統一戦線とその後、民族問題とユダヤ問題、戦士たち、その生と死、マフノ主義とアナキズム
2017.11 301p B6 ¥2800 ①978-4-7763-0072-4

◆幻のソ連戦艦建造計画—大型戦闘艦への試行錯誤のアプローチ　瀬名堯彦著　潮書房光人社　（光人社NF文庫）
【要旨】ソ連の最新鋭ミサイル戦艦を建造中—第二次大戦後に西側でささやかれた噂の真実とは。虚実の情報がとびかうソ連の軍艦建造事情とは、いかなるものだったのか。帝政ロシア、第一次大戦を経て、独立体制を確立したスターリンの艦隊計画の実体、ソ連大型艦の建造史とその活動を追った異色作。図写真多数。
2017.7 263p A6 ¥780 ①978-4-7698-3016-0

◆ロシア革命とソ連の世紀　1　世界戦争から革命へ　松戸清裕，浅岡善治，池田嘉郎，宇山智彦，中嶋毅，松井康浩編集委員　岩波書店
【要旨】ロシア革命によって生まれた史上初の社会主義国家ソ連、その誕生から崩壊、さらに現在への影響までを多面的にとらえ直すシリーズ（全5巻）。二〇世紀初頭、近代化の岐路にあった旧体制下のロシア帝国を世界史の大渦が飲みこんだ。第1巻では帝政末期からソ連初期にいたる変動の全体像を明らかにする。一九一七年がもつ分水嶺としての意味を、帝政期からソ連へと引き継がれた諸課題にも目配りをする。
2017.6 316, 8p A5 ¥3700 ①978-4-00-028266-6

◆ロシア革命とソ連の世紀　2　スターリニズムという文明　松戸清裕，浅岡善治，池田嘉郎，宇山智彦，中嶋毅，松井康浩編　岩波書店
【要旨】一国社会主義のもとで近代化をすすめたソ連邦が生み出した文明とは。工業化と集団化、大テロル、死活をかけた大祖国戦争、社会の実態と周辺世界へのインパクトを描き出す。
2017.7 316p, 8p A5 ¥3700 ①978-4-00-028267-3

◆ロシア革命とソ連の世紀　3　冷戦と平和共存　松戸清裕，浅岡善治，池田嘉郎，宇山智彦，中嶋毅ほか編集委員　岩波書店
【要旨】冷戦は軍事的な対立であると同時に、資本主義と社会主義の平和競争でもあった。第3巻ではこの側面に注目し、ソ連における国民の生活水準向上の取り組みやソ連型民主主義の模索、アメリカ合衆国との交流などを扱う。また、この競争でのソ連の敗北がペレストロイカと冷戦終結、さらにソ連解体につながる点についても多角的に検討する。ステレオタイプの冷戦像、米ソ観を書き替える意欲的な試み。
2017.8 302, 10p A5 ¥3700 ①978-4-00-028268-0

◆ロシア革命とソ連の世紀　5　越境する革命と民族　松戸清裕，浅岡善治，池田嘉郎，宇山智彦，中嶋毅，松井康浩編集委員　岩波書店
【要旨】ロシア革命とソ連が同時代の世界に対して持ったアピール力の源泉は、社会主義だけでなく民族解放のスローガンにもあった。第5巻ではソ連を「多民族帝国」の一つとして位置づけ、その実験的な民族政策や諸民族の運動の展開をたどりつつ、それらが世界や近隣地域に与えた影響を論じる。さらに、遺産としての旧ソ連諸国に引き継がれた複雑な民族問題・紛争を歴史的に理解する。
2017.10 316, 10p A5 ¥3700 ①978-4-00-028270-3

◆ロシア革命とは何か—トロツキー革命論集　レフ・トロツキー著，森田成也訳　光文社　（光文社古典新訳文庫）
【要旨】革命の理論的支柱であり原動力だったトロツキーが、自身の永続革命論について展開した「総括と展望」と、亡命後に行った歴史的かつ哲学的な「コペンハーゲン演説」、スターリニズムを批判した「スターリニズムとボリシェヴィズム」など6本の論文を厳選収録。ロシア革命100周年企画第1弾！
2017.10 414p A6 ¥1100 ①978-4-334-75364-1

◆ロシア革命の再審と社会主義—ロシア革命100年記念　村岡到編著・著，下斗米伸夫，岡田進，森岡真史，佐藤和之著　ロゴス
【要旨】これまでのロシア革命論を超える視点—宗教・農民・生産物分配から解明し、マルクス主義を超える展望を提起！
2017.7 186p B6 ¥1200 ①978-4-904350-43-0

◆ロシア革命100年を考える　社会主義理論研究会（池袋）著　世界書院　（情況選書）
【要旨】一九一七年一〇月革命は、世界に大きな影響を与え、世界史を変えた歴史的大事件である。世界の労働者階級に希望を与え、植民地人民に解放の情熱をかきたて、世界の被抑圧被差別民衆に夢を与えたロシア革命であったが、ソ連においては一九九一年に解体するに至る失敗に終わったのはなぜだろうか？ ソ連崩壊から四半世紀を過ぎた今日、その原因を総括し、教訓化する。
2017.10 142p B6 ¥1200 ①978-4-7927-9573-3

◆ロシア革命100年の謎　亀山郁夫，沼野充義著　河出書房新社
【要旨】ロシア革命は善か悪か？ 文学・芸術が先導した歴史上比類なき革命！ 理想社会の建設はなぜ矛盾に引き裂かれたか？ 1917年知られざる真実。
2017.10 364p 18cm ¥920 ①978-4-309-24828-8

◆ロシア旧教徒の村 ロマノフカ　源元一郎著　鳥影社

◆せめぎあう中東欧・ロシアの歴史認識問題—ナチズムと社会主義の過去をめぐる葛藤　橋本伸也編著　（京都）ミネルヴァ書房　（MINERVA人文・社会科学叢書）
【要旨】冷戦後の世界における歴史認識と記憶がアイデンティティ・ポリティクスの焦点として浮上し、国内のみならず、諸国家・国民間の紛争要因に転じている。そうした事態が顕著な形で進行したのが、中東欧とロシアをはじめとしたポスト共産主義諸国である。本書では、中東欧諸国・ロシアにおける歴史政治の展開過程を広域的に捉え、欧州統合の進展と同時進行したナショナルな利害に沿った歴史政治が紛争化する局面を描く。
2017.12 303, 9p A5 ¥5000 ①978-4-623-08094-6

◆ソビエト連邦史 1917‐1991　下斗米伸夫著　講談社　（講談社学術文庫）（『ソ連＝党が所有した国家 1917‐1991』増補改訂・改題書）
【要旨】一九一七年ロシア革命。一九九一年崩壊。ソビエト連邦は、二〇世紀最大の政治事件であった。七四年間に失われた人命は、数千万以上。陰惨にして驚愕の時代に、党＝国家を中枢で動かした人物モロトフを補助線に、人類史上最大の「社会主義国家」の全貌を描く。ソ連・ロシア政治研究の第一人者が、ソ連崩壊後明るみに出た史資料を読み解いた決定版。
2017.2 285p A6 ¥980 ①978-4-06-292415-3

◆ソ連と東アジアの国際政治 1919‐1941　麻田雅文編　みすず書房　（東北アジア研究専書）
【要旨】冷戦終結後の新たな史料状況を背景に、第一次世界大戦終結から太平洋戦争勃発に至る期間のソ連と東アジアの国際関係を解明する、共同研究の成果。気鋭の若手研究者を中心に12論文を収める。
2017.2 377, 4p A5 ¥6000 ①978-4-622-08570-6

◆東欧革命1989—ソ連帝国の崩壊　ヴィクター・セベスチェン著，三浦元博，山崎博康訳　白水社　新装復刊
【要旨】なぜソ連は戦わずして降伏したのか？ ハンガリー出身のジャーナリストが二十年をかけて関係者らの証言を収集し、公文書等を渉猟して描いた東欧革命の全貌。
2017.5 591, 41p B6 ¥7600 ①978-4-560-09552-2

◆日本人記者の観た赤いロシア　富田武著　岩波書店　（岩波現代全書）
【要旨】革命から独ソ戦期まで、ロシア・ソ連駐在の日本の新聞記者はどのような報道を行っていたのだろうか。代表的な記者の記事や書評を歴史状況と関連づけて読み解くことで、革命とソ連に対する当時のイメージが浮かび上がる。当時の日本の個人および社会主義者たちのソ連観を理解する上で必須でありながら従来欠けていた視点から革命のロシアを描く。読者の理解を助けるために、各章冒頭に簡潔に革命を概説し、年表や地図などを添えた。
2017.11 221, 11p B6 ¥3600 ①978-4-00-029209-2

◆風刺画とアネクドートが描いたロシア革命　桑野隆監修，若林悠著　現代書館
【要旨】ロシア革命の壮大な歴史群像を「寸法人を刺す」笑いで織りなすルポルタージュ。
2017.10 214p A5 ¥2200 ①978-4-7684-5813-6

◆マフノ叛乱軍史—ロシア革命と農民戦争　アルシーノフ著，奥野路介訳　風塵社　（復刊ライブラリー）
【目次】人民とボリシェヴィキ、大ロシアとウクライナの十月、蜂起するウクライナ—マフノ、ヘトマンの没落—ペトリューラ支配、ボリシェヴィキ、マフノ叛乱軍、大敗戦と勝利、叛乱軍の誤算—ボリシェヴィキ再び解放区を襲う、反ヴラ

もコミュニストに追われ、たどりついた地、ここで新しくつくりあげた理想の村、世界に一つしかない楽天の地があった。五族協和の満洲帝国に華ひらいた村。
2017.7 170p B6 ¥1500 ①978-4-86265-625-4

◆ロシア近現代と国際関係―歴史を学び、政治を読み解く 小田健著 （京都）ミネルヴァ書房
【要旨】長年にわたりロシアを見続けてきた元日経新聞モスクワ支局長が、ロシアの近現代史と国際関係を解説。第一部ではロシアの逸話や文化を紹介しながら、ロシア革命、ソ連の成立と崩壊、新生ロシアの誕生と新プーチン政権の動向といった近現代史をたどり、第二部ではそれぞれ米国・中国・日本との国際関係を分析する。
2017.9 406, 22p A5 ¥4000 ①978-4-623-08087-8

◆ロシア十月革命とは何だったのか 藤濤弘著 本の泉社
【要旨】ロシア10月革命から100年。もう一度あの「歴史への挑戦」「偉大な実験」をふり返ってみよう。
2017.10 125p B6 ¥1200 ①978-4-7807-1650-4

◆ロシア・東欧史における国家と国民の相貌 井内敏夫編 （京都）晃洋書房
【要旨】日本のポーランド史研究を代表する井内敏夫の下で育ったロシア・東欧史研究者が、近世史と近現代史を架橋し、国家構造と国民・民族・エトノスとを両輪のごとく論じることを通じ、現代歴史学の諸課題への応答を試みる。
2017.6 228, 7p A5 ¥3800 ①978-4-7710-2906-4

◆ロシアの世紀末―"銀の時代"への旅 海野弘著 新曜社
【要旨】ドストエフスキーなどの"金の時代"と革命初期のロシア・アヴァンギャルドの谷間で失われたロシアの"世紀末"が今、"銀の時代"として復活している。チェーホフ、ブローク、ヴルーベリ、そしてディアギレフのバレエ・リュスである。文学、美術を中心に、都市、建築、工芸、バレエ、オペラなどで多面的に生き生きとこの時代を描ききった、著者の"ロシア三部作"完結編。図版百点。
2017.5 552p A5 ¥6200 ①978-4-7885-1523-9

アフリカ・オセアニア・中南米・その他

◆アンデス文明 神殿から読み取る権力の世界 関雄二編 （京都）臨川書店
【目次】アンデス文明における権力生成過程の探求、第1部 神殿から読み解く権力生成（建築からみた権力形成、パコパンパ神殿における建築活動・景観・視線・権力、自然環境における神殿の位置づけ）、第2部 遺物から読み解く権力生成（土器分析からみた、パコパンパ遺跡における生産、消費そして廃棄―石器・骨角器・土製品・金属器の分析から、パコパンパ遺跡における冶金一形成期の祭祀遺跡でおこった技術革新、金属製作と権力、パコパンパ遺跡の動物利用、埋葬人骨が語る社会、パコパンパ遺跡の墓からみた権力生成、食料へのアクセスと権力生成）、第3部 比較の視座（クントゥル・ワシ神殿の変容過程と権力の形成―形成期後期の神殿革新は社会に何をもたらしたのか、神殿がそこに建つ理由―ペルー北中沿岸における神殿の変遷、ペルー海岸部の神殿と権力生成、ペルー南高地の神殿と権力生成：「周縁」から見た形成期となる）、アンデス文明における権力生成
2017.3 461, 12p A5 ¥7900 ①978-4-653-04319-5

◆インカ帝国探検記―ある文化の滅亡の歴史 増田義郎著 中央公論新社 （中公文庫）改版
【要旨】太陽を崇拝し、文字を持たないながら高度な文明を築いたインカ帝国。建国の伝説から、一五三一年のフランシスコ・ピサロによる"発見"、スペイン人によるあっけないほどの首都陥落、さらに征服後のえんえんたる抵抗の日々まで。膨大なスペイン語史料と実地踏査をもとに、黄金の帝国の歴史を躍動的に再構築する記念碑的名著の新装版。
2017.2 257p A6 ¥1000 ①978-4-12-206372-3

◆インディオ社会史―アンデス植民地時代を生きた人々 網野徹哉著 みすず書房
【要旨】アンデスの交差する植民地世界を生きる。誤訳の責を一身に負わされた通辞、恋占いにインカをよびだし異端審問にとわれるリマの"魔女"たち…先住民の実存をみごと掬いあげる歴史叙述。
2017.9 324, 66p A5 ¥5500 ①978-4-622-08630-7

◆カストロ 上 セルジュ・ラフィ著, 神田順子, 鈴木知子訳 原書房
【要旨】本書は、フィデル・カストロという迷路をたどる長い旅の結実である。知られざる幼少期、青年時代をふくむ、キューバ革命のカリスマの生涯を描く決定版！幼少期から晩年の幅広い時期にわたる貴重な写真を掲載！
2017.12 390p B6 ¥2400 ①978-4-562-05453-4

◆カストロ 下 セルジュ・ラフィ著, 清水珠代, 神田順子訳 原書房
【要旨】『イリアス』を愛読したカストロは英雄アキレウスに憧れ、戦功を渇望する征服者として太く短く生きることを夢見た。伝記、ルポルタージュ、小説、歴史など、多彩な角度から謎の人物像を浮き彫りにし、ルーズヴェルト宛の自筆の手紙をふくむ貴重な巻末資料！
2017.12 374, 6p B6 ¥2400 ①978-4-562-05454-1

◆「勝ち組」異聞―ブラジル日系社会の戦後70年 深沢正雪著 （秋田）無明舎出版
【要旨】勝ち組は狂信的なテロリストだったのか！？戦後、ブラジルの日本人移住地で狂信者、テロリストと決めつけられ、圧殺された人々の声を丹念に拾い戦争とは、移民とは、ナショナリズムとはなにかを問う、在伯新聞記者の渾身のルポ。
2017.3 276p B6 ¥1800 ①978-4-89544-624-2

◆ゲバラのHIROSHIMA 佐藤美由紀著 双葉社
【要旨】1959年7月25日。キューバ革命直後に、使節団として来日していたチェ・ゲバラ、予定を変更して電撃的に広島を訪問した。稀代の革命家は、なぜ広島にそこまでこだわったのか！？その地で何を感じ、何を持ち帰ったのか？キューバと広島一現地取材でゲバラの"ヒロシマへの思い"を追った渾身のノンフィクション！！
2017.8 175p B6 ¥1500 ①978-4-575-31290-4

◆「砂漠の狐」回想録―アフリカ戦線1941～43 エルヴィン・ヨハネス・オイゲン・ロンメル著, 大木毅訳・解説 作品社
【要旨】本書は、「砂漠の狐」として知られるエルヴィン・ロンメル元帥の遺稿。ロンメルは、1943年にアフリカ戦線の指揮を解かれたのち、イタリア戦線の視察、さらにはドイツにおいてB軍集団司令官として来るべき連合軍の上陸侵攻に対応するための準備作業を進めるなど、比較的穏やかな日々を送っていた。その間、わずかな時間をみては、アフリカ戦線の経験をつづった回想録を執筆していたのだった。1944年、ヒトラー暗殺計画に加担したかどで、ロンメルは服毒自殺を強要され、これが回想録も公にされなかった。しかし、ロンメル回想録という歴史的な資料を眠らせておくにはいかない、と、かつての参謀長を務めたフリッツ・バイエルライン将軍とルチー＝マリア未亡人が遺された原稿を整理し、解説をして、1950年に上梓した。しかし、日本においては、ほとんど存在さえ知られていなかった。当事者が歴史をかたる、極めて重要な資料である。
2017.12 443p B6 ¥3400 ①978-4-86182-673-3

◆島に住む人類―オセアニアの楽園創世記 印東道子著 （京都）臨川書店
【要旨】海を渡り、島で暮らすこと、その豊かな知性の歴史に迫る！
2017.9 276, 5p B6 ¥3200 ①978-4-653-04364-5

◆生体認証国家―グローバルな監視政治と南アフリカの近現代 キース・ブレッケンリッジ著, 堀内隆行訳 岩波書店
【要旨】「最新の技術を最貧の地域で」。新種の国家形態が拡大するアフリカ、南アメリカ、アジアの旧植民地諸国。発端は大英帝国ネットワークの交差点であった。第一次大戦前の南アフリカ探検を経たゴルトン、帝国を栄転するエドワード・ヘンリー、挫折するガーディー。優生学的動機に基づくヒトの生物学的統計学と指紋認証技術とによる統治の実験を追う、生体認証登録の世界史がここに。
2017.8 224, 59p A5 ¥6800 ①978-4-06-021213-5

◆チェ・ゲバラ名言集 エルネスト・チェ・ゲバラ著, 米津篤八, 長谷川達訳 原書房
【要旨】理想主義者として世界へ、そしてカストロへ、息子として同志へ…。稀代の革命家が遺したことばは、時を経てなお生きている。
2017.1 256p B6 ¥1600 ①978-4-562-05370-4

◆ラテンアメリカ五〇〇年―歴史のトルソー 清水透著 岩波書店 （岩波現代文庫）
【要旨】ヨーロッパによる「発見」以来、約五〇〇年にわたるラテンアメリカの歴史は、私たちに何を問いかけるのか。征服、植民地化、独立闘争、アメリカの「裏庭化」…、さながら「近代」そのものを象徴する歴史過程の中で、人々はいかに生きてきたのか。メキシコを主なフィールドとし、「発見」される側に寄り添う視点から長年にわたり考察を重ねてきた著者が、既成の歴史観に根底的な問い直しを促す講義録。
2017.12 322p A6 ¥1200 ①978-4-00-600372-2

歴史学・考古学・地理学

歴史学

◆暗号大全―原理とその世界 長田順行著 講談社 （講談社学術文庫）（『暗号』改題書）
【要旨】人間社会の構築やコミュニケーション行為における意思や情報の伝達と秘匿の必要性から発生し、時代や社会の変化とともに発展、進化しつづけた暗号。そこには数千年におよぶ人類の叡智がこめられている一。今や日本のさまざまな暗号の原理と実際、そして歴史的な変遷を、具体的に豊富な例を掲げ平易かつ簡潔に解説した「日本暗号学」不朽の古典！
2017.7 443p A6 ¥1300 ①978-4-06-292439-9

◆男の肖像 塩野七生著 文藝春秋 （文春文庫）新装版
【要旨】男の顔は、その時代を象徴する「顔」だ―。ペリクレス、アレクサンダー大王、カエサル、北条時宗、織田信長、西郷隆盛、ナポレオン、毛沢東、チャーチル...世界を動かした不世出の英雄たちを著者一流の「好き」「嫌い」で一刀両断。リーダーシップの本質を描き出す。累計20万部のロングセラー新装版！
2017.11 225p A6 ¥830 ①978-4-16-790966-6

◆紙と人との歴史―世界を動かしたメディアの物語 アレクサンダー・モンロー著, 御舩由美子, 加藤晶訳 原書房
【要旨】その発明以来、様々な思想や宗教の運び手となり、東は仏教の伝播を経て日本へ、西はコーランと共にイスラム、アラブを経てヨーロッパへ。聖書も文学も楽譜も、そして政治的声明も、紙が伝えて世界に広がった。メディアとしての紙のあゆみをドラマチックに描く。
2017.2 448, 9p B6 ¥3600 ①978-4-562-05369-8

◆危機と都市―ALONG THE WATER：Urban natural crises between Italy and Japan 伊藤毅, フェデリコ・スカローニ, 松田法子編著 左右社 （本文：日英両文）
【目次】1時間 - 危機の都市史（危機と都市、ローマの都市構造一都市発展要因としての洪水、平安京・京都と危機、ミラノと水―古代都市システムの危機）、2領域 - 危機と居住（身近な地震・津波に学ぶ―陸奥国はいかに復興を遂げたか、都市社会と自然災害―中世および近代初期のトスカーナにおける河川氾濫、氾濫原・湿地・砂洲上の集落16～19世紀新潟の蒲原平野を中心に）、3文化 - 共存と再生（ナポリ、永遠に再生しつづける都市、11世紀から19世紀はじめまでのパドヴァ水系における危機、アジアの水都―災害と信仰・身体性・統治）
2017.1 217p 19×26cm ¥3700 ①978-4-86528-158-3

◆これが歴史だ！―21世紀の歴史学宣言 ジョー・グルディ, デイヴィッド・アーミテイジ, 平田雅博, 細川道久訳 刀水書房 （刀水歴史全書）
【要旨】この矛盾だらけの現在をもたらした原因を、さかのぼって理解するには、「歴史」特に「長期の歴史」が、不可欠となっている。二人の歴史家は、この数十年間あいついでいた歴史の個別専門化の後に、「長期」の物語が回帰していることに注目した。この回帰は歴史研究の未来にとって、また、この長期の物語をいかにして伝えるかの課題にとって、実に重要だと言う。本書は、デジタル時代における歴史学と人文科学の役割をめぐる論争に、価値ある闘いを挑む。
2017.9 243p B6 ¥2500 ①978-4-88708-429-2

◆自然災害と疾病　安田政彦編　竹林舎　(生活と文化の歴史学 8)
【目次】1 記録にみる自然災害と疾病(日本書紀に見る自然災害と疾病、『日本三代実録』の災害記事、六国史にみる疾病、平安貴族社会における気象災害—「御堂関白記」の天気・気象の記録、平安日記にみる疾病—摂関期の貴族の病と中国医学、中世公家日記と自然災害・疾病)、2 文学にみる自然災害と疾病(古事記にみる自然災害と疾病、『方丈記』の天災型災害についての一考察、物語にみる自然災害、瘡病の光源氏—「源氏物語」における疾病と治世)、3 中世災害・疾病と神仏(平安時代の「怪異」ト卜占、自然災害と神仏、疾病と神仏—律令国家の成立と疾病流行とよりあう、疾病認識)、4 地域の自然災害・疾病(古代東北の自然災害・疾病・付. 地方からの災害報告と中央の対応に関する小考察、古代九州の自然災害—地震・火山活動を中心に、中世都市鎌倉の災害と疾病)、5 自然災害・疾病と絵画(記憶の表象—災害の記憶と「伴大納言絵巻」『信貴山縁起絵巻』の制作、「粉河寺縁起絵巻」と経説—描かれた罪業・病・救済)
2017.3 494p A5 ¥13000　①978-4-902084-28-3

◆実用的な過去　ヘイドン・ホワイト著, 上村忠男監訳　岩波書店
【要旨】大著「メタヒストリー」で歴史学界に衝撃を与えた著者は、同時に、その歴史理論が事実とフィクションの区別を相対化するものであり、ホロコーストのような「限界に位置する出来事」の表象においては「真実」を歪めてしまうという厳しい批判にさらされた。本書は、ホロコーストの表象可能性について思索を重ねた著者が辿りついた、「実用的な過去」という概念と、歴史叙述の方法論を評述した最新論文集である。ホワイト歴史学の到達点。
2017.10 272, 5p B6 ¥3000　①978-4-00-061228-9

◆ジャパノロジーことはじめ—日本アジア協会の研究　楠家重敏著　(京都)晃洋書房
【要旨】日本最初の学術研究団体である日本アジア協会の日本文化百般を研究の対象とし、忘れられたジャパノロジスト(外国人日本研究者)たちの姿をよみがえらせる試み。明治前期の在日西欧人の目に映った日本の姿を再現し、明治前期の理解に新たな観点を提供、日本文化理解の一助となる。
2017.10 261, 29p A5 ¥3400　①978-4-7710-2926-2

◆食と健康の一億年史　スティーブン・レ著, 大沢章子訳　亜紀書房
【要旨】驚くべき食と生命のダイナミズム、学ぶべき祖先たちの進化と適応！ 食の多様性にはすべて理由があった！ 昆虫、果実、肉、魚、穀物…。栄養学、進化論、自然人類学の見地から、人類の栄養摂取における謎に満ちた遠大な歴史に迫る。
2017.10 326p B6 ¥2400　①978-4-7505-1525-0

◆触発する歴史学—鹿野思想史と向きあう　赤澤史朗, 北河賢三, 黒川みどり, 戸邉秀明編著　日本経済評論社
【要旨】人びとの"経験"や"個性"を注視し、民衆思想史・女性史・沖縄思想史などに取りくみ、多くの読者を惹きつけてきた鹿野政直。その著作に触発された研究者たちの鹿野思想史論。
2017.8 260p A5 ¥3900　①978-4-8188-2459-1

◆人種戦争という寓話—黄禍論とアジア主義　廣部泉著　名古屋大学出版会
【要旨】欧州発のアジア連合脅威論は、西海岸に押し寄せる移民への視線と結びつき、アメリカの不安に陥れた。ジャーナリズムを介して増幅していく人種主義的な言説は、鏡像たるアジア主義と作用し合い、日米関係にいかなる影響を及ぼしたのか。
2017.1 241, 47p A5 ¥5400　①978-4-8158-0858-7

◆世界は四大文明でできている—シリーズ・企業トップが学ぶリベラルアーツ　橋爪大三郎著　NHK出版　(NHK出版新書)
【要旨】ビジネスパーソンこそ「リベラルアーツ=本物の教養」を学べ！「キリスト教文明」「イスラム文明」「ヒンドゥー文明」「中国・儒教文明」—現下世界を動かす四大文明の内実とは？各宗教が文明圏の人びとの考え方や行動にどのような影響を与えているのかを明快に説く。世界63億人の思考法が一気につかめる！有名企業の幹部に向けた白熱講義を新書化するシリーズの、第1弾。
2017.10 254p 18cm ¥820　①978-4-14-088530-7

◆前近代の日本と東アジア—石井正敏の歴史学　荒野泰典, 川越泰博, 鈴木靖民, 村井章介編　勉誠出版　(アジア遊学)

【要旨】対外関係史を軸に、日本史・東洋史、また古代・中世・近世にわたる枠組を越えて大きな業績を残した歴史学者・石井正敏。虚心に史料と対峙し、史料そのものの声を真摯に十全に記述するその方法論は、歴史学の根本を示し、また、時代区分や領域という既存の枠組みを問い直すものであった。石井正敏の歴史学はわれわれに、そして今後の歴史学に何を残し、伝えているのか—碩学の学的遺産と第一線の研究者との対話から、石井正敏の学問の位置に、そしてその継承と展開について多角的に論じる。
2017.9 221p A5 ¥2400　①978-4-585-22680-2

◆第4次現代歴史学の成果と課題 1 新自由主義時代の歴史学　歴史学研究会編　績文堂出版
【要旨】2001年～2015年。認識論的な問いと新自由主義の時代状況が重なる15年間を対象にして歴史学の方法に関する新しい論点と方向性を示し、歴史の存在を現在から照射する。
2017.5 303p A5 ¥3200　①978-4-88116-131-9

◆第4次現代歴史学の成果と課題 2 世界史像の再構成　歴史学研究会編　績文堂出版
【要旨】2001年～2015年。構築主義をめぐる議論の地平を越え、新たな動態的歴史像をめざして秩序形成/解体の過程を再考する、歴史研究の多様な試みに光をあてる。
2017.5 303p A5 ¥3200　①978-4-88116-132-6

◆第4次現代歴史学の成果と課題 3 歴史実践の現在　歴史学研究会編　績文堂出版
【要旨】2001年～2015年。現在の歴史研究にもっともふさわしい言葉は「歴史実践」ではないか。史料・方法・叙述から研究、教育、社会にかかわる一連の営為を歴史実践と呼び、総体的に検証する。
2017.5 311p A5 ¥3200　①978-4-88116-133-3

◆他者との邂逅は何をもたらすのか—「異文化接触」を再考する　和田郁子, 小石かつ子編　(京都)昭和堂
【目次】他者を感じる邂逅、1時を越えて出会いは再び訪れる—李香蘭/山口淑子/シャーリー・ヤマグチ(スター・ペルソナを考える、「親日的な中国女優」としての李香蘭/山口淑子ほか)、2「蝶々夫人」と「わたしたち」—すれ違う自己投影イメージ(長崎を舞台にしたイタリア・オペラ「蝶々夫人」、「蝶々夫人」作曲の背景ほか)、3 連鎖する邂逅—海を渡る商人とストーン・タウンの近代(インドとつなぐ海—インド洋西海域世界、海への脱出—天災と政変 ほか)、4 移民は"自己"をどう語るか—タイにおける雲南系ムスリムの女性たち(異郷へ—移住への道、強いられた越境—中国国共内戦の影響 ほか)、5 異郷の隣人が抱く祖国の敵か—再創期のマドラスにおける「ポルトガル人」(砂漠に現れた町—聖ジョージ要塞とマドラスの建設、サントメの「ポルトガル人」との邂逅 ほか)
2017.3 203p B6 ¥3200　①978-4-8122-1627-9

◆地域と歴史学—その担い手と実践　森宜人, 石井健編著　(京都)晃洋書房
【要旨】地域史研究をはぐくむ土壌となった社会的・文化的環境、歴史記述における地域像・地域概念の創造過程、そして方法論としての地域史の確立に寄与した歴史家たちに光をあてつつ、地域史研究のあり方を西洋史学の視座より史学史的に再考する。
2017.12 261, 3p A5 ¥5000　①978-4-7710-2930-9

◆都市史研究 4　都市史学会編　都市史学会, 山川出版社 発売
【目次】論文 江戸市中における堀川の空間動態とその存続—「古町之川岸」の川浚を通して、研究ノート 幕府普請奉行役所による拝領武家屋敷の把握について—「屋敷渡預絵図証文」を中心に、小特集 社会的結合と都市空間、書評 Charles D.Musgrove, China's Contested Capital: Architecture, Ritual, and Response in Nanjing、新刊紹介、二〇一六年度都市史学会活動記録・研究発表要旨、活動記録 都市史学会活動記録、会告 都市史学会規約、彙報 論文募集規程
2017.11 165, 2p B5 ¥3800　①978-4-634-52754-6

◆20代で知っておくべき「歴史の使い方」を教えよう。　千田琢哉著　学研プラス
【要旨】歴史で知性の武装をしよう。リーダーシップ、成功、出世、財産、愛情…20代の行動力&思考力がアップする！「人生のマニュアル」100。
2017.6 236p B6 ¥1300　①978-4-05-406568-0

◆ニッポンを救う新産業文明論—人類の歴史は効率化の歴史　宗像恒康著　幻冬舎メディアコンサルティング, 幻冬舎 発売
【要旨】経済イマジノリが決定する、日本経済効率化への道。教育イマジノリが決定する、これからの教育制度。コミュニケーションイマジノリが決定する"ヒト"の最適化。産業心臓ポンプ構造理論で見えてくるグローバル経済。"イマジノリ理論"が、世界を変革！ 知られざる「効率化」の絶対法則！！
2017.9 238p B6 ¥1300　①978-4-344-91131-4

◆日本国史学 第9号　日本国史学会編　啓文社書房, 啓文社 発売
【目次】明治憲法発布百二十五周年記念公開講演会(大日本帝国憲法の制定過程と統治機構、大日本帝国憲法から日本国憲法への連続性)、論文(日本の漢方医学の独自性についての一考察、内藤湖南の共和制理解について、「日高見国」から「大和国」へ)、書評
2016.10 159p A5 ¥1000　①978-4-89992-034-2

◆日本国史学 第10号(平成29年春)　日本国史学会編　啓文社書房, 啓文社 発売
【目次】日本国史学会東京シンポジウム 日清戦争一二〇年・日露戦争一一〇周年記念講演会(日清・日露戦争をどう戦い抜いたか、世界史から見た日清・日露戦争の意義)、ローマ・日本仏像展・学術エッセイ(日本の天才的表現、心、日本の伝統における精神性と美、ローマに於ける仏教徒たちの姿、日本仏像美術の様式史の考察)、論文(神社から見た楠公崇敬の歴史、9・11事件の検証・前編、徳川家康の西洋外交)、書評
2017.6 147p A5 ¥1000　①978-4-89992-035-9

◆日本社会再考—海からみた列島文化　網野善彦著　筑摩書房　(ちくま学芸文庫)
【要旨】日本を農業中心社会とみなす、長年常識とされてきた社会像は、近年つくられた虚像だった—ベストセラー『日本の歴史をよみなおす(全)』で、このことを明らかにした網野史学。この一貫した視点から、本書では「百姓」=「農民」という定説を覆し、実際にはその大きな部分を占めていた「海民」たちの活躍を読み解く。漁業、製塩業に従事するみならず、広く遠洋交易を営み、企業家的な活動すらも行った海民たちは、いかに日本の社会を彩り、形作ってきたのか。史料を駆使してその豊かな世界を掘りおこし、日本史に新たな地平を切り開いた快著。
2017.9 333p A6 ¥1200　①978-4-480-09814-6

◆日本的時空観の形成　吉川真司, 倉本一宏編　(京都)思文閣出版
【要旨】日本における古典的・伝統的な時空観はいつ、どのように形成されたのであろうか。空間認識・時間認識を作り上げるさまざまな要素—周囲を海に囲まれ、四季がはっきりと分かれる日本の地理的・気候的環境、中国から伝来した暦法と時刻制、あるいは政治制度、さらには仏教の影響などを、文献史学、考古学、歴史地理学、国文学の研究者たちがそれぞれの視点から分析。古代から中世にかけての日本の時空観の形成・定着のプロセスを具体的かつ実証的に明らかにする。
2017.5 596, 4p A5 ¥12500　①978-4-7842-1892-9

◆人間社会の日本歴史—個人史と歴史潮流の視点　竹内康朗著　七つ森書館
【要旨】日本歴史を年代と項目ごとに現状分析することから始めます。そして、歴史事実に基づいて、現代をどのように考えるか、同時に今後どうすべきかを、市民の立場から示します。歴史潮流のダイナミズムを描いた一冊です。
2017.6 269p B6 ¥1800　①978-4-8228-1776-3

◆比較史の方法　マルク・ブロック著, 高橋清徳訳　講談社　(講談社学術文庫)
【要旨】ブローデル、アリエス、ル・ゴフらを輩出したフランス史学の創始者マルク・ブロック(一八八六—一九四四年)。一九二八年に行われた講演の記録である本書は、歴史の中で「比較」を行うことの意義と問題点を豊富な具体例をまじえながら分かりやすく説明する。「われわれは歴史から何を知ることができるのか」という問いに迫っていく最良の歴史学入門。
2017.7 130p A6 ¥600　①978-4-06-292437-5

◆火の科学—エネルギー・神・鉄から錬金術まで　下野順也著　築地書館
【要旨】人類の発展は、火と共にあった。暖房や調理、武器から、製鉄や土器・陶磁器づくり、そして蒸気機関に始まったエネルギー利用の変遷まで。先史時代から現代まで広大なスケールで、

歴史学・考古学・地理学

人類と火の関わりを探る。
2017.3 255p B6 ¥2400 978-4-8067-1534-4

◆**ヒルデガルトの宝石論―神秘の宝石療法**
大槻真一郎著, 澤元亙監修　コスモス・ライブラリー, 星雲社 発売　(ヒーリング錬金術 3)
【要旨】真の健康と安らぎを求める現代人に語りかける名講義・シリーズ全4巻。第3巻は、中世ヨーロッパ最大の賢女と讃えられ、薬草学の祖にして、神秘家、作家、詩人としても知られる修道女ヒルデガルトの『石の本』(『フィシカ(自然学)』収載) を繙き解きながら、自然と信仰と調和からなる神秘的な宝石療法の世界を真摯に語る。
2017.11 169p B6 ¥1400 978-4-434-23994-6

◆**藤田幽谷のものがたり　3**　梶山孝夫著　錦正社
【目次】二人の歴史家、雲龍の送序文、国史の事を論ずし、『文苑雑談』、『皇朝史略』の序、『皇朝史略』の成立、『皇朝史略』の書名、『皇朝史略』の史論、幽谷の雲龍に贈る詩、豊神童の歌、幽谷と雲龍における学問形成の由来
2017.11 118p B6 ¥900 978-4-7646-0133-8

◆**暴政―20世紀の歴史に学ぶ20のレッスン**
ティモシー・スナイダー著, 池田年穂訳　慶應義塾大学出版会
【要旨】ファシストは日々の暮らしのささやかな"真実"を軽蔑し、新しい宗教のように響き渡る"スローガン"を愛し、歴史やジャーナリズムよりも、つくられた"神話"を好んだ。事実を放棄するのも、自由を放棄することと同じだ。ファシズム前夜―気鋭の歴史家ティモシー・スナイダーが、現在、世界に台頭する圧政の指導者に正しく抗うための二〇の方法を伝授する。
2017.7 141p 18cm ¥1200 978-4-7664-2438-6

◆**暴力と社会秩序―制度の歴史学のために**　ダグラス・C. ノース, ジョン・ジョセフ・ウォリス, バリー・R. ワインガスト著, 杉之原真子訳　NTT出版　(叢書・制度を考える)
【要旨】暴力を独占する国家はいかにして成立したのか? 近代的な政治・経済システムの成立の条件と暴力の制御という観点から迫った論争的な書。
2017.3 426p A5 ¥5000 978-4-7571-4232-9

◆**明治聖徳記念學會紀要　復刊第53号**　明治聖徳記念学会編　明治聖徳記念学会, 錦正社 発売
【目次】論文 (「昭和大礼記録」の編纂について、鎮守の縁起―上野国那波郡上之室村倭文神社の場合、明治天皇と昭憲皇太后の神葬祭―祭事典制度としての御真影下賜、伊勢神宮工匠の発生とその展開―特に進止権の所在を中心に、阿部隆治による篤彦『神ながらの道』の受容と展開―生き方に連なる『古事記』の教え、改暦前後の神社界、近現代における北野天満宮瑞饋祭の変化について―西之京の変化を焦点に、丸山作楽の神祇官論について―雑誌『隋在天神』に注目して)、史料紹介、講演、随想、書評、紹介、彙報 2016.11 266p A5 ¥2000 978-4-7646-0653-1

◆**明治聖徳記念學會紀要　復刊第54号　特集「近代の皇室制度―その運用と課題」**　明治聖徳記念学会編　明治聖徳記念学会
【目次】論文、シンポジウム、史料紹介、講演 (論文)、随想、彙報
2017.11 367p A5 ¥2000 978-4-7646-0654-8

◆**歴史を社会に活かす―楽しむ・学ぶ・伝える・観る**　歴史学研究会編　東京大学出版会
【要旨】歴史学になにができるのか。娯楽、教育、メディア、博物館―社会とつながる活動の現場からの提言。
2017.5 310p A5 ¥3200 978-4-13-023073-5

◆**歴史を学ぶ人々のために―現在(いま)をどう生きるか**　東京歴史科学研究会編　岩波書店
【要旨】激動する現在を生きる私たちにとって「歴史を学ぶ」ことはどのような意味があるのだろうか。歴史学とは過去の出来事を暗記するだけの無味乾燥な行為ではなく、現実の政治や社会との緊張感のもとに営まれる極めて「現在」的な学問であることを、第一線で活躍する一六人の歴史学者が具体的な事例を通してわかりやすく解き明かす。
2017.3 323p B6 ¥2500 978-4-00-025669-8

◆**歴史学が挑んだ継承と展開の50年**
歴史科学協議会編　大月書店
【要旨】日本の歴史学界で論じられてきた重要かつ基礎的な15のテーマを概観し、研究の意義と到達点、今後の課題と可能性を提示する。
2017.6 387p A5 ¥3700 978-4-272-51011-5

◆**歴史学の最前線―"批判的転回"後のアナール学派とフランス歴史学**　小田中直樹編訳　法政大学出版局　(叢書・ウニベルシタス)
【要旨】1989年に「危機的な曲がり角―批判的転回」特集を組んだ世界的学術誌『アナール』。絶えず自己革新を試みてきたアナール学派とフランス歴史学の試行錯誤の30年を現状理解に不可欠な精選された論考群でたどる!
2017.3 278p B6 ¥3700 978-4-588-01054-5

◆**歴史ができるまで―トランスナショナル・ヒストリーの方法**　J.H. エリオット著, 立石博高, 竹下和亮訳　岩波書店　(岩波現代全書)
【要旨】歴史の記述が創り出されるとき、歴史家は何を考え、どんな作業を行うか。著者はスペインを中心とする西洋近世史研究を半世紀以上にわたって牽引してきた英国の代表的歴史家であり、その論著は比較史・政治史・文化史・衰退論など、さまざまな分野に拡がる。本書でこの碩学は、戦後の研究史を概観しつつ自らの研究の制作過程を方法論的に振り返る。一人の歴史家の研究史をたどることで、近世そのものの諸相と近世研究の特質が浮かび上がる自伝的考察。
2017.5 256p B6 ¥2500 978-4-00-029202-3

◆**歴史家の展望鏡**　山内昌之著　みすず書房
【要旨】政治のリアリズムと、歴史に対する畏怖の念。ほんの昨日の出来事も、眺める位置で違って見える。どう読めば良いのか? すぐれた歴史家が教える、書物の遠近法。
2017.12 297p B6 ¥3400 978-4-622-08560-7

◆**歴史的思考―その不自然な行為**　サム・ワインバーグ著, 渡部竜也監訳　(横浜)春風社
【要旨】歴史的思考、歴史家特有の思考とは何か? 歴史教育の方法論。米国の小中高の生徒・大学生・教師に対する数々の質的調査研究の成果を踏まえつつ、「歴史家のように読む」歴史教育の意義と可能性を追究する。米国での歴史教育研究の第一人者の代表作を完訳。ワインバーグの師ショーマンによる、教師の専門性や専門共同体についての研究論文も併録する。
2017.10 485, 38p A5 ¥5100 978-4-86110-555-5

◆**歴史能力検定　2016年実施第35回全級問題集**　歴史能力検定協会編　河合出版
【目次】5級歴史入門、4級歴史基本、準3級日本史、3級世界史、3級日本史、2級世界史、2級日本史、1級世界史、1級日本史
2017.6 203p A5 ¥800 978-4-7772-1931-5

◆**歴史の大局を見渡す―人類の遺産の創造とその記録**　ウィル・デュラント, アリエル・デュラント著, 小巻靖子訳　パンローリング　(フェニックスシリーズ)
【要旨】人間の性質、国家の行動について考えるうえで有用と思われる出来事や論評を13のエッセイにまとめた。新事実を知るのではなく、人類の過去の物事を概観して欲しい。
2017.2 175p B6 ¥1200 978-4-7759-4165-2

◆**歴史のなかの異性装**　服藤早苗, 新實五穂編　勉誠出版　(アジア遊学 210)
【要旨】多様な服や装飾―衣服は身分や男女差を可視化できる故に、国家や社会による規制の対象とされることが多かった。異性装はいかなる社会的・文化的背景のもとで行われてきたのか。日本とアジアを中心に、ヨーロッパ、アフリカなど諸国の異性装事例を歴史・服飾・美術・ジェンダーなどの側面から照射し、女神の帰依・男巫の儀礼から同性愛・トランスジェンダーまで、女装・男装の実体や異性装禁止命令の変遷を明らかにする。
2017.6 272p A5 ¥2800 978-4-585-22676-5

◆**歴史の喩法―ホワイト主要論文集成**　ヘイドン・ホワイト著, 上村忠男編訳　作品社
【要旨】"メタヒストリー"によって歴史学に革命的転換をもたらしたヘイドン・ホワイト―その全体像を理解するための主要論考を一冊に編纂。
2017.4 303p B6 ¥3200 978-4-86182-635-1

◆**Doing History―「歴史」に対して、わたしたちができること**　テッサ・モーリス=スズキ, 姜尚中著　(福岡)弦書房　(FUKUOKA uブックレット 13)
【要旨】国境を越えること。学問の世界と日常生活との境界を越えること。戦争は「歴史の敗北」です。学問の領域という境界線を越え、日常性の中に生きて歴史の重要性を再確認しなければならない。
2017.1 56p A5 ¥680 978-4-86329-145-4

考古学

◆**アシュール石器文化の草創―エチオピア、コンソ**　諏訪元, ヨナス・ベイェネ, 佐野勝宏, ブルハニ・アスファオ著　東京大学総合研究博物館, 東京大学出版会 発売
【要旨】東京大学創設140周年記念特別展示「最古の石器とハンドアックス―デザインの始まり」の展示事業の一部として出版。
2017.10 119p A4 ¥3600 978-4-13-020280-0

◆**石鍋が語る中世―ホゲット石鍋製作遺跡**　松尾秀昭著　新泉社　(シリーズ「遺跡を学ぶ」 122)
【要旨】九州の西の端、長崎県の西彼杵(にしそのぎ)半島の山中には、滑石の岩盤をくりぬいた痕跡が無数に残っている。これは中世に石鍋を盛んに製作した跡で、つくられた製品は、北は青森から南は琉球列島にまで運ばれた。山中での石鍋製作と広域に流通した実態を明らかにする。
2017.11 93p A5 ¥1600 978-4-7877-1832-7

◆**岩宿遺跡の発見者―人間 "相澤忠洋"を語る**
相澤貞順著　ノンブル社
【目次】出会い―昭和34年ころ、西鹿田遺跡発掘調査―昭和34年11月、NHKの「ある人生」に出演―昭和35年から昭和36年、群馬県功労賞受賞と遺跡台帳―昭和36年、寺西貝塚発掘調査のころ―昭和37年から昭和38年、石山遺跡発掘調査と吉川英治賞受賞―昭和39年から昭和42年、『「岩宿」の発見』の出版―昭和42年から昭和44年、磯遺跡調査と赤城人類文化研究所の設立―昭和44年から昭和47年、キミ夫人―昭和47年から昭和48年、夏井戸収蔵庫と入院―昭和48年から昭和51年〔ほか〕
2017.11 148p B6 ¥1450 978-4-86644-008-8

◆**美しい古墳―白洲塾長の世界一毒舌な授業**
白洲信哉, 秦まゆな著　ワニ・プラス, ワニブックス 発売　(ワニブックスPLUS新書)
【目次】1 前方後円墳誕生の謎―奈良・山辺の道を行く (貴重な神奈備山・三輪山、日本人の山への思い ほか)、2 巨大化する前方後円墳―大阪・河内をたどる (大和から河内へ移った前方後円墳、王ännなのか ほか)、3 広がりを見せる前方後円墳―岡山、北関東を巡る (ヤマト王朝に匹敵する勢力・吉備、両宮山古墳は未完成? ほか)、4 古墳の在り方を考える―復元古墳を訪ねる (築造当時の古墳本来の姿、幸せな古墳 ほか)、白洲塾長の講義を終えて (塾生 秦まゆな)、おわりに 古墳という美を人生の友として (白洲信哉)
2017.12 221p 18cm ¥900 978-4-8470-6115-8

◆**海に生きた弥生人―三浦半島の海蝕洞穴遺跡**
中村勉著　新泉社　(シリーズ「遺跡を学ぶ」 118)
【要旨】三浦半島の海岸には、弥生時代の漁撈具や貝殻・鹿角製の美しい装飾品、占いをした卜骨などの出土する遺跡が数多くある。なぜ、このような場所に人間の営みがあり、その営みが洞穴でなければならなかったのか。この素朴な疑問を解くために、この地の洞穴遺跡を探訪。
2017.4 93p A5 ¥1600 978-4-7877-1638-5

◆**海の人類史―東南アジア・オセアニア海域の考古学**　小野林太郎著　雄山閣　(環太平洋文明叢書 5)
【要旨】人類の祖先はいかにして環太平洋圏にひろがる海域世界へ進出したのか? 東南アジアからオーストラリアにまたがるウォーラシア海域周辺の発掘成果を中心に、出アフリカからポリネシアまで続いた人類の旅の軌跡を、最新の学説を交えてたどる。
2017.2 224p A5 ¥2600 978-4-639-02440-8

◆**宇和奈辺陵墓参考地旧陪冢ろ号(大和6号墳)―出土遺物の整理報告**　宮内庁書陵部陵墓課編　六一書房
【目次】第1章 報告書作成の目的とこれまでの経過、第2章 周辺の環境と既往の調査・研究、第3章 昭和20(1945)年～昭和21(1946)年の調査、第4章 昭和20(1945)年～昭和21(1946)年調査の出土遺物、第5章 総括、附編1 大和6号墳と周辺古墳の調査、附編2 宇和奈辺陵墓参考地旧陪冢ろ号出土遺物の自然科学分析、図版、抄録
2017.7 257, 92p A4 ¥6500 978-4-86445-092-8

歴史学・考古学・地理学

◆**雲岡石窟の考古学―遊牧国家の巨石仏をさぐる** 岡村秀典著 (京都)臨川書店 (京大人文研東方学叢書 3)
【要旨】敦煌・龍門とならび中国三大石窟の一つである雲岡石窟。京都大学人文科学研究所の前身である東方文化研究所の水野清一・長廣敏雄は、日中międ戦火を交える最中、世界に前例のない石窟の悉皆調査に踏み出した一人京大に蔵する膨大な資料と写真群を整理してきた著者がのあたりお手折線をたどる雲岡の編年説に挑む！200点を超える貴重な図版を収録。
2017.6 275, 8p B6 ¥3200 ①978-4-653-04373-7

◆**鴉一神となった金印** 月潭眞龍著 (福岡)花乱社
【要旨】弥生時代の北部九州で起こった「鏡・剣・玉」の三器を尊重する文化。三器の最上位にあるのは「鏡」だった。大量の「鏡」が副葬される北部九州の王侯墓にあって、ただの一面も「鏡」が副葬されない「安徳台遺跡群二号甕棺墓」。柄に絹糸が巻かれた見事な拵の「剣」を持ち、国王に匹敵するはずの「玉」を持ちながらも、肝心の「鏡」を持たないその王侯墓の被葬者とは何者なのか―。八咫烏に導かれ、不世出の考古学者、原田大六に私淑する市井の学徒が挑む「漢委奴國王の金印」の謎。
2017.10 147p A5 ¥1800 ①978-4-905327-81-3

◆**旧石器時代の知恵と技術の考古学―安蒜政雄先生古希記念論文集** 安蒜政雄先生古希記念論文集刊行委員会編 雄山閣
【目次】旧石器時代研究の進むべき道、石器製作技術の研究―その学史的検討(3)、細石刃と細石刃技術―用語概念をめぐる問題点、スポットについての小考、縄文下層期旧石器時代の武蔵野台地と多摩丘陵、武井遺跡群の構造的研究における試論、縄手下遺跡にみる石器原材の獲得消費活動と遺跡形成、後期旧石器時代初頭における磨製石斧の形態と破損について、秋田県米ヶ森遺跡の再評価、について、後期旧石器時代前半の列状土坑群掘削の意義について［ほか］
2017.3 382p B5 ¥18000 ①978-4-639-02474-3

◆**近世城郭の考古学入門** 中井均,加藤理文編 高志書院
【目次】考古学と近世城郭、織豊系城郭と近世城郭の虎口の変化、戦国期の城に集る近世城郭、近世城郭の改修と破城、櫓台と天守台、御殿・能舞台と庭園を中心に、石垣の修理を追う、近世城郭の瓦、近世城郭、城下町の陶磁器、城下町建設の手法、近世城郭の整備と復元
2017.3 235p A5 ¥3000 ①978-4-86215-161-4

◆**県史跡・東高根遺跡―公園に眠る古代遺跡**
小薬一夫著 (川崎)かわさき市民アカデミー、シーエービー出版 発売 (川崎学双書シリーズ 3)
【目次】第1章 発見から保存まで、第2章 東高根遺跡とその周辺、第3章 ここまで分かった東高根遺跡、第4章 弥生時代の東高根遺跡、第5章 東高根ムラの様子、附編1 古代の植物利用―古代植物園のフィールドガイドブックとして、附編2 東高根 二千年の時を越えて―東高根遺跡と長尾の里を巡る
2017.11 105p A5 ¥700 ①978-4-904341-16-2

◆**交合・産・陰陽道・臼―考古学とその周辺**
秋山浩三著 (大阪)清風堂書店
【目次】1部 交合と産（性・交合の考古学―「イヤらしい」という現代感覚は階級社会から、妊娠・出産・後産の考古学―"交合"以降の展開をめぐって、後産呪法と考古学―「落し胞」実遺構の可能性）、2部 陰陽道と「歴組」（21世紀に遺る陰陽師集団の祭祀―河内額田陰陽道「歴代組」、鎮宅霊符神社札次第、河内額田「陰陽道歴代組・村史に関する写真集」のこと、陰陽道「歴代組」、藤井寺市伴林氏神社宮司の書、星田妙見宮の陰陽道関係資料、交野・星の森宮祭礼と降星伝説、星田・降星伝説「事跡」：交野市光林寺の祭礼、安倍晴明・陰陽道ブームを考える―"光と影"、「歴代組」の起源・事跡と祭礼）、3部 産育雑記（池島・福万寺町付近に現れた近世以降の農耕関連石造品、迷い子資料・5分画挽臼の謎、稀少資料・5分画挽臼の新確認例、大和山中挽き臼踏査覚書―民俗（民具）資料、考古遺物の接点と歴史的変遷、中国華東地方臼類見聞小識）
2017.11 407p A4 ¥2000 ①978-4-88313-869-2

◆**考古学と精神文化** 金関恕著, 桑原久男編 雄山閣
【要旨】卒寿を迎えられた著者が、発掘調査研究によって築き上げた古の人々の精神文化を解明した論文をはじめて集成。
2017.11 278p A5 ¥6800 ①978-4-639-02541-2

◆**考古学のための法律** 久末弥生著 日本評論社
【目次】第1章 考古行政と法律、第2章 発掘調査と法律、第3章 遺物・遺跡と法律、第4章 博物館と法律、第5章 考古遺産法制と都市計画、第6章 考古学資源と公有地
2017.12 157p B6 ¥2600 ①978-4-535-52300-5

◆**考古学・博物館学の風景―中村浩先生古稀記念論文集** 中村浩先生古稀記念論文集刊行会編 芙蓉書房出版
【目次】須恵器研究とその周辺（TK208型式須恵器の諸問題、楠葉式土器の生産とその特質 ほか）、古代・中世の諸相（「動作連鎖」の概念で観る亀石古墳―新室廃寺の造営とその比較から瓦積みの外護施設を考える、斑鳩文化圏否―大和における法隆寺式軒瓦の分布 ほか）、様々ないとなみ（群集土坑の理解をめぐって―下唐原十足遺跡の再評価、銅鉈・銅鏃・銅釧の生産に関する問題点―鳥栖市藤木（ふじのき）遺跡出土の青銅器鋳型について ほか、博物館学の現在（古奇物愛玩に拠る歴史資料の保存―小銅鐸の愛玩利用による事例を中心に、蛸壺づくりの村」を活用した観光地域づくりの基礎的プロセス―「記録保存」の措置を取られた戎畑遺跡（大阪府泉南市）の活用 ほか、特別寄稿（須恵器生産の成立とその背景、観光と博物館について）
2017.4 542p A5 ¥18000 ①978-4-8295-0712-4

◆**考古耽読抄―私の考古遍歴 4** 坂詰秀一著 ニューサイエンス社
【目次】1 考古読書履程録（1961～2015）（江坂輝彌『土偶』、吉田格『横浜市称名寺貝塚』、安井良三『日本における古代火葬墓の分類』、大場磐雄「考古学上から見た紀元一～三世紀頃の日本」、鈴木尚『日本人の骨』、伊東信雄・板橋源『五条丸古墳群』、石田茂作『遠江国分寺の研究』、望月重昌『伊豆修善寺町の仏教遺物』、木越邦彦『年代測定法』、藤森栄一『井戸尻遺跡』 ほか）
2017.3 468p A5 ¥4500 ①978-4-8216-0652-8

◆**国宝土偶「仮面の女神」の復元 中ッ原遺跡** 守矢昌文著 新泉社 (シリーズ「遺跡を学ぶ」120)
【要旨】信州・八ヶ岳西麓の大規模集落跡から出土した大形の仮面土偶。この頃、山麓の集落群が急激に減少する縄文時代後期、縄文人は、死者にたむけるように埋置されたこの土偶にどんな願いを込めたのか。発掘を担当した著者がその謎を解き明かしてゆく。
2017.8 93p A5 ¥1600 ①978-4-7877-1640-8

◆**古諏訪の祭祀と氏族** 古部族研究会編 (名古屋)人間社 (人間社文庫―日本の古層 3)
【目次】古墳の変遷からみた古氏族の動向、古諏訪信仰と生島足島神社、呪術の春、諏訪上社御射山祭について、諏訪神社の竜蛇信仰、諏訪の大天白神、天白論ノート
2017.9 358p A6 ¥800 ①978-4-908627-16-3

◆**古代寺院造営の考古学―南山城における仏教の受容と展開** 中島正著 同成社
【要旨】京都府南部地域・南山城における仏教遺跡を対象として、国家仏教と氏族仏教の相克を視座に、仏教文化の受容と伝播の過程を丹念に追究。その特異性と普遍性を明らかにする。
2017.2 206p B5 ¥7500 ①978-4-88621-739-4

◆**古代諏訪とミシャグジ祭政体の研究** 古部族研究会編 (名古屋)人間社 (人間社文庫―日本の古層 2)
【目次】地母神の村・序説、「ミシャグジ祭政体」考、蛇体と石棒の信仰―諏訪語佐口神と原始信仰、縄文中期における宗教的遺物の推移―八ヶ岳山麓の住居址を中心として、御作神、洩矢祭政体の原始農耕儀礼要素、御社宮司の踏査集成
2017.9 306p A6 ¥800 ①978-4-908627-15-6

◆**古墳時代社会の比較考古学** 富山直人著 同成社
【要旨】古墳時代の社会が発展していく過程を、近畿地方を中心とした集落構造や古墳の副葬品配置などにもとづいて比較考古学の視点から考究し、当時のヒトやモノ、情報の流れの動勢について精緻な立証を試みる。
2017.9 248p B5 ¥9000 ①978-4-88621-766-0

◆**古墳時代の南九州の雄―西都原古墳群** 東憲章著 新泉社 (シリーズ「遺跡を学ぶ」121)
【要旨】宮崎県中央部に位置する西都原（さいとばる）古墳群には、三〇〇基以上の古墳が存在する。複数の集団がそれぞれ前方後円墳を築造した四世紀代、二基の九州最大の古墳にまとまる五世紀前半、小規模円墳と地下式横穴墓が群集する六世紀代と、台地上に繰り広げられた古墳の展開を明らかにする。
2017.11 93p A5 ¥1600 ①978-4-7877-1831-0

◆**古ళと池溝の歴史地理学的研究** 川内眷三著 (大阪)和泉書院 (日本史研究叢刊 33)
【要旨】河内平野・上町台地に展開する治水・潅漑事業の分析は、『記紀』などにふれられる大王陵やその溜池である依網池・狭山池、和気清麻呂の河内川などの解明に結びつく。本書は、各種地形図・古絵図の読解をもとに史的文献や発掘資料を援用し、現地踏査を基軸に据えて埋もれた古代歴史の価値を再発見する。歴史地理学に立脚した古墳・池溝の復原研究である。
2017.12 878p A5 ¥11000 ①978-4-7576-0853-5

◆**古墳の方位と太陽** 北條芳隆著 同成社 (ものが語る歴史 36)
【要旨】古墳築造や遺跡の成り立ちに太陽の運行や周辺景観が大きく影響したことを、民俗方位観や天文学的視座にたち論証。筆者が30年来取り組んできた古墳築造企画論・方位論を総括し、前方後円墳の祭祀について新たな見解を提示する。
2017.5 280p A5 ¥4800 ①978-4-88621-764-6

◆**三角縁神獣鏡と3～4世紀の東松山―市制施行60周年記念事業シンポジウム** 東松山市教育委員会編 六一書房 (考古学リーダー 26)
【要旨】埼玉県初、関東では約40年ぶりの三角縁神獣鏡の発見を契機に行われた、シンポジウムの記録集。
2017.5 192p A5 ¥2500 ①978-4-86445-090-4

◆**市民参加型調査が文化を変える―野尻湖発掘の文化資源学的考察** 土屋正臣著 美学出版
【要旨】市民参加型発掘調査は何をもたらしたのか？　文化の探究の場としてのフィールドワークと、人々の学びが社会を創造する。半世紀も続く野尻湖発掘における戦後の市民参加型調査の事例を詳細に復元し分析。人々の学びと、地域に根ざした共同的な"知"の形成がもたらす、文化・科学・地域社会の新しい局面を切り拓く可能性を、文化資源学的アプローチから考察する。
2017.5 423p A5 ¥4200 ①978-4-902078-46-6

◆**縄文人はなぜ死者を穴に埋めたのか―墓と子宮の考古学** 大島直行著 国書刊行会
【要旨】あまたの文献を渉猟・博捜して、縄文人の死や生に対する考え方、墓をつくって死者を葬ろうとした彼らの心、「再生シンボリズム」とその中核をなす"子宮"の意味にアプローチする、縄文解釈のドキュメンタリー。
2017.9 305p B6 ¥2400 ①978-4-336-06195-9

◆**縄文とケルト―辺境の比較考古学** 松木武彦著 筑摩書房 (ちくま新書)
【要旨】ユーラシア大陸の正反対の位置にある日本とイギリス。新石器時代、大陸では四大文明のような「文明型」の社会が広まっていくなか、その果てにあった両地域は、「非文明型」の社会へと発展していった。直接的な交流がないこの二つの地域になぜ共通性が生まれたのか？　また、同じホモ・サピエンスなのに、なぜ大陸とは異なる方向へ進んだのか？　ストーンサークルや巨大な墓など、それぞれの遺跡を訪れることで、いままで見えてこなかった知られざる歴史に迫る。
2017.5 247p 18cm ¥820 ①978-4-480-06961-0

◆**「心象考古学」の試み―造形物の心性を読み解く** 利部修著 雄山閣
【要旨】「木」の刻書・墨書文字、数字様表記の「卅（じゅう）」・「丗（さんじゅう）」・「卌（よんじゅう）」、文献史料の「八」、東北地方の遠賀川系壺、×形文図像、秋田城跡の龍絵塔婆（せん）と人物絵塔（せん）、西王母の髪飾り、鴟尾瓦の変遷、三足鳥と鳳凰、亀趺碑などの造形物から、道教的信仰、神仙思想の心性を読み解く。
2017.11 244p A5 ¥2800 ①978-4-639-02540-5

◆**人類先史、曙―東京大学総合研究博物館所蔵明治期等人類学標本101点写真集** 諏訪元, 佐宗亜衣子, 水嶋崇一郎, 初鹿野博之著 東京大学総合研究博物館, 東京大学出版会 発売
【目次】叉状研歯のある縄文時代人の頭骨、坪井正五郎、古代への階見し、古人骨による人類史の研究、明治期に収集された「石器時代」人骨、長谷部言人と古人骨、鈴木尚と日本人の小進化、大森と陸平、坪井正五郎の発掘調査
2017.10 79p A4 ¥1800 ①978-4-13-020271-8

◆**水中文化遺産―海から蘇る歴史** 林田憲三編 勉誠出版

歴史・地理

◆**新しいフィールドの出現**—.科学技術の進展が海陸の境界を消し去り、新たな発見が続出している。沈没船や出土品が物語る交流と衝突の歴史、海辺の遺跡群から浮かぶ人々の営み、そして財宝を漁るトレジャー・ハンターたち…。最新の科学的知見を交えながら、水中文化遺産研究の現在を伝える。
2017.3 250,5p A5 ¥2800 ①978-4-585-22162-3

◆**世界遺産と天皇陵古墳を問う** 今尾文昭、高木博志編 (京都)思文閣出版
【要旨】そもそも何をもめているのか？百舌鳥・古市古墳群の世界文化遺産登録を目指す運動のなかで浮かび上がる天皇陵をめぐる諸問題を直視し、未来を考える。
2017.1 271,19p B6 ¥2300 ①978-4-7842-1872-1

◆**石造文化財 9 小特集 神・儒・仏の習合・分離を考古学する 2 石造文化財調査研究所編** 石造文化財調査研究所、雄山閣 発売
【目次】巻頭言 近世大名家墓所の調査と保全、小特集 神・儒・仏の習合・分離を考古学する(2)、大名墓とその周辺、先哲の墓所、文化財の保存、気になる一冊、石造文化財調査研究所受託事業報告 ほか
2017.5 143p B5 ¥4200 ①978-4-639-02491-0

◆**前方後円墳国家** 広瀬和雄著 中央公論新社 (中公文庫)
【要旨】三世紀半ばから約三五〇年間、日本列島の各地で前方後円墳が造営され続けた。その数はおよそ五二〇〇基にのぼる。大山(仁徳陵)古墳をはじめとする巨大古墳が、共通する墳形と整然たる規模の階層性をもって造られたのはなぜか—。「国家」という視点から古墳時代の歴史像を捉え直す試み。
2017.2 347p A6 ¥960 ①978-4-12-206369-3

◆**前方後円墳秩序の成立と展開** 澤田秀実著 同成社
【要旨】前方後円墳の成立過程を、築造企画と竪穴式石槨の変遷、三角縁神獣鏡の製作動向から検討し、前方後円墳の構造成立期の編年と暦年代を比定。両者を極めて重要な資料とみる当時の政治秩序の実態を解明する。
2017.10 228p B5 ¥8000 ①978-4-88621-769-1

◆**前方後円墳の暗号** 関裕二著 講談社 (講談社プラスアルファ文庫)
【要旨】世界で最も大きなお墓は、大阪にある！しかし、なぜそんなに大きなお墓を作ったのか…。われわれはどこからやってきたのか、そしてどこに行こうとしているのか…。古墳がわかれば、古代史がわかる。古代史がわかれば、日本人の正体が解き明かされる。人気歴史作家・関裕二、渾身のオリジナル書き下ろし作品のテーマは、ズバリ「古墳」です。古墳の謎を解く旅に、いざ！
2017.1 262p A6 ¥690 ①978-4-06-281704-2

◆**中近世陶磁器の考古学 第5巻** 佐々木達夫編 雄山閣
【要旨】発掘調査により出土した陶磁器は遺跡との関係を身にまとい、生活文化史を語る歴史資料「考古学陶磁器」へと変貌する。それら資料に基づいた世界各地における過去の生活の諸様相を探る研究成果にはめざましいものがある。本書はその研究の最前線に立つ執筆陣による論文を収載した第五巻である。
2017.3 318p A5 ¥6800 ①978-4-639-02465-1

◆**中近世陶磁器の考古学 第6巻** 佐々木達夫著 雄山閣
【要旨】発掘調査により出土した陶磁器は遺跡との関係を身にまとい、生活文化史を語る歴史資料「考古学陶磁器」へと変貌する。それら資料に基づいた世界各地における過去の生活の諸様相を探る研究成果にはめざましいものがある。本書はその研究の最前線に立つ執筆陣による論文を収載した第六巻である。
2017.5 335p A5 ¥6800 ①978-4-639-02488-0

◆**中近世陶磁器の考古学 第7巻** 佐々木達夫編 雄山閣
【要旨】遺跡から出土する陶磁器は歴史資料「考古学陶磁器」として、遺跡との関係で地域・時代・階層の情報をその身にまとう。本書はそれら資料に基づいた多様な研究法と新鮮な論点から語られる生活文化史のシリーズ第七巻である。
2017.10 326p A5 ¥6800 ①978-4-639-02528-3

◆**土が語る古代・中近世—土器の生産と流通** 白石純著 (岡山)吉備人出版
【要旨】鬼ノ城の須恵器、美作地域の陶棺、出雲の須恵器、大坂城の瓦など…土器片から産地や物流、人の移動の真相に迫る！
2016.12 167p B5 ¥1600 ①978-4-86069-486-9

◆**津波災害痕跡の考古学的研究** 斎野裕彦著 同成社
【要旨】東日本大震災を東北の現地で体験し、津波防災の必要性を痛感した著者が、考古学・文献史学・地質学などを駆使し、津波災害痕跡の調査法とその分析法を提示。未来の防災のため、過去の正確な災害史構築に挑む。
2017.9 247p B5 ¥9000 ①978-4-88621-762-2

◆**積石塚大全** 土生田純之編 雄山閣
【要旨】日本全国・朝鮮半島の積石塚を初めて集成、その特徴を明らかにする。朝鮮半島との関わり、渡来人の問題など、古墳時代の政治・社会の考究に当たって極めて重要な資料となる積石塚について、近年の発掘調査の成果を踏まえて再評価する。
2017.5 332p B5 ¥16000 ①978-4-639-02471-2

◆**デジタル技術でせまる人物埴輪—九十九里の古墳と出土遺物** 城倉正祥著 吉川弘文館
【要旨】千葉県九十九里の殿塚・姫塚古墳の人物埴輪が大きさと美麗さにおいて全国屈指の人物埴輪が大量発掘されて60年。壮麗な人物埴輪をデジタル撮影・3D化し、美術的・考古学的価値を再発見。新たな魅力に迫るビジュアルブック。
2017.5 207p B5 ¥2700 ①978-4-642-08310-2

◆**天文の考古学** 後藤明著 同成社 (ものが語る歴史シリーズ 35)
【要旨】人は星に何を託してきたのか。世界各地の遺跡とさまざまな天文現象に関する民族誌を豊富にとりあげながら、古代人の世界観や時空間概念に迫る。
2017.5 267p A5 ¥4200 ①978-4-88621-760-8

◆**土器編年と集落構造—落川・一の宮遺跡の出自と生業を探る** 福田健司著 ニューサイエンス社 (考古調査ハンドブック 16)
【目次】1 土器の編年と焼成方法(須恵器、土師器 ほか)、2 土器編年(落川・一の宮遺跡土器編年の年代幅、南多摩窯址群の窯式設定過程と問題点 ほか)、3 集落構造(竪穴建物面積と居住人員算出法、太宝2年御野国戸籍記載の半里の故地東山浦遺跡 ほか)、4 落川・一の宮遺跡居住集団の出自と生業(火熨斗、墨書土器「㬎坎(けつ)」ほか)、付録 落川・一の宮遺跡の各段階の「窯式・型式・検出遺構・遺物」と「歴史年表・文献」対照表
2017.5 309p A5 ¥3300 ①978-4-8216-0528-6

◆**土偶のリアル—発見・発掘から蒐集・国宝誕生まで** 譽田亜紀子著、武藤康弘監修、スソアキコ絵 山川出版社
【要旨】どう作られ、いったい何に使われていたのか。本物にどうようみがえったのか。国宝5体とこれだけは見ておきたい土偶を多数のカラー図版、貴重な資料とともに紹介する。思わず唸る17の物語。
2017.2 198p B6 ¥1500 ①978-4-634-15112-3

◆**特別史跡 高松塚古墳発掘調査報告—高松塚古墳石室解体事業にともなう発掘調査** 文化庁、奈良文化財研究所、奈良県立橿原考古学研究所、明日香村教育委員会編 同成社 (国宝高松塚古墳壁画恒久保存対策事業報告書1)(付属資料あり)
【目次】第1章 序言、第2章 調査の方法と経過、第3章 墳丘の調査、第4章 埋葬施設の調査、第5章 壁画保存環境の調査、第6章 関連調査、第7章 考察、第8章 結語
2017.9 219p 31×22cm ¥15000 ①978-4-88621-773-8

◆**殿塚・姫塚古墳の研究—人物埴輪の三次元計測調査報告書** 城倉正祥編 六一書房 (早稲田大学東アジア都城・シルクロード考古学研究所調査研究報告 第3冊)
【目次】序言—調査の概要と本書のねらい、第1部 殿塚・姫塚古墳の発掘(1期1956年)調査、第2部 殿塚・姫塚古墳の測量・GPR(3期1次2012年)調査、第3部 人物埴輪の写真撮影と三次元計測、第4部 九十九里の埴輪群像—出土埴輪集合写真集、結言—成果と今後の課題
2017.3 263p A4 ¥3700 ①978-4-86445-089-8

◆**奈良県の縄文遺跡** 松田真一著 (田原本町)青垣出版 発売 (青垣双書)
【要旨】奈良県の縄文遺跡を網羅、87遺跡を詳しく解説。暮らしや食べ物に注目したコラム13編、奈良県の縄文時代が全部分かる。
2017.2 404,5p B6 ¥2200 ①978-4-434-22921-3

◆**日本考古学 第43号** 日本考古学協会編 日本考古学協会、吉川弘文館 発売
【目次】論文(空間的セリエーションの実践—北白川C式を素材として、弥生鉄剣論、木製「泥除」の再検討—弥生時代の出土事例を中心として、古墳時代倭鏡様式論)、研究ノート(土器残存脂質分析の成果と日本考古学への応用可能性)、遺跡報告(福岡県上毛町船原古墳の調査について)、書評(佐藤宏之・山田哲・出穂雅実編『晩氷期の人類社会 北方先史狩猟採集民の適応行動と居住形態』、藤尾慎一郎編『弥生時代の歴史』、関根達人著『モノから見たアイヌ文化史』)、研究動向(文化遺産は誰のものか—東南・東アジアの4世界文化遺産の帰属問題、ドイツ鉄器時代前期(ハルシュタット期/ラ・テーヌ期)における墳丘墓と集落—概要・調査事例・理論)
2017.5 154p A4 ¥4000 ①978-4-642-09389-7

◆**日本考古学年報 68 (2015年度版)** 日本考古学協会編 日本考古学協会、吉川弘文館 発売
【目次】1 2015年度の日本考古学界(日本考古学研究の動向、外国考古学研究の動向、日本考古学協会の記録)、2 各都道府県の動向(北海道、青森県、岩手県、宮城県、秋田県 ほか)
2017.5 366p B5 ¥4000 ①978-4-642-09388-0

◆**日本列島におけるナイフ形石器文化の生成—現生人類の移住と定着** 大塚宜明著 (札幌)北海道大学出版会 (札幌学院大学選書)
【目次】第1章 ナイフ形石器をめぐる研究とその課題、第2章 研究対象と方法、第3章 関東地方のAT下位におけるナイフ形石器製作技術の変遷、第4章 東北地方から九州地方におけるAT下位のナイフ形石器製作技術の変遷、第5章 北海道地方における旧石器文化のはじまり、第6章 AT下位石器群の石器組成および遺跡立地の検討、第7章 日本列島におけるナイフ形石器文化の生成
2017.9 376p B5 ¥12000 ①978-4-8329-6834-9

◆**農耕の起源と拡散** アジア考古学四学会編 高志書院 (アジアの考古学 3)
【目次】潅漑農耕の始まりと拡がり、第1部 アジア東部の多様な農耕(日本列島における縄文時代の栽培植物、日本列島における農耕の拡散、中国大陸における初期農耕の出現と拡散、韓半島における農耕の開始と拡散、東南アジアの農耕)、第2部 西アジア型農耕の起源と拡散(西アジア型農耕社会の誕生、西アジアにおける農耕起源とムギ類の栽培化、地中海へと渡った農耕、西アジアからエジプトへの農耕牧畜の伝播とエジプトにおける農耕、南アジア農耕の始まりと特徴、冬作物と夏作物、中央アジアにおける農耕の起源と展開)、第3部 新大陸の文明と農耕(メソアメリカの農耕と文明の形成、南米における農耕の成立と文明の形成)
2017.10 328p A5 ¥7000 ①978-4-86215-172-8

◆**発掘狂騒史—「岩宿」から「神の手」まで** 上原善広著 新潮社 (新潮文庫)(『石の虚塔 発見と捏造、考古学に憑かれた男たち』改題書)
【要旨】岩宿遺跡を発掘した在野の研究家、相澤忠洋。「旧石器の神様」と呼ばれた考古学者、芹沢長介。日本人の根源を辿る考古学界において、歴史を変えたその新発見は激しい学術論争、学閥抗争を巻き起こす。やがて沈殿した人間関係の澱は、日本を震撼させた「神の手」騒動に流れ着き—。痒い所に細部を穿つ徹底取材が生んだ骨太ノンフィクション。
2017.2 366p A6 ¥590 ①978-4-10-120686-8

◆**発掘された日本列島 2017 新発見考古速報** 文化庁編 共同通信社
【目次】新発見考古速報(旧石器時代、縄文時代 ほか)、特別報告 熊本地震からの復興に向けて、特集1 復興のための文化力—東日本大震災の復興と埋蔵文化財の保護(高根遺跡、五畝田・犬遣遺跡 ほか)、特集2 発掘された水中遺跡(粟津湖底遺跡、瀬戸内海の海揚がり遺物 ほか)、最新リポート 日本発掘最前線！2017
2017.6 71p B5 ¥1800 ①978-4-7641-0697-0

◆**東アジアに翔る上毛野の首長—綿貫観音山古墳** 大塚初重、梅澤重昭著 新泉社 (シリーズ「遺跡を学ぶ」119)
【要旨】東の古墳王国、群馬県。なかでも、高崎市の綿貫観音山古墳から出土した華麗な副葬品は、韓国武寧王陵出土鏡と同型鏡の他、隆寺献納宝物の水瓶に似た美しい水瓶など、東アジアの活発な交流を見せて群を抜いている。五〜六世紀に国際情勢に通じ、活躍したその被葬者の

実像に迫る。
2017.9 93p A5 ¥1600 ①978-4-7877-1639-2

◆人はなぜ戦うのか―考古学からみた戦争 松木武彦著 中央公論新社（中公文庫）
【要旨】弥生時代、農耕社会への移行とともに、日本列島中央部でも本格的な集団間闘争が広がっていった。武器によって傷つけられた人骨、副葬された武器や武具、そして巨大古墳…。豊富な発掘資料をもとに列島の人びとの戦いの様相を探り、さらに戦争勃発のメカニズムと日本の軍事的特質をも明らかにする。
2017.9 347p A6 ¥880 ①978-4-12-206458-4

◆船形埴輪と古代の喪葬―宝塚一号墳 穂積裕昌著 新泉社（シリーズ「遺跡を学ぶ」117）
【要旨】三重県松阪市の宝塚一号墳から全長十二・四メートルもある巨大な船形埴輪が、当時のまま壮麗な姿をあらわした。大刀や蓋（きぬがさ）などで飾られた船、ともに出土した家形埴輪などは何を語っているのか。古代の人びとの死への恐れとその喪葬のあり方を埴輪群から解き明かす。
2017.4 93p A5 ¥1600 ①978-4-7877-1637-8

◆文化進化の考古学 中尾央、松木武彦、三中信宏編著 勁草書房
【要旨】生物進化の考え方は、祖先から継承されてきた文化進化にもつながる。歴史科学構築の基盤を提供する研究成果。
2017.8 224p B6 ¥2600 ①978-4-326-24845-2

◆北東アジアの中の古墳文化―私の考古学講義 下 西谷正著 （福岡）梓書院
【要旨】日本列島、朝鮮半島をめぐって太古から送られた手紙。読み解かれる知の旅。日本が誇る考古学者が語った古代史講義録・第2弾。
2017.5 222p A5 ¥1800 ①978-4-87035-601-6

◆埋蔵文化財調査要覧 平成29年度 日本文化財保護協会監修 ニューサイエンス社
【目次】北海道・東北、関東、中部、北陸、関西、中国・四国、九州・沖縄
2017.7 317p A4 ¥2500 ①978-4-8216-0607-8

◆邪馬台国時代のクニの都―吉野ヶ里遺跡 七田忠昭著 新泉社（シリーズ「遺跡を学ぶ」115）
【要旨】大発見以来、卑弥呼の住んだ宮都かと話題になってきた吉野ヶ里遺跡。一時期の喧噪が終息したいま、あらためて集落の成立から拡大、終焉までの展開をくわしく復元し、中国史書「倭人伝」記事との対照、中国城郭の影響などの検討をとおして、邪馬台国時代のクニの都であると論じる。
2017.3 93p A5 ¥1600 ①978-4-7877-1638-5

◆山本暉久先生古稀記念論集 二十一世紀考古学の現在 山本暉久編 六一書房
【目次】1 論考編（愛知県西牧野遺跡からみた搔器の皮革生産とその展開、先史時代の子どもの年齢推定、代官山細石刃石器群の形成と展開―相模野台地の事例を中心として、縄文時代における気候変動と縄文文化、縄文時代の結社組織 ほか）、2 研究・教育編（山本暉久教授ゼミ旅行記―21世紀の大学教育 夏のゼミ旅行15年史）
2017.5 755p B5 ¥17000 ①978-4-86445-091-1

◆弥生の木の鳥の歌―習俗と宗教の考古学 金関恕著 雄山閣
【要旨】卒寿を迎えた著者・金関恕が、日本と世界の考古学の調査から、人類の精神生活を解明するエッセイ集。天理大学での最終講義録・略年譜・著作目録付。
2017.11 226p A5 ¥2800 ①978-4-639-02542-9

◆よみがえる金堂壁画上淀廃寺 中原斉著 新泉社（シリーズ「遺跡を学ぶ」116）
【要旨】法隆寺壁画とならぶ古代の彩色仏教壁画がみつかったことで有名な鳥取県米子市の上淀廃寺。バラバラに出土した壁画片と彩色片の探究から、当時の金堂壁画と仏像群が復元された。千三百年の時の流れを飛び越えて、いまよみがえる白鳳寺院の堂内壮厳を。
2017.3 93p A5 ¥1600 ①978-4-7877-1636-1

◆流線形の考古学―速度・身体・社会・国家 原克著 講談社学術文庫（『流線形シンドローム』改題書）
【要旨】一九三四年に登場した米国軍エアフロー。それは空気力学の産物であり、速度・燃費・障害回避・ムダの排除へと傾れ立てる。理想形態の追求、組織の効率化、社会の浄化へとイメージ展開していった流線形による科学的神話圏の広がりを解明する。
2017.8 286p A5 ¥2500 ①978-4-7877-1708-5

◆倭人の祭祀考古学 小林青樹著 新泉社
【要旨】縄文文化と大陸文化の融合によって生まれた日本人の信仰世界の基層である倭人の祭祀は、縄文系・中国中原（農耕民）系・北方遊牧民系の大きく三つの文化系統の祭祀が融合した独特な祭祀文化であることがわかってきた。稲作農耕を根本とした祭祀であるという従来の考え方を見直す。
2017.8 286p A5 ¥2500 ①978-4-7877-1708-5

史料・古文書学

◆熱田本 日本書紀 1 巻第一‐巻第四（神代‐開化天皇）和歌懐紙（巻第三・四） 熱田神宮編 八木書店古書出版部、八木書店 発売
【目次】巻第一上 神代 上、巻第一下 神代 下、巻第二 神武・綏靖天皇、巻第三 和歌懐紙、巻第四 綏靖天皇・安寧天皇・懿徳天皇・孝昭天皇・孝安天皇・孝霊天皇・孝元天皇・開化天皇、巻第四 和歌懐紙
2017.12 278p A4 ¥40000 ①978-4-8406-2217-2

◆熱田本 日本書紀 2 巻第五‐巻第十（崇神天皇‐応神天皇）和歌懐紙（巻第五・六・九・十） 熱田神宮編 八木書店古書出版部、八木書店 発売
【目次】巻第五 崇神天皇、巻第五 和歌懐紙、巻第六 垂仁天皇、巻第六 和歌懐紙、巻第七 景行天皇・成務天皇、巻第八 仲哀天皇、巻第九 神功皇后、巻第九 和歌懐紙、巻第十 応神天皇、巻第十 和歌懐紙
2017.12 296p A4 ¥40000 ①978-4-8406-2218-9

◆熱田本 日本書紀 3 巻第十二‐巻第十五（履中天皇‐仁賢天皇）和歌懐紙（巻第十二‐十五）寄進状／解説 熱田神宮編 八木書店古書出版部、八木書店 発売
【目次】巻第十二 履中天皇・反正天皇、巻第十二 和歌懐紙、巻第十三 允恭天皇・安康天皇、巻第十三 和歌懐紙、巻第十四 雄略天皇、巻第十四 和歌懐紙、巻第十五 清寧天皇・顕宗天皇・仁賢天皇、巻第十五 和歌懐紙、寄進状、解説
2017.12 316p A4 ¥40000 ①978-4-8406-2219-6

◆アプリで学ぶくずし字―くずし字学習支援アプリKuLAの使い方 飯倉洋一編 笠間書院
【要旨】スマホで過去と繋がろう！ 無料アプリで今日からはじめるらくらく「くずし字」学習。
2017.12 91p A5 ¥800 ①978-4-305-70826-7

◆沖縄返還関係資料 第1回 波多野澄雄、河野康子、明田川融編・解説 現代史料出版、東出版 発売
【目次】第1巻 軍用地問題―1952年～1955年、第2巻 軍用地問題―1956年、第3巻 軍用地問題―1957年以降、第4巻（軍用地問題（新聞論調、現地報告）、琉球漁船団関係―沖縄軍用土地問題対米折衝方針会議事速記録）、第5巻 琉球漁船団関係、第6巻（要人および実務者会談―1954年11月～1964年12月、地方自治）、第7巻（「日の丸」問題、USCARの機構）
2017.12 7Vols.set B5 ¥210000 ①978-4-87785-331-7

◆勘仲記 第5 自弘安九年十月 至正應元年十二月 高橋秀樹、櫻井彦、遠藤珠紀校訂 八木書店古書出版部、八木書店 発売（史料纂集古記録編）
2017.4 306p A5 ¥13000 ①978-4-8406-5189-9

◆上野三碑を読む 熊倉浩靖著 雄山閣 増補版
【要旨】日本最古の石碑群「上野三碑（こうずけさんぴ）」。ユネスコ「世界の記憶」へ！ 山上碑・多胡碑・金井沢碑の三碑を徹底探究する。そこに刻まれた石文の読み方、建立された当時の様子などから世界的に重要な記憶遺産としての価値を探る。三碑の書体を毛筆で再現した「上野三碑を書く」を収録！
2017.5 158p B6 ¥1800 ①978-4-639-02487-3

◆國體講話 今泉定助著、芳野正朗監修 （弘前）北方新社 復刻版
【目次】1 序論、2 三大神勅論、3 三大神勅論（續）、4 八咫鏡論、5 大嘗祭論、6 大嘗祭論（續）及び結語、附録
2017.12 190p A5 ¥2000 ①978-4-89297-243-0

◆古文書研究 第83号 日本古文書学会編 日本古文書学会、吉川弘文館 発売
【目次】小特集 これからの東大寺文書研究のために（東大寺大勧進心源の周辺、室町期東大寺の寺家運営と学侶方、中世東大寺堂衆の活動、東大寺図書館所蔵記録部中の中世史料）、東大寺の法会と学侶集団、龍造寺氏の肥前西部侵攻と龍造寺長信、研究ノート 建長寺所蔵「建長寺境内絵図」に関する覚書、史料紹介 武水別神社松田家文書所収「内侍所固衛日記」について、書評と紹介
2017.7 158p B5 ¥3800 ①978-4-642-08779-7

◆古文書講師になれました―わたしの独学体験 宇野藍子著 柏書房
【要旨】漫画家を目指し、大学はAI専攻の理系女子、「それでもくずし字が読みた～い！」その一心で、古文書講師にまでなって、今もなお猛勉強・進化しきれている。そんな彼女の独学パワーは、一歩踏み出すのをためらうあなたの背中を押してくれる。
2017.6 140p A5 ¥1300 ①978-4-7601-4842-4

◆古文書の研究―料紙論・筆跡論 湯山賢一著 青史出版
【目次】第1章 古代・中世史料概説（古文書・古記録概論、天皇の書）、第2章 古文書料紙論（和紙の始まり、料紙論と和紙文化、我が国に於ける料紙の歴史について―「料紙の変遷表」覚書、「鳥獣人物戯画」の料紙について、博物館資料としての古文書、古代料紙論ノート―「延喜式」にみる製紙工程、古文書修理の歴史と現在、深堀時行和与状にみる文書の相剋について）、第3章 筆跡論への視角（筆跡論への視角、偽文書と料紙、武家文書の伝来と保存―上杉家文書を中心に、「摂関家旧記目録」について）
2017.3 254, 3p A5 ¥6000 ①978-4-921145-59-0

◆古文書料紙論叢 湯山賢一編 勉誠出版
【要旨】古文書は歴史学における基本史料として、連綿と研究が積み重ねられてきた。しかし、その基底材たる料紙については、あまり顧みられることがなく、その研究・調査は等閑に付されてきたといっても過言ではない。近年の研究の進展により料紙の持つ情報が、当該史料の位置付けを左右するほどに重要であることが明らかになってきている。歴史学・古文書学の最前線に立つ43名の執筆者の知見から、現存資料の歴史的・科学的分析や料紙に残された痕跡、諸史料にみえる表現との対話により、古代から近世における古文書料紙とその機能の変遷を明らかにし、日本史学・文化財学の基盤となる新たな史料学を提示する。巻末には料紙研究の展開を一望できる文献一覧を付した。
2017.6 839, 33p B5 ¥17000 ①978-4-585-22184-5

◆これなら読める！くずし字・古文書入門 小林正博著 潮出版社（潮新書）
【要旨】あなたのくずし字読解力が確実にレベルアップする一冊！「古文書解読検定」に合格できる最高の対策本！
2018.1 231p 18cm ¥880 ①978-4-267-02119-0

◆品川弥二郎関係文書 8 尚友俱楽部品川弥二郎関係文書編纂委員会編 山川出版社
【目次】山県有朋、山県伊三郎、山県たか、山口矯介、山口素臣、山田顕義、山田春三、山田省三郎、山田正、山田徳明［ほか］
2017.11 557p A5 ¥7000 ①978-4-634-51080-7

◆重要文化財 ジョン・セーリス『日本渡航記』 東洋文庫監修、平野鐵一郎解説 勉誠出版（東洋文庫善本叢書第二期欧文貴重書3）
【目次】ジョン・セーリス『日本渡航記』影印、ジョン・セーリス『日本渡航記』解説
2016.12 158p 32×24cm ¥40000 ①978-4-585-28223-5

◆正倉院写経所文書を読みとく 市川理恵著 同成社
【要旨】正倉院文書の大部分は、写経所文書（＝帳簿）である。帳簿の内容とその収支、写経事業ごとに代表的な研究論文とその成果をまとめた、写経所文書読解のための必携書。
2017.12 216p A5 ¥4700 ①978-4-88621-777-6

◆正倉院文書研究 15 正倉院文書研究会編 吉川弘文館
【目次】写経所の財源とその変遷、東大寺所蔵経巻の検討―「神護景雲二年御願経」と正倉院文書を手がかりに、続々修第四十七帙第一巻の断片復原と基礎的考察、正倉院文書に見える奈良時代の軸について―生産、供給と需要、流通と交易、写経所における給食の復元
2017.11 147p B5 ¥6000 ①978-4-642-08935-7

歴史・地理

◆小右記　4　長和三年冬　長和四年秋冬　前田育徳会尊経閣文庫編　八木書店古書出版部、八木書店 発売　（尊経閣善本影印集成 59）
【目次】甲巻13 長和三年冬、乙巻3 長和三年冬、甲巻14 長和四年冬、甲巻15 長和四年冬
2017.2 242p 23×31cm ¥32000 ①978-4-8406-2359-9

◆史料学遍歴　東野治之著　雄山閣
【要旨】古典文献の広範な知識を背景に、厳格に史料を扱う立場から、平易な文章で綴られる謎解きの先に、豊かな歴史世界が広がる。
2017.1 289p B6 ¥2600 ①978-4-639-02462-0

◆史料纂集 兼見卿記　第6　自文禄五年正月至慶長十三年十二月　橋本政宣、岸本眞実、金子拓、遠藤珠紀校訂　八木書店古書出版部、八木書店 発売
【目次】文禄五年正月至六月、同年（十月改元慶長元年）七月至十二月、慶長二年正月至十二月、慶長三年至六月至十二月、慶長八年正月至八月、慶長十三年正月至十二月
2017.5 264p A5 ¥13000 ①978-4-8406-5190-5

◆新聞「泊園」附 記事名・執筆者一覧 人名索引―泊園圖書資料集成　3　吾妻重二編（吹田）関西大学出版部　（関西大学東西学術研究所資料集刊）
【要旨】泊園書院から発行されていた新聞「泊園」の影印。昭和二年（一九二七）十二月発刊から、昭和十八年（一九四三）九月までの合計七十八号を影印（一号欠号、昭和十七年七月刊行か）。
2017.3 366, 69p B4 ¥8500 ①978-4-87354-647-6

◆水左記　前田育徳会尊経閣文庫編　八木書店古書出版部、八木書店 発売　（尊経閣善本影印集成 65）
【目次】水左記―承暦元年、水左記―承暦二年 裏書、水左記―永保元年、水左記―永保二年、水左記―抄出本 康平五年・応徳三年、参考図版
2017.5 297p 32×23cm ¥25000 ①978-4-8406-2365-0

◆図書寮叢刊 古今伝受資料　1　宮内庁書陵部編　菊葉文化協会、明治書院 発売
【目次】古今和歌集聞書 序、古今和歌集聞書 巻第一 春上、古今和歌集聞書 巻第二 春下、古今和歌集聞書 巻第三 夏、古今和歌集聞書 巻第四 秋上、古今和歌集聞書 巻第五 秋下、古今和歌集聞書 巻第六 冬、古今和歌集聞書 巻第七 賀、古今和歌集聞書 巻第八 離別、古今和歌集聞書 巻第九 羈旅、古今和歌集聞書 巻第十 哀傷、古今和歌集聞書 巻第十一 恋一、古今和歌集聞書 巻第十二 恋二、古今和歌集聞書 巻第十三 恋三
2017.3 306p A5 ¥15000 ①978-4-625-42423-6

◆総力戦研究所関係資料集　第5冊　栗屋憲太郎編、中村陵編・解説　不二出版　（十五年戦争極秘資料集 補巻47）
【目次】昭和十八年度基礎研究第二課題（其ノ一）作業 帝国（勢力圏ヲ含ム）ノ国力判断（二分冊ノ二）三、経済「軍極秘」―一部軍極秘「指定総動員機密」―一九四三年八月五日調製、昭和十八年度綜合研究記事「機密」―一九四四年一月一〇日調製
2017.2 439p A4 ¥17000 ①978-4-8350-6862-6

◆総力戦研究所関係資料集　第8冊　栗屋憲太郎編、中村陵編・解説　不二出版　（十五年戦争極秘資料集 補巻47）
【目次】昭和十七年度机上演習関係書類 思想戦審判総主任所「軍極秘」―一九四二年九月一日～二月二四日／―九四三年二月二九日調製、昭和十七年度総力戦机上演習研究会関係書類一括（軍極秘）―一九四三年一月二九日調製
2017.11 432p A4 ¥17000 ①978-4-8350-6865-7

◆尊経閣善本影印集成　60　小右記　5　前田育徳会尊経閣文庫編　八木書店古書出版部、八木書店 発売
【目次】甲巻十六 長和五年二月・三月、甲巻十七 長和五年夏、甲巻十八 寛仁元年秋、乙巻四 寛仁元年秋、附載
2017.11 250p A4 ¥33000 ①978-4-8406-2360-5

◆台記―宇槐記抄・台記抄・宇槐雑抄　前田育徳会尊経閣文庫編　八木書店古書出版部、八木書店 発売　（尊経閣善本影印集成 66）
【目次】宇槐記抄 上（久安元年、久安二年 ほか）、宇槐記抄 中（仁平元年、仁平二年 ほか）、宇槐記抄 下（仁平三年、久寿元年 ほか）、台記抄（保延四年正月、保延六年正月 ほか）、宇槐雑抄（保延三年十一月豊明節会、仁平元年正月叙位 ほか）
2017.8 273p A4 ¥33000 ①978-4-8406-2366-7

◆大日本古記録 實躬卿記　8　自徳治二年至元亨元年　東京大学史料編纂所編　岩波書店
2017.3 247p A5 ¥12000 ①978-4-00-009984-4

◆大日本古記録 碧山日録　下　自寛正四年正月至應仁二年十二月、附載　東京大學史料編纂所編　岩波書店
2017.3 212p A5 ¥9200 ①978-4-00-009983-7

◆大日本古文書―幕末外国関係文書　53　文久元年四月　東京大学史料編纂所編　東京大学出版会 発売
【要旨】文久元年四月一日（西暦一八六一年五月十日）より同十五日（同年五月二十四日）までの文書を収めた。
2017.6 397p A5 ¥9600 ①978-4-13-091453-6

◆大日本古文書 家わけ　第18　東大寺文書之23　東京大学史料編纂所編　東京大学出版会 発売
【目次】嘉禎四年十月五日 大和上吐田荘沙汰人申状、康和三年七月廿三日 大和石名荘住人村永元等解、（慶長年）八月廿四日 春日社供僧等書状、（建保四年）八月廿日 僧定濟言状、文治二年五月三日 東大寺司等解案、永治元年十一月廿一日 東大寺公文所解案（土代）、（乾元二年）閏四月五日 興福寺宗徒衆議豪書状、自保元元年十二月十一日至建暦三年八月日 大和牟山荘水田文書案（前闕）、（天平勝寶元年閏五月廿日）聖武天皇施入勅願文鋼板札篆〔ほか〕
2017.6 322, 6p A5 ¥8800 ①978-4-13-091194-8

◆大日本史料　第10編之29　正親町天皇 自天正三年三月至同年五月　東京大学史料編纂所編、東京大学出版会 発売
【目次】三月、四月、五月
2017.4 521p A5 ¥10300 ①978-4-13-090479-7

◆大日本史料　第12編之61　後水尾天皇 元和九年二月　東京大学史料編纂所編　東京大学史料編纂所編　東京大学出版会 発売
【目次】元和九年二月（十日 秀忠、越前北荘城主松平忠直ヲ所行ヲ譴メテ隠居ヲ命ズ、子光長ヲシテ跡ヲ嗣ガシム、尋デ、忠直ヲシテ豊後萩原ニ隱居セシム、（續）
2017.3 371p A5 ¥8200 ①978-4-13-090611-3

◆中世地下文書の世界―史料論のフロンティア　春田直紀編　勉誠出版　（アジア遊学 209）
【要旨】朝廷・幕府や荘園領主の側ではなく、「地下」（荘園・在地の現地）において、作成され、機能した文書群が多数存在する。それらはいかにして保存され、今日に伝わったのか。その生成・機能・保存のあり方の全体像を明らかにすることで従来の古文書学の枠組みや発想を捉えなおし、史料論の新たな地平を切り拓く。
2017.3 310p A5 ¥2800 ①978-4-585-22675-8

◆内藤湖南 敦煌遺書調査記録 續編―英佛調査ノート　玄幸子、高田時雄編（吹田）関西大学出版部　（関西大学東西学術研究所資料集刊）
【要旨】影印部（ペリオ教授閲覧資料、スタイン将来資料、Pelliot collection 1、Mission Pelliot en Asie Centrale 2、倫敦補遺、Pelliot）
2017.3 628, 7p B5 ¥6900 ①978-4-87354-646-9

◆年々諸用留 十二番　朝倉直弘監修、住友史料館編（京都）思文閣出版　（住友史料叢書）
【目次】文化十三年八月四日～二十一日 一橋家貸付金の取扱を断る、文化十三年八月十三日 新居浜米問屋の銀子取扱について手代地位、文化十三年八月 松山藩より命ぜられる調達銀を断る願書、文化十三年八月五日 現金・軽目金の取扱いにつき代官所より指示、文化十三年十一月 南本町一丁目掛屋敷家守交代、文化十三年十一月二十日～二十九日 捨子を養子に遣す、文化十四年三月五日 伏見稲荷神社造営につき寄進、文化十四年三月十日 友紀死去につき松山藩の扶持を返上、文化十四年四月 居宅炭蔵修復につき囲設置願、文化十四年三月 京都屋敷名前切替〔ほか〕
2016.12 441, 9, 10p A5 ¥10500 ①978-4-7842-1877-6

◆「満洲国」政府系企業による蔵書目録　第8巻‐第11巻　ゆまに書房出版部編　ゆまに書房　（書誌書目シリーズ 111）
【目次】第8巻（図書総目録―大阪屋号満鮮卸部常備品、（大阪屋号書店））、第9巻（協和会中央本部図書資料分類別目録（満洲帝国協和会中央本部調査部図書資料室）、満蒙に関する図書目録（大阪屋号書店））、第10巻（満洲拓植公社資料分類目録―康徳6年3月末現在（満洲拓植公社）、満洲拓植公社資料分類目録―康徳7年6月末日現在（満洲拓植公社）、図書目録―康徳7年（日満商事株式会社調査室資料係））、第11巻（資料目録―昭和16年4月1日現在（満洲電信電話株式会社総務部文書課資料室）、資料目録―昭和17年上半期分（満洲電信電話株式会社総務部文書課資料室）、資料目録・第2号―昭和17年（満洲電信電話株式会社総務部文書課資料室）、資料目録―昭和19年（満洲電信電話株式会社総務部文書課資料室）、康徳五年下半期作成資料目録（満洲中央銀行調査課）、康徳五年上半期作成資料目録（満洲中央銀行調査課）、調査課刊行資料目録―康徳4年12月（満洲中央銀行調査課））
2017.11 A5 ¥95000 ①978-4-8433-5279-3

◆未刊 松平定信史料　第1期　慶應義塾大学図書館所蔵史料 第2回配本 全6巻　高澤憲治監修　ゆまに書房
【目次】第6巻、第7巻、第8巻、第9巻、第10巻、第11巻
2017.12 6Vols.set A5 ¥159000 ①978-4-8433-5171-0

◆よくわかる「くずし字」見分け方のポイント―古文書を楽しく読む！　齋藤均監修、山本明著　メイツ出版　（コツがわかる本！）
【要旨】どうして読めないか。五十音別解説。続き字の攻略。文献にチャレンジ。平仮名を読みこなすコツを徹底解説。動画解説で人気の講師が教える、いちばんわかりやすいくずし字入門！
2017.7 144p A5 ¥1900 ①978-4-7804-1873-6

◆読めれば楽しい！古文書入門　小林正博編　潮出版社　（潮新書）
【要旨】本邦初の「古文書解読検定」に役立つ一冊！喜多川歌麿の浮世絵や利休、芭蕉、藤原定家、伊達政宗等の直筆が満載。超貴重な一級品を楽しみながら、くずし字の謎に迫る！
2017.3 185p 18cm ¥1800 ①978-4-267-02082-7

◆樂只堂年録　第6　八木書店古書出版部、八木書店 発売　（史料纂集）
【目次】寶永二年、寶永三年
2017.12 256p A5 ¥15000 ①978-4-8406-5193-6

◆和名類聚抄 高山寺本　天理大学附属天理図書館編　八木書店　（新天理図書館善本叢書 第7巻）
2017.2 244, 13p A4 ¥32000 ①978-4-8406-9557-2

系譜学

◆神奈川生まれの名字―ゆかりの地を探し求めて　田中將浩著　鳥影社　改訂版
【要旨】地名ある所に名字あり。神奈川県内から発祥した名字の内、ゆかりの事物が存在するものを取上げて、資料から調べた発祥地や家紋などの他実際に現地を探訪して歩いた時の様子を記す。
2017.5 274p B6 ¥1000 ①978-4-86265-603-2

◆ご先祖様、ただいま捜索中！―あなたのルーツもたどれます　丸山学著　中央公論新社　（中公新書ラクレ）
【要旨】自分のルーツを900年もさかのぼって調べていくうちに、先祖探しの魅力にとりつかれた著者。行政書士の仕事をなげうって、いつしか先祖探し＆家系図作成が本業に。図書館に通い、古文書を読み込み、お墓の拓本をとり、菩提寺や本家を取材し、依頼人の先祖の姿を生き生きと浮かび上がらせる。本書では、プロのテクニックを、実例を挙げて紹介。もちろん、自力で先祖探しをしたいという人のために、調査のコツも伝授する。
2018.1 219p 18cm ¥820 ①978-4-12-150609-2

◆栃木で「名字の地」を探してみた。―たとえば大金のありか　大金土之彦著　（宇都宮）下野新聞社
【要旨】栃木県内、約500の「名字の地」を推定！栃木生まれの名字をはじめ、1000余の名字を掲載!! 2017.12 249p A5 ¥1200 ①978-4-88286-677-0

地理学・地誌学

◆**グローバリゼーションの地理学** 田中恭子著 時潮社
【要旨】中南米は米国の裏庭と呼ばれ、米国は自分たちの意のままにしてきた歴史がある。今、グローバリゼーションの名の下、市場原理主義を掲げるネオリベラリズムが跋扈し、世界が「米国の裏庭」化し、分断と格差が拡大。その実態をIMF支配の歴史と地政学的見地から鋭く暴く。
2017.11 225p A5 ¥2800 ①978-4-7888-0721-1

◆**参加型GISの理論と応用—みんなで作り・使う地理空間情報** 若林芳樹、今井修、瀬戸寿一、西村雄一郎編著 古今書院
【目次】参加型GISの展開、第1部 PGISの理論（PGIS研究の系譜、ジオデザインにおける市民参加の可能性、地元学とPPGIS ほか）、第2部 PGISを支える技術と仕組み（PGISとオープンガバメント・オープンデータ、PGISとオープンソースGIS・オープンな地理空間情報、PGISのハードウェア ほか）、第3部 PGISの応用（クライシスマッピング、ハザードマップと参加型GIS、放射線量マッピング ほか）
2017.3 168p B5 ¥3800 ①978-4-7722-4200-4

◆**ジェントリフィケーション** 藤塚吉浩著 古今書院
【目次】第1章 ジェントリフィケーション—海外諸国の研究動向と日本における研究の可能性、第2章 京都市西陣地区におけるジェントリフィケーションの兆候、第3章 日本におけるジェントリフィケーションと近隣変化—京都市を事例に、第4章 ジェントリフィケーション研究のフロンティア—2000年代のロンドンの事例を中心に、第5章 ロンドンのテムズ川沿岸における新築のジェントリフィケーション、第6章 ニューヨーク市ブルックリン北部におけるジェントリフィケーション—2000年代の変化、第7章 景気後退後の東京都中央区における新築のジェントリフィケーション、第8章 ロンドン、ニューヨーク、東京におけるジェントリフィケーション、第9章 社会主義後のベルリン東部におけるジェントリフィケーション、第10章 外国人社会におけるジェントリフィケーション—大阪市福島区の事例 2017.3 191p A5 ¥2800 ①978-4-7722-4201-1

◆**ジオ・パルNEO—地理学・地域調査便利帖** 野間晴雄、土平博、山田周二、河角龍典、小原丈明編著（大津）海青社 第2版
【目次】イントロ（これから地理学を学ぶ人のために、大学で学ぶ地理学、地理学を学ぶ外に出る）、スタディ（地理学の諸分野と地域区分の概念、地理学研究のための基本文献と情報検索、地図類と空中写真・衛星画像の利用、統計とその利用、GIS（地理情報システム）の利用、フィールドワーク、卒業論文と卒業論文の書き方）、アドバンス（地理学の歩み、地理学関係の学会および学会誌、地理学の応用）
2017.4 270p A5 ¥2800 ①978-4-86099-315-3

◆**自然と人間の関係の地理学** 安田喜憲、高橋学編 古今書院
【目次】第1章 日本の「環境考古学」の成立と地理学、第2章 中世荘園の人と自然—紀伊国桛（かせ）田荘の地形環境と潅漑用水、第3章 近世前期の鉄穴流しによる地形改変と耕地開発、第4章 水辺に生きる人間—古代の共住史、第5章 遺跡からみた火山活動と人々の応答、第6章 火山灰編年でもとづく北海道の人類史、環境史、災害史の諸問題、第7章 京都市大水害—GISからのアプローチ、第8章 南太平洋の人類の移動と自然環境、第9章 環太平洋の災害と文明
2017.9 192p A5 ¥4700 ①978-4-7722-4185-4

◆**卒論・修論のための自然地理学フィールド調査** 泉岳樹、松山洋著 古今書院
【目次】序章 卒論のテーマの選び方と、それに向けてのスケジューリング、第1章 雪を調べる—衛星リモートセンシングにおける地上検証データの取得、第2章 植生を調べる—森林内の分光反射特性の観測、第3章 河川水を調べる—水循環の推定、第4章 気象観測器を設置する—局地風の定点観測、第5章 湧水を調べる—晴天時と大雨時に注目して、第6章 空から見る—UAVによる災害・植生調査、第7章 風を調べる—局地風の移動観測
2017.10 120p A5 ¥3200 ①978-4-7722-4204-2

◆**地図をグルグル回しても全然わからない人の方向オンチ矯正読本** 北村壮一郎著 秀和システム
【要旨】迷わなくなるカギは「曲がり角」+「自分の興味」+「錨」。世界一カンタンな道を歩くだけ！誰でもできる方向感覚の鍛え方。
2017.1 214p B6 ¥1300 ①978-4-7980-4899-4

◆**地図学の聖地を訪ねて—地形図片手にたどる測量の原点と地理教科書ゆかりの地** 松山洋編著 二宮書店
【目次】第1部 地図測量の聖地編（水平編—位置を決める原点、垂直編—高さを決める原点、番外編—河川ごとに設定された基準面、落ち穂拾い編—東京湾の海の境界を訪ねて、リベンジ編—東関東の「聖地」めぐり+α ほか）、第2部 地理教科書の聖地編（教科書に出てくる地形図を考察する、百瀬川扇状地、沼田市の河岸段丘、室戸市の海岸段丘、屏風ヶ浦の海食崖 ほか）
2017.4 102p B5 ¥1900 ①978-4-8176-0422-4

◆**都市と港湾の地理学** 林上著 （名古屋）風媒社
【要旨】都市において、港湾がいかなる意味をもっているか。その歴史的発展にどのようにかかわってきたか。港湾という交通現象を空間的視点から探る。
2017.9 336p A5 ¥2200 ①978-4-8331-4131-4

◆**都市の景観地理—アジア・アフリカ編** 阿部和俊編 古今書院
【目次】1章 グローバル都市化するクアラルンプル—変貌する熱帯のメトロポリスのエスノスケープ、2章 インドの複層的都市景観—近代化と伝統的都市景観、3章 イランの石油城下町アーバーダーンの都市景観、4章 カサブランカ—フランス保護領時代の遺産をめぐって、5章 伝統的交易・イスラーム都市ザンジバルと植民地体制下に建設された都市ナイロビ、6章 ジンバブウェ共和国ハラレ市にみるポストコロニアルアフリカの都市景観、7章 ナミビアの首都ウィントフックの変遷と脱南アフリカの課題、8章 モーリシャスの都市特性—ポートルイスとカトルボルヌを中心として
2017.4 68p B5 ¥2500 ①978-4-7722-5297-3

◆**日本全国 合成地名の事典** 浅井建爾著 東京堂出版
【要旨】知らなかった！我が町の由来はかつて合併の際、旧地名から1字ずつ採用で合成。
2017.3 284p B6 ¥1900 ①978-4-490-10889-7

◆**眠れなくなるほど地理がおもしろくなる本** ワールド・ジオグラフィック・リサーチ著 宝島社（宝島SUGOI文庫）
【要旨】「話のネタがなにもない」そんなあなたに贈る、地理にまつわるおもしろネタ満載の一冊！「バミューダトライアングルではなぜ事故が起こるの？」「南極に砂漠があるってホント？」など、ついつい人に話さずにはいられない地理の雑学を、352ページの大ボリュームにこれでもかと詰め込みました！しかも、図や写真もたっぷり用意したので、本が苦手な人でも安心。学生時代に地理が苦手だった人こそ読んでほしい地理雑学本の決定版です。教科書には載っていないおもしろネタ259。
2017.6 351p A6 ¥600 ①978-4-8002-7297-3

◆**眠れなくなるほど日本の地形がおもしろくなる本** ワールド・ジオグラフィック・リサーチ著 宝島社
【要旨】「渋谷はなぜ坂だらけなのか？」「大阪にはミニパナマ運河がある？」「秀吉のつくった壇上地形とは？」「日本アルプスはどのようにしてできた？」など地形にまつわるおもしろネタを、これでもかと詰め込みました！日本各地で散歩が楽しくなる情報はもちろん、読み解く歴史や100万年にわたる日本列島の形成史まで地形情報を満載。学生時代に地学・社会が嫌いだった人にこそ読んでほしい「地形雑学本」の決定版です。
2017.12 383p A6 ¥600 ①978-4-8002-7631-5

◆**はじめての地理学—身近なところから地球の「なぜ」を解き明かす** 富田啓介著 ベレ出版
【要旨】地理学の醍醐味は、自然や社会の中に潜む独自の視点から明らかにし、それをもって社会に貢献できることにあると言えます。本書ではそのような「地理学」の魅力や考え方を紹介するとともに、自然地理学の基礎知識をわかりやすく解説しています。
2017.11 284p A5 ¥1700 ①978-4-86064-529-8

◆**番地の謎** 今尾恵介著 光文社（光文社知恵の森文庫）（「住所と地名の大研究」加筆修正・改題書）
【要旨】住所のしんがりに来る番地。そもそも番地ってどんなものだろう。どこを起点にどんな順番で並んでいるのか？日本の住所表記は大きく3類型に分けられるが、北海道・東京・北海道など独自の表示方法を持つ自治体があるのはなぜか？そういえば「網走番外地」とは住所なのだろうか？個性的な住所を細かく診察しつつ「住所の仕組み」の奥深さを味わう一冊。
2017.5 353p A6 ¥820 ①978-4-334-78721-9

◆**もういちど読む山川地理** 田邉裕著 山川出版社 新版
【要旨】最新のデータに更新&追加コラムで内容充実！現代の世界動向を盛り込んだ新版。
2017.5 288p A5 ¥1500 ①978-4-634-59089-2

◆**読むだけですっきりわかる世界地理** 後藤武士著 宝島社（宝島SUGOI文庫）
【要旨】世界旅行へ出発！アメリカからアメリカ、ヨーロッパ、アジア、オセアニアと全世界を網羅。各国の特徴から世界遺産、気候、歴史まで、この一冊で世界5大陸の様子が手に取るようにわかる。旅行や出張、留学の下調べにも、資格試験、受験などの知識整理にも、însを思い出を振り返るのにもピッタリ。わかりやすく、楽しく知るをモットーに地図もたっぷり掲載。これであなたも世界通になれる。
2017.7 315p A6 ¥600 ①978-4-8002-6380-3

◆**ライブパフォーマンスと地域—伝統・芸術・大衆文化** 神谷浩夫、山本健太、和田崇編（京都）ナカニシヤ出版（シリーズ・21世紀の地域 4）
【目次】ライブパフォーマンス・地域・空間、第1部 場所を売るパフォーマンス（ひろしま神楽の商品化・観光化、地方に活動拠点をおくプロ芸能集団の存立基盤：佐渡「鼓童」の事例、都市的フェイクロアとしてのエイサーの意義、アートプロジェクトと地域づくり）、第2部 パフォーマンスを売る場所（音楽的星座：俳徊し、集うミュージシャンとオーディエンス、東京の小劇場演劇：生産者のネットワークと消費者の行動、広島の小劇場演劇：支援者と生産者と消費者の関係、東京都のヘブンアーティスト事業からみるストリートでのイベント化）、第3部 グローバル化とパフォーマンス（フィリピン系移民のエスニック・パフォーマンスとその空間、北米ベイエリアの太鼓、都市の祭りと政治・行政：韓国ソウル市のHi！Seoul Festivalを事例に）
2017.1 212p A5 ¥2600 ①978-4-7795-1128-8

◆**流宣図と赤水図—江戸時代のベストセラー日本地図** 海田俊一著 アルス・メディカ、（名古屋）三恵社 発売（※日英両文）
【目次】第1章 石川流宣の日本図の成立と改版の過程、第2章 改正日本輿地路程全図（赤水図）の改版過程、第3章 赤水図の模版版などについて、付録 資料所蔵先の略称リスト
2017.10 71p A4 ¥1500 ①978-4-86487-752-7

◆**ローカル・ガバナンスと地域** 佐藤正志、前田洋介編 ナカニシヤ出版（シリーズ・21世紀の地域 5）
【目次】ローカル・ガバナンスとは何か、第1部 理論編（ローカル・ガバナンスをめぐる政策的展開—市町村行政の「守備範囲」と「公共」の担い手を中心に、ローカル・ガバナンス台頭の社会・経済的背景、ローカル・ガバナンスを捉える視角、リスケーリングの政治としての「大阪都構想」）、第2部 事例編（ボランタリー組織の台頭とローカル・ガバナンスの形成—名古屋市における発展と防災への取り組みを事例に、地方都市のまちづくりにおける住民・行政の役割と展開、地方都市における地域特性を考慮した地域包括ケアシステムの構築と行政の役割、縁辺地域における公共サービス供給維持に向けた公民連携、「平成の大合併」後の自治体内格差とローカル・ガバナンス、条件不利地域における観光まちづくりの展開、日本におけるローカル・ガバナンスの実態と地理的含意）
2017.3 267p A5 ¥2800 ①978-4-7795-1161-5

◆**私はどうして地理学者になったのか—フランス地理学者からのメッセージ** シルヴァン・アルマン、荒又美陽、立見淳哉訳 学文社
【要旨】地理学者とは何者か。フランスの第一線で活躍している12人の地理学者たちへのインタビュー。その意外なきっかけとは。
2017.10 247p B6 ¥2300 ①978-4-7620-2739-0

◆**QGISの基本と防災活用** 橋本雄一編 古今書院 二訂版

歴史学・考古学・地理学

【目次】第1部 基礎概念の説明（地理空間情報とGIS、測地系と座標系）、第2部 地理空間情報の入手と地図化（基盤地図情報のダウンロードと地図化、国勢調査データのダウンロードと地図化 ほか）、第3部 QGISの分析技法（座標変換、空間データの結合 ほか）、第4部 QGISによるハザードマップ作成（ハザードマップの作成、数値標高モデルを利用したハザードマップ ほか）、第5部 GISによる防災の活用事例（津波避難困難地域の人口推定、日本海沿岸の新想定データを用いた北海道の津波浸水想定域人口推定 ほか）
2017.10 183p B5 ¥3000 ①978-4-7722-3186-2

事典・年表・書誌ほか

◆**茨城 歴史人物小事典** 茨城新聞社編 （水戸）茨城新聞社
【要旨】鎌倉以前から平成まで、それぞれの時代ごとに活躍した茨城ゆかりの歴史人物をまとめました。約500人の足跡や功績とともに、さらに詳しく知りたいときに役立つ参考文献も紹介。今日の茨城につながる先人たちの確かな歩みが詰まった一冊です。
2017.3 332p B6 ¥1200 ①978-4-87273-456-0

◆**花押・印章図典** 瀬野精一郎監修，吉川弘文館編集部編 吉川弘文館
【要旨】光明皇后から徳川慶喜まで、歴史上の人物1112名の花押（2045点）と印章（393点）を収録。『国史大辞典』をもとに、人名の五十音順に配列。収載人物の基本情報（活躍した時代、武家・公家等の別、生年、没年、別名一如名、諱、通称、号、主な官職名、位階）を併記。基本的な文書様式など、古文書を学ぶために必要な用語解説や参考資料を紹介。収載人物を没年順に配列した便利な索引を掲載。
2018.1 248, 7p 19×26cm ¥3300 ①978-4-642-08327-0

◆**決定版 日本剣客事典** 杉田幸三著 河出書房新社
【要旨】塚原卜伝、宮本武蔵、柳生十兵衛、千葉周作、伊庭八郎、榊原鍵吉…室町、戦国時代から幕末、明治時代までの、実在の剣客209人。その壮絶な生涯を追い、併せて剣術流派までを詳細に紹介する。歴史、時代小説、時代劇ファン必携の剣客大全！
2017.11 441p B6 ¥2800 ①978-4-309-22721-4

◆**史跡・遺跡レファレンス事典 外国篇** 日外アソシエーツ編 日外アソシエーツ，紀伊國屋書店 発売
【要旨】世界の史跡・遺跡を調査する基礎ツール。地域・国ごとに史跡・遺跡名を一覧。どの事典にどんな記述が載っているか一目でわかる。都市遺跡、祭祀遺跡、教会・寺院建築、城塞、宮殿、集落址、墓所、石器など、国や地域、時代・種類も様々な史跡・遺跡名見出し10, 193件を収録。史跡・遺跡名、概要・所在、世界遺産登録、掲載事典、写真・図版の有無を表記。別名称からも引ける「史跡・遺跡名索引」（五十音順）付き。
2017.7 786p A5 ¥39000 ①978-4-8169-2669-3

◆**授業から入試まで使える！ 日本史用語集** 金谷俊一郎著 旺文社
【要旨】日本史B全教科書の索引掲載用語と、入試問題25年分を分析。各用語には入試での頻出度としてA〜Dのランクを掲載。紙面はオールカラー、地図や系図、イラストも豊富に掲載。
2017.2 407p B6 ¥1000 ①978-4-01-034159-9

◆**世界史年表** 歴史学研究会編 岩波書店 第3版
【要旨】地球上の全地域・全時代の出来事をコンパクトな一冊に詰め込んだ、ハンディサイズの世界史年表の決定版。厳選された地域別の欄に配列され、地域史と世界史全体が立体的に見渡せる。1945年以降は一年を一見開きレイアウトしている。第3版では第2次世界大戦終結70年の2015年までを増補した。「世界の暦」「主要年表リスト」などの付録、索引付き。
2017.10 508p B6 ¥3600 ①978-4-00-061226-5

◆**世界史年表・地図** 亀井高孝，三上次男編，林健太郎，堀米庸三編 吉川弘文館 第23版
【目次】朝鮮（・新羅・高句麗・百済・高麗・李朝）、中国（周・秦・前漢・後漢・三国・晋・北魏・五胡十六国興亡図）、中国（隋・唐・宋・遼・金・元（蒙古）・明・清）、ペルシア（アケメネス・ササン）、サラセン帝国カリフ・チムール帝国、ムガール帝国・トルコ（オスマン家）、フランク（メロヴィング・カロリング）、フランス（カペー・ヴァロワ・ブルボン・ボナパルト）、イスパニア（ブルボン）、イギリス（アングロサクソン・デーン・ノルマン・プランタジネット・ランカスター・ヨーク・チューダー・スチュアート・ハノーヴァー）〔ほか〕
2017.4 224, 64, 16p 19×26cm ¥1400 ①978-4-642-09539-6

◆**世界史モノ事典** 平凡社編 平凡社 新版
【要旨】モノから歴史が見えてくる。紋章・武器・乗り物・衣装など、古代から第二次世界大戦までの世界に存在した"モノ"約3000点の形と名前がわかる便利な一冊。よみやすい判型で再登場！
2017.6 437p B6 ¥2800 ①978-4-582-12430-9

◆**世界の国旗・国章歴史大図鑑** 苅安望著 山川出版社
【要旨】世界の独立国197カ国の歴史的な国旗・国章を網羅。類書の15倍を超える3000点以上の国旗・国章（城旗、軍旗も含む）を図柄解説つきでオールカラー掲載。各国国旗の歴史的変遷をわかりやすくイラストで図解し、国旗からその国の歴史がわかる「世界にも類のない」（著者）大図鑑です。
2017.8 366p 27×22cm ¥12000 ①978-4-634-16004-0

◆**世界歴史地名大事典 第1巻 ア〜サ** コートランド・キャンビー，デイビッド・S. レンバーグ著，植松靖夫日本語版監修 柊風舎
【要旨】世界中のあらゆる地域の歴史的な地名15,000を五十音順に配列して掲載。現在の都市に加え、もはや存在しない古代の地名も収録。その土地の地理的な情報のほか、その場所で起きた出来事・文化・建築・政治・経済・人物など歴史的背景を重点的に解説。関連する地名には*を付しており、相互参照しやすい。旧地名や別称などは、大もとの地名から参照できるよう見出し語として立項。第3巻の巻末に欧文索引、漢字索引を付記。
2017.10 758p 23×16cm ¥19000 ①978-4-86498-049-4

◆**世界歴史地名大事典 第2巻 シ〜ヒ** コートランド・キャンビー，デイビッド・S. レンバーグ著，植松靖夫日本語版監修 柊風舎
【要旨】世界中のあらゆる地域の歴史的地名15,000を五十音順に配列して掲載。現在の都市に加え、もはや存在しない古代の地名も収録。その土地の地理的な情報のほか、その場所で起きた出来事・文化・建築・政治・経済・人物など歴史的背景を重点的に解説。
2017.12 1Vol. 24×17cm ¥19000 ①978-4-86498-050-0

◆**地理統計要覧 2018年版・Vol.58** 二宮書店
【目次】自然環境、世界の国々、人口・都市、農牧・林・水産業、エネルギー、鉱工業、交通・通信、貿易、企業・投資・経済協力、経済・生活・文化、環境問題、日本、国際機構
2018.1 160p A5 ¥1800 ①978-4-8176-0429-3

◆**刀剣甲冑手帳** 刀剣春秋編集部編 刀剣春秋，（京都）宮帯出版社 発売 増補改訂版
【要旨】話題の名刀62振りも収録。刀の所在地、伝来などをまとめ、図版も多数掲載。各部の名称をはじめ、刀剣・甲冑の基礎知識を図解。最近話題の刀剣と"名物刀剣"の一覧表を新たに掲載。展覧会、鑑賞会で刀剣・甲冑が記録できる専用シート。刀剣・甲冑が観賞できる博物館など、刀剣・甲冑データが充実。
2017.8 182p 18×12cm ¥1800 ①978-4-8016-0106-2

◆**日本史年表** 歴史学研究会編 岩波書店 第5版
【要旨】第一線の歴史研究者たちの長年にわたる共同作業によって成った、スタンダードで最も使いやすい年表。「政治・経済」「社会・文化」「世界」などの各欄を左右見開き頁に配し、膨大な事項を見やすくコンパクトに収めた。第5版では2015年を増補した。また、中世（1081年〜1590年）については「世界」欄を中心に全面的な見直しを行うとともに、他の時代についても最新の知見を反映させた。
2017.10 427p B6 ¥3100 ①978-4-00-061227-2

◆**日本史年表・地図** 児玉幸多編 吉川弘文館 第23版
【目次】年表（？〜350頃（原始時代）、350〜645（原始・飛鳥時代）、645〜794（飛鳥・奈良時代） ほか）、諸表（文献一覧、官制表（令制・延喜式制）、鎌倉幕府職制表 室町幕府職制表 江戸幕府職制表 ほか）、系図（皇室、中臣氏、藤原氏 ほか）
2017.4 64, 56, 16p 19×26cm ¥1300 ①978-4-642-09538-9

◆**日本史モノ事典** 平凡社編 平凡社 新版
【要旨】消えたモノ、残したいモノ─武具・商工・酒食・仏神など、古墳時代から昭和30年代に日本に存在した"モノ"約4000点の形と名前がわかる便利な一冊。よみやすい判型で再登場！
2017.6 445p B6 ¥2800 ①978-4-582-12429-3

◆**日本年号史大事典 普及版** 所功編著，久禮旦雄，五島邦治，吉野健一，橋本富太郎著 雄山閣
【要旨】この1冊で日本年号のすべてがわかる。文化から現代にいたる日本公年号247について一改元年月日、使用期間、改元理由、読み方、天皇・上皇、摂政・将軍、採用年号勘申者、出典名と字句、候補年号勘申者、改元上卿・伝奏・奉行、改元陣議の参仕公卿、当該年号を冠する用語、当該年間の主な出来事、改元の経緯及び特記事項、主要な資料…上記関連項目に解説に加え、日本年号制度の成立と展開の詳論と関係資料・付録・付表からも年号のすべてを網羅する。
2017.1 806p A5 ¥9200 ①978-4-639-02436-1

◆**日本の城事典** 千田嘉博監修 ナツメ社
【要旨】豊富な図解イラスト・写真！ 城の基礎知識と城の巡り方をわかりやすく解説！ 戦国の山城から近世城郭まで史跡巡りを深く楽しむ。
2017.11 223p A5 ¥1400 ①978-4-8163-6315-3

◆**ビッグヒストリー大図鑑─宇宙と人類138億年の物語** デイヴィッド・クリスチャンほか監修，ビッグヒストリー・インスティテュート協力 河出書房新社
【要旨】あらゆる分野を統合した新たな歴史。世界で注目を集める画期的な「ビッグヒストリー」を世界初の完全ヴィジュアル化！ ビッグバンから宇宙の拡大、地球と生命の誕生、人類の現在まで、138億年の壮大な歴史を網羅！ 全歴史を8つの変革期に分け、156のテーマで解説する明快な構成！
2017.11 375p 31×26cm ¥8800 ①978-4-309-22707-8

◆**文化運動年表 昭和戦前編** 浦西和彦著 （京都）三人社
【目次】一九二七年（昭和二年）丁卯、一九二八年（昭和三年）戊辰、一九二九年（昭和四年）己巳、一九三〇年（昭和五年）庚午、一九三一年（昭和六年）辛未、一九三二年（昭和七年）壬申、一九三三年（昭和八年）癸酉、一九三四年（昭和九年）甲戌、一九三五年（昭和十年）乙亥、一九三六年（昭和十一年）丙子、一九三七年（昭和十二年）丁丑、一九三八年（昭和十三年）戊寅、一九三九年（昭和十四年）己卯、一九四〇年（昭和十五年）庚辰、一九四一年（昭和十六年）辛巳、一九四二年（昭和十七年）壬午、一九四三年（昭和十八年）癸未、一九四四年（昭和十九年）甲申、一九四五年（昭和二十年）乙酉
2016.12 600, 83p A5 ¥18000 ①978-4-908147-60-9

語学・会話	620

- ◆言語学 … 620
- ◆日本語 … 623
  - 漢字・漢語・漢字検定 … 625
  - ことわざ … 628
  - 日本語の起源・歴史・方言 … 628
  - 国語学研究 … 629
    - 国文法 … 631
  - 国語・漢和・古語辞典 … 631
    - 用語・用字・熟語辞典 … 632
  - 論文作法・文章技術 … 633
- ◆外国人向け日本語教育 … 635
- ◆英語 … 637
  - 英会話 … 643
    - 映画で学ぶ英会話 … 645
    - 旅行英会話 … 645
    - ビジネス英会話 … 646
  - 英語学習法 … 646
    - ビジネス英語 … 648
    - 英文読解・和訳・英訳本 … 649
    - 英単語 … 652
    - 英作文・英文法・ヒヤリング … 653
  - 英語検定試験参考書 … 655
    - 国連・TOEFL・TOEIC … 658
  - 英語学研究 … 662
  - 英和・和英辞典 … 662
    - 英語辞典 … 663
- ◆外国語 … 663
  - 中国語 … 663
  - 韓国・朝鮮語 … 666
  - 東洋諸語 … 667
  - ドイツ語 … 668
  - フランス語 … 669
  - イタリア語 … 671
  - スペイン語・ポルトガル語 … 672
  - ロシア語 … 672
  - その他の外国語 … 673

教育	673

- ◆教育 … 673
  - 大学・メディア教育 … 676
  - 平和・人権教育、国際理解教育 … 679
  - 社会教育・生涯教育 … 679
  - 障害児・福祉教育 … 680
  - 保育・幼児教育 … 687
    - 保育教材 … 698
- ◆学校教育 … 698
  - 学校教育研究、実務・指導書 … 703
    - 校長・スクールリーダー … 705
  - 学級経営 … 706
  - 生活指導・生徒指導 … 709
    - いじめ・不登校 … 710
    - カウンセリング … 712
  - 教科・学習指導 … 712
    - 環境教育 … 721
  - 国語 … 722
    - 文学教育・読み・説明文 … 725
  - 算数・数学 … 725
  - 理科 … 729
  - 社会 … 730
  - 英語・外国語 … 733
  - 道徳・生活科 … 736
  - 音楽 … 738
  - 図工・美術・芸術科 … 739
  - 技術・家庭 … 740
  - 保健体育 … 740
- ◆受験・予備校・学校ガイド … 741
  - 大学受験 … 744
  - 大学・短大・専門学校 … 746
- ◆海外留学 … 747
- ◆海外の教育 … 747
- ◆教育学・教育理論 … 748
  - 教育史 … 755
  - 教育心理学 … 757
  - 教育行政・法律 … 757
  - 事典・書誌ほか … 758
- ◆教員採用試験問題集 … 759
  - 一般教養 … 760
  - 教職教養 … 761
  - 専門科目別 … 761
  - 養護、幼稚園、小・中学校ほか … 762

語学・教育

語学・会話

言語学

◆**ISOTYPE（アイソタイプ）** オットー・ノイラート著，永原康史監訳，牧尾晴喜訳 ビー・エヌ・エヌ新社
【要旨】インターナショナルな世界を支える"言語"の統一に、"デザイン"の力で挑んだ哲学者の知られざる思想。事象と意味をつなぐ視覚化（＝絵文字化）システムの結実、アイソタイプ。大戦の狭間に埋もれたノイラートの言葉が、いま甦る。本邦初となる完訳『International Picture Language』（1936）、『Basic by Isotype』（1937）に『Modern Man in the Making』（1939）のすべての図版を収録した、合本版。　2017.6 319p B6 ¥3200 ①978-4-8025-1065-3

◆**「あ」は「い」より大きい!?─音象徴で学ぶ音声学入門** 川原繁人著 ひつじ書房
【要旨】「ワマナ」さんと「サタカ」さんは、どちらが優しく、どちらが気が強くサバサバしているだろうか？ 聞いたことの無い名前からでもその印象を感じることができる。この現象は「音象徴」と呼ばれ、ことばの音と意味の関係を考える上でいまだ注目を集めている。本書では、「メイド喫茶のメイドさん」「ポケモン」「ピコ太郎」などの身近な題材を例にしながら、音の科学である「音声学」という学問へと誘う。これまでにない楽しく分かりやすい音声学入門。
2017.11 209p A5 ¥1800 ①978-4-89476-886-4

◆**異言語との出会い─言語を通して自他を知る** 滝浦真人，佐藤良明編著 放送大学教育振興会，NHK出版 発売 （放送大学大学院教材）
【目次】異言語としての英語（1）─英語と日本語の音韻論、異言語としての英語（2）─英語と日本語の品詞論、異言語としての英語（3）─英語と日本語の構文論、異言語との接点（1）─第二言語という異言語、異言語との接点（2）─異言語との向き合い方、異言語との接点（3）─異言語との接触の帰結、翻訳という営み（1）─キリシタン版「イソップ」をめぐって、翻訳という営み（2）─日本文学を横文字で読む、言語接触と音韻史（1）─「漢児」たちの言語、言語接触と音韻史（2）─「北狄夷虜」という異言語の影響にさらされて、言語接触と音韻史（3）─北京語の形成をめぐって、異言語としての日本語（1）─西洋と出会う・"国語"をつくる、異言語としての日本語（2）─日本語の文法をつくる、異言語としての日本語（3）─何を言うか/言わないか、異言語との出会いがもたらすもの
2017.3 273p A5 ¥2900 ①978-4-595-14092-1

◆**移動表現の類型論** 松本曜編 くろしお出版 （シリーズ言語対照 7）
【目次】移動表現の類型に関する課題、英語における移動事象のタイプと経路表現、ハンガリー語の移動表現、ネワール語の移動表現、中国語の移動表現、タイ語の移動表現、ドム語の移動表現、イタリア語の移動表現、シダーマ語の空間移動の経路表現、日本語における移動事象のタイプと経路表現、日本語とフランス語の移動表現─話し言葉と書き言葉のテクストからの考察、日英独露語の自律移動表現─対訳コーパスを用いた比較研究、移動表現の性質とその類型性
2017.2 373p A5 ¥4600 ①978-4-87424-722-8

◆**意味の探究** 山田進著 くろしお出版
【要旨】「語の意味」とは何か？『類語大辞典』の編集・執筆に関わってきた著者が、「意味の本質」「同義・類義・多義」「意味記述の方法」「辞書と意味記述」の4部に渡って、これまで深めてきた考察を明らかにする、「ことばの意味」の研究に大きく資する一冊。
2017.5 387p A5 ¥4600 ①978-4-87424-730-3

◆**インタラクションと学習** 柳町智治，岡田みさを編 ひつじ書房 （ひつじ研究叢書 "言語編" 第136巻）
【目次】序 相互行為としてのコミュニケーションと学習、第1章 不平の連鎖における受け手の「セリフ発話」、第2章「からかい」連鎖の構造と相互行為における環境、第3章「女の子パンチ」にみるジェンダーカテゴリーの相互行為的含み、第4章 ITメディアと相互行為─第二言語で遂行するプロジェクト型学習場面への一考察、第5章 日本語学習者と日本語母語話者の口頭発表における言語形式以外のリソース使用─「注釈挿入」を取り入れた授業実践をもとに、第6章 LINEのビジュアルコミュニケーション─スタンプ機能に注目した相互行為分析を中心に、第7章 日本語教育におけるピア・ラーニングの意義と課題─メタ・エスノグラフィーによる質的研究の統合
2017.7 181p A5 ¥3200 ①978-4-89476-778-2

◆**応用言語学の最前線─言語教育の現在と未来** 野口ジュディー津多江教授退職・古稀記念論文集編集委員会編　金星堂
【要旨】理系ESPのELF許容度尺度の提案、英語医学論文ジャンルの考察部における言語特徴─教育応用のための予備検討、Emoji in Cyberspace：Sign of a New Age of Picture‐centered Communication？、複言語主義教育の視点を取り入れた「ことば」の活動─大学授業外実践における参加者の学びと課題、描画タスクを利用した読解活動─多読に繋がる指導の一提案、工学系大学生のための大型英語語彙表NEVEの開発─ESP理論とコーパス語彙処理技術を応用して、言語テスト研究と第二言語習得研究の接点─項目応答理論の援用、英語を学ぶ目的意識の自覚化に向けて、二項対立的文化観からの脱却─映画を通して考える社会人基盤と個人の価値観、Genres in English for Architectural Purposes ［ほか］
2017.3 343p A5 ¥3000 ①978-4-7647-1165-5

◆**音韻研究　2017（第20号）** 日本音韻論学会編 開拓社
【目次】論文（朝鮮語江陵方言のアクセント再考、日本語漢語の優勢なアクセント型の分布─外来語と比較して ほか）、講演（The Contrast Transitions in Korean Vowels：An Information‐Theoretic Perspective、En‐prefixation and the Righthand Head Rule in English ほか）、発表要旨（徳島県のアクセントの類の分化、上海語変調の音韻的構造 ほか）、20周年記念シンポジウム（音韻研究の昔と今─20周年記念シンポジウム報告、東京方言複合名詞アクセント再考 ほか）
2017.3 157p B5 ¥3800 ①978-4-7589-2020-9

◆**改訂版 異文化コミュニケーションのA to Z─理論と実践の両面からわかる** 小坂貴志著 研究社
【要旨】異文化コミュニケーション研究の基礎理論をわかりやすく解説しています。異文化摩擦の事例（クリティカル・インシデント）も数多く紹介し、理論と実践の両面から"多文化共生"が学べます。
2017.10 261p A5 ¥2300 ①978-4-327-42198-4

◆**概念意味論の基礎** 大室剛志著 開拓社 （開拓社言語・文化選書 67）
【要旨】生成文法の意味論であるジャッケンドフの概念意味論（Conceptual Semantics）の基礎の部分をジャッケンドフの著書『意味構造』（Semantic Structures）の概要を私自身の言葉でシンプルに述べ直すことにより紹介した概念意味論の入門書である。英語の動詞の意味論を中心に、概念意味論の基本的なメカニズム、言語の意味の問題、言語の意味と形の対応の問題について学ぶことができる。人間の心理としての意味の問題。
2017.6 202p B6 ¥1900 ①978-4-7589-2567-9

◆**かかわることば─参加し対話する教育・研究へのいざない** 佐藤慎司，佐伯胖編 東京大学出版会
【要旨】「相手がいる」「語りかける」人間研究へ。発達研究の二人称的転回を説く佐伯胖のプリンストン大講演に共感し揺り動かされた研究者、発達・認知科学、人類学の研究者たちが、科学の言語、教室の言語が排除してきた可能性にいま向きあう。
2017.5 217, 5p B6 ¥2500 ①978-4-13-053089-7

◆**学校教育の言語─機能言語学の視点** メアリー・J．シュレッペグレル著，石川彰，佐々木真，奥泉香，小林一貫，中村亜希，水澤祐美子訳 ひつじ書房 （言語学翻訳叢書）
【目次】第1章 学校教育の言語を特徴づける、第2章 言語とコンテクスト、第3章 学習のレジスター（言語使用域）の特徴、第4章 学校教育における作文のジャンル、第5章 学校教科における機能文法、第6章 学校での言語発達、「学校教育の言語」を読むにあたって 選択体系機能言語学の基本概念と本書の概要
2017.11 289p A5 ¥3200 ①978-4-89476-860-4

◆**グローバル化と言語政策─サスティナブルな共生社会・言語教育の構築に向けて** 宮崎里司，杉野俊子編著 明石書店
【要旨】第1部 移民に対する言語教育とサスティナビリティ（自治体の外国人移民政策と言語問題、社会を支える外国人移住者と受入れ社会とのコミュニケーション構築─多文化社会の持続可能性を支える仕組み ほか）、第2部 多言語教育政策とサスティナビリティ（オーストラリアの言語教育政策から日本の初等外国語教育を考える─多民族社会ビクトリア州を事例として、言語的観点から日本のサスティナビリティを考える─「母語＋第一・第二外国語＋豊かな人間性」を育む教育 ほか）、第3部 マイノリティの言語政策とサスティナビリティ（外国人留学生の受入れとサスティナブル社会の実現─言語政策の視点から、中国の外国語教育政策の動向─「一帯一路」政策を中心に ほか）、第4部 専門分野別言語政策とサスティナビリティ（変容する社会における専門日本語教育とは─ビジネス日本語定義の再発から見える持続可能な専門日本語教育、中国語圏からの外国人観光客受入れに求められる多言語対応について ほか）
2017.10 231p A5 ¥2500 ①978-4-7503-4579-6

◆**言語過程説の探求　第3巻 自然言語処理への展開** 佐良木昌編，宮崎正弘，白井諭，衛藤純司著 明石書店
【目次】言語過程説に基づく日本語解析の試み（言語過程的構造と自然言語処理、三浦文法に基づく日本語品詞の体系化と日本語形態素解析用文法の構築 ほか）、日英機械翻訳のための言語知識の構築と記述に関する研究（日本語の階層的認識構造と係り受け解析、係り受け制約を利用した日本文書き替え ほか）、意味類型構築のための文接続表現の体系化（文の構造と意味を一体として扱う仕組み、複文の意味類型 ほか）、時枝古典解釈文法から複雑過程論への示唆（言語過程説の確立途上における用例分析の方法、条件法として解釈される古文連体形の用法 ほか）
2017.9 389p A5 ¥4500 ①978-4-7503-4564-2

◆**言語現象の知識社会学─社会現象としての言語研究のために** ましこひでのり著 三元社
【要旨】性的少数者やデジタルネイティブの言語表現など現代日本に遍在する社会現象としての言語現象/リテラシー論やモジ論、敬語論など既存の言語記述・言語論がよりかかる現実/関係者が無自覚なまま行使し支配されつづけるポリティクスに知識社会学的視座からきりこむ。言語現象・言語論の知識社会学的「解体新書」。
2017.9 248p A5 ¥2800 ①978-4-88303-444-4

◆**言語多様性の継承は可能か** 寺尾智史著 彩流社 （『欧州周縁の言語マイノリティと東アジア』増補・改訂・改題版） 新版
【要旨】『言語多様性』についてより深く考究した増補新版！
2017.8 270, 15p A5 ¥3200 ①978-4-7791-2219-4

◆**言語と教育─多様化する社会の中で新たな言語教育のあり方を探る** 杉野俊子監修，田中富士美，波多野一真編著 明石書店
【目次】第1部 国内の事例（日本手話とろう教育─危機的な時代の第三の道、母語を生かした英語の授業─英語を英語で教える授業を補うために、世界の動向に連動する言語教育とは─日本の教育に欧米型の論理的思考法と言語技術を取り入れることを考えなければいけないこと）、第2部 海外の事例（カナダ・ヌナブト準州のイヌイットの社会変化と教育、グローバル時代におけるマカオの言語教育─グローバル社会での生き残りを賭けた政策、英語教育と先住民族言語復興─マオリ語・アイヌ語を中心に、インドの部族言語の教育─サンタル語教育に関する現地調査より）、第3部 第三の道へ（言語は中立か─英語の経済的・社会的優位性についての一考察、脱グローバル化時代の語学教育─「母語＋英語＋第三の場所」の提案、日本における英語必要・不要論─バフチンの「対話」の概念が示唆する第三の道）
2017.10 238p A5 ¥4200 ①978-4-7503-4573-4

◆**言語復興の未来と価値─理論的考察と事例研究** 桂木隆夫，ジョン・C．マーハ編 三元社
【要旨】「言語と平和」＝「言語の多様性が平和をもたらす」という考え方に基づくマイノリティ

◆現代言語理論の最前線　西原哲雄, 田中真一, 早瀬尚子, 小野隆啓編　開拓社　(開拓社叢書)
【要旨】本書は、一般言語学の4分野（音声学・音韻論、形態論、統語論、意味論・語用論）それぞれにおける論考（20編）を網羅した研究書であると同時に、各分野の重要な理論と概念を紹介した解説・入門書である。言語学・英語学・日本語学を専攻する研究者、大学院生・学部生、および、言語学（の特定の分野やテーマ）に興味を持つ、広範囲な読者を対象としている。内容・構成・目的いずれにおいても、ユニークな一巻となっている。
2017.11 295p A5 ¥3400 ①978-4-7589-1824-4

◆行動する社会言語学—ことば/権力/差別　2
かどやひでのり, ましこひでのり編著　三元社
【要旨】ことばや障害が原因となって社会的に排除される現象を、社会言語学として提示されているさまざまな記述を再検証し、さらに問題として認知すらされていない、ことばやコミュニケーションにかかわる諸問題を発見し、少数者/情報弱者にひらかれた新しい言語観を提示する。
2017.12 307p A5 ¥3000 ①978-4-88303-449-9

◆構文の意味と拡がり　天野みどり, 早瀬尚子編　くろしお出版
【目次】第1部 構文研究の流れ（総論—構文論の最近の展開と今後の展望、総論—日本語研究分野における構文研究）、第2部 構文の拡がり（逸脱表現とアブダクション—日本語と俳句とハイクとコンクリート・ポエトリ）、第3部 構文の成立と拡がり（分詞表現の談話標識化とその条件—懸垂分詞からの構文化例、日本語の発見構文、日本語恩恵構文の成立と拡がりと構文の関係性、受益構文の意味拡張“恩恵”から“行為要求”へ、構文意味の成立と拡張—日本語の助動詞構文を主な例にして）、第4部 規範からの逸脱と拡がり（逸脱構文から見る中核的現象と周辺的現象との相関、イ落ち構文のなす主語の有無、構文としての日本語連体修飾構造—縮約節構造を中心に、アメリカ英語における破格構文一節の周辺部に注目して、フランス語および西ロマンス諸語における「行く」型移動動詞の文法化）
2017.11 247p A5 ¥3700 ①978-4-87424-744-0

◆ことばの科学—東京言語研究所開設50周年記念セミナー　西山佑司, 杉岡洋子編　開拓社
【要旨】服部四郎博士の構想により1966年に開設された東京言語研究所（通称TEC）の50周年記念セミナーをもとに編纂。第1部では、日本語という言語の特性を他言語と対比させて解き明かし、第2部では、言語学の各領域（音韻論、日本語学、社会言語学、生成文法、認知言語学）について、研究の現状と展望を具体的に論じる。東京言語研究所の理念を次世代に継承し、ことばの科学が切り開く豊かで刺激的な世界へ読者を誘う。
2017.9 177p B6 ¥2000 ①978-4-7589-2248-7

◆ことばの認知プロセス—教養としての認知言語学入門　安原和也著　三修社
【要旨】本書は、身近にあふれている日本語の興味深い言語事例を取り上げながら、認知言語学という新しい物の考え方について、語りかけるような口語文体で、平易に分かりやすく、そしてコンパクトに、その解説を行います。
2017.4 133p B6 ¥1400 ①978-4-384-01241-5

◆ことばはなぜ今のような姿をしているのか—文法の認知的基盤　ベルント・ハイネ著, 宮下博幸監訳（訳）関西学院大学出版会
【目次】第1章 枠組み、第2章 数詞、第3章 空間定位、第4章 不定冠詞、第5章 所有、第6章 比較、第7章 文法の領域を越えて、第8章 現в
2017.7 286p A5 ¥3200 ①978-4-86283-245-0

◆ことばはフラフラ変わる　黒田龍之助著　白水社　（『ことばは変わる』増補・改題書）
【要旨】外国語学部の学生たちとことばの変化について考える噂の講義をここに再現。
2018.1 251p B6 ¥2200 ①978-4-560-08594-3

◆語はなぜ多義になるのか—コンテキストの作用を考える　中野弘三編著　（シリーズ"言語表現とコミュニケーション" 1）
【目次】第1部 基礎編：多義性の基本的問題（語の多義性、多義性とコンテキスト）、第2部 実践編：多義語分析の実践1—語彙意味論的アプローチ、多義語の分析と語用論）、第3部 応用編：意味変化の要因を探る（語義の歴史的変化とその事例、借入語にみる意味変化）
2017.3 183p A5 ¥3200 ①978-4-254-51621-0

◆コミュニケーションを枠づける—参与・関与の不均衡と多様性　片岡邦好, 池田佳子, 秦かおり編　くろしお出版
【目次】参与・関与の不均衡を考える、第1部 教育の場面における参与・関与（「わからない」状態の表示を契機とする関与枠組みの変更、大学英語授業のスピーキング活動における「非話し手」の振る舞いと参加の組織化、Webビデオ会議—関与性を指標する相互行為リソースの一考察）、第2部 親睦・団らんの場面における参与・関与（空間をまたいだ家族のコミュニケーション—スカイプ・ビデオ会話を事例に、日本語会話における聞き手による参与と積極的な関与、対立と調和の図式—録画インタビュー場面における多人数インタラクションの多層性、発話と活動の割り込みにおける参与—話し手の振る舞い「について」の描写の割り込み）、第3部 実業・制作の場面における参与・関与（実業・制作活動における参与・関与の協同—歯科診療を支える歯科衛生士のプラクティス記述、展示制作活動における参与・関与の変化から見た参与者の志向の多層性、通訳者の参与地位をめぐる手続き—手話通訳者の事例から）、理容室でのコミュニケーション—利用行為を"象る"会話への参与、ラジオ番組収録における多層的な参与フレームの変わりについて—制度的制約に伴う現象を中心に）
2017.2 292p A5 ¥3700 ①978-4-87424-723-5

◆語用論の基礎を理解する　グンター・ゼンフト著, 石崎雅人, 野呂幾久子訳　開拓社
【目次】序章、第1章 語用論と哲学—我々は言語を使用するとき、何を行い、実際に何を意味するのか、第2章 語用論と心理学—直示参照とジェスチャー、第3章 語用論と人間行動学—コミュニケーション行動の生物学的基盤、第4章 語用論と民族誌学—言語・文化・認知の相互関係、第5章 語用論と社会学—語用論と社会的相互作用、第6章 語用論と政治—言語、社会階級、人種、教育、言語イデオロギー、第7章 語用論を理解する—まとめと展望
2017.9 304p A5 ¥3400 ①978-4-7589-2246-3

◆最新理論言語学用語事典　畠山雄二編　朝倉書店
【目次】1 認知言語学、2 機能文法、3 ミニマリスト・プログラム、4 形式意味論、5 言語獲得、6 生物言語学、7 主要部駆動句構造文法、8 言語哲学、9 日本語文法、10 構文文法
2017.8 478p A5 ¥7400 ①978-4-254-51055-3

◆三層モデルでみえてくる言語の機能としくみ　廣瀬幸生, 島田雅晴, 和田尚明, 金谷優, 長野明子編　開拓社　（開拓社叢書）
【要旨】本書は、文法と語用論の関係を捉えるために提唱された一般理論、「言語使用の三層モデル」をテーマに書き下ろされた論文を収めた英語学・言語学の論文集である。三層モデルを起点にした文法と言語使用に関わる論考が、三層モデルと関わりが深い意味論、語用論はもとより、統語論、形態論、社会言語学、通時的研究をも含めて、広い視野から展開されている。新たな言語研究の可能性を追求した、英語学・言語学関係者必読の書である。
2017.11 271p A5 ¥3200 ①978-4-7589-1823-7

◆時間の言語学—メタファーから読みとく　瀬戸賢一著　筑摩書房　（ちくま新書）
【要旨】時間は抽象なので、私たちが時間を認識するとき、なにかに「見立て」るしかない。この「見立て」つまりメタファーを分析することで、"時間"を具体的に意識化することができる。近代において最も強固な「見立て」は"時は金なり"のメタファー。コーパスや、具体的なテキスト（「吾輩は猫である」「モモ」等）を探り、私たちが縛られているさまざまな時間のメタファーを明らかにした上で、新しい時間概念（「時間は命」）を模索したい。
2017.3 205p 18cm ¥760 ①978-4-480-06950-4

◆自然論理と日常言語—ことばと論理の統合的研究　山梨正明著　ひつじ書房
【目次】第1章 序章、第2章 形式論理と自然論理、第3章 仮定世界と日常言語、第4章 日常言語と主観性、第5章 言葉の身体性と論理の世界、第6章 日常言語の推論と文法現象、第7章 結語と展望
2016.12 210p A5 ¥3200 ①978-4-89476-857-6

◆社会志向の言語学—豊富な実例と実証研究から学ぶ　南雅彦著　くろしお出版
【目次】第1章 言葉の分析を楽しもう（言葉の分析は楽しい、語彙の創出 ほか）、第2章 言葉はどのように使われるのか—談話の構造を考える（非日本語母語話者の語り、一貫性（coherence) ほか）、第3章 言葉は、どのように進むのか—地域方言と若者言葉1（地域方言、方言周圏論 ほか）、第4章 実際に調査してみてわかること—地域方言と若者言葉2（方言否定形の調査、研究の展望）、第5章 言語はなぜ変化するのか（カテゴリー化：階層分類、言語変化 ほか）
2017.11 229p A5 ¥1800 ①978-4-87424-747-1

◆周縁アプローチによる東西言語文化接触の研究とアーカイヴスの構築　内田慶市編著　(大阪)ユニウス　（関西大学東西学術研究所研究叢書　創刊号）
【目次】漢譯聖經研究的新的局面 以『古新聖經』為中心、中国語語彙体系の近代化問題、表記体から文体へ、清代雍正期档案資料の供述書、吉雄権之助訳蘭英漢対訳辞典の編纂法について、明治初年日本人僧の中国語体験、東亞官話韻の"讀" 2017.1 188p A5 ¥2200 ①978-4-946421-49-5

◆自由間接話法とは何か—文学と言語学のクロスロード　平塚徹編著, 赤羽研三, 阿部宏, 三瓶裕文著　ひつじ書房
【目次】自由間接話法とは何か（自由間接話法は「自由間接話法」ではない、さまざまな話法と自由間接話法、話法の連続性、自由間接話法の幾つかの問題）、小説における自由間接話法（話モードと語りモード、話法、様々な自由間接話法体、「語る」と「見る」、心の内と外の境界の曖昧化、新たなヴィジョン）、作中世界からの声—疑似発話行為と自由間接話法（バンヴェニストの時間論・時制論、時間ダイクシス、空間ダイクシス、自由間接話法と「二重の声」、日本語における作中世界からの声と他の問題）、心的視点性と体験話法の機能について—ドイツ語の場合（直接話法、間接話法、体験話法：優勢な作中人物の視点性+若干の語り手の視点性）
2017.2 200p A5 ¥3400 ①978-4-89476-821-5

◆所有表現と文法化—言語類型論から見たヒンディー語の叙述所有　今村泰也著　ひつじ書房　（ひつじ研究叢書"言語編" 第147巻）
【目次】第1章 序章、第2章 先行研究とHeine (1997a)の理論的枠組み、第3章 ヒンディー語の基本文法、第4章 存在動詞honaaを用いた所有構文、第5章 他動詞rakhnaaを用いた所有構文、第6章 所有からモダリティへ、第7章 結論と今後の課題
2017.2 183p A5 ¥7800 ①978-4-89476-838-3

◆推論と照応—照応研究の新展開　山梨正明著　くろしお出版　新版
【要旨】推論と照応（語用論的推論と照応現象、談話・テクストの主観性と照応、間接照応と照応プロセス、レトリックと照応現象、終章）、照応研究の新展開—認知的パースペクティヴ（一般的認知能力と言葉の創発性、参照点起動の推論能力、参照点能力と照応現象、間接照応と参照点モデル、メトニミー照応と連想のプロセス、テクスト・レベルのオンライン照応、話題のシフトとテクスト・レベルの照応、結語と展望）
2017.11 179p A5 ¥2700 ①978-4-87424-750-1

◆生成文法理論の哲学的意義—言語の内在的・自然主義的アプローチ　阿部潤著　開拓社
【要旨】本書は、チョムスキーが提唱する生成文法理論の哲学的意義を考察するものである。この理論は、人間の脳内にある言語機能を研究対象とし、この言語機能を自然界の一部として捉え、自然科学の方法論に従って研究するものであり、この機能を物理的基盤から抽象されたレベルで研究を行うものである。その哲学的意義を考察するということは、とりもなおさず、これらの研究手法の是非を問題にするということになる。
2017.4 192p A5 ¥3000 ①978-4-7589-2243-2

◆ソシュールの政治的言説　金澤忠信著　（調布）月曜社　（古典転生 14）
【要旨】20世紀末に発見された新たな文書群を駆使し、ボーア戦争、アルメニア人虐殺、ドレフュス事件に際してのソシュールの知られざる政治的立場を読み解く。19世紀末の歴史的事件に向き合う一人のスイス人、一人の知識人としての姿を浮き彫りにする、かつてない労作。
2017.5 154p A5 ¥3000 ①978-4-86503-044-0

◆対話表現はなぜ必要なのか—最新の理論で考える　東森勲編　朝倉書店　（シリーズ・言語表現とコミュニケーション 2）

【目次】序章:対話表現とは、第1部 基礎編:対話表現の基本的問題(法表現、婉曲表現、対話における談話標識、配慮表現)、第2部 応用編:対話表現はいかに一英語史的変化と日本語若者言葉(対話表現と文法化一事例研究、対話表現と若者言葉)
2017.3 168p A5 ¥3200 ①978-4-254-51622-7

◆多言語主義社会に向けて　平高史也, 木村護郎クリストフ編　くろしお出版
【要旨】国内外の多言語状況を肯定し、尊重する社会をめざして。「多言語」を考える教科書にも最適!
2017.11 227p A5 ¥2200 ①978-4-87424-740-2

◆チョムスキー言語学講義―言語はいかにして進化したか　ノーム・チョムスキー, ロバート・C. バーウィック著、渡会圭子訳　筑摩書房（ちくま学芸文庫）
2017.10 254p A6 ¥1000 ①978-4-480-09827-6

◆解いて学ぶ認知意味論　瀬戸賢一、山添秀剛、小田希望著　大修館書店（認知言語学演習 2）
【目次】第3章 多義のざわめき(メタファー、メトニミー、多義性、文法化)、第4章 ことばをつなぎ止める(名詞をグラウンディングする、動詞をグラウンディングする
2017.3 179p B5 ¥2200 ①978-4-469-21363-8

◆解いて学ぶ認知構文論　瀬戸賢一、山添秀剛、小田希望著　大修館書店（認知言語学演習 3）
【目次】第5章 構文の力(世界の切り取り方、構文の種類、イディオム・コロケーション)、第6章 話せばわかる(ことば・文化・思考、語用論、テクスト・談話)
2017.7 171p B5 ¥2200 ①978-4-469-21364-5

◆動詞の意味拡張における方向性―着点動作主動詞の認知言語学的研究　夏海燕著　ひつじ書房　（神奈川大学言語学研究叢書）
【目次】第1章 序論、第2章 研究背景、第3章 着点動作主動詞の基本義の性質、第4章 着点動作主動詞の意味拡張にみられる方向性、第5章 方向性の検証と原因探求、第6章 写像の構造性と拡張の方向性、第7章 着点動作主動詞の意味拡張に対応する使役動詞の意味拡張、第8章 手と手以外の身体部位の違いによる方向性の相違、第9章 他言語からの検証、第10章 着点動作主動詞と受身、第11章 結語
2017.3 224p A5 ¥4800 ①978-4-89476-846-8

◆認知言語学研究　第2巻　Journal of Cognitive Linguistics 2017　日本認知言語学会編　開拓社
【目次】論文(articles)(Phonology and Cognitive Linguistics, Seven Empirical Challenges for Cognitive Linguistics, The "Dynamic" Nature of Stative Mimetic Verbs in Japanese, 中国語の把構文における視点変動と目的語交替―「V・満」を述語とする場合を中心に)、展望論文(review articles)(メトニミー研究を展開する)、研究ノート(research notes)(言語習得研究の独自な視点から―「移動」の言葉の習得をめぐる予備調査の中で)
2017.3 137p B5 ¥4000 ①978-4-7589-1652-3

◆発話の解釈はなぜ多様なのか―コミュニケーション能力の働きを考える　中島信夫編　朝倉書店　(シリーズ"言語表現とコミュニケーション" 3)
【目次】第1部 基礎編:発話の語用論的解釈と理解(コミュニケーションの諸相、発話解釈における推論、発話行為の選択と解釈、ポライトネスから見た発話行為の選択と解釈)、第2部 発展編:発話解釈のテーマ別探究と考察(重層的な発話行為の選択と解釈、否認における言語表現の選択と解釈、アイロニーにおける言語表現の選択と解釈、ジョークにおける言語表現の選択と解釈)
2017.3 170p A5 ¥2400 ①978-4-254-51623-4

◆発話のはじめと終わり―語用論的調節のなされる場所　小野寺典子編　ひつじ書房　(青山学院大学総合研究所叢書)
【目次】第1部 理論・方法(周辺部研究の基礎知識)、第2部 ケーススタディ(「節周辺」と同領域に生起する語用論標識の構文的考察、語用論化・構文化の起きる周辺部―「こと」の発達を例に、近代日本語における左右の周辺部表現の発達―「太陽コーパス」に見る接続助詞「から」の用法を中心に、日本語の卑罵語の歴史語用論的研究―「~やがる(あがる)」の発達を中心に、周辺部のsort/kind of一台本の対話に見られるメタ語用論的遊びと複雑な相互作用

/テクスト的効果)
2017.3 268p A5 ¥3800 ①978-4-89476-843-7

◆"不思議"に満ちたことばの世界―中島平三教授退職記念刊行物　高見健一, 行田勇, 大野英樹編　開拓社
【要旨】本書は、英語や日本語など、ことばとそれに関係する多くの領域(ことばの音・文法・意味・語用・教育、ことばの発達と障害、誕生と変化、ことばと社会)で観察される"不思議"な現象を取り上げ、それらを平易に、分かりやすく解説したものである。誰もがことばの面白さや不思議さを満喫でき、ことばの世界を鳥瞰できる楽しい読み物として編まれている。それぞれの分野の専門家96名が結集して、ことばの幅広い領域を解き明かす。
2017.3 517p A5 ¥4800 ①978-4-7589-2240-1

◆文献・インタビュー調査から学ぶ会話データ分析の広がりと軌跡―研究から実践まで　中井陽子編著, 大場美和子, 寅丸真澄, 増田将伸, 宮崎七湖, 尹智鉉著　(京都)ナカニシヤ出版
【目次】第1部 会話データ分析を活かした「研究と実践の連携」(会話データ分析の変遷、会話データ分析と教育現場の関係、「研究と実践の連携」の必要性)、第2部 会話データ分析の変遷の文献調査(日本における会話データ分析の変遷、米国における会話データ分析の変遷、豪州モナッシュ大学関係者による会話データ分析 ほか)、第3部 会話データ分析を行う教育者・研究者へのインタビュー調査(北條淳子先生へのインタビュー、南不二男先生へのインタビュー、杉戸清樹先生へのインタビュー ほか)
2017.9 264p A5 ¥2800 ①978-4-7795-1157-8

◆文論序説　大木一夫著　ひつじ書房　(ひつじ研究叢書"言語編")
【目次】文について考える、文はどのように考えられてきたか、文論への視座、文成立の意味的側面、認識する文、事態を描き出す文、事態を描かない文、文成立の外形的側面、文の機能的問題圏、主観性、モダリティ、喚体句、現代日本語「た」の意味、現代日本語動詞基本形の時間の意味、迷定の時間・装定の時間、さしあたっての締括り
2017.5 473p A5 ¥8400 ①978-4-89476-822-2

◆ベーシック応用言語学―L2の習得・処理・学習・教授・評価　石川慎一郎著　ひつじ書房
【目次】応用言語学と第2言語教育、第1部 第2言語の習得と学習(言語習得の基本モデル、言語の対照、言語処理、学習者特性)、第2部 言語の教授と評価(言語教授法の確立、現代の言語教授法、言語能力観、言語能力の評価、言語能力テストの諸相)
2017.3 351p A5 ¥1800 ①978-4-89476-795-9

◆翻訳通訳研究の新地平―映画、ゲーム、テクノロジー、戦争、教育と翻訳通訳　武田珂代子編著　(京都)晃洋書房　(立教大学異文化コミュニケーション学部研究叢書 1)
【要旨】異分野から翻訳通訳への多様なまなざし―翻訳通訳学の先導者に映画研究、自然言語処理、歴史学の俊英が加わって展開する刺激的な翻訳通訳論。字幕翻訳、自動翻訳、ゲーム・ローカリゼーション、言語教育と翻訳、翻訳通訳アプリ、戦争と通訳者、言語教育と翻訳、翻訳通訳リテラシー教育をテーマに翻訳通訳研究の新地平を開く。
2017.2 217p B6 ¥2200 ①978-4-7710-2813-5

◆命題文法論―生成文法を超えて　瀬川讓著　鳳書房
【目次】第1章 概念の構造(概念の記号性について、概念と文法 ほか)、第2章 概念と命題(概念の実質化とは何か、基本的命題 ほか)、第3章 命題の生成(命題の生成作用、構成的生成のメカニズムほか)、第4章 命題と言語(言語命題の生成、命題の言語化 ほか)、第5章 命題文法と言語文法(文について、人称について ほか)
2017.1 295p A5 ¥3800 ①978-4-902455-36-6

◆メンタル・コーパス―母語話者の頭の中には何があるのか　ジョン・R. テイラー著、西村義樹, 平沢慎也, 長谷川明香, 大堀壽夫編訳, 古賀裕章, 小早川暁, 友澤宏隆, 湯本久美子訳　くろしお出版
【要旨】辞書+文法書モデルを越えて、ネイティブスピーカーの直観に迫る。
2017.7 523p A5 ¥4600 ①978-4-87424-735-8

◆ヨーロッパの言語　アントワーヌ・メイエ著、西山教行訳　岩波書店　(岩波文庫)（原書第二版）

【要旨】比較言語学の巨人が、言語の統一と分化に関わる文化、文明、政治、歴史との緊密な関係において考察。大言語から少数民族の俚言まで数多の言語がせめぎ合うヨーロッパの言語史を先史時代から第一次世界大戦直後まで射程に収め、国家や民族との関係、話者の社会階層や地位に着目して分析した、社会言語学の先駆的著作。
2017.9 549, 19p A6 ¥1320 ①978-4-00-336991-3

◆理論言語学史　畠山雄二編　開拓社
【要旨】読者諸氏には、本書を通して、今ある理論言語学がどのようにして形づくられ、そして今後理論言語学がどのような方向に進んでいくのか考えてもらいたい。過去ならびに歴史を振り返ることは、今を知り、将来設計を立てる上で何よりも重要である。過去を知るからこそ、未来が見えてくるのである。
2017.9 303p A5 ¥4800 ①978-4-7589-2247-0

◆リングイストを知っていますか?―言語・経験・おもてなしの世界で働く　マサミ・コバヤシ・ウィーズナー著　現代書館
【要旨】機密国際会議、先端医療、円満離婚(?)まで…現代社会はリングイストの苦労の上に成り立っている! TOEIC、英検だけじゃない! 言語を生かす職業に必要なモノが、ここにあります。人工知能が持たない「人生経験」と「人間のカン」がある限り、リングイストは不滅です! 通訳をめざす人必読エッセイ。
2017.8 237p B6 ¥1800 ①978-4-7684-5810-5

◆ルーン文字の起源　河崎靖著　大学書林
【目次】第1章 文化誌的背景(キリスト教とギリシア語、フェニキア人の歴史)、第2章 アルファベット文字体系の変遷、第3章 ルーン文字の諸問題(ルーン文字とは?、ルーン文字の由来)、第4章 ルーン文字の起源(ルーン文字の配列をめぐって、フェニキア文字説)
2017.1 103p A4 ¥2900 ①978-4-475-01900-2

◆歴史会話研究入門　イェルク・キリアン著, 細川裕史訳　ひつじ書房　(阪南大学翻訳叢書)
【目次】第1章 歴史会話研究:歴史語用論的な言語研究、第2章 歴史会話研究のための歴史語用論とカテゴリー、第3章 歴史上の会話の言語構造:歴史上の会話における方法と形式を再構築するには?、第4章 会話の歴史語用論:歴史上の会話種および会話タイプを再構築するには?、第5章 会話の歴史:歴史上の言語共同体における会話の規範を再構築するには?、第6章 会話の歴史:会話種および会話タイプの発展
2017.3 255p A5 ¥4000 ①978-4-89476-845-1

◆話者の言語哲学―日本語文化を彩るバリエーションとキャラクター　泉子・K・メイナード著　くろしお出版
【目次】話者という根本問題と言語哲学、西洋における主体と話者の捉え方、話者と日本の文脈、キャラクター現象:キャラクターとキャラクター・スピーク、言語表現における主体・話者・話者複合論、ライトノベル:登場人物としての話者キャラクター、ケータイ小説:語りの方策と話者キャラクター、トーク番組:おネエ言葉と話者複合性、テレビドラマ:フィクションとしての方言と話者複合性、少女マンガ:浮遊するモノローグとキャラクター、話者複合論と日本語発の言語哲学
2017.4 340p A5 ¥4600 ①978-4-87424-726-6

◆**On Weak-Phases—An Extension of Feature-Inheritance**　大塚知昇著　(福岡)九州大学出版会　(九州大学人文学叢書)
(本文:英文)
【要旨】生成文法ミニマリストプログラムのフェイズ理論における弱フェイズに関係する理論的な問題―本書ではこれを「弱フェイズの矛盾」と名付け、Feature-Inheritanceを拡張した「Feature-Transcription」の枠組みのもと、その解決策を示す。また、「Feature-Transcription」から導かれる帰結に基づき、諸言語に見られる選択的な文法現象の説明の可能性を探る。
〔17.1〕207p 24×16cm ¥6000 ①978-4-7985-0197-0

◆**Studies in Language Sciences— Journal of the Japanese Society for Language Sciences Volume 15 (December 2016)**　言語科学会編　開拓社
(本文:日英両文)
【目次】1 Plenary (Notes on modals and negation in Japanese Sign Language)、2 Symposium Papers (Tense and aspect in L2

Japanese by Chinese‐speaking and Tagalog‐speaking Children, Phonological processing under conditions of reduced input：Do child returnees suffer L2 phonological attrition？, Judgments of articles in L2 English by a child returnee：A case study）、3 Articles（Maternal interactional style in a nonnative language：A Thai mother's baby talk and feedback in Japanese、研究において古典日本語文献読解を行う外国人学習者が抱える困難点と問題対処プロセスの研究、第二言語における移動事象の言語化：日本語話者が用いる英語とハンガリー語の研究）
2016.12 174p 23×16cm ¥4500 ①978-4-7589-1705-6

日本語

◆「あて字」の日本語史　田島優著　（名古屋）風媒社
【要旨】いつ、どのように誕生したのか？　古代から現代まで、「あて字」の歴史的変遷を辿ったはじめての通史。
2017.6 239p B6 ¥2200 ①978-4-8331-2094-4

◆美しい日本語が話せる書ける万葉ことば　上野誠著　幻冬舎
【要旨】「あかとき」とは、夜が明ける時。つまり、日の出の時ということになります。平安時代になると「あかつき」に変化して、現在に至っています。心が豊かになる、考えが深まる、日本人がよくわかる。万葉集研究の第一人者が挑戦、目から鱗の日本語練習帳。
2017.11 223p 18cm ¥1100 ①978-4-344-03209-5

◆英語にできない日本の美しい言葉　吉田裕子著　青春出版社　（青春新書INTELLIGENCE）
【要旨】今ある日本語の一つひとつは、時を経ていく中で、日本人の繊細な感覚や美意識、伝統の習慣などを一語に結晶化したものです。「いただきます」「はなむけ」「たおやか」「奥ゆかしい」「みだれ髪」「夕凪」「初心」「お福分け」…いつも使っている言葉は、こんな「想い」を伝えていた。
2017.10 189p 18cm ¥850 ①978-4-413-04524-7

◆絵で見てわかる！日本人の9割が知らない「ことばの選び方」大全　日本語研究会編　青春出版社
【要旨】知らずに、間違った意味で使っていませんか？「本当は今日中にレポートを出してもらいたいけれど、明日できれば御の字だ」「いくら考えてもアイデアが出ない。かなり煮詰まっている」など。この一冊で、ことばを選ぶ力が楽しく身につく。日本語の意外な意味・由来・用法を集めた決定版！
2017.12 381p B6 ¥1000 ①978-4-413-11236-9

◆お嬢さまことば速修講座　加藤ゑみ子監修　ディスカヴァー・トゥエンティワン　改訂版
【目次】第1部 お嬢さまことば速修十五条（「恐れ入ります」と「すみません」の禁、「わたくし」と「さま」の掟 ほか）　第2部 実践の心得（お嬢さまことばは、自分を高めるためではなく、相手を高めるために用いる。お嬢さまことばは、自分を高めるためではなく、自分を落とさないために用いる。お嬢さまことばにふさわしい話題を選ぶ ほか）　第3部 お嬢さまことば小辞典（お嬢さまらしいご挨拶リスト、お嬢さまらしいご返事リスト、お嬢さまらしい誉めことばリスト ほか）
2017.6 182p B6 ¥1480 ①978-4-7993-2117-1

◆大人の語彙力が面白いほど身につく本―言いたい時にすぐ出てくる！　話題の達人倶楽部編　青春出版社　（青春新書PLAYBOOKS）
【要旨】あなたの「会話力」に革命が起きる！交渉・説得に使えることば、会話の格調を高めることば、微妙なニュアンスを伝えることば…おさえておけば一生役立つ、「できる大人」の日本語練習帳！
2017.2 285p 18cm ¥1000 ①978-4-413-21080-5

◆大人の語彙力が面白いほど身につく本 LEVEL2 「言いたいこと」がことばにできる！　話題の達人倶楽部編　青春出版社　（青春新書PLAY BOOKS）
【要旨】人の「品性」は、ことばの選び方にあらわれる！うっかり使うと笑われることばから、ひと味違う知的な言い方まで、日本語を「話す」

「読む」「書く」とき避けて通れないポイントがまるごとわかる秘伝の書。
2017.9 285p 18cm ¥1000 ①978-4-413-21094-2

◆大人の語彙力大全　齋藤孝著　KADOKAWA　（中経の文庫）
【要旨】英語でも数学でもなく、社会人としてのレベルは語彙力で判断されてしまいます。「この人デキる！」と思われる知性と教養を感じさせる語彙をわかりやすく紹介します。
2018.1 329p A6 ¥840 ①978-4-04-602106-9

◆大人のための言い換え力　石黒圭著　NHK出版　（NHK出版新書）
【要旨】「メールで同じ言葉が続く」「仕事の取りやりで言いたいことが伝わらない」「謝罪文で相手を怒らせてしまう」など大人の日本語の悩みは、「言い換え力」で解決！メール・日常会話からビジネス文書まで、すぐ使える実践的なアイデアを多数紹介するとともに、一生モノの「言い換え」の技術・発想を身につける10の方法を伝授する。
2017.12 250p 18cm ¥820 ①978-4-14-088538-3

◆大人のための国語ゼミ　野矢茂樹著　山川出版社
【要旨】こんな悩みをお持ちの方へ。相手にきちんと伝わるように話せない。文章を読んでも、素早く的確にその内容が捉えられない。分かりやすい文章が書けない。質問に対して的確に答えられない。議論をしていても話があちこちに飛んで進まない。言われたことに納得できないのだけれどうまく反論できない。論理トレーニングは国語に行き着いた！
2017.7 285p B6 ¥1800 ①978-4-634-15121-5

◆オノマトペの謎―ピカチュウからモフモフで　窪薗晴夫編　岩波書店　（岩波科学ライブラリー）
【要旨】スクスクとクスクスはどうして意味が違うの？　オノマトペにも方言があるの？　外国語にもオノマトペはあるの？　モフモフはどうやって生まれたの？　日本語を豊かにしている擬音語や擬態語。8つの素朴な疑問に答えながら、言語学、心理学、認知科学など、さまざまな観点から、オノマトペの魅力と謎に迫ります。
2017.5 165p B6 ¥1500 ①978-4-00-029661-8

◆覚えておきたい日本の美しい季節の言葉　日本の言葉研究所著　大和書房　（だいわ文庫）
【要旨】古来、日本人は自然を敬い、自然に寄り添ってきました。そして、風のそよぎ、雨の音、空の色、雲の動き、陽ざしの感触、水のぬくもり―季節の表情や移ろいを感じとり、言葉にしてきました。「季節を感じる・表現する」ことに長けた、古人の鋭い感性が「日本の四季の言葉」を育んできたのです。美しい言葉、印象深い言葉は、いつもの文章にひと言添えるだけで、彩りや潤いを与えてくれます。
2017.12 238p A6 ¥650 ①978-4-479-30681-8

◆音読力―読み間違う日本語の罠99　山口謠司著　游学社
【要旨】読み違いしないためには、「音読力」を身につけることが必至と提唱する、2017年第29回和辻哲郎文化賞を受賞した山口謠司が、読み間違えやすい99語を選び出し、分かりやすく解説。音読したい名文、使いやすい例文つき。
2017.6 231p B6 ¥1400 ①978-4-904827-45-1

◆漢字とカタカナとひらがな―日本語表記の歴史　今野真二著　平凡社　（平凡社新書）
【要旨】日本語に正書法はない。漢字を受容し、カタカナとひらがなを生み出した日本語は、多様な書きかたの選択肢をもってきた。いつ、どんな言葉を、どんな文字の組み合わせで書いてきたか。その歴史をとらえる。
2017.10 223p 18cm ¥840 ①978-4-582-85856-3

◆金田一秀穂のおとなの日本語　金田一秀穂著　海竜社
【要旨】日本語のホンネ、旅と日本語、メディアと日本語。三代目金田一による日本語にまつわるエッセイ。
2017.9 238p B6 ¥1400 ①978-4-7593-1526-4

◆近代日本語の思想―翻訳文体成立事情　柳父章著　法政大学出版局　新装版
【要旨】日本語の文体は近代以後、翻訳によってつくられた―大日本帝国憲法に象徴される翻訳悪文の系譜を分析して近代日本語文の欠陥を摘出するとともに、漱石、志賀直哉、谷崎などにおける文体創出の軌跡をたどりつつ、日本語における論理と思想の問題点を抉り出す。新し

導入された主語や三人称、句読点、文末語などの使用経緯を思想形成過程とした捉え直し、日本文化論に新視角を提示する。
2017.2 242p B6 ¥2900 ①978-4-588-43617-8

◆敬語は変わる―大規模調査からわかる百年の動き　井上史雄編　大修館書店
【要旨】「間違い」ではなく「変化」。愛知県岡崎市で実施された半世紀にわたる大規模調査から何がわかったのか。「変化するもの」としての敬語の諸相を多様な角度から検討する総合的敬語論。
2017.9 284p B6 ¥2300 ①978-4-469-22260-9

◆語彙力が身に付く本―「あの人仕事できるね！」と言われる　知的向上委員会著　メディアソフト、三交社 発売
【要旨】すべてのビジネスシーンを網羅する。挨拶、慣用句、言い回し、メール言葉、外来語などマジックワード176。
2017.12 255p 18cm ¥850 ①978-4-87919-029-1

◆語彙力も品も高まる一発変換「美しい日本語」の練習帳―いつもの言葉が、たちまち知的に早変わり！　知的生活研究所著　青春出版社　（青春文庫）
【要旨】口にして品よく、書き起こせば見目麗しく、耳に心地よく響いて…。そんな「美しい日本語」を使いこなしてみませんか？　普段使いの素っ気ないひと言や、ハジけた若者言葉、難解なビジネス用語も、綺麗で上品な日本語に一発変換します。ブログやインスタグラムに添える一文が輝きを増すのはもちろん、メールや手紙の印象も、ワンランクアップすることでしょう。柔らかな「大和言葉」に凛々しい「漢語」、海を渡り、日本語として命を育てるフレーズまで、九百語あまりを掲載。その奥にある、意味深な語源や秘められたエピソードも、ご紹介しました。日本語ならではの奥行きを、ご堪能ください。
2017.9 201p A6 ¥740 ①978-4-413-09678-2

◆校閲記者の目―あらゆるミスを見逃さないプロの技術　毎日新聞校閲グループ著　毎日新聞出版
【要旨】「誤字脱字」だけじゃない！　日本語の落とし穴に陥らないために、知らないと赤恥をかく「ノーミスへの絶対ルール」。Web（毎日ことば）とTwitter（mainichi_kotoba）での発信が大評判。待望の書籍化！
2017.9 221p B6 ¥1400 ①978-4-620-32463-0

◆公共日本語教育学―社会をつくる日本語教育　川上郁雄編　くろしお出版
【要旨】人とことばと社会を視点に、どのような社会を築けるか。日本語教育を通じて探究していく実践の学。
2017.6 251p A5 ¥2400 ①978-4-87424-733-4

◆広辞苑はなぜ生まれたか―新村出の生きた軌跡　新村恭著　（京都）世界思想社
【目次】1 新村出の生涯（萩の乱のなかで生を享ける―父は山口県令、親元離れて漢学修業へ―小学校は卒業してない、静岡は第一のふるさと、文学へのめざめ、そして言語学の高みへ―高・東大時代、荒川豊子との恋愛、結婚、転機、欧州留学、水に合った京都大学―言語学講座、図書館長、南蛮吉利支丹、戦争のなかでの想念、京都での暮らし―晩年・最晩年、新村出が京都に残したもの）　2 真説『広辞苑』物語（『辞苑』の刊行と改訂作業、岩波書店から『広辞苑』刊行へ、『広辞苑』刊行のあとに）　3 交友録（徳川慶喜の八女国子―初恋の人、高峰秀子、佐佐木信綱、川田順、そのほかの人びと）
2017.8 236p B6 ¥2300 ①978-4-7907-1703-4

◆国語力 大人のテスト1000　話題の達人倶楽部編　青春出版社
【要旨】敬語、慣用句、四字熟語から、モノの言い方まで、意外に答えられない、日本語の「落とし穴」をまるごと集めた決定版！　ゲーム感覚で、ことばのセンスが身につきます。
2017.8 221p A5 ¥1000 ①978-4-413-11224-6

◆国際化時代の日本語を考える―二表記社会への展望　J. マーシャル・アンガー、茅島篤、高取由紀編　くろしお出版
【目次】ダイグラフィア・国字問題（日本語のダイグラフィアーその意味と必要性、表記体系併用と二表記併用社会、国字問題と日本語ローマ字表記―戦前の動向を中心に）、日本語教育とローマ字（「本物」であれば認める複数表記―日本語教育の現場から、ローマ字日本語人とはだれか―日本語教科書の調査から、多文化共生社会におけるローマ字表記の必要性、日本語教育におけるローマ字の意味―英語圏教材を中心に）、ロー

語学・会話

語学・会話

日本語

マ字文の分かち書き（日本語の分かち書き）、表記論・書き方のシステム（ウメサオタダオの文字づかい、文字・翻字と書き方のシステム―表記法の議論のために、表記論から「二表記併用社会」の必要性を考える一助・他部分に送り仮名のない複合語の表記の読み分け機構を中心に）
2017.4 234p A5 ¥3700 ①978-4-87424-728-0

◆ここが肝心！ 語彙力のヘソ―すぐに身につくワンランク上の言葉の使い方 山口謠司著 徳間書店
【要旨】社会人の半数以上が間違って覚えていた!?使い方ひとつで知性と品格がガラリと変わる語彙93。
2017.5 165p B6 ¥1200 ①978-4-19-864402-4

◆心に響く和のことばの使い方―日常フレーズが美しくなる 吉田裕子監修 朝日新聞出版
【要旨】会話、手紙、メールで使える、やさしく上品に伝わる745語。すぐに役立つ「使い方」、同義語、類語も充実！ 日常語でにける早引き索引付！
2017.8 191p B6 ¥1200 ①978-4-02-333145-7

◆コーパスと自然言語処理 前川喜久雄監修、松本裕治、奥村学編 朝倉書店 （講座日本語コーパス 8）
【目次】第1章 コーパスと自然言語処理、第2章 コーパスアノテーション基準、第3章 形態素解析・固有表現解析、第4章 統語解析、第5章 意味解析、第6章 語彙概念と述語項構造、第7章 照応解析・文章構造解析、第8章 意見分析、付録A アノテーション支援ツール
2017.12 180p A5 ¥3400 ①978-4-254-51608-1

◆思考ツールを利用した日本語ライティング―リーディングと連携し論理的思考を鍛える 脇田里子著 （吹田）大阪大学出版会
【目次】第1章 学部留学生の日本語ライティング教育の背景、第2章 日本語ライティング教育の関連研究、第3章 ライティングと連携したリーディング、第4章 リーディングと連携したライティング、第5章 授業実践の方法、第6章 授業実践の結果と考察、第7章 結論
2017.4 234p A5 ¥4100 ①978-4-87259-556-7

◆しっくりこない日本語 北原保雄著 小学館 （小学館新書）
【要旨】日々、新語や流行語が生まれている。新語は新しく造られた言葉のことで、主に若者の間で使われているが、流行語は必ずしも新語というわけではない。「忖度」という言葉は漢籍に出典のある歴史の長い言葉で、新語ではない。本書では、日本語学の泰斗が、新語・略語や流行語、また、慣用句・ことわざなどをウォッチングして、言葉の背景や意味の取違いの原因などを平易に解説する。
2017.8 189p 18cm ¥760 ①978-4-09-825306-7

◆失敗しない大人の無敵の語彙大全―社会人が知っておくべき言葉555 山口謠司著 PHP研究所
【目次】第1章 かしこまった場所で失敗しない言葉―冠婚葬祭、おわび、正式なあいさつのときに！、第2章 ビジネスシーンで失敗しない言葉―会議、営業トーク、相手を説得したいときに!?、第3章 相手を持ち上げたいときに失敗しない言葉―ほめたい、お世辞を言いたい、感謝したいときに！、第4章 知っておくと、いろいろ失敗しない言葉―友人、恋人、家族との会話を膨らませたいときに！、第5章 失敗しないカタカナ言葉―日常からビジネスまで、できる人と思われたいときに！
2017.8 382p B6 ¥1400 ①978-4-569-83847-2

◆知れば恐ろしい日本人のことば 日本語倶楽部編 河出書房新社 （KAWADE夢文庫）
【要旨】熟語、ことわざ、言い伝え、漢字、外来語…に隠された不気味すぎる由来や、惨たらしい逸話とは？ 読むほどに鳥肌が立つ日本語ミステリー！
2017.4 217p A6 ¥680 ①978-4-309-49965-9

◆新中級日本語―豊富な例文で学ぶ 松本秀雄、米澤昌子、入江さやか著 （岡山）ふくろう出版 第2版
【要旨】「話し言葉」と「書き言葉」の違いが一目で分かる「話し言葉・書き言葉対照表」収録！
2017.3 157p B5 ¥1900 ①978-4-86186-690-6

◆シン・ヤマトコトバ学 シシドヒロユキ著 光文社 （光文社新書）
【要旨】日本列島の母語である、数千年の歴史を持つヤマトコトバは、神話や伝承、『古事記』

『万葉集』、祝詞などにルーツがあり、現代でも「訓読み」として使われている。日本語の原点であるヤマトコトバに触れることは、日本文化の源流に触れること。古から守られてきた、人の心や大自然とつながる言霊の力は、現代人のライフスタイルにこそ活かすべき、豊饒なる精神文化に。本書では、ヤマトコトバの歴史や構造をポップに解説。また日々口遊むことをお薦めしたい、言霊の力の活きる祝詞や和歌の代表的な名文を掲載。さらに、ヤマトコトバにまつわる数々の伝説や逸話もわかりやすく紹介する。ヤマトコトバ・ラッパー、ノマド神主として活動する著者が、大和言葉文化の新時代を切り拓く一冊。
2017.2 267p 18cm ¥820 ①978-4-334-03971-4

◆図説 日本の文字 今野真二著 河出書房新社 （ふくろうの本）
【要旨】ヴィジュアル版文字の文化史。時代を映すひらがな・カタカナ・漢字―生きた日本語のすがたを愉しむ。
2017.9 111p 22×17cm ¥1850 ①978-4-309-76259-3

◆俗語入門―俗語はおもしろい！ 米川明彦著 朝倉書店
【要旨】俗語はおもしろい。その表現のおもしろさ、俗語の働きについて歴史をひもといてみる価値がある。俗語の力を正しく知ってもらえるよう、俗語研究の第一人者によって書きおろされた入門書である。さあ俗語の世界をのぞいてみよう。
2017.4 178p A5 ¥2500 ①978-4-254-51053-9

◆ソレ！ へんてこな日本語です。―まんがで学ぶ日本語の誤用 冨士本昌恵著、山本ユウカ絵 PARCO出版
【要旨】新入社員の山根ちゃん、その日本語大丈夫!?日本語のひっかかりやすい「あるある」な間違い約130語をまんが付きで解説。
2017.8 127p A5 ¥1200 ①978-4-86506-219-9

◆だめだし日本語論 橋本治、橋爪大三郎著 太田出版 （atプラス叢書）
【要旨】日本語は、そもそも文字を持たなかった日本人が、いい加減に漢字を使うところから始まった―成り行き任せ、混沌だらけの日本語の謎に挑みながら、日本人の本質にまで迫る。あっけに取られるほど手ごわくて、面白い日本語論。
2017.6 237p B6 ¥1500 ①978-4-7783-1578-8

◆ちいさい言語学者の冒険―子どもに学ぶことばの秘密 広瀬友紀著 岩波書店 （岩波科学ライブラリー）
【要旨】「これ食べたら死ぬ？」どうして多くの子どもが同じような、大人だったらしない「間違い」をするのだろう？ ことばを身につける最中の子どもが見せる数々の珍プレーは、私たちのアタマの中にあることばの秘密を知る絶好の手がかりに。言語獲得の冒険に立ち向かう子どもは、ちいさい言語学者なのだ。かつてのあなたや私もそうだった。
2017.3 109, 5p B6 ¥1200 ①978-4-00-029659-5

◆通じない日本語―世代差・地域差からみる言葉の不思議 窪薗晴夫著 平凡社 （平凡社新書）
【要旨】言葉の変化/進化の裏には必ず法則があった！ 略語、ズージャ語に見られる若者言葉や新語から、方言の豊かさまで。笑わずにはいられない数々の身近な実例をもとに、ときに外国語や昔の日本語との比較も交えつつ、「通じない」日本語の特徴を分かりやすく解説する。誰もが主人公になれる、日本の中の「異文化コミュニケーション」への誘い。
2017.12 207p 18cm ¥780 ①978-4-582-85861-7

◆テキストにおける語彙的結束性の計量的研究 山崎誠著 （大阪）和泉書院 （研究叢書）
【要旨】テキストが成立させる性質の一つである「語彙的結束性」は、従来、日本では主に文章理解や作文教育という国語教育を中心とした場面で研究されてきた。本書では、『現代日本語書き言葉均衡コーパス』（BCCWJ）の活用により、計量的手法を用いて、テキスト内における同性質の現れ方を明らかにし、文体的特徴、文章構成、多義の出現傾向など多様な分析を行う。
2017.2 230p A5 ¥8500 ①978-4-7576-0825-2

◆できる人の語彙力が身につく本 語彙力向上研究会著 三笠書房 （知的生きかた文庫）
【要旨】あの人の話には、「何か」が違う！ 会話と文章に教養がにじみ出る！ 言葉の由来や用法、間違えやすい例も解説―目置かれる"大

人の伝え方"！
2017.8 221p A6 ¥630 ①978-4-8379-8484-9

◆データで学ぶ日本語学入門 計量国語学会編集 朝倉書店
【目次】第1章 音声・音韻―現代の日本語には何種類の音があるの？ どの音がよく使用されているの？、第2章 文字・表記―文字と社会生活はどのようにかかわるの？、第3章 語彙―日本語にはどんな言葉が多いの？、第4章 文法・意味―文法現象をデータで見るってどういうこと？、第5章 文章・文体―文章と文体の個性は数ではかれるの？、第6章 社会言語学―人によってことばの使い方はどう違うの？、第7章 方言―関西人は「いつでもどこでも関西弁」は本当？、第8章 日本語史―昔といまでは「ことば」が違うの？、第9章 日本語教育―日本語学習者の日本語は、母語話者と、どこがどう違うの？、第10章 日本語処理―文の類似度や重要度をコンピュータはどのように計算しているの？
2017.3 155p A5 ¥2600 ①978-4-254-51050-8

◆東京語におけるアクセント句の形成―実験及びコーパスによるdephrasingの分析 全美炷著 くろしお出版
【要旨】東京語において、修飾関係や発話速度といった計12要因がdephrasingの生起環境に及ぼす影響を統計的に分析し、確率現象として説明。またこれらの要因のうちどれを採用したモデルが最適であるかを検討する。
2017.10 237p A5 ¥3700 ①978-4-87424-739-6

◆閉された言語・日本語の世界 鈴木孝夫著 新潮社 （新潮選書）増補新版
【要旨】日本語を話す人は日本人という「単一言語国家」であり、歴史上侵略された経験がない日本人は、いかなる言語を育んできたのか。数種類の一人称代名詞をもち、「相手依存」で自己規定する私たちの言の不思議。言語社会学の第一人者が、言語と文化への深い洞察をもとに、日本語観、外国観、そして日本人の自己像を考える。時代を経ても色褪せない必読の論考。
2017.2 253p B6 ¥1200 ①978-4-10-603797-9

◆何がちがう？ どうちがう？ 似ている日本語 佐々木瑞枝著 東京堂出版
【要旨】日本人が意外と知らない似ていることばの使い分けを、日本語教育の第一人者である著者が解説！
2017.2 163p B6 ¥1200 ①978-4-490-20959-4

◆ニッポン語うんちく読本―ロス発、日系老人日本語パワー全開 ジョン金井著 （さいたま）知玄舎、星雲社 発売
【要旨】LA（ロサンゼルス）に住みついて四十年、一八九一年に始まったアメリカへの集団移民を皮切りから、その子孫、大戦後に渡ってきた日本人、駐在員として研修、大戦後、留学あるいは語学研修として当地を選ぶなど様々な道のりを経てたくさんの日本人が暮らしているLAで、偶然にも巡り会った日系人引退者ホームの人々。本書はそこでたくましく暮らしている高齢者のために、著者が二〇〇九年から始めた「ソーシャル・アワー」での日本語、文化講座のありさまを書き起こしたもの。ここに集った日系人二世と大戦後に渡って来られた日本人のお年寄りの平均年齢は八十六。その発想と機転、驚きの老人パワーと年老いてなおも盛んな智慧の閃きに脱帽。その日系高齢者との活気に満ちたやりとりで分かる、日本語の妙味と奥深さを凝縮した一冊。前書『そうだったのか！ ニッポン語ふかぼり読本』の続刊。
2017.3 222p B6 ¥1200 ①978-4-434-23087-5

◆日本語を分析するレッスン―アクティブ・ラーニング対応 野田尚史, 野田春美著 大修館書店
【要旨】しりとり、若者ことば、マンガ、方言、漫才…身近な話題を入り口に、みんなで議論。新スタイルの「日本語学」誕生！
2017.4 166p A5 ¥1500 ①978-4-469-21362-1

◆日本語学トレーニング100題 柿木重宜著 （京都）ナカニシヤ出版
【目次】音韻にかかわる問題、漢字、語種について、文法、正しい日本語とは何か、日本語表現法、日本語の起源、地域と社会にかかわることば、文学に関する問題、辞書の話、語源の話、実用的な日本語、教養的な日本語
2017.9 165p 21×13cm ¥1800 ①978-4-7795-1211-7

◆日本語検定公式過去問題集1級 平成29年度版 日本語検定委員会編 東京書籍

【要旨】過去問題2回分を収録した受検者必携の1冊。
2017.3 111p A5 ¥980 ①978-4-487-81061-1

◆日本語検定公式過去問題集2級 平成29年度版 日本語検定委員会編 東京書籍
【要旨】過去問題2回分を収録した受検者必携の1冊。
2017.3 117p A5 ¥980 ①978-4-487-81062-8

◆日本語検定公式過去問題集3級 平成29年度版 日本語検定委員会編 東京書籍
【要旨】過去問題2回分を収録した受検者必携の1冊。
2017.3 111p A5 ¥880 ①978-4-487-81063-5

◆日本語検定公式過去問題集4級 平成29年度版 日本語検定委員会編 東京書籍
【要旨】過去問題2回分を収録した受検者必携の1冊。
2017.3 110p A5 ¥880 ①978-4-487-81064-2

◆日本語検定公式過去問題集5級 平成29年度版 日本語検定委員会編 東京書籍
【要旨】過去問題2回分を収録した受検者必携の1冊。
2017.3 110p A5 ¥880 ①978-4-487-81065-9

◆日本語検定公式過去問題集6級・7級 平成29年度版 日本語検定委員会編 東京書籍
【要旨】過去問題各1回分を収録した受検者必携の1冊。
2017.3 99p A5 ¥880 ①978-4-487-81066-6

◆日本語語用論フォーラム 2 加藤重広,滝浦真人編 ひつじ書房
【目次】1 日本語副助詞の統語語用論的分析,比喩を導入する構文としての直喩の語用論的機能,「させていただく」という問題系―「文法化」と「新丁寧語」の誕生,談話構造の拡張と構文化について―近現代日本語の「事実」を中心に,談話理解に伴う脳波の解析を通したーコソア機能区分の試み,現実世界の対象を表さないソの指示―歴史的変遷をとおして,丁寧体における疑いの文―複数のコーパスにおける「かね」「でしょうか」の現れ方,事例語用論Exemplar Pragmaticsの試み―利耶が過去に取り込まれるする!
2017.12 234p A5 ¥4400 ①978-4-89476-878-9

◆日本語全史 沖森卓也著 筑摩書房 (ちくま新書)
【要旨】日本語の通史を総合的に描く初めての新書。日本語の変遷を古代(前期・後期)/中世(前期・後期)/近世/近代という時代ごとに,総説・文字・音韻・語彙・文法の五つに分けて整理していく。日本語は世界の言語の中でも比較的,古代からの変遷が少ない。であればこそ,現代語との関わりのなかで,日本語史を記述していくことが可能となるのだ。日本語の変遷の全体像がわかるだけでなく,現代の慣用表現や方言などに残る過去の日本語の痕跡をたどる謎解きとしても楽しめる一冊。
2017.4 435,11p 18cm ¥1200 ①978-4-480-06957-3

◆日本語の音 沖森卓也,木村一編著,安部清哉,加藤大鶴,吉田雅子著 朝倉書店 (日本語ライブラリー)
【目次】1 言語と音(音声,音素と音韻,音節,音調),2 日本語の音声・音韻(日本語の音声・音韻,日本語の音節と拍,アクセント,イントネーションとプロミネンス,方言),3 音韻史(音韻の変容―音韻史通覧,音の歴史的変化,アクセントの歴史),4 語形と音の変化(日本語の音韻構造,音変化の諸相,その他の語形の変化)
2017.4 140p A5 ¥2600 ①978-4-254-51615-9

◆日本語のへそームダなようで,でも大事なもの 金田一秀穂著 青春出版社 (青春新書INTELLIGENCE)
【要旨】言葉の真ん中には何がある? マジメすぎる日本人に贈る金田一先生の痛快日本語論。
2017.12 188p 18cm ¥880 ①978-4-413-04522-3

◆日本語訳 英琉辞書 B.J.ベッテルハイム著,伊波和正,高橋俊三,兼本敏編訳 武蔵野書院
【要旨】ベッテルハイムの自筆稿本English-Loochooan Dictionary(英琉辞書)とその付録のChinese Derivatives(漢語)を翻訳したもの。
2017.5 619p B5 ¥18000 ①978-4-8386-0702-0

◆日本語レファレンスブック―熟語・語源・ことわざ・方言 日外アソシエーツ編 日外アソシエーツ,紀伊國屋書店 発売
【要旨】1990(平成2)年から2016(平成28)年までに日本国内で刊行された,国語・日本語論,音声・音韻,文字・表記(書体,漢字,仮名など),語源,語彙(熟語,ことわざ,類語,方言,時事用語など),文法,文体・修辞・表現,方言,言語生活・コミュニケーションに関する参考図書を網羅。書誌,年表,事典,辞典,索引,ハンドブック,年鑑など2,424点を収録。書名,著編者名,事項名の索引つき。
2017.10 358p A5 ¥9250 ①978-4-8169-2684-6

◆日本の言葉の由来を愛おしむ―語源が伝える日本人の心 高橋こうじ著 東邦出版
【要旨】「住む」とは心が澄む状態で過ごせることだった。「前」の「ま」は目のこと。目が見据える方向が「前」。「にこにこ」は心が柔らかいこと。「にこ」は柔らかの意。成り立ちを知ると,何気ない一語が輝きだします。
2017.2 230p A5 ¥1400 ①978-4-8094-1449-7

◆日本論―文字と言葉がつくった国 石川九楊著 講談社 (講談社選書メチエ)
【要旨】数多ある日本論のどれもが一面的なのはなぜか。書字と言葉にたいする考察の不徹底がその理由である。漢字,ひらがな,カタカナ。この三種の文字による,非対称の美的感性を抜きにして,この国のかたちを語ることはできない。書家ならではの視点から,明治以来の日本文化論を俎上にのせ,真のわれわれの「自画像」をはじめて提示する!
2017.10 203p B6 ¥1500 ①978-4-06-258656-6

◆ネイティブが感動する英語にない日本語 フォーンクルック幹治著 河出書房新社
【要旨】「お疲れさま」「しょうがない」「懐かしい」…私たちには当たり前のこんな表現がなぜか英単語にはない!!一言では英訳できない日本語ならではのフレーズに「便利」「繊細」「使いたい」の声しきり! バイリンガルの著者と一緒に日本語再発見。
2017.5 191p B6 ¥1300 ①978-4-309-02565-0

◆バカに見られないための日本語トレーニング 樋口裕一著 草思社
【要旨】「人は見た目」の「見た目」より重要なのが,メールや文書の日本語。必要なのは正しい日本語ではなく,その場に合った日本語だ。ストレートに言えるほど角が立つことも,丁寧に言えば,通じることも多い。文章添削のプロが問題形式で伝授する日本語力。
2017.3 239p B6 ¥1400 ①978-4-7942-2261-9

◆話しことばへのアプローチ―創発的・学際的談話研究への新たなる挑戦 鈴木亮子,秦かおり,横森大輔編 ひつじ書房
【目次】第1部「話しことばの言語学」理論編(文法システム再考―話しことばに基づく文法研究に向けて,話しことばに見る言語変化,多重文法―「こと」の分析を通して),第2部「話しことばの言語学」実践編(相互行為言語学からのアプローチ 認識のスタンスの表示と特殊ブラクティス―「やっぱり」が付与された極性質問発話を中心に,社会言語学からのアプローチ 語りにおけるインタビューの自称詞使用―なぜ「おれ」は「パパ」になり「わたし」になったのか,言語人類学からのアプローチ 創発的スキーマと相互行為的協奏について―「問い」と「相づち」による構造化を中心に,ナラティブ研究からのアプローチ「みんな同じがみんないい」を解読する―ナラティブにみる不一致調整機能についての一考察)
2017.12 259p A5 ¥2700 ①978-4-89476-818-5

◆ふさわしい日本語―朝起きてから夜寝るまで 唐沢明著 トランスワールドジャパン
【目次】16:00～9:00(朝の挨拶,帰宅/帰社時間を聞く ほか),29:00～13:00(遅刻するとき,休むとき ほか),3 13:00～18:00(昼の挨拶,心地よさを聞く ほか),4 18:00～24:00(夜の挨拶,何を食べるか相談する ほか),5 休日(知人宅にお邪魔するとき,手土産を渡すとき ほか)
2017.3 175p A5 ¥1400 ①978-4-86256-199-2

◆不都合な日本語 大野敏明著 展転社
【要旨】産経新聞社編集局長を務めた著者が,「現在の日本語」をテーマに取り上げながら時局を批評し,おかしな現代社会を痛快にぶった斬る。
2017.9 228p B6 ¥1400 ①978-4-88656-438-2

◆訳せない日本語―日本人の言葉と心 大來尚順著 アルファポリス,星雲社 発売
【要旨】英語に上手く訳せないことでわかる日本語に込められた本来の意味と日本独自の文化とは? 厳選した「24の日本語」が秘めた伝統的な日本の文化と心の真意。英語に訳せない日本語にこそ日本人の言葉と心が見えてくる。
2017.4 204p B6 ¥1200 ①978-4-434-23260-2

◆Jポップの日本語研究―創作型人工知能のために 伊藤雅光著 朝倉書店
【目次】第1部 Jポップの言語学(和風化するJポップ,Jポップはなぜ和風化するか),第2部 中島みゆきとユーミンの言語学(中島みゆきと松任谷由実の歌詞はどちらが豊かか,中島とユーミンの「語り」の文体をさぐる,ナラティブモデルによる中島とユーミンの創作の解明),第3部 男歌と女歌のテーマ分析(ユーミンは何を歌ってきたか,男性作詞家(シンガーソングライター)は何を歌ってきたか,女性詞作家とアイドルは何を歌ってきたか,男女の作詞家のテーマを比較する),第4部 男歌と女歌の語彙分析(男歌と女歌のことばを計算する,男歌と女歌のことばを分類する,男歌と女歌のことばを分析する),第5部 創作型人工知能とは何か,機械的にラブソングを作る―失恋ソング生成語彙集の使い方,歌詞創作型AI研究の意義)
2017.5 202p A5 ¥3200 ①978-4-254-51054-6

漢字・漢語・漢字検定

◆思いだしトレーニング 間違いやすい漢字・熟語 朝日脳活ブックス編集部編著 朝日新聞出版 (朝日脳活ブックス)
【要旨】50歳からの物忘れ認知症対策に! 漢字を思いだす楽しさで脳の元気を取り戻す! 日頃見かける漢字を扱った問題から頭をひねる難問まで幅広く出題! 最近物忘れが増えてきた,あなたにぴったりの漢字脳トレ本です。
2017.7 159p B6 ¥900 ①978-4-02-333162-4

◆書き込み式 漢字検定準2級問題集 成美堂出版編集部編著 成美堂出版 (付属資料:別冊1)
【要旨】大きな文字とふりがなで読みやすい! 大きな誌面で書き込みやすい! 配当漢字を覚えやすい「学習ドリル」と「本試験型テスト」が1冊に! コピーして使える答案用紙つき。答え合わせに便利な別冊解答・解説。学習に役立つ巻末資料つき。
2017.12 151p B5 ¥800 ①978-4-415-22589-0

◆書き込み式 漢字検定2級問題集 成美堂出版編集部編著 成美堂出版 (付属資料:別冊1)
【要旨】大きな文字とふりがなで読みやすい! 大きな誌面で書き込みやすい! 配当漢字を覚えやすい「学習ドリル」と「本試験型テスト」が1冊に! コピーして使える答案用紙つき。答え合わせに便利な別冊解答・解説。学習に役立つ巻末資料つき。
2017.12 183p B5 ¥800 ①978-4-415-22588-3

◆書き込み式 漢字検定3級問題集 成美堂出版編集部編著 成美堂出版 (付属資料:別冊1)
【要旨】大きな文字とふりがなで読みやすい! 大きな誌面で書き込みやすい! 配当漢字を覚えやすい「学習ドリル」と「本試験型テスト」が1冊に! コピーして使える答案用紙つき。答え合わせに便利な別冊解答・解説。学習に役立つ巻末資料つき。
2017.12 151p B5 ¥800 ①978-4-415-22590-6

◆書き込み式 漢字検定4級問題集 成美堂出版編集部編著 成美堂出版 (付属資料:別冊1)
【要旨】大きな文字とふりがなで読みやすい! 大きな誌面で書き込みやすい! 配当漢字を覚えやすい「学習ドリル」と「本試験型テスト」が1冊に! コピーして使える答案用紙つき。答え合わせに便利な別冊解答・解説。学習に役立つ巻末資料つき。
2017.12 151p B5 ¥800 ①978-4-415-22591-3

◆書き込み式 漢字検定5級問題集 成美堂出版編集部編著 成美堂出版 (付属資料:別冊1)
【要旨】大きな文字とふりがなで読みやすい! 大きな誌面で書き込みやすい! 配当漢字を覚えやすい「学習ドリル」と「本試験型テスト」が1冊に! コピーして使える答案用紙つき。答え合わせに便利な別冊解答・解説。学習に役立つ巻末資料つき。
2017.12 151p B5 ¥800 ①978-4-415-22592-0

◆書き込み式 漢字検定6級問題集 成美堂出版編集部編著 成美堂出版 (付属資料:別冊1)

【要旨】大きな文字とふりがなで読みやすい！大きな誌面で書き込みやすい！配当漢字を覚えやすい「学習ドリル」と「本試験型テスト」が1冊に！コピーして使える答案用紙つき。答え合わせに便利な別さつ「解答・解説」。学習に役立つ巻末資料つき。
2017.12 143p B5 ¥800 ①978-4-415-22593-7

◆書き込み式 漢字検定7級問題集　成美堂出版編集部編著　成美堂出版　（付属資料：別冊1）
【要旨】大きな文字とふりがなで読みやすい！大きな誌面で書き込みやすい！配当漢字を覚えやすい「学習ドリル」と「本試験型テスト」が1冊に！コピーして使える答案用紙つき。答え合わせに便利な別さつ「答え・かいせつ」。学習に役立つ巻末資料つき。
2017.12 151p B5 ¥800 ①978-4-415-22594-4

◆書けますか？ 自分の名前の「書き順」「日本人に多い名字」編　「日本語書き順」研究会著　KADOKAWA　（角川文庫）
【要旨】自分の名前を正しい書き順で書けますか？例えば、西村さんの「西」第二画はどれ？武田さんの「武」第一画はどれ？日本人に多い名字の上位500位に使用される漢字の書き順(筆順)を全て収録。名字の意味、由来、発祥を知れば、都道府県地名等、自分の名前のルーツをいろいろ知ることができます。「難読名字」「わかりにくい書き順」等のコラム付き。
2017.4 188p A6 ¥560 ①978-4-04-104590-9

◆漢検準2級過去問題集　平成29年度版　日本漢字能力検定協会編　（京都）日本漢字能力検定協会　（付属資料：別冊1）
【要旨】平成28年度(2016年度)実施分13回分過去問をすべて収録。
2017.3 95p A5 ¥1100 ①978-4-89096-355-3

◆漢検1/準1級過去問題集　平成29年度版　日本漢字能力検定協会編　（京都）日本漢字能力検定協会　（付属資料：別冊1）
【要旨】平成28年度(2016年度)実施分各3回分過去問をすべて収録。
2017.3 55p A5 ¥1300 ①978-4-89096-353-9

◆漢検2級過去問題集　平成29年度版　日本漢字能力検定協会編　（京都）日本漢字能力検定協会　（付属資料：別冊1）
【要旨】平成28年度(2016年度)実施分13回分過去問をすべて収録。
2017.3 95p A5 ¥1200 ①978-4-89096-354-6

◆漢検3級過去問題集　平成29年度版　日本漢字能力検定協会編　（京都）日本漢字能力検定協会　（付属資料：別冊1）
【要旨】平成28年度(2016年度)実施分13回分過去問をすべて収録。
2017.3 95p A5 ¥1100 ①978-4-89096-356-0

◆漢検4級過去問題集　平成29年度版　日本漢字能力検定協会編　（京都）日本漢字能力検定協会　（付属資料：別冊1）
【要旨】平成28年度(2016年度)実施分13回分過去問をすべて収録。
2017.3 95p A5 ¥1000 ①978-4-89096-357-7

◆漢検5級過去問題集　平成29年度版　日本漢字能力検定協会編　（京都）日本漢字能力検定協会　（付属資料：別冊1）
【要旨】平成28年度(2016年度)実施分13回分過去問をすべて収録。
2017.3 87p A5 ¥900 ①978-4-89096-358-4

◆漢検6級過去問題集　平成29年度版　日本漢字能力検定協会編　（京都）日本漢字能力検定協会　（付属資料：別冊1）
【要旨】平成28年度(2016年度)実施分13回分過去問をすべて収録。
2017.3 87p A5 ¥900 ①978-4-89096-359-1

◆漢検7級過去問題集　平成29年度版　日本漢字能力検定協会編　（京都）日本漢字能力検定協会　（付属資料：別冊1）
【要旨】平成28年度(2016年度)実施分13回分過去問をすべて収録。
2017.3 87p A5 ¥900 ①978-4-89096-360-7

◆漢検8級過去問題集　平成29年度版　日本漢字能力検定協会編　（京都）日本漢字能力検定協会　（付属資料：別冊1）
【要旨】平成28年度(2016年度)実施分13回分過去問をすべて収録。
2017.3 111p A5 ¥900 ①978-4-89096-361-4

◆漢検9級過去問題集　平成29年度版　日本漢字能力検定協会編　（京都）日本漢字能力検定協会　（付属資料：別冊1）
【要旨】平成28年度(2016年度)実施分13回分過去問をすべて収録。
2017.3 111p A5 ¥900 ①978-4-89096-362-1

◆漢検10級過去問題集　平成29年度版　日本漢字能力検定協会編　（京都）日本漢字能力検定協会　（付属資料：別冊1）
【要旨】平成28年度(2016年度)実施分13回分過去問をすべて収録。
2017.3 111p A5 ¥900 ①978-4-89096-363-8

◆漢語　沖森卓也、肥爪周二編著　朝倉書店　（日本語ライブラリー）
【目次】第1章 語種・出自から見た漢語(語種、語と字音体系 ほか)、第2章 音形・語形からみた漢語(連音変化、音形が変化した漢語 ほか)、第3章 語構成からみた漢語(一字漢語、二字漢語 ほか)、第4章 文法形態からみた漢語(漢語名詞、漢語動詞 ほか)、第5章 意味からみた漢語(漢語と意味分野、漢語の類義関係 ほか)
2017.10 155p A5 ¥2700 ①978-4-254-51616-6

◆漢字　沖森卓也、笹原宏之編著　朝倉書店　（日本語ライブラリー）
【目次】第1章 成り立ちからみた漢字、第2章 形からみた漢字、第3章 音からみた漢字、第4章 義からみた漢字、第5章 表記からみた漢字、第6章 社会からみた漢字、第7章 アジアのなかの漢字
2017.10 182p A5 ¥2900 ①978-4-254-51617-3

◆漢字検定準1級頻出度順問題集　資格試験対策研究会編　高橋書店　（付属資料：赤チェックシート1）
【要旨】短期間で効率よく身につく"頻出度順"―10年分におよぶ過去問題を徹底分析し、頻出度順にA・B・Cランクに章立てしました。確実に覚えられる"充実した問題数"―とくに重要な問題や正答率の低い問題は複数回掲載。繰り返し学習して、頻出漢字をしっかりマスターできます。すばやく学べる"一問一答式"―付録の赤チェックシートで正解を隠しながらスピーディに学習できます。
2017.10 247p A5 ¥1300 ①978-4-471-46060-0

◆漢字検定準2級頻出度順問題集　資格試験対策研究会編　高橋書店　（付属資料：赤チェックシート1）
【要旨】短期間で効率よく身につく"頻出度順"―10年分におよぶ過去問題を徹底分析し、頻出度順にA・B・Cランクに章立てしました。確実に覚えられる"充実した問題数"―とくに重要な問題や正答率の低い問題は複数回掲載。繰り返し学習して、頻出漢字をしっかりマスターできます。すばやく学べる"一問一答式"―付録の赤チェックシートで正解を隠しながらスピーディに学習できます。
2017.10 223p A5 ¥1000 ①978-4-471-46062-4

◆漢字検定2級頻出度順問題集　資格試験対策研究会編　高橋書店　（付属資料：赤チェックシート1）
【要旨】短期間で効率よく身につく"頻出度順"―10年分におよぶ過去問題を徹底分析し、頻出度順にA・B・Cランクに章立てしました。確実に覚えられる"充実した問題数"―とくに重要な問題や正答率の低い問題は複数回掲載。繰り返し学習して、頻出漢字をしっかりマスターできます。すばやく学べる"一問一答式"―付録の赤チェックシートで正解を隠しながらスピーディに学習できます。
2017.10 207p A5 ¥1000 ①978-4-471-46061-7

◆漢字検定3級頻出度順問題集　資格試験対策研究会編　高橋書店　（付属資料：赤チェックシート1）
【要旨】短期間で効率よく身につく"頻出度順"―10年分におよぶ過去問題を徹底分析し、頻出度順にA・B・Cランクに章立てしました。確実に覚えられる"充実した問題数"―とくに重要な問題や正答率の低い問題は複数回掲載。繰り返し学習して、頻出漢字をしっかりマスターできます。すばやく学べる"一問一答式"―付録の赤チェックシートで正解を隠しながらスピーディに学習できます。
2017.10 222p A5 ¥1000 ①978-4-471-46063-1

◆漢字検定4級頻出度順問題集　資格試験対策研究会編　高橋書店　（付属資料：赤チェックシート1）
【要旨】短期間で効率よく身につく"頻出度順"―10年分におよぶ過去問題を徹底分析し、頻出度順にA・B・Cランクに章立てしました。確実に覚えられる"充実した問題数"―とくに重要な問題や正答率の低い問題は複数回掲載。繰り返し学習して、頻出漢字をしっかりマスターできます。すばやく学べる"一問一答式"―付録の赤チェックシートで正解を隠しながらスピーディに学習できます。
2017.10 198p A5 ¥950 ①978-4-471-46064-8

◆漢字検定5級頻出度順問題集　資格試験対策研究会編　高橋書店　（付属資料：赤チェックシート1）
【要旨】短期間で効率よく身につく"頻出度順"―10年分におよぶ過去問題を徹底分析し、頻出度順にA・B・Cランクに章立てしました。確実に覚えられる"充実した問題数"―とくに重要な問題や正答率の低い問題は複数回掲載。繰り返し学習して、頻出漢字をしっかりマスターできます。すばやく学べる"一問一答式"―付録の赤チェックシートで正解を隠しながらスピーディに学習できます。
2017.10 175p A5 ¥900 ①978-4-471-46065-5

◆漢字検定8級 出る順5分間対策ドリル　絶対合格プロジェクト編著　（大阪）増進堂・受験研究社
【目次】ランクA(漢字の読み、漢字の書き、書き順、対義語、同じ部首の漢字、同じ読みの漢字、漢字と送りがな、音読みと訓読み)、ランクB〔17.3〕80p 15×22cm ¥600 ①978-4-424-52909-5

◆漢字検定9・10級 出る順5分間対策ドリル　絶対合格プロジェクト編著　（大阪）増進堂・受験研究社　（付属資料：シール）
【要旨】合格への速修1270題。
〔17.3〕96p 15×22cm ¥600 ①978-4-424-52910-1

◆漢字の知識 部首辞典―部首にまつわる字源　原田幹久書・著　（大阪）日本教育研究センター　2017.7 144p A5 ¥2500 ①978-4-89026-187-1

◆漢字の使い分けハンドブック　氏原基余司著　（草加）朝陽会　（グリームブックス）
【要旨】「収める」「納める」「治める」「修める」…ともすれば使い分けに悩む異字同訓の「漢字の意味」と「使い分けの事例」を分かりやすく紹介。2017.5 112p A5 ¥900 ①978-4-903059-50-1

◆漢字は日本でどう生きてきたか　湯沢質幸著　開拓社　（開拓社言語・文化選書 68）
【要旨】漢字はいつも私たちと一緒にいる。家族の一員のようなものである。いや、家族以上かもしれない。しかし、日本同様、漢字文化圏に属しているベトナムや韓国、北朝鮮では全滅した。どうして日本では今もなお健在なのか。また、これからも生き続けていけるのか。日本の漢字が日本語日本人に貢献している、その具体的な姿の解明を通して、そのダイナミックな生命力の源に迫る。
2017.6 220p B6 ¥1900 ①978-4-7589-2568-6

◆漢和辞典的に申しますと。　円満字二郎著　文藝春秋　（文春文庫）
【要旨】「ピラフ」を漢字で表すと？「木枯らし1号」というのに、なぜ「春一番」？ 猫好きが高じて"肉球"を1文字で表す漢字を探してみたら…。そして何やらエロチックな妄想をかき立てる「嬲る」という漢字をたびたび使ったあの文豪とは!?漢和辞典編集者の"職業病"から生まれた、漢字に関する面白くて役に立つコラム160本。
2017.3 349p A6 ¥770 ①978-4-16-790820-1

◆クイズで覚える難読漢字&漢字を楽しむ一筆メール　脳トレーニング研究会編　（名古屋）黎明書房
【要旨】漢字は知っているだけでは面白くありません。使わなければ、本当に漢字を楽しむことはできません。この本は、漢字を覚えて、使って楽しむための本です。
2017.9 63p B5 ¥1500 ①978-4-654-07656-7

◆言語学者が語る漢字文明論　田中克彦著　講談社　（講談社学術文庫）（「漢字が日本語をほろぼす」改題書）
【要旨】漢字は言葉ではない、記号である。漢字にオトは必要ない。どの言語でも漢字を「訓読み」できる。では周辺地域を含めた「漢字文化圏」とは自明のものなのか。歴史上の突厥・契丹・西夏・女真・モンゴル文字など漢字からの自立運動は何を意味するのか。漢字を残す日本語は独自の言語であることの危機に瀕しているのか。言語学者が読む文字と言語の関係。
2017.8 307p A6 ¥1050 ①978-4-06-292445-0

◆公用文と法令に学ぶ 漢字と仮名使い分けの法則―漢字は歌舞伎役者・仮名は黒子 菊池捷男著 （岡山）山陽新聞社
【目次】第1章 漢字と仮名使い分けの法則（漢字には固有の意味あり、漢字には訴求力あり、漢字と仮名の使い分け基本三原則 ほか）、第2章 漢字と漢字使い分けの法則（あう（合う・会う・遭う・×逢う・×遇う）、あく（明く・空く・開く）、あげる（上げる・挙げる・揚げる） ほか）、第3章 送り仮名の付け方（送り仮名の全部又は一部を省く語、「手当」と「手当て」の違いなど）
2017.4 172p A5 ¥556 ①978-4-88197-751-4

◆国字の字典 飛田良文監修, 菅原義三編 東京堂出版 新装版
【要旨】日本独特の物や概念、文化を記すために、日本人が新しくつくり出した造字＝国字。中国から来た漢字の意味や音を組み合わせたり、省画したり崩したり、それらを組み合わせたり、カタカナ・ひらがなを合わせたりしてつくられた国字にみられる生活や文化、価値観や物事の見方は、日本特有の自然や感性を映し出しています。
2017.3 207p B6 ¥950 ①978-4-490-10896-5

◆知らないと恥をかく 間違いやすい漢字正しいのはどっち？ 秋月三郎著 大和出版
【要旨】たとえばパソコンやスマホで「ツイキュウ」と入力すれば、「追求、追究、追及、追состоや、追窮…」とずらっと候補が並ぶ。選ぶのはあなただ。正しい「読み方」「使い方」はもとより、プロでも悩む言葉の「選び方」に強くなり、「漢字力」が面白いほど身につく本。
2017.5 204p B6 ¥1190 ①978-4-8047-6274-6

◆知るほどに深くなる漢字のツボ 円満字二郎著 青春出版社
【要旨】こんな漢字の本、見たことない！…覚えるだけの漢字とはサヨナラできる、世界で一番おもしろい漢字講座！ この70のツボをおさえるだけで、漢字の"しくみ"がスッキリわかる！
2017.5 205p B6 ¥1190 ①978-4-413-11213-0

◆誰かに話したくなる漢字のはなし 下村昇著 クリロンワークショップ画空間, （鎌倉）銀の鈴社 発売
【要旨】家庭で、職場で、お酒の席で、ちょっと自慢できる知って楽しい漢字の蘊蓄。
2017.7 183p 18cm ¥1400 ①978-4-86618-020-5

◆中学校で習う全漢字の書き方 漢検対応―ディズニー漢字ブック 学研プラス編 学研プラス
【要旨】中学校の全漢字がさっと調べられる！―中学校で習う全1130字の読み方や部首、筆順などの要点が、コンパクトにまとまっています。「持ち歩ける漢字辞典」として、いつでもさっと調べることができます。筆順が1画ずつわかる！―全部の筆順を1画ずつ赤色で示しています。また、筆順のポイントもついているので、難しい漢字もしっかり記憶に残ります。漢検2～4級の学習にも役立つ！―各漢字に漢検級別マークが付いているので、漢検対応級がすぐわかります。漢検対策として幅広く使える1冊です。
2017.3 367p A6 ¥980 ①978-4-05-304561-4

◆中二病漢字バイブル ライブ編著 カンゼン
【要旨】「意味」「解説」「用例」を掲載し徹底した漢字分析で知識を供給。「固有名詞」では挿絵とともに、その単語の逸話を紹介している。
2017.12 175p A5 ¥1200 ①978-4-86255-436-9

◆どんどんつながる漢字練習帳 中級 鈴木英子, 佐藤紀生, 秀眞知子, 佐藤佳子著 アルク （日本語文字学習シリーズ）（付属資料：別冊1）
【要旨】「頭、顔、類」「清、晴、精、請」のように、同じパーツや、同じ音を持つ漢字をグループにしてまとめて覚えるから、漢字がどんどん頭に入る！ 工夫を凝らした練習問題付き。
2017.11 191p B5 ¥2000 ①978-4-7574-3014-3

◆謎の漢字―由来と変遷を調べてみれば 笹原宏之著 中央公論新社 （中公新書）
【要旨】スマホやパソコンでは、鸚、姻、嫐、喰、鯱、蠟、袈裟といった不思議な文字を打つことができてしまう。しかし、いったいどう読むのか、何に使うのか―。これらの漢字の由来を徹底調査。また、江戸時代の五代目市川團十郎が先代「海老蔵」を憚って自分は「ザコエビだから」と「鰕蔵」と称したという説を検証します。さらに「止めるかはねるか」等、テストの採点基準を科挙にさかのぼって大探索。漢字の不思議をめぐる楽しいエッセ！
2017.4 226p 18cm ¥800 ①978-4-12-102430-5

◆7日間完成！ 漢検3級 書き込み式 直前対策ドリル 旺文社編 旺文社 （付属資料：別冊1）改訂版
【要旨】「よくでる問題」だけを集中的に学習できるよ！ 模試2回分付き！
2017.5 47p B5 ¥600 ①978-4-01-092435-8

◆7日間完成！ 漢検4級 書き込み式 直前対策ドリル 旺文社編 旺文社 （付属資料：別冊1）改訂版
【要旨】「よくでる問題」だけを集中的に学習できるよ！ 模試2回分付き！
2017.5 47p B5 ¥600 ①978-4-01-092436-5

◆7日間完成！ 漢検5級 書き込み式 直前対策ドリル 旺文社編 旺文社 （付属資料：別冊1）改訂版
【要旨】「よくでる問題」だけを集中的に学習できるよ！ 模試2回分付き！
2017.5 47p B5 ¥600 ①978-4-01-092437-2

◆7日間完成！ 漢検6級 書き込み式 直前対策ドリル 旺文社編 旺文社 （付属資料：別冊1）
【要旨】「よくでる問題」だけを集中的に学習できるよ！ 模試2回分付き！
2017.5 47p B5 ¥600 ①978-4-01-092438-9

◆7日間完成！ 漢検7級 書き込み式 直前対策ドリル 旺文社編 旺文社 （付属資料：別冊1）
【要旨】「よくでる問題」だけを集中的に学習できるよ！ 模試2回分付き！
2017.5 47p B5 ¥600 ①978-4-01-092439-6

◆日本語力をつけることばと漢字のレッスン―受験・就職 日栄社編集所編 日栄社
【要旨】生きた「ことば」を使いこなす実力を養成する問題形式のハンドブック。
2017.6 191p B6 ¥700 ①978-4-8168-1441-9

◆頻出度順漢字検定合格！ 問題集準1級 平成30年版 漢字学習教育推進研究会編 新星出版社 （付属資料：別冊1; 赤シート1）
【要旨】毎年改訂！「漢検」最新の試験傾向を反映！ 問題は出題テーマごとの頻出度順に掲載。実力チェック＆総仕上げに！ 新しい模擬試験問題5回分。勉強に役立つ資料もたっぷり収録。解答が消える赤シート付き！
2017.12 219p A5 ¥1200 ①978-4-405-04912-3

◆頻出度順漢字検定合格！ 問題集2級 平成30年 漢字学習教育推進研究会編 新星出版社 （付属資料：別冊1; 赤シート1）
【要旨】毎年改訂！「漢検」最新の試験傾向を反映！ 問題は出題テーマごとの頻出度順に掲載。実力チェック＆総仕上げに！ 模擬試験問題5回分。勉強に役立つ資料もたっぷり収録。解答が消える赤シート付き！
2017.12 199p A5 ¥1000 ①978-4-405-04914-7

◆頻出度順漢字検定合格！ 問題集1級 平成30年版 漢字学習教育推進研究会編 新星出版社 （付属資料：別冊1; 赤シート1）
【要旨】毎年改訂！「漢検」最新の試験傾向を反映！ 問題は出題テーマごとの頻出度順に掲載。実力チェック＆総仕上げに！ 新しい模擬試験問題5回分。勉強に役立つ資料もたっぷり収録。解答が消える赤シート付き！
2017.12 231p A5 ¥1450 ①978-4-405-04911-6

◆頻出度順漢字検定合格！ 問題集2級 平成30年 漢字学習教育推進研究会編 新星出版社 （付属資料：別冊1; 赤シート1）
【要旨】毎日改訂！「漢検」最新の試験傾向を反映！ 問題は出題テーマごとの頻出度順に掲載。実力チェック＆総仕上げに！ 模擬試験問題3回分。勉強に役立つ資料もたっぷり収録。解答が消える赤シート付き！
2017.12 255p A5 ¥1000 ①978-4-405-04913-0

◆頻出度順漢字検定合格！ 問題集3級 平成30年版 漢字学習教育推進研究会編 新星出版社 （付属資料：別冊1; 赤シート1）
【要旨】毎年改訂！「漢検」最新の試験傾向を反映！ 問題は出題テーマごとの頻出度順に掲載。実力チェック＆総仕上げに！ 模擬試験問題3回分。勉強に役立つ資料もたっぷり収録。解答が消える赤シート付き！
2017.12 199p A5 ¥1000 ①978-4-405-04915-4

◆頻出度順漢字検定合格！ 問題集4級 平成30年版 漢字学習教育推進研究会編 新星出版社 （付属資料：別冊1; 赤シート1）
【要旨】毎年改訂！「漢検」最新の試験傾向を反映！ 問題は出題テーマごとの頻出度順に掲載。実力チェック＆総仕上げに！ 模擬試験問題5回分。勉強に役立つ資料もたっぷり収録。解答が消える赤シート付き！
2017.12 199p A5 ¥900 ①978-4-405-04916-1

◆頻出度順漢字検定合格！ 問題集5級 平成30年版 受験研究会編 新星出版社 （付属資料：別冊1）
【要旨】毎年改訂！「漢検」最新の試験傾向を反映！ 問題は出題テーマごとの頻出度順に掲載。実力チェック＆総仕上げに！ 模擬試験問題3回分。勉強に役立つ資料もたっぷり収録。解答らんは覚えやすい書きこみ式。
2017.12 143p A5 ¥900 ①978-4-405-04917-8

◆頻出度順漢字検定合格！ 問題集6級 平成30年版 受験研究会編 新星出版社 （付属資料：別冊1）
【要旨】毎年改訂！「漢検」最新の試験傾向を反映！ 問題は出題テーマごとの頻出度順に掲載。実力チェック＆総仕上げに！ もぎ試験問題3回分。勉強に役立つ資料もたっぷり収録。解答らんは覚えやすい書きこみ式。
2017.12 143p A5 ¥750 ①978-4-405-04918-5

◆頻出度順漢字検定合格！ 問題集7・8級 平成30年版 受験研究会編 新星出版社 （付属資料：別冊1）
【要旨】毎年改訂！「漢検」最新の試験傾向を反映！ 問題は出題テーマごとの頻出度順に掲載。実力チェック＆総仕上げに！ 模擬試験問題2回分。勉強に役立つ資料もたっぷり収録。解答らんは覚えやすい書きこみ式。
2017.12 143p A5 ¥750 ①978-4-405-04919-2

◆ボケない人になるドリル 漢字と熟語篇―1日10分で頭が冴えてくる！ 児玉光雄著 河出書房新社
【要旨】1日2ページ。全部で7週間。解けば解くほど脳が元気を取りもどし、気分もスッキリ上々!!
2017.6 119p B5 ¥1000 ①978-4-309-25365-7

◆本試験型 漢字検定準1級試験問題集 平成30年版 成美堂出版編集部編著 成美堂出版 （付属資料：別冊1）
【要旨】本試験と同じ形式の模擬試験を18回分収録！ 問題を解きながら覚えたい人にも最適。答え合わせに便利な別冊解答・解説！「解答・解説」は別冊になっているので、答え合わせしやすくなっています。自己採点して実力チェックができます。「チカラがつく資料」付き！ 巻末には「準1級用漢字表」のほか役立つ資料が満載です。
2017.12 167p A5 ¥1000 ①978-4-415-22596-8

◆本試験型 漢字検定準2級試験問題集 平成30年版 成美堂出版編集部編著 成美堂出版 （付属資料：別冊1）
【要旨】本試験と同じ形式の模擬試験を15回分収録！ 問題を解きながら覚えたい人にも最適。答え合わせに便利な別冊解答・解説！「解答・解説」は別冊になっているので、答え合わせしやすくなっています。自己採点して実力チェックができます。「チカラがつく資料」付き！ 巻末には「配当漢字表」のほか役立つ資料が満載です。
2017.12 127p A5 ¥660 ①978-4-415-22598-2

◆本試験型 漢字検定1級試験問題集 平成30年版 成美堂出版編集部編著 成美堂出版 （付属資料：別冊1）
【要旨】本試験と同じ形式の模擬試験を17回分収録！ 問題を解きながら覚えたい人にも最適。答え合わせに便利な別冊解答・解説！「解答・解説」は別冊になっているので、答え合わせしやすくなっています。自己採点して実力チェックができます。「チカラがつく資料」付き！ 巻末には「1級に出る四字熟語」のほか役立つ資料が満載です。
2017.12 143p A5 ¥900 ①978-4-415-22595-1

◆本試験型 漢字検定2級試験問題集 平成30年版 成美堂出版編集部編著 成美堂出版 （付属資料：別冊1）
【要旨】本試験と同じ形式の模擬試験を18回分収録！ 問題を解きながら覚えたい人にも最適。答え合わせに便利な別冊解答・解説！「解答・解説」は別冊になっているので、答え合わせしやすくなっています。自己採点して実力チェックができます。「チカラがつく資料」付き！ 巻

日本語

語学・会話

末には「配当漢字表」のほか役立つ資料が満載です。
2017.12 167p A5 ¥800 ①978-4-415-22597-5

◆本試験型 漢字検定3級試験問題集 平成30年版 成美堂出版編集部編著 成美堂出版
（付属資料：別冊1）
【要旨】本試験と同じ形式の模擬試験を15回分収録！問題を解きながら覚えたい人にも最適。答え合わせに便利な別冊解答・解説！「解答・解説」は別冊になっているので、答え合わせがしやすくなっています。自己採点で実力チェックができます。「チカラがつく資料」付き！巻末には「配当漢字表」のほか役立つ資料が満載です。
2017.12 127p A5 ¥660 ①978-4-415-22599-9

◆本試験型 漢字検定4級試験問題集 平成30年版 成美堂出版編集部編著 成美堂出版
（付属資料：別冊1）
【要旨】本試験と同じ形式の模擬試験を16回分収録！問題を解きながら覚えたい人にも最適。答え合わせに便利な別冊解答・解説！「解答・解説」は別冊になっているので、答え合わせがしやすくなっています。自己採点で実力チェックができます。「チカラがつく資料」付き！巻末には「配当漢字表」のほか役立つ資料が満載です。
2017.12 127p A5 ¥660 ①978-4-415-22600-2

◆本試験型 漢字検定5級試験問題集 平成30年版 成美堂出版編集部編著 成美堂出版
（付属資料：別冊1）
【要旨】本試験と同じ形式の模擬試験を16回分収録！問題を解きながら覚えたい人にも最適。答え合わせに便利な別冊解答・解説！「解答・解説」は別冊になっているので、答え合わせがしやすくなっています。自己採点で実力チェックができます。「チカラをつけよう」付き！巻末には「配当漢字表」のほか役立つ資料が満載です。
2017.12 127p A5 ¥660 ①978-4-415-22601-9

◆本試験型 漢字検定6級試験問題集 平成30年版 成美堂出版編集部編著 成美堂出版
（付属資料：別冊1）
【要旨】本試験と同じ形式の模擬試験を16回分収録！問題を解きながら覚えたい人にも最適。答え合わせに便利な別冊解答・解説！「解答・解説」は別冊になっているので、答え合わせがしやすくなっています。自己採点で実力チェックができます。「チカラをつけよう」付き！巻末には「配当漢字表」のほか役立つ資料が満載です。
2017.12 127p A5 ¥660 ①978-4-415-22602-6

◆本試験型 漢字検定7・8級試験問題集 平成30年版 成美堂出版編集部編著 成美堂出版（付属資料：別冊1）
【要旨】本試験と同じ形式の模擬試験を合計15回分収録！問題を解きながら覚えたい人にも最適。答え合わせに便利な別冊解答・解説！「答え・かいせつ」は別冊になっているので、答え合わせがしやすくなっています。自己採点で実力チェックができます。「力をつけよう」付き！巻末には「7級配当漢字表」のほか役立つ資料が満載です。
2017.12 127p A5 ¥660 ①978-4-415-22603-3

◆本試験型 漢字検定9・10級試験問題集 平成30年版 成美堂出版編集部編著 成美堂出版（付属資料：別冊1）
【要旨】本試験と同じ形式の模擬試験を合計13回分収録！問題を解きながらおぼえたい人にも最適。答え合わせに便利な別冊解答・解説！「テストの答え」は別冊になっているので、答え合わせがしやすくなっています。自己採点で実力チェックができます。「チカラをつけよう」付き！巻末には「10級に出るかん字」のほか役立つ資料が満載。
2017.12 127p A5 ¥660 ①978-4-415-22604-0

◆本当に泣ける漢字の本―マンガで読む！ 出口汪監修 水王舎
【要旨】人の優しさ、切なさ、愛、別れ…涙が溢れて止まらない！漢字に込められた人間ドラマに号泣した号。漢字のルーツをマンガで知る。
2017.11 175p B6 ¥1300 ①978-4-86470-089-4

◆本当に怖い漢字の本 出口汪監修 水王舎
【要旨】怖くて、深くて、おもしろい！普段使っているあの漢字のルーツはとても怖かった―。掲載150字以上！
2017.2 175p B6 ¥1300 ①978-4-86470-069-6

◆模試形式 漢検予想問題集 準2級 旺文社編 旺文社 （付属資料：別冊2）
【要旨】最新の出題傾向ででる問題を網羅。切り離せる原寸大の模試つき！過去10年以上の過去問題を徹底分析！本番形式の試験16回分！直前対策にしっかり役立つ！配当漢字表など付録が満載！
2017.11 157p A5 ¥700 ①978-4-01-092444-0

◆模試形式 漢検予想問題集 2級 旺文社編 旺文社 （付属資料：別冊2）
【要旨】最新の出題傾向ででる問題を網羅。切り離せる原寸大の模試つき！過去10年以上の過去問題を徹底分析！本番形式の試験18回分！直前対策にしっかり役立つ！配当漢字表など付録が満載！
2017.11 175p A5 ¥800 ①978-4-01-092443-3

◆模試形式 漢検予想問題集 3級 旺文社編 旺文社 （付属資料：別冊2）
【要旨】最新の出題傾向ででる問題を網羅。切り離せる原寸大の模試つき！過去10年以上の過去問題を徹底分析！本番形式の試験16回分！直前対策にしっかり役立つ！配当漢字表など付録が満載！
2017.11 159p A5 ¥700 ①978-4-01-092445-7

◆模試形式 漢検予想問題集 4級 旺文社編 旺文社 （付属資料：別冊2）
【要旨】最新の出題傾向ででる問題を網羅。切り離せる原寸大の模試つき！過去10年以上の過去問題を徹底分析！本番形式の試験16回分！直前対策にしっかり役立つ！配当漢字表など付録が満載！
2017.11 159p A5 ¥700 ①978-4-01-092446-4

◆模試形式 漢検予想問題集 5級 旺文社編 旺文社 （付属資料：別冊2）
【要旨】最新の出題傾向ででる問題を網羅。切り離せる原寸大の模試つき！過去10年以上の過去問題を徹底分析！本番形式の試験16回分！直前対策にしっかり役立つ！配当漢字表など付録が満載！
2017.11 159p A5 ¥700 ①978-4-01-092447-1

◆文字場面集 一字一絵―絵で読む漢字の世界 金子都美絵著 太郎次郎社エディタス
【要旨】漢字は三千年の記憶をその形にとどめている。謎解きのように現れる28のシーン、文字が古代を語りだす。白川静文字学をもとに描く漢字絵草紙。
2017.12 133p B6 ¥1700 ①978-4-8118-0826-0

◆よく出る！漢字検定準2級本試験型問題集 新星出版社編集部編 新星出版社
【要旨】模擬試験が18回分！実際の試験を忠実に再現。過去11年分のデータを分析し、よく出る問題を掲載。特によく出る問題は「超よく出る模擬試験問題」に！巻末「合格に役立つ資料」でさらに実力アップ！
2017.7 175p A5 ¥800 ①978-4-405-03729-8

◆よく出る！漢字検定2級本試験型問題集 新星出版社編集部編 新星出版社
【要旨】模擬試験が20回分！実際の試験を忠実に再現。過去11年分のデータを分析し、よく出る問題を掲載。特によく出る問題は「超よく出る模擬試験問題」に！巻末「合格に役立つ資料」でさらに実力アップ！
2017.7 191p A5 ¥800 ①978-4-405-03728-1

◆よく出る！漢字検定3級本試験型問題集 新星出版社編集部編 新星出版社
【要旨】模擬試験が18回分！実際の試験を忠実に再現。過去11年分のデータを分析し、よく出る問題を掲載。特によく出る問題は「超よく出る模擬試験問題」に！巻末「合格に役立つ資料」でさらに実力アップ！
2017.7 175p A5 ¥800 ①978-4-405-03730-4

◆読めても凄い 書けるともっと凄い 感じる漢字ドリル初・中級編 JSM研究会編 有峰書店新社
2017.9 95p 15x22cm ¥1100 ①978-4-87045-293-0

◆読めますか？書けますか？小学校で習った漢字 守誠著 サンリオ
【要旨】数々の人気番組で紹介されて話題となったベストセラー『読めますか？小学校で習った漢字』と『書けますか？小学校で習った漢字』が1冊に。内容はそのまま2冊分。
2017.3 453p B6 ¥800 ①978-4-387-17014-3

◆留学生の見た漢字の世界―漢字学習への創造的アプローチ 林さと子、関麻由美、齋藤伸子編著 （横浜）春風社
【要旨】創造的なアプローチによる漢字学習の理論と実践。楽しく学びながら漢字を身に着けていく過程を詳述し、学習者の作品「漢字マップ」をカラーで紹介。
2017.12 102p B5 ¥1852 ①978-4-86110-568-5

ことわざ

◆英語対訳で読む日本のことわざ―日英の発想の違いが面白い！ 牧野高吉著 実業之日本社 (じっぴコンパクト新書)
【要旨】「能ある鷹は爪を隠す」「帯に短し襷に長し」「喉元過ぎれば熱さを忘れる」「風が吹けば桶屋が儲かる」…ほか、日常会話やスピーチ等でふつうに用いられる日本のポピュラーな「ことわざ」を厳選して、平易な日本語と中学レベルの英語で徹底解説。類書では、日本のことわざと、それに相当する英語のことわざを紹介するのがほとんどだが、本書では、「日本のことわざ」がもつニュアンスをそのまま英訳、そのうえで本書の「英語のことわざ」を対比させる構成になっている。英語学習初級者に最適の1冊！
2017.11 207p 18cm ¥800 ①978-4-408-33745-6

◆故事・ことわざ・四字熟語―教養が試される100話 阿辻哲次著 青春出版社 (青春文庫)
【要旨】「辛」が「からい」意味になった怖〜いワケ。「名刺」はなぜ「刺」を使うのか？「画に描いた餅」の"餅"はお正月のモチ？「覆水は盆に返らず」の"盆"は"おぼん"？使い方や意味がわかっていても、その言い方の由来をきちんと把握している人は意外と少ないもの。故事成語、ことわざ、四字熟語にまつわる日本人が知ってて知らなかったエピソードが満載の一冊。
2017.7 221p A6 ¥840 ①978-4-413-09675-1

◆本当は怖い日本のことわざ 出口汪監修 宝島社
【要旨】「白羽の矢が立つ」は生贄に選ばれること、日本語に秘められた呪いと悪意の数々。
2017.11 175p B6 ¥650 ①978-4-8002-7781-7

◆マスクねこと猫のことわざ&慣用句 にしかわなお著 主婦の友社
【要旨】全国900万人の愛猫家へ！世界中から集めた猫にまつわることわざと慣用句。あなたはニャンコ知ってますか？
2017.3 223p 18cm ¥1000 ①978-4-07-422617-7

◆迷いを断つ諺(ことわざ)―座右の銘として恋愛・仕事・暮らしに活かす 橋本テツヤ著 KADOKAWA （中経の文庫）
【要旨】仕事、恋愛、お金、人間関係で困ったときの羅針盤―普段何げなく使っている、耳にはするけれど実は本当の意味を知らないことわざ。そのなかから現代社会に有用なものを厳選。昔からの言い伝えを座右の銘として、スピーチや会話にも活用。それぞれの格言を、恋愛、結婚、家族関係、仕事や健康のこと、健康の秘訣、社会生活での対人関係など様々な局面において、どのように対処すればよいのか、人生のアドバイスとなる。
2017.2 431p A6 ¥680 ①978-4-04-601934-9

◆目からうろこ！会話に役立つ故事ことわざ 四字熟語 中村博友著 評論社
【要旨】日常生活の何気ない場面で使えばたちまち会話の達人！現代に生きる故事ことわざ四字熟語の意味と使い方を楽しいイラスト付きで徹底解説！
2017.2 199p B6 ¥1200 ①978-4-566-05178-2

日本語の起源・歴史・方言

◆アイヌ語の文構造―深層構造から表層構造へ 酒井優子著 リーベル出版
【目次】1 文の深層構造（文の構成要素、構成要素の分析）、2 アイヌ語の基本構造（文の構成要素、構成要素の代替、複文構造）、3 アイヌ語の品詞（名詞、動詞、形容詞、副詞、助詞）、4 アイヌ語の文型（文型頻度、文の樹形図）
2017.12 108p A5 ¥1850 ①978-4-89798-681-4

◆ウチナーヤマトゥグチの研究　座安浩史著　森話社
【要旨】全国共通語と沖縄方言が混じり合って生まれたウチナーヤマトゥグチは伝統的な方言の継承が難しくなった現代沖縄において世代を越えた地域共通語としての役割を担っている。ウチナーヤマトゥグチの助詞や談話表現に注目し沖縄本島と八重山の用例を比較しながらその実態を明らかにする。
2017.3 466p A5 ¥8500 ①978-4-86405-112-5

◆空間と時間の中の方言―ことばの変化は方言地図にどう現れるか　大西拓一郎編　朝倉書店
【目次】第1部 方言形成論（言語変化と方言分布論―方言分布形成の理論と経年比較に基づく検証、「接触」による方言分布形成、言語の発想법と方言形成へのオノマトペからの志向性をもとに）、第2部 方言分布の実時間比較（準体助詞の分布と変化、日本語敬語の多様性とその変化、推量表現形式の分布と変化―地域共通化式への収斂と脱推量形式化、九州地方の可能表現、中国地方における一段動詞の五段動詞化―活用体系の平準化における停滞・阻害の事例として、大井川流域と大井川流域の言語―経年調査結果との比較から、大井川流域の言語一経年調査による言葉の広がりをたどる、新潟県北部に残存するガ行入り渡り鼻音の実相と分布―代表2地点の世代別調査による経年比較、蛇の目と波紋―野草や小動物の方言の分布、第3部 方言分布形成の方法と考え方（方言分布の実時間比較と見かけ時間比較、グロットグラム調査データの実時間比較、現代日本語の共通語化過程―「日本言語地図」「全国中学校言語使用調査」との比較、言語変化と中心地化に基づく中心地化の検図）
2017.5 346p A5 ¥7400 ①978-4-254-51052-2

◆群馬県民の知らない上州弁の世界―「ぐんま方言かるた」の秘密　佐藤高司、本多正直著　（前橋）上毛新聞社　（共愛学園前橋国際大学ブックレット8）
【目次】第1章「ぐんま方言かるた」ヒットの秘密（群馬県民の方言意識、現在の方言に対する考え方の変化）、第2章「ぐんま方言かるた」読み札の秘密（群馬県方言の7つの特徴、読み札45枚の解説）、第3章「ぐんま方言かるた」絵札の秘密（絵札に隠されたなぞ、絵札の制作の仕方）
2017.3 78p A5 ¥600 ①978-4-86352-174-2

◆答えられそうで答えられない語源　出口宗和著　二見書房　（二見レインボー文庫）改装改訂新版
【要旨】「ごり押し」の「ごり」って何？「ようやくメドが立つ」の「メド」とは？「ケンもホロロに断られた」の「ケン」って？ホロロって？「二十歳」をなぜ、はたちというの？…あなたは答えることができますか？日常的に使っていながら語源・語源については説明することがなかなかできない言葉を639語集め、クイズ形式でわかりやすく解説。これ1冊であなたも語源博士になれます！
2017.9 204p A6 ¥620 ①978-4-576-17131-9

◆西海の甑島、里村のことばと暮らし　日笠山北治編　（薩摩川内）『里村のことばと暮らし』刊行会、（鹿児島）高城書房 発売
【目次】第1編 会話編（自然、色彩、文化、仕事・職業・作業・道具、身近な生き物、人・生死・成長、暮らし、心・行い、分類表で処理したいち項目、慣用句・ことわざ・祈り）、第2編 語彙編
2017.7 260p A5 ¥3000 ①978-4-88777-163-5

◆島原方言語り　吉田正久著　（福岡）銀山書房
【目次】第1章 名詞（住居・構造物、地形 ほか）、第2章 動詞（「あえる」、「あくしゃうつ・あくせうつ」ほか）、第3章 形容詞・形容動詞（「うーばんぎか」、「おおどか」ほか）、第4章 副詞（「あっちゃこっちゃ・まえうしろ・うらぎゃ（げ）」「あぼーっと」ほか）、第5章 その他の言葉（「挨拶言葉」、「おけ」ほか）
2016.12 267p A5 ¥926 ①978-4-9904890-2-1

◆島原方言語り拾遺　吉田正久著　（福岡）銀山書房
【目次】第1章 訛言（訛り言葉）（「いーっとき」、「いっだん」ほか）、第2章 再編語（「いが」、「えっと・えった」ほか）、第3章 小詞（小さい言葉）（種々様々、強意の接頭詞 ほか）、第4章 拾遺（「あみよ・あもじゃ」、「あやんほたきるっごた」ほか）
2016.12 193p A5 ¥1389 ①978-4-9904890-1-4

◆東京のきつねが大阪でたぬきにばける 誤解されやすい方言小辞典　篠崎晃一著　三省堂
【要旨】著者が編修代表を務める『例解新国語辞典』の"方言"欄を充実させ、イラストもまじえ詳しく解説。共通語と同じ語形だが、じつは地域独特の意味があるという項目を五十音順に181項目掲載。学校方言や食の方言、交通安全・防犯対策で活躍する方言など、テーマ別のコラムも20点。
2017.6 223p B6 ¥1300 ①978-4-385-36444-5

◆豊橋の方言210話　吉川利明編著　（豊橋）豊川堂
【目次】第1部 方言210話（分野別語彙（天地・自然、動植物、身体、衣食住、人間関係、感性、行為、産業・労働、社会・交通、時間・方法））、地域史
2017.1 159p A5 ¥1000 ①978-4-938403-18-8

◆方言学の未来をひらく―オノマトペ・感動詞・談話・言語行動　小林隆、川崎めぐみ、澤村美幸、椎名渉子、中西太郎著　ひつじ書房
【目次】序：方言学の新分野―本書へのナビゲーション（本書がめざすもの、この本のしくみ ほか）、第1章 オノマトペの方言学（研究史と課題、方法と資料 ほか）、第2章 感動詞の方言学（研究史と課題、資料と方法 ほか）、第3章 談話の方言学（研究史と課題、資料と方法 ほか）、第4章 言語行動の方言学（研究史と課題、方法と資料 ほか）
2017.5 417p A5 ¥4500 ①978-4-89476-852-9

◆方言の研究 3 特集 ことばのひろがり　日本方言研究会編　ひつじ書房
【目次】方言形成論序説―言語地理学の再興、『日本言語地図』と『日本言語地図』データベース―データベース化（LAJDB）による多角的分析に向けて、方言分布の総合と比較からみる方言の地域差と変化、談話からみた挨拶の定型性―「おはよう」の地域差をめぐって、首都圏若年層の言語に地域差をもたらすもの、広域グロッドグラムの試み―近畿・北陸西南―中国・中・東部の調査資料をもとに、近代台湾における漢語方言の変化―台湾西部沿岸の郷鎮をめぐって、語彙変化に関わる言語地理学的要因の再検討、談話論からみた松本方言の判断終助詞と通知終助詞、瀬戸内海域方言におけるコピュラ形式の分布と変化、子守歌調査から見る評価に関わる表現の地域差―子どもをほめる表現とけなす表現に注目して、シャル敬語の地域的・世代的分布―長崎街道グロットグラム調査を通じて、日本方言研究会創立50周年記念企画をふり返る
2017.9 335p A5 ¥5000 ①978-4-89476-872-7

◆三重弁やん　神田卓朗著　（名古屋）風媒社
【要旨】この弁当、あめとるやん。私、字いーうざなんや。カエルのカンビナン見たわ。さきって映画行こ。猫がそばえてきた。腕ちみぎるで―。この道つんどるなぁ。あの棚に手いーたらう？コーヒーの粉とごっことるわ。あんたらほーばいやなぁ…二〇〇四年ごろから二〇一七年までの間に使われている、日頃の三重のことば表現を出来る限りそのまま記録掲載し、地域ごとの特色ある三重弁が数多く登場する。
2018.1 165p A5 ¥1300 ①978-4-8331-1545-2

◆山口県のことば　平山輝男編集委員代表、有元光彦編　明治書院　（日本のことばシリーズ35）
【目次】1 総論（位置と方言区画、方言の特徴、方言意識、研究史と今後の課題）、2 県内各地の方言（周防方言、長門方言、萩方言）、3 方言基礎語彙、4 俚言、5 生活の中のことば（昔話、民謡、方言ラジオ体操、方言景観）
2017.5 174p A5 ¥4500 ①978-4-625-62449-0

国語学研究

◆石山寺本大智度論古點の國語學的研究 下　大坪併治著　風間書房　（大坪併治著作集11）
【目次】第3部 第三種點を中心に（表記法、音韻、漢字による訓義の注、特殊な漢字の訓法 ほか）、第4部 第二種點を中心に（表記法、音韻、漢字による訓義の注、特殊な漢字の訓法 ほか）、第5部 譯文（第一種點、第三種點）
2017.5 895p A5 ¥28000 ①978-4-7599-2184-7

◆オノマトペの語義変化研究　中里理子著　勉誠出版
【要旨】「まじまじ」「わくわく」「うっとり」…周辺語彙との関わりから、徹底的に意味変化を追究するオノマトペ（擬音語・擬態語）最新研究！和語と漢語が深く関わり合った明治期、言文一致体の発展が日本語そのものを変化させていった。そして、その過程は、オノマトペにも影響を与えている―。明治・大正の小説作品に見られる用例を丹念に分析し、日本語意味変化の源を探る。
2017.2 259p A5 ¥7000 ①978-4-585-28030-9

◆音韻研究の新展開―窪薗晴夫教授還暦記念論文集　田中真一、ビンテール・ガーボル、小川晋史、儀利古幹雄、竹安大編　開拓社
【要旨】本書は、日本言語学会長で国立国語研究所副所長（ともに2017年3月現在）の窪薗晴夫教授の還暦を記念して編纂された論文集である。音韻論・音声学の第一線で活躍する研究者および教え子による論考が収録されている。音声・音韻研究の主要なテーマ（知覚・生成、音韻理論、語音声、音声学、言語獲得・習得、借用音音韻論等）を幅広く網羅し、内容・構成ともに充実した研究書となっている。
2017.3 364p A5 ¥6400 ①978-4-7589-2237-1

◆かなづかい研究の軌跡　今野真二著　笠間書院
【要旨】大野晋「仮名遣の起原について」、安田章「吉利支丹仮字遣」、亀井孝「準かなづかい」をめぐる動揺《さぐさ》を「追実験＝トレース」し、さまざまな問題について考える。国語学、日本語学は「かなづかい」をどのように採りあげ、そこにどのような問題意識を投影してきたのか。
2017.4 204p A5 ¥2800 ①978-4-305-70843-4

◆現代日本語の条件を表わす複文の研究―ト条件節とタラ条件節を中心に　宮部真由美著　（京都）晃洋書房
【要旨】トとタラは似ているようで、実は違う。実際の用例を用いて、分析を行なった（スルト節とシタラ節の従属複文に関する）記述的な研究。
2017.2 269, 7p A5 ¥4500 ①978-4-7710-2792-3

◆語彙論的統語論の新展開　森山卓郎、三宅知宏編　くろしお出版
【目次】包括的・明示的な文法記述を求めて―私の見果てぬ夢、「VN・VN」をめぐって―「展示、即売」、「展示即売」に対する「展示・即売」、多寡をまとす形容詞と存在動詞について、語彙的要素と文法的要素の組み合わせ方と主題マーカーの相関関係―「言語の類型的特徴をとらえるための対照研究」の立場から、日本語の「は」と韓国語の「un/nun」との対応と非対応、日中受動文の受影性―結果性と前景化、副詞＋「の」による語彙修飾の諸相―言葉コーパス調査に基づいて、日本語副詞における「制御性（意図性）」をめぐって―語彙的意味構造と統語構造、意志性の諸相と「ておく」「てみる」、「しようと思う／思っている」と「つもりだ」―書き言葉における使用実態から、関西方言の知識共有化要求表現の動態、逆接条件文「テモ文」の「モード」をめぐって、トイッテ類の意味機能―接続詞「トイッテ」「カトイッテ」「ソウカトイッテ」とを含む文の分析、動詞の意味と引用節、評論的テキストにおけるダ体とデアル体の混用、日本語文法研究と国語における文法教育、限定詞「この」と「その」の機能差再考―大規模コーパスによる検証
2017.11 275p A5 ¥4200 ①978-4-87424-748-8

◆国語学史　時枝誠記著　岩波書店　（岩波文庫）
【要旨】日本語とはいかなる言語か。『万葉集』『古事記』の注釈や、「てにをは」の役割、仮名遣いや表記法など、平安から明治期までの歴史のなかで、文人・国学者らが捉えてきた日本語の姿を明らかにする。西洋から移入された言語学の枠組みをふまえつつ、自前の「国語学史」から日本語の本質に迫らんとする時枝誠記（1900-67）の高らかな宣言とその豊饒なる成果。
2017.10 317, 12p A6 ¥900 ①978-4-00-381504-5

◆国語語彙史の研究 36　国語語彙史研究会編　（大阪）和泉書院
【目次】小特集 オノマトペ、ツマ"妻・夫"とトモ"友・伴"、「万葉集 大伴家持の鷹歌・鷹言葉―「蒼鷹」について、上代・中古のハフ型動詞、中世古記録における末・五代・宋の中国口語の影響について、狂言台本における聾啞擬態語彙表記の変容、近世期以降における「ヤル」の多義性と「行為をする」用法の成立、近世長崎文書より見る接続詞バッテンの成立について、『英華和譯字典』の釈釈をめぐって、『航米日録』の表現とかかわる一仙台市博物館資料を中心として、月経を表す「手桶番」の語源―上方落語「鮑のし」の語源説を起点として、「近々」の語誌
2017.3 335p A5 ¥10000 ①978-4-7576-0837-5

◆国語国文 第85巻第12号　京都大学文学部国語学国文学研究室編　（京都）臨川書店

語学・会話

日本語

【目次】高麗の相人の言葉について―光源氏論のために、西本願寺本『赤人集』における千里歌と『千里集』二系統との関係について、毘沙門堂本古今集註とその類本について―伝本の整理を中心に 2016.12 54p A5 ¥900 ①978-4-653-04288-4

◆**国語国文　第86巻 第1号**　京都大学文学部国語学国文学研究室編　（京都）臨川書店
【目次】灰屋紹由・紹益試論―近世初期における堂上と地下、中山道関連書籍の出版に見る三都本屋仲間の相克、都賀庭鐘の白話運用―『通俗医王耆婆伝』を中心に
2017.1 53p A5 ¥900 ①978-4-653-04289-1

◆**国語国文　第86巻第2号**　京都大学文学部国語学国文学研究室編　（京都）臨川書店
【目次】科学と哲学のあいだ―森鷗外における心理学受容、物語草子における形式の問題―『横座房物語』の場合、『徒然草』第八十六段の「ほうし」―惟継中納言の「いみじき秀句」
2017.2 48p A5 ¥900 ①978-4-653-04290-7

◆**国語国文　第86巻 第3号**　京都大学国語学国文学研究室編　（京都）臨川書店
【目次】近代国語辞書と文法―『官版 語彙』をめぐって、『玉塵抄』における「まで」の終助詞的用法、「を」使役文と「に」使役文―意志動詞との関連と意味的差異をめぐって
2017.3 47p A5 ¥900 ①978-4-653-04291-4

◆**国語国文　第86巻 第4号**　京都大学文学部国語学国文学研究室編　（京都）臨川書店
【要旨】大谷雅夫教授退職記念特輯第一。
2017.4 240p A5 ¥3200 ①978-4-653-04292-1

◆**国語国文　第86巻 第5号**　京都大学文学部国語学国文学研究室編　（京都）臨川書店
【目次】大谷雅夫教授退職記念特輯第一（第四号）（『白珠』小考、『萬葉集』のかはづの歌二首「かひや」の新釈を試みる、日本紀私記逸文考―『御鏡等事第三』末巻の私記逸文についてほか）、大谷雅夫教授退職記念特輯第二（第五号）（寛正七年二月四日何人百韻「ころやとき」抄解、「湯山三吟百韻」の聴覚表現、田村利仁伝承と鹿島神の縁起 ほか）、大谷雅夫教授退職記念特輯第三（第六号）（浄瑠璃『二名島女天神記』の成立と伝承、明治初年の菊池三渓、柳北の登場―『春聲樓詩抄』について ほか）
2017.5 480p A5 ¥3200 ①978-4-653-04293-8

◆**国語国文　第86巻 第6号　大谷雅夫教授退職記念特輯（第3）**　京都大学文学部国語学国文学研究室編　（京都）臨川書店
【目次】大谷雅夫教授退職記念特輯第1（第4号）（『白珠』小考、『萬葉集』のかはづの歌二首―「かひや」の新釈を試みる、日本紀私記逸文考―『御鏡等事第三』末巻の私記逸文について ほか）、大谷雅夫教授退職記念特輯第2（第5号）（寛正七年二月四日何人百韻「ころやとき」抄解、「湯山三吟百韻」の聴覚表現、田村利仁伝承と鹿島神の縁起 ほか）、大谷雅夫教授退職記念特輯第3（第6号）（浄瑠璃『二名島女天神記』の成立と伝承、明治初年の菊池三渓、柳北の登場―『春聲樓詩抄』について ほか）
2017.6 708p A5 ¥3200 ①978-4-653-04294-5

◆**国語国文　第86巻 第7号**　京都大学文学部国語学国文学研究室編　（京都）臨川書店
【目次】永井隆の方丈記享受について、「万葉集」題詞左注にみる身分的階層性、「躬恒集」の本文の流布と変容について―『古今和歌六帖』を通して
2017.7 60p A5 ¥900 ①978-4-653-04295-2

◆**国語国文　第86巻第8号**　京都大学文学部国語学国文学研究室編　（京都）臨川書店
【目次】芥川龍之介「黒衣聖母」に見られるボードレール受容、平安時代の萬葉歌享受の一様相―巻十・一八七五歌の異伝本文の享受をめぐって、能「当麻」における宗教的奇蹟の空間造形
2017.8 48p A5 ¥900 ①978-4-653-04296-9

◆**国語国文　第86巻 第9号**　京都大学文学部国語学国文学研究室編　（京都）臨川書店
【目次】「ぬ・ん・む」の本文異同をめぐって―歌集・源氏物語を中心に拾物語に及ぶ、『蜻蛉日記』における「石山に十日ばかり」の解釈、紀古麻呂「望雪詩」の論―理想の天子論
2017.9 49p A5 ¥900 ①978-4-653-04297-6

◆**国語国文　第86巻 第10号**　京都大学文学部国語学国文学研究室編　（京都）臨川書店
【目次】古今和歌集の「誹諧」と「俳諧」、流布本『保元物語』『平治物語』の人物造形―為義・義朝像の拡大を通して、芭蕉の「初雪」
2017.10 45p A5 ¥900 ①978-4-653-04298-3

◆**国語国文　第86巻第11号**　京都大学文学部国語学国文学研究室編　（京都）臨川書店
【目次】島田忠臣の不遇と「大隠」、甘露寺親長の歌会―室町和歌史一面、山東京伝の考証と菅原洞斎―『画師姓名冠字類鈔』に見る考証趣味のネットワーク
2017.11 48p A5 ¥900 ①978-4-653-04299-0

◆**古代語の謎を解く　2**　蜂矢真郷著　（吹田）大阪大学出版会　（阪大リーブル）
【要旨】古代語はどのように使われていたか、古代語はどのように構成されていたか、現代語とどのように続くか、日本語の奥深さ、発見！
2017.3 267p B6 ¥2100 ①978-4-87259-440-9

◆**古代地名の国語学的研究**　蜂矢真郷著　（大阪）和泉書院　（研究叢書）
【要旨】平安中期初めの和名抄・廿巻本に見える地名を中心に、上代の風土記などの地名を合わせて、古代の地名を国語学的に考察する。
2017.3 368p A5 ¥10500 ①978-4-7576-0832-0

◆**古代日本語をよむ**　奥村悦三著　（大阪）和泉書院
【要旨】古代日本語とその世界への扉をたたく。文字をもたなかった日本人が自分たちの「ことば」を書き始めたとき、どのようなことが起きたのか―"読む" "訓む"ための道しるべ。
2017.5 226p A5 ¥3200 ①978-4-7576-0838-2

◆**言霊と日本―言霊論再考**　樋口達郎著　北樹出版
【目次】第1章 言霊とは何か、第2章 言語神の落日―ことばの神から言霊へ、第3章 萬葉集の言霊、第4章 神の発話と神への発話、第5章 言霊の在り処―言霊と和歌との関係性を巡って、終章 浮上と沈潜
2017.11 186, 4p B6 ¥2000 ①978-4-7793-0553-5

◆**コトダマの世界　2**　いずみおきなが著　（富山）桂書房
【目次】ヒミコ・ミコ・MAGICIAN―「最古の墨書土器」によせて、三巴紋とはナンゾなしか？、越と腰と年越し、クルマ＝サイクルのカラクリ、ピカピカ・ピッケル・ビックリ・霹靂―日・漢・英のp・k音語比較、コク（扱）・コク（穀）・COOK―k・音の意味をさぐる、ハル・ヤブル・BREAK・SPRING―p・r音の意味をさぐる、ユフとアサとユーラシア―東西コトダマくらべ、ワケ・ワカル・ワレ・ワラウ―w・k音とw・r音の系譜、「64音図」のすすめ―21世紀日本語の世界戦略、コトバはカタリのワンカット、タク・ダク・スクラッカム・タッキード、スギタ＝過去的？、PASSED―t, d音の基本義をさぐる、21世紀を生きぬくために、ツクシとスギナ―t音とs・音の関係を考える、スミノエ神は Mr.Smith だった―日漢英 s・m音の分析から、「アユの風」考、ニヒ［新］とネヒ［婦負］―富山県のn・p音地名を読む、ヤ［矢・屋・谷・哉］の系譜―日本人の宇宙観をさぐる
2017.7 167p A5 ¥2500 ①978-4-86627-032-6

◆**ことばとフィールドワーク**　久保進、久保裕愛、久保博雅共著　（京都）晃洋書房
【要旨】導入編（音を学ぶ、語を学ぶ、意味と曖昧性、文彩とことば遊び、地域・社会とことば、民俗に生まれたことば）、調査とフィールドワーク編（質問紙法を用いた調査の実際、「亥の子」の現状を調べる、聞き取り調査を行うフィールドワークの実際―忽那諸島アクセントの現状を調べる、参加型フィールドワークの実際―八殿梭お袖大明神信仰の現状を調べる）
2017.4 275p A5 ¥2800 ①978-4-7710-2950-7

◆**これならわかる復文の要領―漢文学習の裏技**　古田島洋介著　新典社　（新典社選書）
【目次】1入門篇（復文とは何か？、無意識の復文作業 ほか）、2基礎篇（書き下し文とは何か？、出題形式 ほか）、3修練篇（修練問題1 置き字「而」「付」「以」、修練問題2 存在表現「有」「無」ほか）、4発展篇（発展問題1 主語＋「之」＋述語、発展問題2 形容詞的修飾句句＋「者」「付」連体形＋「之」 ほか）、5応用篇（訓読の検証法として、漢文読体の読解法として）
2017.8 326p B6 ¥2400 ①978-4-7879-6833-3

◆**思想史のなかの日本語―訓読・翻訳・国語**　中村春作著　勉誠出版
【要旨】「日本語」はどのように形づくられ、また語られてきたのか―。近世から近代日本にかけての日本語の成立に対する歴史的視点、そして、それとともにたえず編制され続けてきた「思想の言語」をとらえなおし、「日本語とはなにか」という問題を論じる意欲作。
2017.5 239, 14p A5 ¥4800 ①978-4-585-21041-2

◆**社会言語学**　井上逸兵編　朝倉書店　（朝倉日英対照言語学シリーズ―発展編 1）
【目次】第1章 変異理論で見る日英語のバリエーション、第2章 法と言語、第3章 メディア翻訳の社会言語学―ニュース・ディスコースにおける翻訳とイデオロギー、第4章 報道の社会言語学、第5章 マルチモーダルによる社会言語学―日・英対照による空間ジェスチャー分析の試み、第6章 字幕・吹替訳ディスコースの社会言語学―ポライトネス研究の一展開、第7章 社会語用論、第8章 社会統語論の目論見―「文法」は誰のものか
2017.3 174p A5 ¥3200 ①978-4-254-51631-9

◆**首都圏東部域音調の研究**　林直樹著　笠間書院
【要旨】アクセントの「あいまい性」「明瞭性」の実態とその変化とは。東京東北部・千葉西部・埼玉東部を対象にフィールドワーク調査。聞き取りによる分析と、音響的指標に基づく分析を駆使して、アクセント型と音調面の実態を把握する。これまで十分に明らかにされてこなかったアクセントの「あいまい性」を捉える画期的研究。
2017.2 194p A5 ¥3500 ①978-4-305-70832-8

◆**照応・接続・文の成分間の関係性の諸相―日本語教育における文法指導の現場から**　松浦恵津子著　笠間書院
【要旨】生の日本語にみられる教材も見落としている文法事項とは。日本語には、基本的・典型的な文法事項では説明できない用法が多く存在する。学習者が誤ってしまう、例外的な用法を探り、文中の要素や形式の間で機能している関係を手がかりに、潜んでいる文法を帰納的に解明する。
2017.10 231p A5 ¥3200 ①978-4-305-70852-6

◆**唱歌・童歌・寮歌―近代日本の国語研究**　若井勲夫著　勉誠出版
【要旨】歌から考察する国語。歌の研究は、歌曲や歌の成立を歴史的に、あるいは作者や歌の背景を随筆的に述べたものが多かった。本書はそれに留まらず、歌詞一語一語の意味、表現、作者の意図や思いを国語学・文学的に考察した一冊。
2017.2 522p A5 ¥10000 ①978-4-585-28027-9

◆**上代日本語の音韻**　早田輝洋著　岩波書店
【要旨】万葉集、日本書紀、古事記など文字資料の存在する最も古い時代である上代の日本語、さらにそれ以前の日本語の音はどういうものであったのか。日本語を含むアジア諸言語の音韻論に通じる著者が、一般言語理論に立脚して、服部四郎のものとは異なる独自の上代語6母音体系説および関連する音韻現象の解釈を論じる。
2017.3 293p A5 ¥8400 ①978-4-00-061188-6

◆**心理言語学**　西原哲雄編　朝倉書店　（朝倉日英対照言語学シリーズ―発展編 2）
【目次】序章 心理言語学とは何か、第1章 音声・音韻の獲得、第2章 単語・語彙の獲得、第3章 文理解・統語の獲得、第4章 語用の理解と獲得、第5章 言語獲得
2017.3 166p A5 ¥3200 ①978-4-254-51632-6

◆**大正期の言語誌に見る外来語の研究**　石井久美子著　三弥井書店
【要旨】近代外来語史において重要な15年間、大正期『中央公論』を資料に、語彙・表記から分析・考察をする。外来語が日常に浸透し増加し始めた大正期の実態をとらえ、日本語における定着の様相を明らかにする。
2017.12 400p A5 ¥8900 ①978-4-8382-3328-1

◆**日本近代語研究　6**　日本近代語研究会編　ひつじ書房
【要旨】近代語文献の述部統語構造分析の方法―地の文と発話文を対比させながら、「品詞」ということば、「教科書」という新漢語の成立と中国語への移入、『日本語大事典』の項目名を英訳しての作業過程と問題点、欧文直訳的表現について、明治前期の活用表における"命令形"、日本語古語のわかちがきについて、学校国文法との関連として、形容詞「すごい」の適度則詞化―新聞を対象として、『赤い鳥』の童話作品におけるテシマウ・チマウ・チャウの使用について、接尾語「〜にくい」「〜づらい」の動向―『こち亀』コミックスを例に 〔新〕
2017.3 136, 308, 30p A5 ¥28000 ①978-4-89476-806-2

◆**日本語「形成」論―日本語史における系統と混合**　崎山理著　三省堂

【要旨】日本語は、オーストロネシア語族、ツングース諸語という南北両系統の言語の混合化が、最終局面に達した言語である。オーストロネシア語研究の泰斗が、従来等閑視されてきた民衆語彙の意味変化もふまえて精緻に展開する、新視角研究の成果。
2017.2 293p A5 ¥4300 ①978-4-385-35315-9

◆日本語条件文の諸相—地理的変異と歴史的変遷　有田節子編　くろしお出版
【要旨】本書は「認識的条件文」という条件文の下位カテゴリーから日本語条件表現の諸相をその歴史的変遷、地理的変異も含めて捉え直すことを目的に編まれたものである。
2017.11 245p A5 ¥3700 ①978-4-87424-746-4

◆日本語のしくみ　3　日本語構造伝達文法　U　今泉喜一著　（八王子）揺籃社
【目次】1章 形容詞の基本、2章 形容詞の構造10種類、3章 形容詞の使い方6とおり、4章 形容詞の複注5種類、5章 形容詞による名詞修飾、6章 形容詞の否定構造、7章 形容詞の時間表現、質問の解答例
2017.12 110p A5 ¥600 ①978-4-89708-392-6

◆認知言語類型論原理—「主体化」と「客体化」の認知メカニズム　中野研一郎著　（京都）京都大学学術出版会
【要旨】「主体化」論理の日本語と「客体化」論理の欧米言語の間で互換（翻訳）は可能なのか？今、哲学・言語学・文学・言語教育の基盤が問い直される。言語が主体による外部世界の認知的解釈の反映であるという、認知言語学のパラダイムに基づく類型論。これまでの機能言語学的類型論の流れを汲んだ言語類型論の研究とは異なり、事態把握に関わる主体・客体の認知モードという視点から言語現象の多様性を捉え、説明している。
2017.11 338p A5 ¥3500 ①978-4-8140-0117-0

◆"不思議"に満ちたことばの世界　上　高見健一, 行田勇, 大野英樹編　開拓社
【要旨】本書は、英語や日本語など、ことばとそれに関係する多くの領域（ことばの音・文法・意味・語用、ことばの発達・誕生・変化・教育、ことばと社会）に見られる「不思議」な現象を、平易に、分かりやすく解説したものである。誰もがことばの面白さや不思議さを満喫できるように、ことばの世界を鳥瞰できる楽しい読み物として編まれている。上・下巻を合わせて、それぞれの分野の専門家96名が結集して、ことばの幅広い領域を解き明かす。
2017.3 240p A5 ¥2900 ①978-4-7589-2238-8

◆"不思議"に満ちたことばの世界　下　高見健一, 行田勇, 大野英樹編　開拓社
【要旨】英語や日本語など、ことばとそれに関係する多くの領域（文法・意味・語用）に見られる「不思議」な現象を、平易に、分かりやすく解説。誰もがことばの面白さや不思議さを満喫できるように、ことばの世界を鳥瞰できる楽しい読み物として編まれている。
2017.3 252p A5 ¥2900 ①978-4-7589-2239-5

◆文章を科学する　李在鎬編　ひつじ書房
【目次】第1部 理論編—文章を科学する視点（文章の科学が目指すもの、文章とは何か—日本語の表現面から見たよい文章、作文と評価—日本語教育的観点から見たよい文章）、第2部 技術編—文章の科学を支える技術（文章の計量的分析、文章の言語分析ツール「KH Coder」言語学的分析のための設定と操作、自然言語処理における文章解析、文章解析を目的とするウェブ基盤システム）、第3部 研究編—文章の科学を実践する研究（学習者作文を科学する、英語の自動作文評価、文章の難易度を科学する）
2017.10 197p A5 ¥2600 ①978-4-89476-881-9

◆平安時代の佛書に基づく漢文訓讀史の研究　2　訓點の起源　小林芳規著　汲古書院
【目次】第1章 緒説、第2章 奈良時代の角筆訓點から觀た華嚴經の講読、第3章 日本の初期訓點と新羅經加點との關係、第4章 角筆加點の新羅華嚴經、第5章 角筆訓點表記としての白點・朱點の始原、第6章 勘経の訓讀法—奈良時代の訓讀、第7章 八・九世紀の華嚴經とその注釋書の加點、第8章 平安初期の東大寺系僧の所用假名と新羅經の角筆假名との關係、第9章 日本のヲコト點の起源と古代朝鮮語の點とその加點法、第10章 平安初期の訓讀法と新羅華嚴經の訓讀法との新近性、附章 宋版一切經に書入れられた中國の角筆點
2017.12 335p A5 ¥13000 ①978-4-7629-3592-3

◆木簡と宣命の国語学的研究　小谷博泰著　（大阪）和泉書院　(小谷博泰著作集 第1巻)
【要旨】宣命の表記に関連して木簡の表記や用字の分析を進め、藤原宮木簡に国文的傾向が強く、荷札の物品名に万葉仮名表記の多いことなどをめぐり、文章史や言語生活史に関連する新しい見解を示し、また、記紀歌謡をはじめとする上代文学の読解に木簡の研究を応用した。ほか、稲荷山古墳鉄剣銘・祝詞・高橋氏文など、宣命と関連性の強い資料に適用しての考察もふくむ。古代の歴史、あるいは文学の研究のためにも、必須の書。
2017.9 392p A5 ¥12000 ①978-4-7576-0845-0

◆山田孝雄著『日本文体の変遷』本文と解説　藤本灯, 田中草大, 北﨑勇帆編　勉誠出版
【要旨】国語学・史学・文学など様々な分野で多大な業績を残した巨人の未発表著作、待望の公刊！文献時代の初めから明治時代に至る諸資料を博捜・引用し、時代別・文体別に評述。日本文化・社会の根幹をなす文章・文体の展開を歴史的に位置づける意欲書。著者の学問における同書の位置、また、その現代的意義を示す充実の解説も収載。
2017.2 321, 43p A5 ¥4500 ①978-4-585-28032-3

◆連濁の研究—国立国語研究所プロジェクト論文選集　ティモシー・J. バンス, 金子恵美子, 渡邊靖史編　開拓社
【要旨】やま+さくら=やまざくらのように、複合語の2つ目の単語の頭の清音が濁音に変わる現象があり、これを連濁と呼ぶ。本論文集は、国立国語研究所の共同研究プロジェクト「日本語レキシコン—連濁辞典の編纂」の成果を編集したもので、歴史・音素やアクセントとの関係・法則とその理論的分析・心理学的分析・方言・言語習得など、各分野の専門家の様々な視点からの連濁の研究を幅広く網羅している。
2017.11 249p A5 ¥3200 ①978-4-7589-2252-4

国文法

◆一歩進んだ日本語文法の教え方　1　庵功雄著　くろしお出版
【要旨】第1部 文法項目を導入するときに考えるべきこと：初級、中級で問題となる10のトピックを選び、その導入の方法を考える。第2部 用語編：文法項目の導入に際して正確に理解しておきたい用語について解説。第3部 発想編：学習者の目線に立った導入の仕方、授業を行う上で重要なポイント、研究のテーマを発見する方法などを考える。
2017.6 166p A5 ¥1400 ①978-4-87424-736-5

◆概説文語文法　亀井孝著　筑摩書房　（ちくま学芸文庫）　改訂版
【要旨】傑出した国語学者・言語学者であった著者による古典の概説書。文法がどのような組織を持っているか総体として受けとめ、たんに作品解釈のためだけではなく、それ自体、教養として学ぶことを提唱する。大きく「文」「語」「付属語」「表現」に分けて解説。
2017.5 238p A6 ¥1000 ①978-4-480-09797-2

◆感情形容詞の用法—現代日本語における使用実態　村上佳恵著　笠間書院
【要旨】形容詞という品詞に分類される語には、「大きい」「白い」といった物の性質を表す語もあれば、「うれしい」「悲しい」という人間の感情を表す語もある。前者は、属性形容詞、後者は、感情形容詞と呼ばれている。本書では、「みんなと会えて、うれしいです。」のような感情形容詞が述語として用いられる終止用法、「苦しい顔」のような連体修飾用法、「悲しく聞いた」のような副詞的用法について考察を行い、感情形容詞の全体像を明らかにする。日本語学習者が産出する「日本語としておかしいのはわかるが、なぜおかしいか説明できない日本語の文の山」と格闘した成果。
2017.5 295p A5 ¥3500 ①978-4-305-70846-5

◆現代日本語の文法構造　統語論編　上野義雄著　早稲田大学出版部　（早稲田大学学術叢書）
【目次】第1章 AMG理論概説、第2章 繰り上げ、第3章 コントロール、第4章 受身、第5章 使役、第6章 結果構文、第7章 敬語、補遺 かき混ぜ
2017.1 389p A5 ¥5000 ①978-4-657-16707-1

◆習ったはずなのに使えない文法　江田すみれ, 堀恵子編　くろしお出版
【要旨】学習者が習ったことを使って自在に自己表現し、各自の目的を達成できるようになってほしいという願いをこめた、10編の論考を収録。
2017.10 233p A5 ¥2500 ①978-4-87424-743-3

◆日本語を科学する 文法編 上　塩谷典夫著　展望社
【要旨】国語学習上の基本である文法を例文は中・高校の教科書から選び、やさしく、わかりやすく解説!!"言語・音韻編"につづく第2弾！
2017.7 235p B6 ¥920 ①978-4-88546-330-3

◆日本語を科学する 文法編 下　塩谷典夫著　展望社
【要旨】日本語学習において、文法は最も分析的で科学生のある科目である。学校文法をベースとして、付属語ごとに多くの語源論から一説ずつを選び、音韻変化を説明し、上代語から現代語に至る変遷過程を、学習者諸君にわかりやすく解き明かした全く新しい国語の参考書!!
2017.9 276p B6 ¥920 ①978-4-88546-332-7

◆日本語程度副詞体系の変遷—古代語から近代語へ　田和真紀子著　勉誠出版
【要旨】「品詞のハキダメ」「落ちこぼれ」などと表現され、品詞分類においてネガティブなものとして位置づけられてきた副詞。しかし、本当に副詞は分類も体系化もし難い、特異な存在なのであろうか。古代語から近代語への転換期における程度副詞の流動的な性質を捉え、時代間の共時的な分類体系を横糸に、特徴的な語の通時的な変化を縦糸として交差させることで、ことばの意味・機能の体系的な変遷の模様を描き出す。
2017.5 243, 11p A5 ¥6000 ①978-4-585-28033-0

◆非対称の文法—「他者」としての日本語　浅利誠著　文化科学高等研究院出版局
【要旨】日本語文法が世界の敷居を踏み越えるべく、日・仏二言語間の文法の非対称に焦点を当て、哲学・言語論にたいし、前進を阻害する認識論的障害を検証し、飽くことなく先行理論及び同時代の理論との対話を試み、負の遺産に鋭い批判をなげつつ一貫して正の遺産へと転化させる努力を続けて、世界の言語理論へ寄与する通道を開く、パリ在住の著者の渾身の文法・言語理論。そして、格助辞システムのエッセンスがここに描かれる！
2017.11 242p 21×14cm ¥7500 ①978-4-938710-30-9

◆明治期における日本語文法研究史　服部隆著　ひつじ書房　（ひつじ研究叢書"言語編"第146巻）
【要旨】明治期日本語文法研究史の方法、1 明治期日本語文法研究史の全体像(1 明治時代の品詞論とその源流（品詞分類における伝統的国語研究と西洋文典の利用、明治前期のテニヲハ観 助詞の定義と下位分類を中心に、明治時代の形容詞・形容動詞論 品詞の定義と認定法の観点から、明治時代の活用研究、明治期の日本語研究における時制記述）、2 明治期日本語文法研究史の全体像(2 明治時代の統語論における単位の設定（「語」の単位認定、「準用」論の展開、明治時代の「文の成分」論、統語論における クローズ（節）の扱い）、3 明治期日本語文法研究史の種々相（西周の文法研究「ことばのいしずゑ」と西周文書「稿本（四）」の研究を中心に、西周の文法研究における「句（sentence）」、松下文法の単語観 三矢重松・清水平一郎との関係から、松下文法に与えた山田文法の影響、文法用語の変遷1「品詞」ということば、文法用語の変遷2「主語」と「述語」）
2017.2 587p A5 ¥6800 ①978-4-89476-837-6

国語・漢和・古語辞典

◆大きな字の難読漢字選び辞典　学研プラス　（ことば選び辞典）
【要旨】小説、シナリオ、歌詞、台詞…秀麗な印象の漢字を使いこなす、スマートな難読漢字辞典。
2017.10 190p 18×10cm ¥850 ①978-4-05-304635-2

◆学研 現代新国語辞典　金田一春彦, 金田一秀穂編　学研プラス　改訂第六版小型版
【要旨】高校教科書から重要語を追加し総収録語数7万7000語。新設コラム「小論文のツボ」で小論文の書き方で踏み込んだ用語解説。文章を書くのに役立つ4つのマーク新設、コロケーション定型句・慣用句、連語/四字熟語。類書初の試

み「古語小辞典」新設、基本古語を333語収録。
2017.12 1771p 17×12cm ¥2800 ⓘ978-4-05-304580-5

◆**学研 現代新国語辞典**　金田一春彦, 金田一秀穂編　学研プラス　改訂第六版
【要旨】高校教科書から重要語を追加し総収録語数7万7000語。小論文の書き方まで踏み込んだ用語解説。文章を書くのに役立つ。基本古語を333語収録。
2017.12 1Vol. 20×15cm ¥3000 ⓘ978-4-05-304579-9

◆**角川新字源**　小川環樹, 西田太一郎, 赤塚忠, 阿辻哲次, 釜谷武志ほか編　KADOKAWA 改訂新版
【要旨】収録漢字約13,500、熟語約105,000(参考熟語を含む)。最新研究および最新の常用漢字・人名用漢字に対応。JIS第1水準〜第4水準の全漢字と文字コードを掲載。甲骨・金文・篆文など豊富な古代文字でなりたちを詳記。見やすく、検索しやすい2色刷りの新デザイン。歴史地図、文化史年表、同訓異義や名のりの一覧など付録も豊富。
2017.10 1774p B6 ¥3000 ⓘ978-4-04-400333-3

◆**角川新字源**　小川環樹, 西田太一郎, 赤塚忠, 阿辻哲次, 釜谷武志ほか編　KADOKAWA 改訂新版
【要旨】収録漢字約13,500、熟語約105,000(参考熟語を含む)。最新研究および最新の常用漢字・人名用漢字に対応。JIS第1水準〜第4水準の全漢字と文字コードを掲載。甲骨・金文・篆文など豊富な古代文字でなりたちを詳記。見やすく、検索しやすい2色刷りの新デザイン。歴史地図、文化史年表、同訓異義や名のりの一覧など付録も豊富。
2017.10 1774p B6 ¥3000 ⓘ978-4-04-621966-4

◆**さらに悩ましい国語辞典―辞書編集者を惑わす日本語の不思議！**　神永曉著　時事通信出版局, 時事通信社 発売
【要旨】ことばは変化し、本来正解のないもの。辞書一筋37年。『日本国語大辞典』の編集者の悩みは深い。『ことばの深さ』を伝える、悩める辞書編集者の辞書！
2017.7 325, 4p 19×12cm ¥1600 ⓘ978-4-7887-1529-5

◆**三省堂国語辞典のひみつ―辞書を編む現場から**　飯間浩明著　新潮社　(新潮文庫)
【要旨】書籍雑誌はもちろん看板やメニューにも鵜の目鷹の目。時には対象物を解体したり味わってみたり。辞書編纂―それが著者のライフワークだ。日常språket から最新・難解語までを視野に入れ、独自の視点で編まれる『三省堂国語辞典』。その編集委員が舞台裏を案内し、ことばにまつわる様々な謎をともに検証してゆく。用例採集の鬼・見坊豪紀の魂を継ぐ研究者による日本語あふれる辞書エッセイ。
2017.2 294p A6 ¥550 ⓘ978-4-10-120676-9

◆**三省堂詳説古語辞典 小型版**　秋山虔, 渡辺実編　三省堂
【要旨】収録語4万1千。教科書掲載作品や主要古典から精選。授業にも大学入試にも安心の語彙数。助詞・助動詞は、意味・訳語・用例をまとめ、すっきり頭に入る解説。最重要語の用例には、すべて現代語訳を付す。主要古典の用例に、作者・係結び・敬語・副詞の呼応・疑問詞との呼応・語構成など、訳出のキーワードとなる部分を"ポイント・ラベル"で明示。解説や参照語の手引きの語構成はわかりやすい囲みで明示。最重要語は、語の全体像を把握できる「アプローチ」。豊富なコラ

ム「古語深耕」「古典の世界」。ワンランク上の学力がつく「発展学習ファイル」。物もその使われ方も一目でわかる大型図版を、絵巻物に基づき多数掲載。
2017.5 1502p 18×13cm ¥2400 ⓘ978-4-385-13831-2

◆**三省堂 全訳読解古語辞典**　小池清治編者代表　三省堂　第五版小型版
【要旨】古典を読み解くために必要な二万一千項目を厳選。全用例に現代語訳付き。最重要語は「語義要説」で語の大もとの意味から丁寧に解説。助詞・助動詞の重要語に「補説」を設け、文法の要点を詳しく解説。平安時代の歴史・文化・社会的背景に強くなれるコラム「読解のために」約五八〇項目。平安時代の生活や事物の使われ方を一目でわかる「ポイント」と図解「チャート」。平安時代の生活や事物の使われ方をワイドな図版と絵巻きで学べる「絵巻図版」。新設・小説・映画・絵本・アニメ・漫画・名所など、現代に生きる古典を取り上げた「現代とのつながり」。新設・活用形から終止形がわかり、初学者も簡単に辞書が引ける「逆引き活用形索引」。
2017.10 1450p 17×12cm ¥2100 ⓘ978-4-385-13340-9

◆**三省堂 全訳読解古語辞典**　小池清治編者代表　三省堂　第5版
【要旨】古典を読み解くために必要な二万一千項目を厳選。全用例に現代語訳付き。最重要語は「語義要説」で語の大もとの意味から丁寧に解説。助詞・助動詞の重要語に「補説」を設け、文法の要点を詳しく解説。平安時代の歴史・文化・社会的背景に強くなれるコラム「読解のために」約五八〇項目。入試に役立つ情報をまとめた「ポイント」と図解「チャート」。平安時代の生活や事物の使われ方をワイドな図版と絵巻きで学べる「絵巻図版」。新設・小説・映画・絵本・アニメ・漫画・名所など、現代に生きる古典を取り上げた「現代とのつながり」。新設・活用形から終止形がわかり、初学者も簡単に辞書が引ける「逆引き活用形索引」。
2017.10 1450p B6 ¥2800 ⓘ978-4-385-13339-3

◆**私家版 和語辞典**　足立晋著　ファザーズコンサルティング, デジタルパブリッシングサービス 発売
2016.11 269p B5 ¥4300 ⓘ978-4-86143-133-3

◆**新明解国語辞典**　山田忠雄, 柴田武, 酒井憲二, 倉持保男, 山田明雄, 上野善道, 井島正博, 笹原宏之編　三省堂　第七版; 特装青版
【要旨】「文法」欄を新設。より深い日本語理解のために、日常見落としがちな表現に目を向け、日本語を外からとらえる観点に立って文法事項について詳しく解説。新語を含めて、収録語数をさらに増やし、項目数七万七千五百。判型を大きくし、紙面を刷新。いっそうの見やすさ、引きやすさを追求。二色刷。形容詞項目を見直し、特に情意・感覚を表わす語に込められた意味については、使用者の感性と合致させられるよう語釈を示した。新しい「常用漢字表」(二〇一〇年十一月内閣告示)に対応。最新の国語施策に準拠。規範性を維持した通用アクセントを採用した、最新の「生きたアクセント辞典」。対人関係にかかわる表現、特に待遇表現の特性や、使用場面によって帯びる意味などを中心に運用面での諸相を簡潔に示す「運用」欄。
2017.3 1679p B6 ¥3000 ⓘ978-4-385-13109-2

◆**全訳 漢辞海**　戸川芳郎監修, 佐藤進, 濱口富士雄編　三省堂　第四版机上版
【要旨】収録親字数一万二千五百。新「常用漢字表」(内閣告示)・新「人名用漢字」・JIS漢字第一水準〜第四水準の全文字すべてに『康熙字典』に基づく伝統的な部首配列。最新研究成果を取り入れた精確な字音解説、品詞別に配列した合理的な語義解説、漢文句法が分かりやすく学べる「句法」解説。漢文読解上重要な古典から採録した、豊富な漢文用例すべてにヒント書き下し文・出典を明示。JISコード・ユニコードを明示して現代の情報機器にも対応。熟語数八万。実際の用例を精査し、文脈に即した訳語と出典を明示。地名解説と地図をリンク。『日葡辞書』日本漢字音を導入。付録「漢文読解の基礎」「訓読のための日本語文法」「訓読語とその由来」(新設)「中国歴史地図」「中国年号一覧」(新設) "常用漢字表" 字体についての解説」(新設) など。部首索引・音訓索引・総画索引、「この部首の字」「句法索引」などに加えて、新たに「部首スケール」を収録。
2017.8 1800p A5 ¥5500 ⓘ978-4-385-14054-4

◆**難読漢字選び辞典**　学研プラス　(ことば選び辞典)
【要旨】小説、シナリオ、歌詞、台詞…秀麗な印象の漢字を使いこなす、スマートな難読漢字辞典。
2017.10 190p 16×9cm ¥630 ⓘ978-4-05-304630-7

◆**ビジュアル「国字」字典—森羅万象から生まれた和製漢字の世界**　世界文化社
【要旨】私たちが世界に誇れる豊かな四季、暮らしから生まれたメイド・イン・ジャパン。ふだんよく目にする字、見たこともない珍字…。知られざる"日本オリジナル"の漢字＝国字の世界へようこそ。
2017.2 319p B5 ¥3700 ⓘ978-4-418-17208-5

用語・用字・熟語辞典

◆**「言いたいこと」から引ける大和ことば辞典**　西谷裕子編　東京堂出版
【要旨】日本人ならではの感性が生きる、日本固有のことば。声に出しても、耳にしても美しい、やわらかい響きの「和語」を使いこなす。意味別に分類配列し、その意味、用例、補足(語の成り立ち、語源、語義、言い換えなど)、漢語表現を紹介・解説。
2017.8 316, 26p B6 ¥2200 ⓘ978-4-490-10893-4

◆**異名・ニックネーム辞典**　杉村喜光編著　三省堂
【要旨】時代が名づけた、伝えた、広めた、もう一つのネーミング辞典。
2017.5 580, 102p B6 ¥2600 ⓘ978-4-385-13721-6

◆**大きな字の感情ことば選び辞典**　学研プラス
【要旨】薄い、軽い、小さい。でも有能！気持ちを言語化できず、じたばたするあなたに！しっくりくる感情表現が探せる、スマートな類語辞典。小説、シナリオ、歌詞、台詞…。
2017.7 180p 18×10cm ¥850 ⓘ978-4-05-304634-5

◆**大きな字のことばの結びつき辞典**　学研プラス
【要旨】薄い、軽い、小さい。でも有能！群を抜く文章が書けず、地団駄を踏むあなたに！人に見せる文章を書くためのスマートなコロケーション辞典。小説、シナリオ、歌詞、台詞…。
2017.7 230p 18×10cm ¥850 ⓘ978-4-05-304632-1

◆**音の表現辞典**　中村明著　東京堂出版
【要旨】さまざまな音声・音響をどう語り、微妙なニュアンスの差をどう表現してきたのか？その発想やオノマトペ、比喩表現を中心とする数々の工夫の跡をたどる。音声(声の大・小・騒、太・細・明・暗、乾・湿、冷・温…)、口調(鋭、荒、強、怒、哀、甘…)、音響(人間の涙、息、歯、胃、鼓動、足音…。動物の声、鳥の羽音…。生活音、風、雨、海、雷などの自然音、楽器の音、落下音…) など、音源やトピックごとに分類配列。
2017.6 287, 13p B6 ¥2500 ⓘ978-4-490-10891-0

◆**感情ことば選び辞典**　学研プラス
【要旨】薄い、軽い、小さい。でも有能！気持ちを言語化できず、じたばたするあなたに！しっくりくる感情表現が探せる、スマートな類語辞典。小説、シナリオ、歌詞、台詞…。
2017.7 180p 16×9cm ¥630 ⓘ978-4-05-304629-1

◆**現代感動詞用法辞典**　浅田秀子著　東京堂出版
【要旨】現代日本語の「感動詞」420語の用法を懇切に解説！人間の口から発せられる感動詞・呼びかけ・挨拶・応答・掛け声、マンガの背景などに用いられる音声表現、一般に人の音声の擬音語として認定されているものなどを、幅広く収録。著者考案になる「三線譜」により、感動詞の音調を正確に記述した。
2017.1 342p B6 ¥4700 ⓘ978-4-490-10888-0

◆**ことばの結びつき辞典**　学研プラス
【要旨】薄い、軽い、小さい。でも有能！群を抜く文章が書けず、地団駄を踏むあなたに！人に見せる文章を書くためのスマートなコロケーション辞典。小説、シナリオ、歌詞、台詞…。
2017.7 230p 16×9cm ¥630 ⓘ978-4-05-304627-7

◆**三省堂 新旧かなづかい辞典**　三省堂編修所編　三省堂
【要旨】新・旧の仮名遣いが異なる二万四千語を一覧にした辞典。季語や地名の歴史的仮名遣いもわかる。巻末には「歴史的仮名遣い解説」「字音一覧」、内閣告示「現代仮名遣い」などを収録。
2017.7 539p B6 ¥2200 ⓘ978-4-385-13985-2

日本語

◆三省堂 反対語対立語辞典　三省堂編修所編　三省堂
【要旨】種々の対立関係にある語を多数の新語を含め幅広く集成した、最新の対義語・対照語辞典。一万六千項目収録。対義関係を意味ごとに再解釈し、至当な組合せを提示。故事ことわざ・四字熟語・慣用句を巻末にまとめて収録。
2017.7 503p B6 ¥2200 ①978-4-385-13986-9

◆新修隠語大辞典　皓星社
2017.7 890p A5 ¥7500 ①978-4-7744-0607-7

◆すぐ使える！四字熟語　齋藤孝著　ビジネス社
【要旨】"実用性" と "教養" が他の言葉より段違いに高い。イメージが面白くて音のキレがよくテンポがいいので、一度読むだけで身につく。本当に意味が染むだけでSNSとの相性も非常にいい。心の中で読むだけで、秒速で知性が高まり、教養が広がる齋藤流面白くて奥が深い最強の四字熟語活用術！
2017.3 221p B6 ¥1300 ①978-4-8284-1942-8

◆日本語 笑いの技法辞典　中村明著　岩波書店
【要旨】笑いを誘う日本語の発想と表現の技法を、12類287種に整理。
2017.11 630, 21p B6 ¥3400 ①978-4-00-080320-5

◆日本難字異体字大字典 コンパクト版　井上辰雄監修　遊子館
【要旨】検索困難な難字・異体字を総覧、解読可能にした待望の字典！見出し字4600余、難字・異体字12600余、草字9500余を墨書で収録！音訓索引完備。
2017.10 2Vols.set A5 ¥18500 ①978-4-86361-030-9

◆祝詞用語表現辞典　土肥誠著　戎光祥出版
『祝詞用語用例辞典』改訂・増補・改題版
【要旨】既存の古語辞典には載っていない祝詞独特の意味と表現を解説!!現代の祝詞作文で、頻繁に使われる古語・用語の語意と文例を示して生命書き・書き下し文を列記。巻末には、祝詞文の組み立て方と用語の表現、祝詞文例索引を収録するなど、これまでにない画期的な用語用例辞典である。
2017.8 378p A5 ¥4000 ①978-4-86403-252-0

◆罵詈雑言辞典　奥山益朗編　東京堂出版　新装版
【要旨】名詞、動詞、形容詞、成句のうち、いわゆる罵詈・悪態語1200を集めか解説した辞典。排列は見出し語の五十音順。文例は江戸・明治・大正・昭和・平成の各時代の文学作品から引用。
2017.6 348p B6 ¥3200 ①978-4-490-10892-7

◆ビジュアル大和言葉辞典　大和心研究会著　大和書房　（ビジュアルだいわ文庫）
【要旨】本来とは使い方が違ってきたものや、現代の美意識・感覚でも通じるもの、失われた和の心を思い出すものまで、今でも使える大和言葉をお届けします。
2017.11 239p A6 ¥740 ①978-4-479-30678-8

◆ボキャブラリーが増える故事成語辞典―思わず人に言いたくなる大人のフレーズ　主婦の友編　主婦の友社　『聞きかじり故事成句』再編集・改題版
【要旨】余桃の罪、石に立つ矢、三年ねずみ鳴かず、南山の寿、牛角の歌、虎に虎あり、脂に凍き氷に鏤む、一壺不足…意味を知るだけでおもしろい、賢い！と思われる、会話で、文章で使えるフレーズ。
2017.8 191p B6 ¥1000 ①978-4-07-425395-1

◆見やすいカタカナ新語辞典　三省堂編修所編　三省堂　第2版
【要旨】大きな見出しで見やすい紙面。よく使われる語から、最新の用語まで、社会生活に必須のカタカナ語約1万3千語を収録。詳しい「意味と使い方」、2つのコラムを新たに収録。付録にABC略語と内閣告示「外来語の表記」を収録。
2017.8 983p 19×14cm ¥2200 ①978-4-385-16048-1

論文作法・文章技術

◆アカデミック・ライティングの基礎―資料を活用して論理的な文章を書く　西川真理子、橋本信子、山下香、石黒太、藤田里実著　（京都）晃洋書房
【要旨】資料をうまく活用しながら、その中で自分の興味を発見し、「問い」を立て、自分の「主張」を読み手にきちんと伝える論理的な文章が書けるようになることを目標とする、アカデミック・ライティングの基礎づくりのテキスト。
2017.4 140p B5 ¥1700 ①978-4-7710-2886-9

◆あなたの文章が劇的に変わる5つの方法　尾藤克之著　三笠書房
【要旨】早く書けて、確実に伝わる！プロの技を一挙公開！相手の心をガッチリつかむ！誰でももずっと、思い通りの文章が書ける！文章力は表現力。表現力は一生ものスキルとなり、あなたの人生をもっと輝かせる！
2018.1 221p B6 ¥1300 ①978-4-8379-2723-5

◆オトナ女子の文章作法―SNS地獄を生き抜く　石原壮一郎著　方丈社
【要旨】SNS地獄を本当の地獄にするか、それなりに居心地のいい場所にするか、それを左右するのが「文章作法」。LINE、Facebook、Twitterで直面しがちな35の地獄について、果敢に立ち向かい、最小限のダメージで逃げ出すための「文章作法」を指南。
2017.10 171p B6 ¥1200 ①978-4-908925-18-4

◆書く力―私たちはこうして文章を磨いた　池上彰、竹内政明著　朝日新聞出版　（朝日新書）
【要旨】ついに夢の対談が実現！個性的でありながら、多くの人に読んでもらえる文章の書き方とは？わかりやすく切れ味のよい文章の第一人者・池上彰さんと、「読売新聞の一面を飾る読ませる」当代一のコラムニスト・竹内政明さんは、どのようにして文章を磨いてきたのか。テーマの決め方、構成方法、稚拙な表現からの脱出法など、惜しみなく披露する。作文の魅力がわかり、どんどん文章が書きたくなる一冊！
2017.1 201p 18cm ¥720 ①978-4-02-273700-7

◆基礎から学べる！文章力ステップ 文章検2級対応　日本漢字能力検定協会編　（京都）日本漢字能力検定協会　（付属資料：別冊1）
【要旨】基礎から実践レベルまで段階的にステップアップ。学習をサポートする「学習の手引き」「考えるヒント」を掲載。文章検受検に必要な要素を網羅。これからの学校教育の国語学習にも最適。詳しい別冊「解答・解説」付き。
2017.12 79p B5 ¥700 ①978-4-89096-368-3

◆形容詞を使わない 大人の文章表現力　石黒圭著　日本実業出版社
【要旨】「ほめ言葉」はより盛り上げて。「否定の言葉」はより柔らかく。国立国語研究所教授＝日本語のプロが教える自分の気持ちを上手に伝える文章表現＝レトリックのテクニック！語彙を増やせばもっと伝わる！
2017.11 237p B6 ¥1400 ①978-4-534-05541-5

◆ここがポイント！レポート・論文を書くための日本語文法　小森万里、三井久美子著　くろしお出版　（付属資料：別冊1）
【要旨】こんな悩みを解消！習った文法をレポート・論文に使いたい！分かりやすいアカデミック・ライティングのための文法を学びたい！中上級～上級学習者対象。
2016.12 144p B5 ¥1600 ①978-4-87424-718-1

◆これからレポート・卒論を書く若者のために　酒井聡樹著　共立出版　第2版
【要旨】『これから論文を書く若者のために』の姉妹本。取り上げる例は、サッカー日本代表を題材とした架空のレポート・卒論と、東北大学の学生が提出したレポートで、日本代表のレポートは、「なぜ、日本代表は強いのか？」と問題提起し、「寿司を食べているからである」と解答するもの。第2版では、説明の内容と説明の仕方を大幅に練り直し、章の冒頭に要点をまとめたものを置き、大切な部分がすぐに理解できるようにした。例の説明では、良い例・悪い例・良い例をわざと改悪した例・悪い例を改善した例を示し、どこに問題があるのかが明確になるようにした。
2017.7 245p A5 ¥1800 ①978-4-320-00598-3

◆採点者の心をつかむ 合格する小論文　中塚光之介著　かんき出版
【要旨】時間内で書ける！書き出しで悩まない！この一冊で受験生のモヤモヤを解消します。評価される小論文のコツがわかる！
2017.10 159p B6 ¥1000 ①978-4-7612-7290-6

◆3行しか書けない人のための文章教室　前田安正著　朝日新聞出版
【要旨】LINE、ツイッター、フェイスブックに慣れて…3行書くのがやっとな人でも、"長い文章"がすらすら書ける！朝日新聞ベテラン校閲記者が教える、すぐに使える「書き方」の基本。
2017.6 190p B6 ¥1300 ①978-4-02-331599-0

◆残念ながら、その文章では伝わりません　山口拓朗著　だいわ出版　（だいわ文庫）
【要旨】「これってどういう意味？」と言われてしまうには理由がある。意味のない「が」を多用している、文脈的に正しくない比喩表現の乱用、話し言葉が文章に紛れ込んでいる、「、」のうつ場所を意識していない、文章の記号間「接続詞」をなんとなく使っている、心当たりありませんか？すこしの工夫で伝わる文章がすぐに書ける！文章術の決定版。職場で、取引先で、学校で、「わかりやすい」と言われよう。
2017.7 271p A6 ¥740 ①978-4-479-30659-7

◆自分の論文を合格レベルに近づけるための62項―論文添削指導者が書いた「4ウェイ方式」　論文通信添削研究会編　公人の友社
【目次】第1章 合格論文の条件、第2章 論文の基本、第3章 論文に必要な思考法、第4章 論文に必要な論理力、第5章 序章の書き方、第6章 問題点の書き方、第7章 解決策の書き方、第8章 最終章の書き方、第9章 事例式問題への対応、第10章 論文の勉強方法、第11章 試験当日の注意点
2017.4 153p A5 ¥2200 ①978-4-87555-698-5

◆13歳から身につける一生モノの文章術　近藤勝重著　大和出版
【要旨】作文、入試問題、レポート、報告書、メール、手紙…、あなたの人生においての「文章力」を"考えたことをどう文字化するか"という根本から鍛える1冊。
2017.7 190p B6 ¥1300 ①978-4-8047-6279-1

◆10倍速く書ける超スピード文章術　上阪徹著　ダイヤモンド社
【要旨】「メール」→「企画書」→「ブログ」→「レポート」→「本1冊」まで悩まず一気に書き終わる。「1日300字」の遅筆家を「5日で本1冊」の爆速ライターに変えた全技術。
2017.8 255p B6 ¥1500 ①978-4-478-10244-2

◆一生使える大人の文章力―1時間で復習！人生で恥をかかない文章＆文書の超・基本　杉本祐子著　主婦の友社
【要旨】わかりやすく、はっきりと、伝わるように書くテクニックを紹介！社外文書、社内文書、メール、ブログなどよく使える豊富な文例！
2017.3 191p A5 ¥1200 ①978-4-07-418515-3

◆すぐに書ける！「頭のいい文章」ちょっとしたコツ　高橋俊一著　三笠書房　（知的生きかた文庫）
【要旨】かしこい人は「やさしく短く」書く！まずは「読んでもらう」ための、相手に「正しく伝える」ための、自分を「印象づける」ための、そして「結果を得る」ための、こんなに簡単なのに効果絶大のスキル！
2017.4 205p A6 ¥660 ①978-4-8379-8464-1

◆だれも教えなかったレポート・論文書き分け術　大竹秀一著　エスシーシー　新版
【要旨】目的が違えば書き方も違う！コツは、主観文と客観文の書き分けにあり！
2017.10 196p A5 ¥1400 ①978-4-88647-639-5

◆知的文章術―誰も教えてくれない心をつかむ書き方　外山滋比古著　大和書房　（だいわ文庫）
【要旨】200万部突破の大ベストセラー『思考の整理学』など、著書の多くがヒットした「知の巨人」が語る、人の心をゆさぶる文章の秘密！93歳にして、直筆での原稿執筆を続ける文章の達人が、その極意をすべて明かす！
2017.8 238p A6 ¥650 ①978-4-479-30664-1

◆「超」実用的文章レトリック入門　加藤明著　朝日新聞出版　（朝日新書）
【要旨】「いい文章」ほど、レトリックが駆使されている！読む人を飽きさせない、元週刊誌編集長の文章塾。直喩・暗喩・挿入法・擬人法・奇

先法・誇張法など、さまざまある「レトリック」を少し取り入れるだけで、「おやっ」と思わせる、意外性ある文章に。文章の「センス」が磨かれる、とっておきのワザを伝授！
2017.4 263p 18cm ¥780 ①978-4-02-273713-7

◆伝わる言葉に"文章力"はいらない―ベテランコピーライターの誰も教えてくれなかった 宮澤節夫著　SBクリエイティブ
【要旨】プロの頭の中をメソッド化、2時間で文章が変わるツールを初公開！「9マス」で必ず伝わる文章が書ける。当てはめて書くだけで、"ササる"文章がつくれる！ センスも経験もいらない文章講座。
2017.3 175p B6 ¥1300 ①978-4-7973-8252-5

◆伝わる文章―Before After 坂本俊夫著　まるかいブックスギャラリー
【目次】第1章 書く内容を決める、第2章 文章の基本をつかむ、第3章 文章の細部に気を配る、第4章 文章の印象を良くする、第5章 文章を推敲して仕上げる、第6章 プロを目指す際の心得
2017.4 287p B6 ¥1600 ①978-4-904402-01-6

◆日本語アカデミックライティング 滝浦真人、草光俊雄編著　放送大学教育振興会、NHK出版 発売　（放送大学教材）
【目次】何のために書くか？、わかる文章とは？、客観的な文章・タイトルまで、問題意識と観点の整理、情報を調べる、「他者の言葉」で書く、パラグラフで書く、文のつくり方、根拠を挙げて、調査結果を利用する、理科系の文章、社会科学の文体、考察と結論、アカデミックライティングとは何か？
2017.3 245p A5 ¥2400 ①978-4-595-31712-5

◆人より評価される文章術 髙橋慈子、堀内伸浩者　宣伝会議
【要旨】ロジカルとエモーショナルで仕事は今より速く進む！ 情報のタイプで仕分けして提供する、ブロック化して、ロジックを「見える化」する、読み手のなすべき「タスク」に集中して書く、相手の時間をとらせないタイトルのつけ方、頭だけでなく、心も納得させる、やりがいの感情を生み出す…など「仕事を動かす」文章術を学ぶ！
2017.3 236p B6 ¥1300 ①978-4-88335-388-0

◆文章が一瞬でロジカルになる接続詞の使い方 吉岡友治著　草思社
【要旨】意外に知らない正しい接続詞の使い方が身につく！
2017.4 191p B6 ¥1400 ①978-4-7942-2273-2

◆文章が面白いほど上手に書ける本 吉岡友治著　あさ出版　〈超解〉
【要旨】自分の気持ちを素直に表せばいい…ではない。見違えるように変わっていくポイント36。仕事にもプライベートでも、誰もが使える基本。
2017.2 159p B6 ¥1100 ①978-4-86063-974-7

◆文章検定過去問題集 準2級 Vol.1　日本漢字能力検定協会編　（京都）日本漢字能力検定協会　（付属資料：別冊1）
【要旨】過去問11回分！ 2015・2016年度実施の全検定問題を収録。記述式問題の答え合わせに便利な「チェックポイント」を掲載。
2017.11 119p B5 ¥1100 ①978-4-89096-365-2

◆文章検定過去問題集 2級 Vol.1　日本漢字能力検定協会編　（京都）日本漢字能力検定協会　（付属資料：別冊1）
【要旨】過去問5回分！ 2015・2016年度実施の全検定問題を収録。記述式問題の答え合わせに便利な「チェックポイント」を掲載。
2017.11 47p B5 ¥1100 ①978-4-89096-364-5

◆文章検定過去問題集 3級 Vol.1　日本漢字能力検定協会編　（京都）日本漢字能力検定協会　（付属資料：別冊1）
【要旨】過去問11回分！ 2015・2016年度実施の全検定問題を収録。記述式問題の答え合わせに便利な「チェックポイント」を掲載。
2017.11 119p B5 ¥1100 ①978-4-89096-366-9

◆文章検定過去問題集 4級 Vol.1　日本漢字能力検定協会編　（京都）日本漢字能力検定協会　（付属資料：別冊1）
【要旨】過去問11回分！ 2015・2016年度実施の全検定問題を収録。記述式問題の答え合わせに便利な「チェックポイント」を掲載。
2017.11 159p B5 ¥1100 ①978-4-89096-367-6

◆文章表現の基礎技法 山口隆正、宮田公治、田中洋子、福嶋美知子、秋山智美著　八千代出版

【要旨】在学中に必要な技法から社会に出ても活かせる技法まで、基礎演習から実践演習へと段階的に学ぶことにより、効率的にスキルアップ!! 自己紹介、要約文、実用文書、プレゼン文を発揮した文章など、さまざまな文章を書く時に必須の基礎的な技法に焦点をあてた。
2017.4 124p A4 ¥2000 ①978-4-8429-1694-1

◆文章表現の四つの構造 栗原文夫著　右文書院
【要旨】文章は四つの構造が組み合わさった重層的な構造物である。命題・対立・類同・抽象という四つの構造。文章の原理はこれだ！ 本の読み方、文章の書き方が変わる必読の書。
2017.3 326p B6 ¥1600 ①978-4-8421-0783-7

◆文章予測―読解力の鍛え方 石黒圭著　KADOKAWA　（角川ソフィア文庫）　（『「予測」で読解力は強くなる！』改題書）
【要旨】文章の読解力を伸ばすにはどうすればいいか？ 答えは「予測」にあった！「予測」とは文章を書いた筆者との「対話」を楽しみながら、読解力を飛躍的に伸ばすコツ。小説・新聞・論文・エッセイ等、幅広いジャンルの秀逸な文章で「予測」の技術を学べば、誰でもきっと「読み上手」になれる！ 人の心を動かす名文の力、分かりやすい文章の秘密を「予測」を通して解明する、作文にも役立つ画期的な「文章術」入門書。
2017.9 199p A6 ¥720 ①978-4-04-400330-2

◆文章力を伸ばす―書くことが、これでとても楽になる81のポイント 阿部紘久著　日本実業出版社　（『文章力の決め手』改訂・改題書）
【要旨】文章力とは、考える力を磨くこと。丁寧な添削指導6000件から生まれた本。「読んで面白い、内容のある、現実感のある文例」「自分もきっとしてしまいそうな、身につまされる文例」な345の文例と親しみながらの、考える力、書く力を磨いていきます。
2017.6 213p B6 ¥1300 ①978-4-534-05500-2

◆文は一行目から書かなくていい 藤原智美著　小学館　（小学館文庫プレジデントセレクト）
【要旨】いま、何をテーマに、どのように書けば、人の心を動かす文章になるのか。小説からネット上の文章まで、ノンフィクション作家でもある著者が、プロとして身につけたテクニックを紹介しながら、電子メディア時代における「書く」ことの意味を考察する。著者はデジタル化された文章技術がもたらすさまざまな弊害を指摘。コピペや剽窃などの仕事ができない証拠などという社会的意識の萌芽を危惧し、ランキング依存によって書き手の直観や嗅覚が衰えることに警鐘を鳴らすだけでなく、書く行為そのものについて思いを巡らすための一冊。
2017.2 195p A6 ¥650 ①978-4-09-470015-2

◆文脈こそが知性である 齋藤孝著　KADOKAWA　（角川新書）
【要旨】頭がいいとは、前後の文脈、横のつながりで物事を理解し、考え、話ができることである。偉人から芸人まであらゆる知的な人を参照し、知性が滲む話術と文脈力の鍛え方を伝授する。『語彙力こそが教養である』姉妹編。
2017.2 201p 18cm ¥840 ①978-4-04-082129-0

◆ヘンな論文 サンキュータツオ著　KADOKAWA　（角川文庫）
【要旨】難解なイメージがある学術研究の世界。しかし、この世の中には面白すぎる研究があまたある。そして、「知りたい」という気持ちを純粋につきつめ、ほとばしる情熱と能力をすべて捧げる学者たちの姿がある。「おっぱいの揺れとブラのずれ」「浮気男の頭の中」「古今東西の湯たんぽ」ほか、身近なテーマから、素人目には意味不明なものまで。大まじめな珍論文を、芸人の嗅覚で突っ込みながら解説する知的エンターテインメント本！
2017.11 233p A6 ¥560 ①978-4-04-400334-0

◆毎日新聞・校閲グループのミスがなくなるすごい文章術 岩佐義樹著　ポプラ社
【要旨】分かりやすい「テン」の打ち方、あえて文末を不統一にすることも、人の名前を書き間違えないコツ、「は」と「わ」、正しいのはどっち？ 俗語の動詞化に気を付ける、漢数字と算用数字の使い分け、何が「ら抜き言葉」なのか？ 違和感のない送り仮名、恥ずかしい敬語の間違い、許されない重複表現…など正確に、より伝わる文が書ける！
2017.3 255p B6 ¥1300 ①978-4-591-15439-7

◆マジ文章書けないんだけど―朝日新聞ベテラン校閲記者が教える―生モノの文章術　前田安正著　大和書房
【目次】初級・1st.STEP―基本中の基本！ 主語と述語について考える（書く前に自分と向き合う―自分の長所と短所を見つける、ボディーづくりは骨格と肉から―主語と述語の役割 ほか）、中級・2nd.Step―文章を書く基本！ 文と文章の構造を考える（距離感は大切でしょ！―こそあど言葉、しつこいと嫌われる―同じ表現を繰り返さない ほか）、上級・3rd.Step―めざせ！ 伝わる文章人の思考を意識する（何にでも相性はある―述語に掛かる品詞はそろえる、二股かけると失敗するぞ――つの文に一つの要素 ほか）、プロ級・Final Step―秘策！ 文章マスターへの道「Why」を意識する（知ってるつもりが一番危ない―5W1Hの活用を考える、厚化粧は必要ない―とことん「Why」を使って書く ほか）
2017.4 221p 17×13cm ¥1300 ①978-4-479-79586-5

◆マンガ・アニメで論文・レポートを書く―「好き」を学問にする方法 山田奨治編著　（京都）ミネルヴァ書房
【要旨】マンガ・アニメで研究するとはいかなることなのか。表現論・作家論・作品論に偏ることなく、実社会との接点を重視した研究はいかになされるのか。マンガ・アニメを題材に論文を書きたいという日中の学生が増える一方、現状の大学教育ではそれに対応できていない。本書では、マンガ・アニメで論文を書く際の「お手本」を学際的な観点から作り、学生や教員の一助となることを目指す。
2017.4 268, 4p A5 ¥3500 ①978-4-623-07942-1

◆みんなが書き手になる時代のあたらしい文章入門 古賀史健著　ピースオブケイク、泰文堂 発売　（スマート新書）
【要旨】資料作成、企画書、レポート、小論文、ブログなど、仕事やプライベートを問わず、文章力が必要とされる現代。人に伝わる文章を書くためには、どうしたらいいのでしょうか？「書くこと」に特化したライターズ・カンパニー「batons」代表であり、ミリオンセラー『嫌われる勇気』の著者が、とっておきの文章術を教えます。
2017.12 110p 15×9cm ¥500 ①978-4-8030-1136-4

◆もっとヘンな論文 サンキュータツオ著　KADOKAWA
【要旨】論文は、笑えるものほど素晴らしい！「知りたい」を純粋につきつめた珠玉の論文をたっぷりご紹介します。奇妙キテレツ、でもスゴい！ いざ、めくるめく珍論文の世界へ―。
2017.5 255p B6 ¥1200 ①978-4-04-400098-1

◆よくわかるメタファー―表現技法のしくみ 瀬戸賢一著　筑摩書房　（ちくま学芸文庫）
【要旨】「人生を駆け抜ける」「期待の星」「胸さわぎ」「頭痛の種」―文学から日常表現まで、メタファーは私たちの言語を生き生きと彩っている。その最大の強みは、抽象的でわかりにくい事柄を、より具体的でわかりやすい対象に見立てて説明する力である。本書では、身体の一部を用いた比喩、「上・下」、「内・外」などの空間概念を用いた表現など、メタファーを分類・解説し、その成り立ちから効果的な活用まで、身近な実例を用いて平明に説く。本当に「伝わる」豊かな文章表現へと導く、最良の手引き。
2017.7 321p A6 ¥1200 ①978-4-480-09805-4

◆ライティングの高大接続―高校・大学で「書くこと」を教える人たちへ　渡辺哲司、島田康行著　ひつじ書房
【目次】本書のなりたちとつくり、第1部 高校まで（高校におけるライティング学習の経験はどれほどあるか、大学新入生は高校「国語」で何を学んでくるのか、高校ではどのようなライティング技術が教えられるか（1）―レポートとして、高校ではどのようなライティング技術が教えられるか（2）―意見文、小論文ほか「書くこと」一般として、「言語活動の充実」によって高校までの「書く」学習の機会は増える（た）か、高大接続改革で高校「国語」はどう変わるのか）、第2部 入試から大学へ（大学入試「国語」はどう変わるのか、国立教育政策研究所「特定の課題に関する調査（論理的な思考）」は何を示したか、大学におけるライティング指導はどのようになされているか、大学新入生にとってレポートとは―認識のズレと苦労のメカニズム、評価の目と書く腕前はどのような関係にあたるか、なぜ大学で「パラグラフ」を教えなければならないか）、教室で実践する高大接続、付録 パラグラ

◆600字で書く文章表現法 '18年度版 平川敬介著 (大阪)大阪教育図書 (付属資料:別冊1)
2017.4 113p A5 ¥1700 ⓘ978-4-271-53101-2
【要旨】小論文・論作文に要求される文章を書くための必携書。しっかりとした意見文を書くことを目標とし、基本的な見方・考え方の養成を中心にすえ、さまざまな文例と作業課題を盛り込んだ。

◆わかりやすく書ける作文シラバス 山内博之シリーズ監修, 石黒圭編著 くろしお出版 (現場に役立つ日本語教育研究 3)
2017.12 271p A5 ¥2400 ⓘ978-4-87424-752-5
【要旨】日本語母語話者・学習者の作文を分析し、日本語教師が作文指導する際の指針を提示する。「読み手に優しい文章」の条件を「正確で自然な日本語」「流れがスムーズな日本語」「説得力のある日本語」と設定・その条件を満たす文章を、作文コーパスを生かした日本語学的な分析で明らかにし、それをシラバス化して提示する。

外国人向け日本語教育

◆介護・看護の漢字とことば N4レベル編 アークアカデミー編・著 三修社
2017.9 186p A5 ¥2200 ⓘ978-4-384-05867-3
【要旨】漢字を学びながら、介護や看護の現場でよく使われることばや表現が覚えられる! 場面やテーマごとによく使う漢字やことばが学べる! N5・N4レベルの漢字から220字を収録! すべてルビ付きでスムーズに学習できる!

◆クローズアップ日本事情 15 日本語で学ぶ社会と文化 佐々木瑞枝著 ジャパンタイムズ
2017.4 208p B5 ¥2500 ⓘ978-4-7890-1653-7
【要旨】今と昔、都市と地方、世界と日本―さまざまな角度から解き明かす、いま知っておきたい日本の姿。

◆現代日本の暮らしQ&A 安部直文著、マイケル・ブレーズ訳 IBCパブリッシング (Furigana JAPAN) (本文:日英両文)
2017.5 167p A5 ¥1500 ⓘ978-4-7946-0478-1
【要旨】日本人って、どんな民族なの? 和食の特徴は? いわゆる、裸祭りや命がけの奇祭とはどんなものなのか? 一番人気のお土産は何か? 最も人気のある温泉地はどこか? 日本が最近直面している問題とは何か? 日本についてよく聞かれる事柄を説明。日本の全貌を、シンプルに理解。

◆コーパスから始まる例文作り 山内博之シリーズ監修, 中俣尚己編 くろしお出版 (現場に役立つ日本語教育研究 5)
2017.6 241p A5 ¥2400 ⓘ978-4-87424-731-0
【要旨】大規模コーパスを分析し、日本語教師が例文を作る際のヒントを提供する。日本語教師が説明に困るような「中上級のアカデミックライティングなどで必要となる項目」について、コロケーションとコンテクストに注目してその使用実態を記述。『日本語のためのコロケーションハンドブック』の続編とも言える1冊。

◆実践日本語コミュニケーション検定ブリッジ問題集 サーティファイコミュニケーション能力認定委員会編著, 磯野英治, 西部仁朗監修 (新潟)ウイネット, 星雲社 発売
2017.1 127p B5 ¥1300 ⓘ978-4-434-22620-5
【目次】1 模擬問題、2 正答・解説・聴解スクリプト、3 試験案内

◆新完全マスター語彙 日本語能力試験N3 伊能裕晃, 来栖里美, 前坊香菜子著 スリーエーネットワーク (付属資料:別冊1)
2017.9 146p B5 ¥1200 ⓘ978-4-88319-743-9
【目次】実力養成編(話題別に言葉を学ぼう、性質別に言葉を学ぼう)、模擬試験

◆新・わくわく文法リスニング100―耳で学ぶ日本語 1 小林典子, フォード丹羽順子, 高橋純子, 梅田泉, 三宅和子著 凡人社 (『わくわく文法リスニング99』改訂・改題書; 付属資料:CD・ROM1)
2017.3 222p A5 ¥1500 ⓘ978-4-89358-919-4
【要旨】N5N4レベル。英語・中国語・ベトナム語付き。

◆新・わくわく文法リスニング100―耳で学ぶ日本語 2 小林典子, フォード丹羽順子, 高橋純子, 梅田泉, 三宅和子著 凡人社 (『わくわく文法リスニング99』改訂・改題書; 付属資料:CD・ROM1)
2017.3 232p A5 ¥1500 ⓘ978-4-89358-920-0
【要旨】N4レベルから。英語・中国語・ベトナム語付き。

◆中国語話者のための日本語教育研究 第8号 中国語話者のための日本語教育研究会編 (大阪)日中言語文化出版社
2017.7 115p A5 ¥1500 ⓘ978-4-905013-91-4
【要旨】研究論文、授業に必要な中国語の豆知識、中国語話者の目から見た日本語の不思議、研究会の組織、研究発表応募規定、会誌投稿規定、大会委員会からの便り、編集後記

◆中国語話者のための日本語教文法を求めて 庵功雄, 杉村泰, 建石始, 中俣尚己, 劉志偉編 (大阪)日中言語文化出版社
2017.11 140p A5 ¥2000 ⓘ978-4-905013-92-1
【目次】学習者コーパスを用いた誤用観察の一試案―格助詞「に」を例に、二格名詞句に関する一考察―日中対照研究の視点から、日中対照研究に基づく日本人日本語学習者の現場指示の選択、作文データにみる中国人日本語学習者における日本語の非現場指示の習得、コーパスを用いた「～たばかりだ」と「剛」「剛剛」の日中対照研究―共起する動詞、後続する文末形式に注目して、程度を表す副詞の日中対照と日本語学習者コーパスの分析―話し言葉と書き言葉の違いに注目して、張先生との思い出―あとがきにかえて

◆テーマ別 上級で学ぶ日本語 教え方の手引き(教師用マニュアル) 松田浩志著 研究社 (付属資料:CD1) 三訂版
2017.3 111p B5 ¥3800 ⓘ978-4-327-38476-0
【目次】しる(初めての雪)、いたわる(春の一日)、ならう(そば屋の先生)、よむ(記事の裏側)、さばく(裁判員のもやもや)、うやまう(ガイドさんの宗教)、ふせぐ(並ぶ文化)、もてなす(ローソクの島)、よびかける(一茶の目)、えらぶ(自らの選択)、いかす(もったいない話)、つなぐ(折り鶴)、たのしむ(なりわい)、きたえる(健康な社会)、いきる(ひとつの地球)

◆テーマ別 上級で学ぶ日本語ワークブック 松田浩志, 亀田美保監修 研究社 (付属資料:別冊1) 三訂版
2017.4 60p B5 ¥2100 ⓘ978-4-327-38475-3
【目次】しる、いたわる、ならう、よみとる、さばく、うやまう、ふせぐ、もてなす、よびかける、えらぶ、いかす、つなぐ、たのしむ、きたえる、いきる

◆どんどん読める! 日本語ショートストーリーズ vol.1 アルク出版編集部編, 吉川達, 門倉正美, 佐々木良造翻案 アルク
2017.12 135p A5 ¥1800 ⓘ978-4-7574-3041-9
【要旨】ツイッター(Twitter)、一杯の牛乳、ぴかぴかの家、トイレの花子さん、など、「心あたたまる話」や「泣ける話」など心に残る話がたくさん。最後には思わずゾクっとする「怖い話」も…! N3レベルの日本語で、辞書を使わずに読める"ちょっとイイ話"を20話収録! 難しい単語や表現には語注付!

◆どんどん読める! 日本語ショートストーリーズ vol.2 アルク出版編集部編, 吉川達, 門倉正美, 佐々木良造翻案 アルク
2017.12 134p A5 ¥1800 ⓘ978-4-7574-3042-6
【要旨】ライフストロー(LifeStraw)、地球にやさしいヤギ、赤いリボン、など、「心あたたまる話」や「泣ける話」など心に残る話がたくさん。最後には思わずゾクっとする「怖い話」も…! N3レベルの日本語で、辞書を使わずに読める"ちょっとイイ話"を20話収録! 難しい単語や表現には語注付!

◆ニッポンのしきたり 土屋晴仁著 IBCパブリッシング (本文:日英両文)
2017.3 205p A5 ¥1500 ⓘ978-4-7946-0464-4
【目次】A 年中行事、B 人生、C 婚礼/葬儀/宗教、D つき合い、E 衣・食・住、F その他

◆日本語学校全調査 2017 エスアイケイアイ出版部編 エスアイケイアイ出版部, エスアイケイアイ 発売
【目次】北海道、岩手県、宮城県、秋田県、山形県、福島県、茨城県、栃木県、群馬県、埼玉県〔ほか〕
2017.6 252p B5 ¥3500 ⓘ978-4-9909607-0-4

◆日本語教育能力検定試験 完全攻略ガイド ヒューマンアカデミー著 翔泳社 (日本語教育教科書) (付属資料:CD1) 第4版
2017.2 519p B5 ¥3200 ⓘ978-4-7981-4894-6
【要旨】合格者続出の講座が1冊になった! 試験に出るポイントと対策がよく分かる。最新の試験・業界動向に対応。日本語教育の基礎知識を体系的に学べるのにも最適。

◆日本語教育能力検定試験試験問題 試験2(聴解)―CD付 平成28年度 日本国際教育支援協会者・編 凡人社 (付属資料:CD1)
2017.3 140p B5 ¥1400 ⓘ978-4-89358-922-4

◆日本語教育への道しるべ 第1巻 ことばのまなび手を知る 坂本正, 川崎直子, 石澤徹監修, 鳥貴子, 松本恭子編 凡人社
【目次】第1章 異文化間コミュニケーション、第2章 多文化・多言語教育、第3章 言語政策と日本語教育、第4章 日本語教育史、第5章 年少者日本語教育、第6章 日本語教育事情(国内)、第7章 日本語教育事情(海外)、第8章 ことばの教育に必要なこと
2017.8 213p A5 ¥1800 ⓘ978-4-89358-925-5

◆日本語教育への道しるべ 第2巻 ことばのしくみを知る 坂本正, 川崎直子, 石澤徹監修, 坂本勝信, 手嶋千佳編 凡人社
【目次】第1章 第二言語習得論、第2章 日本語の音声・音韻、第3章 日本語の語彙・意味、第4章 日本語の文法、第5章 日本語の文字・表記、第6章 社会言語学、第7章 言語運用論
2017.5 195p A5 ¥1800 ⓘ978-4-89358-926-2

◆日本語教育への道しるべ 第3巻 ことばの教え方をを知る 坂本正, 川崎直子, 石澤徹監修, 近藤有美, 水野愛子編 凡人社
【目次】第1章 外国語教授法、第2章 コースデザイン、第3章 文法の指導法(初級)、第4章 文法の指導法(中級)、第5章 4技能の指導法(初級)、第6章 4技能の指導法(中級)、第7章 教案作成・実習、第8章 教材分析・教材開発
2017.5 225p A5 ¥1800 ⓘ978-4-89358-927-9

◆日本語教育への道しるべ 第4巻 ことばのみかたを知る 坂本正, 川崎直子, 石澤徹監修, 中浜優子, 花城可武編 凡人社
【目次】第1章 教育工学とICTリテラシー、第2章 言語能力の評価、第3章 言語の対照(日英)、第4章 言語の対照(日韓)、第5章 言語の対照(日中)、第6章 日本語教育と量的研究、第7章 日本語教育と質的研究、第8章 日本語教育能力検定試験
2017.12 209p A5 ¥1800 ⓘ978-4-89358-928-6

◆日本語初級1大地―文型説明と翻訳 ベトナム語版 山崎佳子, 石井怜子, 佐々木薫, 高橋美和子, 町田恵子著 スリーエーネットワーク
【目次】N1はN2です、Nじゃありません、Sか、これ/それ/あれ、このN/そのN/あのN、ここ/そこ/あそこ、N1はN2(dia diem)です、NをVます、Vません、N(dia diem)でVます、Vました、Vませんでした、～時・分、N(thoi gian)にVます、行きます/来ます/帰ります、NはA/なAです、NはAくないです/なAじゃありません、N1(dia diem)にN2があります/います、N1はN2(dia diem)にいます/あります、Nが好きです/嫌いです/上手です/下手です、Nが分かります、S1から、S2、N1にN2(vat)をV 〔ほか〕
2017.9 162p B5 ¥2000 ⓘ978-4-88319-749-1

◆にほんご多読ブックス vol.7 NPO多言語多読監修 大修館書店
【要旨】日本の自然や動物、文化や行事を写真で紹介します。日本語を習い始めたばかりの人でも楽しく読めます。レベル0(入門)、1(初級前半)。
2017.2 5Vols.set A5 ¥2500 ⓘ978-4-469-22257-9

◆にほんご多読ブックス vol.8 NPO多言語多読監修 大修館書店
【要旨】やさしくておもしろい話をたくさん読もう! イソップ物語、創作、昔話など、いろいろな国のお話が入っています。挿絵を見ながら楽しく読みましょう。朗読音声も聞いてみましょう。レベル0(入門)、1(初級前半)。
2017.2 6Vols.set A5 ¥2500 ⓘ978-4-469-22258-6

◆日本語単語スピードマスター STANDARD2400―マレーシア語・ミャ

外国人向け日本語教育

◆ンマー語・フィリピノ語版 倉品さやか著 Jリサーチ出版 (付属資料：CD2)
【要旨】カテゴリー別・テーマ別の学習で、基本語彙を効率よく覚えられる。CDを使いながら、いつでも、どこでも学習できる。生活場面中心、会話中心の例文で、実践力を高める。
2017.4 335p B6 ¥1600 ①978-4-86392-339-3

◆日本語単語スピードマスター STANDARD2400—ネパール語・カンボジア語・ラオス語版 倉品さやか著 Jリサーチ出版 (付属資料：CD2)
【要旨】カテゴリー別・テーマ別の学習で、基本語彙を効率よく覚えられる。CDを使いながら、いつでも、どこでも学習できる。生活場面中心、会話中心の例文で、実践力を高める。
2017.9 335p B6 ¥1600 ①978-4-86392-356-0

◆にほんごではなそう！—パターンで覚えるかんたん会話 松本節子、佐久間良子、長友恵美子、難波房枝、松倉有紀著 ジャパンタイムズ
【要旨】日本語で話しかけられたときや話しかけたいとき等に簡単な言葉で適切な受け答えができるようになるための、初級者向け会話表現ハンドブック。基本のパターンと応用例を、わかりやすいイラストと音声を使いながら学べられる。すべてのフレーズに英語訳・ローマ字つき。
2017.11 119p 19×15cm ¥1400 ①978-4-7890-1684-1

◆日本語能力試験直前対策 N5 もじ・ごい・ぶんぽう 飯嶋美知子監修・著、山田京子、吉田雅子、藤野安紀子著 国書刊行会 (付属資料：別冊)
【要旨】「もじ・ごい・ぶんぽう」の学習はこれ1冊で完成。「もじ・ごい・ぶんぽう」各10回分の「もぎテスト」を収録。ふろくは「じゅうようごいまとめれんしゅうもんだい」。
2017.8 181p B5 ¥1400 ①978-4-336-06190-4

◆日本語能力試験問題集 N3カタカナ語スピードマスター 清水知子、大場理恵子、棚橋明美、渡邉亜子共著 Jリサーチ出版 (付属資料：別冊)
【要旨】N3～N5の試験に出るカタカナ語をマスター。英・中・韓・ベトナム語の部分訳付き。
2018.1 147p B5 ¥1400 ①978-4-86392-372-0

◆日本語能力試験 N2語彙 必修パターン 氏原庸子、佐伯玲子共著 Jリサーチ出版 (付属資料：別冊1)
【要旨】問題のパターンがわかる、解き方のパターンがわかる！ 6つの出題形式（文字・語彙パート）を徹底分析、完全攻略！ 試験に出る言葉を効率的に学習、実戦力がどんどん身につく！
2017.5 206p B5 ¥1600 ①978-4-86392-344-7

◆日本語能力試験 N2聴解 必修パターン 氏原庸子、清島千春、佐伯玲子共著 Jリサーチ出版 (日本語能力試験必修パターンシリーズ) (付属資料：別冊1；CD2)
【要旨】問題のパターンがわかる、解き方のパターンがわかる！ 会話を「聴き取る力」「理解する力」がどんどん身につく！ 聴解問題に出るキーワードを押さえて実戦力アップ！
2017.11 183p B5 ¥1800 ①978-4-86392-360-7

◆日本語能力試験 N2読解 必修パターン 氏原庸子、清島千春、佐伯玲子共著 Jリサーチ出版 (日本語能力試験必修パターンシリーズ) (付属資料：別冊1)
【要旨】問題のパターンがわかる、解き方のパターンがわかる！ 豊富な練習問題で、どんな問題にも対応！ 付録「読解問題に出る言葉」で実戦力がさらにアップ！ 模擬試験1回分つき。英・中・ベトナム語の部分訳つき。
2017.7 207p B5 ¥1600 ①978-4-86392-349-2

◆日本語能力試験 N2文法必修パターン 氏原庸子、佐伯玲子共著 Jリサーチ出版 (日本語能力試験必修パターンシリーズ) (付属資料：別冊1)
【要旨】パターンを押さえて、解き方まるわかり。模擬試験1回分つき。英・中・ベトナム語の部分訳つき。
2017.3 228p B5 ¥1600 ①978-4-86392-331-7

◆日本語N4 文法・読解まるごとマスター 水谷信子著 Jリサーチ出版 (日本語能力試験・日本留学試験読解対策シリーズ)
【要旨】「N4」の基本文法項目をすべてカバー。文法を復習・定着させながら、読解力を伸ばしていく。「N4」の出題内容（レベル、形式）が網羅されているので、安心して試験に臨める。構文理解のトレーニングにより、複雑な文も苦しまず読めるようになる。文章の流れがわかり、長文もどんどん読めるようになる。さまざまな文章に触れるは、英語もどんどん身につく。英語・中国語・ベトナム語訳が付き、学習をしっかりサポート。
2017.9 143p B5 ¥1600 ①978-4-86392-352-2

◆日本語N5文法・読解まるごとマスター—英語・中国語・ベトナム語対訳付き 水谷信子著 Jリサーチ出版 (日本語能力試験・日本留学試験読解対策シリーズ)
【目次】序章 日本語の特徴と基本ルール＋読解のカギ、1 実践！ 読解トレーニング・文章編（主語の省略、存在文、居住の表現、疑問の表現 ほか）、2 実践！ 読解トレーニング・情報編（何が安いですか。うれしこととは何ですか。どのへやがいいですか。だれができますか。 ほか）
2017.8 135p B5 ¥1600 ①978-4-86392-351-5

◆日本人のこころ—Heart & Soul of the Japanese 山久瀬洋二著、マイケル・クーニー訳 IBCパブリッシング (Furigana JAPAN) (本文：日英両文)
【目次】1 和—Harmony、2 型—Form, Way of Doing Things、3 道—Way、4 気—Energy、5 節—Period、6 情—Feelings、7 忠—Loyalty、8 神—The Gods、9 仏—Buddhism、10 縁—Relationships、11 信—Trust、12 徳—Virtue、13 美—Beauty
2017.11 207p A5 ¥1500 ①978-4-7946-0511-5

◆日本の論点 ジェームス・M・バーダマン著、相場妙訳 IBCパブリッシング (本文：日英両文)
【目次】国家、政治、経済、社会、生活、原発、文化 2017.3 165p A5 ¥1500 ①978-4-7946-0465-1

◆日本留学試験（第1回）試験問題（聴解・聴読解問題CD付）平成29年度 日本学生支援機構編著 凡人社 (付属資料：CD1；本文：日英両文)
【目次】試験問題（日本語、理科、総合科目、数学）、解答用紙、参考資料、正解表
2017.8 360p B5 ¥1800 ①978-4-89358-930-9

◆日本留学試験 日本語 総合対策問題集 片桐准尚、岩佐靖夫、大崎功共著 Jリサーチ出版 (EJU対策シリーズ) (付属資料：別冊1；CD2)
【要旨】「日本語」の4分野、記述、読解、聴読解、聴解を一冊ですべてカバー。10回トレーニング＋フルサイズ模試で実戦力を身につける。分野別に攻略のポイントと試験に出るキーワードを整理。英語・中国語・ベトナム語の部分訳付。
2017.12 212p B5 ¥1800 ①978-4-86392-368-3

◆日本留学試験（EJU）模擬試験 数学コース 1 行知学園数学教研組編著 行知学園、日販アイ・ピー・エス 発売
【要旨】日本留学試験を徹底分析。本試験の傾向に即した行知学園オリジナル問題。巻末に自己分析シート、学習達成表、公式集を収録。
2017.5 183p B5 ¥1800 ①978-4-909025-23-4

◆日本留学試験（EJU）模擬試験 日本語記述・読解 行知学園日本語教研組編著 行知学園、日販アイ・ピー・エス 発売
【要旨】日本留学試験を徹底分析。本試験の傾向に即した行知学園オリジナル問題。巻末に読解問題の解説、読解力向上のポイントを収録。
2017.9 329p B5 ¥1800 ①978-4-909025-31-9

◆ビジネス日本語マスターテキスト—BJTビジネス日本語能力テスト問題準拠 ビジネスシーンでの日本語コミュニケーション能力を身につける ハートアンドブレイン著、バトス編、本間正人監修 IBCパブリッシング
【要旨】ビジネスシーンでの日本語コミュニケーション能力を身につけ、日本企業における習慣を理解できるようになる！ 英語・中国語・韓国語対応。巻末付き＝4ヵ国語（日・英・中・韓）によるビジネス用語辞典。
2017.12 212p B5 ¥2000 ①978-4-7946-0518-4

◆人を動かす！ 実戦ビジネス日本語会話 中級 2 国際教育振興会日米会話学院日本語研修所著 スリーエーネットワーク (付属資料：CD1)
【要旨】『人を動かす！ 実戦ビジネス日本語会話（上級）』の姉妹編。コンサルティング会社に勤めるタイ人、アナンの日常を通し、ビジネス会話を習得。徹底した談話練習でスピード感のある会話力を磨く。「本文会話」「表現」「語彙」に英訳付き。学習時間の目安は70時間。中級後半レベル。
2017.7 111p B5 ¥2400 ①978-4-88319-756-9

◆文法必携バイブルN2完全制覇文型集—中国語解説対訳付き 太田陽子監修、郭冰雁、雍婧著 (名古屋)プイッツソリューション、星雲社 発売 (日本語能力試験 文法ベスト対策シリーズ)
【要旨】過去25年分の文型集・例文網羅！ 試験に出る基礎文型・予想表現総まとめ！ 豊富な例文・詳しい解説で短期間スコアアップ！
2017.7 241p B5 ¥2200 ①978-4-434-23530-6

◆文法まとめリスニング 初級1—日本語初級1大地準拠 佐々木薫、西川悦子、大谷みどり著 スリーエーネットワーク (付属資料：別冊1；CD2)
【目次】わたしはリン・タイです、それはなんのCDですか、ここはゆりがおくです、あした何をしますか、シドニーは今何時ですか、京都へ行きます、きれいな写真ですね、富士山はどこにありますか、どんなスポーツが好きですか、わたしは渡辺さんにお茶を習いました〔ほか〕
2017.7 53p B5 ¥2200 ①978-4-88319-754-5

◆ポップカルチャーNEW & OLD—ポップカルチャーで学ぶ初中級日本語 花井善朗著 くろしお出版 (付属資料：別冊1)
【要旨】日本の大衆文化（漫画・アニメ・浮世絵・歌・踊り）を学びながら、日本語を楽しく身につけよう！「初中級でもこんなにできる！」中級へつなげる日本語総合教科書。英・中・韓・ベトナム語単語リスト付き。
2017.4 147p B5 ¥2000 ①978-4-87424-725-9

◆マンガで体験！ にっぽんのカイシャービジネス日本語を実践する 日本漢字能力検定協会編 日本漢字能力検定協会
【目次】「マンガ＆問題」編（チャタくん日本の会社に就職する！、新人パナラットさん奮闘記！、仕事は七転び八起き！）、「解答例」編
2017.3 95p B5 ¥1800 ①978-4-89096-352-2

◆みんなの日本語 初級1 聴解タスク25 牧野昭子、田中よね、北川逸子著 スリーエーネットワーク (付属資料：別冊1；CD2) 第2版
【目次】名前は～です、～から来ました、わたしは～/の～です、～歳です、これ/それ/あれは何ですか、～ですか、～ですか、何の～ですか、だれのですか、ここ/そこ/あそこは～です、～はどこですか〔ほか〕
2017.9 53p B5 ¥1600 ①978-4-88319-757-6

◆みんなの日本語 初級2 漢字 英語版 西口光一監修、新矢麻紀子、古賀千世子、高田亨、御子神慶子著 スリーエーネットワーク 第2版
2017.12 161p B5 ¥1600 ①978-4-88319-744-6

◆みんなの日本語 初級2第2版 漢字 ベトナム語版 西口光一監修、新矢麻紀子、古賀千世子、高田亨、御子神慶子著 スリーエーネットワーク (付属資料：別冊1)
2017.12 161p B5 ¥1600 ①978-4-88319-752-1

◆みんなの日本語 初級2 翻訳・文法解説 ロシア語版 スリーエーネットワーク編著 スリーエーネットワーク 第2版；新版
2017.5 157p B5 ¥1600 ①978-4-88319-724-8

◆みんなの日本語 中級2 翻訳・文法解説 韓国語版 スリーエーネットワーク編著 スリーエーネットワーク
2017.5 191p B5 ¥1800 ①978-4-88319-616-6

◆読むトレーニング 応用編—日本留学試験対応 三上京子、山形美保子、青木俊憲、和栗雅子著 スリーエーネットワーク (付属資料：別冊1) 新訂版
【要旨】読解のストラテジーを7つに分類し解説。短文問題（単問・複問）、長文問題を収録。中・上級レベルの読解力を養成。英語・中国語・韓国語・ベトナム語訳付き。
2017.3 147p B5 ¥1400 ①978-4-88319-747-7

◆読むトレーニング 基礎編—日本留学試験対応 和栗雅子、三上京子、山形美保子、青木俊憲著 スリーエーネットワーク 新訂版
【要旨】読解のストラテジーを5つに分類し解説。短文問題（単問・複問）、長文問題を収録。初級

修了レベルからの読解力を養成。英語・中国語・韓国語・ベトナム語訳付き。
2017.8 137p B5 ¥1200 ①978-4-88319-758-3

◆りゅうがくせいのサバイバルにほんご 1
徳本浩子, 山本裕子, 鈴木かおり共著　早美出版社
【目次】あいさつ、1 じこしょうかい、2 きょうしつで(1)、3 パーティで、4 みせで、5 テスト、6 はっぴょう、7 しょうたい、8 わたしのかぞく(1)　2017.4 173p B5 ¥2600 ①978-4-86042-086-4

◆留学生のための漢字の教科書 中級700
佐藤尚子, 佐々木仁子著　国書刊行会　(付属資料：別冊1)　改訂版
【要旨】中級レベル(日本語能力試験N2～N3レベル)の漢字を効果的に学習できるよう、重要な漢字700字とその読み、語彙を厳選。漢字の意味、語彙には英語、中国語、韓国語、インドネシア語、ベトナム語を併記。すべての漢字の筆順を掲載。学習に便利な音訓索引、部首索引、語彙索引付き。
2017.2 247p B5 ¥1600 ①978-4-336-06136-2

◆BJTビジネス日本語能力テスト 公式模擬テスト&ガイド　日本漢字能力検定協会編 (京都)日本漢字能力検定協会　(付属資料：CD1; 別冊1)
【要旨】しごとのにほんご。日本語で働く。日本語で活躍する。
2017.4 95p B5 ¥1700 ①978-4-89096-369-0

◆EASY AND FUN HIRAGANA—First Steps to Basic Japanese Writing
小川清美著　IBCパブリッシング
【目次】第1章 ひらがなの歴史と使われ方(ひらがなの使われ方、ひらがなの歴史 ほか)、第2章 ひらがなの書き方(あいうえお かきくけこ さしすせそ たちつてと ほか)、第3章 組み合わせた文字・記号(Small つ、きゃきゅきょ ぎゃぎゅぎょ は か)、第4章 主にひらがなが使われる言葉(Greetings and Set Phrases、は、が、を、へ ほか)、第5章 読む練習・縦書きの練習(Adding Kanji, Adding Katakana ほか)
2017.4 89p B5 ¥1300 ①978-4-7946-0472-9

◆EASY AND FUN KANJI—A Basic Guide to Learning Kanji　小川清美著, Orrin CumminsEnglish Editor　IBCパブリッシング　(本文：日英両文)
【目次】第1章 漢字の歴史と使われ方(漢字の歴史、基本の書き方 ほか)、第2章 数字、象形文字、会意文字(数字、曜日 ほか)、第3章 部首(さんずい、うかんむり ほか)、第4章 種類別(情報、住所 ほか)、第5章 日常生活で使われる漢字(読みだけ)(店の看板、案内 ほか)
2017.9 119p B5 ¥1300 ①978-4-7946-0501-5

◆EASY AND FUN KATAKANA—How to Read Non-Japanese Loanwords　小川清美著　IBCパブリッシング
【目次】第1章 カタカナの歴史と使われ方(カタカナの歴史、カタカナを書く ほか)、第2章 カタカナを書く(The ア、カ、サ、and タ Rows、The ナ、ハ、マ、and ヤ Rows ほか)、第3章 カタカナの言葉(カフェドリンクメニュー、カフェメニュー ほか)、第4章 人・場所・ビジネスに関するカタカナ(国名、英語名 ほか)、第5章 和製英語(和製英語、その他)
2017.4 89p B5 ¥1300 ①978-4-7946-0473-6

◆Essential Japanese Kanji Vol.2　東京大学大学院漢字教材研究グループ著　チャールズ・イー・タトル出版
【目次】日本に住みます、ホームステイ、ホストファミリー、国際空港、コンビニへ行きます、近くの商店街で買います、リサイクル、友だちの家へ行きます、図書館へ行きましょう、日本語を勉強しています
[17.3]224p 26×19cm ¥1800 ①978-4-8053-1379-4

◆ICTの活用　山田智久著, 當作靖彦, 横溝紳一郎シリーズ監修　くろしお出版　(日本語教師のためのTIPS77 2)　第2版
【要旨】パソコンやデジカメを使った授業実践例が満載！ICTリテラシーを身につけよう。第2版でさらにバージョンアップ！
2017.6 302p B6 ¥1600 ①978-4-87424-732-7

◆LEARN JAPANESE WITH MANGA—まんがで学ぶにほんご会話　辻和子著　ユニコム
【目次】1 Basic Phrases (Greeting People, Expressing Gratitude, Offering Congratulations ほか)、2 Enjoying Conversation in Manga (Asking Directions, Riding on a Vehicle, Greeting ほか)、3 Basic Vocabulary (Money, Time, Calendar/Seasons ほか)、Useful Words Searchable in English
2017.2 133p A5 ¥1300 ①978-4-89689-500-1

◆Understanding through pictures 1000 KANJI イラストで覚える漢字1000　上島史子, 竹内夕美子著　ナツメ社
【要旨】日本語能力試験N2～N5レベルの漢字1000字を収録！意味、形を覚えるのに役立つイラストが全文字に付いています。
2017.4 354p B5 ¥2000 ①978-4-8163-6205-7

英語

◆相手と場面で使い分ける 英語表現ハンドブック　高橋朋子著　アルク
【要旨】提案の表現Let's…は、親しい相手に使う、招待を断るときには「使命な気持ち+理由」が必要、上司にも使える忠告の表現Have you considered…？ I agree, but…で、賛成に見せかけ丁寧に反論する、という表現を主語にすると、親しみがこもる、etc. 言いたいこと×距離感＝状況に最適なフレーズ！
2017.7 205p A5 ¥2000 ①978-4-7574-3003-7

◆あじのひものとビーフステーキ―大杉正明の英語でこぼこの道　大杉正明著　DHC
【要旨】NHKラジオやテレビでおなじみ、大杉先生の英語自叙伝！
2017.3 285p B6 ¥1300 ①978-4-88724-584-6

◆アダムのリンゴ―歴史から生まれた世にもおもしろい英語　小泉牧夫著　IBCパブリッシング
【要旨】Adam's apple「喉仏」から始まって、人類の歴史の流れの中で生まれてきた「おもしろい英語」の数々を「古代ギリシア編」「古代ローマ編」「中世編」「大航海編」「近世後編」「アメリカ大陸編」「近代編」「2つの世界大戦編」「戦後・21世紀編」の10章に分けて、順に紹介。
2017.4 257p 19×12cm ¥1400 ①978-4-7946-0468-2

◆アドラー流 英語で幸せになる勇気　小池直己著　南雲堂
【要旨】英語が専門でなかった私がなぜ370冊もの英語本を書けたのか？英語科出身でない私がなぜ英語教師として幸せな人生を歩んでこれたのか？アドラー心理学に基づく「英語との向き合い方」と小池流「英語学習のノウハウ」をこの1冊に凝縮しました。
2017.9 287p B6 ¥1500 ①978-4-523-26562-7

◆英語を話せる人勉強しても話せない人たった1つの違い　光藤京子著　青春出版社
【要旨】セルフチェックで自分の弱点がわかる。「知ってる単語・フレーズなのにいざというとき出てこない！」がなくなるレッスン。会議通訳のノウハウから生まれた会話力・メール力に直結する学習法。
2017.4 182p B6 ¥1400 ①978-4-413-23032-2

◆英語学を学ぼう―英語学の知見を英語学習に活かす　高橋勝忠著　開拓社　(開拓社言語・文化選書)
【要旨】本書は、英語史・形態論・言語習得・統語論・意味論・音韻論・語用論・英語教育の八つの英語学の研究分野と研究内容をわかりやすく解説した一冊である。先行研究の知見も取り入れ、興味深いトピックに焦点を当て、読者がスムーズに学べるように努めた。英語学とは何かを基礎的に学びたい方、言語の本質を構造的に理解したい方にお薦めする。なお、本書には練習問題が付いて内容の確認ができる。
2017.10 227p B6 ¥1900 ①978-4-7589-2569-3

◆英語がぜんぜんしゃべれない！　汗　神林サリー著　大和書房
【要旨】英語ネイティブと仲良くなりたいなら、知っておくべき「英会話のゴールデンルール8」！！"食事会""観光案内""海外旅行""ビジネス"この1冊ですべて対応！予約のとれない人気英会話講師が教える「リアルな英語の雑談力」。
2017.12 237p 17×14cm ¥1400 ①978-4-479-79621-3

◆英語語彙大講座　猪浦道夫著　DHC

◆英語の翻訳家が伝授する、上級からの語彙増幅法と整理法、そして用法のすべて。英語の本質にせまる言語感覚が養える。上級者向けの決定版。
2017.5 319p A5 ¥2200 ①978-4-88724-588-4

◆英語事始め　佐藤良明, 大橋理枝編著　放送大学教育振興会, NHK出版 発売　(放送大学教材)　(付属資料：CD1)
【目次】単語から文へ、文と動詞の基本形、空間と前置詞、SVOの構造、BE動詞の自由自在、現在形と進行形、完了形と受動態、時制と節、助動詞と主観表現、基本動詞の世界、不定詞、比較と否定、名詞と数量、関係詞、接続と統合
2017.3 235p A6 ¥980 ①978-4-595-31750-7

◆英語辞書マイスターへの道　関山健治著　ひつじ書房　(ちょっとまじめに英語を学ぶシリーズ 1)
【目次】1 辞書メディアの種類と特徴(冊子辞書、電子辞書専用機 ほか)、2 辞書はこうやって使う(日常的な英語学習で使う、資格試験の勉強に使う ほか)、3 英和辞典を使いこなそう(英和辞典の種類、学習英和辞典のその先へ ほか)、4 英英辞典を使いこなそう(こんな時に英英辞典を、英語学習者向け英英辞典と一般英英辞典 ほか)、5 こんな辞書も使ってみよう(シソーラス(類語)辞典、コロケーション(連語)辞典)
2017.7 142p B6 ¥1600 ①978-4-89476-823-9

◆英語襲来と日本人―今なお続く苦悶と狂乱　斎藤兆史著　中央公論新社　(中公文庫)　(『英語襲来と日本人―えげれす語事始』改題書)
【要旨】開国とともに押し寄せてきた「えげれす語」。英語狂乱とも言うべき右往左往が始まった。全く異質な言語と日本人はどう格闘してきたのか。少なからぬ達人が現れた一方、習得できずに劣等感・罪悪感に苛まれる人々が大量に生まれた。明治以来、翻弄され続ける日本の姿を活写し、さらには、英語との付き合い方を考察した文化史であり、文化論。
2017.1 213p A6 ¥680 ①978-4-12-206355-6

◆英語じょうずになる事典 上　―ネイティブ講師が教える英語あたまのつくり方　デビッド・バーカー著　アルク　(アルク・ライブラリー)
【要旨】英語と日本語の違いを知り尽くしたネイティブ講師の日本人にとっての「英語の落とし穴」を優しく解説。あ～さ行編。
2017.12 153p 18cm ¥900 ①978-4-7574-3026-6

◆英語じょうずになる事典 下　―ネイティブ講師が教える英語あたまのつくり方　デビッド・バーカー著　アルク　(アルク・ライブラリー)
【要旨】英語と日本語の違いを知り尽くしたネイティブ講師の日本人にとっての「英語の落とし穴」を優しく解説。た～わ行編。
2017.12 158p 18cm ¥900 ①978-4-7574-3027-3

◆「英語で案内」ができる本―もう困らない！どんなときも！　リサ・ヴォート著　大和書房　(付属資料：CD1)
【要旨】英語の接客対応にアタフタしていませんか？乗り換え、道案内、地産品の紹介、神社のお参り方法…。あらゆるシチュエーションを網羅！頼りになる641フレーズ!!
2017.2 191p B6 ¥1400 ①978-4-479-79565-0

◆英語で一流を育てる―小学生でも大学入試レベルがスラスラ読める家庭学習法　廣津留真理著　ダイヤモンド社
【要旨】文法不要！和訳不要！親は教えなくていい！1日たった5分！ただ、ニコニコ隣に座っているだけで子どものやる気がみるみるアップ！英語4技能(読む、聞く、話す、書く)に加え国語力もアップするから「一石五鳥」！同時に、親の「本物の英語力」もアップ！家族ニコニコ、子どもワクワクの新メソッド!!
2017.5 239, 16p B6 ¥1500 ①978-4-478-10170-4

◆英語で説明する全技術　齋藤浩史著　秀和システム
【目次】Introduction ゴールドマン・サックスで学んだ「伝わる英語の秘密」、ゴールドマン・サックス式捨てるべき3つの学習、2 わかりやすく説明する基本、3 2次元の図やグラフをわかりやすく説明する、4 3次元の図や写真をわかりやすく説明する、5 空間と写真について説明する、6 時の経過について説明する
2017.9 155p A5 ¥1500 ①978-4-7980-5242-7

英語

語学・会話

◆英語で伝えたい日本紹介きほんフレーズ2100　江口裕之著　DHC　（付属資料：CD-ROM1）
【要旨】こう答えれば、ちゃんと伝わる！英語ガイドでもう困らない。日本を、かんたんでシンプルな英語で紹介しよう！ガイドで役立つ動詞フレーズ30と、すぐに使える案内フレーズ200も収載！
2017.11 333p B6 ¥2000 ①978-4-88724-596-9

◆英語でハワイ—Awesome Hawaii　永田さち子ハワイ案内、宮澤拓写真，GOTCHA！編集部編　アルク
【要旨】SNSでも使える海外旅行を楽しむシンプル英会話。フルカラーの地図を収載。楽しい英語フレーズ481！5つのシーン別に使える英語とおすすめスポットをご紹介。
2017.12 157p 21×13cm ¥1400 ①978-4-7574-3030-3

◆英語でボランティアガイド—心構えから英語フレーズまで　CD付　葛西朋子著　アルク　（付属資料：CD1）
【要旨】明治神宮・浅草寺のモデル案内ルート＋すぐ活用できる厳選フレーズ190。基礎知識からガイドの実践的ノウハウまで。この1冊で、自信を持って外国人観光客をガイド！
2017.7 195p B6 ¥1600 ①978-4-7574-3006-8

◆英語で学ぶトヨタ生産方式—エッセンスとフレーズのすべて　松崎久純著　研究社　改訂新版
【要旨】2005年の初版より版を重ねてきました定番図書の改訂新版です。本改訂では、ご要望の高かった生産現場で使われるプラクティカルな"英会話"とトヨタ生産方式を導入する際に参考となる"Q&A"による解説を追加。世界中のさまざまな企業のあらゆる部門で活用されている卓抜な経営方式の全体像が分かります。
2017.3 263p A5 ¥1800 ①978-4-327-43087-0

◆英語と異文化理解　鷲直仁著　朝日出版社　改訂版
【目次】第1章 英語を通じて見えてくる日本と世界—誤解している日本人、誤解されている日本人（多人種共存に向かう世界、日本語は世界言語に成り得るのか ほか）、第2章 イギリスの旅に学ぶ—旅における人格形成（グランド・ツアーとノブレス・オブリージュの精神、安住の地を離れて学ぶもの ほか）、第3章 ヴィクトリア時代と西洋風恋愛—日本における恋愛と変遷（明治時代に流入した西洋、恋愛結婚—自由恋愛とその結果 ほか）、第4章 現代社会に問う「男らしさ」と「女らしさ」（複雑極まる現代社会で男と女はどう生きるのか、男女の役割と直感について ほか）
2017.9 113p B6 ¥2000 ①978-4-255-01019-9

◆英語年鑑　2017年版　「英語年鑑」編集部編　研究社
【要旨】わが国の英語学・米英文学・英語教育界における1年間（2015年4月～2016年3月）の活動と業績を詳細に記録。英語学・米英文学・英語教育関係の「教官構成一覧」や「研究団体一覧」のほか、「人名録」や「研究業績一覧」などを収録。「人名録」には一部Eメール・アドレスや個人URLも掲載。
2017.1 557p B6 ¥21000 ①978-4-327-39947-4

◆英語のパワー基本語—前置詞・句動詞編　田中茂範著　コスモピア　（田中茂範先生のなるほど講義録 3）　改訂新版
【目次】第1部 前置詞編（26の空間詞、in—空間内に、on—接触関係、at—場所（ところ）、by—近接してして ほか）、第2部 句動詞編（基本動詞と空間詞の組み合わせ、hold、keep、take、give ほか）
2017.12 263p B6 ¥1600 ①978-4-86454-118-3

◆英語の品格　ロッシェル・カップ、大野和基著　集英社インターナショナル、集英社　発売　（インターナショナル新書）
【要旨】please、why などを安易に使うとトラブルに。グロービッシュのような今流行の簡略化した英語では真意が伝わらない。英語は、けっして大ざっぱでストレートな言語ではない。日本人が考えるより、はるかに繊細で豊かな表現にあふれている。日英両言語とその文化に精通した著者が、日常生活ですぐに役立つスマートな伝授。相手を思いやる婉曲表現、人間関係を円滑にする丁寧で気の利いた言い回しなど、ちょっとした工夫で、品格ある英語が自分のものになる。
2017.8 189p 18cm ¥700 ①978-4-7976-8012-6

◆英語表現まちがいさがし—日本人のちょっとズレた英語50　フォーンクルック幹治著　DHC
【目次】間違いパターン1 日本語発想・勘違い編（黒目なの、散歩が好き ほか）、間違いパターン2「英語ならでは」のミス編（犬が好き、退屈しているの？ ほか）、間違いパターン3 単語の使い分け編（明日の朝までに、この町には人が少ない ほか）、間違いパターン4 カタカナ英語編（オーバーだなぁ、ハイテンション ほか）
2017.11 215p B6 ¥1300 ①978-4-88724-595-2

◆英文解釈教室　伊藤和夫著　研究社　（付属資料：別冊1）　新装版
【要旨】累計100万部突破、伝説の大ロングセラー。難関校受験生を中心とする多くの読者に支持され続け今もなお広く読み継がれる「受験英語のバイブル」。本物の英語力を身につけたい多くの読者に圧倒的な支持を受け続ける伝説の参考書。
2017.3 311p A5 ¥1600 ①978-4-327-76487-6

◆起きてから寝るまで英語表現1000　吉田研作監修、荒井貴和、武藤克彦執筆・解説　アルク　（付属資料：CD-ROM1）
【要旨】「インスタ映えする景色～！」「仕事がたまってきたなあ」「予定がかち合っちゃった、調整しなきゃ」「今日のごはんは手抜きします」...1日の「体の動き」「つぶやき」を全部英語で言ってみる。⇒一人でも自然な会話力がみるみる身につく！
2017.12 328p 19×14cm ¥1600 ①978-4-7574-3025-9

◆オックスフォードの英語—「知性」と「教養」を感じさせる話し方　岡田昭人著　秀和システム
【要旨】ただのイギリス英語ではなく、相手の印象を一変させる教養ある英語。
2017.9 207p B6 ¥1600 ①978-4-7980-5221-2

◆親子で始めるえいごで日記　能島久美江著　三修社
【要旨】英語を忘れていても、文法を知らなくても大人も子どもも「えいご日記」が書けるようになる！まずは日本語で、書きたい内容を考える→「えいご1行シート」の上半分に、日本語を順番に書き入れる→「えいご1行シート」の下半分に、英語を順番に当てはめる→できあがった英文を、ノートに書き写す。ほら、「えいご日記」が書けたよ！対象年齢7～15歳。
2017.6 111p A4 ¥1800 ①978-4-384-05872-7

◆音声DL付き　もう迷わない！時制の使い方がわかる本　多岐川恵理著　明日香出版社　（アスカカルチャー）
【要旨】過去形と現在完了形の使い分けは？たくさんある未来形のニュアンスって？時制の一致はいつ必要？そんな疑問に答えます！英語独特の「時間のとらえ方」を自然に身につけましょう！難しい文法や暗記は一切不要！
2017.12 192p B6 ¥1400 ①978-4-7569-1943-4

◆海外出張／カタログ・ウェブサイト／展示会で売れる英語　大澤裕著　ダイヤモンド社
【要旨】海外ビジネス支援のプロが教える"使える英語"とコミュニケーションの勘所。商談のポイントに合わせた必要なフレーズを覚えるだけで大丈夫！
2017.9 205p 19cm ¥1600 ①978-4-478-10169-8

◆海外ドラマはたった350の単語でできている　Cozy著　西東社
【要旨】受験、英検、TOEIC...勉強してきたのに、それでも英語が話せないあなたへ。中学レベルの単語で必ず英語が話せる学習方法を大公開。人気のブログがついに書籍化。
2017.5 207p A5 ¥1300 ①978-4-7916-2496-6

◆書いて伝える接客英語—あらゆる接客業に対応　広瀬直子著　KADOKAWA
【要旨】外国人のお客様にも気軽にお店に入って来てもらいたい。お客様に商品やサービスのセールスポイントを伝えたい。マナー違反のお客様に優しく注意を促したい...POPや貼り紙が英語ですぐ作れる！英語版ウェブサイト・英語メニューの作り方などお役立ち情報も満載。
2017.7 222p A5 ¥1400 ①978-4-04-601860-1

◆「カジュアル系」英語のトリセツ—文字でも会話する今どきの英会話　ルーク・タニクリフ著　アルク
【要旨】ルーク・タニクリフ（ブログ『英語with Luke』）による日常会話の定番／新定番フレーズ集。リアルな会話例と目からウロコの解説で、口語表現、スラング、略語がよくわかる！携帯

メール、チャット、SNS…カジュアル化する英語コミュニケーションに必携の一冊！
2017.8 255p 19×14cm ¥1500 ①978-4-7574-3008-2

◆カタカナ発音で「英語」は驚くほど通じる！　高窪雅基著　三笠書房　（知的生きかた文庫）
【要旨】幕末・明治期に通訳などで活躍したジョン万次郎は、英語で聞こえた音を、「そのまま素直にカタカナで書き留める」という方法で英語力を高めました。本書は、そのカタカナ英語の勉強法をさらにパワーアップ！もう、英語の発音も恐くない！
2017.9 189p A6 ¥660 ①978-4-8379-8489-4

◆教養人の英語　島根国士著　彩流社
【要旨】英語の学習は、母語である日本語とは異なり意識的な学習である。「教養」という言葉が色褪せてしまったからこそ、読書の意義を見直したい。英語の読書と発音は英語修得における死活問題だ。本書の内容を実行すれば、教養人として恥ずかしくない英語が修得できる。英語の感性を磨くために、真の名文を音読によって、味わうべきだ。
2017.1 237p A5 ¥2500 ①978-4-7791-2291-0

◆激動のニュースから学ぶトップリーダーの英語—米国発Newshourリスニング　国際政治編　中丸友一郎、中丸友世香著　DHC　（付属資料：CD2）
【要旨】トランプVSクリントン、米国務省はシリア情勢介入を推進、難民危機にどう立ち向かう？EUの未来はどうなる？南シナ海で、次に何が起こる？ブラジル大統領の汚職スキャンダルの背景、米国の対北朝鮮戦略の今後は？NATO軍に対抗するロシアの思惑は？—8つのニュースを聞けば、世界の流れがわかる！
2017.8 239p A5 ¥1600 ①978-4-88724-585-3

◆決定版英語シャドーイング　門田修平、玉井健共著　コスモピア　（付属資料：CD1）　改訂新版
【要旨】シャドーイングは「英語の素振り」。英語に強い、耳と口を同時につくる。ゆっくりでポーズたっぷりの会話から、プレゼンテーション研修のライブ音声、トム・クルーズへのインタビュー、オバマ大統領演説などの生素材まで、多彩なレベル別素材でトレーニング！
2017.3 257p A5 ¥1800 ①978-4-86454-102-2

◆研究発表ですぐに使える理系の英語プレゼンテーション　島村東世子著　日刊工業新聞社
【要旨】準備から発表、質疑応答、懇親会までを体系的に学べる！自信を持って英語でプレゼンするための実践ポイントがわかる！質疑応答を含めた豊富な重要フレーズ集を収録。
2017.10 217p A5 ¥2200 ①978-4-526-07760-9

◆現場で困らない！ITエンジニアのための英語リーディング　西野竜太郎著　翔泳社
【要旨】ITエンジニアにとって英語は避けられない関門です。中でもリーディングは、日本国内で働く場合であっても求められるスキルです。ウェブ上で手に入手できる技術関連ドキュメントの多くは英語で書かれているからです。しかし、英語に苦手意識を持つITエンジニアは少なくありません。本書は、そのIT英語のリーディングについて解説しています。本書は、長文のサンプルをじっくりと読んで基礎体力を鍛えるというよりは、明日から役立つ技術を短期間で習得できる内容となっています。まずは、リーディングに必要な4つの柱について解説しています。その後、さまざまなドキュメント・タイプ（UI、使用許諾契約、APIリファレンス、仕様書、マニュアルなど）を取り上げ、タイプごとの特徴を説明しています。各タイプの特徴をつかんでおけば、楽に英文を読むことができるようになります。さらには便利なツールや情報収集のテクニックも紹介しています。
2017.8 183p A5 ¥1800 ①978-4-7981-4949-3

◆語彙を増やすための英語語根集　上田悟編　（岡山）大学教育出版　改訂版
【目次】語根集、接頭辞集、接尾辞集、語形成要素・連結形集、語根一覧表
2017.2 146p B5 ¥1800 ①978-4-86429-442-3

◆高校のための中学英語をイチから復習する本　高久智弘著　KADOKAWA
【要旨】英語で最も大事な要素である「品詞」のうち、「動詞」「名詞」「形容詞」「副詞」をシッカリ説明、問題演習を通じてジックリ定着、高校英語への"橋渡し"をバッチリ行います！
2017.5 239p A5 ¥1200 ①978-4-04-601920-2

英語

◆「国際会議・研究発表・学術イベント」書くための英語表現　石井隆之、松本恵美子著　ベレ出版
【要旨】国際会議・学術的交流イベントに関係する研究者およびイベント主催者・スタッフにとって有益なEメール・手紙・関連文書のサンプルと豊富な例文、書き方のポイントをまとめた本です。また、研究発表や研究論文に必要な最初のページにつける概要の書き方や研究発表・口頭発表をする時に配布するようなハンドアウトの具体例を紹介します。近年の国際化と情報化の社会でますます増えている学術系国際会議、その大学関係者・ビジネスパーソンやイベント関係者にとってバイブルとなる一冊。
2017.8 334p A5 ¥2400 ①978-4-86064-521-2

◆子どもの英語力は家で伸ばす　関正生著　かんき出版
【要旨】2020年に迫る小学校英語教科化・大学入試改革への対策、英検対策、英語を自分でも勉強する子にする方法。家庭で即できるノウハウを凝縮！「読む」「聞く」に加え、「話す」「書く」も必須！英語で困らないために今からできることがこの一冊に！
2017.9 230p B6 ¥1500 ①978-4-7612-7284-5

◆困ったときのお助け英語　JTBパブリッシング　（ひとり歩きの会話集 16）　第19版
【要旨】場面ごとのトラブル解決。覚えておきたい最重要80フレーズ。いざというときのサバイバル会話。ひと目で分かるトラブル別索引！
2017.10 231p 17cm ¥1200 ①978-4-533-12175-3

◆こんなとき英語でどう切り抜ける？　柴田真一著　青春出版社　（青春新書INTELLIGENCE）
【要旨】ビジネスコミュニケーションというと響きは柔らかいのですが、実際のビジネス現場では、相手と意見が異なるために相手に受け入れられないケースが多く、どこかで折り合いをつけなければならない状況が日常的に生まれます。相手の意見をどの程度受け入れるか、自分の反論にどう説得力を持たせるか。文化・習慣・立場を越えたWin-winを引き寄せるベストフレーズを紹介します。
2017.6 210p 18cm ¥990 ①978-4-413-04515-5

◆「さすが！」は英語でなんと言う？　ルーク・タニクリフ著　大和書房　（だいわ文庫）
【要旨】これ、英語で言えますか？「ど忘れ」「時差ボケ」「人見知り」「やっぱり」「ゲスい」「KY」「忖度」「草食系」「とりあえず」は英語でなんと言う？待望の続編！月間150万PVの人気サイト"英語with Luke"が再び本になりました！ネイティブがよく使っているフレーズを基本表現からスラングまでたっぷり紹介します。
2017.11 262p A6 ¥740 ①978-4-479-30676-4

◆仕事に効く！ずるい英語表現100　キャサリン・A・クラフト著　宝島社
【要旨】日本語なら簡単に言える表現も、英語だととっさに出てきません。本書ではそんな「あるある」状況でパッと出てくる、「ずるい」フレーズとその覚え方を100個厳選して紹介。文法などは気にしないで、まずはこれらの表現を覚えて、英語サバイバルの状況を乗り越えましょう！
2017.5 207p B6 ¥1100 ①978-4-8002-7061-0

◆史上最悪の英語政策—ウソだらけの「4技能」看板　阿部公彦著　ひつじ書房
【要旨】大学入試を「業者丸投げ」で英語教育は大混乱！日本の英語教育が危機的ゾーンに突入！読む・聞く・書く・話す＝4技能型とは名ばかりの、実態無き「4技能妄想」を検証する。
2017.12 158p A5 ¥1300 ①978-4-89476-912-0

◆ジーニアス総合英語　中邑光男、山岡憲史、柏野健次編集主幹　大修館書店
【要旨】『ジーニアス英和』に基づいた充実の文法・語法情報。『ジーニアス英和』に基づいた信頼できる例文と解説。『ジーニアス英和辞典第5版』（G5）の文法書。
2017.10 653p A5 ¥1500 ①978-4-469-34294-9

◆社会人のための英語の世界ハンドブック　酒井志延、朝尾幸次郎、小林めぐみ編　大修館書店
【要旨】英語の知識を"広げる""深める"情報満載！海外の人とのコミュニケーションや英語を使う仕事に役立つ「教養」が身につきます。英語圏の文化や事情、英語の歴史、映画・音楽・スポーツ、英語でのプレゼンや履歴書の書き方など、英語に関するあらゆる情報がこの1冊に。
2017.12 192p B5 ¥2200 ①978-4-469-24615-5

◆詳解 大学院への英語　高橋勢史著　東京図書
【要旨】難関大学院に頻出の必須40テーマ＋徹底演習。同時代の学問研究を踏まえた生きた英文素材。徹底解説で、"わかったつもり"を防ぐ。
2017.6 273p A5 ¥2400 ①978-4-489-02271-5

◆小学校で習った言葉「さか上がり」「行ってきます」を英語で言えますか？　守誠著　サンリオ
【要旨】「歯がたたない」「お手柔らかに」「小春日和」「あごでつかう」etc.日本語なら言えるのに英語になると言えそうで言えない。TVで紹介されたベストセラー『さか上がりを英語で言えますか？』と『「行ってきます」を英語で言えますか？』が1冊の本に！
2017.1 479p B6 ¥880 ①978-4-387-17184-3

◆知らないと危険な英語表現　Matthew D. Kim著　IBCパブリッシング　（付属資料：CD-ROM1）
【要旨】怒っているのか？喜んでいるのか？その意味を取り違えるな！誤って使うと非常に危険な英語表現。
2017.3 186p B6 ¥1800 ①978-4-7946-0462-0

◆新ゼロからスタート シャドーイング 入門編—「話す力」と「聞く力」がビックリするほど伸びる！　宮野智靖著　Jリサーチ出版　（付属資料：CD1）
【要旨】短期間でスピーキング力とリスニング力が同時に伸びる！やさしい「単語シャドーイング」からスタート。初心者にぴったり！バリエーション豊かな素材で、楽しく学習が進められる。日常会話の頻出単語、話の切り出しがまるまる基本構文が頭に定着。CDが学習を全力サポート。
2017.4 175p A5 ¥1400 ①978-4-86392-340-9

◆心理英語読解＆文法マスター　山崎有紀子著　ナツメ社
【要旨】心理学的なテーマが書かれた有名テキストで、英語の読み方をていねいに解説。さらに和訳のポイントとなる文法も解説。熟語問題も掲載しています。
2017.5 255p A5 ¥2300 ①978-4-8163-6236-1

◆図解 高校3年間の英語を10時間で復習する本　稲田一著　KADOKAWA　（中経の文庫）
【要旨】中学英語に比べて格段に難しい高校英語に苦労した方も多いのではないでしょうか？本書を読めば、仮定法・関係詞・受動態など、多くの人がつまずく難解な文法を図解で理解し、暗記に頼らなくても英語が読み書きできるようになります。オールカラーのページとライブ講義形式の説明で、見やすく読みやすい「やり直し英語」の決定版！
2017.10 220p A6 ¥680 ①978-4-04-602153-3

◆スペリングの英語史　サイモン・ホロビン著、堀田隆一訳　早川書房
【要旨】マイケルはどうしてわざわざ「Michael」と綴るのか。同じナイトなのに「night」と「knight」を書き分けるのはなぜ？…私たち日本人ばかりかネイティブをも悩ませる、一見わけもなくイレギュラーな英語のつづりにもれっきとした理由があった。中世以降の英語の歴史をたどった紆余曲折や理想的なスペリングを追求する試みなどから、現代英語に影響していること。知ったらひとに吹聴したくなるうんちく満載、英会話のきまりもやもやを一挙に氷解する、オックスフォード大学英語学教授による名解説。
2017.9 302p B6 ¥2700 ①978-4-15-209704-0

◆図面の英語例文＋用語集　板谷孝雄著　（茅ケ崎）AI
【目次】1 表記法（基本原則、寸法記入法）、2 英語表現例（製品別）（プラスチック、板金、機械加工 ほか）、3 英語表現例（工程別）（製品一般、材料仕様、寸法と公差 ほか）、4 図面の英語用語集
2017.4 487p A5 ¥4200 ①978-4-9904674-4-9

◆ずるいえいご　青木ゆか、ほしのゆみ著　日本経済新聞出版社　（日経ビジネス人文庫）
【要旨】「私は単語力がないから…」「フレーズさえ覚えれば話せるのに…」。そう考えて、話すことをためらっていませんか？話せないのは、単語力ではなく、「考え方」が原因！「ぺらぺらな人」はみんな知っている4つのメソッドを、コミックエッセイで楽しく紹介！
2017.9 200p A6 ¥650 ①978-4-532-19832-9

◆世界を変えたアメリカ大統領の演説　井上泰浩著　講談社　（講談社パワー・イングリッシュ）
【要旨】知っておくべき名演説20本を対訳形式で一挙掲載！リンカンからオバマ、さらにはトランプまで取り上げ、後世に影響を与えた演説をまとめた。今まで取り上げていなかったものの、歴史的に重要な演説も取り上げている。
2017.3 205p A5 ¥1500 ①978-4-06-295261-3

◆世界をもてなす語学ボランティア入門　イーオン著　朝日出版社
【要旨】五輪を支え、外国人をもてなすために。今こそ一歩踏み出すための完全ガイド。
2017.5 207p B6 ¥1500 ①978-4-255-00996-4

◆世界で戦う人の英語面接と英文履歴書―MP3CD-ROM付き　柴山かつの著　明日香出版社　（アスカカルチャー）　（付属資料：CD1）
【要旨】様々な職種の面接でよく聞かれる質問と応答例を豊富に収録。面接官に自分の熱意と意思を伝え、自己をアピールするためのコツを解説。MBAの面接に役立つ英語表現と合格する方法もアドバイス。
2017.8 309p A5 ¥2700 ①978-4-7569-1924-3

◆接客英語基本の『き』―デイビッド・セインの基本の『き』シリーズ　デイビッド・セイン著　南雲堂
【要旨】カフェのスタッフから駅員さんまで、サービス業にたずさわる全ての人にとって基本となる英単語、フレーズ、英会話＆台詞を場面別にわかりやすく解説した接客英語の入門書！
2017.7 175p B6 ¥980 ①978-4-523-26560-3

◆全業種ですぐに使える！接客英語　山本真実著　永岡書店　（付属資料：CD1; POP集）
【要旨】英語で話しかけられると、あたふたしてしまう。絵や図が多いほうがいい。本当に使うフレーズだけ、すぐに学びたい。丁寧で失礼のない英語を身につけたい。シンプルだけど丁寧なフレーズを厳選！
2017.1 287p B6 ¥1800 ①978-4-522-43464-2

◆その「英語」が子どもをダメにする―間違いだらけの早期教育　榎本博明著　青春出版社　（青春新書INTELLIGENCE）
【要旨】「子どもには英会話くらいできてほしい」その思い込みが、わが子の学力を伸び悩ませる。読解力、考える力、肝心の英語力も上がらなくなるという衝撃の報告！
2017.9 202p 18cm ¥920 ①978-4-413-04520-9

◆その英語、ちょっとカタすぎます！―日本人が知らないネイティヴの英語表現　キャサリン・A・クラフト著、里中哲彦編訳　DHC　（付属資料：CD1）
【要旨】ベストセラー『日本人の9割が間違える英語表現100』の著者が日本人英語の弱点をスッキリ解決！
2017.9 191p B6 ¥1500 ①978-4-88724-593-8

◆その英語では相手に失礼！30分で身に付くハートが伝わる英語力　斎藤裕紀恵著　秀和システム
【要旨】あなたは知らない間に、上から目線の英語や無礼な英語を話していませんか？少しの違いで大きく印象が変わります。
2017.8 141p B6 ¥1200 ①978-4-7980-5138-3

◆対談 2 ！日本人が英語を学ぶ理由　三宅義和著　プレジデント社
【要旨】英語が好きになると、人生は100倍楽しくなる。「PRESIDENT Online」好評連載を単行本化。
2017.3 245p B6 ¥1000 ①978-4-8334-5114-7

◆ダライ・ラマ英語スピーチ集―Be Optimistic!（楽観主義でいこう！）生声CD付き 対訳　下山明子文責・編　（福岡）集広舎　（付属資料：CD1）
【要旨】ノーベル平和賞受賞記念スピーチ、東京、広島を含む世界各地での世界名演説から19トラックをセレクト！全文英日併記、生声によるCD収録。ポイントとなるキーワード解説付き！
2017.11 95p A5 ¥1204 ①978-4-904213-52-0

◆誰でも使えるテーマ別自己紹介の英語　浦島久著　IBCパブリッシング　（付属資料：CD1）
【要旨】スピーキングテストや日常会話で役立つ！30秒で自分を語れる定型フレーズ集。
2017.8 193p A5 ¥1600 ①978-4-7946-0490-3

語学・会話

英語　640　BOOK PAGE 2018

◆知財英語通信文必携　筒井知著　経済産業調査会　(現代産業選書―知的財産実務シリーズ)
【要旨】知財英語通信文作成のための実用書。上達のための的確なノウハウを豊富な具体例と共に詳説、実務に使えるレター例や表現例も多数記載。
2017.1　271p　A5　¥2800　978-4-8065-2990-3

◆中学英語で日本を紹介する本　デイビッド・セイン著　河出書房新社　(14歳の世渡り術)
【要旨】道案内、観光、食事と買い物、日本文化の紹介。やさしい英語だからどんどん話せる！
2017.2　158p　B6　¥1400　978-4-309-61708-4

◆中学英語で話そう日本の文化　3　伝統文化でおもてなし　大門久美子編著　汐文社　(Welcome to Japan！)
【目次】南北に長い日本―日本の地理、日本でいちばん高い山―日本のナンバーワンいろいろ、宿題をしてくれるロボット！―主な政策、「お年玉」って？―大晦日とお正月、福笑いをしよう―お正月の遊び、花より団子！―春の行事、日本の夏の風物詩一夏の行事、月見を楽しもう！―秋の行事、雪合戦、楽しそう！―冬の行事、手裏剣を折る！―折り紙［ほか］
2017.4　64p　22×19cm　¥2200　978-4-8113-2415-9

◆中学英語の基本と仕組みがよ~くわかる本　竹村和浩著　秀和システム　(図解入門ビジネス)　(付属資料：別冊1)　第2版
【要旨】中学英語の英語入門・再入門。英語の全体像はこんなにシンプルだった！音声ダウンロード、別冊文例集付き。
2017.12　191p　A5　¥1400　978-4-7980-5199-4

◆中学校3年間の英語がまんがでしっかりわかる本　マルコ社編　マルコ社，サンクチュアリ出版　発売
【要旨】まんがで英語のイメージをつかむ。図解と解説で理解を深める。練習問題で使える英語力が身につく。中学3年間の英語が10分でわかる。
2017.5　157p　B5　¥1100　978-4-86113-683-2

◆直訳禁止！　ネイティブが使うユニーク英語表現　牧野高吉著　DHC
【要旨】会話で使えばネイティブもうなる!?直訳からは本当の意味を想像できない英語特有の表現を集めました。映画やドラマ、音楽などの用例が満載！
2017.6　255p　B6　¥1400　978-4-88724-589-1

◆独学英語―英語との幸せなつきあい方　中目智子著，日本ラーニングシステム監修　中央経済社，中央経済グループパブリッシング　発売
【要旨】英検1級、TOEIC990点、通訳案内士国家資格…、語学留学、英会話学校通いをせず、自主レシピによる本物の英語力をつけるための楽観的マインドと具体的トレーニング。
2017.4　210p　A5　¥1600　978-4-502-22641-0

◆トラベル英語　基本の『き』　デイビッド・セイン著　南雲堂　(デイビッド・セインの基本の『き』シリーズ)
【要旨】海外旅行への出発から帰国まで基本となる英単語&フレーズ、表現、会話を場面別にわかりやすく解説した、旅行英会話の入門書！
2017.1　175p　B6　¥1400　978-4-523-26550-4

◆何でも英語で言ってみる！旅するシンプル英語フレーズ2000　有子山博美著　高橋書店　(付属資料：CD2)
【要旨】海外旅行で、日本案内で、どこでも使える表現、集めました。
2017.12　287p　B6　¥1600　978-4-471-11331-5

◆2カ月完成！英語で学べる経済ニュース―大学生からのNikkei Asian Review　日本経済新聞社監修　アルク　(経済たまごシリーズ1)　(付属資料：CD2)
【要旨】身近なアジアのニュースだから、興味を持って学習できる！「経済の基礎知識」+「英語力」が自分の強みになる！スティグリッツ教授、ジム・ロジャーズ教授のインタビュー音声も収録！
2017.2　4Vols.set　A5　¥5500　978-4-7574-2865-2

◆21マスで基礎が身につく英語ドリル　タテ×ヨコ　高校入門編　山本崇雄監修　アルク
【要旨】「タテ」は基本的には主語、「ヨコ」は置き換える語。7行×3列=21マスで、同じ文構造の文を完成！答えは次ページですぐ確認！対象レベル：初級から(英検3級/TOEICテスト350点~)。
2017.9　107p　19×18cm　¥1000　978-4-7574-2896-6

◆21マスで基礎が身につく英語ドリル　タテ×ヨコ　やりなおし英語編　山本崇雄監修　アルク
【要旨】「タテ」は基本的には主語、「ヨコ」は置き換える語。7行×3列=21マスで、同じ文構造の文を完成！答えは次ページですぐ確認！対象レベル：初級から(英検3級/TOEICテスト350点~)。
2017.9　107p　19×18cm　¥1000　978-4-7574-2897-3

◆日常まるごと英語表現ハンドブック　田中茂範，阿部一共著　コスモピア　増補改訂版
【要旨】39の場面、20の話題。英語を生活の中に生活化する。自分の英語my English をつくる。社会問題、気象、メディア、医療など22の話題を語るための語彙リスト付。
2017.8　709p　A5　¥2300　978-4-86454-111-4

◆似ている英語使い分けBOOK―イメージでつかむ　清水建二，すずきひろし共著　ベレ出版　(『似ている英語表現使い分けBOOK』加筆・改編・改題書)
【要旨】「どう言うか」「なぜこの表現になるのか」間違いやすい、誤解しやすい似ている表現の違いを一イメージイラストと例文を挙げて詳しく解説！
2017.4　495p　B6　¥1800　978-4-86064-508-3

◆日本人が知りたいイギリス人の当たり前―英語リーディング　唐澤一友，セーラ・モート著　三修社
【要旨】なぜイギリスだけサッカーの代表チームが4つあるの？スコットランドの人は、イングランドをどう思っているの？イギリスの犬は、「いい子」が多いですね。移民はイギリス社会にどのくらい溶け込んでるの？まだ階級制度はあるの？今さら聞けない基本的なことから今ひとつ納得できないでいたことまで100の疑問を解消！
2017.8　229p　A5　¥2200　978-4-384-05873-4

◆日本人として英語を学び・英語を使う―グローバル時代を生きる若者たちへ　田中浩司著　新評論
【要旨】「純ジャパ」の著者が送る英語学習者へのエール。達人の英知を結集！あなたも英語を修得して国際舞台に。
2017.1　211p　B6　¥1800　978-4-7948-1059-5

◆日本人についての質問に論理的に答える発信型英語トレーニング　植田一三編著，上田敏子，中坂あき子，柏本左智著　ベレ出版
【要旨】アーギュメントの極意と評価で核心を突いた論理的英語発信力UP。英検、TOEFL iBT、IELTS、高得点突破対策にも、とても効果的。
2017.10　349p　A5　¥1900　978-4-86064-525-0

◆日本人の「長い英語」短縮レッスン―もっとラクに話せる　デイビッド・セイン著　PHP研究所
【要旨】短い英語なら、ラクに話せる。一番言いたいことが正確に伝わりやすい「短縮のコツ」！トレーニングを積んで身につく「短縮のコツ」！
2017.11　217p　18cm　¥950　978-4-569-83703-1

◆日本の英語、英文学　外山滋比古著　研究社
【要旨】「日本の英語」は、どこでボタンを掛え違えたのか。軽妙な筆致で綴る、知的刺激に溢れた好エッセイ集。独自の着眼点で、「来し方」をふり返り、「行く末」に思いをめぐらす。紡ぎだされる「記憶の記録」。著者渾身の書き下ろし。
2017.11　155p　B6　¥1200　978-4-327-49023-2

◆人気通訳ガイドが教える　誰にでもできるおもてなしの英語　島崎秀定著　講談社　(講談社パワー・イングリッシュ)
【要旨】すぐに使える便利なフレーズを厳選して掲載。簡単な英語でも十分伝わる！東京オリンピックに向けてボランティアでガイドしたい人、急増する外国人観光客に応対したい人、海外からの友人やビジネスの相手を案内したい人、おもてなしの仕方がこの一冊でわかります！外国人と接する方の貴重なヒント、満載！
2017.3　158p　B6　¥1300　978-4-06-295262-0

◆ネイティブが本気で教える超・リアル英語フレーズ360　ニコラス・ウォーカー，ロゴポート編　テイエス企画
【要旨】世界中のネイティブ900人にアンケート。95%以上が「これ使うよ！」と太鼓判のフレーズ満載！ネイティブがいつも使っているのになぜか日本の英会話教材ではほとんど取り上げられない表現clichéを自然な会話の中でまとめて学ぶ。
2017.11　239p　19×14cm　¥1500　978-4-88784-202-1

◆ハンディ版　英語で紹介・案内する日本　横山豊監修　ナツメ社
【要旨】外国人が抱く疑問や解説も紹介！案内する際に知っておくべき情報や注意も紹介！
2017.3　319p　19cm　¥1500　978-4-8163-6195-1

◆ビギナーのための経済英語―経済・金融・証券・会計の基本用語320　日向清人著　慶應義塾大学出版会　第2版
【要旨】海外マーケット情報や企業の決算報告を英語で理解するための表現パターン集。データをアップデート。巻末TESTをより使いやすく。
2017.8　262p　B6　¥2000　978-4-7664-2452-2

◆ビッグ・ファット・キャットの世界一簡単な英語の大百科事典　スタジオ・エトセトラ編，向山貴彦文，たかしまてつを絵，向山淳子監修　幻冬舎
【要旨】長い英文にもひるまない方法、完了形が楽に読める方法、一枚の絵だけで難しい動詞を覚える方法…いくら説明されても分からなかった難しい内容があっさり分かる、あらゆる「英語のひみつ」が詰まっています！
2017　249p　B6　¥1400　978-4-344-03092-3

◆ビートルズの英語タイトルをめぐる213の冒険　長島水際著　ことぶき社，あさ出版　発売
【要旨】「Love Me Do」のdoって何？「ミザリー」は女の子の名前じゃないって知ってた？どうしても日本語に訳せない1曲とは？「Hey Jude」のJudeってだれのこと？「Yer Blues」のyerって何？「I Me Mine」にはなぜMyが抜けているの？公式録音全213曲のタイトルの意味がわかる！使われた英単語、熟語、構文を知れば、もっとビートルズが好きになる。ビートルズの全曲名を解説した初めての本。
2017.4　239p　B6　¥1400　978-4-86063-982-2

◆品格のある英語は武器になる―覚えるだけで「できる人」に見える英語フレーズ集　マヤ・バーダマン著　宝島社
【要旨】エグゼクティブと話す、その前に！仕事でそのまま使える「丁寧な英語フレーズ」満載。ゴールドマン・サックスで学んだグローバルエリートの「丁寧な英語」。
2018.1　223p　B6　¥1300　978-4-8002-7854-8

◆フレビル―頻度順　表現を豊かにするフレーズブック　ジェームス・M・バーダマン，マヤ・バーダマン共著　IBCパブリッシング　(付属資料：CD1)
【要旨】ボキャブラリーだけでは会話はできない！バーダマン先生が日本人に覚えてもらいたい会話に花が咲く英語表現。
2017.7　259p　B6　¥1600　978-4-7946-0484-2

◆ボイス・オブ・アメリカ(VOA)ニュースで学ぶ英語　レベル2　杉田米行監修，佐藤晶子，中込敏博，竹林一人，奈須健著　(岡山)大学教育出版　(語学シリーズ　第4巻)
【目次】Science and Technology―Truck Completes First Driverless Shipment：Beer, Gender―Flashback：The Fight for Women's Right to Vote, Education―You Do the Math, Environmental Protection―Oceans To Hold More Plastic Than Fish by 2050, US Political History―George Washington：President, Man, Myth, Sports―Chicago Cubs Win World Series, Public Welfare―Program Helps Lift American Families Out of Poverty, Agriculture―Robot Can Help With Farm Work, Politics―2016 US Election is Hard for Civics Teachers, Culture―Hold The Butter！Modern Diets Meet Holiday Traditions, Public Health and Social Security―One Third of U.S. Counties Have More Deaths than Births, Racial and Ethnic Issue―Should Offensive Place Names Be Changed？, Religion―One in Four Married Americans Do Not Share Same Religion as Wife, Husband, US Pop Culture―"Game of Thrones" Breaks Emmy Award Record
2017.4　137p　B5　¥2000　978-4-86429-451-5

◆ほんとうに頭がよくなる世界最高の子ども英語―わが子の語学力のために親ができること全て！　斉藤淳著　ダイヤモンド社
【要旨】応用言語学、脳科学、教育心理学…科学的根拠に基づいた"英語ペラペラ"だけでおわらない「学習法&環境づくり」の決定版!!バイリンガルの姉弟2人を育てた元イエール大学助教授が

語る!!トップクラスの人気塾で3000人超が実践したメソッド!
2017.12 325p B6 ¥1500 ①978-4-478-10237-4

◆本場のイギリス英語を聞く―観光スポットで現地生録音! 川合亮平著 コスモピア
(付属資料:CD1)
【目次】1 クラリッジズのアフタヌーン・ティー、2 ハリー・ポッターのハウス・オブ・ミナリマ、3 ビートルズ・マジカル・ミステリー・ツアー、4 ケンジントン宮殿、5 ロイヤル・アルバート・ホール、6 英国紳士店ハンツマン、7 英国郵便博物館、8 世界遺産グリニッジ、9 世界遺産キュー・ガーデン、10 ロアルド・ダール・ミュージアム、11 18世紀英国を代表する画家ジョセフ・ライト、12 ヨーヴィック・ヴァイキング・センター
2018.1 172p A5 ¥2000 ①978-4-86454-119-0

◆マーク・ザッカーバーグの英語―フェイスブックを創った男 コスモピア編集部編 コスモピア
【要旨】ハーバード大学卒業式演説を全文収録。フェイスブックCEOが語る、創業時の苦労、未来への夢、仕事についてたっぷりと収録!
2017.11 154p A5 ¥1700 ①978-4-86454-114-5

◆ミニマムで学ぶ英語のことわざ 北村孝一著, クリスティーン・ニュートン協力 クレス出版
【目次】第1章 きしる車輪は油をさされる、第2章 早起きの鳥は虫を捕える、第3章 美人という皮も一重、第4章 手中の鳥一羽は薮の中の二羽に値する、第5章 簡単に来るものは簡単に去る、第6章 終わりよければすべてよし
2017.2 116p A5 ¥1800 ①978-4-87733-950-0

◆みんな使える! こなれた英語201フレーズ―おなじみの単語でシンプルな表現でOK! 関谷英里子著 青春出版社 (青春新書PLAY BOOKS)
【要旨】英語は、とっさのときに"さらっとした表現"が言えるかがポイントです。世界の一流スピーカーから信頼されるNHK「入門ビジネス英語」元講師・関谷英里子の最新刊!
2017.8 145p 18cm ¥1400 ①978-4-413-21092-8

◆名場面、名セリフで楽しむ「ベルサイユのばら」の英語 池田理代子画・セリフ、大島さくら子セリフ英訳・解説 小学館
【要旨】中学で学習する文法と文型の基礎をおさらいします。オスカルやアントワネットになりきって、感情を込めて英語で言ってみましょう。セリフの裏に秘められた思いをより深く味わうために知っておきたい文法をていねいに解説します。日常ですぐ使える英語表現、気になる雑学が満載です。アントワネットとフェルゼン、オスカル、アンドレの心に永る美しいセリフの意味や使い方について解説します。
2017.2 159p A5 ¥1300 ①978-4-09-310542-2

◆めざせ達人! 英語道場―教養ある言葉を身につける 斎藤兆史著 筑摩書房 (ちくま新書)
【要旨】英語を究めるのに、楽な方法なんてない。上達するには、王道の学習法を続けることが一番である。本書は、英語学習の本質をコンパクトに説き、さらに読者が「教養ある英語」の使い手になることを目標とする。なぜなら英語の教養を身につけていなければ、理解できない会話や文章は多く、また深いところまで話すことができないからである。文法、単語、聴解、会話、作文、道具…本書を読んで学習の本質をつかみ、英語の達人を目指そう!
2017.4 190p 18cm ¥740 ①978-4-480-06955-9

◆物語論―英語で物語を語るための方法 ボビー・タカハシ著 (横手) イズミヤ出版
【要旨】物語を話せれば、きっと英語力は向上する。物語のアイデア出しから清書までの手順、自分が経験した困難について話したいという、課題への解答方法、物語を話す時の体の使い方、自分に合った学習方法の見つけ方、Aさんの勉強法、講義ノートの作り方…などなど、何を身につければ英語で物語を話せるようになるのか、方法をまとめた。
2017.8 193p B6 ¥1000 ①978-4-904374-10-8

◆やさしい英語で話がはずむ! 外国人が喜ぶ日本のトピック108―MP3 CD・ROM付き 坂口雅彦著 ベレ出版 (付属資料:CD・ROM1)
【要旨】日本の食べ物、文化・芸術・信仰、娯楽、サービス、技術、考え方、風習など…日本を訪れる外国人の興味を惹きつける日本のトピックを著者が自身の経験を元に厳選し、楽しく話が盛り上がるよう随所に"オチ"まで盛り込んだ英語初級者向けのフレーズ集。
2017.2 319p B6 ¥1800 ①978-4-86064-503-8

◆ヤバいくらい使える英語で自己紹介100人 リック西尾著 ロングセラーズ (ロング新書)
【要旨】「人望のある野球監督」「甘えん坊のクラブママ」など、個性的な100人のキャラクターが楽しく英語で自己紹介のした。「これだけ言えれば英会話力は急速にアップ!」と自信を持って厳選、フレーズを盛り込んだ、リック式「右脳」メソッド。
2018.1 229p 18cm ¥1000 ①978-4-8454-5046-6

◆ヤバいくらい使える日常動作英語表現1100 リック西尾著 ロングセラーズ (ロング新書)
【要旨】「靴をそろえる」「ページをめくる」「乾杯する」…日本語では簡単な日常動作なのに、英語で言うのは難しい。本書では朝起きてから夜寝るまでのあらゆる動作の英語表現1100を網羅。自分自身が主人公になって、簡単なストーリー展開を右脳でイメージすることにより、英語を英語のまま、無理なく自然にマスターでき、英語の表現力が飛躍的にアップします。
2017.11 219p 18cm ¥1000 ①978-4-8454-5038-1

◆40代からの「英語」の学び方―10代、20代より速く身につくコツ 『THE21』編集部編 PHP研究所 (PHPビジネス新書)
【要旨】勉強時間を作るのが難しい多忙な40代ビジネスパーソンのための、「最速&省エネ勉強法」を徹底取材! 読者の大反響を呼んだ超人気特集を増補・新書化!
2017.5 251p 18cm ¥870 ①978-4-569-83605-8

◆リアルな英語の9割は海外ドラマで学べる!―人気ドラマのセリフ+応用表現555 南谷三世著 池田書店
【要旨】『フレンズ』『24』『ビッグバンセオリー』『ダウントンアビー』『SATC』『メンタリスト』etc.の15本は最強の学習ツールです。海外ドラマでTOEIC990点、英検1級をとった人気ブロガーが生きたセリフを解説。人気ドラマで実際に使われているセリフを200以上掲載。笑える、泣ける。だから覚えられる!
2017.12 287p B6 ¥1800 ①978-4-262-16975-0

◆60歳からの英語サンドイッチメソッド―聞くだけですぐ使える! CDブック デイビッド・セイン著 アスコム (アスコム英語マスターシリーズ) (付属資料:CD1)
【要旨】「意味のかたまり」ごとに、英語と日本語が交互にサンドイッチされた音声を聞くだけ! ゆくっり音声+かんたん例文×暗記いらず。大きい文字+カタカナ付。
2017.12 169p A5 ¥1300 ①978-4-7762-0976-8

◆6段階マルチレベル・スピーキング 3 ブルーコース 石井雅勇著 語学春秋社 (付属資料:CD1)
【要旨】50語程度のパッセージの音読から、ロールプレイング(役割演技)、テーマに沿って英語で自己表現を行うなどの訓練を通して、トークの流れを習得します。指導解説では、「スピーキングのポイント」「学習のポイント」に分けて、個人学習でとくにつまずきやすいところを、丁寧に説明していますので、安心して取り組んでください。
2017.12 67p B5 ¥1000 ①978-4-87568-796-2

◆6段階マルチレベル・スピーキング 4 ブラウンコース 石井雅勇著 語学春秋社 (付属資料:CD1)
【要旨】80語程度のパッセージの音読から、ロールプレイング(役割演技)、写真描写、テーマに沿っての自己表現、さらにスピーチのトレーニングなどを行います。指導解説では、「スピーキングのポイント」「学習のポイント」に分けて、個人学習でとくにつまずきやすいところを、丁寧に説明していますので、安心して取り組んでください。
2017.12 69p B5 ¥1000 ①978-4-87568-797-9

◆ロジカル・リーディング―三角ロジックで英語がすんなり読める 横山雅彦著 大和書房
【要旨】ロジックの習得なくして、真の意味での英語の習得はありえない。
2017.12 221p B6 ¥1400 ①978-4-479-79618-3

◆論理的に話す・書くための英語変換術 鈴木瑛子著 三修社 (付属資料:CD1;別冊1)
【目次】1 1~2文を変換(一般:礼を述べる、一般:謝罪する、一般:依頼する、一般:提案する、一般:発言を伝える ほか)、2 パラグラフを変換(教育:講義と討論どちらが大切ですか、環境:政府は都市開発と自然保持、どちらに資金を提供すべきですか、生活:ものを使い終わったら捨てるべきか、できる限り長く持っておくのか、どちらがよいでしょうか、メディア:インターネットは私たちの世界を密接にしました。賛成ですか、反対ですか、社会:10代犯罪者の再犯率増加の割合を下げるための方法は何でしょうか ほか)
2017.8 255p A5 ¥2400 ①978-4-384-05874-1

◆ABC World News 19 ―映像で学ぶABCニュースの英語 山根繁, Kathleen Yamane編著 金星堂
【目次】Treasury Secretary Announces Historic Changes for $20 Bill ドル紙幣、久々のリニューアル、Daylight Saving Time サマータイムは時計を進める? 遅らせる?、Cuba's Gold Rush ハバナに押し寄せるアメリカ人観光客、Super Bowl 50 スーパーボウルで活躍するメイド・イン・アメリカ製品、Firestorm:New CDC Recommendations for Women and Alcohol Provoke Controversy アルコール摂取による女性の健康被害、Deadly Tornado Outbreak アメリカ東部を襲う巨大竜巻、Zika Emergency:Community Backlash to Zika - Fighting Plan ジカ熱対策実験に住民反発する地元住民、Yelp! Reviewer Beware クチコミサイトへの投稿は慎重に、Bridge Dangers:1 - in - 10 in Need of Repair 老朽化するアメリカのブリッジ、Sky High Bills:Medevac Trips 高くつく救急空輸、SeaWorld to End Killer Whale Show シーワールドの人気アトラクションシャチのショー中止、Ariline Warning:Lithium Batteries Pose Explosion Risk 航空機内で携帯機器用バッテリー爆発の危険性あり、Major Abortion Case:First in Years at Highest Court 全米で再燃した中絶論争、On Alert:Faith and Fear 世界で多発するテロを警戒する、Breaking Point:Heroin in America アメリカで蔓延するヘロイン中毒
2017.2 99p B5 ¥2400 ①978-4-7647-4031-0

◆Basic Communication for the Sciences 理工系英語の基本コミュニケーション 鈴木栄、David C. Heil、Jethro Kenney著 金星堂
【目次】I Am an Engineering Student.、Terrible! I Forgot My Math Homework.、I Love Math.、I'm Very Good at Science.、How Was the Biology Test?、I Am Going to Take Geometry Next Year.、I Want to Be a Systems Engineer.、Wind Turbines Are Popular in Europe.、I Was Late Because of the Typhoon.、Could You Hand Me a Beaker?、I Often Play Computer Games.、What Do You Think About the New Wi - Fi?、How Do I Use This Machine?、It's Next to the 3D Printer.、Wind Power Is More Efficient Than Solar Power.
2017.1 69p B5 ¥1900 ①978-4-7647-4028-0

◆CD付き 書いて覚える! 大人のための英語ドリル 糸井江美、浜松健二著 ナツメ社 (付属資料:CD1)
【要旨】中学校で習った文法事項の大事なところを厳選して解説! 身近な話題が話せるようになる! 使える例文やフレーズを掲載。「書く」「CDを開く」「声に出して読む」のステップで効果的に学習できる練習問題を収録!
2017.10 159p B5 ¥1200 ①978-4-8163-6320-7

◆CHAT DIARY―英語で3行日記 アルク出版編集部編 アルク
【要旨】英語で話したくなる日記帳。5000人以上の「みんな英語日記が欲しい」の気持ちを詰め込みました!「このテーマを話したい」がかなう、366の質問。SNSの投稿にも応用できる表現がたくさん、サンプル日記。
2017.9 1Vol. 19×15cm ¥1500 ①978-4-7574-3010-5

◆Good Choice! Basic Grammar for College Students―新入社員ショウタと学ぶ大学基礎英語 津村修志、Anthony Allan、吹原顕子、加賀田哲也、小磯かをる、前田和彦、盛岡貴昭著 金星堂
【目次】This Is Our Company!(ウェブサイト)、A Taste of Italy!(レストランレビ

英語　　　　　　　　　　　　　　642　　　　　　　　　　　BOOK PAGE 2018

語学・会話

ュー）、Which Floor？（フロア案内）、Frequently Asked Questions（よくある質問）、His Sundays, Her Hobbies（ブログ）、A Happy President！（雑誌記事）、Popular Products（今月の人気商品）、Save Money！（ディスカウントクーポン）、An Email from South Korea（問い合わせメール）、It's a Deal！（取引先へのメール）、Please Use the Stairs（故障のお知らせ）、Changes！（社内メモ）、Christmas Sale！（セールのチラシ）、Customer Survey（アンケート）、Shota and Jennifer…（友人へのメール）
2017.2 103p B5 ¥2100 ⓘ978-4-7647-4037-2

◆**Insights 2017**─世界を読むメディア英語入門　村尾純子, 深山晶子, 椋平淳, 辻本智子, Ashley Moore編著　金星堂
【目次】Traveling with Your Dog ペットも家族です、Please Take Just a Nibble 鯨料理をどう食い口いかが？、Let's Go to the Museum 「ある」ものがないミュージアム、A Fork in the Road 第二の人生の泳ぎ方、Products by Women for Women 女性による女性のための製品、Japan's Tokusatsu Hero Gone Global 特撮ヒーローが地球を救う、Go for the Gold with New Wheelchairs！目指せ！東京パラリンピック、Manzai for Education 校長先生と教頭先生がM-1に挑戦?!、Your Car Might Be Hacked IoTがもたらす恐怖のインパクト、How Much Is This Autograph？ ある20世紀の歴史の価値、Math Drills for Cambodian Pupils カンボジアの子どもたちに算数ドリルを、Flying Causes Problems 飛ぶがゆえの問題、A Romantic Bridge between… 結ぶのは、男女の仲だけではない？、Microbes Decide Your Health ダイエット成功のカギは腸内にあり、"Light" for a Buddhist Temple 禅寺にも光を！、Advanced Health Checker 病のサインは「におい」?!、Do You Know Where Santa Lives？ サンタの住まいか─北欧への誘い、Is It Fair or Unfair？ ダウンロード音楽の使用は違法なの？、The Warmest Race in the Coldest Land 過酷の果ての歓待、Solar Cells for the Near Future 近未来の太陽電池
2017.2 133p B5 ¥1900 ⓘ978-4-7647-4033-4

◆**Our Time, Our Lives, Our Movies**─映画で読むわたしたちの時代と社会　Joseph Tabolt, 森永弘司編著　金星堂
【目次】Star Wars：More of an "Experience" than a Show『スター・ウォーズ』─ショーを超えたひとつの「体験」、Frozen：A Contemporary Fairy Tale『アナと雪の女王』─現代のおとぎ話、Toy Story：The Timeless World of "Make-believe"『トイ・ストーリー』─時を超える「空想」の世界、Harry Potter：A Masterful Blend of Reality and Fantasy『ハリー・ポッター』─「リアリティ」と「ファンタジー」の見事な融合、The Lord of the Rings：Surpassing the Imagination『ロード・オブ・ザ・リング』─想像力の彼方へ、Titanic：The Class-defying Love Story『タイタニック』─階級を克服するラブストーリー、Stand by Me：Searching for a Place in the World『スタンド・バイ・ミー』─自分の居場所を求めて、Pirates of the Caribbean：A Pirate with a Free Soul『パイレーツ・オブ・カリビアン』─自由な魂をもった海賊、E.T.：A Strange Friend from Outer Space『E.T.』─宇宙から来た奇妙な友人、Back to the Future：Go Back in Time！『バック・トゥ・ザ・フューチャー』─時間をさかのぼれ！〔ほか〕
2017.2 95p B5 ¥1900 ⓘ978-4-7647-4044-0

◆**Realise Japan**─イギリス人特派員が見た日本　コリン・ジョイス著, 玉井久之, 田邊久美子, 橋本史帆編注　金星堂
【目次】日本でしか目にしなかった光景、日本に長く住みすぎたと思うとき、オリンピックを成功させるために、仕事熱心なのはいいけれども、日本とイギリスをつなぐもの、「トーキョー」ってどんなところ？、日英教育制度比較、日本式ビジネスは愉快だ、それぞれの国の「当たり前」、カラオケに異議申す、日本式サッカーの魅力、どう伝えたらよいものか、日常に溢れるささやかな文明たち、日本のユーモア、イギリスのユーモア、日本語のラジ？
2017.2 90p A5 ¥1900 ⓘ978-4-7647-4041-9

◆**Science for Fun！**─楽しんで読む最新科学　服部圭子, 山下弥生, 長谷川由美, Robert Perkins編著　金星堂

【目次】Secret Taste Cells─In Some Surprising Places おいしい！の生まれるのは、Singing Sand 世にも奇妙な砂漠の歌、Christmas Tree Science クリスマスツリー最前線、Watch a Zebrafish Think 魚の脳をのぞいてみよう、The Time-Traveling Flower 時をかける花、Super Seaweed - Slurping Gut Bugs ニッポン人の腸パワー、Self-Driving Cars Will Make the World a Better Place 未来のクルマで快適ドライブ、Your Brain on Music 心をゆさぶるメロディーの秘密、Blast Off！ Astronauts Will Print Custom Tools 3Dプリンタが命綱！、Too Quick to Be Roadkill ツバメたちの進化論、Meet Your Mighty Microbes 微生物たちの声を聞け、Raise Your Hand, Robots Go to School ロボット、学校へ行く、Let Lag=Brain Damege for Hamsters 時差ボケと体内時計、What Do Elephants and Rats Have in Commons？ ゾウもネズミも同じ？、Spying on Disease そのバクテリアを見逃すな！
2017.2 79p B5 ¥1900 ⓘ978-4-7647-4046-4

◆**Seeing the World through the News 4**─映像で学ぶイギリス公共放送の英語　Timothy Knowles, Charles Lowe, 田村真弓, 田中みんね, 中村美帆子編著　金星堂
【目次】Wonky Vegetables ふぞろいの野菜たちでフードロスを解消！、Money for Children's Sports 子どもたちのスポーツ離れを食い止めろ！、Living on a Houseboat in London 住宅高騰でハウスボートが人気に、Tracking Down Dog Owners with DNA ペットのフンをDNA鑑定へ、A Hybrid Solar Balloon 世界初のハイブリッド気球、大空へ、The Freedom Tower in New York 復活したワールドトレードセンタービル、Home-Schooling 増加するホームスクーリング、Using SNS to Relieve Eating Disorders SNSで拒食症を克服した少女、Measuring Air Pollution ロンドンの深刻な大気汚染、The UK's Rising Population 高齢化なのに移民で人口増加？、Gay Marriage in Ireland アイルランドで同性婚が合法に、New Guidelines for Alchol 飲酒の適量はどのくらい!?、The Threat to Antarctic Penguins 地球温暖化を生き抜く南極ペンギンの一年、English for Muslim Women Immigrants イスラム系女性に英語必修化？、Eating Insects to Save the World 昆虫が食糧難を救う
2017.2 90p B5 ¥1900 ⓘ978-4-7647-4032-7

◆**Sherlock Holmesの英語**　秋元実治著　開拓社　（開拓社言語・文化選書）
【要旨】本書はSherlock Holmesの英語について述べたものである。この時期の英語は後期近代英語期（1700-1900/1950）に属し、用法、意味、文法などにおいてきわめて興味深い、数多くの特徴を含んでいる。伝統的な品詞分類に則しながらも、談話標識、情報構造やそこで使われている多くのイディオムにも言及した。
2017.3 191p B6 ¥1900 ⓘ978-4-7589-2565-5

◆**SPEAK ENGLISH WITH ME！**　ROLA著　KADOKAWA
【要旨】女の子の日常に役立つおしゃれな英単語＆フレーズ700以上！ ローラが実践する英語勉強法も紹介。
2017.7 127p 21×14cm ¥1300 ⓘ978-4-04-601842-7

◆**TARGET！ elementary**─総合英語のターゲット演習 初級　森田彰, 飯尾牧子, 橋本健広, 佐竹幸信, 角田麻里, Gordon Myskow著　金星堂
【目次】In Your Free Time 日常生活、Communication Skills 人間関係・コミュニケーション、World Languages and Cultures 言葉・文化、Healthy Body, Healthy Mind 健康・医療、Careers Nowadays 職業・キャリア、Fashion Trends ファッション、Planning a Trip Abroad 旅行・観光、Are You into Sports？ スポーツ、Parties Are a Lot of Fun！ レジャー・エンタメ、Art in Our Life アート、What Shall We Eat？ 食、What Makes a Good Company？ ビジネス、Advances in Science サイエンス、Life with Technology 産業・テクノロジー、Eco-Friendly Life 環境
2017.2 61p B5 ¥1800 ⓘ978-4-7647-4034-1

◆**TARGET！ intermediate**─総合英語のターゲット演習 中級　森田彰, 飯尾牧子, 橋本健広, 佐竹幸信, 角田麻里, Taron Plaza著　金星堂

【目次】Let's Clean Up！ 日常生活、Human Society 人間関係・コミュニケーション、Express Yourself with Emoji！ 言葉・文化、Good Sleep, Good Health 健康・医療、Job Interview Success 職業、Dress Your Own Way ファッション、New Ways to Travel 旅行・観光、Sports Anytime, Anywhere スポーツ、How Do You Enjoy Music？ レジャー・エンタメ、Choose What Color to Paint アート〔ほか〕
2017.2 91p B5 ¥2000 ⓘ978-4-7647-4035-8

◆**Three Memorable and Noteworthy Speeches：Donald Trump, Hillary Clinton, and Barack Obama** ドナルド・トランプ, ヒラリー・クリントン, バラク・オバマ 三人の記憶に残る貴重なスピーチ　鈴木邦成, Robert Hickling編著　英光社
【目次】1 Donald Trump（すべての米国民の大統領に！、米国を立て直す道、大きな夢と大切な家族、仲間への感謝、勝利の立役者、仕事はすぐに！）、2 Hillary Clinton（無念の敗北のあとに、戦いの先には成功も、挫折も、未来への宿題）、3 Barack Obama（閃光と炎の壁、繰り返される戦争、残酷なる科学の進歩、被爆者の声、平和への協力、なぜ広島に来たか？）
2017.4 65p B5 ¥1900 ⓘ978-4-87097-179-0

◆**TOEIC400点だった私が国際舞台で"デキる女"になれた理由**　柏木理佳著　日本経済新聞出版社
【要旨】テキストは捨て、街に出る。文法も発音も気にしない。海外で異文化に触れ、外資でキャリアを積むなかでわかった外国人と上手にコミュニケーションをとる裏ワザ！
2017.4 192p B6 ¥1400 ⓘ978-4-532-17615-0

◆**TRANSCULTURE：Transcending Time, Region and Ethnicity**─多元文化論エッセイ 響き合う文化たち　Christopher Belton, 小日向島恒志著　金星堂
【目次】The Concept of Beauty「美」の概念、Greek Mythology：Stories of Gods and Humans ギリシア神話─神々と人間の物語、The Bible：Mainstay of Christianity 聖書─キリスト教の支柱、Renaissance：Transcending Cultural Movements ルネサンス─ジャンルを横断するムーブメント、The Structure of Fictional Literature 物語の構造、The Theater and Acting「演じる」という行為、The English Language 英語の変遷、The Rise of Cities 都市の隆盛、Trusting in Recorded History 歴史という記録の信頼性、Battles on Board Games 盤上の戦い─チェス／将棋／チャトランガ、How Democracy Works 民主主義という制度、Marriage and the State 結婚と国家、The Meaning of Prayers「祈り」のもつ意味、Manking and Laughter 笑いと人間、The Importance of Discipline「しつけ＝規律」の重要性
2017.2 99p B5 ¥1800 ⓘ978-4-7647-4042-6

◆**What's on Japan 11 NHK English News Stories**─映像で学ぶNHK英語放送 日本を発信する　山崎達朗, Stella M. Yamazaki, Erika C. Yamazaki編著　金星堂
【要旨】Manga Message for the Young 漫画家ミサコ・ロックス─若者へのメッセージ、Jumping for Victory ダブルダッチ選手権─神技集合！、Seeking Quality over Cost 売れる店はこう作れ！、Getting Dads Home Earlier イクメンボス企業─長時間労働を変える、Plugging Privacy「ぼっち」消費─ニーズの多様化に応える、Recycling Messages of Hope 折り鶴万化で平和祈念、Breaking Out 建築物の未来形─発泡ポリスチレン、A Barrier-free Welcome バリアフリーホテル─北の大地でお出迎え、Helping in Times of Disaster 災害弱者を守る取り組み─外国人の場合、Right on Track カーレーサー井原慶子─挑戦は続く、Refining Japanese Art 神の手ニッポン展、Japanese Conbini Comes to Dubai 日本式コンビニ、中東へ、Mix Masters「混ぜる」に商機、Virtual Connections バーチャルリアリティの新たな可能性、Questioning Labor Practices ブラックバイトの現状─学生の生活を守れ！
2017.2 90p B5 ¥2300 ⓘ978-4-7647-4030-3

英会話

◆アニメDVD一番やさしい親子英会話 こども英会話イーオンキッズ監修 西東社 (付属資料：DVD1)
【要旨】お子さんの「はじめての英会話本」はこの1冊！ 食事からおでかけまで使えるフレーズが見るだけで身につく！
2017.3 191p A5 ¥1600 ①978-4-7916-2547-5

◆1週間で英語がどんどん話せるようになる26のルール 上野陽子著 アスコム (アスコムmini bookシリーズ) mini版
【要旨】「こういう本がほしかった！」学校では教えてくれない英語のポイントが効率良く学べる。自信がついて、どんどん話せる！
2017.3 214p A6 ¥680 ①978-4-7762-0941-6

◆いつものシーンでらくらく話せる！ 英会話ゆるレッスン ウェンブリー著 ナツメ社
【要旨】楽しみながら、英語がスッと身につく。会話例を収録したCD付きなので、発音もバッチリ！
2017.3 191p 18×15cm ¥1300 ①978-4-8163-6186-9

◆英会話イメージトレース体得法—英文の詰まりをスッキリ解消！ イメージをなぞって身につける英語発想 遠藤雅義著 (徳島)英会話エクスプレス出版
【要旨】英語脳を創るイメージトレース。言いたいことが言えるって…チョー気持ちいい！
2017.2 212p A5 ¥1500 ①978-4-9907223-1-9

◆英会話で数字がわかる！—レジで金額が聞き取れますか？ 北浦尚彦著 クロスメディア・ランゲージ, インプレス 発売 (付属資料：CD1)
【要旨】「海外旅行が大好き！ だけど実は、英語の数字が弱い…」「レジで相手の言う数字が聞き取れなくてしょっちゅう慌てています」「小銭入れをじゃーとあけて、お金をレジの人に取ってもらってます」旅行好きな人に話を聞いてみると、実は数字にまつわる苦い経験をしている人が多いことがわかりました。本書は、こんな方たちのための英会話の本です！
2017.2 183p B6 ¥1580 ①978-4-295-40051-6

◆英会話に必要な瞬発力を身につけるNOBU式トレーニング 実践層 山田暢彦著 IBCパブリッシング (付属資料：CD-ROM1)
【要旨】Q&A形式で徹底的に「質問に答える」練習を行い、実践的な会話力を養う！
2017.9 177p B6 ¥1600 ①978-4-7946-0499-6

◆英会話：初めの一歩から実用まで 篠田義明著 南雲堂
【要旨】海外旅行初心者、英語初学者、全世代に贈る実用的英会話の入門書！
2017.6 166p A5 ¥1500 ①978-4-523-26561-0

◆英語がたった7日間でいとも簡単に話せるようになる本 西村喜久著 明日香出版社 (アスカカルチャー)
【目次】1日目 英語がスラスラ出てくる発想法、2日目 have の使い方、3日目 give, get の使い方、4日目 rise と raise fall と fall の違い、5日目 副詞と前置詞、6日目 work, fix の使い方、7日目 総復習問題
2017.4 100p B5 ¥1300 ①978-4-7569-1895-6

◆英語高速メソッド 高速CDを聞くだけで英語が話せる本 笠原禎一著 新星出版社 (付属資料：CD1)
【要旨】英語、日本語の順番で聞く。2倍速を含めて5回聞く。"ネイティヴの脳と耳"になる！
2017.2 143p A5 ¥1000 ①978-4-405-01139-7

◆英語スピーチ・クリニック ケリー伊藤著 研究社
【要旨】ジョークは言うな！ ジェスチャーはやるな！ 日本人が知らない英語スピーチの「本当のルール」をわかりやすく解説。
2017.12 181p A5 ¥1600 ①978-4-327-45280-3

◆英語で10秒 こんなに話せる！ 練習帳—CD付 長尾和夫, トーマス・マーティン著 すばる舎 (付属資料：CD1)
【要旨】出身地や家族のこと、趣味の話から将来の夢まで、中学レベルのシンプルな英語でスター

ト&やり直しする英会話
2017.4 175p A5 ¥1650 ①978-4-7991-0600-6

◆英語は7つの動詞でこんなに話せる 有元美津世著 ジャパンタイムズ (付属資料：CD1)
【要旨】難しい言い回しは必要なし！ 中学で習った基本動詞で十分。ネイティブは日ごろ、こんな簡単な単語を使っている。
2017.10 167p B6 ¥1400 ①978-4-7890-1675-9

◆英語は朗読でうまくなる！ アナウンサー直伝！ 伝わる英語を話すための10のテクニック 青谷優子著 アルク (付属資料：CD1)
【要旨】アナウンサーが実践する「伝わる読み方」の極意がここに！「かぼちゃのなかの金色の時間(英訳)」(角田光代)「手袋を買いに(英訳)」(新美南吉)「核兵器のない世界を」(バラク・オバマ)「豆の上のお姫さま」(アンデルセン)ほか、11作品を収録。
2017.12 127p A5 ¥1500 ①978-4-7574-3028-0

◆「おつかれさま」を英語で言えますか？ デイビッド・セイン著 KADOKAWA (中経の文庫) (『「おつかれさま」を英語で言いたくないですか？』再編集・改題書)
【要旨】普段よく耳にする日本語の中でも、特に「これは英語でどう言うのだろう？」とギモンを抱くような英語表現を多数収録。たとえば「よろしく」「萌え」「一応」「ツケを払う」などなど、日ごろよく使うけれど、英語ではちょっと言づらい日本語を完全変換できれば、ネイティブとの会話もバッチリ！「日常編」と「ビジネス編」の2部構成で、わかりやすい!!
2017.5 205p A6 ¥600 ①978-4-04-602036-9

◆おとなの基礎英語 Season5 松本茂監修 主婦の友社 (NHKテレビ DVD BOOK) (付属資料：DVD1)
【要旨】ミニドラマ75話完全収録。気持ちを伝える英会話。
2017.3 231p A5 ¥1900 ①978-4-07-419495-7

◆「オーマイガー！」は日本人しか言いません—ネイティブが使う英会話フレーズ388 デイビッド・セイン著 PHP研究所 (PHP文庫) (『できる人』と思われる英会話ひと言フレーズ388』加筆・修正・改題書)
【要旨】「Oh my god！」「Help me.」「Who are you？」—教科書で習った定番のフレーズ。でも使い方を間違えると、思わぬ誤解を招いてしまうかも!? 本書では、日本人が使いがちな残念な言い回しから、ネイティブが使うスマートなひと言への言い換えを388紹介。クイズ形式だから、英語が苦手な人でも楽しんで身につけられる！
2017.11 220p A6 ¥680 ①978-4-569-76788-8

◆音大生・音楽家のための英語でステップアップ—音楽留学で役立つ英会話50シーン 久保音慶一, 大類朋美著 (国分寺)スタイルノート 改訂版
【要旨】音楽活動をするには社会との関わりも大切です。音楽と社会がどう関わっていくのか、音楽家として社会とどう向き合っていくのか、そうした点でも参考になる英会話ブックです。日本語部分だけ読んでも音楽キャリア・ストーリーとして役立ちます。
2017.2 349p B6 ¥2000 ①978-4-7998-0157-4

◆外国人観光客の「Excuse me？」に応える英会話 カン・アンドリュー・ハシモト著 池田書店 (付属資料：CD1)
【要旨】街で話しかけられたときに100％通じるカンタン英会話！ 短いフレーズが満載！ 自然なスピードの会話CDつき！
2017.7 191p B6 ¥1700 ①978-4-262-16973-6

◆かっ飛ばせ！ ひとこと英会話—プロ野球の人気マスコットたちが大集合！ 広島東洋カープ セ・リーグ6球団絵, リサ・ヴォート文 Jリサーチ出版
【要旨】選べるジャケット。プロ野球6球団の人気マスコットが集合！ 言えそうで言えない"生きた英会話フレーズ"が楽しく覚えられる。日本語→英語の音声つき。すべての見出し語、例文を音声収録。
2017.3 159p 17×14cm ¥1000 ①978-4-86392-336-2

◆かっ飛ばせ！ ひとこと英会話—プロ野球の人気マスコットたちが大集合！ 読売ジャイアンツ セ・リーグ6球団絵, リサ・ヴォート文 Jリサーチ出版
【要旨】選べるジャケット。プロ野球6球団の人気マスコットが集合！ 言えそうで言えない"生きた英会話フレーズ"が楽しく覚えられる。日本語→英語の音声つき。すべての見出し語、例文を音声収録。
2017.3 159p 17×14cm ¥1000 ①978-4-86392-330-0

◆かっ飛ばせ！ ひとこと英会話—プロ野球の人気マスコットたちが大集合！ 東京ヤクルトスワローズ セ・リーグ6球団絵, リサ・ヴォート文 Jリサーチ出版
【要旨】選べるジャケット。プロ野球6球団の人気マスコットが集合！ 言えそうで言えない"生きた英会話フレーズ"が楽しく覚えられる。日本語→英語の音声つき。すべての見出し語、例文を音声収録。
2017.3 159p 17×14cm ¥1000 ①978-4-86392-332-4

◆かっ飛ばせ！ ひとこと英会話—プロ野球の人気マスコットたちが大集合！ 阪神タイガース セ・リーグ6球団絵, リサ・ヴォート文 Jリサーチ出版
【要旨】選べるジャケット。プロ野球6球団の人気マスコットが集合！ 言えそうで言えない"生きた英会話フレーズ"が楽しく覚えられる。日本語→英語の音声つき。すべての見出し語、例文を音声収録。
2017.3 159p 17×14cm ¥1000 ①978-4-86392-335-5

◆かっ飛ばせ！ ひとこと英会話—プロ野球の人気マスコットたちが大集合！ 中日ドラゴンズ セ・リーグ6球団絵, リサ・ヴォート文 Jリサーチ出版
【要旨】選べるジャケット。プロ野球6球団の人気マスコットが集合！ 言えそうで言えない"生きた英会話フレーズ"が楽しく覚えられる。日本語→英語の音声つき。すべての見出し語、例文を音声収録。
2017.3 159p 17×14cm ¥1000 ①978-4-86392-334-8

◆かっ飛ばせ！ ひとこと英会話—プロ野球の人気マスコットたちが大集合！ 横浜DeNAベイスターズ セ・リーグ6球団絵, リサ・ヴォート文 Jリサーチ出版
【要旨】選べるジャケット。プロ野球6球団の人気マスコットが集合！ 言えそうで言えない"生きた英会話フレーズ"が楽しく覚えられる。日本語→英語の音声つき。すべての見出し語、例文を音声収録。
2017.3 159p 17×14cm ¥1000 ①978-4-86392-333-1

◆かんたんなのに90日で差がつく！ ちゃんと相手にしてもらえる英会話 荒井弥栄著 小学館
【要旨】日常生活で、ビジネスシーンで、旅行先で。出会う90の場面でレッスン！ 話す英語で受ける対応が変わります。
2017.7 192p A5 ¥1300 ①978-4-09-310544-6

◆キクタン接客英会話 飲食編 英語出版編集部企画・編 アルク (付属資料：CD-ROM1)
【要旨】59シーン&207フレーズ。接客現場ですぐ使える話す&聞く力が身につく。対象レベル：初級から (英検4級 / TOEIC TEST300程度から)。
2017.9 179p 17×14cm ¥1600 ①978-4-7574-2886-7

◆キクタン接客英会話 交通編 英語出版編集部企画・編 アルク (付属資料：CD-ROM1)
【要旨】61シーン&207フレーズ。接客現場ですぐ使える話す&聞く力が身につく。対象レベル：初級から (英検4級 / TOEIC TEST 300程度から)。
2017.9 179p 17×14cm ¥1600 ①978-4-7574-2888-1

◆キクタン接客英会話 宿泊編 英語出版編集部企画・編 アルク (付属資料：CD-ROM1)
【要旨】60シーン&210フレーズ。接客現場ですぐ使える話す&聞く力が身につく。対象レベル：初級から (英検4級 / TOEIC TEST300程度から)。
2017.9 183p 17×14cm ¥1600 ①978-4-7574-2887-4

◆キクタン接客英会話 販売編 英語出版編集部企画・編 アルク (付属資料：CD-ROM1)
【要旨】61シーン&213フレーズ。接客現場ですぐ使える話す&聞く力が身につく。対象

英語

レベル：初級から（英検4級／TOEIC TEST 300程度から）
2017.9 183p 17×14cm ¥1600 ISBN978-4-7574-2885-2

◆キモチを伝える恋の英会話　長尾和夫，マケーレブ英美著　秀和システム
【要旨】外国人との恋愛を想定した30の会話例と450のキーフレーズを収録。恋愛に！日常生活に！使える英語表現が学べます！
2017.3 207p A5 ¥1400 ISBN978-4-7980-5046-1

◆高速メソッドで英語がどんどん話せる本―考えるより先に、英語が口からすぐ出てくる！　笠原慎一著　三笠書房（知的生きかた文庫）（『高速メソッド英語勉強法』加筆・改題書）
【要旨】「急にペラペラになった人」が必ずやっている方法。ネイティブのように「英語の語順」で理解すれば、伝わる英語が手に入る！
2017.6 285p A6 ¥760 ISBN978-4-8379-8474-0

◆子どもとはじめる英語発音とフォニックス　山見由紀子，赤塚麻里，久保田一充著　南雲堂（付属資料：CD1）
【要旨】英語音声学の理論に基づいた解説と、日本語との違いを明確にするとでききれいな発音をマスターする。早期英語教育に関心のあるご家庭にも、小学校の教育現場に立つ先生にもおすすめの一冊。
2017.4 95p B5 ¥2000 ISBN978-4-523-26555-9

◆これを英語で言いたかった！―英会話イーオンの名物講師が教える、とても簡単な通じる英語表現　箱田勝良著　IBCパブリッシング
【目次】第1章「日本人のもったいない英語表現」（日本人を「頼りなく」見せる英単語はこれだ！、丁寧なつもりで失礼！この英語に気を付けろ ほか）、第2章「危ない！英文法の罠」（英語の落とし穴は「中学レベル」にあった！、「アクセント」を変えれば英語は数倍通じる！ ほか）、第3章「カタカナ英語のズレズレフレーズ」（気をつけて、日本人がはまる「和製英語」の落とし穴、ネイティブ爆笑！和製英語のここに気を付けろ ほか）、第4章「どんどん使える便利表現」（こっそり伝える恋愛相談で学ぶ「使える英語」、好感度大！英語の達人が使う「お礼」の言葉バリエ ほか）、第5章「チョベリグ!?現代に生きる人の英語」（もどかしい！英語直訳では通じない「褒め言葉」、TOEIC L&R攻略に役立つ「こなれ表現」はこれだ ほか）
2017.5 281p 19×12cm ¥1500 ISBN978-4-7946-0476-7

◆これで安心！交通機関の接客英会話―CD付デイビッド・セインの英会話スピーキング　デイビッド・セイン著　三修社（付属資料：CD1）
【要旨】タクシー・電車・バスなどで使える！海外からのお客様を笑顔でお迎えしましょう。
2017.12 158p B6 ¥1600 ISBN978-4-384-04773-8

◆最上級のホスピタリティを伝える ホテルのおもてなし英会話　日本外国語専門学校国際ホテル科著　DHC（付属資料：CD1）
【要旨】国際的名門ホテル出身の一流教師陣が"本物の英会話"を教えます。一流ホテル、ビジネスホテル、旅館でも使える。臨場感あふれるエピソードを部門別に収録。すべての職種で役立つ「基本表現集」付き。
2017.12 223p A5 ¥1900 ISBN978-4-88724-597-6

◆3時間でヤバいくらい上達する英会話の法則―簡単な単語だけでも英会話は通じる!!　窪田ひろ子著　ロングセラーズ
【要旨】中学、高校での英語の学習法が、「読むこと、書くこと」に重点をおき、英会話を教わることができないとあれば、自分で生きた英会話をマスターするほかない。本書にある英語（米語）は、私がAFN放送というアメリカの職場で、アナウンサーとして働いている間、文字通り身体中で「耳」にして、自分で体得したものであるから、ほんとうに生き生きとした英語として使えるものばかりである。
2017.2 184p 18cm ¥1000 ISBN978-4-8454-5007-7

◆30秒でできる！47都道府県紹介おもてなしの英会話　安河内哲也監修　IBCパブリッシング
【要旨】日本の47都道府県を英語で紹介する決定版！
2017.2 227p 21×13cm ¥1800 ISBN978-4-7946-0459-0

◆3フレーズでOK！メール・SNSの英会話　デイビッド・セイン著　青春出版社
【要旨】そのまま使えるフレーズばかり！
2017.2 155p B6 ¥1100 ISBN978-4-413-23033-9

◆シニアのためのやさしい英会話入門 CD付　多羅深雪監修　西東社（付属資料：CD1）
【要旨】英語は何才からでもはじめられる!!大きな文字、発音のカタカナ読み、伝えるコツ。シニア世代のやりなおし英語にぴったり。
2017.5 191p A5 ¥1300 ISBN978-4-7916-2558-1

◆菅ちゃん英語で道案内しよッ！　菅広文著　ぴあ
【要旨】「笑顔4 ジェスチャー4 英語2」。日本に来てくれた外国人の方は日本に詳しい方。ある程度言えば、くみ取ってもらえます。臆せずしゃべりましょう。
2017.9 184p B6 ¥1400 ISBN978-4-8356-3826-3

◆"スピーキング"のための音読総演習　山本カズ著　桐原書店（即戦Navi 1）（付属資料：CD-ROM1）
【要旨】いかにも英語らしい表現が身につく6つのパターンを18の例文で紹介。毎回の音読練習の前にウォームアップとして、さらりと復習してください。1日15分のパワー音読（POD）に最適な英文49を収録。日常的な風景や感情をとらえた英文は、すべてシンプルな表現で、今すぐ使える言い回しばかりです。「万能英文」も収録。実際のスピーキング試験はもちろんのこと、さまざまな場面で応用できます。発音は現実的なコツにこだわり抜きました。「魔法のカタカナ」を信じてください。
2017.3 223p A5 ¥1500 ISBN978-4-342-00125-3

◆たった5動詞で伝わる英会話　晴山陽一著　青春出版社
【要旨】単語をたくさん覚えなきゃ…。文法は複雑でめんどう…。そんなあなたも大丈夫。魔法の5動詞を使いまわすだけで英語が最短で話せる！
2018.1 232p B6 ¥1320 ISBN978-4-413-23066-7

◆たった7つの動詞ではじめる奇跡のすらすら英会話　中野敬子著　JTBパブリッシング（付属資料：CD1）
【要旨】日本人で初めてペンタゴンに勤務した中野敬子のイングリッシュ・コアメソッドを伝授！
2017.4 189p B6 ¥1500 ISBN978-4-533-11800-5

◆たった24単語で、通じる英語を手にいれる発音トレーニング　ハビック真由香著　IBCパブリッシング（付属資料：DVD1; CD1）
【要旨】日本人のために開発された驚きの発音矯正独習法。スピーキングの基礎を固めながら、小顔になり、ボケ防止の効果も！
2017.8 135p B6 ¥1800 ISBN978-4-7946-0489-7

◆楽しく親子英会話―CD付　山口紀生監修　新星出版社（付属資料：CD1）
【要旨】お母さんは英語が苦手でも大丈夫。幼稚園&小学校低学年向け。
2017.4 128p B6 ¥1200 ISBN978-4-405-01140-3

◆単語の9割は覚えるな！―同時通訳者が実践する最強の英会話メソッド　宮本大平著　サンマーク出版
【要旨】とっさに言葉が出てこない、頭で文章がつくれないのは、「単語の覚え方」を変えるだけで解決する!!「記憶力」も「複雑な文法」もいらない。いつまでも英語を話せない人のための、超実用的な学習法！
2017.4 190p B6 ¥1400 ISBN978-4-7631-3605-3

◆「チクチクする」「ピンとこない」を英語でパッと言えますか？―ネイティブ思考の感情・感覚・イメージを表す英会話フレーズ1100　ジェームス・M・バーダマン著　DHC（付属資料：CD2）
【要旨】日本人がよく使う擬音語・擬態語・副詞のニュアンスを、ネイティブにちゃんと伝わる英語表現に変換！日本語のニュアンスを英語で伝える表現集。
2017.6 367p B6 ¥1800 ISBN978-4-88724-590-7

◆超簡単状況別英会話集―慌てず騒がずおもてなし、ちょっとだけ自信がつく　牧野高吉著　ベストブック（ベストセレクト）
【要旨】「平易で・自然で・生きた英語」が能力向上のコツ。日常やビジネスなどで、とっさに使える場面・状況英会話集!!
2017.7 191p B6 ¥1200 ISBN978-4-8314-0217-2

◆ディズニープリンセスで英会話　学研プラス編　学研プラス
【要旨】プリンセスといっしょに英語の世界へ踏み出そう！あいさつから恋愛に関する言葉まで

カンタン英会話。
2017.7 127p 17×14cm ¥1300 ISBN978-4-05-304641-3

◆的確に伝わる！ホテルの英会話―CD付きホテルオークラ東京監修，タマラ・シェレール語学監修　ナツメ社（付属資料：CD2）
【要旨】フロント・レストラン・電話・クレーム対応―業務・場面別に適切な表現が必ず見つかる。旅館やビジネスホテルでも使える。フレーズ1700以上を掲載。一流ホテルで使っている接客英会話のノウハウ満載！
2017.4 255p B6 ¥1800 ISBN978-4-8163-6191-3

◆どうすれば今度こそ英語が話せるようになりますか？　ジェームス・M・バーダマン，西真理子著　秀和システム
【要旨】第1章 目指すは「本当のペラペラ」！オリジナルレベル表&目標設定（オリジナルレベル表、あなたの目標は具体的？ ほか）、第2章 もう挫折しない超具体的な勉強法（ボキャブラリー、スピーキング ほか）、第3章 英語力以前の文化スイッチ切り替え術（くしゃみをしたら英語モード、日本式の笑いを英語に持ち込まない ほか）、第4章 英語力を一気に上げるツール&モチベーション（加齢と語学―中年以降は演繹法で学ぼう！、「趣味=英会話」は「つまらない人」ほか）
2017.12 247p B6 ¥1400 ISBN978-4-7980-5096-6

◆ナタミラクル瞬間英会話 第1の港 普通の文が全部言えるようになっちゃった編　セレーナ著，恵中瞳歌・ダンス　南雲堂（付属資料：DVD1）
【要旨】歌と体操でたった1週間で英会話が身につく。発音・主語・時制、英語はこの3つだけ！越えられなかったのは「英語の壁」ではなく「日本語の壁」だった！「です」「ます」でアナタの文が30秒で英文に!!
2017.7 163p B6 ¥1800 ISBN978-4-523-26554-2

◆21マスで基礎が身につく英語ドリル タテ×ヨコ 日常英会話編　山本崇雄監修　アルク
【要旨】「タテ」は基本的には主語、「ヨコ」は置き換える語。7行×3列=21マスで、同じ文構造の文を完成！答えは次ページですぐ確認！対象レベル：初級から（英検3級／TOEICテスト350点～）。
2017.9 107p 19×18cm ¥1000 ISBN978-4-7574-2898-0

◆日本で外国人を見かけたら使いたい英語フレーズ3000―困っている・迷っている外国人観光客に声をかける最初の一言　黒坂真由子，カリン・シールズ著　クロスメディア・ランゲージ，インプレス 発売
【要旨】外国人旅行客がキョロキョロと何かを探したり困ったりしている様子を見て、声をかけてあげたいと思っても、なかなか最初の一言が出てこない…。そんな人のための、日本で使うおもてなし英会話フレーズ集。街中で・駅で・居酒屋で・コンビニで・ラーメン店で。道案内に食べ歩き、カラオケ、地震や怪我の際のアドバイスなど、今どきのリアルな日本についての表現ばかり。会話が弾む話題を盛り込み、読むだけで楽しい！
2017.11 375p B6 ¥2080 ISBN978-4-295-40134-6

◆人間関係をつくる英会話―日本人が知らなかった30のルール　高橋朋子著　コスモピア（付属資料：CD1）
【目次】1 基礎的なコミュニケーション、2 主張するコミュニケーション、3 感情に訴えるコミュニケーション、4 人を動かすコミュニケーション、5 社交を培うコミュニケーション、6 要注意のコミュニケーション
2017.6 223p A5 ¥1900 ISBN978-4-86454-109-1

◆ネイティブなら小学生でも知っている会話の基本ルール―オンライン英会話・学校では教えてくれない　石井洋佑著　テイエス企画（付属資料：CD-ROM1）
【要旨】ネイティブにとってあたりまえの会話のやりとりを類型化！子供のときに周りの人との会話を通じて体得していく、会話のルールや文法のルールを一気にマスター！
2017.8 219p A5 ¥1800 ISBN978-4-88784-201-4

◆100語で簡単！ネイティブに伝わる英会話　デイビッド・セイン著　成美堂出版
【要旨】基本語だけで複雑な状況も乗り切れる英会話術を大公開。
2017.12 207p B6 ¥1000 ISBN978-4-415-32407-4

◆ファーストステップ英会話　女子美術大学監修, 阿部直子著　中央経済社, 中央経済グループパブリッシング 発売
【要旨】本書は大学, 専門教育機関から個人で学習される方までを対象とした「英会話テキスト」として企画されたものです。初学者から中・上級者まで対応できる構成となっています。
2017.6 206p A5 ¥2000 ①978-4-502-22271-9

◆プラス1文英会話―驚くほど話がはずむ！
川本佐奈恵著　コスモピア　(付属資料：CD1)
【要旨】シンプルな英語にもうひと言。
2017.3 193p B6 ¥1800 ①978-4-86454-104-6

◆訪日外国人のHelp！に応える とっさの英会話大特訓　山崎祐一著　Jリサーチ出版
(付属資料：CD1)
【要旨】外国人に突然話しかけられても, この1冊で完全対応できる！ 1つの質問に対して, 5通りの応答ができる。とっさに英語が口から出るための日→英練習法。すべてのフレーズにカタカナ発音つき。日本の文化や習慣もしっかりアピールできる。CDと音声ダウンロードどちらにも対応 (全フレーズを収録)。
2017.12 223p B6 ¥1200 ①978-4-86392-370-6

◆毎日が楽しくなるHappy英会話フレーズ
ジャパンタイムズ編　ジャパンタイムズ　(付属資料：CD2)
【目次】GREETING あいさつ, YOURSELF 自分のこと, RELATIONSHIP 人間関係, FASHION ファッション, BEAUTY CARE 美容, LOVE 恋愛・結婚, LIFESTYLE ライフスタイル, GO OUT 休日・出かける, SEASONS 季節, FOODIE グルメ, PASTIME 趣味, ENTERTAINMENT エンタメ・芸能, FEELINGS 気持ち
2017.12 191p B6 ¥1500 ①978-4-7890-1685-8

◆マンガでわかる英語がスッと出てくる新感覚英会話　深堀司朗, えのきの著　高橋書店
【要旨】これを中学・高校で教えない!? 英語を話す最強のコツを伝授します！
2017.5 157p A5 ¥1300 ①978-4-471-27459-7

◆ムー公式 実践・超日常英会話　宇佐和通著, 石原まこちん絵, ムー編集部企画・監修
学研プラス
【要旨】危険がいっぱいの国際社会をムー英会話で切り抜けよう！
2017.9 184p B6 ¥1200 ①978-4-05-406580-2

◆難しいことはわかりませんが, 英語が話せる方法を教えてください！　スティーブ・ソレイシィ, 大橋弘祐著　文響社
【要旨】日本人は難しく考えすぎていた！ NHKラジオの講師が教える, 初心者でも英語が話せる最短ルート！
2017.8 288p 19×13cm ¥1380 ①978-4-905073-99-4

◆ヤバいくらい使える英会話基本動詞40
リック西尾著　ロングセラーズ
【要旨】日本語に変換しないで英語を英語のまま理解。get, have, take, make, give を使いこなす。
2017.10 203p 18cm ¥1000 ①978-4-8454-5036-7

◆ラスカル, 教えて！ 子どものひとこと英会話　小池直己著　PHP研究所
【要旨】短いフレーズで伝わる！ 日常会話からスポーツ観戦の表現まで。LINEスタンプで人気のラスカルと学ぶラクラク英語塾！
2017.2 79p A5 ¥1200 ①978-4-569-78620-9

◆リアルライフ英会話for Women―英語だって日本語みたいに楽しくしゃべりたい　光藤京子著　大和書房
【要旨】ニューヨークとシリコンバレーに住む姉妹。2人の毎日をのぞいて, 楽しいリアルな英会話を体感してください。
2017.7 231p 18×14cm ¥1700 ①978-4-479-79596-4

◆ワンコイン英会話 ビジネス編　デイビッド・セイン著　秀和システム
【目次】1 出社する, 2 上司と部下のやりとり, 3 社内でのやりとり, 4 休憩時間のやりとり, 5 アフターのやりとり, 6 受付をする, 7 電話をうける, 8 電話をかける, 9 会議をする, 10 プレゼンをする
2017.2 223p 17cm ¥463 ①978-4-7980-4965-6

◆ワンコイン英会話 名言編　デイビッド・セイン著　秀和システム
【要旨】500円でここまで伝わる。日本語&英語音声付き。
2017.2 231p 17cm ¥463 ①978-4-7980-4964-9

◆About Myself―あなたのことを英語で話そう　rina著　KADOKAWA
【要旨】中学レベルでOK！ シンプルな質問とシンプルな答え方をマスターするだけで, 英語で初対面の外国人と話せるようになる本。
2017.4 158p B6 ¥1300 ①978-4-04-601880-9

◆CD付 おうちで始める！ 親子で英会話
豊田ひろ子監修　朝日新聞出版　(付属資料：CD1; カード)
【要旨】英語が自然と身につく。毎日使うことばで英語耳が育つ！ 3才頃～小学校中学年に。すぐに使えるシーン別フレーズが満載！
2017.12 159p B6 ¥1400 ①978-4-02-333187-7

◆CD付き 楽しく学ぶ大人のための英会話
糸井江美著　ナツメ社　(50代からチャレンジ！) (付属資料：CD2)
【要旨】シニアの英語指導が豊富な著者だからわかる「大人の学び方」。何が大切か, 何が重要かを丁寧に解説します。4曲のオールディーズの歌詞から, 英語の発音と文法を学びます。メロディーと一緒に覚えた英文は長く記憶に残ります。「国際交流パーティーでのあいさつ」,「友人を家に招待」,「観光客に日本を案内」などのダイアローグを紹介します。
2017.10 207p A5 ¥1600 ①978-4-8163-6313-9

◆CD BOOK 中学英語だけで絶対に話せる101の法則　大井正之著　明日香出版社 (アスカカルチャー) (付属資料：CD1)
【要旨】中学で習った英語とちょっとしたコツで英会話に自信がつく！ 英会話がニガテな人も, 中学英語を復習しながら「話す&聞く」練習をすれば, 自然と英語が口から出るようになる。
2017.5 291p B6 ¥1500 ①978-4-7569-1891-8

◆G'day Mate！ 旅で役立つオーストラリア英会話　川野ひろし著　池田書店
【要旨】オージー英語&生活を知って, 旅を120％楽しくする！
2017.4 223p B6 ¥1400 ①978-4-262-16971-2

◆ITエンジニアのための場面別英会話&キーフレーズ　細谷竜一, 大須賀正之, 浅川佐知子著　ナツメ社
【要旨】中学レベル英語でOK！ 現役エンジニアが使っているフレーズを満載！
2017.12 271p B6 ¥1700 ①978-4-8163-6355-9

📖 映画で学ぶ英会話

◆アバウト・タイム―愛おしい時間について　(名古屋) フォーインスクリーンプレイ事業部 (名作映画完全セリフ集スクリーンプレイ・シリーズ 179)
【要旨】全体を通して, 会話やナレーションのスピードと明瞭さは標準的。イギリスが舞台であるため, イギリス特有の表現やスラングを含んだ会話になれるのには最適な映画。主人公の1人はアメリカ人なので, イギリス英語とアメリカ英語の発音と言葉遣いの違いも学習できる。中でも, 男女間の掛けがえのない時である, 出会いから, 結婚, そして子育てまでのそれぞれの段階で使える表現に注目して覚えておいていただきたい。
2017.2 199p B6 ¥1600 ①978-4-89407-562-7

◆英語シナリオで楽しむ美女と野獣　高橋基治英文解説監修　学研プラス
【要旨】美女と野獣がもっとおもしろくなる!! "Beauty and the Beast" の歌詞も収録。
2017.4 199p A5 ¥1500 ①978-4-05-304642-0

◆シャーロック 忌まわしき花嫁　井土康仁監修　(名古屋) フォーインスクリーンプレイ事業部 (名作映画完全セリフ集スクリーンプレイ・シリーズ 181)
【要旨】主要な登場人物は, はっきりと明瞭な発音をするが, 主人公シャーロックに関しては長セリフが多いうえ, とても早口であるため, リスニング強化に最適の映画。本書でセリフを確認しながら繰り返し聞くことをおすすめする。また, 現代と昔ながらのイギリス英語に対する知識を増やし, 理解を深めることができる。アーサー・コナン・ドイルによる原作へのオマージュが随所に散りばめられており, シャーロック・ホームズ作品には欠かせない名セリフも数多く使われている。
2017.12 173p B6 ¥1600 ①978-4-89407-584-9

◆先生が薦める英語学習のための特選映画100選―「大学生編」　映画英語アカデミー学会監修　(名古屋) フォーインスクリーンプレイ事業部
【目次】愛を読むひと, 赤ちゃんはトップレディがお好き, あの頃, ペニーレインと, アビエイター, アメリカン・ビューティー, 嵐が丘 (1992), イングリッシュ・ペイシェント, インセプション, インドへの道, ウェディング・プランナー〔ほか〕
2017.3 223p B5 ¥1400 ①978-4-89407-551-1

◆先生が薦める英語学習のための特選映画100選―「社会人編」　映画英語アカデミー学会監修　(名古屋) フォーインスクリーンプレイ事業部
【目次】アメリカン・プレジデント, エアフォース・ワン, ミルク, アポロ13, アンドリューNDR114, A.I, ライトスタッフ, インシエンス, カッコーの巣の上で, 救命士, ジョンQ―最後の決断〔ほか〕
2017.4 223p B5 ¥1400 ①978-4-89407-569-6

◆先生が薦める英語学習のための特選映画100選 高校生編　映画英語アカデミー学会監修　(名古屋) フォーイン
【目次】アイ・アム・サム, 哀愁, 明日に向かって撃て, アバウト・ア・ボーイ, アマデウス, アメイジング・グレイス, 雨に唄えば, アメリカン・グラフィティ, アラバマ物語, ある愛の詩〔ほか〕
2017.6 223p B5 ¥1400 ①978-4-89407-568-9

◆第5回映画英語アカデミー賞　映画英語アカデミー学会監修　(名古屋) フォーインスクリーンプレイ事業部
【目次】小学生部門 アニー, 中学生部門 アバウト・タイム, 高校生部門 プロミスト・ランド, 大学生部門 きっと, 星のせいじゃない。
2017.2 239p B5 ¥1600 ①978-4-89407-557-3

◆ノッティングヒルの恋人　宮津多美子監修　(名古屋) フォーインスクリーンプレイ事業部 (名作映画完全セリフ集スクリーンプレイ・シリーズ 180)
【要旨】全編を通して主に標準的なイギリス訛りが使われているが, 聞き取りにくい人物もいる。一方, 主人公のイギリス人ウィリアムとアメリカ人アナの発音は標準的であり, 聞き取りやすいため, 対照的な英語に耳をなれさせるのに最適。単語のレベルはそれほど難しくないが, ほとんどの人物はイギリス人なので, イギリス特有の表現やスラングを含んだ会話が学習できる。特に, 主人公のウィリアムの性格上, 悲観的な表現も数多くみられ, そういったセリフに注目して学習していただきたい。
2017.5 183p B6 ¥1600 ①978-4-89407-570-2

◆CD付ディズニーの英語コレクション 16 モアナと伝説の海　石原真弓英文解説　KADOKAWA　(付属資料：CD1)
【要旨】モアナと伝説の海を英語で読む。読んで, 聞いて楽しむ, ディズニーの世界。
2017.4 191p A5 ¥1600 ①978-4-04-601939-4

◆CD付ディズニーの英語コレクション 17 塔の上のラプンツェル　石原真弓英文解説　KADOKAWA　(付属資料：CD1)
【要旨】語注が充実しているから, 辞書なしでどんどん読めます。CD付きだから, 耳からストーリーを楽しむことができます。シャドーイングの練習にも最適です。英語学習スタイリストの石原真弓先生が英文解説。そのまま使える表現が身につきます。
2017.8 191p A5 ¥1600 ①978-4-04-601953-0

📖 旅行英会話

◆1語で通じる海外旅行ひとくち英会話CD-BOOK　藤田英時著　主婦の友インフォス, 主婦の友社 発売　(付属資料：CD1)
【要旨】日本語→英語, CD収録/フリガナつき。相手の英語もわかる機内で見るだけ聞くだけで間に合う。
2017.5 191p B6 ¥550 ①978-4-07-421180-7

◆ディズニー旅行会話集 英語　ウォルト・ディズニー・ジャパン監修　JTBパブリッシング
【要旨】ディズニーの仲間たちと楽しく学ぶ、旅行に便利な会話フレーズ！
2017.4 287p 17×12cm ¥1000 ①978-4-533-11801-2

◆特派員直伝 とらべる英会話　読売新聞国際部, The Japan News著　研究社
【要旨】日曜日付の「読売新聞」で連載中の人気コラム「特派員直伝とらべる英会話」85回分。49人の読売新聞国際部の海外特派員が現地を飛び回る中で知った、旅に役立つフレーズを臨場感あふれるエピソードとともに紹介。
2017.3 193p B6 ¥1300 ①978-4-327-44114-2

◆2時間で「話せる・わかる」トラベル英会話　船津洋著　大和書房　（だいわ文庫）
【要旨】海外旅行で使う英会話は、限定的なパターンさえ覚えておけばOK。交通、宿泊、食事、観光、買い物などの各シーンで、自分が言いたいことを英語でどう言えばいいのか、相手はどんなフレーズを投げかけてくるのかを、わかりやすく整理してシーンごとに収録。観光旅行で使われる英文はほとんどフォロー、これ1冊あればトラベル英会話の本は必要なし！
2017.4 240p A6 ¥700 ①978-4-479-30638-2

◆やさしい旅の英会話事例集50選　黒田千世子著　創英社／三省堂書店
【目次】1 出発からホテルへ Ongoing Journey、2 ホテルで In a Hotel、3 飲食 Food and Drink、4 道を尋ねる Asking for Directions、5 乗物 Taking a Taxi, Bus&Train、6 買物 Shopping、7 観光 Sightseeing、8 その他 Others
2017.8 153p A5 ¥800 ①978-4-88142-165-9

◆CD BOOK 60才からはじめる旅行英会話　髙橋文子著　明日香出版社　（アスカカルチャー）　（付属資料：CD1）
【要旨】本書は、シニアの方が海外旅行に行く時に、手元に持っておくと安心の一冊です。体調が良くない、持ち物を紛失したなど、何かトラブル・ハプニングが起きた時に英語で伝えることができます。文字は大きめで、また英語の例文にはルビをつけていますので、必要な時にすぐ使うことができます。また、シニアの方が海外へ行く時は、自分の健康状態や、街の安全などが気になると思います。「車椅子はありますか？」「付き添ってくれてありがとう」など、何か困った時に使える表現も紹介しています。
2017.2 214p A5 ¥1500 ①978-4-7569-1886-4

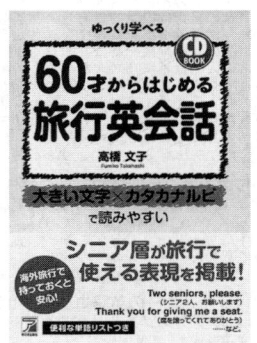

◆ビジネス英会話

◆これだけ覚えれば安心！ 仕事に役立つ「1日1パターン」英会話　デイビッド・セイン著　PHP研究所　（PHP文庫）　※ビジネス英語「1日1パターン」レッスン』改題書）
【要旨】「上司に確認させてください」「お目にかかれて嬉しいです」など、職場でよく使う"言えそうで言えない"英語表現を、この1冊でらくらくマスター！ メールや商談、海外出張で役立つ55文型をお届け。「1日1パターン」形式で紹介。中学英語だけで、仕事がスムーズに進みます。ネイティブの発音が聴ける「無料音声ダウンロード」付き。
2017.4 237p A6 ¥600 ①978-4-569-76708-6

◆とにかく通じる英語──超かんたんで役立つビジネス英会話の本　デイビッド・セイン、岡悦子著　草思社　（草思社文庫）
【要旨】「そこをなんとか…」→If you could…「都合をつけます」→I'll make time. 完璧に話せなくても、とにかく通じればOK。簡単なひと言でも十分に伝わる"とにかく通じる英語"を知っていれば、あわてず堂々とコミュニケーションができる。ビジネスのシチュエーションごとに「NG英語」→「とにかく通じる英語」→「パーフェクト英語」を順に紹介。音声ダウンロードつき。
2017.10 223p A6 ¥650 ①978-4-7942-2303-6

◆英語学習法

◆怒れ！ 英語学習者──何年学んでも話せるようにならないのは誰のせい？　ますこまさき著　（大阪）風詠社、星雲社 発売
【目次】「はじめ」を作る（どうして留学すると英語を話せるようになるのか？、何が違う？、「はじめ」が違うほか）、英語は英語だけで学ぶ　英語は英語だけで学ばない理由、英語学習の全体像「全体像」ほか）、怒れ！ 英語学習者（「使える英語」「生きた英語」が英語学習者をダメにする「This is a pen.」がダメな理由"、「異文化」「国際化」が英語学習者をダメにする、リスニング学習が英語学習者をダメにするほか）、バージョン3の英語学習"ホビングリッシュ"、バージョン4の英語学習"「聞く」「話す」「読む」「書く」"の4技能
2017.4 303p B6 ¥1400 ①978-4-434-23083-7

◆イギリス英語発音教本　小川直樹著　研究社
【要旨】初歩から学ぶ、正統派イギリス英語。今すぐ学べて現地で役立つ、イギリス英語の実践的トレーニングの本。日本人発音を脱却して、世界に通じる英語発音を身につけられます。
2017.6 207p A5 ¥2500 ①978-4-327-44115-9

◆イチから鍛える英語リスニング 入門編　武藤一也、森田鉄也著　学研プラス　（大学受験TERIOS）　（付属資料：別冊1；CD2）
【要旨】リスニングの基礎固めとセンター対策に。一度解いて終わりにしない！ 反復型リスニング問題集。
2017.12 179p A5 ¥1400 ①978-4-05-304472-3

◆1日3分で英語がペラペラになる 加圧イングリッシュ　デイビッド・セイン著　アスコム　（アスコム英語マスターシリーズ）　（付属資料：CD1）
【要旨】1日たった3分だけのすごいメソッド！ 脳に英語の圧力をかけ、短期間で英語脳を鍛える！ そんな英語教材がついに誕生！
2017.6 110p A5 ¥1300 ①978-4-7762-0949-2

◆1年で話せた人が絶対やらない英語勉強法　水野稚著　日本実業出版社
【要旨】「何からはじめればいいかわからない」「これ」といったものが見つからない」「いつも続かない」何度も英語の勉強に挫折をして、「漂流」してきた人も、「自分に最適な勉強法」が見つかります。
2017.2 225p B6 ¥1400 ①978-4-534-05471-5

◆一生モノの英語力を身につけるたったひとつの学習法　澤井康佑著　講談社　（講談社プラスアルファ新書）
【要旨】「読む」「書く」「聞く」「話す」が向上する最良の英語学習参考書も厳選！
2017.3 202p 18cm ¥840 ①978-4-06-272981-9

◆英語音読でらくらく脳トレ　川島隆太総合監修、カン・アンドリュー・ハシモト英語監修・執筆　DHC　（本文：日英両文；付属資料：CD1）
【要旨】世界の名作・名言を読んで、脳を元気に！ 記憶力もアップ！ 母語（日本語）の音読よりもっと脳が活性化する「英語音読」で、脳トレーニング
2017.4 191p A5 ¥1400 ①978-4-88724-587-7

◆英語の偏差値がたった3カ月で30アップ──耳と口で10倍速く覚える右脳式「家庭学習法」　松井和義著　コスモ21
【要旨】日本語脳を休眠させて英語脳を機能させる奇跡の学習法。短期間で受験英語の成績が驚くほどアップ！ 実践英会話力がすぐつく！ 実践者の輪が全国に広がる！
2017.10 197p B6 ¥1600 ①978-4-87795-358-4

◆英語はじめてのリスニングレッスン♪　マクラフリン愛ej著　ベレ出版　（CD BOOK）　（付属資料：CD1）
【要旨】ネイティブの発音は聞き取れない…と苦手意識のある方に聞いてほしい、はじめてのリスニング教本。日本人が特に聞き取りにくいと感じる語句やポイントを選定し、ピンポイントで聞き取りレッスン。さらに音の解説にはあえてカタカナを積極的に使って、理解しやすくレッスンして、聞き取りのコツをマスターすれば、初心者でもネイティブの発音が聞き取れるようになる！ たのしく初歩の内容から、でも効果的にリスニングの基礎知識が学べる一冊！！
2017.8 246p A5 ¥1800 ①978-4-86064-520-5

◆英語は"速く"間違えなさい　ウィリアム・ルーカス著、山口まみ訳　朝日新聞出版
【要旨】日本人が本気で英語を習得したければ、もっと速く多くの間違いをおかさなくてはなりません。本書では「英語学習で、どうすればたくさんの間違いを素早くおかすことができるか」を解説しています。
2017.2 173p B6 ¥1300 ①978-4-02-331559-4

◆英語力はメンタルで決まる　西田大著　アルク
【要旨】毎日仕事で忙しくて時間がない、でも英語力を何とか上げたい！「大人のための正しい英語勉強法」と「英語と向き合う正しいマインドセット」を身につければ、最大限の効率で確実に英語力をアップできる！ 人生が変わる！ 日本で勉強し続けてTOEIC990点（満点）、英検1級、通訳案内士の資格を持つ現役の高校英語教員・西田大が、本気で英語力を上げたいビジネスパーソンに提案する、「自分が変わる」英語勉強法。
2017.3 263p B6 ¥1400 ①978-4-7574-2874-4

◆英母音とそのスペル──英母音の教え方学び方　増田紀行著　（大阪）パレード、星雲社 発売
【目次】第1章 英母音概論、第2章 英母音の基礎（通常母音）、第3章 通常母音の単語例、第4章 r化母音、第5章 合成単語、第6章 各種フォニックスの法則
2017.5 92p B5 ¥1000 ①978-4-434-23262-6

◆落ちこぼれだった私がペラペラになれたすごい英語勉強法　ミサコ・ロックス著　アスコム
【要旨】学校の成績が悪くても、落ちこぼれでも、誰でもカンタンにできて英語力がしっかりついていく方法がありました。落ちこぼれから単身渡米、いまやNYで大活躍中のコミック・アーティストが「人生を変える」英語のマスター術を公開します！ 最速で英語が身につく『勉強感ゼロ』の超楽しい勉強法。
2017.7 185p 18cm ¥1100 ①978-4-7762-0931-7

◆大人のためのやり直し英語練習帳 新書版　吉田研作監修　小学館　（小学館新書）
【要旨】中学用英和・和英辞典の内容だけで作った選りすぐり390問を収録する大好評の英語クイズ本が、待望の新書化。言えそうで言えない物の名前や、使える会話表現などが満載。楽しく問題を解きつつ、英語の初歩から人に話したくなる雑学ネタまで、ばっちりマスターできる上に、新書版の特別付録として、メールなどのビジネスシーンで役立つ、中学英語を使ったフレーズや慣用句を紹介。出張中の新幹線や機内でも楽しめるビジネスパーソン必携の新書。
2017.3 155p 18cm ¥780 ①978-4-09-825288-6

◆覚えやすい順番で「7日間」学び直し中学英語　岡田順子著　すばる舎
【要旨】つまずきポイント「人称の違い」を克服。「教科書順」ではなく「役割別」の構成。類似した機能を持つ品詞はまとめて紹介するなど、覚えやすく、忘れにくい学び順。
2017.4 205p A5 ¥1500 ①978-4-7991-0623-5

◆書いて覚えるはじめてのフォニックス──CD付き 正しい発音が身につく！　齋藤留美子、齋藤了著　ナツメ社　（付属資料：CD1）
【要旨】フォニックスとは、「英語の文字と音の関係を示したルール」のことです。本書は、英語の基礎であるフォニックスを、発音しながら、単語の上に書いて覚えていくという、今までにない画期的な内容の本です。フォニックスを書き覚えることによって、(1)発音の基礎を学べます！ (2)正しい発音が覚えられます！ (3)新しい単語が読めます！ (4)ネイティヴの発音が聞き取れます！ (5)英語の面白さを知り、楽しんで学

習できます！フォニックスを書いて、発音することで、あなたの英語力は確実にアップします。日本人に合った英語の学習法で、正しい発音の仕方を学びましょう。
2018.1 183p B5 ¥1800 ①978-4-8163-6382-5

◆完全版超低速メソッド 英語発音トレーニング　内海克泰著　かんき出版　(付属資料：DVD1; CD2)
【要旨】30歳過ぎてから発音練習を始め、現在、通訳やバイリンガルMCとして活躍している著者がポイントをわかりやすく解説します。
2017.2 191p B6 ¥2200 ①978-4-7612-7236-4

◆究極の英語マスター法 なぞるだけ！　鈴木啓之著　(鎌倉)湘南出版センター
【要旨】カナ文字付きの直線の上を"指"でなぞる。それに合わせて"声"を出す。それだけで"通じる"英語がスラスラ！しゃべれるようになります。"指先"の動きに合わせて"声"を出す。そのことが"脳の活性化"にも役立つので熟年の方々にもおすすめです！
2017.8 114p B6 ¥800 ①978-4-915804-23-6

◆ギリシア・ローマ神話を知れば英語はもっと上達する　西森マリー著　講談社　(講談社パワー・イングリッシュ)
【要旨】英米人の"常識"でもあるギリシア・ローマ神話。新聞の見出しや映画のセリフ、本のタイトルなどで頻繁に使用されています。本書で紹介するのは約100の神様・英雄・怪物など。英文の中に入り込んでいる"真の意味"を読み取って、英語の上達に役立てましょう。
2017.6 229p B6 ¥1500 ①978-4-06-295263-7

◆決定版英語シャドーイング 入門編―6ステップで聞く力が伸びる！　玉井健著　コスモピア　(付属資料：CD1)　改訂新版
【要旨】誰でもゼロから始められる！1分間100語程度のゆっくりした音声からスタート！6つのステップに沿って、くり返し言うだけ！
2017.9 187p A5 ¥1600 ①978-4-86454-110-7

◆最強の英語学習法―グローバル人材を育てる実践的英語教育　勝又美智雄著　IBCパブリッシング
【要旨】なぜ国際教養大学の卒業生は高い英語力を身につけ、日本を代表する一流企業に就職できるのか?!日本語で言えることの8割以上を英語でも言えるようになるためにはどうすればいいのか?!すべてお答えします
2017.12 298p B6 ¥1600 ①978-4-7946-0514-6

◆3ヶ月で英語耳を作るシャドーイング―TOEICリスニング満点コーチが教える　谷口恵子著　プチ・レトル
【要旨】「知らない単語が出てくると、焦っても聞き取れなくなる…」「全然聞き取れなかったのに、答えを見たら知ってた単語だった…」などのリスニングの悩みが、コレ一冊で全て解決！聞いて、マネして、声に出す。タニケイ式シャドーイングで「聞き取れない」を卒業！
2017.2 244p A5 ¥1800 ①978-4-907278-59-5

◆純ジャパニーズの迷わない英語勉強法　上乃久子著　小学館
【要旨】海外生活なし、留学経験なし、日本の学校で学んだ純ジャパ女子が、ニューヨークタイムズで働くまでの効果抜群の勉強法。絶対に話す！絶対に聞き取る！「実践」だけを考えた45の方法！
2017.4 206p B6 ¥1300 ①978-4-09-310543-9

◆人生最後の英語鬼速やり直し　三木雄信著　SBクリエイティブ
【要旨】孫社長の下で叩き込まれた、世界一速く"使える英語"をマスターする最強の勉強法！
2017.8 215p B6 ¥1400 ①978-4-7973-9083-4

◆捨てる英語勉強法　関口千恵著　明日香出版社　(アスカカルチャー)
【目次】第1章 勉強をはじめる前に(外国人は2年で日本語をマスターできるのは本当？、もう絶対英語に挫折しないためのポイント ほか)、第2章 リスニング編(リスニング力を磨いて聞こえる快感を味わおう、英語力が伸びる教材に出会うには？、第3章 英会話 スピーキング編(英語を第二の母国語にする方法はこれしかない！、英会話力のバリエーションを増やそう ほか)、第4章 リーディング編(英語が読めない人に決定的に不足しているもの、200ページの洋書を完読した日はいついか、何が？ ほか)、第5章 ライティング編(「書く」は話すための大切なクッション、ライティングは誰でも一瞬でネイティブになれ

る！ ほか)
2017.6 219p B6 ¥1400 ①978-4-7569-1910-6

◆スマホ3分英語学習法　松本秀幸著　秀和システム
【要旨】短い時間ですぐハマる！そして、超実用！
2017.9 305p B6 ¥1500 ①978-4-7980-4927-4

◆世界の現場を見てやろう―映像と長文で広げる英語授業のふり巾　泉康夫著　三元社
【目次】序章 あの英文読解授業をもう一度、1章「幻の英語教材」をみつける、2章 映像は英文読解のご褒美ではない、3章 映像と長文で巡る世界の現場、4章 世界の現場に人々の声を聞く、5章「世界の現場」のこれまでとこれから、資料編
2017.6 134p B5 ¥1800 ①978-4-88303-439-0

◆ゼロからスタート 英語低速メソッド リスニング入門編　内海克泰著　Jリサーチ出版　(付属資料：CD1)
【要旨】低速だから、リスニング力の基礎固めに大切な1つひとつの単語のつながりや音の変化をごまかさずに正確に聞き取れる！低速だから、音声を聞きながら意味を理解していく「英語脳」を鍛える！低速音声もネイティブスピーカーがゆっくり発話しているから、耳にやさしく重要な箇所をネイティブ式アップ！単語と短い文からスタートし、3章×10課と無理なく学習を進められる。発音のされ方を読んで、真似すれば英語発音力もUP！
2017.12 159p A5 ¥1400 ①978-4-86392-369-0

◆脱文法 100トピック実践英語トレーニング　中山誠一、ジェイコブ・シュニッケル、ヨーガン・ブラック、山内博之著　ひつじ書房
【目次】文化、人生・生活、人間関係、学校・勉強、芸術・趣味、宗教・祭り、歴史、メディア、仕事・コンピュータ、経済・消費、産業、社会、政治、ヒト・生き物、自然、サイエンス
2017.5 302p B6 ¥1600 ①978-4-89476-858-1

◆中学3年分の英語チャレンジワークシート　横田直美著　ベレ出版
【要旨】ワークシート形式で問題を解きながら、中学3年間で習う英語をしっかり学び、使える英語として身につけていきましょう。中学の英文法の知識をおさらいしながら、「話す」「書く」ときの問題を解いていきます。英文と作文の問題に挑戦することで、中学英語を使える感覚をつかむことができ、文法がしっかりと身についていくことが実感できます。本書にしっかり取り組めば、中学英語でも日常会話や自己紹介、日記やお手紙が書けるようになります。中学英語をより楽しく学ぶことができる一冊です。
2017.2 175p A5 ¥1400 ①978-4-86064-504-5

◆超ガチトレ 英語スピーキング上達トレーニング(音声DL付)　藤井拓哉著　ベレ出版
【要旨】日本語を瞬時に英語に変換する能力を身につける！本書では、基礎練習編とガチトレ編の2部構成で、スピーキング力アップのトレーニングを徹底的に行ないます。基礎練習編では、通じる発音をしっかりと学びながら、スピーキングに必要な文法・構文などの英語知識を増やすことに重点をおきます。ガチトレ編では、文型・構文ごとに日本語の問題文をすばやく英語にするスピーキングトレーニング。文型・構文についての詳しい解説付き。これらのトレーニングで、話すために必要な文法・単語・自然な言い回しのフレーズの知識を増やしながら、瞬時に文を組み立てる瞬発力を養い、学校英語から一歩抜け出したネイティブ的な言い回しができる力をつけていきます。
2018.1 710p A5 ¥3500 ①978-4-86064-532-8

◆テキスト不要の英語勉強法―「使える英語」を身につけた人がやっていること　布村奈緒子著　KADOKAWA
【要旨】大人でも独学でも今日からまねできる学び方のコツを大公開！
2017.12 207p B6 ¥1300 ①978-4-04-601808-3

◆ドラマ仕立て イギリス英語のリスニング 楽しく学ぶ！ ロンドン暮らし12か月のストーリー　ナディア・マケックニー著、近藤康裕訳　研究社
【要旨】舞台はロンドン。主人公ステラの1年の物語を通して、生きたイギリス英語と最新のイギリス文化に触れられる一冊です。イギリスの社会や文化に関するコラムも多数掲載に！この一冊で、イギリスのドラマや映画をもっと楽しめます。本物のイギリス英語表現満載！
2017.12 154p A5 ¥1700 ①978-4-327-44116-6

◆ネコろんで学べる英語発音の本　明場由美子著　実務教育出版

【要旨】一緒に発音楽しもうニャ！ネコイラストとやさしい説明で発音がゼロからわかる！絵本感覚で学べる新しい発音本。
2017.8 189p A5 ¥1600 ①978-4-7889-1139-0

◆発音とスペルの法則―英語の教師・学習者の為に　増田紀行著　(大阪)パレード、星雲社発売　改訂版
【目次】第1章 英語の基礎(r化母音を除く)、第2章 平均点20点upの秘訣、第3章 各種フォニックスのルール、第4章 英語音と英カナ、第5章 英音節、第6章 英単語の読み方、第7章 分節とアクセント、第8章 語尾変化とその発音、第9章 Helping"e"、第10章 二重母音のマトリックス
2017.5 300p B5 ¥1400 ①978-4-434-23250-3

◆話すための英語力　鳥飼玖美子著　講談社　(講談社現代新書)
【要旨】「英語をうまく話したい」夢を実現させる最良のストラテジーとは!?新しい英語学習法、「本当に伝わる」英会話の核心を伝授する！
2017.2 222p 18cm ¥800 ①978-4-06-288411-2

◆話すためのリスニング 入門+初級　白野伊津夫、リサ・A.ステファニ著　研究社　新装版
【要旨】英会話はリスニングから！逆転の発想による新メソッドでリスニング力のアップを提唱し、特に英語学習初級者にご好評いただいていた「話すためのリスニング」シリーズの『入門用』と『初級用』(2001年3月発売)が、1冊になって復刊！これ1冊でリスニングとスピーキングの基本が学べます。
2017.2 141p A5 ¥1400 ①978-4-327-44113-5

◆本気で英語を話したいあなたのための"英語筋"トレーニング　阿部大地郎著　サンライズパブリッシング、星雲社 発売
【要旨】ペンもノートも、教科書も辞書もいらない、英語習得の新常識!!日本初の英語ジムが編み出した「4カ月あれば絶対話せる」驚異のコミット型メソッド。
2017.2 232p B6 ¥1500 ①978-4-434-22935-0

◆無敵リスニング 上級―英語力を伸ばすディクトグロスタスク30　エイドリアン・リース、サイモン・クック著　開拓社
【要旨】アクティブラーニングを生かすディスカッションも！
2017.3 94p B5 ¥1200 ①978-4-7589-2311-8

◆無敵リスニング 中級―英語力を伸ばすディクトグロスタスク30　エイドリアン・リース、サイモン・クック著　開拓社
【要旨】アクティブラーニングを生かすディスカッションも！
2017.3 94p B5 ¥1200 ①978-4-7589-2310-1

◆薬学生のための英語 1　日本薬学英語研究会編　成美堂
【目次】The Communication Process―伝達過程、Médecins Sans Frontières (MSF) Charter―国境なき医師団、What to Expect from Your Pharmacist―薬剤師の仕事、Ivermectin, "Wonder Drug" from Japan : the Human Use Perspective―日本発の「夢の薬」、Cell Structure&Function―細胞の構造と機能、Host Defense Mechanisms Against Infection―感染に対する宿主防御機構、Water―なぜ水分が必要なのか、Air Pollution―大気汚染、The Basics of Dementia―認知症の基礎、Overview of Allergic Reactions―アレルギー反応の概要 〔ほか〕
2018.1 138p B5 ¥2800 ①978-4-7919-5099-7

◆4技能が身につく究極の音読プログラム 初級編　杉山一志著　IBCパブリッシング　(付属資料：CD1)
【要旨】英会話に必要な「スピーキング+リスニング」力と基礎英語力に必要な「リーディング+文法・語彙力」を同時に鍛える！
2017.4 153p B6 ¥1400 ①978-4-7946-0467-5

◆4技能が身につく究極の音読プログラム ビジネス編　杉山一志著　IBCパブリッシング　(付属資料：CD1)
【要旨】英会話に必要な「スピーキング+リスニング」力と基礎英語力に必要な「リーディング+文法・語彙」力を同時に鍛える！
2017.6 105p B6 ¥1400 ①978-4-7946-0479-8

◆ワーキングメモリと英語入門―多感覚を用いたシンセティック・フォニックスの提案　湯澤美紀、湯澤正通、山下桂世子編著　(京都)北大路書房

英語

語学・会話

◆**500 Pictures for GDM Teachers to Copy**—Graded Direct Methodで教え学ぶためのイラスト集　新井等著　牧歌舎東京本部、星雲社　発売
【要旨】動く絵の世界で英語を体感するGDM英語教授法のテキスト。
2017.2 133p A4 ¥1500 ⓘ978-4-434-22902-2

◆**AFP World News Report　4**　宍戸真、Kevin Murphy、高橋真理子著　成美堂
【目次】Emojis—絵文字は言語表現を豊かにする？（JAPAN）、Robots—ロボットが人手不足問題を解消？（JAPAN）、Shopping—実店舗での買い物VSオンラインショッピング（USA）、Volunteering Overseas—海外でのボランティア活動（SENEGAL）、Pop vs Traditional Culture—ポップカルチャーと伝統文化： 海外に紹介したいのは？（SAUDI ARABIA）、Foreign Visitors—訪日外国人の増加による影響（JAPAN）、English in the Office—社内公用語の英語化は仕事の効率を高める？（ROMANIA）、The National Parks—優先すべきは、自然保護か観光開発か（CANADA）、Old and New—温故知新（CUBA）、The Paris Agreement—パリ協定：地球温暖化対策として有効？（USA）〔ほか〕
2018.1 103, 14p B5 ¥2500 ⓘ978-4-7919-3423-2

◆**Break Away　2**　最新速読演習—実践編　Denise Kirby、Gillian Flaherty、James Bean、Karen Stern、原田慎一著　成美堂
【目次】Creative People（Agatha Christie（アガサ・クリスティ）、Vincent van Gogh（ヴィンセント・ヴァン・ゴッホ）ほか）、The Environment（New Lives for Old Phones（古い携帯の新しい命）、Tree Planting Day（植樹日）ほか）、Remote Places（Iceland： An Icy "Hot Spot"（アイスランド：氷で覆われた暑い国）、Socotra：A Land That Time Forgot（ソコトラ島：時に忘れられた島）ほか）、Space（One Small Step（一人の人間にとっては小さな一歩だが）、Spacesuits（宇宙服）ほか）
2018.1 81p B5 ¥1900 ⓘ978-4-7919-3413-3

◆**Britain at a Watershed**—鼓動するイギリス　John H. Randle、椋平淳著　成美堂
【目次】The Brexit Referendum—国民投票で問われたEU離脱、The New Mayor of London—ロンドンの新市長登場、Brits on Bikes—英国人は自転車を好む、Oxford and Cambridge： Looking to the Future—オックスブリッジの将来、A Profile of Cornwall—最果てのコーンウォール、The Cost of Being Young Today—若さの"特権"、あるいは"代償"、It All Began at Rugby School—すべてはラグビー校から始まった、Britain and the Sea—海を味方にする英国、Images of Scotland—スコットランドの光と影、"The New Look"： Beards and Tattoos—英国式ファッションの新たな"顔"〔ほか〕
2018.1 100p B5 ¥1900 ⓘ978-4-7919-3415-7

◆**CD BOOK 超英語思考リスニング**　イムラン・スィディキ著　明日香出版社（アスカカルチャー）（付属資料：CD2）
【要旨】超人気バイリンガル講師、大好評のトレーニング本第2弾！あなたのリスニングが必ず変わります！日本語が大好きな耳があっという間に英語に染まる！
2017.10 195p B6 ¥1650 ⓘ978-4-7569-1934-2

◆**CD BOOK ひとりでできる！ はじめての英語**　大空メイ著　明日香出版社（アスカカルチャー）（付属資料：CD1）
【要旨】カタカナでOK。お子さんだけで学べます！CDとイラストでつうじる英語がたのしく身につく。
2017.1 197p A5 ¥1400 ⓘ978-4-7569-1879-6

◆**Good Reading, Better Grammar**—リーディングで深める英文法　Joan McConnell、山内圭著　成美堂

【目次】Comfort Food—いつも心に栄養を！、The Hummingbird's Lesson—ハチドリの教訓、The Language of Colors—あなたの言葉は何色ですか？、Working Animals—動物はナマケモノ、それとも働き者？、Learn to Listen—傾聴のすゝめ、The Healing Power of Nature—自然に帰れ！、The Power of Love—LOVE LOVE LOVE愛を語ろう！、Animal Cafés—癒しのアニマルカフェ、Stand Up for Your Health！—健康のために立ち上がれ！、Las Vegas：Fantasy World in the Desert—ラスベガスに行かずして、結構とスベカラズ〔ほか〕
2018.1 97p B5 ¥1900 ⓘ978-4-7919-3418-8

◆**Meet the World 2018**—English through Newspapers　若有保彦編著　成美堂
【目次】人工知能、日常の判断に「客観的」助言を提供、フィンランド、失業者に月587ドルの基礎所得支給へ、料理人、和食給食の普及を援助、オックスファム：8人の富、世界の半数に匹敵、東京の新地下街、電子マネーの賽銭を受け入れ、読書用メガネ、過去のものになる可能性、日本、2020年五輪へ向け、乳幼児の脳の画像で自閉症のリスク診断か可能に、相乗りタクシーアプリ、実証実験へ、故郷の味、農家の電子工作が世界を変えるビジネスに〔ほか〕
2018.2 125p B5 ¥2000 ⓘ978-4-7919-3425-6

◆**New Connection Book 1**—4技能を高める英語演習Book1　角山照彦、Andrey Dubinsky、David Edward Keane、Mike Corsini著　成美堂
【目次】Meeting People、Time to Eat、Living with Technology、Shopping for Clothes、A Helping Hand at Home、Going Places、Not Feeling So Good、The Big Screen、How Do You Feel？、All in Good Fun〔ほか〕
2018.1 120p 28×21cm ¥2200 ⓘ978-4-7919-3411-9

◆**New Connection Book 2**—4技能を高める英語演習Book2　角山照彦、Andrey Dubinsky、David Edward Keane著　成美堂
【目次】Roommates、Checking Out、Get in Shape、Money Management、Close Ties、Time to Celebrate、Animals in Danger、A Fine Art、Tune In、Music to Our Ears〔ほか〕
2018.1 120p 28×21cm ¥2200 ⓘ978-4-7919-3412-6

◆**READING SUCCESS　3**　佐藤明彦、Valerie Tidwell著　成美堂
【目次】色彩の世界、オリンピック、パワーフード、動物の力を借りて、私の名は…、美しさを求めて、ソーシャルネットワーク、成人年齢、隠されたメッセージ、ボーイズ＆ガールズ〔ほか〕
2018.1 90p B5 ¥2000 ⓘ978-4-7919-3414-0

◆**Science in Our Daily Life**—科学の恩恵と私たちの暮らし　小林敏彦、Bill Benfield著　成美堂
【目次】1 TECHNOLOGY—科学技術（Phone Dirt Reveals Personal Data—スマホに付着した物質から分かる個人情報、Driverless Buses—世界初の自動運転バスの運行 ほか）、2 SOCIAL LIFE—社会生活（Delivery by Drone—ドローンで宅配、Uber and its Future—ウーバー（オンライン配車サービス）の未来 ほか）、3 MEDICINE—医学（Noise Level and Disease—騒音で起きる病気、Reading Faces—顔の表情を読み取る力 ほか）、4 ZOOLOGY—動物学（Euglena Dietary Supplements—ミドリムシの活用、Facts about Koalas—コアラの生態 ほか）、5 BIOETHICS&SPACE—生命倫理と宇宙（Culling Feral Cats—野生猫の殺処分、When Do We Become "Old"？—老いの始まりはいつか ほか）
2018.1 100p B5 ¥1900 ⓘ978-4-7919-3416-4

◆**SOEL**—Sentence・oriented English Learning　佐藤智寛著　ベレ出版
【要旨】中高6年分の英文法、重要構文、頻出単語（約5000）、頻出熟語（約1500）が一挙に学べる「4in1」の最強英語学習書。「頭に入れなければならないこと」が全部詰まっている。
2017.6 407p A5 ¥2200 ⓘ978-4-86064-511-3

◆**Trend Watching　2**　—もっと知りたい！ 社会のいま2　Jonathan Lynch、委文光太郎著　成美堂
【目次】Internet&Software（Fake Online Reviews（その口コミは本物？）、Could I Become a You Tuber？（憧れのYouTuberになる条件） ほか）、Technology（Why Don't We Ask Siri？（なんでSiriに聞かないの？）、Uncanny Valley（ロボットが越えなければならない「不気味の谷」） ほか）、Shopping&Tourism（Waiting in Line for Delicious New Food（おいしいものは並んでも食べたい）、Sympathy for the Delivery Man（宅配ドライバーに愛の手を） ほか）、Fashion&Style（Aspects of Sneaker Culture（スニーカー人気の秘密）、The Union Jack as Fashion Symbol（ファッション業界大注目のユニオンジャック） ほか）、Young People's Trends（Photogenicity（インスタ映えする写真が撮りたい！）、Stress Relief（お薦めのストレス解消グッズ） ほか）
2018.1 100p B5 ¥1900 ⓘ978-4-7919-3417-1

◆**Understanding Our New Challenges**—新しい世界の読み方　Dave Rear、杉藤久志著　成美堂
【目次】1 Issues in Culture（語学の天才の謎、上司のいない組織 ほか）、2 Issues in Society（世界の治安は悪化しているのか、早寝早起きの神話 ほか）、3 Issues in Technology（SFの未来予想、医療技術と長寿 ほか）、4 Issues in the Environment（遺伝子組み換え食品の倫理性、温暖化を止めるには ほか）、5 Issues in the Economy（自由貿易で得をするのは、格差社会の原因 ほか）
2018.1 102p B5 ¥1900 ⓘ978-4-7919-3426-3

◆**Winning Presentations**—動画で学ぶ英語プレゼンテーション・覚えておきたい8つのモデル　森田彰、原田慎一、北村一真、杉本清香、Bill Benfield著　成美堂
【目次】1 Basic Knowledge for Presentations（Presentation Structure—プレゼンテーションの構造、Presentation Skills—プレゼンテーションのスキル、Preparing for Your Presentation—情報収集と情報倫理 ほか）、2 Informative Presentations（Listing—列挙型プレゼンテーション、Classification—分類型プレゼンテーション、Process—プロセス型プレゼンテーション ほか）、3 Persuasive Presentations（Persuasion—説得型プレゼンテーション、Problem and Solution—問題解決型プレゼンテーション、Cause and Effect—原因・結果型プレゼンテーション ほか）
2018.1 107p B5 ¥2500 ⓘ978-4-7919-3424-9

ビジネス英語

◆**一流企業のビジネス英語**　安武内ひろし、ブラッド・ユアショット編　秀和システム
【要旨】多数の大企業で採用されている英語研修を書籍化！電話、会議、プレゼン、交渉、苦情処理、人脈づくり、eメールetc.ビジネス英語のすべてが基礎から丁寧に学べます。練習問題形式で、本当に使える英語力が身につきます。
2017.3 341p A5 ¥2200 ⓘ978-4-7980-4968-7

◆**一流ビジネスパーソンが無意識にやっている英語でプレゼン・スピーチ15の法則**—25のスライドタイプで鍛える！　愛場吉子著　三修社（付属資料：CD1）
【要旨】メリハリのある英語で決める！一発で決まる、スライド作成のコツ、スクリプトの作り方、スピーチの伝え方を一挙公開。
2017.4 229p A5 ¥2400 ⓘ978-4-384-05862-8

◆**英語で手帳をつけてみました**　有子山博美著　IBCパブリッシング
【要旨】「英語手帳」を活用するとこんなにもいいことが…いつのまにかボキャブラリーが増えている、毎日、英語に向き合う習慣がつく、日常生活に即した実用的な表現が身につく、短い言い回しでかまわないので、苦にならない、日本語で予定を書くより頭に残りやすい、「英語手帳120％活用法」を増補。巻末に役立つ情報が満載！
2017.11 239p B6 ¥1400 ⓘ978-4-7946-0509-2

◆**英文契約書の理論と実務**　大塚章男著　中央経済社、中央経済グループパブリッシング 発売
【要旨】「理屈」を詰めて考えることで、条項の意義がわかり多様な契約書作成への対応力を身につけることができる。実務で注目される紛争解決条項も、契約類型ごとに留意点を解説。
2017.10 382p A5 ¥4200 ⓘ978-4-502-23601-3

英語

◆技術者の実務英語　板谷孝雄著　(茅ヶ崎)AI
【要旨】海外企業との協議に役立つ!!日常業務の英語表現。
2017.4 239p A5 ¥3800 ⓘ978-4-990467-43-2

◆国際交渉の法律英語―そのまま文書化できる戦略的表現　中村秀雄著, 野口ジュディー英文監修　日本評論社
【要旨】交渉の本番では、いかに早く文書にすることができるかが勝負。先に文書化できれば、交渉の主導権を握って優位に立つことができる。口に出した言葉をそのまま書き取れば、ただちに最終的な英語の法律文書ができあがるように話すことは、「戦略」になる。「言う」を表すには"say"のほかに40通りもの英語表現がある！国際法務の分野で、適切な文章語を口にするために必要となる語彙を集め、簡単な用例とともに紹介。
2017.6 278p A5 ¥3200 ⓘ978-4-535-52252-7

◆仕事の英語いますぐ話すためのアクション123　河野木綿子著　すばる舎
【要旨】百戦錬磨の元外資系シニアマネジャーが教える、日本一カンタンな「ビジネス英会話」デビューのコツ。
2017.1 214p B6 ¥1400 ⓘ978-4-7991-0594-8

◆実務英文契約書文例集　黒河内明子, ムーン・キ・チャイ著　日本加除出版　第2版
【目次】第1部 総論 (英文契約の基礎知識、有利な英文契約書を締結するには、英文契約書の構成、一般条項、英文契約書と貿易取引)、第2部 英文契約書の文例集 (レター・オブ・インテント (予備的合意書)、秘密保持契約書、売買取引基本契約書、注文書、注文請書、製品売買契約書ほか)
2017.6 461p A5 ¥4400 ⓘ978-4-8178-4402-6

◆すぐに使える! 税務の英文メール　サム・リーブス, 中島礼子, 小林誠著　中央経済社・中央経済グループパブリッシング 発売
【要旨】かつては、税務に関する業務で英語を日常的に使うのは、一部の国際的な事務所や、外資系企業、グローバル企業に限られていました。しかし、今やボーダレス化。自分の会社やクライアントが海外進出したり、会社が海外企業に買収され、一夜にして外資系企業になったりすることも頻繁にあります。それに伴い、税務担当者が英語でコミュニケーションをとらなければならない場面も非常に増えています。本書では、「税務関連の英文メールを書かなければいけないけど、うまく書くことができない…」という方のために、英文メールの基本的な内容や留意点から、税務に関するさまざまな場面で使う英文例までを紹介しています。英語での法人税法・条文抜粋や、税額計算書の作成例、申告書の英訳例や税務特有の単語、さらにクライアントへの請求書や見積書のサンプルなど、実務で役立つ付録も満載です。
2017.12 269p A5 ¥3000 ⓘ978-4-502-23411-8

◆そのまま使える基本のビジネス英語 書く　デイビッド・セイン著　ジャパンタイムズ
【要旨】初心者でも使いやすいシンプルな文例。場面別、相手別のメール文例に加え、気軽に使えるLINEのような職場に必須の社内文書や社内掲示も充実。コピー&ペーストできる英文を特設ウェブサイトで公開。
2017.7 255p A5 ¥1600 ⓘ978-4-7890-1670-4

◆そのまま使える基本のビジネス英語 話す　デイビッド・セイン著　ジャパンタイムズ
【要旨】初心者でも使いやすいシンプルな文例。電話・会議・テレコン・毎日のオフィス英語など幅広いビジネスシーンを網羅。ダイアローグ付きで実際のビジネス会話をリアルに再現。全てのダイアローグ&フレーズのネイティブ音声を完全収録。
2017.7 238p A5 ¥1600 ⓘ978-4-7890-1671-1

◆ビジネス英語 魔法の切り返し―ネイティブはこう言えば納得する!　ルース・マリー・ジャーマン著　洋泉社
【要旨】コミュニケーションのすれ違いはこれで解消! 海外のビジネスパーソンからのこんな疑問に、ネイティブが感じる言い回しで答える! 外国人が日本のビジネスに感じる "Why?" への答え方。
2017.4 187p B6 ¥1400 ⓘ978-4-8003-1203-7

英文読解・和訳・英訳本

◆英語圏の現代詩を読む―語学力と思考力を鍛える12講　中尾まさみ著　東京大学出版会
【要旨】英語で詩を読んでみよう。20世紀後半以降、イングランド、アイルランド、アメリカ、ニュージーランドなどで書かれた多彩な作品群へ。知と想像力を駆使した思考の冒険へ。
2017.9 204p A5 ¥2800 ⓘ978-4-13-083075-1

◆英語対訳で読む現代ニュース―時事問題がラクラク理解できる!　成瀬光弘監修, ジェイムズ・ミラー英文執筆　実業之日本社　(じっぴコンパクト新書)
【要旨】毎日のテレビ・新聞等で報道されるニュースの中から、最重要テーマを厳選。経済、政治、国際情勢、社会、科学全般、文化・スポーツの各分野から、現代人として、これだけは押さえておきたい最新用語をピックアップ! ちょっと難しい専門用語を中学レベルの英語を使って解説、日本語の説明もしているから理解できるやさしい表現で徹底紹介しています。日英の新聞を読むのが楽しくなる入門書!
2017.9 207p 18cm ¥800 ⓘ978-4-408-33733-3

◆英語対訳で読むサラダ記念日　俵万智著, ジャック・スタム訳　河出書房新社　(『英語対訳版サラダ記念日』新装・改題書)　新装版
【要旨】教科書でもおなじみの、あの歌が英語になった! 美しい日本語と英語が、同時に楽しく学べる。「サラダ記念日」が2倍味わえる。280万部のベストセラー歌集の対訳版。
2017.6 184p B6 ¥1200 ⓘ978-4-309-02581-0

◆英語対訳で読む人体の仕組みの謎　鹿児島崇監修, ジェイムズ・ミラー英文執筆　実業之日本社　(じっぴコンパクト新書) (本文:日英両文)
【要旨】目、鼻、口…などの顔の部位から、肺、胃、腸…などの内臓、そして、免疫、ホルモン、生殖…などのからだのはたらきまで、これだけは知っておきたい人のからだに関する基礎的な知識、情報を、現役の医師とネイティブの英語講師がわかりやすい日本語と平易な英語で丁寧に解説。どうしても覚えるべきからだの部位の難しい英単語には、カタカナ読みが付いているので、スラスラ音読できる!
2017.2 207p 18cm ¥800 ⓘ978-4-408-11213-8

◆英語で語る日本事情2020　江口裕之, ダニエル・ドゥーマス著　ジャパンタイムズ　(付属資料:CD-ROM1)
【要旨】「里山」「ゆるキャラ」「ゆとり世代」「ブラック企業」日本のことをあらゆる角度から説明したいあなたに。「東京」を紹介する章を新設! 通訳ガイド試験対策に最適。
2017.4 303p A5 ¥2100 ⓘ978-4-7890-1669-8

◆英語で伝える江戸の文化・東京の観光　山口百々男著, 武村秀典, 藤田玲子, デリック・ブリス校閲　三修社
【目次】1 江戸・東京の三大名所旧跡 (今の皇居・昔の江戸城、明治神宮、浅草寺と上野公園)、2 東京都心の主要観光スポット (神社・仏閣・聖堂、御苑・名園・公園、博物館・美術館、スポーツ施設、歴史的建造物・展望施設・劇場)
2017.6 331p A5 ¥2000 ⓘ978-4-384-05865-9

◆英語で読む怪盗ルパン傑作短編集　モーリス・ルブラン著, 牛原眞弓日本語訳　IBCパブリッシング　(IBC対訳ライブラリー)　(付属資料:CD-ROM1; 本文:日英両文)
【目次】1 (アルセーヌ・ルパンの逮捕、獄中のアルセーヌ・ルパン)、2 (アルセーヌ・ルパンの脱獄、謎の旅行者、女王の首飾り)、3 (ハートの7、アンベール夫人の金庫) +4 (黒真珠、遅すぎたシャーロック・ホームズ)
2017.2 221p B6 ¥1800 ⓘ978-4-7946-0457-6

◆英語で読む高校世界史―Japanese high school textbook of the WORLD HISTORY　本村凌二翻訳監修, シュア企画・編　講談社　(本文:英文)
【要旨】Aristotle Confucius Charles the Great…って、誰のこと? 定評ある教科書『世界史B』(東京書籍) を英語に。人名・地名・歴史用語に「日本語ルビ」ですらすら読める! 写真・地図も多数掲載。英語索引、日本語索引を完備。
2017.4 383p A5 ¥1800 ⓘ978-4-06-220557-3

◆英語で読むジキルとハイド　R.L. スティーヴンソン原著, 斎藤静代翻訳・英語解説　IBCパブリッシング　(IBC対訳ライブラリー) (付属資料:CD-ROM1; 本文:日英両文)
【要旨】楽しく英語を読みすすめるために、英語表現をていねいに解説。読んでいると場面がくっきりと浮かび上がってきます。各ページの下欄に重要語句・表現のワードリストが付いているので、気になる語彙もその場で確認できます。本文の英語はアメリカの言語学者の指揮のもとMP3音声をCD-ROMに収録。
2017.6 178p B6 ¥1800 ⓘ978-4-7946-0481-1

◆英語で読む力。―54のサンプル・リーディングで鍛える!　長尾和夫, アンディ・バーガー著　三修社　(付属資料:別冊1)
【要旨】TOEIC L&R、TOEFL iBT、IELTS、TEAP、英検などのリーディング対策に! グラフ・図表など+説明文、お知らせ・広告など、複数の文章・メール、250語程度のエッセー、500語程度のエッセー、750語程度のエッセーを効率的に読み、論理的に理解する!
2017.6 323p A5 ¥2400 ⓘ978-4-384-05875-8

◆英語で読む錦織圭　松丸さとみ著, バーナード・セリオ訳　IBCパブリッシング　(IBC対訳ライブラリー) (付属資料:CD1)
【要旨】世界の名著や偉人伝を、コンパクトにまとめた読みやすい英文とその日本語訳で展開。読み進めるうちに、世界の知識が身に付き、英語の読解力・リスニング力もアップします。スピーキングやライティングに役立つ英語表現や重要語彙を抽出し、解説します。各ページの下欄に重要語句・表現のワードリストが付いているので、気になる語彙もその場で確認できます。本文の英語はアメリカの言語学者の指揮のもとMP3音声をCD-ROMに収録。
2017.4 173p B6 ¥1800 ⓘ978-4-7946-0470-5

◆英語のセンスを磨く―英文快読への誘い　行方昭夫著　岩波書店　(岩波現代文庫)
【要旨】手がかりを見のがさず、きちんと細部を読み込めば、書き手の心理が、論理の流れがはっきり見えてくる。選りすぐりの課題文の楽しく懇切な解読を通じて、英語の裏の裏を読む、本物のセンスを磨く本。新しい課題文も加えた待望の文庫版。
2017.9 260p A6 ¥980 ⓘ978-4-00-602292-1

◆英文速読の方法―理論から実践へ　篠原学著　創英社/三省堂書店
【要旨】「日本語の論理・英語の論理」の研究に基づいた、はじめての「英文速読」の理論と実践の系統的学習法。英語教師や教育実習生の育成指導で数々の実績を持つ筆者のメソッドは、センター試験・国公立大二次試験の長文で高得点をめざす人にも最適の一冊。
2017.6 271p A5 ¥1800 ⓘ978-4-88142-130-7

◆英文対照朝日新聞 天声人語 2017春 (VOL.188)　朝日新聞論説委員室編, 国際編集部訳　原書房　(本文:日英両文)
【要旨】英文対照。大学入試対策・就職活動時に必携。時事英語学習に最適。
2017.5 250p A5 ¥1800 ⓘ978-4-562-05393-3

◆英文対照 朝日新聞 天声人語 2017夏 (VOL.189)　朝日新聞論説委員室編, 国際編集部訳　原書房
【要旨】日本社会、国際情勢、文学に歴史…日本語で、英語で、はっきり意見を述べるには? 取材に基づく確かな情報と豊かな教養を盛り込んだ名物コラムで情報整理&発信術を学び、日英バイリンガルで知の技術を身につける!
2017.8 253p A5 ¥1800 ⓘ978-4-562-05394-0

◆おそ松くん ベスト・コレクション　赤塚不二夫著　辰巳出版　(英語コミックス) (本文:日英両文)
【要旨】松野家の六つ子と、魚屋の娘トト子ちゃん、キザなイヤミ、六つ子にライバル心を抱く、やんちゃなチビ太など、個性的なキャラクターが繰り広げる爆笑ギャグ漫画。イヤミの「シェー！」というセリフと手足を曲げるポーズは日本中に大流行した。
2017.8 175p 19×13cm ¥850 ⓘ978-4-7778-1912-6

◆オリエント急行殺人事件―MURDER ON THE ORIENT EXPRESS　アガサ・クリスティ著　講談社　(KODANSHA ENGLISH LIBRARY) (本文:英文)
【要旨】厳寒のヨーロッパを走る豪華列車オリエント急行。イスタンブール発、フランス・カレー

行きのその車内で、初老のアメリカ人富豪が複数の刺し傷を受けて死んでいるのが発見された。偶然同じ列車に乗り合わせていた名探偵ポワロは事件解決に挑むが、国籍や年齢、職業も異なる乗客にはすべて、完璧なアリバイがあった。大雪で立ち往生した列車内はさながら密室状態。事件は何を指し示し、いったいどこへ向かうのか？ 鮮やかな謎解きに息をのむ、ミステリーの傑作。

2017.11 319p A6 ¥950 ①978-4-06-250091-3

◆外国人は歴代総理の談話をどう読んだのか―英語で学ぶ近現代史　畠山雄二著　開拓社
【要旨】安倍談話も村山談話も、そのどちらも、右も左も普通にいいことが書かれている。とくに安倍談話の英語版は、日本の近現代史を知るには最高の「教科書」である。また、広い意味でのメディアリテラシーを学ぶには、安倍談話と村山談話の英語版は最適の教材である。両談話の英語版を熟読することにより、近現代とこれからの日本、そして「英語を読むとはどういうことか」の本質に迫る。

2017.3 175p A5 ¥1500 ①978-4-7589-8033-3

◆今日から！ 英語読書―英米児童書からはじめよう　林剛司著　（八尾）リトル・ガリヴァー社
【要旨】中学生から社会人まで英書を読破するヒミツ大公開!!週刊英和新聞AsahiWeekly 紙上連載「放課後ブッククラブ辞書なしで読もう！」の作者が、わかりやすくやさしく解説。

2017.12 223p B6 ¥1500 ①978-4-909259-17-2

◆決定版 翻訳力錬成テキストブック―英文を一点の曇りなく読み解く　柴田耕太郎著　日外アソシエーツ，紀伊國屋書店 発売
【要旨】原文を一語一語精緻に読んで正確に理解し、明晰な訳文に置き換える「翻訳の正道」を。著者の方法論が縦横に展開される100課題。古今の名文を一語一語分析・解説し、課例・添削例を示す。関連事項についての「研究」も付し、上級者が抱く疑問に応える。

2017.6 623p A5 ¥9800 ①978-4-8169-2667-9

◆サバイバル英文読解―最短で読める！ 21のルール　関正生著　NHK出版　（NHK出版新書）
【要旨】英字新聞やWeb 記事、趣味や資格の長文でも、英語を読むのはハードルが高く、とか難しいものと思いがち。しかし、英語が書かれる「定石」を知れば、難解な語句や表現の意味を補いながら、あらゆる英文の核心が、一気につかめるようになる！ 最も大切な部分を瞬時に見抜く法則から、文章を「まとめ」や「具体例」に入るサインで、そのスマートな活用法まで。快速に英語を読みこなしていくポイントを凝縮した、英文読解〝虎の巻〟。

2017.6 287p 18cm ¥780 ①978-4-14-088518-5

◆ジャパンタイムズ社説集 2016年下半期　ジャパンタイムズ編 ジャパンタイムズ （付属資料：CD1; 本文：英文）
【要旨】2016年7月・12月のジャパンタイムズ紙から重要テーマを論じた社説を注釈・和訳つきで厳選収載。

2017.2 149p A5 ¥1600 ①978-4-7890-1668-1

◆ジャパンタイムズ社説集 2017年上半期 1月〜6月　ジャパンタイムズ編，又江原裕監修　ジャパンタイムズ （付属資料：CD1）
【要旨】英文社説で読む、世界の論点。2017年1月・6月のジャパンタイムズ紙から重要テーマを論じた社説を注釈・和訳つきで厳選収載。

2017.9 93p A5 ¥1600 ①978-4-7890-1680-3

◆ジャパンタイムズ ニュースダイジェスト 65 特集 トランプ新大統領就任演説生音声　ジャパンタイムズ編　ジャパンタイムズ （本文：英文;付属資料：CD1）
【要旨】国防長官との会談で日米同盟を再確認、世界の半分の富を8人が独占、日本は長期戦に備えあり―1942年アーカイブ記事、ほか英文ニュース記事11本。

2017.4 93p A5 ¥1600 ①978-4-7890-1672-8

◆1984 一九八四年　ジョージ・オーウェル著，シーラ・ライクネスリライト　IBCパブリッシング （ラダーシリーズ） （本文：英文）
【要旨】第三次世界大戦後、かつての英国のロンドンと呼ばれた地域で、ウィンストンは暮らしていた。個人のプライバシーが剥奪され、男女の性愛の罪とされ、子どもが親を通報することが奨励され、日記を書くことが死刑相当の思考犯罪となる社会で。彼は忠実に歴史の改ざん業務に

励んでいたが、胸には反体制の思いを秘めていた。そのことが、思想犯罪に該当していた。「英語で書かれた20世紀の小説ベスト100」「史上最高の文学100」に選ばれた、ディストピア（反ユートピア）文学の最高傑作。

2017.7 223p 18cm ¥1200 ①978-4-7946-0485-9

◆大活字版 日本まるごとQ&A　安部直文著，マイケル・ブレーズ訳 IBCパブリッシング （対訳ニッポン双書） （本文：日英両文）
【目次】自然と成り立ち、歴史、政治・行政、司法・治安、社会保障・医療、経済・労働、外交、暮らし、教育・宗教、文化、レジャー・スポーツ、観光・イベント

2017.2 391p 23×15cm ¥1800 ①978-4-7946-0460-6

◆大活字版 武士道　新渡戸稲造著　IBCパブリッシング （対訳ニッポン双書） （本文：日英両文）
【要旨】世界に誇る日本の魂。完全解説付き新訳決定版。

2017 305p 23×15cm ¥1800 ①978-4-7946-0477-4

◆対訳・注解 不思議の国のアリス　ルイス・キャロル著，安井泉訳・注　研究社
【要旨】不朽の名作『不思議の国のアリス』を、英語で読む。原文の魅力を伝える読みやすい新訳に、丁寧かつ綿密な注釈。『アリス』の世界を味わうための最良の道しるべ。

2017.8 376p B6 ¥3500 ①978-4-327-45279-7

◆東大名誉教授と原文で楽しむ英文読書術　行方昭夫著　DHC
【目次】1 A Dead Secret—LAFCADIO HEARN, 2 The Strawberry Season—ERSKINE CALDWELL, 3 The Singing Lesson—KATHERINE MANSFIELD, 4 David Swan—NATHANIEL HAWTHORNE, 5 Who Dealt?—RING LARDNER

2017.8 203, 74p A5 ¥1800 ①978-4-88724-592-1

◆東大名誉教授と名作・モームの『物知り博士』で学ぶ英文読解術　行方昭夫著　DHC
【要旨】横浜に向かう大型客船。私はある男と相部屋になった。「なんでも知っている」と言わんばかりの出しゃばりな男「ケラーダ」を。誰もが皮肉を込めて彼を『物知り博士』と呼んだ。しかし彼がとった意外な行動から、私はその人物像を修正せざるを得ない―稀代のストーリーテラーであるモームの短編をまるごと使い、行方先生の授業を再現しました。読解力や文法力を試しながら物語も楽しめます。また、行方先生が英語学習の疑問に答える「英語よろず相談室」や先生の学習史も収載。初級者から上級者まで、英語を学ぶ奥深さと楽しさをじっくり味わっていただけます！ 本書でしか読めない、行方昭夫21世紀版翻訳を完全収録！

2017.1 236, 15p A5 ¥1600 ①978-4-88724-583-9

◆動物農場　ジョージ・オーウェル原著，松澤喜好監修　IBCパブリッシング （IBCオーディオブックス） （付属資料：CD2; 本文：英文） 新装版
【要旨】荘園農場の横暴な農場主を追い出すため動物たちが蜂起する。動物のための、動物による農場統治を実現させようというのだ。豚に率いられた動物たちの反乱はみごとに成功し、人間たちを駆逐する。しかし次に動物たちを待ち受けていたのは、権力を手にした豚による独裁だった。ロシア革命を寓意的に描きながら、人間社会における権力と堕落の関係を描いた、ジョージ・オーウェルの傑作風刺小説。総単語数6,170語。

2017.6 155p B6 ¥1700 ①978-4-7946-0480-4

◆日英対訳アメリカQ&A　山久瀬洋二著　IBCパブリッシング
【要旨】日本人が英語で知っておきたいアメリカの常識。アメリカ人の精神と社会システムが見えてくる。

2017.2 269p B6 ¥1600 ①978-4-7946-0458-3

◆日本奥地紀行（縮約版）—Unbeaten Tracks in Japan　イザベラ・バード著，ニーナ・ウェグナーリライト，牛原眞弓日本語訳　IBCパブリッシング （対訳ニッポン双書） （本文：日英両文）
【要旨】140年前に外国人によって教えられたのが、いまの日本の地方再生に役立つのではないか?!英国人女性が、その鋭い観察眼と臨場感あふれる表現力によって描いた明治維新新当時の日本の姿。豊かになったはずの日本人が失ってしまったものが、いま、ここに、見えてくる。

2017.4 223p 19cm ¥1600 ①978-4-7946-0471-2

◆羽のあるお地蔵さま　Miu著, Eduardo Abreo, 百恵・Abreo訳　如月出版 （本文：日英両文）

2017.5 78p A5 ¥1500 ①978-4-901850-52-0

◆ヒラリー・クリントンはそこが言いたかった　竹村日出夫, 松本利秋, 小田井勝彦, 大谷多摩貴編著　東京堂出版 （本文：英文）
【目次】"I Want to Be a Champion"From Hillary Clinton on March 30 2007, "I'm Ready"From Hillary Clinton on May 7 2015, "The Next President"From Hillary Clinton on June 26 2015, "We Must Keep Fighting for Equal Pay"From Hillary Clinton on July 19 2015, "Not Doing So Was a Mistake"From Hillary Clinton on September 9 2015, "She Doesn't Do Things for the Title, the Pay, or the Accolades"From Bill Clinton on October 1 2015, "I Hope"From Chelsea on October 10 2015, "I Want to Say This"From Hillary Clinton on December 11 2015, "She's a Changemaker"From Bill Clinton on February 10 2016, "I Promise"From Hillary Clinton on February 26 2016, "America's Diversity"From Hillary Clinton on March 9 2016, "I Have No Intention"From Hillary Clinton on April 1 2016, "I Know How Hard the Job of President Can Be"From Barack Obama on June 11 2016, "So Let's Put Our Foot on the Pedal"From Hillary Clinton on October 4 2016, "DONALDO TRUMP IS GOING TO BE PRESIDENT"From Hillary Clinton on November 9 2016

2017.2 86p B5 ¥2200 ①978-4-490-20960-0

◆「星の王子さま」を英語で読もう　アントワーヌ・ド・サン＝テグジュペリ作, キャサリン・ウッズ英訳, 西きょうじ注・解説　研究社
【要旨】カリスマ予備校講師西きょうじの解説で多くの英米人が長く親しんできたウッズ訳『星の王子さま』を読もう。

2017.12 132p A5 ¥1500 ①978-4-327-45278-0

◆ルドルフとイッパイアッテナ　斉藤洋著, 岩淵デボラ, 遠田和子訳　講談社 （講談社英語文庫）
【要旨】ひょんなことから長距離トラックに乗って東京にやってきた黒猫のルドルフ。地域のボス猫で人間の文字が読み書きできる「イッパイアッテナ」や、ぶち猫のブッチーらと出会い、飼い猫だったルドルフは野良猫として生活し始めることになります。そんなある日…。猫たちの冒険と友情、そしてルドルフがたくましく成長していく姿を描いた児童文学の名作。生き生きとしたやさしい英語でルドルフたちの世界が楽しめます！ TOEICレベル400点〜。

2017.4 174p A6 ¥780 ①978-4-06-250088-3

◆ロアルド・ダールが英語で楽しく読める本　コスモピア編集部　コスモピア
【要旨】6作品の名場面が原書で読める！

2017.4 223p A5 ¥1800 ①978-4-86454-106-0

◆All About Japan　Willamarie Moore著, ワイルズ一美画　チャールズ・イー・タトル出版 （本文：英文）
【目次】Introducing Japan (Welcome to Japan！, Your Map of Japan！), Everyday Life (Welcome to My Home！, Have You Tried Japanese Food？ ほか）, Holidays and Celebrations (O － Shogatsu (New Year), Kodomo － no － Hi (Children's Day) ほか）, Language and Culture (Say It in Japanese！, Frogs for Good Luck ほか

(17.1)63p 29×23cm ¥1500 ①978-4-8053-1440-1

◆AT HOME MINISTRY—The Spiritual Journey of Homeless People in Tokyo　渡辺聡著　ヨベル （本文：英文）
【目次】1 Yoko, 2 Chronicle of the TBC Homeless Ministry, 3 The Reason Why a Homeless Person in Shibuya Would Want to Become a Christian, 4 Boxing Fitness Ministry, 5 Christianity, the Treasure I Picked up, 6 Open Air Chapel, 7 Theology of a Banquet

2017.2 143p A5 ¥800 ①978-4-907486-47-1

◆British Society through its buildings—ブリティッシュ・ビルディングス　Simon Rosati, 近藤久雄著　英宝社

◆COMMUNICATION STRATEGIES FOR INDEPENDENT ENGLISH USERS—英語コミュニケーション・ストラテジー　達川奎三, Joe Lauer, 山本五郎著　英宝社

【目次】Starting a Conversation、Getting the Floor、Keeping the Floor、Introducing a Topic、Changing a Topic、Asking for Repetition、Asking for／Giving Clarification、Checking and Indicating Understanding、Breaking in／Interrupting、Taking Time for Thinking／Hesitating、Breaking／Avoiding Silence、Closing a Conversation、List of Casual Speech Non‐Standard Spellings

2017.1　88p　B5　¥2400　Ⓘ978-4-269-44016-6

◆Efficacy of Visual‐Auditory Shadowing Method in SLA Based on Language Processing Models in Cognitive Psychology　中山誠一著　開拓社　（本文：英文）

【目次】1 Issues in L2 Listening Comprehension、2 History on L2 Listening Instruction、3 Shadowing as Listening Instruction : Current Perspectives and Research Questions、4 Theoretical Frameworks Applied in This Research、5 A Study on the Efficacy of Shadowing Training（Study 1）、6 New Shadowing Training Procedures to Facilitate Overall Understanding of Spoken Texts Based on the Findings of Priming Methods、7 Efficacy of Visual‐auditory Shadowing for Listening Comprehension（Study 5）、8 Conclusion

2017.2　109p　A5　¥2600　Ⓘ978-4-7589-2236-4

◆ENGLISH LINGUISTICS—Journal of the English Linguistic Society of Japan　Volume 34, Number 1（October 2017）日本英語学会編　開拓社　（本文：英文）

【目次】Invited Articles（Notes on the Locality of Anaphor Binding and A‐Movement）、Articles（Radical Free Merger）、Reviews（Shimamura, Reiko（2014）Go to Ku to Nazuke‐kinoo : Niti‐eigo no "Keiyoosi＋Meisi"‐kei o Tyuusin ni（Words, Phrases and the Naming Function : With a Focus on "Adjective＋Noun" Forms in Japanese and English）、Alexiadou, Artemis, Hagit Borer and Florian Schäfer（eds.）（2014）The Syntax of Roots and the Roots of Syntax, Preminger, Omer（2014）Agreement and Its Failures、Abe, Jun（2015）The In‐Situ Approach to Sluicing ほか）、Obituary（Minoru Yasui（1921‐2016））

2017　233p　22×16cm　¥6500　Ⓘ978-4-7589-1931-9

◆Exploring Hiroshima 英語で読む広島　西谷コエン著　IBCパブリッシング（ラダーシリーズ）

【要旨】本書は、日本人にとっては修学旅行先としてもなじみ深い広島を、やさしい英語で解説しています。世界にその名を知られ、外国人観光客も年々増加している"Hiroshima"を英語で伝えられるようになりましょう。総単語数7,700語。

2017.8　107p　18cm　¥800　Ⓘ978-4-7946-0487-3

◆Industrial Renaissance : New Business Ideas for the Japanese Company　HidakaKappei編（八王子）中央大学出版部（Research series 39）　（本文：英文）

〔17.2〕243p　A5　¥3100　Ⓘ978-4-8057-3238-0

◆Japanese for Fun—Phrasebook & Dictionary　神谷妙子著　チャールズ・イー・タトル出版　（付属資料：CD‐ROM1）

【目次】Basic Expressions、What's What、Introducing Yourself、Numbers、Telling Time、Days of the Week、Days, Months and Years、Asking Directions、Taking the Train、Taxis and Buses〔ほか〕

〔17.3〕239p　16×16cm　¥1300　Ⓘ978-4-8053-1398-5

◆NEWS　本村俊弘著　七月堂　（本文：英文）

【目次】樹3、樹4、樹5、樹6、天文台のある町、雪、記憶、隕石、虹、交信、家、魚、声、玉蜀黍畑、消息、灰の記憶、月光、5月、7月

〔17.2〕53p　21×14cm　¥1200　Ⓘ978-4-87944-271-0

◆NTV News24 English—日テレNews24 Englishで考える日本事情　津田晶子, 金志佳代子, Kelly MacDonald著　英宝社

【目次】和食が人気に、女性型アンドロイドが男性をファッショニスタに、高校生の4分の1がスポーツカーをデザイン、客室乗務員のおもてなしコンテスト、日本の災害救援ロボット、国連でお茶会、全国の労働者にストレステスト、都心に新構造型ビルの発表、長崎のおくんち、始まる、国連女性事務所を東京に開設、雲の上の病院

2017.1　66p　B5　¥2400　Ⓘ978-4-269-17023-0

◆Rakugo—"Mount Atago" and other Stories　ダニエル・スチュワート監修, NHK編　NHK出版（音声DL BOOK—NHK Enjoy Simple English Readers）　（本文：英文）

【要旨】NHKラジオ「エンジョイ・シンプル・イングリッシュ」から、笑いとぬくもりの古典落語20選。

2017.9　141p　20×13cm　¥1100　Ⓘ978-4-14-035151-2

◆Scarcity and Excess : Technological Troubles and Social Solutions—ニューヨークタイムズ社会点描　喜多留女, K. W. Adams編注　英宝社

【目次】1 Food、2 Social Media、3 Population and Birth Control、4 Technological Solutions Gone Wrong、5 Smart Social Solutions、6 Artificial Us

2017.1　120p　B5　¥2100　Ⓘ978-4-269-19019-1

◆Short Stories—Life Is Full of Ups and Downs　ダニエル・スチュワート監修, NHK編　NHK出版（音声DL BOOK—NHK Enjoy Simple English Readers）　（本文：英文）

【要旨】NHKラジオ「エンジョイ・シンプル・イングリッシュ」から、山あり谷ありのショート・ストーリー20選。

2017.9　141p　20×13cm　¥1100　Ⓘ978-4-14-035150-5

◆SOMPO GUIDE TOKYO　翔泳社トラベルガイド編集部著　翔泳社　（本文：英文）

【目次】Top report The 8 keywords for enjoying Tokyo（Tokyo Gourmet、Shrines and Temples、Kabuki ほか）、Area report The hot areas of Tokyo（SHINJUKU、GINZA、ASAKUSA／OSHIAGE ほか）、BASIC INFORMATION for your journey（Transportation（Information from the airport to the city）、Information on Tokyo Transportation、Japan's literary calendar ほか）

2017.2　207p　19×12cm　¥1200　Ⓘ978-4-7981-4808-3

◆Studies in Middle and Modern English—Historical Variation　谷明信, ジェニファー・スミス編　開拓社（Studies in the History of the English Language 6）　（本文：英文）

【目次】Some Considerations of Affixal Negation in Shakespeare、The Development of a New Infinitival Construction in Late Middle English : The Passive Infinitive after Suffer、Functional and Semantic Constraints on Forms of the Verb Phrase in Late Middle English If‐Clauses、Think and Trow in the Paston Letters、Chaucer's Comment Clauses with Reference to Trowe and Wene、Properties of English Prose in the Eighteenth Century

2017.6　142p　A5　¥3800　Ⓘ978-4-7589-2249-4

◆THE AGRICULTURAL MONGOLS : LAND RECLAMATION AND THE FORMATION OF MONGOLIAN VILLAGE SOCIETY IN MODERN CHINA　ボルジギン・ブレンサイン著（横浜）春風社　（本文：英文）

【目次】1 LAND RECLAMATION AND THE CONTROVERSY SURROUNDING MONGOL LAND、2 WHO OWNED MONGOL LAND？ THE PROBLEM OF 'CULTIVATED LAND'、3 MONGOL PRINCES AND THE RECLAMATION OF MONGOL LAND : PRINCE ÜNDÜR AND THE XIJIA WASTELAND、4 THE RECLAMATION OF THE LIAOBEI WASTELAND AND GADA MEIREN'S UPRISING、5 A HISTORY OF LANGBUNTOBU VILLAGE : THE INTEGRATION OF A COMMUNITY OF IMMIGRANTS、6 MARRIAGE NETWORKS AND THE FORMATION OF A MULTIETHNIC VILLAGE COMMUNITY、7 THE FORMATION OF AGRICULTURAL MONGOL VILLAGES AND THE COEXISTENCE OF PASTORALISM AND AGRICULTURE、8 FIELDWORK

2017.2　398p　A5　¥6000　Ⓘ978-4-86110-543-2

◆The Bill Gates Story—ビル・ゲイツ・ストーリー　トム・クリスティアン著　IBCパブリッシング（ラダーシリーズ）　（本文：英文）

【要旨】IT世界に一大帝国を築き上げ、慈善活動のカリスマへと転身したビル・ゲイツに学ぶリーダー像とは。その成功の秘訣は何か？やさしい英語で読むビリオネアのサクセス・ストーリー。

2017.12　127p　18cm　¥1000　Ⓘ978-4-7946-0517-7

◆The Brothers Karamazov—カラマーゾフの兄弟　フョードル・ドストエフスキー原著, ニーナ・ウェグナーリライト　IBCパブリッシング（ラダーシリーズ）　（本文：英文）

【要旨】舞台は19世紀半ばのロシア。欲望の権化のような父フョードルの元に、放り出されてよそで育てられた三兄弟が帰省する。それぞれ相異なりながらも色濃く父の血を引いた、激情家のドミートリイ、無神論者の秀オイワン、心優しき僧侶のアリョーシャというカラマーゾフ三兄弟。長男ドミートリイは、遺産と愛人グルーシェンカとの関係を巡って父と争ううちに、父の命を奪う計画を立て始める。殺人、愛憎、善と悪、人間と信仰など、さまざまなテーマが絡み合う、文豪ドストエフスキー最後の超大作。

2017.3　156p　18cm　¥1000　Ⓘ978-4-7946-0461-3

◆The Effects of Explicit Reading Strategy Instruction on Student Strategy Use and Metacognitive Awareness Development　瀧由紀子著（京都）晃洋書房　（本文：英文）

【目次】1 A Review of Learning Strategies and Reading Strategies、2 Cross‐Sectional Studies、3 Longitudinal Studies、4 Strategy Use and Proficiency Level、5 Explicit Instruction in Reading Strategies、6 Conclusion

2017.3　212p　A5　¥4400　Ⓘ978-4-7710-2711-4

◆The Japan Times News Digest 2017.1 Vol.64　ジャパンタイムズ編　ジャパンタイムズ　（付属資料：CD1）

【目次】Feature 日米両首脳真珠湾訪問（オバマ大統領真珠湾演説―和解の報酬は報復よりも多い（全文）、安倍首相真珠湾演説―和解の力（全文・英訳版）、オバマ大統領広島演説―今こそ道徳的な目覚めを（抜粋））、1（日本の人口、ほぼ百年ぶりに減少、長崎、BSL4施設の受け入れに同意）、2（基礎科学への投資を増やせと、大隅教授、トランプ勝利で在米ムスリムに動揺）、3（外国人「実習生」の失踪が史上最大に、科学者は最悪の事態を覚悟、ベトナム、原発建設にNO）、The Japan Times アーカイブ（真珠湾攻撃20周年の式典、おごそかに、ブッシュ、対テロ戦で日本を称賛）

2017.2　93p　A5　¥1000　Ⓘ978-4-7890-1667-4

◆What makes KOREA insult JAPAN : Truth behind Korea's resentment over Japan　OhSonfa著, OtaniIchiro訳　ヒカルランド　（本文：英文）

【目次】1 Korea as a Nation that Suppresses Freedom of Speech and Writing、2 How Did the Anti‐Japan Ideology Evolve Over Time？、3 Traditional Ideology of Koreans' Disdain for Japan and the China Centric Worldview、4 Ethnic Sentiment Based on the Unity of Blood Lineage、5 Equating Colonization with Absolute Evil is Wrong、6 How I Changed from Anti‐Japanese to Pro‐Japanese

2017.12　334p　B6　¥2315　Ⓘ978-4-86471-620-8

英単語

◆一気に英語力がグレードアップする100の英単語—「話す」「書く」のバリエーションがどんどん広がる　パトリック・フォス,酒巻バレット有里著　草思社
【要旨】本書で紹介する単語は、すべてネイティブの使用頻度ランキング約1〜3,000位レベルの重要単語です。例文はストーリー形式で、日本で暮らしていたネコたちが思いがけなくアメリカに渡り、冒険する様子を描いています。まず各章の英文を辞書や解説ページを見ず、大体の意味をつかむつもりで、ざっと読んでください。次に解説ページで単語や表現の使い方の説明、例文を読んで理解を深めていきましょう。ストーリーの展開を楽しみながら、自然に英単語の知識が身につきます。
2017.1　255p　B6　¥1500　978-4-7942-2250-3

◆イラスト記憶法で脳に刷り込む英単語1880　吉野邦昭,永井堂元著,佐藤文昭監修　あさ出版
【要旨】通勤通学中、トイレ中、休憩中etc スキマ時間に見るだけ！1単語わずか15秒。効率的に勉強したい人のための「イラスト記憶法」を使った画期的な1冊。
2017.2　502p　B6　¥1500　978-4-86063-969-3

◆イラストで覚える！茶の湯英単語　ブルース・濱名宗整監修　淡交社
【要旨】お茶席で外国の方とコミュニケーションをとりたいけれど、茶道具の英単語が出てこない！動作をうまく説明できない！この本は、基本的な茶の湯用語がイラストを見ながら覚えられる単語集。英語が得意な人も、今から勉強したい人も、CHAN-OYUを身近に、楽しく学びましょう。
2017.9　111p　B6　¥1200　978-4-473-04192-0

◆英語クラスターハンドブック—基本単語のつながり用例辞典　安井稔,久保田正人著　開拓社
【要旨】基本単語約1,000語につき、それらが他のどのような語と結びつきやすかったり、「結びつきやすさ」（cluster）を列挙した一種の辞書。
2017.6　653p　B6　¥3800　978-4-7589-2242-5

◆英単語語源マップ—由来とつながりがわかる　臼井俊雄著　ベレ出版
【要旨】英単語の由来を明確にし、「語源」別に総合的に解説した、はじめての英単語学習書。基本イメージと派生語が一目でわかる語源マップ。
2017.6　407p　B6　¥1900　978-4-86064-514-4

◆英単語速習術—この1000単語で英文が読める！　晴山陽一著　晴山書店,万来舎 発売
【要旨】英単語の学習法に情熱を傾けてきた著者が、自ら開発した最も効果的な単語の覚え方の秘訣を伝授する。対句・フレーズ・四字熟語からイモヅル式暗記法にいたるまで、学習テクニックの集大成。1998年に刊行され、またたく間に10万人から支持されたベストセラー単語集を、復刊した決定版！
2017.5　239p　B6　¥1400　978-4-908493-14-0

◆英単語ターゲット1900 BLACK 2017　宮川幸久,ターゲット編集部編　旺文社　5訂版
【要旨】旺文社だからこそできる！全国大学入試問題データベースに基づく"出る順"構成。効率的な"一語一義"主義。見出し語1900語＋派生語・関連語1573語＝3473語を収録。重要表現を"ターゲットフレーズ"でチェック。無料音声ダウンロードサービスつき。
2017.2　511p　18cm　¥1000　978-4-01-034416-3

◆英単語ターゲット1900 WHITE 2017　宮川幸久,ターゲット編集部編　旺文社　5訂版
【要旨】旺文社だからこそできる！全国大学入試問題データベースに基づく"出る順"構成。効率的な"一語一義"主義。見出し語1900語＋派生語・関連語1573語＝3473語を収録。重要表現を"ターゲットフレーズ"でチェック。無料音声ダウンロードサービスつき。
2017.2　511p　18cm　¥1000　978-4-01-034417-0

◆書いて覚える英単語ノート 基本3000語レベル—データベース3000「5th Edition」準拠　桐原書店編集部編　桐原書店　第3版
【要旨】選びぬかれた英単語、覚えやすいテーマ別分類。コーパスに裏付けされた、質の高い例文。中学基本語の復習から、センター試験準備まで。単語1551、熟語299を収録。
2017.3　200p　B5　¥1100　978-4-342-01318-8

◆カタカナで覚える「超効率」英単語　小池直己,佐藤誠司著　PHP研究所（PHP文庫）
【要旨】アプリ、オリジナル、リクエスト…。「英語が苦手！」という人も、日常では"カタカナ言葉"をたくさん使っているはず。本書では、日本人がよく使うカタカナ言葉を、衣食住からビジネス、娯楽、スポーツ、科学技術など20のジャンルに分け、ネイティブの英語表現と照らし合わせて解説。「こんな意味もあったのか！」という驚きの発見とともに、英単語がスラスラと頭に入る一冊。文庫書き下ろし。
2017.2　333p　A6　¥920　978-4-569-76626-3

◆カナヘイの小動物 絵をみてパッとおぼえる英単語　カナヘイイラスト,リサ・ヴォート文　DHC
【要旨】言いたいことが英語で言える120語＋身のまわりの150語。LINEスタンプでもおなじみの人気キャラクターたちが登場！かわいいイラストを"パッ"とみるだけで、どんどん英単語がおぼえられる！
2017.10　174p　B6　¥1000　978-4-88724-594-5

◆キクタン リーディングEntry2000　アルク文教教材編集部企画・編　アルク　改訂版
【要旨】リズムに乗って単語を覚え（キクタン）、長文で定着させる（リーディング）。大学受験に頻出&必須の基本単語950語を網羅！易しい長文から無理なく始められる。約2分で音読できるコンパクトな長さ。スラッシュ入り英文で速読力を鍛える。手厚い文法解説で自学自習もできる。スラッシュ入り日本語訳と通常訳で長文の理解が深まる。
2017.8　219p　B6　¥1400　978-4-7574-2895-9

◆合格英単語600　受験情報研究会編　ごま書房新社　新装版
【目次】1章 英単語はこの600語で十分（単語勉強のワナにはまるな！、英単語は、この600語で十分！、英語力を伸ばす600単語の生かし方）、2章 これだけは覚えておきたい 名詞230語、3章 これだけは覚えておきたい 動詞215語、4章 これだけは覚えておきたい 形容詞・副詞155語
2017.2　219p　18cm　¥1100　978-4-341-01926-6

◆仕事で使える受験英熟語940　晴山陽一著　秀和システム
【要旨】36の前置詞が自由に使いこなせる！前置詞のイメージから覚える晴山メソッド。
2017.7　367p　B6　¥1300　978-4-7980-5181-9

◆仕事で使える受験英単語1200　晴山陽一著　秀和システム
【要旨】英語をやり直すならこの本から！ビジネスで必要な英単語はすべて中高6年間で学んでいる！科学的暗記メソッドで、効率的&最速でマスター。
2017.5　367p　B6　¥1300　978-4-7980-5122-2

◆自然な英語を話すための日常英単語1200　小倉雅明,ジョン・フラナガン著　テイエス企画（付属資料：CD‐ROM1）
【要旨】使えるようで使えない重要単語とリアルな表現。「話す力」を身につける3ステップのトレーニング。
2017.3　459p　B6　¥1800　978-4-88784-189-5

◆新解釈 ボイメンの試験に出ない英単語　中山,「ボイメンの試験に出ない英単語」製作委員会著　飛鳥新社（出ない順シリーズ）
【目次】1 ボイメン的非重要例文50、2 ボイメン的必修例文50、3 ボイメン的非効率例文50
2017.10　175p　B6　¥1400　978-4-86410-578-1

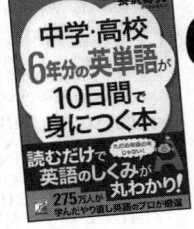

◆中学・高校6年分の英単語が10日間で身につく本　長沢寿夫著　明日香出版社（アスカカルチャー）（付属資料：長沢先生と直接やり取りできる質問券）
【要旨】読むだけで英語のしくみが丸わかり！275万人が学んだやり直し英語のプロが厳選。
2017.2　235p　B6　¥1400　978-4-7569-1885-7

◆データベース4500 完成英単語・熟語　荻野治雄監修　桐原書店（付属資料：CD‐ROM1）第5版
【要旨】高校必修の単語・熟語から入試問題まで一入試で差がつく英単語約1730語と熟語約350を収録。コーパスに裏付けられた自然な例文を通して効果的に学べる。
2017.9　446p　19×14cm　¥990　978-4-342-01323-2

◆出ない順 試験に出ない英単語 やりなおし中学英語篇　中山著,千野エーイラスト,ネルソン・バビンコイ英語監修　飛鳥新社
【要旨】いつものようにくだらない例文と単語で中学レベルの英語をやりなおします。be without a girlfriend "彼女がいない"
2017.5　175p　B6　¥1204　978-4-86410-550-7

◆同時通訳者の英単語暗記メソッド111　工藤紘実著　秀和システム
【要旨】100人の同時通訳者に聞いた、「何でも英語で言える」語彙力の秘密。
2017.3　239p　B6　¥1400　978-4-7980-5028-7

◆『トシ、聴くだけであなたの医療英単語が100倍になるCDブックよ。』　田淵アントニオ著　SCICUS（付属資料：CD2）
【要旨】リラックス、マインドフルネス、ノーストレスの語学学習書。医療英単語構成システムだから聴くだけで医療英単語が効率よく覚えられる。ネイティブ（米国式発音）によるCD2枚組。音声学的カタカナ表記で難しい発音もクリア。国際発音記号（IPA）準拠の発音記号表記。開きっぱなしで置いたまま学習できるコデックス

◆ネイティブはこう使う！ マンガよく似た英単語使い分け事典　デイビッド・セイン著　西東社
【目次】1 前置詞（前置詞のビジュアル図解、at ～/in～ 1時間で終わらせて！ ほか）、2 動詞（動詞のビジュアル図解、come/go 行ってきます！ ほか）、3 冠詞（冠詞のビジュアル図解、a/an は特定していない単数名詞につく ほか）、4 形容詞・副詞（形容詞・副詞のビジュアル図解、large/big 信じたのが大きな間違いだった！ ほか）　2018.1 399p A5 ¥1800 ①978-4-7916-2667-0

◆百式英単語 最速インプット→2023—1日20分25時間で2023語が覚えられる！　太田義洋著　西東社　新版
【要旨】百式とはかけ算九九を応用した新しい記憶法。（1）手順通り音読するだけで自動的に覚えられる！（2）九九のように反射的に意味がでてくる！　2017.6 239p 18×15cm ¥1000 ①978-4-7916-2407-2

◆マンガでおぼえる英単語—これでカンペキ！　齋藤孝著　岩崎書店
【要旨】400の英単語をマスター。act→action→reaction、単語ファミリー、いもづる式でどんどんおぼえられる。小学生から。　2017.12 245p A5 ¥1100 ①978-4-265-80234-0

◆ヤバいくらい覚えられる会話のための英単語　リック西尾著　ロングセラーズ　（ロング新書）
【要旨】日本人が英語の苦手な民族になってしまった最大の原因は、英語を日本語に翻訳して理解しようとするから。…つまり「イメージ脳」である右脳を活用せず、「言語脳」の左脳だけで記憶しているのです。「ゴシゴシとeraserで字を消す」一この文章をよめば、eraserが消しゴムであることがイメージできます。英語を英語のまま理解することにより、日常会話に必要な英検2級レベルの1500語を40日間でマスターできます!!　2017.12 243p 18cm ¥1000 ①978-4-8454-5041-1

英作文・英文法・ヒヤリング

◆あなたの英語人生をたった10日間で変える運命の英文法　花井知哉著　リンダパブリッシャーズ, 徳間書店 発売
【目次】運命の1日目、運命の2日目、運命の3日目、運命の4日目、運命の5日目、運命の6日目、運命の7日目、運命の8日目、運命の9日目、運命の10日目　2017.3 175p A5 ¥1400 ①978-4-19-864372-0

◆英語語法文法研究 2017 第24号　英語語法文法学会編　開拓社
【目次】シンポジウム（ダイクシス、あるいは時制・場所・人称の一致について、コーパスでできること一量的分析から質的分析への深化へ、Spoken language における構造的な特徴について—断片化の諸相）、論文（はねかえりのoff—認知意味論的考察、fall と自動詞drop—物理的下方移動を表す場合の使い分け、英語の記述内容の豊かな意味の同一指示用法と対話の定式化、独立句として現れるfar from it の語法）　2017.12 124p A5 ¥3800 ①978-4-7589-2074-2

◆英語のスタイル—教えるための文体論入門　豊田昌倫, 堀正広, 今林修編著　研究社
【要旨】文体論の知見を英語教育に生かす。言語学と文学研究の境界領域に位置し、両者の架け橋である文体論の観点から、英語の理解や読解や作文教育への知見を語ります。　2017.3 294p A5 ¥2800 ①978-4-327-41096-4

◆英語の命令文—神話と現実　高橋英光著　くろしお出版
【要旨】Wait. はなぜ「待ってください」と訳されたのか。Be called by Jill. とはなぜ言えないのか。Cry me a river. はなぜ適格なのか。Leave now or I'll make you a nice dinner. とはなぜ言えないのか。英語の命令文の本当の姿を明らかにする。　2017.6 169p A5 ¥2200 ①978-4-87424-734-1

◆英文校正会社が教える 英語論文のミス 分野別強化編　エディテージ著, 熊沢美穂子訳　ジャパンタイムズ
【要旨】実際に論文を書き、学会発表も行う精鋭校正者たちが贈る好評第2弾！　2017.4 284p A5 ¥2000 ①978-4-7890-1664-3

◆英文創作教室　レアード・ハント著, 柴田元幸編訳　研究社　（本文：日英両文）
【目次】第1部 物語を書いてみよう（今朝起きてから目に入ったものを描写しよう、写真から物語を、君の人生、君の経験、君の物語、悲劇のあとに書く）、第2部 改稿版、第3部 創作集（レアード・ハント「鯨の脚」、チャールズ・シミック「私はなぜある種の詩を書きその他の詩より好むか」、レベッカ・ブラウン「天国」「見ることを学ぶ」、レアード・ハント「雪と金槌のある静物画」）　2017.12 247p A5 ¥2800 ①978-4-327-45281-0

◆英文ビジネスレターの発達史—16世紀以降の通信文（レター）の変遷と特徴を探る　稲津一芳著　同文舘出版　（神奈川大学経済貿易研究叢書 31号）
【要旨】第1部 序論—通信文（レター）発達のための背景と要因（通信文（レター）の歴史、マニュアルの役割、マニュアルの活用）、第2部 英文ビジネスレターの変遷（16世紀の英文ビジネスレターの特徴、17世紀の英文ビジネスレターの特徴、18世紀の英文ビジネスレターの特徴、19世紀の英文ビジネスレターの特徴、20世紀の英文ビジネスレターの特徴、英文ビジネスレターの発達と今後の関係）　2017.11 234p A5 ¥3800 ①978-4-495-64901-2

◆英文法と統語論の概観　Rodney Huddleston, Geoffrey K. Pullum著, 本田謙介, 深谷修代, 長野明子訳　開拓社　（「英文法大事典」シリーズ 0）
【要旨】原書の第1章と第2章を翻訳。CGELの全体像を鳥瞰する役割をはたしている。　2017.10 202p A5 ¥2600 ①978-4-7589-1360-7

◆思い通りに相手を動かす 英文パワーメール20の鉄則—ビジネスメールに自信がつく！　小林誠, ダニエル・ジェイムズ・ブルックス著　ダイヤモンド社
【要旨】脱・日本人発想の直訳メール。英文メールが劇的に変わる20の鉄則を解説！ 意図が伝わる最強のテクニック。　2017.9 279p B6 ¥1600 ①978-4-478-10192-6

◆音声DL付き もう迷わない！ 前置詞の使い方がわかる本　多岐川恵理著　明日香出版社　（アスカカルチャー）
【要旨】前置詞ひとつで文章がまったく違う意味になるのは？ 似たような表現なのに、どうして違う前置詞を使うの？ そんな疑問に答えます！　2017.7 254p B6 ¥1400 ①978-4-7569-1916-8

◆音読して楽しむ名作英文—美しい表現を声に出して英語のセンスを磨く　安井京子著　アルク　（アルクライブラリー）
【要旨】読み繰れされることない本物の名作の音読で、英語を英語のまま理解する回路を作ろう。　2017.10 207p 18cm ¥900 ①978-4-7574-3013-6

◆「カゲロウデイズ」で高校英文法が面白いほどわかる本—CD付　じん（自然の敵P）原作, しづ, わんにゃんぷー キャラクター原案, あさひまち漫画・イラスト, 大岩秀樹監修　KADOKAWA　（付属資料：CD1）
【要旨】解説、全部メカクシ団!! マンガ&キャラの会話×声で高校英文法をまるっと総ざらい!!!　2017.11 224p B6 ¥1500 ①978-4-04-601976-9

◆カナヘイの小動物 絵をみてパッとおぼえる英文法　カナヘイイラスト, リサ・ヴォート文　DHC
【要旨】くらべてわかる！ 似ている143の動詞・助動詞・形容詞・副詞・前置詞・接続詞。LINEスタンプでもおなじみの人気キャラクターたちが登場！ かわいいイラストを見るだけで、英語を話すための基礎がみるみる身につく。　2017.12 174p B6 ¥1000 ①978-4-88724-598-3

◆聞いて書きとる英語リスニング300問　藤澤慶已著　DHC　（付属資料：CD1）
【要旨】「I canとI can't が聞き分けられない！」→聞きとれない原因を5つのパターンから解明し、300問の実践トレーニングで耳をきたえる、日本人のためのリスニング入門書。　2017.4 190p B6 ¥1500 ①978-4-88724-586-0

◆形容詞と副詞　Rodney Huddleston, Geoffrey K. Pullum著, 田中江扶, 中島基樹, 川﨑修一, 飯沼好永訳　開拓社　（「英文法大事典」シリーズ 4）
【要旨】原書の第6章を翻訳。形容詞と副詞に関して、詳細な記述に基づいたルールや一般化を立てながらも、ネイティブならではの鋭い洞察を加えている。　2017.10 239p A5 ¥2900 ①978-4-7589-1364-5

◆研究留学のための英文Eメール・ハンドブック　吉留文男, ジョン・マクリーン著　研究社
【要旨】留学準備から帰国まで、そのまま使えます。リアルで豊富な実例集。　2017.8 181p B6 ¥1500 ①978-4-327-43090-0

◆国際標準の英語検定で問われる英文法力 初級レベル　日向清人著　秀和システム
【要旨】試験対策として最適！ 冠詞、前置詞の基礎知識が身につく！ ケンブリッジ英検、IELTSなど国際標準の英語検定で問われる「英文法力」とは？ ノンネイティブの苦手分野を徹底研究！　2017.1 239p A5 ¥2800 ①978-4-7980-4815-4

◆国際論文English投稿ハンドブック—カバーレター作成・査読コメントへの返答　C.S. Langham著　医歯薬出版
【目次】1 Cover letters for initial submissions, 2 Cover letters for submission of revised manuscripts, 3 Research highlights, 4 How to handle questions concerning research highlights, 5 Responding to reviewers' comments, 6 Common errors, 7 Index of frequently used words　2017.1 174p A5 ¥3700 ①978-4-263-43361-4

◆ことばの実際 2　コーパスと英文法　滝沢直宏, 内田聖二, 八木克正, 安井泉編　研究社　（シリーズ・英文法を解き明かす—現代英語の文法と語法 10）
【要旨】コーパスを独自の方法で用いることによって、語法・文法・構文に新たな光をあてた本書では、-ly 副詞、コロケーション、周辺的構文、自由関係副詞what などについて英語研究の実際を紹介しつつ、コーパス利用の方法論にも言及する。　2017.9 226p A5 ¥2500 ①978-4-327-23810-0

◆最新英語論文によく使う表現 基本編　崎村耕二著　（大阪）創元社
【要旨】代表的表現例約510＋の変化形・応用例約470＝合計約980の豊富な文例を収載。大学生の英作文から卒業論文までライティングの課題に必要な基本事項を整理。海外留学中の大学生・大学院生の学位論文執筆にすぐに使える。研究成果を世界へ向けて発信する必要に迫られる研究者、技術職に心強い表現集。権威あるジャーナルに掲載された論文データベースで語法や使用頻度をチェック。立項、見出し、索引で、シーン別や典型的な用例から逆引きできて便利。　2017.7 251p A5 ¥2400 ①978-4-422-81086-7

◆最新ビジネス英文Eメール辞典—電子書籍版付き　クデイラ アンド アソシエイト編　朝日出版社
【要旨】最大規模の文例データバンクに、ニュアンスまでわかる詳細解説や、応用自在の置き換え表現が加わり、だれでもすぐに、ネイティブ感覚のメールが書ける！ 英語能力がアップする「和英」ビジネスEメール表現集も収録。携帯に便利な「電子版」付き。　2017.2 797p A5 ¥3500 ①978-4-255-00967-4

◆図解50の法則 口語英文法入門　小林敏彦著　（名古屋）フォーインスクリーンプレイ事業部　再改訂版
【要旨】洋楽の歌詞と洋画・TVドラマの台詞を例示。すべての英語教師・英語学習者必読。　2017.7 209p A5 ¥1600 ①978-4-89407-572-6

◆ゼロからスタート 英語を書くトレーニングBOOK—だれにでもできるライティングの入門書　成重寿著　Jリサーチ出版
【要旨】思ったことがスラスラと書ける20の公式。すべて中学英語！ 読者参加型！ ペンをもって書きこめる。　2018.1 199p A5 ¥1400 ①978-4-86392-371-3

◆ゼロからスタート 英語を聞きとるトレーニングBOOK—1日10分！ だれにでもできるディクテーション入門書　宮野智靖著　Jリサーチ出版　（付属資料：CD1；『ゼロからス

タート ディクテーション』改訂・改題書）改訂版
【要旨】1日10分でOK！集中力が高まる英語学習法。1カ月の短期間でリスニングのすべてをマスター。初心者は「量」より「質」。効果の高い英語耳がつくれる。単語の書きとりからスタート。やさしくステップアップ。TOEICや英検のスコアも急速に上がる。
2017.5 193p A5 ¥1400 ①978-4-86392-343-0

◆前置詞キャラ図鑑―核心のイメージがわかる！　関正生著　新星出版社
【要旨】複雑で意味の多い前置詞を、なんとキャラクター化！イメージや意味を、言葉や図解だけでなく「キャラ」で表現することで、わかりにくかった前置詞の世界が色鮮やかに！
2017.11 159p B6 ¥1200 ①978-4-405-01142-7

◆続・本格派のための「英文解釈」道場　筒井正明著　大修館書店
【要旨】英文をどこまで深く読めるか？幸福・美・永遠性・絶望・科学・死・禅…さまざまなテーマの英文を通して「人間の存在とは何か？」を探る。
2017.9 211p A5 ¥2000 ①978-4-469-24613-1

◆速効！英文ライティング―英語は名詞と動詞が9割！　福田尚代著　日本能率協会マネジメントセンター
【要旨】技術英語のプロが教える世界に通用する知的な文章の書き方。
2017.7 229p B6 ¥1500 ①978-4-8207-1973-1

◆大学院入試の英文法　湯川彰浩著　秀和システム
【要旨】10,000人の答案添削から生まれた、東大・京大すら突破する精選された文法。
2017.3 297p A5 ¥2200 ①978-4-7980-5029-4

◆単純すぎるよ！英文法―7つの「パーツ」でまるごと分かる　阿川イチロヲ著　アルク
【要旨】SVOC（基本要素）、独立M、後ろM、同格語句（おまけ要素）。すべての英文は「7種類のパーツ」の組み合わせ。分詞、不定詞、動名詞、関係代名詞…は、全部これで説明できる。
2017.4 267p A5 ¥1700 ①978-4-7574-2881-2

◆謎解きの英文法―動詞　久野暲、高見健一著　くろしお出版
【目次】第1章 Help someone VPとHelp someone to VPは意味が違うのか？、第2章 相互動詞の特異性、第3章 He tried to open the door.とHe tried opening the door.の違いは何か？―不定詞句をとる動詞、動名詞句をとる動詞、第4章 The cat scratched the door.とThe cat scratched at the door.の違いは何か？―他動詞構文と動能構文、第5章 This house will sell easily.と言えて、*This house will buy easily.と言えないのはなぜか？―中間構文の適格性、第6章 ComeとGoはどのように使われるか？（1）―ふたつの重要概念、第7章 ComeとGoはどのように使われるか？（2）―「ホームベース制約」、第8章 ComeとGoはどのように使われるか？（3）―視点制約はホームベース制約にどう関わるか、命令文、不定詞、動名詞句が現われるか？、第10章 Tom promised Ann to do it. は母語話者誰もが適格と認める構文パターンか？
2017.3 264p B6 ¥1600 ①978-4-87424-724-2

◆斜めからの学校英文法　中島平三著　開拓社（開拓社言語・文化選書）
【要旨】英文法の負のイメージは、実用的効果を目指した「正面からの学校英文法」に原因しているのではないだろうか。高校の教科書や参考書で学ぶ文法事項を教材にして、気付きや考える力を培う「斜めからの学校英文法」を提唱する。例外を例外とせず、暗記に頼らぬ納得いく説明を提示する。述語動詞・準動詞の助動詞、不定詞と動名詞の選択、他動詞ではない他動詞など、目から鱗の具体例が続々。
2017.10 215p B6 ¥1900 ①978-4-7589-2570-9

◆日本人のための英文ライティング即効薬―「そこそこ英語」から脱却！　内海由美子著　KADOKAWA
【要旨】one, two, threeと1, 2, 3…どちらが正しい？ a とthe はどう使い分ける？過去完了を使うのはどんなケース？「前の」はpreviousとformer のどちら？引用符のピリオドはどこに入れる？コロンの正しい使い方は？日本人がよく間違うポイントを厳選！Eメール、レター、会議資料、論文に効果抜群！
2017.1 239p A5 ¥1500 ①978-4-04-601352-1

◆忍者で覚える前置詞　nanapi編集部、デイビッド・セイン著、Eigooo制作協力　秀和システム
【要旨】忍法暗記いらずの術！忍者のイラストで前置詞がよくわかる！
2017.6 295p 19×16cm ¥1400 ①978-4-7980-5129-1

◆ハイレベル実戦英文法　猿谷宣弘著　ベレ出版
【要旨】基礎文法を終えた人のためのNEXT STEP。ハイレベル実戦英文法。重要な文法事項を無駄なく系統的にまとめた一冊。
2017.8 290p A5 ¥1800 ①978-4-86064-519-9

◆表現英文法―わかるから使えるへ　田中茂範著　コスモピア　増補改訂第2版
【要旨】表現する視点に立ち英文法を体系化。
2017.2 755p A5 ¥2100 ①978-4-86454-103-9

◆法助動詞の底力―ネイティヴの微妙な気分を伝えるキープレイヤー　安武内ひろし著　プレイス（「底力」シリーズ 9）
【要旨】ネイティヴスピーカーがcould やwouldで伝えたい気分を素通りしていたあなたに！法助動詞の知識があれば、あなたは自分の気持ちを適切に伝えることができるようになります。相手との人間関係にも気を配り丁寧な英語で話せるようになります。法助動詞は英語を話す際の頼れる味方なのです。文法書ではわからない微妙な使い分けが満載！
2017.8 213p B6 ¥1500 ①978-4-903738-40-6

◆マーフィーのケンブリッジ英文法（中級編）　Raymond Murphy著、William R. Smalzer執筆協力、渡辺雅仁訳　（シンガポール）Cambridge University Press, 日本出版貿易 発売 （付属資料：別冊1）　第3版
【要旨】本書は、世界的ベストセラーGrammar in Use シリーズIntermediate の日本語版である。142ユニットからなり、見開き2ページを1ユニットとして、文法ポイントの解説と練習問題を収録するユニークな構成を採用。文法知識を整理すること、学習者は自信を持って英語で話す力と書く力を身に付けることができる。さらに、ケンブリッジ英検、TOEICやTOEFL、IELTS（International English Language Testing System：国際英語力試験）、その他の標準テスト対策用としても最適である。
2016.12 339p 24×18cm ¥2680 ①978-4-88996-923-8

◆ヤバいくらい使える英文法1000　リック西尾著　ロングセラーズ（ロング新書）
【要旨】五文型？平叙文？疑問文？文法的な解釈は不要!!英文をそのまま、丸ごと暗記!!
2017.9 219p 18cm ¥1000 ①978-4-8454-5034-3

◆60才からはじめる英作文　野田哲雄著　明日香出版社　アスカカルチャー
【要旨】本書は、日常の身近なことや出来事、感じたことなどを英語で書いてみるための本です。一日の生活、家族のこと、趣味、健康、旅行、行事など、様々なことを題材に、昔学んだ英語を思い出しながら、やさしい英語で書く練習ができます。Part1で英語の基本をおさらいし、Part2の例文、およびPart2からPart5までのそれぞれの「基本文」にはルビがついていますので、英語の読み方も学ぶことができます。Part7では英語の有名なことわざをテーマ別に紹介し、Part8では外国の作家、俳優、女優、歌手、政治家などの著名人の言葉を紹介します。本書の英文を参考にしながら、あなたの日記帳やノートなどに好きな言葉や思い出、感じたことなどを書いてみてください。日本語から引ける便利な索引付き。
2017.11 221p A5 ¥1400 ①978-4-7569-1939-7

◆Basic English Grammar for Global Communication―やさしく詳しい基礎からの総合英語　船田秀佳、齊藤楓著　英宝社
【目次】現在形―現在の出来事・状況、過去形―過去の出来事・状況、未来形―未来の出来事・状況、進行形―継続過程の行為・状況、完了形―時間の基準点と行為・状況の関わり方、助動詞―行為・状況に対する話者の判断・評価、受動態―行為の対象の焦点化、不定詞・動名詞―動詞への名詞・形容詞・副詞機能の付加、名詞・冠詞―事物の可算性と限定化、比較―比較による状況の程度評価、修飾語―名詞との連結は語と文への情報の付加、関係詞―後置節による名詞への情報の付加、仮定法―現在・過去の事実に反する出来事・状況
2017.1 82p B5 ¥1900 ①978-4-269-66044-1

◆CNNニュース・リスニング　2017秋冬―CD＆電子書籍版付き　『CNN English Express』編集部編　朝日出版社　（付属資料：CD1）
【要旨】テイラー・スウィフト、セクハラ裁判に勝利。トランプ大統領がCNNをボコボコに!?遺伝子編集でヒト受精卵から病原を除去…など、世界標準の英語ニュースがだれでも聞き取れるようになる「30秒×3回聞き」方式！
2017.10 94p A5 ¥1000 ①978-4-255-01021-2

◆English Aid―基礎から学べる大学英文法総合演習　Robert Hickling, 臼倉美里著　金星堂
【目次】First Day of Class be 動詞、I Love Bread！一般動詞の現在形、Pizza Time 可算名詞／不可算名詞、Not Just a Baker 代名詞、What's Wrong with Hitomi？一般動詞の過去形、It Won't Hurt 進行形、I Feel Healthy Already！時と場所を表す前置詞、Small Talk 未来形、Weight Down, Power Up！現在完了形、It's Nice…And 比較級・最上級、Hitomi Wants a New Look 接続詞、Shopping for Clothes 動名詞／不定詞、I'm Meeting a Friend 疑問詞、Date Night 助動詞、It's Party Time！受動態
2017.2 110p A5 ¥1800 ①978-4-7647-4036-5

◆Have Fun Writing！―楽しく学ぶ英文ライティング入門　工藤洋路, Dean Poland著　金星堂
【目次】メールを書く（Welcome to the Party！友人へメールを書こう、I'm Planning to Study Abroad 先輩や先生にメールを書こう、I'm Afraid That It Was Damaged 苦情のメールを書こう）、自分について書く（Let Me Introduce Myself 自分の紹介文を書こう、My Hobby Is… 自分の趣味を書こう、This Is My Dream 自分の夢を描こう）、出来事を描写する（Isn't It Exciting to Go Out？自分の出来事を書こう、My Memorial Pictures 写真や絵を説明しよう、What I Experienced 印象に残る思い出を説明しよう）、グラフや図をまとめる（How Long Did You Sleep？グラフを説明しよう、I Like Tennis the Best アンケートをまとめよう、In My Opinion… 調査の結果から意見を言ってみよう）、意見・主張を表明する（Do You Agree with My Idea？賛成／反対を表明しよう、I'd Like to Have a 'Free Space' 自分の要望を述べよう、I Will Try My Best to… 自分の将来像を書こう）
2017.2 66p B5 ¥1800 ①978-4-7647-4040-2

◆Let's Start All Over！―やりなおしの英文法（初級～中級レベル）　中野和之著　（名古屋）ブイツーソリューション, 星雲社 発売
【要旨】「どういうことを表す時」・「どの形を」・「どの部分で使う」と「アウトプット」。4step 学習法で着実に身に付けよう!!
2017.8 92p B5 ¥999 ①978-4-434-23452-1

◆Listening Steps―英語の音を鍛えるリスニング・ステップ 1語からパッセージへ　米山明日香, Lindsay Wells著　金星堂
【目次】Travel、College Life、Shopping、Hotel、Train、Restaurant、Leisure、Traffic、Business、Clinic、News
2017.2 100p B5 ¥2400 ①978-4-7647-4039-6

◆MLAハンドブック　The Modern Language Association of America著、長尾和夫監修、フォースター紀子、トーマス・マーティン訳　秀和システム　（原著第8版）　第8版

【要旨】英語論文を書くすべての人に！ メール、tweet、ウェブサイトetc. 新時代に対応する最新版。1951年の刊行以来、世界中で使われてきたMLAスタイル。
2017.12 199p A5 ¥2800 ①978-4-7980-5320-2

◆Say It Now！ Grammar for Communication―話す・伝える英文法
高田智子, Diane H. Nagatomo著　金星堂
【目次】I Commute by Train（現在時制・過去時制）、What Are You Going to Do This Weekend？（未来表現）、Have You Ever Volunteered？（現在完了形）、Is There a Bank Near Here？（There is / are 構文）、Could I Join Your Class？（助動詞1）、You Should Apply for the Program（助動詞2）、What Do the Plans Include？（疑問詞）、My New Apartment Is Safer Than My Old One（比較級・最上級）、Typing Is Easy for Me！（動名詞）、I Have Many Things to Learn（to 不定詞）〔ほか〕
2017.2 69p B5 ¥1800 ①978-4-7647-4038-9

英語検定試験参考書

◆暗記で合格 英検準2級 新試験対応版　旺文社編　旺文社　（付属資料：赤シート1）
【要旨】筆記・リスニング・面接の要点だけをチェック！ 準2級新試験対応！
2017.8 253p 18cm ¥850 ①978-4-01-094916-0

◆暗記で合格 英検3級 新試験対応版　旺文社編　旺文社　（付属資料：赤シート1）
【要旨】筆記・リスニング・面接の要点だけをチェック！ 3級新試験対応！
2017.8 253p 18cm ¥850 ①978-4-01-094917-7

◆1日1枚！ 英検4級問題プリント　入江泉著　スリーエーネットワーク　（付属資料：CD-ROM1）
【要旨】やさしい問題からはじめるステップバイステップ形式。解答・解説が見やすいから答え合わせがしやすい。終わったプリントをファイリングして毎日達成感。
2017.4 93p B5 ¥1000 ①978-4-88319-750-7

◆いちばんやさしい英検準2級―4技能対策CD付　浅場眞紀子著　新星出版社　（付属資料：別冊1; CD1; 赤シート1）
【要旨】リーディング、リスニング、ライティング、スピーキング。本番形式の模擬問題収録。
2017.5 255p A5 ¥1400 ①978-4-405-04905-5

◆いちばんやさしい英検3級―4技能対策CD2枚付　斎藤裕紀恵著　新星出版社　（付属資料：別冊1; CD2; 赤シート1）
【要旨】リーディング、リスニング、ライティング、スピーキング。本番形式の模擬問題収録。
2017.5 239p A5 ¥1350 ①978-4-405-04906-2

◆いちばんやさしい英検4級―4技能対策CD付　浅場眞紀子, 斎藤裕紀恵著　新星出版社　（付属資料：別冊1; CD1; 赤シート1）
【要旨】リーディング、リスニング、ライティング、スピーキング。本番形式の模擬問題収録。
2017.5 191p A5 ¥1200 ①978-4-405-04907-9

◆いちばんわかりやすい英検3級まるごと問題集　伊藤太, 稲垣由華著　高橋書店　（付属資料：別冊1; CD1; 赤チェックシート1）
【要旨】解きかたがわかりやすい。模擬テストで力だめしができる。二次試験（面接）の対策までカンペキ。新試験に完全対応！
2017.4 191p A5 ¥1250 ①978-4-471-27519-8

◆いちばんわかりやすい英検準2級まるごと問題集　伊藤太著　高橋書店　（付属資料：CD1; 赤チェックシート1）
【要旨】解きかたがわかりやすい。模擬テストで力だめしができる。二次試験（面接）の対策までカンペキ。
2017.4 207p A5 ¥1350 ①978-4-471-27518-1

◆一問一答英検準2級完全攻略問題集　有馬一郎著　高橋書店　（付属資料：CD1; 別冊1）
【要旨】練習問題＋模擬問題＋単熟語対策がこの1冊でイッキにできる！ 別冊「頻出単熟語＆文法」つき。新試験に完全対応！
2017.4 175p A5 ¥1400 ①978-4-471-27521-1

◆一問一答英検3級完全攻略問題集　有馬一郎著　高橋書店　（付属資料：CD1; 別冊1）
【要旨】練習問題＋模擬問題＋単熟語対策がこの1冊でイッキにできる！ 別冊「頻出単熟語＆文法」つき。新試験に完全対応！
2017.4 159p A5 ¥1250 ①978-4-471-27522-8

◆1回でぜったい合格！ 英検4級まるごと対策　ジャパンタイムズ, ロゴポート編　ジャパンタイムズ　（付属資料：CD1; 別冊1）
【要旨】「単語と熟語」→「文法」→「会話」→「長文読解・リスニング」の順でスムーズにステップアップ。ズバリ出題ポイントがわかる「出るボックス」。予想問題と模擬テストでたっぷり練習。
2017.2 127p B5 ¥1200 ①978-4-7890-1650-6

◆5日で完成！ 英検準2級予想問題集　成美堂出版編集部編　成美堂出版　（付属資料：別冊1; CD1）
【要旨】本番そっくり！ 全3回分の模試攻略で英検合格への総仕上げ!!リスニング問題3回分CD完全収録。ライティング問題を掲載。
2017.8 81p B5 ¥1100 ①978-4-415-22541-8

◆5日で完成！ 英検3級予想問題集　成美堂出版編集部編　成美堂出版　（付属資料：別冊1; CD1）
【要旨】本番そっくり！ 全3回分の模試攻略で英検合格への総仕上げ!!リスニング問題3回分CD完全収録。ライティング問題を掲載。
2017.8 73p B5 ¥1100 ①978-4-415-22542-5

◆英検1級英単語2000 ODD ONE OUT　青柳璃乃著　Jリサーチ出版
【要旨】英検1級合格に特化。2000語余りの難単語を最速マスター。語彙を増やして自信をつけよう。
2017.11 543p 18cm ¥1800 ①978-4-86392-367-6

◆英検1級過去6回全問題集　2017年度版　旺文社編　旺文社　（付属資料：別冊1）
【要旨】2014年度第3回～2016年度第2回。新試験を2回分収録！ さらに英作文問題の予想問題1回分も収録。
2017.3 183p A5 ¥1900 ①978-4-01-094824-8

◆英検1級過去6回問題集　'17年度版　成美堂出版編集部編　成美堂出版　（付属資料：CD3; 別冊; 赤シート1）
【要旨】過去6回分のすべての問題を収録！ CD3枚にリスニング問題をすべて収録！ イディオム・口語表現をまとめて掲載！ 取り外せて見やすい別冊解答・解説付！ 解説は全訳付きで、ポイントがわかりやすい！ 二次試験（面接）問題と解答例も掲載！
2017.3 199p A5 ¥2000 ①978-4-415-22439-8

◆英検1級でる順合格問題集―新試験対応版　旺文社編　旺文社　（付属資料：別冊1; CD1; 赤シート1）
【要旨】過去問を分析し、本番そっくりのオリジナル問題を頻度別に収録しました。一次試験はもちろん、二次試験までこれ1冊でばっちり対策することができます。しかも二次試験対策は持ち運び便利な別冊！
2017.3 221p A5 ¥1400 ①978-4-01-094911-5

◆英検1級予想問題ドリル―新試験対応版　旺文社編　旺文社　（付属資料：CD1; 別冊1）
【要旨】英作文を7問収録！
2017.3 111p B5 ¥1500 ①978-4-01-094904-7

◆英検準2級をひとつひとつわかりやすく。　辰巳友昭著　学研プラス　（付属資料：別冊1; CD1）　新試験対応版
【要旨】新試験に完全対応！ 新問題「英作文」の対策ができる！ 筆記＋リスニングから2次試験まで、1冊でしっかりサポート！
2017.3 135p B5 ¥1400 ①978-4-05-304601-7

◆英検準2級過去6回全問題集　2017年度版　旺文社編　旺文社　（付属資料：別冊1）
【要旨】2014年度第3回～2016年度第2回。準2級新試験対応。
2017.3 151p A5 ¥1300 ①978-4-01-094826-2

◆英検準2級過去6回問題集　'17年度版　成美堂出版編集部編　成美堂出版　（付属資料：CD2; 別冊1）
【要旨】過去6回分のすべての問題を収録！ CD2枚にリスニング問題をすべて収録！ イディオム・口語表現をまとめて掲載！ 取り外せて見やすい別冊解答・解説付！ 解説は全訳付きで、ポイントがわかりやすい！ 二次試験（面接）問題と解答例も掲載！ 新試験対応!!ライティングテスト、サンプル問題・予想問題掲載。
2017.3 167p A5 ¥1600 ①978-4-415-22441-1

◆英検準2級完全対策　クリストファ・バーナード監修　成美堂出版　（付属資料：別冊1; CD1; 赤シート1）
【目次】1 基礎のまとめ、2 短文の空所補充問題（大問1）、3 会話文の空所補充問題（大問2）、4 長文の語句空所補充問題（大問3）、5 長文の内容一致選択問題（大問4）、6 ライティング（大問5）、7 リスニング・会話の応答を選ぶ問題（第1部）、8 リスニング・会話の内容に関する質問（第2部）、9 リスニング・文の内容に関する質問（第3部）、二次試験・面接
2017.8 319p A5 ¥1500 ①978-4-415-22528-9

◆英検準2級総合対策教本　旺文社編　旺文社　（付属資料：別冊1）
【要旨】詳しい受験の流れとQ&Aではじめてでも安心！ 試験の出題形式と過去問分析に基づいた傾向がわかる！ わかりやすい解説と実戦問題で実力をつける！ 二次試験の面接対策までできる！
2017.8 303p A5 ¥1200 ①978-4-01-094914-6

◆英検準2級でる順合格問題集―新試験対応版　旺文社編　旺文社（旺文社英検書）　（付属資料：別冊1; CD1; 赤シート1）
【要旨】過去問を分析し、本番そっくりのオリジナル問題を頻度別に収録しました。一次試験はもちろん、二次試験までこれ1冊でばっちり対策することができます。ポケットサイズの別冊だから試験会場までラクラク持ち運び！ 試験直前の最終チェックもこれで安心。
2017.8 223p A5 ¥1200 ①978-4-01-094912-2

◆英検準2級頻出度別問題集　津村修志著　高橋書店　（付属資料：CD1; 赤チェックシート）
【要旨】見やすい一問一答式。問題すべてに訳と解説つき。「ライティングテスト」充実。新試験に完全対応。
2017.4 191p A5 ¥1350 ①978-4-471-46070-9

◆英検準2級ポイント攻略問題集　成美堂出版編集部編　成美堂出版　（付属資料：CD1）
【要旨】「よく出る問題」に照準を合わせてピンポイント解説。本試験を想定した出題形式に。リスニング問題を多数収録。ライティング問題を掲載。
2017.8 215p A5 ¥1300 ①978-4-415-22539-5

◆英検準2級 面接大特訓　植田一三, 菊池葉子, 上田敏子著　Jリサーチ出版　（付属資料：CD2; 赤シート1）
【要旨】二次試験の最新傾向に絞り込んで特訓できる本格派・面接対策。音読する練習から短文練習、模試へと段階的にトレーニングできる。例文の丸暗記ではなく、自分の意見を論理的に言う力が身につく。減点されやすい発音・アクセントもCDでしっかりチェックできる。模擬試験11回分収録。
2017.6 231p B6 ¥1200 ①978-4-86392-348-5

◆英検準2級予想問題ドリル―新試験対応版　旺文社編　旺文社　（付属資料：別冊1; CD1）
【要旨】筆記7回分、リスニング2回分の模擬テストを収録。
2017.3 111p B5 ¥1200 ①978-4-01-094905-4

◆英検分野別ターゲット 英検1級英作文問題　旺文社編　旺文社　（付属資料：別冊1）　改訂版
【要旨】1級新試験に完全対応。英作文の書き方が1からわかる！ 豊富な問題量で合格力が身につく！ 解答例の音声ダウンロードが可能。別冊「時事解説＆単語ブック」は少子高齢化・食料の自給・エコツーリズムなど、二次試験・面接にも役立つ30のトピックを解説！
2017.11 135p A5 ¥1900 ①978-4-01-094851-4

◆英検1級過去6回全問題集　2017年度版　旺文社編　旺文社
【要旨】2014年度第3回～2016年度第2回。新試験2回分収録！ さらに英作文問題の予想問題1回分も収録。
2017.3 159p A5 ¥2300 ①978-4-01-094823-1

◆英検1級予想問題ドリル―新試験対応版　旺文社編　旺文社　（付属資料：別冊1; CD1）
【要旨】英作文を7問収録！
2017.3 131p B5 ¥1700 ①978-4-01-094903-0

◆英検2級過去6回全問題集　2017年度版　旺文社編　旺文社　（付属資料：別冊1）

英語

◆英検2級過去6回問題集 '17年度版　成美堂出版編集部編　成美堂出版　（付属資料：CD2；別冊；赤シート1）
【要旨】過去6回分のすべての問題を収録！ CD2枚にリスニング問題をすべて収録！ イディオム・口語表現をまとめて掲載！ 取り外せて見やすい別冊解答・解説付！ 解説は全訳付きで、ポイントがわかりやすい！ 二次試験（面接）問題と解答例も掲載！
2017.3　175p　A5　¥1700　978-4-415-22440-4

◆英検3級をひとつひとつわかりやすく。　山田暢彦監修　学研プラス　（付属資料：別冊1；CD1）　新試験対応版
【要旨】はじめてでも大丈夫！ 新問題「英作文」の対策ができる！ 解説＋予想問題で、二次試験までしっかりサポート！
2017.3　122p　B5　¥1300　978-4-05-304600-0

◆英検3級過去6回全問題集　2017年度版　旺文社編　旺文社　（付属資料：別冊1）
【要旨】2014年度第3回～2016年度第2回。3級新試験対応！ 予想問題・解説も充実。
2017.3　151p　A5　¥1200　978-4-01-094827-9

◆英検3級過去6回問題集 '17年度版　成美堂出版編集部編　成美堂出版　（付属資料：CD2；別冊；赤シート1）
【要旨】過去6回分のすべての問題を収録！ CD2枚にリスニング問題をすべて収録！ 口語表現・イディオムなどをまとめて掲載！ 取り外せて見やすい別冊解答・解説付！ 解説は全訳付きで、ポイントがわかりやすい！ 二次試験（面接）問題と解答例も掲載！ 新試験対応!!ライティングテスト、サンプル問題・予想問題掲載。
2017.3　151p　A5　¥1400　978-4-415-22442-8

◆英検3級完全対策　クリストファ・バーナード監修　成美堂出版　（付属資料：別冊1；CD1；赤シート1）
【目次】1 基礎のまとめ、2 短文の語句空所補充（大問1）、3 会話文の文空所補充（大問2）、4 長文の内容一致選択（大問3）、5 ライティング（大問4）、6 リスニング・会話の応答文選択（第1部）、7 リスニング・会話の内容一致選択（第2部）、8 リスニング・文の内容一致選択（第3部）、二次試験・面接
2017.8　279p　A5　¥1400　978-4-415-22529-6

◆英検3級総合対策教本　旺文社編　旺文社　（付属資料：CD1）　改訂増補版
【要旨】詳しい受験の流れとQ&Aではじめてでも安心！ 試験の出題形式と過去問分析に基づいた傾向がわかる！ わかりやすい解説と実戦問題で実力をつける！ 二次試験の面接対策までできる！
2017.8　255p　A5　¥1400　978-4-01-094915-3

◆英検3級でもどうにかなる英会話　Ms. Kinako著　永岡書店
【要旨】人気ブロガーのテキトー英語生活。むずかしい単語は必要なし！ 中学英語で伝えるコツがわかります！
2017.11　191p　B6　¥1100　978-4-522-43567-0

◆英検3級でる順合格問題集—新試験対応版　旺文社編　旺文社英検書　（付属資料：別冊1；CD1；赤シート1）
【要旨】過去問を分析し、本番そっくりのオリジナル問題を頻度別に収録しました。合否に関わる一次試験はもちろん、二次試験までこれ1冊でばっちり対策することができます。ポケットサイズの別冊だから試験会場までラクラク持ち運び！ 試験直前の最終チェックもこれで安心。
2017.8　203p　A5　¥1200　978-4-01-094913-9

◆英検3級頻出度別問題集　大鐘雅勝著　高橋書店　（付属資料：CD1；赤チェックシート1）
【要旨】見やすい一問一答式。問題すべてに訳と解説つき。「ライティングテスト」充実。新試験に完全対応。
2017.4　191p　A5　¥1350　978-4-471-46071-6

◆英検3級ポイント攻略問題集　成美堂出版編集部編　成美堂出版
【要旨】「よく出る問題」に照準を合わせてピンポイント解説。本試験を想定した出題形式。リスニング問題を多数収録。ライティング問題も掲載。
2017.8　191p　A5　¥1200　978-4-415-22540-1

◆英検3級予想問題ドリル—新試験対応版　旺文社編　旺文社　（付属資料：別冊1；CD1）
【要旨】筆記7回分、リスニング2回分の模擬テストを収録。
2017.3　111p　B5　¥1100　978-4-01-094906-1

◆英検4級過去6回全問題集　2017年度版　旺文社編　旺文社　（付属資料：別冊1）
【要旨】2014年度第3回～2016年度第2回。スピーキングテストに対応！ 予想問題・解説つき。
2017.3　127p　A5　¥1200　978-4-01-094828-6

◆英検4級過去6回問題集 '17年度版　成美堂出版編集部編　成美堂出版　（付属資料：CD2；別冊；赤シート1）
【要旨】過去6回分のすべての問題を収録！ CD2枚にリスニング問題をすべて収録！ 重要な語句・表現をまとめて掲載！ マークシート形式に慣れる解答用紙付！ 解説は全訳付きで、ポイントがわかりやすい！ 取り外せて見やすい別冊解答・解説。
2017.3　151p　A5　¥1500　978-4-415-22443-5

◆英検5級過去6回全問題集　2017年度版　旺文社編　旺文社　（付属資料：別冊1）
【要旨】2014年度第3回～2016年度第2回。スピーキングテストに対応！ 予想問題・解説つき。
2017.3　103p　A5　¥1200　978-4-01-094829-3

◆英検5級過去6回問題集 '17年度版　成美堂出版編集部編　成美堂出版　（付属資料：CD2）
【要旨】過去6回分のすべての問題を収録！ CD2枚にリスニング問題をすべて収録！ 重要な語句・表現をまとめて掲載！ マークシート形式に慣れる解答用紙付！ 解説は全訳付きで、ポイントがわかりやすい！
2017.3　232p　A5　¥1400　978-4-415-22444-2

◆英語検定 写真描写問題トレーニング　長尾和夫, トーマス・マーティン著　秀和システム
【目次】1 スピーキング・トレーニング編（リサイクル、携帯電話、いじめ、ホームレス/貧困ほか）、2 キーフレーズ編（意見を述べる、賛否に言及する、確信・確実・明白に言及する、疑念・不明に言及するほか）
2017.6　235p　A5　¥2300　978-4-7980-5162-8

◆英単語検定 単検 公式問題集 準1級　日本英会話協会監修　（名古屋）三恵社
【要旨】準1級の100問×4回分を収録。全4回分を収録した「単検」の公式問題集。
2017.2　90p　A5　¥1400　978-4-86487-598-1

◆英単語検定 単検 公式問題集 準2級　日本英会話協会監修　（名古屋）三恵社
【要旨】全受験者必携の一冊！ 全4回分を収録した「単検」の公式問題集。
2017.2　90p　A5　¥1400　978-4-86487-600-1

◆英単語検定 単検 公式問題集 1級　日本英会話協会監修　（名古屋）三恵社
【要旨】全受験者必携の一冊！ 全4回分を収録した「単検」の公式問題集。
2017.2　90p　A5　¥1400　978-4-86487-595-0

◆英単語検定 単検 公式問題集 2級　日本英会話協会監修　（名古屋）三恵社
【要旨】全受験者必携の一冊！ 全4回分を収録した「単検」の公式問題集。
2017.2　90p　A5　¥1400　978-4-86487-599-8

◆英単語検定 単検 公式問題集 3級　日本英会話協会監修　（名古屋）三恵社
【要旨】全受験者必携の一冊！ 全4回分を収録した「単検」の公式問題集。
2017.2　90p　A5　¥1400　978-4-86487-601-8

◆英単語検定 単検 公式問題集 4級　日本英会話協会監修　（名古屋）三恵社
【要旨】4級の100問×4回分を収録。全4回分を収録した「単検」の公式問題集。
2017.2　90p　A5　¥1400　978-4-86487-602-5

◆英単語検定 単検 公式問題集 5級　日本英会話協会監修　（名古屋）三恵社
【要旨】全受験者必携の一冊！ 全4回分を収録した「単検」の公式問題集。
2017.2　74p　A5　¥1400　978-4-86487-603-2

◆カコタンBOOKつき 英検準2級過去問題集 2017年度版　学研プラス編　学研プラス　（付属資料：別冊2；CD2）
【要旨】過去に出題された単語の中から頻出のものをまとめたミニブック「カコタンBOOK」をつけました。答え合わせがしやすいよう、解答は本冊から取りはずせる別冊にしました。本書に掲載されている5回分のリスニング問題の音声をすべて収録したCDをつけました。3回分の面接の英文を完全掲載し、CDには音声も収録してあります。実際の面接（二次試験）をイメージしながら学習することができます。リスニング問題で読まれた英文は別冊に完全掲載してありますので、出題傾向をじっくりつかめます。はじめて英検を受ける人も安心。巻頭の「受験ガイド」で、英検の申し込み方法や試験内容、攻略アドバイスなどをくわしく紹介しています。
2017.2　87p　B5　¥1550　978-4-05-304606-2

◆カコタンBOOKつき 英検2級過去問題集 2017年度版　学研プラス編　学研プラス　（付属資料：別冊2；CD2）
【要旨】過去に出題された単語の中から頻出のものをまとめたミニブック「カコタンBOOK」をつけました。答え合わせがしやすいよう、解答は本冊から取りはずせる別冊にしました。本書に掲載されている5回分のリスニング問題の音声をすべて収録したCDをつけました。3回分の面接の英文を完全掲載し、CDには音声も収録してあります。実際の面接（二次試験）をイメージしながら学習することができます。リスニング問題で読まれた英文は別冊に完全掲載してありますので、出題傾向をじっくりつかめます。はじめて英検を受ける人も安心。巻頭の「受験ガイド」で、英検の申し込み方法や試験内容、攻略アドバイスなどをくわしく紹介しています。
2017.2　97p　B5　¥1650　978-4-05-304605-5

◆カコタンBOOKつき 英検3級過去問題集 2017年度版　学研プラス編　学研プラス　（付属資料：別冊2；CD2）
【要旨】英検に出る単語を効率よく学習できるミニブック「カコタンBOOK」をつけました。答え合わせがしやすいよう、解答は本冊から取りはずせる別冊にしました。2017年度試験から新しく導入されるライティング問題（英作文）の予想問題と対策を掲載しました。本書に掲載されている5回分のリスニング問題の音声をすべて収録したCDをつけました。リスニング問題で読まれた英文は別冊に完全掲載してありますので、出題傾向をじっくりつかめます。はじめて英検を受ける人も安心。巻頭の「受験パーフェクトガイド」で、英検の申し込み方法や出題内容、攻略アドバイスなどをくわしく紹介しています。
2017.2　96p　B5　¥1450　978-4-05-304607-9

◆カコタンBOOKつき 英検4級過去問題集 2017年度版　学研プラス編　学研プラス　（付属資料：別冊2；CD2）
【要旨】英検に出る単語を効率よく学習できるミニブック「カコタンBOOK」をつけました。答え合わせがしやすいよう、解答は本冊から取りはずせる別冊にしました。本書に掲載されている5回分のリスニング問題の音声をすべて収録したCDをつけました。リスニング問題で読まれた英文は別冊に完全掲載してありますので、出題傾向をじっくりつかめます。はじめて英検を受ける人も安心。巻頭の「受験パーフェクトガイド」で、英検の申し込み方法や出題内容、攻略アドバイスなどをくわしく紹介しています。
2017.2　72p　B5　¥1250　978-4-05-304608-6

◆カコタンBOOKつき 英検5級過去問題集 2017年度版　学研プラス編　学研プラス　（付属資料：別冊2；CD1）
【要旨】英検に出る単語を効率よく学習できるミニブック「カコタンBOOK」をつけました。答え合わせがしやすいよう、解答は本冊から取りはずせる別冊にしました。本書に掲載されている3回分のリスニング問題の音声をすべて収録したCDをつけました。リスニング問題で読まれた英文は別冊に完全掲載してありますので、出題傾向をじっくりつかめます。はじめて英検を受ける人も安心。巻頭の「受験パーフェクトガイド」で、英検の申し込み方法や出題内容、攻略アドバイスなどをくわしく紹介しています。
2017.2　40p　B5　¥1000　978-4-05-304609-3

◆完全攻略！ 英検準1級—新試験対応　神部孝著　アルク　（付属資料：別冊1；CD1）
【要旨】大問1から面接まで、ステップごとに攻略。一次＆二次試験をカバー。模試1回分収録。
2017.7　207p　A5　¥2100　978-4-7574-2892-8

◆完全攻略！ 英検準2級　Evine著　アルク　（付属資料：別冊1；CD1）　増補版

【要旨】豊富な演習と分かりやすい解説。会話力UPにつながる自然な英文で「準2級」対策。模擬試験まるまる1回分を収録。「必須単語・熟語リスト155」で重要語彙をマスター。はじめて受ける人も安心！詳細な試験ガイド。
2017.11 207p A5 ¥1500 ①978-4-7574-2894-2

◆完全攻略！英検3級　Evine著　アルク（付属資料：別冊1; CD1）
【要旨】英検頻出の文法を優先して学ぶから効率的！丁寧な解説と豊富な演習で、重要事項が体にしみこむ！英検合格に「使える」「話せる」英語力を一挙両得！ライティングテストの攻略もバッチリ！「必須単語・熟語リスト160」で重要語彙もマスター！
2017.9 187p A5 ¥1500 ①978-4-7574-2893-5

◆キクタン英検準1級—聞いて覚えるコーパス単熟語　一杉武史編著　アルク　（付属資料：CD・ROM1; 赤シート1）改訂版
【要旨】音声を聞くだけで単熟語＆例文が覚えられる！全面改訂でパワーアップ！見出し語、フレーズ、例文を刷新！→新試験に対応。例文音声を完全収録！新試験対応！
2017.11 364p 19×14cm ¥1600 ①978-4-7574-3021-1

◆キクタン英検準2級—聞いて覚えるコーパス単熟語　一杉武史編著　アルク　（付属資料：CD・ROM1; 赤シート1）改訂版
【要旨】音声を聞くだけで単熟語＆例文が覚えられる！全面改訂でパワーアップ！見出し語、フレーズ、例文を刷新！→新試験に対応。例文音声を完全収録！新試験対応！
2017.11 356p 19×14cm ¥1600 ①978-4-7574-3023-5

◆キクタン英検1級—聞いて覚えるコーパス単熟語　一杉武史編著　アルク　（付属資料：CD・ROM1; 赤シート1）改訂版
【要旨】音声を聞くだけで単熟語＆例文が覚えられる！全面改訂でパワーアップ！見出し語、フレーズ、例文を刷新！→新試験に対応。例文音声を完全収録！新試験対応！
2017.11 360p 19×14cm ¥1600 ①978-4-7574-3020-4

◆キクタン英検2級—聞いて覚えるコーパス単熟語　一杉武史編著　アルク　（付属資料：CD・ROM1; 赤シート1）改訂版
【要旨】音声を聞くだけで単熟語＆例文が覚えられる！全面改訂でパワーアップ！見出し語、フレーズ、例文を刷新！→新試験に対応。例文音声を完全収録！新試験対応！
2017.11 364p 19×14cm ¥1600 ①978-4-7574-3022-8

◆キクタン英検3級—聞いて覚えるコーパス単熟語　一杉武史編著　アルク　（付属資料：CD・ROM1; 赤シート1）改訂版
【要旨】音声を聞くだけで単熟語＆例文が覚えられる！全面改訂でパワーアップ！(1)見出し語、フレーズ、例文を刷新！→新試験に対応。(2)例文音声を完全収録！
2017.12 268p 19×14cm ¥1600 ①978-4-7574-3024-2

◆工業英検3級問題集　2017年度版　日本工業英語協会編著　日本能率協会マネジメントセンター
【要旨】工業英検（2013～2016）過去15回分収録。
2017.2 156p A5 ¥1600 ①978-4-8207-5965-2

◆工業英検4級問題集　2017年度版　日本工業英語協会編著　日本能率協会マネジメントセンター
【要旨】工業英検（2013～2016）過去15回分収録。

◆最短合格！英検準1級英作文問題完全制覇　ジャパンタイムズ＆ロゴポート編　ジャパンタイムズ　（英検最短合格シリーズ）
【要旨】準1級の英作文問題ではどんな問題が出題され、どのように答案を書けばよいかをわかりやすく解説。時間配分やメモの取り方から、POINTSの使い方に困ったときの打開策も紹介しています。意見・判断の述べ方、原因・理由・結果の表し方など、8つのジャンル別でパラグラフ単位の英作文必須のフレーズを50超掲載。「教育・育児」「社会・経済」「生活・健康」「ビジネス・テクノロジー」の4つの頻出分野について、パラグラフ単位の英文（コンテンツブロック）200超を収録。オリジナル問題を24問収録。高得点を獲得するためのライティングの力を養います。各問題には「肯定」「否定」の2パターン、計48のモデルエッセイを掲載。
2017.9 271p A5 ¥1900 ①978-4-7890-1678-0

◆実践IELTS技能別問題集スピーキング　河野太一著　旺文社
【目次】1（IELTS Speaking Testの概要、Part 1の概要と基本姿勢　ほか）、2（Part 2の概要と基本姿勢、Part 2の攻略　ほか）、3（Part 3の概要と基本姿勢、Part 3の攻略　ほか）、Practice Test、付録　リズムよく話そう
2017.8 279p A5 ¥2400 ①978-4-01-094477-6

◆実践IELTS技能別問題集ライティング　河野太一著　旺文社
【目次】1（IELTS Writing Testの概要、Task 1の概要と基本姿勢、グラフ・表問題の攻略、グラフ・表問題表現ドリル、グラフ・表問題演習　ほか）、2（Task 2の概要と基本姿勢、「賛成・反対」タイプの攻略、その他のタイプの攻略、Task 2表現ドリル、Task 2問題演習）、Practice Test
2017.8 295p A5 ¥2300 ①978-4-01-094478-3

◆小学生の英検3級合格トレーニングブック　斎藤裕紀恵, 石川滋子, 永澤侑子著　アルク　（付属資料：CD・ROM1; 別冊1）増補版
【要旨】アメリカを舞台にした楽しいマンガの会話を通して重要表現を覚えられます！文法用語は最小限。章立ても「文法構成」ではなく「場面（ストーリー）構成」だからやる気もアップ！英検の問題形式に慣れるための筆記＆リスニング問題、予想問題をたっぷり収録！ライティングテストの練習問題も収録。「聞く」「話す」「読む」「書く」のドリル付きだから、自己表現のための英語力も身につけられる！学んだことをふり返るCan-doリスト付きだから苦手なポイントがわかり、効果的に復習できる！対象：小学校中・高学年。
2017.9 142p B5 ¥1600 ①978-4-7574-3001-3

◆小学生のためのよくわかる英検3級合格ドリル　新試験対応版　旺文社編　旺文社　（旺文社英検書）（付属資料：CD1; 別冊1）
【要旨】豊富なイラストで楽しく学べる！ふりがなつきだから1人でもわかる！英作文の練習もできる！本番形式の予想問題つき！受験の流れがわかる英検情報つき！
2017.8 150p B5 ¥1200 ①978-4-01-094900-9

◆全グレード対応　英検Jr.レッスン　三吉聡子著, 西村美樹監修　成美堂出版　『全グレード対応　児童英検レッスン』再編集・改題書; 付属資料：別冊1; CD2）
【要旨】本書は、ブロンズ・シルバー・ゴールドのどのグレードを受けるお子さまにもお使いいただけます。初歩的な単語から基本会話フレーズまで掲載し、各グレードの練習問題を段階を追って挑戦できるよう構成しました。また、解答・解説は便利な別冊式です。お子さまのレベルに合わせ、無理なく、楽しく、本書をご利用ください。
2017.2 111p B5 ¥1400 ①978-4-415-22412-1

◆楽しくはじめる英検Jr.ゴールド　旺文社編　旺文社　（付属資料：CD2; 別冊1; シール; 表彰状; 絵本）新装版
【目次】絵にあう文は？、名詞を覚えよう！、ちがうものはどれ？、動詞を覚えよう！、返事をしよう、形容詞を覚えよう！、お話をきこう、前置詞を覚えよう！、熟語を使った表現、文字にあう絵は？〔ほか〕
2017.11 62p 26×21cm ¥1900 ①978-4-01-094325-0

◆楽しくはじめる英検Jr.シルバー　旺文社編　旺文社　（付属資料：CD1; 別冊1; シール; カード; 表彰状）新装版
【目次】家の中をみてみよう、町には何があるのかな？、将来の夢はどんなお仕事？、様子を表す単語を覚えよう、アルファベットを言ってみよう！、月の名前と曜日は何て言うのかな？、あいさつ、基本の表現、質問、絵にあう文は？〔ほか〕
2017.11 55p 26×21cm ¥1600 ①978-4-01-094324-3

◆楽しくはじめる英検Jr.ブロンズ　旺文社編　旺文社　（付属資料：CD1; 別冊1; シール; ポスター; 表彰状）新装版
【目次】やさい、くだもの、たべもの・のみもの、どうぶつ、いえ、からだ・かお、のりもの、すうじ、どうし、けいようし〔ほか〕
2017.11 60p 26×21cm ¥1600 ①978-4-01-094323-6

◆短期完成英検準1級 3回過去問集　2017-2018年対応　旺文社編　旺文社　（付属資料：別冊1; CD2）

【要旨】2017年6月実施の最新試験を収録！これ1冊で筆記・リスニング・面接すべてOK！
2017.9 109p A5 ¥1800 ①978-4-01-094837-8

◆短期完成英検準2級 3回過去問集　2017-2018年対応　旺文社編　旺文社　（付属資料：別冊1; CD2）
【要旨】2017年6月実施の最新試験を収録！さらに英作文問題の予想問題1回分も収録。
2017.9 93p A5 ¥1200 ①978-4-01-094839-2

◆短期完成英検2級 3回過去問集　2017-2018年対応　旺文社編　旺文社　（付属資料：別冊1; CD2）
【要旨】2017年6月実施の最新試験を収録！これ1冊で筆記・リスニング・面接すべてOK！
2017.9 103p A5 ¥1300 ①978-4-01-094838-5

◆短期完成英検3級 3回過去問集　2017-2018年対応　旺文社編　旺文社　（付属資料：別冊1; CD2）
【要旨】2017年6月実施の最新試験を収録！さらに英作文問題の予想問題1回分も収録。
2017.9 93p A5 ¥1200 ①978-4-01-094840-8

◆短期完成英検4級 3回過去問集　2017-2018年対応　旺文社編　旺文社　（付属資料：別冊1; CD2）
【要旨】2017年6月実施の最新試験を収録！これ1冊で筆記・リスニング・スピーキングすべてOK！
2017.9 79p A5 ¥1000 ①978-4-01-094841-5

◆短期完成英検5級 3回過去問集　2017-2018年対応　旺文社編　旺文社　（付属資料：別冊1; CD1）
【要旨】2017年6月実施の最新試験を収録！これ1冊で筆記・リスニング・スピーキングすべてOK！
2017.9 70p A5 ¥1000 ①978-4-01-094842-2

◆7日でできる！英検準2級頻出度順合格ドリル　岡野秀夫著　高橋書店　（付属資料：CD1; 別冊1）
【要旨】過去10年分のデータから算出！でる順で再現！CDつき。ライティングテスト収録！新試験に完全対応！
2017.7 108p 24×19cm ¥1350 ①978-4-471-27495-5

◆7日でできる！英検3級頻出度順合格ドリル　岡野秀夫著　高橋書店　（付属資料：CD1; 別冊1）
【要旨】過去10年分のデータから算出！でる順で再現！ルビつき。CDつき。ライティングテスト収録！新試験に完全対応！
2017.7 92p 24×19cm ¥1200 ①978-4-471-27496-2

◆パーフェクト攻略IELTSスピーキング　トフルゼミナール, 川端淳司, ジェフ・トーザ著　テイエス企画　（付属資料：CD・ROM1）
【要旨】スピーキング全般の攻略法と3つの設問タイプの対策を例題を使ってわかりやすく解説します。豊富なサンプルアンサーや解答のための準備メモを通じて柔軟で評価される解答力を身につけます。本番直前の総仕上げとして本試験と同様の実戦問題を制限時間内に解答します。
2017.3 308p A5 ¥2600 ①978-4-88784-175-8

◆パーフェクト攻略IELTS総合対策　山田広之, ギュンター・ブルック, キャメロン・ハイ著　テイエス企画　（付属資料：CD・ROM1）
【要旨】徹底したテスト研究による設問タイプの分析と対策、充実の問題演習とポイントを押さえたわかりやすい解説。IELTS総合対策の決定版です。トフルゼミナールのIELTS講座の実績が活かされたライティングやスピーキングの対策も万全です。
2017.3 318p A5 ¥2600 ①978-4-88784-187-1

◆パーフェクト攻略IELTSライティング　トフルゼミナール, 川端淳司, ジェフ・トーザ著　テイエス企画　改訂版
【要旨】ライティングセクションで出題される主な設問タイプを取り上げ攻略法をわかりやすく解説します。さまざまなテーマでの演習問題18題を通して設問タイプの解法に習熟し確かな得点力を身につけます。本番直前の総仕上げとして本試験と同様の2セットの実戦問題を制限時間内に解答します。
2017.3 214p A5 ¥2400 ①978-4-88784-195-6

◆パーフェクト攻略IELTSリスニング　トフルゼミナール, ジェフ・トーザ, 林美由樹著　テイエス企画　（付属資料：CD・ROM1）新装版

英語

【要旨】リスニングセクションで出題される主な設問タイプを取り上げ攻略法をわかりやすく解説します。さまざまな分野の演習問題12セットを通して設問タイプの解法に習熟し確かな得点力を身につけます。本番直前の総仕上げとして本試験と同様の実戦問題を制限時間内に解答します。
2017.3 310p A5 ¥2600 ①978-4-88784-194-9

◆パーフェクト攻略IELTSリーディング
トフルゼミナール、一ノ瀬安、ジェフ・トーザ、鶴田博美著 テイエス企画 改訂版
【要旨】リーディングセクションで出題される主な設問タイプを取り上げ攻略法をわかりやすく解説します。さまざまな分野の演習問題12セットを通して設問タイプの解法に習熟し確かな得点力を身につけます。本番直前の総仕上げとして本試験と同様の3セットの実戦問題を制限時間内に解答します。
2017.3 243p A5 ¥2400 ①978-4-88784-186-4

◆短いフレーズで覚える英検準1級必須単語
晴山陽一著 秀和システム
【目次】1 頻出単語500（名詞1―180語、形容詞1―120語、動詞1―180語、副詞1―20語）、2 重要単語500（名詞2―200語、形容詞2―120語、動詞2―180語）
2017.10 239p B6 ¥1600 ①978-4-7980-5253-3

◆短いフレーズで覚える英検2級必須単語
晴山陽一著 秀和システム
【目次】1 頻出単語450（名詞1―190語、形容詞1―80語、動詞1―150語、副詞1―30語）、2 重要単語450（名詞2―160語、形容詞2―90語、動詞2―200語）
2017.10 215p B6 ¥1600 ①978-4-7980-5254-0

◆4技能総合対策 英検2級10days―ライティング強化で得点力アップ！ 斎藤裕紀恵著
河合出版 （付属資料：CD1）
【目次】単語トレーニング―重要動詞編(1)、文法編―仮定法、英作文編―ストラテジー(1)問題形式の理解/(2)ライティングの手順と評価方法の理解、長文対策―リーディングストラテジー(1)ディスコースマーカー編、リスニング対策―第1部対策(1)場面別会話表現の理解、単語トレーニング―重要動詞編(2)、文法編―接続詞、英作文編―ストラテジー(3)模範英作文の構造の活用/(4)構造を活用した実践問題、長文対策―リーディングストラテジー(2)文脈展開編、リスニング対策―第1部対策(2)状況の理解 ［ほか］
2017.12 313p A5 ¥1600 ①978-4-7772-1939-1

◆ライティング・スピーキングも怖くない―IELTS完全対策 歳岡冴香著、大阪大学国際教育交流センター監修 （吹田）大阪大学出版会 （付属資料：CD1）
【要旨】ブリティッシュ・カウンシル全力バックアップ！ 公認解答例を多数掲載!!
2017.3 178p A5 ¥2400 ①978-4-87259-588-8

◆CD付 英検準1級合格！ 問題集 2017年度版 吉成雄一郎、古河好幸著 新星出版社 （付属資料：CD1; 別冊1）
【要旨】模擬問題2回分＆二次試験カードつき。本とCDで二次試験対策も万全。
2017.3 158p A5 ¥1500 ①978-4-405-04899-7

◆CD付 英検2級合格！ 問題集 2017年度版 吉成雄一郎、古河好幸著 新星出版社 （付属資料：別冊1; CD1）
【要旨】「実況放送」と「問題カード」で本番同様の二次試験ができる！ 別冊「オリジナル模擬問題」で、直前チェックができる！ 2016年度試験を分析しているから、最新の傾向がわかる！
2017.3 158p A5 ¥1300 ①978-4-405-04901-7

◆CD付 英検2級合格！ 問題集 2017年度版 緒方孝文著 新星出版社 （付属資料：別冊1; CD1）
【要旨】「実況放送」と「問題カード」で本番同様の二次試験ができる！ 別冊「オリジナル模擬問題」で、直前チェックができる！ 2016年度試験を分析しているから、最新の傾向がわかる！
2017.3 142p A5 ¥1300 ①978-4-405-04900-0

◆CD付 英検3級合格！ 問題集 2017年度版 吉成雄一郎、古河好幸著 新星出版社 （付属資料：別冊2; CD1; カード）
【要旨】新しい「英検」に対応！ 2016年度試験を分析。模擬問題2回分＆二次試験カードつき。
2017.3 150p A5 ¥1300 ①978-4-405-04902-4

◆CD付 英検4級合格！ 問題集 2017年度版 吉成雄一郎、古河好幸著 新星出版社 （付属資料：CD1; 別冊2）
【要旨】解説が丁寧で、基本からよく理解できる！ 別冊「オリジナル模擬問題」で、直前チェックができる！ 2016年度試験を分析しているから、最新の傾向がわかる！
2017.3 150p A5 ¥1000 ①978-4-405-04903-1

◆CD付 英検5級合格！ 問題集 2017年度版 林美智子著 新星出版社 （付属資料：別冊1; CD1）
【要旨】解説が丁寧で、基本からよく理解できる！ 別冊「オリジナル模擬問題」で、直前チェックができる！ 2016年度試験を分析しているから、最新の傾向がわかる！
2017.3 150p A5 ¥1000 ①978-4-405-04904-8

◆CD付 世界一わかりやすい英検準2級に合格する授業 関正生、竹内健著 KADOKAWA （付属資料：CD1） 改訂版
【要旨】10日間で、全部わかる！「頻出予想問題」＆「過去問」を1冊に凝縮！ 得点力アップのための「徹底解説」が充実！ 直前まで使える「重要語句のまとめ」を掲載！ 時間がない人の「ショートカットコース」を指南！ 新形式の「ライティング問題」もわかりやすく解説！
2017.12 221p A5 ¥1400 ①978-4-04-602127-4

◆CD付 世界一わかりやすい英検3級に合格する授業 関正生、竹内健著 KADOKAWA （付属資料：CD1） 改訂版
【要旨】7日間で、全部わかる！「頻出予想問題」＆「過去問」を1冊に凝縮！ 得点力アップのための「徹底解説」が充実！ 直前まで使える「重要語句のまとめ」を掲載！ 時間がない人の「ショートカットコース」を指南！ 新形式の「ライティング問題」もわかりやすく解説！
2017.12 189p B6 ¥1400 ①978-4-04-602128-1

◆DAILY2週間英検3級集中ゼミ 新試験対応版 旺文社編 旺文社 （旺文社英検書） （付属資料：CD1; 赤シート1）
【目次】筆記編（適切な語句を選ぶ問題、適切な会話表現を選ぶ問題、読解問題1（提示）、読解問題2（Eメール）、読解問題3（手紙文） ほか）、リスニング編（会話に対する応答を選ぶ問題、会話の内容を聞き取る問題、文の内容を聞き取る問題）、実力完成模擬テスト
2017.8 172p B5 ¥1200 ①978-4-01-094910-8

◆DAILY20日間英検準2級集中ゼミ 新試験対応版 旺文社編 旺文社 （旺文社英検書） （付属資料：CD1; 赤シート1）
【目次】基礎編（短文の語句空所補充問題を攻略！ 1（単語）、短文の語句空所補充問題を攻略！ 2（熟語）、会話文の文空所補充問題を攻略！ 3（文法）、会話文の文空所補充問題を攻略！ ほか）、応用編、実力完成模擬テスト
2017.8 207p B5 ¥1300 ①978-4-01-094909-2

◆DAILY25日間 英検準1級集中ゼミ―新試験対応版 旺文社編 旺文社 （付属資料：CD1; 赤セル1）
【要旨】問題形式ごとに解答のポイントを知る。過去問で出題例を確認。練習問題でポイントを実践。本番形式の模擬テストで力試し。
2017.4 223p B5 ¥1650 ①978-4-01-094908-5

◆DAILY30日間 英検1級集中ゼミ―新試験対応版 旺文社編 旺文社 （付属資料：CD1; 赤セル1）
【要旨】問題形式ごとに解答のポイントを知る。過去問で出題例を確認。練習問題でポイントを実践。9日目はレビューテスト。本番形式の模擬テストで力試し。
2017.4 287p B5 ¥2100 ①978-4-01-094907-8

◆IELTS32のドリル＋模試 CD2枚付 松本恵美子、浜田英夫、アンソニー・アラン、ケビン・ダン著 三修社 （付属資料：CD2; 別冊1）
【要旨】バンドスコア6.5以上で有名大学の基準をほぼクリア！ ドリルをこなして6.0以上を、模試で6.5以上を段階的に目指す！
2017.5 257p B5 ¥2400 ①978-4-384-05871-0

国連・TOEFL・TOEIC

◆1日1分！ TOEIC L&Rテスト千本ノック！ 中村澄子著 祥伝社 （祥伝社黄金文庫）
【要旨】TOEICテストを毎回受験している著者だからこそわかる、最新の出題傾向と頻出語句、さらに難問・ひっかけ・トリック問題、基礎だけど押さえておきたい頻出問題までたっぷり掲載！ TOEIC初心者は腕試しに、上級者はおさらい＆最新傾向の確認用に。簡潔でわかりやすい解説でみるみるうちに点数UP！
2017.12 331p A6 ¥800 ①978-4-396-31727-0

◆イングリッシュ・ドクターのTOEIC&L&Rテスト最強の根本対策PART1&2 西澤ロイ著 実務教育出版
【要旨】QRコード形式で、音声がスマホ/PCからすぐ開ける。書き取り方式の音声トレーニング×160本。小手先のテクニックゼロ。学習効果を何倍にもする問題群。英語の「本当に正しい」聴き方が身につく独自のメソッド。モニター回答を徹底分析した、リアルな難易度表示と解説。微妙な音の違いを聴き比べられるネイティブ音声×200本。
2018.1 254p A5 ¥1500 ①978-4-7889-1457-5

◆英語ドリル 国連英検ジュニアテスト過去問題集 2016年度第1回・第2回試験問題Aコース 日本国際連合協会著 （京都）新学社 （付属資料：CD1）
【要旨】このドリルは試験形式です。テストとして実施する場合の試験時間は50分です。国連英検ジュニアテストAコースの試験問題2回分が収録されています。CDを聴いて答える問題120問と読んで答える問題40問です。中学2年生レベル、英語学習を始めてから5年程度の方が対象です。
2017.3 36p B5 ¥900 ①978-4-7868-0249-2

◆英語ドリル 国連英検ジュニアテスト過去問題集 2016年度第1回・第2回試験問題Bコース 日本国際連合協会著 （京都）新学社 （付属資料：CD1）
【要旨】このドリルは試験形式です。テストとして実施する場合の試験時間は40分です。国連英検ジュニアテストBコースの試験問題2回分が収録されています。CDを聴いて答える問題160問です。英語学習3年以上、英語学習を始めてから3年程度の方が対象です。
2017.3 64p B5 ¥900 ①978-4-7868-0251-5

◆英語ドリル 国連英検ジュニアテスト過去問題集 2016年度第1回・第2回試験問題Cコース 日本国際連合協会著 （京都）新学社 （付属資料：CD1）
【要旨】このドリルは試験形式です。テストとして実施する場合の試験時間は40分です。国連英検ジュニアテストCコースの試験問題2回分が収録されています。CDを聴いて答える問題120問です。英語学習2年以上、英語学習を始めてから2年程度の方が対象です。
2017.3 54p B5 ¥900 ①978-4-7868-0252-2

◆英語ドリル 国連英検ジュニアテスト過去問題集 2016年度第1回・第2回試験問題Dコース 日本国際連合協会著 （京都）新学社 （付属資料：CD1）
【要旨】このドリルは試験形式です。テストとして実施する場合の試験時間は40分です。国連英検ジュニアテストDコースの試験問題2回分が収録されています。CDを聴いて答える問題80問です。英語学習1年以上、英語学習を始めてから1年以上の方が対象です。
2017.3 44p B5 ¥900 ①978-4-7868-0253-9

◆英語ドリル 国連英検ジュニアテスト過去問題集 2016年度第1回・第2回試験問題Eコース 日本国際連合協会著 （京都）新学社 （付属資料：CD1）
【要旨】このドリルは試験形式です。テストとして実施する場合の試験時間は30分です。国連英検ジュニアテストEコースの試験問題2回分が収録されています。CDを聴いて答える問題50問です。解答する為に5色の色鉛筆かクレヨンが必要です（赤、青、オレンジ、緑、黒）。英語学習1年程度、英語学習を始めてから1年程度の方が対象です。
2017.3 28p B5 ¥900 ①978-4-7868-0254-6

◆英語ドリル 国連英検ジュニアテスト過去問題集 2016年度第1回・第2回試験問題

PreAコース 日本国際連合協会著 (京都)新学社 (付属資料:CD1)
【要旨】このドリルは試験形式です。テストとして実施する場合の試験時間は40分です。国連英検ジュニアテストPreAコースの試験問題2回分が収録されています。CDを聴いて答える問題160問。中学1年生レベル。英語学習を始めてから4年程度の方が対象です。
2017.3 38p B5 ¥900 ⓘ978-4-7868-0250-8

◆**「音読」で攻略TOEIC L&Rテストでる文80**―受験回数100回超えの達人がスコアに直結する例文を厳選 西田大著 かんき出版
【目次】400LEVEL、450LEVEL、500LEVEL、600LEVEL、650LEVEL、700LEVEL、750LEVEL
2017.12 223p A5 ¥1600 ⓘ978-4-7612-7303-3

◆**かなり詳しく学べるTOEFL iBTテストスピーキング・ライティング 演習編** アゴス・ジャパン、松園保則著 河合出版 (付属資料:別冊1;CD-ROM1)
【要旨】より多くの演習やトレーニングで話す・書く力をつけよう! 留学準備・試験対策専門校アゴス・ジャパンによる、詳しく丁寧で、わかりやすい解説!
2017.3 296p A5 ¥2000 ⓘ978-4-7772-1525-6

◆**かなり詳しく学べるTOEFL iBTテストリーディング・リスニング 演習編** アゴス・ジャパン、岡田徹也著 河合出版 (付属資料:別冊1;CD-ROM1)
【要旨】より多くの演習やトレーニングで読む・聞く力をつけよう! 留学準備・試験対策専門校アゴス・ジャパンによる、詳しく丁寧で、わかりやすい解説!
2017.3 355p A5 ¥2000 ⓘ978-4-7772-1520-1

◆**講義式TOEIC L&Rテストこの1冊で500点突破できる!** 越智善太著 成美堂出版
【要旨】はじめてでも講義式だからラクラク読める! 英語が苦手でもOK。500点突破できる裏ワザテクニック満載!
2017.8 323p A5 ¥1500 ⓘ978-4-415-22410-7

◆**公式TOEIC Listening & Readingトレーニング リスニング編** Educational Testing Service著 国際ビジネスコミュニケーション協会 (付属資料:CD2)
【要旨】リスニングセクションの問題を372問収録。各パートの問題を組み合わせた20のセットで掲載。解答・和訳・音声スクリプトを掲載。公式スピーカーによる音声CD付き。
2017.6 215p B5 ¥2000 ⓘ978-4-906033-51-5

◆**公式TOEIC Listening & Readingトレーニング リーディング編** Educational Testing Service著 国際ビジネスコミュニケーション協会
【要旨】リーディングセクションの問題を375問収録。各パートの問題を組み合わせた20のセットで掲載。解答・和訳を掲載。
2017.6 303p B5 ¥2000 ⓘ978-4-906033-52-2

◆**公式TOEIC Listening & Reading問題集 2** Educational Testing Service著 国際ビジネスコミュニケーション協会 (付属資料:別冊1;CD2)
【要旨】テスト2回分 (計400問) を収録。解答、解説、和訳、音声スクリプト掲載。公式スピーカーによる音声CD付き。参考スコア範囲換算表付き。
2017.2 111p 27×22cm ¥2800 ⓘ978-4-906033-50-8

◆**公式TOEIC Listening & Reading問題集 3 音声CD2枚付** Educational Testing Service著 国際ビジネスコミュニケーション協会 (付属資料:別冊1;CD2)
【要旨】テスト2回分 (計400問) を収録。解答、解説、和訳、音声スクリプト掲載。公式スピーカーによる音声ダウンロード可)。参考スコア範囲換算表付き。
2017.12 111p 28×21cm ¥2800 ⓘ978-4-906033-53-9

◆**国連英検過去問題集 特A級 2015-2016年度実施** 日本国際連合協会編著 三修社
【目次】2015年実施、2016年実施
2017.8 237p A5 ¥2500 ⓘ978-4-384-04756-1

◆**国連英検過去問題集 A級 2015-2016年度実施** 日本国際連合協会編著 三修社

【目次】2015年実施、2016年実施
2017.8 203p A5 ¥2400 ⓘ978-4-384-04757-8

◆**国連英検過去問題集 B級 2015-2016年度実施** 日本国際連合協会編著 三修社
【目次】2015年実施、2016年実施
2017.8 255p A5 ¥2500 ⓘ978-4-384-04758-5

◆**国連英検過去問題集 C級 2015-2016年度実施** 日本国際連合協会編著 三修社
【目次】2015年実施、2016年実施
2017.8 241p A5 ¥2000 ⓘ978-4-384-04759-2

◆**国連英検過去問題集 D級/E級 2015-2016年度実施** 日本国際連合協会編著、千田正三、服部孝彦著 三修社
2017.8 371p A5 ¥2600 ⓘ978-4-384-72101-0

◆**3週間で攻略TOEIC L&Rテスト600点!** 渋谷奈津子、池田真紀子共著 アルク (残り日数逆算シリーズ) (付属資料:CD-ROM1)
【要旨】1日90分×週5日プラン。全パート基礎力強化、解答テクニック養成、本番シミュレーション―1冊に全部おまかせ!
2017.3 347p A5 ¥1800 ⓘ978-4-7574-2875-1

◆**3週間で攻略TOEIC L&Rテスト730点!** 小山克明、姜英徹共著 アルク (残り日数逆算シリーズ) (付属資料:CD-ROM1)
【要旨】あと3週間でも効率的に学べば730点が狙える!
2017.6 316p A5 ¥2100 ⓘ978-4-7574-2879-9

◆**3週間で攻略TOEIC L&Rテスト900点!** 大里秀介著 アルク (残り日数逆算シリーズ) (付属資料:別冊1;CD-ROM1;『3週間で攻略TOEICテスト900点!』加筆修正・改訂・改題書)
【要旨】「週5日×3週間=15日」の濃密特訓プログラムで、上級者の解き方を身に付ける。「模試200問×3回リピート」800点台から一気に900点へ!
2017.11 347p A5 ¥2400 ⓘ978-4-7574-3015-0

◆**新形式対応 TOEICテスト990点新・全方位リーディング** 中村紳一郎、スーザン・アンダトン、小林美和著 ジャパンタイムズ
【要旨】Stage1 実力診断テスト:現時点の実力を知る→Stage2 高速度トレーニングA:Part7を解ききるためのスピードを体得する→Stage3 高速度トレーニングB:Timed Readingで本物のリーディング力を養う→Stage4 総仕上げ模試:トレーニングの成果を確認する。
2017.6 370p A5 ¥2000 ⓘ978-4-7890-1666-7

◆**新TOEIC TEST出る順で学ぶボキャブラリー990 ハンディ版** 神崎正哉著、鶴岡公幸監修 講談社
【要旨】公式問題集から頻出の約3500語を厳選! 「テストに出る」表現&フレーズの例文。無料音声アプリで、ぐんぐん覚えられる。例文のリズムがいいから、覚えやすい。
2017.7 285p 18×12cm ¥900 ⓘ978-4-06-220697-6

◆**スコアが上がるTOEIC L&Rテスト本番模試600問―新形式問題対応** 宮野智靖監修、入江泉著 旺文社 (付属資料:別冊3;CD3) 改訂版
【要旨】3分冊の解説にも、問題文をすべて収録。持ち運び、復習しやすい。復習用にPART7のパッセージ音声がダウンロードできる。TOEIC高得点取得者 (濱崎潤之輔、Rabbit、八島晶) によるコラム「模試活用法」「ニガテ克服法」から効果的な学習法を学び、自分の計画を見直そう。「ニガテチェックシート」で自分の不得意な学習パターンを知ろう。「スコアアップのテクニック」で試験での注意点、解答のコツを学ぼう。
2017.7 143p A4 ¥2100 ⓘ978-4-01-094599-5

◆**たった4時間でTOEICテスト完全攻略―はじめてでも600点取れる!** 中尾享子著 フォレスト出版 (付属資料:CD2) 改訂版
【要旨】たった4時間でTOEICテスト対策が完了! はじめての受験でも600点クリア! この1冊でスコアが200点上がる! 本番での正確率が極めて高い、予想問題が解ける! 問題を解くスピードが上がる! 英語の発音、スピーキングも完璧になる! 日常会話で困らないほどの語彙力が身につく!
2017.3 300p A5 ¥1800 ⓘ978-4-89451-748-6

◆**出るとこ集中10日間! TOEICテスト読解編** 渋谷奈津子著 西東社
【要旨】頻出「設問タイプ」を知れば確実に点がとれる! すぐに使える! 攻略のツボ20。
2017.9 207p A5 ¥1200 ⓘ978-4-7916-2441-6

◆**出るとこ集中10日間! TOEICテストリスニング編** 八島晶著 西東社 (付属資料:CD1)
【要旨】頻出定番問題で確実に点をとる! 速効スコアアップ! 攻略のツボ20。
2017.6 191p A5 ¥1300 ⓘ978-4-7916-2442-3

◆**2カ月で攻略TOEIC L&Rテスト600点!** 溝口優美子、中村信子共著 アルク (残り日数逆算シリーズ) (付属資料:別冊1;CD-ROM1)
【要旨】600点に必要な英語力+解答力を高める!
2017.5 423p A5 ¥2300 ⓘ978-4-7574-2884-3

◆**2カ月で攻略TOEIC L&Rテスト730点!** 横本勝也、早川幸治共著 アルク (残り日数逆算シリーズ) (付属資料:CD-ROM1)
【要旨】2カ月で弱点・難関ポイントを克服し730点に必要な実力を養成する必勝プログラム。
2017.6 431p A5 ¥2300 ⓘ978-4-7574-2880-5

◆**2カ月で攻略TOEIC L&Rテスト900点!** 天満嗣雄、和泉有香共著 アルク (残り日数逆算シリーズ!) 「2カ月で攻略TOEICテスト900点!」加筆修正・改訂・改題書;付属資料:CD-ROM1)
【要旨】「週5日×8週間=40日」で攻略する「音」「スピード」「量」! 900点突破を実現する毎日の学習メニュー。
2017.12 598p A5 ¥2300 ⓘ978-4-7574-3016-7

◆**はじめて受けるTOEFL ITPテスト教本** 山田広之監修 テイエス企画 (付属資料:CD-ROM1) 改訂版
【要旨】ITPを知るならこの1冊。「でる問題」だけ集中対策。3つのセクションの特徴を徹底理解! 最頻出の設問タイプと解法を攻略! フル模試1セットで直前の総仕上げ!
2017.3 208p A5 ¥2000 ⓘ978-4-88784-193-2

◆**はじめて受けるTOEIC L&Rテストパーフェクト攻略** 松野守峰、根岸進著共著 桐原書店 (付属資料:CD-ROM1;別冊1)
【要旨】本気でスコアを取るための"攻略本"待望の新形式問題に対応! 新形式問題の徹底攻略。解答のための基本テクニック。Part 7攻略のコツ。 2017.3 293p A5 ¥1750 ⓘ978-4-342-01119-1

◆**はじめて受けるTOEIC L&Rテストパーフェクト問題集** 根岸進著 桐原書店 (付属資料:CD-ROM1;別冊1)
【要旨】この「問題集」で苦手なパートを徹底学習。「問題集」単体でも学習できる!「はじめて受けるTOEIC L&Rテストパーフェクト攻略」の対策ポイントに対応した準拠問題集。
2017.3 255p A5 ¥1750 ⓘ978-4-342-01129-0

◆**はじめてのTOEIC L&Rテスト完全攻略ルールブック** 土谷望著 テイエス企画 (付属資料:CD1)
【要旨】新形式に完全対応。速く、正確に解ききる技術を、この1冊で。いちばんはじめに押さえたいルールだけを141選びました。
2017.8 356p A5 ¥1800 ⓘ978-4-88784-191-8

◆**はじめてのTOEIC L&Rテストこの1冊で650点** 生越秀子著 コスモピア (付属資料:CD1)
【要旨】2016年5月以降の新形式に完全対応。全パート総合対策の決定版!
2017.5 311p A5 ¥1700 ⓘ978-4-86454-107-7

◆**はじめてのTOEIC L&Rテスト「先読み」と単語で730点突破!** 伊藤太、ゲーリー・スコット・ファイン著 大和書房
【要旨】新形式にも完全対応! 答えにつながる「先読み」で学習時間が2分の1に。「いきなり得点UP!」するコツがわかる。本試験さながらの例文でテストを実況。
2017.7 317p A5 ¥1800 ⓘ978-4-479-79600-8

◆**はじめてのTOEIC L&Rテスト とれるとこだけ3週間** 古澤弘美著、古澤徹執筆協力 ジャパンタイムズ (付属資料:赤シート1)
【要旨】英語学習の心構えからしっかり指導。スコアに直結する項目に的を絞って重点学習。丁

英語

寧な解説で正解への道筋がわかりやすい。解きやすい問題を見分けるコツも身につく。英語屋直伝のトレーニングなら、英語嫌いの方でも安心です！
2017.5 374p B5 ¥1800 ①978-4-7890-1665-0

◆**はじめてのTOEIC L&Rテスト入門模試 教官Tommyコース** 大里秀介著 Jリサーチ出版 （TOEIC TEST教習所600点シリーズ） （付属資料：CD1；別冊1）
【要旨】教官Tommyによる600点獲得の戦略・戦術を収録。TOEIC最新傾向に即した頻出問題を精選。分かりやすく丁寧な模試解説で理解度と英語力がどんどん伸びる！2倍速音声も収録。本番形式が遅く感じるほどリスニング力が上がる！解説ページには問題文を再掲。復習しやすい親切設計！
2017.4 91p B5 ¥800 ①978-4-86392-338-6

◆**1駅1題TOEIC L&R TEST読解特急** 神崎正哉, TEX加藤, ダニエル・ワーリナ著 朝日新聞出版 増補改訂版
【目次】第1部 TOEICスピード獲得編、第2部 Part7まるごと完走編
2017.5 303p 18cm ¥880 ①978-4-02-331603-4

◆**毎日ミニ模試TOEIC LISTENING AND READINGテスト** 小川慶著 テイエス企画 （付属資料：CD1）
【要旨】最短7日で全パート攻略。4タイプの学習モード。新形式に完全対応！
2017.3 317p A5 ¥1800 ①978-4-88784-185-7

◆**マンガで攻略！TOEIC L&Rテスト文法対策** 濱崎潤之輔著 西東社
【要旨】文法はかせろ、600点はとれる！満点55回超！の著者の文法メソッドがわかりやすいマンガ＆図解で身につく！
2017.11 223p A5 ¥1200 ①978-4-7916-2619-9

◆**ミニ模試トリプル10 TOEIC L&Rテスト—直前10日間×問題10セット×ミニ模試10回** 森田鉄也, ダニエル・ワーリナ著 スリーエーネットワーク
【要旨】写真描写問題1問、応答問題3問、会話問題3問×2、説明文問題3問×2、短文穴埋め問題4問、長文穴埋め問題4問×1、読解問題ニ〜5問×2〜3。10日間くりかえし全パートに触れられる世界一挫折しない模試！
2017.6 249p A5 ¥1600 ①978-4-88319-753-8

◆**ヤバいくらい覚えられるTOEIC英単語スコア640** リック西尾著 ロングセラーズ （ロング新書）
【要旨】問題点をズバリindicate する、上司を熱意でpersuade する、堂々と目標をaffirm する…英単語は日本語に変換せずそのまま覚える。イメージで暗記！！日本人には最適な右脳英語学習法！！
2017.7 243p 18cm ¥1000 ①978-4-8454-5028-2

◆**PERFECT PRACTICE FOR THE TOEIC L&R TEST—Revised Edition** 石井隆之, 山口俊夫, 上田妙美, 梶山宗克, Joe Ciunci編著 成美堂 改訂新版
【目次】Studying Abroad（留学）、International Conference（国際会議）、Holidays（休日）、Leisure（娯楽）、Restaurant（レストラン）、Online Shopping（買い物）、Global Warming（地球温暖化）、Websites（ホームページ）、Workplace（職場）、Nursing Care（介護）〔ほか〕
2018.1 102, 14p B5 ¥2200 ①978-4-7919-3419-5

◆**QUICK MASTERY OF THE TOEIC LISTENING TEST** 松本恵美子, 西井賢太郎, Sam Little著 成美堂
【目次】旅行/ガイド/観光、テクノロジー/インターネット、レストラン/外食、注文/報告、社内人事/研修、復習1、店/買い物、金融/予算/給与、セミナー/会議、健康/診察〔ほか〕
2018.1 48p B5 ¥1300 ①978-4-7919-3422-5

◆**START・UP COURSE FOR THE TOEIC L&R TEST—REVISED EDITION** 北山長貴, Bill Benfield, Mony Tavakoli編著 成美堂 改訂新版
【目次】交通と情報案内、指示と説明、飲食、ビジネス、コミュニケーション、社交、招待・案内、医療・保険、文化・娯楽、買い物〔ほか〕
2018.1 119p B5 ¥2000 ①978-4-7919-3420-1

◆**Storyで覚える！TOEICテスト エッセンシャル英文法** 山内勇樹著 かんき出版
【要旨】新形式問題対策に最適！ラブストーリーをベースに覚えるから、英単語の本当の使い方がわかる！「実践的な単語力」と「自然な英語」が同時に身につく画期的な英単語集！！
2017.4 271p B6 ¥1400 ①978-4-7612-7250-0

◆**Success Course for the TOEIC Listening and Reading Test—新形式TOEIC Testの攻略** 浦部尚志編著 英光社 （付属資料：CD1）
【目次】Crucial Points of English Grammar, Mock Test for TOEIC, Listening Practice for Phonetic Changes, Mock Test for TOEIC
2016.12 142p B5 ¥2100 ①978-4-87097-178-3

◆**Successful Steps for the TOEIC L&R Test A Topic・based Approach—New Edition** 塚野壽一, 山本厚子, 大須賀直子, Robert VanBenthuysen著 成美堂 最新版
【目次】Entertainment—映画や音楽などの娯楽、Personnel—求人広告や社内人事、Office Work&Supplies—オフィス業務や備品など、Office Messages—電話やEメールなどのオフィスメッセージ、Eating Out—ランチやパーティーなどの外食、Technology—コンピューターなどの科学技術、Research and Merchandise Development—調査研究や商品開発、Finance and Budgets—銀行業務や経理などの金融、Purchases—ショッピングや注文・出荷など、Manufacturing—工場管理や生産ラインなどの製造〔ほか〕
2018.1 186p B5 ¥2000 ①978-4-7919-3421-8

◆**THE HIGH ROAD TO THE TOEIC LISTENING AND READING TEST—全パート横断型 TOEIC LISTENING AND READING テスト総合対策** 早川幸治, 番場直之, 中村信子, 鈴木顕著 金星堂
【目次】Travel, Dining Out, Media, Entertainment, Purchasing, Clients, Recruiting, Personnel, Advertising, Meetings, Finance, Offices, Daily Life, Sales&Marketing, Events
2017.2 150p B5 ¥1900 ①978-4-7647-4045-7

◆**TOEFLテスト完全英文法—ハイスコア獲得のためのThree Steps** 阿部友直著 テイエス企画
【要旨】本書の特長は実用性と便利さにあります。日本人のために書かれた日本の文法書の緻密さと、TOEFLの文法対策を分析研究した成果を、英語の体系的な理解という視点から統合することを目的にしています。また実用面を考えて、用例リストをできるだけ多く取り入れて、これ1冊と辞書があれば、他に参考書を調べなくてもすむように配慮されています。
2017.3 783p A5 ¥2500 ①978-4-88784-197-0

◆**TOEFLテスト ボキャブラリー＋例文3900** 岡田徹也, 松園保則共著 ジャパンタイムズ （留学珠シリーズ）
【要旨】見出し語3900×例文3900×音声9時間の圧倒的ボリューム。留学先で使えるキャンパス・ボキャブラリー500語も収録！
2017.7 422p A5 ¥2900 ①978-4-7890-1663-6

◆**TOEFLテストiBT & ITP英単語** 高木義人著 テイエス企画 （付属資料：CD-ROM1）
【要旨】語源・同意語・分野別で必修5000語を効率暗記。人文・社会、自然科学の頻出テーマを強化。会話表現に強くなるイディオムを習得。スピーキング・ライティングに役立つ表現。
2017.3 582p A5 ¥2500 ①978-4-88784-196-3

◆**TOEFL ITPテストリスニング教本** 山田広之監修 テイエス企画 （付属資料：CD1） 改訂版
【要旨】スコアアップに必須の技術、設問タイプ11を完全攻略。3つのパートの得点力を徹底強化！きめ細かい語句コーナーで語彙力増強！リスニング模試1セットで総仕上げ！
2017.2 209p A5 ¥2300 ①978-4-88784-192-5

◆**TOEFL ITPテストリーディング教本** 山田広之監修 テイエス企画 改訂版
【要旨】スコアアップに必須の技術、設問タイプ10を完全攻略。頻出分野の演習で背景知識を強化！充実の頻出単語リストで語彙力増強！リーディング模試1セットで総仕上げ！
2017.2 285p A5 ¥2000 ①978-4-88784-188-8

◆**TOEICテスト英文法をひとつひとつわかりやすく。** 富岡恵著 学研プラス （付属資料：別冊1；CD1）
【要旨】TOEIC L&Rテストで600点を突破する上でほんとうに必要な英文法を、わかりやすい文章とイラスト図解で解説しています。内容を精選しているので、効率よく学習できます。はじめて受験する人でも無理なく学習を進められます。章ごとの「練習問題」、まとまりごとに復習できる「実戦テスト」、巻末の「模擬試験」など実戦形式の練習問題を豊富に収録しています。解答はすべて別冊に収録。全文和訳付きのていねいな解説だから、間違えた問題もしっかり身につきます。本書の冒頭に「受験パーフェクトガイド」を掲載しています。TOEIC L&Rテストの申し込み方法から、問題の概要、テスト前日、当日のシミュレーションまで、はじめて受験する人でもわかるように、TOEIC L&Rテストの概要をやさしくていねいに解説しています。
2017.5 126p B5 ¥1400 ①978-4-05-304649-9

◆**TOEICテスト 新形式精選模試 リスニング** 中村紳一郎、スーザン・アンダトン監修、加藤優、野村知也、小林美和、Bradley Towle著 ジャパンタイムズ （付属資料：別冊1；CD-ROM1）
【要旨】本番で予想されるあらゆるタイプの問題を5回の模試に完全網羅。精鋭講師陣が新形式と最新の出題傾向を徹底解説。すべての設問について、正解を導くための手順と考え方をていねいに説明。スコアアップに直結する解答戦略と学習ポイントをアドバイスしたコラムも充実。1セットごとに本番でのスコアが予測できる「スコア算出表」つき。
2017.3 202p 26×20cm ¥1900 ①978-4-7890-1659-9

◆**TOEICテスト 新形式精選模試 リーディング** 中村紳一郎、スーザン・アンダトン監修、加藤優、野村知也、ポール・マッコーネル著 ジャパンタイムズ （付属資料：別冊1）
【要旨】本番で予想されるあらゆるタイプの問題を5回の模試に完全網羅。精鋭講師陣が新形式と最新の出題傾向を徹底解説。すべての設問について、正解を導くための手順と考え方をていねいに説明。スコアアップに直結する解答戦略と学習ポイントをアドバイスしたコラムも充実。1セットごとに本番でのスコアが予測できる「スコア算出表」つき。
2017.3 283p 26×20cm ¥1900 ①978-4-7890-1660-5

◆**TOEICテストに必要な文法・単語・熟語が同時に身につく本** 澤泰人、西田大著 かんき出版
【要旨】中学・高校の基礎からていねいに文法を解説。たった280例文で頻出単語・熟語1500語をカバー。
2017.6 463p A5 ¥2200 ①978-4-7612-7243-2

◆**TOEICテストリスニングをひとつひとつわかりやすく。** 関下冬彦著 学研プラス （付属資料：CD2）
【要旨】TOEIC L&Rテストで600点を突破する上で、ほんとうに必要なリスニングのポイントを、わかりやすい文章とイラスト図解で解説しています。内容を精選しているので、効率よく学習できます。はじめて受験する人でも無理なく学習を進められます。章ごとの「練習問題」、まとまりごとに復習できる「実戦テスト」、巻末の「模擬試験」など実戦形式の練習問題を豊富に収録しています。解答はすべて別冊に収録。全文和訳付きのていねいな解説だから、間違えた問題もしっかり身につきます。本書の冒頭に「受験パーフェクトガイド」を掲載しています。TOEIC L&Rテストの申し込み方法から、問題の概要、テスト前日、当日のシミュレーションまで、はじめて受験する人でもわかるように、TOEIC L&Rテストの概要をやさしくていねいに解説しています。付属のCDには本書の練習問題、実践テスト、模擬試験のリスニング音声が収録されています。本番のテストと同様に、アメリカ、イギリス、カナダ、オーストラリアの4カ国の発音に対応しています。問題を解き終えたあとも、音声を活用し、音読などのトレーニングを行うことでリスニングの基礎力を養うことができます。
2017.11 118p B5 ¥1450 ①978-4-05-304698-7

◆**TOEICテストリスニングプラチナ講義** 濱崎潤之輔監修、ジャパンタイムズ、ロゴポート編 ジャパンタイムズ

【要旨】Part1・4のあらゆるパターンを丁寧に解説。リスニングに必要な耳を基礎から鍛える。
2017.4 295p A5 ¥1900 ①978-4-7890-1662-9

◆**TOEIC300点からの海外進出** 石原智之, 石川毅著 講談社エディトリアル
【要旨】英語ができなくてもなんとかなる！ウソみたいな本当の海外起業サクセス・ストーリー!? 日本でも現地でもできる、情報収集のノウハウも紹介。
2017.9 244p 18cm ¥900 ①978-4-907514-88-4

◆**TOEIC L&Rテストいきなり600点！** 横川綾子, 渋谷奈津子著 アルク （付属資料：CD1）
【要旨】企業や大学、専門学校での指導経験豊富な2人の"現場系"実力派講師が「初めてTOEICを受験する人」「英語が苦手な人」に最適な600点獲得の最短アプローチ法を開発。新形式問題にもしっかり対応できる攻略法で、600点はもうあなたの手中に！
2017.7 407p A5 ¥1800 ①978-4-7574-3004-4

◆**TOEIC L&Rテスト 英文法 ゼロからスコアが稼げるドリル** 高橋恭子著, TEX加藤監修 アルク
【要旨】今のスコア（L+R）が300点以下でも稼げる！対象レベル：入門・初級から、英検5級〜、TOEICテスト300点程度〜。
2017.11 175p A5 ¥1200 ①978-4-7574-3012-9

◆**TOEIC L&Rテスト 書き込みドリル スコア500全パート入門編** 早川幸治著 桐原書店 （付属資料：CD-ROM1；別冊1）
【要旨】1日4ページ"30日間"でパート1〜7の問題傾向がしっかりマスターできる。
2017.9 143p B5 ¥1350 ①978-4-342-00158-1

◆**TOEIC L&Rテスト 書き込みドリル スコア500フレーズ言いまわし編** 早川幸治著 桐原書店 （付属資料：CD1）
【要旨】1日4ページ"20日間"でよく出るフレーズの基礎が学べる。
2017.9 126p B5 ¥1200 ①978-4-342-00166-6

◆**TOEIC L&Rテスト 書き込みドリル スコア500文法編** 早川幸治著 桐原書店
【要旨】1日4ページ"20日間"でTOEIC L&Rテスト文法問題の基礎が学べる。
2017.9 111p B5 ¥1000 ①978-4-342-00168-0

◆**TOEIC L&Rテスト 書き込みドリル スコア500ボキャブラリー編** 武藤克彦著 桐原書店 （付属資料：CD1）
【要旨】1日4ページ"20日間"でTOEIC L&Rテスト語句の基礎が学べる。
2017.9 128p B5 ¥1200 ①978-4-342-00167-3

◆**TOEIC L&Rテスト 書き込みドリル スコア500リスニング編** 早川幸治著 桐原書店 （付属資料：CD1）
【要旨】1日4ページ"20日間"でパート1〜4（リスニング問題）の基礎が学べる。
2017.9 143p B5 ¥1200 ①978-4-342-00159-8

◆**TOEIC L&Rテスト 書き込みドリル スコア500リーディング編** 武藤克彦著 桐原書店
【要旨】1日4ページ"20日間"でパート7（読解問題）の基礎が学べる。
2017.9 111p B5 ¥1000 ①978-4-342-00169-7

◆**TOEIC L&Rテスト書きこみノート 全パート攻略編** 白野伊津夫監修, 富岡恵著, 加納徳博絵 学研プラス （付属資料：別冊1；CD2）
【要旨】30の攻略ポイントをマスターして600点突破！読む×聞く×書くのトレーニングTOEIC L&Rの攻略法がしっかり身につく！
2017.8 215p B5 ¥1500 ①978-4-05-304673-4

◆**TOEIC L&Rテスト 究極のゼミ Part2&1** 西嶋愉一, ヒロ前田著 アルク （付属資料：CD-ROM1）
【要旨】間接的な応答・長い質問の攻略法（パート2）。意表を突かれる不自然な描写の攻略法（パート1）。正解を見極めるためのユニークなトレーニング。
2017.1 246p A5 ¥2000 ①978-4-7574-2866-9

◆**TOEIC L&Rテスト 究極のゼミ Part3&4** 早川幸治, ヒロ前田著 アルク （付属資料：CD-ROM1）
【要旨】よく出る問題が分かる設問タイプ別攻略法（パート3）。ストーリー展開が分かるトークタイプ別攻略法（パート4）。解くだけで解答のコツが分かるトレーニング問題。
2017.1 431p A5 ¥2300 ①978-4-7574-2867-6

◆**TOEIC L&Rテスト究極のゼミ Part 5&6** ヒロ前田著 アルク
【要旨】対話形式の解説で正解への道筋が見える。文法・語彙を確実に取る！
2017.2 325p A5 ¥2000 ①978-4-7574-2870-6

◆**TOEIC L&Rテスト究極のゼミ Part 7** ヒロ前田著 アルク 『TOEICテスト究極のゼミPart 7』改訂・改題書；付属資料：別冊1）
【要旨】対話形式の解説で正解への道筋が見える。読解問題を徹底攻略する1冊！
2017.5 403p A5 ¥2000 ①978-4-7574-2878-2

◆**TOEIC L&Rテストこれだけは解く！プラチナ問題集** 濱﨑潤之輔監修, ジャパンタイムズ&ロゴポート編 ジャパンタイムズ （付属資料：別冊1）
【要旨】初〜中級者のために、本番レベルの基本問題に特化。やさしい問題から、たっぷり420問収録！特にスコアを稼ぎやすいPart1、2、5、6の問題を重点的にトレーニングし、「確実に正答すべき」問題の取りこぼしをなくす。「（練習ドリルつき）プラチナストラテジー」→「実践トレーニング」の2ステップ構成。
2017.7 286p A5 ¥1900 ①978-4-7890-1673-5

◆**TOEIC L&Rテストこれ1冊で600点はとれる！—新形式問題対応** 宮野智靖監修, 仲川浩世著 旺文社 （Obunsha ELT Series）（付属資料：別冊1；CD2）改訂版
【要旨】暗記BOOK：暗記BOOKで、まずは最頻出事項を覚える。トレーニングBOOK：トレーニングBOOKで、練習問題を解く！充実の300問！
2017.3 297p A5 ¥1700 ①978-4-01-094595-7

◆**TOEIC L&Rテスト至高の模試600問** ヒロ前田, テッド寺倉, ロス・タロック著 アルク （付属資料：別冊3；CD-ROM1；『TOEICテスト非公式問題集 至高の400問』増補・改訂・改題書）
【要旨】日本のTOEIC研究をリードする3人の講師が、新形式テストの姿を完全反映。解いて学べる模試でしっかりスコアアップ！
2017.7 147p 29×23cm ¥3000 ①978-4-7574-2899-7

◆**TOEIC L&Rテスト集中ゼミPart 1〜4—新形式問題対応** ポール・ワーデン, ロバート・ヒルキ, 早川幸治共著 旺文社 （Obunsha ELT Series）（付属資料：CD2）
【要旨】新形式対応の出題パターン別攻略法でニガテを克服。7日間完成の構成で学習計画が立てやすい。TOEIC有名講師陣によるライブ講義音声。
2017.3 221p A5 ¥1800 ①978-4-01-094596-4

◆**TOEIC L&Rテスト集中ゼミPart 5&6—新形式問題対応** 石井辰哉著 旺文社 （Ohunsha ELT Series）
【要旨】新形式対応の出題パターン別攻略法でニガテを克服。7日間完成の構成で学習計画が立てやすい。TOEIC有名著者による充実の解説。
2017.3 238p A5 ¥1600 ①978-4-01-094597-1

◆**TOEIC L&Rテスト集中ゼミPart 7—新形式問題対応** 柴山かつの, ロバート・ヒルキ, ポール・ワーデン共著 旺文社 （Ohunsha ELT Series）
【要旨】新形式対応の出題パターン別攻略法でニガテを克服。10日間完成の構成で学習計画が立てやすい。TOEIC有名講師陣による充実の解説。
2017.3 271p A5 ¥1700 ①978-4-01-094598-8

◆**TOEIC L&Rテスト新形式スピード攻略** 石井辰哉著 クロスメディア・ランゲージ, インプレス 発売 （付属資料：CD1）
【要旨】何が変わったか、どう解けば点数が取れるか。新形式問題に絞った解説＋練習問題。
2017.5 287p A5 ¥1780 ①978-4-295-40081-3

◆**TOEIC L&Rテストスコアアップ完全対策—音声ダウンロード付 60万人が結果を出した「ネイティブ思考」** ダン上野Jr.著 あさ出版
【要旨】難易度アップのPart3、4、6、7を重点解説。日本人の脳に適した独自メソッドで。短期間でリスニング満点も！小手先の受験テクニックに頼らない、「600点の壁」を確実に超えるTO

EICテストの勉強方法を大公開！
2017.10 287p A5 ¥1800 ①978-4-86667-005-8

◆**TOEIC L&Rテスト ゼロからの完全対策** WIT HOUSE編 成美堂出版 （付属資料：CD2）
【要旨】頻出単語を頻出トピックごとに暗記！スコアアップ直結！実際の出題形式で問題演習！解答テクニックが身につく！実戦テストで実力チェック！この1冊で完全対策！
2017.4 407p A5 ¥1800 ①978-4-415-22437-4

◆**TOEIC L&Rテスト 超即効スコアUPテクニック114** 塚田幸光, ロス・タロック著 マガジンハウス （付属資料：別冊1）
【要旨】新形式模試1回分つき。
2017.8 284p A5 ¥1700 ①978-4-8387-2950-0

◆**TOEIC L&Rテストパート5、6攻略—中村澄子のリーディング新・解答のテクニック** 中村澄子著 ダイヤモンド社
【要旨】パート5、6（文法問題）攻略の決定版！15年間毎回受験のカリスマだからわかる本当に出る問題だけを厳選。文法を基本から復習したい初学者にぴったり。
2017.10 234p A5 ¥1600 ①978-4-478-10361-6

◆**TOEIC L&Rテストパート7攻略—中村澄子のリーディング新・解答のテクニック** 中村澄子著 ダイヤモンド社
【要旨】パート7（長文読解）攻略の決定版！出る問題の攻略法とリアルな練習問題を収録。
2017.10 207p A5 ¥1600 ①978-4-478-10059-2

◆**TOEIC L&Rテスト必勝ダブル模試** 大里秀介著 学研プラス （付属資料：別冊1；CD-ROM1）
【要旨】公開テスト&IPテストを受けるすべての受験者がやっておきたい、「最新傾向」を凝縮した模試2セット、400問を収録。正解への道筋がわかるくわしい解説&上級者も喜ぶTommy流アドバイスで、TOEIC L&Rテストの聞き方、読み方、解き方がわかる。マークシートアプリabceed analyticsに対応！スマホでもリスニングの音声が聞ける。高い利用者満足度を誇る「Tommy流トレーニング」をダウンロードコンテンツとして無料で利用できる。
2017.6 411p B5 ¥1800 ①978-4-05-304648-2

◆**TOEIC L&Rテスト プライム模試400問** ハッカーズ語学研究所著, 加藤草平, TTT講師陣解説 アルク （付属資料：CD-ROM1）
【要旨】本番そのままの200問×2セット。最高品質の問題で徹底トレーニング。目標スコア達成へ「最初」＆「最後」の1冊！新形式対応。
2017.9 285p A5 ¥2000 ①978-4-7574-3009-9

◆**TOEIC L&Rテスト本番攻略模試600問** ペクヒョンシク著, 早川幸治監修 コスモピア （付属資料：別冊1；CD-ROM1）
【要旨】新形式対応の模擬試験3回分を収録！
2017.8 150p A5 ¥2000 ①978-4-86454-108-4

◆**TOEIC L&Rテスト リスニングスピード攻略** 濱﨑潤之輔著 クロスメディア・ランゲージ, インプレス 発売 （付属資料：CD1）
【要旨】新形式のTOEIC L&Rテストのリスニングセクションに焦点を当てた対策書。新形式問題になってから、リスニングでは特にPart3とPart4が非常に難しくなり、一朝一夕では点数が取れないようになってきました。とはいえ、出題傾向を把握することは、確実に目標スコアを獲得する近道となります。TOEIC L&Rテストで50回以上満点を取った著者が、「頻出の問題パターン」や「解き方のコツ」など、TOEIC対策で絶対に意識しておくべき必須ポイントを盛り込みました。
2017.8 270p A5 ¥1780 ①978-4-295-40108-7

◆**TOEIC L&Rテスト レベル別問題集 470点突破** 安河内哲也編, Craig Brantley, Michael Dunbar問題作成 （武蔵野）ナガセ （レベル別問題集シリーズ）（付属資料：CD1）
【要旨】「東進メソッド」だから絶対に伸びる！「自分に合ったレベル」から「目標到達点」まで無理なく無駄なくスモールステップで1段ずつ着実に学力を伸ばす東進の「レベル別問題集」。
2017.3 375p A5 ¥1200 ①978-4-89085-733-3

◆**TOEIC L&Rテスト レベル別問題集 600点突破** 安河内哲也編, Craig Brantley, Michael Dunbar問題作成 （武蔵野）ナガセ

英語

(レベル別問題集シリーズ) (付属資料:CD1)
【要旨】「東進メソッド」だから絶対に伸びる!「自分に合ったレベル」から「目標到達点」まで無理なく無駄なくスモールステップで1段ずつ着実に学力を伸ばす東進の「レベル別問題集」。
2017.3 365p A5 ¥1200 ①978-4-89085-734-0

◆**TOEIC L&Rテスト レベル別問題集 730点突破** 安河内哲也編, Craig Brantley, Michael Dunbar問題作成 (武蔵野)ナガセ (レベル別問題集シリーズ) (付属資料:CD1)
【要旨】「東進メソッド」だから絶対に伸びる!「自分に合ったレベル」から「目標到達点」まで無理なく無駄なくスモールステップで1段ずつ着実に学力を伸ばす東進の「レベル別問題集」。
2017.3 373p A5 ¥1200 ①978-4-89085-735-7

◆**TOEIC L&Rテスト レベル別問題集 860点突破** 安河内哲也編, Craig Brantley問題作成 (武蔵野)ナガセ (レベル別問題集シリーズ) (付属資料:CD1)
【要旨】「東進メソッド」だから絶対に伸びる!「自分に合ったレベル」から「目標到達点」まで無理なく無駄なくスモールステップで1段ずつ着実に学力を伸ばす東進の「レベル別問題集」。
2017.3 373p A5 ¥1200 ①978-4-89085-736-4

◆**TOEIC L&Rテスト レベル別問題集 990点制覇** 安河内哲也編, Craig Brantley問題作成 (武蔵野)ナガセ (レベル別問題集シリーズ) (付属資料:CD1)
【要旨】「東進メソッド」だから絶対に伸びる!「自分に合ったレベル」から「目標到達点」まで無理なく無駄なくスモールステップで1段ずつ着実に学力を伸ばす東進の「レベル別問題集」。
2017.3 381p A5 ¥1200 ①978-4-89085-737-1

◆**TOEIC L&Rテスト600点攻略ルールブック** 石井洋佑著 テイエス企画 (付属資料:CD1)
【要旨】新形式に完全対応。600点突破に絶対必要なルールだけを123選びました。
2017.3 312p A5 ¥1800 ①978-4-88784-184-0

◆**TOEIC L&Rテスト800点攻略ルールブック** 石井洋佑著 テイエス企画 (付属資料:CD1)
【要旨】新形式に完全対応。800点突破に絶対必要なルール20と最頻出テーマ14。
2017.3 350p A5 ¥1800 ①978-4-88784-190-1

◆**TOEIC L&Rテスト990点攻略―新形式問題対応** 濱崎潤之輔著 旺文社 (『新TOEICテスト990点攻略』加筆・修正・改題書;付属資料:別冊1;CD2) 改訂版
【要旨】スコア直結トレーニング。本番形式の実戦問題。ハイレベル模擬テスト。
2017.7 216p A5 ¥2300 ①978-4-01-094600-8

◆**TOEIC TEST初心者特急パート1・2** 神崎正哉, ダニエル・ワーリナ著 朝日新聞出版
【要旨】まずは500点、さらに600点を目指す。毎回受験の満点講師が、確実に得点力を養成。
2017.12 236p 18cm ¥760 ①978-4-02-331627-0

◆**TOEIC L&R TESTパート1・2特急難化対策ドリル** 森田鉄也著 朝日新聞出版
2017.4 305p A5 ¥840 ①978-4-02-331601-0

◆**TOEIC L&R TESTパート3・4特急 2 実践トレーニング** 神崎正哉, ダニエル・ワーリナ著 朝日新聞出版
2017.9 294p 18cm ¥820 ①978-4-02-331621-8

◆**TOEIC L&R TESTパート3・4特急実力養成ドリル** 神崎正哉, ダニエル・ワーリナ著 朝日新聞出版
【目次】第1部 Conversations、第2部 Short Talks、第3部 New Question Formats
2017.4 318p 18cm ¥840 ①978-4-02-331587-7

◆**TOEIC L&R TESTパート6特急 新形式ドリル** 大里秀介, トニー・クック著 朝日新聞出版
【要旨】新形式完全対応!怒涛の120問!頻出語のみ使用!全問音声付き!
2017.3 251p 18cm ¥760 ①978-4-02-331582-2

◆**TOEIC L&R TEST標準模試 2** 神崎正哉, ダニエル・ワーリナ著 やどかり出版, IBCパブリッシング 発売
【目次】新形式模試、解答・解説
2017.3 174p B5 ¥900 ①978-4-7946-0466-8

◆**TOEIC L&R TESTベーシックアプローチ** 安河内哲也監修, 土屋知洋, 中田達也編著, 中西のりこ, 仁科恭徳, 中川右也著 三修社 (付属資料:CD1)
【要旨】TOEIC L&R TESTをはじめて受験する方、スコアが300点前後で伸び悩んでいる方、新大学入試でTOEIC L&R TESTを利用する方に。スコアに直結かつ応用の利く内容を段階的に学習。基本を重視した詳細な解説と「聞く力」を養うための音声スクリプト。スマホで語彙学習、ダウンロードで「復習テスト」ができる。TOEIC L&R TEST新形式に対応。「ワークブック」&「解答と解説」便利な2分冊。
2017.10 196, 206p A5 ¥2300 ①978-4-384-05849-9

◆**TOEIC L&R TEST 900点特急 パート5&6** 加藤優香 朝日新聞出版 (『TOEIC TEST 900点特急 パート5&6』改訂・改題書)
【要旨】上級者の弱点が詰まっています。毎回受験をし、出題者のクセやパターンも知りつくし、上級者の誤答事例に精通している著者が、自信をもってお届けします。新形式対応、増補改訂。
2017.9 311p 18cm ¥840 ①978-4-02-331622-5

◆**TOEIC SPEAKINGテスト問題集** ロバート・ヒルキ、デイビッド・セイン著 研究社 (付属資料:CD2)
【要旨】ここ数年受験者が急増しているTOEIC SPEAKING AND WRITING TESTS(SWテスト)。2016年1月からはSPEAKINGテストのみの受験も可能になった。現代のビジネス・シーンに対応できる「生きた英語力」をはかる試験として、2006年にスタートしたこのTOEIC SPEAKINGテストを、長い年月をかけてあらゆる方向から分析し、詳細な解説と本番さながらの模擬テストを5セット用意した。各企業が求めるスコア(海外出張レベル150点以上)を取るために必要な知識とテクニックを、信頼できるネイティブ・スピーカーの英語教師2人が、完全アドバイス!
2017.5 183p A5 ¥2300 ①978-4-327-43088-7

◆**TOEIC TEST 必ず☆でる単スピードマスター 上級編** 成重寿著 Jリサーチ出版
【要旨】短期完成20日間でマスター。最強の単語力で最高得点がとれる。TOEIC無敵のハイレベル1000語。
2017.2 295p 18cm ¥880 ①978-4-86392-327-0

◆**TOEIC TEST 必ず☆でる読解スピードマスター** 成重寿著 Jリサーチ出版
【目次】1 DAY1~5(メール系パッセージ、告知系パッセージ、広告系パッセージ、フォーム系パッセージ、テキストメッセージ)、2 DAY6~10(チャットディスカッション、記事系パッセージ、契約・マニュアル系パッセージ、ダブルパッセージ、トリプルパッセージ)
2017.4 253p 18cm ¥880 ①978-4-86392-337-9

◆**TOEIC TEST短期集中リスニング TARGET 600 NEW EDITION** 森田鉄也著 Jリサーチ出版 (付属資料:CD2)
【要旨】わかる、聞こえる、どんどん解ける!新形式問題「L&Rテスト」完全対応!スキマ時間で基礎固め。
2017.9 206p B6 ¥1200 ①978-4-86392-354-6

◆**TOEIC TEST短期集中リスニング TARGET 900 NEW EDITION** 森田鉄也著 Jリサーチ出版 (付属資料:CD2)
【要旨】さらに一段階、正確に解ける!新形式問題「L&Rテスト」完全対応!スキマ時間で高得点ねらい。
2017.9 254p B6 ¥1400 ①978-4-86392-355-3

◆**TOEIC TEST長文読解 TARGET600 NEW EDITION** 森田鉄也著 Jリサーチ出版
【要旨】大幅にスコアが上がるPart7を集中トレーニング。解き方の技術が身につく充実の71問。問題文の「目のつけどころ」がよくわかる解説。TOEICを知り尽くした著者が厳選した頻出問題のみ掲載。スキマ時間や電車の中でも学習しやすい。
2017.5 205p B6 ¥1200 ①978-4-86392-341-6

◆**TOEIC TEST長文読解 TARGET900 NEW EDITION** 森田鉄也著 Jリサーチ出版
【要旨】大幅にスコアが上がるPart7を集中トレーニング。解き方の技術が身につく充実の72問。問題文の「目のつけどころ」がよくわかる解説。TOEICを知り尽くした著者が厳選した頻出問題のみ掲載。スキマ時間や電車の中でも学習しやすい。
2017.5 205p B6 ¥1300 ①978-4-86392-342-3

◆**TOEIC TESTリスニングスピードマスターNEW EDITION** 松本恵美子著 Jリサーチ出版 (付属資料:CD2)
【要旨】13日間でリスニング・セクションが得意になる!208問の精選問題で学んだ技術の効果をすぐに試せる。いきなり点数が上がる!24のわかりやすい解法を紹介。正解が見える「映像化」テクニックを伝授!リスニング・セクション(全100問)1回分の模試つき。
2017.2 279p A5 ¥1400 ①978-4-86392-326-3

◆**TOEIC TESTリスニング出るとこだけ!** 小石裕子著 アルク (付属資料:CD-ROM1) 改訂版
【要旨】「聞き所」を押さえれば確実に正解できる!出題パターン別に異なる「聞き取りのコツ」をつかめばリスニング問題は怖くない!「鉄則」を使った戦略的リスニングで一気にスコアUP!直前5日間で100点伸ばす19の鉄則。
2017.5 171p A5 ¥1600 ①978-4-7574-2883-6

◆**TOEIC TESTリーディング問題集 NEW EDITION—新形式問題完全対応** 成重寿著 Jリサーチ出版 (付属資料:別冊1)
【要旨】実戦的で、使いやすいPart7の問題集。3セット・162問を収録。最新傾向の良問で本番さながらの練習ができる。新形式に完全対応。Part7のすべての問題スタイルに習熟できる。解説では「情報検索ポイント」を明示。効率的な解き方が身につく。8つの設問パターンを表示。設問に出てくるテクニックを身につけられる。ボキャブラリーをしっかりカバー。
2017.9 163p A5 ¥1400 ①978-4-86392-353-9

◆**TOEIC WRITINGテスト問題集** ロバート・ヒルキ, 英語便著 研究社 (付属資料:別冊1)
【要旨】現代のビジネス・シーンに対応できる「生きた英語力」を判定する試験として2006年にスタートし、ここ最近受験者が急増しているTOEIC SPEAKING AND WRITING TESTS(SWテスト)。受験者が待ち望んだ、この試験のWRITINGテスト対策書がついに誕生!TOEIC WRITINGテストを、長い年月をかけてあらゆる方向から分析し、覚えておきたい例文を豊富に示しつつ、どうすれば高得点(海外赴任レベル170点以上)が取れるか、徹底解説!本番さながらの模擬テスト5セットで、力試しができる。
2017.5 141p A5 ¥2200 ①978-4-327-43089-4

英語学研究

◆**アリスのことば学 2 鏡の国のプリズム** 稲木昭子, 沖田知子著 (吹田)大阪大学出版会
【要旨】ことば学というプリズムを通して、『鏡の国のアリス』のことばと論理の多彩な輝きをとらえる。大好評「アリスのことば学」第2弾。
2017.12 248p A5 ¥2000 ①978-4-87259-600-7

英和・和英辞典

◆**英文会計用語辞典** 山田昭広著 中央経済社, 中央経済グループパブリッシング 発売 第4版
【要旨】英和約9,000語・和英約5,500語。IFRS/IASに完全準拠して全体を見直すとともに、新たな用語を追加掲載。
2017.10 365p B6 ¥3600 ①978-4-502-23981-6

◆**オックスフォード英語ことわざ・名言辞典** ジェニファー・スピーク編, 澤田治美監訳, 赤羽美島, 杉山正二訳 柊風舎 (原書第6版)
【要旨】生活にとけ込んだ英語のことわざ・名言を、歴史・文化・宗教・伝承などからひもとく。約1200のことわざ・名言の意味を解説、人類の叡智に迫る。豊富な用例も収録。英語学習者に最適!
2017.12 526p 23×17cm ¥15000 ①978-4-86498-052-4

外国語

◆**キッズクラウン英和辞典** 下薫,三省堂編修所編 三省堂 (付属資料：CD1) 新装版
【要旨】楽しいイラストで意味がすっと頭に入る。子どもの日常にぴったりの表現がいっぱい。チャンク（意味のかたまり）で覚えるからそのまま使える。小学校での学習に十分な約2,400項目をカバー。
2017.5 302p A5 ¥1900 978-4-385-10547-5

◆**キッズクラウン英和・和英辞典** 下薫,三省堂編修所編 三省堂 (付属資料：CD2) 新装版
【要旨】楽しいイラストで意味がすっと頭に入る。子どもの日常にぴったりの表現がいっぱい。チャンク（意味のかたまり）で覚えるからそのまま使える。間違いやすい単語の使い分けもイラストでばっちり表示。
2017.5 279, 285p A5 ¥3400 978-4-385-10473-7

◆**キッズクラウン和英辞典** 下薫,三省堂編修所編 三省堂 (付属資料：CD1) 新装版
【要旨】楽しいイラストで意味がすっと頭に入る。子どもの日常にぴったりの表現がいっぱい。チャンク（意味のかたまり）で覚えるからそのまま使える。間違いやすい単語の使い分けもイラストでばっちり表示。小学校での学習に十分な約3,500項目をカバー。
2017.5 286p A5 ¥1900 ①978-4-385-10477-5

◆**研究社 英語の数量表現辞典** 研究社辞書編集部編,トム・ガリー監修 研究社 増補改訂版
【要旨】数量に関する疑問文・数の一致（単数/複数）・時刻と時間・野球の数字表現・加減乗除・式の読み方・身体計測など、第1部は全64の多彩なトピックについて解説。25時、00年代、うるう秒、B.C.ならんB.P.、夜の12時は翌日か、縁起のいい数・悪い数、年号の読み方が決まるまで、Octoberはなぜ「8月」でないか、数字を英語読みする日本語の名称など、豆知識が学べる「トリビア」コラムを併載。第2部は約1500の日本語見出しからなる辞典。
2017.3 689p B6 ¥3800 ①978-4-7674-3480-3

◆**誤訳をしないための翻訳英和辞典＋22のテクニック** 河野一郎著 DHC 改訂増補版
【要旨】何でもない表現ほど要注意。初心に返って確認する。文脈から目をそらしてはいけない。電子辞書はなるべく使わない。学習辞典をいつも手元に。一語一語主義だけは排除しなければならない。プロでも間違う表現の数々を紹介。かんたんと思うのが大きな間違いへの落とし穴。新たに60の表現と背景を追加。
2017.7 367p B6 ¥1700 ①978-4-88724-591-4

◆**難訳・和英口語辞典** 松本道弘著 さくら舎
【要旨】春はあけぼの、しっくりいかない、揚げ足とり、すれすれ、ペコペコする、手切れ金を払って別れなさいよ…この日常語を、どう英語にするか。
2017.4 336p B6 ¥2400 ①978-4-86581-096-7

◆**日英ことわざ文化事典** 山本雅重著,亀田尚己編集協力,ライアン・スミザース英文校閲 丸善出版
【要旨】日本語と英語でよく知られていることわざ、故事成語・成句、慣用句などを計600項目取り上げ、日本語のことわざに対応する英語の表現と、英語のことわざに対応する日本語の表現を紹介する。また、必要に応じて表現に含まれる単語や語の歴史、その成立過程などにも触れ、英語圏の歴史や文化、考え方などについて広く解説することができる。中学生から読めるかたちでの解説で楽しく読み通すことができる。現代の英米人が最もよく使うことわざも多数紹介し、円滑な英語によるコミュニケーションに役立つ。日英の比喩表現の違いが英米人と日本人の心象風景の差を知ることができ、異文化理解を深めることができる。
2017.6 316p B6 ¥3800 ①978-4-621-30166-1

◆**ベーシックジーニアス英和辞典** 原川博善,畠山利一編集主幹 大修館書店 第2版
【要旨】英和5万5千項目/和英小辞典付2万4千項目。イラストつき特設ページ「ベーシック単語ボード」。単語カード形式の「ベーシック単語カード」。単語のアクセントが色でわかるカタカナ発音表記を併記。似た語の意味をわかりやすく説明した「使い分け」「似た語」。クイズ形式で楽しく英語が学べる「Quiz！」。楽しく読めて語彙が増やせる「なるほど単語情報」「いっしょに覚えよう！」。間違いやすい英語表現を解説した「ここに注目！」。会話に使える英語表現も掲載した「ピクチャー・ディクショナリー」。辞書の引き方を英語学習の進め方と共に解説した「英語の入り口」。中学高校で学ぶ基本文法をまとめた「文法のまとめ」。
2017.11 1803p 20×14cm ¥2700 ①978-4-469-04183-5

◆**リーダーズ英和中辞典** 野村恵造監修 研究社 第2版
【要旨】読むための情報に的をしぼり、豊富な語彙をコンパクトに収録。『リーダーズ英和辞典第3版』（28万項目）の中核語彙をもとに再編集した「縮約版」。一般語・専門語・俗語・略語・イディオムなど、現代の英語を的確に反映した18万項目を収録。『リーダーズ英和辞典 第3版』（2012年刊）以降の新語・新語義など、2000項目以上を追加。
2017 2301p B6 ¥5000 ①978-4-7674-1243-6

◆**リーダーズ英和中辞典** 野村恵造監修 研究社 革装第2版
【要旨】読むための情報に的をしぼり、豊富な語彙をコンパクトに収録。『リーダーズ英和辞典第3版』（28万項目）の中核語彙をもとに再編集した「縮約版」。一般語・専門語・俗語・略語・イディオムなど、現代の英語を的確に反映した18万項目を収録。『リーダーズ英和辞典 第3版』（2012年刊）以降の新語・新語義など、2000項目以上を追加。
2017 2301p B6 ¥8000 ①978-4-7674-1253-5

◆**IBCポケット英和/和英辞典** Jack Halpern著 IBCパブリッシング
2017.5 412p 12×7cm ¥1800 ①978-4-7946-0474-3

英語辞典

◆**英絵辞典―目から覚える6000単語** 岩田一男,真鍋博著 筑摩書房（ちくま文庫）
【要旨】英単語をABC順に並べるのではなく「家」「病院」「空港」など205場面に30個ずつ合計6000単語を収録し、各場面ごと真鍋博の貴重なイラスト（細かな部分までじっくり見てください！）をふんだんに配した「ビジュアル百科事典」。元版は1968年に刊行されており、半世紀前の世界へタイムスリップした気分で「旅行ガイド」としても楽しめ、辞書の用途だけに留まらない幻の名著。
2017.5 439p A6 ¥1100 ①978-4-480-43442-5

◆**日英共通メタファー辞典** 牧野成一,岡まゆみ著 くろしお出版
【要旨】日英の比喩表現約750組、1500語を収録。
2017.11 741p A5 ¥3600 ①978-4-87424-745-7

◆**はじめての英語新辞典―英和＋和英 自由自在** 吉田晴世監修（大阪）受験研究社
【要旨】英検にも対応した豊富な収録語数。読んでも楽しいマンガとイラスト。「和英辞典」小学生の生活に身近な英単語のうち、「英和辞典」に掲載していない語を、体、天気、動物などのテーマごとに分けて掲載。英単語には発音記号とカナ発音つき。
[17.2]543p A5 ¥2700 ①978-4-424-26401-9

外国語

◆**「おもてなし」POP集―中国語・韓国語・英語・日本語に対応！** 石川香代,石川伊津共著 廣済堂出版 (付属資料：CD-ROM1)
【要旨】近年、中国・韓国・台湾・欧米をはじめ、続々と海外から観光客が訪れています。今後ますます増えてくる訪日客に向けて、商品やサービスの内容が一目でわかるPOPが必要になってきます。本書は、イラストを多く使い、中国語・韓国語・英語・日本語で表記した訪日客向けのPOPの作例を多数収録した一冊です。歓迎のメッセージから、マナーや注意をうながすものまで、現場にマッチしたPOPが満載です。CD-ROM付きなので、プリントしてそのまますぐに使えます。
2017.12 127p B5 ¥2500 ①978-4-331-52136-6

◆**外国語ができなくてもおもてなしできる！** 大橋美紀,浅原孝子,フジコ,阿部祥子著 自由国民社
【要旨】英語、中国語、韓国語。たったこれだけで会話は成立する！もう、オリンピックが待てない。
2017.1 141p A5 ¥1200 ①978-4-426-12232-4

◆**第二言語習得キーターム事典** ビル・ヴァンパテン、アレッサンドロ・ベナティ著、白畑知彦、鈴木孝明監訳、川崎貴子、近藤隆子、須田孝司、藤森敦之訳 開拓社（原著第2版）
【要旨】本書は、Bloomsbury Publishingのキーターム・シリーズ全10巻中の1冊、Key Terms in Second Language Acquisition (second edition)の全訳である。第二言語習得研究に関わる専門用語や仮説について解説した事典である。「キー・クエスチョン」「キー・セオリーと基本的な枠組み」「キー・ターム」「キー・リーディング」の4部構成を取る。専門用語は平易なことばで、明確に解説されており、専門家のみならず、初学者のための入門書としても格好の書物となっている。
2017.6 309p B6 ¥3400 ①978-4-7589-2245-6

◆**なくなりそうな世界のことば** 吉岡乾著、西淑イラスト （大阪）創元社
【要旨】「小さな」言葉の窓から見わたす、広い世界―。世界にたった一つの、少数言語の単語帳。世界の50の少数言語の中から、各言語の研究者たちが思い思いの視点で選んだ「そのことばらしい」単語を紹介します。
2017.8 107p 18×20cm ¥1600 ①978-4-422-70108-0

◆**脳がワクワクする「語学」勉強法** 茂木健一郎著 PHP研究所（PHP文庫）（『読む、書く、話す』脳活用術』加筆・再編集・改題書）
【要旨】「言葉」によって、奇跡的な進化を遂げた人類。特には、漢字、ひらがな、カタカナをもつ表現豊かな言語です。ここに英語が加われば、あなたの世界は無限大に！「私は国語も英語も苦手」という人でも大丈夫。実は"脳の特質"をうまく利用すれば、語学は効率的に習得できます。茂木流「語学」勉強法で、脳の筋トレを実践しましょう！
2017.9 296p A6 ¥720 ①978-4-569-76779-6

◆**翻訳スキルハンドブック―英日翻訳を中心に** 駒宮俊友著 アルク
【要旨】英語から日本語へ翻訳のコツ、スッキリまとめました！翻訳者を目指す人から品質向上に悩む人、ビジネス・ライティングがうまくなりたい人まで、実践的な78のスキルから学べる「翻訳作業の勘所」。品質向上に活用できる「翻訳チェックポイント表」付き。対象レベル：初級レベル以上。
2017.12 319p A5 ¥2100 ①978-4-7574-3031-0

中国語

◆**言えたらCOOL！中国語で言っちゃえ！日本語のスラング vol.2** ブロック幸子著 展望社
【目次】1 さらっと言ってみたい、2 とりあえずガッコー行っとく？、3 サクッと仕事、4 ケータイ・ネットはmust！、5 こんな見た目と性格なんで…、6 コレって絶対必要、7 好きなことやっちゃって、8 そんな時もある
2017.11 260p B6 ¥1500 ①978-4-88546-339-6

◆**いちばんはじめの中国語会話** 浅井裕理著（武蔵野）ナガセ（今すぐ話せる！シリーズ）（付属資料：別冊1; CD・ROM1）
【要旨】対話形式だから実践的に覚えられる！別冊の会話例文集でいつでも練習できる！関連するフレーズまで覚えて会話力アップ！
2017.3 161p A5 ¥1200 ①978-4-89085-718-0

◆**今すぐ話せる！いちばんはじめの広東語会話** 山本康宏著（武蔵野）ナガセ（東進ブックス）（付属資料：別冊1; CD・ROM1）
【要旨】基本会話＋文法解説で今すぐ話せるようになる！日常生活、旅行、観光、買い物、レストランなど、さまざまなシーンに対応！
2017.2 159p A5 ¥1200 ①978-4-89085-716-6

◆**今すぐ役立つ中国語の日常基本単語集―CD付き** 王婷婷著 ナツメ社（付属資料：CD2）
【要旨】旅行や暮らし、ビジネスに役立つ約3,000の単語を紹介！入れ替えフレーズや現地情報も掲載！見て覚えられるイラストページも！
2017.6 287p B6 ¥1500 ①978-4-8163-6213-2

◆**英語と一緒に学ぶ中国語** 植田一三,高田直志著 ベレ出版
【要旨】英語と中国語、2つの言語を徹底的に比較することで、複雑な中国語の文法がすっきり

外国語

語学・会話

◆おいしい台湾華語—好吃（ハオチー）！ 台湾　郁青解説，高向敦子構成　IBCパブリッシング　（付属資料：CD1）
【要旨】台湾に着いたらすぐに使える実用会話満載！ 台湾華語ネイティブによる会話の音声付き！ 食に関する単語2000語収録！
2017.7 191p B6 ¥2000 ①978-4-7946-0486-6

◆会話が弾む中国語フレーズ900　郁青著　IBCパブリッシング　（付属資料：CD-ROM1）
【要旨】文字数別だから少ない語数から順に学べる！ 繁体字併記だから台湾華語の学習者にも役立つ！ 標準語による音声CDつきだから正しい発音で練習できる！ リアル会話収録だからフレーズを使う場面がわかりやすい！
2017.3 335p A5 ¥2200 ①978-4-7946-0463-7

◆漢語実践 上　明海大学外国語学部中国語学科編　東方書店　（シリーズで学ぶ中国語）
【目次】発音篇（a, o, e, i, u, ü, er の練習／四声の練習／数字、二重母音、三重母音の練習／b, p, m, f, d, t, n, l, g, k, h の練習／"不" の声調変化、鼻韻尾の練習／j, q, x, zh, ch, sh, r, z, c, s の練習／三声の声調変化、日常用語の応用練習）、本篇（"是" の用法／副詞 "也"、"都"／反復疑問文、所有、存在の動詞 "有"／量詞／疑問詞 "几"、"什么"、指示詞述語文、形容詞述語文／程度副詞／主述述語文 ほか）
2017.3 101p B5 ¥1500 ①978-4-497-21707-3

◆漢語実践 下　明海大学外国語学部中国語学科編（浦安）明海大学外国語学部中国語学科，東方書店 発売　（シリーズで学ぶ中国語）
（『漢語実践2』（2010年試行版）改訂・改題書）
【目次】本編（連体修飾語、"是～的" 構文／程度補語、動詞の重ね形、形容詞の重ね形／連用修飾語、結果補語／方向補語、可能補語、把 ほか）、読解編
2017.9 95p B5 ¥1400 ①978-4-497-21712-7

◆キクタン中国語会話 入門編　氷野善寛，紅粉芳恵，海暁芳著　アルク　（付属資料：CD1）
【要旨】中検4級レベルの使えるフレーズを厳選。旅行や観光、ビジネスで中国へ行く人にピッタリ！ CDにはリズムに乗った中国語と日本語を収録。繰り返し聞くうちに、生きた中国語が口についてきます！ 「発音」や「文法」の基礎項目も確認できる！
2017.1 175p B6 ¥2200 ①978-4-7574-2869-0

◆今日からはじめる台湾華語　樂大維著　白水社　（付属資料：CD1）
【要旨】イチから台湾式に学んでみたい！ 会話と文法の基本が身につく。本文すべて「注音符号」付。普通話との違いも解説ピンイン有り。
2017.2 173p A5 ¥2600 ①978-4-560-08734-3

◆近代日中語彙交流史—新漢語の生成と受容　沈国威著　笠間書院　改訂新版新装版
【要旨】相互的な性質を持つ日本と中国の異言語語彙交流の史実がわかる。漢字による新語創出のメカニズムと、表意文字としての漢字諸表現の異言語交流の流布・受容の過程を、言語接触という言語学的な観点から究明。漢字文化圏の新しい漢字観には、アジアの近代の真実が潜んでいる。
2017.6 473p A5 ¥3800 ①978-4-305-70850-2

◆口を鍛える中国語作文—語順習得メソッド 初級編　平山邦彦著　コスモピア　（付属資料：CD2）　新版
【要旨】語順体系をもとに75課600例文を配列！ 中国語の文を作る上で最も大切な語順を習得するためのスピーキングトレーニング本！
2017.8 251p B6 ¥1800 ①978-4-86454-112-1

◆口を鍛える中国語作文—語順習得メソッド 中級編　平山邦彦著　コスモピア　（付属資料：CD2）　新版
【要旨】語順体系をもとに75課600例文を配列！ 中級編では、さらに語順を習得し、文を組み立てる力をつける！
2017.8 261p B6 ¥1800 ①978-4-86454-113-8

◆口を鍛える中国語作文—語順習得メソッド 上級編　平山邦彦著　コスモピア　（付属資料；CD2）　新版
【要旨】語順体系をもとに75課600例文を配列！ さらにレベルアップ！ 新たな語彙と慣用表現で語順を強化する。
2017.11 253p B6 ¥2000 ①978-4-86454-116-9

◆口が覚える中国語—スピーキング体得トレーニング　斉霞著　三修社　（付属資料：CD2）　改訂版
【要旨】習ったけど使いこなせない基本60文型を文法項目ごとに10例文で徹底攻略！ 時態も、補語も、語順も…口に出して覚えてしまおう！ 使いたくなる600例文を収録！
2017.10 134p A5 ¥2200 ①978-4-384-05881-9

◆現代中国語に見られる近世中国語の影響—『紅楼夢』と『儒林外史』を資料として　千野万里子著　（京都）晃洋書房
【要旨】『紅楼夢』『儒林外史』『駱駝祥子』『稲華人』を資料として、各作品の言語、特に文法・語彙に見られる特徴を調査、作品間の違いを比較することで、近世中国語が現代中国語にどのように継承されているのかについて明らかにした。
2017.3 210p A5 ¥4000 ①978-4-7710-2805-0

◆現代中国語の意味論序説　松村文芳著　ひつじ書房　（神奈川大学言語学研究叢書）
【目次】第1部 現代中国語の動詞と時間体系（結果補語（動詞）を持つ動詞の意味特徴、結果補語になる動詞の意味特徴、時相と時制、時相の実例、時態とそれの表示成分（動詞接尾語、文末助詞、副詞）、時態の実例（時態助詞 "了" と動作の量化）、時相・時態・時制と参照時間点、出来事時間点・発話時間点）、第2部 現代中国語の語彙が構成する意味と論理（量化副詞（程度副詞）の表示する論理と実例分析、前置詞 "把" の意味と論理—確定性の認可、"把構文" と "被構文" に用いられる "給" の派生授与義、"使役" の構造助詞 "得" の意味と論理構造）、第3部 現代中国語の語彙の構文が構成する意味と論理（現代中国語反語文の成立の論理分析、現代中国語の疑問詞と量化、比較構文の論理と意味、現代中国語の主要な統語構造の意味表示の論理式）、第4部 現代中国語の語彙が規制する論理（語気助詞 "了" の表示する論理の実例分析—十分条件の役割、語気助詞 "呢" の表示する論理と実例分析—必要十分条件の役割）
2017.6 500p A5 ¥5000 ①978-4-89476-867-3

◆現代中国語のシンタクス　杉村博文著　（大阪）日中言語文化出版社　（記述言語学者自選集 1）
【要旨】現代中国語のシンタクスの諸相を細緻に多面的に描き出す。
2017.6 320p A5 ¥3500 ①978-4-905013-90-7

◆甲骨文の話　松丸道雄著　大修館書店　（あじあブックス）
【要旨】甲骨文発見より百二十年、漢字三千年史の萌芽を語る…！ 若き日の論考「甲骨文略説」、壮大な歴史研究「殷人の観念世界」、書き下ろし「『甲骨文合集』の刊行とその後の研究」など、六十余年にわたる甲骨学研究のエッセンスを一冊に凝縮…！
2017.11 232p B6 ¥1800 ①978-4-469-23319-3

◆呉志剛先生の中国語発音教室—声調の組合せ徹底練習　上野恵司監修，呉志剛著　白帝社　（付属資料：CD-ROM1）
【要旨】1 中国語の音節（声調、母音（韻母）、子音（声母）、音節）、2 声調（声調の基本概念、声調の音声的特徴、声調の聴覚的特徴、聴力と発音、発音の主観意識、音声図とイメージ図）、3 声調の組合せ（軽声を含まない声調の組合せ、軽声を含む声調の組合せ）
2017.11 267p B5 ¥1900 ①978-4-86398-207-9

◆誤用から学ぶ中国語 続編2 助動詞、介詞、数量詞を中心に　郭春貴著　白帝社
【要旨】学習者がよく間違える文例を50項目に分けて分析し、代名詞、動詞、助動詞、形容詞、数量詞、助詞、介詞、接続詞、比較文、表現に分類して文法解説。より中国語らしい表現力を養成する。例文はすべてピンイン付。各項目を練習問題を設ける。
2017.3 322p A5 ¥2200 ①978-4-86398-170-6

◆資格を目指す実践中級中国語　王学群，石裕一，高麗貞，金茵著　光生館
【目次】読解編（留学、考試、旅游、登山 ほか）、リスニング編（自我介绍、大学生活、買書、找工作 ほか）
2017.11 119p B5 ¥2200 ①978-4-332-81132-9

◆しっかり学べる！ 中国語—文法編+会話編　中田妙葉著　東方書店
【目次】発音編、文法編、会話編、文法ノート
2017.4 213p B5 ¥2700 ①978-4-497-21705-9

◆知っておきたい中国事情　吉田泰謙，相原里美，葛婧著　白水社　（付属資料：CD1）　改訂版
2017.3 60p B5 ¥2200 ①978-4-560-06937-0

◆初級中国語 会話編—自分のことばで話す中国語　奥村佳代子，塩山正純，張軼欧著　金星堂
【要旨】発音編3課と、数の表現を学ぶ1課、そこから会話或は購読の本文と文法ポイント、練習問題からなる本文編の10課からなる全14課という構成の初級中国語会話。
2017.1 78p B5 ¥2400 ①978-4-7647-0703-0

◆初級中国語 講読編—自分のことばで表現する中国語　奥村佳代子，塩山正純，張軼欧著　金星堂
【要旨】発音編3課と、数の表現を学ぶ1課、そこから会話或は購読の本文と文法ポイント、練習問題からなる本文編の10課からなる全14課の初級中国語会話。
2017.1 78p B5 ¥2400 ①978-4-7647-0704-7

◆杉村博文教授退休記念 中国語学論文集　杉村博文教授退休記念中国語学論文集刊行会編　白帝社
【要旨】文法研究、対照研究・語彙研究
2017.3 443p A5 ¥8000 ①978-4-86398-260-4

◆精選 中国語基本文例集　上野恵司著　白帝社　（付属資料：CD1）　第2版
【要旨】あなたの基礎力をよりたかなものに…揺るぎない実力を養い、次のステップを目指そう。中国語の発想に沿った基本的な例文を、入門段階で学ぶ文法項目に沿って配列し27項目に分類。解説と日本語訳を付す。
2017.2 189p 21×14cm ¥2000 ①978-4-86398-236-9

◆ゼミ形式で学ぶ中国語応用編—21世紀中国の課題　石原享一，王柯，馮諸光編　東方書店　改訂版
【要旨】経済・法律・環境・科学技術・情報・スポーツなど多岐にわたる文章。中国の出版物から生の素材を採録。全文ピンイン付、専門用語や新語には詳細な語釈付き。
2017.3 62p B5 ¥1900 ①978-4-497-21701-1

◆千言万語　小島瑞紀著　郁文堂　（付属資料：別冊1；CD2）
【目次】発音編（声調／単母音、子音（1）／子育（2）、複母音／子音+複母音、鼻母音 n と ng／子音+鼻母音、音節の総復習／変調と儿化 ほか）、本文編（WB：どこの国の人？、WB：なに色？、WB：なんの料理が好き？、WB：好きな飲み物は？、WB：あなたの家はどこ？ ほか）
2017.4 129p B5 ¥2600 ①978-4-261-01881-3

◆大学1・2年生のためのすぐわかる中国語　殷文怡著　東京図書　改訂版
【要旨】気負わず気楽に単位を取ろう。左ページはさくさく進めたい人のために、右ページはがっちり取り組みたい人のために。
2017.11 295p A5 ¥2400 ①978-4-489-02280-7

◆台湾編　JTBパブリッシング企画・編　JTBパブリッシング　（ひとり歩きの会話集 18）
【要旨】ひと目で分かる重要フレーズ！ 簡単フリガナで即答可能。旅の場面ごとだからすぐに探せる。
2017.12 151p 18cm ¥1300 ①978-4-533-12247-7

◆単語でカンタン！ 旅行中国語会話　王丹著　Jリサーチ出版　（付属資料：CD2）　改訂版
【要旨】「10フレーズ」＋「旅単語」を使って、だれでも中国語で旅行ができる！ すべてのフレーズ・単語にカタカナとピンインで発音を表記。ビギナーも安心、中国語学習者も便利！ シンプルなページ構成で、見やすく、わかりやすい。中国旅行を楽しむための情報コラムも充実。巻末には「旅単語集500語」。旅先で使いたい単語がサッと引ける。
2017.6 155p 17×14cm ¥1200 ①978-4-86392-347-8

◆チャイ語入門—李先生の中国語ライブ授業（CD付）　李軼倫著　白水社　（付属資料：CD1）
【要旨】イチから丁寧な解説＋記憶に残るヘンな例文。軽いノリでも発音と初級文法をきっちりカバー！ 生徒たちの日常を反映した例文は、インパクト大で記憶に残るものばかり。
2017.5 303p A5 ¥2400 ①978-4-560-08744-2

◆中検準1級・1級試験問題 第89・90・91回 解答と解説 2017年版　日本中国語検定協会編　白帝社　（付属資料：CD・ROM1）

外国語

◆中検準1級・1級問題集 2017年版 第88回‐第90回 中検研究会編 光生館 (付属資料：CD1)
【要旨】2016年実施の試験(準1級×3回分、1級×1回分)を収録。解説・ヒントと参考情報。使える巻末小辞典。
2017.4 198p A5 ¥2600 978-4-332-82189-2

◆中検準4級試験問題 第89・90・91回 解答と解説 2017年版 日本中国語検定協会編 白帝社 (付属資料：CD1)
【要旨】日本中国語検定協会による公式の解答と解説集。2016年度('16年6月、11月、'17年3月)実施試験3回分を収録。CDのトラック分けを細かく区切り繰り返し聞くのに便利。
2017.6 79p A5 ¥1900 978-4-86398-270-3

◆中検準4級問題集 2017年版 中検研究会編 光生館 (付属資料：CD1)
【要旨】2016年実施の試験3回分を収録。CD付─リスニング対策に最適。好評の解説─ヒントと参考情報。基本練習50題で繰り返し復習。使える巻末小辞典。
2017.3 117p A5 ¥2100 978-4-332-82185-4

◆中検2級試験問題 第89・90・91回 解答と解説 2017年版 日本中国語検定協会編 白帝社 (付属資料：CD‐ROM1)
【要旨】日本中国語検定協会による公式の解答と解説集。2016年度('16年6月、11月、'17年3月)実施試験3回分を収録。CD‐ROMのトラック分けを細かく区切り繰り返し聞くのに便利。
2017.6 142p A5 ¥2100 978-4-86398-273-4

◆中検2級問題集 2017年版 第88回‐第90回 中検研究会編 光生館 (付属資料：CD1)
【要旨】2016年実施の試験3回分を収録。CD付─リスニング対策に最適。使える巻末小辞典。
2017.4 150p A5 ¥2400 978-4-332-82188-5

◆中検3級試験問題 第89・90・91回 解答と解説 2017年版 日本中国語検定協会編 白帝社 (付属資料：CD‐ROM1)
【要旨】日本中国語検定協会による公式の解答と解説集。2016年度('16年6月、11月、'17年3月)実施試験3回分を収録。CD‐ROMのトラック分けを細かく区切り繰り返し聞くのに便利。
2017.6 128p A5 ¥2100 978-4-86398-272-7

◆中検3級問題集 2017年版 中検研究会編 光生館 (付属資料：CD1)
【要旨】2016年実施の試験3回分を収録。CD付─リスニング対策に最適。好評の解説─ヒントと参考情報。使える巻末小辞典─過去に出た重要語が分かる。
2017.3 182p A5 ¥2300 978-4-332-82187-8

◆中検4級試験問題 第89・90・91回 解答と解説 2017年版 日本中国語検定協会編 白帝社 (付属資料：CD‐ROM1)
【要旨】日本中国語検定協会による公式の解答と解説集。2016年度('16年6月、11月、'17年3月)実施試験3回分を収録。CD‐ROMのトラック分けを細かく区切り繰り返し聞くのに便利。
2017.6 119p A5 ¥2000 978-4-86398-271-0

◆中検4級問題集 2017年版 中検研究会編 光生館 (付属資料：CD1)
【要旨】2016年実施の試験3回分を収録。CD付─リスニング対策に最適。好評の解説─ヒントと参考情報。使える巻末小辞典─過去に出た重要語が分かる。
2017.3 155p A5 ¥2300 978-4-332-82186-1

◆中国語イラスト辞典 呉月梅編 三修社
【要旨】中国人の生活を15分野、142の場面で再現。4,000語以上を収録！日本では描けないイラスト満載。
2017.5 350p A5 ¥2600 978-4-384-05863-5

◆中国語解体新書─語彙、文法、読解、リスニング強化が1冊でできる！ 丸尾誠、李軼倫著 駿河台出版社 (付属資料：CD‐ROM1)
【要旨】約1700の単語・フレーズ！基本文法を文章に多用！話題豊富なユーモアたっぷりの180の文章！シャドーイングにも最適！すべての

文章、単語・フレーズを音声収録！この1冊で中国語が効率よく学べます！
2017.6 361p A5 ¥2300 978-4-411-03109-9

◆中国語会話テキスト 你好(ニーハオ)、上海 鄭麗芸著 駿河台出版社 (付属資料：CD1)
2017.4 87p B5 ¥2200 978-4-411-03107-5

◆中国語検定対策2級問題集 伊藤祥雄編著 白水社 (付属資料：CD2) 改訂版
【要旨】過去問掲載！狙われやすいポイントを徹底解説！模擬試験＋慣用句リスト付。
2017.11 183p A5 ¥2400 978-4-560-08762-6

◆中国語検定対策3級問題集 伊藤祥雄編著 白水社 (付属資料：CD2) 改訂版
【要旨】文法項目ごとに「過去問」で力試し。「解答のポイント」で間違えたところを確認。「文法のまとめ」で覚えるべきことを整理。「練習問題」で実戦力を身につける。
2017.7 205p A5 ¥2300 978-4-560-08750-3

◆中国語検定HSK公認テキスト1級 宮岸雄介著、スプリックス編 スプリックス 改訂版
【要旨】「出るところだけ」効率学習！出題された単語・文法「だけ」を網羅。実践形式の模擬問題で総仕上げ。「出やすい」ところがよくわかる！出題頻度がわかる単語表掲載。毎回の出題ポイントを重点的に解説。見ても聞いてもわかりやすい！すべての例文に、文型をビジュアルで記載。テキストの全例文を音声収録。参考書ではじめて全単語の中国語と日本語訳を音声で交互収録。
2017.3 141p A5 ¥2380 978-4-906725-33-5

◆中国語初級テキスト 中国語を学ぶ学生たち 陳洲挙、劉渇氷著 光生館 (付属資料：CD1)
【目次】発音編、本編
2017.4 101p B5 ¥2400 978-4-332-81131-2

◆中国語でおもてなし─"問答"ペアワークで会話練習 相原茂監修、本間由香利、蘇紅著 郁文堂 (付属資料：CD1)
【目次】準備編(チキンを下さい、銀行で両替、バスで新街口へ、ドラッグストアで買い物、東京篇(スポーツ観戦が好きです、10月10日は体育の日、ボランティア志望、もっとエレベーターを！)、北京篇(お待たせしました、夜景が超キレイ！、北京冬季オリンピック、フィギュアスケートが見たい！)
2017.4 109p B5 ¥2500 978-4-261-01880-6

◆中国語でPERAPERA北海道─とっさの接客・案内にプロ直伝のフレーズ集 札幌中国語工房著 (札幌)北海道新聞社 (付属資料：CD1)
【目次】第1単元 店員さんの定番フレーズ、第2単元 北海道観光 基本のキ、第3単元 食べよう買おう北海道、第4単元 北海道を案内しよう、第5単元 北海道を遊ぼう、資料編 ガイドお役立ちデータ
2017.1 143p B6 ¥1500 978-4-89453-852-8

◆中国語虎の巻─実力アップ15の秘伝 彭飛著、榎本英雄監修 東方書店 増補改訂版
【要旨】「日本人がどこを間違いをしやすいか」を知り尽くした著者が、明るく軽妙な筆さばきで「中国語のツボ」を解説する『中国語虎の巻』、待望の増補改訂版。あらたに中国語にピンインを付し、最新の流行語も豊富に収録。
2017.10 287p B6 ¥1500 978-4-497-21713-4

◆中国語は英語と比べて学ぼう！ 初級編 船田秀佳著 IBCパブリッシング (付属資料：CD1)
【要旨】文法が似ているから中国語と英語は一緒に学べる！英語と中国語の両方学びたい人のための並行学習書。比べて納得。耳で聞いてすぐに話せる。トリリンガルへの第一歩。
2017.8 229p B6 ¥1800 978-4-7946-0488-0

◆中国語はじめの一歩 木村英樹著 筑摩書房 (ちくま学芸文庫) 新版
【要旨】「中国語は、『おもしろそう』な予感と『できそう』な自信を、日本語を母語とする学習者に与えることに最も適した外国語です」(プロローグより)。30年以上にわたって中国語を教えてきた著者が、14億人とつながることばの世界へ案内する。発音(四声)や文法の初歩はもちろん、文法の根底を支えるものの見方・考え方や対人観・世界観まで、まるで講義を聞いているかのような軽妙な語り口で平易に解説。「中

国語とはどういう言語か」がよくわかるロングセラー入門書を、文庫化にあたり大幅に増補。
2017.6 324p A6 ¥1200 978-4-480-09764-4

◆中国語 話す・聞くかんたん入門書─CD付き 高田裕子著 池田書店 (付属資料：CD1)
【要旨】文字・発音・文法の解説＋シーン別会話例＋おさらいトレーニング。文章の組み立て方をやさしく解説。基本となる表現10で文法の基礎が学べる。単語ごとに日本語訳つき。いろいろな場面を設定し、会話形式でフレーズを紹介。フレーズは、なるべく短く、実用的なものを厳選。 2017.7 159p A5 ¥1300 978-4-262-16972-9

◆中日言語研究論叢─楊凱栄教授還暦記念論集 楊凱栄教授還暦記念論文集刊行会著 朝日出版社
2017.7 772p A5 ¥5600 978-4-255-01005-2

◆中日対照言語学概論─その発想と表現 高橋弥守彦著 日本僑報社 (日中語学対照研究シリーズ)
【要旨】言葉と文化の理解は相互理解の第一歩である。本書は中国両国の言語・文化・民族性の基本を理解し、両国の言語文化の学習や研究における最良の書だと確信する。日中国交正常化45周年記念出版。
2017.6 247p A5 ¥3600 978-4-86185-240-4

◆通訳案内士 中国語過去問解説─平成28年度公表問題収録 現代中国語学院、本林教範監修 法学書院
【要旨】過去28年間(平成元年～28年度)の通訳案内士第1次試験「中国語についての筆記試験」公表問題(23年度以降は著作権上の理由で部分収録)と解答例・解説で出題傾向と出題内容を把握！近年の解説は特に詳細なものとし、周辺知識も充実収録！
2017.5 1Vol. A5 ¥3400 978-4-587-41657-7

◆つたわる中国語文法─前置詞・副詞・接続詞を総復習 林松濤著 東方書店
【目次】第1章 正しく話す─前置詞のおさらい(空間・時間、方向・受け手・対象、範囲、手段・よりどころ・理由・目的、動作主・対象)、第2章 表現ゆたかに話す─副詞のおさらい(範囲、程度、頻度、時間、否定・肯定、様子と状態、話し手の気持ち)、第3章 筋道をたてて話す─接続詞、呼応表現のおさらい(時間の流れ、継起、並列と追加、対比と逆接、選択、因果と目的、仮定、条件─結論、単語、フレーズをつなぐ接続詞)
2017.6 367p A5 ¥2700 978-4-497-21709-7

◆7つの述語文でつかむ中国語ステップ100 榎本英雄著 朝日出版社 (付属資料：CD‐ROM1)
【要旨】NHKラジオ講座テキストのステップ1～100を再整理、"是"述語文、形容詞述語文、動詞述語文、複合動詞述語文、主述述語文、程度述語文、様態述語文。7つの基本パターンで中国語文法が飛躍的にマスターできる!!
2017.10 251p A5 ¥2400 978-4-255-01026-7

◆日・英・中 三方攻読 中国語文法ワールド 相原茂監修、大ງ利充、後平和明共著 朝日出版社
【要旨】1 中国語WORLD(中国語、発音 ほか)、2 文成分(骨格成分─主語・述語・賓語・定語・状語、修飾成分─定語・状語 ほか)、3 品詞(名詞、動詞と助動詞 ほか)、4 文種(名詞述語文、主述述語文─主題文 ほか)、5 その他(あいさつ常套語、日中同形異義語 ほか)
2017.4 580p A5 ¥3600 978-4-255-00991-9

◆日中中日翻訳必携 実戦編3 美しい中国語の手紙の書き方・訳し方 千葉明著 日本僑報社
【要旨】この本は、「尺牘」と呼ばれる中国語手紙の構造を分析して日本人向けに再構成し、テーマ別に役に立つフレーズを厳選して、パーツとして活用できるように配置したものです。パズルを組み立てる要領で社交文ができるよう工夫を施しています。近年再び評価が高まってきた文語表現に対応しており、読み解くための中日翻訳はもちろん、自在に書ける日中翻訳にも活用できます。
2017.12 201p A5 ¥1900 978-4-86185-249-7

◆ネイティブが教えるマンガで身につく！中国語─CD付き 楊光俊、李貞愛、青木隆浩著 ナツメ社 (付属資料：CD1)
【要旨】発音、文法から語彙まで、この1冊でOK！イマドキな中国人の話題がいっぱい。ネイティ

語学・会話

ブの感覚がわかる。
2018.1 223p A5 ¥1400 ①978-4-8163-6358-0

◆筆談で覚える中国語　陳氷雅著　サンマーク出版
【要旨】発音を「あとまわし」にすれば、12時間で「会話の基本」が身につく！ 99％の生徒が最速で中国語検定に合格させてきた超人気講師が教える、とにかく時間をかけずに会話ができるようになる最強の学習法。「覚えておきたい150語」の付録つき！
2017.1 159p A5 ¥1300 ①978-4-7631-3538-4

◆本気でトライ！ 中国語―留学にも役立つ 準中級　葉紅，飯島啓子著　駿河台出版社　（付属資料：CD1）
【目次】入国手続きにチャレンジ！、手続きもあと一息！、タクシーに乗れる？、運転手に話しかけられる、キャンパス内で迷子、部屋のキーを受け取る、ルームメイトに会う、ご飯に行こう！、レストランでのやりとり、クラス分けテスト〔ほか〕
2017.4 66, 28p B5 ¥2200 ①978-4-411-03106-8

◆みんなの接客中国語―全業種で使える　広瀬直子著，顧蘭亭訳　アルク　（付属資料：CD・ROM1）
【要旨】本当に使うフレーズだけを厳選収録。中国語の発音に近い読みがなとピンイン併記で安心。よく聞かれる道案内にも対応。おもてなしの参考になるアドバイスetc。現場で働く3000人以上の「？」に基づいた中国語接客フレーズ集。
2017.6 302p B6 ¥1800 ①978-4-7574-2890-4

◆やさしい中国語で読む自伝エッセイ 雪花　張武静，樋口裕子著　NHK出版　（音声DL BOOK）
【要旨】中国語で味わう感動の18話。文革の動乱で父を亡くした少女と、その母との思い出をつづる、心温まるエピソード。
2017.6 159p 18cm ¥1000 ①978-4-14-035148-2

◆指でさすだけ！ ポケット旅行中国語　西東社編集部編　西東社
【要旨】伝わるイラスト800点超！ 全フレーズ読みがな付き！ 明るく見やすいオールカラー！ 話せなくても、見せれば伝わる。
2017.4 207p B6 ¥1000 ①978-4-7916-2607-6

◆CD BOOK 台湾語が1週間でいとも簡単に話せるようになる本　趙怡華著，陳豐惠監修　明日香出版社　（アスカカルチャー）（付属資料：CD1）
【要旨】台湾の言葉を学びたいと思っているあなたへ。本書で台湾語と台湾華語の基礎を学習。7日間で基本会話ができるコツを教えます。日常生活や旅行で使えるフレーズ、および基本単語をジャンル別に掲載。読んで面白いコラム（日本語に由来する表現、親しい人と呼び合う時のニックネームや愛称など）も掲載。
2017.2 210p B6 ¥1600 ①978-4-7569-1917-5

◆Podcastで学ぶ中国語エピソード100　相原茂，朱怡穎著　同学社　（付属資料：CD・ROM1）
【要旨】日中異文化、中国語こぼれ話etc. 楽しく聴ける100エピソード。MP3で12時間。知らなかった！ 面白い！
2017.5 216p B6 ¥1700 ①978-4-8102-0329-5

◆SOMPO GUIDE TOKYO 旅行指南　東京　翔泳社トラベルガイド編集部著　翔泳社　（本文：中国語）
2017.2 207p 19×12cm ¥1200 ①978-4-7981-4807-6

◇　　◇　　◇

◆中検3級対応 クラウン中国語単語800 CD付き　古屋昭弘監修，和平著　三省堂　（付属資料：CD2；赤シート1）
【要旨】11週間で3級合格レベルの重要語800語を完全マスター。CDには全項目の「見出し語、訳語、中国語用例」を収録。
2017.2 223p B6 ¥2000 ①978-4-385-36549-7

◆中国語学習シソーラス辞典　相原茂編　朝日出版社
【要旨】日本初の中国語シソーラス。日本語常用語1400余をインデックスにして五十音順に配列、その意味に相当する、あるいは近い中国語を列挙。中国語の見出し語数は約11000語。巻末にピンインの音節アルファベット順の索引が付く。
2017.5 861p B6 ¥3800 ①978-4-255-00993-3

◆中国語虚詞辞典の解説　吉村豊編著　（名古屋）ブイツーソリューション，星雲社 発売
2017.11 1095p A5 ¥3800 ①978-4-434-23943-4

◆デイリー日中英辞典 カジュアル版　三省堂編修所編　三省堂
【要旨】約1万4千項目収録。中国語にはピンインとカナ発音付き、英語にはカナ発音付き。「日常会話」「分野別単語集」付き。
2017.9 920p 19×11cm ¥1700 ①978-4-385-12283-0

韓国・朝鮮語

◆いちばんはじめの韓国語単語　木内明，劉卿美著　（武蔵野）ナガセ　（今すぐ話せる！シリーズ）（付属資料：CD・ROM1）
【要旨】あの『今すぐ話せる』シリーズが大改訂！ 関連する単語をまとめて覚えられる！ 目からも耳からも覚えられる！ 関連語まで覚えて語彙力アップ！ 性格、外見、感情、状態、状況、衣服、食事、住居、家事、家族、学校、職業、交通、政治、経済、趣味など日常生活に必要なすべての単語を収録！ 厳選！ すぐに役立つ1600語、CD・ROM付き。
2017.1 279p B6 ¥1500 ①978-4-89085-723-4

◆今すぐ話せる！ いちばんはじめの韓国語会話　木内明著　（武蔵野）ナガセ　（東進ブックス）（付属資料：別冊1；CD・ROM1）
【要旨】基本会話＋文法解説で今すぐ話せるようになる！ 日常生活、旅行、観光、買い物、レストランなど、さまざまなシーンに対応！
2017.2 161p A5 ¥1200 ①978-4-89085-717-3

◆イラストでわかるはじめてのハングル　八田靖史, hime著　高橋書店
【要旨】インパクトイラストで、脳が勝手に覚えちゃう！ あたらしい、ハングル攻略本。
2017.8 167p A5 ¥1200 ①978-4-471-11333-9

◆カナタKOREAN中級　1　カナタ韓国語学院著　国書刊行会
【目次】心から歓迎します、会議の時間は3時ですよね、来週面接があるから心配です、ハングル中学校がどこにあるかご存じですか、交通カードを初めて使ってみました、インターネットでチケットの予約ができますか、変なんじゃなくておもしろいです、外国人が見て誤解するようです、部長がごちそうしてくださるそうです、どこが悪くていらっしゃいましたか〔ほか〕
2017.10 279p 28×21cm ¥2500 ①978-4-336-06205-5

◆韓国語慶尚道諸方言のアクセント研究　姜英淑著　勉誠出版
【目次】序論、第1部 慶尚南道諸方言（密陽方言のアクセント、咸安・宜寧方言のアクセント、進永（金海）方言・蔚山方言のアクセント、統営地域の諸方言のアクセント、釜山方言のアクセント、晋州方言のアクセント、巨済・南海島・山清方言のアクセント）、第2部 慶尚北道諸方言（奉化方言のアクセント、尚州方言のアクセント）、第3部 慶尚道諸方言のアクセント性質とアクセント体系（慶尚道方言のアクセント体系）
2017.2 243p A5 ¥6000 ①978-4-585-28031-6

◆韓国語単語練習帳―ハン検5級4級TOPIK初級　金京子，神農朋子著　白水社
【要旨】12のテーマごとに名詞、動詞、形容詞をグループに分け関連づけて覚える。バラエティーに富んだ練習問題を通して学んだ単語を定着させる。「得する漢字語」で語彙をどんどん増やせる。音声をダウンロードしていつでもどこでも聞ける。ハングル能力検定試験5級4級、TOPIK（韓国語能力試験初級）レベルをカバーする1680語。
2017.6 295p B6 ¥2300 ①978-4-560-08749-7

◆韓国語似ている形容詞・副詞使い分けブック―イラストと解説で違いがわかる　河村光雅，金京京著　ベレ出版
【要旨】形容詞・副詞の類義語が持つニュアンスの差を徹底解説。例文と練習問題で理解を定着させる。イラストと丁寧な解説、豊富な例文と練習問題で確実に使い分けができる韓国語学習者待望の一冊。
2017.2 376p B6 ¥2000 ①978-4-86064-502-1

◆韓国語能力試験TOPIK 1 初級単語集　金珉秀著　駿河台出版社　（付属資料：赤シート1）
【要旨】韓国語能力試験TOPIK I（1級・2級）に完全対応！ 約2000語を収録！ 関連単語・活用などの情報も充実！ 見出し語単語にはすべて穴埋め形式の例文を用意！ すぐに使い方をチェックできる。
2017.10 485p B6 ¥2500 ①978-4-411-03112-9

◆韓国語の漢字語マスター―法則が分かれば語彙が増える！ CD付き　兼若逸之著　HANA，インプレス 発売　（『漢字のハングル読みをマスターする40の近道』増補改訂・改題書；付属資料：CD1）
【目次】1章 母音の近道、2章 パッチムの近道、3章 初声の近道、総復習：難問にチャレンジ！、付録 ハングル読み・カナ読み対照表
2017.12 195p B6 ¥1800 ①978-4-295-40154-4

◆韓国語のしくみ　増田忠幸著　白水社　新版
【要旨】新書みたいにスラスラ読める！ 文法用語にたよらない画期的な入門書。
2017.9 143p B6 ¥1600 ①978-4-560-08758-9

◆キクタン韓国語会話 入門編　山崎玲美奈著　アルク　（付属資料：CD1）
【要旨】『キクタン韓国語』に会話練習帳が登場！ 簡単で便利な使える426フレーズ。ショッピング、レストラン、コンサート…。韓国語でコミュニケーションができる！
2017.11 158p B6 ¥2000 ①978-4-7574-3019-8

◆クラウン韓国語単語550―ハングル能力検定5級・TOPIK1級レベル MP3 CD・ROM付き　長渡陽一著　三省堂　（付属資料：CD・ROM1）
【要旨】「ハングル」検定公式ガイド合格トウミ（新装版）5級の語彙を完全収録。全見出し語、全用例に日本語・韓国語音声付き。
2017.5 191p B6 ¥1600 ①978-4-385-36481-0

◆30秒でできる！ ニッポン紹介―おもてなしの韓国語会話　IBCパブリッシング編，リムワン訳　IBCパブリッシング　（付属資料：CD1）
【目次】第1章 日本の象徴、第2章 日本の風物、第3章 日本の伝統文化、第4章 日本の食、第5章 日本の都市、第6章 日本の現代文化、第7章 日本の生活習慣、第8章 東京の交通、第9章 日本人へのよくある質問
2017.4 191p A5 ¥2400 ①978-4-7946-0469-9

◆10時間でかんたんハングルbook―読む！ 書く！ 話す！ CD付　房賢嬉著　新星出版社　（付属資料：CD1；赤シート1）新装版
【要旨】たった10時間のレッスンで、ハングルの読み書きがマスターできる！ 韓国語と日本語の両方をよく知る房先生が丁寧に解説。巻末には、旅する気分で韓国語会話の基本が学べる「韓国語ミッションにチャレンジ!!」も収録。
2017.9 119p A5 ¥1400 ①978-4-405-01141-0

◆新ゼロからスタート韓国語 文法編―だれにでもわかる文法と発音の基本ルール CD付　鶴見ユミ著　Jリサーチ出版　（付属資料：CD1）
【要旨】「～したい」は1くまくん、「～できる」は2くまくん、「～しました」は3くまちゃん担当!!3匹のくまさん（3つの基本活用形）と一緒に、日常でよく使う表現をマスター。42の「文法公式」で、韓国語の基本がすっきり。やさしく、わかりやすい解説。キーセンテンスにはカタカナ付き。ハングルの書き順と発音の仕方をていねいに解説。
2017.5 223p B6 ¥1400 ①978-4-86392-345-4

◆すぐに使える！ 韓国語フレーズ辞典―MP3 CD・ROM付き　鄭惠賢著　池田書店　（付属資料：CD・ROM1）
【要旨】韓国語を楽しもう！ 韓国の人と仲よくなろう！ 簡単で短い表現。日常会話や旅行で役に立つフレーズをなるべく短い表現で紹介しています。日本人が発音しやすいフリガナ付き。ハングルのカタカナ読みは、韓国人に通じやすいよう、日本人が発音しやすい工夫をしています。入れ替えて使える。1つのフレーズに対して、入れ替えられる単語も多数紹介。活用の幅が広がります。パンマルも紹介。ドラマなどでよく耳にする、親しい間柄、年下の人に使うくだけた言い方も覚えられます。
2017.9 223p B6 ¥1500 ①978-4-262-16974-3

◆朝鮮漢字音 入門と発展　菅野裕臣著　三修社
【要旨】漢字はその形と意味だけでなくその音（おん）も朝鮮、日本、ヴェトナムに伝わり、中

国の主要な言語(漢語)としての漢文がそれらの国で用いられただけでなく、漢字からなる多くの単語(漢字語)がそれらの国に流入し、さらには漢字を組み合わせて新しい単語が作られたりして、それらの国の言語に対する漢字の影響は計り知れないものがある。本書は朝鮮語における漢語の存在を日本語と比較しながら説明した中級レベルの学習者に最適な一冊。
2017.11 277p A5 ¥3200 ①978-4-384-05879-6

◆朝鮮語研究 7　朝鮮語研究会編　ひつじ書房
【目次】日韓閉鎖音におけるVOTの変化と韓国語閉鎖音の指導法、現代朝鮮語における色彩語について―「黒」を表す色彩語を中心に ほか
2017.3 217p A5 ¥5000 ①978-4-89476-868-0

◆超入門! 書いて覚える韓国語ドリル　山崎玲美奈著　ナツメ社　(付属資料:CD1)
本書は、はじめて韓国語を学ぶ方に向けた入門ドリルです。発音のルールや、品詞ごとの文法解説、基本フレーズや単語まで、ドリルに書き込みながら基礎をマスターできる一冊です。CDでネイティブの発音を確認しながら、学習しましょう。
2017.5 159p B6 ¥1200 ①978-4-8163-6221-7

◆ちょこっとチャレンジ! 韓国語　金順玉、阪堂千津子、崔栄美著　白水社　(付属資料:CD1)
【目次】お名前はなんとおっしゃいますか?―インタビューする、朝子といいますが、日本から来ました。―自己紹介をする、魚は焼かないでください。―きまりを言う、ファンの集いに行くことにしました。―約束をする、道を渡って左にずっと行ってください。―道案内をする、ファンの集いに行ってみたんですけど……―感想を言う、少し安くしてください。―買い物をする、私の気持ちですから受け取ってください。―プレゼントを言う、咳がひどくて眠れませんでした。―体の具合を言う、字幕を見ながら勉強しています。―勉強のしかたを話す、今日は来られないそうです。―話を伝える (間接話法)、久しぶりに来てみて、どうですか?―思い出を話す
2017.3 105p B5 ¥2400 ①978-4-560-01792-0

◆通訳案内士韓国語過去問解説 (平成28年度公表問題収録)　柳尚熙、呉英元監修　法学書院
【要旨】過去28年間 (平成元年〜28年度) の通訳案内士第1次試験「韓国語についての筆記試験」公表問題 (23年度以降は著作権上の理由で部分収録) と解答例・解説で出題傾向と出題内容を把握。
2017.5 1Vol. A5 ¥3300 ①978-4-587-41618-4

◆日本人が知りたい韓国人の当たり前―韓国語リーディング　久田和孝、韓相宇著　三修社
【要旨】割り勘は格好悪い? 韓国人の祖先は熊なの? 財閥は今でも力が強いの? ポジャギって、きれいですよね。小さい子どもも尊敬語が使えるの? 今さら聞けない基本的なことから今ひとつ納得できないでいたことまで100の疑問を解消!
2017.3 223p A5 ¥2200 ①978-4-384-05855-0

◆日本人だからできる! 漢字で覚える韓国語　市吉則浩著　河出書房新社　(『漢字で覚える韓国語』新装・改題書)
【要旨】韓国語の7割以上は「漢字語」。発音も似ているから初心者でもかんたん! 直感的に分かるレイアウトでSNSや指差し会話にも使えます。
2017.3 255p B6 ¥1600 ①978-4-309-02638-1

◆ネイティブっぽい韓国語の表現200―ゆうきの「韓国語表現力向上委員会」発!　稲川右樹著・イラスト　HANA、インプレス 発売　(付属資料:CD1)
【要旨】ついつい使ってしまう日本語的な韓国語を、よりネイティブっぽいこなれた韓国語へと手直ししますよ!
2017.2 254p B6 ¥1800 ①978-4-295-40044-8

◆「ハングル」検定公式テキスト ペウギ3級　宋美淑著、「ハン検」教材作成委員会監修　ハングル能力検定協会
【要旨】この1冊で中級レベルへ! 3級合格を目指す! 音声ペン対応書籍。
2017.3 287p B6 ¥1500 ①978-4-903096-78-0

◆ハングル能力検定試験準2級対策問題集 聞き取り編　李昌圭著　朝日出版社　(付属資料:CD-ROM1)
【要旨】最新の傾向と対策を徹底分析! 最多の実戦問題と合格資料を収録。
2017.11 271p A5 ¥2600 ①978-4-255-01028-1

◆「ハングル」能力検定試験 ハン検過去問題集 "準2級" 2017年版　ハングル能力検定協会編著　ハングル能力検定協会　(付属資料:CD1)
【要旨】過去2回分の試験問題を収録。分かりやすい日本語訳とワンポイントアドバイスも掲載。ハングル能力検定協会公式書籍。
2017.3 201p A5 ¥1800 ①978-4-903096-81-0

◆「ハングル」能力検定試験 ハン検過去問題集 "1級" 2017年版　ハングル能力検定協会編著　ハングル能力検定協会　(付属資料:CD1)
【要旨】過去2回分の試験問題を収録。分かりやすい日本語訳とワンポイントアドバイスも掲載。ハングル能力検定協会公式書籍。
2017.3 245p A5 ¥2000 ①978-4-903096-79-7

◆「ハングル」能力検定試験 ハン検過去問題集 "2級" 2017年版　ハングル能力検定協会編著　ハングル能力検定協会　(付属資料:CD1)
【要旨】過去2回分の試験問題を収録。分かりやすい日本語訳とワンポイントアドバイスも掲載。ハングル能力検定協会公式書籍。
2017.3 253p A5 ¥2000 ①978-4-903096-80-3

◆「ハングル」能力検定試験 ハン検過去問題集 "3級" 2017年版　ハングル能力検定協会編著　ハングル能力検定協会　(付属資料:CD1)
【要旨】過去2回分の試験問題を収録。分かりやすい日本語訳とワンポイントアドバイスも掲載。ハングル能力検定協会公式書籍。
2017.3 173p A5 ¥1800 ①978-4-903096-82-7

◆「ハングル」能力検定試験 ハン検過去問題集 "4級" 2017年版　ハングル能力検定協会編著　ハングル能力検定協会　(付属資料:CD1)
【要旨】過去2回分の試験問題を収録。分かりやすい日本語訳とワンポイントアドバイスも掲載。ハングル能力検定協会公式書籍。
2017.3 157p A5 ¥1600 ①978-4-903096-83-4

◆「ハングル」能力検定試験 ハン検過去問題集 "5級" 2017年版　ハングル能力検定協会編著　ハングル能力検定協会　(付属資料:CD1)
【要旨】過去2回分の試験問題を収録。分かりやすい日本語訳とワンポイントアドバイスも掲載。ハングル能力検定協会公式書籍。
2017.3 139p A5 ¥1600 ①978-4-903096-84-1

◆ハングル・レシピ―日本語の発想で作る韓国語　増田忠幸著　駿河台出版社　(付属資料:CD-ROM1)
【要旨】韓国語を学ぶための「ことばのレシピ」を使って、韓国語作りを楽しみましょう! 入門者に! グループ学習に! 韓国語のやり直しに!
2017.10 191p A5 ¥1900 ①978-4-411-03111-2

◆ミニマムで学ぶ韓国語のことわざ　鄭芝淑著　クレス出版
【目次】第1章 昼の話は鳥が聞き、夜の話はねずみが聞く、第2章 蛙がオタマジャクシの頃を思い出せない、第3章 井戸を掘るなら一つの井戸を掘れ、第4章 空の車がもっとうるさい、第5章 小さい唐辛子がもっと辛い、第6章 二人で食べていて一人が死んでも分からない
2017.2 118p A5 ¥1800 ①978-4-87733-952-4

◆みんなの接客韓国語―全業種で使える　広瀬直子著、崔正熙訳、アイケーブリッジ外語学院制作協力　アルク　(付属資料:CD-ROM1)
【要旨】本当に使うフレーズだけを厳選収録。韓国語の発音に近いルビ併記で安心。よく開かれる道案内にも対応。おもてなしの参考になるアドバイスetc。現場で働く3000人以上の「?」に基づいた韓国語接客フレーズ集。
2017.6 294p B6 ¥1800 ①978-4-7574-2891-1

◆もやもやを解消! 韓国語文法ドリル　山崎亜希子著　三修社
【要旨】用言の活用、パンマル、数詞。ポイントを押さえてすっきり!
2017.5 255p A5 ¥1800 ①978-4-384-05786-7

◆指でさすだけ! ポケット旅行韓国語　西東社編集部編　西東社
【要旨】伝わるイラスト800点超! 全フレーズ読みがな付き! 見やすいオールカラー! 話せなくても、見せれば伝わる。
2017.4 127p A6 ¥500 ①978-4-7916-2606-9

◆ようこそ! 韓国語の世界へ　チョヒチョル、金ися秀、石賢敬著　駿河台出版社　(付属資料:CD-ROM1;別冊1)
【要旨】ハングルの発音・書き方から、基本文法・基本会話まで、はじめて韓国語を学ぶ人のための入門書! 豊富な写真、イラストでゼロからの学習者に最適! MP3対応CD-ROM付。
2017.5 153p B5 ¥2000 ①978-4-411-03110-5

◆CD付き 今すぐ役立つ韓国語の日常基本単語集　石田美智代著　ナツメ社　(付属資料:CD2)
【要旨】入れ替えフレーズや現地情報も掲載! 見て覚えられるイラストページも! 旅行や暮らし、ビジネスに役立つ約3,000の単語を紹介!
2017.3 287p B6 ¥1500 ①978-4-8163-6176-0

◆CD付き 韓国語 話す・聞く かんたん入門書　長友英子、荻野優子著　池田書店　(付属資料:CD1)
【要旨】実践的ハングルなぞり書き+シーン別会話例+文法解説+練習問題で、みるみる身につく! 楽しくなる!
2017.2 159p A5 ¥1300 ①978-4-262-16970-5

◆hanaの韓国語単語 "初中級編" ハン検3級レベル　ミリネ韓国語教室著　HANA、インプレス 発売　(付属資料:CD1)
【要旨】3級レベルの重要語彙840語を音から、例文から覚える!
2017.11 287p 19x13cm ¥2000 ①978-4-295-40145-2

◆Q&A Diary ハングルで3行日記　アルク出版編集部編　アルク
【要旨】366日分の質問に毎日1つずつ答えるだけで、韓国語ライティングが自然に続けられる! サンプル日記や語彙リスト、メモ欄を使って、「私ならでは」の表現で日記を書こう! 対象レベル:初級レベル以上。
2017.12 1Vol. 19x15cm ¥1800 ①978-4-7574-3032-7

◆SNSでつぶやく毎日の韓国語―MP3対応CD-ROM付　古田富建、成都悦未著　駿河台出版社　(付属資料:CD-ROM1;赤シート1)
【要旨】韓国の若者言葉を多数収録! SNS世代特有の言い回しなど韓国語の今がわかる!
2017.4 399p B6 ¥2500 ①978-4-411-03108-2

◇　◇　◇

◆デイリー日韓英辞典 カジュアル版　三省堂編修所編　三省堂
【要旨】約1万4千項目収録。韓国語、英語はカナ発音付き。「日常会話」「分野別単語集」付き。
2017.9 904p 19x11cm ¥1700 ①978-4-385-12284-7

東洋諸語

◆アラビア語　JTBパブリッシング　(ひとり歩きの会話集 19)　改訂10版
【要旨】フスハー (共通語) とアーンミーヤ (話し言葉) の二刀流! 言いっ放しで即、通じる簡単フリガナで覚えてポケットにポンッ! 超軽量でポッケにポンッ!
2017.11 198p 18cm ¥1500 ①978-4-533-12220-0

◆いちばんはじめのタイ語会話　水野潔著 (武蔵野)　ナガセ　(今すぐ話せる!シリーズ)　(付属資料:CD-ROM1;別冊1)
【要旨】対話形式だから実践的に覚えられる! 別冊の会話例文集でいつでも練習できる! 関連するフレーズまで覚えて会話力アップ! 基本会話+文法解説で今すぐ話せるようになる! 日常生活、旅行、観光、買い物、レストランなどさまざまなシーンに対応! 持ち運んでそのまま使える! 別冊会話例文集、CD-ROM付き。
2017.1 161p A5 ¥1800 ①978-4-89085-727-2

◆カンボジア語 読解と練習　上田広美著　白水社　(付属資料:CD1)
【要旨】第1部、初級の文法事項を確認し、会話練習で応用する。第2部、エッセー、小説、レシピ、招待状など社会と文化がわかるテキストを解説付きで読む。
2017.5 166p A5 ¥3600 ①978-4-560-08742-8

◆教科書タイ語　柿崎一郎著　めこん

【要旨】文字：タイ文字を第1歩から学びはじめ、母音9種・子音42文字・発音記号・規則をすべてマスターできます。単語：学んだ文字を使った単語から始め、最後は約400語の基本単語の読み書きができるようになります。文法：簡単なタイ語の文章を理解するための基本的な文法を学びます。
2017.5 231p A5 ¥2500 ①978-4-8396-0304-5

◆実用タイ語検定試験 過去問題と解答 14 2015年秋季 2016年春季実施分 3級～5級
日本タイ語検定協会著、TLS出版編集部編
TLS出版社、星雲社 発売 （付属資料：CD1）
2017 128p A5 ¥2500 ①978-4-434-22960-2

◆ステップアップ アラビア語の入門 本田孝一著 白水社 新版
【要旨】アラビア語の動詞を会話と文法の両面から楽しく解説。音声無料ダウンロード！

◆ゼロから話せるインドネシア語 ホラス由美子著 三修社 （付属資料：CD1） 改訂版
【要旨】必須フレーズを学び、会話を楽しむ入門書。言葉がわかれば、インドネシアがもっと好きになる！
2017.4 165p A5 ¥2400 ①978-4-384-05778-2

◆トルコ語と現代ウイグル語の音韻レキシコン 菅沼健太郎著 （福岡）九州大学出版会
【要旨】従来、ヒトの脳内のレキシコン（心的辞書）では語彙は音韻論的な差異に基づいていくつかのグループに分かれていると考えられてきた。このグループ分けがどのように行われているのかを明らかにするとともに当該言語の音韻レキシコンの構造を明らかにすることにつながる。本書ではトルコ語と現代ウイグル語を対象にそれぞれの音韻レキシコンの構造を明らかにし、「核と周辺」構造（Core‐periphery structure）を中心とした音韻レキシコン理論の妥当性を検証した。
2017.9 202p A5 ¥5500 ①978-4-7985-0217-5

◆ニューエクスプレス チベット語―CD付 星泉、ケルサン・タウワ著 白水社 （付属資料：CD1）
【目次】こんにちは、日本人です、これはあなたの本ですか？、きょうだいは何人いますか？、チベットにはヤクがたくさんいますよね？、この肉おいしいですか？、いつ行きますか？、姉は3時頃戻ります、朝食はバターを食べています、父と母は毎朝コーラに出かけています、もしもし、私、トモエです。聞こえますか？、チベット料理の作り方を習いました、お父さんはひとりでいらしたんですか？、昨晩母から電話がありましたが、すぐに出られないので準備してきました、チベット語に翻訳されています、もうお帰りになりましたか、どうやらアムドの映画のようですね、私、日本の昔話をチベット語に訳したらしいよ、手紙文「たいへんお世話になり、ありがとうございました」
2017.3 160p A5 ¥3200 ①978-4-560-08740-4

◆表現を広げる中級へのタイ語 スニサー・ウィッタヤーパンヤーノン著 三修社 （付属資料：別冊1；CD1）
【要旨】豊富な練習問題で使える表現と文法を確実にマスター。タイ文字での読解も一歩ずつ着実に習得。会話も読解も、ステップアップを目指す方に最適。学習に便利な取り外し可能な別冊解答（発音記号付）＋単語INDEX。
2017.4 256p A5 ¥2600 ①978-4-560-05838-3

◆フィリピノ語のしくみ 下平英輝著 白水社 新版
【要旨】新書みたいにスラスラ読める！ 文法用語にたよらない画期的な入門書。
2017.9 146p B6 ¥1800 ①978-4-560-08759-6

◆文法からマスター！ はじめてのベトナム語 秋葉亜子著、グエン・ティ・ゴック・トー・ベトナム語監修 ナツメ社 （付属資料：CD1）
【要旨】会話に役立つ基本の22文型を紹介！ 入れかえ表現で単語が身につく！
2017.8 207p A5 ¥2000 ①978-4-8163-6271-2

◆CDを聞くだけでタイ語が覚えられる本 上原みどりこ著 KADOKAWA （付属資料：CD2）
【目次】基本表現を覚えよう！、第1章 飛行機、そして空港で…、第2章 ホテルで、第3章 乗り物に乗る、第4章 食事をする、第5章 街を歩く、第6章 買い物をする、第7章 エンターテインメント、第8章 コミュニケーションをとる、第9章 トラブルに遭遇したら…

◆CDを聞くだけでベトナム語が覚えられる本 石井良佳著 KADOKAWA （付属資料：CD2）
【要旨】ベトナム渡航前に、カンタンなベトナム語を覚えておきたい。でも、なかなか時間がとれなくて…。ベトナムのことを知りつくし、通訳としても活躍する著者が、旅行や滞在に役立つ基本フレーズを厳選。フレーズ＆単語を振り分け録音し、本書はベトナム語、右からは日本語（訳）が流れる「耳から覚えるCD」付き！（詳しくは裏表紙に）旅行までの機内や、ちょっとした合間に聞くだけでOKなので、時間のない人にも最適の一冊です！
2017.10 191p B6 ¥1800 ①978-4-04-601923-3

◆CD BOOK たったの72パターンでこんなに話せるフィリピン語会話 佐川年秀著 明日香出版社 （アスカカルチャー） （付属資料：CD1）
【要旨】1 これだけは!!絶対覚えたい重要パターン21（これは～です／～ito、私は～です／～ako、彼は（彼女は）～です／～siya、それは（あれは）～です／～iyan（iyon）、～します／通詞＋主語 ほか）、2 使える！ 頻出パターン51（どこ？／Nasaan～？ Saan～？、どこで（どこに）？／Saan～？、何？／Ano～？、何時？／Anong oras～？、いつ？／Kailan～？ ほか）
2017.5 211p B6 ¥1800 ①978-4-7569-1904-5

◇ ◇ ◇

◆現代アラビア語辞典―アラビア語・日本語 田中博一著、スバイハット・レイス監修 鳥影社
【要旨】アラビア語辞典は語根から求める語を探すのですが、アラビア語学習初期においては、その語根を把握することに困難を来すのが常です。本書はアラビア語主義のアラビア語辞典が使用可能になるまでの過渡的使用を目的とするもので、本書による見出し語は『アラブ人学生用辞典』と同様にアルファベット順に配列しています。見出し語数は約一万語でありますが、例文・熟語を多く収録していますので、アラビア語新聞・雑誌などを理解するのに十分な語彙数であると思われます。
2017.9 1023p A5 ¥10000 ①978-4-86265-613-1

◆パスポート初級ベトナム語辞典 田原洋樹、ヴァン・フエ・グエン、ティ・ミン・ヨイ・チャン編 白水社
【要旨】語が持つイメージがつかめる。よく似た語の使い分けを解説。ベトナム人がよく使う用例・例文満載。
2017.7 423p 20×14cm ¥4200 ①978-4-560-08731-2

◆プログレッシブ タイ語辞典 傍士豊編著 小学館
【要旨】タイ文字からも発音記号からも引けるタイ語学習辞典。見出し語・合成語・用例にすべて発音記号を表示。見出し語・合成語にはすっきり頭に入る構文情報が満載。ほぼすべての語義にわかりやすい用例つき。語法コラム・類語コラム・百科コラム・文化コラムが充実。頻度の高い用例1万7000例。
2017.3 1045p A5 ¥4800 ①978-4-09-515801-3

◆ポータブル日インドネシア英・インドネシア日英辞典 川村よし子総監修、フロレンティナ・エリカ監修、三修社編集部編 三修社
【要旨】簡単に引けて、すぐに使える！ 日本語見出し語数約12,700。インドネシア語見出し語数約10,300。
2017.12 1008p 18×12cm ¥3200 ①978-4-384-05878-9

ドイツ語

◆移動中でもMP3で聞ける！ 実用ドイツ語単語集 TLS出版編集部著 TLS出版社、星雲社 発売 （付属資料：CD-ROM1）
【要旨】全ての単語と文章にカタカナ読みを併記！ ネイティブスピーカー収録のMP3（CD-ROM）が付属！ 日本語ローマ字読み併記でドイツ人も使える！ 便利で使える生活密着型!!初めてのドイツ語学習・旅行・出張に！
2017.10 206p A5 ¥2400 ①978-4-04-601924-0

◆今すぐ話せる！ いちばんはじめのドイツ語会話 高橋透著 （武蔵野）ナガセ （付属資料：CD-ROM1; 別冊1）
【要旨】対話形式だから実践的に覚えられる！ 別冊の会話例文集でいつでも練習できる！ 関連するフレーズまで覚えて会話力アップ！
2017.1 159p A5 ¥1200 ①978-4-89085-714-2

◆ヴェスト 初級ドイツ語クラス 上村昂史、寺澤大奈著 白水社 （付属資料：CD1）
【目次】動詞の現在人称変化、名詞の性・数・格（定冠詞と不定冠詞／人称代名詞の格変化、動詞の不規則変化／命令形／man、定冠詞類／不定冠詞類／時刻表現、前置詞／ja、nein、doch／数詞、形容詞の格語尾、話法の助動詞／未来形、分離・非分離動詞／接続詞の種類、再帰代名詞・再帰動詞／zu 不定詞、動詞の3基本形／過去形・現在完了形、受動態／比較表現、関係代名詞／関係副詞、接続法 2017.3 71p B5 ¥2400 ①978-4-560-06418-4

◆英語と一緒に学ぶドイツ語単語 宍戸里佳著 ベレ出版
【要旨】英語とドイツ語は兄弟語。一緒に学ぶと効果的。文法に必須の単語から、生活単語まで楽しみながらスイスイ覚えられる覚えかたのコツ、派生語、関連語をまとめて整理。
2017.12 342p A5 ¥1800 ①978-4-86064-530-4

◆オールカラー 基礎からレッスン はじめてのドイツ語 宍戸里佳著 ナツメ社 （付属資料：CD2）
【要旨】旅行にも役立つ！ あいさつから日常会話まで、4ステップでマスター！ シーン別にそのまま使えるフレーズが満載！
2017.6 175p A5 ¥1300 ①978-4-8163-6214-9

◆オールカラー 超入門！ 書いて覚えるドイツ語ドリル 岡田公夫著 ナツメ社 （付属資料：CD1）
【要旨】本書は、はじめてドイツ語を学ぶ方に向けた入門ドリルです。発音のルールや、品詞ごとの文法解説、基本フレーズや単語など、ドリルに書き込みながら基礎をマスターできる一冊です。CDでネイティブの発音を確認しつつ、学習していきましょう。
2017.6 159p B5 ¥1200 ①978-4-8163-6253-8

◆これならわかる！ ドイツ文化＆ドイツ語入門 根本道也著 郁文堂
【目次】第1章 ドイツの言語・社会・宗教（日本の文字とドイツ語のアルファベット（文法：つづりと発音の特徴）、日本語と漢語、ドイツ語とラテン語（文法：定冠詞）、キリスト教と教会（文法：不定冠詞、規則動詞の現在人称変化）ほか）、第2章 人と暮らし（お友だちは一人？（文法：冠詞（＝have）の現在人称変化）、結婚―家族（文法：形容詞の比較級）、食事 ほか）、第3章 あいさつにない一言（「こんにちは」―「さようなら」、「行ってきます！」―「ただいまー！」（文法：分離動詞）、「ありがとう！」―「すみません！」（文法：命令形）ほか）
2017.5 107p B6 ¥1200 ①978-4-261-07333-1

◆すてきなドイツ語 清水紀子著 白水社 （付属資料：CD1）
【要旨】ドイツ語にふれてみたいあなたへ。見開き2ページずつ、気軽に読める入門書。本当に必要な文法のエッセンスと、使える表現だけをまとめした。
2017.4 118p B6 ¥1800 ①978-4-560-08745-9

◆中高ドイツ語小文法 カール・ヴァインホルト、グスタフ・エーリシュ、フーゴー・モーザー著、井出万秀訳 郁文堂 改訂第18版
【目次】第1部 音声（中高ドイツ語母音（アクセント、主音節の個々の母音）、中高ドイツ語子音体系（個々の子音））、第2部（名詞活用（名詞、形容詞、代名詞、数詞）、動詞活用（強変化動詞、弱変化動詞、特殊動詞））、第3部（語順、品詞、文の種類）、第4部 地域差（高地ドイツ語子音推移に対する地域差、その他の差異）
2017.4 174p A5 ¥1800 ①978-4-261-07334-8

◆通訳案内士ドイツ語過去問解説―平成28年度公表問題収録 村田經和、岡村三郎監修 法学書院
【要旨】過去28年間（平成元年～28年度）の通訳案内士第1次試験「ドイツ語についての筆記試験」公表問題（23年度以降は著作権上の理由で部分収録）と解答例・解説で出題傾向と出題内容を把握！ 2017.6 1Vol. A5 ¥3000 ①978-4-587-41661-4

◆ドイツ語　JTBパブリッシング　（ひとり歩きの会話集 2）（付属資料：CD1；赤シート1）
【要旨】ひと目で分かる重要フレーズ！ 簡単フリガナで即答可能。旅の場面ごとだからすぐに探せる。超便利！ 旅行ノウハウも満載。DLできる音声データ＋見せて伝える明解イラスト＋さらに学べる英語対訳。
2017.12 303p 17cm ¥900 ①978-4-533-12246-0

◆ドイツ語で読む星の王子さま　サン＝テグジュペリ著，ニールス・マルテンゼンドイツ訳　IBCパブリッシング（IBC対訳ライブラリー）（付属資料：CD・ROM1）
2017.10 204p A5 ¥2400 ①978-4-7946-0506-1

◆ドイツのエネルギー転換とは？　ヘルマン・トロール著，甲斐崎由典著　第三書房
【目次】エネルギー反対なしには手に入らない，「エネルギー転換」とは，電気―エネルギーの要，再生可能エネルギー，バイオマスからのエネルギー，原子力代替の進め方，水力，送電：送電線の地下ケーブルか，交通制度，再生可能な熱源，ドイツのエネルギー転換と近隣諸国，エネルギー転換の行く末
2017.3 54p B5 ¥2100 ①978-4-8086-1479-9

◆独検過去問題集 2級・準1級・1級　2017年版　ドイツ語学文学振興会編　郁文堂（付属資料：CD1）
【要旨】2016年実施分掲載。過去問を攻略して最新の傾向をつかむ！ 重要ポイントの説明＆詳しい解説付き！ 全問題の正解率を明示。
2017.4 187p A5 ¥3600 ①978-4-261-07332-4

◆独検過去問題集 5級・4級・3級　2017年版　ドイツ語学文学振興会編　郁文堂（付属資料：CD1）
【要旨】2016年実施分掲載。過去問を攻略して最新の傾向をつかむ！ 重要ポイントの説明＆詳しい解説付き！ 全問題の正解率を明示。
2017.4 207p A5 ¥2400 ①978-4-261-07331-7

◆独検対策2級問題集　岡本順司，岡本時子編著　白水社（付属資料：CD1）改訂版
【要旨】合格に向けた徹底指導。出題傾向に合わせた構成で「学習のポイント」をフルサポートします。過去問と練習問題で弱点克服。聞き取り問題の音声も万全。付録、覚えておきたい動詞＋前置詞129。CD付。
2017.3 152p A5 ¥2300 ①978-4-560-08743-5

◆ニーチェをドイツ語で読む　細見和之編著　白水社
【要旨】ニーチェの語りに肉薄。対訳とともにその思想のキーワードを解説。
2017.2 174p B6 ¥2400 ①978-4-560-08733-6

◆フィール・グリュック！―ドイツ語でチャレンジ　山尾涼著　第三書房（付属資料：CD1）
【目次】"Hallo！"，"Er wohnt in Berlin．"，"Was ist das？"，"Die Stadt ist schön！"，"Wo ist das？"，"Ich möchte eine Tasse Kaffee．"，"Mein Hund ist ein Dackel．"，"Ich interessiere mich für Geschichte．"，"Der Zug kommt um zwei Uhr an．"，"Ich trinke lieber Tee als Kaffee．"，"Ich habe an der Uni Deutsch gelernt．"，"Ich hatte eine Katze．"
2017.3 85p B5 ¥2500 ①978-4-8086-1192-7

◆読んで味わうドイツ語文法　矢羽々崇著　研究社
【要旨】小説・詩の一節、映画のセリフ、著名人の言葉で味わうドイツ語文法を学ぶ。気軽に読めて、ドイツの文化や歴史が見えてくる文法書。
2017.12 268p B6 ¥2000 ①978-4-327-39437-0

◆リファレンス・ドイツ語―ドイツ語文法の「すべて」がわかる　在間進著　第三書房
【要旨】あらゆる疑問が即時に解決!!ドイツ語学習者のための最強の文法解説集。
2017.4 308p 15cm ¥1800 ①978-4-8086-0170-6

◆笑うときにも真面目なんです　マライ・メントライン著　NHK出版（音声DL BOOK ドイツ語エッセイ）（本文：日独両文）
【要旨】休むためならあくせく働き、笑うときにもルールがあって、ケチが尊敬に値する…そんなドイツ人「あるある」をやさしいドイツ語でたのしく読んで、16の対訳エッセイ集。
2017.8 111p 18cm ¥950 ①978-4-14-035149-9

◆CD付き 完全攻略！ ここが出る！ 独検3・4級テキスト＆問題集　欧日協会ドイツ語ゼミナール監修，村岡千紘著　ナツメ社（付属資料：CD1；赤シート1）
【要旨】試験によく出る動詞と名詞を収録。語彙力アップ間違いなし！ 出題傾向に沿った文法解説で学習し、演習問題を解いて実力アップ！ 付属CDでリスニング対策もバッチリ。
2017.8 311p A5 ¥2400 ①978-4-8163-6279-8

◆Vier Jahreszeiten―4ステップドイツ語　林良子著　郁文堂（付属資料：CD）
【目次】基礎編（アルファベットと読み方・あいさつ、お名前はなんと言いますか？、今日時間がありますか？、ドイツ語を話せますか？、私は友達と湖に行きます。ほか）、応用編（国名・あいさつ・sein 動詞、自己紹介をする、何を持っているのか言う・人を誘う、好きなもの/ことを言う、どこにあるかを言う・交通手段について話すほか）
2017.4 89p B5 ¥2500 ①978-4-261-01266-8

◆Wir kommen aus Deutschland―ドイツから来たよ！　Rita Briel, 井戸田総一郎著　郁文堂（付属資料：CD）
【目次】Guten Tag 、Die "Augsburger Puppenkiste"、Der Kasper、Die "Mainzelmännchen"、Das "Sandmännchen"、Ampelmännchen、Lurchi und seine Freunde、Fix und Foxi、Bibi Blocksberg und Benjamin Blümchen、Perry Rhodan、Werner - Comics、Weitere beliebte Figuren
2017.4 115p A5 ¥2600 ①978-4-261-01264-4

◇　◇　◇

◆デイリー日独英辞典 カジュアル版　三省堂編修所編　三省堂
【要旨】約1万3千項目収録。ドイツ語、英語はカナ発音付き。「日常会話」「分野別単語集」付き。
2017.9 906p 19×11cm ¥1700 ①978-4-385-12279-3

フランス語

◆いちばんはじめのフランス語会話　倉方秀憲著（武蔵野）ナガセ（今すぐ話せる！）（付属資料：別冊1；CD・ROM1）
【要旨】基本会話＋文法解説で今すぐ話せるようになる！ さまざまなシーンに対応！
2017.1 161p A5 ¥1200 ①978-4-89085-713-5

◆1級仏検公式ガイドブック―傾向と対策＋実施問題（CD付）実用フランス語技能検定試験　2017年度版　フランス語教育振興協会編　フランス語教育振興協会，駿河台出版社 発売（付属資料：CD1）
【目次】第1部 1級の傾向と対策、第2部 2016年度問題と解説・解答（1次試験・筆記試験―書き取り・聞き取り試験、2次試験・面接）
2017.4 244p A5 ¥2600 ①978-4-411-90270-2

◆おしゃべりがはずむフランスの魔法のフレーズ　トリコロル・パリ著，ドミニク・ル・バグス絵　白水社
【要旨】恋の予感がしたとき「お腹にちょうちょがいる」。約束をすっぽかされたら「うさぎを置かれた」…ありきたりじゃない言葉で幸せ気分を高めたり、面白い言いまわしで気持ちをラクにしたり。おしゃべりが大好きなフランス人の、茶目っ気とエスプリのつまった言いまわしを紹介。
2017.12 103p 15×21cm ¥1600 ①978-4-560-08764-0

◆オー・フランス！　野村二郎著　第三書房
【要旨】アルファベ、アクサン記号、単母音字の発音、音節の切り方、母音字と他の母音字、母音字とm・nの発音：鼻母音、主な子音字の発音、語末の子音字の発音、名詞の性、名詞の数〔ほか〕
2017.3 57p B5 ¥2100 ①978-4-8086-2053-0

◆オールカラー 超入門！ 書いて覚えるフランス語ドリル　白川理恵著　ナツメ社（付属資料：CD1）
【要旨】本書は、はじめてフランス語を学ぶ方に向けた入門ドリルです。アルファベから発音、文法ごとの文法解説、基本フレーズや単語まで、ドリルに書き込みながら基礎をマスターできる一冊です。加えてネイティブの発音を確認しながら、学習しましょう。
2017.6 159p B5 ¥1200 ①978-4-8163-6260-6

◆カタカナ シャンソン フランス語　うのわ周行著（名古屋）ブイツーソリューション，星雲社 発売
【要旨】片仮名仏蘭西演歌12曲。カタカナ表記、発音解説。
2017.3 102p A5 ¥2200 ①978-4-434-23081-3

◆完全予想 仏検5級―新傾向問題完全対応　富田正二著　駿河台出版社（付属資料：CD・ROM1；別冊解答）改訂版
【目次】筆記問題（名詞のまえにつくことば、動詞の活用、単語を並べかえる問題、応答問題、語彙、絵を使った問題、会話文穴うめ）、聞き取り問題（短文応答に関する問題、数字の聞き取り、絵を使った問題、第1回実用フランス語技能検定模擬試験、第2回実用フランス語技能検定模擬試験　2017.6 196p B5 ¥2500 ①978-4-411-00544-1

◆グラマティカ　セルジュ・ジュンタ，中尾充良，クリストフ・パジェス著　第三書房
【目次】アルファベ、綴り字記号、発音と綴り字、名詞の単数形（s．）と複数形（pl．）、名詞の単数形（s．）と複数形（pl．）（続き）、動詞être、Oui/Non、疑問形、肯定形、否定形、名詞、形容詞の性と数、定冠詞/所属、主語人称代名詞/動詞être/性と数（続き）、動詞avoir …を持つ/Il y a …がいる/ある/がある〔ほか〕
2017.3 79p A4 ¥2300 ①978-4-8086-2044-8

◆5級仏検公式ガイドブック―傾向と対策＋実施問題（CD付）実用フランス語技能検定試験　2017年度版　フランス語教育振興協会編　フランス語教育振興協会，駿河台出版社 発売（付属資料：CD1）
【目次】第1部 5級の傾向と対策、第2部 2016年度問題と解説・解答（筆記試験・聞き取り試験）
2017.4 175p A5 ¥2300 ①978-4-411-90276-4

◆3級仏検公式ガイドブック―傾向と対策＋実施問題（CD付）実用フランス語技能検定試験　2017年度版　フランス語教育振興協会編　フランス語教育振興協会，駿河台出版社 発売（付属資料：CD1）
【目次】第1部 3級の傾向と対策、第2部 2016年度問題と解説・解答（筆記試験・聞き取り試験）
2017.4 223p A5 ¥2300 ①978-4-411-90274-0

◆準1級仏検公式ガイドブック―傾向と対策＋実施問題（CD付）実用フランス語技能検定試験　2017年度版　フランス語教育振興協会編　フランス語教育振興協会，駿河台出版社 発売（付属資料：CD1）
【目次】第1部 準1級の傾向と対策、第2部 2016年度問題と解説・解答（1次試験・筆記試験―書き取り・聞き取り試験、2次試験・面接）
2017.4 218p A5 ¥2600 ①978-4-411-90271-9

◆準2級仏検公式ガイドブック―傾向と対策＋実施問題（CD付）実用フランス語技能検定試験　2017年度版　フランス語教育振興協会編　フランス語教育振興協会，駿河台出版社 発売（付属資料：CD1）
【目次】第1部 準2級の傾向と対策、第2部 2016年度問題と解説・解答（1次試験・筆記試験―書き取り・聞き取り試験、2次試験）
2017.4 264p A5 ¥2600 ①978-4-411-90273-3

◆新・現場からの製菓フランス語　塩川由美，藤原知子著　G.B.（付属資料：別冊2）新版
【目次】基礎編―菓子・デザート名の書き方（ケーキとタルト、リンゴのタルト、バナナとチョコレートのクラフティ、木イチゴのジャム、マロングラッセ、クレープのタルト、アルザス風リンゴのタルト、ソースとクーリ）、ルセット編（ルセットの読み方、ルセットの読み方―もっと詳しく学びたい人のために）、会話編
2017.3 138p B5 ¥1500 ①978-4-906993-34-5

◆新・現場からの調理フランス語　塩川由美，藤原知子著　G.B.（付属資料：別冊2）新版
【目次】基礎編―料理名の書き方（「トマトのサラダ」、「トマトのサラダ、バジル風味」ほか）、ステップアップ（特殊な品詞、「トマトとキュウリのサラダ」ほか）、応用編（メニューの読み方、ルセットの読み方）、資料編（フランスの地方と料理、フランスワイン ほか）、実用会話編
2017.3 164p B5 ¥1500 ①978-4-906993-35-2

◆新・東京‐パリ、初飛行　藤田裕二，藤田知子，Sylvie Gillet著　駿河台出版社（付属資料：CD1）新装改訂版
【目次】フランスとフランス語に親しむ、挨拶する、名前、国籍、職業を言う、年齢を言う、家族

外国語

を語る、好きなものを言う、持ち物を言う、友達について話す、尋ねる、近い未来、近い過去のことを語る、時間、天候を言う、数量を表す、紹介する、一日を語る、頼む、命令する、未来のことを語る、過去のことを語る、人や物について語る、比較する、受け身の形を使う、仮定を表現する
2017.2 59, 23p B5 ¥2200 ①978-4-411-01124-4

◆対訳フランス語で読む「恐るべき子どもたち」(CD付) 塩谷祐人編著, ミカエル・フェリエCDナレーター 白水社 （付属資料：CD）
【要旨】あふれるリズム、幻惑される比喩。コクトーの詩情を存分に味わう。
2017.10 139p B6 ¥2400 ①978-4-560-08751-0

◆対訳フランス語で読む「レ・ミゼラブル」(CD付) 稲垣直樹編著 白水社 （付属資料：CD）
【要旨】壮大なストーリーを名場面の味読で愉しむ。
2017.2 145p B6 ¥2300 ①978-4-560-08739-8

◆中級フランス語 時制の謎を解く 井元秀剛著 白水社
【要旨】なぜこんなに時制の種類が多いのか。フランス語話者は時制をどう使い分けているのか。英語や日本語と比較しつつ、時制のしくみをつかんでいく。
2017.9 180p B6 ¥2000 ①978-4-560-08753-4

◆中級フランス語文法―フランス語をもっと知るために 石野好一著 駿河台出版社
【目次】フランス語の世界―はじめに、フランス語のひびき、音とつづりの不知り、複数の読みと意味、冠詞のさまざまな情報、動詞のさまざまな活用、時制・叙法のまとめ、語りの時制―直説法単純過去形・前過去形、語りの叙法―接続法半過去形と大過去形、時制の一致と話法、自由な間接話法?、比較級の問題、最上級のことば、副詞は吹きだまり?、tout のすべて?、情報の文法、協調文と主題化・焦点化、et の対立、mais の対立、et と mais の対立、"à peine +倒置" はなぜ「～するや否や」になるのか、フランス語は論理的か―おわりに
2017.12 205p A5 ¥3000 ①978-4-411-00547-2

◆通訳案内士フランス語過去問解説―平成28年度公表問題収録 滑川明彦, サントニ・ジャン・ガブリエル, 圓山広俊監修 法学書院
【要旨】過去28年間（平成元年～28年度）の通訳案内士第1次試験「フランス語についての筆記試験」および平成27年度以降は著作権上の理由で部分収録）と解答例・解説で出題傾向と出題内容を把握！
2017.6 1Vol. A5 ¥3300 ①978-4-587-41624-9

◆ディアローグ オリヴィエ・ビルマン, 木内良行, ジャン・ラマル, 高岡優希, シャンタル谷山ほか著 第三書房 三訂版
【目次】Bonjour !、Ca va ?、Et vous ?、Qui est‐ce ?、C'est bon !、C'est combien ?、On y va !、Qu'est‐ce que c'est ?、S'il vous plaît !、Avec plaisir !、Pourquoi pas !、Allô ?、Parler du Passé、Une rencontre, deux versions
2017.5 169p B5 ¥2700 ①978-4-8086-2989-2

◆解いて力がつく久松式ドリル―フランス語の基礎をきちんと固める！ 久松健一著 IBCパブリッシング （付属資料：CD‐ROM1;『これが久松式！本気で鍛えるフランス語ドリル』加筆・訂正・改題中）
【要旨】仏検5級～3級対応。初級フランス語の急所を徹底トレーニング。
2017.11 251p A5 ¥2200 ①978-4-7946-0507-8

◆2級仏検公式ガイドブック―傾向と対策＋実施問題(CD付) 実用フランス語技能検定試験2017年度版 フランス語教育振興協会編 フランス語教育振興協会, 駿河台出版社 発売 （付属資料：CD1）
【目次】第1部 2級の傾向と対策、第2部 2016年度問題と解説・解答（1次試験・筆記試験―書き取り・聞き取り試験、2次試験・面接）
2017.4 219p A5 ¥2500 ①978-4-411-90272-6

◆パリが楽しくなる！かんたんフランス語 荻野雅代, 桜井道子著 パイインターナショナル
【要旨】カフェ・美術館・街歩き…全フレーズにアドバイス付き！パリ旅行を100%楽しめる、シーン別フランス語フレーズ623。
2017.2 191p B6 ¥1500 ①978-4-7562-4830-5

◆仏検合格 読みトレ！3級 甲斐基文編著 第三書房 （付属資料：CD1）
【要旨】仏検3級の過去問から読解問題を精選し、「読む」ことに特化。長文問題（内容一致）と会話問題（空欄完成）を各16題、合計32題を収録。
2017.12 138p A5 ¥1900 ①978-4-8086-0275-8

◆仏検対策準1級・1級問題集 モーリス・ジャケ, 舟杉真一, 中山智子編著 白水社 （付属資料：CD2） 改訂版
【目次】動詞、形容詞、副詞を名詞に変えて文を書きかえる問題、2つの文の空欄を同一の多義語で埋める問題、前置詞選択穴埋め問題、時事用語完成穴埋め問題（1級のみ）、動詞選択活用長文穴埋め完成問題、文選択長文穴埋め完成問題、長文内容正誤判定問題、長文内容日本語要約問題、和文仏訳問題、書き取り試験、聞き取り試験 第1問 会話内容把握穴埋め問題、第2問 談話内容把握正誤判定問題、2次試験 個人面接
2017.4 235p A5 ¥3200 ①978-4-560-08741-1

◆プティ・シュマン 大塚陽子著 白水社 （付属資料：CD1）改訂版
【目次】Une baguette, s'il vous plaît !、Qu'est‐ce que c'est, ce fruit ?、Est‐ce que vous êtes étudiante ?、Vous aimez le vin ?、J'ai des biscuits et du chocolat、Je vais au supermarché、Prends plutôt l'avion、Si, je veux bien mais…、Tu finis tes cours à quelle heure ?、Je ne la vois plus、On se retrouve au café Délice、Qu'est‐ce que tu as fait hier ?、Qu'est‐ce que tu faisais…?、Mail de Kana
2017.3 81p B5 ¥2300 ①978-4-560-06124-4

◆フランス語拡聴力 久松健一著 駿河台出版社 新版
【要旨】仏検3級準備レベルから1級レベルまでのディクテ用"聴力"を鍛える耳で聴き、的確に書き取れる能力、すなわち拡聴力。1年分の留学体験に匹敵する実力が身につく。
2017.11 107p B6 ¥1200 ①978-4-411-00546-5

◆フランス語学の最前線 5 "特集" 日仏対照言語学 青木三郎編 ひつじ書房
【目次】フランス語の sujet および対応する日本語の研究、「捉え方」の意味論―ダイクシスに関する日仏対照研究、何を「言う」のか―"N ヲ言ウ"と"dire N"の日仏語比較研究、名詞の複数表現をめぐる日仏対照研究、言語の形式的特性と感情表出とのインターフェースに関する研究―フランス語と日本語の指示詞の用法を中心に、フランス語と日本語における必然性の意味を伴う名詞修飾表現―able 型形容詞、à+不定詞、動詞+「べき」をめぐって、話し言葉における理由節の非節化の現象について―parce que, puisque, かろ, ので、「それどころか」と loin de là の比較研究, 確信度の表現に関する日仏語対照研究, femme médecin の語順の不思議―複合語"Femme+N"の構造に関する日仏語対照、ヨクとbienと評価モダリティについて
2017.5 386p A5 ¥5000 ①978-4-89476-869-7

◆フランス語作文の方法（構造編） 木村哲也著 第三書房
【要旨】フランス語の作文力を確実に身につける本格的な入門書。185の構造パターン別に、課題文と800題以上の練習問題を訳しながら文法規則に従い、意味が正しく通じるフランス語を書く力を養成。詳しい解説と豊富な例文によって作文のコツを習得。本文に出ている熟語などを、カテゴリー別に網羅した詳しい索引は、熟語辞典としても有用。
2017.5 263p 19×15cm ¥2500 ①978-4-8086-0381-6

◆フランス語作文の方法（表現編） 木村哲也著 第三書房 改訂版
【要旨】フランス語の作文力を確実に身につける本格的な入門書。226の表現パターン別に、課題文と1,000題以上の練習問題を訳しながら文法規則に従い、意味が正しく通じるフランス語を書く力を養成。詳しい解説と豊富な例文によって作文のコツを習得。日本語の課題文とフランス語解答例を収録した音声を無料でダウンロードできます。本文に出ている表現や熟語などを網羅した詳しいフランス語・日本語索引付き。
2017.12 294p 19×14cm ¥2500 ①978-4-8086-0382-3

◆フランス語で話す自分のこと日本のこと 田中幸子, 川合ジョルジェット著 白水社 （付属資料：CD1）
【要旨】コミュニケーションはことばのキャッチボールです。それぞれのセンテンスは短くて OK。大切なのは、センテンスをつなぐテクニックです。この本で"ことばと表現の引出し"を準備して、自信をつけましょう。
2017.5 163p A5 ¥2300 ①978-4-560-08746-6

◆フランス語で読むオペラ座の怪人 ガストン・ルルー原著, 西村亜子リライト・解説, 坂田雪子翻訳 IBCパブリッシング （IBC対訳ライブラリー） （付属資料：CD‐ROM1）
【目次】第1章 怪人の影（特別公演の夜、退任の秘密 ほか）、第2章 音楽の天使（ペロス＝ギレックでの子どもたち、クリスティーヌ、告白する ほか）、第3章 オペラ座の悲劇（5番ボックス席、カルロッタの口からヒキガエルが飛び出した ほか）、第4章 アポロンの竪琴（クリスティーヌの秘密、つけ狙う影）、第5章 怪人の悲しい愛（消えたクリスティーヌ、地獄へ降りる though）
2017.12 173p A5 ¥2400 ①978-4-7946-0516-0

◆フランス語でEメール―CD‐ROM付 明石伸子, クララ・クベタ著 駿河台出版社 （付属資料：CD‐ROM1）
【要旨】お友だちメール、ビジネスメール、そして省略をきかせたケータイ＆スマホ用メッセージまで、バラエティあふれるテキストが見つかる！付属CD‐ROMには583の例文をPDF形式で収録。
2017.3 281p B6 ¥2300 ①978-4-411-00513-7

◆フランス語動詞宝典308 初・中級編 久松健一著 駿河台出版社
【要旨】仏検5～3級の「必須動詞」308語、そのすべてに活用一覧、類義語・反意語、豊富な用例を載せた、ありそうでなかった必冊。
2017.5 432p B6 ¥2600 ①978-4-411-00543-4

◆フランス語動詞宝典466 中・上級編 久松健一著 駿河台出版社
【要旨】これだけぶ厚い！それだけ詳しい！仏検準2～2級レベル（準1級も視野に！）466語、そのすべてに活用一覧、類義語・反意語、豊富な用例を載せた、ありそうでなかった必冊。
2017.9 499p B6 ¥3000 ①978-4-411-00545-8

◆フランス語ニュアンス表現練習帳 石野好一著 第三書房 改訂版
【目次】不特定の数の表現、不特定の量の表現、数量（時間・年齢）の近似表現、人・物の不定名詞表現、人・物の不定冠詞・形容詞的表現、漠然とした主語・動作主の表現、場所・空間の状況表現、時間の状況表現、原因・理由の状況表現、方法・様態の状況表現〔ほか〕
2017.3 78p B5 ¥1600 ①978-4-8086-2054-7

◆フランス語の庭 那波洋子著 駿河台出版社 （付属資料：CD1）
【要旨】あいさつと簡単な自己紹介、自己紹介し合う 国籍・職業・名前を言う、カフェで、友達を紹介する 話す言語・住んでいる所・好みを言う・住所で言う、時を言う・説明する、人について聞く・説明する、食べる物・飲み物を言う、行先を聞く・答える 時間を聞く・言う、行きたい場所を聞く 天気を言う、日程について話す 曜日・日付を言う 感想や印象を言う、これからする事・したばかりの事を言う、日常の生活を言う、身体の状態を言う 欲しい物・したい事を言う、身につける物を言う 比較する、過去の事を言う 様々な否定の表現
2017.2 74, 21p B5 ¥2500 ①978-4-411-00833-6

◆フランス語の音色 中村敦子著 駿河台出版社 （付属資料：CD1）
【目次】C'est un musée.、Je suis contente.、Nous n'avons plus de croissants.、J'étudie le francais.、Je finis mon travail à 18 heures.、Qu'est‐ce qu'il fait dans la vie ?、Où est‐ce que vous passez vos vacances ?、Je viens d'acheterune chemise rose.、Je vous vois dimanche、Dis‐lui bonjour de ma part.〔ほか〕
2017.2 63, 23p B5 ¥2300 ①978-4-411-01125-1

◆フランス語の方法 2 中級レベルの文法とコミュニケーション Vincent Durrenberger, Loïc Rogues, Romain Bocquillon著, 高品岳子協力 駿河台出版社
2017.2 90, 23p B5 ¥2300 ①978-4-411-01122-0

◆フランス、地方を巡る旅 Fabienne Guillemin著 駿河台出版社
【目次】La Bretagne―Point de grammaire：形容詞の最上級、La Normandie―Point de grammaire：関係代名詞 qui と que、Les Hauts

・de‐France―Point de grammaire：受動態、Le Grand‐Est―Point de grammaire：国名の冠詞と前置詞、La Bourgogne‐Franche‐Comté―Point de grammaire：関係代名詞où、L'Auvergne‐Rhône‐Alpes―Point de grammaire：形容詞tout, toute, tous, toutes、PACA (Provence‐Alpes‐Côte d'Azur) et la Corse―Point de grammaire：不確かなニュースや出来事を表す条件法、L'Occitanie―Point de grammaire：直説法単純未来、La Nouvelle Aquitaine―Point de grammaire：中性代名詞en、Les Pays de la Loire―Point de grammaire：「思い出」を述べる直説法半過去、Le Centre-Val de Loire―Point de grammaire：関係代名詞dont、Les DROM (La Guadeloupe ／ La Martinique ／ La Guyane ／ La Réunion ／ Mayotte)―Point de grammaire：depuis／il y a
2017.2 108p B5 ¥1900 ①978-4-411-01352-1

◆ふらんす夏休み学習号―仏検5級模擬試験2017付　ふらんす編集部編　白水社　(付属資料：CD1)
【目次】名詞の性と数、不定冠詞、定冠詞、動詞être, avoirの現在形と主語人称代名詞、形容詞の性・数一致、形容詞の位置、‐er規則動詞の現在形、疑問文、否定文と否定の冠詞de(d')、faire, prendreの現在形 ［ほか］
2017.6 48p 24×19cm ¥1250 ①978-4-560-06217-3

◆ボン・ジュルネ！　ブレンダン・ル・ルー、中川高行著　白水社　(付属資料：CD1)
【目次】C'est un plan de Rennes.、Il y a un petit métro.、Vous aimez la peinture？、Je suis japonaise.、J'ai une réservation.、Nous allons au marché.、Je fais de la danse.、C'est moins populaire que le football.、C'est l'été, donc il fait très chaud.、J'ai très bien dormi！ ［ほか］
2017.3 80p B5 ¥2400 ①978-4-560-06123-7

◆ミニマムで学ぶフランス語のことわざ　大橋尚泰著、北村孝一監修、ヴァレリー・ノンジャレほか協力　クレス出版
【目次】第1章 生き生きとした動物たち、第2章 苦むす智慧、第3章 達観と諦念、第4章 処世術と助言、第5章 生活の場面、第6章 勇気と励まし
2017.2 117p A5 ¥1800 ①978-4-87733-951-7

◆やさしいフランス語で読む八十日間世界一周　ジュール・ヴェルヌ原著、西村亜子リライト　IBCパブリッシング
【目次】第1章 旅の始まり、第2章 インドでの冒険、第3章 香港からアメリカへ、第4章 アメリカ大陸と大西洋横断、第5章 ロンドンへの帰還
2017.2 147p 19cm ¥1500 ①978-4-7946-0456-9

◆4級仏検公式ガイドブック―傾向と対策＋実施問題 (CD付) 実用フランス語技能検定試験2017年度版　フランス語教育振興協会編　フランス語教育振興協会、駿河台出版社 発売　(付属資料：CD1)
【目次】第1部 4級の傾向と対策、第2部 2016年度問題と解説・解答 (筆記試験・聞き取り試験)
2017.4 193p A5 ¥2200 ①978-4-411-01126-8

◆ラケット―フランス語基本文法と表現　惟村宣明著　駿河台出版社　(付属資料：CD1)
【目次】1 目標 フランス語の発音と特徴に慣れる (あいさつと自己紹介、注文をする (アルファベと簡単な自己紹介、不定冠詞の運用 これは何ですか？ ほか)、2 目標 質問をする、質問に応答する (質問をする、質問と答え方のバリエーション ほか)、3 目標 日常生活でよく使う表現を身に付ける (時制に関する質問と答え、買い物をする ほか)、4 目標 過去のことを言う (近接過去で表現する・過去の情景描写、複合過去形で話す ほか)、5 目標 未来のことを言う・条件法・接続法・関係代名詞 (未来のことについて簡単に述べる・条件法形式の文を理解する、予約する。列車に乗る。ほか
2017.2 81p B5 ¥2300 ①978-4-411-01126-8

◆レのシャープ君とミのフラットさん　ジュール・ヴェルヌ著、新島進訳註　大学書林　(大学書林語学文庫)　(本文：日仏両文)
【要旨】ジュール・ヴェルヌは科学小説、冒険小説と幻想的な短篇にも優れた作品を残した。本作『レのシャープ君とミのフラットさん』は教会のパイプオルガンをめぐる、少年時代の不思議な体験が語られる。音楽と性へのめざめというテーマを見事に昇華させた珠玉の一篇。
2017.5 155p 18cm ¥1700 ①978-4-475-02107-4

◆私だけのフランス語手帳―書きながら自然に身につく　浅見子緒著　実務教育出版
【要旨】豊富な写真で楽しく学べる。イラストで単語・フレーズ・文法をわかりやすく。スケジュール、プロフィール、一行日記、旅、留学、習いごと、ダイエット日記、お店情報、料理、スイーツレシピ、気になるファッション、読んだ本、観た映画、ためになる言葉、育児日記、etc. 短いことから綴るうちに、いつの間にかフランス語脳のできあがり。
2017.5 189p 20×16cm ¥1600 ①978-4-7889-1323-3

◆CD付き 今すぐ役立つフランス語の日常基本単語集　近藤野里監修　ナツメ社　(付属資料：CD2)
【要旨】入れ替え＆役立つフレーズも掲載！ 見て覚えられるイラストページも！ 旅行や暮らし、ビジネスに役立つ約3,000の単語を紹介！
2017.3 287p B6 ¥1500 ①978-4-8163-6166-1

◆CD付き 動詞活用をマスターするフランス語ドリル　佐原隆雄著　ナツメ社　(付属資料：CD1)
【目次】第1章 フランス語の基本 (フランス語のalphabet、フランス語の発音の特徴、母音の発音、母音字と子音字の組み合わせ)、第2章 動詞の活用 (直説法現在とは、命令法、直説法複合過去、受動態、直説法半過去 ほか)
2017.9 207p A5 ¥1700 ①978-4-8163-6312-2

◇　◇　◇

◆デイリー日仏英辞典 カジュアル版　三省堂編修所編　三省堂
【要旨】約1万3千語収録。フランス語、英語はカナ発音付き。「日常会話」「分野別単語集」付き。
2017.9 906p 19×11cm ¥1700 ①978-4-385-12280-9

◆フランス語名詞・動詞連語辞典　石川三千夫著　(横浜) 春風社
【要旨】これは見出し!!!見出し語5,400。約30,000に及ぶ連語は、政治・経済・医学・歴史・料理・音楽・スポーツなど広範な分野をカバー。フランス語学習、フランス語での会話・文章作成・仕事に。
2017.6 645p B6 ¥3500 ①978-4-86110-536-4

イタリア語

◆イタリア語で読む星の王子さま　サン＝テグジュペリ著、エステル・フォーミッチェライタリア語訳　IBCパブリッシング　(IBC対訳ライブラリー)　(本文：日伊両文；付属資料：CD‐ROM1)
2017.11 207p A5 ¥2400 ①978-4-7946-0510-8

◆イタリア人が日本人によく聞く100の質問―イタリア語で日本について話すための本　カルラ・フォルミサーノ、入江たまよ著　三修社　全面改訂版
【要旨】コーヒーを缶で飲むの？ 日本料理のレシピを教えて！ 教育制度はどうなっているの？ 桜前線ってなに？ どうして夏にホラー映画を見るの？「かわいい」ってどういう意味？ リニューアル版に際して、まず「日本をどう説明するか」に焦点を当てました。
2017.5 226p B6 ¥2200 ①978-4-384-01847-9

◆今すぐ話せる！ いちばんはじめのイタリア語会話　入江たまよ著　(武蔵野) ナガセ　(東進ブックス)　(付属資料：別冊1; CD‐ROM1)
【要旨】基本会話＋文法解説で今すぐ話せるようになる！ 日常生活、旅行、観光、買い物、レストランなど、さまざまなシーンに対応！
2017.3 159p A5 ¥1200 ①978-4-89085-725-8

◆英語・イタリア語どちらも話せる！ 基礎エクササイズ篇　久松健一、小幡谷友二著　駿河台出版社　(バイリンガル叢書)　(付属資料：CD‐ROM1)
【目次】1章 事前エクササイズ "準備運動なしでは先に進めない" (不定冠詞、定冠詞、部分冠詞と冠詞のまとめ ほか)、2章 基本エクササイズ "英・西語の基本文の働き (特に動詞)をつかまえる" (be 動詞／essere、be 動詞≠essereの例、指示形容詞：この・その・あのほ

か)、3章 会話エクササイズ "簡単ワード増殖で会話の脚力を" 英語の語数を基準に1語～3語 (1語、2語、3語)
2017.1 139p A5 ¥1600 ①978-4-411-01745-1

◆会話と作文に役立つイタリア語定型表現365―これだけは知っておこう！ MP3付　竹下ルッジェリアンナ、堂浦律子著　三修社
【要旨】初・中級者から上級者まで。重要な表現・構文を豊富な例文でわかりやすく学べる。「レベル別」で無理なく力がつけられる。
2017.3 391p B6 ¥2400 ①978-4-384-05858-1

◆現場からの調理イタリア語　蔵本浩美、塩川由美子著、塩川徹監修　G.B.　(付属資料：別冊1)
【目次】基礎編―メニューを読んでみよう (メニュー構成、名詞―男性名詞と女性名詞 ほか)、応用編―リチェッタを読んでみよう (リチェッタを読んでみよう1―ローマ風ブルスケッタ、リチェッタを読んでみよう2―アサリのスパゲッティ ほか)、会話編 (あいさつ、市場へ行く ほか)、資料編 (イタリア語の発音とアクセント、数字／季節・月・曜日 ほか)
2017.3 155p B5 ¥1800 ①978-4-906993-36-9

◆実用イタリア語検定 2017 1・2・準2級試験問題・解説 (リスニングCD付)　国際市民交流のためのイタリア語検定協会編　国際市民交流のためのイタリア語検定協会、丸善出版 発売　(付属資料：CD1)
【要旨】2016年秋季検定試験 (1・2・準2級)、2017年春季検定試験 (準2級)。
2017.8 179p A5 ¥3000 ①978-4-902237-30-6

◆実用イタリア語検定 2017 3・4・5級試験問題・解説 (リスニングCD付)　国際市民交流のためのイタリア語検定協会編　国際市民交流のためのイタリア語検定協会、丸善出版 発売　(付属資料：CD2)
【要旨】2016年秋季検定試験 (3・4・5級)、2017年春季検定試験 (3・4・5級)。
2017.8 212p A5 ¥3000 ①978-4-902237-31-3

◆初歩のイタリア語 '17　村松真理子、ルドヴィーコ・チフェッリ著　放送大学教育振興会、NHK出版 発売　(放送大学教材)
【目次】おいしいイタリア1：おいしい料理と風景をさがしに、おいしいイタリア1：哲学、デザイン、チョコレートの町トリノ、おいしいイタリア1：町と田園とワイン、おいしいイタリア1：スローな多様性、おいしいイタリア1：食べたり、飲んだり、読んだり、おいしいイタリア2：パンとパスタというイタリアの関係、おいしいイタリア2：地元料理と全国料理、おいしいイタリア2：そばはピッツォッケリ？、おいしいイタリア2：ポレンタの正体、おいしいイタリア2：ミラノのレオナルド、おいしいイタリア3：チーズの王様と劇場、おいしいイタリア3：ハムとミルクと風景の関係、おいしいイタリア3：タリアテッレをつくる、おいしいイタリア3：ボローニャでソースは生まれたのか、おいしいイタリア3：世界で一番古い大学と誇りある劇場
2017.3 190p A5 ¥2300 ①978-4-595-31752-1

◆通訳案内士イタリア語過去問解説―平成28年度公表問題収録　法学書院編集部編　法学書院
【要旨】過去28年間 (平成元年～28年度) の通訳案内士第1次試験「イタリア語についての筆記試験」公表問題 (23年度以降は著作権上の理由で部分収録) と解答例・解説で出題傾向と出題内容を把握！
2017.6 1Vol. A5 ¥3200 ①978-4-587-41666-9

◆使えるイタリア語単語3700―MP3 CD‐ROM付　佐藤徳和、北野美絵子ジュリア著　ベレ出版　(付属資料：CD‐ROM1)
【要旨】イタリア語を「話す」「書く」「読む」ツールとして使いこなすための実用性と、実用イタリア語検定準2級まで対応という両面を兼ね備えたイタリア語単語集。過去の出題データを元に厳選し、より使用頻度が高いものを追加して3700ワードをジャンル別に分類。各単語には検定での該当級が明記されている。
2017.11 431p B6 ¥2800 ①978-4-86064-528-1

◆日本人が知りたいイタリア人の当たり前―イタリア語リーディング　朝比奈佳樹、アンドレア・フィオレッティ著　三修社
【要旨】マザコンが多いって本当？ マフィアってイタリア中にいるの？ 朝食が甘いって本当？ 一番人気のあるローマ皇帝は？ 建国記念日はい

外国語 — 語学・会話

つ？ 地震の備えはどうしてる？ 北イタリアと南イタリアの境はどこ？ 今さら聞けない基本的なことから、今ひとつ納得できないでいたことまで、100の疑問を解消！
2017.6 222p A5 ¥2200 ①978-4-384-05854-3

◆**CD付き この一冊で合格！ イタリア語検定4・5級テキスト＆問題集** 日伊学院監修、ジョヴァンニ・アモレッティ著 ナツメ社 (付属資料：CD1；赤シート1)
【要旨】付録CDでリスニング対策も万全！ 出題傾向を徹底分析。合格のためのコツがよくわかる！ 2017.2 255p A5 ¥2500 ①978-4-8163-6153-1

◇ ◇ ◇

◆**デイリー日伊英辞典 カジュアル版** 三省堂編修所編 三省堂
【要旨】約1万3千項目収録。イタリア語、英語はカナ発音付き。「日常会話」「分野別単語集」付き。
2017.9 906p 19×11cm ¥1700 ①978-4-385-12281-6

スペイン語・ポルトガル語

◆**いちばんはじめのブラジルポルトガル語会話** 香川正子著 (武蔵野)ナガセ (今すぐ話せる！) (付属資料：別冊1；CD-ROM1)
【要旨】基本会話＋文法解説で今すぐ話せるようになる！ さまざまなシーンに対応！
2017.1 161p A5 ¥1800 ①978-4-89085-715-9

◆**今すぐ話せる！ いちばんはじめのスペイン語会話** カルロス・モリーナ、奥田義郎著 (武蔵野)ナガセ (付属資料：別冊1；CD-ROM1)
【要旨】基本会話＋文法解説で今すぐ話せるようになる！ 日常生活、旅行、観光、買い物、レストランなど、さまざまなシーンに対応！
2017.4 159p A5 ¥1200 ①978-4-89085-726-5

◆**今すぐ役立つスペイン語の日常基本単語集—CD付き** イスパニカ著 ナツメ社 (付属資料：CD2)
【要旨】旅行や暮らし、ビジネスに役立つ約3,000の単語を紹介！ 入れ替え＆役立ちフレーズも掲載！ 見て覚えられるイラストページも！
2017.5 287p B6 ¥1900 ①978-4-8163-6215-6

◆**書いて覚えるスペイン語ドリル—CD付きオールカラー超入門！** 徳永志緒美著 ナツメ社 (付属資料：CD1)
【要旨】フレーズを品詞ごとに色分け→文法の構造が一目でわかる！ 豊富な練習問題で知識を定着。よく使う動詞の活用表つき！
2017.6 223p A5 ¥1800 ①978-4-8163-6274-3

◆**キクタンスペイン語会話 入門編** 福森雅史著 アルク (付属資料：CD1)
【要旨】『文法編』では、本書を使用するにあたって必要とされる最小限の文法項目を抜粋した。『フレーズ編』では、スペイン語の日常会話の中でよく使われる60のフレーズをピックアップ。語源や使用法などについても学ぶことができます。『会話編』では、学んだフレーズが実際の会話の中でどのように使われるかについてみることができます。『付録』として、「便利な一言フレーズ集」「動詞活用表」「主な前置詞」を収録しました。
2017.1 157p 19×14cm ¥2000 ①978-4-7574-2868-3

◆**基礎からレッスン はじめてのスペイン語—CD付き オールカラー** 本橋祈著 ナツメ社
【要旨】旅行にも役立つ！ あいさつから日常会話まで、4ステップでマスター！ シーン別にそのまま使えるフレーズが満載！
2017.5 175p A5 ¥1280 ①978-4-8163-6222-4

◆**極める！ スペイン語の動詞ドリル** 菅原昭江著 白水社 (付属資料：CD1)
【要旨】直説法現在から接続法過去完了までを網羅。難関の不規則活用はもちろん、意外に思いだせない規則活用もしっかり練習。学習が手薄になりがちな現在分詞・過去分詞・不定詞も、用法の違いをきっちり整理。各課のまとめや規則・不規則が一目でわかる動詞リストも便利。
2017.7 251p A5 ¥2500 ①978-4-560-08752-7

◆**ジョークで楽しく学ぶスペイン語—CD BOOK** 渡邊優著 ベレ出版 (付属資料：CD1)
【要旨】交流を深めるには「ジョーク」は必須！ 現役外交官が明かすジョークネタが満載。ジョークの背景となる文化、社会、歴史にも触れられている
2017.6 237p B6 ¥1900 ①978-4-86064-515-1

◆**初歩のスペイン語 '17** 木村琢也編著 放送大学教育振興会、NHK出版 発売 (放送大学教材) (付属資料：CD1)
【目次】おはようございます。ここに喫茶店があります。私たちは日本人です。私は元気です、ありがとう。私たちは同じクラスで勉強しています。サンミゲル市場へ行こう。スペイン料理は好き？、今日はどんな天気ですか？、明日私は6時に起きます。私はセゴビアに日帰り旅行に行きました。私は子どもの頃ピアノを習っていました。君はどちらのほうが好き？、君たち、日本酒を飲んだことがある？、健康な生活を送るために何をしている？、来週僕は日本に帰ります。
2017.3 283p A5 ¥3600 ①978-4-595-31751-4

◆**スペイン語** 長谷川信弥著 (吹田)大阪大学出版会 (大阪大学外国語学部 世界の言語シリーズ 7) (付属資料：CD1) 改訂版
【要旨】初級のみならず中級、上級への橋渡しともなる詳細な文法記述。なかでも動詞の活用を覚えることが大切な初級学習に配慮し、多くの動詞を紹介。全例文の音声CD付き。スペイン語文法を初級からわかりやすく解説。じっくりと文法を理解し、しっかりと活用する力を身につけたい人に。
2017.2 200p A5 ¥2600 ①978-4-87259-337-2

◆**スペイン語検定対策5級・6級問題集** 青砥清一編著 白水社 (付属資料：CD1) 改訂版
【要旨】最新の出題傾向を分析・模擬試験も充実。5級のリスニング対策も万全。
2017.8 171p A5 ¥2100 ①978-4-560-08755-8

◆**スペイン語検定対策4級問題集** 青砥清一編著 白水社 (付属資料：CD1) 改訂版
【要旨】最新の出題傾向を分析・模擬試験も充実。リスニング対策も万全。
2017.8 157p A5 ¥2100 ①978-4-560-08754-1

◆**スペイン語で味わう太宰治短編集—ヴィヨンの妻・走れメロス・他5編** エレナ・ガジェゴ・アンドラダ訳 (神戸)大盛堂書房 (本文：日西両文；付属資料：CD1)
【目次】LA ESPOSA DE VILLON—ヴィヨンの妻、¡CORRE, MELOS!—走れメロス、EL DESEO CUMPLIDO—満願、I CAN SPEAK—I can speak、EL MAR—海、INOCENCIA—純真、DIECINUEVE DE JUNIO—六月十九日
2017.6 183p B6 ¥1700 ①978-4-88463-120-8

◆**スペイン語で親しむ石川啄木 一握の砂** 石川啄木著、伊藤昌輝訳・注、エレナ・ガジェゴ・アンドラダ編 大盛堂書房 (付属資料：CD1；本文：日本語スペイン語両文)
【目次】我を愛する歌、煙、秋風のこころよさに、忘れがたき人々、手套を脱ぐ時
2017.12 256p B6 ¥1900 ①978-4-88463-121-5

◆**スペイン語で読む星の王子さま** サン=テグジュペリ著、セシリア・フェルナンデス=フノスパブリッシング訳 IBCパブリッシング (IBC対訳ライブラリー) (付属資料：CD-ROM1)
2017.9 206p A5 ¥2400 ①978-4-7946-0502-3

◆**スペイン語文法ライブ講義！** 加藤伸吾著、アルベルト・ミヤン・マルティン協力 白水社
【要旨】授業をそのままお届け！ 軽い語り口、だけど丁寧に解説。初級修了までしっかりカバー。覚えかた＆考えかたのコツも投入。
2018.1 212p A5 ¥1900 ①978-4-560-08763-3

◆**太宰治をスペイン語で読む** 太宰治原作、マリア・サアベドラ訳、桜庭雅子語句解説 NHK出版 (音声DL BOOK)
【要旨】信じてくれる人がいる。信じてくれる友がいる。スペイン語でも味わえるこの感動。スペイン語でも味わいたいこの感動。中期の傑作「走れメロス」と、女語り作品の佳作「誰も知らぬ」を収載。
2017.10 155p 18cm ¥1100 ①978-4-14-035152-9

◆**通訳案内士スペイン語過去問解説—平成28年度公表問題収録** 高松朋子、ヘスス・マロト・ロペステジョ、那須まどり監修 法学書院
【要旨】過去28年間(平成元年〜28年度)の通訳案内士第1次試験「スペイン語についての筆記試験」公表問題(23年度以降は著作権上の理由で部分収録)と解答例・解説で出題傾向と出題内容を把握！
2017.6 1Vol. A5 ¥3200 ①978-4-587-41628-7

◆**通訳案内士ポルトガル語過去問解説—平成28年度公表問題収録** 黒澤直俊、牧野真也監修 法学書院
【要旨】過去28年間(平成元年〜28年度)の通訳案内士第1次試験「ポルトガル語についての筆記試験」公表問題(23年度以降は著作権上の理由で部分収録)と解答例・解説で出題傾向と出題内容を把握！
2017.6 1Vol. A5 ¥3200 ①978-4-587-41675-1

◆**トピックスで学ぶスペイン語世界** 坂東省次、森直香、ダニエル・キンテロ・ガルシア編 白水社 改訂版
【目次】世界のスペイン語、スペインと日本、ラテンアメリカと日本、サンティアゴの巡礼路、メソアメリカの古代文明、フラメンコ、タンゴ、スペインの食生活、闘牛、ラテンアメリカのフォルクローレ、「スペインは違う」から観光大国へ、スペインのサッカー、野球、アントニ・ガウディ、アメリカ合衆国のラティーノ
2017.3 66p B5 ¥1900 ①978-4-560-09951-3

◆**日本人が知りたいスペイン人の当たり前—スペイン語リーディング** フリオ・ビジョリア・アパリシオ、エレナ・ポンセ・マリンバル、マルタ・ソレル・アレマニー、大橋玲子著 三修社
【要旨】どんなファッションが流行ってる？ イギリスと領土問題があるって本当？ サグラダ・ファミリアはいつできる？ 今さら聞けない基本的なことから今ひとつ納得できないでいたことまで100の疑問を解消！
2017.10 222p A5 ¥2200 ①978-4-384-05856-7

◇ ◇ ◇

◆**デイリー日西英辞典 カジュアル版** 三省堂編修所編 三省堂
【要旨】約1万3千項目収録。スペイン語、英語はカナ発音付き。「日常会話」「分野別単語集」付き。
2017.9 906p 19×11cm ¥1700 ①978-4-385-12282-3

ロシア語

◆**キクタン ロシア語会話 入門編** 猪塚元、原ダリア共著 アルク (付属資料：CD1)
【要旨】1つの文は、たったの3〜4語！ 入国審査から始まり、いざシティ観光で、サーカスのチケットを買い、レストランでは舌鼓、買い物、道を尋ねる、ホテルに泊まる、SNSでコミュニケーション、移動はバスや電車、タクシーで…。厳選した130の「場面」で学ぶ、入門「ロシア語会話」！
2017.12 156p B6 ¥2000 ①978-4-7574-3033-4

◆**コミュニケーションのためのロシア語—中級へのステップアップ MP3付** 岩原宏子、ブラーソワ・タチアーナ著 三修社 (付属資料：CD1)
【目次】紹介しましょう、これは誰の写真ですか？、英語を上手に話しますか？、携帯電話を持っていますか？、サラダとピザをください、何をしているの？、今日はどんな天気ですか？、どこへ行くの？、何に乗って仕事に行きますか？、昨日は何をしていたの？、これはいくらですか？、何歳ですか？、明日は何をするつもりですか？、趣味は何ですか？、お誕生日おめでとう！
2017.8 176p A5 ¥2200 ①978-4-384-05833-8

◆**通訳案内士ロシア語過去問解説—平成28年度公表問題収録** 中山久恵監修 法学書院
【要旨】過去28年間(平成元年〜28年度)の通訳案内士第1次試験(ロシア語についての筆記試験)公表問題(23年度以降は著作権上の理由で部分収録)と解答例・解説で出題傾向と出題内容を把握！
2017.6 1Vol. A5 ¥3500 ①978-4-587-41671-3

その他の外国語

◆**一冊目のポーランド語** 渡辺克義著 東洋書店新社、垣内出版 発売
【目次】名詞の性、人称代名詞、第3・第4変化動詞現在形、być、jeść、wiedzieć、mieć の現在変化、第1変化動詞現在形、形容詞の性・数変化、第2変化動詞現在形、形容詞の用法、定冠詞用法における形容詞の位置、形容詞男性単数形の述語用法の2形態 〔ほか〕
2017.3 191p A5 ¥2500 ①978-4-7734-2025-8

◆**エッダとサガの言語への案内―序説、文法、テキスト・訳注、語彙** 下宮忠雄著 近代文藝社
【要旨】北欧神話の言語の世界へ。9～14世紀に大西洋の絶海の孤島アイスランド（当時の人口3万人）に開花したエッダ、サガの言語の入門書。その言語は、ゴート語と並んで古いゲルマン語の特徴を保持し、貴重な資料とされている。文法、テキスト、訳注、語彙を豊富に収録。
2017.3 179p 19cm ¥1300 ①978-4-7733-8023-1

◆**オランダ語入門―文法、練習問題、テキスト訳注、語彙** 下宮忠雄著、セイメン・トルオランダ語テキスト校閲 近代文藝社
【要旨】本書はオランダ語の入門書で、文法を20課に分け、練習問題、テキストと詳細なグロッサリーを付した。会話を中心にした類書と異なり、本書は長崎とオランダ、オランダの歴史、今日のオランダ、伝説、民話、童話などのテキストを収め、オランダ読本を兼ねている。
2017.10 206p 18cm ¥1500 ①978-4-7733-8044-6

◆**ギリシャ語練習プリント** 河島思朗監修、小学館辞書編集部編 小学館
【要旨】ホメロスから新約聖書まで！ギリシャ文字の読み書きとギリシャ語の基本を書写を通じて完全マスター!!
2017.6 111p B5 ¥1600 ①978-4-09-837758-9

◆**初級ウクライナ語文法** 黒田龍之助著 三修社 （付属資料：CD1）
【要旨】読みやすい講義調の文法解説。全20課で、基本例文200+練習用例文200を学習。各課「基本」→「応用1」→「応用2」の三段階で各文法項目をじっくりと学ぶ。新出単語には「ロシア語と比べると…」のコーナーを設け、2つの言語の違いに注目。各課の最後には「ロシア語と比べると…」のコーナーを設け、2つの言語の違いに注目。20課の本編以外に、「発展」1～17でより複雑な文法事項も取り上げた。『初級ロシア語文法』に続く、『通読できる文法書』第2弾。
2017.5 248p A5 ¥3000 ①978-4-384-05864-2

◆**デンマーク語入門―文法、練習問題、テキスト訳注、語彙** 下宮忠雄著 近代文藝社 （近代文藝社新書）第2版
【要旨】本書は現代デンマーク語をABCから学び、アンデルセンを読むところまで案内する。テキストにはABC読本、デンマークの歴史、アンデルセン、キルケゴール、詩、バラッド、ことわざを選び、和訳と注を載せた。巻末には本書に出るすべての語彙を載せ、発音記号を付した。デンマークは人口550万の小国だが、アンデルセンやキルケゴールを生み、福祉国家として、風力発電の自然エネルギーの国として注目を浴びている。第2版の巻末にアンデルセン名句集を載せた。
2017.9 204p 18cm ¥1300 ①978-4-7733-8043-9

◆**デンマーク語のしくみ** 鈴木雅子著 白水社 新版
【要旨】外国語を学びたい人も、その予定はない人も。まずは寝ころんで、コレ読んで。新書みたいにスラスラ読める！文法用語にたよらない画期的な入門書。
2017.10 146p B6 ¥1800 ①978-4-560-08761-9

◆**ニューエクスプレス アイスランド語** 入江浩司著 白水社 （付属資料：CD1）
【要旨】会話、文法、はじめての入門書。
2017.12 156p A5 ¥3600 ①978-4-560-08748-0

◆**ハンガリー語のしくみ** 大島一著 白水社 新版
【要旨】外国語を学びたい人も、その予定はない人も。まずは寝ころんで、コレ読んで。新書みたいにスラスラ読める！文法用語にたよらない画期的な入門書。
2017.10 146p B6 ¥1800 ①978-4-560-08760-2

◆**ラテン語を読む―キケロー「スキーピオーの夢」** 山下太郎著 ベレ出版
【要旨】「辞書を引いてラテン語で書かれた作品を読み解きたい」という、ラテン語学習者の夢を実現させました。テキストとして取り上げたのはキケローの代表作『国家について』の最終巻「スキーピオーの夢」。原文のすべての単語に文脈に即した説明がついています。丁寧な文法解説、逐語訳、全文訳、現代語訳をつけて、きめ細かく作品を読んでいきます。この本があれば、「なぜこのラテン語はこのような日本語に訳せるのか」その理由が手に取るようにわかります。独習でラテン語の講読ができる、家庭教師代わりの一冊。
2017.5 366p A5 ¥2900 ①978-4-86064-510-6

◇◇◇

◆**古典ラテン語辞典** 國原吉之助著 大学書林 改訂増補版
2016.12 962p A5 ¥37000 ①978-4-475-00169-4

◆**フランス学士院本 羅葡日対訳辞書** 岸本恵実解説、三橋健書誌解題 （大阪）清文堂出版
【要旨】学士院会員しか披見がゆるされない秘笈の書を影印刊行。
2017.1 967p B5 ¥26000 ①978-4-7924-1434-4

教育

◆**秋山仁の教育羅針盤（コンパス）―共に、希望を語ろう** 秋山仁著 （長野）信濃毎日新聞社
【要旨】希望を語らずして教育は語れない。年を重ね、失敗と経験から学ぶ生き方を―。人気数学者が贈る92のメッセージ。信濃毎日新聞の教育コラム「コンパス」を単行本化！
2017.6 267p B6 ¥1300 ①978-4-7840-7310-8

◆**ある日うっかりPTA** 杉江松恋著 KADOKAWA
【要旨】金髪、ヒゲ、サングラスのフリーライターがPTA会長に!?ドタバタ奮闘ルポ。
2017.4 255p B6 ¥1200 ①978-4-04-105257-0

◆**アレクサンダー・テクニーク―ある教師の思索** Patrick J. Macdonald著、細井史江訳 幻冬舎メディアコンサルティング、幻冬舎 発売
【要旨】アレクサンダー・テクニークは、「不必要な緊張に気づき、やめていく」という、心と体の使い方練習法。本書では、幼少期からアレクサンダー自身に学び、アレクサンダー教育の基礎を築いた教師・マクドナルド自身が、このテクニークの本質を明らかにします。忙しすぎる現代人でも、立ち止まって、考え、実践すれば、心と体の統合を取り戻せる。今の時代に鋭く切り込む古典的名著です。
2017.4 255p B6 ¥1200 ①978-4-344-91167-3

◆**異才、発見！―枠を飛び出す子どもたち** 伊藤史織著 岩波書店 （岩波新書）
【要旨】先生の指示通りにできない、空気が読めない―公教育の枠組からはみ出した「異才」たちの学びを立ち上げる、異才発掘プロジェクト。横一線に並ばされる旧来の学習体験から脱却し、異質なものを歓迎する教育の理念と実践について描写する。"変わった子ども"を受け入れる社会のあり方を問う。
2017.4 195p 18cm ¥780 ①978-4-00-431659-6

◆**いつも子どもを真ん中に** 上田精一著 青風舎
【要旨】山間の中学校で繰り広げられた熱血教師と中学生の子らとの涙と感動のドラマの数々。いま、忘れられている教育の原点がここにある。
2017.9 347p B6 ¥2000 ①978-4-902326-59-8

◆**『うらどっこ』つくった！配った！子どもたちの2620日** 森尚水著 （高知）リーブル出版 （付属資料：DVD1）
【要旨】新聞づくりを通じて成長していく子どもたち。高知市立浦戸小学校の子どもたちによる手づくり日刊地域新聞『うらどっこ』。ニュース探しから、取材、執筆、編集、4コマまんが、そして配達まで。笑った！泣いた！子どもたちとまめだ先生の全記録。
2017.9 165p B6 ¥1600 ①978-4-86338-198-8

◆**エビデンスで差がつく食育** 藤原葉子、石川朋子、赤松利恵、須藤紀子、森光康次郎ほか共著 光生館
【要旨】第1章 食育に必要なエビデンス（食育がめざすこと、食情報のエビデンスを正しく役立てる、エビデンスの読み取り方と使い方）、第2章 食育を支える基盤的エビデンス（からだのしくみのエビデンス、栄養素のエビデンス、機能性成分のエビデンス、調理のエビデンス）、第3章 エビデンスに基づいた食育の実践に向けて（ディベートを活用したトレーニング、食育活動の計画と評価）
2017.9 123p B5 ¥2400 ①978-4-332-02103-2

◆**尾木のママで―言わせていただくワ** 尾木直樹著 文藝春秋
【要旨】教育から時事・芸能まで、時にバッサリ、時に愛情たっぷり。尾木ママ節が炸裂！法政大学"最終講義"特別収録。
2017.8 213p B6 ¥1300 ①978-4-16-390708-6

◆**オックスフォード式超一流の育て方** 岡田昭人著 朝日新聞出版
【要旨】世界大学ランキング1位！英国オックスフォード大で日本人初の教育学博士号をとった人気教授が教える「これからの日本人」教育論。"常識"にとらわれず、どんなフィールドでも生き抜ける。「本当の頭の良さ」を引き出す50のコツ。
2017.7 261p B6 ¥1500 ①978-4-02-331609-6

◆**学校と家庭で育む子どもの生活習慣** 日本学校保健会、丸善出版 発売 改訂版
【目次】第1章 学齢期における望ましい生活習慣のすすめ、第2章 望ましい運動習慣づくり、第3章 食事の仕方と栄養、第4章 生活リズムのつくり方と休養、第5章 ストレスをやわらげる生活習慣、第6章 望ましい清潔習慣づくり、第7章 生活習慣と病気のかかわり
2017.3 146, 8p B5 ¥2000 ①978-4-903076-16-4

◆**学校における食育の評価 実践ワークブック―評価を考えた食育計画の作成** 日本健康教育学会栄養教育研究会編 健学社
【目次】1 これだけは知っておきたい基礎知識、2 実践―評価を考えた食育計画の作成（食育の目標と学校教育目標や地域の食育推進計画等との関連の確認、食育の目標（食育で目指す児童・生徒像）の到達目標への置き換え、到達目標の実態把握と数値目標の設定、到達目標達成のための学習目標・環境目標、実施目標の設定、各学年の指導目標の設定（食育の全体計画の作成）、学年別年間指導計画の作成、実施（DO）中の評価について、実施目標と指導目標の評価（CHECK）と評価に基づく改善（ACT）、総合的評価（CHECK）と改善（ACT）、食育実践の内容と評価の発信）、3 さらに勉強したい方のために
2017.3 32p A4 ¥900 ①978-4-7797-0426-0

◆**キッズのココロわしづかみ術** 小島よしお著 主婦と生活社
【要旨】子どもあつかいしない。あえてしばらく放っておく。子どもは基本ツッコミ。夢を見られる環境をつくる。人生はランニングマシン。一年間100本以上のお笑いライブで培った子どもと触れ合う極意をたっぷり掲載。
2017.4 181p B6 ¥1200 ①978-4-391-14996-8

◆**給食ニュース大百科 2017―食育に役立つ給食ニュース縮刷版** 少年写真新聞社 （付属資料：CD-ROM1）
【目次】給食当番見！衛生のプロに学ぶ身支度と手洗いの極意、未来に伝えたい「和食」シ

教育　　　674　　　BOOK PAGE 2018

リーズ和食の基本「一汁三菜」の配膳、食育まんが どうして起こるの？ 食物アレルギー、朝ごはんで脳と体にやる気スイッチオン、何が違うの？ 消費期限と賞味期限、食育クイズ グリンピースの花はどれかな？／「茶の湯」で出されたお茶は？／目には青葉、山時鳥、初鰹、くらべてみよう！ 食事とかむ回数、夏場に多い食中毒を知って予防しよう、食育まんがスポーツをしていても特別な食事は必要じゃない、日常の水分補給のポイントは毎日の食事〔ほか〕
2017.2 111p A4 ¥2800 ①978-4-87981-591-0

◆「教育費をどうしようかな」と思ったときにまず読む本　竹下さくら著　日本経済新聞出版社
【要旨】中学校から私立なら総額2000万円超も。教育資金づくりのキホンは児童手当。学資保険の魅力と注意点。わが家に合ったお得な非課税制度。フル活用したい3つの公的助成。大学独自の奨学金で負担軽減etc. 経験豊富なFPがノウハウを網羅！
2017.10 271p B6 ¥1500 ①978-4-532-35747-4

◆教師・保育者のための教育相談　大野精一編著、長谷部比呂美、橋本千鶴著　萌文書林
【目次】第1部 教師(保育者)の行う教育相談の考え方(教師(保育者)の行う教育相談とは何か、学校教育相談実践の歴史的な整理、実践整理の概略 ほか)、第2部 教師(保育者)の行う教育相談の進め方(はじめに、教育相談実践のとらえ方、何をどう観察するか ほか)、第3部 教師(保育者)の行う教育相談の具体的展開(園における教育相談の考え方、幼児理解のために、実践例 ほか)
2017.9 146p A5 ¥2100 ①978-4-89347-263-2

◆現役東大生が教える「ゲーム式」暗記術—超カンタンなのにあっという間に覚えられる！　西岡壱誠著　ダイヤモンド社
【要旨】偏差値35の落ちこぼれが奇跡の東大合格をはたした驚異の勉強法。ゲームだから努力不要で楽しく独学で覚えられる！ 大学受験、英語、資格試験…戦時中に戦時下で使える暗記術を初公開！ 英熟語を一気に覚える「英熟語ポーカー」など28ゲームを収録。
2017.4 255p B6 ¥1500 ①978-4-478-10234-3

◆現役東大生が伝えたいやってはいけない勉強法　網島将人著　学研プラス
【要旨】参考書をやるまえに知っておきたい、受験の「負けパターン」と「勝ちパターン」。第一志望に合格するための超・合理的メソッドを現役東大生が説く！
2017.5 263p B6 ¥1200 ①978-4-05-304599-7

◆現代子ども文化考—「子ども」に寄り添って　山中恒著　(取手)辺境社、勁草書房 発売
【要旨】「子ども文化」：戦時下の被教育体験を問いつづけた著者が、あの時代の気分が充満する今、子どもを取り巻く状況を解析する。2「健全の基準とは」：「改正条例」に戦時下で「児童読物改善ニ関スル指示要綱」の語彙がどのように拡大解釈されていったかを明かす。3「課題図書の存立構造」：政治性を秘めた道徳教育への傾斜と、訓育的児童文学に異議申し立てをする。
2017.3 249p B6 ¥2000 ①978-4-326-95053-3

◆ことばと表現力を育む児童文化　川勝泰介、浅岡靖央、生駒幸子編著　萌文書林 第2版
【目次】1 児童文化の世界を知ろう(ことばと表現力を育む児童文化、保育のなかで児童文化を考える、児童文化の歴史、子どもの育ちと児童文化)、2 児童文化財を保育に生かそう(わらべうた・あそびうた、ことばあそび、おはなし、絵本と童話、紙芝居、シアタースタイルの児童文化財、おもちゃ)
2017.3 209p B5 ¥2000 ①978-4-89347-277-9

◆ことばによる望ましいコミュニケーションの方法—教師、保育者、カウンセラーにおくる一般意味論の招待状　福沢周亮、藪中征代著　萌文書林
【目次】抽象の段階—ことばは同一平面にならんでいない、内在的意味—「おとうさん」と「パパ」は違う、分類—子ども1は子ども2ではない、二値的考え方から多値的考え方へ、地図と現地一地図としてのことば、報告と推論—事実を述べることは難しい、エトセトラ—ことばではいいつくせない、ことばの落としあな—いいたりない・いいすぎ・いやな意味、一般意味論とカウンセリング、一般意味論の考え方・定義・評価
2017.5 179p A5 ¥2000 ①978-4-89347-253-3

◆子ども格差の経済学—「塾、習い事」に行ける子・行けない子　橘木俊詔著　東洋経済新報社
【要旨】日本の子どもたちはどんな塾、習い事に通い、いくらお金をかけているのか？ なぜ日本の中学生の約半数が塾通いをしているのか？ スポーツや芸術でプロの道に進むための条件は何か？ 子どもが習い事をやめたいと言ったらどうすべきか？ なぜ幼児期の教育が大切なのか？ 格差研究の第一人者による徹底分析とアドバイス。最新のデータと研究結果から、親と社会ができることを提言する。
2017.7 240p B6 ¥1500 ①978-4-492-31499-9

◆子どもが成長するということの真相—子育て・生徒指導・学級経営に欠かせない　吉田順著　民衆社
【要旨】「資質・能力」を問われる時代。今こそ見直す価値がある！
2017.6 200p B6 ¥1200 ①978-4-8383-1053-1

◆子ども・成長・思春期のための料理選択型食教育 食育プログラム　針谷順子著　群羊社 第3版
【目次】幼児 3つの力(主食・主菜・副菜)を知る、小学生 朝ごはんの名人になろう、中学生 ぴったり弁当をつくろう、高校生 食事を診断しよう、大学生 ごはん食から食料自給率を考える、資料、「3・1・2弁当箱法」5つのルール、レシピ弁当づくりの手順
2017.12 83p A4 ¥2000 ①978-4-906182-88-6

◆子どもの意識を変える本—弱い子を強い子に・いわきの学習塾から親御さんへの提案　丹野勝弘著　風土社
【目次】第1章「うちの子、ハートが弱いので少し心配」と、お悩みの親御さんたちに、第2章このごろの若い子、たしかに弱くなっている気がします、第3章「うちの子、弱いのでは…」とおっしゃいますがどんなところが弱いのでしょうか、第4章 いじめをなくすのは現実に無理でもなくそうと努力しなくてはなりません、第5章 メンタルが弱いと一番心配なのがコミュニケーション力が弱いことです、第6章 ふだんから気持ちにメリハリをつけていればいざというとき実力を出せます、第7章「強くなる！」という強い意志を親子で共有して「強くなる」工夫をしましょう、第8章 親は大変ですが、負けにはめげないで！ 親御さんへのお願い
2017.3 199p B6 ¥1200 ①978-4-86390-041-7

◆子どもの学力は12歳までの「母親の言葉」で決まる。—わが子が東大・京大に現役合格！　河村京子著　大和出版
【要旨】「勉強しなさい！」はNG、ゆるい母ほど、一流は育つ。
2017.5 219p B6 ¥1400 ①978-4-8047-6277-7

◆子どものための主権者教育—大学生と行政でつくるアクティブ・ラーニング型選挙出前授業　中善則編著、京都市右京区選挙管理委員会右京区学生選挙サポーター協力　(京都)ナカニシヤ出版
【要旨】「平成26年度明るい選挙推進優良活動賞」を受賞した、大学生と行政(選挙管理委員会)でつくる小学校・中学校選挙出前授業(選挙劇・模擬投票・グループワーク)の実践を網羅。小学生が当事者となり、模擬選挙のみならず、自分たちで課題について考え、話し合い、まとめ、表現し、保護者にも伝える取り組みを紹介する。
2017.6 73p B5 ¥1400 ①978-4-7795-1208-7

◆子どもの防犯マニュアル　舟生岳夫著　日経BP社、日経BPマーケティング 発売
【要旨】スマホは「設定変更」してから使わせる。防犯ブザーは利き腕と逆方向のランドセルの肩ひもに。万が一のときは不審者の車と逆方向に逃げて、子どもの安全・安心のために親ができること、知っておくべきこと。セコムの「子どもの防犯」のプロが小学生を持つ親の不安に応えます！
2017.3 181p B6 ¥1200 ①978-4-8222-5502-2

◆子どもは一週間で変わる　森美智子著　PHP研究所
【要旨】問題行動の原因は3歳までの育児にある。だが、今からでも遅くない！ 解決方法はたったひとつ！ 岡山学芸館高校の名物先生が語る「抱きしめる子育て」のすすめ。
2017.5 190p B6 ¥1400 ①978-4-569-83801-4

◆これからの日本、これからの教育　前川喜平、寺脇研著　筑摩書房(ちくま新書)
【要旨】一人ひとりの生きる力をサポートするのが教育の使命。その思いのもと、どんな人でも、いつでもどこでも学べるよう改革を進めてきた二人の文部官僚。復古的なナショナリズムと、弱肉強食を放置する市場主義が勢いを増すなかで、加計学園の問題は起きた。この問題を再検証し、生涯学習やゆとり教育、高校無償化、夜間中学など一連の改革をめぐって、とことん語り合う。これからの日本、これからの教育を展望する希望の書である。
2017.11 270p 18cm ¥860 ①978-4-480-07106-4

◆ザ・ギフティッド—14歳でカナダのトップ大学に合格した天才児の勉強法　大川翔著　扶桑社(扶桑社文庫)
【要旨】2014年夏、カナダの名門大学5校から、返済不要の奨学金を上乗せして争奪戦を繰り広げた日本人少年・大川翔。5歳で日本からカナダの学校に転入し、英語の読み書きができないレベルからスタート。9歳で「ギフティッド(天才児)登録」され、中学を飛び級して14歳で高校卒業した彼は、いかにして育まれたのか？ そのバックボーンには日本古来の教育法があった！
2017.8 263p B6 ¥650 ①978-4-594-07770-9

◆時短勉強術—「根性なし」「体力なし」「ラクしたい」人のための　天明麻衣子著　セブン&アイ出版
【要旨】大きな目標を掲げて、現実の自分との間にギャップがあっても大丈夫。そのギャップを短い時間で埋める方法を伝授。天明流・本番で成功する勉強法。
2017.12 191p B6 ¥1300 ①978-4-86008-752-4

◆10年後の世界を生き抜く最先端の教育—日本語・英語・プログラミングをどう学ぶか　茂木健一郎、竹内薫著　祥伝社
【要旨】これからは「トライリンガル」の時代。トライリンガルとは、国語・英語・プログラミング言語という「3つの言語」を体得すること。偏差値やTOEICの点数で一喜一憂するような教育では、10年後、日本の子どもたちが世界で活躍することは難しい。本当に創造的な知性を育む「トライリンガル教育」とは何か。科学的視点から語り尽くす！
2017.11 251p B6 ¥1500 ①978-4-396-61629-8

◆情動と食—適切な食育のあり方　二宮くみ子、谷和樹編　朝倉書店(情動学シリーズ 7)
【目次】1 日本の小学校における食育の取り組み(教育現場と民間の連携を全国に、食育リーダーとしての取り組み、いのちをいただく食育、うま味の授業に取り組んで、「日本の優れた発酵食品」の授業)、2 食育で伝えていきたい和食の魅力(家庭における食の愛護、和食の特徴、和食における「だし・うま味」—科学的知見からの考察、京料理の老舗料理人が小学校で授業をする「日本料理に学ぶ食育カリキュラム」)、3 食と情動に関する研究の現状(うま味研究の現状、だしの機能解明に向けて、食と情動に関する最近の研究事例：発達障害の子どもたちを変化させる機能性食品)
2017.2 243p A5 ¥4200 ①978-4-254-10697-8

◆食育の本—「食育」のすべてがわかる！　服部幸應監修　オーガニックヴィレッジジャパン、キラジェンヌ 発売 新版
【目次】基礎編(選食力を養う、共食力を身につける ほか)、実践編(家族で野菜をつくろう！、生ゴミリサイクル野菜づくり ほか)、レポート編(クジラの学校、キッコーマン出前授業 しょうゆ塾 ほか)、日本の食文化探訪(蔵元を尋ねる 1 庄分酢、蔵元を尋ねる 2 丸中醤油 ほか)、クレヨンハウスが選ぶ、心とからだと未来を育てる本
2017.7 197p 24×19cm ¥1800 ①978-4-906913-68-8

◆食育まちがいさがし＆わくわくブック　月刊『食育フォーラム』編集部編、公文祐子、日南田淳子絵　健学社(スーパー資料ブック)(付属資料：CD-ROM1)
【目次】まちがいさがし(まちがいさがし給食当番の服装、まちがいさがし給食室、まちがいさがし当番以外の人の準備、まちがいさがし手洗い、まちがいさがし給食準備 ほか)、わくわくブック(わくわくブックの作り方、きゅうりわくわくブック、グリンピースわくわくブック、そらまめわくわくブック、ミニトマトわくわくブック ほか)
2017.8 71p 18×26cm ¥2000 ①978-4-7797-0442-0

◆人生を変えた「さかあがり」一人には必ずチャンスが訪れる　綿貫亮著　創英社／三省堂書店
【要旨】気付いた者だけが、手にすることができる、人生の「宝物」。教師生活40年余の著者が、

◆図解 東大教授の父が教えてくれた頭がよくなる勉強法　永野裕之著　PHPエディターズ・グループ, PHP研究所 発売　『東大教授の父が教えてくれた頭がよくなる勉強法』加筆・修正・再編集・改題書

【要旨】イモヅル式記憶法。キッチンタイマー勉強法。「もどりま表」活用術。英語脳を手にいれる。本質にたどり着く最短思考法。人気塾塾長の勉強ノウハウを超図解！

2017.5 94p 29×22cm B6 ¥1300 ①978-4-569-83586-0

◆「ズバ抜けた問題児」の伸ばし方　松永暢史著　主婦の友社

【要旨】君たちがAIに仕事を奪われることはない！ ADHDタイプ脳のすごさを引き出す勉強法。

2018.1 191p B6 ¥1300 ①978-4-07-426963-1

◆世界が称賛する日本の教育　伊勢雅臣著　育鵬社, 扶桑社 発売

【要旨】人づくりは国づくり歴史に育まれたNipponの知恵。今こそ日本の伝統的教育に学ぼう！

2017.8 228p B6 ¥1500 ①978-4-594-07776-1

◆素読のすすめ　安達忠夫著　筑摩書房（ちくま学芸文庫）

【要旨】「素読（そどく）」とは、内容の理解は後まわしにして、古典を繰り返し音読すること。江戸時代以来、学習の初歩として行われてきたが、これには確かな意味があった。言葉の響きやリズムに接することによって感性が磨かれ、学びを深めるための土台をつくるのだ。また、素読は外国語の習得にも効果を発揮する。本書では、著者が子どもたちに実践してきた経験をもとに、素読の具体的な方法や外国における音読の例などをていねいに解説していく。声に出して読むことの意義をいちはやく再評価した書。

2017.11 294p A6 ¥1200 ①978-4-480-09818-4

◆単なる偏差値エリートで終わらせない最高の育て方―47年間英才教育を実践している小学校校長が確信した　和田知之著　メディアフト, 三交社 発売

【要旨】成功している子の共通点は「脳のHDD」の広さだった！ 家庭でのちょっとした心掛けで「自分で考える力」が成長しハードの容量が脅威的に拡がる！ その方法とは多数のテレビでの「ユニークな教育」が取り上げられ話題沸騰！

2017.2 207p B6 ¥1400 ①978-4-87919-867-9

◆超合格脳が手にはいる究極の勉強法　粂原圭太郎著, 吉岡節夫監修　カクワークス社（付属資料：CD1）

【要旨】最新脳科学で解明。感覚と感情を覚醒させ、記憶力、理解力、想起力、集中力をドカンと増強！ 競技かるたの必勝技能は、最新脳科学に裏付けされた脳活性化メソッドの宝庫だった！

2017.11 155p 19×15cm ¥1296 ①978-4-907424-18-3

◆「天才」は学校で育たない　汐見稔幸著　ポプラ社（ポプラ新書）

【要旨】「平均的な底上げ」「年相応の学び」を提供してきた日本の学校教育。学歴社会が終焉し、人生の目的や価値観が多様化するなか、旧来の教育システムに柔軟かつ個性のある人材は育てられるのか。知性の深まり、「私と世界との関係」など、原点に立ち返り「学び」を論じる一冊。

2017.10 188p 18cm ¥800 ①978-4-591-15584-4

◆東京おもちゃ美術館の挑戦―おもちゃと「おもちゃコンサルタント」が子育てを変える　芸術と遊び創造協会編著　言視舎　増補改訂版

【要旨】姉妹館の開設で"羽ばたく"おもちゃ美術館！「東京おもちゃ美術館」を軸に、子育て、幼児教育、福祉等の分野で展開される社会貢献活動を一冊に凝縮。

2017.8 221p B6 ¥1500 ①978-4-86565-100-3

◆東大教授が教える独学勉強法　柳川範之著　草思社（草思社文庫）

【要旨】いきなり勉強してはいけない。まず、正しい「学び方」を身につけよう。勉強は中身だけではなく、どうやってするものなのか、という学び方をもっとマスターする必要がある。本書は著者の長年にわたる独学経験に基づき、「自分で目標を見つけ、問いを立て、集めた情報や知識を自分の中に落とし込みながら考え、それを現実に応用していく」という勉強の全工程について、具体的なやり方を体系的にまとめたものです。

2017.12 190p A6 ¥650 ①978-4-7942-2307-4

◆時満ちて雛生るるごとくに―創造的な教育をめざして生きた女教師の記録　和田美奈子著（名古屋）黎明書房

【要旨】一人の女性が教師として、母として、妻として、人間として生きた歩みの全てを、日記、実録、詩、短歌、授業研究等を通して語る。出産をめぐる『命満ちる時』、留学生指導の記録『高校生の架けた虹の橋』、創作（小説、詩、短歌）、及び高校国語の授業研究(『「国語表現」の実践的研究―創作かるた桂百人一首』、「防人の心」)を収録。

2017.7 351p A5 ¥2400 ①978-4-654-01942-7

◆取り残される日本の教育―わが子のために親が知っておくべきこと　尾木直樹著　講談社（講談社プラスアルファ新書）

【要旨】教員生活44年これが私の「集大成」!!「学ぶ力」「生き抜く力」の常識が変わった！ 世界標準の学力を目指す「アクティブ・ラーニング」時代の必読書！

2017.1 204p 18cm ¥840 ①978-4-06-272972-7

◆なぜ、東大生の3人に1人が公文式なのか？　おおたとしまさ著　祥伝社（祥伝社新書）

【要旨】東大生の3人に1人は公文式に通っていたという調査結果がある。著者がかつて行なったインタビューでは、偏差値最高峰の東大医学部生の3人に2人が公文式の出身だった。これは何を意味するのか？ これまで斬新な視点から数々の学校や塾を論じてきた教育ジャーナリストが、本書では公文式に焦点を当て、「なぜ学力が伸びるのか？」「どんどん進む子とやめてしまう子の違いは何か？」に切り込んだ。「KUMON」の水色の看板は、日本全国どこの街でも見ることができる。評判は海を渡り、今や49の国や地域にまで教室が広がっている。世界で最も有名な学習メソッドの強さの秘密と意外な弱点が、今、明らかになる。

2017.2 209p 18cm ¥780 ①978-4-396-11495-4

◆名前のない生きづらさ　野田彩花, 山下耕平著（狭山）子どもの風出版会（シリーズそれぞれの居場所 1）

【要旨】"ナマモノ"に価値はない？ 生産性が重視されるこの社会で、"なんにも"何もしていない"存在は、いないほうがいいのだろうか。「生産性のない」と断じられた存在は、生きていてはいけないのだろうか。そういうまなざしは、人間が"ナマモノ"であることを忘れろ、許すなと言っているようで、私にはずいぶんと苦しいことに思える。

2017.3 247p B6 ¥1600 ①978-4-909013-01-9

◆習い事狂騒曲―正解のない時代の「習活」の心得　おおたとしまさ著　ポプラ社（ポプラ新書）

【要旨】「習い事」は何のためにするのかどうやって選べばいいのか「学力観」が変わっている。知識量や処理能力だけでなく、発想力、思考力、表現力などの、幅広い能力が求められるようになった。もはや学校や塾だけでは足りない。習い事にかける期待が膨らむ。親世代にはなかった最新情報を取り材に、さまざまな体験談から、習い事をとりまく光と闇を描き、心身ともに子供が成長するために必要なことは何かを問う。

2017.3 250p 18cm ¥800 ①978-4-591-15421-2

◆はじまりは愛着から―人を信じ、自分を信じる子どもに　佐々木正美著　福音館書店

【目次】母性とは、父性とは―子どもが健全に育っていくため、「元気のもと」を育む―元気のない子どもに親がしてやりたいこと、「いい子」に育てないすすめ―人を信じ、自分を信じる子どもに、感動と意欲の源泉―根拠のない自信を育てる大切さ、子どもと生活リズム―心身の健康の基盤、一緒に食卓を囲む一人間作りの基盤を育てるため、絵本を読み聞かせる―一体感を味わう幸福、思いやりは身近な人とともに育つ―共感する気持ちを基礎に、友と友だち―多くのなかよしの友だちを、勉強と遊び―まず遊びを、それから勉強を〔ほか〕

2017.9 205p B6 ¥900 ①978-4-8340-8345-3

◆ハマの大学！ 学長のおさらい　鈴木邦雄著　ジアース教育新社

【目次】第1章 肩書「学長」の重さと軽さ、第2章 学長で大学が変わるのか、第3章 グローバル化を考える、第4章 現場から教わったこと感じたこと、第5章 震災と大学の対応、第6章 私自身のこと、第7章 終わりに代えて

2017.8 163p B6 ¥1650 ①978-4-86371-432-8

◆ピースフルスクールプログラム―主体性・多様性・協働性を伸ばす。内省する力を育む。　熊平美香, 福嶋史恵著　東洋館出版社

【目次】1 お友達と仲良くなろう、2 気持ちを大切にしよう、3 お互いの違いを大事にしよう、4 みんなで遊ぼう、5 けんかを解決しよう、6 誰かのために動こう

2017.6 160p B5 ¥3500 ①978-4-491-03365-5

◆100語でわかる子ども　古橋忠晃編著, 番場寛訳　白水社（文庫クセジュ）

2017.9 193, 3p 18cm ¥1200 ①978-4-560-51015-5

◆品性の感化力　モラロジー研究所出版部編（柏）モラロジー研究所, (株)廣池学園事業部 発売（廣池千九郎エピソード 第6集）

【要旨】モラロジーの創建者・廣池千九郎（一八六六～一九三八）の姿を伝える逸話集。この第六集では、モラロジー教育活動の草創期にあたる昭和初期に廣池の指導を受け、活動に尽力した人々が語るエピソードを収録。

2017.6 118p 18cm ¥1000 ①978-4-89639-260-9

◆「普通の子」を大きく伸ばす塾、先生の選び方　小林茂著　現代書林

【要旨】小さな英語塾が起こす大きな奇跡―。高校生で英検1級合格者を多数輩出する秘密はどこにあるのか？ 教育の原点を見据え続けてきた塾長の提言を集成。

2017.3 198p B6 ¥1300 ①978-4-7745-1623-3

◆平成28年改正 教育公務員特例法等の一部改正の解説―学校教育を担う教員の資質能力向上をめざして　教員の資質向上研究会編著　第一法規

【目次】序章 教員の養成・採用・研修における課題への対応策(現段階における教員の養成・採用・研修に関する主な課題、課題解決のための対応策の具体的な方向性)、第1章 教員の資質向上に関する新たな制度の概要(教育公務員特例法の改正、教育職員免許法の改正 ほか)、第2章 教育公務員特例法等の一部を改正する法律Q&A(総論関連、教育公務員特例法の一部改正関連 ほか)、第3章 関係資料(近年の教員の養成・採用・研修制度の主な改革の変遷、教育再生実行会議第7次提言―これからの時代に求められる資質・能力と、それを培う教育、教師の在り方について―概要"教員関係部分"ほか)

2017.9 221p A5 ¥2700 ①978-4-474-05940-5

◆保育者・小学校教師のための道しるべ　田中卓也監修, 松村齋, 小島千恵子, 志濃原亜美編　学文社

【目次】第1章 高等学校を卒業したら、第2章 大学生・短期大学生・専門学校生になる、第3章 保育・教育系大学及び短期大学、専門学校に入学したら、第4章 いろいろな講義を知っておこう、第5章 図書館を利用してみよう、第6章 大学生活とアルバイトについて、第7章 大学時代の友だちは"一生の宝物"になる、第8章 保育実習・幼稚園教育実習・小学校教育実習で実力を発揮しよう、第9章 育てる、つくる(植物編、遊びとちょっとした工作)―いろいろな体験が将来の宝になる、第10章 保育者・教員になるためには

2017.10 99p B5 ¥2000 ①978-4-7620-2746-8

◆保育所における職場体験受入れに関する調査報告書　東京都社会福祉協議会

【目次】保育士資格取得のための実習受入れ状況、小学校・中学校・高校等からの職場体験受入れ状況、職場体験受入れ担当者、職場体験の受入れ経緯と手続き、職場体験受入れの目的、職場体験受入れのためのプログラム、職場体験の体験内容、職場体験の具体的な流れ、事前学習の実施状況、保育所における説明で特に重視して説明すること、保育のしごとを伝えるために重視している点、保育のしごとを伝えるための工夫、保育のしごとの魅力を伝えるための工夫、学校等の振り返りやアフターフォロー

2017 71p A4 ¥800 ①978-4-86353-242-7

◆放送大学に学んで―未来を拓く学びの軌跡　放送大学中国・四国ブロック学習センター編著　東信堂

【要旨】インターネット時代の近未来を先取りする放送大学!!そこで学んだ学生のリアルな体験的メッセージ!!

2017.3 293p B6 ¥2000 ①978-4-7989-1420-6

◆"本気"になったら「大原」―「資格」から始まるキャリアアップへの道　鵤蒔靖夫著　IN通信社

【要旨】志のなかに道あり。教育とはなにかが問われる時代。専門学校が果たすべき役割とは、そ

教育　676　BOOK PAGE 2018

して、大学ではなく「大原」が選ばれる理由とはなにか。
2017.3 254p B6 ¥1800 ①978-4-87218-432-7

◆モヤモヤが一気に解決！親が知っておきたい教育の疑問31　石井としろう著　集英社
【要旨】子どもがのびのび賢く育つ学校との関わり方、教えます！国会議員として教育政策に携わり、46歳の教育実習生として教壇に立ち学校現場に精通している著者が、子育て中の親が抱える不安を解消！
2017.11 197p B6 ¥1500 ①978-4-08-786091-7

◆やってはいけない勉強法　石井貴士著　きずな出版
【要旨】記憶法、英語、ノート術、勉強習慣…etc.目からウロコのメソッドが満載！
2017.9 213p B6 ¥1400 ①978-4-86663-010-6

◆リアリズムの学校　多田亮三郎著　表現社、文藝書房 発売
【要旨】教育改革と称して、過去学校は教育委員会や政府によっていじくりまわされてきた。しかしたいてい失敗して元に戻っている。改革とはイコール迷惑なのである。現場の教師は、また変わるのかと皆うんざりしている。学校の根幹は昔も今も授業にある。授業環境をよくするために、雑用を減らし、無駄な決まりや組織を減らしていく。それこそが真の教育改革なのではないか。
2017.11 381p B6 ¥1400 ①978-4-907158-13-2

◆若者のキャリア形成―スキルの獲得から就業力の向上、アントレプレナーシップの育成へOECDスキル・アウトルック2015年版　経済協力開発機構(OECD)編著、菅原良、福田哲哉、松下慶太監訳、竹内一ály、佐々木真理、橋本諭、神崎秀嗣、奥原俊識 明石書店
【目次】第1章 若者のスキルと就業力を向上させるための総合戦略デザイン、第2章 若者の教育とスキル育成に関するトレンド、第3章 若者の教育とスキル改善に向けた政策、第4章 若者の労働市場への統合のトレンド、第5章 若者の労働市場への統合に向けた政策、第6章 仕事での若者のスキル使用のトレンド、第7章 若者のスキルを仕事に使用することに向けた政策
2017.5 217p B5 ¥3700 ①978-4-7503-4515-4

◆私たちは子どもに何ができるのか―非認知能力を育み、格差に挑む　ポール・タフ著、高山真由美訳　英治出版
【要旨】非認知能力は、読み書き計算のように教えて身につくものではない。「環境」の産物なのだ。「やり抜く力」「好奇心」「自制心」…人生の成功を左右する力の育み方を、最新の科学的根拠(エビデンス)と先進事例から解き明かす！
2017.9 171p B6 ¥1600 ①978-4-86276-246-7

◆私は『学び合い』をこれで失敗し、これで乗り越えました。　西川純編著　東洋館出版社
【要旨】誰もがぶつかる悩みに答える『学び合い』を成功させる秘訣！小・中学校、高校で起きた11の事例を収録！
2017.3 230p B6 ¥1850 ①978-4-491-03323-5

大学・メディア教育

◆アカデミック・ハラスメントの解決―大学の常識を問い直す　北仲千里、横山美栄子著　(札幌)寿郎社
【要旨】理不尽な叱責や差別的発言、ネグレクト、長時間の実験の強要、不適切なオーサーシップによる研究成果の横奪…。学問ごとの慣習の違いを見極め、キャンパス内の諸問題を解決へと導く広島大学ハラスメント相談室の先進的取り組みをここに公開！
2017.8 230p B6 ¥2000 ①978-4-909281-00-5

◆あの明治大学が、なぜ女子高生が選ぶNo.1大学になったのか？―奇跡を起こすブランドポジションのつくり方　上阪徹著　東洋経済新報社
【要旨】伝統だけではメシは食えない。ブランドイメージを変えるには、誰もいないポジションで1位を取り続ければいい。志願者数8万人割れの崖っぷちから大学を劇的に変えた、たった一つの考え方。他大学がベンチマークする驚愕の秘策を徹底取材！
2017.11 255p B6 ¥1300 ①978-4-492-55781-5

◆危ない大学・消える大学　2018年版　島野清志著　エール出版社
【要旨】企業分析の専門家による社会に出てトクする大学、ムダな大学、消えた方がいい大学を実名で大胆予測。
2017.6 188p B6 ¥1500 ①978-4-7539-3388-4

◆アメリカの大学に学ぶ学習支援の手引き―日本の大学にどう活かすか　谷川裕稔編　(京都)ナカニシヤ出版
【要旨】日本の大学にも現在、定着しつつある入学前教育、初年次教育、リメディアル教育といった教育支援プログラムは、いかなる経緯でアメリカの大学に生み出されたものなのか。そして、活用すべきなのか。大学における学習支援の歴史と実践を整理し、その活用の道を拓く。
2017.3 186p A5 ¥2400 ①978-4-7795-1168-4

◆インターンシップ実践ガイド―大学と企業の連携　日本インターンシップ学会東日本支部監修、折戸晴雄、根木良友、山口圭介編　(町田)玉川大学出版部
【要旨】企業、公官庁、学校、諸団体などさまざまな場において、展開される事例を、大学側、受け入れ側の双方向から紹介する。基本用語200も解説。
2017.4 206p B5 ¥2600 ①978-4-472-40529-7

◆教えて！学長先生 近大学長「常識破りの大学解体新書」　塩崎均著　中央公論新社(中公新書ラクレ)
【要旨】志願者数日本一、マグロ、ド派手な入学式等で注目の当大学が、ベースにしているのは地道な実学教育。医学部長・病院長を務めた現学長が明かす、知られざる強さの秘密とは？不本意入学者のやる気を高めるための試行錯誤を紹介し、序列・偏差値といった、「固定概念を、ぶっ壊す」一冊。
2017.3 210p 18cm ¥780 ①978-4-12-150579-8

◆オックスフォードからの警鐘―グローバル化時代の大学論　苅谷剛彦著　中央公論新社(中公新書ラクレ)
【要旨】ワールドクラスの大学は「ヒト・モノ・カネ」をグローバルに調達する競争と評価を繰り広げていく。水をあけられた日本は、腰をあげて世界大学ランキングの上位をめざし始めた。だが、イギリスの内部事情を知る著者によれば、ランキングの目的は英米が外貨を獲得するためであり、日本はまんまとその「罠」にはまっているのだという。一日本の大学改革は正しいのか？真にめざすべき道は何か？彼我の違いを探り、我らの強みを分析する。
2017.7 229p 18cm ¥800 ①978-4-12-150587-3

◆学習者中心の教育―アクティブラーニングを活かす大学授業　メルリン・ワイマー著、関田一彦、山崎めぐみ訳　勁草書房（原書第2版）
【要旨】自立した学習者の育成に向けて、実践者が心すべき5つのポイントとは何か。生涯学び続ける構えを育てるための、学習者中心の授業法や授業デザインを詳細に記述し、大学教育や授業者が今後目指すべき方向性を示唆する。
2017.3 304p A5 ¥4000 ①978-4-326-25119-3

◆学生エリート養成プログラム―日本、アメリカ、中国　北垣郁雄編著　東信堂
【要旨】日本の高等教育では、リメディアル教育など低学力層に対する支援が各大学で広く見られるのに対し、高学力層に対する支援・養成は諸外国と比べても極端に少ない。このままでは高学力層が支援の手厚い海外の大学に進学することで深刻な頭脳流出に陥り、日本社会の発展に深刻な影響を与えると予測される。本書は、アメリカと中国の数多くの事例に加え、日本でも先進的に導入している5大学における学生エリート養成プログラムの比較・分析を通して、今後日本の大学はこのプログラムの開発にあたって何をすべきかが分かる。待望を得た方作です。
2017.6 279p A5 ¥3600 ①978-4-7989-1356-8

◆学長奮闘記―学長変われば大学変えられる　岩田年浩著　東信堂
【要旨】募集停止・廃校の危機を乗り越えた、行動派学長の軌跡―受験生を増やし、活気ある大学・短大にするにはコツがある！
2017.11 190p B6 ¥2000 ①978-4-7989-1459-6

◆金森順次郎第13代大阪大学総長回顧録　大阪大学アーカイブズ編　(吹田)大阪大学出版会
【要旨】第1章 新・未知への群像、第2章 物の理を求めて六十年、第3章 式辞・告辞、第4章 新春を迎えて、第5章 適塾の遺産と学問のこれから、第6章 金森順次郎先生逝く―作文上の美学を追究するなかれ
2017.3 184p B6 ¥2400 ①978-4-87259-574-1

◆キャリア形成 1 社会・集団・個人の役割を学ぶ　東海大学キャリア支援センター、東海大学現代教養センター編　(平塚)東海大学出版部 (テキスト・ワークブック) 改訂版・第2版
【目次】ガイダンス―授業内容を理解する、働くことについて1「働くこと」の様々な考えを知る、社会・企業の基礎知識―社会情勢、産業構造等の基礎知識を得る、働くことについて2「働き方」を考える、社会人訪問1 チームづくり、社会人訪問2 企業研究の共有、働くことについて3 社会人訪問の準備、働く環境について1 労働市場と雇用環境、働く環境について2 ワーク・ライフ・バランス、働く環境について3 組織と個人の成長、働く環境について4 働くルール、社会人訪問4 社会人訪問の成果発表準備、社会人訪問5 社会人訪問の成果発表1、社会人訪問6 社会人訪問の成果発表2、授業全体の振り返り
2017.3 67p A4 ¥1200 ①978-4-486-02131-5

◆キャリア形成 2 業界研究とセルフマネジメント　東海大学キャリア就職センター、東海大学現代教養センター編　(平塚)東海大学出版部 (テキスト・ワークブック) 改訂版
2017.9 77p A4 ¥1200 ①978-4-486-02153-7

◆キャリア形成支援の方法論と実践　菅原良、松下慶太、木村拓也、渡部昌平、神崎秀嗣編著　(仙台)東北大学出版会
【要旨】「大学におけるキャリア教育」はいま、何を問われているのか―加速度的に変化する社会背景に立脚し、迅速かつ持続的な対応が急務となっている大学でのキャリア教育。現場を知る20名のスペシャリストたちが多様な視点・論点から「新しい時代に即応できる、新たなキャリア教育のかたち」を提言する―。
2017.3 334p A5 ¥3300 ①978-4-86163-289-1

◆キャリア設計 1 大学生活をデザインする　東海大学キャリア就職センター、東海大学現代教養センター編　(平塚)東海大学出版部 (テキスト・ワークブック) 改訂版・第2版
【目次】ガイダンス、自己理解(いろんな人と話し、聴いてみよう、第一印象を聞いてみよう、自分は何者なのか？、アセスメントを使って自分を知ろう、大学で何を学ぶのか？)、大学生活のデザイン(身近な先輩に聞いてみよう、価値観の多様性を認めよう―合意形成ディスカッションの体験、大学で何をしたいのか？、自分枠をひろげよう、チームでやってみよう、社会と自分の関係を考えてみよう―大学で学ぶ意味、大学の魅力を知ろう)、振り返りとこれから
2017.9 57p A4 ¥1200 ①978-4-486-02132-2

◆キャリア設計 2 コミュニケーションと価値観の多様性を学ぶ　東海大学キャリア就職センター、東海大学現代教養センター編　(平塚)東海大学出版部 (テキスト・ワークブック) 改訂版
2017.9 74p A4 ¥1200 ①978-4-486-02154-4

◆近大革命　世耕石弘著　産経新聞出版、日本工業新聞社 発売
【要旨】日本の大学の序列をぶっ壊す！改革のキーマンがすべてを語った大逆転の戦略的広報術！
2017.11 236p B6 ¥1300 ①978-4-8191-1326-7

◆グローバル人材教育とその質保証―高等教育機関の課題　大学改革支援・学位授与機構編著　ぎょうせい（大学改革支援・学位授与機構高等教育質保証シリーズ）
【目次】第1部 高等教育機関の「自律」、「自覚」そして「自信」(自律：高等教育機関がもつべき三つの「A」、自覚：自律を担保する内部質保証システム、自信：知識社会を支える高等教育)、第2部 グローバル人材教育に「対話」能力を育てる(21世紀社会が求めるグローバル人材教育、専門職教育の充実と質保証、多様な学習ニーズへの対応)、第3部 高等教育質保証の役割(高等教育質保証の国際的潮流、説明責任、学術(教育研究)の質保証)
2017.4 174p A5 ¥2100 ①978-4-324-10284-8

◆グローバルリーダーを育てる北海道大学の挑戦　玉城英彦、帰山雅秀、弭和順編著　彩流社
【要旨】特別教育プログラム・新渡戸カレッジを実践する大学の実例を紹介！大学の支援にもと

づく海外留学の義務化や、各界でグローバルに活躍する同窓生の参加によるフェロー制度の導入など、プログラムには様々な試みが取り入れられている。世界に躍進できる人材の育成はいかにして可能か。
2017.5 274p A5 ¥2500 ①978-4-7791-2306-1

◆**慶應義塾歴史散歩―キャンパス編**　加藤三明、山内慶太、大澤輝嘉編著　慶應義塾大学出版会
【要旨】安政五(一八五八)年開校の慶應義塾のキャンパスはまさに歴史の宝庫。震災や戦災といった数々の苦難を乗り越えて発展してきたキャンパスには、言い尽くせないほどの時間が刻まれています。読んで知る、歩いて楽しむ、歴史に学ぶ慶應義塾のキャンパス・ガイドブック。
2017.10 199p A5 ¥2500 ①978-4-7664-2469-0

◆**慶應義塾歴史散歩―全国編**　加藤三明、山内慶太、大澤輝嘉編著　慶應義塾大学出版会
【要旨】全国津々浦々、果てはアメリカ、韓国まで。慶應義塾関係の史跡・ゆかりの地は広がっています。あなたの住む町にも意外な人物の"ゆかりの地"が!?全国200カ所以上をめぐる、歴史散歩の旅。
2017.10 186,6p A5 ¥2500 ①978-4-7664-2470-6

◆**講義法**　佐藤浩章編著　(町田)玉川大学出版部　(シリーズ大学の教授法 2)
【要旨】大学が誕生して以来、教員によって伝承されてきた教育技法の一つ、講義法。大学での授業事例を多く取り入れると同時に、心理学、脳科学、教育工学、インストラクショナルデザイン(教育設計)、コミュニケーション学といった諸学問の知見を備えている。
2017.6 208p A5 ¥2400 ①978-4-472-40532-7

◆**5人のプロに聞いた！ 一生モノの学ぶ技術・働く技術**　阿部正浩、前川孝雄編　有斐閣
【要旨】労働経済学者と人材育成コンサルタントが、プロフェッショナルとの対話から、6つの技術の極意を引き出す。
2017.10 201p 21×14cm ¥1800 ①978-4-641-17434-4

◆**最新版 大学教授になる方法**　鷲田小彌太著　言視舎
【要旨】大学の「大量倒産」「冬の時代」などは虚語。団塊世代の引退で、大量のポストが発生、今こそチャンス！大学を知り尽くした著者が生きた情報と真実を伝える。
2017.10 205p B6 ¥1500 ①978-4-86565-106-5

◆**参加型文化の時代におけるメディア・リテラシー―言葉・映像・文化の学習**　アンドリュー・バーン著、奥泉香編訳　くろしお出版
【目次】第1章 新たなメディアを作る―文化、記号論、デジタルリテラシー/リオラシー(Lit/oracy)、第2章 デジタル・フリーズフレーム―スチル写真の比喩性と社会的なものとしての技術、第3章 デジタル・ネイティブが「サイコ」を復活させる、第4章 デジタル・インスクリプションと新たな視覚記号論―小学生が作るアニメーション、第5章 バイリンガルな生徒たちの動画を使った自己表現―詩、パフォーマンス、動画、第6章 ポッター・リテラシー―文学、映画、そしてクロス・メディア・リテラシー、第7章 コンピュータ・ゲームで「書く」物語―リテラシーと古くて新しい物語、第8章 マシニマ、「セカンドライフ」にみるアニメーション教育の新たなかたち
2017.10 260p A5 ¥2700 ①978-4-87424-742-6

◆**幸せを求める力が育つ大学教育**　後藤文彦著　(京都)ナカニシヤ出版
【目次】第1章 本書を読むときのナビゲータ、第2章「透徹性調整力」の正体、第3章 キャリア・ダイナミクスと教育戦略の成果、第4章 何が、どのように学びを深め、仕事の満足度を引き出すのか、第5章「透徹性調整力」と新しいタイプの学び、第6章 大学は「透徹性調整力」を育む最初で最後の砦
2017.6 120p B6 ¥2500 ①978-4-7795-1177-6

◆**思考を鍛える大学の学び入門―論理的な考え方・書き方からキャリアデザインまで**　井下千以子著　慶應義塾大学出版会
【要旨】これから大学で学び始める人が、大学での学び方を身につけ、将来について考える礎をつくるための本です。図解やイラストをふんだんに掲載するとともに、大学で大学生にとって身近な事例をとりあげて、わかりやすく解説しています。全15回の授業で使用することを想定し、巻末にはほぼ毎回のワークシートや出欠シートを掲載しています。主体的に学ぶアクティブ・ラーニングが実践でき、大学生のキャリア教育に役立ちます。自己学習に最適。読み込むことで学びが深まります。
2017.4 133p A5 ¥1200 ①978-4-7664-2412-6

◆**自伝的東大改革提言―わたしの歩んだ真実一路**　宮原吉也著　創英社/三省堂書店
【要旨】当たり前の常識をもつ人達が、当たり前の常識を持たないのはなぜなのか。ビジネスの世界を真っ直ぐに切り拓き、時代の波濤と人の思惑に呑まれず生き抜いてきた先達が、最高学府を通り抜けてきた人達に送るメッセージ。
2017.7 233p B6 ¥1200 ①978-4-88142-119-2

◆**社会で通用する持続可能なアクティブラーニング―ICEモデルが大学と社会をつなぐ**　土持ゲーリー法一著　東信堂
【要旨】教育から社会というスペクトラムの中でのアクティブラーニングの価値とは何か？ 高校・大学・社会と連なる体系におけるアクティブラーニングの意義を、国内外の先進的な取組みの事例の中から再考し、「高大接続」という入口を重視しつつの大学を批判し「大社連携」という新たな視点の必要性を唱える、研究者・実践者としてアクティブラーニングに精通した著者渾身の労作。
2017.6 212p A5 ¥2000 ①978-4-7989-1433-6

◆**私立大学はなぜ危ういのか**　渡辺孝著　青土社
【要旨】2030年、一体、何割の私立大学が生き残れるのか？ 元私大理事長が今、大胆に解き明かす私立大学の過去、現在、未来、そして国の無策。
2017.5 367p B6 ¥2400 ①978-4-7917-6992-6

◆**スタディスキルズ・トレーニング―大学で学ぶための25のスキル**　吉原惠子、間渕泰尚、冨江英俊、小針誠著　実教出版　改訂版
【目次】1 ウォーミングアップ編(自己紹介からはじめよう、「大学生になる」とはどういうことだろう、大学とはどのようなところだろう ほか)、2 オリエンテーション編(キャリアをデザインしよう、大学生活をデザインしよう、大学の授業について知ろう ほか)、3 スタディスキルズ編(アクティブラーニングをやってみよう、テーマを考えるトピックを取り出そう、図書館で資料をさがそう ほか)
2017.10 111p B5 ¥1200 ①978-4-407-34061-7

◆**スタートアップセミナー 学修マニュアル なせば成る！**　編集委員会編　(山形)山形大学出版会　三訂版
【目次】1章 学びの技法(読解力・傾聴力をつける、文献を読み込む ほか)、2章 プレゼンテーションを学ぶ(プレゼンテーションの基礎、話の組み立て方 ほか)、3章 グループで学ぶ(ワークショップを楽しむ、ロールプレイの魅力 ほか)、4章 レポートを書く(レポートとは？、主題を考える ほか)、5章 調査・情報収集の方法(調査・情報収集の方法、ネットで調べる ほか)
2017.1 93p B5 ¥800 ①978-4-903966-29-8

◆**先生は教えてくれない大学のトリセツ**　田中研之輔著　筑摩書房　(ちくまプリマー新書)
【要旨】大学を卒業するとみんな就職するのに、大学では「その先のこと」は教えてくれない。ただ漠然と四年間を過ごすのではなく、より良い未来を自らの学びで手に入れるのです。
2017.4 204p 18cm ¥820 ①978-4-480-68982-5

◆**戦前期早稲田・慶應の経営―近代日本私立高等教育機関における教育と財務の相克**　戸村理著　(京都)ミネルヴァ書房　(MINERVA人文・社会科学叢書)
【要旨】本書は、明治後期から大正期における我が国私立高等教育機関の経営構造を、教育と財務の関係性から考察するものである。当時の私立高等教育機関では、教育機能を裏付けた資金の調達と配分をどのように行っていたのか。早稲田・慶應義塾を事例に、従来の歴史学や教育学が扱いにくかった分野を詳細に分析する、戦前期私学における私学経営の実像を描く。
2017.3 323,42p A5 ¥6000 ①978-4-623-07907-0

◆**続続・地産地消大学―オルタナティブ地域学の試み**　湯崎真梨子著　(鹿児島)南方新社
【目次】楽しい民の一揆、水路探索、威風堂々、別のはなし、くるくるくまの、限界集落論争、熊野の廃校、梅王国の正念場、田んぼでお米を作りましょう、一六三九の吾(あ)む〔ほか〕
2017.3 162p B6 ¥1500 ①978-4-86124-360-8

◆**続 大学職員のための人材育成のヒント―失敗事例から学ぶ若手・中堅職員の視点28**　澤谷敏行、五藤勝三、河口浩編著　(西宮)関西学院大学出版会
【目次】明るくて、エネルギッシュ、上司に好感一でも学生には一、業務負荷に加えて新人指導一滞留年数の長い若手職員の心情、先輩に質問できず悩みを抱えこむ新人職員一学生たちからの苦情が殺到、コンピテンスモデルは嘱託職員一専任職員としての成長、学生宿舎に5つ星ホテル一国内と海外の基準、学生と話すのが苦痛になってきた一自信を取り戻すには、ブラックボックス化した業務一機械化できないものを誰が引き継ぐのか、コンプライアンス違反一事実確認なく即答、思い込みからの誤認、このままでは潰れてしまう！一有給休暇も夏期休暇も取れない、進んでサービス残業一自らの業務範囲を超えて〔ほか〕
2017.8 122p B6 ¥1200 ①978-4-86283-246-7

◆**大学1年からのキャリアデザイン実践**　齊藤博、上本裕子著　八千代出版
【目次】第1章 あなたの立ち位置と目標を確認する(大学進学の理由、あなたの過去、現在の役割、あなたのこれまでの歩み、大学生活の目標、第2章 自分らしさについて考える(自分らしさとは、他者から見た自分、性格、興味、価値観、「自分らしさ」を整理する)、第3章 社会人意識と経済について学ぶ(「社会人」と「働くこと」、卒業後の進路、会社や仕事を研究しよう、社会人に求められる能力)、第4章 キャリアプランの意義、目標設定タイプとプランづくりの考え方、キャリアプランの作成と評価、プランの作成・実行上のアドバイス
2017.3 89p B5 ¥2000 ①978-4-8429-1697-2

◆**大学1年生の歩き方―先輩たちが教える転ばぬ先の12のステップ**　トミヤマユキコ、清田隆之著　左右社
【要旨】大丈夫、絶対に何とかなる!!勉強・サークル・バイト・恋愛…。大学講師×人気ライター×現役学生が教える、ありそうでなかった新入生専用マニュアル！
2017.4 175p B6 ¥1400 ①978-4-86528-173-6

◆**「大学改革」という病―学問の自由・財政基盤・競争主義から検証する**　山口裕之著　明石書店
【要旨】「役に立つ学問」という幻想、「純粋な学問」という神話。大学改革における論点を整理し、改革を推進する側の根拠や正当性を再考する。「大学とは何か・今後どうあるべきか」を考えるために知っておくべき手がかりがここに。
2017.7 294p B6 ¥2500 ①978-4-7503-4546-8

◆**大学改革の道―未来を見据えた生きた教育を**　上原洋允著　(吹田)関西大学出版部
【目次】第1章「学びの廷」(自伝)「法と共に」(プロフィール)、子ども時代は戦争中一戦時下の少年、大阪に出て働きながら学ぶ―わが苦学生体験 ほか)、第2章 上原洋允の「大学教育改革」(法曹界から教育界へ―法科の関大の危機、「建学の精神」の今日的意義―自由な批判精神を培う、学ぶことは希望につながる―教えることと学ぶこと ほか)、第3章 上原洋允と「教育を語る」対象・インタビュー・コメント(「誌上対談」(関西大学・広報誌Reed より)、「紙上インタビュー」(新聞掲載)、「紙上対談」ほか)
2017.7 363p A5 ¥1800 ①978-4-87354-660-5

◆**大学教育再生への挑戦―震災の地から始まる日本人の心の革命**　鶴蒔靖夫著　IN通信社
【要旨】いまこそ求められる儒学の精神。地方から世界を見すえる"グローカル人財"の育成に挑む学校法人昌平黌。大学教育の原点がここに。
2017.3 244p B6 ¥1800 ①978-4-87218-433-4

◆**大学教育の数学的リテラシー**　水町龍一編著　東信堂
【要旨】大学生の数学力ばかりか、読解力や書き言葉・話し言葉の表現力の低下が叫ばれて久しい。本書はこの数学力の質的低下の実態を把握して、いかに回復するかを多様な観点から考察したものである。第1部は数学的リテラシーの理論と学問の実態把握を中心に考察し、第2部は世界に通用する自律的市民を目指す方向で、理工系と文系での数学的リテラシー教育を授業デザイン、授業モデル、ICT活用等豊富な事例を盛り込みながら教育のデザインを具体的・包括的に提案している。数学教育に携わる者のヒント満載の必携書。
2017.3 326p A5 ¥3200 ①978-4-7989-1405-3

◆**大学経営国際化の基礎**　石原俊彦、荒木利雄著　(西宮)関西学院大学出版会

教育

◆**大学経営国際化の必要性と戦略**

【目次】第1章 大学経営国際化の必要性、第2章 高等教育を取り巻く外部環境（今後のグローバル環境、高等教育を取り巻く環境と課題）、第3章 大学経営国際化の先行研究（スーパーグローバル大学の取り組み、大学の地域貢献に関する先行研究、大学経営に必要な財務の視点）、第4章 シナリオ・プランニングとバランス・スコアカード（不確実性社会と大学の国際グローバル戦略、国際・グローバル戦略とバランス・スコアカード、新たな価値を創造する国際・グローバル戦略）、第5章 大学経営の国際化とグローバル化、国際・グローバル戦略としての国際化とグローバル化、国際・グローバル戦略を推進していくための財務戦略、国際・グローバル戦略と地方創生戦略との統合）

2017.5 150p A5 ¥2400 ①978-4-86283-241-2

◆**大学授業改善とインストラクショナルデザイン** 日本教育工学会監修, 松田岳士, 根本淳子, 鈴木克明編著 （京都）ミネルヴァ書房 （教育工学選書2 14）

【要旨】授業改善のアイディアを具体化する。インストラクショナルデザイン研究の知見を応用した大学の授業デザインセミナーの実際を紹介する。

2017.3 165p A5 ¥2200 ①978-4-623-07875-2

◆**大学生のスポーツと健康生活** 福岡大学スポーツ科学部編　大修館書店

【目次】第1章 からだを動かそう（なぜ、フィットネス？―生涯スポーツ演習では"フィットネスを高め、活動力を涵養する"、体力とは―からだとこころの力を育む）ほか、第2章 スポーツをやってみよう（器械運動、陸上競技（トラック、フィールド）ほか、第3章 生活を始めよう（健康とは―健康とは何だろう？、メンタルヘルスと運動・スポーツ―運動が心の健康に及ぼす影響 ほか、第4章 スポーツを知ろう（スポーツとは―スポーツの本質を知ろう、生涯スポーツとは―広がるスポーツとの関わり方）ほか

2017.3 176p B5 ¥1700 ①978-4-469-26817-1

◆**大学生のための異文化・国際理解―差異と多様性への誘い** 高城玲編著　丸善出版

【要旨】異文化理解と国際理解に関して、多様な広い視点から具体例をもとに論じた誘いの書。特に文化人類学による異文化理解の視点と国際関係論を主とする国際理解の視点を軸に、自文化における身近な他者理解にも注目する。社会学や民俗学、地域研究、美術史などの視点も合わせて多角的・複眼的にわかりやすく紹介する。

2017.1 204p A5 ¥2200 ①978-4-621-30125-8

◆**大学生のための交渉術入門** 野沢聡子著　慶應義塾大学出版会

【要旨】大学生活で生じるさまざまな対立・衝突を、お互いが満足するかたちで解決するにはどうすればよいのか。そのための「協調的交渉」の理論と実践を、サークル、アルバイトなどの身近な事例にわかりやすく解説。

2017.12 154p A5 ¥1600 ①978-4-7664-2487-4

◆**大学生のための速読法―読むことのつらさから解放される** 松崎久純著　慶應義塾大学出版会

【要旨】「リーディングハニー6つのステップ」が、読むことをラクな作業にしてくれる。読むスキルについての基本的な考え方から、大学・大学院生に必須の文献―講義の配布資料、就職活動に関する本、論文、学術書など―を読みこなす具体的方法まで丁寧に解説。

2017.3 126p A5 ¥1400 ①978-4-7664-2401-0

◆**大学生のためのライフ・デザインのすすめ** 梶原豊, 伊藤正昭, 木谷光宏編著　リンケージ・パブリッシング、星雲社 発売

【目次】第1章 社会環境の変化にチャレンジするためのライフ・デザイン、第2章 現代学生の進路選択行動とライフ・デザイン、第3章 人口減少社会の進展と地方創生、第4章 グローバル化の進展と地域文化の独自性、異文化理解と異文化間コミュニケーション、第5章 グローバル化の進展と異文化間コミュニケーション、第6章 グローバリズムと地域文化の独自性、第7章 結婚・家庭生活とライフスタイル―就職・結婚・家庭生活を送っている先輩からのメッセージ、第8章 ライフ・デザイン、キャリア形成と就業意識の深層、第9章 学生の就職活動とライフ・デザイン

2017.4 117p A5 ¥1800 ①978-4-434-23315-9

◆**大学生のためのICT活用標準テキスト―2017年版大学生の情報リテラシー** 富山大学情報処理教育部会情報処理テキストワーキンググループ著　（富山）富山大学出版会, 梧桐書院 発売　第11版

【目次】第1部 コンピュータ操作（パーソナルコンピュータの使い方、テキスト・エディタの使い方）、第2部 インターネット（電子メールの使い方、Web ブラウザとSearch Engine の使い方）、第3部 アプリケーション（ワード・プロセッサーMS Word2013の利用法、表計算ソフトウェア MS Excel2013の活用法、プレゼンテーション技法とMS Power Point2013の活用法）、第4部 発展（HTMLとスタイルシートによるWeb ページ作成の基礎、タイプセッティング・システムLaTeXによる論文の作成、数式処理システムMathematica の活用法）、第5部 情報倫理と教育（情報倫理の遵守とマナー、インターネット上の脅威と対策、学校教育とICT）

2017.4 263p B5 ¥2000 ①978-4-340-53028-1

◆**大学大倒産時代―都会で消える大学、地方で伸びる大学** 木村誠著　朝日新聞出版 （朝日新書）

【要旨】18歳人口の本格減少と地方の衰退が、全国の大学を直撃！どう生き残るか!?すでに熾烈な戦いが始まっている！まず、地方の中堅私立大学が危機に陥り、都市の私立大学下位校に連鎖する。有名私大も安閑としていられない。旧帝大系などの有力国立大でも、格差が広がる。15年後には、100校が消滅しそうだ。「悪夢」と「希望」が交差する現状を徹底分析!!

2017.8 222p 18cm ¥760 ①978-4-02-273095-4

◆**大学というメディア論―授業はライヴでなければ生き残れない** 前田益尚著　幻冬舎メディアコンサルティング, 幻冬舎 発売 （幻冬舎ルネッサンス新書）

【要旨】CDが売れなくなってもライヴの動員数は増えている。人々は何を求めてライヴに足を運ぶのか？そこに、この先大学が生き残るヒントを見出し、世界の実例を紐解いてその方法を解説。最高学府こそライヴハウスであれ！教育に全身全霊をかけた著者が贈る、渾身のメッセージ。

2017.7 171p 18cm ¥800 ①978-4-344-91313-4

◆**大学におけるアクティブ・ラーニングの現在―学生主体型授業実践集** 小田隆治編　（京都）ナカニシヤ出版

【要旨】本書は、日本の大学で行われているアクティブ・ラーニングの実践集である。ここにはこれこそがアクティブ・ラーニングだというものがあるわけではない。多様な授業の中で展開されているアクティブ・ラーニングの豊かな泉があるだけだ。読者には、この中から自分流のメソッドを汲み取って、自分のアクティブ・ラーニングを作り出していって欲しい。

2016.11 223p A5 ¥2800 ①978-4-7795-1085-4

◆**大学における海外体験学習への挑戦** 子島進, 藤原孝章編　（京都）ナカニシヤ出版

【目次】第1部 大学的海外体験学習、第1部 第2編（海外スタディツアーにおける授業づくり―アクティブ・ラーニングにおける「関与」を中心に、海外スタディツアーにおけるループリックの作成と活用、海外体験学習における学びの変容と市民性、NGO（NICE）による国際ワークキャンプ―状況学習の観点から、海外体験学習におけるリスクの共有化と課題）、第2部 マネジメントと評価（大学教育における海外体験学習が受入側に与える影響―カンボジアの事例から、プログラムの制度化と学びを支える職員の参画、海外渡航時のリスク管理―学内体制の把握と検証、海外留学とキャリア形成―期間別でみる海外留学のインパクト）

2017.12 184p A5 ¥2800 ①978-4-7795-1201-8

◆**大学における反転授業** 河村一樹, 今井康博著　（岡山）大学教育出版

【目次】第1章 反転授業概論（反転授業とは、反転授業とeラーニング）、第2章 アカデミックスキル教育における事例（反転授業の実践に向けて、反転授業の実践事例―東京国際大学の場合、第3章 CLIL、社会・感情学習、そして反転授業（CLIL（内容言語統一学習）とは、「徳育」とは、社会・感情学習、授業の実践例―上智大学の場合、検証、今後の現実的課題）

2017.4 160p A5 ¥2000 ①978-4-86429-436-2

◆**大学入試における共通試験** 東北大学高度教養教育・学生支援機構編　（仙台）東北大学出版会 （高等教育ライブラリ 12）

【要旨】「新共通テスト」が抱える課題とは何か？研究者、高校現場、諸外国の事例から検討する。十分な検証がなされないまま大学入試センター試験が廃止され、新たな共通テストが実施されようとしている。これまでの大学入試の制度改革を多面的に検討し、その影響を問う。

2017.3 221p A5 ¥2100 ①978-4-86163-279-2

◆**大学の学科図鑑** 石渡嶺司著, こぎりみき, むらいっちイラスト　SBクリエイティブ

【要旨】資格&検定、学費、進路、就職先。役立つデータ満載。伝統ある定番の学科から新進気鋭の学科まで、158学科収録。今どきの大学教育が楽しくわかる!!

2017.9 191p A5 ¥1000 ①978-4-7973-9270-8

◆**大学の経営管理―原論の試み** 小日向允著　論創社

【要旨】大学とはなにか、その存在意義とは―。環境の激変と漂う閉塞感に活路を見出すためにあるべき教育研究活動と、それを支える経営を「経営管理」の視点から根本的に問い直す。

2017.8 179p B6 ¥2000 ①978-4-8460-1634-0

◆**大学の実力 2018** 読売新聞教育ネットワーク事務局編著　中央公論新社

【要旨】日本最大規模の大学・学部別調査、国公私立692大学。

2017.9 192p A4 ¥1650 ①978-4-12-005009-1

◆**大学評価学会年報『現代社会と大学評価』第13号 大学・大学評価の原点を探る** 大学評価学会年報編集委員会編　大学評価学会, （京都）晃洋書房 発売

【目次】特集 大学・大学評価の原点を探る（市民的大学評価論の確立に向けた大学政策の検討、市民とは誰か、市民のための大学とは何か、記念講演 大学はこのままでいいのか、特別寄稿論文 民主主義教育の原理と「無償教育の漸進的導入」―québec教育を育む「場」、動向 韓国における登録金減額無償化と大学の在り方―江原道立大学を事例に、書評『大学評価（論）の体系化』という問題提起について考える―JUAA選書第15巻『大学評価の体系化』をめぐって

2017.9 131p A5 ¥1800 ①978-4-7710-2941-5

◆**大学IRスタンダード指標集―教育質保証から財務まで** 関東地区IR研究会監修, 松田岳士, 森雅生, 相生芳晴, 姉川恭子編著　（町田）玉川大学出版部 （高等教育シリーズ 173）

【要旨】汎用性と将来的な活用可能性に着目した139の指標を取り上げ、活用例、算出方法、必要なデータなどを見開きで示す。

2017.3 295p B5 ¥2800 ①978-4-472-40539-6

◆**対話で創るこれからの「大学」** 大阪大学COデザインセンター監修　（吹田）大阪大学出版会

【目次】序奏 社会と学知の統合にむけて、第1楽章 知の協奏と共創（社会の「公器」としての大学、「技術」と「不満」のつなぎ方、学びが生まれる「場」のつくり方、未来を動かす人とテクノロジー）、間奏 知のフィールドをデザインする人材、ネットワークとは？、第2楽章 異なる知の「つなぎ方」を考える（一歩先の未来を描くために人類進化ベッドはこうしてできた、現場の枠を飛び越える―実践と政策のつなぎ方、つながりを研究する―「つなぐ人」がもたらす価値）、終奏 モヤモヤとした悩みをともにモヤモヤと考え続けることの意味

2017.9 213p B6 ¥2500 ①978-4-87259-599-4

◆**多文化間共修―多様な文化背景をもつ大学生の学び合いを支援する** 坂本利子, 堀江未来, 米澤由香子編著　学文社

【目次】第1章 多文化間共修とは―背景・理念・理論的枠組みの考察、第2章 Finding Common Ground プロジェクトオーストラリアの大学における多文化間共修の理論的枠組み、第3章 クラスにおける多文化理解をいかに保障するか―北海道大学における「多文化交流科目」の開発と実践、第4章 学生間の意味ある異文化間交流を丁寧に「仕掛ける」―東北大学における実践、第5章 学びを深める多文化間グループアプローチ―名古屋大学の正課内外における実践、第6章 異なる科目をつなぐ日英二言語で多文化間共修を実現する―立命館大学における実践、第7章 すべての新入生に多文化間共修を！―立命館アジア太平洋大学の事例

2017.2 206p B6 ¥1900 ①978-4-7620-2708-6

◆**地域がグローバルに生きるには―地方創生と大学教育** 帯野久美子著　（京都）学芸出版社

【要旨】グローバル人材に重要なのは英語力だけではなく、その育成は都市部の大規模・トップ大学ばかりが担うものでもない。国内外での豊富なビジネス経験を活かし、地方大学において

東南アジアでの教育プログラムを開発・実践してきた著者が、地元の魅力を世界に発信できる人材を育むために、大学と地域が持つべき視点を提言する。
2017.7 198p B6 ¥1800 ①978-4-7615-2648-1

◆創る×まち 育てる×ひと――地域創造と大学
長崎県立大学編集委員会編 （長崎）長崎新聞社
【要旨】まちづくり、ひとづくりで活躍する長崎県内の地域リーダーらによる活動報告や、元日銀証券課長で場所文化フォーラム名誉理事の吉澤保幸氏の講演録、地域の発展、課題の解決の提言などを目指す長崎県立大地域創造学部の教授らの論文を掲載。地方創生のヒントがここに。
2017.1 279p A5 ¥1600 ①978-4-904561-99-7

◆帝国大学――近代日本のエリート育成装置 天野郁夫著 中央公論新社 （中公新書）
【要旨】いまなお大きな存在感を持つ旧七帝大。明治維新後、西欧の技術を学ぶため、一八八六年の帝国大学令により設立が始まった。本書では、各地域の事情に応じて設立・拡充される様子、帝大生の学生生活や就職先、教授たちの研究と組織の体制、予科教育の実情、太平洋戦争へ向かう中での変容などを豊富なデータに基づき活写。建学から戦後、国立総合大学に生まれ変わるまでの七〇年間を追い、エリート七大学の全貌を描く。
2017.3 278p 18cm ¥860 ①978-4-12-102424-4

◆東大教養学部「考える力」の教室 宮澤正憲著 SBクリエイティブ
【要旨】東大生が行列をつくる人気授業を完全書籍化！ チームで共に創る！ 人生の「武器」になる。
2017.9 242p B6 ¥1400 ①978-4-7973-9264-7

◆東大は主張する――東京大学新聞年鑑 2016-17 東京大学新聞社編 シーズ・プランニング、星雲社 発売
【目次】第1章 東大情報の最前線（2016年度東大ニュース総決算、東大ニュースヘッドラインほか）、第2章 東大教員に聞け!! ――東大の研究成果に触れる（2015年度退職教員インタビュー 大学教員のあるべき姿、2016年度退職教員インタビュー 教員生活最後に語る ほか）、第3章 東大生は何を思う――著名人インタビュー（困難迎えればいつでもヒップホップだ（ダースレイダー（ラッパー））、雑誌・編集者の枠越える（佐渡島庸平（コルク代表取締役社長）） ほか）、第4章 東大のキャンパスライフ（報道企画・駒場の役割担う――理学部1号館東棟の、語学力養成「TLP」開始から3年半 ほか）
2017.9 179p B5 ¥1500 ①978-4-434-23756-0

◆日本教育経営学会紀要 第59号 大学経営の課題と展望 日本教育経営学会編 第一法規
【目次】特集 大学経営の課題と展望、研究論文、公開シンポジウム 共生社会の実現と教育経営の課題――多様性に教育はどうこたえるか、若手研究者のためのラウンドテーブル 転換期における新しい教育経営学を探究する――若手研究者が考える新たな研究方法と課題、課題研究報告 日本型教育経営システムの有効性に関する研究――新たな学校像における教育の専門性（1）――担い手（スタッフ）に着目して、海外の教育経営事情、実践研究フォーラム、書評、教育経営学研究動向レビュー
2017.6 229p A5 ¥2800 ①978-4-474-05856-9

◆博士になったらどう生きる？――78名が語るキャリアパス 栗田佳代子監修、吉田塁、堀内多恵編 勉誠出版
【要旨】本書では、多様な専門分野で現在活躍している78名のインタビューをまとめ、「博士がどういうキャリアを辿るのか」に対して多様なあり方を具体的に示した。15の専門分野についてそれぞれ5名が、これまでの歩みと、その途上における考え方や努力などについて書いている。「博士号を取得する」ための基礎的な情報をもとに、いわゆるワークライフバランスの問題についてもとりあげ、事例として3名に対してインタビューを行い紹介した。
2017.3 278p A5 ¥1800 ①978-4-585-23056-4

◆反教養の理論――大学改革の錯誤 コンラート・パウル・リースマン著、斎藤成夫、齋藤直樹訳 法政大学出版局 （叢書・ウニベルシタス）
【要旨】現代オーストリアを代表する哲学者が、グローバル化した「知識社会」で経済効率やランキング競争一辺倒になったヨーロッパの大学改革を徹底批判して、27刷を重ねた異例のベストセラー。「反教養」の精神に支配され、実学重視の名のもとに繰り返されてきた場当たり

的な教育改革ではなく、人間性の批判的啓発と伝統に根ざした大学の再生を問う。教員・学生・市民必読！
2017.7 205p B6 ¥2800 ①978-4-588-01061-3

◆プレステップキャリアデザイン 岩井洋、奥村玲香、元根朋美著 弘文堂 第4版
【目次】キャリアデザインってなんだろう？――イントロダクション、コミュニケーションするってなに？――人間関係づくり、自分を発見しよう――自己分析（1）、自分のPOPを作ろう――自己分析（2）、自分をアピールしよう――自己PR（1）、コンビニ弁当から職業を考える――多様な職業（1）、あこがれの人に学ぶ――多様な職業（2）、未来予想図を作ろう――ライフプランニング、あなたの金銭感覚は？――現代社会の理解（1）、生涯にいくら稼げるの？――現代社会の理解（2）、社会の流れを知ろう――現代社会の理解（3）、いま、求められている人材とは？――求められる人材（1）、社会で求められる人材になるには？――求められる人材（2）、自分を売り込もう――自己PR（2）、人にとってのキャリアデザインとは？――まとめ
2017.9 157p B5 ¥1800 ①978-4-335-00096-6

◆変革を駆動する大学――社会との連携から協創へ 東京大学ビジョン2020 五神真著 東京大学出版会
【要旨】より良い社会をつくるために、大学は何ができるのか。知の協創の世界拠点を目指して。
2017.4 187p B5 ¥1800 ①978-4-13-003361-9

◆野研！ 大学が野に出た――フィールドワーク教育と大學堂 北九州市立大学監修、竹川大介著 （福岡）九州大学出版会 （シリーズ北九大の挑戦 4）
【要旨】2008年に北九州で生まれた「大學堂」というムーブメントと、そのバックボーンである「九州フィールドワーク研究会（野研）」の秘密を語る。この本はフィールドワーク教育に関する一冊のマニュアル本のような様式を装っているが、たぶん期待されるようなノウハウはほとんど書かれていない。むしろ反対に、近代教育によって培われてきた強固なマニュアル依存、すなわち「学校の呪い」を、すこしずつ解いていくことを意図している。
2017.9 136p B5 ¥1800 ①978-4-7985-0215-1

◆有名大学81校のすべてがわかる！ 大学図鑑！ 2018 オバタカズユキ監修 ダイヤモンド社
【要旨】広告、建て前、裏取り一切なし！ 入学案内、パンフ、HPのウソにだまされないために受験生必読の1冊。現役学生、OB、OG、5000人超のナマの声で作った真の大学案内。
2017.3 511p B6 ¥1800 ①978-4-478-10222-0

◆理系大学生活ハンドブック 原田淳著 （京都）化学同人
【要旨】大学生活を楽しく、有意義に送るための必読書。理系新入生の不安や疑問がすっかり解消！
2017.1 133p A5 ¥1200 ①978-4-7598-1832-1

◆KEIO SFC JOURNAL Vol.17 No.1(2017) 特集 DesignX*XDesign――未知の分野における新たなデザインの理論・方法の提案とその実践 慶應義塾大学湘南藤沢学会編 （藤沢）慶應義塾大学湘南藤沢学会、紀伊國屋書店 発売
【目次】特集 DesignX*XDesign――未知の分野における新たなデザインの理論・方法の提案とその実践（招待論文「意地悪な問題」から「複雑な社会・技術的問題」へ移行するデザイン学の研究、教育動向に関する考察、プロトタイピングを中心としたデザインプロセスにおける「推進力」と「展開力」の諸問題――「Cultural Exciter」概念をもってして ほか）、研究論文（もののづくりのモデルとしての生活風景、動物性タンパク資源である昆虫食のエネルギー的可能性――その量差を用いたデザイン手法 ほか）、研究ノート（アクターネットワーク理論のFab への援用）、自由論題（研究論文（修学旅行とナショナリズム――戦後の奈良・京都への旅行の再開・拡大過程、津島佑子『ジャッカ・ドフニ 海の記憶の物語』――口承の歌と物語――不完全な記憶の中で生きていくために））
2017.10 334p A5 ¥2000 ①978-4-87738-503-3

◆SDのための速解 大学教職員の基礎知識 平成29年改訂版 山本雅淑編著 学校経理研究会
【目次】1 学校教育制度の歴史、2 日本の高等教育政策、3 教育関係法令、4 私立大学・短期大学の入学者数等の動向、5 学校法人会計基準と財務分析、6 補助金と教育改革支援、7 キャリア

支援、用語解説、知っているようで、知らない文書の常識
2017.4 138p B5 ¥1500 ①978-4-908714-10-8

平和・人権教育、国際理解教育

◆タイの人権教育政策の理論と実践――人権と伝統的多様な文化との関係 馬場智子著 東信堂
【要旨】タイの人権教育は、文化的・宗教的・民族的多様性を有する国内情勢と、グローバリゼーションが加速する国際情勢との狭間で常に揺れ動かされ、地域特性に見合った複合的な「人権」概念を伝えるものとなっている。この緩やかな人権概念の適用が結果として多様な教育実践を可能とする。人権教育の多様性を包括的に解く本書は国内外の多様な地域に援用でき、まさに先進的な実践専門を描いた理論と実践の労作である。研究者のみならず教育現場に携わる全ての人々に希望的示唆となるだろう。
2017.4 185p A5 ¥2800 ①978-4-7989-1418-3

◆はじめてみよう！ これからの部落問題学習――小学校、中学校、高校のプログラム ひょうご部落解放・人権研究所編 （大阪）解放出版社
【要旨】小学校・学級づくりに生かす同和教育。中学校・教科書を使った新しい部落史学習。高校・アクティブ・ラーニングを用いた指導案。
2017.3 169p B5 ¥2000 ①978-4-7592-2164-0

社会教育・生涯教育

◆グローバル時代の「開発」を考える――世界と関わり、共に生きるための7つのヒント 西あい、湯本浩之編著 明石書店
【要旨】序章 誰もが「幸せ」を感じられる世界は、本当にできるの？、第1章 「豊かさ」ってなんだろう？、第2章 「公正な社会」ってどんな社会？、第3章 「多文化共生」ってどういうこと？、第4章 「平和な世界」ってどんな世界？、第5章 自分らしい「参加」できる社会づくり、第6章 誰にでも「居場所」がある世界で、終章「自分の世界」から踏み出してみる、解説 グローバル時代の「開発」問題と開発教育
2017.8 300p A5 ¥2300 ①978-4-7503-4555-0

◆国際セクシュアリティ教育ガイダンス――教育・福祉・医療・保健現場で活かすために UNESCO編、浅井春夫、艮香織、田代美江子、渡辺大輔訳 明石書店
【要旨】第1部 セクシュアリティ教育の論理的根拠（序論、背景、セクシュアリティ教育実践のための支援の構築と計画の立案、セクシュアリティ教育のための実証的基盤、効果的なセクシュアリティ教育プログラムの特徴、教育機関におけるすぐれた実践）、第2部 内容項目と学習目標（序論、年齢の範囲、学習の構成、独立したプログラムか関連づけられたプログラムか、構成、基本的構想と内容項目の概要、学習目標の表）
2017.6 213p A5 ¥2500 ①978-4-7503-4475-1

◆子ども・若者支援と社会教育 日本社会教育学会編 東洋館出版社 （日本の社会教育 第61集）
【目次】序：子ども・若者支援における「社会教育的支援」の枠組み、第1部 子ども・若者支援の歴史的検討（青少年・青少年教育関係専門職をめぐる歴史的経緯と社会教育行政の課題、20世紀後半からの"子ども"政策の二大潮流とその考察――「第三の領域」に視点を当てて、青年期に求められる自立に関する歴史的検討 ほか）、第2部 子ども・若者支援における専門性と専門職養成の視点（子ども支援実践における専門性の現代的構造――学童保育実践を事例に、社会教育における子ども・青年の人格形成支援の方法と支援者養成――こどものまち実践における大人の育ち、若者施設を基盤としたユースワークの展開とそこにおけるスタッフの専門性 ほか）、第3部 子ども・若者支援における社会教育的支援の実践と課題（地域子ども活動団体の現状と支援観――社会教育的支援とは何か、若者を居場所から仕事の世界へ導く社会教育的支援アプローチ、高校生の「社会的・職業的自立」を支援する社会教育行政の役割――都立学校「自立支援チー

教育　　680　　BOOK PAGE 2018

ム」派遣事業が目指すもの　ほか）

◆**社会教育・生涯学習ハンドブック**　社会教育推進全国協議会編　エイデル研究所　第9版
【目次】第1編 貧困・格差社会に新たな希望をつむぐ社会教育・生涯学習の課題、第2編 社会教育・生涯学習の関連法令と国際文書・条約、第3編 社会教育・生涯学習委員会、公民館、図書館、博物館、第4編 学びを支える施設と社会教育関係職員、第5編 学びの主体と実践、第6編 社会教育・生涯学習をめぐる現代的課題、第7編 年表
2017.10 995p A5 ¥4200 ①978-4-87168-604-4

◆**生涯学習時代の教育制度**　梨本加菜著　樹村房
【要旨】幼稚園、小学校、特別支援学校等の教師を目指す学生の、教職課程の基礎科目「教育制度（教育に関する社会的、制度的又は経営的事項）」に対応したテキスト。教師の他にも、児童福祉施設の職員や学芸員、司書、社会教育主事の志望者、社会福祉活動の指導者等、教育・福祉を学ぶ人たちが教職教養を広くカバーできるよう構成。
2017.9 172p A5 ¥1800 ①978-4-88367-281-3

◆**生涯学習・社会教育行政必携 平成30年版**　生涯学習・社会教育行政研究会編　第一法規
【目次】第1章 基本法令、第2章 主要答申等、第3章 社会教育関係職員・社会教育関係施設（社会教育主事・事務、社会教育委員会、公民館、図書館、博物館）、第4章 生涯学習・社会教育関係施策の在り方、学校・家庭・地域の連携、青少年の健全育成、現代的・社会的課題への対応、生涯を通じた学習機会の拡大、情報化への対応、その他）、第5章 財務等
2017.6 1709p A5 ¥4500 ①978-4-474-05850-7

◆**生涯学習論入門**　今西幸蔵著　（京都）法律文化社 改訂版
【目次】第1章 生涯学習の意義、第2章 生涯学習と教育の国際化、第3章 生涯学習の提唱、第4章 学習者の特性と学習の継続発展、第5章 生涯学習と社会教育・家庭教育・学校教育、第6章 各教育機能相互の連携と生涯学習支援システム、第7章 社会教育と市民社会、第8章 社会教育行政の考え方と指導者、施設、第9章 社会教育の内容、方法と形態、第10章 学習情報提供と学習相談の意義
2017.4 191p A5 ¥2500 ①978-4-589-03842-5

◆**新キャリア開発支援論—AI時代のキャリア自律に向けて**　松村直樹、平田史昭、角方正幸共著　学事出版
【目次】第1章 変化するキャリア開発支援論（キャリア開発支援の過去・現在・未来、新キャリア開発支援のフレーム（知的3種の神器）、キャリア開発支援と大学の役割）、第2章 AI時代とキャリア教育（産業構造の劇的な変化—AI, IoT, グローバル、インダストリアル4.0、これからの企業が求める人材と仕事能力、学ぶと働くをつなぐためのキャリア教育）、第3章 基礎力（ジェネリックスキル）の育成とキャリア自律（キャリア開発支援における基礎力（ジェネリックスキル）の位置づけ、教育改革の指針となる新しい能力の定義、基礎力（ジェネリックスキル）の測定、基礎力測定テスト「PROG」の特徴、基礎力（ジェネリックスキル）伸長の実態と支援）、第4章 キャリア開発プログラムの実際とマネジメント課題（プログラムマネジメントの重要な観点、プログラムマネジメントの実際、キャリア開発プログラムのマネジメント課題と解決策）
2017.4 125p A5 ¥1800 ①978-4-7619-2319-8

◆**新時代のキャリア教育—学校と企業と地域をつなぐ**　長田徹、清川卓二、翁長有希著　東京書籍
【要旨】新学習指導要領で、キャリア教育はどう変わる？　企業や地域とどう連携していけばいいのだろう？　キャリア教育と教科をどのように関連させるの？　全国の実践事例をもとに、疑問に答える！
2017.5 126p B5 ¥1300 ①978-4-487-81049-9

◆**"つながり"の社会教育・生涯学習—持続可能な社会を支える学び**　手打明敏、上田孝典編著　東洋館出版社
【目次】"つながり"の社会教育・生涯学習、第1部 地域を生み出す学び（生涯学習政策における連携・協働・ネットワーク、住民の学びと地域づくり、住民主体の地域運営と公民館、地域共同体における社会関係資本の形成、学校と地域の協働関係づくりの方策—教育政策を具現化するか？付き合いの実践、若者にとってのたまり場・居場所）、第2部 "つながり"がくらしを変える（多文化共生の地域づくりへの取り組み

—外国人集住地域に着目して、地域の自治を志向する住民の学び—東日本大震災被災地の取り組み、地域福祉を支える担い手とその学び—3.11震災・被災体験者の語り、障害者の地域における自立を支える親の役割、労働と生活の分断を乗り越えるための学習—ワークライフバランスから考える、リテラシーの学びと実践、人口転換に対応した新たなコミュニティ施設創造の試み—ドイツにおける「多世代館」振興政策の展開、コミュニティ学習の場の創造—イギリスの事例から、現代中国都市コミュニティにおける社会団体活動の展開、現代中国社会における少数民族文化の継承の課題）
2017.3 223p A5 ¥2300 ①978-4-491-03349-5

◆**人間解放の創造的学習**　能村幸彦著　学研プラス
【要旨】創造的学習の長期間にわたる教育実践と理論的研究の統合によって生まれた本。人間解放につながる創造的学習・探究的学習を根源的に考察し、実践的・総合的に展開しています。
2017.11 129p A5 ¥1400 ①978-4-05-800839-3

◆**未来をつくるキャリアの授業—最短距離で希望の人生を手に入れる！**　渡辺秀和著　日本経済新聞出版社（日経ビジネス人文庫）
【要旨】20代、30代という若さでありながら、自分の好きなことで数千万円もの年収を得て、社会で大活躍している人が増えている。彼らの成功のカギは「キャリア設計」にあった。1000人を越える相談者の転身を支援してきたキャリアコンサルタントが、夢を叶えるためのキャリアの作り方を伝授する！
2017.10 269p A6 ¥780 ①978-4-532-19838-1

◆**未来創学としての生涯教育—野村生涯教育原論 1**　野村佳子著　野村生涯教育センター、出版文化社 発売
【目次】第1部 生涯教育への道程（生涯教育とは何か、野村生涯教育の道程、未来創造としての生涯教育）、第2部 野村生涯教育の構想（野村生涯教育の起点、野村生涯教育の構想、野村生涯教育の基本理念）
2017.4 266p B6 ¥2500 ①978-4-88338-620-8

◆**未来創学としての生涯教育—野村生涯教育原論 2**　野村佳子著　野村生涯教育センター、出版文化社 発売
【目次】第3部 野村生涯教育の人間観（人間の本質について、本質の開発を阻むもの）、第4部 野村生涯教育の基礎原理（自然の秩序、法則を教育原理とする、本質の開発に資する循環の法則）、第5部 生涯教育のあり方（失われつつある人間性の復活、新しい価値の創造に向かって、ボランティア社会の実現、地球人としての連帯、世界の中の日本の役割、人類の英知の結集、新しい文明の創造）
2017.4 230, 8p B6 ¥2500 ①978-4-88338-621-5

障害児・福祉教育

◆**アクティブラーニング対応 エピソードから読み解く障害児保育**　尾яма明美、小湊真衣著　萌文書林
【目次】第1章 0歳児、第2章 1歳児、第3章 2歳児、第4章 3歳児、第5章 4歳児、第6章 5歳児、第7章 6歳児
2017.3 241p B5 ¥2100 ①978-4-89347-245-8

◆**アクティブラーニングで学ぶ 特別支援教育**　藤田久美編著　一藝社
【目次】1 特別支援教育を学ぶまえに（あなたはなぜ特別支援教育を学ぶのですか、特別支援教育の現場—子どもの育ちを支える教員の姿から、障害のある子どもの育ちを支える教育の中で）、2 特別支援教育を学ぶ前に—知識・理解を深めるために（専門分野の立場から）、3 特別支援教育の風景—実践に向けてのステップ（多様な教育ニーズに対応する特別支援教育—それぞれの風景、実践を積み重ねるために、教育技術の向上を目指して、学び続ける教員になるために、特別支援教育を学ぶあなたへ）
2017.3 94p A5 ¥1800 ①978-4-86359-123-3

◆**アジア・日本のインクルーシブ教育と福祉の課題—ベトナム・タイ・モンゴル・ネパール・カンボジア・日本**　黒田学編　（京都）クリエイツかもがわ（「世界の特別ニーズ教育と社会開発」シリーズ 4）

【要旨】先行研究が乏しいアジアのインクルーシブ教育と福祉の課題を探り、日本との比較研究を試みる。アジア各国が障害者権利条約の思想や各条項を、どのように現実のものとして達成させていくのか、その変化の兆しと諸課題を提示する。
2017.7 193p A5 ¥2400 ①978-4-86342-215-5

◆**アスペルガー症候群・ADHD 子育て実践対策集**　司馬理英子著　主婦の友社（育ちあう子育ての本）（『ADHD・アスペルガー症候群 子育て実践対策集』改訂・改題書）
【要旨】落ち着きがない、こだわりが強い、集中力が持続しない、ほかの子とうまく遊べない、かんしゃくを起こしやすい、読み書きの習慣が身につかない…誤解されがちなアスペルガー症候群とADHDの子たちをどう育てればよいかが具体的にわかる最新図解版。
2017.4 127p 21×19cm ¥1300 ①978-4-07-422994-9

◆**あそトレ—発達に不安がある子が遊びながら学べる22のトレーニング**　ぐみ発達・療育支援部門Flos著、高濱正伸監修　健康ジャーナル社
【要旨】フロスメソッド、10年間の発達支援の集大成！　4歳〜低学年。親子でいっしょに遊ぶ時間が、学びに踏み出す一歩になる！
2017.12 95p B5 ¥1400 ①978-4-907838-87-4

◆**ヴィハルト千佳こ先生と「発達障害」のある子どもたち—事例から学ぶその実際と理解・支援の手引き**　ヴィハルト千佳こ著　柏植書房新社
【要旨】あるあるこんな事、いるいるこんな子（人）。いちばん戸惑っているのは、「発達障害」がある「こんな子（人）たち」です。大切なことは「お互いを知り・理解すること、尊重すること」。周囲の人びとが向き合うための学ぶことや支援のポイントを、多くの事例が教えてくれる。
2017.8 125p A5 ¥1800 ①978-4-8068-0701-8

◆**うちの子は字が書けない—発達性読み書き障害の息子がいます**　千葉リョウコ著、宇野彰監修　ポプラ社
【要旨】小学2年生になってもなかなか字が書けるようにならなかった息子・フユ。ノート1ページの漢字練習に1時間かかる、板書が追いつかない、テストの点がとれない。まわりからはただ"勉強ができない子"と見えてしまっていた。たまたま参加した講演会をきっかけに知った「発達性読み書き障害」。専門機関に相談し、フユの苦手の正体がやっとわかった。母子二人三脚で、また賑やかな家族のサポートを受け、フユは楽しそうに勉強に励む。学校での"特別扱い"、受験・進級、職業選択…さまざまな難局に、フユと家族はどう—？
2017.9 175p A5 ¥1200 ①978-4-591-15532-5

◆**うちの子はADHD—反抗期で超たいへん！**　かなしろにゃんこ。著、田中康雄監修　講談社（こころライブラリー）
【要旨】障害告知、親子ゲンカ、進路選択、お金の問題…数々のハードルに漫画家ママはどう挑む！？お悩み解決のヒントも満載です。
2017.10 140p A5 ¥1300 ①978-4-06-259719-7

◆**エピソードから読み解く特別支援教育の実践—子ども理解と授業づくりのエッセンス**　障害児の教授学研究会編　福村出版
【目次】1章 エピソードから特別支援教育の実践を拓く、2章 内面や意識の変化を描くエピソード記述の方法、3章 子どもを深く理解しよう、4章 子どもの遊びを広げる・深める、5章 みんなで、楽しく、学ぶための集団づくり、6章 楽しい授業を展開する 1 子どもの「感じる」「考える」を大切にする、7章 楽しい授業を展開する 2 教師の指導技術と授業展開、8章 キャリアにつながる学びを生み出す授業づくり、9章 エピソードを書いたり話し合ったりして指導力をアップする、10章 エピソードを通して教師の専門性を高める
2017.9 205p A5 ¥2300 ①978-4-571-12130-2

◆**演習・保育と障害のある子ども**　野田敦史、林恵編　（岐阜）みらい（学ぶ・わかる・みえるシリーズ保育と現代社会）
【目次】第1部 基礎知識編—障害児保育の基本を学ぶ（障害児保育を学ぶみなさんへ—最初に考えてほしいこと、障害児保育の基本を学ぶ ほか）、第2部 基礎演習編—障害の種類と援助の技術や方法を学ぶ（肢体不自由の理解と援助、視覚障害の理解と援助 ほか）、第3部 実践演習編—障害児保育の実践的な技術や方法を体験的に学ぶ

◆思いを育てる、自立を助ける　明石洋子著　本の種出版　（発達障害の子の子育て相談1）
【要旨】知的遅れがあってこだわりが強くたって、元気に働く大人になれる！ ASD（自閉スペクトラム症）で公務員の息子「てっちゃん」を育てた著者が、本人の思いを育て自己実現をできることより幸せになることを目標にした子育てを伝授。
2017.11 176p A5 ¥1800 ①978-4-907582-06-7

◆思いっきり支援ツール──発達障害のある子とお母さん・先生のための　武藏博文, 高畑庄蔵著　エンパワメント研究所
【要旨】生活を向上させ、将来の夢を叶えよう！──支援の考え方、支援の輪を広げよう─4種の支援ツール、うちのこいちばんアンケートを書こう─子どもの長所を理解する、支援のアイデアを練ろう─子どもに合ったねらいを考える、いいこといっぱいチャレンジ日記──交換記録ツール、チャレンジは自助具で自分から──実行を助ける手がかりツールその1、コミュニケーション・パワーアップ─実行を助ける手がかりツールその2、チャレンジは手順表で自分から──自発を促す手がかりツールその3、親・子・支援者も楽になるサポートブック──協働ツール、支援ツール・サークルをひらこう──支援ツール作成教室のすすめ、チャレンジ発表会をしよう─支援ツールによるグループ活動のすすめ、支援ツールの素
2017.6 232p B5 ¥1800 ①978-4-907576-23-3

◆介護現場のリーダーお助けブック──コミュニケーションが苦手な人の支援のために　川村博子, 漆澤恭子, 古川繁子, 根本曜子編著　ジアース教育新社　（植草学園ブックス─特別支援シリーズ 3）
【目次】第1部 マナー編（挨拶、言葉遣い、新人の心得、暗黙のルール、休憩時間の使い方）、第2部 行動編（どっちが先？：業務の優先順位、業務の段取りが苦手、あいまいな言葉が苦手、集中することが苦手）、第3部 自己理解編（理解や精神面の課題）
2017.2 89p 21×18cm ¥1700 ①978-4-86371-405-2

◆学習指導要領改訂のポイント 通常の学級の特別支援教育　平成29年版　上野一彦監修, ADHD&ASD」編集部, 『LD, 笹森洋樹編　明治図書出版　（『LD, ADHD&ASD』PLUS）
【目次】第1章 キーワードでみる学習指導要領改訂のポイントと今後の特別支援教育の方向性（アクティブ・ラーニングと特別支援教育、育成を目指す資質・能力と個に応じた指導、特別支援教育の視点を取り入れたカリキュラム・マネジメント、ICT環境の整備とAT（アシスティブ・テクノロジー） ほか）、第2章 事例でみる学習指導要領改訂のポイントと今後の特別支援教育の方向性（学びを深める協同学習の実際、ICT活用の実際、合理的配慮と基礎的環境整備の実践例、学級経営の充実（どの子も力をつけるクラスづくり）の実際、授業の「ユニバーサルデザイン」の実際、各教科での学びにくさのある子への手立ての実際、読み書きが苦手な子への英語の指導例、自立のためのキャリア教育の実際）
2017 117p B5 ¥1960 ①978-4-18-271425-2

◆学習指導要領改訂のポイント 特別支援学校 平成29年版　宮崎英憲監修, 『特別支援教育の実践情報』編集部, 横倉久編　明治図書出版　（『特別支援教育の実践情報』PLUS）
【要旨】キーワードでみる学習指導要領改訂のポイント。事例でみる学習指導要領改訂のポイント。
2017.11 181p B5 ¥2460 ①978-4-18-270719-3

◆学習障がいのある児童・生徒のための外国語教育──その基本概念、指導方法、アセスメント、関連機関との連携　ジュディット・コーモス, アン・マーガレット・スミス著, 竹田契一監修　明石書店
【目次】第1章 教育における障がいのとらえ方、第2章 ディスレクシアとは、第3章 学校の中での学習障がい、第4章 言語学習における認知的、情意的側面、第5章 判定と公表、第6章 学び方の違いへの配慮、第7章 言語教授のための指導法、第8章 アセスメント、第9章 移行と学びの進捗　2017.10 310p B6 ¥2800 ①978-4-7503-4577-2

◆学習障害（LD）のある小学生・中学生・高校生を支援する個別の指導計画 作成と評価ハンドブック　海津亜希子著　学研教育みらい、学研プラス 発売　（教育ジャーナル選書）　（付属資料：CD-ROM1）
【要旨】「個別の指導計画」の理論、事例、作成、評価、すべてがわかる！
2017.7 159p B5 ¥2200 ①978-4-05-800751-8

◆学生・若手教師のための"実践"特別支援教育テキストブック　辻誠一著　教育開発研究所
【目次】第1章 障害（がい）理解、第2章「特殊教育」から「特別支援教育」への転換、第3章 学校教育の概要理解、第4章 特別支援教育の基礎・基本、第5章 指導の実際1（教科別の指導）、第6章 指導の実際2（領域・教科を合わせた指導）、第7章 指導の実際3（「自立活動」「交流及び共同学習」）、第8章 指導の実際4（実践学）、第9章 各障害の理解ポイント
2017.4 240p A5 ¥2200 ①978-4-87380-480-4

◆学童期の作業療法入門──学童保育と作業療法士のコラボレーション　小林隆司, 森川芳彦, 河本聡志, 岡山県学童保育連絡協議会編著（京都）クリエイツかもがわ
【要旨】気になる子どもの発達を促す「作業療法」！ 作業療法、感覚統合の理論をわかりやすく解説、作業療法の視点から「1 感覚遊び、2 学習、3 生活」での子どもの発達を促す新たな実践を拓く！ 目からウロコ！ 納得！
2017.9 130p 26×19cm ¥1800 ①978-4-86342-221-6

◆学力・リテラシーを伸ばす ろう、難聴児教育──エビデンスに基づいた教育実践　パトリシア・エリザベス・スペンサー, マーク・マーシャーク著, 松下淑, 坂本幸訳　明石書店
【目次】第1章 導入と主要な結果一覧、第2章 ろう児の人口統計、多様性とろう教育の基礎的課題、第3章 ろう教育の実施の評価─信用できない立つ情報を得る方法、第4章 聴力損失の早期診断と早期介入─言語と学習への関わり、第5章 言語発達、言語、言語システム、第6章 リテラシーに関わる諸技能の獲得と発達、第7章 認知、知覚と学習様式、第8章 数学と理科の成績、第9章 教育措置の決定とその結果、第10章 重複障害を持つ子どものための指導計画 第11章 最良の実践への課題と動向
2017.5 277p A5 ¥3800 ①978-4-7503-4521-5

◆学級担任が進める特別支援教育の知識と実際──集団の教育力を生かしたインクルーシブ教育の実現　河村茂雄編著　図書文化社
【要旨】キーワードは「個への気づき」と「学級集団づくり」。インクルーシブ教育システム構築のための特別支援教育の展開のポイントについて、わかりやすくコンパクトにまとめられた一冊。
2017.11 101p A5 ¥1600 ①978-4-8100-7700-1

◆聞く、読む、書く能力の認知特性・発達状況を把握する 小・中学校国語科スクリーニングテスト　佐藤明宏, 武藏博文, 富永大悟編著, 香川大学大学院教育学研究科特別支援教室「すばる」編　明治図書出版　（特別支援教育サポートBOOKS）
【要旨】国語科のつまずきを把握する小学校（低・中・高学年編）と中学校のテスト問題を収録。実施マニュアル、評価基準、評価表、個別プロフィール表で実施から評価までフルサポート！ スクリーニングテストを使ったさまざまな指導事例を紹介。
2017 135p B5 ¥2060 ①978-4-18-246013-5

◆基礎から学ぶ障害児保育　小川英彦編著（京都）ミネルヴァ書房
【要旨】気になる子・障害児の発達のために。インクルージョン保育を見据えた園での実践の歩みを踏まえ、「普遍性」と「特殊性」を持ち合わせた障害児保育を解説。
2017.4 261p A5 ¥3000 ①978-4-623-07991-9

◆基礎から学ぶ特別支援教育の授業づくりと生活の指導　上田征三, 高橋実, 今中博章編著（京都）ミネルヴァ書房
【要旨】本書は、「生活を支える」という視点を踏まえた授業づくりを考える新しいテキストです。困ったときに手元において、授業づくり、教材研究、学習指導案・指導の記録の作成。生活の指導等の参考にできるように、事例を紹介しまた解説しています。特別支援学校・特別支援学級の初任者が実践の現場で活用でき

る内容であり、初任者研修等でも教科書として使えます。
2017.5 254p B5 ¥2600 ①978-4-623-08036-6

◆基礎からわかる言語障害児教育　日本言語障害児教育研究会編著　学苑社
【要旨】言語障害児教育に携わる先生、必携の書。言語障害児の指導には、教育的診断・評価から子どもの成長発達を促し"ことばを育てる"ことまでの幅広い知識と経験が求められる。全国の担当者に向けて研鑽の場を50年間提供し続けてきた研究会による「押さえておきたい基礎と要点」をまとめた1冊。
2017.8 302p A5 ¥3500 ①978-4-7614-0791-9

◆基礎脳力アップパズル──発達障害のある子の認知機能を高めよう！　坂本條樹著　学研プラス　（学研のヒューマンケアブックス）　（付属資料：別冊1; CD-ROM1）
【要旨】プリントしてすぐに使えるパズル約500枚。1日5分、楽しくプリントに取り組めば、教室での「困った！」に効く3つの力が伸びます！ 落ち着きがなく集中力が続かない…に効く─注意力。考える前に衝動的に動いてしまう…に効く─行動調整力。自分で順序だてて考え行動できない…に効く─ワーキングメモリ。
2017.8 79p B5 ¥1800 ①978-4-05-800774-7

◆「気になる」子ども 保護者にどう伝える？──幼稚園・保育所・小学校の先生必携！　佐藤愼二著　ジアース教育新社　（植草学園ブックス─特別支援シリーズ 6）
【目次】第1章 なぜ、"伝える"ことが難しいのか？、第2章 なぜ、受け止められないのか─親としての最も親らしい姿、第3章 保護者の思いと置かれている状況を想像する！、第4章 幼稚園・保育所・学校全体の保護者に対する方針の明確さ、第5章 学級担任としてきること、第6章 個別面談の進め方─そのポイントを考える、第7章 具体的・実際的に支える、第8章 すでに診断を受けた子の保護者支援こそ大切にする！
2017.9 118p A5 ¥1700 ①978-4-86371-437-3

◆基本から理解したい人のための子どもの発達障害と支援のしかたがわかる本　西永堅著　日本実業出版社
【要旨】子どもたち1人ひとりの発達に合わせたサポート方法を丁寧に解説。
2017.2 142p A5 ¥1500 ①978-4-534-05468-5

◆キャリア支援──進学・就労を見据えた子育て、職業生活のサポート　梅永雄二著　本の種出版　（発達障害の子の子育て相談 6）
【要旨】子育てを今より少し楽に、スムーズに。発達障害・就労支援の専門家が贈る、子育て、進路選択と職業生活サポートのコツ。得意なところを伸ばし自信をつけること、意識的にライフスキルを育むこと、働く大人にきっとなれる！
2017.3 180p A5 ¥1800 ①978-4-907582-11-1

◆キャリア発達支援研究 4　「関係」によって気付くキャリア発達、「対話」によって築くキャリア教育　キャリア発達支援研究会編　ジアース教育新社
【目次】第1部 座談会 新学習指導要領とキャリア発達支援、第2部 論説 キャリア教育の動向と今後の展望（小・中・高等学校におけるキャリア教育の推進・充実に向けて、新学習指導要領とキャリア教育─特別支援学校幼稚部教育要領及び特別支援学校小学部・中学部学習指導要領等を踏まえて、キャリア教育とカリキュラム・マネジメント）、第3部 実践（北海道大会及び北海道CEFにおけるキャリア発達支援の改善・充実を目指した取組、キャリア発達を促す実践の追求）、第4部 キャリア教育の広がり（高等学校における生徒の実態と教育的支援の在り方─困りを抱えた生徒の実態と支援、教育と福祉は融合か？ そして就労支援に求められる価値は？─第三の進路としての就労支援、富山キャリア教育学会の取組─現在までの歩みと今後の展望）、第5部 資料「キャリア発達支援研究会第4回北海道大会」記録
2017.12 189p B5 ¥2000 ①978-4-86371-445-8

◆教育オーディオロジーハンドブック──聴覚障害のある子どもたちの「きこえ」の補償と学習指導　大沼直紀監修, 立入哉, 中瀬浩一編著　ジアース教育新社
【目次】第1章 総論（教育オーディオロジーの過去・現在・未来、日本における教育オーディオロジーの歴史 ほか）、第2章 聴能評価（乳幼児の

教育

◆教員をめざすあなたへ—特別支援学校のすべてがわかる　宮崎英憲監修, 全国特別支援学校長会編著　ジアース教育新社　(付属資料：DVD1)
【目次】1 理論編・特別支援学校とは（インクルーシブ教育時代の特別支援教育、普通教育における特別支援教育の位置付け ほか）、2 実践編・障害種別の特別支援学校の教育活動（視覚障害特別支援学校、聴覚障害特別支援学校 ほか）、3 体験編・授業体験を通した教育実践の実際（初任者の言葉、「不安」を「やりがい」に変えてくれた替え歌 ほか）、4 教育実践のQ&A（特別支援学校の教育と小・中・高の教育との大きな違いは何ですか、特別支援学校の評価について教えてください。 ほか）、5 資料（年間指導計画、学習指導案 ほか）
2017.3 187p 21×18cm ¥2000 ①978-4-86371-407-6

◆教室で使える発達の知識—発達が凸凹の子どもたちへの対応　山田章著　(京都)クリエイツかもがわ
【要旨】専門家でなくても観察できるアセスメントと支援！ 失敗しないオプションがたくさんあり、よくわかる発達の凸凹タイプ一覧表、発達の凸凹発見ツール。
2017.11 190p B5 ¥2000 ①978-4-86342-223-0

◆教室の困っている発達障害をもつ子どもの理解と認知的アプローチ—非行する子どもから学ぶ学校支援　宮口幸治著　明石書店
【目次】1 障害をもった非行少年の特徴と学校で困っている子どもの背景（何が問題になっていたのか、認知機能の弱さ、感情統制の弱さ、融通の利かなさ、不適切な自己評価、対人スキルの乏しさ、身体的不器用さ、性の問題行動、生育環境の問題と支援者の誤解）、2 具体的支援と学校教育との連携（非行少年たちが変わるとき、社会面への支援、学習面への支援、身体面への支援、家庭への支援、支援者と支援）
2017.2 114p B5 ¥1800 ①978-4-7503-4458-4

◆共生社会の時代の特別支援教育　第1巻 新しい特別支援教育—インクルーシブ教育の今とこれから　柘植雅義編集代表, 石橋由紀子, 伊藤由美, 吉利宗久編著　ぎょうせい
【要旨】合理的配慮のポイントは？ 管理職は、担任は、何をすればいい？ 教育のユニバーサルデザインとは？ 「特別支援教育」の考え方・進め方が事例でわかる！
2017.12 219p B5 ¥2500 ①978-4-324-10407-1

◆共生社会の時代の特別支援教育　第2巻 学びを保障する指導と支援—すべての子供に配慮した学習指導　柘植雅義編集代表, 熊谷恵子, 日野久美子, 藤本裕人編著　ぎょうせい
【要旨】教科ごとの合理的配慮の例は？ 教材や教室環境をどう工夫する？ 子供理解のためのアセスメントとは？ 通常学級・通級指導教室・特別支援学級・特別支援学校「特別支援教育」の考え方・進め方が事例でわかる！
2017.12 235p B5 ¥2500 ①978-4-324-10408-8

◆共生社会の時代の特別支援教育　第3巻 連携とコンサルテーション—多様な子供を多様な人材で支援する　柘植雅義編集代表, 大石幸二, 鎌塚優子, 滝川国芳編著　ぎょうせい
【要旨】保護者とどう関わればいい？ チーム支援のポイントは？ 教育相談・生徒指導の効果的な在り方は？ 通常学級・通級指導教室・特別支援学級・特別支援学校「特別支援教育」の考え方・進め方が事例でわかる！
2017.12 212p B5 ¥2500 ①978-4-324-10409-5

◆きょうのお母さんはマル、お母さんはバツ—双極性障害の親をもつ子どもにおくる応援メッセージ　肥田裕久監修, 雨こんこん文, はにゅうだゆうこ絵　星和書店
【要旨】お母さんは、こんな病気だけど、大丈夫。それに、あなたはひとりじゃない。たくさんの人が、あなたを見守って、応援しています。
2017.3 1Vol. B5 ¥1200 ①978-4-7911-0949-4

◆きれいごと抜きのインクルーシブ教育　多賀一郎, 南惠介著　(名古屋)黎明書房
【要旨】「教室のあの子」とも呼ばれる発達障害の特徴を持つ子ども。突然走り回る、些細なことでも異常に反応をする。…こういった行動に対し、教師や支援者はどのようにかかわっていけばよいのだろうか。きれいごとだけでは通用しない教室の実態を踏まえ、教師はどのような考え方や視点を持ち、どのような対策をすべきなのか。今、最も注目すべき2人の実践家がインクルーシブ教育の今日と明日を克明に語る。
2017.5 157p B6 ¥1800 ①978-4-654-01944-1

◆クイズで学ぶことばの教室基本の「キ」　髙川康著　学苑社
【要旨】ことばの教室を初めて担当した先生が、クイズを通して研修できるように構成。理解を促す動画や教材なども紹介され、「指導の仕方がわからない…」と嘆く先生の悩みを解決するための1冊。
2017.9 191p B6 ¥1800 ①978-4-7614-0794-0

◆現場発！ 知的・発達障害者の就労自立支援　髙原浩著　学事出版　(特別支援教育ONEテーマブック)
【要旨】働きたい人を本気で社会につなぐ!! 就職率75%、定着率91%という驚異的な数字を叩き出している、ft1ビジネス・スクール。業界関係者からは、しばしば「革新的」と評される。しかし、著者の髙原さんは「極めてオーソドックスに、就労自立を想定した評価をし、ボトルネックを確認、対象者に合わせた支援に置き換えて実行しているだけ」と言う。本書は、そんな実践者としての行動の起点と目のつけどころを伝える。
2017.11 179p A5 ¥1600 ①978-4-7619-2353-2

◆こうすればうまくいく！ ADHDのある子どもの保育—イラストですぐにわかる対応法　水野智美著, 徳田克己監修　中央法規出版
【要旨】とつぜん走り出す、落ち着きがない、集中して話を聞けない、友だちといつもトラブルになる、給食の食べ終わりがいつも最後…。ADHD傾向のある子どもへの対応法はこれ1冊でマスター！
2017.5 123p 23×19cm ¥1600 ①978-4-8058-5494-5

◆高等学校における特別支援学校の分校・分教室—全国の実践事例23　柘植雅義, 小田浩伸, 村野一臣, 中川恵乃久編著　ジアース教育新社
【目次】第1部 理論編（インクルーシブ教育の時代の分校・分教室の位置、高等学校における特別支援教育の推進と分校・分教室、特別支援学校の分校・分教室の設置の全国的状況（調査）、特別支援学校の分校・分教室の設置と運営）、第2部 実践編（分校、分教室、その他）、第3部 座談会（高等学校における特別支援学校の分校・分教室の現状と今後）
2017.10 247p A5 ¥2400 ①978-4-86371-440-3

◆国語「書く力、伝える力」の実力アップ編　加藤博之著　明治図書出版　（"特別支援教育"学びと育ちのサポートワーク 6）
【目次】第1部 本書を活用するにあたって、第2部 国語「書く力、伝える力」マスターワーク（同じ意味をさがそう、いろいろな文を作ろう、ストーリーを考えよう、同じ意味の文を作ろう、たとえてみよう、意味のちがいを考え絵をかこう、話を正しく並べよう、絵にあった文を書こう、いろいろなことばを考えよう、二字熟語を作ろう）
2017 127p B5 ¥2160 ①978-4-18-193117-9

◆5歳アプローチカリキュラムと小1スタートカリキュラム—小1プロブレムを予防する保幼小の接続カリキュラム　三浦光哉編著　ジアース教育新社
【目次】第1部 小1プロブレムと接続カリキュラム（特別支援教育と保育的対応、小1プロブレムとは ほか）、第2部 5歳アプローチカリキュラム（アプローチカリキュラムとは、アプローチカリキュラムの内容と作成 ほか）、第3部 小1スタートカリキュラム（スタートカリキュラムとは、スタートカリキュラムの内容と作成 ほか）、第4部 保・幼・小の連携（保育所・幼稚園等から小学校への情報の引き継ぎ、個別の支援計画の作成と引き継ぎ ほか）
2017.1 186p B5 ¥2400 ①978-4-86371-402-1

◆ことばの魔術師—大人になったちょうちょ　七条章子, 川端侑子著　(姫路)ブックウェイ
【要旨】小学生時代「ちょうちょのようね」と言われた著者の娘の侑子も立派な大人となりました。今では母である著者を支え励まし、癒してくれる存在となっています。彼女の成長の過程や日々の生活ぶりを、彼女の短歌や短歌のかたちで綴りました。
2017.10 318p B6 ¥1000 ①978-4-86584-258-6

◆子どものかわいさに出あう—乳幼児期の発達基礎講座　近藤直子著　(京都)クリエイツかもがわ
【目次】講座1 発達とは何か？（発達するってどういうこと？、発達の大きな流れを踏まえよう、障害のある人の人生を考える）、講座2 乳幼児期の発達と「1歳半の節」（乳児期の発達において大切なこと、1歳半の節—乳児から幼児へ、障害があると何がしんどいのか？）、講座3 2歳から3歳の自我の発達—幼児期前半期の発達（1歳から2歳へ、「ちがい」のわかる2歳児たち、ことばが急増する2・3歳児、あそびを中心とした表象世界の充実、幼児期前半の自我の発達、障害によるしんどさと取り組みの視点）、講座4 4・5歳のこころの発達—幼児期後半期の発達（幼児期後半の発達において大切なこと、仲間の中で羽ばたこうと頑張る4歳児の発達、「大きさ」に向けて努力し始める5歳児たち、集団生活で「問題」となる子どもたち）
2017.2 94p A5 ¥1200 ①978-4-86342-203-2

◆子どもの視点でポジティブに考える 問題行動解決支援ハンドブック　ロバート・E.オニール, リチャード・W.アルビン, キース・ストーレイ, ロバート・H.ホーナー, ジェフリー・R.スプラギュー著, 三田地真実, 神山努監訳, 岡村章司, 原口英之訳　金剛出版　(原著第3版)
【要旨】本書は、心理学の一分野である、応用行動分析学（ABA）の理論に基づいて、児童生徒の示す問題行動に科学的にアプローチするため礎を作ったものである。初版は、1993年に出版され、以降現場で実際に使える書として版を重ねてきている。本書は2015年に出版された、原著第三版の全訳である。問題行動にはどのような機能があるのかを読み解くための「機能的アセスメント」の手続きから、アセスメント結果に基づく行動支援計画の立案まですべてのプロセスを包括的に詳細に解説した、現場で活用できる一冊。すぐに使える記録用紙も掲載。
2017.11 254p B5 ¥3200 ①978-4-7724-1583-5

◆コロロメソッドで学ぶことばを育てるワークシート—書いて身につけるコミュニケーション&ソーシャルスキル　コロロ発達療育センター編著　合同出版
【要旨】30年にわたる経験と研究・実践に基づいた信頼のコロロメソッド！ 高機能自閉症やアスペルガー症候群、ADHDなどの発達障害のある人が苦手とする、コミュニケーション能力や社会適応力を身につけるために必要な「ことばの概念」を理解するための学習教材。
2017.4 143p B5 ¥1800 ①978-4-7726-1294-4

◆最新図解 自閉症スペクトラムの子どもたちをサポートする本　榊原洋一著　ナツメ社
【要旨】特徴と原因・診断の流れ・支援のしかたまで、自閉症スペクトラムの基礎知識がわかる。行動療法、ABA、TEACCHによる構造化…さまざまな療育（治療教育）プログラムを紹介。ADHDを併発するケースへの支援も。家庭・園・学校での効果的なサポート例が満載。
2017.7 175p 24×19cm ¥1500 ①978-4-8163-6267-5

◆作業学習 不易流行　全日本特別支援教育研究連盟編, 千葉忠雄, 小倉京子責任編集　東洋館出版社
【目次】手工芸、食品加工、栽培、木工、縫製・染色、流通サービス・地域連携
2017.6 174p B5 ¥2600 ①978-4-491-03364-8

◆支援・指導のむずかしい子を支える魔法の言葉　小栗正幸監修　講談社　(健康ライブラリーイラスト版)
【要旨】暴言・暴力、いじめ、不登校…困った場面も乗り切れる！ ひと目でわかるイラスト図解。話が通じない、聞く耳をもたない子の心に響く対話術。
2017.11 98p 21×19cm ¥1300 ①978-4-06-259819-4

◆思考力・判断力・表現力を育む授業　分藤賢之, 川間健之介, 北川貴章監修, 全国特別支援学校肢体不自由教育校長会編著　ジアース教育新社　(肢体不自由教育実践授業力向上シリーズ No.5)
【要旨】新学習指導要領に示された育成すべき資質・能力の三つの柱。その一つの「思考力・判断力・表現力」を育む授業づくりをキーワードに、学習指導要領改訂のポイント解説と全国の特別支援学校（肢体不自由）から授業改善の実践24事例を紹介。
2017.11 123p B5 ¥1800 ①978-4-86371-443-4

◆肢体不自由教育における子ども主体の子どもが輝く授業づくり—PDCAサイクルをつくる「活動分析」と「評価」　飯野順子編著　ジアース教育新社
【要旨】「活動動画」と「評価」によって生まれるPDCAサイクルで授業は進化する「子どもたちが学ぶ喜びを感じられるようになった」と教員からの評価も高い「活動分析」と「評価」を取り入れた授業改善の方法を紹介。「子どもの主体性」に重きを置いた生活単元、音楽、図画工作、国語、算数などの授業実践も豊富に掲載。
2017.11 181p B5 ¥2400 ①978-4-86371-441-0

◆実行機能力ステップアップワークシート—体験しながら育もう 自立に向けてのアイテム10　NPOフトゥーロLD発達相談センターかながわ編著　(京都)かもがわ出版
【要旨】プランニング(実行可能な計画を立てる)、優先順位、時間管理、空間や情報の管理、SOSを出す、忘れない工夫、モニタリング(行動認識)、シフティング(柔軟性)、開始と持続、コントロール。特別支援教育の教材。コピーしてすぐに使えるワークシート！対象・実行機能をうまく発揮しにくいADHD、ASDなど、発達にアンバランスさをもつ小学校高学年くらいの子どもたち。
2017.10 167p B5 ¥2000 ①978-4-7803-0928-7

◆実践、楽しんでますか？—発達保障からみた障害児者のライフステージ　全国障害者問題研究会兵庫支部、木下孝司、川地亜弥子、赤木和重、河南勝編著　(京都)クリエイツかもがわ
【要旨】乳幼児期、学齢期、青年・成人期、3つのライフステージでの実践に共通するキーワードは「楽しい」「なかま」「集団」。発達を新しい自分づくりのプロセスとしてとらえ、「今」を大切にすることが「未来」につながる。
2017.8 217p A5 ¥2000 ①978-4-86342-218-6

◆実践に生かす障害児保育　前田泰弘編著、立元真、中井靖、小笠原明子著　萌文書林
【目次】第1部 障害児保育を支える理念(障害児保育とは、障害児保育の基本)、第2部 障害の理解と障害の支援の援助(障害の理解と保育の援助1—知的障害、障害の理解と保育2—肢体不自由/感覚障害/視覚障害 ほか)、第3部 障害児保育の実際(子ども理解に基づく計画の作成と記録・評価、個々の発達をうながす生活やあそびの環境 ほか)、第4部 家庭および関係機関との連携(家庭や関係機関との連携、障害のある子どもの早期発見と支援 ほか)、第5部 障害のある子どもにかかわる現状と課題(障害のある子の発達を支える関連資源の現状と課題、支援の場の広がりとつながり)
2018.1 206p B5 ¥2000 ①978-4-89347-273-1

◆実践に学ぶ特別支援教育—ASD児を中心とした情緒障害教育の成果と課題、そしてこれからの心愛　水野薫編、ASD教育実践研究会著　本の種出版
【要旨】半世紀を振り返り、研究者や医者とは異なる実践家の視点で贈る教育のヒント。
2017.8 141p B5 ¥3500 ①978-4-907582-14-2

◆知ってほしい乳幼児から大人までのADHD・ASD・LD ライフサイクルに沿った発達障害支援ガイドブック　齊藤万比古、小枝達也、本田秀夫編　診断と治療社
【要旨】就学、就職、結婚、子育て…発達障害のひとのライフサイクルに寄り沿った支援のすべてが、この1冊でわかります！
2017.6 181p A5 ¥3000 ①978-4-7878-2255-0

◆自閉症児のためのことばの教室 新発語プログラム 2　発語してから会話・概念獲得への32〜60ステップ　石井聖、羽生裕子著　学苑社
【要旨】ことばが話せるようになってからの学習課題について、主に会話が成立するまでを重点的にスモールステップ化し、自分で考えられるようなプロセスをまとめた。30年以上にわたる実践で証明されてきたプログラムを療育で活かす。
2017.2 190p B5 ¥2200 ①978-4-7614-0787-2

◆自閉症スペクトラム 家族が語るわが子の成長と生きづらさ—診断と支援にどう向き合うか　服部陵子著　明石書店
【目次】第1章 わが子の生育史—診断や支援の遅れ、養育困難はどのように起きたか？(子どもたちはどのように育ったか、事例を教えること—不適応から二次障害へ)、第2章 学齢期を振り返る—学齢期に深刻だったわが家の悩み、学校への疑問—親からの申し立て、学齢期に大事なこと—親は何をすべきか？)、第3章 成人期の生活と就労—現状と今後への指針(わが子の現状と今後に望むこと—親たちへのインタビューから、就労はどのように実現したか—一般企業と介護施設へ入職した二人の経過、成人期の生活と就労を考える)、第4章 自閉症スペクトラムの医学と臨床(発達障害の広がりと診断基準、合併障害について、学齢期の不適応と成人期の二次障害、診断と告知—何のために行うか？ 説明はどのように行うか？)
2017.6 215p A5 ¥2000 ①978-4-7503-4512-3

◆自閉症スペクトラム障害の子どもへの理解と支援　楠凡之著　全国障害者問題研究会出版部
【要旨】ASD(自閉症スペクトラム障害)の基礎的理解、ASDの子どもの"view"への共感的理解を、ASDの子どもといじめ問題、ASDの子どもと不登校問題、ASDの子どもの愛着形成のプロセス—他者とのつながりのなかで安全感と見通しを育むために、ASDの子どもと愛着障害、ASDの子どもとchild abuse、ASDの子どもの被害的認知へのアプローチ、ASDの子ども触法行為、ASDの子どもの暴力予防、ASDの子どもと他の子どもたちとの豊かなつながりを築く その1 小学校低学年、ASDの子どもと他の子どもたちの豊かなつながりを築く その2 小学校中学年、ASDの子どもと他の子どもたちとの豊かなつながりを築く その3 小学校高学年、ASDの子どもと他の子どもたちの豊かなつながりを築く その4 中学期、他者との愛着関係を通した自我の育ちへの援助か
2017.6 151p A5 ¥1800 ①978-4-88134-565-8

◆就学の問題、学校とのつきあい方—恐れず言おう、それは「正当な要求」です！　海津敦子著　本の種出版　(発達障害の子の子育て相談 2)
【要旨】子育てを今より少し楽に、スムーズに。自身障害のある子を育ててきた著者が、悩める保護者の相談に応えて贈る交渉術。就学先を決めるとき、学校に要望があるとき、どう考え、どう伝えたらいいか、根拠をもって教えます！
2017.7 170p A5 ¥1800 ①978-4-907582-07-4

◆授業で生きる知覚・運動学習—障害のある子どもの知覚や認知の発達を促す学習教材　川間健之介監修、坂本茂、佐藤孝二、清水聡、清野祥範、小泉清華編著　ジアース教育新社　(付属資料：CD-ROM1、カード、シート)
【目次】第1部 理論編(知覚・運動学習とは、視知覚の課題、肢体不自由の子どもたち)、第2部 実践編—知覚・運動学習の教材を用いて(あそびやゲーム的要素を取り入れた知覚・運動学習教材、視覚認知の発達を促す指導、『学習カード』を用いた指導、『学習シート』を用いた指導)
2017.11 147p A5 ¥2300 ①978-4-86371-442-7

◆障害児保育ワークブック　星山麻木編著　萌文書林　第2版
【目次】なぜ特別な支援が必要なのか、発達を理解する、発達の違いを理解する、障がいの特性を理解する、発達方法を理解する1. 心の支援、支援方法を理解する 2. 発達論による支援、支援方法を理解する 3. 行動への支援、支援方法を理解する 4. 環境調整による支援、支援方法を理解する 5. 周囲の人の連携による支援、支援の方法を考える実践パート、個別の教育支援計画をつくる、ケーススタディ、保護者支援と今後の課題
2017.4 150p B5 ¥1900 ①978-4-89347-250-2

◆障害のある子を支える児童発達支援等実践事例集　全国児童発達支援協議会編　中央法規出版
【目次】第1章 子どもの未来を拓く豊かな実践、第2章 発達支援の実践例とそのポイント("児童発達支援"「気になる子ども」が、丁寧な家族支援により1歳半健診から療育につながる(発達障害の疑い、2歳)、"児童発達支援"ポーテージ早期教育プログラムの手法を用い、やる気を高めていく(ダウン症、3歳)、"児童発達支援"見通しをもって、遊びや生活に向かい、要求手段を身につける(知的障害、広汎性発達障害、4歳)、"児童発達支援" 要支援家庭への支援を行った幼児—あいさんと家族へのトータルな支援(ASD、6歳)、"児童発達支援" 特性に配慮した支援を行った幼児(発達障害、4歳)、"児童発達支援" 自信のなさや不安が行動上の問題であらわれ、支援を行った事例(自閉スペクトラム症、5歳)、"児童発達支援" 遊びを含む生活体験を基に、言葉の獲得を促した事例(聴覚性難聴、4歳)、"児童発達支援" コミュニケーションを基盤とした療育の中で"聴覚"と"言葉"をひらいていく(聴覚障害、3歳)、"児童発達支援" 医療ケアが必要な障害児が、家族と一緒に地域の中で成長していける環境をつくっていく(医療ケア児、3歳)、"児童発達支援" 自分で食事を口に運べる環境を整え、遊びや活動を楽しむ(重度の脳性麻痺、4歳)、"保育所等訪問支援" 感情の調整がうまくいかず集団参加が困難であった子どもに対する保育園での支援(発達障害、5歳)、"保育所等訪問支援" 園生活に見通しをもち、自信をもって友だちと楽しく暮らす(発達障害、4歳))
2017.11 170p B5 ¥2600 ①978-4-8058-5561-4

◆障害のある子を支える放課後等デイサービス実践事例集　全国児童発達支援協議会編　中央法規出版
【目次】第1章 子どものための放課後等デイサービスを目指して、第2章 発達支援の実践例とそのポイント(衝動性への支援—勝敗にこだわらず、落ち着いて生活が送れるようになるために(ADHD、2歳)、子どもを主体の支援—豊かな成人期の生活に向けて、地域や他機関での連携を通し、「子どもらしい」育ちを支援する(知的障害・自閉症、11歳)、第2の家の機能—長期休暇中の自然体験活動(知的障害を伴う自閉症、9歳)、ソーシャルスキル—小集団の中で、気持ちや行動のコントロールを促す(通常学級、通級に通う子どもたち)、ぷれワーキング(職場体験実習)—地域での社会体験の積み重ねにより、とかかわる喜びや自分がやりがいを感じることを見つけていく(ダウン症、11歳)、重症心身障害児の放課後支援—放課後を楽しく過ごせる居場所づくりと家族の生活にゆとりを(重症心身障害、7歳)、不登校児への支援—学校との連携を通して本人を支え、家族支援として母親をサポート(自閉スペクトラム症、13歳)、意思決定、余暇支援—自分の意思で活動を決定し、生きがいをもって過ごせるように(知的障害、12歳)、地域交流活動—小集団での外出活動を通した社会技能習得の取り組み(特別支援学級等に通う子どもたち)、地域との連携—仲間との関係、社会との関係の中で育てていく(発達障害、15歳)か)
2017.9 162p B5 ¥2600 ①978-4-8058-5560-7

◆小学校 通級指導教室 発達障害のある子を伸ばす！ 指導アイデア—一人一人の感覚のバランスに着目したトレーニング　夏目徹也著　明治図書出版　(特別支援教育サポートBOOKS)
【要旨】発達障害のある子は一人一人、苦手なことは異なり、聞く力、見る力…など感覚のバランスの悪さをもっている。…だから、身近にある物や教材・教具を使って子どもたちの感覚を伸ばす指導を行おう！
2017 127p A5 ¥1800 ①978-4-18-216215-2

◆職業・家庭 たのしい家庭科—わたしのくらしに生かす　全国特別支援教育・知的障害教育研究会編著　開隆堂出版、開隆館出版販売 発売
【要旨】家庭科で何を学習するの？、家庭で自分の役割を持とう！、いろいろなお店を知ろう！、衣服をきれいにしよう！、洗たく名人になろう！、布の小物をつくろう！、バランスのよい食事をしよう！、ピザパーティーを開こう！、じょうずな豆腐をつくろう！、お店で実習をしよう！、高齢の方と、お話ししよう！、カレーライスをつくろう！、小さな子どもと遊ぼう！、おしゃれをしよう！、自分の将来を考えよう！
2016.12 63p B5 ¥1800 ①978-4-304-04213-3

◆職業・家庭 たのしい職業科—わたしの夢につながる　全国特別支援教育・知的障害教育研究会編著　開隆堂出版、開隆館出版販売 発売
【目次】職業科で何を学習するの？、はたらくってどんなこと？、机をつくろう！—道具の使い方、パンを焼こう？—基礎技能を身につけよう、清掃名人になろう！、協力しての園芸 パート1—花づくりの流れ、協力しての園芸 パート2—花苗の管理、協力しての園芸 パート3—花壇をつくろう、事務用品、事務機器を使おう！、パソコンにふれてみよう！、タブレットを使おう！、現場実習に行こう！、実習報告会をしよう！、自分の楽しみを持とう！、自分の将来を考えよう！
2016.12 63p B5 ¥1800 ①978-4-304-04214-0

◆職人技に学ぶ気になる子を確実に伸ばす特別支援教育—通常学級における支援のコツ　田中克人著　ジアース教育新社
【要旨】第1章 子どもを確実に伸ばすため、必要とする視点と考え方—教室の状況を的確に読み解くためのヒント、第2章 子どもの的確に読み解く視点とそのプロセス—子どもが伸びる道筋を理解するためのヒント、第3章 子どもを

確実に伸ばす実践から学ぶ支援のコツ―効果的な指導・支援を実施するためのヒント、第4章 子どもを確実に伸ばすためのかかわりのコツ―気になる子の子どもを確実に伸ばすためのヒント、第5章 実際に通常学級で頑張っている子どもたち―子どもの本当の気持ちを見つけ出すためのヒント、第6章 保護者とより良い関係を築くためのコツ―誤解を予防し、より良く連携するためのヒント

2017.5 194p B5 ¥2000 ①978-4-86371-416-8

◆「自立活動」に取り入れたい！発達に障害のある子どものためのとけあい動作法　今野義孝著　明治図書出版　（特別支援教育サポートBOOKS）
【目次】第1章 とけあい動作法とは、第2章 運動・動作のコントロールの支援、第3章 こだわり行動のある子どもへの支援、第4章 情緒・行動のコントロールの困難な子どもへの支援、第5章 ことばとコミュニケーションに困難のある子どもへの支援、第6章 学校や学級、保護者への支援

2017 135p B5 ¥1860 ①978-4-18-262728-6

◆新時代の知的障害特別支援学校の図画工作・美術の指導　本郷寛監修、全国特別支援学校知的障害教育校長会編著　ジアース教育新社
【目次】第1部 理論編（特別支援学校学習指導要領における小学部図画工作科、中学部美術科について、知的障害特別支援学校における「図画工作・美術」の指導）、第2部 実践編（小学部、中学部、高等部）、第3部 展開編（障害者のアート（芸術活動）による就労分野の拡大 パソナハートフル「アート村」―才能に障害はない！"をコンセプトに、絵を描くことを仕事にするプロフェッショナルを育成 株式会社パソナハートフル、「アール・ブリュット展ふくい」 福井県知的障害児者生活サポート協会・福井県立嶺北特別支援学校、「アール・ブリュット立川」の活動―こころが描くアート アール・ブリュット立川実行委員会 ほか）

2017.11 180p B5 ¥2300 ①978-4-86371-444-1

◆人生の質を高める！キャリア教育"家庭生活・学校生活・地域生活・職業生活"よりよく「生きる・働く」ための授業づくり　上岡一世編著　明治図書出版　（特別支援教育サポートBOOKS）
【目次】第1章 特別支援教育の課題と今後の方向性（人生の質を高める教育とは、生きる力・働く力とは、「日常生活の指導」と意識の向上 ほか）、第2章 人生の質を高める教育課程の編成（連続性・総合性・積み重ねを重視した教育課程を編成する、人生の質を高めることを目指導する教育課程を編成する、キャリア発達の促進を目指する教育課程を編成する ほか）、第3章 生活適応教育の実際（生活適応教育の目指すべきこと、生活適応とは、生活適応学習の実際）

2017 185p A5 ¥2300 ①

◆全員参加！全員熱中！大盛り上がりの指導術 読み書きが苦手な子もイキイキ唱えて覚える漢字指導法　道村静江著　明治図書出版　（特別支援教育サポートBOOKS）
【要旨】漢字は書いて覚えるものだ…と思い込んでいませんか？読み書きが苦手な子に苦行を強いていませんか？漢字は書かずに覚えられます！クラスみんなで楽しく覚えられます！読み書きに自信がつけば、どの子もイキイキと学校生活を送れます！

2017 190p B6 ¥1800 ①978-4-18-111719-1

◆ソーシャルスキルトレーニング絵カード指導事例集　ことばと発達の学習室M編著　（更建考）エスコアール　改訂版
【目次】1日の生活の絵カード、連続絵カード幼年版一の個の回避と約束事、連続絵カード幼年版2―集団内でのルール・約束事、他者の尊重、連続絵カード幼年版3―対人・社会性、連続絵カードA―場面の認知と予測と対処、連続絵カードB―時間的、空間的な文脈の中での場面や相手の気持ちの認知、連続絵カードC―社会的な常識と許される範囲の認知と対処、連続絵カードD―場面の把握と分析と対処、連続絵カードE―OK場面とNG場面の対比、状況の認知絵カード、状況の認知カード 中高生版

2017.3 350p A5 ¥2300 ①978-4-900851-87-0

◆ダウン症のある子どもへの222のアプローチ　佐藤功一著　田研出版
【目次】第1部 ダウン症のある子どもの課題の構造をとらえる（教室で見るダウン症のある子どもの現実、ダウン症のある子どもの指導の構図"技と術"ほか）、第2部 課題ごとの指導法とポイント（ダウン症のある子どもの課題へのアプローチ、課題1 次への活動に移れない、課題2 いたずらする・ふざける ほか）、第3部 指導の効果を支える5つのポイント（指導の効果を支えるもの、ポイント1 次につながる褒め方、ポイント2 心に届く叱り方 ほか）

2017.6 205p A5 ¥1800 ①978-4-86089-049-0

◆誰でも使える教材ボックス―教材共有ネットワークを活かした発達支援　奈良県立奈良養護学校編、高橋浩、藤川良純、西浦律子、太田和志、鴨谷真知子著　読書社
【要旨】発達に基づいた教材を使用することが、子どもの確かな学びにつながります。本書では、教材をデータベース化した連動サイト「教材共有ネットワーク」の活用方法も含め、「作りやすくて使いやすい」教材を紹介します。

2017.7 151p B5 ¥2200 ①978-4-7614-0792-6

◆地域共生社会の実現とインクルーシブ教育システムの構築―これからの特別支援教育の役割　落合俊郎、川合紀宗編著　（京都）あいり出版　（現場と結ぶ教職シリーズ 8）
【目次】1部 特別支援教育の現状と課題（共生社会の形成という観点から日本的特別支援教育を問い直す）、2部 共生社会とは何か（共生社会の実現に向けて―政治学的・経済学的観点から、共生社会の中核としての特別支援教育の可能性―広島県立三原特別支援学校の活動を中心として、共生社会の形成に向けた知的障害のある人のキャリア発達―特別支援学校技能検定の波及効果）、3部 共生社会の実現に資する社会的企業の役割（世界の社会的企業の歩みと現状―英国・香港を中心に、韓国の社会的企業の歩みと現状、日本の社会的企業の可能性―株式会社LITALICOの取り組みから見えること）、4部 インクルーシブ教育の現状と課題（インクルーシブ教育に関する国際的動向、インクルーシブ教育の歴史と現状―大阪市におけるこれまでの取り組み、インクルーシブ教育のカリキュラム）、5部 特別支援教育・インクルーシブ教育の未来（インクルージョン・インクルーシブ教育に対する提言、共生社会構築に向けた特別支援教育とインクルーシブ教育の役割）

2017.2 208p A5 ¥2000 ①978-4-86555-038-2

◆地域と共に進めるキャリア発達支援―職業学科3校合同研究実践事例集　京都市立総合支援学校職業学科編著　ジアース教育新社
【目次】第1章 新たな就労支援への展望を踏まえた地域協働・共生型活動の開発（就労の基盤となる自己肯定感を育むことの必要性―職業学科10年の取組の中で見えてきたもの、地域協働活動やリソース共有をとおしたキャリア発達支援が示唆すること、「関係性」を通したキャリア発達支援を考える）、第2章 地域協働の実践（地域協働活動について、各校の取組、今後の地域協働活動について）、第3章 リソース活用の実践（リソース活用、各校の実践、リソース活用の今後の展望）、第4章 講演 高等学校におけるキャリア発達支援の実践と理論――人一人の主体的な取組を支援する、第5章 今後の展望 共生社会の実現に向けた「学び」の場のデザイン―キャリア発達支援と地域協働活動の可能性

2017.8 166p A5 ¥1800 ①978-4-86371-435-9

◆知的障害教育におけるアクティブ・ラーニング　武富博文、松見和樹編著　東洋館出版社
【目次】第1部 アクティブ・ラーニングとは何か（知的障害教育と育成を目指す資質・能力、知的障害教育における授業展開の工夫、アクティブ・ラーニングを通してキャリア発達を支援する）、第2部 アクティブ・ラーニングの実践（小学校・小学部段階における実践、中学校・中学部段階における実践、高等部段階における実践）、第3部 アクティブ・ラーニング関連資料（様々な思考ツールを活用した授業づくり、「幼稚園、小学校、中学校、高等学校及び特別支援学校の学習指導要領等の改善及び必要な方策等について（答申）」における関係箇所）

2017.2 131p B5 ¥2300 ①978-4-491-03309-9

◆知的障害教育における生きる力と学力形成のための教科指導　渡邉健治監修・著、岩井雄一、半澤嘉博、明官茂、池本喜代正、丹羽登、高橋浩平編・著　ジアース教育新社
【要旨】学習指導要領で「生きる力」の育成が教育理念として位置づけられてから久しい。そして、「生きる力」の要素の1つとなっているのが「確かな学力」である。しかし、今まで知的障害教育においては「生きる力」も「学力」も、議論の俎上に上がることは少なかった。本書では、知的障害教育における「生きる力」と「学力」、特に教科指導に焦点をあて、その指導方法を示している。特別支援教育に長年携わってきた著者陣が、その多くの研究と実践から導き出した方策をまとめた一冊である。

2017.6 188p B5 ¥2000 ①978-4-86371-428-1

◆知的障害特別支援学校の未来志向の学校づくり―みあいの挑戦（チャレンジ）　杉浦真理子編著　ジアース教育新社
【目次】序章 これからの知的障害教育、第1章 未来志向の学校づくり、第2章 みあいスタンダード、第3章 自閉症教育、第4章 ユネスコスクール、第5章 ICT教育、第6章 自立活動の時間における指導、第7章 職員の育成、第8章 センター的機能（iサポート）、資料 自立課題学習教材

2017.6 134p B5 ¥1800 ①978-4-86371-427-4

◆知的障害のある子への"文字・数"学習期の絵カードワーク―教材作成に使える「学習イラスト」データ＆アセスメント表付き　大高正樹著　明治図書出版　（付属資料：CD-ROM1）
【目次】第1章 子どもの実態把握と「絵カードを用いた学習」と「文字учением」（絵カードのマッチング」と「絵カード理解」は異なる！、文字学習に入る前に行うべき学習がある！、「20段階の絵カードを用いた学習」で子どもに「もじ」を定着させよう！、「20段階の絵カードを用いた学習」と「MOアセスメント」との関係性、資料）、第2章「20段階の絵カードを用いた学習」ワーク（同じ絵、色違いの絵、同概念の絵、二分割の絵、一部分拡大の絵 ほか）

2017 159p B5 ¥2500 ①978-4-18-184212-3

◆中学校・高等学校 発達障害生徒への社会性指導―キャリア教育プログラムとその指導　桑田良子編著　ジアース教育新社（植草学園ブックス 特別支援シリーズ 4）
【要旨】自閉症スペクトラムやADHD、LDの生徒に、教師はどう接し、どう指導すればよいか。特別支援学級・学校のみならず、中学、高校の通常学級にも多く在籍する子供たちに向けて―構成的グループエンカウンター、グループワーク、ソーシャルスキルトレーニングなど、教科学習の中でもできる教育プログラムの数々を紹介しつつ、「人と関わる力」の基礎となる社会性の指導方法を示す。0歳から大学生まで幅広い年齢の人たちの発達の問題に、長年向き合ってきた著者が実践に基づいて記した一冊。

2017.5 169p B5 ¥2300 ①978-4-86371-415-1

◆聴覚障害児の発音・発語指導―できることを、できるところから　永野哲郎著　ジアース教育新社　（付属資料：CD-ROM1）
【目次】発音・発語指導をはじめる前に、母音の指導、半母音の指導、行音の指導、特殊拍（モーラ）の節音、日常での指導、ICTの発音指導への活用―発音指導機器・技術への期待

2017.2 180p B5 ¥2000 ①978-4-86371-395-6

◆通級指導教室と特別支援教室の指導のアイデア―小学校編　月森久江編著　図書文化社　（シリーズ教室で行う特別支援教育 9）
【目次】第1章 通級指導教室と特別支援教室（二つの教室の制度的な位置づけ、指導につなげるためのアセスメント ほか）、第2章 学習のつまずきに応じた指導（つまずきの背景の理解と対応、国語 ほか）、第3章 障害特性に応じた指導（SLDのアセスメントと指導のポイント、ADHDのアセスメントと指導のポイント ほか）、第4章 学校生活全体の充実をはかる（在籍級・在籍校との連携、保護者の心理の理解と対応 ほか）

2017.11 189p B5 ¥2400 ①978-4-8100-7687-5

◆ディスレクシアでも活躍できる―読み書きが困難な人の働き方ガイド　藤堂栄子編著、エッジ著　ぶどう社
【目次】1部 自分らしい仕事を見つける（自分を振り返る、自分の夢を振り返る、自分の強みから仕事を探す）、2部 自分らしい職場を見つける（自分に合った職場を探す、入社してから、トラブルや変化に対応、他のフィールドを持とう、起業・自営という選択）

2016.12 160p A5 ¥1600 ①978-4-89240-230-2

◆手先が不器用な子どもの感覚と運動を育む遊びアイデア―感覚統合を活かした支援のヒント　太田篤志著　明治図書出版　（特別支援教育サポートBOOKS）
【要旨】本書では、手の不器用さや困りごとに対して、直接的に練習するのではなく、その苦手さに関連する要素に間接的に働きかけ、苦手さの背景にある土台の力から育もうとするもので

す。「なにかができるようになること」、これはとても大切なことです。しかしそれ以上に、自分の手の能力に自信を持ち、自分の手を使って意欲的にチャレンジし、自信を持って自分の世界を広げていくことが大切です。
2017 107p B5 ¥2200 ①978-4-18-232717-9

◆**特別支援学級の子どものためのキャリア教育入門 基礎基本編―義務教育でつける「生涯幸せに生きる力」** 西川純,深山智美著 明治図書出版 (THE教師力ハンドブックシリーズ)
【要旨】卒業後の就職で困らない為には、学校で何を学んだらよいのでしょうか。特別支援学級の子どもたちが働くことを学びつながりある意味とは。子どもの将来を見据えて、今出来ることがあります。
2017 127p B6 ¥1500 ①978-4-18-226128-2

◆**特別支援学級の子どものためのキャリア教育入門 実践編―子どもの生涯の幸せを保障する保護者と担任のナビゲート** 西川純,深山智美著 明治図書出版 (THE教師力ハンドブックシリーズ)
【要旨】厳しい就職事情の中で、生涯の幸せを紡ぐには? 特別支援学級の子どものリアルな就職事情と、就労の仕組み。「今、卒業後の幸せのために出来る」準備と取り組み。
2017 142p B6 ¥1600 ①978-4-18-139019-8

◆**特別支援教育のアクティブ・ラーニング―「主体的・対話的で深い学び」の実現に向けた授業改善** 三浦光哉編著 ジアース教育新社
【要旨】授業改善のポイントが分かる!!「アクティブ・ラーニングの授業」を各教科・領域等の代表的な単元・題材ごとに55事例紹介。「これまでの授業」と「アクティブ・ラーニングの授業」を左右のページで比較。指導目標・評価の観点の違いや「主体的・対話的で深い学び」になるための工夫が一目で分かる。
2017.7 180p B5 ¥2200 ①978-4-86371-430-4

◆**特別支援教育の基礎―確かな支援のできる教師・保育士になるために** 宮本信也,石塚謙二,石川准,飛松好子,野澤和弘,大西延英監修 東京書籍 改訂版
【目次】特別支援教育の歴史、特別支援教育の意義と制度、特別支援教育の法規と学習指導要領、障害児・者の人権、特別支援教育の実際、各障害種別の教育・医療・心理と合理的配慮、特別支援教育と就労、家庭支援と自助グループ、当事者の思い、障害児とスポーツ、障害児への支援工学
2017.6 423p A5 ¥2800 ①978-4-487-80860-1

◆**特別支援教育の到達点と可能性―2001~2016年:学術研究からの論考** 柘植雅義,「インクルーシブ教育の未来研究会」編 金剛出版
【目次】第1部 到達点(年齢別・学校種別、早期発見・アセスメント、指導・支援の計画と評価 ほか)、第2部 課題(特別支援教育の理念と基本的な考えの問題、特別支援教育の対象と範囲の問題、2E教育の問題 ほか)、第3部 展望と期待(国際比較の視点から日本の特別支援教育や学術研究への提言、学術学会の代表者のコメント(今後期待される学術研究は?)、親の会・当事者団体 ほか)、第4部 未来を描く(座談会)
2017.9 299p B5 ¥6000 ①978-4-7724-1561-3

◆**共に生きる家庭科―自立を目指して** 全国特別支援教育・知的障害教育研究会編著 開隆堂出版、開隆館出版販売 発売
【目次】家庭科で何を学習するのかな?、家庭で自分の役割を持とう!、生活している場所を詳しく知ろう!、自分で衣服の手入れをしよう!、洗たく名人になろう!、布の小物をつくろう!、バランスのよい食事で健康になろう!、ピザパーティーを開こう!、上手な買い物をしよう!、お店の仕事をしよう!、高齢の方と、お話ししよう!、カレーライスをつくろう!、小さな子どもと遊ぼう!、おしゃれをしよう!、自分の将来を考えよう!
2016.12 63p B5 ¥1800 ①978-4-304-04211-9

◆**七転び八起きの「自分づくり」―知的障害青年期教育と高等部専攻科の挑戦** 鳥取大学附属特別支援学校,三木裕和監修 (鳥取)鳥取大学附属特別支援学校
【要旨】専攻科教育10年実践の書。振り返ることで気づきがうまれる!「子どもから大人へ」「学校から社会へ」、移行支援を大事にした実践。自分らしさを発揮して。
2017.9 210p A5 ¥1800 ①978-4-86611-095-0

◆**20世紀ロシアの挑戦 盲ろう児教育の歴史―事例研究にみる障害児教育の成功と発展** タチヤーナ・アレクサンドロヴナ・バシロワ著,広瀬信雄訳 明石書店 (明石ライブラリー)
【目次】第1章 帝都ペテルブルクにおける最初の盲ろう児学校(ヨーロッパとアメリカへの「窓」、ロシアの、盲ろうあ者保護協会、フォンタンカの、盲ろうあ児養育院、サンクト・ペテルブルクのイワン・サカリャーンスキー、戦前のレニングラードにおけるペテルブルク盲ろう児教育の伝統継承、盲ろう児の心理学的特徴研究に関するA・V・ヤルマリェンコの活動)、第2章 ハリコフにおけるサカリャーンスキーの盲ろうあ児クリニック・スクール(ろう児の教師からウクライナにおける特殊教育の創設者へ、ハリコフにおける盲ろう児教育機関の創設、拘留、壊滅、出発)、第3章 モスクワにおける盲ろう児教育(モスクワ時代のサカリャーンスキー、A.I.メシチリャーコフの指導下で行なわれた欠陥研究所における盲ろう児教育、一九七五年から二〇〇〇年までの盲ろう児の教育と研究)
2017.5 285p B6 ¥3800 ①978-4-7503-4505-5

◆**人間脳の根っこを育てる―進化の過程をたどる発達の近道** 栗本啓司著 花風社
【要旨】発達障害は、心の障害ではなく、神経発達の障害。…ならば神経を育て直すため進化と発達のプロセスをたどるのが、発達の近道。心身に負担がかからない誰でも無理なく取り組める発達援助法。
2017.4 181p B6 ¥2000 ①978-4-907725-99-0

◆**はじめての"特別支援学級"学級経営12か月の仕事術** 宮崎英憲監修,山中ともえ,川崎勝久,喜多好一編著 明治図書出版
【要旨】はじめて特別支援学級の担任になったら…押さえておきたい!基礎基本。12か月をまるごとサポート。
2017 190p B5 ¥2900 ①978-4-18-159419-0

◆**はじめての"特別支援学校"学級経営12か月の仕事術** 宮崎英憲監修,田村康二朗,緒方直彦編著 明治図書出版
【要旨】はじめて特別支援学校の担任になったら…押さえておきたい!基礎基本。12か月をまるごとサポート。
2017 186p B5 ¥2900 ①978-4-18-159528-9

◆**発達が気になる子のステキを伸ばす「ことばがけ」――番伝わりやすいコミュニケーション手段、これがその子の「母国語」です** 加藤潔著 明石書店
【目次】第1章 指示や説明のことばがけ(結論から示すー「お茶を買いにコンビニに行きます」、1回にひとつー「鉛筆を持ちます」ほか)、第2章 元気にすることばがけ(ごほんでほめるー「ごはん食べてえらいねえ」、ぼんやりとほめるー「けっこうすごいね」ほか)、第3章 マイナスにしないことばがけ(活動の邪魔をしないことを何よりも優先する―見守るだけでよい、肯定的なワンフレーズを見つけるー「言うだけなら大丈夫」ほか)、第4章 ことばを引き出すことばがけ(上手な遊び相手は表出コミュニケーション支援の達人―おもしろい遊びを勝手に始めてしまう、相手にメッセージを渡せるかどうかが運命の分かれ道―「やり」ができるかどうか ほか)、第5章 支援する立場にある自分へのことばがけ(20分の1の意地、片思いの礼儀 ほか)
2017.5 158p B6 ¥1600 ①978-4-7503-4518-5

◆**発達が気になる子の脳と体をそだてる感覚あそび** 鴨下賢一編著,池田千紗,小玉武志,高橋知義著 合同出版
【要旨】あそぶことには意味がある!作業療法士がすすめる68のあそびの工夫。
2017.3 183p B6 ¥2000 ①978-4-7726-1306-4

◆**発達が気になる子へのスモールステップではじめる生活動作の教え方** 鴨下賢一著 中央法規出版
【要旨】食事、更衣、トイレ、道具を使う動作、運動など、身につけたい生活動作を基本のきかと作業療法の視点でアプローチ。
2018.1 157p 24×18cm ¥1800 ①978-4-8058-5620-8

◆**発達障害** 岩波明著 文藝春秋 (文春新書)
【要旨】人の気持ちがわからない、空気が読めない、同じ失敗を繰り返す…それは発達障害かも知れません。日本の医学界きっての専門家が、疾患の種類、豊富な治療事例を懇切丁寧に解説する。
2017.3 255p 18cm ¥820 ①978-4-16-661123-2

◆**発達障害かも!?うちの子って―お母さんの心がかるくなる62の処方箋** 遠藤雄策,笹田夕美子著 (東久留米)シャスタインターナショナル
【要旨】わが子が発達障害かも? と悩んでいても、医療機関に相談する勇気がない。そんな悩みを解決するために、小児科医と臨床心理士の先生方が子育てに悩むママに贈る62の処方箋。
2018.1 206p B6 ¥1300 ①978-4-908184-16-1

◆**発達障害児を救う体育指導―激変!感覚統合スキル95** 根本正雄編著,小野隆行指導 学芸みらい社
【要旨】新学習指導要領における特別支援教育・体育指導のスキルをどう身につけるのか。(1)「ユニバーサルデザイン授業」を目指した体育指導 (2)特別支援教育と体育の融合で効果的なアプローチを考える。それには、「姿勢・動作・運動のつまずきの背景にある「初期感覚」を育てる。」「運動の「基礎感覚」を育てる。」「焦点化・視覚化・共有化で誰でも出来るようになる指導法」を中心に、全単元での指導ポイントを網羅。
2017.12 171p B5 ¥2300 ①978-4-908637-56-8

◆**発達障害のある子/ない子の学校適応・不登校対応** 小野昌彦編著,柘植雅義監修 金子書房 (ハンディシリーズ発達障害支援・特別支援教育ナビ)
【目次】第1章 学校適応・不登校対応のための個別支援計画と連携とは、第2章 個別支援計画の作成・学内外連携を進めるための基本、第3章 小学校における個別支援計画の作成と専門支援機関との連携、第4章 専門機関と特別支援教育コーディネーターの連携―個別支援計画を活用した登校しぶりの解決、第5章 保健室登校児童に対する学内連携方式の連携支援、第6章 個別的アセスメントによる授業場面適応支援―クラスワイドな支援から個別支援へ、第7章 発達障害児童の通級指導教室での個別指導―ディスクリート試行指導、第8章 中学校における個別支援計画に基づく専門支援機関との連携支援、第9章 定時制高等学校における不登校経験者に対する総合的支援、第10章 スクールカウンセラーとの連携による断続型不登校高校生の再登校支援
2017.3 99p A5 ¥1300 ①978-4-7608-9550-2

◆**発達障害のある子の楽しいイキイキたいそう** 金子直由著 (名古屋)黎明書房 (付属資料:CD1)
【要旨】「イキイキたいそう」は、音楽遊びを通して発達の気になる子を支援するツールです。音楽を通して楽しく体を動かしたりみんなと一緒に遊んだりできます。音楽遊びを通して発達の気になる子に取り組むための考え方、音楽教材やCDを使った実際の取り組み方などを、楽譜とイラストを交え、各曲見開き2頁でわかりやすく紹介。全32曲のピアノ簡易伴奏譜を掲載しているので、子どもの実態に合わせてアレンジすることもできます。また、付属CDには歌と伴奏、動きの解説ナレーション(ガイド)を入れた全32曲を収録。付属CDを使えば、保育や教育などの現場ですぐ実践できます。
2017.7 97p B5 ¥2400 ①978-4-654-01945-8

◆**発達障害のある児童・生徒のためのキャリア講座教材集** 松為信雄監修,WingPRO教材チーム著 ジアース教育新社
【要旨】発達障害のある子どもに対し、親と専門家が協働で取り組んでいるNPO法人WingPROが「自己を理解し、適性を活かした仕事を自分で選択・決定し、就業と生活の安定を目指す」ために開発した系統的なプログラム。その教材と学習指導案を一冊にまとめた。
2017.6 151p A4 ¥2200 ①978-4-86371-425-0

◆**発達障害の「教える難しさ」を乗り越える―幼児期から成人期の自立へ** 河野俊一著 日本評論社
【要旨】自閉症、LD、ADHD、広汎性発達障害、知的障害…「子ども自身に力をつける」という指導方針。20年以上におよぶ実績と実例。
2017.5 198p B6 ¥1400 ①978-4-535-56359-9

◆**発達障害の子をサポートする生活動作・学習動作実例集** 腰川一惠,佐々木清子監修 池田書店
【要旨】食事や着替えなどの生活動作と読み書きや工作などの学習動作を楽しく身につける。チェックポイントで「できない」の原因がわかる。
2017.3 175p 24×19cm ¥1700 ①978-4-262-15493-0

教育

◆発達障害の子をサポートするソーシャルスキルトレーニング実例集
腰川一惠, 山口麻由美監修　池田書店　（付属資料：別冊1）
【要旨】具体的な事例の要因とトレーニング、般化のポイントがわかる。保育園から中学校まで使える！
2017.1 191p 25×19cm ¥2200 ①978-4-262-15489-3

◆発達障害の子を育てる親の気持ちと向き合う
柘植雅義監修、中川信子編著　金子書房（ハンディシリーズ発達障害支援・特別支援教育など）
【目次】第1章 発達障害の子を持つ保護者のためにできること、第2章 保護者がわが子の「特性」に気づくとき―健診から療育まで、第3章 地域の小児科診療室で出会う親子の姿から、第4章 保育園・子育て支援室での保護者のかかわり、第5章 親の会による保護者同士のサポートの実際、第6章「ことばの教室」通級児の保護者と共に、第7章 精神科の診療室でできること―児童期の子を持つ親の支えとなるために、第8章 思春期の子どもたちの周りの大人たちへ、第9章 特別支援学校から小・中学校において必要な支援とは、第10章 障害のある子の将来を見据えた支援のために、資料 先生に贈るありがとうBOOK
2017.1 98p A5 ¥1300 ①978-4-7608-9549-6

◆発達障害の子どもを伸ばす脳番地トレーニング
加藤俊徳著　秀和システム
【要旨】発達障害の子どもの脳の特徴は、成長状態がデコボコしていること。得意なことと苦手なことの落差が大きいのはそのせいです。脳は刺激すればするほど成長します。本書で紹介する33のトレーニングで、まだ眠っている脳番地を刺激してあげましょう。診断がつくのを、ただ待っているのはもったいない。「得意」を伸ばし「苦手」も伸ばす。脳が育ちやすい環境、生活習慣、接し方も解説。
2017.3 195p 21×19cm ¥1400 ①978-4-7980-4736-2

◆発達障がいの子どもが自分らしい大人になる10歳からの準備60
スマートキッズ療育チーム編著　唯学書房
【要旨】周囲の人たちの支援を受けつつも、発達障がいのある子ども自身が「これがいい」と自己決定できるようにするための考える視点を解説しています。それが、QOL（生活の質）の向上を確かなものにするはずです。
2017.1 209p B6 ¥1500 ①978-4-908407-07-9

◆発達障害の子どもたちのためのお仕事図鑑―子どもたちの「やってみたい！」を引き出すキャリア教育
梅永雄二, スマートキッズ療育チーム監修　唯学書房, アジール・プロダクション 発売
【要旨】「できるお仕事」より「やってみたいお仕事」を探しませんか？ この1冊が「やりたい」探しのハローワーク。
2017.3 130p B5 ¥2200 ①978-4-908407-09-3

◆発達障害の子どもと上手に生き抜く74のヒント―保護者にも役立つサバイバルブック 小学生編
小林みやび著　学研プラス（学研のヒューマンケアブックス）
【要旨】子どもの成長は待ってくれない！ 小学校6年間を乗り切るためにやれることがわかるヒントがいっぱい!!先輩ママによる、転ばぬ先の工夫！転んだあとの対応策！ 学校の先生には内緒ですよ…。子どもと一緒に悩みスッキリ!!便利グッズカタログ付き。
2018.1 192p B6 ¥1400 ①978-4-05-800858-4

◆発達障がいの「子どもの気持ち」に寄り添う育て方
西脇俊二著　日本実業出版社
【要旨】友達との遊び方、公共ルール、忘れ物対策、かんしゃく対応―発達障がいの子の「できる」が育つ、コミュニケーションのヒントが満載！ 親のイライラとモヤモヤを解消！ 親子でもっと笑顔になる！
2017.9 215p A5 ¥1500 ①978-4-534-05525-5

◆発達障害の子どもの「できる」を増やす提案・交渉型アプローチ―叱らないけど譲らない支援
武田鉄郎著　学研プラス（学研のヒューマンケアブックス）
【要旨】子どもの、本当はやりたい…けど「やりたくない」、分かってる…けど「できない！」を理解し、改善する。
2017.9 167p A5 ¥1700 ①978-4-05-800819-5

◆発達障害の子の「会話力」を楽しく育てる本
藤野博監修　講談社（健康ライブラリースペシャル）
【要旨】子どもの話し方や聞き方にクセがあっても否定しない。趣味や興味などモチベーションをもてることを会話にとり入れる。子どもにとってわかりやすい言い方、情報の示し方を意識する。
2017.11 98p 21×19cm ¥1300 ①978-4-06-259864-4

◆発達障害の子のためのハローワーク
鈴木慶太, 飯島さなえ監修, TEENS執筆チーム編著　合同出版
【要旨】発達障害の子どもたちに就労支援を行なっている著者がすすめる、160のお仕事を一挙紹介。仕事ってこんなにあるよ！ こんなこだわりがいかせる！ こんなスキルを身につけよう！など、子どもの特性に即して具体的にアドバイス。発達障害を持つ先輩たちの就労体験談・保護者必読のリアルな就職事情も大公開！ 支援の現場から生まれた使える「お仕事ガイド」!!
2017.7 262p 24×19cm ¥2500 ①978-4-7726-1312-5

◆発達障害は家庭で改善できる
鈴木昭平, 小沢隆著　コスモ21（『一度は死にたいと思ったこと、ありませんか？ 子どもの将来を心配していませんか？』加筆・再編集・改題書）
【要旨】子どもが敏感すぎて扱いづらい、子どもの反応がなくて不安、そんな「育てにくい」には必ず理由がある。子どもがぐんぐん伸びる7つの教育法を全面公開！
2017.4 208p B6 ¥1400 ①978-4-87795-350-8

◆病気の子どもの教育支援ガイド
国立特別支援教育総合研究所編著　ジアース教育新社
【目次】第1章 はじめに（『病気の子どもの教育支援ガイド』を作成した背景、ガイドブックの目的 ほか）、第2章 病気の子どもの教育的支援に当たって（教師として理解しておく必要があること、病弱教育とは ほか）、第3章 病気の子どもの教育的ニーズ及び必要な支援・配慮（学習指導、前籍校（地元の学校） ほか）、第4章 インクルーシブ教育システム構築に向けた特別支援学校（病弱）の取組（特別支援学校のセンター的機能について、岐阜県立長良特別支援学校の取組―小・中学校の通常の学級に在籍する病気の子どもへの支援 ほか）、第5章 研修でのガイドブック活用（研修でのガイドブック活用に当たって、研修の企画例（病弱・身体虚弱の子どもへの合理的配慮に関する理解を深める研修、小・中学校における病気の子どもへの支援・配慮を充実させるための研修） ほか）
2017.3 135p B5 ¥2000 ①978-4-86371-406-9

◆封じ込められた子ども、その心を聴く―性同一性障害の生徒に向き合う
中塚幹也著（岡山）ふくろう出版
【要旨】性同一性障害、性的マイノリティ、LGBTの基礎知識。家庭、学校での子どもへの対応は？ 文部科学省の見解は？ かつては子どもだったすべての親と先生に知ってほしい。
2017.8 238p 19cm ¥600 ①978-4-86186-697-5

◆保育実践にいかす 障がい児の理解と支援
小川圭子, 矢野正編著　（京都）嵯峨野書院　改訂版
【目次】障がい児保育入門、障がい児保育の理念と形態、障がい児保育の歴史、わが国の障がい児保育の歴史、肢体不自由児の理解と援助、視覚・聴覚障がい児等の理解と援助、知的障がい児の理解と援助、言語障がい児の理解と援助、発達障がい児の理解と援助、「気になる子ども」の理解と援助、障害児保育の実際、集団生活・生活習慣の指導―個に応じた保育支援、保護者・家庭への支援、関連機関との連携―専門機関との連携、障害のある子どもの保育にかかわる今後の課題
2017.8 149p B5 ¥2150 ①978-4-7823-0568-3

◆ポケット判 保育士・幼稚園教諭のための障害児保育キーワード100
小川英彦編　福村出版
【目次】第1部 障害児保育の基本、第2部 障害児保育の法、第3部 子ども理解、第4部 保護者支援、第5部 職員間の協働、第6部 質の高い保育、第7部 保育の内容、第8部 幼保小の連携、第9部 地域の連携と環境、第10部 障害児の関係制度
2017.9 237p 19cm ¥2000 ①978-4-571-12131-9

◆保護者の願いに応える！ ライフキャリア教育―キャリア教育を共に支援するガッチリ・スクラム
渡邉昭宏著　明治図書出版（特別支援学校＆学級で学ぶ！）
【目次】第1章 保護者の願いを受け止める極意―転ばぬ先のライフキャリア教育（卒業しただけでなくスタートと思え―生きる力が左右する職場定着、卒業後の生活づくりも進路支援のうち、職業人である前に社会人であれ、本人のつぶやきを聞き逃すことなかれ、夢や願いの落としどころを用意すべし）、第2章 保護者の不安に上手に応えるコツ―明日役立つライフキャリア教育（「近未来志向」のすすめ―1分1秒後だって将来、「お守り手帳」のすすめ―使いたいときだけ見せりゃいい、「合理的手抜き」のすすめ―いつまでも手や口を出していませんか、「SOS発信」のすすめ―できることは誰かに頼もう、「支援付き努力」のすすめ―努力と配慮は車の両輪）、第3章 保護者に伝えたい！ 実は大切な課題―小1から始めるライフキャリア教育（運搬ができるということ―お手伝いから家事分担そして仕事、身支度ができるということ―帽子をかぶっていられるのは生きる力、手作業ができるということ―トランプと輪ゴムを使って「はたらく力」に、我慢ができるということ―世の中は思い通りにならないことだらけ、家事ができるということ―進路先はものづくりからサービス業へ）
2017 134p A5 ¥1800 ①978-4-18-187315-8

◆盲児に対する点字読み指導法の研究―点字読み熟達者の手の使い方の分析を通して
牟田口辰己著　慶應義塾大学出版会
【要旨】視覚障害教育の中でも特に専門性が求められるのが点字教育である。教育現場での四半世紀にわたる地道な実践をもとに、子どもの点字読速度の発達過程を探り、点字読み熟達者の研究から効率的な両手の使い方を追求する。
2017.2 207p A5 ¥5000 ①978-4-7664-2398-3

◆もっと知ろう 発達障害の友だち 1 ADHDの友だち―どうしてじっとしていられないの？
原仁, 笹森洋樹編著　合同出版
【要旨】授業中に席をはなれて立ち歩いてしまうあの子。同じ忘れ物を何回もするあの子。思ったことをそのまま言ってしまうあの子。「なんでなの？」「どうすればいいの？」先生といっしょに発達障害を考え学ぶ本。
2017.3 111p B5 ¥2800 ①978-4-7726-1303-3

◆もっと知ろう 発達障害の友だち 2 自閉症の友だち―なぜこまかいところにこだわるの？
原仁, 高橋あつ子編著　合同出版
【要旨】会話の受け答えがにがてなあの子。場の空気を読むのがむずかしいあの子。強いこだわりがあるあの子。「なんでなの？」「どうすればいいの？」先生といっしょに発達障害を考え学ぶ本。
2017.3 127p B5 ¥2800 ①978-4-7726-1304-0

◆もっと知ろう 発達障害の友だち 3 LDの友だち―なぜよみかきがにがてなの？
上野一彦編著　合同出版
【要旨】漢字を読むのがにがてなあの子。黒板の字をノートにうまく書き写せないあの子。計算がにがてなあの子。「なんでなの？」「どうすればいいの？」先生といっしょに発達障害を考え学ぶ本。
2017.3 111p B5 ¥2800 ①978-4-7726-1305-7

◆問題行動！ クラスワイドな支援から個別支援へ―インクルーシブ教育システムの構築に向けて
関戸英紀編著　川島書店
【要旨】本書は、児童生徒の問題行動に対し、米国で実践されている3層モデルを援用した"2層モデル"を提案し、この「クラスワイドな支援から個別支援へ」というモデルによって実践された、幼稚園・小学校・中学校における5つの実践研究と、中学校での、クールワイドな支援に基づいた実践研究を紹介し、その有効性を検証する。
2017.2 123p B5 ¥2000 ①978-4-7610-0917-5

◆夢を育む技術、職業―未来に向かって
全国特別支援教育・知的障害教育研究会編著　開隆堂出版, 開隆館出版販売 発売
【目次】技術、職業科で何を学習するのかな？、はたらくってどんなこと？、机をつくろう！―道具の使い方、パンを焼こう？―基礎技能を身につけよう、清掃名人になろう！、協力しての園芸 パート1―花づくりの流れ、協力しての園芸 パート2―花苗の管理、協力しての園芸 パート3―花壇をつくろう、事務用品、事務機器を使おう！、パソコンにふれてみよう！、タブレットを使おう！、現場実習に行こう！、実習報告会をしよう！、自分の楽しみを持とう！、自分の将来を考えよう！
2016.12 63p B5 ¥1800 ①978-4-304-04212-6

◆幼稚園・小中高等学校における特別支援教育の進め方 4 保護者や地域の理解を進

めるために―校長・園長必携 全国特別支援教育推進連盟編 ジアース教育新社
【目次】第1章 学習指導要領等に示されている保護者(家庭)や地域の人々との連携の必要性(保護者や地域の人々との連携の重要性、障害のある子供の理解とは、障害者理解を推進するために)、第2章 特別支援教育、障害のある子どもに対する保護者や地域の理解を進めるために(当事者の保護者の理解と連携方策、周囲の保護者、学校全体の保護者の理解推進、地域の関係者や住民の幅広い理解推進)、第3章 学校経営における保護者や地域への働きかけ(幼稚園、小学校、特別支援学校)、第4章 保護者や地域への働きかけの実践(幼稚園、小学校、小中学校、中学校、特別支援学校)、第5章 PTA等の活動(幼稚園・こども園、小学校、中学校、特別支援学校)
2017.5 197p A5 ¥2000 ①978-4-86371-414-4

◆読み書きが苦手な子どもへの"漢字"支援ワーク 教科書対応版 1年 竹田契一監修, 村井敏宏, 中尾和人著 明治図書出版 (通常の学級でやさしい学び支援)
【要旨】読めた！書けた！漢字って簡単でおもしろい！漢字の特徴をとらえた新しいアプローチ！教科書の新出漢字が楽しく学習できるワークプリント集。
2017 95p 19×26cm ¥1400 ①978-4-18-947117-2

◆読み書きが苦手な子どもへの"漢字"支援ワーク 教科書対応版 2年 竹田契一監修, 村井敏宏, 中尾和人著 明治図書出版 (通常の学級でやさしい学び支援)
【要旨】読めた！書けた！漢字って簡単でおもしろい！漢字の特徴をとらえた新しいアプローチ！教科書の新出漢字が楽しく学習できるワークプリント集。
2017 150p 19×26cm ¥1900 ①978-4-18-947211-7

◆読み書きが苦手な子どもへの"漢字"支援ワーク 教科書対応版 3年 竹田契一監修, 村井敏宏, 中尾和人著 明治図書出版 (通常の学級でやさしい学び支援)
【要旨】読めた！書けた！漢字って簡単でおもしろい！漢字の特徴をとらえた新しいアプローチ！教科書の新出漢字が楽しく学習できるワークプリント集。
2017 151p 19×26cm ¥1900 ①978-4-18-947315-2

◆読み書きが苦手な子どもへの"漢字"支援ワーク 教科書対応版 4年 竹田契一監修, 村井敏宏, 中尾和人著 明治図書出版 (通常の学級でやさしい学び支援)
【要旨】読めた！書けた！漢字って簡単でおもしろい！漢字の特徴をとらえた新しいアプローチ！教科書の新出漢字が楽しく学習できるワークプリント集。
2017 151p 19×26cm ¥1900 ①978-4-18-947419-7

◆読み書きが苦手な子どもへの"漢字"支援ワーク 教科書対応版 5年 竹田契一監修, 村井敏宏, 中尾和人著 明治図書出版 (通常の学級でやさしい学び支援)
【要旨】読めた！書けた！漢字って簡単でおもしろい！漢字の特徴をとらえた新しいアプローチ！教科書の新出漢字が楽しく学習できるワークプリント集。
2017 142p 19×26cm ¥1900 ①978-4-18-947528-6

◆読み書きが苦手な子どもへの"漢字"支援ワーク 教科書対応版 6年 竹田契一監修, 村井敏宏, 中尾和人著 明治図書出版 (通常の学級でやさしい学び支援)
【要旨】読めた！書けた！漢字って簡単でおもしろい！漢字の特徴をとらえた新しいアプローチ！教科書の新出漢字が楽しく学習できるワークプリント集。
2017 142p 19×26cm ¥1900 ①978-4-18-947617-7

◆わが子に障がいがあると告げられたとき―親とその支援者へのメッセージ 佐藤曉著 岩崎学術出版社 (シリーズ・子どもと親のこころを支える 1)
【要旨】著者は、三十年以上にわたり、療育、リハビリ、親の会を通じて、発達障がいや脳性まひなど、さまざまな障がいをもつ子どもとその親たちと関わり、向き合い、ともに歩き続けてきました。本書は、その間学んできた大切なこと―子育ての悩みや解決の知恵を、生まれてすぐから順に沿って、60の応援メッセージとしてまとめたものです。障がいのある子どもを育てる親の人たち、保育園や幼稚園、学校の先生など、親子と一緒に伴走する支援者たちを勇気づけ、行く

先を照らしてくれる暖かな一冊です。
2017.5 181p B6 ¥1600 ①978-4-7533-1117-0

◆わが子の発達障害告知を受けた、父親への「引継書」 白山宮市著 ぶどう社
【目次】1部 障害告知までの振り返りと、その後、速やかな対応すべきこと。(わが子の障害を告知されるまで、障害告知後の心の持ちよう)、2部 FCP策定の条件整理から、策定後の療育に対する基本姿勢。(FCPの策定に向けた確認と詰めの作業、障害の受容後に見えてくる世界、療育体制、人間関係、公的支援)、3部 就園・就学のアプローチ。(就園に向けて、就学に向けて、就学にあたって意外に忘れがちなわが子のこと)、4部 転んでも、happyは起きない。(発達障害の視点で、自分の人生を改めて見直す、会社業務の中で発達障害の活かし方を探る)
2017.5 192p B6 ¥1200 ①978-4-89240-231-9

◆ワーキングメモリを生かす効果的な学習支援―学習困難な子どもの指導方法がわかる！ 湯澤正通, 湯澤美紀著 学研プラス (学研のヒューマンケアブックス)
【要旨】ワーキングメモリ＝「脳の黒板」。ワーキングメモリは、目的に合わせて情報を覚えておきながら考える頭の働きで、学習を支えています。
2017.7 159p A5 ¥2000 ①978-4-05-800773-0

◆ABCフレームでわかる！気になる子の「できる」を増やすポジティブ支援 "小学生編" 前田䂓子著 エンパワメント研究所
【目次】第1部 ポジティブ支援のための6つの支援方法(ほめとトークン表、視覚支援/絵カード、ルールづくり、ソーシャルストーリー、こだわりや感覚過敏への対応)、第2部 場面別ポジティブ支援(「席を立つ」「教室から出て行く」への対応、登校時朝のしたく、プールのしたくができない、順番が待てない、苦手な課題をしようとしない、好きなことをしていると、時間に合わせて行動できない(「切り替え」と「時間の概念」)ほか)
2017.10 105p B5 ¥1300 ①978-4-907576-01-1

◆ADHDの子の育て方のコツがわかる本 本田秀夫, 日戸由刈監修 講談社 (健康ライブラリー)
【要旨】個性に合わせた育て方がわかる！明るいキャラクターが最大の魅力。長所を生かし、のびのびと育てよう！
2017.9 98p 21×19cm ¥1300 ①978-4-06-259862-0

◆ASD(アスペルガー症候群)、ADHD、LD お母さんが「コレだけ」は知っておきたい発達障害の基礎知識―子どもの特性を理解してサポートする本 宮尾益知監修 河出書房新社
【要旨】「どうしてできないの？」から「どうしたらできるようになるか」、特性がある子どもが抱える困難さについて専門医がやさしく解説します。幼児期から思春期まで発達障害の基礎知識がよくわかる！
2017.12 111p B5 ¥1400 ①978-4-309-24836-3

◆ASD(アスペルガー症候群)、ADHD、LD お母さんができる発達障害の子どもの対応策―問題行動を理解してお母さんと子どもをサポートする本 宮尾益知監修 河出書房新社
【要旨】幼児期から中学校入学まで、子育てのコツがよくわかる！子どもへの対応を少し変えるだけでお母さんの子育てがもっと楽になる。発達障害の子どもの子育ては、とても大変です。そこで、お母さんが少しでも楽になる子育てのコツを専門医がやさしく解説します。子どもと一緒に親も育つ一冊です！
2017.7 111p B5 ¥1400 ①978-4-309-24813-4

◆LD学習症(学習障害)の本―じょうずなつきあい方がわかる 宮本信也監修, 主婦の友社編 主婦の友社 (育ちあう子育ての本) (『LD学習障害の本』改訂・改題書)
【要旨】文章を読む速度が遅い、割り算が苦手、概算ができない…そんな子が周りにいませんか？ひょっとしたら、LD(学習症)かもしれません。LDは比較的見逃されてきた発達障害です。不得意部分をカバーし、得意部分を伸ばしてあげることで、その子は、とても生きやすくなるのです。LDへの対応と対策がここにあります！
2017.4 127p 21×19cm ¥1400 ①978-4-07-422971-0

保育・幼児教育

◆赤ちゃん学で理解する乳児の発達と保育 第2巻 運動・遊び・音楽 日本赤ちゃん学協会編, 小西行郎, 小此薫, 志村洋子著 中央法規出版
【目次】第1章 運動(基礎知識、保育実践、プラスαの知識、発達からみる保育のポイント)、第2章 遊び(基礎知識、保育実践、プラスαの知識、発達からみる保育のポイント)、第3章 音楽(基礎知識、保育実践、プラスαの知識、発達からみる保育のポイント)
2017.7 159p 24×19cm ¥1800 ①978-4-8058-5419-8

◆赤ちゃんの発達とアタッチメント―乳児保育で大切にしたいこと 遠藤利彦著 ひとなる書房
【目次】第1部 赤ちゃん学入門(赤ちゃんの本当の姿、赤ちゃんのキモチとカラダ)、第2部 アタッチメント理論入門(「アタッチメント」の前段階となる「ジョイントネス」、発達のゆりかごとなる「アタッチメント(愛着)」)、第3部 アタッチメントと保育(保育におけるアタッチメント、現場からの実践レポート)
2017.8 119p A5 ¥1300 ①978-4-89464-247-8

◆赤ちゃんは神様 関洋子著 講談社エディトリアル
【要旨】子どもが自分の道を歩きだすまで、信じて愛しなさい。幼稚園の副園長として7000人を越える子供たちを育ててきた著者から、お母さんたちへの贈り物。
2017.8 221p B6 ¥1500 ①978-4-907514-85-3

◆あしたの保育が楽しくなる実践事例集 ワクワク・ドキドキ！が生まれる環境構成―3.4.5歳児の主体的・対話的で深い学び 全国幼児教育研究協会編, 岡上直子編著代表 (大阪)ひかりのくに
【要旨】環境構成に関する基本とヒント。保育現場の知恵を集め、今回の改訂の趣旨を踏まえて、「環境の構成」の考え方を事例と共に紹介。アクティブ・ラーニングの視点から保育を見直す解説つき。
2017 127p 26×22cm ¥2500 ①978-4-564-60900-8

◆あそびうた びよびよ 新沢としひこ監修・あそび, 山野さと子ピアノ編曲・あそび, 松家まきこシアター案, あそびクリエイターズあそび 全音楽譜出版社 (CD BOOK) (付属資料:CD1)
【目次】リズムにのって！うたっておどろう(おさんぽよびよ、ド・ス・コ・イ、ハイハイロックンロール、ねえすてて、ハッピーハッピーハロウィン)、親子のふれあいあそび(てのり、かわいいほっぺ、おてててちゃん、ピポパポロボット)、演じて楽しい！簡単シアター(いたいのいたいのとんでいけ、こぶたちゃんばあ！、タオルのうさこちゃん)、毎日のあそびうた(てのひらひらひら、かばちゃんど、もってきてね、カエルくん、すてきな音がする、ゆっくりオニ)、うたってあそぶ子守唄(ふかもこもこ、おねむのじかん)、型紙(いたいのいたいのとんでいけ、こぶたちゃんばあ！)
2017.5 77p 26×22cm ¥2800 ①978-4-11-620076-9

◆遊びをつくる、生活をつくる。―学童保育にできること 楠凡之, 岡花祈一郎, 学童保育協会編 (京都)かもがわ出版
【要旨】子どもたちの「第二の家」とも呼ばれる学童保育の中に、もう一度、「子どもが子どもである時間」を取り戻し、子どもたちの豊かな発達を保障していくための学童保育実践のあり方を、具体的な実践報告を踏まえて提起。「よりどりみどり館」と「泉台なかよしクラブ」の二つの学童保育の実践を多く取り上げています。
2017.7 231p A5 ¥2000 ①978-4-7803-0926-3

◆遊びっ子 学びっ子―接続期における「主体的・対話的で深い学び」とは 就学前教育と小学校教育の連携 日野市教育委員会, 『遊びっ子 学びっ子』編集委員会, 齋藤政子編著 東京書籍
【目次】第1章「幼保小連携」とは何か(「幼保小連携」の発端と課題、幼稚園教育要領・保育所保育指針の改定(案)を踏まえて―どのように遊び学ぶか、幼児教育と小学校教育の違い、乳幼児期から児童期前期までの発達のプロセス、アクティブ・ラーニングと幼小交流、幼保小連携教育の役割―つなぐ、広がる、育ち合う)、第2

教育

章 日野市の幼保小連携の始まりと発展（出発点はここから、幼・保・小、公・私の垣根を越えた交流）、第3章 小学校のスタートカリキュラム（小学校から見た幼保小連携、小学校生活へなめらかにつなぐ、小学校入門期の学習活動と生活科）、第4章「つなごう ひだようひのっ子のわ」カリキュラムと実践（遊びっ子 学びっ子接続ブック、接続期の実践事例）、第5章 幼児・児童の交流と子どもの育ち（あさひがおか幼児園と旭が丘小学校の交流（2010（平成22）年度の交流から、2014（平成26）年度の交流の中での子どもの姿）

2017.4 176p A4 ¥2500 ①978-4-487-81048-2

◆新しい時代の学童保育実践　中山芳一著
（京都）かもがわ出版
【要旨】実践のなかでこれまで大事にしてきたこと。それらを引き継ぎながらこれから大事にしていきたいこと。
2017.11 122p B5 ¥1800 ①978-4-7803-0940-9

◆あなたも保育者になれる―子どもの心に耳をすますための22のヒント　青山誠著　小学館
【目次】第1章 子どもの世界をのぞいてみたら（オタマジャクシと歩く世界、4月の子どもたち ほか）、第2章 遊びをせんとや生まれけむ（動物園ごっこ、ケンカ万歳 ほか）、第3章 子どもの言葉―子どもの声に耳をすまして（こころのとびら、しげるとトカゲの話 ほか）、第4章 あなたも保育者になれる（あなたも保育者になれる、スマホやめました ほか）
2017.4 160p B6 ¥1300 ①978-4-09-840179-6

◆忙しい保育者のための仕事術・時間術38の鉄則　こんぺいとぷらねっと編著　（名古屋）黎明書房
【要旨】仕事を効率的に進める「これは使える！」ノウハウを教えます。
2017.9 94p A5 ¥1600 ①978-4-654-06099-3

◆いつも子どもをまんなかに―心を育む保育の現場から　村井富紀子著　（豊中）マスプレーン
【目次】子どもの心に寄り添うこと―はじめに、第1章 人としての人格の基礎を養う乳幼児期に保育園・保育者ができること（ありのままの子どもを受け入れること、こんな思いで子どもたちを育てたい―保育環境を整える、素敵な出会い、遊びの発展を援助する、新入園児と保護者を迎えること、あらたに入園するとき ほか）、第2章 年齢別保育の実践例―保育者は子どもをどのように受容・共感・援助すればよいか（0歳児の保育、1歳児の保育、2歳児の保育、3歳児の保育、第3章 異年齢児保育における子どもたちの育ち合い―「模」から「模倣」を、そして「模倣」からんみんなで（異年齢保育での0歳児、異年齢保育の1歳児、あ年齢保育の2歳児、異年齢保育の3、4、5歳児、子どもを見る目を研ぎすます―おわりに）
2017.4 178p A5 ¥1700 ①978-4-904502-28-0

◆いのちと出会う 保育の自然さんぽ　菅井啓之、後藤紗貴著　（大阪）ひかりのくに（ハッピー保育books 25）
【要旨】散歩へ出かけよう！ 自然を見る視点を知っていのちのすばらしさを感じよう！ 体験しよう！
2017 127p B6 ¥1200 ①978-4-564-60887-2

◆イラストで読む！ 幼稚園教育要領 保育所保育指針 幼保連携型認定こども園教育・保育要領 はやわかりBOOK 平成29年告示対応　無藤隆、汐見稔幸編　学陽書房
【要旨】平成29年3月に告示された、幼稚園教育要領、保育所保育指針、幼保連携型認定こども園教育・保育要領の改訂（改定）のポイントをわかりやすく紹介！ さらに、今回の大きな改訂（改定）の中で活かすとよいのか、わかりやすいイラストで例を示しました！ 何が新しく変わったか、何をすればよいかが一目でわかる一冊です！
2017.8 127p A5 ¥1200 ①978-4-313-66064-9

◆インクルーシブ保育論　名須川知子、大方美香監修、伊丹昌一編著　（京都）ミネルヴァ書房（MINERVAはじめて学ぶ保育 9）
【目次】第1章 障害児保育を支える理念（「障害」の概念と障害児保育の歴史的変遷、インクルーシブ保育とは）、第2章 障害の理解と保育における発達の援助（身体の支援の必要な子どもの理解と援助、感覚面の支援の必要な子どもの理解と援助、知的な支援の必要な子どもの理解と援助、愛着・コミュニケーション面の支援の必要な子どもの理解と援助、行動面・学習面の支援の必要な子どもの理解と援助、情緒面の

支援の必要な子どもの理解と援助）、第3章 障害児保育の実際（個別の指導計画の作成、個々の発達を促す生活や遊びの環境と記録、子ども同士の関わりと育ち合い、保育の計画の実践と評価）、第4章 家庭及び関係機関との連携（保護者や家族に対する理解と支援、地域の専門機関等との連携と小学校等との連携、インクルーシブ保育の課題と展望、資料編
2017.9 198p B5 ¥2200 ①978-4-623-07970-4

◆ヴィジブルな保育記録のススメ―写真とコメントを使って伝える　小泉裕子、佐藤康富著　鈴木出版
【要旨】子どもの育ちを可視化する。ニュージーランドのラーニング・ストーリーをもとにした新しい保育実践。
2017.10 111p 26×21cm ¥2000 ①978-4-7902-7244-1

◆運動会わっしょい祭り―「和」も「輪」も「笑」もおまかせ！ CDブック　清水玲子総監修、リズム・キッズ・プロジェクト協力　世界文化社（PriPriブックス）（付属資料：CD1）
【要旨】本格和楽器の音からディズニー曲まで、わっと盛り上がる曲がいっぱい！ 練習に便利な、コード入りのメロディー譜つき！ 日常保育で使える、楽器とよびかけのプラン入り！ 2・3・4・5歳＆小学校の運動会にもオススメ　全23曲収録のCDつき！
2017.5 63p A4 ¥3300 ①978-4-418-17716-5

◆絵本から広がる遊びの世界―読みあう絵本　樋口正春、仲本美央編著、読みあう活動研究会著　風鳴舎（これからの保育シリーズ 4）
【要旨】絵本を通して培われる大人と子どもとの相互作用・活動が、子どもの成長にどのように作用するのかを、わくわく楽しい保育の実践を通して伝える本です。
2017.5 146p 21×19cm ¥2000 ①978-4-907537-05-0

◆園の避難訓練ガイド―写真で紹介　天野珠路編著　かもがわ出版
【要旨】新制度、新指針・新要領でますます強化される「災害への備え」。本気の訓練がいのちを守る。9つの園の避難訓練の実際を写真で紹介。それぞれの保育施設の立地条件や地域とのつながりのなかで、さまざまな実践を通して考える。
2017.5 99p B5 ¥2200 ①978-4-7803-0909-6

◆園の本質 リーダーのあり方　大江恵子著　フレーベル館（保育ナビブック）
【要旨】これからの時代、園を輝かせていくためにリーダーはどうあるべき?? 独自の視点で語る園のリーダー論。
2017.8 78p B5 ¥1800 ①978-4-577-81430-7

◆大人に刺さる幼稚園・保育園児の名言　東邦出版編集部編　東邦出版
【要旨】2～6才児の笑って泣ける名言＆迷言306。
2017.6 223p B6 ¥1111 ①978-4-8094-1539-5

◆親育ち支援のための保護者対応　松田順子著　フレーベル館（保育ナビブック）
【要旨】31の事例から学ぶエンパワーメントのためのベストアクションとは？ リアルな事例と解決法満載。
2017.11 79p B5 ¥1800 ①978-4-577-81431-4

◆"折りたい！"がすぐ見つかる 毎月のおりがみBook　朝日勇著　メイト
【要旨】四角い紙から、いろいろな作品を生み出すことのできるおりがみは、子どもの豊かな創造力や集中力を育みます。本書は、子どもたちが折りたい作品を見つけやすいように、「動物」「乗り物」「野菜」などテーマ別にまとめています。
2016.12 104p 26×21cm ¥1800 ①978-4-86051-135-7

◆改訂 保育者論　榎田二三子、大沼良子、増田時枝編著　建帛社（シードブック）第3版
【目次】第1章 保育者になるということ、第2章 保育の本質、第3章 保育実践と保育者、第4章 豊かな環境をつくる保育者、第5章 保育者の協働、第6章 小学校の先生と連携する保育者、第7章 学び、成長する保育者、第8章 保育者のキャリア形成と生涯発達、第9章 法令で定められた保育者の責務、第10章 歴史から学ぶ保育者のあり方、第11章 今後の環境と保育者の役割の変化
2017.10 195p A5 ¥2000 ①978-4-7679-5059-4

◆科学絵本ガイドブック　大阪総合保育大学総合保育研究所絵本プロジェクト編著　（岡山）ふくろう出版（総合保育双書 1）
【目次】1 保育実践と科学絵本、2 科学絵本の実践と紹介（「生き物、生命感」に関する絵本、「植

物」に関する絵本、「季節の変化、自然現象、自然界」に関する絵本、「物理現象・化学現象、ものの仕組み・しかけ」に関する絵本、「宇宙、地球」に関する絵本、「人、自分の身体、生まれて育つこと」に関する絵本、「食べ物、食育」に関する絵本、「自分でやってみる、不思議を感じる」に関する絵本、「数量、形、大きさ」に関する絵本、生活・社会・文化などいろいろな絵本）、3 科学絵本のリスト
2017.12 80p B5 ¥1111 ①978-4-86186-680-7

◆学童保育支援員の育ち方・育て方―子どもとクラブの成長を支える人材育成　高岡敦史、籠田桂子編著　（京都）かもがわ出版
【要旨】1年目から子どもたちに向きあう仕事。求められる仕事内容と、学習・成長の理論・調査から、支援員のタイプ別に提案。
2017.6 143p A5 ¥1600 ①978-4-7803-0915-7

◆学童保育に作業療法士がやって来た　糸山智栄、小林隆司編著　高文研（そこが知りたい学童保育ブックレットシリーズ）
【要旨】困った行動には理由がある。作業療法士の視点に学ぶ発達障害児支援。
2017.6 92p A5 ¥1600 ①978-4-87498-618-9

◆賢い子が育つ耳の体操一脳を感覚を鍛えるCDつき　小松正史著　ヤマハミュージックエンタテインメントホールディングス（付属資料：CD1）
【要旨】本書では、耳のチャンネルを変えるためのさまざまな方法を掲載しています。耳のチャンネルを変えると、聞こえてくる音の世界がまったく変わります。すると、普段使われない「前意識」と「無意識」が効果的に使われ、脳の使い方を変えることができるようになるでしょう。いままで聞こえなかった音や、気づかなかったことに気づくようになり、きっと新しい世界が広がります。
2017.10 94p B5 ¥1800 ①978-4-636-94184-5

◆型紙つき 0-5歳児かわいい！ 発表会＆行事のコスチューム　宮地明子著　学研プラス（Gakken 保育Books）（付属資料：型紙）
【要旨】小物も充実約120点！ 0.1.2歳児の衣装も！ 動物もいっぱい！
2017.10 111p 26×21cm ¥1800 ①978-4-05-800830-0

◆カツリキの運動会＆発表会ダンス―保育の現場から！　みねかつまさ、岡田リキオ著　世界文化社（PriPriブックス）（付属資料：CD1）
【要旨】現役の幼稚園教諭が作詞・作曲・振りつけをしています。子どもたちと実際に踊っていて、ほんとうに楽しめた曲だけを収録！ 運動会や発表会で見栄え抜群な衣装アイデアを、全曲で紹介。キュートな衣装で運動会や発表会が盛り上がること間違いなし！ 書き下ろしの新曲や定番の人気曲、運動会のBGMに使えるカラオケもCDに収録しています。
2017.9 97p 26×22cm ¥1800 ①978-4-418-17814-8

◆家庭支援論　児童育成協会監修、新保幸男、小林理編　中央法規出版（基本保育シリーズ 13）第2版
【目次】家庭支援の意義と機能、家庭支援の必要性、保育士等が行う家庭支援の原理、家庭生活を取り巻く社会的状況の変化、地域社会の変容と家庭支援、現代の家庭における人間関係、男女共同参画社会とワーク・ライフ・バランス、子育て家庭の福祉を支える社会資源、子育て支援施策・次世代育成支援施策の推進、多様な子育て支援サービスの概要、保育所入所児童の家庭への支援、地域の子育て家庭に対する支援、要保護児童およびその家庭に対する支援、子育て支援における関係機関との連携、子育て支援サービスの課題
2017.12 191p B5 ¥2000 ①978-4-8058-5605-5

◆家庭的保育の基本と実践―家庭的保育基礎研修テキスト　家庭的保育研究会編　福村出版 第3版
【目次】家庭的保育の概要、乳幼児の発達と心理、乳幼児の食事と栄養、小児保健、家庭的保育における健康管理と衛生、子どもに多い病気と事故、その対応、家庭的保育の保育内容、家庭的保育の環境整備、家庭的保育の運営と管理、安全の確保とリスクマネジメント、家庭的保育者の職業倫理と配慮事項、保護者への対応、子ども虐待、特別に配慮を要する子どもへの対応―0〜2歳児を対象に、見学

実習オリエンテーション、グループ討議のすすめ 2017.10 266p B5 ¥2400 ①978-4-571-11042-9

◆家庭訪問保育の理論と実際―居宅訪問型保育基礎研修テキスト・一般型家庭訪問保育学習テキスト　全国保育サービス協会監修　中央法規出版
【目次】序章（家庭訪問保育の体系と研修内容、保育者として身につけたい保育マインド）、第1部 居宅訪問型保育基礎研修（居宅訪問型保育の概要、乳幼児の生活と遊び ほか）、第2部 一般型家庭訪問保育の理論と実際（一般型家庭訪問保育の業務の流れ、さまざまな家庭訪問保育）、資料編　2017.1 267p B5 ¥2800 ①978-4-8058-5463-1

◆必ず役立つ！ 保育の年中行事まるごとアイデア　ナツメ社（ナツメ社保育シリーズ）
【要旨】壁面、製作、シアター、コスチューム、あそびetc.保育の現場にこだわりました！ すぐに作れる型紙付き！
2017.2 143p B5 ¥1500 ①978-4-8163-6172-2

◆かんたん！ かわいい！ カモさんの保育のイラスト12か月　カモ著　新星出版社
【要旨】すぐにかわいいイラストが描ける――「1→2→3」のわかりやすい描き方で、誰でもかんたんにかわいいイラストが描けるようになる。おたよりに使える！ 12か月のイラストがたっぷり一冊分入って紹介。一カ月のおたよりに使えるイラストも12か月分じっかりあり。コピーしてそのまま使えるイラスト＆文字組合せカットだけでなく、完成イラストはすべて線画で掲載しています。園で役立つ！ 実際の使い方を写真で紹介！ バザーやお祭りのポスターや、子どもがよろこぶお誕生日カード・メダルなどの使用例が豊富。
2017.2 127p B5 ¥1300 ①978-4-405-07241-1

◆季節を楽しむ かわいい童謡おりがみ　いまいみさ著　チャイルド本社　（potブックス）
【要旨】日々の保育に欠かせない童謡。そのアイテムがかわいいおりがみになって登場します。歌いながら動かせば、子どもたちの視線がくぎづけに！ ペープサートのように演じたり当てっこ遊びをしたり、ちょこっと時間でも大活躍。行事のお話や生活指導にも登場させると子どもたちの興味をぐんと惹きつけます。楽しんだあとは、壁面や室内飾りにして、保育室を明るく華やかに！ いつでもすぐに作れる、さっと作って子どもたちと一緒にお楽しみください。
2017 79p 26×21cm ¥1800 ①978-4-8054-0256-6

◆「気になる子」にはこう対応してみよう　上原文著　世界文化社　（PriPriブックス）
【要旨】明日からの保育のヒントがいっぱい！ 現場保育者の実践例を豊富に掲載！
2017.8 104p 26×22cm ¥1700 ①978-4-418-17718-9

◆教育・保育課程論　谷田貝公昭, 石橋哲成監修, 髙橋弥生, 大沢裕編著　一藝社　（コンパクト保育者養成シリーズ）
【目次】教育・保育課程とは、保育における指導計画、指導計画作成の基本、計画に必要な子ども理解、幼稚園における教育課程と指導計画、保育所における保育課程と指導計画、認定こども園における教育・保育課程と指導計画、0歳児の指導計画、1～2歳児の指導計画、3～5歳児の指導計画、小学校へのつながり、行事を生かす保育、さまざまな保育礼場と教育・保育課程、児童福祉施設における計画と評価、保育の質を高める計画と評価
2017.3 146p A5 ¥2000 ①978-4-86359-118-9

◆教育・保育の原理―幼稚園・保育所・認定こども園の文化をはぐくむために　小田豊監修, 余公敏子著　光生館
【目次】第1章 教育・保育の本質（教育とは何か、保育とは何か）、第2章 子どもを育てるということ（子どもの本質とは、子どもの成長とは、子どもを育てることとは、保育者の専門性とは）、第3章 教育・保育の内容（幼稚園教育の制度と内容、保育所保育の制度と内容、教育と保全の融合としての制度と内容）、第4章 幼稚園と保育所における文化について―学校文化と組織文化の視点から（幼稚園と保育所の文化を考察することの重要性、学校文化と組織文化の関係、組織文化からの幼稚園及び保育所へのアプローチ、幼稚園文化と保育の融合―認定こども園への期待）、第5章 教育・保育の実践（幼稚園、保育所、幼保連携型認定こども園、教育・保育の実習、実践と評価）
2017.3 148p A5 ¥1700 ①978-4-332-51054-3

◆倉橋惣三保育人間学セレクション　倉橋惣三著　学術出版会, 日本図書センター発売　（学術著作集ライブラリー）

【目次】1 幼児期の教育、2 教育論、3 家庭生活と教育1、4 家庭生活と教育2、5 児童後と保育、6 児童文化・宗教教育、7 児童心理・その他
2017.1 7Vols.set A5 ¥120000 ①978-4-284-10466-1

◆決定版！ 12か月の自然あそび87　高橋京子著　新星出版社　（しんせい保育の本）
【要旨】花・葉っぱ・砂・木の実…身近な自然でできるあそびがいっぱい！ 新しい幼稚園教育要領、保育所保育指針、幼保連携型認定こども園・保育要領に対応。
2017.10 143p 26×21cm ¥1800 ①978-4-405-07258-9

◆決定版！ 保育の運動あそび450　前橋明監修　新星出版社　（しんせい保育の本）
【要旨】基本→発展であそびが広がる！ あそびの中で考える力が育つ！ からだと心が育つ0～5歳のあそびがたっぷり！ 1年中どこでもあそべる！ 役に立つ！
2017.3 271p 26×21cm ¥2400 ①978-4-405-07242-8

◆現代の保育と社会的養護　井村圭壯, 安田誠人編著　学文社
【目次】社会的養護の理念と概念、社会的養護の歴史、児童家庭福祉の一分野としての社会的養護、児童の権利擁護と社会的養護、社会的養護の制度と法体系、社会的養護の仕組みと実施体系、家庭養護と施設養護、社会的養護の専門職、施設養護の基本原理、施設養護の実際、施設養護とソーシャルワーク、施設などの運営管理、専門職の倫理の確立、被措置児童等への虐待の防止、社会的養護と地域福祉
2017.1 133p A5 ¥2000 ①978-4-7620-2685-0

◆こう変わる！ 新保育所保育指針　近喰晴子監修, コンデックス情報研究所編著　成美堂出版
【要旨】2017年3月に公示された最新の保育所保育指針を徹底解説。前指針から変わったか、新たに加わったものを中心に、重要なポイントがすぐわかる。
2017.9 143p A5 ¥1100 ①978-4-415-32395-4

◆好奇心が育む学びの世界　汐見稔幸解説, 利根川彰博著　風鳴舎　（これからの保育シリーズ 5）
【要旨】発見！ 実験！ 遊びの中のサイエンス。新・指針・教育要領（2018年4月施行）に対応。幼児教育において育みたい、3つの資質・能力、深い学びのほんとのところがわかる。ヒント満載の実践記録。
2017.11 135p 21×19cm ¥1800 ①978-4-907537-06-7

◆こうすればうまくいく！ 医療的配慮の必要な子どもの保育―30の病気の対応ポイントがわかる！　西村実穂, 徳田克己編　中央法規出版
【要旨】保育者に知っておいてほしい病気や障害について、保育のなかで気をつけること、保護者に確認すること、発達の見通しなど、対応ポイントに必要な情報をまとめました。対応ポイントを知って、保育の場で子どもが楽しく過ごせるようにサポートしましょう。
2017.6 136p 24×19cm ¥1800 ①978-4-8058-5523-2

◆こうすればうまくいく！ 自閉症スペクトラムの子どもの保育―イラストですぐにわかる対応法　水野智美著, 徳田克己監修　中央法規出版
【要旨】本書では、自閉症スペクトラムの子どもの事例を用いたクイズに答えることで、子どもがなぜその行動をしているのか、そのときにどのように対応したらよいかがわかるようになっています。自閉症傾向のある子どもの保育には本人が落ち着けるような環境の調整と、コミュニケーションの支援が必要です。その子どもなりの特性を理解して、落ち着いて過ごせるよう支援をしましょう。
2017.10 132p 23×19cm ¥1800 ①978-4-8058-5577-5

◆公立保育所の民営化―公共性の継承をめぐって　関川芳孝編著, 梅田直美, 木曽陽子著　（堺）大阪公立大学共同出版会　（OMUPブックレット No.60）
【目次】1 公立保育所の民営化について（公立保育所の民営化についての議論、民営化をめぐる裁判の動向、公的保育の継承について）、2 公立保育所の民営化の動向（民営化の動向、アンケート調査からみた民営化プロセスの実態、移管・委託後の運営について）、3 民間保育園から見た事業継承の課題（引き継ぎをめぐる課題、引き継ぎのプロセスの問題、移管後の運営課題、公共性の維持・向上）、4 公立保育所の民営化の課題―公共性の継承を中心として（セーフ

ティネットの継承、事業者選定の考え方、公的保育の引継ぎ・共同保育の在り方、公立保育所と連携し構築する地域子育ての安心セーフティネット）
2017.3 57p A5 ¥800 ①978-4-907209-71-1

◆ここがポイント！ 3法令ガイドブック―新しい『幼稚園教育要領』『保育所保育指針』『幼保連携型認定こども園教育・保育要領』の理解のために　無藤隆, 汐見稔幸, 砂上史子著　フレーベル館
【要旨】この1冊で、新旧条文の比較や、法令どうしの比較ができる！ おさえておきたい65ポイントをていねいに解説。
2017.5 288p A5 ¥926 ①978-4-577-81425-3

◆心と心でお話しね―幼児教育とカウンセリング　濱﨑武子, 山路純子編著　世界文化社
【要旨】心のキャッチボールが子どもを育む。臨床心理士と幼稚園教諭によるカウンセリング理論を取り入れた幼児教育の現場を紹介。豊富な事例で明日から生かせる、幼児教育の"使える"教科書！
2017.8 237p A5 ¥2000 ①978-4-418-17717-2

◆5歳 ひらがなことば　植垣一彦指導　学研プラス　（学研の幼児ワーク）　（付属資料：シール）
【目次】ことばのおけいこ、ことばあそび、文のおけいこ
2017.8 64p 30×22cm ¥660 ①978-4-05-204662-9

◆個性がキラリ 0・1・2歳児の指導計画の立て方　日本保育協会監修, 開仁志編著　中央法規出版　（保育わかばBOOKS）
【要旨】保育のねらいや子どもの姿、環境図にもとづいた0・1・2歳児の指導計画（月のねらい・環境・月案）の立て方を解説。乳児保育の充実が盛り込まれた新しい保育所保育指針を踏まえ、0・1歳児は個別の計画、2歳児はクラス全体の計画の立て方を示す。
2017.8 191p 22×19cm ¥1800 ①978-4-8058-5555-3

◆個性がキラリ 3・4・5歳児の指導計画の立て方　日本保育協会監修, 開仁志編著　中央法規出版　（保育わかばBOOKS）
【要旨】保育のねらいや子どもの姿、環境図にもとづく3・4・5歳児の指導計画（月のねらい・環境・月案）の立て方を解説。「幼児期の終わりまでに育ってほしい姿」をアイコンとして示すなど、新しい保育所保育指針を踏まえた計画のポイントや書き方がわかる。
2017.8 183p 21×19cm ¥1800 ①978-4-8058-5556-0

◆子育て支援員研修テキスト　教育支援人材認証協会監修, 子育て支援員研修テキスト刊行委員会編　中央法規出版
【目次】子育て支援員について、基本研修、地域保育コース 共通科目、地域保育コース 地域型保育、地域保育コース 一時預かり事業、地域保育コース ファミリー・サポート・センター、地域子育て支援コース 利用者支援事業（基本型）、地域子育て支援コース 利用者支援事業（特定型）、地域子育て支援コース 地域子育て支援拠点事業、放課後児童コース、社会的養護コース
2017.8 327p B5 ¥2500 ①978-4-8058-5407-5

◆ことばを育む・保育に活かす 言語表現　高橋一夫著　（岐阜）みらい　第2版
【目次】なぜ、「言語表現」を学ぶのか、保育現場における「言語表現」活動、声を出すことの練習、児童文化財と言語表現 絵本、児童文化財と言語表現 紙芝居、児童文化財と言語表現 素話、日本の児童文学、詩人の言語表現
2017.12 86p B5 ¥1500 ①978-4-86015-421-9

◆子ども学がやってきた　髙橋弥生編著　一藝社
【要旨】子ども学とは何か、第1部 子どもの発達の諸側面（子どもの成長発達、保育とアタッチメント、基本的生活習慣からみる乳幼児の発達）、第2部 子どもの表現（子どもの遊び、子どもを育てる音楽、造形表現）、第3部 子どもを取り巻く環境（幼稚園における「自然」の効果とこれから、入院加療している子どもと育ち、幼児教育における主体的学びとは
2017.12 126p A5 ¥1300 ①978-4-86359-132-5

◆子ども学への招待―子どもをめぐる22のキーワード　近藤俊明, 渡辺千賀, 日向野智子編著　（京都）ミネルヴァ書房
【要旨】心理学、保育学、教育学、社会学等様々な視点から子どもを見て、その育ちの広がりを

教育

◆「子どもがケアする世界」をケアする—保育における「二人称的アプローチ」入門　佐伯胖編著　（京都）ミネルヴァ書房
【要旨】従来の保育における「ケア」の概念は「保育者が子どもを世話する」ということで捉えられてきた。しかし、保育現場に身をおくと、子どもが対象世界をケアする姿に出会い、そのかかわりの豊かさに圧倒させられる。本書では、「二人称的アプローチ」から子どもの姿を丁寧に読み解き、「子どもがケアする世界」の保育がどのようにかかわり、新たな意味を創出していくのかを考察することで、保育の奥深い世界を描き出す。
2017.8　227p　B6　¥2200　①978-4-623-08108-0

◆「子どもが主人公」の保育—どの子も輝くインクルーシブな園生活づくり　木下勝世著　ジアース教育新社　（植草学園ブックス特別支援シリーズ 5）
【目次】第1章 保育とは何かを考える（幼児教育と生活中心教育、幼児期ならではの育ちを求める、子どもの自由と園生活、子どもの自己認識と関係性の変化）、第2章 園生活づくりの原則（あそびとその支援、幼児期ならではの生活、あそびと園生活づくり）、第3章 園生活づくり、その一年—愛隣幼稚園の実践（土台づくりとしての一学期の園生活、皆で楽しみ、共につくる二学期の園生活、子どもたちの集大成としての三学期の園生活）、第4章 インクルーシブ保育の意味と課題（インクルーシブ保育が目指すもの、どの子にも最適な保育をつくる、インクルーシブ保育実践上の課題から、共生社会づくりの道程として）
2017.5　182p　A5　¥1700　①978-4-86371-417-5

◆子どもがときめく人気曲＆どうようでリトミック—そのまま使えるCD付き！　井上明美編　自由現代社　（付属資料：CD1）
【要旨】子どもが大好きなアニメ・テレビのうたやヒットソング、園で人気の童謡まで！ ピアノを弾かなくても流すだけで使える全32曲収録のCDで、リトミックがすぐにできる！
2017.3　111p　26×21cm　¥2200　①978-4-7982-2168-7

◆子どもと共に歩む保育　和田幸子、伊藤美加、山崎玲奈編著　（大津）三学出版
【目次】1部 子どもを知る・保育を知る（はじめの第一歩—子どもを歌う生活の歌、子どもの歌—唱歌・童謡・わらべうた、子守歌、造形表現の活動から—世界を感じ、気持ちを表現する営み、身近な自然から「！」「？」を感じ取ろう！、よく遊び、よく眠る—子どもの本来の姿）、第2部 子どもの中へ（保育者基礎力を目指して、保育者になる、施設実習で学ぶこと—障害児・者との関わりを通じて）
2017.3　107p　B5　¥1800　①978-4-908877-09-4

◆子どもにやさしい学童保育—学童保育の施設を考える　糸山智栄、鈴木雅子著　高文研　（そこが知りたい 学童保育ブックレットシリーズ 2）
【目次】第1章 庄内学童保育クラブ（名古屋市）「移転分割物語」（学童保育との出会い—プレハブなんて、可哀想…、学童保育に入所して一経営者は「保護者」だった！、タニダケントとの出会い、作ろう、子どもに優しい学童保育施設）、第2章 新制度と学童保育の待機児童問題（新制度と待機児童問題の概要、学童保育施設の地域格差、待機児童数は把握できるか？、子どもの放課後を地域で育む、学童保育の行方）、第3章 前例を作り、仕組みを作る（プレハブでなく、木造化をめざして 倉敷市の場合、発想転換のきっかけは、私の企業仲間から 岡山県学童保育連絡協議会の取り組み）、第4章 発想を転換して、動けば変わる。動いて変える。（建てて、賃貸！？大家さん、現る。さいたま市における学童施設の現状、自治体と連携した「放課後児童クラブ専用施設」設置の取り組み 沖縄の学童保育）
2018.1　124p　A5　¥1300　①978-4-87498-643-1

◆子どもの「遊びこむ」姿を求めて—保育実践を支えるリアリティとファンタジーの多層構造　阿部学著　白桃書房　（敬愛大学学術叢書）
【要旨】何もない保育室、まちづくり、園通貨、アート、メディア、暗号、冒険、自由保育への転換…。めずらしい特徴を持つ、ある幼稚園の保育実践に着目。子どもの「遊びこむ」姿を追うことで、保育・教育について深く考える。主体的・対話的・協同的な学びを創造するための、新しい教育実践論を提案。
2017.3　293p　A5　¥3700　①978-4-561-56096-8

◆子どもの個性を引き出す きむら式おもしろ造形タイム—いつもの技法にひと工夫！　きむらゆういち著　チャイルド本社
【要旨】プラ容器でステンドグラス？ 身近な素材を使ったおもしろアイデアがいっぱい！
2017.6　63p　26×21cm　¥1600　①978-4-8054-0255-9

◆子どもの事故防止に関するヒヤリハット体験の共有化と教材開発—保育・幼児教育の現職者と実習大学生のキャリア発達から　伊東知之、大野木裕明、石川昭義著　福村出版
【目次】怪我・事故防止策としてのヒヤリハット体験、その積極的な活用に向けて、ヒヤリハット体験発生の現状とキャリア発達的要因の検討、怪我・事故場面におけるヒヤリハット認知の現識者・実習大学生間の比較、実習大学生のヒヤリハット認知を高めるための教材開発研究、実習大学生におけるヒヤリハット認知の学年差および現職者とのヒヤリハット認知能力を高めるための塗り絵教材の開発的研究、総合的考察
2017.2　166p　A5　¥4000　①978-4-571-11040-5

◆子どもの食と栄養演習ブック　松本峰雄監修、大江敏弘、小林久美、土田幸恵、林薫、廣瀬志保著　（京都）ミネルヴァ書房　（よくわかる！保育士エクササイズ 3）
【目次】第1章 子どもの健康と食生活の意義、第2章 栄養に関する基本的知識、第3章 日本人の食事摂取基準と調理の基本、第4章 子どもの発育・発達と食生活、第5章 食育の基本と内容、第6章 家庭や児童福祉施設における食事と栄養、第7章 特別な配慮を要する子どもの食と栄養
2017.1　235p　B5　¥2500　①978-4-623-07702-1

◆子どもの成長をつなぐ保幼小連携　ぎょうせい編　ぎょうせい　（新教育課程ライブラリ 2 Vol.10）
【目次】巻頭インタビュー 学校はすべての地域住民のために地域はすべての子ども・教師のために（岸裕司・秋津コミュニティ顧問・（株）バンゲア代表取締役）、特集 子どもの成長をつなぐ保幼小連携（巻頭言「保幼小連携」育ち合うコミュニティづくり、論文（幼児教育と小学校教育の「接続」の充実 発達と学びの連続性を踏まえた「保幼小連携」の在り方）、事例（障害のある幼児の学びをどう次のライフステージにつなげるか、子どもの育ちをつなげるカリキュラム開発 ほか）、提言 保育カウンセリング現場から見える乳幼児期の子どもたち、参考これからの保幼小連携を読み取る資料）、集中連載 総則を読む「学びの地図」の歩き方（最終回）子どもの発達への支援、連載、教育長インタビュー—次世代を育てる地方戦略2、リレー連載、オピニオン
2017.10　95p　A4　¥1350　①978-4-324-10231-2

◆子供の世界 子供の造形　松岡宏明著　三元社
【要旨】幼児・初等教育にかかわる、子供にかかわる、すべての大人へ—たくさんの子供たちの絵を紹介しながら、子供と造形、子供と美術の、切っても切れない関係を伝えます。知ってるつもりの子供の世界を学び直す一冊。
2017.2　159p　A5　¥1700　①978-4-88303-420-8

◆子どものプレイフルネスを育てるプレイメーカー—プレイフルネス運動遊びへの招待　日本体育協会編、竹中晃二編　サンライフ企画
【目次】第1部 導入編（プレイフルネス）、第2部 理論編（心理社会的効果とは、心理社会的効果を強める、関連変数を測る）、第3部 実技編（運動遊び）、第4部 普及啓発編（普及啓発の手法、怪我の予防）、資料
2017.6　157p　B5　¥2500　①978-4-904011-73-7

◆子どもの涙が楽しみになる幼児教育—ヨコミネ式導入園の自立型子育てのヒミツ　赤松兼次著　現代書林
【要旨】お父さん、お母さん、勇気を出して見守ってください！ 冷たい親かな？って思われるかもしれません。でも、「放っておく」と「見守る」は違います。子どもは必ずや成長していきます。手を出しすぎると、逆に成長しなくなるのです。時間はかかるでしょうが、焦らず成長を促す。どうか子どもを信じてあげてください。
2017.5　189p　B6　¥1300　①978-4-7745-1631-8

◆子ども・保護者・学生が共に育つ 保育・子育て支援演習—保育者養成校で地域の保育・子育て支援を始めよう　入江礼子、小原敏郎、白川佳子編著　萌文書林
【目次】第1部 基礎編（保育者養成校で保育・子育て支援を始めよう！、保育・子育て支援とは、保育者の専門性と保育・子育て支援、保育・子育て支援活動への学生の参加と学び）、第2部 演習編（子どもを理解しよう、保護者を理解しよう、地域のことを理解しよう、保育・子育て支援の環境を構成しよう、遊びの中で出会うことを知ろう、学びを発信しよう）、第3部 実践事例編（教室型1 共立女子大学「さくらんぼ」、教室型2 相愛大学「よつばのクローバー」、ひろば型1 千葉明徳短期大学「育ちあいのひろばたいむ」、ひろば型2 東京都市大学子育て支援センター「ぴっぴ」—学生の日常的な学び、派遣型 日本福祉大学「NHKパパママフェスティバル」、保育・子育て支援のまとめと展望）
2017.1　163p　B5　¥1900　①978-4-89347-247-2

◆これからの保育者論—日々の実践に宿る専門性　高橋貴志著　萌文書林
【目次】序章 なぜ「保育者論」を学ぶのか、第1章 保育をおこなう者の多様性、第2章 保育者の専門性と「遊び」、第3章 保育者の専門性と「環境」、第4章 保育者の専門性と「生活」、第5章 保育者の専門性と子育て支援、第6章 保育者の専門性を高めるために、第7章 保育者の専門性を高めるために、保育者インタビュー
2017.7　170p　A5　¥1700　①978-4-89347-261-8

◆根拠がわかる！ 私の保育総点検　日本保育協会監修、横山洋子著　中央法規出版　（保育わかばBOOKS）
【要旨】保育活動でありがちな「あるある」をもとに適切な援助と不適切な保育の根拠を学ぶ。題材となる保育場面は、園行事、遊び、人間関係だけでなく、保護者対応やマナーまで幅広く網羅。日頃の保育を見直し、自分の保育に自信がもてる！
2017.8　151p　21×19cm　¥1800　①978-4-8058-5552-2

◆コンパス 保育内容 言葉　内藤知美、新井美保子編著　建帛社
【要旨】言葉とは何か、保育における言葉の発達、0歳児の言葉、1歳児の言葉、2歳児の言葉、3歳児の言葉、4歳児の言葉、5歳児の言葉、領域「言葉」のねらいと内容を理解しよう、気になる子どもへの言葉の発達のサポート、日本語を母語としない子どもの言葉の発達を考える、言葉の発達を促す児童文化財（3歳児未満）、言葉の発達を促す児童文化財（3歳児以降）、言葉を育てる指導と指導計画（3歳児未満）、言葉を育てる指導と指導計画（3歳児以降）
2017.2　149p　B5　¥2000　①978-4-7679-5050-1

◆コンパス 幼児の体育—動きを通して心を育む　前橋明編著　建帛社
【目次】概論、理論編（近年の子どものからだの異変とその対策、幼児になぜ運動が必要か、子どもの生活と運動、乳児期の発育・発達と運動 ほか）、実践編（準備運動と整理運動、からだを使った体育あそび、用具を使った体育あそび、移動遊具を使った体育あそび ほか）
2017.4　195p　B5　¥2400　①978-4-7679-5055-6

◆さあ、子どもたちの「未来」を話しませんか—2017年告示 新指針・要領からのメッセージ　汐見稔幸著、おおえだけいこイラスト　小学館
【要旨】2017年告示「保育所保育指針」「幼稚園教育要領」「幼保連携型認定こども園教育要領」改定の背景から具体的な内容まで、イラストをまじえて解説する。エッセー風指針・要領解説の決定版！
2017.9　143p　B6　¥1200　①978-4-09-840186-4

◆最新保育サービス業界の動向とカラクリがよ〜くわかる本　大嶽広展著　秀和システム　（図解入門業界研究）第3版
【要旨】保育サービス市場新規参入の実態は？ 推進される企業主導型保育事業とは？ 待機児童解消のための国の取り組みは？ 地域型保育給付の創設で事業者が多様化！ 主な保育サービス企業ランクと参考事例。拡大する市場規模、成長市場の現状と課題を探る。
2017.9　207p　A5　¥1400　①978-4-7980-5099-7

◆最新保育資料集 2017　保育所、幼稚園、保育者に関する法制と基本データ　子どもと保育総合研究所、森上史朗監修、大豆生田啓友、三谷大紀編　（京都）ミネルヴァ書房

【目次】第1部 法規篇(子どもと保育の基本、学校・幼稚園、保育所およびその他の児童福祉施設、認定こども園 ほか)、第2部 幼児教育・保育関係資料(ライフサイクルの変化、出生数の推移、幼稚園、幼稚園教員 ほか)
2017.4 654,50p A5 ¥2000 ①978-4-623-07903-2

◆3法令改訂(定)の要点とこれからの保育
無藤隆著 チャイルド本社
【要旨】平成29年3月に告示された「幼稚園教育要領」「保育所保育指針」「幼保連携型認定こども園教育・保育要領」。今回の3法令同時改訂(定)は、乳幼児~小・中・高校教育までを見すえた大きな流れの上に成り立っています。本書では、その改訂(定)の趣旨と、「資質・能力の3本柱」「カリキュラム・マネジメント」などのキーワードを、改訂を主導してきた著者が、わかりやすく解説します。
2017 71p B5 ¥850 ①978-4-8054-0259-7

◆3・4・5歳児の心Q&A 大澤洋美、大川美和子著 学研プラス (Gakken保育Books)
【要旨】子どもの心をさまざまな角度から想像し、保育現場の「困った」を解決するヒントが満載! ベテラン保育者がこたえるQuestion41。
2017.5 143p A5 ¥1500 ①978-4-05-800779-2

◆3・4・5歳児のごっこ遊び―幼児教育・保育のアクティブ・ラーニング 神長美津子監修・編著、岩城眞佐子編著 (大阪)ひかりのくに
【目次】1 今、なぜ「ごっこ遊び」なのか?―10のQ&Aで考える、2 ごっこを楽しむ子どもの姿と保育者の役割―3・4・5歳児の事例から読み取る、3 3・4・5歳児ごっこ遊びドキュメンテーションと年間指導計画、4 3・4・5歳児ごっこ遊びの日案と、5歳児プロジェクト・ドキュメンテーション、5 保育力アップにつながる園内研修の在り方―ごっこ遊びの指導の工夫を支える、6「学びに向かう力」を育むごっこ遊び
2017 167p 26×21cm ¥3000 ①978-4-564-60888-9

◆3・4・5歳児のわくわく絵あそび12か月
平野真紀著 (大阪)ひかりのくに
【要旨】現場発信だからこそ、やりやすい手順と実践での子どもの姿、作品などの写真がたっぷり! 子どもたちの声を通して、思いが伝わってきます。12か月分たっぷりなので、その時々に合ったテーマを選べます! 事前の準備や子どもたちとの関わり方、思いを広げるポイントがイラスト付きで分かりやすい! 1年間の実践を見通したねらいがひと目で分かる表付き! 絵あそびの知っておきたいことをQ&A形式で紹介。子どもたちの関わり方や描画材料、技法についてが分かります!
2017 199p 21×19cm ¥1850 ①978-4-564-60896-4

◆実践・発達心理学 青木紀久代編 (岐阜)みらい (新時代の保育双書) 第2版
【目次】子どもの発達と環境、赤ちゃんの誕生、愛着関係の発達―かかわりのなかで育つい、自己と情動の発達、言葉の発達とコミュニケーション、知的発達―その意味と保育者のかかわり、遊びと仲間づくりを支える社会性、子どもの発達と臨床的問題、思春期の心性、大人になること―自我同一性の獲得、老いることと生涯発達、キャリア発達とその支援、実践の評価
2017.3 207p B5 ¥2000 ①978-4-86015-398-4

◆実例でわかる 連絡帳の書き方マニュアル―保育園・幼稚園 冨田久枝監修 成美堂出版
【要旨】保育者の行動「何を」「どう伝えるか」が具体的にわかる! さまざまなケースに対応。添削付0~5歳の年齢別、豊富な実例集。
2017.3 156p 26×21cm ¥1300 ①978-4-415-32282-7

◆社会的養護 児童育成協会監修、相澤仁、林浩康編 中央法規出版 (基本保育シリーズ 6) 第2版
【目次】社会的養護の理念と概念、社会的養護の歴史的変遷、児童家庭福祉の一分野としての社会的養護、児童の権利擁護と社会的養護、社会的養護の制度と法体系、社会的養護の仕組みと実施体系、家庭養護と施設養護、社会的養護の専門性・実施者、施設養護の基本原理、施設養護の実際、施設養護とソーシャルワーク、施設等の運営管理の現状と課題、倫理の確立、被措置児童等への虐待防止の現状と課題、社会的養護と地域福祉の現状と課題
2017.12 201p B5 ¥2000 ①978-4-8058-5603-1

◆写真で学ぶ! 保育現場のリスクマネジメント 日本保育協会監修、田中浩二著 中央法規出版 (保育わかばBOOKS)
【要旨】新人や若手保育者は子どもの予測のつかない行動に対応できず、思わぬ事故につながるケースがある。登園から降園までの場面別の写真から、どこにリスクが潜んでいて、どのように予防・対応すればよいのかを学ぶ1冊。
2017.8 127p 22×19cm ¥1800 ①978-4-8058-5554-6

◆少子化時代の保育と教育―乳幼児教育から考える保育所・幼稚園・こども園 坂﨑隆浩著 世界文化社 (PriPriブックス)
【目次】序曲 響きあう、保育シンフォニー―様々な立場を超えて、幼稚園・保育所・こども園施設、第2楽章 保育所・幼稚園・認定こども園の保育と教育、第3楽章 国際的な乳幼児教育への取り組み、第4楽章 超スマート社会の到来に必要な能力を育てる、第5楽章 0歳から積み上げられる乳幼児教育と保育の専門性、第6楽章 今後の速やかな一元化に向けて、第7楽章 貧困の国からの脱却 子ども・子育て関連3法とその先にあるもの、終章 今以上はない大切なものへ(保育者はアーティスト)
2017.3 95p A5 ¥1600 ①978-4-418-17713-4

◆新時代の保育 2 認定こども園における保育形態と保育の質 義ємに健介、清川滋大、相馬靖明編著、中田幸子、中山昌樹、木村創著 (相模原)ななみ書房 (ななみブックレットNo.5)
【目次】1 多様性を受け入れる認定こども園、2 認定こども園あかみ幼稚園における「保育の質」向上への取り組み、3 認定向山こども園における「保育の質」向上の取り組み、4 幼保連携型認定こども園のカリキュラム・マネジメント、5「ノンコンタクト・タイム」の重要性について、6 認定こども園における「教育課程に係る教育時間」の捉え方とその課題について
2017.5 63p A5 ¥700 ①978-4-903355-60-3

◆身体表現をたのしむあそび作品集 新リズム表現研究会編著 (京都)かもがわ出版
【要旨】身近な曲を替え歌にして、定番絵本をイメージして、だれでもかんたんに実践できる! 豊富なイラストでわかりやすい!
2018.1 93p 26×21cm ¥2000 ①978-4-7803-0948-5

◆新たのしい子どものうたあそび―現場で活かせる保育実践 木村鈴代編著 同文書院 第二版
【目次】理論編(うた(童謡)の歴史、声について ほか)、実践編1 わらべうたあそび(『いないいないばぁ』、『あがりめさがりめ』 ほか)、実践編2 手を使ったうたあそび(『むすんでひらいて』、『グーチョキパーでなにつくろう』 ほか)、実践編3 食べものが出てくるうたあそび(『おべんとうばこのうた』(オリジナル・「サンドイッチ」バージョン)、『パンやさんにおかいもの』 ほか)、実践編4 動物が出てくるうたあそび(『まあるいたまご』、『あおむし』(「キャベツのなかから」)、『さかながはねて』、『あたま・かた・ひざ・ポン』 ほか)、応用編(リズムに乗って、子どものこころに響く「うたあそび」へ(リズム・拍子ってどんなもの、リズムであそぼう)、「うたあそび」から、身体全体を使った「表現あそび」へ)
2017.11 221p B5 ¥2200 ①978-4-8103-1472-4

◆新幼稚園教育要領、保育所保育指針、幼保連携型認定こども園教育・保育要領がわかる本 安家周一、片山憲章著 (大阪)ひかりのくに
【要旨】保育の基本、0・1・2歳児保育、幼児期の終わりまでに育ってほしい姿を、23のテーマの対談で読み解く! 平成29年3月告示全文も掲載!
2017 191p A5 ¥1600 ①978-4-564-60903-9

◆新幼稚園教育要領ポイント総整理 幼稚園平成29年版 津金美智子編著 東洋館出版社
【要旨】「幼児期の終わりまでに育ってほしい姿」を踏まえ教育課程を編成する! 新幼稚園教育要領掲載。これ1冊で大丈夫!!
2017.12 174p A5 ¥2000 ①978-4-491-03410-2

◆図解 子どもの保健 1 服部右子、大森正英編 (岐阜)みらい (新時代の保育双書) 第2版
【目次】第1章 子どもの保健の意義と目的、第2章 子どもの発育・発達と保健、第3章 子どもを取り巻く生活環境と心身の保健、第4章 子どもの生活習慣と健康、第5章 子どもの精神(ここ ろ)の保健、第6章 子どもの栄養、第7章 子どもによくみられる症状とその対処法、第8章 事故と安全指導および応急処置、第9章 子どもの病気・異常とその予防、第10章 母子保健行政
2017.3 228p B5 ¥2200 ①978-4-86015-406-6

◆生活習慣おまかせシアター―環境づくり・遊びアイディアも! 手で切り離せるミシン目入り! 今すぐ使える! 永井裕美編著、江口康久万協力 (大阪)ひかりのくに (保カリBOOKS) (付属資料: ポスター; 紙工作; カード)
【要旨】切ってすぐ使える! 楽しくすぐ伝えられる! 繰り返し使え環境づくりのヒントや遊びで楽しく身につく! 保育者として知っておきたい! 保護者にも知らせたい! 知っておこう! &4コママンガつき。
2017 56p 26×21cm ¥1600 ①978-4-564-60895-7

◆世界基準の幼稚園―6歳までにリーダーシップは磨かれる 橋井健司著 光文社
【要旨】型にはまらない子にする18の理論。「次は自分がリーダー」と思える教育へ。
2017.10 220p B6 ¥1400 ①978-4-334-97957-7

◆ゼッタイうまくいく 3・4・5歳児の造形あそび 奥美佐子著 (大阪)ひかりのくに
【要旨】日々の保育から造形活動へのつながりがわかる。詳しい準備・導入、押さえるべき環境構成、保育者の援助で実践がうまくいく! 発達に沿った遊びを見渡せる月齢別造形活動年間計画例つき。各実践に造形の知識が身につくおく先生のミニ講義つき。
2017 119p 21×19cm ¥1850 ①978-4-564-60908-4

◆0.1.2歳児せいさくあそび88―0歳からできる季節と行事の製作 「あそびと環境0.1.2歳」編集部リボングラス編著 学研教育みらい、学研プラス 発売 (保育力UP!)
【要旨】「あそびと環境0.1.2歳」発信の季節や行事を親しんで親しむ、せいさくあそび88アイディア。対象年齢と、製作内容のわかるもくじで子どもの育ちにぴったりのあそびが選べる。年齢別便利メモ付きで保育者の準備もラクラク。作品の飾り方アイディア付き。
2017.3 112p 21×19cm ¥1600 ①978-4-05-406541-3

◆0・1・2歳児のキュートな壁面&ルームグッズ ポット編集部編 チャイルド本社 (potブックス)
【要旨】季節感をかわいく演出する壁面とうれしさを盛り上げるお誕生表20プラン。子どもの発達や自立を促すルームグッズ20プラン。
2017 111p 24×19cm ¥1600 ①978-4-8054-0254-2

◆0・1・2歳児のココロを読みとく保育のまなざし―エピソード写真で見る子どもの育ち 井桁容子著 チャイルド本社
【要旨】子どもたちの行動や表現の先、心の奥にある、学びや思い。日常の一瞬一瞬からそれらを読みとき、育ちを見つめるまなざしがあれば、保育や子育てがすべて変わります!
2017 99p 24×19cm ¥1400 ①978-4-8054-0257-3

◆0・1・2歳児の心Q&A 頭金多絵著 学研プラス (Gakken保育Books)
【要旨】子どもの心をさまざまな角度から想像し、保育現場の「困った」を解決するヒントが満載! ベテラン保育者がこたえるQuestion47。
2017.5 143p B5 ¥1500 ①978-4-05-800778-5

◆0・1・2歳児のためのおべんとうバス劇あそびブック 真珠まりこ作・絵、浅野ななみ脚本 チャイルド本社 (付属資料:CD1)
【要旨】原作絵本もワイド版で収録! これ1冊で、子どもたちの興味を絵本から劇あそびへ自然につなげます。
2017 47p 26×22cm ¥1800 ①978-4-8054-4657-7

◆0・1・2歳児の保育の中にみる教育―子どもの感性と意欲を育てる環境づくり 大橋喜美子著 (京都)北大路書房
【目次】乳幼児期の教育と保育、豊かな保育の質と教育、教育の原点は信頼関係を結ぶこと、遊びが好きな子どもには何が育つか、乳児期の発達と保育、乳幼児期の環境と遊び、遊びの中で獲得していく2つの世界、乳幼児期の教育、科学する芽は子どもの気づきと保育者の共感から、保育の隙間から子ども自身が学ぶこと、幼稚園と保育所(園)保育者間における保育観の相違、真の教育の豊かさとは
2017.3 125p A5 ¥1700 ①978-4-7628-2963-5

教育

◆0～5歳児ごっこあそびアイディアBOOK
小倉和人著　（大阪）ひかりのくに　（保カリBOOKS 50）
【要旨】人気の21テーマ、157のあそびを紹介！「身近なせいかつ編」「なりきりへんしん編」「お店やさん編」の3本立て！何もなくてもできるあそびから、アイテムやコスチュームまでバリエーションたっぷりです。子どもたちの「たのしい！」イメージがどんどんふくらむためには、どうかかわったらいいの？　保育者の見守りのポイント・環境づくり・ことばがけのヒントを紹介！ごっこあそびには行事につながるヒントが盛りだくさん！それぞれのテーマに、具体的なヒントを掲載しています。巻末では、3大行事への展開についてマンガでわかりやすく解説！
2017 79p 26×21cm ¥1600 ①978-4-564-60907-7

◆0～5歳児 子どもの姿からつむぐ指導計画—ようこそあけぼの子育て村へ　安家周一著（大阪）ひかりのくに　（付属資料：CD-ROM1）
【要旨】新要領、新指針、新教育・保育要領をおさえた計画づくりならこの1冊！平成30年施行新要領、指針、教育・保育要領対応。
2017 143p A4 ¥2000 ①978-4-564-60902-2

◆0‐5歳児食育まるわかりサポート＆素材データブック　太田百合子、岡本依子監修　学研プラス　（付属資料：CD‐ROM1）
【要旨】毎月の食育だより・文例・イラスト・ポスターなど実践素材・教材を収録。
2017.5 191p 26×21cm ¥2100 ①978-4-05-800765-5

◆0‐5歳児 生活習慣のスムーズ身につけガイド　塩谷香監修　学研プラス
【要旨】発達早見表で、年齢に応じた主な成長の目安がわかる。食事、排せつ、睡眠、清潔、片づけ、着脱…その子のやる気を大事にしく援助するたくさんのヒント。家庭との連携法も充実。園でも実践例も写真つきで取り入れやすい！子ども一人ひとりの発達に合わせて行える！
2017.2 143p 19×16cm ¥1200 ①978-4-05-800714-3

◆0～5歳児年齢別 実習の日誌と指導案—完全サポート　古林ゆり監修　新星出版社　（しんせい保育の本）
【要旨】(1) 保育のねらいとポイントがわかる。(2) 日誌の書き方がわかる。(3) 指導案の書き方・たて方がわかる。(4) 評価と反省のポイントがわかる。(5) 年齢別発達の特徴と関わり方がわかる。5つの「わかる！」で安心。
2017.6 175p 26×21cm ¥1400 ①978-4-405-07248-0

◆0～5歳児の歌って楽しい劇あそび　滝川弥絵・作詞　（大阪）ひかりのくに　（保カリBOOKS）　（付属資料：CD2）
【要旨】歌詞がそのままセリフになるラクラクオペレッタ！何度も言いたくなるフレーズたっぷり！衣装は、基本7パターンでできる！劇を通して「成長するポイント」があるから保護者に伝えて、感動をあじわえるものに！
2017 207p 26×21cm ¥2200 ①978-4-564-60906-0

◆0～5歳児の発達にあったあそびパーフェクトBOOK　ナツメ社　（ナツメ社保育シリーズ）
【要旨】すぐに使えるあそびプラン342。「ふれあいあそび」「運動あそび」「手あそび」「造形あそび」「集団あそび」「季節あそび」「言葉あそび」

の7つの章展開。すきな時間にできる「ちょこっとあそび」も紹介！
2017.7 287p 26×21cm ¥2400 ①978-4-8163-6295-8

◆0‐5歳児の毎日できる！楽しい運動あそび大集合　鈴木康弘著　学研プラス　（Gakken保育Books）
【要旨】季節・自然と親しむあそび、リズムあそびも！園に合わせて取り入れやすい、基本～発展アレンジまで年齢別に約300本！
2017.6 207p 26×22cm ¥1900 ①978-4-05-800792-1

◆0‐5歳児 病気とケガの救急＆予防カンペキマニュアル　渋谷紀子監修　学研プラス
【要旨】毎日の健康観察チェックポイント、救急車を呼ぶときマニュアルそえて、貼って役立つ4種類のポスター。熱が出た！吐いた！おなかを痛がる！…よくある子どもの症状のケアと医療機関との連携や、すぐの対応。症状から見る病気早わかりチャート。起こりがちな園でのケガと事故の対処法。止血法、心肺蘇生法、アナフィラキシーへの対応…「いざ！」というときの行動マニュアル。感染症予防、事故を未然に防ぐ環境構成も。
2017.2 149p 19×16cm ¥1200 ①978-4-05-800715-0

◆0歳児から6歳児 子どものことば—心の育ちを見つめる　子どもとことば研究会編著　小学館
【要旨】子どもとことば研究会30年の集大成。この本では、子どもたちのことばとそのエピソードを交えながら、昔も今も変わらない子どもの特質＝「子ども性」と子どもたちのことばをめぐる課題について考えます。
2017.8 164p B6 ¥1200 ①978-4-09-311419-6

◆0歳児支援・保育革命 1 0歳の子育て家庭支援・保育を問い直す　永田陽子著　（相模原）ななみ書房　（ななみブックレット No.9）
【目次】1 子育ての変化（育児への向き合い方の変化—相談から、子どもの育ちの変化、0歳児の育ちの変化、子育て広場での0歳の親子講座）、2 愛着形成の重要性（「愛着パターン」から「愛着スタイル」へ、愛着形成の重要性）、3 0歳期のすばらしい能力（胎児期、0歳期の発達の特徴、0歳期の発達）、4 子どもが育つ環境再考—子育て広場の役割（大家族の営みに学ぶ、子どもが育つ環境再考—子育て広場の役割）、5 0歳児支援・保育革命（予防的な視点と対応を、0歳児支援・保育革命—0歳期の支援の特別性）
2017.11 63p A5 ¥700 ①978-4-903355-68-9

◆先生、ボクたちのこときらいになったからいなくなっちゃったの？—子ども不在の保育行政に立ち向かう　大倉得史編著、藤井豊、「青いとり保育園一斉解雇事件」裁判原告一同著　ひとなる書房
【目次】第1部 みんなの青いとり保育園（私たちの青いとり保育園、青いとり保育園の保育）、第2部 裁判での闘い（青いとり保育園の裁判の概要、意見書）、第3部 不当判決を乗り越えて（保育士の一斉交代から子どもを守る法的ルールの必要性、今回の事件によって明らかになった日本の保育問題）
2017.8 126p A5 ¥1300 ①978-4-89464-250-8

◆相談援助・保育相談支援　小宅理沙監修、西木貴美子編著　（福知山）翔雲社、星雲社 発売

【目次】第1章 相談援助の概要、第2章 社会福祉の制度と実施体系、第3章 相談援助の方法と技術、第4章 相談援助の具体的展開、第5章 個別援助技術（ケースワーク）、第6章 集団援助技術（グループワーク）、第7章 地域援助技術（コミュニティワーク）、第8章 事例分析
2017.10 125p B5 ¥2350 ①978-4-434-23546-7

◆高島豊蔵自伝—北海道の子どもたちの夢と希望をひらいた真の教育者　高島豊蔵著、白濱洋征監修　日本地域社会研究所　（コミュニティ・ブックス）
【要旨】理想の幼児教育を求めて、102歳で亡くなるまで生涯現役を貫いた園長先生！子どもの可能性を開く、それが教師の仕事。戦争をはさんでの激動の一世紀を、どこまでも子どもを愛し、子どもに寄り添い、子どもと共に歩き続ける情熱の記録！
2017.11 153p B6 ¥1300 ①978-4-89022-196-7

◆たのしい楽器あそびと合奏の本　赤羽美希著、深見友紀子監修　ヤマハミュージックエンタテインメントホールディングス　（付属資料：CD1）
【要旨】楽器導入指導の決定版！先生の「困った」を解決。失敗のない合奏アレンジで子どもがのびのびと育つ。保育士・幼稚園教諭・ピアノの先生必携。3歳児以上。
2017.10 167p 26×21cm ¥2700 ①978-4-636-93549-3

◆楽しく学ぶ運動遊びのすすめ—ポートフォリオを活用した保育実践力の探求　柴田卓、石森真由子編　（岐阜）みらい
【目次】1 ガイダンス、2 ポートフォリオ（30回分）、3 グループワーク・ロールプレイシート（指導案—計画を立ててみましょう、ワンポイントLesson—実習先で運動遊びを楽しく展開するために、運動会種目表—運動会種目を考えてみましょう、リズム体操—オリジナルダンスを考えてみましょう、親子体操—おもしろいと思った親子の遊びを記録しましょう、ケーススタディ集—話し合ってみましょう、ルーブリック—自己診断を行いましょう）、4 運動遊びのヒント集（運動遊びの意義を考える、運動遊びと運動を考える、動きの種類と運動遊び、楽しく遊ぶための技とコツ、運動遊びとリスクマネジメント、保育への導入・展開・応用の探究、運動遊びアラカルト）
2017.5 134p A4 ¥1300 ①978-4-86015-411-0

◆小さな太陽—倉橋惣三を旅する　倉橋惣三言葉、小西貴士写真、大豆生田啓友選　フレーベル館
【要旨】保育の未来を探る事例集×倉橋惣三の言葉のイメージ化を試みた写真集。
2017.7 47p B5 ¥1300 ①978-4-577-81429-1

◆ちょっとした言葉かけで変わる保護者支援の新ルール10の原則　大豆生田啓友著　メイト　（ひろばブックス）
【要旨】10の原則—(1) 自己決定の支援 (2) 保護者理解 (3) 守秘義務 (4) 信頼関係の構築 (5) 子ども理解 (6) 受容と共感 (7) 情報発信 (8) つながりサポート (9) 同僚性 (10) 関係機関との連携。
2017.8 103p 26×21cm ¥1300 ①978-4-86051-136-4

◆使える！保育のあそびネタ集 ゲームあそび編　井上明美編著　自由現代社

【要旨】保育現場ですぐ使えて子どもが夢中になるゲームあそび全53種！
　　　2017.6 95p 26×21cm ¥1300 ①978-4-7982-2186-1

◆使える！保育のあそびネタ集 室内あそび50　井上明美編著　自由現代社
【要旨】おもしろシーソー、おもしろ魚つり、ポーズいろいろ！、指キャッチ！、ばくだんゲーム、そのお絵なぁに？、しゃくとり虫…など、雨の日でも寒い日でも一年通してできるネタが満載!!
　　　2017.11 95p 26×21cm ¥1300 ①978-4-7982-2214-1

◆使える！保育のあそびネタ集 ふれあいあそび編　井上明美編著　自由現代社　（『行事で使える！保育の親子あそび』加筆・再編集・改題書）
【要旨】保育現場ですぐ使えて、子どもが夢中になる、ふれあいあそび全75種!!
　　　2017.2 1Vol. 26×21cm ¥1400 ①978-4-7982-2163-2

◆どう変わる？何が課題？現場の視点で新要領・指針を考えあう　大宮勇雄、川田学、近藤幹生、島本一男編　ひとなる書房
【要旨】この本は、2018年春施行の改定保育所保育指針、幼保連携型認定こども園教育・保育要領、そして幼稚園教育要領の中味と特徴をつかみ、現場でどう受け止め、どんな実践をつくっていけばよいかを考え合うための、学習テキスト・研修用テキスト。
　　　2017.6 142p A5 ¥1300 ①978-4-89464-245-4

◆どの子にもあ一楽しかった！毎日を一発達の視点と保育の手立てをむすぶ　赤木和重、岡村由紀子、金子明子、馬飼野順美著　ひとなる書房　（保育実践力アップシリーズ 4）
【要旨】保育者の方々の「こんなときどうしたらいいの？」という悩みや、もっと実践力を高めたいという願いに具体的に応えます。丁寧に確かめられてきた、大切にしたい子ども観・保育観と結びついた手立てや技術を、わかりやすく伝えます。実践者の知恵、現場に学んだ最新の研究、そして今の子ども大人に心を寄せりリアルな感性ーそのコラボレーションを生かした内容どうりをします。厳しい時代のなかで、ややもすると、大人や社会の都合が優先されがちな保育環境ですが、私たちは「はじめに子どもありき」を求めます。
　　　2017.8 167p A5 ¥1800 ①978-4-89464-248-5

◆なぜ世界の幼児教育・保育を学ぶのか―子どもの豊かな育ちを保障するために　泉千勢編著　（京都）ミネルヴァ書房
【要旨】近年の多くの研究が、乳幼児期の生活と教育の質がその後の子どもの人生のみならず社会全体に、大きな影響を与えることを明らかにしている。このような研究結果を背景に、OECD・EU諸国を中心に、「質の高い保育」をめざして幼児教育・保育改革が進められている。本書では、このような世界の保育の実際を省察することを通して、子どもたちの豊かな育ちを保障するために必要なことは何かを考えるとともに、日本が抱える保育問題の解決の糸口を探る。
　　　2017.5 380p A5 ¥3500 ①978-4-623-07855-4

◆なぞなぞ&ことばあそび決定版 570問　阿部恵著　（Gakken保育Books）学研プラス
【目次】ADVICE なぞなぞ保育展開アドバイス（日常保育編、特別な日編、2歳児編 ほか）、1 なぞなぞなあに？（食べ物、動物、自然と植物 ほか）、2 2歳児なぞなぞ、3 ことばあそび（早口ことば、さかさことばと回文、ことば探しゲーム ほか）
　　　2017.5 191p B6 ¥1400 ①978-4-05-800767-9

◆2〜5歳児 やる気を引き出す！楽しい生活習慣シアター　松家まきこ著　学研プラス（Gakken保育Books）
【要旨】全20案収録。拡大コピーしてそのまま使えるシートシアター8案。
　　　2017.9 135p 26×22cm ¥2000 ①978-4-05-800816-4

◆21世紀型保育の探求―倉橋惣三を旅する　大豆生田啓友編著　フレーベル館
【要旨】保育の未来を探る事例集×倉橋惣三の言葉のイメージ化を試みた写真集。
　　　2017.7 149p B5 ¥2200 ①978-4-577-81428-4

◆日本一めんどくさい幼稚園　原田小夜子著　三元社
【要旨】自立の心は6歳までにつくられる！がんばる心は「めんどくさい」をやり抜いてこそ育つ。東京・八王子市にあるちょっとスゴイ幼稚園による"脳科学+4000人超を見てきた実践保育"の教え。
　　　2017.5 221p B6 ¥1300 ①978-4-88320-698-8

◆日本における保育カリキュラム―歴史と課題　宍戸健夫著　新読書社
【目次】序章 日本における保育カリキュラム、第1章 日本における保育カリキュラムの誕生、第2章 保育問題研究会と「保育案」の研究、第3章 戦後保育カリキュラムの展開─和光幼稚園を中心に、第4章 集団活動の発展を軸とする保育、第5章 プロジェクト活動と保育カリキュラム、終章 改めて保育カリキュラムとは何かを考える─まとめとして
　　　2017.7 302p A5 ¥2700 ①978-4-7880-2120-4

◆日本の保育の歴史―子ども観と保育の歴史150年　汐見稔幸、松本園子、高田文子、矢治夕起、森川敬子著　萌文書林
【目次】第1章 子ども観―保育の根底にあるもの、第2章 保育のさきがけ、第3章 近代国家の成立と保育施設のはじまり、第4章 保育の定着と普及、第5章 15年戦争と保育、第6章 戦後保育制度の確立と展開、第7章 戦後保育体制転換の胎動―失われた20年のもとで「子ども・子育て支援新制度」へ
　　　2017.12 393p A5 ¥2600 ①978-4-89347-255-7

◆乳幼児がぐんぐん伸びる幼稚園・保育園の遊び環境25の原則　東間掬子著　（名古屋）黎明書房
【要旨】子どもの自立・協同・創造性を育む園の遊び環境の整え方を、実例とともに写真とイラストで紹介します。狭い園舎でも、狭い園庭でも、費用をかけずに工夫次第で、子どもたちが多くの体験をできる豊かな遊び環境を整えることができます。多種多数の「可動遊具」の用意や「エリア分け」など、遊び環境を整えると、子どもたちは満足して遊びます。保育者の悩みのタネである「遊具の奪い合い」や「かみつきひっかき」「室内の走りまわり」などのトラブルも激減します。そんな魔法のような遊び環境づくりを可能にするのが、遊び環境25の原則です。
　　　2017.2 95p A5 ¥1574 ①978-4-654-06098-6

◆認定こども園運営ハンドブック 平成29年版　中央法規出版編集部編　中央法規出版
【要旨】公定価格の単価表収載。
　　　2017.9 1211p B5 ¥4200 ①978-4-8058-5571-3

◆認定こども園 子育てワークショップシナリオ集　小枝達也監修　日本小児医事出版社（付属資料：DVD1）
【目次】1部 総論と研修ツール（認定こども園の法的位置付けと子育て支援、子育て講座のエッセンス、子育て講座の実施例）、2部 よくある保護者からの相談と回答（発育・健康問題の相談、しつけ問題の相談、発達問題の相談）
　　　2017.4 35p A5 ¥2000 ①978-4-88924-254-6

◆布さえあればいつでもどこでも楽しめる2　藤田浩子のハンカチでおはなし　藤田浩子編著、保坂あけみ絵　一声社
【要旨】46のおはなし付きハンカチあそび。
　　　2017.10 64p 19×23cm ¥1000 ①978-4-87077-269-4

◆脳を育む心を育てるあそびのせかい―WORLD EDUCATIONAL TOYS　ボーネルンド監修　マガジンハウス
【要旨】ボーネルンドのあそび道具64。
　　　2017.12 95p 24×19cm ¥1700 ①978-4-8387-2977-7

◆育み支え合う保育リーダーシップ―協働的な学びを生み出すために　イラム・シラージ、エレーヌ・ハレット著、秋田喜代美監訳・解説、鈴木正敏、淀川裕美、佐川早季子訳　明石書店
【目次】1 保育におけるリーダーシップ（保育におけるリーダーシップ―保育の文脈、保育におけるリーダーシップ研究から見えるもの）、2 保育における効果的なリーダーシップ（方向づけのリーダーシップ─共通のビジョンをつくり上げること、方向づけのリーダーシップ─効果的なコミュニケーション、協働的なリーダーシップ―チーム文化の活性化、協働的なリーダーシップ―保護者の協働を促す、エンパワメントするリーダーシップ―主体性を引き出す、エンパワメントするリーダーシップ─変化の過程、教育のリーダーシップ―学びをリードする、教育のリーダーシップ―省察的な学びをリードする）、3 省察的なリーダーシップ（リーダーシップの物語）、座談会 日本の保育現場で本書の知見をどう活かすか、解説 日本の保育界に本書がもたらす可能性
　　　2017.5 208p B5 ¥2400 ①978-4-7503-4520-8

◆はじめての子ども教育原理　福元真由美編　有斐閣（有斐閣ストゥディア）
【要旨】教育/保育の意味とはなにか、教育者/保育者はどうあるべきなのかをわかりやすく伝える「教育原理」「保育原理」の入門テキスト。教育・保育に共通する普遍的な理論や考え方のエッセンスを解説し、具体的なエピソードなどを通じて、現代の教育の構造的な理解を促します。
　　　2017.7 231p A5 ¥1800 ①978-4-641-15036-2

◆はじめて学ぶ保育原理　吉見昌弘、斎藤裕編著　（京都）北大路書房
【目次】第1章 保育とは、第2章 幼保一元化と認定こども園、第3章 保育所保育における保育の基本、第4章 子どもの発達と保育、第5章 保育の目標と方法、第6章 保育形態、第7章 子育て支援、第8章 保育の思想と歴史、第9章 保育の現状と課題
　　　2017.5 165p A5 ¥1800 ①978-4-7628-2971-0

◆働き続けたい保育園づくり―保育士の定着率を高める職場マネジメント　大嶽広展著　労働調査会　（人が集まる事業所シリーズ 1）
【要旨】「保育園で働くのが夢でした！」と話していた保育士がなぜ辞めてしまうのか。保育園を活性化する組織・人材育成マネジメントを事例とともに解説。
　　　2017.3 178p A5 ¥1800 ①978-4-86319-606-3

◆東日本大震災・放射能災害下での保育―福島の現実から保育の原点を考える　関口はつ江編著　ミネルヴァ書房
【要旨】現代社会における保育の役割とは何か？震災・原発事故直後から現在までの福島の現実を知り「子どもが育つこと、子どもを育てること」の基本についてあらためて考える。
　　　2017.3 281p A5 ¥3500 ①978-4-623-07805-9

◆病児保育・事例から学ぶこと　池田奈緒子編　芦書房
【目次】第1部 病児保育とは（病児保育の概要、病児保育の特徴、エンゼル多摩のあゆみ）、第2部 病児保育における保育看護（保育目標と計画、看護目標と計画、食事の提供、1日の流れ、事例から学ぶこと・保育、事例から学ぶこと・看護）、第3部 病児保育の事故防止と安全対策（危機管理、避難訓練、避難マニュアル（火災編、地震編））
　　　2017.7 116p B5 ¥1800 ①978-4-7556-1286-2

◆ひろみち&たにぞうのプレミアム運動会！　佐藤弘道、谷口国博共著　世界文化社（PriPriブックス）
【要旨】運動会を華やかに彩る制作物、盛り上がるダンス・競技が満載！
　　　2017.5 72p 26×21cm ¥1700 ①978-4-418-17715-8

◆平成30年度施行新要領・指針サポートブック　保育総合研究会監修　世界文化社（PriPriブックス）（付属資料：CD-ROM1）
【要旨】認定こども園教育・保育要領、保育所保育指針、幼稚園教育要領対応。全体的な計画の作成から実践まで、すぐ使える！指導計画例を収録。
　　　2018.1 143p A4 ¥2000 ①978-4-418-17722-6

◆平成29年告示保育所保育指針まるわかりガイド―ここが変わった！　汐見稔幸編著　チャイルド本社
【要旨】改定に携わった委員自らが解説！改定のポイントや、法令に込められた願いがこの1冊でわかります。
　　　2017 111p B5 ¥1200 ①978-4-8054-0261-0

◆平成29年告示 幼稚園教育要領 保育所保育指針 幼保連携型認定こども園教育・保育要領 原本　内閣府、文部科学省、厚生労働省編著　チャイルド本社
【目次】幼稚園教育要領、保育所保育指針、幼保連携型認定こども園教育・保育要領、資料
　　　2017 109p B5 ¥500 ①978-4-8054-0258-0

◆平成29年告示幼稚園教育要領まるわかりガイド　無藤隆編著　チャイルド本社
【要旨】改訂に携わった委員自らが解説！改訂のポイントや、法令に込められた願いがこの1冊でわかります！
　　　2017 87p B5 ¥1200 ①978-4-8054-0260-3

◆平成29年告示幼保連携型認定こども園教育・保育要領 まるわかりガイド―ここが変わった！　無藤隆編著　チャイルド本社
【要旨】平成29年3月に告示された「幼保連携型認定こども園教育・保育要領」。本書では、その改訂の趣旨と、「資質・能力の3つの柱」「10の姿」「カリキュラム・マネジメント」「多様性への

教育　694　BOOK PAGE 2018

配慮」などのキーワードを、改訂に携わった委員がわかりやすくていねいに解説しています。本書を読めば、重要ポイントがまるわかりです！
2017 114p B5 ¥1200 ①978-4-8054-0262-7

◆保育園を呼ぶ声が聞こえる　猪熊弘子, 國分功一郎, ブレイディみかこ著　太田出版
【要旨】「子どもには適切な保育を受ける権利がある」子どもの視点から保育問題をとらえかえし、根本的な処方箋を提案する。当事者だけでなく、これから子どもをもちたいひとも知っておくべき保育の前提がここに。
2017.6 193p B6 ¥1500 ①978-4-7783-1574-0

◆保育園児くもくんの連絡帳　たきれい著　KADOKAWA
【要旨】インスタグラムで話題沸騰！ 日本一有名な「連絡帳」のコミックエッセイ。ママもパパも保育士さんも！ 3万人が癒された。初の書籍化！ 描きおろし満載。
2017 192p B6 ¥1000 ①978-4-04-896032-8

◆保育園における外部講師導入に関する調査報告書　東京都社会福祉協議会保育部会調査研究委員会編　東京都社会福祉協議会
【目次】第1章 調査のあらまし、第2章 調査結果（回答園の概要、外部講師導入の調査結果）、第3章 調査のまとめ、資料編
2017 126p A4 ¥1000 ①978-4-903853-251-9

◆保育園の主菜・副菜―家庭用の分量付き 栄養バランスのよい献立　末次敦子著　芽ばえ社
【目次】春（主菜 カジキのねぎ味噌焼き、副菜 じゃがいもとブロッコリーのソテー ほか）、夏（主菜 韓国風スタミナ炒め、副菜 にんじんとタラコのサラダ ほか）、秋（主菜 揚げ里いものバターしょうゆ、副菜 里いもと厚揚げ、イカの煮物 ほか）、冬（主菜 魚の変わり味噌焼き、副菜 わかめサラダ ほか）
2017.7 87p A5 ¥1200 ①978-4-89579-391-9

◆保育園問題―待機児童、保育士不足、建設反対運動　前田正子著　中央公論新社 （中公新書）
【要旨】毎年2万人以上の待機児童が生まれる日本。厳しい「保活」を経ても、保育園に入れない子どもが多数いる。少子化の進む日本で、保育園が増えてもなぜ待機児童は減らないのか。なぜ保育士のなり手が少ないのか。量の拡充に走る一方、事故の心配はないのか。開設に反対する近隣住民を説得できるのか――。母親として、横浜副市長として、この課題に取り組んできた著者が、広い視野で丁寧に解き明かす。
2017.4 230p 18cm ¥800 ①978-4-12-102429-9

◆保育園・幼稚園の環境教育　チェンゲーディ・マールタ著, コダーイ芸術教育研究所訳　明治図書出版
【要旨】保育園・幼稚園での環境教育は「世界を知るための基礎」として、とても大切です。興味をもったものを手に取ってその価値を知り、守る気持ちを育てることが、その子のこれからの「見方・考え方」になります。本書では、ハンガリーで行われている「環境教育」の取り組みを、豊富な資料とともに紹介します。
2017.4 ¥1500 ①978-4-18-079318-1

◆保育園浪人―子どもを産んで、なぜ罰ゲームを受けなきゃならないの？　清家あい著　秀和システム
【要旨】「保育園落ちた日本死ね!!」その後――"待機児童ゼロ"の実現を目指す！ ママ議員が提言する「子育てしながら安心して働ける社会」。新米ママが失敗しない「保活」Q&A。
2017.11 207p B6 ¥1300 ①978-4-7980-4717-1

◆保育を伝える！ スピーチ実術―子どもへ 保護者へ地域へ　斎藤二三子編著　フレーベル館 （保育ナビブック）
【要旨】スピーチが上手くなる10のテクニックと季節や行事に合わせた文例がいっぱい。
2017.6 79p B5 ¥1800 ①978-4-577-81426-0

◆保育・音楽遊びの幅を広げよう！ 創造性を養うリズム・楽器・コミュニケーション　山地寛和, 山川博史編著, ちゃいるどネット大阪編集協力　（名古屋）三恵社
【要旨】みて・きいて・かんじて、うごこう。先生も子どもも楽しい楽器遊び、みんながつながる歌遊び、保育との結びつきを考えたリズム遊び。
2017.4 111p B5 ¥2000 ①978-4-86487-634-6

◆保育が変わる！ 子どもの育ちを引き出す言葉かけ　鈴木八重子著　チャイルド本社
【要旨】保育にある「こんな時どうしよう？」という場面。迷った時は、ベテラン先生の知恵で解決！ 豊富な経験に基づいた、子どもの育ちを引き出す言葉かけと対応を、読み取りとともに紹介します。
2017 191p 18×15cm ¥1300 ①978-4-8054-0263-4

◆保育・教職実践演習―わたしを見つめ、求められる保育者になるために　寺田恭子, 榊原志保, 高橋一夫編著　（京都）ミネルヴァ書房
【目次】第1章 わたしが学んできたこと（大きなフレームからふり返る、保育者になるための理念を学ぶ科目 ほか）、第2章 わたしが保育者として向きあっていく現代的課題（少子化が就学前保育・教育に与える影響、保護者への不適切なかかわりと保護者支援 ほか）、第3章 わたしが保育者に求められる6つの指標（子どもへの尊敬と愛情のまなざし、多様性によりそう専門性 ほか）、第4章 保育者としてのわたしの課題を明らかにする（最終課題に向けて、自己を客観的に把握する ほか）
2017.10 190p B6 ¥2200 ①978-4-623-08076-2

◆保育現場に日の丸・君が代は必要か？　中西新太郎著 ひとなる書房 （ひとなるブックレット NO.3）
【要旨】はじめに―違和感を出発点に考える、1 保育の場で君が代を歌わなければならないの？、2 日の丸・君が代をめぐって学校現場で起きたこと、3 国旗や国歌のはらんできたこと、ちがうだろう？、4 幼児が育つ場で日の丸を掲げ、君が代を歌わせるのはどんな教育だろうか？、5 幼児が育つ場としてふさわしい環境とはどんな視点から考えてみる、6 国はなぜいま日の丸・君が代を保育現場に持ちこもうとしているのか、おわりに―保育の場で譲ってはならないこと
2017.6 63p A5 ¥700 ①978-4-89464-244-7

◆保育現場の人間関係対処法―事例でわかる！ 職員・保護者とのつきあい方　砂上史子編著　中央法規出版
【要旨】人間関係によるストレスで体調不良や離職につながる保育者は多い。本書では職員同士、保護者との人間関係によるストレスに焦点をあて、その対処法を考える。
2017.11 153p A5 ¥1800 ①978-4-8058-5586-7

◆保育原理―はじめて保育の扉をひらくあなたへ　咲間まり子編　（岐阜）みらい
【目次】第1章 保育とは、第2章 子どもの発達と子ども理解、第3章 西欧の保育の思想と歴史、第4章 わが国の保育の思想と歴史、第5章 保育の場、第6章 保育の目標と内容、第7章 保育の方法、第8章 保育の計画、第9章 保育の専門性、第10章 子育て支援と連携、第11章 諸外国の保育、第12章 保育の現状と今後の方向性
2017 183p B5 ¥2000 ①978-4-86015-410-3

◆保育原理　児童家庭協会監修, 天野珠路, 北野幸子編著　中央法規出版 （基本保育シリーズ 1） 第2版
【目次】保育の理念と概念、保育の社会的な役割と責任、保育の制度的位置づけ、保育所保育指針に基づく保育、3歳未満児の保育、3歳以上児の保育、子育て支援と家庭との連携、保育の目標と方法、保育の内容・実践および評価、諸外国の保育の思想と歴史、日本の保育の思想と歴史、諸外国の保育の現状と課題、日本の保育の現状と課題
2017.12 212p B5 ¥2000 ①978-4-8058-5601-7

◆保育行為スタイルの生成・維持プロセスに関する研究　上田敏丈著　風間書房
【目次】序章 研究の背景と目的、第1章 保育行為スタイル研究における概念整理、第2章 理論及び研究方法論、第3章 保育行為スタイルの特徴、第4章 保育行為スタイルの内化/外化プロセス、第5章 保育行為スタイルの萌芽としての価値観との関係、第6章 主体的選択としての保育行為スタイル、終章 総合考察
2017.1 148p A5 ¥5500 ①978-4-7599-2171-7

◆保育・子育て絵本の住所録―テーマ別絵本リスト　舟橋斉, 富田克己編著　（大津）三学出版
【要旨】クリスマス・お正月など季節・行事ごとのリスト。赤ちゃん絵本・保育活動・生活などのテーマ別リストも充実。4000冊以上の絵本を網羅。
2017.9 67, 168p A5 ¥1850 ①978-4-908877-16-2

◆保育雑感―お母さん、一緒に考えましょう　伊澤幸介著　近代文藝社
【要旨】幼児教育の現場での豊富な体験と、心理的な側面から、心をこめて書かれた子育て応援メッセージ!!
2017.5 343p A5 ¥2500 ①978-4-7733-8034-7

◆保育士をめざす人の家庭支援　白幡久美子編　（岐阜）みらい　改訂版
【目次】第1章 子育てと家族・家庭、第2章 子育て家族の課題―家族と仕事の両立、第3章 子育て家族と地域の関係、第4章 保育所と他の専門機関との連携、第5章 施設での家族支援の考え方、第6章 家庭支援の基本としての相談支援、第7章 保育所による家族支援の実際、第8章 特別な配慮を要する家族への支援の実際、第9章 各家庭に対する支援の実際
2017.4 178p B5 ¥2000 ①978-4-86015-405-9

◆保育実習ガイドブック―理論と実践をつなぐ12の扉　中里操, 清水陽子監修, 山崎喜代子, 古野愛子編著　（京都）ミネルヴァ書房
【目次】第1部 理論編：保育実習に必要な知識って何だろう？（家族と子どもをめぐる環境の変化を知ろう、子どもと家族を支える福祉政策を理解しよう、保育士の仕事と専門性を理解しよう、子どもの発達を学んで保育支援をしよう、保育における相談援助を学ぼう）、第2部 実践編：保育実習で学ぶことって何だろう？（保育実習のことを理解しよう、保育実習に行く準備をしよう、保育実習のデザインと実際を学ぼう、施設実習の準備と実際を学ぼう、実習日誌の書き方と活用の仕方を学ぼう、保育実習後の振り返りをしよう、子どもと遊ぶカを学ぼう）
2017.5 167p B5 ¥2200 ①978-4-623-07640-6

◆保育実践を深める相談援助・相談支援　西尾祐吾監修, 立花直樹, 安田誠人, 波田埜英治編　（京都）晃洋書房
【目次】第1編 保育相談援助（相談援助の概観、保育相談援助の技術と方法、保育相談援助における評価）、第2編 保育相談支援（保育相談支援の趣旨、保育相談支援の基盤、保育相談支援の実際）、第3編 保育相談援助・支援の実際（相談支援の力量を高める事例検討、虐待とマルトリートメントへの対応力を育む事例、いじめの早期発見と防止に向けた対応力を育む事例、低所得世帯の児童への対応と支援力を育む事例、社会的養護関係施設における支援の実例、保育所における支援の実例、児童発達支援センター等における支援の実例）
2017.4 237p B5 ¥2400 ①978-4-7710-2849-4

◆保育士という生き方　井上さく子著　イースト・プレス　（イースト新書Q）
【要旨】日本に必須の社会インフラとなった「保育」だが、待機児童問題、保育士不足、園建設反対など、現場は今、揺れに揺れている。そんななかで、肝心の「子ども」の存在が置き去りにされていないだろうか。40年にわたって保育士として、園長として、子どもの代弁者・伴走者であり続けた著者が、仕事への情熱と葛藤、そしてすべての子どもたちへの想いを綴る。
2018.1 191p 18cm ¥800 ①978-4-7816-8037-8

◆保育士のためのこどものうた名曲集150　シンコーミュージック・エンタテイメント
【要旨】保育園・幼稚園で人気の歌を150曲収載！ 右手はメロディー、左手は伴奏の譜面にコード付きなので、ピアノが得意な保育士さんは自由にアレンジして楽しめます♪ピアノが苦手な保育士さんはそのままシンプルな伴奏で演奏できます♪
2017.9 346p 26×22cm ¥1800 ①978-4-401-64475-9

◆保育士のための相談援助　成清美治, 真鍋顕久編著　学文社
【目次】第1章 保育における相談援助、第2章 相談援助の概要、第3章 バイステックの7原則、第4章 相談援助の方法と技術、第5章 相談援助のアプローチ、第6章 相談援助の具体的展開、第7章 相談援助における社会資源の活用、調整、開発、第8章 関係機関との協働並びに主な実施機関、第9章 事例検討の意義と目的、第10章 相談援助の事例
2017.2 172p B5 ¥2400 ①978-4-7620-2703-1

◆保育者を目指す学生のための「保育内容・健康」実践教本　村上哲朗, 山里哲史編著　（相模原）現代図書, 星雲社 発売
【目次】1 改訂された「保育内容・健康」の理解と実践（保育内容・領域としての「健康」、改訂保育内容・健康を実践する 実践課題1）、2 今どきの子どもの健康問題と実践課題（今どきの子どものからだをつくる今日的課題、子どもの生活と健康を育む保育活動 実践課題2）、3 子どもの身体活動の指導法と実践指導の留意点（からだを動か

す気持ちよさと楽しさの指導、身体活動の実際と指導の実践 実践課題3、身体活動の安全と危機管理）
2017.3 116p A4 ¥2500 ①978-4-434-23065-3

◆保育者だからできるソーシャルワーク—子どもと家族に寄り添うための22のアプローチ
川村隆彦, 倉内恵里子著 中央法規出版
【要旨】家族の崩壊と孤立、育児困難、傷つく子どもの心。保育者とソーシャルワーカーが、現場の危機に22のアプローチで解決の原則を提案。
2017.4 193p B5 ¥2400 ①978-4-8058-5480-8

◆保育者のたまごのための発達心理学 新井邦二郎監修, 藤枝静暁, 安齊順子編著 北樹出版 （保育者のたまご応援ブックス） 第3版
【目次】第1章 保育者のための発達心理学とは、第2章 胎児期から新生児期、第3章 乳児期、第4章 幼児期、第5章 児童期、第6章 障害についての基礎と障害のある子どもへの発達支援、第7章 保護者への支援と関係機関との連携、第8章 児童福祉施設での養護、第9章 保育現場を支える保育カウンセラー
2017.3 187p A5 ¥1900 ①978-4-7793-0525-2

◆保育者のためのアンガーマネジメント入門—感情をコントロールする基本スキル23 野村恵里著 中央法規出版
【要旨】子どもにイライラ、同僚にカチン！ 保護者にバクハツ！ そんな怒りにさようなら。叱り方、怒り方が変われば、保育が変わる。
2017.7 149p A5 ¥1500 ①978-4-8058-5550-8

◆保育者のための心の仕組みを知る本—ストレスを活かす 心を守る 掛札逸美文, 柚木ミサト絵 ぎょうせい
【目次】第1章 ストレスは悪いもの？（ストレスは悪いもの？ それは大きな誤解です。ストレスと良い関係の線引き、あなたの見方と行動がストレスの影響を決める）、第2章「いやだなあ」は自分で変えられる（ストレスに対する反応は2段階、ストレス評価のしかたは、人それぞれのクセ、ストレスに対する評価（認知）の習慣は変えられる）、第3章 見方を変える、考え方を変える、行動を変える（見方、行動の習慣を変える方法、トンネル・ビジョン：今、目の前にある問題が本当の問題？）、第4章 自分の感情を認めてみる。「今、ここ」にいてみる（自分自身の感情を眺めてみる、心身の健康に効果のあるマインドフルネス、感情や解釈、反応の習慣を少しずつ変えていく、マインドフルネス・トレーニング、「これが不安なんだね」と知ることで安心する、自分自身の本当の理解者になるために）、第5章 ストレスを活かし、心を守るために（ストレスを感じた時の2つの対処方法、「ダメだ！」のサインが出たら専門家へ、これはアドバイス？ それともパワハラ？、「働く者として大切にされている」と感じる環境）
2017.7 139p A5 ¥1500 ①978-4-324-10346-3

◆保育者論—子どものかたわらに 小川圭子編 （岐阜）みらい （シリーズ知のゆりかご）
【目次】保育の日常と保育者になるための学び、保育職とは、現在の保育にまつわる問題、保育者の役割を考える、専門家として子どもとかかわる、保育のプロセスと質の向上、保育者と役割、保護者や家庭との連携、関連機関や地域との連携、「失敗」から学んでいく〔ほか〕
2017.9 190p B5 ¥2200 ①978-4-86015-412-7

◆保育者論 児童育成協会監修, 矢藤誠慈郎, 天野珠路編 中央法規出版 （基本保育シリーズ 7） 第2版
【目次】保育者の役割、保育者の倫理、保育者の資格と責務、養護と教育、保育者の資質と能力、専門的な知識・技術・判断、保育の省察、保育者の全体的な役割にかかわる計画にかかわる保育者の専門性、保育者の専門性と自己評価、園での協働〔ほか〕
2017.12 197p B5 ¥2000 ①978-4-8058-5604-8

◆保育小六法2017 平成29年版 ミネルヴァ書房編集部編 ミネルヴァ書房
【要旨】保育所・幼稚園と保育に関する法令をコンパクトに収載。
2017.3 777p B6 ¥1600 ①978-4-623-07902-5

◆保育所運営ハンドブック 平成29年版 中央法規出版編集部編 中央法規出版
【目次】1 保育所制度の概説、2 総則、3 保育所、4 地域子ども・子育て支援、5 保育士養成及び保育士試験、6 地域型保育、7 関係法令・通知
2017.12 1828p B5 ¥4800 ①978-4-8058-5582-9

◆保育所実習の事前・事後指導—やさしい保育の教科書&ワークブック 佐藤賢一郎著 （京都）北大路書房 （付属資料：別冊1）
【目次】第1部 保育実習指導1（保育所）の手引き（「保育実習指導」という科目を理解する、実習スケジュールの理解と実習の仕組み、保育所の役割、実習での心得について考える、保育所の1日を知る（0, 1, 2歳児クラス）ほか）、第2部 保育実習指導2（保育所）の手引き（保育実習指導2について理解する、実習課題の共有と明確化、実習2の目標および実習記録の確認、保育士の社会的責任と保育士倫理、保育所保育における養護の理念 ほか）
2017.9 83p B5 ¥1800 ①978-4-7628-2991-8

◆保育所保育指針 平成29年告示 フレーベル館
【目次】第1章 総則（保育所保育に関する基本原則、養護に関する基本的事項、保育の計画及び評価、幼児教育を行う施設として共有すべき事項）、第2章 保育の内容（乳児保育に関わるねらい及び内容、1歳以上3歳未満児の保育に関わるねらい及び内容、3歳以上児の保育に関わるねらい及び内容、保育の実施に関して留意すべき事項）、第3章 健康及び安全（子どもの健康支援、食育の推進、環境及び衛生管理並びに安全管理、災害への備え）、第4章 子育て支援（保育所における子育て支援に関する基本的事項、保育所を利用している保護者に対する子育て支援、地域の保護者等に対する子育て支援）、第5章 職員の資質向上（職員の資質向上に関する基本的事項、施設長の責務、職員の研修等、研修の実施体制等）
2017.4 239p A5 ¥149 ①978-4-577-81423-9

◆保育所保育指針ハンドブック 2017年告示版 —イラストたっぷりやさしく読み解く 汐見稔幸監修 学研教育みらい, 学研プラス発売 （Gakken保育Books）
【要旨】改定のポイントから、保育所保育で大切にしたいことまで、指針のすべてが分かる保育者必携の1冊です。"乳児・1歳以上3歳未満児の保育の内容"をイラストたっぷりで解説。保育所保育で大切にしたい"養護と教育の一体化"が具体的に見えてくる。"幼児期の終わりまでに育ってほしい姿（10の姿）"をしっかり解説。
2017.9 223p A5 ¥1700 ①978-4-05-308089-6

◆保育ソーシャルワーカーのおしごとガイドブック 日本保育ソーシャルワーク学会編 風鳴舎
【要旨】本書は、保育ソーシャルワーカーとは何か、いかなる仕事をするのか、どうすればなれるのか、どこで働くのか、どのようなことを学べばよいのか、踏まえるべき法令・資料とは何か、がわかる本です。保育ソーシャルワーカーの定義、役割、活動領域、講習内容、習得すべき知識・技術・倫理について、Q&A方式でわかりやすく解説しています。
2017.10 159p A5 ¥1200 ①978-4-907537-12-8

◆保育で大活躍！ もっと楽しい！ 手袋シアター amico著 ナツメ社 （ナツメ社保育シリーズ）
【要旨】カラフルな手袋を舞台に、手あそびうた、おはなしに合わせてアイテムを動かしながら演じる手袋シアター。かわいい人形と楽しいしかけに子どもたちも大喜び！ 第2弾では、前回登場できなかった作品や新作まで、29作品を収録！
2018.1 159p 24×19cm ¥1380 ①978-4-8163-6387-0

◆保育で使えるこどものうた230曲！ 季節行事で使おう！ 編=坂田おさむおにいさんが選ぶ！ 坂田おさむ監修 リットーミュージック
【要旨】歌える！ 踊れる！ 使える！ みんなで歌いたい230曲を収録！ 便利な「歌い出し索引」付き！「春・夏・秋・冬・オールシーズン」アイコン付きで、季節行事にぴったりの歌が見つかる!!「振り付けイラスト」掲載曲が手遊びや踊りに使える！
2017.11 382p B5 ¥1800 ①978-4-8456-3154-4

◆保育で使える文章の教科書—もう「書く」「伝える」に困らない！ 木梨美奈子監修 つちや書店
【要旨】ちょっとしたコツで「書く」ことが楽になる！ 文章を書く場面で悩む保育士さんへ解決アドバイス。
2017.5 127p B5 ¥2200 ①978-4-8069-1618-5

◆保育で使える！ ワクワク手袋シアター amico著 ナツメ社 （ナツメ社保育シリーズ）
【要旨】季節や行事に合わせた作品から、おはなしといった生活習慣に親しむ作品など、全28作品を収録。演じ方と言葉かけの例を写真つきでわかりやすく紹介！ 楽しく盛り上げるヒントや、次の活動につなげるアイデアも提案しています。うたを使った作品には、楽譜と歌詞を掲載。作り方をイラストでていねいに解説。実物大の型紙付きだから、コピーしてそのまま使えます。
2017.2 159p 24×19cm ¥1380 ①978-4-8163-6179-1

◆保育と憲法—個人の尊厳ってこれだ！ 川口創, 平松知子著 大月書店
【要旨】憲法が息づく保育が日本中に実現すれば、社会は変わる！ "質"をとことん追求する愛情いっぱいの園長と、保育のすごさに出くわしたお父さん弁護士が、"個人の尊厳"を手がかりとして保育⇔憲法を双方向に語りつくす。
2017.8 157p A5 ¥1500 ①978-4-272-41250-1

◆保育と言葉 石上浩美, 矢野正編著 （京都）嵯峨野書院 第2版
【目次】保育の基本と保育内容「言葉」、乳児期の言葉の発達、幼児期の言葉の発達、自分の考えや思いを伝えるための言葉、体験と言葉、保育内容「言葉」の指導計画と評価、保育内容「言葉」と保育実践（保育所、幼稚園）、発達障害のある子どもに対する「言葉」の支援、小学校における「言語能力の確実な育成」実践、これからの幼児教育の課題と保育内容「言葉」
2017.10 111p B5 ¥2100 ①978-4-7823-0571-3

◆保育と社会的養護原理 大竹智, 山田利子編 （岐阜）みらい （学ぶ・わかる・みえるシリーズ 保育と現代社会） 第2版
【要旨】保育と社会的養護、児童家庭福祉と社会的養護、社会的養護の歩み、子どもの権利、社会的養護の法令の理解、社会的養護の実施体制としくみの理解、施設養護の特質と基本原則、施設養護の実際（児童養護施設、障害児系施設、治療・行動系施設）、里親養育の基本原則と実際、社会的養護にかかわる専門職・専門機関、施設の運営管理、社会的養護の動向と方向性
2017.4 239p B5 ¥2200 ①978-4-86015-413-4

◆保育内容総論 谷田貝公昭, 石橋哲成監修, 大沢裕, 高橋弥生編著 一藝社 （コンパクト版保育者養成シリーズ）
【目次】保育内容とは、保育内容の区分、保育内容の歴史—欧米の場合、保育内容の歴史—わが国の場合、教育と養護の関連、保育内容と遊び、個と集団の育ち、保育内容の改善—観察と記録の意義、保育の一日の流れ、乳児・低年齢児の保育内容、3歳児の保育内容、4歳児の保育内容、5歳児の保育内容、地域と結びついた保育内容、これからの保育内容
2017.2 146p A5 ¥2000 ①978-4-86359-117-2

◆保育内容総論 児童育成協会監修, 石川昭義, 松川恵子編 中央法規出版 （基本保育シリーズ 15） 第2版
【目次】保育所保育指針に基づく保育の基本および保育内容の理解、保育の全体構造と保育内容1 養護にかかわる内容、保育の全体構造と保育内容2 教育にかかわる内容、保育内容の歴史的変遷、子どもの発達と保育内容・環境、個と集団の発達と保育内容、保育における観察と記録、養護と教育が一体的に展開する保育、環境を通して行う保育、遊びによる総合的な保育〔ほか〕
2017.12 202p B5 ¥2000 ①978-4-8058-5606-2

◆保育に活かすおはなしテクニック—3分で語れるオリジナル35話つき こがようこ著 小学館
【要旨】『新幼児と保育』の好評連載「ポケットからおはなしを」が、待望の書籍化！ 誕生会、お泊まり会にも使える35話のおはなし集。
2017.12 160p B6 ¥1300 ①978-4-09-840188-8

◆保育の現場ですぐに役立つ保育士の基本スキル 橋本圭介著 秀和システム （保育士のためのスキルアップノート）
【要旨】子どもたちの笑顔が見たいと思いませんか？ 保育現場の必要スキルからトラブル対応まるっとわかる！
2017.12 147p B5 ¥1500 ①978-4-7980-5052-2

◆保育の現場で役立つ子どもの食と栄養 小野友紀, 島本和恵編著 アイ・ケイコーポレーション
【目次】1章 子どもの健康と食生活の意義、2章 栄養の基礎知識、3章 子どもの発育・発達と食生活、4章 食育の基本と実践、5章 家庭や児童福祉施設における食事と栄養、6章 特別な配慮

教育

◆保育の心意気―続々保育の心もち　秋田喜代美著　(大阪)ひかりのくに
【要旨】著者が、戦後最大の制度改革である子ども・子育て支援新制度開始から開始後2年間の中で、折々にふれ考えたことを記された、日本教育新聞と教育PROの連載をまとめました。(1・2)そしてその中でも重要な、指針、要領、教育・保育要領の改定(訂)について、著者自身の思いと心意気を新たに最終項で語っていただきました(3)。
2017 159p B6 ¥1500 ①978-4-564-60901-5

◆保育の仕事―子どもの育ちをみつめて　岩田純一著　金子書房
【要旨】発達の段階と特長をふまえて子どもの力をうまく引き出すチャンスを逃さない。保育士だからこそできる有効な保育の探究。
2017.2 226p B6 ¥1800 ①978-4-7608-3265-1

◆保育の仕事がわかる本―これから目指す人・働く人のための　田代和美編著　日本実業出版社
【要旨】保育所と幼稚園のちがいとは？ 子育て・保育の場は多様化している、保育士や幼稚園教諭になるためのルート、保育士は「保育所」以外にどこで働くのか？ 幼稚園などにおける「子育て支援」とは？「認定こども園」には4つのタイプがある、etc.保育士、幼稚園教諭、保育教諭の仕事内容を解説！
2017.7 189p B6 ¥1400 ①978-4-534-05503-3

◆保育の視点がわかる！ 観察にもとづく記録の書き方　日本保育協会監修、岸井慶子編著　中央法規出版　(保育わかばBOOKS)
【要旨】イラストによる30の保育場面を通して、保育者として見るべき視点を、観察にもとづいた記録の例やその活用法を具体的に解説。何を書けばよいかを示し、多くの新任保育者が苦手とする「書く=言語化」作業をサポートする。
2017.8 142p 21×19cm ¥1800 ①978-4-8058-5553-9

◆保育の哲学　3　近藤幹生、塩崎美穂著　(相模原)ななみ書房　(ななみブックレット No.6)
【要旨】保育の哲学―異なる文化や社会を知ることの意味、レッジョエミリアの保育―子どもから離れていえる時間も保育、記録の意味―民主的な関係をつくる手立て、子どもの行為、表情、すべてに意味がある―くみ取る努力から保育は始まる、保育のマニュアル化をどう考えるか、教育としての保育―民主的関係をまもることでの市民主体は育つ、過度な効率化からの解放、不確実性を大切にする保育の哲学、想定の枠内に子どもをおさめたくなるマニュアル化、人の声を聴くとは人の日常を具体的に知ること[ほか]
2017.5 63p A5 ¥700 ①978-4-903355-48-1

◆保育の理論と実践―ともに育ちあう保育者をめざして　清水陽子、門田理世、牧野桂一、松井尚子編著　(京都)ミネルヴァ書房
【目次】第1章 先達に学ぶ保育実践と保育のあゆみ、第2章「保育者」をめざすあなたへ、第3章 人と関わる力を育てる、第4章 環境に関わりる力を育てる、第5章 子どもとともに生活する力を育てる、第6章「保育現場」の求める保育者の専門性、第7章 共生の時代の保育者をめざして、第8章 小学校の実践から幼児期における「教育」のあり方を考える、第9章 現代の保育現場の抱える課題、第10章 保育者の専門的成長を考える―諸外国が捉える「保育の質」の観点から
2017.8 202p B5 ¥2400 ①978-4-623-07454-9

◆保育白書　2017年版　全国保育団体連絡会・保育研究所編　ちいさいなかま社、ひとなる書房 発売
【目次】第1章 最新データと解説=保育の今(幼い子ども・家族の今、保育制度、政策の理念と動向[ほか])、第2章 特集1 ここが焦点！ 保育士の処遇改善策(保育士の低賃金、長時間労働化の現状と課題、給与・賞与が低いのかはなぜ、[ほか])、第3章 特集2 指針・要領「改定」で保育が変わる？ (指針・要領の主な改定内容と検討すべき課題、保育要領の何が「問題」か[ほか])、第4章 保育最前線レポート(待機児童問題20年―解消される日は来るか？ 東京都三鷹市保育所入所裁判[ほか])、第5章 資料編(改定指針・要領、全国保育団体連絡会声明[ほか])
2017.8 329p B5 ¥2500 ①978-4-89464-249-2

◆保育力はチーム力―同僚性を高めるワークとトレーニング　新保庄三、編集委員会編著　ひとなる書房　(園力アップSeries 2)

を要する子どもの食と栄養
2017.4 179p B5 ¥2400 ①978-4-87492-347-4

【要旨】同僚を知る喜び、自分を解ってもらう心地よさ、保育を語りあう楽しさが園の文化になる。安心のコミュニティ。
2017.2 110p B5 ¥1800 ①978-4-89464-243-0

◆保幼小連携体制の形成過程　一前春子著　風間書房
【目次】第1部 問題と方法(保幼小連携の問題、本論文の目的と構成)、第2部 地方自治体の保幼小連携体制作りに影響を与える要因(地方自治体の機能に着目した持続可能な保幼小連携の分析(研究1)、取り組み段階の観点からみた地方自治体の保幼小連携体制作り(研究2)、人口規模の観点からみた地方自治体の保幼小連携体制作り(研究3)、第3部 地方自治体の保幼小連携にみる接続期カリキュラム(地方自治体の接続期カリキュラム:5つの視点からの比較(研究4)、地方自治体の保幼小連携体制の構築過程(研究5))、第4部 接続期カリキュラムの開発と実践(地方自治体の接続期カリキュラムにみる育てたい能力(研究6)、地方自治体の特色ある接続期カリキュラムの分析(研究7))、第5部 結論(考察)
2017.1 272p A5 ¥7500 ①978-4-7599-2156-4

◆本当に認め合って育ち合う保育―0歳児からの集団づくり　広島保育問題研究会集団づくり部会編　新読書社
【目次】1 なぜ、0歳児からの集団なのか、2 0歳児・1歳児の集団づくり―友だちとの豊かな生活、3 2歳児・3歳児の集団づくり―ごっこの世界をみんなで―、4 4歳児・5歳児の集団づくり―豊かな生活・あそびをつくる、5 広島保育問題研究会のこれまでとこれから、おわりに 子どもたちに教えられたこと―こうだいくんからの祝電
2017.6 134p B5 ¥1800 ①978-4-7880-0212-8

◆まいにち元気！ 4歳児のあそびBOOK　ポット編集部編　チャイルド本社　(potブックス)
【要旨】「先生、もう1回！」と声が出る園で大人気のあそび97本。
2017 103p 24×19cm ¥1400 ①978-4-8054-0243-6

◆まいにち元気！ 5歳児のあそびBOOK　ポット編集部編　チャイルド本社　(potブックス)
【要旨】「先生、もう1回！」と声が出る園で大人気のあそび95本。
2017 103p 24×19cm ¥1400 ①978-4-8054-0244-3

◆まちの保育園を知っていますか　松本理寿輝著　小学館
【要旨】子どもにとって理想的な環境は、きっと誰にとっても理想的な社会。「まちぐるみ」で子育てを子どもたちと「まちづくり」をこれからの保育園のカタチを考えよう。
2017.3 219p B6 ¥1200 ①978-4-09-388548-5

◆まち保育のススメ―おさんぽ・多世代交流・地域交流・防災・まちづくり　三輪律江、尾木まり編著　萌文社
【目次】第1章 子どもを取り巻く環境の変化(子どもたちの生活はどう変わったか、待機児童問題と保育政策[ほか])、第2章 まち保育をはじめよう(まち保育式おさんぽのススメ―多くのモノ・ヒト・コトに出会うために、まち保育式おむかえで「孤育て」を解消[ほか])、第3章 まち保育実践(まち保育のしかけづくり―「保育施設×地域つながり力アップ・マップワークショップ」プロジェクトを始めるきっかけ、まち保育の4つのステージへの気づきとさまざまな変化[ほか])、第4章 まち保育が都市に果たす役割(これまでの都市計画と現代の社会問題、保育・子育て支援と都市計画[ほか])
2017.5 119p 22×22cm ¥2000 ①978-4-89491-332-5

◆学びを支える保育環境づくり―幼稚園・保育園・認定こども園の環境構成　高山静子著　小学館
【目次】第1章 保育環境最前線(認定こども園こどものもり(埼玉・松伏町)子ども、保育者が幸せになれる保育園、ながかみ保育園(静岡・浜松市)多様性を尊重する保育環境[ほか])、第2章 環境構成で保育が変わる(保育環境の必要性、保育の環境は子どもの観察が観保育の表[ほか])、第3章 幼児期の学びを支える保育環境(豊かな話し言葉を育む環境、読み・書きの土台を育む環境[ほか])、第4章 遊びを豊かにする保育環境(砂場、自然[ほか])、第5章 0・1・2歳児の学びを支える保育環境(0・1・2歳児の遊びと保育者の役割、遊びの環境4つのポイント[ほか])
2017.5 119p 26×21cm ¥2200 ①978-4-09-840182-6

◆学びつづける保育者をめざす実習の本―保育所・施設・幼稚園　久富陽子編著　萌文書林　第2版
【要旨】おすすめ保育実技、超かんたん楽譜集、実習記録や指導計画などの切り取り式ワークシート付き。
2017.4 97, 16p A4 ¥1800 ①978-4-89347-251-9

◆まるっと1年マンガでなるほど 気になる子の保育　久保山茂樹著　メイト　(ひろばブックス)　(付属資料:コミュニケーション絵カード)
【要旨】どの園にも、どのクラスにもいる、ちょっと"気になる子ども"たちに…「私がこの子をどうにかしなくちゃ」と思ってしまうと苦しくなってしまいます。さあ、本書を開いて主人公の3人と一緒に、一人ひとりに寄りそった見方・かかわり方を探す1年間をスタートしませんか。
2017.4 112p 26×21cm ¥1800 ①978-4-86051-137-1

◆マンガでわかる気になる子の保育　守巧著、にしかわたくマンガ　中央法規出版
【要旨】本人や保護者との関係づくり、園内の連携、就学に向けた取り組みなど、「気になる子」の保育方法が具体的にわかる！
2017.2 126p A5 ¥1800 ①978-4-8058-5454-9

◆マンガでわかる！ 0・1・2歳児担任のお仕事はじめてBOOK　塩谷香監修　ナツメ社　(ナツメ社保育シリーズ)
【要旨】保育の現場にこだわりました！ 保育の悩みをマンガで解決！
2017.3 175p A5 ¥1200 ①978-4-8163-6190-6

◆マンガでわかる！ 3・4・5歳児担任のお仕事はじめてBOOK　塩谷香監修　ナツメ社　(ナツメ社保育シリーズ)
【要旨】保育の現場にこだわりました！ 保育の悩みをマンガで解決！
2017.3 175p A5 ¥1200 ①978-4-8163-6173-9

◆3つのカベをのりこえる！ 保育実習リアルガイド―不安・日誌・指導案　岸井慶子監修、保育実習研究部会編著　学研教育みらい、学研プラス発売　(Gakken保育Books)
【要旨】先輩の一日の過ごし方や持ち物をチェック！ 先輩たちによる座談会も必見。実習日誌例とともに、気づきを生み出す着眼点を写真で紹介。基本の指導案にプラスして、発達に合わせたアレンジ案を多数紹介。活動を進めるときの具体的なポイントも充実！
2017.5 119p 26×21cm ¥1800 ①978-4-05-800747-1

◆みんなでたのしむ保育のうた225曲！ うたで気持ちを伝えよう！ 編―坂田おさむおにいさんが選ぶ！　坂田おさむ監修　リットーミュージック
【要旨】歌える！ 踊れる！ 使える！ みんなで歌いたい225曲を収録！ 便利な「歌い出し索引」付き！「ありがとう・うれしい・おもしろい・かなしい」の表情アイコン付きで、どんな歌かすぐ分かる！「振り付けイラスト」掲載曲が手遊びや踊りにも使える！
2017.11 495p B5 ¥1800 ①978-4-8456-3155-1

◆みんなよろこぶ！ 人気劇あそび特選集―CD付きですぐ使える　井上明美編著　自由現代社　(付属資料:CD1)
【要旨】みんなが知っている名作が全12話掲載！ 劇あそびにふさわしく、タッチの違う人気のお話を厳選し、演じやすいようにアレンジしました！
2017.9 143p 26×21cm ¥2000 ①978-4-7982-2201-1

◆役立つ！ かわいい！ 保育のイラストデータ集―CD・ROM付き　ナツメ社　(ナツメ社保育シリーズ)　(付属資料:CD・ROM1)
【要旨】保育の環境をかわいく&わかりやすく！ おたよりイラスト、個人マーク、グッズマーク、ポスター、メダル、お誕生表、証書・賞状、ひらがな表、活動カード。カラーイラスト1137点、モノクロイラスト1283点。一年中使える素材が満載！
2017.4 143p 26×21cm ¥1800 ①978-4-8163-6209-5

◆ユーキャンのまんが 保育者1年目の教科書　坂東眞理子、横山洋子監修、rikko漫画　ユーキャン学び出版、自由国民社 発売　(U・CANの保育スマイルBOOKS)
【要旨】新人保育者としての気遣いも、社会人としてのマナーも学べる！
2017.4 159p B6 ¥1200 ①978-4-426-60957-3

◆幼児体育 実技編　前橋明編・著　（岡山）大学教育出版
【目次】準備運動、身体表現・表現あそび、手あそびとリズム体操・ダンス、表現あそび、手あそび、すこやかキッズ体操、リズム運動基本ステップ、保育現場で楽しめるリズム運動、体育あそびの実際―からだを使った体あそび、伝承あそびと鬼あそび、ヨーガ〔ほか〕
2017.4 687p B5 ¥5400 ①978-4-86429-434-8

◆幼児のかけざん・わりざん　久野泰可著
幻冬舎　（100てんキッズドリル）
【要旨】このドリルでは、生活のなかの数体験をもとに、お話の場面や絵画を使ってかけ算とわり算の考え方を学びます。かけ算は小学校2年生で、わり算は3年生で学ぶ内容ですが、かけ算とわり算の習得は、算数学習の大きなポイントとなります。小学校ではどうしてもかけ算・わり算の意味を理解しないまま、九九を使った大きな数の計算に移行しがちです。このドリルでは、あまり大きな数は使わず、お子さまが具体的に数えられる数を操作しながらかけ算・わり算を学べるようにしています。対象年齢：4・5・6歳。
2017.9 64p 30×21cm ¥800 ①978-4-344-97927-7

◆幼児のできる子ドリル　7　頭脳パズル
幼児教育研究会編著　（大阪）受験研究社　（付属資料：シール；表彰状）
【要旨】かわいいイラストで幼児から楽しく学べる！ページ表裏でレベルが自然に上がるのでぐんぐん賢く！小さめサイズ＆はがせるドリルで集中して取り組める！
〔17.9〕78p 22×16cm ¥500 ①978-4-424-11707-0

◆幼児のできる子ドリル　8　アルファベット　幼児教育研究会編著　（大阪）受験研究社　（付属資料：シール；表彰状）
【要旨】かわいいイラストで幼児から楽しく学べる！書く練習でアルファベットがどんどん覚えられる！小さめサイズ＆はがせるドリルで集中して取り組める！
〔17.9〕78p 22×16cm ¥500 ①978-4-424-11708-7

◆幼小接続期の家族・園・学校　小玉亮子編著　東洋館出版社
【目次】第1部 社会変化と接続期（接続期における親と学校―グローバル社会の中で問われる家族と学校、教育改革と接続期―「新しい能力」への社会的期待）、第2部 調査から見える接続期の親たち（接続期の親たちの期待と不安、接続期の親たちの教育参加、接続期の親たちの教育参加にみる期待と不安）、第3部 接続期の保育と教師（親を支える・親に支えられる―子ども理解を中心において、見え方が壁を越えれば―親の養育観、教師の教育観の変容）
2017.3 141p A5 ¥2500 ①978-4-491-03348-8

◆幼児理解　谷田貝公昭監修、大沢裕編著　一藝社
【要旨】幼児教育の基本―幼児理解の必要性と概要、子ども観の歴史、わが国の法規等から見た子ども観、発達段階理論、幼児理解の方法、具体的な捉え方―保育カンファレンス、個と集団の力動的な関係の捉え方―個性と道徳性、特別な支援を必要とする幼児の理解、教師の姿勢と幼児に対する共感的理解―肯定的見方の意義、保育の改善の視点―保育記録・保育評価・全人的評価
2017.3 179p A5 ¥2000 ①978-4-86359-121-9

◆幼稚園選び必勝ガイド―イマドキ幼activityの進め方がまるわかり！　Como「幼稚園ママ100人委員会」編　主婦の友社
【要旨】預かり保育があれば働ける？認定こども園とは？国内習い事ってどう？プレ保育は必要？みんなの成功＆失敗談が満載！
2017.6 160p B6 ¥1200 ①978-4-07-424332-7

◆幼稚園教育実習　谷田貝公昭監修・編著、石橋哲成監修、高橋弥生編著　一藝社　（コンパクト版保育者養成シリーズ）
【要旨】保育の意義、幼稚園とは、実習の意義と目的、子どもの理解、さまざまな理念の幼稚園、保育者の心構え、保育者のマナー、実習段階、保育内容と方法、実習日誌、指導案の作成、部分実習のために、一日実習のために、実習のふり返り
2017.3 157p A5 ¥2000 ①978-4-86359-119-6

◆幼稚園教育要領　平成29年告示 付・教育基本法、学校教育法（抄）、学校教育法施行規則（抄）　フレーベル館
【目次】第1章 総則（幼稚園教育の基本、幼稚園教育においてでみたい資質・能力及び「幼稚期の終わりまでに育ってほしい姿」、教育課程の役割と編成等、指導計画の作成と幼児理解に基づいた評価、特別な配慮を必要とする幼児への指導、幼稚園運営上の留意事項、教育課程に係る教育時間終了後等に行う教育活動など）、第2章 ねらい及び内容（健康、人間関係、環境、言葉、表現）、第3章 教育課程に係る教育時間の終了等に行う教育活動などの留意事項
2017.4 27p A5 ¥149 ①978-4-577-81422-2

◆幼稚園教育要領ハンドブック　2017年告示版　―イラストたっぷりやさしく読み解く　無藤隆監修　学研教育みらい、学研プラス 発売　（Gakken保育Books）
【要旨】「幼稚園教育要領」が9年ぶりに改訂！変わらない内容も、新たに加わった内容も、分かりやすく丁寧に。特に大きなキーワード10項目を、改訂にかかわった無藤先生が解説。改訂のハイライト"10の姿"も、イラストで徹底解説！各領域6〜8例の実践例を盛り込んだ"5領域"は保育現場の即戦力に！
2017.9 191p A5 ¥1600 ①978-4-05-800810-2

◆幼稚園教育要領・保育所保育指針・幼保連携型認定こども園教育・保育要領の成立と変遷　民秋言編者代表、西村重稀、清水益治、千葉武夫、馬場耕一郎、川喜田昌代編　萌文書林
【目次】第1部「幼稚園教育要領」「保育所保育指針」「教育・保育要領」の成立と変遷、展開（「幼稚園教育要領」「保育指針」「教育・保育要領」の成立と変遷、「教育要領」「保育指針」「教育・保育要領」の展開）、第2部「保育の内容」の原点を求めて―「保育要領」から今（資料 保育要領―幼児教育の手引き）、第3部 保育における子どもの育ち（発達）と「保育の内容」―平成11年「保育指針」が伝えるもの（子どもの発達のとらえ方、子どもの発達をとらえる視点―育ち（発達）の連続性と発達過程区分）、第4部 新旧対照表（新しい保育内容について、幼稚園教育要領新旧対照表―平成20年改訂・平成29年改訂 ほか）、第5部 教育・保育関係法令（日本国憲法（抄）、児童の権利に関する条約（抄） ほか）
2017.5 315p A5 ¥1400 ①978-4-89347-254-0

◆幼稚園教諭・保育士養成課程 子どものための音楽表現技術―感性と実践力豊かな保育者へ　今泉明美、有村さやか編著、望月たけ美、宮川萬寿美、東元りか、高地誠子著　萌文書林
【目次】1 保育者に求められる感性・表現力・創造性（保育者に必要な音楽基礎知識、子どもの歌唱のモデルとなる保育者の声・歌唱、保育現場で求められる楽器で表現する力、いろいろな楽器やリズムに親しむ）、2 保育現場の子どもの音楽的表現（子どもの音楽的な表現―子どもの発達・表現の発達、歌唱・声を中心とした表現活動、楽器遊びを中心にした表現活動、子どもの音楽の表現活動）
2017.3 197p A4 ¥2200 ①978-4-89347-246-5

◆幼稚園教諭養成課程をどう構成するか―モデルカリキュラムに基づく提案　保育教諭養成課程研究会編　萌文書林
【目次】第1部 コア・モデルカリキュラムの総論（教職課程認定基準の改正の概要、教職課程コアカリキュラム策定の経緯と意義、モデルカリキュラム作成の意義とシラバス作成 ほか）、第2部 FD（ファカルティ・ディベロップメント）／授業づくりのヒント（幼児と健康、幼児と人間関係、幼児と環境 ほか）、第3部 資料編（「領域に関する専門的事項」のモデルカリキュラム、「保育内容の指導法（情報機器及び教材の活用を含む。）」の教育課程コアカリキュラム、「保育内容の指導法（情報機器及び教材の活用を含む。）」のモデルカリキュラム ほか）
2017.11 164p B5 ¥600 ①978-4-89347-271-7

◆"幼稚園・保育園" 一年間の園長あいさつ・式辞集――年間の儀式・諸行事に心に残るあいさつ・名式辞を　教育開発研究所編　教育開発研究所
【要旨】園長あいさつ・式辞のつくり方・話し方、幼稚園入園式の園長あいさつ・式辞、幼稚園卒園式の園長あいさつ・式辞、保育園・こども園入園式の園長あいさつ・式辞、保育園・こども園卒園式の園長あいさつ・式辞、進級式の園長あいさつ・式辞、保育園始業式・終業式の園長あいさつ、修了式の園長あいさつ、運動会の園長あいさつ、音楽会・発表会の園長あいさつ、保護者会・誕生日会の園長あいさつ、諸行事・他校種種隆寺の園長あいさつ
2017.3 137p A5 ¥2000 ①978-4-87380-479-8

◆幼稚園・保育所・家庭で楽しくうたあそび 123　河北邦子、坂本久美子編著　（京都）ミネルヴァ書房
【要旨】聴いて、歌って、遊ぼう！歌う活動だけでなく身体活動への応用も盛り込んだ幼児歌曲とわらべうた合計123曲を収録。
2017.1 203p B5 ¥2200 ①978-4-623-07766-3

◆幼稚園・保育所実習 指導計画の考え方・立て方　久富陽子編著、梅田優子、小櫃智子、善本眞弓、小山朝子著　萌文書林　第2版
【要旨】1 指導計画の考え方（指導計画とは何か、指導案の考え方、評価・省察）、2 遊び発展型の指導案の立て方と実例の検討（遊び発展型の指導案の立て方の手順とポイント、遊び発展型の指導案の実例の検討）、3 活動提案型の指導案の立て方と実例の検討（活動提案型の指導案の立て方の手順とポイント、活動提案型の指導案の実例の検討）、4 0・1・2歳児の指導案の立て方と実例の検討（0・1・2歳児の指導案の立て方の手順とポイント、0・1・2歳児の部分実習・全日実習の指導案の実例の検討）
2017.4 231p B5 ¥1800 ①978-4-89347-248-9

◆幼保連携型認定こども園園児指導要録 記入の実際と用語例　幼少年教育研究所編　鈴木出版
【要旨】子どもの姿がきちんと伝わる、6か月未満〜5歳児までの指導要録の書き方がひと目でわかる!!平成27年度施行『幼保連携型認定こども園園児指導要録』対応。
2017.2 79p A5 ¥1800 ①978-4-7902-7243-4

◆幼保連携型認定こども園教育・保育要領 平成29年告示　フレーベル館
【目次】第1章 総則（幼保連携型認定こども園における教育及び保育の基本及び目標等、教育及び保育の内容並びに子育ての支援等に関する全体的な計画等、幼保連携型認定こども園として特に配慮すべき事項）、第2章 ねらい及び内容並びに配慮事項（乳児期の園児の保育に関するねらい及び内容、満1歳以上満3歳未満の園児の保育に関するねらい及び内容、満3歳以上の園児の教育及び保育に関するねらい及び内容、教育及び保育の実施に関する配慮事項）、第3章 健康及び安全（健康支援、食育の推進、環境及び衛生管理並びに安全管理、災害への備え）、第4章 子育ての支援（子育ての支援全般に関わる事項、幼保連携型認定こども園の園児の保護者に対する子育ての支援、地域における子育て家庭の保護者等に対する支援）
2017.4 39p A5 ¥149 ①978-4-577-81424-6

◆幼保連携型認定こども園教育・保育要領ハンドブック　2017年告示版　―イラストたっぷりやさしく読み解く　無藤隆監修　学研教育みらい、学研プラス 発売
【要旨】大事なところをポイントとキーワードで解説！分かりやすいイラストと実践例でこれからの保育に役立つ。
2017.10 223p A5 ¥1700 ①978-4-05-800811-9

◆4歳児 葛藤をチカラに―和光鶴川幼稚園 子ども理解と大人の関わり　和光鶴川幼稚園編著　ひとなる書房
【目次】1 自分の変化がわかる。人との違いをわかってくるとき、2 強い・大きい・速い…を「すごい！」と思うとき、3「めんどうくさい」という気持ちも出てくる。それも成長の過程、4 "こんなことやっちゃった"ということも起きる、5 自分で考え、主張しあう関係の深まり、6 自然の不思議と出会い、科学的な思考が芽生えだす
2017.8 79p A5 ¥1800 ①978-4-89464-246-1

◆4歳 ひらがなことば　植垣一彦指導　学研プラス　（学研の幼児ワーク）　（付属資料：シール）
【目次】清音のおけいこ（二文字・三文字・四文字のことば／しりとり）、濁音のおけいこ、半濁音のおけいこ、ことばあそび（しりとり／一字違いのことば／同音異義語／クロスワード ほか）、語句のおけいこ
2017.8 64p 30×22cm ¥660 ①978-4-05-204661-2

◆らくらく指導 たのしいリトミック＆リズムあそび　加山佳主編著　シンコーミュージック・エンタテイメント
【要旨】保育園・幼稚園で使えるアイデア満載！年齢ごとに適した人気のトイソング38曲掲載。ピアノが苦手でもすぐに実践できる！
2017.8 127p 26×21cm ¥1800 ①978-4-401-64458-2

◆リトミック！リトミック！―基礎からわかる　石丸由理著　（大阪）ひかりのくに

【要旨】年齢にとらわれないで、音楽で動く楽しさや友達と一緒に動く楽しさを経験してもらえる。リトミックのバリエーション。
2017 144p 26×21cm ¥1980 ①978-4-564-60899-5

◆領域研究の現在 "人間関係" 友定啓子、青木久子著 萌文書林 (幼児教育 知の探究 16)
【要旨】人間の関係性とは何か。ある環境下で共同体的に生きることができない人間存在の諸現象を、歴史的、社会的に考えることであり、同時に、自然や食、遊びといった、日常の根源的な営みが織りなす意味のありようを問うことである。
2017.2 301p A5 ¥2500 ①978-4-89347-116-1

◆"領域" 人間関係ワークブック 田村美由紀、室井佑美著 萌文書林
【目次】領域 "人間関係" における保育および教育の目標、領域「人間関係」におけるねらいと内容、身近な人との関わりと発達、保育者に求められている人間関係、仲間との関わりと発達、遊びのなかでの人間関係と保育者の役割1—イメージの共有、遊びのなかでの人間関係と保育者の役割2—試行錯誤の過程、遊びのなかでの人間関係と保育者の役割3—自己主張・葛藤・育ち合い、遊びのなかでの人間関係と保育者の役割4—協同的な遊び、人との関わりが難しい子への支援、領域相互の関連性と保育展開1—指導計画の意義・作成・実践例(0~2歳児)、領域相互の関連性と保育展開2—指導計画の意義・作成・実践例(3歳児)、領域相互の関連性と保育展開3—指導計画の意義・作成・実践例(4歳児)、領域相互の関連性と保育展開4—指導計画の意義・作成・実践例(5歳児)
2017.10 138p B5 ¥1800 ①978-4-89347-262-5

◆レッジョ・アプローチ—世界で最も注目される幼児教育 アレッサンドラ・ミラーニ著、水沢透訳 文藝春秋
【要旨】「指示待ち人間」にならない。自分でイノベーションを起こせる。他人と話し合い、協調して動くようになる…画期的な幼児教育法を日本で導入したイタリア人教師による実践記録。
2017.11 239p B6 ¥1650 ①978-4-16-390753-6

◆6歳 ひらがなことば 植垣一彦指導 学研プラス (学研の幼児ワーク) (付属資料:シール)
【目次】ことばのおけいこ、ことばあそび、文のおけいこ
2017.8 64p 30×22cm ¥660 ①978-4-05-204663-6

◆6歳までに知能を伸ばす方法 市川創著 文芸社
【目次】第1章 知能指数の出し方、第2章 知能とは何か 知能因子論、第3章 知能は遺伝で決まるのか、第4章 指導課題1 図形、第5章 指導課題2 記号、第6章 指導課題3 概念、第7章 創造力豊かな子に育てる、第8章 本性命題 すぐに飽きてしまう子どもたちへ、第9章 実際の授業を見てみよう 数の置換の課題、第10章 どんな教材があるの? 問題例
2017.3 242p B6 ¥1400 ①978-4-286-18243-8

◆わくわく楽しい幼児の絵画 1 舟井賀世子著 (大阪)サクラクレパス出版部 (ほいスタ書籍シリーズ)
【要旨】題材&読み解くヒントがいっぱい。活動時の配慮・ポイントが満載。子どもの絵を詳しく解説。材料の組み合わせのポイントが解る。3・4・5歳児向け。
2017.4 95p 26×21cm ¥1480 ①978-4-87895-251-7

◆CD付 頭のいい子が育つ英語のうた ハッピークリスマスソング 村松美映子英語監修 新星出版社 (付属資料:別冊1;CD1)
【要旨】英語で聴いて楽しい!クリスマスの定番ソングが24曲。「ジングル・ベル」「サンタがまちにやってくる」「ラスト・クリスマス」…小さなお子さんの心の中で輝き続ける名曲ばかり!クリスマスまでの日々を、ぜひ親子で楽しんでください。
2017.11 71p 25×19cm ¥1900 ①978-4-405-07259-6

◆CD付 阿部直美の0・1・2歳児 はじめての劇あそび 阿部直美著 世界文化社 (PriPriブックス) (付属資料:CD1)
【要旨】全31曲収録CD。0歳、1歳、2歳、各年齢別のあそびかた付き!
2017.9 55p 26×22cm ¥3000 ①978-4-418-17815-5

◆CD付 阿部直美の0・1・2歳児はじめての童謡 阿部直美著 世界文化社 (PriPriブックス) (付属資料:CD1)
【要旨】全24曲収録CD。0歳、1歳、2歳、各年齢別のあそびかた付き!
2017.5 47p 26×21cm ¥3000 ①978-4-418-17803-2

◆IQおえかき—1日5分脳力開発ドリル 講談社著、市川希監修 講談社
【要旨】同じ形をみつけて色をぬろう!点の数に注意して図形をかこう!問題の指示を理解して色をぬろう!「形で考える」「数で考える」「言葉で考える」という "3つの考える力" を育てるおえかきドリル。運筆力や模倣力を高めることができる問題も多数収録。4・5・6歳。
2017.7 80p 21×30cm ¥890 ①978-4-06-220719-5

◆IQに好影響!こども右脳ドリル 児玉光雄著 東邦出版
2017.8 127p B5 ¥1000 ①978-4-8094-1505-0

◆IQめいろ—1日5分脳力開発ドリル 講談社著、市川希監修 講談社
【要旨】すばやく同図形をさがそう!同じ数の絵をさがそう!命令の反対にすすもう!「形で考える」「数で考える」「言葉で考える」という "3つの考える力" を育てるめいろドリル。めいろあそびは、見通しを立てて考え、物事の全体像をとらえる力を養うトレーニングとして有効。4・5・6歳。
2017.7 1Vol. 21×30cm ¥890 ①978-4-06-220718-8

◆U・CANのあそびミニ百科 0.1.2歳児 ユーキャン学び出版スマイル保育研究会編 ユーキャン学び出版、自由国民社 発売 (U・CANの保育スマイルBOOKS)
【要旨】『U・CANのあそびなんでも大百科』と『U・CANの製作・造形なんでも大百科』を再編集し、さらに、0歳児が楽しめるあそびや絵本紹介を追加しました。コンパクトながらも内容がギュッと詰まった一冊です。発達段階によって過ごし方がさまざまな乳児向けに、少しの時間で手軽にあそべるものから、みんなで一緒に楽しめるものまで豊富に紹介。成長に応じて、保育者とのふれあいを大切にしたもの、体を思い切り動かすもの、歌や季節に親しむものなど、幅広いプランをそろえました。
2017.9 159p B6 ¥1300 ①978-4-426-60989-4

◆U・CANのあそびミニ百科 3.4.5歳児 ユーキャン学び出版スマイル保育研究会編 ユーキャン学び出版、自由国民社 発売 (U・CANの保育スマイルBOOKS)
【要旨】『U・CANのあそびなんでも大百科』と『U・CANの製作・造形なんでも大百科』を再編集し、さらに、本書オリジナルのマジックや絵本紹介を追加しました。コンパクトながらも内容がギュッと詰まった一冊です。幼児クラス向けに、カリキュラムなどの活動とあわせて有効に使って、手軽にあそべるプランを豊富に紹介しています。心身の発達やクラスの状況に応じて、子どもが「できること」「やってみたいこと」に重点を置いたプランをそろえました。
2017.9 159p B6 ¥1300 ①978-4-426-60990-0

◆U・CANの製作・造形ミニ百科 くまがいゆか著 ユーキャン学び出版、自由国民社 発売 (U・CANの保育スマイルBOOKS)
【要旨】『U・CANの製作・造形なんでも大百科』で掲載した「製作技法」を中心に再編集しました。技法の取り組み方を写真で詳しく解説し、豊富な展開例で、子どもの「作ってみたい!」気持ちを育む一冊です。3・4・5歳児がわくわくする技法がズラリ。製作の展開例は110点。
2017.12 159p B6 ¥1300 ①978-4-426-61014-2

保育教材

◆構音(発音)指導のためのイラスト集 加藤正子、竹下圭子企画・監修 (木更津)エスコアール 増補版
【要旨】子どもがより短時間で多くの単語を練習することができるイラスト集です。構音指導では、音節で正しく産生できるようになった音は、様々な単語で産生できるようにする単語での練習が重要です。発音しやすく、絵を見て自発することが容易な日常語を、日本語に含まれるすべての音別に配置しています。子どもが思わず呼称したくなるようなイラストをみながら、子どもとの構音指導を楽しく進められます。増補版では、破擦音「ちゃ行・ぎゃ行音」が追加になり、さらに練習の幅が広がられるようになりました。
2017.9 5Vols.set B5 ¥7200 ①978-4-900851-93-1

学校教育

◆明日の学び舎—The Road to An Athlete 二見隆亮著 (高知)リーブル出版
【要旨】「走る」ことは、「学ぶ」こと、「学ぶ」ことは「生きる」こと。「走る先生」が受け持つ小学6年の課外体育。そこで教えるのは体育ではなく、算数や国語!?走ることが大好きな先生が伝える「生きる力」と「生かす力」。現役の体育教師が書き下ろした授業ドラマ。
2017.4 522p B6 ¥1870 ①978-4-86338-178-0

◆新しい学校事故・事件学 住友剛著 (狭山)子どもの風出版会
【要旨】学校における重大事故・事件の事後対応と再発防止のあり方を考える。
2017.3 218p A5 ¥2000 ①978-4-909013-00-2

◆新たな知を拓き「生きる力」を育む学校経営 1 全国連合小学校長会編 第一公報社 (教育研究シリーズ 第55集)
【目次】序論 新たな知を拓き「生きる力」を育む学校経営、序章「新たな知を拓き「生きる力」を育む学校経営」への提言(「新たな知を拓き「生きる力」を育む学校経営」を創造するために—チーム学校による芯の通った学校経営の在り方を探る、多様で変化の激しい社会を生き抜く力を育成する学校経営・学校経営の基本的思考)、第1章 これからの社会を生きるために必要なキー・コンピテンシー(OECDにおける主要能力)を育成する学校経営(提言 これからの社会を生きるために必要なキー・コンピテンシー(OECDにおける主要能力)を育成する学校経営—学校経営において考えたいこと、実践事例)、第2章 カリキュラム・マネジメントの確立を目指す学校経営(提言 カリキュラム・マネジメントを目指す学校経営—「社会に開かれた教育課程」を実現するために、実践事例)、第3章 次期学習指導要領改訂を見据えた学校経営(提言 次期学習指導要領改訂を見据えた学校経営—アクティブ・ラーニング(主体的・対話的で深い学び)に視点を当てて、実践事例)、第4章 これからの教育課題に挑む学校経営(提言 これからの教育課題に挑む学校経営—不易と流行を踏まえた経営の活性化、実践事例)
2017.5 200p A5 ¥1806 ①978-4-88484-155-3

◆移行措置期の学校づくりを考える ぎょうせい編 ぎょうせい (新教育課程ライブラリ 2 Vol.9)
【目次】巻頭インタビュー ユーモア詩から子どもの素顔を引き出す授業づくりの達人(増田修治・白梅学園大学教授)、特集 移行措置期の学校づくりを考える(インタビュー 移行措置期における学校づくりの条件(天笠茂)、学校のグランドデザインと学校教育目標の見直し、カリキュラム・マネジメントの「第一歩」、「社会に開かれた教育課程」に向かう学校づくり、「主体的・対話的で深い学び」まずはここから(1)など)、集中連載 総則を読む「学びの地図」の歩き方6 幼小の接続とスタート・カリキュラム及び低学年教育、連載、教育長インタビュー—一次世代を考える地方戦略2、リレー連載、リレーエッセイ、オピニオン
2017.9 95p A4 ¥1350 ①978-4-324-10230-5

◆イラストで学ぶスタディスキル図鑑—自ら学習する力をつける キャロル・ヴォーダマンほか著、山崎正浩訳 (大阪)創元社
【要旨】学習計画の立て方から情報の調べ方、試験に関するテクニック、ストレスへの対処法まで、長い学生生活に必ず役立つ「勉強リテラシー」を身につけよう!
2017.7 256p 24×21cm ¥2800 ①978-4-422-41417-1

◆イラストと設題で学ぶ 学校のリスクマネジメントワークブック 坂田仰、河内祥子著 時事通信出版局、時事通信社 発売
【目次】1 総論:学校のリスクマネジメントをどう行うか、2 イラストで学ぶ学校のリスクマネジメント(登下校で、休み時間の校庭で、そうじの時間、プール授業で、運動会で)、3 設題で学ぶ学校のリスクマネジメント(課外活動中の落雷事故、休み時間中の体育館使用と管理責任、昼休み中の校庭事故、発達障害児と水泳訓練中の事故、発達障害を有する児童のいじめ)、4 残

された課題、資料(関係法令・通知)
2017.7 78p B5 ¥900

◆岩手の養護教諭―次代への伝言　遠藤巴子著
（盛岡）盛岡出版コミュニティー
【目次】第1章 私の歩んだ養護教諭の道、第2章 養護教諭の変遷、第3章 岩手県立養護教諭養成所の果たした役割、第4章 養護教諭の組織と活動、第5章 岩手県立大学創設の経緯、第6章 養護教諭養成課程存続の危機、第7章 出会い、第8章 寄稿、第9章 資料編
2017.11 269p A5 ¥1600 ①978-4-904870-42-6

◆ウラさんの教育人生40年―未来へむかう子ども・親すべてのおとなたちへ　浦上弘明著
（大阪）清風堂書店
【目次】第1章 教師と教育、第2章 自然体験の素晴らしさと多角的な視野、第3章 教育の原点を学ぶ、第4章 教育の羅針盤、第5章 夢を実現する学校づくり、第6章 八尾市教育長に就任、第7章 公務員という冠が取れた今、第8章 新たな職場に出会えて感謝、第9章 読者の皆様に伝えたいこと、資料編
2017.8 285p A5 ¥1500 ①978-4-88313-861-6

◆思いのある学校、思いだけの学校、思いを実現する学校―ビジョンとコミュニケーションの深化　妹尾昌俊著　学事出版（変わる学校、変わらない学校 実践編1）
【目次】第1章「わかっていても、実行できない」を越える（すばらしいアイデアだけではだめだ、学校の「実行力」を高める三つのこと）、第2章 あなたの学校にビジョンと戦略はあるか（学校におけるビジョン、戦略をもつ意味、学校の計画から見えてくるもの―"ビジョンもどき"はさっさとやめろ）、第3章 あなたは何をもとにマネジメントしているか 経験と勘？ 数字と分析？ それとも熱いハート？（企業流のマネジメントが学校で失敗するのは、なぜか、PDCAに囚われ過ぎていないか ほか）、第4章 ビジョン・目標を立てたきりにしていないか？ カリキュラムマネジメントと戦略実現す（カリキュラムマネジメントでビジョンを具体化し、軸を通す、学力テストの平均点を重視しすぎていないか？ 隠れたカリキュラムをあぶり出す ほか）
2017.9 158p A5 ¥1800 ①978-4-7619-2352-5

◆おもしろいほど成績が上がる中学生の「間違い直し勉強法」　伊藤敏雄著　エール出版社
【要旨】塾生の9割が成績がアップした秘訣公開。
2017.2 205p B6 ¥1500 ①978-4-7539-3378-5

◆親が知っておきたい学校教育のこと　1　赤堀侃司著　ジャムハウス
【要旨】学校とは何なのか？ どのように子どもを指導しているのか？ 教師はなぜ先生と呼ばれるのか？ 教育学の専門家が本音で書いた！ 学校教育を知ることでわかる子どもへの接し方や、家庭教育の方法。
2017.3 207p B6 ¥1700 ①978-4-906768-38-7

◆学習の作法―中学受験生から大学受験生までできる子は、もうやっている　天流仁志著
ディスカヴァー・トゥエンティワン 増補改訂版
【要旨】従来型の「頭の使い方」だけでは、もう通用しない!?これからの「思考のプロセス」をインストールしよう。センター試験廃止、記述式入試の導入、アクティブラーニングの導入など大きく変わる2020年「新学習指導要領」に対応。
2017.12 261p B6 ¥1600 ①978-4-7993-2206-2

◆学校を強くする―教育現場からの生の声　辻村政志著　牧歌舎、星雲社 発売
【要旨】県教委との裁判（地裁・高裁）を乗り越えて世に問う。学校を変えてみませんか、子どもたちのために―山口県の県立学校で長年教鞭をとった者が自校とともに綴る、渾身の教育論！ 2017.6 259p A5 ¥1600 ①978-4-434-23190-4

◆学校改革請負人―横浜市立南高附属中が「公立の星」になった理由　高橋正尚著　中央公論新社（中公新書ラクレ）
【要旨】受験人気がヒートアップ。名門私立を蹴って入学する生徒も続々。新設の公立中高一貫校が、全国にその名を轟かせるのはなぜか？ 最初は教科書を使わない独自の授業で、中3段階の英検準二級取得率は8割超！ 今後、大学合格者数ランキングの「台風の目」になるのは間違いない。数々の学校を立て直し、計画実現の辣腕を誇る初代校長の秘訣。
2017.6 214p 18cm ¥800 ①978-4-12-150584-2

◆学校がキライな君へ　加藤良雄著　同時代社

【要旨】「俺は先生の生徒でよかったよ」―教師しかし、絶望から救ったのもまた、生徒であった―。学校に傷つき、家庭に悩み、さまざまな重いものを背負っている夜間高校の生徒たち。彼らと向き合い、一緒に学び成長していった教師の記録。
2018.1 237p B6 ¥1600 ①978-4-88683-830-8

◆学校教育制度概論　坂野慎二、湯藤定宗、福本みちよ編著　（町田）玉川大学出版部（教職専門シリーズ）第二版
【目次】教育制度と教育改革、学校教育制度の基本原理(1)―就学前教育制度と初等教育制度を中心に、学校教育制度の基本原理(2)―中等教育制度と特別支援教育制度を中心に、高等教育と生涯学習、教育行政の実際(1)―中央教育行政、教育行政の実際(2)―地方教育行政、学校の組織と運営、学校の質保証と学校参画、選抜システムとしての学校制度、学校教育の新たな課題(1)―教育政策の国際化、学校教育の新たな課題(2)―学校の安心・安全と未来への準備、学校教育制度の成立と発展、学校教育の現在と未来
2017.2 252p B5 ¥2800 ①978-4-472-40541-9

◆学校・子どもの安全と危機管理　戸田芳雄編著　少年写真新聞社 第2版
【目次】第1章 総説 学校安全と危機管理（学校や子どもの安全と危機管理の意義、学校における安全と危機管理への取り組み、安全教育研究の実践）、第2章 学校における安全教育と安全管理（学校生活の事故と犯罪被害の防止、学校における交通安全教育の進め方、学校における防災教育の進め方、学校での感染症や食中毒等の危機管理）、第3章 学校での新しい安全教育の実践例、学校・子どもの安全と危機管理に関連する法令
2017.9 229p A4 ¥2400 ①978-4-87981-620-7

◆学校における場面緘黙への対応―合理的配慮から支援計画作成まで　高木潤野著　学苑社
【要旨】学校を「子どもの力が発揮できる場所」に変えられるのは先生だけである。本書は、数多くの場面緘黙のケースと関わってきた著者ならではの実践をもとに、学校でできる取り組みやアセスメントの視点を具体的に紹介する。
2017.3 190p A4 ¥2000 ①978-4-7614-0788-9

◆学校保健概論　渡邊正樹編著　光生館 第2版
【目次】学校保健とは、子どもの発育・発達、健康診断、子どもの健康課題と病気、感染症とその予防、応急当手、心の健康問題とその対応、性についての指導、保健室の役割、学校安全・危機管理、学校の環境衛生、保健教育、学校保健計画と学校保健組織活動、資料（関係法規）
2017.12 202p B5 ¥2200 ①978-4-332-52022-1

◆学校保健実務必携　学校保健・安全実務研究会編著　第一法規 新訂版 第4次改訂版
【目次】第1部 学校保健（学校保健の制度等、学校における健康管理、学校における保健教育、学校保健に関する組織活動、学校保健の評価）、第2部 学校安全（学校安全の制度、学校における安全管理、学校における保健教育、学校における安全教育、学校安全の評価、独立行政法人日本スポーツ振興センターによる災害共済給付制度）、第3部 食育（食育基本法、学習指導要領における食育、学校給食、栄養教諭）
2017.2 1329, 194p 20×15cm ¥3800 ①978-4-474-05673-2

◆学校保健統計（学校保健統計調査報告書）平成28年度　文部科学省編　プルーホップ、全国官報販売協同組合 発売
【目次】1 調査の概要、2 調査結果の概要、3 統計表（全国、都道府県）、4 参考資料（年次統計）、5 附属資料
2017.4 683p A4 ¥4950 ①978-4-9908787-5-7

◆学校保健の動向　平成29年度版　日本学校保健会、丸善出版 発売
【目次】特集（平成28年度改正学校保健診の結果 総論、学校医自らが取り組むべき禁煙教育―新しい流れを作り、第1章 健康管理の動向（児童生徒の発育・発達、感染症 ほか）、第2章 学校環境衛生の動向（学校環境衛生、学校給食の衛生管理 ほか）、第3章 健康教育の動向（保健教育、喫煙、飲酒、薬物乱用防止教育 ほか）、第4章 学校保健に関する組織・団体の最近の動向（公益財団法人日本学校保健会、日本医師会による学校保健活動（学校医）ほか）、第5章 資料編（学校保健関連年表、最近の日本学校保健会発行物一覧（平成23年度～平成29年9月））
2017.11 216p B5 ¥2800 ①978-4-903076-17-1

◆金沢大学教育学部付属高等学校 付高外伝　松田章一著　付高外伝刊行委員会、（金沢）能登印刷出版部 発売
【要旨】え？ こんな高校！ 秀才、異才、奇才たちによる青春シンフォニー。
2017.5 221p 19cm ¥1000 ①978-4-89010-712-4

◆体と心 保健総合大百科 小学校編　2017　少年写真新聞社編　少年写真新聞社
【要旨】2015年度小学保健ニュース・心の健康ニュース収録。縮刷活用版。
2017.4 221p A4 ¥3771 ①978-4-87981-593-4

◆体と心 保健総合大百科 中・高校編　2017　少年写真新聞社編　少年写真新聞社
【要旨】2015年度保健ニュース・心の健康ニュース収録。縮刷活用版。
2017.4 287p A4 ¥3771 ①978-4-87981-592-7

◆君たちに伝えたい 3 朝霞、校内暴力の嵐から生まれたボクらの平和学習。中條克俊著　梨の木舎（自由をつくる vol.06）
【要旨】1981年、着任した中学は「日本1の荒れる学校」だった。窓ガラスはなく、天井には穴、トイレにはドアがない、オートバイで3階廊下を走る！…なぜ荒れるのか？ どうしたらいいのか？ 非行を克服し、学校を再建させた、朝霞からの発信。
2017.10 189, 8p A5 ¥1800 ①978-4-8166-1706-5

◆教科書をタダにした闘い―高知県長浜の教科書無償運動　村越良子, 吉田文茂著 （大阪）解放出版社
【目次】運動が始まるころの長浜、教科書無償運動のはじまり、「タダにする会」の結成、高知市教育長との大衆交渉まで、長浜で、教科書と大衆交渉、高知市教委の雲隠れ、市民交渉と市教委の総辞職、高知市教委総辞職の波紋、教科書を使った授業の開始、交錯するさまざまな人びとの思い、憲法第二六条の解釈をめぐって、終結へ、運動の総括、一九六二年以降の運動、教科書無償制度の実現
2017.11 300p B6 ¥1800 ①978-4-7592-2165-7

◆教師菊池省三―映画「挑む」オフィシャルブック　菊池省三, 菊池道場室 中村堂
【目次】「挑む」菊池省三 白熱する教室―第1部（丹波での授業、「挑む」刊行記念講演、元山さんの質問タイム ほか）、「ニッポンの教育」挑む―第2部（いの町教育特使菊池省三、日本の教育の縮図、教師が変われば子どもも が変わる ほか）、菊池省三の挑戦（菊池道場の取り組み、いの町「菊池学園」の取り組み、いの町のPR映像 ほか）
2017.10 102p B5 ¥2500 ①978-4-907571-41-2

◆教師道を磨く―「二人の師」から学んだ思いと実践　小笹大道著　PHP研究所
【要旨】教師がつらくなったとき…、生徒を育てる自信がなくなったとき…、学級・学年経営で悩んだとき…。「教師のスタートライン」を示しつつ誰もが経験する壁を乗り越える方法を網羅！ 自信と勇気が湧き、教師こそ天職と思える本。
2017.3 301p B6 ¥1500 ①978-4-569-83815-1

◆教師と学生が知っておくべき教育動向　武田明典編著　北樹出版
【目次】学び続ける教師と学校文化のために、教師の成長と省察、教育政策と世界の動向、学校教育における批判的思考と市民リテラシーの育成、新学習指導要領の改訂のポイントと教育課程のあり方、子どもの貧困と学校教育、連携・協働を重視した生徒指導のあり方、学校における危機管理・保護者対応のあり方、インクルーシブ教育を進めるために―合理的配慮と学習指導要領改訂のポイント、特別支援・個別支援に活用できる心理アセスメントと教育、小学校英語教育―いよいよ教科化へ、「特別の教科 道徳」の授業展開と評価、情報社会の変化と情報モラル教育、教育相談の哲学、学校における心理教育の導入
2017.9 127p B5 ¥1800 ①978-4-7793-0550-4

◆教師の自己成長と教育カウンセリング―教師の人生はミッションとパッションだ 諸富祥彦著　図書文化社
【目次】第1章 教育カウンセリングを学ぶと教師自身が人間的に成長する、第2章 自己成長を促す心理学の礎―マズロー、アドラー、フランクル、第3章 教師の自己成長は教育カウンセリング、第4章 教師として本気で生きる、第5章 教師人生のライフステージを見つめる、第6章 これまでの教師人生を見つめる―ライフラ

学校教育

イン・ワーク、第7章 教師であるあなたへ—魂のメッセージ
2017.5 159p B6 ¥1600 ①978-4-8100-7688-2

◆校長の力は『話す力・聞く力』で決まる
遠藤真司著 第一公報社 (明日を創る学校経営 1)
【目次】校長の言葉で船出が始まる、頭に映像が浮かぶ話を、個性が光る言葉、はじめ・中・おわり・まとめ、目で見てわかりやすく、話は短く、テーマは一つ、結論から先に、正しい日本語、誰にでもわかる言葉、遊び言葉 カタカナ言葉、相手を見て、笑顔で、最後まで聞く、うなずき、相づちで、積極的に聞く、聞き上手が信頼される、親身になって聞く、90人の卒業生には90の言葉を、原稿を見ないで話す校長式辞
2017.10 18p B5 ¥278 ①978-4-88484-331-1

◆高等学校教育実習ハンドブック 永添祥多, 田代武ърлена, 岡野亜希子著 風間書房
【目次】第1章 教育実習の目的と意義、第2章 高等学校教育の推移と課題、第3章 高等学校教員に求められる資質・能力、第4章 現在の高校生の理解と指導—高校生のキャリア形成をめぐって、第5章 高等学校現場の状況、第6章 教育実習の実際
2017.1 142p B5 ¥1500 ①978-4-7599-2169-4

◆公立学校施設整備事務ハンドブック 平成29年 公立学校施設法令研究会編著 第一法規
【目次】第1章 概要編(国庫補助事業の概要、公立学校施設整備に係る地方財政措置)、第2章 手続編(負担金に係る手続、交付金に係る手続、支出及び繰越しに係る手続、財産処分について、国庫補助金等の適正な執行について)、第3章 用語編、第4章 資料編(国庫補助制度Q&A、学校施設環境改善交付金の手続等Q&A、耐震補強事業Q&A、長寿命化改良事業Q&A、学校給食施設Q&A、各種データ)
2017.10 417p B6 ¥2700 ①978-4-474-05962-7

◆心やさしき人々 二見剛史著 (霧島)国分進行堂
【目次】発心、世界、平和、祖父、祖母、白木、敬愛、感謝、開花〔ほか〕
2017.10 115p B6 ¥926 ①978-4-9908198-8-0

◆子どもが主役の学校、作りました。 竹内薫著 KADOKAWA
【要旨】今の子どもたちにとって必要な教育とはなんだろうか。母国語としての日本語はもちろん、英語は外せない。加えて、AIと共存していく彼らにとって、プログラミングの習得も必須だろう。わが子の就学にあたり、それらを満たす学校がないことを知った著者は、自ら学校を作ることを決意した。文部科学省や教育委員会、内閣府などへ100回は足を運び、また開学資金のスポンサーも見つけ、やっと開校のめどがたった。その直後、school選択を迫られる—。開校への奔走をつづった感動のノンフィクション。
2017.12 230p B6 ¥1300 ①978-4-04-105567-0

◆子どもたちの光るこえ 香葉村真由美著 センジュ出版
【要旨】「教室で実際に起こった子どもたちの物語」学校一の問題児と言われた男の子の涙、声を出せなくなった孫娘をかばったおばあちゃん、卒業式ずからいのちを絶った女の子が遺したメッセージ、家族から暴力を振るわれた男の子のついたウソ、交通事故でお父さんを亡くした男の子の願い。生徒から「先生のクラスの生徒でよかった」と言われ、教師から「先生のクラスの生徒になりたい」と言われる、福岡の名物先生、初著書。
2017.10 191p B6 ¥1800 ①978-4-908586-02-6

◆子どもにやさしい学校に—子どもはだめであたりまえ、じっくりと成長していきます 古関勝則著 高文研
【要旨】3・11、その時福島の学校では何が起こったのか？ そしていま—「福島の子どもから学んだ、学校のあるべき姿！」ゆったりとした時間の流れる学校、じっくりと子どもの話を聞ける学校、急激な変化を望まない学校、ゆったりと子どもが育つ学校、そんな学校の姿が少し見えてきた。
2017.8 143p B6 ¥1500 ①978-4-87498-630-1

◆子どもの安全と安心を育む リスクマネジメント教育の実践 八木利津子著 健学社
(付属資料：CD・ROM1)
【要旨】すぐに活用できる実践ワークを多数収録！ 付録のCD・ROMには、指導案や配布用プリント、パワーポイント教材などを多数収録！ プリントに使用しているイラストは、保健だよりにも使えます！
2017.11 90p B5 ¥2000 ①978-4-7797-0447-5

◆子どもの生活と心身の健康—学校生活を快適に 門田美惠子, 吉田浩子, 青木清監修 産業図書
【要旨】養護教諭から学校長まで経験した門田が、その経験を研究に活かして、今、子どもたちに寄り添う。養護教育の意味と役割を示す実践の書。
2017.2 79p B6 ¥1500 ①978-4-7828-9034-9

◆子どもの貧困に向きあえる学校づくり—地域のなかのスクールソーシャルワーク 鈴木庸裕, 丹波史紀, 村井琢哉, 古関勝則, 佐々木千里ほか著 (京都)かもがわ出版
【要旨】学校のなかにいる経済的困窮や地域から孤立している子どもたちに気づくこと。気づきを抱え込まず、学校内の関係者がチームをつくって取り組むこと。保育所、学童保育、子ども食堂、学習支援など、地域の子ども・子育て支援者やNPOと共同でのかかわりを創造すること。「貧困・格差と向きあう学校づくり」の意義と方法を提案します。子どもたちの笑顔のために。
2018.1 137p B5 ¥2000 ①978-4-7803-0946-1

◆主体的に学ぶ養護実習ガイドブック—教育現場で必要な力を身につけるために 岡本啓子, 中島敦子, 西牧眞里編集・執筆代表 ジアース教育新社
【目次】第1章 養護実習とは、第2章 養護実習の方法と内容、第3章 養護実習の執務計画と実施、第4章 養護実習の準備、第5章 養護実習のまとめ、第6章 倫理的配慮、第7章 特別支援教育の一般的知識、第8章 指導案の作成、Q&A 2017.3 136p B5 ¥2000 ①978-4-86371-399-4

◆小学校保健室から発信！ 先生・保護者のためのスマホ読本 今津孝次郎監修・著, 子どもたちの健やかな育ちを考える養護教諭の会編著 学事出版
【要旨】小学生からのスマホデビューは今や当たり前。家庭・学校で何ができるか、子どもの成長やコミュニケーション力向上の視点から考えてみましょう。小学校保健室で見聞きした事例を元に、養護教諭たちでまとめた1冊です。
2017.11 118p B6 ¥1500 ①978-4-7619-2370-9

◆小中一貫校をつくる—激動の時代を生き抜く子どもたちのために 初田幸隆著 ミヤオビパブリッシング, (京都)宮帯出版社 発売
【目次】第1章 小中一貫教育に取り組んで、第2章 新しい学校に懸ける夢、第3章 新しい学校の幕開け—開校一年目、第4章 学校は生きている—二年目を迎えて、第5章 試練の時—三年目のジンクス、第6章 新たな出発の時を迎えて—四年目の挑戦、第7章 総仕上げの時—いよいよ五年目 2017.2 316p B6 ¥1800 ①978-4-8016-0096-6

◆女子高校の四季—ある教師の四十一年 山田晴彦著 (名古屋)風媒社
【要旨】私の背中を荒々しく、そして優しく踏み越えていった、教え子たちへ。女子高教師生活41年、男性社会科教師の回顧録。
2017.8 169p B6 ¥1200 ①978-4-8331-5336-2

◆真正の学び/学力—質の高い知をめぐる学校再建 フレッド・M.ニューマン著, 渡部竜也, 堀田諭訳 (横浜)春風社
【要旨】本書の特質は次の2つ。(1) 真正の学び/学力とは何かを明らかにしたこと。(2) 全米の小学校や中等学校を調査し、真正の学びを生み出すための学校再建の取り組みが、組織の構造化や教育技術に焦点化された場合や、生徒や教師の仕事の知的な質や学校共同体の活性化に十分な注意が払われない場合に失敗することを明らかにしたこと。
2017.2 503p A5 ¥6200 ①978-4-86110-525-8

◆信頼される保護者対応—大学では教えてくれない 多賀一郎著 明治図書出版
【要旨】保護者の目が厳しくなっている今、さまざまな保護者のニーズに応え、対応していくためにはどうしたらよいのか。トラブルが起きたときの、また、起こさないための方策を示す。大学の授業では教えてくれなかった、保護者対応の具体的な手だてと根本的な考え方。
2017 142p A5 ¥2060 ①978-4-18-098324-7

◆スクールセクハラ—なぜ教師のわいせつ犯罪は繰り返されるのか 池谷孝司著 幻冬舎 (幻冬舎文庫)
【要旨】相手が先生だから抵抗できなかった—教師が絶対的な権力を持つ教室や部活動の現場で、被害者は「隙があったのではないか」と責められ、教育委員会は事なかれ主義を貫き、隠蔽体質でこる。わいせつ行為で処分を受けるのはごく一部で、泣き寝入りが大半だ。他人事ではない学校だから起きる性犯罪の実態を浮き彫りにする執念のドキュメント。
2017.4 315p A6 ¥600 ①978-4-344-42585-9

◆成長しない子はいない—生まれ変わっても教師になりたい 仲島正教著 大修館書店
【目次】第1章 どんな子も必ず成長する(車いすからのスタート、自分のために頑張る ほか)、第2章 指導の半分は待つこと(指導の半分は待つこと、心のビデオ ほか)、第3章 運動会で子どもは育つ(しっぱいしっぱい、たかがライン引き、されどライン引き ほか)、第4章 心の銀行に貯金を(民主党政権に望んだこと、少し大目に見てほしい ほか)、第5章 教育は足でかせぐ(とにかく遊べ！、夏休みにしてほしい4つのこと ほか)
2017.8 217p B6 ¥1500 ①978-4-469-22635-2

◆「ゼロトレランス」で学校はどうなる 横湯園子, 世取山洋介, 鈴木大裕編著 花伝社, 共栄書房 発売
【要旨】ささいなことから「別室指導」や警察沙汰に追い込まれる生徒たち。広島県、新潟県など全国で多発する生徒の自殺案件から警鐘を鳴らす—。アメリカから輸入された「不寛容」政策。教育破壊のゼロトレランスを、学校から追い出そう。
2017.10 113p A5 ¥1000 ①978-4-7634-0834-1

◆たくましさを育てる (藤沢)藤嶺学園藤沢中学校・高等学校, (鎌倉)かまくら春秋社 発売 (藤嶺叢書)
【目次】第1章 学びの多様性をひらく—遊行塾という学び場(講師・山井網雄「能楽って何？」の遊行塾、講師・吉田篤正「情報セキュリティ」の遊行塾、講師・岡有一「科学の世界に興味津々」の遊行塾)、第2章 英国の自主性に委ねる—自らが考え動く生徒たち(自ら企画、実現した生徒発の講演会、自身のアイデアを形にし、発信する)、第3章 国際感覚をみがく—日本にはないもの(オーストラリアへの語学研修、北京への研修、アジア留学生インターンシップの受け入れ)、第4章 座談会「これからは『たくましさ』が求められる時代」、資料編「遊行塾」これまでに開催された講座リスト
2017.3 171p 18cm ¥1000 ①978-4-7740-0709-0

◆チーム鹿児島！ 教育改革の挑戦—風は南から 金城太一著 悠光堂
【目次】第1章 鹿児島への出向からその虜になるまで、第2章 鹿児島は教育県か？、第3章 学力向上策のPDCAサイクルの確立、第4章 難産だった土曜授業全県実施、でも心は一つ、第5章 攻める広報とキャッチフレーズで南北600キロをつなぐ！、第6章 魅力的な鹿児島の学校教育、第7章 多くの人に支えられて、第8章 鹿児島の教育がさらに発展するために
2017.8 223p A5 ¥1400 ①978-4-906873-99-9

◆中学一冊目の参考書—行きたい高校に行くための勉強法がわかる 船登惟希著 KADOKAWA
【要旨】勉強に不安を抱く中学生・ミッ。定期テストへの不安から訪れた「隠岐天満宮」での運命的な出逢いから、勉強とはなにかの、その考えが一変する。効率的な勉強法がストーリーで楽しくわかる新感覚参考書！ 授業の受け方・ノートの取り方から各科目の勉強の仕方まで基本からわかる14日間の物語。
2017.3 191p A5 ¥1400 ①978-4-04-601733-8

◆中学生を担任するということ—「ゆめのね」をあなたに 生徒指導・道徳教育・特別活動の現場 高原史朗著 高文研
【要旨】殴り込み・大喧嘩、不登校・敗北の合唱祭…そして受験期を迎える—小中高校で担任をする「先生」たちへの応援歌。
2017.8 215p B6 ¥1900 ①978-4-87498-629-5

◆中学生になったら 宮下聡著 岩波書店 (岩波ジュニア新書)
【要旨】心身の成長著しい中学時代は、大人になるための土台づくりの時期であると同時に、勉強や進路、部活動や友達との関係に悩む日々でもある。そんな彼らの日常に寄り添い、時に励ましながら、充実した三年間を送る方法を具体的にアドバイスする。自ら考え、判断し、行動する力を身につけたい中学生に最適。「悩み相談」を付す。
2017.5 242p 18cm ¥900 ①978-4-00-500853-7

◆中学生のきみへ・教師のあなたへ―本当のことを見抜く力を　河村昭彦著　(大阪)清風堂書店
【要旨】85歳の元教員が語る、中学生・父母・教職員への熱い伝言。
2017.9 177p A5 ¥1500 ①978-4-88313-866-1

◆通信制高校のすべて―「いつでも、どこでも、だれでも」の学校　手島純編著　彩流社
【要旨】通信制高校の20人にひとりは通信制高校生！　多様化する社会のなかで、希望とカオスの学校像に各ジャンルの専門家が迫る、類書のない通信制高校読本！　高校生、保護者、先生をはじめ、教育に関心のあるすべての方にぜひとも読んで頂きたい、「いつでも、どこでも、だれでも」学べる通信制高校の真実の姿！
2017.5 267p B6 ¥2200 ①978-4-7791-2321-4

◆つくろう！　事務だより―イラスト300点・テンプレート12点収録CD・ROM付き！
事務だより研究会編　学事出版　(付属資料:CD・ROM1)　増補改訂版
【目次】第1章 意義・ねらい・準備（意義、ねらい ほか）、第2章 つくってみよう！　内容編（「職員向け」をつくろう、「保護者・地域向け」をつくろう！　ほか）、第3章 つくってみよう！　レイアウト編（効果的なフォントの使い方、図や表を作成・活用するには ほか）、第4章 みんなの事務だよりを見てみよう！　あたりの新譜（えこおふぃす Salty's Lucky Items Mail ほか）、第5章 付録CD・ROMを活用しよう！
2017.8 112p B5 ¥2200 ①978-4-7619-2329-7

◆「つながり」を生かした学校づくり　志水宏吉,若槻健編　東洋館出版社
【要旨】なぜ「つながり」（社会関係資本）が学びの充実につながるのか？「つながり」をどのように育んでいくことができるのか？　学校は、周囲との「つながり」をどのように生かせばいいのか？「つながり」を生かした20校の挑戦。
2017.3 270p A5 ¥2200 ①978-4-491-03342-6

◆東大合格者が実践している　絶対飽きない勉強法　鬼頭政人著　大和書房
【要旨】参考書は「みんなと同じもの」を使え。東大合格者のノートはなぜ「汚い」のか。落ちる人は「受験直前」に過去問を解く。秋以降は「合格判定」は無視せよ…すぐにマネできる「合格体験談」を特別収録！
2017.10 206p B6 ¥1300 ①978-4-479-79611-4

◆東大首席が教える超速「7回読み」勉強法　山口真由著　PHP研究所　PHP文庫
（『東大首席弁護士が教える　超速「7回読み」勉強法』加筆・修正・改題書）
【要旨】天才も凡人も、勉強の本質は同じ！　1日30分、本をサラサラ読み流すだけで、最速で知識が自分のものになる！　本書は東大首席、財務官僚、弁護士を経て、ハーバードへの留学経験を持つ著者が、その体験をもとに一生使える勉強法を紹介。資格試験から仕事まで、様々なシチュエーションで役立つ学びのコツが満載。
2017.6 266p A6 ¥640 ①978-4-569-76653-9

◆「ならず者」が学校を変える一場を活かした学校づくりのすすめ　武井敦史著　教育開発研究所
【要旨】人格には自信がない…それでも子どもの幸せを願う。「ならず者」教師のための新しい学校づくり論！
2017.5 207p A5 ¥2200 ①978-4-87380-483-5

◆日本一小さな農業高校の学校づくり―愛農高校、校舎たてかえ顛末記　品田茂著　岩波書店　（岩波ジュニア新書）
【要旨】緑に囲まれた敷地には野菜畑、果樹園、放牧地が広がり、酪農牛舎、養豚舎、養鶏舎が建ち並ぶ…。一学年わずか20人の小さな高校で生徒たちはいのちを育む農業を学びます。この本では自主自立、人格教育で知られるこの学校で行われた校舎づくりの顛末を紹介します。魅力あふれる学びの場はどのようにつくられたのでしょうか？
2017.4 218p 18cm ¥880 ①978-4-00-500851-3

◆日本高校教育学会年報　第24号　生徒減少期への対応と高等学校の特色化　日本高校教育学会編　学事出版
【目次】特集論文 人口減少社会を見据えた県立高校の「魅力づくり」に関する研究―地域との連携による高校改革に着目して、研究論文（大学の都市集中と大学進学機会―1990年から2015年の自県/県外進学率・収容率の変化に着目して、私立高校による給付型育英奨学事業の実施メカニズム―生徒減少期における経営課題の観点から、実践論文（SSH国際課題研究授業における論文作成指導、「見方・考え方」を働かせた深い学びのデザイン―経済学習としての「貿易ゲーム」を事例に）、研究ノート（学校における安全配慮義務に関する一考察―中・高校生のいじめ等に関する諸判例から、教員とスクールカウンセラーの連携にみる生徒指導における台湾的特質―台湾の高等学校教員への質問紙調査から、大学教員によるSSH指定校への出前授業の教育効果とその課題―高校生にFabricius-Bjerreの定理を発見させる授業の実践をもとに、書評
2017.7 96p B5 ¥2000 ①978-4-7619-2351-8

◆日本の隠れた優秀校―エリート校にもない最先端教育を考える　藤原智美著　小学館　（小学館文庫プレジデントセレクト）（『知を育てるということ』改題・改題書）
【要旨】現代の学校は、かつて目標として掲げられていた「個性」「自発性」という言葉が影に引っこみ、「和」や「まとまり」という集団主義的な言葉が表を飾っているように感じます。しかし、ここで紹介している学校は子供たちが嬉々として学んでいます。現代の子供たちに最も欠けているのは、喜んで学ぶという力です。辞書引き、小説創作、音読・暗唱、そろばん、右脳開発、コミュニティスクール、中国語等々…。さまざまなメソッドを駆使してユニークで新しい教育に挑戦している学校は、取材時はエッジ=先端に位置していましたが、今もトップを走っているのです。
2017.5 221p A6 ¥680 ①978-4-09-470016-9

◆人間を育てる　菊池道場流叱る指導　菊池省三,菊池道場著　中村堂
【要旨】「ほめ言葉のシャワー」の菊池道場が、叱る指導を大公開！
2017.3 177p A5 ¥2000 ①978-4-907571-36-0

◆ネクスト私学　2　in the future―未来型グローバル教育へ変革する20校の挑戦　私立中・高等学校編　高嶋哲夫監修,近藤隆己編著　(京都)晃洋書房
【目次】とわの森三愛高等学校（北海道・共学校）、宮城学院中学校高等学校（宮城県・女子校）、和洋国府台女子中学校高等学校（千葉県・女子校）、かえつ有明中・高等学校（東京都・共学校）、聖学院中学校・高等学校（東京都・男子校）、千代田女学園中学校高等学校（東京都・女子校、二〇一八年度より武蔵野大学附属千代田高等学院（共学）へ校名変更予定）、広尾学園中学校・高等学校（東京都・共学校）、明法中学・高等学校（東京都・男子校）、八雲学園中学校・高等学校（東京都・女子校、二〇一八年度より共学校化の予定）、湘南学園中学校高等学校（神奈川県・共学校）〔ほか〕
2017.10 411p B6 ¥1500 ①978-4-7710-2952-1

◆ビックリするほど成績が上がる！　授業を生かした中高生の勉強方法　猫山智春著　エール出版社
【要旨】ゼロから知識を身につける。
2017.3 190p B6 ¥1500 ①978-4-7539-3379-2

◆ひとあしひとあし前へ―この子たちと歩んだ37年　岩崎正芳著　(大阪)解放出版社
【目次】母の死、日教組の旗の下に、Hとの出会い、Nとの出会い、学年組、結婚、新婚旅行、育児休暇、もうひとつのむらへ、Yのこと―この子の力を信じて歩んでいきます、父の死、Tともう一度、このむらの教師として、Eたちと歩んだ三年間、最後の担任、Uたちと立ち上げた子ども会
2017.3 239p B6 ¥2000 ①978-4-7592-2163-3

◆日比谷高校の奇跡―堕ちた名門校はなぜ復活し、いま甦っているのか　武内彰著　祥伝社　（祥伝社新書）
【要旨】中高一貫校がもてはやされるなか、日比谷高校は通常科目の授業・生徒に圧倒的に支持されている（入学満足度は各98％・93％）。今や開成高校を蹴って日比谷高校に行く生徒も少なくない。これは、東大合格者数（二〇一六年53人、二〇一七年45人）に代表される進学実績と、それを可能にしている教育にある。東大合格者数が1人に落ち込み、「堕ちた名門校」と言われた高校は、どのように復活を遂げたのか？　これらの“奇跡”について、改革を断行した現役校長が明かす。教材や勉強方法を開陳、二〇二一年からの新大学入試にも言及。受験の常識が変わる！
2017.11 188p 18cm ¥780 ①978-4-396-11519-7

◆部活があぶない　島沢優子著　講談社　（講談社現代新書）
【要旨】週休0日、体罰・暴言、セクハラ、慢性のケガ…ブラック部活から子どもを守るには。事件事故が多発し、児童虐待化する部活を徹底ルポ。
2017.6 237p 18cm ¥760 ①978-4-06-288432-7

◆部活動って何だろう？―ここから変えよう　しんぶん赤旗「部活って何」取材班著　新日本出版社
【要旨】子どもは疲れ、教師も休めない。なんでこんなに苦しいの？　子どもが輝き、教師もやりがい。なんでこんなに面白いの！？　子ども、教職員、保護者、研究者らが探り合う「部活のカタチ」。
2017.11 173p B6 ¥1500 ①978-4-406-06175-9

◆部活動の不思議を語り合おう　長沼豊著　ひつじ書房
【目次】1 いま部活動は（部活動の実態、「部活問題対策プロジェクト」との出会い ほか）、2 部活動の何が不思議か―さまざまな課題と矛盾（教員の勤務実態と部活動、部活動の目的・目標を巡って ほか）、3 多様な立場から見た部活動（「〇〇の立場」から見た部活動、部活動研究の動向 ほか）、4 部活動改革への道筋（動き出した2016年（部活動改革元年）、今後の改革の可能性 ほか）
2017.8 170p A5 ¥1200 ①978-4-89476-882-6

◆ブラック化する学校―少子化なのに、なぜ先生は忙しくなったのか？　前屋毅著　青春出版社　（青春新書INTELLIGENCE）
【要旨】今や6人に1人が非正規教員。年収80万円の公立小学校の先生も…親（モンスターペアレント）、教師（ダメ教師）だけの問題じゃない！　子どもの学ぶ環境を歪ませている意外なものとは？
2017.2 188p 18cm ¥880 ①978-4-413-04507-0

◆ブラック部活動―子どもと先生の苦しみに向き合う　内田良著　東洋館出版社
【要旨】「自主的、自発的な参加」に基づく、教育課程外の制度である部活動。しかし、生徒の全員加入が強制され、土日も行うケースは珍しくない。教員も全員顧問制が敷かれ、サービス残業で従事する学校も多い。エビデンスで見る部活動のリアルとは？　強制と過熱化から脱却するためには？　部活動問題の第一人者、渾身の一冊！　週に3日2時間！　土日は禁止！「ゆとり部活動」のすすめ。
2017.7 253p B6 ¥1400 ①978-4-491-03333-4

◆方円の器―奇跡の中学校長が語る教育と学力　友道健氏著,佐藤剛史編　(福岡)書肆侃侃房
【目次】第1章 生徒を指導する力（出席停止と忘れられない夜、愛情は胃袋で感じる ほか）、第2章 学校を経営する力（グランドデザインづくり、「ホンマモン体験」の導入 ほか）、第3章 授業を作る力（授業は真剣勝負！、教師にとって授業は勝負 ほか）、第4章 学力を育む力（成績が伸びない理由、勉強をする目的って何？　ほか）、第5章「生き方」を語る力（楽器盗難事件、正義の仮面 ほか）
2017.10 237p B6 ¥1500 ①978-4-86385-279-2

◆保健室・職員室からの学校安全　事例別病気、けが、緊急事態と危機管理　vol.1
五十嵐哲也,野野間恵編著,秋山絋,飯田順子,相樂直子,杉本希映著　少年写真新聞社
【目次】アナフィラキシーへの対応―小麦アレルギーのある子どもに起こった異変、家族全体への配慮と支援―大好きな父の突然の病死、不安感を受け止める対応―特定の子どもから広がった新型感染症、周囲の人々への配慮と支援―長期療養のまま学校復帰がかなわずに亡くなった子ども、集団食中毒の予防と対応―文化祭模擬店での食中毒の発生、プール遊びにおける留意点―水泳学習の時間に起きた溺水、養護教諭がいない状況で起こった事故への対応―休日の部活動中の事故により開放骨折した事例、専門的な救助の要請―校外学習中に発生した山での滑落事故、集団事故における対応―化学部の実験中に起きた爆発事故、授業中の突然死における対応―マラソン中にゴール直前で倒れた子ども、事故により身体的な障害を抱えることになった子どもへの支援―部活動中に発生した頚椎損傷事故、ハラスメントによる被害を生み出さない対応―担任からの体罰によりみて、子どもの心と体を支える校内体制づくり―教師の突然の病死、事故により生活機能が損なわれることになった子どもへの支援―足を踏み外したことによる校舎の窓からの転落事故、生活全般の見直しにつ

学校教育

ながる実践例―危機予防を目指した学校生活スキル教育
五十嵐哲也, 茅野理恵編著, 秋山緑, 飯田順子, 相樂直子, 杉本希映著　少年写真新聞社
2017.2 175p B5 ¥2200 ①978-4-87981-594-1

◆保健室・職員室からの学校安全 事例別病気、けが、緊急事態と危機管理 vol.2
五十嵐哲也, 茅野理恵編著, 秋山緑, 飯田順子, 相樂直子, 杉本希映著　少年写真新聞社
【目次】虐待の早期発見と校内連携―保健室で発見した不自然なあざ、激げによる大きなけがへの対応―休み時間の廊下で起きたガラスへの激突事故、生徒間暴力に対する継続的支援―倒れていた子どもの様子から発覚したいじめ、自傷行為というSOSに対する支援―授業に現れず校内で自傷行為におよんだ子ども、インターネットに関する全校でのルールづくり―SNSでのトラブルによる登校しぶり、薬をめぐる緊急的な支援―過量服薬で倒れた子ども、自殺予防を目指す教育―校内で起きた子どもの自殺、子どもたちの安全を確保する対応―登校時の校内への不審者の侵入、性的被害を受けた子どもへの支援―下校途中に発生した性暴力事件、通学時の交通安全への対応―自転車での無理な道路横断により発生した死亡事故、犯罪被害による喪失体験への支援―家族が巻き込まれた車の暴走による犯罪に巻き込まれた子ども、救急処置の適切さを確保する対応―事故発生時の対応についての保護者からの訴訟、学校管理下における事故の認定に関する対応―部活動中でのけがから半年後に様々な症状が出現した子ども、被害を最小限にするための教育―校外での部活動中に発生した落雷事故
2017.6 175p B5 ¥2200 ①978-4-87981-595-8

◆保健室と社会をつなぐ―本当の育ちと学びの場　香山リカ著, 『保健室』編集部編　本の泉社
【目次】精神科Drの窓 いまの時代を生きる子どもと養護教諭（「自分がここにいる」と思っていない子どもたちを知っていますか、ネットやスマホのこと知ったかぶりしないで話すことができますか、事故・災害時の子どもの心のケアーストレス反応 それはあたりまえの反応、東日本大震災から五年―「人を支える仕事」疲れるのは当然 のめり込みすぎていないか、からだからのサインと思うことも大事、差別を受けた子どもに「あなたは少しも悪くない。悪いのは差別する側だ」と徹底的に守ってあげてほしい、相模原市障害者施設における事件から考える一学校現場で「差別はいけない」という人権教育が徹底することを祈りたい、沖縄高江集落での体験一高江で何がおきているかー機動隊が殴り込みの医市民排除）、講演より（「いまどきの子どもと親の心一精神科医の視点から」第四十六回全国養護教諭サークル協議会研究集会、「思春期の子どもと向き合う」新宿区委託事業OJDサポートセンター主催）
2017.8 206p B6 ¥1500 ①978-4-7807-1642-9

◆保健師・養護教諭になるには　山崎京子監修, 鈴木るり子, 標美奈子, 堀篭ちづ子編著　ぺりかん社　（なるにはBOOKS）
【要旨】地域住民の健康を守る保健師。「保健室の先生」として、子どもたちの心や体の悩みを解決していく養護教諭。それぞれ仕事の特徴と、なり方を詳しく解説。
2017.5 169p A5 ¥1500 ①978-4-8315-1468-4

◆ぼちぼち行こうか―保健室の窓から　藤田照子, 藤巻久美子, 鹿野晶子, 小林令子ほか著　本の泉社
【目次】子どもの疲れをほぐすには、生活実態調査の結果から 心とからだを育てる授業、証拠を基に子どもの「疲れ」を考える、共育て、共育ち親子で元気になろう、楽々元気作戦！、子どもをまん中に出会いの場づくり三年―子どもキャンプで育つ、いっしょやい！ 地域のこども食堂から発信、「おなかすいたらたべにおいでよ！」、保健室からのちょっかい わくわくどきどき元気いっぱい 私も元気になって
2017.8 159p A5 ¥1500 ①978-4-7807-1643-6

◆本当に頭がいい人の勉強法―東大医学部生が教える　鬼頭祐美著　二見書房
【要旨】数学はどのように勉強すればよいのか？ 難関校に受かる理系脳の育て方。公立出身で専門塾にも通わず東大理3に現役合格したすごい勉強法。
2017.10 236, 10p B6 ¥1400 ①978-4-576-17132-6

◆学びに「成功する子供」教えに「失敗する大人」　渡辺克彦著　ポプラ社
【要旨】グローバル化とAIの世界を生きる人材の育て方！ 日本の閉ざされた教育環境を打ち破る先進的な学習メソッドと、魂を込めたコーチングにより、子どもを覚醒させる学校「東京インターハイスクール」のすべて。
2017.10 255p 18cm ¥780 ①978-4-591-15555-4

◆学ぶ力のトレーニング―未来のあなたがつくる今の自分　石村康生, 角田博明著　（平塚）東海大学出版部
【目次】プロローグ 20年後のあなたが行う新人採用、第1章 学生生活で、何を学ぶ？（学生生活における学びとは？、正解のない問題にどう挑む？（問題解決能力）、コミュニケーションで難しい？）、第2章 学生生活で、どう学ぶ？（学ぶ力を、どう学ぶ？、学生生活最大の難問？、伝えるということ、大学時代につくる将来設計）、第3章 社会での活躍にむけて（社会における学びとは？、仕事における問題解決、仕事でのコミュニケーション、あなたが創る未来の社会）、エピローグ あなたが望む自分になるために…
2017.4 112p A5 ¥1800 ①978-4-486-02138-4

◆未来に生かす学力づくりへの挑戦―福岡県小学校長会実践事例集 3　福岡県小学校長会編　ぎょうせい
【目次】理論編（「学校を核とした地域活性化」をめざす校長のリーダーシップ、豊かな社会力を身に付けた子どもを育て、信頼に応える学校をつくる校長の理念と指導性）、実践事例（学校運営協議会を機能させて、子どもの豊かな社会力を育む（「社会に開かれた教育課程」を推進する校長の役割一学校運営協議会を核としたコミュニティ・スクールの展開と市民性の育成、社会力の育成を図る学校経営―校内組織連携の活性化と家庭・地域と協働するコミュニティ・スクールを通して ほか）、学校・学年組織を活性化して、子どもの豊かな社会力を育む（保護者・地域から信頼される学校づくりを進める校長の理念と指導性―共育の推進と教職員のモチベーション向上を通して、これからの学校を担う教頭、主幹教諭、教務主任などリーダーの育成に向けた校長の理念と指導性 ほか）、地域の「もの、ひと、こと」を生かして、子どもの豊かな社会力を育む（地域との共有の推進を通して生まれる学校経営、保護者や地域の信頼に応える学校づくり―学力向上を中心に据えた取組を通して）、組織の人材を生かした校長のあり方を図りながら、子どもの豊かな社会力を育む（学力向上に向けた組織的な取組を推進する校長の理念と指導性―自校の強みを生かした人材育成のあり方を求めては）
2017.3 149p B5 ¥2000 ①978-4-324-10281-7

◆名門校の「人生を学ぶ」授業　おおたとしまさ著　SBクリエイティブ　（SB新書）
【要旨】16校の白熱授業を実況中継！ 名門校と呼ばれるほどの進学校ほど、実は受験勉強以外により大きな時間を割いている。ましてや流行りのプログラミング教育でも、ネイティブに迫る英語でもなく、「裁縫」や「なわとび」など、一見、大学受験には関係なさそうな授業である。果たしてそれはなんのためにあるのか？ 名門校で日々実践されている「どんな時代にあっても生きていけるための力」の育て方に迫る。
2017.11 206p 18cm ¥800 ①978-4-7973-9035-3

◆名門校「武蔵」で教える東大合格より大事なこと　おおたとしまさ著　集英社　（集英社新書）
【要旨】校内の一等地にやぎがいる。英語の授業で図画工作。おまけに、きのこを見つけたら成績が上がる!? 時代が急速に変わりゆく中、恐らしいほどのマイペースさで独特の教育哲学を守り続ける名門進学校がある。それが本書の舞台、私立武蔵中学高等学校だ。時に理解不能と評されることもある武蔵の教育が目指しているものとは―いたい斬新な視点から数々の学校や塾を論じてきた気鋭の教育ジャーナリストが問う「学校とは何か？」「教育とは何か？」に迫る、笑撃の「学校ルポルタージュ」。
2017.9 233p 18cm ¥760 ①978-4-08-720897-9

◆「迷惑施設」としての学校―近隣トラブル解決の処方箋　小野田正利著　時事通信出版局, 時事通信社 発売
【目次】第1章 紅小学校の教師たち（迷惑がられる子ども、顧みない大人、うす～く、ひろ～い関係をほか）、第2章 苦情・クレーム百花繚乱（相手が「見えない」クレームの拡大、商品苦情の相手先の変貌ほか）、第3章 鎧と楯（訴訟保険という必要悪、少額弁護士費用保険の功罪 ほか）、第4章 近隣住民との関わり（学校と近隣トラブル、苦情社会の騒音問題 ほか）、第5章 向き合い方は…（ニュートラルに受け止めることも必要、「受け止める」と「受け入れる」は別 ほか）
2017.6 204p B6 ¥1400 ①978-4-7887-1531-8

◆やってるつもりのチーム学校―協働が苦手な先生たちも動き出す校内連携のヒント　片山紀子編著, 森口光輔著　学事出版
【目次】第1章 チームプレイが苦手な先生たち、第2章 チーム化がより一層求められる時代に突入、第3章 チーム化をするまえに、第4章 チーム化へ10の極意、第5章 チームを動かすための戦術、第6章 チームをレベルアップさせるための戦術、第7章 心をほぐし、つなぐための戦術、第8章 実践例「話し合い活動」に取り組んだ学校
2017.8 191p B6 ¥1600 ①978-4-7619-2349-5

◆ようこそ、自由の森の学食へ　岩田ユキ漫画, 山本謙治監修　早川書房
【要旨】校則もテストもないユニークな学園を支える奇跡の学食とは―!?
2017.6 135p A5 ¥1100 ①978-4-15-209695-1

◆理想の教育がここにあった―各界で活躍する人材を生む「秀明学園」　川添道子著　講談社エディトリアル
【要旨】首都圏唯一の「全寮制」「中高一貫」「全人英才教育」で、2020年大学入試改革に勝つ！
2017.12 205p B6 ¥1600 ①978-4-907514-93-8

◆龍門の志―母校へ贈る論文集　二見剛史, 下笠徳次共著　（霧島）国分進行堂
【目次】第1部 志を高める時空（周辺部（地方）から中央（世界）への文化の発信、文化日本への道（中学時代の作文）ほか）、第2部 英語学から見える世界（下笠徳次）（1500年に及ぶ波乱万丈の英語の旅路、英語は果たして永遠不滅の言語であり得るか？ ほか）、第3部 教育学から見えた世界（二見剛史）（The World Education Fellowship と私、WEFオーストラリア大会参加記 ほか）、第4部 母校への感謝（母校開学の祖：谷山初七郎先生に光を、圧倒的な存在感：恩師・池田努先生の思い出 ほか）
2017.4 209p A4 ¥2000 ①978-4-9908198-7-3

◆露呈としての学校 表象としての学校　中井孝章著　（大阪）日本教育研究センター
【要旨】少子社会の今日でさえも、学校（義務教育学校）は1,000万人を超える児童生徒を収容し、一斉授業を通して大量の知識を彼らに効率的に伝達する機械（装置）である。ところが、こうした近代学校の有する機械的性格は、スペクタクルな科学実験やファンタスティックな文学や感情を解放する芸術等々でマスキングされている。そのことは、「針金のお母さん人形」から「布のお母さん人形」への移行、もしくは、「露呈としての学校」から「表象としての学校」への移行として示される。また学校は、その中核的ハードウェアである「学級」と、ソフトウェアとしての「学校」との取り組み違えによって「良い教育」、果ては"競争と抑圧"の教室を変えることができない。いまや、近代学校をハードウェアから変革するためにまず、学校が元来、「露呈としての学校」であることへ立ち返るべきではなかろうか。
2017.5 127p A5 ¥1500 ①978-4-89026-185-7

◆わが人生 14　学ぶ力 働く力 生き抜く力　柏木照明著　（横浜）神奈川新聞社
【要旨】専門知識と技能を持つプロになろう。職業教育に携わって70年。戦後日本の復興を、若者たちへの教育を成すことで支えてきた。その情熱と、一途な愛を綴る。
2017.11 222p B6 ¥1500 ①978-4-87645-573-7

◆わかる！学校どうぶつ飼育ハンドブック　愛知県獣医師会編著　（名古屋）中日新聞社
【要旨】飼育担当教諭に贈る「決定版！実践マニュアル」。
2017.1 94p A5 ¥1300 ①978-4-8062-0720-7

◆PTA広報誌づくりがウソのように楽しくラクになる本　長島ともこ著　厚有出版
【要旨】どうする？ 取材、撮影、原稿書き、入稿。初めてづくしの困った！ がその場で解決！
2017.6 141p 23×19cm ¥1800 ①978-4-906618-83-5

◆Q&Aでよくわかる必備！学校施設・設備の基礎基本　現代学校事務研究会著　学事出版　新訂版
【目次】導入編、建物編、電気設備編、給水設備編、排水設備編、資料編
2017.8 191p A5 ¥2200 ①978-4-7619-2330-3

◆SDGs（国連世界の未来を変えるための17の目標）2030年までのゴール　日能研教務部企画・編　（横浜）日能研，みくに出版　発売
【目次】第1章 17のゴールを使って身のまわりの出来事をとらえる（出来事をとらえる前に…，17のゴールを使って身のまわりの出来事を探っていこう1 ゴミ，17のゴールを使って身のまわりの出来事を探っていこう2 買う，我々の世界を変革する：持続可能な開発のための2030アジェンダ，SDGsを採択した国際連合って，どんな組織？）、第2章 SDGsの目標一つひとつに目を向けていこう、第3章 私学とSDGsを重ねていこう（SDGsを私学の入試問題と重ねて見る、2017年に出題されたSDGsと関わる中学入試問題、SDGsの眼鏡で見る、私学の取り組み）
2017.8 127p B5 ¥1000 ①978-4-8403-0691-1

学校教育研究、実務・指導書

◆「あれもこれもできない！」から…「捨てる」仕事術―忙しい教師のための生き残りメソッド　松尾英明著　明治図書出版
【要旨】「捨てる」ことは選択すること。限られた時間、スペース、出会いの中であなたは何を選択して生きていきますか？ もろもろを手放して、爽快な生き方をしよう。本当にやりたいことに打ち込む教師になろう。
2017 171p B6 ¥1760 ①978-4-18-171335-5

◆今、学校に求められるカリキュラム・マネジメント力―学校改善へのR‐PDCA　中川英貴著　（福岡）櫃歌書店、星雲社 発売
【目次】第1章 序論、第2章 カリキュラム開発の組織モデル、第3章 実践事例1（アクション・リサーチ）、第4章 実践事例2（特色のある学校のケーススタディ）、第5章 研究の成果と今後の課題、第6章 結語
2017.4 196p A5 ¥1200 ①978-4-434-23210-7

◆学校における安全教育・危機管理ガイド―あらゆる危険から子供たちを守るために　大阪教育大学附属池田小学校著　東洋館出版社
【要旨】生活安全・交通安全・災害安全・情報モラル。21の安全科の実践を掲載！
2017.11 81p B5 ¥1600 ①978-4-491-03426-3

◆カリキュラム編成論―子どもの総合学力を育てる学校づくり　田中博之編著　放送大学教育振興会、NHK出版 発売　（放送大学大学院教材）　改訂版
【目次】カリキュラム編成の特徴と今日的課題、カリキュラム編成の理論と原理、カリキュラムの基盤をなす学力モデル、カリキュラムの統合―総合的な学習の時間のねらいと6つの単元モデル、新教科創設のためのカリキュラム開発と研究開発学校制度、教科横断的な課題（1）言語活動の充実、教科横断的な課題（2）活用を図る学習活動、教科横断的な課題（3）学習スキルの育成、人間関係スキルを育てるカリキュラムの編成、クロス・カリキュラムの編成―学習・活用・探究を関連づけた教科横断的なプロジェクト学習、学級経営カリキュラムの編成、家庭学習力を育てるカリキュラム編成、小学校外国語活動のカリキュラム編成、道徳科のカリキュラム編成、R-PDCAサイクルに基づくカリキュラム・マネジメント
2017.3 365p A5 ¥3600 ①978-4-595-14084-6

◆教育実践の理論と方法―教育実習・子どもの発達・授業　長瀬善雄編著　教育出版
【目次】教師に求められる資質・能力、教育実習の意義、教育実習の目的と目標、教育実習に向けて、実習の全体像と段階まで、小学校現場を知るため、実習中における積極的な学び、児童期の心理と発達、特別支援教育について、児童理解と指導、子どもの学ぶ心理を生かした授業づくり、教育実習における学習指導案の作成、実習授業の実際―授業における実習技術と授業研究、道徳教育の実践、「実習記録」について、教育実習を終えて、教育実習と教職実践演習、介護等体験
2017.11 272p A5 ¥2800 ①978-4-316-80450-7

◆"教育力"をみがく　家本芳郎著　子どもの未来社　（寺子屋新書）
【要旨】なぜ、子どもたちは言うことを聞かないのか―子どもたちが変わってしまったからではない。教師に"教育力"が欠けているからである。"教育力"とは、指導の力・人格の力・管理の力の総合力である。これらは、生まれ備わったものではない。教師という仕事をしながら、つ

んで意識して身につけ、みがきあげていく思想であり、技術である。そういう姿勢を、教師たちは忘れてしまっている…。本書は、教育の原点を明確にした、すべての教育者のためのマニュアルであり、バイブルである。
2017.2 221p 18cm ¥950 ①978-4-86412-119-4

◆教師教育研究ハンドブック　日本教師教育学会編　学文社
【目次】第1部 教師教育の基本問題と基本概念（教師・教員と教師教育、教職の専門職性と専門性 ほか）、第2部 教師教育の研究方法（教師教育の構図と特質―『学会年報』の研究動向、哲学・思想研究 ほか）、第3部 日本と諸外国の教師教育―歴史と現在（戦前期の教師教育、戦後の教師教育改革 ほか）、第4部 教師教育の構造と実践（養成教育、教員採用試験の研究協議の・方法・内容 ほか）、第5部 教師教育の改革（教員養成カリキュラムの改革、教師教育の高度化と専門職化 ほか）
2017.9 418p B5 ¥6000 ①978-4-7620-2735-2

◆教師という生き方　鹿嶋真弓著　イースト・プレス　（イースト新書Q―仕事と生き方）
【要旨】誰もが人生のなかで一度は出会う「学校の先生」。日本の中学校教師は世界一忙しいともいわれている。生徒との関わり方、授業の工夫、同僚とのつき合い、保護者対応、様々な校内トラブルなど。教育現場が複雑・多様化するなかで、変わらない教師の本質、醍醐味とは何か。30年間、公立中学校の教員として勤務し、いじめや学級崩壊を起こさせない取り組みの一つとして「構成的グループ・エンカウンター」実践者として注目される著者が仕事への想いを語り尽くす。
2017.11 207p 18cm ¥800 ①978-4-7816-8034-7

◆"教師"になる劇場―演劇的手法による学びとコミュニケーションのデザイン　川島裕子編著　フィルムアート社
【要旨】教師はどのように多様化する関係性を感受し、新しい価値を生みだしていけるのか？ どのように子ども・若者たちの学び合いの場やコミュニティ＝「居場所」を学校教育の中につくっていけるのか？ そして、その教師の誇りと応答性はどのように育めるのか？ 学校教育における「関係性」を豊かなものに編み直していくための、"演劇×コミュニケーション×教育"という新しい方法論とその可能性。
2017.1 207p A5 ¥2800 ①978-4-8459-1616-0

◆教師の協同を創る校内研修―チーム学校の核づくり　杉江修治、水谷茂著　（京都）ナカニシヤ出版
【目次】1 教師が共に育つ研修のポイント（教師が育つ学校文化づくり、教師の協同を促す校内研修の要件）、2 教師が共に育つ研修の進め方（事例としての城東小学校、研究協議の進め方、教師集団が一体となった若手教員成長支援研修、学校を越えた教師の協同―地域一体の教員研修事例）
2017.7 124p A5 ¥1800 ①978-4-7795-1175-2

◆教師の見識―変革期に求められる教師の資質・能力　亀井浩明著　学事出版
【目次】第1章 学校経営における教師（新しい教師の専門性、日本の教師の人間重視 ほか）、第2章 学習指導における教師（学習とは何か、単元構想と授業研究 ほか）、第3章 生活・心の指導における教師（生活・心の変化、実態の背景 ほか）、第4章 現代的課題対応における教師（道徳教育の意義、対話が今こそ最も大事 ほか）
2018.1 157p A5 ¥2000 ①978-4-7619-2380-8

◆教師の全仕事―教師の知っておくべき知識と技能　山本修司著　（名古屋）黎明書房
【要旨】教師の全仕事の知識と技能を体系的に紹介。この仕事の全体像と段取りを知りたい、この仕事はどこから手をつけたらよいか知りたい、この仕事の勘所を知りたい。そんな小中学校の教師の期待に応える1冊。
2017.4 214p A5 ¥1800 ①978-4-654-01941-0

◆「教師の多忙」とは何か　篠原孝一著　一莖書房
【要旨】子どもに向き合い、真の教師の仕事ができればいじめなど起こらない！ 本書はいかに教師が忙しいか、その事実をつづり訴えた。
2017.2 165p B6 ¥1800 ①978-4-87074-206-2

◆教師のたまごのための教育相談　会沢信彦、安齊順子編著　北樹出版　（教師のたまご応援ブックス）　改訂版
【目次】学校教育と教育相談、乳児期・幼児期における子どもの問題、小学校における子どもの

問題、中学校・高等学校における子どもの問題、発達障害の理解と支援、精神疾患の理解と支援、教育相談の理論、教育相談の技法、学級経営に活かす教育相談、学校で使えるアセスメント、保護者の理解と支援、校内および関係機関との連携、スクールカウンセラーの活用
2017.3 188p A5 ¥1900 ①978-4-7793-0518-4

◆教師のための社会性と情動の学習（SEL-8T）―人との豊かなかかわりを築く14のテーマ　小泉令三、山田洋平、大坪靖直著　（京都）ミネルヴァ書房
【要旨】SEL-8Tとは、教師に必要な8つの対人関係に関するスキル、態度、価値観を育てるための心理教育プログラムである。本書では、このSEL-8Tを用いて、「気持ちの伝達」や「ストレスマネジメント」など14の具体的なテーマを取り上げ、教師や教師をめざす人が、子どもだけでなく保護者や同僚とより豊かにかかわるための"気づき"と"コツ"をわかりやすく解説する。
2017.5 202p B5 ¥2600 ①978-4-623-08011-3

◆教師は見た目で9割決まる！　俵原正仁著　学陽書房
【要旨】立ち姿がしっかりしている教師のクラスは崩壊しない！ 教師の姿勢と動きがクラスを制す！
2017.11 116p A5 ¥1800 ①978-4-313-65340-5

◆教職員のための"アサーション"実践50例―会話で学ぶ豊かなコミュニケーション　沢崎俊之編著　一法規
【目次】解説 アサーションの基礎知識（アサーションとは何か―3つの自己表現、学校現場におけるアサーション―DESCを生かした豊かなコミュニケーションの構築）、実践1 問題に対応する事例（急な予定変更、提出期限、仕事上のミス、事故・発熱）、実践2 関係をつくる事例（協力依頼（する／される）、相談（する／される）、指導（する／される）、意見（する／される）、依頼（する／される）、保護者からの依頼（される））
2017.5 157p A5 ¥1800 ①978-4-474-05705-0

◆教職概論―先生になるということとその学び　高妻紳二郎、植上一希、佐藤仁、伊藤亜希子、藤田由美子、寺崎里水著　協同出版　改訂版
【目次】序章 教職の意義―教職のスタートライン、第1章 教師像の構築―大学・教職課程で学ぶということ、第2章 職業としての教師―教師になるために、そしてなってから、第3章 教育指導の本質と意義―教職の面白さと難しさ、第4章 教職の歴史的特質、提出期限、第5章 教育実践―教師の一日・教師の一年、第6章 教育の方法―これからの授業はどうなるの？、第7章 教師の職務実態―授業のほかになにをする？、第8章 教職の課題―教師の悩み、第9章 教育実習の理論と実践―黒板を背にするということ、終章 教職の方向性―変化の時代を生きるために
2017.4 159p A5 ¥1800 ①978-4-319-00296-2

◆教職教育論　高見茂、田中耕治、矢野智司編著・監修、稲垣恭子監修　協同出版　（教職教養講座 第1巻）
【目次】第1部 教職の意義と役割（先生の系譜学―一人類史のなかで先生について考える、教職の法的規定、ゼロ年代の社会変化と教師の仕事、教師・生徒関係から教師文化）、第2部 教師に求められる力量（教師の力量の基底、教職に求められる資質・能力、発達支援と教師の仕事、心理臨床と教師の仕事、家庭・地域との連携と教師の仕事、教師の熟達化と生涯発達）、第3部 教師教育改革の展開（現代日本における教師教育改革の展開、大学における教師教育、諸外国の教員養成・教師教育制度）
2017.12 280p A5 ¥2200 ①978-4-319-00322-8

◆教職教養講座 第4巻 教育課程　西岡加名恵編著、高見茂、田中耕治、矢野智司監修　協同出版
【目次】第1章 教育課程（カリキュラム）とは何か、第2章 戦後日本における教育課程の変遷、第3章 経験主義―教育課程の編成原理1、第4章 系統主義―教育課程の編成原理2、第5章 教育目標の設定と教育課程、第6章 教科における教育課程、第7章 探究カリキュラムと教育課程、第8章 価値観の形成と自立・協同のための教育課程、第9章 学校種間の教育接続と入試、第10章 学校におけるカリキュラム・マネジメント
2017.2 257p A5 ¥2200 ①978-4-319-00325-9

◆教職のための教育原理　内海﨑貴子編著　八千代出版　第2版

学校教育

【目次】教育をめぐる現代的課題1：社会と子ども、教育をめぐる現代的課題2：家庭と子ども、教育をめぐる現代的課題3：学校と子ども、「教育」を考えるということ、どのような学力を育てるべきか、日本の近代学校制度の歩み、西洋の教育思想の歩み、教師という存在、子ども理解、道徳教育、子どもの人権と教育とジェンダー、特別ニーズ教育、教育行財政、学校と地域社会
2017.12 196p A5 ¥2100 ①978-4-8429-1713-9

◆**教職への道標―保育・教育と心理臨床** 向坊佳司，植原和彦共著 （大阪）大阪教育図書
【目次】第1部（「いじめ」未然防止の教育実践ベクトル、子どもの荒れとの復元力への支援（事例編）、不登校の基本的理解と具体的援助）、第2部（教職の意義、就学前教育、学校教育、学校・家庭・地域の連携）
2017.3 184p A5 ¥1600 ①978-4-271-41019-5

◆**教職論―保育者・教師の仕事をつかむ** 木山徹哉，太田光洋編著 （京都）ミネルヴァ書房
【要旨】保育者・教師の仕事の本質と実際について学ぶテキスト。こんにちの教職に求められる専門性、保育者・教師の仕事の具体的内容、保育者・教師の表現力や能力・教師集団のあり方、他領域との協働、保育者・教師になるプロセス等、いま、保育者・教師を目指す人にとってとくに重要なテーマをとりあげ、具体的事例も示しながら解説する。
2017.3 238p A5 ¥2600 ①978-4-623-08032-8

◆**緊急出版 どうなる日本の教員養成** 日本教師教育学会編 学文社
【要旨】中教審答申で教師教育はどう変わるか？
2017.4 125p A5 ¥1400 ①978-4-7620-2719-2

◆**倉橋惣三「児童心理」講義録を読み解く** 川上須賀子，横英子，浜口順子，中澤潤，榎沢良彦著 萌文書林
【目次】「川上ノート」とは（「川上ノート」の背景、「川上ノート」の特徴、「児童心理」抗議録の特徴）、2 倉橋惣三と「児童心理」の時代（1934（昭和9）～1935（昭和10）年の倉橋の著作、倉橋惣三その他の論考1934（昭和9）～35（昭和10）年、倉橋が求めた保育者の専門性）、3 倉橋惣三「児童心理」講義録（児童研究、精神発達、遊戯の心理、幼児生活の非現実性、自我の心理 自我生活）、4 保育者養成と心理学：心理学者としての倉橋惣三（昭和初期の日本の心理学と児童心理、保育者養成における「児童心理学」の位置、心理学者としての倉橋惣三、倉橋の「児童心理」授業）、5 「児童心理」講義録が示唆すること（「児童心理」と現在の養成課程における心理学系科目の比較、さまざまな「自我」、「児童心理」に見られる保育者観、改めて倉橋から学ぶこと）
2017.6 142p A5 ¥2300 ①978-4-89347-252-6

◆**こんな教師になってほしい―戦後の歴史から学んでほしいもの** 逸見博昌著 悠光堂
【目次】第1章 子供の教育内容に対する国の介入は、どこまで許されるか（永山中学校事件）からーその一、第2章 学力調査の適法性とその他の論考学力調査最高裁判決（永山中学校事件）からーその二、第3章 政治と教育、第4章 平和教育について、第5章 国旗、国歌についてーその定着化の歩みを中心に、第6章 公立学校教員の労働基本権 学力調査最高裁判決（岩教組事件）から、第7章 「非常事態宣言」の下に行われた二つの争議行為―「勤務評定制度」と「主任制度」の役割（念のため）、第8章 日教組への提言、終章 「こんな教師になってほしい」教師の姿とはー期待されている姿から、理想的な姿を求めて
2017.5 485p A5 ¥2000 ①978-4-906873-75-3

◆**仕事のできる先生だけがやっているモノと時間の整理術** 栗田正行著 明治図書出版
【要旨】超一流だけが知っている整理整頓の極意をQ&A形式で伝授！やるべきことに集中できるようになる。あなたの自由な時間が増える。判断力・決断力が身につく。
2017 174p B6 ¥1900 ①978-4-18-121815-7

◆**自然災害からの学びと教訓―PTA防災実践事例集** 大矢根淳監修，日本PTA全国協議会著 ジアース教育新社
【要旨】もしものとき、自分の命を守れるように、大切な人を守れるように、今、子どもたちとともに防災活動を進めよう!!被災地域の防災の取り組みから学ぶ、命の教育とPTA・学校・地域・行政の連携した取り組み。日本PTAだからこそまとめられた防災の取り組み40事例。
2017.5 245p B5 ¥2000 ①978-4-86371-413-7

◆**持続可能な地域づくりと学校―地域創造型教師のために** 宮前耕史，平岡俊一，安井智恵，添田祥史編著 ぎょうせい
【目次】持続可能な地域づくりと学校―課題としての「地域に根ざした教育」、第1部 「学校発」の地域づくり―「うらほろスタイルふるさとづくり計画」（「うらほろスタイルふるさとづくり計画」とその特徴、「うらほろスタイルふるさとづくり計画」の成り立ち）、第2部 全国事例（NPOによる学校での地域・環境教育に対する支援活動の展開―北海道浜中町・霧多布湿原ナショナルトラストの事例から、コミュニティ・スクールを核とした地域創造の可能性―子ども・大人・地域をつなぐ岐阜市のコミュニティ・スクールの展開、コミュニティビジネスと「ふるさと学習」との連動）、「地域資源」としての学校と「地域創造型教師」像
2017.11 163p A5 ¥1900 ①978-4-324-10286-2

◆**次代を創る「資質・能力」を育む学校づくり 1 「社会に開かれた教育課程」と新しい学校づくり** 吉冨芳正編 ぎょうせい
【目次】第1章 これからの学校づくりと新学習指導要領、第2章 中央教育審議会答申を踏まえた新たな学校経営課題、第3章 「社会に開かれた教育課程」の実現―「総則」を全体像の視点から読む、第4章 次代の子供を育てる学校教育目標、第5章 「カリキュラム・マネジメント」で学校を変える、第6章 「チーム学校」で実現する新教育課程―これからの組織マネジメント、第7章 新たな学校と新たな協働に基づいた学校づくり、第8章 小中連携・一貫教育を新教育課程に生かす、第9章 特別支援教育への新たな取組み、第10章 メッセージ：新たな学校づくりに向けて
2017.8 217p A5 ¥2400 ①978-4-324-10333-3

◆**次代を創る「資質・能力」を育む学校づくり 2 「深く学ぶ」子供を育てる学級づくり・授業づくり** 吉冨芳正編 ぎょうせい
【目次】新学習指導要領が求める子供像、中央教育審議会答申を踏まえた学級の課題、「深い学び」を実現する授業づくりの技法、「社会に開かれた教育課程」を実現する単元構想、授業改善につなぐ学習評価の在り方、次代を創る資質・能力の育成と道徳教育・道徳科、次代を創る資質・能力の育成と特別活動、学校図書館の機能を生かした学習活動や読書活動の充実、新教育課程の基盤をつくる学級経営、新教育課程と一体的に取り組む生徒指導・教育相談、メッセージ：これからの授業づくりに向けて
2017.8 221p A5 ¥2400 ①978-4-324-10334-0

◆**次代を創る「資質・能力」を育む学校づくり 3 新教育課程とこれからの研究・研修** 吉冨芳正編 ぎょうせい
【目次】新学習指導要領で変わる校内研究・研修、カリキュラム・マネジメントの研究・研修と実践課題、資質・能力の育成を実現する単元構想の追究、「主体的・対話的で深い学び」を実現する授業研究、新教育課程の軸となる言語能力の育成と言語活動の充実、「考え、議論する道徳」指導と評価の工夫の追究、9年間を見通した外国語活動・外国語科―カリキュラムと学習活動の工夫の追究、「資質・能力」の育成を見取る評価方法の追究、アクティブな校内研修への転換、メッセージ：新教育課程に挑む教師たちに向けて、事例
2017.8 239p A5 ¥2400 ①978-4-324-10335-7

◆**自治的集団づくり入門** 松下崇著 明治図書出版 （THE教師力ハンドブックシリーズ）
【要旨】「自治」はよいと思うけど、よくわからない。そんなあなたにおすすめの入門書。子どもたちが自分たちで問題を解決するとき、教師は何を見取り、評価するのか？すぐに使える具体的な実践例と指導のポイントが満載!!
2017 142p A5 ¥1900 ①978-4-18-144714-4

◆**職員室の関係づくりサバイバル―うまくやるコツ20選** 赤坂真二編著 明治図書出版 （学校を最高のチームにする極意）
【要旨】職員室で必須！味方を増やす人間関係づくりの極意。上司から同年代、後輩まで「いい関係づくり」の心得。理想とのギャップにとまどう初任者向けのサバイバルテクニック。「なぜかどうしても合わない」そんな人とうまくやるコツ。
2017 187p A5 ¥1860 ①978-4-18-152710-5

◆**女性教師の実践からこれからの教育を考える！** 多賀一郎編著 学事出版
【要旨】大好評！「女性教師シリーズ」第2弾!!今作では、20代後半、30代前半、40代前半、人生経験も働く地域も教師としてのタイプもまったく違う5人の女性教師に現場での生の実践を語っていただきました。それぞれの立場でほしい答えがきっと、ここにあります。
2017.5 191p B6 ¥1600 ①978-4-7619-2326-6

◆**新 教育実習を考える** 岩本俊郎，大津悦夫，浪本勝年編著 北樹出版 改訂版
【目次】第1章 教職課程における教育実習の位置（教職に関する科目としての教育実習、「教育実習」の意義、教育実習と介護等体験）、第2章 教育実習に向けて（教育実習のしくみ、教育実習受け入れ校の立場、事前準備）、第3章 教育実習の実際（教科活動と教壇実習、学習指導案について、教科外教育について、教育実習録について）、第4章 教育実習の総括と反省（教育実習生の経験から学ぶ、事後指導のあり方と実際）
2017.4 127p A5 ¥1300 ①978-4-7793-0536-8

◆**新・教育の最新事情―教員免許状更新講習テキスト** 千葉大学教育学部附属教員養成開発センター編 福村出版 第2版
【目次】わが国の教育をめぐる状況と教育政策―教育課題の解決力増進と魅力ある教育実践に向けて、教員として現代の子ども観・教育観を省察する、子どもの心理発達（仲間関係）と学校教育、特別支援教育の新たな課題、子どもの生活の変化を踏まえた課題、教育をめぐる状況変化―教員のメンタルヘルス、2017年告示・学習指導要領の位置と特質、こころに傷を負った子どもたちの理解とかかわり―学校における被災（災）者支援、対人関係、日常的コミュニケーションの重要性、児童生徒の安全確保と学校における危機管理、教育相談の基礎、キャリア教育・進路指導、これからの道徳教育―「特別の教科道徳」でどう変わる、国際理解教育―異文化理解と地球的課題の解決を通したグローバル・シティズンシップの育成、オンライン交流と教育の変化
2017.6 236p A5 ¥2500 ①978-4-571-10180-9

◆**信頼される教師の叱り方―フツウの教師・デキる教師・凄ワザな教師** 中嶋郁雄著 学陽書房
【要旨】子どもの真の成長を無理なく引き出す！この一冊で深い技術が学べます！
2017.7 130p A5 ¥1800 ①978-4-313-65338-2

◆**図説コミュニティ・スクール入門** 貝ノ瀬滋著 一藝社
【要旨】学校・家庭・地域がつくる！日本の教育を変える！
2017.5 193p A5 ¥1850 ①978-4-86359-124-0

◆**世界の学校管理職養成―校長を養成する方法** 篠原清昭編著 （さいたま）ジダイ社
【目次】日本の学校管理職養成の課題、1部 日本の学校管理職養成（日本の学校管理職養成の歴史、日本の学校管理職養成の政策と理論、教育大学院における学校管理職養成、自治体と大学の学校管理職養成（兵庫県）、自治体と大学の学校管理職養成（岐阜県）、自治体と大学の学校管理職養成（静岡県））、2部 世界の学校管理職養成（アメリカの学校管理職養成、イギリスの学校管理職養成、ドイツの学校管理職養成、中国の学校管理職養成、台湾の学校管理職養成、シンガポールの学校管理職養成、韓国の学校管理職養成）、3部 世界の学校管理職養成のシステムとコンテンツ（世界の学校管理職養成のシステム、世界の学校管理職養成のコンテンツ）、日本の学校管理職養成の開発モデル
2017.2 255p A5 ¥2400 ①978-4-909124-01-2

◆**絶対役立つ教育相談―学校現場の今に向き合う** 藤田哲也監修，水野治久，本田真大，串崎真志編著 （京都）ミネルヴァ書房
【要旨】いま、教師はいかにして子どもを支える役割を果たすことができるのか？本書は、教育現場で課題となっている主要なトピックを取り上げ、子どもたちの様子や教師の対応、学校の取り組みを具体的にイメージし、実感できるように、実践例も挙げながらわかりやすく解説する。教師と他の専門職・専門機関との連携を含む「チーム学校時代」の新しい教師の役割を学ぶ！
2017.10 191p A5 ¥2200 ①978-4-623-08109-7

◆**「先生が忙しすぎる」をあきらめない―半径3mからの本気の学校改善** 妹尾昌俊著 教育開発研究所
【要旨】リアル職員室の実態から業務改善の知と技まで、自治体人、自治体人、マネジメントのプロが教える「教員の働き方改革」必読の書！
2017.9 199p A5 ¥2000 ①978-4-87380-489-7

学校教育

◆そろそろ、部活のこれからを話しませんか―未来のための部活講義 中澤篤史著 大月書店
【目次】第1章 なぜ部活は成立しているのか、第2章 部活はいつ始まったのか、第3章 部活は拡大したのか、第4章 いま部活はどうなっているのか、第5章 部活の政策は何をしてきたのか、第6章 生徒の生命を守れるか―死亡事故と体罰・暴力、第7章 教師の生活を守れるか―苛酷な勤務状況、第8章 生徒は部活にどう向き合っているか、第9章 部活の未来をどうデザインするか 2017.2 266p B6 ¥1800 ①978-4-272-41229-7

◆だれも教えてくれない教師の仕事の流儀と作法―信頼され、敬愛される教育者となるために 寺尾愼一監修 協同出版
【目次】第1部 教職キャリアを高めるために(学校教育について考える、魅力ある教師、教師の仕事、学校経営、学習指導、生徒指導)、第2部 教師をめざすために(学生生活を通しての学び、教育実習を意義あるものに、教員採用試験に向けての心構え、教員生活に関わる法規や制度の仕組み―教員をめざして大学での学びを開始するにあたって) 2017.8 191p A5 ¥1800 ①978-4-319-00300-6

◆断章取義―新聞報道のスキマから「学校」を考える 鈴木義晴著 東洋出版
【要旨】いじめの認定基準は有害なだけ。許されぬ体罰などない。情緒的な平和教育から科学的な戦争防止教育への転換を。教員は人間性を高めることよりも教える技術を磨くことを重視すべき。学校は無限に教育課程を担えるブラックボックスではない。道徳教科化でいじめを減らすは間違い。会話偏重英語教育は自動翻訳アプリで無用になる。当たり前のことを改めて確認する教育コラム。 2017.8 363p B6 ¥1500 ①978-4-8096-7874-5

◆チーム学校に求められる教師の役割・職務とは何か 石村卓也、伊藤朋子著 (京都)晃洋書房
【要旨】新学習指導要領にむけたこれからの教職のあり方とは。「チームとしての学校」において、教師は何を求められているのか。教職の意義から採用試験、学習指導要領改訂のポイントまでを学び、教師とは何かをあらためて問い直す。 2017.10 228p A5 ¥2800 ①978-4-7710-2942-2

◆できる先生が実はやっている教師力を鍛える77の習慣 森川正樹著 明治図書出版 (『先生ほど素敵な仕事はない?!―森川の教師ライフ＝ウラ・オモテ大公開―』加筆・修正・改題書)
【要旨】子どもたちの「内なる声」に気づける存在になりたい―「気づける」先生は、自分自身の「気づきの場所」「気づきの方法」を必ず持っている。「気づき回路」が、自分のライフスタイルの中に設定されている。「気づき回路」の設定のために、様々な角度からの「気づきを倍増させる自分磨き」を集めた。 2017 206p B6 ¥1900 ①978-4-18-168512-6

◆日本の教師、その12章―困難から希望への途を求めて 久冨善之著 新日本出版社
【要旨】過密労働、うつ、自殺…危機を越える共同と共感の力を探る。 2017.1 231p A5 ¥2100 ①978-4-406-06116-2

◆はじめて学ぶ教職論 広岡義之編著 (京都)ミネルヴァ書房
【要旨】「教育は人なり」とはどういうことか。教師の資質能力とは何か、教える・学ぶについて大切なことは何か、先人の思想にも学ぶ。 2017.2 217p A5 ¥2400 ①978-4-623-07563-8

◆発達と学習 子安増生、明和政子編著、高見茂、田中耕治、矢野智司、稲垣恭子監修 協同出版 (教職教養講座 第9巻)
【目次】発達と学習の基礎、発達と学習の進化、発達研究への視点、幼児期の発達、児童期の発達、青年期の発達、発達・学習の障害と支援、児童養護施設における発達支援、家庭と地域の役割、教育と進学、学力の国際比較 2017.12 266p A5 ¥2200 ①978-4-319-00331-0

◆話し方の技術―教師人生を変える! 森川正樹著 学陽書房
【要旨】「話し方」を磨けば、日々の指導の悩みもスルッと解消! どんな場面でも一瞬で子どもを引き込む教師の話し方! 2017.4 221p B6 ¥1700 ①978-4-313-65335-1

◆ベストをつくす教育実習―強みを活かし実力を伸ばす 筒井美紀、遠藤野ゆり編 有斐閣
【目次】第1部 教育実習に臨むための準備(教育実習の制度的側面―法律・大学・学校の論理、教師の資質とは何か―教育実習に行くまでのトレーニング、「教職専門性」の基礎を問われる実習生―プロは厳しく評価する)、第2部 学習指導案の作成と授業展開の技術(学習指導案の基本―「ボタンの掛け違い」に気づく、学習指導案の3段階目標―自分の実力に合わせて、学習指導案のレベル・アップ―ちょっとしたコツを見逃さない)、第3部 教職専門性の総合的なブラッシュアップ(学習指導案とリハーサル・模擬授業の往復―良い試行錯誤とは、アクティブ・ラーニングの基本と実践―生き生きとした思考の活動に向けて、学校・生徒の実態と実習の課題―教師として成長するために) 2017.9 177p A5 ¥2000 ①978-4-641-17432-0

◆変動社会の教師教育 今津孝次郎著 (名古屋)名古屋大学出版会 新版
【要旨】変化の激しい世界における教師の役割は「やわらかい専門性」の実現として捉えられる。同僚と協働し学校全体の改善へと向かう実践や、その省察を通した能力向上を軸とする、ゆるぎない視座から日本の現実を見つめ、生涯にわたる多元的な「専門性」を基礎づけた決定版。 2017.7 360p A5 ¥5400 ①978-4-8158-0877-8

◆保護者を味方にする教師の心得 赤坂真二編著 明治図書出版 (学級を最高のチームにする極意)
【要旨】保護者との良い関係づくりが学級と子どもを育てる! 子どもたちのために。保護者と信頼関係を築くポイント、「ずれ」を生む見落としがちなコミュニケーションの落とし穴。関係づくりに失敗したところからのリカバリー方法も解説。 2017.7 143p A5 ¥1660 ①978-4-18-153728-9

◆学び合う教室―金森学級と日本の世界教育遺産 金森俊朗、辻直人著 KADOKAWA (角川新書)
【要旨】オランダはじめ、教育先進国で絶賛された金森学級。そこでは子どもたちが「学ぶ力」だけでなく、仲間と学び合う、競争社会を超える「生きる力」を身につけていた。金森実践の根幹には、「非主流」とされてきた生活綴方教育・生活教育がある。誇るべき日本の世界教育遺産が、いまこそ求められている。 2017.4 266p 18cm ¥800 ①978-4-04-082135-1

◆三つの資質・能力から考えるこれからの学校経営 ぎょうせい編 ぎょうせい (新教育課程ライブラリ2 Vol.4)
【目次】巻頭インタビュー 古代ロマン香る究極の美や情感を表現(川崎幸子(博多人形師))、特集 三つの資質・能力から考えるこれからの学校経営(巻頭言 新学習指導要領と目指すべき子ども像、解説(資質・能力の育成とこれからの学校経営課題、「知識・技能」の習得を実現する教育活動の展開、「思考力・判断力・表現力」の育成を目指す教育活動、「学びに向かう力・人間性」の育成を目指す教育活動、「資質・能力の育成に生かす学校評価、資質・能力の育成とスクールリーダーの役割)) 2017.4 94p A4 ¥1350 ①978-4-324-10225-1

◆もっと笑う! 教師の2日目 中村健一、ゆかいな仲間たち著 (名古屋)黎明書房 (教師のための携帯ブックス 21)
【要旨】教師が上の階から下にいる子どもたちに、天使のようなキレイな声で「おはようございます」と声をかける「天使のあいさつ」。掃除の時間に、子どもが「さぼっちまえよ」と子どもの耳元で悪魔のささやきをする「デビル吉田のささやき」。帰りのあいさつをした後に隣の席の人とにらめっこをして思いっきり笑う「帰りのにらめっこでさようなら」など、朝から帰りまで1日目よりももっと笑えるネタ80。『笑う! 教師の1日』の第2弾。 2017.12 97p B6 ¥1300 ①978-4-654-00371-6

◆若手教師がぐんぐん育つ学力上位県のひみつ―なぜ新採でもすぐに成果が出せるのか 千々布敏弥編 教育開発研究所
【要旨】なぜ秋田・福井・石川の若手教師の授業力・生徒指導力は高いのか、その"ひみつ"を現場教師・研究者・教育委員会の3者が分析・解説! あの県がやっている学校力UPのノウハウを一挙公開! 2017.7 209p A5 ¥2000 ①978-4-87380-484-2

◆ワークで学ぶ教職概論 井藤元編 (京都)ナカニシヤ出版
【要旨】教師になるとは、どのようなことか。理想の教師像なんてあるのか。ワーク課題を通じて教育についての価値観＝「教育観」を磨く。 2017.4 245p A5 ¥2500 ①978-4-7795-1146-2

◆早稲田大学が創る教師教育 早稲田大学教育総合研究所監修 学文社 (早稲田教育ブックレット)
【要旨】教師教育改革の現状と教職支援センターの役割、「早稲田らしさ」を活かす教師教育―卒業生調査を踏まえて、国語科教育からみた教師教育の展望、社会科教育からみた教師教育の展望、数学科教育からみた教師教育の展望、総括討論、危機管理の英語力を目指す英語教育、科学教育の担い手の育ち方と中高大連携の模索 2017.3 123p A5 ¥1500 ①978-4-7620-2721-5

◆Q&A教職員の勤務時間―教職員の勤務時間制度と給特法の概要・問題点の解説 日本教職員組合編著 アドバンテージサーバー
【要旨】日本の教員の労働時間は世界一長いという調査結果が出ています。日本の教職員がこれほどまでに忙しい理由は、業務量に対して人員が少ないこと、教育委員会・管理職による『適正な勤務時間管理』が行われていないこと、そして給特法が存在していることなどが考えられます。これらの実態の把握と勤務時間に関する基礎的な法令の理解なくして教職員の超勤・多忙化の解消はありえません。この本は、超勤・多忙化解消に必要な人必携の「勤務時間に関する法令解説書」 2017.1 117p A5 ¥800 ①978-4-86446-039-2

◆Q&Aスクール・コンプライアンス111選 菱村幸彦著 ぎょうせい
【目次】第1章 教職生活のコンプライアンス(コンプライアンスとは何ですか、学校でもコンプライアンスが問題となるのですか。ほか)、第2章 教育指導のコンプライアンス(学習指導要領に定める必修科目や必修科目は、必ず履修させなければなりません。その根拠は何でしょうか。学習指導要領に定める必修科目を履修しなかった生徒の卒業認定はどうなりますか。ほか)、第3章 生徒指導のコンプライアンス(教師が児童生徒に懲戒を加えることができる法的根拠は何ですか。退学処分や停学処分は、どのような場合に行うことができますか。ほか)、第4章 学校運営のコンプライアンス(学校の緊急連絡網やクラス名簿を作成・配付することは、個人情報保護条例の違反になりますか。職場の不正行為を告発した場合、告発者が不利益を受けることはありませんか。ほか) 2017.3 231p A5 ¥2200 ①978-4-324-10251-0

校長・スクールリーダー

◆学校管理職が進める教員組織づくり―教師が育ち、子どもが伸びる校長のリーダーシップ 河村茂雄著 図書文化社
【要旨】企業方式とはちょっと違う。人づくりのプロ集団を育てる、教育・発達的な組織論。教育感覚のあるリーダーシップで、信頼と成果を勝ち取る! 2017.7 182p A5 ¥3000 ①978-4-8100-7692-9

◆学校管理職試験 合格論文の技術 久保田正己著 学陽書房 第1次改訂版
【要旨】どんな問題でも書けるようになる! 最新・頻出テーマを収録! 論・例・策を盛り込んだ得点力のある書き方を解説。模範論文を77本収録。 2017.4 262p A5 ¥2500 ①978-4-313-64603-2

◆学校管理職試験 面接の合格術 久保田正己著 学陽書房 第1次改訂版
【要旨】経験・知識・熱意がうまく伝わる! 最新のトピックを収録! 個人面接・集団面接・集団討論に対応。問答例を140本収録。 2017.5 235p A5 ¥2500 ①978-4-313-64604-9

◆学校管理職選考 教育法規速習ノート 学校管理職研究会編 教育開発研究所 補訂版;全訂新版
【要旨】よく出る法規がパッとわかる! 2017.5 181p B5 ¥1900 ①978-4-87380-478-1

◆学校管理職選考合格ノート―"ざっくりメモ"で論文・筆記・面接を突破! 大江近著、学校管理職研究会編 教育開発研究所
【要旨】"ざっくりメモ"を作れば、答える力がすぐに身につく! 書き込んでいくだけで知識が身

学校教育

◆"学校管理職選考" 合格論文トレーニング帳　学校管理職研究会編　教育開発研究所　新訂版
【要旨】書き込み式で使いやすい！ 設問を解いていくだけで、論文作成の基本が身につく！ 掲載問題への論文添削を随時受付！！
2017.3 126p B5 ¥2000 ⓘ978-4-87380-475-0

◆学校にゆとりを生み出す 副校長・教頭の多忙にならない仕事術―多忙化を解消する学校経営合理化の秘策73　八尾坂修編著　教育開発研究所
【要旨】学校において、特に忙しい立場に置かれている副校長・教頭の多忙化解消を中心にして、また、副校長・教頭の多忙化解消のためには、学校経営の合理化が不可欠であるという視点に立って、学校管理職の各場面ごとの多忙化解消策にも照明を当て、多忙化解消のための総合的な方策について、それぞれの専門家・実践家が解説しています。
2017.6 182p A5 ¥2200 ⓘ978-4-87380-486-6

◆管理職試験36日間 2018　津金邦明著　学研教育みらい, 学研プラス発売　（教育ジャーナル選書）
【要旨】1日60分6週間でラクラク突破。
2017.4 224p B5 ¥2000 ⓘ978-4-05-800738-9

◆校長の決断―困難な現場を生き抜くために　前田勝洋著　学事出版
【目次】第1章 校長は部下を選べない（信頼関係から始まる、あいさつの飛び交う学校にする、ほか）、第2章 校長としての色を出す（校長としての色とは、雑談が学校を創る ほか）、第3章 私はいかにして「校長」になっていったか（忘れてはならないこと、共感的な「生きざま」を演じる）、第4章 校長としての苦悩と苦闘―私の経験から（就学指導の問題に取り組む、就学指導の問題を共有する ほか）
2017.5 149p A5 ¥1800 ⓘ978-4-7619-2323-5

◆行動派スクールリーダーの経験的教職論―ホンネで綴る校長までのキャリア　森均著　学事出版
【目次】第1章 民間企業から工業高校へ（「仕組みづくり」の重要性を学んだ新任時代、生徒指導に熱中する担任時代、日頃のコミュニケーションの大切さを痛感する中堅時代、もっと評価されていい先生方がいる）、第2章 思いがけず指導主事へ（正確さと速さの使い分けを学ぶ、"何もしないで待つこと"を学ぶ、大阪府立工業高等学校電気科研究会誌の巻頭言）、第3章 障害教育の基礎を学んだ教頭時代（子どもたちと遊んでほしい？、保護者の話を聞くことの大切さを学ぶ、小学部を退学する?!、新しいタイプの学校づくりの原動力）、第4章 行政マンの底力を知った首席指導主事時代（行政マンの底力を知る、嫌われてもやり切ることを学ぶ、あるセミナーでの講義、大阪府警察教育調査研究会の座長、校長先生方から相談を受けて）、第5章 「学校経営」を意識し始めた初任校長時代（高等聾学校の校長への出会いから、学校管理職の改善点、「ひるむな、下がるな」、大切にした挨拶文等）
2017.7 175p B6 ¥1800 ⓘ978-4-7619-2340-2

◆これで合格！ 校長・教頭・教育管理職試験問題集　2018年版　窪田眞二監修、小川友次, 久保田正己編著, 教育管理職試験問題研究会著　学陽書房
【目次】第1部 問題編（予想問題、正誤問題、空欄適語問題、択一問題、短答記述問題）、第2部 論文編（論文対策、教頭選考の論文対策）、第3部 面接・事前準備編（面接試験対策、事前提出書類の書き方、最近の教育情勢）
2017.4 291p A5 ¥1900 ⓘ978-4-313-64491-5

◆志望校は校長で選びなさい。―偏差値ではわからない学校選びの新基準　沖山賢吾著　かんき出版
【要旨】5000人の学校選びをした進学コンサルタントが教える、行くべき学校を見つける方法。胸を打つ、10人10色のストーリー。
2017.2 227p B6 ¥1500 ⓘ978-4-7612-7240-1

◆玉美の樹―校長室だより　西田勝宏著　（大阪）清風堂書店
2017.12 113p A5 ¥1000 ⓘ978-4-88313-871-5

◆学び考え、問い続けた校長職3287日　市川則文著　（大阪）日本文教出版
【要旨】学校経営とは？ 人材育成とは？ 学校長として子どもの幸せを望み、9年間、問い続けたこととは？
2017.7 154p A5 ¥1800 ⓘ978-4-536-60097-2

◆名物テレビマンが、校長先生をやってみた　三島由春著　双葉社
【目次】第1章 テレビプロデューサーがなぜ校長に？（大学時代の選択、テレビ番組作りから学んだこと―矢追純一さんとの出会い ほか）、第2章 新米校長、未知との遭遇（あんた映像のプロやろ 私ら教育のプロや、教育に口ださんとき、なぜ変革が必要なのか？ ほか）、第3章 見えてきた校長という仕事（校長先生という仕事、ヒト・モノ・カネを動かせない経営トップ ほか）、第4章 子どもたちの世界（学校へ来なくなる子どもたち、子ども同士の不思議な光景 ほか）、第5章 教育って何？（教師にとって人間力とは？、教育の役割と文化の継承 ほか）
2017.5 191p B6 ¥1400 ⓘ978-4-575-31247-8

◆やさしく、深く、面白く、伝わる校長講話―問題に向き合う素直な心を育てるメッセージ　柳瀬泰著　東洋館出版社
【目次】第1章 見つめる（時代を超えた二つの花の歌、「みんなちがうんだね」 ほか）、第2章 考える（心のスイッチ、七三○人、それぞれの一歩 ほか）、第3章 実行する（二○○字の出会いの言葉、想像する力 ほか）、第4章 深める（一秒の言葉、万里一空 ほか）
2017.5 178p A5 ¥2100 ⓘ978-4-491-03336-5

学級経営

◆アクティブラーニングを成功させる学級づくり―「自ら学ぶ力」を着実に高める学習環境づくりとは　河村茂雄著　誠信書房
【要旨】「アクティブラーニング」を、単なる授業手法としてだけではなく、学級の構造も含めて考えていくことで、これからの社会に向けて、子どもたちが真に求められている能力を身につけることにつなげていきたい。そんな思いのもとに書かれた一冊。
2017.1 185p A5 ¥1800 ⓘ978-4-414-20221-2

◆アドラー心理学でクラスはよみがえる―叱る・ほめるに代わるスキルが身につく　野田俊作, 萩昌子著　（大阪）創元社
【要旨】日本で一番わかりやすくて役に立つ、教師向けのアドラー心理学教本！ アドラー心理学の第一人者がクラス運営のオリジナルメソッドを伝授！ 気がつけば子どもたちが協力しあい、あなたの仕事は半減します。待望の『クラスはよみがえる』のコンサイス版。イラストや図表が満載！ 3STEPでアドラー流の教育スキルが身につく。
2017.1 141p A5 ¥1400 ⓘ978-4-422-11641-9

◆「ありがとう！」があふれる幸せなクラスづくり大作戦―感謝の気持ちを育む教育　河邊昌之著　明治図書出版　（学級経営サポートBOOKS）
【目次】序章 「ありがとう！」があふれるクラスはあたたかい、第1章 数を大切にする心を育む「筆箱」大作戦、第2章 使い捨てをなくす「ごみ箱」大作戦、第3章 クラスメイトを親友にする「サンキューカード」大作戦、第4章 自治的なクラスをつくる「係活動」大作戦、第5章 社会で生きてはたらく「登下校ごみ拾い」大作戦、第6章 尊敬の念を学ぶ「お」大作戦、第7章 立つ鳥跡を濁さず…「特別教室」大作戦
2017.11 124p A5 ¥1600 ⓘ978-4-18-115815-6

◆1年中使えてカンタン便利！ 小学校学級経営いろいろテンプレート―DVD・ROM付　イクタケマコト著　学陽書房　（付属資料：DVD・ROM1）
【要旨】掲示物、プリント、賞状、メッセージカード…ect. 小学校で大活躍するテンプレートが満載！
2017.3 95p B5 ¥1900 ⓘ978-4-313-65332-0

◆1年生の学級づくり―明日からできる速効マンガ　近藤佳織著, 石山さやか漫画　日本標準
【要旨】小学校は、1年生が出会う最初の「社会」。学校を好きになることは、人や社会への信頼感をもてること。子どもの意欲を引き出す「勇気づけ」。
2017.4 138p B5 ¥2000 ⓘ978-4-8208-0616-5

◆いま学校に必要なのは人と予算―少人数学級をもとめ、ゆとりある教育を求め全国の教育条件を調べる会著　新日本出版社
【要旨】「ブラック」な学校でいい教育できますか？
2017.9 206p A5 ¥1700 ⓘ978-4-406-06157-5

◆オーケストラ流クラス経営―生徒の個性を大事にする　川勝和哉著　学事出版
【要旨】教師の仕事に役立つ指揮者の考え方を問答形式で伝授。
2017.7 126p A5 ¥1800 ⓘ978-4-7619-2336-5

◆解決志向のクラスづくり完全マニュアル―チーム学校、みんなで目指す最高のクラス！　黒沢幸子, 渡辺友香著　ほんの森出版
【目次】第1章 「解決志向のクラスづくり」実施マニュアル（マニュアル概要、実践バリエーション、クラスアシスタント（CA）の心構え ほか）、第2章 やってみました！「解決志向のクラスづくり」（「解決志向のクラスづくり」先生方の手応え、子どもたちへのアンケートデータ、教職員研修への応用 ほか）、第3章 「解決志向のクラスづくり」を支える理論（うまくいっていることから実践理論を導く、解決志向アプローチの理念と技法、教室でうまくいっていることを見つけるWOWWアプローチ ほか）、付録「解決志向のクラスづくり」ワークシート&資料集
2017.11 95p B5 ¥2000 ⓘ978-4-86614-104-6

◆学級あそび101―子どもがつながる！ クラスがまとまる！　三好真史著　学陽書房
【要旨】低・中・高すべての学年で実践できる！ 準備なしで教室でつくできる！ 自然に笑顔があふれ、クラスがみるみる活気づく学級あそびが満載！
2017.3 227p A5 ¥1600 ⓘ978-4-313-65331-3

◆学級を最高のチームにする！ 365日の集団づくり 高校　赤坂真二編著, 片桐史裕著　明治図書出版
【要旨】目指す学級を実現する、月ごとの学級経営の極意。発達段階に応じた学級経営の秘訣を、具体的な活動で紹介。学級経営で陥りがちな落とし穴と克服の方法も網羅。「学級集団づくりチェックリスト」で学級の状態をチェック。
2017 164p A5 ¥1760 ⓘ978-4-18-274028-2

◆学級を最高のチームにする！ 365日の集団づくり 中学1年　赤坂真二編著, 岡田敏哉著　明治図書出版
【要旨】目指す学級を実現する、月ごとの学級経営の極意。発達段階に応じた学級経営の秘訣を、具体的な活動で紹介。学級経営で陥りがちな落とし穴と克服の方法も網羅。「学級集団づくりチェックリスト」で学級の状態をチェック。
2017 152p A5 ¥1760 ⓘ978-4-18-274122-7

◆学級を最高のチームにする！ 365日の集団づくり 中学2年　赤坂真二編著, 久下亘著　明治図書出版
【要旨】目指す学級を実現する、月ごとの学級経営の極意。発達段階に応じた学級経営の秘訣を、具体的な活動で紹介。学級経営で陥りがちな落とし穴と克服の方法も網羅。「学級集団づくりチェックリスト」で学級の状態をチェック。
2017 173p A5 ¥1760 ⓘ978-4-18-274226-2

◆学級を最高のチームにする！ 365日の集団づくり 中学3年　赤坂真二編著, 海見純著　明治図書出版
【要旨】目指す学級を実現する、月ごとの学級経営の極意。発達段階に応じた学級経営の秘訣を、具体的な活動で紹介。学級経営で陥りがちな落とし穴と克服の方法も網羅。「学級集団づくりチェックリスト」で学級の状態をチェック。
2017 106p A5 ¥1760 ⓘ978-4-18-274320-7

◆学級が落ち着く教室の整理・収納・動線のルール　安村晃子著　学事出版
【要旨】傘立て・お道具箱・帽子・上着・下足・上履き・なわとび・遊び道具・鍵盤ハーモニカ・絵の具セット・習字道具・算数セット・プリントetc…教室のココを見直せば学級経営がうまくいく!!コピーして使える付録つき！
2017.3 125p A5 ¥1600 ⓘ978-4-7619-2318-1

◆学級経営の教科書　白松賢著　東洋館出版社
【要旨】小・中・高を貫く「学級経営の充実」の視点。イメージや経験ではなく、理論的に学ぶ学級経営。
2017.3 237p B6 ¥1850 ⓘ978-4-491-03341-9

◆学級づくりがうまくいく！ 中学校「お題日記&学級通信」 水登伸子著 明治図書出版 （学級経営サポートBOOKS）
【要旨】明るい学級になるお題日記と学級通信を始めてみませんか？ お題日記：B6サイズの用紙に、その日のテーマに沿って書く日記です。気軽に楽しく！ 堅苦しいのはなし。 学級通信：週1回発行する手書きの学級通信。「お題日記」を載せたり、行事の様子を載せたり。読むのが楽しくなるものを！
2017 127p A5 ¥1700 ①978-4-18-198414-4

◆学級づくり"よくある失敗"113例―先生好きにする改善ヒント 星野裕二プロデュース、向山洋一著 学芸みらい社 （もう失敗したくない！"若い教師の悩み"向山が答えるQA集 2）
【要旨】若手教師から寄せられた113の悩みに、レジェンド・向山洋一が答えるQA問答集！
2017.2 167p A5 ¥2100 ①978-4-908637-32-2

◆学級担任のためのカリキュラム・マネジメント―教科横断的に言葉の力を高める 中村和弘、大塚健太郎編著 文溪堂
【要旨】学級担任だからこそ無理なく実践できる「国語発の教科横断的授業」。国語がベースだから、どの先生方にも実践いただけます。必要感をもって、実践に生かせる「カリキュラム・マネジメント入門＆実践書」です。
2017 125p B5 ¥2000 ①978-4-7999-0266-0

◆必ず成功する「学級開き」魔法の90日間システム 堀裕嗣編著 明治図書出版 資料増補版
【要旨】学級経営の縦糸と横糸を結ぶ！ 1年間を決める「学級開き」勝負の90日。黄金の3日間から、学級のルールを確立する7日間、システム化する30日間、授業のルールを定着させ、システム化する90日間まで。「学級開き」を成功させる魔法の90日間を、豊富な資料をまじえて解説。
2017 166p A5 ¥1700 ①978-4-18-155615-0

◆「感動のドラマ」を生む学級づくりの原則―主体性と対話を引き出すプロデュース 岸本勝義著 明治図書出版
【要旨】本書では、「ドラマ」を生む学級づくりの秘訣について、実際に起こったドラマを紹介しながら、そのドラマの裏側にある教師の様々な学級づくりの工夫についてまとめました。
2017 130p A5 ¥1600 ①978-4-18-129517-2

◆菊池省三・岡篤 プロ教師の生きた学級づくりのノウハウが学べる教師術 菊池省三、岡篤著 （京都）喜楽研
【目次】学級びらきについて、毎日の生活、学習について、コミュニケーション、2大実践
2017.4 159p A5 ¥1800 ①978-4-86277-237-4

◆菊池流学級づくり 4・5・6年―アクティブラーニングの土壌を育む 菊池省三、菊池道場著 （京都）喜楽研
【要旨】「主体的・対話的で深い学び」カギは学級づくりにある！ すぐに使える・教室が躍動する23シーン別ステップ解説＋声かけ例。
2017.3 128p A5 ¥1800 ①978-4-86277-235-0

◆気になる子もいっしょに 体育ではじめる学級づくり―ソーシャルスキルのつまずきを学級経営に生かす応援プラン109 阿部利彦、清水由、川上康則編著 学研教育みらい、学研プラス発売
【要旨】体育授業のソーシャルスキルのつまずき54場面＋つまずきの解決に向けた応援プラン109。著者の実践から厳選！
2017.8 143p B5 ¥1800 ①978-4-05-800815-7

◆教室がアクティブになる学級システム 赤坂真二編著 明治図書出版 （学級を最高のチームにする極意シリーズ）
【要旨】子どもが動き出す！ クラスが育つ！ 学級づくり成功のしかけ。トライ＆エラーで育つ「学級づくり」のグランドデザインとは。「子どもが動くクラスづくり」成功のシナリオを豊富に紹介。つまずきポイントとリカバリーの方法も丁寧に解説。
2017 183p A5 ¥1860 ①978-4-18-258813-6

◆教室ツーウェイNEXT 3 特集 新指導要領の土台100―重要用語で知る＝現場はこう変わる 教室ツーウェイNEXT編集プロジェクト編 学芸みらい社発売
【要旨】ALだけじゃない！ 見方・考え方/資質・能力の育成ポイントをバッチリ解説！
2017.1 156p A5 ¥1500 ①978-4-908637-30-8

◆教室ツーウェイNEXT 4 "合理的配慮"ある年間プラン＆教室レイアウト63例（子どもも保護者も納得！ 快適な教室設計のトリセツ） 教室ツーウェイNEXT編集プロジェクト編 学芸みらい社
【要旨】鉄ペキの新学期準備！ ヤンチャ君対応のノウハウ満載！
2017.4 166p A5 ¥1500 ①978-4-908637-41-4

◆クラスを最高の雰囲気にする！ 目的別学級＆授業アイスブレイク50―たった5分でアクティブ・ラーニングを盛り上げる！ 赤坂真二編著 明治図書出版
【目次】序章 学級アイスブレイクでクラスを最高のALの雰囲気にする、第1章「安心の雰囲気」をつくるペア＆グループの学級アイスブレイク、第2章「かかわろうとする雰囲気」をつくるペア＆グループの学級アイスブレイク、第3章「ルールやマナーを守る雰囲気」を高めるペア＆グループの学級アイスブレイク、第4章「あたたかな結びつきの雰囲気」を高めるペア＆グループの学級アイスブレイク、第5章「自分たちで問題を解決する雰囲気」をつくるペア＆グループの学級アイスブレイク
2017 118p B5 ¥2000 ①978-4-18-245332-8

◆クラスがまとまる！ 協働力を高める活動づくり 小学校編 赤坂真二編著 明治図書出版 （学級を最高のチームにする極意）
【要旨】協働力はクラスの実力のバロメータ！ 子どもが劇的に変わる！ 活動の数々。主体性を引き出し、対話と協働を高める活動づくりの方法とは。「このような取り組みで成功した」という活動モデルを豊富に紹介。具体的な流れをナビゲート。「成功のためにここははずせない！」重要ポイント。
2017 142p A5 ¥1660 ①978-4-18-255423-0

◆クラスがまとまる！ 協働力を高める活動づくり 中学校編 赤坂真二編著 明治図書出版 （学級を最高のチームにする極意）
【要旨】協働力はクラスの実力のバロメータ！ 生徒が劇的に変わる！ 活動の数々。主体性を引き出し、対話と協働を高める活動づくりの方法とは。「このような取り組みで成功した」という活動モデルを豊富に紹介。具体的な流れをナビゲート。「成功のためにここははずせない！」重要ポイント。
2017 145p A5 ¥1700 ①978-4-18-255527-5

◆クラスがもっとうまくいく！ 学級づくりの大技・小技事典 静岡教育サークル「シリウス」編著 明治図書出版
【要旨】イベント、掲示物、係活動から仕事術、学習、保護者対応まで。9ジャンル74本。すぐに使えて確かに役立つアイデア満載！ 学級経営の引き出しがグンと増える！
2017 159p A5 ¥2000 ①978-4-18-194412-4

◆クラスのつながりを強くする！ 学級レク＆アイスブレイク事典 弥延浩史著 明治図書出版 （学級経営サポートBOOKS）
【要旨】レクには絶大な力がある！「子どもたちを動かす」ことや「指示を通す」といった基本的なスキルを身に付けることができます。活動内で起きるトラブルを子どもたち自身が解決しようと考えるようになります。クラス内のつながりがひろがり、自分から関係をつくることができる子が増えます。楽しいレクで笑顔のあふれる学級には、問題に立ち向かうパワーがあります。
2017 139p A5 ¥1800 ①978-4-18-213934-5

◆クラスみんながつながる！ プロ直伝の「学級レク」BEST50 日本レクリエーション協会監修、中谷光男編著 明治図書出版 （学級経営サポートBOOKS）
【要旨】5分でみんな笑顔になる、グループの連帯感を生む、クラスの結束力を深める、チーム対抗戦で盛り上がる。目的に合わせてすぐに使える！
2017 107p B5 ¥2200 ①978-4-18-170530-5

◆高学年児童と「ぶつからない」「戦わない」指導法！ 城ヶ崎滋雄著 学陽書房
【要旨】とことん「良さ」を引き出す！ 高学年だからといって、子どもを早く大人にしてはいけません。子ども本来の素直さや成長を引き出すコツ、そして、教師の心を楽にする確かな秘策が詰まった一冊！
2017.4 121p A5 ¥1800 ①978-4-313-65333-7

◆声にして読みたい学級通信の「いいお話」―保護者・子どもの心に響かせる！ 土作彰著 明治図書出版 （学級経営サポートBOOKS）

【目次】学級の土台をつくる（出会いの日にも子どもたちのよさを輝かせる—「どうぞ」「ありがとう」、新学期、教室環境を整える—物がそろうから心がそろう、授業開きで学びあう意義を確認する—教室とは奇跡を起こす場所だほか）、子どもの成長を促す（運動会の練習に励ませる—準備とは言い訳をしないこと、ほめてクラスに覇気を取り戻す～夏休み明け—夏休みでもボケていない子どもたちの素敵な姿、運動会や学習発表会など行事に向けて努力する—長期間積み重ねてきた努力は一瞬のうちに結実するほか）、子どもたちをさらに高めまとめる（受験勉強以外も蔑ろにさせない—技だけでなく心も磨く、ほめて学校生活を軌道に乗せる—みんなのために動ける力がある！、ゲストティーチャーに感謝する—こうあるべき自分をイメージするほか）
2017 129p A5 ¥1800 ①978-4-18-092019-8

◆5段階の成長過程にもとづいた中学校担任のための学級集団づくり12ヶ月―自治的集団を目指す指導のポイント 垣内秀明著 明治図書出版
【要旨】学級集団の成長過程には、次の5段階があります。第1段階・混沌緊張期→第2段階・小集団成立期→第3段階・中集団成立期→第4段階・全体集団成立期→第5段階・自治的集団期。本書では、学級担任がそれぞれのクラスの成長段階を意識して指導をし、そして次の段階へ成長するための学級集団づくりのポイントをまとめました。
2017 142p A5 ¥1800 ①978-4-18-189717-8

◆子ども・教師・保護者のトライアングルほほえみ日記―クラスがまとまる 手塚千砂子著 学陽書房
【要旨】保護者からも信頼アップ！ ノートと鉛筆だけで取り組める仲よし拡大メソッド!!
2017.10 121p B6 ¥1800 ①978-4-313-65330-6

◆子どもとつくる教室リフォーム―クラスがワクワク楽しくなる！ 岩瀬直樹編著、有馬佑介、伊東峻志、馬野友之著 学陽書房
【要旨】いままで先生がやっていたネームシール貼りや掲示物の掲示も、子どもに任せてみるとワクワクと楽しい教室に変わる！ キラキラモールを使って掲示物コーナーも楽しく！ クラスの真ん中にみんなが集まれるベンチコーナーをつくったりも！ 教室がどんどん変わる！ クラスがみるみる自立する！ 信頼ベースの学級ファシリテーションによる教室リフォームプロジェクト事例集！
2017.3 127p A5 ¥1800 ①978-4-313-65327-6

◆子どもの心をガッチリつかむ！ とっておきの教室トーク＆学級経営ネタ60 佐々木陽子著 明治図書出版 （学級経営サポートBOOKS）
【要旨】先生は魔女!?（学級開き/低学年）、めざせ、残食ゼロ作戦！（給食指導/全学年）、輝け、主演女優賞！ 男優賞！（学芸会/全学年）など、教室で使えるお話台本。クラスづくりのアイデア満載！
2017 149p A5 ¥2100 ①978-4-18-235721-3

◆子どもの心に寄り添って―マエセンのおもしろ学級づくり！ 前田睦男著 （大阪）フォーラム・A
【目次】第1部 子どもを見つめて（お花きれいきれい事件、「おれはほんまは、遅刻なんか好きと違うねん！」、「先生！ 白髪ぬいたるわ」かおるちゃんとの再会から、うちの子のことやら、やっぱり、マエセンやった！ 最悪！ ほか）、第2部 こんな思い…取り組みから（入学（進級）のプレゼント、学級開きは一年の柱になる「明日も学校に来たいな」そんな思いを持たせたい、「魔法使いの先生や！」子どもたちを一瞬で引き込む技を身につけるといいですよ、家庭訪問、「このクラスのマークだ！」学級マークを作ってみたら？ 親も子どももみんなで作ろう ほか）、第3部 資料編
2017.8 191p A5 ¥1700 ①978-4-89428-811-9

◆今週の学級づくり あしたどうする 丹野清彦著 高文研
【要旨】あしたどうする？ それは、明日の過ごし方であり、方法であり、明日の変え方であり、方法でもある。そんな年間の見通しを一週間ごとに順を追って示した。
2017 131p B6 ¥1300 ①978-4-87498-616-5

◆3年目教師 勝負の学級づくり―マンネリの毎日を脱却する極め付きの指導技術56 授業

力&学級づくり研究会著　明治図書出版　（教師力ステップアップ）
【要旨】新任1年目の基本技から3年目以降の応用技まで、今の自分からステップアップできる!!マンネリの毎日を脱却する、極め付きの指導技術56。　2017 126p A5 ¥1760 ①978-4-18-143711-4

◆実践事例でわかりやすい アドラー心理学を活かした学級づくり　会沢信彦編著　学事出版
【目次】第1章 アドラー心理学は学校現場にどう役に立つのか（教育の基本とアドラー心理学）、第2章 アドラー心理学を活かした学級づくりの実践（教師からの注目・関心（愛）は子供を救う、争わずに勇気づける 対応・子供も教師も深く傷つく段階「復讐」—そこからどう抜け出すか？、「無気力・無能力」な子供への支援—A君の可能性を信じて、最後まであきらめず勇気づける、勇気づけで変わる子供たちとの関わり、共同体感覚を育成する学級づくり・授業づくり
2017.6 111p A5 ¥1200 ①978-4-7619-2335-8

◆授業のユニバーサルデザイン Vol.9 特集1・授業のユニバーサルデザインとアクティブ・ラーニング 特集2・学級経営のユニバーサルデザイン　桂聖、石塚謙二、廣瀬由美子、日本授業UD学会編著　東洋館出版社
【目次】特集1 授業のユニバーサルデザインとアクティブ・ラーニング（特別鼎談 田村学（文部科学省）×奈須正裕（上智大学）×桂聖（筑波大学附属小学校）、三段構えでアクティブ・ラーニング、各教科における全員参加のアクティブ・ラーニング ほか）、特集2 学級経営のユニバーサルデザイン（授業UDの基盤をつくる「安心・刺激のある学級」、全員が活躍できる学級集団づくり、気になる子が活躍できるクラスづくり、集団肯定感を育む授業UD、体育授業と学級経営、居心地がよくなりたくなる教室の環境づくり、あたたかく・聞き合えるクラスとトークアイディア、写真で見る 全員参加で「話し合う力」を育てるフリートークの授業、熱い想いのぶつかり合い！ UD35沖縄研修会記録）
2017.1 91p B5 ¥2100 ①978-4-491-03318-1

◆小学1年生 いきいき学級づくりハンドブック　河野修三著　（京都）喜楽研
【目次】学級のスタート、子ども理解、生活、学習、課題を抱えた子ども、保護者との関係
2017.3 143p B5 ¥1800 ①978-4-86277-236-7

◆小学校教師のための学級経営365日のパーフェクトガイド—ちょっとの工夫でクラスがうまくいく場面別指導術　釼持勉著　明治図書出版
【目次】1 学級経営ビジョンがどうして重要なのか、2 学級担任力を高める完全ガイド1 はじめの3日・2週間が決め手、3 学級担任力を高める完全ガイド2 ゴールデンウィーク後の再生、4 学級担任力を高める完全ガイド3 自信をつける春の運動会、5 学級担任力を高める完全ガイド4 夏休みを乗り切る、6 学級担任力を高める完全ガイド5 感動の1年の締めくくり、7 学級担任力を高める完全ガイド6 保護者等のクレーム対応、8 学級担任力を高める完全ガイド7 学級をまとめる生徒指導・行事指導
2017 153p A5 ¥1800 ①978-4-18-125911-2

◆小学校高学年 学級経営すきまスキル70　堀裕嗣、大野睦仁編著　明治図書出版
【要旨】遅刻しがちな子どもへの指導や日直や掃除などのとても些末な出来事、行事での小さな指導等々。そんな学級経営の「すきまスキル」をまるごと紹介。高学年の生徒が、主体主導のかかわりに対して抵抗感を示す場合でも、両面のスキルを知ることで、バランスの取れたかかわりが可能に。また、アクティブ・ラーニング時代、インクルーシブ時代の視点に立って、学級経営のポイントを70の項目に分けて、「ハード編」として子どもたちを指導する技術、効果よく動かす技術を、「ソフト編」として子どもに寄り添い支援する、見守っていく技術を紹介。
2017 153p B6 ¥1800 ①978-4-18-275318-3

◆小学校低学年 学級経営すきまスキル70　堀裕嗣、宇野弘恵編著　明治図書出版
【要旨】遅刻しがちな子どもへの指導や日直や掃除などのとても些末な出来事、行事での小さな指導等々。そんな学級経営の「すきまスキル」をまるごと紹介。低学年で有効な「手で教える」視点で、「できて当たり前」のことができるようになるまでのステップを丁寧に示す。また、アクティブ・ラーニング時代、インクルーシブ時代の視点に立って、学級経営のポイントを 項目に分けて、「ハード編」として子どもたちを指導する技術、効果よく動かす技術を、「ソフト編」として子どもに寄り添い支援する、見守っていく技術を紹介。
2017 151p B6 ¥1800 ①978-4-18-275110-3

◆スペシャリスト直伝！ 主体性とやる気を引き出す学級づくりの極意　赤坂真二著　明治図書出版
【要旨】指導力を高めたいすべての方へ！ 学級づくり成功の秘訣。「主体性」と「やる気」を引き出す教師が、日常的に取り組んでいることとは？ これだけはおさえておきたい学習集団づくりの基盤となる2つの要素と、学習集団育成の3段階。　2017 147p A5 ¥1760 ①978-4-18-132810-8

◆世界最高の学級経営—成果を上げる教師になるために　ハリー・ウォン、ローズマリー・ウォン著、稲垣みどり訳　東洋館出版社
【要旨】世界基準の学級経営で、あなたのクラスを成功に導こう！—2週間で「一貫性」のある環境をつくり方。「コーネル大学式ノートメソッド」で要約する力をつける。「微笑み、話し、間を取る」技術を身に付ける。「修正ツール」としてテストを仕上げる。ベストセラー待望の邦訳。
2017.3 447p B6 ¥2300 ①978-4-491-03334-1

◆全員が参加！ 全員が活躍！ 学級担任のための学芸会指導ガイド　日本児童青少年演劇協会編著　明治図書出版
【目次】第1章 学芸会成功につながるクラスづくりの基礎・基本（学芸会成功の土台は学級づくり、全員で劇に取り組む集団づくり ほか）、第2章 演技指導の前にやっておきたい学芸会準備（学芸会までのスケジュールとチェックリスト、子どもと教師にとってよい脚本選び ほか）、第3章 劇の見栄えがよくなるピンポイント演技指導（みんなに聞こえる声が出る指導、脚本内容を理解させる読み合わせの指導 ほか）、第4章 クラスがもっと仲良くなれる学級活動アイデア（劇の台詞を使ってみよう、学芸会の役で生活してみよう ほか）、付録 必ずうまくいく！ 学年別・おすすめシナリオガイド（低学年、中学年 ほか）
2017 134p A5 ¥1900 ①978-4-18-224013-3

◆担任になったら必ず身につけたい！ 小学校低学年困った場面の指導法　広山隆行著　明治図書出版　（学級経営サポートBOOKS）
【要旨】この1冊で指導法と予防法が分かる！ 日常生活、学校生活の指導例が満載。保護者対応事例も紹介。小学校生活の土台を築く。
2017 151p A5 ¥1800 ①978-4-18-215118-7

◆中学校 学級経営すきまスキル70　堀裕嗣、山下幸編著　明治図書出版
【要旨】遅刻しがちな生徒への指導や日直や掃除などのとても些末な出来事、行事での小さな指導等々。そんな学級経営の「すきまスキル」をまるごと紹介。また、アクティブ・ラーニング時代、インクルーシブ時代の視点に立って、学級経営のポイントを70の項目に分けて、「ハード編」として生徒たちを指導する技術、効率よく動かす技術を、「ソフト編」として生徒に寄り添い支援する、見守っていく技術を紹介。
2017 153p B6 ¥1800 ①978-4-18-275412-8

◆中学校学級開き大事典—スタートダッシュ大成功！　玉置崇編著　明治図書出版
【要旨】学級担任の新年度の仕事一覧、出会いの日の教室トーク、学級づくりのゲーム＆アクティビティ…などなど、ネタ＆アイデア満載。
2017 149p A5 ¥1800 ①978-4-18-195811-4

◆伝説の教師 鹿嶋真弓「明日の教室」発！ 互いに認め合い高め合う学級づくり　糸井登、池田修、鹿嶋真弓共著　学事出版
【要旨】どの子も認め合い高め合う学級づくりを伝授！ エンカウンターの手法を生かした鹿嶋真弓のどの子も承認される学級づくりとその実践の背景を「明日の教室」京都本校で行われた講演記録と解説によって紐解く。NHK『プロフェッショナル 仕事の流儀』でも取り上げられた、鹿嶋真弓の教育実践は、全教師必見!!
2017.3 207p B6 ¥1800 ①978-4-7619-2313-6

◆2年生のクラスをまとめる51のコツ　安次嶺隆幸著　東洋館出版社
【要旨】子どもが主体的になるクラスづくりの極意！　2017.3 164p B6 ¥1800 ①978-4-491-03324-2

◆話し合いができるクラスのつくり方—学級会からペア学習まですべておまかせ！　山中伸之著　明治図書出版　（学級経営サポートBOOKS）
【目次】1章 話し合いの成立はよい学級の証！（話し合いができることは、話し合いが成立していることが！、話し合いで規範意識の高い学級をつくる ほか）、2章 こんなところに原因が！ 話し合いの問題点克服法（学級経営の基盤が崩れている、話を聞く態度・能力が育っていない ほか）、3章 みるみる上達！ 話し合いスキルの指導法（自分の意見をもたせるための指導、発言することに慣れさせるための指導 ほか）、4章 こうすればうまくいく 場面別 話し合い指導のポイント（「朝の会・帰りの会」での話し合い、「学級会（子ども中心）」での話し合い ほか）
2017 127p A5 ¥1900 ①978-4-18-109711-0

◆「深い学び」を支える学級はコーチングでつくる—アクティブラーニング　片山紀子編著、若松俊介著　（京都）ミネルヴァ書房
【要旨】どこの学校でも、どこの教室でも、どの先生でもできる！ アクティブラーニングのできる学級をどうつくっていったらよいかをコーチングの観点から解説。
2017.7 184p B6 ¥1800 ①978-4-623-08064-9

◆「振り返りジャーナル」で子どもとつながるクラス運営　岩瀬直樹、ちょんせいこ著　ナツメ社（ナツメ社教育書ブックス）
【要旨】日々の出来事の「振り返り」を習慣化するノート。子どもは帰りの会の5分で書き、教師はサッと簡単にフィードバック。書く力が伸びる、成長が実感できる！ 子どもとつながる最高のツール。
2017.3 159p B5 ¥1800 ①978-4-8163-6187-6

◆「変」なクラスが世界を変える！—ぬまっち先生と6年1組の挑戦　沼田晶弘著　中央公論新社
【要旨】教育界のみならずビジネス界からも注目されている小学校教諭、「ぬまっち」。子どもの「自ら成長する力」を引き出すための教育は、掃除の時にダンスしたり、「夢」の卒業遠足を実現させたり、子どもが先生の代わりに教えたり、一風変わったものばかり。型破りな教室で、子どもたちは自己肯定感を高め、自らチャレンジする力を育てていく…そんな「世界一のクラス」の奇跡の成長物語。
2017.7 261p B6 ¥1400 ①978-4-12-004995-8

◆保護者と仲良く　大和久勝、丹野清彦編著　（京都）クリエイツかもがわ　（はじめての学級づくりシリーズ 4）
【要旨】先生は保護者が苦手ですか？ 教師と保護者は子育て・教育を共にする当事者同士。子どもを真ん中に、お互いを理解し、信頼関係を育てるには。
2017.8 171p A5 ¥1800 ①978-4-86342-219-3

◆『学び合い』×ファシリテーションで主体的・対話的な子どもを育てる！　阿部隆幸、ちょんせいこ著　学事出版
【要旨】『学び合い』×ファシリテーションで子どもが変わる。対話のないクラスは、『学び合い』も十分機能しません。しかし、対話は自然発生しないのです。だから、ファシリテーション技術が必要なのです。
2017.8 131p A5 ¥1700 ①978-4-7619-2337-2

◆「学びに向かう力」を鍛える学級づくり　松村英治、相馬亨著　東洋館出版社
【要旨】新しい学習指導要領が求める「学級経営の姿」とは？
2017.3 207p B6 ¥1800 ①978-4-491-03321-1

◆マネしたくなる学級担任の定番メニュー　『たのしい授業』編集委員会編、板倉聖宣編集代表　仮説社
【目次】1 小道具で演出！「出会い」&「別れ」（生徒指導主任の自己紹介—最初がかんじん！、4月の学級開きによろしく！ カードアート ほか）、2 学年・学期始めに「ほんわか雰囲気作り」（新学期、これだけやれば子どもたちと仲良くなれます、ピンポンブーは超おすすめ—たのしい教師のつよ〜い味方 ほか）、3 メッセージを贈ろう！「おたより」「学級通信」（「夏休みの宿題」は、おすすめです、道徳・読み物プラン 夏休みの宿題 ほか）、4 これで安心！「授業参観」&「懇談会」（なごやかな雰囲気で伝えられたいな—一学年はじめの参観日・懇談会、お母さん達と盛り上がる！ 保護者会で交流ゲーム ほか）
2017.3 254p B6 ¥1900 ①978-4-7735-0280-0

◆マルチレベルアプローチ だれもが行きたくなる学校づくり—日本版包括的生徒指導の理論と実践　栗原慎二編著　ほんの森出版

【目次】第1章 マルチレベルアプローチって、何ですか？、第2章 すべての子どもたちを対象にした一次的・二次的生徒指導としてのマルチレベルアプローチ（アセスメント、学級経営、SEL（社会性と情動の学習）ほか）、第3章 深刻な個別事例を対象にした三次的生徒指導としてのマルチレベルアプローチ（一次的・二次的生徒指導が三次的生徒指導を支える、PBISと修復的正義、カウンセリング ほか）、第4章 マルチレベルアプローチ実践を可能にする、学校マネジメントと研修（学校マネジメント、三次的生徒指導の実際─教育相談的視点をもったミドルリーダーの重要性、マルチレベルアプローチの研修 ほか）
2017.9 159p B5 ¥2300 ①978-4-86614-105-3

◆マンガで学ぼう！ アクティブ・ラーニングの学級づくり──クラスが変わる学級力向上プロジェクト　田中博之監修, 磯部征尊, 伊藤大輔編著, 武田弦漫画　金子書房
【要旨】学級の状況を「見える化」し、特別活動や教科の授業を通して、子どもと教師がともに、本気になって一教育相談的視点をもった学級経営の進め方とアイデアをマンガと実践事例から学べる。学級力アンケート、レーダーチャート作成ソフト、マニュアルなど、すぐに取り組めるアイテムをダウンロード資料として提供。
2017.5 149p B5 ¥2100 ①978-4-7608-3419-8

生活指導・生徒指導

◆アセス（学級全体と児童生徒個人のアセスメントソフト）の使い方・活かし方──CD-ROM付き！ 自分のパソコンで結果がすぐわかる Excel2016対応版　栗原慎二, 井上弥編著　ほんの森出版　（付属資料：CD-ROM1）改訂第4版
【目次】1章 アセスとは、2章 アセスの実施の仕方、3章 アセスの基本的な読み取り方、4章 アセスを用いた校内研修会の進め方、5章 児童生徒の学校適応を促進するために、付章 アセスの理論的背景と開発手順
2016.12 81p B5 ¥2500 ①978-4-86614-102-2

◆イラスト版子どものためのポジティブ心理学──自分らしさを見つけやる気を引き出す51のワーク　日本ポジティブ教育協会監修, 足立啓美, 岐部智恵子, 鈴木水季, 綴利誠著　合同出版
【目次】第1章 気もちとなかよくなろう、第2章 心と体のつながりを知ろう、第3章 自分の強みを見つけていかそう、第4章 挑戦することをたのしもう、第5章 すてきな人間関係を育てよう、第6章 レジリエンスを高めよう、第7章 自分なりのしあわせを見つけよう
2017.8 127p B5 ¥1800 ①978-4-7726-1314-9

◆イラスト版子どものユーモア・スキル──学校生活が楽しくなる笑いのコミュニケーション　矢島伸男著　合同出版
【要旨】「いじり」と「いじめ」はどうちがう？「笑い」と「ふざけ」はどうちがう？「笑われる」と「笑わせる」はどうして同じなの？「創造的思考力」「コーピング力」「論理構成力」ユーモア・スキルの4つの力を身につけて、みんなで楽しい学校生活をおくろう！ いままでなかった子どものための「笑い」の教科書！
2017.6 119p B5 ¥1800 ①978-4-7726-1320-0

◆逆転の発想で魔法のほめ方・叱り方─実践 通常学級ユニバーサルデザイン 3　佐藤愼二著　東洋館出版社
【目次】1 逆転の発想で見方を変える・味方になる（逆転の発想を開く！「本音の思い」を大切にする！・客観的な行動だけで「本音」を評価してはいけない！「困った」子どもではなく何かに"困っている"子ども ほか）、2 逆転の発想でほめる！（"困った"行動を減らすのではなく、"困った"行動をしていない状態を増やす 逆転の発想！・子どもと約束するためのポイント ほか）、3 魔法のほめ方・10の提案（すぐに・まめに・さりげなく 5Sで！・名前を添えて！、称賛のほめ方と情報的ほめ方 ほか）、4 逆転の発想で叱る！（子どもを叱る前に、ちょっとブレイク！・「叱る」行為が不可欠だとするならば！ ほか）、5 魔法の叱り方・10の提案（ゆっくり・はっきり！、叱る原則─短く・毅然と・端的に！ ほか）
2017.3 73p A5 ¥1400 ①978-4-491-03332-7

◆教育とLGBTIをつなぐ──学校・大学の現場から考える　三成美保編著　青弓社
【要旨】児童・生徒と学生が自分の性的指向や性自認で悩まされることなく安心して学べる教育環境を作るにはどうしたらいいのか─。学校・大学が直面する問題を明らかにして、地域住民や民間団体、医療機関、行政などと連携した啓発・支援活動と、アメリカの大学の例も紹介して、具体的な方策を提言する。
2017.5 310p B6 ¥2000 ①978-4-7872-3415-5

◆キーワードで学ぶ特別活動 生徒指導・教育相談　有村久春著　金子書房　改訂三版
【目次】アサーション、いじめ、いじめの態様、異年齢集団活動、ガイダンス、カウンセリング、係活動、学級活動、学級活動の指導案、学級経営 〔ほか〕
2017.9 188p A5 ¥2400 ①978-4-7608-2413-7

◆クラスで気になる子の支援 ズバッと解決ファイル V3対談編──達人と学ぶ！ ライフステージを見据えたかかわり　阿部利彦編著　金子書房
【要旨】対談を通して、各領域の第一人者から特別支援教育・教育相談の技とコツを学ぶ！ 待望の「ズバッと解決ファイル」第3弾！
2017.10 242p B6 ¥2000 ①978-4-7608-2415-1

◆現代社会の児童生徒指導　古賀正義, 山田哲也編著　放送大学教育振興会, NHK出版 発売（放送大学教材）
【目次】児童生徒指導と現代の学校教育、児童期・青年期の社会的心理的特徴と自己形成、学校・生徒集団の構造と機能、児童生徒理解の方法と教育相談、教師・生徒集団の今日的特質、児童生徒という社会空間と生徒の社会化、不登校問題と子どもの居場所、児童虐待問題と教師の対応、いじめ問題と学校の責任、非行問題の現在と「健全育成」の課題、社会的リテラシーや市民性をはぐくむ児童生徒指導の実践、児童生徒指導と教師集団・教育行政による体制づくり、学校・家庭の連携と児童生徒理解、NPO・地域社会とのネットワーキングと児童生徒への教育的支援、現代社会の変容と児童生徒理解
2017.3 314p A5 ¥3100 ①978-4-595-31700-2

◆高校生が生きやすくなるための演劇教育　いしいみちこ著　立東舎, リットーミュージック 発売
【要旨】10代と接する人々の必読書。福島の高校で、たった1人で演劇を教えることになった国語の先生。これは、そんな彼女が生徒たちと向き合い、戯曲「ブルーシート」が「演劇界の芥川賞」、岸田國士戯曲賞を受賞した、真実の物語。演劇を通して生徒を生きやすくさせる「ドラマティーチャー」が教える、高校生との向き合い方とは─。
2017.5 191p B6 ¥2000 ①978-4-8456-3044-8

◆合理的配慮をつなぐ個別移行支援カルテ　坂本裕編著　明治図書出版
【要旨】小学校・中学校・高等学校・特別支援学校の新入生にすぐに活用できる「個別移行支援カルテ」。理論編として、今後、その理解が必須となる『合理的配慮』を解説。就学先・進学先（移行先）の先生方が必要とする情報を得ることができるよう、移行先の先生を対象とした調査研究の結果も詳しく示し、実践編として、「個別移行支援カルテ」の形式とその手引きを示す。
2017 119p B6 ¥2000 ①978-4-18-159117-5

◆心の健康教育─パワポで10分！ 簡単教材を活用した保健指導　田原俊司著　健学社　（付属資料：CD・ROM1）
【目次】第1章 自分の気持ちを考える（ついついうそをついてしまう、すぐに泣いてしまう ほか）、第2章 相手の気持ちを考える（会話能力を高める方法、人のいやがることでも自分から進んでやりましょうほか）、第3章 ルールやマナーを考える（子どもにルールをきちんと守らせるには、人のために役に立つ人間になろう！ ほか）、第4章 自分の健康を考える（ゲームを何時間もしてしまう、努力は報われる ほか）
2017.3 87p A4 ¥2800 ①978-4-7797-0431-4

◆言葉で人間を育てる菊池道場流「成長の授業」　菊池省三, 菊池道場著　中村堂
【要旨】個と集団の確立をめざす11の視点と実践群。日本の教育を変える「成長の授業」。
2017.4 211p A5 ¥2000 ①978-4-907571-37-5

◆子どもが変わる3分間ストーリー──子どものやる気を引き出す実践　三好真史著　（大阪）フォーラム・A企画

【要旨】困ったときは、この小話を語る。子どもの心にスーッとしみこむ、生活指導・仲間づくりに応じた55話。
2017.3 127p A5 ¥1800 ①978-4-89428-925-3

◆子どもがみるみる変わるコーチング　秦公一著　秀和システム
【要旨】子どもの心に届く！ 言葉の使い方、接し方。すぐに使える27のコーチング・アプローチ。
2017.8 235p B6 ¥1400 ①978-4-7980-4971-7

◆子どもの自己肯定感UPコーチング　神谷和宏著　金子書房
【要旨】さまざまなストレスにさらされても、心折れにくい子に育てるには？ たとえ失敗しても、うまく気持ちを切り替え、自分を活かしていける子に育てるには？ マンガ入りでわかりやすく解説。
2017.9 128p A5 ¥1800 ①978-4-7608-2414-4

◆子どもの変化に気づくセンスの磨き方──ケースで学ぶ児童理解＆指導の必修ポイント　二宮龍也, 小沼肇構著, 未来の子どもを育む会著　学事出版
【要旨】子どもの少しの変化を見つけ、原因を探り、健全な道に導こうとするのが本書のねらいです。また、個々の子どもに対する見方や対応のしかた、そして教師自身のセンスを磨くべきことについて述べています。どの学校でも、悩み、苦慮しながら子どもたちと取り組んでいる教師の姿が見えてきます。そんなときどう取り組んできたのか、小さな実践であっても、大きなヒントがそこにあります。そのことを伝えていけたらと願って、この1冊にまとめています。
2017.2 123p A5 ¥1600 ①978-4-7619-2321-1

◆子どものやる気をなくす30の過ちを実例をもとに、医学博士が対応をアドバイス！　宮口幸治, 田中繁富著　小学館集英社プロダクション
【要旨】ほんとに？ どうしていつもそうなの？ ほら、言った通りでしょ？ 明日の用意は？ 本当は言いたくないけど…。心理的に気持ちを落ち込ませる過ちの心理編。勉強へのやる気をなくさせる過ちの勉強編。学校の先生が保護者の養育意欲を失わせる過ちの保護者編。全30テーマを、1テーマずつあげ、なぜそれらの指導や言葉かけがよくないのか？ どうしたほうがいいのかをイラストと4コマ漫画で読みやすく理解が深まるよう解説。医学博士と教師が効果的な対応をアドバイス。
2017.9 88p 23×19cm ¥1600 ①978-4-7968-7705-3

◆自己有用感・自尊感情を育てるコーチング・アプローチ　神谷和宏著　明治図書出版
【要旨】自己開示や具体的行動を促すスキル、意識を前向きに切り替えるスキル、自分の強みを自覚させるスキル、短所を長所に変換するスキル…etc.「努力しなさい」と叱咤する代わりに、努力の仕方を教えよう。
2017 123p A5 ¥1800 ①978-4-18-227923-2

◆知ってるつもりのコーチング──苦手意識がなくなる前向き生徒指導　片山紀子編著, 原田かおる著　学事出版
【要旨】コーチングを学んで活用すれば、授業も生徒指導もぐっと楽になる。学校の日常的な場面を想定しながら、個別指導や集団指導のアプローチの仕方についてわかりやすく伝える。
2017.5 191p B6 ¥1600 ①978-4-7619-2327-3

◆授業で活用できる高校生のためのDV、デートDV予防教育プログラム　須賀朋子著　（札幌）かりん舎　（付属資料：CD1）
【要旨】DV（Domestic Violence）、デートDVを知る。お互いを尊重し合う教育プログラム、人間関係を大切にしていくために、高校生編。
2017.6 34p B5 ¥1000 ①978-4-902591-27-9

◆小学生のための3枚の連続絵カードを使ったSSTの進め方　田中和代著　（名古屋）黎明書房　（付属資料：カード32）
【目次】第1章 SST（ソーシャルスキルトレーニング）の基本と進め方（ソーシャルスキルとは、なぜSSTが必要か？、通常はソーシャルスキルは観察学習で身につける、中には観察学習が苦手な子どもいる、想像することが苦手で、相手の気持ちを推測できにくい子ども ほか）、第2章 この本のカードを用いたSSTの行い方（仲直りのSST、食事のSST、トイレを使うSST、遊びで負けて悲しくなった時のSST、衝動性を我慢するSST ほか）
2017.12 76p B5 ¥4630 ①978-4-654-01064-6

学校教育

◆小学校高学年生活指導すきまスキル72
堀裕嗣,大野睦仁編著 明治図書出版
【要旨】子どもたちが学校生活を送る上で最低限必要なこと、出てこざるを得ない現象、学校定番の行事で起こり得るトラブルなど。これらをうまく裁き、機能させる、そんな生活指導の「すきまスキル」をまるごと紹介しました。また、アクティブ・ラーニング時代、インクルーシブ時代の視点に立って、生活指導のポイントを72の項目に分類。「ハード編」として教師主導の厳しい生活指導的な技術を、「ソフト編」として子ども主体の優しい教育相談的な技術を紹介しました。 2017 157p B6 ¥1800 ①978-4-18-280513-4

◆小学校低学年生活指導すきまスキル72
堀裕嗣,宇野弘恵編著 明治図書出版
【要旨】子どもたちが学校生活を送る上で最低限必要なこと、出てこざるを得ない現象、学校定番の行事で起こり得るトラブルなど。これらをうまく裁き、機能させる、そんな生活指導の「すきまスキル」をまるごと紹介しました。また、アクティブ・ラーニング時代、インクルーシブ時代の視点に立って、生活指導のポイントを72の項目に分類。「ハード編」として教師主導の厳しい生活指導的な技術を、「ソフト編」として子ども主体の優しい教育相談的な技術を紹介しました。 2017 157p B6 ¥1800 ①978-4-18-280514-1

◆小学校発！ 一人ひとりが輝くほめ言葉のシャワー 菊池省三編著 日本標準 第2版
【要旨】最近、人をほめたことがありますか？ 人にほめられたことがありますか？「ほめる」が、「教室」を「学校」を、そして、「社会」を変える。 2017.1 119p A5 ¥1400 ①978-4-8208-0608-0

◆小学校発！ 一人ひとりが輝くほめ言葉のシャワー 2 菊池省三編著 日本標準 第2版
【要旨】北は北海道稚内、南は沖縄県石垣島。そして、海外の日本人学校からも。広がる「ほめ言葉のシャワー」の実践が大集結！
2017.11 139p A5 ¥1400 ①978-4-8208-0629-5

◆事例で学ぶ 生徒指導・進路指導・教育相談 中学校・高等学校編 長谷川啓三,佐藤宏平,花田里欧子編 （三鷹）遠見書房 改訂版
【要旨】本書は、中学校・高等学校教員にとって授業や学級経営とともに重要な仕事である「生徒指導」「進路指導」「教育相談」の基本と実践をまとめた1冊です。いじめ、発達障害、こころの問題、キャリア教育など、子どもたちの周りにある問題が多様になっている現在、生徒指導・進路指導・教育相談には、教育学だけでなく、心理学的・福祉学的な知識が必要になっています。また子どもたちへの個別支援でもあることから、解決志向をベースにした臨床心理の技法が有用とされています。また、学際的な知識や現代社会における家庭の状況など幅広い視点から、解決にいたったさまざまな事例を検討し、生きた生徒指導・進路指導・教育相談を学べるようになっています。出来うる限りの生きた知恵を詰めた必読の一冊です。【本書は、中学校・高等学校向けになります。新たに「学級経営」の章を加え、種々の統計データをアップデートした改訂版です】
2017.4 205p B5 ¥2800 ①978-4-86616-028-3

◆人格を育てるための健康相談―事例を通して 中学校編 野口法子著 （福知山）翔雲社,星雲社 発売
【目次】序章 いまどきの中学生・高校生の実態―大人の視線はマイナスイメージ、第1章 思春期（青年期）の発達段階―青年期の思考特質「理論的・抽象的思考ができるようになる、理論と実践の矛盾が起こる ほか」、第2章 健康相談を通しての教育（それぞれの課題とは―事例1・2・3より、それぞれの課題―1984～1989年の事例より ほか）、第3章 年代別に見る保健室来室生徒の特徴（1984～1989年の中学生たち、1990～1994年の中学生たち ほか）、終章 まとめ（子どもの様子は変化する、本書は主人公の教育へ）
2017.8 119p A5 ¥1852 ①978-4-434-23545-0

◆生徒指導学研究 第16号（'17） 特集・チーム学校と生徒指導 日本生徒指導学会編 学事出版
【目次】特集 チーム学校と生徒指導（「チーム学校」に関する国の施策方策、チーム学校と今後の生徒指導の方向性、「チーム学校」における多職種の協働―アメリカにおけるスクール・カウンセリングからの示唆、教員間の「同僚性」「協働性」と「チーム学校」、「チーム学校」先進事例に学ぶ）、研究論文 中学生の生活満足度とストレス反応に影響を与えるエンゲイジメントとレジリエンシーの関連、実践研究報告 ケースに応じた校内支援体制づくりと社会資源連携についての実践研究―緊急度に合わせた流動的な校内チーム支援体制とSSWの活用、書評・資料紹介、学会会務報告 他
2017.11 96p B5 ¥2000 ①978-4-7619-2389-1

◆中学校生徒指導すきまスキル72 堀裕嗣,山下幸編著 明治図書出版
【要旨】生徒たちが学校生活を送る上で最低限必要なこと、出てこざるを得ない現象、学校定番の行事で起こり得るトラブルなど。これらをうまく裁き、機能させる、そんな生活指導の「すきまスキル」をまるごと紹介しました。また、アクティブ・ラーニング時代、インクルーシブ時代の視点に立って、生徒指導のポイントを72の項目に分類。「ハード編」として教師主導の厳しい生徒指導的な技術を、「ソフト編」として生徒主体の優しい教育相談的な技術を紹介しました。
2017 157p B6 ¥1800 ①978-4-18-280617-9

◆特別活動と生活指導 西岡加名恵編著,高見茂,田中耕治,矢野智司監修 協同出版 （教職教養講座 第7巻）
【目次】第1章 特別活動に関する教育政策の変遷、第2章「仲間づくり」の理論と方法、第3章「集団づくり」の理論と方法、第4章 学校・学級における文化の創造、第5章 職業指導・進路指導からキャリア教育へ、第6章 問題事例と解決の方策、第7章 発達段階と生活指導の課題、第8章 特別な教育的ニーズと生活指導
2017.3 246p A5 ¥2000 ①978-4-319-00328-0

◆「日常生活の指導」の実践―キャリア発達の視点から 丹野哲也監修,全国特別支援学校知的障害教育校長会編著 東洋館出版社
【要旨】第1章 理論編（新特別支援学校学習指導要領の改訂方向性を踏まえた教育課程の編成・実施に向けて、「日常生活の指導」とは、「日常生活の指導」におけるキャリア発達の視点）、第2章 実践編（登校、朝の支度、朝の会、係の仕事、食事、掃除、帰りの会、係の仕事 等との連携）、第3章 資料編（特別支援学校小学部・中学部学習指導要領（抄）、知的障害のある児童生徒の「キャリアプランニング・マトリックス（試案）」）
2017.9 135p B5 ¥2000 ①978-4-491-03416-4

◆脳を科学的に活性化させるバランスセラピー学に基づく 養護教諭の現場から すぐにわかる！できる！ こどものストレスケア・メソッド―理論と実践をバランスよく紹介 板垣都志美著,美野田啓二監修 ラピュータ
【要旨】こどもを生み育てていくことが困難になってきた社会へ―「対処と予防」に着眼した新しいこどものストレスケア!!こころと体の両方からアプローチし脳を活性化させる「バランスセラピー学」が学校の現場を中心に家庭でもすぐに取り組めます。
2017.1 154p A5 ¥1600 ①978-4-905055-46-4

◆脳科学・心理学からの生徒指導・教育相談 岡本泰弘著 （京都）晃洋書房
【目次】生徒指導とは、教育相談とは、児童生徒の心理と児童生徒理解、いじめ、不登校、非行、基本的生活習慣、学習不適応、進路指導・キャリア教育、発達障害、ひきこもり、精神障害、生徒指導体制・教育相談体制の確立と進め方、生徒指導・教育相談に関する法制度等、学校と家庭・地域・関係機関等との連携
2017.7 215p A5 ¥1900 ①978-4-7710-2883-8

◆保健指導おたすけパワーポイントブック 中学校・高校編―書きかえも自由自在 2 近藤真庸著 少年写真新聞社 （付属資料：CD・ROM1）
【要旨】シナリオつき。書き下ろしイラスト収録。カラーデータCD・ROM付き。
2017.6 135p B5 ¥2200 ①978-4-87981-605-4

◆睡眠教育（みんいく）のすすめ―睡眠改善で子どもの生活、学習が向上する 木田哲生著 学事出版
【目次】第1章「みんいく」の医学的背景とは（M中の実態、小児慢性疲労症候群 ほか）、第2章「みんいく」をどう実践するか（みんいく三角形、睡眠朝食調査 ほか）、第3章 小学校での「みんいく」の実際（事例概要、平成28年度の「みんいく」ほか）、第4章 学校と地域の連携の重要性（日本人の睡眠、地域で「みんいく」ほか）、第5章 不適応と「睡眠」の関係は？（脳のストレス飽和状態）とは？、漠然とした不安意識 ほか）
2017.7 108p A5 ¥1500 ①978-4-7619-2334-1

◆「みんいく」ハンドブック 小学校1・2・3年―すいみんのひみつ すいみんについてしろう 三池輝久監修,木田哲生編著,「みんいく」地域づくり推進委員会編 学事出版
【目次】小学校1年生 睡眠ってなんだろう？（小学校入学後の生活の変化、なんで寝るの？ ほか）、小学校2年生 自分の睡眠を意識できる（小学校2年生の生活、寝ないとどうなる？ ほか）、小学校3年生 夜ふかし習慣に注意することができる（睡眠は脳を休める、良い睡眠の7条件 ほか）、全学年共通（睡眠朝食調査票、自分の生活を振り返ろう ほか）
2017.8 41p B5 ¥700 ①978-4-7619-2346-4

◆「みんいく」ハンドブック 小学校4・5・6年―すいみんのひみつ すいみんについて考えよう 三池輝久監修,木田哲生編著,「みんいく」地域づくり推進委員会編 学事出版
【目次】小学校4年生 睡眠の知識を深めて実践できる（睡眠のはたらき、体内時計（生体リズム）ほか）、小学校5年生 テレビ・ゲーム・スマートフォンとの適切な付き合い方を学ぶ（睡眠不足は脳を疲労させる、脳が疲れやすい生活 ほか）、小学校6年生 中学入学を意識して睡眠改善に向けた工夫ができる（睡眠は脳の休養 ほか）、全学年共通（睡眠朝食調査票、自分の生活を振り返ろう ほか）
2017.8 51p B5 ¥700 ①978-4-7619-2347-1

◆「みんいく」ハンドブック 中学校―睡眠のひみつ よい睡眠を実践しよう 三池輝久監修,木田哲生編著,「みんいく」地域づくり推進委員会編 学事出版
【目次】中学校1年生 入学後の生活環境の変化に対応できる（中学校入学おめでとう、中学1年生の生活 ほか）、中学校2年生 自分の課題を認識し、生活習慣の改善に向けて実践できる（中学2年生の生活、睡眠のはたらき ほか）、中学校3年生 卒業後も実践し周囲に伝えることができる（中学3年生の生活、睡眠のはたらき ほか）、全学年共通（睡眠朝食調査票、自分の生活を振り返ろう ほか）
2017.8 61p B5 ¥800 ①978-4-7619-2348-8

◆名著復刻 話せない子・話さない子の指導 野口芳宏著 明治図書出版 復刻版
【要旨】話すための技法をしっかり身につけさせれば、子どもの表情は豊かになり人柄まで変わる。 2017 209p A5 ¥1860 ①978-4-18-138412-8

◆NG対応→OK対応で学ぶ あわてないためのトラブル対処術 福地孝宏著 明治図書出版 （学級経営サポートBOOKS）
【要旨】学校生活は思いもよらないトラブル続きがあたりまえ。子どものためにかけた（と思った）一言が逆効果！ ぎろりとにらまれてしまった…なんてことも。さらに、そんなタジタジした様子を周りの子どもに見ていたり…。思春期の子どもは体や心が急激に変化し、大人になる過程で、身近にいる大人を厳しく見ています。本書のタイトル『トラブル対処術』は絶対的な対処法ではなく、忍術のようにしなやかに対処するための術です。ぜひ、本書の忍術が先生をトラブルから遠ざけますように！ そして、トラブルが子どもたちとの関係をつくるチャンスとなりますように！
2017 127p A5 ¥1800 ①978-4-18-203927-0

◆PBIS実践マニュアル＆実践集―ポジティブな行動が増え、問題行動が激減！ 栗原慎二編著 ほんの森出版
【目次】プロローグ 日本でPBIS実践が広がるために、第1章 PBISの基礎理解、（全米に広がるPBIS、特別支援教育とPBIS、PBISのベースにある応用行動分析）、第2章 PBIS実践マニュアル（学級全体で取り組むPBIS、学校全体で取り組むPBIS、個別支援としてのPBIS）、さあ、やってみよう！ PBIS実践集（小学校 学級全体で取り組むPBIS―学級目標を活用して、だれもが安心して過ごせる学級チームづくりを、中学校 学校全体で取り組むPBIS―「だれもが行きたくなる学校づくり」を推進するPBIS、高校 PBISを活用したポジティブな学級づくり―カルテ方式で自己管理＆いいところ探し ほか）
2018.1 95p B5 ¥2000 ①978-4-86614-106-0

いじめ・不登校

◆いじめをやめさせる―指導の心得と鉄則
瀬田川聡著 明治図書出版

【要旨】いじめは犯罪である。まずは、その認識をもつことが大事です。そして、いじめられている児童生徒を徹底的に守り通すという観点をもつことから指導は始まります。
2017 204p B6 ¥1860 ①978-4-18-159919-5

◆いじめから脱出しよう！―自分をまもる方法12か月分 玉聞伸啓著 小学館
【要旨】月々の「いじめ」に最も効果的な、「自分をまもる方法」を伝えます。「もう死ぬしかない」という苦しみから抜け出せる！
2017.1 127p B6 ¥900 ①978-4-09-840176-5

◆いじめからは夢を持って逃げましょう！―「逃げる」は、恥ずかしくない「最高の戦略」 長野雅弘著 パンローリング
【要旨】もしも、我が子がいじめに巻き込まれたとしたら、どうしますか？ 教育界を代表する3人へのインタビューも掲載。
2017.6 174p A5 ¥1200 ①978-4-7759-4176-8

◆「いじめ・自殺事件」の深層を考える―岩手県矢巾町「いじめ・自殺」を中心として 増田修治著 本の泉社
【目次】第1章 岩手県矢巾町立A中学校の「いじめ・自殺事件」から学ぶ教訓と課題―「生活記録ノート」の分析・父親からの聴き取り調査・「アンケート」分析・行政と学校の聴き取り調査を通して、第2章 記者からの現地ルポ（毎日新聞元盛岡支局・二村祐士朗）、第3章 全国の「いじめ・自殺事件」から考える（毎日新聞・三木陽介）、第4章 矢巾町立A中学校の「第三者調査報告書」から見えてくること、第5章 いじめをどう見て、どう克服するか―子どものチカラに依拠していることの大切、第6章 学級崩壊からの脱却、その具体的方法、第7章 「いじめ・自殺」をなくしていくために、第8章 子どもたちの「いじめ意識」から見えてくること、付録 「いじめ発見」チェックシート及び「いじめが多い学校・クラスの特徴」
2017.8 257p B6 ¥1500 ①978-4-7807-1640-5

◆いじめに対する援助要請のカウンセリング―「助けて」が言える子ども、「助けて」に気づける援助者になるために 本田真大著 金子書房 （学校現場で役立つワーク＆事例演習）
【要旨】「相談できない心理」に焦点を当てたタイプ別いじめ問題へのアプローチ。なぜ「助けてほしい」と言えなかったのか。なぜもっと早く気づけなかったのか。深刻化するいじめの背景には、「相談すること」の難しさがあります。
2017.9 103p B5 ¥1800 ①978-4-7608-2175-4

◆いじめの正体―現場から提起する真のいじめ対策 和田慎市著 共栄書房
【要旨】教育現場に混乱と疲弊をもたらすだけの「いじめ防止対策推進法」、善悪だけでセンセーショナルに報じるマスコミ、感情的に学校と教師を追い詰める一般市民…いま本当に必要なのは、いじめの実態を踏まえた冷静な議論と実効ある対策だ。教師として、いじめに兄の人生を損なわれた被害者家族として問う、本気でいじめを克服するための「真のいじめ対策」。
2017.11 214p B6 ¥1500 ①978-4-7634-1081-8

◆いじめ・不登校・虐待から大切なわが子を守る―いま、お父さん・お母さんにできること 亀田秀子著（名古屋）三恵社
【目次】第1章 大切なわが子を守る（川崎中1殺害事件で揺れ動く保護者、川崎中1殺害事件の「いじめ」を考える ほか）、第2章 お父さん・お母さんに伝えておきたい「いじめの本質といじめの構造」（「"いじめ"ってよくわかりません」、いじめとは何か？ ほか）、第3章 もし、わが子がいじめに陥ってしまったら（不登校のきっかけはいじめだった？、不登校とはほか）、第4章 大切なわが子を虐待しないために（「最近、息子にイライラしてしまいます…」、虐待とは何かほか）
2016.12 117p A5 ¥1600 ①978-4-86487-587-5

◆「いじめ」や「差別」をなくすためにできること 香山リカ著 筑摩書房 （ちくまプリマー新書）
【要旨】自分が直面しなくても、誰かが「いじめ」や「差別」の被害にあっていると気づいた時、どうすればいいの？ 見ないふりをしないで、見ること、同意しないこと、そして、もしも被害にあったら逃げ出すことも大事!!
2017.8 170p 18cm ¥780 ①978-4-480-68988-7

◆教育カウンセラーの私が不登校のわが子を救ったたった一つの方法 杉本桂子著 コスモ21

【要旨】全国の母親に送る感動の記録！ 葛藤を乗り越え、愛する子どもたちと歩んだ2650日。
2017.12 219p B6 ¥1400 ①978-4-87795-360-7

◆現場発！ 失敗しないいじめ対応の基礎・基本 辻川和彦編著 日本標準
【要旨】予防から治療、フォローまで現場教師のいじめ対応。「場面別」「子どものタイプ別」「保護者対応」…すぐに役立つ視点が満載。
2017.3 158p A5 ¥1800 ①978-4-8208-0615-8

◆小学生のための弁護士によるいじめ予防授業 第二東京弁護士会子どもの権利に関する委員会・法教育の普及・推進に関する委員会編 清水書院 （付属資料：DVD-ROM1）
【目次】1年生 ともだちのきもちをかんがえよう、2年生 "サル"とよばないで!!、3年生 みんなちがって当たり前、4年生 「いっしょに無視しよう」と言われたら？、5年生 理由があればいじめてもいい？、6年生 みんなの力でいじめをなくせる！、いじめ予防のルールづくりについて、いじめ予防のルールづくり案、「みんなできめた、○年○組のきまりごと」、出前授業のご案内
2017.8 103p B5 ¥1500 ①978-4-389-50057-3

◆事例と対話で学ぶ「いじめ」の法的対応 大阪弁護士会、子どもの権利委員会、いじめ問題研究会編著 エイデル研究所
【要旨】弁護士がいじめ問題にどう向き合うか。「いじめ」の定義は法によって変わったのか？ なぜ第三者委員会で学校の調査報告が覆されるのか。「被害者」対「加害者」という構図の問題点。
2017.3 183p A5 ¥1800 ①978-4-87168-593-1

◆青年のひきこもり・その後―包括的アセスメントと支援の方法論 近藤直司著 岩崎学術出版社
【目次】ひきこもり問題に関する論点と本書の成り立ち、第1部 ひきこもりの概念と理解（ひきこもりの概念整理、ひきこもりの成因論、神経症とひきこもり、パーソナリティ障害とひきこもり、ひきこもりと発達障害、ひきこもりケースの包括的アセスメント Global Assessment for Social Withdrawal（GAW））、第2部 ひきこもりケースの治療と支援（治療・支援をめぐるいくつかの留意点、内的なひきこもりへの心理療法的アプローチ、ひきこもりを伴う自閉スペクトラム症とメンタライゼーションに焦点を当てた心理療法、受診・相談への動機づけと先行転移、本人が受診・相談しないケースにおける家族状況の分類と援助方針、本人は受診・相談しないケースの家族支援、幼少期・幼童期のひきこもりと家族支援、ひきこもりケースに対するアウトリーチ、困難な家族状況と危機状況における支援、ひきこもりのリスクをもつ子どもと家族への予防的早期支援、ひきこもりケースに対する地方支援と支援体制）
2017.11 222p A5 ¥2800 ①978-4-7533-1129-3

◆登校拒否・不登校問題のこれからを考えよう 全国登校拒否・不登校問題研究会、生活ジャーナル 発売
【目次】1 登校拒否・不登校問題と教育機会確保法―私たちにできることは何か、2 学校のこれから、3 私の町にもいろいろな相談・救済機関―川西市子どもの人権オンブズパーソンに学んで、4 どこまでも子ども目線で―ひよこの家の12年、5 「教育支援シート」って、どうなの？、6 子ども・若者支援地域協議会と教育機会確保法について
2017.12 106p A5 ¥500 ①978-4-88259-167-2

◆何度でもやりなおせる―ひきこもり支援の実践と研究の今 漆葉成彦、青木道忠、藤本文朗編著 （京都）クリエイツかもがわ
【要旨】いちばん悩んでいる当事者・家族・関係者を励ます本！ ひきこもりの人の数は100～300万人と言われ、まさに日本の社会問題に。ひきこもり経験のある青年、家族、そして「ともに歩む」気持ちで精神科医療、教育、福祉等の視点から支援施策と問題点、改善と充実をめざす課題を提起。
2017.5 214p A5 ¥2000 ①978-4-86342-208-7

◆不登校を直す ひきこもりを救う―原因の分析とその対処法は間違っていないか？ 三浦清一郎著 日本地域社会研究所 （コミュニティ・ブックス）
【要旨】必要なのは「耐性」と「協調性」です。家庭での親の過保護・過干渉は子どもの自立を遅らせ世間に出られない子をつくる原因です。甘やかしをやめ、不登校・ひきこもりの子どもをなくそう！
2017.6 133p B6 ¥1400 ①978-4-89022-197-4

◆不登校を乗り越えるために―親として何ができるか 高賢一著（金沢）北國新聞社出版局
【要旨】解決策は必ずあります。中高校で30年間、スクールカウンセラー、親の会のアドバイザーとして不登校と向き合ってきた専門家が具体策を示す。
2017.9 183p B6 ¥1111 ①978-4-8330-2116-6

◆不登校から脱け出した家族が見つけた幸せの物語 菜花俊著 青春出版社
【要旨】子どものために、あなたのために…1万組以上の親子を支援してきた著者の元に届いた涙と笑顔の体験記。ロングセラー『不登校から脱け出したった1つの方法』の体験報告版。
2017.10 239p B6 ¥1380 ①978-4-413-23058-2

◆不登校生が再生するアメージングスクール 後藤康夫著 日興企画
【目次】第1章 なぜ不登校の問題が生まれるのか（社会的な要因、教育体制の要因 ほか）、第2章 学校生活において求められるEQ能力（再教育・再開発が重要になるEQ能力の5つの領域、学校生活において求められる6つのEQ関連能力）、第3章 EQ能力の再教育・再開発をめざすCMBの挑戦（「特効薬」はない。粘り強く取り組むことが大切、あずさ第一高等学校と連携し、高校卒業資格も同時取得できる ほか）、第4章 卒業生が語る「私たちの成長のプロセス」（ケース1（ASさんの場合）―多様なバックグラウンドの生徒と話す中で「聞いてくれてありがとう」といわれることがうれしくて心理カウンセラーをめざしたいという夢が生まれました。ケース2（AOさんの場合）―欠席が続いても、悩みが生じるたびに、先生方に相談したくなり学校をやめようと思ったことはありません。社会人としての心構えを指導してもらえたことにも感謝しています。 ほか）
2017.7 150p B6 ¥1200 ①978-4-88877-670-7

◆不登校生が自然な笑顔をとりもどすとき―「学級復帰」への処方箋宝箱 堀江晴美著 学びリンク
【要旨】具体的な手立てや方法論、発想なしに、不登校の子どもたちを救うことはできない。原因を探り心の支援を。
2017.12 191p B6 ¥1200 ①978-4-908555-14-5

◆不登校とは何であったか？―心因性登校拒否、その社会病理化の論理 藤井良彦著 社会評論社
【要旨】「不登校」現象とはあたかも心因性登校拒否が脱病理化されたかの如く錯覚することで現出する仮象に他ならず、「不登校」問題とはそうした仮象を仮象と錯覚することにより生じる疑似問題である。思い切って言えば、私は「どの子どもにも起こりうるもの」とされ没個性化された「不登校の子ども」よりも、かつての医学論文に「症見」として出てくる「学校恐怖症」児たちの方に親しみを感じる。彼らには「分裂気質」が、「変り者同一性」があったりする。しかし、「不登校の子ども」には何もない。
2017.5 303p A5 ¥2600 ①978-4-7845-1735-0

◆不登校にありがとう―不登校の子どもたちと向き合って分かった子育ての真実 酒井秀光著 サイゾー
【目次】1章 不登校ってなんだろう（不登校の子どもと親に寄り添う、不登校の背景、不登校は悪いことではない）、2章 不登校の本質を理解する（不登校のさまざまな形、貧困による不登校、発達障害を抱える不登校の子どもを理解するために）、3章 不登校が育てていた（この学園こそが天命、先輩たちの体験談、先輩たちの座談会）、4章 肯定編（私の肯定的子育て、挑戦・謙虚・感謝、勇気を持って変えよう）、5章 不登校にありがとう（夫婦間の仲、親と子の関係を見直す、よりよい未来の創り方、不登校に「ありがとう」と言える未来へ）
2017.2 206p B6 ¥1400 ①978-4-86625-082-3

◆不登校の子どもの心とつながる―支援者のための「十二の技」 吉井健治著 金剛出版
【要旨】「不登校」には子どもの数だけ理由があり、原因は一つでもなく、子どもとの「接し方」に唯一の正解はない。しかし子どもをなんとか助けたいと望む親や教師が参考にできる、心理的支援の専門家が培ってきた「技」がある。本書第1部では、日々不登校の子どもたちと接してきた臨床家が、イメージを膨らませ、理解の間口を広げ、苦しいこころを受けとめて、子どもと支援者がともに機会をとらえて歩き出すための指針を「十二の技」として解説した。第2部

学校教育　　　　　　　　　　　　　　712　　　　　　　　　　　　　　BOOK PAGE 2018

は、子どもたちへの多様な支援のあり方、不登校理解の鍵となる概念についての調査研究を集めた。
　　　　2017.4 214p A5 ¥3200　①978-4-7724-1547-7

◆**不登校の子どもへのつながりあう登校支援—対人関係ゲームを用いたシステムズ・アプローチ**　田上不二夫著　金子書房
【要旨】日本の子どもにとっていつから学校は行かなければならない場所になったのか。不登校問題の推移と教育相談で行われてきた援助をたどるとともに、子どもが登校したくなる学校づくりで不登校の予防を提唱。
　　　　2017.1 136,6p B6 ¥1600　①978-4-7608-3264-4

◆**不登校の本質—不登校問題で悩める保護者の皆さんのために**　小野昌彦著　風間書房
【要旨】現在不登校の子どもたちは、全国の小・中学校で約12万人と年々増加の一途をたどっている。本書は不登校に悩む保護者の皆さんに、著者30年間にわたる研究成果をもとに、不登校問題解決に向けた考え方・方法を丁寧に解説し、今後の提言を示す。
　　　　2017.8 333p A5 ¥900　①978-4-7599-2189-2

◆**不登校は必ず減らせる—6段階の対応で取り組む不登校激減法**　市川千枚,工藤弘著　学事出版
【目次】第1章「不登校激減法」8つのポイント、第2章 これまでの不登校指導の問題点と「不登校激減法」の導入、第3章 不登校・登校しぶりが起きてきたときの6段階対応法、第4章 相談室での取り組み、第5章 クラス復帰のプロセスを可視化する、第6章 全教職員による全校指導体制を構築する、第7章 不登校・登校しぶりが起きるのを予測する、第8章 登校しぶりを未然防止する学級づくり
　　　　2017.11 142p B6 ¥1400　①978-4-7619-2375-4

◆**保護者はなぜ「いじめ」から遠ざけられるのか**　平塚雅弘著　太郎次郎社エディタス
【要旨】毎年のいじめ調査・対策とは何か。なぜ紋切り型の記者会見がくり返され、保護者が知りたいことは霧の中に残されるのか。
　　　　2017.3 182p B6 ¥1400　①978-4-8118-0821-5

カウンセリング

◆**石隈・田村式援助シートによる子ども参加型チーム援助—インフォームドコンセントを超えて**　田村節子,石隈利紀著　図書文化社
【目次】第1章 子ども参加型チーム援助とは（子どもの学校生活の質の向上をめざして、子ども参加型チーム援助の「提案」、子ども参加型チーム援助のねらい）、第2章 子ども参加型チーム援助の進め方（子ども参加型チーム援助の進め方とは、子どものWANTSとNEEDSのアセスメント、子ども参加型援助の進め方、援助がうまくいくための4つの要素、援助がうまくいかないときに）、第3章 子ども参加型チーム援助の事例（「三次的援助サービス」で不登校になったヒナタへの援助—「子ども参加型援助チーム」、一・二次的援助サービス」勉強のやる気が出ないタケルへの援助—WANTSシートの活用事例）、第4章 ロールプレイを用いた研修（ロールプレイを用いた研修の目的、ロールプレイを用いた研修の手順）、巻末付録 子どもの学校生活の質を向上させるツール
　　　　2017.4 124p B5 ¥2400　①978-4-8100-7685-1

◆**学校ですぐに実践できる 中高生のための"うつ予防"心理教育授業**　下山晴彦監修,堤亜美著　（京都）ミネルヴァ書房
【要旨】スクールカウンセラー・教員必携！近年、子どものうつ病が注目されており、とくにリスクの高い中学・高校生への教育現場でのうつ予防の実践が急務であるといえます。本書は、中高生対象のうつ予防心理教育プログラムを、その有効性のエビデンスも含めて紹介しています。具体的なことばかけ・生徒とのやりとりもふくめた授業の実践例や使用する教材を詳しく示しており、学校現場ですぐに実践できます。
　　　　2017.10 165p B5 ¥2200　①978-4-623-08110-3

◆**学校メンタルヘルスハンドブック**　日本学校メンタルヘルス学会編　大修館書店
【要旨】子どもと教師の"心の健康"を守るために。　2017.9 335p A5 ¥4300　①978-4-469-26828-7

◆**グループの中に癒しと成長の場をつくる—葛藤を抱える青少年のためのアドベンチャーベースドカウンセリング**　ジム・ショーエル,リチャードS.メイゼル著，坂本昭裕監修，プロジェクトアドベンチャージャパン訳　みくに出版
【目次】序章 アドベンチャーベースドカウンセリングとは、第1章 アドベンチャーベースドカウンセリングの小史、第2章 基盤（ベッドロック）、第3章 アドベンチャーにおけるA・B・C、第4章 フルバリューと行動、第5章 アセスメント、第6章 インテイクアセスメント、第7章 進行中のグループアセスメント、第8章 リーダーシップアセスメント、第9章 活動の選択と決定についてDecision Tree、第10章 アドベンチャーウェーブ、第11章 ブリーフィング、第12章 実体験（doing）、第13章 ディブリーフィング（ふりかえり）
　　　　2017.7 503p A5 ¥4000　①978-4-8403-0666-9

教科・学習指導

◆**アクティブな学びを創る授業改革—子供が生きる主体的・協働的な学習**　西留安雄著　ぎょうせい
【要旨】「主体的・対話的で深い学び」を実現する授業づくりの指南書！1時間の授業の創り方が分かる—新教育課程に対応したこれからの学習過程。教師の役割を担わせる「プロフェッショナル・ティーチャーズ・ノート」。子どもが自ら学べる学習の手引き「まなブック」。アクティブ・ラーニングで学ぶ力を伸ばす発想と手法を凝縮！
　　　　2017.4 192p B5 ¥2200　①978-4-324-10190-2

◆**アクティブ・ラーニングを超えていく「研究する」教師へ—教師が学び合う「実践研究」の方法 教師の資質・能力を高める！**　石井英真編著　日本標準
【要旨】専門職としての新たな教育文化の創造を！教師が学び合う「実践研究」の方法。
　　　　2017.3 199p A5 ¥2400　①978-4-8208-0612-7

◆**アクティブ・ラーニングをサポートする！学校図書館活用プロジェクト掲示ポスター&ポイントシート事典**　井上一郎編著,古川元視著　明治図書出版
【要旨】子どもがやる気になる掲示づくりに役立つ！ポスター&シートが満載！読解力アップにつながる！図書館での調べ学習にも大活躍！
　　　　2017 135p B5 ¥2860　①978-4-18-218513-7

◆**アクティブ・ラーニングをサポートする！小学校教室掲示ポスター&言語能力アップシート事典**　井上一郎編著　明治図書出版
【要旨】子どもがやる気になる掲示づくりに役立つ！ポスター&シートが満載！思考力・判断力・表現力がのびる！すべての授業で使える！
　　　　2017 141p B5 ¥2900　①978-4-18-218419-2

◆**アクティブ・ラーニングが絶対成功する！小・中学校の家庭学習アイデアブック**　田中博之編著　明治図書出版
【要旨】子どもが主体的・協働的に家庭学習に取り組むアンケートやレーダーチャートを一挙公開！！
　　　　2017 159p A5 ¥2100　①978-4-18-149417-9

◆**アクティブ・ラーニング 授業改革のマスターキー**　大杉昭英著　明治図書出版
【要旨】初等中等教育の専門家が語る「深い学び」を実現する授業改革の鍵はこれだ。「見方・考え方」を働かせた学びと各教科における アクティブ・ラーニング。資質・能力目標と学習評価の考え方。　2017 131p A5 ¥1800　①978-4-18-124116-2

◆**アクティブラーニング入門 2「主体的・対話的で深い学び」をどう実現するか**　小林昭文著　産業能率大学出版部　（付属資料：DVD1）
【要旨】画期的な高校物理授業を開始してから10年。最初から「対話力の向上」を目標にしていた授業は、期せずして文部科学省が提示した「主体的・対話的で深い学び」を実現していた。その事実と成果に基づく授業改善方法を伝授。
　　　　2017.7 131p B6 ¥1700　①978-4-382-05747-0

◆**アクティブ・ラーニングのゼロ段階—学級集団に応じた学びの深め方**　河村茂雄著　図書文化社
【目次】第1章 これからの学力は学級集団（コンピテンシーを意図的に育てる時代が来た、アクティブ・ラーニングのゼロ段階）、第2章 実践！マイ・ベストのアクティブ・ラーニング（自治性が低い学級集団で、自治性が中程度の学級集団で、自治性が高い学級集団で、自治性がとても高い学級集団で）
　　　　2017.3 70p A5 ¥1200　①978-4-8100-7689-9

◆**「アクティブ・ラーニング」のための表現力育成10のポイント 中学年編**　白石範孝,佐々木昭弘,夏坂哲志共著　学校図書　（レベルアップ授業力—国語 理科・生活 算数）（付属資料：DVD1）
【要旨】「思考力・判断力」は表現活動を経て鍛えられる。「表現力」を「資質・能力」の最も中核となる力と捉え授業映像と併せて10のポイントを提案する。
　　　　2017.7 197p A5 ¥2000　①978-4-7625-0557-7

◆**アクティブ・ラーニングの評価がわかる！**　西川純著　学陽書房
【要旨】現場で使えるシンプルな方法で、子どもの学びを深めるために！目標と評価基準の一致、評価基準を事前に子どもたちに公開することなど、子ども自身が主体となり、子ども自身の判断で学びを進めるための評価のあり方を明確に提言！
　　　　2017.1 106p A5 ¥1800　①978-4-313-65325-2

◆**新しい教育課程におけるアクティブな学びと教師力・学校力**　無藤隆著　図書文化社　（教育の羅針盤 5）
【要旨】先行きが見通せない時代の学校教育に求められる役割とは。改訂のキーマンが語る、新しい教育課程の基本構想と、学校・教師への期待。　2017.8 269p B6 ¥1800　①978-4-8100-7695-0

◆**新しい特別活動の指導原理**　山崎英則,南本長穂編著　（京都）ミネルヴァ書房
【要旨】「行ってきます」から「ただいま」まで。「特別活動」の考え方、目的と内容、他教科との関連について解説。理論と歴史、これからの特別活動のあり方にも入れる。
　　　　2017.2 217p A5 ¥2400　①978-4-623-06180-8

◆**あの学校が生まれ変わった驚きの授業—T中学校652日物語**　木原雅子著　（京都）ミネルヴァ書房
【要旨】学力が上がった！問題行動が減った！信頼関係が生まれた！WYSH教育（「どう生きるか」を考える教育）ってなに？生徒も、先生も、保護者も、学校も、変わることができる。
　　　　2017.7 180p B6 ¥1800　①978-4-623-08093-9

◆**いつでも・だれでも・どこでもNIE—楽しく気軽に出来る授業づくりのヒント**　平石正志監修,碧南市立西端小学校著　明治図書出版
【要旨】これからの子ども主体の学びを支えるものとして、新聞はまたとない教材です。新聞比較によるリテラシー向上や、社会を見る目、「見方・考え方」を育てる題材となります。NIEの授業には、こうでなければならないといったものはありません。記事の部分だけが教材になるのではなく、コラムや投書欄、四コママンガや広告、写真、それからテレビ欄など、新聞のあらゆる部分を教材にしていくことができるのです。本書では、それらを取り入れたNIE授業づくりの基礎・基本と魅力的な授業モデルを、豊富に紹介しています。
　　　　2017 94p B5 ¥1460　①978-4-18-095716-3

◆**今すぐ出来る！全校「学び合い」で実現するカリキュラム・マネジメント**　西川純著　明治図書出版
【要旨】カリキュラム・マネジメントという言葉は、アクティブ・ラーニングと違って今までも使っていた言葉です。本書では、このカリキュラム・マネジメントを実現するために、全校「学び合い」というアクティブ・ラーニングを提案しています。
　　　　2017 167p A5 ¥1900　①978-4-18-128316-2

◆**岩田健小学校劇脚本集—指導者の劇作り入門**　岩田健市,吉岡正紘,近藤由紀彦,山内慶太編　慶應義塾大学出版会
【要旨】慶應義塾幼稚舎で演劇部を創設し、学校劇作家・彫刻家として活躍した岩田健の小学校劇の脚本を一冊に集成。「演出のポイント」「学校演劇・舞台美術担当者の心得十か条」など、長年学校劇現場で脚本・演出・衣装・照明の全てを実践してきた著者ならではの視点を豊富に掲載、指導者への劇作り入門として最適な構成となっている。生徒の芸術的な創造性を伸ばすことを常に心がけていた著者によるエッセイを付す。脚本の視点と重なる母親像や子ども

像など著者の彫刻作品を随所に掲載。
2017.9 291p A5 ¥3000 ⓘ978-4-7664-2442-3

◆インクルーシブ教育システム構築に向けた地域における体制づくりのグランドデザイン―文部科学省モデル事業等の実践を通じて 国立特別支援教育総合研究所編著 東洋館出版社
【目次】1 研究の概要（研究の全体構想、研究目的及び意義 ほか）、2 インクルーシブ教育システムをめぐる国の動向と本研究の位置づけ（インクルーシブ教育システム構築に向けての国の動き、文部科学省モデル事業とデータベースについて ほか）、3 体制づくりに重視すべき内容の検討（現状と課題の把握）（平成25年度早期からの教育相談・支援体制構築事業実施地域及び、平成25年度特別支援学校機能強化モデル事業実施地域への実地調査、平成25年度文部科学省インクルーシブ教育システム構築モデル事業「モデルスクール」への合理的配慮等に関する実地調査 ほか）、4 インクルーシブ教育システム構築に向けた体制づくりに重視する内容（グランドデザイン）（インクルーシブ教育システム構築に向けてのビジョン、行政の組織運営に関すること ほか）、5 総合考察
2017.7 107p B5 ¥2500 ⓘ978-4-491-03374-7

◆インクルーシブ教育システム構築のための学校における体制づくりのガイドブック―全ての教員で取り組むために 国立特別支援教育総合研究所編著 東洋館出版社
【目次】1 研究の概要（問題と背景、研究目的及び意義、研究計画・方法 ほか）、2 学校における体制づくりに関して重視すべき内容の検討（地域（市町村）における体制づくりに向けたグランドデザインから、研究協力機関への訪問調査及び研究協議会における検討）、3 学校における体制づくりのガイドラインのまとめ（ガイドライン（試案）の趣旨、ガイドライン（試案）の構成、学校における体制づくりのガイドライン（試案））、4 総合考察、研究体制
2017.7 86p B5 ¥2000 ⓘ978-4-491-03373-0

◆インタラクティブ・ティーチング―アクティブ・ラーニングを促す授業づくり 栗田佳代子、日本教育研究イノベーションセンター編著 河合出版
【要旨】「インタラクティブ・ティーチング」とは、学習者の主体的な学びを引き出し、これを支え、促進することを目的に掲げ、学習者相互および学習者・教授者間の教育的コミュニケーションを重視した教え方のことです。オンライン講座「インタラクティブ・ティーチング」では、特に「教える力」の向上に繋がるような実践性を重視し、ナレッジ、スキル、ストーリーという三つのセッションで構成されたコンテンツを提供しています。本書は、この構成を忠実に再現すると同時にこれに加筆し、「アクティブ・ラーニングを学習活動にいかに組み込めばよいのか」という、教育観のパラダイム・シフトを背景とした喫緊の教育課題に対応した内容で構成されています。
2017.2 233p B5 ¥2500 ⓘ978-4-7772-1794-6

◆遠隔学習のためのパソコン活用 秋光淳生、三輪眞木子編著 放送大学教育振興会、NHK出版 発売（放送大学教材）改訂版
【目次】パソコンの基本操作、インターネットのしくみとWebの活用、インターネットを利用した学習、電子メールのしくみと利用、セキュリティと情報倫理、ソーシャルネットワークの学び、図書館の利用方法、電子情報源の利用方法、表計算の基本、図表作成の技法、文書作成の基本、文書作成の技法、プレゼンテーションの基本、プレゼンテーションの技法、パソコンを今後の教育にどう生かすか
2017.3 269p A5 ¥3000 ⓘ978-4-595-31738-5

◆「追い込む」指導―主体的な子どもを育てる方法 楠木宏著 東洋館出版社
【要旨】学級も授業も指導のコツは"逃がさない"。子どもの集中力を最大限に高めるテクニックが満載！
2017.3 167p B6 ¥1800 ⓘ978-4-491-03338-9

◆大村はまの「学習の手びき」についての研究―授業における個性化と個別化の実現 若木常佳著 風間書房
【目次】序章 研究の目的・方法・意義、第1章 学校における授業が抱える課題と改善の道筋、第2章 大村はまの国語科単元学習、第3章 大村はまの「学習の手びき」の実際と分析1―通覧、第4章 大村はまの「学習の手びき」の実際と分析2―詳覧、第5章 授業における個性化と個別化の

実現に向けて、結章 研究のまとめ
2016.12 349p A5 ¥8500 ⓘ978-4-7599-2158-8

◆「教えない授業」から生まれた英語教科書魔法のレシピ―アクティブ・ラーニングかんたんガイド 山本崇雄著 三省堂
【目次】第1章 教科書の導入（写真・イラストを調理―Guess Work、本文を調理して問いを作る―Big Question ほか）、第2章 教科書の理解を深める（本文を4分割に調理―Jigsaw Reading、本文を万能のワークシートに調理―Sight Translation ほか）、第3章 教科書をアウトプットする（教科書をアウトプットに調理―Oral Presentation、Explanation+One Activity）、第4章 教科書での学びを評価する（振り返りシート、定期考査）、第5章 入試を突破する力をつけさせる
2017.8 120p 19×26cm A5 ¥1900 ⓘ978-4-385-36136-9

◆外国につながる子どもたちと教育―「内なる国際化」に対応した人材の育成 明治学院大学教養教育センター・社会学部編 （大阪）かんよう出版（明治学院大学教養教育センターブックレット）
【目次】第1部 プロジェクト報告（2016年度の活動報告、「外国につながる子どもたちとの教育」を考える、難民の子どもたちのための夏休み学習支援教室一大学キャンパス内で学びに関わる試み）、第2部 映画上映会＆トークセッション報告（日本とガーナの狭間で思うこと）、第3部 シンポジウム報告（グローバル社会を生きる移民の子どものエンパワメント―アメリカのNPOの取り組みから、「手を洗ったら、体からタオルを取りに行ってね」が示した問題、外国につながる子どもたちを支える―多様性が豊かさとなる未来を目指して）
2017.3 102p A5 ¥1000 ⓘ978-4-906902-84-2

◆科学性の芽生えから問題解決能力育成へ―新学習指導要領における資質・能力の視点から 小林辰至、大澤力編著 文化書房博文社
【要旨】中央教育審議会答申で示された学習指導要領等の改善の理念を幼児教育、生活科教育、理科教育においてどのように具現化するかについて、問題解決・探究能力の育成の観点から提案する。
2017.5 134p A5 ¥2000 ⓘ978-4-8301-1295-9

◆学習指導要領の改訂に関する教育方法学的検討―「資質・能力」と「教科の本質」をめぐって 日本教育方法学会編 図書文化社（教育方法 46）
【要旨】学習指導要領の改訂をめぐって、「学習指導要領のあり方」そのものを原理的に問いなおしながら、教育実践の方向性を「教育のスタンダード化」にかかわって具体的に検討！
2017.10 167p A5 ¥2600 ⓘ978-4-8100-7697-4

◆「学習成果の高い授業」に求められる戦略的思考―ゲーム理論による「優れた教師」の実践例の分析 山口孝治著 （京都）佛教大学、（京都）ミネルヴァ書房 発売（佛教大学研究叢書）
【目次】第1章 教師の実践的思考様式としての戦略的思考（実践的思考様式と戦略的思考、教授戦略が授業に及ぼす影響、戦略的思考解明への道程、態度理論とゲーム理論）、第2章 戦略的思考から教授戦略へ―ゲーム理論に基づく思考の分析過程（「非協力ゲーム」の2つの表現様式と体育授業への援用、「優れた教師」の創造を紐解く鍵―6つの教授戦略、授業における教師の教授戦略の構造、戦略的思考からみた「優れた教師」のモデル）、第3章 「優れた教師」はどのような教授戦略を発揮しているのか（「優れた教師」の選定と学習成果の測定、「優れた教師」の教授戦略の共通性と異質性、教授戦略を発揮するその実践的知識、教授戦略を読み解く一教授戦略の観察・分析から）、第4章 教師の戦略的思考をいかにして高めるか―介入・実験授業の試みから（「見込みのある教師」の教授戦略の分析―4つの知識の階層構造と各々の教授戦略の分析を基に、「見込みのある教師」の教授戦略の変容、教師の戦略的思考を高めるには、介入・実験授業がもたらしたもの）、第5章 「優れた授業」の創造に求められる戦略的思考（教授戦略の分析からみえてきたもの、教授戦略のコンビネーション一順列戦略の発揮、さらなる教授戦略の追求がもたらす可能性）
2017.2 232p B5 ¥7000 ⓘ978-4-623-07931-5

◆学生を自己調整学習者に育てる―アクティブラーニングのその先へ L.B.ニルソン著、美馬のゆり、伊藤崇達監訳 （京都）北大路書房
【目次】自己調整学習とは何か、学習をどう促すか、コースの開始時点から自己調整学習を促す、

読む、見る、聞くことの自己調整、実際の講義における自己調整学習、メタ課題による自己調整学習、試験と小テストによる自己調整学習、タイミングの異なる自己調整学習の活動、自己調整的な行動を促す、自己調整学習を取り入れたコースの終わり方、成績評価を行うべきか？あるいは別の方法は？、自己調整学習をコースデザインに統合するように計画すること、統合されたコースのモデルと学生にもたらす効果
2017.7 199p A5 ¥2400 ⓘ978-4-7628-2978-9

◆「カゲロウデイズ」で中学生からの勉強法が面白いほどわかる本 じん（自然の敵P）原作、しづ、わんにゃんぷー キャラクター原案、あさひまち漫画・イラスト、清水章弘監修、沖元友佳構成協力 KADOKAWA（付属資料：特製ミニノート；特製スタディ管理シート；カバー裏ポスター）
【要旨】勉強する意味と勉強のやり方がすぐわかって、一生役立つ！超人気参考書シリーズ！
2017.6 229p B6 ¥1300 ⓘ978-4-04-601884-7

◆学校発・ESDの学び 手島利夫著 教育出版
【要旨】カリキュラムマネジメント、チーム学校、主体的・対話的で深い学び、協働、問題解決、そして、学力向上。この本には、すべてある。
2017.12 191p A5 ¥1800 ⓘ978-4-316-80473-6

◆葛藤を組織する授業―アナログな知性へのこだわり 服部進治著 同時代社
【要旨】社会科の授業はドラマである―。「正解」を瞬時に得て、「すっきり」する授業ではなく生徒たちの心の記憶に、このテーマはこれからも考えてみる、と感じ取ってもらう授業を目指したい―。得難にした社会科教師が生徒に「問いかける」教育実践。
2017.4 205p B6 ¥1500 ⓘ978-4-88683-815-5

◆カリキュラム・マネジメント入門―「深い学び」の授業デザイン。学びをつなぐ7つのミッション 田村学編著 東洋館出版社
【目次】01 カリキュラム・デザインが創造する「主体的・対話的で深い学び」（「社会に開かれた教育課程」の下で「育成を目指す資質・能力」、「アクティブ・ラーニング」の視点による授業改善 ほか）、02 1年を通して「深い学び」をデザインする（生活科や総合的な学習の時間を中核とした年間カリキュラムの必要性、子供が出会う対象の吟味や検討 ほか）、03 カリキュラム・マネジメントの実際（体験と言語をつなぐ、単元をつなぐ ほか）、04 世の中ひとつなぐ（世の中とつなぐ、管理職のマネジメント ほか）
2017.3 252p B5 ¥2500 ⓘ978-4-491-03320-4

◆カリキュラム・マネジメントの考え方・進め方―キー・コンピテンシーを育てる学校の教育課程の編成と改善 加藤幸次著 （名古屋）黎明書房
【要旨】"社会に開かれた教育課程"をめざし、次期学習指導要領に導入される、学校が地域社会と連携・協働して「学校の教育課程（カリキュラム）」を編成し、授業の実践、評価、改善を行う、「カリキュラム・マネジメント（教育課程経営）」の考え方・進め方を詳述。グローバル時代に必要な「生きる力」としての「資質・能力（コンピテンシー）」を育成するためのカリキュラム編成の方法や、カリキュラム・マネジメントと連動した「主体的・対話的で深い学び（アクティブ・ラーニング）」の実現方法などについても解説。
2017.4 190p A5 ¥2400 ⓘ978-4-654-01940-3

◆器械運動 1 尾西奈美、小堀秀之著 文化書房博文社
【要旨】1 器械運動の変遷、2 器械運動の特性、3 各種目の運動特性、4 器械運動の基本用語、5 各種目の用語例、6 練習上の注意、7 学習指導要領の要点、8 器械運動例示技一覧表、9 各種目の運動内容と指導の要点（マット運動、鉄棒運動、跳び箱運動、平均台運動）、10 教員採用試験問題、11 参考文献
2017.5 109p B5 ¥2000 ⓘ978-4-8301-1297-3

◆9割の先生が知らない！すごい板書術 栗田正行著 学陽書房
【要旨】時代はアクティブ・ラーニングへ！時代に合わせて板書も変わる！「必ずおさえたい板書の基本」から「アクティブな授業をつくる板書のコツ」まで、イラストを交えてわかりやすく紹介！授業がどんどん活性化する板書アイデアが満載！
2017.7 115p A5 ¥1800 ⓘ978-4-313-65339-9

◆教育実践基礎論―アクティブ・ラーニングで学ぶ 吉田卓司著 （大津）三学出版

学校教育

【目次】序章 教育実践の基礎・基本を考える、第1章 体罰を考える、第2章 いじめを許さない、第3章 生と死をどう伝えるか、第4章 不登校は悪くない?、第5章 セクシュアル・アクシデントと性教育、第6章 問題行動と「チームとしての学校」、第7章 校則違反と懲戒処分、補章 教員採用試験から見た「求められる教師像」、資料編
2017.5 158p A5 ¥2000 ①978-4-908877-08-7

◆**教育のためのICT活用** 中川一史、苑復傑編著 放送大学教育振興会、NHK出版 発売 (放送大学教材)
【目次】オリエンテーション及び初等中等教育におけるICT活用の考え方、初等中等教育におけるICT活用―知識・理解・技能、初等中等教育におけるICT活用―思考・表現、障害のある子どもの教育とICT活用、初等中等教育におけるICT活用に関する教員研修、初等中等教育における社会教育、高等教育におけるドイツ放送大学・インターネット大学、大学の授業とICT活用、開放型授業とMOOC、高等教育における障害学生支援とICT活用、海外の高等教育における障害者支援とICT、高等教育における学習コンテンツ、オンライン教育とICT活用、現代社会の教育要求とICT活用
2017.3 259p A5 ¥2900 ①978-4-595-31741-5

◆**教育方法と授業の計画** 田中耕治編著、高見茂、田中насилие、矢野智司監修 協同出版 (教職教養講座 第5巻)
【目次】第1章 教育方法をめぐる現代的課題、第2章 教育方法の論点、第3章 めざすべき学力像、第4章 授業の設計、第5章 総合学習の展開、第6章 教育評価の考え方と進め方、第7章 学級経営、第8章 教育方法の歴史的遺産
2017.3 214p A5 ¥2200 ①978-4-319-00326-6

◆**教科教育研究ハンドブック―今日から役立つ研究手引き** 日本教科教育学会編 教育出版
【目次】教科教育研究の目的と意義、第1部 学問としての教科教育学 (教科教育学の歴史と成立、教科教育学とその課題、教科教育学の研究 ほか)、第2部 教科教育学の研究方法 (教科教育研究とその方法、質的研究としての教科教育研究、量的研究としての教科教育研究 ほか)、第3部 教科教育学の研究領域 (教科教育の歴史研究、教科教育の目標研究、教科教育の内容研究 ほか)
2017.3 213p A5 ¥2400 ①978-4-316-80434-7

◆**教科教育におけるESDの実践と課題―地理・歴史・公民・社会科** 井田仁康編 古今書院
【目次】ESDの系譜、第1編 教科教育におけるESD (教科教育としてのESD授業開発の手法、高等学校「地理総合」における防災教育の展開と特質、広島県におけるESD実践の展開と身近な地域の調査を通した地理教育におけるESDの可能性、ESDとしての「世界記憶遺産」、過去を通して未来を構想する社会科歴史学習の課題とその展望、歴史学習にみるESDとしての近代社会像の探究、法教育における公正に対するものの見方や考え方の育成、グローバル・ガヴァナンス論の現在、社会科における持続可能な社会づくりに向けた社会認識の形成、公民教育とESD、ESDの態度目標と授業づくりの視点)、第2編 海外におけるESD (ポルトガルにおけるESDの展開と地理教育、Teaching Geography in England "in this day and age"、Geography and Sustainability Education in Finnish Schools、Geography Education for Sustainable Development、ESD in Geography in Singapore、IGU地理教育国際憲章2016 (全訳)、ESDの展望)
2017.3 297p A5 ¥7500 ①978-4-7722-3185-5

◆**教科書にでてくるおはなし366** WAVE出版編 WAVE出版
【要旨】今まで教科書でとりあげられた物語・テーマを366個厳選。1日1つ、1年読めば、本物の知識が身につきます!
2017.3 439p 25×19cm ¥3800 ①978-4-87290-891-6

◆**教科書にでてくるおはなし366―国語の名作から、算数のルール、理科のふしぎ、社会のしくみまで** WAVE出版編 WAVE出版 新装版
【要旨】教科書には、長い時間の中でもれず、今まで残ってきたおはなしや情報が、厳選されています。教科書は知識の宝庫なのです。本書では、最後のあらゆる名作から、物語やテーマを366個、さらに厳選して掲載しています。1日1つの物語やテーマをとりあげています。読むのにかかる時間は、およそ3分。国語・算数・理科・社会・音楽・美術・家庭科・保健体育―ほぼすべての教科を網羅していますので、1冊読めば、本物の教養がまるごと身につきます。
2017.10 177p 24×19cm ¥2000 ①978-4-86621-021-6

◆**教科のプロが教える「深い学び」をうむ授業づくりの極意** 二瓶弘行、梅澤真一、山本良和、鷲見辰美、高倉光弘、笠雷太、横山みどり、平川譲、荒井和枝、加藤宣行著 東洋館出版社
【要旨】筑波大学附属小10人の先生から学ぶ主体的・対話的で深い学びの授業とは?
2017.8 177p B5 ¥2100 ①978-4-491-03389-1

◆**教科の本質を見据えたコンピテンシー・ベイスの授業づくりガイドブック―資質・能力を育成する15の実践プラン** 奈須正裕編著 明治図書出版
【要旨】「見方・考え方」を働かせ主体的・対話的で深い学びを実現する授業例を収録!
2017.8 127p B5 ¥2200 ①978-4-18-230924-3

◆**教室は楽しい授業でいっぱいだ―子どもと創る"心はずむ"学びの世界** 山﨑隆夫著 高文研
【要旨】私のクラスの子どもたちと、私のクラスにしか生まれない授業を生みだしていこう。
2017.3 237p B6 ¥1700 ①978-4-87498-613-4

◆**教師のための叱らない技術―コーチングを生かして子どもを育てる** 庄子寛之、原潤一郎著 明治図書出版
【要旨】現場教師とプロコーチがコラボした!「叱りたくないのに、気がつけば怒鳴り声をあげていた…」「「ダメでしょ!」が口ぐせに…」そんな毎日が変わります!コーチング理論をもとにした叱り方のポイント。日常のさまざまな場面での叱らない技術。これらについて、現場教師とプロコーチがコラボしながら解説。アドラー心理学をベースに、コーチングの手法で子どもを叱らずに伸ばす技術がつまっています!
2017 143p A5 ¥1860 ①978-4-18-200215-1

◆**教師のための地図活―地図帳・地球儀・防災・観光の活かし方** 寺本潔著 帝国書院
【目次】1章 2009年度・2010年度 新学習指導要領が求める地図帳の活用 (3年生の地図指導は方位→距離→縮尺→記号の順で教えよう、4年生の地図指導は水・ごみ学習→県学習でダブル活用を ほか)、2章 2011年度 子どもたちの地図活用能力を育てよう (3年社会科プレ地図帳の指導をどうするか→短冊地図→真上から→地図記号の3ステップ、地図が育む言葉の力―空間認識の伝達方法を考える ほか)、3章 2012年度 日本・世界の社会科教室から (位置の学習を重視するアメリカ合衆国の小学校地理、旅行を題材に取り入れた英国の小学校地理 ほか)、4章 2013年度・2014年度 防災と地図 (学区点検歩き+防災マップづくりでチャレンジしよう、避難判断学習+避難路地図づくりで防災力アップ ほか)、5章 2015年度・2016年度 社会科・観光の授業 (資源を見るまなざしの育成を、県の観光地+行動を表す動詞="旅の楽しみ方"を考える授業 ほか)
2017.4 77p B5 ¥1500 ①978-4-8071-6339-7

◆**クラスで楽しくビジョントレーニング―見る力を伸ばして学力&運動能力アップ!** 北出勝也編著 図書文化社
【要旨】楽しく、短時間で、手軽に!今日からできるビジョントレーニングのノウハウと実践例が満載。
2017.5 175p B5 ¥2200 ①978-4-8100-7694-3

◆**グローバル時代の対話型授業の研究―実践のための12の要件** 多田孝志著 東信堂
【要旨】グローバル化時代・異質な文化、価値観を持つ人々との共生の時代のための人間形成にわが国の教育はいかに資するか。教員としても経験豊富な著者は、授業理論のみならず授業としての実践面における検証にも注力し、教員としての上からの「教示」ではなく、「対話」を教員と学生、学生間、さらには自己内の「対話」に"多文化共生"への活路を見出す。「多文化共生」の人間形成理論と授業実践を架橋した対話型授業論の有効性を立証した本書により、教育研究者はじめ小・中・高の教員は示唆と励ましを得るだろう。
2017.12 277p A5 ¥2800 ①978-4-7989-1462-6

◆**芸術表現教育の授業づくり―音楽、図工・美術におけるコンピテンシー育成のための研究と実践** 時得紀子編 三元社
【要旨】"生活や社会の中に息づく音楽文化、美術文化と豊かにかかわる資質・能力"をいかに育成していくか―。子どもたちの未来を豊かなものに導くために、小・中・高・大学教育まで、分野を横断する研究者・教育者が多彩なアプローチで模索する授業づくりと実践。
2017.3 307p B5 ¥3700 ①978-4-88303-435-2

◆**決定版!授業のユニバーサルデザインと合理的配慮―子どもたちが安心して学べる授業づくり・学級づくりのワザ** 阿部利彦編著 金子書房
【要旨】主要教科を網羅した授業UDの実際。総勢29名の知と実践がここに集結!
2017.7 189p A5 ¥1900 ①978-4-7608-2839-5

◆**高校社会と情報 学習ノート 実教出版編修部編** 実教出版 (付属資料:別冊1) 新訂版
【目次】1章 情報社会、2章 コミュニケーション、3章 情報安全、4章 ディジタル化、5章 問題解決、実習問題 (2章~5章)
2017 119p B5 ¥550 ①978-4-407-33909-3

◆**高校生が教わる「情報社会」の授業が3時間でわかる本―大人も知っておくべき"新しい"社会の基礎知識** 沼晃介著 翔泳社
【要旨】高校では、2013年から「社会と情報」と「情報の科学」の授業が行われています (どちらか1科目を選択)。これらの授業では、社会と情報技術の結びつき、つまりIT社会の基礎知識を学ぶことができます。しかし、現在の大人のほとんどは、この授業を受けたことがありません。社会やビジネスにおいて、今まさに激動の時代に直面している大人こそ、IT社会の基礎知識が必要です。そこで本書では、より入門的な「社会と情報」の教科書で扱われている内容をベースに、大人向けにポイントを絞って解説します。
2017.11 143p B5 ¥1480 ①978-4-7981-5262-2

◆**高校生のための主権者教育実践ハンドブック** 桑原敏典編著 明治図書出版
【要旨】1票をもつ高校生たちに、どんな授業をしますか?「税と財政のしくみ」や「原発問題」を扱った授業例、「模擬選挙」や「模擬憲法制定会議」を行う授業例…etc.高校生を主権者に育てる17事例を掲載!
2017 149p A5 ¥2000 ①978-4-18-247516-0

◆**高校の勉強のトリセツ―つまずきたくない人いまから挽回したい人のための** 船登惟希、山下佑祐著、伊東ヒロミ漫画 学研プラス
【要旨】やり方を変えないと中学→高校で偏差値は10下がる。正しい勉強のやり方、ホントに使える学習、入試の基礎知識、進路の考え方、やる気の保ち方etc…あとで泣かないためにいま知りたい情報を凝縮。
2017.3 191p A5 ¥1300 ①978-4-05-304650-5

◆**高等学校におけるアクティブラーニング:理論編** 溝上慎一編 東信堂 (アクティブラーニング・シリーズ 4) 改訂版
【目次】第1章 大学教育におけるアクティブラーニングとは、第2章 アクティブラーニング論の背景、第3章 初等中等教育における主体的・対話的で深い学び―アクティブ・ラーニングの視点、第4章 習得から活用・探究へ、第5章 キャリア教育の観点からみたアクティブラーニング、第6章 専門学科の視点から見たアクティブラーニング
2017.12 122p A5 ¥1600 ①978-4-7989-1417-6

◆**行動力をはぐくむ教室―もちあじワークで多様な未来を** 沖本和子著 (大阪)解放出版社 (教室はおもちゃばこ 3)
【目次】1 安心を感じる教室を (「安心の約束」を学校に、「安心の3つの約束」ほか)、2 「もちあじはたからもの」という活動 (「もちあじ」とは、「もちあじワーク」の「もつチカラ」ほか)、3 「男女共生教育」の実践へ―もちあじの尊重から (一人ひとりの違いを尊重する学校づくり、「男女共生教育」につながる、多様なもちあじの尊重 ほか)、4 行動力を育む実践へ―多様なものの見方・考え方から (いじめや偏見に立ち向かう行動力を育むために、うわさやかげぐちのしくみを知り、解決に向けて行動しよう ほか)
2017.3 110p B5 ¥1700 ①978-4-7592-2162-6

◆**公立中高一貫校に合格させる塾は何を教えているのか―ひとり勝ち「enaの授業」から分かること** おおたとしまさ著 青春出版社 (青春新書INTELLIGENCE)
【要旨】もうひとつの中学受験。家では対策しにくい「適性検査」に合格する勉強法とは?偏差値60の私立中にも対応できる。
2017.12 200p 18cm ¥790 ①978-4-413-04527-8

◆**子供を開花させるモラル教育―21世紀のアリストテレス的人格教育** クリスチャン・クリ

スチャンソン著, 中山理監訳, 堀内一史, 宮下和大, 江島顕一, 竹中信介訳　(柏)麗澤大学出版会, (柏)廣池学園事業部 発売
【要旨】本書は、ほんとうの道徳教育とは何か、そしてそれがどのように現代の学校教育で強調され、測定され、育まれ、教えられているかということに新しい光を当てながら、アリストテレス的人格教育を再構築するものである。クリスチャンソンは、人格教育に対する多くのアプローチが人格がもっぱら道徳的でない、道具主義的な言葉で理解されていると主張しつつ、首尾一貫した、アリストテレス的人格教育の全体的構造を保持しつつ、妥当な最新の概念を提案している。
2018.1 254p A5 ¥2000 ①978-4-89205-639-0

◆子どもを軸にしたカリキュラム・マネジメント―教科をつなぐ「学び合い」アクティブ・ラーニング　西川純編著　明治図書出版
【要旨】カリキュラム・マネジメントですべきことを「何をすればいいの?」ではなく、「何を達成すればいいの?」に問いを変える、その視点からのカリキュラム・マネジメント、教科授業づくりについて、教科をつなぐ『学び合い』アクティブ・ラーニングを提案。
2017 164p A5 ¥1860 ①978-4-18-271925-7

◆子どもが動き出す授業づくり―総合・道徳・保健の時間にできる「主体的・対話的で深い学び」　上野山小百合, 大津紀子編著　いかだ社　(付属資料:CD-ROM1)
【要旨】命・健康・環境などをテーマにした学習で、子ども・教師・親の対話が広がる。総合・特活・社会・国語・理科・家庭科…いろいろな教科の授業を充実させ、組み合わせた授業展開も可能。1時間ごとの授業の流れをていねいに解説。
2017.8 141p 26×22cm ¥2000 ①978-4-87051-487-4

◆子どもたちを"座標軸"にした学校づくり―授業を変えるカリキュラム・マネジメント　盛永俊弘著　日本標準　(日本標準ブックレット)
【目次】第1章 学校の荒れを克服する!―授業のなかで生徒指導、第2章 「わかる授業」の追究―学力向上、格差縮小へ!、第3章 学校を改善するカリキュラム・マネジメント
2017.3 62p A5 ¥700 ①978-4-8208-0617-2

◆子どもたちの未来を拓く探究の対話「p4c」　p4cみやぎ・出版企画委員会著, 野澤令照編　東京書籍
【要旨】うまく言えないけど、何かがある!子どもたちに「未来を生きる力」が身に付く!子どもたちの"ワンダー"から対話が始まる「探究の対話(p4c)」。みんなと対話をすることで思考が深まっていく子どもたちの姿がここにある!
2017.12 159p B5 ¥2000 ①978-4-487-81071-0

◆子どもにやる気を起こさせる方法―アドラー学派の実践的教育メソッド　ドン・ディンクメイヤー, ルドルフ・ドライカース著, 柳平彬訳　(大阪)創元社
【要旨】すべての親と先生が身につけ、実践すれば子どもは勇気づけられ、劇的に変わる!アドラーの代表的後継者であるドライカース博士が、アドラー心理学を活用し体系的な教育プログラムを開発したディンクメイヤー博士が著す、人に優しい教育書。臨床や教育の現場で実践してきた具体的な事例を多数収載。
2017.2 254p B6 ¥1700 ①978-4-422-11629-7

◆子どもの学力を伸ばす「黄金の習慣」―今すぐできる家庭学習のヒント　ピーター・フランクル著　実業之日本社
【要旨】子どもが勉強嫌いになるのは親に原因あり!学力を伸ばす家庭の習慣とは?今の多忙な数学者のピーター先生が自ら学び続ける子どもにするための親子の過ごし方を伝授!
2017.3 215p B6 ¥1400 ①978-4-408-45633-1

◆子どもの学力は「ふせんノート」で伸びる　栗田正行著　かんき出版
【要旨】ノートに書いていたことを、ふせんに書いて貼るだけ。頭がよくなる、授業内容がわかる、成績が上がる。どんな子でもすぐに始められる超シンプルメソッド。
2017.8 187p A5 ¥1400 ①978-4-7612-7282-1

◆子どもの心をつかむ!指導技術「ほめる」ポイント「叱る」ルール あるがままを「認める」心得　南惠介著　明治図書出版
【要旨】ほめることはサプリメント。叱ることは薬―毒をもって毒を制す。副作用も伴う。認め

ることは、日常の食事。子どもがこっちを向くような心をつかみ、伸ばすためには「ほめる」「叱る」「認める」がとても大切!その極意を本書では紹介しています。
2017 175p B6 ¥1700 ①978-4-18-241716-0

◆子どもの"総合的な能力"の育成と生きる力　玉井康之, 北海道教育大学釧路校教師教育研究会編著　北樹出版
【目次】1 学力・能力観の変遷と現代の"総合的な能力"育成の観点、2 教育環境づくり・集団づくりによる社会関係能力の育成と生きる力の形成(学級集団の協働性・自律的学習集団づくり、道徳・特活・情報リテラシーを通じた社会性の育成、家庭との連携による生活コントロール能力の育成)、3 発達支援とセルフマネジメント力の育成(発達論を踏まえた発達支援と生きる力の育成、生活指導・進路指導による発達支援)、4 地域を活かした横断的・総合的学習活動と生きる力の育成(地域素材を活用した創造活動、地域環境教育・食農教育による横断的・総合的学習活動、地域と生きる力の育成)、5 教科学習活動から広がる思考力・創造力の形成と生きる力の育成(国語力・読解力・言語認識力を育む学習活動、英語・コミュニケーション力を育む学習活動、数学的思考力を育む学習活動、理科学的認識・自然科学的認識を育む学習活動、社会科学的認識と社会認識を育む学習活動、生活認識を育む学習活動、スポーツを文化的に享受する力を育む学習活動、音楽・聴覚力・身体表現力を育む学習活動、美術・創造活動による認識の発達と学力・能力形式)、6 新しい時代の学力・能力の育成と"総合的な能力"の育成(現代の学力観と学力・能力問題の新たな論点、新しい時代の能力と総合的・総合的な能力)
2017.3 268p A5 ¥2800 ①978-4-7793-0528-3

◆子どものデザイン―その原理と実践　大泉義一編　(大阪)日本文教出版
【要旨】問題の所在および研究の目的と方法、第1部「子どものデザイン」の変遷から見えてくるもの(子どものためのデザイン教育の黎明、「子どものデザイン」概念の検討、「子どものデザイン」概念における止揚、「子どものデザイン」の教育的可能性)、第2部「子どものデザイン」の原理と実践(「子どものデザイン」の原理、「子どものデザイン」の実践)、研究のまとめと残された課題
2017.1 536, 14p A5 ¥3000 ①978-4-536-60095-8

◆子どもの放課後にかかわる人のQ&A50―子どもの力になるプレイワーク実践 遊ぶ・暮らす　プレイワーク研究会編　学文社
【要旨】放課後児童クラブ(学童保育)、児童館、冒険遊び場のスタッフや、教員・保育士等、子どもにかかわるすべての人へリアルな困った!にこたえる待望のQ&A集。悩みや課題をどうとらえ、どう対応するかのヒントや知恵が満載。
2017.3 135p A5 ¥2000 ①978-4-7620-2681-2

◆子どものボールゲーム指導プログラム バルシューレ―幼児から小学校低学年を対象に　奥田知靖編、NPO法人バルシューレジャパン監修　創文企画
【目次】第1部 バルシューレの基礎理論(バルシューレの基本原理、幼児のバルシューレ(ミニバルシューレ)のコンセプト、小学校低学年のバルシューレのコンセプト ほか)、第2部 バルシューレの実践プログラム(戦術(ゴー・スルー、熊の巣穴、インベーダーボール ほか)、コーディネーション(風船キャッチ、ダブル風船、コーンボールキャッチ ほか)、技術(スカーフキャッチ、ダンプカー、風船+スティック ほか))

◆子どもの学びをデザインする―思考をむすぶメディア　東京学芸大学附属小金井小学校編　東洋館出版社
【目次】国語科、社会科、算数科、理科、生活科、音楽科、図画工作科、家庭科、体育科、道徳、英語活動、食育(生活)科、学校研究としてのメディア
2017.2 126p B5 ¥2100 ①978-4-491-03308-2

◆子どもはハテナでぐんぐん育つ 指導法と実践例―図書館で調べ学習をやってみよう!　調べ学習研究会「調之森」編　岩崎書店
【要旨】本書は、調べ学習研究会「調之森」が歩んできた、図書館での『調べ学習』の取り組みを中心にに紹介しています。書名『子どもはハテナでぐんぐん育つ』は、「調べ学習」によって子どもが自ら学び、創造的思考を伸ばしていく調べ学習研究会「調之森」の考えを表したものです。書名では活動の原点である「子ども」と

していますが、調べ学習研究会「調之森」の活動は、生涯学習の場でもある公共図書館にも広がっています。第4章では、大人を対象とした実践を取り上げ、「調べ学習」の可能性と展望をまとめました。
2017.10 159p B5 ¥2700 ①978-4-265-80232-6

◆これならできる!図書を活用した楽しい学習活動 "小学校編"―探求的な学びを促す教科別事例集　稲井達也, 吉田和夫編, 小学校読書活動研究会著　学事出版
【要旨】序章 読書指導と教科指導―学年に応じた指導と育てたい力、第1章 図書を活用した学習活動実践事例(低学年、中学年、高学年)、第2章 学習に役立つテーマ別ブックリスト(虫・昆虫、動物・魚・鳥、植物・野菜、米・田んぼ、生命・健康 ほか)、資料 読書活動のためのブックリスト
2017.6 143p B5 ¥1900 ①978-4-7619-2328-0

◆コンピューターを使わない小学校プログラミング教育―"ルビィのぼうけん"で育む論理的思考　小林祐紀, 兼宗進編著／監修　翔泳社
【目次】第3学年(国語科「心にのこったことを」、算数科「3けた×2けたの筆算のしかたを考えよう」、算数科「筆算のまちがいを見つけ、正しく直そう」、算数科「二等辺三角形をかこう」、「身の回りのものを見分けよう」、「はくの流れにのってリズム遊びを楽しもう」)、第4学年(算数科「いろいろな図形の特徴」)、第5学年(国語科「日本の気候の特色」、三数科「まとまりをみつけて」、学級活動「真偽つけて個性発見!」)、第6学年(外国語活動「Go straight!」)
2017.3 66p B5 ¥1800 ①978-4-7981-5261-5

◆最初に読みたいアクティブラーニングの本　チャールズ・ボンウェル, ジェームス・エイソン著, 高橋悟監訳　海文堂出版
【目次】第1章 アクティブラーニングとは何か、第2章 講義をアレンジする、第3章 質問とディスカッション、第4章 アクティブラーニング促進のための方策、第5章 授業変革への障壁、第6章 結論と提言、補章 日本語版に寄せて
2017.3 123p A5 ¥1600 ①978-4-303-73484-8

◆最新社会と情報 学習ノート　実教出版編修部編　実教出版　(付属資料:別冊1)　新訂版
【目次】確認問題・練習問題、情報社会と私たち、情報機器とディジタル表現、表現と伝達、コミュニケーションとネットワーク、情報社会と問題解決、実習
2017 95p B5 ¥550 ①978-4-407-33910-9

◆策略―ブラック授業づくり つまらない普通の授業にはブラックペッパーをかけて　中村健一著　明治図書出版
【要旨】熱意だけで授業は成立しない!本書は「日本一のお笑い教師」が実は腹に持っていた策略をあらわにしたものだ。そのクラスでは授業中に怠けている子は一人もいない。なぜか?一子どもを乗せて教師は「監視」するウマい策略がそこにはある。年間1,000時間の授業をウマくなこすための、「策略」は必須の色だ。
2017 175p B6 ¥1700 ①978-4-18-240015-5

◆3時間で学べる小学校新学習指導要領Q&A 平成29年版　新しい学習指導要領を研究する会編著　明治図書出版
【要旨】本書は、多忙な先生方でも短時間で読めて、新学習指導要領のポイントがパッと分かるということを目指してつくりました。「新卒1年目の教員でも、まずここだけは確実に押さえたい・知っておきたい」という内容を厳選して、できるだけやさしく改訂のポイントを解説しています。
2017 132p A5 ¥1760 ①978-4-18-119817-6

◆3年目教師 勝負の授業づくり―伸び悩みの壁を脱出する極め付きの指導技術56　授業力&学級づくり研究会著　明治図書出版　(教師力ステップアップ)
【要旨】新任1年目の基本技から3年目以降の応用技まで、今の自分からステップアップできる!!伸び悩みの壁を脱出する、極め付きの指導技術56。
2017 126p A5 ¥1760 ①978-4-18-143815-9

◆幸せの小国オランダの子どもが学ぶアクティブ・ラーニング・プロジェクト法―自ら考える生きる力の基礎を身につける　辻井正著　(京都)オクターブ
【要旨】子どもが自ら学ぶアクティブ・ラーニングの一つである"プロジェクト幼児教育法"とは

学校教育

何か？ 小学校との連帯を視野に入れた21世紀の検証された質の高い幼児教育法を、臨床経験豊富な著者が具体的にやさしく手ほどきした、畢生の渾身の絶筆！ 図版(写真)100余点。
2017.3 110p A5 ¥1800 ①978-4-89231-160-4

◆資質・能力を育てる学校図書館活用デザイン―「主体的・対話的で深い学び」の実現 稲井達也編著 学事出版
【要旨】日々の授業の中に「探究的な学び」のプロセスを組み込みながら、じっくりと探究心を育てていくことが大切であり、学校図書館を工夫して活用することにより、「探究的な学び」に生かしていくことができる。日本国内の小・中学校のみならず、海外の学校図書館の取材でわかったことをもとに、これからの学校図書館の様々な取組・デザインを具体的に提案。
2017.12 135p A5 ¥1800 ①978-4-7619-2388-4

◆資質・能力を育てるカリキュラム・マネジメント―読解力を基盤とする教科の学習とパフォーマンス評価の実践 田中耕治、岸田蘭子監修、京都市立高倉小学校研究同人、京都大学大学院教育学研究科教育方法研究室著 日本標準
【要旨】教科・領域をつなぐ、読解力を育てる、多様な思考ツールや表現方法、パフォーマンス評価…子どもたちにとって魅力的で日常に生きる学習へ！
2017.12 124p B5 ¥2200 ①978-4-8208-0631-8

◆「資質・能力」と学びのメカニズム 奈須正裕著 東洋館出版社
【要旨】新学習指導要領を読み解く。子供本来の学びの在り方と「資質・能力」育成との関係。「主体的・対話的で深い学び」を実現する授業づくりの原理。今こそ開かれるべき「教科の本質」。
2017.5 213p B6 ¥1850 ①978-4-491-03363-1

◆持続可能な社会を考えるエネルギーの授業づくり 永田成文、山根栄次編、三重・社会科エネルギー教育研究会著 （津）三重大学出版会
【目次】プロローグ 持続可能な社会の実現を見据えたエネルギーの授業、第1章 持続可能な社会を考えるエネルギー教育、第2章 社会科におけるエネルギーの授業づくり、第3章 エネルギーの安定供給を考える授業づくり、第4章 エネルギーの持続的利用を考える授業づくり、第5章 エネルギーと持続可能な社会との関係を考える授業づくり、エピローグ エネルギー教育の研究に継続して取り組む
2017.3 128p A5 ¥1200 ①978-4-903866-37-6

◆10歳でもわかる問題解決の授業―自分の頭で「考える力」が身につく5つの授業 苅野進著 フォレスト出版
【要旨】小学生でもわかるようにコンサルタントが使う"思考のフレームワーク"を解説。「脚の1本折れたイスの新しい使い道とは？」「どう交渉すれば、テレビゲームを買ってもらえるの？」「そら豆の発芽のために必要なものは？」…などの問題から、「論理力・仮説力・実行力」が身につく。だから、仕事のスピードと成果が変わる！
2017.10 239p B6 ¥1400 ①978-4-89451-771-4

◆実践・教育技術リフレクション あすの授業が上手くいく"ふり返り"の技術 1 身体スキル 上條晴夫著 合同出版
【要旨】複雑で多様な教室状況に必須の「リフレクション・スキル」。豊富な教育実践からポイントをわかりやすく解説。教師の8つの"身体スキル"をリフレクション。
2017.11 206p A5 ¥1800 ①978-4-7726-1325-5

◆実践事例でわかる！ アクティブ・ラーニングの学習評価―小・中学校対応 田中博之著 学陽書房
【要旨】「主体的・対話的で深い学び」に完全対応！ 自己評価、教科別評価、テストの改善など具体的な方法がよくわかる！
2017.3 173p A5 ¥1800 ①978-4-313-65334-4

◆質問する、問い返す―主体的に学ぶということ 名古谷隆彦著 岩波書店 (岩波ジュニア新書)
【要旨】各地の学校でアクティブ・ラーニングが積極的に導入されるなど、教育現場では「主体的・対話的な学び」のあり方に注目が集まっている。自ら問いを立て能動的に学ぶためには何が必要なのか。多くの学校現場を歩いてきた経験をもとに、主体的に学ぶとは何かを考える。
2017.5 211p 18cm ¥860 ①978-4-00-500854-4

◆市民とともに歩み続けるコミュニティ・スクール―「社会に開かれた教育課程」の推進 春日市教育委員会、春日市立小中学校編著 ぎょうせい
【目次】第1部 コミュニティ・スクール―すべてがわかるQ&A14 (コミュニティ・スクールのとらえ方、コミュニティ・スクールを推進する上で留意したいこと)、第2部 コミュニティ・スクールの展開―「社会に開かれた教育課程」「各種連携」の実際 (小学校の取組みの紹介、中学校の取組みの紹介)、第3部 コミュニティ・スクール推進の支援―教育委員会、自治会、各種団体の取組み・支援力 (コミュニティ・スクール推進基盤となる教育委員会の取組み・支援力、地域力を高める自治会の取組み・支援力、児童生徒健全育成のための市民意識を広げる各種団体の取組み・支援力)
2017.3 168p B5 ¥1800 ①978-4-324-10280-0

◆授業をアクティブにする！ 365日の工夫 小学1年 赤坂真二編著、阿部隆幸著 明治図書出版
【要旨】主体的・対話的で深い学びを実践ナビゲート。いつでも始められる！ 学期ごとの授業モデル。教師と子どもの会話形式で、「授業の流れ」がライブでわかる！ 「授業をアクティブにするチェックポイント」で、要点がまるわかり。
2017 166p A5 ¥1760 ①978-4-18-272126-7

◆授業をアクティブにする！ 365日の工夫 小学2年 赤坂真二編著、浅野英樹著 明治図書出版
【要旨】主体的・対話的で深い学びを実践ナビゲート。いつでも始められる！ 学期ごとの授業モデル。教師と子どもの会話形式で、「授業の流れ」がライブでわかる！ 「授業をアクティブにするチェックポイント」で、要点がまるわかり。
2017 170p A5 ¥1760 ①978-4-18-272220-2

◆授業をアクティブにする！ 365日の工夫 小学3年 赤坂真二編著、生方直著 明治図書出版
【要旨】主体的・対話的で深い学びを実践ナビゲート。いつでも始められる！ 学期ごとの授業モデル。教師と子どもの会話形式で、「授業の流れ」がライブでわかる！ 「授業をアクティブにするチェックポイント」で、要点がまるわかり。
2017 160p A5 ¥1760 ①978-4-18-272324-7

◆授業をアクティブにする！ 365日の工夫 小学4年 赤坂真二編著、阿部琢郎著 明治図書出版
【要旨】主体的・対話的で深い学びを実践ナビゲート。いつでも始められる！ 学期ごとの授業モデル。教師と子どもの会話形式で、「授業の流れ」がライブでわかる！ 「授業をアクティブにするチェックポイント」で、要点がまるわかり。
2017 130p A5 ¥1660 ①978-4-18-272433-6

◆授業をアクティブにする！ 365日の工夫 小学5年 赤坂真二編著、松山康成著 明治図書出版
【要旨】主体的・対話的で深い学びを実践ナビゲート。いつでも始められる！ 学期ごとの授業モデル。教師と子どもの会話形式で、「授業の流れ」がライブでわかる！ 「授業をアクティブにするチェックポイント」で、要点がまるわかり。
2017 154p A5 ¥1700 ①978-4-18-272522-7

◆授業をアクティブにする！ 365日の工夫 小学6年 赤坂真二編著、佐藤翔著 明治図書出版
【要旨】主体的・対話的で深い学びを実践ナビゲート。いつでも始められる！ 学期ごとの授業モデル。教師と子どもの会話形式で、「授業の流れ」がライブでわかる！ 「授業をアクティブにするチェックポイント」で、要点がまるわかり。
2017 140p A5 ¥1660 ①978-4-18-272611-8

◆授業がもっと楽しくなる！ 学校で使いたいことわざ 時田昌瑠、安藤友子監修、ことわざ授業づくり研究会編 大修館書店
【要旨】これまでなかった！ 教科別ことわざ集。朝会や学校行事で使える管理職編付。
2017.6 158p A5 ¥1800 ①978-4-469-22261-6

◆授業からの学校改革―「教えて考えさせる授業」による主体的・対話的で深い習得 市川伸一編著 図書文化社
【要旨】子どもが、教師が、学校が変わる！ 試行錯誤しながら現場の課題解決に挑んだ、6編の実践レポート。
2017.8 182p A5 ¥2200 ①978-4-8100-7696-7

◆「授業研究」を創る―教師が学びあう学校を実現するために 鹿毛雅治、藤本和久編著 教育出版
【要旨】「一人ひとりの子どもの学びや成長を促すための教師の学びや成長を支える研修システム」として授業研究をあらためてとらえ直し、その活動を充実、発展させるための条件や課題、あるべき方向性などについて具体的に検討。学術的な専門性を背景に持ちつつ、学校外部からの助言者という立場で授業研究に関わってきた経験を踏まえて、授業研究のあり方について論じている。
2017.10 171p A5 ¥1800 ①978-4-316-80403-3

◆授業づくりで子どもが伸びる、教師が育つ、学校が変わる―「授業づくり・学校づくりセミナー」における「協同的な学び」の実践 石井順治編著、小畑公志郎、佐藤雅彰著 明石書店
【目次】1 子どもの学びをひらく協同的学び (「学び合う子」を深める 聴き合い、支え合い、ペア・グループで学ぶ、子どもの学びをひらく)、2 子どもが夢中になって学ぶとき (子どもが学び合うとき、つながるとき、つながり、支え合う子どもたち、夢中になって学びに向かう子ども)、3 教師の成長と学校づくり (学びの共同体」の学校を立ち上げる、学ぶことで子どもを、教師を、学校を、「すべての子どもの学びと育ちを保障する」学びづくりとその継承)
2017.7 248p A5 ¥2000 ①978-4-7503-4541-3

◆授業づくりネットワーク No.25 通巻333号 インクルーシブ教育を実践する！ 藤川大祐編著 学事出版
【要旨】巻頭対談 インクルーシブ教育を実現するために必要なこと、パート1 インクルーシブ教育は、もう実装段階だ！、特別寄稿1 「個別の教育支援計画」、「個別の指導計画」を意味のあるものにするために、パート2 インクルーシブ教育を推進するための各学校段階におけるキーポイント、特別寄稿2 インクルーシブな私立学校を創出するために求められる特別支援教育の体制整備の課題、特別インタビュー★フルカラー 「障害者差別解消法」について考える、誌上レポート 発達障害学生自助グループ早稲田大学「WADS」の活動から、インクルーシブ教育を、特別寄稿3 インクルーシブ教育システム構築推進を支えるデータベース
2017.4 111p A5 ¥1400 ①978-4-7619-2302-0

◆授業で使える！ 論理的思考力・表現力を育てる三角ロジック―根拠・理由・主張の3点セット 鶴田清司著 図書文化社
【目次】1 三角ロジックとは (なぜ論理的である必要があるのか、論理的とはどういうことか、「三角ロジック」とは何か)、2 三角ロジックを用いた授業 (国語の授業に取り入れる、いろいろな教科で取り入れる、学校ぐるみで取り入れる)、3 三角ロジックで論述問題は怖くない (論述問題は難しくない、立場を決めて書く、資料を読み取って書く、三角ロジックで論述トレーニング)
2017.11 102p A5 ¥1800 ①978-4-8100-7699-8

◆授業の構造とヴィゴツキー理論 麻実ゆう子著 子どもの未来社 (教育実践とヴィゴツキー理論 3)
【要旨】ロンドン大学でヴィゴツキー理論を修めた気鋭の著者が、新学習指導要領を超えて子どもたちと学びあった「国語の授業」を伝える。
2017.8 391p A5 ¥2800 ①978-4-86412-123-1

◆授業の見方―「主体的・対話的で深い学び」の授業改善 澤井陽介著 東洋館出版社
【要旨】他者の授業から学ぶ。それは、教師自身の問題解決学習。適切な「見方」は、授業の隠れた意図、授業改善のあり方、見る目を磨く。だから、あなたの授業がどんどんよくなる、もっとおもしろくなる。
2017.7 214p B6 ¥1850 ①978-4-491-03369-3

◆授業論―何もしない時間 そして手紙 板東克則著 一莖書房
【要旨】子どもは学びの世界に遊ぶ！ 子どもは本来学ぶことを欲している。授業はいかに早く子どもの背中に回り込むかということ。
2017.2 251p A5 ¥2000 ①978-4-87074-207-9

◆授業LIVE 18歳からの政治参加―アクティブ・ラーニングで学ぶ主権者教育 "授業事例集" 橋本康弘、藤井剛監修 清水書院
【要旨】ここまでできる！ 主権者教育の実践。生徒と生徒、生徒と教員、生徒と議員、授業のなかから学ぶ政治参加のかたち。模擬投票、模擬

◆受験生と親たちへ 不道徳教師アーナンダの教え 河原利彦著 現代書林
【目次】SPRING 勉強しないわが子にイライラ・ガミガミ、SUMMER 受験の合否を決める「鬼門の夏休み」がやってきた、AUTUMN やっと勉強しだした受験生を体育祭と文化祭が惑わせる、WINTER 受験本番まで続く、不安と焦りの数週間、NEXT SPRING 合格発表の掲示板にわが子の受験番号は
2018.1 202p B6 ¥1300 ①978-4-7745-1677-6

◆主体的な学びをうみだす授業デザイン「子ども-文化-教師」をつなぐ 兵庫教育大学附属小学校教育研究会著 明治図書出版
(兵教大附属小「授業実践の窓」叢書11)
【目次】研究概要、国語科、社会科、算数科、理科、生活科、図画工作科、体育科、英語学習
2017 132p A5 ¥1800 ①978-4-18-028320-0

◆主体的な学びで、学力を伸ばす！アクティブ・ラーニングの基本と授業のアイデア 宮崎猛編著 ナツメ社
【要旨】高校教師のためのアクティブ・ラーニング実践導入法。アクティブ・ラーニングの様々な事例と各教科ごとの実践を具体的にわかりやすく解説。
2017.3 207p A5 ¥2000 ①978-4-8163-6188-3

◆小1プロブレム対策のための活動ハンドブック―増田メソッド 増田修治著 日本標準
(日本標準ブックレット No.20)
【要旨】早期にクラスの課題を把握。小学校の学びにスムーズに入っていける力をつけよう！身体・心・感覚・言語活動の一本化をめざし、あとで伸びてくる子どもをそだてる。まとまりのあるクラスづくり・集中できる授業づくりに役立つ!!
2018.1 63p A5 ¥700 ①978-4-8208-0628-8

◆小学教諭の童話集でお悩み解決 樅木厚著 (大阪)図書出版浪速社
【要旨】児童にも！保護者にも！教諭にも！「読めば心が軽くなる」「新指導要領の主体的・対話的で深い学習に応用」音読や読み聞かせにも最適！
2017.4 190p A5 ¥1389 ①978-4-88854-503-7

◆小学校学習指導要領 全文と改訂のピンポイント解説 平成29年版 安彦忠彦編著 明治図書出版
【要旨】各教科のキーマンによるポイント徹底解説。全文&要点解説で新学習指導要領のポイントがまるわかり！ 資質・能力をベースとした大改訂の学習指導要領を最速で徹底解説！
2017 282p A5 ¥1800 ①978-4-18-272720-7

◆小学校から大学まで地域・NPOと取り組む社会貢献教育ハンドブック 日本ファンドレイジング協会編 日本ファンドレイジング協会
【目次】第1章 社会貢献教育とは（なぜ、いま社会貢献教育なのか、教科・領域との関連性、本書で紹介する社会貢献教育プログラム）、第2章 授業計画の作成にあたって（社会貢献教育の授業計画一中等教育6ヶ年の取組み、総合的な学習の時間を活用した授業の展開例）、第3章 社会貢献教育の実践事例9（寄付の教室、社会に貢献するワークショップ、金融教育×寄付教育 コモンズ投信こどもトラストセミナー、「生き方とお金」を考える授業―寄付の教室×ライフプランニング授業、ファンドレイザー職業体験寄付教育、助成先選考に子どもたちが参加する寄付教育、生き方のデザイン授業、チャリティーチャレンジ・プログラム、「Our life & Social Contribution」日本版Learning by Giving)
2017.3 70p A5 ¥700 ①978-4-907431-10-5

◆小学校教育課程実践講座 総合的な学習の時間 平成29年改訂 田村学著 ぎょうせい
【要旨】豊富な先行授業事例・指導案。Q&Aで知りたい疑問を即解決！信頼と充実の執筆陣。
2017.12 209p A5 ¥1800 ①978-4-324-10314-2

◆小学校教育課程実践講座 総則 平成29年改訂 天笠茂編著 ぎょうせい
【要旨】豊富な先行授業事例・指導案。Q&Aで知りたい疑問を即解決！信頼と充実の執筆陣。学校現場の？に即アプローチ！先行実施にわくない！これからの授業づくりに直結!!
2017.10 286p A5 ¥2000 ①978-4-324-10302-9

◆小学校教育課程実践講座 特別活動 平成29年改訂 有村久春編著 ぎょうせい
【要旨】豊富な先行授業事例・指導案。Q&Aで知りたい疑問を即解決！信頼と充実の執筆陣。
2017.12 225p A5 ¥1800 ①978-4-324-10315-9

◆小学校教師だからわかる子どもの学力が驚くほど上がる本物の家庭学習 杉渕鐵良著 すばる舎
【要旨】学校で習う→家で反復のサイクルが最強！1～6年・算国理社成績トップになる学習法決定版！
2017.11 254p B6 ¥1500 ①978-4-7991-0661-7

◆小学校新学習指導要領の展開 総合的な学習編 平成29年版 田村学編著 明治図書出版
【要旨】具体例をもとに探究課題の解決過程について解説。主体的・対話的で深い学びを実現する新授業プランを収録。プログラミングの体験など新しい課題を紹介。
2017 170p A5 ¥1800 ①978-4-18-328912-4

◆小学校新学習指導要領の展開 総則編 平成29年版 無藤隆編著 明治図書出版
【要旨】「見方・考え方」「主体的・対話的で深い学び」など改訂のキーワードを徹底解説。資質・能力をベースにした大改訂で変わる小学校教育の内容を詳説。主体的・対話的で深い学びで求められる教育課程と指導計画・評価のポイント。
2017 165p A5 ¥1800 ①978-4-18-327711-4

◆小学校新学習指導要領の展開 特別活動編 平成29年版 杉田洋編著 明治図書出版
【要旨】キャリア教育、主権者教育、安全教育など改訂のキーポイントを解説。学級活動、児童会活動、クラブ活動、学校行事での新活動プランを収録。社会で生きて働く力を育む活動の在り方を明示。
2017 165p A5 ¥1800 ①978-4-18-329019-9

◆小学校 新学習指導要領ポイント総整理 平成29年版 東洋館出版社編集部編 東洋館出版社
【要旨】新旧対照表で改訂のポイントがひと目でわかる！「新設事項」「改訂の理由」を明示。「現行との変更事項」を強調表示。中教審答申の「改訂の具体的事項」を明示。改訂に関わる「重要キーワード」を解説。
2017.4 334p B6 ¥1850 ①978-4-491-03358-7

◆小学校新学習指導要領ポイント総整理 総合的な学習の時間 平成29年版 黒上晴夫編著 東洋館出版社
【要旨】「探究的な学び」を通して全ての学習の基盤となる「資質・能力」を育てる！
2017.9 163p A5 ¥1700 ①978-4-491-03408-9

◆小学校新学習指導要領ポイント総整理 総則 平成29年版 奈須正裕編著 東洋館出版社
【要旨】カリマネの流れで章立てが改善！ 新しい「総則」が教育課程の基本的事項を示す要となる!!
2017.9 179p A5 ¥1300 ①978-4-491-03396-9

◆小学校新学習指導要領ポイント総整理 特別活動 平成29年版 杉田洋編著 東洋館出版社
【要旨】これ1冊で大丈夫!!信頼の執筆陣。見やすい2色刷。新学習指導要領掲載。
2017.12 153p A5 ¥1800 ①978-4-491-03409-6

◆小学校で育てる！60のチカラ―高学年担任必読！ 石川晋、南惠介著 (大阪)フォーラム・A
【要旨】聞く力、話し合う、書く力、音読、読書を楽しむ、漢字、基礎計算、分数、文章題を使いこなす、理科を楽しむ、責任感・創意工夫、友だちとのコミュニケーション術、特性のある子『たち、…など、教科や生活面など6つの視点からまとめた、これを生き抜く子どもに必要なチカラ。
2017.3 143p B5 ¥1800 ①978-4-89428-926-0

◆小学校のための法教育12教材―一人ひとりを大切にする子どもを育む 日本弁護士連合会市民のための法教育委員会編著 東洋館出版社
【目次】話し合いと約束 約束をする 約束を守る―カードゲームを通じて、約束をする際の交渉の重要性を理解させる、正しくない約束は絶対に守らなければならないの？―約束について根本から振り返り、その原則と修正について学ぶ、他者への責任 他人の権利を尊重するために配慮について考えてみよう、トラブル解決方法「もめごと」の解決方法―調停員を体験してみよう、ルールの必要性 なぜ「きまり」を守らなければいけないのか？―「きまり」（法）と権威の必要性を学ぶ、リーダーの選び方 リーダーを選ぼう！―リーダーを民主的にコントロールすることを学ぶ、ルールづくり ルールづくり―ルールづくりを通じて、ルールの存在意義を実感する、多数決で決められないことみんなで決めていいこと、だめなこと―多数決でも決めていけないことを学ぶ、公平な分け方なにが公平・不公平？―利益や負担を公平に分ける、間違いの正し方 正義ってなんだろう？―バランスの取れた罰の重さについて考えてみる、「正しい決め方」を決めようーものごとを決める際の「手続きの公正さ」を理解し、身近な問題に応用する、本当に犯人？ 三角ロジックで考えてみようー三角ロジックを使って事実を分析し、論理的思考力を身に付ける
2017.9 176p B5 ¥2750 ①978-4-491-03394-5

◆小学校の「プログラミング授業」実況中継―「教科別」2020年から必修のプログラミング教育はこうなる 松田孝、吉田charge、原田悦徳、久木田寛直、赤石先生、利根川裕太、國領二郎、サムエル・デビドソン共著、平井聡一郎、福田晴一監修 技術評論社 (付録資料：別冊1)
【目次】1 プログラミングを取り入れた小学校の授業、実際のところどうなる？（ついに必修化、プログラミング―位置付け、経緯と開始までの道筋、プログラミング教育の目的とねらい―自己表現とデジタルインテリジェンス、授業を始める前に―ICT環境とプログラミングツール、恐れずに子どもたちと一緒に取り組もう―授業のプロだからできること）、2 プログラミングを取り入れた授業、実況中継！（国語―四字熟語をアニメーションで表現しよう！、社会―ウィルスの感染/情報の伝達、算数―センサーロボットを用いた「不等号」の理解、理科―Minecraftで学ぶ回路のしくみ ほか）
2017.7 107p B5 ¥1800 ①978-4-7741-9103-4

◆小学校発 アクティブ・ラーニングを超える授業―質の高い学びのヴィジョン「教科する」授業 石井英真編著 日本標準
【要旨】第1章 アクティブ・ラーニングを超える授業とは、第2章 京都府京田辺市立高倉小学校の実践 自ら学び、すすんで表現し、共に学び合う子ども―教科の力をつける・引き出す・つなげる（自ら学び、すすんで表現し、共に学び合う子ども―教科の力をつける・引き出す・つなげる、1年算数 けいさんコマまんがをつくろう―計算4コマまんがを作り、解答の方法を图と言葉で説明しよう ほか）、第3章 香川大学教育学部附属高松小学校の実践 自分にとって意味のある知を創造する学び―見方・考え方を育てるプロセス重視の指導と評価、学習としての評価（自分にとって意味のある知を創造する学び―見方・考え方を育てるプロセス重視の指導と評価、学習としての評価、1年算数 0のたしざん・ひきざんっていみあるの？―「0という数や計算」を学ぶ意味に迫る算数科の授業づくり ほか）、第4章 愛知県豊川市立一宮南部小学校の実践 心豊かにふれ合い、共に高め合う子ども―「伝える力」を育てる活動を通して（心豊かにふれ合い、共に高め合う子ども―「伝える力」を育てる活動を通して、1年国語 ようこそ「なるほど！じゃんけんやさん」へ―大事なことを順序よく説明できる ほか）、第5章 秋田大学教育文化学部附属小学校の実践 仲間と共につくる豊かな価値の創造―新たな価値を創造する「対話」を目指して（仲間と共につくる豊かな価値を創造する「対話」を目指して、1年算数 おしえてあげるよ、くらべかた―比較する活動を通して、量や測定の意味を明らかにする ほか）
2017.2 189p B5 ¥2400 ①978-4-8208-0609-7

◆小学校プログラミング教育がわかる、できる―子どもが夢中になる各教科の実践 教育デザイン研究所編 学事出版
【目次】第1章 なぜいまプログラミング教育なのか（プログラミングとは（プログラミングでどんなことができる）、プログラミングを各教科目共通のツールとして活用するためには？）、第2章 プログラミング教育の環境について（年齢別のプログラミング教育（園児、児童の発達段階に応じて）、プログラミング学習ツールの種類と特徴（プログラミング言語、いろいろな学習用ロボット）、教育用ロボット）、第3章 各教科におけるプログラミング学習例（国語＆外国語、社会、算

数、理科、音楽、図画工作、家庭)、第4章 人工知能を学ぼう(スーパーサイエンス)
2017.8 103p A5 ¥1500 ①978-4-7619-2341-9

◆小・中学校でできる「合理的配慮」のための授業アイデア集　田中裕一監修、全国特別支援学級設置学校長協会編著　東洋館出版社
【目次】学校における合理的配慮の基本的な考え方、「合理的配慮」のための授業アイデア100(学習面(「読むこと」に困難さのある子供のために、「書くこと」に困難さのある子供のために、「話すこと」に困難さのある子供のために ほか)、行動面(「状況の理解」に困難さのある子供のために、「見通しをもつこと」に困難さのある子供のために、「注意集中」に困難さのある子供のために、「持ち物を揃えること」に困難さのある子供のために ほか))
2017.8 115p B5 ¥2000 ①978-4-491-03384-6

◆情報教育・情報モラル教育　日本教育工学会監修、稲垣忠、中橋雄編著　(京都)ミネルヴァ書房　(教育工学選書28)
【要旨】身を守り、正しく判断し、活用する情報活用能力に関する研究成果を解説、多様なかたちで展開されてきた研究アプローチを紹介する
2017.7 206p A5 ¥2500 ①978-4-623-08065-6

◆情報モラルの授業―スマホ世代の子どものための 主体的・対話的で深い学びにむかう　今度珠美、稲垣俊介、原克彦、前田康裕監修　日本標準
【要旨】新提案！ポジティブな情報モラル授業実践10事例掲載。すぐにできる！すべての教材に授業台本、授業用スライド付き。コピーして使える！ワークシートやアンケートシートをコピーして使えます。
2017.10 95p B5 ¥1500 ①978-4-8208-0625-7

◆白石メソッド授業塾 思考活動3つの観点に基づいた「考える授業」のつくり方　白石範孝監修、瀧哲朗編著、月山国語の会著　学事出版
【目次】第1章「考える国語」授業づくりのために(「考える国語」と「深い学び」、「国語から「考える国語」へ)、第2章 実践！「考える国語」物語文の授業(音読の仕方を考えることを通して、中心人物の変容を捉える、「思考のズレ」から中心人物をとらえる ほか)、第3章 実践！「考える国語」説明文の授業(表に整理して読む、表を使って、教材の論理を読み解く ほか)、第4章 実践！「考える国語」詩・随筆・創作の授業(教材の論理を活かし、表現に拓く、語り手の視点から創作する ほか)、第5章 実践！「考える国語」書写の授業(毛筆と硬筆の関連を意識した書写指導、思考活動を大事にした書写指導)
2018.1 131p B5 ¥2000 ①978-4-7619-2387-7

◆白石メソッド授業塾 汎用的な力をめざす！対話的で深い学びの授業のつくり方　白石範孝監修、高本英樹、近金純司、池上正樹、池嶋知明、吉田翔著　学事出版
【目次】第1章 深い学びを育む「対話的な学び」のある授業って？(対話的な学びとは？、対話的な学びに必要な要素は？、対話的な学びを行って、活動だけにならないか？ ほか)、第2章 こんな授業をめざしたい！対話的で深い学びの授業づくり(国語編―対話を通して読みを深める授業「大造じいさんとがん」(5年)、社会編―原理・原則を見つけようとする学習活動を設定する 江戸幕府による政治(6年)、算数編―子ども自身が解決したいと思える課題を設定する 分数(4年) ほか)、第3章 白石実践を生かした対話的な学びの授業実践から「深い学び」をめざす(国語科1 用語を活用し、対話的な言葉の力を活用した国語の授業、国語科2 接続語の原理・原則によって思考力を解決する互換的単元を生かした対話的な学び、社会編1 単元を丸ごと捉える学習課題の提示で、既習内容をもとに対話が生まれる社会の授業 ほか)
2017.7 131p B5 ¥2000 ①978-4-7619-2332-7

◆白石メソッド授業塾 深い学びを実現する考える授業の思考サイクルと学年別年間プラン　白石範孝監修、香月正登、板倉香代編著、ことばの学びをひらく会著　学事出版
【目次】第1章「考える国語」の思考サイクルと年間プランの考え方(「考える国語」の「原理・原則」論、「考える国語」を実現する思考過程―「原理・原則」を核にした思考サイクルの提案 ほか)、第2章 具体例を明らかにした説明文の授業プラン(観点に沿って、順序をとらえ、比較しながら読む「動物の赤ちゃん」(光村図書1年)、事例の順序に着目しながら読む「たんぽぽ」(東京書籍2年) ほか)、第3章 思考サイクルを明らかにした文学の授業プラン(くり返しの中の変化を読む「おおきなかぶ」(東京書籍1年)、会話文に着目しながら読む「お手紙」(光村図書2年) ほか)、第4章 教科書別・学年別年間プラン(説明文年間プラン(光村図書)、文学作品年間プラン(東京書籍) ほか)
2018.1 119p B5 ¥2000 ①978-4-7619-2386-0

◆白石メソッド授業塾 深い学びを育む思考のズレを生かした授業のつくり方　白石範孝編著　学事出版
【要旨】白石メソッドとは、一言で言うと「考える国語」です。「読み手が教材の論理を考える」ということです。今までの国語の授業は、イメージと感覚を大切にするあまり、教材に隠された文脈(論理)を読まずに、読み手の思いが行き過ぎて大事に扱われていました。白石メソッドは、その文脈を読み取る方法、その読み取るためのコツを提唱しているのです。白石メソッドは、「なぜ」「どうして」という「問い」を大切にします。この本のキーワードである「子どもたちの思考のズレを生かす」という考え方は、皆さんの明日の授業へのヒントになるでしょう。
2017.11 119p B5 ¥2000 ①978-4-7619-2372-3

◆新学習指導要領がめざすこれからの学校・これからの授業　高木展郎、三浦修一、白井達夫著　小学館
【要旨】先生方へのアンケートを通して今、学校が抱える疑問や不安を捉え直し、その主なものについて3人の執筆者が分担して回答。新学習指導要領の意図するものとこれからの学校像・授業像について一緒に考えてみませんか。
2017.8 224p A5 ¥2000 ①978-4-09-840183-3

◆新学習指導要領で学校の日常が変わる　ぎょうせい　(新教育課程ライブラリ2 2 Vol.6)
【目次】特集 新学習指導要領で学校の日常が変わる(論文(資質・能力ベースの学校文化づくり、「特活」からみる学びの土台づくり、問いを生み、課題解決を誘う対話のある活動、「知の総合化」の視点で、自ら育つ生徒と教師、教師のカリキュラム・マネジメントは子どもが変わる！)、事例・つながりの日常化でつくる「社会に開かれた教育課程」)、連載、教育長インタビュー―次世代を育てる教育戦略、資料室、リレーエッセイ、オピニオン
2017.6 94p A4 ¥1350 ①978-4-324-10227-5

◆新学習指導要領における資質・能力と思考力・判断力・表現力　新教育評価研究会編　文溪堂
【目次】第1章 新学習指導要領が目指すものと思考力・判断力・表現力(新学習指導要領が目指すもの、すべての教科で育成すべき「思考力・判断力・表現力」とは、「すべ」で授業をすすめるか―授業づくりの在り方、「すべ」で育成する各教科における評価)、第2章 各教科においてどのように思考力・判断力・表現力を育むのか(国語、社会、算数、理科)、第3章 思考力・判断力・表現力を生かした「開く授業」による授業改善(「思考力・判断力・表現力等」を育成する授業の在り方としての「開く」授業、「すべ」を身に付けさせ、思考力・判断力・表現力の育成を図る「開く」授業、今後の課題と展望)、第4章 主体的・対話的で深い学びの学習において、どのようにして人間性を育成していくのか
2017 128p B5 ¥1800 ①978-4-7999-0235-6

◆新任3年目までに知っておきたい 子どもの集中を引き出す発問の技術　大畑利視著　明治図書出版　(授業づくりサポートBOOKS)
【要旨】子どもがグッと集中する発問とは？すべての子どもに意欲的に解決しようとする気持ちを喚起させる発問でなければ、よい発問とはいえません。子どもにとっておもしろく、価値があり、そしてどの子も集中する発問をつくるためのワザとその使い方を紹介します。
2017 124p B5 ¥1760 ①978-4-18-182716-8

◆図解 実践！アクティブラーニングができる本　小林昭文監修　講談社　(健康ライブラリー)
【要旨】授業をどこまで変えればよいのか。どうすれば子どもたちがついてくるか、同僚にどう言えばわかってもらえるか。アクティブラーニング型授業の実践のコツを徹底図解。
2017.2 98p 21×19cm ¥1300 ①978-4-06-259858-3

◆図解 プログラミング教育がよくわかる本　石戸奈々子監修　講談社　(健康ライブラリー)
【要旨】そもそもプログラミングとは？何歳からはじめればいい？親や先生がいますぐできることって？はじめよう！家庭で学校で子どもと一緒に体験しよう！
2017.7 98p 21×19cm ¥1300 ①978-4-06-259861-3

◆責任ある研究のための発表倫理を考える　東北大学高度教養教育・学生支援機構編　(仙台)東北大学出版会　(高等教育ライブラリ11)
【要旨】盗用、不適切なオーサーシップ、二重投稿…。研究成果の発表にまつわる問題の背景を探る。発表倫理の第一人者、生命科学・人文社会科学の研究者が論じる研究倫理の動向と、言語教育の専門家が語る盗用防止対策。
2017.3 163p A5 ¥2000 ①978-4-86163-278-5

◆ゼミで学ぶスタディスキル　南田勝也、矢田部圭介、山下玲子著　北樹出版　第3版
【目次】大学に入ったら、ノートのとり方、要約の仕方、図書館を利用しよう、本のレビューとレコメンド、レポート作成1：問題設定、レポート作成2：アウトラインの作成、レポート作成3：先行研究の調査、レポート作成4：二次資料を利用した論文編、レポート作成4：実査編、レポート作成4：ワークショップ調査編、レポート作成5：引用・参考文献の作成、レポート課題提出と反省点の振り返り、レジュメの作成、自説発表と議論
2017.3 148p A5 ¥1900 ①978-4-7793-0519-1

◆「全員参加」授業のつくり方「10の原則」　田中博史、桂聖著　文溪堂　(hito*yume book)
【要旨】筑波大学附属小学校算数部・田中博史、国語部・桂聖。山口県出身の二人が故郷・山口で算数×国語の授業づくりを提案する「長州田中桂塾」の第2弾。子どもたちに「主体的な学び」「対話的な学び」「深い学び」を促し、「全員参加」へ導くポイントを解説。「理解が遅れがちな子」を主役にして他の子の説明能力を高める。「間違い」を意図的・共感的に取り上げて、全員の理解を深める。「学び方を教える」という意識をもって苦手な子どものゴールを見届ける。…授業の導入、展開、発展で使えるノウハウが満載。明日からの授業にぜひお役立てください。
2017 95p B5 ¥1300 ①978-4-7999-0228-8

◆全教科・領域が1冊でわかる！新小学校学習指導要領改訂のポイント　水原克敏編著　日本標準
【要旨】改訂の考え方・ポイントがわかる。改訂でめざす新しい授業がわかる。「小学校学習指導要領」全文掲載。
2017.6 236p B5 ¥2200 ①978-4-8208-0620-2

◆先生のための小学校プログラミング教育がよくわかる本　利根川裕太、佐藤智著、みんなのコード監修　翔泳社
【要旨】2020年より小学校でプログラミング教育が義務化されますが、そもそも何が学べるのか、何が目的なのかがよくわからず、不安を抱えている先生が多いのが現状です。本書は、そのような不安や悩みを解消するための1冊です。どうして、いま何のためのプログラミング必修化なのか？そもそもプログラミング教育とは何か、何を教えればよいのか？政府や文部科学省が提示する方針や目指すもの、小学校ですでに始まっているプログラミング教育の事例、授業や指導案をつくるコツ、推進・実践するためのアドバイスなど、小学校でプログラミング教育を実践するために必要なことをわかりやすく解説していきます。
2017.8 151p B5 ¥1680 ①978-4-7981-5074-1

◆「総合的な探究」実践ワークブック―社会で生き抜く力をつけるために　鈴木建生監修、池田靖章編著　学事出版
【目次】1 自分を知る(ガイダンス―はじめのワーク、好きなことプレゼンテーション、他己紹介―インタビューする、私の履歴書―過去の自分を見つめる、自分史―記憶をたどる ほか)、2 社会を知る(3年間をイメージする―進路実現に向けて、名刺づくり―あいさつって？、ディベートを行う1―論理的思考、ディベート―実践、一人暮らし―未来をイメージする ほか)
2017.9 55p A4 ¥700 ①978-4-7619-2354-9

◆総則から読み取る学びの潮流　ぎょうせい編　ぎょうせい　(新教育課程ライブラリ2 Vol.5)
【目次】巻頭インタビュー 時代の先を行く新たな江戸切子の世界を創る―熊倉隆一(江戸切子

職人・株式会社「江戸切子の店 華硝」取締役」、特集 総則から読み取る学びの潮流、連載、教育長インタビュー――次世代を育てる地方戦略2, 資料室、リレー連載、リレーエッセイ、オピニオン
　　　　2017.5 95p A4 ¥1350 ①978-4-324-10226-8

◆双方向型授業への挑戦―自分の頭で考える学生を　木野茂編著者　現代人文社, 大学図書 発売
【要旨】大学教育改革の最大の課題は「教える教育」から「学生自らが学ぶ教育」への転換だ。双方向型授業のつくり方とその成功の秘訣。試行錯誤の連続から生れた、双方向型授業の実践の記録。
　　　　2017.4 285p A5 ¥2800 ①978-4-87798-671-1

◆双方向授業が拓く日本の教育―アクティブ・ラーニングへの期待　畑田耕一編著　(堺) 大阪公立大学共同出版会
【要旨】コミュニケーション能力を養い生きる力を高める双方向授業×文部科学省が提唱するアクティブ・ラーニング。著者たちが長年続けてきた『出前授業』活動が今リンクする!!
　　　　2017.3 305p B6 ¥2200 ①978-4-907209-69-8

◆速読速効! 改訂学習指導要領×中央教育審議会答申 小学校編　天笠茂監修, 第一法規編集部編　第一法規
【要旨】改訂方針を示した中教審答申から新学習指導要領を読み解く!
　　　　2017.5 273p 30×21cm ¥1800 ①978-4-474-05860-6

◆速読速効! 改訂学習指導要領×中央教育審議会答申 中学校編　天笠茂監修, 第一法規編集部編　第一法規
【要旨】改訂方針を示した中教審答申から新学習指導要領を読み解く!
　　　　2017.5 244p 30×21cm ¥1800 ①978-4-474-05859-0

◆そこが知りたい! "若い教師の悩み" 向山型QA集　1　授業づくり "よくある失敗" 175例―勉強好きにする改善ヒント　星野裕二プロデュース, 向山洋一著　学芸みらい社
【要旨】「授業は盛り上がったのに、テストはダメ…」「算数の個人差に、授業で立ち往生…」若手教師から寄せられた175の悩みに、レジェンド・向山洋一が答えるQA問答集!
　　　　2017.1 159p A5 ¥2000 ①978-4-908637-31-5

◆対話的な学び―アクティブ・ラーニングの1つのキーポイント　梶田叡一責任編集, 日本人間教育学会編　金子書房　(教育フォーラム 59)
【要旨】「主体的で対話的な深い学び」次期学習指導要領で強調されている。「主体的な学習」と密接な関係にある「対話」を教育活動に取り入れることは、教師にとって今後の大きな課題のひとつである。積極的に「対話」を用いることで「深い学び」を得るためにはどうしたらよいか。どのようなことに注意し、どのような授業を展開していけばよいのか。多面的な視点から、具体的かつ実践的な提案をする。
　　　　2017.2 169p A5 ¥2400 ①978-4-7608-6009-8

◆誰もが幸せになるための学力を　古関勝則著　(京都) クリエイツかもがわ
【要旨】子どもが安心して学ぶために。福島の発信。プリントを何枚やって高める学力ではなく、読み・書き・計算の力をつけながら、多くの人たちと学びあうことを大切にした。
　　　　2017.8 118p B6 ¥1300 ①978-4-86342-217-9

◆「探究」を探究する―本気で取り組む高校の探究活動　田村学, 廣瀬志保編著　学事出版
【要旨】高校もいよいよ「探究」モードへ。高校での「探究」の基本的な考え方と豊富な事例を紹介。
　　　　2017.12 191p A5 ¥2000 ①978-4-7619-2374-7

◆探究カリキュラム・デザインブック―アクティブ・ラーニング (主体的・対話的で深い学び) はじめました　がもうりょうた著　(京都) ヴィッセン出版
【目次】第1部「アクティブ・ラーニング＝主体的・対話的で深い学び」と「探究活動」「理論」を学ぶ「新しい学び」の時代、今、必要とされる「新しい学力」ほか、第2部 カリキュラムを「デザイン」する―学びの「作り方」で一貫したカリキュラムを作ろう、「学習目標」から考える―カリキュラム作りの手法ほか、第3部 さまざまな「学び」を学ぶ―学びの「原理」と「手法」(ファシリテーション―学びの「原理」1、ロールプレイーダの「原理」2、ふろく 探究活動を「つながり」の中で作る―「連携」の実務を知る (連携

するとき、どうやって「連携」する？ ほか）
　　　　2017.3 139p A5 ¥1300 ①978-4-908869-00-6

◆団体演技でみんなが輝く!「フラッグ運動」絶対成功の指導BOOK　関西体育授業研究会編　明治図書出版　(付属資料: DVD1)
【要旨】1枚の布が一糸乱れぬ集団を紡ぎ出す! 本書では、初めてでも安心と自信をもってフラッグ運動に取り組めるよう、フラッグ運動の指導法はもちろん団体演技指導の英知をも結集しました。　2017 111p B5 ¥2600 ①978-4-18-093210-8

◆中学校学習指導要領 全文と改訂のピンポイント解説 平成29年版　大杉昭英編　明治図書出版
【要旨】各教科のキーマンによるポイント徹底解説。全文＆要点解説で新学習指導要領のポイントがまるわかり! 資質・能力をベースとした大改訂の学習指導要領を最速で徹底解説!!
　　　　2017 262p A5 ¥1800 ①978-4-18-272819-8

◆中学校教育課程実践講座 総合的な学習の時間 平成29年改訂　田村学編著　ぎょうせい
【要旨】豊富な先行授業事例・指導案。Q&Aで知りたい疑問を即解決! これからの授業づくりに直結!!
　　　　2017.12 209p A5 ¥1800 ①978-4-324-10328-9

◆中学校教育課程実践講座 総則 平成29年改訂　天笠茂編著　ぎょうせい
【要旨】豊富な先行授業事例・指導案。Q&Aで知りたい疑問を即解決! 信頼と充実の執筆陣。
　　　　2017.10 278p A5 ¥1800 ①978-4-324-10317-3

◆中学校新学習指導要領の展開 総合的な学習編 平成29年版　田村学編著　明治図書出版
【要旨】具体例をもとに探究課題の解決過程について解説。主体的・対話的で深い学びを創造する新授業プランを収録。特徴のある単元計画を紹介。　2017 170p A5 ¥1800 ①978-4-18-335113-5

◆中学校新学習指導要領の展開 総則編 平成29年版　無藤隆編著　明治図書出版
【要旨】「見方・考え方」「主体的・対話的で深い学び」など改訂のキーポイントを徹底解説。資質・能力をベースにした大改訂で変わる中学校教育の内容を詳説。主体的・対話的で深い学びに求められる教育課程と指導計画・評価のあり方を明示。
　　　　2017 165p A5 ¥1800 ①978-4-18-334016-0

◆中学校新学習指導要領の展開 特別活動編 平成29年版　藤田晃之編著　明治図書出版
【要旨】キャリア教育、主権者教育、安全教育など改訂のキーポイントを解説。学級活動、生徒会活動、学校行事での新活動プランを収録。社会で生きて働く力を育む活動の在り方を明示。　2017 166p A5 ¥1800 ①978-4-18-335217-0

◆中学校新学習指導要領ポイント総整理 平成29年版　東洋館出版社編集部編　東洋館出版社
【目次】第1章 総則, 第2章 各教科, 第3章 特別の教科道徳, 第4章 総合的な学習の時間, 第5章 特別活動, 付録 新学習指導要領の理解を深めるKey-word45
　　　　2017.6 308p 26×20cm ¥1850 ①978-4-491-03368-6

◆中教審「答申」を読み解く―新学習指導要領を使いこなし、質の高い授業を創造するために　石井英真著　日本標準
【要旨】資質・能力、見方・考え方、アクティブ・ラーニング、パフォーマンス評価、カリキュラム・マネジメント…キーワードから新学習指導要領を理解する!
　　　　2017.3 102p A5 ¥1500 ①978-4-8208-0618-9

◆中教審答申解説 2017 「社会に開かれた教育課程」で育む資質・能力　無藤隆, 『新教育課程ライブラリ』編集部編　ぎょうせい
【要旨】第1部 学習指導要領等改訂の基本的方向性 (子供に育みたい資質・能力とは、学習指導要領の新たな枠組みと「社会に開かれた教育課程」の捉え方、何ができるようになるか―育成を目指す資質・能力 ほか)、第2部 各学校段階、各教科等における改訂の具体的な方向性 (幼児教育、小学校、中学校 ほか)、第3部 各教科・科目等の内容の見直し (国語、社会、算数、数学 ほか)
　　　　2017.3 321p A5 ¥2700 ①978-4-324-10292-3

◆通級学級のユニバーサルデザイン スタートダッシュQ&A55　阿部利彦編著　東洋館出版社

【要旨】3つのUD化で、より多くの子どもたちの「わかる・できる」を実現!
　　　　2017.9 123p B5 ¥1850 ①978-4-491-03419-5

◆創る―2領域カリキュラムで子どもが変わる! 教師が変わる!　香川大学教育学部附属高松小学校著　東洋館出版社
【目次】新たな教科学習を「創る」(論説 附属高松小学校の教科学習、教科学習実践事例、寄稿 教科する学びで本質を問う ほか)、新たな領域を「創る」(論説 附属高松小学校の創造活動、寄稿 附属高松小学校との出会いと期待、寄稿 センシングツールで授業が見えた ほか)、新たな学びの形を「創る」(特集 研究授業ができるまで、寄稿 子どもが変わる、教師が変わる、特集 達人の声 ほか)
　　　　2017.11 171p B5 ¥2200 ①978-4-491-03293-1

◆つまり、「合理的配慮」って、こういうこと?!―共に学ぶための実践事例集　インクルーシブ教育データバンク編　現代書館
【要旨】「合理的配慮」って、べつに新しいことではないんだ。これまでやってきた「共に学ぶ」教育実践の中の工夫に、「合理的配慮」の視点からまとめ直してみたよ。どうしたら一緒に授業に参加できるかな…? それが始まりです。いろいろな工夫、アイディアが合理的配慮につながっています。あなたも子どもたちと共に、合理的配慮のある授業創りを楽しんでください。
　　　　2017.11 94p B5 ¥2000 ①978-4-7684-3560-1

◆徹底反復で子どもを鍛える　陰山英男, 徹底反復研究会著　中村堂
【要旨】「主体的・対話的で深い学び」が求められて、徹底反復研究会が新たに提案。基礎学力, 知的好奇心, 書く力の「鍛える学び」の全体像を提案。
　　　　2017.11 206p A5 ¥2000 ①978-4-907571-40-5

◆電子黒板亡国論―ICTで頭がよくなる? バカになる?　戸板幸一著　(大阪) 創元社
【要旨】進化する情報通信技術 (ICT) は、先生や生徒をどうダメにするのか。黒板やチョークなき「デジタル教科書」時代を生き抜くための耐性が身につく、活字ワクチン。塾講師の立場から放つ、ホンネの教育＝(サービス) 論です。
　　　　2017.4 221p 18cm ¥1200 ①978-4-422-37001-9

◆特別活動でみんなと創る楽しい学校　清水弘美著, 浅原孝子取材・構成　小学館
【要旨】八王子市立弐分方小学校の特別活動による、学校改革、5年間の記録!
　　　　2017.3 191p B6 ¥1500 ①978-4-09-840174-1

◆ドラマ教育ガイドブック―アクティブな学びのためのアイデアと手法　ブライアン・ラドクリフ著, 佐々木英子訳　新曜社
【要旨】ドラマは学びを刺激し、教室の協働を促し、学びの質を高めるアクティブラーニング。ドラマ教育先進国イギリスで活用されている、現場で使えるアイデアと手法、アドバイスがぎっしり詰まった実践手引き。
　　　　2017.6 126p B6 ¥1600 ①978-4-7885-1526-0

◆なぜか私の成績が上がらない!?と思った時にそっと開く本　千葉学習塾協同組合編　エール出版社
【要旨】千葉の凄腕学習塾講師が贈る、100の学習アドバイス。
　　　　2017.10 266p A5 ¥1500 ①978-4-7539-3401-0

◆2017小学校学習指導要領の読み方・使い方―「術」「学」で読み解く教科内容のポイント　大森直樹, 中島彰弘編著　明石書店
【要旨】戦後最大規模の教育課程改革にどう対応するか。遠山啓の「術」「学」の視点から新旧学習指導要領を読み解き、教育現場からの提案の書。　2017.8 297p B5 ¥2200 ①978-4-7503-4552-9

◆2017中学校学習指導要領の読み方・使い方―「術」「学」で読み解く教科内容のポイント　大森直樹, 中島彰弘編著　明石書店
【要旨】戦後最大規模の教育課程改革にどう対応するか。遠山啓の「術」「学」の視点から新旧学習指導要領を読み解き、教育現場からの提案の書。　2017.9 285p B5 ¥2200 ①978-4-7503-4553-6

◆はじめに子どもありき―教育実践の基本　平野朝久著　東洋館出版社
【要旨】最近の教育界では、次々と新しいキーワードが誕生し、教育現場は、それらに振り回されてはいないか? 授業というのは、この私が目の前にいるこの子どもとともに創っていくもの。本書には、時代を超えて変わらない価値がある!
　　　　2017.3 165p B6 ¥1600 ①978-4-491-03340-2

学校教育

◆はじめよう！ プログラミング教育—新しい時代の基本スキルを育む 吉田葵, 阿部和広著 日本標準 （日本標準ブックレット）
【目次】第1章 プログラミング教育ってなんだろう、第2章 プログラミング教育の歴史、第3章 プログラミング教育をはじめるには、第4章 もうはじまっているプログラミング教育—プログラミング教育を取り入れた実践事例
2017.3 54p A5 ¥700 ①978-4-8208-0613-4

◆「発問」する技術 栗田正行著 東洋館出版社
【要旨】アクティブラーニングに活かせる発問テクニックが満載!!良い発問、悪い発問、軽い発問、重い発問、4つの発問を把握することが、授業成功のカギ!
2017.3 185p B6 ¥1750 ①978-4-491-03328-0

◆パフォーマンス評価で生徒の「資質・能力」を育てる―学ぶ力を育てる新たな授業とカリキュラム 西岡加名恵, 永井正人, 前野正博, 田中容子, 京都府立園部高等学校・附属中学校編著 学事出版
【要旨】パフォーマンス課題・ルーブリック等の事例を豊富に掲載！ 次期学習指導要領を視野に入れた授業、カリキュラム、評価実践！
2017.3 127p B5 ¥2000 ①978-4-7619-2316-7

◆パワフル・ラーニング—社会に開かれた学びと授業をつくる リンダ・ダーリング＝ハモンド編著, 深見俊崇編訳 （京都）北大路書房
【要旨】表層的で形骸化されたアクティブ・ラーニングを超えて。
2017.5 247p A5 ¥2600 ①978-4-7628-2970-3

◆ひとはもともとアクティブ・ラーナー！—未来を育てる高校の授業づくり 山辺恵理子, 木村充, 中原淳編著 （京都）北大路書房
【要旨】マナビラボ・プロジェクト（東京大学＋JC-ERI）がアクティブ・ラーニングの実態を見える化し、もやもやをわくわくに変える！
2017.3 115, 37p B6 ¥2200 ①978-4-7628-2958-1

◆「深い学び」のある授業—思考の活性化による認識の深まり 富山大学人間発達科学部附属小学校著 東洋館出版社
【要旨】あれ？ おや？ が授業をつくる！ 子供が主体的に追究する真摯な子供理解、深い教材研究、綿密な授業構想がある。「深い学び」を実現する理論と実践。
2017.6 208p A5 ¥2500 ①978-4-491-03371-6

◆深い学びのために—アクティブ・ラーニングの目指すもの 梶田叡一責任編集, 日本人間教育学会編 金子書房（教育フォーラム 60）
【要旨】学習指導要領の総則について議論が展開されているが、その中でも「深い学び」については未だに焦点が拡散している印象が否めない。当然のことながら、「授業の型」や「学習方式」といった一定の教授・学習活動のパターンに関わるものではない。では、どのようにすれば「深い学び」になり、実現できるのか。具体的かつ実践的な提案を行い、基本ポイントを示す。
2017.8 144p A5 ¥2400 ①978-4-7608-6010-4

◆藤田式「調べる学習」指導法 小学校編 CD・ROM付—調べる力がぐんぐん身につく立場から子どもの未来社（付属資料：CD・ROM1）
【目次】1 調べる学習とは？、2 低学年の調べる学習、3 中学年の調べる学習、4 高学年の調べる学習、5 調べる学習を進めるための様々な授業、6 学校図書館を活用するための学校づくり、7 学校図書館の活用を推進する支援体制、8 「調べる学習にチャレンジ」で広がる学校図書館の活用、参考資料
2017.7 125p A5 ¥2400 ①978-4-86412-122-4

◆附属新潟中式「3つの重点」を生かした確かな学びを促す授業—教科独自の眼鏡を育むことが「主体的・対話的で深い学び」の基盤となる！ 新潟大学教育学部附属新潟中学校編著 東信堂
【要旨】新学習指導要領に対応した授業づくりのヒントが満載！ 附属新潟中式・確かな学びを促す3つの重点、「意味ある文脈での目標設定」、「対話を促す工夫」、「学びの再構成を促す工夫」を基に、「早わかりポイント実践集」と「全教科領域の授業実践集」など各学校で活用できる実践を豊富に紹介！ さらに、生徒の学びを教科等横断的な視点からつなげる「カリキュラム・マネジメント」の実践も紹介！
2017.10 202p B5 ¥2000 ①978-4-7989-1464-0

◆ブレンディッド・ラーニングの衝撃—「個別カリキュラム×生徒主導×達成度基準」を実現したアメリカの教育革命 マイケル・B.ホーン, ヘザー・ステイカー著, 小松健司訳 教育開発研究所
【目次】第1部 理解（ブレンディッド・ラーニングとは何か？、すべての教室がブレンディッド・ラーニングに代わるべきか？）、第2部 発動（まず目標となるスローガンを掲げよう、イノベーションを起こす組織、生徒の動機づけ）、第3部 設計（教師の役割、オンラインコースと設備機器の設計、ブレンディッド・ラーニングのモデル選定）、第4部 実装（学校文化の重要性、成功への途、結論）
2017.3 293p A5 ¥2900 ①978-4-87380-481-1

◆プロの板書—応用編 釼持勉著 教育出版
【要旨】黒板に "均等に" "まっすぐに" "整った字で" 書くための基礎技術に加え、応用編では3つを特集。
2017.1 95p B5 ¥1400 ①978-4-316-80439-2

◆文化を基軸とする社会系教育の構築 中村哲編著 風間書房
【要旨】グローバル社会の進展のもとで、日本人としてのアイデンティティの形成と国際的視野の形成を視野に入れて、「文化価値理解」、「文化価値形成」、「文化価値創造」という方向性を示し、社会系教育の授業開発や教材化のあり方を提案する。
2017.3 209p A5 ¥3800 ①978-4-7599-2181-6

◆平成27年×平成29年 小学校学習指導要領 新旧比較対照表 日本教材システム編集部編 日本教材システム, 教育出版 発売
【要旨】変更箇所がひと目でわかる2色刷り！
2017.5 344p B5 ¥1200 ①978-4-316-80457-6

◆勉強 秋山夕日著 （広島）南々社（南々社新書）
【要旨】全学年（小学生・中学生・高校生・浪人生）にほぼ全教科を1人で教えた東大卒・秋山講師の勉強法の極意。生徒・保護者・教師・塾講師…勉強に関わる全ての人の思考を変える。勉強の未来がここにある！
2017.12 167p 18cm ¥1000 ①978-4-86489-076-2

◆勉強しなさいと言わずに成績が上がる！すごい学習メソッド—学校成績アップ日本一の塾長が教える、子どもが即やる気になる勉強法 藤野雄太著 永岡書店
【目次】第1章 子どもを勉強嫌いにさせている原因は、コレだ！、第2章 一度勉強嫌いになった子どもをやる気にさせる方法、第3章 全科目授業アップの土台をつくる、何なんでも「国語力」、第4章 「トレーニング型勉強法」、第5章 必ず5科目合計100点以上アップする、最強の学習法、第6章 勉強のゴールは、自分の才能を発見して社会に貢献すること
2017.2 223p B6 ¥1200 ①978-4-522-43497-0

◆『学び合い』で始めるカリキュラム・マネジメント 学力向上編 西川純編著 東洋館出版社
【要旨】学校が抱える様々な問題を解決するために教師集団がチームとしてできること。「学び合い」ならカリキュラム・マネジメントを実現できる！ 校長・教頭・教員・生徒・保護者…あらゆる立場から書かれたチーム学校の記録！
2017.3 156p B5 ¥1800 ①978-4-491-03339-6

◆学び合う場のつくり方—本当の学びへのファシリテーション 中野民夫著 岩波書店
【要旨】いま、教育、企業、行政、医療、まちづくりの現場で、対話や参加を大切にした能動的な学びに注目が集まっている。ワークショップのパイオニアとして「参加型の場づくり」に長く取り組んできた著者が、東工大における教育改革をはじめ、学び合う場づくりの様々な実践を紹介しながら「本当の学び」のあり方を探る。
2017.6 198p B6 ¥2000 ①978-4-00-024823-5

◆学びを創る教育評価 岡谷英明編著 （京都）あいり出版（現場と結ぶ教職シリーズ 15）
【目次】1部 教育評価の意味するもの（教育評価の基本概念、教育評価の意義と理論的変遷）、2部 授業を創る教育評価（日本の教育制度における教育評価、観点別評価—観点別評価の位置づけと特徴、指導と評価の一体化、ポートフォリオ評価—自らの学びに責任を持つこと、パフォーマンス評価、ルーブリック評価、カリキュラム評価）、3部 学校を創る教育評価（全国学力・学習状況調査—教育評価におけるエビデンスと

教育実践のアイロニー、PISA（生徒の学習到達度調査）—グローバル化する教育と実践のローカリティ、学級集団の評価、特別支援教育における評価、職業適性と評価、学校評価）
2017.3 243p A5 ¥2400 ①978-4-86555-039-9

◆学びをデザインする子どもたち—子どもが主体的に学び続ける授業 秋田喜代美, 和歌山大学教育学部附属小学校著 東洋館出版社
【要旨】はじめにに代えて 子ども中心主義の教育を求め続けて、主体的で深く学ぶ学校文化を創造する学び、学びをデザインする子どもたち、1章 教科領域が提案する居場所ある学級風土づくり、2章 三つの対話の充実をめざした実践事例、3章 みとりと支援の充実をめざした実践事例、4章 課題意識の深化をめざした実践事例、5章 私が見た「学びをデザインする子どもたち」、6章 教育研究発表会 対談録、あとがきに代えて 問い続け、学び続ける教師たち
2017.3 251p B5 ¥2000 ①978-4-491-03345-7

◆「学び続ける子ども」が育つ授業の創造 山形大学附属小学校編著 （山形）山形大学出版会
【要旨】「よりよい自分になりたい！」子どもの思いや願いに向き合った教師の取り組み！ 授業改善の視点「主体的・対話的で深い学び」のカギ。
2017.4 207p A5 ¥1900 ①978-4-903966-30-4

◆「学びの自覚」を促す授業事例集—新しい時代に必要となる資質・能力の育成 2 横浜国立大学教育人間科学部附属横浜中学校編 学事出版
【目次】第1部 基本的な考え方（新しい時代に必要となる資質・能力の育成—「学びの自覚」につながる授業実践を通して、本校の特色ある教育活動における学びの自覚、「プロセス重視の学習指導案」の考え方—平成28年度「プロセス重視の学習指導案」の見方）、第2部 各教科の実践（国語科、社会科、数学科、理科、音楽科、美術科、保健体育科、技術・家庭科、英語科）
2017.3 126p A5 ¥1800 ①978-4-7619-2311-2

◆まわりの先生から「むむっ！ 授業の腕、プロ級になったね」と言われる本。 瀧澤真著 学陽書房
【要旨】スキルアップの手応えが驚くほど実感できる！ 教科別のコツが身につく！「深い学び」が引き出せる！ 効果は実証済み！
2017.5 127p A5 ¥1700 ①978-4-313-65336-8

◆自らの意思で判断・決定していく子ども—問題解決学習×自覚×教師支援 愛知教育大学附属岡崎小学校著 明治図書出版
【要旨】明治34年の開設以来、生活教育の理念のもと、子どもに寄り添った授業を展開してきた、愛知教育大学附属岡崎小学校の教育活動には、「主体的・対話的で深い学び」が見られる。本書には、問題解決に向かう子どもに寄り添い、支えていく教師の営みが、わかりやすくまとめられています。
2017 143p A5 ¥1852 ①978-4-18-144912-4

◆未来を拓く教育実践学研究 第2号 特集「深い学びの共創」 共創型対話学習研究所編 （横浜）共創型対話学習研究所, （名古屋）三恵社 発売 （共創型対話学習研究所機関誌（論文集））
【目次】特集論文 特集「深い学びの共創」（深い思考の考察、主体的に価値を選ぶ力を育む「深い学び」に関する一考察—教科・総合的な学習をつなぐ道徳から、深い学びを育むための校長の役割—A教師の成長過程をとおしてほか）、自由投稿論文（若手教員の成長を促す協働についての一考察—総合的な学習の時間における国際理解教育の事例から、学級経営における居場所づくりといじめへの対応—「スクールカースト」の実態を通して、共創型対話を生かしたチーミングによる人材育成—運動会での組織的なクレーム対応のエピソードを通してほか）、実践記録（価値判断と対話を重視した小学校社会科の授業、子どもが問い続け、学びを深める授業のしかけ、社会性を育む授業について ほか）
2017.12 253p A5 ¥1852 ①978-4-86487-760-2

◆見る見る幸せが見えてくる授業 ひすいこたろう著 サンマーク出版
【要旨】「な～んだ、それだけのことだったのか」27連発！ 12年間の「幸せ研究」から生まれた、世界一たのしい人生の教科書。
2017.12 295p B6 ¥1400 ①978-4-7631-3664-0

◆みんなで成功させる！ 学芸会づくりと指導のコツ　学習サークル「ビートル」著　ナツメ社
【要旨】子どもたちの表現力を引き出し、個性が輝く学芸会にするためのコツが満載！
2017.8 262p B5 ¥2000 ①978-4-8163-6280-4

◆みんなで取り組む「学び合い」入門―スムースな導入ステップ　西川純著　明治図書出版　（THE 教師力ハンドブックシリーズ）
【要旨】「学び合い」は単なる授業方法ではありません。「一人も見捨てない」という強い思いと、それを実現するための方法論です。「学び合い」は、これから始められる方にとっても新たな試みですが、同僚や上司、子どもや保護者にとっても新しい授業です。同僚や子どもたちにとっても納得感のあるファーストステップを刻みたいものです。本書ではそのヒントを紹介しました。
2017 143p B6 ¥1760 ①978-4-18-271816-8

◆向山の教師修業十年　向山洋一著　学芸みらい社　（学芸みらい教育新書 別巻）
【目次】第1章 向山教室の授業実践記（教師と技術、教師と問題児、教師と修業、教師と仕事、教師と交信、教師と仲間）、第2章 今その道をさらに（「実践記」の主張・その発展）
2017.4 313p 18cm ¥1800 ①978-4-908637-40-7

◆無藤隆が徹底解説 学習指導要領改訂のキーワード　無藤隆解説, 馬居政男, 角替弘規制作　明治図書出版
【目次】第1章 学校教育の存在理由を問う―学習指導要領改訂の背景、第2章 「社会に開かれた教育課程」―未来軸・社会軸・主体軸、第3章 今と未来の社会に開く「学びの地図」、第4章 カリキュラム・マネジメント、第5章 資質・能力の三つの柱と教科の「見方・考え方」、第6章 三つの学び、第7章 実践化のための授業の改善と研修のあり方、第8章 評価の改訂の方向、第9章 幼児教育の振興とスタート・カリキュラム、第10章 実践化への課題は教師のアクティブ化に
2017 150p A5 ¥1900 ①978-4-18-271029-2

◆問題発見力のある子どもを育てる11の方法―「主体的・対話的で深い学び」のスタートライン　長谷川康男編著　学事出版
【要旨】どのように子どもに接し教育したらどのような教材や資料を用意したら子どもは問題意識を中核にして自ら進んで学習に取り組むか。多くの実践例から具体的に述べている。
2017.7 249p B6 ¥1800 ①978-4-7619-2333-4

◆やる気と能力を120%引き出す奇跡の指導法　藤重佳久著　ポプラ社
【目次】第1章 音楽は「自己表現」（音楽とは、自分を表現するためのもの、表現の始まりは「意思表示」。あいさつ、返事、受け答え ほか）、第2章 「やる気」がすべてのエネルギー（本当の楽しみは「勉強」の先にある、私が就任1年目から「全国大会を目指す」と宣言した理由 ほか）、第3章 「社会に通用する人間」を育てる「人間性」があってこその集団、「日誌」は人間性が出るほか）、第4章 「指導者」としての考え方（自分の「役割」を限定しない、指導者は「自分の音楽」を信じ「我流」を貫く ほか）
2017.12 190p B6 ¥1500 ①978-4-591-15337-6

◆夢追う教室―太陽の子と歩んだ日々　二瓶弘行著　文溪堂　（hito*yume book）
【要旨】国語のカリスマ教師、二瓶弘行の原点がここに！ 500枚の学級だより「太陽の子」を一挙掲載！ 自分をあきらめないこと。ダメな子なんて、絶対にいない。一生懸命にしていること、この世の中、そんなに多くない。自分の可能性を信じなさい。
2017 271p A5 ¥1600 ①978-4-7999-0247-9

◆ようこそ、一人ひとりをいかす教室へ―「違い」を力に変える学び方・教え方　キャロル・アン・トムリンソン著, 山崎敏人, 山元隆春, 吉田新一郎訳　（京都）北大路書房　（原書第2版）
【要旨】学びのスピードや興味関心、既有の知識・理解などあらゆる「違い」や「多様性」に対応した教育とは。
2017.3 244p A5 ¥2400 ①978-4-7628-2959-8

◆落語家直伝うまい！ 授業のつくりかた―身振り手振り、間のとりかた、枕とオチ…落語は授業に使えるネタの宝庫　立川談慶著, 玉置崇監修　誠文堂新光社
【目次】序章 「なぜ落語が授業に役立つのか!?」、第1章 授業にのぞむ心がまえ編（先輩のうまい授業を真似する、落語も授業も「仕込み」が肝心 ほか）、第2章 授業テクニック編（授業の前に「まくら」で場をなごませる、会話は聴くが9割！ ほか）、第3章 学校生活をスムーズにするコミュニケーション編（コミュニケーションは衝突回避、子どもが愚痴を言える先生になるほか）、第4章 日常生活でコミュニケーション力アップ！（心技体をバランスよく鍛える、「自信」を持つことは子どもに対するエチケット ほか）
2017.3 189p A5 ¥1600 ①978-4-416-51719-2

◆ワークシート付きかしこい子に育てる新聞を使った授業プラン30＋学習ゲーム7　蔵満逸司著　（名古屋）黎明書房
【要旨】新聞が好きになる教科別ワークシートを収録。アクティブ・ラーニングの教材に最適！
2017.6 84p B5 ¥1600 ①978-4-654-01946-5

◆和田塾 運をつくる授業―あなたもぜったい「運のいい人」になれる方法がわかった！　和田裕美著　廣済堂出版
【要旨】3000人の人生からわかったすごい運のつくり方、初公開！
2017.3 239p B6 ¥1400 ①978-4-331-52079-6

◆笑う！ 教師の1日　中村健一, ゆかいな仲間たち著　（名古屋）黎明書房　（教師のための携帯ブックス）
【要旨】笑いのある教室は崩壊しない！ 日本一のお笑い教師が贈る子どもも先生も笑顔になる77のネタ。
2017.7 95p B6 ¥1300 ①978-4-654-00330-3

◆AI時代を生きる子どものためのSTEAM教育　デビッド・A.スーザ, トム・ピレッキ著, 胸組虎胤訳　幻冬舎メディアコンサルティング, 幻冬舎 発売
【要旨】Science（科学）、Technology（技術）、Engineering（工学）、Arts（芸術）、Mathematics（数学）―これ一冊でSTEAM教育のすべてが分かる！ アメリカでも大注目の最新教育法とその実践法。
2017.10 262p A5 ¥1400 ①978-4-344-91377-6

◆AI時代の教育と評価―意志ある学びをかなえるプロジェクト学習 ポートフォリオ 対話コーチング　鈴木敏恵著　教育出版
【目次】1章 与えられた学びから意志ある学びへ、2章 AI時代の教育、3章 AI時代のリテラシー、4章 課題発見から課題解決までの思考プロセス、5章 成長への評価、6章 プロジェクト学習の実践セオリー、7章 未来をひらくキャリアパスポート、「未来教育オンライン講座」4week プログラム
2017.6 207p B5 ¥2800 ①978-4-316-80435-4

◆ICEモデルで拓く主体的な学び―成長を促すフレームワークの実践　柞磨昭孝著　東信堂
【目次】第1章 学ぶことの意義と主体的な学び、第2章 主体的な学びとICEモデル、第3章 ICEモデル、第4章 ICEモデルによる授業デザイン、第5章 ICEルーブリック、第6章 授業づくりの準備、第7章 ICEモデルを軸とした授業デザインと授業実践
2017.6 214p A5 ¥2000 ①978-4-7989-1426-8

◆PBL 学びの可能性をひらく授業づくり―日常生活の問題から確かな学力を育政する　L・トープ, サラ・セージ著, 伊藤通子, 定村誠, 吉田新一郎訳　（京都）北大路書房　（原書第2版）
【要旨】小学校から大学までの豊富な事例を紹介。
2017.9 166p A5 ¥2200 ①978-4-7628-2992-5

◆Round Study 教師の学びをアクティブにする授業研究―授業力を磨く！ アクティブ・ラーニング研修法　石井英真, 原田三朗, 黒田真由美編著　東洋館出版社
【要旨】「主体的・対話的で深い学び」のある授業の実現は教師自身の「深い学び」が鍵を握る！ 従来型の授業研究や校内研修とはひと味違う、教師同士の自由闊達な対話を生み出す研修法―Round Study。教師同士の語り合い、学び合いを通じて、よりよい授業を探究し続けるアクティブ・ラーナーとしての教師集団こそ、豊かな学校文化を醸成し、新しい時代を生きる子どもたちの「資質・能力」を培う授業を実現する！
2017.3 89p 26×20cm ¥1900 ①978-4-491-03294-8

◆TIMSS2015算数・数学教育/理科教育の国際比較―国際数学・理科教育動向調査の2015年調査報告書　国立教育政策研究所編　明石書店
【目次】第1章 調査の概観、第2章 算数・数学（算数・数学の枠組み、算数・数学の到達度、数学問題の例、算数・数学のカリキュラム、児童生徒の算数・数学に対する態度、教師と算数・数学の指導、学校と算数・数学の到達度、家庭と算数・数学の到達度）、第3章 理科（理科の枠組み、理科の到達度、理科問題の例、理科のカリキュラム、児童生徒の理科に対する態度、教師と理科の指導、学校と理科の到達度、家庭と理科の到達度）
2017.3 405p A4 ¥4500 ①978-4-7503-4480-5

環境教育

◆海辺に学ぶ―環境教育とソーシャル・ラーニング　川辺みどり著　東京大学出版会
【要旨】ゆたかな海を次世代へ。みんなで話し合い、考えながら、これからの海辺をつくっていきたい。「環境は大事なんだろうけど…」そう思う人たちへかかわる一歩を踏み出すために。
2017.3 201, 11p B6 ¥2800 ①978-4-13-063365-9

◆「ガイダンス教育」を考える―人間・環境問題を中心にして 一生物教師のつぶやき　篠原尚文著　悠光堂
【目次】第1章 自然科学領域と生物教育（「物質」と「生命」、「生物」そして「細胞」へ ほか）、第2章 探究を通しての生物教育の「走性」に学ぶ生物の特色と教育理念、「最適温度」を考える ほか）、第3章 人体のサイエンス「人間・この不思議な生き物」（人類の「歴史」と「特徴」（ヒトは今も昔と同じく進化の途上にある）、直立歩行（二足歩行）の功罪及び「サル」と「ヒト」を分けたもの ほか）、第4章 環境問題を考える（環境教育の課題、環境にかかわる諸問題 ほか）
2017.4 127p A5 ¥1200 ①978-4-906873-83-8

◆環境学習とものづくり　岳野公人著　風間書房
【目次】第1章 ものづくりによる環境学習の位置づけ、第2章 ものづくりを通して環境保全を図る市民活動の実践と評価、第3章 里山におけるものづくりの教材開発と環境教育の実践、第4章 里山を利用した環境学習のための椅子木材開発、第5章 里山二次林の落葉広葉を活用した堆肥化に関する教材研究、第6章 ものづくり学習の集中状態に関する基礎的研究、第7章 環境教育を学ぶ大学生の環境意識、第8章 木材加工を通した環境教育に関する授業実践、第9章 海外の木材加工教育、結論 総括的まとめ
2016.12 114p A5 ¥5000 ①978-4-7599-2152-6

◆環境教育指導資料 中学校編　国立教育政策研究所教育課程研究センター著　東洋館出版社
【目次】第1章 今求められる環境教育（持続可能な社会の構築と環境教育、学校における環境教育）、第2章 中学校における環境教育の推進、各教科等における指導と評価の工夫、教育課程の編成と改善の視点を生かした指導と評価の工夫）、第3章 中学校における実践事例（『社会（地理的分野）』第2学年「身近な地域における持続可能な環境を考える」、『社会（公民的分野）』第3学年「『現代社会をとらえる見方や考え方』―『建設的な妥協点』を見付けよう」、『理科（第1分野）』第3学年「新エネルギーの利用」 ほか）
2017.3 101p B5 ¥1850 ①978-4-491-03343-3

◆環境指導法―エピソードから楽しく学ぼう　佐々木由美子編著, 及川留美, 小野崎佳代, 梶原里美, 寒河江芳枝著　創成社
【要旨】保育者を志す方へ。最新の保育指針・教育要領に対応。保育現場での心揺さぶられるエピソードをたくさん取り上げました！
2017.4 178p A5 ¥2000 ①978-4-7944-8079-8

◆環境倫理を育む環境教育と授業―ディープ・エコロジーからのアプローチ　山本容子著　風間書房
【目次】序章 研究の目的と方法、第1章 環境倫理とディープ・エコロジー、第2章 環境倫理の視点を導入したアメリカの生物教育、第3章 欧米を中心としたディープ・エコロジー教育の特質、第4章 日本の高校生における環境倫理意識―生態学的環境を中心として、第5章 ディープ・エコロジーの視点を導入した環境倫理プログラムの開発、第6章 ディープエコロジーの視点を導入した環境教育プログラムの実践とその結果、終章 研究の成果と今後の課題
2017.1 298p A5 ¥9000 ①978-4-7599-2165-6

学校教育

◆希望の教育実践—子どもが育ち、地域を変える環境学習　岸本清明著　同時代社
【要旨】地域と学校をつないだ「東条川学習」の軌跡。なぜ、子どもたちが自分に誇りを持てたのか—。
2017.5 194p A5 ¥2000 ①978-4-88683-817-9

◆大都市圏の環境教育・ESD—首都圏ではじまる新たな試み　福井智紀, 佐藤真久編著, 阿部治, 朝岡幸彦監修　筑波書房　(持続可能な社会のための環境教育シリーズ 7)
【目次】大都市圏における環境教育・ESDの展望—日本の持続可能性を視野に入れて、第1部 大都市圏における環境教育・ESDのとらえ方（なぜ大都市圏に着目するのか—日本環境教育学会関東支部会員へのアンケート調査結果から、環境配慮行動としてのライフスタイルの選択—シナリオ分析の枠組構築と「食」に関するアンケート調査に基づいて、子どもの成長環境からみた大都市圏における持続可能性—大都市圏に育つ子どもたちのために)、第2部 学校教育 大都市圏の学校はどう取り組むのか（大都市圏のエコスクールが進める環境教育・ESD—杉並区エコスクール化推進事業を事例として、大都市圏の小・中学校で始まっている自然体験学習・ESD—善福蛙の取組を事例として、大都市圏の高等学校で進めてきた環境教育・ESD—東京都立つばさ総合高校の環境活動を事例として、科学教育の観点から見た大都市圏の環境教育・ESD—科学技術との付き合い方を考える討論活動の必要性、これからの学校はどうあるべきか？—都市生態系の中での学校教育を問い直す)、第3部 様々な学習機会 大都市圏の豊富な教育資源をどう活用するか（大都市圏の教育施設における環境教育・ESDの可能性—都市型環境教育施設の活用、大都市圏の動物園における環境教育・ESDの可能性—いのちと生物多様性を考える場として、大都市圏と森林をつなぐ新しい教育資源の可能性—機会の限られた自然体験を補完・拡張する映像音声アーカイブの活用)、第4部 さまざまな主体の連携・協働・交流をどのように進めるか（世界的潮流から見た環境教育・ESD—マルチ・ステークホルダーの連携を通して、都市域における協働を通した環境教育・ESD—川崎市における環境教育の歴史的変遷と協働の事例から、都市域と農山村のつながりによる環境教育・ESD—山村留学を通して見られた都市と農山村の交流)、大都市圏における環境教育・ESD—その展望】
2017.12 208p A5 ¥2500 ①978-4-8119-0521-1

◆SDGsと環境教育—地球資源制約の視座と持続可能な開発目標のための学び　佐藤真久, 田代直幸, 蟹江憲史編著　学文社
【要旨】SDGsへの取り組みを環境の側面から掘り下げるとともに、世界が直面する課題の解決のための処方箋を提示。
2017.10 312p A5 ¥3000 ①978-4-7620-2738-3

国語

◆青木伸生の国語授業 3ステップで深い学びを実現！ 思考と表現の枠組みをつくるフレームリーディング　青木伸生著　明治図書出版
【要旨】文章を細かく丁寧に読解するだけでは身につけることのできない読みの力があります。物語では、伏線をつなぎ合わせることのできる力、説明文では、事例とまとめをつなぎ合わせる力です。つまり、「つながりを見いだす力」のことです。文章を段落ごと、段落ごとに分けて、どんなに詳しく言葉をとらえても、全体のつながりが見えなければ、本当に分かったことにはなりません。つながりを見いだすためには、文章を丸ごと読むことが求められるのです。フレームリーディングは、それを可能にする手法です。フレームリーディングでは、「数える」「選ぶ」という、シンプルで、しかもクラスの全員が参加できる切り口によって深い学びを実現させます。そして、読むことにおける深い学びを実現した子どもたちは、獲得したフレームを使って、書くこと（ライティング）や考えること（シンキング）へとステップアップしていきます。思考と表現の枠組みをつくることで、国語科のみならず、生涯にわたって使える力を育むことができるのです。
2017 159p A5 ¥2060 ①978-4-18-138110-3

◆アクティブ・ラーニングを位置づけた小学校国語科の授業プラン　中村和弘編著　明治図書出版
【要旨】領域ごとに「深い学び」「対話的な学び」「主体的な学び」とのかかわりがよく分かる！ 子どもの学びをとらえる視点から記録方法のアイデアまで、ALの評価の考え方を解説。
2017 135p B5 ¥2260 ①978-4-18-277012-8

◆アクティブ・ラーニングで授業を変える！「判断のしかけ」を取り入れた小学校国語科の学習課題48　中洌正堯監修, 長崎伸仁, 三津村正和, 正木友則編著　明治図書出版
【要旨】「深い学び」は「よい学習課題」から始まる！ 教材別学習課題と授業展開例ですぐ実践できる！
2017 126p B5 ¥2000 ①978-4-18-209618-1

◆1年生担任のための国語科指導法—入門期に必ず身につけさせたい国語力 クラス全員に達成感をもたせる！　土居正博著　明治図書出版
【目次】序章 1年生の国語指導 知っておきたい基礎・基本（1年生の子どもたちの実態を知ろう—1年生だからこそできること、「国語の授業」と「学級経営」を並行して子どもを鍛えよう、授業は「区切って」構成＆「使い分けて」デザインし、第1章 まずはここからスタート！「話すこと・聞くこと」の指導（ショックを与える「聞くこと」の指導、「自主性」と「即興性」を意識した「話すこと」の指導、ペアでの話し合いを徹底し、聞いている子にも意思表示をさせる「話し合い」の指導、第2章 表現する楽しさを知る「書くこと」の指導（「書くこと」の基礎の徹底、書きたいことをもたせる「クラス内交通」の取り組み、つけたい力を明確にした日記指導、「書く力」を他教科に転移する）、第3章 音読と発問でつくる「読むこと」の指導（「スラスラ」を目指す音読指導、「読むこと」の単元はどのようにつくるか、文学は「面白い」からこそ「論理的」に問う、自分の考えをもちながら「感情的」に読む説明文の指導）、第4章 入門期にこそ徹底したい「言語事項」の指導（正しく、きれいに字を書かせる方法、教科書暗唱を活用した「て・に・を・は」指導、子どもが主体的に学ぶ漢字指導法）】
2017 182p A5 ¥1800 ①978-4-18-189415-3

◆インクルーシブな国語科授業づくり—発達障害のある子どもたちとつくるアクティブ・ラーニング　原田大介著　明治図書出版
【要旨】特別支援教育が、特別支援学校・学級でのみ語られる時代は終わりました。発達障害ってなに？ インクルーシブ教育ってなに？ 国語の授業にはどんな可能性があるのか？ 本書では、これらの疑問にアクティブ・ラーニングの知見を取り入れつつ、答えています。特別な支援を要する子だけでなく、すべての子どもたちにとって必要な「再包摂（リ・インクルード）」という状態を作り出すということ。国語科授業づくりが目指す新しいステージです。
2017 142p B6 ¥1300 ①978-4-18-117415-6

◆学習指導要領改訂のポイント 小学校・中学校 国語 平成29年版　『国語教育』編集部編　明治図書出版　(『国語教育』PLUS)
【目次】第1章 キーワードでみる学習指導要領改訂のポイント（教科等の特質に応じた「見方・考え方」、国語科において育成を目指す「資質・能力」、各学校の「カリキュラム・マネジメント」、「主体的・対話的で深い学び（アクティブ・ラーニング）」の三つの視点と授業改善、資質・能力を育む「学習過程」)、第2章 事例でみる学習指導要領改訂のポイント（主体的・対話的で深い学びの視点を踏まえた資質・能力の育成を目指す授業事例（「知識及び技能」の授業事例、「思考力、判断力、表現力等」(「話すこと・聞くこと」の授業事例、「書くこと」の授業事例、「読むこと」の授業事例)))】
2017 118p B5 ¥1800 ①978-4-18-271727-7

◆学習塾トップ講師がすすめる読解力アップ直結問題集　高濱正伸, 片岡上裕著　実務教育出版　(付属資料：別冊1)
【要旨】小学校の国語、4年生から26日間完成。
2017.9 207p B5 ¥1300 ①978-4-7889-1444-5

◆書く力を伸ばす実践ワーク＆指導法—クラス全員が書けるようになる！　中西克之, 大西司著　ナツメ社
【要旨】授業で使える40のワークを収録！
2017.3 167p B5 ¥1600 ①978-4-8163-6177-7

◆漢字指導の手引き—学習指導要領準拠　久米公編著　教育出版　第八版
【要旨】新しい小学校配当漢字1,026字。それらの標準字体、音訓、筆順、許容の書き方をまとめました。
2017.12 125, 18p B5 ¥1600 ①978-4-316-80470-5

◆漢字の基礎を育てる形・音・意味ワークシート 2 漢字の形・読み編—漢字さがし・漢字のまちがい見つけ（1～3年）　発達支援ルームまなび, 笘廣みさき, 今村佐智子編著　(京都) かもがわ出版
【要旨】LD指導に長年の経験を積んだ2人の先生が、漢字が学びにくい児童のためのワークシートをつくりました！ 漢字は、文字の形（視空間認知力）、音（読み）、意味（言語力）の3つの要素から成り立っていることに注目し、まず形を理解する力から育てます。このワークシートは、先生やお母さんが子どもとコミュニケーションをとりながら学ぶところに特徴があります。子どもと一緒に取り組むことで、お母さんは子どもの学びにくさにも気づき、子ども理解につながります。
2017.4 162p B5 ¥1900 ①978-4-7803-0913-3

◆漢字の基礎を育てる形・音・意味ワークシート 3 漢字の読み・意味編—読みかえ・同じ読み方（1～3年）　発達支援ルームまなび, 笘廣みさき, 今村佐智子編著　(京都) かもがわ出版
【要旨】LD指導に長年の経験を積んだ2人の先生が、漢字が学びにくい児童のためのワークシートをつくりました！ 漢字は、文字の形（視空間認知力）、音（読み）、意味（言語力）の3つの要素から成り立っていることに注目し、まず形を理解する力から育てます。このワークシートは、先生やお母さんが子どもとコミュニケーションをとりながら学ぶところに特徴があります。子どもと一緒に取り組むことで、お母さんは子どもの学びにくさにも気づき、子ども理解につながります。
2017.7 200p B5 ¥2000 ①978-4-7803-0914-0

◆基礎からわかる漢文　代々木ゼミナール編　代々木ライブラリー　(付属資料：別冊1)
【要旨】センター対策はこれで十分！ 0から始める超基礎漢文!!
2017.11 177p A5 ¥926 ①978-4-86346-688-3

◆「君の名は。」で古文・和歌の読み方が面白いほどわかる本　渡部泰明監修　KADOKAWA
【要旨】古文の基礎知識を、「君の名は。」のシーンと一緒に楽しく身につけられる！「古典文法」「古文単語」「和歌の読み方」が63の例文でしっかり身につく！
2017.8 175p A5 ¥1200 ①978-4-04-601916-5

◆キャリアアップ国語表現法　丸山顯德編著　(京都) 嵯峨野書院　十七訂版
【目次】1 文字表現編（漢字習得の近道、同音異義語 ほか)、2 文章作成編（文のしくみ、文章構成 ほか)、3 文章実践編（手紙と葉書、日誌 ほか)、4 口語表現編（待遇表現、接客・電話の応対 ほか)】
2017.3 156p B5 ¥1700 ①978-4-7823-0565-2

◆今日から使える！ 小学校国語 授業づくりの技事典　二瓶弘行編著, 国語"夢"塾著　明治図書出版
【要旨】子どもを物語に夢中にさせる技、縦書き板書をまっすぐ整えて書く技、短作文を書く力を底上げする技、意見交換をガッチリ噛み合わせる技、…etc. 教材・教具、発問、板書からグループ学習、学習環境まで、11ジャンル66本収録！
2017 147p A5 ¥2100 ①978-4-18-235216-4

◆くらしに役立つワーク 国語　明宝茂監修　東洋館出版社　(付属資料：別冊1)
【要旨】『くらしに役立つ国語』完全準拠！「電話のかけ方」「手紙の書き方」「話し合い」「本に親しむ」など、社会生活に必要な知識と教養を、実際の場面をもとに解説。
2017.11 71p B5 ¥800 ①978-4-491-03360-0

◆語彙—言葉を広げる　日本国語教育学会監修, 今村久二, 中村和弘企画編集・執筆　東洋館出版社　(シリーズ国語授業づくり)
【要旨】子どもが「楽しい」と思える語彙の授業とは？ 自分の感情を言葉にできるようにするには？ 国語辞典・漢字辞典・類語辞典の活用法は？ 語彙が豊かになる教室環境の工夫とは？ 授業づくりの入門からステップアップまで。日本国語教育学会が総力を挙げて国語授業づくりの基礎・基本を解説。
2017.8 133p A5 ¥1800 ①978-4-491-03391-4

◆**高校国語科授業の実践的提案**　三浦和尚著　三省堂
【目次】1 総論 授業研究のねらいと方法、2 提案授業1 豊かな文学世界の享受と言葉の力の獲得―芥川龍之介「蜜柑」（高校一年）、3 提案授業2 文学として味わう「古文」（伊勢物語）―現代語訳・課題のあり方を中心に、4 提案授業3 味読・批評を見通した評論の学習指導―松沢哲郎「想像する力」の実践を通して、5 提案授業4 高村光太郎「レモン哀歌」の指導―詩の「楽しみ方」を求めて、6 実践報告 小説教材を導入した学習指導―「藪の中」「新聞記事」（高二）の場合、7 講演記録 国語科学習指導における発問の意義と課題
2017.11 199p A5 ¥2200 ①978-4-385-36115-4

◆**国語を得意にするための1日5分ボキャビュラリーあと2000プリントブック（小1～6対応）**　アーバン出版局編、福田尚弘企画　アーバン
2017.8 470p A5 ¥1800 ①978-4-904235-28-7

◆**国語科授業を変えるアクティブ・リーディング―"読みの方略"の獲得と「物語の法則」の発見**　佐藤佐敏著　明治図書出版　（国語教育選書）
【要旨】コンフリクトを生む「問い」・内化・外化・リフレクションで深い学びを実現する！
2017 142p A5 ¥1960 ①978-4-18-259712-1

◆**国語教師のための国際バカロレア入門―授業づくりの視点と実践報告**　半田淳子編著　大修館書店
【要旨】世界が注目するIB「国語」教育を徹底紹介！ より深く知るための解説・資料・実践報告が満載。
2017.12 190p A5 ¥2200 ①978-4-469-22262-3

◆**国語嫌いな生徒の学習意欲を高める！ 中学校国語科授業の腕を磨く指導技術50**　伊藤彰敏著　明治図書出版　（中学校国語サポートBOOKS）
【要旨】文法、古文・漢文、漢字、作文指導など、すぐに役立つアイデアが満載！
2017 143p A5 ¥1760 ①978-4-18-223921-2

◆**国語授業を変える「原理・原則」　1　説明文編**　白石範孝編著、江見みどり、駒形みゆき、田島亮一、野中太一著　文溪堂　（hito*yume book）
【目次】「国語の原理・原則」とは何か、第1章 言葉に関係する原理・原則、執筆者座談会1 授業で子どもたちに原理・原則をどう教えるか、第2章 文に関係する原理・原則、執筆者座談会2 今なぜ、国語の原理・原則を教えることが大切なのか、第3章 文章に関係する原理・原則、資料 この本で取り上げた教材
2017 127p B5 ¥2000 ①978-4-7999-0226-4

◆**国語授業を変える「原理・原則」　2　物語・詩編**　白石範孝編著、江見みどり、駒形みゆき、田島亮一、野中太一著　文溪堂　（hito*yume book）
【要旨】「そうか、こうだったのか！」ジグソーパズルにピースがピタッとはまるようにスッキリします。国語の授業でも、原理・原則を使うことで生まれる「そうか、わかった！」というスッキリ感が、子どもたちの学習意欲を生むのです。
2017 111p B5 ¥2000 ①978-4-7999-0230-1

◆**国語授業が100倍盛り上がる！ 面白ワーク&アイテム大事典**　福山憲市著　明治図書出版　（小学校国語科授業アシスト）
【要旨】教室に、子どもたちが国語の授業を待ち遠しいと思うような学びの「布石」はありますか？ 知的な国語環境づくり・学びの布石のある教室づくりを目指したワークとアイテムを多数収録しました。朝学や宿題としても最適。子どもが夢中になって取り組み、語彙を増やし、字熟を図ることができるオリジナルのワーク＆アイテムをぜひご活用ください。
2017 199p B5 ¥2960 ①978-4-18-249710-0

◆**国語授業における「深い学び」を考える―授業者からの提案**　全国国語授業研究会・筑波大学附属小学校国語研究部編　東洋館出版社
【要旨】「深い学び」を生む教師の手立て。目指すべき、子どもの姿とは。授業者からの提案！
2017.8 136p A5 ¥1800 ①978-4-491-03388-4

◆**国語って、子どもにどう教えたらいいの？**―音読から読解問題、作文・読書感想文まで、効果抜群のアドバイス集　福嶋隆史著　大和出版
【要旨】親子で伸ばす「本当の国語力」。国語で、つまずいているのには理由がある！ 親・教師必読、すぐに使える"声かけ"が満載、国語にまつわる「悩み」がスッキリ晴れる！
2017.9 186p B6 ¥1400 ①978-4-8047-6282-1

◆**国語の授業がもっとうまくなる50の技**　瀧澤真著　明治図書出版
【要旨】教材文は十分に読んでいるし、子どもは活発に発表するけど、何か手応えがない。そんな悩みを一気に解消する、一段上の授業力。
2017 174p B6 ¥1860 ①978-4-18-273312-3

◆**国語の授業で「主体的・対話的で深い学び」をどう実現するか―新学習指導要領2017の改訂を読み解く　「読み」の授業研究会編**　学文社　（国語授業の改革 17）
【要旨】「主体的・対話的で深い学び」が学習指導要領で提起されたが、どのように実現したらいいか、わかりにくい。本書は、国語の授業で「主体的・対話的で深い学び」をどう実現したらいいか、明快に具体的に解明している。「言語活動」の充実についても検討した。
2017.8 189p A5 ¥2300 ①978-4-7620-2733-8

◆**国語は語彙力！―受験に勝つ言葉の増やし方**　齋藤孝著　PHP研究所　（YA心の友だちシリーズ）
【要旨】知っている言葉が多いほど、確実に、文章という川を渡ることができます。電子辞書を使う、名言ノートをつくる、15秒間であらすじを話す…齋藤流の語彙力強化法を大公開。
2017.11 174p B6 ¥1200 ①978-4-569-78715-2

◆**子どもが一瞬で書き出す！ "4コマまんが"作文マジック**　村野聡著　学芸みらい社
【要旨】子どもにすぐに渡せるページ満載！ 自由に使えるまんが100枚てんこ盛り！ 作文力UPの書き方トレーニングに最適！
2017.8 179p A5 ¥2100 ①978-4-908637-52-0

◆**子どもが論理的に考える！ "楽しい国語"授業の法則**　向山洋一著　学芸みらい社
【要旨】「あたり前の言葉をあたり前の言葉に置きかえる授業」より「知的好奇心を満足させる授業」を。今、もっとも注目を集めている「言語教育をどう授業化するか」教室の詳細なリアル情報を掲載。
2017.6 220p A5 ¥2000 ①978-4-908637-46-9

◆**子どもとことわざは真実を語る―ことわざの叡智を小学4年生に教える**　ヴォルフガング・ミーダー、デボラ・ホルムズ著、山口政信、湯浅有紀子訳　創英社/三省堂書店
【要旨】本書は、現代ことわざ学研究の第一人者、米国バーモント大学のW・ミーダー教授と、信州の小学校教師・D・ホルムズ先生が、小学4年生とともに歩んだ「ことわざ教育」の1年間にわたる記録である。この実践プロジェクトにより、ことわざの知られざる効用が発見され、子どもたちの思わぬ才能が開花した。本書には、その元となることわざ研究の成果やマスメディアに見る最新情報なども記されており、英語教育、異文化理解、道徳やユーモア教育をはじめ、広く教養の書としても活用が期待される一冊である。
2017.2 235p A5 ¥1500 ①978-4-88142-973-0

◆**この1冊で「言葉力」が伸びる！ 中学生の語彙力アップ徹底学習ドリル1100**　学習国語研究会編　メイツ出版　（コツがわかる本！）
【要旨】読解・記述、豊富な知識が身につく！ 全教科で必要な「国語力」にみるみる差がつく！ チェック→問題→覚えるで「使えることば」を増やそう！
2017.6 144p B5 ¥1600 ①978-4-7804-1766-1

◆**古文単語ゴロゴ プレミアム**　板野博行著　スタディカンパニー
【要旨】全565語にイラスト&例文付き。「新作ゴロ35個」「古文文法ゴロ」「古典常識」も収録！ 多義語もしっかりカバー！ 50音順で辞書のように使える！
2017.6 359p B6 ¥1000 ①978-4-907422-28-8

◆**作文―目的に応じて書く**　日本国語教育学会監修、福永睦子、刀禰道子企画編集、白石壽文、権藤順子編著　東洋館出版社　（シリーズ国語授業づくり）
【要旨】「その子らしい」表現の引き出し方とは？ 順序や構成の指導の工夫とは？ 表記や誤字・脱字、どこまで指導するべき？ 文章のジャンルに応じた指導とは？ 授業づくりの入門からステップアップまで。日本国語教育学会が総力を挙げて国語授業づくりの基礎・基本を解説。
2017.8 115p A5 ¥1800 ①978-4-491-03392-1

◆**質の高い対話で深い学びを引き出す 小学校国語科「批評読みとその交流」の授業づくり**　河野順子編著　明治図書出版　（国語教育選書）
【要旨】第1章 理論編 主体的・対話的で深い学びを実現する国語授業づくりとは（深い学びにつながる「対話」の重要性、対話を実現する質の高い課題設定とは、メタ認知的知識としての条件的知識と深い学び、質の高い対話を誘う論理的思考力の育成）、第2章 準備編 主体的・対話的で深い学びを実現する「批評読みとその交流」（「批評読みとその交流」を取り入れた授業づくり、深い学びにつながるペア・グループ学習、深い学びにつながる「批評読みとその交流」を取り入れた授業づくりのポイント）、第3章 実践編「批評読みとその交流」を取り入れた授業づくり（くらべてよもう「じどう車くらべ」（光村図書 一年下）、知っていることをやしたことをつなげて読もう「おにごっこ」（光村図書 二年下）、説明の工夫を見つけよう「アップとルーズで伝え合う」（光村図書 四年下）ほか）
2017 156p A5 ¥1800 ①978-4-18-231318-9

◆**詩の教材研究―「創作のレトリック」を活かす**　児玉忠著　教育出版
【目次】第1章 創作指導の側から考える詩の教材性（詩教育の現状と課題、創作指導と受容指導の関連・往還のために）、第2章「創作のレトリック」を活かす詩の創作と受容（「わたし」を変換して見える世界を広げる―視点・語り手、矛盾の向こう側を見つめて常識を超える―発想・認識、現実を変形させてまだ見ぬ世界を創造する―想像・イメージ、異質な言葉を結び付けて新しい意味を紡ぎ出す―比喩・象徴、感覚と言葉とが初めて出会う現場に分け入る―オノマトペ、声に出して「からだ」と「居場所」を取り戻す―音韻・リズム、漢字と戯れ、文字をオブジェとして眺める―文字・フォルム、ふるさと言葉に切り替えてそのキャラクターになる―方言・語り口）、第3章 わが国の児童詩教育の歴史（わが国の児童詩教育とその歴史、一九五〇年代までの児童詩教育、一九六〇年代の児童詩教育の対立（「児童生活詩」と「主体的児童詩」）、一九七〇年代以降の児童詩教育）
2017.4 327p A5 ¥2400 ①978-4-316-80445-3

◆**自分でつくれるまとめノート 中学国語**　旺文社編　旺文社　（付属資料:別冊1）
【要旨】公立高校入試に影響する「内申点」を上げるためのまとめノートです。定期テスト対策はもちろんのこと、ノート提出で評価があがるよう、工夫されています。本書を参考に、自分なりにカスタマイズしてわかりやすいまとめノートを作ってみましょう。
2017.5 95p B5 ¥1000 ①978-4-01-022090-0

◆**小学自由自在 賢くなるクロスワード ことわざ・四字熟語 初級**　深谷圭助編著　（大阪）受験研究社
【要旨】本書は、ゲーム感覚で『自由自在』の内容を学ぶことのできる画期的な学習パズルです。『自由自在』に掲載されている内容をクロスワードの問題としました。小学初級1～3年。
〔17.7〕127p A5 ¥880 ①978-4-424-25908-4

◆**小学自由自在 賢くなるクロスワード ことわざ・四字熟語 中級**　深谷圭助編著　（大阪）受験研究社
【要旨】本書は、ゲーム感覚で『自由自在』の内容を学ぶことのできる画期的な学習パズルです。『自由自在』に掲載されている内容をクロスワードの問題としました。小学中級2～4年。
〔17.7〕159p A5 ¥950 ①978-4-424-25909-1

◆**小学自由自在 賢くなるクロスワード ことわざ・四字熟語 上級**　深谷圭助編著　（大阪）受験研究社
【要旨】本書は、ゲーム感覚で『自由自在』の内容を学ぶことのできる画期的な学習パズルです。『自由自在』に掲載されている内容をクロスワードの問題としました。小学上級4～6年。
〔17.7〕159p A5 ¥950 ①978-4-424-25910-7

◆**小学校教育課程実践講座 国語　平成29年改訂**　樺山敏郎編著　ぎょうせい
【要旨】豊富な先行授業事例・指導案。Q&Aで知りたい疑問を即解決！ 信頼と充実の執筆陣。
2017.12 281p A5 ¥1800 ①978-4-324-10303-6

◆小学校 国語科教育法ノート　高木徹著　学術図書出版社　第三版
【目次】第1章 国語科教育の重要性、第2章 文字（漢字の基礎知識、日本語の基礎知識、仮名の基礎知識、ローマ字のつづり方）、第3章 詩の指導法（阪田寛夫「夕日がせなかをおしてくる」、草野心平「春のうた」、山のあなた、海雀、金子みすゞの詩三編）、第4章 物語の指導法（おおきなかぶ、古事記、ごん狐、注文の多い料理店）、第5章 俳句と短歌、第6章 古典（古文、漢文）、第7章 辞典の活用（国語辞典の活用法、漢和辞典の活用法）
2017.4 47,6p B5 ¥1200 ①978-4-7806-0593-8

◆小学校国語科 論理的文章を書く力を育てる書き方指導—論理的思考力・表現力を身につける小論文指導法　長谷川祥子著　明治図書出版
【要旨】書くことで論理的に考え、深く学ぶ子どもを育てるトレーニング満載！
2017.4 145p A5 ¥1800 ①978-4-18-171231-0

◆小学校国語 教科書にそって使えるアクティブ・ラーニング（主体的・対話的で深い学び）50の授業実践例 1・2年　菊池省三，羽田純一，中村幸成，田中稔也，南山拓也，岡崎陽介著　(京都)喜楽研
【要旨】明日からすぐに使えて学びが変わる。主体的・対話的で深い学びが成立する学級づくりの視点を生かした国語の授業。ほめ言葉のワンポイントアドバイスつき!!
2017.4 131p 26×21cm ¥2200 ①978-4-86277-231-2

◆小学校国語 教科書にそって使えるアクティブ・ラーニング（主体的・対話的で深い学び）50の授業実践例 3・4年　菊池省三，羽田純一，中村幸成，田中稔也，南山拓也，岡崎陽介著　(京都)喜楽研
【要旨】明日からすぐに使えて学びが変わる。主体的・対話的で深い学びが成立する学級づくりの視点を生かした国語の授業。ほめ言葉のワンポイントアドバイスつき!!
2017.4 134p 26×22cm ¥2200 ①978-4-86277-232-9

◆小学校国語 教科書にそって使えるアクティブ・ラーニング（主体的・対話的で深い学び）50の授業実践例 5・6年　菊池省三，羽田純一，岡篤，中村幸成，田中稔也，南山拓也，岡崎陽介著　(京都)喜楽研
【要旨】明日からすぐに使えて学びが変わる。主体的・対話的で深い学びが成立する学級づくりの視点を生かした国語の授業。ほめ言葉のワンポイントアドバイスつき!!
2017.4 134p 26×21cm ¥2200 ①978-4-86277-233-6

◆小学校新学習指導要領の展開 国語編 平成29年版　水戸部修治，吉田裕久編著　明治図書出版
【要旨】全体の構成や指導事項、言語活動例などの改訂のキーポイントを総整理。知識及び技能や思考力、判断力、表現力等で構成された内容のポイントを解説。身に付けたい資質・能力を明確にした学年・領域別の新授業プランを収録。
2017.4 206p A5 ¥1700 ①978-4-18-327815-9

◆小学校新学習指導要領ポイント総整理 国語 平成29年版　吉田裕久，水戸部修治編著　東洋館出版社
【要旨】必要な力「資質・能力」を見極め指導事項と「知識及び技能」を再ユニット化する！
2017.10 158p A5 ¥1700 ①978-4-491-03397-6

◆小学校 文学教材を深く読むための国語授業デザイン—3ステップで主体的・対話的な学びを実現する　三好修一郎著　明治図書出版　(国語教育シリーズ)
【要旨】三つのステップで、授業者がどんなふうに教材と出会い、どのように教材研究を行い、その成果を反映した授業デザインをいかに作成したらよいか、授業づくりの一連のプロセスについて具体的に提案。
2017.4 215p A5 ¥2260 ①978-4-18-235325-3

◆詳説 漢文句法　三上英司編著，石村貴博，大橋賢一，泊功著　筑摩書房　(付属資料：別冊1)
【目次】第1部 基礎編（漢文入門、訓読入門、書き下し文 ほか）、第2部 句法編（否定、疑問・反語・詠嘆、詠訓 ほか）、第3部 語彙・資料編（重要多義語、重要複合語、重要和漢異義語 ほか）
2017.11 223p A5 ¥580 ①978-4-480-91728-7

◆新いつでもどこでも群読　日本群読教育の会，重水健介企画・編集　高文研
【要旨】学校の中から地域まで、さまざまな場所で広がる群読の"声"。「こんなこともできるのか!?」と思える30の楽しい実践例を、その脚本とともに大公開！
2017.7 175p A5 ¥1700 ①978-4-87498-627-1

◆すぐ実践できる！ アクティブ・ラーニング 高校国語　西川純シリーズ編集，今井清光，沖森保子著　学陽書房　(ACTIVE LEARNING教科別実践法シリーズ)
【要旨】アクティブ・ラーニングは、やってみると意外に簡単に始められる！アクティブ・ラーニングの授業の授業で居眠りがなくなり、生徒の成績も上がる！生徒が生き生き動き出す、アクティブ・ラーニングの始め方、準備や授業のノウハウ、課題事例や実践事例まで、授業づくりのすべてがわかる！
2017.5 121p A5 ¥2000 ①978-4-313-65305-4

◆すぐに使える！ 小学校国語 授業のネタ大事典　二瓶弘行編著，国語"夢"塾著　明治図書出版
【要旨】楽しくできて、言葉の力がしっかり育つ活動事例6学年80本収録！
2017 173p A5 ¥2160 ①978-4-18-127313-2

◆スペシャリスト直伝！ 中学校国語科授業成功の極意　池田修著　明治図書出版
【要旨】「国語って何をする教科？」そんな疑問を生徒が持つ授業は、良い授業とは言えません。仕掛けを、「言葉って面白い！」を実感できる授業づくりの成功の極意。
2017 167p A5 ¥2000 ①978-4-18-134227-2

◆先生のための漢文Q&A102　山本史也著　右文書院　
【目次】語義、成語、語法、句法、文法、訓読・音読、文字、音韻、文学・思想・歴史、概説、教材
2017.10 371p B6 ¥2700 ①978-4-8421-0785-1

◆対話的な学び合いを生み出す文学の授業「10のステップ」　立石泰之著　明治図書出版　(国語科授業サポートBOOKS)
【要旨】本書では、文学的文章（物語）教材における対話的に学び合う読みの授業づくりに向けて、必要な教師の考え方やポイントについて、授業づくりの段階に応じた10のステップで解説しています。ステップ1と2では、「学び合う読みの授業」のイメージを例示した授業をつくる上について述べ、「読む」ということについて理解を深めていきます。ステップ3から5では、教材研究について考え、子どもたちの思考を深める発問の組み立てのポイントについても述べていきます。ステップ6から10では、実践場面での具体的な指導について考える。
2017 189p A5 ¥2000 ①978-4-18-215821-6

◆たしかな教材研究で読み手を育てる「お手紙」の授業　教材研究の会監修，立石泰之編，星野直樹著　明治図書出版　(国語科重要教材の授業づくり)
【目次】第1章 教材を分析・解釈する力を高めよう（読者として教材と出合おう、教材「お手紙」を読み解く、学習の目標を設定しよう）、第2章 指導方法を構想する力を高めよう（学級の実態と教師の力量に応じた指導方法を設定しよう、教材の特性に応じた活動を設定しよう、単元を構想しよう）、第3章 板書と思考の流れで展開が分かる実践！「お手紙」の授業（会話や行動に着目して場面の様子を読みついで、見つけた「かえるくんの優しさ」を書きまとめる。「行動や会話から人物の心情を読む」という読み方を生かして「がまくんとかえるくん」シリーズの他の物語を読み、見つけた優しさを書きまとめ、友達と紹介し合う。）
2017 166p A5 ¥2100 ①978-4-18-249512-0

◆確かな言葉の力を育む 新任3年目までに必ず身に付けたい！ 小学校国語科アクティブ・ラーニングの指導技術50　藤田伸一著　明治図書出版
【要旨】国語授業が苦手な教師もこの1冊でうまくいく！
2017 158p A5 ¥1800 ①978-4-18-238611-4

◆他者と共に「物語」を読むという行為　濵田秀行著　風間書房
【目次】第1部 本研究の問題と目的（「物語」についての生徒の読みの交流を検討する視座、方法と本研究の構成）、「物語」を協働的に読み深める授業（読みの交流を通して「物語」の読みが深まる過程、読みが深まる過程における生徒の読みによる役割の相違）、第3部「物語」を協働的に読み深める授業における生徒の自己内対話（他者の読みの取り込み、「物語」の読みにおける議論と振り返り）、第4部「物語」を読む授業の授業観と教室談話（読むことの授業における権威と特権化）、第5部 総合考察（教室で他者と共に「物語」を読むという行為）
2017.2 186p A5 ¥6000 ①978-4-7599-2161-8

◆中学校学習指導要領解説—国語編　文部科学省著　東洋館出版社　3版
【目次】第1章 総説（改訂の経緯、国語科改訂の趣旨、国語科の目標、国語科の内容）、第2章 国語科の目標及び内容（国語科の目標、国語科の内容）、第3章 各学年の目標と内容（第1学年、第2学年 ほか）、第4章 指導計画の作成と内容の取扱い（指導計画作成上の配慮事項、第2の各学年の内容の（伝統的な言語文化と国語の特質に関する事項）の取扱い ほか）、付録（学校教育法施行規則（抄）、中学校学習指導要領 第1章 総則 ほか）
2017.1 145p A4 ¥245 ①978-4-491-03303-7

◆中学校教育課程実践講座 国語—平成29年改訂　髙木展郎編著　ぎょうせい
【要旨】豊富な先行授業事例・指導案。Q&Aで知りたい疑問を即解決！信頼と充実の執筆陣。
2017.10 223p A5 ¥1800 ①978-4-324-10318-0

◆中学校国語 主体的・対話的で深い学びを実現する授業&評価スタートガイド—新しい視点を取り入れた資質・能力を育む指導　田中洋一編著　明治図書出版
【要旨】豊富な具体例で見る課題解決型の授業づくり。新学習指導要領に対応したよくわかる学習評価。
2017 123p B5 ¥2100 ①978-4-18-145915-4

◆中学校新学習指導要領の展開 国語編 平成29年版　冨山哲也編著　明治図書出版
【要旨】全体の構成や指導事項、言語活動例などの改訂のキーポイントを総整理。知識及び技能や思考力、判断力、表現力等で構成された内容のポイントを解説。身に付けたい資質・能力を明確にした学年・領域別の新授業プランを収録。
2017 205p A5 ¥1800 ①978-4-18-334125-9

◆読書—目的に応じて読む　日本国語教育学会監修，大越和孝，泉宜宏，宮絢子企画編集・執筆　東洋館出版社　(シリーズ国語授業づくり)
【要旨】読書嫌いな子どもへの指導は？他教科・領域との関わりはどう結び付ける？読み聞かせのときの本の見せ方、読み方、座らせ方は？効果的な「調べ読み」「並行読書」とは？授業づくりの入門からステップアップまで。日本国語教育学会が総力を挙げて国語授業づくりの基礎・基本を解説。
2017.8 121p A5 ¥1800 ①978-4-491-03390-7

◆読書感想文書き方ドリル 2017　大竹稽著　ディスカヴァー・トゥエンティワン
【要旨】夏休み小学校課題図書に完全対応なのはこの本だけ！小学校低学年から高学年向けまでの「夏の読書感想文」が、ドリルに書き込むだけでたのしく作れます。7つの質問に答えるだけで、ひとあじ違う感想文が書ける！
2017.6 231p B5 ¥1500 ①978-4-7993-2103-4

◆話す・聞く一伝え合うコミュニケーション力　日本国語教育学会監修，藤田慶三企画編集，植山俊宏，山元悦子編著　東洋館出版社　(シリーズ国語授業づくり)
【要旨】聞き合える協同的関係をつくるには？対話や話し合い、聞く力の見取り方は？話さない、話せない子どもへの指導法とは？話し合いの間の教師の役割、かかわり方は？授業づくりの入門からステップアップまで。日本国語教育学会が総力を挙げて国語授業づくりの基礎・基本を解説。
2017.8 124p A5 ¥1800 ①978-4-491-03393-8

◆浜文子の「作文」寺子屋　浜文子著　鳳書院
【要旨】著者独自の作文指導・方法論の実践で、子どもの大いなる可能性を拓く。子どもたちは「書くこと」を通して「考える力」「想像する力」「表現する力」を磨き、やがて「自分らしく書く喜び」に出会っていく。
2017.10 186p B6 ¥1500 ①978-4-87122-191-7

◆ビフォー・アフターで取り組む国語科授業デザイン—「主体的・対話的で深い学び」へのアプローチ　勝見健史編著　文溪堂　(BOOKS教育の泉 14)
【要旨】第1章「主体的・対話的で深い学び」を実現するためのポイント 理論編（これからの世の

中を生きていく人間像、新しい学習指導要領の理念を国語科授業に、これまでの実践を活かして「主体的・対話的で深い学び」を創る）、第2章 授業をよりアクティブに更新しよう―ビフォー・アフター 実践編（アクティブな授業づくりに向けて、1年「きいてきいてぼくの・わたしのももたろう」加古実践、4年「ごんぎつね」の感動を伝えよう」下村実践、5年「物語を読んで作品の値打ちを語ろう」守屋実践、2年「どうぶつクイズを作ろう」伊藤実践、2年「暮らしに便利な家ブックを作って紹介しよう」村上実践、5年「椋鳩十作品の推薦文を書こう」片岡実践、6年「広告の力で学校の問題を解決しよう」山下実践、6年「高知新聞の読者欄に投書を書こう」今久保実践、6年「コミュニティデザインを提案しよう」井上実践）、第3章 アクティブな授業はアクティブな研究経営から―研究担当になったあなたへ（目指す子どもの姿を共有する、「点」ではなく「線」、さらには「面」の研究体制へ、単なる「反省会」ではない研究協議（事後研）へ、実践記録（指導案）や表現物を次年度の参考になるように残す）

2017 111p A5 ¥950 ①978-4-7999-0215-8

◆**表記の手引き** 松村明校閲、教育出版編集局編 教育出版 第七版
【要旨】公用文作成に必携の書。常用漢字表完全準拠。漢字には配当学年を付記し、児童・生徒用の文書作成にも力を発揮します。

2017.12 261, 26p A5 ¥1600 ①978-4-316-80471-2

◆**深い学びを実現する！ 小学校国語科「習得・活用・探究」の学習過程を工夫した授業デザイン** 細川太輔、大村幸子編著 明治図書出版 （国語授業アイデア事典）
【要旨】探究活動の導入・交流・ふり返りなど、学習過程の組み方のポイントが分かる！

2017 135p A5 ¥1800 ①978-4-18-197713-9

◆**ふくしま式「本当の国語力」が身につく問題集 小学生版ベーシック―まずは、ここからスタート！** 福嶋隆史著 大和出版
【要旨】徹底的にシンプルだけど、「ゆるぎない力」がつく画期的な問題集。基礎から国語力を身につけたい子、まだ語彙力が十分ではない子に最適！

2017.2 142p B5 ¥1400 ①978-4-8047-6273-9

◆**プレミアムカラー国語便覧** 足立直子、二宮美那子、本廣陽子、森田貴之監修 数研出版
【要旨】写真は美しく迫力のあるものを厳選。図も見やすい色使いにこだわった、立体感のある紙面。「今と昔の旅の違い」「近代と現代の物価の違い」など、さまざまな比較資料を掲載。「手紙メールの書き方」「敬語の使い方」「ことわざ・慣用句」などを分かりやすく解説している。

2017.11 496p B5 ¥900 ①978-4-410-33912-7

◆**文学作品の「語り」で自分らしさを表現せよ** 二瓶弘行著 東洋館出版社 （二瓶弘行国語教室シリーズ 3）（付属資料：DVD1）
【要旨】二瓶実践の代名詞、待望の書籍化！「語り」の映像を34点収録！

2017.9 119p A5 ¥2800 ①978-4-491-03413-3

◆**文学で平和を** 国語・平和教育研究会著 本の泉社
【目次】国語教科書のなかで貴重な「平和文学教材」「ちいちゃんのかげおくり」あまんきみこ（光村図書出版 小三）（橋口みどり）、息子の戦死がお母さんを変えた物語「お母さんの木」（日本書籍 小五）（中島礼子）、極限状況のなかでも、人間らしく生きた人々から、今、学ぶことの何か自分のかかわりを考えながら読む「フリードルとテレジンの小さな画家たち」（学校図書 小六）（今井成司）、被災地からのメッセージを受け止めて「空を見上げて」（光村図書出版 中一）（大山圭潤）、戦争で無残に傷む子どものいのち「夏の葬列」（教育出版 中二）（小林義明）、ヒバクシャの「伝言」が「今」甦る 壁に残された伝言 井上恭介（三省堂 中二）（平野勝史）、この世の中や自分について考えながら読む「挨拶―原爆の写真によせて」石垣りん（学校図書中二 光村 中三）（福田実枝子）、古典学習でも平和を 中三「本多道彦」、走れメロスに触れて 論考「国体護持」と平和教育（森本真幸）

2017.3 235p A5 ¥1700 ①978-4-7807-1614-6

◆**名著復刻 作文で鍛える** 野口芳宏著 明治図書出版 （『作文力を伸ばす、鍛える 増補版』改題書）復刻版
【要旨】作文力は言語能力の総決算。その力を本当に伸ばし高める提言七か条。義務教育の間に「少なくともこのくらいのことは身につけてお

たい」という「作文の基礎、基本」をどうしたら保障できるかを実践の中で述べた。

2017 279p A5 ¥2160 ①978-4-18-138516-3

◆**吉岡のなるほど小論文講義 10 書き方の基本からビジュアル課題まで** 吉岡友治著 桐原書店 （付属資料：別冊1） 改訂版
【要旨】小論文の書き方・組み立て方をクリアに解説。どんな問題も迷いなく解ける！グラフ・ビジュアル・意見対比など、新傾向の問題もこれ1冊で万全。志望理由書・自己申告書にも対応。

2017.3 264p A5 ¥1300 ①978-4-342-77489-8

◆**論理的思考力を育てる！ 批判的読み（クリティカル・リーディング）の授業づくり―説明的文章の指導が変わる理論と方法** 吉川芳則著 明治図書出版 （国語教育選書）
【要旨】1 批判的読みを取り入れた授業づくり（求められる「自立した読者」、身に付けさせたい批判的思考力、「批判的」ということばの意味、批判的読みとは何か）、2 批判的読みの授業づくりのポイント（批判的読みの基礎づくり、批判的読みの授業の学習活動の開発 ほか）、3 教材別 批判的読みの授業デザイン（小学校一年「いろいろなふね」本文に積極的に取り組み、事例の内容・特質を実感的につかむ、小学校二年「どうぶつ園のじゅうい」事例の共通点・相違点を比較して読む、筆者を意識して読む、小学校三年「すがたをかえる大豆」事例の内容・特質と述べ方を関連させて読む ほか）

2017.6 149p A5 ¥2260 ①978-4-18-234728-3

◆**論理ベースの国語科授業づくり 考える力をぐんぐん引き出す指導の要点と技術** 香月正登著 明治図書出版 （国語科授業サポートBOOKS）
【要旨】音読、ノート、話し合い、作文から説明文や文学を読む指導まで論理的な見方・考え方を組み立てる指導技術を一挙公開！

2017 142p A5 ¥1800 ①978-4-18-142827-3

◆**CD・ROM付き 特別支援教育をサポートする 読み書きにつまずく子への国語教材集** 齊藤代一著 ナツメ社 （付属資料：CD・ROM1）
【要旨】そのまま使える教材409枚と五十音表を収録。読む・書く力をのばす！子どもに合った支援の方法が見つかる！教材を使った効果的な指導法をていねいに解説！

2018.2 207p 24×19cm ¥2200 ①978-4-8163-6400-6

◆**GROUP30で覚える古文単語600** 山村由美子著 語学春秋社
【要旨】知識ゼロの学生を難関レベルまで引き上げ、白熱授業のエッセンス・単語600を、イメージごと30グループに！！しっかり覚えて、忘れない一地上最強の古文単語集。

2017.4 331p B6 ¥1000 ①978-4-87568-791-7

文学教育・読み・説明文

◆**青木伸生の国語授業 フレームリーディングで説明文の授業づくり** 青木伸生著 明治図書出版
【要旨】フレームリーディングとは、文章を丸ごととらえる読みのこと。第一段階、文章のフレームをとらえる。第二段階、必要に応じて詳細に読む。第三段階、筆者の意図や主張をとらえ、批評する。3つのステップで「深い学び」を実現する！

2017 136p A5 ¥1960 ①978-4-18-138318-3

◆**青木伸生の国語授業 フレームリーディングで文学の授業づくり** 青木伸生著 明治図書出版
【要旨】フレームリーディングで文学の読みが変わる！「読むこと」の授業を「深い学び」に変えるための手法の一つが、「フレームリーディング」。教科書に書かれている言葉を確認するだけの読みの授業では、子どもの学びを「深い学び」にすることはできません。今気なく読んだだけでは見えていないものを、言葉と言葉をつなぎ合わせることで見えるようにする、すなわち創造的思考力を働かせなければ、多面的・多角的に読めたとは言えないのです。フレームリーディングの3つのステップで読むことで、子どもは多面的・多角的に読むことの面白さ、深く読むことの楽しさを実感するようになります。

2017 140p A5 ¥1960 ①978-4-18-138214-8

◆**「海のいのち」全時間・全板書―二瓶弘行の授業** 二瓶弘行著 東洋館出版社
【要旨】「作品の心」を受け取る力、物語の「自力読み」集大成の学び全時間の授業記録を公開。

2017.2 143p A5 ¥2000 ①978-4-491-03326-6

◆**おおきなかぶ** 奥葉子著、文芸教育研究協議会編 新読書社 （文芸研の授業シリーズ 3）
【要旨】1 教材をどう読むのか（作品の構造、作品の特質）、2 この教材でどんな力を育てるのか（認識の力）、3 この教材をどう授業するか（授業計画（教授＝学習過程）、授業の構想（板書と授業の流れ））、4 授業の実際（たしかめよみ、まとめよみ）

2017.4 76p A5 ¥1500 ①978-4-7880-2123-5

◆**原色 新日本文学史** 秋山虔、三好行雄著編 （京都）文英堂 （シグマベスト）増補版
【要旨】上代の文学"概観"（神話の世界、祭りの文学、詩歌）、中古の文学"概観"（詩歌、物語、日記・随筆、説話・歌謡）、中世の文学"概観"（和歌、連歌、物語・説話、日記・随筆、芸能・評論）、近世の文学"概観"（小説、俳諧、川柳・狂歌、芸能、和歌・漢詩文）、近代の文学"概観"（小説・評論、詩歌、劇文学）

2017 263p A5 ¥650 ①978-4-578-27192-5

◆**子どもたちに詩の心を伝える講話** 小金澤豊著 学事出版
【要旨】第1部 教科書の詩を素材とした講話づくりのすすめ（学校講話に詩で彩りを、教室の中を詩で生き生きと、行事の活性化は詩の言葉で、季節のうつろいを詩で学ぶ ほか）、第2部 教科書の詩を素材とした講話12か月（四月―金子みすゞ、雑詩十二首（其の一）―陶淵明、一ねんせいになったら―まど・みちお、にぎりこぶし―村野四郎 ほか）

2018.1 159p A5 ¥1800 ①978-4-7619-2385-3

◆**西郷文芸学 一読総合法による物語の指導法―物語のあり方 児童の読みの心理にそった読み方を** 山口憲明著 本の泉社
【要旨】国語科の目的、物語を読む目的、物語単元の指導過程について―第一次全文通読は、しない、一時間毎の学習過程について（"書き出しについて"、"話し合いについて"、"本時内容の確認・読み深め"、"本時の感想を書く"）、全文を読んでの感想を書く

2017.12 63p A5 ¥800 ①978-4-7807-1665-8

◆**文学テクストをめぐる心の表象―源氏物語から国語教育まで** 諏訪園純著 武蔵野書院
【要旨】第1部 物語文学における心の表象―源氏物語を中心に（物語文学に表象される特質、心の言葉としての心内語 ほか）、第2部 心情中心主義と文学テクストの解釈（近現代小説における心情中心主義、諸科学や社会における心情中心主義と解釈 ほか）、第3部 物語文学の解釈と近代性（源氏物語における近代的性質と前近代的性質、近代性の混入（1）内面・心情中心主義（3））、第4部 物語の「論理」と心の因果（物語の解釈と因果関係、源氏物語の罪と心の因果 ほか）、第5部 国語教育というコンテクストにおける心の位相（学問領域の教科化と文学教育の力学―中心と主体の成立 ほか）

2017.10 407p A5 ¥11000 ①978-4-8386-0706-8

◆**文学の授業 6 かさこじぞう―教材分析と全発問** 山口憲明著 本の泉社
【要旨】各時間の児童の感想掲載。

2017.11 119p B5 ¥1400 ①978-4-7807-1664-1

◆**「読む力」はこうしてつける** 吉田新一郎著 新評論 増補版
【要旨】「優れた読み手が使っている方法」を紹介・解説。増補「読み書き」はなぜ重要なのか。

2017.12 222p A5 ¥2000 ①978-4-7948-1083-0

算数・数学

◆**アクティブ・ラーニングを位置づけた高校数学の授業プラン** 吉田明史編著 明治図書出版
【要旨】Active Learning が即実践できる！日常や社会の事象を数理的に捉える課題から数学の事象を統合・発展的に考える課題まで、バリエーション豊かな実践例！レポートやパフォーマンス課題など、評価の具体例も充実！

2017 133p B5 ¥2300 ①978-4-18-278515-3

学校教育

◆アクティブ・ラーニングを位置づけた小学校算数科の授業プラン　金本良通編著　明治図書出版
【要旨】授業プランを通して育成を目指す「資質・能力」が、すっきりわかる！パフォーマンス課題からレポートまで、評価の具体的な手立てもくわしく解説！
2017 133p B5 ¥2300 ①978-4-18-277210-8

◆頭を柔らかくする！常識の「算数力」200　西東社編集部編　西東社
【要旨】子どもの頃の自分に負けるな。算数脳に喝！小学算数サラッと学び直し。
2018.1 303p B6 ¥750 ①978-4-7916-2593-2

◆演習・精解まなびなおす高校数学　2　大人から受験生・高校生まで　松谷吉員著
（千葉）亀書房、日本評論社 発売
【要旨】10代と50代の二度、東大理1・理2の入学試験に合格した経験と、大手予備校で30数年間、受験生を指導してきた豊富な経験をもとに、「自分が高校生のころに、こんな本が欲しかった！」との積年の思いをまとめあげた4冊。
2017.1 333p B5 ¥2600 ①978-4-535-79808-3

◆演習・精解まなびなおす高校数学　3　大人から受験生・高校生まで　松谷吉員著
亀書房、日本評論社 発売
【要旨】10代と50代の二度、東大理1・理2の入学試験に合格した経験と、大手予備校で30数年間、受験生を指導してきた豊富な経験をもとに、「自分が高校生のころに、こんな本が欲しかった！」との積年の思いをまとめあげた4冊。
2017.2 320p B5 ¥2600 ①978-4-535-79809-0

◆教え方のコツがわかる！"なぜ？"に答える小学校6年分の算数　齋田雅彦著　ナツメ社
【要旨】分数と小数が混ざった式は、どうやって計算するの？2.3時間って、2時間30分のことじゃないの？など。「そう考えればよかったのか！」が満載。子どもがナットクする教え方を人気講師が丁寧に解説。オールカラー。
2017.12 223p A5 ¥1400 ①978-4-8163-6302-3

◆学習指導要領改訂のポイント　小学校　算数　平成29年版　『授業力＆学級経営力』編集部編　明治図書出版　（『授業力＆学級経営力』PLUS）
【目次】第1章 キーワードでみる学習指導要領改訂のポイント（育成を目指す資質・能力、数学的な見方・考え方、数学的に問題解決する過程（学習過程）、統計的な内容等の改善（新領域「データの活用」）、プログラミングと論理的思考、主体的・対話的で深い学び（アクティブ・ラーニング）、ICTの効果的な活用、発達の段階や個に応じた教材、教具）、第2章 事例でみる学習指導要領改訂のポイント（資質・能力、数学的な見方・考え方、統計的な内容、主体的・対話的で深い学び、ICT活用、発達の段階や個に応じた教材、教具）
2017.7 117p B5 ¥1900 ①978-4-18-271321-7

◆学習指導要領改訂のポイント　中学校　数学　平成29年版　『数学教育』編集部編　明治図書出版　（『数学教育』PLUS）
【目次】第1章 キーワードでみる学習指導要領改訂のポイント（育成を目指す資質・能力、数学的な見方・考え方、数学的に問題解決する過程（学習過程）、言語としての数学の特質、統計的な内容等の改善（データの活用）、主体的・対話的で深い学び（アクティブ・ラーニング）、ICTの効果的な活用、発達の段階や個に応じた教材、教具、学習評価の工夫）、第2章 事例でみる学習指導要領改訂のポイント（資質・能力、数学的な見方・考え方、統計的な内容、主体的・対話的で深い学び、ICT活用、発達の段階や個に応じた教材、教具、学習評価の工夫）
2017 110p B5 ¥1800 ①978-4-18-271212-8

◆考える習慣が身につく　算数脳育成パズル　川島慶著、高濱正伸監修　KADOKAWA
【要旨】世界最大のオンライン算数大会「世界算数」の問題作成チーム「花まるラボ」による考えることが大好きになる特選40題！
2017.3 142p B5 ¥1100 ①978-4-04-600836-7

◆教科書を200％活用した算数授業づくり—全員がわかる・できるを実感する！　野中信行監修、岩見沢市立南小学校著　明治図書出版　（「味噌汁・ご飯」授業シリーズ）
【要旨】教科書を200％活用する日常授業改善の取組、クラス全員がわかる・できる算数の学習

指導案、特別支援教育の視点から見た算数授業アイデアを収録！
2017 150p A5 ¥1760 ①978-4-18-179626-6

◆くらしに役立つワーク　数学　明官茂監修　東洋館出版社　（付属資料：別冊1）
【要旨】『くらしに役立つ数学』完全準拠！基礎的な計算力と知識を身につける第1章、生活に役立つ数学知識を、具体例のなかで学ぶ第2章で構成！
2017.11 96p B5 ¥800 ①978-4-491-03361-7

◆クラス全員をアクティブな思考にする算数授業のつくり方—14のステップで教材開発＆授業展開のしかけづくり　樋口万太郎著　明治図書出版　（算数授業サポートBOOKS）
【要旨】子どもたちを置き去りにした教師の思いだけの授業になっていませんか？目の前の子どもに応じた授業づくりをしよう！
2017 135p A5 ¥2060 ①978-4-18-214011-2

◆「高1ギャップ」をなんとかする　数学　旺文社編　旺文社　（付属資料：別冊1）
【要旨】「高1ギャップ」の悩みはこの本で解消しよう！中学校の内容と関連付けて、高校1年生の内容を学習できるから、わかりやすい！「中学と高1のまとめ」→「中学と高1の練習問題」の繰り返しで、力がつく！64ページの手軽な分量だから、短期間で完成できる！
2017.5 63p B5 ¥800 ①978-4-01-034851-2

◆こうすればできる！算数科はじめての問題解決の授業—100の授業プランとアイディア　早勢裕明、「問題解決の授業」の日常化を考える会編著　教育出版
【要旨】「個人思考」では「集団解決」の構想を練る、子どもたちで見つけたかと感じる「集団解決」にする、「終末」では確認問題や練習問題もしっかり行う、考えるよりさせることを促す「板書」を意識する、考えた足跡が残る「ノート」指導に努める、授業内容と関連した「評価問題」を工夫するPoint11必要感のある教科書の活用をする、などの「理論編」と、「実践編」全100事例。
2017.3 229p B5 ¥2500 ①978-4-316-80449-1

◆子どもをアクティブにするしかけがわかる！小学校算数「主体的・対話的で深い学び」30　盛山隆雄編著、志の算数教育研究会著　明治図書出版
【要旨】問題提示から板書、まとめまで、場面ごとのしかけがわかる！育てたい資質・能力がわかる！
2017 134p B5 ¥2200 ①978-4-18-261329-6

◆子どもからはじめる算数—すべての子どもに学ぶ喜びを　品川文雄、越野和之著　全国障害者問題研究会出版部
【目次】第1章 算数の学習を通して認識を育てる、第2章 子どもからはじめる（算数のもとになる「力」をゆたかに、子どもをつかみ授業を創る一集団で学ぶって、楽しい！、「2」と出会う、ものをとらえる力がついて—分析・総合の学びから、おはなしからはじめる「たし算」、おはなしからはじめる「ひき算」、学級集団の中で学び合う—悲しみに共感しながら、遊びながらの課題発見、学級集団の中で学び合う—わかる喜びを求めて、数や式が目に見える喜び、集合数として10をつかむ—葛藤を乗り越え新たな力を獲得する、みんなで学ぶことで自信を取り戻す、自分の手も頭も使って、学びを確かなものに、「時刻」と「時間」の学習、子どもからはじめる算数をすすめていく）、第3章 座談会—すべての子どもに学ぶ喜びを、第4章 伝え合い、わかり合う学び—麦の会の算数・数学の授業づくりに寄せて
2017.7 151p A5 ¥1900 ①978-4-88134-585-6

◆個別指導・家庭教師の教科書　中1数学—予習なしでも授業ができる！　なかがわひろし著　エール出版社
【目次】正負の数、文字と式、1次方程式、比例・反比例、図形（平面図形・空間図形）、作図、資料のちらばりと代表値
2017.4 159p A5 ¥1500 ①978-4-7539-3383-9

◆これで解決！算数「教材・指導案・授業」づくり　平川賢著　東洋館出版社
【要旨】授業が変われば、子どもは変わる！みんなが"本気になる"授業づくり。
2017.2 160p B5 ¥1850 ①978-4-491-03307-5

◆コンピテンシー（資質・能力）を育てる算数授業の考え方・進め方—子どもがイニシアティブを持つ授業を　太田誠著　（名古屋）黎明書房

【要旨】これまでの学習内容（コンテンツ）重視の算数授業ではなく、次期学習指導要領がめざす資質・能力（コンピテンシー）重視の算数授業のあり方に詳述。本時の「学習のめあて」を子どもたちが決定し子どもの司会で進められる授業、振り返り専用のノート「算数日記」の活用、子どもたちの中から学習テーマを掘り起こし教師と進められる「課題学習」など、子どもが主体的に学ぶ魅力的な算数指導を紹介。
2017.2 149p A5 ¥2200 ①978-4-654-01939-7

◆算数アクティブ授業術—小学校全学年　岸本ひとみ、図書啓展著、学力の基礎をきたえどの子も伸ばす研究会版（大阪）フォーラム・A　（付属資料：CD・ROM1）
【要旨】算数指導の悩みを、即解決!!どの子もたのしく学べる授業術。
2017.3 127p B5 ¥2700 ①978-4-89428-810-2

◆算数学習における子どもの自律性の進展とその要因に関する研究—RPDCAサイクルを活かした算数の学び　太田誠著　風間書房
【目次】第1章 問題の所在、第2章 研究の目的及び方法、第3章 子どもの自律性を研究の視点に据えた授業実践、第4章 太田算数の授業構造の現状分析と考察、第5章 めあてと振り返りを軸にしたRPDCAの算数授業モデル、第6章 マネジメントサイクルを視点に据えた授業実践、第7章 研究協力者による授業実践、第8章 研究の総括
2017.7 367p A5 ¥9000 ①978-4-7599-2187-8

◆算数科　授業づくりの発展・応用　坪田耕三著　東洋館出版社
【要旨】「授業に使える！」「子どもが変わる！」"坪田算数"の真骨頂!!算数好きを増やす教材や授業に生かした工夫が満載。筑波小時代の指導案と校内研究の記録を収録。
2017.1 237p B5 ¥3700 ①978-4-491-03299-3

◆算数科新学習指導要領　改革のキーワードをこう実現する—今度こそキーワードで右往左往しないためのたくましき現場授業人からの提案　全国算数授業研究会企画・編　東洋館出版社　（算数授業研究シリーズ 26）
【目次】第1章 数学を意識するとは何が変わるか（「資質・能力」、「数学的な見方・考え方」、「数学的活動」）、第2章 新学習指導要領のキーワードで授業をこう変える（「日常に算数を生かす」、「問題発見の力」、「振り返り」ほか）、第3章 新領域・新内容をこう教える（「図形」、「割合」、「統計」）
2017.8 154p A5 ¥1900 ①978-4-491-03385-3

◆算数科内容論×算数科指導法—平成29年版学習指導要領に対応する算数科問題解決学習　橋本隆公著　東洋館出版社
【目次】第1章 子ども主体の学びを共有し、研究を楽しむことができる算数科問題解決学習、第2章 算数科の目標と改訂のポイント、第3章 算数科の領域別の内容と指導法—一単元の流し方、第4章 算数科の学年別の内容と指導法—指導案の書き方、第5章 次期学習指導要領に向けて—授業改善編、第6章 次期学習指導要領に向けて—学校教育実践編
2017.3 234p A5 ¥1900 ①978-4-491-03335-8

◆算数科「問題解決の授業」ガイドブック—「主体的・対話的で深い学び」を実現する！　早勢裕明編著　明治図書出版
【要旨】第1章では、算数科におけるアクティブ・ラーニングと「問題解決の授業」の関連を検討し、第2章では、算数科での「問題解決の授業」づくりについて、手順やポイントになることを具体的にまとめた。第3章では、25の授業例を紹介。考えさせながら教える「問題解決の授業」のすべて。
2017 135p A5 ¥1960 ①978-4-18-242813-5

◆算数嫌いな子が好きになる本—小学校6年分のつまずきと教え方がわかる　松島伸浩著、高濱正伸監修　カンゼン
【要旨】「なぜ？」「どこで間違えた？」誤答例とあわせて、プロが"算数克服術"を伝授。
2017.7 253p A5 ¥1500 ①978-4-86255-399-7

◆算数授業研究　Vol.110　特集「振り返り」をどうするか　筑波大学附属小学校算数研究部企画・編　東洋館出版社
【目次】特集「振り返り」をどうするか（提言「振り返り」私はこう教える（よりよい問題解決者になるために、振り返りの視点とそのねらいは何か）、「振り返り」のアイデア（1年—1年生が夢中になるトーク課題による振り返り、2年—1次

の学びにつながる振り返り ほか)、新学習指導要領「算数科」を読んで、第6回オール筑波算数スプリングフェスティバル報告、全国算数授業研究会、テーマ別連載 (深い学びにつながる教材研究—子どもの課題発見を引き出す活用教材、子どもの主体的な姿を引き出す問題提示—文章問題の提示ほか)、連載 (発展的に考察する力を伸長する算数授業のつくり方—発展的に考察していく授業の流れ (1)、ビルドアップ型問題解決学習—「ビルドアップ型問題解決学習」にする目でみると ほか)
2017.4 71p B5 ¥764 ①978-4-491-03359-4

◆算数・数学教育と多様な価値観—社会的オープンエンドな問題による取組み 島田功著 東洋館出版社
【目次】序章 価値多元化社会に生きる子ども達のために—本研究の課題と目的及び方法、1 算数・数学教育における価値観に関わる研究について—先行研究のレビューと本研究の位置付け、2 社会的オープンエンドな問題を用いた授業における構成要素の考察、3 社会的オープンエンドな問題を用いた授業に表出する社会的な価値観の特性の考察、4 社会的オープンエンドな問題を用いた授業に表出する多様性の実態の明確化、5 授業実験の枠組みによる多様な価値観に取り組む力の検証、終章 本研究の総括と課題
2017.2 254p A5 ¥3800 ①978-4-491-03319-8

◆算数好きを育てる教材アレンジ アイデアブック 新潟県上越市立直江津南小学校著 明治図書出版
【要旨】ちょっとしたひと手間で、授業が10倍おもしろくなる！
2017 126p B5 ¥2100 ①978-4-18-167717-6

◆算数の授業がもっとうまくなる50の技 尾﨑正彦著 明治図書出版
【要旨】指導内容は理解できているし、子どもは活発に発表するけど、何か物足りない。そんな教師が次に獲得すべき、一段上の授業力。
2017 155p B6 ¥1800 ①978-4-18-273218-8

◆算数学び合い授業パーフェクトブック—場面ごとのしかけがひと目でわかる！ 宮本博規編著 明治図書出版
【要旨】そのまま再現できる学び合い授業の事例満載！
2017.6 222p B5 ¥2200 ①978-4-18-196012-4

◆算数力を楽しく鍛えるAA授業—「賢さ」と「豊かさ」の追求で算数好きを増やす 細水保宏編著、明星小学校執筆 東洋館出版社
【要旨】子ども自ら5分の活動で算数力が飛躍的に上がる！ AA授業 (=算数的な活動を取り入れた授業) で子どもがアクティブ化する！
2017.6 107p A5 ¥1980 ①978-4-491-03370-9

◆算数力がみるみるアップ！パワーアップ読み上げ計算ワークシート 1・2年 志水廣編著、篠崎富美子著 明治図書出版
【要旨】たった1分で計算がすらすらできる魔法のワークシート。
2017 133p B5 ¥1900 ①978-4-18-178821-6

◆算数力がみるみるアップ！パワーアップ読み上げ計算ワークシート 3・4年 志水廣編著、篠崎富美子著 明治図書出版
【要旨】たった1分で計算がすらすらできる魔法のワークシート。
2017 135p B5 ¥1900 ①978-4-18-178925-1

◆算数力がみるみるアップ！パワーアップ読み上げ計算ワークシート 5・6年 志水廣編著、篠崎富美子著 明治図書出版
【要旨】たった1分で計算がすらすらできる魔法のワークシート。
2017 111p B5 ¥1900 ①978-4-18-179017-2

◆思考力アップ算数 小1 数研出版編集部編 数研出版 (付属資料：別冊1；シール)
【要旨】「考える力」と「説明する力」を身につける。
2017.7 119p B5 ¥1000 ①978-4-410-15277-1

◆思考力アップ算数 小2 数研出版編集部編 数研出版 (付属資料：別冊1；シール)
【要旨】「考える力」と「説明する力」を身につける。
2017.7 119p B5 ¥1000 ①978-4-410-15278-8

◆思考力アップ算数 小3 数研出版編集部編 数研出版 (付属資料：別冊1；シール)
【要旨】「考える力」と「説明する力」を身につける。
2017.7 159p B5 ¥1100 ①978-4-410-15279-5

◆思考力アップ算数 小4 数研出版編集部編 数研出版 (付属資料：別冊1；シール)
【要旨】「考える力」と「説明する力」を身につける。
2017.7 159p B5 ¥1100 ①978-4-410-15280-1

◆「資質・能力」を育成する算数科授業モデル 大野桂編著 学事出版 (小学校新学習指導要領のカリキュラム・マネジメントシリーズ)
【目次】第1部 算数科に求められる「資質・能力」を育む授業づくりの在り方について考える (「納得」を目的とした授業づくりの在り方と展開を探る、子どもが主体的になれる問題解決学習の在り方と、そこで育まれる「資質・能力」を探る)、第2部 これからの算数科における「資質・能力」を育成する算数科授業モデル (問題解決力 (1年) らがりのあるたし算、問題解決力 (1年) くりあがりのあるたし算、読解力 (1年) ずをつかってかんがえよう、課題解決、修正する力 (2年) はこの形、既習を進んで活用する態度 (2年) かけ算 ほか)
2017.3 111p B5 ¥2000 ①978-4-7619-2295-5

◆自分でつくれるまとめノート 中1数学 旺文社編 旺文社 (付属資料：別冊1)
【要旨】公立高校入試に影響する、「内申点」を上げるためのまとめノートです。定期テスト対策はもちろんのこと、ノート提出で評価があがるよう、工夫されています。本書を参考に、自分なりにカスタマイズしてわかりやすいまとめノートを作ってみましょう。
2017.5 95p B5 ¥1000 ①978-4-01-022087-0

◆自分でつくれるまとめノート 中2数学 旺文社編 旺文社 (付属資料：別冊1)
【要旨】公立高校入試に影響する、「内申点」を上げるためのまとめノートです。定期テスト対策はもちろんのこと、ノート提出で評価があがるよう、工夫されています。本書を参考に、自分なりにカスタマイズしてわかりやすいまとめノートを作ってみましょう。
2017.5 95p B5 ¥1000 ①978-4-01-022088-7

◆13歳からの算数・数学が得意になるコツ 小野田博一著 PHPエディターズ・グループ、PHP研究所 発売
【要旨】東大卒の著者が「算数が苦手」から「大得意」に変わる70の方法を教えます。
2017.9 97p 19×13cm ¥1100 ①978-4-569-83240-1

◆14のしかけでつくる「深い学び」の算数授業 瀧ヶ平悠史著 東洋館出版社
【要旨】充実の74事例！
2017.7 161p A5 ¥1850 ①978-4-491-03378-5

◆授業ライブ アクティブ・ラーニングによる算数科の学び合い 石井勉著 明治図書出版
【目次】序章 期待される子ども像とその実現のための手立て、第1章 ペアと小グループによる協働的な学び合い (問題設定—問題場面の理解と課題意識の共有、自力解決—個に応じた指導と練り上げへの準備、練り上げ—解決の説明と質疑応答、そして議論、まとめ—学習成果の共有と習熟、そして発展、ペアと小グループによる協働的な学び合いの意味と価値)、第2章 リレーまとめと付箋コメントによる協働的な学び合い (問題設定—問題場面の理解と課題意識の共有、自力解決—個に応じた指導と練り上げへの準備、練り上げ—リレーまとめと付箋によるコメント、そして議論、まとめ—学習成果の確認と深化、リレーまとめと付箋コメントによる協働的な学び合いの意味と価値)、第3章 チームまとめとリズミカルな対話による協働的な学び合い (問題設定—問題場面の理解と課題意識の共有、自力解決—個に応じた指導と練り上げへの準備、練り上げ—チームまとめと解決方法の説明、そして議論、まとめ—学習成果の確認と発展、そして次時の予告、チームまとめとリズミカルな対話による協働的な学び合いの意味と価値)
2017 118p B5 ¥1700 ①978-4-18-154518-5

◆主体的・対話的で深い学びを実現する算数科校内研究—教師が変わる、子どもが変わる算数科授業の創造 小林広昭編著、横浜市立山下みどり台小学校著 学事出版
【目次】第1章 めざす授業、めざす研究 (算数科の校内研究の課題、新学習指導要領がめざす算数科の授業像 ほか)、第2章 教師が変わる、子どもが変わる校内研究の実際 (研究主題の設定、板書指導案の導入 ほか)、第3章 子どもが変わる校内研究の実際 (子どもの変容をとらえる、ノート指導による変容 ほか)、第4章 これからの校内研究の方向 (本校の取り組みと「学習する組織」

における学習能力、さらなる授業力向上をめざして ほか)
2017.11 131p B5 ¥1800 ①978-4-7619-2373-0

◆「主体的・対話的で深い学び」を実現する算数授業デザイン—「ALふきだし法」の理論と方法 亀岡正睦著 明治図書出版
【要旨】「ALふきだし法」は子どもの「内面性」と「思考過程」に着目し、生かし、育てる指導法です。「主体的・対話的で深い学び」を実現する方法としてのアクティブラーニングの観点から、「アクティブふきだしノート」「アクティブ板書」「めあてのアクティブ協働化」「まとめと振り返りのアクティブ化」など、子どもの「内面性」に一層こだわる新しい「ふきだし法」として提案。子どもの内面性と思考過程を可視化したディープ・アクティブラーニングの授業デザイン。
2017 134p A5 ¥1960 ①978-4-18-159617-0

◆小学6年間の算数をこの1冊でざっと復習する本 吉永豊文著 KADOKAWA (中経の文庫)
【要旨】「分数の割り算はどうやるんだっけ？」「1アールって何平方メートル？」「台形の面積の公式は？」…大人になって忘れてしまった小学校の算数が丁寧な解説と問題でガッチリわかる！頭の体操にもなる「算数やり直し本」の決定版がハンディな文庫で登場！お子さんに算数を教えてあげたい親御さんにもおすすめの1冊です！
2017.7 237p A6 ¥680 ①978-4-04-602032-1

◆小学校教育課程実践講座 算数 平成29年改訂 齊藤一弥編著 ぎょうせい
【要旨】これからの授業づくりに直結!!学校現場のQ？に即アプローチ！先行実施もこわくない！豊富な先行授業事例・指導案、Q＆Aで知りたい疑問を即解決！信頼と充実の執筆陣。
2018.1 242p A5 ¥1800 ①978-4-324-10305-0

◆小学校算数 教科書にそって使える アクティブ・ラーニング "主体的・対話的で深い学び" 50の授業実践例 1・2年 菊池省三、新川雄也、石原清貴、田中稔也、南山拓也、岡崎陽介、原田泰造著 (京都) 喜楽研
【要旨】明日からすぐに使って学びが変わる。主体的・対話的で深い学びが成立する、学級づくりの視点を生かした、算数の授業本。ほめ言葉のワンポイントアドバイスつき!!
2017.4 135p 26×21cm ¥2200 ①978-4-86277-228-2

◆小学校算数 教科書にそって使える アクティブ・ラーニング (主体的・対話的で深い学び) 50の授業実践例 3・4年 菊池省三、新川雄也、和気政司、石原清貴、田中稔也、南山拓也、岡崎陽介、原田泰造著 (京都) 喜楽研
【要旨】明日からすぐに使って学びが変わる。主体的・対話的で深い学びが成立する、学級づくりの視点を生かした、算数の授業本。ほめ言葉のワンポイントアドバイスつき!!
2017.4 135p 26×21cm ¥2200 ①978-4-86277-229-9

◆小学校算数 教科書にそって使える アクティブ・ラーニング (主体的・対話的で深い学び) 50の授業実践例 5・6年 菊池省三、和気政司、新川雄也、石原清貴、田中稔也、南山拓也、岡崎陽介、原田泰造著 (京都) 喜楽研
【要旨】明日からすぐに使って学びが変わる。主体的・対話的で深い学びが成立する、学級づくりの視点を生かした、算数の授業本。ほめ言葉のワンポイントアドバイスつき!!
2017.4 135p 26×21cm ¥2200 ①978-4-86277-230-5

◆小学校新学習指導要領の展開 算数編 平成29年版 齊藤一弥編著 明治図書出版
【要旨】見方・考え方から数学的な活動まで改訂のキーポイントを明快に解説。資質・能力に基づいて再構成した各学年の内容を具体例を交えて詳説。割合、データの収集・分析などの新しい授業プランを収録。
2017 205p A5 ¥1800 ①978-4-18-328016-9

◆小学校新学習指導要領ポイント総整理 算数 平成29年版 清水美憲、齊藤一弥編著 東洋館出版社
【要旨】「数学的活動」を通して「深い学び」を実現し「資質・能力」を育てる！
2017.9 214p A5 ¥1800 ①978-4-491-03399-0

◆小学校の算数が7時間でざっとわかる穴埋めブック 間地秀三著 PHP研究所
【要旨】重要なポイントを効率よく学び直そう！生活まわりで一番役立つ計算や、忘れがちな算

学校教育

◆数の解き方を1冊の中にギュッと収録。「穴埋め」だから、スイスイできる！親は解き方が速攻でわかる。小・中学生は算数のやり直し。大人は頭の体操に最適。
2017.3 207p B6 ¥1300 978-4-569-83468-9

◆小学校6年間の算数が1冊でしっかりわかる問題集 小杉拓也著 かんき出版
【要旨】親子で学べて一生役立つ問題集。苦手克服に！計算をすばやく正確に！短時間で基礎から応用までマスター！算数の成績がグンと上がる。つまずきポイント、最短で解くコツ。「あと10点」を伸ばすために親ができるアドバイスがぎっしり！
2017.1 159, 23p B5 ¥1200 978-4-7612-7235-7

◆小学校6年間の算数がマンガでざっと学べる 小杉拓也, ほしのゆみ著 KADOKAWA
【要旨】分数の割り算はどうしてひっくり返すの？面積を求める公式ってどうしてなり立つの？筆算ってどうすれば得意になるの？容積って体積とどう違うの？割合って一体なに？小学生からのよくある質問トップ5に徹底的に答える！
2017.2 223p A5 ¥1300 978-4-04-601816-8

◆数学科「問題解決の授業」ガイドブック―「主体的・対話的で深い学び」を実現する！ 相馬一彦著 明治図書出版
【要旨】第1章では、数学科におけるアクティブ・ラーニングと「問題解決の授業」の関連を検討。第2章では、数学科での「問題解決の授業」づくりについて、手順やポイントなどを具体的にまとめた。第3章では、25の授業例を紹介。考えさせながら教える「問題解決の授業」のすべて。
2017 135p A5 ¥1800 978-4-18-247125-4

◆数学教育学の礎と創造―藤井斉亮先生ご退職記念論文集 藤井斉亮先生ご退職記念論文集編集委員会編 東洋館出版社
【目次】第1部 藤井斉亮先生のご経歴、藤井斉亮先生の著書・論文一覧、擬変数の役割と機能及びその理解の様相について）、教師に求められる教科教育の知識と附属学校の役割、「数学的な考え方」の育成を目指した現職教員研修における教材の提案、「子どもを見る目」に焦点を当てた授業研究とその実践、板書に焦点を当てた数学科授業の国際比較研究―日本と香港の一人の熟練教師の連続した授業の分析に焦点を当てて、入学当初の児童への加法に関する課題、繰り下がりのある減法の学習指導についての一考察、日常の問題に役立てたかけ算を数学内の問題に役立てる授業 ほか
2017.12 358p A5 ¥2800 978-4-491-03444-7

◆数学教育における論証の理解とその学習指導 國宗進著 東洋館出版社
【目次】序章 本研究の目的と方法、1 数学教育における論証についての基礎的考察、2 図形の論証に関する生徒の理解の分析、3 文字式に関する生徒の理解の分析、4 論証に関する総合的考察、5 論証に関する学習指導の改善、終章 本研究の総括と今後の課題
2017.8 298p A5 ¥4200 978-4-491-03386-0

◆数学的活動を通して―学びに向かう力を育てる算数授業づくり 盛山隆雄著 東洋館出版社（算数授業研究特別号18）
【要旨】5年生清里合宿、6年生お楽しみ会…ミスコンセプションが生かせる。解釈の活動が生きる。
2017.3 75p B5 ¥954 978-4-491-03346-4

◆すぐに使える！小学校算数 授業のネタ大事典 盛山隆雄, 加固希支男, 松瀬仁, 山本大貴編著, 志の算数教育研究会著 明治図書出版
【要旨】数とりゲーム、九九パズル、お誕生日計算、16段目のひみつなど楽しくできて、力がつく活動事例6学年80本収録！
2017 173p A5 ¥2200 978-4-18-127219-7

◆すべての子どもを算数好きにする「しかけ」と「しこみ」 山本良和編著, 子どもの心に「こだま」する算数授業研究会著 東洋館出版社
【目次】1章 すべての子どもを算数好きにする「しかけ」と「しこみ」（すべての子どもを算数好きにするための「しかけ」と「しこみ」、「しかけ」「しこみ」としての価値付けるべき子どもの姿）、2章 各学年の「しかけ」と「しこみ」実践事例（1年、2年、3年、4年、5年、6年）
2017.8 117p B5 ¥2000 978-4-491-03380-8

◆知識構成型ジグソー法による数学授業―「主体的・対話的で深い学び」を実現する 飯窪真也, 齊藤萌木, 白水始編著 明治図書出版
【要旨】本書は、「知識構成型ジグソー法」という授業手法を用いて、対話を通じて一人ひとりが自分なりに考えを見直し、理解を深めていくような学び（＝協調学習）を引き起こす授業づくりについてまとめたものである。
2017 167p A5 ¥1960 978-4-18-209410-1

◆知的にたくましい子を育てる算数の授業づくり―1・2・3年 中田寿幸著 東洋館出版社（算数授業研究特別号 19）
【目次】第1特集 知的にたくましい子を育てるには―3年「2けたのたし算」「三角形」（知的にたくましい子どもの姿-3年「2けたのかけ算」なんで10違う？、知的にたくましい子どもとは、知的にたくましい子どもを育てるポイント―作業的活動を通して三角形の理解を深める）、第2特集 子どもとつくる算数授業―下学年17事例、第3特集 他教科で知的にたくましい子を育てる（自分らしさを伝え合う、「たくましき」学級集団に、社会的な見方・考え方を働かせる子どもを育てる、音楽科における「知的たくましき」と中田学級の子どもたち、あらゆるものを面白がる力、体育科で育てる「な・か・た」学級の知的たくましき子どもたち、英語への前向きな姿勢こそが知的たくましき種）
2017.3 71p B5 ¥954 978-4-491-03347-1

◆中学数学のつまずきどころが7日間でやり直せる授業 西口正著 日本実業出版社
【要旨】計算、関数、方程式、図形の難しくて超速で一挙に復習できる。日本一おもしろい西口式授業。身近なことにたとえる解説、計算力がつく工夫や裏ワザ、公式・定理が頭に入るゴロ合わせ―楽しみながら成績もぐんぐん上がる！
2017.6 237p B6 ¥1500 978-4-534-05501-9

◆中学数学xやyの意味と使い方がわかる 小林道正著 ベレ出版
【要旨】「数学における文字」が、「何を表しているのか？」「どのような働きがあるのか？」をやさしく解き明かす。
2017.4 255p A5 ¥1500 978-4-86064-507-6

◆中学校新学習指導要領の展開 数学編 平成29年版 永田潤一郎編著 明治図書出版
【要旨】目標・内容の構成から数学的活動まで改訂のキーポイントを明快に解説。資質・能力に基づいて再構築された各学年の内容を具体例を交えて詳説。データの活用をはじめとした新しい授業プランを収録。
2017.7 203p A5 ¥1800 978-4-18-334318-5

◆中学校数学指導の疑問これですっきり 柴田録治監修, 岡崎市算数・数学教育研究部編著（名古屋）黎明書房
【要旨】現場の数学教師の指導上の疑問に、Q&A形式で明快に答えた、地に足の着いた数学指導のための基礎・基本！負のイメージを理解させるにはどう指導すればよいのか、ルートはどう書けばよいのかから、二次方程式の指導法、図形の証明法、定義と定理の違いの指導法、ノート指導、効果的な板書の構成のあり方など、中学校数学教師の指導の全てを対象にした、かゆいところに手が届く数学教師の必読・必備の書。
2017.1 143p B5 ¥2300 978-4-654-01938-0

◆できるかな？描けるかな？―図が描ければ図形問題は簡単に解ける 深瀬幹雄著 昇龍堂出版（付属資料：別冊1）
【要旨】図形問題を解くポイントは問題文を読んで図がイメージできるかにかかっている！！
2017 95p B5 ¥1150 978-4-399-01401-5

◆解けますか？小学校で習った算数 浜田経康監修, 「解けますか？小学校で習った算数」制作委員会編 サンリオ
【要旨】簡単そうで意外に解けない頭の体操的な問題から中学入試レベルの難問まで、大人のための算数本。
2017.7 239p B6 ¥476 978-4-387-17058-7

◆畑中敦子の算数・数学キソキソ55 畑中敦子著 エクシア出版
【目次】1 数の計算のキソキソ、2 式の計算のキソキソ、3 方程式のキソキソ、4 比と割合のキソキソ、5 速さのキソキソ、6 場合の数と確率のキソキソ、7 図形の性質と計量のキソキソ、8 三角形のキソキソ、9 円のキソキソ
2017.10 201p A5 ¥1000 978-4-908804-24-3

◆働きかける子ども たいを生む算数60問 正木孝昌, 小野江隆, 高山夏樹, 阿部肇共著 学校図書
【要旨】やってみたい、見つけたい、伝えたい、確かめたい。受動から能動へ。主体的・対話的で深い学びを実現する1冊！
2017.10 158p A5 ¥2000 978-4-7625-0228-6

◆日々のクラスが豊かになる「味噌汁・ご飯」授業 算数科編 野中信行, 小島康親編,「味噌汁・ご飯」授業研究会著 明治図書出版
【要旨】子供を算数嫌いにしない日常授業（「味噌汁・ご飯」授業）にしよう！「ときかたハカセ」の設定。学力向上のためのテスト対策。基礎学力徹底のための反復練習。
2017 127p A5 ¥1600 978-4-18-116318-1

◆深い学びを支える数学教科書の数学的背景 齋藤昇, 秋田美代, 小原豊編著 東洋館出版社
【目次】第1章 数学教科書の数学的背景、第2章 数と式、第3章 図形、第4章 関数、第5章 資料の活用、第6章 深い学びを実現する新しい学習指導法
2017.9 164p A5 ¥2000 978-4-491-03415-7

◆ボカロで覚える 中学数学―MUSIC STUDY PROJECT 学研プラス編 学研プラス（付属資料：CD1）
【要旨】公式暗記、立体の展開図、作図の手順などー。つまずきやすい数学3年分の最重要ポイントが歌と動画で、圧倒的にわかりやすく勉強できる。完全オリジナル曲9曲のほか、人気ボカロ曲「一触即発☆禅ガール」の替え歌も収録。
2017.3 159p 19cm×16cm ¥1800 978-4-05-304588-1

◆本当は大切だけど、誰も教えてくれない算数授業50のこと 黒田恭史著 明治図書出版
【要旨】算数が苦手な子どもに共通する3つのこと、10までの数の分解と合成が繰り返しなければ、わり算が難しい3つの理由、答えの見積もりは4年生からでは遅い、ものさしとコンパスを上手に使うコツ…etc.知れば知るほど、授業がうまくなる。
2017 190p B6 ¥1900 978-4-18-173920-1

◆漫才でわかる中学数学基礎レベル 田畑藤本漫才・文, 川村康文監修 ヨシモトブックス, ワニブックス 発売
【要旨】わからないことは、東大芸人に聞け！勉強がニガテな人のためのお笑い数学問答。
2017.3 191p B6 ¥1200 978-4-8470-9550-4

◆みんなで創る愉しい算数・数学の授業 古藤怜監修, 上越数学教育研究会編著 学校図書
【要旨】「数学をする」愉しさを体験し、主体的・対話的で深い学びを追究する1冊！
2017.6 167p B5 ¥2000 978-4-7625-0225-5

◆名著復刻 数学的な考え方の具体化―数学的な考え方・態度とその指導 1 片桐重男著 明治図書出版 復刻版
【要旨】知識や技能だけで数学的な問題は解決できない。知識や技能のもとにあって、それらを生かし、行動を方向づけていく原動力、数学的な考え方及び数学的な態度の育成こそが重要である。膨大な具体例の累積に立脚する確かな理論。第1巻では、数学的な考え方の歴史的、理論的面を研究し、その望ましい実践事例を示す。
2017 233p A5 ¥1660 978-4-18-138610-8

◆名著復刻 問題解決過程と発問分析―数学的な考え方・態度とその指導 2 片桐重男著 明治図書出版 復刻版
【要旨】知識や技能だけで数学的な問題は解決できない。知識や技能のもとにあって、それらを生かし、行動を方向づけていく原動力、数学的な考え方及び数学的な態度の育成こそが重要である。膨大な具体例の累積に立脚する確かな理論。第2巻では、数学的な考え方を育てるための具体的な発問の分析と実践事例を示している。
2017 209p A5 ¥1560 978-4-18-138714-3

◆モデルを志向した数学教育の展開―「応用指向VS構造指向」を超えて 池田敏和編著 東洋館出版社
【目次】序章「応用指向vs構造指向」を超えて、第1章 モデルに関する基礎的考察、第2章 複数の世界を行き来する活動、第3章 複数の世界を行き来する活動の教材化とその分析、第4章 図形領域における複数の世界を行き来した垂直カリキュラムの構想とその教材化、終章 本書の特徴付けと今後の課題
2017.2 486p A5 ¥7300 978-4-491-03327-3

◆山本良和の算数授業 必ず身につけたい算数指導の基礎・基本55―資質・能力を育む

授業を実現するための方法　山本良和著　明治図書出版
【要旨】算数科における資質・能力を育成するためには、「数学的活動」等のキーワードの意味をしっかり解釈し、理解して算数の授業づくりに取り組んでいく必要があります。ただし、それは、目の前にいる現実の子どもの姿ありきのことです。単なる言葉遊びをしているような算数授業ではなく、学習指導要領の改訂に伴った「流行」とともに、普遍の基礎・基本をしっかりと押さえた授業づくりが求められます。本書では、算数の授業をつくるためにどのようなことに気をつける必要があるのかということを具体的な項目を設定して紹介しました。
2017 142p A5 ¥2060 ①978-4-18-116214-6

◆わくわく！小学生のナンプレ かんたん編―算数が好きになる！考える力がつく！　村上綾一監修、津内口真之著　世界文化社
【要旨】かんたんな4×4マスのナンプレから始めてステップアップ。詳しい解き方やヒントつき！
2017.7 143p A5 ¥900 ①978-4-418-17804-9

◆わくわく！小学生のナンプレ とってもかんたん―算数が好きになる！考える力がつく！　村上綾一監修、津内口真之著　世界文化社
【要旨】かんたんな4×4マスのナンプレから始めてステップアップ。詳しい解き方やヒントつき！
2017.7 143p A5 ¥900 ①978-4-418-17805-6

理科

◆アクティブに学ぶ子どもを育む理科授業　森本信也、黒田篤志、和田一郎、小野瀬倫也、佐藤寛之、渡辺理文著　学校図書　（レベルアップ授業力―小学校理科）
【目次】第1章 子どもはいかにアクティブに理科を学習するか、第2章 授業における対話を通して見える子どものアクティブな学習、第3章 表象として現れるアクティブな子どもの理科学習、第4章 アクティブに科学概念を構築するプロセスを育む、第5章 ICTの活用によるアクティブに理科を学習する子どもへの支援、第6章 アクティブな理科学習をいかに評価するのか
2017.4 200p A5 ¥1500 ①978-4-7625-0224-8

◆アクティブ・ラーニングを位置づけた高校理科の授業プラン　和田田節子、長野修編著　明治図書出版
【要旨】Active Learningが即実践できる！黒板をただうつす「オートスキャナー」タイプの生徒も生き返り「主体的・対話的で深い学び」を実現する実践事例！理科で育てたい「資質・能力」と関連づけた評価も解説！
2017 135p B5 ¥2300 ①978-4-18-276915-3

◆アクティブ・ラーニングを位置づけた小学校理科の授業プラン　鳴川哲也、山中謙司、塚田昭一編著　明治図書出版
【要旨】3つの視点「深い学び」「対話的な学び」「主体的な学び」とのかかわりがよくわかる！小学校全国学力・学習状況調査をもとに、指導と評価の具体的な手立てを解説！
2017 135p B5 ¥2200 ①978-4-18-277314-3

◆今の授業にプラスα 理科―新学習指導要領対応　浅井正秀編著　日本標準
【要旨】新しい学習指導要領で理科の授業はどう変わる？「今の理科の授業をガラッと変えないといけないの？」「新しい学習指導要領に合った授業すればいいの？」そんな不安の声を払拭する、新学習指導要領の流れを取り入れた理科の授業案！
2017 135p B5 ¥2400 ①978-4-8208-0622-6

◆「カゲロウデイズ」で中学理科が面白いほどわかる本　じん（自然の敵P）原作, しづ, わんにゃんぷー キャラクター原案, はくり漫画・イラスト, 佐川大三監修　KADOKAWA（付属資料：特製クリアファイル；特製理科ゼッタイ暗記シート；カバー裏ポスター）
【要旨】ついに俺の出番か―。例にもれず赤点をとってしまったモモを助けるべく、メカクシ団一行がアヤノの提案で向かったのはなんと楢山家！ついにあのケンジロウが担当科目でひと肌脱ぐ…!?メカクシ団と理科実験している気分で読める、全く新しい参考書。
2017.6 300p B6 ¥1400 ①978-4-04-601882-3

◆カリスマ講師の日本一成績が上がる魔法の化学基礎ノート　岸良祐著　KADOKAWA
【要旨】講義のようにていねいな説明＋板書のようにまとまったノート＝「化学基礎」の疑問点がすべて解消。覚えるべきところ・理解すべきところをハッキリ提示。予習・復習／定期テスト対策。入試の基礎がために使用可能。
2017.9 157p B5 ¥1200 ①978-4-04-601944-8

◆簡単・きれい・感動!!10歳までのかがくあそび　小森栄治著　学芸みらい社
【要旨】保育園や小学校低学年でできる「かがくあそび」の授業をまとめたもの。子どもが「自分で作れた！」「できた！」という達成感、自己肯定感を味わえるようなものを中心に構成。
2017.6 119p A5 ¥2200 ①978-4-908637-48-3

◆「高1ギャップ」をなんとかする 理科　旺文社編　旺文社（付属資料：別冊1）
【要旨】「高1ギャップ」の悩みはこの本で解消しよう！中学校の内容と関連付けて、高校1年生の内容を学習できるから、わかりやすい！「中学のまとめ」→「中学と高1の練習問題」の繰り返しで、力がつく！64ページの手軽な分量だから、短期間で完成できる！
2017.5 63p B5 ¥1200 ①978-4-01-034852-9

◆高校生・化学宣言 PART10 高校化学グランドコンテストドキュメンタリー　中沢浩, 小嵜正敏監修　（東大阪）遊タイム出版
【要旨】化学の甲子園をめざす、海外・国内の高校生の奮闘記、第10弾。黒ニンジンで太陽電池の性能UP!?寒天シートが砂漠化を食い止める!?貝殻から古代の蛍光塗料を再現する!?
2017.3 233p A5 ¥1500 ①978-4-86010-356-9

◆心のさんぽ―ありふれた景色が特別になる　菅井啓之, 後藤紗貴著　文溪堂
【要旨】ありふれた景色が特別になる。「心のさんぽ」ってな～に？自然を楽しむ、自然を感じることで心がふっと軽くなる―そんな"さんぽ"をしてみませんか。
2017 61p A5 ¥950 ①978-4-7999-0245-5

◆子どもの思考をアクティブにする！ 小学校理科授業ネタ事典　鷲見辰美編著　明治図書出版　（理科授業サポートBOOKS）
【要旨】自作落下傘で「風のはたらき」がわかる。本物の川を簡単に校内につくる。生まれる直前の自分の姿を描くetc. 子どもが主体的に学びたくなるネタで、楽しい理科授業を始めませんか？全学年・全単元で使える！
2017 131p A5 ¥1960 ①978-4-18-157928-9

◆子どもの「なんで？」を逃さない！ 理科好きの子どもを育てる本　宇治美知子著　出版芸術社
【要旨】なんで空は青いの？なんで夏は暑いの？そんなあたりまえをみつけて、子どもたちはすべてに、子どもたちは「なんで？」「どうして？」と関心を持ちます。理科を勉強することは、子どもの人生をより豊かにするのか、やがてその答えが見えてくるはずです。
2017.7 206p B6 ¥1500 ①978-4-88293-500-1

◆「酸素が見える！」楽しい理科授業―酸素センサ活用教本　高橋三男著　日刊工業新聞社（B&Tブックス）
【要旨】酸素の増減が見える→考える。創造性を育む新しいアプローチ。手軽に、安く、安全に測れる！
2017.6 157p A5 ¥1800 ①978-4-526-07673-2

◆「資質・能力」を育成する理科授業モデル　佐々木昭弘編著　学事出版（小学校新学習指導要領のカリキュラム・マネジメントシリーズ）
【要旨】問題を見いだす力、予想や仮説を発想する力、解決の方法を発想する力、妥当な考えをつくりだす力。これらを育成する理科授業モデル
2017.4 95p B5 ¥2000 ①978-4-7619-2296-2

◆指導者が学ぶプログラムづくり　藤嶋昭監修, 東京応化科学技術振興財団編　学研プラス（開け！科学の扉4）
【目次】特集 広がる科学イベントの輪（化学グランプリ／国際化学オリンピック）、第1章 公益財団法人日本科学技術振興財団・編 ベテラン教師が伝える実践的理科実験の極意、第2章 公益財団法人ふくしま科学振興協会・編 科学館で学ぶ子どもが喜ぶ授業作り、第3章 公益財団法人まね自然と環境財団・編 自然科学の楽しさを伝えて学校教育を支援、教員のための博物館の日、独立行政法人国立科学博物館の活動
2017.12 152p A5 ¥1440 ①978-4-05-406592-5

◆自分でつくれるまとめノート 中1理科　旺文社編　旺文社（付属資料：別冊）
【要旨】公立高校入試に影響する、「内申点」を上げるためのまとめノートです。定期テスト対策はもちろんのこと、ノート提出で評価があがるよう、工夫されています。本書を参考に、自分なりにカスタマイズしてわかりやすいまとめノートを作ってみましょう。
2017.5 95p B5 ¥1400 ①978-4-01-022091-7

◆自分でつくれるまとめノート 中2理科　旺文社編　旺文社（付属資料：別冊1）
【要旨】公立高校入試に影響する、「内申点」を上げるためのまとめノートです。定期テスト対策はもちろんのこと、ノート提出で評価があがるよう、工夫されています。本書を参考に、自分なりにカスタマイズしてわかりやすいまとめノートを作ってみましょう。
2017.5 95p B5 ¥1400 ①978-4-01-022092-4

◆小学校教育課程実践講座 理科―平成29年改訂　日置光久, 田村正弘, 川上真哉編著　ぎょうせい
【要旨】豊富な先行授業事例・指導案。Q&Aで知りたい疑問を即解決！信頼と充実の執筆陣。
2017.11 241p A5 ¥1800 ①978-4-324-10306-7

◆小学校新学習指導要領の展開 理科編 平成29年版　塚田昭一, 八嶋真理子, 田村正弘著　明治図書出版
【要旨】すべての内容の指導ポイントを明示。具体例を基に理科の見方・考え方について詳細解説。主体的・対話的で深い学びを実現する新授業プランを掲載。
2017 190p A5 ¥1800 ①978-4-18-328110-4

◆小学校新学習指導要領ポイント総整理 理科 平成29年版　片平克弘, 塚田昭一編著　東洋館出版社
【要旨】「理科の見方・考え方」を働かせて問題を科学的に解決する資質・能力を育てる！
2017.10 163p A5 ¥1700 ①978-4-491-03400-3

◆小学校理科「深い学び」につながる授業アイデア64―思考スキルで子どもの主体性を引き出す　溝邊和成編著　東洋館出版社
【要旨】教師も子どもも楽しく取り組めるアイデアが満載！
2017.12 130p A5 ¥1700 ①978-4-491-03437-9

◆すぐ実践できる！アクティブ・ラーニング高校理科　西川純シリーズ編集, 大野智久, 菊池篤著　学陽書房（ACTIVE LEARNING教科別実践法シリーズ）
【要旨】アクティブ・ラーニングは、やってみると意外に簡単に始められる！アクティブ・ラーニングの授業で居眠りがなくなり、生徒の成績も上がる！生徒が生き生き動き出す、アクティブ・ラーニングの始め方、準備や授業のノウハウ、探究にまで含めた課題事例や実践事例まで、授業づくりのすべてがわかる！
2017.1 157p A5 ¥1700 ①978-4-313-65310-8

◆探究する資質・能力を育む理科教育　小林辰至編著　（岡山）大学教育出版
【要旨】理論編では、日本的自然観と西欧の自然観を対比した論考を踏まえて、原体験が事象を因果関係で捉える力の基盤となっていることを統計的な手法を用いて考察。事象を従属変数と独立変数との関係として捉えた後、2つの変数を関係付けて作業仮説を立てさせる指導方略であるQS仮説設定シートの活用を提案し、科学的に探究する資質・能力の育成を目指す授業を創造するための様々な基礎的研究を記した。実践編では、理論編で述べたことが小学校理科授業として具現化して、その効果を実証的に述べている。
2017.12 419p B5 ¥2800 ①978-4-86429-483-6

◆中学校教育課程実践講座 理科 平成29年改訂　小林辰至編著　ぎょうせい
【要旨】学校現場の？に即アプローチ！これからの授業づくりに直結!!先行実施もこわくない！豊富な先行授業事例・指導案。Q&Aで知りたい疑問を即解決！
2017.11 259p A5 ¥1800 ①978-4-324-10321-0

◆中学校新学習指導要領の展開 理科編 平成29年版　後藤顕一, 田代直幸, 小林辰至, 江崎士郎編著　明治図書出版
【要旨】すべての内容の指導ポイントを明示。問題解決過程を重視した学年ごとの重点と単元計画を紹介。主体的・対話的で深い学びを実現す

る新授業プランを収録。

◆中学校「理科の見方・考え方」を働かせる授業—新学習指導要領対応！ 山口晃弘, 江崎士郎編著 東洋館出版社
【要旨】「理科の見方・考え方」を働かせて資質・能力を育成する…ってどういうこと!?量的・関係的、質的・実体的、多様性と共通性、時間的・空間的、規則性や関係性、共通点と相違点、比較、関係付け…など、様々な「見方・考え方」が授業をもっと面白くする！32事例。
2017.8 196p B5 ¥2400 ①978-4-491-03387-7

◆使える！楽しい！中学校理科授業のネタ100 三好美覚著 明治図書出版 (中学校理科サポートBOOKS)
【要旨】本書は、第1章では、生徒を理科好きにするための授業づくりのポイント、第2章では、各学年のネタ全100を説明ネタ、疑問ネタ、実験ネタなどに分け、理科好きな生徒を育てたり、生徒自ら考える授業をしたりするために必要なネタが気軽に取り入れられるよう、しばらめくって使えそうなネタが見つかるようまとめています。
2017 125p A5 ¥1960 ①978-4-18-199546-1

◆どう変わるどうする 小学校理科新学習指導要領 小佐野正樹, 佐々木仁, 高橋洋, 長江真也著 本の泉社
【目次】第1章 新学習指導要領で小学校理科は何が変わるか、第2章 各学年の内容は何が変わるかどうするか（「物と重さ」について、「風とゴムの力の働き」について、「光の性質」について、「音の性質」について、「磁石の性質」について ほか）、第3章 教科目標と「指導計画の作成と内容の取扱い」について、第4章 資料（小学校現行・現行学習指導要領と新学習指導要領との比較、小学校理科の新学習指導要領と私たちの教育課程試案の対照表）
2017.8 191p B5 ¥1700 ①978-4-7807-1641-2

◆ナリカ製品とともに読み解く理科室の100年 中村友香著 幻冬舎メディアコンサルティング, 幻冬舎 発売
【要旨】誰も語らなかった理科教育の歩みと実験の進化。伝統ある実験機器メーカーの軌跡から「理科の秘密」を見つけよう！
2017.6 95p A5 ¥1300 ①978-4-344-91240-3

◆「物理の学び」徹底理解 電磁気学・原子物理・実験と観察編—理科の先生になるための、理科の先生であるための 山下芳樹監修・編 京都: ミネルヴァ書房
【要旨】いかにして問題をとくか。教員採用試験問題の出題傾向と解法をとおして、理科教員として求められる物理の知識、理解力、応用力を身につける。
2017.9 182p B5 ¥2800 ①978-4-623-07657-4

◆未来の科学者との対話 15 第15回神奈川大学全国高校生理科・科学論文大賞受賞作品集 神奈川大学広報委員会, 全国高校生理科・科学論文大賞専門委員会編 日刊工業新聞社
【目次】審査委員講評（論文の香り（紀一誠）、巨人たちの肩に立って（齊藤光實）ほか）、大賞論文（食虫植物「ウサギゴケ」の巧妙な仕掛け（横浜サイエンスフロンティア高等学校））、優秀賞論文（「黄金四面体」との出会い（滋賀県立彦根東高等学校SS部数学班）、兵庫県南部カルデラの北限はここだ！（兵庫県立西脇高等学校地学部マグマ班） ほか）、努力賞論文（揺れる木々の振動エネルギーを有効活用（茨城県立水戸第一高等学校化学部）、月の砂「レゴリス」の秘密（埼玉県立春日部女子高等学校地球科学部） ほか）、第15回神奈川大学全国高校生理科・科学論文大賞団体奨励賞受賞校、応募論文一覧
2017.5 317p A5 ¥1600 ①978-4-526-07710-4

◆ムリなく、ムダなく、小中学校の理科がしっかり身につく。 左巻健男著 PHPエディターズ・グループ, PHP研究所 発売
【要旨】物理、化学、生物、地学を理解するためのポイントがこの一冊で押さえられる！大人の学び直しにも最適。
2017.9 315p A5 ¥1700 ①978-4-569-83646-1

◆4時間でやり直す 理科の法則と定理100 小谷太郎監修 宝島社
【要旨】科学がわかりだすと時代の先が読める！本当は面白い法則の数々。
2017.3 238p B6 ¥780 ①978-4-8002-6634-7

◆理科オンチ教師が輝く科学の授業 板倉聖宣, 堀江晴美著, 大塚清和編 仮説社 (やまねこブックレット教育 6)
【目次】理科オンチ教師のための科学教育入門（「認識の論理」を優先する、「知る喜び」を知る楽しさ ほか）、理科オンチと"楽しくわかる喜び"、知的好奇心をよびおこすキワドイ問題、「知るに値すること」を知る楽しさ ほか）、のしい授業の一小学2年生と"豆電球と回路"（理科オンチはすばらしい、仮説実験授業は母親も変える、チビッ子先生の誕生、ソケットがないと豆電球はつかない？、電気が1周しなければ、電球はつかない ほか）、授業書"まめ電きゅうと回ろ"1972年版全文
2017.8 110p A5 ¥1200 ①978-4-7735-0284-8

◆理科教員の実践的指導のための理科実験集 芝原寛泰著 電気書院
【要旨】主体的な学びを促す理科実験の指導のコツと詳しい解説。理科教育法・指導法のテキストに最適！
2017.6 257p A5 ¥2800 ①978-4-485-30249-1

◆理科授業をデザインする理論とその展開—自律的に学ぶ子どもを育てる 森本信也編著 東洋館出版社
【目次】プロローグ 理科授業をデザインするための現代の教授論、第1部 今、理科授業で目指す子どもの学び（構成主義から捉える理科学習、自由試行から問題解決へ至る子どもの思考の変化、生活概念（日常知）から科学概念（学校知）への子どもの思考の移行、「発達の最近接領域」による子どもの思考の飛翔）、第2部 理科授業で子どもを価値づけ、評価する視点（描画や比喩的表現からみる子どもの学び、子どもにおける科学概念の多様性、理科授業デザインとパフォーマンス評価を用いた「科学的な思考・表現」に関する学力の育成）、第3部 子どもの学びに即した理科授業のデザイン（自律的な動機づけを促進する授業、メタ認知に基づく授業、子どもが自己調整的に進める授業、教室談話分析に基づく授業、足場作りと足場外しが目指す授業、形成的アセスメントに基づく授業）、エピローグ 理科授業デザインの軸としてのアセスメント
2017.3 263p A5 ¥2800 ①978-4-491-03330-3

◆理科の授業がもっとうまくなる50の技 大前暁政著 明治図書出版
【要旨】教材研究に妥協はしてないし、実験も安全に指導できるけど、何かが足りない。そんな状況を一気に打破する、一段上の授業力。
2017 175p B6 ¥1800 ①978-4-18-273510-3

社会

◆アクティブ・ラーニングを位置づけた小学校社会科の授業プラン 小原友行編著 明治図書出版
【要旨】学年別・単元別の「深い学び」「主体的な学び」「対話的な学び」を実現する授業プラン集！見方・考え方から子供の社会認識のとらえまで、評価の具体的な手立てもくわしく解説！
2017 134p B5 ¥2200 ①978-4-18-277116-3

◆明日から使える！必ず盛り上がる！中学校社会科授業のネタ＆アイデア117 森口洋一著 明治図書出版 (中学校社会サポートBOOKS)
【要旨】本書は、今までの経験を生かして紡いできた様々な授業のネタやアイデアを集めたものである。117個のネタやアイデアは、生徒が楽しく学べ、かつ教科書の内容と結びついていることを心がけてつくった。
2017 135p A5 ¥1800 ①978-4-18-244611-5

◆アドバンス中学公民資料 帝国書院編集部編 帝国書院
【目次】第1部 現代社会（「遊び」の変化からみる現代社会、少子高齢化と現代 ほか）、第2部 政治（民主主義と人権の歩み、日本国憲法と国民主権 ほか）、第3部 経済（経済活動とお金の役割、市場経済と価格 ほか）、第4部 国際（国家と国際社会、世界の紛争 ほか）、第5部 探究（話し合いのしかた、レポートの書き方）
2017.2 143p A4 ¥638 ①978-4-8071-6320-5

◆アドバンス中学地理資料—白地図ワーク・統計付 帝国書院編集部編 帝国書院 (付属資料: 別冊1)

【目次】巻頭特集（"世界の今" オリンピック・パラリンピックのあゆみ、"日本の今" 北陸新幹線・北海道新幹線開通）、世界（世界の姿、世界各地の人々の生活と環境、世界の諸地域）、日本（日本の姿、世界と比べた日本の地域的特色、日本の諸地域、技能）
2017.2 204p A4 ¥771 ①978-4-8071-6318-2

◆アドバンス中学歴史資料 黒田日出男, 小和田哲男, 阿部恒久, 成田龍一, 仁藤敦史監修, 帝国書院編集部編 帝国書院
【目次】身のまわりのものの「はじまり」、人類の出現と日本列島、大河のほとりで生まれた古代文明、中国文明とギリシャ・ローマ文明、世界の宗教の誕生と広まり、長く続いた縄文時代、稲作と弥生文化、「むら」がまとまり「くに」に、ヤマト王権と大陸からの技術、聖徳太子の時代〔ほか〕
2017.2 232p A4 ¥648 ①978-4-8071-6319-9

◆有田式"発問・板書"が身につく！社会科指導案の書き方入門 沼澤清一著 学芸みらい社
【要旨】アクティブラーニングの元祖・有田和正。参観者も子どもと一緒に大笑いした楽しいネタ。そのヒミツは指導案にあった！と沼澤氏。超有名な板書・発問・指示をどう繰り出したか。ヤング教師も取り入れ可のエキス大公開！
2017.9 143p A5 ¥2000 ①978-4-908637-51-3

◆書きこみ教科書 詳説世界史—世界史B 石井栄二編 山川出版社 改訂版
【要旨】勉強の基本は教科書！基礎学力の定着は、教科書をよく読むことから。教科書の重要語句を「書きこみ」ながら確認できる大学入試直前の復習にも最適な一冊。
2017.1 313p A5 ¥900 ①978-4-634-03085-5

◆学習指導要領改訂のポイント 小学校・中学校 社会 平成29年版 『社会科教育』編集部編 明治図書出版 (『社会科教育』PLUS)
【目次】第1章 キーワードでみる学習指導要領改訂のポイント（育成を目指す資質・能力の三つの柱—知識の構造化の視点から社会科で求められる取組、社会科における「見方・考え方」—追究の視点と授業デザイン、「カリキュラム・マネジメント」にどう取り組むか、「主体的・対話的で深い学び（アクティブ・ラーニング）」の視点を踏まえた授業デザイン、資質・能力を育成する「学びの過程」のポイント、見方などの諸課題を踏まえた教育内容の見直し—授業にどう組み込むか）、第2章 事例でみる学習指導要領改訂のポイント（主体的・対話的で深い学び（アクティブ・ラーニング）の視点を踏まえた授業づくり、資質・能力を育む視点からの科目構成の見直しと授業づくり）
2017 118p B5 ¥1860 ①978-4-18-271618-8

◆「カゲロウデイズ」で中学地理が面白いほどわかる本 じん（自然の敵P）原作, しづ, わんにゃんぷーキャラクター原案, あさひまち漫画・イラスト, 伊藤賀一監修, 沖元友佳構成協力 KADOKAWA (付属資料: クリアしおり1; ポスター1)
【要旨】日本と世界にかんする中学地理の最重要43テーマをまとめて総ざらい＆演習できる!!
2017.7 212p B6 ¥1200 ①978-4-04-601883-0

◆「価値観形成学習」による「倫理」カリキュラム改革 胤森裕暢著 風間書房
【目次】本研究の意義と方法、第1部「倫理」カリキュラム改革のための基礎研究（「市民性教育」としての「倫理」の意義、「市民性教育」からみた「倫理」カリキュラムの現状と課題、「在り方生き方教育」としての「倫理」単元の改善と課題、「市民性教育」としての価値観形成学習理論の展開と課題—「在り方生き方教育」から「市民性教育」への転換(1)、新たな「価値観形成学習」によるカリキュラム改革—「在り方生き方教育」から「市民性教育」への転換(2)、第2部 市民的資質を育成する「倫理」カリキュラムの開発研究（「価値観形成学習」の「倫理」カリキュラムの編成原理、現代社会の倫理的問題と自己の価値観形成を考える単元開発、現代の社会構造における倫理的問題を考える単元開発、現代の文化構造における倫理的問題を考える単元開発、現代社会の倫理的問題に対する自己の価値観を形成する単元開発）、成果と課題
2017.1 274p A5 ¥9000 ①978-4-7599-2160-1

◆今日から役に立つ！常識の「社会科力」1354 西東社編集部編 西東社

◆**教師がつくる新しい社会科の授業―授業づくりにおける5つのキーワード** 安野功編著 日本標準
【要旨】2020学習指導要領対応。小学校社会科。
2017.11 133p B5 ¥2200 ①978-4-8208-0627-1

◆**現代社会早わかり 一問一答** 藤山克彦著 KADOKAWA (大学合格新書) 改訂版
【要旨】日々、目まぐるしく変わる「政治」と「経済」の最新情報を盛り込んだ改訂版。入試「現社」でも得点をねらう受験生必携の一冊。
2017.5 223p 18cm ¥1000 ①978-4-04-601982-0

◆**現代社会ライブラリーへようこそ! 2018** 清水書院
【目次】巻頭特集 世界と日本と私たち―現代社会の動向、序編 現代社会における諸課題―18歳選挙権について自分の考えを整理していこう!、倫理編 青年期と自己の形成、政治編 現代の民主政治、経済編 現代の経済、課題編 ともに生きる社会をめざして 小論文を書いてみよう、資料編
2017.7 372p B5 ¥1500 ①978-4-389-21706-8

◆**高校生の社会常識ノート 最新版** 一ツ橋書店編集部編著 一ツ橋書店 (付属資料:別冊1)
【要旨】政治・経済・社会、歴史、地理、思想の60項目。ポイントの整理でキーワードをチェック。EXERCISEで基礎知識をチェック。
2017.4 127p B5 ¥950 ①978-4-565-18522-8

◆**これからの「歴史教育法」** 野﨑雅秀著 山川出版社
【要旨】教師を目指すあなたへ! 実際の授業の準備や構成、学習指導案の具体例、アクティブラーニングの進め方と注意点。
2017.5 146p A5 ¥1800 ①978-4-634-59101-1

◆**最新世界史図説タペストリー** 帝国書院編集部編 帝国書院 (付属資料:別冊1) 十五訂版
【目次】世界全図でみる世界史、第1部 諸地域世界の形成(オリエント(西アジア世界)の形成、地中海世界の形成、南アジア世界の形成、東南アジア世界の形成、東アジア世界の形成)、第2部 諸地域世界の交流と再編(東アジア世界の再編と成長、イスラーム世界の出現と西アジア、ヨーロッパ世界の形成、ヨーロッパ世界の成長と結びつく環大西洋地域)、第3部 世界の一体化と諸地域の変容(欧米近代社会の形成、欧米諸国の世界進出と19世紀の変容、二つの世界大戦)、第4部 地球社会の到来(20世紀後半から21世紀の世界の流れ、20世紀後半から21世紀の世界各地域の動向)
2017 349p 26×21cm ¥870 ①978-4-8071-6311-3

◆**「思考力・判断力・表現力」を鍛える新社会科の指導と評価―見方・考え方を身につける授業ナビゲート** 北俊夫著 明治図書出版 (社会科授業サポートBOOKS)
【目次】第1章「思考力・判断力・表現力」をどうとらえるか―いかなる特質をもっているか(「思考力・判断力・表現力」とは何か、「思考力」「判断力」「表現力」のとらえ方)、第2章「思考力・判断力・表現力」を育てる授業づくり―授業改善の4つの視点(主体的・対話的で深い学びによる授業の充実、問題解決的な学習の過程に位置づける ほか)、第3章「思考力・判断力・表現力」を鍛える教師の役割―重視したい3つの方策(思考や判断、表現を促す教師の発問・指示、言語などによる表現活動をとおして鍛える ほか)、第4章「思考力・判断力・表現力」をどう評価するか―問われる教師の観察力、洞察力(これまでどう評価されてきたか―どこに問題があるのか、評価方法の新しい考え方―どこをどのように改めるか ほか)
2017 183p A5 ¥2100 ①978-4-18-213627-6

◆**「資質・能力」を育成する社会科授業モデル** 粕谷昌良編著、白石範孝シリーズ監修 学事出版 (小学校新学習指導要領のカリキュラム・マネジメントシリーズ)
【要旨】第1部 社会科が目指すこれから求められる「資質・能力」の育成(社会科における「資質・能力」、「資質・能力」から「何ができるか」へ、問題解決的な学習過程とソーシャル9、社会科における「資質・能力」と他教科一汎用的なスキルを念頭に置いて、実践編への手引き)、第2部 これから求められる「資質・能力」を育成する社会科授業モデル(問題発見力、情報収集力、情報整理力、本質的な知識力、自己表現力、思考力、判断力、意思決定力、社会参画力)
2017.2 95p B5 ¥2000 ①978-4-7619-2294-8

◆**自分でつくれるまとめノート 中学公民** 旺文社編 旺文社 (付属資料:別冊1)
【要旨】公立高校入試に影響する、「内申点」を上げるためのまとめノートです。定期テスト対策はもちろんのこと、ノート提出で評価があがるよう、工夫されています。本書を参考に、自分なりにカスタマイズしてわかりやすいまとめノートを作ってみましょう。
2017.5 95p B5 ¥1000 ①978-4-01-022096-2

◆**自分でつくれるまとめノート 中学地理** 旺文社編 旺文社 (付属資料:別冊1)
【要旨】公立高校入試に影響する、「内申点」を上げるためのまとめノートです。定期テスト対策はもちろんのこと、ノート提出で評価があがるよう、工夫されています。本書を参考に、自分なりにカスタマイズしてわかりやすいまとめノートを作ってみましょう。
2017.5 95p B5 ¥1000 ①978-4-01-022094-8

◆**自分でつくれるまとめノート 中学歴史** 旺文社編 旺文社 (付属資料:別冊1)
【要旨】公立高校入試に影響する、「内申点」を上げるためのまとめノートです。定期テスト対策はもちろんのこと、ノート提出で評価があがるよう、工夫されています。本書を参考に、自分なりにカスタマイズしてわかりやすいまとめノートを作ってみましょう。
2017.5 95p B5 ¥1000 ①978-4-01-022095-5

◆**社会科教育におけるカリキュラム・マネジメント―ゴールを基盤とした実践及び教員養成のインストラクション** 須本良夫、田中伸編著 (松戸)梓出版社
【目次】1 社会科教育におけるカリキュラム・マネジメント(カリキュラム・マネジメントの思想と教科教育学、社会科教育学のカリキュラム原理 ほか)、2 社会科カリキュラムのマネジメント―目標(ゴール)に基づく授業デザイン(協働的問題解決能力の育成を目指したカリキュラム、思考力の育成を目指したカリキュラム ほか)、3 社会科教育実践のマネジメント―育成指標に基づく技術と方略(社会科教育におけるアクティブ・ラーニング、社会科における学びの系統性 ほか)、4 社会科教員養成のマネジメント―授業力育成を軸とした教員養成の方略(社会科教員養成の国際的・国内的動向、社会科教員の重層的育成 ほか)
2017.4 243p A5 ¥2000 ①978-4-87262-646-9

◆**社会科歴史教育論** 鈴木哲雄著 岩田書院
【目次】社会科歴史教育論の系譜、1 社会科歴史教育の方向性(高校日本史教科書の新たな流れ、変化する日本の歴史教科書、歴史教育再構成の課題)、2 日韓中高一貫の社会科歴史教育を考える(「小中高一貫の社会科歴史教育」を考える、『日韓歴史共通教材 日韓交流の歴史』を学生と読む、女真海賊の侵攻と日本・高麗関係)、3 多文化教育としてのアイヌ文化学(アイヌ文化学学習の実際―北海道内での取り組み、札幌市教育委員会や白老町教育委員会・アイヌ文化財団の取り組み、アイヌ文化学習の実践とその方向性、多文化教育としてのアイヌ文化学習)、社会科歴史教育の再構築
2017.4 365p A5 ¥8900 ①978-4-86602-989-4

◆**15のストラテジーでうまくいく! 中学校社会科 学習課題のデザイン** 内藤圭太著 明治図書出版 (中学校社会サポートBOOKS)
【要旨】本書は、「探求的思考力」という言葉を軸に、社会科授業で用いられる学習課題を整理し、学習課題の性質によって、生徒にどのような力を身に付けられるか、そして、どのような方法で評価することが可能かを示しました。第1章では、理論、デザインのストラテジーの例、第2章では、具体的な単元・授業の展開例を掲載しています。
2017 159p A5 ¥1900 ①978-4-18-213018-2

◆**18歳までに育てたい力―社会科で育む「政治的教養」** 坂井俊樹監修、小瑶史朗、鈴木隆弘、國分麻里編著 学文社
【要旨】第1部 子どもの生活現実に根ざす主権者教育(学級・学校の公共性と主権者教育としての課題、子どもの意見表明と民主主義―「つくられた家族」の授業実践をもとに、自分たちのくらしの問題として受けとめるために―小学校4年『健康なくらしとまちづくり～ごみはどこへ』、人口減少局面の日本社会における主権者のあり方一中学生を向き合った外国人労働者の人権問題、「困難をかかえた高等学校」の現場から一高校生の生活現実を向き合う歴史・社会科教育)、第2部 主権者教育と地域をつなぐ(社会教育史からの政治教育への接近、地域に生きる力を育てる社会科授業―地域問題克服に向けた「つながり」の視点、地域の一員としての自覚を高め、防災対策にかかわる態度を育てる授業―小学校4年「地震からくらしを守る」の実践から、地域課題の議論を通して批判的投票者を育てる政治学習―指定廃棄物の長期管理施設建設候補地選定問題を題材に、地域との「つながり」意識をどう育むか―伊豆大島における学校と地域をつなぐ復興への布石づくり)、第3部 変貌する社会と市民性(シティズンシップ教育を問い直す、「特別の教科 道徳」と高等学校公民科「公共」を考える、韓国の学校教育における市民教育、権利意識と思いやり力を育てる―いじめに対する法教育からのアプローチ、批判的思考力を身につける社会科授業づくりの視点、司法学習における主権者教育、グローバル化する世界と市民性、民主主義の「意味」を探究する世界史学習のカリキュラム)
2017.2 185p A5 ¥2000 ①978-4-7620-2689-8

◆**授業が変わる! 新しい中学社会のポイント―平成29年告示新学習指導要領** 井田仁康、中尾敏朗、橋本康弘編著 日本文教出版
【要旨】『資質・能力』を育成する学習って? 『見方・考え方』をどのように働かせるのか? 『主体的・対話的で深い学び』を実践するには? よくわかる! 理論と実践を この1冊で!
2017.10 214p A5 ¥1800 ①978-4-536-60099-6

◆**小学生のための学習世界地図帳** 正井泰夫監修 成美堂出版 (付属資料:世界全図; 世界の国旗; ふたつの使い方ができる世界の国かるた)
【要旨】最新の衛星写真と、詳しい地図によって、まるで空から見ているように世界をながめることができる地図帳です。各国の自然や名所、歴史的建築物、産業などをわかりやすくまとめているので、楽しみながら世界の国々を知ることができます。
2017.10 79p B5 ¥1200 ①978-4-415-32421-0

◆**小学生のための学習日本地図帳** 正井泰夫監修 成美堂出版 (付属資料:日本全図(行政地図); 47都道府県基本データ; ふたつの使い方ができる47都道府県かるた)
【要旨】最新の衛星写真と、詳しい地図によって、まるで空から見ているように日本の姿をながめることができる地図帳です。都道府県ごとの名所や観光地、地方の特色ある産業などをわかりやすくまとめているので、いろいろな角度から日本を知ることができます。
2017.10 79p B5 ¥1200 ①978-4-415-32420-3

◆**小学校社会 Before & Afterでよくわかる! 子どもの追究力を高める教材&発問モデル** 由井薗健、粕谷昌良監修、小学校社会科授業づくり研究会編著 明治図書出版
【要旨】これまでの経験をくつがえす。数量に対する驚きを呼び起こす。怒りなどの心情に訴える。多様な見方・考え方を生み出す。価値の対立を引き起こす。―教材&発問。5つの工夫で変わる! 2017 151p A5 ¥1900 ①978-4-18-193419-4

◆**小学校新学習指導要領の展開 社会編 平成29年版** 北俊夫、加藤寿朗編著 明治図書出版
【要旨】目標から内容の取扱いまで、改訂のキーポイントを明快に解説。資質・能力に基づいて再構成された各学年の内容を具体的を交えて詳説。各学年の特徴的な単元の具体的な指導計画を収録。
2018 189p A5 ¥1800 ①978-4-18-327919-4

◆**小学校新学習指導要領ポイント総整理 社会 平成29年版** 安野功、加藤寿朗、唐木清志、児玉大祐、石井正広ほか編著 東洋館出版社
【要旨】学年別の「単元配列表」で、年間の指導計画が早わかり! 社会科における実践的なカリマネをこの1冊に凝縮!!
2017.9 175p A5 ¥1700 ①978-4-491-03398-3

◆**小学校における社会科地理教育の実践と課題** 水野ततき夫著 古今書院
【目次】第1章 社会科実践の特徴と考え方、第2章 事実認識から要因追究へ向かう単元構想―小4地域開発単元を事例に、第3章 共通問題の設定方法―小3「商店街」の実践を通して、第4章 実践

学校教育

三河仏壇における地理教育的視点―小5「三河仏壇」の実践を通して、第5章 小学校社会科における地理教育的視点―小5「豊田の自動車工業」の実践を通して、第6章 森林の学習を通した環境教育の展開―小5社会科実践における地理教育的視点、第7章 生活科における地理的能力および安全意識の育成―小2「通学路の安全チェック」の実践を通して、付章 熱中する中で仲間意識を育てる―小2生活科「こいのぼり」の実践を通して
2017.4 159p A5 ¥2000 ①978-4-908637-39-1

◆新社会科討論の授業づくり―思考・理解が深まるテーマ100選 北俊夫著 学芸みらい社
【要旨】「討論」授業で勝負！ 新指導要領がめざす「新社会科授業のテーマ100」大公開！ 1章では、討論を授業に取り入れるとき押さえておきたい最低限の基礎知識を整理。討論型授業の必要性、問題解決的な学習への位置づけ、テーマの類型などについて、45の質問事項（Q）を設定し、それぞれに回答（A）する形式で解説。2章では、学年ごとに各単元でぜひ取り入れたいのち押しの討論テーマを紹介し、それぞれ討論の進め方やポイントを端的に述べた。
2017.4 159p A5 ¥2000 ①978-4-908637-39-1

◆新詳地理資料COMPLETE 2017 帝国書院編集部編 帝国書院 （付属資料：別冊1） 新訂版
【目次】巻頭特集、地理情報と地図、地形、気候・植生と土壌、自然災害・防災、環境問題、農林水産業・食料問題、資源・エネルギー、工業、第3次産業、交通・通信、貿易、人口、村落・都市、生活文化、民族・宗教、国家、領土問題、地誌、センター試験対策（センターテク）
2017.2 304p 26×21cm ¥898 ①978-4-8071-6307-6

◆新版世界史A 演習ノート 実教出版編修部編 実教出版 （付属資料：別冊1） 新訂版
【目次】第1部 ユーラシアの諸文明（ユーラシアの諸文明と交流）、第2部 一体化する世界と日本（一体化に向かう世界と日本、ヨーロッパ・アメリカの諸革命と世界の変動）、第3部 地球社会と日本（現代世界のあゆみ、第二次世界大戦後の世界 ほか）
2017.8 136p B5 ¥670 ①978-4-407-34252-0

◆図説地理資料 世界の諸地域NOW 2017 帝国書院編集部編 帝国書院 （付属資料：別冊1）
【目次】自然環境（地形、気候）、世界の諸地域、日本の諸地域、資源と産業、生活・文化とグローバル化、地図と地理情報、巻末資料
2017.2 248p 26×22cm ¥889 ①978-4-8071-6308-3

◆政治・経済早わかり 一問一答 藤山克秀著 KADOKAWA （大学合格新書） 改訂版
【要旨】めまぐるしく変わる「政治」と「経済」の最新情報を盛り込んだ改訂版。入試「政経」で高得点をねらう受験生必携の一冊！
2017.2.5 240p A5 ¥1500 ①978-4-04-601983-7

◆続・100万人が受けたい「中学公民」ウソ・ホント？ 授業 河原和之著 明治図書出版
【要旨】子ども熱中間違いなし！ 河原流オモシロ公民授業の最新ネタ。TVでも大人気の「河原流」社会科授業の"すぐれネタ"を、1冊に。「社会科の達人」と呼ばれる授業のすべてがまるわかり！
2017 158p A5 ¥1700 ①978-4-18-257429-0

◆続・100万人が受けたい「中学地理」ウソ・ホント？ 授業 河原和之著 明治図書出版
【要旨】子ども熱中間違いなし！ 河原流オモシロ地理授業の最新ネタ。TVでも大人気の「河原流」社会科授業の"すぐれネタ"を、1冊に。「社会科の達人」と呼ばれる授業のすべてがまるわかり！
2017 142p A5 ¥1700 ①978-4-18-257216-6

◆続・100万人が受けたい「中学歴史」ウソ・ホント？ 授業 河原和之著 明治図書出版
【要旨】子ども熱中間違いなし！ 河原流オモシロ歴史授業の最新ネタ。TVでも大人気の「河原流」社会科授業の"すぐれネタ"を、1冊に。「社会科の達人」と呼ばれる授業のすべてがまるわかり！
2017 150p A5 ¥1700 ①978-4-18-257310-1

◆探究を生む歴史の授業―プリント・資料付き 上 加藤好一著 地歴社
【目次】1 原始・古代世界の展開（人類の誕生―「サルかヒトか」で盛り上がる、ゾウやシカを追って一万年前の日本列島の旧石器時代 ほか）、2 中世社会の変動（御家人も楽じゃない―鎌倉幕府とその土台、民が泣いたか―承久の乱と武士政治の発展 ほか）、3 世界の動きと近世社会（二つ

の世界の関係は？―トランプや童話絵本を手がかりに、ルネサンスに続け一芸術も科学も宗教も ほか）、4 近代化とアジアの変動（市民階級の底力―絶対王政から立憲君主国へ、自由か死か―アメリカの独立と啓蒙思想 ほか）
2017.3 174p B5 ¥2300 ①978-4-88527-229-5

◆探究的世界史学習論研究―史資料を活用した歴史的思考力育成型授業の構築 田尻信登著 風間書房
【目次】第1部 歴史的思考力概念の変遷でたどる世界史学習の特質と課題（世界史学習における歴史的思考力の全般的検討、学習指導要領世界史における歴史的思考力の位置付けと先行研究、戦後歴史教育の動向から見た歴史意識と歴史的思考力の系譜、現職教師への質問紙調査から見た歴史的思考力の現状）、第2部 21世紀社会に対応した歴史的思考力育成型授業の開発（21世紀社会に対応した歴史的思考力育成型授業のためのカリキュラムのフレームワーク、世界史学習における史資料活用の意義と方法、考古学史資料の活用による授業構成モデル単元「新安沖沈船」の積み荷から見た14世紀の東アジアの海域世界」の構想、博物館史資料の活用による授業構成モデル単元「大航海時代」以後の人の移動とものの交流は、人々に何をもたらしたのか?」の構想、図像史資料の活用による授業構成モデル単元「19世紀米国南部諸州の紙幣に描かれたアフリカ系アメリカ人のイメージ」の構想）
2017.12 411p A5 ¥9000 ①978-4-7599-2197-7

◆中学社会ラクイチ授業プラン―ラクに楽しく1時間 ラクイチ授業研究会編 学事出版 （付属資料：カード）
【要旨】「急に授業の代行をお願いされた！」「テスト前、時間数を調整したい！」「明日の授業準備が間に合わない…」そんな時は、ラクイチ！ どのプランも1時間完結！ 準備が不要！ 教師も生徒も楽しめる！ 日本アクティブ・ラーニング学会Active Learning Award 金賞受賞（非ICT部門）。コピーしやすい製本！ 発想を広げるカード付！
2018.1 124p A5 ¥2300 ①978-4-7619-2381-5

◆中学地理をひとつひとつわかりやすく。 学研プラス編 学研プラス （付属資料：別冊1） 改訂版
【要旨】地球ってどうなってるの？ 世界にはどんな国があるの？ 時差ってなに？ 日本にはどんな気候があるの？ 地形図ってどうやってみるの？ ほか中学で習う地理を、やさしいことばでひとつひとつ解説！
2017.3 111p B5 ¥880 ①978-4-05-304615-4

◆中学校新学習指導要領の展開 社会編 平成29年版 原田智仁編著 明治図書出版
【要旨】主権者教育から領土や防災に関する教育まで改訂のキーポイントを明快に解説。資質・能力に基づいて再構成された各分野の内容を具体例を交えて詳述。新しい授業プランを収録。
2017 203p A5 ¥1800 ①978-4-18-334214-0

◆中学校の地理が1冊でしっかりわかる本―日本と世界の「なぜ」が見える！ 宮路秀作著 かんき出版
【要旨】「北海道より北なのに、ロンドンが暖かいのはなぜ？」地形、気候から国境、宗教、経済まで基礎知識と教養が身につく。
2017.8 255p B5 ¥1700 ①978-4-7612-7581-4

◆地理空間情報を活かす授業のためのGIS教材 地理情報システム学会教育委員会編 古今書院
【目次】第1部 Web・GISの利用（地理院地図で知る日本、授業で役立つWeb 地図サービス、電子国土基本図による地形の読図、まちの形と地域の成り立ち、世界が抱える課題、江戸と東京のバーチャル比較）、第2部 地理空間情報の活用（身近な地域の学習におけるGISの利用、基盤地図情報を利用した白地図の作成、地域統計データの可視化、地域メッシュでみる人口の分布特性、集落データを利用した農村地域の実態把握、旧版地形図を利用した土地利用変化の把握、野生動物の目撃データを利用した植生の特性把握、国土数値情報を利用したハザードマップの作成）
2017.10 91p B5 ¥2600 ①978-4-7722-5305-5

◆つながる世界史 現代史の集中講義 2017－2018年版 佐藤幸夫著 学研プラス
【要旨】大学受験世界史最大の盲点→現代史が2時間で得点源になる!!
2017.8 241p A5 ¥1000 ①978-4-05-304677-2

◆ディズニーハンドブック 世界史 学研プラス編 学研プラス （付属資料：赤シート1）
【要旨】表や地図がたくさんでわかりやすい！ いつも一緒に持ち歩いてサクッと暗記！ 定期テストから受験まで！
2017.8 274p 19×16cm ¥1300 ①978-4-05-304678-9

◆ディズニーハンドブック 地理 学研プラス編 学研プラス （付属資料：赤シート1）
【要旨】地図やグラフがたくさんでわかりやすい！ いつも一緒に持ち歩いてサクッと暗記！ 定期テストから受験まで！
2017.8 246p 19×16cm ¥1300 ①978-4-05-304679-6

◆ディズニーハンドブック 日本史 学研プラス編 学研プラス （付属資料：赤シート1）
【要旨】表や地図がたくさんでわかりやすい！ いつも一緒に持ち歩いてサクッと暗記！ 定期テストから受験まで！
2017.8 259p 19×16cm ¥1300 ①978-4-05-304680-2

◆流れがわかる 中学歴史の授業 和田勝著 （大阪）風詠社、星雲社 発売
【要旨】「私は自分の未来が大事で、過去には興味ありません」「昔の出来事を勉強していて意味があるんですか」中学の5教科すべてを受け持つ個別指導塾の講師が、歴史の本を作った。教科書ではわかりにくいストーリーの部分に重点を置いた授業の様子が再現されている。本書は単に歴史が楽しく学べるだけの便利な教材ではない。冒頭の問いに対する著者からの誠実な答えも見つけられるだろう。
2017.3 238p A5 ¥1300 ①978-4-434-23061-5

◆ニュース解説室へようこそ！ 2018 清水書院
【目次】巻頭テーマ（イギリスのEU離脱、日本銀行の超金融緩和、冤罪、18歳選挙権から考える私の一票）、憲法編（日本国憲法と大日本帝国憲法との比較、日本国憲法、大日本帝国憲法）、第1編 現代の政治（民主政治の基本原理、日本国憲法と民主政治、基本的人権の保障、日本国憲法と政治機構、現代の日本政治、朝日訴訟、日本の平和主義と国際平和）、第2編 現代の経済（現代経済のしくみ、日本経済のあゆみと現状、労働と社会保障、現代の国際経済）
2017.7 414p B5 ¥1500 ①978-4-389-21707-5

◆判決から読みとく日本―日本社会のあり方を考える市民と社会科教師のための本 杉浦正和、菅澤康雄、石井俊光、佐藤浩二、山口一雄、飯島裕希著 本の泉社
【目次】第1部 裁判と憲法を読みとく（裁判のあり方、裁判の独立と裁判官の独立、裁判所は何を裁くところか、司法制度改革では裁判はどう変わったか、人権を守るための憲法）、第2部 社会問題として判決を読みとく（社会を変える違憲判決、国民の意思を正しく反映する選挙とは、冤罪なのか、誤った裁判なのか、朝日訴訟・堀木訴訟から見る社会保障制度、プライバシーの保護と個人情報活用の規制、歴史から学ぶハンセン病差別、死刑はやむをえないか、長時間労働と過労自殺を止めるには、騒音公害の差止め請求の成果と課題、人間らしい最期と安楽死・尊厳死、母は誰？ 不妊が多い中の代理出産、夫婦家族の多様化と夫婦別姓、事実婚の子は相続で差別されるのか、日本国籍がないだけで外国人が持たない権利、なぜ「無戸籍」の子がうまれるのか）
2017.7 222p A5 ¥1500 ①978-4-7807-1631-3

◆一人ひとりが考え、全員でつくる社会科授業 由井薗健著 東洋館出版社
【目次】第1章 「自分たちの問題」を成立させる「おかしいよ！」これまでの経験をくつがえす事実との出会いから、自分とのインパクトのある出会いを演出し、「自分たちの問題」を ほか）、第2章 「知識を獲得する技能」を育む（「知識は与えるものではなく獲得するもの」―「調べ学習」の極意、「知識を獲得する技能」（調べる技能）とは ほか）、第3章 「自分たちの問題」を追求する話し合いを深める（一人ひとりに「自分ならでは」の考えをもたせる、一人ひとりに願いをかけ、「自分ならでは」の考えを「発露」させる ほか）、第4章 「一人ひとりのよさ」を認め合う（一人ひとりの「よりよく学ぼうとする意欲」を育むために、教師の反応の全てが評価 ほか）、第5章 「自分たちの教材」を深める（教材の本質を明確にする「ひろげる教材研究」、一人ひとりを教材の本質に迫らせる「しぼる教材研究」 ほか）
2017.6 177p B6 ¥1900 ①978-4-491-03366-2

◆100万人が受けたい社会科アクティブ授業モデル―主体的・対話的で深い学びを実現する！　河原和之編著　明治図書出版
【要旨】本書では、社会科における主体的・対話的で深い学びについて、「興味・関心」「知識・理解」「方法論」「活用力」「ユニバーサルデザイン」「キーコンピテンシー」の6つの視点からの授業モデルを紹介しました。題材が面白ければこそ、子どもたちは"知りたい""考えたい"となり、そこに主体的な学びは生まれるのだ！そんな想いで生み出された魅力的な教材・授業モデルを紹介しています。読者の皆様のこれからの授業づくりの一助になれば、これにまさる喜びはありません。
2017 166p A5 ¥1900 ⓘ978-4-18-258120-5

◆表でまとめる日本文化史　菅野晴夫編著　山川出版社
【要旨】文化史が苦手なあなたへ！ 文化史の極意は分類・整理にあり。紛らわしい項目を関連づけて表にまとめるから、わかりやすい。わかるから、好きになる！ 得意になる！
2017.2 97p B5 ¥750 ⓘ978-4-634-01071-0

◆見方・考え方 社会科編―「見方・考え方」を働かせる真の授業の姿とは？　澤井陽介,加藤寿朗編著　東洋館出版社
【要旨】「資質・能力」に汎用性を与える「概念的な知識の獲得」。そのために必要となる「問い」。その「問い」を立てるには、「視点」(見方)が必要であり、知識を概念化するには「思考」(考え方)が欠かせない。「見方・考え方」を働かせる授業が、子供の学びをどんどん豊かにする！だから、変化の激しい社会を生き抜かせる能力が育まれる！ 新学習指導要領を読み解く最後のピース。
2017.10 171p A5 ¥2000 ⓘ978-4-491-03423-2

◆明解世界史図説 エスカリエ　帝国書院編集部編　帝国書院　(付属資料：別冊1)　九訂版
【目次】巻頭、世界全図で見る地中世界、1部 諸地域世界の形成、2部 諸地域世界の交流と再編、3部 世界の一体化と諸地域世界、4部 地球社会の到来、巻末
2017.2 240p 26×21cm ¥806 ⓘ978-4-8071-6312-0

◆山川 詳説世界史図録　木村靖二,岸本美緒,小松久男監修　山川出版社　第2版
【目次】第1部（オリエントと古代地中海世界、アメリカの古代文明、内陸アジア世界・東アジア世界の形成）、第2部（イスラーム世界の形成と発展、ヨーロッパ世界の形成と発展、内陸アジア世界・東アジア世界の展開）、第3部（アジア諸地域世界、近世ヨーロッパ世界の形成、近世ヨーロッパ世界の展開、近代ヨーロッパ・アメリカ世界の成立、欧米における近代国民国家の発展、アジア諸地域の動揺）、第4部（帝国主義とアジアの民族運動、二つの世界大戦、冷戦と第二次世界の独立、現在の世界）
2017.1 358p 26×22cm ¥860 ⓘ978-4-634-04512-5

◆ライブ！現代社会―世の中の動きに強くなる 2017　池上彰監修,帝国書院編集部編　帝国書院
【目次】巻頭（NEWS、よくわかる現代社会、資料活用のポイント）、第1部 現代社会の諸課題とそのとらえ方（地球環境問題とそのの対策、人口・資源・エネルギーの問題、科学技術の発達と生命の問題、高度情報社会とは）、第2部 現代社会のしくみと私たちの生き方（現代の社会生活と自己実現、現代の民主政治と民主社会の倫理、現代の経済と国民の福祉、現代の国際社会と日本の役割）、巻末（センター試験の傾向と対策、小論文の書き方）、憲法・法令
2017.2 359p 26×22cm ¥870 ⓘ978-4-8071-6269-7

◆倫理、政治・経済早わかり一問一答　大野貴広著　KADOKAWA（大学合格新書）改訂版
【要旨】2011年に刊行され、「倫理、政治・経済」の攻略に必要な基礎知識が身につく本として好評を博した、「大学合格新書」シリーズラインナップ『倫理、政治・経済早わかり一問一答』の改訂版。刊行後に激変した分野を対象として収録情報を見直しし、より新しい情報に、よりわかりやすい記述にパワーアップ。この本で習得した知識にもとづいて入試問題を解いてみるのも、「本に載っていたことだらけ」となるのは間違いなし。入試対策開始時でも、入試直前期でも、どの時期からも使えるインプット・アウトプット兼用参考書。
2017.4 381p 18cm ¥1100 ⓘ978-4-04-601973-8

◆歴史人物＆できごと―マンガ+おもしろい解説で楽しく学ぶ！　下向井龍彦監修　(大阪) 受験研究社　(小学 自由自在Pocket)
【要旨】歴史を学ぶうえで重要な400人に加えて重要なできごとも収録。楽しいマンガとユニークな切り口の説明で歴史が楽しく学べる。
2017 367p B6 ¥1250 ⓘ978-4-424-24005-1

◆歴史的思考力を育てる―歴史学習のアクティブ・ラーニング　永松靖典編　山川出版社
【要旨】「主体的・対話的で深い学び」（アクティブ・ラーニング）を実現するための授業の実践事例を紹介し、歴史学習の在り方を考える。
2017.6 212p A5 ¥2000 ⓘ978-4-634-59102-8

英語・外国語

◆アクティブ・ラーニングを位置づけた高校英語の授業プラン　菅正隆,松下信之著　明治図書出版
【要旨】Active Learningが即実践できる！ 主体的・対話的で深い学びを実現する語彙・文法、音読・内容、教科書本文の学習場面での5領域＆複数技能統合授業を提供！ 基礎と発展の学年別事例を3観点の評価規準例とともに収録！
2017 134p B5 ¥2300 ⓘ978-4-18-276811-8

◆アクティブ・ラーニングを位置づけた小学校英語の授業プラン　菅正隆編著　明治図書出版
【要旨】5つの領域ごとに「主体的な学び」「対話的な学び」「深い学び」とのかかわりがよく分かる！3観点による外国語活動の評価、文例や外国語の評価規準作成例など新しい評価の方向性を解説！
2017 135p B5 ¥2200 ⓘ978-4-18-212124-1

◆イラストでわかる中学英語　河原千夜子著　明日香出版社　(アスカカルチャー)
【要旨】中学3年間で学ぶ「英語の基本」をイチから学べる！ be動詞のやさしい文から、イラストを見ながら楽しく学習。
2017.12 235p A5 ¥1400 ⓘ978-4-7569-1933-5

◆英語運用力が伸びる5ラウンドシステムの英語授業　金谷憲監修・著,西村秀之,梶ヶ谷朋恵,阿部卓,山本丁友ほか著　大修館書店
【要旨】教科書を活かして使える英語へ。英語を活用できるようになるには十分な繰り返しが必要。教科書を1年で5回繰り返す「5ラウンドシステム」で、教室が本当のコミュニケーションの場に変わります！
2017.9 187p A5 ¥1900 ⓘ978-4-469-24614-8

◆英語学習ポートフォリオの理論と実践―自立した学習者をめざして　清田洋一編　くろしお出版
【要旨】ポートフォリオを活用することで、自主的な学びを支援する。生徒と教師の対話を促す。教師の授業力の向上と、教師同士の協力体制を促進する。
2017.9 235p A5 ¥2200 ⓘ978-4-87424-738-9

◆英語教育徹底リフレッシュ―グローバル化と21世紀型の教育　今尾康裕,岡田悠佑,小口一郎,早瀬尚子編　開拓社
【要旨】英語教育の現場では次の世代の世界市民を育てるための新しい教育アプローチへの模索が行われている。現役の英語教員のための公開講座をもとにした本書は、言語教育の動向、現代の教育制度と教育政策、言語学の研究成果、英語文化のグローバルな展開など、すぐれて今日的な視点から最新の知見を提供することで、21世紀の英語教員のありかたを提案する、すべての英語教員必携の書である。
2017.4 313p A5 ¥3200 ⓘ978-4-7589-2244-9

◆英語教育の危機　鳥飼玖美子著　筑摩書房　(ちくま新書)
【要旨】子供たちの未来を左右する二〇二〇年施行の新学習指導要領からは、この国の英語教育改悪の深刻さが見てとれる。たとえば、中学校・高校では「英語は英語で教えなければならない」という無茶なルールを作り、小学校で「英語」は教科としてスタートするのに、きちんとした教師の在たりない。また、二〇二〇年度からは現在の「センター試験」は廃止されているが、どれも入試として問題含みの「民間試験」を導入するという。どうして、ここまで理不尽なことばかりなのか？ 第一人者が問題点を検証し、英語教育を問いなおす。
2018.1 213, 7p 18cm ¥780 ⓘ978-4-480-07109-5

◆英語だけの外国語教育は失敗する―複言語主義のすすめ　鳥飼玖美子,大津由紀雄,江利川春雄,斎藤兆史著　ひつじ書房　(ひつじ英語教育ブックレット 4)
【要旨】「複言語・複文化主義から英語教育の在り方を再考する」と題して2016年10月に開催されたシンポジウムの誌上再録を基に、新学習指導要領を論じ、これからの英語教育が進むべき道を探求した書である。日本学術会議が次期学習指導要領案について出した「提言」を巡っての座談会に加え、著者4名が新学習指導要領について述べた意見も掲載。英語教育改革の嵐の中で、何が教育として大切なのかを考える。
2017.5 167p A5 ¥1200 ⓘ978-4-89476-856-7

◆英語で教科内容や専門を学ぶ―内容重視指導（CBI）、内容言語統合型学習（CLIL）と英語による専門科目の指導（EMI）の視点から　早稲田大学教育総合研究所監修　学文社　(早稲田教育ブックレット)
【目次】言語能力から汎用能力へ―CLILによるコンピテンシーの育成、CBI/CLIL/EMIの再定義、都立高校におけるCLILの実践の効果と課題、大学で専門を学ぶための英語力―英語四技能入試導入との接点、EMIと英語への学生・教員の意識調査―ELFの視点より、パネル・ディスカッション(抄)「CBI・CLIL・EMIの課題」
2017.3 110p A5 ¥1500 ⓘ978-4-7620-2722-2

◆英語テスト作成入門―効果的なテストで授業を変える！　笠原究,佐藤臨太郎著　金星堂
【目次】テストの目的・テストの種類、テスティングの基礎概念1（妥当性・信頼性）、テスティングの基礎概念2（波及効果・実用性）、テスト結果の処理：その解釈と分析に関して、妥当性、信頼性を考慮した問題作成、多枝選択問題に関して、評価の信頼性について、避けるべきテスト問題・テスト形式―英文和訳問題と総合問題、語彙テストの作成、文法テストの作成〔ほか〕
2017.9 253p A5 ¥1980 ⓘ978-4-7647-1175-4

◆英文法、何を重点的に教えるか―大学入試分析を授業に活かす　佐藤誠司著　大修館書店
【要旨】センター試験分析に基づく新しい文法指導の提案。
2017.9 305p B5 ¥2300 ⓘ978-4-469-24612-4

◆絵本で楽しく！ 幼児と小学生のための英語―英語教育と日本語教育の視点　木戸美幸,簑川恵理子,Brooke Suzuki編著　(大阪) 大阪教育図書
【目次】幼児用絵本（Wait『まって』―命令文Wait.とHurry.を学ぶ、Tall『たかいたかい』―対義語tallとsmallを学ぶ、I See『みる』―I see（目的語=名詞）を学ぶ ほか）、低学年用絵本（First the Egg『はじめはタマゴ』―いきものの成長など「変化」を学ぶ、Brown Bear, Brown Bear, What Do You See？『くまさん くまさん なにみてるの？』―動物・色を学ぶ、One Some Many『ひとつ すこし たくさん』―数・数量形容詞を学ぶ ほか）、高学年用絵本（Have You Seen My Cat？『ぼくのねこ みなかった？』―現在完了形を学ぶ、Little Bee『ちびはち』―動物・形容詞を学ぶ、The Happy Day『はなをくんくん』―動物・動詞を学ぶ）
2017.8 242p B5 ¥1800 ⓘ978-4-271-41020-1

◆応用言語学から英語教育へ―上智大学英語教授法TESOLコースの過去・現在・未来　坂本光代,渡部良典共編　上智大学出版,ぎょうせい 発売
【目次】第1部 実践編―プログラム概要と開講科目（英語教授法コースの目的と構成、科目の紹介）、第2部 研究成果編―応用言語学研究例（これからの日本の英語教育の方向性、TKT（Teaching Knowledge Test）で見る言語教員に必要とされる資質と技能、英語学習のビリーフ、学習方略、そして獲得した能力の自信度についての研究、Preparing Japanese Learners of English for Study Abroad：What's Missing？―留学前の日本人英語学習者指導：何が必要なのか、Challenging Hegemonic Discourse：Oral Proficiency=English Proficiency？―ヘゲモニーディスコースへの挑戦：オーラル能力=英語能力？、日本の英語教育向上を目指して：現状と課題）
2017.6 249p A5 ¥1700 ⓘ978-4-324-10331-9

学校教育

◆**外国語習得に成功する学習プロセス―留学することなく身につけるために** 吉田ひと美著（吹田）大阪大学出版会
【目次】序章 学習成功者から学ぶ、第1章 分析の枠組み（自己調整学習とその概念、自己調整学習とその学習観）、第2章 質的研究（質的調査の見直し、事例研究、本書の事例研究）、第3章 事例研究（「イベント型学習」のケン、「理想追求型」のゆり、「習慣型学習」のがく）、第4章 学習成功者の自己調整学習とは（トラジェクトリの総合的分析、自己調整学習方略、自己効力感、目標への関与）、第5章 結論
2017.2 254p A5 ¥6300 ①978-4-87259-561-1

◆**カリスマ講師の日本一成績が上がる魔法の英文法ノート** 川嶋亘著 KADOKAWA
【要旨】全88「テーマ」で「英文法」の頻出トピックをカバー。全「テーマ」に、著者の教え子による手書きノートを収録。著者による講義と同じく、"流れるようにわかる"。
2017.4 191p B5 ¥1400 ①978-4-04-601905-9

◆**教員のための「国際語としての英語」学習法のすすめ** 大坪喜子著 開拓社
【目次】第1部 ESOL教員養成担当者プログラムと日本の英語教育への応用（ラリー E. スミス氏担当：ESOL教員養成担当者プログラムに参加して、日本の英語教育への応用）、第2部 EIL（国際語としての英語）/WE（世界諸英語）（EIL（国際語としての英語）/WE（世界諸英語）、EIL（国際語としての英語）/WE（世界諸英語）へのスミス氏からの提言）、第3部 EIL（国際語としての英語）/WE（世界諸英語）の一つとしての「日本人の英語」（長崎をめざして―長崎からの実践報告（社会人学習者のための多読指導―放送大学長崎学習センターでの実践より、社会人学習者のための「やさしい英語」による多読・作文・会話を中心とした指導例―長崎大学公開講座・小グループ学習の例から）
2017.4 159p A5 ¥2200 ①978-4-7589-2241-8

◆**コア・イメージで英語感覚を磨く！ 基本語指導ガイド** 森本俊著 明治図書出版（中学校英語サポートBOOKS）
【要旨】毎授業15分で基本英単語が身につく！単語のコアをつかみ、エクササイズで覚える。
2017.5 151p A5 ¥2000 ①978-4-18-222319-8

◆**語彙力がぐんぐんアップする！ 中学生のための英語パズル＆クイズ** 吉田文典著 明治図書出版（授業をグーンと楽しくする英語教材シリーズ 40）
【要旨】英語嫌いな生徒も楽しく学べる！ 究極の英単語パズル＆クイズ。
2017.5 120p A5 ¥2000 ①978-4-18-279716-3

◆**「高1ギャップ」をなんとかする 英語** 旺文社編 旺文社（付属資料：別冊1）
【要旨】「高1ギャップ」の正体はこの本で解消しよう！ 中学校の内容と関連付けて、高校1年の内容を学習できるから、わかりやすい！「中学と高1のまとめ」→「中学と高1の練習問題」の繰り返しで、力がつく！ 64ページの手軽な分量だから、短期間で完成できる！
2017.5 63p B5 ¥900 ①978-4-01-034850-5

◆**高校英語のアクティブ・ラーニング 成功する指導技術＆4技能統合型活動アイデア50** 小林翔著 明治図書出版
【要旨】熱中・意欲を引き出しALの活動がすぐにできる！
2017 158p A5 ¥1800 ①978-4-18-245421-9

◆**高校生は中学英語を使いこなせるか？―基礎定着調査で見えた高校生の悩みと実践** 金谷憲編著、臼倉美里、大田悦子、鈴木祐一、隅田朗彦著 アルク（アルク選書シリーズ）
【要旨】具体的なデータから明らかになったこれからの高校英語授業のあるべき方向性―高校生は中学で習った英語をどのくらい使いこなせるようになっているか？ その問いに答えるため、Sherpa（＝Senior High English Reform Project ALC）が延べ5,000人を超える高校生に「高校生の基礎定着調査」を実施。驚きの結果と詳細な分析を基に、高校英語のあるべき方向を提案する。
2017.2 207p A5 ¥2200 ①978-4-7574-2871-3

◆**行動志向の英語科教育の基礎と実践―教師は成長する** JACET教育問題研究会編 三修社
【目次】第1部 理論編（外国語教育の目的と意義、英語教育課程、第二言語習得と教授法 ほか）、第2部 実践編1（リスニング、リーディング、スピーキング ほか）、第3部 実践編2―授業計画と実践（授業計画に必要な知識、授業計画：授業案の作成、授業実践 ほか）、資料編
2017.11 273p B5 ¥2600 ①978-4-384-05876-5

◆**国際語としての英語―進化する英語科教育法** 若本夏美、今井由美子、大塚朝美、杉森直樹著 松柏社
【目次】第1部 理論編（日本で英語をなぜ教え・学ぶのか？、どの英語教授法を選択するべきなのか？、日本語母語話者にとっての英語能力とは？、英語能力をどう評価するか？、Communicative Language Teachingとは？ ほか）、第2部 教育実習、英語の授業にすぐに役に立つ資料編
2017.12 241p A5 ¥2200 ①978-4-7754-0246-7

◆**「困り」解消！ 小学校英語ハンドブック―どの子も分かる楽しさを味わえる小学校英語** 多田孝志監修、白石邦彦、末原久史編著、小学校英語と特別支援教育を語る会著 ジアース教育新社
【要旨】いろいろな「困り」を抱えている子どもたちに、楽しさを味わうことのできる活動を考えたいと、先生が集まり話し合ってできた本！ ちょっとした手助けで理解度を上げ、子どもの「困り」に焦点を当てた小学校英語の指導！
2017.9 150p B5 ¥2200 ①978-4-86371-436-6

◆**これからの英語教育の話をしよう** 藤原康弘、仲潔、寺沢拓敬編 ひつじ書房
【要旨】小学校英語政策の問題点（寺沢拓敬）、自律した日本の英語教育へ―国際英語の視点（藤原康弘）、期待はずれの学習指導要領（仲潔）、座談会 藤原康弘×仲潔×寺沢拓敬×松井孝志×嶋内佐絵「これからの英語教育の話をしよう」
2017.8 181p A5 ¥1350 ①978-4-89476-880-2

◆**最強の英語授業のつくり方―教科書だけでここまでできる！** 大塚謙二著 学陽書房
【要旨】本文の扱い方が英語力アップのカギ！ 生徒のやる気と学力は教科書の使い方で決まる！
2017.5 183p A5 ¥2000 ①978-4-313-65328-3

◆**3語で伝わる！ 最強の英語授業** 瀧沢広人著 学陽書房
【要旨】すぐに使えるフレーズが満載！ 3語フレーズは…生徒に確実に伝わる！ 授業にリズムを生む！ 先生も生徒も英語で授業ができる！

◆**実例でわかる 英語テスト作成ガイド** 小泉利恵、印南洋、深澤真編 大修館書店
【要旨】テスト作成の"what"＆"how"をわかりやすく。変わる授業、変わる入試に対応するにはテストを変えることが必須。テスト実例の添削を通して改善方法を具体例で示しつつ、テスト作りで知っておきたい理論をわかりやすく解説します。状況別のテストモデルも豊富に掲載しました。
2017.8 161p B5 ¥1800 ①978-4-469-24610-0

◆**自分でつくれるまとめノート 中1英語** 旺文社編 旺文社（付属資料：別冊1）
【要旨】公立高校入試に影響する、「内申点」を上げるためのまとめノートです。定期テスト対策はもちろんのこと、ノート提出で評価があがるよう、工夫されています。本書を参考に、自分なりにカスタマイズしてわかりやすいまとめノートを作ってみましょう。
2017.5 95p B5 ¥1800 ①978-4-01-022084-9

◆**自分でつくれるまとめノート 中2英語** 旺文社編 旺文社（付属資料：別冊1）
【要旨】公立高校入試に影響する、「内申点」を上げるためのまとめノートです。定期テスト対策はもちろんのこと、ノート提出で評価があがるよう、工夫されています。本書を参考に、自分なりにカスタマイズしてわかりやすいまとめノートを作ってみましょう。
2017.5 95p B5 ¥1800 ①978-4-01-022085-6

◆**授業でできる即興型英語ディベート** 中川智皓著 パーラメンタリーディベート人財育成協会
【要旨】1章 即興型英語ディベートのルール、2章 スピーカーの役割、3章 ジャッジの仕方、4章 授業の進行例、5章 モデルディベート、6章 ミニディベート、「Summary and Refute」、7章 フレーズ集、8章 各種シート、9章 論題リスト、10章 単語シート
2017 95p A4 ¥1500 ①978-4-9055271-3-8

◆**授業力アップのための一歩進んだ英文法** 加賀信広、大橋一人編 開拓社（英語教師力アップシリーズ 2）
【要旨】「英語が使えるグローバルな日本人」を育成するために文法知識は必要ないかもしれない。しかし、少しまとまった量の英文を書くときや、やや複雑な構文や微妙な意味の違いに遭遇したときに、よりどころとなるのはやはり英文法である。本書は、最近の英語学研究の知見を基に「一歩進んだ」英文法の知識を提供することで、生徒の「なぜ」に答えられる授業力を身につけてもらうことを目指す。
2017.6 308p A5 ¥3200 ①978-4-7589-1352-2

◆**授業力アップのための英語圏文化・文学の基礎知識** 江藤秀一、鈴木章能編 開拓社（英語教師力アップシリーズ 1）
【要旨】英語の授業では運用能力習得を目指すあまり授業が無味乾燥になりがちであるが、教科書から派生したちょっとした小話は、授業の単調さを打ち消すと同時に好奇心旺盛な若い生徒たちの知的好奇心を満足させるものである。本書は英語圏の国々、とりわけ、イギリス、アメリカ、カナダ、オーストラリア、ニュージーランドについての歴史や文化に関する基礎的な情報を与えることによって、変化に富んだ魅力的な授業をするためのものである。
2017.6 324p A5 ¥3200 ①978-4-7589-1351-5

◆**主体的な学びをめざす小学校英語教育―教科化からの新しい展開** 金森強、本多敏幸、泉惠美子編著 教育出版
【要旨】これからの授業作りのポイントと、多様な展開例を提示。
2017.10 212p A5 ¥2400 ①978-4-316-80444-6

◆**小学生の英語の読み書きをどう教えたらよいか** 田中真紀子著 研究社
【要旨】教室で役に立つ、文字指導の理論と実践。英語の「文字」の正確な読み書き、書くことにつなげ、小中連携をスムーズに行うために、何をどう教えれば効果的なのか？ 音素認識を高める、フォニックスを使って「読み書き」を指導する方法を、現場で使えるアクティビティとともに詳しく解説します。小学校の現場の先生方や、英語教育を学ぶ方の、不安と悩みを解決する指導用参考書です。
2017.3 196p A5 ¥2100 ①978-4-327-41097-1

◆**小学校英語 アルファベットの大文字小文字を覚えよう** 鳴門教育大学小学校英語教育センター編、畑江美佳監修 マルジュ社（付属資料：DVD1）
【要旨】大文字が長い年月をかけて小文字へと変化していった過程を考えさせることで、単なる暗記ではなく、楽しみながら大文字・小文字の認知が高まります。2017年小学校英語教育学会（JES）学会賞。
2017.12 43p B5 ¥3800 ①978-4-89616-162-5

◆**小学校英語から中学校英語への架け橋―文字教育を取り入れた指導法モデルと教材モデルの開発研究** 小野尚美、高梨庸雄、土屋佳雅里著 朝日出版社
【目次】第1部「読み書き」能力を回復する指導（Reading Recovery Programという言語指導方法、Reading Recoveryと日本の小学校英語指導との接点、Reading Recovery ProgramとLiteracy教育の現状、Reading Recovery Programの小学校英語教育への示唆）、第2部 小学校英語教育と文字教育（早期英語教育の評価、日本の英語教育におけるCAN-DOリスト、英語の文字と音の関連規則の理解、フォニックス、スクリーニング・チェック、音声と文字の導入、早期英語教育担当教員の資格）、第3部 小学校英語教育の実践（実験授業の目的と学習状況分析、Reading Recoveryを応用した授業用タスク）
2017.3 250p A5 ¥1852 ①978-4-255-00986-5

◆**小学校英語早わかり実践ガイドブック―新学習指導要領対応 高学年用** 大城賢、萬谷隆一編 開隆堂出版、開隆館出版販売 発売
【要旨】新学習指導要領をわかりやすく解説。文部科学省発行の新教材に活かせるポイントが満載。プログラミング教育など学習指導のヒントがつまっている。1つひとつのテーマをコンパクトにまとめてあるので知りたいことがすぐに読める。巻末には「授業で使える英語表現集」と「新学習指導要領（外国語・外国語活動）」を収録。
2017.7 95p B5 ¥1200 ①978-4-304-05159-3

◆小学校教育課程実践講座 外国語活動・外国語 平成29年改訂 菅正隆編著 ぎょうせい
【要旨】学校現場の？に即アプローチ！これからの授業づくりに直結!!先行実施にもこわくない！豊富な先行授業事例・指導案。Q&Aで知りたい疑問を即解決！
2017.11 221p A5 ¥1800 ①978-4-324-10312-8

◆小学校新学習指導要領の展開 外国語活動編 平成29年版 吉田研作編著 明治図書出版
【要旨】資質・能力による構成や指導事項など導入のキーポイントを総整理。知識及び技能や思考力、判断力、表現力等で示された内容のポイントを解説。身に付けたい資質・能力を明確にした学年・領域別の授業プランを収録。
2017 155p A5 ¥1800 ①978-4-18-328818-9

◆小学校新学習指導要領の展開 外国語編 平成29年版 吉田研作編著 明治図書出版
【要旨】資質・能力による構成や指導事項などのキーポイントを総整理。知識及び技能や思考力、判断力、表現力等で示された内容のポイントを解説。身に付けたい資質・能力を明確にした学年・領域別の授業プランを収録。
2017 158p A5 ¥1800 ①978-4-18-328714-8

◆小学校新学習指導要領ポイント総整理 外国語 平成29年版 大城賢編著 東洋館出版社
【要旨】これ1冊で外国語活動・外国語が早わかり!!信頼の執筆陣、見やすい2色刷、新学習指導要領掲載。グローバル化が進展する社会において、必要となる「資質・能力」を育む！
2017.10 156p A5 ¥1700 ①978-4-491-03406-5

◆小学校で英語を教えるためのミニマム・エッセンシャルズ─小学校外国語科内容論 酒井英樹、滝沢雄一、亘理陽一編著 三省堂
【目次】コミュニケーション能力、第二言語習得理論、英語の音声、英語の文字、英語の発音と綴りの関係、英語の書き方、日本語のローマ字表記、英語の語彙、英語の文法、相互作用の中で生じる発話の意味と働き、現代社会におけるコーパスの役割、絵本を選ぶ視点、英語教育と国語教育で扱われる児童文学、異文化理解
2017.7 207p A5 ¥1900 ①978-4-385-36138-3

◆小学校の先生のためのClassroom English─その「ひとこと」が言いたかった！ 山田暢彦著 東洋館出版社 （付属資料：DVD1）
【要旨】あいさつ、ほめる、励ます…授業中にこれだけは言いたいキラーフレーズ70選！
2017.4 102p B5 ¥1700 ①978-4-491-03344-0

◆新編 小学校英語教育法入門 樋口忠彦、加賀田哲也、泉惠美子、衣笠知子編著 研究社
【要旨】小学校で英語教育に携わる人が知っておくべき基礎知識。2017（平成29）年3月の学習指導要領の告示によって、小学校5、6年生から外国語（英語）が教科化されることになった。本書は、この指導要領の改訂に伴い、2013年出版の『小学校英語教育法入門』を改訂したものである。指導に必要な基礎知識をコンパクトにまとめ、半期の大学の教科書として編集した。
2017.11 238p A5 ¥2100 ①978-4-327-41098-8

◆図解 中学・高校6年間の英語をこの1冊でざっと復習する 稲田一著 KADOKAWA
【要旨】「やり直し英語本」の金字塔が、オールカラー&図解でさらにカンタンに！ライブ講義形式で、スッキリわかる！この基本をマスターすれば世界のどこでも通用する！
2017.8 143p B5 ¥1100 ①978-4-04-602058-1

◆すぐ実践できる！アクティブ・ラーニング 高校英語 西川純シリーズ編集、江村直人、新名主敏史著 学陽書房 （教科別実践法シリーズ）
【要旨】アクティブ・ラーニングの授業で居眠りがなくなり、生徒の成績も上がる！生徒が生き生き動き出す、アクティブ・ラーニングの始め方、準備や授業のノウハウ、探究も含めた課題事例や実践事例まで、授業づくりのすべてがわかる！
2017.3 149p A5 ¥2000 ①978-4-313-65311-5

◆世界一わかりやすいやりなおし中学英語─関先生が教える 関正生著 KADOKAWA （中経の文庫）
【要旨】中学のとき、こんな授業に出会っていたら…。「なんで"I"は常に大文字？」「study→

studiesのようにyがiになる理由」といった、なぜかわからない・「覚えなさい」の一言で終わってしまっていた疑問に答え、「命令文の意外な正体」など、今まで語られることのなかった「ネイティブの本当のキモチ」を解説。「英語の核心」をついた説明は目からウロコの連続。丸暗記不要の本書なら、英語がスイスイやりなおせる！
2017.3 239p A6 ¥640 ①978-4-04-601873-1

◆絶対成功する！アクティブ・ラーニングの英文法活動&ワークアイデアブック 瀧沢広人著 明治図書出版 （目指せ！英語授業の達人 36）
【要旨】INPUT→気づき→理解→内在化→統合→OUTPUT。アクティブ・ラーニングの英文法指導ができる！学年別アクティビティ&ワークアイデア集。
2017 142p B5 ¥2400 ①978-4-18-287316-4

◆絶対成功する！外国語活動・外国語5領域の言語活動&ワークアイデアブック 瀧沢広人著 明治図書出版 （小学校英語サポートBOOKS）
【要旨】指導の鉄板スキル+言語活動&ワーク。指導に必要な10の技術と57の言語活動アイデアで楽しく力のつく授業ができる！
2017 134p B5 ¥2260 ①978-4-18-218726-1

◆先生のための授業で1番よく使う英会話 山崎祐一著 Jリサーチ出版 （付属資料：CD1）
【要旨】英語を教えるための会話フレーズを300収録。どんな場面にも対応できる。すべてのフレーズに英語の原音に近いカタカナ発音表記。英語の苦手な人も無理なく使える。ダイアログ・コーナーで生徒との対話を想定した練習ができる。「英語授業」のミニ知識を紹介するコラムも充実。巻末には、「学校・授業のキーワード」をまとめて紹介。CDには全フレーズを「日本語」→「英語」の順番で収録。授業の前に予行練習ができる。
2017.8 215p A5 ¥1800 ①978-4-86392-350-8

◆第二言語習得研究に基づく英語指導─実践例で学ぶ 鈴木渉編著 大修館書店
【要旨】文法指導とコミュニケーション活動のバランスは？動機づけなど個人差に対応した指導とは？英語を教える際に知っておきたい第二言語習得研究（SLA; Second Language Acquisition）の理論を各分野の専門家がわかりやすく解説。実践に役立つアクティビティ例で授業への取り入れ方も示した。
2017.8 205p A5 ¥1800 ①978-4-469-24611-7

◆第二言語習得理論の視点からみた早期英語教育に関する研究─小学校英語教育に対する提言の試み 大石文朗著 （名古屋）三恵社
【目次】序章 本研究の意義と目的（意義と重要性…先行研究との関係、目的と構成…用語の整理と本研究の主張）、第1章 小学校英語教育の導入に関する社会的背景（世界における英語の拡大についての議論、日本における英語教育についての議論）、第2章 言語習得に関する諸理論の視点からみた小学校の第二言語教育の意義（言語習得理論における第二言語教育の「開始年齢」の取り扱い方についての議論、言語習得理論における第二言語教育の「学習方法」の取り扱い方についての議論、言語習得理論における第二言語教育の「学習内容」の取り扱い方についての議論）、第3章 小学校英語教育への提言（「開始年齢」について、「学習方法」について、「学習内容」について、その他の課題について）

◆タスク・ベースの英語指導─TBLTの理解と実践 松村昌紀編著 大修館書店
【目次】第1部 TBLTの理解（タスク・ベースの発想と言語教育の方法、タスク・ベースの言語指導と認知のメカニズム─第二言語の学習を促す心理的要因、タスク・ベースの言語指導と教育思想─社会における教育としてのTBLT、タスク・ベースの言語指導をめぐる疑問と解決へ）、第2部 TBLTの導入（教材の準備と活用、小学校外国語活動の考え方と工夫、中学校・高等学校での英語指導の考え方と工夫、大学での英語指導の考え方と工夫、言語・言語発達・言語使用の考え方と言語教育）
2017.7 256p A5 ¥2500 ①978-4-469-24609-4

◆中学3年間の英語を7日間で一気にやり直す 小池直己、佐藤誠司著 PHP研究所
【要旨】25万人が学んだ超人気ロングセラーシリーズを1冊に凝縮！対話形式だから、英語が

苦手な人でも、とっつきやすい！忙しい人でも、サクサク読める！
2017.3 238p B6 ¥1200 ①978-4-569-83591-4

◆中学年用はじめての小学校外国語活動 実践ガイドブック─新学習指導要領対応 大城賢、萬谷隆一編著 開隆堂出版
【要旨】すぐに実践できる小学校外国語活動（3・4年生対象）のすべてをこの1冊で網羅。新学習指導要領のポイントをわかりやすく解説。はじめて教える外国語活動について知っておきたい基本がわかる。学級担任のソロ・ティーチングを助ける内容が充実。豊富な授業経験を下敷きにした実践例で教え方のヒントが見つかる。巻末には「授業で使える英語表現集」と「新学習指導要領（外国語活動）」を収録。
2017.11 95p B5 ¥1200 ①978-4-304-05160-9

◆中学校教育課程実践講座 外国語 平成29年改訂 菅正隆編著 ぎょうせい
【要旨】学校現場の？に即アプローチ！これからの授業づくりに直結!!先行実施にもこわくない！豊富な先行授業事例・指導案。Q&Aで知りたい疑問を即解決！
2017.11 198p A5 ¥1800 ①978-4-324-10326-5

◆中学校3年間の英語が1冊でしっかりわかる問題集─英語の4つの力がつく！ 濱崎潤之輔著 かんき出版 （付属資料：別冊1）
【要旨】主語がHeなのに、canを使うと動詞にsがつかないのはなぜ？未来を表すときのwillとbe goingの違いって？前置詞が2つ連続する英文は正しい？ていねいな解説で英語の「苦手」をなくす。ベストセラー『中学校3年間の英語が1冊でしっかりわかる本』の姉妹編。英語力の土台となる「聞く」「読む」「話す」「書く」の4つの力をつけるための練習問題を増強した。
2017.12 159p B5 ¥1200 ①978-4-7612-7302-6

◆中学校新学習指導要領の展開 外国語編 平成29年版 金子朝子、松浦伸和編著 明治図書出版
【要旨】資質・能力による再構成や5領域の指導事項などの改訂のキーポイントを総整理。知識及び技能や思考力、判断力、表現力等で構成された内容のポイントを解説。小中連携、4技能統合、他教科との関連、新領域などの新しい授業プランを収録。
2017 205p A5 ¥1800 ①978-4-18-335019-0

◆テストが導く英語教育改革─「無責任なテスト」への処方箋 根岸雅史著 三省堂
【要旨】「なぜテストをするか」、いま、日本の英語教育はターニングポイントにある。テストが変わらなければ、英語教育は変わらない。
2017.8 180p A5 ¥2000 ①978-4-385-36356-1

◆はじめてのオールイングリッシュ授業─今日から使える基本フレーズ&活動アイデア 又野陽子著 明治図書出版 （中学英語サポートBOOKS）
【要旨】授業中の声かけが英語でできる！文法・読解2つの指導ができる！シナリオ付きですぐに実施できる！
2017 159p A5 ¥2060 ①978-4-18-220922-2

◆はじめての小学校英語 授業がグッとアクティブになる！活動アイデア 江尻寛正著 明治図書出版
【要旨】1 小学校英語授業のつくり方入門（小学校英語でまず大切にしたいこと、道具として使える英語の学ばせ方 ほか）、2 子どもの学びがグッと深まる指導のアイデア（英語嫌いを打ち破る！授業開きの話、主体的に学ぶ！ワークシート ほか）、3 10分でできる「コミュニケーション」「ゲーム」「文字」の学習活動（コミュニケーション、ゲーム ほか）、4 グッとアクティブになる英語授業の実践モデル（ジェスチャーやリアクションを大事にした授業「What is this？」、相手言語を大事にした授業「Do you like ～？」ほか）、付録「授業で役立つワークシート・カード・掲示用資料」（学期ごとに使用するワークシート、毎授業で使用するワークシート ほか）
2017 142p A5 ¥2000 ①978-4-18-211923-1

◆はじめてのジョリーフォニックス─ステューデントブック ジョリーラーニング社編著、山下桂世子監訳 東京書籍
【要旨】英語の基本となる42音とそのつづりを極めてシンプルに、かつ効果的に習得するための専用ワークブック。
2017.4 50p A4 ¥1000 ①978-4-487-81032-1

◆はじめてのジョリーフォニックス─ティーチャーズブック ジョリーラーニング社編著、

山下桂世子監訳　東京書籍　（付属資料：CD2；カード；別冊1）
【要旨】英語の基本となる42音とそのつづりを、極めてシンプルにかつ効果的に指導するためのレッスンマニュアル。
2017.4 135p A4 ¥3500 ①978-4-487-81031-4

◆「プロ教師」に学ぶ真のアクティブ・ラーニング—"脳働"的な英語学習のすすめ　中嶋洋一責任編集　開隆堂出版，開隆館出版販売発売
【目次】1章「プロ教師」に学ぶ真のアクティブ・ラーニング（なぜ「アクティブ・ラーニング」が大切なのか、「目的」と「目標」は違う（「アクティブ・ラーニング」を機能させるために）、「教科書」（表層）+「学習指導要領」（深層）=「脳働」的な学習、プロ教師が心がける「"脳働"的な学習」の土壌づくり）、2章 プロ教師の授業に見る"脳働"的な授業づくりのコツ 小学校編、"脳働"的な授業づくりのコツ 中学校編、"脳働"的な授業づくりのコツ 高等学校編）、3章 座談会 これからの英語教育—小・中・高をつなげる"脳働"的な学習
2017.8 287p A5 ¥2700 ①978-4-304-05158-6

◆ボカロで覚える 中学英単語—MUSIC STUDY PROJECT　学研プラス編　学研プラス　（付属資料：CD1）
【要旨】中学で習う重要な英単語・熟語を使って作られた、雰囲気あふれる英語ボカロ曲が勢ぞろい。歌を口ずさむだけで、英単語がどんどん覚えられる。完全オリジナル曲8曲のほか、人気ボカロ曲「ハッピーシンセサイザ」「ロストワンの号哭」の英語版も収録。
2017.3 239p 19×16cm ¥1600 ①978-4-05-304587-4

◆6つのアイデア×8の原則で英語力がぐーんと伸びる！　英語テストづくり＆指導アイデアBOOK　正頭英和著　明治図書出版　（中学校英語サポートBOOKS）
【要旨】授業でもそのまま使える活動アイデア＆見かけ…簡単・使えるテスト作成の具体例が満載！ 2017 135p A5 ¥2000 ①978-4-18-188016-3

◆安河内式「中高6年間の英語」大事なとこだけ！　集中講義CD付き　安河内哲也著　西東社　（付属資料：CD1）
【目次】1 基本的な文をつくる（動詞1 2つの要素をイコールで結ぶのがbe動詞の特徴！、動詞2 be動詞の否定文・疑問文のつくり方を覚えよう、動詞3 英文の基本！ 一般動詞のしくみを知ろうほか）、2 文をくわしく説明する（不定詞1 to+動詞の名詞のように使うのが不定詞的用法、不定詞2 不定詞3 文の形を整えるIt は形容詞to do の英文 ほか）、3 文をカラフルにする（比較1 2つ以上のものを比べて使う比較の基本、比較2「同じくらいなこと」を表す原級の使い方、比較3 比較級を使って2つのものを比較してみよう ほか）
2017.11 255p A5 ¥1400 ①978-4-7916-2620-5

◆レッスンごとに教科書の扱いを変える TANABU Modelとは—アウトプットの時間を生み出す高校英語授業　金谷憲編著，堤孝著　アルク　（アルク選書シリーズ）
【要旨】英語教科書にメリハリをつけ、アウトプットの時間を生み出す発表活動に取り組むTANABU Model とは。10の特徴からその秘訣を探る。生徒の変容を生み出す源泉は、教員同士の協力体制—。青森県下北半島に位置する県立田名部高等学校の英語科教員たちの、4年に渡る取り組みを追った。授業で使えるワークシートを豊富に掲載。明日からの授業改善にすぐ役立てられる！
2017.11 215p A5 ¥2200 ①978-4-7574-2837-9

◆若手英語教師のためのお悩み解決BOOK　阿野幸一，太田洋，萩原一郎，増渕素子著　大修館書店
【要旨】『英語教育』誌の好評連載「お悩み解決！ 新人教師応援委員会」をパワーアップして書籍化！ 教科書の扱い方から英語嫌いの生徒への対応、同僚の先生方とのつきあい方など、若手教師の抱える悩みに、ベテラン教師がスッキリ回答！ 明日、教室に行く・生徒に会うのが待ち遠しくなる1冊。
2017.12 165p A5 ¥1500 ①978-4-469-24616-2

◆Exploring SciTech English　奥秋信彦代表著作者　開隆堂出版，開隆館出版販売発売
【目次】1 Fly Your Plane、2 The History of QR Code、3 Codes and Ciphers、4 Can Robots Be Good Companions?、5 Laterality: Left-handed versus Right-handed、6 The Challenger Disaster: Why Did It Happen?、7 Lucky Number 113、8 Truth, Beauty, and Other Scientific Misconceptions
2017.3 103p B5 ¥2000 ①978-4-304-05157-9

◆Q&A小学英語指導法事典—教師の質問112に答える　樋口忠彦，高橋一幸，加賀田哲也，泉惠美子編著　教育出版
【要旨】学習到達目標（CAN-DO）と指導内容は？ 4技能5領域の指導方法は？ 児童が主体的に学ぶ活動とは？ 教材・教具の活用法は？ 学習指導案の作り方は？ 授業と評価の進め方は？…など、実践に際して押さえておくべき内容を幅広く網羅した、教師必携のQ&A事典！
2017.10 277p A5 ¥2800 ①978-4-316-80440-8

◆The Effects of L1 and L2 Use in the L2 Classroom—第二言語指導における学習者母語活用の可能性　松本祐子著　（岡山）大学教育出版　（本文：英文）
【目次】1 Introduction (Statement of the Problem, Purpose of the Study)、2 Literature Review (Language Use in the L2 Classroom, Effects of Language Use on L2 Reading ほか)、3 The Study (Methods, Results)、4 Discussion (Responses to Research Questions, Pedagogical Implications ほか)、5 Conclusion
2017.10 178p A5 ¥2500 ①978-4-86429-467-6

道徳・生活科

◆アクティブ・ラーニングを位置づけた小学校特別の教科 道徳の授業プラン　押谷由夫編著　明治図書出版
【要旨】27の授業プランを通してアクティブ・ラーニングの手法・授業の工夫がよくわかる！ 評価の基本的な考え方や、ポートフォリオ評価などの評価の具体的な手立てもくわしく解説！
2017 134p B5 ¥2200 ①978-4-18-277418-8

◆アクティブ・ラーニングを位置づけた中学校特別の教科 道徳の授業プラン　柴原弘志編著　明治図書出版
【要旨】3つの視点「深い学び」「対話的な学び」「主体的な学び」とのかかわりがよくわかる！ 評価の基本的な考え方や、ポートフォリオ評価などの評価の具体的な手立てもくわしく解説！
2017 134p B5 ¥2200 ①978-4-18-252726-5

◆偉人で「考え、議論する」道徳授業を創る　小泉博明，大舘昭彦編著　明治図書出版　（中学校道徳サポートBOOKS）
【要旨】偉人の思想や生き方を学び、自分の生き方を考える。
2017 125p B5 ¥2100 ①978-4-18-183724-2

◆イチからはじめる道徳教育　田中潤一編（京都）ナカニシヤ出版
【要旨】道徳教育の理論・歴史のみならず、現在の教育における諸問題から道徳教育を考える。キャリア教育や経済生活、いじめ、地域社会、宗教など身近で具体的な問題から道徳教育について考えることができるように編成。そのあとに道徳教育の理論や歴史を配し、具体的な諸問題を踏まえて道徳教育の知識的な体系化ができるように意図した。最後に実際の授業に役立つよう、学習指導案作成についての論考を配した。
2017.3 175p A5 ¥2300 ①978-4-7795-1141-7

◆学習指導要領改訂のポイント 小学校・中学校 特別の教科道徳 平成29年版　永田繁雄監修，『道徳教育』編集部編　明治図書出版　（『道徳教育』PLUS）
【目次】第1章 キーワードでみる学習指導要領改訂のポイント（学習指導要領のキーワード、道徳教育，道徳教育改訂のキーワード、新指導内容に関わるキーワード、指導方法に関わるキーワード、評価に関わるキーワード ほか）、第2章 事例でみる学習指導要領改訂のポイント（読み物教材の登場人物への自我関与を生かした学習の授業プラン、問題解決的な学習を中心にすえた授業プラン、道徳的行為に関する体験的な学習の授業プラン、言語活動による協働的な学びを充実させた授業プラン、情報モラルの問題を取り上げた授業プラン ほか）
2017 117p A5 ¥1860 ①978-4-18-272022-2

◆加藤宣行の道徳授業 考え、議論する指導に変える指導の鉄則50　加藤宣行著　明治図書出版
【要旨】「道徳が教科になって何が変わるの？」「今までと同じ授業をしていていいのか？」「そもそも道徳授業って、得意じゃない…」これからの道徳は、「読む道徳」から「考え、議論する道徳」に転換しなければならないと言われています。ではいったいどんな授業をすればいいのか…。そんな悩みにお答えします！ 教科化に関して押さえておきたい基礎基本。教材選定の視点、子どもの考えを引き出す発問の方法、構造的な板書、道徳ノートの活用法。アクティブ・ラーニング、評価の視点。これらの道徳授業づくりで絶対に押さえておきたい必ずおさえておきたいポイントを大公開！ 道徳専科として年間300時間前後の道徳授業をしている著者の指導の鉄則が詰まっています。
2017 132p A5 ¥1900 ①978-4-18-194110-9

◆「考え、議論する道徳」を実現する！—主体的・対話的で深い学びの視点から　「考え、議論する道徳」を実現する会著　図書文化社
【要旨】道徳教育改革をキーパーソン16人がここに集結！ 改革のねらいから指導と評価の方法まで完全解説。かたちだけではない、理論のある道徳授業の実現へ。
2017.6 191p A5 ¥2000 ①978-4-8100-7691-2

◆考え、議論する道徳科授業の新しいアプローチ10　諸富祥彦編著　明治図書出版　（道徳科授業サポートBOOKS）
【要旨】問題解決的な学習、体験的な学習などの様々な工夫を行うアプローチが具体的に、10示されている。いずれも「主体的」で「対話的」で「深い学び」を可能にするものばかり。
2017 161p A5 ¥2260 ①978-4-18-160845-3

◆考え、議論する道徳授業への転換—自己を見つめ、他者との関わりを深める道徳授業　赤堀博行監修，盛岡市立河北小学校著　教育出版
【目次】序章「特別の教科 道徳」の実施に向けた授業改善の要点（道徳科の教育課程上の位置付け、学習指導要領の一部改正の概要 ほか）、第1章 学校の道徳教育の重点目標に基づく全体計画の作成と実施（全体計画の作成とその改善、児童の道徳性に係る実態把握 ほか）、第2章 各教科等の特質を生かした道徳教育の実際（各教科における道徳教育の基本的な考え方、各学年における道徳教育の実際 ほか）、第3章「考え、議論する道徳授業」の実際（考え、議論する道徳授業の基本的な考え方、学年ごとの考え、議論する道徳授業の実際）
2017.8 106p B5 ¥1800 ①978-4-316-80455-2

◆「考え、議論する道徳」の指導法と評価　西野真由美，鈴木明雄，貝塚茂樹編著　教育出版
【要旨】多様で効果的な指導法をどう取り入れる？ 評価はどうすればよい？ 主体的・対話的で深い学びを実現するための授業と評価の先進事例を豊富に紹介！
2017.3 197p A5 ¥2260 ①978-4-316-80447-7

◆考えることが楽しくなる道徳の授業　藤田善正著　日本教育研究センター
【要旨】道徳の授業に本気で取り組む教師の必読書。「特別の教科 道徳」をわかりやすく解説。「問題解決的学習」や「アクティブ・ラーニング」で授業は改善されるか？ 道徳の授業で大切にしたいことは何か？ 著者の豊富な授業実践から「特別の教科化」における指導授業案を紹介。
2017.4 179p A5 ¥1500 ①978-4-89026-184-0

◆考える道徳を創る 小学校 新モラルジレンマ教材と授業展開　荒木紀幸編著　明治図書出版
【要旨】数十年来、常に白熱討論の授業を生み出してきた、モラルジレンマ教材。「考え、議論する道徳」への転換が叫ばれている今、新作モラルジレンマ教材で、子どもたちの心を育てませんか？
2017 150p B5 ¥2460 ①978-4-18-245010-5

◆考える道徳を創る 中学校 新モラルジレンマ教材と授業展開　荒木紀幸編著　明治図書出版
【要旨】数十年来、常に白熱討論の授業を生み出してきた、モラルジレンマ教材。「考え、議論する道徳」への転換が叫ばれている今、新作モラルジレンマ教材で、子どもたちの心を育てませんか？
2017 174p B5 ¥2600 ①978-4-18-245114-0

◆考える道徳教育とは—学校現場から見た道徳教育　田畑豊春著　創英社／三省堂書店
【要旨】これで学校は変わる。道徳教育は「万能細胞」！ 中学校の実施事例からみる道徳教育の

効果とは―教科化に先がけたエビデンス。
2017.11 191p A5 ¥1500 ⓘ978-4-88142-319-6

◆教育勅語と道徳教育―なぜ、今なのか　平井美津子著　（大阪）日本機関紙出版センター
【目次】第1章 教育勅語ってなに？（教育勅語を暗唱させる幼稚園！、どんなことが書いてあるの？、勅語って誰が出したの？、なぜ作られたの？、子どもたちにどのように広められた、教えられていたの？、御真影と教育勅語、軍人勅諭と教育勅語、教育勅語と軍人勅諭の果てに起きた戦争の悲劇、教育勅語から教育基本法へ―戦後教育が掲げたもの、「良いことも書いてある」という意見について）、第2章 道徳の教科化ってなに？（なぜ「パン屋さん」がダメで「和菓子屋さん」がいいのか？、特別の教科「道徳」がすべての教育活動の要になる？、いじめが道徳で解決する？、教科化は何をもたらすのか？、海外では…？、大阪の学校は今…維新府政の現場から）
2017.6 79p A5 ¥800 ⓘ978-4-88900-947-7

◆教科化された道徳への向き合い方　碓井敏正著　（京都）かもがわ出版
【要旨】教科化を逆手にとって子どもの自由で個性的な実践のあり方を、大学で教職課程の「道徳教育」を38年にわたって教えてきた著者（専門は哲学、倫理学）が論じる。
2017.11 111p B6 ¥1600 ⓘ978-4-7803-0933-1

◆実感的に理解を深める！体験的な学習「役割演技」でつくる道徳授業―学びが深まるロールプレイング　早川裕隆編著　明治図書出版　（道徳科授業サポートBOOKS）
【要旨】その立場になって演じ、みんなと話し合うことで主題が心にグッと迫ってくる。自分事として、考えが深まり、生き方を見つめられるようになる役割演技。
2017 135p A5 ¥1860 ⓘ978-4-18-241429-9

◆指導と評価の一体化を実現する道徳科カリキュラム・マネジメント 小学校編　田沼茂紀編著　学事出版
【目次】第1章 課題探求型アプローチで「資質・能力」を育む道徳科授業を創る（道徳科授業づくりの基本を理解しよう、子供に育む道徳的資質・能力を具体的にイメージしよう、道徳科の目標や内容と他教科との違いを押さえよう ほか）、第2章 パッケージ型ユニットによる課題探求型道徳科授業を始めよう（課題探求型道徳科授業づくりのプロセスを押さえよう、課題探求型道徳科授業で能動的な道徳的学びを創ろう、課題探求型道徳科授業をパワーアップするパッケージ型ユニット理論 ほか）、第3章 考・議論する道徳科授業づくりとその学習評価の実際（主にAの視点を重視したパッケージ型プログラム実践、主にBの視点を重視したパッケージ型プログラム実践、主にCの視点を重視したパッケージ型プログラム実践 ほか）
2017.9 155p B5 ¥2300 ⓘ978-4-7619-2338-9

◆指導と評価の一体化を実現する道徳科カリキュラム・マネジメント 中学校編　田沼茂紀編著　学事出版
【目次】第1章 課題探求型アプローチで「資質・能力」を育む道徳科授業を創る（道徳科授業づくりの基本を理解しよう、子供に育む道徳的資質・能力を具体的にイメージしよう、道徳科の目標や内容と他教科との違いを押さえよう ほか）、第2章 パッケージ型ユニットによる課題探求型道徳科授業を始めよう（課題探求型道徳科授業づくりのプロセスを押さえよう、課題探求型道徳科授業で能動的な道徳的学びを創ろう、課題探求型道徳科授業をパワーアップするパッケージ型ユニット理論 ほか）、第3章 考・議論する道徳科授業づくりとその学習評価の実際（主にAの視点を重視したパッケージ型プログラム実践、主にBの視点を重視したパッケージ型プログラム実践、主にCの視点を重視したパッケージ型プログラム実践 ほか）
2017.9 163p B5 ¥2300 ⓘ978-4-7619-2339-6

◆小学校学習指導要領解説 生活編―平成20年8月　平成27年3月付録追加　文部科学省著　日本文教出版　九版
【目次】第1章 総説（改訂の経緯、生活科改訂の趣旨、生活科改訂の要点）、第2章 生活科の目標（教科目標、学年の目標）、第3章 生活科の内容（内容構成の考え方、生活科の内容）、第4章 指導計画の作成と内容の取扱い（指導計画作成上の配慮事項、内容の取扱いについての配慮事項）、第5章 指導計画の作成と学習指導（生活科における指導計画と学習指導、年間指導計画の作成、単元計画の作成、学習指導の進め方）
2017.2 94p A4 ¥114 ⓘ978-4-536-59008-2

◆小学校新学習指導要領の展開 生活編　平成29年版　田村学編著　明治図書出版
【要旨】資質・能力の整理や見方・考え方など改訂のキーポイントを明示。他教科や幼児教育・中学年以降の接続を意識したカリキュラムデザインの提案。主体的・対話的で深い学びを実現する充実の授業プランを収録。
2017 171p A5 ¥1800 ⓘ978-4-18-328214-9

◆小学校新学習指導要領ポイント総整理 生活　平成29年版　久野弘幸編著　東洋館出版社
【要旨】スタートカリキュラムの中核となる「生活」！具体的な活動や体験を通して育む資質・能力とは!!
2017.9 145p A5 ¥1900 ⓘ978-4-491-03401-0

◆小学校新学習指導要領ポイント総整理 特別の教科 道徳　平成29年版　永田繁雄編著　東洋館出版社
【要旨】子供が自ら考える道徳性を養い「特別の教科道徳」で求められる「考え・議論する道徳」を実現する！
2017.10 168p A5 ¥1700 ⓘ978-4-491-03407-2

◆史料 道徳教育を考える　浪本勝年、岩本俊郎、佐伯知美、岩本俊一編　北樹出版　4改訂版
【目次】1 道徳教育の理念（日本、外国）、2 戦前日本の道徳教育（太政官布告第二一四号（一八七二年、学事奨励に関する被仰出書）、小学教則（一八七二年、文部省布達）ほか）、3 戦後日本の道徳教育（文部省「新日本建設ノ教育方針」、公民教育刷新委員会答申「第一号・第二号」（一九四五年）ほか）、4 学習指導要領と道徳教育（戦後教育改革当初の学習指導要領、「道徳」特設時の告示学習指導要領 ほか）
2017.4 158p A5 ¥1800 ⓘ978-4-7793-0543-6

◆新教科「道徳」の理論と実践　渡邉満、山口圭介、山口意友編著　（町田）玉川大学出版部　（教職専門シリーズ）
【目次】序章 道徳の教科化とこれからの道徳教育、第1章 道徳教育の目標、第2章 「道徳科」の内容と道徳理論、第3章 道徳の指導計画、第4章 「道徳科」の指導、第5章 教育活動全体を通じて行う道徳教育、第6章 学校・家庭・地域社会との連携、第7章 道徳教育の評価、資料
2017.2 278p A5 ¥2800 ⓘ978-4-472-40540-2

◆生活単元学習 春夏秋冬　全日本特別支援教育研究連盟編、後藤有理子、福岡いつみ責任編集　東洋館出版社
【要旨】春（新しい学年の期待や見通しをもち、春を五感で感じる、小学校特別支援学級 カラフル大作戦―学校の花壇をもっとカラフルにしよう！ ほか）、夏（夏を感じながら、エルキッシュに活動する、特別支援学校小学部 みんなであそぼう！―どろんこげんぱくっ（絵）ほか）、秋（実りの秋、仲間と共に充実した日々を、特別支援学校中学部 窯焼きピザをつくろう―手作りレンガで窯を作って ほか）、冬（まとめの季節、1年間の集大成を、今を精一杯取り組む、特別支援学校小学部 すごろく大会をしよう ほか）
2017.5 131p B5 ¥2400 ⓘ978-4-491-03357-0

◆生徒も教師もわくわくする道徳授業―深い学びにつながる22の秘訣 中学校編　押谷由夫、野津有司、賞雅技子監修　東京書籍
【目次】1章 概論（これからの道徳教育、議論する道徳の授業実践をめざして、道徳科の開始に向けて）、2章 授業実践（責任ある行動―「裏庭でのできごと」における授業実践、自主・自律―「ネット将棋」における授業実践、あきらめない強い意志―「小惑星探査機『はやぶさ』」における授業実践 ほか）、3章 資料集（裏庭でのできごと、ネット将棋、はやぶさプロジェクト ほか）
2017.4 141p B5 ¥2100 ⓘ978-4-487-81046-8

◆ゼロから学べる道徳科授業づくり　荒木寿友著　明治図書出版
【要旨】本書の目的の一つは、多くの方が抱いている道徳教育についてのマイナスイメージ（道徳ってなんだかうさんくさい、そもそも道徳は必要なのか）を払拭することです。通常は難しく語られることの多い道徳教育を、やさしく、そしてちょっとだけ深く、なにより易しくまとめました。教科化に伴い、どのように学習指導要領が変わったのか、歴史的な変遷から紐解くことなしに、これからの道徳教育がどうあるべきなのか、どのような教え方があるのかといった本質的な手だてについても紹介いたします。考え、議論する道徳を実現する、道徳科の入門書です。
2017 159p B6 ¥1700 ⓘ978-4-18-233938-7

◆全時間の授業展開で見せる「考え、議論する道徳」小学校1・2年　山中伸之編著　学事出版　（付属資料：CD-ROM1）
【要旨】「特別の教科 道徳」の全時間分の授業実践集！全時間分の板書例、ワークシート、評価記入文例付き。
2018.1 117p B5 ¥2300 ⓘ978-4-7619-2376-1

◆全時間の授業展開で見せる「考え、議論する道徳」小学校3・4年　山中伸之編集代表、松澤正仁、丸岡慎弥編著　学事出版　（付属資料：CD-ROM1）
【要旨】「特別の教科 道徳」の全時間分の授業実践集！全時間分の板書例、ワークシート、評価記入文例付き。
2018.1 117p B5 ¥2300 ⓘ978-4-7619-2377-8

◆全時間の授業展開で見せる「考え、議論する道徳」小学校5・6年　山中伸之編集代表、駒井康弘、鎌田憲明編著　学事出版　（付属資料：CD-ROM1）
【要旨】「特別の教科 道徳」の全時間分の授業実践集！全時間分の板書例、ワークシート、評価記入文例付き。
2018.1 126p B5 ¥2300 ⓘ978-4-7619-2378-5

◆全時間の授業展開で見せる「考え、議論する道徳」中学校　山中伸之編集代表、神部英一、塚田直樹編著　学事出版　（付属資料：CD-ROM1）
【要旨】「特別の教科 道徳」の全時間分の授業実践集！全時間分の板書例、ワークシート、評価記入文例付き。
2018.1 128p B5 ¥2300 ⓘ978-4-7619-2379-2

◆楽しく豊かな道徳科の授業をつくる　横山利弘監修、牧崎幸夫、広岡義之、杉中康平編　（京都）ミネルヴァ書房
【要旨】「特別の教科 道徳」を指導するために。名作・古典など読み物資料を使用した指導の実際を紹介。資料の主題・ねらい、発問の内容やタイミング、授業展開、板書計画など指導上のポイントをくわしく解説する。
2017.11 226p A5 ¥2600 ⓘ978-4-623-08085-4

◆中学生にジーンと響く道徳話100選―道徳力を引き出す"名言逸話"活用授業　長谷川博之編　学芸みらい社
【要旨】話には聞く耳もたね、荒れた学校の生徒、その場は納得でも、すぐ逆向き行動をとる生徒、わかってるけど止められない困った生活習慣。こんな生徒・教室を蘇らせる請負人による、生徒の言動が確実に変容する「教師の語り」100話。日常生活のあらゆる隙間時間に語れるよう、各テーマをコンパクトにまとめた。
2017.5 215p A5 ¥2000 ⓘ978-4-908637-47-6

◆中学生のための「いじめ防止プログラム」―ICT教材＆授業プラン―道徳で問題解決力を鍛える！　松下一世著　明治図書出版
【要旨】子どもたちの「人権力」を磨き、いじめを解決するための知識と価値観とスキルを身につけるためのデジタル教材を開発した。本書は、その教材の手引書であり、解説書。道徳教科書と併用して、補助的に使うことができる。
2017 117p B5 ¥2060 ⓘ978-4-18-230617-4

◆中学校道徳アクティブ・ラーニングに変える7つのアプローチ　田沼茂紀編著　明治図書出版　（中学校道徳サポートBOOKS）
【目次】第1章 道徳授業におけるアクティブ・ラーニング（アクティブ・ラーニングで育む資質・能力、道徳科授業におけるアクティブ・ラーニングの考え方、アクティブ・ラーニングと授業評価 ほか）、第2章 道徳授業をアクティブ・ラーニングに変える7つのアプローチ（道徳科のテーマ設定を工夫する、発問や話し合いで授業を変える、板書の工夫で授業を変える ほか）、第3章 7つのアプローチを生かした道徳授業（重点指導項目と関連項目との着目した配列法、主題の流れにおける重点指導項目の位置付けに着目した配列法、クロスカリキュラムで各教科等と関連づけた主題の配列法 ほか）
2017 139p B5 ¥2100 ⓘ978-4-18-249329-4

◆定番教材でできる問題解決的な道徳授業 小学校　柳沼良太、山田誠、星直樹編著　図書文化社
【要旨】副読本でおなじみの定番資料。教科書で授業はどう変わるのか。子どもがイキイキと活発に考え議論する授業を完全ナビゲート！各時

学校教育

◆**哲学する道徳―現実社会を捉え直す授業づくりの新提案**　小笠原喜康, 朝倉徹編著　(平塚)東海大学出版部
【目次】第1章 道徳教育とは何か、第2章 他者とのかかわりについて考える授業―「はしの上のおおかみ」を読み直す、第3章 生殖医療を考える本当の親子とは？―デザイナー・ベビーを通して、第4章 動物とロボット、人間とロボットの境界を考える授業―動物やロボットに心意を投影することに着目して、第5章 障碍者差別の授業―ダウン症児への差別、第6章 臓器移植は是か非か
2017.11 214p B6 ¥2500 ①978-4-486-02143-8

◆**道徳科教育講義**　高橋陽一, 伊東毅著　(武蔵野)武蔵野美術大学出版局
【要旨】チーム学校におけるアクティブ・ラーニングとしての特別の教科「道徳」。多様な価値観をどう育むか、政治や宗教の対立をどのように扱うか、子どもたちの討論をいかに促すか。理論や歴史から実践的な技術と授業プランまで、教師に寄り添いつつ教養を伝授！
2017.4 305,4p A5 ¥1900 ①978-4-86463-059-7

◆**道徳科授業のつくり方―パッケージ型ユニットでパフォーマンス評価**　田沼茂紀編著　東洋館出版社
【要旨】「深い学び」の授業改善で指導が変わる！評価が変わる！だから、子供の学びが輝く！道徳科単元型学習のすべて。
2017.8 302p B6 ¥2000 ①978-4-491-03395-2

◆**道徳教育**　田中耕治編著, 高見茂, 矢野智司, 稲垣恭子監修　協同出版　(教職教養講座 第6巻)
【目次】第1章 道徳の思想と道徳教育、第2章 道徳教育の可能性、第3章 道徳教育の歴史、第4章 道徳教育をめぐる今日的課題、第5章 発達に応じた道徳教育の展開と課題、第6章 道徳教育の教育方法、第7章 道徳教育における教師の役割
2017.10 210p A5 ¥2200 ①978-4-319-00327-3

◆**道徳教育の理論と方法**　内山宗昭, 栗栖淳編著　成文堂
【目次】第1章 社会の変化と道徳教育、第2章 道徳性の発達―社会の秩序はなぜ保たれるのか、第3章 西洋における時代や社会の変遷と道徳教育の課題、第4章 道徳教育と文化、第5章 日本の道徳教育の史的変遷―明治期～現在、第6章 学校における道徳教育
2017.6 272p A5 ¥2400 ①978-4-7923-9265-9

◆**道徳授業をおもしろくする！―子どもの心に響く授業づくりの極意**　鈴木健二著　教育出版
【要旨】こんな素材を使ってこんな問いかけをすれば、子どもは生き生きと考えはじめる！―教材開発のコツや、授業を構成するためのポイントについて、その極意を全公開！
2017.6 117p A5 ¥1800 ①978-4-316-80452-1

◆**道徳の理論と指導法―「考え議論する道徳」でよりよく生きる力を育む**　柳沼良太著　図書文化社
【目次】第1部 道徳の理論 (道徳教育の基礎理論、道徳性とは何か、道徳の目標、道徳性の発達理論、道徳性発達理論に基づく道徳教育 ほか)、第2部 道徳の指導法 (道徳教育の計画、道徳科の基本方針、道徳科の学習指導の展開、道徳科教材の活用、道徳科における問題解決的な学習 ほか)
2017.10 206p A5 ¥2200 ①978-4-8100-7698-1

◆**「特別の教科 道徳」で大切なこと**　赤堀博行著　東洋館出版社
【要旨】道徳の「教科化」しっかりと理解していますか？教師の誰もが知っておきたい「特別の教科 道徳」のポイントを簡単解説！
2017.11 221p B6 ¥1850 ①978-4-491-03427-0

◆**とっておきの道徳授業 14 アクティブ・ラーナーが育つオリジナル授業30選―これからを生きる子どもたちへ**　佐藤幸司編著　日本標準
【要旨】「特別の教科 道徳」実施に向けて「Active！」な授業づくりのコツを伝授!!全国各地の教室発！オリジナル授業30本!!
2017.2 159p B5 ¥2000 ①978-4-8208-0610-3

音楽

◆**歌う力を育てる！歌唱の授業づくりアイデア**　丸山久代著　音楽之友社 (音楽指導ブック)
【要旨】第1章 歌唱授業のアイデア集 (歌うって何？、歌うための環境は？、楽曲と歌声、低学年の歌唱、中学年の歌唱 ほか)、第2章 歌唱の授業Q&A (「音取り」の時間が単調になってしまいます、合同学年や全校合唱の指導が難しく、どうもうまくいきません、グループ学習に取り組みたいのですが、どんな点に気をつけたらよいですか？、合唱のパート分けは子どもの希望？それとも教師？、どうしても音がとれない子はどうしたらよいですか？　ほか)
2017.4 79p B5 ¥2000 ①978-4-276-32163-2

◆**音楽科における教育内容論の成立と展開に関する研究―授業構成の方法との関連を視野に入れて**　山中文著　風間書房
【目次】第1章 音楽科における教育内容 (教育内容概念の提起、教育内容を中心とした授業構成、千成らによる教育内容論の確立、千成らの教育内容論に対する批判 ほか)、第2章 教育内容の成立と授業プランの開発 (1980年代の教育内容研究の諸相、教育内容概念の変化、教育内容を中心とした授業プランの開発と授業構成、教育内容中心の授業構成の成果と変容)、第3章 教育内容論の新たな展開 (教育行政における動向―単元構成から題材構成へ、創造的な音楽学習における教育内容と授業構成、音楽科教育における教育内容研究の新たな展開)、第4章 教育内容と授業構成 (平成20年に改訂された学習指導要領における「共通事項」と授業構成、教育内容論における関係論的視点、授業の展開と授業構成、授業実践動向に見る授業構成)、終章 音楽科の教育内容の課題と展望 (音楽科の教育内容論、授業構成の展望、教育内容研究の重要性)
2017.2 265p A5 ¥9000 ①978-4-7599-2168-7

◆**音楽教育実践学事典―学校音楽の理論と実践をつなぐ**　日本学校音楽教育実践学会編　音楽之友社
【目次】第1章 音楽教育実践学の原理と課題、第2章 音楽経験と思考、第3章 教育目標と教育内容、第4章 学力と評価、第5章 教材の働きと開発、第6章 授業デザイン、第7章 音楽科における指導と評価、第8章 幼児の音楽表現、第9章 特別支援教育、第10章 教員養成と教師教育
2017.9 319p A5 ¥3200 ①978-4-276-31129-9

◆**音楽授業でアクティブ・ラーニング！子ども熱中の鑑賞タイム**　阪井恵, 酒井美恵子著　明治図書出版 (音楽科授業サポートBOOKS)
【要旨】鑑賞の授業って、単に音楽を聴いて感想を書くだけ。そう思っていませんか？実は、ほんの少し体を動かす活動を取り入れたり、ほんの少し友達と関わる活動を取り入れるだけで音楽が楽しくスリリングな世界に早変わりするのです。そんな鑑賞の授業は、まさにアクティブ・ラーニング型の授業。教科書で紹介されている曲だけでなく、アニメやJ-POPからもセレクトした魅力的な曲を収録したので、子どもたちが乗ってくることを間違いなしです。本書を活用して、魅力的で子どもたちの笑顔あふれる鑑賞タイムをいっしょにつくりましょう！
2017 127p A5 ¥2060 ①978-4-18-159820-4

◆**音楽の授業で大切なこと―なぜ学ぶのか？何を、どのように学ぶのか？**　中島寿, 高倉弘光, 平野次郎著, 小島綾野聞き手・構成　東洋館出版社
【目次】音楽の授業で大切なこと、なぜ歌唱の授業をするの？、なぜ器楽の授業をするの？、なぜ音楽づくりの授業をするの？、なぜ鑑賞の授業をするの？、「常時活動」って何のためにするの？、「体を動かす」って何のためにするの？、「共通事項」って何のためにあるの？、音楽の授業計画で大切なこと、音楽の先生、この素晴らしき仕事
2017.6 179p B6 ¥1900 ①978-4-491-03367-9

◆**聴き合う耳と響き合う声を育てる合唱指導―ポリフォニーで鍛える（DVD付き）**　寺尾正著　音楽之友社 (音楽指導ブック) (付属資料：DVD1)
【目次】第1部 聴き合う耳を育てる (授業編) (合唱の基礎を「わらべうた」で学ぶ、子どもの歌声を考える、授業への導入と指導上の注意、合唱団の基礎練習として)、第2部 響き合う声を育てる (合唱編) (正確な音高を保つ、レガート唱法を習得する、声を鍛えるトレーニング、『コールユーブンゲン』を活用する、歌ってみようポリフォニー、さあ、ホモフォニーです、楽譜の読み方、指導者の皆さんの質問に答える)
2017.8 95p B5 ¥3000 ①978-4-276-32164-9

◆**「行動四原則」で強くなる吹奏楽**　中畑裕太著　竹書房
【要旨】「移動は常に早歩き」、「挨拶はされる前にする」、「返事は誰よりも早く」、「話をしている人を見る」の「行動四原則」で、弱小吹奏楽部をわずか2年で全国大会に導き、"夢の頂"に挑んだ若き熱き教師の指導法・育成法とは!?
2017.4 247p B6 ¥1600 ①978-4-8019-1038-6

◆**こども・からだ・おんがく 高倉先生の授業研究ノート（DVD付き）**　高倉弘光著　音楽之友社 (音楽指導ブック) (付属資料：DVD1)
【目次】序章 すべては「遊び」から始まる、第1章 音楽あそび、第2章 歌唱、第3章 音楽づくり、第4章 鑑賞、第5章 音楽づくりと鑑賞との関連、第6章 何が求められる？平成29年3月告示新学習指導要領
2017.8 142p B5 ¥3200 ①978-4-276-32167-0

◆**さらば！オンチ・コンプレックス―"OBATA METHOD"によるオンチ克服指導法**　小畑千尋著　教育芸術社
【要旨】"OBATA METHOD"は、歌う活動を心と技能の両面でサポートするオンチ克服指導法です。歌いながら自身の音程を認知する「内的フィードバック」能力を高めることで、正しい音程で歌えるようになります。
2017.1 159p A5 ¥1300 ①978-4-87788-783-4

◆**「資質・能力」を育成する音楽科授業モデル**　平野次郎編著, 白石範孝シリーズ監修　学事出版 (小学校新学習指導要領のカリキュラム・マネジメントシリーズ)
【目次】第1部 音楽科が目指すこれから求められる「資質・能力」の育成 (本書の役割、音楽の授業を通して育てたい人間像、音楽において育成すべき資質・能力、どのように学んでいけばいいのか（学び方))、第2部 これから求められる「資質・能力」を育成する音楽科授業モデル (常時活動1―拍に合わせてVer2、常時活動2―音楽に合わせて、常時活動3―音をきいて、はいッ、ジャンプ！、常時活動4―リズムで遊ぼう、常時活動5―まねっこからアドリブへ リズムづくりと旋律づくり 鍵盤ハーモニカ・リコーダーを使って ほか)
2017.4 103p B5 ¥2000 ①978-4-7619-2298-6

◆**授業のための合唱指導虎の巻**　眞鍋淳一著　音楽之友社 (音楽指導ブック)
【目次】1 新学期、ここからスタート (授業の環境づくり、音楽室のルール)、2 教師としての準備と心構え (音楽の組み立て、音楽を変える、授業の工夫、指導者のルール)、3 歌唱指導のための具体策 (姿勢、発声、変声期)、4 生徒が変わる○○マジック (指揮、コツ、ポイント、見え音楽、パート練習、合唱コンクール)、5 ワンランク上の歌声を知るために (リズム練習、メロディー練習、ハーモニー練習)
2017.8 95p B5 ¥2000 ①978-4-276-32166-3

◆**準備らくらく！アイデア満載！小学校音楽あそび70**　石上則子著　明治図書出版 (音楽科授業サポートBOOKS)
【要旨】本書では、すべての領域分野における「音楽あそび」を例示しし、無理なく続けられる活動、題材の中で常時活動として扱うと、子供の主体的な学び、協働的な学びが得られるものを精選して掲載しました。
2017 150p A5 ¥2060 ①978-4-18-212624-6

◆**小学校音楽科教育法―学力の構築をめざして**　吉富功修, 三村真弓編著　(岡山)ふくろう出版　第3版
【目次】第1部 理論編 (音楽科教育の目的と目標、小学校音楽科の内容、学習指導計画、音楽の授業づくりと教師力、特色のある音楽教育、我が国の音楽教育の歴史、各国の音楽教育、音楽科教育のテクニック、楽典)、第2部 楽曲
2017.3 242p A4 ¥2260 ①978-4-86186-693-7

◆**小学校新学習指導要領の展開 音楽編 平成29年版**　宮﨑新悟, 志民一成編著　明治図書出版
【要旨】資質・能力の整理や見方・考え方など改訂のキーポイントを明示。各学年の内容の改善・

充実点を具体的な指導事例を交えて解説。知性と感性の両方を働かせる指導要領を具現化した授業プランの提案。
2017 172p A5 ¥1800 ①978-4-18-328318-4

◆小学校新学習指導要領ポイント総整理 音楽 平成29年版 山下薫子編著 東洋館出版社
【要旨】生活や社会の中の音や音楽と豊かに関わる資質・能力を育てる！
2017.10 159p A5 ¥1700 ①978-4-491-03402-7

◆初等音楽科教育法—音楽療法的視点からインクルーシブ教育に向かって 高橋多喜子著（志木）オンキョウパブリッシュ
【目次】概説（音楽とインクルーシブ教育、音楽教育と音楽療法、音楽科の目標と指導内容、音楽学習の評価）、実践（歌唱の学習と指導、器楽の学習と指導、音楽づくりの学習と指導、鑑賞の学習と指導、インクルーシブ教育での音楽実践方法）、共通教材、指揮法、楽典
2017.3 103p B5 ¥2500 ①978-4-86605-065-2

◆スペシャリスト直伝！ 小学校音楽科授業成功の極意 首藤政秀著 明治図書出版
【要旨】「小学校の頃の思い出って、勉強したことは覚えていないけど、みんなでひたすら歌ったこと、リコーダーを吹いたこと、先生に怒られたことだけは覚えているな〜」音楽って一生響き続ける音や感動を伝えられる素晴らしい教科なのです。そんな素敵な世界をつくる秘訣を大公開！ 2017.3 143p A5 ¥1800 ①978-4-18-135022-2

◆ゼロからはじめるたのしい音楽—子ども達の評価が高かった音楽授業プランの総集編 「たのしい授業」編集委員会編 仮説社
【目次】1 おすすめ授業プラン（たのしい音楽におくりあって一輪唱・手遊びってたのしい、どうする!?音楽の授業—1時間の授業の流れをパターン化しよう ほか）、2 リコーダーのたてふやして！（おすすめ教材（イージーエイト、笛星人）、初期の下笛指導—左手だけで吹ける「シ」の音から ほか）、3 音楽会・合唱コンクールをたのしもう！（たのしい"振り"付きの歌「大工のきつつきさん」—小学校低学年の音楽会に、合唱コンクールを負担なく仕上げる方法—合唱コンクール運営法ほか）、4 音楽をたのしむ4つのヒント（スコアメーカーで合唱曲練習—ピアノが弾けなくても大丈夫！、こんなCD本はいかが？—「歌もピアノも苦手な我の強い味方ほか」 2017.3 142p A5 ¥1800 ①978-4-7735-0281-7

◆先生のための楽典入門—これだけは知っておきたい楽譜のしくみ 加藤徹也著 （国分寺）スタイルノート
【要旨】だれにでもわかりやすい楽典入門書として活用できます。誤解が生じやすいところは特にていねいに解説しました。教職を目指す人、学校や音楽教室の先生方に、役立つ知識が満載。新学習指導要領に対応。
2017.6 319p A5 ¥3000 ①978-4-7998-0160-4

◆「先生力」をつける！…待ち遠しい音楽授業のために 橋本龍雄,松永洋介,吉村治広著 教育出版
【目次】第1章 子どもから学ぶ（子どもから学ぶ。それがすべて、表現と鑑賞、「音を聴く」—なま身の体が活きるからこそ素晴らしい！ ほか）、第2章 音楽授業の基本を学ぶ（学習指導要領を学ぶ—学習指導要領を生かすために ほか）、指導案にどう生かすか（「指導計画の作成と内容の取扱い」について—音楽授業に生かすために ほか）、第3章 誰がために鐘（チャイム）は鳴る—子どもたちとつくる新しい音楽科の授業（子どもの何をどのように育てているのか？—音楽科の今そこにある危機、伝えるべき教科の本質とは？—「質の経験」としての教育 ほか）、付録 小学校歌唱共通教材（ハ長調（C, F, G）、ヘ長調（F, B♭, C）ほか）
2017.5 199p B5 ¥2400 ①978-4-316-80441-5

◆中学校新学習指導要領の展開 音楽編 平成29年版 副島和久編著 明治図書出版
【要旨】資質・能力の整理や見方・考え方など改訂のキーポイントを明示。各学年の内容の改善・充実点を具体的な指導事例を交えて解説。知性と感性の両方を働かせる指導要領を具現化した授業プランの提案。
2017 173p A5 ¥1800 ①978-4-18-334521-9

◆超一流の指揮者がやさしく書いた合唱指導の本 黒川和伸著 明治図書出版（中学校音楽サポートBOOKS）
【要旨】突然合唱部の顧問をすることになった悩める若い先生方、合唱コンクールの指導になることになった学級担任の先生、そして、パートリーダーや学生指揮者など、部の指導的立場になった合唱部員のために書かれた本書を利用して、現在の指導経験にかかわらず、合唱指導に必要な基本的な知識を得ることができます。読み進めるにつれて、段々ステップアップしていくような構成なっています。
2017 155p A5 ¥2000 ①978-4-18-236219-4

◆日本伝統音楽カリキュラムと授業実践—生成の原理による音楽の授業 日本学校音楽教育実践学会編 音楽之友社 （音楽指導ブック）
【目次】第1部 日本伝統音楽のカリキュラム（カリキュラムの哲学、日本伝統音楽のカリキュラム、日本伝統音楽の指導内容）、第2部 日本伝統音楽の授業実践（日本伝統音楽の授業デザイン、日本伝統音楽の授業実践、授業実践からみえてきたこと）
2017.8 115p B5 ¥2800 ①978-4-276-32165-6

◆部活で吹奏楽 クラリネット上達BOOK 加藤純子監修,畠山雅之監修協力 メイツ出版（コツがわかる本！）
【要旨】毎日できる練習メニュー、アンサンブル＆合奏のコツ、本番に強いメンタル育成…etc. 演奏テクニックから部活としての取り組みまで、ステップアップのためのポイントがわかる！
2017.6 112p A5 ¥1630 ①978-4-7804-1877-4

◆部活で吹奏楽 トランペット上達BOOK 佛坂咲千生監修,加藤雅之監修協力 メイツ出版（コツがわかる本！）
【要旨】毎日できる練習メニュー、アンサンブル＆合奏のコツ、本番に強いメンタル育成…etc. 演奏テクニックから部活としての取り組みまで、ステップアップのためのポイントがわかる！
2017.6 112p A5 ¥1630 ①978-4-7804-1878-1

◆リズム 中級編—短期集中！ 30 Lessons 佐怒賀悦子著 音楽之友社 （ソルフェージュの庭）
【要旨】『ソルフェージュの庭—楽しくマスターするヒント』の教材シリーズ第2弾。「リズム」の基礎的な読譜力と音楽的な表現力を養う。高校生以上対象。
2017.6 38p B5 ¥1300 ①978-4-276-50257-4

図工・美術・芸術科

◆絵心がない先生のための図工指導の教科書 細見均著 明治図書出版
【要旨】ちょっと絵を描くのは自信がない…。不器用だから、工作の授業でうまく教えられるかな…。そんな悩みをサクッと解決！ 図工の基本的な考え方に始まり、準備の仕方、作品の見方、授業の進め方を丁寧に解説。小手先のテクニックではない、本物の力がつく本。
2017 150p A5 ¥2000 ①978-4-18-157819-0

◆「お絵かき」の想像力—子どもの心と豊かな世界 皆本二三江著 春秋社
【要旨】子どもはなぜ「頭足人」を描くの？ 美術研究の大家が、絵の不思議と子どもの可能性を探る。
2017.2 236p B6 ¥1800 ①978-4-393-37328-6

◆工芸の教育 大坪圭輔著 （武蔵野）武蔵野美術大学出版局
【要旨】今こそ見直したい、自らの手を使いものをつくることからの学び。工芸の定義から工芸教育の歴史、設備、題材開発、鑑賞まで、工芸教育の基礎をおさえながら、教育の枠を超えた広い視野で工芸をとらえ考察。合理化・デジタル化がすすむ現代社会に求められる、「工芸」＝「手仕事」の存在意義と「工芸の教育」の可能性を探究する。
2017.4 333p A5 ¥2400 ①978-4-86463-058-0

◆時空間表現としての絵画—制作学と美術教育からのアプローチ 長尾寛子著 福村出版
【目次】第1部 絵画と時間表現（絵画における時間表現研究の歴史と目的、絵画における時間表現の理論的検討、絵画史に見られる時間表現方法の実証的検討）、第2部 絵画と空間表現（遠近空間認知のメカニズム、絵画における空間表現の分類と西洋近代絵画の事例分析）、第3部 時空間表現としての絵画（絵画の発展における時間表現と空間表現一貫的観察法と多変量解析による分析、絵画表現の特徴と発達）
2017.8 237p A5 ¥4000 ①978-4-571-10181-6

◆「資質・能力」を育成する図工科授業モデル 笠雷太編著,白石範孝シリーズ監修 学事出版 （小学校新学習指導要領のカリキュラム・マネジメントシリーズ）
【要旨】第1部 図画工作科が目指すこれから求められる「資質・能力」の育成（図工科におけるコンテンツ・ベイスからコンピテンシー・ベイスへの転換とは、本書における資質・能力の捉え方）、第2部 これから求められる「資質・能力」を育成する図画工作科授業モデル（育てる資質・能力 造形的なよさや美しさに向かおうとする心や態度（1年）すけるアサガオ、育てる資質・能力 自分らしく表したり、見たりするための造形的な知識や技能（2年）ようこそ！ じゃんぐるはうす、育てる資質・能力 発想を広げて、既習を活用し、追求していく力（1年）いきものワールド、育てる資質・能力 形や色、質感などを基に主題やイメージを自分で見いだし、考えていく力（1年）あいすくりいむたべ、育てる資質・能力 発想を広げて、既習を活用し、追求していく力（2年）くしゃくしゃからさあでておいで！ わたしのカタチ ほか）
2017.3 99p B5 ¥2000 ①978-4-7619-2299-3

◆小学校教育課程実践講座 図画工作 平成29年改訂 奥村高明編著 ぎょうせい
【要旨】豊富な先行授業事例・指導案。Q&Aで知りたい疑問を即解決！ 信頼と充実の執筆陣。
2018.1 197p A5 ¥1800 ①978-4-324-10309-8

◆小学校新学習指導要領の展開 図画工作編 平成29年版 阿部宏行,三根和浪編著 明治図書出版
【要旨】見方・考え方から発想・構想の視点まで改訂のキーポイントを明快に解説。資質・能力に基づいて再構成された各学年・領域の内容を具体的に詳説。分野別（造形遊び、絵、立体、工作、鑑賞）の新しい授業プランを収録。
2017 163p A5 ¥1800 ①978-4-18-328412-9

◆小学校新学習指導要領ポイント総整理 図画工作 平成29年版 阿部宏行編著 東洋館出版社
【要旨】「造形的な見方・考え方」を働かせ、「深い学び」を実現し、「資質・能力」を育てる！ 信頼の執筆陣、見やすい2色刷、新学習指導要領掲載。
2017.10 171p A5 ¥1700 ①978-4-491-03403-4

◆図工・美術教育へのアプローチ 造形教育の手法—えがく・つくる・みる 辻泰秀編著 萌文書林
【要旨】本書は、主に教員養成大学・短大での「小学校教科専門・図工」「基礎造形」「造形演習」等の授業用テキストを想定して作成された。描くこと、つくること、見ることの基礎的な内容に重点をおき、学習者が気軽に表現や鑑賞の活動ができることも目ざしている。したがって、造形に関する生涯学習の手引き書としての役割も意図している。美術の表現や鑑賞の学習の機会は、教員養成大学にとどまらない。造形を学習してみたい皆さんに、広く活用していただくことを期待したい。
2017.3 215p B5 ¥2400 ①978-4-89347-234-2

◆すべての子どもがイキイキ輝く！ 学級担任がつくる図工授業—指導スキル＆造形活動アイデア 今井真理著 明治図書出版 （図工授業サポートBOOKS）
【要旨】集中力のない子どもも、特別支援の子どもも、みんなが図工大好きになる活動がいっぱい！
2017 125p B5 ¥2200 ①978-4-18-262322-6

◆成長する授業—子供と教師をつなぐ図画工作 岡田京子著 東洋館出版社
【要旨】子供と教師をつなぐ図画工作。子供がときめく授業実践レポ9本収録！ 図画工作を通して成長する子供たちのつぶやき満載。
2016.12 189p B6 ¥1800 ①978-4-491-03296-2

◆西洋児童美術教育の思想—ドローイングは豊かな感性と創造性を育むか？ 要真理子,前田茂監訳 東信堂
【要旨】なぜ私たちは子どもに絵を描かせてきたのか—児童の「感受性」と「創造性」の起源を問う
2017.5 421p A5 ¥3600 ①978-4-7989-1428-2

◆楽しみながら才能を伸ばす！ 小学生の絵画とっておきレッスン ミノオカリョウスケ著 メイツ出版 （まなぶっく）改訂版
【要旨】創造力がぐんぐん伸びる！ 思い通りに描くための55のヒント。カワウソ先生とくせい「絵のビタミン」で豊かな表現力が身につきます！
2017.12 128p A5 ¥1530 ①978-4-7804-1956-6

学校教育

◆中学校新学習指導要領の展開 美術編 平成29年版　福本謹一, 村上尚徳編著　明治図書出版
【要旨】見方・考え方から発想・構想の視点まで改訂のキーポイントを明快に解説。資質・能力に基づいて再構成された各学年・領域の内容を具体的に詳説。分野別（絵、彫刻、デザイン、工芸、鑑賞）の新しい授業プランを収録。
2017 165p A5 ¥1800 ①978-4-18-334610-0

◆手軽でカンタン！子どもが夢中になる！筑波の図画工作指導アイデア＆題材ネタ50　筑波大学附属小学校図画工作科教育研究部, 仲嶺盛之, 北川智久, 笠雷太著　明治図書出版
【目次】第1章 図画工作授業がうまくいく！指導アイデア（指示―授業中の指示の方法、つなぐ―子どもをつなぐ方法、材料・道具―材料・道具の提示方法、評価―評価・みとりの方法）、第2章 ポイントを押さえてカンタン追試！題材ネタ50（造形遊び、絵、工作、立体、鑑賞、映像・メディア）
2017 127p B5 ¥2200 ①978-4-18-214422-6

◆美術のレシピ―全国の中学校美術実践事例集　日本文教出版編集部編　日本文教出版
【目次】1年（絵や彫刻など、デザインや工芸など）、2年、3年
2017.3 163p A4 ¥2500 ①978-4-536-60084-2

◆よくわかる図画工作科 なっとく新学習指導要領 授業への生かし方　小林貴生, 北澤俊之, 小林恭代, 大櫃重剛編著　開隆堂出版, 開隆館出版販売 発売
【目次】第1章 全体の構成と改訂のポイント（改訂の基本的な考え方、資質・能力としての三つの柱 ほか）、第2章 Q&A解説（「創造的技能」と「技能」に違いはあるのでしょうか？、知識や技能は、どういうテストで測ればよいのでしょうか？ ほか）、第3章 展開例（さらさらどろどろいいきもち、ぽかしあそびで立体 ほか）、第4章 資料編（図画工作科学習指導要領新旧対照表（ワンポイント解説付き）、中学校美術科学習指導要領（抜粋） ほか）
2017.11 128p B5 ¥2300 ①978-4-304-03113-7

◆わくわく図工室にいこう―こどもがつくるたのしい時間　美術手帖編集部編, 東京都図画工作研究会協力　美術出版エデュケーショナル
【要旨】東京都の図画工作専科の先生による23の授業内容、指導のポイント、そしてこどもたちの活動と作品を、豊富な写真とイラストで紹介。「図工室たんけん」「素材の集め方」「道具の扱い方」「作品のかざり方」などの特別記事も同時収録。こどもの造形活動のためのヒントがいっぱいです。
2017.11 127p 25×19cm ¥2500 ①978-4-938242-44-2

◆わくわく図工室にいこう 2 アートが生み出す子どもの未来　美術手帖編集部編, 東京都図画工作研究会協力, 辻政博監修　美術出版エデュケーショナル
【要旨】東京都の図画工作専科の先生による24の授業内容と子どもたちの活動の様子や作品を、豊富な写真で紹介。先生、子ども、保護者の方々の図工に関する悩みにベテランの先生が答える「図工Q&A」や、図工教育を考える対談など多数収録。図画工作・美術、ワークショップなど、子どもの造形活動のためのヒントがいっぱいです。
2017.11 135p 25×19cm ¥2500 ①978-4-938242-45-9

◆わくわく図工室にいこう 3 自分をつくる未来をつくる　美術手帖編集部編, 東京都図画工作研究所協力, 鈴石弘之, 辻政博監修　美術出版エデュケーショナル
【要旨】東京都の図画工作専科の先生による26の授業内容と、子どもたちの元気いっぱいの活動の様子を豊富な写真で紹介！ 図工に関する悩みにベテランの先生が答える「Q&A」や、図工教育を考える対談なども収録。図画工作・美術、ワークショップなど、子どもの造形活動のためのヒントがいっぱいです。
2017.11 126p 25×19cm ¥2500 ①978-4-938242-46-6

技術・家庭

◆「気になる子ども」と共に学ぶ家庭科―特別な支援に応じた授業づくり　伊藤圭子編著　開隆堂出版, 開隆館出版販売 発売
【目次】第1章 家庭科授業で「気になる子ども」の行動特徴と支援方法（家庭科の授業で「気になる子ども」はいませんか、家庭科授業での教師による工夫のすすめ ほか）、第2章 「気になる子ども」の行動特徴と授業の実際（小学校・中学校）（理解にしにくい子どもへの支援、不注意な子どもへの支援 ほか）、第3章 家庭科授業はじめの一歩（家庭科の授業づくりの基礎、実習授業の基礎 ほか）、第4章 家庭科授業 応用・発展（一枚ポートフォリオシートの活用、ジグソー学習法の活用 ほか）
2017.10 95p A4 ¥2200 ①978-4-304-02150-3

◆小学校学習指導要領解説―家庭編　文部科学省　東洋館出版社　7版
【目次】第1章 総説（改訂の経緯、家庭科改訂の趣旨 ほか）、第2章 家庭科の目標及び内容（家庭科の目標、家庭科の内容構成 ほか）、第3章 指導計画の作成と内容の取扱い（指導計画作成上の配慮事項、内容の取扱いと指導上の配慮事項 ほか）、付録（学校教育法施行規則（抄）、小学校学習指導要領（抄） 総則 ほか）
2017.1 97p A4 ¥153 ①978-4-491-03302-0

◆小学校家庭科教育研究　教師養成研究会家庭科教育学部会編著　東洋館出版社
【目次】1 家庭科の本質、2 家庭科の目標、3 家庭科の内容、4 学習指導、5 指導計画、6 施設・設備、7 評価、8 家庭科担当教師、9 諸外国の家庭科、10 家庭科の課題、付録
2017.8 231p A5 ¥2000 ①978-4-491-03312-9

◆小学校家庭科の授業をつくる―理論・実践の基礎知識　中西雪夫, 小林久美, 貴志倫子共編　学術図書出版社
【目次】第1部 家庭科教育の歴史と理論（家庭科の今、家庭科教育を学ぶ意義、家庭科教育のこれまで、家庭科教育のこれから、小中連携と家庭科教育）、第2部 家庭科の授業作りとその実践（授業の計画、実践例）、第3部 教材研究のための基礎知識（家族・家庭生活の基礎知識、食生活の基礎知識、衣生活の基礎知識、住生活の基礎知識、消費生活・環境の基礎知識）
2017.5 221p A5 ¥2500 ①978-4-7806-0540-2

◆小学校教育課程実践講座 家庭 平成29年改訂　岡陽子, 鈴木明子編著　ぎょうせい
【要旨】豊富な先行授業事例・指導案。Q&Aで知りたい疑問を即解決！ 信頼と充実の執筆陣。
2017.12 198p A5 ¥1800 ①978-4-324-10310-4

◆小学校新学習指導要領の展開 家庭編 平成29年版　長澤由喜子編著　明治図書出版
【要旨】家庭科で育成を目指す資質・能力を実現するための改訂のポイントを明示。新設の家族・家庭生活についての課題と実践を具体化した授業プランを掲載。2年間を見通した指導計画の作成をサポート。
2017 158p A5 ¥1800 ①978-4-18-328516-4

◆小学校新学習指導要領ポイント総整理 家庭 平成29年版　鈴木明子編著　東洋館出版社
【要旨】「生活の営みに係る見方・考え方」を働かせて「資質・能力」を育てる！
2017.12 130p A5 ¥1700 ①978-4-491-03404-1

◆中学校技術・家庭「技術分野」授業例で読み解く新学習指導要領　竹野英敏編著　開隆堂, 開隆館出版販売 発売
【要旨】技術の「見方・考え方」、技術の仕組み、科学的な原理・法則。資質・能力、問題の発見と課題の設定、問題解決の工夫。主体的・対話的で深い学び。
2017.10 79p B5 ¥1500 ①978-4-304-02153-4

◆中学校教育課程実践講座 技術・家庭 平成29年改訂　古川稔, 杉山久仁子編著　ぎょうせい
【要旨】豊富な先行授業事例・指導案。Q&Aで知りたい疑問を即解決！ これからの授業づくりに直結！
2017.12 244p A5 ¥1800 ①978-4-324-10325-8

◆中学校新学習指導要領の展開 技術・家庭 家庭分野編 平成29年版　杉山久仁子編著　明治図書出版
【要旨】学校段階の円滑な接続を目指した内容の系統性を解説。各内容のポイントと実践事例を収録。家庭分野の資質・能力を育むための指導方法の工夫を解説。
2017 158p A5 ¥1800 ①978-4-18-334912-5

◆中学校新学習指導要領の展開 技術・家庭 技術分野編 平成29年版　古川稔編著　明治図書出版
【要旨】すべての内容の指導ポイントを明示。追加されたプログラミング学習の内容を具体例を基に解説。主体的・対話的で深い学びを実現する新授業プランを収録。
2017 154p A5 ¥1800 ①978-4-18-334818-0

◆ニュービジュアル家庭科―資料+成分表 2017　実教出版編修部著　実教出版
【要旨】日本食品標準成分表2015準拠（追補2016年）。
2017 154p A5 ¥780 ①978-4-407-34072-3

◆ニューライブラリー家庭科―資料+成分表 2017　実教出版編修部著　実教出版
【要旨】日本食品標準成分表2015準拠（追補2016年）。
2017 154p A5 ¥780 ①978-4-407-34073-0

◆早わかり&実践 新学習指導要領解説 小学校家庭―理解への近道　長澤由喜子, 木村美智子, 鈴木真由子, 永田晴子, 中村恵子編著　開隆堂, 開隆館出版販売 発売
【要旨】平成29年版学習指導要領のポイントがひとめでわかる。指導事項ごとに豊富な題材例。実践につながる。
2017.10 127p B5 ¥2000 ①978-4-304-02152-7

◆早わかり&実践 新学習指導要領解説 中学校技術・家庭 家庭分野―理解への近道　長澤由喜子, 木村美智子, 鈴木真由子, 田中宏子, 永田晴子ほか編著　開隆堂, 開隆館出版販売 発売
【要旨】平成29年版学習指導要領のポイントがひとめでわかる。指導事項ごとに豊富な題材例。実践につながる。
2017.10 127p B5 ¥2000 ①978-4-304-02151-0

◆ものづくりの魅力―中学生が育つ技術の学び　技術教育研究会編　一藝社
【目次】第1章 道具には夢がある（かんなの刃を研ぐ、包丁を研ぐ ほか）、第2章 ダイコンは人々の人生の結晶―農業ってすごい・価値を実感（ダイコンは人々の人生の結晶、少し申し訳ないと思えてきました ほか）、第3章 テーブルタップ実習―「あったらいいな」から製品開発の起点に、テーブルタップの授業題材としての魅力 ほか）、第4章 技術を学ぶ文化（参考にしていることの自覚、技術室文化という考え方 ほか）
2017.12 77p A5 ¥1000 ①978-4-86359-133-2

保健体育

◆学習指導要領改訂のポイント 小学校・中学校 体育・保健体育 平成29年版　『楽しい体育の授業』編集部編著　明治図書出版（『楽しい体育の授業』PLUS）
【目次】第1章 キーワードでみる学習指導要領改訂のポイント（アクティブ・ラーニングと体育、体育科・保健体育科で育成を目指す資質・能力、知識・技能、思考力・判断力・表現力、学びに向かう力、体育・保健の見方・考え方、生涯にわたる豊かなスポーツライフ、スポーツの意義や価値の理解、教材の工夫とICTの活用、運動能力の二極化と体力向上への対応、体育と特別支援教育、保健の学習指導で求められること）、第2章 事例でみる学習指導要領改訂のポイント（アクティブ・ラーニングの視点を取り入れた授業、育成を目指す資質・能力にねらいを定めてつくる授業、「する・みる・知る」を支える実践、教材の工夫とICTを活用した授業、運動能力の二極化と体力向上に対応した授業、系統性のある指導の実際、体育と特別支援教育の実際、保健の新しい学習指導の実際）
2017 117p B5 ¥1860 ①978-4-18-271529-7

◆学級力が一気に高まる！絶対成功の体育授業マネジメント　垣内幸太, 桂井大輔著　明治図書出版
【要旨】「今日は体育があるから学校行くのが楽しみ！」何か一つ楽しみがあれば、子どもたちはがんばることができるのです。子どもたちからも人気の高い体育授業が果たす役割は大きいもの。そんな体育授業で、すべての子どもが自らの課題をもち、仲間と共に笑顔で、主体的に学習に取り組めるような授業ができれば、おのずと学級の力はグンと高まります。そこで本書では、学級力を高める体育授業をつくるための英知を結集しました。マジメントの基礎基本の

知識、「学級力」を高める体育授業マネジメントのノウハウ、マネジメント力を発揮させた指導スキルや授業アイデア。
2017 134p B5 ¥2260 ①978-4-18-098517-3

◆子どもの運動能力をグングン伸ばす！1時間に2教材を扱う「組み合わせ単元」でつくる筑波の体育授業 筑波大学附属小学校体育研究部、平川譲、清水由、眞榮里耕太、齋藤直人著 明治図書出版
【要旨】「組み合わせ単元」とは、1時間に2つ以上の教材を組み合わせる授業スタイルのことです。授業の期間を長く、回数を多くすることで確実に体育の力をつける方法です。これにより子どもたちにとって楽しく成果が上がる体育授業を実現します。1時間に2つの教材を扱うなんて準備や時間配分はどうしたらいいの？どんな教材を組み合わせたらいいの？そんな疑問にこたえ、簡単にトライしていただけるよう授業の実際を本書では紹介しています。ぜひ試してみて下さい！子どもの動きが変わります。
2017 111p B5 ¥2200 ①978-4-18-201827-5

◆子どもの未来を創造する体育の「主体的・対話的で深い学び」 鈴木直樹、成家篤史、石塚諭、阿部隆行編 創文企画
【目次】第1章 子どもの未来を創造する体育（ガラパゴス化する「体育」の扉をひらく！一次世代の体育を目指して、子どもの未来を創造する体育を求めて―主体的・対話的で深い学びを ほか）、第2章「主体的・対話的で深い学び」の具体的なゴールイメージ（体育における「主体的な学び」の実際、体育における「対話的な学び」の実際 ほか）、第3章「主体的・対話的で深い学び」を実現する指導方法と授業の実際（小学校6年生「4月、体育開きの学び」（体つくり運動 体力を高める運動）、小学校1年生「さえ子の学びを支えたものは？」（器械・器具を使った運動遊び マットを使った運動遊び） ほか）、第4章「主体的・対話的で深い学び」を実現するためのアイデア！（学習課題をつなげるウォームアップゲーム！、運動のおもしろさを実感し気づきを深める方法！ ほか）、第5章「主体的・対話的で深い学び」の誤解を避けるために（現場は何故、誤解してしまうのか？、コーチングの立場から体育への示唆 ほか）
2017.10 173p A5 ¥1600 ①978-4-86413-099-8

◆これからのインクルーシブ体育・スポーツ―障害のある子どもたちも一緒に楽しむための指導 藤田紀昭、齊藤まゆみ編著 ぎょうせい
【目次】第1章 障害のある子どもの体育・スポーツの意義、第2章 どんな子どもたち、第3章 子どもの運動を知るためには、第4章 子どもが運動を楽しむためには、第5章 インクルーシブ体育、第6章 障害児の体育の歩みと今後の展望
2017.12 188p B5 ¥2400 ①978-4-324-10383-8

◆「資質・能力」を育成する体育科授業モデル 平川譲編著、白石範孝監修 学事出版
（小学校新学習指導要領のカリキュラム・マネジメントシリーズ）
【目次】第1部 体育科が目指すこれから求められる「資質・能力」の育成（身体操作の知識、感覚・技能、用具を操作する・扱う知識、感覚・技能、3つの型のボールゲームの知識、感覚・技能、汎用的能力）、第2部 これから求められる「資質・能力」を育成する体育科授業モデル（身体操作の知識、感覚・技能1 腕支持・逆さ感覚・技能（2年）―折り返しの運動、よじのぼり逆立ちじゃんけん、身体操作の知識、感覚・技能1 腕支持・体のしめの知識、感覚・技能（3年）―壁逆立ち、身体操作の知識、感覚・技能1 腕支持・逆さの知識、感覚・技能（6年）―前方倒立回転、身体操作の知識、感覚・技能2 回転の知識、感覚・技能（1年）―くるくる回ろう（マット）いろいろな動きにチャレンジしよう（鉄棒）、身体操作の知識、感覚・技能1 腕支持・逆さの知識、感覚・技能（3年）―だるま回り（かかえ込み回り） ほか）
2017.4 95p B5 ¥2000 ①978-4-7619-2297-9

◆小学校新学習指導要領の展開 体育編 平成29年版 白旗和也編著 明治図書出版
【要旨】カリキュラム・マネジメントなど改訂のキーポイントを解説。単元設計から指導内容、学習評価までを押さえた新実践プランを収録。豊かなスポーツライフを実現するための資質・能力を明示。
2017 198p A5 ¥1800 ①978-4-18-328610-9

◆小学校新学習指導要領ポイント総整理 体育 平成29年版 岡出美則、植田誠治編著 東洋館出版社
【要旨】生涯にわたる心身の健康の保持増進、豊かなスポーツライフを実現するための「資質・能力」を育む！新学習指導要領掲載。これ1冊で大丈夫!!
2017.12 207p A5 ¥1900 ①978-4-491-03405-8

◆小学校体育 写真でわかる運動と指導のポイント 体つくり 眞榮里耕太著 大修館書店
【目次】1 全身の力や敏捷性を高める運動（動物歩き、おりかえし形式 ほか）、2 上体の力や逆さ感覚・高所感覚などを高める運動（おんぶ・手押し車、カエルの足うち ほか）、3 用具を操作する力や巧緻性を高める運動（短なわ種目とび、長なわとび ほか）、4 体の柔らかさを高める運動、仲間と交流する運動（ストレッチ、ブリッジ ほか）、5 体つくりの授業実践例（マットを使ったおりかえし、ボールを使ったおりかえし ほか）
2017.3 79p B5 ¥1300 ①978-4-469-26810-2

◆小学校体育 写真でわかる運動と指導のポイント マット 松本格之祐、齋藤直人著 大修館書店
【目次】1 転がる運動（前転系、後転系、側転系等）、2 支持回転する運動（身体を支える運動、頭つき逆立ち（三点倒立）、ブリッジ ほか）、3 技の組み合わせ・補助や場の工夫（前方と後方の回転する運動の組み合わせ、支持回転の組み合わせ、シンクロマット ほか）
2017.3 79p B5 ¥1300 ①978-4-469-26809-6

◆小学校ボールゲームの授業づくり―実践理論の生成と展開 梅野圭史編著、身体教育研究会著 創文企画
【要旨】「低学年：鬼遊び（しっぽ取り）」鬼の陣地から仲間を助け出そう！「中学年：ボーンパスゲーム」陣地を進めるパスを工夫しよう。「高学年：タグフットボール」コースを読んで、駆け抜けろ！「低学年：ならびっこフットベースボール」どのコーンをまわればよいか、さあ挑戦だ！「中・高学年：ラケットベースボール」投球に合わせてジャストミート！「中学年：バウンドゲーム」すばやく、ボールの下に入ろう。「中学年：アタックバレーボール」アタックチャンスをつくろう！…それぞれの章の第1節に、カリキュラムの考え方と教材配列を示した。
2017.4 283p A5 ¥2200 ①978-4-86413-092-9

◆そのまま使える！パワポ月経授業 CD-ROM付き 早乙女智子監修 少年写真新聞社
（付属教材：CD・ROM1）
【目次】1 子どもに伝える初めての月経、2 女子・男子・その他の体のしくみ、3 月経と健康、4 月経に関するツールのいろいろ、5 月経のマナー・月経で困ったとき、6 男子に伝えたい月経のこと、7 月経を快適に過ごすために、付録
2017.7 119p B5 ¥1800 ①978-4-87981-604-7

◆体育科教育における教材論 岩田靖著 明和出版
【目次】第1章 教育学（一般教授学分野）における教材論、第2章 体育科教育における教材論の系譜―先行研究の検討、第3章 体育における「学力」論と授業構成に関わる教授学的諸問題、第4章 体育科教育における教材づくり論の前史的経緯、第5章 高田典衛の教材づくり論についての分析、第6章 教育行為の目的意識性における教材概念の検討、第7章 体育科教育における「教材解釈」と「教材づくり」の関係、第8章 体育科教育における階層的な教材づくり論―体育科教育における教材づくりのレベル（教材のサイズ）の問題、第9章 運動技能の教材化＝学習過程における下位教材群の構成、第10章 補論・体育科教育における「教具」論の検討
2017.9 242p A5 ¥2400 ①978-4-901933-39-1

◆対話でつくる教科外の体育―学校の体育・スポーツ活動を学び直す 神谷拓編著 学事出版
【要旨】学校の体育・スポーツ活動を、教育課程、課外活動・部活動、そして生活へとつなぐ見方・考えかたから改めて学び直し、日々の指導を変えていきましょう。
2017.10 175p A5 ¥1900 ①978-4-7619-2371-6

◆中学・高校 陸上競技の学習指導―「わかって・できる」指導の工夫 小木曽一之編著、清水茂幸、串間敦郎、得居雅人、小倉幸雄、田附俊一著 道和書院
【要旨】「走る・跳ぶ・投げる」の動きを力学・生理学から解説。動作を体得できるドリル・実践例を紹介。
2017.5 239p A5 ¥2400 ①978-4-8105-2133-7

◆中学校新学習指導要領の展開 保健体育編 平成29年版 佐藤豊編著 明治図書出版
【要旨】カリキュラム・マネジメントなど改訂のキーポイントを解説。単元設計から指導内容、学習評価までを押さえた新実践プランを収録。豊かなスポーツライフを実現するための資質・能力を明示。
2017 189p A5 ¥1800 ①978-4-18-334714-5

◆導入5分が授業を決める！「準備運動」絶対成功の指導BOOK 関西体育授業研究会著 明治図書出版
【要旨】領域分野別に選べる準備運動を168点収録。
2017.11 128p A5 ¥1800 ①978-4-18-098111-3

◆ねこちゃん体操の体幹コントロールでみんながうまくなる器械運動 山内basoひろ著 創文企画
【目次】序章 みんなでみんながができる授業をめざして、第1章 ねこちゃん体操と、マット運動（ゴロゴロ、コロコロ、やってみよう！、ウーパールーパー体操やってみよう！、動物歩きのしいな ほか）、第2章 ねこちゃん体操と、鉄棒運動（固定施設（遊具）遊びやってみよう！、鉄棒「おちっこ大会」やってみよう！、鉄棒「ぶらぶら大会」やってみよう！ ほか）、第3章 ねこちゃん体操と、とび箱運動（とび箱あそびやってみよう！、「横とびこし」は、とび箱運動の基礎技だ、「かかえこみとび」で反転系をきわめよう！ ほか）
2017.9 175p B5 ¥1800 ①978-4-86413-097-4

◆保健科教育法入門 日本保健科教育学会編 大修館書店
【目次】第1章 保健科教育とは何か（学校教育における保健科教育の位置づけ、我が国における保健科教育の現状、諸外国の保健教育）、第2章 保健の授業をつくる（良い保健授業の姿をイメージしよう、学習目標を設定しよう、学習内容を理解しよう、教材を準備しよう、授業スタイルを考えよう、指導の計画を立てよう、教授行為のテクニックを磨こう、評価を工夫しよう、模擬授業をやってみよう―教科書を活用した授業プラン）、第3章 保健授業の展開例（小学校、中学校、高等学校）、第4章 教育実習に当たって（教育実習の目的と概要、事前準備、教育現場での留意事項と事後の心得）、第5章 保健科教育の勉強を更に進めよう（書籍やウェブなどから更に学ぼう、研究会に参加して実力を高めよう、保健科教育を学問として学んでみよう）
2017.4 182p B5 ¥1700 ①978-4-469-26820-1

受験・予備校・学校ガイド

◆お受験・中学受験で頼りにならないパパがガラリと変わる本 山岸顕司著 現代書林
【要旨】49年の歴史を誇る慶応会。その小学校受験の専門家が中学受験や高校受験でも外せない子育ての秘訣と父親の参加意義を詳説。
2017.10 223p B6 ¥1300 ①978-4-7745-1656-1

◆海外・帰国生のためのスクールガイド Biblos 2018年度版 JOBAビブロス編集部編 東京学参
【目次】1 海外・帰国生中学編、2 海外・帰国生高校編、3 海外・帰国生大学編、4 海外・帰国生小学編、5 資料編、6 帰国生受け入れ校からのメッセージ
2017.9 374p B5 ¥3333 ①978-4-8141-0445-1

◆会計専門職大学院（アカウンティングスクール）に行こう！ 2018年度版 会計専門職大学院に行こう！編集委員会編 創成社
【要旨】入試試験から修了生までの全12大学院の最新データを完全収録！大学院選びのチェックポイントがわかる！
2017.11 167p A5 ¥1800 ①978-4-7944-8080-4

◆神奈川県高校受験案内 平成30年度用 声の教育社
【要旨】神奈川県の国公私立216校、東京・近県の国立・私立111校をくわしく紹介。
2017 672,8p B5 ¥1900 ①978-4-7996-3315-1

◆関西圏 私立・国立小学校合格マニュアル 2018年度入試用 伸芽会教育研究所監修 伸芽会
【要旨】エリア別厳選84校。Shinga-kaiの合格メッセージを集めたマニュアルBOOK。最新入試日程（2017年秋冬実施予定）掲載。実況！講演会・説明会ダイジェスト。帰国生の編入学情報全93校。合格体験談・関西大学、京都女子、同

受験・予備校・学校ガイド

教育

志社、洛南、関西学院。2018年度直前情報！関西主要校の傾向など対策。
2017.5 271p B5 ¥2800 ①978-4-86203-607-0

◆カンペキ中学受験 2018　朝日新聞出版編
【要旨】どこよりも早い！入試情報を完全収録。この1冊で志望校が必ず決まる！
2017.3 402p B5 ¥1900 ①978-4-02-331580-8

◆帰国子女のための学校便覧 2018　海外子女教育振興財団編　海外子女教育振興財団
【目次】小学校・中学校・中等教育学校編、高等学校編、高等専門学校編、大学編、短期大学編、その他の学校編、私立在外教育施設編
2017.10 686p A5 ¥3333 ①978-4-902799-32-3

◆近畿圏・愛知県 国立・私立小学校進学のてびき 平成30年度版　日本学習図書
【要旨】関西私立小学校に訪れる変革の波を知る！平成30年度入試日程掲載！私立小学校の入試日程が今年も変動！新たな入試方式についても解説。最新の教育ニュース！学校名変更、他校との連携、新たな試みなど、情報を掲載。
2017.4 329p B5 ¥2900 ①978-4-7761-3102-1

◆慶應合格指南書　黒田善輝著　伸芽会
【要旨】慶應受験の最難関、慶應幼稚舎・慶應横浜初等部受験のカリスマ講師が伝授する「教えない」子育て。小学校受験の決定版！合格実例集と入試分析も掲載!!
2018.1 223p B6 ¥1600 ①978-4-86203-612-4

◆高1からの進路教室　渡邉洋一著　幻冬舎メディアコンサルティング、幻冬舎 発売
【要旨】偏差値やブランドだけで学校を選んではいけない。自分の将来を見据えた「いちばん」の大学・短大・専門学校の選び方。
2017.12 313p B6 ¥1400 ①978-4-344-91411-7

◆合格する親子のすごい勉強　松本亘正著　かんき出版
【要旨】苦手科目を克服できない…。習い事もやめさせるべき？応用問題になると、途端にできなくなる。ケアレスミスが多くて困っている。…2020年大学入試改革に強い子になる！難関中学合格率60％超の人気塾講師が教える、中学受験を考える前に知っておきたい、家庭でムリなくできることすべて！
2017.4 253p B5 ¥1400 ①978-4-7612-7248-7

◆合格手帳 2018　田村仁人著　ディスカヴァー・トゥエンティワン
【要旨】23万部突破の大定番。リピーター続出の合格専用手帳！毎月のアドバイスで、最後まで伴走します。
2017.9 1Vol. B6 ¥1300 ①978-4-7993-2085-3

◆高校受験案内 2018年度入試用　旺文社編　旺文社
【要旨】首都圏2018年度入試用（東京・神奈川・埼玉・千葉・茨城・栃木・山梨）。都立・公立高校（神奈川・埼玉・千葉）、国立高校／国立高専。
2017.3 1284, 111p A5 ¥2200 ①978-4-01-009338-2

◆高校受験用学校説明会ガイド 2018年　栄光ゼミナール、栄光 発売　（「私立中高進学通信」別冊）
【要旨】東京・神奈川・埼玉・千葉・茨城・栃木、私立高校・公立高校・国立大学附属高校を調査。学校説明会・文化祭・体育祭・入試説明会などの公開行事を掲載。
2017 198p B5 ¥700 ①978-4-87293-596-7

◆高校紹介 2018年入試　奈良新聞社編
（奈良）奈良新聞社
【要旨】奈良県内の国公私立、大阪・京都の主要私立138校。
2017.9 242p A4 ¥1700 ①978-4-88856-146-4

◆高認があるじゃん！2017～2018年版 "現在"を変える。"未来"を広げる！　学びリンク編集部編　学びリンク
【要旨】目標が見つかった時点で、その人はスタートラインに立ってる！もう走ってるよ！—Special Interview お笑い芸人TIMゴルゴ松本さん、導入、「高認からの進学」にエール！大学・専門学校インタビュー、高認取得のWork Life Study Balance、名門予備校講師があかす過去問攻略、解説編、高認取得の多様な進路、最新！詳細！：高卒認定試験予備校一「高認関連」通信制高校サポート校、しまりすの親方式高認最短合格の心得、ネットから知る高認試験情報サイト、弱点を知る！ミスを防ぐ！本番前の総仕上げ！模擬試験を受けよう！、これで合格に

導く！高認予備校オリジナル教材
2017.4 170p B5 ¥1400 ①978-4-908555-10-7

◆公立・私立高校への進学 関西版 2018
（大阪）ユーデック　（「がくあん」シリーズ）
【要旨】大阪・兵庫・京都・滋賀・奈良・和歌山の国立・公立・私立高等学校と工業高等専門学校の学校紹介と入試情報満載！教育の特色・競争率・合格最低点など569校のめやす。多様な進路に対応する高等専修学校・サポート校情報掲載。入試難易度を★マークでわかりやすく表示。インターハイなど全国大会成績掲載。巻末資料・広域学校地図。女子校・共学校・男子校制服紹介カラーグラビア。
2017.6 460p B5 ¥2000 ①978-4-86599-021-8

◆攻略！公立中高一貫校適性検査対策問題集 総合編 2018年度用　東京学参（公立中高一貫校入試シリーズ）（付属資料：別冊1）
【要旨】実際の出題から良問を精選。思考の道筋に重点をおいた解説。独自の5つのステップで作文を攻略。仕上げテストで実力を確認。
2017.3 143p B5 ¥1300 ①978-4-8141-0450-5

◆国立・私立小学校合格への道 関西版 2018　こどもカレッジ編集協力　（大阪）ユーデック
【要旨】国・公・私立小学校の特徴、入学願書・面接の知識、私立小学校案内、学校別入試スケジュール、学校別考査案内、入試内容、分野別問題。小学校選びと受験準備はこれ1冊でOK!!
2017.5 106p B5 ¥1400 ①978-4-86599-015-7

◆国立大学 附属学校のすべて　月刊『コロンブス』編集部編　東方通信社、ティ・エー・シー企画 発売　（教育シリーズ Vol.1）
【要旨】幼稚園、小学校、中学校、義務教育学校、中等教育学校、高等学校、特別支援学校。もっと知りたい全国の附属学校園を徹底紹介！！
2017.10 122p 27×21cm ¥880 ①978-4-924508-25-5

◆受験生専門外来の医師が教える 合格させたいなら「脳に効くこと」をやりなさい　吉田たかよし著　青春出版社
【要旨】受験のストレスを解消し、勉強の効率を飛躍的に上げるために一親がやるべきこと、やってはいけないこと！脳科学と学習医学に基づいた「親の勉強サポート法」。中学受験・高校受験・大学受験、わが子の脳力を120％引き出す合格脳メソッド。
2017.9 206p B6 ¥1350 ①978-4-413-23053-7

◆受験のプロが教える中学受験 親・子・塾の"三位一体"合格法　櫻井頼朋著　ごま書房新社
【要旨】「今注目の公立中高一貫校の最新情報」「合格親子の体験記」も掲載！難関校生徒の実績が裏付けるベテラン指導者が、親子で受験を成功させるための方法を公開します！
2017.7 223p B6 ¥1400 ①978-4-341-08675-6

◆受験勉強をしなければいけない本当の理由—やる気が高まる！　関正生、伊藤賀一著　宝島社　『これまで誰も教えてくれなかった受験勉強をしなければいけない本当の理由』加筆・改訂・再編集・改題書】
【要旨】「受験勉強」って意味あるの？「大学に行く意味」って…？大学受験って、ホントにフェアな競争なんですか？ブランドや偏差値で大学を選んでもいいの？やりたいことが決まってないから学部なんて決められない！大学の授業なんて、実社会じゃ役に立たないんじゃない？スタディサプリ看板講師が志望校合格の近道を教える。
2017.4 253p B6 ¥1400 ①978-4-8002-7039-9

◆首都圏 高校受験案内 2018　晶文社学校案内編集部編　晶文社
【要旨】毎日着るものだからこだわりたい！制服コレクション、入試本番まで1年間サポート!!受験生応援マガジンを活用しよう！：私立高校案内（女子校・男子校・共学校別／五十音順）、都立高校案内、公立高校案内、国立、高専・通信・海外、資料
2017.4 1571p A5 ¥2200 ①978-4-7949-9788-3

◆首都圏 国立・私立幼稚園入園のてびき 平成30年度版　日本学習図書
【要旨】どこがちがうの？：幼稚園・保育園・認定こども園。幼稚園ってどんなところ？…活動内容・特色ある取り組み。園長先生のアドバイスつき幼稚園選びのポイント。入園準備のスケジュール・入園までに身につけてほしいこと。
2017.2 319p B5 ¥2500 ①978-4-7761-3101-4

◆首都圏 私立高校推薦・優遇入試ガイド 2018　晶文社学校案内編集部編　晶文社
【目次】巻頭カラー 毎日着るものだからこだわりたい！制服コレクション、オープニングマンガ 高校入試はじめの一歩、解説 入試制度を上手に使ってしっかり合格！私立入試攻略法、特待生制度のまとめ、東京都私立高等学校、神奈川県私立高等学校、千葉県私立高等学校、埼玉県私立高等学校、その他地区私立高等学校、高等専門学校、資料
2017.4 625p A5 ¥1900 ①978-4-7949-9388-5

◆首都圏私立高校大学附属・系列校ガイド 2018年度用　晶文社学校案内編集部編　晶文社
【要旨】高・大7年間を見すえた志望校選び、附属高校と大学を同時掲載。早慶GMARCH・日東駒専、etc. 大学31校、附属高校67校。巻末資料・高校入試の調査書の活用、3年間の内部進学状況、高校・大学の初年度学費一覧。
2017.4 332p A5 ¥1800 ①978-4-7949-9758-6

◆首都圏私立・国立小学校合格マニュアル 2018年度入試用　伸芽会教育研究所監修　伸芽会
【要旨】エリア別主要99校。Shinga-kaiの合格メッセージを集めたマニュアルBOOK。最新入試日程（2017年秋冬実施予定）掲載。有名小学校のデータがひと目でわかる。
2017.7 399p A5 ¥3200 ①978-4-86203-609-4

◆首都圏 私立・国立 小学校合格マニュアル 入試準備号 2018年度　伸芽会教育研究所監修　伸芽会
【要旨】有名小学校の入試DATAがひと目でわかる！合格完全ガイドBOOK。東京・神奈川・埼玉・千葉・茨城エリア別、厳選99校収録。
2017.4 301p B5 ¥2600 ①978-4-86203-606-3

◆首都圏私立中学・高校受験ガイドTHE私立 平成30年度版　東京学参
【要旨】1ページ1校紹介で読みやすい誌面。志望校決定に役立つ前年度の入試要項も掲載。学校の雰囲気がわかる写真も満載（一部除く）。都道府県別受験に役立つデータ集。通学沿線別学校の個性で選べるスーパーインデックス。スクール通Q所注目の学校を大クローズアップ。エリア別制服事情人気の制服を紹介。
2017.6 671p B5 ¥1800 ①978-4-8141-0444-4

◆首都圏 中学受験案内 2018　晶文社学校案内編集部編　晶文社
【目次】巻頭カラー特集〈教えて！グローバル教育、着物姿におじゃまします！〉、カラー版 制服コレクション、特集 中学受験の新常識！、学校案内（あいうえお順）、東京都私立中学校、神奈川県私立中学校、千葉県私立中学校、埼玉県私立中学校、その他の地区私立中学校、国公立中学校
2017.4 929p A5 ¥1900 ①978-4-7949-9778-4

◆首都圏版 高校入試合格資料集 平成30年度用　声の教育社編集部編　声の教育社
【目次】平成30年度首都圏私立・国公立高等学校ほか入試日一覧、平成30年度高等学校入試生徒募集上の変更点、平成30年度首都圏高校入試の展望、併願校探しに便利な関東7都県の私立高校入試日早見表、30年度入試向け学校説明会／公開行事日程、最近数年間の作文・小論文課題傾向とこれからの展望と対策!!、課題作文・小論文出題校調査、高校入試における面接の形式とウエート、おもな高校の面接会場のようす、公立高校発表日まで手続き金を延納できる学校〔ほか〕 2017 164p B5 ¥1300 ①978-4-7996-3864-4

◆首都圏版 中学受験案内 平成30年度用　声の教育社編集部編　声の教育社
【要旨】東京・神奈川・千葉・埼玉・茨城・栃木ほか、首都圏の私立・国公立中学341校のスクール情報を徹底リサーチ！
2017 840p B5 ¥1900 ①978-4-7996-3311-3

◆首都圏版 中学入試合格資料集 平成30年度用　声の教育社編集部編　声の教育社
【要旨】平成30年度首都圏私立・国立中学校入試日一覧、2018年度中学入試はどう展開するか、平成30年度入試で試験科目・入試科目を変更する学校、平成29年度新タイプ入試（適性検査型・思考力型）を実施した私立中学、平成29年度に英語選択入試を実施した学校、大特集 魅力がいっぱい！特色のある中学校、中学受験のプロが選ぶ日程別中学入試の併願サンプル、30年度入試向け学校説明会／公開行事日程、注目の

新しい進路 公立中高一貫校を受ける！ 入試概要と出題傾向、あらかじめ知っておきたい国立大学附属中学の応募資格等〔ほか〕
2017 224p B5 ¥1200 ⓘ978-4-7996-3863-7

◆首都圏・東日本国立・私立小学校進学のてびき 平成30年度版 日本学習図書
【要旨】「安心」「納得」の学校選びのためにこの1冊で学校情報丸わかり!!
2017.2 335p B5 ¥2500 ⓘ978-4-7761-3100-7

◆私立・国立・公立中学受験学校案内―関西／中国・四国／九州版 2018入試用 日能研関西、日能研化、日能研企画・編集（横浜）日能研、みくに出版 発売
【要旨】関西113校、中国・四国25校、九州57校、東海・その他2校。
2017.8 某 B5 ¥1500 ⓘ978-4-8403-0668-3

◆私立中学への進学 関西版 2018 （大阪）ユーデック
【要旨】大阪・兵庫・京都・滋賀・奈良・和歌山の国・私立中学全校＆公立中高一貫全校と西日本の有名私立中学校を掲載！ 教育の特色・カリキュラム・大学合格実績、最近5カ年の応募状況推移と競争倍率など役立つ情報満載。
2017.6 377p A5 ¥1700 ⓘ978-4-86599-020-1

◆私立中学校・高等学校受験年鑑（東京圏版） 2018年度版 大学通信
【目次】私立中学校・高等学校 スーパーマルチコンテンツ、解説編、学校案内編、寮のある学校編、海外校編、国公立中編、大学案内編、データ編、2017年・2012年・2007年高校別大学合格者数一覧
2017.8 964p A5 ¥1500 ⓘ978-4-88486-241-1

◆新・小学校受験 願書・アンケート・作文文例集500 日本学習図書
【要旨】今話題の保護者作文にも対応！国立・私立小学校の文例を掲載！ 項目別でわかりやすい。合格をつかむ文章指南！
2017.5 223p A5 ¥2600 ⓘ978-4-7761-3104-5

◆全国高等学校一覧 平成29年度版 全国高等学校長協会編 全国高等学校長協会出版 発売（付属資料：CD-ROM1）
【要旨】北海道地区、東北地区、関東地区、北信越地区、東海地区、近畿地区、中国地区、四国地区、九州地区
2017.6 376p A4 ¥10000 ⓘ978-4-7619-2418-8

◆全国フリースクールガイド 2017～2018年版 ―小中高・不登校生の居場所探し 学びリンク編集部編 学びリンク
【要旨】429の居場所・相談窓口を掲載！ 活動内容やしくみ設立・運営方法もわかる！
2017.1 353p B5 ¥2500 ⓘ978-4-908555-08-4

◆大合格―参考書じゃなくオレに聞け！ 中田敦彦著 KADOKAWA
【要旨】合格なんか目指すな。大合格だ！ 受験・恋愛・人間関係のお悩みは、これ一冊ですべて解決。スタディサプリの人気コンテンツを収録。
2017.4 205p B6 ¥1200 ⓘ978-4-04-601997-4

◆千葉県高校受験案内 平成30年度用 声の教育社編集部編 声の教育社
【要旨】県内の中学生向け。県内のハイスクール情報を徹底リサーチ。
2017.7 560p B5 ¥1900 ⓘ978-4-7996-3313-7

◆中学受験案内 2018年度入試用 旺文社編 旺文社
【目次】受験ガイド編、首都圏学校案内編、入試インフォメーション、学校データ編、資料編
2017.3 890, 99p A5 ¥2000 ⓘ978-4-01-009337-5

◆中学受験 親のかかわり方大全 松島伸浩著 実務教育出版
【要旨】やる気をみせないわが子へのイライラ、成績不振の焦りと不安、親子げんか・夫婦げんか、NGワードと自己嫌悪…塾が始まる準備期から4年生、5年生、6年生、そして入試当日、合格・不合格の対処法まで学年各時期のポイントを網羅！ 講演会が常にキャンセル待ちの著者が明らかにする子どもの導き方！
2017.4 332p B6 ¥1500 ⓘ978-4-7889-1136-9

◆中学受験ガイド 2018年度入試用 サピックス小学部企画・編集 代々木ライブラリー
【要旨】志望校選びに必要な情報が満載。偏差値一覧付き！ 首都圏＋全国主要校私立・国立・公立中高一貫、296校徹底リサーチ。各校の沿革と特徴、学費、今春の大学進学実績から、文化祭・

体育祭・学校説明会の日程まで。

◆中学受験志望校合格・親子の受験ハンドブック―"現在(いま)"から"直前45日"の過ごし方 2018年度 受験情報研究会著 ごま書房新社
【要旨】本書は科目ごとの参考書ではありません。「受験日までどう過ごしたらいいか」を、「親子の受験知識」としてまとめたものです。中学「受験」は"国語力"が合否を左右する。塾で、いくら学力を養っても、受験本番でその学力を100パーセント発揮できるかどうかは、実は親の力にかかっている、といっても過言ではありません。
2017.7 190p B6 ¥1500 ⓘ978-4-341-08671-8

◆中学受験 私立中学の魅力！ 2018 私学教育を語る7つのカテゴリー―関西限定 日能研関西編 （大阪）新興出版社啓林館
【要旨】スペシャル・インタビュー 吉川左紀子さん／京都大学こころの未来研究センター教授「多様で豊かな学びを実現するために」、私学教育を語る7つのカテゴリー（学校環境―ロケーション／校舎／食堂／ICT／グラウンド／制服、リベラルアーツ―読書教育／図書館／芸術／クラブ活動、サイエンス教育―実験／観察／中高大連携・ラボステイ、情操教育―宗教／ボランティア、グローバル教育―英語教育／海外研修／留学／日本文化、キャリア教育―プログラム／プレゼンテーション／中高大連携、名物行事―合宿／アクティブ／祭典）、中学受験入門―中学受験応援サイト「シガクラボ」
2017.6 162p A4 ¥1200 ⓘ978-4-402-37007-7

◆中学受験 新お母さんが教える国語―わが子を志望校に合格させる最強の家庭学習法 早川尚子著 ダイヤモンド・ビッグ社、ダイヤモンド社 発売
【要旨】教えるのが難しい教科といわれる国語。でも、お母さんならわが子の学力を伸ばすことができるのです。中学受験国語の家庭学習メソッドの決定版。
2017.8 255p B6 ¥1500 ⓘ978-4-478-06074-2

◆中学受験 注目校の素顔 巣鴨中学校・高等学校 おおたとしまさ著 ダイヤモンド・ビッグ社、ダイヤモンド社 発売 （学校研究シリーズ 013）
【目次】卒業生インタビュー 巣鴨ってどんな学校？―医療法人誠弘会池袋病院院長・理事長 池袋謙一さん、第1章 巣鴨という学校、第2章 巣鴨が目指す人物像、第3章 巣鴨の授業、第4章 巣鴨のカリキュラム、第5章 巣鴨の日常風景
2017.10 172p B6 ¥1200 ⓘ978-4-478-82107-7

◆中学受験 注目校の素顔 桐朋中学校・高等学校 おおたとしまさ著 ダイヤモンド・ビッグ社、ダイヤモンド社 発売 （学校研究シリーズ 012）
【目次】卒業生インタビュー 桐朋ってどんな学校？―独立研究者 森田真生さん、第1章 桐朋という学校、第2章 桐朋が目指す人物像、第3章 桐朋の授業、第4章 桐朋のカリキュラム、第5章 桐朋の日常風景
2017.10 172p B6 ¥1200 ⓘ978-4-478-82106-0

◆中学受験 日能研の学校案内（首都圏・その他東日本版） 2018入試用 日能研企画・編（横浜）日能研、みくに出版 発売
【目次】1 大人気97校の学校比較編、2 中高一貫校学校紹介編（「中高一貫校学校紹介」の見方、中学受験の基礎用語集、首都圏―東京・神奈川・千葉・埼玉・茨城・栃木・群馬・長野、北海道・東北―北海道・宮城、その他東日本―静岡・愛知、東日本その他―北海道・青森・岩手・宮城・秋田・山形・福島・茨城・栃木・群馬・山梨・長野・東京・神奈川・千葉・静岡・新潟・石川・福井・富山）、3 データ編（2017年入試要項＆入試結果データ編、2016年春私立・公立一貫校大学合格実績、2016年春大学付属校の内部推薦進学率、特待生制度・独自の奨学金制度がある学校）
2017.4 308, 155, 68p B5 ¥2000 ⓘ978-4-8403-0667-6

◆中学受験偏差値20アップを目指す逆転合格術 西村則康著 青春出版社
【要旨】正しい復習法、つまずきポイント解消術、志望校別・問題の"捨て方"。「点のとり方」さえわかれば"どん底"からでもグンと伸びる！ 中堅校から超難関校まで、多くの子を"大逆転"に導いてきた著者が教える超メソッド。
2017.10 268p B6 ¥1480 ⓘ978-4-413-23061-2

◆中学受験 まんがで学ぶ！ 国語がニガテな子のための読解力が身につく7つのコツ 説明文編 長尾誠夫著、佐久間さのすけ漫画 ダイヤモンド・ビッグ社、ダイヤモンド社 発売
【要旨】7匹のスケモン（助っ人モンスター）をゲットして長文読解マスターをめざせ！ 日本一楽しく、わかりやすい国語参考書！
2017.5 214p B6 ¥1400 ⓘ978-4-478-04918-1

◆中学受験 見るだけでわかる理科のツボ 辻義夫著 青春出版社
【要旨】「あと20点」を上積みする「暗記のコツ」「思考のコツ」が満載。
2017.8 211p B6 ¥1650 ⓘ978-4-413-23049-0

◆中学受験用学校説明会ガイド 2018年 栄光ゼミナール、栄光 発売 （「私立中高進学通信」別冊）
【要旨】東京・神奈川・埼玉・千葉・茨城・栃木、私立中学校・国立大学附属中学校・公立中高一貫校を調査。学校情報・文化祭・体育祭・入試説明会などの公開行事を掲載。
2017 182p B5 ¥700 ⓘ978-4-87293-595-0

◆中学受験 6年生からの大逆転メソッド―最少のコストで合格をつかむ60の秘策 安浪京子作・絵 文藝春秋
【要旨】指導料1時間2万円なのに3年待ち！ 超人気家庭教師がこっそり教える自宅でできるマル秘ノウハウ。
2017.2 255p B6 ¥1400 ⓘ978-4-16-390600-3

◆中学卒・高校転編入からの進学―ステップアップスクールガイド 2018 学びリンク編集部編 学びリンク
【要旨】高卒資格・転編入・高認のための学校選び。掲載校数全401校の完全データ！ 特集・魅力満載・雰囲気がわかる！ オススメ「注目の学校」。親子でLet's Go！ オープンキャンパス。生徒インタビュー。制服COLLECTION2018。
2017.9 585p B5 ¥2800 ⓘ978-4-908555-13-8

◆通信制高校があるじゃん 2017-2018年版 学びリンク編集部編 学びリンク
【要旨】通信制高校のしくみから特色、通学プランから学費のことまで！ 通信制高校の特長を大紹介！ 全国の通信制高校、技能連携校、サポート校情報の完全版！
2017.2 513p B5 ¥2000 ⓘ978-4-908555-09-1

◆東京都高校受験案内 平成30年度用 声の教育社編集部編 声の教育社
【要旨】都内の全私立・都立と近県私立438校、ハイスクール情報を徹底リサーチ。巻末収録・高校受験・高校生活をサポートするキーワード集。
2017 767, 8p B5 ¥1900 ⓘ978-4-7996-3312-0

◆7日間勉強法―効率よく短期集中で覚えられる 鈴木秀明著 ダイヤモンド社
【要旨】わからないのが悪いのではなく、時間をかけるほうが悪い！「覚てる」「詰め込む」「追い込む」で、短期間で目標達成！ ダラダラ勉強するより、この方法ならサクサク覚えられて絶対に忘れない！
2017.6 222p B6 ¥1400 ⓘ978-4-478-10275-6

◆なんでもわかる小学校受験の本 平成30年度版 桐杏学園幼児教室企画 桐杏学園出版、（市川）市進 発売
【要旨】願書と面接資料の書き方・記入例付。面接試験の受け方と心得。入試問題掲載首都圏有名国立・私立小学校案内。首都圏版・平成30年度入試対策用。
2017.4 460p B5 ¥3300 ⓘ978-4-906947-12-6

◆なんでもわかる幼稚園受験の本 平成30年度版 桐杏学園出版、（市川）市進 発売
【目次】受験準備について、受験当日の心得、入園試験の概要、入園願書の書き方とポイント、幼稚園入試合格Point、首都圏有名国立・私立幼稚園一覧、幼稚園案内（私立幼稚園31園・国立幼稚園3園）、親子でする模擬テスト、面接テスト回答例
2017.7 305p B5 ¥2800 ⓘ978-4-906947-13-3

◆不登校・中退生のための進路相談室 2018 ―"やりたいこと"から逆引きで探せる！ 学びリンク編集部編 学びリンク
【目次】special Interview 夢なんてなくって思ってない？ キラキラしている自分を見つけて（タレント・読者モデル りゅうちぇるさん）、自分にピッタリの学校 カンタン検索表、特集1 多

彩なイベントがいっぱい！、特集2 先生・先パイに聞いてみよう！、特集3 気になる集中スクーリングを紹介します！、特集4 中学生から通える居場所、「進路相談室」のちょっと前、マンガST-EPUP SCHOOL、卒業生&生徒インタビュー、相談室〔ほか〕
2017.8 173p 26×22cm ¥1500 ①978-4-908555-11-4

◆僕たちとアカペラ先生の365日受験戦争——43人全員合格のストーリー FCEエデュケーション著 クロスメディア・マーケティング，インプレス 発売
【要旨】チーム制で第一志望に受かったホントの話。「自分で決めたことを、やり抜くんだ」。
2017.6 184p B6 ¥1380 ①978-4-295-40063-9

◆身の丈にあった勉強法 菅広文著 幻冬舎
【要旨】どんなレベルの人も「勉強が好きになる」&「幸せになれる」勉強法はこれだ！「正しい勉強法」を知らないと、人生で損をする！ロザン・菅が、高性能勉強ロボの宇治原を観察しながら体得した、究極の学習術。
2017.11 195p B6 ¥1300 ①978-4-344-03184-5

◆名門幼稚園お受験はママが9割 岡本なな子著 ブックマン社
【要旨】働きながら合格したママがすべてを伝授！働くママも成功できるテクニック、お金のこと、ママ友づきあいのこと、お受験で得られるメリット、親子の絆をより深める極意…お教室選びから願書の書き方、面接術、そして子育ての極みまで、この一冊でわかる！
2017.3 103p A5 ¥1600 ①978-4-89308-876-5

◆もう悩まない中学受験——成績アップと合格をかなえるコツとわざ 小川大介著 海拓舎出版，素材図書 発売
【目次】1 少子化なのにますます難しくなる受験事情（悩みと焦りのスパイラルから脱出しよう、合格できる作戦は、こう立てる、みんながぶつかる壁が分かれば、もう怖くない）、2 合格力を高める父母の思考と行動（成績を上げるマル秘テクニック、苦手科目は父母のサポートで克服できる、子どもが頑張りたくなる生活サイクル）、3 悩みと不安を解消、子どもの将来が見えてきた！（不安を越えて強くなった——困ったときの乗り越え方、悩んだ先にゴールが見えた！——SS-1講師が見てきた、それぞれの合格ストーリー）
2017.1 229p B6 ¥1480 ①978-4-908064-03-6

◆有名小学校・幼稚園に合格する本 2018 教育図書21，星雲社 発売
【要旨】有名幼児教室学校別合格アドバイス。入試準備の注意点・面接対策。首都圏幼児教室検索ページつき。
2016.12 248p B5 ¥1400 ①978-4-434-22801-8

◆有名小学校・幼稚園に合格する本 2019 教育図書21，星雲社 発売
【要旨】慶應義塾、早稲田実業、青山、学習院、暁星、立教、雙葉、幼児教室室長が語る学校別合格ノウハウブック。
2017.12 247p B5 ¥1400 ①978-4-434-24183-3

◆夢を叶える予備校——躾、環境づくりから始まる第一志望合格への道 鶴蒔靖夫著 IN通信社
【要旨】こんな予備校があったのか?!四国・高松にありながら、全国39都道府県から受験生たちが志望校合格をめざして集まってくる驚異の予備校。高松高等予備校の真実に迫る！
2017.9 253p B6 ¥1800 ①978-4-87218-436-5

◆幼稚園入園情報 2018 教育図書21，星雲社 発売
【要旨】首都圏有名私立・国立70園の概要と詳細データ。入園試験や面接対策を合格ポイント一挙掲載。巻末付録：単元別・段階別の入園準備問題集。
2017.1 223p B5 ¥2000 ①978-4-434-22978-7

◆読むだけで点数が上がる！東大生が教えるずるいテスト術——どんな試験でもすぐに使えるテストの裏技34 西岡壱誠著 ダイヤモンド社
【要旨】問題を読まずに正解がわかる、東大生だけが知っているセオリー。選択問題の正答率を上げるヒミツの公式、偏差値35の落ちこぼれが東大合格をはたしたすごいテスト術。
2017.12 204p B6 ¥1200 ①978-4-478-10363-0

◆theチャレンジャー 2018〜2019 さんぼう，星雲社 発売
【要旨】「高校卒業（含同等）」資格」が取得できる学校一覧。通信制高校から通信制サポート校、専

修学校高等課程、技能連携校、高卒認定試験予備校まで一挙公開！フリースクールも紹介！
2017.9 86p B5 ¥417 ①978-4-434-23836-9

大学受験

◆医学生がガイドする私立医学部合格読本 2018 レクサス教育センター編 幻冬舎メディアコンサルティング，幻冬舎 発売
【要旨】現役医学部生の口コミ満載!!各科目の出題傾向、小論文・面接試験の内容も大公開！
2017.10 283p B5 ¥1400 ①978-4-344-91244-1

◆医学部受験の参考書完全ガイド&私大医学部・獣医学部の攻略法 林尚弘著 幻冬舎
【要旨】"志望大学別"出題の傾向と必須参考書、"科目別"参考書の特徴と最大限使いこなすウラ技、厳選49冊。この参考書だけで絶対合格！
2017.10 183p B6 ¥1200 ①978-4-344-03202-6

◆医学部大学受験案内 2018年度用 晶文社学校案内編集部編 晶文社
【要旨】医学部徹底比較、82大学。経済面をサポート！修学資金貸与制度、合格チャンスを広げる！全入試制度掲載。医師になるまでのキャリアパス、医学部・医科大学150年の軌跡、医学部入試の全貌と対策etc. 医学部の基礎知識。
2017.4 313p A5 ¥2400 ①978-4-7949-9728-9

◆医学部バブル——最高倍率30倍の裏側 河本敏浩著 光文社（光文社新書）
【要旨】医学部進学希望者には、二つの世界がある。それは国立大学を中心とする超偏差値エリートたちの競争が展開される世界と、学費が高額の私立大医学部に学力を熱望する者たちが集う世界である。本書では、昨今の医学部入学の過熱状況と、その激しい学力競争の実態を分析、紹介していく。さらに、この二つの世界の違いを明確にしながら、筆を進めていくことにする。この二つの世界は似て非なるものであり、切り分けて状況を整理しないと、無用な混乱を招いてしまうからだ。一昨今の受験生の気質、学習指導の最前線を知る者が、今、医学部入試で何が起こっているのかを解き明かす！
2017.11 233p 18cm ¥780 ①978-4-334-04321-6

◆医歯薬受験ガイドブック 2018年度版 学研プラス編 学研プラス （大学受験プライムゼミブックス）
【要旨】全182大学の学部・学科・入試情報掲載！合格へのアドバイス（先生編/先輩編）。特別企画・学研プライムゼミ特任講師が語る！医学部合格のヒケツ。
2017.6 252p B5 ¥2400 ①978-4-05-304624-6

◆1浪2留の東大卒が、逮捕・不起訴釈放後3か月で国立大学医学部に合格できた理由——偏差値30台からの東大、医学部再受験 留置番号237番著 エール出版社
【目次】1章 県立高校学年ビリの私が東大留年、卒業後に見た世界、2章 私が失敗した勉強法、3章 私の勉強法総論、4章 私の勉強法各論、5章 私の勉強法センター対策編、6章 参考書・問題集、塾の選び方
2017.5 190p B6 ¥1500 ①978-4-7539-3390-7

◆一発逆転マル秘裏ワザ勉強法 2019年版 福井一成著 エール出版社 改訂新版
【要旨】脳科学的に正しい勉強法をやれば偏差値が超アップ！医学的な根拠がある勉強法。
2018.1 207p B6 ¥1500 ①978-4-7539-3410-2

◆医療系大学データブック 2018 大学通信
【要旨】推薦入試詳細、一般入試スケジュール、学費一覧など医療を志す人のための入試情報を徹底網羅！
2017.10 227p B5 ¥1000 ①978-4-88486-244-2

◆牛山慶應小論文 7ステップ対策——慶應小論文5学部×20年=100回分 牛山恭範著 エール出版社
【要旨】慶應進学専門塾で行われている正規の段階的カリキュラムの内、重要ポイントを抜粋して紹介！
2017.9 215p B6 ¥1600 ①978-4-7539-3403-4

◆オープンキャンパスの超トクする歩き方講座——志望大合格への最短コース！石橋知也著 エール出版社
【目次】第1章 AO・推薦入試で必要な志望理由書・エントリーシートとは、第2章 未来に関す

る情報は集めるしかない、第3章 大学のパンフレットも活用しよう、第4章 オープンキャンパスの基礎知識、第5章 オープンキャンパスの見どころ、第6章 オープンキャンパスで絶対にしておきたいこと、第7章 学年別・オープンキャンパスの歩き方
2017.7 161p B6 ¥1500 ①978-4-7539-3396-9

◆学校では教えてくれない推薦・AO面接の超裏ワザ講座 石橋知也著 エール出版社 改訂6版
【要旨】まず、面接の意味を確認しておこう、面接での注意点や入退出などの基本動作、履歴書・志望理由書をきちんと書こう、面接で絶対聞かれる4つのポイント、自分自身をどう売り込めばいいのか、これからのことについて、社会・時事について、これだけはおさえておこう、オープンキャンパスに志望理由を見つけに行こう、学部・学科別志望動機の言い方・話し方、自己PRの書き方、注意しておきたい面接時のポイント
2017.11 207p B6 ¥1500 ①978-4-7539-3404-1

◆看護医療系の志望理由書・面接——これで合格 神崎史彦編著 文英堂（シグマベスト）
【要旨】AO入試、推薦入試対策に精通した著者が、看護医療系専門学校向けに特化して書きました。志望理由書・自己PR文は、BEFOREでありがちな問題点を提示し、AFTERで模範解答を示しています。面接試験については、まず、合格するためのポイントを説明して、質問に対する模範回答例とNG回答例を挙げました。入試面接の再現もしています。
〔17.9〕135p B5 ¥1100 ①978-4-578-25036-4

◆看護・医療大学受験案内 2018年度用 晶文社学校案内編集部編 晶文社
【要旨】学部学科の特色、関連医療施設と実習先、取得できる資格と合格率、入試データ。詳しい学部学科紹介。18国家資格紹介！なり方ガイドつき。筆記試験・小論文・面接の対策!!
2017.4 562p A5 ¥2000 ①978-4-7949-9818-7

◆看護学部・医学部・看護就職試験小論文対策を10日間で完成させる本 牛山恭範著 エール出版社
【要旨】2年連続日本一輩出・東大慶應医学部合格へ導く慶應義塾大学進学対策専門塾塾長が日本一まで現実に伸びた小論文の秘訣を公開！
2017.12 191p B6 ¥1600 ①978-4-7539-3409-6

◆看護学部・保健医療学部 松井大助著 ぺりかん社 （なるにはBOOKS大学学部調べ）
【要旨】みんなの中の半分ぐらいの人は、大学に進学すると思う。でも、大学にはたくさんの学部がありすぎて、「何だかわからない！」と悲鳴を上げてはいないかな？この本では、学部で学ぶことやキャンパスライフ、卒業後の進路を、実際に取材して、わかりやすく説明していくよ！
2017.4 141p B6 ¥1600 ①978-4-8315-1470-7

◆完全理系専用 英語長文スペクトル 関正生，岡崎修平共著 技術評論社 （大学受験）
（付属資料：別冊1）
【要旨】理系には理系のやり方がある！人工知能やハチの英文はなぜ入試で頻出なのか？科学者の心をひきつけるテーマを知って、理系英語を身に付けよう！理系のための「最強」英語長文16テーマを厳選！単語から理系特有な表現まで徹底解説。科学の素養も身に付く！
2017.9 351p A5 ¥1520 ①978-4-7741-9074-7

◆君はどの大学を選ぶべきか——国公私立大学・短期大学受験年鑑 2018 大学通信
【要旨】大学改革最前線、話題の大学を徹底研究、キャリアに注目！専門学校、解説編 大学・短大入試情報満載!! 学校案内編 学部・学科内容&キャンパスガイドをチェック！
2017.3 872p A5 ¥1400 ①978-4-88486-240-4

◆「疑問」から始める小論文・作文——苦手克服!!誰でも簡単すぐ書ける「3Step練習帳」 宮崎博己著 エール出版社
【目次】第1部 宇宙、スピリチュアル、宗教、人生観などのテーマ、第2部 勉強、スポーツ、語学留学、入試制度などのテーマ、第3部 進路、仕事、男女格差、恋愛と結婚などのテーマ、第4部 ライフスタイル、ケータイ、いじめ、少子化などのテーマ、第5部 犯罪、人権、ボランティア、省エネなどのテーマ、第6部 憲法、戦争、選挙、税金などのテーマ、第7部 QOL、安楽死、ター

受験・予備校・学校ガイド

ミナル・ケアなどのテーマ、第8部 再生医療、代理母、遺伝子治療、性転換などのテーマ
2017.4 214p B6 ¥1500 ⓘ978-4-7539-3382-2

◆逆転合格を実現する医学部受験×パーソナルトレーナー　岡健作著　幻冬舎メディアコンサルティング、幻冬舎 発売
【要旨】偏差値30台でも！逆転合格者を多数輩出してきた予備校代表が明かす合格への最短ルートとは。パーソナルトレーナーとの二人三脚で合格を掴んだ事例を多数掲載！
2017.11 179p 18cm ¥800 ⓘ978-4-344-91408-7

◆京大卒雀士「戦わない」受験勉強法——流大学に合格するために戦わなかった5つのこと
松嶋桃著　ベストセラーズ
【要旨】普通の学力の受験生に立ちはだかる東大・京大の壁。合否を分ける入試1点の重み…しかしこの逆境を楽しみながら確実に乗り越える方法が本書にある！
2017.12 205p B6 ¥1300 ⓘ978-4-584-13839-7

◆現役国立大学教授がそっと教えるAO・推薦入試 面接・小論文対策の極意　板橋江利也著　エール出版社 増補改訂版
【目次】序章 知らなきゃ損！間違いだらけのAO・推薦入試対策、第1章「準備」をすればするほど合格から遠ざかる!!、第2章 大学側が本当に知りたいことって何？、第3章 大学側が本当にほしい「良い人」ってどんな人!?、第4章 実際の面接や小論文の試験において必要な「実力」とは、第5章「自己アピール力」を身につけよ、第6章 AO・推薦入試を成功させる秘訣実践編（面接）、第7章 AO・推薦入試を成功させる秘訣実践編（小論文）、終章 物事をどのように捉え、考えるべきか
2017.5 176p B6 ¥1500 ⓘ978-4-7539-3386-0

◆コミック版 偏差値29からの東大合格超勉強法　杉山奈津子原作・作画　主婦と生活社
【要旨】笑いながら学べる"常識外"の合格テクニック。まず過去問から手をつける？点数の低い教科を優先な。予備校は実は不要だった！参考書は少ない方がいい？etc、知らないと損をする31の勉強法。
2017.4 119p A5 ¥1000 ⓘ978-4-391-14928-9

◆材料科学基礎 問題集—京都大学大学院工学研究科修士課程材料工学専攻入学資格試験問題と解答例 平成16年度～平成28年度　アグネ技術センター編集部　アグネ技術センター
2017.6 176p B5 ¥2200 ⓘ978-4-901496-88-9

◆3男1女 東大理3合格百発百中 絶対やるべき勉強法　佐藤亮子著　幻冬舎
【要旨】女の子は長期戦、男の子は短期戦。0歳から高3まで、試行錯誤の集大成、大公開！
2017.10 245p 18cm ¥1300 ⓘ978-4-344-03189-0

◆私費外国人留学生のための大学入学案内 2018年度版　アジア学生文化協会編　アジア学生文化協会、凡人社 発売
【要旨】日本留学試験のデータも充実。全国484大学の入試のすべてがわかる。いきたい大学がすぐ探せる"学部・学科インデックス"。
2017.9 1Vol. B5 ¥2300 ⓘ978-4-89358-934-7

◆自分だけの物語で逆転合格するAO・推薦入試 志望理由書&面接＋推薦書対策&面接DVDつき　竹内麦秤著　学研プラス（付属資料：別冊1；DVD1）
【要旨】成績イマイチ、取り柄なしでも難関大に合格させる驚異のメソッド。実際の合格答案、教師向け合格推薦書も掲載。試験直前まで使える！別冊サクセスノートつき。
2017.7 282p A5 ¥1500 ⓘ978-4-05-304564-5

◆社会学部・観光学部　中村正人著　ぺりかん社　（なるほどBOOKS—大学学部調べ）
【要旨】学部で学ぶことやキャンパスライフ、卒業後の進路までを、実際に取材して、わかりやすく説明している。
2017.7 141p B6 ¥1600 ⓘ978-4-8315-1478-3

◆社会人大学院・通信制大学—働きながら学べる　関水信和著　中央経済社、中央経済グループパブリッシング 発売
【要旨】5つの大学院の課程を経験した著者が取材をもとに作り上げた完全ガイド。
2017.7 203p A5 ¥2200 ⓘ978-4-502-23251-0

◆受験学力　和田秀樹著　集英社　（集英社新書）

【要旨】二〇二〇年度から大学入試が変わる。中央教育審議会の答申によると、センター試験は廃止され新テストを導入。すべての国立大学が入試が実質AO試化される。しかし「従来型の受験学力」を否定し「新しい学力」を求めるこの改革は、格差のさらなる拡大の危険や子供のメンタルヘルスに悪影響をもたらす可能性が非常に高い。そもそも政府が否定する「従来型の学力」は本当に"悪"なのか。子供が受験勉強で身につけるべき能力、これからの時代に必要な力とは何か。精神科医であり、また長きにわたり教育産業に従事してきた視点から多角的かつ詳細に論じる。
2017.3 253p 18cm ¥760 ⓘ978-4-08-720875-7

◆小論文はセンスじゃない！2 慶應文・法学部×20年分小論文過去問解説　毎日学習会著　エール出版社
【要旨】小論文を制するものが、慶應受験を制す。林式小論文対策法はセンスを問わない秘伝の執筆法です。
2017.5 230p B6 ¥1800 ⓘ978-4-7539-3384-6

◆私立医歯学部受験攻略ガイド 2018年度版　医歯専門予備校メルリックス学院、紀伊國屋書店 発売
【要旨】私立医学部31大学、歯学部17大学をあらゆる角度から徹底分析！最新の2018年度版募集要項掲載!!
2017.11 333p A5 ¥1800 ⓘ978-4-87738-504-0

◆新・受験技法—東大合格の極意 2018年度版　和田秀樹著　新評論
【要旨】「らしさ」を維持しつつ問題が標準化する一般入試、「埋もれた逸材」を求めて続く推薦入試。地方公立校生も最新動向分析を活かして果敢に挑むべし！
2017.4 338p B6 ¥1800 ⓘ978-4-7948-1069-4

◆新 大学受験案内—夢をかなえる185大学 2018年度版　東進ハイスクール、東進衛星予備校編（武蔵野）ナガセ　（東進ブックス）（付属資料：別冊1）
【要旨】185大学を厳選！主要25大学は平均30ページ超で特集！世界の大学も大特集!!志望大学や卒業生の"ナマの声"満載!!合格した先輩たちの得点データを一挙掲載！
2017.3 1843p A5 ¥1700 ⓘ978-4-89085-732-6

◆世界一わかりやすい 医学部小論文・面接の特別講座　進学塾ビッグバン小論文・面接科著、松原好之監修　KADOKAWA
【要旨】1万人を指導したプロが教える、小論文の鉄板法則！面接の成功流儀！最終合格をつかむための最強メソッド！小論文の授業"50時間"分の内容を凝縮！グループ討論や圧迫面接への対処法も収録！募集要項には書かれていない小論文・面接の実態を紹介！
2017.9 255p A5 ¥1700 ⓘ978-4-04-601969-1

◆絶対に解けない受験世界史 2 悪問・難問・奇問・出題ミス集　稲田義智著　パブリブ（大学入試問題問題シリーズ 2）
【要旨】入試問題製作者、戦々恐々！前作の社会的反響から一部の大学では悪問が激減！受験業界を騒然とさせた話題作から3年の月日を経てついに続編が刊行！
2017.9 411p A5 ¥2300 ⓘ978-4-908468-14-8

◆全医学部最新受験情報 2018年度用　メディカルラボ編　時事通信出版局、時事通信社 発売
【要旨】国公私立大学医学部全82校の入試要項を網羅。全私立大学医学部（31校）と国公立単科医科大学（9校）の出題傾向を徹底分析。
2017.10 247p B5 ¥1800 ⓘ978-4-7887-1533-2

◆全国短大受験ガイド（推薦・AO・一般・セ試）2018年（平成30年）受験用　旺文社編　旺文社
【目次】短大合格ガイド 2018年度短大合格サクセスガイド（短大入試の全体像をつかもう！、推薦・AO入試を受験するために、一般入試、センター試験利用入試、推薦・AO入試対策をアドバイス！、これで安心！出願から学習対策まで 合格マニュアル、オープンキャンパスへ行ってみよう！、全国短大推薦・AO入試要項ガイド（全国短大推薦・AO入試要項ガイドの見方、全国大学入試要項ガイド、公立短期大学、私立短期大学）、出願校決定に！最新短大データ集（これだけは知っておきたい！短大「お金」のこと—奨学金利用のための注意点、2017年度短大学費一覧、2017年度入試結果、2018年度推薦入試要項早見表、2017年度大学への編入

実績一覧）、速報！2018年一般入試&センター試験利用入試
2017.7 420p B5 ¥2667 ⓘ978-4-01-009049-7

◆大学学科案内—学科選びが未来を決める！
学研プラス編著　学研プラス　（大学受験プライムゼミブックス）
【目次】第1章 大学で何を学ぶの？（学部・学科の枠組みを知ろう、学部・学科選びのポイントは？、人文科学系統とは？、社会科学系統とは？、理学系統とは？ ほか）、第2章 系統別学科ガイド（人文科学系統の学科、社会科学系統の学科、理学系統の学科、工学系統の学科、農学系統の学科 ほか）
2017.3 311p 23×19cm ¥1800 ⓘ978-4-05-304625-3

◆大学探しランキングブック 2018　大学通信
【目次】"座談会"エキスパートが伝授 自分に合った志望校の選び方、ランキングで見つかる志望大学、高校の進路指導の先生が教える大学の探し方、ランキングから見る大学の特色 掲載校一覧（札幌大学、札幌学院大学 ほか）
2017.12 224p A4 ¥600 ⓘ978-4-88486-246-6

◆大学受験案内 2018年度用 —大学・短大・大学院総合ガイド　晶文社学校案内編集部編　晶文社
【要旨】巻頭カラー特集 Web動画で大学を体感！実感！スマホde大学ムービーギャラリー、志望大学の難易度を見る（'17年度河合塾入試難易予想ランキング表、'17年度駿台予備学校合格目標ライン一覧表）、特集 入試の仕組みを知る（'18年度入学入試はこう行われる）、保護者のための受験ガイド、全国大学案内（私立大学、国立大学、公立大学）
2017.3 1766p A5 ¥2400 ⓘ978-4-7949-9798-2

◆大学受験データ 2017年 全国全大学752校ガイド　『大学受験データ』編集班編　世論時報社
【目次】全国全大学752校ガイド SNSアプリ付、全国全大学の学部・学科ガイド、全国全大学の試験日ガイド、偏差値一覧、巻末特集 2017年度全国新設・改組学部・学科情報
2017.2 495p A5 ¥1800 ⓘ978-4-915340-91-8

◆大学入試 蔭山克秀の政治・経済が面白いほどわかる本　蔭山克秀著　KADOKAWA 改訂第2版
【要旨】まるで板書のような「Point整理」で、体系的にまとめた要点。まるで授業のような「Point講義」で、わかりやすく解説。最新の時事問題のうち、合否をわける情報をカバー。
2017.6 415p A5 ¥1800 ⓘ978-4-04-601984-4

◆大学入試 4技能試験対応 シャドウイングで攻略 英熟語・語法　安武内ひろし著　秀和システム
【要旨】69の長文でスピーキング力UP！自然・環境、学校生活、経済、文化、健康、動物、国と人々、歴史、科学、異文化問題、アナウンス、物語…試験に出る！多彩なテーマをとりあげます。
2017.10 285p A5 ¥1800 ⓘ978-4-7980-5255-7

◆大学入試 4技能試験対応 シャドウイングで攻略 発音・アクセント　安武内ひろし著　秀和システム
【要旨】22の頻出パターンで英語発音問題を完全撃破！
2017.10 111p A5 ¥1200 ⓘ978-4-7980-5256-4

◆大学の学部・学科がよくわかる本　四谷学院進学指導部編著　アーク出版　最新改訂版
【要旨】どんな学問ですか？最近の研究テーマは？卒業後の進路は？人文系、社会系、自然科学系、総合系の39学問を徹底紹介！親子で読める進路選択BOOK。自分にあった進路が必ず見つかる！
2017.6 310p A5 ¥1600 ⓘ978-4-86059-173-1

◆だから、2020年大学入試改革は失敗する—ゆとり世代が警告する高大接続入試の矛盾と落とし穴　物江潤著　共栄書房
【要旨】ゆとり教育の反省なき大学入試改革は、"絵に描いた餅"にすぎない—「受け身」から「主体性」の教育を掲げ、アクティブラーニングの導入と高大接続入試改革を柱にした"100年に一度"の大改革とされる「2020年教育改革」。日本社会の現実と教育現場の実態を踏まえない理想主義的な改革は、あの悪名高き「ゆとり教育」と同じ轍を踏むに違いない—今こそゆとり世代の

受験・予備校・学校ガイド

声に耳を傾けよ！
2017.11 184p B6 ¥1500 ①978-4-7634-1080-1

◆タテから見る世界史 パワーアップ版 斎藤整著 学研プラス （大学受験プライムゼミブックス）（付属資料：別冊1）パワーアップ版
【目次】1 地域史（中南米（ラテンアメリカ）、アフリカ、朝鮮半島、東南アジア、南アジア（インド）、北アジア・トルキスタン（中央アジア）、西アジア、イベリア半島（スペイン）、東欧、北欧）、2 各国史（イギリス・アイルランド、フランス、ドイツ、ギリシア、イタリア、オランダ・ベルギー、アメリカ（北米）、ロシア、中国）
2017.5 229p A5 ¥1200 ①978-4-05-304584-3

◆照井式問題集 無機化学 知識の押さえ方 照井俊著 学研プラス （大学受験VBOOKS）（付属資料：別冊1）三訂版
【目次】1 典型・金属元素（ナトリウムの単体、水酸化ナトリウム、炭酸ナトリウム ほか）、2 遷移・金属元素（鉄の単体と化合物、銅の単体と化合物 ほか）、3 非金属元素（ハロゲンの単体、ハロゲン化水素 ほか）、4 金属・非金属の要所（金属イオンの分離、気体の製法と性質）、5 生活と無機物質（金属とセラミックス、肥料）
2017.4 214p A5 ¥1200 ①978-4-05-304522-5

◆東大生を育てる親は家の中で何をしているのか？ 富永雄輔著 文響社
【要旨】デキる子を育てる習慣、教えます。どんなに子どもが伸びる可能性を持っていても、それを後押しするかつぶすかは「家庭」次第。今は伸び悩んでいる子でも、親が正しい習慣を実践すれば、ぐんぐん伸びていくのです。著者は「入塾テストなし。先着順」で子どもを受け入れ、難関校に導く進学塾・VAMOS（ヴァモス）代表の富永雄輔氏。東大合格者・東大出身講師にヒアリングしてまとめた34の習慣を一挙公開します。
2017.7 208p B6 ¥1380 ①978-4-905073-95-6

◆東大理3 合格の秘訣 32 「東大理3」編集委員会編著 データハウス
【要旨】2017年東大理3合格者の軌跡。理系最高峰の難関を乗り越えてきた37人の合格者たちの努力と熱き思い。
2017.6 283p B6 ¥1800 ①978-4-7817-0229-2

◆難関医学部「合格力」の鍛え方 坂本友寛著 幻冬舎メディアコンサルティング、幻冬舎 発売
【要旨】これからの医学部は学力だけでは受からない！医学部新時代を迎えた今、医師になるために本当に必要な力とは。国公立医学部合格率85%右肩上がりの合格者数を誇る予備校代表が語る受験対策。
2017.10 199p B6 ¥1300 ①978-4-344-91233-5

◆なんで、私が医学部に!? 2019年版 受験と教育を考える会著 アーク出版
【要旨】年々志願者が増加し続ける医学部に合格するために、今やこんな"常識"がまかり通っている。「高校からの勉強では行けない」「勉強は理系科目に重点を置くべき」「後期なら入りやすい」「普通の公立高校生では現役合格はムリ」「医学専門予備校で学ばないとダメ」…だが、本当にそうだろうか。高校時代はごく普通の成績だった生徒が、四谷学院に入学すると偏差値を15も20も伸ばし、あるいはセンター試験の得点を200点もアップさせ、続々と合格していく。医学部志望だからといって、特別な扱いや特殊な指導をするわけでもないのに…。医学部入試をめぐる"常識"を検証し、受験生にとって真に役立つ情報と実情を提供するとともに、他の予備校の追随を許さない四谷学院独自の学習システムを紹介する。
2017.10 182p A5 ¥1200 ①978-4-86059-175-5

◆なんで、私が京大に!? 2018年版 奇跡の合格は勉強を「楽しむ」ことから始まった 受験と教育を考える会著 アーク出版
【要旨】偏差値40台から関西有名校に続々合格!!京大・阪大・神戸大・関関同立など生徒＆親感動事例満載！
2017.2 182p A5 ¥1200 ①978-4-86059-171-7

◆なんで、私が早慶に!? 2018年版 奇跡の合格は勉強を「楽しむ」ことから始まった 受験と教育を考える会著 アーク出版
【要旨】偏差値40台から私立上位校に続々合格!!早稲田・慶應・上智・MARCHなど生徒＆親感動事例満載！
2017.2 182p A5 ¥1200 ①978-4-86059-170-0

◆なんで、私が東大に!? 2018年版 奇跡の合格は勉強を「楽しむ」ことから始まった 受験と教育を考える会著 アーク出版
【要旨】偏差値40台から国公立トップ校に続々合格!!東大・京大・一橋・東工大など生徒＆親感動事例満載！
2017.2 182p A5 ¥1200 ①978-4-86059-169-4

◆2020年からの大学入試「これからの学力」は親にしか伸ばせない 清水克彦著 青春出版社
【要旨】知識やテクニックでは解けない新テストに、何をどう備えるか。年々変化する受験で問われる「学力の3要素」の育て方。
2017.5 216p B6 ¥1400 ①978-4-413-23042-1

◆2020年大学入試改革丸わかりBOOK―マンガで一発回答 松永暢史著 ワニ・プラス、ワニブックス 発売
【要旨】小・中学校からの「読む」「書く」「遊ぶ」がキーワード！ママたちの疑問をスッキリ解消。どんなタイプの子にも可能性が広がる対策。
2017.4 168p A5 ¥1200 ①978-4-8470-9546-7

◆2020年度大学入試改革！新テストのすべてがわかる本 伯井美徳、大杉住子著 教育開発研究所
【要旨】評価される学力はどう変わるか―新テストは何を見るものなのか、どのように実施するのか。従来のセンター試験との相違点、記述式のモデル問題例や採点方法、英語4技能の評価等、新テストに向けた最新状況を徹底解説。
2017.9 168p A5 ¥1800 ①978-4-86560-488-0

◆日本留学試験（EJU）模擬試験 数学コース2 行知学園数学教研組編著 行知学園、日販アイ・ピー・エス 発売
【要旨】日本留学試験問題を徹底分析。本試験の傾向に即した行知学園オリジナル問題10回分。巻末に自己分析シート、学習達成表、公式集を収録。
2017.5 183p B5 ¥1800 ①978-4-909025-24-1

◆日本留学試験（EJU）模擬試験 総合科目 行知学園総合科目教研組編著 行知学園、日販アイ・ピー・エス 発売
【要旨】日本留学試験問題を徹底分析。本試験の傾向に即した行知学園オリジナル問題10回分。巻末に頻出・要注意ポイントを明示した出題意図を収録。
2017.5 183p B5 ¥1800 ①978-4-909025-22-7

◆ネットを使ったセンター試験勉強法 三浦淳一、中久喜匡太郎、坂田アキラ、高橋廣敏、佐藤敏弘、内藤法胤、節田佑介、森田亮一郎、松本恵介、茂木誠、甲野純正著 KADOKAWA
【要旨】「N予備校」は、ネットを使った最高の授業・教材・仲間との学び合いを目指す、アツイ想いをもった講師とスタッフが集結して作った予備校です。本書は、この「N予備校」を使ったセンター試験勉強法の解説書です。大学受験対策の第一線で、志望校合格者を多数輩出してきた講師陣が、センター試験の最新傾向から学習計画、対策などを分析・紹介しています。効率的なセンター試験対策をするためにぜひ活用してください。
2017.7 239p B6 ¥1200 ①978-4-04-601954-7

◆文学部 戸田恭子著 ぺりかん社 （なるにはBOOKS 大学学部調べ）
【要旨】みんなの中の半分くらいの人は、大学に進学すると思う。でも、大学にはたくさんの学部がありすぎて、「何だかわからない！」と悲鳴を上げてはいないかな？この本では、学部で学ぶことやキャンパスライフ、卒業後の進路までを、実際に取材して、わかりやすく説明しているよ！
2017.8 141p B6 ¥1600 ①978-4-8315-1487-5

◆学ぶ心に火をともす8つの教え―東大合格者数公立No.1!!日比谷高校メソッド 武内彰著 マガジンハウス
【要旨】「名門」をV字復活させた熱血校長が明かす自分から勉強する子の育て方。「8つの教え」で子どもを伸ばす！
2017.5 205p B6 ¥1300 ①978-4-8387-2927-2

◆三つ子の医学部合格体験記 吉澤実祐著 時事通信出版局、時事通信社 発売
【要旨】のびのびと育った心優しい3人が熾烈な医学部受験に挑んだ！苦しみ、葛藤、そして喜び…。
2017.4 228p B6 ¥1200 ①978-4-7887-1511-0

◆やればできるもんやなぁ―京大医学部に入ろう 山本紳一著 ミヤオビパブリッシング、（京都）宮帯出版社 発売
【要旨】28才。会社を辞めて一念発起。第一志望の京大医学部を目指して3年目に合格してしまったときには31才だった。そうしてそこからふたたび人生が始まった。不可能と・思っていたことが可能となった著者の勉強法をお話しします。京大医学部に入ってよかった!!と思える日をあなたにも。
2017.11 107p B6 ¥1200 ①978-4-8016-0132-1

◆理学部・理工学部 佐藤成美著 ぺりかん社 （なるにはBOOKS大学学部調べ）
【要旨】みんなの中の半分くらいの人は、大学に進学すると思う。でも、大学にはたくさんの学部がありすぎて、「何だかわからない！」と悲鳴を上げてはいないかな？この本では、学部で学ぶことやキャンパスライフ、卒業後の進路までを、実際に取材して、わかりやすく説明しているよ！
2017.6 141p B6 ¥1600 ①978-4-8315-1473-8

◆私の医学部合格作戦 '18年版 エール出版社編 エール出版社
【要旨】合格を決めた科目別勉強法・参考書・問題集の賢い使い方・トクする受験情報がいっぱい。
2017.7 185p B6 ¥1300 ①978-4-7539-3395-2

◆私の早慶大合格作戦 '18年版 エール出版社編 エール出版社
【要旨】私たちはこうして合格した！合格を決めた科目別勉強法・参考書・問題集の賢い使い方・トクする受験情報がいっぱい。
2017.7 183p B6 ¥1300 ①978-4-7539-3394-5

◆私の東大合格作戦 '18年版 エール出版社編 エール出版社
【要旨】私たちはこうして合格した！合格を決めた科目別勉強法・参考書・問題集の賢い使い方・トクする受験情報がいっぱい。
2017.7 187p B6 ¥1300 ①978-4-7539-3392-1

◆AO推薦入試「志望理由書」の極意101 小杉樹彦著 エール出版社
【要旨】「志望理由書の魔術師」の異名をとるカリスマ塾長が2,000人の合格者に伝授した全技術を本邦初公開！
2017.12 247p B6 ¥1500 ①978-4-7539-3408-9

大学・短大・専門学校

◆音楽大学・学校案内―短大・高校・専修・大学院 2018 音楽之友社編 音楽之友社
【要旨】'17年度学校案内、'18年度受験参考資料、'18年度実技検査内容。複雑化する試験日程と課題内容を独自に編集。特別取材Part2・オープンキャンパスへ行こう！
2017.11 739, 9p B5 ¥3000 ①978-4-276-00913-4

◆国公私立 首都圏の専門学校全調査 2017 エスアイケイアイ出版部編 エスアイケイアイ出版部、エスアイケイアイ 発売
【要旨】実態に基づいた画期的な学科分類。専門課程の学校を収載（1都3県）。類似学科の条件・レベルの違いが一目瞭然。志望学科の設置校の検索がワンタッチ。バラエティあふれる検索！
2017.12 247p A5 ¥1500 ①978-4-9909607-1-1

◆全国専門・各種学校案内 2017-18 専門・各種学校研究会編著 一ツ橋書店
【要旨】きっと見つかるあなたの夢進力ガイド 各種奨学金情報ほか、知りたいことがすべてわかる！最大の情報量。就きたい職業292職種、取れる資格271資格。
2017.3 854p A5 ¥2000 ①978-4-565-18551-8

◆全国短大進学ガイド―学科・資格・就職・学費編入 2018年（平成30年）受験用 旺文社編 旺文社
【要旨】短大で学べることを17系統に分類。特色や内容をガイド！学科の特徴、取れる資格、選抜方法など全国の短大のプロフィール・データ！ 2017.4 401p B5 ¥2667 ①978-4-01-009048-0

海外留学

◆インターローカル—つながる地域と海外　中朋美,小笠原拓,田川公太朗,筒井一伸,永松大編著　筑波書房
【目次】なぜいま「インターローカル」なのか??(学生が海外に行く理由、大学教育と国際化―海外にでること・学ぶこと ほか)、第1部 インターローカルを語る(AYFからみるグローバルとローカルの関係(ケイツAキップさん)、インターローカルに交錯する「地域への想い」(藤田充さん) ほか)、第2部 海外の地域を体験する(学び、生活 ほか)、第3部 インターローカルな思考のススメ(海外留学のススメ―ドイツ、日本留学で得たもの ほか)、インターローカルを語る新たな「知」(インターローカルの時代における大学の役割とは、「知」をめぐるパラダイムシフト ほか)
2017.3 160p A5 ¥1800 ①978-4-8119-0505-1

◆逆張りの留学　高野幹生著　IBCパブリッシング
【要旨】現状を「チェンジ」するソリューションとして海外留学は非常に有効であることはもちろん、たとえ現状から「逃げる」ための選択肢であったとしても、それは決してネガティブではありません。今陥っている状況からリカバーするための「セカンドチャンス」を、ぜひとも自分に与えるべきなのです。あなたの人生をマイナスからゼロ、さらにプラスへ逆転する、ゲームチェンジャーが留学だ!!
2018.1 181p B6 ¥1600 ①978-4-7946-0521-4

◆最高のキャリアの描き方—トビタテ! 留学JAPAN生と物語理論　中川瑛著　中央経済社,中央経済グループパブリッシング 発売
【要旨】自分の経験や考え方をどう整理し、どう将来のキャリアに繋げていくか、著者が提唱する「物語理論」をベースに、ワーク形式で手を動かしながら学べる。さまざまな分野で活躍しているトビタテ生7人の物語も紹介。
2017.5 211p A5 ¥1750 ①978-4-502-22591-8

◆世界13カ国英語留学ガイド　太田裕二著　幻冬舎メディアコンサルティング,幻冬舎 発売
【要旨】"本当に使える英語"が身につく語学学校を探し続けた著者が自ら世界を飛び回り選んだベスト13カ国。
2017.12 88p A5 ¥700 ①978-4-344-91412-4

海外の教育

◆アセアン共同体の市民性教育　平田利文編著　東信堂
【目次】第1部 研究の概要(研究目的・方法、研究枠組み、各国報告要旨)、第2部 アセアン10カ国の市民性教育(ブルネイの市民性教育—アセアンネスを意識した市民性教育に向けて、カンボジアの市民性教育—大人と若者のアセアン意識の世代間相違、インドネシアの市民性教育—アセアン共同体メンバーをめざして、ラオスの市民性教育—可能性と課題、マレーシアの市民性教育—アセアンネス意識の涵養、ミャンマーの市民性教育—よき市民となる道徳、フィリピンの市民性教育—アセアンネスのための教育、シンガポールの市民性教育—道徳教育と市民性教育、タイの市民性教育—有識者のアセアン市民性資質の現状とその課題、ベトナムの市民性教育—アセアン意識の涵養)、第3部 総括(アセアン諸国における市民性教育調査の比較分析、アセアン共同体の市民性教育)
2017.2 336p A5 ¥3700 ①978-4-7989-1414-5

◆アメリカ教師教育史—教職の女性化と専門職化の相克　佐久間亜紀著　東京大学出版会
【目次】教師教育という視座、第1部 州立師範学校前史(教師教育理論の導入と展開—男性教師による教職の専門職化言説、女性教師像の成立—エマ・ウィラードの「共和国の母」としての教師像、女性のための専門職像を求めて—キャサリン・ビーチャーの専門職としての教師像、女性による教職専門職化批判—メアリー・ライアンの聖職者としての教師像)、第2部 初期州立師範学校の実際(初期州立師範学校の実際—背負された宿命、校長補助教師と呼ばれた女性たち—イレクタ・ウォルトンの葛藤、女性教員の日常世界—日記と手紙から)、第3部 州立師範学校の普及と変容(州立師範学校の普及と変容—教育需要の拡大と序列化競争、女性校長の出現とその意味—アニー・ジョンソンとエレン・ハイドの思想と実践、専門的養成をめぐるカリキュラム論争—ジュリア・キングの思想と実践)、教職の女性化と専門職化の相克
2017.2 453, 47p A5 ¥10000 ①978-4-13-056226-3

◆アメリカの学校教育—教育思潮・制度・教師　赤星晋作著　学文社
【目次】第1章 教育思潮(アメリカにおける伝統的教育観、第二次世界大戦後にみる教育観の変遷—「学問中心のカリキュラム」と「人間中心の教育」、学力重視の教育—1980年代以降、まとめ—2つの教育観の統合)、第2章 学校制度(「複線型」と「単線型」の学校制度、アメリカの学校制度—8・4制から6・3・3制など多様な制度へ、まとめ—教育の多様化と選択)、第3章 学校教師(養成教育、免許制度と研修、まとめ—優れた教師の確保とその公平な配置)、第4章 学校・地域・大学のパートナーシップ(学校と地域の連携の歴史、フィラデルフィア教育基金(PEF)、ウェスト・フィラデルフィア改善組織(WEPIC)、まとめ—効果的な学校・地域・大学のパートナーシップ)、第5章 学校教育をめぐる一般市民の意識(標準学力テストに対する態度、公立学校の評価、教師への期待、まとめ—世論調査からみえてくること)、エピローグ 私はなぜ「教育学」を専攻したか—私のライフ・ストーリー
2017.8 153p B6 ¥1800 ①978-4-7620-2728-4

◆アメリカの教室に入ってみた—貧困地区の公立学校から超インクルーシブ教育まで　赤木和重著　ひとなる書房
【要旨】新しいインクルーシブ教育のかたち。アメリカを通して日本の教室を考える。
2017.1 220p B6 ¥1700 ①978-4-89464-242-3

◆アメリカの大学の裏側—「世界最高水準」は危機にあるのか?　アキ・ロバーツ,竹内洋著　朝日新聞出版(朝日新書)
【要旨】「世界のトップ」をひた走るアメリカの大学で「異変」が起き始めている! 「日本の大学の『お手本』」となってきたアメリカの大学を取り巻く問題が分かれば、アメリカ独自のものだけでなく、日本の大学もすでに直面していたり、近い将来考えなければならない共通の課題が少なくない」(本書より)アメリカの現役大学教授がその実態を徹底リポート! そこから考察した日本の大学関係者、受験・留学希望者、保護者必読!
2017.1 275p 18cm ¥820 ①978-4-02-273703-8

◆イギリス中等学校のシティズンシップ教育—実践カリキュラム研究の立場から　川口広美著　風間書房
【目次】第1部 研究の目的・対象・方法(研究の基本方針、研究方法、イングランド学校シティズンシップ教育の位置づけ)、第2部 イングランドのシティズンシップ教育カリキュラム研究(意図した学校シティズンシップ教育カリキュラム研究、実施した学校シティズンシップ教育カリキュラム研究、イングランドの学校シティズンシップ教育カリキュラムの構造)、第3部 総括と課題(本研究の成果、本研究の可能性と課題、初等学校シティズンシップ教育カリキュラムの特質:ナショナル・カリキュラム、スキーム・オブ・ワークを手がかりに)
2017.2 330p A5 ¥9500 ①978-4-7599-2167-0

◆イギリスにおける特別な教育的ニーズに関する教育制度の特質　眞城知己著　風間書房
【目次】第1章 研究の目的と問題の所在及び研究の方法、第2章 第二次世界大戦後のイギリス特別教育制度における課題、第3章 ガリフォードによる特別な教育的ニーズの提起とウォーノック報告の特徴、第4章 イギリスにおける特別な教育的ニーズ概念の教育制度への位置づけ、第5章 イギリスにおける特別な教育的ニーズへの対応をめぐる制度的課題の特徴、第6章 1993年教育法以降における特別な教育的ニーズへの対応に関する教育制度の特徴、第7章 特別な教育的ニーズの評価の視点と課題、第8章 改訂コード・オブ・プラクティスの特別な教育的ニーズ・コーディネーター制度への影響、第9章 特別な教育的ニーズ・コーディネーターの役割にみる特別な教育的ニーズの概念—特別な教育的ニーズ・コーディネーターへの意識調査と同僚教師との協同の特徴、第10章 特別な教育的ニーズ・コーディネーターが機能する条件、第11章 総合考察
2017.1 422p A5 ¥11500 ①978-4-7599-2163-2

◆移民の子どもと学校—統合を支える教育政策　OECD編著,布川あゆみ,木下江美,斎藤里美監訳,三浦綾希子,大西公恵,藤浪海訳　明石書店
【目次】第1章 移民をめぐる国際的動向と教育問題(過去50年の移民史、各国における移民の子どもの割合とその特徴)、第2章 移民の子どもの学力と学校での帰属感(受け入れ国の教育システムの役割、社会経済的背景と移民の子どもの学力、学校での帰属感)、第3章 移民へのまなざし(受け入れ国における移民へのまなざし、移民へのまなざしにみられる傾向)、第4章 移民の子どもの低学力の要因(不利な条件の集中、言語に関する不利な条件、就学前教育プログラムへの参加状況、学習・留年・トラッキングにかかわる要因)、第5章 教育に対する移民の親の期待と子どもの学習意欲(子どもに対する移民の親のアスピレーション、移民の子どものアスピレーション)、第6章 移民の統合を支える教育政策(当面の政策対応、効果の高い中期的対応、統合政策の強化に向けた取り組み)
2017.6 167p B5 ¥3000 ①978-4-7503-4530-7

◆英国の教育　日英教育学会編　東信堂
【要旨】産業革命発祥の地である英国はわが国を含む多くの国の近代化に大きな影響を与え、また教育においても例外ではない。今日まで大国として国際社会を牽引してきた英国の教育実態を歴史、現状、制度、課題に分け包括的に俯瞰する本書は、事典的にも必要な情報はすぐ検索できる工夫が施され、英国教育の研究を目指す若手研究者や訪英教育関係者等にとって示唆に富む類書のない必携書である。
2017.5 293p A5 ¥4000 ①978-4-7989-1409-1

◆教えてみた「米国トップ校」　佐藤仁著　KADOKAWA(角川新書)
【要旨】研究でも教育でも羨望の眼差しで語られることが多い米国トップ校。だが、その一つであるプリンストンで教えるようになった東大教授は、日本に蔓延する幻想に疑問を投げかける。語られなかった「白熱教室」の内実。
2017.9 253p 18cm ¥800 ①978-4-04-082164-1

◆海外日本人学校物語　岩尻誠吾著　(大阪)風詠社,星雲社 発売
【要旨】親の海外赴任にともない、学齢期の子供が家族とともに現地で暮らすというのはよくあること。子供たちが経験する出来事を物語風に紹介しながら、いくつかの統計データを通してアジアの日本人学校の実情をレポートします。
2017.2 126p B6 ¥1200 ①978-4-434-22809-4

◆カイロ大学—"闘争と平和"の混沌(カオス)　浅川芳裕著　ベストセラーズ(ベスト新書)
【要旨】アフガニスタン帰りの寮生、留置所中間末まつり、エジプト革命の火種はハシシ!? 単位取得は交渉にあり! 眠らない街カイロの昼裏文化…etc. 乱世を生き残る徹底的な実学がここにある! 笑えて! 泣ける! 熱き学生達の物語。
2017.12 318p 18cm ¥852 ①978-4-584-12569-4

◆近代中国における国語教育改革—激動の時代に形成された資質・能力とは　鄭谷心著　日本標準
【要旨】歴史的背景と本書の分析視角、第1部 国語教育方法論の萌芽—胡適を中心に(文学による国語の形成、胡適の国語カリキュラム論と方法論)、第2部 国語教育における継承と創造—葉聖陶の場合(国語教育標準の誕生と развития、葉聖陶の作文教育論、教材開発の実践—生活との結合をめざして)、第3部 国語・作文教育のもう一つの潮流—夏丏尊を中心に(夏丏尊の国語教育論の形成、国語学力低下論争の勃発、夏丏尊による国語教育方法論の提案、中高生のための教材開発と授業づくり)、国語力の内実とその教育方法論
2017.3 195p A5 ¥4000 ①978-4-8208-0619-6

◆現代アジアの教育計画 補巻　山内乾史,杉本均,小川啓一,原清治,近田政博編　学文社
【目次】第1章 ブータン王国における教育計画、第2章 インドにおける教育計画、第3章 東南アジアの教育計画と質向上のための課題、第4章 中国の教育計画、第5章 韓国における総合的な教育計画の特徴と限界、第6章 日本における学習指導要領の改訂について考える—「正解主義」からの脱却と、アクティブ・ラーニング導入による子どもたちの「息苦しさ」に注目して、第7章 大学への進学移動パターンの変化について考える—神戸大学を事例として、第8章 アラブの春—イエメンの教育計画、第9章 キルギス共和国の教育計画—教育開発戦略とその課題
2017.12 183p A5 ¥2300 ①978-4-7620-2754-3

教育学・教育理論

◆台湾における教育の民主化―教育運動による再帰的民主化　篠原清昭著　（さいたま）ジダイ社
【要旨】現代の「民主主義」は本当に民主主義的か？　教育における民主化の思想は、単純に国家主義・権威主義からの自由のみに置くことはできない。「教育における民主主義」と「教育による民主主義」を台湾に学ぶ。
2017.6　309p　A5　¥4800　978-4-909124-05-0

◆多文化教育の国際比較―世界10カ国の教育政策と移民政策　松尾知明著　明石書店
【目次】人の移動と教育を考える視点、英国（イングランド）―シティズンシップの強化、ドイツ―移民国家への転換、フランス―共和制の理念とライシテ、アメリカ合衆国―自由と平等のポリティックス、カナダ―多文化主義法をもつ国、オーストラリア―アジア太平洋国家をめざして、ニュージーランド―二文化主義と多文化主義の葛藤、シンガポール―多人種主義とメリトクラシー、韓国―多文化政策への転換〔ほか〕
2017.12　219p　B6　¥2300　①978-4-7503-4607-6

◆多様性と向きあうカナダの学校―移民社会が目指す教育　児玉奈々著　東信堂
【要旨】ヨーロッパを中心とした世界的な移民排斥運動が活発化する一方、カナダでは国民の20％を超える移民が暮らし、イヌイットなどの先住民も包摂した多文化主義政策の国際的にも高い評価を得ている。それは、ネイティブや移民を問わず高い教育水準を維持し、様々なバックグラウンドを持つ者たちの"共生"をもたらしてきたカナダ独自の多文化教育政策の貢献によるところが大きいと言うまでもない。こうしたカナダの多文化教育の実態を理論・制度・政策・実践という多角的視座から分析し、その特徴と本質を描き出す本書は、移民に対するあらゆる教育改革に消極的なわが国にも重大な示唆を与え、まさに時宜を得た研究である。
2017.7　201p　A5　¥2800　①978-4-7989-1435-0

◆中米の子どもたちに算数・数学の学力向上を―教科書開発を通じた国際協力30年の軌跡　西方憲広著　佐伯印刷
【要旨】「自分に一体何ができるのだろうか」。『スペイン語は苦手だが、算数なら役に立つかもしれない』JICAの中米算数・数学協力の歴史は、1987年、ホンジュラスに派遣された一人の青年海外協力隊員の自身への問いかけから始まった。ホンジュラスで実績を残した算数科指導力向上プロジェクトは、エルサルバドル、グアテマラ、ニカラグアなど中米諸国でも実施された、"算数・数学教育はJICA（日本）"と言わしめる成果を収めた。この分野の第一人者である著者が、教育内容まで踏み込んでひもとく国際協力30年の軌跡。
2017.3　202p　B6　¥1500　①978-4-905428-69-5

◆転換期と向き合うデンマークの教育　谷雅泰、青木真理編著、杉田政夫、高橋純一、柴田卓、柴田千賀子、三浦浩喜著　ひとなる書房
【目次】第1章　国民学校の改革、第2章　放課後の子どもたち、第3章　インクルーシブ教育の再考―日本とデンマークにおける特別支援教育の比較を通して、第4章　デンマークの森の幼稚園、第5章　若者の進路選択の支援、第6章　職業教育の改革、補章　デンマーク、東日本大震災、そして日本の教育
2017.9　255p　A5　¥1800　①978-4-89464-251-5

◆統一ドイツ教育の多様性と質保証―日本への示唆　坂野慎二著　東信堂
【要旨】漠然とした福祉国家から費用対効果が尊重される時代に転換した世界の教育政策は、教育の成果を測定することから始まった。2000年に始まったOECDのPISA調査からなる学力ランキングは、各国の教育政策に強い影響を与えている。本書は、ドイツでは州毎に多様な教育政策が展開されており、学力の低い移民の児童生徒を中心に学力向上策を実現したこと、教育機会を妨げる分岐型学校制度を改革した点を日本の教育政策との相違として、ドイツの一方、学校外部評価と教員養成改革で学校教育の質保証を目指す政策は、日本の教育政策にとの共通性を浮き上がらせている。比較教育学の神髄を鮮明に見せてくれる現代ドイツ教育論である。
2017.2　210p　A5　¥2800　①978-4-7989-1411-4

◆東ドイツ"性"教育史―性をめぐる状況と「生物」教授プラン　池谷壽夫著　（京都）かもがわ出版
【要旨】敗戦直後、ソ連占領下における赤軍兵士によるレイプと中絶・性病の蔓延。社会主義学校への転換と社会主義的人格を目指す教育。「快楽」としての性や同性愛の位置づけとAIDS問題。DDR（東ドイツ）における性をめぐる状況の変化と性教育の歩みを、中心的な教科である「生物」教科書と教授プランの分析を通して描き出す。SED（ドイツ社会主義統一党）という、限界はありながらも、セクシュアリティと性教育の局面において社会主義的民主主義を求める闘い"進歩的な性教育、ホモセクシュアル運動など"が、SEDの独裁体制を平和裏に打倒する上で果たした役割を評価する著者の東ドイツという国家像に迫る試み。
2017.8　153p　A5　¥2000　978-4-7803-0931-7

◆フランスでは学力をどう評価してきたか―教養とコンピテンスのあいだ　細尾萌子著　（京都）ミネルヴァ書房
【要旨】本書は、1920年代から現在までの、フランスの中等教育における学力評価論の展開を、理論と制度と実践の三層から明らかにする。アメリカやOECD、EUの学力評価論がフランスにいかに受容され、制度や実践として具体化されてきたのかを歴史的に検討し、学力・評価観がどのように変化してきたのかを描き出す。伝統的に重視されてきた「教養」と新たに重視されている「コンピテンシー」との折り合いをつけようとしているフランス教育のあり方は、現在の日本の教育に多くの示唆を与える。
2017.2　264p　A5　¥4623　078-4-623-07879-0

◆ミャンマーの教育―学校制度と教育課程の現在・過去・未来　田中義隆著　明石書店（明石ライブラリー）
【目次】第1部　ミャンマーの教育現状（ミャンマーの授業実践、ミャンマーの教育制度、ミャンマーの学校現場における教育実践、ミャンマーの教員養成制度）、第2部　ミャンマーの教育の歴史的変遷（近代以前の教育、イギリス植民地時代の教育―一八五二‐一九四一年、日本占領時代の教育―一九四二‐四五年、独立直前の教育政策―一九四五‐四七年　ほか）、第3部　ミャンマーの教育の将来（現在進行しているミャンマーの教育大改革、ミャンマーの教育における今後の課題）
2017.10　456p　A5　¥4500　①978-4-7503-4574-1

◆躍進する韓国教育の諸問題　鴎田義男著　幻冬舎メディアコンサルティング、幻冬舎　発売
【要旨】なぜ韓国は、世界有数の「教育大国」となったのか。韓国の知られざる教育実態その全容と展望を大解説。
2017.9　309p　B6　¥2000　①978-4-344-91372-1

◆躍動する韓国の社会教育・生涯学習―市民・地域・学び　梁炳賛、李正連、小田切督剛、金侖貞編著　エイデル研究所
【目次】序章　韓国の社会教育・平生教育をどう理解するか―市民・地域・学びに注目して、第1章　市民社会を育む学習共同体、第2章　格差社会を乗り越える平生学習、第3章　働く希望を創る平生学習、第4章　平生学習の多面的展開―すべての人々への教育を、第5章　未来を開く平生学習政策、第6章　今、韓国の平生教育を語る（座談会）政治・行政・研究・実践・運動のダイナミズム、特論　韓国・平生教育の"躍動"が示唆するもの―平生教育・立法運動に関連して、終章　日本と韓国の社会教育・平生教育はどう学びあうか、特別編集　韓国・平生学習の歩みが紡ぎ出す10の宣言・条例、資料編
2017.6　498p　A5　¥4000　①978-4-87168-599-3

教育学・教育理論

◆赤坂真二×堀裕嗣往復書簡―転換期を生きる教師の学びのカタチ　赤坂真二、堀裕嗣著　小学館
【要旨】現在の教育への危機感を共有する著者二人が、「教師の学びをどう変えるか」をテーマに、約10か月間にわたって繰り広げた刺激的な対話の記録。戦後最大の転換期にある教師の学びのあり方について提案。「人を育てる」ことの本質に迫る、第二章のラスト30ページは、まさに圧巻。
2017.7　199p　B6　¥1500　①978-4-09-840185-7

◆新たな時代のESDサスティナブルな学校を創ろう―世界のホールスクールから学ぶ　永田佳之編著・監訳、曽我幸代編著・訳　明石書店
【目次】第1部　サスティナブルな学校とは（ESDは学校を元気にする！、ホールスクールとは、ホールスクールの実際）、第2部　サスティナブルな学校づくりのために（サスティナブルな学校づくりのための枠組みとその使い方、自己評価ツール、ホールスクールのためのワークショップ・ツール、サスティナブル・スクールが与える影響を裏づけるエビデンス）
2017.3　318p　A5　¥2500　①978-4-7503-4461-4

◆石田和男教育著作集　石田和男教育著作集編集委員会編　花伝社、共栄書房　発売
【要旨】地域に根ざし、「恵那の教育」を切り拓いてきた実践と思想。
2017.5　4Vols.set　A5　¥18000　①978-4-7634-0808-2

◆異色の教育長　社会力を構想する　門脇厚司著　七つ森書館
【目次】序章　教育長就任に至る経緯、第1章　美浦村の教育長を務める、第2章　わが国の教育施策を批判する、第3章　教育制度と教員社会、終章　社会力を育てる緩やかな提案と期待、あとがき―教え子を再び戦場に送らないことを願って
2017.12　270p　B6　¥2800　①978-4-8228-1787-9

◆岩波講座 教育 変革への展望　5　学びとカリキュラム　秋田喜代美編　岩波書店
【要旨】未来を拓くためには何を、どう学ぶべきか。リテラシー、市民性、アートを軸に検証。変わる「知」のありようを見すえ、学校教育の役割と実践のあり方も考察する。
2017.2　309,2p　A5　¥3200　①978-4-00-011395-3

◆インクルーシブ教育の源流―一九七〇年代の豊中市における原学級保障運動　二見妙子著　現代書館
【要旨】「共に生き学ぶ教育」を展開した豊中が向き合った障壁とは。2重籍による原学級保障をめぐる議論と実践を障害学の視点から掘り起こし、今日のインクルーシブ教育運動へつなぐ。
2017.4　214p　B6　¥2600　①978-4-7684-3554-0

◆ウィトゲンシュタインの教育学―後期哲学と「言語の限界」　渡邊福太郎著　慶應義塾大学出版会
【要旨】「語りえぬもの」、その先へ。『論考』で沈黙した哲学者は、「教育」を手がかりに再び語り出す。新進気鋭の若手が描く、「第三のウィトゲンシュタイン」。
2017.7　234,15p　B6　¥4200　①978-4-7664-2443-0

◆エイミー・ガットマンの教育理論―現代アメリカ教育哲学における平等論の変容　平井悠介著　（横浜）世織書房
【要旨】1990年代のシティズンシップ教育論への関心の高まりを牽引した要因とは何か。社会的平等という視点からシティズンシップ教育論議の地平を拡げる。熟議の民主主義へ。政治的教育哲学の展開。
2017.2　286p　A5　¥3400　①978-4-902163-92-6

◆エンパワーメント評価モデルに基づく教員のバーンアウト予防プログラム―現場と研究者の協働による実践への示唆　池田満著　風間書房　（南山大学学術叢書）
【目次】第1章　はじめに：学校教員のメンタルヘルスの現状、第2章　教員の職務ストレスとその予防、第3章　プログラム開発と評価の理論的背景、第4章　実践プロジェクトの概観、第5章　予備調査研究、第6章　プログラムの実施と評価、第7章　インタビュー調査に基づくプログラム実施プロセスの評価、第8章　実践プロジェクトの総括、第9章　コミュニティ・ベースの予防プログラムの展開へ向けて
2017.3　219p　A5　¥4200　①978-4-7599-2175-5

◆海外日本人学校―教育環境の多様化と変容　大阪教育大学社会学研究会編、土肥豊、上久保達夫、澤田軍治郎、越井郁朗代表編者　（葛城）金壽堂出版
【目次】第1部　調査研究（調査の目的と概要、海外在留日本人の動向、シンガポールの日本人学校の変容、台湾の日本人学校の変容、タイ国内日本人学校等の変容、オーストラリアの日本人学校の変容、モスクワ日本人学校の変容、リオデジャネイロ日本人学校の歴史的考察、海外帰国生徒の多様化と教育・社会環境の変容）、第2部　エッセイ・研究ノート（魅力あるシンガポールを訪れて、タイ印象記、モスクワ日本人学校調査旅行余話、バラの学校の子どもたちとの思い出―ユリヤさんをたずねて、ドイツ印象記と海外に在住する子どもたち、アメリカにおける日本人家族、歴史の中のイスタンブル、発展するベトナムに思いを寄せて、東大阪市立鴻池東小学校の中国っ子について）
2017.12　277p　A5　¥2200　①978-4-903762-18-0

教育学・教育理論

◆変えよう！日本の学校―カナダ人英語教師が提唱するエンパワーメント（活力を与える）教育　ピーター・ハウレット著，ハヌル・ハウレット監修・訳　（札幌）柏艪舎，星雲社 発売
【目次】1章 著者の軌跡，2章 なぜ，日本の英語教育は変わらなければならないのか，3章 日本の教育界はどう変わるべきか，4章 私が実践してきた教育活動，5章 エンパワーメント（活力を与える）教育のススメ，6章 対談 阿木幸男×ピーター・ハウレット
2017.8　175p　B6　¥1400　①978-4-434-23553-5

◆学習科学ハンドブック 第二版 第3巻 領域専門知識を学ぶ／学習科学研究を教室に持ち込む　R.K.ソーヤー編，秋田喜代美，森敏昭，大島純，白水始監訳，望月俊男，益川弘如編訳　（京都）北大路書房
【目次】イントロダクション：新しい学びの科学，5 領域専門知識を学ぶ（数学教育における研究：人の学びについてそれは何を教えてくれるのか？，来進化する種としての科学教育と学習科学，歴史概念を学ぶ，リテラシーを学ぶ，芸術教育と学習科学），6 学習科学研究を教室に持ち込む（学習評価と政策デザイン：協調的な参画のための重要な概念と道具，学びのデザイン：興味，動機づけ，規律づけ，文化的プロセスとしての学び：多様性を通した平等の達成，教師の学びについての研究への学習科学的拓え，おわりに：学びの未来―学習科学に基づく教育改革）
2017.9　195p　B5　¥3500　①978-4-7628-2998-7

◆拡張する学校―協働学習の活動理論　山住勝広著　東京大学出版会
【目次】第1部 活動理論と学校のイノベーション（活動理論と学校教育の創造―協働する活動システムのデザイン，学びとしての学校改革―拡張的学習と形成的介入の方法論，ハイブリッドな学習活動のデザインへ―学校での伝統的な学びを超えて），第2部 生活教育の思想と子どもとともに創る学習活動（エリ・エス・ヴィゴツキーの生活教育論，野村芳兵衛における「本を作る教育」のカリキュラム―子ども文化の創造のために，喜びとしての道徳教育―スピノザ，ヴィゴツキー，野村芳兵衛），第3部 活動理論の新たな展開と学校教育の実践開発（子どもの主体的な探究学習と活動システムの転換―UCLAラボスクールにおける授業実践の活動理論的分析，ノットワーキングによる学校一学校学習の可能性，子どもたちの拡張的学習―教育研究の新たな挑戦）
2017.6　24．30p　B6　¥3500　①978-4-13-051335-7

◆学問としての展開と課題　日本教育社会学会編，本田由紀，中村高康責任編集　岩波書店 （教育社会学のフロンティア 1）
【要旨】学会創設70年記念書き下ろし論集。教育社会学とはどのような学問分野か。その歴史を振り返り，研究の最前線を探る。
2017.10　320p　A5　¥3200　①978-4-00-026134-0

◆学力格差拡大の社会学的研究―小中学生への追跡的学力調査結果が示すもの　中西啓喜著　東信堂
【要旨】これまで学校で採用されてきた全国学力調査などの共時的な観測では，「教育格差」の原因やその後の教育・発展は示されてきた。つまり，一度測られた格差が児童の年齢にしてどう変化するのか明らかにされてこなかったのである。本書は，8年に渡る継続的な調査をもとにした統計分析によって，研究蓄積の希薄な教育格差の経時的変化のメカニズムを解き，就学前教育の重要性についての実証研究を行った，若き教育社会学者の実証的労作である。
2017.11　160p　A5　¥2400　①978-4-7989-1438-1

◆学校を考えるっておもしろい!! 教養としての教育学―TAと共に創るアクティブ・ラーニングの大規模授業　水原克敏，足立佳菜，鈴木学編著　（仙台）東北大学出版会　増補改訂版
【要旨】本書は，大学1年生に向けての教養教育として開かれた「教育学」の授業記録です。大学4年生のTAと共に，受講生の素朴な疑問を大事にしながら，教育について考える授業を行いました。そもそも「教育とは何か？ 日本人はどのようにつくられてきたのか？」この本を読んで，受講生とともに「当たり前の学校」観を打ち砕いてください。
2017.3　352p　A5　¥2000　①978-4-86163-281-5

◆「学校教育と社会」ノート―教育社会学への誘い　山内乾史著　学文社　第2版
【目次】第1章 「学校教育と社会」とは何を論じた授業か，第2章 豊かさを目指して―高度経済成長と受験競争の大衆化，過熱化，第3章 高学歴はなぜ尊重されるのか―教育投資論，スクリーニング仮説，統計的差別理論，第4章 エリート教育と才能教育，第5章 日本の教育経費―授業料・奨学金政策，第6章 高学歴者過剰問題について考える，第7章 大学と学生文化の変遷
2017.12　179p　A5　¥1800　①978-4-7620-2750-5

◆学校教師の共感性に関する研究　鈴木郁子著　風間書房
【目次】第1章 教師の資質向上を目的とした共感性の必要性，第2章 教育相談担当教師の対人的反応の特徴，第3章 教師の共感性と教師の対人関係との関連，第4章 教師の共感性と応答様式に関する研究，第5章 基本理念に関する授業実践に基づいた共感性を向上させる研修，第6章 全体的考察―教師の共感研究の成果と課題
2017.11　213p　A5　¥6000　①978-4-7599-2193-9

◆学校法　教師のための教育学シリーズ編集委員会監修，佐々木幸寿編著　学文社 （教師のための教育学シリーズ 3）
【目次】国家と教育と法，第1部 学校関係法を学ぶ（日本国憲法―教育の基本理念に関する法1，教育基本法―教育の基本理念に関する法2，学校教育に関する法律1―学校制度，学校組織運営，教育課程と教科書，学校教育に関する法律2―児童生徒・特別支援教育・健康教育・学校事務，教職員に関する法律，教育行政組織，制度に関する法律），第2部 学校法（教育法の変化と学校法という視点，学校法の課題を考える），第3部 教育課題と法（いじめと法，体罰と法，最高裁判決と体罰法制，18歳選挙権と政治教育，学校と学習塾，教員の研修権，教師の労働と法）
2017.4　241p　A5　¥2500　①978-4-7620-2613-3

◆キャリアデザインのための自己表現―過去・現在・未来を結ぶバイオグラフィ　細川英雄，太田裕子編著　東京図書
【要旨】ことばの花ひらくとき，私のことばで私を語る。出会いと対話を記述し，経験を可視化する11の事例を紹介。未来へのデザインが，今，はじまる―
2017.9　222p　A5　¥2200　①978-4-489-02273-9

◆教育をよみとく―教育学的探究のすすめ　田中耕治，石井英真，八田幸恵，本所恵，西岡加名恵著　有斐閣
【要旨】教育学を学ぶと何が変わるの？ 教育問題のこと本当にわかってる？ 教育学者が紡ぐ「探究」のいろは。高校生のあなたには「はじめての教育学入門書」として，教育学部に入った教師をめざすあなたには「教師入門書」として。
2017.4　199p　B6　¥1500　①978-4-641-17429-0

◆教育改革の9割が間違い　諏訪哲二著　ベストセラーズ （ベスト新書）
【要旨】ゆとり教育をはじめ，過去，文科省によって決定されてきた教育改革は，度々失敗してきている。その原因は，理論の正しさばかりを重視し，実践までを考慮に入れていないためである。学校で子どもに向き合う教師たちは，戸惑い，苦しみながらも，より良い教育のために奮闘してきたのである。本書では，教育における四つのちから―「行政のちから」「教師のちから」「民間のちから」「子どものちから」の動きを大切に考え，学校教育における本質的・構造的な問題点を見ていく。2020年の教育大変革で同じ過ちを繰り返さないために，いま向き合わねばならない。
2017.10　207p　18cm　¥800　①978-4-584-12565-6

◆「教育学」ってどんなもの？　小川佳万，三時眞貴子編著　協同出版
【目次】なぜ勉強しなければいけないのか？，なぜ幼児の時から学ぶのか？，なぜ教科で学ぶのか？，先生はいつも何をしているのか？，教室は息苦しいのか？，いじめは「自尊心」と関係があるのか？，なぜコミュニケーション能力が必要なのか？，なぜ国際理解教育が必要なのか？，なぜ大学入試はあるのか？，なぜ学ぶのにこんなにお金がかかるのか？，なぜ人は学校以外でも学ぶのか？，なぜ働かないといけないのか？
2017.8　183p　A5　¥1800　①978-4-319-00298-6

◆教育学のすすめ　水内宏著　一藝社
【目次】「子ども学」としての教育学，公教育の思想に学ぶ，子どもの発達に迫る1，子どもの発達に迫る2―発達のすうとらえるか―「発達段階論・発達過程論の基本問題」，子どもの発達に迫る3―あそびの教育的意義とあそびの発達過程，子どもの発達に迫る4―子どもの知的・人格的発達と言語，補論―生きることとからだ，あらためて考える"学力"とは何か？ 1，あらためて考える"学力"とは何か？ 2―社会の中の学力・能力主義の教育と"学力"，学校制度を考える1―学びたいと思った時に学びの機会が保障される制度に「働きながら学ぶ」をキーワードに中学卒以降の大胆な改革，学校制度を考える2―学校教育の基本問題，道徳性の発達をどう引き出すか
2017.9　205p　A5　¥2200　①978-4-86359-129-5

◆教育学へのアプローチ―教育と社会を考える18の課題　北野秋男編著，宮島佳次，黒田友紀，長嶺宏行作著　啓明出版
【要旨】第1部 教育の歴史から現代の教育を学ぼう！（近代学校制度の成立と発展―「教育を受ける権利」と「教育を行う権利」，公立学校が選べる―教育制度の弾力化・多様化，日本式「学級」と指導の課題―学級の組織化と生徒管理，「学び」の変遷―「ゆとり」か「詰め込み」か，教育委員会制度の変遷―教育委員会の3つの理念と権限），第2部 現代の教育から未来の教育を考えよう！（子ども・保護者・地域とともに学び続ける教師―教師の専門職性を考える，テストと学力テストで学力は測れるのか，格差と学力―格差はなぜ生まれるのか，多様なニーズへの挑戦―「障害」「貧困」の問題と教育），終章 未来の教育を考える―教育と社会の新たな課題は？
2017.4　211p　A5　¥2158　①978-4-87448-034-2

◆教育から見る日本の社会と歴史　片桐芳雄，木村元編著　八千代出版　第2版
【目次】第1章 大陸文化の受容と原始・古代社会の教育，第2章 中世社会の学問と人間形成，第3章 近世の子どもと教育，第4章 西洋教育情報の受容と近代教育の成立，第5章 天皇制教育体制の確立と展開，第6章 資本主義の発展・デモクラシーの興隆，第7章 戦時下の教育と子ども，第8章 戦後社会の形成と教育，第9章 高度経済成長後の社会と教育
2017.3　241p　A5　¥2400　①978-4-8429-1698-9

◆教育機会確保法の誕生 子どもが安心して学び育つ　フリースクール全国ネットワーク・多様な学び保障法を実現する会編　東京シューレ出版
【目次】序にかえて 普通教育における多様な学びの場の広がりの必要性，第1章 教育機会確保法はどのように誕生したのか，第2章 議員連盟は教育機会確保法にどう取り組んだか，第3章 教育は人権保障の中核，第4章 不登校の子どものための教育機会確保法―その読み方，第5章 教育機会確保法に期待すること
2017.8　239p　B6　¥1800　①978-4-903192-33-8

◆教育経営　髙見茂，服部憲児編著　協同出版 （教職教養講座 第14巻）
【目次】教育経営の概念，教育経営とその経営的機能，教育経営を支える教育法制，教育行政と教育行財政，国の教育経営―人材育成策を中心として，地方公共団体の教育経営，私立学校の経営と助成，教育経営とエビデンス，学校の組織構造と経営，意思決定とリーダーシップ，教育内容行政と教育課程経営，学校経営における保護者・地域住民の連携・協働と参加，学校評価・教員人事評価と学校改善，リスクマネジメント
2017.10　279p　A5　¥2200　①978-4-319-00336-5

◆教育経営論　末松裕基編著　学文社 （教師のための教育学シリーズ 4）
【目次】第1章 現代教育経営学の理論的課題―理論的混迷の救済，または学説史の再生成へ，第2章 現代の教育経営政策と法を読み解く，第3章 教育・福祉改革と制度設計の指針，第4章 「学校と地域」の関係を問い直すための考察，第5章 学校づくりの組織論，第6章 戦略クラフティングの発想に基づくスクールリーダー教育に向けて，第7章 教育経営における発達するリーダーシップ論，第8章 教育経営の歴史的教訓―評価の観点から，第9章 教育経営と地域行政―地域社会の問題とその解決・主権，第10章 教育経営を社会思想・哲学から読みなおす―学校経営の責任と罪とデモクラシー
2017.9　211p　A5　¥2200　①978-4-7620-2614-0

◆教育権をめぐる第2次大戦後の国際的合意―教育内容は誰がどう決めるのか　八木英二著　（大津）三学出版
【目次】第1部 教育権の起点と展開（大戦直後の教育権の成立，教育における自由と基準性に関する国際的合意の成立―教育差別待遇反対条約と国際人権規約，障害者権利宣言と障害児教育投

教育学・教育理論

資論、教育の内的事項と「子どもの権利条約」)、第2部 教育権と公教育制度原理(年限延長論と条件整備論、機会均等と論争の問題、教育内容はだれがどのように決めるのか—子ども・教職員・保護者・住民・研究機関など)、第3部 教師の専門職性の関与について(「地位勧告」の成立と展開、教員評価基準をめぐる国際的合意形成にあらわれた二律背反)
2017.3 283p A5 ¥4000 ①978-4-908877-11-7

◆教育現場の「コンピテンシー評価」―「見えない能力」の評価を考える 渡部信一編著 (京都)ナカニシヤ出版
【目次】第1部 教育現場における「コンピテンシー」の評価(熟年教師が語る「見えない能力」の教育と評価、聴覚障害児の「見えない能力」に対する教育、「授業力コンピテンシー」に対するICTを活用した評価、日本の「わざ」習得と「コンピテンシー」の役割、音楽の師弟関係における「コンピテンシー評価」、「コンピテンシー評価」とは何か?)、第2部「コンピテンシー評価」の本質にせまる(「コンピテンシー評価」に対する違和感、教育現場の評価者は同時に「指導者」であるということ、教育現場における「コンピテンシー評価」とは何か?)
2017.2 211p B6 ¥2400 ①978-4-7795-1139-4

◆教育社会学研究 第100集 特集 境界を超える教育社会学研究 日本教育社会学会 編 東洋館出版社
【目次】特集 境界を超える教育社会学研究(海外からのメッセージ、関連領域研究者からのメッセージ、歴代会長からのメッセージ)、50号~99集総目録、論稿、書評、課題研究報告
2017.7 404p A5 ¥3300 ①978-4-491-03377-8

◆教育制度学研究 24 日本教育制度学会紀要編集委員会編 東信堂
【目次】特集 新学習指導要領が教育制度に問うもの—「社会に開かれた教育課程」の実現に向けた制度設計、自由研究論文、研究ノート、研究大会報告、教育制度研究情報、書評、日本教育制度学会情報
2017.11 257p A5 ¥2600 ①978-4-7989-1468-8

◆教育勅語の何が問題か 教育史学会編 岩波書店 (岩波ブックレット No.974)
【要旨】1948年、教育勅語は公教育から排除された。それは教育勅語のうたう理念と、勅語がもたらした現実が、自由と民主を掲げる戦後社会に根本的に馴染まないからだ。道徳教育を荒廃・形骸化させ、「不敬」だらけの抑圧社会を生み、アジアに大きな歪みをもたらした教育勅語の歴史を描く、必携のハンドブック。
2017.10 71p A5 ¥580 ①978-4-00-270974-1

◆「教育」という過ち―生きるため・働くための「学習する権利」へ 田中萬年著 批評社 (PP選書)
【要旨】"education"を「教育」とした誤訳を定着させた「教育勅語」。今でも教育は「教育勅語」に呪縛されている。「教育を受ける権利」は「学習する権利」ではない。
2017.7 270p B6 ¥2500 ①978-4-8265-0666-3

◆教育とは何?―日本のエリートはニセモノか 尾木直樹,茂木健一郎著 中央公論新社 (中公新書ラクレ)
【要旨】この本には、日本の教育への厳しい指摘が満ち溢れています。トレーニング主義や階段を上がるような基礎的な教育の積み重ねを教えるステップアップ方式は、脳科学からも、それほど成果なく危険さえあるようです。高校入試や偏差値教育は害悪でしかないこと。子どもたちは、学ぶ意欲は萎え、自立力をなくしています。今急に一人一人の個性を大切にした世界基準の教育を目指していかなければなりません。
2017.9 188p 18cm ¥780 ①978-4-12-150595-8

◆教育と福祉の課題 伊藤良高編著 (京都)晃洋書房 第2版
【要旨】現代における子ども・子育て支援施策と保育施設経営の課題、保護者の多様な要求に向き合う保育士の苦悩と姿勢—保護者と良好な関係づくりと保護者対応、保育者養成と研修の現状と課題—鳥取県における試みから、高等教育改革と学習支援システムの展望—教学IRとのかかわりを意識して、「子どもの貧困」認識の現状と課題、デンバー・カリキュラム改訂プログラムの意義—J.H.Newlonのリーダーシップと教師の力量形成、家庭との連携と保育者の専門性、コミュニティ論からの保護者支援—「集団や社会への帰属意識」という観点、障害児保育・教育と福祉を包括した支援—多職種

連携による自立の共通理解への試み、フランスの保育者資格制度と養成、大学教育における発達障害学生の学びとは、「教育の自由」の諸相、児童養護施設におけるライフストーリーワークの可能性—生い立ちの整理の必要性と課題について、中国の幼児教育におけるドラマ教育、地域子育て支援拠点事業の変遷と今後の課題、主任児童委員活動の現状と発展性への提言—熊本市主任児童委員アンケート調査を元にして、障害者支援施設における利用者本位の現状と課題—障害者支援施設の利用者の暮らし、適応障害の人に対する福祉的支援—衛生指導員の役割と実際、DV被害者への支援の多様性について—家族支援の必要性からの一考察、「舞台提供型双方向支援」の可能性—「発達障害当事者」支援する/されるという固定役割概念からの脱却、ケアマネジメント実践におけるスーパービジョンの意義と課題—支持的スーパービジョンの視点から
2017.3 233p A5 ¥2600 ①978-4-7710-2855-5

◆教育における身体知研究序説 樋口聡編著 創文企画
【要旨】このところさまざまな学問分野で関心が持たれ、研究が進められようとしている「身体知」とは何かという問題設定のもとで、「身体知」研究の広がりと可能性を展望。或る特定の教科(例えば「体育」)を問題にするものではなく、教育についての新たな形での哲学的考察を展開する。
2017.10 191p B6 ¥2000 ①978-4-86413-100-1

◆教育に浸透する自衛隊―「安保法制」下の子どもたち 「教育に浸透する自衛隊」編集委員会編 同時代社
【要旨】「隊内生活体験」を「宿泊防災訓練」と言い換える東京都教育委員会、TVアニメや漫画雑誌を利用して「自衛隊」や「愛国心」が注入されている、あらゆる手法を使った自衛隊員募集の方法、自衛隊から中・高生に届く隊員募集のダイレクトメール、"自衛隊と学校教育"東京都の状況と取り組み、防衛省と文科省の自衛隊入隊者獲得の実態、「総合防災訓練への参加」に力点を置き始めた都教委ガイドライン、"自衛隊と学校教育"群馬県の状況と取り組み—中学生「職場体験」に名を借りた自衛隊勧誘は中止せよ、"自衛隊と学校教育"神奈川県の状況と取り組み—夏休み、横浜の中学校で自衛隊演習見学会実施の衝撃、"自衛隊と学校教育"愛知県の状況と取り組み—教育の軍事化と海外派兵への前進基地・軍人軍属地域、"自衛隊と学校教育"大阪府の状況と取り組み、自衛隊と東京の「オリンピック・パラリンピック教育」
2017.4 90p A5 ¥800 ①978-4-88683-818-5

◆教育の課程と方法―持続可能で包括的な未来のために 鈴木敏正,降旗信一編著 学文社 (「ESDでひらく未来」シリーズ)
【目次】21世紀の「教育の課程と方法」、誰が、誰に対して、何のために—カリキュラム編成の基本原理、教育課程の課題と授業づくりの歴史、教育課程の自主編成—公害教育カリキュラムづくりを事例として、ESD時代のカリキュラム改革と方法論、「わたしの教育課程」を創る一道徳「健一の悩み」・総合学習「東北の12歳は今」の授業事例を通して、韓国の「もうひとつの学校」代案学校—代案教育における新しい学びへの転換、幼稚園の教育の課程と方法、小学校の教育の課程と方法—毎日の授業を「こどもの時間」に、持続可能性を追求する「教育の課程と方法」の開発を支える「同僚性」—A小学校の研究実践を通して、中学校・高等学校の教育の課程と方法、大学の教育の課程と方法—「市民」の育成と社会変革
2017.10 228p A5 ¥2300 ①978-4-7620-2718-5

◆教育の危機―現代の教育問題をグローバルに問い直す P.カロギアナキス,K.G.カラス,C.C.ヴォルフター,T・H.ジィアン編著,天童睦子編著・監訳 東信堂出版社
【目次】1(教育の危機、批判的研究と実践の問題、イデオロギーの追求か、現実への同調か—グローバル化時代に教育の機能が平等から競争へシフトするのはなぜか、グローバリゼーションと知識社会のすばらしい新世界における人間中心主義的教育、教育の挑戦:普遍主義と文化的多元主義の緊張のなかで、教育を形づくる社会的諸力の度臨、教育とTINA—他に選択肢はないのか?、ニューカマーと教育:日本の場合、危機とは?、人間と共生の教育、世界の教育と教師教育—危機をどうするのか)、2(学校の危機と校内暴力、集合的帰属、記憶、恐れの新たな空間—自己と「他者」を作り出すこと、大学システムは崩壊しつつあるのか—ヨーロッパの現実から、東アフリカの高等教育の危機、中

国における学術的専門職の危機、中国の民族教育における今日的問題、少子化時代の新たな親の教育戦略)
2017.3 381p A5 ¥4600 ①978-4-491-03337-2

◆教育の原理とは何か―日本の教育理念を問う 山口意友著 (京都)ナカニシヤ出版 改訂版
【要旨】「常識」のある教育者になるために。綺麗事ばかりの現代教育に実を与える、教員志望者必読の教職入門書!新たな学習指導要領(平成27年3月)に対応した改訂版。
2017.2 297p A5 ¥2300 ①978-4-7795-1117-2

◆教育の蘇生をもとめて―遠山啓との対話 遠山啓著 太郎次郎社エディタス オンデマンド版
【要旨】教育の原点にかえって(遠山啓=日本をダメにする序列主義、永井道雄=学歴社会を超える新しい教育像、村井実=学ぶ意味が問われている、遠藤豊吉=塾の思想と学校の思想、日高六郎=教育の全体性を回復せよ)、数とことばとからだをめぐって(遠山啓=「落ちこぼれ」とは、大野晋=数とことばの対話、織田幹雄=からだも好奇心も強い子どもに、松田徳一郎=なんとかしたい、英語教育、星野芳郎=技術革新と数学教育)、科学と芸術との対話(遠山啓=トルストイと数学、園部三郎=科学の感性、音楽の知性、安野光雅=美術と数学との対話、大岡信=ことばは自然をどうとらえるか)
2017.2 270p B6 ¥2800 ①978-4-8118-0463-7

◆教育の哲学・歴史 古屋恵太郎編著 学文社 (教師のための教育学シリーズ 2)
【目次】第1部 学校について考える(なぜ学校へ行くのか—学校は誰のためのものなのか?、学校で何を学ぶのか/学んでしまうのか?)、第2部 教育対象について考える(「子ども」とは何か?、成熟するとはどのようなことか?、「役に立たないこと」を学ぶ意味とは何か?)、第3部 教育実践について考える(子どもにどうやって教えるのか?、学校教育は子どもの生とどのようにかかわるか?、子どもは何を学ぶのか?)
2017.10 197p A5 ¥2100 ①978-4-7620-2612-6

◆教育の見方・考え方―教育の思想・歴史 石村卓也,伊藤朋子著 (京都)晃洋書房
【要旨】「人間にとってなぜ教育が必要か」、教育の本質、教育の思想と歴史を思考し、これからの教育のポイントを押さえる。
2017.10 211p A5 ¥2700 ①978-4-7710-2948-4

◆教育の理念と思想のフロンティア 伊藤良高,冨江英俊編著 (京都)晃洋書房
【目次】人間形成と教育の理念・思想、近代のヨーロッパの教育思想の展開—ペスタロッチ・ヘルバルトを中心に、アメリカの教育思想—デューイの経験主義を中心に、「教育人間学」の歴史と日本の教育と思想、「教育課程論」—ポストモダン思想と教育、近代学校制度成立と普及の社会的・思想的基盤—欧米諸国を中心に、近代日本の教育とその理念、今日日本の教育とその理念、学校における教師と子ども、発達の概念と教育、学校、社会階層と教育—「教育格差」「学力格差」のなかで、ジェンダーと教育
2017.4 109p A5 ¥1300 ①978-4-7710-2873-9

◆教育評価研究の回顧と展望 田中耕治著 日本標準
【要旨】教育方法学の立場から教育評価論を構築する。すべての子どもたちに学力を保障する教育評価に。
2017.7 102p A5 ¥1400 ①978-4-8208-0623-3

◆教育分野におけるeポートフォリオ 日本教育工学会監修,森本康彦,永田智子,小川賀代,山川修編著 (京都)ミネルヴァ書房 (教育工学選書 22)
【要旨】eポートフォリオを活用する。理論と実践をわかりやすく解説、活用事例とシステム開発の現状、先端研究・技術について紹介する。
2017.2 221p A5 ¥2700 ①978-4-623-07873-8

◆教育労働運動を語り継ぐ 梶村晃著 (福岡)海鳥社
【要旨】"教え子を戦場に送らない"ために。「教育勅語」に基づく皇民化教育、その否定から出発した戦後公教育と「教育の中立、教育権」による戦後教育の攻撃にさらされてきた。「教育3法」改悪から「中教審」路線まで、教育労働者のたたかいの軌跡を辿る。子どもの貧困化、教師の非常勤化という現実のなかで、"たたかい"はあるか!?
2017.5 229p B6 ¥1500 ①978-4-86656-005-2

◆教員自主研修法制の展開と改革への展望―行政解釈・学説・判例・運動の対立・交錯の歴史からの考察　久保富三夫著　風間書房
【目次】序章 問題の所在と研究目的・構成、第1章 教職員組合の権保障要求運動とその特質、第2章 研修条項に関する行政解釈の変遷、第3章 教育法学説にみる研修条項解釈、第4章 判例にみる研修条項解釈、第5章 教員研修に関わる教育法学説の検討課題、第6章 自主研修法制の実態と課題、終章 自主研修法制の改革構想
2017.11 445p A5 ¥11500 ⓘ978-4-7599-2192-2

◆教員養成・免許制度はどのような観点から構築されてきたか―制度の趣旨と方向性の考察　シナプス編集部編　（さいたま）ジダイ社
【目次】1章 教員に広く人材を求める措置―免許種毎の特色と改善、2章 教員に求められる資質能力に対処する措置―免許状授与基準の改善、3章 実践的指導力の育成―新たな学びを支える教員に求められる実践的指導力とは、4章 課題探求力の育成―教育改革の課題と教員養成、5章 教員の専門性を担保する措置―免許状の上進制度の改善、総合化と弾力化、6章 免許状による信頼性を増す措置―知識・技能のリニューアル、適格性の確保、7章 制度の創設に対する措置―新たな免許状の創設、新たな学校種への対応、8章 大学と教育委員会、学校等との連携―連携・協力から連携・協働へ、そして教員育成協議会、9章 高度専門職業人の育成―修士レベル化の方向性と教員養成の充実・強化
2017.6 130p A5 ¥2100 ⓘ978-4-909124-06-7

◆教科教育学研究の可能性を求めて　原田智仁、關浩和、二井正浩編著　風間書房
【要旨】教科教育学研究における課題として、授業研究、教師教育力、カリキュラム・マネジメント、資質・能力（コンピテンシー）、アクティブ・ラーニングなどの鍵概念を示して、今後の研究のあり方を提案する。
2017.2 316p A5 ¥3800 ⓘ978-4-7599-2177-9

◆教師力の再興―使命感と指導力を　梶田叡一著　文溪堂（hito*yume book）
【要旨】どうして教師は「尊敬」されなくなったのか？　2017 207p A5 ¥1800 ⓘ978-4-7999-0265-3

◆共存在の教育学―愛を黙示するハイデガー　田中智志著　東京大学出版会
【目次】序章 教育と存在論―共存在と愛、第1章 存在に向かう思考―ハイデガーの「学び」、第2章 共鳴共振する存在―ハイデガー／ティリッヒの「つながり」、第3章 アガペーと共存在―パウロ／パディウの「弱さの力」、第4章 愛と共現前―マルセルの「コミュニオン」、第5章 教育の再編成へ―デューイの「協同性」、第6章 愛と信―ハイデガー／ナンシーの「共存在」、第7章 共存在の主体―ハイデガー／デリダの「生き残り」、第8章 共同性の基層―ハイデガーの「響き」、終章 教育の呼応存在論―愛を黙示するハイデガー
2017.6 471, 35p A5 ¥11000 ⓘ978-4-13-051336-4

◆教養教育の再生　林哲介著　（京都）ナカニシヤ出版
【要旨】大学の教養教育は、どこへ向かうのか？ 教育答申や、財界の意見等を批判的に読み解きながら、教養教育の変容をふりかえり、そこに何が欠落してきたか、あるべき姿とは何かを提言する。
2017.2 152p B6 ¥2400 ⓘ978-4-7795-1140-0

◆教養の揺らぎとフランス近代一知の教育をめぐる思想　綾井桜子著　勁草書房（教育思想双書）
【要旨】教育の文脈のなかで、教養がどのように捉えられてきたのか。「知の教育」という視角から教養と教育をめぐる思想史を探究する。
2017.6 231, 7p B6 ¥2800 ⓘ978-4-326-29914-0

◆クリティカル・シンキング教育―探究型の思考力と態度を育む　酒井雅子著　早稲田大学出版部（早稲田大学エウプラクシス叢書）
【目次】序章 研究の目的と方法、第1章 ポールのクリティカル・シンキングによる多元論理の探究理論、第2章 ポールのクリティカル・シンキングを導入した教科教育、第3章 ポールのランゲージ・アーツ教育の体系、第4章 ポールの文学学習からみた探究の内容知、第5章 ポールの文学学習からみた探究の方法知、第6章 ポールの教科教育を支える思考・哲学教育―リップマンの「子供のための哲学」の探究方法、第7章 探究教育における「哲学的」討論の方法論、終章 研究の成果と課題
2017.2 313p A5 ¥4000 ⓘ978-4-657-16802-3

◆グローカル力は鍛錬できる―グローカル人材育成プロジェクト委員会　共愛学園前橋国際大学編　（前橋）上毛新聞社
【要旨】Global+Local=Glocal。この「グローカル」をコンセプトにした共愛学園前橋国際大学。全国の大学学長からの評価ランキング5位、文部科学省の推進する各種事業への採択等、この地方私立大学の動きに全国の教育関係者が注目しています。あるべき高等教育に取り組む大学のいまがここに！
2017.3 63p A5 ¥600 ⓘ978-4-86352-188-9

◆芸術・スポーツ文化学研究　3　北海道教育大学岩見沢校芸術・スポーツ文化学研究編集委員会編　（岡山）大学教育出版
【目次】文化資源研究領域（書の表現と精神性、構成的観点によるコンポジションの心的理解―造形用語を活用した絵画構造の検討、「身近な」デジタル環境を使ったあそびの創造―カードゲーム「あやかしリーダー」制作実践からみる一考察）、指導研究領域（幼児教育から造形教育へのアプローチ―子どもの手の巧緻性と造形教育、箏らしい奏法を活用した創作学習の考察―日本の音文化の視点から、「国際的研究」の発展性から見た「境界（ボーダースタディス）」の授業の意義についての研究、アメリカ中西部におけるピアノ指導の視察報告―ミシガン大学の調査を中心に、中級以上の大学学習者に対する、右手の基礎再構築法の一考察―セプシック ヴァイオリン教本作品3を実例として）、地域文化研究領域（無形の文化財を中心とした包括的な文化財の保護に関する一考察、「ロベレート・モーツァルト音楽祭2016」における、北海道教育大学・実験劇場公演の意義）、複合文化研究領域（日本の芸術・スポーツ教育制度の現状と課題、健康・スポーツ科学からみた楽器演奏・スポーツパフォーマンスの共通視点―脱力と出力、北海道アールブリュットネットワーク協議会（「障害者の芸術活動支援モデル事業」）から）、芸術・スポーツビジネス研究領域（子育て支援型アートイベント参加者がイベントに対する意識―「それは、それは、クリスマス。」を対象にした因子分析、スポーツクラブにおける複合的マネジメントの必要性、ソーシャル・エンタープライズと芸術―タイの人形劇が地域社会に及ぼすインパクト）
2017.3 347p A5 ¥3600 ⓘ978-4-86429-440-9

◆ゲームと教育・学習　日本教育工学会監修、藤本徹、森田裕介編著　（京都）ミネルヴァ書房（教育工学選書 2 3）
【要旨】学習環境・学習ツールとしてのゲーム開発。ゲーム研究の歴史とゲームの開発・導入、学習ゲームのデザイン・評価について、応用例を交え解説する。
2017.2 169p A5 ¥2700 ⓘ978-4-623-07874-5

◆検証・小中一貫教育のマネジメント―地域ビジョンと学校評価の活用　耳塚寛明監修、熊坂伸子著　第一法規
【目次】第1章 小中一貫教育との出会い（教育との出会い、併村の小中一貫教育が目指したものほか）、第2章 諸外国との比較から見た小中一貫教育（各国の学校制度と小中一貫教育、各国の学校評価と日本の学校評価）、第3章 各地の小中一貫教育（教育日本一の都市を目指して―つくば市、ひとづくりから始まるものづくりのまち―三条市 ほか）、第4章 小中一貫教育のマネジメント（小中一貫教育の学校評価、学校評価による小中一貫教育のマネジメント）、第5章 我が国の教育の将来を考える（フィンランドの教育制度に学ぶ、我が国の教育の将来）
2017.10 253p A5 ¥2700 ⓘ978-4-474-05855-2

◆現代教育概論　佐藤晴雄著　学陽書房　第4次改訂版
【目次】第1章 教育の本質と目的、第2章 公教育制度と現代教育改革、第3章 教育内容と教育課程の改善、第4章 教育方法の改善と学習指導の創意工夫、第5章 生徒指導の原理と方法、第6章 学校経営と学校組織の改善、第7章 教職員制度と教員の職務、第8章 教育法規、第9章 生涯学習社会の学校と社会教育、第10章 現代の子どもをめぐる諸問題
2017.2 258p A5 ¥2400 ⓘ978-4-313-61141-2

◆公教育計画研究　8　特集：現代の貧困と公教育―公教育でできること、できないこと　公教育計画学会編　（川崎）公教育計画学会、八月書館 発売　（公教育計画学会年報 2017）
【目次】特集 現代の貧困と公教育―公教育でできること、できないこと（子どもの貧困と高校再編―岩手県立学校を事例として、学校給食と子どもの貧困、日本の貧困の現状とその諸要因）、公教育計画学会第7・8回大会公開シンポジウム（新潟県を中心とした学校統廃合問題について、私たちは「子どもの貧困」になにができるのか―学校・教職員の取り組み）、投稿論文（学習指導要領からみえる死生観構築に関する批判的検討、中国における遠隔教育実践に関する考察―生涯学習の視点から）、公教育計画研究レポート（戦後初期教職員組合運動の実相―日教組結成前史2）、統計資料と解題（非正規教職員の実態とその考察（3）―2016年度文部科学省教職員実態調査から実態を考察する）、書評、英文摘要、学会動向・学会関係記事―学会動向、事務組織・年報編集規定
2017.6 207p A5 ¥2400 ⓘ978-4-909269-00-3

◆高校生の法的地位と政治活動―日本とドイツ　結城忠著　エイデル研究所
【目次】第1部 高校生の法的地位と政治的権利（日本国憲法と生徒法制、公法上の特別権力関係論・学校部分社会論と生徒の法的地位、民主的法治国家の原理と生徒の法的地位、子どもと基本的人権、学校における生徒の基本的人権と基本的義務、「学問の自由」と生徒の政治的表現の自由、高校生の政治活動と文部科学省の見解、校則による生徒の政治活動規制）、第2部 ドイツの学校法制からの示唆―「自律への教育」法制・「民主主義への教育」法制（国家の教育主権と学校の教育責務、公法上の学校特別権力関係論と生徒の法的地位、学校における生徒の法的地位、学校における生徒の政治的基本権と政治活動、生徒の学校教育参加の法的構造）
2017.3 252p A5 ¥3200 ⓘ978-4-87168-596-2

◆高等教育研究のニューフロンティア―高等教育研究　第20集　日本高等教育学会編　（町）玉川大学出版部
【目次】特集 高等教育研究のニューフロンティア（高等教育研究のニューフロンティア―特集の趣旨、テクノサイエンス・リスク社会における研究倫理の再定義、高等教育のグローバル化と学生の流動化―アジア共通単位互換制度の発展と学生の流動性への影響、18歳人口減少期の高等教育機会―大学進学行動の地域的差異から見た地域配置政策の含意、大学での仕事の変容、学習成果とその可視化、学生支援における学習成果を基盤としたアセスメントの開発と評価、計量分析の新展開―過去10年間の経験を振り返って、特別寄稿論文（高等教育研究・私史）、論稿（韓国の短期高等教育機関における学士課程導入の戦略に関する考察―専門大学の専攻深化課程を中心に、大学時代のレポートに関する学習経験は職場における経験学習を促進するのか―社会科学分野の大卒就業者に対するインターネットモニター調査、戦後「適格認定」制度の実施と私立大学―大学基準協会「会員資格審査」をめぐる関西四大学の活動過程）
2017.7 260p A5 ¥3000 ⓘ978-4-472-18047-7

◆高等教育とはいかにあるべきか―両岸（中国大陸・香港・台湾）の大学における「心件（ハートウェア）」の探求　郭位著、鄭氏鉄監訳　城西大学出版会
【要旨】高等教育における心件（ハートウェア）の探求とは？　世界の高等教育について熟知している著者は、施設・機器などの「ハードウェア（硬件）」、人事・政策などの「ソフトウェア（軟件）」、それらを運用する「ハートウェア（心件）」をキーワードに、中国大陸・香港・台湾のみならず、世界各国の最先端の教育制度や科学研究を例にあげ、問題点をあぶり出す。いかにして高等教育の改革を行い、人々の幸福に役立てるか。教育関係者、必読の書。
2017.12 337p A5 ¥3000 ⓘ978-4-907630-60-7

◆高等専修学校における適応と進路―後期中等教育のセーフティネット　伊藤秀樹著　東信堂
【要旨】非主流校生徒の自立と進路形成メカニズム。高等専修学校という顧みられることのない後期中等教育機関―学業不振、不登校など様々な事情を抱えて進学した生徒たちが、教師の良き導きで、学校社会に適応し、自らの進路を切り拓く、その自立的過程を多くの事例に基づき明らかにした。
2017.2 326p A5 ¥4600 ⓘ978-4-7989-1393-3

◆国際教育　2017年（第23号）　日本国際教育学会編　学事出版
【目次】研究論文、研究ノート、書評、第27回研究大会の記録 公開シンポジウム「世界の中の国際理解教育」、課題研究「多文化共生教育の国際比較」、日本国際教育学会関係記事
2017.9 173p A5 ¥2800 ⓘ978-4-7619-2355-6

教育学・教育理論

◆国家の教育支配がすすむ―"ミスター文部省"に見えること　寺脇研著　青灯社
【要旨】国民統制をはかる政治家たち。教育への「不当な介入」を憂える。「ゆとり教育」「生涯学習」を推進した元文部官僚が、遥か未来を見すえて、近年の行政の歪みを批判する。
2017.11 222p B6 ¥1600 978-4-86228-097-8

◆子どもから始まる新しい教育―モンテッソーリ・メソッド確立の原点　マリア・モンテッソーリ著, AMI友の会NIPPON訳・監修　風鳴舎　(国際モンテッソーリ協会(AMI)公認シリーズ 03)
【目次】第1章 教育の四段階、第2章 子ども、第3章 教育の再構築、第4章「子どもらしさ」の二つの側面、第5章 適応の意味、第6章 道徳と社会教育
2017.8 141p A5 ¥2000 978-4-907537-08-1

◆子ども・青年の文化と教育　岩田弘三, 谷田川ルミ編著　放送大学教育振興会, NHK出版発売　(放送大学教材)
【目次】子ども・青年の文化と教育をとりまく社会の現状、現代社会における子ども・青年の友人関係、子ども・青年の社会性の発達、子ども・青年の社会性を育てる教育、「特別の教科道徳」と中学校教育、部活動と体罰問題―なぜ体罰はなくならないのか、学校と地域社会―コミュニティ概念からの理論的考察、子ども・青年とジェンダー・大学への勉学文化の連続性、近年キャンパス文化事情―まじめ化する大学生と学生の「生徒化」・大学の「学校化」、アメリカの大学におけるキャンパス文化の歴史1：カレッジの時代、アメリカの大学におけるキャンパス文化の歴史2：ユニバーシティの登場以降の時代、青年の社会貢献活動、青年に対する社会的排除と支援、子ども・青年の文化・教育をめぐる問題と支援
2017.3 266p A5 ¥2600 978-4-595-31701-9

◆子どもと学校の考現学―少子化社会の中の子どもの成長　深谷昌志著　(名古屋)黎明書房
【目次】1 子どもの学校生活(入学式、学級ほか)、2 子どもにとっての家庭(お手伝い、子育て支援ほか)、3 地域での子どもの暮らし(遊び、自然体験ほか)、4 学校文化の中の子ども(いじめ、学校選択制度ほか)、5 まとめ(子どもとは)
2017.3 197p A5 ¥2400 978-4-654-09010-5

◆子どもと教育の未来を考える　2　岡部美香編著　北樹出版
【目次】第1部 日本の学校教育の歴史(近代学校の成立と展開―小学校はいかなる社会的機能を果たしてきたか、幼児教育史―「母性」の変遷から見る保育者の専門性、中等学校史―社会はどのような「大人」を求めてきたのか、特別支援教育の歴史と課題―すべての人を包摂する「共生社会」の実現に向けて ほか)、第2部 現代日本の教育課題(教育格差―不平等を再生産する装置としての教育、子どもの貧困と学校の役割―平等な自由のための教育、フェミニズム教育に向けて―ジェンダー/セクシュアリティの視点から、グローバリゼーションと国際理解教育 ほか)
2017.10 230p B6 ¥2200 978-4-7793-0554-2

◆子どもの側に立つ学校―生活教育に根ざした主体的・対話的で深い学びの実践　岐阜市立長良小学校企画・編集協力, 山住勝広編著　(京都)北大路書房
【要旨】育ってほしい子どもの姿を「自主」「連帯」「創造」「健康」の四つの側面でとらえ、カリキュラム編成の出発点とする。
2017.10 196p A5 ¥2500 978-4-7628-2999-4

◆子どもの貧困と教育の無償化―学校現場の実態と財源問題　中村文夫著　明石書店
【目次】1 はじめに一歩を開くと、不都合な真実が現れる(公教育を支えてきた私的負担、少子化の課題 ほか)、2 無償化に向けた諸課題(「集金袋」の思想、学校給食費の公会計化 ほか)、3 幼小中学校から大学まで公教育の無償化(資質・能力に応じた学歴学力保障、義務教育の無償化・子どもの貧困化 ほか)、4 市場化・民営化の中の教育費(英米の教育市場化の実態、教員の多忙化の底にあるもの ほか)、5 まとめにかえて―学校から始める普遍主義の子どもの貧困対策(学校徴収金の諸問題の解決策、就学前から高等教育までの無償化 ほか)
2017.8 193p A5 ¥2700 978-4-7503-4556-7

◆子どもの貧困・不利・困難を越える学校―行政・地域と学校がつながって実現する子ども支援　柏木智子, 仲田康一編　学事出版

【要旨】困難な状況にある子どもたちに、学校は学校として何ができるのか。そして、行政・地域とはどう連携を図ればよいのか。本書では具体的な実践を紹介しながら、その方途を示す。
2017.3 157p A5 ¥1800 978-4-7619-2315-0

◆コミュニティ・スクールの成果と展望―スクール・ガバナンスとソーシャル・キャピタルとしての役割　佐藤晴雄著　(京都)ミネルヴァ書房
【要旨】現代のコミュニティ・スクールは、その捉え方や態様が多様化している。その目的である保護者や地域住民の学校経営への参画、それに対する校長の成果認識や評価への影響は様々である。また、学校運営活動など、ソーシャル・キャピタルとしての期待が全国的普及の要因にもなっている。本書は、全国の学校運営協議会設置規則の詳細な調査から、タイプ別の特徴を析出し、それぞれの有効性を検証した。地域における展開や、今後の政策推進のあり方を展望する。
2017.4 342p A5 ¥5500 978-4-623-07944-5

◆これからの「教育」の話をしよう　2　教育改革×ICT　教育広報ソーシャルメディア活用勉強会編　インプレスR&D, インプレス発売　(New Thinking and New Ways) PDF版
【要旨】第3回教育カンファレンス採録&GKB48が選ぶ2大テーマ「アクティブ・ラーニング」「人格教育」最前線
2017.3 129p A5 ¥1500 978-4-8443-9754-0

◆災害と厄災の記憶を伝える―教育学は何ができるのか　山名淳, 矢野智司編著　勁草書房
【要旨】災害と厄災の記憶を伝承するという課題に対して、教育/教育学は何をなしうるか。「厄災」をどのように語るのか、語ること自体の意味や記憶の在り方そのものについて思想的にアプローチすることにより、「厄災の教育学」の可能性を探る。
2017.1 330, 7p A5 ¥4000 978-4-326-25120-9

◆3.11後の子どもと健康―保健室と地域に何ができるか　大谷尚子, 白石草, 吉田由布子著　岩波書店　(岩波ブックレット)
【要旨】東京電力福島第一原発事故の影響を軽視する政府は、子どもたちの健康を守るための対策もないがしろにしている。こうした国の無責任を前に、日々、子どもに接する保健室の養護教諭や地域の住民、自治体などによる独自の活動が広がり始めている。チェルノブイリや過去の公害事件の教訓に学びながら、私たち一人ひとりにできることは何かを考える。
2017.7 95p A5 ¥660 978-4-00-270969-7

◆持続可能な生き方をデザインしよう―世界・宇宙・未来を通していまを生きる意味を考えるESD実践学　高野雅夫編著　明石書店
【目次】いまを生きる意味―自分・世界・宇宙・未来、第1部 文明の転換期に地球と社会を捉える生き方 目指者界(千年持続可能な社会へ―パラダイムシフトの時代を生きる、豊かさを変えるカタツムリの社会から脱成長、人間の身の丈テクノロジーでシェアするマイクロビジネスづくり―いいことで、みんなで、愉しく稼ぐ)、第2部 幸せな未来をつくる持続可能な働き方・暮らし方になる(Be The Change！みんなが大切にされる社会づくり―サステナブルビジネスでインチの全体性を取り戻す、信用金庫としての挑戦―脱原発への活動を通じて「お金の弊害」と戦う、フェアトレードで持続可能な共生社会づくり―人と地球、人と人をつなぐ風の交差点になる、誰も排除されない社会をつくる ほか)
2017.9 302p A5 ¥2600 978-4-7503-4561-1

◆持続可能な地域と学校のための学習社会文化論　降旗信一編著　学文社　(「ESDでひらく未来」シリーズ)
【目次】序章 持続可能な地域と学校のための学習社会へ―本書のねらいと背景、第1章 ESD支援で育つ若者たち―東北から広島、そして熊本へ、第2章「四日市公害と環境未来館」を「学びの場」に―四日市大学の取り組み、第3章 地域と学校がともに生きる力を育む自然学校という新たな挑戦、第4章 地域と学校をつなぐESD実践における学外人材の必要性―ドイツの「ESDマルチプリケーター」と「持続可能な生徒企業」の事例から、第5章 ESDの手法から考える「地域資源」―「観光まちづくり」への活用をめざして、第6章 総合的な学習の時間とESD―科学的思考の手法を切り拓く、第7章 農業体験・栽培体験を指導するチカラ、第8章 学校を基軸とした地域のESD推進とその課題、第9章 地域参加から学校支援へ―あるコーディネーターのライフストーリー、第10章 大学と持続可能な地域づくり―大学による地域貢献・連携の進展、関連資料
2017.3 151p A5 ¥1900 978-4-7620-2697-3

◆「指標化」「基準化」の動向と課題　日本教師教育学会編　日本教師教育学会　(日本教師教育学会年報 第26号)
【目次】1 「指標化」「基準化」の動向と課題、2 研究論文、3 実践研究論文、4 書評・文献紹介、5 第26回大会の記録、6 日本教師教育学会関係記事
2017.9 191p B5 ¥2500 978-4-7619-2362-4

◆社会問題としての教育問題―自由と平等の矛盾を友愛で解く社会・教育論　ルドルフ・シュタイナー著, 今井重孝訳　(上里町)イザラ書房　(アントロポゾフィーブックス)
【要旨】人類はどんな社会を目指せばよいのか。健全な社会はどのように実現できるのか。切迫した問いに対しシュタイナーが提示した画期的な未来社会の方向性。21世紀の社会が進むべき方向がわかる貴重な一冊。
2017.3 229p B6 ¥2500 978-4-7565-0134-9

◆主体的学び　5号　特集 アクティブラーニングを大学から社会へ　主体的学び研究所編　主体的学び研究所, 東信堂 発売
【目次】特集 アクティブラーニングを大学から社会へ(質問力を鍛える―「新聞でハテナソン」のすすめ、アクティブ・ラーニングの脳科学―人間固有の「行為」と「行為の学習と記憶」の視点から、社会で通用するアクティブラーニング―シンガポールの大学から学んだこと、主体的な学びで身につける力/看護人材養成―看護基礎教育におけるアクティブ・ラーニングの実践(まとめ)、海外動向 ダックワースがTEDで語る究極の成功因子グリット(GRIT)、ICT、映像の利活用に関するレポート アクティブラーニングを促す映像フィードバック―帝京大学八王子キャンパス一般教養セミナーでのICT活用事例
2017.12 161p A5 ¥1800 978-4-7989-1471-8

◆主体的学び　別冊―特集 高大接続改革　主体的学び研究所編　主体的学び研究所, 東信堂 発売
【目次】高大接続改革の政策動向(高大接続改革について―高大接続改革の趣旨と高大接続システム改革会議最終報告の概要、高大接続改革の今後と課題、広島県における「学びの変革」に向けたチャレンジについて)、高校事例研究(生徒たちが日本の教育をどう変えていく、大学と連携したグローバル教育の取り組み、キャリア教育、進路指導の問題点、高大接続を視野に入れたキャリア教育の実践―大学との教育連携を通して、京都市立西京高等学校のキャリア教育―エンタープライジングな人材育成をめざして、離島・中山間地域で進む教育改革―「高校魅力化プロジェクト」から考える高大接続と進路指導)、大学・社会とつながる視点から(「主体的・対話的で深い学び」をどう実現するか、「対話的な学び」の促進が「主体的な学び」を実現する、「高大連携」から「高大接続改革」へ―本当の課題は、どこにあるか？、高大接続改革何が課題か)
2017.3 201p A5 ¥1800 978-4-7989-1406-0

◆省察的実践者の教育―プロフェッショナル・スクールの実践と理論　ドナルド・A・ショーン著, 柳沢昌一, 村田晶子監訳　鳳書房
【目次】第1部 芸術的なわざを育てる専門職教育の必要性を理解する(実践の多様な要請に対処する力を専門職として培うために、"行為の中の省察"を通して専門職の芸術的なわざを育てる)、第2部"行為の中の省察"の教育モデルとしての建築スタジオ("行為の中の省察"としてのデザイン・プロセス、デザイン学習における逆説と苦痛、コーチと学生との間で交わされる対話、教示と学習のプロセスはどのように悪い方向に進んでしまうのか、専門職の力量形成のために"省察的実習"を用いる)、第3部"省察的実習"の進め方―いくつかの事例と実験(音楽演奏のマスタークラス、精神分析の実践における芸術的なわざを学ぶ、カウンセリングとコンサルティング・スキルの"省察的実習")、第4部"省察的実習"は専門職教育の改革にどのような意味を持つのか("省察的実習"は大学の世界と実践の世界をどう架橋するのか、カリキュラム改革の実験)
2017.2 534p A5 ¥5000 978-4-902455-37-3

◆省察的実践は教育組織を変革するか　三品陽平著　(京都)ミネルヴァ書房

【要旨】ショーンの提唱した省察的実践モデルは、組織レベルの理論にまで拡張が可能か。個々人の創造的実践が組織の変革へと至るプロセスを、教育ボランティア組織の事例をとおして明らかにする。
2017.1 230p A5 ¥5000 ①978-4-623-07864-6

◆消費者教育学の地平　西村隆男編著　慶應義塾大学出版会
【要旨】持続可能な消費と生産を実現するためには日々の消品選択行動から、社会の在るべき姿を求め変革していかなければならない。教育学をはじめ、社会科学、生活科学などの分野の第一線で活躍する研究者11名による消費者教育学の集大成。
2017.3 355p A5 ¥4500 ①978-4-7664-2411-9

◆女性校長はなぜ増えないのか―管理職養成システム改革の課題　河野銀子編著　勁草書房
【要旨】教育界の「女性活躍」を阻むのは、大胆な教育改革である。教員のキャリア形成や管理職養成を「見える化」する教育政策の行く末を問う。
2017.10 247, 23p B6 ¥2800 ①978-4-326-65411-6

◆新・教育学のグランドデザイン　平野智美監修，中山幸夫，田中正浩編著　八千代出版
【目次】第1章 教育の意義と課題、第2章 教育の諸理論、第3章 教育の歴史・思想の展開、第4章 教育と社会、第5章 教育課程と教育内容、第6章 教育方法、第7章 学校教育の制度、第8章 教育行政と学校経営（運営）、第9章 教師の仕事、第10章 現代的学校問題
2017.3 210p A5 ¥2200 ①978-4-8429-1695-8

◆新・教育の制度と経営　本図愛実，末冨芳編著　学事出版　新訂版
【目次】第1章 教育制度の目的、第2章 生涯にわたる学び、第3章 教育の機会均等、第4章 地方教育行政、第5章 義務教育、第6章 就学前教育、第7章 後期中等教育・高等教育、第8章 教育政策の計画化、第9章 学校の経営、第10章 学級の経営、第11章 教育実践の経営、参考資料
2017.4 191p A5 ¥2100 ①978-4-7619-2324-2

◆真のダイバーシティをめざして―特権に無自覚なマジョリティのための社会的公正教育　ダイアン・J・グッドマン著，出口真紀子監訳，田辺希久子訳　上智大学出版，ぎょうせい発売（原書第2版）
【要旨】特権集団について、個人の変化と発達について、抵抗を理解する、抵抗への対処法、特権集団にとっての抑圧の代償、特権や抑圧について学び直す喜び、どんな理由があれば、特権集団は社会的公正を支持するのか、社会的公正活動に人々を巻き込むために、アライ（味方）と行動、教育者の課題
2017.3 320p A5 ¥2400 ①978-4-324-10116-2

◆図式的表現期における子どもの画面構成プロセスの研究―視覚的文脈と連関的文脈に着目して　栗山誠著　風間書房
【目次】研究の背景、第1部 基礎的研究（研究の目的と特徴、意図と解釈一物語的文脈へ、描画の視覚的情報一視覚的文脈へ、描画過程における触覚性）、第2部 画面構成過程の臨床的研究（描画プロセス分析シートによる描画過程の分析、画面構成過程における意味の変化、物語性と画面構成の関係、描画過程にみられる「動きのイメージ」、身振りと描画表現の関連）、終章
2017.2 230p A5 ¥8000 ①978-4-7599-2162-5

◆すべての教育は「洗脳」である―21世紀の脱・学校論　堀江貴文著　光文社（光文社新書）
【要旨】学校とは本来、国家に従順な国民の養成機関だった。しかし、インターネットの発達で国境を無視した自由な交流が可能になった現代、国家は名実ともに「虚構の共同体」に成り下がった。もはや義務教育で学ぶ「常識」は害悪でしかなく、学校の敷いたレールに乗り続けては「やりたいこと」も「幸せ」も見つからない。では、これからの教育の理想形とはいかなるものか？「学校はいらない」「学びとは没頭である」「好きなことにとことんハマれ」「遊びは未来の仕事になる」一本音で闘うホリエモンの「俺流」教育論！
2017.3 206p 18cm ¥740 ①978-4-334-03974-5

◆成人教育の社会学―パワー・アート・ライフコース　高橋満編著　東信堂
【要旨】今日の教育実践は学校の教室という特異な空間、子ども・若者のみにとどまるものではなく、生涯にわたりより広い社会となっている。とりわけ成人を主体とした教育実践という現象は、より多様性を孕んでおり、新しい実践領域へと研究の視野を広げるとともに、これまで教育学が前提としてきた理論的・実践的研究の成果を再検討することが求められている。本書は、社会学的アプローチを駆使してこの現象に切り込み、成人教育における学習のプロセス及びその社会的価値を究明する、渾身の労作である。
2017.9 329p A5 ¥3200 ①978-4-7989-1394-0

◆専門職としての教師教育者―教師を育てるひとの役割、行動と成長　ミーケ・ルーネンベルク，ユリエン・デンヘリンク，フレット・A.J.コルトハーヘン，武田信子，山辺恵理子監訳，入澤充，森山賢一訳　（町田）玉川大学出版部
【要旨】教師教育者研究が本格的に始まって以来、ほぼ全ての先行研究を網羅して分析する。
2017.11 215p A5 ¥2800 ①978-4-472-40543-3

◆大学への教育投資と世代間所得移転―奨学金は救世主か　樋口美雄，萩原里紗編著　勁草書房
【要旨】4年制大学に進学する人が5割を超えるようになった今日、はたして日本における「教育の機会均等」はどこまで進められているのか。世帯間の所得格差が拡大するなか、貧困の親から子への連鎖を断つため、奨学金は用意されているのか。親の教育費負担と子どもの学力への影響、教育を通じた子どもへの所得移転の変化等、大学への教育投資の課題を検証する。
2017.3 218p A5 ¥3500 ①978-4-326-50435-0

◆対話がつむぐホリスティックな教育―変容をもたらす多様な実践　日本ホリスティック教育協会編　創成社（創成社新書）
【要旨】それぞれの語りから見えてくる、包括的な人間形成のあり方とは？　教育・子育てを捉え直す！
2017.6 221p 18cm ¥800 ①978-4-7944-5063-0

◆対話篇―ジェネラリスト教育原論　藤沼康樹，徳田安春著　カイ書林（「コンソーシアムブックス」シリーズ2）
【目次】1 卒前教育の論点、2 卒後教育の論点、3 ジェネラリストとその役割、4 地域医療の論点、5 医の倫理とプロフェッショナリズムの論点、6 若手ジェネラリスト医師のキャリア
2017.6 224p A5 ¥4000 ①978-4-904865-29-3

◆地域を生きる子どもと教師―「川の学び」がひらいた生き方と生活世界　中野譲著　高文研
【要旨】「川の学び」は、何を目指し、何を切りひらいたのか？　地域・生活から学びながら、現代という時代にどんな視点をもって生きていくことが地域を生きる上で、生活を豊かにし、ハッピーな人生を歩むことにつながるのか！　そこで、教師には何ができるのか!?そのことを強く意識した学びの展開がもとめられている。
2017.8 231p A5 ¥1900 ①978-4-87498-631-8

◆中教審答申を読む　1　改訂の基本的方向　ぎょうせい編　ぎょうせい（新教育課程ライブラリ 2 Vol.1）
【目次】特集 中教審答申を読む（1）改訂の基本的方向（今こそ求められる学びのパラダイム転換、中教審答申が描く今が続ける子どもと教師の姿、「社会に開かれた教育課程」とカリキュラム・マネジメント、教科等と実社会とのつながりを生かす資質・能力の育成―「何ができるようになるか」、各学校種を通した教育課程編成の在り方―「何を学ぶか」編)、第2特集 プログラミング教育にどう取り組むか（プログラミング教育とは何か、小学校におけるプログラミング教育の取組み―子どもが夢中になるビジュアル言語を活かした実践、中学校におけるプログラミング教育の取組み―問題解決の手順を考えてみる工夫、国語科における「プログラミング教育」の活用）
2017.1 95p A4 ¥1350 ①978-4-324-10222-0

◆中教審答申を読む　2　学校現場はどう変わるか　ぎょうせい編　ぎょうせい（新教育課程ライブラリ 2 Vol.2）
【目次】巻頭インタビュー "結びの一番" にかける声のプロフェッショナル、特集 中教審答申を読む（2）―学校現場はどう変わるか、解説 theme、事例 case、参考 reference、連載、教育長インタビュー―次世代を育てる地方戦略②、第2特集 「オーセンティックな学習」を考える、リレー連載、リレーエッセイ、オピニオン
2017.2 95p A4 ¥1350 ①978-4-324-10223-7

◆チュートリアルの伝播と変容―イギリスからオーストラリアの大学へ　竹腰千絵著　東信堂
【要旨】イギリス高等教育における伝統的な教授形態であるチュートリアル。学生主体、少人数制などの特徴は昨今の日本の教育現場におけるアクティブラーニングとも通底している。オックスブリッジを発祥としイギリス国内大学へ、そして植民地下にあったオーストラリアへとチュートリアルが伝播していく中で生起したその変容プロセスからその機能的特徴を抽出し、チュートリアルの本質を描き出す挑戦的労作。
2017.3 187p A5 ¥2800 ①978-4-7989-1421-3

◆テストは何を測るのか―項目反応理論の考え方　光永悠彦著　（京都）ナカニシヤ出版
【目次】第1章 理論編1：試験という「道具」を理解する、第2章 実践例紹介：共通語学試験の開発、第3章 理論編2：数理モデルに基づくテスト理論、第4章 実践編：試験実施のための諸手法、第5章 発展編：これからの試験開発に向けて、第6章 Rを用いたIRT分析：lazy.irtx
2017.3 235p B5 ¥3500 ①978-4-7795-1071-7

◆データで読む教育の論点　舞田敏彦著　晶文社（犀の教室）
【要旨】PISA（OECDの学習到達度調査）、WVS（世界価値観調査）などの国際データから、総務省・文科省の調査まで、国内外の統計データを解析すること、日本の教育の病理が見えてくる。見たくない現実も、データで示せば一目瞭然。子ども・家庭・学校・若者・社会…5つの分野の統計データから浮かび上がる、日本の教育の不都合な真実。教育問題の解決・改善は、まずこのデータを直視することから。すべての教育関係者必携のリファレンスブック。
2017.8 399p B6 ¥1900 ①978-4-7949-7032-9

◆問い続ける教師―教育の哲学×教師の哲学　多賀一郎，苫野一徳著　学事出版
【要旨】多賀一郎という教師の本質を自ら問い、哲学者苫野一徳が読み解く（哲学する）ことから、アクティブ・ラーナーとしてのの教師像、これからの教師像というものを模索。現場の教師と教育哲学者が問う、実践知と哲学知の融合。
2017.10 207p B6 ¥1600 ①978-4-7619-2363-1

◆なぜジェンダー教育を大学でおこなうのか―日本と海外の比較から考える　村田晶子，弓前尚子編著　青弓社
【要旨】「女性活躍」が叫ばれる一方で、女性・性的マイノリティへのハラスメントが後を絶たない。ジェンダー・センシティブな視点の必要性、それを教育に組み込むヒントを日本・アメリカ・フランス・中国の事例を比較して検証する。そして、ダイバーシティ環境の整備＝社会の多様性に直結する大学でのジェンダー教育の重要性を提言する。
2017.6 196p B6 ¥2400 ①978-4-7872-3419-3

◆何が教育思想と呼ばれるのか―共存性と超越性　田中智志著　一藝社
【要旨】現代の教育思想はどこへ。教育に思想は要るのか、問題と問いの違い、責任と応答可能性の違い、感情と感受性の違い、ものとことの違い、空想と想像の違い、何が「主体化」と呼ばれるのか、何が「力」と呼ばれるのか、何が「愛」と呼ばれるのか、何が「希望」と呼ばれるのか、何が「いのち」と呼ばれるのか、存在を支え援ける思想―交換のはたらき、共存性と超越性の教育思想
2017.7 209p A5 ¥2600 ①978-4-86359-127-1

◆日本教育再生十講―わが国の教育の本来あるべき姿を求めて　加藤十八著　協同出版
【目次】第1講 教育再生が進んでいる、第2講 アメリカの教育変革の流れに学ぶ、第3講 明治維新の精神から教育再生を考える、第4講 高校卒業認定試験を行う、第5講 才能教育を進める、第6講 学校規律を正さなければならない、第7講 オルタナティブ教育を進める、第8講 品性教育を推進する、第9講 教育のレーマンコントロールを進める、第10講 教育学を実学化しなければならない
2017.3 173p A5 ¥2000 ①978-4-319-00295-5

◆日本教育事務学会年報　第4号　特集「チーム学校」に学校事務はどう関わるか　日本教育事務学会編　学事出版
【目次】第4回大会講演―「チーム学校」の推進、特集「チーム学校」に学校事務はどう関わるか（事務職員はカリキュラム・マネジメントにどう関わるか―参画への道筋は多様に存在する、「チーム学校」と学校財務、地域の人と「チーム」を

教育学・教育理論

組む力の鍛え方)、国内外の教育事務実践・研究動向(ラーニングカフェ「ハートの会」の取組—自主的な研究サークル活動を通したエンパワーメントと学び、ドイツ・ベルリン州JOHNNA・ECK・SCHULEにおけるスクールソーシャルワーカーとその業務について、高等学校等就学支援金の現状と課題)、投稿論文(コミュニティ・スクールにおける教職員の勤務負担に及ぼす要因分析、学校財務評価の理論と実践—学校財務のPDCAサイクルにする評価モデルの構築)、書評(日本建築学会編『オーラルヒストリーで読む戦後学校建築—いかにして学校は計画されてきたか』、新藤豊久著『大学経営とマネジメント』、佐藤晴雄著『コミュニティ・スクールの成果と展望—スクール・ガバナンスとソーシャル・キャピタルとしての役割』、川前あゆみ・玉井康之・二宮信一編著『アラスカと北海道のへき地教育』)、会務報告他
　　2017.12 111p B5 ¥2000 ①978-4-7619-2383-9

◆日本と韓国における多文化共生教育の新たな地平—包括的な平和教育からホリスティックな展開へ　孫美幸著　(京都)ナカニシヤ出版
【目次】1 包括的な平和教育の視点に基づく「多文化共生教育」、2 包括的な平和教育による日・韓の中学校カリキュラムの転換—「道徳」・「社会科(公民的分野)」を中心に、3 日・韓が共有できる包括的な平和教育の主要テーマの考察—中学校「道徳」副読本・教科書の内容分析、4 日・韓が共有できる包括的な平和教育の主要テーマの考察—中学校「社会科(公民的分野)」教科書の内容分析、5 日・韓が共有できる包括的な平和教育の主要テーマの総括—中学校「道徳」・「社会科(公民的分野)」の教科書内容比較分析、6 日・韓の中学校における包括的な平和教育の視点に基づいた「多文化共生教育」の実際、7 日・韓の中学校における「多文化共生教育」プログラムモデルの検討、8 「多文化共生教育」への教員の理解を促す人権研修—自分史交流を через対話
　　2017.2 293p A5 ¥9300 ①978-4-7795-1135-6

◆日本とフィンランドにおける子どものウェルビーイングへの多面的アプローチ—子どもの幸福を考える　松本真理子編著　明石書店
【目次】フィンランドの概要と研究概要、第1部 小中学生のウェルビーイング調査(質問紙を通してみたウェルビーイング、イメージ連想法を通してみた自己イメージと学校イメージ、対人葛藤解決方略調査を通してみた葛藤解決のあり方、文章完成法を通してみた自己像と対人関係、動的学校画を通してみた学校生活)、第2部 社会の支援を必要とする子どものウェルビーイング(日本とフィンランドにおけるひきこもり傾向児、日本とフィンランドにおける子どもの社会的養護)、第3部 学校における心の支援(学校現場を支える学校カウンセリングの2国間比較)、第4部 フィンランドにおける子どものウェルビーイング(フィンランドにおける子どもの幸福とその支援、フィンランド在住の日本人心理学者からみた学校環境とウェルビーイング)、資料 2国間比較統計
　　2017.1 297p A5 ¥5800 ①978-4-7503-4451-5

◆日本の15歳はなぜ学力が高いのか？—5つの教育大国に学ぶ成功の秘密　ルーシー・クレハン著　橘川史記訳　早川書房
【要旨】3年に1度、15歳を対象に実施される国際学力テスト、PISA。「教育のワールドカップ」とも呼ばれ、読解力、数学的リテラシー、科学的リテラシーの3分野における知識と応用力が試されるこのテストの結果は各国で報じられ、教育政策を変えるほどの影響力を持つ。では、PISAで高得点をあげる国々では、どんな教育が行なわれているのか？ それを知るため、ひとりのイギリス人教師が旅に出た一向かった先は、フィンランド、日本、シンガポール、中国(上海)、カナダ。歴史や文化が色濃く反映された各国の教育事情は、驚きと発見に満ちていた。今回光を当てた、優れた学びを実現するための「5つの原則」とは？ 班活動、かけ算九九、文化祭…日本式教育には、世界でも類を見ない「強み」があった！「エコノミスト」誌年間ベストブック選出
　　2017.10 348p B6 ¥1900 ①978-4-15-209715-6

◆人間にとって学び・教育とはなにか—未曾有の教育危機に直面して　総合人間学会編　(西東京)ハーベスト社　(総合人間学 11)
【目次】1 学びと教育がある人間一人間の本性—霊長類学の視点から(人間らしい生育の前提としての生物的な発達・学習—ヒトの育ちをサルから考える、人類社会における教育の本質的実践としての教育)、2 新自由主義的グローバリゼーション・新国家主義と教育の危

機(人間にとって学ぶとは—教育の根源を問う、子どもの危機・教育の危機・社会の危機—新自由主義と安倍内閣の「教育再生」批判)、3 現場から見た保育・教育の危機(乳幼児保育の探究と課題、大学の組織再編と教養の問題)
　　2017.6 159p A5 ¥1600 ①978-4-86339-089-8

◆ネオリベラル期教育の思想と構造—書き換えられた教育の原理　福田誠治著　東信堂
【要旨】グローバリズムへの従順が、わが国の教育にカタストロフィをもたらす！ 1980年代以降、それまでの近代的国民教育から、経済成長に資する能力育成が学校教育に求められるようになり、学習は「投資」になった。本書は、アメリカやヨーロッパ、日本などにおける国民教育から、OECDやUNESCOなど国際機関が推進した経済的能力育成教育へと移行する過程において、国家によって異なるかたちで顕在化した今日まで続く課題の諸相を浮かび上がらせた労作である。訳文には原文を常に併記し、緻密な索引なども充実した。グローバル化と教育に関わる数多くの問題の根底を示した比類なき一冊。
　　2017.2 636p A5 ¥6200 ①978-4-7989-1460-2

◆発見学習論—学力のノエシス・ノエマ構造　江上英雄著　東京図書出版、リフレ出版 発売
【要旨】フッサール現象学の探求を通して、学力は自らの姿を鮮明にした。そのノエシス・ノエマ構造の作用は、すべての教育実践において働き、自らを形成する。発見学習一対話・議論を基本的手法とする学習。
　　2017.9 471p A5 ¥1500 ①978-4-86641-069-2

◆半径5メートルからの教育社会学　片山悠樹、内田良、古田和久、牧野智和編　大月書店　(大学生の学びをつくる)
【要旨】教育の「当たり前」を社会学の目で問い直す。
　　2017.9 236p A5 ¥2200 ①978-4-272-41238-9

◆比較教育学研究　54　第52回大会報告—特集 学力格差是正に向けた各国の取り組み(課題研究1)　日本比較教育学会編　東信堂
【目次】論文(新興国マレーシアにおける高等教育関連の留学生受け入れ動機—留学生および大学教職員の視点から着目して、ブラジルにおける校長直接選挙—行政的専門性確保と民主的コントロールの関係、サブサハラ・アフリカ教育研究におけるシティズンシップ論の二重性—アフリカにおける二つの公共(publics)に着目して、韓国における外国人留学生受入の質向上に向けた分析—外国人留学生誘致・管理力量認証制度に着目して、ケニア西部の中等学校における質的改善過程に生じる相克—学校および生徒の選択に着目して、イングランド教員養成政策における「学校ベース」との含意の変容—「技能職」と「専門職」をめぐるダイナミクス)、大会報告(特集(課題研究1)・学力格差是正に向けた各国の取り組み(学力格差是正に向けたアメリカ合衆国の取り組み—連邦教育政策の展開とチャーター・スクールの挑戦、学力格差是正に向けたドイツの取り組み—ノルトライン・ヴェストファーレン州の事例に注目して、学力格差是正に向けたシンガポールの取り組み—民族による方針と課題の違い、ラオスにおける学力調査の現状と格差是正の試み—地域間格差を中心に、学力格差是正への批判的検討のために、公開シンポジウム 2030年に向けた教育を展望する)、課題研究2・グローバル化時代における教育を考える—才能教育の視点から)、書評、文献紹介
　　2017.2 232p A5 ¥1800 ①978-4-7989-1416-9

◆比較教育学研究　55　紛争の影響を受けた社会における教育の役割と課題　日本比較教育学会編　東信堂
【目次】特集 紛争の影響を受けた社会における教育の役割と課題(紛争と教育—国際的な政策議論および動向、ケニア北西部カクマ難民キャンプの生活と教育—教育学の実態と当事者の意識、紛争影響国における識字教育の意義と課題—アフガニスタンを事例として、アフガニスタンにおける児童の読書習慣の学習達成度に対するインパクト、東ティモールのセカンド・チャンス教育—紛争復興社会の教育ダイナミクス、The Global Education Policy of School - Based Management in Conflict - Affected Contexts: A Cautionary Tale)、論文(小学生の学習習慣の形成メカニズム—日本・香港・上海の都市部の比較、韓国における教育改革下の大学開放—慶北大学の「名誉学生制度」のケーススタディ、インドネシアにおける非行少年の立ち直り支援—ムシャラワ(合議)を通じた問題解決と地域の役割、ポル・ポト政権崩壊後国家再建期カンボジアにおける「無資格教師」の自己認識

経験—地方都市の小学校教師による語りから)、書評、文献紹介
　　2017.7 206p A5 ¥1700 ①978-4-7989-1441-1

◆「開かれた学校」の功罪—ボランティアの参入と子どもの排除／包摂　武井哲郎著　明石書店
【目次】第1章「開かれた学校」を問い直す、第2章「開かれた学校」への質的なアプローチ、第3章 ボランティアの陥穽、第4章 ボランティアが担う役割の転換、第5章 子ども同士の関係性の転換、第6章「開かれた学校」のインパクト、終章「開かれた学校」の在り方
　　2017.2 284p A5 ¥3800 ①978-4-7503-4479-9

◆ブルームと梶田理論に学ぶ—戦後日本の教育評価のあゆみ　古川治著　(京都)ミネルヴァ書房
【要旨】日本の教育改革の原点。ブルーム理論の導入と定着の過程を、梶田理論への形成過程、評価改革先進校の先駆的教師へのインタビューを交えてたどる。
　　2017.3 278p A5 ¥5500 ①978-4-623-07920-9

◆フレーベル教育学入門—生涯と教育思想　豊泉清浩著　川島書店
【要旨】『フレーベル教育学研究』の解説書ならびに入門書。第一部では、フレーベルの生涯について、生い立ちから青年時代へ、そして学園の創設と展開、幼稚園の創設と普及、幼稚園禁止令といった流れを、彼の心の葛藤と不屈の精神に焦点を当てて描いた。第二部では、フレーベル教育学について、「人間の教育」における教育原理、学校構想から幼児教育へ、恩物の構想、父性と母性、フレーベル主義幼稚園の展開について論じている。
　　2017.3 194p A5 ¥2200 ①978-4-7610-0916-8

◆文化創造と公益—成城学園創立100周年記念　現代公益学会編　文眞堂　(公益叢書 第5輯)
【要旨】教育を基点に文化創造と公益の関係を深く探る！ 真のグローバル時代を迎えて次世代の子供、若者の活躍が期待される。本書は成城学園創立100周年を記念して開催されたシンポジウムより、教育を基点にスポーツ、演劇・文学、科学・都市デザイン、放送・マスコミ文化、創造支援などを含む「文化創造と公益」の関係を深く探る。各界の第一人者による本質を見極めた新たな提言を行う注目の一冊。
　　2017.10 227p A5 ¥3200 ①978-4-8309-4967-8

◆「文系力」こそ武器である—ぼんやりとした「文系人間」の真の強みを明かす　齋藤孝著　詩想社　(詩想社新書)
【要旨】「文系は役に立たない」は本当なのか？ 実は「文系人間」がこの社会を動かしている!! 理系にはない文系の真の強みとは何か、またそれをどのように鍛え、どう実生活で生かせばいいのかを説く。
　　2017.10 221p 18cm ¥920 ①978-4-908170-02-7

◆偏差値好きな教育"後進国"ニッポン　池上彰、増田ユリヤ著　ポプラ社　(ポプラ新書)
【要旨】海外の学校から、日本の教育の次の一手が見えてくる。必ずしも教科書を使わなくてもよいフィンランド、学校外の大人が「いじめ問題」にかかわるフランス。日本は世界を手本に、自分の頭で考え、行動できる、いわゆるアクティブ・ラーニングを掲げているが、あまり進んでいないのが実態だと言える。時代の変化に応じて求められる教育の姿を海外の現場から探り、次世代の教育のありようを考える。
　　2017.12 187p 18cm ¥800 ①978-4-591-15690-2

◆保育者・小学校教員のための教育制度論—この1冊で基礎から学ぶ　内山絵美子、山田知代、坂田仰編著　教育開発研究所　(JSCP双書)
【目次】教育制度とは何か、現代の教育制度—教育を受ける権利の保障、学校教育制度、幼児教育制度、保育所制度の構造—児童福祉法、保育所、義務教育制度、特別支援教育制度、教員制度、地方教育行政・学校経営の制度、児童の問題行動、児童虐待、子どもの貧困と教育を受ける権利、子どもの事故、幼児期の教育をめぐる課題
　　2017.3 173p A5 ¥1800 ①978-4-87380-476-7

◆「本質的な問い」と知識構築—カール・ポッパーの認識論モデルをもとに　小田勝己著　アカデメイア・プレス
【目次】第1章「本質的な問い」とは何か(「本質的な問い」と永続的理解、「調べて終わり」の向こうにあるもの—意味、価値、味わいの世界、意味と価値は身近なところにある、対象への没

人が良い「本質的な問い」を生み出す、没入から「ひらめき」に至る)、第2章「本質的な問い」とポッパー・エクレス・モデル(答えを出さない探究、具象物と「本質的な問い」の関係、ワールド2はどのように進むか)、第3章「本質的な問い」の作問過程(出発点としての具象物、ワールド3と作問理論)、第4章「本質的な問い」と五感の関係(五感は「暗黙的な記憶」、ワールド3はどのように起こるか、教師の探究が作問に結びつく)、第5章「本質的な問い」作問のヒント
2017.4 111p A5 ¥1500 ①978-4-905215-06-6

◆「学びの責任」は誰にあるのか——「責任の移行モデル」で授業が変わる　ダグラス・フィッシャー、ナンシー・フレイ著, 吉田新一郎訳　新評論　(原著第2版)
【要旨】同じ教え方をまだ続けますか？ 教師主導の「授業」を、子ども主体の「学び」に変えるためのアプローチ。
2017.11 272p B6 ¥2200 ①978-4-7948-1080-9

◆未来の学校――テスト教育は限界か　トニー・ワグナー著, 陳玉玲訳　(町田)玉川大学出版部
【要旨】「グローバル化」「ネットワーク化」「デジタル化」社会で生き残るための7つのスキル。テストに代わる学習評価を提言する。
2017.5 397p B6 ¥3200 ①978-4-472-30310-4

◆向山洋一LEGACY BOX　向山洋一著　学芸みらい社　(付属資料：DVD1；栞12枚)
【要旨】向山洋一の教育新書シリーズ全18巻。DVD「向山洋一・伝説のレッスン」、『向山の教師修業十年』特別・新書判、向山洋一「教育語録」栞12枚。
2017.4 19Vols.set 18cm ¥28000 ①978-4-908637-45-2

◆村山俊太郎 教育思想の形成と実践　村山士郎著　本の泉社
【要旨】人間の自由と権利を権力によって抑圧した治安維持法。その時代、子どもの真実をもとめて教育の仕事に向かった一人の教師・村山俊太郎は2度の弾圧を受けることになる。『明けない夜はない』(村山ひで)のもう一つの歴史が解き明かされる。
2017.11 418p A5 ¥3500 ①978-4-7807-1637-5

◆「無理しない」地域づくりの学校―「私」からはじまるコミュニティワーク　岡山県社会福祉協議会編集, 竹端寛, 尾野寛明, 西村洋己編著　(京都)ミネルヴァ書房
【要旨】まちづくりと福祉は接点を持てるのか？ 福祉の「枠組み外し」実践編！
2017.12 231p A5 ¥2500 ①978-4-623-08136-3

◆メディア・リテラシー教育―ソーシャルメディア時代の実践と学び　中橋雄編著　北樹出版
【目次】第1章 ソーシャルメディア時代のメディア・リテラシー教育、第2章 構成主義の視座からメディア・リテラシーを捉える、第3章 ID理論とメディア・リテラシー、第4章 新教科としてのメディア・リテラシー、第5章 概将のメディア・リテラシー教育、第6章 ICT教育環境とメディア・リテラシー、第7章 問題設定を介するメディア・リテラシー教育用教材、第8章 メディア・リテラシー教育を実現させる教員養成、第9章 メディア・リテラシー教育に関する研究
2017.3 180p A5 ¥2200 ①978-4-7793-0531-3

◆文科省/高校「妊活」教材の嘘　西山千恵子, 柘植あづみ編著　論創社
【要旨】2015年8月、文科省は少子化対策を盛込んだ高校保健体育の教材『健康な生活を送るために』を発行したが、その中の「妊娠のしやすさと年齢」グラフは改ざんされたものだった！ 妊娠・出産に関するウソの構造。
2017.4 245p B6 ¥1800 ①978-4-8460-1626-5

◆山と湖の小さな町の大きな挑戦―信濃町の小中一貫教育の取り組み　伏木久始, 峯村均著　学文社
【目次】序章 人口減少時代の次世代型教育、第1章 町にたった一つの学校をつくる――既存のスタイルを踏襲しない学校づくり、第2章 新しい形の学校のスタート、第3章 誰一人一人も取り残さない教育の仕組み、第4章 学校を支える地域の教育力、終章 中山間地の次世代型の学校を目指して
2017.7 201p A5 ¥2500 ①978-4-7620-2726-0

◆ヨーロッパにおける移民第二世代の学校適応―スーパー・ダイバーシティへの教育人類学的アプローチ　山本須美子編著　明石書店

【目次】第1部 移民の社会統合と第二世代の学校適応(OECDの移民調査にみる移民第二世代の学校適応―国際比較調査の意義と限界)、第2部 移民の子どもの学力と移民教育政策(ドイツにおける移民の子どもの学校適応―学力と進学先に着目して、イギリスの教育制度における移民第二世代、オランダにおける移民の子どもの学力と進学先、ベルギーにおける移民の子どもの学力と進学先、フランスにおける移民第二世代に対する教育政策の不在、EUにおける教育政策と移民の社会統合)、第3部 イスラム団体による学校適応への取り組み(ヒズメット運動の思想と教育への取り組み―ドイツでの展開を参照して、ヒズメット運動の公教育への展開とその特徴―ベルギーの事例から)、第4部 フランスの移民にみる学校適応の捉え方(移民の子どもの「学校適応」を支える保育学校の役割と実践―フランス・パリ郊外の優先教育地区の事例から、アソシエーションによるセイフティネットトゥリングのグット・ドール地区アドスの事例から)、第5部 宗教・ジェンダー・エスニシティからみる学校適応(イースト・ロンドンの女性イスラム団体の社会統合―教育、ジェンダー、信仰、フランスのポルトガル系移民の学校適応、オランダの学校適応の要因―文氏宗親会による学業達成賞受賞者へのインタビューから)
2017.4 336p A5 ¥3600 ①978-4-7503-4460-7

◆リベラルアーツとしてのサービスラーニング―シティズンシップを耕す教育　逸見敏郎, 原田晃樹, 藤枝聡編著, 立教大学RSLセンター編　北樹出版
【目次】第1部 自校教育としての大学生の学び(建学の精神を理解する―立教大学の歴史と建学の理念、教育課程に込められた学びの理念―立教大学の正課教育検討の歴史と学びの理念、学びの手法としての正課外教育としての大学外教育の歴史と期待、市民とともに学び、市民になろう―立教サービスラーニングとシティズンシップ)、第2部 社会での実践活動を支える理論(デモクラシーの担い手を育てる大学教育―大学生とシティズンシップ、民主主義と大学生―大学生と政治、選挙、社会、行動する市民になるために―市民活動・NPOの理論とそこからの学び、見えにくい社会的課題を考える―子どもの貧困と学習支援)、第3部 フィールドで学ぶ社会での実践活動(持続可能な社会の担い手としての大学生―南魚沼市栃窪集落での雪掘り、子どもの未来を切り開く大学生―生活困窮世帯の中学生の学習支援、グローバルコミュニティを支える大学生―海外サービスラーニングを通じてのシティズンシップ)、第4部 社会と教育(実践した学び―まとめにかえて(正課外教育と学生の成長―高畠農業体験の実践をとおして、サービスラーニングがめざすもの)
2017.4 207p A5 ¥2100 ①978-4-7793-0530-6

◆リベラルな学びの声　マイケル・オークショット著, ティモシー・フラー編, 野田裕久, 中金聡訳　法政大学出版局　(叢書・ウニベルシタス)
【要旨】教育を受けること自体が一個の解放なのだ。教育の目的は技術を身につけることではない。英国を代表する政治哲学者のLSE就任講義など関心ある6本を収め、大学の現状に警鐘を鳴らす。
2018.1 279p B6 ¥3400 ①978-4-588-01070-5

◆臨床教育学　矢野智司, 西平直編著, 高見茂, 田中耕治, 稲垣恭子監修　協同出版　(教職教養講座 第3巻)
【目次】第1章 境界線に生起する臨床教育学―人間/動物を手がかりにして、第2章 ライフサイクルと臨床教育学―タイムスパンを長くとる 長くとる、第3章 語りえないものと臨床教育学―語りえないものを、語り直し、第4章 身体と臨床教育学―変容というドラマの舞台裏、第5章 教師のタクトと即興演劇の知―機知と機転の臨床教育学序説、第6章 芸術体験と臨床教育学―ABR(芸術的省察による研究)の可能性、第7章 現象学と臨床教育学―科学技術への新たな架け橋、第8章 仏教と臨床教育学―学校の現場に「死者」が訪れるとき、第9章 パトスの知と臨床教育学―ひとりで在ることと共苦すること
2017.10 238p A5 ¥2200 ①978-4-319-00324-2

◆Lesson Study (レッスンスタディ)　日本教育工学会監修, 小柳和喜雄, 柴田好章編著　(京都)ミネルヴァ書房　(教育工学選書Ⅱ 11)
【要旨】Lesson Study のこれまでと現在。日本の「校内での授業研究(研究授業)」がモデルとなったLesson Study の最新の動向を解説、諸外国での事例を紹介する。
2017.1 231p A5 ¥2700 ①978-4-623-07696-3

◆PTAという国家装置　岩竹美加子著　青弓社
【要旨】敗戦後にGHQが指導した教育民主化の理念と、戦前の学校後援会や保護者会・父兄会・母の会などが旧態の組織とがない交ぜになった性格をもつPTAを、歴史的な項目、国の教育行政やほかの地域組織との相関、共同体論や社会関係資本などとの関係から考察する。
2017.4 230p B6 ¥2000 ①978-4-7872-3414-8

◆SNEジャーナル 23 貧困と特別ニーズ教育　日本特別ニーズ教育学会編　(京都)文理閣
【目次】特集：貧困と特別ニーズ教育(子どもを包摂する場としての放課後学習支援――大学・附属・公立学校連携による貧困研究PJから、経済的に困難な家庭状況下で不登校に陥った小学生への支援と課題 ほか)、特別寄稿 共生の作法とイノベーション、原著(重度障害者のニーズ把握に関する方法論的検討―本人・関係者に対する日中活動についての調査から)、実践研究(施設実践者における重度障害者の変容を捉える「眼差し」―グラウンデッド・セオリー・アプローチ分析による「ヨコへの発達」の仮説的提示、ASD才能児を対象とした学習支援に関する研究―2E教育の理論と実践的応用)、資料(発達障害等の発達困難を有する非行少年の社会的自立・地域移行の実態と支援に関する調査研究―全国の保護観察所職員・保護司等の調査から、1891年濃尾震災における石井亮一と孤女学院の孤児救済経緯に関する研究、「教師の指導観」に関する研究―教員養成系大学の学生6名を中心に、高校で学ぶ聴覚障害のある生徒への授業時の配慮に関する調査研究―授業担当教員自身の認識に着目して ほか)、書評
2017.10 233p A5 ¥3000 ①978-4-89259-818-0

教育史

◆今じゃありえない!!100年前のビックリ教科書―明治・大正・昭和の授業風景　福田智弘著　実業之日本社　(じっぴコンパクト新書)
【要旨】教科書は時代を映す鏡である。だから、昔の教科書を読んでみると、今からすれば不思議な記述がたくさん。文語文を習ってた？ 英語は今よりも簡単？ 戦時下はやっぱり軍国主義的？ 誰もが読んだことのある「教科書」の、誰も知らない世界。明治・大正・昭和の教科書には今だからこそ興味深いオモシロネタが満載です!!
2017.2 207p 18cm ¥800 ①978-4-408-41448-5

◆教育勅語を読んだことのないあなたへ―なぜ何度も話題になるのか　佐藤広美, 藤森毅著　新日本出版社
【目次】第1章 教育勅語を読んでみよう(315字の短文は三段に分かれている、国も道徳も天皇がつくった？、「御名御璽」と父母への「孝」、「夫婦相和シ」の驚く内容)、第2章 教育勅語は誰が書いたの？(明治政府、教育政策で揺れる―欧米化と天皇側近の逆襲、キレ者、井上毅の登場―立憲主義と両立できるか？、軍隊、憲法、そして教育)、第3章 教育勅語の浸透と矛盾(異様な数分間―教育勅語はどのように浸透していったのか、内村鑑三不敬事件―声あげるキリスト者たち、石川啄木、島崎藤村―教育の本質を問う、執拗なやり直しと体罰―少国民世代の勅語体験、片手にサーベル、片手に勅語―植民地朝鮮で)、第4章 教育勅語はなぜ廃止になったの？(出発点は「ポツダム宣言」、すったもんだの三年間―国内外の世論の中で、排除・失効の国会決議の意味は大きい)、第5章 戦後七〇年以上たった国会で世上最大の論戦!!(「教育勅語は学校教育では使わない」、疑惑の森友学園、園児が教育勅語暗唱、政府、仰天の答弁へ、立ちはだかった排除・失効決議、中身を議論すればすむほど)
2017.12 173p B6 ¥1600 ①978-4-406-06176-6

◆教育の良心を生きた教師―三島孚滋雄の軌跡　田中武雄, 春日辰夫著　本の泉社
【要旨】憲法施行70年を迎え、自衛隊を軍隊として憲法に明記しようとする動きがある。かつて1950年代初め、防衛大学校の前身の保安大学校を、学問の場ではなく職業軍人養成を目的とするものと批判し、受験をとどめるよう生徒・父母への説得を試みた三島孚滋雄、その「教育の良心」からの訴えを、今ふたたび想起したい。
2017.7 201p A5 ¥1500 ①978-4-7807-1626-9

◆現代文解釋法　塚本哲三著　論創社

教育学・教育理論

【要旨】戦前の受験参考書ロングセラーの復刊。本書の底本は旧制高校(帝国大学の予備門階)「現代文」入試の実際の出題文(夏目漱石・芥川龍之介・幸田露伴など)三七〇問とその模範解答を収めたものである。奥付(昭和十六年)には第二三六版とある。
2017.11 745p 20×16cm ¥6000 ①978-4-8460-1635-7

◆高等商業学校の経営史―学校と企業・国家 長廣利崇著 有斐閣
【要旨】学校教育の内容に踏み込んで検討を加え、戦前期日本の経済成長・産業発展を支えた高等商業学校が担っていた役割を解明し、実業教育と経済、企業経営との関わりを考察。さらに戦時期における学校と国家が相克する実態をも捉える。学校と企業・国家との関係性に光を当て、現在の大学改革論議にも一石を投じる力作。
2017.11 318p A5 ¥5400 ①978-4-641-16511-3

◆神戸高商と神戸商大の会計学徒たち―その苦闘と栄光 岡部孝好著 (神戸)神戸新聞総合出版センター
【要旨】日本の近代経営のルーツ、簿記・会計学は神戸からはじまった! ビジネス科学の立ち上げに燃えた神戸大学の若き研究者たちの群像を描く。
2017.6 226p A5 ¥2000 ①978-4-343-00957-9

◆"語学教師"の物語―日本言語教育小史 第1巻 塩田勉著 書肆アルス
【目次】1 上代―飛鳥時代、2 上代―奈良時代、3 中古―空海、4 中古―最澄、5 中古―円仁、6 中古―円珍・成尋、7 中世―栄西・重源、8 中世―道元 2017.10 475p A5 ¥2800 ①978-4-907078-19-5

◆國語讀本 高等小學校用 坪内雄蔵著 富山房企畫、富山房インターナショナル 発売
【要旨】坪内逍遙の国語読本の評価は極めて高い。日本人に合わせた「シンデレラ」や「裸の王様」の翻案など、多くの優れた文章は、当時の子どもたちの脳裏に深く刻み込まれ、また後世の国語教科書にこぞってその文章を選択して掲載した。国語の原点(明治33年発行)を再現!
2017.9 918p A5 ¥4600 ①978-4-86600-036-7

◆植民地の近代化・産業化と教育―植民地教育史研究年報 2016年(19) 日本植民地教育史研究会編 皓星社
【目次】1 シンポジウム(植民地朝鮮の理科教科書・教授書における農業教育政策との関係―1930年代半ばまでの「稲」に関する記述を中心に、「外地」の商業学校の学科課程における商業教育の意義と編成方法―私立青島学院商業学校を事例として、日本統治下朝鮮の地理教科書にみる鉄道と位相、「昭南島」における日本映画「近代化モデル」のメディアとしてのフィルム、南洋群島の公学校教育における「文明化」「近代化」―その1 『國語読本』編纂方針と『國語読本』の変容を考える、南洋群島の公学校教育における「文明化」「近代化」―その2 第5期『國語読本』編纂を中心に、討議シンポジウム「植民地の近代化・産業化と教育」)、2 研究論文(「満洲」国民科大陸事情の教科書における郷土教育、日本統治末期の朝鮮における学校経験―光州師範学校から萬頂国民学校へ・竹内幸雄氏の場合)、3 研究動向(戦争責任研究(戦争責任論)と「植民地責任」研究の動向―教育史と教育学の、戦争責任と植民地(支配)責任の視点から)、4 書評、5 旅の記録(台湾教育史遺構調査(その9)、日本統治期台湾の高等女学校訪問記(その2))、6 報告、7 彙報
2017.3 271p A5 ¥2000 ①978-4-7744-0631-2

◆尋常小学『国史』が教えた愛国心 北影雄幸著 勉誠出版
【要旨】学校の日本史の授業が不人気なのは、歴史的事件の概要は説明しても、その事件に関わりの人物の壮烈な勇気や決死の覚悟を正しく教えぬか、あるいは教えられぬ点にあります。これでは子供たちが興味を持つはずもなく、またそこから愛国心が芽生えるはずもないのです。現代において、その愛国心を学び取る最も有効な方法は、戦前の小学生が学んだ修身書や国史を再点検することです。日本人の歴史認識のアイデンティティーを確認してこそ、歴史の連続性に立脚した日本民族に固有の美しい郷土愛・祖国愛が確立できるのです。
2017.1 318p B6 ¥2000 ①978-4-585-21532-5

◆戦後改革期文部省実験学校資料集成 第2期 第1巻―第3巻 水原克敏編・解題 不二出版 編集復刻版
【目次】第1巻 初等教育研究資料(児童生徒の漢字を書く能力とその基準、算数―実験学校の研究報告(1)、算数―実験学校の研究報告(2)、算数―実験学校の研究報告(3)、音楽科―実験学校の研究報告(1))、第2巻 初等教育研究資料(児童生徒のかなの読み書き能力、児童の計算力と誤答、算数―実験学校の研究報告(4)、算数―実験学校の研究報告(5))、第3巻 初等教育研究資料(算数―実験学校の研究報告(6)、国語―実験学校の研究報告(1)、読解のつまずきとその指導(1)、…)
2017.3 3Vols.set A4 ¥75000 ①978-4-8350-8042-0

◆戦後教員養成改革と「教養教育」 山崎奈々絵著 六花出版
【目次】序章、第1部 制度改革をめぐる議論(戦後初期の教員養成論の到達点、教育刷新委員会の審議)、第2部 制度改革の具体化(師範学校におけるカリキュラム改革と大学レベルのカリキュラム案、IFELの研究活動、大学基準協会の研究活動、文部省「大学設置委員会の構想」、第3部 教員養成系大学・学部におけるカリキュラムと教員組織の形成過程(カリキュラムの形成過程、教員組織の形成過程)、終章
2017.1 284p A5 ¥5200 ①978-4-86617-023-7

◆戦後体育実践資料集 第1巻 指針としての指導書、解説書 岡出美則編 クレス出版
【要旨】戦後の新しい学習指導要領のもとで、何を試み、どのような成果を残してきたか―、現在の体育授業の改善へ、手がかりとなる資料を復刻。
2017.3 1Vol. A5 ¥28000 ①978-4-87733-957-9

◆戦後体育実践資料集 第2巻 カリキュラムの開発 岡出美則編 クレス出版
【要旨】戦後の新しい学習指導要領のもとで、何を試み、どのような成果を残してきたか―、現在の体育授業の改善へ、手がかりとなる資料を復刻。
2017.1 1Vol. A5 ¥19000 ①978-4-87733-958-6

◆戦後体育実践資料集 第3巻 実践展開に向けた示唆 岡出美則編 クレス出版
【要旨】戦後の新しい学習指導要領のもとで、何を試み、どのような成果を残してきたか―、現在の体育授業の改善へ、手がかりとなる資料を復刻。
2017.3 1Vol. A5 ¥20000 ①978-4-87733-959-3

◆戦後体育実践資料集 第4巻 実践を語る 岡出美則編 クレス出版
【要旨】戦後の新しい学習指導要領のもとで、何を試み、どのような成果を残してきたか―、現在の体育授業の改善へ、手がかりとなる資料を復刻。
2017.3 1Vol. A5 ¥26000 ①978-4-87733-960-9

◆戦後日本教育方法論史 上 カリキュラムと授業をめぐる理論的系譜 田中耕治編著 (京都)ミネルヴァ書房
【要旨】本書は、戦後初期から現在までの教育実践研究・教育方法研究の成果を一望する、研究者・学生にとっての必読書の上巻である。教育方法学の基本的な論争史を軸にし、戦後教育史において重要な問題領域とそこで追求された主題・方法論をとりあげる。各章での解説は時代区分により整理されており、当代での理論や実践、論争の特徴・課題を検討している。
2017.2 278p A5 ¥3500 ①978-4-623-07858-5

◆戦後日本教育方法論史 下 各教科・領域等における理論と実践 田中耕治編 (京都)ミネルヴァ書房
【要旨】本書は、戦後初期から現在までの教育実践研究・教育方法研究の成果を一望する、研究者・学生にとっての必読書の下巻である。戦後の「教育数育」→「統制の強化と系統性重視」→「教育の自由化とゆとり教育」→「グローバル化の進展とコンピテンシー重視」という流れがある。それをたどりながら、各教科・領域等における代表的な理論的立場と論点、実践を明らかにしていく。
2017.2 262p A5 ¥3500 ①978-4-623-07859-2

◆戦後日本教員養成の歴史的研究 土屋基規著 風間書房
【目次】第1部 戦後日本の教員養成改革(教員改革の構想と教員養成、教員養成改革の理念と原則 ほか)、第2部 大学改革と教員養成制度の再編成(学科目分化、部名称変更による教員養成大学・学部の再編成、宮城教育大学の創設と大学改革 ほか)、第3部 教員採用・免許制度改革(臨教審第2次答申と教養審1987年答申、教員養成・免許制度改革の問題と課題 ほか)、第4部 教員採用・教師教育の原理と展開(教員採用制度の原理と展開、教師教育制度の原理と展開)
2017.9 753p A5 ¥14000 ①978-4-7599-2191-5

◆戦後日本の女性教員運動と「自立」教育の誕生―奥山えみ子に焦点をあてて 木村松子著 学文社
【目次】序章 女性教員運動とは―本書の意図と方法(本書の意図、先行研究の検討 ほか)、第1章 女性たちの体験と「封建」言説―1950年代を中心として(女教員会と婦人部との関係、奥山えみ子の生い立ちと体験 ほか)、第2章 労働権運動の展開―1960・70年代を中心として(労働と労働組合に関することがらの分析、運動の発端 ほか)、第3章 「自立」教育の誕生―1970・80年代を中心として(「女子教育問題」研究の発端、「自立」教育の模索 ほか)
2017.3 298p A5 ¥3800 ①978-4-7620-2682-9

◆戦後夜間中学校の歴史―学齢超過者の教育を受ける権利をめぐって 大多和雅絵著 六花出版
【目次】第1部 夜間中学校の制度をめぐる戦後史(二部授業としての位置づけと法制化を求める運動、法制度的矛盾下における夜間中学校に関する行政監察、国会審議に現れた文部省の方針とその変遷、教育対象の変化と行政側の対応)、第2部 一九七〇年代における夜間中学校の開設(夜間中学校の開設運動のはじまり、神奈川県川崎市における夜間中学校の開設過程、東京都の夜間中学校における日本語学級の開設過程)
2017.6 360p A5 ¥3000 ①978-4-86617-034-3

◆徹底検証 教育勅語と日本社会―いま、歴史から考える 岩波書店編集部編 岩波書店
【要旨】なぜ、折々に甦るのか? 戦後日本社会では否定されながらも、擁護・肯定論が絶えないその背景と社会への影響を、研究者、ジャーナリストら、多彩な論者が検証する。
2017.11 197p B6 ¥1500 ①978-4-00-061233-3

◆日本国民をつくった教育―寺子屋からGHQの占領教育政策まで 沖田行司著 (京都)ミネルヴァ書房
【要旨】荒廃が叫ばれる日本の教育、その新たなすがたを見出すため、いまふりかえるこの国の学びの歴史。寺子屋・藩校・私塾といった江戸時代の学びの場に蓄積された教育遺産とは何か。明治維新ののちにはじまった「国民教育」とともに、日本は何を手に入れ、また何を失ったのか。そして敗戦後、占領下の教育行政をへて、いかにして国民的教育が誕生したのか。学びのかたちの変遷に現代へのヒントをさぐる、温故知新の教育読本。
2017.1 231, 12p B6 ¥2500 ①978-4-623-07801-1

◆復刻版教科書 帝国地理 大正7年 帝国書院 編集部著 帝国書院
【目次】緒論、第1編 地方誌(關東地方、奥羽地方、本州中部地方、近畿地方、四國地方、九州地方、臺灣地方、北海道地方、樺太地方、朝鮮地方)、第2編 概括(自然地理、人文地理)、結論 國勢上册
2017.4 146, 5p 23×16cm ¥2000 ①978-4-8071-6341-0

◆復刻版教科書 帝国地図 大正9年 帝国書院 編集部著 帝国書院
【目次】帝国位置圖、帝國區劃圖、關東地方圖、東京市圖附橫濱市圖、奥羽地方圖、本州中部地方圖、濃尾平野地方圖、近畿地方圖、近畿地方主要部等圖、中國及四國地方圖 (ほか)
2017.4 1Vol. 23×16cm ¥2000 ①978-4-8071-6340-3

◆復刻版『保育』戦後編 2 1956-1965 湯川嘉津美解説 日本図書センター
2017.1 6Vols.set A5 ¥110000 ①978-4-284-30786-4

◆文献資料集成 大正新教育 第3期 私立学校の新教育 全7巻 橋本美保監修 日本図書センター
【目次】14 日本済美学校・帝国小学校、15 日本女子大学附属豊明小学校・成蹊小学校、16 文化学院、17 成城学園、18 明星学園、19 児童の村1、20 児童の村2
2017.1 7Vols.set A5 ¥94000 ①978-4-284-30807-6

◆編集復刻 日本近代教育史料大系 附巻3 公文記録(1)・公文類聚 日本近代教育史料研究会編 龍渓書舎
2016 112p A4 ¥3000 ①978-4-8447-0215-3

◆松山高商・経専の歴史と三人の校長―加藤彰廉・渡部善次郎・田中忠夫 川東竫弘著 (松山)愛媛新聞サービスセンター
【目次】第1章 私立松山高等商業学校の創立(高等教育の充実・拡張―臨時教育会議の答申と原

教育学・教育理論

◆明治漢文教科書集成 補集1 明治初期の「小学」編（第8巻～第10巻・別冊1） 木村淳編・解説 不二出版 編集復刻版
【目次】第8巻『近世名家小品文鈔』土屋栄、明治一〇年、『和漢小品文鈔』土屋栄・石原嘉太郎、明治一八年、『続日本文章軌範』石川鴻斎、明治一五年、『本朝名家文範』馬場桜、明治二五年（第三版）、『皇朝古今名家小体文範』渡辺頌碩也、明治一九年、第9巻『漢文中学読本』松本豊多、明治二五～二六年、『漢文読本』鈴木栄次郎、明治二六年、『漢文読本』指原安三、明治三〇年（訂正再版）、第10巻『漢文中学読本初歩』松本豊多、明治二八年、『中学漢文読本初歩』秋山四郎、明治二九年、『新撰漢文講本入門』重野安繹・竹村鍛、明治三三年（訂正再版）、『中学漢文初歩』渡貫勇、明治三二年、『新定漢文読例』興文社、明治三三年、『訂正新定漢文』興文社、明治三三年（訂正再版）
2017.12 3Vols.set A4 ¥81000 ①978-4-8350-8160-1

◆明治期初等学校教育教科書——明治期の子供たちが受けた高いレベルの教育とその教科書 吉野勝美著　（市川）米田出版、産業図書 発売
【要旨】日本を取り巻く環境は極めて厳しい状況にあり、世界の中での存在感がどんどん低下しつつあるが、その原因の一つは教育の劣化とそれに伴う自信と誇りの喪失にある。この本は、さまざまな理由で心に傷を受けた子どもたちが心理的なケアを受けながら生活する「児童心理治療施設」で実践を積んだ著者らが、その長年の経験をもとに、愛着とトラウマの問題をかかえる子どもをどう理解し、どう対応したらよいのかを、学校や幼稚園、保育園、児童福祉施設などの教職員に向けてやさしく解説をしたものです。
2017.7 84p A5 ¥1200 ①978-4-946553-67-7

教育心理学

◆アクティブラーニングのための心理学——教室実践を支える構成主義と社会的学習理論 アラン・プリチャード、ジョン・ウーラード著、田中俊也訳　（京都）北大路書房
【目次】1章 序論（構成主義的助詞序説、構成主義的学習理論の黎明期 ほか）、2章 研究——現在、過去の実践から得られたエビデンス（教室での成績と社会的相互作用、社会的・情動的側面（SEAL）ほか）、3章 理論——社会的構成主義と社会的学習理論との教訓（社会的相互作用、思考、絡み合い、原理と段階 ほか）、4章 教授——実践に導く規則・原理・理論（構成主義理論との教授法の特徴、学習の準備ができている、ということ ほか）、5章 授業方略（構成主義的な授業方略、発展課題）
2017.3 174p B6 ¥2200 ①978-4-7628-2957-4

◆学校コミュニティへの緊急支援の手引き 福岡県臨床心理士会編、窪田由紀編著 金剛出版 第2版
【要旨】学校の安全神話はさまざまに崩壊の局面を迎えている。大阪・池田小事件、東日本大震災、子どものいじめや自殺、教師のメンタル不調、突然遭遇する学校の危機に支援者はどう対応すべきか。本書は、学校における危機理論、緊急支援の意義と具体的方策、インターネット社会における新たな危機課題などについての実証的な理論と豊富な事例によって、日常の相談システムの構築と渦中の対応について実践的な内容を提案する。あらゆる学校危機への対応を可能にする手引きとして、心理専門職・学校関係者にとっての必携書となる一冊。
2017.11 299p A5 ¥3800 ①978-4-7724-1594-1

◆教育の方法と技術——学びを育てる教室の心理学 田中俊也著　（京都）ナカニシヤ出版
【要旨】アクティブラーニング、学習環境のデザイン、ICTの活用、教育的評価…、今日の教育者に必須のスキルを身につける。
2017.10 203p A5 ¥2000 ①978-4-7795-1210-0

◆教職ベーシック 発達・学習の心理学 柏崎秀子編著 北樹出版 改訂版
【目次】教職で心理学を学ぶ意義、第1部 発達（発達の原理、乳児期の発達、幼児期の発達、児童期の発達、青年期の発達、発達と教育）、第2部 学習（学習の理論（経験により反応が変わる、経験により頭のなかが変わる）、学習と記憶、動機づけ・やる気のメカニズム、学力と知能のあらたな観点、学習指導法）、第3部 障害（障害の理解（特別支援教育を知ろう、発達障害の理解と支援））
2017.3 178p A5 ¥1900 ①978-4-7793-0526-9

◆興奮しやすい子どもには愛着とトラウマの問題があるのかも——教育・保育・福祉の現場での対応と理解のヒント 西田泰水子、中垣真道、市原眞記著　（三鷹）遠見書房
【要旨】この子はどうしてこんなに怒ってしまうの？ 止めようとするとかえって興奮するのはどうして？ そういう子は愛着とトラウマの問題がある可能性があります。この本は、さまざまな理由で心に傷を受けた子どもたちが心理的なケアを受けながら生活する「児童心理治療施設」で実践を積んだ著者らが、その長年の経験をもとに、愛着とトラウマの問題をかかえる子どもをどう理解し、どう対応したらよいのかを、学校や幼稚園、保育園、児童福祉施設などの教職員に向けてやさしく解説をしたものです。
2017.7 84p A5 ¥1200 ①978-4-86616-032-0

◆子どもの"内面"とは何か——言語ゲームから見た他者理解とコミュニケーション 杉田浩崇著　（横浜）春風社
【要旨】通常の理解の枠組を逃れる存在である子ども、特に心的能力をもたないとされる子どもの"内面"はどのように見出せるのか。コミュニケーションの不確実性や子どもにとっての教育の両義性をウィトゲンシュタインの言語論をもとに明らかにしつつ、その可能性を探る。
2017.10 352, 4p B6 ¥3700 ①978-4-86110-556-2

◆自尊感情革命——なぜ、学校や社会は「自尊感情」がそんなに好きなのか？ 山崎勝之著 福村出版
【要旨】自尊感情神話崩壊——これまでの自尊感情研究は間違っていた！ 非意識の世界が解明する自尊感情の謎と真実。自律的自尊感情を高めて、人生を豊かにする、心のサイエンス。自尊感情（self-esteem）再発見!!
2017.9 157p B6 ¥1900 ①978-4-571-22054-8

◆育ちを支える教育心理学 谷口明子、廣瀬英子編著 学文社
【目次】教えはぐくむ心理学とは、子供の個人差：知能とパーソナリティ、アタッチメントと人間関係の発達、児童期の発達、青年期の発達課題、学級集団の理解と活用、学習の理論、記憶のメカニズム、やる気の心理：動機づけ理論、学びを評価する：教育評価、教育相談、発達障害の理解、特別な教育的ニーズのある子供たちへの支援、キャリア教育
2017.3 160p A5 ¥1900 ①978-4-7620-2694-2

◆たのしく学べる最新教育心理学——教職に関わるすべての人に 櫻井茂男編 図書文化社 改訂版
【目次】教育心理学とは、発達を促す、やる気を高める、学習のメカニズム、授業の心理学、教育評価を指導に生かす、知的能力を考える、パーソナリティを理解する、社会性を育む、学級の心理学、不適応と心理臨床、障害児の心理と特別支援教育
2017.2 262p A5 ¥2000 ①978-4-8100-7690-5

◆探究！ 教育心理学の世界 藤澤伸介編 新曜社
【要旨】全国100大学の教育心理学シラバスから教育心理学の基礎知識を選定し、もれなく解説。教育理解、学習改善に役立つトピック、現場教師に役立つトピックも解説。面白い知識・役立つ知識を満載した。
2017.3 301p A5 ¥2300 ①978-4-7885-1511-6

◆ようこそ教育心理学の世界へ 神藤貴昭、久木山健一著 北樹出版 改訂版
【要旨】教育心理学とは、発達、学習、動機づけ、知能・記憶・メタ認知、教授学習過程、教育評価、教師、仲間関係、パーソナリティ、問題行動、ストレスと健康、教育相談、発達障害と特別支援教育
2017.3 198p A5 ¥1900 ①978-4-7793-0521-4

◆よくわかる学校現場の教育心理学——AL時代を切り拓く10講 堀裕嗣著 明治図書出版
【目次】第1講 行動主義と認知主義1 これからの学校教育、第2講 行動主義と認知主義2 「主体的・対話的で深い学び」に必要な教師の変化、第3講 行動主義と認知主義3 「主体的・対話的で深い学び」の可能性、第4講 動機付け1 驚きと矛盾がやる気を生む、第5講 動機付け2 AL型授業の活動ポイント、第6講 動機付け3 価値ある情報を生むシャッフルタイム、第7講 メタ認知1 自分が見ている世界と現実との「ズレ」を捉えることから、第8講 メタ認知2 教師の思いと子どもの思いの「ズレ」を踏まえた生徒指導、第9講 メタ認知3 「メタ認知」が良い仕事と人間関係を生む、第10講 メタ認知4 AL時代を切り拓く！ 教師に求められる力
2017 141p B6 ¥1560 ①978-4-18-098913-3

教育行政・法律

◆安倍政権下の教育政策——日本教育政策学会年報 2017（第24号） 日本教育政策学会編　（小金井）日本教育政策学会、八月書館 発売
【目次】1 特集1 安倍政権下の教育政策、2 特集2 ジェンダー・ダイバーシティの教育、3 特集3 自治体教育政策における構造改革と価値の実現、4 投稿論文、5 内外の教育政策・研究動向、6 書評・図書紹介、7 英文摘要、8 学会記事
2017.7 228p A5 ¥3000 ①978-4-909269-01-0

◆解説教育六法 2017（平成29年版） 解説教育六法編修委員会編 三省堂
【要旨】義務教育の段階における普通教育に相当する教育の機会の確保に関する法律を収録。教育公務員特例法、教育職員免許法、学校教育法施行規則などの改正。主要法令には「あらまし」、逐条解説、行政実例、判例つき。国連人種差別撤廃委員会・女性差別撤廃委員会最終見解を抜粋収録、ヘイトスピーチ防止法、大阪市ヘイトスピーチ条例はかを新収録。
2017.2 1242p 20×15cm ¥2600 ①978-4-385-15946-1

◆学習指導要領は国民形成の設計書——その能力観と人間像の歴史的変遷 水原克敏著　（仙台）東北大学出版会 増補改訂版
【要旨】近代国家を創設した明治政府が1872年から2017年現在まで、私たちの日本が学習指導要領などを通してどのような人間像を理想として国民形成を図ろうとしてきたのか、これを通史的に分析しました。
2017.8 334p A5 ¥2000 ①978-4-86163-291-4

◆学校が消える！——公共施設の縮小に立ち向かう 安達智則、山本由美編 旬報社
【要旨】なぜ今、公共施設の再編なのか！? 小中学校は統廃合し巨大校舎建設へ。保育園と幼稚園は統合し大規模「認定こども園」へ。児童館は廃止され、公園もつぶされる…市民のための公共施設をつくるために今取り組むべきこと！
2018.1 127p A5 ¥1000 ①978-4-8451-1530-3

◆教育小六法 平成29年版 市川須美子、小野田正利、勝野正章、窪田眞二、中嶋哲彦、成嶋隆編 学陽書房
【要旨】教育関係法令230件、資料13件を収録。「独立行政法人日本スポーツ振興センター法施行令の改正について（通知）」「文部科学省所管事業分野における隨害を理由とする差別の解消の推進に関する対応指針について（通知）」等、8件の最新の通知等を収録。その他、資料編における「戦後教育法年表」「主要教育法判例分野別リスト」等を最新情報に更新。
2017.1 1388p B6 ¥2700 ①978-4-313-01193-9

◆教育法規便覧——学校の法律がこれ1冊でわかる 平成29年版 窪田眞二、小川友次著 学陽書房
【目次】序 教育法規をめぐる最近の動き、1 教育法規のしくみと教育行財政に関する法規、2 学校のしくみに関する法規、3 教育課程に関する法規、4 義務教育に関する法規、5 教職員の資格と免許・職務に関する法規、6 教職員の人事・服務・評価に関する法規、7 教職員の勤務に関する法規、8 児童・生徒に関する法規、9 特別支援教育に関する法規、10 学校保健安全に関する法規 2017.3 594p B6 ¥3800 ①978-4-313-64392-5

◆現代教育の制度と行政 河野和清編著 福村出版 改訂版
【目次】現代教育の諸問題、現代の公教育制度、教育法制、教育行政、学校経営と学校評価、教育

課程経営、教職員の職務・服務と教員評価、児童と生徒の管理、就学前教育制度、特別支援教育制度、教員養成・研修制度、社会教育行政、教育財政、現代の教育行政改革の動向と課題
2017.3 233p A5 ¥2300 ①978-4-571-10179-3

◆**現代の教育費をめぐる政治と政策** 橋野晶寛著 （岡山）大学教育出版
【目次】序章 課題設定、第1章 教育財政をめぐる政治的言説、第2章 分析枠組み、第3章 教育財政の拡充と抑制の政策過程、第4章 政治制度と教育財政をめぐる政策過程、第5章 地方政治と教育財政、第6章 教育財政における生産性・効率性と組織経営、第7章 教育財政システムの生産性・効率性と財政・政策、終章 教育財政における民主性と効率性
2016.12 352p A5 ¥6800 ①978-4-86429-423-2

◆**公立学校施設関係法令集　平成29年** 公立学校施設法令研究会編　第一法規
【目次】1 施設助成関係、2 災害復旧・地震防災関係、3 財政特別措置関係（地域振興関係、沖縄・奄美・小笠原関係、特別財政措置関係、公害関係等、バリアフリー関係）、4 諸法関係（基準関係等、地方財政関係、その他）、5 運用細目補助要項等
2017.10 1128, 445p B6 ¥4100 ①978-4-474-05931-3

◆**国立大学法人法コンメンタール** 国立大学法人法制研究会編著　ジアース教育新社　改訂版
【目次】序章、総則、組織及び業務、中期目標等、財務及び会計、雑則、罰則、附則、法制定後の改正の概要、国立大学法人法等の改正に伴う関係法律の整備等に関する法律、国立大学法人法の一部を改正する法律（平成28年法律第38号）、関連法の概要
2017.1 790p A5 ¥6250 ①978-4-86371-400-7

◆**今日の私学財政 大学・短期大学編 平成28年度版** 日本私立学校振興・共済事業団私学経営情報センター私学情報室編　学校経理研究会　（付属資料：CD-ROM1）
【目次】1 調査の概要（『今日の私学財政』とは、集計方法 ほか）、2 集計・分析結果の概要（事業活動収支計算書について、大学法人の事業活動収支状況 ほか）、3 利用の手引き（『今日の私学財政』と財務分析、主要財務比率等の解説と度数分布）、4 集計結果（大学法人、短期大学法人別）
2017 665p A4 ¥5500 ①978-4-908714-09-2

◆**市町村教育委員会制度に関する研究—制度改革と学力政策の現状と課題** 河野和清著　福村出版
【目次】市町村教育長と教育委員会制度改革—その現状と課題、地方自治体の長と教育委員会制度改革（その変容と実態、首長による分析と展望）、市町村教育委員会の学力政策（その実態と課題、子どもの学力を規定する要因の分析を中心にして）、市町村教育委員会教育長および教育委員の制度改革と学力政策の意識と考え方、市町村教育委員会のリーダーシップ行動の研究—教育委員会の組織特性（組織健康）や組織・運営活動に及ぼす影響の検討、市町村教育委員会の制度改革と学力政策—得られた知見と今後の課題
2017.2 323p A5 ¥5000 ①978-4-571-10178-6

◆**事務職員の職務が「従事する」から「つかさどる」へ—学校教育法第37条第14項「事務は、事務をつかさどる」とはどういうことか** 藤原文雄編著　学事出版
【目次】研究者・日本学校事務学会会長として法改正をどう考えるか・変わるべきか、学校事務のアップグレードに向けて：子どもの幸せ（ウェルビーイング）の視点からの提言、学校事務職員の職務はどう変わるか、どう変わるべきか—学校経営参画の視点から、法改正を受けての事務職員への期待（法制度から見た事務職員の位置づけの変更）、法改正を受けての事務職員への期待（事務職員定数改善の期待）、今こそ！、主体的に学校マネジメントを担う職への転換を、「つかさどる」とは学校経営そのものを共に実行していくこと、この"つかさどる元年"をチャンスに！—学校財務をつかさどる事務職員の働き方、事務職員の職務規定の変更、共同学校事務室の設置に関する法改正の内容と教育委員会、学校における取組、ジャーナリストから見た法改正と、これからの学校事務職員への期待（事務職員の未来—事務をつかさどりながら、クリエイティブな仕事を楽しむ、事務をつかさどる"学校"事務職員の皆さんへ）
2017.8 111p A5 ¥1500 ①978-4-7619-2344-0

◆**奨学金が日本を滅ぼす** 大内裕和著　朝日新聞出版（朝日新書）
【要旨】学びたい若者を助けるはずの奨学金の中身は有利子貸与が多く、実態は教育ローンそのものだ。そんな名ばかりの奨学金の返済が、卒業後に否応なしにのしかかる。結婚できない、子どもを育てる余裕がない—こんな若者の姿にこの国のかたちが集約されている。次世代を苦しめて未来が開けるのだろうか？ ブラックバイトに光を当てた著者が、解決策を含め奨学金問題を正面から取り上げる。
2017.2 261p 18cm ¥780 ①978-4-02-273704-5

◆**図解・表解 教育法規** 坂田仰、黒川雅子、河内祥子、山田知代共著　教育開発研究所　新訂第3版
【要旨】「六法」で条文を読んで本当に理解できますか？ 教育法規（条文）の内容や効果、教育法制・文教施策の全体像、具体的な実務の流れや手続き等を「図」と「表」でイメージしながら確実に学べる必携の1冊！
2017.8 269p B5 ¥3000 ①978-4-87380-485-9

◆**戦後史の中の教育基本法** 宮盛邦友著　八月書館
【目次】序章 旧・教育基本法第二条（教育の方針）の現代的意義—"教育基本法の再発見"の発展的契機としての、第1章 教育基本法の再発見—宮原誠一の権利自覚過程を中心にして、第2章 学習権論の教育実践論的基礎—能重真作と桐山守子の教育実践記録の観点から、第3章 教育運動における"男女共学"と"女子教育"の間—旧・教育基本法第五条（男女共学）に関する逐条解説と日本教職員組合・教育研究全国集会「女子教育問題」分科会での記録の検討を通して、第4章 社会教育・生涯学習等事典の教育政策手法—第二の教育改革と第三の教育改革を中心にして、第5章「非行」と向き合う親たちの会にみる人間発達援助期実践—「援助」と「教育」の関係をめぐって、第6章 所沢市社会教育にみる社会教育実践—社会教育実践の観点から、第7章 長野県辰野高等学校にみる学校経営開発実践—子どもを中心にして、7章 教育基本法改正をめぐる教育改革過程—改正「推進」政策と「擁護」運動、教育関連学会・教育研究者とマスコミ・出版を中心にして、付章2 教育基本法改正問題と教育研究の課題—公開シンポジウムと公開研究会の研究成果をふりかえって
2017.6 284p B6 ¥2300 ①978-4-938140-99-1

◆**地方教育費調査報告書 平成27年度（平成26会計年度）** ブルーホップ，全国官報販売協同組合 発売
【目次】地方教育費調査（調査の概要、調査結果の概要、文教費の概観、統計表）、教育行政調査（調査の概要、調査結果の概要、統計表）、付録
2016.12 281p 21×30cm ¥4400 ①978-4-9908787-4-0

◆**中央教育審議会答申 全文と読み解き解説 平成28年版** 大杉昭успOCR解説　明治図書出版
【要旨】全図版・全資料を収録した、新学習指導要領のポイントがまるわかりの1冊！
2017 455p B5 ¥2500 ①978-4-18-136614-8

◆**ハンディ教育六法 2017年版** 浪本勝年編集代表、廣田健、山口拓史、白川優治、堀井雅道、石本祐二編集委員　北樹出版
【目次】教育基本編、学校教育編、教育振興・奨励編、学校保健・給食編、社会教育・生涯学習編、児童・社会福祉編、教育財政編、教育職員編、関連法編、自治体条例編、資料
2017.4 487p B6 ¥3000 ①978-4-7793-0534-4

◆**必携教職六法 2018年度版** 若井彌一監修、河野和清、髙見茂、結城忠編　協同出版
【要旨】教員採用試験に頻出の条文が「太字」だから、暗記すべき重要条文が一目瞭然！ 142項目もの「事項別解説」が、最新教育事項と関連法令の関係を完全解説！ 読めば読むほど教育採用試験、管理職試験合格が近くなる「読む」教育法規集！ 教育法規の必携書。
2017.2 1020p A5 ¥2200 ①978-4-319-64118-5

◆**ブラック奨学金** 今野晴貴著　文藝春秋（文春新書）
【要旨】いまや約4割の大学生、100万人以上が借りる奨学金。だが、容赦のない取り立てと厳しいペナルティで返済に行き詰まり、親戚にまで厳しい請求が行く例が相次いでいる。奨学金で人生を棒に振らないための処方箋をここに公開！
2017.6 223p 18cm ¥830 ①978-4-16-661112-6

◆**平成28年度学校基本調査報告書—初等中等教育機関専修学校・各種学校** 文部科学省編　日経印刷，全国官報販売協同組合 発売
【目次】学校調査・学校通信教育調査（高等学校）、卒業後の状況調査、不就学学齢児童生徒調査、学校施設調査、参考資料、付属資料
2016.12 1052p B5 ¥6520 ①978-4-86579-070-2

◆**平成28年度学校基本調査報告書—高等教育機関** 文部科学省編　日経印刷，全国官報販売協同組合 発売
【目次】学校調査、卒業後の状況調査、学校施設調査、学校経費調査（平成27会計年度）、参考資料・年次統計表・参考図表、付属資料
2016.12 515p B5 ¥4080 ①978-4-86579-071-9

◆**ポケット 教育小六法 2017年版** 伊藤良高編集代表　（京都）晃洋書房
【目次】第1編 総則、第2編 学校教育、第3編 教育振興、第4編 学校保健、第5編 生涯学習・社会教育、第6編 教育職員、第7編 教育行政、第8編 児童・社会福祉、第9編 関連法
2017.4 340p B6 ¥2500 ①978-4-7710-2878-4

◆**有権解釈に重きを置いた教育法規** 山本豊著　学校図書　第三版
【目次】第1章 教育法規の体系と構造、第2章 日本国憲法の教育に関連する規定、第3章 教育基本法、第4章 学校教育、第5章 児童・生徒、第6章 学校保健・安全・給食、第7章 特別支援教育、第8章 教職員、第9章 教育行政、第10章 その他の教育関連法規
2017.8 366p A5 ¥2500 ①978-4-7625-0226-2

◆**立憲主義の危機と教育法—日本教育法学会年報 第46号 2017** 日本教育法学会編　有斐閣
【目次】研究総会・報告、第1分科会＝義務教育の教育法的性質と子どもの学習権、第2分科会＝社会教育の権利と公民館・図書館の自由、公開シンポジウム＝18歳選挙権と政治教育の課題、自由研究、投稿審査論文、資料解題、資料 教育法この1年、学会記事
2017.3 230p A5 ¥4000 ①978-4-641-22726-2

◆**Q&A学校部活動・体育活動の法律相談—事故予防・部活動の運営方法・注意義務・監督者責任・損害賠償請求** 白井久明、片岡理恵子、髙松政裕、宮田義晃著 日本加除出版
【要旨】部活動・スポーツ関係者、実務家必読！ 全ての教職員、スポーツのコーチ、保護者に読んでほしい1冊。紛争予防から対処まで、部活動、体育の法律問題等を解説。裁判例、資料充実全44問。
2017.12 267p A5 ¥2500 ①978-4-8178-4449-1

事典・書誌ほか

◆**教育思想事典** 教育思想史学会編　勁草書房 増補改訂版
【要旨】好評を博した初版刊行から十余年、近年の教育学/教育思想の厳選したキーワードを追加し、さらにパワーアップした改訂版、ついに刊行！ 最新の研究概念と概念を詳説した、教育思想を深く知るための「読む」事典。
2017.9 869p A5 ¥7500 ①978-4-326-25122-3

◆**子ども白書 2017 特集 改憲は子どもに何をもたらすか 児童憲章の再発見—「子どもを大切にする国」をめざして** 日本子どもを守る会編　本の泉社
【目次】"特集"改憲は子どもに何をもたらすか—児童憲章の再発見（インタビュー「私にとっての憲法」—子どもには、戦争に染まってほしくない、日本国憲法には愛がある ほか）、ことしの子ども最前線（新しい学習指導要領は何をめざすのか—「教育内容ベース」から「資質・能力ベース」へ、教育勅語はなぜ使用禁止になったのか—森友学園問題から考える ほか）、東日本大震災後を生きる子どもたち（この1年 いまだからこそ見える被災地の子どもたちの姿、フクシマの子どもたちのいま ほか）、子どもをめぐるこの1年（いのちと健康、医療 ほか）
2017.8 182p B5 ¥2000 ①978-4-7807-1638-2

◆**社会教育統計（社会教育調査報告書）平成27年度** 文部科学省編　ブルーホップ，全国官報販売協同組合 発売
【要旨】1 調査の概要、2 調査結果の概要、3 総括表、4 年次統計、5 統計表（社会教育行政調査（都道府県・市町村教育委員会、都道府県・市町

村首長部局)、公民館調査(公民館、公民館類似施設)、図書館調査(図書館、図書館類似施設)、博物館調査(博物館、博物館類似施設)、青少年教育施設調査、女性教育施設調査、社会教育施設調査(社会体育施設、民間体育施設)、劇場、音楽堂等調査、生涯学習センター調査)、6 附属資料
2017.4 240p A4 ¥2400 ①978-4-9908787-6-4

◆諸外国の教育動向 2016年度版 文部科学省著 明石書店
【目次】アメリカ合衆国、イギリス、フランス、ドイツ、中国、韓国、その他の国・地域、資料
2017.8 369p 28×21cm ¥3600 ①978-4-7503-4550-5

◆図表でみる教育—OECDインディケータ 2017年版 経済協力開発機構(OECD)編著 明石書店
【要旨】OECD加盟35か国及び多数のOECD非加盟国の教育制度についての構造や財政、成果に関するデータ。本書に掲載する100を超える図、80を超える表、さらにホームページで参照可能な多くの図表とともに、各国の教育機関の成果、各国を通じた教育・学習の効果、教育に投入される財政的・人的資源、教育機会と在学・進学の状況、学習環境と学校組織など、教育のさまざまな側面についての重要な情報を提供している。
2017.10 519p 27×21cm ¥8600 ①978-4-7503-4580-2

◆文部科学統計要覧 平成29年版(2017) 文部科学省編 白桃
【目次】学校教育総括、幼稚園、幼保連携型認定こども園、小学校、中学校、義務教育学校、高等学校、中等教育学校、特別支援学校、高等専門学校〔ほか〕
2017.3 241p 19cm ¥850 ①978-4-9907699-3-2

教員採用試験問題集

◆教育法規スコープ '19年度 —教員採用試験 時事通信出版局編 時事通信出版局, 時事通信社 発売 (Handy必携シリーズ 3)
【要旨】教員採用試験で問われる対象法規・条文は膨大です。その中から「よく出る条文」だけを集めました。頭出し条文で、知りたい条文もすぐに検索できます。
2017.9 239p 18cm ¥1300 ①978-4-7887-1574-5

◆教育用語の基礎知識 '19年度 時事通信出版局編 時事通信出版局, 時事通信社 発売 (Handy必携シリーズ 1)
【要旨】これは試験に出る教育用語の「事典」です。いつも手元に置いて、分からないことばに出会うたびに引いてください。分野別、領域別に整理してあります。この1冊を使いこなせば、知らないうちにキーワードが頭に入ってきます。
2017.9 327p 18cm ¥1300 ①978-4-7887-1573-8

◆教育論作文 2019年度版 沖山吉和編著 一ツ橋書店 (教員採用試験αシリーズ)
【要旨】型(パターン)・表記・資料…多彩な例を取り上げて教育論作文の要諦を解説!
2017.11 253p A5 ¥1300 ①978-4-565-19392-6

◆教員採用試験 教育論文の書き方 2019年度版 教員採用試験情報研究会編著 一ツ橋書店 (教員採用試験シリーズ)
【要旨】教員採用試験の論文・作文にどう対処すべきか。学生の例文に講評を付し、合格レベルへ導く。
2017.11 317p B6 ¥1200 ①978-4-565-19342-1

◆教員採用試験 差がつく論文の書き方 2018年度版 資格試験研究会編 実務教育出版
【要旨】書き方の基礎から採点者が見るポイントまですべてがわかる。合格答案例や現役学生の添削例が満載!
2017.3 251p A5 ¥1400 ①978-4-7889-5774-9

◆教員採用試験36日間 2018 津金邦明著 学研教育みらい, 学研プラス 発売 (教育ジャーナル選書)
【要旨】面接・論文に強くなる最新教育情報が充実!1日60分、6週間でラクラク突破!
2017.3 240p B5 ¥2200 ①978-4-05-800735-8

◆教員採用試験 試験に出る重要教育答申 '19年度 時事通信出版局編 時事通信出版局, 時事通信社 発売 (Hyper実戦シリーズ 1)

【要旨】教育答申はたくさん出ていますが、「試験に出る」ところは限られています。「これだけ読めばいい!」部分のみ抽出しました。答申が出た背景・ポイント・影響を分かりやすく説明しています。「新学習指導要領」「チーム学校」「教員の資質能力の向上」など最新の答申内容もみんな収録しています。論作文、面接対策にも必ず役立ちます。
2017.9 16, 317p A5 ¥1600 ①978-4-7887-1568-4

◆教員採用試験 小学校新学習指導要領パスライン '19年度 時事通信出版局編 時事通信出版局, 時事通信社 発売 (Pass Line突破シリーズ 4)
【要旨】合格を勝ち取るための「新学習指導要領」対策のコツは「キーワード」をきちんと押さえること。それがすべてです!本書はキーワードの部分を空欄にしています。まずは、ここを埋めていってください。分からなかったら横の答えを見てください。書き込むことで、覚えます。すべて埋めたら万全です!
2017.9 189p B5 ¥1000 ①978-4-7887-1566-0

◆教員採用試験 速攻の教育時事—2018年度試験完全対応 資格試験研究会編 実務教育出版
【要旨】筆記でも面接でも使える!一石二鳥の時事対策テキスト。白書・答申・法改正など教育界の最新動向を凝縮!「時事の基礎知識」でポイントを押さえ、「予想問題」で実戦力を増強!「論点はどこ?」で、面接や論作文試験で問われる問題の核心を解説!今年はココが狙われる!今年の時事トピックベスト10。
2017.3 173p A5 ¥1500 ①978-4-7889-5778-7

◆教員採用試験対策 教育用語集 2019年度 東京アカデミー編 (名古屋)ティーエーネットワーク, 七賢出版 発売 (オープンセサミシリーズ)
【要旨】教員採用試験合格に不可欠な教育用語や人物名をズバリ!ピックアップ。教員採用試験必携の教育用語集。
2017.10 213p A5 ¥1300 ①978-4-86455-338-4

◆教員採用試験 手取り足取り、特訓道場 合格する面接 '18年度 時事通信出版局編 時事通信出版局, 時事通信社 発売 (攻略Support 4)
【要旨】面接で問われるのは「教師としてのものの考え方」です。「いじめ」「不登校」など必出テーマごとに「この質問にはこう答える」という想定問答を掲げました。熟読の上、テーマごとの資料も読み込み、自分バージョンの合格回答をつくりましょう。面接では回答に対する「2の矢」「3の矢」が飛んできます。どんな「矢」にも答えられるようになります。
2017.3 203p A5 ¥1500 ①978-4-7887-1482-3

◆教員採用試験 手取り足取り、特訓道場 合格する論作文 '18年度 時事通信出版局編 時事通信出版局, 時事通信社 発売 (攻略Support 3)
【要旨】論作文で求められるのは「教師の目で、今日の教育課題をどうとらえているか?」に尽きます。「いじめ」「不登校」「アクティブ・ラーニング」…。各テーマの「模範答案」を頭に入れましょう。さらに「そのまま使える!とっておき資料」を読んで、自分バージョンの合格答案を書いてみましょう。試験当日、設問を見ただけでスラスラとペンが動きます。
2017.3 205p A5 ¥1500 ①978-4-7887-1481-6

◆教員採用試験パーフェクトガイド 面接編 DVD付 岸上隆文, 三浦一心監修 学芸みらい (付属資料:DVD1)
【要旨】写真でわかる面接解説!プロが語る面接回答!チェックシート付き!圧迫面接対応法がわかる!A評価を勝ちとるDVD付き!段階別の面接練習で、確実にステップアップする!
2017.7 109p A5 ¥2200 ①978-4-908637-34-6

◆教員採用試験 面接試験の攻略ポイント 2018年度版 資格試験研究会編 実務教育出版
【要旨】元試験官が本音でアドバイス。関連法規など背景となる知識から質問の意図までがわかる。面接官の視点で的確な答え方を徹底解説!
2017.3 233p A5 ¥1400 ①978-4-7889-5775-6

◆教員採用試験 面接試験・場面指導の必修テーマ100 2018年度版 資格試験研究会編 実務教育出版

【要旨】元試験官が本音でアドバイス。実践的な指導のポイントを伝授!
2017.3 271p A5 ¥1500 ①978-4-7889-5776-3

◆教員採用試験面接突破101事例 2018 津金邦明著 学研教育みらい, 学研プラス 発売 (教育ジャーナル選書)
【要旨】厳選101問で面接試験の合格力をつける!模範回答とNG回答を全問例示。「どう答えたらいいのか」が分かる、「どう答えてはいけないのか」も分かる。
2017.3 160p A5 ¥1500 ①978-4-05-800737-2

◆教員採用試験 面接ノート 2019年度版 本間啓二著 一ツ橋書店 (教員採用試験シリーズ)
【要旨】これ1冊で万全!もう面接試験は怖くない!自分だけのピカピカ回答ができる!
2017.11 212p B6 ¥1000 ①978-4-565-19341-4

◆教員採用試験論文突破80事例 2018 津金邦明著 学研教育みらい, 学研プラス 発売 (教育ジャーナル選書)
【要旨】厳選80問で論文試験の合格力をつける!「何を書けばいいのか」が分かる、「どう書けばいいのか」も分かる。「書き出しでつまずかないコツ」を伝授。
2017.3 160p A5 ¥1500 ①978-4-05-800736-5

◆教員採用 どこでも!小学校学習指導要領 教員採用試験対策研究会編著 一ツ橋書店
【目次】第1章 総則、第2章 各教科、第3章 道徳、第4章 外国語活動、第5章 総合的な学習の時間、第6章 特別活動、実力確認問題
2017.3 174p B6 ¥900 ①978-4-565-18714-7

◆教員採用 どこでも!小学校学習指導要領 2019年度版 教員採用試験対策研究会編著 一ツ橋書店
【目次】第1章 総則、第2章 各教科、第3章 道徳、第4章 外国語活動、第5章 総合的な学習の時間、第6章 特別活動、実力確認問題
2017.12 174p B6 ¥900 ①978-4-565-19714-6

◆教員採用 どこでも!中高学習指導要領 2018年度版 教員採用試験対策研究会編著 一ツ橋書店
【目次】第1章 中学校学習指導要領 総則、第2章 中学校学習指導要領 各教科、第3章 中学校学習指導要領 道徳 総合的な学習の時間 特別活動、第4章 高等学校学習指導要領 総則、第5章 高等学校学習指導要領 各教科、第6章 高等学校学習指導要領 総合的な学習の時間 専門学科 特別活動、実力確認問題
2017 194p B6 ¥900 ①978-4-565-18715-4

◆教員採用 どこでも!中高学習指導要領 2019年度版 教員採用試験対策研究会編著 一ツ橋書店 (付属資料:赤シート1)
【目次】第1章 中学校学習指導要領 総則、第2章 中学校学習指導要領 各教科、第3章 中学校学習指導要領 道徳 総合的な学習の時間 特別活動、第4章 高等学校学習指導要領 総則、第5章 高等学校学習指導要領 各教科、第6章 高等学校学習指導要領 総合的な学習の時間 専門学科 特別活動、実力確認問題
2017.12 194p B6 ¥900 ①978-4-565-19715-3

◆教員採用 どこでも!特別支援学校学習指導要領 2018年版 教員採用試験対策研究会編 一ツ橋書店
【目次】第1章 特別支援教育の基本、第2章 幼稚部教育要領、第3章 小学部・中学部学習指導要領 総則、第4章 小学部・中学部学習指導要領 各教科、第5章 中学部学習指導要領 各教科、第6章 小学部・中学部学習指導要領 道徳 外国語活動 総合的な学習の時間 特別活動 自立活動、第7章 高等部学習指導要領 総則、第8章 高等部学習指導要領 各教科、第9章 高等部学習指導要領 道徳 総合的な学習の時間 特別活動 自立活動、実力確認問題
2017.3 199p B6 ¥900 ①978-4-565-18716-1

◆教員採用 どこでも!特別支援学校学習指導要領 2019年度版 教員採用試験対策研究会編 一ツ橋書店 (付属資料:赤シート1)
【目次】第1章 特別支援教育の基本、第2章 幼稚部教育要領、第3章 小学部・中学部学習指導要領 総則、第4章 小学部・中学部学習指導要領 各教科、第5章 中学部学習指導要領 各教科、第6章 小学部・中学部学習指導要領 道徳 外国語活動 総合的な学習の時間 特別活動 自立活動、第7章 高等部学習指導要領 総則、第8章 高等部学習指導要領 各教科、第9章 高等部学習指導要領 道徳 総合的な

教員採用試験問題集

学習の時間 特別活動 自立活動、実力確認問題
2017.12 199p B6 ¥900 ①978-4-565-19716-0

◆**教員採用 面接試験の答え方 2019年度版**
教員採用試験情報研究会編著 一ツ橋書店（教員採用試験αシリーズ）
【要旨】面接試験はどのように行われ、何が問われ、どう対応すればよいか。応答例と受験体験記により、効果的な準備ができる。
2017.11 228p B6 ¥900 ①978-4-565-19340-7

◆**これだけ覚える教員採用試験小学校全科 '19年版** LEC東京リーガルマインド著 成美堂出版 （付属資料：別冊1；赤シート1）
【要旨】独自の小学校科目試験を実施する51自治体が、過去5年間に実施した試験を、LEC講師陣が徹底分析！これに出題予想を加えて編集したのが本書です。国語、社会、算数、理科、生活、音楽、図画工作、家庭、体育の9教科を149テーマでスピード攻略！新学習指導要領に対応！「外国語」「外国語活動」「特別な教科 道徳」「総合的な学習の時間」「特別活動」に対応。赤シート対応だから答えを隠しながら覚えられる！演習問題として、巻末の「実力チェック問題」を掲載！試験場まで持ち込んで最終チェック！別冊「直前対策BOOK」付き！
2017.10 364p B6 ¥1400 ①978-4-415-22547-0

◆**30秒アピール面接 2019年度版** 現代教職研究会編著 一ツ橋書店（教員採用試験αシリーズ）
【要旨】面接は30秒で決まる！100の想定質問対策から効果抜群のアピール法をつかむ!!
2017.12 255p A5 ¥1300 ①978-4-565-19395-7

◆**志願書・自己推薦書・面接調査票 2019年度版** 前田孝著 一ツ橋書店（教員採用試験αシリーズ）
【要旨】提出書類の自己アピール力アップ！決意・熱意・創意が伝わるスペース別の最適な記載法！
2017.11 183p A5 ¥1000 ①978-4-565-19394-0

◆**集団討論・集団面接 2019年度版** 滝澤雅彦著 一ツ橋書店（教員採用試験αシリーズ）
【要旨】協調性・調整力・表現力…集団討論・集団面接で問われる力とその身に付け方を完全収録！2017.11 154p A5 ¥950 ①978-4-565-19396-4

◆**すいすい身につく小学校学習指導要領 2019年度版** 現代教育情報研究会編 一ツ橋書店（教員採用試験αシリーズ）
【要旨】学習指導要領は、教員採用試験合格の要です！効率アップの設問構成で、抜群の習得効果！
2017.10 291p B6 ¥1300 ①978-4-565-19317-9

◆**中学校新学習指導要領パスライン '19年度 一教員採用試験** 時事通信出版局編 時事通信社出版局, 時事通信社 発売 （Pass Line突破シリーズ 5)
【要旨】合格を勝ち取るための「新学習指導要領」対策のコツは「キーワード」をきちんと押さえること。それがすべてです！本書はキーワードの部分を空欄にしています。まずは、ここを埋めていってください。分からなかったら横の答えを見てください。書き込むことで、覚えられます。埋められたら万全です！
2017.9 165p B5 ¥1000 ①978-4-7887-1567-7

◆**テキスト中等教育実習「事前・事後指導」―教育実習で成長するために** 土井進著 （さいたま）ジダイ社
【目次】1部 事前指導（「中等教育実習」を受ける前の準備、教育実習生としての基本姿勢・心構え）、2部 教育実習（教育実習のスタート、第1週「観察実習」の学びと学校経営・学級経営、第2週「参加実習」の学びと生徒指導、第3週「授業実習」の学びと授業の振り返り、道徳・総合的な学習の時間・特別活動の学習指導案づくり、「研究授業」と授業研究会、実習最終日のあいさつ）、3部 事後指導（教育実習事後指導―教育実習で何を学んだか）
2017.5 159p A5 ¥1500 ①978-4-909124-04-3

◆**必出テーマで押さえる教員採用試験のための論作文＆面接対策 2019年度版** 玉川大学教師教育リサーチセンター編 時事通信出版局, 時事通信社 発売
【要旨】近年の教員採用試験では「人物重視」が進んでいます。対策の根幹は一つ。本書では「教師の資質能力」「確かな学力」「いじめ」など教育トピックの理解を深めてください。巻末特集では新学習指導要領の改訂のポイントをまとめました。これらを文章で書けば論作文の「合格答案」に、意見としてまとめれば面接の「合格回答」に。論作文・面接対策は完璧です！
2017.12 325, 20p A5 ¥2000 ①978-4-7887-1541-7

◆**模擬授業・場面指導 2019年度版** 野口芳宏著 一ツ橋書店（教員採用試験αシリーズ）
【要旨】授業力・指導力！稀代の授業名人が教える授業と指導のすべて！
2017.11 206p A5 ¥1100 ①978-4-565-19391-9

◆**リアルから迫る 教員採用小論文・面接 2018年度版** 実務教育出版
【要旨】現実を見据えたハイレベルな論文を書くコツを解説。「学力の低下と格差」といった困難な問題へのリアルな対策がここにある！
2017.3 287p A5 ¥1800 ①978-4-7889-5777-0

◆**論作文と面接・模擬授業—教員採用試験のための '18年度版** 常磐会学園大学教職教育研究会編 （大阪）大阪教育図書（教員採用試験シリーズ）
【要旨】面接必須要件、模擬授業の在り方を詳説。採用試験に出題される論作文のテーマを三類型に分類し、わかりやすく解説。出題の趣旨に合った論作文を書く力をつける。
2017 219p B5 ¥2300 ①978-4-271-53100-5

一般教養

◆**一般教養30日完成 '19年度 一教員採用試験** 時事通信出版局編 時事通信社出版局, 時事通信社 発売 （Pass Line突破シリーズ 2)
【要旨】ジャンルごとに1日4ページ、書き込んで覚えてください。30日後には、あなたのオリジナルノートが完成し、確実に「一般教養」が身に付きます。「出るとこだけ！」を厳選しました。受験勉強の初期にやっておけば一般教養の全体像がスラスラと頭に入ります。追い込み期にやれば総仕上げに役立ちます。要点の整理と問題演習がこれ1冊で可能です。
2017.9 125p B5 ¥1000 ①978-4-7887-1564-6

◆**一般教養スコープ '19年度 一教員採用試験** 時事通信出版局編 時事通信社出版局, 時事通信社 発売 （Handy必携シリーズ 3)
【要旨】一般教養の試験に繰り返し出されるポイントをコンパクトに整理しました。手と頭で知識を身に付けましょう！
2017.9 226p 18cm ¥1300 ①978-4-7887-1575-2

◆**一般教養の過去問 '19年度版** 時事通信出版局編 時事通信社出版局, 時事通信社 発売 （Hyper実戦シリーズ 3)
【要旨】学習指導要領が改訂され、教員採用試験問題は大きく変わろうとしています。今こそ、全国のトレンドをとらえる学習が必要です。志望県の過去問を解くのは実力チェックであって得点にはつながりません（同じ問題は二度と出ません）。全国の自治体の問題に幅広く触れる！2017年夏の全国の試験問題のすべてをこの1冊にまとめました。出題領域グラフ、アドバイスも付いています。圧倒的な演習量！これが合格への近道です。
2018.1 426p A5 ¥1900 ①978-4-7887-1570-7

◆**教員採用試験 一般教養36日間 2019** 津金邦男監修 学研教育みらい, 学研プラス 発売（教育ジャーナル選書）
【要旨】効率よく学び、最大の成果をあげたいあなたに！
2017.11 176p A5 ¥1500 ①978-4-05-800848-5

◆**教員採用試験 一般教養の演習問題 '19年度** 時事通信出版局編 時事通信社出版局, 時事通信社 発売 （Twin Books完成シリーズ 4)（付属資料：別冊1）
【要旨】一般教養の特徴は出題範囲がすごく広いことです。学習のコツは「出ないところを捨て、よく出るところだけをやる」！この「青の一般」では「ここが出る」という問題を抽出しました。ノーベル賞、世界遺産など最新の一般時事も盛り込んであります。解いて問題に慣れる！参考書「赤の一般」とペアでお使いください。この反復が合格への近道です。
2017.9 268p A5 ¥1400 ①978-4-7887-1554-7

◆**教員採用試験 一般教養の要点理解 '19年度** 時事通信出版局編 時事通信社出版局, 時事通信社 発売 （Twin Books完成シリーズ 3)
【要旨】一般教養の特徴は出題範囲がすごく広いことです。学習のコツは「出ないところを捨て、よく出るところだけをやる」！この「赤の一般」には「ここが問われる」というポイントを抽出しました。ノーベル賞、世界遺産など最新の一般時事も盛り込んであります。学習したら問題集「青の一般」でチェックしてください。この反復が合格への近道です。
2017.9 11, 307p A5 ¥1400 ①978-4-7887-1553-0

◆**教員採用試験 一般教養ポイントチェック15日間 2019** 教育ジャーナル編集部編 学研教育みらい, 学研プラス 発売（教育ジャーナル選書）
【要旨】人文科学、社会科学、自然科学の分野ごとに、過去の出題傾向に基づいたポイントを15日間で確認！
2017.11 128p B5 ¥1200 ①978-4-05-800850-8

◆**教員採用試験一般教養らくらくマスター 2019年度版** 資格試験研究会編 実務教育出版 （付属資料：赤シート1）
【要旨】全自治体の最近の過去問を分析し、試験に出るところを厳選！各項目の頻出度だけでなく、よく出題される自治体名を明示！「試験直前ファイナルチェック」で重要知識が復習できる。2017.9 303p B6 ¥1200 ①978-4-7889-5780-0

◆**教員採用試験対策 参考書 3 一般教養1 人文科学 2019年度** 東京アカデミー編（名古屋）ティーエーネットワーク, 七賢出版 発売 （オープンセサミシリーズ）
【要旨】幅広い分野から頻出事項をピックアップ！一般教養科目の対策はこれでOK！教員採用試験必携の参考書。
2017.10 280p A5 ¥1800 ①978-4-86455-314-8

◆**教員採用試験対策 参考書 4 一般教養2 社会科学 2019年度** 東京アカデミー編（名古屋）ティーエーネットワーク, 七賢出版 発売 （オープンセサミシリーズ）
【要旨】幅広い分野から頻出事項をピックアップ！一般教養科目の対策はこれでOK！教員採用試験必携の参考書。
2017.10 342p A5 ¥1800 ①978-4-86455-315-5

◆**教員採用試験対策 参考書 5 一般教養3 自然科学 2019年度** 東京アカデミー編（名古屋）ティーエーネットワーク, 七賢出版 発売 （オープンセサミシリーズ）
【要旨】幅広い分野から頻出事項をピックアップ！一般教養科目の対策はこれでOK！教員採用試験必携の参考書。
2017.10 315p A5 ¥1800 ①978-4-86455-316-2

◆**教員採用試験対策 セサミノート 2 一般教養 2019年度** 東京アカデミー編 （名古屋）ティーエーネットワーク, 七賢出版 発売（オープンセサミシリーズ）
【要旨】穴埋め式だから狙われやすい語句やポイントがよくわかる。関連知識を書き込んで自分だけの参考書ができる！教員採用試験必携の合格ノート。
2017.10 292p B5 ¥1500 ①978-4-86455-336-0

◆**教員採用試験対策 問題集 2 一般教養1 人文科学 自然科学 2019年度** 東京アカデミー編（名古屋）ティーエーネットワーク, 七賢出版 発売（オープンセサミシリーズ）
【要旨】本試験の出題傾向を徹底分析！得点力がアップします！教員採用試験必携の問題集。
2017.10 397p A5 ¥1600 ①978-4-86455-319-3

◆**教員採用試験対策 問題集 3 一般教養2 社会科学 2019年度** 東京アカデミー編（名古屋）ティーエーネットワーク, 七賢出版 発売（オープンセサミシリーズ）
【要旨】本試験の出題傾向を徹底分析！得点力がアップします！教員採用試験必携の問題集。
2017.10 301p A5 ¥1600 ①978-4-86455-320-9

◆**教員採用 どこでも！一般教養試験 2019年度版** 教員採用試験対策研究会編著 一ツ橋書店
【目次】第1章 国語、第2章 英語、第3章 日本史・世界史、第4章 地理、第5章 思想・芸術、第6章 政治・経済、第7章 数学、第8章 理科、実力確認問題 2017.12 229p B6 ¥1000 ①978-4-565-19701-6

◆これだけ覚える教員採用試験 一般教養
'19年版　LEC東京リーガルマインド著　成美堂出版　(付属資料:別冊1;赤シート1)
【要旨】独自の一般教養試験を実施する46自治体が、過去5年間に実施した試験を、LEC講師陣が徹底分析！これに出題予想を加えて編集されたのが本書です。人文科学、社会科学、自然科学の3分野を107テーマでスピード攻略！赤シート対応だから答えを隠しながら覚えられる！演習問題として、分野別の「一問一答チェック」と巻末の「実力チェック問題」を掲載！試験場まで持ち込んで最終チェック！別冊「直前対策BOOK」付き！
2017.10 287p B6 ¥1200 ①978-4-415-22543-2

◆システムノート 一般教養ランナー　2019年度版　東京教友会著　一ツ橋書店　(教員採用試験シリーズ システムノート)　(付属資料:別冊1)
【要旨】システィマティックに勉強がはかどる。解答のほか資料やメモも書き込もう。自分に合ったやり方で進められ、ぐんぐん実力がついてくる!!　2017.10 213p B5 ¥1500 ①978-4-565-19351-3

◆絶対決める！一般教養教員採用試験合格問題集　2019年度版　L&L総合研究所編著　新星出版社　(付属資料:赤シート1)
【目次】人文科学(国語、英語、日本史、世界史、地理、思想、芸術)、社会科学(政治、経済、国際関係、環境問題)、自然科学(数学、物理、化学、生物、地学)
2017.9 303p A5 ¥1200 ①978-4-405-01937-9

◆即答型ポケットランナー一般教養　2019年度版　東京教友会編著　一ツ橋書店　(教員採用試験シリーズ)　(付属資料:カラーシート1)
【要旨】人文系・社会系・自然系の全てを収録。教員として身につけておきたい教養を手軽に、しかも余すことなく身につけられる。
2017.12 223p 19×12cm ¥1000 ①978-4-565-19361-2

教職教養

◆教員採用試験 教職教養36日間　2019　津金邦明監修　学研教育みらい、学研プラス発売　(教育ジャーナル選書)
【要旨】効率よく学び、最大の成果をあげたいあなたに！
2017.11 176p A5 ¥1500 ①978-4-05-800849-2

◆教員採用試験 教職教養の演習問題　'19年度　時事通信出版局編　時事通信出版局、時事通信社発売　(Twin Books完成シリーズ 2)　(付属資料:別冊1)
【要旨】教職教養は、どの自治体もオーソドックスな問題を出題します。この「青の教職」は全国の本試験を徹底分析し、2019年度試験に出題されそうな「典型問題」をジャンル別に載せました。絶対に押さえておかなければならない「新学習指導要領」関連問題を充実させました。参考書「赤の教職」とペアでお使いください。この反復が合格への近道です。
2017.9 231p A5 ¥1400 ①978-4-7887-1552-3

◆教員採用試験 教職教養の要点理解　'19年度　時事通信出版局編　時事通信出版局、時事通信社発売　(Twin Books完成シリーズ 1)
【要旨】教職教養は、どの自治体もオーソドックスな問題を出題します。まずは、この「赤の教職」で基礎・基本をしっかりと押さえてください。出る領域がフルパッケージされています。「新学習指導要領」がスッと頭に入るように工夫しました。終了したら問題集「青の教職」でチェックしてください。この反復が合格への近道です。
2017.9 16, 333p A5 ¥1400 ①978-4-7887-1551-6

◆教員採用試験 教職教養ポイントチェック15日間　2019　教育ジャーナル編集部編　学研教育みらい、学研プラス発売　(教育ジャーナル選書)
【要旨】教育原理、教育史、教育法規、教育心理の分野ごとに、過去の出題傾向に基づいたポイントを15日間で確認！
2017.11 128p B5 ¥1200 ①978-4-05-800851-5

◆教員採用試験 教職教養よく出る過去問224　2018年度版　資格試験研究会編　実務教育出版

【要旨】全自治体の出題頻度表で自治体ごとの出題傾向がよくわかる。繰り返し出題される可能性が高い224問、次の試験で出る教育時事の重要ポイントと予想問題を収録。
2017.1 335p A5 ¥1500 ①978-4-7889-5773-2

◆教員採用試験教職教養らくらくマスター　2019年度版　資格試験研究会編　実務教育出版　(付属資料:赤シート1)
【要旨】全自治体の最近の過去問を分析し、試験に出るところを厳選！各項目の頻出度だけでなく、よく出題される自治体名を明示！チーム学校、子どもの貧困など最新の「教育時事」も豊富に収録！
2017.9 311p B6 ¥1200 ①978-4-7889-5779-4

◆教員採用試験 これだけ！教職教養 即効要点まとめ　赤木寿之著　TAC出版　(付属資料:赤シート1)
【要旨】教員採用試験の学習では、専門教科に重点を置き、教職教養は最短学習で効率的に学習を進めるべきです。そこで本書では、教職教養の出題傾向や論点別の出題頻度と出題のスタイルを徹底分析して、教育法規、教育原理、教育心理、教育史の各科目で、出題可能性が高い86項目をピックアップ。まずは「キーワードチェック」で知識の確認。あやふやな部分をしっかり補強したうえで、出題ベースの「即効チェック(肢別問題)」にチャレンジすることで、知識をしっかりと定着させます。ねこの「みーちゃん」のナビゲーションにそって学習し、教職教養の学習範囲をしっかりマスター、バッチリ合格を目指しましょう！
2017.10 280p B6 ¥1200 ①978-4-8132-7415-5

◆教員採用試験対策 参考書1 教職教養1 教育原理 教育史　2019年度　東京アカデミー編(名古屋)ティーエーネットワーク、七賢出版発売　(オープンセサミシリーズ)
【要旨】教職教養の知識をすみずみまで徹底解説！教職教養科目の対策はこれでOK！教員採用試験必携の参考書。
2017.10 430p A5 ¥1800 ①978-4-86455-312-4

◆教員採用試験対策 参考書2 教職教養2 教育心理 教育法規　2019年度　東京アカデミー編(名古屋)ティーエーネットワーク、七賢出版発売　(オープンセサミシリーズ)
【要旨】教職教養の知識をすみずみまで徹底解説！教職教養科目の対策はこれでOK！教員採用試験必携の参考書。
2017.10 345p A5 ¥1800 ①978-4-86455-313-1

◆教員採用試験対策 セサミノート1 教職教養　2019年度　東京アカデミー編(名古屋)ティーエーネットワーク、七賢出版発売　(オープンセサミシリーズ)
【要旨】穴埋め式だから狙われやすい語句やポイントがよくわかる。関連知識を書き込んで自分だけの参考書ができる！教員採用試験必携の合格ノート。
2017.10 213p B5 ¥1500 ①978-4-86455-335-3

◆教員採用試験対策 問題集1 教職教養　2019年度　東京アカデミー編(名古屋)ティーエーネットワーク、七賢出版発売　(オープンセサミシリーズ)
【要旨】本試験の出題傾向を徹底分析！得点力がアップする！教員採用試験必携の問題集。
2017.10 325p A5 ¥1600 ①978-4-86455-318-6

◆教員採用 どこでも！教職教養試験　2018年度版　教員採用試験対策研究会編　一ツ橋書店
【要旨】小中一貫校の制度化・道徳の教科化など最新情報を収録！
2017 203p B6 ¥900 ①978-4-565-18700-0

◆教職教養30日完成　'19年度　一教員採用試験　時事通信出版局編　時事通信出版局、時事通信社発売　(Pass Line突破シリーズ 1)
【要旨】ジャンルごとに1日ページ、書き込んで覚えてください。30日後には、あなたのオリジナルノートが手に付きます。「出るところだけ！」を厳選しました。受験勉強の初期にやっておけば教職教養の全体像がスラスラと頭に入ります。追い込み期にやれば総仕上げに役立ちます。要点の整理と問題演習がこれ1冊で可能です。
2017.11 126p B5 ¥1200 ①978-4-7887-1563-9

◆教職教養の過去問　'19年度版　時事通信出版局編　時事通信出版局、時事通信社発売　(Hyper実戦シリーズ 2)

【要旨】学習指導要領が改訂され、教員採用試験問題は大きく変わろうとしています。今こそ、全国のトレンドをとらえる学習が必要です。志望県の過去問を解くのは実力チェックであって得点にはつながりません(同じ問題は二度と出ません)。全国の自治体の問題に幅広く触れる！2017年夏の全国の試験問題のすべてをこの1冊にまとめました。出題領域グラフ、アドバイスも付いています。圧倒的な演習量！これが合格への近道です。
2018.1 573p A5 ¥1900 ①978-4-7887-1569-1

◆これだけ覚える教員採用試験 教職教養　'19年版　LEC東京リーガルマインド著　成美堂出版　(付属資料:別冊1;赤シート1)
【要旨】独自の教職教養試験を実施する51自治体が、過去5年間に実施した試験を、LEC講師陣が徹底分析！これに出題予想を加えて編集されたのが本書です。教育原理、教育法規、教育心理、教育史の4分野を103テーマでスピード攻略！赤シート対応だから答えを隠しながら覚えられる！演習問題として、分野別の「一問一答チェック」と巻末の「実力チェック問題」を掲載！試験場まで持ち込んで最終チェック！別冊「直前対策BOOK」付き！
2017.10 311p B6 ¥1200 ①978-4-415-22544-9

◆システムノート 教職教養ランナー　2019年度版　東京教友会編著　一ツ橋書店　(教員採用試験シリーズシステムノート)　(付属資料:別冊1)
【要旨】平成29年3月告示新学習指導要領対応版。システィマティックに勉強がはかどる。解答のほか資料やメモも書き込もう。自分に合ったやり方で進められ、ぐんぐん実力がついてくる!!
[17.12]393p B5 ¥2400 ①978-4-565-19350-6

◆絶対決める！教職教養教員採用試験合格問題集　2019年度版　L&L総合研究所編著　新星出版社　(付属資料:赤シート1)
【要旨】新学習指導要領対応。平成30年4月1日施行法令まで対応。過去問を徹底分析！各都道府県の頻出項目から問題を作成。
2017.9 279p A5 ¥1200 ①978-4-405-01936-2

◆即答型ポケットランナー教職教養　2019年度版　東京教友会編著　一ツ橋書店　(教員採用試験シリーズ)　(付属資料:カラーシート1)
【要旨】教職教養の4分野、全てを網羅。すぐに解答を確認できて暗記にも便利な、持ち運び型ランナー！
2017.12 265p 19×12cm ¥1100 ①978-4-565-19360-5

専門科目別

◆教員採用試験 小学校全科の演習問題　'19年度　時事通信出版局編　時事通信出版局、時事通信社発売　(Twin Books完成シリーズ 6)　(付属資料:別冊1)
【要旨】小学校の「専門教養」はものすごく出題領域が広いのですが「出るところ」は決まっています。過去の膨大な問題を分析して「出る問題！」だけを載せました。新学習指導要領で加わった「外国語科」の問題も盛り込みました。この「青の小学校」を、参考書「赤の小学校」とペアでお使いください。この反復が合格への近道です！
2017.9 351p A5 ¥1400 ①978-4-7887-1556-1

◆教員採用試験 小学校全科の要点理解　'19年度　時事通信出版局編　時事通信出版局、時事通信社発売　(Twin Books完成シリーズ 5)
【要旨】小学校の「専門教養」はものすごく出題領域が広いのですが「出るところ」は決まっています。過去の膨大な問題を分析して「出るポイント！」だけをやさしく解説しました。新学習指導要領で加わった「外国語科」も入っています。この「赤の小学校」を、問題集「青の小学校」とペアでお使いください。この反復が合格への近道です！
2017.9 11, 386p A5 ¥1400 ①978-4-7887-1555-4

◆教員採用試験小学校全科らくらくマスター　2019年度版　資格試験研究会編　実務教育出版　(付属資料:赤シート1)
【要旨】各項目の頻出度だけでなく、よく出題される自治体名を明示！国語、社会、算数、理科など10教科と、小学校新学習指導要領の重要

◆教員採用試験対策 参考書 専門教科 小学校全科 2019年度　東京アカデミー編　（名古屋）ティーエーネットワーク, 七賢出版 発売　（オープンセサミシリーズ）
【要旨】各教科の頻出事項を詳細に解説！ 小学校全科の対策はこれでOK！ 教員採用試験必携の参考書。
2017.10 866p A5 ¥1800 Ⓒ978-4-86455-317-9

◆教員採用試験対策 ステップアップ問題集 1 専門教科 中学・高校 国語 2019年度　東京アカデミー編　（名古屋）ティーエーネットワーク, 七賢出版 発売　（オープンセサミシリーズ）
【要旨】基礎から実践へ段階的に得点力を付ける！ 合格レベルまでステップアップできる！ 教員採用試験必携の問題集。
2017.10 455p A5 ¥1600 Ⓒ978-4-86455-322-3

◆教員採用試験対策 ステップアップ問題集 2 専門教科 中学 社会 2019年度　東京アカデミー編　（名古屋）ティーエーネットワーク, 七賢出版 発売　（オープンセサミシリーズ）
【要旨】基礎から実践へ段階的に得点力を付ける！ 合格レベルまでステップアップできる！ 教員採用試験必携の問題集。
2017.10 415p A5 ¥1600 Ⓒ978-4-86455-323-0

◆教員採用試験対策 ステップアップ問題集 3 専門教科 高校 社会 2019年度　東京アカデミー編　（名古屋）ティーエーネットワーク, 七賢出版 発売　（オープンセサミシリーズ）
【要旨】基礎から実践へ段階的に得点力を付ける！ 合格レベルまでステップアップできる！ 教員採用試験必携の問題集。
2017.10 470p A5 ¥1600 Ⓒ978-4-86455-324-7

◆教員採用試験対策 ステップアップ問題集 4 専門教科 中学・高校 数学 2019年度　東京アカデミー編　（名古屋）ティーエーネットワーク, 七賢出版 発売　（オープンセサミシリーズ）
【要旨】基礎から実践へ段階的に得点力を付ける！ 合格レベルまでステップアップできる！ 教員採用試験必携の問題集。
2017.10 430p A5 ¥1600 Ⓒ978-4-86455-325-4

◆教員採用試験対策 ステップアップ問題集 5 専門教科 中学 理科 2019年度　東京アカデミー編　（名古屋）ティーエーネットワーク, 七賢出版 発売　（オープンセサミシリーズ）
【要旨】基礎から実践へ段階的に得点力を付ける！ 合格レベルまでステップアップできる！ 教員採用試験必携の問題集。
2017.10 480p A5 ¥1600 Ⓒ978-4-86455-326-1

◆教員採用試験対策 ステップアップ問題集 6 専門教科 中学・高校理科 2019年度　東京アカデミー編　（名古屋）ティーエーネットワーク, 七賢出版 発売　（オープンセサミシリーズ）
【要旨】基礎から実践へ段階的に得点力を付ける！ 合格レベルまでステップアップできる！ 教員採用試験必携の問題集。
2017.10 493p A5 ¥1600 Ⓒ978-4-86455-327-8

◆教員採用試験対策 ステップアップ問題集 7 専門教科 中学・高校音楽 2019年度　東京アカデミー編　（名古屋）ティーエーネットワーク, 七賢出版 発売　（オープンセサミシリーズ）
【要旨】基礎から実践へ段階的に得点力を付ける！ 合格レベルまでステップアップできる！ 教員採用試験必携の問題集。
2017.10 332p A5 ¥1600 Ⓒ978-4-86455-328-5

◆教員採用試験対策 ステップアップ問題集 8 専門教科 中学・高校保健体育 2019年度　東京アカデミー編　（名古屋）ティーエーネットワーク, 七賢出版 発売　（オープンセサミシリーズ）
【要旨】基礎から実践へ段階的に得点力を付ける！ 合格レベルまでステップアップできる！ 教員採用試験必携の問題集。
2017.10 387p A5 ¥1600 Ⓒ978-4-86455-329-2

◆教員採用試験対策 ステップアップ問題集 9 専門教科 中学・高校家庭 2019年度　東京アカデミー編　（名古屋）ティーエーネットワーク, 七賢出版 発売　（オープンセサミシリーズ）
【要旨】基礎から実践へ段階的に得点力を付ける！ 合格レベルまでステップアップできる！ 教員採用試験必携の問題集。
2017.10 340p A5 ¥1600 Ⓒ978-4-86455-330-8

◆教員採用試験対策 ステップアップ問題集 10 専門教科 中学・高校 英語 2019年度　東京アカデミー編　（名古屋）ティーエーネットワーク, 七賢出版 発売　（オープンセサミシリーズ）
【要旨】基礎から実践へ段階的に得点力を付ける！ 合格レベルまでステップアップできる！ 教員採用試験必携の問題集。
2017.10 395p A5 ¥1600 Ⓒ978-4-86455-331-5

◆教員採用試験対策 セサミノート 専門教科 小学校全科 2019年度　東京アカデミー編　（名古屋）ティーエーネットワーク, 七賢出版 発売　（オープンセサミシリーズ）
【要旨】穴埋め式だから狙われやすい語句やポイントがよくわかる。関連知識を書き込んで自分だけの参考書ができる！ 教員採用試験必携の合格ノート。
2017.10 270p B5 ¥1500 Ⓒ978-4-86455-337-7

◆教員採用試験対策 問題集 専門教科 小学校全科 2019年度　東京アカデミー編　（名古屋）ティーエーネットワーク, 七賢出版 発売　（オープンセサミシリーズ）
【要旨】本試験の出題傾向を徹底分析！ 得点力がアップする！ 教員採用試験必携の問題集。
2017.10 502p A5 ¥1600 Ⓒ978-4-86455-321-6

◆教員採用試験 中高英語の完全攻略 '19年度　時事通信出版局編　時事通信出版局, 時事通信社 発売　（専門教養Build Upシリーズ 3）
【要旨】手っ取り早く専門教養を身に付けるには、「参考書で学び、すぐに問題を解く！」。これに尽きます。「出るところ！」をまとめたこの1冊で繰り返し学習してください。これが合格への近道です。
2017.9 10, 332p A5 ¥1800 Ⓒ978-4-7887-1559-2

◆教員採用試験 中高国語の完全攻略 '19年度　時事通信出版局編　時事通信出版局, 時事通信社 発売　（専門教養Build Upシリーズ 1）
【要旨】手っ取り早く専門教養を身に付けるには、「参考書で学び、すぐに問題を解く！」。これに尽きます。「出るところ！」をまとめたこの1冊で繰り返し学習してください。これが合格への近道です。
2017.9 332, 12p A5 ¥1800 Ⓒ978-4-7887-1557-8

◆教員採用試験 中高社会の完全攻略 '19年度　時事通信出版局編　時事通信出版局, 時事通信社 発売　（専門教養Build Upシリーズ 2）
【要旨】手っ取り早く専門教養を身に付けるには、「参考書で学び、すぐに問題を解く！」。これに尽きます。「出るところ！」をまとめたこの1冊で繰り返し学習してください。これが合格への近道です。
2017.9 24, 316p A5 ¥1800 Ⓒ978-4-7887-1558-5

◆教員採用試験 中高社会らくらくマスター 2019年度版　資格試験研究会編　実務教育出版　（付属資料：赤シート1）
【要旨】教員採用試験で問われる重要ポイントが短期間で覚えられる！ 予備知識がなくても理解できるように工夫された要点整理集。中学校の社会科の地理歴史科、公民科の総まとめ。
2017.12 319p B6 ¥1400 Ⓒ978-4-7889-5783-1

◆教員採用試験 中高保健体育の完全攻略 '19年度　時事通信出版局編　時事通信出版局, 時事通信社 発売　（専門教養Build Upシリーズ 4）
【要旨】手っ取り早く専門教養を身に付けるには、「参考書で学び、すぐに問題を解く！」。これに尽きます。「出るところ！」をまとめたこの1冊で繰り返し学習してください。これが合格への近道です。
2017.9 17, 289p A5 ¥1800 Ⓒ978-4-7887-1560-8

◆教員採用試験 中高保健体育らくらくマスター 2019年度版　資格試験研究会編　実務教育出版　（付属資料：赤シート1）
【要旨】教員採用試験で問われる重要ポイントが短期間で覚えられる！ 予備知識がなくても理解できるように工夫された要点整理集。学習指導要領、体育、保健の3つの領域の総まとめ。
2017.12 223p B6 ¥1400 Ⓒ978-4-7889-5784-8

◆教員採用 どこでも！ 小学校全科 2019年度版　教員採用試験対策研究会編著　一ツ橋書店
【目次】第1章 国語、第2章 社会、第3章 算数、第4章 理科、第5章 生活、第6章 音楽、第7章 図画工作、第8章 家庭、第9章 体育、第10章 外国語活動、第11章 総合的な学習の時間、実力確認問題
2017.12 278p B6 ¥1100 Ⓒ978-4-565-19702-3

◆システムノート 小学校全科ランナー 2019年度版　東京教友会編著　一ツ橋書店　（教員採用試験シリーズシステムノート）　（付属資料：別冊1）
【要旨】平成29年3月告示新学習指導要領対応版。システィマティックに勉強がはかどる。解答のやり方で進められ、ぐんぐん実力がついてくる!!
[17.12]307p B5 ¥1800 Ⓒ978-4-565-19352-0

◆小学校全科30日完成 '19年度　一教員採用試験　時事通信出版局編　時事通信出版局, 時事通信社 発売　（Pass Line突破シリーズ 3）
【要旨】ジャンルごとに1日4ページ、書き込んで覚えてラク。30日後には、あなただけのオリジナルノートが完成し、確実に「小学校全科」が身に付きます。「出るところだけ！」を厳選しました。受験勉強の初期にやっておけば小学校全科の全体像がスラスラと頭に入ります。追い込み期にやれば総仕上げに役立ちます。要点の整理と問題演習がこれ1冊で可能です。
2017.9 126p B5 ¥1100 Ⓒ978-4-7887-1565-3

◆即答型 ポケットランナー 小学校全科 2019年度版　東京教友会編著　一ツ橋書店　（教員採用試験シリーズ）　（付属資料：カラー1）
【要旨】いつでもどこでもCHECK ON！ スタートダッシュの"ポケラン"です。平成29年3月告示新学習指導要領対応。
2017.12 267p 19cm ¥1100 Ⓒ978-4-565-19362-9

養護、幼稚園、小・中学校ほか

◆いちばんわかりやすい保育士合格テキスト '18年版 上巻　近喰晴子監修, コンデックス情報研究所編著　成美堂出版　（付属資料：赤シート1）
【要旨】最新試験の出題傾向に完全対応!!理解度を確認できる一問一答付き。絶対に押さえたい頻出人物一覧を収録。赤シートで用語が隠せる保育所保育指針。最新法改正に対応。
2017.12 335p A5 ¥1800 Ⓒ978-4-415-22575-3

◆いちばんわかりやすい保育士合格テキスト '18年版 下巻　近喰晴子監修, コンデックス情報研究所編著　成美堂出版　（付属資料：赤シート1）
【要旨】最新試験の出題傾向に完全対応!!理解度を確認できる一問一答付き。絶対に押さえたい頻出人物一覧を収録。赤シートで用語が隠せる保育所保育指針。最新法改正に対応。
2017.12 399p A5 ¥1800 Ⓒ978-4-415-22576-0

◆1回で受かる！ 保育士過去問題集 '17年版　近喰晴子監修, コンデックス情報研究所編著　成美堂出版　（付属資料：別冊1）
【要旨】最新法改正＆保育所保育指針に完全対応！ 平成28年から26年までの3年分（全科目）を収録。要点がすぐわかる詳しい解答・解説。
2017.2 430p A5 ¥1800 Ⓒ978-4-415-22420-6

◆教員採用試験対策 ステップアップ問題集 11 専門教科 養護教諭 2019年度　東京アカデミー編　（名古屋）ティーエーネットワーク, 七賢出版 発売　（オープンセサミシリーズ）
【要旨】基礎から実践へ段階的に得点力を付ける！ 合格レベルまでステップアップできる！ 教員採用試験必携の問題集。
2017.10 546p A5 ¥1600 Ⓒ978-4-86455-332-2

◆教員採用試験対策 ステップアップ問題集 12 専門教科 特別支援教育 2019年度　東京アカデミー編　（名古屋）ティーエーネットワーク, 七賢出版 発売　（オープンセサミシリーズ）

【要旨】基礎から実践へ段階的に得点力を付けられる！合格レベルまでステップアップできる！教員採用試験必携の問題集。
2017.10 319p A5 ¥1600 ①978-4-86455-333-9

◆**教員採用試験対策 ステップアップ問題集 13 専門教科 栄養教諭 2019年度** 東京アカデミー編 （名古屋）ティーエーネットワーク，七賢出版 発売 （オープンセサミシリーズ）
【要旨】基礎から実践へ段階的に得点力を付けられる！合格レベルまでステップアップできる！教員採用試験必携の問題集。
2017.10 248p A5 ¥1600 ①978-4-86455-334-6

◆**教員採用試験特別支援学校らくらくマスター 2019年度版** 資格試験研究会編　実務教育出版 （付属資料：赤シート1）
【要旨】特別支援教育の制度や障害に関する専門事項をわかりやすく解説。障害児教育全般を学びたい人におすすめ！「試験直前ファイナルチェック」で重要知識が復習できる。暗記用赤シート付き。
2017.10 239p B6 ¥1200 ①978-4-7889-5782-4

◆**教員採用試験 特別支援教育の完全攻略 '19年度** 時事通信出版局編　時事通信出版局，時事通信社 発売 （専門教養Build Upシリーズ 6）
【要旨】手っ取り早く専門教養を身に付けるには，「参考書で学び，すぐに問題を解く」。これに尽きます。「出るところ！」をまとめたこの1冊で繰り返し学習してください。これが合格への近道です。
2017.9 18, 293p A5 ¥1800 ①978-4-7887-1562-2

◆**教員採用試験 養護教諭の完全攻略 '19年度** 時事通信出版局編　時事通信出版局，時事通信社 発売 （専門教養Build Upシリーズ 5）
【要旨】手っ取り早く専門教養を身に付けるには，「参考書で学び，すぐに問題を解く」。これに尽きます。「出るところ！」をまとめたこの1冊で繰り返し学習してください。これが合格への近道です。
2017.9 16, 327p A5 ¥1800 ①978-4-7887-1561-5

◆**教員採用 どこでも！ 養護教諭試験 2018年度版** 次世代教育研究会編　一ツ橋書店
【目次】第1章 学校保健／養護教諭の職務と保健室，第2章 健康相談・メンタルヘルスケア，第3章 感染症の予防，疾病の予防，第5章 救急処置と基礎看護，第6章 養護教諭に必要な専門的知識，第7章 学校保健計画・学校安全計画，第8章 学校環境衛生基準，第9章 健康診断
2017.2 279p B6 ¥1300 ①978-4-565-18705-5

◆**教員採用 どこでも！ 養護教諭試験 2019年度版** 次世代教育研究会編　一ツ橋書店
【目次】第1章 学校保健／養護教諭の職務と保健室，第2章 健康相談・メンタルヘルスケア，第3章 感染症の予防，疾病の予防，第5章 救急処置と基礎看護，第6章 養護教諭に必要な専門的知識，第7章 学校保健計画・学校安全計画，第8章 学校環境衛生基準，第9章 健康診断
2017.12 279p B6 ¥1300 ①978-4-565-19705-4

◆**教員採用 どこでも！ 幼稚園教員試験 2018年度版** 教員共学の会編著　一ツ橋書店
【目次】第1章 幼児教育，第2章 教育原理，第3章 教育心理，第4章 幼児理解，第5章 教育法規，第6章 保育思想・幼児教育史，第7章 一般教養
2017.1 255p B6 ¥1300 ①978-4-565-18703-1

◆**これだけ覚える！ 保育士重要項目 '18年版** 近喰晴子監修，コンデックス情報研究所編著　成美堂出版 （付属資料：赤シート1）
【要旨】最新の出題傾向を徹底分析。キーワードを隠してラクラク暗記。理解度がわかる一問一答問題付き。最新法改正に対応。
2017.12 302p A5 ¥1200 ①978-4-415-22572-2

◆**試験対策のプロが書いた！ 保育士合格テキスト＆問題集 2018年版 上巻** ライセンス学院編著　ナツメ社
【要旨】新保育所保育指針（平成30年4月1日施行）に完全対応した最新版！ 別冊に変更部分と重要語句がわかる保育所保育指針（全文）を掲載！
2017.12 351p A5 ¥1800 ①978-4-8163-6352-8

◆**試験対策のプロが書いた！ 保育士合格テキスト＆問題集 2018年版 下巻** ライセンス学院編著　ナツメ社
【要旨】新保育所保育指針（平成30年4月1日施行）に完全対応した最新版！ 別冊に変更部分と重要語句がわかる保育所保育指針（全文）を掲載！
2017.12 351p A5 ¥1800 ①978-4-8163-6353-5

◆**システムノート 幼稚園ランナー 2019年度版** 東京教友会著　一ツ橋書店 （教員採用試験シリーズ システムノート） （付属資料：別冊1）
【要旨】システィマティックに勉強がはかどる。解答のほか資料やメモも書き込もう。自分に合ったやり方で進められ，ぐんぐん実力がついてくる!!新幼稚園教育要領対応版。
2017.10 195p B5 ¥1400 ①978-4-565-19353-7

◆**スイスイわかる保育士採用教養試験 平成29年度版** 保育士採用試験情報研究会編著　一ツ橋書店 （付属資料：別冊1）
【要旨】出題頻度の高い問題を厳選した教養試験（一般知能・一般知識）の問題集。一般知能は，基本問題，練習問題，予想問題の3部構成。一般知識は，重要事項，予想問題の2部構成。最新の時事にも対応！
2017.1 306p A5 ¥1600 ①978-4-565-18171-8

◆**スイスイわかる保育士採用専門試験 平成29年度版** 保育士採用試験情報研究会編著　一ツ橋書店 （付属資料：別冊1）
【要旨】出題が予想される事項を厳選した専門試験の予想問題集。最新の統計データも掲載！ 科目ごとに重要事項を掲載！ よくわかる丁寧な解説！ 短期間で効率よく知識が深まる！
2017.3 303p A5 ¥1600 ①978-4-565-18172-5

◆**スイスイわかる幼稚園・こども園教員採用実技試験** 幼稚園・こども園教員養成研究会編著　一ツ橋書店　改訂版
【要旨】幼稚園・認定こども園の教員採用試験に合格するための論作文，面接，実技試験の対策書。科目ごとに重要事項を掲載！ 論作文，面接は豊富な出題例を収録！ グループ面接，場面指導にも対応！ 受験案内面接時のマナー解説付き
2017.12 334p A5 ¥1300 18cm ①978-4-565-18173-2

◆**ドンドン解ける！ 保育士一問一答問題集 '18年版** 近喰晴子監修，コンデックス情報研究所編著　成美堂出版 （付属資料：赤シート1）
【要旨】スラスラ解ける○×問題で要点だけらくらくマスター！ 本試験タイプの穴埋め問題も収録。法改正情報は専用ブログで完全サポート。最新試験を分析した科目ごとの要点まとめ付き。
2017.12 334p A5 ¥1300 ①978-4-415-22573-9

◆**保育士完全合格テキスト 2018年版 上** 汐見稔幸監修，保育士試験対策委員会著　翔泳社 （福祉教科書） （付属資料：赤シート1）
【要旨】2018（平成30）年の保育士試験に出題が予想される新しい「制度」や「法律」に対応しています。過去5回の試験を徹底分析。出題されたキーワード一覧表付き。注の解説が充実。「ココが出た！」で，過去に問われた内容がすぐにわかります。理解度チェック一問一答で，節ごとの習熟度をチェックできます。出るところをしっかり押さえて基本を確実にモノにすることで，1回目の試験での合格＝最短合格をめざした内容になっています。
2017.8 330p A5 ¥1900 ①978-4-7981-5273-8

◆**保育士完全合格テキスト 2018年版 下** 汐見稔幸監修，保育士試験対策委員会著　翔泳社 （福祉教科書） （付属資料：赤シート1）
【要旨】2018（平成30）年の保育士試験に出題が予想される新しい「制度」や「法律」に対応しています。過去5回の試験を徹底分析。出題されたキーワード一覧表付き。注の解説が充実。「ココが出た！」で，過去に問われた内容がすぐにわかります。理解度チェック一問一答で，節ごとの習熟度をチェックできます。出るところをしっかり押さえて基本を確実にモノにすることで，1回目の試験での合格＝最短合格をめざした内容になっています。
2017.8 344p A5 ¥1900 ①978-4-7981-5274-5

◆**保育士完全合格問題集 2018年版** 保育士試験対策委員会著　翔泳社 （福祉教科書） （付属資料：赤シート1）
【要旨】過去7年の試験から良問396題を厳選！ 巻頭カラーでよく出る重要項目を横断整理。保育所保育指針を全文掲載！
2017.9 413p B5 ¥2000 ①978-4-7981-5275-2

◆**保育士採用試験重要ポイント＋問題集 '19年版** 近喰晴子監修，コンデックス情報研究所編著　成美堂出版 （付属資料：赤シート1）

【目次】第1部 専門科目（保育原理の厳選ポイント，教育原理の厳選ポイント，社会福祉の厳選ポイント，児童家庭福祉の厳選ポイント，社会的養護の厳選ポイント ほか），第2部 論作文（論作文の基本，論作文の構成，書き方の基本ルール，よくでる出題テーマと論作文例，面接試験のポイント）
2017.11 222p A5 ¥1500 ①978-4-415-22552-4

◆**保育士採用試験短期集中マスター "教養試験" 2019年度版** 喜治塾著　ナツメ社 （付属資料：赤シート1）
【要旨】出題範囲が広い教養試験。116テーマの要点をコンパクトに凝縮！ 要点整理＋一問一答でサクサク暗記と実力チェックができる！ 別冊「これでOK！時事問題チェックブック」で直前対策も完璧！ 持ち運びやすいサイズだから，空き時間を使って効率よく学習できる！
2018.1 335p B6 ¥1380 ①978-4-8163-6378-8

◆**保育士採用試験短期集中マスター "専門試験" 2019年度版** 横山洋子，中島千恵子，磯村陸子監修　ナツメ社 （付属資料：赤シート1）
【要旨】出題範囲が広い専門試験。8科目の要点をコンパクトに凝縮！ 要点整理＋予想問題でサクサク暗記と実力チェックができる！ 別冊「直前対策！要点チェックブック」で最後の仕上げも完璧！ 持ち運びやすいサイズだから，空き時間を使って効率よく学習できる！
2018.1 351p B6 ¥1380 ①978-4-8163-6379-5

◆**保育士試験完全予想模試 '17年版** 近喰晴子監修，コンデックス情報研究所編著　成美堂出版 （付属資料：別冊4）
【要旨】1日目（保育の心理学，保育原理，児童家庭福祉，社会福祉），2日目（教育原理及び社会的養護，子どもの保健，子どもの食と栄養，保育実習理論）
2017.2 100p B5 ¥2300 ①978-4-415-22421-3

◆**保育士試験直前対策 '17年版 —スピード合格—** 近喰晴子監修，コンデックス情報研究所編著　成美堂出版
【目次】緊急特集！最新★法改正はコレ！，大予想！ ここが出るかも！ 一問一答で，教えて！ 科目別の裏ワザで苦手科目を攻略，キーワードで覚えよう，試験直前！ 一問一答で最終チェック，試験によく出る必須データ
2017.3 127p B5 ¥1300 ①978-4-415-22448-0

◆**保育実技試験完全攻略 '17年版** 近喰晴子監修，コンデックス情報研究所編著　成美堂出版
【要旨】音楽表現・言語表現，試験の課題はこう対策する！ 合格者直伝！ 分野ごとの攻略法と出題傾向。これで安心！ 試験の流れがスッキリわかる。
2017.3 127p B5 ¥1300 ①978-4-415-22490-9

◆**保育士精選過去問題集 2018** 汐見稔幸監修，栄養セントラル学院著　風鳴舎
【要旨】平成30年試験前期・後期対応。最新平成29年後期試験解答解説全掲載！ 保育所保育指針の「変化」を問われる今年。新・旧とも全文掲載。
2018.1 471p B5 ¥2000 ①978-4-907537-14-2

◆**保育士入門テキスト '18年版** 近喰晴子監修，コンデックス情報研究所編著　成美堂出版 （付属資料：赤シート1）
【要旨】イラスト＆図満載！ 見やすいビジュアル解説。試験の全体像が手に取るようによくわかる。合格者直伝！ 無理なくできる科目別学習法。科目ごとに最新の出題傾向をしっかり反映。最新法改正に対応。
2017.12 223p A5 ¥1300 ①978-4-415-22553-1

◆**保育士・幼稚園教諭 採用試験問題集 2018年度版** 保育士試験研究会編　実務教育出版
【要旨】合格者の体験記付き！ 幼稚園教諭併願者OK！ 公務員合格のための最適テキスト！
2017.4 450p A5 ¥1700 ①978-4-7889-9619-9

◆**保育士・幼稚園教諭 論作文・面接対策ブック 2018年度版** 保育士試験研究会編　実務教育出版
【要旨】よく出る質問にしっかり対応！ 幼稚園教諭併願者OK！ 民間試験にも使えて便利！
2017.4 302p A5 ¥1400 ①978-4-7889-9620-5

◆本試験型 保育士試験問題集 '17年版　近喰晴子監修, コンデックス情報研究所編著　成美堂出版
【要旨】予想問題と過去問題がたっぷり解ける問題集です。科目ごと、テーマごとに収録しているので、効率よく問題演習ができます。関連知識、要点がまとまった解答解説は読むだけで力がつきます。
2017.3 262p A5 ¥1400 978-4-415-22399-5

◆本試験型 保育士問題集 '18年版　近喰晴子監修, コンデックス情報研究所編著　成美堂出版
【要旨】科目別・テーマ別に効率よく問題演習ができる。解答を確認しやすい見開きタイプだからスラスラ解ける。関連知識がしっかり身に付くポイント解説。
2017.12 262p A5 ¥1400 978-4-415-22574-6

◆U‐CANの保育士 過去&予想問題集 2018年版　ユーキャン保育士試験研究会編　ユーキャン学び出版, 自由国民社 発売　（付属資料：別冊4; 赤シート1）　第13版
【要旨】選りすぐりの重要過去問と本試験に合った予想模試が合体！平成29年前期試験までの過去問から良問をセレクト。予想模試、取り外せる問題冊子の本試験2回分を収録。
2017.12 272, 73p B5 ¥2700 978-4-426-61003-6

◆U‐CANの保育士これだけ！一問一答&要点まとめ 2018年版　ユーキャン保育士試験研究会編　ユーキャン学び出版, 自由国民社 発売　（付属資料：赤シート1）　第11版
【要旨】これだけはおさえたい重要事項だけをコンパクトに収録。事例問題トレーニングつき。要点まとめつきで暗記に便利。11年分の過去問を徹底分析！
2017.11 317p 18cm ¥1500 978-4-426-61000-5

◆U‐CANの保育士速習レッスン 2018年版 上　ユーキャン保育士試験研究会編　ユーキャン学び出版, 自由国民社 発売　（付属資料：赤シート1）　第13版
【目次】保育原理、教育原理、社会的養護、児童家庭福祉、社会福祉、巻末資料
2017.10 375p A5 ¥2000 978-4-426-60991-7

◆U‐CANの保育士速習レッスン 2018年版 下　ユーキャン保育士試験研究会編　ユーキャン学び出版, 自由国民社 発売　（付属資料：赤シート1）　第13版
【目次】保育の心理学、子どもの保健、子どもの食と栄養、保育実習理論、巻末資料
2017.10 407p A5 ¥2000 978-4-426-60992-4

◆U‐CANの保育士はじめてレッスン 2018年版　ユーキャン保育士試験研究会編　ユーキャン学び出版, 自由国民社 発売　第5版
【要旨】初受験にピッタリ！試験の全体像をつかむ。わかりやすく読みやすい文章。イラスト多用で頭に残る！全9科目がサクッとわかる！いちばんわかりやすい！
2017.9 221p A5 ¥1600 978-4-426-60980-1

芸術 766

芸能・演劇 766
- 伝記・評伝 766
- 芸能界・ショービジネス 766
  - 宝塚 774
  - アイドル・タレント・グラビア
    - 写真集 774
    - ヌード写真集 779
- テレビドラマ 780
- 演劇 782
  - 戯曲 783
- 落語・講談・演芸 785
- 歌舞伎・能楽・狂言ほか 787

映画 788
- 日本映画 789
- 外国映画 792
- 映画ガイド 795
- 映画論・映像論 795
  - 特殊撮影 796
- アニメーション 797

音楽 802
- 歌謡曲・演歌 803
  - カラオケ曲集・歌集 803
- ロック・ポップス 803
  - 日本のロック・ポップス 804
  - 海外のロック・ポップス 806
  - ソングブック・バンドスコア 809
  - ピアノスコア 810
  - メソード 810
- ジャズ 812
- 民族音楽・ワールドミュージック 813
- クラシック 813
  - 18世紀・古典派まで 814
  - 19世紀から現代 814
  - 演奏家・指揮者・楽器 815
  - 声楽家・オペラ 816
  - 楽譜 817
- 邦楽・民謡 819
- 音楽学・音楽教育学 819
- コンピュータ・ミュージック 820
- メソード・レッスン 820
  - 事典・書誌 822

ダンス・舞踊 822

美術 823
- 美術品売買・画商 825
- 学芸員・ミュージアム 825
- 美術館ガイド 825
- 博物館ガイド 826
- 現代美術 826
  - コンピュータ・グラフィック 827
- 西洋美術史 827
- 東洋・日本美術史 830
  - 仏教美術 834
  - 浮世絵・絵巻物 834
- 洋画家・画集 836
- 日本の洋画家・画集 837
  - 絵画表現（西洋画） 837
- 日本画家・画集 838
  - 水墨画 838
  - 絵画表現（東洋・日本画） 838
- イラストレーション・挿絵
  - メルヘン画・絵本 839
  - 絵本 847
  - 漫画・アニメイラスト集 847
  - 絵画表現（イラスト） 859
  - 塗り絵 864
- 俳画・切り絵・ちぎり絵 867
- 版画 867
- 彫刻 868
- 書・書道 869
  - 技法書・字典 871
- 篆刻・印章 871
- 工芸 871
  - 陶芸 873
- デザイン 875
  - 色彩・文様 881
- 事典・書誌・年鑑・名鑑 882

芸術・芸能

芸術

◆イメージの産出―文化と歴史の編みもの　松枝到著　せりか書房
【要旨】世界はイメージに満ちている。古代から現代までおびただしく誕生し、消滅し、また再生をつづける"イメージ"のつぶやきに耳を傾けよ。アビ・ヴァールブルクの"イコノロジー的分析"の視点から、アジア・中近東から地中海にひろがる謎に満ちた数多の象徴・寓意の表象を解読する画期的な"イメージ"の文化誌。
2017.2　505p　B6　¥4600　978-4-7967-0362-8

◆映像作家100人+100―Japanese Motion Graphic Creators　ビー・エヌ・エヌ新社
【要旨】広大な創造のシーンをアーカイブする2017年最新版。オンライン版発足を記念し、分量2倍！クリエイター100人に加え、プロダクション100社を掲載。映像視聴が可能になるシリアルキー付き。
2017.4　217p　B5　¥3800　978-4-8025-1051-6

◆科学者の網膜―身体をめぐる映像技術論:1880-1910　増田展大著　青弓社　(視覚文化叢書)
【要旨】「写真から映画へ」という単線的な映像史からは忘却された、世紀転換期のフランスにおける科学者五人の実践のポーズや歩き方を捉える連続写真、グラフ、型どり。名もなき人々の身体を把握する映像技術と、感性を可視化した科学者の身ぶりを掘り起こす視覚文化論。
2017.3　336p　A5　¥4600　978-4-7872-7398-7

◆北アルプス国際芸術祭　2017―信濃大町食とアートの廻廊公式ガイドブック　北川フラム、北アルプス国際芸術祭実行委員会監修　現代企画室
【目次】作家インタビュー(栗林隆、マーリア・ヴィルッカラ)、作品解説(市街地エリア、ダムエリア、源流エリア、仁科三湖エリア、東山エリア、イベント・パフォーマンス)
2017.3　134p　B6　¥926　978-4-7738-1709-6

◆芸術の言語　ネルソン・グッドマン著、戸澤義夫、松永伸司訳　慶應義塾大学出版会
【要旨】20世紀アメリカを代表する哲学者、ネルソン・グッドマンは、美学、論理学、認識論、科学哲学の分野において多大な影響を及ぼした。グッドマンの邦著である本書は、1968年の刊行以来、現代美学の記念碑的著作として読みつがれている。ここでグッドマンは、芸術の基本的諸問題を考察することから出発し、芸術における記号の一般理論の構築へと向かう。芸術がある対象を「再現」するとはどういうことなのか。再現と表現はどうちがうのか。絵画における遠近法とは、写実性とは何か。ホンモノと不完全な贋作を見ることにちがいはあるのか。楽譜とは何か。ダンスは記譜できるのか。芸術と科学の真理は違うのか。本書は、芸術における記号と記号システムの研究であり、われわれの知覚と行動、さらにわれわれの世界創造とその理解において、それらがどのように機能しているのかを明らかにしている。この考察は、心理学、言語学、認識論、科学哲学などの領域を横断しつつ、われわれを、絵画、音楽、ダンス、文学といったあらゆる芸術形式の深い理解へと導いてくれる。
2017.2　324, 13p　B6　¥4600　978-4-7664-2224-5

◆芸術論　宮島達男著　アートダイバー
【要旨】世界に衝撃を与えたデビューから30年。初めて語られる「宮島哲学」の深淵。書籍初公開のドローイングも多数収録！
2017.3　135p　B6　¥2000　978-4-908122-07-1

◆この一冊で芸術通になる　大人の教養力　樋口裕一著　青春出版社　(青春新書INTELLIGENCE)
【要旨】家族や友人とクラシックコンサート鑑賞、あるいは美術や古典芸能鑑賞。そんなとき、「良かった」「すごかった」と言うだけでは教養を疑われてしまう。しかし、本書にしたがって鑑賞のポイントを押さえるだけで、すぐに「通」になれる！多岐にわたる分野からの教養が必要な小論文の指導者にして文学翻訳家、クラシック音楽批評家でもある著者が、人生に役立つ教養を身につけたい人向けに手ほどきする一冊。
2017.4　189p　18cm　¥880　978-4-413-04512-4

◆欲望と誤解の舞踏―フランスが熱狂した日本のアヴァンギャルド　シルヴィアーヌ・パジェス著, パトリック・ドゥヴォス監訳, 北原まり子, 宮川麻理子訳　慶應義塾大学出版会
【要旨】1970年代の終わり、フランスの人々は、日本の前衛芸術「舞踏」を大きな衝撃をもって迎え入れた。大野一雄、カルロッタ池田、山海塾、室伏鴻、笠井叡、そして土方巽…多くの日本人ダンサーがフランスで"発見"された。本書は、舞踏がその上陸から今日まで、この地の人々を魅了しつづけている歴史を跡付けている。舞踏の伝播は、あらゆる「誤解」とともに、ここではないどこかへ、日本への欲望を引き起こしながら、コンテンポラリーダンスの領域に途方もない影響を与えたのである。フランスのジャーナリズムと"身振り"の分析を駆使して、美学と文化史の観点から舞踏を論じることは、現代の舞踏史を読み直すことを意味する。「ジャポニスム」の歴史、ドイツ表現主義とのつながり、舞踏に関係づけられるヒロシマの記憶…舞踏をめぐるダイナミズムを明らかにし、身振りを介した日欧の歴史を亡霊のごとく浮かび上がらせる、革新的な日本文化受容論。
2017.7　313, 51p　A5　¥5400　978-4-7664-2410-2

◆歴史の地震計―アビ・ヴァールブルク『ムネモシュネ・アトラス』論　田中純著　東京大学出版会
【要旨】過去からの記憶の波動を記録した装置=地震計である『ムネモシュネ・アトラス』。特異な美術史家ヴァールブルクが作り続けたそのイメージの地図帖(アトラス)に宿るアクチュアルな歴史を解放し、ありえなかったはずの過去に触れるイメージ研究、座右の書。
2017.7　315, 43p　A5　¥4800　978-4-13-010132-5

芸能・演劇

◆唖蝉坊伝―演歌と社会主義のはざまに　藤城かおる著　えにし書房
【要旨】ラップやフォークにも通じる"演歌"師の草分け、添田唖蝉坊。明治・大正・昭和をあくまで演歌師として生きた唖蝉坊の足跡に見え隠れする演歌史、社会史、民衆史を膨大な資料と丹念な調査で掬い上げる評伝の決定版！
2017.8　351p　A5　¥3000　978-4-908073-41-0

◆芸能伝承論―伝統芸能・民俗芸能における演者と系譜　高久舞著　岩田書院
【目次】本論文の主題と先行研究、第1編「家元」と芸能の伝承(「家元」の邦楽一中、芸能の伝承一獅子舞の家元)、第2編 祭囃子の伝播と流派(東京都における祭囃子の広がり、東京都八王子市の祭囃子)、第3編 芸能の伝授と系譜(特化された楽奏者―花輪ばやしと「芸人」、金沢の茶屋街を支える芸の系譜)、第4編 民俗芸能における個と集団(折口信夫の「芸能」観、「顔」をもつ演者)、結論と今後の課題
2017.7　397p　A5　¥8000　978-4-86602-983-2

◆軟骨的抵抗者―演歌の祖・添田唖蝉坊を語る　鎌田慧, 土取利行著　金曜日
【要旨】明治から昭和初期にかけて活躍した近代流行歌の祖、添田唖蝉坊(1872〜1944年)がいま見直されている。風刺やユーモアに満ちた唖蝉坊の歌は、貧困が拡大する現代の世相に響き合い、いまも人々の心にしみいる。「ストライキ節」「ラッパ節」など、多くの人が一度は聴いたことがあるメロディーを知らない。1%の富裕層や政治家のために「戦争ができる国」づくりを目指す現政権への痛烈な批判にもなっている。「正調」唖蝉坊を歌い継ぐ土取利行さんと、明治の社会運動に詳しい鎌田慧さんが語り合う。
2017.8　174p　B6　¥1200　978-4-86572-022-8

◆ORICONエンタメ・マーケット白書　2016　オリコン・リサーチ, oricon ME 発売
【目次】第1章 音楽・映像・書籍マーケット動向、第2章 マーケット動向/音楽ソフト、第3章 マーケット動向/映像ソフト、第4章 マーケット動向/書籍、資料
2017.3　654p　A4　¥30000　978-4-87131-096-3

伝記・評伝

◆伊澤蘭奢―不世出の女優の生涯と文学　演劇と文学研究会編　鼎書房
【要旨】ポスト松井須磨子と謳われた大正・昭和の女優。
2017.5　175p　B6　¥1800　978-4-907282-35-6

◆無冠の男　松方弘樹伝　松方弘樹, 伊藤彰彦著　講談社
【要旨】「役者に勲章は要らない。他人の記憶に残ればそれでいい…」病に倒れる2ヵ月前に語り尽くしていた魂のインタビュー。出演・関連映画作品全リスト掲載。
2017.2　313p　B6　¥1800　978-4-06-220544-3

芸能界・ショービジネス

◆相沢梨紗×四方あゆみ　キラキラって輝く星はどこにあるの　相沢梨紗モデル, 四方あゆみアートディレクション・撮影, 幾原邦彦作・構成　小学館　(でんぱ組.incアートブックコレクション 4)
2017.4　1Vol.　17×12cm　¥950　978-4-09-682247-0

◆アイドルに捧げた青春―アップアップガールズ(仮)の真実　小野田衛著　竹書房
【要旨】アイドルのリアルな姿を追った衝撃のノンフィクション！ハロプロエッグ時代を含め13年に及ぶアプガの真実のすべてがここに！メンバー、運営スタッフ、両親、友人、数々の周辺取材とともにえがくアイドルの真実。ハロプロエッグの解体、アプガ結成、一年間のカバー時代、ツアー中の衝撃、事務所の移籍、2期の加入、そして卒業＝表にはだせなかったアイドルの本音がここにある。
2017.8　271p　B6　¥1800　978-4-8019-1027-0

◆アイドルになりたい！　中森明夫著　筑摩書房　(ちくまプリマー新書)
【要旨】アイドルになるために必要なものって、何だろう？アイドルとしてブレークするには、どうすればいい？仕事の中身から、これからのアイドルまで、大切なことがぎっしり詰まった、初のアイドル入門本。
2017.4　190p　18cm　¥780　978-4-480-68972-6

◆「アイドル」のメディア史―『明星』とヤングの70年代　田島悠来著　森話社
【要旨】「新御三家」や「花の中三トリオ」などが誌面を飾るグラビアページや、ポスト団塊の世代のヤングたちが活発に議論をかわす読者ページの分析から、アイドル文化装置としての『明星』を解き明かす。
2017.3　382p　A5　¥4600　978-4-86405-114-9

◆あせらず、たゆまず、ゆっくりと。―93歳の女優が見つけた人生の幸せ　赤木春恵著　扶桑社
【目次】第1章 ここに愛ありて(心友は人生の宝物、人とのめぐり逢いによって運命が変わる ほか)、第2章 家族の花咲く庭(亡くなって初めて主人の深い愛を知った、結婚・子育ては「案ずるより産むが易し」ほか)、第3章 仕事は天神なればこそ(若いときの苦労は買ってでもしなさい、捨てる神あれば拾う神あり ほか)、第4章 暮らしという愉しみ(成人するまでに家事と生活の基本を身につけることが人生の礎になる、高齢でも気には禁物、乳癌は恐れず前向きに早期発見、治療 ほか)、第5章 生きること、すなわち老年なり(老いは焦らず、泰然自若、自然に受け入れることが肝要、歩き続けていれば必ず誰かが背中を押してくれる ほか)
2017.3　213p　B6　¥1400　978-4-594-07670-2

◆あの人はいま！消えた芸能人&有名人タブーDX　別冊宝島編集部編　宝島社
【要旨】女性問題、借金、ブログ炎上、薬物疑惑、整形疑惑、経歴詐称、失言、脅迫、しくじり満載！今だから話せる！「あの騒動」の真相。
2017.3　254p　B6　¥880　978-4-8002-6641-5

◆安室奈美恵アーカイブス　Vol.1　LEGEND　J-POP研究会編　鹿砦社
【要旨】永久保存版！時代のアイコンとして輝き続けて25年。伝説に終止符を打つことを決意した安室奈美恵のアーティストとしての全てを、2017年の「namie amuro 25th ANNIVERSARY LIVE in OKINAWA」をはじめとした秘蔵写真でフォトレポート。
2017.12　127p　B5　¥1600　978-4-8463-1202-2

◆安室奈美恵アーカイブス　Vol.2　STYLE　J-POP研究会編著　鹿砦社

◆永久保存版！自分を貫き"カリスマ"であり続けてきた安室奈美恵のアーティストとしての"目覚め"、数々の才能との"出会い"を振り返り、「namie amuro LIVE STYLE 2016-2017」をはじめとした秘蔵写真で"安室STYLE"の原点を探る。
2017.12 127p B5 ¥1600 ①978-4-8463-1203-9

◆安室奈美恵超歌姫伝説―アムラーより愛をこめて　アムラーウォッチャー編集部編　辰巳出版
【要旨】安室奈美恵引退までのカウントダウン！デビュー秘話からアムラー現象、安室が歩き続けた25年の歩みのすべてを公開！
2017.12 206p B6 ¥1000 ①978-4-7778-2019-1

◆綾小路きみまろ 爆笑フォーエバー　綾小路きみまろ著　文藝春秋
【目次】第1章 爆笑スペシャルライブ！パート1「そのような変わり果てたお顔になられて…」、第2章 中高年代表スペシャル対談 きみまろ×林真理子「ああ、還暦すぎての悲哀とシアワセ」、第3章 櫻* きみまろ「恋」（自分の出番がまったくなかった、俺も眠いの我慢してたのほか）、第4章 なぜかこの二人の異色対談 きみまろ×ローラ「僕はローラの友達なのか！」、第5章 爆笑スペシャルライブ！パート3「シワがありすぎて明日がこわい」、第6章 メジャーデビュー15周年を迎えて―「トランプを越えて、お客様もつづくところまで」
2017.7 191p B6 ¥680 ①978-4-16-390694-2

◆嵐 ARASHI 相葉雅紀 笑顔の力　神楽坂ジャニーズ巡礼団著　鉄人社
【要旨】自分が笑顔、まわりも笑顔、世界も笑顔。唯一無二の天然素材に学ぶ、簡単なのに心が軽くなる魔法の心がけ。この一冊で人生が楽になる、相葉流の笑顔を生み出す秘密。
2017.9 159p 18cm ¥940 ①978-4-86537-099-7

◆嵐&Sexy Zone―僕らのハッピースクール　ジャニーズ研究会編　鹿砦社
【要旨】お姫様抱っこりレール、二宮和也"爆笑誕生日"も！10人のわちゃわちゃも完全密着!!
2017.8 95p B5 ¥930 ①978-4-8463-1187-2

◆嵐（ARASHI）大野智のリーダー論　神楽坂ジャニーズ巡礼団著　鉄人社
【要旨】自分にできないことを直視することから始まった嵐結成17年で培われたこれが大野智の"リーダー論"。
2017.4 189p 19cm ¥940 ①978-4-86537-085-0

◆嵐コンサート心に響くMC集―嵐黎明期の貴重なメッセージ　神楽坂ジャニーズ巡礼団著　鉄人社
【目次】第1章 松本潤（ステージに頭が刺さった困ります、なんでそんなに万歩計ひかけてるの？ ほか）、第2章 大野智（ね、寝てないです、二人で『あけましておめでとう』って言い合ったほか）、第3章 櫻井翔（自分の出番がまったくなかった、俺も眠いの我慢してたのほか）、第4章 二宮和也（相葉くんはさ、俺とはぐれた瞬間に絡まれるんだよね、ねえ、遅いよ気づくのがほか）、第5章 相葉雅紀（こんなに喋ったの初めて、頭に海苔を貼ってるみたいだったほか）
2017.11 181p 19cm ¥940 ①978-4-86537-107-9

◆嵐ノカタチ―5人のコトバ、その想い　永尾愛幸著　太陽出版
【要旨】彼らは今、何を考え、これからの自分たちに何を期しているのか―彼ら自身の"言葉"と、そこから抽出された"真実"周辺スタッフが語るエピソードから綴る、彼らの"真の姿"嵐の今では…！
2017.9 199p B6 ¥1300 ①978-4-88469-916-1

◆安藤昇90歳の遺言　向谷匡史著　徳間書店（徳間文庫）
【要旨】渋谷の"安藤組"を率いて、戦後アウトローのカリスマとなった安藤昇。横井英樹襲撃事件、34日間の逃亡劇、逮捕と安藤組の解散、そして役者転向と激動の日々を送り、2015年12月16日、その生涯を終えた―。側近がその素顔と味わい深い語録を余すことなく書き記した、『90歳の遺言』二部作が、新規エピソードを加筆した『三回忌追悼完全版』として、遂に文庫化！
2017.12 330p A6 ¥1097 ①978-4-19-864292-2

◆生きてるだけで150点！　小西博之著　毎日新聞出版
【要旨】余命ゼロのがんから奇跡の生還！生きていることに感謝しながら、気楽に楽しく暮らせば、それに勝る幸せはない。
2017.7 189p B6 ¥1200 ①978-4-620-32456-2

◆生き残る芸能人のすごい処世術　城下尊之著　ベストセラーズ
【要旨】"生き馬の目を抜く"芸能界で活躍する芸能人たちの、テレビ画面からは決して見えない処世術。「人心掌握」「危機管理術」「気遣い」「プロ意識」「人間力」…。記者生活35年で見た類い稀なるやり方は、我々一般人にも役に立つ。生き残る人はここが違った！
2017.10 213p 18cm ¥1100 ①978-4-584-13818-2

◆石原裕次郎―日本人が最も愛した男　石原まき子監修、石原プロモーション管掌　青志社
【要旨】未公開写真一挙掲載！素顔の裕次郎、52年の全軌跡。記念館限定から全国発売へ、没後30年特別出版。
2017.3 135p 32×24cm ¥3200 ①978-4-86590-040-8

◆いのちの車窓から　星野源著　KADOKAWA
【要旨】星野源の魅力、そのすべてがわかる、誠意あふれるエッセイ集。ドラマ「逃げ恥」「真田丸」、大ヒット曲「恋」「SUN」、「紅白」初出演。怒涛の毎日を送るなかで、著者が丁寧に描写してきたのは、周囲の人々、日常の景色、ある日のできごと…。その一編一編は鏡のように映し出されるのは、星野源の哲学、そして真意。
2017.3 197p B6 ¥1200 ①978-4-04-069066-7

◆衣吹とエリイのおしごと調査隊！―everying！1stフォトブック　everying！著　主婦の友インフォス、主婦の友社 発売
【要旨】19歳の木戸衣吹と山崎エリイがいろんなお仕事を体当たりで調査！教師、看護師、巫女、ウェイトレス、漫画家、コックさん、お花屋さん、マジシャン、カメラマン、スタイリスト…撮り下ろしは素顔の純白グラビアやキュートな警察官&ふたりの憧れの職業！ロングインタビューやQ&Aも。
2017.2 95p B5 ¥3000 ①978-4-07-420216-4

◆イベンターノートがアニサマ出演アーティストにインタビューしてみました　イベンターノート編、アニメロサマーライブ監修　インプレスR&D、インプレス 発売　PDF版
【目次】バックヤードインタビュー、motsu、黒崎真音、黒沢ともよ、沼倉愛美、三森すずこ、データで探るアニサマファン、生の声からみたアニサマファン、読者プレゼントコーナー
2016.12 95p B5 ¥3000 ①978-4-8443-9739-7

◆今市隆二 BELIEF　EXILE研究会編　鹿砦社
【要旨】"絶対的なボーカリスト"という夢に向かって進化を続ける、三代目J Soul Brothers 今市隆二。自身の"信念"に従いまっすぐに突き進む男の魅力に迫る！
2017.5 95p B5 ¥930 ①978-4-8463-1169-8

◆イヨッたっぷり！―高田文夫の大衆芸能図鑑2　高田文夫著、佐野文二郎絵　小学館
【要旨】濱田info、石原サダオ、大橋巨泉、ゴジラ、石原さとみ、小沢昭一、藤村俊二、かまやつひろし、小泉今日子、せんだみつお…2016年から2017年にかけて私の心に残ったエンターテイナーの大行進です。
2017.10 253p 18cm ¥1300 ①978-4-09-379897-6

◆岩田剛典 DREAM CHASER　EXILE研究会編著　鹿砦社
【要旨】天使のような微笑みに、限界ギリギリにまで削がれた硬質な肉体で、あらゆる可能性は通る。"本物のスーパースター"への階段を駆け上がろうとする三代目J Soul Brothersの特攻隊長・岩田剛典の魅力に迫る！
2017.4 95p B5 ¥930 ①978-4-8463-1163-6

◆宇多田ヒカルの言葉　宇多田ヒカル著・監修　エムオン・エンタテインメント
【要旨】14歳から現在に至るまで。デビュー20周年を迎えた宇多田ヒカルが発表した全75編の日本語詞を執筆順に掲載。宇多田ヒカルとその作品にまつわる文章を各界の8名が寄稿。石川竜一／糸井重里／小田和正／河瀬直美／最果タヒ／SKY-HI／水野良樹（いきものがかり）／吉本ばなな（五十音順・敬称略）。
2017.12 359p B6 ¥1400 ①978-4-7897-3681-7

◆噂の芸能情報―芸能都市伝説 完全本当かも!?の激ヤバ大暴露　山口敏太郎監修　みなみ出版
【要旨】ウソのような話、ただの噂話というなか、噂の出どころには何らかの理由がある。
2017.8 193p B6 ¥1200 ①978-4-434-23522-1

◆運が開ける"欽言録"　萩本欽一著　徳間書店
【要旨】「コント55号」結成から50年が経過しても、いまだ絶大な人気を誇る萩本欽一。"運の達人"としても知られる欽ちゃんにとって、"運"をもたらした貴重な出逢いは数知れず。そんな欽ちゃんが人との"縁"から気づいた言葉を綴った"欽言録"を初公開。読めば「人生が好転すること」間違いなしだ。
2017.1 316p B6 ¥1000 ①978-4-19-864327-0

◆永久保存版！女子アナ決定的瞬間 発掘！お宝！ハプニング写真大図鑑　一番町女子アナ取材班著　宝島社
【要旨】「奇跡のチラリ」から「伝説の豊乳」まで、"桃色"スキャンダル250連発!!
2017.2 143p B5 ¥700 ①978-4-8002-6671-2

◆永六輔―時代を旅した言葉の職人　隈元信一著　平凡社（平凡社新書）
【要旨】放送作家、作詞家、ラジオタレントなど、多彩な活躍ぶりで愛され生きた永六輔。生涯に貫かれた一筋の道とはいったいいかなるものだったか。新聞記者として最も身近にいた著者がその実像を描き切った決定的評伝。時代を駆け抜けた「旅の坊主」、「六輔六面体」の世界へ。
2017.11 295p 18cm ¥840 ①978-4-582-85857-0

◆エンタテインメント企業に学ぶ競争優位の戦略　丸山一彦著　創成社
【要旨】人気アーティストはどのように生み出されるのか？芸能ビジネスの商品開発マネジメントに迫る！
2017.4 192p B6 ¥1600 ①978-4-7944-2505-8

◆おしゃべりな筋肉―心のワークアウト7メソッド　西川貴教著　新潮社
【要旨】「凡人」を恥じるなかれ。悔しさも焦りもネガティブ思考も力に変えられる！T.M.Revolutionとしてデビューして20年。幾多の失敗を経て学んだ、7つの「心」の鍛え方。（注）筋肉トレーニング本ではありません。
2017.5 188p B6 ¥1300 ①978-4-10-350991-2

◆おたすけ進路―俳優編 2018　佐藤正隆著　夏書館（おたすけ進路シリーズ）第22版
【目次】1 入門・デビューの相談、2 レッスンの相談、3 条件の相談、4 応募の相談、5 試験・審査の相談、6 仕事の相談、7 分野別・仕事の相談
2017.6 127p A5 ¥926 ①978-4-930702-27-2

◆おたすけ進路―声優編 2018　佐藤正隆著　夏書館（おたすけ進路シリーズ）第21版
【要旨】第1章 声優界のトップランナーの巻（野沢那智―俳優には、自分を天才だと思える程の楽天性と、研ぎ澄まされた感性、その両方が必要なんですね、羽佐間道夫―何ものにも負けず、流されず、こういうものを表現したいという確固たる考えが必要 ほか）、第2章 養成所＆学校の巻（北川米彦 青二塾塾長―自分が人に向かって何かを表現することが、いかに難しいか、まずはそれを実感する、田代利之 東京俳優生活協同組合（俳協）理事長―芝居を勉強して鍛えられた役者さんたちは、いろいろな形の芝居ができる）、第3章 制作会社・音響・文芸・演出家の巻（清水洋史 東北新社外画制作事業部演出部吹替課次長―声優は専門性の高い仕事。自分を掘り下げることを、一生やっていかなければならないんです、西名武 HALF H・P STUDIO取締役・アニメーション関連事業執行役員―一つの職業を長く続けられるかどうかは志す本人次第、人それぞれ異なる ほか）、第4章 プロダクション・劇団の巻（古市利雄 青二プロダクション代表取締役社長―誰かが見つけてくれるのを待つのではなく、積極的に前に出ていく気持ちは、朝田孝二 東京俳優生活協同組合（俳協）営業本部長―プロデューサーやディレクター、スタッフと良い出会いをして、人間関係を構築することが先決 ほか）
2017.6 139p A5 ¥926 ①978-4-930702-59-3

◆お笑い芸人の言語学―テレビから読み解く「ことば」の空間　吉村誠著　（京都）ナカニシヤ出版
【目次】序章 お笑い芸人の「ことば」から近現代日本の言語空間を問い直す、第1章 トーク・バラエティの原点としての「生活ことば」、第2章 「笑いの時代」の言語史的意義、第3章 現在のテレビに見る「生活ことば」の闘いの様相、第4章 新聞の「書き言葉」とテレビの「話しことば」との闘い、終章 まとめ 資料紹介と自己紹介をかねて
2017.4 232p B6 ¥2200 ①978-4-7795-1171-4

芸能・演劇

◆女興行師 吉本せい―浪花演藝史譚　矢野誠一著　筑摩書房　（ちくま文庫）　新装版
【要旨】大正時代大阪演劇界を席捲した"吉本興業部"―現在の吉本興業の土台を作り上げた希代の名プロデューサー吉本せい。夫との死別後、弟たちと力をあわせて社業を盛り立てた六〇年の生涯を辿りつつ、桂春団治、エンタツ・アチャコら藝人たちの藝と生き方、「落語から漫才へ」と動く関西演藝の激動期を鮮やかに描く。NHK連続テレビ小説『わろてんか』主人公のモデルになった大女社長の一代記。
2017.9 285p A6 ¥680 ①978-4-480-43471-5

◆覚醒剤と妄想―ASKAの見た悪夢　石丸元章著　コアマガジン　（コア新書）
【要旨】ドラッグジャーナリストが明かす覚醒剤と妄想の実態。
2017.4 254p 18cm ¥880 ①978-4-86653-022-2

◆翔け上がれ！ジャニーズWEST　ジャニーズ研究会編　鹿砦社
【要旨】ノリにノッてるジャニーズWESTのドーム後初ツアー『ジャニーズWEST CONCERT TOUR 2017なうぇすと』をフォトレポート！オモシロスタイリッシュな魅力をたっぷりとお届けします!!
2017.7 95p B5 ¥930 ①978-4-8463-1182-7

◆勝新秘録―わが師、わがオヤジ勝新太郎　アンディ松本著　イースト・プレス
【目次】第1章 オヤジとの邂逅とその教え、第2章 海外珍道中膝栗毛、第3章 怪優・勝新太郎の屹立、第4章 勝新の芸に倒産はない、第5章 人間・勝新太郎、第6章「勝新劇場」に幕が下りて
2017.6 205p B6 ¥1500 ①978-4-7816-1547-9

◆渇望　玉城ティナ編・著　講談社
【要旨】玉城ティナ"読む写真集"。作家・島本理生、映画監督・山戸結希ら若き才能とタッグを組んで完成した、「20歳の文学」。自身の処女短編も発表！
2017.10 125p 25×17cm ¥2200 ①978-4-06-220824-6

◆亀と山P 永遠のアミーゴ　ジャニーズ研究会編　鹿砦社
【目次】やっぱりこの2人最高！「修二と彰」、26歳の誕生日をプレイバック！、少年時代の2人を発見！、Johnnys' Countdown 2012・2013、2013年の亀と山Pメモリー、2016年の亀と山Pメモリー
2017.7 95p B5 ¥930 ①978-4-8463-1183-4

◆関ジャニ∞ アツいぜ！夏の男気ジャムセッション　ジャニーズ研究会編　鹿砦社
【要旨】バンドとダンスを分け新たな構成で魅せた「関ジャニ's エイターテインメントジャム2017」、ミュージシャン、そして大人の男の魅力あふれる関ジャニ∞のパワフルな夏コンの模様をがっつりフォトレポート！
2017.10 95p B5 ¥930 ①978-4-8463-1195-7

◆きみとぼくと。―声優男子×ねこphoto book　tsukao写真　河出書房新社
【要旨】ねこが好き。声優男子が好き。一緒にいたら、もちろん大好き！そんなふたつの"もえ"を、よくばって写真に詰め込みました。もふもふの「きみ」が、あの人を独り占め。6つのシチュエーションで、声優男子とねこの幸せな関係をお届けします！
2017.8 79p 26×19cm ¥1850 ①978-4-309-27866-7

◆木村拓哉という生き方　太田省一著　青弓社
【要旨】アイドル、俳優、アーティスト…時代のトップランナーとして輝き続けた木村拓哉。1990年代から現代にいたる不安定な日本社会で、新たなスターを待ち続ける私たちの心性をも浮き彫りにして、「木村拓哉とその時代」を描き出す。
2017.9 213p B6 ¥1600 ①978-4-7872-7406-9

◆気楽な稼業ときたもんだ　砂田実著　エンパワメント研究所
【要旨】テレビ黎明期、先輩も前例もない時代。とことん自分流にやり通したテレビ屋が振り返る数多の貴重なエピソード。植木等、ザ・ピーナッツ、ちあきなおみ、五木ひろし、すぎやまこういち、青島幸男、浅利慶太、渡辺晋、野坂昭如、山口洋子…人生を彩る華麗な交流の数々。テレビはこんなにすごかった！
2017.7 247p B6 ¥1400 ①978-4-907576-46-2

◆藝人春秋 2 上 ハカセより愛をこめて　水道橋博士著　文藝春秋
【要旨】芸能界に潜入したスパイ・水道橋博士が見た、事実と真実の狭間の物語！
2017.11 368p B6 ¥1600 ①978-4-16-390710-9

◆藝人春秋 2 下 死ぬのは奴らだ　水道橋博士著　文藝春秋
【要旨】藝人の生を通じて人間の業を肯定する、超ノンフィクション！
2017.11 352p B6 ¥1600 ①978-4-16-390762-8

◆決定版！Hey！Say！JUMPカップリングコレクション　ジャニーズ研究会編　鹿砦社
【要旨】なかよしJUMPのラブラブ「カップリングショット」を一挙公開！「ジャニーズカウントダウン2016・2017」のフォトレポートも収録！
2017.2 127p B5 ¥1400 ①978-4-8463-1159-9

◆決定版！NEWSカップリングコレクション　ジャニーズ研究会編　鹿砦社
【要旨】コヤシゲ＆テゴマスだけじゃない！全4コンビ網羅、4人のわちゃわちゃショットも収録した必見フォトレポート！
2017.4 95p B5 ¥930 ①978-4-8463-1166-7

◆欅坂46 煌めく未来へ―彼女たちの今、コレカラ　小倉航洋著　太陽出版
【要旨】結成以来、彼女たちの口から発せられた珠玉のフレーズを始め、100のフレーズと知られざるエピソード―彼女たち自身が語った"言葉"と、周辺スタッフが語る彼女たちの"真の姿"を独占収録！
2017.2 205p B6 ¥1300 ①978-4-88469-895-9

◆欅坂46 欅革命 彼女達の戦い　小倉航洋著　太陽出版
【要旨】彼女達は何のために戦い、自らに何を課しているのか―彼女達自身の"言葉"と、周辺スタッフが語る彼女達の"真の姿"を。
2017.6 203p B6 ¥1300 ①978-4-88469-906-2

◆欅坂46 坂道かけろ！―彼女達のココロ　小倉航洋著　太陽出版
【要旨】アイドル界の頂点に向かって全力で坂道を駆け上がる欅坂46。彼女達自身の"言葉"と、知られざるエピソードで綴る41人の真実。彼女達を見守り続けて来た周辺スタッフだけが知る欅坂46の真の姿。そこには彼女達が舞台裏でしか見せない"素顔"が垣間見えるはずだ―。
2017.12 219p B6 ¥1300 ①978-4-88469-924-6

◆欅坂46 静かなるResistance　アイドル研究会編　鹿砦社
【要旨】"クール""かっこいい"…これまでの女性アイドルグループにはない魅力で時代に対峙する欅坂46。"笑わない"アイドルたちの「あの日」「あの時」への想い、そして「魅力」にフォーカス！
2017.3 95p B5 ¥930 ①978-4-8463-1160-5

◆欅坂46 平手友梨奈 REAL　アイドル研究会編　鹿砦社
【要旨】「アイドル」であり「アーティスト」、「アーティスト」であり「普通の女の子」でもある。不退転の覚悟で"表現者"として生きる欅坂46・不動のセンター平手友梨奈の"リアル"にフォーカス！
2017.10 95p B5 ¥930 ①978-4-8463-1193-3

◆欅坂46 FEEL ALIVE！　アイドル研究会編　鹿砦社
【要旨】欅坂46がデビュー1周年記念ライブ直前に参加した『HKT48 VS 欅坂46"つぶやきFES博場場所～GUM ROCK FES2～"』。デビュー以降、加速度を増しながら、坂道を駆け上がり続ける彼女たちのリアルな"今"を切り取った永久保存版フォトレポート！
2017.9 95p B5 ¥930 ①978-4-8463-1189-6

◆欅坂46FOCUS！vol.1 平手友梨奈・長濱ねる・志田愛佳・渡邉理佐・菅井友香・守屋茜　アイドル研究会編　鹿砦社
【要旨】欅坂46の中にあって、今、目が離せないのがグループの中心となる３組からなるこの6名。前人未踏の道を歩む彼女たちの"今"を解き明かすフォトレポート！
2017.6 95p B5 ¥930 ①978-4-8463-1179-7

◆欅坂46FOCUS！vol.2 今泉佑唯 渡辺梨加 小林由依 上村莉菜 小池美波 鈴本美愉 原田葵　アイドル研究会編　鹿砦社
【要旨】21のPeaceで構成される欅坂46の中にあって、ついつい目で追いたくなるのがこの7人。あらがえない彼女たちの不思議な魅力を様々な視点から解き明かすフォトレポート！
2017.7 95p B5 ¥930 ①978-4-8463-1180-3

◆「ゴッドタン」完全読本　テレビ東京「ゴッドタン」制作班監修　KADOKAWA　（付属資料：ポストカード）
【要旨】10年間の"伝説"と"奇跡"の笑いが1冊に!!人気芸人が前代未聞の大集結！その証言と共に笑いまくりの10年間を振り返る。
2017.4 176p A5 ¥1700 ①978-4-04-895942-1

◆寿美菜子フォトブックai！みなこめし　寿美菜子著　主婦の友インフォス、主婦の友社発売
【要旨】身近なテーマだからこそ、ぐっと距離が近くなった気がする。声優界きってのグルメ派・寿美菜子が、いろいろな「めし」を食べつくしました。ぜひ、あなたのお気に入りを見つけてください。
2017.10 95p B5 ¥930 ①978-4-07-426785-9

◆小林信彦 萩本欽一 ふたりの笑タイム―名喜劇人たちの横顔・素顔・舞台裏　小林信彦、萩本欽一著　集英社　（集英社文庫）
【要旨】テレビ全盛期の1960年代。人気構成作家と新進コメディアンとして出会って以来40年以上に渡り交流してきた二人が、初めてじっくり語り合った。人気絶頂だった「コント55号」の秘話。クレイジーキャッツ、ドリフターズの芸の魅力。高視聴率バラエティ番組の制作裏話。渥美清、由利徹、タモリなど名喜劇人たちの知られざるエピソード…。今だから語れる話が続々飛び出す、笑いと驚きのショータイム！
2017.12 222p A6 ¥520 ①978-4-08-745536-6

◆これさえあれば。　宮澤佐江著　ぴあ
【要旨】中国への留学、SKE48の兼任、そして卒業。AKB48を飛び出した先にあったものとは―その時々のリアルな思いがすべてココに。
2017.4 191p A5 ¥1500 ①978-4-8356-3820-1

◆これにて、便所は宇宙である　千原ジュニア著　扶桑社
【要旨】日夜、自室のトイレで繰り広げられる"J的瞑想"シリーズ最終章。7年間ノートに綴り続けた最後の言霊。108本を完全解説―。比類なき話芸の神髄がここにある！
2017.11 446p B6 ¥1700 ①978-4-594-07829-4

◆坂本九ものがたり―六・八・九の九　永六輔著　筑摩書房　（ちくま文庫）
【要旨】世界的な大ヒット曲「上を向いて歩こう」。作詞永六輔、作曲中村八大、歌手坂本九。3人が体験した戦中・戦後を背景に、それぞれが歩んだ人生と出会い、そして名曲の誕生を描く。1985年8月12日の日航機事故で突然の死を迎えた坂本九への痛切な思いを込め、その翌年に刊行された名著。戦後のラジオ・テレビ・歌謡界の貴重な記録でもある。
2017.7 301p A6 ¥800 ①978-4-480-43454-8

◆さくら学院 倉島颯良・黒澤美澪奈 2017年3月卒業 OVERTURE編集部編　徳間書店
【要旨】女優やモデルとして活躍する、三吉彩花・松井愛莉、そして世界的にその名を轟かせているBABYMETALなど、まさに"スーパーレディー"を輩出し続ける「さくら学院」。そんな名門校から巣立っていく2016年度中等部3年生、倉島颯良、黒澤美澪奈の2人の入学から卒業までを追ったフォトブックが完成。さらに、これで最後となる12人での共同制作から、さくら学院カレンダーをグラビアと共に掲載。ほかにも、卒業生、在校生、そして顧問の森ハヤシ先生の想いが詰まったロングインタビューなど、2016年度をすべて詰め込んだ永久保存版の卒業アルバム。
2017.3 1Vol. 26cm ¥2300 ①978-4-19-864379-9

◆さよなら涙 リハビリ・バンバン　ビリー・バンバン著　秀和システム
【要旨】兄は脳出血、弟は大腸がん。突然の病魔に襲われたふたりの闘病、奇跡の復活ドキュメント―
2017.9 159p B6 ¥1296 ①978-4-7980-5155-0

◆三代目J Soul Brothers INNOVATION　EXILE研究会編　鹿砦社
【要旨】常に革新と進化を追求し続ける7人の男たちが、辿り着いた新境地。それが『三代目J Soul Brothers LIVE TOUR 2017"UNKNOWN METROPOLIZ"』。興奮の坩堝と化した現場をフォトレポート！
2017.12 95p B5 ¥930 ①978-4-8463-1208-4

◆3人の地図―稲垣吾郎×草彅剛×香取慎吾　永尾愛幸著　太陽出版
【要旨】「新しい地図」を記すために、新たな道を歩み出した3人。彼らは真っ白なキャンバスにどのような地図を描こうとしているのか―。稲垣吾郎、草彅剛、香取慎吾―3人の今、そしてこれから。
2017.12 189p B6 ¥1400 ①978-4-88469-925-3

◆私説大阪テレビコメディ史―花登筺と芦屋雁之助　澤田隆治著　筑摩書房
【要旨】お笑い界の仕掛人が万感の思いを込めてテレビ草創期からの60年を振り返る生きた演芸史。
2017.8 238p B6 ¥2200 ①978-4-480-81839-3

◆時代とフザケた男―エノケンからAKB48までを笑わせ続ける喜劇人　小松政夫著　扶桑社
【要旨】テレビ、映画、舞台、ラジオ、CM、お客さんの喜ぶことはなんでもござれとやってきた。コメディー、シリアス、ダンス、アクション、歌手、演奏、司会、声優…面白そうなことは思いつくままに挑戦してフザケてきた。
2017.8 239p B6 ¥1400 ①978-4-594-07767-9

◆柴田紗希　柴田紗希著　学研プラス
【要旨】共感度No.1青文字系TOPモデル、しばさき。プライベート私服・ビューティ・暮らし・ココロ…等身大の魅力を全部見せます。初公開！柴田紗希28のヒミツの世界。
2017.4 109p A5 ¥1300 ①978-4-05-406547-5

◆ジャニ活を100倍楽しむ本！　みきーる著　青春出版社
【目次】1 "自担の恋"が発覚して愚痴りたい夜に、2 自担がピ〜ンチ！ここぞというときのサポート術、3 ヲタおのオタク心保健室―心がジャニ風邪にかかったら、4 Jr.担のメンタル保健室―うちの子の将来が不安です、5 自担のママあり年上だけどヲタでていいんですか!?、6 高額転売をここらでちょっとまじめに考えたいのです、7 安心してコン当日を迎えるためのチケット虎の巻
2017.8 188p B6 ¥1300 ①978-4-413-23046-9

◆ジャニーズグループの終わり方―あのOBたちのその後　ジャニーズ研究会編著　鹿砦社
【要旨】ジャニーズ事務所を辞めたかたちの、その退社の理由とは、そして成功と挫折を分けるのとは？歴代OBたちのその後から見える"光"と"闇"に迫る。
2018.1 164p B6 ¥980 ①978-4-8463-1212-1

◆ジャニーズJr.ガイド―東西ジュニア名鑑　神楽坂ジャニーズ巡礼団編　鉄人社
【要旨】今が黄金期！東西ジャニーズJr.の知りたい情報が1冊に。キンプリ・MADEはもちろん主要メンバーの多くのデータも網羅。各種公式では知り得ない情報満載かつてないJr.カタログ集。
2017.8 156p 19×11cm ¥940 ①978-4-86537-096-6

◆ジャニーズWEST―夢に向かって！　永尾愛幸著　太陽出版
【要旨】7人の前向きな想いと知られざるエピソード―メンバー自身が語った"言葉"、周辺スタッフが語る彼らの"真の姿"を独占収録!!
2017.3 205p B6 ¥1300 ①978-4-88469-900-0

◆ジャニーズWESTニシから初参上！　ジャニーズ研究会編　鹿砦社
【要旨】2年8カ月で到達した『1st ドームLIVE24(ニシ)から感謝届けます』は、まさに7人の集大成。デビュー3年を振り返る永久保存版フォトレポート！
2017.3 95p B5 ¥930 ①978-4-8463-1161-2

◆笑福亭鶴瓶論　戸部田誠著　新潮社（新潮新書）
【要旨】鶴瓶こそが"最強"の芸人である―。大物と対等にわたりあう一方で、後輩にはボロクソにイジられる。全国を訪ねて地元の人々と交流した翌日には、大ホールで落語を一席。かくも老若男女に愛される"国民的芸人"の正体とは何か。生い立ちから結婚、反骨の若手時代、「BIG3」との交遊、人気番組「家族に乾杯」秘話まで、その長く曲がりくねった芸人人生をたどり、運と縁を引き寄せるスケベで奥深い人生哲学に迫る。
2017.8 270p 18cm ¥820 ①978-4-10-610728-3

◆昭和と師弟愛―植木等と歩いた43年　小松政夫著　KADOKAWA
【要旨】植木等は、いかにしてひとりのセールスマンを小松政夫に仕上げたのか。日本を明るくした"無責任男"の素顔。テレビ黎明期を駆け抜けた麗しき真実の物語。
2017.9 222p B6 ¥1400 ①978-4-04-893350-6

◆昭和のテレビ王　サライ編集部編　小学館（小学館新書）
【要旨】テレビ放送が始まって60余年。草創期から番組制作に深く関わってきた人たちへのインタビューをまとめたのが本書である。テレビがまだ赤ん坊だったころからの成長の軌跡といってもいい。永六輔、森光子、藤田まこと、長嶋茂雄、山田太一、橋田壽賀子ら、さまざまな立場で往時を生きた11人の諸氏の思い出に共通するのは、良くも悪くも、テレビが失いつつある夢の輝きだ。彼らが見聞きした舞台裏のドラマは、テレビという"夢の箱"を初めて開けた、あの日の私達の感動をあらためて想い起こさせてくれる。巻末に久米宏のインタビューを収録。
2017.3 189p A6 ¥490 ①978-4-09-406401-8

◆昭和のテレビと昭和のあなたへ　前田武彦、青島幸男、永六輔、大橋巨泉、藤村俊二、愛川欽也、坂本九、立川談志　奥山佞伸著（札幌）海豹舎
【要旨】「シャボン玉ホリデー」や「11PM」「8時だョ！全員集合」「オールナイトフジ」「世界まるごとHOWマッチ！」「ミュージックフェア」「ザ・ベストテン」「ゲバゲバ90分！」などなどの台本を書いてきた放送作家が昭和をふり返る！
2017.11 242p A5 ¥1500 ①978-4-901336-34-5

◆職業としての地下アイドル　姫乃たま著　朝日新聞出版（朝日新書）
【要旨】「有名になって見返したい」「なんとなく好奇心」から踏み入れた世界へ。承認されたいアイドル平均21.6歳と認知されたいファン平均35.4歳。互いに深く求め合う"欲求"依存。本気でアイドルと結婚したい20代"ガチ恋ファン"。ライブ会場で発生するホモソーシャル。グラビア→AV、枕営業のリアル…。膨張する地下アイドルシーンの実態。
2017.9 269p 18cm ¥780 ①978-4-02-273731-1

◆女子アナハプニング総選挙2017お宝＆スクープ写真満載号！　一番町女子アナ取材班著　宝島社
【目次】2017最新女子アナハプニングショット、2017秋！最旬女子アナ神7特大Pick Up、お宝写真で振り返る15年！大橋未歩のセクシー伝説、新しい門出に向かって！女子アナたちの卒業式、"他人のモノ"だから、なおさら気になる!?人妻アナのSEXYショット、妄想をかき立てる巨乳に美尻！魅惑のHIP大全、絶力特集！女子アナたちが魅せる禁断の着衣巨乳！、通勤途中で見かけた女子アナ私服ファッションCheck！、フリーアナ＆お天気キャスターお宝PHOTO集、一番SEXYな下半身の持ち主は誰だ!?女子アナ美脚大全［ほか］
2017.10 117p B5 ¥780 ①978-4-8002-7699-5

◆女性声優アーティストディスクガイド　シンコーミュージック・エンタテイメント
【要旨】アニメやゲームのキャラクターを演じる一方、自分自身の音楽を発信している女性声優アーティストたち。今ではチャートを賑わし、ライヴも活発に行い、ひとつのジャンルとして確立された。この四半世紀にリリースされた数多の作品から"名盤"101枚をピックアップ。
2017.4 159p A5 ¥1500 ①978-4-401-64424-7

◆人生でムダなことばかり、みんなテレビに教わった　戸部田誠著　文藝春秋（文春文庫）
【要旨】お笑い芸人もアイドルも、ゆるキャラまでも、テレビの前ではその"人間性"がむき出しになる。ビートたけしの若き日の野望、明石家さんまの「生きてるだけで丸もうけ」、黒柳徹子は、宮沢りえは、原田総一朗は何を思い、カメラに向かうのか。人生に「ムダ」だけど大事なことはみんな、テレビが教えてくれる。文庫オリジナル！人気ライターが収集した金言の宝石箱！テレビから発信された、100人による100の哲学。
2017.3 318p A6 ¥780 ①978-4-16-790821-8

◆人生ほの字組　EXILE NAOTO著　幻冬舎（幻冬舎文庫）
【要旨】EXILEの大ファンだと話しかけてくるタクシー運転手さんに、自分のことを気づかれない切なさ（汗）。人生を学んだマンガ道。そして、かつらが飛んでも踊り続ける小林直己の真面目さやELLYの規格外のスケール等、EXILE TRIBEメンバーの秘話も満載。過激な日常をそっくりバラしちゃうオトナの才ライターが、EXILE NAOTOの文才光る爆笑フォトエッセイ。
2017.8 207p A6 ¥730 ①978-4-344-42640-5

◆水道橋博士のムラっとびんびんテレビ　水道橋博士、しみけん著　文藝春秋
【要旨】博士は悶々と、しみけんは活き活きと!?地上波でも衛星でも見られない女優たちのマル秘トークが待望の書籍化。オトナ知的エロトークでセクシー女優たちのココロを丸裸に！
2017.5 253p A6 ¥1300 ①978-4-16-390656-0

◆スゴー家の人々―自叙伝的子育て奮戦記　菅生新著　トランスワールドジャパン
【目次】第1章 長男大将の誕生、第2章 父として、第3章 私の少年時代、第4章 ちょんまげ付けて学費を捻出、第5章 第二のスタート、第6章 菅生大将から菅田将暉へ、第7章 大将、仮面ライダーに抜擢される、第8章 スゴー家の人々、第9章 妻と私の子育て対談、おわりに「大部屋俳優」の父から主演の息子へ
2017.12 289p B6 ¥1400 ①978-4-86256-214-2

◆スター万華鏡―昭和の風に吹かれて　なべおさみ著　双葉社
【要旨】傑物たちの"日常"はこんなにもイキで、武骨で、愛に溢れていた！ベストセラー「やくざと芸能界」著者が認めた、戦後ニッポン裏芸能史決定版！時代を創った"巨星"たちの素顔が此処に―
2017.8 285p B6 ¥1500 ①978-4-575-31292-8

◆すべての理由　山本彩著　幻冬舎
【要旨】家族、NMB48、センター、キャプテン、ソロ活動、選挙、卒業―そのすべてを告白。ファーストエッセイ。
2017.10 204p A5 ¥1481 ①978-4-344-03087-9

◆声優"たまご"25人の体験談―声優を目指す若者のバイブル　Oh！-shigotoシリーズ編集部編　日本出版制作センター（Oh！-shigotoシリーズ Vol.25）
【要旨】人気職業の疑問を解決。25人の先輩が明かす声優見習いの世界!!
2017.10 147p A5 ¥1500 ①978-4-902769-24-1

◆声優道―死ぬまで「声」で食う極意　岩田光央著　中央公論新社（中公新書ラクレ）
【要旨】人気職業、"声優"。志望者は激増するも、プロとして生き残る存在は僅か、ほとんどの若者が淡い夢の前で挫折していくと作者は警鐘を鳴らす。そこでその実態や成功するための"極意"を全公開。著者はぜ混沌とする業界で30年以上も食えているのか？これからの声優に求められる資質とは？声優志望者30万人「必読の書」ここに！
2017.7 203p 18cm ¥780 ①978-4-12-150576-7

◆正論―人には守るべき真っ当なルールがある　梅沢富美男著　ぴあ
【要旨】「親を大切にしろ」「年上を敬え」「礼儀をわきまえろ」「努力なくして結果なし」…梅沢富美男の人生哲学。
2017.7 187p B6 ¥1200 ①978-4-8356-3827-0

◆全身全霊！関ジャニ∞　ジャニーズ研究会編　鹿砦社
【目次】関ジャニ'sエイターテインメントPick up!!ハイライトシーン、セットリスト、錦戸亮、大倉忠義、渋谷すばる、安田章大、丸山隆平、横山裕、村上信五、番外編！ジャニーズカウントダウン2016・2017
2017.2 95p B5 ¥930 ①978-4-8463-1157-5

◆想定外を楽しむ方法　越前屋俵太著　KADOKAWA
【要旨】本人さえすっかり忘れていた越前屋俵太、35年の怒涛の真実！神出鬼没にして奇想天外。越前屋俵太が突然メディアから姿を消して、15年。この男はいったいなにを考えているのか？今、独自の発想と思考が明らかになる。
2017.4 207p B6 ¥1200 ①978-4-04-601959-2

◆タイムマシンができたなら。　MACO著　主婦と生活社　（付属資料：CD1）
【要旨】初めてのフォトエッセイ＋書き下ろし未発表シングルCD。
2017.8 96p A5 ¥1694 ①978-4-391-14991-3

◆大遺言―祖父・永六輔の今を生きる36の言葉　永拓実著　小学館
【要旨】何も残さず逝ってしまった祖父、蔵書と手帳やノート、メモを読み漁り、ゆかりの人々を訪ね歩いた。著名人に加え、「命を救われ、すべてを教わった」と泣きながら語る若い女性ファンまで、約30人に突撃取材!!祖父について教えてもらったこと。
2017.7 190p B6 ¥900 ①978-4-09-346091-0

◆太陽と呼ばれた男―石原裕次郎と男たちの帆走　向谷匡史著　青志社
【要旨】史実の中に封印されていた石原プロと『西部警察』秘史！
2017.3 266p B6 ¥1600 ①978-4-86590-041-5

◆高倉健―七つの顔を隠し続けた男　森功著　講談社

芸能・演劇

◆**高峰秀子の捨てられない荷物** 斎藤明美著 筑摩書房（ちくま文庫）
【要旨】5歳で子役デビューして以来、55歳で引退するまで日本映画の巨匠たちの名作300本余に出演、名随筆家として300本余に出演、名随筆家として26冊の著作を遺した高峰秀子。その高峰に唯一、素顔を書くことを許され、のちに養女に迎えられた著者による"高峰連作"の第一作。固く口を閉ざしていた養母や血縁との壮絶な確執をはじめとする怒涛の前半生と夫・松山善三との幸福に満ちた後半生を貴重な言質とともに活写する。大女優・高峰秀子が最期まで捨てられなかった荷物とは？ 感動に満ちた"運命の評伝"が今、よみがえる！ 高峰秀子の「ひとこと」収録。
2017.8 426p A6 ¥950 ①978-4-480-43462-3

◆**たけし、さんま、所の「すごい」仕事現場** 吉川圭三著 小学館（小学館新書）
【要旨】ビートたけし、明石家さんま、所ジョージの3人は、なぜいつまでもテレビバラエティの頂点に君臨できるのか―その秘密は驚くべきプロフェッショナリズムにあった。「世界まる見え！テレビ特捜部」「恋のから騒ぎ」など数々の大ヒット番組を立ち上げた日本テレビの名物プロデューサーが、"テレビの3大天才"の知られざる仕事現場を明かす。これは胸が熱くなる「テレビ黄金時代」の記録である。
2017.4 220p 18cm ¥760 ①978-4-09-825297-8

◆**ただ、愛した** 松原千明著 扶桑社
【要旨】夫の不倫、ハワイ移住、二度の離婚…。どんな困難も、この子がいるから乗り越えられた。逆境の中、娘・すみれを育て上げた「母娘の絆の物語」。
2017.3 198p B6 ¥1400 ①978-4-594-07667-2

◆**ただのオタクで売れてない芸人で借金300万円あったボクが、年収800万円になった件について。** 向清太朗著 小学館
【目次】天津としての仕事（天津、エロ詩吟が生まれた瞬間、大ブレイク ほか）、なぜ、ただのオタクで売れてない芸人が年収800万円稼げたのか？（マニュアル人間になれないから、会話を生む方法、どこでオリジナリティを出すか ほか）、天津ふたたび（相方、天津・木村との着地点、思ってもいないステージへ）
2017.9 166p B6 ¥1400 ①978-4-09-388575-1

◆**タマネギのひみつ。―黒柳さんに聞いた徹子さんのこと** 黒柳徹子、糸井重里著 祥伝社（祥伝社黄金文庫）
【要旨】「ほぼ日刊イトイ新聞」で実現した伝説の対談がついに文庫化。
2017.7 225p A6 ¥590 ①978-4-396-31711-9

◆**ダメなときほど「言葉」を磨こう** 萩本欽一著 集英社（集英社新書）
【要旨】「逆境に立たされたとき、いつも僕を救ってくれたのは『言葉』だった」と語る著者は、永六輔や古舟小百合など、昭和を代表するスターたちが紡ぐ言葉を、一流の人々が輝き続ける秘訣を垣間見る。発する言葉、一つひとつをおろそかにしない。これは人間関係を円滑にするだけでなく、自分の夢や目標を叶える最短ルートでもある。何気ないひと言にも「心を抜け出すチャンスが隠されている。言葉を大切にすることは、人生に思いも寄らない幸運をもたらす。コメディアンとして長きに渡り「言葉」を磨いてきた著者が初めて語る人生哲学の集大成！
2017.6 173p 18cm ¥700 ①978-4-08-720887-0

◆**誰も書けなかった「笑芸論」―森繁久彌からビートたけしまで** 高田文夫著 講談社（講談社文庫）
【要旨】森繁久彌の隣家で育ち、寄席で見た林家三平。小学校の卒業文集で「青島幸男になりたい」と書き、森田芳光と飲み歩いた大学時代。毎週続くドリフ地獄の会議と浅草のすげえ奴「ビートたけし」との出会いから伝説のオールナイトニッポン誕生。"笑い"を生きた男がすべてを書いた、自伝的「笑芸論」の決定版。
2017.3 249p A6 ¥600 ①978-4-06-293567-8

◆**誰も知らない、萩本欽一。―We Love Television？** 萩本欽一語り、土屋敏男取材、木村俊介構成
【要旨】「テレビ狂」萩本欽一の本当の声。映画「We Love Television？」公開記念！ 必死な修羅場で滲み出た"おもしろさ"の核心とは？ も

のづくりに挑む人のための、最良のハンドブック。
2017.10 207p B6 ¥1200 ①978-4-8356-3836-2

◆**たろりずむ―西山宏太朗フォトエッセイ** 西山宏太朗著 主婦の友インフォス、主婦の友社発売
【要旨】『月刊声優グランプリ』の連載コラム「アダムとイヴと西山宏太朗」一挙公開。8パターンの撮り下ろしとともに、新規コラムを掲載。声優・江口拓也が、西山宏太朗について書いたスペシャルエッセイも。
2018.1 95p B5 ¥3000 ①978-4-07-426940-2

◆**小さな幸せを幸せと感じられたとき、心はたくさんの幸せであふれてる** 西川瑞希著 セブン&アイ出版
【要旨】毎日「幸せ」でいる方法、ぜんぶ教えます。ときめきと笑顔に満たされた自分になれる。SNS総フォロワー数380万人、大人気モデル初のメッセージ。
2017.4 185p B6 ¥1300 ①978-4-86008-720-3

◆**父「永六輔」を看取る** 永千絵著 宝島社
【要旨】「父は車椅子になっても、どこかに『これは楽しい！』を見つけることができる人でした」―。永六輔、永眠までの10年間、長女が初めて明かす、笑いと涙の介護の日々。
2017.8 269p B6 ¥1300 ①978-4-8002-6959-1

◆**父・巨泉** 大橋美加著 双葉社
【要旨】大橋巨泉の長女、美加が「父・巨泉」を振り返った"初の自叙伝"。知られざる巨泉の顔がここにある！
2017.6 141p B6 ¥1200 ①978-4-575-31272-0

◆**嗣永桃子卒業アルバム** 嗣永桃子文・イラスト ワニブックス
【要旨】アイドル生活15年間の集大成！ 豪華2冊組!!嗣永桃子のこれまでを綴ったエッセイ、歴代アーティスト写真一覧、お手製思い出ページ、東京観光、メンバーからの寄書き、恩師つんく♂さんよりメッセージ、ももちアイドルとして最後の言葉etc…。
2017.7 1Vol. B5 ¥2315 ①978-4-8470-4927-9

◆**テレビじゃ言えない** ビートたけし著 小学館（小学館新書）
【要旨】最近テレビじゃ「本当に言いたいこと」が何も言えなくてイライラしてるんだ―ビートたけしの呟きからこの本は生まれた。コンプライアンス、CMスポンサーへの配慮、そんな建前のもとエスカレートするテレビの自主規制。そんなもの、クソ食らえだ。放送コードを無視したこの男の毒舌は、ツービートの頃より切れ味を増している。政治・犯罪、ネット社会…偽善と矛盾だらけの現代ニッポンをぶった切る危ない現代評論。
2017.2 189p 18cm ¥740 ①978-4-09-825292-3

◆**伝説の女傑 浅草ロック座の母** 齋藤智恵子著 竹書房
【要旨】ストリップ界のゴッドマザー、最初で最後の自叙伝！
2017.11 254p B6 ¥2200 ①978-4-8019-1271-7

◆**東方神起―ユニゾンの瞬間（とき）** 桃田万里子著 アールズ出版
【要旨】2010年より始まった東方神起の第二幕、それは"分離"されたファン再生のストーリーでもあった。2人の東方神起は何を目指したのか？ 三幕ではどこへ進もうとしているのか？ ファンはそれをどう受け止めたのか？ 5人時代からの"橋を渡った"ファンが、PV映像、振り付け、歌詞、インタビューなどあらゆる角度から読み解いた、もう一つの2人のヒストリー。知られざる東方神起の魅力がここに。
2017.11 255p B6 ¥1400 ①978-4-86204-295-8

◆**登坂広臣 AURA** EXILE研究会編著 鹿砦社
【要旨】アーティストとしての信念、ファンと仲間たちとの絆を胸に、終わりのない夢に向かって突き進む三代目J Soul Brothersの"蒼き魂"の人、登坂広臣。その魅力の数々に迫る！
2017.2 95p B5 ¥930 ①978-4-8463-1158-2

◆**翔ぶ夢、生きる力―俳優・石坂浩二自伝** 石坂浩二著 廣済堂出版
【要旨】シルバー世代の名優が初めて綴る芸能界のステキな話、あの女優、この監督、プライベートでの出来事…そして趣味の飛行機への熱い想い。演じることの悦びに浸り趣味と仕事を両立させる石坂浩二、初の自伝！
2017.9 205p B6 ¥1500 ①978-4-331-52119-9

◆**富美男の乱** 梅沢富美男著 小学館
【要旨】天才子役、極貧の少年時代、努力と研鑽。そして一大大逆転―「日本で今いちばん忙しい男」の人生は強がらさとなやさといくつものドラマに満ちている。だからこの人の言葉はやけにストンと胸に落ちるのだ。言われりゃ納得、抱腹絶倒、時々涙の痛快エッセイがいざ出陣！
2017.9 255p B6 ¥1300 ①978-4-09-388568-3

◆**鳥海浩輔・安元洋貴の禁断生ラジオ本 1.5** 禁断生ラジオ製作委員会著 宝島社（付属資料：DVD1）
【要旨】あの伝説の禁生本が再び!!大ボリュームの撮り下ろしビジュアル。禁フェスFINAL&台湾ロケも収録！
2017.3 135p A4 ¥2800 ①978-4-8002-6044-4

◆**700番 第1巻** ASKA著 扶桑社
【要旨】国民的アーティストは、なぜ覚醒剤に手を染めたのか？闇社会、文春砲、盗聴盗撮、覚醒剤。悔いと苦悩の全記録。
2017.3 224p B6 ¥1200 ①978-4-594-07680-1

◆**700番 第2巻** ASKA著 扶桑社
【要旨】なぜ、お茶から覚醒剤の陽性反応が―。「やっと語れる時がきた」強制入院、再逮捕、報道の嘘。
2017.2 181p B6 ¥1200 ①978-4-594-07681-8

◆**西明日香のデリケートゾーン！ファンブック―渡る世間はデリケート** DMC編集部編 一迅社
【要旨】デリケートがいっぱいのファンブックがここに！番組振りかえりはもちろん、撮りおろしグラビアや、本誌独占「デリラジ」特別誌上番組を収録！さらにマネージャーと同期が告発!? 模擬裁判統括は石ダテコー太郎監督、安元洋貴さん、洲崎綾さんをお招きして、西明日香のデリケートなところに迫ります！ イベント応募券付き！
2017.2 78p A5 ¥1980 ①978-4-7580-0924-9

◆**新田恵海のほ・ほ・え・みHappy Music** 新田恵海著 エムオン・エンタテインメント
【要旨】声優・新田恵海のアーティスト・ブック！ アニメ音楽誌「リスアニ！」連載「ほ・ほ・え・みHappy Music」全10エピソードを、大量の秘蔵カットとともに一冊に！新規撮りおろしカット&声優・中村繪里子とのスペシャル対談も掲載。
2017.2 103p B5 ¥3000 ①978-4-7897-3677-0

◆**「2.5次元男子推しTV」公式本** 鈴木拡樹、MCはじめました KADOKAWA
【要旨】鈴木くんが役者としてステップアップすべく、パントマイムやアクトレーナーやあめ細工に挑んでいるとき、椎名くんは番組MCの座を狙い、和田くんは"逆さ富士"を探し、東くんはコツコツとドミノを並べ、廣瀬くんは海で休日を満喫し、廣瀬くんは殺陣を教わり、崎山くんは神社巡りをしていました。2.5次元舞台で活躍する男子たちの素、ここにあります。
2017.9 108p 21×20cm ¥2400 ①978-4-04-896112-7

◆**日本タレント名鑑 2017** VIPタイムズ社
【目次】男性の部、女性の部、子供の部、アーティストの部、グループの部、モデルの部
2017.1 1011p B5 ¥9000 ①978-4-904674-08-6

◆**日本文化が滅んでBABYMETALが生まれた** 長澤寛行著（名古屋）ブイツーソリューション、星雲社 発売
【要旨】大人文化と子供文化の合体メタル・アイドル。日本の舞い降りた純粋可憐な三人の舞姫と歌姫。日本の歴史に二度と現れることのない唯一無二の現象…BABYMETALという精神。
2017.4 197p B6 ¥1200 ①978-4-434-23103-2

◆**寧々カジ134** 大塚寧々著 宝島社
【要旨】シンプルなのにハッとするほどおしゃれ！今すぐ真似したい、おしゃれのヒントがいっぱい！女優・大塚寧々のコーディネート。雑誌『GLOW』の人気連載「おしゃれな大人は、カジュアル上手」の書籍化！
2017.3 109p A5 ¥1500 ①978-4-8002-6196-0

◆**ねほりんぱほりん ニンゲンだもの** NHK「ねほりんぱほりん」制作班著 マガジンハウス（付属資料：シール）
【要旨】SNSで東京のリア充OLのふりをする地方在住の"偽装キラキラ女子"、"スピード婚の女"、子育て中の薬物依存体験を告白する"元薬物中毒者"、選挙戦の苦労を語る"元国会議員秘書"…緻密な

◆乃木坂46―46のキセキ、46の希望　小倉航洋著　太陽出版
【要旨】彼女たちが舞台裏で語った"言葉"と、知られざるエピソード。周辺スタッフだけが知る彼女たちの"素顔"を独占収録!!1期生・2期生・3期生全メンバーの発言＆エピソードを収録!!
2017.4 253p B6 ¥1300 ①978-4-88469-902-4

◆乃木坂46 衛藤美彩 PORTRAIT　アイドル研究会編　鹿砦社
【要旨】『ミスマガジン2011』グランプリ受賞から6年─ついにその殻を破り、新たな境地に向かう衛藤美彩。これまでの彼女の足跡を辿りながら、その素顔に迫る。
2017.10 95p B5 ¥930 ①978-4-8463-1194-0

◆乃木坂46 齋藤飛鳥―SWEET LITTLE DEVIL　アイドル研究会編　鹿砦社
【目次】BREAKTHROUGH, MOTIVATION, TRANSFORMATION
2017.11 95p B5 ¥930 ①978-4-8463-1199-5

◆乃木坂46 素顔のコトバ―坂道のぼれ！　小倉航洋著　太陽出版
【要旨】輝く未来への歩みに、全力で坂道を上り続ける彼女たち。華やかなステージの裏側にある人知れぬ努力、涙、そして固い絆。彼女たち自身が語った"言葉"と、周辺スタッフが語る彼女たちの"素顔"。知られざるエピソードから綴る乃木坂46の真実―
2017.11 233p B6 ¥1300 ①978-4-88469-923-9

◆乃木坂46西野七瀬ANOTHER STORY　アイドル研究会編　鹿砦社
【要旨】映画初主演、単独MC就任など、ますます活躍の場を拡張させる乃木坂46の西野七瀬。彼女が歩む、"今"、そして"未来"…2013年〜2017年の秘蔵ショットとともに、その足跡をたどり、素顔に迫る！
2017.10 95p B5 ¥930 ①978-4-8463-1198-8

◆乃木坂46 夢の先へ―彼女たちの今、そして未来　小倉航洋著　太陽出版
【要旨】結成以来、彼女たちの口から発せられた珠玉のフレーズの数々─彼女たち自身が語った"言葉"と、周辺スタッフが語る彼女たちの"真の姿"を独占収録!夢に向かって真っ直ぐに突き進む彼女たちの今、そして未来─
2017.2 238p B6 ¥1300 ①978-4-88469-897-3

◆乃木坂46 Girls WAVE！　アイドル研究会編　鹿砦社
【要旨】メンバー個々の活躍がさらに際立つ乃木坂46。新たな局面を迎えた彼女たちの"今"にフォーカス！
2017.8 95p B5 ¥930 ①978-4-8463-1190-2

◆乃木坂46 SELECTION PART4 秋元真夏×星野みなみ×高山一実　アイドル研究会編　鹿砦社
【要旨】保存版フォトレポート！抜群の個性を際立たせる3人の"リセエンヌ"。"清楚さ"をグループの基調とする乃木坂46に絶妙のスパイスを与える彼女たちそれぞれの「魅力」「苦悩」そして「覚醒」
2017.1 95p B5 ¥930 ①978-4-8463-1155-1

◆乃木坂46SELECTION PART5 堀未央奈×北野日奈子×中田花奈×中元日芽香×能條愛未×和田まあや　アイドル研究会編　鹿砦社
【要旨】清楚系まる乃木坂46にあって、その独特のキャラクターで際立つ存在感。保存版フォトレポート第5弾！
2017.5 95p B5 ¥930 ①978-4-8463-1164-3

◆乃木坂46SELECTION PART6 衛藤美彩×伊藤万理華×井上小百合×新内眞衣×樋口日奈×斉藤優里×寺田/蘭世　アイドル研究会編　鹿砦社
【要旨】保存版フォトレポート第6弾！清楚で可憐なイメージをもつ乃木坂46にあって、その意外性で物語る7人。Nogizaka46今後の乃木坂46を牽引していく上で絶対不可欠な彼女たちそれぞれの「苦悩」「パッション」「信念」。
2017.5 95p B5 ¥930 ①978-4-8463-1173-5

◆乃木坂46SELECTION PART7 2期生＆3期生Special　アイドル研究会著　鹿砦社
【要旨】保存版フォトレポート第7弾！"不屈"の2期生、"精鋭"の3期生…。選ばれし23名が乃木坂46に今後、どのような化学反応をもたらすのか。それぞれの魅力にフォーカス!!
2017.8 95p B5 ¥930 ①978-4-8463-1186-5

◆乃木坂46 The Second Phase―橋本奈々未「卒業」　アイドル研究会編　鹿砦社
【要旨】ひとつの時代の終焉と新たな幕開けの到来を告げた『乃木坂46 5th YEAR BIRTHDAY LIVE』。歓喜ではじまり涙にくれた初日公演と第3期生を加えて再び闘う万太郎メンバーそれぞれの想いにフォーカス！
2017.4 95p B5 ¥930 ①978-4-8463-1168-1

◆のんびり、さりげなく、ふんわりと。―キュート？本当は体育会系！　矢島舞美のリーダー論　矢島舞美著　オデッセー出版、ワニブックス　発売
【要旨】10歳でハロー！プロジェクト・キッズオーディションに合格、13歳で℃-ute 結成後リーダーに。2014年に道重さゆみの後を継ぎ、ハロー！プロジェクトのリーダーに任命される。「私でいいの？」と自問自答しながらも周囲に支えられリーダーシップを発揮する。そんな彼女の素顔や家族に支えられた少女時代のエピソード、15年間ハロー！プロジェクトで学んだことなどを最新グラビアや少女時代の未公開写真など共に紹介。
2017.12 239p B6 ¥1389 ①978-4-8470-9646-4

◆倍賞千恵子の現場　倍賞千恵子著　PHP研究所　（PHP新書）
【要旨】数々の名作に出演してきた著者が、「現場」で出会った素敵な人びととのエピソードから、著者自身の生き方、演じ方、歌い方までを語り尽くす。すっと立っているだけで人間的な美しさを感じさせる名女優たち。考えに考え抜いて作品に生命を吹き込む名監督たち。こだわりの仕事で映画を豊かなものにする凄腕スタッフたち…。人情味あふれる逸話の数々から、人間として大切な生き方の「道しるべ」が見えてくる、珠玉の一冊。
2017.7 244p 18cm ¥920 ①978-4-569-83660-7

◆バカ論　ビートたけし著　新潮社　（新潮新書）
【要旨】相変わらずバカがのさばる世の中だけど、もう以上、黙って見ているのはゴメンだね。「男女の関係はあったのか？」なんて間抜けなことを聞く芸能レポーター、「この責任をどう取るつもりか」と偉そうに語るコメンテイター、「やりたい仕事が見つからない」と口先で嘆くだけの若者…。迷惑なバカから笑えるバカ、愛すべきバカまで、バカを肴に芸能や人生論を語り尽くす。原点回帰の毒舌全開、ビートたけしの『バカ論』。
2017.10 189p 18cm ¥720 ①978-4-10-610737-5

◆白髪（はくはつ）のうた　市原悦子著, 沢部ひとみ構成　春秋社　（付属資料：CD1）
【目次】私の好きなもの、私の原風景、役者の誕生、私を育ててくれた人々、スポーツという劇場、舞台の約束、役者の流儀、一人暮らし
2017.7 217p B6 ¥1500 ①978-4-393-43649-3

◆ハゲましの言葉―そんなにダメならあきらめちゃえば　斎藤司著　小学館　（小学館よしもと新書）
【要旨】ハゲでネクラで優柔不断…多くの人が悩むネガティブ要素を持ちながら群雄割拠の芸能界で著者が活躍している秘訣は「ダメならいっそあきらめよう」。その「飛躍につながるあきらめ方」とは何か。さらに、友達ゼロの暗黒高校時代、最愛の母の死、何度も失敗した初体験、最初で最後の純愛、NSC（吉本総合芸能学院）での相方との出会いからどん底生活、そして「M-1グランプリ」優勝の過激な裏話まで、人気芸人が今まで語らなかった半生を激白。
2017.6 205p 18cm ¥800 ①978-4-09-823506-3

◆はじめてのナレーショントレーニング　出口富士子著, 松濤アクターズギムナジウム監修　雷鳥社　（付属資料：CD1）
【要旨】アニメや吹き替えだけが、声の仕事ではない！ナレーションの技術こそが、声の世界で活躍するカギになる。テレビ、ラジオのCMや番組、映画の予告、公共施設紹介や音声ガイドなど、活躍の場は無限大！「声で表現したい」「声を仕事にしたい」「声の世界で生き残りたい」と本気で考える人、必携のトレーニングブック。
2017.9 128p 20×15cm ¥1800 ①978-4-8441-3725-2

◆万事正解　角野卓造著　小学館
【要旨】ひとり居酒屋、ひとり旅…「至福の時間」を謳歌する。群れない。媚びない。断捨離しない。角野流「大人の生き方」とは。
2017.12 207p B6 ¥1200 ①978-4-09-388574-4

◆バンもん！スタイルブック―ふかんぜん6Girls　バンドじゃないもん！著　主婦の友社
【要旨】アイドル界のミクストメディアを標榜する6人組ガールズ・グループ、バンドじゃないもん！。初のスタイルブックは自身が編集長を務め、セルフ・プロデュースしちゃいます。
2017.5 95p 15×21cm ¥1600 ①978-4-07-423960-3

◆ビートたけしと北野武　近藤正高著　講談社　（講談社現代新書）
【要旨】差別・暴力・宗教…現代社会の「欺瞞」と彼の「二面性」に迫る。なぜビートたけしは昭和の事件当事者を演じるのか。ドラマ・映画の出演作品を軸に、北野武の半生と戦後ニッポンの変容を重ね合わせた、画期的論考！
2017.3 225p 18cm ¥800 ①978-4-06-288417-4

◆ひとりごと　市原悦子著　春秋社　新装版
【要旨】赤裸々な本音と魅力の写真で贈る、初のエッセイ。
2017.7 220p B6 ¥1600 ①978-4-393-43648-6

◆響く言葉―エンタテインメント業界を目指す若者たちへ　東京工科大学編　茉莉花社, 河出書房新社　発売
【要旨】音楽プロデューサー、アーティストマネージャー、コンサートプロモーター、ゲームクリエイター、音楽評論家、アニメ動画マン・原画マン・CGマン・ラインプロデューサー・監督、テレビプロデューサー、ラジオプロデューサー、映画、舞台…エンタテインメント業界にはいろいろな仕事がある！一般社団法人コンサートプロモーターズ協会寄附講座「ライブ・エンタテインメント論」ゲスト講師インタビュー集。
2017.12 278p B6 ¥1500 ①978-4-309-92134-1

◆表現と息をしている　小木戸利光著　而立書房
【要旨】上京してから夢中で自分のやりたい表現を追求してきた。その先にみつけた、今この時代に表現することの意味。世界の声なき声を、作品や表現を通して浮かび上がらせること。現代の若者にとっての、表現のあり方を考える本。若松孝二、ホンマタカシ、COSMIC WONDER、伝統芸能（神楽）etc…コラボレーションによる創作活動を記録。図版多数収録。
2017.7 193p B6 ¥1900 ①978-4-88059-401-9

◆5―FIVE　DISH著　主婦と生活社
【目次】1 INTRODUCTION, 2 DISH// in the park!!, 3 STORY OF DISH//, 4 SEXY& COOL DISH//, 5 DISH// vs 555Q
2017.3 1Vol. B5 ¥2222 ①978-4-391-14998-2

◆舞台男子 the document　おーちようこ企画・取材　KADOKAWA
【要旨】web文芸誌「小説家sari-sari」で好評を博した人気連載「舞台男子」から、大注目の若手舞台俳優たちが明らかにした「いまの想い、いまのすべて」をまとめました。未公開カットをプラス、美しい写真と1万字ロングインタビューで魅せる舞台を愛する人に届けたい。
2017.4 159p B6 ¥1600 ①978-4-04-105210-5

◆二人の天馬―電力王桃介と女優貞奴　安保邦彦著　花伝社, 共栄書房　発売
【要旨】新派創興の川上音二郎、世界を魅了した日本初の女優貞奴と電力王福澤桃介。音二郎亡き後、桃介と貞奴の再会で電源開発にかける執念と舞台一筋の情熱が恋の火花を散らす。
2017.1 231p B6 ¥1500 ①978-4-7634-0801-3

◆ふれあい酒場BARレモン・ハート　古谷三敏, 古谷陸, ファミリー企画著　双葉社
【要旨】人気男女声優陣による朗読劇イベントの様子はもちろん、オフショットや座談会、楽しく酒の知識を得られる漫画も収録!!
2017.6 111p B6 ¥1800 ①978-4-575-31262-1

◆私らしい笑顔のつくり方　橋本麗香マリア著　主婦の友社
【要旨】手放したこと。はじめたこと。幸せに生きること。
2018.1 141p B6 ¥1580 ①978-4-07-426331-8

◆僕がカンボジア人になった理由　猫ひろし著　幻冬舎

【要旨】2012年に、一度はロンドン五輪マラソン・カンボジア代表に内定しながら、国際陸連の新規定により出場が消滅。このとき、34歳…しかし、猫ひろしは諦めなかった。4年後のリオ五輪出場を目指して、トレーニングを再開すると、今度は見事カンボジア代表としての出場権を獲得。芸人初の五輪選手となったリオ五輪本番では、15名が途中棄権する中、139位、2時間45分55秒で見事に完走した。ときには批判には耐え、悩みながらも、ひたすら愚直に走り続けた芸人・猫ひろしの知られざる本音が詰まった、笑いと感動の一冊！
2017.12 189p B6 ¥1300 ①978-4-344-03233-0

◆ポケット嵐 9　ジャニーズ研究会編　鹿砦社
【要旨】1年分のHappy がここに！ポケットサイズでどんなときもそばにいるARASHIフォトレポート。
2017.5 111p A6 ¥760 ①978-4-8463-1171-1

◆ポケット版 Hey！Say！JUMPジャンピングワンダーランド！　ジャニーズ研究会編　鹿砦社
【要旨】「LIVE TOUR 2015 JUMPing CARnival」の模様をたっぷり詰め込んだファン必読のフォトレポート・ポケット版！
2017.6 98p A6 ¥740 ①978-4-8463-1176-6

◆ポケット版 NEWS四重奏　ジャニーズ研究会編　鹿砦社
【要旨】NEWS4人の魅力と萌えショットたっぷり。新旧ファンがともに感動した2016年「QUARTETTO」ツアーに密着。充実のフォトレポート・ポケット版！
2017.6 90p A6 ¥740 ①978-4-8463-1175-9

◆また出た 私だけが知っている金言・笑言・名言録 2　高田文夫著　新潮社
【要旨】新旧の笑芸界レジェンド達の「珠玉の一言」と「極秘エピソード」集。
2017.6 189p 18cm ¥1100 ①978-4-10-340092-9

◆まゆゆきりん「往復書簡」——文字、一文字に想いを込めて　渡辺麻友、柏木由紀著　双葉社
【要旨】口では言えなかったけど文字にすれば言えた想い。「同期」であり「同士」であり「ライバル」でありなにより「親友」の二人が綴る「女の友情」。AKB48のツートップにして大親友の二人が手紙を通して「11年間、言えなかった本当の気持ち」を告白する—
2017.12 203p B6 ¥1200 ①978-4-575-31329-1

◆「ミヤネ屋」の秘密——大阪発の報道番組が全国人気になった理由　春川正明著　講談社（講談社プラスアルファ新書）
【要旨】東京に比べ人員も予算も限られた中、彼らが徹底してこだわったことは？
2017.3 189p 18cm ¥840 ①978-4-06-272986-4

◆ムロ本、　ムロツヨシ著　ワニブックス
【要旨】これまでの人生がいっぱい詰まった初めての本。自ら執筆した台本をベースとした、俳優・新井浩文との本音対談、監督・福田雄一が語る知られざるムロツヨシ、俳優・若葉竜也×永野宗典×本多力によるムロツヨシ演出力談義など色彩豊かに構成された「ムロツヨシ、人生初めての書籍」。現在の想いをストレートに語ったロングインタビューも併録。
2017.4 395p B6 ¥1500 ①978-4-8470-9542-9

◆めっちゃいい塩梅。——梅原裕一郎1stフォトブック　梅原裕一郎著　主婦の友インフォス、主婦の友社 発売
【要旨】「声優グランプリ」の連載「梅原裕一郎のいい塩梅。」が1冊に！撮り下ろしは、普段は見られない衣装&表情がいっぱい詰まったグラビアや、下町・柴又散歩のロケが思い出をたっぷり収録。グラビア「レコMEN！」「LOVE・ME・GANE」の未公開カットも収録。
2017.4 95p B5 ¥2000 ①978-4-07-421227-9

◆もうひとつの浅草キッド　ビートきよし著　双葉社（双葉文庫）
【要旨】「おはよう」そう声をかけると、ちょっと神経質そうな顔をしたかいつか、ふと振り返るでもなく、目線を軽くこちらに向けて、ちらっと頭を下げた。たけが相方ひとりとの出会いだった。ビートたけしの傑作自伝小説「浅草キッド」では分からなかった"きよし版"ツービート伝。
2017.8 301p A6 ¥611 ①978-4-575-71471-5

◆元アイドルのAVギャル瀬名あゆむ、アイドルプロデューサーになる　瀬名あゆむ著　コアマガジン　（コア新書）
【要旨】人気AVギャル瀬名あゆむは「アイドルプロデューサー」になっていた！その転身の裏には実は彼女自身がかつてアイドルとして活動し、しかしメジャーデビュー寸前で挫折するという隠された物語があった。AV引退後、自らアイドルカフェを開店し、アイドルユニットを育成、地下アイドルシーンに挑む日々と、自身のアイドル・AV・深夜テレビ時代の知られざる過去、さらにはTV全国放送され、ネットを騒然とさせた「アイドルネットストーカーX」事件まで、全てを告白したかつてない破天荒なアイドル・ノンフィクション。そして、あなたも「アイドル運営」をしたくなる…!?
2017.8 191p 18cm ¥787 ①978-4-86653-063-5

◆モーニング娘。'17BOOK『拝啓、ハル先輩！』東麻布高校白書　ワニブックス
【要旨】一緒に青春、しませんか？恋、友情、絆…男女14人の想いが交錯する、ハルキュン学園ストーリー。
2017.12 1Vol. A5 ¥1296 ①978-4-8470-4982-8

◆ももクロ独創録——ももいろクローバーZ公式記者インサイド・レポート2016-2017　小島和宏著　徳間書店
【要旨】2016年夏の「桃神祭」から、2017年の「春の一大事」までもものクロの主要ライブの知られざる舞台裏を完全網羅！百田夏菜子&佐々木彩夏が本音で語った、ここでしか読めないロングインタビューも独占掲載！
2017.7 285p B6 ¥1600 ①978-4-19-864428-4

◆ももクロ無限ロード——ももクロ座談録 2　所十三、小島和宏著　白夜書房
【要旨】漫画家&座談会メンバーがイラストと活字でももいろクローバーZの全てを追跡!!
2017.12 189p A5 ¥1389 ①978-4-86494-169-3

◆役者なんかおやめなさい——84歳、日本を代表する名優が語る、60年余の舞台人生　仲代達矢著、坂야直子インタビュー　サンポスト、コスモの本 発売　（THE INTERVIEWS 6）
【要旨】第1章 クラシック俳優、ニューヨークへ飛ぶ、第2章 軍国少年の叛逆、第3章 三度の飯より映画に夢中、第4章 役者は命がけ、第5章 人斬りジョーがつかんだ成功、第6章「無名塾」と歩んだ四〇年、第7章 スモールビューティーの時代へ、第8章 役者という商売
2017.3 158p 20×11cm ¥1500 ①978-4-86485-032-2

◆やさしくなるとうまくいく——ノートに書きとめてきた教えと言葉　勝俣州和著　KADOKAWA
【要旨】一期一会の出会いをした。37の言葉たち。
2017.6 207p B6 ¥1400 ①978-4-04-895916-2

◆夕暮れともとぼけて見れば朝まだき——ノッポさん自伝　高見のっぽ著　岩波書店
【要旨】人気番組「できるかな」で、多くの子どもたちの心をとらえたノッポさん。芸人だった父の鞄持ちや四年間の失職を経て、子ども番組の主役をつかみ、その後も絶えず新しいことに挑戦し続けてきた自らの人生をふり返る。ノッポさんを見て育った大人たちに生きる勇気を与える本。
2017.11 176p B6 ¥1600 ①978-4-00-025427-4

◆ゆめいらんかね やしきたかじん伝　角岡伸彦著　小学館　（小学館文庫）
【要旨】"関西の視聴率界"やしきたかじんの原点は歌手活動にある。七〇年代半ばにデビューしたが泣かず飛ばず。どんな仕事も引き受けると、先に、「しゃっくり」が評価された。その後、優秀なスタッフに恵まれ、「やっぱ好きやねん」「東京」などヒット曲を出す。一方、タレントしては東京進出に失敗。関西に根を下ろし、人気番組の司会を務めながら安倍晋三首相やビートたけし氏ら各界の大物と交友関係を築いた。晩年は歌手活動再開を模索するも、その矢先に病に倒れた。波瀾万丈の六十四年に迫る人物評伝。文庫化に際して大幅加筆し、作詞家・及川眠子氏の解説も収録した。
2017.1 332p A6 ¥630 ①978-4-09-406389-9

◆ゆめみやげ　夢眠ねむ著　集英社
【要旨】でんぱ組.incの夢眠ねむが理想の手みやげを紹介する『メンズノンノ』の人気連載が待望の書籍化！大好評だった連載を本誌未掲載カットとともにまとめながら、50ページを超える撮り下ろしのフォトストーリー、東西推しみやげリスト、食にまつわるロングインタビューなど

様々なコンテンツを加え、彼女の食への愛が詰まったキュートでグルメな1冊に！
2017.9 111p A5 ¥1500 ①978-4-08-780820-9

◆横山だいすけフォトブック げんきよ！とどけ！だいすけお兄さんの世界迷作劇場　横山だいすけ著　KADOKAWA
【要旨】みんなでうたおう！わらおう！だいすけお兄さんがいつもそばにいるよ。オフィシャルブック。
2017.12 117p B5 ¥1400 ①978-4-04-106337-8

◆よしもと血風録——吉本興業社長・大崎洋物語　常松裕明著　新潮社（新潮文庫）（『笑う奴ほどよく眠る』改題書）
【要旨】吉本興業に入社した大崎洋は、寝坊、遅刻とミス連発。ミスター吉本こと辣腕プロデューサー木村政雄氏と共に東京へ。漫画ブームで不眠不休の毎日に、突然の帰阪辞令。仕事も与えられぬまま、覗いた芸人養成所に彼らはいた。小汚ない二人が輝いて見えた。やがて、彼らの快進撃が始まった！昭和の終わりから現在まで、吉本興業の大躍進を描く傑作ノンフィクション。
2017.9 475p A6 ¥710 ①978-4-10-121091-9

◆吉本興業をキラキラにした男——林弘高物語　竹中功監修、小谷洋介著　ロングセラーズ
【要旨】朝ドラ「わろてんか」がもっと面白くなる。吉本せいを支えた、もう一人の実弟がいた。稀代のプロデューサー「林弘高」の人生がはじめて語られる。
2017.10 315p B6 ¥1300 ①978-4-8454-2408-5

◆吉本興業を創った人々　堀江誠二著　PHP研究所（PHP文庫）（『吉本興業の研究』加筆・修正・改題書）
【要旨】吉本泰三とせい夫婦が、すべてをなげうって寄席の経営を始めてから105年。吉本興業はいかにして、日本の「笑い文化」を代表する企業となったのか。その軌跡には、「笑い」を生み出すための波瀾万丈の人間ドラマと、絶え間ない「時代への挑戦」があった。創業者夫婦、その志を継いだ人々、そして、吉本興業の知られざる歩みに光をあてた傑作ノンフィクション。
2017.10 314p A6 ¥720 ①978-4-569-76758-1

◆吉本興業百五年史　吉本興業, ワニブックス 発売
【目次】第1章 創業から演芸界統一まで—1912（明治45）年～1922（大正11）年、第2章 近代漫才を育てて演芸王国に—1923（大正12）年～1937（昭和12）年、第3章 戦時下のよしもとと戦後復興への道—1938（昭和13）年～1958（昭和33）年、第4章 うめだ花月開場から「笑いの吉本」復活へ—1959（昭和34）年～1979（昭和54）年、第5章 東京進出と全国区への飛躍—1980（昭和55）年～1999（平成11）年、第6章 21世紀を超えて100周年へ—2000（平成12）年～2012（平成29）年、エピローグ 未来予想図ヨシモト4000年王国 2112年の会話
2017.10 809p A4 ¥10500 ①978-4-8470-9620-4

◆吉本せい——お笑い帝国を築いた女　青山誠著　KADOKAWA　（中経の文庫）
【要旨】大阪天満橋筋の喧騒のなかでたくましく育った吉本せいは、芸事好きな夫に嫁ぎ、やがて夫婦で寄席の経営に乗り出す。彼女は天性の「興行師」、芸能プロデューサーだった。桂春團治、エンタツ・アチャコら伝説の芸人たちとの交流や、演芸界の覇権をめぐるライバル会社との激闘、戦争にも負けなかった"お笑い"への情熱など、その波乱万丈の生涯に迫る一冊。
2017.8 221p A6 ¥630 ①978-4-04-602039-0

◆吉本せいと林正之助 愛と勇気の言葉　坂本優二著　イースト・プレス
【要旨】吉本興業を創った姉弟が教えてくれる、人生でいちばん大切なこと。つらいとき、悲しいとき、くじけそうなとき、「笑い」の力で世界を変えた二人の言葉が、あなたの背中を押してくれる！
2017.9 204p B6 ¥1200 ①978-4-7816-1589-9

◆世にも奇妙なニッポンのお笑い　チャド・マレーン著　NHK出版（NHK出版新書）
【要旨】笑いを求めて三千里。故郷オーストラリアから日本で芸人になるためにやってきた若者が飛びこんだのは、世にも稀なる芸道だった。不自由にも見える芸人の上下関係の秘密から、「ツッコミ」「どつき」「ひな壇トーク」などの特殊性、そして"笑い"を翻訳して海外に届けることの難しさまで。苦節20年、お笑い界の荒波を生き抜いてきた外国人異才が、日本のお笑いの本領と秘めたる可能性をしゃべり倒す！
2017.12 205p 18cm ¥780 ①978-4-14-088539-0

◆ライムスター宇多丸のマブ論CLASSICS ―アイドルソング時評2000‐2008　宇多丸著
光文社　（光文社知恵の森文庫）
【要旨】「ハロー！プロジェクト」を代表とするアイドルが質・量ともに日本のポップ界全体を大きく圧倒していた2000年前後から、Perfumeが大ブレイクを果たす2008年までの8年間を、アイドルソング時評で辿る。その後のシーンの動態を浮き彫りにする文庫版特別対談も収録。記録でアイドル史を俯瞰できる資料的一冊。
2017.4　577p　A6　¥1020　①978-4-334-78719-6

◆ラジオに恋して―ぼくらのラジオデイズ 1980‐2016　ルーシー・ケント著　ゴマブックス
【要旨】1980年代、みんながFMラジオを聴いていた―
2017.4　183p　B6　¥1500　①978-4-7771-1896-0

◆ラストシーン 北野武　北野武著　ロッキング・オン
【要旨】「取材を語る」「恐怖を語る」「運・不運を語る」「弟子の名前を語る」など、時代の最前線で表現を続けるビートたけし/北野武の核心を問う全14本のインタビューを収録。なぜ、彼だけが特別であり続けられるのか。笑いと納得だらけの金言が満載です！
2017.10　233p　B6　¥1600　①978-4-86052-130-1

◆リズミーハーツータップの父・中川三郎から受け取ったもの 中川裕季子の生き方　山田麗華著　集英社
【要旨】父への感謝の思いを胸にそのともしびを燃やし続けることこそが、私の恩返し。三郎が奏でたリズムは、裕季子へと受け継がれ、再び、動き出す。その肉体が滅びても、きっと魂はどこかでリズムを刻み続けている。それをまた、後進へと、途絶えることなくリズムは受け継がれていく。多くの人との繋がりの中で、これも成長が合うというリズムで繋がっているはずである。リズムとは、人生と切っても切り離せない大切なものなのだから。
2017.6　287p　B6　¥1500　①978-4-08-781637-2

◆るろうにほん 熊本へ　佐藤健著　アミューズ、ワニブックス 発売
【要旨】熊本市、阿蘇市、南阿蘇村、宇城市、上天草市、合志市、高森町、産山村。俳優、佐藤健が日本の未来に出会うべく流浪の旅へ。
2017.4　207p　B6　¥1600　①978-4-8470-9564-1

◆狼侠―芸能界最強の用心棒が明かす真実　笠岡和雄著　（神戸）大翔、れんが書房新社 発売
【要旨】日本芸能界の首領周防郁雄と袂を分かった俠客が最後通告！高倉健と香港マフィア、松方弘樹と毒女、ビートたけし独立の裏で動いたヤクザマネー。スターたちとヤクザの蜜月を見てきた男が語る裏芸能史。
2017.7　239p　B6　¥1500　①978-4-8462-0422-8

◆忘れられないひと、杉村春子　川良浩和著　新潮社
【要旨】没後20年、遺された1500通の手紙をたどり、素顔の魅力を見た。不世出の女優が再び光を放つ。
2017.6　236p　B6　¥1800　①978-4-10-351031-4

◆わたし、還暦？―まあいいか　2　大竹しのぶ著　朝日新聞出版
【要旨】還暦を迎え、ますます充実！朝日新聞連載中の人気コラム、第2弾！
2017.10　291p　B6　¥1400　①978-4-02-251498-1

◆笑いで天下を取った男―吉本王国のドン　難波利三著　筑摩書房　（ちくま文庫）
【要旨】吉本興業創立者・吉本せい。その弟・林正之助は、姉を支えて大正・昭和の時代にお笑いを大きな文化へと築きあげた。才能ある芸人を発掘し、興行界のややこしいトラブルは体を張ってでも解決した。その剛腕ぶりは業界に知れ渡り、ライオンの異名で呼ばれた。さまざまな芸人との出会いや、鷲づかみな芸界秘話などを満載！「小説吉本興業」を改題文庫化。
2017.10　411p　A6　¥880　①978-4-480-43467-8

◆笑うお葬式　野沢直子著　文藝春秋
【要旨】事業を手掛けては失敗する父と、成功を信じて疑わない母。可笑しくて切なくておいしい。野沢家の人々の激動の日々を真っ直ぐに見据えた渾身の思郷作。
2017.10　181p　B6　¥1250　①978-4-16-390730-7

◆「わろてんか」を商いにした街 大阪　廣田誠著　NHK出版
【要旨】「東洋のマンチェスター」と言われた工業都市・大阪には多くの労働人口が集まり、伝統的なお笑いから、よりスピーディでわかりやすい笑いが求められた。その時代的要請をいち早くなしとげたのが吉本せい・泰三の吉本興業であった。吉本が開拓した新たな市場に対抗したのが、老舗企業の松竹である。傘下の新興演芸は吉本をこえる関西地方で地盤を固めた上方のお笑いビジネスは、言葉や文化の壁を乗り越え、東京への進出によって全国ブランドへの飛躍を図った。実はこのような東京進出の壁を破ったのは関西系企業の多くが辿らねばならない道でもあった。なぜ大阪でお笑いが盛んになり、どうやってビジネスにかえられていったのか、社会経済とお笑いの変化を紹介する。
2017.11　204p　B6　¥1300　①978-4-14-081728-5

◆7 LIVESアップアップガールズ(仮)の生き様―UP UP GIRLS kakko KARI official documentary book　KADOKAWA
【要旨】サムライ生まれ、アスリート育ち。戦うインディーズアイドルの全軌跡。ハロプロエッグ解雇から日本武道館単独公演へ―。逆境に負けず戦い続けた、血と汗と涙の6年間。彼女たちが放つ圧倒的"熱量"はどうして生まれたか？メンバー、親族、関係者他の証言約10万字で迫る。
2017.1　207p　A5　¥3500　①978-4-04-895931-5

◆AKB48 Team8 3rd Anniversary Book―新メンバー加入！チーム8の新たなる挑戦の軌跡　光文社エンタテインメント編集部編　光文社
【目次】SPECIAL INTERVIEW エイトを代表する新たな3人のエース鼎談、SOLO INTERVIEW、PICK UP INTERVIEW、AKB48 Team8年表（2016.4～2017.4）、全国ツアー―47の素敵な街へ、舞台「絢爛とか爛漫とか」、第2回 AKB48グループ チーム対抗大運動会、8月8日はエイトの日2016 夏だ！エイトだ！ピッと祭り、じゃんけん大会2016、Team8 EAST「星空を君に」MV撮影（ほか）
2017.4　129p　A5　¥3000　①978-4-334-90220-9

◆ATSUSHI & EXILE TRIBE BEYOND　EXILE研究会編　鹿砦社
【要旨】活動拠点を海外へ―ATSUSHIの英断は大きな波紋を呼んだ。EXILEとしても数々の金字塔を打ち立て、個人としてはソロアーティスト史上初となる6大ドームツアーを完遂。それでもなお挑戦を続ける孤高のアーティスト。その「苦悩」の先にあるものと、残された者たちの「覚悟」に迫る保存版フォトレポート。
2017.6　95p　B5　¥930　①978-4-8463-1174-2

◆BEACH LOVER―Baby Kiy's 2nd LIFE STYLE BOOK　Baby Kiy著　トランスワールドジャパン
【要旨】シンガーソングライター・Baby Kiy。海をこよなく愛する一人の女の子が自然と触れて感じたインスピレーションやお気に入りのビーチ、美容のことから言葉まで…、natural mind-setをたっぷり詰め込んだ一冊。
2017.7　127p　A5　¥1600　①978-4-86256-207-4

◆Block B　Block B著　幻冬舎
【要旨】韓国の男性7人組人気アーティスト、日本で初めてのフォトエッセイ。東京の街で1人の時間を楽しむ姿、海辺でメンバーがともに過ごす表情を撮り下ろし！幼少時代から、アーティストになるまで、メンバーたちの絆、日本のファンへのメッセージまでを綴ったエッセイも収録。
2017.11　183p　B5　¥3500　①978-4-344-03192-0

◆CECIL 10　岸本セシル著　集英社
【要旨】私服、セルフメイク、グラビア…10年間のすべてを込めたまだ、誰も見たことのない"岸本セシル"。
2017.11　127p　24×19cm　¥1600　①978-4-08-780822-3

◆Cheer Up！NEWS―message & photo report　ジャニーズ研究会編　鹿砦社
【要旨】試練を"更なる飛躍"へのチャンスへと変換、同時に"鉄の絆"を"バーナ"との間に築いてきたNEWS…既存のジャニーズのアイドルグループとは一線を画しながら、ファンから愛されてやまない4人のREALな魅力を、"お宝ショット"とともに詰め込みました！
2017.3　95p　A5　¥880　①978-4-8463-1184-1

◆emma　emma著　SDP
【要旨】今もっとも注目を集めている話題のニューガール・emma。モデルの枠を超えて幅広く活躍中の彼女が、パワフルでエッジの効いた新しいムーブメントを巻き起こす。
2017.5　150p　24×19cm　¥1852　①978-4-906953-44-8

◆FOREVER DREAMERS Generation of "DREAM BOYS" 2012‐2016　ジャニーズ研究会編著　鹿砦社
【要旨】Kis‐My‐Ft2の玉森裕太、千賀健永、宮田俊哉が熱演を繰り広げた2012年～2016年のジャニーズ伝統舞台「DREAM BOYS」を完全収録した待望のフォトレポート！年々進化するストーリーや見逃せない名場面をあますことなく振り返る永久保存版！
2017.10　95p　B5　¥930　①978-4-8463-1196-4

◆Hey！Say！JUMP―9人のキセキ　永尾愛幸著　太陽出版
【要旨】10周年を機に"新たなステージ"に上がろうとしているHey！Say！JUMP。彼ら自身が語った「言葉」と、周辺スタッフが語る彼らの"素顔"。知られざるエピソードと共に、彼らの"リアル"に迫る―。
2017.10　217p　B6　¥1300　①978-4-88469-918-5

◆Hey！Say！JUMPの深イイ話 2　神楽坂ジャニーズ巡礼団著　鉄人社
【要旨】いまやHey！Say！JUMPの時代！ちょっと愉快な笑えるエピソードをふたたび。
2017.2　181p　19cm　¥940　①978-4-86537-076-8

◆home―yumi yasuhara personal magazine 特集・安達祐実36歳のいま　カエルム
【要旨】夫・桑島智輝も参加した70P超のポートレイトと10時間10万文字を超える前代未聞の超ロングインタビュー。写真は全て無修正、原稿も彼女自身に関する話題はノーカット。一人の人間・安達祐実に対する、素直な好奇心をまとめた一冊。
2017.11　145p　B5　¥1500　①978-4-908024-16-0

◆IDOL FILE Vol.02 TOKYO　ロックスエンタテインメント編　（大阪）ロックスエンタテインメント、シンコーミュージック・エンタテイメント 発売
【目次】COMING UP GIRLS（熊澤風花（Task have Fun）、十束おとは（フィロソフィーのダンス）、IDOL GROUP TOKYO（虹のコンキスタドール、PiiiiiiiN ほか）、MY WARDROBE―私服のアイドル38人！、SPECIAL TALK（篠塚つぐみ―絶対直球女子！プレイボールズ、中江さき―天晴れ！原宿 ほか）、HARAJUKU（柊宇咲＆児玉のんの―原宿物語）
2017.3　103p　A5　¥1400　①978-4-401-76222-4

◆KinKi Kids―おわりなき道　田幸和歌子著　アールズ出版
【要旨】もっとも遠くて、もっとも近い、奇跡のデュオ。ジャニーズライターが追った、KinKi Kids"ふたりの世界"。
2017.2　223p　B6　¥1300　①978-4-86204-287-3

◆KinKi Kids―must Go On. 2人の言葉、その想い　永尾愛幸著　太陽出版
【要旨】1997年7月21日―『硝子の少年』でCDデビューしたあの日から、20年の年月を積み重ねて来たKinKi Kids。彼ら自身が語った「言葉」と、周辺スタッフが語る"真の姿"知られざるエピソードと共に堂本光一、堂本剛という不世出の2人組の魅力に改めて迫る。
2017.7　199p　B6　¥1300　①978-4-88469-907-9

◆KinKi Kidsアーカイブス　ジャニーズ研究会編　鹿砦社
【要旨】祝・デビュー20周年！メモリアルイヤーを記念して、160ページの大ボリュームでお届けするスペシャルフォトレポート！なかよしツーショット満載の貴重なライブフォトに加え、グループ発言集やシングル完全ガイドに、ふたりの歩みをたどるスペシャル企画も多数収録！
2017.4　159p　B5　¥1600　①978-4-8463-1167-4

◆KinKi Kids We're The One―20th Anniversary Party　ジャニーズ研究会編　鹿砦社
【要旨】2017年7月に横浜スタジアムで開催された20周年イベント「KinKi Kids Party！～ありがとう20年～」を完全フォトレポート！ふたりのラブラブツーショットを集めたスペシャルフォトギャラリーも必見！
2017.9　95p　B5　¥930　①978-4-8463-1192-6

芸能・演劇

◆Kis‐My‐Ft2アーカイブス　ジャニーズ研究会編　鹿砦社
【要旨】デビューから現在までの歴代ツアーに加え、ゲスト出演した「SUMMARYスペシャル」や「DREAM BOYS」「美男ですね」「TAKE FIVE2」など、大人気舞台の模様も一挙に振り返る永久保存版フォトレポート！
2017.5 143p B6 ¥1600 ⓘ978-4-8463-1172-8

◆Kis‐My‐Ft2アーカイブスJr.編　ジャニーズ研究会編著　鹿砦社
【要旨】不屈のアイドル・キスマイのJr.時代をプレイバック！「PLAYZONE 2009」や「Kis‐My‐Ftに逢える de Show」のほか、バックを務めた嵐や滝沢秀明のツアーでの貴重なフォトもたっぷり収録！デビューに至るまでの軌跡を振り返る永久保存版フォトレポート！
2017.6 143p B5 ¥1600 ⓘ978-4-8463-1178-0

◆Kis‐My‐Ft2 MUSIC FIGHTERS　ジャニーズ研究会編　鹿砦社
【目次】LIVE TOUR 2017 MUSIC COLOSSEUMパーフェクトレポート、MCいいとこどり！、セットリスト(2017年6月22日名古屋公演2部)、北山宏光、藤ヶ谷太輔、玉森裕太、千賀健永、宮田俊哉、横尾渉、二階堂高嗣
2017.8 95p B5 ¥930 ⓘ978-4-8463-1188-9

◆KOTOKO BOOK　山賀琴子著　扶桑社
【要旨】「ミス青山コンテスト2015」のグランプリを獲得して注目を集め、日本一の女子大生を決める「ミス・オブ・ミスキャンパスクイーンコンテスト」でも優勝。ヘルシーなルックスと、SNSで発信されるおしゃれな私生活が、同世代女性の圧倒的支持を集め、「和製ミランダ・カー」とも称される山賀琴子。女優としても、ドラマ「逃げるは恥だが役に立つ」「突然ですが、明日結婚します」に2期連続出演するなど、いまいちばん輝いている22歳の魅力をたっぷり詰め込んだ、待望のスタイルブック！
2017.5 112p A5 ¥1400 ⓘ978-4-594-07715-0

◆MARQUEE別冊 でんぱ組.inc『続・でんぱブック』　マーキー編集部編　マーキー・インコーポレイティド、星雲社 発売
【目次】1 でんぱ組.inc PHOTO HISTORY 2013→2016、2 でんぱヒストリー2013→2016インタビュー、3 個別、個別、4 親・でんぱコメント×29、5 でんぱクリエイターズintroduction、6 過去記事再収録！
2017.1 208p 29×22cm ¥2000 ⓘ978-4-434-22630-4

◆MY STYLE—BEAUTY STYLE BOOK　ダレノガレ明美著　マガジンハウス
【要旨】ダレノガレ明美の脱げるカラダのヒミツ全部公開。リバウンドしないためにやってること/0円でできる最新トレーニング法/初公開の愛用品…etc. 考え抜いた1冊Beautyづくし。
2017.6 125p A5 ¥1500 ⓘ978-4-8387-2933-3

◆NACS HOLIC 2008‐2017　TEAM NACS著　学研プラス
【要旨】「ナックス・ファンタジー」グラビア＆NACS座談会、当時の自分を振り返るソロインタビュー。森崎博之 安田顕 戸次重幸 大泉洋 音尾琢真、走りきけたTEAM NACSの約10年、そして"今"がここに。
2017.4 272p 24×17cm ¥1900 ⓘ978-4-05-406532-1

◆Negiccoヒストリー Road to BUDOKAN 2003〜2011　小島和宏著　白夜書房
【要旨】結成15年目、夢は日本武道館。新潟在住アイドルの「挫折」と「栄光」。メンバー、関係者の証言が紡ぐ、結成からT‐Palette Records加入までの軌跡。
2017.8 223p B6 ¥1389 ⓘ978-4-86494-151-8

◆NEWS その先の4人へ—折れない心、強い絆　永尾愛幸著　太陽出版
【要旨】「新生NEWS5周年"—力強く歩み続けるNEWS4人が描く、その先へ進むための未来予想図。彼ら自身が語った「言葉」と、周辺スタッフが語る彼らの"真の姿"を独占収録！"NEWSの今、そして未来"―
2017.5 201p B6 ¥1300 ⓘ978-4-88469-904-8

◆NEWS FANTASTIC LOVE　ジャニーズ研究会編著　鹿砦社
【要旨】幻想的なNEWSワールドをステージ上で作り上げた「NEWS LIVE TOUR 2017 NEVERLAND」に密着したフォトレポート。
2017.6 95p B5 ¥930 ⓘ978-4-8463-1177-3

◆OH!!MY!!GACKT!!　GACKT著　KADOKAWA
【要旨】会員制ブログ『ブロマガ』の人気連載「GACKTのクソくだらな〜い話」が待望の書籍化！！！Column「DOKUHAKU」「成功の法則」「性交の法則」「成功＆性交の法則」。
2017.7 1207p B6 ¥3500 ⓘ978-4-04-601706-2

◆PRIDE V6　永尾愛幸著　太陽出版
【要旨】彼ら6人が語った「言葉」と、周辺スタッフが語る"真の姿"。彼らの"生きざま"と、プロフェッショナルとしての"矜持"—"知られざる素顔"から読み解く、V6の本質を独占収録！
2017.8 201p B6 ¥1300 ⓘ978-4-88469-910-9

◆SMAPと、とあるファンの物語—あの頃の未来に私たちは立ってはいないけど　乗田綾子著　双葉社
【要旨】転職を繰り返し、不登校にもなってしまった。思い焦がれた上京は、失敗した。生まれた町に、思い出の影すら残っていない。誰だって、願うだけの現実を生きるは難しい。だけど。小学校低学年から30歳に至るまで、とある女性の人生に"ずっと"寄り添っていたのは、アイドルだった。雑誌やテレビ、ラジオでのSMAPの発言や行動から彼らの歴史を振り返り、同時代を生きたファンの目線とその思い出からアイドルの意味と意義を読み解く一冊。
2017.9 311p B6 ¥1500 ⓘ978-4-575-31302-4

◆THE MEMBERS OF DRUM TAO　DRUM TAO監修　PARCO出版
【要旨】肉体が鍛練され、精神が磨かれ、音楽が生まれ、そして比類なきエンターテイメントが創造される。その秘密を解き明かすドキュメンタリー・ブック。富永よしえと五十川満の撮り下ろし写真と立川直樹によるメンバーインタビュー。彼らのリアルな日々の鍛錬。DRUM TAOのメンバーの"真の姿"がここに。
2017.7 1Vol. A4 ¥3982 ⓘ978-4-86506-222-9

◆THE NEWSPAPER—World Wide Summit　ザ・ニュースペーパー著　トランスワールドジャパン
【要旨】とらんぷが、あべが…、巷の話題をさらう"アノ人"が繰り広げる抱腹絶倒のステージの開幕！
2017.12 80p 27×21cm ¥1852 ⓘ978-4-86256-223-4

◆TOKYO芸能帖—1981年のビートたけし　高田文夫著　講談社
【要旨】TOKYO発大衆芸能史の決定版！全部、見たこと、出会った人。"革命児"ビートたけしと素晴らしき人々。
2017.3 237p 四六 ¥1700 ⓘ978-4-06-220380-7

◆TYPE‐MOONの軌跡　坂上秋成著、TYPE‐MOON監修　星海社、講談社 発売（星海社新書）
【要旨】TYPE‐MOONはなぜわたしたちの心をとらえて放さないのか—？本書はTYPE‐MOON完全監修のもとに、『月姫』『空の境界』『Fate/stay night』『Fate/hollow ataraxia』『魔法使いの夜』そして、あの『Fate/Grand Order』に至るまでの諸作品をめぐる明快な批評と、綿密な取材とインタビューに基づくエピソードの数々を通じて、その秘密に迫っていきます。彼らが作品づくりにかける情熱と、その出発点となった武内崇と奈須きのこの友情を知ることで、あなたはまばゆく輝くあのTYPE‐MOONユニバースが成立した奇跡の軌跡を知ることができるでしょう。
2017.11 261p 18cm ¥960 ⓘ978-4-06-510557-3

◆V6 Road of 6 SEXY MEN　ジャニーズ研究会編著　鹿砦社
【要旨】今、第2のブレイクを迎えつつあるV6。最新ツアー「V6 LIVE TOUR 2017 The ONES」の模様をはじめ「カウントダウン2016・2017」「V6プレイバック」とV6の魅力をたっぷり詰め込んだ永久保存版フォトレポート！
2017.12 127p B5 ¥1600 ⓘ978-4-8463-1207-7

◆YouTuberマガジン特別編集 U‐FES. オフィシャルブック　講談社編　講談社
【目次】SPECIAL CROSS TALK、U‐FES. TOUR 2016 in 大阪/夜の部、U‐FES.TOUR 2016 in 大阪/昼の部、大阪公演Special Interview 1 HIKAKIN、大阪公演Special Interview 2 はじめしゃちょー、大阪公演Special Interview 3 フィッシャーズ、U‐FES. 大阪リハーサル密着レポート!!、U‐FES.TOUR 2016〜Meet & Greet〜in 広島、広島公演Special Interview ボッキー、U‐FES.TOUR 2016〜Meet & Greet〜in 仙台、仙台公演Special Interview 水溜りボンド、U‐FES.TOUR 2016〜Meet&Greet〜in 福岡、福岡公演Special Interview 木下ゆうか、CREATOR CATALOG, OFFICIAL GOODS INFORMATION, U‐FES.TOUR Final in Tokyo
2017.1 95p B5 ¥1250 ⓘ978-4-06-365008-2

◆Zoom in 大野智　ジャニーズ研究会編著　鹿砦社
【要旨】嵐のリーダー・大野智が駆け抜けた20代後半〜現在までの10年間の全軌跡を追ったフォトレポート！歌、ダンスでの活躍はもちろん、アーティストとして参加した衣装や、釣りで見せる笑顔も多数収録した永久保存版フォトレポート！
2017.12 95p B5 ¥930 ⓘ978-4-8463-1206-0

◆Zoom in 櫻井翔　ジャニーズ研究会編著　鹿砦社
【要旨】Arashi・櫻井翔、10年間の栄光の軌跡を公開！特別企画として、リーダー大野智との「山」コンビのなかよしショットを多数収録。これが櫻井翔の決定版！永久保存版フォトレポート。
2017.11 95p B5 ¥930 ⓘ978-4-8463-1201-5

◆Zoom in 二宮和也　ジャニーズ研究会編著　鹿砦社
【要旨】Arashi の"才人"二宮和也。NHK紅白歌合戦白組司会を務め、アイドル、俳優、MC、作詞作曲、映画俳優と活躍の10年間を追う！ポニ宮と乙女宮の秘蔵フォトも一挙収録。二宮のすべてがわかる永久保存版フォトレポート。
2018.1 95p B5 ¥930 ⓘ978-4-8463-1214-5

◆Zoom in 藤ヶ谷太輔　ジャニーズ研究会編　鹿砦社
【要旨】Kis‐My‐Ft2きってのクール＆セクシー担当・藤ヶ谷太輔にズームイン！秘蔵フォトに加え、ロマンティストならではの胸キュン名言や、オソロを狙える私物情報もファン必見！
2017.3 95p B5 ¥930 ⓘ978-4-8463-1162-9

◆Zoom in 松本潤　ジャニーズ研究会編　鹿砦社
【要旨】嵐・松本潤の10年間に迫る！王子様のような20代前半、大人の色気あふれる20代後半、そして実力派俳優と成長した30代。すべてがわかるスペシャルフォトレポート！
2017.9 95p B5 ¥930 ⓘ978-4-8463-1191-9

宝塚

◆小林一三は宝塚少女歌劇にどのような夢を託したのか　伊井春樹著　(京都)ミネルヴァ書房
【要旨】もともとプールとして設計された設備を、劇場に転用した苦肉の策からはじまったと言われる宝塚少女歌劇団。阪急電鉄の経営にたずさわった小林一三は、さまざまな仕掛けやアトラクションで鉄道事業を成功に導こうとした。箕面動物園、こども博覧会、お伽芝居といった次々打ち出された娯楽を人々はいかに享受したのか、宝塚少女歌劇にいたるまでの沿線開発の歩みを当時の世相と共にたどり、明治・大正の文化史の一場面を活写する。
2017.7 268, 13p B6 ¥2800 ⓘ978-4-623-07998-8

◆たからづか学—まちの姿と歴史文化が語る宝塚　定藤繁樹編著　(西宮)関西学院大学出版会
【要旨】住みたいまち宝塚市。誰もが住みたくなる魅力の源泉を探る。魅力あふれるまち宝塚をオムニバス形式で語る。
2017.10 255p A5 ¥2300 ⓘ978-4-86283-247-4

◆宝塚語辞典—宝塚歌劇にまつわる言葉をイラストと豆知識で華麗に読み解く　春原弥生著　誠文堂新光社
【要旨】宝塚歌劇にまつわるトップスターやスタッフ、公演、舞台や衣装などの用語を五十音順に紹介。
2017.2 199p A5 ¥1600 ⓘ978-4-416-51655-3

アイドル・タレント・グラビア写真集

◆アグネス・ラム写真集「1974 Memories」　池谷朗撮影　双葉社

【要旨】写真家・池谷朗氏が撮影した写真の中からポジフィルム約30本が発見された。カレンダー用のために、当時、18歳だったアグネス・ラムを、ハワイで撮影した素材だ。一部は雑誌などで掲載されたカットがあるものの、未発表カットも多く確認された。43年前のポジフィルムを最新技術で再現。ここに約80カットを公開する一。
2017.1 1Vol. A4 ¥3500 ①978-4-575-31214-0

◆あそどっぐの寝た集―越智貴雄写真集 越智貴雄写真,あそどっぐ文・出演 白順社
【要旨】寝たきり芸人・あそどっぐの1stネタ&写真集!!
2017.8 108p 15×21cm ¥1870 ①978-4-8344-0215-5

◆あのね―内田彩写真集 松田忠雄撮影 ワニブックス （付属資料：DVD1)
2017.2 1Vol. B5 ¥3000 ①978-4-8470-4886-9

◆雨宮天の有頂天・纏 雨宮天著 主婦の友インフォス,主婦の友社 発売
【要旨】声優・雨宮天渾身のフォトブック。京都で撮り下ろした和服グラビア。『声優グランプリ』2014年3月号から約4年にわたって連載された『雨宮天の有頂天』まとめ。この4年間を振り返るロングインタビュー。
2017.1 139p B5 ¥3200 ①978-4-07-427980-7

◆あやちゃん―柴田阿弥ファースト写真集 佐藤佑一撮影 小学館
2017.10 1Vol. B5 ¥3000 ①978-4-09-682259-3

◆歩ミ―山本裕貴写真集 山本マオ撮影 ワニブックス
【要旨】思い入れの土地・京都での一人旅を収めた素顔満載のカット。そして東京では、喧騒ある都会の街を駆け抜けて、更には夜ロケや色とりどりのペイント撮影にも挑戦。ロングインタビューだけでなく、日々の想いを吐露した直筆メッセージも収録された永久保存版！
2017.12 1Vol. B5 ¥2315 ①978-4-8470-4946-0

◆或る女―芳野友美ファースト写真集 佐藤裕之写真 双葉社
2017.12 1Vol. B5 ¥2500 ①978-4-575-31324-6

◆アルス ドタバタ密着Memories UGC企画課編 KADOKAWA
【要旨】私立六龍ノ主学園・写真部は見た！2016年のアルスマグナオフショット集。武道館、リリースイベント、生徒総会、ニコニコ超会議、動画撮影、映画舞台挨拶、修学旅行からクリスマスプロムまで、アルスの素顔をまるっと掲載。「アルスをデコろう」結果発表も！
2017.4 135p 19×19cm ¥3240 ①978-4-04-734504-1

◆飯島寛騎ファースト写真集 Hiroki 飯島寛騎著,後藤倫人撮影 主婦と生活社
【要旨】『仮面ライダーエグゼイド』主演！第28回ジュノン・スーパーボーイ・コンテスト、グランプリ、飯島寛騎ファースト写真集。
2017.9 1Vol. 30×24cm ¥2778 ①978-4-391-15093-3

◆意外っていうか、前から可愛いと思ってた―松村沙友理写真集 桑島智輝撮影 小学館 （付属資料：ポスター1)
2017.12 1Vol. 27×21cm ¥1852 ①978-4-09-682262-3

◆いくTAbi―生田佳那写真集 佐藤佑一撮影 ワニブックス
【要旨】手ブラから金魚ブラまで。美人すぎるタクシー運転手からセクシーすぎるタクシー運転手へ。
2017.11 1Vol. B5 ¥3000 ①978-4-8470-4966-8

◆1819―水谷果穂写真集 長野博文撮影 ワニブックス （付属資料あり）
【要旨】18歳から19歳を繋ぐ、10代最後のひとり旅。
2017.2 1Vol. A4 ¥3000 ①978-4-8470-4893-7

◆1mm―竹内涼真写真集 竹内涼真著,立松尚積撮影 集英社
【要旨】初めての一人旅…台湾で見せた、笑顔から涙まで素顔満載、現在を語ったロングインタビューに加え、本人解説による日本縦ナビも！24才、等身大の涼真に1mmずつ接近！
2017.7 1Vol. B5 ¥2200 ①978-4-08-780818-6

◆一徹写真集 めぐる。 青山裕企撮影 ぶんか社
【要旨】趣味や仕事、好きなもの…人気AV男優・一徹の「リアル」をめぐる、フリー復帰後初の写真集。親友・月野帯人との共演&対談も収録！
2017.10 142p ¥2500 ①978-4-8211-4463-1

◆いつのまにか。―福原遥写真集 大江麻貴撮影 ワニブックス
【要旨】18歳から19歳へ。福原遥の1年間を追いかけました。
2017.9 1Vol. B5 ¥3000 ①978-4-8470-4938-5

◆いろは―柳いろはビジュアルブック 西田幸樹撮影 双葉社
【要旨】ナンバーワンお姉さんがついに脱いだ。しっとり系美女タレントがヒミツの飲泉旅行で限界突破。柳いろはは初のビジュアルブック。
2017.3 1Vol. B5 ¥3000 ①978-4-575-31239-3

◆美しい罪―入山杏奈 曽根将樹撮影 幻冬舎
2017.3 1Vol. B5 ¥1667 ①978-4-344-03066-4

◆永遠―鈴木愛理全集2010・2017 西田幸樹撮影 ワニブックス
【要旨】約7年間に渡って撮影。10万点以上のカットから厳選した成長の記録。
2017.4 1Vol. B5 ¥2315 ①978-4-8470-4910-1

◆江口拓也のモテ服PRESS コンプリートフォトBOOK 秋田書店 （付属資料：ポスター1)
【要旨】2012年から声優パラダイスRで連載していた「江口拓也のモテ服PRESS」のベストショットを収録。25歳から20代最後の江口拓也の全30シチュエーションをコンプリート！
2017.8 130p 30×21cm ¥2963 ①978-4-253-01095-5

◆煙夏 enka―中島知子ヘアヌード写真集 西田幸樹撮影 講談社
【要旨】奔放な性が、静かにほとばしる。中島知子・ヘアヌード写真集。
2017.7 1Vol. 31×23cm ¥3600 ①978-4-06-352863-3

◆岡田奈々写真集 二度目の初恋 マガジンハウス・アーカイブス編 マガジンハウス （月刊平凡GOLDEN BEST!! Vol.2)
【目次】春一番、オレンジ、菜の花、若葉、青い空、藍染、紫陽花、虹の橋
2017.3 113p 25×18cm ¥2200 ①978-4-8387-2920-3

◆小田桐奈々 white. 編集：カスタムメディア企画課編 KADOKAWA （付属資料：DVD1)
【要旨】南の島で、ステージの上での彼女とはまた違った表情、そして水着姿も満載です。DVD特典はメイキングではなく、撮り下ろし映像作品です！アイドルグループ「放課後プリンセス」のリーダー小田桐奈々のファーストフォトブック。
2017.9 1Vol. B5 ¥3000 ①978-4-04-734691-8

◆柿原徹也パーソナルBOOK んで、今日何だすの 柿原徹也著 徳間書店
【要旨】柿原徹也、その旅の軌跡。「ボイスアニメージュ」の連載企画「んで、今日何すんの？」全12回に、未公開カットや夏気分満載の新規撮り下ろしグラビアを収録！柿原徹也×入江玲於奈×西山宏太朗バーベキュー座談会、Twitterで募集した50の質問も♪
2017.8 1Vol. B5 ¥2000 ①978-4-19-864467-3

◆壁ドンより床ドンよりロンドン 超特急タクヤ著 主婦と生活社
2017.7 1Vol. A4 ¥2500 ①978-4-391-15068-1

◆『神乳』―神谷えりなfrom仮面女子ファースト写真集 西田幸樹撮影 小学館
2017.11 1Vol. B5 ¥2300 ①978-4-09-682261-6

◆ガールフレンド―YUKO ARAKI 熊木優撮影 SDP
【要旨】みんなのガールフレンド新木優子、初めての写真集。
2017.7 1Vol. B5 ¥2300 ①978-4-906953-47-9

◆記憶 Memorial Films―藤江れいな写真集 萩原和幸撮影 光文社
【要旨】17～23歳までの成長と魅力を満載した珠玉の写真集。
2017.6 140p A4 ¥2700 ①978-4-7683-0870-7

◆君らしさ―堀未央奈1st写真集 堀未央奈著 主婦と生活社
【要旨】乃木坂46二期生のエースが見せた素直と本気。
2017.12 130p B5 ¥1800 ①978-4-391-15129-9

◆9/0―染谷俊之写真集 為広麻里撮影 KADOKAWA
【要旨】地元・谷根千や自転車で巡る青山、表参道。夜の散歩に部屋でくつろぐ姿など～彼の生活にそっと寄り添うように撮り下ろした珠玉の写真の数々。待望の2nd 写真集。
2017.8 1Vol. A4 ¥3000 ①978-4-04-105391-1

◆京佳ファースト写真集―Thankyouka!!! Takeo Dec. 撮影 講談社
【要旨】僕らの「好き」は、全部ここに詰まってる。オトコゴコロを"一番わかってる"17歳。
2017.5 1Vol. A4 ¥2000 ①978-4-06-510006-6

◆極光―工藤大輝写真集 太田好治撮影 主婦と生活社 （付属資料：DVD1)
2017 1Vol. B5 ¥3241 ①978-4-391-15065-0

◆草刈正雄 FIRST PHOTO BOOK 草刈正雄著 双葉社
【要旨】誰も見たことがない草刈正雄がここに！超ロングインタビュー、素顔を知りたい100の質問、幼少期プライベート写真他、草刈正雄のすべてが1冊に凝縮！
2017.5 107p B5 ¥1900 ①978-4-575-31258-4

◆『月光』―村主章枝写真集 ND CHOW撮影 講談社
【要旨】世界を魅了したトップアスリートの奇跡の一瞬。村主章枝、月に舞う。
2017.2 1Vol. 31×24cm ¥3500 ①978-4-06-220501-6

◆号外 地下しか泳げない通信 姫乃たま著 東京キララ社
【目次】河村康輔コラージュ、下町たまさんぽ、銭湯×根本敬
2017.2 79p B4 ¥3500 ①978-4-903883-22-9

◆ここから―長濱ねる1st写真集 細居幸次郎撮影 講談社 （付属資料：ポストカード1)
2017.12 1Vol. 28×21cm ¥1800 ①978-4-06-352865-7

◆ココカラハジマル―小松美咲写真集 渡辺達生撮影 双葉社
【要旨】女優・小松美咲、覚悟の"限界NUDY"。
2017.2 1Vol. A4 ¥3500 ①978-4-575-31221-8

◆『壊して…』―谷桃子ラスト写真集 西田幸樹撮影 双葉社
【要旨】芸能界No.1美ヒップ女優が魅せた最初で最後の「美尻&限界セクシー」。谷桃子ラスト写真集。
2017.5 1Vol. B5 ¥2500 ①978-4-575-31257-7

◆さらら―忍野さら写真集 西條彰仁撮影 ワニブックス （付属資料：DVD1)
【要旨】今いちばん見たいGカップのカラダ。現役女子大生ナンバーワンアイドルがはじめてなのにこんなに大胆。DVDつきファースト写真集。
2017.10 1Vol. B5 ¥3000 ①978-4-8470-4944-6

◆潮騒 齋藤飛鳥 細居幸次郎撮影 幻冬舎 （付属資料：ポストカード1)
【要旨】乃木坂46・齋藤飛鳥ファースト写真集。
2017.1 1Vol. B5 ¥1574 ①978-4-344-03053-4

◆自由ということ―桜井玲香ファースト写真集 Takeo Dec. 撮影 光文社 （付属資料：ポスター1)
2017.3 1Vol. A4 ¥1800 ①978-4-334-90219-3

◆純烈写真集 純烈天国 マガジンランド
2017.6 101p 26×22cm ¥3241 ①978-4-86546-163-3

◆饒舌な眼差し―渡辺梨加1st写真集 阿部ちづる撮影 集英社 （付属資料：ポストカード1)
【要旨】グループNO.1ビューティーをギリシャの絶景で撮り下ろし。欅坂46初ソロ写真集。
2017.12 1Vol. A4 ¥1800 ①978-4-08-780823-0

◆須賀健太ファースト写真集 SUGA. - 素顔 - 須賀健太著 主婦と生活社
2017.9 1Vol. B5 ¥2778 ①978-4-391-15055-1

◆すきだらけ―塩地美澄写真集 中山雅文撮影 ワニブックス
【要旨】元東北ナンバーワン美女アナが挑む極限セクシー。
2017.4 1Vol. A4 ¥3000 ①978-4-8470-4908-8

◆関根ささら love. 三浦雄司撮影 KADOKAWA （付属資料：DVD1)
【要旨】アイドルグループ「放課後プリンセス」の注目株"ささらぶ"こと関根ささらファースト写真集。
2017.6 1Vol. B5 ¥3000 ①978-4-04-734690-1

◆せんこう花火―牧野真莉愛写真集 根本好伸撮影 オデッセー出版,ワニブックス 発売

芸能・演劇　776　BOOK PAGE 2018

（付属資料：DVD1）
2017.8 1Vol. A4 ¥2778 ⓘ978-4-8470-4933-0

◆空色―柳美稀写真集　渡辺達生撮影　小学館
【要旨】『動物戦隊ジュウオウジャー』ヒロイン、初水着。柳美稀ファースト写真集。
2017.2 1Vol. 29×21cm ¥3000 ⓘ978-4-09-682241-8

◆そんな生き方―島田晴香PHOTO BOOK　島田晴香著，鈴木ゴータ撮影　竹書房
【目次】第1章 AKB48に加入、第2章 研究生時代、第3章 チーム4時代、第4章 選抜総選挙、第5章 本当の島田晴香、スペシャル対談1 島田晴香×小嶋真子、第6章 卒業を決意、スペシャル対談2 島田晴香×村山彩希、第7章 劇場公演×AKB48、秋元才加インタビュー
2017.11 1Vol. 24×19cm ¥1800 ⓘ978-4-8019-1270-0

◆田中道子ファースト写真集 M　橋本雅司撮影　ワニブックス
【要旨】TVドラマ「Docter-X」「貴族探偵」で注目の9頭身美人女優「田中道子」の魅力満載。
2017.6 1Vol. A4 ¥3000 ⓘ978-4-8470-4920-0

◆超特急×ロンドン―リョンドン　超特急リョウガ著　主婦と生活社
2017.7 1Vol. A4 ¥2500 ⓘ978-4-391-15072-8

◆超特急×London ロンドンからも愛を込めて　超特急著　主婦と生活社
2017.7 1Vol. A4 ¥2500 ⓘ978-4-391-15074-2

◆20/7高杉宇宙2nd写真集　小松陽祐，sai，須田卓馬，TAKAKI_KUMADA，半沢健，藤本薫，藤森礼奈撮影　ワニブックス
【要旨】7人の写真家が20歳の高杉宇宙を様々な視点で切り取る。20歳の軌跡と現在、未来へ向けた"高杉宇宙の全て"がここにある！
2017.7 1Vol. A4 ¥2500 ⓘ978-4-8470-4923-1

◆20' omega ω―阿部桃子写真集　中山雅文写真　ワニブックス
【要旨】そのスレンダーなボディ、桃尻から目が離せない。一糸まとわぬ覚悟の写真集。
2017.5 1Vol. B5 ¥3000 ⓘ978-4-8470-4914-9

◆どこにいるの？―乃木坂46 新内眞衣ファースト写真集　佐藤佑一撮影　光文社（付属資料：ポスター1）
2017.11 1Vol. 26×21cm ¥1800 ⓘ978-4-334-90222-3

◆ドドンパ東京トゥートゥーロンドン　超特急コーイチ著　主婦と生活社
2017.7 1Vol. A4 ¥2500 ⓘ978-4-391-15070-4

◆どんどん超特急の魅力に気づいちゃう？ロンドン・アイならぬ、超特急アイー　超特急ユースケ著　主婦と生活社
2017.7 1Vol. A4 ¥2500 ⓘ978-4-391-15067-4

◆長澤茉里奈 glows.　サトウツヨ撮影　KADOKAWA（付属資料：DVD1）
【要旨】合法ロリ巨乳としてアイドル界に旋風を起こした、「まりちゅう」長澤茉里奈のラスト写真集＆映像！
2017.1 1Vol. B5 ¥3000 ⓘ978-4-04-734505-8

◆なないろ―浅川梨奈ファースト写真集　Takeo Dec.撮影　講談社
2017.6 1Vol. A4 ¥2300 ⓘ978-4-06-365012-9

◆成瀬瑛美×渡辺達生 N813　成瀬瑛美モデル，渡辺達生撮影　小学館（でんぱ組.incアートブックコレクション 5）
2017.6 1Vol. A4 ¥950 ⓘ978-4-09-682250-0

◆南條愛乃フォトブック Summary of Jolmedia　声優アニメディア編集部編　学研プラス
【要旨】月刊声優アニメディアの人気連載『ジョルメディア活動日誌』未公開写真を一挙掲載！ラジオ『南條愛乃のジョルメディア』＆『真・ジョルメディア南條さん、ラジオする！』のヒストリーや収録潜入レポートのほか、ファッション＆ヘアメイクインタビュー、さらに大ボリュームの"撮りおろし写真"も詰まったスペシャル本！
2017.12 112p 25×19cm ¥2500 ⓘ978-4-05-406559-8

◆南羽翔平―南羽翔平写真集　藤本和典撮影　ワニブックス
【要旨】『動物戦隊ジュウオウジャー』のジュウオウライオン/レオ役で大人気。南羽翔平ファースト写真集。
2017.2 1Vol. A4 ¥2700 ⓘ978-4-8470-4896-8

◆にじゅういち―赤澤遼太郎写真集　宮坂浩見撮影　ワニブックス
【要旨】21歳となった今紡ぐ、赤澤遼太郎ハタチのメモリアル。
2018.1 1Vol. B5 ¥2800 ⓘ978-4-8470-4987-3

◆21K―上西恵写真集　TAKEO DEC.撮影　ヨシモトブックス，ワニブックス 発売（付属資料：ポストカード1）
【要旨】48グループで「最高の美BODY」と評判の上西恵。NMB48卒業を間近に控えた彼女がラストメモリーとして写真集を緊急発売！グアムの空の下、驚愕するほど、完璧なカラダを惜しみなく解放！上西恵アイドル人生の集大成であり、宝石のように輝く存在として記憶されたいという願いが込められた作品。深い惜別と感謝とともに、この目に焼き付けるしかない！！
2017.3 1Vol. A4 ¥1833 ⓘ978-4-8470-4894-4

◆26―松下優也写真集　松下優也著　主婦と生活社
【要旨】圧倒的に美しく、衝撃的に素。稀代のカリスマの現在を完全884おろし。過去・現在・未来を語りおろしたロングインタビューも収録。
2017.3 1Vol. 30×26cm ¥3000 ⓘ978-4-391-15014-8

◆日本印象―徐源写真集　徐源著　日本写真企画
2017.4 1Vol. A4 ¥2200 ⓘ978-4-86562-041-2

◆ねえねえ。―吉高寧々ファースト写真集　樂滿直城撮影　ジーオーティー
2017.7 1Vol. B5 ¥2800 ⓘ978-4-86084-558-2

◆はじめての恋人―福本莉子　笠井爾示写真　ギャンビット
【要旨】第8回「東宝シンデレラ」オーディショングランプリ・福本莉子はじめての写真集。
2017.11 1Vol. A4 ¥1600 ⓘ978-4-907462-32-1

◆橋本奈々未写真集 2017　今城純撮影　小学館（付属資料：生写真1）
【要旨】橋本奈々未、最後の写真集。N.Y.の街角で見つけた本当の彼女…語り下ろしラストメッセージつき。
2017.4 1Vol. 27×21cm ¥1852 ⓘ978-4-09-682239-5

◆パスポート―白石麻衣写真集　白石麻衣著，中村和孝撮影　講談社（付属資料：ポストカード1）
【要旨】乃木坂46の歴史を塗り替える最高傑作誕生、美しさの新境地へ。
2017.2 1Vol. 26×21cm ¥1800 ⓘ978-4-06-352857-2

◆二十歳―譜久村聖写真集　西田幸樹撮影　ワニブックス（付属資料：DVD1）
【要旨】始まりは夏。彼女と過ごした1年モーニング娘。'17・譜久村聖写真集。メイキングDVD付き。Amazon限定カバーVer.
2017.7 1Vol. A4 ¥2778 ⓘ978-4-8470-4930-9

◆二十歳―譜久村聖写真集　西田幸樹撮影　ワニブックス（付属資料：DVD1）
【要旨】始まりは夏。彼女と過ごした1年モーニング娘。'17・譜久村聖写真集。メイキングDVD付き。
2017.7 1Vol. A4 ¥2778 ⓘ978-4-8470-4929-3

◆ハヌル―キムハヌル写真集　ワニブックス
【要旨】今もっとも強くそして美しい女子プロゴルファー・キムハヌルが韓国と日本2か国で撮り下ろした美しすぎる写真の数々。奇跡の水着ショットも収録した珠玉の一冊。
2017.8 1Vol. A4 ¥3000 ⓘ978-4-8470-4965-1

◆はやぶさ1st写真集「Iらぶ HAYABUSA」HAYABUSA 5th Anniversary Fan Book　八木虎造撮影　三才ブックス
2017.2 1Vol. 25×19cm ¥3000 ⓘ978-4-86199-953-6

◆パレット―若月佑美1st写真集　桑島智輝撮影　集英社（付属資料：しおり1）
2017.11 1Vol. A4 ¥1800 ⓘ978-4-08-780824-7

◆東出昌大写真集 西から雪はやって来る　東出昌大，町口覚著，田附勝写真　宝島社
2017.3 1Vol. 24×18cm ¥2980 ⓘ978-4-8002-6062-8

◆陽だまり―古瀬絵理写真集　松田忠雄撮影　講談社
【要旨】「スイカップ」の愛称で親しまれる古瀬絵理の約1年にわたる撮影の集大成がついに完成。これが正真正銘のラスト。
2017.6 1Vol. 31×24cm ¥3241 ⓘ978-4-06-220684-6

◆ぴちょぴちょ―橋本マナミ　向山裕信撮影　講談社
【要旨】街で、路地裏で、ベッドの上で、今まで誰も見たことのない"全編濡れ場"の一冊がここに完成。
2017.9 1Vol. A4 ¥3200 ⓘ978-4-06-220789-8

◆日向の温度　与田祐希　前úú輔撮影　幻冬舎
2017.12 1Vol. 27×21cm ¥1700 ⓘ978-4-344-03158-6

◆ひみつ―柳ゆり菜写真集　唐木貴央撮影　講談社
【要旨】煌めく笑顔に、限界NUDYショット―せーんぶトップシークレット。柳ゆり菜セカンド写真集。
2017.2 1Vol. A4 ¥2700 ⓘ978-4-06-352858-9

◆藤咲彩音×浅田政志 あやねいろ　藤咲彩音モデル，浅田政志撮影　小学館（でんぱ組.incアートブックコレクション 3）
2017.3 1Vol. 17×12cm ¥950 ⓘ978-4-09-682243-2

◆ふともも写真館 3　ゆりあ著　リンダパブリッシャーズ，泰文堂 発売
2017.3 1Vol. A4 ¥2000 ⓘ978-4-8030-0990-3

◆舟木一夫 あゝ青春のプロマイド―505枚完全掲載 芸能生活55周年記念出版　マルベル堂監修，徳間書店学芸編集部編　徳間書店（付属資料：プロマイドポスター1；マルベル堂プロマイド（限定特典））
【要旨】独占収録：舟木一夫インタビュー「プロマイドとの時代」。55周年と半生の年譜完全版。
2017.6 255p A4 ¥7000 ⓘ978-4-19-864405-5

◆プラネタルミナスsupernova―悠木碧フォトブック　主婦の友インフォス，主婦の友社 発売
【要旨】声優グランプリ特別編集。「星座」「宇宙」をテーマに33変化した美麗グラビアが満載。雑誌『声優グランプリ』連載「悠木碧のプラネタルミナス」未公開カットに加え、撮り下ろしもたっぷり！
2018.1 126p B5 ¥3200 ⓘ978-4-07-428465-8

◆ぺろりん―鹿目凛写真集　佐藤佑一撮影　ワニブックス
2018.1 1Vol. A4 ¥2600 ⓘ978-4-8470-4988-0

◆真夏の気圧配置―秋元真夏ファースト写真集　秋元真夏著，唐木貴央撮影　徳間書店（付属資料：ポスター1）
【要旨】乃木坂46"天国にいちばん近い島"ニューカレドニア、二人だけの旅。秋元真夏ファースト写真集。
2017.2 1Vol. A4 ¥2200 ⓘ978-4-19-864375-1

◆マブイ！ まりや―永尾まりや写真集　LUCKMAN撮影　ワニブックス（付属資料：ポスター1）
2017.11 1Vol. B5 ¥2500 ⓘ978-4-8470-4949-1

◆真冬の南国みるく旅―M！ LKセカンド写真集　M！LK著　主婦と生活社
2018.1 1Vol. B5 ¥2315 ⓘ978-4-391-15132-9

◆間宮祥太朗 2nd PHOTO BOOK『GREENHORN』　京介撮影　ワニブックス
2017.9 118p 30×21cm ¥2200 ⓘ978-4-8470-4932-3

◆まみれる　葉加瀬マイ著，小山薫堂写真　幻冬舎　2017.2 1Vol. A4 ¥2800 ⓘ978-4-344-03067-1

◆まんまとうそ。―山崎真実写真集　矢西誠二撮影　ワニブックス
2017.3 1Vol. B5 ¥3000 ⓘ978-4-8470-4902-6

◆みなみの決意―仙石みなみ写真集　唐木貴央撮影　ワニブックス
2017.10 1Vol. A4 ¥2778 ⓘ978-4-8470-4943-9

◆みよしーくれっと―三吉彩花フォトブック　三吉彩花著　集英社
【要旨】台湾、韓国、東京。3か国で撮影。ファッションから美容、プライベートまで。Seventeenトップモデル初のスタイルブック。
2017.3 129p 25×19cm ¥1200 ⓘ978-4-08-780809-4

◆結 MUSUBU―船木結写真集　中山雅文撮影　ワニブックス（付属資料：DVD1）
【要旨】アンジュルム/カントリー・ガールズ、船木結ファースト写真集。
2017.8 1Vol. A4 ¥2778 ⓘ978-4-8470-4935-4

◆もしもうちの猫がかわいい女の子になったら　須崎祐次著　一迅社
【要旨】ある朝起きたら、飼い猫がかわいい女の子になっていた。そんな非日常をテーマにした究極の妄想写真集！猫のセクシーさを、人気グラビアアイドルたちのはじめるボディで堪能できる一冊！
2017.6 1Vol. 25×18cm ¥2000 ①978-4-7580-1545-5

◆もちょあつめ─麻倉ももフォトブック　声優アニメディア編集部編　学研プラス
【目次】もも色ダイアリー（『月刊声優アニメディア』'14年5月号～'16年1月号掲載「1歳」～「21歳」、フォトブックスペシャル企画「22歳」、誕生日企画「祝！23歳 麻倉ももHAPPY BIRTHDAY!!」）、もちょZoo鑑（『月刊声優アニメディア』'16年2月号～'17年7月号掲載「1匹目」～「18匹目」、フォトブックスペシャル企画「カンガルー」「アザラシ」「カピバラ」「ヤギ」、もちょーっと教えて！─麻倉ももスペシャルインタビュー
2017.7 1Vol. 30×22cm ¥3000 ①978-4-05-406558-1

◆ももち─嗣永桃子ラスト写真集　長野博文撮影　ワニブックス　（付属資料：DVD1）
2017.3 1Vol. A4 ¥2778 ①978-4-8470-4899-9

◆森戸知沙希　ファースト写真集　西條彰仁撮影　ワニブックス　（付属資料：DVD1）
【要旨】カントリー・ガールズ、16歳から17歳へ─ちぃ～ちの軌跡。森戸知沙希ファースト写真集。
2017.3 1Vol. A4 ¥2778 ①978-4-8470-4898-2

◆やっさん─安枝瞳ラストグラビア写真集　佐藤裕之撮影　徳間書店　（付属資料：DVD1）
2017.4 1Vol. A4 ¥5000 ①978-4-19-864383-6

◆ヤッちゃった─小林香菜写真集　松田忠雄撮影　双葉社
2017.3 1Vol. B5 ¥2500 ①978-4-575-31231-7

◆ユニオンジャックであなたの心もジャック!!!!!!!!　超特急タカシ著　主婦と生活社
2017.7 1Vol. A4 ¥2500 ①978-4-391-15069-8

◆吉岡茉祐1st写真集 Switch　尾形正茂撮影　主婦の友インフォス，主婦の友社 発売
【要旨】TVアニメ『Wake Up, Girls！』（島田真夢）でデビュー。『あんハピ♪』（江古田蓮）や『ハンドレッド』（霧島サクラ）などさまざまなキャラクターを演じ、若手声優の中で注目を集める吉岡茉祐のファースト写真集。"Switch"をテーマに、ここでしか見られない彼女の表情を多数収録！あなたはどの彼女が好き？
2017.10 1Vol. A4 ¥3200 ①978-4-07-426762-0

◆芳根京子─ネコソガレ　塚田亮平撮影　太田出版
【要旨】ずっと忘れない。忘れられない。これが私の、十代最期の日々のすべて。芳根京子ファースト写真集。
2017.6 1Vol. 29×22cm ¥2980 ①978-4-7783-1579-5

◆らぶLetter─多田愛佳写真集　佐藤佑一撮影　ワニブックス
【要旨】元渡り廊下走り隊らぶたん、だいたんファースト写真集。
2017.12 1Vol. 27×19cm ¥3000 ①978-4-8470-4970-5

◆理子─山岸理子写真集　唐木貴央撮影　ワニブックス　（付属資料：DVD1）
2017.5 1Vol. A4 ¥2778 ①978-4-8470-4917-0

◆りほとなり。─飯田里穂ARTIST BOOK　カスタムメディア企画課編　KADOKAWA
【要旨】声優、タレント、歌手と、マルチに活躍している飯田里穂が"見せたい自分"をセルフプロデュース。"飯田里穂のとある1日"をコンセプトに、リアルな休日の過ごし方を元にした撮り下ろしと、仕事現場ならではの彼女の表情など、飯田里穂の日常に迫る!!
2017.7 1Vol. 22×22cm ¥3000 ①978-4-04-734767-0

◆流出─橋本マナミ　しらいしまさよし撮影　ワニブックス
【要旨】橋本マナミ、盗撮!?180日間に渡る橋本マナミの記録。
2017.4 1Vol. B5 ¥2500 ①978-4-8470-4909-5

◆凛─飛鳥凛写真集　アミタマリ撮影　講談社
2017.2 1Vol. 31×24cm ¥2500 ①978-4-06-220485-9

◆凛として─橘花凛写真集　西條彰仁撮影　双葉社
【要旨】やわらかHカップ。極限露出ファースト写真集。
2017.1 1Vol. A4 ¥3500 ①978-4-575-31215-7

◆わさみん─岩佐美咲1st写真集　八木虎造撮影　三才ブックス
2017.2 1Vol. 29×21cm ¥3241 ①978-4-86199-952-9

◆わとな─五十嵐麻朝写真集　荒木勇人撮影　ワニブックス
2017.4 1Vol. B5 ¥2400 ①978-4-8470-4905-7

◆AKB48れなっち総選挙選抜写真集─16colors　加藤玲奈企画，LUCKMAN，佐藤佑一撮影　徳間書店　（付属資料：ポストカード1）
【要旨】小栗有以、市川美織、田野優花、向井地美音、松岡はな、佐藤すみれ、長久玲奈、茂木忍、小嶋菜月、木崎ゆりあ、山口真帆、大島涼花、高木由麻奈、岡田彩花、中井りか、田中菜津美。現役AKB48メンバーが選んだ"いま一番かわいい16人"
2017.1 1Vol. B5 ¥1700 ①978-4-19-864289-1

◆Anniversary─水谷果穂写真集　長野博文撮影　ワニブックス
【要旨】少女から大人へ。かけがえのない今日が記念日。水谷果穂最新写真集。
2017.11 1Vol. A4 ¥3000 ①978-4-8470-4969-9

◆aya─野田彩加写真集　野澤亘伸撮影　双葉社
2017.4 1Vol. A4 ¥3500 ①978-4-575-31250-8

◆Baby Maria─黒瀧まりあ FIRST STYLE BOOK　黒瀧まりあモデル　徳間書店
【要旨】甘いベイビーフェイスとしなやかなボディラインを併せ持つ現代に生きるピンナップロリータガール。完璧なプロポーションを大胆に披露した、マカオでのグラビア撮影を始め、セルフメイクやヘアアレンジ、ファッションetc…キュートでおしゃれでリアルな「今」の彼女を、この1冊に閉じ込めました。
2017.11 1Vol. 25×19cm ¥2500 ①978-4-19-864497-0

◆BOUQUET Vol.12　ロックスエンタテインメント編　（大阪）ロックスエンタテインメント，シンコーミュージック・エンタテイメント 発売
【目次】PassCode、アンジュルム、吉川友、乃木坂46、こぶしファクトリー、ばってん少女隊、アップアップガールズ（仮）、山口活性学園、callme
2017.8 98p 16×21cm ¥1100 ①978-4-401-76231-6

◆BREATH─綾瀬はるか写真集　高橋ヨーコ写真　集英社
2017.4 1Vol. 19×26cm ¥2500 ①978-4-08-780810-0

◆CANDY GO！GO！ Official Photo Book　吉澤健太撮影　リンダパブリッシャーズ，徳間書店 発売
2017.1 1Vol. B5 ¥2315 ①978-4-19-864336-2

◆CHEERS─伊藤千晃フォトブック　SANNOMIYAMOTOFUMI撮影　主婦と生活社
2017.10 1Vol. B5 ¥2700 ①978-4-391-15078-0

◆℃-uteラスト写真集 Brilliant - 光り輝く　オデッセー出版，ワニブックス 発売
【要旨】2017.6.12さいたまスーパーアリーナラストコンサートの感動をライブ写真で再現！team ℃-uteのみなさまに直筆の手書きのメッセージ入り。ラストコンサート直前、本当に最後の撮り下ろしグラビアを満載。ソロイメージビデオ撮影時の秘蔵写真も必見！
2017.9 1Vol. A4 ¥2130 ①978-4-8470-4937-8

◆℃-ute LAST OFFICIAL BOOK　ワニブックス　（付属資料：生写真1（初回限定））
【要旨】ラストグラビア／ロングインタビュー／スペシャル企画／全10通り2ショット対談／卒業旅行／密着ラストデイズ／℃-ute 会議ファイナル／15年の歩み／ディスコグラフィーetc。℃-uteを愛する、すべての人へ…5人からのラストメッセージ。
2017.5 144p A4 ¥1852 ①978-4-8470-4907-1

◆encourage─石原さとみ　伊藤彰紀撮影　宝島社
【要旨】「これが、私の30年間のすべて」石原さとみ写真集。
2017.9 160p B5 ¥1800 ①978-4-8002-7387-1

◆enjoy？─柿原徹也ファースト写真集　主婦と生活社
2018.1 1Vol. 30×24cm ¥3241 ①978-4-391-15136-7

◆ERUA─奥野香耶1st写真集　奥野香耶著，上田真梨子撮影　主婦の友インフォス，主婦の友社 発売
【要旨】TVアニメ『Wake Up, Girls！』（菊間夏夜）でデビュー。『ハンドレッド』（如月カレン）や『灼熱の卓球娘』（佐々木さつき）などさまざまなキャラクターを演じ、若手声優の中で注目を集める奥野香耶のファースト写真集。飾らない笑顔や、キュートな彼女、大人っぽい表情まで今まで見たことのない奥野香耶の魅力を収録！こんな彼女見たことない!!
2017.2 1Vol. A4 ¥3200 ①978-4-07-420883-8

◆FISH─鈴木ふみ奈写真集　河野英喜撮影　リイド社
2017.9 1Vol. A4 ¥3000 ①978-4-8458-5123-2

◆Freedom Journey　超特急ユーキ著　主婦と生活社
2017.7 1Vol. A4 ¥2500 ①978-4-391-15073-5

◆Free & Easy─古川雄大30th ANNIVERSARY BOOK　キセキミチコ撮影　シンコーミュージック・エンタテイメント
【要旨】ミュージカル界の次世代を担う俳優であり、期待の音楽アーティスト。自然体の撮り下ろしフォトと、30年の軌跡を語った2万字超えインタビュー。地元での日々、東京に出てから現在に至るまでを初めて赤裸々に語った、30歳の古川雄大を凝縮した一冊。
2018.1 128p A4 ¥2778 ①978-4-401-62286-3

◆Goddess!!─柳瀬早紀写真集　横内禎久撮影　双葉社
【要旨】100センチIカップ。乳神様、柳瀬早紀サード写真集。
2017.10 1Vol. A4 ¥3500 ①978-4-575-31310-9

◆Grateful─Wataru Hatano 5th Anniversary☆Artist Book　羽多野渉著　KADOKAWA
【要旨】5人のフォトグラファーがさまざまな表情をとらえた大ボリュームグラビア／小野大輔×大橋隆昌、寺島拓篤など、関係者と羽多野渉への5つのインタビュー／2008～11年連載「風景散歩」特別再録／アーティストデビュー5周年記念語り下ろし／DISCOGRAPHY etc.
2017.5 109p B5 ¥3200 ①978-4-04-105160-3

◆GROW - 成長する翼─フラップガールズスクール写真集　（豊橋）大陽出版，文苑堂 発売
【要旨】全レッスン公開型アイドルユニット1st写真集。陸上自衛隊武器学校体験入隊記。
2017.3 1Vol. A4 ¥2037 ①978-4-88764-013-9

◆Halation─菅野結以写真集　Yui Fujii, Shitomichi撮影　ワニブックス
【要旨】激しくも繊細、儚くも美しい、初めて魅せる大人の艶肌。菅野結以セルフプロデュース初写真集。
2017.11 1Vol. B5 ¥1667 ①978-4-8470-4960-6

◆hungry!!!　岡田結実著　ぴあ
【要旨】いままでのこと、これからのこと、それからのこと。祝17歳。岡田結実1st フォトブック。
2017.4 121p A5 ¥1300 ①978-4-8356-3819-5

◆illusion - ひかりに包まれて─ClariS 1st写真集　平野タカシ撮影　エムオン・エンタテインメント
【要旨】幻想と現実を行き来しながら、加速し続けるふたりの"軌跡"と"今"。
2017.9 1Vol. 28×22cm ¥3500 ①978-4-7897-3680-0

◆I LOVE YOU─尾崎豊写真集 永久保存版！ベストセレクション　山内順仁撮影　宝島社
【要旨】デビュー直前から、伝説の新宿ルイードのライブ、沖縄での海辺の花火、広島の原爆ドーム前、そして、ニューヨークでの写真。尾崎を余すところなく写した魂の130点！
2017.11 1Vol. A4 ¥1680 ①978-4-8002-7470-0

◆I'm a?─入来茉里写真集　笠井爾示撮影　ワニブックス
2017.12 1Vol. A4 ¥3000 ①978-4-8470-4972-9

◆I'm not Lonely 垣内彩未 2015 - 2017　垣内彩未著　世界文化社
【要旨】モデル・垣内彩未ファースト写真集。フォトグラファーである夫による完全プライベートカットを収録。愛しくもありふれた日常と素顔を、2人の軌跡とともに。
2017.6 140p 22×17cm ¥1600 ①978-4-418-17218-4

◆Kudo Haruka—工藤遥写真集　本多晃子撮影　ワニブックス　(付属資料：DVD1)
　　2017.11 1Vol. A4 ¥2778 978-4-8470-4961-3

◆KURONEKO—くろねこ1st写真集　中原幸撮影　主婦の友インフォス, 主婦の友社 発売
【要旨】人気コスプレイヤーくろねこのメジャー写真集。
　　2017.11 1Vol. A4 ¥3000 978-4-07-426800-9

◆lak—love and kisses　超特急カイ著　主婦と生活社
　　2017.7 1Vol. A4 ¥2500 978-4-391-15071-1

◆Lead 15YEARS MEMORIAL PHOTOBOOK　Lead著　主婦と生活社
　　2017.7 1Vol. 30×24cm ¥3500 978-4-391-15081-0

◆Let me do whatever I want—金子理江ファースト写真集　木村晴, 佐野円香撮影　双葉社
【要旨】女の子の心をワシ摑みにする、おしゃれカワイイお手本写真集。
　　2017.10 1Vol. B5 ¥2500 978-4-575-31309-3

◆LIVE FOREVER—NANA MIZUKI LIVE DOCUMENT BOOK　水樹奈々著　幻冬舎
【要旨】歌手デビュー17周年、水樹奈々のライブの魅力を丸ごと詰め込んだ一冊!!
　　2017.1 255p A4 ¥3611 978-4-344-03041-1

◆L.M.N.—荒牧慶彦1st写真集　西村康撮影　ポニーキャニオン
【要旨】舞台を中心に活躍する俳優・荒牧慶彦。普段は見ることができない"素"の姿をありままに切り取ったファン待望のファースト写真集。
　　2017.5 1Vol. B5 ¥2500 978-4-86529-271-8

◆Love Dancer second　大駅寺一写真・文　徳間書店
【要旨】「ストリップ誕生70周年記念」写真集。人気ストリッパー総勢25名が夢の競演!「華麗ステージ＆プライベートショット」計515カットを完全収録したストリッパー密着ドキュメント!
　　2017.11 1Vol. A4 ¥4500 978-4-19-864516-8

◆MAG！C☆PRINCE FIRST PHOTOBOOK　MAG！C☆PRINCE著　主婦と生活社
　　2017.2 96p 30×24cm ¥2315 978-4-391-14984-5

◆mahana—本仮屋ユイカ写真集　ND CHOW撮影　ワニブックス
【要旨】2017年1月に発売となり大ヒット、話題となっている写真集『maururu』。この写真集の後編ともいうべき本作は前作以上に彼女の溢れるばかりの情熱がつまった1冊となっています。徐々に開放されていく、彼女のココロ。そして最後に流せる涙の意味は？前作から続く甘く、切なく、そして熱いラブストーリー、ついに完結！
　　2017.2 1Vol. B5 ¥2500 978-4-8470-4889-0

◆Make+Me=Happy—高橋優里花写真集　中山雅文撮影　双葉社
【要旨】元・乙女新党リーダー、高橋優里花ファースト写真集。GirlyとCuteとPopがたくさん。はじめてだらけの1冊。
　　2017.6 1Vol. B5 ¥2800 978-4-8470-4922-4

◆MeseMoa.FIRST PHOTOBOOK—むすめん。名前変えたってよ　桑島智輝, 飯岡拓也撮影, MeseMoa.著　主婦と生活社
　　2017.6 1Vol. 30×24cm ¥2963 978-4-391-15051-3

◆MH0507—林田真尋写真集　中山雅文撮影　ワニブックス
　　2017.10 1Vol. A4 ¥2500 978-4-8470-4956-9

◆miao—眉山麻理子写真集　熊谷貫撮影　ワニブックス
【要旨】シチリアで魅せた極上ヒップを心ゆくまで堪能できる最新写真集。
　　2017.10 1Vol. B5 ¥3000 978-4-8470-4897-5

◆moment—久住小春写真集　丸谷嘉長撮影　双葉社
　　2017.11 1Vol. B5 ¥2800 978-4-575-31321-5

◆moRe—豊田萌絵1st写真集　根本好伸撮影　主婦の友インフォス, 主婦の友社 発売
【要旨】人気若手声優・豊田萌絵ファースト写真集。
　　2017.8 1Vol. A4 ¥3200 978-4-07-421693-2

◆MS1022—下村実生写真集　大江麻貴撮影　ワニブックス
　　2017.11 1Vol. A4 ¥2500 978-4-8470-4957-6

◆M.S.S Project LIVE TOUR 2016 - Phantasia of Light & Darkness - Photo Collection　M.S.S Project著　徳間書店
　　2017.2 1Vol. A4 ¥3300 978-4-19-864355-3

◆my treasure—原幹恵写真集　舞山秀一撮影　ワニブックス
　　2017.8 1Vol. B5 ¥3000 978-4-8470-4928-6

◆NAOMI　渡辺直美著, 新田桂一撮影　ヨシモトブックス, ワニブックス 発売
【要旨】世界を駆ける渡辺直美の心と体の核心を、鬼才フォトグラファー新田桂一が抉り出す。
　　2017.7 1Vol. B5 ¥1852 978-4-8470-4903-3

◆natural　ko‐dai著, 後藤倫人撮影　主婦と生活社
【要旨】シンガーソングライター、ソナーポケットのko‐dai。天性の歌声で人々の心を揺さぶる彼が初めて見せた素顔の数々を完全密封。彼の内をじっくり語ったロングインタビューも収録。
　　2017.2 1Vol. 22×19cm ¥3000 978-4-391-14993-7

◆NOW and ALL—中島史恵写真集　桑島智輝撮影　ワニブックス
【要旨】10年ぶりの写真集でセクシー度アップ。空中ヨガで奇跡の身体カムバック"今がすべて"。
　　2017.7 1Vol. B5 ¥2800 978-4-8470-4924-8

◆放OFF—放課後プリンセスFirst写真集　カスタムメディア企画課編　KADOKAWA
【要旨】歌とダンスに定評のある本格派アイドルグループ、放課後プリンセスのメジャーデビュー2年目にして初の写真集。
　　2017.5 127p A4 ¥3000 978-4-04-734692-5

◆One day off—吉沢亮PHOTO BOOK　Jimi Franklin撮影　ワニブックス　(付属資料：DVD1)
　　2017.5 1Vol. A4 ¥2800 978-4-8470-4911-8

◆On the Moon—田口淳之介写真集　田口淳之介著　宝島社　(付属資料：CD1)
【要旨】2017年4月、ユニバーサルミュージックよりメジャーデビューした田口淳之介。長身を生かしたスタイリッシュな姿から、大人の色気を漂わす姿まで。スペシャルインタビューも収録。
　　2017.7 127p A4 ¥3000 978-4-8002-7058-0

◆OVERDRESS/RAZOR RAMON HG　レイザーラモンHG著　創藝社
【目次】001 WORKOUT、002 COSTUME、003 STYLING、004 ARTWORK、005 CROSS TALK
　　2017.4 93p A4 ¥2800 978-4-88144-227-2

◆palpito—深田恭子写真集　深田恭子著, 中村和孝撮影　講談社
　　2017.12 1Vol. A4 ¥3000 978-4-06-220885-7

◆peppermint—夢眠ねむ×蜷川実花 でんぱ組.incアートブックコレクション　6　蜷川実花撮影　小学館
　　2017.12 1Vol. 17×12cm ¥950 978-4-09-682251-7

◆PON!!—たくぼん1st写真集　UGC企画課編　KADOKAWA
　　2017.8 1Vol. B5 ¥2200 978-4-04-734771-7

◆Prince Prince Prince—Prince 1st PHOTO BOOK　ワニブックス　(付属資料：ポスター1)
【要旨】ジャニーズJr.の人気グループ・Princeの魅力がギュッと詰まったフォトブックが完成！初めて訪れたオーストラリアでさらに絆を深めた3人が初めて見せるショットのほか、グループ、メンバーへの思いを語ったインタビュー、そして大切な存在のPrincessへのメッセージなど、今の彼らを詰めこみました！
　　2017.12 1Vol. A4 ¥2300 978-4-8470-4954-5

◆P.S.—Yong Ha生誕40周年記念写真集　市橋織江撮影, パクヨンハ著　青志社
　　2017.8 1Vol. 19×25cm ¥3000 978-4-86590-048-4

◆pure.—堀井仁菜　カスタムメディア企画課編　KADOKAWA　(付属資料：DVD1)
【要旨】アイドルグループ「放課後プリンセス」のユースとして活躍中の堀井仁菜ファースト写真集。
　　2017.3 1Vol. B5 ¥3000 978-4-04-734571-3

◆release—板野友美写真集　アンディ・チャオ撮影　講談社　(付属資料：ポストカード1)
【要旨】クールに、キュートに、ワイルドに…封印していた本音を解禁。ハワイで解き放たれた、圧巻の肉体美。
　　2017.8 1Vol. A4 ¥2700 978-4-06-220743-0

◆Ren—小澤廉ファースト写真集　小澤廉著, アライテツヤ撮影　主婦と生活社
【要旨】数々の舞台で主演をつとめる最注目の若手俳優。彼のさまざまな表情がたっぷりと詰まった珠玉の一冊が完成。
　　2017.8 1Vol. 30×24cm ¥3000 978-4-391-15040-7

◆rena—武田玲奈2nd写真集　阿部ちづる撮影　集英社
　　2017.7 1Vol. A4 ¥2400 978-4-08-780817-9

◆RIHOLIDAY—あびる李帆1st写真集　LUCKMAN撮影　双葉社
【要旨】あびるちゃんと行く、南の島でのちょっぴりエッチな3日間。
　　2017.7 1Vol. B5 ¥2500 978-4-575-31286-7

◆Rika！—泉里香1st写真集　中村和孝撮影　SDP
【要旨】数々のファッション誌で活躍する人気モデルがこだわり抜いたファースト写真集。
　　2017.4 1Vol. A4 ¥2500 978-4-906953-45-5

◆RINA×BLACK—橋本梨菜写真集　唐木貴央撮影　ワニブックス
【要旨】もうこれ以上は見せられない。なにわのブラックダイヤモンド限界超え。橋本梨菜ファースト写真集。
　　2017.10 1Vol. 27×19cm ¥3000 978-4-8470-4945-3

◆SAKI—鈴木咲2nd写真集　LUCKMAN撮影　ジーオーティー
【要旨】究極のAカップグラビア。TV、雑誌、WEBと多方面に活躍中の鈴木咲2年ぶりの写真集。小さめビキニやノーブラシーンなど、20代最後の姿を可愛く、そして大胆に詰め込んだ珠玉のグラビアが満載。
　　2017.11 1Vol. B5 ¥2800 978-4-86084-559-9

◆Sakura Breeze—小田さくら写真集　西田幸樹撮影　ワニブックス　(付属資料：DVD1)
【要旨】歌姫、ふたたび…。モーニング娘。17、小田さくら、セカンド写真集。
　　2017.11 1Vol. A4 ¥2778 978-4-8470-4975-0

◆SAYAKO—伊東紗冶子ファースト写真集　佐藤佑一撮影　集英社
【要旨】キャスター界ナンバーワン神ボディ伊東紗冶子ファースト写真集。ミス上智大、ミスオブミスキャンパスクイーンコンテスト準グランプリの大型新人アナが放つ、最初で最後の水着写真集。
　　2017.11 1Vol. A4 ¥2300 978-4-08-780825-4

◆SEKINE RISA FIRST BOOK　RISA　講談社編　講談社
【要旨】2016年6月より放送になったYouTube公式キャンペーン「好きなことで、生きていく」のCM出演で、働くYouTuberとして一躍10代～同世代女性の憧れの的となった関根理紗さん。そんな彼女の動画では見られない知られざる魅力をたっぷりとお届けします。
　　2017.1 95p B5 ¥1250 978-4-06-365005-1

◆SETOGRAPH—瀬戸利樹ファースト写真集　濱田英明撮影　ホーム社, 集英社 発売
　　2017.10 1Vol. A4 ¥2778 978-4-8342-5220-0

◆SN1109—野元空写真　松田忠雄撮影　ワニブックス
【要旨】類いまれなダンスのセンスやインスタグラムなどで見せるこだわりのファッションも注目されている空ちゃんのファースト写真集。初となる水着だけでなく、下着姿などこだわりの衣装の数々から目が離せません。
　　2017.12 1Vol. A4 ¥2500 978-4-8470-4973-6

◆SOLID—反田恭平写真集　反田恭平著　世界文化社
【要旨】とどまることを知らない驚異のピアニスト反田恭平初フォトブック。
　　2017.7 95p B5 ¥2500 978-4-418-17228-3

◆SOMARU　鈴木えみ著　宝島社

◆SPLASH☆RHYTHM—miwa　ワニブックス
【要旨】アートディレクター森本千絵×写真家レスリー・キー×スタイリスト伊賀大介による、miwa初のビジュアルブック！　様々なmiwaの表情、そしてミュージシャンmiwaを深く掘り下げるロングインタビューを収録。
2017.3 1Vol. B5 ¥2400 ⓘ978-4-8470-4900-2

◆THE財木琢磨—ファースト写真集　小池伸一郎撮影　一迅社
【要旨】オール撮り下ろし。財木琢磨の魅力を詰め込んだ一冊に。
2017.8 1Vol. A4 ¥3000 ⓘ978-4-7580-7713-2

◆The GREATEST!!—熊田曜子36th写真集　西條彰仁撮影　講談社
【要旨】グラビア界のレジェンドが、過去最大露出を解禁。
2017.5 1Vol. A4 ¥2700 ⓘ978-4-06-352861-9

◆TIMBRE—白濱亜嵐ファースト写真集　白濱亜嵐著、遠藤貴也撮影　徳間書店　（付属資料：DVD1）
【要旨】アーティストとして疾走を止めない亜嵐が南の島を舞台にスタイリッシュかつセクシーなビジュアルを通じて様々な音色を奏でます。ロングインタビューでは亜嵐の「過去・現在・未来」を余すことなく収録。
2017.11 1Vol. 26×19cm ¥1850 ⓘ978-4-19-864353-9

◆Timeless　下村一喜撮影　幻冬舎
【要旨】黒木瞳、最新写真作品集。
2017.11 1Vol. 37×27cm ¥5000 ⓘ978-4-344-03210-1

◆Too Fabulous—ハヅキ ファースト写真集　安藤青太撮影　ゴマブックス
【要旨】バーレスク東京の美白クイーン "HAZUKI"。iTunes アルバムチャートを席巻する "DJ LaLa Macaro-ni" としても活躍中!!
2017.11 1Vol. A4 ¥2300 ⓘ978-4-7771-1977-6

◆TOSHIYUKI—染谷俊之ファースト写真集　八木虎造撮影　一迅社
【要旨】俳優人生10周年を目前に控えた染谷俊之のファースト写真集待望の復刻。
2017.4 1Vol. A4 ¥3000 ⓘ978-4-7580-7662-3

◆TRENTE—戸created れい写真集　佐藤佑一撮影　ワニブックス
【要旨】クラウドファンディングで制作された、ファン待望の作品。本人が写真選びから全てにこだわったファースト写真集。
2017.5 1Vol. B5 ¥3000 ⓘ978-4-8470-4916-3

◆trente—高見侑里フォトエッセイ　桑島智輝撮影　ワニブックス
2017.7 1Vol. B5 ¥2800 ⓘ978-4-8470-4925-5

◆unknown—古川雄輝写真集　古川雄輝著、吉田崇晴写真　宝島社
【要旨】29歳、「未知」の自分に出会う—古川雄輝写真集。
2017.3 127p A4 ¥2800 ⓘ978-4-8002-6067-3

◆WingWing—福山理子写真集　ZIGEN撮影　ワニブックス
2017.10 1Vol. A4 ¥3241 ⓘ978-4-8470-4959-0

◆YOKU—崎山つばさファースト写真集　崎山つばさ著　徳間書店
2017.1 1Vol. B5 ¥2600 ⓘ978-4-19-864329-4

◆YOSHIE MODE—柏原芳恵写真集　佐藤健義撮影
【要旨】YHEファイナル。YOSHIE×佐藤健の濃艶フォトセッション。
2017.7 1Vol. A4 ¥3400 ⓘ978-4-19-864440-6

◆YUKI—YUKI OGOE DOCUMENTARY PHOTOBOOK　小越勇輝著　主婦と生活社
2017.12 1Vol. A5 ¥2778 ⓘ978-4-391-15120-5

◆yuuka—木下ゆうかPHOTO BOOK　講談社編　講談社
【要旨】登録者数240万人超の美女大食いYouTuber、木下ゆうかの魅力がギッシリ詰まった初めてのPhoto Book！
2017.1 95p B5 ¥1250 ⓘ978-4-06-365009-9

ヌード写真集

◆あいいろ—向井藍1st写真集　TAKU撮影　双葉社
【要旨】人気ナンバーワン黒髪ベリーショート美少女。ピュアヌード。
2017.9 1Vol. A4 ¥3500 ⓘ978-4-575-31304-8

◆ヴァージン forever—つぼみ写真集　前村竜二撮影　彩文館出版
【要旨】永遠の美少女、誕生記念・清純無毛ヌード。
2017.12 1Vol. 31×24cm ¥3700 ⓘ978-4-7756-0594-3

◆風間ゆみEROTIC　佐藤裕之、植野恵三郎撮影　徳間書店
【要旨】オールカラー豪華2冊組、デビュー20周年写真集。全出演作リスト、直筆メッセージなども収録。
2017.9 2Vols.set 31×24cm ¥7000 ⓘ978-4-19-864487-1

◆きざき日和—希崎ジェシカ写真集　太田清隆撮影　徳間書店
【要旨】秘蔵カット+最新撮り下ろし＝「超ジェシー」みたいな。希崎ジェシカ写真集。
2017.4 1Vol. 31×24cm ¥3500 ⓘ978-4-19-864384-3

◆きすみぃえいみぃ—松嶋えいみ写真集　篠原潔撮影　双葉社
【要旨】9頭身ミラクル神ボディ、松嶋えいみファースト写真集。
2017.3 1Vol. A4 ¥3500 ⓘ978-4-575-31240-9

◆きっとぜんぶ大丈夫になる—兎丸愛美写真集　塩原洋写真　玄光社
【要旨】ヌードモデル・兎丸愛美と写真家・塩原洋による私小説的写真集。彼女の言葉、ショートエッセイも収録。
2017.4 1Vol. 24×19cm ¥2500 ⓘ978-4-7683-0848-6

◆グラマラス—園田みおんヘアヌード写真集　浜田一喜撮影　双葉社
【要旨】揺れる、弾ける、挑発する。園田みおん待望のヘアヌード写真集。
2017.2 1Vol. A4 ¥3500 ⓘ978-4-575-31222-5

◆原寸大おっぱい図鑑Ecstasy　須崎祐次撮影、安restaurant理央監修　一迅社、講談社 発売
【要旨】世界初！π周りデータ、乳輪データを掲載！Aカップから Oカップまで！総勢30名の大人気セクシー女優たちのおっぱいが原寸大で楽しめる！
2017.12 60p 26×37cm ¥2800 ⓘ978-4-7580-1579-0

◆さよならの、代わりに…—初美沙希ラスト写真集　LUCKMAN撮影　双葉社
【要旨】初美沙希、正真正銘、最期のヘアヌード。"さきっぽ"の全裸10カウント。
2017.4 1Vol. A4 ¥3500 ⓘ978-4-575-31244-7

◆素顔—紫雷イオ写真集　西田幸樹撮影　ワニブックス
【要旨】国内外で圧倒的な人気・実力を誇る美人女子プロレスラーが魅せる、大胆ヌード1st写真集。
2017.12 1Vol. A4 ¥3241 ⓘ978-4-8470-4978-1

◆鈴ノ音—美竹すず写真集　細井智輝撮影　彩文館出版
【要旨】色白スレンダーボディ！Hカップ美巨乳。美竹すず写真集。
2017.2 1Vol. 31×24cm ¥3700 ⓘ978-4-7756-0585-1

◆1262—佐藤寛子写真集　笠井爾示撮影　光文社
【要旨】東京-奄美大島1262kmの距離を隔てた二つの地で織り成す「生」と「性」、そして「聖」の物語—表現の極致に挑んだ最高傑作！女優・佐藤寛子、ヘアヌード写真集。
2017.2 1Vol. A4 ¥3000 ⓘ978-4-334-90218-6

◆高橋しょう子 Sho-Time!!　植野恵三郎撮影　徳間書店
【要旨】異国の地で魅せる、見せる、観せる。高橋しょう子、デビュー一周年。
2017.5 1Vol. 31×24cm ¥3600 ⓘ978-4-19-864401-7

◆なつこが知らない世界—三島奈津子ファースト写真集　小澤忠恭撮影
【要旨】103センチ "規格外のJカップ乳" を「これでもか」と大放出。むっちり肉感ボディがたまらない。三島奈津子、最旬ヘアヌード写真集。
2017.12 1Vol. A4 ¥3500 ⓘ978-4-575-31330-7

◆なないろ—松本菜奈実ファースト写真集　西條彰仁撮影　ジーオーティー
【要旨】100センチIカップ。マシュマロおっぱいのすべてが明らかに。
2017.4 1Vol. A4 ¥3500 ⓘ978-4-86084-557-5

◆脱いでみた。花盛友里写真　ワニブックス
【要旨】いちばん自然。だから、いちばんキレイ—。るうこ、武居詩織、長澤メイ、猪鼻ちひろ、ベイカー恵利沙、大社カリン、持永真実他、学生、OL、人気モデル、約50人の自由でかわいい、新しいヌードの形。
2017.5 1Vol. B6 ¥1400 ⓘ978-4-8470-9566-5

◆はるかぜ—春宮すずヘアヌード写真集　福島裕二撮影　双葉社
【要旨】新癒やし系セクシーアイドル。垂涎のGカップ、恥じらいヘアヌード。
2017.6 1Vol. A4 ¥3500 ⓘ978-4-575-31264-5

◆春の芽—鈴木心春1st. 写真集　細井智燿撮影　彩文館出版
【要旨】色白美少女純情ヌード。鈴木心春ファースト写真集。
2017.4 1Vol. 31×24cm ¥3700 ⓘ978-4-7756-0586-8

◆美熟ヌードポーズ集　佐藤まさよし撮影　双葉社
【要旨】憧れのシチュエーションに想いを馳せる！「勝負下着＆ガーターストッキング」「裸エプロン」「湯上り」ポーズも掲載。三十路から四十路まで世代ごとの熟れた柔肌に肉薄するポーズブック。
2017.2 1Vol. B5 ¥2800 ⓘ978-4-575-31219-5

◆56（フィフティシックス）—石田えり写真集　ピーター・リンドバーグ撮影　講談社
【要旨】世界の巨匠が世界最高のヌードを撮った。石田えり写真集。
2017.12 1Vol. 37×28cm ¥8800 ⓘ978-4-06-220891-8

◆二人だけのはぴねす　小島みなみ著、上野勇撮影　徳間書店
2017.3 1Vol. 31×24cm ¥3500 ⓘ978-4-19-864326-3

◆まっすぐなはだか—青山真麻写真集　小澤忠恭撮影　双葉社
【要旨】話題の「アパ不倫」美女アイドルの初ヘアヌード。青山真麻写真集。
2017.4 1Vol. B5 ¥2500 ⓘ978-4-575-31252-2

◆まつりのはじまり—桐谷まつりファースト写真集　青山裕企撮影　双葉社
【要旨】まんまるHカップにキュッと絞れたクビレ、圧倒的な「すんごいカラダ」のヘアヌード写真集。
2017.4 1Vol. A4 ¥3500 ⓘ978-4-575-31253-9

◆みぃなと一緒—川上奈々美ヘアヌード写真集　浜田一喜撮影　双葉社
【要旨】セクシー女優界屈指の美少女アイドル。可愛すぎて悶絶必至のヘアヌードが満載。5年ぶりとなるセカンド写真集。
2017.3 1Vol. A4 ¥3500 ⓘ978-4-575-31230-0

◆美子—松田美子1stヘアヌード写真集　上野勇撮影　双葉社
【要旨】神スマイル＆全裸の衝撃。関西系国民的アイドルグループ元メンバー・松田美子初めてのヘアヌード。
2017.5 1Vol. A4 ¥3500 ⓘ978-4-575-31278-2

◆蜜ばら—水野朝陽写真集　福島裕二撮影　竹書房
【要旨】全身から漂う五感を刺激する華やかな色香。魅惑のH-cup×艶めかしい巨尻の空前絶後のパーフェクト裸体。
2017.4 1Vol. A4 ¥3600 ⓘ978-4-8019-1054-6

◆蜜ばら—榎本美咲写真集　マキハラススム撮影　竹書房
【要旨】卑猥なる曲線美から滲み出る上品なエロス。艶やかさとあどけなさが同居した美しくも淫靡な "人妻"。
2018.1 1Vol. A4 ¥3600 ⓘ978-4-8019-1328-8

◆みなりお—南梨央奈1st. 写真集　斉木弘吉撮影　彩文館出版
2017.12 1Vol. 31×24cm ¥3700 ⓘ978-4-7756-0588-2

◆『見惚れるカラダ』—あやみ旬果ヘアヌード写真集　吉田裕之撮影　双葉社

芸能・演劇　　　780　　　BOOK PAGE 2018

超人気女優・あやみ旬果の進化し続ける裸体が満載。ずーっと見ていたい「ザ・パーフェクトBODY」。
2017.11 1Vol. A4 ¥3500 978-4-575-31314-7

◆ももいろ―桜空もも写真集　浜田一喜撮影　双葉社
【要旨】元S級グラドル、初ヘアヌード写真集。衝撃のAVデビューから半年で人気絶頂となったセクシーアイドル。天から舞い降りた"神ボディ"がいよいよ解禁。
2017.11 1Vol. A4 ¥3500 978-4-575-31316-1

◆夢が醒めるまで。―桃乃木かな写真集　山口勝己撮影　双葉社
【要旨】人気ナンバーワンアイドルSEXY女優がさらなる進化を遂げた。桃乃木かな史上「最高に可愛くてキレイでエロい写真集」誕生。
2017.8 1Vol. A4 ¥3500 978-4-575-31300-0

◆吉高寧々 裸夢 はじらい　舞山秀一撮影　徳間書店
2017.12 1Vol. 31×24cm ¥3600 978-4-19-864525-0

◆らぶぱら―戸田真琴写真集　マキハラススム撮影　竹書房　(付属資料：生写真1(初回300部限定))
【要旨】屈託のないさわやかな笑顔が魅力の清純ピュア美少女。
2017.2 1Vol. A4 ¥3600 978-4-8019-0980-9

◆らぶぱら―翼写真集　マキハラススム撮影　竹書房　(付属資料：生写真1(初回300部限定))
2017.3 1Vol. A4 ¥3600 978-4-8019-1005-8

◆らぶぱら―嵐かなめ写真集　マキハラススム撮影　竹書房　(付属資料：生写真1(初版限定))
【要旨】艶めかしいオーラを纏った透明感溢れる色白ボディが魅力の美少女。
2017.4 1Vol. A4 ¥3600 978-4-8019-1072-8

◆Arina―橋本ありな写真集　前村竜二撮影　彩文館出版
【要旨】眩しすぎる美少女、透明感溢れる清純ヌード。
2017.12 1Vol. 31×24cm ¥3700 978-4-7756-0593-6

◆BEYOND THE LIMITS―濱松恵写真集　西條彰仁撮影　講談社
【要旨】スキャンダラスで過激。渾身の「限界超え」フルヌード写真集。
2017.7 1Vol. A4 ¥2700 978-4-06-352862-6

◆BUNNY GIRL　愛沢リフ著　(名古屋)ブイツーソリューション, 星雲社 発売
2017.10 1Vol. A5 ¥1500 978-4-434-22968-8

◆Carry On―RION写真集　浜田一喜撮影　双葉社
【要旨】105cm、Jカップ「神乳」降臨。
2017.11 1Vol. A4 ¥3500 978-4-575-31311-6

◆DREAMING―古川いおり写真集　福島裕二写真　玄光社
【要旨】透き通るような色白ボディにロケ地オーストラリア・ケアンズの雄大な光が降り注ぐ。
2017.2 1Vol. A4 ¥3000 978-4-7683-0814-1

◆first―藤崎里菜写真集　西田幸樹撮影　講談社
【要旨】100年に1人の奇跡のプロポーション。元大手広告代理店社員衝撃のヘアヌード。
2017.7 1Vol. 30×23cm ¥2700 978-4-06-352860-2

◆GRAVURE GIRL―松本菜奈実写真集　斉木弘吉撮影　彩文館出版
【要旨】バスト100cm・スーパーボディ、グラビアアイドル。衝撃のヘアヌード。
2017.11 1Vol. A4 ¥3700 978-4-7756-0592-9

◆i―有村藍里写真集　西田幸樹撮影　講談社
2017.5 1Vol. 31×24cm ¥3300 978-4-06-352859-6

◆Licht リヒト―すず屋。ファースト写真集
すず屋。撮影・モデル　新書館
2017.8 1Vol. A4 ¥3300 978-4-403-65079-6

◆live show―高橋しょう子写真集　Alex Won撮影　彩文館出版
2018.1 1Vol. 31×24cm ¥3700 978-4-7756-0595-0

◆naked talk vol.1 素人女性100人の裸体　ワニブックス
【要旨】年齢、体系、職業もバラバラな女性たちの、そのままの裸体。全裸編、そしておっぱい・おしり・足などに分けたパーツ編の2編で構成。
2017.11 1Vol. A4 ¥2500 978-4-8470-4963-7

◆『Purity』―羽咲みはるヘアヌード写真集　福島裕二撮影　双葉社
【要旨】可愛すぎるFカップ天使。渋谷系アイドル出身の超人気セクシー女優が魅せた。セカンドヘアヌード写真集。
2017.7 1Vol. A4 ¥3500 978-4-575-31285-0

◆Queen―山本美憂写真集　舞山秀一撮影　光文社
【要旨】トップアスリートの衝撃ヌード。女子レスリング元世界女王、山本美憂・セミヌード写真集。
2017.5 1Vol. A4 ¥3000 978-4-334-90221-6

◆RINA―十枝梨菜写真集　篠原潔撮影　双葉社
【要旨】Gカップ、横乳プリンセス。十枝梨菜ファースト写真集。
2017.4 1Vol. A4 ¥3500 978-4-575-31289-8

◆The Nude Vol.2　日本カメラ社
【目次】Special Feature 撮り下ろし＆新作ヌード(百々新―天城温泉にて、七菜乃―SELF Nude、藤代冴―NICE VIEW、櫻井龍太―ジャパニーズ・オッパイ・トリップ、森山大道―a room、クロダミサト―美しく嫉妬する、渡邊斐治―ベッドルームの作用、そして反作用、金村修―Naked blitz tactics、クロダミサト―熟れていく)、金村修×クロダミサト―サイケで果実なヌードフォトセッション、Photographer's Comment (鬼オ 須田一政に聞いたヌードの極意、『あしぱん』パンツフェチ本、大ヒットの秘密、ヌードのある風景、世界一周ヌード撮影紀行、口枷屋モイラがレポート!!「フェチフェス06」、お宝写真集を求めて一古書店探訪記、ヌード万歳!!ハイパーアマチュアのヌードの世界)
2017.4 95p 28×22cm ¥1850 978-4-8179-4402-3

テレビドラマ

◆「朝ドラ」一人勝ちの法則　指南役著　光文社 (光文社新書)
【要旨】NHK「連続テレビ小説」、通称「朝ドラ」の全96作品を分析してわかった、ヒットの法則。そして、低迷する連続ドラマの復活の方法とは？
2017.9 210p 18cm ¥840 978-4-334-04312-4

◆ウルトラセブン　金城哲夫著　復刊ドットコム　(ウルトラマンシリーズ金城哲夫シナリオコレクション 2)
【要旨】伝説の脚本家・金城哲夫が残したウルトラマンシリーズのシナリオが、全2巻・新装版となって新たによみがえる！ 第二弾では2017年放送開始50年を迎える日本特撮の金字塔"ウルトラセブン"の金城哲夫単独執筆シナリオすべてを収録！
2017.4 330p B6 ¥3200 978-4-8354-5483-2

◆ウルトラセブン―宇宙人たちの地球侵略計画　彼らはどうして失敗したのか　円谷プロダクション監修、中村宏治、一峰大二著　マイナビ出版
【要旨】失敗した45回の作戦を分析し、強敵ウルトラセブンを確実に倒せる計画を立てろ！ 一峰大二の描くもうひとつのウルトラセブン最終回収録！！
2017.5 261p A5 ¥2180 978-4-8399-5367-6

◆「ウルトラマン」の熱い熱い名セリフ　東邦出版編、円谷プロダクション監修　東邦出版
【要旨】他者との関係、組織の在り方、自然との共生…私たちよりも"困難な世界"を生き抜く人々の胸に刺さる一言！「初代」から「メビウス」まで100の名言を収録。
2017.11 133p A5 ¥1300 978-4-8094-1533-3

◆男たちの旅路　山田太一著　(川崎)里山社　(山田太一セレクション)
【目次】男たちの旅路、終りの一日
2017.1 551p 19×12cm ¥2200 978-4-907497-06-4

◆過保護のカホコplus―過保護のススメ　日本テレビ著　宝島社
【要旨】脚本家・遊川和彦がドラマでは描かなかった舞台背景を初公開！ カホコ、泉、正高の根本家と初の人物設定やカホコを記録したビデオから垣間見える知られざるエピソードそして初も泉の過去までも語りつくした！ また、遊川と番組プロデューサーの対談も掲載！ 番組誕生秘話が明らかに!!
2017.9 142p 19×12cm ¥926 978-4-8002-7665-0

◆火曜ドラマ 監獄のお姫さま　宮藤官九郎著　KADOKAWA
【要旨】罪を犯した5人の女たちと、罪を憎む1人の女刑務官―女子刑務所という過酷な状況で巡り合ってしまった6人がイケメン社長をターゲットに復讐計画を立ち上げる。おばちゃんたちの壮大かつスリリングな復讐劇、その結末は!?全10話の書き下ろしシナリオを完全収録！
2017.12 343p B6 ¥1700 978-4-04-896182-0

◆カルテット 1　坂元裕二著　河出書房新社
【要旨】女ふたり、男ふたり、全員30代。ヴァイオリン、ヴィオラ、チェロの演奏者として夢が叶わなかった彼らはある日、東京のカラオケボックスで偶然出会った。しかし、カルテットを組み軽井沢でひと冬の共同生活を送ることになった彼らの"偶然"には、大きな秘密が隠されていて…。人気ドラマのシナリオが、ついに書籍化。
2017.3 245p B6 ¥1500 978-4-309-02556-8

◆カルテット 2　坂元裕二著　河出書房新社
【要旨】それぞれが偶然を装って出会い、カルテットを結成した30代の男女4人。軽井沢でひと冬の共同生活をおくる彼らは、それぞれの過去と向き合い、恋心を隠しながらも4人の関係を深めていく。隠されていた「最後の嘘」が暴かれたとき、運命は4人をどこへ連れていくのか？ 人気ドラマのシナリオブック、ついに完結！
2017.4 228p B6 ¥1500 978-4-309-02557-5

◆聴くだけで脳と体が若返る528Hz「北の国から」CDブック　ACOON HIBINO著・音楽、和合治久監修　扶桑社　(付属資料：CD1)
【目次】第1章「北の国から」528Hzバージョンの素晴らしさ(「北の国から」と528Hzは相性抜群です、マルチな才能で活躍するさだまさしさん ほか)、第2章 脳を若返らせる528Hzって何？(528Hzを聴いて不眠症が改善した、528Hzの音は水分に影響を与える ほか)、第3章 なぜ528Hzを聴くだけで脳が元気になるのか(音楽は脳の老化防止に役立つ、音の周波数は脊髄に対応していた ほか)、第4章 528Hzの効果的な聴き方(CDはいつ、どこで聴いてもOK、ヘッドホンよりもスピーカーで聴いて音を浴びる ほか)
2017.5 64p 19×15cm ¥1400 978-4-594-07673-3

◆「北の国から」で読む日本社会　藤波匠著　日本経済新聞出版社　(日経プレミアシリーズ)
【要旨】フジテレビで1981年から2002年にわたって放映され、国民的な人気ドラマとなった「北の国から」。ドラマの背景となっている日本社会の激動を、東京への人口移動、大量消費社会の台頭、農業の衰退、バブル崩壊、交通事情の変化、恋愛の変遷、受験戦争、ゴミ問題など象徴的な切り口から分析する。
2017.11 236p B6 ¥850 978-4-532-26360-7

◆北は、ふぶき―続・テレビドラマの風景　守分寿男著　(京都)かもがわ出版
【要旨】東芝日曜劇場などで数々のテレビドラマを演出。「北のドラマ」の時代、人間、哲学。
2017.11 303p B6 ¥2200 978-4-7803-0937-9

◆時代劇の「嘘」と「演出」　安田清人著　洋泉社　(歴史新書)
【要旨】時代劇狂の歴史編集者が綴る、偏愛的時代劇論！ 時代劇をみて、「時代考証がなってない」という批判はもちろん意味はない。しかし、史実を押さえた時代考証をしっかりやれば、面白い作品ができるかと言えば、そんなことはない。真実を追求する歴史学は犯すことのできない固有の価値を持つし、歴史を扱うフィクションにも、エンターテインメントを追求する絶対的な自由がある。ならば、その両者が交差する地点にこそ、時代劇の理想の姿があるのではないか。本書は、時代考証という「視点」から時代劇を眺め時代劇とは何か、なぜ日本人は時代劇を愛してきたのか、これからも時代劇は続くのか、そんな問いかけにこたえるヒントを示す。
2017.8 255p 18cm ¥950 978-4-8003-1307-2

◆時代劇メディアが語る歴史―表象とリアリズム　大石学, 時代考証学会編　岩田書院
【目次】時代考証学会第五回シンポジウム「時代劇メディアが語る歴史―表象とリアリズム」(趣旨説明、時代劇メディアと学問・観光の関わり―『鬼平犯科帳』―学習マンガを中心として、ドラマ美術と時代考証、時代劇メディアにおける演じ手の役割、「時代

劇メディアが語る歴史」パネルディスカッション、「地域史によるまちおこし」を考える—第五回シンポジウムに参加して、「時代劇メディア」制作におけるリアリズム—第五回シンポジウムの成果と課題、史実かドラマか—時代考証と作品の関係をめぐるシンポジウム参加者の意識）、特論 大河ドラマ放映と観光地（大河ドラマの衣裳・小道具の展示効果について—『篤姫』『龍馬伝』と鹿児島・高知を例に、大河ドラマ『平清盛』放映と宮島—広島の特質と地域文化、会津若松の観光と大河ドラマ『八重の桜』—悲劇からの復興という物語）
2017 217p A5 ¥3200 ①978-4-86602-010-5

◆西部警察SUPER LOCATION 3 日本全国縦断ロケ 北海道編 石原プロモーション著 青志社 （付属資料：ポストカード）
【要旨】完全密着秘蔵記録、10月7日～10月19日。13日間北海道ロケ・漢たちの戦場!!
2017.2 110p B5 ¥2200 ①978-4-86590-038-5

◆西部警察SUPER LOCATION 4 日本全国縦断ロケ 三重・名古屋編 石原プロモーション著 青志社
【目次】大特集 石原裕次郎を待っていた10万人 THE CEREMONY SEIBU・KEISATSU IN NAGASHIMA 11月23日 全国縦断ロケーション第4弾三重・名古屋ロケ!、完全密着秘蔵記録 漢たちの戦場PART1 in ナガシマスパーランドロケ—10万人エキストラが燃えた!、完全密着秘蔵記録 漢たちの戦場PART2 in 名古屋ロケ—お蔵出し徹底放出! スクープ特集 伝説のお化け煙突爆破決行の真実!、徳重聡のグラフルポロケ聖地巡礼（4）三重・名古屋編1（前編）伝説の10万人ロケの現場とお化け煙突秘話—一地方ロケを支えた裏方たちの戦場! スクープ写真 モノクロスチールで見る三重・名古屋ロケハイライトシーン集、徳重聡のグラフルポロケ聖地巡礼（4）三重・名古屋編2（後編）お化け煙突秘話
2017.5 110p B5 ¥2200 ①978-4-86590-044-6

◆西部警察SUPER LOCATION 5 日本全国縦断ロケ 鹿児島・福岡編 石原プロモーション著 青志社
【目次】完全密着秘蔵記録! 全国縦断ロケーション第5弾 西部警察PART‐3鹿児島・福岡ロケ、特集1 桜島燃ゆ 初公開カラー16ページ マシンRS3兄弟も九州上陸! 溶岩原の死闘 フィアット25000人による鹿児島歓迎セレモニー、特集2 大群衆と共に! 博多どんたく劇中参加 14ページ マシンRS‐Z、マシンRS‐1、マシンRS‐2、マシンRS‐3フォーメーションin 博多、徳重聡のグラフルポロケ聖地巡礼5 福岡編「撮影に参加した100隻の漁船が無償で応じた奇跡」徳重聡、核心インタビュー 地方ロケを支えた石原プロのели戦場! 海の強者どもを説き伏せた石原プロの陣頭力 高島準子郎・元KBC（九州朝日放送）取締役編成局部長、特集3 沈黙! 博多湾大海戦 スクープ写真27ページ 秘蔵記録と最大のハイライトシーン徹底的に見せます! 陣頭指揮石原裕次郎、モノクロスチールで見る 鹿児島・福岡ロケハイライト集、SPECIALインタビュー 剛たつひと「太陽と呼ばれた男との秘話」
2017.8 112p B5 ¥2300 ①978-4-86590-049-1

◆西部警察SUPER LOCATION 6 日本全国縦断ロケ 山形編 石原プロモーション制作協力 青志社
【目次】完全密着秘蔵記録 全国縦断ロケーション第6弾・西部警察PART‐3山形ロケ—石原裕次郎山形に降り立つ、巻頭スクープ決死取材1 決死の炎熱突破と海中ダイブ—第23話『走る炎!!酒田大追跡・山形篇』名カースタント野中義文の豪腕ドキ!、巻頭スクープ決死取材2 1500万円6tMX‐83ミサイル!、巻頭スクープグラビア決死取材3 そこまでやるか！ スタント無しで列車に飛び乗る、巻頭スクープグラビア決死取材3 大門圭介空中50メートルの激闘、山形2大爆破1 酒田港大浜埠頭大炎上、軍国フルスロット1 大門圭介空中を駆け抜けて お蔵出し写真 石原プロがやってきた、SPECIALインタビュー 地方ロケを支えた裏方たちの戦場「破天荒なまち」と「速攻力」を学んだ」横山広、上山市上山競馬場を埋めた7,000人 万城目ケンからのお礼『誘拐! 山形・蔵王ルート‐山形篇』上山市・上山競馬場ロケ、スクープ 団長、荒馬を手なずける! 〔ほか〕
2017.11 110p B5 ¥2300 ①978-4-86590-054-5

◆1964年の有村架純—NHK連続テレビ小説「ひよっこ」愛蔵版フォトブック 大江麻貴撮影 集英社

【要旨】「ひよっこ」メイキングシーン＆撮り下ろしフォト＋インタビュー。
2017.9 127p 24×19cm ¥1700 ①978-4-08-789009-9

◆タケダアワーの時代 友井健人ほか著 洋泉社 （映画秘宝セレクション）
【要旨】もしも武田薬品が『ウルトラQ』を提供していなかったら日本のカルチャーは大きく変わっていただろう。スポンサーの決断、代理店の英断、放送局の独自性。人気番組が作られる裏にある、もう一つの真実。忍者ブーム、怪獣ブーム、スポ根ブームを牽引した日曜夜7時枠「タケダアワー」を宣弘社、TBSの視点から読み解く証言集。
2017.9 207p B6 ¥1900 ①978-4-8003-1321-8

◆ツイン・ピークス シークレット・ヒストリー マーク・フロスト著、藤田美菜子訳 KADOKAWA
【要旨】新旧ドラマシリーズすべての謎が解ける!
2017.7 359p 22×18cm ¥3600 ①978-4-04-105745-2

◆ツイン・ピークス読本—INTO THE BLACK LODGE 滝本誠監修、佐野亨編 河出書房新社
【要旨】25年ぶりに復活した伝説のドラマ「ツイン・ピークス」—その魅力をさまざまな論考・コラム等で徹底解析。
2017.8 187p A5 ¥1600 ①978-4-309-27869-8

◆ツイン・ピークス ファイナル・ドキュメント マーク・フロスト著、藤田美菜子訳 KADOKAWA
【要旨】25年のあいだに、何が起こったのか。さらなる謎の深みへ導く—。新シーズン! 完結。
2017.12 139p 22×18cm ¥2600 ①978-4-04-105746-9

◆謎の円盤UFO完全資料集成 スティーブン・ラリビエー著、岸川靖編 洋泉社
【要旨】『海底大戦争スティングレー』『サンダーバード』など、数々のスーパー・マリオネーション（人形劇）シリーズを製作してきたセンチュリー21が挑んだ、初のライブアクションtvシリーズ。その伝説のドラマの全貌を解明すべく、現地取材を敢行。豊富な写真、関係者の証言を基にしたメイキング記事で徹底解説。
2017.5 191p 22×27cm ¥3800 ①978-4-8003-1128-3

◆ハロー張りネズミ シナリオブック 上 大根仁脚本、弘兼憲史原作 扶桑社
【要旨】人気マンガ原作をドラマ化! 新ストーリーも! ひっそりと事務所を構える「あかつか探偵事務所」。一風変わった探偵「ハリネズミ」こと七瀬五郎が、あるときは人情味あふれた事件、あるときは想像を超えた難事件に挑む。人情モノから超常現象まで、まさに"ジャンルレス"な展開! 脚本は、『モテキ』や『バクマン。』、『まほろ駅前番外地』などの大根仁が担当!
2017.5 254p B6 ¥1800 ①978-4-594-07818-8

◆ハロー張りネズミ シナリオブック 下 大根仁脚本、弘兼憲史原作 扶桑社
【要旨】ひっそりと事務所を構える「あかつか探偵事務所」。一風変わった探偵「ハリネズミ」こと七瀬五郎が、あるときは人情味あふれた事件、またあるときは想像を超えた難事件に挑む。人情モノから超常現象モノまで、まさに"ジャンルレス"な展開! 人気ドラマのシナリオ完全収録! 監督インタビューも!
2017.10 271p B6 ¥1800 ①978-4-594-07842-3

◆みんなの朝ドラ 木俣冬著 講談社 （講談社現代新書）
【要旨】朝ドラに「パターン」があると感じるのは、気のせい? 2010年代、朝ドラはなぜ"国民的"化したのか? 名作の魅力を解き明かした待望の朝ドラ論!
2017.5 298p 18cm ¥840 ①978-4-06-288427-3

◆メイキング・オブ・アウトランダー タラ・ベネット著、芦原夕貴訳 ヴィレッジブックス
【要旨】人気ドラマシリーズのすべてを記した公式ガイドブック! 未公開スチールや撮影風景など500点を超える美麗な写真資料とともにシーズン1、2の各話を脚本家、監督、キャストのインタビューで振り返る、豪華保存版のドラマ"アウトランダー"完全バイブル!
2017.10 271p 27cm ¥3900 ①978-4-86491-355-3

◆メイキング・オブ・大河ファンタジー 精霊の守り人 最終章 NHK「大河ファンタジー 精霊の守り人 最終章」制作班監修 洋泉社

【要旨】全シリーズのなかから、重要なビジュアル資料をピックアップ! 創作・表現の源泉を探ったメイキングブックの決定版! 特撮技術監督・樋口真嗣が合戦シーンを演出!
2017.12 159p 19×26cm ¥2500 ①978-4-8003-1361-4

◆メイキング・オブ・大河ファンタジー 精霊の守り人2 悲しき破壊神 NHK「大河ファンタジー 精霊の守り人2 悲しき破壊神」制作班監修 洋泉社
【要旨】設定資料、デザイン画、イメージスケッチを多数掲載!!異世界ファンタジーはこうして作られる!
2017.2 159p 19×26cm ¥2500 ①978-4-8003-1154-2

◆めがぼん—ドラマ「めがだん」公式ガイドブック ネルケプランニング
【目次】エロいが紳士な名探偵「めがね探偵阿佐川クリス」黒羽麻璃央、心の中だけ雄弁な書店員「本屋のめがねくん」有澤樟太郎、中二病の新米店主「めがね食堂」和田雅成、スーパー理系サラリーマン「ウェアラブルめがねくん」玉城裕規
2017.10 41p B5 ¥2000 ①978-4-9900889-7-2

◆やすらぎの郷 上 第1話‐第45話 倉本聰著 双葉社
【要旨】やすらぎの郷—テレビに功績のあった者だけが入れる無償の老人ホーム。テレビ創成期より脚本家として活躍していた菊村栄（石坂浩二）は、認知症にかかった元女優である妻の介護に疲れ果てた時に入所の誘いを受け、二人で入ることに決めた。だがその矢先、妻は亡くなってしまう。「やすらぎの郷」でひとり暮らすことを決意し、足を踏み入れた菊村。そこには共に仕事をした往年のスターや、スタッフたち。こうして一癖も二癖もある面々との新たな生活が始まって…。家族との絆、遺産、過去への想い、切ない恋、死への恐怖—「老い」をあくまでユーモラスに描く、9年ぶり連続ドラマ、書き下ろし最新作。
2017.3 365p A5 ¥1500 ①978-4-575-31227-0

◆やすらぎの郷 中 第46話～第90話 倉本聰著 双葉社
【要旨】演技派として脚光を浴びる一方、スタッフや他の女優とのトラブルが絶えず、日本のテレビ界を干された犬山小春が、敏腕プロデューサー石上五郎とともに「やすらぎの郷」を訪ねてきた。しかし、かつて小春から散々迷惑をかけられていた住民たちはむげに歓迎しない。小春は歌劇の同級生である及川しのぶにしきりに逢いたがったが、しのぶは小春を避けていた。その後しのぶは石上が持ち込んだ年末大ヒット番組"しのぶの庭"の復活話に狂喜し、小春に逢うことを決意したのだが—。静かに余生を過ごす自分に満足しつつも、まだまだ光を浴びたい思いが交錯する—シニア世代の心に刺さる倉本聰連続ドラマ。
2017.5 364p A5 ¥1500 ①978-4-575-31256-0

◆やすらぎの郷 下 第91話～第130話 倉本聰著 双葉社
【要旨】戦前からの大スターにもかかわらず乙女のような清純さを持ち続け、"姫"の愛称で親しまれている九条摂子。そんな彼女がここ最近、会話を楽しむ機会が減り、身の周りの荷物を整理し始めた。身辺整理は次第にエスカレートしていき、賞状、トロフィー、勲章までも捨てていく始末。そんな姫の変化を知った住民たちは、断捨離に凝っている水谷マヤがそそのかしたのではないかと疑い、マヤを責め立てる。そんな中、姫は夜の浜辺で唱歌を口ずさみながら大事に保管していた着物を裂き始める。日々巻き起こる"やすらぎの郷"住民たちの騒動に、最終回まで目が離せない。倉本聰オリジナル連続ドラマ脚本集。
2017.7 322p A5 ¥1500 ①978-4-575-31284-3

◆世にも不思議な怪奇ドラマの世界—『ミステリー・ゾーン』『世にも不思議な物語』研究読本 山本弘著、尾上上浩司監修 洋泉社
【要旨】アメリカの伝説のオカルト番組『世にも不思議な物語』と、怪奇・SF・ファンタジーのアンソロジー番組『ミステリー・ゾーン』、日本の人気番組『世にも奇妙な物語』に大きな影響を与えた、伝説の番組を徹底解説したディープなガイドブック!『ミステリー・ゾーン』の未訳短編「家宝の瓶」（The Man in the Bottle）も特別収録!
2017.4 365p B6 ¥1800 ①978-4-8003-1221-1

◆「陸王」公式BOOK—明日も元気に働こう! 集英社
【要旨】「陸王」がますますおもしろくなる! 感動の企業再生ストーリー、日曜劇場「陸王」（TBS

芸能・演劇

系）の感激と熱気をすべて伝える公式BOOK。役所広司、山崎賢人、竹内涼真ら、重要キャストの撮り下ろしインタビューや貴重なオフショット、誰もが胸を熱くした名シーン＆セリフも多数収録。読めば明日も元気に働く勇気が湧いてくること間違いなし！ドラマも原作も…「陸王」ファン必読の公式本！

2017.12 111p A5 ¥1400 ①978-4-08-781653-2

◆**NHK連続テレビ小説「ひよっこ」シナリオブック 上** 岡田惠和著　東京ニュース通信社

【要旨】「ひよっこ」ロスのあなたに贈る完全シナリオ集第1弾。平成29年度（2017年度）前期・NHK連続テレビ小説の前半13週のシナリオを完全収録。

2017.11 639p B6 ¥1500 ①978-4-19-864522-9

◆**NHK連続テレビ小説「ひよっこ」シナリオブック 下** 岡田惠和著　東京ニュース通信社, 徳間書店　発売

【要旨】「ひよっこ」ロスのあなたに贈る完全シナリオ集第2弾。平成29年度（2017年度）後期・NHK連続テレビ小説の後半13週のシナリオを完全収録。岡田惠和、黒崎博（演出）インタビューも掲載！

2017.12 611p B6 ¥1500 ①978-4-19-864537-3

演劇

◆**浅草オペラ―舞台芸術と娯楽の近代**　杉山千鶴, 中野正昭編　森話社

【要旨】大正時代の浅草で熱狂的な人気を博した「浅草オペラ」。理想的な西洋の芸術と、日本の大衆や現実の興行が出合うなかで誕生し、大正の芸術と娯楽を彩りながら、やがて昭和のモダニズム文化にもつながった浅草オペラの人と舞台を多角的にさぐる。

2017.2 290p B6 ¥2800 ①978-4-86405-108-8

◆**イギリス演劇における修道女像―宗教改革からシェイクスピアまで**　安達まみ著　岩波書店

【要旨】一六世紀イギリスの宗教改革とプロテスタント信仰の国教化により、修道院は姿を消した。しかし、追放されたはずの修道女のイメージは、その後も依然として歴史記述や文学作品に現れ出る。そのイメージ（表象型）とはどういったものだったのか？カトリックだったインングランドの過去を象徴し、ジェンダーゆえの賞讃と負荷という両極性をおびた修道女像を軸に、さまざまな表象型の構築過程と、記憶の貯蔵庫の役割について分析する。膨大な原典にあたり、シェイクスピアをはじめとする初期近代イングランドの文学を新しい切り口で読み解いた労作。

2017.11 236, 6p A5 ¥5200 ①978-4-00-061235-7

◆**演劇の理論を問う―ある演劇研究集団の試み**　平井正子編　論創社

【要旨】1970年代初頭、アメリカ演劇学者で演劇批評家の斎藤偕子は西洋各国の演劇研究者たちと共に演劇研究会"AMD"を結成して、その活動はのちに西洋比較演劇研究会へと受け継がれる。そこで役者同人誌とまとめられる活動や、舞台合評、シンポジウムとメンバーによるパフォーマンス企画など、実験的且つ先鋭的演劇批評の数々を収録する。

2017.12 377p A5 ¥3000 ①978-4-8460-1681-4

◆**演劇・絵画・弁論術――八世紀フランスにおけるパフォーマンスの理論と芸術**　アンジェリカ・グデン著, 譲原晶子訳　（つくば）筑波出版会, 丸善出版　発売

【目次】第1章 説得と視覚イメージ、第2章 身体所作と説得力、第3章 演技と視覚芸術、第4章 パントマイムのパフォーマンス、第5章「語る身体」と舞踏、第6章 規則と類似性

2017.4 263, 74p B6 ¥3700 ①978-4-924753-62-4

◆**演劇研究の核心―人形浄瑠璃・歌舞伎から現代演劇**　法月敏彦著　八木書店古書出版部, 八木書店

【要旨】舞い踊り謳い語ることは、人間のもつ本性であり、地域・時代によって様々なバリエーションをもつ。それらに通底する共通項は、「観客の感動」に他ならない。長年その本質探求を志向した研究成果を収めた。

2017.8 353, 21p A5 ¥9800 ①978-4-8406-9763-7

◆**演劇に何ができるのか？**　妹尾伸子, 嶽本あゆ美, 堀切和雅著　アルファベータブックス

【要旨】演劇には力がある！生を手探りする若者たちとの演劇、歴史にコミットする演劇、魂の救済のための演劇…。総合芸術ともいわれる演劇の可能性とその意義について、三人の異色の演劇人が語りつくす！

2017.9 376p A5 ¥2500 ①978-4-86598-036-3

◆**演劇年鑑 2017**　日本演劇協会監修　日本演劇協会, 小学館　発売　（付属資料：別冊1）

【要旨】概況（平成二十八年（二〇一六）の歌舞伎界、2016年の商業演劇、二〇一六年の現代演劇、2016年のミュージカル、地方演劇・2016、二〇一六年・テレビドラマの回顧）、資料（系列別全国主要劇場上演記録（1月～12月）、系列別主要演劇一覧、主要興行会社・劇団上演演目一覧、平成二十八年・演劇賞・関係各賞受賞者、平成二十八年・劇壇時事（一月～十二月）、平成二十八年・雑誌掲載戯曲、平成二十八年・演劇関係新刊書、平成二十八年・演劇関係物故者一覧）

2017.3 522p A5 ¥3000 ①978-4-09-671217-7

◆**演劇のジャポニスム**　神山彰編　森話社　（近代日本演劇の記憶と文化 5）

【要旨】幕末・明治期の芸人たちに始まり、無名の役者から歌舞伎俳優まで、外国人の欲望に応えて海外で演じられさまざまな「日本」。興行的な要請のなかで曲解をふくみながら海外で演じられ、そして日本にも逆輸入された近代演劇の複雑な容貌をたどる。彼らは何をめざして海を渡ったのか―。

2017.1 358p A5 ¥4600 ①978-4-86405-106-4

◆**演出家ピスカートアの仕事―ドキュメンタリー演劇の源流**　萩原健著　森話社　（明治大学人文科学研究所叢書）

【要旨】20世紀ドイツの演出家、エルヴィーン・ピスカートアは、ブレヒトが好敵手とし、久保栄・千田是也・佐野碩が関心を寄せた一方、テネシー・ウィリアムズとジュディス・マリーナを師と仰いだ。ドイツ・ソ連・アメリカで活動した、1920・60年代アヴァンギャルド演劇を牽引したキーパーソンの仕事の全体像を明らかにする。

2017.3 379p A5 ¥5800 ①978-4-86405-111-8

◆**王の舞の演劇学的研究**　橋本裕之著　（京都）臨川書店

【目次】王の舞の芸能史（祓う・浄める・鎮める―都市における王の舞の場所、肖像の起源―王の舞と猿田彦 ほか）、王の舞の伝播論（播磨の王の舞、若王子神社のジョンマイジョ ほか）、王の舞の構築学（王の舞の統合、弥美神社の神事芸能 ほか）、錦耕三の王の舞（民俗芸能研究がたどりつきたかった場所―錦耕三の方法と思想、錦耕三と私（話し手・小林一男（聞き手）橋本裕之）

2017.3 543, 8p A5 ¥6400 ①978-4-653-04316-4

◆**改訂を重ねる『ゴドーを待ちながら』―演出家としてのベケット**　堀真理子著　藤原書店

【要旨】1953年に初演され、現代演劇に決定的な影響を与えた『ゴドー』。本人による数百か所の台本改訂と詳細な「ゴドー演出ノート」。ベケットがアップデートし続けた『ゴドー』の神髄とは何か？

2017.9 280p B6 ¥3800 ①978-4-86578-138-0

◆**革命伝説・宮本研の劇世界**　日本近代演劇史研究会編　社会評論社

【要旨】不発に終わった日本の"革命"というボールを舞台にあげてゴールを探し求めて歩いていった劇作家の軌跡を照らす。

2017.2 342p B6 ¥3200 ①978-4-7845-1139-6

◆**唐十郎 特別講義―演劇・芸術・文学クロストーク**　唐十郎著, 西堂行人編　国書刊行会

【要旨】演出家・俳優として原風景、公演の舞台裏、アングラ演劇時代の逸話―舞台・文学・映画などあらゆるテーマを、大学の教室を舞台にして、稀代の演劇人が縦横無尽・天衣無縫に語りつくす。往年のファンはもちろん、演劇への入門書として、そしてこれから「唐十郎」を知りたい人へ送る、魂の講義録！私はこうして「唐十郎」になった―"生きる伝説"が語りつくす12時間！

2017.3 277p B6 ¥2200 ①978-4-336-06139-3

◆**完本 麿赤兒自伝―憂き世戯れて候ふ**　麿赤兒著　中央公論新社　（中公文庫）（『怪男児 麿赤兒がゆく―憂き世戯れて候ふ』改題書）

【要旨】国内外でその芸術表現を高く評価される舞踏家・俳優、麿赤兒。土方巽、唐十郎らと邂逅した若き日々、舞踏集団「大駱駝艦」の立ち上げ、数々の映画、ドラマや舞台出演…。躍動の熱気溢れる六〇年代から現在までを綴る波瀾万丈の半世記。巻末に大森立嗣（映画監督）、大森南朋（俳優）との父子鼎談を付す。

2017.8 341p A6 ¥900 ①978-4-12-206446-1

◆**兄弟喧嘩のイギリス・アイルランド演劇**　岩田美喜著　松柏社

【要旨】"兄弟喧嘩"というトポスを切り口に中世末期から19世紀末までのイギリス・アイルランド演劇の400年を通観する壮大な試み。主に長子相続制との関連性で語られてきたこのトポスが実は演劇史上重大な意味を持つことが明らかとなる。

2017.3 352p B6 ¥3500 ①978-4-7754-0241-2

◆**権力と孤独―演出家蜷川幸雄の時代**　長谷部浩著　岩波書店

【要旨】日本のみならず、世界の演劇界を牽引した演出家・蜷川幸雄。固定概念を打ち破る演出手法をとりながらも、常に時代の中心にあり、演劇界の頂点に君臨し続けた。一方でひとつの場所に安住することを嫌い、古いものを壊し、新しい血を入れることにもためらわなかった。権力と孤独、王道と異端、中央と辺境―相反するものの間で格闘し続けた、その生涯を綴る。

2017.4 266p B6 ¥2100 ①978-4-00-061198-5

◆**新劇製作者―劇団青年座とともに**　水谷内助義著　一葉社

【要旨】水上勉の傑作『ブンナよ、木からおりてこい』を舞台に立ち上げた著者が綴る！『創作劇の青年座』とともに演劇現場の最前線を走り続けるある製作者の貴重な刻印録。

2017.9 270p B6 ¥2500 ①978-4-87196-065-6

◆**新・舞台芸術論―21世紀風姿花伝**　小池博史著　水声社

【要旨】演劇でも舞踊でもない世界的に類を見ない舞台芸術そのものに焦点を当てた全く新しい論考。舞台芸術とは何か、そのあり方を根本的に探り、総合的舞台芸術作品の姿をあぶりだす。1982年から独自の手法で次々と新しい作品を制作し続けながら、世界的知名度を得てきた著者による画期的新著。

2017.12 250p B6 ¥2500 ①978-4-8010-0314-9

◆**世界のミュージカル・日本のミュージカル**　岩崎徹, 渡辺諒編著, 関根裕子, 安冨順, 中本千晶, 下川晶子著　（横浜）春風社　（横浜市立大学新叢書）

【目次】第1部 世界のミュージカル（英語圏のミュージカル ミュージカル誕生―サヴォイ・オペラ、仏語圏のミュージカル スペクタクル・ミュジカルの隆盛と変容、独語圏のミュージカル ウィーン版『エリーザベト』の「死の舞踏」―ライトモチーフと演出の重層性）、第2部 日本のミュージカル（小林一三「国民劇」構想を読む、宝塚「歌劇」の変遷と男役の変遷―歌劇、レビュー、そしてミュージカルへ、日本のミュージカル受容―海外ミュージカル/オリジナル作品/2.5次元ミュージカル）

2017.11 296p B6 ¥2500 ①978-4-86110-570-8

◆**戦禍に生きた演劇人たち―演出家・八田元夫と「桜隊」の悲劇**　堀川惠子著　講談社

【要旨】演劇界を襲った検閲、踏襲、拷問の時代。被爆直後の広島へ圧倒的な描写で迫る。舞台で輝きつづけた魂の交錯。

2017.7 363p B6 ¥1800 ①978-4-06-220702-7

◆**戦後ミュージカルの展開**　日比野啓編　森話社　（近代日本演劇の記憶と文化 6）

【要旨】現在の日本で最も人気のある演劇ジャンル、ミュージカル。東宝・松竹の興行資本による戦後黎明期から、新劇・アングラ、劇団四季、ジャニーズ、2.5次元ミュージカルや地域市民演劇としてのものまで、多種多様な形態を初めて包括的に論じる。日本の「ミュージカル」とは何か―。

2017.12 386p A5 ¥4800 ①978-4-86405-122-4

◆**そんな格好のええもんと違います―生涯女優河東けい**　井上由紀子著, 『生涯女優河東けい』を出版する会編　（京都）クリエイツかもがわ

【要旨】92歳を迎えてなお、観客を魅了するひとり語り『母～多喜二の母～』。語りの技術、継続の力、魂の演技をささえているものは？「女優一筋65年！」河東けいの人生とその演技の真髄に迫るノンフィクション。

2017.11 218p B6 ¥1800 ①978-4-86342-226-1

◆**中国 21 (Vol.46) 特集 中国の芝居―昨日・今日・明日**　愛知大学現代中国学会編　東方書店

芸能・演劇

【目次】特集 中国の芝居—昨日・今日・明日（対談・香港の粤劇によせる思い—役者の立場から、鼎談・香港における粤劇の現状と将来—研究者の立場から）、論説（越劇の現代と「編導制」、雲南省大理白族の大本曲の歴史とその現状、消失した中国実験演劇をめぐる考察—牟森の軌跡をたどって、第二次世界大戦後および五〇年代の香港粤劇）、特別寄稿（ある京劇役者の独白、上海における京劇の現在—乾坤一劇場 劇中更を転じ、日本における「京劇」公演の歩み）、書評、書訊
2017.3 191p A5 ¥2000 ①978-4-497-21706-6

◆「出会い」という名の劇場—演劇に生きて
岡田正子著 （横浜）春風社
【要旨】ベラ・レーヌ、ニコラ・バタイユ、観世寿夫へ…。演出家・翻訳家として50年にわたって活躍する著者が綴る、演技術、舞台人としての矜持、さまざまな劇界との交流の日々。
2017.5 285p B6 ¥2100 ①978-4-86110-551-7

◆知盛の声がきこえる—『子午線の祀り』役者ノート 嵐圭史著 早川書房 （ハヤカワ演劇文庫）『知盛道誌』改題書
【要旨】源平の戦いを壮大に描いた木下順二の名作『子午線の祀り』1979年初演。以来、1992年まで5回にわたり主演平知盛を演じつづけた著者は、新劇・歌舞伎・能狂言など各分野の名優と競演。その美しく力強い劇世界を創り上げていった。戯曲を読み解く作業、呼吸法やせりふ術等の追求の過程でたどりついた境地とは。長く前進座で活躍した名優が、役を創造する苦しみと喜びを綴る戯曲論の傑作。
2017.7 203p A6 ¥2000 ①978-4-15-140040-7

◆2.5次元舞台へようこそ—ミュージカル『テニスの王子様』から『刀剣乱舞』へ おーちようこ著 星海社、講談社 発売 （星海社新書）
【要旨】2次元である漫画を、身体と演出で3次元へと「翻訳」するエンターテイメント—2015年に市場規模が103億円を突破するほど、爆発的な成長を遂げている2.5次元舞台。テニミュ・ペダステ・刀ミュ・刀ステをはじめ、名だたる名作を軸に、2.5次元舞台の「これまで」の軌跡と「これから」の可能性を紐解する。きらめく才能を持つ俳優、気鋭の演出家たちの情熱によって生み出されたこのムーブメントは単なるブームではなく、日本の文化として後世に残せたら…いや、きっと残るはず！その熱量をもってこの一冊をあなたにお届けます！
2017.11 190p 18cm ¥920 ①978-4-06-138617-4

◆蜷川幸雄×松本耕三—二人の演出家の死と現代演劇 西堂行人著
【要旨】2016年、演劇の巨人が相次いで亡くなった。この二つの死は、現代演劇の大きな時代の終焉でもある。しかしながら、オマージュや想い出話ばかりが語られていて、二人の演劇的評価については、むしろ沈黙が続いている。とくに蜷川については、"ホメ殺し"の状態といっても過言ではない。本書は、生前の二人へのインタヴューや対談をも収録し、その歴史的意味を探るものである。
2017.6 255p B6 ¥2400 ①978-4-86182-634-4

◆日本新劇全史 第1巻 明治〜終戦 大笹吉雄著 白水社
【要旨】演劇界の重鎮が生涯のテーマとした第一級の基礎資料。
2017.9 762, 40p A5 ¥30000 ①978-4-560-09413-6

◆ハムレット、東北に立つ—東北弁シェイクスピア劇団の冒険 下館和巳著 国書刊行会
【要旨】自分たちの言葉で、シェイクスピアを演じよう—仙台を拠点に、東北弁で演じる劇団「シェイクスピア・カンパニー」。劇団旗揚げ、日本各地での公演、本場イギリスへの挑戦、そして東日本大震災の被災地をめぐる旅。言葉の力を信じて、東北を愛して、そして世界を駆け抜ける劇団の今までとこれから。"東北弁シェイクスピア"名場面集も収録。 2017.2 211p B6 ¥1650 ①978-4-336-06076-1

◆土方巽—衰弱体の思想 宇野邦一著 みすず書房
【要旨】身体は何をなしうるのか—「肉体の叛乱」から「衰弱体」にいたる創造の軌跡をたどり、驚異の舞踏家と交流した著者による哲学的肖像にして土方論の集大成。
2017.2 260p A5 ¥5200 ①978-4-622-08568-3

◆舞台をまわる、舞台がまわる—山崎正和オーラルヒストリー 御厨貴、阿川尚之、苅部直、牧原出編 中央公論新社

【要旨】満洲における終戦体験、多彩な劇作・評論活動の展開、そして政治との関わり—ロングインタヴューの記録によって明らかにされる、ある知識人の歩んだ道と戦後史の一断面。
2017.3 363p A5 ¥3000 ①978-4-12-004883-8

◆舞台芸術の魅力 青山昌文編著 放送大学教育振興会、NHK出版 発売 （放送大学教材）
【目次】舞台芸術の魅力—その原理的・歴史的根源、オペラの古典—社会との深い関わり、オペラの現在—ヴァーグナーの現代性、バレエの古典、バレエの現在、ダンスの現在—モダンダンスからコンテンポラリー・ダンスへ、ミュージカル—その社会性と人間性、日本の現代演劇における「20世紀」の意味、日本の現代演劇—「近代化」の彼方に、日本の伝統芸能—歌舞伎、日本の伝統芸能—能、日本の伝統芸能—人形浄瑠璃文楽、世界の古典演劇—シェイクスピアは、なぜ「古典」なのか、世界の古典演劇—フランス古典主義とディドロ演劇美学、世界の古典演劇—ギリシア悲劇とアリストテレス演劇美学 2017.3 264p A5 ¥2800 ①978-4-595-31715-6

◆舞台「劇団シャイニング from うたの☆プリンスさまっ♪『天下無敵の忍び道』OFFICIAL VISUAL BOOK」 spoon.2Di編集部編 プレビジョン、KADOKAWA 発売
【要旨】公演の様子が蘇るたっぷりの舞台写真と、音也衛門、真野・翔ノ助・セシル丸の新規撮り下ろしビジュアルを収録。作品を振り返るキャスト＆スタッフのロングインタビューも掲載した、完全保存版のメモリアル写真集。
2017.9 143p 25×21cm ¥2500 ①978-4-04-898303-7

◆舞台「剣豪将軍義輝」公式フォトブック 「もっと歴史を深く知りたくなるシリーズ」製作委員会監修 徳間書店 （もっと歴史を深く知りたくなるシリーズ）
【要旨】将軍でありながら剣の道に生きた稀代の武将の生涯を力強く描いた舞台写真、稽古写真、キャスト＆スタッフコメントなどで舞台の魅力を伝える、シリーズ初の公式フォトブック。
2017.5 126p A4 ¥3704 ①978-4-19-864391-1

◆舞台の上のジャポニスム—演じられた幻想の"日本女性" 馬渕明子著 NHK出版 （NHK BOOKS）
【要旨】世紀末パリ、オペラ座で演じられたNIPPONとはなんだったのか？ジャポニスムと日本文化の関係性を、世紀末パリで上演された舞台を素材に問い直し、ジャポニスムの実像を解き明かす。
2017.9 269p B6 ¥1600 ①978-4-14-091247-8

◆変革者ブレヒト—オルタナティブの演劇を求めて 内藤猛著 績文堂出版
【要旨】時代の危機と対峙し、演劇と共同体とを転換する試み。ブレヒトの実験は世紀を超えて届く。
2017.10 340p B6 ¥2500 ①978-4-88116-091-6

◆ミュージカル教室へようこそ！—All about 劇団四季レパートリー 安倍寧著 之出版 増補改訂版
【要旨】大幅増頁により最新の舞台写真と『ノートルダムの鐘』を収録！劇団四季、青山弥生/加藤敬二との鼎談が実現！
2017.2 238p 26×22cm ¥2963 ①978-4-89198-148-8

◆ミュージカル刀剣乱舞 回想録集 嚴島神社 ネルケプランニング
2017 1Vol. A4 ¥4500 ①978-4-9900889-5-8

◆ミュージカル刀剣乱舞 真剣乱舞祭2016 彩時記 ミュージカル『刀剣乱舞』製作委員会編 ネルケプランニング
2017.8 1Vol. 25×26cm ¥2600 ①978-4-9900889-6-5

◆ミュージカルへのまわり道 石塚克彦著、英伸三写真、ふるさときゃらばん出版する会編 農山漁村文化協会
【要旨】私は、民俗学で言うところの地芝居現代版をやりたくて、ふるさときゃらばんなどという変な名前の劇団をつくった。だから条件が許さすぎり地元に密着した芝居づくりをしたいのである。
2017.11 575p B6 ¥3500 ①978-4-540-16187-2

◆明治大学シェイクスピアプロジェクト！—熱闘！Midsummer Nightmare 井上優、明治大学シェイクスピアプロジェクト編著 明治大学出版会、丸善出版 発売

【要旨】観客動員4000人を誇る学生演劇ユニット、明治大学シェイクスピアプロジェクト。その夢と闘いがつまった舞台づくりを、学生たちの声と写真を中心に綴ったドキュメント！
2017.9 258p A5 ¥2000 ①978-4-906811-22-9

戯曲

◆アーサー・ミラー 3 みんな我が子/橋からのながめ アーサー・ミラー著、倉橋健訳 早川書房 （ハヤカワ演劇文庫）
【要旨】第二次大戦後のアメリカ。特需により事業を成功させたジョーと、息子の戦死を受け容れられないケイト夫婦のもとへ、一家の恐るべき秘密を知る人物が来訪し…（「みんな我が子」）。ブルックリンに暮らすエディは、不法移民の従兄弟ロドルフォを匿う。だが溺愛する姪とロドルフォが恋仲になると、エディは正気を失っていくのだった（「橋からのながめ」）。戦争や家族の問題を鋭く描いた傑作二篇を収録。
2017.3 330p A6 ¥1500 ①978-4-15-140037-7

◆アーサー・ミラー 4 転落の後に/ヴィシーでの出来事 アーサー・ミラー著、倉橋健訳 早川書房 （ハヤカワ演劇文庫）
【要旨】赤狩りと二度の離婚で心に深い傷を負ったクェンティンは、激動の半生を顧みる—著者とマリリン・モンローとの結婚をはじめ私生活に多く材を取った自伝的傑作「転落の後に」。親ナチス政権下の留置場。強制連行された男たちが身分を証明するまで待機している。しかし取調室に呼び出されたまま帰らない者が多く…ユダヤ人狩りの実相を描き、衝撃の結末へとなだれ込む一幕劇「ヴィシーでの出来事」。
2017.4 364p A6 ¥1500 ①978-4-15-140038-4

◆アーサー・ミラー 5 代価/二つの月曜日の思い出 アーサー・ミラー著、倉橋健訳 早川書房 （ハヤカワ演劇文庫）
【要旨】マンハッタンのアパート。父を看取った弟夫婦のもとに、医師となっている兄が、数十年ぶりに訪れてきた。父を見捨てられず、自分の人生を犠牲にした弟が告げる衝撃の真実は—「代価」。ニューヨークのとある部品倉庫の事務所。18歳の新人バートの"ありふれた月曜日"が、様々な人間模様とともに鮮やかに描かれる。著者の若き日を投影した自伝的作品「二つの月曜日の思い出」。傑作二篇を収録。
2017.6 330p A6 ¥1500 ①978-4-15-140039-1

◆薄い桃色のかたまり/小女ミウ 岩松了著 白水社
【要旨】私はいっさいの色彩を奪われたのです…。震災から6年。被災地と向きあい、新たな再生を謳い上げる、渾身の書き下ろし！
2017.10 223p B6 ¥2400 ①978-4-560-09415-0

◆エフェメラル・エレメンツ/ニッポン・ウォーズ 川村毅著 論創社
【要旨】演劇史に残るSF傑作『ニッポン・ウォーズ』を同時収録。原発除染作業を通じて心を失っていく人間と、感情を持ち始めたロボットの相剋を描くヒューマンドラマ！
2017.9 309p B6 ¥2200 ①978-4-8460-1657-9

◆戯曲 捕虜のいた町—城山三郎に捧ぐ 馬場豊著 （名古屋）中日新聞社
【要旨】城山三郎の幻の短編小説「捕虜の居た駅」に出会った著者は、そこに触発を得て、新たな物語として戯曲「捕虜のいた町」を書き上げた。その綿密な調査と記録した「取材ノート」は、捕虜収容所の実態や戦争の酷薄さを伝え、多くの示唆に富んでいる—。
2017.5 239p A5 ¥1500 ①978-4-8062-0725-2

◆来てけつかるべき新世界 上田誠著 白水社
【要旨】シンギュラリティを予兆する、SF新喜劇。第61回岸田國士戯曲賞受賞作品。ドローンが出前をする通天閣のおひざもとでは、AI搭載の炊飯器が、将棋も漫才もしてけつかる！
2017.5 181p B6 ¥2000 ①978-4-560-09408-2

◆吟遊詩人 アントニオ・ガルシア=グティエレス著、稲本健二訳 現代企画室 （ロス・クラシコス 8）
【要旨】スペインのロマン主義演劇を、世界の最前線に押し出した名作。
2017.7 137p B6 ¥2400 ①978-4-7738-1715-7

◆颶風のあと—福田善之戯曲集 福田善之著 三一書房

芸能・演劇

【目次】私の下町3―ぼくの失敗、新・ワーグナー家の女、新・妖精たちの砦―焼跡のピーターパン、颶風のあと、虎よ、虎よ
2017.9 334p B6 ¥2500 ①978-4-380-17002-7

◆倉本聰戯曲全集 1 谷は眠っていた/走る　倉本聰著　新日本出版社
【要旨】作・演出倉本聰が、富良野塾で創り続けた珠玉の舞台―その原点「谷は眠っていた」その頂点「走る」2作品を収録！
2017.7 292p B6 ¥2500 ①978-4-406-06160-5

◆倉本聰戯曲全集 2 昨日、悲別で―on stage/今日、悲別で　倉本聰著　新日本出版社
【目次】昨日、悲別で―on stage、今日、悲別で
2017.10 305p B6 ¥2500 ①978-4-406-06166-7

◆倉本聰戯曲全集 4 屋根/歸國　倉本聰著　新日本出版社
【要旨】古き日本人の魂が、曇りなき眼差しで深く見つめた現代社会。現代日本に警鐘を鳴らす「屋根」「歸國」の2作品を収録！
2017.4 343p B6 ¥2500 ①978-4-406-06136-0

◆倉本聰戯曲全集 5 ノクターン‐夜想曲/明日、悲別で　倉本聰著　新日本出版社
【要旨】倉本聰初めての戯曲全集。刊行開始！原発事故をテーマにした「ノクターン‐夜想曲」「明日、悲別で」―福島に寄り添う2作品を収録！
2017.1 261p B6 ¥2500 ①978-4-406-05934-3

◆業音　松尾スズキ著　白水社
【要旨】母親の介護をネタに再起をかける演歌歌手のまわりで、奇怪なパートナーシップによる「不協和音」が鳴り響く―。人員計画、衝撃の問題作！限りなく深い人間の「業」が奏でる悲劇。
2017.8 155p B6 ¥1800 ①978-4-560-09409-9

◆國語元年　井上ひさし著　新潮社　（新潮文庫）　新版
【要旨】「全国統一話し言葉」の制定を命じられた官吏・南郷清之輔は、妻、舅、使用人たちの放つてんでの方言が飛び交う中でてんやわんやに暮れていた。発音、人情、エゴイズム…。壁は次から次へと立ち塞がった。明治初期に行われた「不可能」と思われた難題に翻弄される人々の姿を大爆笑のうちに描きながら言葉の本質、言語の生命力を高らかに宣言する傑作。幾度もの舞台化を経て今なお色褪せぬ伝説の戯曲。
2018.1 207p A6 ¥460 ①978-4-10-116835-7

◆これはあなたのもの―1943‐ウクライナ　ロアルド・ホフマン作、川島慶子訳　アートデイズ
【要旨】感動の物語は、1943年ウクライナの屋根裏部屋から始まる…。少年期の辛い体験を経てアメリカに移住し、ノーベル化学賞学者にまでなったロアルド・ホフマン教授の自伝的戯曲。
2017.6 175p A5 ¥1300 ①978-4-86119-263-0

◆三月の5日間―リクリエイテッド版　岡田利規著　白水社
【要旨】分断された時代の"リアル"とたたかうための寓話。チェルフィッチュを代表する表題作をはじめ、「あなたが彼女にしてあげられることは何もない」「部屋に流れる時間の旅」「God Bless Baseball」を収録。
2017.12 177, 3p B6 ¥2000 ①978-4-560-09414-3

◆ジャン・ジロドゥ 1 トロイ戦争は起こらない　ジャン・ジロドゥ著、岩切正一郎訳　早川書房　（ハヤカワ演劇文庫）
【要旨】永年にわたる戦争が終わり、ようやく平和が訪れたトロイの国。しかし王の息子パリスがギリシャ王妃エレーヌを誘拐したことで、トロイは再び戦争の危機を迎える。度重なる戦争に虚しさを感じていたトロイの王子エクトールは、平和を守るため和解の道を模索するが…。第二次世界大戦前夜のヨーロッパと、ギリシャ神話の世界を重ねて描いた「トロイ戦争の前日譚」。フランスを代表する劇作家ジロドゥの名作を新訳で贈る。
2017.9 189p A6 ¥880 ①978-4-15-140041-4

◆新訳 まちがいの喜劇　ウィリアム・シェイクスピア著、河合祥一郎訳　KADOKAWA　（角川文庫）
【要旨】兄アンティフォラスは生き別れた双子の弟を探しにエフェソスにやってきた。すると召使いには変なことを言い出すし、見知らぬ女性には言い寄られるし、おかしなことが続く。一方、弟アンティフォラスにも訳のわからないことが起きていた。実は兄と弟が、とりちがえられていたのだ。大混乱の町でとうとう2人が顔を合わせると、思いもよらぬ奇跡が起きて…。笑いと涙の初期喜劇。押韻の楽しさを読みやすい新訳でどうぞ。
2017.6 131p A6 ¥600 ①978-4-04-105619-6

◆聖火　モーム著、行方昭夫訳　講談社　（講談社文芸文庫）
【要旨】第一次大戦後の英国上流家庭。事故で半身不随となりながらも快活にふるまう長男が、ある朝、謎の死を遂げる。美しい妻、ハンサムな弟、謹厳な母、主治医、看護婦らが、真相を求めて語り合う。他殺か、自殺か。動機、方法は？推理小説仕立ての戯曲は、人生と愛の真実を巡り急展開する。二十世紀随一の物語作者が渾身の力を注ぎ、挑んだ問題劇。今なおイギリスで上演され続ける、普遍的名作。
2017.2 203p A6 ¥1300 ①978-4-06-290330-1

◆地霊・パンドラの箱　F. ヴェデキント作、岩淵達治訳　岩波書店　（岩波文庫）　（第6刷）（第1刷1984年）
【要旨】あらゆる男たちを魅惑し惹きつけ破滅させるルル。『地霊』では夫になった3人までもが彼女にきりきり舞いしながら死んでゆく。ルルとはいったい何者なのか。世紀末の人間の虚偽・退廃を、ルルを通して描いたヴェデキントの戯曲。
2017.4 310p A6 ¥840 ④4-00-324291-2

◆寺山修司幻想劇集　寺山修司著　平凡社　（平凡社ライブラリー）　新装版
【要旨】演劇の革命を唱えた実験劇三部作「盲人書簡」「見えない演劇」「疫病流行記」（言葉のない演劇）「阿呆船」（フーコー『狂気の歴史』の演劇化）をはじめ、世界にテラヤマの名を知らしめた「奴婢訓」など、演劇実験室「天井桟敷」の中・後期を代表する七作の戯曲を収録。ボルヘス、スウィフトらを包摂した呪術的・幻想的作劇のなかに、人間の内面の解体、理性への問い、権力と支配のパロディ等、寺山が追求した主題が炸裂する。
2017.6 437p A6 ¥1500 ①978-4-582-76856-5

◆どうにもこうにも　ジョルジュ・フェドー著、桑原隆行訳　水声社
【要旨】裕福で美しい歌姫リュセットは、魅力的だが一文無しの青年ボワ＝ダンギアンに首ったけ。一方、ボワ＝ダンギアンは彼女への想いを引きずりながらも、資産家である男爵令嬢ヴィヴィアンヌとの結婚を決意していた。婚約の直前に至ってもなお知れを告げることができない彼は、リュセットに言い寄る男たちに翻弄され、カネか恋かという究極のジレンマに直面する。19世紀末のパリ社交界を舞台にままならない恋の駆け引きを描くフランス式艶笑コメディの傑作。
2017.5 253p B6 ¥1800 ④978-4-8010-0220-3

◆髑髏城の七人 風　中島かずき著　論創社　（K.Nakashima Selection Vol.27）
【要旨】天下統一を目前にした豊臣秀吉に反旗を掲げ、暴虐の限りを尽くす髑髏党と首領"天魔王"。その行く手をふさぐべく、二人の男"捨之介"と"蘭兵衛"は闘いを挑む。三人が相見えた時、運命は再び動きだす。
2017.9 189p B6 ¥1800 ①978-4-8460-1651-7

◆髑髏城の七人 月　中島かずき著　論創社　（K.Nakashima Selection Vol.28）
【要旨】天下統一を目前にした豊臣秀吉に反旗を掲げ、暴虐の限りを尽くす髑髏党と首領"天魔王"。その行く手をふさぐべく、二人の男"捨之介"と"蘭兵衛"は闘いを挑む。三人が相見えた時、運命は再び動きだす。
2017.11 189p B6 ¥1800 ①978-4-8460-1673-9

◆髑髏城の七人 鳥　中島かずき著　論創社　（K.Nakashima Selection Vol.26）
【要旨】「浮き世の義理も…」天下統一を目前にした豊臣秀吉に反旗を掲げ、暴虐の限りを尽くす髑髏党と首領"天魔王"。その行く手をふさぐべく、二人の男"捨之介"と"蘭兵衛"は闘いを挑む。三人が相見えた時、運命は再び動きだす。
2017.7 189p B6 ¥1800 ①978-4-8460-1628-9

◆髑髏城の七人 花　中島かずき著　論創社　（K.Nakashima Selection Vol.25）
【要旨】『髑髏城の七人』が装い新たに蘇る！天下統一を目前にした豊臣秀吉に反旗を掲げ、暴虐の限りを尽くす髑髏党と首領"天魔王"。その行く手をふさぐべく、二人の男"捨之助"と"蘭兵衛"は闘いを挑む。三人が相見えた時、運命は再び動きだす。
2017.3 189p B6 ¥1800 ①978-4-8460-1605-0

◆幕末疾風伝MIBURO―壬生狼　伊緒里優子著　論創社

【要旨】幻のニホンオオカミを探すため入った山で遭難した兄と妹。百年の時空を超え幕末の京都にたどり着く。現代の常識が一切通用しない現実のなかで、やむなく「新選組」の一員として生きていく道を選ぶ二人。気のいい仲間たちと過ごす日々のなかで、やがて二人は現代を生きていた頃に見失っていた「生きることの本当の意味」を見出していく。だが無情にも、"サムライの時代"の終焉はすぐそこに迫っていた…。人斬りオオカミと呼ばれながらも幕末を颯爽と駆け抜けた「新選組」を新たな視点で描く底抜けに明るく、狂おしいほど切ない青春群像劇。
2017.6 191p B6 ¥2000 ①978-4-8460-1627-2

◆バートルビーズ/たった一人の戦争―坂手洋二戯曲集　坂手洋二著　彩流社
【要旨】原発問題、核問題を中心に、「私たち」の未来に問いかける2作品を収録。作者自身による解説・作品ノート付き。
2017.10 389p B6 ¥2200 ①978-4-7791-2342-9

◆ハリー・ポッターと呪いの子 第一部・第二部 舞台脚本 愛蔵版　J.K. ローリング、ジョン・ティファニー著、ジャック・ソーン著・舞台脚本、松岡佑子訳　静山社
【要旨】『ハリー・ポッターと死の秘宝』での戦いから19年が経ち、父親となったハリーが2人目の子どもをホグワーツ魔法学校へと送り出したその後の物語です。ハリー・ポッターとして生きるのはもちろんたいへんなことだったけど、その後のハリーも決して楽ではありません。今やハリーは、夫として、また3人の子を持つ父親として、魔法省の激務に押しつぶされそうな日々をすごしています。ハリーがすでにけりをつけたはずの過去と取り組まなければならない一方、次男のアルバスは、望んでもいない"ハリー一家の伝説"という重圧と闘わなければなりません。過去と現実は不吉にからみあい、父も子も痛い真実を知ることになります。3人の著者による新作オリジナル・ストーリー。
2017.12 424p 22×16cm ¥2200 ①978-4-86389-399-3

◆春のめざめ　F. ヴェデキント作、酒寄進一訳　岩波書店　（岩波文庫）
【要旨】大人はなぜ、隠そうとするんだ？自分たちだってよく知ってる事実なのに―。ドイツのギムナジウムで学ぶ10代半ばの少年少女。性にめざめ、友達同士の会話はもっぱらそのこと。しかし、大人は子どもの意見を聞きがちに抑圧し、やがて事態は悲劇へと転じていく…。既成のモラルの不条理をつらぬく、ドイツの劇作家ヴェデキント（1864‐1918）の出世作。
2017.4 189p A6 ¥580 ①978-4-00-324292-6

◆陽だまり 他一篇　倉石清志著　Opus Majus
【要旨】雑貨屋を営むヤナは、今日も陽だまりの中、"懐古"に浸る。ヤナとチェスをするために、ほぼ毎日彼女の店に通う友人ナタリア。毅然たる態度で苦難を乗り越えるヤナの娘アンフィサ。過去を解き放ち、未来へ歩もうとする陶芸家見習いの隣人ニコライ。古びた小さな雑貨屋の日常の物語。「一冊の古書を買った男」の帰り道の心の葛藤を描いた短編一人舞台『帰宅途中での後悔』を併収。
2017.11 124p A6 ¥700 ①978-4-905520-11-5

◆舞台シナリオ はだしのゲン誕生―中沢啓治自伝・母のゴンドラの唄が聞こえる 2017年バージョン　天美幸脚本、中沢啓治原作　柘植書房新社
【目次】第1幕（はだしのゲン登場！、惨劇への序曲、ピカドンの下）、第2幕（生き残る闘い、広島復興『新宝島』、ゲンとともに、未来に向かって）
2017.5 165p A5 ¥1700 ①978-4-8068-0696-7

◆ブルガーコフ戯曲集 1 ゾーヤ・ペーリツのアパート 赤紫の島　ミハイル・ブルガーコフ著、村田真一監訳、秋月準也、大森雅子訳　東洋書店新社、垣内出版 発売　（日露演劇会議叢書）　新装版
【要旨】第9回小田島雄志・翻訳戯曲賞受賞！「ゾーヤ・ペーリツのアパート」過酷なスターリン体制下で権力に屈することなく書き続けたロシア演劇界の鬼才ブルガーコフ（1891～1940）。医師にして小説家・劇作家だった彼の風刺と諧謔に満ちた傑作戯曲集第一弾！欲望渦巻く狂騒の世界を鮮やかに描いた『ゾーヤ・ペーリツのアパート』、検閲と革命への批判精神をにじませた『赤紫の島』の二作品と詳細な訳者解題を収録。
2017.2 352p B6 ¥3200 ①978-4-7734-2026-5

◆ブルガーコフ戯曲集 2 アダムとイヴ 至福　ミハイル・ブルガーコフ著、村田真一監訳、

芸能・演劇

大森雅子, 佐藤貴之訳　東洋書店新社, 垣内出版　発売　(日露演劇会議叢書)　新装版
【要旨】太陽ガス(化学兵器)による都市壊滅と全体主義国家の出現を描いた『アダムとイヴ』、23世紀の理想郷「至福」を舞台に展開するアンチ・ユートピア劇「至福」の二作品と詳細な訳者解題、村田真一「あとがきブルガーコフ―演劇の巨匠」を収録。
2017.2　277p　B6　¥3200　①978-4-7734-2027-2

◆別役実の混沌・コント　別役実著　三一書房
【第1部】(夕焼け小焼けで、ソロソロ・ポリン・テニカ・カバト、オスス・トンプ・ピリン・バリン、或る晴れた日、混沌、死体がひとつ、混沌そのつぎ、ブランコ、午前の口上話、狩猟時代、もしかして、白日夢、ふなや―常田富士男とふなとくの対話)、第2部(おままごと関西編)
2017.12　287p　B6　¥2200　①978-4-380-17008-9

◆星の息子/推進派―坂手洋二戯曲集　坂手洋二著　彩流社
【要旨】現在進行形の「沖縄」「徳之島」を、演劇に刻みつける。現地の生きた声を反映させた2作品を収録。作者自身による解説・作品ノート付き。
2017.11　369p　B6　¥2200　①978-4-7791-2343-6

◆ミュージカルシナリオ フラボーイ―いわき男子高校演劇部奮闘記　天美幸原作・作詞・脚本　柘植書房新社
【目次】プロローグ、第1場 高校演劇フェスティバル、第2場 輝かしい伝統、第3場 ジュブナイルな林檎たち、第4場 東日本大震災、第5場 フェスティバル参加決意、第6場 オーディション開催、第7場 フラボーイ 明日へかける橋
2017.7　183p　A5　¥1700　①978-4-8068-0697-4

◆優秀新人戯曲集 2018　劇作家協会編　ブロンズ新社
【目次】精神病院つばき荘(くるみざわしん)、黒いらくだ(ピンク地底人3号)、アカメ(八鍬健之介)、下校の時間(長谷川彩)、うかうかと終焉(出口明、大田雄史)
2017.12　237p　A5　¥1800　①978-4-89309-645-6

落語・講談・演芸

◆秋田實 笑いの変遷　藤田富美恵著　中央公論新社
【要旨】新資料発見! 長女が描く決定版評伝。
2017.9　285p　B6　¥1850　①978-4-12-005001-5

◆浅草演芸ホールの看板猫ジロリの落語入門　浅草演芸ホール監修　河出書房新社
【要旨】明治時代から続く笑いの伝統、浅草演芸ホール。テケツ(切符売り場)の丸窓から覗いているのは、猫のジロリ。外で暮らしていたところを保護され、ホールの看板猫になりました。寄席修行を続けるジロリと一緒に落語と寄席の世界をお楽しみください。
2017.10　95p　A5　¥1200　①978-4-309-27890-2

◆ありがとう、わが師春団治―福団治覚え書き　桂福団治著　(大阪)たる出版
【要旨】きっちり、きっちり、超きっちりの師弟愛―筆頭弟子が明かす3代目春団治こだわりの生き様、破る異才の噺家、はっちゃけた春輔。破門騒動、そして極める人情噺の福団治。渾身の覚え書き!!
2017.3　213p　B6　¥1500　①978-4-905277-20-0

◆浮世に言い忘れたこと　三遊亭圓生著　小学館　(小学館文庫)
【要旨】昭和の大名人、六代目三遊亭圓生が軽妙な語り口で魅せる随筆集。噺家や落語ファンだけでなく、せわしない現代を生きる人々にも多くのヒントを与えてくれる貴重な作品。五十八編、四部構成。芸に対する心構えを説き、落語の歴史や寄席への思いを語る。また同時代を過ごした芸人たちを振り返り、食や着物の着こなしにおける自説を述べる。「世の中ソロバン勘定だけではつまらないものになる」「我慢するってえことが大切か」「イキとヤボとは紙一重」。時に優しく時に厳しい言葉で紡がれる貴重な提言の数々。明治、大正、昭和。日本の古き良き大衆文化を体感できる一冊。
2017.1　269p　A6　¥580　①978-4-09-406387-5

◆歌丸ばなし　桂歌丸著　ポプラ社

【要旨】「井戸の茶碗」「紙入れ」「紺屋高尾」など、大いに笑って、時に切ない全系。
2017.11　245p　19×12cm　¥1200　①978-4-591-15633-9

◆江戸落語事典―古典落語入門200席　飯田泰子著　芙蓉書房出版
【要旨】あらすじ、コラム「噺の豆知識」、関連図版、噺の舞台の紹介、笑いの偏差値の5項目で構成。選りすぐりの古典落語の早引きガイドブック! 江戸落語地図・御府内、江戸落語地図・諸国、落語を楽しむ江戸の豆知識つき。
2017.12　303p　B6　¥2700　①978-4-8295-0730-8

◆江戸落語図鑑 3 落語国の人びと　飯田泰子著　芙蓉書房出版
【要旨】古典落語60席を題材に、落語に登場するユニークなキャラクターの魅力を絵解きする! 江戸期の版本から330点の図版を掲載。
2017.2　265p　B6　¥1800　①978-4-8295-0702-5

◆十八番の噺―落語家が愛でる噺の話　春風亭昇太、桃月庵白酒、柳家喬太郎、立川生志、林家正蔵ほか著　フィルムアート社
【要旨】当代落語界を突っ走る人気真打5人と、期待の若手真打・二つ目6人が魅せられた「噺」の奥に見えるものとは―。いかにして、噺に「魂」を込めるのか。気鋭の18噺。
2017.9　244p　B6　¥2700　①978-4-8459-1702-0

◆音声DVDで聴ける! 柳家さん喬 大人の落語　柳家さん喬著　講談社　(付属資料:DVD1)
【要旨】男女のことは、すべて落語にあった。当代きっての名手、さん喬が初めて明かす。「たちきり」「鰍沢」「芝浜」がたっぷり聴けます!
2017.6　184p　B6　¥1800　①978-4-06-220285-5

◆書きとりきみまろ―1日1ネタ! 40日間、読んで、笑って、なぞって、字も美しく!!　綾小路きみまろ著　講談社
【要旨】悲喜交々、波瀾万丈、万事休す…。中高年の皆様の人生をテーマに、珠玉の名文、四十編をご用意いたしました。読んで、笑って、なぞってください。明日から、新しいご自身を発見されることと存じます。
2017.8　95p B5　¥1000　①978-4-06-220691-4

◆桂枝雀名演集第3シリーズ 第3巻 船弁慶 延陽伯　小学館　(小学館DVD BOOK)　(付属資料:DVD1)
【目次】枝雀と私 第3回(古田新太)、高座解説 船弁慶(小佐田定雄)、速記 船弁慶、高座解説 延陽伯、速記 延陽伯
2017.1　32p A5　¥2800　①978-4-09-480473-7

◆桂枝雀名演集第3シリーズ 第4巻 住吉駕籠 道具屋　小学館　(小学館DVD BOOK)
【目次】枝雀と私 第4回(vol.14)(生瀬勝久)、高座解説 住吉駕籠(小佐田定雄)、速記 住吉駕籠、高座解説 道具屋(小佐田定雄)、速記 道具屋
2017.3　32p A5　¥2800　①978-4-09-480474-4

◆桂枝雀名演集第3シリーズ 第5巻 千両みかん 夏の医者　小学館　(小学館DVD BOOK)　(付属資料:DVD1)
【目次】枝雀と私 第5回(vol.15)(星野源)、高座解説 千両みかん(小佐田定雄)、速記 千両みかん、高座解説 夏の医者(小佐田定雄)、速記 夏の医者
2017.4　31p A5　¥2800　①978-4-09-480475-1

◆上方落語史観　高島幸次著　(大阪)140B
【要旨】上方落語は笑わせてなんぼ。ならば本の中身はどうばかり! いやいや、幕末から明治初期にかけて創作された古典落語は、当時の歴史風土や人々の生活習慣が色濃く反映されている。つまり、歴史を学ぶための手がかりが溢れた「教科書」なのだ。昔の人たちの笑い声が聞こえてくる、リアルな大阪の歴史を紐解きます!
2018.1　303p　B6　¥1500　①978-4-903993-32-4

◆花緑の幸せ入門―「笑う門には福来たる」のか? スピリチュアル風味　柳家花緑著　竹書房　(竹書房新書)
【要旨】22歳で戦後最年少真打ちとなった落語家、柳家花緑。順風満帆に見えた彼には、実は学習障害があり、通知表は1か2、漢字が分からずに本を読むこともできなかった。初めて本を読めたのは18歳。なぜかピンときた。幸せと幸不幸を問う本だった―。それ以来、落語家として活躍しながらも、独学で漢字を学び続け、幸せについて考え続けてきた。ある時「笑う門には福来たる」ということわざにそのヒントがあるのではないかと思い至り、本書の執筆を決意。自ら

の体験と、祖父で師匠の人間国宝5代目小さん、筑波大学名誉教授・村上和雄氏、故・小林正観氏など多くの人に支えられながら導き出した答えとは―。画期的な幸せバイブル!
2017.8　282p　18cm　¥1200　①978-4-8019-1174-1

◆義太夫年表 昭和篇 第4巻 昭和三十年-昭和三十五年　国立文楽劇場義太夫年表昭和篇刊行委員会編　(大阪)和泉書院
2017.9　579p　B5　¥19000　①978-4-7576-0849-8

◆きみまろ「夫婦川柳」傑作選 2　綾小路きみまろ著　小学館　(小学館文庫)
【要旨】"他では読めない面白さ!" きみまろ夫婦川柳の文庫化第2弾が登場です。ライブでおなじみの定番ネタをもとにした「俺ハーフ/父は痛風/母糖尿」「無担保で/もらった妻が/損失に」「同窓会/1時間後は/トイレ待ち」などの鉄板川柳から、最近の流行語やトピックを盛り込んだ「肉フェスに/通う奥様/肉厚に」「五郎丸ポーズ/そっくり/亭主わび」「かけてから/家族になろうよ/保険金」などの創作川柳まで収録。「芭蕉で爆笑!?名句もじり川柳」では、誰もが知ってる名句が夫婦川柳に変身。収録作品数は堂々の260句。第2巻も、夫婦で幸せ2倍! 2倍!
2017.6　205p B6　¥600　①978-4-09-406484-1

◆空気の読み方、教えてください―カナダ人落語家修業記　桂三輝著　小学館　(小学館よしもと新書)
【要旨】歌舞伎や能の勉強のために来日したカナダ人劇作家が、初めて聴いた落語に魅了され、落語家になることを決意。生涯の師と決めた桂文枝に土下座で弟子入り志願する。しかし、待っていたのは「食事は師匠の3分前に終える」「弟子は目立たず気配を消せ」など、欧米の常識とは違う落語修業の厳しい教えだった。上方で最初の外国人落語家として活躍する著者が初めて明かす、笑いと涙の異文化修業記。
2017.10　188p 18cm　¥780　①978-4-09-823507-0

◆この世は落語　中野翠著　筑摩書房　(ちくま文庫)
【要旨】ノンキで愚かで愛すべきひとびとが登場する落語54作品の魅力を愛情溢れる筆致で語り尽くす。30年来の「落語ファン」である著者による最良の落語案内。登場人物を著者自身が描いたイラスト入り。
2017.9　344p A6　¥880　①978-4-480-43461-6

◆これで落語がわかる―知っておきたいアイテム112　京須偕充著　(松戸)弘文出版
【要旨】マクラもサゲも出囃子も…思わず一気読みさせられる落語ワールドのABC。究極の落語鑑賞読本。
2017.10　313p 18cm　¥1100　①978-4-87520-234-9

◆三遊亭円朝と民衆世界　須田努著　有志舎
【要旨】名人・三遊亭円朝は幕末に生まれ、文明開化の時代に生きつつ、「怪談牡丹燈篭」「真景累ケ淵」など現代でも高座でかけられる著名な噺を数多く創作した。当時の観客から絶大な人気を博した様々な噺の内容と彼の人生・思想を解析することにより、当時の民衆世界に分け入ってその心性を明らかにしていく。これまでの国文学・演芸論とは全く違う歴史学(民衆史)から怪談・人情話をとらえ直す。
2017.8　271, 5p A5　¥5000　①978-4-908672-14-9

◆七・七・七・五で唄う都々逸人生教室　柳家紫文著　海竜社
【要旨】七・七・七・五で唄う、男女、恋愛、夫婦、花鳥風月、人生。都々逸、唄ってみると、こりゃあ面白い!
2017.3　163p B6　¥1500　①978-4-7593-1530-1

◆ジュニア版 カマキリじっちゃんのマンガ落語教室　ウノ・カマキリ著　星の環会
【目次】そばを食う、まんじゅうを食べる、手ぬぐいで変身、基本のしぐさ、落語世界の住人、服装と小道具、落語「まんじゅうこわい」、落語「寿限無」、落語家いろいろ、「落画」展覧会案内
2017.5　31p A5　¥1000　①978-4-89294-565-6

◆春風亭一之輔の、いちのいちのいち　春風亭一之輔撮影写真・文、キッチンミノル写真・記録　小学館
【要旨】噺家・春風亭一之輔の、毎月初日「一之日」を一年間欠かさず記録した写真集。高座姿はもちろん、楽屋の様子、プライベートのパーソナリティー、雑誌の取材、ヨーロッパ公演などさまざまな場面が満載! さらに本書でしか見られないプライベートな姿まで! 密着ルポを敢行した

芸能・演劇

- ◆のは新進気鋭の写真家・キッチンミノル。写真とともに当日の詳細な行動記録をも紹介！ 毎月の「お題」にまつわる一之輔のコラムも掲載された、一年間の総まとめ？
  2017.4 173p A5 ¥1600 ⓘ978-4-09-682238-8

- ◆昭和の落語家群像――有楽町界隈の十年　清水一朗著　青蛙房
  【要旨】昭和30年代の"落語の黄金期"に観聴した、名人上手の師匠方や競い合う若手たちの姿。
  2017.11 226p B6 ¥2100 ⓘ978-4-7905-0282-1

- ◆しょせん幸せなんて、自己申告。　綾小路きみまろ著　朝日新聞出版
  【要旨】売れない"潜伏期間30年"を経て、たどりついた「幸せのありか」。はじめて明かす、最初で最後の「遺書的一冊」。すべて書きつくした「きみまろ的人生論」。
  2017.10 223p 18cm ¥1000 ⓘ978-4-02-251497-4

- ◆志らくの言いたい放題　立川志らく著　PHP研究所　（PHP文庫）（『立川流鎖国論』加筆・修正・改題書）
  【要旨】「傑出した文化は鎖国から生まれる」。一時の立川流は、寄席で修業することを拒んだ鎖国社会だった。昔の落語ファンから罵声をあびようが、信じて修業を重ねてきたアウトロー集団。いまでは、落語界を牽引する、志の輔、談春、志らく、談笑「立川流四天王」を育てた「談志イズム」とはなにか。談志原理主義の著者が本書で語り尽くす。
  2018.1 284p A6 ¥720 ⓘ978-4-569-76801-4

- ◆人生を味わう古典落語の名文句　立川談慶著　PHP研究所　（PHP文庫）
  【要旨】落語の解釈は本来、聴き手にゆだねられるものだが、演者自身はどういう思いで語っているのか。あらすじとともに、演者目線の落語の見方や醍醐味を紹介。オチや名シーンで発せられる台詞を軸に、その噺の肝を独自に解釈し、わかりやすく説明する。芝浜、心眼、文七元結…よく知られる噺も「そんな見方があったのか」と新しい発見をして、さらに深く味わえる！ 文庫書き下ろし。
  2017.7 285p A6 ¥680 ⓘ978-4-569-76717-8

- ◆絶滅危惧職、講談師を生きる　神田松之丞著, 杉江松恋聞き手　新潮社
  【要旨】かつて落語を凌ぐ人気を誇った講談は、戦後存続を危ぶまれるほど演者が減った。女性優位が続く東京の講談界において、現在、若手の男性はほんのわずか。そこで一人気を吐くのが、二ツ目の神田松之丞である。巧みな話術で客を釘付けにする彼は、堅苦しい世界をどう変えるのか。張り扇片手に高座へ新風を吹き込む革命的芸道論。
  2017.10 189p B6 ¥1500 ⓘ978-4-10-351291-2

- ◆立川談志を聴け　山本益博著　小学館（小学館文庫プレジデントセレクト）
  【要旨】談志をこよなく愛してきた著者が語る天才噺家の凄さと魅力。
  2017.5 213p A6 ¥680 ⓘ978-4-09-470017-6

- ◆たのしく生きたきゃ落語をお聞き　童門冬二著　PHP研究所　（PHP文庫）
  【要旨】古典落語の登場人物には、現代のわれわれと共通するものがある。切っても切れない親子の縁に泣いたり、男の臆病なさまで腑抜けに笑ったり…。落語はいわば人生劇場なのだ。本書では、それらを血肉として作家活動を続けてきた著者が、「紙入れ」「紺屋高尾」「死神」など、選りすぐりの落語35席のあらすじとともに、人生の悲哀や悩みなど笑い飛ばす方法を教えてくれる。
  2017.11 295p A6 ¥740 ⓘ978-4-569-76786-4

- ◆東都講談師物語　吉田修著　中央公論事業出版
  【目次】第1章 江戸期の講釈師、第2章 一龍斎派列伝・付邑井貞吉、第3章 神田派列伝、第4章 宝井派列伝・付小金井芦洲、第5章 田辺派列伝、第6章 桃川派列伝、付録
  2017.6 343p A5 ¥3000 ⓘ978-4-89514-475-9

- ◆なぜ与太郎は頭のいい人よりうまくいくのか――落語に学ぶ「弱くても勝てる」人生の作法　立川談慶著　日本実業出版社
  【要旨】立川流真打ち・談慶が、落語の名物キャラクターである、バカの代名詞ともいえる与太郎の生き様を通じて江戸時代にタイムトリップ！ 今の日本人がなくしてしまったマインドを古典落語の住人から学べ！
  2017.5 254p B6 ¥1400 ⓘ978-4-534-05496-8

- ◆浪花節 流動する語り芸――演者と聴衆の近代　真鍋昌賢著　せりか書房
  【要旨】二〇世紀前半、文字による歴史の外で興隆した語りの芸術「浪花節」一口演からレコード、ラジオを媒体に名人、寿々木米若や二代目天中軒雲月等の演者とファンの織りなす社会状況を活写した大衆文芸。
  2017.3 276, 5p B6 ¥3600 ⓘ978-4-7967-0363-5

- ◆噺家の卵 煮ても焼いても――落語キッチンへようこそ！　柳家さん喬著　筑摩書房
  【要旨】落語も料理も、調理人の腕次第！ 五代目柳家小さんに入門して50年、洋食屋の倅が当代きっての古典落語の料理人になるまで、そして弟子11人を育て上げるまでを、たっぷり語り下ろす。
  2017.11 222p B6 ¥2000 ⓘ978-4-480-81540-8

- ◆噺家の魂が震えた名人芸落語案内　噺家三十人衆著, 三遊亭円楽（六代目）解説　竹書房（竹書房新書）
  【要旨】古典芸能『落語』を知っているつもりで興味があっても、何から聴いていいのか分からない人のために、博多・神落語まつりのプロデュースを通じて東西全流派の演者と交流を深めている六代目三遊亭円楽が、落語家仲間にアンケートを取って、「生きている間に絶対に聴きたい名作落語」の52席を厳選しました。八代目林家（彦六）正蔵から直接噺を教わった林家木久扇師匠から、二〇〇七年にネット動画中継で生まれて初めて落語を観た二つ目まで、老若30人の噺家のアンケートを堪能出来ます。ありそうでなかった落語案内書。
  2017.7 301p 18cm ¥1100 ⓘ978-4-8019-1144-4

- ◆噺は生きている――名作落語進化論　広瀬和生著　毎日新聞出版
  【要旨】同じ「芝浜」は一つとしてない。志ん生、文楽、圓生ら昭和の名人から、志ん朝、談志、さらには小三治、談春、一之輔など現役トップの落語家まで、彼らはどう演目を分析し、アレンジを加え、ときに解体もしながら、演じてきたのか。落語の進化から落語の"本質"に迫る、画期的落語評論。
  2017.7 317p B6 ¥1600 ⓘ978-4-620-32459-3

- ◆東都噺家百傑伝 冥土インジャパンの巻　保田武宏著　東京かわら版　（東京かわら版新書）
  【要旨】円朝、珍芸四天王、文楽、志ん生、円歌、小さん、志ん朝、談志、談志…落語ブームの現在に連なる落語史から噺家100人の芸跡を紹介。
  2017.11 225p 18cm ¥1389

- ◆マンガで教養 やさしい落語　柳家花緑監修, 柚木原なりマンガ　朝日新聞出版
  【要旨】落語ってどうしてこんなにおもしろい？ 主人公柏家藤太と師匠に稽古をつけてもらえばその秘密が丸わかり。座布団の上に広がる噺の世界から座布団をおりた後の濃密な師弟関係まで伝統芸能たるゆえんこそにあり！ ますます落語が楽しくなる舞台裏まで迫ります。
  2017.2 255p B6 ¥1200 ⓘ978-4-02-333135-8

- ◆名作落語50席がマンガで読める本　東園子著, 二枚ユニット「成金」解説　KADOKAWA
  【要旨】八っつあん、熊さん、ご隠居さん、与太郎…。おなじみの落語キャラがイケメンキャラで登場！ いま大注目！ 二ツ目ユニット「成金」が落語の楽しみ方を解説！
  2017.3 159p A5 ¥1200 ⓘ978-4-04-069130-5

- ◆明治の寄席芸人　三遊亭圓生（六代目）著　青蛙房　（青蛙選書）新装版
  【要旨】人間圓生をはじめ、明治時代の人気寄席芸人約160人の身許しらべ。
  2017.6 353p A5 ¥3500 ⓘ978-4-7905-0891-5

- ◆もっとハゲしく声に出して笑える日本語　立川談四楼著　光文社　（光文社知恵の森文庫）
  【要旨】大好評、抱腹絶倒シリーズの第3弾！ 「同じ釜飯を食った仲良しなのか」「あぐらをこいて」「今日は熊が出やすいでしょう」…。アナウンサーがやらかしたほんの一瞬の言い間違いも聞き漏らさず、俳優・タレント・落語家・市井の人々の滋味に富んだ言葉を脳裏に焼き付ける。そうしたコレクションの中から、選りすぐりの言葉を一冊にまとめました！
  2017.9 248p A6 ¥720 ⓘ978-4-334-78728-8

- ◆柳家小三治の落語　7　柳家小三治著　小学館　（小学館文庫）

- ◆【要旨】人間国宝の読む落語第7弾！ TBS「落語研究会」の口演から名作を厳選、7篇を収録。
  2017.12 227p A6 ¥540 ⓘ978-4-09-406454-4

- ◆やる気が出る外郎売CDブック　玉川太福口演, 長田衛解説　自由国民社　（付属資料：CD1）
  【要旨】豊かで楽しい江戸の売り口上。聞いて・読んで気持ちも明るくなる！
  2017.7 62p 19x15cm ¥1800 ⓘ978-4-426-11966-9

- ◆落語小僧ものがたり――一席亭志願再々　加藤浩著　彩流社
  【要旨】名古屋の名所・大須に生まれ育った著者。幼少期の「英才教育」が実を結び、演芸の世界に身を投じて業界に新鮮な空気を送り続ける男の半生記。
  2018.1 233p B6 ¥1800 ⓘ978-4-7791-2439-6

- ◆落語ことば・事柄辞典　榎本滋民著, 京須偕充編　KADOKAWA　（角川ソフィア文庫）（『落語ことば辞典――江戸時代をよむ』改題書）
  【要旨】読んで腑に落ちる落語辞典の決定版！ 落語を知るためのキーワード616項目を掲載。「時・所・風物」「金銭・暮らし・衣食住」「文化・芸能・娯楽」「男と女・遊里・風俗」「武家・制度・罪」「心・体・霊・異」の6ジャンルに分類し、観どころ聴きどころを懇切丁寧に解説する。江戸文化に造詣が深く、豊富な知識と洒落心にあふれた名解説者ならではの蘊蓄が満載。巻末に主要演目掌略題、演目と項目の五十音順索引付き。
  2017.8 659p A6 ¥1360 ⓘ978-4-04-400263-3

- ◆落語修業時代　湯島de落語の会編　山川出版社　（付属資料：CD1）
  【要旨】春風亭一之輔、隅田川馬石、古今亭菊之丞の「私の修業時代」インタビュー。古典と新作・江戸と上方・落語家への道。落語の誕生から現代まで、400年の歴史がわかる。ここが知りたい二ツ目登場！
  2017.6 143p B5 ¥1600 ⓘ978-4-634-18003-1

- ◆落語で辿る江戸・東京三十六席　林秀年著　三樹書房　新訂版
  【要旨】目黒のさんま、品川心中、佃祭…噺を読んで、その舞台となった場所を歩いてみる一新しい落語の愉しみ方。選りすぐりの三十六題を収録。
  2017.10 269p A5 ¥1800 ⓘ978-4-89522-673-8

- ◆落語と歩く　田中敦著　岩波書店　（岩波新書）
  【要旨】旅の道づれに、落語はいかが？「八つぁん」「喜いやん」になったつもりで落語の舞台を歩いてみると、昔と今が行きかう東京や大阪の姿が見えてくる。落語書籍を渉猟し全国のゆかりの地を訪ね歩いている著者による、落語フィールドワークのすすめ。地名のもつ文化的重要性に気づかせてもくれる、蘊蓄と愛惜にみちたエッセイ。
  2017.1 211, 36p 18cm ¥840 ⓘ978-4-00-431642-8

- ◆落語とは、俺である。――立川談志・唯一無二の講義録　立川談志著　竹書房
  【要旨】落語界の風雲児＝立川談志が、インターネット通信制大学の映像講義で語りおろした珠玉の「落語学」。落語を通じて「人間」と「芸術」の本質を語った最初で最後の講義録、待望の書籍化！
  2017.10 377p B6 ¥2500 ⓘ978-4-8019-1247-2

- ◆落語の入り口――想像と創造のコミュニケーション　東京かわら版, 編集部編　フィルムアート社　（Next Creator Book）
  【要旨】ポップカルチャー、認知科学、AI、社会学まで、多角的側面から落語を紐解く！
  2017.6 185p B6 ¥1700 ⓘ978-4-8459-1642-9

- ◆落語の名作あらすじ100　金原亭馬生監修, 青木伸広著　日本文芸社　（面白くてよくわかる学校で教えない教科書）新版
  【要旨】文七元結、芝浜、時そば、居残り佐平次、寿限無…寄席、落語会で演じられる人気演目を網羅。
  2017.11 278p B6 ¥1300 ⓘ978-4-537-26175-2

- ◆落語百選 春　麻生芳伸著　筑摩書房　ワイド版
  【要旨】読んでも落語は面白い！ 古典落語を精選し、四季に分けた「読む」落語のロングセラー春編。「長屋の花見」「湯屋番」「たらちね」ほか春爛漫の25篇。大きな字で読みやすい。
  2017.3 374p B6 ¥1500 ⓘ978-4-480-01703-1

芸術・芸能

◆楽に生きるのも、楽じゃない　春風亭昇太著　文藝春秋　(文春文庫)　復刊
【要旨】怒ったり、悲しんだりしているなんて時間がもったいない。いかに楽しく機嫌良く生きていきましょうよ―。ひとりで雪見鍋。盟友・志の輔、たい平と東へ西へ。「笑点」司会でお馴染みの人気落語家がつづる、呑気で、たまにしみじみの日常。ドラマ「下町ロケット」で共演した立川談春との特別対談も収録して、幻の名著、ここに復刊！
2017.2　301p　A6　￥740　①978-4-16-790802-7

◆わらわしたい―正調よしもと林正之助伝　竹中功著　ロングセラーズ
【要旨】吉本興業創業者、吉本せいを支え続けた実弟がいた。「ライオン」と呼ばれたその男は"笑い"とともに大正、昭和から平成を駆け抜け"お笑い"を日本中に広げていった。
2017.10　260p　B6　￥1300　①978-4-8454-2407-8

歌舞伎・能楽・狂言ほか

◆愛之助日和　片岡愛之助著, 坂東亜矢子編　光文社
【要旨】フツーの小学生が、歌舞伎の座頭を勤めるまでに「金融庁・黒崎駿一」のエピソード、そして結婚―初の自叙伝！
2017.2　175p　B6　￥1400　①978-4-334-97849-5

◆一日に一字学べば…　桐竹勘十郎著　(大阪)コミニケ出版
【要旨】内気な、漫画家志望の少年が、14歳で伝統芸能の人形浄瑠璃「文楽」と出会い、長い修業の日々を通して、一人前の人形遣いに成長するまで―いまに受け継がれる日本人の仕事の流儀。
2017.1　255p　B6　￥1680　①978-4-903841-12-0

◆美しき雅楽装束の世界　遠藤徹著, 青木信二撮影　(京都)淡交社
【要旨】中国をはじめ朝鮮、ベトナムなどアジア大陸の影響を強く受けている雅楽の装束。和服とは異なる斬新な意匠と新鮮な魅力を美しい写真とともに紹介します。
2017.6　95p　A4　￥3200　①978-4-473-04183-8

◆大倉源次郎の能楽談義　大倉源次郎語り・文, 生田ケイ子, 濱崎加奈子, 原瑠璃彦編　(京都)淡交社
【目次】第1章 能の来た道（謎の翁、能が伝えるもの ほか）、第2章 鼓という楽器（鼓のルーツを探る旅へ、鼓の日本化 ほか）、第3章 能楽への模索（能の家に生まれて、ツクスマという活動 ほか）、第4章 旅する能（メディアとしての能、大和から京へ ほか）、第5章 現代職人気質条々（職人と能楽、文化倍増論のすすめ ほか）
2017.10　271p　A5　￥1800　①978-4-473-04200-2

◆乙女のための歌舞伎手帖　河出書房新社
【要旨】役者、舞踊家、小説家、漫画家たちが歌舞伎世界へお誘いします。
2017.6　159p　A5　￥1300　①978-4-309-27847-6

◆同じ時代を生きて　武田志房, 窪島誠一郎著　三月書房
【要旨】異才の能楽師と異彩の美術館々主。歩んだ道のりに接点はないが運命的に出会ったこの同い年。戦後それぞれを生き抜いて通じ合い認めあう気心知れた二人の気ままな放談録。
2017.12　158p　B6　￥2000　①978-4-7826-0229-4

◆女を観る歌舞伎　酒井順子著　文藝春秋　(文春文庫)
【要旨】忠義のために我が子を差し出す女、二人の男が忘れられず、姫から遊女に身を落とす女、嫉妬する女、罪な女、だめんずすがりの女…歌舞伎に登場する女性たちには時を越えた共感と驚きがある。今昔の女性を見続けてきた著者の"目からウロコ"の分析が冴え渡り、身近に感じられる楽しい一冊。市村萬次郎氏との対談を特別収録。
2017.2　253p　A6　￥600　①978-4-16-790797-6

◆歌舞伎―研究と批評　58　特集・歌舞伎の座元　歌舞伎学会編　歌舞伎学会, 雄山閣 発売
【目次】特集 歌舞伎の座元（舞台に立つ太夫元、江戸時代の上方歌舞伎と座本、明治の座元―中村座と千歳座の問題を中心に、地方興行の座本）、研究 市村羽左衛門の発展のために―二世中村吉右衛門論、演劇季評 平成28年上半期、資料紹介（翻刻・市川箱登羅日記（五十）―大正三年十二月～大正四年一月）
2017.4　127p　A5　￥2330　①978-4-639-02486-6

◆歌舞伎勝手三昧　濱田恂子著　未知谷
【要旨】華やぐ芸に魅せられて、倫理学者が観る舞台。
2017.2　223p　B6　￥2400　①978-4-89642-518-5

◆歌舞伎 研究と批評 59 特集 歌舞伎と浮世絵　歌舞伎学会編　歌舞伎学会, 雄山閣 発売
【目次】特集 歌舞伎と浮世絵（座談会―役者絵研究をめぐって、鳥居派・奥村派の役者絵本―元禄歌舞伎研究の一助として、文政十二年上演「松下嘉平治連歌評判」の役者絵、歌川派役者絵の成立過程について―初代歌川豊国による大判の続き絵を中心に）、演劇季評 平成28年下半期（見物左衛門日誌抄、平成二十八年下半期の歌舞伎―国立劇場開場五十周年の年に、関西の雀右衛門、平成二十八年後半の文楽―国立劇場開場五十周年）、資料紹介（"翻刻"市川箱登羅日記（五十二）―大正四年二月一日～三月三十一日）、追悼（文楽人形遣い・吉田文雀、二代目英太郎を悼む）
2017.11　171p　A5　￥2330　①978-4-639-02544-3

◆歌舞伎と革命ロシア―一九二八年左団次一座訪ソ公演と日露演劇交流　永田靖, 上田洋子, 内田健介編　森話社
【要旨】1928年(昭和3)、二代目市川左団次一座はなぜソ連で歌舞伎初の海外公演を行ったのか。また、それを見たソ連の人々の反応はどのようなものだったのか―。公演実現に至るまでの日ソ双方の事情や背景をさぐるとともに、公演後ソ連から贈られた新聞・雑誌の記事や批評のスクラップブックを翻訳することによって、歌舞伎という演劇を初めて見たソ連側の関心や反応を明らかにした。
2017.10　387p　A5　￥4800　①978-4-86405-120-0

◆歌舞伎とはいかなる演劇か　武井協三著　八木書店古書出版部, 八木書店 発売
【要旨】かぶき者・当代性・断片性・好色性・饗宴性・女方・見立て―七つの視点から迫る歌舞伎の本質。
2017.6　307, 22p　A5　￥8800　①978-4-8406-9762-0

◆歌舞伎に行こう！―手とり足とり、初めから　船曳建夫著　海竜社
【要旨】歌舞伎は日本文化のスープである。役者にぞっこんはまったり、上手い！下手くそ！と叫んだり、魅力があると喜んだり、腹立たしく声高に罵ったり、笑ったり、涙ぐんだり―そしてちょっといい気分で、生きているのが少し楽しいと思えるような入門書。
2017.1　229p　B6　￥1500　①978-4-7593-1520-2

◆歌舞伎の解剖図鑑―イラストで小粋に読み解く歌舞伎ことはじめ　辻和子絵・文　エクスナレッジ
【要旨】歌舞伎の基本の「き」と楽しみ方がこの一冊でまるわかり！初めての観劇でも安心！チケットの取り方から当日の観方まで完全ガイド。
2017.7　200p　A5　￥1600　①978-4-7678-2353-9

◆歌舞伎メモランダム―同時代の演劇批評　大矢芳弘著　森話社
【要旨】平成十六年から平成二十六年までの歌舞伎の記録。歌舞伎座の建て替えとともに、歌舞伎役者の世代交代が進んだ激動の時代―。舞台上で脚光を浴びる彼らの活躍を通して、時に魅され、時に励まされる同時代の演劇の魅力と感動を記録した評論集。
2017.4　491p　A5　￥3600　①978-4-86405-115-6

◆近代歌舞伎年表 名古屋篇 第11巻 大正八年-大正九年　国立劇場近代歌舞伎年表編纂室編　八木書店古書出版部, 八木書店 発売
2017.3　552p　A5　￥9500　①978-4-8406-9245-8

◆恋と歌舞伎と女の事情　仲野マリ著　東海教育研究所,（平塚）東海大学出版部 発売　(かもめの本棚)
【要旨】歌舞伎ビギナーズ向け講座の講師として人気の著者が、「初心者にまず押さえてほしい」15の恋物語をセレクト。今を生きる人への思いや親の情など、現代人にも共通する心の動きと結びつけながら丁寧に解説。作品の描かれた背景や人物相関図なども付いた「歌舞伎作品入門書」。
2017.9　285p　B6　￥1850　①978-4-486-03908-2

◆これで眠くならない！ 能の名曲60選―眠くならない指数と上演頻度の数でわかるおススメ付き　中村雅之著　誠文堂新光社
【要旨】イラストと写真で見てわかる！実際に舞台を観ているように時系列でわかる！初心者へのおススメ度付き！
2017.10　255p　A5　￥1800　①978-4-416-31521-7

◆金春の能 上 中世を汲む　金春安明著　金春円満会, 新宿書房 発売
【要旨】中世を脈々と受け継ぐ下掛能・金春流。八十世宗家・金春安明が、中世のスピリットを解き明かし、能の魅力を縦横に解きほぐす。演者の立場から各曲目の特徴を具体的に解説し、現代の能をさらに豊かに享受するためのユニークなガイドブック。
2017.3　319p　A5　￥1800　①978-4-88008-468-8

◆三代目扇雀を生きる　中村扇雀著　論創社
【要旨】上方歌舞伎の名門、鴈治郎家の御曹司として生まれながら学業優先で育ち、二十二歳で歌舞伎役者に復帰。中世の舞台とは別の苦悩との闘いと終わりなき鍛錬の始まりだった―。役者として生きる厳しさと向き合いただ一心に精進する役者「三代目中村扇雀」の姿。
2017.2　170p　B6　￥2300　①978-4-8460-1584-8

◆三番叟/エクリプス日蝕 MANSAIボレロ/転生　野村萬斎, 高谷史郎著　河出書房新社　（本文：日英同文; 付属資料: DVD1）
【要旨】メディア・アーティストの高谷史郎（ダムタイプ）が制作した舞台で、狂言師・野村萬斎が一夜だけ舞った「三番叟」「ボレロ」。奇跡のコラボレーションによって生み出された壮大なヴィジョンが、映像DVD+58ページの写真集で構成する永久保存アートブック。
2017.4　1Vol. 20×15cm　￥5556　①978-4-309-27832-2

◆地歌舞伎を見に行こう　産業編集センター著　産業編集センター　(大人の学び旅 2)
【要旨】歌舞伎への熱き思いが見事に伝承されている全国6ヶ所の地歌舞伎の里を紹介。
2017.2　127p　A5　￥1200　①978-4-86311-145-5

◆昭和の能楽 名人列伝　羽田昶著　(京都)淡交社　(淡交新書)
【要旨】激動の昭和能楽史に足跡を残したシテ方と三役（ワキ方・狂言方・囃子方）の名人33名の優姿をもう一度。
2017.3　303p　18cm　￥1300　①978-4-473-04171-5

◆スーパー歌舞伎2 ワンピース "偉大なる世界"　市川猿之助監修　集英社
【要旨】伝説の舞台の興奮を「写真集」「読物集」2冊組で収録した完全保存本!!
2017.11　2Vols.set　B5　￥3200　①978-4-08-780829-2

◆戦後歌舞伎の精神史　渡辺保著　講談社
【要旨】真の古典劇として成立させた二代目吉右衛門の現代性とは!?歌舞伎はどこから来たのか？戦後日本文化の「精神史」を問う。「女形不要論」の嵐から、勘三郎、三津五郎、そして海老蔵まで。戦後七十年を問い直す！
2017.3　315p　B6　￥2300　①978-4-06-220487-3

◆そろそろ歌舞伎入門。　ペン編集部編　CCCメディアハウス　(Pen BOOKS)
【要旨】歌舞伎とは、とても人間臭いものである。そこには喜怒哀楽、美しいもの汚いものすべてが詰まっていて、"生きている"ことの醍醐味が手に取るように感じられる。男たちがつくりあげていく世界には、粋や義理人情など、あらゆるところに美学がちりばめられている。歌舞伎のはじまりから、注目の役者まで、今の歌舞伎を余すところなく紹介する。
2017.12　117p　A5　￥1700　①978-4-484-17230-9

◆武智鉄二 歌舞伎素人講釈　武智鉄二著, 山本吉之助編　アルファベータブックス
【要旨】伝統芸能の演出家・評論家として、「関西実験劇場」において四代目坂田藤十郎や五代目中村富十郎などの大物を育て、晩年まで歌舞伎界の革新に挑んだ、怪人・武智鉄二の貴重な後期批評集。全て『定本武智歌舞伎』未収録！
2017.7　302p　B6　￥2700　①978-4-86598-037-0

◆団十郎とは何者か―歌舞伎トップブランドのひみつ　赤坂治績著　朝日新聞出版　(朝日新書)
【要旨】待たれているのは海老蔵の13代目団十郎襲名である。12代の長男に生まれ、脂ののってきたこれからが旬。初代からここまで350年の歴史を改めてひもといてみると江戸文化を代表するトップブランドとして輝き続ける。「成田屋!!」の掛け声は、その光と影に魅せられている。
2017.3　273p　18cm　￥820　①978-4-02-273707-6

◆父、中村富十郎―その愛につつまれて　渡邊正恵編　冨山房インターナショナル
2017.11　135p　B5　￥3800　①978-4-86600-040-4

芸術・芸能

◆知の橋懸り―能と教育をめぐって　土屋恵一郎,中沢新一著　明治大学出版会 発売　(La science sauvage de poche 05)
【要旨】能の未来は3Dにあり？ 教育にアール・ブリュットを組み込めるか？ 土屋学長が主宰していた能の上演団体「橘の会」とは？「精霊の王」の発想の源になった服部幸雄「宿神論」とは？ 明治大学学長と野生の科学研究所所長が能から教育までを縦横に論じる白熱ダイアローグ！
2017.3 181,3p B6 ¥2200 ①978-4-906811-21-2

◆研辰の系譜―道化と悪党のあいだ　出口逸平著　作品社
【要旨】研辰とは誰だ？ 幕末から現代まで、「逃げる男」を追跡する。
2017.5 230p B6 ¥2000 ①978-4-86182-630-6

◆日本音楽のなぜ？―歌舞伎・能楽・雅楽が楽しくなる　竹内道敬著　左右社　(放送大学叢書 037)
【要旨】日本人が大切にしてきた心―日本音楽はなぜノリが悪いのか？ なぜ何を言っているのかわからないのか？ なぜ流儀・流派があるのか？ 第一人者が15の疑問に答えます。
2017.3 193p B6 ¥1850 ①978-4-86528-168-2

◆人形浄瑠璃文楽 外題づくし　鳥越文蔵監修,人形浄瑠璃文楽座企画・編集・外題解説,北浦皓弌文楽勘亭流 工作through
【要旨】本書は、文楽勘亭流の第一人者・北浦皓弌が書き下ろした全152の外題（国立劇場、国立文楽劇場の公演プログラムを網羅）とともに、初演記録・あらすじ・見どころ等の解説を収録。さらに、平成11年（一九九九）公演から平成26年（二〇一四）公演まで、北浦皓弌が書いた一枚番付全一二〇枚も再録。文楽上演史を「文字」でたどることができる文楽ファン必携の書となっている。
2017.5 326p 30×19cm ¥3000 ①978-4-87502-483-5

◆能―650年続いた仕掛けとは　安田登著　新潮社　(新潮新書)
【要旨】なぜ六五〇年も続いたのか―。足利義満、信長、秀吉、家康、歴代将軍、さらに芭蕉に漱石までもが謡い、愛した能。世阿弥に「愛される」ための仕掛けの数々や、歴史上の偉人たちに「必要とされてきた」理由を、現役の能楽師が縦横に語る。「観るとすぐに眠くなる」という人にも、その凄さ、効能、存在意義が見えてくる一冊。
2017.9 223p 18cm ¥760 ①978-4-10-610732-0

◆能楽名作選 上―原文・現代語訳　天野文雄著　KADOKAWA
【要旨】舞台の感動がさらに深まる、精確な訳と解説の決定版案内！ 葵上、井筒、翁から卒都婆小町、高砂まで、第一線の研究者が30の名曲を完全対訳。
2017.12 383p B6 ¥2500 ①978-4-04-400293-0

◆能楽名作選 下―原文・現代語訳　天野文雄著　KADOKAWA
【要旨】観能がますます楽しくなる、精確な訳と解説の決定版案内！ 道成寺、羽衣から松風、弱法師まで、第一線の研究者が29の名曲を完全対訳。
2017.12 391p B6 ¥2500 ①978-4-04-400294-7

◆能・狂言の誕生　諏訪春雄著　笠間書院
【要旨】日本人が世界に誇るこどもの能は、室町時代の応安七年（一三七四）、観阿弥が京都・新熊野神社境内で演じた「白髭の曲舞」で産声をあげた。未だ解決をみない"能はいつどこで、だれの手によって誕生したのか"という疑問に答えるため、中国大陸からの影響を中心に追究。東アジアを研究してきた著者の比較芸能史研究の集大成！
2017.1 300p A5 ¥3500 ①978-4-305-70820-5

◆能『高砂』にあらわれた文学と宗教のはざま　島村眞智子著　冨山房インターナショナル
【要旨】世阿弥は「翁」をまぶたに追いつつ、修羅の生涯を生きた。そのはじめ「児」と呼ばれた少年の頃から成人までを境界領域から考究。働きながら、九人の子どもを育て介護にも携わった一女性のささやかな日常から、日本の子育てと日本人の信仰の原点を問い思索した半生の軌跡。
2017.3 385p A5 ¥4800 ①978-4-86600-034-3

◆能面の見かた―日本伝統の名品がひと目でわかる　宇髙通成監修,小林真理編著　誠文堂新光社
【目次】1章 能面の分類と種類（翁面、尉面 ほか）、2章 解説「能面入門」（翁面、尉面 ほか）、3章 狂言面（猿面、神仏面 ほか）、4章 図説「能面の見分けかた」（視る角度で表情が変わる小面、女面の見分けかた ほか）、5章 原木から面打ちの工程まで（面打ちの工程、道具と技術 ほか）
2017.1 174p A5 ¥2400 ①978-4-416-71636-6

◆野村萬斎What is狂言？　野村萬斎著,網本尚子監修・解説　檜書店　新装改訂版
【要旨】野村萬斎が答える！ 狂言のQ&A。狂言の舞台写真満載。主な狂言のあらすじ、用語の解説付き。
2017.11 127p A5 ¥2000 ①978-4-8279-1102-2

◆花伝う花―世阿弥伝書の思想　上野太祐著　(京都)晃洋書房
【要旨】禅・儒・仏教の思想が入り交じる中世に身を置いた世阿弥は、その教養を元に伝書を遺した。「初心を忘るべからず」「無心の感」「花」などの彼の言葉の奥底には、時代の中で抱えた伝えをめぐる葛藤が刻まれていた―伝書の精読から世阿弥の言葉の深層に迫る。
2017.1 139p A5 ¥2600 ①978-4-7710-2800-5

◆文楽のすゝめ　竹本織太夫監修　実業之日本社
【要旨】文楽を知らない方にこそオススメ！ 絶対に観ておきたい名作をピックアップ。世界的に珍しい文楽の舞台を解説。カリスマ作家近松門左衛門の魅力に迫る。大阪を楽しむぶらあるきガイド付き。
2018.1 109p 23×18cm ¥1500 ①978-4-408-53720-7

◆文楽・六代豊竹呂太夫 五感のかなたへ　豊竹呂太夫,片山剛著　(大阪)創元社
【目次】大序 徳島と十代豊竹若太夫、序引 東京のエトランゼ、二段目 大阪への回帰、三段目 艱難から希望へ、四段目（道行、花房開く）、大詰 六代豊竹呂太夫
2017.3 223p B6 ¥2400 ①978-4-422-70112-7

◆舞うひと―草刈民代×古典芸能のトップランナーたち　草刈民代著,浅井佳代子写真　淡交社
【目次】日本舞踊 宗家藤間流八世 藤間勘十郎さん、能楽 二十六世観世宗家 観世清和さん、日本舞踊 三代目 花柳寿楽さん、琉球舞踊 重踊流二世宗家 志田真木さん、歌舞伎 五代目 尾上菊之助さん、文楽 人形遣い 三代 桐竹勘十郎さん、能楽 二代 梅若玄祥さん、雅楽 宮内庁楽部楽長 多忠輝さん、日本舞踊 京舞井上流五世家元 井上八千代さん、狂言 野村萬斎さん、歌舞伎 四代目市川猿之助さん、舞踏 麿赤兒さん
2017.9 205p A5 ¥1800 ①978-4-473-04194-4

◆マンガで教養 やさしい歌舞伎　清水まり監修,千駄キャサリン執筆,白川蟻んマンガ　朝日新聞出版
【要旨】舞台の感動は一期一会!!観劇のヒント。100演目ご案内。
2017 255p B6 ¥1200 ①978-4-02-333127-3

◆マンガでわかる歌舞伎―あらすじ、登場人物のキャラがひと目で理解できる　漆澤その子監修,マンガでわかる歌舞伎編集部編　誠文堂新光社
【要旨】50演目収録。知識ゼロから"マンガでわかる"歌舞伎の本。上段約4分の3がマンガ、下段約4分の1が解説文。マンガで大まかなあらすじや鑑賞ポイントなどを紹介し、解説文で作品の概要などより詳しいことが分かるようにした。
2017.5 191p A5 ¥1600 ①978-4-416-51658-4

◆弥勒の手―金沢歌舞伎「森田屋」一族の書簡　中原文角著　(金沢)北國新聞社
【目次】母79歳、母80歳、母81歳、母82歳、母83歳、母84歳、母85歳、母86歳、母87歳、母88歳、母89歳、母90歳、母91歳、母92歳、母93歳
2017.7 257p B6 ¥2000 ①978-4-8330-2069-1

◆無辺光―片山幽雪聞書　片山幽雪著,宮辻政夫,大谷節子聞き手　岩波書店
【要旨】至高の能役者片山幽雪師の芸は、どのような精神に支えられていたのか。不世出の名人の言葉の数々が、能の神髄を今に伝える。
2017.10 301p B6 ¥3300 ①978-4-00-002232-3

◆山川静夫の文楽思い出ばなし　山川静夫著　岩波書店
【要旨】若き日にNHK大阪中央放送局に勤務となった著者は、本場の文楽の奥深さを知り、とりわけ半世紀にもわたり、太夫・三味線・人形遣いをはじめ、文楽にたずさわる多くと交流を重ねて、培われる珠玉の芸。真摯に芸と向き合うことから生まれる人間性豊かな芸。戦後文楽史に名を残す、名人・上手の魅力的な素顔を、著者ならではの語りかけるような文体で綴ったエッセイ二十七編を収める。
2017.8 155p B6 ¥1700 ①978-4-00-061212-8

◆謡曲を読もう―謡曲百番集　夕田謙二著　(福岡)弦書房　改訂版
【要旨】シテ方も詞章も喜怒哀楽を抑制しつつ、他方でシテ方と囃子方との格闘劇。この虚構とリアリズムの微妙な虚実皮膜の境界線に能の本質がある―おすすめ謡曲十四番をはじめ演目百曲について、その見どころを要点解説。能とギリシャ古典劇との比較考察を加筆した改訂版。
2017.1 220p A5 ¥1600 ①978-4-86329-144-7

◆若手歌舞伎　中村達史著　新読書社
【要旨】これからの歌舞伎の担い手たち。真摯に「歌舞伎」に立ち向かう若き歌舞伎評論家の誕生。
2017.12 162p B6 ¥1700 ①978-4-7880-6020-3

映画

◆板観さん―昭和のまち青梅と映画看板師　キッチンミノル写真,けやき出版編　(立川)けやき出版
【要旨】最後の映画看板師と、まちの記録。
2017.11 1Vol.19×26cm ¥1600 ①978-4-87751-576-8

◆ウイスキーアンドシネマ 2 心も酔わせる名優たち　武部好伸著　(京都)淡交社
【要旨】相性抜群、映画とウイスキーの深い関わりを綴る『ウイスキーアンドシネマ』の第2弾！ 古今東西の映画にみる「名優」ウイスキーの名ショット×47本を収録、ただし今回は「締めの一杯」を追加!!
2017.6 159p B6 ¥1500 ①978-4-473-04205-7

◆映画を聴きましょう　細野晴臣著　キネマ旬報社
【目次】僕の最初の映画的記憶、日本映画初のサントラ！、奥が深いSF映画音楽、僕にとっての特別な音楽家、サイケの時代、SF映画の衝撃、アメリカン・ニューシネマの頃、ジェルミ的なルスティケリ音楽、映画音楽のマジック、ひらめきのあるニーノ・ロータ音楽、理想的な組み合わせ〔ほか〕
2017.11 317p B6 ¥2000 ①978-4-87376-454-2

◆映画を撮った35の言葉たち　渡辺進也,フィルムアート社編,得地直美イラストレーション　フィルムアート社
【要旨】リュミエールからスピルバーグまで、映画史に残る名作・傑作を手がけた、映画監督たちの35の言葉から映画作りの真髄を読み解く。言葉を通して、映画を見よう。
2017.12 159p B6 ¥2000 ①978-4-8459-1713-6

◆映画宣伝ミラクルワールド 特別篇　斉藤守彦著　洋泉社
【要旨】『キングコング』vs『カサンドラ・クロス』！『サスペリア』vs『ゾンビ』！キワモノ映画だけじゃない、アート映画を仕掛けて当てる！ 追加取材で12章を追加！ 独立系配給会社の映画宣伝黄金時代を徹底的に記録した決定版。
2017.7 327,8p A5 ¥3000 ①978-4-8003-1233-4

◆映画と本の意外な関係！　町山智浩著　集英社インターナショナル,集英社 発売　(インターナショナル新書)
【要旨】映画のシーンに登場する本や言葉は、映画を読み解くうえで意外な鍵を握っている。本書は、作品に登場する印象的な言葉を紹介し、それに込められた意味や背景を探っていく。原作小説はもちろん、思わぬ関連性を持った書籍、劇中で流れた曲の歌詞にまで深く分け入って解説。紹介する作品は、『007』シリーズや『インターステラー』など超大国の裏側がわかるドキュメンタリー映画まで。全く新しい映画評論！
2017.1 221p 新書 ¥740 ①978-4-7976-8005-8

◆映画になった戦慄の実話100―True Story Movies 真相はそうだったのか！　鉄人ノンフィクション編集部編　鉄人社
【要旨】劇中には描かれなかった本当の動機、犯行の詳細、事件関係者のその後―
2017.2 287p A5 ¥1400 ①978-4-86537-075-1

◆映画に魅せられて 私の追憶の名画　青木勝彦著　愛育出版
【目次】開館にあたって、襟を正しく見る（家族名画）わが谷は緑なりき、貧しくとも健気に生

き抜く市民映画の名品 おかあさん、映画と小説の違いを認識、感覚的映像表現の世界へ導いてくれた 第三の男、老いと諦観、そして隣合わせの死と 東京物語、独身OLには眩しいかのヴェネチュアの陽光と景観、キャサリン・ヘップバーンの演技を堪能する 旅情、1スジ〔脚本〕2ヌケ（映像・演出）3動作〔演技〕の結実。強力コンビによる清張映画の傑作 張り込み・ゼロの焦点・砂の器、粋なギャングとしがない運転手。名優ギャバンで味わうフランス映画の香り 現金に手を出すな・ヘッドライト、東映チャンバラを葬った無類の黒澤映画 用心棒、詩情と活劇、2人のジョンの西部劇 荒野の決闘・OK牧場の決斗〔ほか〕
2017.1 276p A5 ¥1500 ①978-4-909080-02-8

◆映画年鑑 2017年版 キネマ旬報社（付属資料：別冊1）
【目次】第1部 統計編（グラフ・映画界現勢、年度別映画人口・興行収入 ほか）、第2部 記録編（団体報告、映画産業団体連合会 ほか）、第3部 作品編（日本映画の部、外国映画の部 ほか）、第4部 名簿編（映画関係商社録、映画関係団体録 ほか） 2017.2 543p A5 ¥10000 ①978-4-87376-448-1

◆駅と映画の雑学ノート 臼井幸彦著（札幌）柏艪舎、星雲社 発売
【要旨】駅は映画の舞台として、出会いや別れ、旅立ちや帰郷などの揺れ動く心象風景に、様々な演出効果をもたらしてきた。そんな駅と映画の関係を16本のエッセイで映し出す。
2017.4 167p B6 ¥1500 ①978-4-434-24016-4

◆好奇心のチカラ―大ヒット映画・ドラマの製作者に学ぶ成功の秘訣 ブライアン・グレイザー、チャールズ・フィッシュマン著、府川由美恵訳 KADOKAWA
【要旨】TVドラマ「24 - TWENTY FOUR - 」、アカデミー賞受賞映画「ビューティフル・マインド」、「アポロ13」など数々のヒット作を手がけた敏腕プロデューサーが語る仕事も人間関係も人生も興味を持って質問すればすべてがうまく回り出す。
2017.4 335p B6 ¥1600 ①978-4-04-865498-2

◆これ、なんで劇場公開しなかったんです か？―スクリプトドクターが教える未公開映画の愉しみ方 三宅隆太著 誠文堂新光社
【要旨】「45歳からの恋の幕アケ!!」「ザ・サンド」「妹の体温」「ターゲット」「NINJA」「ガール・ライク・ハー」「イン・ユア・アイズ 近くて遠い恋人たち」「私はゴースト」「アメリカン・レポーター」「大人の女子会・ナイトアウト」「ファイナル・ガールズ 惨劇のシナリオ」「チャット～罠に堕ちた美少女～」「あなたとのラストまでの距離」「6年愛」「人生はローリングストーン」「アイ・オリジンズ」「リベリオン ワルシャワ大攻防戦」「ロシアン・スナイパー」「バスルーム 裸の二日間」「処刑島みな殺しの女たち」「恋する宇宙」「エマニュエル・ベアール 赤と黒の誘惑」「マザーハウス恐怖の使者」「あしたの家族のつくり方」「バイオレンス・マウンテン凌辱の山」「ウンギョ青い蜜」「タイム・シーカー」ほか。
2017.3 318p B6 ¥1500 ①978-4-416-51722-2

◆最新映画産業の動向とカラクリがよーくわかる本 中村恵二、荒井幸博、角田春樹著 秀和システム（図解入門業界研究）
【要旨】デジタル新時代の映画産業がわかる！仕事内容と求められる人材がわかる！アニメ市場の最新動向がよくわかる！コンテンツのマルチユース化を知る！収益構造と資金調達の手法がわかる！業界の「現在」と「課題」、将来展望を探る！ 2017.4 201p A5 ¥1300 ①978-4-7980-4976-2

◆新・直さんのシネマホール 溝口直著 編集プロダクション映芸、七月堂 発売（映画芸術叢書）
【要旨】大分の小さなホールに集う、世代を超えた映画ファン。その熱気の中心にいる直さんが40年にわたって上映・紹介し続けてきた古今東西の映画群がここに！
2017.6 189p B6 ¥1900 ①978-4-87944-282-6

◆日本懐かし映画館大全 大屋尚浩著 辰巳出版
【要旨】全国の大小ロードショー館や名画座、いまだ健在の劇場に失われた面影を追う。庶民の殿堂だったそれらの記録、シネコンではない「映画館」の記憶―昭和の映画館をめぐる旅。
2017.12 127p A5 ¥1600 ①978-4-7778-1990-4

◆日本ヘラルド映画の仕事―伝説の宣伝術と宣材デザイン 原正人監修、谷川建司著 パイインターナショナル
【要旨】作品コンセプトを抽出し、その要素を拡大して世に問う。「エマニエル夫人」で社会現象を引き起こし、手塚治虫とアニメを作り、黒澤明やフランシス・コッポラの作品を支援した日本ヘラルド映画。彼らが送り出したヒット作の多岐にわたる宣伝手法とそのヴィジュアルを、数多くのスタッフの証言で映画化した本作は、一挙紹介！初版限定特別付録：東京・有楽座で上映時に使用された「地獄の黙示録」70ミリ・プリント現物のフィルム2コマ付き！
2017.2 295p B5 ¥3200 ①978-4-7562-4817-6

◆パツキン一筋50年―パツキンとカラダを目当てに映画を見続けた男 秋本鉄次著 キネマ旬報社
【目次】「イーオン・フラックス」のシャーリーズはイーオンナ！、「ダイヤモンド・イン・パラダイス」のサルマ・ハエックのカラダ考！、春だ、花見だ、パツキン・シーズンだ、サーマン＆マドセンだ！、ベッソン映画の180センチ級美女たちのビッチな魅力！、お見好きの巨匠ティン・プラスに七十路の理想形を見る！、「ウルトラヴァイオレット」のミラ・ジョヴォは"美裸女苦"なり、「ディセント」のガテン系美女の汗まみれ、泥だらけ…に、「マッチポイント」のヒロインをスカ・ジョと呼ぼう！、今や大統領夫人（？）、キム龍容様への妄想！、黒眼といえばあすかである。性悪女、姦婦への誘い！〔ほか〕
2017.3 252p B6 ¥1800 ①978-4-87376-450-4

◆観なかった映画 長嶋有著、堀道広絵 文藝春秋
【要旨】長嶋有が観なかった…といいつつ、観た映画も200本以上！役者名を語らず、映画の「甲斐」を突きつめた（見つめた）、ぐっとくる映画評。 2017.3 325p B6 ¥1750 ①978-4-16-390604-1

◆MONDO映画ポスターアート集 MONDO スペースシャワーネットワーク
【要旨】スター・ウォーズからアベンジャーズ、タランティーノ、エドガー・ライト作品まで。世界中の映画ファン、映画製作者から愛され、絶大な人気を誇るMONDOで制作・販売されたレアなポスター約300枚を一挙収載！折込ポスター6枚付。
2017.12 334p A4 ¥4600 ①978-4-909087-05-8

◆REMEMBER SCREEN KENCHI TACHIBANA著 LDH JAPAN
【要旨】監督・主演、橘ケンチ。何よりも映画を愛する男が、7つのオリジナルストーリーと名画22作品の世界観をプリコラージュして生まれた7冊のフォトストーリー。今、新しい物語の幕が上がる！
2017 7Vols.set A5 ¥2000 ①978-4-908200-07-6

◆SHOW - HEYシネマルーム40―2017年下半期お薦め50作 坂和章平著（名古屋）ブイツーソリューション、星雲社 発売
【目次】第1章 第89回アカデミー賞、第2章 この巨匠のこの作品に注目！、第3章 この若手監督のこの作品に注目！、第4章 男の生き方、女の生き方、第5章 こんな戦争も、あんな戦争も！、第6章「裁判モノ」あれこれ、第7章 映画から何を考える
2017.12 303p A5 ¥1200 ①978-4-434-24047-8

日本映画

◆『新しき土』の真実―戦前日本の映画輸出と狂乱の時代 瀬川裕司著 平凡社
【要旨】「日独防共協定の産物」か、「ナチのプロパガンダ」か、果ては「国辱映画」か。若き原節子を"世界の恋人"たらしめた、戦前における「最初で最後の本格的輸出映画」の真相に切り込む力作。日独共同製作の裏側で囁かれ、現在でも定説として語り継がれる数々の嘘と虚報を、ドイツ側の視点も含めて丹念に検証し、『新しき土』という怪物が生み出した時代の精神を明らかにする。
2017.4 374p A4 ¥4500 ①978-4-582-28264-1

◆異端の映画史 新東宝の世界 映画秘宝編集部編 洋泉社（映画秘宝COLLECTION）
【要旨】誕生から70年―「宗方姉妹」「西鶴一代女」の文芸映画から、当時の大ヒット作「明治天皇と日露大戦争」、海女もの「地帯」シリーズなどグラマラスな女優の競演、ヒーロー映画「スーパージャイアンツ」…等。現代に生きる新東宝ワールドを貴重な証言と資料で綴る決定版！ 2017.2 255p A5 ¥3500 ①978-4-8003-1159-7

◆市川崑「悪魔の手毬唄」完全資料集成 別冊映画秘宝編集部編 洋泉社
【要旨】岡山県鬼首村を舞台に起こる陰惨な連続殺人事件。三人の美女は、村に伝わる手毬唄になぞらえ殺された――一九七七年四月二日公開、東宝配給『悪魔の手毬唄』。横溝正史の同名推理小説を映画化した本作は、ミステリ映画の傑作としていまなお高い人気を誇る。その作品が生まれた背景を、撮影現場でのスナップ写真やスタッフの証言で読み解く、市川崑「悪魔の手毬唄」完全資料集成。
2017.8 190p A4 ¥3800 ①978-4-8003-1299-0

◆海の風 伊藤正昭映画人生 伊藤正昭著（京都）ウインかもがわ、（京都）かもがわ出版 発売
【要旨】「猫は生きている」「対馬丸―さようなら沖縄」「エイジアンブルー―浮島丸サコン」…反戦・平和を伝える作品を送り続けてきた映画プロデューサーが半生を綴る。
2017.7 176p A5 ¥1600 ①978-4-903882-86-4

◆永遠の夏目雅子 『永遠の夏目雅子』制作委員会著 宝島社
【要旨】生誕60周年蘇る永遠の美神！秘蔵写真公開。プライベート写真も満載！女子高時代からロケのオフショットまで。
2017.12 124p A4 ¥2500 ①978-4-8002-7889-0

◆映画監督のペルソナ 川島雄三論 石渡均著 愛育出版、愛育社 発売（専門資料：DVD1）
【要旨】川島雄三の構図を読み解く。渾身の川島論が誕生！奇才川島の独自な世界を鋭く分析。川島組スタッフへのインタビュー。川島の原風景に肉薄。全51作の集成年表。専門用語も丁寧に解説。
2016.10 291p A5 ¥2800 ①978-4-909080-06-6

◆映画「君と100回目の恋」オフィシャルファンブック アスミック・エース監修 宝島社
【要旨】miwa×坂口健太郎撮り下ろしフォトセッション＆スペシャル対談。竜星涼/真野恵里菜/泉澤祐希キャストインタビュー。オフショット＆キャストコーデSNAP。撮影ロケ地マップ。
2017.2 125p B5 ¥1200 ①978-4-8002-6667-5

◆映画「君の膵臓をたべたい」オフィシャルガイド 「君の膵臓をたべたい」製作委員会編 双葉社
【要旨】W主演、浜辺美波×北村匠海、フォトセッション＆クロストーク。多くの人が涙したベストセラーの映画化、その舞台裏に迫る！ストーリー紹介/キャストインタビュー/スタッフインタビュー/メイキング＆オフショットetc.
2017.7 79p A4 ¥1500 ①978-4-575-31282-9

◆映画公式ガイド『サバイバルファミリー』の歩き方―絵コンテ・制作秘話・オフショットで辿る鈴木一家と矢口組のサバイバルな日々 矢口史靖、『サバイバルファミリー』研究会編著 誠文堂新光社
【要旨】直筆絵コンテによるストーリー紹介/矢口監督ロングインタビュー/きっとあなたの役に立つサバイバル・コラム12/幻のシーン・全絵コンテ/土本P の撮影日誌/葛西誉仁カメラマン対談/達人伝授「サバイバル道具制覇」…など、映画『サバイバルファミリー』が100倍、胸にしみる愛蔵版！
2017.1 191p B5 ¥1800 ①978-4-416-51778-9

◆映画にまつわるxについて 2 西川美和著 実業之日本社
【要旨】映画『永い言い訳』と温かく濃密でかけがえのない五年の日々。
2017.4 298p 18×13cm ¥1600 ①978-4-408-53705-4

◆映画『人魚に会える日。』メモリアル―学生映画監督と大学生スタッフの挑戦 仲村颯悟監修、ゴマブックス編 ゴマブックス
【要旨】最年少映画監督デビューから5年。大学生となった仲村颯悟が映画を通じて伝えたかった"本当の沖縄"とは…？
2017.8 119p B6 ¥1200 ①978-4-7771-1937-0

◆映画は撮ったことがない ディレクターズ・カット版 神山健治著 講談社
【要旨】企画、脚本、演出、ポスト・プロダクション―。制作全工程の具体的な解説を通して「映画の正体」に迫る！神山健治が作品をつくりながら巡らせ続けた思考を記録した単行本に、庵

野秀明監督との録り下ろし対談、ダ・ヴィンチ誌で連載されたコラム「映画を生む本棚」、そして現在の心境をつづったあとがきを収録した増補改訂版！
2017.3 310p 18cm ¥1300 ⓘ978-4-06-365015-0

◆映画「花戦さ」オフィシャルブック 東映監修、「花戦さ」製作委員会協力 宝島社
【要旨】主演・野村萬斎撮り下ろしポートレート&インタビュー。スペシャル対談、野村萬斎×四代 池坊専好、豪華キャスト陣インタビューなど。
2017.6 127p B5 ¥1380 ⓘ978-4-8002-7217-1

◆映画プロデューサー入門 桝井省志編 東京藝術大学出版会
【目次】01 前書きにかえて、学生諸君へ（桝井省志）、02 日本の「独立プロ」について 映画史的視点から（佐伯知紀）、03 インタビューその1（伊地智啓）、04 インタビューその2（岡田裕）、05 インタビューその3（佐々木史朗）、06 Sympathy For The Producers（桝井省志）、07 映画『プロデューサーズ』完成台本、08『プロデューサーズ』を見て、思ったこと、思い出したこと（野村正昭）、09 特別読み物 あるプロデューサーの供述調書Fingerprint File（映画人）、10 映画 桝井省志 アルタミラピクチャーズフィルモグラフィ、附録
2017.3 433p B6 ¥1800 ⓘ978-4-904049-54-9

◆映画「DESTINY鎌倉ものがたり」オフィシャルガイド 「DESTINY鎌倉ものがたり」製作委員会編 双葉社
【目次】DESTINY The Tale of Kamakura、Cast Interview、作品紹介、原作紹介、Staff Interview&Production Gallery、江ノ電&鎌倉ものがたりの舞台を訪ねる
2017.12 93p B5 ¥1500 ⓘ978-4-575-31317-8

◆『エルネスト』オフィシャルブック―もう一人のゲバラ キノブックス
【要旨】ゲバラが名前を託した日系人その知られざる物語。映画に込めた思い、撮影の舞台裏などが明らかになるスペシャルインタビューから時代背景、登場人物たちの詳細な解説、海堂尊氏ほか豪華執筆陣による特別寄稿まで、作品世界がより深く理解できる一冊！
2017.9 93p A5 ¥1000 ⓘ978-4-908059-78-0

◆大林宣彦の映画は歴史、映画はジャーナリズム。 大林宣彦著 七つ森書館
【要旨】大林宣彦の「いつか見たい映画館」（CS放送局・衛星劇場）から生まれた対談&トーク。
2017.12 241p B6 ¥1800 ⓘ978-4-8228-1788-6

◆小栗康平コレクション 別巻 FOUJITA 小栗康平、前田英樹著 駒草出版 （付属資料：Blu-ray1）
【目次】FOUJITA 静謐の史劇（前田英樹）、対談 小栗康平×前田英樹（日本人が経験した、静かな藤田、キツネが、とんだ）
2017.4 61p B6 ¥5500 ⓘ978-4-905447-78-8

◆小津映画 粋な日本語 中村明著 筑摩書房（ちくま文庫）
【要旨】「ちょいと」「よくって？」と呼びかけ、「しっかりね」とハッパをかける。小津作品の熱心なファンである日本語学の第一人者が、小津映画のセリフに潜む日本語のユーモア、気遣い、哀歓等を解説する。その役者の仕事や立ち居振る舞いから古き日本の生活感を拾い出し、忘れかけた日本文化を再確認し、その姿をいきいきと蘇らせる好著。
2017.4 333p A6 ¥880 ⓘ978-4-480-43427-2

◆「男はつらいよ」を旅する 川本三郎著 新潮社（新潮選書）
【要旨】西行や種田山頭火のように放浪者であった鴨長明や尾崎放哉や永井荷風のように単独者であった車寅次郎。すぐ恋に落ち、奮闘努力するもズッコケ続きで、高倉健の演じる役とは対照的な寅に、なぜ、彼はかくも人を惹きつけるのか？リアルタイムで「男はつらいよ」全作品を見続けた著者もまた旅に出て、現代ニッポンのすみずみまで見つけたものとは。寅さんの跡を辿って"失われた日本"を描き出すシネマ紀行文。
2017.5 286p B6 ¥1400 ⓘ978-4-10-603808-2

◆岸田森―夭逝の天才俳優・全記録 武井崇著 洋泉社（映画秘宝COLLECTION）
【要旨】なぜ岸田森はいまだ多くの人を惹きつけるのか？「怪奇大作戦」（68年）、「傷だらけの天使」（74年）、「呪いの館 血を吸う眼」（71年）などでいまだ絶大な人気を誇る俳優・岸田森。いま明らかになるその生い立ち、無名時代の仕事、知られざる葛藤を、20年にわたる膨大な取材し調べつくした、岸田森研究最終報告書。評伝本。

作品解説、データ資料で構成された、720ページの究極の岸田森研究読本！
2017.5 717p A5 ¥3800 ⓘ978-4-8003-1222-8

◆『君の膵臓をたべたい』featuring TAKUMI KITAMURA 北村匠海著 双葉社
【要旨】映画『君の膵臓をたべたい』で主演を務めた北村匠海。作品で演じる「僕」の顔、俳優「北村匠海」の顔、そのどちらの魅力も存分に引き出す1冊のフォトブックが完成。「キミスイ」にまつわる言葉。橘、図書館、雨、屋上、ラーメン、学校をテーマに、北村匠海本人が書き記した文章も収録。
2017.7 1Vol. B5 ¥1800 ⓘ978-4-575-31283-6

◆『君の名は。』の交響―附録『シン・ゴジラ』対論 志水義夫、助川幸逸郎編 ひつじ書房
【要旨】歴史的ヒットを記録した映画『君の名は』の核心を、民俗学、日本文学史、物語論を動員して迫る！"映像"の分析を通じて浮かびあがる"日本の文化の現在"。2017年1月、東海大学で開催されたシンポジウムの記録に気鋭の論者による報告を追加。さらに『シン・ゴジラ』との比較を通した編者の対談講義も収録。
2017.7 144p A5 ¥1500 ⓘ978-4-89476-874-1

◆君のまなざし オフィシャル・メイキングブック 大川宏洋監修、「君のまなざし」製作プロジェクト編 ニュースター・プロダクション、幸福の科学出版 発売
【要旨】総合プロデューサー・大川宏洋&監督・赤羽博による対談、キャスト独占インタビュー、豊富なビジュアルによる撮影現場レポート、撮り下ろし写真、脚本（一部）公開など、映画「君のまなざし」の魅力満載！
2017.4 95p A5 ¥926 ⓘ978-4-86395-894-4

◆きょうも映画作りはつづく 行定勲著 KADOKAWA
【要旨】13年間にわたる、映画作りの日々。初めてのエッセイ集。
2017.9 303p B6 ¥1600 ⓘ978-4-04-105601-1

◆厳選 あのころの日本映画101―いまこそ観たい名作・問題作 立花珠樹著 言視舎
【要旨】50年代の古典から"ちょい前"の問題作まで先がみえない時代だからこそ、生きるヒントや心の潤いになる101本を厳選。1本ずつ「心に残る名せりふ」を解説する。
2018.1 211p A5 ¥1700 ⓘ978-4-86565-113-3

◆咲き定まりて―市川雷蔵を旅する 清野恵里子著 集英社インターナショナル、集英社 発売
【要旨】市川雷蔵（一九三一―一九六九）。日本映画の黄金期に燦然と輝く足跡をしるし、早世する美貌の映画俳優。今もなお多くの人を魅了する雷蔵その人と雷蔵映画を丹念に読み解いた新しい雷蔵論。豊富な場面写真とともに読む『眠狂四郎』『華岡青洲の妻』『ある殺し屋』『大菩薩峠』『ひとり狼』など全28本。
2017.12 317p A5 ¥2400 ⓘ978-4-7976-7348-7

◆作曲家 渡辺宙明 渡辺宙明述、小林淳編 ワイズ出版
【要旨】この物語は、『マジンガーZ』で広く知られる特撮・アニメ音楽の泰斗・渡辺宙明が、自ら幼少期からの足跡、映像音楽作品のすべて、さらには趣味のUFO・超常現象に至るまでを語り尽くした、巨大な物語である。
2017.8 370p A5 ¥2900 ⓘ978-4-89830-310-8

◆実録・不良映画術 小林勇貴著 洋泉社（映画秘宝セレクション）
【要旨】本物の不良少年たちと一緒に映画を作り、その映画が各映画祭で評価総ナメ、グランプリ！遂にはプロデビューして海外でも大暴れする期待の新鋭監督・小林勇貴の痛快強烈人生！気合と根性と知恵と勇気でのしあがれ！
2017.12 317p B6 ¥1600 ⓘ978-4-8003-1372-0

◆忍びの国―オリジナル脚本 和田竜著 新潮社
【要旨】大ヒット忍者小説はここから誕生した。創作や撮影のエピソードも！
2017.6 216p B6 ¥1400 ⓘ978-4-10-306884-6

◆殉愛―原節子と小津安二郎 西村雄一郎著 講談社（講談社文庫）
【要旨】原節子と小津安二郎の"恋愛"は存在したのか？―この永遠の問いに答える評伝の決定版。数々の傑作を残しながら六十歳で世を去った巨匠と、彼に捧じ、四十二歳で銀幕を去り"永遠の処女"。『晩春』『東京物語』をはじめ、名作の地を訪ね歩き、多くの関係者に取材して綴

られた名作誕生秘話と"二人の真実"。
2017.4 450p A5 ¥860 ⓘ978-4-06-293600-2

◆昭和の銀幕スター100列伝 新井恵美子著 展望社 （『昭和の名優100列伝』一部加筆・訂正・改題書）
【要旨】昭和が銀幕と呼ばれ、娯楽の王者だった昭和一雲の上の存在だった大スター100名の素顔に迫る!!父が創刊した『平凡』の縁で幼少期から芸能界に親しんだ著者ならではのエピソード満載！
2017.11 303p B6 ¥1800 ⓘ978-4-88546-336-5

◆「昭和」の子役―もうひとつの日本映画史 樋口尚文著 国書刊行会
【要旨】『砂の器』、『田園に死す』、さらに『超人バロム・1』まで―映画・テレビの現場で鮮烈な印象を残した「子役」たち。初インタビューや新事実の発掘を通して見た濃厚な「昭和」資料のアーカイヴ。
2017.8 381p B6 ¥2800 ⓘ978-4-336-06198-0

◆シン・ゴジラ機密研究読本 柿谷哲也、取材班編 KADOKAWA
【要旨】自衛隊の装備でも初期対応を間違わなければ、ゴジラを倒すチャンスは何度かある。自衛隊の実力とその作戦行動を解説する。無尽蔵のエネルギーの素である核エネルギーは、本当に生命エネルギーに転用できるのか。本当のゴジラ像を最先端にいる研究者たちが推測する。法治国家である以上、政治家は法律に則って行動する。次々と部屋を移動して行う会議は、決定する上で必要な順序。その会議で話している真意を解説する。
2017.2 127p B5 ¥1500 ⓘ978-4-04-072208-5

◆新ゴジラ論―初代ゴジラから『シン・ゴジラ』へ 小野俊太郎著 彩流社
【要旨】「出発点にして到達目標」である1954年の初代『ゴジラ』…。本書は、初代『ゴジラ』に呪縛されつつもどのように製作者たちが続編を作り続けてきたのか、「ゴジラ映画の展開」「模倣」「組織のコントロール」「外部からの攻撃」「ゴジラと家族をめぐる幻想」を鍵概念にその系譜を見る。そして「最初にして最高傑作だ」と評した庵野秀明総監督の『シン・ゴジラ』がどのように初代『ゴジラ』へ返答したのか、その構造を読み解く。
2017.11 334p B6 ¥1900 ⓘ978-4-7791-2407-5

◆スター女優の文化社会学―戦後日本が欲望した聖女と魔女 北村匡平著 作品社
【要旨】彼女たちはいかにして「スター」となったのか。なぜ彼女たちでなければならなかったのか。原節子と京マチ子を中心に、スクリーン内で構築されたイメージ、ファン雑誌などの媒体によって作られたイメージの両面から、占領期/ポスト占領期のスター女優像の変遷をつぶさに検証し、同時代日本社会の無意識の欲望を見はるかす、新鋭のデビュー作！
2017.9 431p B6 ¥2800 ⓘ978-4-86182-651-1

◆成城映画散歩―あの名画も、この傑作も、みな東宝映画誕生の地・成城で撮られた 高田雅彦著 白桃書房
【要旨】成城・祖師ヶ谷・砧近辺でロケされた娯楽映画について、そのロケ地を特定するとともに、作品内容を徹底分析。映画の場面と現在の姿の比較も行う。成城学園内でロケされた映画（東宝・東映・松竹・日活作品）を徹底的に紹介。成城と深い関わりをもつ黒澤明、三船敏郎、成瀬巳喜男と縁の人たちのこぼれ話。
2017.6 265p A5 ¥2750 ⓘ978-4-561-51097-0

◆「聖地巡礼」映画のロケ地を旅する―あこがれの映画スターになりきる夢の旅 johnrambo9著 （名古屋）ブイツーソリューション、星雲社 発売
【要旨】8年間一日も欠かさず更新中の日本ブログメディア新人賞受賞ブロガーが、自ら訪問した300箇所以上の映画のロケ地経験から語る、ロケ地の探し方、現地での楽しみ方、帰国後の思い出作りまでを語る一冊！これであなたも憧れのスターに！
2017.8 106p B6 ¥1000 ⓘ978-4-434-23112-4

◆精読 小津安二郎―死の影の下に 中澤千磨夫著 言視舎
【要旨】小津は細部に宿る。映画もまた文学テキストである。精読することではじめて明らかになるディテールに込められた小津の映像美学の核心、そして戦争と死の影。
2017.6 247p B6 ¥2200 ⓘ978-4-86565-095-2

◆**世界最恐の監督 黒沢清の全貌** 「文學界」編集部編 文藝春秋
【要旨】最新作『散歩する侵略者』に至る円熟期の黒沢映画を徹底解剖する！
2017.8 302p B6 ¥1400 ①978-4-16-390706-2

◆**瀬戸内シネマ散歩 3** 鷹取洋二著　（岡山）吉備人出版
【要旨】昭和32年のロードムービー「集金旅行」から「UDON」「夢千代日記」「男はつらいよ」シリーズ、最新作の「ひるね姫」「種まく旅人 君と100回目の恋」まで、無Ѥの映画ファンの著者が舞台となった町を、村を、島を訪ね、時にはその映画にかかわった人々と語り合い、時代の重みを重ねる。瀬戸内の海に浮かぶ小さな島、歴史の重みを感じさせる城下町、港町…懐かしの名作や最新作の舞台を辿り、中四国各県と兵庫にまで足を伸ばす。映画と地域への愛情にあふれた紀行シリーズ『瀬戸内シネマ散歩』第3弾！
2017.11 233p A5 ¥1400 ①978-4-86069-529-3

◆**セントラル・アーツ読本** 山本俊輔、佐藤洋笑、映画秘宝編集部編　洋泉社　（映画秘宝COLLECTION）
【要旨】「遊戯」シリーズ、『探偵物語』、『ビー・バップ・ハイスクール』、『あぶない刑事』…スクリーンに！テレビに！ビデオショップに！そこに「俺たちの映画」があった！撮影所システムなき時代の荒野を切り拓いた映画人たちの記録！関係者インタビューとコラム、写真満載で送る、東映セントラルフィルム～セントラル・アーツの歴史。映画、テレビドラマ、Vシネマ、全作品データ付き！
2017.12 445p A5 ¥3800 ①978-4-8003-1382-9

◆**高倉健の背中―監督・降旗康男に遺した男の立ち姿** 大下英治著　朝日新聞出版
【要旨】『冬の華』『駅STATION』『居酒屋兆治』『夜叉』『あ・うん』『鉄道員』『ホタル』『あなたへ』…「敗残者＝アウトロー」に魅入られた稀代の監督。その生き方を体現し、運命の選択を果たした俳優、高倉健。以後55年、20作に及ぶコンビを組んだふたりの、旅の記録。
2017.1 348p B6 ¥1600 ①978-4-02-251417-2

◆**高倉健ラストインタヴューズ** 野地秩嘉 文・構成　プレジデント社
【要旨】二〇一四年鬼籍に入った、日本最後の映画俳優が残した貴重な取材音源を書籍化。さらにほとんどメディアに出なかった人々の声で構成する、高倉健という人間の姿かたち。
2017.12 181p B6 ¥1600 ①978-4-8334-2256-7

◆**高峰秀子が愛した男** 斎藤明美著　河出書房新社
【要旨】5歳の時から、小学校にも通わず、血縁を養うために働き続けた高峰秀子。日本映画に名を刻む大女優が選んだ男は、名もなく貧しい青年だった。なぜ、女はこの男を選んだのか―。この男の何を愛したのか―。追悼・松山善三。
2017.1 213p A5 ¥1800 ①978-4-309-02543-8

◆**高峰秀子と十二人の男たち** 高峰秀子著　河出書房新社
【要旨】谷崎潤一郎、三島由紀夫、成瀬巳喜男、森繁久彌…。作家、学者、映画監督、俳優など、各界を代表する男性12人と、高峰秀子が24歳から80歳まで、臆せず背伸びせず語り合った本音がここに。その言葉から見えてくる歴史と真実がここに。全て単行本未収録。
2017.6 209p B6 ¥1800 ①978-4-309-02572-8

◆**田中陽造著作集 人外魔境篇** 田中陽造著　文遊社
【要旨】『ツィゴイネルワイゼン』『魚影の群れ』『居酒屋ゆうれい』数々の傑作映画で異彩を放つ脚本家五十年の軌跡を集成。未発表シナリオ収録。
2017.4 476p B6 ¥3300 ①978-4-89257-126-8

◆**旅と女と殺人と―清張映画への招待** 上妻祥浩著　幻戯書房
【要旨】どんなに泣けるのか？どうしてドキドキするんだろう？映画から始める松本清張ガイド。日本人の「罪と罰」を描いた小説群の底知れぬ魅力。映画を軸に余すところなく徹底解説。
2018.1 229p B6 ¥2400 ①978-4-86488-139-5

◆**泥水のみのみ浮き沈み―勝新太郎対談集** 文藝春秋編　文藝春秋　（文春文庫）
【要旨】会って5分で大喧嘩になったハマコー以外すべてを収録した月刊「文藝春秋」連載の幻の対談集が復活！森繁久彌、三國連太郎、瀬戸内寂聴、ビートたけし、石原慎太郎…そして妻の玉緒まで、勝新ファミリーがオールキャスト総出演。パンツに入れた大麻の謎から億万長者の隠し子カミングアウトまで、勝新伝説てんこもり！
2017.6 232p A6 ¥690 ①978-4-16-790874-4

◆**点線面 vol.3 人生が愛おしくなる！Jの本気力。** 点線面編集部編　ポンプラボ
【要旨】「人生が愛おしくなる！Jの本気力」と題し、10年越しで映画『チョコレートデリンジャー』（原作・吾妻ひでお）を完成させた杉作J太郎を大特集！1982年の漫画家デビュー後、まさに虹色の経歴を重ねてきた漢の唯一無二の魅力を徹底解剖する。証言者には手塚能理子、鹿子裕文、リリー・フランキー、吉田豪、ロマンポルシェ。ほか。孤高のアーティスト・石川智晶との異色対談も収録。
2017.5 168p B6 ¥1000 ①978-4-908824-03-6

◆**東京喰種―トーキョーグール"movie"** 石田スイ原作　集英社
【要旨】実写映画『東京喰種』公式フォトブック。主演・窪田正孝を筆頭に、驚異の再現度で話題となったキャスティング。新鋭監督・萩原健太郎の手により、業界最高峰のCG技術で再現された赫子やクインケ。さらに、石田スイが全42Pすべてを自らリメイクして話題になった記念すべき原作第1話「悲劇」#001-2も初収録！―原作＆実写映画ファン必携の一冊！
2017.7 115p B6 ¥920 ①978-4-08-780816-2

◆**トーク・アバウト・シネマ―「特撮・CG・VFX」から語る映像表現と仕事論** 西川タイジ著　シネボーイ、フィルムアート社 発売
【要旨】特技監督やCGプロデューサー、ディレクターなど映像を愛した男たち12人が語る、インタビュー・対談集。クリエイターを目指す学生、現役で活躍する映像業界人、そして、シネマファンに贈る、仕事論から制作秘話まで。
2017.6 262p B6 ¥1800 ①978-4-8459-1634-4

◆**特攻隊映画の系譜学―敗戦日本の哀悼劇** 中村秀之著　岩波書店　（戦争の経験を問う）
【要旨】戦後を通して映画や小説の中で描かれ続けてきた特攻隊。しかし戦後、すでに戦中から雑誌や映画の中で儀式的な表象として構築され流通していた―特攻隊をめぐる戦後の表象が、単なる想起や再現、美化や歪曲ではなく、戦中の変奏的反復であることは、戦時下の劇映画『永遠の0』（二〇一三）にいたるまでの特攻隊映画の変遷を通して解き明かす。
2017.3 306,6p B6 ¥3200 ①978-4-00-028381-6

◆**寅さん語録―寅さんが教えてくれる今を生きるための50のメッセージ** 轟夕起夫、イソガイマサト取材・文　ぴあ
【要旨】寅さんが懐かしい人も、寅さんに初めて出会う人も、映画『男はつらいよ』が観たくなる！
2017.3 151p B6 ¥1400 ①978-4-8356-3817-1

◆**寅さんの世間学入門―僕の戦後、ボクの昭和** 佐高信、早野透著　ベストブック
【要旨】"サユリスト"早野vs"リリー派"佐高。辛口評論の二人が「寅さん」を語る!!
2017.3 239p B6 ¥1400 ①978-4-8314-0216-5

◆**仲代達矢が語る日本映画黄金時代 完全版** 春日太一著　文藝春秋　（文春文庫）
【要旨】80歳を超えてなお活躍する役者・仲代達矢。映画史の生き証人ともいえる氏が、岡本喜八、黒澤明ら名監督との出会いから、夏目雅子、勝新太郎ら伝説の俳優との仕事、現在の映画界に至るまでをインタビューした濃密な一冊。文庫化にあたり新章「仲代達矢の現在地」を追加し、大幅加筆。主演時代劇『果し合い』の現場ルポも収録。
2017.9 309p A6 ¥790 ①978-4-16-790932-1

◆**日活1971-1988―撮影所が育てた才能たち** ワイズ出版編集部編、日活企画協力　ワイズ出版
【目次】スチール・スナップ（女優たち、男優たち、監督たち ほか）、エッセイ（秋山豊―細胞がざわざわしていた時代、鵜飼邦彦―ベッドの『八月の濡れた砂』から始まった、宇治山也子―映画本編のタイトルを描く意欲作 ほか）、インタビュー（明石知幸―おもしろい時代を過ごさせてもらったことに感謝、浅見小四郎―ロマン・ポルノがなかったら、なかった、伊佐山ひろ子―まるで小説を書くように、新しい空気を映画の中に映していた時代 ほか）、対談・座談（小野寺修、中山義廣、斉藤昌利、林大輔―ロマン・ポルノ時代の録音部、黒駒康雄、小林正―給料は安かったけれど活気はあった ほか）、清水国雄、影山英俊―日活時代はとにかく楽しかったね ほか）、フィルモグラフィ
2017.4 479p B5 ¥4625 ①978-4-89830-306-1

◆**日本映画は信頼できるか** 四方田犬彦著　現代思潮新社
【目次】1 日本映画論を始めるにあたって（日本映画の新しい福音のために、映画は監督のものである、日本映画は他者をいかに描いてきたのか ほか）、2 日本映画の"戦後"とは何か（『東京物語』の余白に、内田吐夢と悪の救済、今井正の再発見 ほか）、3 二〇一〇年代、日本映画は信頼できるか（日本映画のなかの「戦後七十年」、武正晴『EDEN』、石井隆『フィギュアなあなた』 ほか）
2017.5 272p B6 ¥2800 ①978-4-329-10006-1

◆**俳優の教科書―撮影現場に行く前に鍛えておきたいこと** 三谷一夫著　フィルムアート社
【要旨】俳優は「センス」ではなく「技術」である。前作『俳優の演技訓練』の基礎編！長く仕事を続けるために必要な「演技術」と成果ができる「正しい訓練の仕方」を、「俳優・芸能業界のリアル」をもとに徹底的に解説した決定版!!
2017.1 277p B6 ¥2400 ①978-4-8459-1454-8

◆**浜村淳の浜村映画史―名優・名画・名監督** 浜村淳、戸田学著　青土社
【要旨】京都・鷹峯で見た撮影風景に、大学時代に出逢った巨匠・溝口健二の撮影現場、脚本家・依田義賢の映画講義、司会者役での映画『続ный悪名』出演、さらにはアカデミー賞の授賞式、話せどつきぬ丁丁発止の映画語り。小津安二郎、黒澤明、加藤泰、ジョン・フォード、デヴィッド・リーン、アルフレッド・ヒッチコック―映画史に輝く巨匠をはじめ、名優たちとの秘話、忘れもしない名番組を語りつくす。稀代の語り部・浜村淳の映画人生総決算!!毎日放送ラジオ人気番組『浜村淳の浜村映画史』の浜村淳による博覧強記の映画対談。
2017.3 405p B6 ¥2200 ①978-4-7917-6974-2

◆**反戦映画からの声―あの時代に戻らないために** 矢野寛治著　（福岡）弦書房
【要旨】世代をこえて、映像がリアルに語る全体主義の貌。誰が起こすのか、誰が煽るのか、誰が得させるのか。先人たちの声を聞き、この時代を見つめ直すための42本。
2017.12 217p A5 ¥1900 ①978-4-86329-162-1

◆**表象の京都―日本映画史における観光都市のイメージ** 須田まり絵著　（横浜）春風社
【要旨】映画のなかに現れる「表象としての京都」は、戦後どのような変化を遂げてきたのか。観光都市京都へのまなざし。映画と観光の相関史。
2017.3 389p B6 ¥3000 ①978-4-86110-537-1

◆**フカサクを観よ―深作欣二監督全映画ガイド** 一坂太郎著　青志社
【要旨】深作欣二が残した人生の教科書。正義も平和も嘘っぱち！切れば血を吹くような、フィルムに込められた、昭和一桁生まれのメッセージ。
2018.1 277p B6 ¥1600 ①978-4-86590-057-6

◆**不良番長浪漫アルバム** 杉作J太郎、植地毅編著　徳間書店
【要旨】これは映画か!?これが映画だ!!東映で最も"過激"な梅宮辰夫主演作を讃えよ！娯楽の全てを取り込んだ東映プログラム・ピクチャーの最終兵器『不良番長』シリーズの魅力を語り尽くすファンブック遂に登場!!
2017.3 303p A5 ¥2500 ①978-4-19-864354-6

◆**望郷の小津安二郎** 登重樹著　皓星社
【要旨】三度にわたる東京喪失体験が、人間・小津とその仕事にどのような影響を与えたのか。些細な日常を創造的に脚色し、映像化する冷徹な観察者・小津の実像を明らかにする。
2017.8 255p B6 ¥2400 ①978-4-7744-0638-1

◆**溝口健二・全作品解説 13** 『マリヤのお雪』・『虞美人草』 佐相勉著　近代文藝社
【要旨】トーキー『マリヤのお雪』『虞美人草』で溝口が試みたことは？
2017.10 362p B6 ¥2700 ①978-4-7733-8045-3

◆**「メイド・イン・フクシマ恋愛映画」誕生物語** 沼田憲男著　方丈社
【要旨】それは、素人プロデューサーの素朴な夢から始まった。県が予算を支出し、新進気鋭の監督に自由に映画を作らせる。前代未聞のプロジェクトは、誰もが狐につままれた雰囲気の中で出発した。案の定、開始争々、機材、人材、予算と難題続出、そのたびに、関係者は駆けず

映画

闇への憧れ―新編 実相寺昭雄著 復刊ドットコム（実相寺昭雄叢書 1）
【要旨】出向先の円谷プロからもTBSからも離れ、コダイグループを設立してATG作品を撮っていた実相寺昭雄40歳の幻の処女文集『闇への憧れ 所詮、死ぬまでの"ヒマツブシ"』を新編編集版として、壮年期の実相寺の言葉が凝縮されて詰まった1冊が、生誕80周年を飾る2017年に復活！
2017.10 445p B6 ¥3700 ①978-4-8354-5533-4

裕次郎 本村凌二著 講談社
【要旨】没後30年、日本一愛された男。『狂った果実』『俺は待ってるぜ』『嵐を呼ぶ男』『太陽への脱出』『赤いハンカチ』『夜霧よ今夜も有難う』…石原裕次郎と共に歩んだ「あの時代」の物語。
2017.7 239p B6 ¥1500 ①978-4-06-220739-3

私が愛した渥美清 秋野太作著 光文社
【目次】異能の人、ムニャムニャの関係、出逢い、私だけなの？、これも、私だけなの？、おかしな男なのか？、触れば障る、「寅さん映画」誕生秘話、伝説となった言葉、歴史的試写会、オリジン、愛能の人々、幻の写真、私が描く肖像画、生まれも育ちも、最後の伝言
2017.10 228p B6 ¥1600 ①978-4-334-97919-5

LEGENDARY GODFATHER 伝説のゴッドファーザー 勝新太郎語録 水口晴幸著 トランスワールドジャパン
【要旨】稀代の怪優・表現者、勝新太郎が遺した人生の言葉。「俺とお前は芸NO人じゃなかな」ほか、36語録。
2017.10 175p B6 ¥1400 ①978-4-86256-215-9

PRODUCERS' THINKING―"衝撃作"を成功に導いた仕掛け人たちの発想法 高根順次著 blueprint、垣内出版 発売
【要旨】『逃げるは恥だが役に立つ』『FAKE』『この世界の片隅に』…etc. "衝撃作"を成功に導いた仕掛け人たちの発想法。
2017.5 287p B6 ¥1600 ①978-4-7734-0503-3

ReLIFEオフィシャル・フォトブック 小柳法代写真 PARCO出版
【要旨】映画『ReLIFE』の名シーン満載！メイキング写真を多数収録。中川大志と平祐奈が撮影したオフショット掲載！本編&オフショット満載の公式フォトブック！
2017.3 125p A5 ¥1300 ①978-4-86506-208-3

外国映画

今のアメリカがわかる映画100本 町山智浩著 サイゾー
【要旨】「トランプ現象」はなぜ起こったのか？アメリカ激動の10年が、映画でわかる！
2017.9 350p B6 ¥1500 ①978-4-86625-089-2

ウディ デイヴィッド・エヴァニアー著、大森さわこ訳 キネマ旬報社
【要旨】ニューヨークの革新者にしてロングランナー、映画監督ウディ・アレンの知られざる顔に迫る。彼は、長い間、神経症的なダメ男を演じ続け、私たちもそんな風に彼のことを見ていた。しかし、それは彼が私たちに仕掛けた"究極のマジック"だったのかもしれない。
2017.5 537p A5 ¥3700 ①978-4-87376-443-6

ウディ・アレン 完全ヴィジュアルガイド ジェイソン・ベイリー著、都筑じゆあ訳 日本版監修 スペースシャワーネットワーク
【要旨】ウディ・アレンの監督作品を最新作まで完全網羅。デビュー作『どうしたんだい、タイガー・リリー？』からアカデミー賞受賞作『アニー・ホール』、『ミッドナイト・イン・パリ』『ブルージャスミン』といった最近の傑作に至るすべてのアレン映画を解説。日本版のみ『マジック・イン・ムーンライト』『教授のおかしな妄想殺人』新作『カフェ・ソサエティ』の3作品も追加！ ウディ・アレン映画を彩る魅力的なテーマのエッセイも充実。
2017.4 194p 25×21cm ¥3700 ①978-4-907435-93-6

"映画の見方"がわかる本 ブレードランナーの未来世紀 町山智浩著 新潮社（新潮文庫）
【要旨】この本は"映画の見方"を変えた！『ブレードランナー』や『未来世紀ブラジル』『ロボコップ』に『ターミネーター』…今や第一線で活躍する有名監督たちの80年代の傑作で、保守的で能天気なアメリカに背を向けて描いたものとは、一体何だったのか―。膨大な資料や監督自身の言葉を手がかりに、作品の真の意味を鮮やかに読み解き、時代背景や人々の思考までも浮き彫りにする、映画評論の金字塔。
2017.11 423p B6 ¥670 ①978-4-10-121142-8

映画『ホームレス ニューヨークと寝た男』オフィシャルハンドブック ミモザフィルムズ企画（京都）青幻舎
【要旨】世界一スタイリッシュなホームレスの全貌が明らかに！ ニューヨークでファッションモデル兼フォトグラファーとして活動しながら6年間もビルの屋上を寝床にしていたマーク・レイ（当時52歳）。映画公開後、全米で大きな反響を呼んだ、厳しい競争社会を生き残るために彼が編み出した「ホームレス・スタイル」とは?!
2017.9 95p A5 ¥1000 ①978-4-86152-607-7

エイリアン：コヴェナント アート＆メイキング サイモン・ウォード著 ホビージャパン
【要旨】再びSFホラーの世界に挑んだ巨匠リドリー・スコットは、『エイリアン：コヴェナント』にいかなるビジョンを求めたのか？ スタッフ、キャストが語る作品メイキングの詳細、数多の高精細なプロダクション・デザイン、視覚効果・特殊効果メイキング写真で作品の全貌を解明する！
2017.9 188p 23×30cm ¥3800 ①978-4-7986-1527-1

エイリアン：コヴェナント オフィシャル・メイキング・ブック ホビージャパン
【要旨】第1作目『エイリアン』から38年―ついに誕生したSFホラーの傑作『エイリアン：コヴェナント』。この作品を創造した人々へのインタビューによって明かされる物語の深部とメイキング秘話！
2017.9 111p 28×20cm ¥3200 ①978-4-7986-1528-8

エイリアン・サバイバル・マニュアル オーウェン・ウィリアムズ著、五十嵐涼子訳 スペースシャワーネットワーク
【要旨】USCM（合衆国植民地海兵隊）発行の『エイリアン・サバイバル・マニュアル』は、ゼノモーフと呼ばれる恐ろしいエイリアンを識別し、それと戦うために、新兵が知っておくべき事柄を網羅している。その目的は、拡大しつづける多大な脅威から自分自身を、そして人類を守ることである。ゼノモーフの見分け方、それを始末するための回避行動の取り方を学べる。インタラクティブ・シミュレーション、映像認識、武器・乗物訓練といった方法を用いる。映画『エイリアン』シリーズに呼応した本書が、刺激的ですばらしい体験をもたらしてくれるはずだ。
2017.9 157p 28×22cm ¥4300 ①978-4-909087-03-4

エドワード・ヤン―再考／再見 フィルムアート社編 フィルムアート社
【要旨】台北から20世紀末の世界を照らした、エドワード・ヤンとその映画にわたしたちは再会する。没後10年、生誕70年のいま、貴重な関係者証言と充実の論考を一挙収録！
2017.8 460,9p A5 ¥3700 ①978-4-8459-1641-2

オードリー・ヘップバーン99の言葉 酒田真実著 リンダパブリッシャーズ、徳間書店 発売
【目次】01 HEART、02 MYSELF、03 WORK、04 LOVE、05 ACTION、06 LIFE
2017.3 221p B6 ¥1400 ①978-4-19-864369-0

韓国映画100年史―その誕生からグローバル展開まで 鄭琮樺著、野崎充彦、加藤知恵訳 明石書店
【目次】活動写真の渡来、そして韓国映画の誕生（1897～1923）、無声映画の時代（1924～1934）、発声映画の時代、そして国策映画（1935～1945）、解放、そして朝鮮戦争（1945～1953）、韓国映画の成長と中興（1954～1961）、韓国映画のルネサンス（1962～1969）、統制と不況の悪循環 1970年代の韓国映画（1970～1979）、暗黒の中での模索 1980年代の韓国映画（1980～1989）、ルネサンスから次へ 1990年代の韓国映画（1990～1999）、隆盛からの新たな挑戦 2000年代の韓国映画（2000～2007）、1000万人観客時代 韓国映画の現在（2008～2015）
2017.3 349p A5 ¥3200 ①978-4-7503-4467-6

ギレルモ・デル・トロの怪物の館―映画・創作ノート・コレクションの内なる世界 ブリット・サルヴェセン、ジム・シェデン著、ポール・コドナリス、キース・マクドナルド、ロジャー・クラーク共著、阿部清美訳 DU BOOKS、ディスクユニオン 発売
【要旨】自身の作品への徹底した解説と、様々なアーカイブからの珍しい画像を提供することでも知られる、伝説的映画作家ギレルモ・デル・トロ。蒐集家としても有名なその秘蔵コレクションを紹介する展覧会「AT HOME WITH MONSTERS」のガイドブックでもある本書が、彼の創り出す魅惑の世界をより深く掘り下げる。オンタリオ美術館、ロサンゼルス・カウンティ美術館、ミネアポリス美術館が企画したこの展覧会は、デル・トロの並外れた創作力と膨大なコレクションからインスピレーションを得ている。展示される数々の蒐集物は、ロサンゼルス郊外に建つ、彼が愛してやまない住処"荒涼館"に集められている品々だ。荒涼館の内部をはじめ、これまで公表されていなかったコンセプトアートやデル・トロのお宝が満載の本書は、世界で最も独創的なフィルムメイカーの創造性の真髄に迫る一冊となっている。
2017.7 167p 26×21cm ¥3800 ①978-4-86647-013-9

キングコング：髑髏島の巨神メイキングブック サイモン・ウォード著、矢口誠訳 玄光社
【要旨】2017年3月、『GODZILLAゴジラ』の製作陣が、最強の神話的モンスター誕生の地へ観客を誘う。ワーナー・ブラザースとレジェンダリー・ピクチャーズが放つ『キングコング：髑髏島の巨神』の登場だ。地図にない島の調査に向かった遠征隊が、巨大な自然の力を目覚めさせる。やがて調査任務は、巨大モンスターと人間の激烈な戦争と化す。トム・ヒドルストン、サミュエル・L・ジャクソン、ブリー・ラーソン、ジョン・グッドマン、ジョン・C・ライリー出演で贈る、驚異と興奮の新アドベンチャー大作。コングはいかに王になったか？ 本書はこの超弩級映画の舞台裏を完全取材し、完成に至るまでのすべてを解き明かす。瞠目のコンセプトアートとメイキング写真を満載。コングがまったく新しい生命を吹き込まれるまでを、キャストとスタッフの証言から再構成したファン必携の書。
2017.3 193p 23×25cm ¥3600 ①978-4-7683-0830-1

キング・コング入門 神武団四郎ほか著 洋泉社（映画秘宝セレクション）
【要旨】怪獣、スペクタル、スクリーミング・クイーン…あらゆる娯楽映画の原点『キング・コング』（33年）。最新作『キングコング：髑髏島の巨神』までの後継作品と亜流映画を解説するキング・コングの映画史。
2017.3 207p 19cm ¥1400 ①978-4-8003-1179-5

キン・フー武俠電影作法―A Touch of King Hu キン・フー、山田宏一、宇田川幸洋著 草思社 新装版
【要旨】中国伝奇・アクション映画の伝説的名匠―香港・台湾映画界に大きな足跡を残した監督の唯一のロングインタビュー。波瀾万丈、痛快無比！
2017.5 397p A5 ¥3900 ①978-4-7942-2279-4

クリストファー・ノーランの嘘―思想で読む映画論 トッド・マガウアン著、井原慶一郎訳 フィルムアート社
【要旨】『フォロウィング』から『インターステラー』まで、作品内で巧みに仕組まれた観客を欺く構造を、ヘーゲル哲学とラカン派精神分析で徹底的に読み解く。
2017.5 479,38p B6 ¥3200 ①978-4-8459-1622-1

クリント・イーストウッドポスター大全 石熊勝己編 洋泉社
【要旨】『半魚人の逆襲』から『夕陽のガンマン』『ダーティハリー』『ガントレット』『グラン・トリノ』…アクション・スターから名監督へ今も進化を続けるハリウッドのレジェンド、クリント・イーストウッドのすべてを網羅する貴重なポスター200点収録！
2017.12 159p A4 ¥3800 ①978-4-8003-1287-7

グレース・ケリーの言葉―その内なる美しさ 岡部昭子著 PHP研究所（PHP文庫）（『心を磨くグレース・ケリーの言葉』加筆・修正・改題書）
【要旨】オードリー・ヘプバーンとともにハリウッド黄金時代を風靡した後、モナコ公国のプリンセスとなったグレース・ケリー。女優、母、公妃として様々な葛藤を乗り越えた彼女の輝きを

支え続けたものは、しなやかで思いやり溢れる心だった。あなたの内なる魅力を引き出す言葉がきっと見つかる、"20世紀のシンデレラ"からのメッセージ。
2017.2 202p A6 ¥660 ①978-4-569-76694-2

◆黒澤明が描こうとした山本五十六―映画「トラ・トラ・トラ！」制作の真実　谷光太郎著　芙蓉書房出版
【要旨】山本五十六の悲劇をハリウッド映画「トラ・トラ・トラ！」で描こうとした黒澤明は、なぜ制作途中で降板させられたのか？黒澤、山本の二人だけでなく、20世紀フォックス側の動きも丹念に追い、さらには米海軍側の悲劇の主人公である太平洋艦隊長官からスターク海軍作戦部長にも言及した重層的ノンフィクション。
2017.10 262p B6 ¥2200 ①978-4-8295-0719-3

◆サ・ン・ト・ランドサウンドトラックで観る映画　長谷川町蔵著　洋泉社　（映画秘宝COLLECTION）
【要旨】映画をミックステープとして撮る監督がいる！アニメ映画の音楽は「心温まる」ものではない！史上最も売れたサントラ盤に隠された抗争とは！サントラ盤を聴けば、映画の真実が見える！『映画秘宝』好評連載「サントラ千枚通し」に大幅な改稿改定を加えたサントラファン必携の決定版！
2017.11 229p A5 ¥1800 ①978-4-8003-1346-1

◆シド・ミード ムービーアート　シド・ミード、クレイグ・ホジェッツ著、矢口誠訳　玄光社
【要旨】比類なきイマジネーションと圧倒的な画力を誇るシド・ミードは、現代最高のアーティストのひとりとして、限りない尊敬を集める巨匠である。カーデザインから建築デザインまで、そのキャリアには目を瞠るような作品とプロジェクトがずらりと並ぶ。しかし、ミードの仕事でもっとも有名なのは、数々のSF映画で鮮烈なヴィジュアルを作ったコンセプト・アーティストとしての業績だろう。リドリー・スコット監督『ブレードランナー』の近未来世界やスピナー、『トロン』のライトサイクル、ジェームズ・キャメロン監督の『エイリアン2』のUSSスラコ号—その斬新なヴィジュアル・イメージの数々によって、映画が描きだす"未来"を決定づけたヴィジュアル・フューチャリスト、それこそがシド・ミードなのである。本書はミードが映画のコンセプト・アーティストとして生み出したSFアート作品の集大成である。40年以上にわたるキャリアにおいて描かれた膨大な数のイメージ画、スケッチ、コンセプトアートから精選。これまで未公開だった作品も多数収録している。本書に収められた作品の数々は、ミードの技術と才能の全貌を物語ってくれるだけでなく、映画製作の舞台裏でどんなドラマが展開していたのかを教えてくれる。映画史を変えた画期的デザインとアイディアに満ちた本書は、映画ファンのみならず、あらゆるジャンルのアーティストやデザイナーにとっても必携の書といえるだろう。
2017.10 249p 30x22cm ¥4100 ①978-4-7683-0892-9

◆シネマ・アンシャンテ―ジャック・ドゥミ ミシェル・ルグラン　山田宏一、濱田高志著　立東舎、リットーミュージック 発売
【要旨】『シェルブールの雨傘』で不動の人気を獲得した映画監督ジャック・ドゥミと作曲家ミシェル・ルグランふたりの足跡をそれぞれと親交のある著者が異なる角度からアプローチしたヴィジュアル・ブック。図版350点掲載。
2017.9 191p 25x19cm ¥3500 ①978-4-8456-3086-8

◆小説ライムライト―チャップリンの映画世界　チャールズ・チャップリン、デイヴィッド・ロビンソン著、大野裕之監修、上岡伸雄、南條竹則訳　集英社
【要旨】チャップリンが書いた唯一の小説。
2017.1 429p A5 ¥3500 ①978-4-08-771035-9

◆ジョージ・A.ロメロ―偉大なるゾンビ映画の創造者　伊東美和、山崎圭司、ノーマン・イングランドほか著　洋泉社　（映画秘宝セレクション）
【要旨】「地獄から死者が溢れ出し、地上を歩み出す」1979年、日本において『ゾンビ』が劇場公開された。世評とは裏腹に、その凄まじい残酷描写とクールな語り口、そして力強い映画の魅力に圧倒された若い映画ファンからの評価によって、『ゾンビ』は、そして監督のジョージ・A.ロメロはモダンホラー映画のシンボルとなった。しかし、どこまで知っているだろうか、素顔のロメロを、我々はどこまで知っているだろうか？恐怖映画の流れを変えてしまった男に肉薄する！
2017.10 334p B6 ¥1600 ①978-4-8003-1323-2

◆新世紀ミュージカル映画進化論　映画秘宝編集部編　洋泉社　（映画秘宝セレクション）
【要旨】歌って踊って恋をする―。第二次大戦後、娯楽映画の代名詞的な存在だったミュージカル映画。ハリウッドの黄金期が終わりを告げるとともに、そのジャンルは終焉を迎えたと思われた。そんな「ミュージカルの呪い」を解いてみせた男がいる。31歳の天才監督デイミアン・チャゼル。傑作『ラ・ラ・ランド』を中心に、ミュージカル映画がいかに進化をとげたかを論ずる。
2017.7 207p 19x13cm ¥1400 ①978-4-8003-1237-2

◆人生にフォースは必ヨーダ―Everything I Need to Know I Learned From Star Wars　講談社編、ジェフ・スミス文　講談社　（本文：日英両文）
【要旨】フォースには、ダークサイドとライトサイドがある。ダークサイドを遠ざけ、ライトサイドを保つには、スター・ウォーズがいい薬になる。
2017.9 1Vol. B6 ¥1300 ①978-4-06-220746-1

◆スクリーンのなかへの旅　立野正裕著　彩流社　（フィギュール彩79）
【要旨】「聖なるもの」を経験する映画のなかへの旅。最短の道を行かず正道しあえて選ぶ険しい道、眼前に立ちはだかる巨大な断崖…。…世界の聖地をめぐる旅を続ける著者は、映画にも「聖地」を見出す。人びとの心のなかで特別な意味を与えられた場所＝「聖地」、それを経験する身近な旅は劇場にこそある。
2017.1 249p B6 ¥1800 ①978-4-7791-7083-6

◆スコセッシ流監督術　クリストファー・ケンワーシー著　ボーンデジタル　（名監督の技を盗む！）
【要旨】観客を一気に引き込む画作りの魔法を解き明かす！
2017.3 135p 23x16cm ¥1500 ①978-4-86246-379-1

◆スター・ウォーズ新たなる希望―40周年記念スペシャル　ウォルト・ディズニー・ジャパン監修　KADOKAWA
【要旨】人類の記念碑的作品『スター・ウォーズ新たなる希望』公開40年目に登場した奇跡の1冊。未公開写真、制作資料、制作データ、制作秘話などが満載された、マニア必携の豪華保存版。
2017.9 103p 28x21cm ¥2800 ①978-4-04-106185-5

◆「スター・ウォーズ」を科学する―徹底検証！フォースの正体から銀河間旅行まで　マーク・ブレイク、ジョン・チェイス著、高森郁哉訳　（京都）化学同人
【要旨】傑作SFの虚実を徹底検証！映画がもっとおもしろくなる！
2017.12 373p A5 ¥2200 ①978-4-7598-1950-2

◆スター・ウォーズキャラクター事典 完全保存版　サイモン・ビークロフト、パブロ・ヒダルゴ著、富永和子、富永晶子訳　講談社
【要旨】スター・ウォーズ銀河の旅を続け、勇敢な英雄や恐るべき悪党どものすべてを学ぼう。スター・ウォーズ・サーガの忌まわしいクリーチャー、不気味なエイリアン、忠実なドロイドの数々が、きみを待っている！
2017.1 220p 25x19cm ¥2800 ①978-4-06-220167-4

◆スター・ウォーズ コンプリート・ロケーションズ　DK社著、高貴準三監修　学研プラス
【要旨】シリーズ7作を網羅！タトゥイーン、ホス、デス・スター、ジェダイ聖堂―戦場や街、建物など、映画の舞台を精密な図解と写真で徹底解説！オールカラー。『主要舞台完全ガイド』シリーズに加筆・改訂し、『スター・ウォーズ/フォースの覚醒』のロケーションも加えた公式設定書籍の決定版。
2017 183p 31x26cm ¥5800 ①978-4-05-406544-4

◆スター・ウォーズ ジェダイの哲学―フォースの導きで運命を全うせよ　ジャン=クー・ヤーガ著　学研プラス
【要旨】はるか彼方の銀河系からの英知。大切なことはすべてスター・ウォーズが教えてくれた。人生は"手放せば"開ける。恐れ、感情、執着に支配されない生き方。
2017.10 311p B6 ¥1500 ①978-4-05-406579-6

◆スター・ウォーズによると世界は　キャス・R.サンスティーン著、山形浩生訳　早川書房
【要旨】ハーバード大学ロースクールの名物教授が『スター・ウォーズ』から世界を読み解く!?現代の神話『スター・ウォーズ』を通じて、法学と行動経済学の泰斗があらゆる面から現代の世界を浮き彫りにする画期的『スター・ウォーズ』論。
2017.11 247p B6 ¥1800 ①978-4-15-209722-4

◆スター・ウォーズ バトル大全 1 EPISODE 1・2・3　高貴準三監修、上屋梨影子、川本崇之文　ポプラ社
【要旨】バトルで切りとるスター・ウォーズ叙事詩。対戦相手データ、バトルのプロセス、バトルの勝敗と影響、完全網羅!!―映画だけでは知りえない『スター・ウォーズ』の真の理解のために―エピソード1～3を、27のバトルにわけて徹底解説!!
2017 167p 22x22cm ¥2000 ①978-4-591-15644-5

◆西部劇を読む事典―完全保存版　芦原伸著　天夢人、山と溪谷社 発売　（『西部劇を読む事典』増補・改訂・改題書）　復刊
【要旨】西部劇を楽しむ決定版解説書！
2017.11 367p B6 ¥1800 ①978-4-635-82023-3

◆セツ先生とミチカの勝手にごひいきスター　長沢節著、石川三千花編著　河出書房新社
【要旨】セツ先生、好きなスター、暴走！ミチカ、そこに突っ込む！「シワは許しても肉は許さない！」セツ先生の美少年ぶった切り。セツ・モードセミナーの伝説の校長・長沢節の"独特の美学"に、愛弟子・映画評論家・石川三千花が愛あるツッコミを入れまくる。
2017.5 254p B6 ¥1600 ①978-4-309-27836-0

◆007（ダブルオーセブン）に学ぶ仕事術―ジェームズ・ボンド流出世・上司・部下対策に悩む組織人のために　尾張克之著　同友館
【要旨】急で必要がある。僕らにはいくらも時間がないんだから―。会社の理不尽に翻弄されるジェームズ・ボンド。窮地の彼が超一流工作員の祖父から受け継いだ「組織で勝ち残る24の知恵」とは？
2017.9 241p B6 ¥1500 ①978-4-496-05299-6

◆タランティーノ流監督術　クリストファー・ケンワーシー著　ボーンデジタル　（名監督の技を盗む！）
【要旨】観客を一気に引き込む画作りの魔法を解き明かす！
2017.12 131p 23x16cm ¥1500 ①978-4-86246-380-7

◆チェコスロヴァキア・ヌーヴェルヴァーグ　国書刊行会
【目次】コメント『ひなぎく』小泉今日子、岡崎京子、矢川澄子、野宮真貴、鴻上尚史、ヴィヴィアン佐藤、まつゆう*、真魚八重子、作品解説『ひなぎく』、談話 ヴィエラ・ヒチロヴァー、談話 ペトル・ホリー、テリー・ポスター―60年代チェコスロヴァキアのポスター、ルカーシュ・スクパへのインタビュー1960年代のチェコスロヴァキアにおける映画検閲、パヴェル・クルサークへのインタビュー―映画検閲、映画音楽、チェコとスロヴァキアの映画1 その誕生から第二次世界大戦期まで、コラム「チェコ軍映画スタジオ」（富重聡子）、作品解説『これが人生』
2017.10 127p 24x19cm ¥1800 ①978-4-336-05994-9

◆チャップリン―作品とその生涯　大野裕之著　中央公論新社　（中公文庫）
【要旨】「このような時代においては、笑いは、狂気に対しての安全弁となるのです」。四〇〇巻のNGフィルムを全て閲覧した非初期の短編、『街の灯』『独裁者』等の名作から幻となった遺作『フリーク』まで、喜劇王が作品に込めた

映画

◆チャップリン自伝―若き日々　チャールズ・チャップリン著, 中里京子訳　新潮社　(新潮文庫)
【要旨】ロンドンの薄汚れた劇場で、母の代役として五歳で初舞台を踏んだチャップリン。母の精神病院収容、継母の虐待、アル中の父の死…度重なる苦難に襲われ、救貧院・孤児院を転々とした少年は旅回りの一座で子役にありつく。やがてコメディアンの才能を見出され渡米すると、草創期の映画界に引き抜かれ、夢のような日々が始まった。大スターまでの階段を一気に登りつめた「喜劇王」の前半生。
2017.4 413p A6 ¥710 ①978-4-10-218503-2

◆チャップリン自伝―栄光と波瀾の日々　チャールズ・チャップリン著, 中里京子訳　新潮社　(新潮文庫)
【要旨】アメリカン・ドリームをまさに体現し、億万長者と映画スターが集う社交界の主人公となったチャップリン、『キッド』『街の灯』など名作を次々と世に送り出していく。私生活では、二度の離婚、奔放な女性関係を体験するが、対独参戦を促す演説が曲解され、戦後、「赤狩り」の嵐の中、アメリカを追われる。スイスに移住した75歳の著者が自ら人生のありのままを振り返った珠玉の自伝的ベストセラー。
2018.1 688p A6 ¥990 ①978-4-10-218504-9

◆チャプリンが日本を走った　千амый伸夫著　青蛙房　新装版
【要旨】喜劇王チャプリン歿後40年。日本と日本人が大好きだった彼は四度も日本を訪れた。あちらこちらに現れては人々を驚かせ変貌する日本の姿を見てまわったのだ。
2017.5 254p B6 ¥2300 ①978-4-7905-0890-8

◆「ツイン・ピークス」＆デヴィッド・リンチの世界　フリックス編集部編　ビジネス社　(FLIX SPECIAL)
【要旨】貴重なインタヴュー集＆作品紹介。
2017.7 79p 29×21cm ¥1400 ①978-4-8284-1964-0

◆なぜメリル・ストリープはトランプに噛みつき、オリバー・ストーンは期待するのか―ハリウッドからアメリカが見える　藤えりか著　幻冬舎　(幻冬舎新書)
【要旨】メリル・ストリープら人気俳優が次々と反トランプを表明する一方、オリバー・ストーン監督は、これまでハリウッドは政府べったりだったと批判して、トランプに期待を寄せる。自由・民主主義という理念の担い手として、またアメリカ覇権主義の喧伝者として、ハリウッドのひとつの象徴だったハリウッドが今、政権と敵対し、さらに人々からは「しょせん特権層」と反感を抱かれ、大きな岐路に立たされている―。話題の映画の背景と監督・俳優・プロデューサーらへのインタビューから、アメリカと世界が直面する問題の深層に迫る。
2017.3 276p 18cm ¥840 ①978-4-344-98453-0

◆日仏映画往来　遠藤突無也著　フライングボックス,（大阪）松本工房 発売
【要旨】日本とフランス、フランスと日本。映画を通じて両国間を往来した、文学、映像、風俗、人物、音楽を、網羅的、複眼的に記述した画期的な一書。映像表現に限らない、芸術の「越境する力」を証明する、貴重なエビデンスとなるだろう。
2017.5 824, 47p 23×16cm ¥5200 ①978-4-944055-91-3

◆ハリウッド「赤狩り」との闘い―『ローマの休日』とチャップリン　吉村英夫著　大月書店
【目次】第1章 チャップリンと『ローマの休日』（チャップリンの追放―一九五二年夏、『ローマの休日』ただいま撮影中―一九五二年夏 ほか）／第2章 絶対平和を求めて（最後の傑作『ライムライト』、ヒトラーとチャップリン ほか）／第3章 裏切りと赤狩り時代―『赤狩り』（非米活動委員会、ハリウッドの反撃 ほか）／第4章 ワイラー、絶望の三部作から希望の『ローマ』へ（真のドラマティスト、アメリカ民主主義の高揚とワイラーの挫折 ほか）／第5章 ヘプバーン、そしてトランボの愛弟子（二一世紀の学生が観る『ローマの休日』、数奇な生い立ち ほか）
2017.11 274p B6 ¥1800 ①978-4-272-61235-2

◆ハリウッド映画史講義―翳りの歴史のために　蓮實重彥著　筑摩書房　(ちくま学芸文庫)
【要旨】「絢爛豪華」な神話都市ハリウッド。その栄光を支えた撮影所システムは第二次世界大戦後、不意に崩れ始める。アメリカ合衆国との闘いをはじめ、時代とその不幸な関係を含んだ「1950年代作家」たちが照らし出すものとは何か―。いまや映画批評において不可欠となった諸概念とともに描かれしハリウッドにおける決定的な変容を浮き彫りに。アメリカ映画が抱え込んだ問題を剔抉し、作品を見定める視座を開く独創的映画論。
2017.11 257, 20p A6 ¥1100 ①978-4-480-09828-3

◆ハリウッド100年史講義―夢の工場から夢の王国へ　北野圭介著　平凡社　(平凡社新書)　新版
【要旨】アメリカ映画一〇〇年の夢とはなにか。「つくる人・上映する人・観る人」というフォーカスから、ハリウッド誕生、その盛衰、そしてデジタル化と世界規模で進む大域化の渦中にある現在までを描く。最新映画学の成果をフルに取り込んだ決定版。ハリウッド映画は今後どこに向かうのか。まるごと一冊、画期的「ハリウッドの夢」講義。旧版に大幅加筆した新定番！
2017.7 339p 18cm ¥900 ①978-4-582-85849-5

◆ハリー・ポッター アルバス・ダンブルドア シネマ・ピクチャーガイド　スカラスティック編, 松岡佑子日本語版監修, 堀川志野舞訳　静山社
【要旨】アルバス・ダンブルドアは、闇の帝王ヴォルデモートが恐れた唯一の魔法使いとして知られ、不死鳥の騎士団を結成し、分霊箱を探すハリー・ポッターを導いた。非凡な魔法使いであり、ホグワーツ魔法魔術学校の最も偉大な校長のひとりだったダンブルドア教授の貴重な写真や台詞、名場面を、ハリー・ポッターの映画シリーズ全8作から集めた。
2017.5 62p 23×16cm ¥1500 ①978-4-86389-373-3

◆ハリー・ポッター ホグワーツ魔法魔術学校 シネマ・イヤーブック　スカラスティック編, 松岡佑子日本語版監修, 堀川志野舞訳　静山社
【要旨】あなたも新入生。ホグワーツ魔法魔術学校へ、ようこそ！想像してみよう、キングズ・クロス駅からホグワーツ特急に乗り込み、ダイアゴン横丁でお買い物、4つの寮に組分けされ、魔法薬の授業に出席し、クィディッチの選抜試験を受けるところを。「ハリー・ポッター」の映画8作品の写真や、自分で書き込める楽しいページがいっぱい。展開式のホグワーツ日記や、フルページのキャラクターポスターも。何が起きても不思議じゃない、それがホグワーツ！
2017.5 61p A4 ¥1500 ①978-4-86389-371-9

◆ハリー・ポッター ホグワーツ魔法魔術学校 シネマ・ピクチャーガイド　スカラスティック編, 松岡佑子日本語版監修, 堀川志野舞訳　静山社
【要旨】ホグワーツ魔法魔術学校の4つの寮―グリフィンドール、レイブンクロー、ハッフルパフ、スリザリン―、そして各寮を代表する生徒と教授のすべてがここに。ハリー・ポッターの映画シリーズ全8作から、あなたのお気に入りの場面や台詞が集められたこのガイドブックを読んで、ハリーの魔法の世界を甦らせよう！
2017.5 61p 23×16cm ¥1500 ①978-4-86389-372-6

◆ヒッチコック9―サイレント全作品デジタル修復版プレミア上映解説　大野裕之編, デイヴィッド・ロビンソン, ニール・ブランド著　とっても便利出版部
【目次】各作品解説（『快楽の園』、『下宿人』、『ダウンヒル』、『ふしだらな女』、『リング』、『シャンパーニュ』、『農夫の妻』、『マンクスマン』、『恐喝(ゆすり)』）、スペシャル・インタビュー「ヒッチコックのサイレント映画」
2017.2 49p A5 ¥1500 ①978-4-925095-08-2

◆ファンタスティックビーストと魔法使いの旅 ニュート・スキャマンダー シネマ・ピクチャーガイド　スカラスティック編, 松岡佑子日本語版監修, 堀川志野舞訳　静山社
【要旨】ニュート・スキャマンダーは、魔法動物を探して記録するため、世界中を旅する魔法動物学者だ。大小さまざまな驚くべき動物たちを見つけ、広々とした空間を持つ革のトランクに保護している。魔法動物の授業は冒険に満ちている。逃げ出した魔法動物を探してニューヨーク中を駆け回ることも。映画『ファンタスティック・ビーストと魔法使いの旅』の名場面と引用を集めたこのガイドブックを読んで、ニュートと魔法の冒険をふり返ろう。
2017.5 61p 23×16cm ¥1000 ①978-4-86389-370-2

◆ファンタスティックビーストと魔法使いの旅 幻の動物 シネマ・ピクチャーガイド　スカラスティック編, 松岡佑子, 堀川志野舞訳　静山社
【要旨】魔法動物学者のニュート・スキャマンダーが革のトランクで持ち運んでいる、驚くべき動物たちのすべてがわかる！フワフワの愛すべきニフラーから、威厳あるスウーピング・イーヴルまで、このシネマガイドは『ファンタスティック・ビーストと魔法使いの旅』に登場する魅惑的な動物たちと、魔法に満ちた名場面を特集している。
2017.5 63p 23×16cm ¥1000 ①978-4-86389-374-0

◆マリリン・モンロー最後の年　セバスティアン・コシェン著, 山口俊洋訳　中央公論新社
【要旨】いまなお輝きを失わない美のイコン―不可解な死に至る日々、彼女はどのような人たちに囲まれていたのか。
2017.6 220p B6 ¥1850 ①978-4-12-004987-3

◆マリリン・モンローの言葉　山口路子著　大和書房　(だいわ文庫)
【要旨】やわらかそうな胸に、ぽってりとした唇、セクシーな歩き方、「世紀のセックス・シンボル」マリリン・モンロー。しかし彼女は世界的大スターでありながら教養、生い立ち、そして本格女優でないことへの劣等感に満ちた人だった。彼女はまわりの男たちを魅了した。女のできることをすべて使い、自分を厳しく見つめ、足りない部分はさらに努力した。マイノリティへの愛に溢れ、変化を恐れず、劣等感を魅力に変えていったマリリンの、美、仕事、結婚、男、そして人生についての「言葉」が伝えるものとは。
2017.2 219p A6 ¥650 ①978-4-479-30637-5

◆マリリン・モンロー 魅せる女の言葉　高野てるみ著　PHP研究所　(PHP文庫)
【要旨】無邪気でセクシーな20世紀の大スター、マリリン・モンロー。「世界の恋人」と謳われた彼女は、ただの可愛い人形ではなく、誰からも認められる「人間」になりたいと願っていた―。本書では、モンローが残した60の言葉から、世界を魅了することを誰よりも強くめざした彼女の新たな側面を描き出す。女として、人として愛されるために努力する大切さを教えてくれる1冊。
2017.11 228p A6 ¥660 ①978-4-569-76776-5

◆ミシェル・ルグラン クロニクル　濱田高志著　立東舎, リットーミュージック 発売　(『ミシェル・ルグラン 風のささやき』増補改訂・改題書)
【要旨】ミシェル・ルグラン生誕85周年記念出版！多様な音楽ジャンルを横断する、音楽界の巨匠ミシェル・ルグラン。時系列に作品を網羅した、バイオグラフィ+ディスクガイドの決定版。ミシェル・ルグラン公認。図版800点超掲載。
2017.9 255p 25×19cm ¥3000 ①978-4-8456-3085-1

◆ムービー・マジック　第2巻 幻の動物とその生息地―J.K.Rowling's Wizarding World　インサイト・エディションズ編, 松岡佑子日本語版監修, 宮川未заре訳　静山社
【要旨】サンダーバード、ニフラー、屋敷しもべ妖精、ヒッポグリフ―J.K.ローリングの魔法界には、さまざまな魔法生物があふれています。ボウトラックルはどのようにして映画で命を吹き込まれたのでしょうか？オカミーはヘビ、それとも鳥？ムーンカーフのフンの秘密とは？本書は、『ファンタスティック・ビーストと魔法使いの旅』とハリー・ポッター映画全8作に登場した生き物たちを詳しく紹介した、見事なアート作品や興味深い裏話も公開。生き物たちがどのように創り出されたか、ファンが知りたいことのすべてを明かしています。ポップアップや、フラップをめくる仕掛け、取り出せるポスターなどの楽しい付録も満載です。魔法界の舞台裏に入り込んで、わくわくする冒険を始めましょう！
2017.4 103p 28×24cm ¥2800 ①978-4-86389-369-6

◆ムービー・マジック　第3巻 驚きの魔法グッズ―J.K.Rowling's Wizarding World　インサイト・エディションズ編, 松岡佑子日本語版監修, 宮川未来訳　静山社　(付属資料あり)
【要旨】魔法の杖や空飛ぶ箒から、魔法動物でいっぱいのトランクまで、魔法界は魅惑的なアイテムや不思議な道具であふれています。本書では、『ファンタスティック・ビーストと魔法使いの旅』やハリー・ポッター映画全8作の舞台裏に入り込み、映画に登場した数えきれないほ

どの小道具が、どのように心を込めてデザインされ、制作されたかを解き明かします。金のスニッチやヴォルデモート卿の分霊箱から、ニュート・スキャマンダーの魔法のトランクまですべての魔法グッズを、設計図、コンセプトアート、スチール写真などを使って詳しく解説。シールや取り外せるおまけ、フラップをめくる仕掛けなど、楽しい付録も満載しています。
2017.11 95p 28×24cm ¥2800 ①978-4-86389-388-7

◆名監督の技を盗む！ スピルバーグ流監督術　クリストファー・ケンワーシー著、Bスプラウト訳　ボーンデジタル
【要旨】観客を一気に引き込む映画作りの魔法を解き明かす！
2017.8 135p 23×16cm ¥1500 ①978-4-86246-381-4

◆予言するアメリカ―事件と映画にみる超大国の未来　冷泉彰彦著　朝日新聞出版（朝日新書）
【要旨】大統領選が露呈した価値の混乱。アメリカが世界に振りかざしてきた「正義」は、これからはどんな像を結ぶか？ トランプは、アメリカの感情を本当に代表しているのか？ 合衆国社会の気分をもっともよく掬いとってきた映画から、さまざまな事件や問題の背景を探っていくと日本人の知らない精神的呪縛と「悪」が見えてくる。プリンストン在住ジャーナリストが超大国の深き病巣を読む。
2017.7 221p 18cm ¥760 ①978-4-02-273726-7

◆AUDREY HEPBURN―オードリー・ヘプバーン　高山裕美子編著
【要旨】チャーミングな笑顔と卓越したファッションセンスで世界中を魅了し続けてきたオードリー・ヘプバーン。彼女と親交の深かった写真家マーク・ショウ、ボブ・ウィロビーの写真を中心に、ファッション、映画、プライベートまで、1950〜60年代の彼女の姿を写し取った全164点の傑作写真を一挙収録。女優オードリー・ヘプバーンの魅力に迫る。
2017.9 183p 25×20cm ¥2200 ①978-4-904845-90-5

◆STAR WARS 99人のストームトルーパー　講談社編、グレッグ・ストーンズ文　講談社
【要旨】1人は、静かなところで一服しようとしてカーボン冷凍された。1人は、ベイダー様の、見られたくないところを見てしまった。2人は、防雪アーマーを家に忘れてきた。1人は、賞金稼ぎのグリードをよく、撃つのが遅かった。まだまだある、銀河にも恐ろしい、十人十色、ストームトルーパーの死に方！ 99人のストームトルーパーの、数奇な運命。
2017.12 1Vol. B6 ¥1300 ①978-4-06-220879-6

◆THE ART OF 攻殻機動隊 GHOST IN THE SHELL―『ゴースト・イン・ザ・シェル』公式アートブック　デビッド・S・コーエン著　講談社
【目次】『ゴースト・イン・ザ・シェル』の誕生、世界観の構築、キャラクター、未来世界の創造、ウェリンコン、シネマトグラフィー、アクション
2017.3 158p 34×25cm ¥7000 ①978-4-06-220480-4

◆THE BEST OF STAR WARS INSIDER　KADOKAWA
【要旨】スター・ウォーズ・インサイダーとは、長く世界中のスター・ウォーズ・ファンに信頼され、愛されてきた公式マガジンです。通巻170号以上を積み重ね、現在も年に数回発行されている。本書は、英国の出版社タイタン・マガジンズからここ数年の間に刊行されたインサイダー誌の特集記事を厳選して1冊にまとめたものである。40年以上前の証言集や、本書だけで解禁されるルーカスフィルムの資料ム館に眠っていた貴重な写真なども含まれ、資料性の高い1冊と言えよう。
2017.5 175p A4 ¥3000 ①978-4-04-105658-5

映画ガイド

◆ギター好きが絶対に観ておきたい映画150　ギター・マガジン編集部編　リットーミュージック
【要旨】『バック・トゥ・ザ・フューチャー』『ギター弾きの恋』『エレキの若大将』など150本！ 鑑賞後、きっとギターが弾きたくなる。
2017.10 223p A5 ¥1800 ①978-4-8456-3135-3

◆心が疲れたときに観る映画―「気分」に寄り添う映画ガイド　佐野亨編　立東舎、リットーミュージック 発売
【要旨】苦しいとき、哀しいとき、人生に迷っているとき、自信を失ったとき…さまざまな「気分」に応じて観る映画をえらぶ、一歩前に進むための映画ガイドブック！ あなたの背中をそっと押してくれる、48本+αの映画を紹介。
2017.4 222p B6 ¥1800 ①978-4-8456-3034-9

◆それが映画をダメにする　前田有一著　玄光社
【目次】『のぼうの城』CGをリアルに感じさせるのもキャスティング次第。『ホビット 思いがけない冒険』上映環境によるイライラは本物の!?、『ゼロ・ダーク・サーティ』『アカデミー賞』に間違ったイメージ持っていませんか!?、『リンカーン』伝記映画を成功させる秘訣とは!?、『モンスター』『思い切る』女優が作品の質を押し上げる!!、『エンド・オブ・ホワイトハウス』プロパガンダ映画は娯楽映画であるべしというものの…。『終戦のエンペラー』傑作に必要なのは大きな歴史観。『パシフィック・リム』オタク映画を成功させる秘訣。『ガッチャマン』漫画の実写版を成功させる方法はあるのか!?、『レッド・ドーン』『自主規制すると作品も散々』は本当!?〔ほか〕
2017.3 217p B6 ¥1700 ①978-4-7683-0819-5

◆高橋ヨシキのシネマストリップ　高橋ヨシキ、NHKラジオ第1「すっぴん！」制作班編　スモール出版
【要旨】NHKラジオ第1「すっぴん！」内で放送中の"自称・日本一刺激的な早朝映画コラム"「シネマストリップ」が書籍化。気鋭の映画ライター、高橋ヨシキが映画に込められた真の魅力をじっくりと解説。著者自選による33回分の放送を大幅に編集・加筆・修正して収録。
2017.8 335p B6 ¥1700 ①978-4-905158-46-2

◆バッドエンドの誘惑―なぜ人は厭な映画を観たいと思うのか　真魚八重子著　洋泉社（映画秘宝セレクション）
【要旨】後味が悪い、救いのない映画。そんな映画に惹かれてしまうのは何故だろう？ 気鋭の映画評論家が挑む、衝撃のバッドエンドムービー評論集。タイミングの悪さ、先の見えない絶望、イヤな女に子供の不幸、そして美しい残酷で彩られた国々の物語。後味の悪い映画を分類し読み解くことで、映画の新しい魅力を導き出す。
2017.3 207p 19cm ¥1400 ①978-4-8003-1181-8

◆吉野朔実のシネマガイド シネコン111　吉野朔実著　エクスナレッジ 新装復刊
【要旨】映画の目利きとしても知られていた漫画家、吉野朔実によるイラストエッセイ。『パンズ・ラビリンス』『グッバイ・レーニン！』『ボルベール―帰郷』『トゥモロー・ワールド』『ダーウィンの悪夢』『殺人の追憶』『過去のない男』『カポーティ』…。今では不朽の名作となった作品から埋もれた小品まで、計111作品が繊細なイラストと独特の視点で紡がれた文章によって鮮やかに描き出される。吉野ファン必携の一冊。
2017.2 247p 19×13cm ¥1600 ①978-4-7678-2273-0

◆猥々シネマ快館 3　得松ショージ著（松山）創風社出版
【要旨】読むと映画を観たくなる。ヤミつきになる面白さ、ユニークなイラストと文章、エロス視点から映画を観る。
2017.9 210, 14p A5 ¥1600 ①978-4-86037-255-2

映画論・映像論

◆イメージ―その理論と実践　淺沼圭司、籔亨、山縣熙編著（京都）晃洋書房
【目次】第1章 クリスティアン・メッツの映画理論史上の位置―美学の観点から、第2章 ノイズの位相と映像表現―高倉健主演『幸福の黄色いハンカチ』をめぐって、第3章 映画の時間・空間とその表象、第4章 目とまなざし―サミュエル・ベケットの『フィルム』を巡って、第5章 写真、絵画、映画とプレートスの洞窟―アジア映画劇に見る「教会」と「酒場」、第7章 ジャ・ジャンクー『世界』の不在の主体、第8章 依田義賢と実験的映画―『幻視・幻聴のリアリズム』で、第9章 民藝運動と写真―柳宗悦の挿絵論を中心にして　2017.4 273p A5 ¥5200 ①978-4-7710-2662-9

◆映画原作派のためのアダプテーション入門―フィッツジェラルドからピンチョンまで　波戸岡景太著　彩流社（フィギュール彩 97）
【要旨】小説が映画になるってどういうこと？『華麗なるギャツビー』から『インヒアレント・ヴァイス』まで、現代アメリカの文学と映画を中心に、トマス・ピンチョンの専門家がわかりやすく解説！ 板書を見ながら講義を受けているような、チャート17点！ アダプテーション論をさらに学びたい人のために…リーディング・リスト付き。小説と映画はこんなにちがう！…スクリプトと小説のシーン比較付き。
2017.10 212p B6 ¥1800 ①978-4-7791-7099-7

◆映画時評集成 2004-2016　伊藤洋司著　読書人
【目次】第1部 映画時評（2004-2016年）、第2部 五人の映画作家との七つの対話（青山真治監督との対話、黒沢清監督との対話、パスカル・フェラン監督との対話、ギヨーム・ブラック監督との対話、ペドロ・コスタ監督との対話）、第3部 2004-2016年の映画本回顧、第4部 映画ベスト三〇〇（青山真治監督との対話）（伊藤洋司選 映画ベスト三〇〇、青山真治選 映画ベスト三〇〇）
2017.11 525p B6 ¥2700 ①978-4-924671-31-7

◆映画とキリスト　岡田温司著　みすず書房
【要旨】名匠たちはみな、聖書を原風景として名作を生みだしてきた。物語・キャラクター・表現手法に息づくキリスト教を多角的に分析し、映画論の盲点を照らし出す。
2017.8 346, 22p B6 ¥4000 ①978-4-622-08624-6

◆映画と経験―クラカウアー、ベンヤミン、アドルノ　ミリアム・ブラトゥ・ハンセン著、竹峰義和、滝浪佑紀訳　法政大学出版局（叢書・ウニベルシタス）
【要旨】クラカウアー、ベンヤミン、アドルノは、映画とは何かよりはむしろ、映画は「何をするのか」という問いを立てる。いまだに予感しえない未来を生じさせる試みのなかで、映画という媒体、そして映画館という場がもつ可能性を追究する。映画を観る公衆の生きた経験についての思考を、批判理論と映画の交点で炸裂させる。
2017.8 551, 139p B6 ¥6800 ①978-4-588-01065-1

◆映画と残酷―暴力とセックス、そして最大のタブー　ナマニク著　洋泉社（映画秘宝セレクション）
【要旨】手が！ 首が！？ 情容赦なく斬り飛ばされるショック！ 日本では15歳以上じゃないと観ることは不可！ 映画業界に潜む忖度と自主規制！ 気鋭の映画評論家が迫る血まみれの真相！
2017.5 223p 19×13cm ¥1400 ①978-4-8003-1246-4

◆映画のキャッチコピー学　樋口尚文著　洋泉社（映画秘宝セレクション）
【要旨】日本映画が産業として成立し始めた1920年前後から現在にいたるまでの映画宣伝の惹句、キャッチフレーズをその手法や切り口でまとめ、その映画の本質や時代背景に迫る。手を変え品を変え、常に新鮮な衝撃を求め続ける、映画特有のキャッチコピーの世界。
2018.1 303p 19×13cm ¥1400 ①978-4-8003-1405-5

◆映画の乳首、絵画の脛　滝本誠著　幻戯書房 増補新版
【要旨】エロスか死か！ 美の動体視力があなたの価値観を転覆＋震動させる…。若き町山智浩、中原昌也、菊地成孔に衝撃を与えた伝説の評論集が新世紀増補究極版（21 CENTURY ULTIMATE EDITION）として再起動！
2017.11 391p B6 ¥3500 ①978-4-86488-132-6

◆映画は文学をあきらめない―もうひとつの物語からもうひとつへ　宮脇俊文編　水曜社
【目次】村上春樹『ノルウェイの森』―言葉の感性を映像化する手法、カズオ・イシグロ『日の名残り』―諦めの文学をいかに表現したか、映画の「動くイメージ」が小説家の意識を変えた―フィッツジェラルドとヘミングウェイの場合、フィッツジェラルド『グレート・ギャツビー』が描いたアメリカ音楽―消されたジャズ・よみがえるジャズ、近世小説を近代的価値観で描いた―溝口健二映画―上田秋成『雨月物語』と井原西鶴『好色一代女』、二つの『楢山節考』―木下惠介の「様式の美」、今村昌平の「リアリティの醜」、翻弄される身体―『生・戒』「ラスト、コーション」、安部公房『燃えつきた地図』―都市の危うさを、勅使河原宏はこう表現した、「生き方」を問いかけるドキュメンタリー映画もまた文学、篠田正浩（映画監督）インタビュー―映画は文学の隙間を映像化する、山田太一（脚本家）

映画

インタビュー――原作を翻案する脚本家という難しい役割
2017.3 275p B6 ¥2700 ①978-4-88065-402-7

◆**映画評論・入門！――観る、読む、書く** モルモット吉田著 洋泉社 （映画秘宝セレクション）
【要旨】映画評論家になるためには険しい道のりが待っている。リアルタイムでその映画の質を見極め、ジャッジを下す。『七人の侍』『ゴジラ』から『世界残酷物語』『太陽を盗んだ男』まで、公開当時に喧々諤々の論議を呼んだ。そんな傑作の数々について書かれた映画評論を再検証した「リアルタイム映画評論REMIX」を含む、新しい"映画評論"の形。
2017.5 287p 19×13cm ¥1500 ①978-4-8003-1248-8

◆**映画唯物論宣言** 三隅繁著, 丹野逢弥編 樹花舎, 星雲社 発売
【目次】1「シネマトグラフ」時代, 三隅繁の軌跡 岡さん覚え帖 三隅繁への道（春原十六）, 2 映画唯物論者の面目, 三隅繁の軌跡 幻の8ミリ映画製作顛末記（ダーティ工房）, 3 大型映画への招待, 三隅繁の軌跡 手書きの人 "70mm映画大全" と岡さん（内山一樹）, 4 フィルムの衰亡を見つめて 三隅『映画論叢』掲載並製本, 三隅繁の軌跡 岡伸行氏を悼む その死の顛末と墓参り（加藤久徳）
2017.6 332p B6 ¥1600 ①978-4-434-23384-5

◆**映像の境域――アートフィルム/ワールドシネマ** 金子遊著 森話社
【要旨】映像と言語, 映像と芸術, 映像と記録, 政治と前衛, 土地と伝統, 民俗と信仰。その境域にたちあがる現代の相貌。
2017.6 420p B6 ¥2800 ①978-4-86405-117-0

◆**桂千穂のシナリオはイタダキで書け！――「ふたり」「廃市」「幻魔大戦」の脚本家** 桂千穂著 メディアックス
【要旨】タテマエだけの入門書にはもうウンザリ。本音で書いた実践的なシナリオ入門書。
2017.7 271p B6 ¥1800 ①978-4-86201-667-6

◆**菊地成孔の欧米休憩タイム** 菊地成孔著 blueprint, 垣内出版 発売
【要旨】近年のアジア諸国の映画批評に加え、長らく書籍化されなかった伝説の連載コラムを初収録！
2017.9 527p B6 ¥2000 ①978-4-7734-0504-0

◆**銀幕のキノコ雲――映画はいかに「原子力/核」を描いてきたか** 川村湊著 インパクト出版会
【要旨】日米のアトミック・モンスター、勢揃い。400本の原子力映画にみる核の表象史。
2017.4 261, 27p B6 ¥2500 ①978-4-7554-0275-3

◆**シネコン映画至上主義――「映画評555」** 榮尾英彦著 太田出版
【要旨】『シン・ゴジラ』『君の名は。』『この世界の片隅に』『スター・ウォーズ/フォースの覚醒』『アナと雪の女王』など、2012～2017年映画評集大成！書き下ろしコラム・シネコンとはなにか、シネコン・チェーンの歩き方, 海外シネコン鑑賞 etc.2012～2017映画ベストテン…and more!!
2017.7 524p B6 ¥2800 ①978-4-7783-1586-3

◆**シネマの大義――廣瀬純映画論集** 廣瀬純著 フィルムアート社
【要旨】シネマの大義の下で撮られたフィルムだけが、全人類に関わる。個人的な思いつき、突飛なアイデア、逞しい想像力にかられたのが原因となって創造されたフィルム（…）、個人の大義の下で撮られたフィルムは誰にも関わりがない。「シネマの魂」が原因となって創造されたフィルムだけがすべての者に関わるのだ。
2017.8 395p B6 ¥1800 ①978-4-8459-1639-9

◆**植民地期台湾の映画――発見されたプロパガンダ・フィルムの研究** 三澤真美恵編, 国立台湾歴史博物館出版協力 東京大学出版会 （付属資料：DVD1）
【目次】発見された植民地期台湾映画フィルム, 第1部 日本から移入された映画（植民地期台湾で巡回上映された娯楽映画の特徴、台湾で見つかった戦前日本アニメーション映画――フィルム・アーキビストはどう見るか、「銃後」の"あるべき国民"と植民地台湾の映画利用――国民精神総動員運動との関係から）, 第2部 台湾で製作された映画（台湾での戦時動員と映画――「台南州国民道場」を中心に、『南進台湾』が展示した「統治者の視点」, 植民地期台湾の文化映画における聴覚的要素の検討、「台湾らしさ」を排除した『南進台湾』の背景音楽――皇民化運動表

現との関連性）
2017.8 257, 43p A5 ¥9800 ①978-4-13-080095-2

◆**新悪魔が憐れむ歌――美人薄命** 高橋ヨシキ著 洋泉社
【要旨】世界一美しい女子高生の死体の謎から『マッドマックス/怒りのデス・ロード』、『シン・ゴジラ』まで、信じられないほどに異様な映画の世界を切り刻み、素晴らしくも奇妙な世界を開示する気鋭のサタニスト、映画評論集第三弾！
2017.8 253p A5 ¥2000 ①978-4-8003-1283-9

◆**スクリーン横断の旅** 立野正裕著 彩流社
（フィギュール彩 98）
【要旨】現実は負けている。可能性の思考を得ることがないなら学ぶことになんの意味があるだろう。嘆くだけでは不幸を変えることはできない。どうしたらよいかを考えるべきだ。「自己」との約束を守り抜くために。ひとが「映画」から見出すものとは何か。
2017.11 224p B6 ¥1800 ①978-4-7791-7101-7

◆**ストーリーの解剖学――ハリウッドNo.1スクリプトドクターの脚本講座** ジョン・トゥルービー著, 吉田俊太郎訳 フィルムアート社
【要旨】ディズニーやピクサーで活躍した、映画業界のベスト・スクリプトドクター"による待望の創作講座。観客の感情を最も強く揺さぶりつづける、ドラマ性の強いストーリーを目指す人に必読の脚本術！
2017.7 644p B6 ¥3800 ①978-4-8459-1614-6

◆**世界ファンタスティック映画狂時代** 友成純一著 洋泉社 （映画秘宝COLLECTION）
【要旨】奇妙な映画は足で観る！ アヴォリアッツ、シチェス、ファンタスポルト…世界のファンタスティック映画祭を歩き続ける暴力作家・友成純一の最狂映画エッセイ！
2017.6 285p A5 ¥2500 ①978-4-8003-1257-0

◆**大学生のための動画制作入門――言いたいことを映像で表現する技術** 黒岩亜純, 宮徹著 慶應義塾大学出版会
【要旨】制作に必要な知識がこの1冊に！ テレビ局の番組作りに学ぶ！ 映像作品の作り方。企画から撮影、編集までを初心者向けにわかりやすく解説。
2017.4 158p A5 ¥1800 ①978-4-7664-2428-7

◆**ドキュメンタリー映画術** 金子遊著 論創社
【要旨】どうすれば、ドキュメンタリーは心を撃つのか？ 社会と対峙する匠の技を伝える！ 3.11以降、ドキュメンタリー映画を求める人が増えている。巨匠たちのインタビューと鋭利な論考による、ドキュメンタリー映画のつくり方！
2017.9 266p A5 ¥2700 ①978-4-8460-1639-5

◆**俳優の演技術――映画監督が教える脚本の読み方・役の作り方** 冨樫森著 フィルムアート社
【要旨】第1章 脚本を深く読み取る, 第2章 役へのアプローチ, 第3章 場面ごとに役を捉える, 第4章 サブテキスト・バックグラウンドから台詞と動作を考える, 第5章 いざ、本番, 第6章 日々の実践方法
2017.12 296p B6 ¥2800 ①978-4-8459-1646-7

◆**文豪文士が愛した映画たち――昭和の作家映画論コレクション** 根本隆一郎編 筑摩書房 （ちくま文庫）
【要旨】昭和を代表する作家が新聞や雑誌に寄稿した映画に関する文章を集める懐かしく魅力的なシネマ・ガイド。"映画を見ていなくても楽しめる" オリジナル・アンソロジー。「映画黄金時代」の名作、傑作を中心に作品を選定。
2018.1 350p A6 ¥950 ①978-4-480-43491-3

◆**ペンとカメラ――時代と生きる** 木下昌明著 続文堂出版
【要旨】『首相官邸の前で』『未来を花束にして』『ジョン・ラーベ』『みんなの学校』etc. 人生は映画だ。「がんを育てた男」が、ビデオ片手に行動する。ペンも冴えます二刀流。
2017.6 281p B6 ¥2500 ①978-4-8116-0093-0

◆**漫画＋映画！――漫画原作映画の現在地** 映画秘宝編集部編 洋泉社 （映画秘宝セレクション）
【要旨】時には賛否両論巻き起こしながらも、続々と公開される漫画原作の実写化映画。いまや日本映画の中枢を担う一大マーケットとなった「漫画原作映画」はいつから作られ、そして人気を得たのか？ そしてその魅力とは何か？ 漫画と映画、それぞれの歴史を追いながら、その「現在」を問う！
2017.7 207p 19×13cm ¥1400 ①978-4-8003-1279-2

◆**水と風と生きものと 中村桂子・生命誌を紡ぐドキュメンタリー映画の記録** JT生命誌研究館表現を通して生きものを考えるセクター編 JT生命誌研究館, 新曜社 発売 （付属資料：DVD1）
【目次】前口上（この作品について（藤原道夫）, 生命誌のお仲間と（中村桂子）, シナリオ採録 ドキュメンタリー映画「水と風と生きものと 中村桂子・生命誌を紡ぐ」, 映画館で（科学を物語する（池谷薫×藤原道夫）, 三八億年で思った ら気楽になれます（伊東豊雄×中村桂子）, 自分が変われば社会が変わっていく（関野吉晴×中村桂子）ほか）, 結びに 三八億年の生命誌を語り継ぐという課題（村田英克）, 特別付録 対談 生命誌という作品づくり――知と美の融合を求めて（岡田節人×中村桂子）
2017.8 191p 21×15cm ¥3600 ①978-4-7885-1534-5

◆**リメイク映画の創造力** 北村匡平, 志村三代子, 小川佐和子, 川崎公平, 木下千花, 鷲谷花, 渡邉大輔著 水声社
【要旨】なぜ映画はリメイクされるのか？ 小津安二郎, 溝口健二, 黒澤明からハリウッド・リメイクまで、今世代/国境を越えて再創造される映画のダイナミズムをひもとき、「映画を観る」という身体経験を問い直す、本邦初の本格的リメイク論。
2017.12 307p B6 ¥3200 ①978-4-8010-0300-2

◆**恋愛映画小史** 佐藤忠男著 中日映画社, 桜雲社 発売
【要旨】86歳の映画評論家が語る、わが生涯最高のラブシーン。
2017.7 307p B6 ¥2100 ①978-4-908290-32-9

◆**LOOP 映像メディア学 Vol.7** 東京藝術大学大学院映像研究科編 左右社
【目次】小特集「geidaiRAM」国際シンポジウムアジア零時, 「労働者」として携わるアート 人権と憲法から考える, 闇・トラウマ・語り――"波のした、土のうえ"をめぐって, 第一回国際アートプラクティス会議多様性のインデックス――アジア太平洋の芸術家をめぐって, 論考 序説 芸術の社会的な実践を考えるために, コンテンポラリー・アニメーション入門 モノとコトニ, ユーリー・ノルシュテインインタビュー, 現代日本のインディペンデント映画, ステレオコープにおけるナラティブと抽象――テオドル・ウシェフインタビュー, アニメーション専攻海外招聘講師特別講義 イジー・バルタ――チェコアニメーションの伝統と前衛, ノイズ―ベルト・ノイマン追悼（1960.11.9 - 2015.7.30）〔ほか〕
2017 289, 99p B6 ¥1800 ①978-4-86528-162-0

特殊撮影

◆**アンヌ今昔物語――ウルトラセブンよ永遠に…** ひし美ゆり子著 小学館
【要旨】アンヌが語るウルトラセブンエッセイ集。
2017.7 252p B6 ¥1500 ①978-4-09-388562-1

◆**ウルトラ怪獣アートワークス 1971 - 1980** 中村宏治編, 円谷プロダクション監修 （神戸）出版ワークス, 河出書房新社 発売
【要旨】「帰ってきたウルトラマン」～「ウルトラマン80」の円谷プロダクションに現存するウルトラマンシリーズのアートワークがここに集結！制作の裏側まで覗ける怪獣誕生までの画稿資料集!!
2017.2 127p A4 ¥2500 ①978-4-309-92117-4

◆**ウルトラ怪獣幻画館** 実相寺昭雄著 筑摩書房 （ちくま文庫）
【要旨】著者・実相寺昭雄はウルトラマンシリーズの監督の一人です。いまも人気を誇るジャミラ、シーボーズ、ガマクジラ、ガヴァドン, メトロン星人などが登場した回を手がけました。2006年に実相寺は星へ旅立ちましたが、ウルトラマンシリーズの怪獣や宇宙人、ヒーローを描いた絵が残されました。本書はそれらの絵をお見せするものです。みうらじゅん氏推薦！
2017.3 111p A6 ¥900 ①978-4-480-43436-4

◆**ウルトラセブン超解析――銀河ヒーロー大集結！** 円谷プロダクション監修 宝島社
【要旨】ウルトラファイト、ウルトラマンレオ、平成セブン、ウルトラセブン21、闘士ウルトラセブン、闘士セブン21、ULTRASEVEN X、そしてウルトラマンゼロ…50年間の"セ

◆「ウルトラセブン」の帰還　白石雅彦著　双葉社
【要旨】大成功を収めた「ウルトラマン」から半年を経た1967年10月1日、待望の「ウルトラセブン」がテレビに姿を現した。子供達は大喝采で迎え、金城哲夫をはじめとする若きスタッフも自信満々であった。しかし一人の人物が、作品の先行きに危惧を抱いていた…。前作2冊でファンの度肝を抜いた著者が、ついにシリーズ最高の人気作に挑むドキュメンタリー第3弾！豊富な一次資料を駆使し、同時代の視点で、制作過程を再構築する。かくてウルトラセブンは朝焼けの空へ飛び去った。
2017.12 431p B6 ¥1750 978-4-575-31326-0

◆ウルトラQ画報―「少年マガジン」「ぼくら」「たのしい幼稚園」オリジナル復刻版　円谷プロダクション監修，講談社編　講談社
【要旨】『ウルトラQ』誕生前夜から初再放送時期まで―1965〜67年の秘蔵資料を収録！「少年マガジン」「ぼくら」「たのしい幼稚園」の独占掲載記事に加え、初掲刻となるフルシート絵本と怪獣図鑑の草分けをA5判に凝縮した、待望のオリジナル復刻版!!
2017.8 287p A5 ¥2700 978-4-06-365013-6

◆ゴジラ幻論―日本産怪獣類の一般と個別の博物誌　倉谷滋著　工作舎
【要旨】妄想から科学へ「シン・ゴジラ」vs.進化発生学。アンギラス、ラドン、モスラ、バラン…その生物学的起源とは？
2017.2 293p B6 ¥2000 978-4-87502-482-8

◆ゴジラの工房―若狭新一造形写真集　若狭新一著　洋泉社（映画秘宝COLLECTION）
【要旨】『ゴジラVSメカゴジラ』からゴジラシリーズに参加した、モンスターズ代表・若狭新一。『モスラ』からは造形プロデューサーとして造形部門を統括。『ミレニアムシリーズ』のゴジラ像を作り上げ、世界中のゴジラファンをもいまでも夢中にさせている。その造形の現場で撮影された膨大な記録写真を一冊にまとめた、永久保存版、写真で見るゴジラ制作日誌。
2017.10 279p A4 ¥4800 978-4-8003-1343-0

◆ゴジラvsデストロイア コンプリーション　ホビージャパン
【要旨】22年の時を経て、今あきらかになる"ゴジラの死"の裏側!!『ゴジラvsデストロイア』（1995年）を徹底追求!!辰巳琢郎、いしのようこ、大沢さやか、大河原孝夫監督ほか多数の関係者インタビュー!!シナリオ製本以前に書かれた初期プロット・各企画書、改訂台本を掲載!!厳選された多くの初公開写真と、当時のスタッフの証言で明らかになるメイキング!!
2017.12 140p A4 ¥3950 978-4-7986-1581-3

◆サブカル・ポップマガジン まぐま Private Brand 8 戦後「特撮怪獣」60年誌―「ウルトラマン」から「シン・ゴジラ」へ　studio zero製作（二宮厚）蒼天社、開発社 発売
【目次】「少年宇宙人」原田昌樹 ウルトラマン監督原田昌樹と映像の職人たち」刊行1年記念トーク 夭折した抒情派 原田昌樹監督の魅力を語ろう！、チャリダ仁藤さんと「まぐま」のこと、切通さんの『少年宇宙人』、帰ってきたウルトラマンメモランダム、怒りの『GATCHAMAN』、韓国特撮ヒーローものを観て「ヒーロー」と「怪物」の違いを考える、珍・ゴジラージアの超レア怪獣映画、ガメラも『昭和のオッサン』だった！？一湯浅憲明監督のガメラ愛に捧ぐ、特集：シン・ゴジラ
2017.1 113p A5 ¥500 978-4-921214-31-9

◆証言！ウルトラマン　講談社編　講談社（キャラクター大全ノンフィクション）
【要旨】「ウルトラQ」から「帰ってきたウルトラマン」まで、「ウルトラマン」シリーズは、こうつくられた！出演者と制作スタッフ、関係者が語る真実。
2017.7 229p B6 ¥1500 978-4-06-220669-3

◆証言！仮面ライダー平成　講談社編　講談社（キャラクター大全ノンフィクション）
【要旨】クウガから鎧武まで。54名の関係者の肉声も含めて明らかになる、平成「仮面ライダー」ヒットの秘密。
2017.2 334p B6 ¥1800 978-4-06-220351-7

◆シン・ゴジラWalker 完全形態　東宝監修・協力　KADOKAWA（付属資料：ポストカード）
【要旨】『シン・ゴジラ』を楽しみ尽くす究極の1冊!?これが写真週刊誌もにぎわせたゴジラ報道!?樋口真嗣×麻宮騎亜の「怪獣絵師」対談第二弾！ゴジラは続くよ、どこまでも。その歴史を再確認！
2017.3 144p A4 ¥2900 978-4-04-895980-3

◆特撮全史―1950・60年代ヒーロー大全　講談社編　講談社（キャラクター大全）
【要旨】貴重な写真と資料が満載！1950〜60年代の特撮テレビ・映画作品が集結。4大特集・"図鑑"という発明、"主題歌"で泣く、"おもちゃ"への想い、ピー・プロダクションパイロットフィルムの世界。
2017.11 158p 26×22cm ¥3800 978-4-06-220358-6

◆特撮の匠―昭和特撮の創造者たち　「特撮の匠」取材班著　宝島社
【要旨】20年以上にわたる取材！昭和特撮の牽引者たちの肉声が蘇る!!「特撮の匠」取材班が20年以上にわたって収集したインタビューから厳選した秘蔵証言。
2017.5 335p B6 ¥1380 978-4-8002-7121-1

◆特撮のDNA ハードカバー豪華版　「特撮のDNA」展実行委員会編　復刊ドットコム
【要旨】円谷英二に始まる東宝特撮映画の輝かしい歴史と、未来に受け継がれてゆく特撮制作のDNA＝遺伝子。その全体像を、オールカラー・特撮200pに結晶させた、比類なき大著！映画スチル、メイキング写真はもちろん、絵コンテ、秘蔵のピクトリアルスケッチ、実際に撮影で使用されたプロップの特写（現存する最古のゴジラ着ぐるみ『南海の大決闘』、初代ゴジラの遠景用ミニチュアから型とりした最古の原型、『モスラ』の双子小美人ミニチュア、ヘドラの目玉、『宇宙大戦争』のスピップ号、X星人の光線銃、ほか多数）、公開当時のポスターや宣材類など、初公開を大量に含む超・貴重ビジュアルを満載。さらに、中野昭慶・大森一樹・樋口真嗣各氏の寄稿、円谷英二・有川貞昌・川北紘一各氏ほか歴代特技監督紹介、東宝全特撮映画リスト、スタッフ・キャスト・主要作品データも網羅。第1作（1954）〜平成時代（2004）の「ゴジラ」シリーズ全作品、『空の大怪獣ラドン』『モスラ』『地球防衛軍』『海底軍艦』『日本沈没』『ガンヘッド』などの怪獣・SF映画、『ハワイ・マレー沖海戦』『太平洋の嵐』『連合艦隊』などの戦争映画、『日本誕生』などのファンタジー、『超星神グランセイザー』シリーズまで、全78作品を収録。
2017.1 191p 31×24cm ¥6480 978-4-8354-5442-9

◆バルタン星人を知っていますか？―テレビの青春、駆けだし日記　飯島敏宏、千束北男著　小学館
【要旨】バルタン星人は単なる「悪党役」ではない。黎明期のテレビドラマの制作現場、そして、Q、マン、セブンの撮影の裏側まで、脚本家・監督として関わってきた著者が綴る興奮つきない自伝クロニクル。
2017.7 461p B6 ¥2000 978-4-09-388565-0

◆平成特撮世代―新時代のゴジラ、ガメラ、ウルトラマンと仮面ライダー　中沢健著　洋泉社（映画秘宝セレクション）
【要旨】子供達を熱狂させた平成ゴジラシリーズ、怪獣ファンに衝撃を与えた平成ガメラシリーズ、もう一度正義を信じさせてくれた平成ウルトラシリーズ、現実へ挑戦した平成仮面ライダーシリーズ。1989年の『ゴジラVSビオランテ』から、2000年『仮面ライダークウガ』まで、激動の12年間で少年少女期をすごした世代から見た、新世紀特撮誕生の歴史！
2017.3 255p 19cm ¥1500 978-4-8003-1183-2

◆GODZILLA GRAPHIC COLLECTION ゴジラ造形写真集　ホビージャパン
【要旨】着ぐるみ、雛型、ギニョールほか、歴代ゴジラの造形を膨大な量の写真と解説で、あらゆる角度から徹底追求!!
2017.7 127p 31×22cm ¥4200 978-4-7986-1474-8

◆IMAGINE―仮面ライダー電王特写写真集　杉田篤彦構成、加藤文哉撮影、宇宙船編集部編　ホビージャパン（DETAIL OF HEROES EX）復刻版
【要旨】大人気作『仮面ライダー電王』に登場する仮面ライダー10体とイマジン5体を特写！『仮面ライダー電王』10周年を記念して栄光の特写真集が待望の復刻!!
2017.3 87p A4 ¥1500 978-4-7986-1399-4

◆KAIGAN―仮面ライダーゴースト特写写真集　杉田篤彦構成、加藤文哉撮影、宇宙船編集部編　ホビージャパン（DETAIL of HEROES 11）
【要旨】『仮面ライダーゴースト』に登場する「おばけ」と「英雄・偉人」をモチーフとした仮面ライダーたちを特写り下ろし！
2017.3 87p A4 ¥2800 978-4-7986-1409-0

◆SAY the GO！宇宙戦隊キュウレンジャー特写写真集　ホビージャパン（DETAIL OF SUPER SENTAI 01）
【要旨】12人の究極の救世主・キュウレンジャーオールスターをディテールのすみずみまで撮り下ろし!!特別企画・キュウレンジャーデザイン座談会、K - SuKe × 久正人 × 松井大（企画者104）× 望月卓（東映）。
2017.12 111p A4 ¥3000 978-4-7986-1579-0

アニメーション

◆アニメ「クビキリサイクル 青色サヴァンと戯言遣い」解体新書　西尾維新著，講談社文芸第三出版部編・企画構成　講談社（講談社BOX）
【要旨】西尾維新書き下ろし短々編掲載！キャスト・スタッフによる制作話、描き下ろしイラストも収録した公式ガイドブック。
2017.11 111p 18×14cm ¥1300 978-4-06-220773-7

◆アニメーション学入門　津堅信之著　平凡社（平凡社新書）新版
【要旨】この一〇年間の日本のアニメ界は激動期にあった。デジタル技術の発達による制作環境の変化、宮崎駿監督の引退宣言とスタジオジブリの事実上の解散、深夜枠アニメの増大と定常化、クールジャパンなど国や自治体が関わるアニメ施策の増加…。日本の、そして世界のアニメはどこへ向かうのか。最新事情を踏まえた、アニメーション学のニュースタンダード。
2017.6 278p 18cm ¥840 978-4-582-85836-5

◆アニメーターの社会学―職業規範と労働問題　松永伸太朗著　（津）三重大学出版会
【要旨】日本のアニメ産業を支えるアニメーターの労働実態は過酷であることが知られる中で、なぜ彼らはそうした労働を受容するのか。アニメーターのインタビューの社会学的分析から、彼らがふさわしいと見なすあり方は既存の独創性を発揮する「クリエーター」ではなく、工程を遵守する「職人」であり、アニメ「職人」としての実力観から一見過酷な労働の受容が可能になっていること、それでもなお不合理とみなされる事態があることを明らかにする。
2017.8 249p A5 ¥2400 978-4-903866-41-3

◆アニメ『魔法科高校の劣等生』ノ全テ　電撃文庫編集部編　KADOKAWA
【要旨】「アニメ『魔法科』を完全解析する」TVシリーズそして一劇場版の全テをここに!!最強の兄と妹の一年の軌跡―膨大な作品設定を収録!!
2017.7 207p B5 ¥2000 978-4-04-892996-7

◆アニメCGの現場 2018　CGWORLD編集部編　ボーンデジタル
【要旨】3DCGを中心とした映像制作技術を徹底取材！アニメ制作の『現在』を知る！宝石、メカ、アイドル、背景など画像と解説でアニメ制作をあますことなく解き解く!!
2017.12 439p 29×22cm ¥3600 978-4-86246-403-3

◆暗黒ディズニー入門　高橋ヨシキ著　コアマガジン（コア新書）
【要旨】現実と幻想の境界を破壊する魔術。ディズニー作品はいかにして世界を書き換えたのか。宗教、差別、アート…様々な観点からディズニーの世界を掘り下げる。
2017.3 254p 18cm ¥880 978-4-86436-971-8

◆あんさんぶるスターズ！公式ビジュアルファンブック vol.2　ガールズメディアサービスセクション Gzブレイン，KADOKAWA 発売（B'sLOG COLLECTION）
【要旨】『あんスタ！』2年目（2016年4月〜2017年3月）のビジュアルを網羅!!
2017.9 247p A4 ¥3500 978-4-04-733264-5

映画

◆イベンターノートが声優にインタビューしてみた─データと生の声で探る声優イベントの世界　イベンターノート編　インプレスR&D，インプレス発売　新版
【要旨】竹達彩奈、小倉唯、西明日香、M・A・O、三澤紗千香、伊藤美来。人気声優に「イベント」の事だけ聴いてみた！
　2017.2 134p A5 ¥1800 ①978-4-8443-9749-6

◆ヴァリアブルファイター・マスターファイル VF-31ジークフリード　ホビー編集部編　SBクリエイティブ
【要旨】戦乙女とともに戦場を駆けた騎士、その開発経緯や構造、運用や装備を豊富なCG特撮写真と図版で解説！アニメ最新作『マクロスΔ』に登場した可変戦闘機VF-31ジークフリード＆カイロスとはいかなる機体なのか？多種族混交の銀河新時代に人類進化の可能性が視える!!
　2017.3 127p 29×21cm ¥2700 ①978-4-7973-8767-4

◆打ち上げ花火、下から見るか？横から見るか？公式ビジュアルガイド　東宝，シャフト監修　KADOKAWA
【要旨】超強力タッグが打ち上げた2017年夏の話題作をコンプリート！クライマックスまでを丁寧なストーリー解説、キャラクターや美術ボード、3DCG、プロップ紹介、より本作を楽しむためのコラムや、広瀬すず、菅田将暉、宮野真守など豪華キャスト陣へのインタビューなど、本書でしか読むことのできない情報満載。
　2017.8 123p 28×22cm ¥1700 ①978-4-04-105984-5

◆「宇宙戦艦ヤマト」をつくった男　西崎義展の狂気　牧村康正，山田哲久著　講談社（講談社プラスアルファ文庫）
【要旨】日本アニメの金字塔『宇宙戦艦ヤマト』が誕生して40年。生みの親であるプロデューサー西崎義展（1934-2010）はすべてにおいて「特異な男」だった。交流をもった誰もが彼を「悪党」と評しながらも、そこには深い愛憎が滲んでいる。いまや世界の文化である日本のアニメを語るうえで無視することができない西崎義展の大いなる成功と挫折を描く本格的ノンフィクション。
　2017.12 447p A6 ¥920 ①978-4-06-281737-0

◆「宇宙戦艦ヤマト」の真実─いかに誕生し、進化したか　豊田有恒著　祥伝社（祥伝社新書）
【要旨】巨大な成功を収めた本邦初の宇宙アニメ『宇宙戦艦ヤマト』。それは、ささやかなプロジェクトから始まった。クリエーターとして舞台設定を担当した著者が、新分野の開拓に賭ける熱気を回想しながら、作品創成の真実に迫っていく。不評だったテレビ放映は、なぜ甦ったのか。ストーリーはどう拡大し、変容していったのか。当初、著者の頭にあったのは『西遊記』。核汚染で瀕死の重傷を負った地球を救うには、天竺へ行ってありがたいお経を持ち帰った僧玄奘のように、途方もなく離れた小惑星にある放射能除去装置に頼るしかない…。貴重な記録から明かされる、大ヒット作誕生秘話！
　2017.10 219p 18cm ¥780 ①978-4-396-11518-0

◆映画「傷物語」コンプリートガイドブック　講談社BOX編　講談社（講談社BOX）
【要旨】ストーリー紹介。キャストインタビュー。スタッフインタビュー。原画・絵コンテ・CG・美術紹介。スタッフ座談会。ウエダハジメ特別描き下ろし。キャラクター設定資料集。特別収録・西尾維新書き下ろし短々篇「どうして」「心として」。
　2017.11 3Vols.set15×20cm ¥3700 ①978-4-06-220665-5

◆映画クレヨンしんちゃん　25周年公式ガイドブック　リベロスタイル編　双葉社
【要旨】こんな本を待っていた！1作目『アクション仮面VSハイグレ魔王』から第25作『襲来!!宇宙人シリリ』まで詰め込んだ、ファン必携の一冊!!歴代の名シーンと名セリフで振り返る!!
　2017.4 95p B5 ¥1500 ①978-4-575-31246-1

◆大人の教養として知りたいすごすぎる日本のアニメ　岡田斗司夫著　KADOKAWA
【要旨】日本のアニメは、今まで類のないゴールドラッシュ。アニメのすべてを知り尽くした著者は、そう断言する。世界中の人たちが日本のアニメを夢中で観ているいま、映画のことを語れないのは、必須の「大人の教養」。すごすぎる名作たちの構造や、知られざる思想を繙きながら、読後には誰もが「アニメ通」になっている、驚きの一冊です。
　2017.12 220p B6 ¥1400 ①978-4-04-602146-5

◆オメガラビリンスZ 公式ファンブック　ディースリー・パブリッシャー，マトリックス監修　一二三書房
【要旨】胸膨らむ冒険再び！2017年7月6日に発売されたおっぱいローグライクRPG『オメガラビリンスZ』。「Zカップ級」に進化した本作の魅力を余すところなく収めたファンブックが爆誕！カバーイラストは、キャラクターデザイン・わだつみ先生描き下ろし。パッケージなどの各種版権イラスト、キャラクターたちの各種イメージイラストなどのほか、制作エピソードなど…本書でしか知ることができないことが、いっぱいつまった一冊です。
　2017.8 161p A4 ¥2800 ①978-4-89199-457-0

◆神風式アニメーションの作りかた・魅せかた　デジタル作画編　神風動画デジタル作画部著　（新潟）シーアンドアール研究所（付属資料：DVD・ROM1）
【要旨】CLIP STUDIO PAINT EX対応。シナリオの作成から仕上げまで、現場のプロの制作工程を紹介！
　2017.3 245p 24×19cm ¥3630 ①978-4-86354-211-2

◆韓国アニメ大全─テコンV・反共・反日・いんちき？　かに三匹著　パブリブ（珍アニメ完全解説 Vol.1）
【要旨】確かに最初の頃は下請け業者による横流しや流用、模倣が溢れていた。しかし限られた条件の中で時代の政治状況に左右されながらも、創意工夫によってそれは独自の進化を遂げていった。パクリの一言では片付けられない、韓国アニメの魅力を当代きっての『かに三匹』の名で知られる韓国アニメ研究家がストーリー、背景を解説、影響元やキャラクターを分析、作品を批評する。
　2017.10 223p B6 ¥2200 ①978-4-908468-15-5

◆機動戦士ガンダムUC（ユニコーン）名言集　ライブ編著　PHP研究所
【要旨】セリフを通して、ガンダムUCをより楽しめる！哀愁と感動の言葉の数々！
　2017.4 199p B6 ¥694 ①978-4-569-83296-8

◆君の名は。─新海誠絵コンテ集 2　新海誠絵　KADOKAWA
【要旨】監督自らが描く『君の名は。』の設計図。美しく緻密な映画の、その全貌が明らかに！
　2017.9 639p A5 ¥3400 ①978-4-04-105884-8

◆90分でわかるアニメ・声優業界　落合真司著　青弓社
【要旨】世界中が日本のアニメに熱狂するのはなぜか。声優ブームとマルチタレント化の関係は？アニソンが音楽特区となった理由。生きる希望と形成される内気なアニラジとは？深夜アニメから劇場版までその未来の行方は？アニメ愛を込めてメディア視点で業界を語り尽くす。
　2017.8 207p A5 ¥1600 ①978-4-7872-7404-5

◆教養としての10年代アニメ　町口哲生著　ポプラ社（ポプラ新書）
【要旨】2010年代を象徴する7作品を教養で読む！教養という概念は「人格は形成されるもの」という考えと結びついている。人格を形成する役割はかつて哲学や純文学が担ってきたが、近代になると若者に対するポップカルチャーの影響は無視できないものとなった。本書では、教養として「10年代アニメ」を分析することで、現代社会や若者についての理解を深めていく。
　2017.12 234p 18cm ¥900 ①978-4-591-15338-3

◆雲のむこう、約束の場所─新海誠絵コンテ集 3　新海誠　KADOKAWA
【要旨】絵コンテシリーズ第3弾。新海誠監督初の長編作品の制作過程がわかる。巻末特典として伝説のデビュー作『ほしのこえ』の絵コンテも完全収録！
　2017.12 422p 22×16cm ¥3600 ①978-4-04-105881-7

◆けものフレンズBD付オフィシャルガイドブック 1　けものフレンズプロジェクトA監修　KADOKAWA（付属資料：BD1）
【要旨】インターネットでトレンドを席巻！ガイドブック＋新世代アニメ本編に登場！第1話・第2話収録ブルーレイディスクつき。
　2017.3 31, 9p B5 ¥3500 ①978-4-04-105444-4

◆けものフレンズBD付オフィシャルガイドブック 2　けものフレンズプロジェクトA監修　KADOKAWA（付属資料：BD1）
【要旨】山へ！砂浜へ！地下図書へ！どったんばったん大騒ぎだよ!!
　2017.4 30, 10p B5 ¥3500 ①978-4-04-105449-9

◆けものフレンズBD付オフィシャルガイドブック 4　けものフレンズプロジェクトA監修　KADOKAWA（付属資料：BD1）
【要旨】図書館へ到着！ついにけばんちゃんの正体が!?ジャパリパークのペンギンアイドルPPP登場！
　2017.6 29, 11p B5 ¥3500 ①978-4-04-105451-2

◆けものフレンズBD付オフィシャルガイドブック 5　けものフレンズプロジェクトA監修　KADOKAWA（付属資料：ブルーレイディスク2）
【要旨】第9話・第10話収録ブルーレイディスク付きオフィシャルガイドブック。
　2017.7 29, 11p B5 ¥3500 ①978-4-04-105452-9

◆原点 THE ORIGIN─戦争を描く、人間を描く　安彦良和，斉藤光政著　岩波書店
【要旨】『機動戦士ガンダム』の生みの親の一人であり、『虹色のトロツキー』など歴史に材をとった作品を世に送ってきた漫画家・安彦良和。戦い、殺し合ってしまう人間を、彼は、なぜ、どのように描いてきたのか。東奥日報記者・斉藤光政がその人生に迫り、ついに安彦本人も自らの「原点」を綴った。生い立ち、学生運動、アニメ・マンガ界での出会いと模索…。作品世界の背後には、この人間観があった！
　2017.3 343, 4p B6 ¥1800 ①978-4-00-061192-3

◆恋するディズニープリンセス─夢をかなえる力　ウォルト・ディズニー・ジャパン監修　小学館（ちゃおノベルズ）
【要旨】お姫様に学ぶ恋のおまじない。シンデレラ、美女と野獣、眠れる森の美女、白雪姫、リトル・マーメイド、塔の上のラプンツェル、アラジンから七人のプリンセスが登場。勇気と強い意志があったからこそかなえられた夢や恋の名言集です！
　2017.8 127p B6 ¥820 ①978-4-09-289582-9

◆攻殻機動隊PERFECT BOOK 1995→2017　講談社編　講談社
【要旨】押井版・神山版・黄瀬版からハリウッド実写版まで、全"攻殻"を一冊に網羅!!!!史上初、草薙素子全員集合！押井守×神山健治×黄瀬和哉・3監督スペシャル鼎談!!！田中敦子×坂本真綾・W素子声優スペシャル対談!!も収録。
　2017.3 159p A4 ¥2750 ①978-4-06-220511-5

◆ゴールをぶっ壊せ─夢の向こう側までたどり着く技術　影山ヒロノブ著　中央公論新社（中公新書ラクレ）
【要旨】16歳でデビューしたバンドは4年で解散。「あいつは終わった」と言われた日々からノーギャラライブや15年にわたるアルバイト生活を経て頂に立つ、アニソン界のパイオニア・影山ヒロノブ。苦難の先で出会った「CHA-LA HEAD-CHA-LA」、アニソンレジェンドたち、そしてJAM Project。なぜ諦めなかったのか？なぜファンは、世界は彼を愛するのか？
　2018.1 189p 18cm ¥800 ①978-4-12-150608-5

◆最新アニメ業界の動向とカラクリがよ～くわかる本　谷口功，麻生はじめ著　秀和システム（図解入門業界研究）
【要旨】業界人、就職、転職に役立つ情報満載。多様化するアニメ業界の全体像を読み解く！市場規模も収益構造もよくわかる！仕事内容と人材育成の今がわかる！資金調達の仕組みと方法がわかる！国際化と海外展開の事例がわかる！
　2017.6 295p A5 ¥1600 ①978-4-7980-5038-6

◆サクラノ詩（うた）-櫻の森の上を舞う-公式ビジュアルアーカイヴ　パンパンワークス編　双葉社（付属資料：CD-ROM1）
【要旨】すかぢ＆浅生詠による各章およびすべてのイベントシーンの解説。すかぢ＆ピクセルビー＆松本文紀＆はなによるディープな音楽座談会。作品内で使用されたOP・EDのスコア6曲収録。各原画家の繊細なタッチがよく分かる大きなラフ画線を掲載。体験版『サクラノ詩-The tear flows because of tenderness.─春ノ雪』を収録したCD-ROM付き。
　2017.4 191p A4 ¥3200 ①978-4-575-31251-5

◆佐藤好春と考えるキャラクターとアニメーションの描き方　佐藤好春作画，釘宮陽一郎著　ナツメ社
【要旨】『ロミオの青い空』『愛少女ポリアンナ物語』『となりのトトロ』など数々の作品を作画監督として手がけた、アニメーター佐藤好春のイラストで、「アニメーションの制作」の手法や考

え方をわかりやすく解説します。参考資料として、佐藤好春直筆のオリジナルイラスト、キャラクター設定画、作画監督修正・原画など多数収録しました。アニメーションの企画作りから完成まで。さまざまな制作工程で現場スタッフたちが分担する様子を、佐藤好春が描く寸劇まんがで読者に伝えます。
2017.12 263p B5 ¥2300 ①978-4-8163-6316-0

◆ジ・アート・オブ モアナと伝説の海　ジェシカ・ジュリアス, マギー・マローン著　CLASSIX MEDIA, 徳間書店 発売
【要旨】ウォルト・ディズニー・アニメーション・スタジオの新しい劇場アドベンチャー映画『モアナと伝説の海』では、十代の勇ましい少女が、半神半人のマウイの助けを得て海に出ます。立派な航海士になるために。みずみずしいイラストが多数掲載されているこの本を通じて、映画製作の舞台裏にある精妙な芸術性をぜひご覧ください。
2017.2 159p 23×29cm ¥2950 ①978-4-19-864358-4

◆幸せをつかむことば—Disney Princess
ウォルト・ディズニー・ジャパン監修, sweet編集部編　宝島社
【要旨】愛、強さ、夢…女の子にとって大事なことはすべてディズニープリンセスが教えてくれる。毎日をHAPPYにするヒントがいっぱい！
2017.2 157p B6 ¥1000 ①978-4-8002-6567-8

◆ジブリの教科書 14 ゲド戦記　スタジオジブリ, 文春文庫編　文藝春秋　（文春ジブリ文庫）
【要旨】アーシュラ・K. ル＝グウィン原作による、宮崎吾朗の初監督作品。宮崎駿作品から大きな影響を与えた父への思いや、制作時の秘話などを語った監督への新規ロングインタビューを収録。「父殺し」（父殺し）に隠された意味とは？不老不死を求める人の心の闇とは？様々な角度から香山リカ、栗原裕一郎らが作品を読み解く。
2017.4 230p A6 ¥1200 ①978-4-16-812014-5

◆ジブリの教科書 15 崖の上のポニョ　スタジオジブリ, 文春文庫編　文藝春秋　（文春ジブリ文庫）
【要旨】宮崎駿が原作・脚本・監督の全てを担当した『崖の上のポニョ』は、人間になることを願うさかなの女の子ポニョと、人間の男の子宗介の物語。藤岡藤巻と大橋のぞみの歌う主題歌の大ヒットも話題となる。海を舞台に、表現力の高い技術が求められた作品を、吉本ばなな、横尾忠則、なんのんの多彩な顔ぶれが読み解く。
2017.11 203p A6 ¥1200 ①978-4-16-812013-8

◆ジブリの教科書 20 思い出のマーニー
スタジオジブリ, 文春文庫編　文藝春秋　（文春ジブリ文庫）
【要旨】イギリスの児童文学作家ジョーン・G・ロビンソンの原作を基にしたスタジオジブリ初となるダブルヒロイン作品『思い出のマーニー』。北海道の自然を舞台に、女性同士の友情や、深いつながりを描き話題となった作品を、朝井リョウ、小島慶子らが読み解く。また、米林宏昌監督のロングインタビューを新たに収録する。
2017.7 187p A6 ¥1150 ①978-4-16-812019-0

◆ジブリの授業—語りえぬものたちの残響と変奏に耳を澄ます　古川晴彦著　アルファベータブックス
【要旨】ジブリ映画から聴こえてくる、"近代"に閉じ込められた多層的な"声"を生徒たちと掘り起こす授業の記録。
2017.12 217p B6 ¥2000 ①978-4-86598-045-5

◆ジブリの文学　鈴木敏夫著　岩波書店
【要旨】自らを「編集者型プロデューサー」と呼ぶ著者は、時代の空気をつかむために、どんな本を読み、いかなる文章術を磨いてきたのか？朝井リョウ、池澤夏樹、中村文則、又吉直樹といった、現代を代表する作家たちを迎え、何を語るのか？歴史的大ヒットを支えた"教養"と"言葉の力"、そして"ジブリの現在"がこの一冊に。『ジブリの哲学—変わるものと変わらないもの』から五年半、続編となるドキュメントエッセイ集。
2017.3 321p B6 ¥1900 ①978-4-00-061194-7

◆昭和声優列伝—テレビ草創期を声でささえた名優たち　勝田久著　駒草出版
【要旨】こうして"声優"が始まった!!ラジオドラマ、洋画の吹き替え、そしてアニメ番組…。戦後から高度経済成長期にかけて日本の大衆文化を支え続けた、人気声優32人の貴重な証言集！お茶の水博士を演じ、声優の草分け的存在となった、勝田久の自伝「そして声優が始まった」収録。
2017.2 332p A5 ¥2200 ①978-4-905447-77-1

◆ショートアニメーションメイキング講座—吉邨尚希works by CLIP STUDIO PAINT PRO/EX　吉邨尚希著　技術評論社
【要旨】実力派アニメーター、吉邨尚希氏が独自のテクニックを紹介。アニメーションの基礎から少ないカット数での動きやタメの作り方、なめらかな動作、そして得意とするエフェクトで今っぽさを演出するコツ、タイムラインパレット、ライトテーブル機能など徹底的に解説します。描いたイラストでショートアニメを作ってみたい方、インターネットや同人で活動している方などこれからの「クリエイター」に向けた1冊。
2017.3 255p B5 ¥2680 ①978-4-7741-8751-8

◆白と黒のアリス公式ビジュアルファンブック　ガールズメディアサービスセクション編　Gzブレイン, KADOKAWA 発売　（B's LOG COLLECTION）
【要旨】『しろアリ』初のVFBが登場！原画・もちもち太氏が手掛けた版権イラストはもちろん、立ち絵やイベントCG、背景、ゲームのグラフィックを多数収録するほか、制作の裏側が垣間見られる開発者インタビューや原画の掲載をはじめ、雑誌に掲載されたSSやtwitterで展開されたイラストを再録。コミカライズを担当する、藤丸豆ノ介氏の寄稿イラストやキャラクターデザインも特別収録！
2017.10 143p A4 ¥3000 ①978-4-04-733281-2

◆新海誠展—「ほしのこえ」から「君の名は。」まで　朝日新聞社, コミックス・ウェーブ・フィルム, 東宝監修　朝日新聞社, 美術出版社発売
【要旨】2017年6月から全国を巡回する「新海誠展—「ほしのこえ」から「君の名は。」まで」の図録。
2017.11 193p 36×20cm ¥2500 ①978-4-568-50628-0

◆進撃の巨人ANIME ILLUSTRATIONS　週刊少年マガジン編　集部監修　講談社
【要旨】2013年4月のTVアニメ「Season 1」の放送開始から2017年秋まで！アニメ誌の表紙や企業コラボのために描き下ろされた、『進撃の巨人』アニメイラスト厳選136点を収録したオールカラーイラスト集！「Season 2」放送次に公開され話題となった、WIT STUDIOツイッターイラストも初収録!!
2017.11 127p A4 ¥1800 ①978-4-06-510869-7

◆人生は単なる空騒ぎ—言葉の魔法　鈴木敏夫著　KADOKAWA
【要旨】手書きの「書」から紐解く、鈴木敏夫の「言葉」。
2017.12 207p 24×18cm ¥1700 ①978-4-04-106188-6

◆『スタミュ』公式ビジュアルファンブック 2　シルフ編集部編, ひなた凛原作　KADOKAWA
【要旨】新規衣装設定画、新キャラ表情設定画掲載。OVA全2巻ストーリー＆特典プレイバック。制作スタッフコメント掲載。TVアニメ第2期最新情報。
2017.2 79p A4 ¥2300 ①978-4-04-892656-0

◆正解するカド 完全設定資料集　藤津亮太取材・執筆協力　キノブックス
【要旨】美しき「正解」の舞台裏。東映アニメーション初のCGアニメーションによるオリジナルTVシリーズ『正解するカド』。256ページにおよぶ、キャラクター設定、美術設定、美術ボード、絵コンテ等、見ごたえたっぷりの一冊！
2017.9 254p B5 ¥2300 ①978-4-908059-82-7

◆声優に死す—後悔しない声優の目指し方　関智一著　KADOKAWA
【要旨】キャリア25年、講師歴10年。クズなりに伝えておきたいこと。自分は声優を目指してもいいのか。勝算はあるのか。養成所や専門学校には入るべきなのか。何を学ぶのか。プロになったのになぜ仕事がないのか。どう生き残るのか。志望者・後輩に遺す声優論。"いつも"の関智一節炸裂、おまけ袋とじ付き!!
2017.3 189p 19cm ¥1300 ①978-4-04-105138-2

◆創作アニメーション入門—基礎知識と作画のヒント　山村浩二著　六耀社
【要旨】「アニメーション」（animation）は、ラテン語の「アニマ」（anima）に由来していて、魂のないものに命を吹き込むということを意味します。『頭山』や『カフカ田舎医者』をはじめ、数々のアニメーション作品で国際的に活躍する著者が創作アニメーションの、長くて奥深い道を案内します。
2017.5 143p 19×15cm ¥1850 ①978-4-89737-985-2

◆大ヒットアニメで語る心理学—「感情の谷」から解き明かす日本アニメの特質　横田正夫著　新曜社
【要旨】大ヒットアニメのストーリーや作画の仕方に共通して見られる、心理描写の特徴とは。『君の名は。』、『この世界の片隅に』、『アナと雪の女王』、『進撃の巨人』など、近年の数々の話題作が登場！
2017.9 178p B6 ¥1800 ①978-4-7885-1542-0

◆誰がこれからのアニメをつくるのか？—中国資本とネット配信が起こす静かな革命　数土直志著　星海社, 講談社 発売　（星海社新書）
【要旨】製作委員会を立ち上げてお金を集め、深夜にTV放送し、DVD・ブルーレイを売って回収する—この20年の、日本のアニメ業界を発展させてきたこのビジネスモデルが大きな転換点を迎えている。変化のきっかけをつくったのは、潤沢な資金を惜しみなく投入する中で、Netflix・Amazonをはじめとした、定額映像配信サービス企業だ。彼らの登場によって戦局は大きく変化し、混迷している。本書は、15年にわたって日本のアニメを取材してきた現役のジャーナリストが、激変する日本のアニメをとりまく状況を分析し、未来を予測する1冊である。主役もいなければ正解もわからないこの時代をサバイブするのは誰だ…!?
2017.3 219p 18cm ¥900 ①978-4-06-138611-2

◆誰も語らなかったジブリを語ろう　押井守著　東京ニュース通信社, 徳間書店 発売
【要旨】ジブリ作品が今より10倍面白くなる!?痛快＆ディープなインタビュー。スタジオジブリの劇場公開作21本。そして「これまでのジブリ、これからのアニメーション」まで押井守が語り尽くす。
2017.10 255p B6 ¥1600 ①978-4-19-864502-1

◆追放選挙 公式アートブック　日本一ソフトウェア監修　一二三書房
【要旨】日本一ソフトウェア社より発売され話題となった新作AVG『追放選挙』。開発陣完全協力のもとに編集された公式アートブックです。人気イラストレーター・生煎え先生による描き下ろしイラスト4点をはじめ、ゲームパッケージや特典イラスト、キャラクターデザイン、イベントCG、ゲーム未登場のイラストや秘蔵の初期キャラクターデザインも惜しみなく収録。さらに、設定資料や制作秘話などにもふれた開発陣インタビューやコメントなど…『追放選挙』のコアなファンの方々に是非読んでいただきたい一冊です。
2017.8 149p A4 ¥2800 ①978-4-89199-456-3

◆ディズニー白雪姫の法則—Rule of Snow White 憧れのプリンセスになれる秘訣32　講談社編, ウィザード・ノリリー著
【目次】1 白雪姫の条件（笑顔は魔法、歌に気持ちを託す ほか）、2 白雪姫の言葉（笑いは幸せを呼ぶ、自分を振り返る ほか）、3 白雪姫の恋（恋は突然やってくる、健やかさは親しみやすさ ほか）、4 白雪姫の生き方（人に優しく、危険から逃げるな ほか）
2017.7 141p A6 ¥800 ①978-4-06-220646-4

◆ディズニー モアナと伝説の海ビジュアルガイド　KADOKAWA
【要旨】ラストまでのモアナの大冒険を解説。美しい大自然の描写や、個性豊かなキャラクターなどに迫る。大人気主題歌「どこまでも〜How Far I'll Go〜」ほかも収録！
2017.3 91p 28×22cm ¥1300 ①978-4-04-105621-9

◆デジタル作画アニメーション—CGWORLD特別編集版　CGWORLD編集部編　ボーンデジタル
【要旨】16の事例から紐解くアニメ制作現場のリアル。
2017.6 239p 29×22cm ¥2800 ①978-4-86246-392-0

◆手塚治虫シナリオ集成 1970 - 1980　手塚治虫著　立東舎, リットーミュージック 発売　（立東文庫）
【要旨】漫画を筆頭にアニメや舞台作品なども多く手がけた手塚治虫。本書は、手塚が1970年

から1980年にかけて執筆したシナリオおよびシノプシスで構成した文庫オリジナル作品集となる。また、カラー口絵には、手塚自身による未発表キャラクタースケッチを収録、さらに本文にもイメージボードなど貴重な資料を多数掲載。テレビ、映画、ラジオなど、さまざまな媒体のために書き下ろされた珠玉の作品を集約したファン待望の集成が遂に刊行。
2017.2 415p A6 ¥900 ①978-4-8456-2989-3

◆**手塚治虫シナリオ集成1981-1989** 手塚治虫著 立東舎、リットーミュージック 発売（立東舎文庫）
【要旨】漫画を筆頭にアニメや舞台作品なども数多く手がけた手塚治虫。本書は、手塚が1980年代に執筆したシナリオおよびシノプシスで構成した文庫オリジナル作品集。大半が文庫初収録作品で、なかでもテレビアニメ「青いブリンク」のシノプシスと、舞台「火の鳥」のシナリオは、手塚が病床で書き上げた晩年の重要作。ほかに「プレーメン4 地獄の中の天使たち」、劇場アニメ「ユニコ」や、幻に終わった「ネオ・ファウスト」など、多種多様な作品をふんだんに収録。既刊『手塚治虫シナリオ集成1970-1980』と本書によって、手塚の残した主要なシナリオおよびシノプシスを網羅している。
2017.3 447p A6 ¥900 ①978-4-8456-3008-0

◆**富野に訊け!!「怒りの赤」篇** 富野由悠季著 徳間書店
【要旨】連載15周年を迎えた月刊アニメ総合誌「アニメージュ」の人生相談コラム「富野に訊け!!」。若者の怒りや宮野監督の怒りなど「怒り」にまつわる問答がここに！ 日本社会が大きく変動し、不安に包まれている現代だからこそ宮野の言葉をあなたの人生の道しるべに!!
2017.2 221p B6 ¥1500 ①978-4-19-864359-1

◆**21世紀のアニメーションがわかる本** 土居伸彰著 フィルムアート社
【要旨】日本を見れば、世界がわかる。世界のアニメーションを知り尽くした気鋭の論客・土居伸彰が放つ、現代アニメーションの見方をアップデートする、まったく新しい入門書！
2017.9 227p B6 ¥1800 ①978-4-8459-1644-3

◆**忍たま忍法帖 メガもり！—忍たま乱太郎アニメーションブック** ニュータイプ編 KADOKAWA（付属資料：別冊1）
【要旨】シリーズ第4弾！ 21~24シリーズにかけて放送されたお話やこのお話に出てくる忍たまたちの“関係性”に注目しながらピックアップして紹介！ 放送25年目突入を記念して、亜細亜堂スタッフ座談会&乱きりしんキャスト陣によるスペシャル鼎談とインタビューも充実！ 第3弾に続く別冊OP&EDレイアウト・原画集では、22シリーズ&24シリーズのオープニング新規カットや、EDの原画・レイアウトの一部を大公開！
2017.4 2Vols.set B5 ¥1900 ①978-4-04-105342-3

◆**はいからさんが通るの世界** 別冊宝島編集部編 宝島社
【要旨】TVアニメ全話解説&キャラクター徹底分析。ファッション・風俗・事件…大正浪漫の時代を読み解く。新作劇場版アニメ情報も収録。
2017.10 127p A4 ¥1300 ①978-4-8002-7414-4

◆**ハイジが生まれた日—テレビアニメの金字塔を築いた人々** ちばかおり著 岩波書店
【要旨】一九七四年のテレビ放映から四十年余り。高畑勲、小田部羊一、宮崎駿など巨匠たちが若き日の情熱を注ぎ、各分野の才能が梁山泊のように集結した『アルプスの少女ハイジ』は、テレビアニメの枠に日常生活を描く文芸路線を切り拓いた。世界を魅了する日本のアニメーションのさきがけとなった本物志向の作品は、どのように作り出されたのか。生み親・高橋茂人をはじめ関係者の証言から、「信じるに値する世界」を観せる仕事に懸けた人々のドラマに迫る。
2017.1 158p B6 ¥2000 ①978-4-00-024482-4

◆**ハイブリッド製品の開発戦略—日本アニメーション産業における新技術と既存技術の総合マネジメント** 一小路武安著 有斐閣
【目次】第1章 本書の目的と意義、第2章 新技術台頭期に関する先行研究レビューと研究課題、第3章 日本アニメーション産業の歴史と新技術、第4章 既存技術の新技術評価、第5章 新技術受容性の高い技術者の属性—適応的技術者の特定、第6章 既存企業における新技術活用（1）—3DCG内製化によるハイブリッド製品の開発、第7章 既存企業における新技術活用（2）—3DCG外注によるハイブリッド製品の開発、第8章 総括、補章 新技術認識に対する環境の影響
2017.12 221p A5 ¥4200 ①978-4-641-16519-0

◆**バンドやろうぜ！公式ファンブック** ポストメディア編集部編 一迅社（付属資料：CD1）
【要旨】胸がときめくイラストギャラリー！ 主要キャラクターのカードイラストをアーカイブ！ 美麗ビジュアル&初解禁の徹底資料を大公開!!主要キャスト16名によるコメント&インタビューも!!
2017.4 119p A4 ¥3000 ①978-4-7580-1539-4

◆**「響け！ユーフォニアム2」北宇治高校吹奏楽部入部ブック—ふこうよアンサンブル 北宇治高校吹奏楽部へようこそ アプリ解説付** ヤマハミュージックメディア
【要旨】奏でろ、青春！ 北宇治高校吹奏学部で。あすか先輩のパート選び徹底アドバイス。滝先生によ「三日月の舞」徹底解説。ユーフォニアムとトランペットの魅力に迫る！（黒沢ともよ×安済知佳）。潜入！ アプリ収録現場レポート&インタビュー（寿美菜子）。秀一を想ってトロンボーンを練習してみたその後（石谷春貴×山岡ゆり）。スペシャルポスター付。
2017.4 79p B5 ¥1800 ①978-4-636-94339-9

◆**秒速5センチメートル** 新海誠著 KADOKAWA（新海誠絵コンテ集1）
【要旨】新海誠監督による絵コンテをフルカラーで完全収録。
2017.8 327p A5 ¥3000 ①978-4-04-105883-1

◆**「ひるね姫-知らないワタシの物語-」公式ガイドブック** ニュータイプ編 KADOKAWA
【要旨】岡山県倉敷市を舞台に、高校生のココネは夢を見る。小さな女の子が、男性とぬいぐるみ、ロボットを率いて、抗い戦う。目覚めても残るその記憶こそが、彼女や彼女の家族を救う唯一の手がかりだった—神山健治が原作・脚本・監督を手がけた長編オリジナル劇場アニメーション「ひるね姫」。スタッフ&キャストインタビューや、ストーリー解説で作品を紐解く一冊！
2017.3 111p A4 ¥1800 ①978-4-04-105565-6

◆**ふしぎの国のアリスの世界へ—ずっと夢見ていたワンダーランド** 講談社編 講談社
【目次】1 ふしぎの世界へ（ばかげたことがありませ、時間に遅れる ほか）、2 昼下がりの花園（なんとかしてくれ、もしなにか食べたら、また小さくなれるかも ほか）、3 たのしいお茶会（何でもない日万歳！、きらきら光るコウモリさん ほか）、4 女王様のゲーム（まちがえて白いバラを、そいつらの首をはねよ！ ほか）
2017.8 141p A6 ¥800 ①978-4-06-220647-1

◆**二つの「この世界の片隅に」—マンガ、アニメーションの声と動作** 細馬宏通著 青土社
【要旨】「鳥」「笹」「バケツ」が象徴しているものは何か。登場人物に爪がないのはなぜなのか。一本のまつげは何を表そうとしているのか。ほんの小さな台詞の変更がもたらした思いがけない効果とは…原作マンガとアニメーションを往復しながら、1カット、1コマにいたるまで詳細に「見/観」尽くしてきた著者だからこそできる、ファン待望の分析本！
2017.9 253p B6 ¥1700 ①978-4-7917-7003-8

◆**文豪ストレイドッグス公式ガイドブック 深化録** 文豪ストレイドッグス製作委員会監修 KADOKAWA
【要旨】TVアニメ「文豪ストレイドッグス」第2クールまでの詳細なキャラクター紹介や原作・朝霧カフカによる書き下ろし追加プロフィール、中島敦や太宰治たちの軌跡を丁寧に追ったストーリー解説、世界を彩る美術設定など、本書だけでしか見ることのできない情報が詰まった公式ガイドブック第2弾。ほかにも春河35による描き下ろしイラスト、メインスタッフ&キャストインタビューなど内容満載。
2017.6 122p B5 ¥1400 ①978-4-04-105298-3

◆**ベルサイユのばら—アニメーション・アルバム** 池田理代子プロダクション, TMS著 復刊ドットコム
【要旨】傑作TVアニメシリーズ『ベルサイユのばら』（1979・80年・NTV系全国放映）が、美麗なアルバムに。鮮烈なオープニング、オスカルほか魅惑のメインシーンたち、ハーモニー画や美術の数々を、(1)背景付きセル画(2)35mm本編フィルムの切り出し(3)細密な美術設定、初公開を大量に含む貴重素材を駆使して再現。映像キャプチャーをいっさい使わず、

ニメ制作時、実際に使用された"生素材"だけを厳選収録。まさに、オンリーワンの逸品！ 104P（うち、カラー72P）/全40話の放送データや各話スタッフ・あらすじ等も巻末に収録。
2017.3 103p B5 ¥3000 ①978-4-8354-5472-6

◆**「ポスト宮崎駿」論—日本アニメの天才たち** 長山靖生著 新潮社（新潮新書）
【要旨】新海誠監督『君の名は。』で一挙に"第四次ブーム"に突入した日本アニメ。市場は二兆円規模、海外展開も視野に映画公開がひきもきらない。『攻殻機動隊』の押井守、『バケモノの子』の細田守、『この世界の片隅に』の片渕須直、『アリエッティ』の米林宏昌、『エヴァ』の庵野秀明…多彩な才能を第一線の評論家が徹底分析。日本文化を代表するコンテンツ産業に躍り出た日本アニメの実態を俯瞰する最良のテキスト。
2017.12 218p 18cm ¥760 ①978-4-10-610745-0

◆**母性のディストピア** 宇野常寛著 集英社
【要旨】宮崎駿、富野由悠季、押井守、アニメーションの巨人たちの達成と限界から、戦後日本の深層に到達する衝撃作。「政治と文学」はいかに再設定されるべきか。
2017.10 509p B6 ¥2777 ①978-4-08-771119-6

◆**ホーンテッドマンションのすべて** ジェイソン・サーレル著, 小宮山みのり訳 講談社
【要旨】ディズニーランドの大人気アトラクション「ホーンテッドマンション」がどんなふうに作られたのか、あなたは知っていますか？ カリフォルニア、フロリダ、東京、パリ、そして仕様を変えて登場したパリの『ファントム・マナー』と香港の『ミスティック・マナー』。それら5つの違いや製作の舞台裏を、たっぷりの貴重な写真やアート、知られざるディズニー・レジェンドたちのエピソードとともに解説！ 天井が伸びる肖像画の部屋や、ゲストのバギーに乗り込んでくるゴーストたち。あの有名なトリックの誕生秘話をはじめ、アトラクションの小道具に秘められた「意味」など、この本を読めばすべてがわかる、まさにファン必携の一冊です。
2017.10 132p 28×21cm ¥3900 ①978-4-06-220774-4

◆**マクロスヴァリアブルファイター デザイナーズノート** ホビー編集部GA Graphic編著 SBクリエイティブ
【要旨】デザイナーたちの筆致を味わいながら見る"設定画集"。『超時空要塞マクロス』から最新作『マクロスΔ』まで「マクロス」シリーズアニメーションの作品に登場する可変戦闘機の画稿を集めた超時空資料集!!
2017.11 271p 29×21cm ¥3800 ①978-4-7973-9369-9

◆**政岡憲三『人魚姫の冠』絵コンテ集** 政岡憲三著, 萩原由加里編著 青弓社
【要旨】名作「くもとちゅうりっぷ」を作り上げ「日本アニメーションの父」とも呼ばれる政岡憲三。彼が晩年にアニメーション化を構想した『人魚姫の冠』の絵コンテやデッサンをフルカラーで所収して、日本アニメーション史上、きわめて貴重な資料の全貌を明らかにする。
2017.12 158p B5 ¥3000 ①978-4-7872-7409-0

◆**マスターアーカイブモビルスーツ MS-06ザク2** ホビー編集部編 SBクリエイティブ
【要旨】ジオン公国と一年戦争を象徴する傑作モビルスーツ・ザク。戦争初期に開発・投入され宇宙で活躍したタイプについて背景経緯、内部構造の新考察、マーキングなどを徹底解説。詳細な描き下ろしビジュアルと膨大なテキストで紐解くMS研究書。
2017.3 127p 29×21cm ¥2700 ①978-4-7973-8800-8

◆**魔法少女まどか☆マギカ講義録—メディア文藝への招待** 志水義夫著 新典社（新典社新書）
【要旨】衝撃的な展開と結末で話題を呼んだアニメ『魔法少女まどか☆マギカ』。観る者をひきつけるその物語、人物たちはどのようにして生まれたのか。アニメ・特撮作品も「メディア文藝」として国文学の流れの一つと考える著者が、「まど☆マギ」の作品世界をつぶさに読み解く。開講時にインターネット上でも大きな話題となった人気講義が待望の書籍化。
2017.9 159p 18cm ¥1000 ①978-4-7879-6171-6

◆**未来警察ウラシマンCOMPLETE BOOK** タツノコプロ編 （大阪）ぴあ
【要旨】発掘！ なかむらたかし氏の作画監督修正画（第13話）&絵コンテ（第26話）。幻の『未

来警察スティンガー・ウルフ』企画書&キャラクターボード掲載。真下監督のメッセージをはじめ、大河原邦男氏、なかむらたかし氏らメインスタッフ・インタビュー。決定稿、準備稿などキャラクター&メカニック&美術設定画満載!
2017.7 175p A4 ¥3000 ①978-4-8356-3828-7

◆**メアリと魔女の花―スタジオポノック絵コンテ集** 米林宏昌著 KADOKAWA
【要旨】映画はこうして作られる。米林宏昌監督によるオールカラー絵コンテを完全収録。
2017.6 600p A5 ¥3600 ①978-4-04-105958-6

◆**メアリと魔女の花ビジュアルガイド** スタジオポノック監修 KADOKAWA
【要旨】ストーリーを完全収録、美しい手描き美術や人物設定、撮り下ろし・杉咲花×神木隆之介、SEKAI NO OWARIほか、秘蔵インタビューなど満載の公式ガイドブック!
2017.7 115p 28×22cm ¥1600 ①978-4-04-105562-5

◆**メアリと魔女の花 フィルムコミック 上** メアリー・スチュアート原作、坂口理子脚本、米林宏昌脚本・監督 KADOKAWA
【要旨】7年に一度しか咲かない幻の花「夜間飛行」。少女メアリが、その花を手にしたとき、冒険の扉が開く!!米林宏昌監督とスタジオポノックが創る、新たなファンタジーの世界が誕生!!
2017.7 191p B6 ¥1200 ①978-4-04-105959-3

◆**メアリと魔女の花 フィルムコミック 下** メアリー・スチュアート原作、坂口理子脚本、米林宏昌脚本・監督、スタジオポノック監修 KADOKAWA
【要旨】7年に一度しか咲かない幻の花「夜間飛行」。少女メアリが、その花を手にしたとき、冒険の扉が開く!!米林宏昌監督とスタジオポノックが創る、新たなファンタジーの世界が誕生!!
2017.8 191p B6 ¥1200 ①978-4-04-105975-9

◆**名探偵コナン 服部平次&遠山和葉シークレットアーカイブス―劇場版「から紅の恋歌」ガイド** 青山剛昌著・原作 小学館 (少年サンデーグラフィック)
【要旨】劇場版最新作『から紅の恋歌』ストーリーダイジェスト!!青山剛昌入魂の美麗イラスト&絵コンテ、『から紅の恋歌』原画短編集!!服部平次&遠山和葉、二人の魅力をトコトン追究。平次&和葉が登場したTVシリーズ、OVA、劇場版、主要EPガイド!!服部平次役・堀川りょう&遠山和葉役・宮村優子スペシャル対談!!キャスト&スタッフインタビュー超充実!!青山剛昌(『江戸川コナン役・高山みなみ/大岡紅葉役・ゆきのさつき/伊織無我役・小野大輔etc…。
2017.5 171p A5 ¥1800 ①978-4-09-199047-1

◆**夜明け告げるルーのうた アートブック** 伊達裕介、福西輝明構成・執筆 一迅社
【要旨】キャラクター設定、背景美術、イメージボード&絵コンテ、ねむようこによるキャラクター原案など、『夜明け告げるルーのうた』をもっと楽しめる資料の数々を公開! スタッフのコメントや作品誕生の秘話を語る、湯浅監督ロングインタビューも!
2017.6 71p 22×19cm ¥1600 ①978-4-7580-1547-9

◆**幼女戦記 アニメ完全設定資料集** ホビー書籍編集部編 KADOKAWA
【要旨】キャラクター設定、プロップデザイン、美術設定、美術ボード、EDイラスト、原作カバーイラスト、アニメ誌に掲載されたイラストも厳選収録! カルロ・ゼン×上村泰×猪原健太、細越裕治×平柳悟×谷口宏美×角木卓哉による座談会も収録!
2017.5 223p 25×19cm ¥2500 ①978-4-04-734640-6

◆**夜は短し歩けよ乙女 オフィシャルガイド** 角川書店編 KADOKAWA
【要旨】伝説的原作の刊行から10年―解き放たれた鬼才たちの全てが明かされる。日本中が待ち望んだ傑作アニメ映画を徹底解剖!
2017.4 103p A5 ¥1500 ①978-4-04-105752-0

◆**ラブライブ! サンシャイン!!SECOND FAN BOOK** 電撃G'sマガジン編集部編 KADOKAWA
【要旨】イラスト&メッセージ満載♪さまざまな季節に彩られた内浦での日々。電撃G'sマガジンに掲載されたワンシーンを多数収録。読者から寄せられたたくさんの質問にメンバーたちが回答。9人をより深く知ることができるQ&Aを掲載! 特典はA3折り込みポスター。Aqoursメンバー9人の賑やかな日常をお届けする『ラブライブ! サンシャイン!!』公式ファンブック第2弾!
2017.6 130p 30×24cm ¥2000 ①978-4-04-892868-7

◆**ラブライブ! サンシャイン!!TVアニメオフィシャルBOOK** 電撃G'sマガジン編集部編 KADOKAWA (付属資料:ポスター)
【要旨】輝きを探して駆け抜ける9人の少女たちの青春の日々がここに!!TVアニメ1期の物語をAqours キャストといっしょに振り返る。初の公式アニメブック。
2017.8 128p 30×24cm ¥2000 ①978-4-04-892869-4

◆**ラブライブ! スクールアイドルコレクション Aqoursパーフェクトビジュアルブック** 電撃ホビーウェブ編集部編 KADOKAWA (付属資料:カード1)
【要旨】カードリスト、ビジュアルページ。Aqoursが登場するVol.6までのカード情報をすべて掲載!! 特典PRカードも付属!!
2017.10 111p A4 ¥1600 ①978-4-04-893387-2

◆**ラブライブ! スクールアイドルフェスティバル Aqours official illustration book** 電撃G'sマガジン編集部編 KADOKAWA
【要旨】2016年7月より「スクフェス」に登場したAqoursメンバーの多彩な衣装姿をたっぷりと楽しめる1冊。UR・SSR・SRカードイラストを大判サイズで贅沢に収録。A3両面綴じ込みポスター付き!
2017.10 159p A4 ¥2000 ①978-4-04-893376-6

◆**ラブライブ! The School Idol Movie 劇場版オフィシャルBOOK** 電撃G'sマガジン編集部編 KADOKAWA
【要旨】μ'sキャスト&スタッフの独占インタビューから、人気の劇場グッズ&公式コラボグッズ&描き下ろしイラストまで徹底収録! 日本中に大きなムーブメントを生みだした劇場版の「軌跡」と「奇跡」をすべて詰め込んだ公式本。
2017.1 169p 30×24cm ¥2300 ①978-4-04-865794-5

◆**龍の歯医者公式ビジュアルガイド** KADOKAWA
【要旨】『エヴァンゲリヲン新劇場版』シリーズなどで知られるスタジオカラー初の長編テレビアニメーションを徹底解剖。美しいカットをちりばめた完全ストーリーガイドから、奇想天外な世界観を緻密に構成した秘蔵の設定資料まで、見応え十分のビジュアルが満載! 監督鶴巻和哉をはじめとするメインスタッフへの充実のインタビューも収録。稀代のアニメーション作品のすべてが詰まった完全保存版の1冊。
2017.11 304p A4 ¥2500 ①978-4-04-105629-5

◆**ロイ・E・ディズニーの思い出―ディズニーアニメーション新黄金時代を創る** デイビッド・A.ボッサート著、上杉隼人訳 講談社
【要旨】ロイ・E.ディズニーは、ウォルト・ディズニーの兄、ロイ・O.ディズニーの長男として生まれた。つまり、ウォルトの甥にあたる。1980年代の初め、ディズニーのアニメーション映画としてヒット作に恵まれず、危機に瀕した時、株主として経営陣の入れ替えに奔走した。そして新経営陣と一緒に、ディズニーアニメーションの立て直しに尽力し、『リトル・マーメイド』『美女と野獣』『アラジン』など、大ヒット作を連発、新黄金時代を創ったのだ。また、プライベートではヨットをこよなく愛し、本格的なレースにも出場している。ロイと親交のあった人たちが、彼との思い出をいとおしく語ってくれる。
2017.11 254p B6 ¥2000 ①978-4-06-220447-7

◆**ロボットアニメビジネス進化論** 五十嵐浩司著 光文社 (光文社新書)
【要旨】第一人者による世界初の論考! ロボットアニメと、その玩具・模型に関する進行形のビジネス史。
2017.8 246p 18cm ¥800 ①978-4-334-04306-3

◆**ろんぐらいだぁす! オフィシャルファンブック** REX編集部編 一迅社
【要旨】三宅大志先生のコメント入り、全話エピソードガイド。キービジュアルや、アニメ誌版権イラストなどを収録した、イラストギャラリー。インタビューページは、キャスト8人(東山奈央、五十嵐裕美、大久保瑠美、黒澤ゆりか、日笠陽子、楠田亜衣奈、渡部優衣、東城咲耶子)に加え、制作スタッフ(シリーズ構成・高橋ナツコ氏、監督・吉原達矢氏、キャラクターデザイン・普津澤時ヱ門氏)、原作者・三宅大志先生のインタビューに加え、三宅大志先生描き下ろし漫画に加え、アンソロジーコミックも収録!!
2017.11 159p B5 ¥2500 ①978-4-7580-6693-8

◆**After Effects forアニメーション―Animation Climax Technique** 大平幸輝著 ビー・エヌ・エヌ新社 CC対応改訂版
【要旨】クライマックスを極めろ。アニメーション現場のコンポジットノウハウを凝縮。中級者へのステップアップ!!STEP by STEPでわかるテクニックTIPS集。
2017.10 287p 24×19cm ¥3800 ①978-4-8025-1066-0

◆**CONTINUE SPECIAL ガールズ&パンツァー** 太田出版
【目次】全50ページ「ガールズ&パンツァー」大特集!、コヤマシゲトとゆかいななかまたち、『ねほりんぱほりん』根掘り葉掘り大特集!、『FFXIV』を創り直した男、吉田直樹インタビュー、星のカービィ25周年、対決! 戦車漫画列伝!!、DEVILMAN crybaby
2017.12 168p 20×15cm ¥1000 ①978-4-7783-1609-9

◆**Fate/kaleid linerプリズマ☆イリヤ Prismanimation Illust Komplette!** プリズマ・イリヤ製作委員会著 KADOKAWA
【要旨】「Fate」シリーズ公式スピンオフ「Fate/kaleid liner プリズマ☆イリヤ」シリーズの版権イラストを収録した魔法少女たちのイラスト画集。
2017.8 127p A4 ¥2600 ①978-4-04-105977-7

◆**Little Witch Academia Chronicle―リトルウィッチアカデミア クロニクル** ニュータイプ編、TRIGGER、吉成曜、「リトルウィッチアカデミア」製作委員会監修 KADOKAWA
【要旨】アッコたちをもっと好きになる、ドッキドキのワックワクが詰まったTVアニメ『リトルウィッチアカデミア』公式ガイドブック。
2017.8 237p B5 ¥3600 ①978-4-04-105979-1

◆**LUPIN THE 3RD 次元大介の墓標 原画集** トムス・エンタテインメント監修、テレコム・アニメーションフィルム協力 トムス・エンタテインメント、双葉社 発売
2017.6 127p 21×30cm ¥4000 ①978-4-575-31271-3

◆**NARUTO-ナルト-TVアニメプレミアムブック NARUTO THE ANIMATION CHRONICLE 地** 岸本斉史原作 集英社
【要旨】TVアニメ全720話・劇場版11作を徹底ガイド!!大量の描き下ろし「おською イラスト」&『BEST SCENES&WORDS』投票&対談&インタビュー…豪華企画を一挙収録!
2017.5 193p A4 ¥2500 ①978-4-08-792515-9

◆**NARUTO-ナルト-TVアニメプレミアムブック NARUTO THE ANIMATION CHRONICLE 天** 岸本斉史原作 集英社
【要旨】TVアニメ・劇場版・DVD・グッズ…etc.様々なシーンを彩った忍ビジュアルを超大量収録!!
2017.5 193p A4 ¥2500 ①978-4-08-792514-2

◆**Re:CREATORSアニメ公式ガイドブック** 広江礼威原作・キャラクター原案、月刊サンデーGX編集部編・構成 小学館
【要旨】キャラクター、メカニック、プロップの各設定。ストーリー解説&用語ガイド。キャスト&スタッフインタビュー。広江礼威による#22シナリオ決定稿を特別収録!!
2017.12 175p B5 ¥2300 ①978-4-09-199051-8

◆**The Art of メアリと魔女の花** スタジオポノック責任監修 KADOKAWA (STUDIO PONOC THE ART SERIES)
【要旨】『メアリと魔女の花』を形作る、手で描かれた「美」の競演! 作画スタッフによる原画、美術スタッフによる背景画、米林宏昌監督のスケッチなどを多数収録!!
2017.7 303p A4 ¥3200 ①978-4-04-105956-2

◆**THE DOCUMENT OF 機動戦士ガンダム鉄血のオルフェンズ 2** ニュータイプ編、サンライズ監修 KADOKAWA
【要旨】変革の時代を生きたキャラクターたちを徹底解説。鉄華団の苛烈な生き様をあますことなくプレイバック。
2017.6 135p B5 ¥2000 ①978-4-04-105803-9

◆**TVアニメ最遊記RELOAD BLAST オフィシャルプレリュードブック** ゼロサム編集部編 一迅社

音楽

◆**明日も会えるのかな？―群青 3.11が結んだ絆の歌** 坂元勇仁著, Harmony for JAPAN監修 (長岡発)パナムジカ, 松沢書店 発売
【要旨】あなたは合唱曲『群青』を聴いたことがありますか？？ 東日本大震災と原発事故によって引き裂かれた友人、家族との再会を願い、南相馬市小高中学校で生まれた合唱曲『群青』。音楽教諭小田美樹と『群青の子ら』が紡いだ『群青』誕生の軌跡のすべてがここに!!
2017.3 216p B5 ¥1200 ①978-4-86604-041-7

アート・オブ・サウンド―図鑑 音響技術の歴史 テリー・バロウズ著, 坂本信訳 DU BOOKS, ディスクユニオン 発売
【目次】機械録音の時代、電気録音の時代、磁気録音の時代、デジタル録音の時代
2017.10 349p 26×22cm ¥6500 ①978-4-86647-016-0

◆**あるある吹奏楽部の逆襲！** オザワ部長編著 新紀元社
【要旨】日本でただ一人の吹奏楽作曲・オザワ部長が、漫画家・菊池直恵とともに放つ爆笑吹奏楽巨編！ これを読んだら、もうアナタは吹奏楽のト・リ・コ。
2017.8 234p B6 ¥1200 ①978-4-7753-1452-4

銀杏のロンド 藤原士郎作詞, 濱寺友寿作曲 (大阪)パレード, 星雲社 発売 (付属資料：CD1)
2017.9 1Vol. 16×22cm ¥926 ①978-4-434-23725-6

◆**「音楽教室の経営」塾 1 導入編―教えるのは、誰のために？** 大内孝夫著 音楽之友社
【要旨】音楽教室経営にあたって押さえておくべき基本的なポイント。
2017.5 138p B6 ¥1600 ①978-4-276-21230-5

◆**「音楽教室の経営」塾 2 実践入門編―たった2つのキーワード** 大内孝夫著 音楽之友社
【要旨】ドラッカーが指摘した「イノベーション」と「マーケティング」をキーワードに、"生徒が集まる音楽教室作り"を考える。
2017.5 137p B6 ¥1600 ①978-4-276-21231-2

音楽芸術マネジメント 8 日本音楽芸術マネジメント学会編集委員会編 (川崎)日本音楽芸術マネジメント学会, 水曜社 発売
【目次】追悼(池田温先生を偲んで、根木昭先生を悼んで)、記録 第7回の研究会・第8回秋の研究大会・第9回音楽芸術マネジメント学会第7回夏の研究会・第8回秋の研究大会の概要、研究論文(韓国におけるオペラの受容と創造、日本舞踊における持続可能な基盤づくりに向けた研究―舞台版の活性化のために、自筆譜の価値と「著作者の意」)、研究ノート(オーケストラの「地方公演」の課題と展望、舞踊実演団体と劇場の提携に関する調査報告)、現場レポート 地域音楽活動の推進について―うたの住む家プロジェクトの活動を中心に
2017.2 94p A4 ¥3200 ①978-4-88065-408-9

音楽芸術マネジメント 9 日本音楽芸術マネジメント学会編 (川崎)日本音楽芸術マネジメント学会
【目次】記録 第8回夏の研究会・第9回冬の研究大会、研究論文(文化政策における「文化の普及」に関する一考察―巡回公演型の施策を中心に、韓国国立オペラ団の歴史及び現状、地域と連携した合唱フェスティバルの可能性と意義(2) ―「あきた芸術村・劇団わらび座」主催の「東北六県合唱祭」を事例として、未来に向けたガムラン活用法の提案―各団体の活動状況と諸問題をもとに ほか)、研究ノート(劇場・音楽堂と芸術団体の提携に関する論点の整理、実演芸術団体による劇場・音楽堂等の運営に関する一考察―日本センチュリー交響楽団の事例を中心に、1990年代以降の中華圏におけるオーケストラの概要、音楽祭における「場」の意義―市民参加と共創 ほか)
2017.12 164p A4 ¥3200 ①978-4-88065-438-6

◆**音楽と洗脳―美しき和音の正体** 苫米地英人著 徳間書店 (付属資料：DVD1)
【要旨】音楽史の闇を解き明かし、音楽と脳の可能性を探求！
2017.9 188p A5 ¥2200 ①978-4-19-864474-1

音楽と美術のあいだ 大友良英著 フィルムアート社
【要旨】音楽家・大友良英の"演奏"と"展示"のすべて。音楽と美術のあいだをめぐる思索と、6人のアーティストとの対話。
2017.3 438p A5 ¥3000 ①978-4-8459-1568-2

海沼実の唱歌・童謡読み聞かせ 海沼実著 東京新聞
【目次】唱歌・童謡の歴史(明治維新と唱歌教育のはじまり、学校唱歌が目指した人間像、親しみやすい唱歌を目指して ほか)、唱歌・童謡読み聞かせ(童謡編)(青い眼の人形、赤い靴、赤い鳥小鳥 ほか)、唱歌・童謡読み聞かせ(唱歌編)(仰げば尊し、一月一日、朧月夜 ほか)
2017.12 175p A5 ¥1400 ①978-4-8083-1024-0

◆**ことばの豊かな子をそだてる くもんのうた200えほん** 公文教育研究会監修 くもん出版 (付属資料：おやこノート；うた200のポスター)
【要旨】KUMONが大切にしてきた「うた200」の知恵。たくさんのうたを歌うほどことばの力がそだつ。手遊びうたから人気の童謡まで美しい絵とともに200曲収録。人気シリーズ。
2017.10 287p 24×18cm ¥2800 ①978-4-7743-2691-7

◆**最新音楽業界の動向とカラクリがよ〜くわかる本** 大川正義著 秀和システム (図解入門業界研究)
【要旨】著作権ビジネスのトレンドがわかる！求められる業界人のスキルがわかる！配信時代のビジネスモデルがわかる！生き残りと変革の手掛かりがわかる！ デジタル先行市場から見えるものは？ 業界人、就職、転職に役立つ情報満載。
2017.12 202p A5 ¥1300 ①978-4-7980-5136-9

◆**サヨナラノオト―ブラバンガールズの約束** オザワ部長著 学研プラス
【要旨】長崎県の活水高校、熊本県の玉名女子高校、東京都の藤村女子中学・高校…ブラバンガールズたちの日々を、オザワ部長が長期密着取材！
2017.3 243p B6 ¥1300 ①978-4-05-800753-2

◆**唱歌・童謡120の真実** 竹内貴久雄著 ヤマハミュージックメディア
【要旨】名曲誕生伝説のウソを徹底調査！『唱歌』から『童謡』、そして『こどものうた』と呼ばれた120曲の真実。それは、この国の近代化と民主化の長い闘いだった！ 名曲に残された真実を探求し続けた労作、ここに完結。歌詞と楽譜を併載。詳細な索引も充実。
2017.3 266, 12p A5 ¥1800 ①978-4-636-91064-3

新 荒唐無稽音楽事典 高木壮太著 平凡社
【要旨】私家版『荒唐無稽 音楽事典』に約100項目を増補し、全面的に加筆修正を行った全1730項目の完全版！ 年表・付録つき。
2017.2 271p B6 ¥1700 ①978-4-582-83750-6

◆**吹奏ノート 3 「12分間」そのために綴った言葉が自分を変える** オザワ部長著 ベストセラーズ
【要旨】吹奏楽の甲子園を目指して。絶対に絶対にできるから。大丈夫だよ頑張れ私、あの強豪校の舞台裏に迫る…。
2017.12 226p B6 ¥1200 ①978-4-584-13826-7

◆**1933年を聴く―戦前日本の音風景** 齋藤桂著 NTT出版
【要旨】近代化＝西洋化から、近代化＝国粋化への転換点である音に狂わせられる人々を、私たちは笑うことができるのか？ "戦前"の声に耳を澄ます。
2017.12 220p B6 ¥2400 ①978-4-7571-4353-1

◆**つくれるサントラ、BGM―様々なシーンが作曲できる！ CD付き** 岡素世編著 自由現代社 (付属資料：CD1)
【要旨】Unity2017に完全対応！ 誰でも簡単にゲームが作れる！ プログラムがわからなくても大丈夫、事前の知識はいっさい必要なし。すべての手順を省略なしで完全掲載。CDにはすべての例題曲を収録！
2017.11 111p 24×19cm ¥1700 ①978-4-7982-2213-4

◆**日本の童謡・唱歌をいつくしむ―歌詞に宿る日本人の心** 高橋こうじ著 東邦出版
【要旨】菜の花畑に入り日薄れ…蛇の目でお迎え嬉しいな…夏も近づく八十八夜…何気なく口ずさんだあの歌の、あの一語。先人たちの感性光る言葉から和の心を教わりましょう。
2017.12 192p A5 ¥1400 ①978-4-8094-1528-9

◆**ネット時代のクリエイターやミュージシャンが得する権利や著作権の本** 秀間修一, 仁井淳宏講師, 杉本善徳学徒 シンコーミュージック・エンタテイメント
【要旨】惜しまれつつ解散したロックバンドWaiveのギタリスト兼メインコンポーザーでありながら現在はソロ活動中で、更にはアニソン制作やアーティストプロデュース、ゲーム制作からコミケ出展などマルチな才能を発揮し続けている杉本善徳が著作権や権利に関する質問を業界の重鎮にぶつけまくる！ Webを主戦場とするミュージシャン、ボカロP、歌い手、YouTuber、セルフマネジメント・アーティストや個人事務所でスタッフをどうしたらいいのかなどの硬い権利関係の話を超柔らかく学べる本。DAW環境の発達と浸透、YouTubeやニコニコ動画、各種SNSなどの多様化によって自作の音源や映像を公開する手段が飛躍的に増え、二次創作物も多様化した現在クリエイターが直面する様々な著作権上のハードルや手続き方法、権利に対する考え方などがアーティスト目線で紐解かれる！
2017.5 165p A5 ¥1700 ①978-4-401-64415-5

◆**原田泰治が描く日本の童謡・唱歌100選** 原田泰治画 DNPアートコミュニケーションズ
【要旨】掲載されている100曲は、亀田製菓株式会社が、創立40周年を迎えるにあたり、全国から「21世紀に残したい歌」を募集したものをもとに、5名の選者(永六輔・服部克久・黒柳徹子・さだまさし・Toshi)により選考されたもの。
2017.11 131p 23×30cm ¥3800 ①978-4-88752-052-3

耳でみる絵本 "クロッポー" & "Cloppo" 佐藤洋平著 愛育出版 (本文：日英両文；付属資料：CD1)
【要旨】1本のクラシックギターと1人のアナウンサーによる朗読作品。
2017.10 33p 16×19cm ¥1500 ①978-4-909080-27-1

◆**ミュージシャンが知っておくべきマネジメントの実務―答えはマネジメント現場にある！** 脇田敬著, 山口哲一監修 リットーミュージック
【要旨】マネジャーのマル秘ノウハウを大公開！ DIYミュージシャンから音楽業界志望者まで、必ず役立つ実践マニュアル！
2017.9 175p A5 ¥1800 ①978-4-8456-3121-6

◆**CDブック やまとしうるはし―日本文化のふるさと奈良イメージソング集** 新井満著 学校図書 (付属資料：CD1)
【要旨】「第三十二回国民文化祭・なら二〇一七」「第十七回全国障害者芸術・文化祭なら大会」イメージソングが誕生するまで―ヤマトタケルから俵万智まで、日本文学を代表する歌人・俳人たちの作品にメロディが付いました。「千の風になって」の新井満が作曲・歌唱!!
2017.9 123p B6 ¥1800 ①978-4-7625-0227-9

◆**XTCコンプリケイテッド・ゲーム―アンディ・パートリッジの創作遊戯** アンディ・パートリッジ, トッド・バーンハート, 太田晋訳 DU BOOKS, ディスクユニオン 発売
【要旨】英国屈指のソングライターにして、至高の音楽戦略家が語る、XTCの楽曲に封じ込められた、錯綜と作創の、複雑な遊び！ XTCの名

歌謡曲・演歌

◆阿久悠 詞と人生 吉田悦志著 明治大学出版会、丸善出版 発売 (明治大学リバティブックス)
【要旨】生涯で5000曲に及ぶ楽曲、100冊を超す著作を遺し、2007年に世を去った空前絶後の作詞家・阿久悠。1970年代を疾駆した阿久の人生を追いながら、彼の詞の本質と創作の秘密を剔抉する。
2017.3 208p B6 ¥2000 ⓘ978-4-906811-20-5

◆阿久悠と松本隆 中川右介著 朝日新聞出版 (朝日新書)
【要旨】沢田研二、ピンク・レディー、山口百恵、松田聖子…歌謡曲が輝いていた時代の記録。日本の大衆がもっともゆたかだった昭和後期。阿久悠の「熱」と、松本隆の「風」がつくりだす"うた"の乱気流が、時代を席捲しつくした。なぜあんなにも、彼らの作品は、私たちをとらえてはなさなかったのか。
2017.11 369p 18cm ¥900 ⓘ978-4-02-273730-4

◆生きるチカラ 一筋ジストロフィーの演歌歌手木田俊之の半生 伊藤進司取材・文 (名古屋)人間社 (HBA books)
2017.4 99p B6 ¥1000 ⓘ978-4-908627-11-8

◆歌テツほのぼの紀行―汽車・電車の名曲100選 松尾定行著 彩流社
【要旨】私たちの心を照らし、揺らし、休めてくれる「鉄道の歌」、その歌謡曲・演歌版。傷つき、恐れ、疲れたすべての人に贈る!
2017.1 223p B6 ¥2000 ⓘ978-4-7791-2288-0

◆演歌の上達法とカラオケのコツ―「こぶし」や「ビブラート」もマスター! 鈴木ミチ著 リットーミュージック (付属資料:DVD1)
【目次】1 演歌の基本(演歌とは?、演歌の特徴と種類 ほか)、2 演歌のテクニック(演歌がうまく歌えるテクニック―こぶし・しゃくり、演歌がうまく歌えるテクニック―ロングトーン・ビブラート ほか)、3 演歌の表現力(演歌の抑揚いろいろなパターン、演歌のブレスの仕方と言葉の使い方 ほか)、4 2大人気演歌で総仕上げ(総仕上げ練習の前に、「津軽海峡・冬景色」のポイント ほか)、5 演歌カラオケ上達のコツ(マイクの使い方、エコーと音量のバランス ほか)
2017.12 143p 23×19cm ¥1800 ⓘ978-4-8456-3174-2

◆奇跡の歌―戦争と望郷とペギー葉山 門田隆将著 小学館
【要旨】「異様に熱い何かが、まるで波が打ち寄せてくるように、何度も何度も私に迫ってきました」ペギー葉山は"歴史的瞬間"をそう語った。中国で戦った歩兵第236連隊(鯨部隊)の「望郷の歌」は、姿とかたちを変えて今も生き続けていた。運命という言葉だけでは表わせない「奇跡の歌」が辿った一本道―。渾身の取材で描き出す感動ノンフィクション。
2017.7 381p B6 ¥1600 ⓘ978-4-09-379893-8

◆この一曲に賭けた100人の歌手 塩澤実信著 展望社
【要旨】運命を賭けたデビュー曲! 再起をめざした渾身の一曲! それぞれの思いをこめてヒットを夢みた昭和の100人の歌手たち!
2017.7 302p B6 ¥2000 ⓘ978-4-88546-329-7

◆作詞家・阿久悠の軌跡―没後10年・生誕80年完全保存版 濱口英樹監修 リットーミュージック
【要旨】シングル総売り上げ6,800万枚以上。稀代のヒットメーカーが残した作品情報を可能な限り収録。時代をとらえ続けた歌謡界の巨人・阿久悠の軌跡を知る音楽ファン必携のデータブック。シングル盤ジャケット約1,300点に加え、アルバム曲、非売品、校歌、社歌、記念曲の情報も充実!
2017.11 287p B5 ¥3200 ⓘ978-4-8456-3150-6

◆昭和歌謡―流行歌からみえてくる昭和の世相 長田暁二著 敬文舎
【要旨】昭和の出来事とともに振り返る懐かしの昭和歌謡!!昭和元年から64年まで毎年1曲をピックアップし唄の背景やエピソードを紹介。歌手1000人、流行歌1000曲を収録。
2017.10 255p A5 ¥2800 ⓘ978-4-906822-76-8

◆昭和と歌謡曲と日本人 阿久悠著 河出書房新社
【要旨】時代を見つめ、人を愛し、言葉を慈しんだ歌謡界の巨人、最後のメッセージ!
2017.11 241p 18cm ¥800 ⓘ978-4-309-02630-5

◆1984年の歌謡曲 スージー鈴木著 イースト・プレス (イースト新書)
【要旨】「田舎」と「ヤンキー」を仮想敵にした"シティ・ポップ"―バブル経済前夜、1984年は日本の歌謡史においても大きな転回点だった。70年代から始まった「歌謡曲とニューミュージックの対立」は、「歌謡曲とニューミュージックの融合」に置き換えられた。同時に、「シティ・ポップ」=「東京人による、東京を舞台とした、東京人のための音楽」が誕生。また都会的で、大人っぽく、カラカラに乾いたキャッチコピー的歌詞と、複雑なアレンジとコードを駆使した音楽でもあり、逆に言えば、「田舎」と「ヤンキー」を仮想敵とした音楽でもあった。1984年、それは日本の大衆音楽が最も洗練されていた時代だ。
2017.2 279p 18cm ¥907 ⓘ978-4-7816-5080-7

◆不滅の昭和歌謡―あの歌手にこの名曲あり 塩澤実信著 北辰堂出版
【要旨】元レコード大賞審査員の著者が語る名曲誕生のドラマとエピソード!
2017.1 333p B6 ¥1900 ⓘ978-4-86427-219-3

◆美輪明宏と「ヨイトマケの唄」―天才たちはいかにして出会ったか 佐藤剛著 文藝春秋
【要旨】三島由紀夫、中村八大、寺山修司、時代を彩った多くの才能との邂逅、稀代の表現者となった優美な怪物、美輪明宏の歌と音楽に迫る。
2017.6 421p B6 ¥1700 ⓘ978-4-16-390664-5

◆目が見えない演歌歌手 清水博正著 山中企画、星雲社 発売
【目次】序章「僕は幸せです」、第1章「家族は、僕にとって宝です」、第2章「演歌は、誰が唄ってもウマいんです」、第3章「友達のほとんどはお年寄りです」、第4章「『NHKのど自慢』出演は思い出づくりのつもりでした」、第5章「自分が一番迷ったのは、デビューするかどうかでした」、第6章「デビュー後は1年1年が奇跡だったと思っています」、第7章「目が見えない人には『お手伝いしましょうか』の一言を」
2017.4 189p B6 ¥1500 ⓘ978-4-434-23162-9

カラオケ曲集・歌集

◆明日のヒットメロディー '17-08(vol.537) 全音出版部編 全音楽譜出版社
【要旨】全曲歌唱アドバイス・ナレーションつき。巻末:カラオケ倶楽部/独奏ギター名曲選/ハーモニカで演歌。
2017 85p A5 ¥1100 ⓘ978-4-11-768744-6

◆明日のヒットメロディー '17-10 全音楽譜出版社出版部編 全音楽譜出版社
【要旨】全曲歌唱アドバイス・ナレーションつき。
2017 85p A5 ¥1100 ⓘ978-4-11-768746-0

◆歌声喫茶名曲集ベスト151 安田すすむ編 全音楽譜出版社
【要旨】コード付きピアノ譜、全曲歌詞句付き。歌い出し索引付き。
2017.8 343p B5 ¥2800 ⓘ978-4-11-737071-3

◆演歌・ムード歌謡のすべて ベスト788 浅野純編 全音楽譜出版社 第31版
2017.5 599p B5 ¥4600 ⓘ978-4-11-773403-4

◆男の歌謡曲ベスト321―カラオケファンに贈る、特選歌謡曲集 イントロ・オブリガート付 完全コードメロディー譜 後藤裕編 全音楽譜出版社 増補改訂第4版
【目次】ああ高原を馬車が行く―小畑実、愛が信じられないから―山内惠介、哀愁の街に霧が降る―山田真二、哀愁物語―竹島宏、愛染夜曲―霧島昇/ミス・コロムビア、あいつ―渡哲也、愛の嵐―菅原洋一、愛の園―布施明、愛のフィナーレ―菅原洋一、愛のふれあい―沢ひろし&Tokyo99 ほか
2017.9 255p B5 ¥2400 ⓘ978-4-11-773558-1

◆ガズレレ歌本 Vol.1 ウクレレYoutuber GAZZ著 豊作プロジェクト 第2版
【目次】ガズレレテキスト 明日があるさ、ガズレレテキスト おどるポンポコリン、ガズレレテキスト 乾杯・HAPPY BIRTHDAY TO YOU、ガズレレテキスト ガズレレ必須コード、ガズレレテキスト 青い海とヤシの木、ガズレレテキスト ガズペジオ、いとしのエリー・サザンオールスターズ、糸・中島みゆき、春よ来い・松任谷由実〔ほか〕
2017.9 62p A5 ¥926 ⓘ978-4-9909522-1-1

◆ガズレレ歌本 Vol.2 ウクレレYoutuber GAZZ著 豊作プロジェクト
【目次】ガズレレテキスト1、ガズレレテキスト2、ガズレレテキスト3 明日があるさ、ガズレレテキスト4 おどるポンポコリン、ガズレレテキスト5 乾杯・HAPPY BIRTHDAY TO YOU、ガズレレテキスト6 青い海とヤシの木、ガズレレテキスト7 青い海とヤシの木、ガズレレテキスト8 ガズペジオ、君をのせて・天空の城ラピュタ、はじめてのチュウ・キテレツ大百科〔ほか〕
2017.11 64p A5 ¥926 ⓘ978-4-9909522-2-8

◆こころの中のヒット曲 旅のメロディー―歌謡曲から映画音楽まで 奥山清編曲 全音楽譜出版社 (大人のピアノ)
【目次】青葉城恋唄、赤い河の谷間、あずさ2号、いい日旅立ち、ヴェニスの夏の日、駅馬車、エデンの東、小樽のひとよ、男はつらいよ、想い出のサンフランシスコ〔ほか〕
2017.9 63p 31×23cm ¥1600 ⓘ978-4-11-190084-8

◆こどもと歌いたい季節・行事のうた50―CD2枚付 シンコーミュージック・エンタテイメント (付属資料:CD2)
【要旨】すぐに使える定番の50曲を厳選! 両手のすべての音に音名カナが入っているので、譜読みが苦手でも安心。やさしく弾けて、表現の幅が広がる簡易伴奏アレンジ。巻頭には楽譜の基礎知識ページも掲載。付属のCDには全曲の譜面に対応した模範演奏を収録!
2017.5 109p 26×21cm ¥2000 ⓘ978-4-401-64449-0

◆こどもと歌いたい童謡・あそびうた50―CD2枚付 シンコーミュージック・エンタテイメント (付属資料:CD2)
【要旨】すぐに使える定番の50曲を厳選! 両手のすべての音に音名カナが入っているので、譜読みが苦手でも安心。やさしく弾けて、表現の幅が広がる簡易伴奏アレンジ。巻頭には楽譜の基礎知識ページも掲載。付属のCDには全曲の譜面に対応した模範演奏を収録!
2017.5 109p 26×21cm ¥2000 ⓘ978-4-401-64448-3

◆全国旧制高等学校寮歌名曲選 Part2 ことのは会編 春秋社
【要旨】再び見よ! ここに集う人々の息吹。歴史と伝統を誇る学生歌の世界にようこそ。歌うに野情を以て歌い、和するに豪吟を添えて踊る…。音楽と詩文の絶妙な融合。
2017.4 285p A5 ¥3800 ⓘ978-4-393-93596-5

ロック・ポップス

◆愛歌―ロックの半世紀 音羽信著 未知谷
【要旨】人が人であり続けるために最も大切なもの、他人と共有できる思い、命が何によって輝くか、気付けば叫びたくなるもの、世界を駆け巡ったロック音楽がどういう状況下で何を歌ってきたのか。同時代を生きたフォークシンガー音羽信が読み解く69曲。ボブ・ディランノーベル文学賞受賞スピーチ全訳収録。
2017.2 252p B6 ¥2500 ⓘ978-4-89642-519-2

◆ここで差がつく! バンドコンテストで勝つための本―審査員がスミからスミまで教えます 野村大輔著 ヤマハミュージックメディア (付属資料:CD1)
【要旨】音源審査、動画投稿審査、ライブ審査。どんなシーンでも勝ち抜けるコレを読め!!審査員だからわかる勝利の方程式。
2017.2 159p A5 ¥2000 ⓘ978-4-636-94276-7

◆タロウ、楽器屋、寄るっス。―ツアーの合間に47都道府県の楽器店を訪れたギタリスト カトウタロウ著 リットーミュージック
【要旨】『ギター・マガジン』連載"面(Men)On A Mission"を書籍化。7年半にわたり人と楽器に出会い続けた男のドキュメンタリー。
2017.5 255p B6 ¥1300 ⓘ978-4-8456-3046-2

音楽

芸術・芸能

◆**中村とうよう 音楽評論家の時代** 田中勝則著 (広島)大和プレス, 二見書房 発売
【要旨】『ニューミュージック・マガジン』(現在の『ミュージック・マガジン』)と『レコード・コレクターズ』を創刊。ラテン音楽、フォークからロック、ブルース、ブラック・ミュージック、そしてワールド・ミュージックと、多彩な音楽に関わり、日本のポピュラー音楽評論の基盤を築き上げた中村とうようの人生を追う。
2017.7 585p A5 ¥3800 ①978-4-576-17100-5

◆**ビンテージ・ギターをビジネスにした男──ノーマン・ハリス自伝** ノーマン・ハリス、デヴィッド・ヨーキン著, 石川千晶訳 リットーミュージック
【要旨】ロサンゼルスで老舗ギター・ショップNorman's Rare Guitarsを営むノーマン・ハリスが書き下ろしたビンテージ・ギター・ビジネスの舞台裏。ジョージ・ハリスン、ボブ・ディラン、ロビー・ロバートソン、ジョン・フォガティなどトップ・ミュージシャンにとっておきのギターを売ってきた彼が、自らの半生を振り返りながら実際の取引の様子を生々しく描き出す。自らの秘蔵ギター・コレクションも大公開。前書きはリッチー・サンボラ、後書はボナマッサ。
2017.7 375p A5 ¥2500 ①978-4-8456-3072-1

◆**フラッター・エコー 音の中に生きる** デイヴィッド・トゥープ著, little fish訳 DU BOOKS, ディスクユニオン 発売
【要旨】我々はどうすれば蛾や、石や、暗闇が聴くように音を聴くことができるだろうか? 音が放たれているのではなく、鳴っているかのように音楽を演奏することは可能だろうか? 即興音楽/ダブ/アヴァン・ポップ/ヒップホップ/アンビエント/エレクトロニカ/サウンド・アート─稀代の音楽家・批評家が綴る"震え"に満ちた人生。
2017.6 307, 9p B6 ¥3000 ①978-4-86647-011-5

◆**まるごとアコギの本** 山田篤志著 青弓社
【要旨】温かい音を奏でるアコースティックギターをこれから始めようとしている人、練習してもなかなか上達しない初心者を対象に、ありがちな悩みを解決するコツはもちろん、ギター本体や弾き方、テクニックの話だけでなく、ライブのやり方、耳コピーや録音の方法などをまとめる。アコギで自分の音楽を表現したいのはもちろん、アコギを一生の趣味として楽しむための視点も詰まったガイド。
2017.7 254p B6 ¥1600 ①978-4-7872-7402-1

◆**メタリ子生活帳──わたしのヘヴィ・メタルな毎日** めがねためる著 スペースシャワーネットワーク
【要旨】メタルブーム再到来!?ゆるふわヘヴィ・メタルマンガ登場!"ヘビメタ"と言われてもめげない!!あふれ出すメタル愛を綴った作品の数々! メタル黄金期の懐かしいエピソード等の充実コラムも7編掲載! 第23回コミックエッセイプチ大賞コミック賞受賞。
2017.6 125p A5 ¥1200 ①978-4-907435-95-0

◆**メタル現場主義──ヘヴィ・メタル愛に溢れた写真&エピソード集** 畔柳ユキ著 シンコーミュージック・エンタテイメント
【要旨】『BURRN!』創刊メンバー、ロック・フォトグラファーとして数々のヘヴィ・メタル・バンドと関わった畔柳ユキ / Yuki Kuroyanagiによる目撃証言集。現場だからこそ見えてきたバンドの本音と建前、おもしろい話、イカした話、せつない話が満載。ヘヴィ・メタルの魅力に、今までにない角度から迫ったメタル愛好者必携。
2017.11 191p A5 ¥1600 ①978-4-401-64530-5

◆**ライナー・ノーツってなんだ!?** かまち潤著 アルファベータブックス
【要旨】ライナー・ノーツは必要か、否か…ライナー・ノーツ廃止論が囁かれる一方で、無くては困るという意見も根強い。その実態と現状、是非論について、ライナー・ノーツを70年代から書き続けた著者が、その舞台裏から検証する!!
2017.3 166p B6 ¥1800 ①978-4-86598-028-8

◆**ラップは何を映しているのか──「日本語ラップ」から「トランプ後の世界」まで** 大和田俊之、磯部涼、吉田雅史著 毎日新聞出版
【要旨】アメリカ事情に精通する大和田俊之、長年ラップの現場に身を置いてきた磯部涼、批評家とラッパー/ビートメイカーを往復する吉田雅史。三人の識者によるラップ・ミュージック概論。
2017.4 237p 18cm ¥1200 ①978-4-620-32441-8

◆**ロック史** 北中正和著 立東舎, リットーミュージック 発売 (立東舎文庫)
【要旨】20世紀半ばに誕生したロックは、なぜ若者の心を捉え、発展していったのか。その歩みを丹念に追う「ロック入門書」同時に、「音楽の変化も知りたいし、ミュージシャンの過激なエピソードものぞきたいし、レコード産業の裏側も見たいし、ロックを生んだアメリカ社会にも首をつっこみたい」という著者の思いそのままに、ロックを取り巻くさまざまな事柄にも触れている。
2017.10 317p A6 ¥900 ①978-4-8456-3129-2

日本のロック・ポップス

◆**愛と幻想のレスポール** スガシカオ著 KADOKAWA (別冊カドカワの本)
【要旨】"音楽への挑戦"をし続けてきたからこそ語ることができる"音楽の真理"
2017.4 273p B6 ¥1528 ①978-4-04-895988-9

◆**あの日、あの曲、あの人は** 小竹正人著 幻冬舎 (幻冬舎文庫)
【要旨】『スノードーム』のモチーフは登坂広臣の切ない恋の思い出だった。岩田剛典だけに話した『最後のサクラ』の本当の結末。『HIROさんと彩さんにサプライズで曲をプレゼントしたい』『Bloom』誕生のきっかけとなったEXILE ATSUSHIの一言など…。『花火』『Unfair World』を手がけた作詞家が明かす、名曲誕生の舞台裏。
2017.3 360p A6 ¥600 ①978-4-344-42584-2

◆**いつでも心は放牧中──いきものがかり山下穂尊** 山下穂尊著 KADOKAWA
【要旨】何にも縛られないない山下穂尊の"生き方"が"いきものがかり"に活きている。
2017.11 239p B6 ¥1574 ①978-4-04-896011-3

◆**伊藤政則の"遺言"** 伊藤政則著 シンコーミュージック・エンタテイメント (BURRN!叢書 17)
【要旨】人気のトーク・イベントが遂に書籍化! "日本のメタル・ゴッド"伊藤政則が、豊富な実体験に基づいてヘヴィ・メタル/ハード・ロックの歴史を読み解くトーク・イベント『伊藤政則の"遺言"』の第1回から第5回までの内容を完全収録! すべてのロック・ファン必携の1冊!
2017.8 216p B6 ¥1852 ①978-4-401-64449-7

◆**忌野清志郎 ロッ研ギターショー──愛蔵楽器写真集** リットーミュージック
【要旨】忌野清志郎サウンドを生み出してきた愛蔵ギター&楽器を完全公開! エスクワイア、レスポール、J-200からドラム、法螺貝まで総数150点以上! スペシャル・インタビュー:仲井戸"CHABO"麗市、三宅伸治。1999年、2004年、2007年の忌野清志郎インタビューを復刻。
2017.10 152p B5 ¥2500 ①978-4-8456-3020-2

◆**宇多田ヒカル論 世界の無限と交わる歌** 杉田俊介著 毎日新聞出版
【要旨】彼女は、何を歌っているのか? 圧倒的な混沌と不思議なほどの自然体。その歌の源泉へと迫る、"新しい文学"としての宇多田ヒカル論。
2017.2 285p B6 ¥1500 ①978-4-620-32431-9

◆**売れないバンドマン** カザマタカフミ著 シンコーミュージック・エンタテイメント
【要旨】すべてのダメ人間に捧ぐ。苦節20年、いまだメジャー病に罹れず。売れないバンドマンの苦悶の記録。3markets[ ]のカザマタカフミの赤裸々日記。SNSで話題沸騰の漫画家世紀末新作初収録!!!
2017.12 231p B6 ¥1389 ①978-4-401-64552-7

◆**エッジィな男ムッシュかまやつ** サエキけんぞう、中村俊夫著 リットーミュージック
【要旨】ムッシュかまやつとはなんだったのか? 惜しまれつつ、最高の歌と、忘れられない面影を残したムッシュ、ムッシュかまやつ。終生、時代の先端(エッジ)に居続けたムッシュの才能の軌跡をたどりながら、その活動の本態と真価を描き出す。唯一無二の才人を多面的に分析した愛のある文化論。
2017.10 277p B6 ¥1800 ①978-4-8456-3134-6

◆**大村憲司のギターが聴こえる** リットーミュージック (付属資料:CD1)
【要旨】98年の逝去以来その評価がますます高まるギタリスト、大村憲司。井上陽水、大貫妙子、加藤和彦、坂本龍一、高橋幸宏、細野晴臣、矢野顕子など数多くのアーティストから信頼され、レコードにライブに数々の名演を残した。死後、ソロ・アルバムの再発、ベスト・ライヴ・トラックス・シリーズ全7タイトルの発売などリリースも相次ぎ、日本が生んだ世界的名手としてその名前はまず無かったクローズアップがされている。本書は、大村の功績と魅力を伝える集大成的な一冊。レア・トラックスを収録したCD付き。
2017.2 149p 28x21cm ¥3800 ①978-4-8456-2991-6

◆**小沢健二の帰還** 宇野維正著 岩波書店
【要旨】1993年、ソロデビュー。1998年、NY移住。2017年、19年ぶりのシングル発売。空白の時期にも、彼の曲はより深く愛されてきた。空白の時期にも、彼は豊かな時間をすごしてきた。誰も語らなかった"神話"を探る。
2017.11 204p B6 ¥1700 ①978-4-00-061236-4

◆**音楽スタア'70-'80** 音楽スタア'70-'80編集部編 東邦出版
【目次】Stop Motion 1970 児島美ゆき, Stop Motion 1980 竹の子族、ありがとう!女神・中森明菜──Thank You Come Back AKINA、明菜が居たから、頑張れたんだ!こ"80年代の歌姫"をアナログ盤シングル23枚でたどる、明菜の始まりは作詞家がかっていた──デビュー曲3曲の作詞秘話を来生えつこ、売野雅勇に訊く、明菜はいまだ現役No.1アイドルと再確認──48,000円ディナーショウ・レビュー、「また作って」って言われたら書きますよ──ソングライター林田健司が見た中森明菜の真価、特集 SPECIAL REVIEW、1st. コンサート観たワタシは言いたい──松田聖子は"時代と添い寝"アイドルだったのか!?、「拓郎みたいに歌うの、やめてくれないか」吉田拓郎が好きという恥ずかしさ [ほか]
2017.12 143p B5 ¥1111 ①978-4-8094-1493-0

◆**グループサウンズ文化論──なぜビートルズになれなかったのか** 稲増龍夫著 中央公論新社
【要旨】タイガース、テンプターズ、スパイダース、ワイルドワンズ、ブルー・コメッツ…。1960年代後半に大ブームを起こしたグループサウンズは"時代の徒花"だったのか? 関係者との対話を通してGSの歴史的再評価に挑む!
2017.12 221p B6 ¥1600 ①978-4-12-005032-9

◆**作編曲家大村雅朗の軌跡──1951-1997** 梶田昌史、田渕浩久著 DU BOOKS, ディスクユニオン 発売
【要旨】作編曲家として駆け抜けた46年の生涯とその功績を、生前関わりのあった著名人たちの証言とともに紐解く。特別対談とともに、大村雅朗が携わった楽曲(1,600曲超え!)の作品リストも掲載!
2017.6 313p A5 ¥2500 ①978-4-86647-019-1

◆**サザンオールスターズ 1978-1985** スージー鈴木著 新潮社 (新潮新書)
【要旨】あの曲のあのメロディの何が凄いのか? 『勝手にシンドバッド』『C調言葉に御用心』など、1978～85年の"初期"に発表した名曲を徹底分析。聴いたこともない言葉を、聴いたこともない音楽に乗せて歌った二十代の若者たちは、いかにして国民的バンドとなったのか? 栄光と混乱の軌跡をたどり、その理由に迫る。ポップ・ミュージックに革命を起こしたサザンの魅力に切れ込む、胸さわぎの音楽評論!
2017.7 252p 18cm ¥740 ①978-4-10-610724-5

◆**渋谷音楽図鑑** 牧村憲一、藤井丈司、柴那典著 太田出版
【要旨】なぜ渋谷は音楽の街になったのか。渋谷に流れる都市型ポップスの系譜を、歴史、人、音楽、ファッションから解き明かす。日本のポップス一大総合!!はっぴいえんど、シュガー・ベイブ、山下達郎、フリッパーズ・ギター、小沢健二、コーネリアスの代表曲を譜面と共に徹底解説!
2017.7 276p A5 ¥2500 ①978-4-7783-1575-7

◆**死んだらJ-POPが困る人、CDジャケットデザイナー木村豊** 江森丈晃著 エムディエヌコーポレーション, インプレス 発売
【目次】第1章 いろんなミュージシャンのジャケットを創ってきた(独立しての初仕事はスピッツ、前例のない、椎名林檎という才能 ほか)、第2章 CDジャケットデザインに込められた思想(残るデザインを探して、CDジャケットとはどういう存在か ほか)、第3章 デザイナーになった(中学生の頃から架空のジャケットをつくっていた、アシスタント時代に出会った、"複数の正解" ほか)、第4章 音楽

音楽

好きでも知らないCDジャケット制作の裏側（いかに大人の馬鹿が本気か――椎名林檎との仕事1、特殊ジャケットの最前線―椎名林檎との仕事2 ほか）
2017.4 215p A5 ¥1600 ①978-4-8443-6650-8

スネア 高橋まこと著 立東舎、リットーミュージック 発売 （立東舎文庫）
【要旨】元BOOWYやDe+LAXのドラマーとして知られる高橋まこと。彼の自炊伝が、約10年分のエピソードを加えた"完全版"として生まれ変わりました。BOOWYが伝説へと上り詰めるまでの活動の記録や、"解散"までの経緯のほか、挫折もあった青春時代、De+LAXやソロといったBOOWY後の新たな試みなど、彼の波瀾万丈な人生が記されています。また新たに加えられた、故郷福島を襲った東日本大震災、新バンドJET SET BOYS、改めてBOOWYに思うこと…なども読み応え充分。8ビートにこだわり、熱いビートを刻み続ける"ミスター・8ビート"。決して平坦ではなかったその生き方からは、生きていくうえでの力や勇気を得ることができるはずです。
2017.8 375p A6 ¥900 ①978-4-8456-3042-4

青春狂走曲 サニーデイ・サービス、北沢夏音著 スタンド・ブックス
【目次】君に捧げる青春の風景、intro DANCE TO YOU、第1章 若者たち、第2章 青春狂走曲1、第3章 あたらしいひと、第4章 青春狂走曲2、interlude The Making of Artworks、outro Popcorn Ballads
2017.9 424, 6p B6 ¥2300 ①978-4-909048-01-1

旅歌ダイアリー 2 ナオト・インティライミ 幻冬舎
【要旨】Don't miss the moment！ いつも奇跡への準備をしておこう。音楽を世界を感じた、アフリカ14ヶ国、筋書きなしの旅の記録。
2017.11 103p B6 ¥1200 ①978-4-344-03206-4

伝説のイエロー・ブルース 2 大木トオル著 トゥーヴァージンズ
【要旨】人種差別を受けながら、ブルースの本場で認められた唯一の男…いつしか人びとは彼を「ミスター・イエロー・ブルース」と呼んだ。アメリカ合衆国に一人戦いを挑んだ、ミスター・イエロー・ブルース大木トオル魂のドキュメントファイナル・ラウンド。
2017.12 219p 19cm ¥1617 ①978-4-908406-15-7

夏フェス革命―音楽が変わる、社会が変わる レジー著 blueprint、垣内出版 発売
【要旨】一大産業「夏フェス」成功の裏側には、主催者と「協奏」（共創）する観客の存在があった。ロック・イン・ジャパン・フェスティバルの仕組みを分析して見えてきたユーザー主導の消費スタイルは、社会の未来をどう映しているのか。1998年よりフェスに通い続ける音楽ライター兼戦略コンサルタントが世に問う、最新エンタメビジネス論！
2017.12 252p B6 ¥1600 ①978-4-7734-0505-7

日本語ラップ・インタビューズ いとうせいこう, Zeebra, 般若, 漢 a.k.a.GAMI, ANARCHYほか著 青土社
【要旨】日本語ラップのオリジネイターから、新世代を担うラッパーまで、世代を横断したインタビューを通して日本語ラップの技術と歴史を俯瞰する決定版証言集。
2018.1 236p B6 ¥1600 ①978-4-7917-7027-4

はたのもと 秦基博著 KADOKAWA
【要旨】あたりまえの今日も秦基博のファインダーを通すと「特別」になる。88曲全作詞曲を基に語りました。10年分の棚卸し。
2017.5 350p B6 ¥1667 ①978-4-04-895912-4

服部良一―日本の歌謡曲を変えた快男児 服部音楽出版社監修 ヤマハミュージックエンタテインメントホールディングス （日本の音楽家を知るシリーズ）
【要旨】「別れのブルース」「蘇州夜曲」「青い山脈」―新たな時代の波にのせて戦後の昭和を牽引した音楽家。
2017.8 111p B5 ¥1800 ①978-4-636-94332-0

僕の音楽畑にようこそ 服部克久著 日本経済新聞出版社
【要旨】"父の七光"を利用しながら、未開拓の畑を耕し、育んだサウンドは6万曲余。80年の半生を、愛情をこめて綴った自伝的エッセイ集。
2017.11 234p B6 ¥1800 ①978-4-532-17627-3

ぼくはこんな音楽を聴いて育った 大友良英著 筑摩書房
【要旨】1959年から79年まで、音楽家・大友良英が、幼少期から思春期までに影響を受けた、歌謡曲、ポップス、ロックやフォークやジャズの数々と、抱腹絶倒のダメダメ話。楽器なんて全然できないくせに尽きない音楽への憧れが巻き起こす、笑いと涙の青春エッセイ！
2017.9 296p B6 ¥1600 ①978-4-480-81538-5

松任谷正隆の素 松任谷正隆著 光文社
【要旨】松任谷正隆は松任谷正隆に生まれた、わけではない。松任谷正隆に、なったのだ。いろいろあっても。著者初の自伝エッセイ集。
2017.9 225p A5 ¥1600 ①978-4-334-97946-1

松本一起作詞集 だから孤独という場所がある 松本一起著 ラピュータ （松本一起のエンジョイライフ・シリーズ Vol.2）
【要旨】3000曲以上を手がけた作詞家松本一起の未発表50作（「これから」編）、ヒットソング10作（「あれから」編）がここに！ 全60作がもたらす、心地よい言葉のリズムと日常の風景から醸し出されたリリシズムが、あなたの日々に色彩を与えます。
2017.11 195p B6 ¥1500 ①978-4-905055-49-5

水の上を歩くように簡単さ―SKY-HI HISTORY BOOK SKY-HI著 KADOKAWA
【目次】LIVE PHOTO/日本武道館、LIVE REPORT/日本武道館、SKY-HI INTERVIEW_01/日本武道館編、GRAVURE、SKY-HI INTERVIEW_02/HISTORY編、SKY-HI×HISTORY 2005-2017、目撃者のコトバ、DOCUMENT GALLERY、SKY-HI INTERVIEW_03 / CREATIVE編、アルバム『FLOATIN' LAB』再検証、ZOOM01：SHIMI INTERVIEW、SKY-HI×DISCOGRAPHY、ZOOM02：斎藤渉INTERVIEW、SKY-HI×MUSIC VIDEO、SKY-HI×MV REVIEW
2017.7 214p 24×18cm ¥2130 ①978-4-04-895956-8

ミュージシャンはなぜ糟糠の妻を捨てるのか？ 細田昌志著 イースト・プレス
【要旨】「貧しい時代から苦労を共にして来た妻」―糟糠の妻。名だたるミュージシャンの多くが苦労時代を支えた妻を捨て、やがて「トロフィーワイフ」に乗り換える。それがメディアで報じられるたびに非難轟轟たることも多いが、彼ら彼女らミュージシャンは本当にただ薄情で不義理な人物なのか？ GLAYのTERU、布袋寅泰、桜井和寿、小室哲哉、矢沢永吉。大物ミュージシャンの彼らが糟糠の妻と別れることになったそれぞれの事情を読み解くことで、そこに浮かび上がるものとは？ 巻末に精神科医・香山リカ氏との対談収録。
2017.10 247p 18cm ¥861 ①978-4-7816-5092-0

ユーミンとフランスの秘密の関係 松任谷由実著 CCCメディアハウス
【目次】第1章 フランス女性について、第2章 気になるカルチャーについて、あの人とおしゃべり（松任谷由実×原田マハ（作家）、松任谷由実×エリザベット・ドゥ・フェデー（香りのエキスパート、歴史家）、松任谷由実×野崎歓（フランス文学者）、松任谷由実×スプツニ子！（アーティスト）、松任谷由実×松岡正剛（編集者）、松任谷由実×妹島和世（建築家）、松任谷由実×柚木麻子（作家））、第3章 フランスと日本、パートを感じる旅の話（コート・ダジュールの旅、パリのクレイジー・ホースへ、スキャパレリの新聖地で、モネの庭、ジヴェルニー、現代アートの旅、金沢の「華」、女性たちから感じること）、第4章（ユーミン世界に息づく、フランスと日本の文化）
2017.2 205p B6 ¥2500 ①978-4-484-17202-6

夢の住処―Sing My Life 森山良子著 世界文化社
【要旨】音楽のこと、家族のこと、仲間のこと、そしてこれからの「夢」のこと―。日常の何気ないエピソードから、誰もが知るあの名曲の秘話まで。貴重なプライベート写真や、ディスコグラフィー、思い出深いステージ衣装カタログなども収録。デビュー50周年記念書き下ろしエッセイ。特別付録：森山直太朗ほか。
2017.3 167p B6 ¥1667 ①978-4-418-17503-1

夢の途中に―ドラマー永井利光自叙伝 永井利光著 シンコーミュージック・エンタテイメント
【要旨】氷室京介、GLAYのサポートを長年続け、自身のソロ・アルバム制作やチャリティ・イベント、そしてドラム・クリニックも精力的に続けるドラマーToshiこと永井利光。そのプロフェッショナルな歩みを、彼の周りで起きた数々の奇跡的な出逢いや経験、セッション、ツアーなどを回想しつつ語りおろした初の自叙伝。19歳で上京したときからの師匠・原田末秋氏によるまえがき、巻頭カラー16ページで綴る思い出の写真集、GLAYメンバー全員がそれぞれにToshiを語り尽くす濃厚なパーソナルインタビューも掲載。
2017.4 314p B6 ¥1852 ①978-4-401-64416-2

芳野藤丸自伝―Lonely Man In The Bad City 芳野藤丸著 DU BOOKS, ディスクユニオン 発売
【要旨】スタジオ・ミュージシャンとして、さらに藤丸バンド、SHOGUN、AB'Sのフロントマンとして知られるギタリストでの書き下ろし！愛した人たち、去り行く人たち…芳野藤丸（許される範囲で）赤裸々告白！
2017.9 282p A5 ¥2200 ①978-4-86647-028-3

龍一語彙 二〇一一年-二〇一七年 坂本龍一著 KADOKAWA
【要旨】坂本龍一の頭の中にある言葉を覗けば、世界が読み解ける気がする。二〇一一年から二〇一七年の激動の七年間に、坂本龍一が発した言葉をテーマ別に編集した、私たちが世界を知るための言葉事典。
2017.11 462p B6 ¥3700 ①978-4-04-106214-2

BOOM BOOM SATELLITES 1997-2016―全アルバムプロダクション・ストーリー リットーミュージック
【目次】『JOYRIDE』『OUT LOUD』、US tour、move to LONDON、『UMBRA』、『PHOTON』、『FULL OF ELEVATING PLEASURES』、『ON』、『EXPOSED』、『TO THE LOVELESS』、『EMBRACE』、『SHINE LIKE A BILLION SUNS』、『LAY YOUR HANDS ON ME』『19972016』
2017.3 113p 28×21cm ¥2500 ①978-4-8456-3019-6

C階段で行こう！ クジヒロコ著 シンコーミュージック・エンタテイメント
【要旨】スピッツで鍵盤弾いて19年。クージー・クワトロかく語りき。
2017.7 351p B6 ¥2037 ①978-4-401-64469-8

Cornelius×Idea：Mellow Waves―コーネリアスの音楽とデザイン アイデア編集部編 誠文堂新光社 （付属資料：CD1）
【要旨】国内外から高い評価を受ける小山田圭吾のソロ・プロジェクト＝コーネリアスが11年ぶりにリリースしたニューアルバム『Mellow Waves』と連動し、音楽とデザインの両面から全活動を紹介する決定版ガイドブック。新作『Mellow Waves』をフィーチャーした現代編、過去の全作品をふり返った資料編、これまでの活動を整理した資料編。小山田圭吾、中林忠良、中村勇吾、辻川幸一郎、groovisions、北山雅和らの談話を収録し、360°に配慮した総特集。未発表音源1曲を収録したCD付き。
2017.6 128p B5 ¥2000 ①978-4-416-61780-9

GENERATIONS from EXILE TRIBE PIONEER EXILE研究会編 鹿砦社
【要旨】2015年以来となる2度目のワールドツアーにも挑戦するなど、確実に世界を視界に捉えつつあるGENERATION from EXILE TRIBE。「GENERATIONS LIVE TOUR 2017 "MAD CYCLONE"」での熱いパフォーマンスをフォトレポート！
2018.1 95p B5 ¥930 ①978-4-8463-1209-1

HARDCORE FLASH EDITED BY Zeebra Vol.1 FLJ PRODUCED BY TOSHIYA OHNO Zeebra著, 大野俊也編 トランスワールドジャパン
【要旨】Zeebraの雑誌『FLJ』での人気連載「HARDCORE FLASH」。ヒップホップの演者からスタッフまで、25組との対談を通して改めて浮き彫りになるジャパニーズ・ヒップホップの歴史。
2017.11 315p B6 ¥2800 ①978-4-86256-219-7

HOSONO百景―いつか夢に見た音の旅 細野晴臣著, 中矢俊一郎編 河出書房新社 （河出文庫）
【要旨】どこかに本当に行かなくてもイメージすることは、音楽のクリエイションにつながる―。ポップ・ミュージックの地平を拓いてきた細野晴臣。レコーディングやツアーで訪れたLA、パ

◆「Jポップ」は死んだ　烏賀陽弘道著　扶桑社（扶桑社新書）
【要旨】CDの売上は壊滅、国民的ヒットも消滅。しかし音楽界は活況そのもの。徹底した現場取材でその姿を描く！
2017.9　229p　18cm　¥800　①978-4-594-07777-8

◆JAPAN 1974・1984 光と影のバンド全史　アンソニー・レイノルズ著、飯村淳子訳　シンコーミュージック・エンタテイメント
【要旨】日本を愛し、日本に愛された孤高のバンド、ジャパン。独自の美意識を貫いた10年を総括し、その謎めいた素顔に迫る初の評伝。「ミュージック・ライフ」の秘蔵写真、インタビュー記事を加えた日本特別編集版！
2017.7　315p　26×22cm　¥3700　①978-4-401-64403-2

◆LEGO BIG MORL 10th Anniversary Book—Heart　ロックスエンタテインメント編　（大阪）ロックスエンタテインメント，シンコーミュージック・エンタテイメント　発売　（GOOD ROCKS！SPECIAL BOOK）
【目次】QUESTION、History Interview 2006‒2010（結成、乱反射、初ライブとバンド名、first demo ほか）、History Interview 2011‒2017（五反田EIJING SUN ROCK FESTIVAL、サツキとメイのレゴバスツアー2011、レミオロメン前田啓介との曲作り合宿、4Union TOUR 2011 ほか）、心臓の居場所Interview
2017.4　127p　A5　¥1852　①978-4-401-76224-8

◆MCバトル史から読み解く 日本語ラップ入門　DARTHREIDER著　KADOKAWA
【要旨】B BOY PARKからフリースタイルダンジョンに至る"現場"の生き証人が語るMCバトルの歴史。この一冊が示す日本語ラップの"基準"とは？
2017.6　191p　B6　¥1200　①978-4-04-601907-3

◆MIYAVI SAMURAI SESSIONS vs 15 Photographers　MIYAVI，15 Photographers著　扶桑社
【要旨】ソロ活動15周年を記念し、東京15公演を敢行したMIYAVI。各回のライヴを、日本を代表する15人のフォトグラファーがレンズで捉えた。MIYAVIと15のフォトグラファーのSAMURAI SESSIONSが遂に解禁。
2017.11　1Vol.　A4　¥4000　①978-4-594-07845-4

◆M.S.S Project解体新書　UGC企画課編　KADOKAWA
【要旨】彼らの歩みがわかる！活動記録。オススメ実況や名言をピックアップ、動画セレクション。7年間の活動を振り返る、フォト＆インタビュー。本書だけの撮り下ろしフォトが満載！7年間の軌跡が1冊に！
2017.4　177p　A5　¥2500　①978-4-04-734396-2

◆M.S.S Project SPECIAL 2017—8th Anniversary　M.S.S Project著　徳間書店
【目次】8th Anniversary、MSSP in HOKKAIDO Noboribetsu、TALK ABOUT 8th Anniversary、Soul Meeting Tour 2016 Memorial（Zepp Sapporo、松戸森のホール21、大阪国際会議場・グランキューブ、中野サンプラザ）
2017.10　239p　B5　¥2600　①978-4-19-864498-7

◆MY LITTLE HOMETOWN—茅ヶ崎 音楽物語　宮治淳一著　ポプラ社
【要旨】「上を向いて歩こう」が世界中で感動を呼んだ作曲家・中村八大、海の街・茅ヶ崎のイメージを全国に拡散した大スター・加山雄三、作曲家として数々の名作歌謡曲を送り出した平尾昌晃、湘南サウンドの源流を作ったザ・ワイルド・ワンズの加瀬邦彦、「また逢う日まで」の大ヒットで一世を風靡した尾崎紀世彦、音楽シーンの最前線を走り続けるサザンオールスターズの桑田佳祐ほか、なぜ、一地方都市に過ぎない茅ヶ崎が、これほど多くの音楽家を輩出しているのか？その謎に迫べく、茅ヶ崎と縁の深い10の名曲を入り口に、音楽のスターたちの人生を辿る。綿密な取材と研究をもとに、"茅ヶ崎"と"音楽"の特別な関係に迫った唯一無二の刺激的な音楽エッセイ！
2017.10　285p　B6　¥1500　①978-4-591-15637-7

◆OLDCODEX—DOCUMENTARY of OLDCODEX Tour 2016・2017 "FIXED ENGINE"　シンコーミュージック・エンタテイメント
2017.8　191p　30×23cm　¥3611　①978-4-401-64485-8

◆ON THE ROCK 仲井戸麗市 "ロック" 対談集　仲井戸麗市著　リットーミュージック
【要旨】ギタリスト・仲井戸"CHABO"麗市が、様々なゲストたちと"ロック"について酌み交わす番組として、BSジャパンで2015年4月から9月に放送されていた『ON THE ROCK！』。ミュージシャンや俳優、芸術家、評論家などジャンルにとらわれない方々を迎え、自身にとって大切なロック・ミュージックを語っていただいた同番組が、書籍となりました。書籍化に際して、テレビでは放送されなかったエピソードも多数収録。ロック好きゲスト24人の"ロック愛"があふれて、こぼれ落ちてくるような1冊です。
2017.9　458p　A5　¥2300　①978-4-8456-3124-7

◆STARDUST☆REVUE 楽園音楽祭 完全取材ブック　シンコーミュージック・エンタテイメント
【要旨】スターダスト☆レビュー、デビュー35周年。記念すべきシーズン・ツアーのリハーサル、本番、打ち上げ+αまでを徹底密着。
2017.2　207p　A4　¥2315　①978-4-401-64330-1

◆THE ALFEE 終わらない夢　Vol.2　リットーミュージック
【要旨】本書では"夢にまつわるメッセージ" "THE ALFEEはじめて物語" "1974年の音楽" "THE ALFEE音楽館" "THE ALFEE目安箱" "THE ALFEE処方箋" など、数々の名物コーナーを厳選して収録しました。さらに本書オリジナル企画として、「坂崎幸之助の終わらない"カメラ"Collection」も掲載。カメラにまつわる数々の思い出を語っていただきました。
2017.2　331p　A5　¥2800　①978-4-8456-2882-7

◆THE ALFEE 終わらない夢　Vol.3　リットーミュージック
【要旨】NHK FMの人気番組が本になりました！本書では"夢にまつわるメッセージ" "THE ALFEEはじめて物語" "THE ALFEE音楽館" "THE ALFEE目安箱" "THE ALFEE処方箋" など、数々の名物コーナーを厳選して収録しました。さらに本書オリジナル企画として、「高見沢俊彦の終わらない"ウルトラ・フィギュア"Collection」も掲載。お気に入りフィギュアの写真とともにウルトラ・ヒーロー＆怪獣トークが炸裂します！
2017.3　331p　A5　¥2800　①978-4-8456-2883-4

◆The Collectors ANTHOLOGY 30th Anniversary Book　CROSSBEAT監修　シンコーミュージック・エンタテイメント
【要旨】最新作『Roll Up The Collectors』を引っ提げ、3月に初の日本武道館公演を敢行するザ・コレクターズ。その活動を支えてきた歴代メンバーのインタビューと、関係者や縁のアーティストによる証言を交えて、時代の荒波を乗り越えて歩み続けてきたロックンロール・バンドのゼン＆ナウを浮き彫りにする。改めての全スタジオ・アルバム＆ライヴ・アルバム評に加え、自身バンドであるザ・バイク～バイクスの活動も再検証。ビギナーからマニアまで、全ファン必携の一冊！
2017.3　201p　A5　¥2315　①978-4-401-64426-1

◆THE MAN OF EXILE AKIRA　EXILE AKIRA著　LDH JAPAN　（付属資料：DVD1）
【目次】THE MAN Photographer KEI OGATA、Talk About AKIRA Vol.01 EXILE HIRO、Look Back on The EXILE 2006‒2016、Talk About AKIRA Vol.02 松本利夫、Talk About AKIRA Vol.03 EXILE ÜSA、Talk About AKIRA Vol.04 EXILE MAKIDAI、Talk About AKIRA Vol.05 EXILE ATSUSHI、Scrapping、Talk About AKIRA Vol.06 森雅貴・森広貴、Actor's FILE、Talk About AKIRA Vol.07 樫田正剛、Talk About AKIRA Vol.08 平沼紀久、Cross TALKING,Talk About AKIRA Vol.09 荒木 "PATO" 一禎・荒木 "SEVA" 利一、Talk About AKIRA Vol.10 小川哲史、THE ROAD TO "HERO"、AKIRA Long Interview、Cholonology of AKIRA
2017.6　242p　A4　¥4800　①978-4-908200-06-9

◆THE MODS—Beyond the 35th Year　シンコーミュージック・エンタテイメント
【目次】STUDIO PHOTO SESSION、LIVE at HIBIYA YA‒ON、TALK SESSION、PERSONAL INTERVIEW,HISTORY・WITH MEMBER'S COMMENT、DISCOGRAPHY・WITH SONGS LIST、THE PAST PRESS、GIG in the CLUB、Photo Museum
2017.4　111p　A4　¥2037　①978-4-401-64390-5

◆VISION LIFE STYLE BOOK　武瑠著　KADOKAWA
【要旨】人生観、美学、創造性…武瑠のすべてを一冊に凝縮！永久保存版。
2017.8　149p　A5　¥2400　①978-4-04-602053-6

◆WOMAN—女性アーティスト6人が語る、恋愛、家族、そして音楽　上野三樹，高橋美穂聞き手・文　リットーミュージック
【目次】1 阿部真央、2 坂本美雨、3 渡辺敦子、4 ノマアキコ、5 JILL、6 MINMI
2017.12　229p　B6　¥1500　①978-4-8456-3173-5

海外のロック・ポップス

◆悪魔のジョン・レノン—ジョン・レノンのリビドーはイエス・キリストへの嫉妬心だった。ジェラスガイ！　岡田ナルフミ著　たま出版
【要旨】ジョン・レノン愛にあふれた著者だからこそ、あえて暴くことのできるジョン・レノンの虚構の姿。私たちは真のジョン・レノンの目撃者になる！ジョン・レノンの写真と歌詞の掲載、使用許可を得られなかったリアリティーが本書にはある。
2017.9　247p　B6　¥1380　①978-4-8127-0404-2

◆アナログ・レコードで聴くブルース名盤50選—オリジナルLPで知る名盤である理由　ブルース＆ソウル・レコーズ編、髙地明、小出斉、一ノ瀬輝、濱田廣也執筆　スペースシャワーネットワーク
【要旨】1950年代から70年代にかけて登場したブルースのLPレコードの中から50枚を厳選。なぜこれらのアルバムは"名盤"となったのか。収録内容、時代背景、与えた影響など様々な視点からその理由を紐解く。先ず耳にすべきブルースのガイドとしても、レコード収集の参考書として楽しめる一冊。
2017.3　223p　A5　¥2500　①978-4-907435-94-3

◆イエス全史—天上のプログレッシヴ・ロックバンド、その構造と時空　マーティン・ポポフ著、川村まゆみ訳　DU BOOKS、ディスクユニオン　発売
【要旨】綿密な調査とメンバー自身のコメントでまとめられた完璧なるヒストリーブック。
2017.8　365p　A5　¥2800　①978-4-86647-002-3

◆意味も知らずにロックンロールを歌うな!?　—チャック・ベリーに捧ぐ 歌詞とコードと"ダニー"のイラストに加え、意外と役立つ英語フレーズ付き　小出斉著　リットーミュージック
【目次】1 ロックンロール讃歌—ティーネイジャーよ、永遠に（ロール・オーヴァー・ベートーベン、スクール・デイ ほか）、2 Motorvatin'！—車で行くよどこまでも（メイビリーン、ノー・マネー・ダウン ほか）、3 ラブ・ソングズ—恋人を巡る物語（サーティ・デイズ、ブラウン・アンド・ハンサム・マン ほか）、4 嗚呼人生これが私の生きる道（トゥー・マッチ・モンキー・ビジネス、ジョニー・B. グッド ほか）
2017.8　189p　B6　¥1500　①978-4-8456-3081-3

◆英国レコーディング・スタジオのすべて—黄金期ブリティッシュ・ロックサウンド創造の現場　ハワード・マッセイ著、新井崇嗣訳、井上剛、KENJI NAKAI監修　DU BOOKS、ディスクユニオン　発売
【要旨】史上類を見ない録音スタジオ解剖学。大小39ヵ所のスタジオと7台のモービルを徹底研究し、「英国の音」の核心に迫る。『ザ・ビートルズ・サウンド 最後の真実』の著者による集大成！
2017.11　373p　26×20cm　¥4800　①978-4-86647-031-3

◆今日から使えるヒップホップ用語集　押野素子著、JAYイラスト　スモール出版
【要旨】日本のヒップホップ・ヘッズに捧げる、イルでドープなスラングのガイドブックa.k.a.『ヒップホップ用語集』。フリースタイルでライムしたいMCも、リリックを深くディグしたいBボーイ＆Bガールも必読。ワックな知ったかぶりとは今日でピース・アウト。
2017.9　183p　B6　¥1300　①978-4-905158-47-9

◆サージェント・ペパー50年―ザ・ビートルズ不滅のアルバム『サージェント・ペパーズ・ロンリー・ハーツ・クラブ・バンド』完全ガイド　マイク・マッキナニー, ビル・ディメイン, ジリアン・G. ガー著, 野間けい子訳, 藤本国彦, 井上ジェイ監修　河出書房新社
2017.6 24x24cm A5 ¥3200 ①978-4-309-27853-7
【要旨】世界の音楽シーンを塗り変えたビートルズ奇跡のアルバム。ジャンルを超えた不朽のアルバムの誕生秘話を、豊富な資料と貴重な図版とともに語った永久保存版。

◆ザップル・レコード興亡記―伝説のビートルズ・レーベルの真実　バリー・マイルズ著, 野間けい子訳　河出書房新社
2017.2 293p B6 ¥2900 ①978-4-309-27818-6
【要旨】1968年、ポール・マッカートニーの肝いりで、「型破りのサウンドを生み出すレーベル」ザップルが誕生した。ジョン&ヨーコとジョージ・ハリスンの実験音楽のアルバムを皮切りに、ウィリアム・バロウズ、アレン・ギンズバーグ、チャールズ・ブコウスキー、リチャード・ブローティガンといった時代の先端を走る作家・詩人の肉声による朗読や歌曲を収める「スポークンワード」アルバムを次々とリリースする予定が立てられ、ポールからマネジャーに指名された著者バリー・マイルズは、作家たちを探してレコーディングを行うために、勇躍アメリカへと旅立ったが…。

◆ジョニー・マー自伝―ザ・スミスとギターと僕の音楽　ジョニー・マー著, 丸山京子訳　シンコーミュージック・エンタテイメント
2017.9 447p A5 ¥2800 ①978-4-401-64423-0
【要旨】マンチェスターのギター小僧、夢を叶える―ザ・スミスの元メンバーによる初の日本語版自伝！ 幼い頃にギターとファッションに魅せられた男が、やがて歴史に名を刻むミュージシャンになって自己実現していく。ザ・スミス5年間の真実はもちろん、その後のザ・プリテンダーズから、ザ・ザ、エレクトロニック、ジョニー・マー&ザ・ヒーラーズ、モデスト・マウス、ザ・クリブスまで、幅広く多彩な活動にこの身を惜しみなく捧げてきた稀代のギタリストの哲学が、ここにある。

◆真実のビートルズ・サウンド完全版―全213曲の音楽的マジックを解明　川瀬泰雄著　リットーミュージック
2017.4 575p A5 ¥2000 ①978-4-8456-3027-1
【要旨】歌って弾いて確かめるビートルズ―ビートルズの公式全曲213曲にまつわる"WHY"と"HOW"を解明。まるでレコーディング現場に立ち会っているかのようにビートルズの音楽のマジックが明らかにされる。読みながら思わず歌って弾いて確かめたくなる本。

◆新R&B教本―2010sベスト・アルバム・ランキング　林剛, 荘治虫, 末崎裕之著　スペースシャワーブックス, スペースシャワーネットワーク発売
2017.4 165p B6 ¥1600 ①978-4-907435-96-7
【要旨】2011～2016年年間ベストアルバム25をランキング形式でディスク・ガイド＋その年のシーンを振り返りつつ選外プラス20枚も紹介！

◆スティーリー・ダン・ストーリー―リーリン・イン・ジ・イヤーズ 完全版　ブライアン・スウィート著, 奥田祐士訳　DU BOOKS, ディスクユニオン発売
2017.12 429p A5 ¥3000 ①978-4-907583-98-9
【要旨】完璧なサウンドをいかに追求してきたのか？ 歌詞の世界観はどこからきたのか？ ロックンロールに、20世紀ポピュラー・ミュージックのさまざまな素材（ジャズ、SF、映画、ビート文学）をぶちこんで、永遠の録音芸術を創造した、50年におよぶ活動の軌跡。ふたりの発言を軸に、関係者に取材した唯一のバイオ本。20世紀録音芸術の金字塔を打ち建てた、ふたりの物語に幕。ウォルター・ベッカー追悼章を書下ろし。

◆スラッシュ・メタルの真実　シンコーミュージック・エンタテイメント（BURRN! 叢書）
2017.3 303p A5 ¥2000 ①978-4-401-64377-6
【要旨】BURRN! 特別編集。総て未発表の最新インタビューで綴る、スラッシュ・メタルのレジェンド達が生々しく語る愛と情熱と狂気と苦闘の物語!! 80年代初頭、アメリカの音楽シーンで一体何が起こっていたのか？

◆世界のブルース横丁　菊田俊介著　リットーミュージック
2017.3 256p B6 ¥1500 ①978-4-8456-3021-9
【要旨】ジャム・セッションの定番曲&心得。ジャム・セッションに役立つ英会話、他、世界を廻ったギタリストShun Kikutaが紹介する飛びきりのブルース・スポット！

◆たとえば、ブラッキーとクラプトン―僕らが恋した伝説のギターたち　細川真平, 近藤正義執筆　リットーミュージック
2017.7 208p B6 ¥1300 ①978-4-8456-3068-4
【要旨】ギタリストと愛器の"馴れ染め"全27話を収録。

◆超入門ボブ・ディラン　中山康樹著　光文社（光文社知恵の森文庫）
2017.2 268p A6 ¥740 ①978-4-334-78715-8
【要旨】ディランは「難解」ではない！ 10枚のアルバムをひもとくだけで"聴きかた"がわかる！ ディランを知るための最短ルートを教えます。

◆デスコアガイドブック―デスメタルとメタルコアの融合　脇田涼平著　パブリブ（世界過激音楽 Vol.5）
2017.10 319p A5 ¥2300 ①978-4-908468-16-2
【要旨】803枚のディスクレビュー・570バンド紹介。テクニカル・ダンサブル・モッシュパート!! 半音階や複雑和音・ミュート・ビートダウンを駆使し今現在も派生ジャンルを生み出し、進化し続けるオシャレで近未来感溢れる世界最先端の超激重過激音楽！

◆東欧ブラックメタルガイドブック　岡田早由著　パブリブ（世界過激音楽 Vol.6）
2018.1 247p A5 ¥2200 ①978-4-908468-20-9
【要旨】反キリスト教・反共主義・白人至上主義・反近代文明。ペイガンフォーク・NSBM・アトモスフェリック・ポスト・ブラックメタルは東欧が震源地。ポーランドに住み着いてしまった女性Metal Mania Sayukiが丹念に紐解く。

◆2パック―ラップ・ゴッド最後の言葉　N.U.D.E.編　ゴマブックス
2018.1 127p 19x13cm ¥1800 ①978-4-7771-1995-0
【要旨】決定版！ 伝説のラッパーの発言集。ブラックパンサー党/クワッド・スタジオ襲撃事件/サグ・ライフ/東西抗争/クリントン刑務所/ドクター・ドレー/シュグ・ナイト/タイソン対セルドン戦ほか多数のキーワードで徹底解説!! MCニューヨークとして「初ステージを踏んだ日」、ビギーとフリースタイルをかました「あの日、あの場所」、「マドンナと出会った瞬間」までもが鮮明によみがえる。コンプリート年表付き！

◆トニー・ヴィスコンティ自伝 ボウイ、ボランを手がけた男　トニー・ヴィスコンティ著, 前むつみ訳　シンコーミュージック・エンタテイメント
2017.2 438p A5 ¥2500 ①978-4-401-64354-7
【要旨】デヴィッド・ボウイ、T. レックスの名プロデューサーがすべてを明かす！ 関わったアーティストたちの実像はもちろん、当時の音楽シーンが生き生きと描かれたリアルな一冊。全ロック・ファン必読！

◆80年代ヘヴィ・メタル/ハード・ロック ディスク・ガイド　シンコーミュージック・エンタテイメント（BURRN! 叢書）
2017.4 223p A5 ¥2500 ①978-4-401-64442-1
【要旨】NWOBHMからグラインドコアまで。ミリオン・セラーを記録した大ヒット・アルバムから人知れず歴史に埋もれたレア盤まで。王道はもちろんのこと、あらゆるサブ・ジャンルを網羅しながら、ヘヴィ・メタル/ハード・ロックが空前のブームを巻き起こした"あの時代"を振り返る本書は、総てのメタル・ファン必携！ BURRN!特別編集！832枚のディスク・ガイドで振り返る、ヘヴィ・メタル/ハード・ロック黄金時代。

◆ハリー・ニルソンの肖像　アリン・シップトン著, 奥田祐士訳　国書刊行会
2017.12 427, 64p A5 ¥4600 ①978-4-336-06247-5
【要旨】大ヒット曲"うわさの男""ウィザウト・ユー"で知られるアメリカのシンガー・ソングライター、ハリー・ニルソンの初にして決定版伝記がついに登場！ ビートルズの面々が絶賛した変幻自在の声をもつ不世出のアーティストの波瀾にみちた生涯を、ジョン・レノン、リンゴ・スターらとの伝説的交遊やレコード制作秘話とともに豊富なエピソードとともに描く。

◆ピエール・バルーとサラヴァの時代　松山晋也著　青土社

【要旨】ボサノヴァ、映画「男と女」、加藤和彦やYMOとの交流…俳優として、シンガーソングライターとして、プロデューサーとして、そしてレーベルのオーナーとして、数々の輝かしい軌跡を遺し、2016年に世を去ったピエール・バルー。その壮大な仕事の全体像を、高橋幸宏、鈴木慶一、牧村憲二ら当事者の新証言をまじえながら描き出す、世界初となるピエール・バルー/サラヴァの決定版バイオグラフィー。
2017.9 234, 4p B6 ¥2200 ①978-4-7917-7002-1

◆ヒップホップ東欧―西スラヴ語&マジャル語ラップ読本　平井ナタリア恵美子著　パブリブ（ヒップホップグローバル Vol.2）
2018.1 279p A5 ¥2200 ①978-4-908468-21-6
【要旨】共産主義のゲットーから這い上がってきたラッパー達が群雄割拠!! スラヴの金属質な子音とメランコリー!! ハンガリー語の滑らかなフロウの酩酊感!!「ポーランドのヒップホップ」が東京外国語大学卒論のポーランドと日本のミックスが徹底調査!!

◆ビートルズが教えてくれた　田家秀樹著　アルファベータブックス
2017.10 246p B6 ¥1600 ①978-4-86598-040-0
【要旨】ビートルズが、時を超えて、何世代にも渡って聴き続けられ、歌い継がれているのはなぜなのか？ 日本のロック・ポップスを創成期から見続けている田家秀樹が、1930年代生まれから80年代生まれのアーティスト、その時代の関係者を取材するなかで、彼らがビートルズから何を学び、何を教えられたのかを明らかにする!! 西日本新聞好評連載待望の書籍化。

◆ビートルズが分かる本―4人が語る自身とビートルズ　小林七生著（広島）溪水社
2017.1 246p A5 ¥1800 ①978-4-86327-378-8
【要旨】天命を受けたリバプールの少年4人は世界を熱狂させる人々をしがらみから解放した。ほどなく生活糧を得た4人は自分たちを表現し、そして各自の人生を希求し楽観に至った。

◆ビートルズ原論―ロックンロールからロックへ　根木正孝著　水曜社
【目次】1章 ビートルズを誕生させた時代背景（ビートルズ以前の米国ポピュラー・ミュージック・シーン、ビートルズ以前の英国ポピュラー・ミュージックとその背景、ベビーブーマーの台頭、新しいメディアの発達とポピュラー・ミュージック）、2章 ビートルズ・ブームを創り出したもの（ビートルズ、デビューまでの道程、デッカ・レコード・オーディションとBBCオーディション、ビートルズ・ブームの真相）、3章 新しい文化の創造者としてのビートルズ（ロック映画としての「A HARD DAY'S NIGHT」、ビートルズの変貌の兆し、新しいミュージック・ビジネスの構築、ロックンロールからロックへ、カウンター・カルチャーとしてのロック）、4章 ビートルズの解散（1968年の世界情勢の大きな変動、1968年以降のビートルズの動向）
2017.1 223p B6 ¥1800 ①978-4-88065-400-3

◆ビートルズ語辞典―ビートルズにまつわる言葉をイラストと豆知識でヤァ！ヤァ！ヤァ！と読み解く　藤本国彦著　誠文堂新光社
2017.7 199p A5 ¥1500 ①978-4-416-61706-9
【要旨】歴史、曲名、楽器、名言など、ビートルズにまつわる用語約800語を収録。

◆「ビートルズと日本」ブラウン管の記録―出演から関連番組まで、日本のテレビが伝えたビートルズのすべて　大村亨著　シンコーミュージック・エンタテイメント
2017.5 352, 31p B5 ¥2500 ①978-4-401-64445-2
【要旨】空前絶後のビートルズ本第2弾!! テレビの中の4人がここに劇的復活。出演から関連番組まで、日本のテレビが伝えたビートルズのすべて。さらに深く烈しく濃密に―ビートルズ番組完全リスト初公開。

◆ビートルズはどこから来たのか―大西洋を軸に考える20世紀ロック文化史　和久井光司著　DU BOOKS, ディスクユニオン発売
2017.12 475p A5 ¥2500 ①978-4-86647-009-2
【要旨】くだらねぇロックこそ、人類史上最高の宝だ!! ビートルズとボブ・ディランが交錯した瞬間、ポピュラー音楽は新しい道を歩みだした。歴史を俯瞰して「ロックとは何か」を問い直す長編評論。

◆ビートルズは眠らない　松村雄策著　小学館（小学館文庫）
【要旨】一九九〇年、ポール・マッカートニーの初来日コンサートから、ジョージの死、そして二

音楽　808　BOOK PAGE 2018

○○三年の『レット・イット・ビー…ネイキッド』まで―解散後のビートルズの四人を語りつくす愛と情熱の書。この年月は、伝説として語られるライブが、若い世代にもリアルな存在として再度出現し、新しいファンを獲得していった時期と重なっている。"偶像崇拝だけで、何も見えはしない。ジョンもポールもジョージもリンゴも、僕達と同じように悩みを持ったひとりの人間としてとらえなければ、なんの意味もない。"二十一世紀のビートルズを再発見する感動の四十四篇。
2017.1 328p A6 ¥630 ①978-4-09-406388-2

◆ピンク・フロイド全記録　グレン・ポヴィ著, 池田聡子訳, ストレンジ・デイズ監訳　スペースシャワーネットワーク
【要旨】本邦初の貴重な未発表写真やグッズ、コンサート、リハーサル、レコーディングなどの詳細なデータ、インタビュー、全公演セットリストなどピンク・フロイドのすべてをこの一冊にコンパイル。ディスコグラフィー全作品・解説、メンバー、ソロ・キャリア全掲載・解説付き。
2017.9 461p A4 ¥5500 ①978-4-909087-00-3

◆ファンク　高橋道彦監修　シンコーミュージック・エンタテイメント　(ディスク・コレクション)
【要旨】500 discs included！創造主としてJBが降臨し、スライ、クリントンら数多くの使徒がそれに続いた。プリンスとても忠実なひとも大！リズムに打たれ、グルーヴの熱にうなされながら現代を生きる、そんなファンク教の信者に送る、先人たちの500作品をまとめた新たな教典の登場。
2017.10 189p A5 ¥2200 ①978-4-401-64414-8

◆不滅の偶像PAUL―photo & essay　板坂剛編著　鹿砦社
【要旨】2017年日本公演を記録した300枚のナマ写真収録！『2015 PAUL in Japan』に続く迫真のフォト&エッセイ集！
2017.7 1Vol. B5 ¥1600 ①978-4-8463-1181-0

◆不滅療法―ウィルコ・ジョンソン自伝　ウィルコ・ジョンソン著, 石川千晶訳　リットーミュージック
【要旨】父からの虐待、メンバー間の軋轢、最愛の妻との別れ、突然の余命宣告…"奇跡のギタリスト"が波瀾万丈の半生を綴る。
2017.2 365p B6 ¥2300 ①978-4-8456-2990-9

◆ブラック・マシン・ミュージック―ディスコ、ハウス、デトロイト・テクノ　野田努著　河出書房新社　増補新版
【要旨】米国中西部の産業バブル崩壊後の腐敗から生まれたハウス/テクノの壮大なドラマ。70年代ディスコ、80年代シカゴ・ハウスからデトロイト・テクノへとポスト工業化社会の荒廃から立ち上る最後のフロンティアを、アフロ・アンダーグラウンドの壮大なドラマとして再構成、はかりしれない感動と影響を与えた伝説的なマスターピース。書き下ろし「16年目のブラック・マシン・ミュージック」収録。
2017.5 488, 21p B6 ¥4300 ①978-4-309-27846-9

◆ブラック・メタル―サタニック・カルトの30年史　ダイヤル・パターソン著, 島田陽子訳, 川嶋未来監修　DU BOOKS, ディスクユニオン 発売
【要旨】この世で最も危険で過激な音楽、そのすべてを記した叙事詩的大著。30年にわたるブラック・メタルの足跡。貴重な写真とインタビューも満載。
2017.12 494p A5 ¥3200 ①978-4-86647-015-3

◆フリー・ザ・コンプリート―伝説のブリティッシュ・ブルース・ロックバンド、栄光と苦悩　デヴィッド・クレイトン, トッド・K・スミス著, 葛葉哲哉訳　DU BOOKS, ディスクユニオン 発売
【要旨】本書に書れているのは、フリーの盛衰である。シングルとアルバムがヒットした興奮の日々、そして、それが原因となり、1971年、最初の解散を迎える。短い期間を駆け抜けたバンド(コゾフ・カーク・テツ・ラビット、ピース、トビー)を経て、1972年に再結成。その理由が語られる。1973年、最終的な解散。しかしそれはバッド・カンパニー、シャークス、バック・ストリート・クローラーにつながり、1976年、ポール・コゾフが悲劇的な最後を遂げる。フリーは本当に終わったのであった。
2017.11 277p A4 ¥4200 ①978-4-86647-024-5

◆ブリティッシュロック巡礼　加藤雅之著　青弓社
【要旨】ビートルズ、ローリング・ストーンズ、クリーム、レッド・ツェッペリン、ディープ・パープル、キング・クリムゾン、イエス、ピンク・フロイドなど、黄金期ブリティッシュロックのロンドンの聖地めぐりをガイドする。生家や伝説のスタジオなどのお宝写真やコンサート情報も満載。
2017.8 219p A5 ¥2000 ①978-4-7872-7405-2

◆ブルース・ロック・アンソロジー ブリティッシュ編　白谷潔弘監修　シンコーミュージック・エンタテイメント
【要旨】ブリティッシュ・ブルース黄金期を築いた代表的アーティストの足跡を詳細なキャリア解説とディスコグラフィーで、当事者の証言で絵括!!アレクシス・コーナーやジョン・メイオールを起点とする英国ブルース・ロックの主役たち、そこから音楽的な飛躍を見せたアーティスト/バンドの数々を一挙網羅。「本流」の主役級バンドはもちろん、ブリティッシュ・ビートからパブ・ロック系まで広く視野に入れ、シーンの全貌を明らかにする究極の一冊!!
2017.8 263p B5 ¥2700 ①978-4-401-64492-6

◆フレンチポップス・シックスティーズ―イェ・イェと称されるムーヴメントをめぐって　瀬尾雅弘著　彩流社　(フィギュール彩 81)
【要旨】「イェ・イェ」現象って何だったの？「モノ言う権利がなかった若者たち」が音楽でモノ申すようになっていった60年代。社会参加の年齢となって問題意識を抱いた彼らの思いを反映させた楽曲が共感を得て大衆化した当時のフランスの音楽に耳を傾ければ、政治的社会的信条めいた言説では掴えきれない彼らの心情がまざまざと伝わってくる。
2017.2 151p B6 ¥1800 ①978-4-7791-7055-3

◆ヘヴィ・メタル鋼鉄のお遊びブック　アイ・ジェイ著, Jun Kawai訳　スモール出版
【要旨】アイアン・メイデンの「似顔絵」、イングヴェイ・マルムスティーンの「単語クイズ」、アンスラックスの「お絵描き」、メタリカの「塗り絵」、スレイヤーの「ロゴクイズ」、AC/DCの「ゲーム」、オジー・オズボーンの「迷路」など、メタル・ファンが楽しめるヘヴィ・メタルをテーマにしたネタ満載のお楽しみブック。
2017.6 43p 26×22cm ¥1200 ①978-4-905158-44-8

◆ベーシストの名鑑巡り低音DO　ナガイケジョー・イラスト　リットーミュージック
【目次】人文字でバンド名を表現する大人げのない遊び心に感涙！「神々の祭り」パスコアール、グーヤンのカスマーのスーベーにリーノーでチバリヨ！「ウィ・ウォント・マイルス」マイルス・デイヴィス、これぞ王道！「モテるベーシストの作り方」「フー・イズ・ジス・ビッチ・エニウェイ」マリーナ・ショウ、一音でカタをつけるプロフェッショナルの仕事に酔え！「夜も昼も」浜田真理子、ジャコパスのベースに揺られ天上へ「ミンガス」ジョニ・ミッチェル、天国と地獄をつなぐジャズベの架け橋「No Wave」Music Revelation Ensemble、殴っとれ！　親父にもぶたれたことないのに！「直立猿人」チャールズ・ミンガス、私たち、混ざり合うトシさんです！「メイン・ストリートのならず者」ザ・ローリング・ストーンズ、散り際の歌姫、凄絶なる葛藤の実録ドキュメント!!「Trem Azul」エリス・レジーナ、「限りなき探求」が生んだ確かな吸引力！「限りなき探求」ミロスラフ・ヴィトウス
2017.9 239p B6 ¥1400 ①978-4-8456-3125-4

◆ボウイ―その生と死に　サイモン・クリッチリー著, 田中純訳　新曜社
【要旨】関連105曲プレイリスト・Spotify コード付。
2017.12 246, 4p 19cm ¥2000 ①978-4-7885-1554-3

◆僕を作った66枚のレコード　松村雄策著　小学館
【要旨】「ロッキング・オン」の人気連載、"レコード棚いっぱいの名盤から"待望の単行本化。僕が、人生で書いてきたこれがロックの名盤だ！
2017.5 340, 2p B6 ¥2200 ①978-4-09-388516-4

◆ボブ・ディランに吹かれて―春樹、ランボーと聴く詩　鈴村和成著　彩流社
【要旨】ディランが敬愛する詩人ランボー、ノーベル賞を競った村上春樹。この二人を専門とする文芸評論家だからこそ読み解けた。ディラン、ノーベル文学賞受賞の理由―我々はまだこの事件の渦中にいる。
2017.2 180p B6 ¥1800 ①978-4-7791-2301-6

◆ボブ・ディランのルーツ・ミュージック―ノーベル文学賞受賞のルーツ背景　鈴木カツ著　リットーミュージック　(『ボブ・ディランのルーツ・ミュージック』加筆・再編集・改題書)
【要旨】祝！ノーベル文学賞受賞！ボブ・ディランのアルバムを50年余"新譜"として聴いてきた著者による遠大な考察。ディランのルーツをLOOK BACK！
2017.6 327p B6 ¥1600 ①978-4-8456-3058-5

◆マイケル・ジャクソン来日秘話―テレビ屋の友情が生んだ20世紀最大規模のショービジネス　白井荘也著　ディスクユニオン
【要旨】日本中がマイケル来日フィーバーにわいた1987年9月…。その前年の1986年9月8日からマイケル招聘にむけてのハードな交渉がスタートした。秘蔵写真とともに、日本を愛したマイケルの素顔に迫る。
2017.9 243p B6 ¥1600 ①978-4-86647-033-7

◆丸屋九兵衛が愛してやまない、プリンスの決めゼリフは4EVER (永遠に)―戦慄のペガサスに抱かれて、あきれた貴公子の仕打ちを忘れない　丸屋九兵衛編著　スペースシャワーネットワーク
【要旨】長年のプリンス・ファンなら分かっている通り、歌詞にしろ、映画のセリフにしろ、記憶に残るフレーズに事欠かないのが殿下ことプリンス。そんな彼の名言の中でも、ひときわ心に突き刺さる決めゼリフを「独断と偏見で」選んで分析するのが本書。華々しくもキュート、真摯にしてユーモラス、繊細だけどこ自己評価高過ぎ…そんなプリンスの名フレーズの数々を嚙み締めつつ、背景解説&ツッコミを入れまくる！愛するがため、でごまかす部分はなし。豊満な臀部へのスパンキングのごとき文章が、読む者の脳内に染み渡る。
2017.3 191p 19cm ¥1100 ①978-4-907435-48-6

◆丸屋九兵衛が選ぶ、2パックの決めゼリフ　丸屋九兵衛著　スペースシャワーネットワーク
【要旨】映画『オール・アイズ・オン・ミー』で字幕を監修したブラックカルチャー紹介の第一人者が、2パックの名フレーズを解説しながら、彼の生涯とその時代背景について多角的に描き出す。25年の人生を走り抜けた天才の魅力と多面性を浮き彫りにする、ヒップホップ/アメリカ文化エッセイ集。
2017.12 187p 19cm ¥1200 ①978-4-909087-06-5

◆メタリカ公式ビジュアルブック―バック・トゥ・ザ・フロント　マット・テイラー著, 大田黒奉之訳　ヤマハミュージックエンタテインメントホールディングス
【要旨】世界で1000万枚以上を売り上げたモンスターアルバム『メタル・マスター』(Master of Puppets)とそのツアーに関する秘話が満載。メンバー公認で制作された初のビジュアルドキュメンタリー。歴代マネージャーやジム・マーティン、アンスラックス、家族などの証言を収録。メンバーが所有する未発表写真など、ファンから提供されたコレクションを多数収載。
2018.1 275p 26×29cm ¥5000 ①978-4-636-93589-9

◆レゲエ・アンバサダーズ 現代のロッカーズ―進化するルーツ・ロック・レゲエ　アレクサンドル・グロンドー, ジュリアン・マルスワン, レイラ・アシュール, アレックス・ファミー, フランク・ブランキャンピホ著, 鈴木孝弥訳　DU BOOKS, ディスクユニオン 発売
【要旨】21世紀のレゲエガイドのスタンダードとなる名著。迫力のあるカラー写真、初心者にも分かりやすく、登場アーティストを世代ごとに、変遷に沿って紹介。貴重なインタヴュー動画を含む、ドキュメンタリー映像 (日本語字幕) はファン垂涎の内容。必聴盤と各アーティストの代表曲を解説付きで紹介。鈴木孝弥による1万字超えのルーツ・ロック・レゲエのガイドを収録。
2017.10 209p B5 ¥3500 ①978-4-86647-025-2

◆'67～'69 ロックとカウンターカルチャー激動の3年間―サマー・オブ・ラブからウッドストックまで　室矢憲治著　河出書房新社
【要旨】1960年代後半、ベトナム戦争、人権運動が激化。それに呼応するようにロック、カウンターカルチャーのうねりが押し寄せた。そして、'67年、サンフランシスコで起こったサマー・オブ・ラブから、'69年のウッドストック音楽祭へ―激動の時代から50年。今、その真実を振り返る。
2017.5 143p A5 ¥1800 ①978-4-309-27839-1

音楽

◆ロスト・ミュージック・オブ・アメリカーナ―アメリカ音楽伝説の巨人たち　鈴木カツ著　リットーミュージック　（付属資料：CD1）
【要旨】魅惑のアメリカン・ルーツ・ミュージックを読んで聴いて楽しめる本！音楽家のカラー・イラスト・カード（80人）付き！レコード、CDディスコグラフィー（ジャケット写真付き）160枚付き！特別編集CD『ロスト・ミュージック・オブ・アメリカーナ』（20曲収録）付き！
2017.2 355,4p A5 ¥2500 ①978-4-8456-2999-2

◆ロック豪快伝説　大森庸雄著　立東舎，リットーミュージック 発売　（立東舎文庫）
【要旨】フレディ・マーキュリーのど派手な女装パーティー！ミュンヘンの"ベニスの石祭"が存在した!?全身の血液を入れ替えたキース・リチャーズ！"破壊王"キース・ムーン！ポール・マッカートニーのスーパー・リッチ・ライフ！シェールのすごすぎる元カレメンバー！…などなど、誰もが知る世界のミュージシャンたちの、良くも悪くも"豪快すぎる"エピソードを収録。「え、これって本当!?」とうなってしまう話ばかりであるが、ここに収められている話はすべて実話（たぶん）なのだからしょうがない！これこそまさに"事実は小説よりも奇なり"である。世界を騒がす超一流のスターたちの、いろんな意味ですごすぎる逸話の数々を、お楽しみあれ。
2017.1 361p A6 ¥1800 ①978-4-8456-2983-1

◆我がロック革命―それはビートルズから始まった　石坂敬一著　東京ニュース通信社，徳間書店 発売
【要旨】伝説のロック・ディレクターの生涯。
2017.5 255p B6 ¥2300 ①978-4-19-864412-3

◆Chasin' the 80s Classics　JAM著　スペースシャワーネットワーク
【要旨】ブラック・ミュージック研究の第一人者による80年代プロデューサー名鑑決定版!!
2017.12 406p B5 ¥3700 ①978-4-909087-08-9

◆LAメタルの真実　6　シンコーミュージック・エンタテインメント　（BURRN！叢書）
【要旨】BURRN！未掲載のビリー・シーン独占インタビューをノーカットで完全収録！その他、お宝インタビュー満載！BURRN！で大好評の名物企画の単行本化、第六弾！
2017.3 301p B6 ¥2400 ①978-4-401-64404-9

◆NASイルマティック　マシュー・ガスティガー著，押野素子訳，高橋芳朗監修　スモール出版
【要旨】一九九四年、二十歳の青年がリリースした一枚のアルバムが、ヒップホップ・シーンに革命を巻き起こした―。時代を超越した名盤、NAS『Illmatic』制作の秘密に迫り、アルバムを深く理解する手助けとなる書。
2017.11 238p B6 ¥2500 ①978-4-905158-39-4

◆NOFX自伝―間違いだらけのバンド・バンド成功指南　NOFX，ジェフ・アルリス著，志水ández訳　DU BOOKS，ディスクユニオン 発売
【要旨】元祖！メロコア!!世界一アホなバンドに音楽活動と性生活の充実を学ぶ。赤裸々な暴露本かつ自叙伝!!
2017.12 521p A5 ¥4600 ①978-4-86647-036-8

◆PAUL McCARTNEY THE LIFE―ポール・マッカートニー ザ・ライフ　フィリップ・ノーマン著，石垣憲一，竹田純子，中川泉訳　KADOKAWA
【要旨】ポール・マッカートニーの了解と、家族や近しい友人らの協力を得て執筆された初のバイオグラフィ。ビートルズ時代から今に至るまで、半世紀分のポピュラー音楽と文化を見事なまでに想起させる本書は、長らく誤解されてきた天才の人生を如実に描き出している。幻に終わりし来日公演やヘザー・ミルズとの離婚騒動など、陰の面をもためらうことなく描くファン必携の一冊。
2017.2 731p A5 ¥3800 ①978-4-04-104319-6

◆Thank You RAMONES　yuki kuroyanagi写真・文　リトルモア
【要旨】1996年、ラモーンズ解散。2014年までにオリジナルメンバー全員死去。しかし、世界で唯一活動を続けている日本のファンクラブには、バンドの現役時代を知らない若いファンの入会があとを絶たない。会長のyuki kuroyanagiは、そんな彼ら、彼女らのピュアな想いに衝き動かされ、ともにニューヨーク、LAのラモーンズ聖地巡礼の旅に出る―。10万字書き下ろし+未発表写真多数。巻末に、ラモーンズのラスト・ジャパンツアー（1995年）の際につくられたRA-MONES Fan Club Japanの会報LOCO PRESSを縮刷し掲載。
2017.11 208p A5 ¥1800 ①978-4-89815-469-4

◆THE BEATLES LYRICS 名作誕生　ハンター・デイヴィス著，奥田祐士訳　TAC
【要旨】ビートルズがレコーディングしたオリジナル曲の魅惑的な創造のプロセスをすべて解き明かした唯一無二のソングライティング・ドキュメンタリー！直筆原稿など貴重な資料を徹底収集、オールカラーで掲載。「ビートルズの歌詞」についての最高峰の書、日本特別編集版でついに邦訳！
2017.7 479p 28×22cm ¥6000 ①978-4-8132-7146-8

ソングブック・バンドスコア

◆秋うた―秋色に彩るベスト・メロディー　全音楽譜出版社出版部編　全音楽譜出版社　（ピアノソロ）
【目次】紅葉、オレンジ、楓、秋桜、三日月、Waltz for Debby、家路、いい日旅立ち、ちいさい秋みつけた、The Rose〔ほか〕
2017.5 105p 31×23cm ¥1600 ①978-4-11-190039-8

◆アルトサックスで奏でるボサノヴァ―ピアノ伴奏譜&カラオケCD付　湯川徹編曲　全音楽譜出版社　（付属資料：CD1）
【要旨】ボサノヴァの名曲の数々を、アルトサックスとピアノによるアドリブ感満載のデュオに編曲しました。普段とは違った特別な場所やイベントに相応しい、オトナ&お洒落な雰囲気を大切にしたい時にとても効果的。今までの曲集に満足できなかった人にも応えられる洗練された編曲のピアノ伴奏譜と、ピアノ、ベース、ドラム、パーカッション等によるカラオケCDですので、どんなシチュエーションでも安心してお使い頂けます。
2017.8 63p 31×23cm ¥2600 ①978-4-11-548573-0

◆アルトサックスで奏でるラテン・ポップス　湯川徹編曲　全音楽譜出版社　（付属資料：別冊1；CD1）
【要旨】ダンサブルなアレンジのピアノ伴奏譜&カラオケCDでアルトサックスがひき立つ！
2017.6 47p 31×23cm ¥2600 ①978-4-11-548571-6

◆ヴァイオリンで奏でるクリスマス・メロディー―ピアノ伴奏譜&ピアノ伴奏CD付　後藤丹，生田美子，湯川徹編曲　全音楽譜出版社　（付属資料：別冊1；CD1）　第2版
【要旨】誰もが知っているクリスマスの名曲を、ヴァイオリンとピアノによる美しいデュオに編曲。オトナ&リッチな雰囲気を大切にしたい時にとても効果的。ピアノ伴奏譜とピアノ伴奏CD付きですので、どんなシチュエーションでもお使い頂けます。ヴァイオリンとピアノの魅力を存分に引き出した、豪華編曲陣による珠玉のアレンジをお楽しみください。
2017.9 47p 31×23cm ¥2600 ①978-4-11-300160-4

◆ヴァイオリンで奏でるボサノヴァ―ピアノ伴奏譜&カラオケCD付　湯川徹編曲　全音楽譜出版社　（付属資料：CD1）
【要旨】ボサノヴァの名曲の数々を、ヴァイオリンとピアノによるアドリブ感満載のデュオに編曲しました。普段とは違った特別な場所やイベントに相応しい、オトナ&お洒落な雰囲気を大切にしたい時にとても効果的。今までの曲集に満足できなかった人にも応えられる洗練された編曲のピアノ伴奏譜と、ピアノ、ベース、ドラム、パーカッション等によるカラオケCDですので、どんなシチュエーションでも安心してお使い頂けます。
2017.8 63p 31×23cm ¥2600 ①978-4-11-300159-8

◆ヴァイオリンで奏でるラテン・ポップス　湯川徹編曲　全音楽譜出版社　（付属資料：別冊1；CD1）
【要旨】ダンサブルなアレンジのピアノ伴奏譜&カラオケCDでヴァイオリンがひき立つ！
2017.6 47p 31×23cm ¥2600 ①978-4-11-300158-1

◆歌謡1001 下　鈴江弘康編　全音楽譜出版社　第11版
【要旨】プロフェッショナル・ユースひき語り歌謡のすべて。前・間・後奏/コードネーム/オブリガート/リズム型付。
2017.9 591p 31×23cm ¥5700 ①978-4-11-773171-2

◆こころの中のヒット曲 愛のメロディー―歌謡曲から映画音楽まで　奥山清編曲　全音楽譜出版社　（大人のピアノ）
【目次】愛燦燦、愛のオルゴール、愛の讃歌、愛の水中花、愛のままで…、愛のロマンス、赤いハンカチ、アカシアの雨がやむとき、ある愛の詩、嘘は罪〔ほか〕
2017.6 63p 31×23cm ¥1600 ①978-4-11-190081-7

◆こころの中のヒット曲 心のメロディー―歌謡曲から映画音楽まで　奥山清編曲　全音楽譜出版社　（大人のピアノ）
【目次】ああ上野駅、雨にぬれても、上を向いて歩こう、帰ろかな、悲しくてやりきれない、枯葉、川の流れのように、北国の春、銀色の道、恋はみずいろ〔ほか〕
2017.6 63p 31×23cm ¥1600 ①978-4-11-190083-1

◆こころの中のヒット曲 夢のメロディー―歌謡曲から映画音楽まで　奥山清編曲　全音楽譜出版社　（大人のピアノ）
【目次】イエスタデイ・ワンス・モア、いつでも夢を、オー・シャンゼリゼ、オーラ・リー、風、カントリー・ロード、黄色いリボン、希望、今日の日はさようなら、この広い野原いっぱい〔ほか〕
2017.6 63p 31×23cm ¥1600 ①978-4-11-190082-4

◆小学生のやさしい器楽合奏レパートリー―模範演奏CD付　芦川登美子編著　自由現代社　（付属資料：CD1）
【要旨】学年、クラスに合わせて使える！主要楽器：笛、鍵盤ハーモニカをレベル別に2パターンアレンジした楽曲が音源付きで掲載。各楽曲を「やさしく」、「難しく」するいろいろな応用パターンも掲載。
2017.8 79p A4 ¥2000 ①978-4-7982-2197-7

◆富澤裕セレクション つないで歌おう ミマス作品集 2　ミマス作詞・作曲，富澤裕編曲　音楽之友社
【目次】つないで歌おう、エスペランサ―希望、天の川のひとしずく、空の美術館、Voyager、いつかこの海をこえて、一つの明かりで、心のなかの広い宇宙を、まるい地球をひとまわり、風のことば
2017.6 63p B5 ¥1500 ①978-4-276-57444-1

◆夏うた―夏色に彩るベスト・メロディー　全音楽譜出版社出版部編　全音楽譜出版社　（ピアノソロ）
【目次】Summer、海の声、ひまわりの約束、栄光の架橋、One Summer's Day、少年時代、島人ぬ宝、花～すべての人の心に花を～、さとうきび畑、真夏の果実〔ほか〕
2017.5 108p 31×23cm ¥1600 ①978-4-11-190038-1

◆日向美ビタースイーツ BITTER SWEET GIRLS！　リットーミュージック　（スコア・ブック）
【目次】恋とキングコング、イブの時代っ！、めうめうぺったんたん!!、とってもとっても、ありがとう、虚空と光明のディスクール、凛として咲く花の如く～ひなビタedition～、ちくわパフェだよ☆CKP、カタルシスの月、ホーンテッド★メイドランチ、滅びに至るエランプシス、走れメロンパン、チョコレートスマイル
2017.3 208p B5 ¥3400 ①978-4-8456-3012-7

◆冬うた―冬色に彩るベスト・メロディー　全音楽譜出版社出版部編　全音楽譜出版社　（ピアノソロ）
【目次】夜空ノムコウ、粉雪、Triangle、雪の華、冬景色、Jupiter、月光、Stand Alone、モルダウ、Forgotten Dreams〔ほか〕
2017.5 109p 31×23cm ¥1600 ①978-4-11-190040-4

◆フルートで奏でるクリスマス・メロディー―ピアノ伴奏譜&ピアノ伴奏CD付　後藤丹，生田美子，湯川徹編曲　全音楽譜出版社　（付属資料：別冊1；CD1）　第2版
【要旨】誰もが知っているクリスマスの名曲を、フルートとピアノによる美しいデュオに編曲。特別な場所やイベントに相応しい、オトナ&リッチな雰囲気を大切にしたい時にとても効果的。ピアノ伴奏譜とピアノ伴奏CD付きですので、どんなシチュエーションでもお使い頂けます。フルートとピアノの魅力を存分に引き出した、豪華編曲陣による珠玉のアレンジをお楽しみください。
2017.9 47p 31×23cm ¥2600 ①978-4-11-548574-7

音楽　810　BOOK PAGE 2018

◆ベース・ソングブック—ありそうでなかった練習ツール！多ジャンル73曲のマイナスワン音源で弾きまくる！　（国分寺）アルファノート　（付属資料：DVD‐ROM1）
【要旨】オリコン1位獲得の超豪華作曲家陣による本気の楽曲だからこそ超実践的な練習が可能！模範演奏とベース無しマイナスワンの音源で練習・録音・勉強に便利！
　2017.10 85p A4 ¥3500 ①978-4-906954-67-4

◆みんなで連弾 ハッピー★クリスマス　轟千尋編曲　全音楽譜出版社　第4版
【要旨】バイエル〜ブルクミュラー程度4手〜6手連弾。クリスマスの名曲を新鮮なアレンジで。クリスマスに必ずといっていいほど耳にする曲たちを、少ない音でもおしゃれに響く、ピアノ連弾用に仕上げました。
　2017.9 95p 31×23cm ¥1700 ①978-4-11-190660-4

◆NHKラジオ深夜便のうた 碧い　氷川きよしうた、GReeeeN作詞・作曲　NHK出版 （NHK出版オリジナル楽譜シリーズ）
【目次】ボーカル＆ピアノ、歌詞、メロディ譜
　2017.8 11p A4 ¥620 ①978-4-14-055370-1

📖 ピアノスコア

◆王様のピアノ 初・中級 映画・ミュージカル—贅沢アレンジで魅せるステージレパートリー集　全音楽譜出版社出版部編　全音楽譜出版社
【目次】虹の彼方に（「オズの魔法使い」より）、オン・マイ・オウン（「レ・ミゼラブル」より）、ホール・ニュー・ワールド（「アラジン」より）、アダージェット（「ベニスに死す」より）、愛した日には悔いはない（「コーラスライン」より）、Summer（「菊次郎の夏」より）、雨だれの前奏曲（「シャイン」より）、ホフマンの舟歌（「ライフ・イズ・ビューティフル」より）、ALWAYS三丁目の夕日Opening Title, Oh Happy Day（「天使にラブ・ソングを2」より）〔ほか〕
　2017.8 60p 32×23cm ¥1600 ①978-4-11-176102-9

◆王様のピアノ 初・中級BGM—贅沢アレンジで魅せるステージレパートリー集　全音楽譜出版社出版部編　全音楽譜出版社
【目次】私のお気に入り、故郷、星に願いを、Moon River、朧月夜、愛を奏でて、Plink Plank Plunk、花のワルツ、想い出を川に、Ave Verum Corpus〔ほか〕
　2017.8 54p 31×23cm ¥1600 ①978-4-11-176101-2

◆クリスマス　全音出版部編　全音楽譜出版社（王様のピアノ—贅沢アレンジで魅せるステージレパートリー集）第2版
【目次】ひいらぎ飾ろう、ホワイト・クリスマス、もみの木、おめでとうクリスマス、ママがサンタにキッスした、そりすべり、ジングル・ベル、もろびとこぞりて、牧人ひつじを、神の御子は今宵しも、あら野の果てに、O Holy Night、ウィンター・ワンダーランド、Merry Christmas, Mr.Lawrence、サンタが街にやってくる、The Christmas Song, Somewhere in my Memory、天には栄え、クリスマスの12日、きよしこの夜、クリスマス・ソング・メドレー
　2017.9 87p 31×23cm ¥1800 ①978-4-11-176023-7

◆恋（星野源）／セロリ（SMAP）　全音楽譜出版社　（全音ピアノピース（ポピュラー））
　2017 1Vol. 31×23cm ¥800 ①978-4-11-916082-4

◆ザ・歌伴 歌い継がれる名曲集　奥山清編曲　全音楽譜出版社　（全音伴奏シリーズ）
【目次】上を向いて歩こう＝坂本九・1961（昭和36年）、あの素晴しい愛をもう一度＝加藤和彦と北山修・1971（昭和46年）、翼をください＝赤い鳥・1971（昭和46年）、なごり雪＝イルカ・1975（昭和50年）、贈る言葉＝海援隊・1979（昭和54年）、いい日旅立ち＝山口百恵・1980（昭和55年）、昴＝谷村新司・1980（昭和55年）、花〜すべての人の心に花を＝喜納昌吉＆チャンプルーズ・1980（昭和55年）、川の流れのように＝美空ひばり・1988（昭和63年）、少年時代＝井上陽水・1990（平成2年）〔ほか〕
　2017.9 119p 31×23cm ¥2300 ①978-4-11-190364-1

◆初・中級 クリスマス　全音出版部編　全音楽譜出版社（王様のピアノ—贅沢アレンジで魅せるステージレパートリー集）
【目次】ジングル・ベル、きよしこの夜、ひいらぎ飾ろう、O Holy Night、The Christmas Song、おめでとうクリスマス、神の御子は今宵しも、Ave Maria、もみの木、ウィンター・ワンダーランド、あら野の果てに、Amazing Grace、牧人ひつじを、もろびとこぞりて、天には栄え、ホワイト・クリスマス
　2017.9 54p 31×23cm ¥1600 ①978-4-11-176103-6

◆前前前世／なんでもないや（RADWIMPS）　全音楽譜出版社　全音ピアノピース（ポピュラー））
　2017 11p 31×23cm ¥800 ①978-4-11-916081-7

◆ピアノ曲集 風巡る　樹原涼子作曲　音楽之友社
【目次】親愛なる宮谷理香に捧ぐ 巡る、世界中の子供たちに捧ぐ 夢見る妖精、敬愛する舘野泉先生に捧ぐ 天空の風 Celestial breath、親愛なる春日保人に捧ぐ 僕の故郷、故郷に捧ぐ 君が笑えるように、昔子供だった人に捧ぐ 小さなお伽話
　2017.8 31p 31×23cm ¥1400 ①978-4-276-45667-9

◆ピアノ曲集 ツグミの森の物語　香月修作曲　全音楽譜出版社
【目次】プロローグ、はじまりの朝、春風とワルツ、小リスの散歩道、すずしいブーケ、木洩れ日のハンモック、春の足音、小鳥の水遊び、寂寥、小さなレクイエム〔ほか〕
　2017.6 71p 31×23cm ¥1700 ①978-4-11-178615-2

◆ピアノで奏でるキレイなJ‐pop名曲集　自由現代社編集部編著　自由現代社
【要旨】最新のヒット曲から懐かしの名曲まで全40曲掲載。
　2017.1 175p 31×23cm ¥2000 ①978-4-7982-2152-6

◆リレー連弾 Bセレクション　春畑セロリ編　音楽之友社
【目次】リレーde バロック、B in B〜バッハinブラジル、恋するBメンズ〜Bのつく作曲家が奏でるラブ・ストーリー、リレーde ブルク、リレーde バレエ
　2017.8 54p 31×23cm ¥1600 ①978-4-276-43852-1

📖 メソード

◆「赤とんぼ」で学ぼう 歌が上手くなる「シンプル発声法」　中野陽子著　ペンコム、インプレス 発売
【要旨】山田耕筰愛弟子直伝、発声をベースとした歌唱のレッスン本。あなたの本当の歌声が目覚めます！
　2017.11 106p B6 ¥1200 ①978-4-295-40135-3

◆アッ！ という間に曲が弾ける 指1本からはじめるギター超入門　野村大輔著　リットーミュージック　（付属資料：CD1）
【要旨】指1本で押さえられるコードから紹介！図と写真で簡単にコードが覚えられる！リズムや弾き方を解説しているので、譜面が読めなくてもOK！気を付けたいポイントのみに絞ったコメント解説！覚えたコードが使える実際の曲を紹介！だから、初めての人も挫折した人でも簡単にギターが弾けるようになります！
　2017.12 143p 23×19cm ¥1500 ①978-4-8456-3147-6

◆生きたブルースを身につける方法　菊田俊介著　リットーミュージック　（付属資料：CD1）
【要旨】もっと深く、よりシンプルに、ブルース・ギターをインプット。シカゴの第一線で活躍してきたギタリストが、本場仕込みのブルース・ギターの極意をわかりやすく伝授。ギターの鳴らし方からギター・ソロ、バッキング、スライド・プレイまで徹底解説したリアル・ブルースの最強指南書！
　2017.12 223p A5 ¥1900 ①978-4-8456-3172-8

◆1日で感動的に声がよくなる！歌もうまくなる!!　堀澤麻衣子, 司拓也著　三笠書房（王様文庫）
【要旨】心と身体のリラックスから生まれる、今までにない画期的・発声メソッド！滑舌アップ！オンチも直る！口ベタ解消！ラクラク発声法で好印象＆話し上手に！
　2017.5 205p A6 ¥600 ①978-4-8379-6820-7

◆いちばんやさしいギター・コード・レッスン　奥山清監修, 自由現代社編集部編著　自由現代社
【要旨】ゼロからギターを始めたい、弾きながら歌いたい、左手が難しくて全く弾けない、独学で始めたけどわからない、途中で挫折してしまって最初からやりなおしたい。こんな方にオススメ！写真を見ながらポイントを確認し、フォームがスムーズに覚えられる！
　2017.12 95p 21×19cm ¥1300 ①978-4-7982-2215-8

◆ウクレレ快読本　小林正巳著　日本評論社　改訂新版
【要旨】弾ける人も、これからの人も。ウクレレを愉しみつくすための1冊、待望の改訂！YouTube動画と連動！
　2017.6 171p A5 ¥1800 ①978-4-535-58704-5

◆英語で歌えば上手くなる！—ボーカリスト養成プログラム　NOBU著　アルファベータブックス
【要旨】歌うために必要な知識と技術を"英語で歌う"ことで手に入れる！まったく新しい、歌が上手くなるための方法論。
　2017.5 146p A5 ¥1600 ①978-4-86598-030-1

◆エレクトロニック・ミュージシャンが知っておくべきミックス＆サウンド・メイクの手法　竹内一弘著　シンコーミュージック・エンタテイメント　（付属資料：CD1）
【要旨】一流のクリエイターは"音をデザインする"！トラックを躍動させる"魔法のミキシング・テクニック"とは？電子音楽を志す人が知らないと損をする"サウンド・デザインの流儀"
　2017.5 159p 23×19cm ¥2400 ①978-4-401-64436-0

◆かっこいいコード進行108—THE STYLISH CHORD PROGRESSION 転調！テンション！ツーファイブ！　篠田元一著　リットーミュージック
【要旨】もっとジャズテイストのコード進行で曲を作ってみたい。でも自分の引き出しの中にはアイディアがないし…というアナタに贈るスタイリッシュな8小節×108パターンの作例集。機能表示付リードシート＋進行アナライズ＋コード構成音表示。『かっこいいコード進行88』に新たな20種類のコード進行を追加した増強版！
　2017.10 238p 24×19cm ¥1800 ①978-4-8456-3132-2

◆ギターを弾いているだけで音感がアップする方法　いちむらまさき著　リットーミュージック　（付属資料：CD1）
【目次】第1章 脳とフレットで間隔を捉える、第2章 組み合わせ基本、第3章 アンニュイな音、第4章 経過音、第5章 ハモリ・カッティング、第6章 コード進行、第7章 ソウル・ファンク、第8章 音感クイズ
　2017.6 127p A5 ¥1600 ①978-4-8456-3028-8

◆ギター・コードをキレイに鳴らせる本—ちょっとしたコツで押さえられるんです！　野村大輔著　リットーミュージック　（付属資料：DVD1）
【要旨】弾きたかったあの曲が弾ける！音楽がもっと楽しくなる！
　2017.9 141p 23×19cm ¥1800 ①978-4-8456-3123-0

◆ギター上達のための全知識　養父貴著　リットーミュージック　（全知識シリーズ）
【要旨】本格派を目指したいギタリストに贈る珠玉のアドバイス。『ギターで覚える音楽理論』の養父貴氏の名著『ギタリストのための全知識』が復活・リニューアル。
　2017.2 174p A5 ¥1900 ①978-4-8456-2998-5

◆ギタリストのためのペンタトニック徹底活用帳—フレーズ作りのコツがゼロからわかる！　黒岩研二編著　自由現代社　（付属資料：CD1）
【要旨】ポジションの把握から実践的な音の使い方、テクニックの織り交ぜ方、リズムアプローチ等、カッコいいフレーズを作るコツが満載！
　2017.2 126p A4 ¥1800 ①978-4-7982-2160-1

◆声が20歳若返るトレーニング　上野実咲著　ヤマハミュージックエンタテインメントホールディングス出版部
【要旨】声の老化は止められる！「人に聞き返される」「口が回らなくなった」「カラオケでうまく歌えない」—。そんな経験があったら、声の老化のサインかもしれません。「歳」だから仕方がない…とあきらめる前に、ちょっとしたコツと練習で、明るく生き生きとした声に生まれ変

◆最強作家集団 堀井塾の作曲講座　堀井勝美著　リットーミュージック　（付属資料：CD・ROM1)
【要旨】30年間で2万曲以上書いてきた超ベテラン職業作曲家・堀井勝美が伝授する本当に役立つ作曲テクニック！
2017.12 207p 23×19cm ¥2000 ⓘ978-4-8456-3047-9

◆作詞少女―詞をなめてた私が知った8つの技術と勇気の話　仰木日向著、まつだひかり漫画・イラスト　ヤマハミュージックエンタテインメントホールディングス出版部
【要旨】ちょっとしたきっかけから、友人から作詞を頼まれた女子高生"江戸川悠"。「作詞はやったことないけど、なんとかなるかも？」なんて考えて始めたものの、そんなに甘くなかった！歌詞はどうやって書くの？必要なものは？テクニックは？そして、技術の先にあるものとは―？読むだけで歌詞の書き方や創作の秘密がわかる作詞物語。
2017.12 442p B6 ¥1600 ⓘ978-4-636-94334-4

◆挫折しないギター入門―簡易コードで完奏できる！知識ゼロから始められる超やさしい入門書　自由現代社編集部編著　自由現代社
【要旨】やさしくアレンジしたコードで挫折しない。五線譜なし！定番・人気曲がすぐ弾ける。アコギ・エレキ両方対応。大きく見やすい便利なコード表付き。定番・人気曲を多数掲載！
2017.11 95p B5 ¥1200 ⓘ978-4-7982-2210-3

◆作曲・編曲・作詞でプロになりたい人が成功する方法　挫折する理由―作家デビューを果たしコンペを勝ち抜くための本　島崎貴光著　リットーミュージック
【要旨】プロ作家として生きていくためにはコンペで勝ち続けなければならない。そんな厳しい実力社会で夢を叶えるための意識と行動力を養うための方法。
2017.3 309p A5 ¥1800 ⓘ978-4-8456-3014-1

◆初心者のウクレレ基礎教本　Lele de Bossa監修，自由現代社編集部編著　自由現代社
【要旨】ヒット・ナンバーの弾き語りからワンランク上のソロ・レパートリーまで名曲満載！弾き語り＆ソロ演奏の基本をやさしく学べる入門書。
2017.3 79p A4 ¥1300 ⓘ978-4-7982-2164-9

◆初心者のエレキ・ギター基礎教本　自由現代社編集部編著　自由現代社
【目次】第1章 ギターを弾く前に（エレキ・ギターの種類、ギター各部の名称 ほか）、第2章 音を出してみよう（セッティング、演奏姿勢 ほか）、第3章 テクニックを磨こう（ハンマリング・オン、プリング・オフ ほか）、第4章 コードを弾こう（パワー・コードで口ックしよう！、ロー・コード開放弦の美しい響きを感じよう ほか）、第5章 ギターをもっと知ろう（弦振動を拾うピックアップ、ギターと同じくらい重要なアンプ ほか）、第6章 応用曲（我ら思う、故に我らあり／氣志團、女々しくて／ゴールデンボンバー ほか）
2017.4 95p A4 ¥1300 ⓘ978-4-7982-2170-0

◆初心者のためのウクレレ講座　自由現代社編集部編著　自由現代社　（ゼロから始められるあんしん入門書）
【目次】コードをキレイに鳴らそう！、ジャカジャカ弾くにはワケがある！、バレーコードという壁さえ乗り越えれば、メロディ―弾きもいいじゃん！、メロディーをカッコよく！、ウクレレ・ソロに挑戦！、チャカチャカとカッコよく！、ポロロローンとキレイに！、ふたりでウクレレ！、応用曲を弾こう！、テクニックをレベルアップ！、弦について、もっと知ろう！、チューニング
2017.2 93p A5 ¥1200 ⓘ978-4-7982-2159-5

◆初心者のためのエレキ・ベース講座　自由現代社編集部編著　自由現代社
【要旨】入門知識から実践テクニックまで基礎からしっかり学べる。リズムの種類、演奏パターンを弾きながら覚える実践形式。各種テクニック・トレーニングに使える定番・人気曲のベース譜を掲載。ゼロから始められるあんしん入門書。
2017.4 95p A4 ¥1200 ⓘ978-4-7982-2161-8

◆初心者のためのギター・コード講座―ゼロから始められるあんしん入門書　自由現代社編集部編著　自由現代社
【要旨】ギターを演奏する上で避けては通れないコード。通常のコード理論書は難しいと感じるギター初心者に向け、コードのしくみを図解でやさしく解説。わかりやすい指伸付きダイアグラム。コードが、いまいちわからない方のために理論をやさしく解説。弾きながら覚える楽しい実践形式。コードの押さえ方をイラストでわかりやすく解説。
2017.3 95p A4 ¥1200 ⓘ978-4-7982-2165-6

◆初心者のためのドラム講座　自由現代社編集部編著　自由現代社
【要旨】楽器の仕組み、楽譜の読み方など音楽の基礎がしっかり学べる。リズムの種類、演奏パターンを叩きながら覚える実践形式。セッティング＆メンテナンス方法をイラストでわかりやすく解説。応用トレーニングに使える定番・人気曲のドラム譜を掲載。ゼロから始められるあんしん入門書。各パーツの名称とその役割を図解で覚えながら、やさしいリズムトレーニングで無理なく両手両足を使ってビートを叩く練習へ導入。テクニックのトレーニング以外にもドラマー必見のコラムも掲載。
2017.6 95p A5 ¥1200 ⓘ978-4-7982-2182-3

◆初心者のトランペット基礎教本―基本から詳しく解説。吹きながら楽しく学べる入門書！　織田祐亮編著　自由現代社
【要旨】基本の奏法を吹きながら学べ、名曲のソロやアンサンブルも楽しめる！
2017.11 94p A4 ¥1400 ⓘ978-4-7982-2211-0

◆絶対曲が作れる！ギタリストのための音楽理論 CD付　宮脇俊郎著　ヤマハミュージックメディア　（Go！Go！GUITARブックス）　（付属資料：CD1)
【要旨】これなら身につく！毎回確認、ドリルで復習。初心者にもわかりやすい、オリジナル曲を作りたいギタリストのための音楽理論本。
2017.2 127p 24×19cm ¥1800 ⓘ978-4-636-94273-6

◆ゼロから始める林まきえのボイストレーニング―誰も教えてくれなかった秘密をこっそり大公開　林まきえ著　幻冬舎メディアコンサルティング，幻冬舎 発売　（付属資料：DVD1)
【要旨】上手く歌わない人は見ないでください。毎月100人以上が効果を実感している"林まきえ式横隔膜発声メソッド"をご紹介。チューリップを歌うだけで、声が分かる!? ＝あなただけの勝負曲が見つかる！
2017.4 138p A5 ¥1400 ⓘ978-4-344-99330-3

◆そうだったのか！コード理論―コードはパズルだ!!　田熊健編著　自由現代社
【要旨】コードを音のパズルとして楽しむ、画期的なコード発想法の解説書。
2017.7 126p A5 ¥1300 ⓘ978-4-7982-2187-8

◆誰でも歌がうまくなるDVDブック―びっくりするほどカンタン！　中西圭三著　アスコム　（付属資料：DVD1)
【要旨】歌が苦手な人でも大丈夫！楽譜を読めなくても、むずかしい音楽用語を知らなくてもまったく問題ありません！誰でもカンタンにできて、歌がうまくなる方法をお教えします！このDVDブックで楽しく、歌ってください！
2017.2 62p 19×16cm ¥1500 ⓘ978-4-7762-0894-5

◆使える！コード理論―丸暗記不要のクリエイター向けレッスン　石田ごうき，大浦雅弘，熊川ヒロタカ著　リットーミュージック
【要旨】コードに働く力学を「倍音主義」の立場から完全解説！全音楽家を一段上のステージに導く新時代の音楽理論書誕生。
2017.11 241p 21×19cm ¥1800 ⓘ978-4-8456-3151-3

◆できるDVDとCDでゼロからはじめるエレキギター超入門　宮脇俊郎著　リットーミュージック　（できるからはじめるシリーズ）　（付属資料：DVD1; CD1; 別冊1)
【要旨】いちばんやさしい教本。語呂合わせで覚えるチューニング音。
2017.10 247p 24×19cm ¥1600 ⓘ978-4-8456-3131-5

◆転調テクニック50―イマジネーションが広がる実践的コード進行集　梅垣ルナ著　リットーミュージック　（付属資料：CD1)
【目次】INTRODUCTION 転調の基礎知識、1 シンプルなアプローチ、2「V7」をクッションに活用、3「V7」の応用テクニック、4「半音」「全音」＆さまざまなクッション技、5 ディミニッシュ＆オーギュメントのアプローチ、6 連続転調、APPENDIX 転調に役立つ音楽理論
2017.7 142p A5 ¥1800 ⓘ978-4-8456-3054-7

◆童謡を聞くだけで音感が身につくCDブック―メロディがドレミで聞こえるようになる！　友寄隆哉著　リットーミュージック　（付属資料：CD1)
【要旨】本当はすごい「童謡」と「唱歌」。短いメロディの中に音楽の基礎が詰まった童謡や唱歌を聞くだけで、誰でも必ず音感が身につき、メロディがドレミで感じられるようになります。
2017.7 79p 23×19cm ¥1300 ⓘ978-4-8456-3073-8

◆ドリル式！この1冊で譜面の読めるギタリストになれる本　渡辺具義著　リットーミュージック
【目次】基礎編―もう譜面はこわくない（音符/休符―音の長さはどうやって決まるの？、付点音符/タイ―音符をつなげてリズムを知ろう！、連符―細かいリズムに対応！、音程―音の高さを読もう！、加線―五線からはみ出る音は？、メジャースケールのフォーム―指板上でのドレミの位置は？）、オクターブ記号―これですっきり読みやすい！、臨時記号―音の高さを一時移動！、調号―曲のキーを知る！、奏法記号―曲に表情を付けよう！、リードシート―実践に強くなる！）、応用編―もっとギターらしく弾くため（ポジション決め―コツを知って即戦力に！、表現法―ギターの音色に表情を！）、総合ドリル
2017.6 151p 23×19cm ¥1400 ⓘ978-4-8456-3060-8

◆西山毅流 即効性 現場で使えるギター・プレイの処方箋　西山毅，安保亮著　シンコーミュージック・エンタテイメント　（付属資料：CD1)
【要旨】長年のプロ・キャリアで培った他言無用の実戦対応術をご開帳!!スタジオ系等で困らないための必修知識＆演奏テクニックを実践的な濃密譜例で徹底マスター！
2017.7 96p A4 ¥1700 ⓘ978-4-401-14599-7

◆バカテク・ギター虎の巻 保存版―CD付　藤岡幹大著・演奏　シンコーミュージック・エンタテイメント　（付属資料：CD1)
【要旨】鍛練前のウォーミング・アップ。ペンタトニックで弾きまくる。究極の速弾き大会。一筋縄ではいかないリズム・トリック。ジプシー・ジャズに挑戦！バカみたいに難易度高めな、ギターテクの波状攻撃に挑め！最先端/最高峰のテクニカル・プレイを実演指導！
2017.7 113p 26×21cm ¥1400 ⓘ978-4-401-14602-4

◆ハーモニカ入門ゼミ　田中光栄編著　自由現代社　（はじめの一歩）
【要旨】クロマチック・ハーモニカ入門書の決定版！基本の奏法から一歩進んだテクニック、手入れの方法やメンテナンスも解説！
2017.10 118p A5 ¥1300 ⓘ978-4-7982-2203-5

◆ピアノのお悩み解決クリニック―練習向上編　春畑セロリ著　ヤマハミュージックエンタテインメントホールディングス
【要旨】奏者が抱える今さら聞けないような悩みを、春畑セロリがバッチリ解決!!初心者から上級者まで、子どもから大人まで、50のお悩みをQ＆A方式で紹介します。
2017.12 117p B6 ¥1000 ⓘ978-4-636-95043-4

◆ピアノのお悩み解決クリニック―演奏テクニック編　春畑セロリ著　ヤマハミュージックエンタテインメントホールディングス
【要旨】奏者が抱える今さら聞けないような悩みを、春畑セロリがバッチリ解決!!初心者から上級者まで、子どもから大人まで、50のお悩みをQ＆A方式で紹介します。
2017.12 117p B6 ¥1000 ⓘ978-4-636-95042-7

◆弾きながらマスター！ウクレレ入門　自由現代社編集部編著　自由現代社
【要旨】有名曲を弾きながらウクレレの基礎が学べる!!
2017.1 91p A5 ¥1200 ⓘ978-4-7982-2155-7

◆ブルース・ギターをはじめる方法とプレイ幅を広げるコツ　いちむらまさき著　リットーミュージック　（付属資料：CD1)
【要旨】バッキングからソロまで、バッチリ!!
2017.9 126p A5 ¥1600 ⓘ978-4-8456-3122-3

◆まるごと1冊！ドラム・フットワーク　長野祐亮著，リズム＆ドラム・マガジン監修　リットーミュージック　（『まるごとドラム・フット・ワーク』加筆・改稿・再編集・改題書）
【要旨】効果絶大、脚×足集中トレーニング。奏法と練習課題のどちらも幅広いバリエーションを取り上げて解説した。
2017.11 126p 23×19cm ¥1900 ⓘ978-4-8456-3149-0

音楽　812　BOOK PAGE 2018

◆まるごとエレキギターの本　藤城裕樹著　青弓社
【要旨】初心者や独学で弾いている人の参考になるように、エレキギターの基礎知識から楽器の選び方、必須の付属アイテム、練習方法と上達のためのコツ、メンテナンスの仕方、ライブ演奏の基本までを写真やイラストを交えてわかりやすく解説する。
2017.6　222p　B6　¥1600　978-4-7872-7401-4

◆水野式ウォーキング・ラインのルールブック　水野正敏著　シンコーミュージック・エンタテイメント
【要旨】ウォーキング・ラインを弾く上でのルールが読むだけで分かる！ 憧れのジャズのウォーキング・ラインが自由自在に弾ける！ ジャズ・セッションでもすぐに対応できる、実践的入門書！ ベーシスト及び低音楽器担当演奏者必読！
2017.11　166p　A5　¥2000　978-4-401-64518-3

◆見て弾くかんたんピアノ・レパートリー——名曲に挑戦！　自由現代社編集部編著　自由現代社
【要旨】姿勢・フォーラムから、指くぐり/指こえ、音符の読み方、シンコペーション、ペダル…など。ひとレッスン、曲を弾きながらピアノの弾き方が基本からマスターできる！ ノクター(F.ショパン)、結婚行進曲(ワーグナー)、涙そうそう(夏川りみ)、さくら(独唱)(森山直太朗)、キセキ(GReeeeN)、蕾(コブクロ)、見上げてごらん夜の星を(坂本九)…など、レパートリーも。
2017.12　95p　31×23cm　¥1400　978-4-7982-2219-6

◆難しい専門用語は後回し！ ピアノで学ぶやさしいコード理論　自由現代社編集部編著　自由現代社
【要旨】コードの音を入れ替えてみよう！ 様々なセブンス・コードの実際の使い方。難しいイメージのテンション・コードを攻略。ダイアトニック・コードを使ってアレンジしよう。マイナー・キーでのコードアレンジ…など。
2017.12　111p　B5　¥1300　978-4-7982-2217-2

◆もっと音楽が好きになる こころのトレーニング　大場ゆかり著　音楽之友社
【要旨】吹奏楽、合唱、ピアノ、オーケストラ、バンド、歌…。もっとうまくなりたい。もっと本番を楽しみたい。でも、いつも本番では空回り…。緊張で失敗するのは仕方ないの？ そんなことはありません。楽器や歌を練習するように、「こころ」も練習すればいいのです。さあ、こころのトレーニングをはじめましょう。あなたがもっと輝くために。
2017.11　79p　A5　¥1400　978-4-276-31603-4

◆ヤマハデジタル音楽教材 アルトリコーダー授業　ヤマハ編　(浜松)ヤマハ、ヤマハミュージックエンタテインメントホールディングス発売　(付属資料：DVD‐ROM1)
【要旨】ディズニー、ジブリ、教科書掲載曲他、全30曲収録。小・中学校の授業でそのまま使える。授業モデル・ワークシート付き。
2017.11　99p　A4　¥7500　978-4-636-94965-0

◆ヤマハデジタル音楽教材 ギター授業　ヤマハ編　(浜松)ヤマハ、ヤマハミュージックエンタテインメントメディア発売　(付属資料：DVD‐ROM1)
【要旨】楽器が苦手でも教えられる！ パソコン、タブレット端末で、中学校の授業でそのまま使える!! 大事なポイントを押さえて学べる！ ボタン操作で動画再生も自由自在！ Wordで編集可能！ 授業にすぐに使える、授業モデル・ワークシート付き。
2017.4　59p　A4　¥7500　978-4-636-94481-5

◆40歳からのハローギター　たかしまてつを絵、納富廉邦文　幻冬舎
【目次】序章 はじめよう編(ギター、はじめませんか？ ギターを買いに行こう ほか)、第2章 弾いてみよう編(指はいつまで痛いのだろうか、一万の壁を乗り越えろ！ ほか)、第3章 ギターに夢中編(楽器店に行こう、ギターを部屋に置くということ ほか)、最終章 ギター天国編(何故、ギターは増えていくのか？、ギターを弾く時に使う力とは？ ほか)、オマケの番外編(ハロー・アコースティックギター、ハロー・ウクレレ ウクレレを買おう編 ほか)。
2017.10　175p　A5　¥1200　978-4-344-03199-9

◆読んで覚えるコードのカラクリ　田熊健編著　自由現代社
【要旨】スラスラ読めて、コードがわかって、音楽が一気に楽しくなる！
2017.11　93p　A5　¥1300　978-4-7982-2212-7

◆リズム感が良くなる「体内メトロノーム」トレーニング——歌、楽器、ダンスが上達！　長野祐亮著　リットーミュージック　(付属資料：CD1)
【要旨】本書の用途は音ゲー(音楽ゲーム)の上達、幼児期からはじめるリズム教育、脳を活性化させるトレーニング、etc…いろいろ考えられます。ぜひ「体内メトロノーム」トレーニングをさまざまな場面で御活用ください。
2017.5　174p　23×19cm　¥1800　978-4-8456-3048-6

◆理論がわかる！ 実践で弾ける！ 挫折しないコード入門　自由現代社編集部編著　自由現代社
【要旨】知識ゼロから始められる超やさしいコード理論入門書！ ポイントをしっかり押さえながらステップを進めていくので、挫折しない！ 確認テストや練習曲を使い、知識を実践で身につけ、苦手意識を完全克服！ ピアノ&ギター両方対応。楽器を弾きながら楽しく覚えられる！ 定番・人気曲のコード付きメロディ譜を掲載！
2017.10　79p　A5　¥1200　978-4-7982-2204-2

◆CD付き 楽しく体験レッスン 作詞・作曲入門——自分の言葉をメロディーに乗せて！　野口義修著　ナツメ社
【要旨】作詞は「メロ先作詞」の実践指導！ 理論も楽器も心配なし！ ポップでオシャレで遊び心満載のCD！
2017.4　239p　A5　¥1800　978-4-8163-6196-8

◆DVD一番やさしい すぐに弾けるピアノ・レッスン　丹内真弓著　西東社　(付属資料：DVD1;練習用鍵盤)
【要旨】楽譜にあわせた指の動きが丸わかり！ 見て、聴いて、どんどん弾ける！ 一度は弾いてみたい、人気18曲を厳選。
2017.7　143p　26×22cm　¥1500　978-4-7916-2481-2

◆DVD 誰でも弾ける！ エレキギター　三浦聡監修　西東社　(付属資料：DVD1)
【要旨】初めてでもすぐ弾ける！ かんたんテクニック満載!!練習フレーズ盛りだくさん！ DVD145分でうまくなる！
2017.3　191p　24×19cm　¥1400　978-4-7916-2546-8

◆DVD付き超入門 これなら弾ける！ エレキギターの弾き方　中原健太郎演奏・監修　成美堂出版
【要旨】ギターの選び方、弦の押さえ方、TAB譜の読み方、はじめてでもこの1冊でマスター！ 速弾き、ライトハンド奏法、超絶テクニックも解説！
2017.6　190p　B5　¥1400　978-4-415-32323-7

ジャズ

◆あなたの聴き方を変えるジャズ史　村井康司著　シンコーミュージック・エンタテイメント
【要旨】ジャズは、一体どのようにしてジャズたりえたのか？ 現代の「新しい耳」を踏まえた、ジャズの新しい通史！
2017.10　319p　A5　¥2000　978-4-401-64478-0

◆裏ブルーノート　若杉実著　シンコーミュージック・エンタテイメント
【要旨】ジャズの名門レーベルの名盤あれこれを独自の視点で斬る！ 新たな聴き方、39のストーリー。
2017.9　302p　B6　¥2000　978-4-401-64275-5

◆エンドレス・ジャーニー——終わりのない旅　秋吉敏子著、岩崎哲也聞き手　祥伝社
【要旨】「自分でコントロールできないものは心配しない」。88歳を超えてなお輝き続ける世界的ジャズ・ピアニストが明かす、創作の秘密。人生に大切なこと。心に響く金言集。
2017.12　217, 10p　B6　¥1800　978-4-396-61634-2

◆ゲイリー・バートン自伝　ゲイリー・バートン著、熊木信太郎訳　論創社
【要旨】グラミー賞受賞7回。50年以上ジャズ界を牽引したヴィブラフォン奏者の軌跡。ジャズにロックを取り入れた本格的な"フュージョン"バンドのリーダーであり、近年ゲイであることを公表した数少ないジャズミュージシャンの内面に迫る渾身の自伝。
2017.5　469p　B6　¥3800　978-4-8460-1625-8

◆ジャズ・アンバサダーズ——「アメリカ」の音楽外交史　齋藤嘉臣著　講談社　(講談社選書メチエ)
【要旨】アイゼンハワー政権以降、国務省はアメリカの文化的魅力を発信すべく、最高のミュージシャンを「ジャズ大使」として世界各地に派遣した。ベニー・グッドマン、ルイ・アームストロング、デューク・エリントン…。彼らは共産圏で観客をスウィングさせ、第三世界の聴衆を熱狂の渦に巻きこむ。しかしアメリカ発「自由のリズム」は「抵抗のしらべ」と反撃し、やがて権力の思惑を超えた「連帯のハーモニー」を鳴り響かせる。二十世紀後半の国際政治を音楽から照射した鮮烈な一冊。
2017.5　365p　B6　¥2000　978-4-06-258652-8

◆ジャズ・スタンダード・バイブル 2 セッションをもっと楽しむ不朽の227曲——CD付き 22曲+マイナス・ワン入り　納浩一編・著　リットーミュージック　(付属資料：CD1)　改訂版
【目次】アクチュアル・プルーフ、アファーメイション、アフロ・ブルー、おいしい水、浮気はやめた、アルフィー、恋をたたみたい、アロング・ケイム・ベティ、アナ・マリア、エンジェル・アイズ〔ほか〕
2017.2　251p　28×22cm　¥3500　978-4-8456-2996-1

◆ジャズの証言　山下洋輔、相倉久人著　新潮社　(新潮新書)
【要旨】ジャズクラブにジャズ喫茶、時にはバリケードや紅テントの囲いの中で、誰もが前のめりで聴き入った時代の熱気、病に倒れながらも「自分の音」を探し求めた青春、海外フェスに演奏ツアーでの飽くなき挑戦、ジャズの成り立ちと音楽表現——演奏家と批評家として、終生無二の友として、日本のジャズ界を牽引してきた二人による、白熱の未公開トーク・セッション!!
2017.5　218p　18cm　¥760　978-4-10-610718-4

◆ジャズの肖像——ポートレイチャーズ　阿部克自写真、行方均監修　シンコーミュージック・エンタテイメント
2018.1　157p　B5　¥3704　978-4-401-62285-6

◆ジャズ・ピアノを弾くための究極のコード・ブック——レフトハンド/レフト・ハンド・ヴォイシングを網羅！　遠藤尚美編著　自由現代社
【要旨】オシャレでジャズっぽい響きのコードを覚えたい！ アドリブは少しづつ上達してきたけど伴奏はどうすれば？ 苦手なテンションを克服したい！ アドリブ、伴奏で使えるジャズ・ピアノ特有のコードが満載。
2017.3　127p　A5　¥1800　978-4-7982-2167-0

◆ジャズメン死亡診断書　小川隆夫著　シンコーミュージック・エンタテイメント
【要旨】ミュージシャンの「死」から見えてくる人生、そして聴こえてくるジャズ…現役の医師だからこそ書けた究極のジャズ論。思わぬ事件・事故で生命を落としたクリフォード・ブラウン(交通事故)、リー・モーガン(内妻に撃たれる)、ジャコ・パストリアス(暴行で脳挫傷)、グレン・ミラー(搭乗機の墜落)、チェット・ベイカー(ホテルの窓から転落)、ソニー・クリス(拳銃自殺)、レム・ウインチェスター(ロシアンルーレット)…、そして病魔との凄絶な闘いの果てに倒れたマイルス・デイヴィス、ビル・エヴァンス、ジョン・コルトレーン、チャーリー・パーカー、ビリー・ホリデイなど…Dr.Ogawaによる23ジャズメンの「死亡診断書」＝生と死と彼らのジャズの記録。
2017.3　310p　B6　¥2000　978-4-401-64341-7

◆セロニアス・モンク——独創のジャズ物語　ロビン・ケリー著、小田中裕次訳　シンコーミュージック・エンタテイメント
【要旨】ビル・エヴァンス、キース・ジャレットと並び人気の高いジャズ・ピアニスト、セロニアス・モンク。本書は、謎と伝説に包まれた独創のジャズ音楽家、セロニアス・モンクの生涯とその実像に迫った初のノンフィクションのジャズ物語！
2017.10　673, 30p　22×16cm　¥3700　978-4-401-64473-5

◆戦後日本のジャズ文化——映画・文学・アングラ　マイク・モラスキー著　岩波書店　(岩波現代文庫)

【要旨】戦後、占領軍とともに入ってきて日本で復活したジャズは、アメリカそのものだった！映画、文学、映像作品などの中に表象されたジャズを読み解くと、同時代の日本の文化・社会が見えてくる。日本のジャズ喫茶に通いつめ、その独自性を鋭く指摘し、みずからジャズピアノを弾きこなす著者が、日本語で初めて書いた画期的な戦後日本文化論。サントリー学芸賞受賞作品。
2017.5 446p A6 ¥1340 ①978-4-00-603305-7

◆伝説のジャズ・レーベル スリー・ブラインド・マイス コンプリート・ディスクガイド 小川隆夫著 駒草出版
【要旨】日本が世界に誇るインディペンデント・レーベル、TBMのすべて。
2017.4 301p B5 ¥2700 ①978-4-905447-79-5

◆なつかしのジャズ名曲CDブック—昭和の思い出がよみがえる 北村英治著 アスコム （付属資料：CD1）
【要旨】青春の思い出が詰まった昭和を代表するジャズの名曲を日本ジャズ界のレジェンド北村英治がセレクト。聴けば、あの時代が脳裏によみがえり、懐かしさがこみあげてくることでしょう。
2017.3 63p 19×16cm ¥1500 ①978-4-7762-0937-9

◆野口久光 ジャズの黄金時代 野口久光著、根本隆一郎編 ヤマハミュージックエンタテインメントホールディングス出版部
【要旨】これぞジャズ・エンタテインメント!!巨匠野口久光による珠玉のジャズ・グラフィックと比類なきジャズ評論！洗練されたジャズ批評とグラフィックで戦前戦後のジャズの黄金時代を描き出す！
2017.11 253p B6 ¥2000 ①978-4-636-94970-4

◆ビバップから学ぶジャズ・ギター—アドリブ演奏に役立つ！ 堀川大介編著 自由現代社 （付属資料：CD1）
【要旨】ビバップでのフレーズや特徴を学び、アドリブジャズ・ギターが習得できる！
2017.1 111p A4 ¥1800 ①978-4-7982-2153-3

◆101匹目のジャズ猿—yambow平井の岡山ジャズ回想録 平井康嗣著 （岡山）平井康嗣回想録刊行委員会,（岡山）吉備人出版 発売
【要旨】岡山のジャズを夜な夜な語り、彷徨い、追い求め…。「無謀な偉業」を回想し、書き綴った待望の「岡山Jazz 本」。
2017.4 345p B6 ¥2000 ①978-4-86069-506-4

◆100年のジャズを聴く 後藤雅洋、村井康司、柳樂光隆著 シンコーミュージック・エンタテイメント
【要旨】初録音から100年。ジャズは、時代とともに生きてきた。30、50、70代一異なる世代を代表するジャズ評論家3人が、ジャズの過去と現在を往還し、未来を照射した、100年目の記念碑的ジャズ鼎談！
2017.12 271p A5 ¥2000 ①978-4-401-64501-5

◆森山威男 スイングの核心 森山威男著 ヤマハミュージックエンタテインメントホールディングス （付属資料：DVD1）
【要旨】フリージャズのドラム技法を完全解析！
2017.12 96p 22×16cm ¥5000 ①978-4-636-91164-0

◆油井正一のジャズ名盤物語 油井正一著 立東舎,リットーミュージック 発売
【要旨】半世紀を超えジャズに携わり続けた日本のジャズ評論の第一人者。彼が伝えるジャズ・ジャイアンツへの軌跡—ジャズ入門者が聴くべき42人・126枚！
2017.6 333p B6 ¥1500 ①978-4-8456-3055-4

◆JACO ジャコ・パストリアス写真集 内山繁著 駒草出版
【目次】1978.6 Weather Report、 1980.6 Weather Report、 Jaco at Photo Session、1981.5・6 Weather Report、Jaco in Ginza、ピーター・バラカンインタビュー："世界のベース・ギタリスト、ジャコ"、1982.8・9 Word of Mouth Big Band、1983.5 Word of Mouth Band、1984.7 Live Under the Sky Gil Evans Orchestra、1985.2 Lone Star Caff NY、特別寄稿：ピーター・アースキン"ジャコとシゲルとウェザー・リポート"
2017.9 143p A5 ¥2000 ①978-4-905447-85-6

◆VOICE OF BLUE—Real history of Jazz 舞台上で繰り広げられた真実のジャズ史

をたどる旅 高内春彦著 リットーミュージック
【要旨】実力派ギタリストがニューヨークの演奏現場から明かす、ミュージシャンから見たジャズの発展史。ギル・エヴァンスから直伝されたモード・ジャズの真実など、関係者しか知り得なかったジャズの新事実が満載！
2017.4 295p B6 ¥1800 ①978-4-8456-2668-7

民族音楽・ワールドミュージック

◆ジャジューカの夜、スーフィーの朝—ワールドミュージックの現場を歩く サラーム海上著 DU BOOKS,ディスクユニオン 発売
【要旨】2017年民放連最優秀賞ラジオDJ/音楽評論家が放つ渾身のフィールドレポート！
2017.12 350p B6 ¥2500 ①978-4-86647-040-5

◆すみれの花咲く頃、矢車菊の花咲く時—おしゃべりシャンソン 三木大原浩史著 鳥影社
【要旨】シャンソンへの誘い。"シャンソンを「歌う」、シャンソンを「聴く」、と三幅対をなすのがシャンソンを「読む」という楽しみです。" 第一人者が語るシャンソンの魅力。
2017.7 249p B6 ¥1600 ①978-4-86265-624-7

◆HAWAIIAN MELE 400 鳥山親雄著 （横浜）文踊社
2017.9 637p A5 ¥3600 ①978-4-904076-65-1

◆TRIP TO ISAN—旅するタイ・イサーン音楽ディスク・ガイド 宇都木景一、高木紳介著 DU BOOKS,ディスクユニオン 発売
【要旨】世界待望！誰も知らなかったタイ音楽の真実が遂に明らかになる。そして出会ったレコードと人々、タイ音楽の重要人物たちが語ったモーラム、ルークトゥンの真実。
2017.4 389p 23×17cm ¥3200 ①978-4-86647-012-2

クラシック

◆悪魔のすむ音楽 若林暢著、久野理恵子訳 音楽之友社
【目次】第1章 音楽の中の悪魔—1800年以前（概説、J.S.バッハ：『マタイ受難曲第19番冒頭の合唱』）、第2章 19世紀初頭の名曲（シューベルト：『魔王』、ウェーバー：『魔弾の射手』より「狼谷の場」冒頭）、第3章 音楽のメフィストフェレス（メフィストフェレスの歴史、リスト：『ファウスト交響曲』の「メフィストフェレス」の楽章 ほか）、第4章 死のライトモティーフ「ディエス・イレ」（ベルリオーズ：『幻想交響曲』の「ディエス・イレ」が用いられた他の名曲 ほか）、第5章 悪魔の楽器ヴァイオリン（概説、パガニーニ ほか）
2017.7 189p A5 ¥1800 ①978-4-276-13056-2

◆演奏史譚1954/55—クラシック音楽の黄金の日日 山崎浩太郎著 アルファベータブックス
【要旨】フルトヴェングラー死去、トスカニーニ引退、巨匠たちは去り、カラヤン、バーンスタイン、マリア・カラス、グールドが頂点に立とうとする、ステレオ・レコード黄金時代前夜の1954年から55年。冷戦下、音楽家たちは東西両陣営の威信をかけて西へ、東へと旅をする。そのとき、吉田秀和、小林秀雄は何をみて、きいたのか。音楽界が最も熱かった激動の二年間を、音源をもとに再現する、壮大な歴史絵巻。
2017.3 422p B6 ¥1800 ①978-4-86598-029-5

◆オーケストラ解体新書 読売日本交響楽団編 中央公論新社
【要旨】"感動"の舞台裏に秘められたドラマ。常に最高のパフォーマンスを目指し、音楽の喜びを伝えることに情熱を注ぐオーケストラ。指揮者、楽団員、そして事務は何を考え、どのように行動しているのか。コンサートが作られていくプロセスを楽しく"暴露"する前代未聞の案内書！2018年4月に読響の首席客演指揮者に就任する山田和樹による座談会や、クラシック業界関係者への多角的なインタビューも収録。
2017.4 286p B6 ¥1400 ①978-4-12-005007-7

◆オーケストラの読みかた—スコア・リーディング入門 池辺晋一郎著 学研プラス （付属資料：CD1） 改訂版

【要旨】スコアを見ながらCDを聴く→聴く歓びが倍増！より見やすくなった楽譜（オール2色刷）。CDでポイントを確認しながらリーディング。
2017.2 142p 24×19cm ¥1600 ①978-4-05-800686-3

◆音のかなたへ 梅津時比古著 毎日新聞出版
【要旨】知の巨星たちに「最も美しい日本語」と愛された音楽エッセイ。「新・コンサートを読む」併録の保存版。満ち来たる音楽から生まれる言葉。毎日新聞好評連載。
2017.5 187p B6 ¥2000 ①978-4-620-32448-7

◆おもしろ吹奏楽事典 渡部謙一、佐伯茂樹、松本たか子、生乃久法著 ヤマハミュージックメディア 『知ってるようで知らない吹奏楽おもしろ雑学事典』改訂・改題版
【要旨】よくわかる！吹奏楽の世界。実践に役立つ基本知識からマメ知識まで、おさえておきたい情報が満載!!
2017.2 253p B6 ¥1600 ①978-4-636-94183-8

◆音楽と病—病歴にみる大作曲家の姿 ジョン・オシエー著、菅野弘久訳 法政大学出版局 改装版
【要旨】モーツァルトの本当の死因は何か。ベートーヴェンの難聴やシューマンの精神異常の原因は…。バッハ、ヘンデルからバルトークやジョージ・ガーシュインまで、西洋音楽史を華やかに飾る大作曲家たちを襲った"病"とその"音楽"の関わりを、同時代人の証言や多くのエピソード、あるいは最新の研究成果をふまえて明らかにする。
2017.1 290, 43p B6 ¥3800 ①978-4-588-41037-6

◆ギター名曲ミステリー——『禁じられた遊び』は民謡ではなかった！クラシックギター名曲の謎と12人の天才ギタリストたち 手塚健旨著 現代ギター社
【目次】1 ギター音楽の謎（ビウエラ音楽はなぜすぐに衰退したのか？、ソルのエチュードが『月光』とはなんでぞ？ ありえへん！、ソルの『月光』にサブメロディーを付けたのは誰？ ほか）、2 奇跡のギタリスト（フェルナンド、ソル、フランシスコ・タレガ、ナルシソ・イエペス ほか）、3 添付楽譜（2つのエチュード（アントニオ・ルビーラ）、ルビーラ／エチュード（出版譜）、パルマの想い出（ホセ・ビニャース）ほか）
2017.1 200p B5 ¥1700 ①978-4-87471-582-6

◆クラシック音楽ガイド 後藤真理子監修 成美堂出版 （大人の観劇）
【要旨】33名の有名作曲家の生涯を読む。
2017.9 158p B5 ¥1200 ①978-4-415-32306-0

◆クラシック音楽とは何か 岡田暁生著 小学館
【要旨】入門者も、通も思わず叫んだ「そ、そうだったの！」目からウロコのクラシック音楽の死角。
2017.11 315p B6 ¥1200 ①978-4-09-388583-8

◆クラシック音楽の歴史 中川右介著 KADOKAWA （角川ソフィア文庫）
【要旨】音楽家たちはどのような社会・経済構造のなかで、音楽を生み出したのか。本のページの進行と大きな時間の流れとをほぼ一致させ、人物や事件、あるいは概念・専門用語といった99のトピックごとの一話完結スタイルで綴る。
2017.9 296p A6 ¥880 ①978-4-04-400261-9

◆クラシックコンサートをつくる。つづける。—地域主催者はかく語りき 平井満、渡辺和共著 水曜社 （文化とまちづくり叢書）
【要旨】ホールだけが、クラシックコンサートの場ではない。地域に根ざしたコンサートの主催者たちを訪ね、新しい文化事業のあり方とまちづくりを提言する。
2017.7 236p A5 ¥2500 ①978-4-88065-403-4

◆クラシックの「曲名」と「作曲家」がすぐわかる本 久松義恭編・著 シンコーミュージック・エンタテイメント （付属資料：CD1）
【要旨】映画やCMでよく耳にするあのクラシック旋律、誰のなんという曲なのか、あなたは言えますか？気楽に読めて見つけやすい"クラシックの曲名と作曲家"の検索ガイド本。クラシック定番85曲の美味しい部分だけを集めたCD付。
2017.4 127p A5 ¥1500 ①978-4-401-64443-8

◆クラシックは斜めに聴け！ 鈴木淳史著 青弓社
【要旨】目からウロコの聴き方を大紹介。こんな自由な聴き方があったのか！かしこまって聴

音楽　814　BOOK PAGE 2018

くだけなんてつまらない。クラシック音楽は、エッジがきいた耳で味わい尽くせ！多様な角度で耳を傾ければ、真正面からでは聴こえてこない奥深い魅力があふれ出す。音楽家が秘めている演奏の神髄に「妄想」や「邪推」までも駆使して挑む！
2017.2 220p B6 ¥1600 ①978-4-7872-7395-6

◆スラーヴァ！ロシア音楽物語―グリンカからショスタコーヴィチへ　留守key著　学研プラス
【要旨】ロシア音楽作曲家6名の感動的な漫画と情熱的な解説！何が彼らを突き動かしたのか…。圧倒的な迫力で語られるそれぞれの物語！その他の作曲家や作品の解説も充実！
2017.5 143p A5 ¥1300 ①978-4-05-800768-6

◆世界音楽旅―ミラノ、ヴェネツィア、フィレンツェ　安達のり子文・写真　平成出版、カナリアコミュニケーションズ　発売　（付属資料：CD1）
本書は、著者安達のり子が世界各地を旅して著した紀行文です。文章も写真も著者によるものです。また、築山洋子さんのスケッチ絵も掲載されています。本書を読んで、付属の音楽CDを聴くと、あなたも一緒に世界を旅しているような気分になることです。
2017.1 79p 15×15cm ¥2000 ①978-4-7782-0375-7

◆大作曲家の病跡学―ベートーヴェン、シューマン、マーラー　小松順一著　星和書店
【要旨】精神病、自殺の危機さえあったベートーヴェン。精神を患い、精神病院で亡くなったシューマン。彼らの楽曲を詳しく検討することによって、その精神病理に鋭く迫る！
2017.11 93p B6 ¥1800 ①978-4-7911-0968-5

◆ピアノの名曲―聴きどころ弾きどころ　イリーナ・メジューエワ著　講談社　（講談社現代新書）
【要旨】現役ピアニストが語る、プロにしかわからない「聴きどころ」代表的なピアノの名曲を平易に解説。
2017.9 344p 18cm ¥900 ①978-4-06-288446-4

◆平原綾香と開くクラシックの扉　平原綾香著　東京新聞
【要旨】世界はクラシックであふれてる！「Jupiter」をはじめ、数々のクラシックの名曲をカバーする歌姫が、聴いて、観て、歌って、感じたままをやさしく綴った。
2017.7 165p B6 ¥1300 ①978-4-8083-1020-2

◆フーガとソナタ―音楽の2つの文化について　アウグスト・ハルム、西田紘子、堀朋平訳　音楽之友社
【要旨】ハルムの音楽思想は、近年、再評価が著しい。本書は、音楽外的な比喩を排し、音そのものが孕む力や、エネルギーのせめぎ合いのドラマとして楽曲の流れを捉える主著であり、初の日本語訳である。
2017.6 174p A5 ¥2200 ①978-4-276-10555-3

◆「マエストロ、時間です」―サントリーホールステージマネージャー物語　宮崎隆男著　ヤマハミュージックメディア　復刻版
【要旨】華やかなステージの裏にある、もうひとつの舞台。オーケストラの影の立役者は、ステージマネージャーだった！岩城宏之、堀俊輔ら指揮者の信頼を得、カラヤンに付き添ったサントリーホール誕生秘話、そして音楽家たちの素顔まで語り尽くす！
2017.3 245p B6 ¥1800 ①978-4-636-94480-8

◆マエストロ・バッティストーニのぼくたちのクラシック音楽　アンドレア・バッティストーニ著、加藤浩子監訳、入江珠代訳　音楽之友社
【目次】第1章 オーケストラとの出会い、第2章 指揮台で、第3章 マエストロで、第4章 大いなる挑戦―作曲家の仕事、第5章 劇場人の使命、第6章 砂漠のオペラ
2017.5 199p B6 ¥1900 ①978-4-276-20382-2

◆マンガで教養CD付 はじめてのクラシック―生モノの基礎知識　飯見洋一監修、IKE画　朝日新聞出版　（付属資料：CD1）
【要旨】クラオタ男子のガイドでクラシックの世界にドンドンひきこまれる主人公・ありさ。ひとつの楽譜から広がる無限の解釈、アーティストの個性も加わって同じ曲なのに違う響き方♪知っておきたい！名曲ガイド。大作家の代表30曲を収録。
2017.11 255p B6 ¥1200 ①978-4-02-333183-9

◆3つのケーススタディでよくわかるオーケストレーション技法―トランスクライビングからアレンジまで　侘美秀俊著　リットーミュージック
【要旨】本書は、オーケストレーションにまつわるパートの割り振りからスコア作成、実際の演奏に至るまでの作業と技法の数々を、より実践的に現場に即したかたちで紹介したユニークな本です。1. エリック・サティのピアノ曲「ジュ・トゥ・ヴー」を弦楽四重奏、木管四重奏、金管五重奏、室内アンサンブルの各編成の作品に仕立て直す、2. 唱歌「もみじ」をオーケストラ作品に仕立て直す、3. コード進行（カノン進行）だけが決まっている状態からオーケストラ作品として仕上げる、という3つのケースに対して実際に必要となる作業を逐次解説していきます。
2017.5 230p 23×19cm ¥1900 ①978-4-8456-3049-3

◆巡り逢う才能―音楽家たちの1853年　ヒュー・マクドナルド著, 森内薫訳　春秋社
【要旨】ブラームス・19歳、ヨアヒム・21歳、ワーグナー・39歳、リスト・41歳、シューマン・42歳、ベルリオーズ・49歳…幾重もの出会いが織りなす、奇跡のような一年の物語。旅の記録、交わした手紙、日記、雑誌や新聞の記事、当時の写真や絵画など、膨大な資料から浮かび上がる偉大な音楽家たちの一八五三年の姿。
2017.12 332, 29p B6 ¥3900 ①978-4-393-93208-7

◆ヨーロッパ芸術音楽の終焉―アードリアーンの音楽　藤原義久著　彩流社　（『アードリアーンの音楽』増補・改訂・改題版）　新版
【要旨】ルネサンス以来のヨーロッパが歴史上かつてない変動にみまわれた時期、"現代"が始まる直前の"近代"として区分される時代およびそれ以降の音楽文化の変容と、トーマス・マンの小説『ファウストゥス博士』の主人公、作曲家アードリアーンを象徴として、激しく変貌していった音楽芸術の特色を語る。
2018.1 285p B6 ¥2400 ①978-4-7791-2413-6

◆冷戦とクラシック―音楽家たちの知られざる闘い　中川右介著　NHK出版　（NHK出版新書）
【要旨】かつて世界は二つに分断されていた。核戦争の危機も迫っていた。「クラシック後進国」のアメリカから世界を魅了したバーンスタイン、ソ連にあって当局にも屈しないムラヴィンスキー、そして「壁」のあるベルリンに君臨した帝王カラヤン…。冷戦とともに歩み、冷戦の終結とともにこの世を去った音楽家たちの姿から、戦後クラシック界の興亡を描き出す。
2017.8 318p 18cm ¥940 ①978-4-14-088521-5

◆ロマン派の音楽家たち―恋と友情と革命の青春譜　中川右介著　筑摩書房　（ちくま新書）
【要旨】メンデルスゾーン（一八〇九年）、ショパン（一八一〇年）、シューマン（一八一〇年）、リスト（一八一一年）、ワーグナー（一八一三年）―皆、別々だが、一八一〇年前後に生まれた彼らは、友人として緩やかなサークルをつくり刺激しあいながら、"新しい音楽"を創作した。溢れる才能と情熱を生み出したそのネットワークとはどのようなものだったか。恋愛や交流、時代の波は、大作曲家たちの作品にどのような影響を与えたか。同時代を生きた巨人たちの人生から、十九世紀に花開いたロマン派音楽の深奥に迫る。
2017.4 363p 18cm ¥1000 ①978-4-480-06959-7

◆CD・DVDで訪れる世界の名門歌劇場　野崎正俊著　芸術現代社
【要旨】世界のオペラ界をリードする10大歌劇場。それらが誇る主要なレパートリーについて、SP時代の歴史的録音の復刻盤から現代の最新CD・DVDの映像に至るまで、それぞれの時代を代表する名盤を紹介する画期的な著作。取り上げた作品はオペラ黎明期のバロックのモンテヴェルディから現代のタン・ドゥン、ライマンまで幅広い作品にわたっている。
2017.4 317p A5 ¥2500 ①978-4-87463-209-3

18世紀・古典派まで

◆愛のうた―バッハの声楽作品　マークス・ラータイ著, 木村佐千子訳　春秋社
【要旨】音楽で描く、聖書のドラマ。
2017.6 213p A5 ¥2500 ①978-4-393-93269-3

◆交響曲「第九」の秘密―楽聖・ベートーヴェンが歌詞に隠した真実　マンフレッド・クラメス著　ワニブックス　（ワニブックスPLUS新書）
【要旨】楽聖・ベートーヴェンの交響曲「第九」。2018年6月には、日本で初めて演奏されてから100年となる記念すべき日を迎える。しかし、合唱部「歓喜の歌」の歌詞の"本当の意味"を知る人は世界中を見回しても少ない。ベートーヴェンが生きたヨーロッパ近代の時代背景を丹念に考証し、ドイツ語の歌詞を入念に調べ解釈、まったく違った意味合いが浮かびあがってくる。神秘のベールに包まれた、ベートーヴェンが伝えたかった"真実"。
2017.10 191p 18cm ¥830 ①978-4-8470-6594-1

◆コンスタンツェ・モーツァルト―「悪妻」伝説の虚実　小宮正安著　講談社　（講談社選書メチエ）
【要旨】彼女を語るとき、ひとはなぜか取り乱してしまう。まるでついに己のみすぼらしい夢を暴露されてしまったかのように。芸術を愛し理解するとは、いったいどういうことなのか？天才の妻とは、いかなる存在であればよかったのか？二百年にわたる「極端な評価」の数々を読み解き、虚心に真の姿を検証する試み。
2017.3 318p B6 ¥1850 ①978-4-06-258647-4

◆ハイドンの音符たち―池辺晋一郎の「新ハイドン考」　池辺晋一郎著　音楽之友社
【要旨】「交響曲の父」「弦楽四重奏曲の父」「ピアノ・ソナタの父」といわれるハイドンの膨大な作品群から、現代の作曲家・池辺晋が64曲を厳選し、「音符たち」と真剣対話。常に「新しさ」を求め、やりたい放題の怖いものなし、の天才に向けてひと言…「そりゃ、ないぜ、ハイドン先生！」
2017.3 181p B6 ¥2400 ①978-4-276-20069-2

◆ベートーヴェンの交響曲―理念の芸術作品への九つの道　マルティン・ゲック著, 北川千香子訳　音楽之友社
【目次】ベートーヴェン：交響曲作家の最たる者（ナポレオン・ボナパルト、管弦楽の重量感、男性性という幻想 ほか）、個別的な考察へのプロローグ（無為な憶測、思想を背負ったプロローグから解放的なフィナーレへ、根源的な冒頭 ほか）、交響曲第一番から第九番まで（交響曲第一番ハ長調作品二一、交響曲第二番ニ長調作品三六、交響曲第三番変ホ長調作品五五『英雄』 ほか）
2017.10 160, 12p A5 ¥3200 ①978-4-276-13126-2

◆ベートーヴェン ピアノ・ソナタの探究　野平一郎著　春秋社
【要旨】「時代を超えて」創造の核心深遠な音楽思考の精華。今日の創造的な演奏のために、我々は今いかにしてベートーヴェンと向き合うべきか。音響、記憶、ネットワーク…稀代の作曲家＝ピアニストならではの斬新な視座で創作の場に深く踏み込み、無限の可能性を探る。250年の時空を超えた比類なき応答。譜例多数。
2017.7 401p A5 ¥4500 ①978-4-393-93207-0

◆モーツァルトの人生―天才の自筆楽譜と手紙　ジル・カンタグレル著, 博多かおる訳　西村書店
【要旨】稀代の音楽家の素顔と創作の秘密に迫る貴重な一冊。カラー図版230点以上。妻や父に宛てたユーモラスで愛情深い手紙や友へ借金を乞う手紙、また『フィガロの結婚』や『交響曲第41番（ジュピター）』などの自筆楽譜から浮かび上がる天才の真の姿！
2017.4 222p 30×23cm ¥4800 ①978-4-89013-768-8

◆ライヒャルト―ゲーテ時代の指導的音楽家　滝藤早苗著　慶應義塾大学出版会
【要旨】ある時は宮廷楽長、またある時は卓越した音楽評論家。ゲーテやホフマンにも影響を与え、北ドイツの音楽界を牽引したヨハン・フリードリヒ・ライヒャルトの活躍を描き出す労作。
2017.12 544, 38p A5 ¥14000 ①978-4-7664-2489-8

19世紀から現代

◆アメクラ！アメリカン・クラシックのススメ―ポップ・ミュージック・ファンのための新しいクラシック音楽案内　能地祐子著　DU BOOKS、ディスクユニオン　発売

【要旨】ドゥダメル、ネゼ＝セガン、ネルソンスたち新世代の魅力を紹介。
2017.5 350p B6 ¥2000 ①978-4-907583-96-5

◆クルト・ヴァイル―生真面目なカメレオン　田代櫂著　春秋社
【要旨】表現主義的作品からブロードウェイ・ミュージカルまで、多彩な劇音楽を陸続として生み出していった、飽くなき創造精神の軌跡。
2017.8 331, 19p B6 ¥3500 ①978-4-393-93209-4

◆グレン・グールド発言集　ジョン・P.L. ロバーツ編，宮澤淳一訳　みすず書房　新装版
【要旨】『グレン・グールド著作集』『グレン・グールド書簡集』につづいて、入手困難なインタヴュー、テレビ・ラジオ番組のための台本、未完・未定稿のまま残されたテキストなど、46編を収録。バッハ、ベートーヴェン、ブルックナーなどの作曲家論、リヒテル、ワイセンベルク、ビル・エヴァンズなどのピアニスト論から、「創造プロセスにおける贋造と模倣の問題」「電子時代の音楽論」や、マクルーハンとの対話「メディアとメッセージ」まで。日本語版は、遺稿「私にとって録音プロセスとは何を意味するか」を独自に加え、文献目録・註を増補、貴重な写真資料も入った決定版。
2017.12 403, 54p A5 ¥6400 ①978-4-622-08657-1

◆シベリウス　神部智著　音楽之友社　(作曲家 人と作品)
【要旨】7つの交響曲、ヴァイオリン協奏曲、"フィンランディア"など、数々の名作を生み出した巨匠ジャン・シベリウスの全貌に迫る。最新の研究成果を盛り込んだ画期的な評伝の誕生！　シベリウス没後60年、フィンランド独立100周年記念刊行。
2017.12 253, 43p 18cm ¥2300 ①978-4-276-22196-3

◆禅の作曲家 佐藤慶次郎―こころの軌跡とその作品　中嶋恒雄著　東京堂出版
【要旨】「ぼくの本当の居場所はどこか」幼い佐藤が遠い空を見やりながら抱いたこの想いが、医学から詩作へ、作曲へと導き、さらにエレクトロニック・オブジェ創作へと導いた。しかし彼の目指す居場所は坐禅にあり、その教えにあった。そしてその教えは逆に、佐藤の芸術、作曲を導く教えになった。その教えはまた、私たちを導く教えでもあり、生きること、死ぬこと、孤独であること、人と交わることの全てを支える教えである。本書は、愛弟子でもあった中嶋恒雄が、残された膨大な思索ノートから、佐藤の心の変遷を記述したドキュメントである。その生きざまは私たち多くの者に必ずや、共感するものとなるであろう。
2017.4 333p A5 ¥3800 ①978-4-490-20965-5

◆天才作曲家 大澤壽人―駆けめぐるボストン・パリ・日本　生島美紀子著　みすず書房
【要旨】大澤壽人（1906・53）。交響曲や協奏曲はじめ千に及ぶ曲を世に送ったこの稀有の作曲家は、歿後なぜ忘れられ、半世紀余の沈黙をへて蘇ったのか。その生涯と作品を再構成する。
2017.8 565, 18p B6 ¥5200 ①978-4-622-08629-1

◆ドビュッシー―香りたつ音楽　島松和正著　講談社エディトリアル
【要旨】没後100年記念。ドビュッシー評伝の新境地。スキャンダル多き天才作曲家を支えた女神たちへのオマージュ。
2017.7 347p B6 ¥2200 ①978-4-907514-80-8

◆冨田勲―伝統と革新を融合させた巨星　妹尾理恵監修　ヤマハミュージックエンタテインメントホールディングス　(日本の音楽家を知るシリーズ)
【要旨】冨田勲という生き方と音楽。「シンセサイザー」「サラウンド」「サウンドクラウド」心と感情で未来へ挑み続けた開拓者の軌跡。
2017.8 109p B5 ¥1800 ①978-4-636-94329-0

◆バルトーク 音楽のプリミティヴィズム　太田峰夫著　慶應義塾大学出版会
【要旨】西洋音楽に多大な影響を与えた作曲家バルトーク・ベーラ（1881-1945）は、ハンガリーでは、自国の民謡を採集・研究した「文化英雄」とされている。本書は、バルトークの創作における、モダニスト作曲家としての一面と、文化ナショナリズムの一面とがいかなる関係をもっていたのかを分析し、バルトークの作品様式にも同じ二面性があらわれていることを論証する。そして彼が、民俗音楽の「プリミティヴィズム」を取り込むことで、自らの芸術性を拡大していったさまを、豊富な譜例をもとに明らかにしていく。
2017.9 261, 11p A5 ¥4500 ①978-4-7664-2472-0

◆ブラームスとその時代　クリスティアン・マルティン・シュミット著，江口直光訳　西村書店　(大作曲家とその時代シリーズ)
【目次】年譜、ブラームスと同時代の作曲家、さまざまな視点（政治的・社会的背景とブラームスの位置、ブラームスの歴史使観、さまざまな曲種、変奏配列、形式、民謡と「民謡調」、歌曲、受容、資料とその伝承）
2017.11 330p A5 ¥4500 ①978-4-89013-778-7

◆リヒャルト・ワーグナーの妻 コジマの日記　3　1871.11～1873.4　三光長治, 池上純一, 池上弘子訳　(平凡）東海大学出版部
2017.10 679p A5 ¥6800 ①978-4-486-02123-0

演奏家・指揮者・楽器

◆アレクセイ・スルタノフ―伝説の若き天才ピアニスト　アルバン・コジマ著　アルファベータブックス
【要旨】音楽史に残るショパンコンクール幻の第1位…！19歳で国際ピアノコンクールを制し、天オソリスト誕生といわれたアレクセイ・スルタノフ（1969・2005）。「ショパン音楽の偉大な解釈者」と評価されながらも醒れた若き天才ピアニストの豊かな音楽性を描く。「You Tube 動画」解説も収録。
2017.12 213, 6p B6 ¥2000 ①978-4-86598-047-9

◆偉大なるヴァイオリニストたち　2　チョン・キョンファから五嶋みどり、ヒラリー・ハーンまで　ジャン＝ミシェル・モルク著，神奈川夏子訳　ヤマハミュージックメディア　(付属資料：CD・ROM1)
【要旨】外科医でもある筆者による桁外れに鋭い考察に基づく評伝集。使用楽器や練習法はもちろん、デビューの裏側や生い立ち、家族関係などに迫り、素顔を抉り出す。歴史的名演を収録したCD・ROM付き。
2017.4 356, 8p A5 ¥3400 ①978-4-636-92333-9

◆ヴァイオリン各駅停車―Guide to the Violin　森元志乃著　せきれい社　改訂版
【要旨】ヴァイオリン本体と弓の名称や構造について紹介！　楽器の構え方、弓の持ち方など、演奏の基礎を学ぼう！　森元志乃が綴る初心者から上級者までヴァイオリンを始めたら読みたい1冊。
2017.11 301p B5 ¥3000 ①978-4-903166-04-9

◆ヴァイオリンの見方・選び方 基礎編―間違った買い方をしないために　神田侑晃著　せきれい社　改訂
【要旨】ヴァイオリンという楽器は、神秘的なイメージがある。そのイメージゆえ、我々はいったいどのようにヴァイオリンそのものを判断し、また選べばよいのか、見当がつかないことも多きうだろう。本書は、ヴァイオリンという楽器を判断し、選ぶための基礎知識が述べられている、類を見ない著作である。
2017.6 145p B5 ¥3000 ①978-4-903166-03-2

◆エフゲニー・キーシン自伝　エフゲニー・キーシン著，森村里美訳　ヤマハミュージックメディア
【要旨】天才ピアニストの内面が今、明かされる。愛する家族との日々、ソ連での楽しくて困難な音楽活動、作曲やピアノに対する考え、唯一の指導者アンナ・カントールの指導法、カラヤンや一流指揮者との交流、イギリス国籍、イスラエル国籍取得の経緯、自らのルーツであるユダヤへの敬意などを、自らの言葉で語る。
2017.4 242, 11p A5 ¥3000 ①978-4-636-93071-9

◆演奏者のためのはじめてのボディ・マッピング―演奏もカラダも生まれ変わる　ナガイカヨノ著　ヤマハミュージックエンタテインメントホールディングス
【要旨】「手が動かない」と思っていたら脚が原因だった！　自分のカラダと向き合えば、演奏とカラダは必ず変わります！　脳の中に「カラダの地図」を描くことで自分に合った動きのコツが身につくボディ・マッピングの入門書。
2017.10 159p A5 ¥2000 ①978-4-636-94335-1

◆演奏と時代 指揮者篇　吉井亜彦著　春秋社
【要旨】指揮者、様々な境涯、リーダーシップはどう発揮されてきたか。巨匠時代の「個性的な采配」から現代の「精緻なアンサンブル志向」まで、指揮者とオーケストラの協働のありようを歴史的かつ今日的視点から考察し、音楽の意味を問い直す試み。
2017.1 227, 25p B6 ¥2200 ①978-4-393-93594-1

◆オーケストラの指揮者をめざす女子高生に「論衡力」がもたらした奇跡　永野裕之著　実務教育出版
【要旨】「論衡力」は古代ギリシャ時代から"数学"で磨かれてきた。世界のエリート必読の数学書、聖書と並ぶ大ベストセラー『ユークリッド原論』を使い、対話形式で楽しく学べるロジカルシンキングの本質！
2017.5 247p A5 ¥1600 ①978-4-7889-1321-9

◆楽譜の風景　岩城宏之著　岩波書店　(岩波新書)　(第20刷（第1刷1983年）)
【要旨】咆哮するブラス、炸裂するパーカッション。「春の祭典」は難所「いけにえの踊り」にさしかかった。指揮者は自信を持ってトランペットにフォルティシモのサインを出した。と、次の瞬間！　一暗譜で指揮する難しさ、「未完成」への熱い思いなど、N響を始め世界のオーケストラを指揮している著者が、楽譜との付き合いを体験に即して語る。
2017.8 209p 18cm ¥780 ④4-00-420250-7

◆楽興の瞬間（とき）　岩城淑重著　春秋社
【要旨】音楽って、すばらしい。室内楽とともに駆け抜けた50年―アメリカ留学、カザルスの教え、シュタルケやバールマン等世界の名演奏家たちとの共演・録音、アンサンブルピアニスト・教育者として日本の音楽文化を牽引してきた経験や苦労など、豊富な写真とともに振り返る。
2017.12 117p A5 ¥2000 ①978-4-393-93598-9

◆神様からの贈り物―ギターと旅とわたし　鈴木一郎著　(神戸) 神戸新聞総合出版センター
【要旨】神戸出身の世界的ギタリストICHI-ROが音楽と人生の素晴らしさを語る。
2017.12 157p A5 ¥2500 ①978-4-343-00963-0

◆現代の名演奏家50―クラシック音楽の天才・奇才・異才　中川右介著　幻冬舎　(幻冬舎新書)
【要旨】天才たちだけが分かり合い、だからこそ時に決裂する。師弟、ライバル、私淑、友情、恋愛、確執…170人の音楽家が絡み合う50の数奇な物語。
2017.1 270p 18cm ¥840 ①978-4-344-98451-6

◆近衛秀麿―亡命オーケストラの真実　菅野冬樹著　東京堂出版
【要旨】ナチス占領下のヨーロッパで、音楽を通して行われた人道活動。歴史に埋もれた、真実に迫った、衝撃のドキュメント。
2017.12 382p A5 ¥3800 ①978-4-490-20976-1

◆最上の音を引き出す弦楽器マイスターのメンテナンス―ヴァイオリン・ヴィオラ・チェロ・コントラバス　園田信博著　誠文堂新光社
【目次】1 メンテナンスの基礎知識、2 自分でできるメンテナンス、3 マイスターのメンテナンス―楽器編・1、4 マイスターのメンテナンス―楽器編・2、5 マイスターのメンテナンス―弓編、6 楽器とメンテナンスのQ&A
2017.7 239p A5 ¥2200 ①978-4-416-11325-7

◆吹奏楽の神様 屋比久勲を見つめて―叱らぬ先生の出会いと軌跡　山崎正彦著　(国分寺) スタイルノート
【要旨】「県大会、地区大会を抜けたら、全国大会はメンバーへのプレゼント」そう語る屋比久勲は結果に執着しない。しかし、叱らぬ指導で短期間に優秀な成績を次々と生み出している。その人柄に魅せられた著者が、5年にわたって屋比久を追った。
2017.10 190p B6 ¥2000 ①978-4-7998-0163-5

◆スタインウェイ物語　リチャード・K. リーバーマン著，鈴木依子訳　法政大学出版局　(HUPセレクション)　新装版
【要旨】1835年から五世代六家族にわたりピアノを造り続けてきた一族と、それを演奏したパデレフスキー、ホロヴィッツ。産業と芸術のコンチェルトが、いま、奏でられる。「不滅のピアノ」をめぐる、一族のドラマ！　スタインウェイという会社とピアノを中心に、アメリカ、特にニューヨークの工業、中でも製造業の歴史、移民の歴史、音楽の歴史などが縦糸と横糸のようになって語られる。
2017.5 459, 128p B6 ¥5600 ①978-4-588-41038-3

音楽

◆ストラディヴァリとグァルネリ―ヴァイオリン千年の夢　中野雄著　文藝春秋　(文春新書)
【要旨】ヴァイオリンほど不思議なものはない。三百年前に作られた木製楽器が、骨董品ではなく、現役としてナンバーワンの地位を占めているのだから。頂点に位置する二人の名工の作品を軸に、なぜ、これほどまでに高価なのか、なぜ、これほどまでに美しい音色なのか、その謎と秘密に迫る。
2017.7 254p 18cm ¥920 ①978-4-16-661132-4

◆絶望している暇はない―「左手のピアニスト」の超前向き思考　舘野泉著　小学館
【要旨】病で倒れ、右手の音楽を失っても、ほんの少しの絶望もなかった―。半身不随から復帰を遂げた奇跡のピアニストの言葉には、前向きに生きるヒントが詰まっている。
2017.6 157p 18cm ¥1000 ①978-4-09-388557-7

◆太鼓の文化誌　山本宏子著　青弓社
【要旨】太鼓は、ヨーロッパでは古くはもっぱら民俗音楽や軍隊で使われてきた。日本やインド、ブータンをはじめとするアジアの国々でも、太鼓は合図として使われてきたし、それだけでなく宗教行事の場でも多用され、宗教者自身が太鼓を打つことも多い。ヨーロッパ、中欧、トルコ、インド、ブータンの太鼓をフィールドワークし、現地の写真や口よ太鼓の楽譜も所収して太鼓ワールドに迫る。
2017.12 284p A5 ¥3000 ①978-4-7872-7407-6

◆魂と弦　イヴリー・ギトリス著、今井田博訳　春秋社　増補新版
【要旨】音楽への愛、人生の機微。ヴァイオリンはうたう―愛と平和と人間の尊厳のために。偉大な音楽家の半生記。
2017.3 344, 72p B6 ¥3500 ①978-4-393-93595-8

◆ティンパニストかく語りき―"叩き上げ"オーケストラ人生　近藤高顯著　学研プラス
【目次】第1章 "叩き上げ"人生のはじまり(運命を変えたLPとの出会い、我が師、フォーグラーとの出会い ほか)、第2章 オーケストラの現場で"叩き上げ"(留学を終えてはじまった現場での"叩き上げ"、マエストロ朝比奈との想い出 ほか)、第3章 他流試合 "で学んだこと(カラヤンの振り違い事件―1984年、ヘルベルト・フォン・カラヤン／ベルリン・フィル日本公演、ぶっつけ本番、セルジュ・チェリビダッケ／ミュンヘン・フィル日本公演 ほか)、第4章 ティンパニストの恐怖の一瞬("ティンパニストに求められるものとは？、またまた"心臓が口から飛び出すかと思った"あのとき!! ほか)、第5章 大作曲家たちはティンパニをどのように扱ったか(ティンパニの進化が作曲家のアイディアを進化させた、オーケストラ曲での"ティンパニ・ソロ" ほか)
2017.9 247p B6 ¥1500 ①978-4-05-800818-8

◆点と魂と―スイートスポットを探して　小山実稚恵著　KADOKAWA
【要旨】日本を代表するピアニスト・小山実稚恵が12人のプロフェッショナルとの対談から得たたくさんの学びや貴重な発見を綴る。点(スイートスポット)を使いこなすことは、人生の芯をとらえることだ。その理想を追い求める魂こそ、一流の証なのだ。
2017.5 173p B6 ¥1500 ①978-4-04-892939-4

◆裸足のピアニスト―スペインで学んだ豊かな表現と生き方　下山静香著　ヤマハミュージックエンタテインメントホールディングス
【要旨】3歳でピアノをはじめてから、すべてを犠牲にしてきた。だからピアニストになるのは必然だった。でもあるとき、「自分を表現できていない」ことに気づいた。それは私にとっては死を意味すること。「このままではだめだ。日本を出よう」そして私はスペインに向かった―。日本の音楽教育や、スペインで出会った新しい考え方・音楽・人々について語る。
2017.11 229p B6 ¥1800 ①978-4-636-94969-8

◆ピアニストが語る！―現代の世界的ピアニストたちとの対話　焦元溥著, 森岡葉訳　アルファベータブックス　増補版
【要旨】伝統の継承、レパートリー、国際コンクールの内幕、亡命、共産主義と商業主義…世界的ピアニストたちが長時間インタビューに応じ、芸術、文化、政治、家庭、人生について縦横に語る。
2017.7 446p B6 ¥3200 ①978-4-86598-035-6

◆ピアニストたちの祝祭―唯一無二の時間を求めて　青柳いづみこ著　中央公論新社　(中公文庫)
【要旨】別府アルゲリッチ音楽祭、ポリーニ・プロジェクト、ラ・フォル・ジュルネ…。日本国内のクラシック・イベントに密着。同楽のピアニストたちのステージを内と外から克明にとらえた、渾身の音楽祭見聞録。演奏の一瞬一瞬がよみがえる、スリリングなレポート。
2017.6 329p A6 ¥820 ①978-4-12-206420-1

◆ピアニストだって冒険する　中村紘子著　新潮社
【要旨】自身の半生、国際コンクールの舞台裏、かけがえのない人生、そして音楽への想いを卓越したユーモアを交えて綴る。華やかで大胆な、在りし日の演奏ながらの名エッセイ。
2017.6 300p B6 ¥1800 ①978-4-10-351051-2

◆ピアノのお悩み解決クリニック―楽典・楽器編　春畑セロリ著　ヤマハミュージックエンタテインメントホールディングス
【要旨】奏者が抱える今さら聞けないような悩みを、春畑セロリがバッチリ解決!!初心者から上級者まで、子どもから大人まで、50のお悩みをQ&A方式で紹介します。
2018.1 115p B6 ¥1000 ①978-4-636-95045-8

◆ピアノのお悩み解決クリニック―心とからだ　春畑セロリ著　ヤマハミュージックエンタテインメントホールディングス
【要旨】奏者が抱える今さら聞けないような悩みを、春畑セロリがバッチリ解決!!初心者から上級者まで、子どもから大人まで、50のお悩みをQ&A方式で紹介します。
2018.1 117p B6 ¥1000 ①978-4-636-95044-1

◆ヘルベルト・フォン・カラヤン 僕は奇跡なんかじゃなかった―その伝説と実像　カール・レーブレ著、関根裕子訳　音楽之友社
【要旨】二十世紀―指揮者が政治家や映画スター並みの大きな注目を集めた時代…関心が高まり、真偽不明の噂も飛び交うというもの。オーストリア音楽批評界の重鎮カール・レーブルが、経験豊かな批評家の嗅覚で伝説と実像を区別し、カラヤン神話の背後に隠された真の人間カラヤンをあらゆる角度から浮かび上がらせた。
2017.4 183p B6 ¥1850 ①978-4-276-20379-2

◆棒を振る人生―指揮者は時間を彫刻する　佐渡裕著　PHP研究所　(PHP文庫)
【要旨】音楽が持つ本質的な力とは、まったく異なる価値観を持つ人が、ともに生きる世界を肯定すること―「指揮者・佐渡裕」を育んだ日本やヨーロッパでのエピソードとともに、音楽観を豊富に語る。名指揮者たちとの交流や名曲についても解説。思わずオーケストラを聴きたくなる一冊。文庫化にあたり、姜尚中氏の解説と音楽ジャーナリスト・林田直樹氏による現在のウィーンでの最新レポートも収録。
2017.9 263p A6 ¥680 ①978-4-569-76759-8

◆僕はホルンを足で吹く―両腕のないホルン奏者フェリックス・クリーザー自伝　フェリックス・クリーザー, セリーヌ・ラウアー著, 植松なつみ訳　ヤマハミュージックエンタテインメントホールディングス
【要旨】両腕がないことを除けば普通の子どもだった。神童でもなかった。ただホルンが好きだった少年は、いかにしてプロの演奏者となり世界を席巻したのか？スティングとの共演を果たし、2016年にはレナード・バーンスタイン賞を受賞。いま世界でもっとも注目されているホルン奏者のひとり、フェリックス・クリーザーが自らの生い立ち、哲学、練習法、音楽の向き合い方などを語る。
2017.7 203p B6 ¥1800 ①978-4-636-94530-0

◆ホワイトハウスのピアニスト―ヴァン・クライバーンと冷戦　ナイジェル・クリフ著, 松村哲哉訳　白水社
【要旨】第一回チャイコフスキー国際コンクールで優勝、彼を記念してコンクールに名を残し、アイゼンハワーからオバマまで歴代の大統領から招待を受け演奏したクライバーン。東西冷戦と商業主義に翻弄されつつも、音楽への愛で米ソを動かした、その数奇な生涯を初めて明らかにする。
2017.9 487, 67p B6 ¥4800 ①978-4-560-09567-6

◆身近で見たマエストロ トスカニーニ　サミュエル・チョツィノフ著, 石坂廬訳　アルファベータブックス

【要旨】トスカニーニの右腕として行動を共にしてきたNBC交響楽団音楽監督のチョツィノフが描いた伝説の指揮者の素顔！一切の妥協を排した厳格な音楽家としての一面、NBC交響楽団への招致の経緯やファシズムとの闘いを生き生きと綴る。60年ぶり新訳で刊行。
2017.11 237p B6 ¥2000 ①978-4-86598-042-4

◆山本直純と小澤征爾　柴田克彦著　朝日新聞出版　(朝日新書)
【要旨】「埋もれた天才」と「世界の巨匠」この二人がいなければ、日本にクラシックは存在しない。日本クラシック音楽の基礎を築いた二人の波乱万丈な人生。
2017.9 247p 18cm ¥780 ①978-4-02-273732-8

◆ラフマニノフの想い出　ソフィヤ・サーチナ, ボレスラフ・ヤヴォルスキー, オリガ・コニュス, リュドミラ・ロストフツォワ, アレクサンドル・ゴリデンヴェイゼルほか著, 杳掛良彦監訳, 平野恵美子, 前田ひろみ訳　水声社
【要旨】ラフマニノフを親しく知る芸術家や家族、12人による回想録集。寡黙で控えめだが、冗談好きで客人、時に自分の才を疑い不安にさいなまれる"人間"ラフマニノフの姿とその音楽を生んだ背景が、様々なエピソードから鮮やかに浮かび上がる。
2017.7 403p A5 ¥4500 ①978-4-8010-0275-3

◆陸上自衛隊中央音楽隊の吹奏楽入門　陸上自衛隊中央音楽隊協力　ヤマハミュージックエンタテインメントホールディングス
【要旨】「日本一」の音の作り方。練習法や演奏に対する心構えを明かすことで、多くの人々を魅了する「音」に迫る。中央音楽隊の制服や日々の暮らしについても必見！
2017.8 119p B6 ¥1700 ①978-4-636-94336-8

◆6弦上のアリア　福田進一著　学研プラス　(付属資料：DVD1)
【要旨】ギター・マエストロ福田進一の書き下ろしエッセイ集！6人の友人との豪華対談も！少年時代のエピソード、ギターとの出会い、パリ国際ギター・コンクール優勝までの軌跡、ロング・インタビュー、90枚を超える驚異のディスコグラフィー!!
2017.8 261p B6 ¥2800 ①978-4-05-800826-3

◆わくわくオーケストラ 楽器物語　八木倫明文, 小澤一雄絵　ポトス出版
【目次】オーケストラ、指揮者、コンサートマスター、楽器のなかまたち、ティンパニ、シンバル、大太鼓と小太鼓、チューバ、トロンボーン、トランペット〔ほか〕
2017.8 63p B5 ¥1800 ①978-4-901979-39-9

◆私のヴァイオリン―前橋汀子回想録　前橋汀子著　早川書房
【要旨】冷戦下のソ連留学、師との出会いと別れ…。世界的ヴァイオリニストがこれまでの歩みを語る―。
2017.8 161p B6 ¥1500 ①978-4-15-209705-7

声楽家・オペラ

◆イタリア・オペラ・ガイド　河野典子著　フリースペース, 星雲社 発売
【要旨】オペラに行く前に。舞台の幕が開く。今、そこにいるのは誰？何が起きているの？あのふたりはどんな関係なの？何を語り合っているの…？イタリア・オペラ58作品の「あらすじ」と「聴きどころ」を詳説。オペラが10倍楽しくなります。
2017.3 628p A5 ¥3500 ①978-4-434-23051-6

◆オペラガイド　山田治生ほか編著　成美堂出版　(大人の観劇)
【目次】イタリア・オペラ(椿姫、仮面舞踏会、アイーダ ほか)、ドイツ・オペラ(フィガロの結婚、魔笛、ドン・ジョヴァンニ ほか)、各国のオペラ(カルメン、ファウスト、ホフマン物語 ほか)
2017.7 159p B6 ¥1200 ①978-4-415-32305-3

◆オペラ・ギャラリー50―登場人物&物語図解　朝倉めぐみイラスト, 石戸谷結子, 井辻朱美, 加藤浩子, 楠瀬寿賀子, ひのまどか, 山口眞子文　学研プラス　改訂版
【要旨】図解 オペラの見どころ&聴きどころ。華麗なイラストで描く人物相関図とグラフで見る

ストーリー展開！
2017.8 175p 22×18cm ¥1800 ①978-4-05-800800-3

◆オペラの未来　ミヒャエル・ハンペ著, 井形ちづる訳　水曜社
【要旨】すべてのオペラ愛好家、オペラの作り手、そして、オペラ嫌いの方のために。
2017.7 254p 21×14cm ¥2700 ①978-4-88065-414-0

◆オペレッタの幕開け―オッフェンバックと日本近代　森佳子著　青弓社
【要旨】オッフェンバックが創始した喜歌劇のジャンルであるオペレッタは、どのようにして世界的な隆盛を極め、その後の凋落、そして再評価という道筋をたどったのか。作品を丹念に分析し、人物像にも迫りながら、彼の作品群が近代日本のオペラ受容に果たした役割や、現代のオペラやオペレッタ、レビューやミュージカルの発展に与えた大きな影響と功績を照らし出す。
2017.3 252p B6 ¥2800 ①978-4-7872-7397-0

◆恋とはどんなものかしら―歌劇（オペラ）的恋愛のカタチ　朝岡聡著　東京新聞
【要旨】あんな恋、こんな愛…15の恋愛万華鏡。コンサート・ソムリエが語る大人の恋愛。
2017.9 201p B6 ¥1300 ①978-4-8083-1021-9

◆随想・オペラ文化論―『カルメン』『サロメ』『イスの王様』『椿姫』　三木原浩史著　彩流社（フィギュール彩 82）
【要旨】名曲なら誰でも知っているオペラを代表する4曲！ その背景にある小説や現代神話や伝説などが、独特な柔らかい語り口で読み解かれていく…。オペラが退屈なら、こう楽しもう！
2017.2 239p B6 ¥1900 ①978-4-7791-7085-0

◆フランス・オペラの美学―音楽と言語の邂逅　内藤義博著　水声社
【要旨】17世紀のフランスでは、オペラは卑俗な舞台劇であり、悲劇よりも劣るとされていた。しかし、18世紀には大がかりな仕掛けと音楽で観客を魅了し、次第に独自の美学を打ち立てる。ドラマトゥルギー、韻律、調性、朗唱、仕掛けの問題から、ラシーヌにもヴォルテールにも書けなかった「音楽悲劇」の秘密に迫る。
2017.10 261p A5 ¥4000 ①978-4-8010-0286-9

◆モーツァルト フィガロの結婚　小瀬村幸子訳　音楽之友社（オペラ対訳ライブラリー）改訂新版
【要旨】イタリア語とオペラに精通した著名な訳者による、対訳シリーズの「改訂新版」。イタリア語と日本語が上下に同時に入る画期的な構成。オペラ・ファン待望！ 改訂新版では、さらに台詞のニュアンスや登場人物の心の動きが分かるようになりました。詳細な註により内容が深まり、精読派やプロ・ユース、語学の独学者にもオススメです。
2017.2 230p B6 ¥2300 ①978-4-276-35581-1

◆読むオペラ―聴く前に、聴いたあとで　堀内修著　音楽之友社（オルフェ・ライブラリー）
【要旨】歌手が変わり、演出が変わり、上演が変わり、オペラの聴き方・観方も変わった。まずは歌手の品評会から脱却。ゾクッとする？ 思わずニヤリ？ 聴く前に、聴いたあとで、いつ、どこでも。世界で日本で人気の作品50を読みつくす。
2017.7 221p B6 ¥2200 ①978-4-276-37111-8

◆ロッシーニ『セビーリャの理髪師』―名作を究める十の扉　水谷彰良著　水声社
【要旨】200年にわたって愛されてきた傑作オペラ『セビーリャの理髪師』には、いまだ知られざる謎があった。初演失敗の真実とは何だったのか？ なぜ一世紀以上も改変されたまま流布したのか？ 自筆譜に残された創作上の意図とは？ 日本ではどのようにして受容されたのか？ ロッシーニ研究の第一人者が名曲の舞台裏と隠された真実に迫る。
2017.2 310p A5 ¥3500 ①978-4-8010-0208-1

楽譜

◆赤い鳥の翼に乗って 湯山昭童謡愛唱歌100選 ゆうやけはなび　湯山昭作曲　全音楽譜出版社
【目次】赤い風船とんだ、あかちゃんおねむ、あしたてんきになあれ、あひるのスリッパ、雨ふりくまのこ、あらら、あり、いちじゅうがれしい、いま生きる子どもマーチ、いつもの道、イルカのつばさ〔ほか〕
2017.7 283p 28×21cm ¥3800 ①978-4-11-620111-7

◆飛天（アプサラス）―弦楽オーケストラ、女声合唱、チェンバロ、ピアノ、2台のハープ、チェレスタと打楽器のための　松村禎三作曲　音楽之友社（現代日本の音楽）
2017.5 22p A4 ¥2800 ①978-4-276-92205-1

◆エンターテイナー　全音楽譜出版社（リコーダー・アンサンブル・ピース）
2017 6p A4 ¥800 ①978-4-11-508214-4

◆王様のピアノ NHKテーマ・セレクション　全音楽譜出版社　贅沢アレンジで魅せるステージレパートリー集
【目次】小さな旅～光と風の四季～（「小さな旅」）、素晴らしき日々へ（連続テレビ小説「あぐり」）、THE INNERS～遥かなる瞬間の彼方へ～（NHKスペシャル「驚異の小宇宙・人体」）、風笛～あすかのテーマ～（連続テレビ小説「あすか」、新日本紀行－オープニング・テーマ～祭りの笛（「新日本紀行」）、Stand Alone（スペシャルドラマ「坂の上の雲」）、365日の紙飛行機（連続テレビ小説「あさが来た」）、栄光の架橋（「アテネ2004」放送テーマソング）、ありがとう（連続テレビ小説「ゲゲゲの女房」）、春よ、来い（連続テレビ小説「春よ、来い」）、Moanin'（「鑑賞マニュアル美の壺」）、ひまわり（連続テレビ小説「てっぱん」）、生命の息吹（「生きもの地球紀行」）、今、咲き誇る花たちよ（「ソチ2014」放送テーマソング）、黄昏のワルツ（「にんげんドキュメント」）、風が吹いている（「ロンドン2012」放送テーマソング）、BELIEVE（「生きもの地球紀行」）、パリは燃えているか（NHKスペシャル「映像の世紀」）、篤姫メインテーマ（大河ドラマ「篤姫」）、花は咲く（「明日へ」東日本大震災復興支援ソング）
2017.4 86p 31×23cm ¥1800 ①978-4-11-176022-0

◆カバレフスキー こどものためのピアノ小曲集 連弾　ジュリアン・ユー編曲　全音楽譜出版社
【目次】ワルツという、小さい歌、エチュード、川辺の夜、ボールあそび、かなしい物語、むかしのおどり、子守歌、小さな童話、おどけ〔ほか〕
2017.9 111p 31×23cm ¥2600 ①978-4-11-160713-6

◆組曲『ペール・ギュント』より 朝　全音楽譜出版社（全音ピアノピース）
2017 1Vol. 31×23cm ¥500 ①978-4-11-911575-6

◆組曲『ペール・ギュント』より ソルヴェイグの歌　全音楽譜出版社（全音ピアノピース）
2017 1Vol. 31×23cm ¥500 ①978-4-11-911576-3

◆グラナドス 詩的な情景 第1集・第2集　平井丈二郎, 平井李枝校訂・解説　全音楽譜出版社
【目次】第1集（こもりうた、エヴァとワルター、バラの踊り）、第2集（遠い国々の想い出、修道院の天使、マルガリータの歌、詩人の歌）
2017.5 33p 31×23cm ¥1500 ①978-4-11-124507-9

◆グラナドス スペイン民謡による6つの小品　平井丈二郎, 平井李枝校訂・解説　全音楽譜出版社
【目次】前奏曲、1 ノスタルジア、2 祭りの響き、3 バスク舞曲、4 オリエンタル・マーチ、5 サンブラ（ムーア舞曲）、6 サパテアード
2017.5 1Vol. 31×23cm ¥1500 ①978-4-11-124506-2

◆グラナドス 2つの軍隊行進曲「連弾」　平井丈二郎, 平井李枝校訂・解説　全音楽譜出版社
【目次】軍隊行進曲第1番、軍隊行進曲第2番
2017.5 45p 31×23cm ¥1500 ①978-4-11-124508-6

◆グルリット こどものためのアルバム Op.140―解説付　町田育弥解説・運指　音楽之友社　New Edition
【要旨】さまざまな気づきをうながすシンプルで端正な構成と魅力的な音。音楽との対話により「演じる」ことがもっと楽しくなる！ 標準版ピアノ楽譜。
2017.5 31p 31×23cm ¥800 ①978-4-276-41631-4

◆故郷／埴生の宿　全音楽譜出版社（リコーダー・アンサンブル・ピース）
2017 6p A4 ¥800 ①978-4-11-508213-7

◆混声合唱組曲 生きとし、生けるものへ　上田由美子作詩, 上田益作曲　全音楽譜出版社
【目次】1 野辺、2 コスモスと少年、3 海神に守られて、4 天と海と海と一祈りのラ・フォリア
2017.8 59p 28×21cm ¥1800 ①978-4-11-719017-5

◆混声合唱組曲 終わりのない歌／あなたのことを　銀色夏生作詩, 上田真樹作曲　全音楽譜出版社
【目次】終わりのない歌（光よそして緑、月の夜、強い感情が僕を襲った、終わりのない歌、君のそばで会おう）、あなたのことを
2017.9 63p 31×23cm ¥1800 ①978-4-11-719356-5

◆混声合唱組曲 友よ、君の歌を　みなづきみのり詞, 千原英喜曲　全音楽譜出版社
【目次】1 さよなら僕の時間、2 友よ、君の歌を、3 空泳ぐ魚、4 寒梅のうた、5 木よ、風よ、星よ
2017.4 63p 29×21cm ¥1700 ①978-4-11-719289-6

◆混声合唱組曲 世の中には途法も無い仁もあるものぢや　石川啄木, 薮野椋十詞, 千原英喜曲　全音楽譜出版社
【目次】歌は私の悲しい玩具である、泣くよりも、世の中には途法も無い仁もあるものぢや、飛行機、歌озд
2017.7 45p 28×21cm ¥1500 ①978-4-11-719290-2

◆混声合唱とピアノのためのまど・みちおの「季節」　北爪道夫作曲　音楽之友社
2017.7 30×21cm ¥1800 ①978-4-276-54637-0

◆混声合唱のためのコンサート・レパートリー"クリスマス"　生田美子, 大竹くみ, 面川倫一, 宮本正太郎, 森田花央里, 安井惠編曲　全音楽譜出版社
【目次】サンタが町にやってくる、ホワイト・クリスマス、赤鼻のトナカイ、ジングル・ベル、きよしこの夜、クリスマス・ファンタジー・メドレー（もろびとこぞりて～ジングル・ベル～ああ、ベツレヘム よ～きよしこの夜～もみの木）、歌詞
2017.7 59p 28×21cm ¥1800 ①978-4-11-736006-6

◆サン＝サーンス エチュード集 作品52・作品111　山崎孝校訂・解説　全音楽譜出版社
【目次】6つのエチュード第1集（前奏曲、指の独立のための、前奏曲とフーガ、リズムのエチュード、ワルツの形で）、6つのエチュード第2集（長3度と短3度、半音階的な楽句、前奏曲とフーガ、ラス・パルマスの鐘、半音階的長3度、トッカータ）
2017.5 127p 31×23cm ¥2200 ①978-4-11-160263-6

◆シサスク 星の組曲 解説付 New Edition　舘野泉解説　音楽之友社
【要旨】エストニアを代表する作曲家によるやさしいピアノ曲集。
2017.6 38p 31×23cm ¥2000 ①978-4-276-41625-3

◆児童合唱組曲 くまモン　森田花央里作詩・作曲　全音楽譜出版社
【目次】くまモンの応援歌、くまモンのタンゴ、くまモンのハッピーバースデー☆
2017.4 39p 29×21cm ¥1400 ①978-4-11-719510-1

◆小学生のための音楽会用合唱曲集 一等星の夢　音楽之友社編　音楽之友社（付録資料：CD1）
【目次】未来へのレシピ（2部）、一歩だけ（2部）、合図（2部）、メリーゴーラウンド・ポエム（2部）、花束（2部）、一等星の夢（3部）、付録 きょうもあしたも一年生（斉唱）
2017.6 47p B5 ¥2800 ①978-4-276-92204-4

◆女声合唱組曲 ねこにこばん　まどみちお詩, 大田桜子作曲　音楽之友社
【目次】1 春の風、2 さくらのはなびら、3 ねこにこばん、4 ケヤキ、5 ぼくがここに、詩
2017.7 37p A4 ¥1600 ①978-4-276-55240-1

◆女声合唱とピアノのための風のなかの挨拶　佐々木幹郎詩, 信長貴富作曲　音楽之友社
【目次】1 鏡の上を走りながら、2 明日、3 風のなかの挨拶、詩
2017.7 47p A4 ¥1600 ①978-4-276-55842-7

◆スケッチ・オブ・ジャズ 2 ピアノ（左手）とヴァイオリンのために　谷川賢作作曲　音楽之友社
【目次】1 アンリーズナブル・パッション（ガトー・バルビエリに）、2 エンドレス・エクスキューズ（マッコイ・タイナーに）、3 ア・ソング・アフター・ダーク（マル・ウォルドロンに）、4 レイジー・スーザンズ・ワルツ（チック・コリアに）、5 オールド・グランパズ・シンプル・ジョーク

音楽　　　　　　　　　　　　　　　　　　　　　　　　　　　　　818　　　　　　　　　　　　　　　　　　　　　　　　　　BOOK PAGE 2018

（フレディ・グリーンに）
2017.9 31p 31×23cm ¥2700 ①978-4-276-43648-0

◆スペインギター音楽名曲コレクション　第2集　日本・スペインギター協会編　現代ギター社
【目次】第1章 入門名曲コレクション（アンダンティーノOp.31-5（ソル）、アンダンテOp.31-8（ソル）ほか）、第2章 小品名曲コレクション（パバーナ4（ミラン）、パバーナ5（ミラン）ほか）、第3章 上級名曲コレクション1（エチュードOp.29-23（ソル）、エチュードOp.6-11（ソル）ほか）、第4章 上級名曲コレクション2（モーツァルトの「魔笛」による序奏と変奏曲Op.9（ソル）、「マールボロは戦場に行った」による序奏と変奏曲Op.28（ソル）ほか）
2017.1 132p A4 ¥2600 ①978-4-87471-592-5

◆泰西童話によるピアノ曲集 もしかしてグリム　青島広志作曲　全音楽譜出版社
【要旨】青島広志が、グリム童話を「音」で描く。それは、美しくて、怖くて、面白い世界。CD同時発売！
2017.7 86p 31×23cm ¥1700 ①978-4-11-178523-0

◆ダンクラ 6つのエア・ヴァリエOp.89　石井志都子運指・運弓　音楽之友社
【目次】1er Air Varié sur un Thème de Pacini, 2me Air Varié sur un Thème de Rossini, 3me Air Varié sur un Thème de Bellini, 4me Air Varié sur un Thème de Donizetti, 5me Air Varié sur un Thème de Weigl, 6me Air Varié sur un Thème de Mercadante
2017.8 30p 31×23cm ¥1700 ①978-4-276-47665-3

◆男声合唱組曲 そのあと　谷川俊太郎作詩、上田真樹作曲　全音楽譜出版社
【目次】1 はる、2 大小、3 十と百に寄せて、4 花とный、5 そのあと
2017.8 31p 28×21cm ¥1400 ①978-4-11-719355-8

◆チャイコフスキー 弦楽セレナードハ長調 作品48　中島克磨解説　全音楽譜出版社（zen-on score）
【目次】1 Pezzo in forma di sonatina. Andante non troppo - Allegro moderato, 2 Valse.Moderato.Tempo di Valse, 3 Elegia.Larghetto elegiaco, 4 Finale (Tema russo).Andante - Allegro con spirito
2017.8 71p A5 ¥900 ①978-4-11-897124-7

◆超カンタン！ ドレミふりがな付き いますぐ吹けるオカリナ曲集 風のうた　全音楽譜出版社
【要旨】この曲集は、楽譜が苦手な方でもオカリナを買ったその日から楽しんで頂けるよう工夫された楽譜集です。楽譜が苦手な方のために、すべての音符にドレミのふりがなが付いています。音名を音符の中に入れているので演奏しながらでも読みやすくなっています。曲が浮かびやすいよう、歌詞も掲載しています（一部を除く）。各曲に出てくる音階のおさえかたをすべて掲載しました。まだ運指を覚えてない方でも安心して取り組むことができます。
2017.7 47p B5 ¥1000 ①978-4-11-501071-0

◆超カンタン！ ドレミふりがな付き いますぐ吹けるオカリナ曲集 季節のうた　全音楽譜出版社
【要旨】この曲集は、楽譜が苦手な方でもオカリナを買ったその日から楽しんで頂けるよう工夫された楽譜集です。楽譜が苦手な方のために、すべての音符にドレミのふりがなが付いています。音名を音符の中に入れているので演奏しながらでも読みやすくなっています。曲が浮かびやすいよう、歌詞も掲載しています（一部を除く）。各曲に出てくる音階のおさえかたをすべて掲載しました。まだ運指を覚えてない方でも安心して取り組むことができます。
2017.7 47p B5 ¥1000 ①978-4-11-501074-1

◆超カンタン！ ドレミふりがな付き いますぐ吹けるオカリナ曲集 心のうた　全音楽譜出版社
【要旨】この曲集は、楽譜が苦手な方でもオカリナを買ったその日から楽しんで頂けるよう工夫された楽譜集です。楽譜が苦手な方のために、すべての音符にドレミのふりがなが付いています。音名を音符の中に入れているので演奏しながらでも読みやすくなっています。曲が浮かびやすいよう、歌詞も掲載しています（一部を除く）。各曲に出てくる音階のおさえかたをすべて掲載しました。まだ運指を覚えてない方でも安心して取り組むことができます。
2017.7 31p 31×23cm ¥1000 ①978-4-11-501073-4

◆超カンタン！ ドレミふりがな付き いますぐ吹けるオカリナ曲集 大地のうた　全音楽譜出版社
【要旨】この曲集は、楽譜が苦手な方でもオカリナを買ったその日から楽しんで頂けるよう工夫された楽譜集です。楽譜が苦手な方のために、すべての音符にドレミのふりがなが付いています。音名を音符の中に入れているので演奏しながらでも読みやすくなっています。曲が浮かびやすいよう、歌詞も掲載しています（一部を除く）。各曲に出てくる音階のおさえかたをすべて掲載しました。まだ運指を覚えてない方でも安心して取り組むことができます。
2017.7 47p B5 ¥1000 ①978-4-11-501072-7

◆同声合唱のための編作集 若林千春うたの本 "うみ"　若林千春編作　音楽之友社
【目次】うみ、おもちゃのマーチ、蛍の光、われは海の子、てるてる坊主、琵琶湖周航の歌
2017.8 37p 30×24cm ¥1400 ①978-4-276-55103-9

◆同声合唱のための編作集 若林千春うたの本 "里の秋"　若林千春編作　音楽之友社
【目次】里の秋、旅愁の宿、しゃぼん玉、どんぐりころころ、虫のこえ、かなりや、村祭
2017.8 47p A4 ¥1400 ①978-4-276-55104-6

◆中西覚一 2本のアルトリコーダーのための組曲 村の休日　全音楽譜出版社（ゼンオンリコーダーピース）
2017 12p 31×23cm ¥1000 ①978-4-11-506012-8

◆二部合唱曲 未来へ　谷川俊太郎詩、信長貴富作曲　音楽之友社
2017.7 4p A4 ¥850 ①978-4-276-55839-7

◆春畑セロリ・轟千尋のロッパチ 2 6手&8手ピアノ連弾曲集　春畑セロリ、轟千尋作曲・編曲　全音楽譜出版社
【目次】さんぽにいこうよ、3にんで（6手連弾）、さんぽにいこうよ、ふたりと1ぴき（6手連弾）、小さなつどい（6手連弾）、パリの晴れた日に（6手連弾）、エドゥーァと愛をこめて「朝の歌～ミーナ～愛のあいさつ」（6手連弾）、くるみ割り人形より「行進曲～ロシアの踊り～あし笛の踊り～花のワルツ」（8手連弾）、はやぶさテオとしまうきキャリー（8手連弾）
2017.5 55p 23×31cm ¥2000 ①978-4-11-178662-6

◆ピアノ曲集 ギロックの休日　安田裕子訳・解説　全音楽譜出版社
【要旨】初出版となる魅力的なピアノ・ソロ作品をはじめ、ギロック編曲の連弾作品など、魅力的なレパートリーの数々を収載。
2017.8 57p 31×23cm ¥1600 ①978-4-11-177848-5

◆ビゼー『アルルの女』組曲 第1番・第2番　遠藤奈穂美解説　全音楽譜出版社（zen-on score）
【目次】『アルルの女』第1組曲（前奏曲、メヌエット、アダージェット、カリヨン）、『アルルの女』第2組曲（パストラル（田園曲）、間奏曲、メヌエット、ファランドール）
2017.8 154p A5 ¥1200 ①978-4-11-897181-0

◆広瀬量平 メディテーション アルトリコーダーのための 編成-A　全音楽譜出版社（ゼンオン・リコーダー・ピース）
2017 7p 28×21cm ¥1000 ①978-4-11-506001-2

◆広瀬量平 ラメンテーション（哀歌）4本のリコーダーのための 編成-A.A.T.B.　全音楽譜出版社（ゼンオン・リコーダー・ピース）
2017 14p 21×28cm ¥1000 ①978-4-11-506002-9

◆古い音楽における装飾の手引　ハンス＝マルチン・リンデ編著、高野紀子訳　全音楽譜出版社
【目次】古い音楽における装飾、本質的な、すなわちフランス式装飾、任意な、すなわちイタリア式装飾、通奏低音演奏における即興、緞徐楽章の仕上げ、実例（本質的な装飾、任意な装飾、ハンス・マルチン・リンデの装飾案、"緞徐楽章の仕上げ"の章に対する例）
2017 54p 31×23cm ¥1700 ①978-4-11-800210-1

◆フルートで奏でるボサノヴァ ピアノ伴奏譜＆カラオケCD付　湯川徹編曲・CD音源制作　全音楽譜出版社（付属資料：CD1；別冊1）
【要旨】ボサノヴァの名曲の数々を、フルートとピアノによるアドリブ感満載のデュオに編曲しました。普段とは違った特別な場所やイベントに相応しい、オトナ＆お洒落な雰囲気を大切にしたい時にとっても効果的。今までの曲集に満足できなかった人にも応えられる洗練された編曲のピアノ伴奏譜と、ピアノ、ベース、ドラム、パーカッション等によるカラオケCD付。どんなシチュエーションでも安心してお使い頂けます。ボサノヴァの魅力を存分に引き出した、珠玉のアレンジをお楽しみください。
2017.7 63p 31×23cm ¥2600 ①978-4-11-548572-3

◆フルートで奏でるラテン・ポップス ダンサブルなアレンジのピアノ伴奏譜＆カラオケCDでフルートがひき立つ！　湯川徹編曲　全音楽譜出版社（付属資料：別冊1；CD1）
【要旨】マシュ・ケ・ナダ、ボラーレ、マンボNo.5、ラ・バンバ、エル・マンボ（マンボ・ジャンボ）、ソウル・ボサノヴァ、テキーラ、コーヒー・ルンバ、ラテン・ポップス・メドレー（コンガ～GOLDFINGER'99～マッケンサンバ2）
2017.5 31p 31×23cm ¥2600 ①978-4-11-548570-9

◆ベートーヴェン 交響曲第8番ヘ長調 作品93　諸井三郎解説　全音楽譜出版社（zen-on score）
2017.6 151p A5 ¥1000 ①978-4-11-897008-0

◆ベートーヴェン『レオノーレ』序曲 第3番 作品72a　諸井三郎解説　全音楽譜出版社（zen-on score）
【目次】解説、スコア制作ノート、『レオノーレ』序曲 第3番 作品72a
2017.6 78p A5 ¥800 ①978-4-11-897022-6

◆ベルリオーズ 幻想交響曲 作品14　中島克磨解説　全音楽譜出版社（zen-on score）
2017.6 256p A5 ¥1000 ①978-4-11-897171-1

◆間宮芳生歌曲集―独唱歌曲　間宮芳生作曲　音楽之友社
【目次】子供のお祈り―ヨアヒム・リンゲルナッツ詩、板倉鞆音訳、子供のお祈りの三―ヨアヒム・リンゲルナッツ詩、板倉鞆音訳、都色の雪―ヨアヒム・リンゲルナッツ詩、板倉鞆音訳、カニ ツンツン―金関寿夫詩、Out Of The Blue―木島始詩、アーサー・ビナード訳、空の向うがわ―友竹辰詩、棒が一本あったとさ―東京のわらべうた、やまのこもりうた―工藤直子詩、ぼくはかぜのこ―工藤直子詩、さんぽのおとはのおと―工藤直子詩、かにのじゃんけん―工藤直子詩、こころとあし―工藤直子詩、麦が生きていたころ―エスキモー族の口承詩 金関寿夫詩、万葉の恋歌、唄（ばい）―真言声明より、テキスト・資料
2017.5 95p 30×22cm ¥2800 ①978-4-276-52601-3

◆マンガでわかる楽譜入門―みんなのギモンをすっきり解決、絵と音で楽しく学べる　小林一夫著　誠文堂新光社（付属資料：CD1）
【要旨】楽譜とは、「耳で聴く」音楽のさまざまな決まりごとを、「目で見て」わかるようにしたものです。本書は、楽譜のさまざまな要素をマンガ形式でわかりやすく解説しました。多くの譜例・サンプル曲を収録したCDがついているので、楽譜について絵と音で楽しく学ぶことができます。また、多くの方が疑問に思うことをQ&A形式で取り上げています。「楽譜がかんたんに読めるようになりたい」「音楽は好きだけど、楽譜はちょっと苦手」という方におすすめの一冊です。
2017.2 191p A5 ¥1500 ①978-4-416-71607-6

◆無伴奏混声合唱 酒頌／海のあなたの　W.B.イェーツ、T.オーバネル原詩、林望、上田敏訳詩、上田真樹作曲　全音楽譜出版社
【目次】酒頌、海のあなたの、歌詩
2017.6 12p 29×21cm ¥1000 ①978-4-11-719354-1

◆無伴奏混声合唱のためのAfter…　谷川俊太郎詩、信長貴富作曲　音楽之友社（本文：日英両文）
【目次】1 言葉、2 絶望、3 遠くへ、4 そのあと、詩
2017.9 41p A4 ¥1600 ①978-4-276-54695-0

◆無伴奏女声合唱のための フォルテは歩む　永井陽子短歌、信長貴富作曲　音楽之友社
【目次】1 ガリレオの望遠鏡、2 べくべから、3 アンダルシアのひまわり、4 さみどりの風が、5 フォルテは歩む、短歌
2017.6 22p 30×21cm ¥1300 ①978-4-276-55837-3

◆無伴奏フルート名曲集　音楽之友社編　音楽之友社　改訂版
【目次】エコー、12の幻想曲(幻想曲第1番TWV40:2、幻想曲第6番TWV40:7、幻想曲第7番TWV40:8)、パルティータBWV1013、カプリチオQV3:1.13、ロンドーによるジグ、ヴィヴァルディの春、ソナタWq132/H562、モーツァルトの歌劇『ドン・ジョヴァンニ』より「奥様お手をどうぞ」の主題による変奏曲、3つの幻想曲op.38(幻想曲第1番)、ブラーニーの木立〔ほか〕
2017.7 81p 31×23cm ¥3200 ①978-4-276-92208-2

◆夢の木一二群の同声合唱とピアノのための「地球歳時記Vol.13」より　鈴木輝昭曲　全音楽譜出版社　(本文:日英両文)
2017.4 55p 29×21cm ¥700 ①978-4-11-719143-1

◆ラ・フォリア—コレッリ&マレ　有田正広編、有田千代子通奏低音実施　音楽之友社
2017.7 47p 31×23cm ¥3200 ①978-4-276-92198-6

◆朗読・独唱、クラリネット、ピアノのための音楽物語 蜘蛛の糸　芥川龍之介原作、木下牧子作曲　音楽之友社
【目次】序、蓮の花、蓮池の下、カンダタ、銀色の糸、遙か下へ、血の池、銀色の糸2、この糸に縋りついて、上へ〔ほか〕
2017.9 72p A4 ¥3500 ①978-4-276-92210-6

◆A. ベンジャミン ジャマイカン・ルンバ 編成 - S.A.P. 編曲 - G. ラッセル=スミス　全音楽譜出版社 (ゼンオン・リコーダー・ピース)
2017 1Vol. 28×21cm ¥1200 ①978-4-11-506004-3

◆B. ブリテン アルプス組曲 編成 - S.S.A.　全音楽譜出版社 (ゼンオン・リコーダー・ピース)
2017 18p 28×21cm ¥1000 ①978-4-11-506003-6

◆B. マルチェロ アルト・リコーダーと通奏低音のためのチャコーナ作品2 - 12 編成 - A.B/C　全音楽譜出版社 (ゼンオン・リコーダー・ピース)
2017 1Vol. 28×21cm ¥1200 ①978-4-11-506009-8

◆G.Ph. テレマン—4つのソナタ　全音楽譜出版社 (ゼンオンリコーダーピース) (付属資料:別冊2)
2017 28p 31×23cm ¥1700 ①978-4-11-506011-1

◆G.Ph. テレマン 4つのフーガ 編成 - S.A.T.B. 編曲 - W. バーグマン　全音楽譜出版社 (ゼンオン・リコーダー・ピース)
2017 11p 28×21cm ¥1000 ①978-4-11-506010-4

◆H. パーセル シャコニー 編成 - S.A.T.B. 編曲 - R. コールス　全音楽譜出版社 (ゼンオン・リコーダー・ピース)
2017 1Vol. 28×21cm ¥1200 ①978-4-11-506005-0

◆J.C. シックハルト 協奏曲4 編成 - A.A.A.A.P.B/C　全音楽譜出版社 (ゼンオン・リコーダー・ピース)
2017 1Vol. 28×21cm ¥1500 ①978-4-11-506007-4

◆J.C. シックハルト 協奏曲6 編成 - A.A.A.A.P.B/C　全音楽譜出版社 (ゼンオン・リコーダー・ピース)
2017 1Vol. 28×21cm ¥1500 ①978-4-11-506008-1

◆J.-M. オットテール ル・ロマン ホ短調の組曲 編成 - A.P.B/C　全音楽譜出版社 (ゼンオン・リコーダー・ピース)
2017 1Vol. 28×21cm ¥1500 ①978-4-11-506006-7

◆NHKこどものうた楽譜集 2016年度版　NHK出版編　NHK出版
【要旨】「おかあさんといっしょ」「いないいないばあっ!」「みいつけた!」ほか、NHK幼児番組の人気曲、2016年4月〜2017年3月放送分。オリジナルピアノ譜、コード付。
2017.3 119p B5 ¥2000 ①978-4-14-052044-4

◆NHK全国学校音楽コンクール 高等学校男声三部合唱課題曲 第84回(平成29年度) 君が君に歌う歌　日本放送協会編　NHK出版
2017.4 20p A4 ¥270 ①978-4-14-055366-4

邦楽・民謡

◆秋田の民謡、人と唄をたどる—史料:近・現代的秋田民謡　麻生正秋編著　(横手)イズミヤ出版
【目次】1 秋田民謡—明治・大正時代の姿(記録された秋田音頭や秋田の盆唄、秋田オハコ節と大葉子節、佐藤貞子や関屋敏子の活躍、後藤桃水に出会う鳥井森鈴の飛躍)、2 秋田民謡—昭和初期から戦前まで(小玉暁村や田口ംの助と仙北民謡、UK放送がもたらしたもの、東北民謡試聴会、郷土民謡公演)、3 郷土芸能による地域の再生(全県芸能競演会がもたらしたもの、優れた民謡人が育てた「民謡の国・秋田」、「生保内民謡正調の会」から「田沢湖町郷土芸能振興会」へ)
2017.10 105p A4 ¥1500 ①978-4-904374-31-3

◆あしたの太鼓打ちへ　林英哲著　羽鳥書店　増補新装版
【要旨】新しい和太鼓史を創始した林英哲が、未来の太鼓打ちへ捧ぐ。独自に開拓した奏法・打法をつまびらかにした唯一無二の「太鼓論」をはじめ、ジャズピアニスト・山下洋輔との対談を新たに加えた「太鼓談」、「太鼓録」、書下ろし「太鼓打つ子ら」を含めた自伝「太鼓記」を収録。
2017.10 301p B6 ¥2600 ①978-4-904702-68-0

◆河東節三百年　竹内道敬著　河東節十寸見會
【目次】河東節三百年年表、河東節略史「江戸」について、江戸半太夫(初世)、初世河東、薗洞、河丈(二世河東)、夕丈(藤十郎)、双笠、山彦河東 字平次河東、四世河東 伝之助河東、五世河東 平四郎河東、六世河東 黒河東ほか
2017.9 274p B5 ¥11111 ①978-4-88594-513-7

◆上方の風雅—地歌(三弦) 箏曲(箏)　斉藤春一(大阪)燃焼社　(付属資料:CD10; DVD2)
【目次】都十二月—地歌・作物、四季の曲—箏曲・箏組歌・奥許、城隍の歌—地歌・手事物、小三金五郎—地歌・芝居歌、繁大夫節、飛燕の曲—箏・箏組歌・奥許、葛の葉—地歌・三味線組歌、柳川流破手組、孤丸—地歌・長歌物、鳥辺山—地歌・芝居歌物、早舟—地歌・三味線組歌・柳川流破手組、飛梅—箏曲・箏組歌・奥許〔ほか〕
2017.11 243p B5 ¥30000 ①978-4-88978-123-6

◆五線とドレミでわかりやすい! やさしい大正琴講座　泉田由美子編著　自由現代社
【要旨】初歩の初歩から一歩進んだテクニックまで、やさしのしく大正琴が弾ける!
2017.12 95p A4 ¥1800 ①978-4-7982-2218-9

◆左官と三味線、そして能—御所西の町家　日暮聖編著　績文堂出版
【目次】1(インタビュー「これからを生きる若い人のために」、町家の壁(森田一弥))、2("ライブ日本の記憶"左官と三味線—案内・プログラム・写真コラージュ、和歌三首 ほか)、3(近況 続稽古さと勉強か、観世恭秀先生二題 ほか)、4(音楽劇としての能(観世寿夫(訳者・西野絢子))、能の音楽についてのノート(1)、(2)(戸田邦雄))
2017.8 224p A5 ¥2000 ①978-4-88116-092-3

◆スコットランドに響く和太鼓—無限響(MUGENKYO)25年の物語　ウイリアムス春美著　芙蓉書房出版
【要旨】ヨーロッパに和太鼓を広めた草分け的存在「無限響」"MUGENKYO"の苦闘の足跡をまとめたノンフィクション。日本滞在中、ニール・マッキーとウイリアムス・美雪は福井の響太鼓に魅せられ、福山の車屋正房師に師事。帰国後の1995年、ロンドンで「無限響」を結成。グラスゴーへの拠点移動、メンバーの脱退などさまざまな苦難しながらプロの演奏グループに成長していく過程を描く。
2017.11 160p B6 ¥1700 ①978-4-8295-0724-4

◆大正琴で弾きたい最新演歌・歌謡ヒット集　野津八政、奥山清風編曲　(志木)オンキョウパブリッシュ
【目次】大正琴について(大正琴の音階、大正琴の音符、本曲集に使用されている記号、大正琴の各部の名称・調弦、大正琴の置き方・ピックの持ち方 ほか)、曲集(愛が信じられない女、山内惠介)、風雪湖(山内惠介)、南部娘しぐれ(福田こうへい)、雪の宿(新沼謙治)、新宿の女(藤圭子) ほか)
2017.5 103p 31×23cm ¥2500 ①978-4-86605-068-3

◆できるゼロからはじめる三線超入門　松本克樹著　リットーミュージック (ゼロからはじめるシリーズ) (付属資料:DVD1)
【要旨】いちばんやさしい三線教本。収録曲・海の声/涙そうそう/てぃんさぐぬ花ほか。譜面にタブ譜を併記。音階シール付き。
2017.10 175p 24×19cm ¥1700 ①978-4-8456-3127-8

◆みたび長唄びいき　池田弘一著　青蛙房
【要旨】神田外語大学名誉教授の池田弘一は、長唄の魅力に取りつかれて七十余年、訪れた長唄の物語の現場で思いを馳せる。つい唄を口ずさんで「いいねぇ」と自然に出る。これだから長唄めぐりの旅はやめられない。
2017.2 235p B6 ¥2700 ①978-4-7905-0362-0

◆民謡「秋田おばこ」考　小田島清朗著 (秋田)秋田文化出版
【要旨】秋田を代表する民謡として誰もが知っている「秋田おばこ」。そのルーツはどこなのか? そもそも"おばこ"とは何か? 稀代の民謡歌手・佐藤貞子の歌で全国区の人気を勝ち得た経緯など、知られざる「秋田おばこ」の謎を解き明かす。
2017.9 199p B6 ¥1500 ①978-4-87022-579-4

◆やさしい三味線講座—五線と文化譜でわかりやすい! 知識から奏法まで、やさしくたのしく三味線が学べる!　千葉登世雄著　自由現代社
【要旨】五線譜から文化譜が作れるツール付き!
2017.12 127p A4 ¥1800 ①978-4-7982-2220-2

◆琉球古典音楽 安冨祖流の研究　新城亘著　新宿書房　(付属資料:DVD1; CD2)
【要旨】琉球古典音楽の二大流派、「安冨祖流」と「野村流」その違いは何か? 本書では、両流の名人たちが残した音源を科学的に解析して比較・検討。演奏家でもある著者ならではの視点から、その差異を解明し、伝承の本質を探る画期的な試み。琉球古典音楽における初の博士論文、待望の刊行!
2017.10 241p B5 ¥6000 ①978-4-88008-471-8

音楽学・音楽教育学

◆アフターミュージッキング—実践する音楽　毛利嘉孝編著　東京藝術大学出版会
【要旨】ミュージッキング—音楽を固定された"名詞"ではなく、変化・生成する"動詞"として捉えることにより、実践として、変容するプロセスとして、そして何より人やモノ、出来事のネットワークとして音楽を理解することから何が見えるのか。そして、何が聴こえるのか—
2017.11 283p 23×16cm ¥2000 ①978-4-904049-56-3

◆アラブ古典音楽の旋法体系—アレッポの歌謡の伝統に基づく旋法名称の記号論的解釈　飯野りさ著 (国分寺)スタイルノート
【要旨】アラブの旋法体系の基本がいま明らかに。シリアの古都アレッポで古くから受け継がれる歌の旋律からわかることとは。
2017.2 311p A5 ¥3200 ①978-4-7998-0158-1

◆おとぎ話における音と音楽—「歌」と心理臨床の場で語られる言葉との関連から　宮本桃英著　風間書房
【目次】第1章 おとぎ話と臨床心理学(深層心理学におけるおとぎ話、おとぎ話における音・音楽についての研究)、第2章 グリム童話における音と音楽(音の種類による分類、音の機能による分類 ほか)、第3章 日本の昔話における音と音楽(音の種類による分類、音の機能による分類 ほか)、第4章 グリム童話と日本の昔話における音(グリム童話と日本の昔話における多様な「音」—共通性と相違点、歌の「繋ぐ」機能について ほか)、第5章 グリム童話と日本の昔話における歌の相違点—歌い手と聴き手の観点から(節目の場面からみる人間の声・歌における相違点—「歌い手と聴き手」における相違、心理臨床における語りの相違点検討への試み)
2017.11 134p A5 ¥4000 ①978-4-7599-2190-8

◆音楽史を学ぶ—古代ギリシャから現代まで　久保田慶一編著　教育芸術社
【要旨】全200項目で古代ギリシャから現代までの西洋音楽と明治以降の日本における西洋音楽の歩みを詳説! 変動する時代に人々が作りだしてきた音楽の歴史に迫る! 各時代に響いた音楽

音楽

とその背景にある社会史を結び付けて解説。音楽を取り巻くさまざまな芸術理論をわかりやすく解説。興味と関心を深める図版とコラムを豊富に掲載。「聴いておきたい名曲」では各時代の音楽の特徴を理解できるよう解説。「まとめと今後の勉強のために」で学びを深めるポイントを掲載。
2017.3 207p B5 ¥830 ①978-4-87788-788-9

◆音楽・数学・言語—情報科学が拓く音楽の地平　東条敏, 平田圭二著　近代科学社
【目次】第1章 音楽の意味を計算する機械, 第2章 白鍵と黒鍵の数学, 第3章 言語から見た音楽, 第4章 バークリーメソッド, 第5章 暗意・実現モデル, 第6章 楽曲の木構造解析, 第7章 GTTMの展開, 付録A 音楽学の基礎知識
2017.5 223p 24×19cm ¥4400 ①978-4-7649-0538-2

◆音楽と建築　ヤニス・クセナキス著, 高橋悠治編訳　河出書房新社　増補・改訳
【要旨】高度な数学的知識で論じられる音楽と建築のテクノロジカルな創造的関係性。コンピュータを中心に現代における表現の, すべての始原がここに—。伝説の名著, 新編・新訳。
2017.7 179p B6 ¥2800 ①978-4-309-27618-2

◆音楽理論入門　東川清一著　筑摩書房　(ちくま学芸文庫)
【要旨】私たちの感情を動かし, 心地よさや熱情を理屈抜きにもたらす音楽。実は音楽は, 精緻な理論の上に組み立てられている。その歴史は古く, すでに古代ギリシア人たちは複雑な音階の体系を作っていた。現在の音楽の基礎をなす理論や記号法はみな, 長い歴史を経て確立されたもの。それらのイロハを単なる知識として覚えるのではなく, 「なぜそうなったのか」という歴史的視点を入れることで, 音楽の仕組みがよりわかるようになる。鑑賞や演奏のために必要な基礎知識を, 「音符と休符」「リズム」「テンポ」「音程」などのキータームごとに, 丁寧に解説した入門書。
2017.5 379p A6 ¥1300 ①978-4-480-09795-8

◆音声学を学ぶ人のためのPraat入門　北原真冬, 田嶋圭一, 田中邦佳著　ひつじ書房
【目次】1 入門編 (Praatのインストール, はじめに), 2 初級編 (音声分析の初歩—サウンドエディターを使う, 音声の編集—かんたんな加工・抽出・調整 ほか), 3 中級編 (より精密な音声分析—オブジェクトとクエリーを使う, 音声の可視化—ピクチャーウィンドウを使う ほか), 4 上級編 (音声分析のカスタマイズ—セッティングの変更, より体系的な音声の再合成—音声の特徴を数値で指定 ほか), 5 付録 (ショートカットキーとよく使うコマンド, スクリプトにおける予約語 ほか)　2017.11 216p A5 ¥2400 ①978-4-89476-871-0

◆喝采、そしその日。—うたごころの現場から　本山秀毅著, 堀雄紀編　(長岡京) パナムジカ
【目次】第1章 合唱指揮者は走る (アンサンブル, 横着の報い ほか), 第2章 私に息づく出会い (歴史少年の夏休み, 我が師匠リリング ほか), 第3章 合唱指揮者はまた走る (サクラ色, 新らしモノ好き ほか), 第4章 美の本質を求めて (鼻の利く話, 得難い学び ほか), 最終章 今ここから未来へ (折り返し, ドマーニ ほか)
2017.1 158p 21×13cm ¥1400 ①978-4-86604-036-3

◆近代スイス・ドイツの音楽基礎教育と歌唱活動　関口博子著　(相模原) 現代図書, 星雲社 発売
【目次】第1部 18世紀後半〜19世紀初頭におけるスイス・ドイツの民衆の歌唱活動と音楽教育 (18世紀後半のドイツにおける子どものための歌唱集—J.A.ヒラー『子どものための歌曲集』(1769) の分析を通して, 18世紀後半のドイツにおける民衆啓蒙と音楽教育—J.A.P.シュルツ『民謡調の歌曲集』(1782/85/90) の分析を通して, 18世紀後半〜19世紀初頭におけるドイツにおける民衆の思想と音楽教育—西洋音楽史上愛国運動の萌芽, 18世紀後半〜19世紀初頭の教育思想と音楽教育・教育家達の著作の検討を通して), 第2部 19世紀前期〜中期のスイス・ドイツにおける学校音楽教育の改革と合唱運動 (19世紀前期のスイスにおける合唱運動の興隆—C.F.シェルターの活動を中心として, ネーゲリの教育改革構想—ペスタロッチ主義という視点から, 19世紀前期ドイツ語圏スイスにおける学校音楽教育の改革と合唱運動—ネーゲリの思想とその活動の歴史的意義, 19世紀中期ドイツ語圏スイスにおける学校音楽教育の改革—J.R.ヴェーバーの唱歌教育改革論とその方法), 第3部 ペスタロッチ主義のジャック=ダルクローズへの影響 (リトミックの理念:リズムの根本思想—ペスタロッチ主義からの影響を視野に入れて, ペスタロッチ主義の歌唱教本とダルクローズ・ソルフェージュ)
2017.2 183p A5 ¥5556 ①978-4-434-22490-4

◆決定版 はじめての音楽史—古代ギリシアの音楽から日本の現代音楽まで　片桐功, 吉川文, 岸啓子, 久保田慶一, 長野俊樹ほか著　音楽之友社
【要旨】定評あるロングセラー。西洋音楽史・日本音楽史・日本の現代の音楽の3部構成。音楽史入門書の決定版!
2017.9 228p A5 ¥2500 ①978-4-276-11019-9

◆「チェルニー30番」の秘密—練習曲は進化する　上田泰史著　春秋社
【目次】第1章 「練習曲」誕生—ジャンルの成立と展開 (「チェルニー30番」の正式名称, ジャンルとしての「練習曲」成立史, チェルニーと「練習曲」, チェルニーの特殊な練習曲), 第2章 練習曲とポエジー—創造的ジャンルへの変容 (練習曲と詩的な理想, 「詩的」なジャンルになった練習曲, チェルニーの"性格的"な練習曲), 第3章 「チェルニー30番」の秘密—メカニズムの背後に様式が見える (「30番」再考へのプレリュード, 様式で読み解く「チェルニー30番」)
2017.3 221, 25p B6 ¥1800 ①978-4-393-93794-5

◆ドビュッシーはワインを美味にするか？—音楽の心理学　ジョン・パウエル著, 濱野大道訳　早川書房
【要旨】ドビュッシーの名曲「月の光」がワインショップで流れていると, 試飲のワインはより甘美に。さらに複雑な曲だと, ポップスが流れているときの3倍以上に!? さりげないBGMが, 実はあなたの買い物を決めている—。人間の心理にかくも大きな影響を及ぼす, 音楽という魔法。その効能を, 英国の物理学者にして音楽家が科学とユーモアで解き尽くす。性格と曲の好みの関係は？ モーツァルトを聴くと頭がよくなる？ 映画音楽が観客に与える効果とは？ そして…人はなぜ音楽を愛するのか？ ミュージシャンからリスナーまで, 読めばあなたの音楽人生がもっと豊かになること間違いなし。名著『響きの科学』の著者が巧みに奏でる, 「音」と「心」のアンサンブル。
2017.9 358p B6 ¥2000 ①978-4-15-209720-0

◆2018年問題とこれからの音楽教育—激動の転換期をどう乗り越えるか？　久保田慶一著　ヤマハミュージックメディア
【要旨】音楽を学ぶ意味とは何か？「2018年の18歳人口の減少」「文系学部の廃止」「受験者数の減少」…。大きな転換を迫られるなか, これからの音楽大学のあり方, そして学生は何を目指し音楽と向き合うべきなのか。音大キャリア研究の第一人者が音楽教育の真髄を解き明かし, その未来を大胆に予測する。
2017.2 200p B6 ¥2000 ①978-4-636-93522-6

◆日韓音楽教育関係史研究—日本人の韓国・朝鮮表象とは　藤井浩基著　勉誠出版
【要旨】「表象」は音楽教育・文化政策にどのような影響を与えたのか。人物, メディア, 学校など多角的視点から日韓関係を探る。
2017.2 310, 8p A5 ¥7500 ①978-4-585-27040-9

◆人間はなぜ歌うのか？—人類の進化における「うた」の起源　ジョーゼフ・ジョルダーニア著, 森田稔訳　アルク出版企画
【要旨】音楽と言語の起源を探る挑戦的仮説。
2017.4 337p B6 ¥2900 ①978-4-901213-59-2

◆響きあう身体—音楽・グルーヴ・憑依　山田陽一著　春秋社
【要旨】音楽と身体の関わりを照らしだす音響人類学的視座。音楽に感動するあのゾクゾク感はどこから来るのか…。
2017.6 299, 25p B6 ¥3000 ①978-4-393-93597-2

◆ファンダメンタルな楽曲分析入門　沼野雄司著　音楽之友社
【目次】分割と再統合, 同質/異質のグラデーション, 反復パターンと形式の関係, 3部形式のエクササイズ:閉じられた/開かれた小宇宙, 「超越的」な楽曲は存在するか, ソナタ形式のエクササイズ1:謎また謎の前編, ソナタ形式のエクササイズ2:「お気楽さ」の真相に迫る, 楽曲の形式から見る西洋音楽史, ロマン派を省く理由, 現代音楽の分析1:セリーとテクスチュア, 現代音楽の分析2:密度と饒舌, 新しい形式と記憶, 現代音楽の分析2:悲劇とクラスター, あるいは擬音とテクスチュア
2017.10 171p A5 ¥2000 ①978-4-276-13204-7

◆文化のなかの西洋音楽史　ポール・グリフィス著, 小野寺粛訳, 石田一志日本語版監修者　音楽之友社
【要旨】現代音楽の第一人者が語る通史。これほど示唆に富んだ「音楽史」はあっただろうか。
2017.7 334p B6 ¥3000 ①978-4-276-11215-5

◆魅了されたニューロン—脳と音楽をめぐる対話　ピエール・ブーレーズ, ジャン=ピエール・シャンジュー, フィリップ・マヌリ著, 笠羽映子訳　法政大学出版局
【要旨】作曲家・指揮者が音楽を創造するとき, 彼らの脳内ではどのような神秘的プロセスが生じているのか。現代音楽界の巨匠ブーレーズとフランスを代表する神経生物学者シャンジュー, ブーレーズ後の世代を担う作曲家マヌリによる刺激的な対話。
2017.8 345, 5p B6 ¥3600 ①978-4-588-41032-1

コンピュータ・ミュージック

◆ゲーム音楽大全Revolution—KONAMI名作CD付き　YMCK, FAMICOMANIA監修　宝島社　(付属資料:CD1)
【要旨】GRADIUS, ツインビー, 悪魔城ドラキュラ, がんばれゴエモン！ からくり道中, 月風魔伝, コナミワイワイワールド, 迷宮寺院ダババほか, 超人気シリーズからディスクシステムの渋い名曲まで！
2017.5 159p A5 ¥1600 ①978-4-8002-6909-6

◆達人と作るアナログシンセサイザー自作入門 改訂版2017—世界で一台のオリジナル・アナログシンセを作る　岩上直樹著　ラトルズ
【要旨】どうやって作る？ どうやって使う？ どうして動く？ の3つのテーマにアナログシンセサイザーの主要モジュールとシステムの仕組みを解説しながらアナログシンセの作り方をイチから分かりやすく伝授します。
2017.9 327p A5 ¥3600 ①978-4-89977-469-3

◆チップチューンのすべて—ゲーム機から生まれた新しい音楽　田中治久(hally)著　誠文堂新光社
【要旨】ゲーム機の内蔵音源チップから誕生した音楽ジャンル「チップチューン」。その歴史と現状を綴る, 待望の書籍。各時代の貴重音源を紹介する, ディスクガイド付。国内外のチップ・アーティストたちの活動に迫る, 豪華インタビューを収録！
2017.5 335p A5 ¥2200 ①978-4-416-61621-5

◆ネット時代のボカロP秘伝の書　仁下淳宏聞き手, EasyPop, かにみそP, Junky, 電ポルPFeaturing　シンコーミュージック・エンタテイメント
【要旨】ボカロPは「創作活動」や「エンジニアリングを含む音楽原盤制作作業務全般」を行っているだけでなく通常のレコード会社における「営業担当業務」や「マーケティング担当業務」そして「アートワーク」や「プロモーションビデオ制作」も行っていることになります。つまり「創作者＋レコード会社＋プロダクション」を全て行っているのがボカロPなのです。
2017.8 174p A5 ¥1667 ①978-4-401-64491-9

メソード・レッスン

◆「医師」と「声楽家」が導く人生最高の声を手にいれる6つのステップ　荻野仁志, 後野仁彦共著　音楽之友社
【要旨】ロングセラー「医師」と「声楽家」が解き明かす発声のメカニズム第2弾！ 呼吸と姿勢であなたの歌はこんなに変わる?!
2018.1 107p A5 ¥2400 ①978-4-276-14218-3

◆「エリーゼのために」を弾いてみませんか？　吉成智子著　(府中) パブリック・ブレイン, 星雲社 発売
【要旨】ベートーヴェン作曲「エリーゼのために」を, ピアノで弾くための音楽教本。
2017.4 66p A4 ¥1000 ①978-4-434-23110-0

◆楽譜をまるごと読み解く本　西村理, 沼口隆, 沼野雄司, 松村洋一郎, 安田和信著　ヤマハ

◆ミュージックエンタテインメントホールディングス (1冊でわかるポケット教養シリーズ)
【要旨】楽譜ってなんだろう？ 歴史や成り立ち、種類、音楽的な意味、記号の詳細―。いろいろな角度から楽譜を見てみると、音楽がぐんと理解できて、もっと楽しくなる！
2017.5 259p A6 ￥950 ①978-4-636-94620-8

◆必ず役立つ合唱の本 ボイストレーニングと身体の使い方編　相澤直人監修, 北條加奈著　ヤマハミュージックメディア
【要旨】感動を呼ぶ声は「息」が作り出す！「がんばって練習しているのにいい声が出ない」「もっともっと表現力を高めたい」「毎日こなせるトレーニングが知りたい」よい声をつくるテクニックが満載！
2017.4 139p A5 ￥1800 ①978-4-636-91940-0

◆管楽器奏者のための楽器スーパー上達術―エリック・ミヤシロがガイドする　エリック宮城解説, 佐伯茂樹編　音楽之友社
【目次】基礎テクニック(スタート篇、タンギング&スケール編、リップスラー編、ダイナミックレンジ編)、上級テクニック編、応用テクニック編、音楽表現テクニック編、メンタル&スタミナ編、楽器編、音楽スタイル編
2017.5 121p B5 ￥1800 ①978-4-276-14521-4

◆逆引きハンドブック 読んでナットク！ やさしい楽典入門　オオシマダイスケ編著　自由現代社
【要旨】楽譜がよめる！ 音楽がわかる！ 知りたいコトバをタブで一発検索！
2017.8 109p A5 ￥1800 ①978-4-7982-2195-3

◆現場の先生直伝 生徒が夢中になる！ ピアノ教室アイデアBOOK　ピアノ講師ラボ編著, 藤拓弘監修　ヤマハミュージックエンタテインメントホールディングス
【要旨】保護者と自然にコミュニケーションをとるには？ トラブルを未然に防ぐ方法とは、自ら学ぶ子に育てる仕掛け…etc. 理想の教室を作ろう。
2017.12 101p 26×21cm ￥1600 ①978-4-636-94837-0

◆鍵盤和声 和声の練習帖―手の形で和声感を身につける　西尾洋著　音楽之友社
【目次】第1章 カデンツ・ユニットで覚える鍵盤和声、第2章 数字付低音・単旋律、第3章 二声対位法、第5章 対位法と和声法の融合、補遺1 各作曲家の音楽を和声で考える、補遺2 和声学習について考える
2017.6 103p B5 ￥2200 ①978-4-276-10253-8

◆最高の声を手に入れるボイストレーニング フースラーメソード入門　武田梵声著　日本実業出版社 (付属資料：DVD1)
【要旨】声帯が持つ本来の力を取り戻し、世界の超一流歌手や俳優、声優にも劣らない素晴らしい声が誰でも出せるようになる。これが、「フースラーメソード」というボイストレーニングの声の悩みがすべて解決する最強の方法。「腹式呼吸」「ミックスボイス」「ミドルボイス」では手に入らない「本物の」声のつくり方、「アンザッツ」という7色の声で「喉を吊る筋肉」を鍛え、声帯の潜在能力を目覚めさせる！ 喉を痛めず機能を回復させる科学的なトレーニング法を大公開。「真ミックスボイス」「アンザッツメソード」などの実演を収録したDVD付！
2017.4 221p B6 ￥1800 ①978-4-534-05474-6

◆3年後、確実にジャズ・ギターが弾ける練習法　宇田大志著　リットーミュージック (リットーミュージック・ムック ギターマガジン)
2017 111p A4 ￥2000 ①978-4-8456-3091-2

◆知っておきたい！ ピアノ表現27のコツ―センスがないとあきらめる前に　中嶋恵美子著　音楽之友社
【目次】第1章 ピアノにできる音楽表現の基本(歌心のある演奏とは？、余韻をコントロールするほか)、第2章 拍子と呼吸を感じるだけで表現は変わる(拍子を感じるってどういうこと？、同音連打に表情を ほか)、第3章 そう聴こえるということ(クレッシェンドに聴こえるためのクレッシェンド、音量に幅を持たせるための工夫 ほか)、第4章 楽曲を知る(音楽の句点、第3音でハーモニーに彩りを ほか)
2018.1 135p A5 ￥1800 ①978-4-276-14803-1

◆生涯健康脳をつくる！ ゆび1本からのピアノ DVD付　瀧靖之監修, 蔵島由貴メソッド・ピアノ演奏　学研プラス (付属資料：DVD1)
【要旨】楽譜が読めなくても大丈夫！ DVDをまねるだけ。キーボードさえあればいつでもスタートできる。
2018.1 62p B5 ￥1600 ①978-4-05-800857-7

◆初心者のヴァイオリン基礎教本　長嶺安一編著　自由現代社
【要旨】ヴァイオリンの特性を基礎から学び、演奏技術を無理なく習得できる!!名曲を使った実践練習で楽しく弾ける入門書。
2017.2 127p A4 ￥1400 ①978-4-7982-2158-8

◆初心者のクラシック・ギター基礎教本　たしまみちを著　自由現代社
【要旨】ギターの奏法を学んで様々なクラシックの名曲を奏でる！ 初歩の初歩から、更なるテクニックまでやさしくしっかりギターが学べる！
2017.1 93p A4 ￥1300 ①978-4-7982-2154-0

◆初心者のためのギター基礎教本　自由現代社編集部編　自由現代社
【要旨】「メロディ」「弾き語り」「伴奏」…目的を選んで練習できるチャート付き！ 指型コード・ダイヤグラムで気軽に楽しめる！
2017.8 95p B5 ￥1200 ①978-4-7982-2194-6

◆初心者のためのピアノ・コード―ゼロから始められるあんしん入門書　自由現代社編集部編　自由現代社
【要旨】音程の仕組みから演奏の活用法まで基礎からしっかり学べる。コードの種類・演奏パターンを弾きながら覚える実践形式。手型付きの鍵盤イラストでコードの押さえ方がパッとわかる。定番・人気曲の練習用譜面&大きく見やすいコード表付き。
2017.9 95p A5 ￥1200 ①978-4-7982-2198-4

◆初心者のトロンボーン基礎教本―吹きながら学べる実践型の入門書！　須藤裕之編著　自由現代社
【要旨】大事な基礎から一歩先まで充実した内容が満載！
2017.7 93p A4 ￥1400 ①978-4-7982-2192-2

◆初心者のピアノ基礎教本　岡素世編著　自由現代社
【要旨】ピアノのなかま、各部名称、弾く前の準備、音の高さについて、指使いについて、音符と休符、大譜表の読み方、左右違った動き、指を動かすエクササイズ、シャープとフラット、強弱記号、反復記号、コードで伴奏してみましょう、ペダルについて…など、ピアノの基礎から一歩先のテクニックまで飽きずに学べる！ 名曲を弾きながら楽しく&やさしく学べる入門書。
2017.3 95p A4 ￥1300 ①978-4-7982-2166-3

◆吹奏楽部員のためのココロとカラダの相談室 楽器演奏編―今すぐできる・よくわかるアレクサンダー・テクニーク　バジル・クリッツァー著　学研プラス 改訂版
【要旨】こんなことで悩んでいませんか？ 高い音が出ない、大きな音が出ない、タンギングがうまくできない、息が長く続かない…心配しなくても、大丈夫。うまくなるヒントが、ここにあります！
2017.3 103p B5 ￥1500 ①978-4-05-800721-1

◆ステップアップ吹奏楽 ブラスバンド上達のポイント55　佐藤博監修　メイツ出版 (コツがわかる本！)
【要旨】コンクール上位に輝くパフォーマンスはココが違う！ すべての熱血ブラバンメンバーたちへ、すぐに取り組める上達のポイントを伝授。
2017.12 128p A5 ￥1530 ①978-4-7804-1961-0

◆超絶クラシック・ピアノ・レパートリー―スローで覚える！　アルファノート著　自由現代社 (付属資料：DVD1)
【要旨】スロー映像と詳しい解説で、夢のあの超難関曲をレパートリーに!!運指、指の動き、角度など、弾き方をあらゆる角度から大解剖!!全曲見本演奏に、各曲厳選されたポイントのスロー映像が収録。
2017.5 107p A4 ￥2000 ①978-4-7982-2175-5

◆できるゼロからはじめるピアノ超入門　ピアノスタイル編集部監修　リットーミュージック (できるシリーズ) (付属資料：DVD1)
【目次】第1章 いきなり弾いてみよう、第2章 いろんなドレミを弾こう、第3章 楽譜と仲良くなろう、第4章 楽譜に合わせて弾こう、第5章 ソロピアノにチャレンジしよう、第6章 和音(コード)を弾こう、第7章 コード譜に合わせて弾こう、第8章 ピアノ弾き語りにチャレンジしよう、第9章 最終課題曲にチャレンジしよう、付録1 ピアノコードカタログ、付録2 基礎資料集
2017.3 175p 24×19cm ￥1500 ①978-4-8456-3007-3

◆デュオ練クラリネット―合奏の最少単位の「2人」で取り組む基礎練習　宇畑知樹監修協力, 小野寺真編曲　全音楽譜出版社
【目次】第1部 基礎トレーニング(ブレス・トレーニング、ユニゾン練習―同度とオクターブ、アタック～コア～リリース、ブレンド練習―音色を整える ほか)、第2部 練習曲(ルネサンス期の音楽、バロック期の音楽、古典期の音楽、ロマン期の音楽 ほか)
2017.4 47p 31×23cm ￥1300 ①978-4-11-548642-3

◆デュオ練高音木管―合奏の最少単位の「2人」で取り組む基礎練習　宇畑知樹監修協力, 小野寺真編曲　全音楽譜出版社
【目次】第1部 基礎トレーニング(ブレス・トレーニング、ユニゾン練習―同度とオクターブ、アタック～コア～リリース、ブレンド練習―音色を整える ほか)、第2部 練習曲(ルネサンス期の音楽、バロック期の音楽、古典期の音楽、ロマン期の音楽 ほか)
2017.4 47p 31×23cm ￥1300 ①978-4-11-548644-7

◆デュオ練サクソフォーン―合奏の最少単位の「2人」で取り組む基礎練習　宇畑知樹監修協力, 小野寺真編曲　全音楽譜出版社
【目次】第1部 基礎トレーニング(ブレス・トレーニング、ユニゾン練習―同度とオクターブ、アタック～コア～リリース、ブレンド練習―音色を整える ほか)、第2部 練習曲(ルネサンス期の音楽、バロック期の音楽、古典期の音楽、ロマン期の音楽 ほか)
2017.4 47p 31×23cm ￥1300 ①978-4-11-548643-0

◆デュオ練中低音セクション―合奏の最少単位の「2人」で取り組む基礎練習　宇畑知樹監修協力, 小野寺真編曲　全音楽譜出版社
【目次】第1部 基礎トレーニング(ブレス・トレーニング、ユニゾン練習―同度とオクターブ、アタック～コア～リリース、ブレンド練習―音色を整える、音のスピード感を揃える(バランス)、インターバル練習、分散和音、リズム・リレー、アーティキュレーション・リレー、1つのテーマを2人で演奏する、アインザッツを出す)、第2部 練習曲(舞曲集『テルプシコーレ』より「カナリー」(プレトリウス)、『四季』より「冬」第2楽章(ヴィヴァルディ)、『交響曲第1番』終楽章より(ブラームス)、弦楽四重奏曲第77番『皇帝』第2楽章より(ハイドン)、小さなワルツ(小野寺真))
2017.4 47p 31×23cm ￥1300 ①978-4-11-548645-4

ダンス・舞踊

◆デュオ練トランペット―合奏の最少単位の「2人」で取り組む基礎練習　宇畑知樹監修協力，小野寺真編曲　全音楽譜出版社
【目次】第1部 基礎トレーニング（ブレス・トレーニング，ユニゾン練習―同度とオクターブ，アタック～コア～リリース，ブレンド練習―音色を整える ほか），第2部 練習曲（ルネサンス期の音楽，バロック期の音楽，古典期の音楽，ロマン期の音楽 ほか）
2017.4 47p 31×23cm ¥1300 ①978-4-11-548647-8

◆デュオ練トロンボーン―合奏の最少単位の「2人」で取り組む基礎練習　宇畑知樹監修協力，小野寺真編曲　全音楽譜出版社
【目次】第1部 基礎トレーニング（ブレス・トレーニング，ユニゾン練習―同度とオクターブ，アタック～コア～リリース，ブレンド練習―音色を整える ほか），第2部 練習曲（ルネサンス期の音楽，バロック期の音楽，古典期の音楽，ロマン期の音楽 ほか）
2017.4 47p 31×23cm ¥1300 ①978-4-11-548648-5

◆デュオ練フルート―合奏の最少単位の「2人」で取り組む基礎練習　宇畑知樹監修協力，小野寺真編曲　全音楽譜出版社
【目次】第1部 基礎トレーニング（ブレス・トレーニング，ユニゾン練習―同度とオクターブ，アタック～コア～リリース，ブレンド練習―音色を整える ほか），第2部 練習曲（ルネサンス期の音楽，バロック期の音楽，古典期の音楽，ロマン期の音楽 ほか）
2017.4 47p 31×23cm ¥1300 ①978-4-11-548641-6

◆デュオ練ホルン―合奏の最少単位の「2人」で取り組む基礎練習　宇畑知樹監修協力，小野寺真編曲　全音楽譜出版社
【目次】第1部 基礎トレーニング（ブレス・トレーニング，ユニゾン練習―同度とオクターブ，アタック～コア～リリース，ブレンド練習―音色を整える ほか），第2部 練習曲（ルネサンス期の音楽，バロック期の音楽，古典期の音楽，ロマン期の音楽 ほか）
2017.4 47p 31×23cm ¥1300 ①978-4-11-548646-1

◆デュオ練ユーフォニアム―合奏の最少単位の「2人」で取り組む基礎練習　宇畑知樹監修協力，小野寺真編曲　全音楽譜出版社
【目次】第1部 基礎トレーニング（ブレス・トレーニング，ユニゾン練習―同度とオクターブ，アタック～コア～リリース，ブレンド練習―音色を整える ほか），第2部 練習曲（ルネサンス期の音楽，バロック期の音楽，古典期の音楽，ロマン期の音楽 ほか）
2017.4 47p 31×23cm ¥1300 ①978-4-11-548649-2

◆苦手意識がなくなるピアノ上達練習法―初中級者のための　東いづみ編著　自由現代社
【要旨】苦手を克服し，得意なところはさらに強化！独学でも確実に上達できる練習方法が満載！ 2017.4 95p A4 ¥1300 ①978-4-7982-2169-4

◆バジル先生の音楽演奏と指導のためのマンガとイラストでよくわかるアレクサンダー・テクニーク 実践編　バジル・クリッツァー著　学研プラス
【目次】序章 アレクサンダー・テクニークを取り入れよう，第1章「練習」の考え方とやり方，第2章 みんなの音楽表現が豊かになるとっても簡単で楽しい方法、特別講座 オーケストラのウォーミングアップ＆エクササイズ，第3章 あなたが舞台で輝くために，特別編 バジル先生とアレクサンダー・テクニーク
2017.9 127p A5 ¥1300 ①978-4-05-800817-1

◆ピアノ教本 選び方と使い方―レッスンの効果を倍増させる！　丸山京子著　ヤマハミュージックメディア
【要旨】ピアノ教本研究30年超，国内外の教本を知り尽くす著者が丁寧に解説。生徒にとってもっとも効果があるのは？導入時のピアノ指導に役立つのは？教本の紹介から選ぶ際のポイントまで，あらゆる角度から教本のことを考える。教本一覧，教本年表付き。
2017.4 149p A5 ¥1600 ①978-4-636-90649-3

◆ピアノ教本ガイドブック―生徒を生かすレッスンのために　山本美芽著　音楽之友社
【要旨】多種多様な教本の情報を整理するノウハウを公開！楽譜がいつまでたっても読めない…。奏法の基礎が身につかない…。進度が遅くなってきた…歌心が足りない…etc. 生徒がそんな状態になったら，本書を開いて，教本の使い方・選び方・併用法を見直しましょう。
2017.6 155p A5 ¥1600 ①978-4-276-14800-0

◆弾きながらマスター！ピアノ・コード入門　岡素世編著　自由現代社
【要旨】有名曲を弾きながらピアノ・コードの基礎が学べる!!
2017.8 95p B5 ¥1300 ①978-4-7982-2193-9

◆吹いて覚える演奏テクニック リコーダーが上手くなる方法　渡辺清美編著　自由現代社
【要旨】大事な基本から一歩進んだテクニックまで，やさしく楽しくリコーダーが学べる！
2017.11 111p A4 ¥1400 ①978-4-7982-2209-7

◆みるみる上達！ピアノ演奏55のポイント　寺西幸子監修　メイツ出版（コツがわかる本！）
【要旨】スムーズな指使いのコツやテクニック・表現力を身につけるトレーニング法までつまずきやすいポイントをQ&A形式でわかりやすく解説！ 2017.5 128p A5 ¥1430 ①978-4-7804-1891-0

◆名曲で学ぶ音大入試の楽典―フォルマシオン・ミュジカル　舟橋三十子著　音楽之友社
【目次】音部記号 古楽器（ピリオド楽器），音階 オペラ，音程 室内楽，移調楽器（B♭管クラリネット）管クラリネット オーケストラの楽器，コード・ネーム リズムと拍子，三和音 ソナタ形式，近親調，転調 反復記号，略記法，七の和音，ナポリの2の和音 作曲家とパトロン，終止の種類 非和声音，調判定 変奏曲，借用和音 舞曲のリズム，移調楽器（A管クラリネット，イングリッシュ・ホルン）西洋音楽史
2017.3 207p A5 ¥1800 ①978-4-276-10555-8

◆メナヘム・プレスラーのピアノ・レッスン―音楽界の至宝が語る，芸術的な演奏へのヒント　ウィリアム・ブラウン著，瀧village淳訳　音楽之友社
【要旨】ボザール・トリオでの活動で室内楽界に金字塔を打ち立て，90歳にしてベルリン・フィルとの初共演を果たした伝説的ピアニスト，プレスラー。なぜ，彼の演奏には心揺さぶられるのか？その秘訣がこの1冊で明かされる。半生，音楽のつくり方，演奏を芸術にまで高める方法，効率的な練習方法…そして，全23曲の実際のレッスンコメントを小節ごとにまとめた"Part 2"は永久保存版です!!
2017.10 287p A5 ¥3700 ①978-4-276-14802-4

◆持ち歩き 楽譜がやさしく読める本―はじめてでも見て・聴いてわかる！　多田鏡子著　日本文芸社（『CD付 見て聴いておぼえる楽譜の読み方』再編集・増補・改題書）
【要旨】楽譜を読むために必要な知識が見て＆聴いて身につきます。演奏が聴けるストリーミング，コード表一覧，さくいんなど，使いやすい1冊です！
2017.7 207p 18cm ¥1000 ①978-4-537-21494-9

◆ヤマハデジタル音楽教材 箏授業　ヤマハ編，長谷川慎監修　（浜松）ヤマハミュージックメディア 発売（付属資料：DVD-ROM1）
【要旨】楽器で苦手でも教えられる！大事なポイントを押さえて学べる！ボタン操作で動画再生も自由自在！パソコンで，タブレット端末で，小・中学校の授業でそのまま使える!!Wordで編集可能！授業にすぐ使える，授業モデル・ワークシート付き。

◆ヨハン・ヨアヒム・クヴァンツ フルート奏法　ヨハン・ヨアヒム・クヴァンツ著，荒川恒子訳　全音楽譜出版社 改訂版
【要旨】音楽に携わろうとする人に要求される資質，フルートとその小史，フルートのもち方と指のおき方，フルートのフィンガリングと音階，アンブシュア，音譜，音価，拍子，休符，その他の音楽上の記号，フルートを吹くにあたってのタンギング，フルートを奏する際の呼吸，前打音とそれに準ずる小さな本質的な装飾音，トリラー，初心者が自習に際して注意すべきこと，よい歌唱，よい器楽演奏全般，アレグロの奏法，単純な音程に対する任意の装飾，アダージョの奏法，カデンツァ，フルート奏者が公開コンサートを奏する場合に注意すべき点，伴奏者，別の言い方をすれば，独奏声部に付加された伴奏，あるいはリピエノ声部を奏する者の義務，音楽家と音楽作品論，クヴァンツを巡る音楽環境について
2017.5 508p A5 ¥5800 ①978-4-11-810151-4

◆レオポルト・モーツァルト ヴァイオリン奏法　レオポルト・モーツァルト著，久保田慶一訳　全音楽譜出版社 新訳版
【目次】『ヴァイオリン奏法』への導入，第1章，第2章 ヴァイオリンの持ち方と弓の使い方，第3章 演奏する前に生徒が注意しなくてはいけないこと。あるいは演奏するために最初に言っておかなくてはならないこと，第4章 アップとダウンの規則について，第5章 どのようにして弓を巧みに制御して，ヴァイオリンの美しい音を引き出すのか，第6章 いわゆる三連符について，第7章 運弓のさまざまな変更について，第8章 ポジションについて，第9章 前打音とその他の装飾音について，第10章 トリラーについて，第11章 トレモロ，モルデント，その他の任意の装飾音について，第12章 正しい読譜とよい演奏全般について
2017.5 293p A5 ¥3800 ①978-4-11-810142-2

◆BASIC HANON―脳から指へ九九のようにスラスラ読譜力，初見力が向上　伊藤仁美編著　ハンナ
【要旨】1 プレ・ハノン（指の強化，指のストレッチ），2 各指の筋トレ（柔軟な指を作るために），3 ハノン1番～20番までの練習，4 音階，5 半音階，6 アルペッジョ，7 苦手な指の動きをチェックしましょう
2017.7 71p 31×23cm ¥1600 ①978-4-907121-65-5

事典・書誌

◆戦前期レコード音楽雑誌記事索引　東京藝術大学附属図書館監修　日外アソシエーツ，紀伊國屋書店 発売
【要旨】大正から戦前期に国内で刊行された蓄音機及びレコード専門誌に発表された記事18,033件を収録した記事索引。ただし，戦前期に創刊され，戦時中の雑誌統廃合を経て戦後に復刊した雑誌については，戦後の記事も収録した。
2017.1 649p A5 ¥36000 ①978-4-8169-2631-0

◆「知」のナビ事典 日本の伝統芸能　日外アソシエーツ編　日外アソシエーツ，紀伊國屋書店 発売
【要旨】国立劇場，歌舞伎座で演じられる伝統芸能から，地域の郷土芸能まで394項目を収録。各伝統芸能の歴史的背景，地域，道具等の解説と理解を深めるための図書4,725冊を併載。テーマ，地名，団体名，人名等から引ける「事項名索引」付き。
2017.6 398p A5 ¥9250 ①978-4-8169-2663-1

ダンス・舞踊

◆金鱗の鯉を取り置く術―大石凝真素美『真訓古事記』備忘録　笠井叡著　現代思潮新社
【目次】などてすめろぎは人間となりたまいし，祖語としての日本語，天津神算木，三種神器，神霊元子，境域とミイラ文化，神霊声と一柱神算木，大八島国，三種九品，外言・内言・双言［ほか］
2017.12 830p A5 ¥20000 ①978-4-329-10007-8

◆劇団態変の世界―障害者の「からだ」だからこそ　劇団態変編著　論創社
【要旨】スイスで「革命」と呼ばれた究極の身体表現！これはダンスなのか？―舞踏の祖，土方巽は人類の動きを模していた！動けないカラダが世界を撃つ！転がる身体，這う身体，だからこそ，いま，衝撃を与える。
2017.10 251p B6 ¥2000 ①978-4-8460-1650-0

◆35年間ダンスを踊り続けて見えた夢のつかみ方　マシーン原田著　（広島）ザメディアジョン
【要旨】夢を持ち，叶える習慣を身に付ければ，「好き」なダンスを極めてなりたい自分になれる！キャリア35年のB-BOYが余すことなく伝える，ダンスとの向き合い方，ダンス界の未来―。 2017.8 215p B6 ¥1300 ①978-4-86250-496-8

◆社交ダンスがもっと好きになる魔法のことば　神元誠，神元久子著　白夜書房
【要旨】社交ダンスの"見方"が変わる63の魔法。
2017.4 193p 18cm ¥1370 ①978-4-86494-127-3

美術

◆ジュニアのための バレエ上達 パーフェクトレッスン　厚木彩監修　メイツ出版　(コツがわかる本！)
【要旨】プリマをめざす！ 基礎力を高めてもっと魅せるバレエへ…1冊で差がつく。バーレッスンで基本をおさらい、センターレッスンで動きを磨く、つなぎを構成するパをマスター。
2017.4 185p A5 ¥1550 ①978-4-7804-1868-2

◆身体感覚の旅―舞踊家レジーヌ・ショピノとパシフィックメルティングポット　富田大介編　(吹田)大阪大学出版会　(付属資料あり)
【要旨】ダンスを伝え、継いでゆくときの本質とは何か。振付家の仕事とは？ 肉、持続、共同体、懐かせて…。哲学者や批評家、アーティストらの織りなす珠玉のテキスト。
2017.1 185p B6 ¥2300 ①978-4-87259-555-0

◆セルゲイ・ポルーニン写真集―The Beginning of a Journey：Project Polunin　ハービー・山口写真　PARCO出版
【要旨】英国ロイヤル・バレエ団の史上最年少男性プリンシパルとなり、電撃引退した異端のバレエダンサー！ 2017年、ロンドンで上演された、セルゲイ・ポルーニンのオリジナルプロジェクトを撮り下ろした、彼の"新たな旅の始まり"となる写真集！
2017.7 1Vol. 26×20cm ¥3500 ①978-4-86506-231-1

◆バレエの立ち方できてますか？―本気でうまくなりたい人のためのダンス解剖学教室　佐藤愛著　東洋出版
【要旨】「立ち方」が変わればあなたの踊りは絶対に変わる。軸がぶれない、ターンアウトできない、引き上げがわからない、膝が伸びない…そんな悩みを解消して、上達するための最短ルート！ 来日セミナーは即完売！ 海外のバレエ学校専属セラピストの著者があらゆる踊りの基礎になる「バレエスタンス」の技術を徹底解説。
2017.8 143p 15×22cm ¥1800 ①978-4-8096-7876-9

◆バレエ 魅せるポイント50―DVDでステップアップ　堀本美和、マシモ・アクリ監修　メイツ出版　(コツがわかる本！)　(付属資料：DVD1) 改訂版
【要旨】「意識するポイント」をわかりやすく解説。映像と写真で正確なテクニックと、繊細な表現力が身につく。
2017.12 128p A5 ¥1680 ①978-4-7804-1957-3

◆プロが教えないダンス上達講座 第11弾 イラスト版10ダンス研究IQ向上プログラム　金沢正太著　白夜書房
【要旨】基本が学べる10種目のテクニカル問題集。
2017.10 169p B5 ¥2980 ①978-4-86494-154-9

◆柳橋慎太郎・久美子組の必ず上達する「はじめてのワルツ」　柳橋慎太郎、柳橋久美子著　白夜書房　(ダンスファンDVD自宅で個人レッスン 07)　(付属資料：DVD1)
【目次】はじめての社交ダンス"準備編"(服装・ルール&マナー、組み方について)、はじめてのワルツ"実践編"(これだけは知っておきたい"ダンス用語"、ここからはじめよう！ 「7つのステップ」、クローズドチェンジ、ナチュラルターン、リバースターン、ナチュラルスピンターン、ウィスク、アウトサイドチェンジ、シャッセフロPP)、ダンス"お役立ち情報欄"(ショップ&練習場・ダンスホール情報etc.)
2017.3 32p A5 ¥3500 ①978-4-86494-113-6

◆DVDで覚えるシンプル社交ダンス　檜山浩治著　新星出版社　(付属資料：DVD1) 新装版
【要旨】完全日本チャンピオンが実演指導63分。
2017.6 127p 24×19cm ¥1900 ①978-4-405-08219-9

◆DVDでもっと上達！ 社交ダンス 魅せる「ラテン」　田中淳監修　メイツ出版　(コツがわかる本)　(付属資料：DVD1)
【要旨】DVD映像100分！ キレのある表現、安定した足の合わせ方など、競技会や検定でも活きる技術が身につく！ パートナーの動きが見える技術詳細図で、ワンランク上の踊りをマスター。お互いの動きとリズムがつかめる！ ラテン5種目を徹底解説！
2017.9 128p B5 ¥2400 ①978-4-7804-1927-6

美術

◆新しいページを開け！―2,000人を越えるアーティストが表現したアートプロジェクトの東京論　中村政人監修・編著　コマンドN
【目次】1 コマンドN1997〜2017 (社会とともにある「作品」―コマンドN、そして中村政人(2017年)、電子―植物的シェルターにて(1999年)ほか)、2 主要プロジェクト(国際シティビデオインスタレーション秋葉原TV、スキマ・プロジェクト ほか)、3 座談会(創設メンバー座談会(2008年)、変化の間にほか)、4 あとがき「新しいページを開き」続けていくもうひとつの価値、5 コマンドN年表(1997〜2017)
2017.10 271p 21×18cm ¥1800 ①978-4-9906596-1-5

◆アート・プロデュースの技法　境新一編著　論創社
【要旨】アートとビジネスが相互浸透する現場から。アーティスト、クリエーター、プロデューサー、経営者、教育者…それぞれのアートシーンから浮かび上がるアート・プロデュース&マネジメントの手法、その創造の秘密。第一線の芸術家ら9名によるユニークなオムニバス講義シリーズ第4集！
2017.10 222p 19×14cm ¥2500 ①978-4-8460-1640-1

◆アート de ゲーム　ふじえみつる著　日本文教出版　(付属資料：アートカード48)
【要旨】ゲーム感覚でアート作品を鑑賞しよう。アートカード48枚が印刷されたアートカードを使って行うアートゲームを多数収録。新学習指導要領にも対応！
2017.3 63p A4 ¥3000 ①978-4-536-60085-9

◆あなたも絶対ダマされるトリックアート大百科　鉄人社編集部編　鉄人社　(鉄人文庫)
【要旨】静止画なのに動いて見える画像、絵画の中にこっそり描かれたダマシ絵、現実にはあり得ない謎のオブジェ、等々。本書は、そんな人間の目の錯覚を利用したトリックアート約400点を紹介し、累計発行部数5万部超の大ヒットとなったシリーズの一冊を文庫化したものです。思わずわが目と脳みそを疑う、驚きの作品の数々をお楽しみください。
2017.2 223p A6 ¥650 ①978-4-86537-077-5

◆アフリカ美術の人類学―ナイジェリアで生きるアーティストとアートのありかた　緒方しらべ著　清水弘文堂書房
【目次】序論、第1章 アートをめぐるイレ・イフェの歴史的背景から現在へ、第2章 イレ・イフェのアーティストと作品の諸相、第3章 アーティストと市場の狭間、第4章 アーティストとして生きていく、結論、インタビュー集
2017.2 401, 30p A5 ¥4800 ①978-4-87950-627-6

◆アール・ブリュット―野生芸術の真髄　ミシェル・テヴォー著、杉村昌昭訳　(京都)人文書院
【要旨】作家たちの溢れる創造力の秘密を鮮やかに解き明かし、美術界のみならず思想界にも強大な影響を与えたアール・ブリュット論の古典的名著、ついに邦訳！
2017.5 243p A5 ¥4800 ①978-4-409-10038-7

◆いちはらアート×ミックス 2017　いちはらアート×ミックス実行委員会監修　美術出版社
【要旨】都心から1時間、里山が舞台の芸術祭。現代アートと地域資源との融合をひとつのテーマとして、いちはらで継続的に活動しているアーティストを中心とした作品展示に加え、多くの体験型のワークショップを展開した。
2017.11 127p 25×19cm ¥1500 ①978-4-568-50630-3

◆イメージの修辞学 ことばと形象の交叉　西村清和著　三元社　新装版
【要旨】ことばとイメージの連関の仕組みを総括する。「読むこと」そして「見ること」で得られるイメージの相違と連関についての議論は古代より続き、いまも多彩な主張が乱立している。それらを精査し、「読書とイメージ」「視覚的隠喩」「小説の映画化」「"物語る絵"のナラトロジー」「小説と挿絵」の五つの視点から、ことばと形象の交叉がもたらす経験とその歴史的変遷を、多くの実例をもとに問いかける。
2017.5 511, 31p A5 ¥5500 ①978-4-88303-441-3

◆梅野隆の眼―美はいくらでも落ちている。ただ見ようとしないだけ、見えないだけで。　梅野隆の眼刊行委員会編　『梅野隆の眼』刊行委員会、(松戸)三好企画 発売
【要旨】未知なる作家との出会いと自身の芸術観を綴った『美の狩人』『美神の森にて』と合わせ、美術とともに生きた梅野隆の「眼」の実証となりました。これから美術を学び、美術の道を踏み込み迷った方たちにとって梅野隆の言葉は一つの道標となるに違いありません。
2017.7 539p A5 ¥3800 ①978-4-908287-14-5

◆奥能登国際芸術祭2017公式ガイドブック―さいはての芸術祭、美術の最先端　北川フラム、奥能登国際芸術祭実行委員会監修　現代企画室
【要旨】能登半島の先端、さいはての地から、奥能登国際芸術祭2017開催概要、アーティストインデックス、開催によせて、現地までのアクセス、ガイドマップの使い方、作品鑑賞パスポート、芸術祭を楽しく安全にめぐるための心得、10のエリアと作品紹介
2017.7 160p A5 ¥1111 ①978-4-7738-1712-6

◆絵画検討会 2016 記録と考察、はじめの発言　アートダイバー
【目次】作品(TYM344、高田マル ほか)、寄稿(絵画検討会とは？、作品評 ほか)、反応(Talk 都築潤×高田マル―描き(絵)とは？、Talk 内田百合香×林香苗武―絵画)
2017.3 163p B6 ¥1300 ①978-4-908122-06-4

◆開館記念展 未来への狼火　太田市美術館・図書館編著　国書刊行会
【要旨】「からまりしろ」を提唱する建築家・平田晃久の建築でも注目を集めた群馬県の太田市美術館・図書館の開館記念公式カタログ。
2017.6 109p A4 ¥2400 ①978-4-336-06173-7

◆加納光於と60年代美術―「金色のラベルをつけた葡萄の葉」を追って　馬場明子著　未知谷
【要旨】この作品は7枚刷られたかもしれない…！「7/7」の作品を所有する著者は、突然のひらめきに導かれて、ED違いの同じ版画の所在を訪ねた。加納氏のアトリエ、澁澤邸、コレクター―一筋縄ではいかなかった探索の旅。そして、見えてきた60年代の美術―
2017.6 203p B6 ¥2200 ①978-4-89642-530-7

◆観察の練習　菅俊一著　NUMABOOKS
【目次】第1章「痕跡から推測する」、第2章「先入観による支配に気づく」、第3章「新しい指標で判断する」、第4章「その環境に適応する」、第5章「世界の中から構造を見つける」、第6章「理解の速度を推し量る」、第7章「リアリティのありかを突き止める」、第8章「コミュニケーションの帯域を操作する」
2017.12 254p 16×11cm ¥1600 ①978-4-909242-01-3

◆5000円からの骨董入門―ゼロから分かる！　尾久彰三監修　世界文化社
【要旨】傍らに置いて使ってみたい…そんな古くて美しいモノたち。和もの、中国・韓国のうつわ、洋もの。日々の暮らしの中で楽しめる骨董の価格帯別ガイドと基礎知識。
2017.11 159p A5 ¥1400 ①978-4-418-17245-0

◆静かに狂う眼差し―現代美術覚書　林道郎著　水声社
【要旨】ルネサンス以来、その規模と深さにおいて大きく転換した20世紀の芸術とはいかなるものか？ DIC川村記念美術館が所蔵するコレクションを読み解きながら、「密室」、「表象の深度」、「(反)色彩グレイ」、「表面」、これら4つのテーマを道標にして現代美術史に一筋の光を投げかける書き下ろしエッセイ。
2017.7 172p A5 ¥2500 ①978-4-8010-0276-0

◆真贋の世界―美術裏面史 贋作の事件簿　瀬木慎一著　河出書房新社
【要旨】美術の歴史は贋作の歴史でもある。名作のあるところ贋作あり。美術批評とは、真贋を見極める力を磨くことでもある。美術界を震撼させた、バスティアニーニのルネサンス彫刻贋作事件や、ファン・メーヘレンのフェルメール贋作事件など、世に名高いあまたの古今東西の贋作事件の真相を追跡する、斯界の第一人者の決定的名著。「贋作年表」を巻末付録に。
2017.5 321p B6 ¥2400 ①978-4-309-25578-1

◆人生で大切なことは月光荘おじさんから学んだ　月光荘画材店著　産業編集センター
【要旨】大正・昭和の文化人を惹きつけてやまなかった、「月光荘」店主の生き方、暮らし方。
2017.12 237p B6 ¥1400 ①978-4-86311-172-1

美術

◆震美術論　椹木野衣著　美術出版社　（BT BOOKS）
【要旨】自然災害による破壊と復興、そして反復と忘却を繰り返してきた日本列島という「悪い場所」にたって、西欧で生まれ発達した「美術」そのものが成り立つのか——。東日本大震災をひとつのきっかけに、日本列島という地質学的条件のもとに、「日本列島の美術」をほかでもない足もとから捉え直すことで、「日本・列島・美術」における「震災画」の誕生、そして、そこで「美術」はいかにして可能となるのかを再考する画期的な試み。
2017.9　449p B6 ¥4200　①978-4-568-20271-7

◆『砂』と心―サンドアートが教えてくれたこと　船本恵太著　秀和システム
【要旨】『砂』に触れる手と手。サンドアートは、人生そのものです。一粒一粒の小さな砂粒で創出される砂絵。次の瞬間には儚く消え、また新たな砂絵が力強く生まれる。
2017.1　143p A5 ¥1600　①978-4-7980-4880-2

◆せいきの大問題―新股関若衆　木下直之著　新潮社
【要旨】男の、女の、裸体表現の秘所をさぐる天下の奇書。図版142点掲載！
2017.4　206p B6 ¥1800　①978-4-10-332132-3

◆生と死と祈りの美術―日本と西洋の信仰のかたち　細田あや子著　三弥井書店
【要旨】目に見えない異界の表象、新しい比較図像学をひらく。人は地域を超え、時代を超え、なにを祈ってきたのか——遠く離れた日本と西洋の奥深くにひそむ、共通するものと相違するもの。
2017.10　288, 68p A5 ¥8800　①978-4-8382-3326-7

◆世界のエリートはなぜ「美意識」を鍛えるのか？―経営における「アート」と「サイエンス」　山口周著　光文社　（光文社新書）
【要旨】忙しい読者のために、本書における「経営の美意識」の適用範囲、第1章 論理的・理性的な情報処理スキルの限界、第2章 巨大な「自己実現欲求の市場」の登場、第3章 システムの変化が早すぎる世界、第4章 脳科学と美意識、第5章 受験エリートと美意響、第6章 美のモノサシ、第7章 どう「美意識」を鍛えるか？
2017.7　257p 18cm ¥760　①978-4-334-03996-7

◆瀬戸内国際芸術祭 2016　北川フラム、瀬戸内国際芸術祭実行委員会監修　現代企画室
【目次】直島、豊島、女木島、男木島、小豆島、大島、犬島、沙弥島、本島、高見島、粟島、伊吹島、高松、宇野、回遊
2017.6　295p B5 ¥3000　①978-4-7738-1714-0

◆戦災等による焼失文化財 2017　昭和・平成の文化財過去帳　文化庁編　戎光祥出版　新訂増補版
【要旨】2003年までに戦災・失火で失われた国宝・重要文化財170件に加え、それ以後に失われた5件の記録写真や保存資料を収録。文化財受難の事実を後世に伝える唯一の総目録・写真集である。
2017.6　508, 16p A5 ¥12000　①978-4-86403-241-4

◆創作あーちすとNON　のん著　太田出版
【目次】アクション・ペインティング！の時間、そうだ、富士山行こう。憧れ対談1：桃井かおりさん×のん、憧れ対談2：清水ミチコさん×のん、憧れ対談3：矢野顕子さん×のん、憧れ対談4：いのうえひでのりさん×のん、宇野亞喜良さんのアトリエに突撃、幻の企画発表、故郷の思い出を探しに
2017.3　118p B5 ¥1800　①978-4-7783-1568-9

◆無くならない―アートとデザインの間　佐藤直樹著　晶文社
【要旨】佐藤さんはコンピュータを使ったデザインの黎明期から、『WIRED』日本版などを手掛け、20年以上一線で活躍してきた。しかし、ある日突然、木炭画を描き始めた。絵を描くのが止まらなくて、その絵はなんと100メートルに！デザインするのをやめてしまうの？　というわけではなさそうだけれど、いったん立ち止まって、アートやデザインについて考えてみました。
2017.5　335p B6 ¥2500　①978-4-7949-6960-6

◆バーニングマン アート・オン・ファイヤー　ジェニファー・レイザー著、シドニー・エルタール、スコット・ロンドン写真、高橋ヨシキ監訳・訳、日本語版序文　玄光社
【要旨】毎年8月の1週間、芸術的表現を賛美するために、何万人もの参加者がネバダ州の荒涼としたブラックロック砂漠に集まる。"プラヤ"と呼ばれるこの広大な荒地が、バーニングマンの会場となる。世界じゅうから訪れる7万人を越す熱狂的な参加者が、そこにかりそめの街を創り出す。アートとコミュニティに捧げられた街を。参加者の多くは、自然の猛威をものともせず、人々を喜ばせ、刺激し、魅了し、驚かせるために、想像力溢れるアート作品を生み出す。1週間の終わりには、作品の多くは燃やされ、街は解体されて、圧倒的なイメージと忘れがたい記憶以外、痕跡はまったく残らない。『BURNING MAN ART ON FIRE バーニングマンアート・オン・ファイヤー』は、バーニングマンの素晴らしい作品を集めた公式アート集です。300点近い選りすぐりのプラヤ・アート（新作の写真も100点以上）の、最高のギャラリーをご堪能ください。シドニー・エルタールとスコット・ロンドンによる美麗な写真、バーニングマンの発起人ラリー・ハーヴェイの「イントロダクション」、レオ・ヴィラリルからのコメント、ウィル・チェイスの「叙文」など、内容も盛りだくさん。バーナー（燃やす者の意＝バーニングマン参加者を指す）や情熱的なファンにも、1年を通じてバーニングマンを身近に感じさせてくれる1冊です。
2017.1　256p 31×26cm ¥3400　①978-4-7683-0803-5

◆パブリックアートの現在―屋外彫刻からアートプロジェクトまで　柳澤有吾著　（京都）かもがわ出版　（奈良女子大学文学部"まほろば"叢書）
【要旨】パブリックアートが私たちに投げかけているものとは？―具体的作品経験に即して、その意図や狙いを探ります。
2017.4　143p A5 ¥1600　①978-4-7803-0912-6

◆日暮れの記―「信濃デッサン館」「無言館」拾遺　窪島誠一郎著　三月書房
【目次】日暮れの記（「自問板」をのぼる、父子墓のこと、心の花美術館、老人の季節 ほか）、「枯れ草美術館」漫録（さかさ鶴、グラグラ、ギシギシ、「風信子ハウス」に寄す、若狭信濃路初モミジ ほか）
2017.4　282p A6 ¥2500　①978-4-7826-0228-7

◆「美術」概念の再構築（アップデイト）―「分類の時代」の終わりに　国際シンポジウム「日本における『美術』概念の再構築」記録集編集委員会編　（国立）ブリュッケ、星雲社 発売
【要旨】「終わり」の先は、どこに行き着く？　我々が見はるかしているのは、「分類」の果ての沃野なのか？　荒野にすぎないのか！
2017.1　326p A5 ¥3500　①978-4-434-22914-5

◆美術工作者の軌跡―今泉省彦遺稿集　今泉省彦著、照井康夫編　（福岡）海鳥社
【要旨】美術界の高揚と混淆の中で"画を描かない実作者"を自らに課した絵描きの軌跡。戦後アヴァンギャルドの時空をキャンバスとして、下地となる言葉を塗り込んでゆく。読売アンデパンダン終焉の現認報告者にしてHRC（ハイレッド・センター）結成の仕掛け人、「自立学校」から「美学校」への道を駆け抜けた"棄民"たる947の代表的評論集。
2017.6　269p A5 ¥2500　①978-4-86656-006-9

◆美術市場 2018　美術新星社、経済界 発売
【目次】日本画家、洋画家、日本画家掛軸部門、資料
2018.1　437p 23×17cm ¥3000　①978-4-7667-5081-2

◆美術批評家著作選集　第20巻・第21巻　五十殿利治監修、河田明久編　ゆまに書房
【目次】第20巻 戦争美術の証言（上）（摩寿意善郎 絵画に於ける時代性と社会性―『美之国』一三巻九号（一九三七年九月）、松岡映丘 日本画における戦争画―『塔影』一三巻一一号（一九三七年一一月）、広瀬豊六 戦争と絵画―『塔影』一三巻一一号（一九三七年一一月）、内ケ崎作三郎 事変と美術雑感―『塔影』一三巻一二号（一九三七年一二月）、等々力己吉 戦線を行く―『アトリエ』一三巻八号（一九三六年八月） ほか）、第21巻 戦争美術の証言（下）（大東亜文化の建設的課題（座談会）、髙村光太郎／川路柳虹（対談）―東亜新文化と美術の問題、浅利篤 工場と美術家 - 美術人を信ず―『旬刊美術新報』一四号（一九四二年二月一日）、三芳祥之助 大東亜戦争と美術に及ぼす影響―『生活美術』二巻二号（一九四二年二月） ほか）
2017.2 2Vols.set A5 ¥42000　①978-4-8433-5124-6

◆日々好日―美術家たちのまなざし　美術年鑑社
【要旨】画家、版画家、彫刻家、工芸家…総勢306人の美術家たちが綴る創作のこと、日常のこと―「新美術新聞」好評連載を書籍化カット付エッセイ集。
2017.6　343p B5 ¥2300　①978-4-89210-214-1

◆ファッションとアート 麗しき東西交流―The Elegant Other：Cross‐cultural Encounters in Fashion and Art　横浜美術館、京都服飾文化研究財団編著　六耀社
【要旨】京都服飾文化研究財団（KCI）所蔵のドレスを中心に、国内外の服飾品、工芸品、絵画、写真など、約200点の作品を掲載。
2017.4　237p A4 ¥2800　①978-4-89737-894-7

◆文化財保存70年の歴史―明日への文化遺産　文化財保存全国協議会編　新泉社
【要旨】戦後経済発展のもとで、破壊され消滅した遺跡、守り得た遺跡の貴重な記録。戦後70年、これまで遺跡がたどってきた歴史を検証し、文化遺産のこれからを考える。
2017.4　355p A5 ¥3800　①978-4-7877-1707-8

◆偏愛蒐集　玄光社
【要旨】総勢30名、普遍的異形のエロティックアート集。
2017.12　188p 28×21cm ¥3000　①978-4-7683-0918-6

◆皆川明 100日 WORKSHOP―ワタリウム美術館の新しいワークショップ　ワタリウム美術館企画・監修、皆川明ことば　スペースシャワーネットワーク
【要旨】ミナベルホネンの布地を使って、暮らしに空想を取り入れよう。
2017.2　128p A5 ¥1600　①978-4-907435-90-5

◆南嶌宏美術評論集 最後の場所―現代美術、真に歓喜に値するもの　南嶌宏著　（調布）月曜社
【要旨】日本を代表する美術評論家でありキュレーターであった南嶌宏（1957 - 2016）。時代と対峙するそのユニークな視点からつむぎあげた美術評論集。
2017.10　591p B6 ¥3500　①978-4-86503-052-5

◆見ることの力―二十世紀絵画の周縁に　中林和雄著　水声社
【要旨】原初からはじまる、人が絵を描き、絵を見ること。ゴーギャン、カンディンスキー、マティス、ポロックらの絵画は、なぜ私たちを魅了するのか。私たちにとって絵画とはなにかを問い続ける観者／絵画論。
2017.7　419p A5 ¥6000　①978-4-8010-0200-5

◆瞑想アート　ミラ著　（鎌倉）OEJ Books、めるくまーる 発売
【要旨】真のクリエイティビティを目覚めさす。
2017.10　271p B6 ¥2700　①978-4-8397-0173-4

◆モダニズム以後の芸術―藤枝晃雄批評選集　藤枝晃雄著　東京書籍
【要旨】無二の批評眼、透徹した倫理、美的判断力、明晰な理論、詩人由来の修辞――日本が生んだ世界的な美術批評家・美術史家の半世紀におよぶ活動の真髄を一冊に集約。マネ、モネ、セザンヌ、マティス、モンドリアン、ピカソ、デュシャン、ニューマン、ポロック、ウォーホル、ジャッド…などの重要作家たち、そして、戦後日本の動向を含む、近現代の芸術を射程にした、約八〇点の論考を厳選。
2017.6　631p A5 ¥3000　①978-4-487-80669-0

◆病膏肓に入る―鹿島茂の何でもコレクション　鹿島茂著　生活の友社
【目次】ナポレオン三世の肖像、ロダン作（？）のヴィクトル・ユゴー像、二つ目のヴィクトル・ユゴー像、毛沢東とスターリンの握手像、グロータエルの少女像、二枚のスタンラン「シャ・ノワール」ポスター、ヴァンヴで見つけたブック・エンド、世界の独裁者時計、楊州周延の浮世絵、反ユダヤ主義の諷刺画集『おぞましきものの美術館』［ほか］
2017.10　249p A5 ¥3000　①978-4-908429-14-9

◆ヨコハマトリエンナーレ2017―島と星座とガラパゴス　横浜トリエンナーレ組織委員会監修　（京都）青幻舎
【要旨】「接続性」と「孤立」から世界のいまをどう考えるか？　第6回となる、わが国を代表する現代アートの国際展。内外で活躍する38組の作家と1プロジェクトによる作品を展示。
2017.10　160p 26×19cm ¥3000　①978-4-86152-626-8

◆リカルド・ボフィル 作品と思想―RBTAの仕事を通して知る建築的時空間創造　谷口江里也著　未知谷

【目次】第1章 建築的時空間を創造するということ、第2章 建築的時空間創造プロジェクトにおける重要事項の把握、第3章 建築的時空間創造プロジェクトにおけるプロセス、第4章 RBTAの作品を通して知る人と社会と建築の関係の新たなありようの創造、第5章 これからの建築的時空間の創造、第6章 リカルド・ボフィルへのインタビュー
2017.12 203p 23×16cm ¥5000 ①978-4-89642-539-0

◆Amazing JIRO―SPECIAL MAKEUP　JIRO著　リトルモア　(本文：日英両文)
【目次】1 Face&Body Paint―Ideas, 2 Works―Expressions, 3 Amazed by JIRO, 4 About Amazing JIRO―What's Next
2017.10 144p B5 ¥3600 ①978-4-89815-467-0

◆ARTIST to artist―未来の芸術家たちへ 23人の絵本作家からの手紙　エリック・カール絵本美術館ほか編, 前沢明枝訳　東京美術
【要旨】安野光雅、エリック・カール、ロバート・サブダ、モーリス・センダック、レオ・レオニら、世界的に親しまれている23人の絵本作家たちが自分たちのこれまでの道のりについて語る。絵本作家たちの子ども時代の作品、下絵や完成作品だけでなく、アトリエや愛用の画材なども紹介。
2017.3 111p 29×24cm ¥3600 ①978-4-8087-1054-5

◆BIOCITY 2017(72)　特集 北欧のサービスデザインの現場―studio-Lスカンジナビアを訪ねて　糸長浩司監修　ブックエンド
【要旨】特集 北欧のサービスデザインの現場―studio-Lスカンジナビアを訪ねて(人々の発想や体験を豊かにするデザイン、福祉国家スウェーデンのデザイン力―国立美術工芸大学"コンストファック"ほか)、ミニ連載(ヴィンテージ・アナログの世界―レコード・レーベルの黄金期(14)、仁和寺と書(11)空海"三十帖冊子"、連載(動物たちの文化誌(19)街中の動物たち、ロングトレイル―長距離自然道を歩く(1) 巡礼の道と自然歩道、パーマカルチャーによる棚田集落再生チャレンジ ほか)
2017.10 128p B5 ¥2500 ①978-4-907683-43-4

◆CONQUEST 征服―クリス・ククシ作品集　クリス・ククシ著, 竹谷隆之日本語版監修, 富原まさ江訳　玄光社
【目次】2017、2016、2015、2014、2013、2012、2011、2010、Exhibitions2000・2017展覧会
2017.11 189p 28×22cm ¥3600 ①978-4-7683-0898-1

◆KENPOKU ART 2016　茨城県北芸術祭　南條史生、茨城県北芸術祭実行委員会監修　生活の友社　(本文：日英両文)
【要旨】全アーティストの出展作品を豊富な写真で振り返る。ハッカソン、公募、イベント、アーティストと地域の人々、来場者との交流など、全活動の記録。
2017.3 252p 28×22cm ¥2778 ①978-4-908429-09-5

◆MINERVA 2017　クオリアート, (大阪)出版文化社 発売
【要旨】詩・知恵・芸術・工芸などを司る女神ミネルヴァー。神の名を冠する本書では日本から選抜された芸術家たちと、英国王立美術家協会メンバーによる作品の「美の競演」を録するとともに、日英芸術交流史を紐解きます。王立となって2017年で130年を迎えた英国王立美術家協会(RBA)協力のもと、現代の日英芸術家による多彩な作品を収録。
2017.2 279p 30×24cm ¥2500 ①978-4-88338-616-1

◆Tree of Life―生命の樹　(長泉町)ヴァンジ彫刻庭園美術館, (長泉町)NOHARA 発売
【要旨】ヴァンジ彫刻庭園美術館開館15周年記念展「生命の樹」関連カタログ。15名の現代作家たちによる、樹木をテーマにした作品27点を収録。
2017.9 62p 19×27cm ¥1800 ①978-4-904257-41-8

美術品売買・画商

◆一角獣の変身―青木画廊クロニクル1961～2016　青木画廊編　風濤社
【要旨】ようこそ幻想絵画の巣窟へ。ウィーン幻想派の紹介。金子國義、四谷シモンのデビュー。瀧口修造、澁澤龍彦もかかわった孤高の画廊。
2017.5 255p A5 ¥2800 ①978-4-89219-432-0

◆絵(エツ)、6億円が100億円に―美術品の経済的価値を問う　R・MIURA著　ギャラリーステーション
【要旨】「芸術の普遍的価値よりも、金融商品としての作品の方が、より早くダイナミックな動きをすることを知るべきである。」芸術を愛する人故に、美術館運営、美術業界の在り方に対して、あえて本音で語る。アート・コレクターに贈る、渾身の一冊。
2017.3 181p B6 ¥1700 ①978-4-86047-260-3

◆画商の生きざま　長谷川徳七著　講談社エディトリアル
【要旨】創業90年を迎えた老舗画廊の社長が語る"伝説の名画"との出会い。ピカソ、モネ、ルノワール、劉生、そしてフジタ…芸術によって人と人をつなぐ、画商の仕事、その生きざまとは？作品と画家、コレクターにまつわる興謝尽きない物語。カラー作品図版多数掲載。
2017.10 222p 21×16cm ¥1800 ①978-4-907514-91-4

◆月を摑み太陽も摑もう―サン画廊キム・チャンシルの人生と芸術に捧げる愛　キムチャンシル著, 中川洋子訳　(大阪)風詠社, 星雲社 発売
【要旨】韓国の文化発展のために尽くした女性画廊主キム・チャンシル。彼女が美術誌に発表した様々な記事を収録した本が韓国で出版された。本書はその日本語訳である。朝鮮動乱で九死に一生を得る経験を何度もして、生き残った命。自分と向き合いなががら生きてきた彼女が残した言葉の数々は、私たちが生きる意味を模索する中で、これからの人生にとってかけがえのない指針となるでしょう。
2017.12 247p A5 ¥1500 ①978-4-434-23919-9

◆伝説のコレクター 池長孟の蒐集家魂―身上潰して社会に還元　大山勝男著　アテネ出版社
【要旨】池長孟にみる大富豪・美術コレクターの矜持。持てる者は社会に還元すべし/植物学者牧野富太郎の支援、"聖フランシスコ・ザヴィエル像"などの発見と蒐集。多くの美術品を戦禍から守り、愛する神戸に遺した。
2017.10 169p A5 ¥2000 ①978-4-908342-06-6

◆美術の会計　山本誠著　中央経済社, 中央経済グループパブリッシング 発売
【目次】第1章 美術品の取引過程、第2章 美術市場の性格、第3章 美術品の評価と鑑定の困難性、第4章 美術品と税、第5章 美術館における経営上の課題、第6章 美術館と公益、第7章 企業と文化活動、第8章 芸術活動とメセナ、第9章 メセナ支出の会計的管理
2017.10 176p A5 ¥4000 ①978-4-502-24391-2

学芸員・ミュージアム

◆西南学院大学博物館主要所蔵資料目録　内島美奈子, 野藤妙, 山尾彩香編　(福岡)西南学院大学博物館, (福岡)花乱社 発売　(西南学院大学博物館研究叢書)
【目次】図版(キリスト教文化、日本キリスト教史、関谷定夫コレクション)、主要所蔵資料目録
2017.3 55p B5 ¥800 ①978-4-905327-70-7

◆棚橋源太郎 博物館学基本文献集成 上　青木豊編　雄山閣
【要旨】「博物館学の父」と称される棚橋源太郎が日本博物館学の黎明期から、描いてきた博物館の理想とは？ 散逸文献を、上下巻で80編集成し、文献一覧を作成。
2017.5 350p A5 ¥9000 ①978-4-639-02483-5

◆棚橋源太郎 博物館学基本文献集成 下　青木豊編　雄山閣
【要旨】「博物館学の父」と称される棚橋源太郎が日本博物館学の黎明期から、描いてきた博物館の理想とは？ 散逸文献を、上下巻で80編集成し、文献一覧を作成。
2017.5 349, 9p A5 ¥9000 ①978-4-639-02484-2

◆地域博物館史の研究　中島金太郎著　雄山閣
【要旨】県立の歴史系博物館および、観光施設としての側面を有する博物館が多いという特徴を有する静岡県を中心に、博物館発達に地域性が与える影響を考察する。
2017.10 322p A5 ¥9000 ①978-4-639-02524-5

◆博物館学史研究事典　青木豊, 鷹野光行編　雄山閣
【要旨】明治時代から現代まで、博物館学はどのように議論されてきたのか？ テーマごとに学説の変遷をまとめる。博物館学史を辿るために必要な全67項目を網羅。便利な文献索引を付す。博物館関係者必携事典。
2017.12 401, 36p A5 ¥12000 ①978-4-639-02497-2

◆博物館と地方再生―市民・自治体・企業・地域との連携　金山喜昭著　同成社
【要旨】指定管理者制度の下で急速に変貌する博物館の実態を全国調査し、その功罪を徹底分析。博物館の新たな運営のあり方を、地域コミュニティと博物館との連携に見出し、共に"進化"する方向を提示する。
2017.3 217p A5 ¥2400 ①978-4-88621-756-1

◆ミュージアムの情報資源と目録・カタログ　水嶋英治, 田窪直規編著　樹村房　(博物館情報学シリーズ 1)
【目次】序章 博物館情報学体系化への試み、1章 博物館情報学の三大原則、2章 博物館情報学と図書館情報学の比較―情報資源、目録・カタログにも注目して、3章 博物館情報の編集と知的活動、4章 歴史的に見た博物館の目録、5章 博物館活動の記録化について、6章 事例研究 市立館の目録刊行―「金沢湯涌夢二館収蔵品総合図録」
2017.1 202p B6 ¥1800 ①978-4-88367-273-8

美術館ガイド

◆いつでも名画に会える日本10大美術館　望月麻美子, 三浦たまみ著　大和書房　(ビジュアルだいわ文庫)
【要旨】実は日本の美術館はお宝絵画の宝庫。美術館によっては企画展の半額以下で堪能できる"常設展"をご存知だろうか。ピカソもゴッホもルノワールもセザンヌもモネもゴーギャンも！選りすぐりの10大美術館に加え個性が光る美術館40館も収録。
2017.11 254p A6 ¥780 ①978-4-479-30679-5

◆美しい世界の傑作ミュージアム―何度でも行きたい素敵な博物館, 美術館　MdN編集部編　エムディエヌコーポレーション, インプレス 発売
【要旨】世界中の美しいミュージアムをアートとして愉しむ魅力。その街のランドマークとなる美しいモダンな博物館、見るものを驚かすエキセントリックな美術館、時代を先取りした先進的なデザイン、長く人々に愛されている伝統的な建築物など、建築物として、さらにアートとしても美しい世界中の博物館・美術館を厳選し一冊にまとめました。
2017.10 159p 25×19cm ¥1800 ①978-4-8443-6712-3

◆素敵な時間を楽しむ カフェのある美術館　青い日記帳監修　世界文化社
【要旨】レトロでクラシックな内装のカフェ、大きな窓から緑と光があふれるカフェ、ユニークで個性的なカフェ、とっておきの料理が味わえるカフェなど、全29店を紹介！ カフェのある美術館の建築の特徴から、コレクションの概要、ミュージアムショップで、各美術館のこだわりと魅力がこの1冊でわかる美術館ガイド。コラムには、博物館や文学館のカフェも掲載。
2017.3 143p A5 ¥1600 ①978-4-418-17210-8

◆東京からちょっと旅 ちいさな美術館めぐり　土肥裕司著　G.B.　(「東京周辺建築でめぐるひとり旅美術館」加筆・修正・改題)
【要旨】アートと同じくらい目を奪われる絶景。小規模でも強く心惹かれる作家の世界観。クスッと笑ってしまう身近な作品。非日常にひたってくれる美的空間。おいしいお茶にほっとひと息つくひととき―。次の休みに、誰かを誘って行きたくなる。行けば誰かに話したくなる。関東＋静岡・山梨・長野・福島。安曇野・箱根・清里・軽井沢etc. 行ってよかった80館。
2017.11 142p A5 ¥1600 ①978-4-906993-45-1

◆東京美術館案内―名画と出会えるミュージアムガイド　昭文社
【要旨】アートめぐりに最適！ 代表作品を多数掲載。エリア別で探しやすい。ツウになれる解説付き。
2017.7 159p 20×15cm ¥1200 ①978-4-398-14558-1

美術

◆まるごと東京ステーションギャラリー—東京駅のなかの美術館　東京ステーションギャラリー監修　東京美術
【目次】1 東京駅丸の内駅舎の歴史をひもとく(東京駅100年のあゆみ、探検！ 発見！ 東京ステーションギャラリーの見どころ、常設展示で学ぶ東京駅の歴史)、2 鉄道絵画発→ピカソ行コレクションのドア、ひらきます(始発駅—鉄道絵画、2駅目—都市と郊外、3駅目—人、4駅目—抽象、終点—ピカソ)、企画展の記録 1988年〜2017年
2017.12 159p A5 ¥2000 ①978-4-8087-1103-0

◆MOA美術館—MOA MUSEUM OF ART　MOA美術館監修・著　東京美術
【要旨】至高の空間で、永く愛されてきた日本美術の精華と出会う。美術史の流れに沿って名品を味わう珠玉のコレクションガイド。
2017.2 151p A5 ¥1600 ①978-4-8087-1075-0

博物館ガイド

◆ぐるぐる博物館　三浦しをん著　実業之日本社
【要旨】人類史の最前線から、秘宝館まで、個性あふれる博物館を探検！ 書き下ろし「ぐるぐる寄り道編」も収録！ 好奇心とユーモア全開、胸躍るルポエッセイ。
2017.6 250p B6 ¥1700 ①978-4-408-53707-8

◆国立科学博物館のひみつ 地球館探検編　成毛眞著, 国立科学博物館監修　ブックマン社
【要旨】リニューアル後の地球館を中心に、研究者に聞いた科博の見どころ＆遊びどころがいっぱい！
2017.3 231p A5 ¥1800 ①978-4-89308-877-2

◆大英自然史博物館の"至宝(トレジャーズ)"250　大英自然史博物館編, 国立科学博物館日本語版監修, 武井摩利訳　(大阪)創元社
【要旨】大英自然史博物館が8000万点を超える収蔵品の中から総力をあげて選んだ自然界からの贈り物！
2017.3 267p 26×23cm ¥3600 ①978-4-422-44008-8

◆大英博物館の話　出口保夫著　中央公論新社 (中公文庫)　『物語大英博物館—二五〇年の軌跡』改題書
【要旨】一七五九年に開館した大英博物館。一民間人のコレクションから生まれたこの博物館は、英国の発展とともに、ギリシア、エジプト、アジアへと蒐集品を増やし、「世界一」の名にふさわしいまでに成長した。コレクション、寄贈者、職員、足繁く通った人物などを通し、いまなお拡大を続けるこの偉大な博物館の歴史を辿る。
2017.4 251p A6 ¥740 ①978-4-12-206366-2

◆ぶらりあるき北海道の博物館　中村浩著　芙蓉書房出版
【要旨】総合博物館から、開拓、アイヌ、北方民族など、北海道独特の博物館、世界遺産「知床」のガイダンス施設まで、145の館・施設を紹介。
2017.11 210p A5 ¥2200 ①978-4-8295-0725-4

現代美術

◆アート・パワー　ボリス・グロイス著, 石田圭子, 齋木克裕, 三本松倫代, 角尾宣信訳　現代企画室
【要旨】商品かプロパガンダか？ アートはどこから来て、今どこに向かおうとしているのか？ コンテンポラリー・アートを牽引する美術批評家ボリス・グロイスによって明らかにされる美術のいま。
2017.1 344, 10p B6 ¥2500 ①978-4-7738-1622-8

◆生きるための芸術—40歳を前に退職。夫婦、アートで生きていけるか　檻之汰鷲著　ファミリーズ, メディアパル発売　(「お金からの解放」シリーズ)
【要旨】40歳を前に退職した夫婦が、芸術で生きていく物語。
2017.5 184p B6 ¥1200 ①978-4-8021-3056-1

◆クリスチャン・ボルタンスキー アニミタス—さざめく亡霊たち　畠山直哉撮影, 小林康夫, 関口涼子, 関昭郎, 田中雅子著, ブライアン・アムスタッツ, ルース・サウス・マクレリー訳　パイ インターナショナル (本文:日英両文)
【目次】クリスチャンにささやく, さざめく亡霊たち, 心臓音, クリスチャン・ボルタンスキーインタビュー, 影の劇場, ささやきの森, アニミタス, 眼差し, 帰郷, ボルタンスキーと「死」の方便, ある神話の序章「アニミタス_さざめく亡霊たち」によせて, 資料
2017.1 121p 30×19cm ¥2500 ①978-4-7562-4861-9

◆芸術の終焉のあと—現代芸術と歴史の境界　アーサー・C. ダントー著, 山田忠彰監訳, 河合大介, 原友昭, 粂和沙訳　三元社
【要旨】巨匠のナラティヴによって芸術を定義しうる時代が終わったあとの現代に可能な美術評論の原理とは？ 芸術の哲学的歴史観を踏まえ、「芸術とはなにか」を探究したダントーの予言的著作、ついに邦訳！
2017.1 361, 5p A5 ¥4800 ①978-4-88303-417-8

◆芸術表層論—批評という物語　谷川渥著　論創社
【要旨】日本の現代美術を怜悧な美学者が「表層」という視点から抉る。現代美術の新しい視点！
2017.11 466p B6 ¥4200 ①978-4-8460-1645-6

◆現代アートが未来を描く　庄司恵一著　(京都)方丈堂出版, (京都)オクターブ発売
【要旨】京都祇園で50年、現役アートディーラーの著者が現代アートの現状と社会性、現代アートが未来を切り開く可能性を熱く語る。
2017.10 103p A5 ¥1000 ①978-4-89231-172-7

◆現代アート10講　田中正之編　(武蔵野)武蔵野美術大学出版局
【要旨】デュシャンにはじまり3.11以降の日本の美術まで、10のアプローチによる現代アートの新たな読み解き。
2017.4 227p A5 ¥2400 ①978-4-86463-057-3

◆現代美術 夢のつづき　実川暢宏, 安福信二, 寺田侑著　冬青社
【目次】第1部 おわりから、はじまりへ(六〇年代以降の「現代美術」、「新しい方法」を探った作家、コレクターが抱える問題と可能性、商画というキーマン)、第2部 ある商画の証言「一枚の一枚」から(芹沢銈(けい)介の板絵、福沢一郎「絵画の悦楽」、長谷川潔の油絵、棟方志功の倭画 ほか)
2017.4 159p B6 ¥2700 ①978-4-88773-177-6

◆5歳の子どもにできそうでできないアート—現代美術(コンテンポラリー・アート)100の読み解き　スージー・ホッジ著, 田中正之日本語版監修　東京美術
【要旨】なぜこれがアートなのか？ アートとは何か！ 楽しく読めて好奇心を刺激する入門書—本書は、評論家から酷評された100作品を取り上げ、現代美術が決して子どもの遊びや単なる新奇な試みではないことを証明する。発表当初は物議をかもした「悪名高い」作品についても、当時の芸術上の思想に影響されて必然的に登場してきた経緯、そして後に与えた影響にも言及。現代美術とそれ以前の美術との本質的な違いが理解できるとともに、鑑賞体験をより豊かにするヒントを数多く得ることができる。19世紀末から現在までの100人のアーティストによる100作品を取り上げ、創造力の源となったものを解き明かす。芸術的な手法とその意味を探り、その作品がどれほど洗練されているか、背後にどれほどの努力が隠されているかに注目。コンセプチュアリズムからニューメディアアート、カラーフィールド・ペインティングからフルクサス、ポスト・ペインタリー・アブストラクションからポスト・ダダに至るまで、関連性のあるさまざまな芸術運動を取り上げ、現代美術史の流れの全体像を把握できる。
2017.2 224p A5 ¥2300 ①978-4-8087-1063-7

◆サンシャワー：東南アジアの現代美術展 1980年代から現在まで—ASEAN設立50周年記念　国立新美術館, 森美術館, 国際交流基金アジアセンター企画・編　平凡社
【目次】図版/作家・作品解説(うつろう世界、情熱と革命、アーカイブ、さまざまなアイデンティティー、日々の生活、変貌とその影、アートとは何か？ なぜやるのか？、瞑想としてのメディア、歴史との対話)、エッセイ、付録
2017.8 323p 29×22cm ¥3600 ①978-4-582-20711-8

◆シンプルの正体—ディック・ブルーナのデザイン　ブルーシープ
【要旨】2017年2月に89年の生涯を閉じたディック・ブルーナ。ベストセラー絵本シリーズ「ミッフィー(うさこちゃん)」の作者としてだけでなく、グラフィックデザイナーとして「ブラック・ベア」シリーズのブックデザインやポスターなど、温かみのある作品を数多く残しました。明快な色や形が魅力の作品は、よく「究極のシンプル」と称されて。本書は、ブルーナが60年にわたって手がけた絵本やブックデザイン約200点を厳選し、従来とは異なる視点で再構成します。美しい図版とともに、色、線、形などの特徴から新たな分類を試み、ブルーナが生み出した「シンプルの正体」を明らかにします。2017年4月から全国巡回する「シンプルの正体 ディック・ブルーナのデザイン」展の公式図録です。
2017.4 351p 18×14cm ¥1800 ①978-4-908356-02-5

◆評伝 ゲルハルト・リヒター　ディートマー・エルガー著, 清水穣訳　美術出版社
【要旨】戦後の美術を代表する画家の一人であるゲルハルト・リヒター。1932年、東ドイツのドレスデンに生まれながらも、ジャクソン・ポロックやフォンタナの影響を受け、西ドイツへ移住。写真をキャンバスに描き出すというスタイルを生み出し、その後もグレイ・ペインティング、カラーチャート、風景画、アブストラクト・ペインティングなど驚異的な進化を続けている。1984年よりリヒターのアトリエに勤めていた著者ディートマー・エルガーが、リヒターの言葉とともに、その人生と、作品の変遷を追ったドキュメンタリーのような評伝。
2017.2 379, 32p 22×16cm ¥4600 ①978-4-568-20272-4

◆ファーレ立川パブリックアートプロジェクト—基地の街をアートが変えた　北川フラム, ファーレ立川アート管理委員会企画　現代企画室
【要旨】パブリックアートの原点がここにある！ 再開発からまちづくりへ—。市民・事業者・行政が一体となってアートを守りはぐくんだ、20年を超えるファーレ立川の軌跡と展望。
2017.3 183p A5 ¥2200 ①978-4-7738-1704-1

◆福本繁樹作品集—愚のごとく、然りげなく、生るほどに　福本繁樹著　(京都)淡交社 (本文:日英両文)
【目次】第1章 愚のごとく、然りげなく、生るほどに(愚のごとく、然りげなく、生るほどに、染み・むら・たらしこみ、ほろびの美学 ほか)、第2章 FUKUMOTO SHIGEKI：COLLECTED WORKS 1983-2017(襞・裏・匚と凵・封(1984-88)、三昧(1998-99)、八面玲瓏・MILLIONAIRE(2004) ほか)、第3章(福本繁樹論—現代工芸シーンを介して染織造形の世界標準から福本へ、華麗なるイメージの深奥—福本繁樹の蝋染めの、イメージの万華鏡—インスピレーションの神秘 ほか)
2017.10 253p 27×27cm ¥10000 ①978-4-473-04193-7

◆三沢厚彦 アニマルハウス謎の館　三沢厚彦著　求龍堂
【要旨】三沢厚彦(彫刻家)のもとに集った舟越桂(彫刻家)、小林正人(画家)、杉戸洋(画家)、浅田政志(写真家)。5人のアーティスト達がくりひろげた前代未聞の、誰にも予想がつかない、動き続けた展覧会。果して最終日に完成したのだろうか？ 怒濤の44日間を収録！ 渋谷区立松濤美術館「三沢厚彦アニマルハウス 謎の館」(2017年10月7日〜11月26日)公式図録兼書籍。
2017.12 151p B5 ¥2700 ①978-4-7630-1725-3

◆夢の悦楽　田名網敬一著　東京キララ社
【要旨】田名網敬一創作の源泉。40年間の夢日記。
2017.2 327p 25×19cm ¥4800 ①978-4-903883-20-5

◆わかりたい！ 現代アート　布施英利著, TYM344画　光文社 (光文社知恵の森文庫)
【要旨】「わからないから、つまらない」ではなく、「わからないから面白い」。モダンとポップの2つのキーワードから、現代アートの楽しみ方をやさしく解説。ピカソ、デュシャン、マグリット、ウォーホルから、ポロック、リヒター、会田誠まで34組。何が表現されているのか、どんなアーティストなのか、アートの歴史とは？ 驚きと発見に満ちた一冊。
2017.4 269p A6 ¥700 ①978-4-334-78718-9

コンピュータ・グラフィック

◆クリスタ デジタルマンガ＆イラスト道場―CLIP STUDIO PAINT PRO/EX対応
サイドランチ著　ソーテック社
【要旨】パソコンが苦手・初めての人でもクリスタでコミックがスイスイ描ける！下書き、ペン入れ、トーン貼り、背景、カラーイラスト、サンプルファイルと一緒に学んでいきましょう。
2017.8 255p B5 ¥2180 ①978-4-8007-1176-2

◆ゲームに使えるパーツ＆シーンの描き方 背景CG上達講座　酒井達也著　翔泳社
【要旨】本書は、主にゲームに使われる背景グラフィックについて、パーツやシーンごとに描き方のポイントを解説したモチーフ別テクニック集です。樹木や水などの自然物、ベッドやソファなどの室内家具、学校の廊下や教室、その他小物まで、ゲーム制作で需要の高い、キャラクターを引き立てるビジュアルとしての背景イラストの描き方を個別に解説します。コンシューマ機だけでなくブラウザやスマホ向けにもゲームが数多く作られている昨今、趣味のお絵かきにも、就職に役立つ技術としてもためになる1冊です。
2017.6 207p B5 ¥2200 ①978-4-7981-3756-8

◆続デジタルアーティストのためのアートの原則―感情、ムード、ストーリーテリング
3dtotal Publishing制作、スタジオリズ訳　ボーンデジタル
【要旨】好評を博した『デジタルアーティストが知っておくべきアートの原則』では、基礎を身につけることに焦点を当てました。本書では、それらのテクニックや力学を学ぶと、さらに一歩、前へ進みます。記憶に残るユニークなイメージを描くには、正確な解剖学の知識、適切なツールの選択よりも大事な要素があります。感情やムードを伝える方法、構図、キャラクターディテール、雰囲気などによって物語るストーリーテリングのテクニックを学びましょう。本書は、作品に深みを与えたい新人アーティストや愛好家だけでなく、新たなインスピレーションを求めている熟練イラストレーターにとっても、理想的な1冊となることでしょう。
2017.9 219p 28×22cm ¥4000 ①978-4-86246-374-6

◆CLIP STUDIO PAINT PROで幻想的な美少女イラストを描く3つの流儀　柚希きひろ、逢倉千尋、あららぎ蒼史著　秀和システム
【要旨】CLIP STUDIO PAINT PROを愛用する3人の実力派イラストレーターが、それぞれの流儀で徹底解説！各工程のテクニックはもちろん、作風にまつわる考え方まで内包した、珠玉のイラスト指南書です。
2017.6 175p B5 ¥2200 ①978-4-7980-4874-1

◆THE ART OF MYSTICAL BEASTS―ZBrush、Photoshopほか、デジタル技法で描く幻獣アート　森田悠揮著　ボーンデジタル
【要旨】デジタルアーティスト、キャラクターデザイナーとして、さらなる活躍が期待される森田悠揮。月刊CGWORLDの連載で取り上げた17作品＋新作カバーアートを題材に、リアリティとオリジナリティを併せ持った「幻獣(Mystical Beasts)」を創り出す技法を丁寧に解説します。
2017.12 248p 26×19cm ¥3200 ①978-4-86246-404-0

西洋美術史

◆アルチンボルド アートコレクション　リアナ・デ・ジローラミ・チーニー著　グラフィック社
【要旨】初期のデッサンや宗教画から、代表作までを網羅したコレクション。アルチンボルドの一生、作品詳細、バックストーリーを解き明かす。寄せ集め、だまし絵、擬人化から生まれた美しくも奇妙な肖像画たち。「四季」「四大元素」を含む保存版。
2017.6 255p 17×15cm ¥2000 ①978-4-7661-3058-4

◆イタリアの鼻―ルネサンスを拓いた傭兵隊長フェデリーコ・ダ・モンテフェルトロ　ベルント・レック、アンドレアス・テンネスマン著、藤川芳朗訳　中央公論新社
【要旨】ウルビーノの領主の非嫡子として生まれながら傭兵隊長として財をなし、画家ピエロ・デッラ・フランチェスカや建築家ラウラーナ、マルティーニを育て絢爛豪華な宮殿を建設。権謀術数渦巻く15世紀を生き抜いた男の生涯と功績から初期ルネサンスの実態を解説。
2017.11 341p B6 ¥3200 ①978-4-12-005020-6

◆いちまいの絵―生きているうちに見るべき名画　原田マハ著　集英社(集英社新書)
【要旨】アート小説の旗手として圧倒的人気を誇る原田マハが、自身の作家人生に強い影響を与えた絵画はもちろん、美術史のなかで大きな転換となった絵画や後世の芸術家に影響を与えた革新的な絵画などを厳選。画家の思い、メッセージ、愛や苦悩を、作家ならではの視点で綴る。『楽園のカンヴァス』でモチーフとなったルソー、『ジヴェルニーの食卓』で描かれたモネ、『暗幕のゲルニカ』のピカソといった、原田作品ではおなじみの絵画はもちろん、古典、日本画、西洋画、現代アートを含む全二六点を掲載。豪華カラー図版収録。
2017.6 253p 18cm ¥900 ①978-4-08-720888-7

◆ヴィッラ・マダマのロッジャ装飾―メディチ家教皇の理想図像　深田麻里亜著　中央公論美術出版
【目次】序、第1章 総論(教皇レオ十世と枢機卿ジュリオ・デ・メディチ、ヴィッラ・マダマの建設と装飾、装飾に関する先行研究)、第2章 中央径間(装飾システム、「四季」と「四大元素」、宇宙的秩序の表象とメディチ家称揚の図像)、第3章 左廊(左廊の構造と装飾、ヴォールトにおけるネプトゥヌス、ヴォールトの楕円形場面―戯れるアモルたち、南東側壁面エクセドラの教皇レオ十世揚の図像、エクセドラ半円ドームの装飾)、第4章 右廊(右廊の構造と装飾、"ガラテア"のストゥッコ浮彫、南東側壁面エクセドラのストゥッコ浮彫連作、北東側壁面リュネットの「ポリュフェモス」、ヴォールトの楕円形物語場面)、第5章 庭園の"象の泉"("象の泉"装飾の再構成、象のシンボリズム、『ポリフィロの夢』との関連性、おわりに)、結論
2017.2 404p A5 ¥16000 ①978-4-8055-0783-4

◆ウィリアム・ド・モーガンとヴィクトリアン・アート　吉村典子著　(京都)淡交社
【要旨】19世紀イギリス、ヴィクトリア女王の時代に、独創的な色と文様のタイルで人びとの暮らしに彩りと潤いを与えたド・モーガン。その事績をたどり、背景をなす多彩な「アート」の実像に迫る。
2017.4 213, 26p A5 ¥2300 ①978-4-473-04179-1

◆美しいアンティーク生物画の本 クラゲ・ウニ・ヒトデ篇　山田英春編　(大阪)創元社
【要旨】紙に閉じ込めた、海の神秘。静かな、アクアリウムの中へ。ヘッケルの海月プレートも収録。
2017.6 127p B6 ¥1500 ①978-4-422-43023-2

◆ヴュイヤール―ゆらめく装飾画　ギィ・コジュヴァル著、小泉順也監修、遠藤ゆかり訳　(大阪)創元社(「知の再発見」双書)
【目次】第1章 ナビ派であることが意味するもの、第2章 まるで芝居のように、第3章 閉ざされた室内の駆け引き、第4章 大装飾画、第5章 時間の作用、第6章 楽園にて、資料篇―ゆらめく装飾画
2017.1 158p 18×13cm ¥1600 ①978-4-422-21226-5

◆運命の絵―中野京子と読み解く　中野京子著　文藝春秋
【要旨】とめられぬ恋、終わらぬ戦い、狂気の先には!?画家の人生を変えた一枚、運命の瞬間を留めた名画―。英雄の葛藤、恍惚のとき、流転の始まり―。描いた者、観る者の心を揺さぶるドラマに迫る！
2017.3 221p B6 ¥1780 ①978-4-16-390616-4

◆絵とき印象派―美術展が10倍楽しくなる名画鑑賞ガイド　池上英洋監修、石川マサル、フレラ共著　エムディエヌコーポレーション、インプレス発売
【要旨】本書は、人気の西洋美術のジャンル「印象派」をやさしく解説した美術鑑賞ガイドです。「印象派って何？」「興味はあるけれどまったく知識がない」といった方々を対象に、19世紀後半のパリを中心とした美術ムーブメント「印象派」の名前の由来とその見どころ、画家の生涯をイラストでやさしく紹介します。モネ、マネ、ドガ、ルノアール、スーラ、セザンヌ、ターナー、ロートレックなど、錚々たる印象派の画家たちをキャラクター化して、絵を描いた際の背景やエピソードを面白おかしく語ります！この一冊があれば誰でも気軽に西洋絵画・印象派の世界へ足を踏み入れることができ、印象派を10倍楽しむことができるでしょう。美術展に足を運ぶ前に、サクサクッと印象派の知識を吸収したい場合に、ぜひご活用ください。
2017.6 127p A5 ¥1600 ①978-4-8443-6668-3

◆乙女の美術史 世界編　堀江宏樹、滝乃みわこ著　KADOKAWA(角川文庫)
【要旨】乙女目線で読み解けば、世界の美術はこんなに面白い！美術で国を滅ばした徽宗皇帝に、恋多き妻に萌えるフェルメール。亭主関白ロダンに、大女優と蜜月のミュシャなど、名画の裏側に隠されたドラマチックな人間模様をたっぷりとご紹介。豊富な図版を掲載し、一冊で世界の美術を見渡せる画期的な入門書。特別コラム「オトコのハダカ」、「トンデモ名作の世界」も収録。歴女のバイブル「乙女」シリーズ最終巻！
2017.7 250p A6 ¥720 ①978-4-04-104025-6

◆絵画の歴史―洞窟壁画からiPadまで　デイヴィッド・ホックニー、マーティン・ゲイフォード著、木下哲夫訳　(京都)青幻舎インターナショナル、(京都)青幻舎 発売
【要旨】巨匠ホックニーによる絵画論の集大成!!人類は何を見つめ、描いてきたのか？―洞窟壁画からレンブラント、中国の水墨画、ディズニー映画、さらにはホックニー自身のiPadドローイングまで…。時代や地域の枠を越え、絵画表現の本質に迫る！豪華図版310点掲載。
2017.3 360p 30×23cm ¥5500 ①978-4-86152-587-2

◆凱旋門と活人画の風俗史―儚きスペクタクルの力　京谷啓徳著　講談社(講談社選書メチエ)
【要旨】古代の形に倣うように、ルネサンス期に甦る仮設建築の凱旋門。それは人市式における君主の壮麗な行列を迎える舞台として、またメッセージを伝える大道具として機能し、さらに「生きた人間による絵画」の展示を加えて、壮大な演劇的空間を作り出した。束の間の宮廷祝祭を彩った凱旋門と活人画は、その後、別々の道を歩む。国民国家の記憶装置としての凱旋門、上流社会の娯楽としての活人画、そして明治日本にも伝来し変容してゆく見世物としての歴史をたどる。
2017.9 325p B6 ¥1850 ①978-4-06-258663-4

◆『快楽の園』を読む―ヒエロニムス・ボスの図像学　神原正明著　講談社(講談社学術文庫)(『ヒエロニムス・ボスの『快楽の園』を読む』加筆・訂正・強増補・改題書)
【要旨】五〇〇人を超す裸体像、植物のような建築、シュールすぎる生き物たち…圧倒的奇天烈さで今なお人々の心をとらえ続ける『快楽の園』。ルネサンスの奇想の画家が描いた「美術史上最大の謎」は異端思想か、高尚な遊びか。一枚の絵に深く分け入り、溢れる象徴と寓意を、歴史、聖書、占星術、数秘術、錬金術、言語など、さまざまな角度から読み解く。
2017.9 349p A6 ¥1150 ①978-4-06-292447-4

◆カラヴァッジョを読む―二点の通称"洗礼者聖ヨハネ"の主題をめぐって　木村太郎著　三元社
【要旨】彼は誰か？かたや満面に笑みを浮かべ、かたや憂鬱に沈む裸体の少年を描いた2枚の絵。ともに広く"洗礼者聖ヨハネ"と通称されてきたが、その正体はいまだに特定されていない。彼らは誰なのか。これらの作品で画家は何を視覚化しようとしたのか。カラヴァッジョに残された最大の謎を解き明かす。
2017.8 244, 29p A5 ¥3800 ①978-4-88303-442-0

◆カラヴァッジョの秘密　コスタンティーノ・ドラッツィオ著、上野真弓訳　河出書房新社
【要旨】17世紀以降の西洋絵画に絶大な影響を与えた、カラヴァッジョ。常軌を逸した人格と、成功への執着が生み出した彼の傑作は、今なお永遠に生きる―カラヴァッジョの革新的な光と闇の手法と、理想化するような上品と俗を見つめた視点は、バロックという新時代の美術を開花させる原動力となった。波乱に満ちた短い生涯を生き生きと物語った最新・最良の決定版！本書は"秘密シリーズ"の第一弾で、イタリアで大きな成功を収めた。
2017.10 221p B6 ¥2400 ①978-4-309-25584-2

◆カラー版 近代絵画史 上 ロマン主義、印象派、ゴッホ　高階秀爾著　中央公論新社(中公新書)(増補版)
【要旨】絵画における近代は、印象派とともに始まる、といわれる。しかし、印象派の「革命」を

美術

もたらした要因がロマン主義の運動にあるとすれば、広い意味での歴史に始まる大きな歴史の流れの中で近代絵画は理解される必要がある。十九世紀前半から第二次世界大戦にいたるおよそ一五〇年間の西洋絵画を概観。上巻は近代絵画の先駆者ゴヤから、ボナールに代表されるナビ派までを描く。名著をカラーで刷新。
2017.9 212p 18cm ¥840 ①978-4-12-190385-3

◆カラー版 近代絵画史 下 世紀末絵画、ピカソ、シュルレアリスム 高階秀爾著 中央公論新社（中公新書）
【要旨】二十世紀の美術は、思いがけない多面的展開によって私たちを驚かす。しかし、抽象絵画やシュルレアリスムは、決して突然の気まぐれや偶然の産物ではない。それぞれの美術運動は、印象派で頂点を極めた写実主義を想像力で乗り越えようとするものであった。十九世紀前半から第二次世界大戦にいたる一五〇年間の西洋絵画を概観。下巻は、世紀末絵画から抽象絵画までを描く。増補にあたり、あとがきを新規に収載。
2017.9 242p 18cm ¥860 ①978-4-12-190386-0

◆カラー版 ダ・ヴィンチ絵画の謎 斎藤泰弘著 中央公論新社（中公新書）
【要旨】誰もが知っている『モナリザ』。しかし、よくよく見ればさまざまな謎に満ちている。モデルは誰か、なぜ微笑を湛えているのか。なぜ左右の背景はちがうのか、そもそもなぜこんなに荒涼とした風景なのか。鏡文字で書かれたダ・ヴィンチの手稿を研究し、彼の抱く世界観を熟知する著者が、俗説を廃しつつ、現存する主要な絵画のテーマや来歴について、ダ・ヴィンチ自身のものの見方に立って解説する。
2017.3 195p 18cm ¥1000 ①978-4-12-102425-1

◆カレル・タイゲーポエジーの探求者 阿部賢一著 水声社（シュルレアリスムの25時）
【要旨】チェコ・シュルレアリスム運動の理論的テクストの他、コラージュ作品を多数収録！前衛芸術を牽引し、雑誌を創刊し、装幀を手がけ、コラージュを残した、チェコ・シュルレアリスム運動の最重要人物カレル・タイゲ。モスクワとパリに挟まれたプラハという磁場で終生"ポエジー"を謳った理論家の全貌を明らかにする。
2017.12 340p B6 ¥3800 ①978-4-8010-0301-9

◆かわいいナビ派 高橋明也、杉山菜穂子監修・著 東京美術
【要旨】何気ない日常に目を向けたナビ派は、フラットで奥行き感のない表現などの、日本的な描写に大きな影響を受けました。しかし、彼らはそれだけでなく、八百万の神々を信じ、身の回りの微細な自然にまで精神的なものを見ていた日本人の内に育まれた「かわいい」感性にも、無意識に共鳴した画家たちであったのかもしれません。
2017.12 119p A5 ¥2500 ①978-4-8087-1079-8

◆消えたベラスケス ローラ・カミング著、五十嵐加奈子訳 柏書房
【要旨】十九世紀、英国の書店主が出会ったのは、スペインの宮廷画家ベラスケスによる幻の一枚の絵だった。たった数ポンドのキャンバスが、男の人生を、そしてやがてロンドン、エディンバラ、ニューヨーク。絵とともに流浪した、ひとりの男の物語。
2018.1 368p B6 ¥2500 ①978-4-7601-4973-5

◆ギリシャ美術史入門 中村るい著、加藤公太作画 三元社
【要旨】古代の神々と英雄と人間たちが織りなす造形世界の魅力。その全体像をやさしく学べる入門書。15本の役立つ「コラム」を収録。
2017.11 223p B6 ¥1800 ①978-4-88303-447-5

◆クリスタルの心―ルネサンスにおける愛の談論、詩、そして肖像画 ポリツィアーニ著、足達薫、伊藤博明、金山弘昌訳 ありな書房
【要旨】詩/ペンボによって詠われ、絵/レオナルドによって表わされたルネサンスの愛とは、霊魂の中に描かれた「印形」であった。言葉と詩が喚起し、魂が創出する、めくるめくイメージ。鏡の魔力に委ねられた二重自像の物語、連想と追憶の魅惑的な遊戯的作用を通して、愛というクリスタルな心の表象を召還する！
2017.11 622p A5 ¥8000 ①978-4-7566-1757-6

◆クリムト―官能の世界へ 平松洋著 KADOKAWA（角川新書）（『クリムトの世界』加筆・再編集・改題書）
【要旨】19世紀末のウィーンに現れるや、絢爛豪華な作風で美術界を代表する画家となったグスタフ・クリムト（1862 - 1918）。没後100年を迎える2018年を記念して、主要作品のすべてをオールカラーで1冊にまとめました。美しい絵画を楽しみながら、先行研究を踏まえた最新のクリムト論を知ることができる決定版の1冊です！
2018.1 223p 18cm ¥1100 ①978-4-04-082199-3

◆ゴッホの耳―天才画家最大の謎 バーナデット・マーフィー著、山田美明訳 早川書房
【要旨】1888年12月、南フランスのアルル。画家のヴィンセント・ファン・ゴッホ（1853 - 90）は自らの片耳を切り落とす―彼はなぜこんな衝撃的な事件を引き起こしたのか？ 新発見資料を通して、美術館だけでは知り得ないゴッホが生きた世界が浮かび上がる。娼館の女将や娼婦、カフェのパトロンや警察、彼が愛した弟のテオ、芸術家たち、そして同居したゴーギャン。ゴッホに贈られた謎の女性「ラシェル」とは何者なのか？ また、ゴッホが切ったのは耳たぶなのか、それとも耳全体をそぎ落としたのか？「天才画家」ゴッホの知られざる一面をあぶり出す傑作ノンフィクション。
2017.9 406p B6 ¥2200 ①978-4-15-209713-2

◆怖い絵のひみつ。―「怖い絵」スペシャルブック 中野京子著 KADOKAWA
【要旨】「怖い絵」展の主要14作品を中野京子が徹底解説！「怖い絵」展を楽しむために知っておきたい5つのこと。あの「怖い絵」はここにある。世界「怖い絵」MAP。「怖い絵」展オリジナルグッズ。汗と涙と苦労の連続!?「怖い絵」展できるまで。
2017.7 95p A5 ¥1300 ①978-4-04-105388-1

◆最新ロマノフ王朝の至宝華麗なるロシア 家庭画報編 世界文化社
【要旨】本書はエカテリーナ二世が礎を築いた「美の百科事典」エルミタージュ美術館を中心に、帝政ロシア時代の至宝をサンクトペテルブルクとその近郊、そしてモスクワのクレムリンへと訪ねます。
2017.4 127p B5 ¥1852 ①978-4-418-17217-7

◆ジャコメッティ｜エクリ アルベルト・ジャコメッティ著、矢内原伊作、宇佐見英治、吉田加南子訳 みすず書房 新装版
【要旨】未知という空虚に向かってためらずに語り続けた彫刻家の言葉を、文章と対話、手紙や紙葉の断片にいたるまで一巻に集成した決定版。
2017.5 455p A5 ¥6400 ①978-4-622-08622-2

◆18世紀イギリスのアカデミズム藝術思想―ジョシュア・レノルズ卿の『講話集』 ジョシュア・レノルズ著、相澤照明訳 知泉書館
【要旨】イギリス王立美術院の設立（1769年）に伴い、著名な画家で初代学長が毎年行った講話に、詳細な註と解説を付した。内容は、美について/模倣の真の方法/藝術に加え想像力の導きのもとにある/借用はどこまで許容されるか/賞に値する絵画について/歴史画における二つ異なる様式と装飾様式/創造・表現・彩色・衣文を規制する主要な原理/彫刻には一つの様式しかない/あらゆる流派から集められるもの/ラファエロ、ミケランジェロ、この二人の並外れた人物の相互比較/天才は、規則の終わるところから始まる/詩であれ絵画であれ、藝術の諸原理は精神に根差す等々、実践的な経験から人文学的観点での考察、社会的機能、イタリア藝術の伝統にまで至る、豊かな知識と見識に支えられたヨーロッパ藝術思想を知るための古典的文献。
2017.3 347p 23×16cm ¥6200 ①978-4-86285-253-3

◆新生オルセー美術館 高橋明也著 新潮社（とんぼの本）
【要旨】1986年12月、パリのセーヌ河沿いに誕生したオルセー美術館。かつて開館準備室に在籍していた著者が、オルセーの古典絵画、彫刻、装飾美術の中から、いま見るべき名作94点を厳選。印象派からポスト印象派、そして大注目のナビ派まで、各章の地殻変動が的確に見えてくる19世紀美術の様相を徹底解説します。大リニューアル後の展示風景も撮り下ろして、進化を続ける美の殿堂の全てを紹介する決定版。
2017.1 141p 22×17cm ¥1800 ①978-4-10-602273-9

◆すごい博物画―歴史を作った大航海時代のアーティストたち デイビッド・アッテンボロー、スーザン・オーウェンズ、マーティン・クレイトン、レア・アレクサンドラトス著、笹山裕子訳 グラフィック社
【要旨】本書はレオナルド・ダ・ヴィンチ、アレクサンダー・マーシャル、マリア・シビラ・メーリアン、マーク・ケイツビーのみごとなデッサンと水彩画のセレクション、そしてカッシアーノ・ダル・ポッツォが膨大な「紙の博物館」に集めた作品群を軸に構成されている。すべてウィンザー城のロイヤル・ライブラリーが所蔵しているこれらの美しい作品には、イタリアルネサンスから英国、そして新世界と呼ばれたアメリカ大陸まで、それぞれのアーティストの自然界とのかかわりが映し出されている。有史前から現在に至るまでの自然界の描写から始まり、作品についての明快で示唆に富むコメントに導かれ、5人の驚くべき情熱と業績をもつに足ると味わうことができる、驚くべき一冊。大航海時代に芸術とアーティストが果たした大きな役割に、新たな光をあてる。
2017.9 23×19cm ¥2600 ①978-4-7661-3020-1

◆西洋絵画とクラシック音楽―ここが見どころ！ 聴きどころ！ 中川右介著 青春出版社（『教養のツボが線でつながるクラシック音楽と西洋美術』加筆・修正・再編集・改題書）
【要旨】100のキーワードで、絵画史、音楽史に名を遺す芸術家と、その作品の「すごさ」の秘密を簡潔明瞭に解説。分かっているようで説明できない言葉からマニアしか知らない話題まで網羅した決定版！
2017.7 253p A5 ¥1740 978-4-413-11220-8

◆西洋美術：国家・表象・研究―ジェンダー論の視座から 鈴木杜幾子編著（国立）ブリュッケ 発売
【要旨】鈴木杜幾子明治学院大学名誉教授の退任を記念して開かれたラウンドテーブル企画・美術とジェンダーをまとめる。
2017.7 322p B6 ¥3500 ①978-4-434-23445-3

◆西洋美術の歴史 1 古代―ギリシアとローマ、美の曙光 芳賀京子、芳賀満著 中央公論新社
【要旨】ギリシア・ローマ美術は後世、美の「古典」とされ、時代と地域を超えて憧憬のもととなった。けれど作られた当時、それらは美しいだけでなく、篤い崇敬を集める信仰の対象であり、神話と歴史の語り部であり、計算された古代のメディアでもあった。神に捧げる完璧な肉体の表現を極めたギリシア美術、多様な人々に向け幾重もの意味を担ったヘレニズム美術、皇帝顕彰の彫刻が帝国各地で作られたローマ美術…西洋美術の歴史がここに始まる。
2017.1 656p 18×13cm ¥3800 ①978-4-12-403591-9

◆西洋美術の歴史 3 中世 2 ―ロマネスクとゴシックの宇宙 木俣元一、小池寿子著 中央公論新社
【要旨】経済や政治が安定した一一世紀以降、キリスト教共同体として「一体的なヨーロッパ」が意識されていく。宗教儀礼や特有のシンボルが確立し、その実践の場である建築や美術が重要な役割を担う。聖堂に刻まれた彫刻、荘厳なステンドグラス、儀式や祈りに用いられた写本の数々―それは信仰とともにあり、世界を知るためのものであった。中世においてもっとも活発に芸術が生み出されたロマネスク・ゴシック期、人々には何が見えていたか。
2017.3 670p 18×13cm ¥3800 ①978-4-12-403593-3

◆西洋美術の歴史 5 ルネサンス 2 ―北方の覚醒、自意識と自然表現 秋山聰、小佐野重利、北澤洋子、小池寿子、小林典子著 中央公論新社
【要旨】イタリア各地でルネサンス期の芸術文化が華々しく展開した頃、アルプスの北側でも、それに勝るとも劣らない偉大な美術が実を結んでいた。ヤン・ファン・エイク、ボス、デューラー、ブリューゲルをはじめとする画家たちが、きわめて個性的な作品を生み出したのである。その背景には、画材や技法の驚異的な進歩や、美術市場の成立などの社会的要因があった。独自な着想と南北の影響関係があいまって、精緻かつ大胆な世界が展開する。
2017.4 702p 18×13cm ¥3800 ①978-4-12-403595-7

◆西洋美術の歴史 7 19世紀―近代美術の誕生、ロマン派から印象派へ 尾関幸、陣岡めぐみ、三浦篤著 中央公論新社
【要旨】近代市民社会が成立していった十九世紀、美術の世界も激変する。古代の理想美を絶対とする伝統的価値観から、美の基準は「今ここ」にあるとする近代的価値観へ。新しさ、独創性を追求し続ける美の革命が始まる。ダヴィッド、アングル、ドラクロワ、クールベ、マネ、モネ、セザンヌと連なるフランス絵画をはじめ、スペ

インのゴヤ、ドイツのフリードリヒやナザレ派、イギリスの風景画やラファエル前派など、多彩な芸術が同時多発的に出現する。
2017.2 579p 18×13cm ¥3800 ①978-4-12-403597-1

◆**西洋美術の歴史 8 20世紀―越境する現代美術** 井上尋乃,田中正之,村上博哉著 中央公論新社
【要旨】フォーヴィスムとキュビスムという美術革命の幕を開けた二〇世紀は、抽象芸術の登場でその変革を加速させた。新しい表現は伝統的な美術の有り様を突き崩し、美術とそうでないものとの境界線は意識的に解体されていく。日常や社会における美術の意味と価値が問い直されるなか、新たなメディアを取り入れた試みは更新され続けた。二〇世紀美術は何を表現しようと革新を繰り返したのか。今、ここへとつながる多様な展開に迫る。
2017.5 589p B6 ¥3800 ①978-4-12-403598-8

◆**西洋名画ズバリ101!―巨匠たちの7つの誘惑** 千足伸行監修 小学館 (西洋絵画名作101選)改訂・再編集・改題書
【要旨】ルネサンスから20世紀まで西洋絵画のすべてがわかる。93人の巨匠による必見の名画101点!
2017.6 127p B5 ¥2200 ①978-4-09-682246-3

◆**世界史から「名画の謎」を解く** 日本博学倶楽部著 PHP研究所 (PHP文庫)
【要旨】名画の誕生は"歴史"を抜きに語れない!なぜ、ギリシア美術とローマ美術は似ているのか。15世紀のフィレンツェでルネサンスが開花、発展したのはなぜか。バロック美術を生み出したカトリック教会の秘策とは。18世紀のフランスで享楽的な絵画が生まれた背景とは。古代から中世、そして20世紀に至るまでの名画にまつわる謎と知られざるエピソードを、世界史から解き明かす。カラー写真満載! 文庫書き下ろし。
2017.3 205p A6 ¥740 ①978-4-569-76703-1

◆**世界のビジネスエリートが身につける教養 西洋美術史** 木村泰司著 ダイヤモンド社
【要旨】この一冊で、名画の背景を語れるようになる。美術の裏側にある、欧米の歴史、価値観、文化を読み解く―。美術の見方が変わる、グローバルスタンダードの教養が身につく。
2017.10 255p B6 ¥1600 ①978-4-478-10394-4

◆**世界の美術** アンドリュー・グレアム=ディクソン総監修,樺山紘一日本語版総監修 河出書房新社 コンパクト版
【要旨】洞窟絵画から現代の傑作まで、重要な作品を時系列で追い、欧米のみならずアジア、アフリカほか全世界の芸術作品を包括した3万年にもわたる大美術史を展開。本書のために特別に撮影されたものを含む2500点以上の絵画・彫刻作品を美しい高品質の図版で収録。あらゆる時代や地域の芸術家700人以上のプロフィールを紹介。芸術家の意図やテクニック、その生涯や時代背景についての信頼できる解説を掲載。レオナルド・ダ・ヴィンチの『最後の晩餐』など主要作品22点を見開き丸ごとの大きさで掲載し、さらに部分的に拡大してプロテクニックなどを解説。「愛」「戦争」「ヌード」「風景」など10のテーマについて、異なる文化や時代による、感じ方やスタイル、テクニックの変容を紹介。
2017.10 612p 26×22cm ¥3800 ①978-4-309-25580-4

◆**天才と凡才の時代―ルネサンス芸術家奇譚** 秋山聰著 芸術新聞社
【要旨】ルネサンスの芸術家たち、天才から凡才まで、80人の芸術家の数奇な物語。
2018.1 264p B6 ¥1900 ①978-4-87586-534-6

◆**点と線から面へ** ヴァシリー・カンディンスキー著,宮島久雄訳 筑摩書房 (ちくま学芸文庫)
【要旨】芸術にも科学を―。20世紀はじめに"抽象絵画"の概念をいち早く提唱し、絵画作品の新局面を切り開いていったカンディンスキーが試みたのは、絵画の構成要素を徹底的に分析し、理論的・科学的に吟味することだった。点や線がもつ本源的な力を把握すること。そうしてこそ、それらが平面の上に置かれたときに相互に共鳴し合い、生きた作品としての"コンポジション"が実現するのだ。絵画にとどまらず、さまざまな造形芸術に大きな影響を与えた古典的名著。
2017.4 253p A6 ¥1100 ①978-4-480-09790-3

◆**どうしても欲しい!―美術品蒐集家たちの執念とあやまちに関する研究** エリン・L.トンプソン著,松本裕訳 河出書房新社
【要旨】盗む、嘘つく、手を染める。どうして我慢できないのか…。皇帝ティベリウスから石油王ゲッティまで、歴史の中でも特に悪名高い美術品コレクターたちが駆り立てられた言動の数々を決して"虚栄心"からだけではなかった―この分野における第一人者による、"貴重なもの"から"違法なもの"まで、時代を超えた美術品蒐集の本質的研究。
2017.9 237, 28p 19×13cm ¥3800 ①978-4-309-25583-5

◆**「値段」で読み解く魅惑のフランス近代絵画** 高橋芳郎著 幻冬舎メディアコンサルティング,幻冬舎 発売
【要旨】ゴッホ、ルノワール、セザンヌ、ルノワール、ゴーギャン、モディリアーニ…etc.あの巨匠の作品に、数十万円で買えるものがある!?値付けの秘密を知り尽くしたベテラン画商が、フランス近代絵画の"新しい見方"を指南。作品の「値段」を見れば「巨匠たちの絶頂期から低迷期までの画風の変遷」がわかる!
2017.4 302p B6 ¥1400 ①978-4-344-91211-3

◆**ネーデルラント美術の光輝―ロベール・カンパンから、レンブラント、そしてヘリット・ダウヘ** 尾崎彰宏監修解説・著,今井澄子,寺門臨太郎,廣川暁生,青野純子著,石井朗企画構成 ありな書房 (北方近世美術叢書)
【要旨】ロベール・カンパンを初めとする"聖家族"表象に、ハンス・メムリンクの描く"バテシバ"に、ヤン・ブリューゲルの精緻にして輝く色彩の"花の静物画"に、レンブラントの"クラウディウス・キウィリスの謀議"に、ヘリット・ダウの"若い母親"に、レンブラントという時代に集まり発していく、ネーデルラント美術の光輝を探る。
2017.3 242p A5 ¥4800 ①978-4-7566-1750-7

◆**脳が活性化する! 世界の名画間違いさがし** 主婦の友社編 主婦の友社
【要旨】各作品には、20カ所の間違いがあります。隅々まで目を凝らし、間違いをさがしてください。じっくり鑑賞し、間違いをさがすことで、脳がみるみるうちに活性化。そして、各作品に精通し、より深い理解が得られるはずです。
2017.3 94p 21×22cm ¥1300 ①978-4-07-422178-3

◆**パリ・グラフィック―ロートレックとアートになった版画・ポスター展** フルール・ルース・ローサ・ド・カルヴァジョ監修 筑摩書房
【要旨】19世紀末パリ、猫も杓子も踊り子も、みんな版画に恋をした。時代の空気もそのままに、斬新で遊び心に満ちた作品の数々が、三菱一号館美術館に集う。
2017.10 245p 29×22cm ¥2315 ①978-4-480-87394-1

◆**バロックの光と闇** 高階秀爾著 講談社 (講談社学術文庫)
【要旨】「バロック」は「歪んだ真珠」を意味する。バッハも、ミケランジェロも、ルーベンスも、同じバロックの名を冠される。しかし、それは時代区分でも、ジャンルの名でもなく、バロックの精神は至る所に見出される―。西洋美術史の泰斗が至高の美学を渉猟しながら本質に迫る、壮大な文化史の旅。多数の図版を収録した原本をさらに拡充した決定版。
2017.11 337p 角川 ¥1300 ①978-4-06-292464-1

◆**ビジュアルワイド図解 聖書と名画―人気の名画79点からひも解く聖書の真実! 完全保存版** 中村明子著 東京社 (『ビジュアル図解聖書と名画』再編集・改題書)
【要旨】「天地創造」「ノアの箱舟」「バベルの塔」「モーセの十戒」「ソロモンの智恵」「受胎告知」「天国の鍵」「最後の晩餐」「キリストの復活」「ヨハネの黙示録」…これ一冊で聖書の物語がよくわかる!
2018.1 175p A4 ¥925 ①978-4-7916-2679-3

◆**美術家列伝 第5巻** ジョルジョ・ヴァザーリ著,森田義之,越川倫明,甲斐教行,宮下規久朗,高梨光正監修 中央公論美術出版 (原書第2版)
【目次】ジュリアーノ・ブジャルディーニ、クリストーファノ・ゲラルディ、通称ドチェーノ、ヤコポ・カルッチ、通称ポントルモ、シモーネ・モスカ、ジローラモ・ジェンガとバルトロメオ・ジェンガ、およびジョヴァンバッティスタ・サン・マリーノ、ミケーレ・サンミケーリ、ジョヴァンニ・アントニオ、通称ソドマ、バスティアーノ・ダ・サンガッロ、通称アリストーティレ・ダ・サンガッロ、ベンヴェヌート・ティージ、通称ガローファロ(ベンヴェヌート・ガローファロ)とジローラモ・ダ・カルピ、他のロンバルディア地方の芸術家たち、リドルフォ・ギルランダイオ、ダヴィド・ギルランダイオとベネデット・ギルランダイオ、ジョヴァンニ・ダ・ウーディネ、バッティスタ・フランコ、ジョヴァンフランチェスコ・ルスティチ、ジョヴァンニ・アンジェロ・モントルソリ、フランチェスコ・サルヴィアーティ、ダニエッロ(ダニエーレ)・リッチャレッリ・ダ・ヴォルテッラ、タッデオ・ズッカリ
2017.11 511p 29×23cm ¥30000 ①978-4-8055-1605-8

◆**美術ってなあに?―"なぜ?"から広がるアートの世界** スージー・ホッジ著,小林美幸訳 河出書房新社
【要旨】世界15カ国で翻訳のベストセラー! 子供から大人まで楽しめる、待望の美術入門書。
2017.9 95p 28×21cm ¥1900 ①978-4-309-27831-5

◆**美少女美術史―人々を惑わせる究極の美** 池上英洋,荒井咲紀著 筑摩書房 (ちくま学芸文庫)
【要旨】この世でもっとも純粋で美しいもの―それは愛らしい少女たちの姿。なぜ、彼女たちは時代によって、エロスを漂わせた存在として表現されたり、性をそぎ落とされたりとりと、変貌をくり返してきたのか?そこには人間のどのような欲望と欲望が映し出されているのか? あらゆる女性の理想とされたあどけない聖母マリアから、突拍子もない姿を露わにし始める現代の少女たちまで、200点の名画の裏に隠されたメッセージを読み解く。色鮮やかな図版が誘う究極の美の世界。
2017.6 255p A6 ¥950 ①978-4-480-09800-9

◆**ファット・キャット・アート―デブ猫、名画を語る** スヴェトラーナ・ペトロヴァ,ツァラトゥストラ(猫♂)著,喜多直子訳 エクスナレッジ
【要旨】巨大なデブ猫が、名画の中にまぎれこむ!? ミケランジェロの『アダムの創造』、フェルメールの『牛乳を注ぐ女』、クリムトの『接吻』、ラファエロの二人の天使…古今東西の絵画の中に鎮座するぽっちゃり猫、ツァラトゥストラ。真実の美術史が今ここに明かされる!
2017.3 302p 19×19cm ¥1800 ①978-4-7678-2299-0

◆**ファン・ゴッホ―巡りゆく日本の夢** 圀府寺司,コルネリア・ホンブルク,佐藤幸宏編 (京都)青幻舎
【要旨】浮世絵に出会い、その美に魅せられ、夢の国「日本」に自身のすべての理想を重ねながら次々と傑作を生み出していったファン・ゴッホ。「日本の夢」が破れた後も日本との繋がりを探るなか早逝した。その創作と「日本」との関わりを、最先端の研究成果と200余点の豊富な図版により明らかにした決定版。日本人の初期ファン・ゴッホ絵画についても、その全貌を多くの新資料とともに詳述。ファン・ゴッホ美術館との国際共同プロジェクト(展覧会公式・学術カタログ)。
2017.10 285p 30×24cm ¥6000 ①978-4-86152-624-4

◆**ファン・ゴッホの手紙** 二見史郎編訳,圀府寺司訳 みすず書房 新装版
【要旨】生きる意味と絵画への専心を伝えて、永遠に読者を魅きつけるゴッホの手紙。画家の全貌を示すべく編集された選集、決定版。
2017.7 405, 15p A5 ¥5400 ①978-4-622-08637-6

◆**フィジカルとソーシャル―ウィリアム・ホガースからエプスタインへ** 田中正之監修・著,小野寺玲子著・訳,デイヴィッド・H.ソルキン,荒川裕子,山口惠理子著 ありな書房 (イギリス美術叢書 2)
【要旨】ウィリアム・ホガースの描く呪縛の胸像に、フレデリック・レイトンの描くマスキュリン・ボディに、オーガスタス・エッグの描く純愛と快楽の旅に、ダンテ=ゲイブリエル・ロセッティの肉をまとう塊に、ジェイコブ・エプスタインの象るフランケンシュタインの怪物に、これらの創造の精神とさまざまな美的表象を見、イギリス近代美術のフィジカルな社会的表象を明らかにする!
2017.4 218p A5 ¥4500 ①978-4-7566-1755-2

◆**フィンランド・デザインの原点―くらしによりそう芸術** 橋本優子著 東京美術 (ToBi selection)
【目次】第1章 フィンランド・デザインの黄金期(くらしとデザイン―フィンランドの独自性と普遍性)、第2章 フィンランド・モダンの成立(ナショナル・ロマンティシズムの現れ、モダニズムの受容と展開、風土・文化に寄り添う独自のモダニズム)、第3章 フィンランド・デザインの

源流（北カレリアのイマジュリー──フィン人の原風景）
2017.4 135p B5 ¥2600 ①978-4-8087-1074-3

◆フォンテーヌブローの饗宴──イタリア・マニエリスムからフランス美術の官能世界へ　田中久美子著, 石井朗企画構成　ありな書房
【要旨】頭脳的で観念的、しなやかに弧を描く曲線への愛着、異教の女神たちの官能的な姿態、イタリア人文主義に色濃く暗示される難解な寓意表現、これらのフォンテーヌブロー派が切り拓いた"フランソワ一世のギャラリー"の美的世界から、"浴室の間"へて版画とタピスリーへ、"エヴァ・プリマ・パンドラ"から"ガブリエル・デストレとその妹"へ、フランス近世美術の誕生と発展と精華を明らかにする。
2017.9 278p A5 ¥4800 ①978-4-7566-1756-9

◆フランス 魅せる美──美は人を幸福にする
水野尚著　（西宮）関西学院大学出版会
【目次】第1章 魅せる美と秘めた美、第2章 一人の画家の発見──闇と光の画家ジョルジュ・ド・ラ・トゥール、第3章 裸婦像を通して見る二つの世界観、第4章 自然と風景画、第5章 フランスの心臓──ヴァロワ地方、第6章 モンマルトルが美になるまで
2017.2 143p A5 ¥1800 ①978-4-86283-233-7

◆ブリューゲルとネーデルラント絵画の変革者たち　幸福輝著　東京美術（ToBi selection）
【目次】第1部 ブリューゲルの世界（ブリューゲルの足跡たち、民衆の場所と信仰、聖書─フランドルの宗教劇、世界風景を越えて）、第2部 ブリューゲルとネーデルラント絵画─ネーデルラント絵画のなかのブリューゲル─「民衆」「怪奇幻想」「風景」、民衆─人々の姿と日々の暮らし、怪奇幻想─もうひとつの写実、風景─ネーデルラント絵画とともに）
2017.4 143p B5 ¥2400 ①978-4-8087-1081-1

◆ブリューゲルの世界　森洋子著　新潮社（とんぼの本）
【要旨】広場で遊びに熱中する子どもたち。雄大な自然のなかで、労働にいそしむ農民たち。そして、群衆のなかに埋没する聖者の主人公─。あっと驚く構図に超精密技法で、16世紀フランドルの人々の営みを写し取った画家ピーテル・ブリューゲル。その全真筆41点を、5つの切り口で世界的研究者が徹底解説。新発見の『聖マルティンのワイン祭り』や油彩画両のルーツとなった版画作品、その人脈や信仰心、さらにブリューゲルの全画業に迫る最新版にして決定版。
2017.4 159p 22×17cm ¥1800 ①978-4-10-602274-6

◆ブリューゲルへの招待　朝日新聞出版編　朝日新聞出版
【要旨】初めてでも楽しく鑑賞できる、ブリューゲル入門。
2017.4 93p B5 ¥1400 ①978-4-02-251469-1

◆フルカラー メディチ家の至宝 驚異の工芸コレクション　松本典昭著　勉誠出版
【要旨】花の都フィレンツェの「驚異の部屋」。モノが語る世界の文化交流史。カメオ、メダル、聖遺物容器、象牙細工、「フィレンツェ・モザイク」「メディチ磁器」からペルシア、アステカ、中国の工芸品や日本の武器・磁器・漆器にいたるまで。華麗なる一族の珠玉のコレクションを豊富なエピソードとともに紹介する。250点を超えるフルカラー図版を掲載!!
2017.3 313p A5 ¥3200 ①978-4-585-22169-2

◆魔術的芸術　アンドレ・ブルトン著、巖谷國士著、巖谷國士、鈴木雅雄、谷川渥、星埜守之訳　河出書房新社　普及版；新装版
【要旨】20世紀最大の「幻の書物」！人類の美術史全体を再構築した壮大な試み。シュルレアリスムを創始したアンドレ・ブルトンによる野心的「大事業」。「もうひとつの美術史」を構想した壮大な意図とは…。
2017.11 270p 22×18cm ¥3800 ①978-4-309-27904-6

◆マティスとルオー 友情の手紙　アンリ・マティス, ジョルジュ・ルオー著、ジャクリーヌ・マンク編, 後藤新治ほか訳, パナソニック汐留ミュージアム監修　みすず書房
【要旨】気質も画風も好対照。そめゆえに惹かれあい、ライバルとして高めあってきたマティスとルオー。ふたりとしてパリ国立美術学校のギュスターヴ・モロー教室で出会って以来、マティスの死の前年である50年にわたり手紙を交わし、家族ぐるみの交流をつづけた。恩師の思い出、フォー

◆ヴィスムの誕生、画商への愛憎、贋作騒動、「聖なる芸術」への熱情─ふたりの巨匠の創作の舞台裏。図版75点、詳細年譜、関連地図を収録。
2017.1 263, 61p A5 ¥3500 ①978-4-622-08564-5

◆マルセル・デュシャンとチェス　中尾拓哉著　平凡社
【要旨】気鋭の美術評論家がチェスとデュシャンの失われた関係を解き明かし、制作論の精緻な読み解きから造形の根源へと至る、スリリングにしてこの上なく大胆な意欲作。生誕130年、レディメイド登場100年！
2017.7 341, 49p A5 ¥4800 ①978-4-582-28448-5

◆ミケランジェロ　ジャック・ラング, コラン・ルモワーヌ著, 塩谷敬訳　未来社
【要旨】「ダビデ」像、「ピエタ」像、システィナ礼拝堂天井画、そして壁画「最後の審判」など数多くの傑作を世に送ったルネサンス期の巨匠、ミケランジェロ。その作品がもつ一般大衆的側面や影響力、そして普遍的なアンガージュマンについて、フランス文化政策のエキスパートと新進気鋭の美術史家が解明に挑む。
2017.5 280p B6 ¥2800 ①978-4-624-71101-6

◆名画の中の植物──"美術の植物学"への招待　大場秀章著　八坂書房
【要旨】植物学者の眼で見る西洋絵画！古代エジプト壁画の黄泉の国から、ジャポニスムの花、アンリ・ルソーのジャングルまで。描き込まれた多様な花や樹木をたどり名画を読み解き、新たな絵画鑑賞の愉しみを提示する画期的な一書。図版170点!!
2017.9 151p A5 ¥2200 ①978-4-89694-240-8

◆名画の本音──名画は嘘をつく 3　木村泰司著　大和書房（ビジュアルだいわ文庫）
【要旨】画家のトリック、隠されたメッセージ、後世の思い違い、派手な演出、通説とは異なる真実、鑑賞者の誤解─見ているだけではわからない。絵画は読み解くもの！誰もが知る傑作の秘密に迫る。芸術の奇跡オールカラー125点。
2017.6 287p A6 ¥740 ①978-4-479-30670-2

◆もっと知りたいミケランジェロ 生涯と作品　池上英洋著　東京美術（アート・ビギナーズ・コレクション）
【目次】第1章 修業時代──ルネサンス期のイタリアに生まれて 1475～94年 0～19歳、第2章 鮮烈なデビュー─野心と飛翔 1495～1507年 20～32歳、第3章 教皇の芸術家─万能人への道 1508～25年 33～50歳、第4章 動乱の時代─新様式の誕生 1526～37年 51～62歳、第5章 苦悩の晩年─衰えを知らぬ建築家 1538～44年 63～69歳、第6章 独身の終生─敬愛する人、家族、弟子 1545～58年 70～83歳、第7章 死と神格化─同時代と後世の評価 1559～64年 84～88歳
2017.6 78p B5 ¥2800 ①978-4-8087-1085-9

◆ようこそ！ 西洋絵画の流れがラクラク頭に入る美術館へ──ポップカルチャーで読み解く世界の名画　とに～著　誠文堂新光社
【要旨】芸人であり、アートテラーでもあるとに〜が、ポップカルチャーをまじえながら西洋美術史の流れをわかりやすくガイド。気軽に読めて、結構役立つ入門の書！
2017.5 214p B6 ¥1500 ①978-4-416-51640-9

◆ヨーロッパの幻想美術──世紀末デカダンスとファム・ファタール（宿命の女）たち　海野弘解説・監修　パイ インターナショナル
【要旨】象徴の森の中へ─闇と驚異、夢と幻がゆらめく幻想美術の世界。象徴主義からシュルレアリスムまで、「ファム・ファタール」をめぐって幻想美術の成り立ちと広がりを紐解く。モロー、ルドン、クリムトの絵画からビアズリーの挿絵、ベルメールの球体関節人形まで約400点を収録！
2017.4 399p B5 ¥3800 ①978-4-7562-4841-1

◆ヨーロッパの図像 花の美術と物語　海野弘解説・監修　パイ インターナショナル
【要旨】可憐で、はかない花の姿をいかに永遠にとどめるか──人々の夢が残した華麗なる花の美術史をたどる。
2017.8 359p 26×19cm ¥3200 ①978-4-7562-4908-1

◆ラファエロ─作品と時代を読む　越川倫明, 松浦弘明, 甲斐教行, 深田麻里亜著　河出書房新社
【要旨】ラファエロ作品の奥、さらに奥へ─。三七歳という短い生涯で、何を描き、何を伝えたかったのか。教皇、貴族らの陰謀が交錯するルネサンスという時代を読み、そこで彼がいかな

る創造をなしとげたかを、代表作から分析する。
2017.12 283p B6 ¥3500 ①978-4-309-25586-6

◆リーメンシュナイダー──その人と作品　杉田達雄著　水声社
【要旨】ドイツ後期ゴシック彫刻の極北。宗教改革から農民戦争への動乱の16世紀ドイツ、静と動、重量感と浮遊感、官能と理知、瞑想と法悦が渾然一体となった大規模な祭壇彫刻をはじめ、多数の作品を残したリーメンシュナイダーの生涯と作品を、70余点の図版をともに克明にたどる。
2017.8 225p A5 ¥4000 ①978-4-8010-0256-2

◆ルネサンス期トスカーナのステンドグラス　伊藤拓真著　中央公論美術出版
【目次】第1部 諸問題（ガラスとその調達、作品の実現、聖堂空間への設置とその後、プラートのサント・ステファノ聖堂の図像プログラム）、第2部 展開（フィレンツェ大聖堂の人物像ステンドグラス、フィレンツェ大聖堂の円形ステンドグラス、サンタ・クローチェ聖堂、オルサンミケーレ聖堂、プラートのサント・ステファノ聖堂主礼拝堂、ピサ大聖堂、シエナ大聖堂周辺領域、大聖堂後のフィレンツェ、ルッカ大聖堂、アレッサンドロ・アゴランティと遠近法的空間の活用、フィレンツェのジェズアーティ会修道士工房、1500年前後のシルバーステインの利用、16世紀初頭のアレッツォ）
2017.3 326p A4 ¥25000 ①978-4-8055-0784-1

◆レオナルド・ダ＝ヴィンチ ルネサンスと万能の人　西村貞二著　清水書院（新・人と歴史 拡大版 03）
【要旨】西洋絵画史における最大の芸術家、独創的な科学者・技術者としてのレオナルド＝ダ＝ヴィンチの名は、あまりにもよく知られているが、かれが歩んだ苦難の道はそれほど知られていない。はなやかなルネサンス文化のかげに権謀の渦まく政治界や混沌とした社会のなかで、レオナルドはいかに自己を発見し形成したか？ 本書は、ルネサンス史の精通者たる著者が、レオナルドの謎にみちた生涯を、かれ自身から、かれの背景にある社会から解明する。
2017.3 247p B6 ¥1800 ①978-4-389-44103-6

◆Van Gogh & Japan　圀府寺司, コルネリア・ホンブルク, 佐藤幸宏編　（京都）青幻舎（本文：英文）
【目次】1 Van Gogh & Japan (The Beginning of the 'Japanese Dream': Van Gogh's Acquaintance with Japan, The Shining Light of Japan : Van Gogh's Quest for a Modern Identity, Van Gogh's Japan : Embracing an Idea, After the Dream : Van Gogh and Japan in His Last Months in Paris and Auvers ‐ sur ‐ Oise ほか), 2 The Early Japanese Admirers of Van Gogh (Pilgrimage to Van Gogh's Auvers : The Gachet Family Guestbooks, First and Second Gachet Family Guestbooks : Japanese Encounters with Van Gogh, The Third Gachet Family Guestbook Sbutto Botto : The Dreams of the Modern Japanese, The Kröller ‐ Müller Guestbook : Japanese Visitors to the 1929 Van Gogh Exhibition in The Hague)
2017.10 293p 30×24cm ¥15000 ①978-4-86152-625-1

東洋・日本美術史

◆丹青（あおに）よし─古代美術散策　百橋明穂著　中央公論美術出版
【要旨】日本東洋古代美術史研究に多くの成果をもたらし、わが国はもとより諸外国の研究者に篤実としてその学恩的影響の大なる著者の、50年にわたる足跡をこのたび古希の節目にあたってまとめられた佳品。
2017.5 236p A5 ¥3800 ①978-4-8055-0788-9

◆アートメゾン・インターナショナル Vol. 21　ペドロ・フランシスコ・ガルシア監修　（大阪）麗人社, メディアパル 発売（本文：日英両文）
【目次】日本美術史を飾った先人たち、芸術家の軌跡、アートファイル、誌上対談、「ある視点」展、A.M.S.C. スペシャルコレクション、A.M. S.C. テーマ別コレクション、雪舟等楊の意志を受け継ぐ者たち、モナコを彩る芸術家たち、執筆者の横顔
2017.3 471p B4 ¥8000 ①978-4-8021-3050-9

◆あやしい美人画　松嶋雅人著　東京美術
【目次】あやしの生まれるところ、第1部 東西のあやし（平安のあやし、なにわのあやし、江戸のあやし、西洋からきたあやし、東京のあやし）、第2部 広がるあやし（怖いあやし、異形のあやし、現代のあやし）
2017.6 127p A5 ¥1800 ①978-4-8087-1088-0

◆伊藤若冲製動植綵絵研究―描かれた形態の相似性と非合同性について　赤須孝之著　誠文堂新光社
【目次】第1章 前置き（動植綵絵千年の謎、「動植綵絵」を研究した理由、「動植綵絵研究」の構成と要約、用語解説）、第2章「動植綵絵研究」の目的と方法（「動植綵絵研究」の目的、方法）、第3章 結果（相似な形態（相似形兼隠し絵、自己相似図形、フラクタル）について、一見合同な形態の非合同性について）、第4章 考察（この研究で何が解ったか、若冲の生涯とその時代背景、若冲は動植綵絵を通して何を伝えようとしたのか、本研究から観える若冲の人物像）
2017.11 191p A4 ¥3800 ①978-4-416-91643-8

◆岩佐又兵衛と松平忠直―パトロンから迫る又兵衛絵巻の謎　黒田日出男著　岩波書店（岩波現代全書）
【目次】特異な表現によって浮世絵の創始者とされる岩佐又兵衛。この天才絵師が関わったとされる数々の作品のなかでも、長大な「又兵衛絵巻群」はとりわけ異様な魅力がある。この絵巻群の魅力を生んだ根源は何か。これまで主流を占めていた、美術史的な分析にかわって、本書は絵画史料論的アプローチによって岩佐又兵衛の絵巻群に迫る。「又兵衛風絵巻群」を読み解く鍵は注文主のパトロン松平忠直にあった。絵巻群に込められた忠直卿の思いとは？
2017.6 278p B6 ¥2500 ①978-4-00-029203-0

◆絵解きの愉しみ―説話画を読む　中村興二著　平凡社
【要旨】『随身庭騎絵巻』『伴大納言絵巻』など平安時代から鎌倉時代の絵巻物、説話画を読み解き、想像で物語を紡ぐ。そこに絵物語世界の新しい可能性がひらく―。

◆江戸前期上方色摺史の研究―グローバルな進化の過程の下で　町田恵一著　印刷学会出版部
【目次】第1章 切支丹来朝と角倉（吉田）氏（切支丹時代の幕開けー教育と切支丹の開版事業、我が国に於ける色摺版本の濫觴『塵劫記』と吉田光由）、第2章 江戸前期 上方色摺版本の系譜（吉田光由以後の色摺版本、上方開版（彫、摺）江戸販売の色摺版本、一枚摺紅摺絵への始動）、第3章 紙及び印刷術の発明と進化（紙の発明と進化、印刷術）
2017.5 327p B5 ¥28000 ①978-4-87085-222-8

◆江戸の花鳥画―博物学をめぐる文化とその表象　今橋理子著　講談社（講談社学術文庫）
【要旨】花、草、虫、魚、鳥などを描く「博物図譜」は、長らく軽視されてきたジャンルである。しかし、色彩豊かで精密なその写実表現は見る者を惹きつけてやまぬものだった。本書は、江戸後期に大名や学者から庶民にまで及んだ動植物の生態への関心に注目し、博物図譜を科学と芸術の結節点として浮かび上がらせる。日本美術史研究の風景を一変させた記念碑的著作！
2017.1 530p A6 ¥1500 ①978-4-06-292412-2

◆江戸の美術大図鑑　狩野博幸、並木誠士、今橋理子編　河出書房新社
【要旨】人気の伊藤若冲、葛飾北斎をはじめ、絵画、浮世絵、染織、陶磁器、漆芸、書、建築、デザイン―幅広いジャンルからベストセレクション。花鳥画・美人画から、博物画・禅画・戯画のみならず、文様、着物、染め、焼き物、人形、建築まで―圧倒的なバリエーション。収録図版500点超―従来の画集や美術全集では紹介しきれていない作品も収載。
2017.6 255p 30×23cm ¥4800 ①978-4-309-25576-7

◆おしえて北斎！―夢をかなえる爆笑！日本美術マンガ　いわきりなおと著　サンマーク出版
【目次】やる気のない"クズ"でも天下はとれる!?　尾形光琳、歌川広重、伊藤若冲、葛飾北斎―個性豊かすぎる「日本美術の大スター」が時空を超えてやってきた！
2017.6 221p A5 ¥1200 ①978-4-7631-3632-9

◆小布施岩松院天井絵の謎―"付"日光東照宮眠り猫の謎　舟橋武志著　（名古屋）ブックショップマイタウン
【要旨】信州小布施・岩松院の天井絵「八方睨み鳳凰図」。葛飾北斎最晩年の大作であることが、八十九歳にもなる北斎にできたとは考え難いが、北斎の娘応為か、北斎を庇護した地元の画家高井鴻山か、いや、北斎の弟子の為政だとか候補のあがる中、まったく異色の人物が浮かび上がってきた。左甚五郎の作として有名な日光東照宮の眠り猫。意外にも江戸時代には話題にもされておらず、注目されだしたのは幕末から明治の初めにかけてだった。不思議なことに、ここで浮かんできたのが、あの小布施で天井絵を描いた思いもしない男だった。通説に挑む迫真の歴史ルポルタージュ。
2017.6 111p A5 ¥1300 ①978-4-938341-56-5

◆皮影（かげえ）―伝統芸術影絵の世界　王海霞主編、関紅編著、岡田瑞一訳　科学出版社東京（中国無形文化遺産の美）
【要旨】唐代を端緒とする、皮を材料に彫り上げた超絶技巧の影絵人形。表情豊かな頭や役柄に応じた人物の種類、歴史故事民俗文化を描いた戯曲のなかの人形たち、精巧な彫刻による書き割り、古来中国の人心に様々つづける神経変化の姿まで、粋を極めた民間芸術の世界に多数の図版とともに誘う。
2017.4 117p B5 ¥4800 ①978-4-907051-19-8

◆画題でみる禅画入門―白隠・仙厓を中心に　浅井京子著　（京都）淡交社
【要旨】禅画って、ね。「ゆるくてかわいい」だけじゃない、多種多様で自由な禅画ワールドにご案内します。
2017.3 239p B6 ¥1600 ①978-4-473-04174-6

◆語られなかった日本人画家たちの真実―日本統治時代台湾　森美根子著　振学出版、星雲社 発売
【要旨】南国台湾をめざして海を渡った日本人画家たち。近代美術の発展に尽くした石川欽一郎・塩月桃甫・郷原古統・木下静涯・立石鐵臣ーその後の運命をたどる。一次資料をもとに50年の軌跡を解き明かす渾身の一冊。
2018.1 245p B6 ¥2800 ①978-4-434-24140-6

◆花鳥・山水画を読み解く―中国絵画の意味　宮崎法子著　筑摩書房（ちくま学芸文庫）
【要旨】山水画と花鳥画は宋代に大きく発展し、その後の中国絵画の代表的ジャンルとなったが、そこには、繰り返し描かれたモチーフがある。山水画中の漁師や釣り人、花鳥画の蓮や萱草、魚や水鳥など。それらは中国の伝統社会や文化に深く根ざし、中国の人々が抱く理想郷と幸福の寓意であった。本書では、多くの名品から、社会と芸術をつなぐ痕跡を尋ね、そこに込められた意味を丁寧に読み解いていく。読者を豊饒な中国絵画の世界へいざなう名著。第25回（2003年）サントリー学芸賞受賞。
2018.1 298p A6 ¥1200 ①978-4-480-09838-2

◆狩野芳崖と四天王―近代日本画、もうひとつの水脈　野地耕一郎、平林彰、椎野晃史編　求龍堂
【要旨】四百年続いた狩野派の最後を飾る狩野芳崖。彼と同時代の画家橋本雅邦、狩野友信、木村立嶽。岡倉覚三（天心）のもとに集まった横山大観、下村観山、菱田春草、西郷孤月。木村武山。そして芳崖四天王。芳崖のレガシーをその彼らの画業を一挙公開！
2017.7 126p 22×17cm ¥1800 ①978-4-7630-1723-9

◆かわいい こわい おもしろい 長沢芦雪　岡田秀之著　新潮社（とんぼの本）
【要旨】愛らしい仔犬から不気味な山姥まで、一寸四方の五百羅漢図から、襖全面の虎図まで。超絶技巧の写実力に、酔いにまかせた一気描き―「かわいい」「こわい」「おもしろい」幅広い画風で、人々を驚かせ、楽しませ続けた江戸中期の画家・長沢芦雪（1754 - 99）。新出作品もたっぷりと、「奇想派」の一人として注目を集める絵師のびっくり絵画と短くも波瀾万丈の人生を新進の研究者がご案内します。また、日本美術界の泰斗、辻惟雄氏×河野元昭氏がその魅力を語り尽くした「芦雪放談」も必読。画布に現された千変万化の「奇想」を目撃せよ！
2017.7 126p 22×17cm ¥1800 ①978-4-10-602276-0

◆かわいいジャポニスム　沼田英子著　東京美術
【要旨】序章 日本への憧れから（日本のめずらしいもの好き、美しくてかわいい日本のイメージ、キーワードで読み解くジャポニスム、特集 西洋人が見つけた日本の「かわいい」（特集 描かれた日本の子どもたち）、第1章 暮らしの中の「かわいい」（特集 身近な「かわいい」生きもの（特集

北斎と波のイメージ）、第3章「かわいい」草花を愛でる（特集 絵本の中のジャポニスム）
2017.10 119p A5 ¥1800 ①978-4-8087-1091-0

◆気韻生動の軌跡―南画家谷口藹山の生涯　安田良榮著　（富山）桂書房
【目次】第一期、第二期ノ一、第二期ノ二、第三期、第四期、第五期、第六期ノ一、第六期ノ二
2016.11 137p 28×21cm ¥3000 ①978-4-86627-018-0

◆北の肖像　西田陽二著　（札幌）響文社
【目次】阿部典英（美術家）、阿部和加子（書家）、雨貝尚子（声楽家）、荒紘青嶺（俳人）、磯田憲一（公益財団法人北海道文化財団理事長）、上田文雄（前札幌市長）、内田弘（歌人）、岡崎守（川柳作家）、奥岡茂雄（美術評論家）、柿崎照（美術家）〔ほか〕
2017.10 53p A4 ¥2800 ①978-4-87799-135-7

◆きものとジャポニスム―西洋の眼が見た日本の美意識　深井晃子著　平凡社
【要旨】西洋文化、とくに絵画とファッションにおいて、日本の"キモノ"は多大な影響を及ぼし、数々の衣服や絵画にその名残りをとどめ、その強い影響は現在にまで及ぶ。ファッションを通じて美の東西交流の道のりを探り続けてきた、著者渾身の「ジャポニスム研究」決定版。
2017.8 328p B5 ¥2800 ①978-4-582-62064-1

◆京都 近代美術工芸のネットワーク　並木誠士、青木美保子編　（京都）思文閣出版
【要旨】本書のキーワードは、ネットワークである。人を中心とした、近代京都の美術工芸にまつわるヒト・モノ・コトのネットワークである。点でも線でもない、ネットワークという「面」からアプローチするこころみは、ビックネームだけでは構築されない美術工芸の現場をあぶり出すことにより、よりヴィヴィッドな美術史が見えてくる。
2017.3 271p 61p A5 ¥3000 ①978-4-7842-1882-0

◆近代画説 25　明治美術学会編　明治美術学会、（松戸）三好企画
【目次】巻頭論攷 一九三〇年代東京銀座の画廊「日本サロン」について、特集 近代日本美術の地域・地方・中央（特集解題 近代日本美術における地域・地方・中央、実業家鈴木藤三郎と三体の観音像、佐藤俊介（松本竣介）に関連資料の初出、諸相―宮沢賢治『農民芸術概論綱要』とのかかわりへの展開、戦前の新潟県における洋画運動―民間有志が設立運営した新潟県展を中心に）、公募論文 論文審査会・査読結果報告（原田直次郎がドイツに伝えたもの―画家「ツェッツーリエ」の日本的伝えをとおして、一九一〇年日英博覧会と「やまとひめ」―日本を表象する女神像の誕生とその背景、近代日本のセメント美術―明治期における導入の経緯を中心に、展示空間から見るボストン日本古美術展覧会（一九三六年）、近代日本における「文人画」概念の生成）、資料紹介 徳川昭武旧蔵「大理石獅子彫刻」"勝利者!!"―華族の西洋美術コレクションに育まれた交流とその文化土壌、研究発表（要約）
2016.12 205, 7p B5 ¥3000 ①978-4-908287-11-4

◆久野恵一と民藝の45年 日本の手仕事をつなぐ旅―いろいろ 2　久野恵一著　グラフィック社
【目次】氷見の箕、吉田桂介さんのこと、小谷真三さんのコップ、小谷栄次さんの宙吹きガラス、倉敷鍛通に生涯を捧げた瀧山雄一君、森山ロクロ工作所の茶托、石村英一さんの漆器、復活したMさんの竹細工、朝鮮陶器と竹細工―池田孝雄さんの竹細工、平戸島の竹細工、宮崎の杞柳細工、高千穂のカルイ、水俣のかご、日薩地方の山行きかご、南蛮の竹かご、尾崎利一さんの竹細工、日置の箕、失われた手仕事 9、九州のかご編、奥原硝子の再生ガラス、津髪山寛さんの竹細工、（鈴木繁男さんのこと 8）"ものの命"の千極め方、（鈴木繁男さんのこと 9）鈴木さんが語った「柳の功績」、（鈴木繁男さんのこと 10）鈴木さんの文字と絵、（特別収録 1）ふらりとやって来た普通じゃない人、（特別収録 2）会うときも別れるときもニッコリ
2017.3 319p A5 ¥3000 ①978-4-7661-2852-9

◆熊倉功夫著作集 第6巻 民芸と近代　熊倉功夫著　（京都）思文閣出版
【目次】1 民芸の発見（『白樺』のなかで、民芸の発見、民芸の運動 ほか）、2 文化としてのマナー（マナーを風俗文化としてみる、食事作法とは何か、食事作法の変化 ほか）、3 風俗と酒・美について（明治時代の流行と風俗、酒と社交、耀盌（わん）を拝見して―出口王仁三郎の芸術

美術

ほか)
2017.7 492, 16p A5 ¥7000 ①978-4-7842-1857-8

◆**鍬形蕙斎画 近世職人尽絵詞—江戸の職人と風俗を読み解く** 大高洋司, 小島道裕, 大久保純一編 勉誠出版
【目次】上巻(大工、屋根葺き、畳屋 ほか)、中巻(炭団屋・車作り・竹馬布売り・籠屋、南京操・楊弓・「おででこでん」・楊枝屋、鍔師・欄間師(ほか)、下巻(太神楽、角兵衛獅子・医者・万歳、蚊帳売り・枕紙葉湯売り・鍋鋳掛・羅宇屋(ほか)、解説「近世職人尽絵詞」—江戸賛歌とその背景、鍬形蕙(けい)斎の画業と「近世職人尽絵詞」、「近世職人尽絵詞」の詞書—伝統と当世)
2017.2 213p 32×23cm ¥15000 ①978-4-585-27038-6

◆**藝術がいづる国・日本** 三田村有純著 東京藝術大学出版会
【目次】芸術の力、ものを創ることは人間の本質である、創り出す心、日本文化成立の原点、日本人の言葉を考える、日本人が持っていた色彩論、日本人の美学 五つのキーワード、日本の漆芸 縄文時代から各国との交流を経て、西洋に影響を与えた日本の漆器、ジャパニングとは、日本一瞬の自己消去を企てた中平卓馬。詩的言語と論理的言語の矛盾のなか、芸術の不可能性に賭けた五人の実践。
2017.3 229p B6 ¥1500 ①978-4-904049-53-2

◆**芸術の不可能性—瀧口修造・中井正一・岡本太郎・針生一郎・中平卓馬** 高島直之著 (武蔵野)武蔵野美術大学出版局
【要旨】シュルレアリスムに芸術の可能性を見た瀧口修造。美のうちにリズムの歴史的構造と反復を措定した中井正一。徹底的な他者として「日本の伝統」に対峙した岡本太郎。政治と芸術の二元論突破を模索し続けた針生一郎。一個の事物と化し、一瞬の自己消去を企てた中平卓馬。詩的言語と論理的言語の矛盾のなか、芸術の不可能性に賭けた五人の実践。
2017.9 189p B6 ¥2400 ①978-4-86463-063-4

◆**「工芸」と「美術」のあいだ—明治中期の京都の産業美術** 平光睦子著 (京都)晃洋書房
【要旨】「美術工芸」とは何か! 明治二〇年前後から明治三〇年まで。文化を担った「美術工芸」は、子々孫々まで変わることなく受け継がれるべく保護される。一方、産業を担った「工芸」は市場から消費者へ、大衆の手へとわたり、外からの刺激を受けながら変化していく。両者はともに日本伝来の手の技を核としながらも、異なる目的をもち、異なる価値基準をもつことによって、見た目においても目に見えて違いが明らかになっていく。
2017.8 208p A5 ¥3300 ①978-4-7710-2856-2

◆**皇室の彩(いろどり) 百年前の文化プロジェクト—東京藝術大学創立130周年記念展** 東京藝術大学大学美術館, 宮内庁三の丸尚蔵館, NHK, NHKプロモーション, 美術出版社編 美術出版社
【要旨】展覧会「東京藝術大学創立130周年記念特別展 皇室の彩 百年前の文化プロジェクト」の公式図録。
2017.10 220, 12p 25×19cm ¥2223 ①978-4-568-10497-4

◆**国宝の謎—ここが一番おもしろい!** 歴史の謎研究会編 青春出版社 (青春文庫)
【要旨】伝統や歴史をもつ日本。そんな我が国の「宝」をご存知だろうか。彫刻・絵画・建築・陶磁…、日本の歴史上、最高傑作の裏には、ヴェールに隠された「大いなる謎」から、人々を魅了し続ける「美の秘密」まで、魅力が満載である。本書は語りたくなる国宝の逸話を厳選して紹介した。あなたの見る目が変わる、国宝読本!
2018.1 172p A6 ¥760 ①978-4-413-09689-8

◆**古今妖怪累累(るいるい)—湯本豪一コレクション** 湯本豪一著 パイ インターナショナル
【要旨】初公開の秘蔵の妖怪が150体以上! 江戸の絵巻から昭和の玩具まで。日本最大の妖怪集成第二弾!!
2017.7 254p B5 ¥2900 ①978-4-7562-4871-8

◆**作家別あの名画に会える美術館ガイド 江戸絵画篇** 金子信久著 講談社
【要旨】作家名から探せる! 120人の絵師、80のミュージアムを収録。
2017.9 191p A5 ¥2400 ①978-4-06-220765-2

◆**しこくささきぬ—藤井達吉研究資料集成** 石川博章著 (名古屋)樹林舎, (名古屋)人間社発売

【目次】第1章 "翻刻" 藤井達吉の手紙—石川利一にあてた六十二通(はじめに、藤井達吉の手紙「一」〜「六十二」、おわりに)、第2章 藤井達吉と「アヲミ」—表紙絵を中心として(はじめに、俳誌「アヲミ」の出会い、達吉と「アヲミ」の出会い、達吉の表紙絵)、第3章 藤井達吉作品渉猟(雑記記事採録)(扇面宝盞、無題(木版魚図「アヲミ」大正十五年一月号表紙)、傘松供養の歌、高浜虚子短冊貼交屏風、彫入紋皿五客、碧南市史第一巻の装丁原画、芝川照吉のための絵葉書三枚、芝川氏のためのクッションの下絵、鉛打出花瓶・鋳銅花瓶、芝川照吉のための年賀状)
2017.2 279p B6 ¥1800 ①978-4-908627-09-5

◆**仕事場訪問** 牧野伊三夫著 (鎌倉)港の人(四月と十月文庫)
【要旨】希八先生の版画工房、木村希八の画廊歩き、葛西薫のデザインと芸能、坑夫の描いた絵、立花文穂の本、月光荘画材店のおじさん、鈴木安一郎と富士山、福田尚代が現代の美術表現をはじめるまで、湯町窯の画家 福間貴士、田口順二の美術な日々。
2017.10 213p 16×12cm ¥1500 ①978-4-89629-338-8

◆**師任堂のすべて—朝鮮時代に輝いた女性芸術家** 劉禎恩著, 青島昌子訳, 小幡倫裕監修 キネマ旬報社
【要旨】男性中心社会だった朝鮮時代の女性は、自身の学問や、芸術の才能を表出することができなかった。このような社会背景の中で、師任堂は学問に親しみ、芸術的技能も研鑽した。だが、師任堂に対する認識の多くは「良妻賢母」「儒学者・栗谷李珥の母」止まりである。本書は師任堂の研究家が糸を手繰るように集めた様々な文献資料からみて「人間・師任堂」の真の姿を描く。申師任堂の決定版。ドラマ「師任堂、色の日記」がもっと面白くなる歴史書!
2017.8 421p B6 ¥1800 ①978-4-87376-453-5

◆**蜀の美術—鏡と石造遺物にみる後漢期の四川文化** 楢山満照著 早稲田大学出版部(早稲田大学エウプラクシス叢書)
【目次】緒論 四川の造形美術と地域文化、第1部 銅鏡の生産体制と官営工房の動向(後漢鏡研究における四川製作の紀年鏡の史料的意義、広漢郡製作の延熙元年銘鏡の製作事情—紀年の偏在に関する考察その一、桓帝・霊帝代の作例の製作事情—紀年の偏在に関する考察その二、広漢郡製作鏡の意義と官営工房の動向)、第2部 漢代画像と儒教の礼教主義(画像石画像石にみる蜀地域と図像表現にみる地域色、四川における「聖人」の一表現—三段式神仙鏡の図像解釈をめぐって、漢代画像にみる聖帝像の機能、仏教受容前夜の四川—その死生観に関する図像学的考察、漢代画像石にみる荊軻刺秦王圖—義の英雄化と神仙化の契機をめぐって、画像資料からみた儒教的徳目実践の目的)、結論 後漢の美術にみる四川の位置付け
2017.3 252, 8p A4 ¥3600 ①978-4-657-17802-2

◆**知られざる日本に眠る若冲 完全保存版** 狩野博幸監修 エクスナレッジ
【目次】第1章 知られざる秘蔵作品、お蔵出し。(福岡市博物館、愛知県美術館、宮内庁三の丸尚蔵館 ほか)、第2章 何日せよ、類まれなる限定公開(西福寺、信行寺、宝蔵寺)、第3章 いつでも観られる若冲、大公開(相国寺承天閣美術館、大和文華館、石峰寺)
2017.11 209p B5 ¥1800 ①978-4-7678-2408-6

◆**図説 百鬼夜行絵巻をよむ** 田中貴子, 花田清輝, 澁澤龍彦, 小松和彦著 河出書房新社(ふくろうの本) 新装版
【要旨】奇妙な妖怪たちの一群の京都を行列をなし徘徊する…日本のお化け学の源流「百鬼夜行絵巻」はなぜ生まれ、何を描いたのか。異界の住人たちが日本の「闇の文化史」の謎を解読する!
2017.12 111p 22×17cm ¥1800 ①978-4-309-76265-4

◆**住吉派研究** 下原美保著 (広島)藝華書院
【目次】第1部 住吉家再興—古典文化復興の象徴として(新たなやまと絵師如慶の登壇、住吉家再興への動き、やまと絵の新たな庇護者—徳川将軍家と住吉派、住吉家再興)、第2部 具慶、幕府の御用絵師へ(二代目具慶の誕生、幕府の御用絵師就任、具慶・具慶作品における画題の広がり)、第3部 やまと絵の新しい展開(如慶筆「東照社縁起」(紀州東照宮蔵)における古典文学の在り方について、元禄期における定員月次花鳥歌絵の諸相—光起本・探幽本・具慶本に比較において、青蓮院の徒然草写本にみる古典解釈学との結び付き—斎宮歴史博物館本「徒然草図下絵」を中心に、具慶作「箱崎八幡宮縁起」(筥崎宮蔵)にみる新たなやまと絵)
2017.4 325p A4 ¥20000 ①978-4-904706-06-0

◆**雪舟国際美術協会年鑑 2017年版** (大阪)麗人社, メディアパル発売
【要旨】雪舟国際美術協会について、第23回雪舟国際美術協会展(展覧会結果報告、作品図版)、過去の受賞作品・参考出品作品、画聖・雪舟等楊とは、2016年書画界の動向
2017.4 255p A5 ¥3000 ①978-4-8021-3052-3

◆**雪村—謎の生涯を追う** 冨山章一著 (水戸)茨城新聞社 (いばらきBOOKS 15)
【要旨】茨城県が生んだ水墨画の巨匠、雪村。「西の雪舟、東の雪村」と並び称されてきた。国指定重要文化財9点といえるが、茨城県出身の芸術家では並ぶ者がいない多さである。にもかかわらず、県民には知られていない。本書は、その雪村の生涯に迫る力作だ。過去の雪村研究の成果を踏まえつつ、関係する寺院や伝承地、史跡を丹念に回り、同時代への取材から、多面的に人物像に迫っている。さらに生誕地にまつわる地元伝承などを取り上げ、雪村が生きた時代背景にも触れた。五百年も前に生きた郷土の偉大な芸術家・雪村を知る格好の入門書といえる。
2017.3 151p 19cm ¥800 ①978-4-87273-455-3

◆**大航海時代の日本美術—特別展 新・桃山展** 九州国立博物館編 西日本新聞社, TNCテレビ西日本, 忠羊社 発売
【要旨】大航海時代のなかの信長・秀吉・家康、第1章 アジアの海と信長の覇権、第2章 秀吉の世界への眼差し、第3章 徳川幕府と「鎖国」への道、エピローグ 屏風の軌跡、金雲たなびくノアの大洪水—交通する世界美術と桃山の日本、「新・桃山展」の仲間たち
2017.10 193, 21p 21×21cm ¥2037 ①978-4-907902-18-6

◆**鳥獣戯画を読みとく** 五味文彦監修 岩崎書店(調べる学習百科)
【目次】第1章 鳥獣戯画はどのような絵巻物?(日本でいちばん古いマンガ!?、4巻合わせた絵巻物、絵巻物いろいろ)、第2章 うさぎとかえるが大活躍 甲巻(どんな動物がかかれている?、遊んでいるのはいつ?、人間?サル?)、第3章 鳥獣戯画のなぞにせまる! 不思議が多い絵巻物(何のためにかかれたの?、いつかかれたの?、だれがかいたの?、正しい順番は?、なぜ判子が押してあるの?、登場する動物はどうやって選ばれたの?、色がついていないのはどうして?)、第4章 鳥獣戯画はどこにある?(京都にある高山寺、本物は博物館が保管している)
2017.11 63p 29×22cm ¥3600 ①978-4-265-08446-3

◆**朝鮮民族の美100点** 金哲央著 スペース伽耶, 星雲社 発売
【目次】1 陶磁器、2 造形物、3 三大画家、4 歴史上の画家、5 仏像、6 木工芸、7 民画、8 近代絵画
2017.4 238p 19×15cm ¥2000 ①978-4-434-23267-1

◆**典雅と奇想—明末清初の中国名画** 板倉聖哲, 実方葉子, 野地耕一郎編 東京大学出版会
【要旨】異民族支配による王朝交替という時代の激動期を生きた画人たちのそれぞれの人生に思いをはせながら、国内屈指の一世界最高水準のコレクションを鑑賞する。同名の展覧会(裏面参照)の公式図録を兼ねた書籍である。
2017.11 119p B5 ¥2200 ①978-4-8087-1099-6

◆**天皇の美術史 2 治天のまなざし、王朝美の再構築—鎌倉・南北朝時代** 伊藤大輔, 加須屋誠著 吉川弘文館
【要旨】鎌倉~南北朝期の美術史を、視覚の在り方=「まなざし」の力学から考察し深化させる。絵巻物や肖像画を軸とした院政期美術を再検討し、未解明の14世紀美術史を体系的に把握。研究の最前線を切り開く、新たな中世美術論。
2017.2 204p A5 ¥3500 ①978-4-642-01732-9

◆**天皇の美術史 4 雅の近世、花開く宮廷絵画 江戸時代前期** 門脇正人, 五十嵐公一著 吉川弘文館
【要旨】江戸前期、天皇は独自の美意識で絵画を選び、美術に関与した。狩野探幽や俵屋宗達らが宮廷に好まれたのはなぜか。宗達に始まる琳派の登場や、自ら絵筆をとる天皇・皇族の姿など、雅やかな17世紀京都画壇の実像を探る。
2017.10 242p A5 ¥3500 ①978-4-642-01734-3

◆**天皇の美術史 5 朝廷権威の復興と京都画壇—江戸時代後期** 五十嵐公一, 武田庸二郎, 江口恒明著 吉川弘文館

【要旨】天明の大火を契機に変化した江戸時代後期の朝廷と絵師の関係を、土佐家・鶴沢家ら京都在住の絵師の活動から明らかにする。史料を博捜し、御用障壁画制作の実態や絵師たちの序列と格付けから京都画壇の実像に迫る。
2017.4 222p A5 ¥3500 ①978-4-642-01735-0

◆天皇の美術史 6 近代皇室イメージの創出─明治・大正時代　塩谷純,増野恵子,恵美千鶴子著　吉川弘文館
【要旨】近代国家の中心に据えられた皇室は、どのような視覚イメージを装うことになったのか。西欧文明との接触で変貌を遂げる伝統的天皇像のありようを、美術史から問い直す。その可視化を切り口にして、近代における天皇いくべきか─写真史および人文学研究のなかに
2017.7 262p A5 ¥3500 ①978-4-642-01736-7

◆中島誠之助先生、日本の美について教えてください。　中島誠之助著　祥伝社
【要旨】日本人が知らない日本文化の本質をズバリ！テレビ番組「開運！なんでも鑑定団」の人気鑑定士が、疑問にお答えします。日本人はなぜ、「蔵さび」や壊れたものを愛でるのか。
2017.4 254p B6 ¥1600 ①978-4-396-61596-3

◆日本絵画史論攷─紺丹緑紫抄　有賀祥隆著　中央公論美術出版
【目次】第1篇 主題（准胝観音像について、神上寺本仁王経曼荼羅図考 ほか）、第2篇 制作年代（来振寺本五大尊像、高松塚古墳壁画制作年代考 ほか）、第3篇 筆者・筆者系統（東京・西新井大師所蔵鋳銅刻画威王権現像雑発、金剛峯寺本仏涅槃図（応徳涅槃）ほか）、第4篇 制作背景（法隆寺金堂壁画とその制作背景、曼殊院本国宝不動明王像（黄不動）ほか）、終章 日本美術の特質
2017.11 472p 26×20cm ¥30000 ①978-4-8055-0800-8

◆日本絵画の転換点 酒飯論絵巻─「絵巻」の時代から「風俗画」の時代へ　並木誠士著　（京都）昭和堂
【目次】第1章 "酒飯論絵巻"の概要、第2章 絵巻の時代（絵巻とは？、やまと絵と四大絵巻、絵巻の諸相、絵解と画中詞、小括─「絵巻の時代」の終焉）、第3章 風俗画の時代（「風俗画」の時代、新しい画題の成立─洛中洛外図、近世初期風俗画の展開、江戸時代中期─浮世絵への展開、小括─「風俗画の時代」の幕開け）、第4章 ふたたび、"酒飯論絵巻"（"酒飯論絵巻"研究再考─"酒飯論絵巻"の作者と制作年代、"酒飯論絵巻"の特質）
2017.8 157, 6p 16×24cm ¥3000 ①978-4-8122-1631-6

◆日本藝術の創跡 22（2017年度版）東京藝術大学創設130周年記念─日本の「美」の源流をたずねて　クオリアート,（大阪）出版文化社 発売
【目次】巻頭特集 東京藝術大学の130年─日本から学ぶ、日本画（評論・日本画という現代絵画、日本画の先駆者たち）、洋画（評論・自画像は歴史を語る、洋画の先駆者たち）、彫塑・工芸・写真（評論・美術教育の「根っこ」の育成に力を尽くした平櫛田中、評論・六角紫水─工芸の「日本主義」に風穴を開けた男、彫塑・工芸・写真の先駆者たち）、書道（評論・書における「近代」の幕開け─東京美術学校と書をめぐって、書道の先駆者たち）
2017.11 329p 31×24cm ¥8000 ①978-4-88338-627-7

◆日本国際美術展と戦後美術史─その変遷と「美術」制度を読み解く　山下晃平著　（大阪）創元社（アカデミア叢書）
【要旨】豊富な資料をもとに作家・作品論を超えた日本の芸術環境そのものの位相を捉える。展覧会史からの問い。
2017.12 330p A5 ¥6000 ①978-4-422-70114-1

◆日本の宝　京都国立博物館監修　ベストセラーズ（ベスト新書）
【要旨】「国宝」という言葉が誕生したのは明治30（1897）年のこと。本書では、現在1100あまりある国宝と、皇室ゆかりの名宝のなかから、「死ぬまでに一度は実物を目にしたい！」70品を厳選。豊富なカラー写真とともに、「日本の宝」の由縁やその歴史的背景、作品秘話、見逃せないポイントを解説しています。また、所蔵先の鑑賞データ、「京都×国宝の歩き方」や、さらに佐々木丞平氏（京都国立博物館長）×井上章一氏（建築史家）×神居文彰氏（平等院住職）による鼎談「京都×国宝のミカタ!?」も収録。
2017.10 230p 18cm ¥1050 ①978-4-584-12563-2

◆日本美術を愛した蝶─ホイッスラーとジャポニスム　野上秀雄著　文沢社

【要旨】美とは何か、美術とは─。日本美術を愛し、パリとロンドンで19世紀西洋美術の変革に挑んだ巨匠の美術思想の変遷をたどる。
2017.1 253, 21p A5 ¥3200 ①978-4-907014-02-5

◆日本美術がワカル本─「女性性」の文化　林温著　慶應義塾大学三田哲学会,慶應義塾大学出版会 発売（慶應義塾大学三田哲学会叢書）
【要旨】味がわかるはワカルけど、ホントのところはワカラナイ日本の美術。浮世絵、仏像、水墨画─西洋・中国と比べて見えてくる、「女性性」の伝統をこの一冊でダイジェスト。美術館でもっと感動するための、日本美術がワカル本。
2017.11 98p 18cm ¥700 ①978-4-7664-2488-1

◆日本美術に見るきもの　近藤富枝著　河出書房新社
【要旨】「源氏物語絵巻」「邸内遊楽図屛風」「扇面法華経冊子」「洛中洛外図巻」─きものの美の真髄を味わう。屛風絵、浮世絵、扇絵、錦絵などに描かれた、きものの風俗、歴史、心象風景までを読み解く唯一無二の一冊。
2017.6 126p 27×19cm ¥3500 ①978-4-309-25577-4

◆寧楽美術館の印章─一方寸にあふれる美　寧楽美術館編　（京都）思文閣出版（本文：日英両文）
【要旨】公益財団法人名勝依水園・寧楽美術館所蔵の「中国の印章」二〇九〇顆のうちから精選した二一九点の図録。
2017.10 188p B5 ¥4000 ①978-4-7842-1904-9

◆原三溪と日本近代美術　三上美和著　国書刊行会
【要旨】日本近代有数の美術コレクター、芸術のパトロンであった原三溪。その作品蒐集と美術家支援の実相や日本近代美術史の展開に果たした意義について、各種の「美術品買入費」など貴重な一次史料を駆使して詳細に論じる。
2017.2 316, 22p A5 ¥4500 ①978-4-336-06150-8

◆パリ万国博覧会とジャポニスムの誕生　寺本敬子著　（京都）思文閣出版
【要旨】一八六七年パリ万博で日本は最初の公式出展を果たした。フランスで誕生したジャポニスムは、続く一八七八年パリ万博でまさに開花する。この時代に、いかなる「日本」イメージが形成されていったのだろうか。ふたつのパリ万博を舞台に交差する国家の思惑と、人物。「アジア」のなかに埋没していた日本のイメージがしだいに像を結び、やがてジャポニスムという「熱狂」へと収斂していく。日仏両国の史料、開催国フランス、参加国日本、パリの観衆、三者の相互作用を通じてジャポニスムの誕生を解き明かす。
2017.3 349, 12p A5 ¥6500 ①978-4-7842-1888-2

◆反抗と祈りの日本画 中村正義の世界　大塚信一著　集英社（集英社新書ヴィジュアル版）
【要旨】日本の伝統的美意識の象徴として、美しく描かれてきた舞妓像。しかしそれは本当の舞妓の姿ではないか。美しく表現するだけでは、舞妓の本質を捉えたことにはならないのではないか。画家の中村正義（一九二四〜一九七七年）は、折角つかんだエリートの道を捨てて画壇の旧い体質と対決、こうして怪異な舞妓像を描き続けた。生涯、病気がちだった彼は、やがて舞妓の姿に自らを重ね合わせ、さらには舞妓をあたかも仏画のごとく描くようになっていく…。異端の画家の生涯を見直し、舞妓像・仏画・風景画・顔の連作といったジャンルごとにその作品を解読する。初の入門書にして決定版。
2017.8 226p A5 ¥1400 ①978-4-08-720894-8

◆非常時のモダニズム─1930年代帝国日本の美術　五十殿利治著　東京大学出版会
【目次】第1部 帝国の美術戦略（もうひとつの「日本美術年鑑」と対外文化宣伝─The Year Book of Japanese Art（英文日本美術年鑑）について、美の聖域と競技場─一九三六年ベルリン・オリンピック美術展について、日中戦争期における雲岡石窟と日本人美術家─柳瀬正夢と長谷川三郎を中心に）、第2部 越境するモダニスト（シベリア横断の画家と小説家によるパリ美術生活案内─島村三七雄と林芙美子、モダニズムの展示─巴里新興美術展をめぐって、岡本太郎とスイス・コネクション─ネオ＝コンクレティスムと一九三〇年代の「総合」の芸術、セリグマン来日と日本の「前衛」─長谷川三郎と瑛九）、第3部 帝都の展示空間─上野恩賜公園とモダン銀座街頭（近代美術館と現代美術館へ─美術館建築と「現代美術」、一九三〇年代東京における「街頭展」とモダニズムの新拠点─「ブリュッケ」

と「日本サロン」について、アマチュア写真から写真壁画まで─板垣鷹穂と写真展月評という舞台：『アサヒカメラ』一九三三〜一九四二）
2017.3 550, 9p A5 ¥7400 ①978-4-13-086052-9

◆文化財としてのガラス乾板─写真が紡ぎなおす歴史像　久留島典子,高橋則英,山家浩樹編　勉誠出版
【要旨】明治20年代から半世紀以上にわたり産業・学術等の分野を問わず、広く活用されてきた記録媒体、ガラス乾板。フィルム、そしてデジタル撮影という時代を経て、顧みられることのない存在として過ごされてきたが、近年、写真資料として、また、歴史史料としてガラス乾板の持つ文化的価値が見出されてきた。いまなお各所に残るこの膨大な史料群にいかに対峙していくべきか─写真史および人文学研究のなかにガラス乾板を位置付ける総論、先駆的に調査・分析・保全を続けてきた東京大学史料編纂所の諸取り組みを進める諸機関の手法を提示する各論を通じて、総合的なガラス乾板の史科学を構築する。
2017.3 262p B5 ¥3800 ①978-4-585-22173-9

◆北斎への招待　内藤正人監修,朝日新聞出版編　朝日新聞出版
【要旨】酒も煙草もやらず93回も引っ越した奇人画家って本当？ 1/4000秒のシャッタースピードで描いた「波しぶき」とは？ 80歳をすぎても絶好調!!長寿まで生きて描いた21畳の巨大絵。ここに行けば北斎に会える、全国の美術館や寺社ガイド、ほか。豪華愛蔵版・一挙16ページ増量!!「冨嶽三十六景」など105作品収録。
2017.10 111p A5 ¥1500 ①978-4-02-251492-9

◆北斎漫画入門　浦上満著　文藝春秋（文春新書）
【要旨】ジャポニスムの画家たちを魅了した葛飾北斎の代表作『北斎漫画』。一八歳の時に初めて購入し、以来四八年間じっくりと集め、初編から十五編までを約一五〇〇冊蒐集。その世界一のコレクターが、「初摺」にこそ北斎の真髄があるとこだわり抜いて綴った画期的入門書。
2017.10 207p 18cm ¥1200 ①978-4-16-661145-4

◆円山応挙論　冷泉為人著　（京都）思文閣出版
【目次】第1部 江戸時代絵画における応挙（江戸時代と絵画、安永天明期の京都画壇─伝統と革新）、第2部 応挙の新しい写生の型（「花鳥諷詠」─古人の絵画、雪景表現─新しい美の典型、雪景表現─新しい美の典型、鶴表現─新しい美の典型、雁表現─新しい美の典型、孔雀表現─新しい美の典型、動的表現（鯉魚・瀑布・波濤・流水）─新しい美の典型、人物表現─新しい美の典型、応挙の写生論について─新出の「写生図貼交」屛風をめぐって）、第3部 応挙の写生論（「応挙の写生」、円山四条派における装飾性─円山応挙を中心にして、応挙の写生論─「しかけ」表現をめぐって、円山応挙論）
2017.11 422, 10p A5 ¥9500 ①978-4-7842-1907-0

◆マンガでわかる「日本絵画」の見かた─美術展がもっと愉しくなる！　矢島新監修,唐木みゆイラスト　誠文堂新光社
【要旨】飛鳥時代から昭和初期まで、日本絵画150点以上収録!!
2017.4 223p A5 ¥1600 ①978-4-416-51723-9

◆民藝の日本─柳宗悦と「手仕事の日本」を旅する　日本民藝館監修　筑摩書房
【要旨】日々の暮らしの中にある、圧倒的な美しさ。日本民藝館をはじめ、各地の民芸館が所蔵する名品約350点の図録。
2017.9 159p B5 ¥2800 ①978-4-480-87625-6

◆病草紙　加須屋誠,山本聡美編　中央公論美術出版
【目次】図版 病草紙（鼻眼の父子、不眠の女、風病の男 ほか）、参考図版（鍼治療、断簡、奇疾図巻 ほか）、論考（総論「病草紙」、「病草紙」と経説、「病草紙」の構図 ほか）
2017.4 259p B4 ¥25000 ①978-4-8055-0770-4

◆湯女図（ゆなず）─視線のドラマ　佐藤康宏著　筑摩書房（ちくま学芸文庫）
【要旨】湯女─風呂屋に召し抱えられ、客の垢をかき、戯れながら世間話をし、ときには売春も行なった女たち。吉原の遊女の地位を一時は脅かすほどに、江戸の町を賑わせた彼女らを描いた一枚の絵がある。作者不明、来歴未詳のその絵にはどんな謎が秘められているのか？ すべては失われた、視線の先に描かれていたものとはいったい何か？ 誰が、なぜこんな絵を描いたのか？ 浮世絵が花開き、女の絵姿が男たちの欲望を満

美術

たすようになる直前に描かれた、謎めいた絵画を分析し、復原し、甦らせる。約60点の図版を駆使し、従来の解釈を覆す画期的視点を提示した快著。待望の文庫化。
2017.2 199p A6 ¥1100 ①978-4-480-09767-5

◆洋々無限—岡倉天心・覚三と由三郎　清水恵美子著　里文出版
【要旨】岡倉兄弟の思想を混迷する現代社会に問う。覚三（天心）と弟由三郎。二人の人生を双方向的に照射する画期的研究。
2017.1 254p B6 ¥2800 ①978-4-89806-450-4

◆リアル（写実）のゆくえ—高橋由一、岸田劉生、そして現代につなぐもの　土方明司、江尻潔企画・監修、木本文平監修　生活の友社
【要旨】迫真に、物狂いに、もうひとつの日本洋画史。
2017.4 317p A5 ¥3000 ①978-4-908429-11-8

◆HELL 地獄—地獄をみる　髙岡一弥、梶谷亮治、西田直樹著　パイ インターナショナル
【要旨】アートディレクター高岡一弥による、圧倒的「地獄」のグラフィックス。さまざまな経典をもとに源信が著した『往生要集』を始め、国宝「六道絵」、国宝「北野天神縁起絵巻（承久本）」、白隠筆「地獄極楽変相図」、河鍋暁斎筆「地獄極楽図」、耳鳥斎筆「地獄図巻」等、連綿と生み出されてきた日本独特の「地獄」の大パノラマ。彼岸、此岸に極楽浄土の様や心の平安を願うなら、その対極にある地獄なるものの姿をよく観ろと源信は説く。
2017.7 588p A4 ¥5900 ①978-4-7562-4811-4

仏教美術

◆アジア仏教美術論集 中央アジア 1 ガンダーラ〜東西トルキスタン　宮治昭責任編集　中央公論美術出版
【要旨】中央アジアをめぐる千年余の仏教美術史をより広い視野で捉えなおし、多様な展開を読み解く気鋭の論考19篇を収録。
2017.2 591p A5 ¥5800 ①978-4-8055-1127-5

◆アジア仏教美術論集 東アジア 1 後漢・三国・南北朝　濱田瑞美責任編集　中央公論美術出版
【要旨】インドに興った仏教はどのように受容されたのか。中国固有の伝統思想との交渉、民族間の対立、割拠する王権や僧団とのかかわりの中で展開された多彩な「仏のかたち」を浮かび上がらせる18篇の論考を集録。
2017.5 582p A5 ¥5800 ①978-4-8055-1130-5

◆運慶のまなざし—宗教彫刻のかたちと霊性
金子啓明著　岩波書店
【要旨】運慶作品を畏敬する日本彫刻史研究者が、「まなざし」から運慶の本質に迫る。それは、彫像の視線と、僧侶でもあった運慶自身の宗教者としての視点という二つのまなざしである。興福寺の無著・世親像や金剛峯寺の八大童子像をはじめ傑出した諸像を豊富な図版を参照しながら深く掘り下げて論じることで、その宗教的背景と霊性の内実、作品の「かたち」の力、そしてまなざしと深く関わる彫刻空間のあり方を明快に読みといていく。
2017.11 300, 3p B6 ¥2000 ①978-4-00-022237-2

◆運慶への招待　浅見龍介監修、朝日新聞出版編　朝日新聞出版
【要旨】なにがスゴくて歴史の教科書に出ているの？ 豪華愛蔵版・一挙16ページ増量!! 運慶入門。運慶に仏像を頼むとギャラはいくら？ 仁王像を69日で造れた理由とは？ 運慶作の仏像31作品、全体収録！
2017.9 111p B5 ¥1700 ①978-4-02-251490-5

◆園城寺の仏像　第2巻　平安彫刻篇 1
—智証大師誕生一千二百年記念　園城寺監修、園城寺仏像編纂委員会編　思文閣出版　（天台寺門宗教文化資料集成 美術・文化財編）
【目次】秘仏 重要文化財 如意輪観音坐像—観音堂伝来、重要文化財 護法善神立像—護法善神堂安置、重要文化財 十一面観音立像—尾蔵寺伝来、重要文化財 聖僧坐像—如意寺伝来、重要文化財 不動明王坐像—勧学院伝来、阿弥陀如来坐像—水観寺伝来、不動明王立像—比丘院伝来、毘沙門天立像—近松寺伝来・金堂安置、毘沙門天立像—微妙寺伝来、不動明王立像—

金堂伝来・行者堂安置、不動明王立像—近松寺東実坊伝来、十一面観音立像—法明院聖天堂安置
2017.4 194p A4 ¥18000 ①978-4-7842-1864-6

◆興福寺中金堂再建・法相柱柱絵完成記念 興福寺の寺宝と畠中光享　多川俊映監修、畠中光享画　（京都）青幻舎
【目次】図版 興福寺の至宝、天平の文化空間の再構成—中金堂再建と法相柱再興、中金堂再建と法相柱絵、無上の軌跡、図版 畠中光享作品、畠中光享の画業—その制作の軌跡、図版 興福寺の寺宝、興福寺の伽藍と中金堂復興、法相柱絵師と仏教絵画、興福寺の彫刻—天平の阿修羅と鎌倉の無著・世親像
2017.1 135, 12p 25×25cm ¥2300 ①978-4-86152-592-6

◆心やすらぐご利益別仏像なぞり描き　田中ひろみ著　池田書店
【要旨】仏像に癒やされよう、仏様のご利益まめ知識、仏像の基礎知識、願いがかなう 商売がうまくいく 勝負に勝つ、恋愛力アップ 安産＆子育て 家庭円満、きれいになる 頭がよくなる 運が開ける、健康でいられる 病気がなくなる 極楽にいける、ユニークなご利益
2017.1 95p B5 ¥1000 ①978-4-262-15421-3

◆タンカ—チベット仏教美術の精華　王海霞主編・編著、三好祥子訳　科学出版社東京　（中国無形文化遺産の美）
【要旨】仏画に見るチベット仏教の世界。中国の西域で花開いた古代の仏教美術タンカ、その美しい極彩色の細密画は制作そのものが仏教の儀式であり、厳格なタブーにのっとったものだった。人々の願いに応える神物の力がやどる仏、菩薩、護法神、上師、マンダラなどなど、地上ではありえない理想世界が二次元の空間に展開される。
2017.12 117p B5 ¥4800 ①978-4-907051-22-8

◆唐代佛教美術史論攷—仏教文化の伝播と日唐交流　大西磨希子著　（京都）法藏館
【目次】序説、第1部 唐代西方浄土変の展開（唐代西方浄土変と善導、中唐吐蕃期の敦煌十六観図、西方浄土変の白描画—SP六六およびP二六七一Vの解釈、来迎と往生—唐代変相図における空間認識）、第2部 綴織當麻曼荼羅にみる唐と日本（綴織當麻曼荼羅と皆生—敦煌発現の宮廷写経と諸州官寺制、綴織當麻曼荼羅の伝来と背景—奈良時代における唐文化受容の一様相、綴織當麻曼荼羅の九品来迎図—敦煌壁画にもとづく復原的考察、奈良時代における典物の移入と唐関市令—「天聖令」関市令を中心に）、第3部 則天武后期の仏教と仏教文化（則天文字の日本移入—聖語蔵本『宝雨経』を手がかりに、五月一日経『宝雨経』、奈良国立博物館所蔵刺繍釈迦如来説法図の主題、倚坐形弥勒仏の流布と則天武后—敦煌莫高窟弥勒下生経変を中心に）
2017.2 422, 20p A5 ¥14000 ①978-4-8318-6327-0

◆敦煌仏頂尊勝陀羅尼経変相図の研究　下野玲子著　勉誠出版
【目次】第1部 唐代敦煌仏頂尊勝陀羅尼経変相図とその所依経典（莫高窟第二一七窟南壁の仏頂尊勝陀羅尼経変相図、莫高窟における仏頂尊勝陀羅尼経変相図の展開、莫高窟第二一七窟の供養者像と制作年代、仏陀波利訳『仏頂尊勝陀羅尼経』の経序に関する問題、唐代前期および奈良朝の仏頂尊勝陀羅尼経、日本大蔵経における仏陀波利訳「仏頂尊勝陀羅尼」の変遷）、第2部 敦煌法華経変相図の再検討（莫高窟隋代第二二〇窟法華経変相図の再検討、莫高窟唐代法華経変相図の再検討—第二三窟壁画の位置付け、吐蕃支配期以降の法華経変相図に関する一考察）
2017.2 355, 20p A5 ¥14000 ①978-4-585-21038-2

◆なぞって、知って、会いたくなる なぞり描き 京の美仏　JTBパブリッシング
【要旨】本書では、京都を代表する仏像を集め、すべての仏像写真を収録しました。制作当時から残る貴重な彩色や質感など写真と見比べ、古へに思いを馳せながらなぞってみてください。また、描いたあとは仏像・寺ガイドをもとに仏像めぐりをしてみませんか。より深い知識が得られ、新たな発見ときっと出合えることでしょう。
2018.1 95p B5 ¥1100 ①978-4-533-12302-3

◆日本文化のすごさがわかる 日本の美仏50選　田中英道著　育鵬社、扶桑社 発売
【要旨】穏やかな、あるいは力強い神秘的な仏像の数々。なぜ、見る者の心を落ち着かせるのか。西洋美術にも造詣が深い著者が、祈りを込めてきた日本人の心象風景も踏まえ紹介する珠玉のガイドブック。最高水準の仏像を一挙公開！
2017.9 158p A5 ¥1800 ①978-4-594-07816-4

◆八部衆像の成立と展開　水野さや著　中央公論美術出版
【目次】第1章 漢訳経典・儀軌における八部衆の成立過程、第2章 龍門石窟賓陽北洞の八部衆像—中国における八部衆の図像成立に関する一事象、第3章 四川省の八部衆像、第4章 敦煌莫高窟および安西楡林窟の八部衆像、第5章 慶州昌林寺址三層石塔の八部衆像、第6章 襄陽陳田寺址三層石塔の八部衆像、第7章 慶州崇福寺址東・西三層石塔の八部衆像、第8章 慶州石窟庵前室の八部神将像、第9章 興福寺の八部衆像に関する試論、附論 阿修羅像について—八部衆を中心に
2017.12 443p 23×16cm ¥14000 ①978-4-8055-0791-9

◆仏師と訪ねる九州の仏像 4　高井琮玄著　（福岡）海鳥社
【要旨】多面撮影が魅せる、精緻な彫仏技法。十一面観音の十一面相や千手観音の四十手も多方向から鑑賞できる。四十手の持物・印相もすべて解説。
2017.2 71p 31×24cm ¥3000 ①978-4-87415-995-8

◆仏像—比べてもっとよくわかる　熊田由美子著　朝日新聞出版　（ビジュアル版鑑賞ガイド）
【要旨】仏像が仏教より遅れて生まれたわけは？ 菩薩像はいつ、どこから始まった？ 不動明王はどんな存在？ その姿の特徴は？ 女尊はわが国でどのように信仰された？ 平安時代にすぐれた祖師像が多いのはなぜ？ 尊格別に主要な仏像を比較。印相、持物、構造技法など詳しく解説。見分け方がわかる。
2017.9 215p A5 ¥1800 ①978-4-02-333048-1

◆平安仏教彫刻史にみる中国憧憬　佐々木守俊著　中央公論美術出版
【目次】第1部 密教図像の請来と彫像化（神護寺五大虚空蔵菩薩坐像の図像について、神護寺五大虚空蔵菩薩坐像再考、安祥寺五智如来坐像について）、第2部 印仏・摺仏の受容（入唐僧と檀印、仏像版画の呼称について、『地蔵菩薩応験記』所収「空観寺僧定法模写地蔵感応記」について）、第3部 十二世紀の諸相（像内納入品がうかがう奇瑞、三宝院定海の吉祥天造像、千仏をあらわす印仏の像内納入について、五台山「一万文殊」像から蓮華王院千体千手観音菩薩像へ）
2017.1 346p A5 ¥11000 ①978-4-8055-0781-0

◆末法／APOCALYPSE—失われた夢見庵コレクションを求めて　末法展開催実行委員会、（京都）細見美術館、（京都）紫紅社 発売
【目次】第1章 美の獄につながれて、第2章 過去・現在・未来—習合する末法のヴィジョン、第3章 金峯山を照らす、五十六億七千万年後の望月
2017.10 195, 11p A5 ¥3000 ①978-4-87940-629-3

◆ミステリーな仏像　本田不二雄著　駒草出版
【要旨】ガリガリに痩せ衰えた阿弥陀如来、体内に臓器と骨格をそなえた秘仏、人髪を植え込んだ鬼子母神、白鳥に乗ったお地蔵さま…。なぜそのようなお姿なのか。そこにどんな祈りが込められているのか。その像が異相・奇相であればあるほど、そういう像でなくてはならなかった理由が必ずある。日本各地に残る驚きの神仏像120体を厳選。比類なきお姿に込められた祈りと信仰を読み解く。
2017.2 255p A5 ¥1500 ①978-4-905447-75-7

◆密教美術の図像学　森雅秀著　（京都）法藏館
【要旨】図像解釈学に基づき、インド・チベット・ネパールを中心としたアジアの密教美術を網羅的に考察し、従来の密教美術研究の通説を覆す。
2017.2 497, 12p A5 ¥20000 ①978-4-8318-6369-0

◆わたしの好きな仏さまめぐり　瀬戸内寂聴著　マガジンハウス
【要旨】寂聴さんとっておきの古寺と仏像の旅へご案内します。最愛の仏像に出会うことが生きる力となる。寂聴より抜き15のほとけ径。
2017 158p 19cm ¥1300 ①978-4-8387-2910-4

浮世絵・絵巻物

◆アートになった猫たち　中右瑛監修　青月社　（付属資料：ぬりえ）
【目次】第1章 アートになった猫たち、第2章 ねこを愛した芸術家たち、第3章 今も昔も 暮らし

の中に猫がいる―江戸編、第4章 なぜ猫で描かれた？、第5章 ねこ爛漫 猫で遊ぶ、第6章 今も昔も 暮らしの中に猫がいる―明治編
2017.4 247p A5 ¥1850 ①978-4-8109-1312-5

◆**浮世絵細見** 浅野秀剛著　講談社　（講談社選書メチエ）
【要旨】紙の違い、サイズの種類。絵師の署名の有無、書き方の違い。描かれた人物の興行記録との矛盾、吉原細見との合致。浮世絵研究とは、紙の「折り跡」が謎を深め、制作年の一年の差が、謎を解く鍵になる。そこをちらりと覗いてみれば、眺めるだけでは決して見えない浮世絵研究文化、そして江戸という時代の全体が立ち上がる。
2017.8 317p B6 ¥1850 ①978-4-06-258660-3

◆**浮世絵にみる江戸美人のよそおい**　ポーラ文化研究所編、村田孝子著　ポーラ文化研究所（ポーラ文化研究所コレクション）
【目次】第1章 化粧の風俗（化粧の情景 18点、髪化粧の情景 8点）、第2章 江戸のよそおい（遊女のよそおい 7点、江戸女のよそおい 5点、花嫁のよそおい 4点）
2017.1 197p A4 ¥3300 ①978-4-938547-99-8

◆**浮世絵の歴史―美人絵・役者絵の世界**　山口桂三郎著　講談社　（講談社学術文庫）
【要旨】浮世絵は、どこから生まれ、どう広まったのか―。菱川師宣、歌川派から歌麿・北斎・写楽と輩出する才能は、購買力を備えた庶民の嗜好を縦横に捉え大きな下を博す。江戸中期の隆盛、幕末の動乱による衰退、そして「低俗」と蔑まれ海外流出を招いた不遇から再評価に至るまで、美人絵・役者絵に焦点を絞り、国際浮世絵学会会長を務めた第一人者が通観する。
2017.6 314p A6 ¥1050 ①978-4-06-292433-7

◆**うき世と浮世絵**　内藤正人著　東京大学出版会
【要旨】定説の向こうがわ、浮世絵の「リアル」。「うき世」の語の意味、絵師たちの意識など、素通りされてきた問いから、現代のサブカルチャーにも通じるジャンルの生命力の核に迫る。
2017.4 206, 4p B6 ¥3200 ①978-4-13-083071-3

◆**歌川国芳―21世紀の絵画力**　府中市美術館編　講談社
【要旨】国芳の絵画力を思う存分楽しむ。府中市美術館「歌川国芳21世紀の絵画力」展図録！
2017.3 287p 25×19cm ¥2600 ①978-4-06-220506-1

◆**歌川広重―日本の原風景を描いた俊才絵師**　河出書房新社　（傑作浮世絵コレクション）
【要旨】雪、月、雨、そして旅情。日本、そして世界中の人びとの琴線に触れる風景画の達人、その遙かなる旅路をゆく―"東都名所""東海道五拾三次之内""冨士三十六景"から、豊国との合筆、花鳥画、魚尽、絵本・滑稽本まで…総計160枚超、オールカラー。最晩年の傑作 "名所江戸百景" 120枚一挙掲載。
2017.1 127p B5 ¥2500 ①978-4-309-62325-2

◆**歌川広重 東海道五十三次 五種競演**　歌川広重著　阿部出版
【目次】東海道を描き続けた広重（小林忠）、東海道五十三次「東海道五拾三次之内」（保永堂版）、「東海道五十三次」（狂歌入）、「東海道五十三次之内」（行書版）、「東海道」（隷書版）、「五十三次名所図会」（竪絵）、広重が見つめた東海道（前田詩織）、用語解説、作品目録
2017.10 371p 22×29cm ¥6000 ①978-4-87242-443-0

◆**江戸春画―奔放なる性愛芸術 1**　吉崎淳二著　コスミック出版　（コスミック・禁断文庫）
【要旨】世界が驚嘆した浮世絵の官能美。見返り美人から歌麿、北斎まで人気絵師たちを一挙掲載！
2017.9 202p A6 ¥1000 ①978-4-7747-1359-5

◆**江戸春画―奔放なる性愛芸術 2**　吉崎淳二著　コスミック出版　（コスミック・禁断文庫）
【要旨】みだら絵の三羽烏、歌麿・笑山・英泉。今も昔も人々を酔わせるエロス百態を完全再現！
2017.11 151p A6 ¥1000 ①978-4-7747-1377-9

◆**江戸春画―奔放なる性愛芸術 3**　吉崎淳二著　コスミック出版　（コスミック・禁断文庫）
【要旨】浮世絵師が自分の本領であるその時代の風俗を描写しようとすれば、必然的に男女が愛し合う寝室の行為にまで及ぶ。喜多川歌麿、葛飾北斎、歌川国貞、国芳、著名な絵師の大半が春画に筆を染めていた。無修正オールカラー。華やかで艶やかな傑作網羅！江戸を沸かせた浮世絵師たち。
2018.1 201p A6 ¥1000 ①978-4-7747-1393-9

◆**江戸の春画**　白倉敬彦著　講談社　（講談社学術文庫）
【要旨】「枕絵」であり「笑い絵」。公然の秘密であり縁起物。春画には、江戸のイマジネーションと絵師の技がなす、斬新、艶美、愉快な遊びが溢れている。何が描かれ、どう描かれるか。何が仕掛けられているのか。世界を虜にした浮世絵春画の軽さと深さを、豊富な図版とともに解明。江戸の春画への偏見を覆した名著にして、最良の入門書！
2017.3 283p A6 ¥980 ①978-4-06-292417-7

◆**葛飾北斎―江戸から世界を魅了した画狂**　美術手帖編　美術出版社　（BT BOOKS）
【要旨】すみだ北斎美術館所蔵の名品約40点を含む決定版！研究者、クリエイターらが、北斎の魅力を解き明かす。
2017.9 127p A5 ¥1600 ①978-4-568-43097-4

◆**葛飾北斎の本懐**　永田生慈著　KADOKAWA
【要旨】「冨嶽三十六景」や「北斎漫画」など有名作品で評価される葛飾北斎だが、それは壮大な画業の一部に過ぎない。二十歳で浮世絵界に登場し、九十歳で没するまで、作画に執念を燃やし続けた絵師の理想とは、心境とは―。これまでの北斎像を一新させる、第一人者による画期的な論考。日本と海外評価の大きな開きの要因もわかりやすく解説する。図版掲載70点以上。
2017.3 200p B6 ¥1600 ①978-4-04-103845-1

◆**葛飾北斎 本当は何がすごいのか**　田中英道著　育鵬社、扶桑社　発売
【要旨】「写楽＝北斎」説を本書で初めて知る方は驚かれるだろう。写楽という時代を経たことによって、北斎の絵はどのような変化を遂げたのか？そしてその絵はなぜ、世界に大きな影響を及ぼしたのか？北斎の何がすごいのか、知られざる真実を、本書で述べてみたい。
2018.1 183p B6 ¥1500 ①978-4-594-07627-6

◆**暁斎春画―ゴールドマン・コレクション**　石上阿希,定村来人著　（京都）青幻舎　（本文：日英両文）
【要旨】男色好み、放屁合戦、しかけ絵おもちゃ、松茸見立て…炸裂するユーモアとパロディー精神。晩斎の作品を集めた個人コレクションとしては世界最大であり、最も充実した内容を誇るイスラエル・ゴールドマンコレクションから、所蔵の春画作品をすべて収録。
2017.2 227p 20×20cm ¥2300 ①978-4-86152-589-6

◆**小林清親―光と影をあやつる最後の浮世絵師**　河出書房新社　（傑作浮世絵コレクション）
【要旨】光線画の魔術師、江戸情緒と文明開化、郷愁とハイカラをわたりゆく一詩情豊かな"東京名所図"から、花鳥・動物画、戯画・風刺画、歴史・戦争画、美人画まで…斬新な空間表現と多彩な画業をもつ清親。
2017.11 111p B5 ¥2300 ①978-4-309-62326-9

◆**最後の浮世絵師 月岡芳年**　平松洋著　KADOKAWA　（角川新書）
【要旨】12歳で歌川芳に弟子入りするや瞬く間に頭角を現し、「最後の浮世絵師」と賞された月岡芳年（1839～92）。人気を博した残酷絵のほか、武者絵、美人絵など、芳年の世界をカラービジュアルで紹介。
2017.11 199p 18cm ¥1100 ①978-4-04-082200-6

◆**出版文化のなかの浮世絵**　鈴木俊幸編　勉誠出版
【要旨】浮世絵はかつて生活のなかにあった。伝存する作品や資料に残る痕跡が、いまなお我々にそのことを伝えてくれる。絵画表現の展開や絵師の栄枯盛衰、流行やそれとともにある営利・経済、印刷・造本の機能と創意工夫、浮世絵流通の具体相…比類なき書物への愛に満ちた論者たちに導かれ、浮世絵という多色刷りの文化遺産を時代の営みのなかに捉え返していく。
2017.10 250p A5 ¥3800 ①978-4-585-27042-3

◆**春画で学ぶ江戸かな入門**　車浮代,吉田豊著　幻冬舎
【要旨】書き入れがわかれば春画鑑賞の楽しみ倍増！北斎、歌麿、國芳らの人気作でくずし字を読む楽しさが味わえる。読みたい気持ちがわいてくる、くずし字学習決定版。
2017.3 191p A5 ¥1600 ①978-4-344-03086-2

◆**鈴木春信―江戸の面影を愛おしむ**　田辺昌子著　東京美術　（ToBi selection）
【目次】恋の章 詩情あふれる夢の世界、創の章 粋人たちの文雅、慈の章 江戸の日常をみつめる、雅の章 隠された趣向をさぐる、美の章 江戸のアイドルお仙とお藤
2017.3 143p B5 ¥2500 ①978-4-8087-1080-4

◆**楽しい北斎の冨嶽三十六景 富嶽百景 動植物画 他**　有泉豊明著　目の眼
【目次】冨嶽三十六景（三役、江戸近辺、武州 ほか）、富嶽百景（役の優婆塞富嶽聖、不二の山明き、辷り ほか）、動植物画他（芥子、美蓉に雀、朝顔・蛙 ほか）
2017.2 238p B5 ¥1800 ①978-4-907211-05-9

◆**月岡芳年 月百姿**　日野原健司著、太田記念美術館監修　（京都）青幻舎
【要旨】芳年が最期に辿りついた極致。大胆かつ繊細な構図、粋を極めた彫りや摺りの美しさが冴え渡る月光下、100の物語。"月百姿"をより味わう手助けとなるコラムも収録。
2017.8 135p 26×12cm ¥2300 ①978-4-86152-628-2

◆**月岡芳年 妖怪百物語**　日野原健司、渡邉晃著、太田記念美術館監修　（京都）青幻舎
【要旨】画業初期の『和漢百物語』と晩年の『新形三十六怪撰』。それぞれの全図を含む怪奇画の傑作、約100点を収録。芳年の素顔が垣間見えるコラムも充実！
2017.7 135p 26×17cm ¥2300 ①978-4-86152-627-5

◆**とんでも春画―妖怪・幽霊・けものたち**　鈴木堅弘著　新潮社　（とんぼの本）
【要旨】とんでも春画と呼ばれるのは、私たちの常識を軽々と超えてゆく、尋常ならざる春画・艶本のこと。国貞、国芳による男根頭の化物変化から、背筋も凍る幽霊との交合図、そして北斎の傑作「蛸と海女」まで。江戸の想像力の極みと呼ぶべき、奇々怪々なる春画130余点を、気鋭の研究者が読み解きます。本邦初公開版版にも多数掲載。「なんでこんなことに？」の果てに、豊饒なる江戸文化のありようが見えてきます。
2017.5 127p 22×17cm ¥1600 ①978-4-10-602275-3

◆**八犬伝錦絵大全―国芳、三代豊国、芳年描く江戸のヒーロー**　服部仁監修・著　芸艸堂
【要旨】収録絵師：武者絵の名手・歌川国芳をはじめ、渓斎英泉、芝居絵の三代目歌川豊国、豊原国周、幕末は月岡芳年、歌川国清など。珍しい上方浮世絵師・春梅斎北英、柳齋重春の作品もたっぷり掲載。異色の浮世絵師歌川芳艶など総勢21名。掲載作品180点余。錦絵版画の詞書を全て掲載。八犬伝錦絵を網羅した「八犬伝錦絵絵覧」付き。
2017.6 137p 30×23cm ¥3000 ①978-4-7538-0299-9

◆**広重・雨、雪、夜―風景版画の魅力をひもとく**　神谷浩監修・編集・執筆、前田詩織編集・執筆　（京都）青幻舎プロモーション、（京都）青幻舎　発売
【要旨】生誕220年記念！保永堂版「東海道五拾三次之内」、各種実演版や諸国の名所絵を掲載。広重と歩く、なつかしい日本の原風景。
2017.3 211p 15×21cm ¥2000 ①978-4-86152-610-7

◆**広重 名所江戸百景 HIROSHIGE'S One Hundred Famous Views of Edo**　太田記念美術館監修　美術出版社　（本文：日英両文）
【要旨】「ページをめくって、江戸を旅する。浮世絵、不朽の名作」120。
2017.9 215p B5 ¥3000 ①978-4-568-10495-0

◆**広重 HIROSHIGE―ジャパノロジー・コレクション**　大久保純一著　KADOKAWA　（角川ソフィア文庫）
【要旨】国内外でもっとも知名度の高い浮世絵師の一人、歌川広重。遠近法を駆使した卓越したリアリティー、四季の変化がもたらす風景の繊細な表情、鋭敏な色彩感覚、それらが相まって生み出されるしみじみとした情趣感。幕末から現代にいたるまで、見る者の心をとらえて離さないその魅力を、『東海道五拾三次』『名所江戸百景』をはじめとする代表的作品とともに詳細も網羅。作品の全体像を俯瞰した、広重入門決定版。
2017.1 191p A6 ¥920 ①978-4-04-400176-6

◆**広重TOKYO―名所江戸百景**　小池満紀子,池田芙美著　講談社
【要旨】広重最晩年の代表作 "名所江戸百景"。作品を、現代の地図・写真と一緒に見ることで、江戸と東京をつなぐ秘密がわかる！見て、知って、

歩いて楽しむ江戸名所ガイドの決定版。全作品貴重なり初摺！彫り、摺りともに国内外トップクラスの"名所江戸百景"を地域別に全点掲載。
2017.5 263p A5 ¥2500 ①978-4-06-220507-8

◆**筆ぺんでなぞり描き 国宝・鳥獣戯画と国芳の猫、北斎漫画** 三戸信恵監修、村西恵津 筆ペンイラスト 日本文芸社
【要旨】楽しい！癒される！なぞるだけだから、誰でも簡単に天才絵師の仲間入り！名画の世界がわかる解説付き。
2017.6 95p B5 ¥1100 ①978-4-537-21473-4

◆**ヘンな浮世絵—歌川広景のお笑い江戸名所** 太田記念美術館監修、日野原健司著 平凡社（コロナ・ブックス）
【要旨】笑って、転んで、化かされて。江戸の人々のハプニングに満ちたユーモラスな日常。
2017.8 119p 22×17cm ¥1700 ①978-4-582-63509-6

◆**北斎研究 第57号** 墨田区文化振興財団編 東京美術
【要旨】すみだ北斎美術館「北斎の帰還—幻の絵巻と名品コレクション」展開催にあたって、「須佐之男命厄神退治之図」復元プロジェクト報告書の掲載について、史料にみる「須佐之男命厄神退治之図」、手形を取るスサノオと異形の者たち—イメージの源流、「須佐之男命厄神退治之図」推定復元報告、小川一真以降の絵画複製写真再考序説、『國華』掲載の二点の北斎作品コロタイプ図版を手がかりに、須佐之男命厄神退治之図扁額の彩絵調査と復元
2016.11 109p B5 ¥3000 ①978-4-8087-1087-3

◆**北斎漫画、動きの驚異** 藤ひさし、田中聡著、小林忠監修 河出書房新社
【要旨】世界が絶賛した、その動きと凄み。日本の漫画・アニメーションの元祖『北斎漫画』—世界美術史上の天才は、いかにして動きをとらえたか？
2017.2 205p B6 ¥1800 ①978-4-309-27819-3

◆**北斎漫画（肉筆未刊行版）** 葛飾北斎著、セーラ・E.トンプソン編、小林忠監訳、野間けい子訳 河出書房新社
【要旨】日本美術を多数所蔵しているアメリカのボストン美術館から、葛飾北斎の肉筆画帖3冊が発見された。同美術館の収蔵庫に長らく眠る古い箱の中に収まっていたこの通称「ボストン画帖」は、『北斎漫画』の続編として企画された絵本の版下絵がそのまま和綴じ製本されたものと推定されている。当時の木版印刷では、版木の作成時に版下絵は失われてしまうが、ボストン画帖はなんらかの事情で出版が実現しなかったために、版下絵がそのまま残ることとなったのだろう。本書はこの幻の『北斎漫画』全編をオリジナルのままに忠実に再現した初めての単行本である。
2017.9 247p 21×22cm ¥3900 ①978-4-309-25582-8

◆**ART BOX 鈴木春信** 浅野秀剛著 講談社
【要旨】きれい、かわいい、へんてこ！春信の浮世絵116点。
2017.8 191p 15×15cm ¥2200 ①978-4-06-220738-6

洋画家・画集

◆**アンドリュー・ワイエス作品集** 高橋秀治監修・著 東京美術
【目次】Prologue ワイエスという画家（父の教え、水彩画家として成功を収める ほか）、1 ペンシルヴェニア—深く大地に根ざして（ペンシルヴェニアの風景、粉挽き（水車）小屋 ほか）、2 メイン—厳しい自然とつましく生きる人びと（オルソン家—出会い、アルヴァロ ほか）、3 内的世界の広がり—ワイエス家三代の伝統（奇妙で不思議な絵、眠り、あるいは死 ほか）、Epilogue 晩年
2017.9 199p A4 ¥3200 ①978-4-8087-1078-1

◆**ヴォルス—路上から宇宙へ** DIC川村記念美術館編 左右社
【目次】1 写真、作家の言葉：サーカス・ヴォルス、2 水彩画、作家の言葉：ヴォルス箴言抄、3 油彩画、作家の言葉：ヴォルス箴言抄、4 銅版画
2017.4 182p A5 ¥2800 ①978-4-86528-172-9

◆**かつらの合っていない女** ナンシー・キーファー絵、レベッカ・ブラウン文、柴田元幸訳 思潮社
【要旨】暗さとユーモアと烈しさと。絵と文による、15枚の小さな肖像画。
2017.9 105p B6 ¥2000 ①978-4-7837-2775-0

◆**ゴッホ原寸美術館 100% Van Gogh！** 圀府寺司監修・執筆 小学館
【要旨】『星月夜』『夜のカフェ・テラス』『ひまわり』など油彩、素描、水彩の代表作56点を掲載。迫力の原寸図版でゴッホの筆触を体感する！
2017.8 1Vol. A4 ¥3000 ①978-4-09-682245-6

◆**シャルル・バルグのドローイングコース** ジェラルド・M.アッカーマン著、グレイドン・パリッシュ協力 ボーンデジタル
【要旨】ゴッホ、ピカソも腕を磨いた伝説の手本集完全復刻版!!技術と感性を養うことを目的に、19世紀のパリで出版された3部構成の「Cours de dessin：デッサン教本」に解説を加えた新装版。
2017.4 335p 30×23cm ¥6200 ①978-4-86246-376-0

◆**19世紀末の幻想世界 マックス・クリンガー ポストカードブック** 神奈川県立近代美術館企画・編 求龍堂
【要旨】シュルレアリスムへの予感…。19世紀末の幻想世界がポストカードブックに！ポストカード26枚、各章、巻末に解説付。
2017.11 71p A6 ¥1700 ①978-4-7630-1722-2

◆**セザンヌの地質学—サント・ヴィクトワール山への道** 持田季未子著 青土社
【要旨】セザンヌ理解を大きく揺るがす、峻厳な「サント・ヴィクトワール山」連作。今この瞬間に死滅し、かつ再生する世界を捕獲せんとするセザンヌの果敢な試行を追う。大胆で挑戦的なセザンヌ論。
2017.11 191, 21p B6 ¥1900 ①978-4-7917-7021-2

◆**先駆者ゴッホ—印象派を超えて現代へ** 小林英樹著 みすず書房
【要旨】働く人々への崇敬、印象派の色使い、浮世絵との出会いと新たな平面性、そして自然の懐へ。絵画の時代の結節点に屹立するゴッホを、造形的要素と内面性表出から論じ尽くす。カラー100点収録。
2017.11 292p A5 ¥4800 ①978-4-622-08645-1

◆**七転び八起き だるまアーティスト愛著・写真** ヒカルランド
【要旨】世界で1人のだるまアーティスト愛が女性たちの心を解放する！この本を読んで"いいな"って思った時からあなたの未来、変わっていきます。
2017.8 158p B6 ¥1500 ①978-4-86471-521-8

◆**ピカソ 3 意気揚々 1917-1932** ジョン・リチャードソン著、木下哲夫訳 白水社
【要旨】『パラード』『三角帽子』などセルゲイ・ディアギレフ率いるロシア・バレエ団との共同作業、最初の妻オルガとの結婚、そして新たなミューズ、マリー＝テレーズとの出会い。キュビスム、新古典主義を超えてさらなる高みへ—巨匠の壮年期15年の歩みを克明にたどる、円熟の第三巻！
2017.6 595, 109p A5 ¥15000 ①978-4-560-09253-8

◆**ビゴー『トバエ』全素描集—諷刺画のなかの明治日本** 清水勲編 岩波書店
【要旨】フランス人画家ジョルジュ・ビゴーが雑誌『トバエ』(1887-89)に発表した諷刺画全点を、詳細な解題とともに収録。稀代の諷刺画家の眼が捉えた明治日本のすがた。
2017.2 367, 6p A5 ¥13000 ①978-4-00-024531-9

◆**フィンセント・ファン・ゴッホ—失われたアルルのスケッチブック** ボゴミラ・ウェルシュ＝オフチャロフ著、ロナルド・ピックヴァンス序文、野中邦子、高橋早苗訳 河出書房新社
【要旨】ゴッホがスケッチブックとして使ったその会計帳簿は、人から人へと手渡され、誰のものとも知れぬままアルルの食器棚に眠っていた—126年の時を超えて今明かされるアルル時代の未公開スケッチ65枚！『跳ね橋』『自画像』『アルルの女』『向日葵畑』『糸杉』など—数々の名作油彩画を予感する素描を原寸に近い大きさで精密に再現。失われた最盛期のゴッホをたどる約200点の絵画・写真資料をオールカラーで収録。
2017.4 279p 38×25cm ¥10000 ①978-4-309-27799-8

◆**ミュシャ展—国立新美術館開館10周年・チェコ文化年事業** 国立新美術館、NHK、NHKプロモーション、求龍堂編 求龍堂（本文：日英両文）
【要旨】最高傑作『スラヴ叙事詩』全20作、チェコ国外世界初公開。国立新美術館『ミュシャ展』公式カタログ。華やかなアール・ヌーヴォー時代から苦悩の大作『スラヴ叙事詩』まで最新の研究を一挙収録。ミュシャという宇宙に浸る決定本。
2017.3 247p 30×23cm ¥2222 ①978-4-7630-1703-1

◆**もっと知りたい ターナー—生涯と作品** 荒川裕子著 東京美術（アート・ビギナーズ・コレクション）
【目次】序章 早熟の風景画家 1775-1789（0〜14歳）、第1章 ロイヤル・アカデミーにて 1790-1801（15〜26歳）、第2章 オールド・マスターの超克 1802-1818（27〜43歳）、第3章 イタリアの光に導かれて 1819-1839（44〜64歳）、第4章 色彩のシンボリズム 1840-1851（65〜76歳）、終章 ターナーのレガシー
2017.11 79p B5 ¥2000 ①978-4-8087-1094-1

集英社 創業90周年記念企画

世界の名画を「テーマ別」に収録した初の美術全集！

ART GALLERY
テーマで見る世界の名画 [全10巻]

監修：青柳正規（前文化庁長官／東京大学名誉教授／山梨県立美術館長）、木島俊介（ポーラ美術館長／Bunkamura ザ・ミュージアムプロデューサー）、中野京子（ドイツ文学者／美術評論家）

好評発売中 第1巻『ヴィーナス』〜第7巻『風俗画』各5,000円＋税
各巻毎月1冊15日頃発売予定

最新情報、詳細などは公式サイトをご覧ください。http://www.shueisha.co.jp/artgallery/

集英社書籍販売部 TEL：03(3230)6393 FAX：03-3230-2547 集英社

◆もっと知りたいフェルメール 生涯と作品
小林頼子著　東京美術　(アート・ビギナーズ・コレクション)　改訂版
【目次】プロローグ 画家フェルメールの誕生、第1章 物語画家を目指して、第2章 風俗画家への転身、第3章 成熟の時代、第4章 爛熟と再びの模索、エピローグ 遺された家族と作品のその後
2017.8　87p　B5　¥1800　978-4-8087-1093-4

◆ルネ・マグリット—国家を背負わされた画家
利根川由奈著　水声社
【要旨】シュルレアリスムを代表する画家は、現代美術や広告へ影響を与えながらも、詩と思考を絵画に求めて孤高に描き続けたのだろうか？ベルギー王立航空会社の広告、王立施設の壁画、王立美術館の待遇、教育省主催の企画展…文化政策によって「ベルギー美術史」へと巻き込まれた、もう一人のマグリット！
2017.3　273p　A5　¥4000　978-4-8010-0238-8

◆ART GALLERY テーマで見る世界の名画 1　ヴィーナス—豊饒なる愛と美の女神　青柳正規、渡辺晋輔編　集英社
【要旨】ボッティチェリからルノワールに至るまで、連綿と描かれ続けてきた愛と美の女神ヴィーナスの系譜を新たな視点で探る。
2017　100p　31×31cm　¥5000　978-4-08-157071-3

◆ART GALLERY テーマで見る世界の名画 2　肖像画—姿とこころ　大高保二郎編　集英社
【要旨】誰もが目にしたことがある英雄の顔、王侯貴族の顔、美女の顔…。人物の内面にまで深く入り込む、肖像画の本質に迫る。
2017　100p　31×31cm　¥5000　978-4-08-157072-0

◆ART GALLERY テーマで見る世界の名画 3　風景画—自然との対話と共感　山梨俊夫編　集英社
【要旨】物語の一場面に登場する風景から、自然に深い共感をよせて描かれた名画、画家の想像力により変容する20世紀作品までを一望に。
2017　100p　31×31cm　¥5000　978-4-08-157073-7

◆ART GALLERY テーマで見る世界の名画 4　宗教画—聖なるものへの祈り　小池寿子編　集英社
【要旨】物語の宝庫であり、画家たちに数多くのモティーフを提供してきた聖書。西洋絵画に大きな役割を果たした宗教画の傑作を紹介する。
2017　100p　31×31cm　¥5000　978-4-08-157074-4

◆N・S・ハルシャ展：チャーミングな旅
森美術館編　美術出版社　(本文：日英両文)
【目次】図版(旅のはじまり、マイスールと世界、この世をあるがまま、空を見上げる、〈国家〉とは何か、誰にも自分の宇宙がある、レフトオーバーズ(残りもの)、知識を積み重ねる、夢見るバングル、望遠鏡と望遠鏡)、論考(チャーミングな旅—顕微鏡と望遠鏡と絵画、驚異のための場所、すべては内に宿る)
2017.3　271p　29×22cm　¥2800　978-4-568-10492-9

日本の洋画家・画集

◆哀愁の巴里 3 —中西繁作品集　中西繁著　(鎌倉)中西繁アトリエ, 本の泉社 発売
2017.9　59p　26×26cm　¥2800　978-4-7807-1618-4

◆青山義雄画集 1　青山義雄著, 青山義雄画集編集委員会編　(京都)青幻舎
【要旨】マティスが認めた色彩の画家。全2巻、厳選150点を収録した決定版画集!!第1巻：戦中の帰国をはさんだ前後2回の滞仏期。初期から60歳代まで。
2017.12　143p　31×31cm　¥3700　978-4-86152-604-6

◆青山義雄画集 2　青山義雄著, 青山義雄画集編集委員会編　(京都)青幻舎
【要旨】生きることの幸せを求めた画家。全2巻、厳選150点を収録した決定版画集!!第2巻：ヨーロッパ各地を旅し日本に戻るまで。60歳代後半から最晩年。
2017.12　143p　31×31cm　¥3700　978-4-86152-605-3

◆池田学—The Pen　池田学著　(京都)青幻舎
【要旨】1ミリ以下のペン先が1日に生み出す10センチ四方を—その20年の軌跡。著者厳選の100点をはじめ震災への想いを込めた過去最大の最新作 "誕生" (3×4メートル)の制作ドキュメントも収録した待望の決定版。
2017.1　167p　31×31cm　¥3700　978-4-86152-602-2

◆池田学—"誕生"が誕生するまで　池田学著　(京都)青幻舎　(本文：日英両文)
【要旨】絶望から再生、そして"新しい生命体"へと進化した"奇跡のペン画"、そのすべて。「拡大マップ」カバー裏に掲載。
2017.8　205p　B6　¥3200　978-4-86152-630-5

◆生命(いのち)の華 天空に舞う—高山博子画文集　高山博子著　渡辺出版
【要旨】油絵(日展・光風会展・広島県美術展・女流画家協会展など出品作品)。スケッチ(インド・日本の風景や仏像、インドで出会った人々など)。「東方雑華」寄稿エッセイ。エッセイ「インドからいただいた贈りもの」。エッセイ「山口恵照先生の思い出」。高山博子の旅(インド)。
2017.5　175p　30×25cm　¥3200　978-4-902119-26-8

◆いわさきちひろ—子どもへの愛に生きて　松本猛著　講談社
【要旨】数々の逆境を乗り越え、子どもへの愛を描き続けた絵本作家・いわさきちひろ。その激動の生涯を追った決定版評伝！
2017.10　348p　B6　¥1800　978-4-06-220806-2

◆香月泰男 凍土の断層—「シベリア・シリーズ」を読み解く　安井雄一郎著　東京美術
【要旨】第1回(1969年)日本芸術大賞を受賞した、香月泰男の不朽の名作「シベリア・シリーズ」。戦後美術史の記念碑的連作が新たな視点でよみがえる！ 時系列でたどる追体験型画集。
2017.8　255p　B5　¥3200　978-4-8087-1089-7

◆笹倉鉄平画集 ヨーロッパやすらぎの時間　笹倉鉄平著　求龍堂
【要旨】心いやされる街散歩—18カ国を歩き出会った、花の香り漂う街角、水面に映る夜の灯り、通りを行きかう人々の息遣い。さまざまな街にちりばめられた優しさや、心温まる風景をわかち合う作品集。
2017.3　131p　30×30cm　¥5000　978-4-7630-1702-4

◆写実を生きる 画家・野田弘志—写実絵画とは何か？ シリーズ 2　安田茂美, 松井文恵著　生活の友社
【要旨】真実の美しさを本当に追求できるのはリアリズムしかないのではないか。写実絵画とは何か？ シリーズ待望の第2弾。
2017.1　227p　A5　¥1800　978-4-908429-07-1

◆シルクロードに魅せられて 入江一子100歳記念展—百彩自在　生活の友社
【目次】1 公募展出品作を中心に(独立展・女流画家協会展)、2 スケッチ・挿画(初期スケッチ女子美術専門学校時代を中心に、シルクロード取材スケッチ、月刊誌「壮快」目次の挿画誌面)、巻末資料
[17.2] 247p　26×19cm　¥2000　978-4-908429-08-8

◆杉山吉伸作品集　杉山吉伸著　生活の友社
【目次】日展・光風会展出品作 1958〜2016年、師・寺島龍一との思い出、「杉山吉伸作品集」(2012年・日本橋三越本店)から、パブリックアート(緞帳・壁画・樽・校章デザイン等)、思い出のアルバム、巻末資料
2017.3　167p　30×27cm　¥15000　978-4-908429-13-2

◆生誕100年 清宮質文—あの夕べの彼方へ
高崎市美術館、茨城県近代美術館、美術出版社編　美術出版社
【要旨】版画、水彩画、ガラス絵…「絵」という方法をとっている詩人、清宮質文の全詩想をたどる、これまでにない一冊。
2017.12　151p　B5　¥2000　978-4-568-10498-1

◆仙人と呼ばれた男—画家・熊谷守一の生涯
田村祥蔵著　中央公論新社
【要旨】常識や社会通念を超えて生き、仙人と呼ばれた画家・熊谷守一。偉大な父のもとでの特異な幼少期。東京美術学校での若き芸術家たちとの友情。故郷・岐阜県付知の山中での孤独な生活。売るための絵を描けず、超貧乏を続けた壮年期。やがて身近の虫や草花を題材に独自の画風を築いていった。生涯、名利に背を向け、文化勲章も辞退した。日本の洋画史に大きな足跡を残した、九十七年の特異な生涯を探った、ノンフィクションの傑作。
2017.11　269p　B6　¥1600　978-4-12-005027-5

◆谷本重義画集 第3集 流儀と極意　谷本重義著　生活の友社
2017.3　131p　40×30cm　¥30000　978-4-908429-04-0

◆中西繁 連載小説「時の行路」挿画集　中西繁著　(鎌倉)中西繁アトリエ, 本の泉社 発売
2017.9　89p　26×26cm　¥2500　978-4-7807-1621-4

◆西田陽二—画家　奥岡茂雄解説　(札幌)響文社　(北のアーティストドキュメント 7)
【要旨】作品figure、アトリエ訪問 北の画家、北の光に包まれて—西田陽二の芸術、西田陽二略年譜
2017.10　39p　A5　¥1500　978-4-87799-134-0

◆薔薇と海—佐々木豊画集　佐々木豊著　求龍堂
【要旨】熱烈で情熱的、佐々木豊の描く薔薇と女たち。文＝森瑤子/本江邦夫/ワシオ・トシヒコ/栄木範義/土方明司
2017.12　159p　31×23cm　¥3900　978-4-7630-1728-4

◆光の回廊/欧州の旅 2 —中西繁作品集
中西繁著　(鎌倉)中西繁アトリエ, 本の泉社 発売
2017.9　59p　26×26cm　¥2800　978-4-7807-1620-7

◆101歳の教科書—シルクロードに魅せられて
入江一子著　生活の友社
【要旨】洋画家・入江一子は、50代半ばからシルクロードを30ヵ国以上旅して、ひたすら描き続けてきました。101歳を超えてなお創作意欲に溢れ、200号の大作を描き続ける画家の珠玉のエッセイ。これまで描いた作品をオールカラーで収載。
2017.10　145p　B6　¥1000　978-4-908429-10-1

◆フジタの白鳥—画家 藤田嗣治の舞台美術
佐野勝也著　エディマン 新宿書房 発売
【要旨】図版100点超！ 舞台美術家フジタの仕事の全景。
2017.1　427p　B6　¥3000　978-4-88008-465-7

◆宮本秀信画集　宮本秀信著, 土方明司監修　求龍堂
【要旨】自然と人間との交歓を描く。希望と絶望のなかで生きる人間の営みや、やすらぎをもたらす自然への、尽きぬ思いを描きつづける画家の軌跡。
2017.11　203p　27×20cm　¥3000　978-4-7630-1707-9

◆もっと知りたい熊谷守一 生涯と作品　池田良平監修・著, 蔵屋美香著　東京美術　(アート・ビギナーズ・コレクション)
【目次】第1章 絵をやりたい—〇〜二十四歳(明治十三〜三十七年)、第2章 模索の日々—二十五〜五十八歳(明治三十八〜昭和十三年)、第3章 モリカズ様式の確立—五十九〜九十七歳(昭和十四〜五十二年)
2017.12　79p　B5　¥1800　978-4-8087-1092-7

◆柳澤紀子全作品集1964-2017　柳澤紀子著　阿部出版
【目次】版画作品1964-2017、ミクスト・メディア1995-2017、パブリック・アート
2017.10　211p　30×22cm　¥7000　978-4-87242-450-8

◆羊皮紙に描くテンペラ画　田崎裕子著　目の眼
【目次】Original Works、Reproductions、Techniques
2017.3　111p　23×19cm　¥3600　978-4-907211-12-7

◆Blue—諏訪敦絵画作品集　諏訪敦著　(京都)青幻舎
【要旨】美しいだけの国、受容について、棄民, Analogia、神々しい、満ち欠けを数える、静脈の声をきいた、Sleepers、ニュースでみた女
2017.10　1Vol. 31×23cm　¥4500　978-4-86152-646-6

◆LAND・SCAPE—中西繁作品集　中西繁著　(鎌倉)中西繁アトリエ, 本の泉社 発売
2017.9　79p　25×25cm　¥3000　978-4-7807-1619-1

◆REIKO HORIMOTO—堀本玲子作品集
堀本玲子画　論創社
2017.12　1Vol. 27×22cm　¥2000　978-4-8460-1676-0

絵画表現(西洋画)

◆決定版 中西繁絵画講座—初心者でもいい絵が描ける　中西繁著　(鎌倉)中西繁アトリエ, 本の泉社 発売
【目次】はじめに—講座の特徴「いい絵とは何か」、テーマ—初めに感動あり、構図—いい絵の良

美術

芸術・芸能

さは構図が決める、色彩、形と透視図法、古典から学ぶ―国宝源氏物語絵巻、近代絵画の要点―絵画史から学ぶ、研究works作品評―中西繁美術研究会の作品例、道具とアトリエ、モチーフの探索、中西繁の制作―制作過程2例、中西繁作品、展覧会・個展、何のために絵を描くか、感性を磨く
2017.9 101p 21×19cm ¥2500 ①978-4-7807-1622-1

◆スカルプターのための美術解剖学 2 表情編　アルディス・ザリンス著，Bスプラウト訳　ボーンデジタル
【要旨】キックスターター発の"スカルプターのための美術解剖学"の第二弾。人間の体を簡潔に解説した、もっとも使いやすい、アーティスト向け美術解剖学のガイドブックがここにあります。本書は、解剖学の最も難しい領域である人間の表情に焦点を当てています。表情を作るための頭部の主要な構造の要点を直接的かつわかりやすいビジュアルで説明しています。美術を専攻する学生、モデラー、スカルプター、イラストレーターに、本書は実践的な基礎を提供します。これをベースに、アナトミーの知識をさらに積み重ねることができます。より手軽に、自信をもって描きたい、造形したいすべての人にお勧めします。
2017.8 215p 28×22cm ¥7000 ①978-4-86246-393-7

◆世界の名画に学ぶ 巨匠のドローイング 素描・デッサンの技能を磨く　ガブリエル・マルティン著　メイツ出版
【要旨】巨匠として後世に名を残した画家たちも前人と同世代の作品を模写することで技術の向上、研鑽を重ねました。最も著名な巨匠たちのドローイング14作品を題材に作品内で用いられた技法と模写の手順を徹底図解。憧れの名画を自ら描く愉しみと幅広いテクニックの習得を実現します。
2017.6 143p 28×21cm ¥2800 ①978-4-7804-1856-9

◆素描（デッサン）からはじめよう―多角的なアプローチで学ぶ絵画の基本　アラン・ピカード著，戸沢佳代子監修　グラフィック社
【要旨】『素描からはじめよう』はこれから絵画芸術を学び始める方々へむけた、素描技術の入門書です。デッサンの基礎知識をはじめ、実践的なテクニックをプロの目線からわかりやすく紹介。ステップバイステップのプロセスを学ぶことで、写実芸術全般に応用する基礎力が身につきます。著者ピカードは米国で数々の美術賞を受賞しており、正確な描写力と豊かな表現力が魅力です。本書はその優れた表現方法を含め、素描の基礎知識を多角的に学び、絵画芸術へのはじめの一歩を踏みだしたい初心者の方にお勧めです。
2017.12 128p 28×22cm ¥1800 ①978-4-7661-3073-7

日本画家・画集

◆精進ひとすじ―片岡球子の言葉　片岡球子著　求龍堂
【要旨】「落選の神様」と言われても諦めず、精進しつづけ花開いた、求道の日本画家・片岡球子。103歳の長き生涯を一心に歩んだ女の、ダイナミックで力強い、魂の言葉！
2017.9 173p 19cm ¥1200 ①978-4-7630-1721-5

◆髙木千代子作品集　髙木千代子著，長谷川栄監修　美術の杜出版，星雲社 発売　（本文：日英両文）
【要旨】福岡・志賀島の美しい自然を情趣豊かに描いた日本画。イタリア、フランス、ドイツなどの国際美術院でも数々の栄冠に輝く。
2017.9 44p 31×22cm ¥2000 ①978-4-434-23690-7

◆桃紅一〇五歳 好きなものと生きる　篠田桃紅著　世界文化社
【要旨】紫檀の椅子、交趾焼の菓子皿、蒔絵の重箱、切り嵌めの羽織、墨で描いたきもの、父への手紙、犀星の掛け軸、富士を望む山荘…孤高の美術家の日々を綴る初のフォト＆エッセイ。
2017.11 93p 18×19cm ¥1300 ①978-4-418-17507-9

◆渡辺省亭―花鳥画の孤高なる輝き　岡部昌幸監修，植田彩芳子ほか執筆　東京美術
【要旨】よみがえる抒情と洗練―歴史のはざまに埋もれた幻の大画家の新たな伝説が始まる。
2017.2 95p B5 ¥2000 ①978-4-8087-1076-7

水墨画

◆おもいっきり墨彩画―色紙に大きく花を描く　平川敏子著　マール社
【要旨】墨彩画とは、水墨画の技法を元に、顔彩で着色する絵のことです。この本で紹介する画法は、輪郭を描かずに直接墨・顔彩で描くというものです。この画法で大切なのは、「筆を作る」ことと、大胆に描くこと。一筆の中に濃淡や彩度の違う色を含ませることで、描いた時に濃淡や混色が生まれ、魅力のある線が描けます。また、本書には構図のアタリの入った下絵が全作品に付いているので、初めての方でも安心して始められます。難しいルールにとらわれず、自由に思いきって描いて楽しめる、今までにない新しい墨彩画の本です！
2017.1 111p 26×21cm ¥2000 ①978-4-8373-0748-8

◆教室の勉強法が身につく水墨画レッスンノート　矢形嵐酔著　日貿出版社
【目次】1章 基本から学ぶ（私の教室について、用具と画材、調墨から運筆へ、初級運を描く、初級棄を描く ほか）、2章 発想と表現を磨く7つの技法（用紙の効果を知る一鬼百合を描く、「レジンドーサ」の使い方―樹木を描く、胡粉の効果―バラを描く、ダンボールに挑戦―黄山を描く、「糊墨」の使い方―葡萄を描く ほか）
2017.8 111p B5 ¥2200 ①978-4-8170-2086-4

◆現代感覚で楽しむ 水墨画 画材と技法のヒント　根岸嘉一郎著　日貿出版社
【要旨】水墨画創作のための新しい手引き。多くの愛好家を指導するとともに、自身の表現を追究し続ける著者が、多彩な画材と技法を、実際の作品で具体的かつ詳細に解説。
2018.1 103p 30×23cm ¥2500 ①978-4-8170-2094-9

◆初心者のための水墨画入門　塩澤玉聖指導　主婦の友社　改訂新版
【要旨】誰でも手軽に始められる。上達のためのコツがよくわかる。大きな写真、やさしい解説で基礎から学べる。すぐに描けて、本格的に見えるお手本を多数紹介。
2017.7 103p B5 ¥1400 ①978-4-07-425343-2

◆新・十二支図100選　全国水墨画美術協会編　秀作社出版　（秀作水墨画技法シリーズ 第19巻）　改訂第5版
【要旨】十二支図すべてを第一線の日中水墨画家三十人が描いた毎年活用できる手本帖。
2017.10 101p 30×23cm ¥2800 ①978-4-88265-600-5

◆水墨画 四季を描く・仏を描く　全国水墨画美術協会編　秀作社出版　（秀作水墨画技法シリーズ 50）
【目次】四季を描く（長崎南画の伝統を守る、旅の感動―人々との出会い、水墨画の美しい表現、人生二毛作、人生の節目で出会った水墨画 ほか）、仏を描く（仏を魅せられて、芽生え）
2017.12 110p 30×23cm ¥3800 ①978-4-88265-601-2

◆水墨画・花鳥讃歌　魚住昌心著　秀作社出版　（水墨画の達人シリーズ 79）
【目次】1 花鳥（枝垂れ梅、臥龍梅 ほか）、2 人物・仏（奏でる、舟 ほか）、3 風景（佳景・寂寞、閑雅を楽しむ ほか）、4 十二支を描く（子、丑 ほか）、5 着物仕立て（"想い出" 画を愉しむ）
2017.11 95p 30×23cm ¥3700 ①978-4-88265-598-5

◆水墨画・墨に五彩あり　第5巻 額装篇―第49回全日本水墨画秀作展　全国水墨画美術協会編　秀作社出版
【目次】口絵―水墨画の美、作家篇―創作する喜び、花鳥篇―二つの描法／『花鳥画基礎入門』、山水篇―六つの基本／『山水画基礎入門』、風景篇―偉大なる天才は偉大なる努力家である、仏・人物・動物篇―絵画は画家の自由な生命的自覚の発現、抽象画篇―抽象画のすすめ
2017.3 143p 30×23cm ¥3800 ①978-4-88265-590-9

◆水墨画 中村土光―富士の見える山荘にて　中村土光著　（大阪）麗人社，グラフィス 発売　（本文：日英両文）
【目次】烈風、夕輝、波高し、沼、鎮守の森、烈風2、仙101、昔日、奥多摩渓流、いろり〔ほか〕
2017.9 72p A4 ¥3000 ①978-4-86493-189-2

◆水墨画年賀状 犬を描く―描き順や筆づかいをやさしく解説　水墨画塾編集部編　誠文堂新光社　（水墨画塾）

【要旨】描き順や筆づかいをやさしく解説。
2017.9 79p B5 ¥1000 ①978-4-416-61786-1

◆水墨画年鑑 2017年版　水墨画年鑑編　秀作社出版
【目次】水墨画企画展2016、水墨画作家録100人2017、水墨画美術団体2017、水墨画界の動き2016、水墨画関係資料2017
2017.4 239p 30×23cm ¥4800 ①978-4-88265-593-0

◆墨と彩の輝き―色紙・茶掛・扇面から屏風・巻物まで 2017 第9回京都全日本水墨画・俳画・文人画秀作展　全国水墨画美術協会編　秀作社出版
【目次】1 花鳥画、2 山水画、3 風景画、4 人物画・仏画・動物画、5 静物画・抽象画、6 俳画、7 扇面、8 屏風・巻物
2017.7 198p 30×23cm ¥3800 ①978-4-88265-597-8

◆墨とハーブのあるふつうの暮らし―森川翠水 萩の町を描く　森川翠水著・画・篆刻，森川京子文・ハーブ　日貿出版社
【目次】1 ハーバル・ライフ―妖精たちが教えてくれたこと（小さな庭、小さなキッチン、母のこと）、2 四季の暮らし―ハーブマイカレンダー春夏秋冬（春、夏、秋、冬、小さなギャラリーと翠水作品）、3 森川翠水萩の町を描く（私の原風景（文／スイスイ）、ふるさと・萩 森川翠水個展から）
2017.8 79p B5 ¥2200 ①978-4-8170-8241-1

◆日本の四季を描く―水墨・墨彩画集　小泉孝義著　秀作社出版
【目次】春―生命萌える季節（秋川渓谷1、春のいぶき ほか）、夏―緑あふれる季節（明けゆく明神池、神秘の明神池 ほか）、秋―紅葉燃える季節（初秋1、秋の玉川上水 ほか）、冬―凍てつく季節（初冬、晩照 ほか）、参考作品 外国の風景（古代へのいざない、スフィンクス ほか）、十二支の年賀状を描く
2017.2 85p B5 ¥3000 ①978-4-88265-589-3

◆猫の描き方100選―水墨画◎文人画◎墨彩画◎俳画 創作の喜び、秀作100選　全国水墨画美術協会編　秀作社出版　（秀作水墨画シリーズ 49）
【要旨】猫好きの第一線作家12名が愛猫の生態をよく観察し、写生から生まれた個性的な猫画と、心象絵画的なユニークな猫の姿態をとらえた猫画を掲載し、かつ猫の描き方のヒント、裏わざを公開した待望の猫百態！ 揮毫作家は多種多様で各画界を代表する文人画家の岩崎巴人、墨彩画家の田中慶吾、芝龍郎、本田一義、柯雅雅。墨彩画家の信香、和田伊織。俳画家の石倉政苑、兼田祥苑、古紫平々、桶村芳洋ら。
2017.2 92p 30×23cm ¥3800 ①978-4-88265-585-5

◆放浪する心の風景―73歳からの墨彩画集　永松夫著　幻冬舎メディアコンサルティング，幻冬舎 発売
【要旨】写真のような精巧さに驚き、きっとその地を訪れたくなる。絵を始めて8年、81歳の著者が描く珠玉の記録。
2017.6 207p 18cm ¥900 ①978-4-344-91300-4

◆水を描く　日貿出版社編　日貿出版社　（水墨画競作シリーズ―墨技の発見）
【目次】1章 様々な水の表情1 輝き：伊藤昌／「月煌」「月涛」「暮陰」、水の表情2 投影：川浦みさき／「海峡斜陽」「漓江の夜」、水の表情3 雪の川：松井陽水／「月光」、水の表情4 帆走：「月光」、水の表情5 泡としずく：矢形嵐酔／「クマノミの住む海」「外の雨」 ほか）、2章 水の描き方（伊藤昌、川浦みさき、松井陽水、馬艶、矢形嵐酔、久山一枝）
2017.7 111p 30×23cm ¥2800 ①978-4-8170-2050-5

絵画表現（東洋・日本画）

◆花鳥画レッスン―新感覚で描く墨と彩りの世界　伊藤昌著　日貿出版社
【要旨】大胆な筆墨技法と繊細かつ華麗な画面構成！ 現代を生きる日本人の感性で身近な自然の命をとらえた花鳥画の新世界。
2017.3 87p 30×23cm ¥2500 ①978-4-8170-2079-6

イラストレーション・挿絵・メルヘン画・絵本

◆愛燦々―祈り　中川宇妻子　藝術出版社, 星雲社 発売
2017.1 1Vol. A5 ¥2000 ①978-4-434-22909-1

◆愛の仮晶―市川春子イラストレーションブック　市川春子著　講談社
【要旨】『虫と歌』から『宝石の国』、さらには他社装画まで。市川春子画業10年の軌跡。市川春子初画集。
2017.11 127p A4 ¥2800 ①978-4-06-510646-4

◆あおい妖精たち―ミラーリングアート　本村六都子画・文　玲風書房
2017.8 1Vol. 24×19cm ¥1296 ①978-4-947666-77-2

◆蒼き革命のヴァルキュリア設定資料集　電撃攻略本編集部編　KADOKAWA
【要旨】習作や表情集など未公開デザイン、人物画以外も幅広く収録！清原紘&タカヤマトシアキの美麗かつ精緻な設定画をはじめ三面図やメカニックデザインなど未公開ビジュアルを多数収録！開発スタッフやキャラクターデザイン担当の両氏のインタビューも！ストーリーを振り返る回顧録やバトルボイスコレクションなど、読み物や文字資料も充実したファン待望の設定資料集！
2017.3 238p A4 ¥3500 ①978-4-04-892647-8

◆赤松健画集―Collected Paintings of KEN AKAMATSU　赤松健著　講談社
【要旨】とびきりの美少女をエッチに描いて人気爆発！赤松健、デビュー後23年にして初の画集刊行!!
2017.10 92p A4 ¥2500 ①978-4-06-510215-2

◆あかやあかしやあやかしの画集―七生artworks　七生著, HaccaWorks*原作　KADOKAWA
【要旨】『あかやあかしやあやかしの』連載時カラー、付録、特典を含めたほぼ全イラストを収録!!特別掲載・七生×HaccaWorks*×*担当編集によるスペシャル鼎談。原作ゲームPSP移植時初回特典用寄稿漫画10ページ。特別描き下ろし。
2017.4 128p A4 ¥2500 ①978-4-04-069222-7

◆麻田浩―静謐なる楽園の廃墟　(京都)青幻舎
【要旨】世紀末の1900年代後半、退廃的な終末世界を描き、日本・フランス・ドイツ・ベルギーで一世を風靡した麻田浩。自ら命を絶ってから20年、混沌極まる今日、麻田が描いた世界観は再評価の機運が高まっている。『没後20年 麻田浩展−静謐なる楽園の廃墟』の図録兼書籍。
2017.10 227p 28×23cm ¥3000 ①978-4-86152-638-1

◆あずきちゃん絵本―平田敏夫画集　平田敏夫著　スタイル, メディアパル 発売
【要旨】TVアニメ『あずきちゃん』のために平田敏夫が描いたエピローグイラストのうち、イラストの現物が残っているものを中心に構成。それと別に『エピローグイラストのすべて』の項内に、映像から抜き出した画像で、劇中使用イラストの全てを掲載した。描かれたものの使用されなかったイラストも掲載している。
2017.10 1Vol. 21×21cm ¥2000 ①978-4-8021-3077-6

◆アート・オブ・スター・ウォーズ／最後のジェダイ　フィル・スゾスろ, ライアン・ジョンソン著, 秋友克也訳　ヴィレッジブックス
【要旨】ライアン・ジョンソン監督と主要スタッフによる制作秘話や、キャラクター、メカニック、ロケーション等の膨大なアートワークを通して、『最後のジェダイ』のすべてを解き明かす！公式アートブック。精細なディテールで彼らの創作の過程を伝える。コンセプト・アートやコスチューム・スケッチ、ストーリーボードやクリーチャーデザインなどの、実現に至った案だけでなく、不採用に終わったり割愛されたものまで収録した。
2017.12 253p 27×30cm ¥5000 ①978-4-86491-361-4

◆アート・オブ・ダイナソー　寺門和夫編　パイ インターナショナル
【要旨】1996年の羽毛恐竜の発見後、恐竜を描いたパレオアート(恐竜画)の世界でも、新たな表現が求められるようになった。本書はパレオアート界の第一線で活躍するアーティストたちが、最新の研究成果をもとに描いた作品を収録した日本初の恐竜画集。今までの恐竜の姿をはるかに超えた、美しく躍動感溢れる新しい時代の恐竜たちを目撃せよ！
2017.8 199p 22×31cm ¥3500 ①978-4-7562-4883-1

◆アドルフ・ヴェルフリ二萬五千頁の王国　アドルフ・ヴェルフリ著　国書刊行会 (本文：日英両文)
【要旨】少年ドゥフィが世界中を冒険する空想の自伝的旅行記『揺りかごから墓場まで』、地球全土を買い上げ『聖アドルフ巨大創造物』を作り上げる方法を説く壮大なる創世記『地理と代数の書』、自身のレクイエムとも言われる呪文のような果てしなきマントラ『葬送行進曲』…。ジャン・デュビュッフェ、アンドレ・ブルトンらが絶賛した、叙事詩・絵画・楽譜・数字・表計算などあらゆるものが横溢する比類なき作品世界。アウトサイダーアート／アール・ブリュットを代表する伝説的芸術家の魅力を凝縮した本邦初の本格画集。
2017.1 231p 27×22cm ¥2500 ①978-4-336-06141-6

◆天野喜孝名画ものがたり 眠れるレタス姫　天野喜孝絵, 鈴木真理文　復刊ドットコム 新装版
【要旨】真夜中のキッチンは妖精たちのパラダイス。
2017.10 1Vol. A4 ¥3000 ①978-4-8354-5489-4

◆荒川弘イラスト集―鋼の錬金術師　荒川弘著　スクウェア・エニックス
【要旨】2001年〜2017年に描かれた300点を超えるカラーイラスト一挙収録。荒川弘の執筆現場に密着したイラストメイキング記事や、スペシャルインタビューも掲載した一冊。
2017.9 1Vol. A4 ¥4000 ①978-4-7575-5497-9

◆あんさんぶるスターズ！ オフィシャルワークス　ガールズメディアサービスセクション著　カドカワ, KADOKAWA 発売
【要旨】あんさんぶるスターズ！初の公式設定集。キャラクター設定、イベント・スカウト衣装設定、カード図鑑、初期設定資料。
2017.5 583p A4 ¥3700 ①978-4-04-733255-3

◆息をのむ写実絵画の世界―美しき女性像　近衛ロンド編　日東書院本社
【要旨】日本の写実画をリードする精鋭13名の女性像を掲載。画家たちが描き出す生命の美、存在の美。
2017.7 159p A5 ¥1600 ①978-4-528-02164-8

◆石原豪人「エロス」と「怪奇」を描いたイラストレーター　中村圭子編　河出書房新社 (らんぷの本) 増補新装版
【要旨】昭和40年代、少年雑誌の「大図解」で大活躍!!伝説のイラストレーター石原豪人の全軌跡。力・毒・色気あふれる一五〇年に及ぶ画業が初めて１冊に！
2017.7 135p A5 ¥1600 ①978-4-309-75026-2

◆1017(いちぜろいちなな)―問七作品集　問七著　パイ インターナショナル
【要旨】描き下ろしを含めた著者自選による117点の収録。さらにメイキング解説もあり！ディテールにこだわった夢のあるコスチュームを纏う変幻自在の少年・女子たち。独自の感性が紡ぐ唯一無二の問七ワールドを堪能できるファン待望の1冊です！
2017.3 1Vol. A4 ¥1800 ①978-4-7562-4880-0

◆いつか伝えられるなら　鉄拳画, つたえたい, 心の手紙(くらしの友)作　SBクリエイティブ
【要旨】「お父さん、覚えとう？」この物語は、どうしてもつたえたかった「心の手紙」から生まれました―。亡き父に贈る手紙、家族と愛の最高傑作。
2017.2 1Vol. B6 ¥1000 ①978-4-7973-9079-7

◆一血卍傑・ONLINE―八百万界ノ英傑画集　電撃Girl's Style編集部編　KADOKAWA
【要旨】総勢188体の英傑を完全収録。3Dイラスト、ラフ画なども大公開。OVER-RIDEによる制作秘話。特別描きおろしの4コマも。
2017.6 247p A4 ¥1800 ①978-4-04-893269-1

◆井上正三画集―具象と抽象の狭間で　井上正三著　幻冬舎メディアコンサルティング, 幻冬舎 発売
【要旨】細密にして絢爛な水彩画と大胆な筆致の油彩画作品100点を収録。常に新たな作法を探求する著者の作品集第2弾。
2017.7 95p 26×22cm ¥1800 ①978-4-344-91252-6

◆井上洋介絵本画集1931-2016　井上洋介絵, 土井章史編　(町田)玉川大学出版部 (本文：日英両文)
【目次】井上洋介の絵本(土井章史)、一緒におばけを作れたこと(京極夏彦)、京成電車の洋介さん(関口展)、ユリシーズ(片山健)、「おだんごばん」、「ながぐつをはいた」、「むぎばたけ」、「くまの子ウーフ」シリーズ、「だれかがぱいをたべにきた」、「だだっこライオンこんにちは」〔ほか〕
2017.8 79p A4 ¥2000 ①978-4-472-12012-1

◆井上洋介獨画集1931-2016　井上洋介絵, 土井章史編　(町田)玉川大学出版部
【目次】いも虫としての喜び 井上洋介のタブローを見る、雨の日は電車で墓と 井上洋介の散歩、井上洋介の世界 非絵画的絵画の展開、井上洋介のグロテスク 生のアリバイとしての寓喩、井上洋介の世界、対談・井上洋介VS森泰紳一 女の絵だけが女っぽいというのは何だろうね、井上洋介さんのタブローに込められたもの、1950年代から70年代、1980年代から90年代、2000年代以降、井上洋介年譜&書誌
2017.8 334p A4 ¥13000 ①978-4-472-12013-8

◆癒やされるね ねこのなぞり描き　池田書店編集部編, 鈴木ズコイラスト　池田書店
【要旨】Photo diary やっぱり猫が好き！自由気ままな、猫ぐらし、なぞって、塗って、癒やされて！(なぞりに使う道具&仕上がり、塗りに使う道具&仕上がり)、ねこの姿こんな姿(正面／後ろ姿、ジャンプ姿／座り姿勢 ほか)、1 子猫の成長日記(子猫集団、せまいところ ほか)、2 猫との生活日記(起きて、外を見る ほか)
2017.9 95p B5 ¥1000 ①978-4-262-15422-0

◆イラストレーションメイキングアンドビジュアルブック TCB　TCB著　翔泳社
【目次】ART WORKS, MAKING, SKETCHBOOK, INTERVIEW
2017.11 191p B5 ¥2500 ①978-4-7981-4983-7

◆色エンピツで描く季節絵1300―絵手紙, しおり, ぽち袋, ノートなどにちょっとそえる　石倉ヒロユキ著, 坂之上正久絵　誠文堂新光社
【目次】色鉛筆の基本、動物、魚、海の生物、爬虫類・虫、食べ物、食器、祭事・玩具、楽器・乗物・風景、植物、木・葉、果物・野菜
2017.8 1Vol. 24×19cm ¥1600 ①978-4-416-31518-7

◆ヴァルキリーコネクト 公式ビジュアルコレクション　電撃攻略本編集部編　KADOKAWA
【要旨】人気イラストレーターの筆致が細部まで堪能できるビジュアルコレクション！廣岡政樹氏やがおう氏をはじめ、豪華イラストレーター陣による美麗なビジュアル&設定原画を収録！すぐに役立つ初心者向けのノウハウやコネクトの情報など、ゲームを楽しむための攻略記事も掲載！『ヴァルコネ』の生みの親、プロデューサーOZEKIN氏とと、気鋭のイラストレーター・がおう氏のインタビューも必見！
2017.6 247p A4 ¥2500 ①978-4-04-893259-2

◆ウォルター・クレインの本の仕事―絵本はここから始まった　(京都)青幻舎
【要旨】19世紀のイギリス、芸術と職人の技が結合・爆発したヴィクトリア時代を背景に「こどもだました絵本」を「美しい書物」へと昇華させたウォルター・クレイン。グリーナウェイ、コールデコットの作品とともに、近代絵本のパイオニアたちの華麗なる世界を紹介。クレインの全貌を伝える初の本格作品集。
2017.2 207p 26×19cm ¥2300 ①978-4-86152-590-2

◆美しい情景イラストレーション ファンタジー編―幻想的な風景を描くクリエイターズファイル　パイ インターナショナル編著　パイ インターナショナル
【要旨】眺望絶佳な幻想世界を描くイラストコレクション第2弾！神秘的な自然風景や空想的な都市、壮大な建造物など、心踊るファンタジーの世界を描く、クリエイター32名の作品を収録！
2017.9 159p 25×26cm ¥2600 ①978-4-7562-4956-2

◆美しいものを―花森安治のちいさな絵と言葉集　暮しの手帖編集部編　暮しの手帖社
【要旨】初代編集長からの贈りもの、暮しの手帖を彩った挿画500点&珠玉の言葉。初の挿画集。
2017.3 143p 18×13cm ¥1600 ①978-4-7660-0202-7

◆海のポスターコンテスト「うみぽすグランプリ2016」作品集　海のポスターコンテス

美術

◆ト『うみぼすグランプリ2016』実行委員会制作 協力 舵社
【要旨】応募総数2,148点の中から選ばれた、入賞作101点を収載。
2016.12 143p 26×22cm ¥1000 ①978-4-8072-1143-2

◆絵師100人 ver.3 The Best Masterpieces of 100 Eshi BNN編集部 企画・編 ビー・エヌ・エヌ新社
【要旨】100人の絵師、100人の世界。新世代イラストレーター名鑑。描き下ろしイラスト20人掲載。
2017.8 262p 26×19cm ¥2380 ①978-4-8025-1059-2

◆絵手紙 心からこころへ 鈴木啓子著 遊行社
【目次】1章 人の巡り会いで育てられ、2章 竹筆・葛筆作り、3章 教室を持つ、4章 自分の文字が商品になる、5章 東日本大震災と絵手紙、6章 絵手紙二十年のあゆみ
2017.3 95p A4 ¥2200 ①978-4-902443-40-0

◆エトワール・ド・ミューズ 北田浩子著 アトリエサード, 書苑新社 発売 (TH ART SERIES)
【要旨】優雅に舞う、猫のバレリーナたち。実在する猫をモデルに、日本画の手法で描かれた気品あふれる猫たち。三毛猫バレエ団からトラ猫バレエ団まで、さまざまな演目で観る者を楽しませてくれる画集です。
2017.1 63p A5 ¥2750 ①978-4-88375-290-4

◆絵本作家61人のアトリエと道具 玄光社
【要旨】おなじみの絵本が生まれた、絵本作家のアトリエ。そこには作品を描いた画材道具や、影響を受けた本が並ぶ本棚まで、作家の絵本作りの"もと"があります。アトリエと道具から、そして作家自身の言葉から、絵本のさらなる魅力を伝えます。
2017.8 126p 28×21cm ¥2300 ①978-4-7683-0884-4

◆遠藤彰子 Cosmic Soul 武蔵野美術大学美術館・図書館 (武蔵配) 武蔵野美術大学出版局
【要旨】「人間の存在」や「今生きている実感」をテーマに、今なお500号以上の大作に挑みつづける遠藤彰子。初期の「楽園シリーズ」から飛躍のきっかけとなった「街シリーズ」をはじめ、50年以上にわたる画業を約100点の絵画・彫刻等により、2017年武蔵野美術大学で一挙公開。美術評論家・高階秀爾による解題とともにまとめたThe Akiko Endo 決定版！
2017.11 159p 37×26cm ¥3500 ①978-4-86463-066-5

◆狼と香辛料―十年目の林檎酒(カルバドス)―小梅けいと画集 小梅けいと著 KADOKAWA
【要旨】単行本カバーから店舗特典まで、カラーイラストを網羅！描き下ろしカラーコミックも掲載！
2017.3 127p A4 ¥2800 ①978-4-04-892653-9

◆生頼範義 3 THE LAST ODYSSEY ―1985‐2015 (宮崎)宮崎文化本舗, (京都)ヴィッセン出版 発売
【目次】1 1985‐2015 ARTWORKS(映画・ビデオ、書籍・雑誌、ゲームソフト・広告)、2 SPECIAL COLLECTION(平井和正、小松左京)、3 解説・資料
2016.12 255p 30×23cm ¥4100 ①978-4-908869-07-5

◆生頼範義 軍艦図録 生頼範義著, オーライタロー監修, ワダツミ執筆 玄光社 (付属資料あり)
【目次】1ノ巻(明治期の戦艦、大正・昭和期の戦艦、明治期の巡洋艦、大正・昭和期の一等巡洋艦、海防艦/初期の雑軍艦)、2ノ巻(航空母艦、大正・昭和期の二等巡洋艦、駆逐艦、水上機母艦/水雷母艦/潜水母艦/通報艦、潜水艦/特務艦/特務艇/小艦艇)
2017.11 2Vols.set 32×25cm ¥18000 ①978-4-7683-0882-0

◆生頼範義 拾遺集 (宮崎)宮崎文化本舗, (京都)ヴィッセン出版 発売
2016.12 125p 30×23cm ¥2500 ①978-4-908869-08-2

◆おっぱい道FINAL ポストメディア編集部編 一迅社
【要旨】「半脱ぎ」をテーマに、32名のおっぱい絵師たちが筆を揮う。ぼくたちが追い求めてきたが、ここにある。おっぱい道シリーズ、感動のフィナーレ！
2017.7 79p A4 ¥2450 ①978-4-7580-1556-1

◆大人のシールブック 心が満ちる世界の花園 アンジェラ・マッケイ, マウニー・フェダッグ著 永岡書店 (付属資料：シール)
【要旨】手軽に始められるシールアート。特別な道具は何もいりません。必要なのは、リラックスして楽しめる少しの時間と場所だけ。本書には、世界の美しい庭を描いた30枚のイラストが収められています。それぞれのイラストには、およそ100枚の草花のシールが付いています。それらを自由に貼りつけて、自分独自の庭園をつくってください。
2017.2 1Vol. 24×24cm ¥1350 ①978-4-522-43512-0

◆同じ夢―Same Dream 椎木かなえ著 アトリエサード, 書苑新社 発売 (TH ART SERIES)
【要旨】2005年から大阪・奈良を中心に個展を開催し、2010年代からは東京や海外にも進出。その奇妙で秘儀的な心象風景が多くの人の心を捉え、急速に評価を高めている椎木かなえの、待望の初画集！
2017.3 63p A5 ¥2750 ①978-4-88375-252-2

◆鬼斬の君―おにぎりくん画集 おにぎりくん 著 ホビージャパン (ALICESOFT Creator Works vol.1)
【要旨】数多の伝説的PCゲームの原画、キャラクターデザインを担当する超カリスマクリエイター、「おにぎりくん」初となる画集がついに登場。初のキャラデザ作品『人間狩り(1997)』から、最新作となる『超昂神騎エクシール(2017)』までのPCゲームのイラストを中心に、『ビキニ・ウォリアーズ』などのコラボ作品のイラストも収録。約20年に渡る「おにぎりくん」の歴史を綴った大ボリュームのイラスト画集です！
2017.8 207p A4 ¥2700 ①978-4-7986-1500-4

◆思い出した訪問 エドワード・ゴーリー著, 柴田元幸訳 河出書房新社
【要旨】一度だけ会った奇妙な老人との約束を思い出した女の子がまさにそうしようとしたことで老人の死を知る―人生の悲哀をゴーリー風味に味つけした大傑作。
2017.10 1Vol. 17×19cm ¥1800 ①978-4-309-27891-9

◆親馬鹿子馬鹿 和田誠, 和田唱著 復刊ドットコム (新装版：復刊)
2017.10 1Vol. 22×20cm ¥2700 ①978-4-8354-5530-3

◆オルタンシア・サーガ -蒼の騎士団- 公式ビジュアルファンブック 2 ポストメディア編集部編 一迅社
【要旨】第二部"受け継がれしもの"におけるメインキャラクターと新たに登場したキャラクターのイラストが満載！激動の物語を読み解くための設定資料も特別収録！
2017.3 175p A4 ¥2700 ①978-4-7580-1536-3

◆俺たち！ピラミッド！MKK 小岐須雅之, 五月女ケイ子, 寺田克也著 復刊ドットコム
【要旨】スタイルもテイストも異なる3人の絵描きが、12のお題でイラスト対決に挑戦！完成イラストギャラリー、対決ふりかえりトークに加え、表紙ライブペインティング、精神科医によるイラスト分析コラム、ラクガキページ、豪華対談を収録！
2017.5 235p A4 ¥2700 ①978-4-8354-5487-0

◆かがみのくに まち 藤田伸著 マルジュ社
2017.6 1Vol. 16×13cm ¥1600 ①978-4-89616-154-0

◆書くことと描くこと―ディスレクシアだからこそできること 濱口瑛士著 ブックマン社
【要旨】字を書くことに苦しんだ先で見つけたのは、自分にしか描けない物を描く使命だった―。TVで話題の少年画家、待望の第2弾！
2017.11 141p 23×18cm ¥1700 ①978-4-89308-891-8

◆かさ Coci la elle著 (京都)青幻舎
【要旨】一点物の日傘屋コシラエル、初めてのビジュアル・ブック。
2017.1 1Vol. 31×22cm ¥4800 ①978-4-86152-608-4

◆画集 将国のアルタイル カトウコトノ著 講談社
【要旨】総収録イラスト点数、170以上!!単行本カバーイラストや雑誌表紙はもちろんのこと、付録・特典などに使用したイラスト、触れる機会が限られる店舗・期間限定の書店POP、サインペーパー、ニューイヤーカードまで、余すところなく収録する珠玉の初画集!!
2017.10 1Vol. 31×23cm ¥3240 ①978-4-06-510441-5

◆画集 ピエロ 八杉公代著 学研プラス

【目次】あ～っ、なんで？、ぶーん！、はぁ～！、ほらっ！、ブーン！、ふ・フ・フ、やったね！、ほらね！〔ほか〕
2017.3 39p 19×27cm ¥1500 ①978-4-05-406526-0

◆活躍する日本のイラストレーター年鑑 ILLUSTRATORS' SHOW 2018 シュガー編 シュガー, 造形社 発売
【要旨】400名の仕事&最新作品。
2017.12 239p 28×21cm ¥1500 ①978-4-88172-523-8

◆加藤和恵画集 イロイロ 加藤和恵著 集英社
【要旨】『青の祓魔師』『ロボとう吉』『ホシオタ』『人狼―メフィストの戯れ―』―さらにはデビュー前の作品も!!秘蔵イラストを"イロイロ"収録!!
2017.5 148p B5 ¥1800 ①978-4-08-792518-0

◆カナヘイのゆるっとTOWNポストカードブック カナヘイ著 PARCO出版 (付属資料：ポストカード)
【要旨】なんと15枚全て描き下ろし!!カナヘイの力作ポストカードブック誕生！
2017.1 1Vol. 18×12cm ¥1500 ①978-4-86506-202-1

◆金子一馬画集 4 新紀元社
【要旨】本書は1995年にセガサターンで、2005年にプレイステーションポータブルで発売された『真・女神転生デビルサマナー』の設定原画集です。
2017.6 757, 27p B5 ¥3000 ①978-4-7753-1465-4

◆金子一馬画集 5 金子一馬著 新紀元社
【要旨】本書は1995年にセガサターンで、2005年にプレイステーションポータブルで発売された『真・女神転生デビルサマナー』の設定原画集です。
2017.9 1Vol. B5 ¥3000 ①978-4-7753-1532-3

◆紙の上の動物園―博物画に描かれた動物たち シャーロット・スレイ著, 堀口容子訳 グラフィック社
【要旨】鳥類画のジョン・J・オーデュボン、昆虫画のマリア・シビラ・メーリアンなど、各ジャンルを代表する巨匠の作品をはじめ、18、19世紀の博物学者が生物の世界を記録・分類しようとして取りあげた貴重な作品、名もなき画家の大変興味深く美しい作品まで、貴重な写本、稀少な印刷・版画、本や学会誌から厳選して掲載。同時に動物や奇怪なものに魅せられた、感じ取ってきた人々にとって、動物画がどのような役割を担ってきたか、15世紀以降に生まれた動物画の様式と目的がどのように変化していったのか、動物画500年の歴史を紐といていきます。不思議で美しい動物の世界を解き明かす貴重なコレクション集です。
2017.7 255p 26×20cm ¥2800 ①978-4-7661-3019-5

◆仮面ライダー電王 韮沢靖イマジンワークス SAY YOUR WISH… 韮沢靖著, 東映, 石森プロ監修 復刊ドットコム 新装版
【要旨】仮面ライダー電王ファン必見！韮沢靖が世界のお伽話をテーマに描いたIMAGINたち！カラー120P全てがプレミアム！オリジナル原画をもとに繊細なタッチまで再現。モタモタスたちアーリーデザイン&TV未登場イマジン初公開！頭部&背部デザイン設定画。著者による全イマジン・デザインコンセプト解説。本誌版定！描き下ろしイラスト2作品を発表。白倉プロデューサー対談、初めて明かされるイマジン制作秘話。
2017.1 119p A4 ¥5000 ①978-4-8354-5439-9

◆かわいい猫が大集合！ なごみ猫なぞり もじゃクッキー, しもかわらゆみ著 永岡書店
【要旨】絵が苦手でも、必ずキレイに仕上がる!!なぞり方&ぬり方のコツも満載。猫のかわいいポーズがたくさん！たっぷりなぞれる77匹。
2017.12 95p B5 ¥1000 ①978-4-522-43582-3

◆奇怪千蛮―メタルヒーロー怪人デザイン大鑑 ホビージャパン
【要旨】『宇宙刑事ギャバン』で幕を開けたメタルヒーローシリーズ17年の歴史に、脈々と登場し続けた数多の怪人たち。平成の世に復活を果たした一連の最近作も含め、特撮ヒーローの可能性に挑戦し続けたシリーズの全貌を「怪人デザイン」で辿る究極のビジュアル図鑑！歴代デザイナー陣のインタビューも多数収録！
2017.9 303p A4 ¥5500 ①978-4-7986-1540-0

◆キース・ヘリング アートはすべての人のために。 中村キース・ヘリング美術館監修 美術出版社 (本文：日英両文)

◆キツネけものみち―途方にくれてもなんとかなるから　tama作　ブックマン社
2017.4 1Vol. 19×15cm ¥1100 ①978-4-89308-878-9

◆鏡花繚乱―ボタニカル・アートで描く泉鏡花の世界　1　春昼/春昼後刻　まついあけみ著　八坂書房
【要旨】夢と現実、あの世とこの世のはざまに揺れる世界を紡ぐ鏡花の文学には、意外にも驚くほど多くの植物が登場する。作品に散りばめられた花々のイメージを描くボタニカル・アートと、鏡花の文章を併載した、美しくも妖しい作品集!!
2017.7 31, 79p 20×20cm ¥1200 ①978-4-89694-238-5

◆今日は早めに帰りたい　わかる著　KADOKAWA
【要旨】ツボにはまるわかるワールド@wakarana_i、ついに書籍化! ゆるカワシュール、脱力感がくせになる! 90ページほぼ描き下ろし!
2017.3 191p B6 ¥1000 ①978-4-04-895937-7

◆くまモンのいる風景　『くまモンのいる風景』製作委員会2017著　ディノス・セシール、扶桑社　発売
【要旨】あしたも笑おう! がんばろうくまもと。がんばろうニッポン。著名マンガ家やアーティストが描く「くまモン」とくまもとをテーマにした応援イラスト集。
2017.9 95p 22×19cm ¥1800 ①978-4-594-07756-3

◆クリミ―涼香画集　涼香著　KADOKAWA
【要旨】イラスト総数250点以上の大ボリューム。涼香氏のいやらしい軌跡、ここに極まる!
2017.4 191p 26×21cm ¥3200 ①978-4-04-892586-0

◆恋詩―和遥キナ作品集 2016・2017　和遥キナ著　メディエイション、廣済堂出版　発売
【要旨】忘れられない、恋の面影を―。"黒髪女子高生"絵師・和遥キナ、待望の商業作品集!!
2017.12 160p A4 ¥3200 ①978-4-331-90188-5

◆合田佐和子―光へ向かう旅　コロナ・ブックス編集部編　平凡社　(コロナ・ブックス)
【要旨】少女の夢を、呼び醒ませ―。未発表作も数多く収録した没後初の作品集。
2017.8 127p 22×17cm ¥2000 ①978-4-582-63508-9

◆甲鉄城のカバネリ―イラスト&写真集　エムディエヌコーポレーション, インプレス　発売
【要旨】大ヒットアニメの世界を10名を超すコスプレイヤーたちが再現! 撮り下ろし写真多数掲載! 主要キャラクターが全員集合!! イラストとイメージ写真が織りなす新感覚の公式ファンブック。
2017.4 127p A4 ¥2800 ①978-4-8443-6649-2

◆コウペンちゃん　るるてあ著　KADOKAWA　(付属資料:シール2)
【要旨】あなたのすべてを肯定してくれる。Twitter, LINEスタンプで大人気。コウテイペンギンの赤ちゃんが、はじめての本ができました。読むだけで心があたたかくなる、元気になる! 100%描き下ろしです!!
2017.10 123p 17×13cm ¥900 ①978-4-04-602186-1

◆心を癒やす仏像なぞり描き　真鍋俊照著　KADOKAWA
【目次】地蔵菩薩、普賢延命菩薩、大日如来(金剛界)、大日如来(胎蔵界)、如意輪観音、阿弥陀如来、雨宝童子、空海御影、聖天、弁才天(ほか)　2017.3 95p A4 ¥1600 ①978-4-04-400252-7

◆古書店街の橋姫　公式ビジュアルファンブック　大正百景　ヘッドルーム著　ヘッドルーム, 宙出版　発売　(Cool - B Collection)
【要旨】大正ポップオカルトミステリーの魅力ぎっしり! 橋姫の世界をこれでもかと詰め込みました! 表紙カバーはくろさわ凛子氏渾身の描き下ろし! 初公開の玉森朗読CDジャケットほか貴重なものの数々を掲載! 必見! キャラクター別イラスト&SS(玉森、店主、水上、川瀬、花澤、博士、カオル)。キャラクター&イベ

ント&背景画などなど見たいCGがここに!
2017.11 128p A4 ¥2800 ①978-4-7796-9693-0

◆言葉の花束―心に響く癒しの詩画　落合照男著　美術の杜出版, 星雲社　発売
【目次】1 はげましてはげまされて(魅力(恵比寿様)、なんくるないさ(富士)ほか)、2 あなたに恋をして(愛(十一面観音)、効き恋(女性)ほか)、3 人を愛して(再会(三つのバラ)、家族(ひな人形)ほか)、4 人生って素敵ね(青空(残雪)、一期一会「慈愛」(聖観音菩薩)ほか)
2017.12 101p A5 ¥1556 ①978-4-434-24097-3

◆こねこねこのて　ヨシオミドリ著　アトリエサード, 書苑新社　発売　(TH ART SERIES)
【要旨】粘土をこねて作り出したネコやトリやペンギン。立体イラストレーター、ヨシオミドリの作品集。
2017.10 63p A5 ¥2750 ①978-4-88375-280-5

◆♯コンパス戦闘摂理解析システムオフィシャルアートブック　ファミ通App編集部編　Gzブレイン, KADOKAWA　発売
【要旨】ヒーローたちの、貴重な初期設定イラストやイベント衣装のどラフ画など、イラストをたっぷり掲載!! 笑いあり涙ありの開発者座談会、ファンアンケート結果公開、愛のこもったファンイラスト大集合。絵師コメント付き。
2017.12 223p A4 ¥3000 ①978-4-04-733288-1

◆さいとう・たかを "ゴルゴ13" イラスト画集　さいとうたかを著　小学館
【要旨】イラストは全て原寸大で掲載。画稿のスミに書かれたメモや、画稿の汚れも忠実に再現。執筆時の緊張感と迫力がダイレクトに伝わってくる、圧倒的リアル感!! "G"50年間の歴史を彩る数々の名場面を見開き収録!! 「白夜は愛のうめき」「落日の死影」ほか名シーンが大迫力で甦る!! 掲載イラストを、さいとう・たかを本人が解説。執筆時の意外なエピソードが満載!! 画について語った貴重なインタビュー!!
2017.10 1Vol. 37×27cm ¥5500 ①978-4-09-199049-5

◆さくらびより―白もち桜画集　白もち桜著　KADOKAWA
【要旨】PCゲーム原画やノベル挿絵などで活躍中の、白もち桜氏による「カワイイ」がぎゅっと詰め込まれた一冊。
2017.12 127p 26×21cm ¥3000 ①978-4-04-893453-4

◆佐野洋子―あっちのヨーコ こっちの洋子　オフィス・ジロチョー編　平凡社　(コロナ・ブックス)
【要旨】おとなから子どもまで世界中の人に愛されつづけている絵本『100万回生きたねこ』の作者、佐野洋子の全てに触れるファン必携の書。絵本の絵や銅版画などの絵画作品、エッセイに書かれた生き生きとした言葉とともに、多くの友人たちの証言を紹介、「人たらし」とも言われた佐野洋子の魅力にせまる。江國香織、唐亜明、亀和田武、山本容子のエッセイ収録。
2017.12 127p 22×17cm ¥1800 ①978-4-582-63507-2

◆366日のちいさな物語　北岸由美著　ジュウ・ドゥ・ポゥム, 主婦の友社　発売
【要旨】カレンダーのように、絵本のように、毎日つづられる素敵な物語たち。イラストレーター北岸由美さんが、画像投稿SNS「Instagram」に1日1枚、投稿し続けている日付入りイラスト366点をまとめた1冊。
2017.2 190p B6 ¥1600 ①978-4-07-421138-8

◆塩谷亮画集　塩谷亮著　求龍堂
【目次】WORKS PROLOGUE、塩谷亮―写実絵画のゆくえ(篠原弘)、WORKS 1994・2017、写実絵画の歴史(安田茂美)、略年譜、作品目録、Ryo Shiotani - the future of realist painting(Hiroshi Shinohara)、A history of realist painting(Shigemi Yasuda)、Chronology, List of Works
2017.6 170p 26×26cm ¥3800 ①978-4-7630-1706-2

◆疾駆/chic(シック)　第10号　ポートレート02奈良美智2　YKG publishing
【目次】第3部 旅と人、記憶、美術(旅、行き先が定かではないタイムマシン、旅を通して見えること―何を得て、何を失ったのか、語られること、新しい歴史を知る ほか)、特集×連載 Flourish 奈良との日々、連載(これからの食と自然のはなし(原川慎一郎×保坂健二朗)、モームを探して8月(ミヤギフトシ)、立日(速沼執太)ほか)
2017.9 141p 21×15cm ¥1800 ①978-4-907966-12-6

◆シナモロールきぶん。　サンリオ編集協力　ぴあ
【要旨】毎日がちょっとだけ特別になる"シナモン"と仲間たちからのメッセージがいっぱい。
2017.3 127p 17×15cm ¥1000 ①978-4-8356-3814-0

◆シナモロール大百科　サンリオ著　PARCO出版
【要旨】誕生当初の原画やシナモンの15年間の歩みを振り返る秘蔵資料満載! デザイナーインタビュー、いちご新聞シナモロールセレクション、サンリオの人気キャラたちも登場するマンガ「きょうのカフェシナモン」など、シナモンづくしの一冊。
2017.3 119p A5 ¥1300 ①978-4-86506-215-1

◆篠原愛画集 Sanctuary　篠原愛著　復刊ドットコム
【要旨】少女の肉体に芽吹く草花、腹部に食い込む素赤の金魚、グロテスクなまでのキメラと少女性があわさる幻想世界。華やかな毒に彩られたそのイメージは、セクシュアルな命のエネルギーを感じさせる。生命の迫真を、精緻な油絵で描き出す気鋭の画家・篠原愛の初作品集。
2017.3 137p A4 ¥3500 ①978-4-8354-5476-5

◆囚人番号432 マリアン・コウォジェイ画集―アウシュヴィッツからの生還　中丸広子, グリンバーグ治子編, マリアン・コウォジェイ画・文　悠志堂
2017.8 125p A4 ¥2500 ①978-4-906873-93-7

◆植物図鑑のように楽しい 野の花 万葉の花　外山康雄著　日賀出版社
【要旨】花の色と姿、実の形と色、どれも、どの頁にも心ひかれる。こんなに花が美しく感じるなんて、愛おしく感じるなんて。開いた頁から、豊かな詩情が流れ出してくる。画集としての質も高いけれど、図鑑的にも使える楽しい内容。春々夏の花の横に、秋に実になっている姿が描かれていたり、野山を彩る山菜の姿を原寸に近い姿で一堂に紹介したり、意外な驚きがちりばめられ、ページをめくるたびに充満が続く。植物を目の高さで描いていて、実物を見るよりも美しく感じる。四季の野の花百二十点と、万葉集に登場する花四十点を掲載。
2017.4 119p 24×20cm ¥2200 ①978-4-8170-2080-2

◆シリウスへの帰還―2039年の真実　村田利明著　たま出版
【要旨】神が神を見るとき…物質文明から霊的文明への過渡期にいる私たちの、行きつく進化の先はどんな世界なのか…意識の内角を照らす絵画の導きによって、無意識を巡る旅が幕を開ける。
2017.9 94p 19×16cm ¥1400 ①978-4-8127-0407-3

◆しりだらけ　ポストメディア編集部編　一迅社
【要旨】総勢33名の豪華クリエイター陣による「おしり」をテーマにしたイラスト集。
2018.1 76p A4 ¥2400 ①978-4-7580-1581-3

◆しろしろじろ―ホノジロトヲジ作品集　ホノジロトヲジ著　パイ インターナショナル
【要旨】大人気オンラインゲームのキャラデザなどで活躍中、イラストレーター、ホノジロトヲジ初作品集。独特の彩色、繊細な筆致が描き出す夢の中のような世界。これまでオンラインを中心に発表されてきた作品の数々が"紙"で見られます。未公開描き下ろし作品、自作解説、メイキング解説etc. ホノジロワールドを贅沢に詰め込んだファン待望の初作品集です。
2017.10 1Vol. A4 ¥1800 ①978-4-7562-4950-0

◆白猫プロジェクト公式アートブック Part1　電撃攻略本編集部編　KADOKAWA
【要旨】☆4キャラクターの覚醒イラストはすべて1ページ使用し、細かなディテールまでじっくり見られる! 主人公たちからストーリーで加入するキャラクターに加え、初期に登場した☆2～4キャラクターも一挙紹介! フォースター☆プロジェクトは1st～リアルイベティカ(24th)までを、開催時期に区切って掲載! 制作時のマル秘エピソードなどを語る開発スタッフ陣のコメント付き! 初出のものを含む各キャラクターのラフや3Dモデルとその設定画稿といった貴重な資料も多数収録! リアルイベントやグッズ用に描かれたイラストや海外版キャラクターなど関連素材も充実!
2017.5 367p A4 ¥2800 ①978-4-04-892872-4

◆白猫プロジェクト 公式アートブック Part 2　電撃攻略本編集部編　KADOKAWA

美術

【要旨】サービス開始〜2017年1月開催の「新春さるとり合戦2017」までのイベントで登場した限定キャラクターの覚醒イラスト（一部コラボキャラクターを除く）を中心に、イメージビジュアル、背景やマップなどのマテリアル、各種設定画などの関連画稿を集約したアートブック第2弾!! 2017.6 383p A4 ¥2800 ①978-4-04-892879-3

◆白猫プロジェクトPOSTCARD BOOK 2　コロプラ監修　PARCO出版
【要旨】フルカラー高彩度印刷で美麗に再現！描き下ろし含む16枚収録!!シリーズ第2弾!!
2017.3 1Vol. 17×12cm ¥1380 ①978-4-86506-204-5

◆信じてみたい幸せを招く世界のしるし　米澤敬著, 出口春菜画　（大阪）創元社
【要旨】耳飾りが落ちる、ワインをこぼす、木曜日のくしゃみ。日々の暮らしに息づいている、気づくと嬉しい世界の吉兆50。
2017.5 108p 17×20cm ¥1600 ①978-4-422-70106-6

◆心象スケッチ なんとなく賢治さん　滝田恒男木彫り油彩　（矢巾町）ツーワンライフ
【目次】旅立ち―童話・銀河鉄道の夜、妹トシさんとベンベン、ポラーノの広場「山羊小屋」、童話・銀河鉄道の夜、「なぁんだ、ひきがえるの花だい。僕知ってるよ」―童話・なめとこ山の熊、雪の夜、ぎちぎちと鳴る汚い雪を、これからもつことになる一詩「春」、「お母さんいま帰ったよ」―童話・銀河鉄道の夜、谷川の岸に小さな学校がありました―童話・風の又三郎、「こゝはもういつまでも子供たちの美しい公園地です。」―童話・虔十公園林 [ほか]
2017 39p B5 ¥1200 ①978-4-907161-92-7

◆シンデレラ―天野喜孝名画ものがたり　天野喜孝絵, 木村由利子文　復刊ドットコム　（本文：日英両文）
【要旨】圧倒的な美しさで読む名作『シンデレラ』の世界。
2017.3 28p A4 ¥2500 ①978-4-8354-5475-7

◆神話―THE BEAUTIES IN MYTHS/ NEW VERSION　生頼範義著　復刊ドットコム　改訂版
【要旨】『スター・ウォーズ』『ゴジラ』『復活の日』『ウルフガイ』『幻魔大戦』『信長の野望』などジャンルを超越してダイナミックな絵を発表し続けたTHE ILLUSTOR―2015年に79歳で永眠した巨匠が、神話・歴史・伝説・物語から材を取り、選び抜いて描いた91人の美しき女たちの肖像。1988年刊行の幻の画集を、生前に加筆されていた原画をもとに再構成!!
2017.12 127p 31×23cm ¥5000 ①978-4-8354-5551-8

◆スカイエマ作品集　スカイエマ著　玄光社
【要旨】スカイエマ作品集第2弾。美しいイラストレーション100点以上収録。
2017.10 155p A5 ¥2300 ①978-4-7683-0886-8

◆杉本一文『装』画集―横溝正史ほか、装画作品のすべて　杉本一文著　アトリエサード, 書苑新社 発売　（TH ART SERIES）
【要旨】横溝正史といえば、杉本一文。横溝作品を始め、装画約160点を収録した待望の画集！
2017.11 209p A4 ¥3200 ①978-4-88375-287-4

◆スクールガールストライカーズビジュアルブック　電撃オンライン編集部編　KADOKAWA　（DENGEKIONLINE）
【要旨】2015年2月〜2017年1月に公開されたイラスト＆ビジュアル。フィフス・フォース＋アザーズ全36名の立ち絵＆プロフィール。女の子専用のコスチューム＆ヘアスタイル。サービス開始〜2017年1月に実施されたイベントの年表。神装変身、究極変身、変身、変身、高レア＆人気コスチューム。高レア＆人気メモカのバトルシーンに登場した武器モデル。カバー裏にメンバー全員の人物相関図＆身長比較表。
2017.3 143p A4 ¥2500 ①978-4-04-892796-3

◆鈴木康士画集 薄明　鈴木康士著　新紀元社　（付属資料：CD1）
【要旨】ファン待望のゲーム関連作をはじめ、TCGイラストやSF作品の装画など、話題作を多数掲載！ 2017.11 1Vol. B5 ¥2400 ①978-4-7753-1552-1

◆ずっと一緒にいられない　たなかみさき著　PARCO出版
【要旨】たなかみさき初作品集。50の描き下ろしイラストと言葉。誰もが感じたある、あの青春を追い求めて。
2017.11 1Vol. 23×16cm ¥1600 ①978-4-86506-236-6

◆スプラトゥーン 2 イカすアートブック　週刊ファミ通編集部編　Gzブレイン, KADOKAWA 発売
【要旨】50ページ以上ボリュームアップした"イカすアートブック"第2弾。イカたちやブキ・ギア、ステージの設定資料やアイディアがたっぷり収録され、彩り鮮やかなイラストの数々を細部まで楽しめる。
2017.11 384p B5 ¥2500 ①978-4-04-733269-0

◆制服至上 2 台湾女子高生制服選 日本語版　蛍尤絵　マイナビ出版
【要旨】実在する台湾南部の女子高生制服の百枚を超えるオールカラーイラスト！仏アングレーム国際漫画祭にも招かれた台湾の絵師"蛍尤"が足を運び、集めた資料を丁寧に精密に描く。
2017.5 108p B5 ¥2500 ①978-4-8399-6312-5

◆制服少女―School Girls Illustrations　マール社編集部編　マール社
【要旨】子どものようなあどけなさや、大人びた表情…。「制服」の少女たちが見せる日々の一瞬のきらめきを、個性の異なる13名の作家が情緒豊かに描き出す！誰もが通り過ぎた、輝く季節の作品集。掲載作品77点。うち、描き下ろしを28点収録。森倉円、榎本ナリコ、くまおり純、かわのゆう、4氏によるメイキングや解説も掲載。
2017.8 127p B5 ¥2300 ①978-4-8373-1300-7

◆世界一周なぞり描き―ときめきを紡ぐ旅　Eriy著　パイ インターナショナル
【要旨】すべての絵や場所の解説がされていて、世界中を旅してまわることができます。世界各地の風景や建物、さらには、その国の文化をなぞり描きをして楽しめる。ヨーロッパ/アフリカ/アジア/オセアニア/北アメリカ/南アメリカ、世界47ヵ国の絵を掲載。
2017.8 1Vol. 25×25cm ¥1300 ①978-4-7562-4937-1

◆世界の解剖　北村ケイ著　冬青社
2017.7 1Vol. 19×27cm ¥3000 ①978-4-88773-175-2

◆17NOISE―ARTWORKS of RYOKO FUKUYAMA　福山リョウコ著　白泉社
【要旨】福山リョウコ初画集。「悩殺ジャンキー」「モノクロ少年少女」「覆面系ノイズ」17年間のイラストを著者が厳選。プロットからネーム、下絵、原稿まで、貴重な制作過程も特別公開！描き下ろし三つ折りピンナップ「Nino Kureha Naka」つき。
2017.6 82p A4 ¥1800 ①978-4-592-73293-8

◆70 CREATORS'SEVEN―クリエイター70人のウルトラセブン　円谷プロダクション監修　玄光社
【要旨】1967年誕生から50年の時を経た現在、画家、漫画家、イラストレーター、アニメーターなど、気鋭のクリエイターが描く70のウルトラセブン。
2017.11 159p 31×24cm ¥3700 ①978-4-7683-0904-9

◆セブンナイツ OFFICIAL ART WORKS　ファミ通App編集部編　カドカワ, KADOKAWA 発売
【要旨】大ヒットを記録する超王道RPG『セブンナイツ』美麗イラスト満載の画集！
2017.4 159p A4 ¥2700 ①978-4-04-733251-5

◆戦刻ナイトブラッド―神牙への導き　電撃 Girl's Style編集部編　KADOKAWA
【要旨】28武将の魅力を詰め込んだ『戦ブラ』初のファンブック。各軍の武将たちによる座談会を収録！
2017.10 79p A4 ¥1800 ①978-4-04-893389-6

◆閃乱カグラNewWave Gバースト公式ビジュアルコレクション VOL.1　電撃ゲーム書籍編集部編　KADOKAWA
【要旨】カード枠で見えなかった部分もバッチリ！美麗なイラストを所属別に収録！VOL.1には「KAGURAウェディング総選挙2017」特別企画記事も収録！
2017.10 414p A4 ¥3700 ①978-4-04-893389-9

◆閃乱カグラNewWave Gバースト公式ビジュアルコレクション VOL.2　電撃ゲーム書籍編集部編　KADOKAWA
【要旨】カード枠で見えなかった部分もバッチリ！美麗なイラストを所属別に収録！VOL.2には「合体・ペア・チーム」などをまとめた特別イラストギャラリーを収録！
2017.10 415p A4 ¥3700 ①978-4-04-893390-2

◆素描の旅―小松研治図画集　小松研治著　（金沢）能登印刷出版部
【要旨】造形作家小松研治が立体造形作品『愚者の楽園』のために描き続けた、素描による発見の旅。
2017.9 93p B5 ¥2600 ①978-4-89010-720-9

◆退屈をあげる　坂本千明著　青土社
【要旨】愛猫とのかけがえのない日々を綴った話題の詩画集、待望の書籍化！
2017.11 1Vol. 19×14cm ¥1800 ①978-4-7917-7015-1

◆大正×対称アリス公式ビジュアルブック　一二三書房
【要旨】夢見るおとぎ話アドベンチャー、初の公式イラスト集。パッケージイラストをはじめとした貴重な版権イラスト、イベントCG、キャラクターデザイン、ラフイラストなど、600点を超える魅力的なイラストを収録。一部イラストにはキャラクターデザイン・めろ氏とシナリオライター・藤文氏のコメント付き！ここでしか読めない制作秘話も。
2017.2 219p A4 ¥3200 ①978-4-89199-422-8

◆タカヤマトシアキ ART WORKS　タカヤマトシアキ著, クリエグ編　玄光社
【目次】オリジナル、バトルスピリッツ、ファイナルレッドドラゴン、ロードオブヴァーミリオン、デュエル・マスターズ、Lord of Knights、戦国大戦、戦国大戦トレーディングカードゲーム、三国志大戦、三国志大戦トレーディングカードゲーム [ほか]
2017.2 143p 30×22cm ¥2500 ①978-4-7683-0821-9

◆竹久夢二 かわいい手帖―大正ロマンの乙女ワールド　石川桂子編　河出書房新社　（らんぷの本）
【要旨】乙女たちが憧れる"かわいい"の世界観を、夢二は時代に先駆けて表現しました。おしゃれなデザイン画や素朴で微笑ましいカット絵、加えて愛らしい子供絵にも筆をとり、夢二は現代にも通じる"かわいい"を多く残しました。本書では約100年前の日本で夢二が花開かせた、なつかしくて新しい"かわいい"ワールドを紹介します。
2017.4 126p A5 ¥1600 ①978-4-309-75024-8

◆ちひろを訪ねる旅　竹迫祐子著　新日本出版社
【要旨】いわさきちひろの軌跡をたどる一。戦前戦後の激動の時代を、深い模索と苦悩を抱えながら駆け抜けたちひろ。妻、母、画家として生きた波乱の人生をゆかりの地から紐解きます。
2017.5 181p B6 ¥1900 ①978-4-406-06135-3

◆鶴亀高校 つるかめさんの歌―校歌より　安野光雅絵・詞　岩崎書店
【要旨】安野光雅のふしぎでおかしな校歌（画）集。
2017.10 78p 25×27cm ¥2400 ①978-4-265-83053-4

◆ディズニーアニメーションスケッチ画集　ウォルト・ディズニー・ジャパン監修　うさぎ出版, 玄光社 発売
【要旨】ディズニーアニメの原点であるオリジナルスケッチ画集。1928年誕生のミッキーマウスから最新作のモアナまで、伝説のアニメーターたちが残したディズニーの貴重なスケッチ画を収録。
2017.4 1Vol. 31×24cm ¥3000 ①978-4-7683-0832-5

◆デート・ア・ライブ―つなこ画集SPIRIT　つなこ著, 橘公司原作　KADOKAWA
【要旨】文庫・雑誌はもちろん、アニメ・ゲームなどでつなこが描いた300点以上のイラストを収録！ここでしか見ることのできない、つなこ描き下ろしサプライズイラスト！貴重なキャラクターラフも初公開！アニメ・ゲームに登場したオリジナルキャラクター総出演の橘公司書き下ろし小説！
2017.3 223p A4 ¥2800 ①978-4-04-072183-5

◆寺山修司幻想写真館 犬神家の人々　寺山修司著　復刊ドットコム　愛蔵復刻版
【要旨】異才・寺山修司がはじめて写真に挑み変身と背理の仮面の写真館を創設、美術および写真界に華麗なるイメージの爆弾を投げつけた。これは文字のない迷宮文学だ！
2017.8 147p 30×23cm ¥10000 ①978-4-8354-5514-3

◆天使に守られて　ヘルヤ・リウッコ＝スンドストロム文・陶版画, 稲垣美晴訳　猫の言葉社
【目次】子どもの頃の夢、雲の船にのる天使、私の天使、無垢の天使の夢、天使の守護、善悪の対決、天使に守られて、車の天使、迷子を助

◆天使のたまご 少女季 2017ver. 天野喜孝絵, あらきりつこ, 押井守図 復刊ドットコム 増補特別版
【要旨】鬼才・押井守監督のもと、アニメファンタジー映画『天使のたまご』('85)のアートディレクションを担い、特異な世界観を確立した天才・天野喜孝。今や国際的アーティストである天野氏が、同作の"たまごを抱く少女"を主役に、絵本として特別譚。超縦長のキャンバス上で画と文字が切り結ぶ、きわめて美的でユニークなスタイルの本書は、85年と04年の刊行以降、長らく入手困難でしたが、オリジナル版の貴重な印刷データを使用した美麗画質のまま、天野氏の新規コメントを増補して、ついに復活!
2017.2 1Vol. 35×20cm ¥3200 ①978-4-8354-5471-9

◆テンプラニンジャ&サムライ シノザキ著 小学館集英社プロダクション
【要旨】テンプラニンジャ&サムライのゆる〜い日常がつまった初のイラストブック。
2017.6 125p 13×18cm ¥1800 ①978-4-7968-7701-5

◆どうぶつさん気分 もじゃクッキー著 河出書房新社 (付属資料:ポストカード1 [初回限定])
【要旨】Twitter&LINEスタンプで大人気!かわいい顔して心に刺さるイラスト&言葉集。
2017.5 109p 18×13cm ¥980 ①978-4-309-27843-8

◆透明水彩 3 水を食(は)む 永山裕子著 グラフィック社
【目次】まなざし─視線の先にあるもの、夢をみる─物語の扉を開く、風景─都市と残像、人物─制作の記録と作品、スケッチ、色とモチーフ〔ポジティブとネガティブ、モチーフを組む時間〕
2017.10 143p 26×20cm ¥2800 ①978-4-7661-3084-3

◆ドラゴンズドグマオフィシャルデザインワークス ダークアリズンエディション カプコン監修, ウェッジホールディングス編 双葉社 (『ドラゴンズドグマオフィシャルデザインワークス』再編集・増補改訂・改題書)
【要旨】グランシス半島と黒呪島で描かれる覚者の冒険─その礎となる設定画・イラスト・デザインラフを完全収録。ダークアリズンの追加要素を含む、膨大な数の設定画やイラスト・ラフを収録。制作における工夫やモチーフがうかがえる、開発陣のコメントも多数掲載。
2017.10 351p A4 ¥3500 ①978-4-575-16513-5

◆トリニティセブン─奈央晃徳アートワークス 奈央晃徳著 KADOKAWA
【要旨】コミックス収録分はもちろん、未収録の超秘蔵イラストまで堂々網羅!豪華作家のゲストイラストも多数収録!!
2017.10 127p A4 ¥2600 ①978-4-04-072440-9

◆長沢節─デッサンの名手、セツ・モードセミナーのカリスマ校長 内田静枝編 河出書房新社
【要旨】細くて、軽くて、弱いからこそ優しく美しい─。独特の美意識で流麗なイラストを描いた長沢節(1917〜1999)。生誕100年を記念し、美と知の巨人の軌跡をここに!セツ・モードセミナー最後のオフィシャル・ブック。2017年春に閉校するセツ・モードセミナー校舎内の写真満載!
2017.3 159p B5 ¥3000 ①978-4-309-27825-4

◆長場雄作品集 I DID 長場雄著 PARCO出版
【要旨】2014年に、雑誌『POPEYE』(マガジンハウス)の表紙に抜擢され、稀有のその才能を見出された長場雄。シンプルな描線が生み出す親密性の高いイラストが人々の心に寄り添う作品群。マガジンハウス、BEAMS、東京メトロなどクライアントワークも収録。
2017.12 231p B5 ¥3000 ①978-4-86506-247-2

◆ニューダンガンロンパV3─みんなのコロシアイ新学期 超高校級の公式設定資料集 週刊ファミ通編集部編 カドカワ, KADOKAWA発売
【要旨】イラストギャラリー、設定画、コンテ、イベント&ムービーカット、ゲームマテリアル、裏設定&コメント、隠し要素etc.1冊まるごとダンガンロンパV3!
2017.4 351p A4 ¥2700 ①978-4-04-733228-7

◆猫のダヤン ふしぎ劇場─Wonderful World 池田あきこ著 学研プラス (付属資料:ポストカード1)
2017.5 75p A5 ¥1000 ①978-4-05-406560-4

◆のじゃこの愉快なアニマルズ のじゃこ著 宝島社 (付属資料:シール)
【要旨】描き下ろしイラスト84本!LINEスタンプから飛び出した愉快な仲間たち!オリジナルシール付き。
2017.12 123p 18×13cm ¥900 ①978-4-8002-7595-0

◆はいむらきよたかイラストレーションズ The Art of Sword Oratoria はいむらきよたか著 SBクリエイティブ
【要旨】『ソード・オラトリア』1〜8巻で描かれたイラスト・設定ラフを完全収録!それぞれのイラスト・設定ラフにははいむら先生の書き下ろしコメント付き!ソード・オラトリア本編で未使用だったイラストも完全収録!はいむらきよたか先生×大森藤ノ先生のロング対談を完全収録!大森藤ノ先生書き下ろしソード・オラトリア短編小説を収録!
2017.6 143p A4 ¥2700 ①978-4-7973-9285-2

◆鋼鬼─森下直親画集 2 森下直親著 双葉社
【要旨】機動戦士ガンダム、装甲騎兵ボトムズ、エヴァンゲリヲン新劇場、マクロスシリーズetc.厳選142点。当代随一のロボ絵師ここ10年の集大成!
2017.12 129p A4 ¥2778 ①978-4-575-31322-2

◆葉賀ユイイラスト画集 Honey Ale 葉賀ユイ著 KADOKAWA
【要旨】『ロッテ』&『バカテス』10周年!!描き下ろし多数収録!甘くほろ苦いイラスト。
2017.2 126p A4 ¥2700 ①978-4-04-892659-1

◆はじめてさんと歩くマルタ島 地中海からの水彩色鉛筆Lesson 杉原美由樹著 マール社
【要旨】「マルタ」という国を知っていますか?地中海のまん中にある小さな島国です。この本では、マルタにお引っ越しをしたはじめてさんが、マルタと地中海周辺を案内しながら水彩色鉛筆を教えます。テクニックはもちろんですが、風景の選び方や切り取り方など、何より、住んでいるからこそ教えられる、マルタの魅力もたっぷり。もちろん、旅行ガイドとしても役立つ情報が満載です!
2017.8 103p 20×22cm ¥1700 ①978-4-8373-0670-2

◆バトルガールハイスクール オフィシャルアートワークス コロプラ原作・監修・著 KADOKAWA
【要旨】星守教19人+αの「かわいい」集めました!!美麗カードイラスト200点超を収録!
2017.8 175p A4 ¥3000 ①978-4-04-105770-4

◆バトルガールハイスクール POSTCARD BOOK コロプラ監修 PARCO出版
2017.2 1Vol. 17×12cm ¥1380 ①978-4-86506-206-9

◆花朧─戦国伝乱奇─原画集 アイディアファクトリー監修 一二三書房
【要旨】人気漫画家・あしか望先生が原画・キャラクターデザインを務めたオトメイト新作タイトル『花朧〜戦国伝乱奇〜』。戦国時代を舞台にした本作、からりと明るいキャラや萌え萌えの魅力に迫ります。ゲームパッケージや雑誌などで掲載されたイラストをはじめ、キャラクター・イベントCGなどのほか、秘蔵のラフデザインなども掲載。雑誌などで登場したSSに加え、本書のために描き下ろされたSSのほか、キャラクターの魅力・秘密に迫る企画など、原画集でしか知り得ない内容です。『花朧』をもっと知りたい!もっと楽しみたいという全てのファンにお薦めの一冊です!
2017.4 230p A4 ¥3000 ①978-4-89199-440-2

◆馬場のぼる ねこと漫画と故郷と 馬場のぼる著 こぐま社
【要旨】幅広い層のファンを持つ「11ぴきのねこ」の作者馬場のぼる。その軽やかに描かれた絵本の世界を支えていたものは何だったのか…。没後発見されたたくさんのスケッチブックや資料、絵本以前の漫画作品などから探る馬場のぼるの世界。
2017.8 159p 29×22cm ¥3000 ①978-4-7721-9067-1

◆半径66センチのしあわせ 堀川波著 サンマーク出版
【要旨】手の届くところに、こんなにも"宝物"がある。あなたの毎日がいとおしい日々に変わる100個の風景。
2017.10 127p 15×15cm ¥1200 ①978-4-7631-3643-5

◆ヒグチユウコ型抜きPOSTCARD BOOK「A to Z」 ヒグチユウコ著 グラフィック社
【要旨】すべて型抜きされたポストカードが26枚!
2017.10 1Vol. 16×19cm ¥2300 ①978-4-7661-3091-1

◆美人画ボーダレス 芸術新聞社監修 芸術新聞社
【目次】グラビア いざ、美人画の彼方へ、松本潮里、平野実穂、オードリー川崎、紺野真弓、ひらのにこ、加藤美紀、マツオヒロミ、松浦シオリ、平凡・陳淑芬〔ほか〕
2017.11 135p B5 ¥2800 ①978-4-87586-531-5

◆ビバ☆テイルズオブマガジン ufotableイラストレーションズ ビバ☆テイルズオブマガジン編集部編 KADOKAWA
【要旨】ビバ☆テイルズオブマガジンの表紙、ビバ☆マガ関連書籍、グッズなど、ufotableが手掛けた『テイルズオブ』シリーズのイラストを一。100点超収録に!
2017.2 129p A4 ¥2700 ①978-4-04-892655-3

◆百鬼夜行少年─アンソロジーイラスト集 PIE COMIC ART編集部編 パイインターナショナル
【要旨】人気クリエイターによる現代の百鬼夜行絵巻。女性向けコンテンツで活躍する30名の描き下ろし妖怪・怪異。
2017.12 127p A5 ¥1980 ①978-4-7562-5001-8

◆ファイアーエムブレムヒーローズ 召喚師の手引き ニンテンドードリーム編集部編著 アンビット, 徳間書店 発売
【要旨】編成ユニットとしてのキャラクターの特徴と使い勝手、スキル継承による育成方針を解説。ゲーム中に登場する通常、攻撃、奥義、ダメージ状態の4点のイラスト、ミニキャラグラフィックとともに全125キャラクターを収録。各キャラクターの特徴となるHP、攻撃、速さ、守備、魔防の基準値を収録。キャラクター育成の道標として利用できる。最高レアリティ"5"のLV.40数値も掲載。習得するスキルの詳細と、習得可能、期初状態習得済みレアリティのデータを掲載。キャラクターが登場した「ファイアーエムブレム」シリーズ作でのプロフィールを解説。登場キャラクターの人間関係がわかり、もっと楽しくプレイできる。
2017.5 318p B5 ¥2700 ①978-4-19-864414-7

◆ファッションイラスト100年史 キャリー・ブラックマン著, 五十嵐涼子訳 スペースシャワーネットワーク
【要旨】ジョルジュ・バルビエから、中原淳一まで。140人以上のイラストレーターによる重要作品400枚を掲載。これ1冊でファッションイラストの歴史がわかる。
2017.9 383p A5 ¥3800 ①978-4-909087-02-7

◆ファムファタル押見修造画集 押見修造著 双葉社
【要旨】『悪の華』『ぼくは麻理のなか』『漂流ネットカフェ』『ハピネス』『血の轍』押見修造、十五年目の初・画集一。
2017.9 105p A4 ¥2400 ①978-4-575-31303-1

◆ファンタジーとSF・スチームパンクの世界 海野弘解説・監修 パイインターナショナル
【要旨】ゴシックからスチームパンクへ─驚異と幻想、魅惑のアート世界が開かれる。ゴシック・リヴァイヴァルとロマン主義、ヴィクトリア朝の珍発明とアンダーワールドの怪物たち。ロビダが描いた未来予想図、ジュール・ヴェルヌの科学と冒険に満ちたSF、妖精が舞い魔法にかかるファンタジー物語の挿絵。さまざまな図版約400点を紹介し、ロマン主義からSF・スチームパンクへとつなぐ新たな美術史。夢のワンダーランドへようこそ!
2017.10 367p B5 ¥4800 ①978-4-7562-4971-5

◆福猫びより─Syroh Art Works Syroh著 メディエイション, 廣済堂出版 発売 (付属資料:別冊1) 初回限定版
【要旨】My Cats&Biscuit、Syroh Rough&Sketches つき。
2017 144p A4 ¥4630 ①978-4-331-90172-4

◆福猫びより─Syroh Art Works Syroh著 メディエイション, 廣済堂出版 発売 通常版

美術　844　BOOK PAGE 2018

◆ライトノベルをはじめグッズや雑誌E☆2などからイラストを厳選‼看板娘の「シア」「ミア」「ビス子」がみんなをお出迎えしてくれる画集‼
2017 144p A4 ¥2778 ①978-4-331-90173-1

◆不思議の国のアリス コンプリート・イラストレーションズ—テニエルのカラー挿絵全集　ルイス・キャロル原作、ジョン・テニエル絵、楠本君恵訳　グラフィック社
【要旨】『不思議の国のアリス』の発行元「マクミラン社」は、1865年の発行以来、ジョン・テニエルが描いた挿絵の色付けを何人かの画家に依頼してきた。150年間にわたってマクミラン社が出版した、全ての異なるバージョンの挿絵と彩色を集めた、世界ではじめての完全版。キャロル自身のスケッチ画、テニエルの挿絵、ハリー・シーカー、ジョン・マックファーレン、ディズ・ウォリスらによる彩色など。発行当時の貴重なスケッチやメモを含むマクミラン社所蔵の資料や秘話を巻末に掲載。
2017.10 228p 27×22cm ¥2800 ①978-4-7661-3021-8

◆復刻版 テレビアニメーション カードキャプターさくら イラストコレクション チェリオ！ 1　なかよし編集部編、CLAMP原作　講談社　(付属資料：ポストカード)
【要旨】当時のスタッフの手によって描かれたアニメイラストを厳選収録。CDやビデオのジャケット、ポスター、当時の各雑誌の表紙を飾ったイラストが一堂に会する豪華版！
2017.12 1Vol. 30×24cm ¥2200 ①978-4-06-510873-4

◆復刻版 テレビアニメーション カードキャプターさくら イラストコレクション チェリオ！ 2　なかよし編集部編、CLAMP原作　講談社　(付属資料：ポストカード)
【要旨】当時のスタッフの手によって描かれたアニメイラストを厳選収録。CDやビデオのジャケット、ポスター、当時の各雑誌の表紙を飾ったイラストが一堂に会する豪華版！
2017.12 1Vol. 30×24cm ¥2200 ①978-4-06-510871-0

◆復刻版 テレビアニメーション カードキャプターさくら イラストコレクション チェリオ！ 3　なかよし編集部編、CLAMP原作　講談社　(付属資料：ポストカード)
【要旨】当時のスタッフの手によって描かれたアニメイラストを厳選収録。CDやビデオのジャケット、ポスター、当時の各雑誌の表紙を飾ったイラストが一堂に会する豪華版！
2017.12 1Vol. 30×24cm ¥2200 ①978-4-06-510874-1

◆ふでばこ君　佐久間一行著　幻冬舎
【要旨】優しさとか、まっとうさとか。恥じらいとか、ひたむきさとか。だいじ、だいじ、それが大事。
2017.4 79З p 15×22cm ¥2400 ①978-4-344-03095-4

◆フネ—山本尚志2004・2016作品集　山本尚志書　(広島)大和プレス、YKG publishing 発売
2016.12 101p 23×19cm ¥2000 ①978-4-907966-08-9

◆ブラックサッドシークレットファイル　フアン・ディアス・カナレス作、フアンホ・ガルニド画、大西愛子訳　Euromanga、飛鳥新社 発売　（EUROMANGA COLLECTION）
【要旨】作者2人が明かす、知られざる『ブラックサッド』。2人の出会いから作品誕生の瞬間、共同作業の秘訣、作品の裏側にある緻密な設定、名場面に隠されたさまざまな工夫、影響を受けた作家や作品まで…。ラフやストーリーボード、『ブラックサッド』プロトタイプ、未発表イラスト10ページ分など、貴重な資料満載でおくるインタビュー＆アートブック。
2017.11 97p A4 ¥1800 ①978-4-86410-584-2

◆フラワーフェアリーズ 花の妖精たち 秋—リトル・プレス・エディション　シシリー・メアリー・バーカー著、白石かずこ訳　グラフィック社
【要旨】1923年に発行されてからずっと、世界中の少女や女性たちから愛されているシシリー・メアリー・バーカーの花の妖精たち。100年近い時を経た今でも、シシリーのイラストや詩はわたしたちに美しい季節の移ろいや、みずみずしいときめきを感じさせてくれます。本書はシシリーが遺したフラワーフェアリーズシリーズから、春、夏、秋、冬をそれぞれコンパクトな1冊にまとめた、スペシャルエディション。どこにでも持っていける小さなコレクションのひとつとして、また、大切な方へのギフトとしても最適です。
2017.9 1Vol. 15×12cm ¥900 ①978-4-7661-3032-4

◆フラワーフェアリーズ 花の妖精たち 夏—リトル・プレス・エディション　シシリー・メアリー・バーカー著、白石かずこ訳　グラフィック社
【要旨】1923年に発行されてからずっと、世界中の少女や女性たちから愛されているシシリー・メアリー・バーカーの花の妖精たち。100年近い時を経た今でも、シシリーのイラストや詩はわたしたちに美しい季節の移ろいや、みずみずしいときめきを感じさせてくれます。本書はシシリーが遺したフラワーフェアリーズシリーズから、春、夏、秋、冬をそれぞれコンパクトな1冊にまとめた、スペシャルエディション。どこにでも持っていける小さなコレクションのひとつとして、また、大切な方へのギフトとしても最適です。
2017.9 1Vol. 15×12cm ¥900 ①978-4-7661-3031-7

◆フラワーフェアリーズ 花の妖精たち 春—リトル・プレス・エディション　シシリー・メアリー・バーカー著、白石かずこ訳　グラフィック社
【要旨】1923年に発行されてからずっと、世界中の少女や女性たちから愛されているシシリー・メアリー・バーカーの花の妖精たち。100年近い時を経た今でも、シシリーのイラストや詩はわたしたちに美しい季節の移ろいや、みずみずしいときめきを感じさせてくれます。本書はシシリーが遺したフラワーフェアリーズシリーズから、春、夏、秋、冬をそれぞれコンパクトな1冊にまとめた、スペシャルエディション。どこにでも持っていける小さなコレクションのひとつとして、また、大切な方へのギフトとしても最適です。
2017.9 1Vol. 15×12cm ¥900 ①978-4-7661-3030-0

◆フラワーフェアリーズ 花の妖精たち 冬—リトル・プレス・エディション　シシリー・メアリー・バーカー著、白石かずこ訳　グラフィック社
【要旨】1923年に発行されてからずっと、世界中の少女や女性たちから愛されているシシリー・メアリー・バーカーの花の妖精たち。100年近い時を経た今でも、シシリーのイラストや詩はわたしたちに美しい季節の移ろいや、みずみずしいときめきを感じさせてくれます。本書はシシリーが遺したフラワーフェアリーズシリーズから、春、夏、秋、冬をそれぞれコンパクトな1冊にまとめた、スペシャルエディション。どこにでも持っていける小さなコレクションのひとつとして、また、大切な方へのギフトとしても最適です。
2017.9 1Vol. 15×12cm ¥900 ①978-4-7661-3033-1

◆ふわふわっふる！—ぱんART WORKS　ぱん著　メディエイション、廣済堂出版 発売　（付属資料：別冊1）
【要旨】人気急上昇中のイラストレーター・「ぱん」初の画集。ふわふわキュートな癒し系看板娘たちのイラスト作品を収録。特製小冊子(ラフ＆ラインアートワークス)付きの初回限定版。
2017.8 151p A4 ¥4120 ①978-4-331-90177-9

◆ふわふわっふる！—ぱんART WORKS　ぱん著　メディエイション、廣済堂出版 発売
【要旨】ぱん初画集。看板娘イラストをはじめ、珠玉の可愛いイラストが当社比20％増の160点以上！はるなつあきふゆ、ふわふわの女の子がいっぱいの1冊です！
2017.8 151p A4 ¥2800 ①978-4-331-90178-6

◆ベクシンスキ作品集成 1 絵画・写真篇　ズジスワフ・ベクシンスキ著　エディシオン・トレヴィル、河出書房新社 発売　（原書新装版）新装版
【要旨】ポーランドが生んだ孤高の天才幻想芸術家ズジスワフ・ベクシンスキ（1929‐2005）の全貌に迫る作品集成。フォルマリズム美学に貫かれた50年代の写真作品およびベクシンスキの名を一躍世界に知らしめた70年代の写実的幻想絵画を中心に収めたシリーズ第一弾。
2017.3 1Vol. A4 ¥3700 ①978-4-309-92116-7

◆ベクシンスキ作品集成 2　ズジスワフ・ベクシンスキ著　エディシオン・トレヴィル、河出書房新社 発売　（本文：日英両文）新装版
【要旨】死の直前、審美を極めた2000年代の幻想絵画をはじめ、壮年期の彫刻・レリーフ。続く70年代「幻想の時代」の作品。80～90年代「生体廃墟」の連作を収録。全三巻『ベクシンスキ作品集成』完結篇。
2017.8 1Vol. A4 ¥3800 ①978-4-309-92124-2

◆ベクシンスキ作品集成 3 ドローイング篇　ズジスワフ・ベクシンスキ著　エディシオン・トレヴィル、河出書房新社 発売　（本文：日英両文；原書新装版）新装版
【要旨】ベクシンスキが遺した最もエロティックでダークなドローイング／デッサン群。来る「幻想絵画の時代」に繋がる壮年期の内面世界が赤裸々に描写されたキタ・セクスアリス。
2017.5 1Vol. A4 ¥3600 ①978-4-309-92125-9

◆ペンギン美術館　松島佳世著　(大阪)青心社
【要旨】名画の中にすみつく不思議なペンギンたちの世界！ペンギンアートの総集版。ついに刊行‼
2017.9 83p B5 ¥1800 ①978-4-87892-405-7

◆変容画譜—岡村昭和作品集　岡村昭和著　アドバタイズ、日本カメラ社 発売
【目次】手の時代、切り絵の時代、墨で描く、種子の時代、えほん、イラストレーション
2017.5 1Vol. 30×24cm ¥18000 ①978-4-8179-2162-8

◆星空色えほん—館川まこ画集　館川まこ著　KADOKAWA
【要旨】細部まで描きこまれた珠玉のイラスト140点以上を収録。初画集。
2017.10 136p A4 ¥3000 ①978-4-04-893388-9

◆紅蝶（ほてり）—八宝備仁画集　八宝備仁著　コアマガジン
【要旨】人気イラストレーターの10年間の進化がここに！オリジナルイラスト＆コミックを中心に収録！
2017.2 127p A4 ¥2700 ①978-4-86436-997-8

◆ほわころくらぶイラストブック—ほわころちゃんと仲間たちを描いてみよう！　えちがわのりゆき監修　日本ヴォーグ社
【要旨】イラストを描いて、こころをほわっとさせてみませんか？なぞって練習できるほわころくらぶ初の公式イラストブック！
2017.11 79p 19×15cm ¥1400 ①978-4-529-05724-0

◆マシンガール コンセプト×コンプレックス—重戦車工房作品集 空編　重戦車工房著　イカロス出版
【要旨】重戦車工房の描くセクシー＆キュートな兵器擬人化少女が集結！美少女系ミリタリーマガジンMC☆あくしず掲載のイラストを多数収録！
2017.6 149p A4 ¥3241 ①978-4-8022-0390-6

◆魔弾の王と戦姫（ヴァナディース）片桐雛太画集　片桐雛太著　KADOKAWA
【要旨】最強美少女ファンタジー戦記の金字塔『魔弾の王と戦姫』の片桐雛太先生によるイラストを大ボリュームで収録！幻の戦姫サーシャ＆大人気戦姫ミラの新規描き下ろしイラスト掲載！川口士先生書き下ろしによる『魔弾の王と戦姫』本編のその後日譚となる短編を大収録！キャラデザの新旧ラフから未公開カバーラフまで、片桐雛太先生の秘蔵イラストを大公開！片桐雛太先生初のラノベイラスト担当作品『風に舞う鎧姫』のイラストも完全収録！
2017.11 139p A4 ¥2500 ①978-4-04-069456-6

◆魔導物語ファンブック—イラストレーション＆アザーズ　D4エンタープライズ、セガホールディングス 発売　復刊ドットコム
【要旨】魔導ファンの間で絶大な人気を誇るメインイラストレーター竹の90ページにも及ぶイラスト集に加え、魔導物語・ぷよぷよシリーズの刊行当時までの発売年表、キャラクター紹介＆舞台設定など情報が満載。
2017.10 126p 26×21cm ¥2300 ①978-4-8354-5524-2

◆魔法科高校の劣等生 石田可奈画集　石田可奈著　KADOKAWA
【要旨】この美麗、まるで『魔法』—！『魔法科』を構築する珠玉の数々を披露‼総イラスト250点以上＆描き下ろしイラストを掲載！さらに—佐島勤書き下ろし小説「バトルロイヤル」を収録‼
2017.8 159p A4 ¥3000 ①978-4-04-892995-0

◆魔法使いと黒猫のウィズPOSTCARD BOOK 2　コロプラ監修　PARCO出版
【要旨】フルカラー高彩度印刷で美麗に再現！描き下ろしを含む16枚収録‼シリーズ第2弾‼
2017.3 1Vol. 17×12cm ¥1380 ①978-4-86506-205-2

◆三嶋くろね画集 Cheers！ この素晴らしい世界に祝福を！　三嶋くろね著、暁なつめ原作　KADOKAWA
【要旨】『この素晴らしい世界に祝福を！』をはじめ、様々な作品で活躍中のイラストレーター・

三嶋くろねの、「このすば」だけを集めた待望の画集！ アクア、めぐみん、ダクネスら「このすば」キャラクターたちの魅力が詰まった珠玉の一冊です。
2017.2 127p A4 ¥2800 ⓘ978-4-04-105006-4

◆**水木しげる妖怪画集** 水木しげる著 復刊ドットコム 愛蔵復刻版
【要旨】ファンにはたまらない！「初期最高傑作」との呼び声も高い幻の妖怪画集！ 山の妖怪24点、里の妖怪60点、家の妖怪30点、水の妖怪20点が収録される大ボリューム。「こなきじじい」「ぬりかべ」といった鬼太郎ファンにもお馴染みの妖怪たちも収録。独特の黒インクで描かれる緻密な妖怪絵の美しさ。
2017.11 260p 24×16cm ¥6000 ⓘ978-4-8354-5542-6

◆**三月画集** 三月著 KADOKAWA
【要旨】『ひなこのーと』『わたしの友達が世界一かわいい』に加え、フルカラーによる読み切り作品「恋する天使と召使い」を収録。また既出のイラストにも多数の加筆修正を施した三月初画集。
2017.3 79p A4 ¥1500 ⓘ978-4-04-069127-5

◆**結‐Musubi―睦月ムンク画集** 睦月ムンク著 パイインターナショナル
【要旨】デビュー以来、常に第一線で活躍する人気イラストレーター・漫画家睦月ムンク。美麗な装画と日本の四季を彩る描き下ろしイラストから、様々なジャンルの物語を彩ってきた装画、繊細な筆致もみどころのモノクロ線画まで、著者自選による約150点以上の作品を収録。商業出版初にして集大成の画集！
2017.4 195p A5 ¥1980 ⓘ978-4-7562-4891-6

◆**村上裕二画集 仮面ライダーの世界** 村上裕二著 求龍堂 （本文：日本語；英語；中国語）
【要旨】「仮面ライダー」を日本画で描きました。仮面ライダー・怪人本画・写生473点！
2017.11 1Vol. B5 ¥3500 ⓘ978-4-7630-1724-6

◆**村田蓮爾タラ・ダンカンアートワークス** 村田蓮爾著 KADOKAWA
【要旨】7年ぶりの画集。12年描き続けた、魔法と勇気に満ちた物語の景色の数々。「タラ・ダンカン」シリーズ全24巻の全イラストと口絵に加えて、描き下ろしカラーイラストと挿絵を収録。
2017.12 79p A4 ¥2500 ⓘ978-4-04-068764-3

◆**名建築の空想イラスト図鑑** サイドランチ著 エクスナレッジ
【要旨】その建物はなぜ生まれ、どのような運命を辿ったのか。有名アニメ映画美術監督、新進気鋭イラストレーター、人気絵師たちの手による想像力豊かなイラストと、豊富なエピソードで綴る、いまだからこそ見たい建築の数々。
2017.3 150p B5 ¥1800 ⓘ978-4-7678-2298-3

◆**明治東亰恋伽5周年記念ファンブック―めいこい好男子図録（イケメンカタログ）** 電撃Girl's Style編集部編 KADOKAWA
【要旨】かる氏のアートワークほか約600点と魚住ユキコ氏描き下ろしSSを収録!! 『明治東亰恋伽』の5年間がこの一冊に一!!
2017.7 247p A4 ¥4500 ⓘ978-4-04-865557-6

◆**もう一度 倫敦巴里** 和田誠著 ナナロク社 （『倫敦巴里』再編集・改題書；付属資料：小冊子1）
【要旨】和田誠の戯作・贋作大全集。これが遊びの神髄だ！
2017.1 170p A4 ¥2200 ⓘ978-4-904292-71-6

◆**茂田井武美術館 記憶ノカケラ** 茂田井武著 玄光社 新装版
【要旨】20代でシベリア鉄道で渡仏。パリの日本人会で働きながら独学で絵を描き、日々の生活を画帳に描き留めた。帰国後はさまざまな職に就いたのち、成人向けの雑誌「新青年」で挿絵を描き始める。戦後約10年のあいだには子どもの本を中心に、膨大な仕事に取り組み、48歳で死去するまで病床で絵を描き続けた。代表作の絵本『セロひきのゴーシュ』をはじめ、パリで描かれた幻の画帳、絵物語、自身の子どもの描いた絵など約200点を収録。
2017.6 159p 24×19cm ¥2500 ⓘ978-4-7683-0861-5

◆**モノノケマンダラ―柳生忠平ポストカードブック** 柳生忠平著 瀬戸内人
【要旨】瀬戸内・小豆島の妖怪画家、柳生忠平の初の作品集となるポストカード「アート」ブック。小豆島「迷路のまち」の古民家に描いた巨大天井画「モノノケマンダラ」など、ちょっと

怖くて、ユーモアある不思議な妖怪たちのめくるめく世界。24枚の代表的な絵画作品を、全頁カラーで収録しています。
2017.4 1Vol. A6 ¥1400 ⓘ978-4-908875-16-8

◆**ヤスダスズヒト画集 Shooting Star Dandyism Side：デュラララ!!** ヤスダスズヒト著 KADOKAWA
【要旨】デュラララ!!画集第2弾!!『ダンジョンに出会いを求めるのは間違っているだろうか』シリーズも網羅！ 描き下ろしイラストを含め収録総数400点以上！
2017.4 125p A4 ¥3000 ⓘ978-4-04-892658-4

◆**ゆーげん画集―アウトブレイク・カンパニー萌える侵略者** ゆーげん絵、榊一郎原作 講談社
【要旨】文庫1～18巻のカバーイラスト・口絵・モノクロイラストを全収録。アニメ版パッケージ、コミックマーケット限定品用イラスト、キャラクターデザイン、アニメ用描き下ろしキャラクターデザイン。描き下ろし最新カラーイラスト、未発表イラストも収録！
2017.9 135p A4 ¥3300 ⓘ978-4-06-365025-9

◆**ゆった凛とあかさたな** おだやすこ著 （札幌）かりん舎
【目次】あいうえお、かきくけこ、さしすせそ、たちつてと、なにぬねの、はひふへほ、まみむめも、やゆよ、らりるれろ、わをん
2016.12 61p 19×15cm ¥800 ⓘ978-4-902591-26-2

◆**ようこそ実力至上主義の教室へ―トモセシュンサクArt Works** トモセシュンサク著 KADOKAWA
【要旨】大人気ライトノベル作品『ようこそ実力至上主義の教室へ』のイラストを大ボリュームで収録！ 衣笠彰梧とのタッグライトノベル作品『小悪魔ティーリと救世主!?』イラストも収録！ 衝撃必至の新規描き下ろしイラスト掲載！ MF文庫J『ようこそ実力至上主義の教室へ』4.5巻の伝説の女子更衣室のモノクロページがまさかのカラー化！ 驚きの新事実が発覚！ トモセシュンサク×衣笠彰梧のインタビューを収録！
2017.9 147p A4 ¥2500 ⓘ978-4-04-069291-3

◆**妖精たちが見たふしぎな人間世界―睡蓮の池で見つけた幻想イラストレーション** スヴェタ・ドーロシェヴァ著、堅山洋子訳 マール社
【要旨】人間は実在する！ 妖精たちが証拠を集めた本。
2017.10 215p 22×19cm ¥2900 ⓘ978-4-8373-0672-6

◆**横山隆一** 末友昭二編 皓星社 （挿絵叢書 4）
【要旨】「フクちゃん」だけじゃない！ 横山ワールド、再発見の旅へ!! 挿絵画家としての横山に大注目！ 知られざる挿絵作品を発掘。
2017.12 267p A6 ¥2800 ⓘ978-4-7744-0640-4

◆**世にも不思議な猫世界 イラスト作品集** KORIRI著 辰巳出版
【要旨】ぶさかわ、味わい深い、一度みたら忘れられない！ クセがすごい。でもクセになる。Instagramで大人気！ KORIRIの1stイラスト作品集。
2017.12 1Vol. 19×19cm ¥1300 ⓘ978-4-7778-1992-8

◆**ラクガキノート―窪之内英策作品集** 窪之内英策著 玄光社
【要旨】
2017.6 286p 26×20cm ¥2400 ⓘ978-4-7683-0777-9

◆**ラッキードッグ1 由良UltraPack!! 2 SECONDO PIATTO** ヘッドルーム編 ヘッドルーム、宙出版 発売 （Cool‐B Collection）
【要旨】由良描き下ろしグラビア。版権、特典、アニバ本表紙イラスト網羅。『SecretDiary』『RA-KIDOmania』などCG120点収録!!超ボリューム菅沼恭司書き下ろしSS再録。
2017.1 135p A4 ¥2800 ⓘ978-4-7767-9679-4

◆**ラブライブ！スクールアイドルフェスティバルofficial illustration book4** 電撃G's マガジン編集部編 KADOKAWA
2017.1 175p A5 ¥2000 ⓘ978-4-04-892654-6

◆**ラブライブ！スクールアイドルフェスティバル official illustration book Standard Edition** 電撃G's マガジン編集部編 KADOKAWA

【要旨】イラスト250点以上収録！『スクフェス』初の公式イラスト集。
2017.6 159p A4 ¥2000 ⓘ978-4-04-893206-6

◆**ラブライブ！スクールアイドルフェスティバル official illustration book Standard Edition 2** 電撃G's マガジン編集部編 KADOKAWA
【要旨】イラスト280点以上収録！『スクフェス』公式イラスト集第2弾！
2017.6 175p A4 ¥2000 ⓘ978-4-04-893207-3

◆**ラ・マシン カルネ・デ・クロッキー―写真とデザイン画集** フランソワ・ドゥラロジエール、富原まさ江訳 玄光社 （本文：日仏両文）
【要旨】本物の街を舞台にしたマシンのパフォーマンスを手掛ける天才クリエーター、フランソワ・ドゥラロジエールが贈る作品集。"ナントのマシン・ド・リル"、"ル・マネージュ・カレ・セナール"、"レ・メカニック・サヴァント"など、これまで手掛けたプロジェクトの構想スケッチから完成作品までを収録、マシンに対する熱い思いがこの1冊に凝縮されている。
2017.4 149p 22×26cm ¥3600 ⓘ978-4-7683-0846-2

◆**ららマジ チューナーズノート―オフィシャルキャラクター資料集** 一迅社
【要旨】人気スマホゲーム『ららマジ』の初公開デザイン画&全キャラ詳細プロフィールを一挙に収録！ Wright Flyer Studios×A‐I Picturesによるデザイン資料の数々を掲載。
2017.6 79p A4 ¥2000 ⓘ978-4-7580-1549-3

◆**リラックマ―そばにいます** コンドウアキ絵・文 主婦と生活社
【要旨】だいじょうぶ。ずっといっしょにいるんだから。ページを開くと、リラックマたちがいます。いつでも、どこでも、なんどでも、リラックマたちに会うことができる本。
2017.11 1Vol. 17×15cm ¥800 ⓘ978-4-391-15105-3

◆**レディ・アンビュティー・イン・パウダールーム―須川まきこ作品集** 須川まきこ著 エディシオン・トレヴィル、河出書房新社 発売
【目次】1 Burlesque、2 Purity and Nakedness、3 Playing with Midgets、4 Beauties and Beasts、5 Lady Amputee、6 Duo-drama、7 E is for Erotica
2017.2 148p A5 ¥3200 ⓘ978-4-309-92000-9

◆**ロマンティック 乙女スタイル** 高橋真琴著 パイインターナショナル
【要旨】あこがれのお姫さま、愛らしい永遠の少女ファッションなど、ロマンティックで夢あふれる、様々なテーマの少女画・グッズ類とともに、創作への思いや連載エピソードなども満載。時を超えて愛される真琴スタイル・乙女の秘密をひもとく1冊。
2017.10 175p A5 ¥1800 ⓘ978-4-7562-4964-7

◆**わたしのかたち―中村佑介対談集** 中村佑介著 青土社
【要旨】大人気イラストレーターの創作に影響を与える、13人との本気の対談。「描く」ためのヒントがいっぱい！
2017.7 277p B6 ¥1300 ⓘ978-4-7917-6982-7

◆**わたしの水彩スケッチ日本紀行 4 光と水と緑の風景を描く** 山本泰享著 （高知）リーブル出版
【目次】岡山県岡山市北区・岡山城、愛媛県新居浜市・別子銅山跡、岡山県岡山市北区・撫川城址、岡山県岡山市中区・曹源寺、愛媛県大洲市・おはなはん通り、広島県尾道市・尾道水道・造船所、岡山県岡山市北区・吉備津彦神社、岡山県総社市・造山古墳、滋賀県近江八幡市・八幡堀、岡山県総社市・備中国分寺 [ほか]
2017.4 199p 15×21cm ¥2000 ⓘ978-4-86338-173-5

◆**わたしの好きな子どものうた** 安野光雅著 講談社
【要旨】わくわくしながら選んだ40のうた。すべて描きおろし、思いがあふれる曲ばかり。
2017.4 95p 24×19cm ¥2900 ⓘ978-4-06-220543-6

◆**和田誠シネマ画集 2** 和田誠著 ワイズ出版
【要旨】映画を描いて映画を語る。シネマ画集（123作品）に続く、圧巻の220作品の絵画。魅惑のWadaland。
2017.4 239p 23×19cm ¥3500 ⓘ978-4-89830-305-4

美術

◆BABEL―Higuchi Yuko Artworks　ヒグチユウコ著　グラフィック社　(付属資料：ひとつめちゃんカード1(初回限定))
【要旨】16世紀ヨーロッパを魅了した奇想の画家ヒエロニムス・ボス、『バベルの塔』を描いた画家ピーテル・ブリューゲル1世。このふたりを始め、両者に影響を受けた同時代の画家が描いた絵画を舞台に、ヒグチユウコが新たな幻想世界を繰り広げます！
2017.5 1Vol. A4 ¥3800 ①978-4-7661-2993-9

◆BEST 2002・2017―15th anniversary illustration book　中村佑介著　飛鳥新社
【要旨】イラストレーター・中村佑介のデビュー15周年を飾るオールタイムベスト画集!!ASIAN KUNG-FU GENERATION、『謎解きはディナーのあとで』、『夜は短し歩けよ乙女』、ロッテ『チョコパイ』、音楽の教科書…etc.、学生時代から最新作品まで計267点を一挙収録。
2017.7 111p A5 ¥1500 ①978-4-86410-567-5

◆BL漫画家ラブシーンがたり　桜雲社構成・執筆、岡田尚子執筆　一迅社
【要旨】BL"ラブシーン"の創作について聞く、人気BL漫画家インタビュー集。ラブシーンの名手7人が語る、ここでしか読めないBL漫画のラブシーン創作舞台裏。
2017.8 79p B5 ¥1300 ①978-4-7580-1555-4

◆BLOOD of NIRA's CREATURE―韮沢靖追悼画集　韮沢靖著　宝島社
【要旨】2016年、52歳の若さで急逝した"異形の天才"韮沢靖。その表象を網羅した永遠不滅のクリーチャー集成、ここに誕生。媒体初収録の画稿、超大量!! 収録クリーチャー&キャラクター総数1100点!!描かれたドクロの数、およそ1500個!!！
2017.2 223p A4 ¥2800 ①978-4-8002-6751-1

◆BLUE REFLECTION 幻に舞う少女の剣 キャラクターパーフェクトファイル　電撃PlayStation編集部編　KADOKAWA　(付属資料：ポスター1)
【要旨】岸田メルが描く15人の少女たちのビジュアル・設定を網羅！ 高田憂希、高野麻里佳、秦佐和子ら全15名のキャストインタビューを収録。
2017.3 113p A4 ¥1800 ①978-4-04-892860-1

◆BLUE REFLECTION 幻に舞う少女の剣 公式ビジュアルコレクション　電撃攻略本編集部編　KADOKAWA
【要旨】岸田メルの描く少女たちの"きれい"をとじこめたメモリアルビジュアル集。多数のビジュアルとストーリー回想で綴る少女たちの軌跡。
2017.4 255p A4 ¥3200 ①978-4-04-892645-4

◆Chocolat―鈴鳴れな画集　鈴鳴れな著　アンドブック、三交社 発売　特装版
【要旨】キュートでえっちな美少女たちを描く、鈴鳴れな。オリジナルキャラクターイラストからゲームイラスト、書籍の装画まで描き下ろしも含めた約130点を豪華収録！
2017.8 119p A4 ¥3600 ①978-4-87919-297-4

◆Chocolat―鈴鳴れな画集　鈴鳴れな著　アンドブック、三交社 発売　通常版
【要旨】キュートでえっちな美少女たちを描く、鈴鳴れな。オリジナルキャラクターイラストからゲームイラスト、書籍の装画まで描き下ろしも含めた約130点を豪華収録！
2017.8 119p A4 ¥3000 ①978-4-87919-298-1

◆COCON NOIR―黒い繭　まちゅまゆ著　アートジャパン、求龍堂 発売
【要旨】「黒い繭」と名付けられた世界からは何が生み出されるのか？ずっと心の奥にある『アカルイクラヤミ』を描き続けてきた画家まちゅまゆの初作品集。創り上げてきた世界も、物語も、願いも、この一冊にこめて。
2017.11 125p 23×16cm ¥2400 ①978-4-7630-1720-8

◆Collar×Malice Art Works　アイディアファクトリー監修　一二三書房
【要旨】大人気乙女ゲーム「Collar×Malice」の世界を彩る美麗イラスト集を収録した、デザインファクトリー完全監修の公式アートワークス誕生。
2017.2 225p A4 ¥3200 ①978-4-89199-428-0

◆da - kuro Artworks―だーくろ画集　だーくろ著　Fuji & gumi Games, gumi原作　KADOKAWA
【要旨】Fuji&gumi Gamesが贈る大型モバイルゲーム『ファントムオブキル』『誰が為のアルケミスト』『シノビナイトメア』を代表するイラストレーター"だーくろ"初のイラスト集。描き下ろしピンナップ含む豪華イラスト100点超収録。巻末ロングインタビュー。
2017.5 128p A4 ¥3000 ①978-4-04-105050-7

◆DARK SOULS 3 DESIGN WORKS　週刊ファミ通編集部編　カドカワ、KADOKAWA 発売
【要旨】イラストから紐解く公式デザインアート集。追加DLC『THE PAINTED WORLD OF ARIANDEL』『THE RINGED CITY』の秘蔵アートも収録。
2017.3 335p A4 ¥3500 ①978-4-04-733194-5

◆Fair wind―瀬尾公治画集　瀬尾公治著　マッグガーデン
【要旨】『風夏』『君のいる町』『Princess Lucia』『Half&half』のイラストは勿論、ここだけで読める特別記事も収録!!歴代ヒロイン続々登場!!幻の温泉回コラボ漫画をフルカラー化して掲載!!
2017.2 137p A4 ¥3000 ①978-4-8000-0648-6

◆Finale―ゼロの使い魔コンプリートイラストコレクション　兎塚エイジアートワークス　兎塚エイジ著　KADOKAWA
【要旨】描きおろしピンナップイラスト。『ゼロの使い魔』シリーズ、『ゼロの使い魔外伝 タバサの冒険』、『烈風の騎士姫』シリーズ、カバー、口絵、挿絵イラスト。月刊コミックアライブ描きおろし歴代表紙イラスト、ふろくイラスト。TVアニメ『ゼロの使い魔』シリーズDVD・BDパッケージイラスト、小冊子挿絵、リーフレットイラスト、CDジャケットイラスト等。TVゲームパッケージイラスト、学園祭小冊子歴代表紙イラスト、抱き枕イラスト、応募者限定グッズイラスト、その他秘蔵イラスト等、500点以上の全イラストを完全収録一！
2017.3 331p A4 ¥3500 ①978-4-04-069213-5

◆Girl meets Sweets　Sakizo著　実業之日本社　(リュエルコミックス)　(本文：日英両文)
【要旨】スイーツがモチーフの衣装をまとった甘くて可愛い女の子たち。色彩が奏でるマーチに乙女心も躍る。大人気イラストレーターSakizo商業初単行本ストーリー形式イラスト集。英語対訳つき。
2017.12 135p A4 ¥1800 ①978-4-408-41482-9

◆IBLARD 井上直久―世界はもっとキレイにみえる　井上直久監修、山野邊友梨編・制作(大阪)青心社　(付属資料：すごろく)
【要旨】透明で鮮やかな色彩描写で見るものを魅了し、心ときめく世界「イバラード」を生み出した画家井上直久まるごとぜんぶ!!
2017.8 163p B5 ¥2500 ①978-4-87892-403-3

◆IHATOVO 03　junaida著　(大津)サンリード
2017.10 1Vol. 31×23cm ¥2600 ①978-4-914985-60-8

◆ILLUSTRATION 2018　平泉康児編　翔泳社
【要旨】イラストレーションの「今」、掲載作家150人。
2017.12 317p B5 ¥2800 ①978-4-7981-5389-6

◆ILLUSTRATION MAKING & VISUAL BOOK くまおり純　くまおり純著　翔泳社
【要旨】厳選作品集×イラストメイキングブック。
2017.5 191p 26×20cm ¥2500 ①978-4-7981-4907-3

◆I'M ME―junaida collected works 作品集　junaida著　玄光社
【要旨】一枚の絵に潜む無数の小さな物語。すでに絶版の初期画集を含め、三越クリスマス三部作『HUG』『HOME』『NORDIC TALES』、宮沢賢治の世界を描いた「IHATOVO」シリーズ、オリジナル画集『LAPIS』『ENDLESS』など、既刊のアートブックから厳選した作品や、挿絵、装画、CDジャケット、ポスターなどのアートワークも多数収録。
2017.12 1Vol. 26×19cm ¥2500 ①978-4-7683-0916-2

◆KEI画集 mikulife　KEI著　KADOKAWA
【要旨】「初音ミク」がこの世に産声を上げて10年。キャラクターデザインを手がけたKEIの10周年記念画集。ミクはもちろん、鏡音リン、レン、巡音ルカ、MEIKO、KAITOも含め、100点以上収録。さらに画集だけの描きおろしイラストも！ ミクの10年を詰めこんだ一冊。
2017.8 126p A4 ¥2500 ①978-4-04-105653-0

◆KiraKira―まき田画集　まき田著　KADOKAWA
【要旨】柔らかく優しいタッチのイラストに思わず心が温かくなる―。初期&未発表作品を含む150点以上のイラストを収録。イラストメイキングや著者インタビューも収めた初の画集。
2017.6 143p 19×15cm ¥1250 ①978-4-04-602056-7

◆KIRBY ART & STYLE COLLECTION―星のカービィアート＆スタイルコレクション　ハル研究所、ワープスター監修・協力　KADOKAWA
【要旨】25年分のカービィをあつめた永久保存版ビジュアルブック。未公開の設定資料含む1,800点以上のアートを収録。
2017.11 271p 22×22cm ¥2500 ①978-4-04-893386-5

◆KLAP!! - Kind Love And Punish - 公式アートブック　デザインファクトリー監修　一二三書房
【要旨】2015年にオトメイトより発売され、幽魔を調教するというちょっと過激(？)な内容で人気を博した『KLAP!!』シリーズの公式イラスト集の登場です。本編ディスクと3月発売のファンディスクのイラストを大量収録！ 各種パッケージやリリースイラスト、雑誌、WEBに描き下ろされたイラストのほか、イベントCG、キャラクターデザイン、各種ラフデザインも掲載！ さらに、世界観コメントやショートストーリー、あの"調教ボイス"の一部も掲載！ シリアス、コミカル、調教シーン…『KLAP!!』のすべてをぎゅっと詰め込んだ一冊です。
2017.4 283p A4 ¥3400 ①978-4-89199-367-2

◆KYMG 3 ―コザキユースケ画集　コザキユースケ著　幻冬舎コミックス、幻冬舎
【要旨】イラスト集第3弾!!!!!『ファイアーエムブレムシリーズ』『パズル＆ドラゴンズ』『ポケモンGO』『解放少女SIN』『鉄騎7』『ブブキ・ブランキ』『デッドプール』…etc.2012年～2016年に描かれたキャラクター＆ビジュアルを徹底収録！ 少女と血の掟。剣とテクノロジー。あらゆる世界を描き出すユザキユースケ最新作品集!!!
2017.8 A4 ¥3400 ①978-4-344-83828-4

◆lack画集 Palette　lack著　ホビージャパン
【要旨】イラストレーター"lack"初画集刊行。『Fate/Grand Order』や『デュエル・マスターズ』など、数々の人気タイトルに加え、氏のオリジナル作品を含む、厳選された160点以上のイラストを一挙掲載！
2017.9 143p A4 ¥2593 ①978-4-7986-1526-4

◆Less than A4　大島智子著　ディー・エル・イー　(付属資料：CD1)
【要旨】赤裸々に女の子の今を映し出す、同性を中心に圧倒的支持を得る大島智子初の画集。描き下ろしイラスト31枚をはじめ、過去に描いた作品やラフスケッチ、ネットに綴った言葉、マンガやGIFアニメを収録。またモデル・玉城ティナとの対談、黒瀬陽平による批評も掲載。付録CD・泉まくら、禁断の多数決、宇宙ネコ子による書き下ろし楽曲。
2017.11 1Vol. 22×17cm ¥2124 ①978-4-9909585-3-5

◆MJイラストレーションズブック 2017 とっておきのイラストレーター136人　峰岸達監修　MJブックス、パイ インターナショナル 発売
【目次】agoera、浅野みどり、東久世、安達けい、あべちま、有馬奈保美、安藤彩利、石崎春香、いしざきなおこ、石津亜矢子〔ほか〕
2017.1 287p B5 ¥1852 ①978-4-7562-4897-8

◆My Little Lovers―野々原幹アートワークス　野々原幹著　コアマガジン
【要旨】たぬきるふとが世に放つ、エロ可愛い微少女ゲーム2タイトルを網羅！ 不世出の微少女画家・野々原幹が生み出した愛らしい幼姿のイラスト＆CGをふんだんに掲載!!
2018.1 158p A4 ¥2963 ①978-4-86553-137-3

◆PINUP GIRLS―キリヤマ太一作品集　キリヤマ太一著　コアマガジン
【要旨】待望のオリジナル初作品集！ PCゲームでヒットを飛ばしてきた人気イラストレーターキリヤマ太一の魅力を凝縮しました。四季を彩る乙女たちの姿をミニノベル付きで楽しめる！ コミックもカラーとモノクロあわせて5本収録。
2017.8 168p A4 ¥2900 ①978-4-86653-062-8

◆pixivイラストレーター年鑑 2017　UGC企画課著　KADOKAWA

【要旨】ユーザー数2000万人を超える世界最大級のイラストコミュニケーションサイト「pixiv」。ついに10周年を迎えるpixivの"現在"を代表するユーザー180名の作品を収録！ここ1年でのpixiv内の流行やイベント、FANBOXなどの新機能や人気の周辺サービス、かつてない盛り上がりを見せる「pixiv コミック」など、pixivを取り巻くさまざまな事象もご紹介します！
2017.2 215p A4 ¥3000 ①978-4-04-734515-7

◆pure―カントクアートワークス 初回限定版 カントク著 メディエイション，廣済堂出版 発売 （付属資料：別冊1）
【要旨】『あしあと』、『STEP』に続く個人画集第三弾！ 豪華「ハードカバー」仕様の初回限定版。
2017.7 138p 27×22cm ¥5000 ①978-4-331-90175-5

◆pure―カントクアートワークス カントク著 メディエイション，廣済堂出版 発売
【要旨】6年ぶりの集大成。皆が待ち望んだカントク画集・第3弾！ イラスト収録点数120点以上！
2017.7 138p 26×21cm ¥2800 ①978-4-331-90176-2

◆RAINBOW GIRL―アカバネART WORKS アカバネ著 メディエイション，廣済堂出版 発売
【要旨】収録点数130点以上厳選。色鮮やかな作品を画集用の特別インキで完全再現！ 大人気カードゲームからオリジナル作品まで、イラストレーター『アカバネ』初画集。巻頭PINUPポスター付。
2017.10 158p A4 ¥2800 ①978-4-331-90180-9

◆Ribbon 利光春華著 上ノ空，日販アイ・ピー・エス 発売
【要旨】イラストレーター利光春華初ビジュアルストーリーブック。「TOYOTA2017年度カレンダー」のイラストで大人気沸騰。利光春華、待望の初画集。美麗ポストカード16枚を綴じ込んだ豪華仕様。
2017.12 1Vol. 19×27cm ¥2500 ①978-4-9909826-0-7

◆Rieko Hidaka―日高理恵子作品集1979-2017 （長泉町）ヴァンジ彫刻庭園美術館，（長泉町）NOHARA 発売 （本文：日英両文）
【要旨】35年にわたって樹に向き合い、感じ、描いてきた画家・日高理恵子。絵画の探求に向けられた表現の本質を、約100点の作品図版と作家の言葉、多彩な論考でたどる待望の初作品集。
2017.10 231p A4 ¥4200 ①978-4-904257-42-5

◆sin of LEWDNESS―Niθ ART WORKS Vol.3 Niθ著 ホビージャパン
【要旨】「七つの大罪」のイラストや設定画、Niθ氏による製作裏話なども収録し、アニメの副読本としても最適！ また「仮面ライダー鎧武/ガイム」、「ウィザード・バリスターズ～弁魔士セシル」、「ガリレイドンナ」のクリーチャー、メカデザイン設定画も収録。イラストレーターとしてだけではなく、デザイナーとしても活躍するNiθ氏の魅力を詰め込んだ珠玉の1冊！
2017.6 175p A4 ¥2700 ①978-4-7986-1475-5

◆TANKRO KATO ILLUSTRATIONS：Captured Moments 加藤単駆郎著 イカロス出版
【要旨】パッケージに描かれた美しい瞬間―初公開のノートリミング版となるプラモデルのボックスアートを中心に、メカニズムの美しさを追求する筆者厳選のイラストを収録！
2017.6 129p A4 ¥2759 ①978-4-8022-0388-3

◆ten. NOVOL著 ブックマン社
【要旨】ペインティング・アーティストNOVOL、10年の軌跡。視覚で音楽を感じる作品群を一挙公開！ MUROとの対談も収録！！
2017.12 187p 21×19cm ¥3200 ①978-4-89308-893-2

◆Time goes by―永井博作品集 永井博著 復刊ドットコム 復刊
【要旨】レコード・CDジャケット、広告、ポスター、様々なシーンを彩ってきたイラストレーター・永井博の作品集が待望の復刊！
2017.7 79p A4 ¥2800 ①978-4-8354-5495-5

◆Tokyo Sketch―リアル色鉛筆画家・林亮太の世界 林亮太著 文芸社
【目次】第1章 坂の向こうに、第2章 光の彩り、第3章 陽と路と
2017.2 128p B5 ¥2300 ①978-4-286-17898-1

◆TRIBUTE TO OTOMO 大友克洋原作，Éditions Glénat講談社編 講談社
【要旨】アングレーム国際マンガフェスティバルGrand Prix 受賞記念。大友克洋をリスペクトする世界の作家80名によるトリビュート画集。
2017.1 1Vol. 32×26cm ¥5000 ①978-4-06-365011-2

絵本

◆あなたなんてだいきらい きむらゆういち作，高橋和枝絵 あすなろ書房
【要旨】大人の絵本！ あなたの、何よりも一番きらいなところは…。
2017.2 1Vol. 19×13cm ¥850 ①978-4-7515-2826-6

◆うみ―かがみのくに 藤田伸著 マルジュ社
2017.2 1Vol. 16×13cm ¥1600 ①978-4-89616-151-9

◆英語版 絵本化鳥―A Bird of a Different Feather：A Picture Book 泉鏡花文，中川学絵，ピーター・バナード訳 国書刊行会 （本文：英文）
2017.10 59, 13p 19×27cm ¥2000 ①978-4-336-06208-6

◆かがみのくにシリーズ 1 藤田伸著 マルジュ社
【目次】まち、かわ、やま、うみ
2017.7 4Vols.set 16×14cm ¥6400 ①978-4-89616-156-4

◆すみっコぐらし 4さつめのシールブック 主婦と生活社編 主婦と生活社
2017.11 1Vol. A6 ¥680 ①978-4-391-15119-0

◆そのままのキミがすき きむらゆういち作，高橋和枝絵 あすなろ書房
【要旨】大人の絵本！ 世界中がキミをブスと呼んでも、ぼくにとっては、世界一！
2017.12 1Vol. 19×13cm ¥850 ①978-4-7515-2825-9

◆フランス絵本の世界―鹿島茂コレクション 鹿島茂著 （京都）青幻舎
【要旨】19世紀半ばから20世紀、フランス絵本の黄金時代を牽引した作家・イラストレーターたちを厳選紹介。19世紀の子どもたちのクラシックで愛らしい暮らしの風景、20世紀に開花したモダンなグラフィック・アート、そして漫画（バンド・デシネ）とアニメーションへのつながりも。
2017.9 220p 28×23cm ¥3200 ①978-4-86152-637-4

◆マッティ、旅に出る。―やっぱり今日も憂鬱 カロリーナ・コルホネン著，柳澤はるか訳 方丈社
【要旨】マッティは今日も憂鬱―見知らぬ人と、同じテーブルで食事。夏と太陽が好き、アイスクリームが好き、やっぱりコーヒーが好き、サマーコテージと静寂を愛する、個人的領域が何より大事、長い休暇…大好き！ マッティの日常を綴った第2弾。
2017.11 1Vol. 16×20cm ¥1500 ①978-4-908925-22-1

◆リラックマ ずっといっしょセット コンドウアキ絵・文 主婦と生活社 （付属資料：ポストカード3）
2017.11 3Vols.set 18×16cm ¥2500 ①978-4-391-15139-8

漫画・アニメイラスト集

◆アイアンマンの日常―THE WORLD ACCORDING TO IRON MAN ラリー・ハマ，マーク・スメラック文，上杉隼人，広瀬恭子訳，マーコ・ピエルフェデリチイラスト 講談社
【要旨】アイアンマンことトニー・スタークの知られざる一面！ スーパーヒーロー、億万長者、天才科学者、そしてプレイボーイ。数々の顔を持つトニーが、企業経営と地球防衛の忙しい合間を縫って、その人生哲学をシェアしてくれる。本書は、各種アーマーや戦闘術、さらにアベンジャーズやS.H.I.E.L.D.での仕事、同じ科学者仲間のハルクやブラックパンサーの紹介など、充実の内容をおなじみのユーモアたっぷりのトニー節でお届けする。行きつけのレストランから歴代のカノジョまで、トニーの私生活も明らかに！ スーパーヒーローの入門本！
2017.10 63p 21×21cm ¥2200 ①978-4-06-220369-2

◆アイデンティティ・クライシス ブラッド・メルツァー作，ラグス・モラレス画，秋友克也訳 ヴィレッジブックス
【要旨】あらゆるヒーローに共通する最大の弱点。それは、家族や友人、愛する者の存在である。故に彼らは正体を隠し、悪と戦い続けてきたのだ。そうすれば、愛する者を守れると信じて。だが、ある殺人事件をきっかけに、その期待は脆くも崩れ去る…。数々のベストセラーで知られる小説家ブラッド・メルツァーが脚本を手がけた問題作、ついに邦訳！ 巻末には、全7話の創作過程を辿る貴重なボーナスマテリアルも収録！
2017.3 263p B5 ¥3300 ①978-4-8401-6491-326-3

◆アウトキャスト 1 ロバート・カークマン作，ポール・アザセタ画 Graffica Novels，誠文堂新光社 発売
【要旨】幼少期の"トラウマ"のため、人目を避けて暮らしているカイル・バーンズ。彼はある日、街で"悪霊に取り憑かれた少年"の噂を耳にし、悪魔祓いとしても名高いアンダーソン牧師のもとを訪ね、自分の過去とも深い関わりのある悪霊の存在と対峙していくことになる。自身の運命のみならず、世界の命運をも左右する深遠なる存在の正体とは!?
2017.1 268p B5 ¥2600 ①978-4-416-51799-4

◆アウトキャスト 2 ロバート・カークマン作，ポール・アザセタ画 G‐NOVELS，誠文堂新光社 発売
【要旨】周囲で起こる数々の悪霊憑きに苦しみ続けてきたカイル・バーンズは、謎の現象への答えを求めていた。悪の力が迫りくるなか、カイルは今こそ最も危険な悪魔祓いに挑む。しかし、一筋縄ではいきそうにない…（CHAPTER 3：THIS LITTLE LIGHT）。謎の現象に関して一定の答えを得られたものの、バーンズ一家には最大の危険が迫っていた。アリソンは娘のアンバーから、彼女に秘められた特異な性質に気づく。カイルの姿が見当たらない。アンダーソン牧師はカイルを救うために、あらゆる危険を冒す覚悟はあるのだろうか…？（CHAPTER 4：UNDER DEVIL'S WING）。『ウォーキング・デッド』のクリエイター、ロバート・カークマンの最新のヒット作。人類を恐怖に陥れる本格ホラーシリーズ！
2017.7 243p B5 ¥2600 ①978-4-416-61767-0

◆茜さすセカイでキミと詠うSTARTER BOOK 一二三書房
【要旨】ジークレストが贈る大人気『和風ファンタジー×恋愛』パズルRPG『茜さすセカイでキミと詠う』初のスタータブック。ツクヨミ男子61人のプロフィールを、初公開となる『ツクヨミ男子の夢』とともに掲載！ 世界設定や男子たちの関係性がうかがえる相関図を掲載！
2017.7 75p A4 ¥1800 ①978-4-89199-455-6

◆アクアマン：王の最期（THE NEW 52！） ジェフ・ジョーンズ作，ポール・ペレティエ，ショーン・パーソンズ画，内藤真代訳 小学館集英社プロダクション
【要旨】アトランティスを統べる王として、王道を歩みはじめたアクアマン。だが、新王の進む道は前途多難であった。新たな脅威である武器商人のスカベンジャーが、アトランティスの兵器を収集し、潜水艦隊を率いて工場へ侵攻を始めていたのだ。さらに、南極大陸の氷の奥底ではアトランティスの初代国王である幽王が蘇った。アトランティスの王位返上、アーサー王の血筋の根絶を求めて幽王の冷酷な怨念がアクアマンを切り裂かんとする。海底王国のさまざまな勢力が入り乱れ、覇権争いは加速していく。アトランティスが戦火に焼かれる時、生き残ることができるのは、一つの軍隊と強固な意志を持つ指導者だけ。はたしてアクアマンの運命は…!?
2017.1 197p 26×18cm ¥2400 ①978-4-7968-7638-4

◆アストニッシング・ソー ロバート・ロディ作，マイク・チョイ画，光岡三ツ子訳 小学館集英社プロダクション
【要旨】巨大嵐が世界を引き裂きそうになった事件の謎を追究したソーは、生ける惑星"エゴ"が太陽系を突っ切っていったことをつきとめる。"エゴ"は謎の長命宇宙人コレクターに囚われた弟を救おうと急いでいたのだった。だが、兄弟の邂逅は不幸を呼ぶだけだった。"エゴ"と弟星"オルターエゴ"が出会うと、彼らは共に生き残れない。つまり、もう一つの惑星は滅びる運命なのだ。その運命を避けられるパワーを持つのは雷神ソーのみ。しかし、そのためには昔の恋

美術　848　BOOK PAGE 2018

人をはじめ、過去の因縁に向き合わねばならなかった…。
2017.11 114p 26×18cm ¥2000 ①978-4-7968-7697-1

◆**艶漢ヴィジュアルブック**　尚月地著　新書館
【要旨】『艶漢』の美麗カラー絵、公開ラフのほか、描き下ろし短篇漫画、語り下ろしインタビュー収録。
2017.12 1Vol. B5 ¥2400 ①978-4-403-65080-2

◆**アドベンチャー・タイム—マーセリン＆ザ スクリーム クイーンズ**　ペンデルトン・ウォード原作、メリディス・グラン作・画　フェーズシックス、星雲社 発売
【要旨】アドベンチャー・タイム屈指の人気キャラヴァンパイア・クイーンのマーセリン、そしてプリンセス・バブルガムと出掛ける冒険！ ロックの世界に思わず引き込まれたプリンセスバブルガムは、マーセリン率いるバンドの、大陸をめぐるツアーのマネージャーとして同行することを決意！ しかし音楽通を気取る人達からの批判や、自信喪失から生まれた魔物など、さまざまな障害がバンドの前に立ちふさがる！ 果たして彼女らは友情を壊さずに、バンドとしての栄光をつかみ取ることが出来るのか？
2017.5 1Vol. 27×17cm ¥2000 ①978-4-434-23297-8

◆**アドベンチャー・タイム プレイング ウィズ ファイア**　ペンデルトン・ウォード原作、ダニエル・コルセット作、ザック・スターリング画、ローズ・賢訳　フェーズシックス、星雲社 発売
【要旨】ヘンテコ占いドラゴン詐欺師に魂を奪われてしまったフィン！ 友人の「らしさ」を取り戻すため、フレイムプリンセスとジェイクが立ち上がる！ しかしすぐなんでもかんでも焼やそうとするフレイムプリンセス…果たして彼なら待ち受けるさまざまななぞなぞや罠を抜け出すことは出来るのか？
2017.8 1Vol. 23×16cm ¥2000 ①978-4-434-23552-8

◆**アベンジャーズ：ラスト・ホワイト・イベント**　ジョナサン・ヒックマン作、ダスティ・ウィーバー、マイク・デオダート画、秋友克也訳　ヴィレッジブックス
【要旨】新たにアベンジャーズに迎えられたナイトマスクが口にした「白い事象」。その現象の意味するところとは？ そして、ビルダーズらとの関係は？ 火星に始まる驚異の物語にまた新たな一頁が刻まれる。新鋭ジョナサン・ヒックマンが贈る壮大なSF抒情詩、物語は核心へと迫る！
2017.1 155p 26×19cm ¥2700 ①978-4-86491-321-8

◆**あるあるネタがいっぱい！ イマドキ妖怪くつだる。**　ゴトウマサフミ著　講談社
【要旨】日常の「あるある」的な出来事はもしかしたら、妖怪のしわざかも！ 『イマドキ妖怪くつだる。』が8コママンガになった！
2017.6 1Vol. B6 ¥900 ①978-4-06-365026-6

◆**家**　パコ・ロカ著、小野耕世監訳、高木菜々訳　小学館集英社プロダクション
【要旨】亡くなった父親が大事に手入れをしてきた休暇用の家。父亡き後、荒れ果ててしまった家を片付けようと、兄妹たちはそれぞれの家族をともなって、ひさしぶりに集まった。思い出の品々、たくさんの幸せな瞬間、知りえなかった父の思い…父の遺した家の片付けを通して、兄妹たちは、それぞれの後悔の念を抱えながら父の喪失に向き合っていく。過去と現在、生と死、家族の想いが重なり合う「家」の記憶の物語。「老い」を描いた傑作コミック『皺』で感動を呼んだスペインの漫画家パコ・ロカが父の死と、それに向き合う家族の姿を描いた最新作。
2017.1 125p 18×25cm ¥2800 ①978-4-7968-7710-7

◆**磯光雄ANIMATION WORKS vol.1**　磯光雄著　スタイル、メディアパル 発売
【要旨】アニメーションの制作過程で、磯が描いた原画（レイアウト、修正原画を含む）を収録。原画そのものが発見されなかったものについては、コピーを使用している。構成に関しては各カットで描かれた原画は省略することなく、全てを収録。タイムシートが現存するカットについては、タイムシートや原画番号が記された「アクション」の欄を切り出して掲載。また、タイムシートに書き込まれた修正指示もトリミングして載せた。他にも、磯自身が特殊効果を入れたカットに関しては、特殊効果を入れる前のセルと、入れた後のセルを並べて掲載している。
2017.9 247p B5 ¥3000 ①978-4-8021-3072-1

◆**イモータル・アイアンフィスト**　マット・フラクション、エド・ブルベイカー作、デイビッド・アジャ画、中沢俊介訳　小学館集英社プロダクション
【要旨】伝説の都市"崑崙"で格闘技を学んだダニー・ランドは、不死の龍の力を手に入れ、"気"を操って必殺の拳を放つアイアンフィストになった。しかしアメリカに戻り、大企業を相続した彼を待っていたのは、かつてない苦境と、アイアンフィストという称号にまつわる驚異の歴史だった…！ マーベル・ユニバース屈指の拳法の使い手のルーツをめぐる、壮大な戦いの幕開け！
2017.4 154p 26×18cm ¥2200 ①978-4-7968-7667-4

◆**イヤー・オブ・マーベルズ**　ライアン・ノースほか作、ダニーロ・ベイルースほか画、中沢俊介訳　小学館集英社プロダクション
【要旨】スパイダーマンのバレンタインデート、ゴーストライダーvs.サンタクロース!?etc…。ハロウィンを楽しんだ後にはクリスマスをたっぷり満喫！ さまざまなキャラクターが繰り広げる、それぞれの月にちなんだ物語が盛りだくさん！
2017.12 206p 26×18cm ¥2200 ①978-4-7968-7699-5

◆**インフィニット・クライシス**　ジェフ・ジョーンズライター、フィル・ヒメネス、ジョージ・ペレス、アイヴァン・リース、ジェリー・オールドウェイ、アンディ・ラニング画ほか、石川裕人、今井亮一訳　ヴィレッジブックス
【要旨】世界は崩壊の危機に瀕していた。ジャスティス・リーグが活動を停止する一方、ビランはかつてない強大な軍団を組織する。銀河の彼方では惑星ランとサナガーの星間戦争が勃発し、魔界でも魔神エクリプソが混沌を解き放つ。しかも頼りのスーパーマン、バットマン、ワンダーウーマンは、各々が問題を抱え、歩み寄る事すらできない。もはや望みは絶たれたかと思われたその時、伝説の彼方に消えたはずのヒーローが還ってくる！ だがそれは、新たなる『クライシス』の幕開けでもあった—俊英ジェフ・ジョーンズが送る『クライシス・オン・インフィニット・アース』の続編たる一大叙事詩、ついに邦訳！
2017.12 287p B5 ¥3500 ①978-4-86491-360-7

◆**インフィニティ　1**　ジョナサン・ヒックマン、ニック・スペンサー著、マイク・デオダート、ステファノ・カセッリ、マルコ・ルディ、ジム・チェン画、秋友克也訳　ヴィレッジブックス
【要旨】世界の崩壊を招く多重宇宙の衝突「インカージョン」。生命の創造を司る超宇宙共同体「ビルダーズ」の到来。桁外れの能力を秘めた新たなる超人「スターブランドとナイトマスク」の誕生。世界最強のヒーローチーム、アベンジャーズと世界を影から守る秘密結社、イルミナティの歩みが近づきつつある中にいた。そして今、これらの事件が見えない糸で撚り合わされていく。その行く末を見守るアベンジャーズが、彼らは自分達の挙動を見つめる者の存在に気づいていなかった…。『アベンジャーズ：アベンジャーズ・ワールド』『ニューアベンジャーズ：エブリシング・ダイ』『アベンジャーズ：ラスト・ホワイト・イベント』気鋭ジョナサン・ヒックマンが紡ぐ3つの物語が交わるクロスオーバー大作、ここにスタート！
2017.6 171p 26×19cm ¥2800 ①978-4-86491-338-6

◆**インフィニティ　2**　ジョナサン・ヒックマン著、マイク・デオダート、レイニル・ユー、ジェローム・オブーナ、ダスティ・ウィーバー画、秋友克也訳　ヴィレッジブックス
【要旨】創生種族ビルダーズと対峙すべく、アベンジャーズは、スターブランド、ナイトマスク、エクス・ニヒロ、アビスという異分子を戦列に加え、宇宙へと旅立った。しかし、やっと火蓋が切って落とされた多元宇宙の衝突であるインカージョン、ワカンダとアトランティスの戦争、超人類インヒューマンズのニューヨーク到来と、騒乱の火種は燻り続けている。しかも、この混乱に乗じ、かの狂えるサノスが、サノスまでもが腰を上げたのだ。留まるところを知らない混沌の嵐は、人類をどこへ誘おうとしているのか…。『アベンジャーズ』誌と『ニューアベンジャーズ』誌が交わるジョナサン・ヒックマン入魂のクロスオーバー大作第2弾！
2017.7 219p 26×19cm ¥3200 ①978-4-86491-341-6

◆**インフィニティ　3**　ジョナサン・ヒックマンライター、マイク・デオダート、レイニル・ユー、ジェローム・オプーナ、ダスティ・ウィーバー、ジム・チェンアーティスト、秋友克也訳　ヴィレッジブックス
【要旨】創生種族ビルダーズの侵攻を阻止すべく種族を超えて集った銀河評議会は、壮絶な総力戦の末にキャプテン・アメリカの放った乾坤一擲の奇手でビルダーズに一矢を報いた。しかし、アベンジャーズの庇護の手を離れた地球では、インヒューマンズのテリジェン・ボムが炸裂、無数のインヒューマンを覚醒させる一方で、闇夜の虐殺のもと異を取るブラックオーダーを率いたサノスの襲撃に晒される。多元宇宙の衝突インカージョンに備えるべく地球に残ったイルミナティが奔走する中、サノスが地球へと侵攻した真の目的が明らかになる。それは、かつて生き別れた息子を捜し、その命を奪うためだった…。ジョナサン・ヒックマン渾身のクロスオーバー大作、ついに完結！
2017.8 223p 26×18cm ¥3300 ①978-4-86491-345-4

◆**インフィニティ・ガントレット**　ジム・スターリン作、ジョージ・ペレス、ロン・リム画、堺三保訳　小学館集英社プロダクション
【要旨】全宇宙の存亡を懸けた善と悪の一大決戦がここに！ 土星の衛星タイタンで生まれた魔人サノスは、ついに6つのインフィニティ・ジェムを手中に収め、所有者に無限の力を与えるインフィニティ・ガントレットを作り上げた…。多元宇宙における最強の存在と化した彼は、愛する"デス"の心を射止めるため、全宇宙に死と破壊をもたらし始める。その暴挙を止めるため、すべてのマーベル・ヒーローたちがその力を結集、サノスに立ち向かう！
2017.12 254p 26×18cm ¥2800 ①978-4-7968-7627-8

◆**ウィッチャー　1　HOUSE OF GLASS**　ポール・トビン作、ジョー・ケリオ画、江原健訳、本間覚翻訳監修　G・NOVELS、誠文堂新光社 発売
【要旨】怪物たちがうごめく"黒き森"に差し掛かろうとしたとき、名を馳せたモンスタースレイヤーであるゲラルトは、先立たれたという狩人に出会う。怨念を抱いた妻の死体は、"ガラスの館"と呼ばれる不気味な邸宅に住みついていた。そこは、誰もいない空の部屋がどこまでも続き、そこかしこに恐怖が潜む館だった…『ウィッチャー』シリーズの世界観で、アイズナー賞受賞作家と、新進気鋭のコミックアーティストがオリジナルストーリーでコミック化。
2017.11 123p B5 ¥2000 ①978-4-416-71747-9

◆**植えこみに刺さっていた子猫を飼うことにした。**　たぁぽん著　ぶんか社
【要旨】エサを横どる、靴下を脱がしにかかる、トイレをおもちゃ箱にする…元気いっぱいアグレッシブ子猫・アケビちゃんと先住猫のブドウ（18歳・♂）とライチ（11歳・♂）が繰り広げる、かわいさ300%の癒やし系にゃんコミックエッセイ。
2017.11 120p A5 ¥1000 ①978-4-8211-4470-9

◆**うさまるといっしょ**　sakumaru著　宝島社（付属資料：シール）
【目次】うさまるとその仲間たち、ぽかぽかの春、みんなの夏、なかよしの秋、うさまる温泉紀行、わくわくイベント、くらべてみた、うさまるの防寒対策、うさまるsweets collection、うさまるカフェへようこそ
2017.3 124p 18×13cm ¥900 ①978-4-8002-6536-4

◆**うちのダンナがかわいすぎるっ！—元♀のイケメンと入籍しました!!**　安藤たむ著　学研プラス
【要旨】「なんとかなる」精神のヨメちゃん（ノンケ）としっかりものダンナちゃん（元♀のイケメン）夫婦の出会いから入籍までの日常。セクマイのリアル＆おのろけたっぷりエッセイマンガ！
2017.9 143p A5 ¥1000 ①978-4-05-406584-0

◆**ウルヴァリン：オールドマン・ローガン**　マーク・ミラー文、スティーブ・マクニーブン画、秋友克也訳　ヴィレッジブックス
【要旨】ヒーロー達が倒され、スーパーヴィランの手で支配された未来のアメリカ。そんな時代、カリフォルニアの寒村に、妻と二人の子供に囲まれ慎ましく暮らす一人の男がいた。名はローガン。過去は捨てたと語る男の生活は、ある旧友の訪問をきっかけに急変する…。名作『シビル・ウォー』コンビ、ミラー＆スティーブ・マクニーブンのコンビが贈る衝撃のバイオレンス巨編！
2017.5 223p B5 ¥2980 ①978-4-86491-332-4

◆**ウルヴァリン：バック・イン・ジャパン**　ジェイソン・アーロン作、アダム・キューバートほか画、光岡三ツ子訳　小学館集英社プロダクション

【要旨】ウルヴァリンが日出ずる国、日本へ帰ってきた！謎の男が忍者集団ハンドとヤクザとの抗争をあおり、日本の闇社会の支配権を握ろうと画策する。さらに彼は、セイバートゥースらを仲間にしたうえ、シルバーサムライの若き息子を引き入れるため、その恋人アミコを誘拐する……。それが彼らの誤算だった。なんとアミコはウルヴァリンが引き取り、可愛がっている養女だったのだ……。
2017.6 119p 26×18cm ¥2000 ⓘ978-4-7968-7676-6

◆エイリアン ディファイアンス VOLUME1 ブライアン・ウッド作, 長沢光希訳 フェーズシックス, 星雲社 発売
2017.7 1Vol. 26×17cm ¥2500 ⓘ978-4-434-23593-1

◆江口寿史アニメーション背景原図集 江口寿志著 玄光社
【目次】江口寿志仕事作品（新・キューティーハニー、スプリガン、妄想代理人、IGPX、電脳コイル ほか）、背景原図テクニック（パースについて、テクニック1：平行パース、テクニック2：有角パース、テクニック3：3消点パース、テクニック4：煽りパース ほか）
2017.6 106p 26×24cm ¥2800 ⓘ978-4-7683-0831-8

◆エンジェル・ウィングス ヤン原作, ロマン・ユゴー画作, 宮脇史生訳 イカロス出版
【要旨】物語の主人公は女性だけの航空輸送部隊WASPに所属するパイロット、アンジェラ・マクラウド。彼女はC-47輸送機を駆って、ヒマラヤ山脈を越えて中国へ至る輸送任務「ハンプ越え」に従事した。ビルマの地でアンジェラは、P-40戦闘機を装備した「ビルマ・バンシーズ」飛行隊のパイロットたちに出会い、彼らに自らの飛行技量と度胸を見せつける。その後、彼女が留まる基地にピンナップ・ガールのジンクス・フアルケンバーグが慰問に来舞。物語は二人の女主人公を軸に展開する…！
2017.5 159p 29×22cm ¥2800 ⓘ978-4-8022-0369-2

◆おあとがよろしいようで オカヤイヅミ著 文藝春秋
【要旨】食べるのが好きで死ぬのが怖い。だから死が怖くなくなる食べものを知りたい。そんな漫画家が今をときめく人気作家15人に聞きにいく。死ぬ前に、なに食べたい？
2017.2 A5 ¥1050 ⓘ978-4-16-390608-9

◆大判三国志 1 桃園の誓い 横山光輝著 潮出版社
【要旨】絵が…生原稿に迫る臨場感・大迫力！文字が…すべて打ち替え、オールふり仮名つき！600ページ超が…水平開きで並外れた読みやすさ！巻末企画が…大人の塗り絵"人物編"、横山「三国志」Q&A常設！
2017.1 639p B5 ¥2800 ⓘ978-4-267-90641-1

◆大判三国志 3 呂布と曹操 横山光輝著 潮出版社
【要旨】絵が…想像をはるかに超える立体感・臨場感！文字が…すべて打ち替え、オールふり仮名つき！約570ページが…水平開きで、超ワイド！並外れた読みやすさ！巻末企画が…大人の塗り絵"人物編"、教えて！「三国志」Q&A！
2017.8 567p B5 ¥2800 ⓘ978-4-267-90643-5

◆大判三国志 6 劉備の秘計 横山光輝著 潮出版社
【要旨】絵が…動画に迫る躍動感・立体感・臨場感！文字が…すべて打ち替え、オールふり仮名つき！600超ページが…水平開きで、超ワイド！並外れた読みやすさ！巻末企画が…著者ロング・インタビュー（上）大人の塗り絵"人物編"、「三国志」Q&A！
2017.3 605p B5 ¥2800 ⓘ978-4-267-90646-6

◆大判三国志 10 劉備の結婚 横山光輝著 潮出版社
【要旨】荊州奪還に燃え奇襲を繰り返す周瑜。呉で挙式した玄徳を孔明が秘策で救う。格調と気品きわだつ横山「三国志」巨匠のライフワーク!!
2017.11 575p B5 ¥2800 ⓘ978-4-267-90650-3

◆大判 三国志 11 馬超の逆襲 横山光輝著 潮出版社
【要旨】大人から子供までどこから読んでも絶対おもしろいコミック横山「三国志」。孔明VS周瑜、運命の決着！渭水の決戦、一夜城で激突！
2017.12 599p B5 ¥3200 ⓘ978-4-267-90651-0

◆大判三国志 12 龐統の誤算 横山光輝著 潮出版社
【要旨】大人から子供までどこから読んでも絶対おもしろいコミック横山「三国志」。秘密路、落

鳳坡に衝撃走る！張飛VS馬超、伝説の激夜闘!!
2018.1 591p B5 ¥3200 ⓘ978-4-267-90652-7

◆オールスター・バットマン：ワースト・エネミー スコット・スナイダー作, ジュニア, ジョン・ロミータ, ダニー・ミキ, デクラン・シャルペイ画, 中沢俊介訳 小学館集英社プロダクション
【要旨】トゥーフェイスの凶行がまたもやゴッサムシティを震撼させる。バットマンはこの大物犯罪者の身柄を拘束し、アメリカの辺ぴな片田舎にある隠れ家まで護送することになった。謎めいた目的地には、バットマンがハービー・デント（トゥーフェイスに残された善良な人格）と協力して用意した"ある物"が隠されていた。考えさえあれば、トゥーフェイスを永遠に消し去れる―ただし、生きてそこまでたどり着けたらの話だ！バットマンが先を急ぐ一方で、ハービー・デントとトゥーフェイスという二つの人格が主導権を巡って争い、相手の計画を探り、阻止しようと死力を尽くす。バットマンとハービーを信じていた一自分たちならトゥーフェイスの先を打ち、同様のような、できると。しかし、二人の行く手には、想像を絶する困難が待ち受けていた…。
2017.10 195p B5 ¥2300 ⓘ978-4-7968-7696-4

◆かたわれワルツ 鈴木翁二著 而立書房
【要旨】幻想は、ときに荒れ狂う台風のようにやってきて、生きものたちのあたたかさを突きつける一作家性を重んじた漫画雑誌「ガロ」で活躍し、安部慎一、古川益三と並び"三羽烏"と称された鈴木翁二。そこに描かれるのは古きよき時代の中か、少年の心なのか…、浮遊する魂をかしづかみにして紙面に焼き付けたような、幽玄で魅惑的な漫画表現。加筆再編、未発表イラストを収録、圧倒的詩情にあふれる文芸コミック。
2017.4 269p A5 ¥2400 ⓘ978-4-88059-440-2

◆ガーディアンズ・オブ・ギャラクシー／コンプリート・ヒストリー マーク・スメラク著, 小池顕久訳 洋泉社
【要旨】200点超のオールカラー・イラストで贈る究極保存版！超人気スーパーヒーロー活劇コミックスの50年史が、この1冊ですべてわかる！
2017.4 181p A4 ¥3200 ⓘ978-4-8003-1207-5

◆ガーディアンズ・オブ・ギャラクシー：レガシー ダン・アブネット, アンディ・ラニング文, ポール・ペレティエ絵, 秋友克也訳 ヴィレッジブックス
【要旨】異次元からの侵略艦隊「アナイアレーション・ウェーブ」、全生命の同化を目論む機械生命体「ファランクス」。立て続けに発生した銀河規模の侵略に揺れた宇宙はようやく再建の途についた。さらなる脅威に備えるべく、スターロードが打った策とは？スターロード、ガモーラ、ドラックス、ロケット・ラクーン＆グルート、新作映画で話題のガーディアンズの誕生秘話がここに明かされる！
2017.4 147p 26×19cm ¥2600 ⓘ978-4-86491-330-0

◆ガーディアンズ：チームアップ 2 ビル・ウィリンガムほか作, ジオゴ・サイトーほか画, 中沢俊介訳 小学館集英社プロダクション
【要旨】ナイトクローラーとガモーラが宇宙の武闘会で剣を交わす―しかし、いかにX-MENの名剣士といえども、宇宙一危険な女を敵に回して勝機は？宇宙の極悪犯罪者がマイアミに向かう―調査にあたるのはドラックスとアントマンのいかつコンビ!?宇宙戦争の運命を握るのは、シルバー・サーファーとグルートだが、二人は何を追い求めているのか？スターロードとスパイダーマンのオタ発止のやり取り一つは宇宙で最もぶっそうな武器を盗んだのだ！（答えはアナタ予想とは違うよ）。そして、デッドプールとロケット・ラクーンが出会い、毛と弾丸が乱れ飛ぶ！
2017.4 26×18cm ¥2100 ⓘ978-4-7968-7666-7

◆がんばれ！猫山先生 5 茨木保作・画 日本医事新報社
【要旨】ツシマヤマネコの姿になった奈良野シカオ、ついに現地にカムバック！予想外の幸せな日々、どこまでも優しい家族にシカオの涙があふれる！階下でシカオが開業！競合どころか、猫山先生も大繁盛!?マミ、ウニちゃん、ソースケ、モリゾウから強烈キャラの快進撃が止まらない！漫画の領域を超えた人生読本可！疲れたココロとカラダが喜ぶゆるコミック第五巻。
2017.7 121p B6 ¥1000 ⓘ978-4-7849-4097-4

◆北のダンナと西のヨメ 2 横山了一著 飛鳥新社
【要旨】道内で修学旅行が完結し、本すら凍る、いろいろと試される地・北海道。豚まんにはマスタードがマスト、ヒョウ柄おばちゃんが街を闊歩する、コッテコテの地・関西。凸凹漫画家夫妻が送る、ああ…ねーよ！のお笑いコミックエッセイ第二弾。
2017.2 127p A5 ¥880 ⓘ978-4-86410-541-5

◆機動戦士ガンダム鉄血のオルフェンズ メカニカルワークス ガンダムエース編, サンライズ監修 KADOKAWA
【要旨】鉄血公式メカニックガイド。第1期＆第2期＆MSVを網羅。デザインで辿る鉄血MSの変遷。全メカデザイナーの初期案を本邦初公開!!
2017.5 143p A4 ¥2500 ⓘ978-4-04-105671-4

◆虐殺器官 アートワークス ポストメディア編集部編 一迅社
【要旨】イラストレーション/キャラクター設定・原案／メカニック・プロップ／背景美術／原画など、貴重な資料を集約。村瀬修功監督、red-juice、山本幸治プロデューサーのインタビューも収録。
2017.3 95p A4 ¥2400 ⓘ978-4-7580-1537-0

◆鏡花水月―地獄少女イラストレーションズ 一迅社, 講談社 発売 改訂版
【要旨】2005年～2017年の約12年間に制作されたイラスト77点を収録。キャラクターデザイン・岡真里子氏ほかが描く珠玉の画稿を網羅したイラスト集が、ここに完成。
2017.9 127p 30×23cm ¥2400 ⓘ978-4-7580-1574-5

◆狂気の山脈にて 2 田辺剛著 KADOKAWA（BEAM COMIX―ラヴクラフト傑作集）
【要旨】歴史的名作を完全漫画化。凍てつく大地に存在した漆黒の山脈。そこに未知の古代生物が…。ラヴクラフト最大最高の長篇に挑む野心的コミカライズ、衝撃の第2巻。
2017.1 140p B6 ¥720 ⓘ978-4-04-734440-2

◆今日の人生 益田ミリ著 ミシマ社
【要旨】むなしい日も、幸せな日も、おいしいものを食べた日も、永遠の別れが訪れた日も……。益田ミリならの人生がすべて、初めて「死」について書いた著者の転換点となる最高傑作・コミックエッセイ。
2017.4 240p B6 ¥1500 ⓘ978-4-903908-94-6

◆キリング・アンド・ダイング エイドリアン・トミネ著, 長澤あかね訳 国書刊行会
【要旨】突如アートに目覚めた植木職人の理想と現実、ポルノ女優そっくりの顔で悩む娘の告白、口下手なのにスタンダップ・コメディアンを目指す少女とその父の葛藤―現代で最も才能あるグラフィック・ノヴェリストの一人エイドリアン・トミネが、6通りのビジュアル・語り口で繊細かつ鮮烈に描く、静かに胸に突き刺さる6つの人生の物語。オールカラー愛蔵版で登場！
2017.5 125p 25×17cm ¥3400 ⓘ978-4-336-06167-6

◆グウェンプール：こっちの世界にオジャマしまーす クリス・ヘイスティングライター, グリヒル, ダニーロ・ベイルース, トラビス・ボンドレインアーティスト, 御代しおり訳 ヴィレッジブックス
【要旨】私立探偵ハワード・ザ・ダックに奇妙な依頼が舞い込んだ。怪盗ブラックキャットが、自分から盗みを働いた謎の小娘を捜し出して欲しいというのだ。いやいやながら捜査に乗り出したハワードは、マーベル史上、稀に見る奇天烈なヒロインと出会う事になる…。銃も格闘技もからっきしのくせに、コミックブックのオタ知識だけは満載の超次元ヒロイン、その名はグウェンプール！
2017.10 123p 26×19cm ¥2400 ⓘ978-4-86491-352-2

◆くるねこ 19 くるねこ大和著 KADOKAWA（付属資料：シール（初版限定））
【要旨】猫がいて、ぎゅっと幸せ。ラスト・カスガイの胡マさん登場。
2017.3 259p A5 ¥1000 ⓘ978-4-04-734555-3

◆くるねこ 20 くるねこ大和著 KADOKAWA
【要旨】新たに仲間入りした胡マさんを加えた『日常篇』、一時預かりの猫は魚河岸ボイス!?『ミーちゃん篇』ほか、描き下ろし『番外篇』も収録。
2017.9 255p A5 ¥1000 ⓘ978-4-04-734775-5

美術

芸術・芸能

◆黒子のバスケTVアニメイラスト集 COLORFUL MEMORIES　藤巻忠俊原作　集英社　(愛蔵版コミックス)
【要旨】雑誌・書籍掲載イラスト、キービジュアル、厳選場面写など300点以上を収録!!TVアニメシリーズの集大成!
2017.3 1Vol. A4 ¥1850 ①978-4-08-792513-5

◆桑田次郎初期傑作集 奇怪星團　桑田次郎著　パンローリング
【要旨】13歳の若さで鮮烈なデビューをかざった桑田次郎。当時の作品は発行部数が少なく、現存する資料は希少のために古書価格が高騰しており、長年ファンの間で幻とされていた。今回は『奇怪星團』をはじめとするデビュー期の描き下ろし単行本を9冊セットにてお届けいたします。収録作品『奇怪星團』『火星探検ホープ君の冒険』『平原児』『古塔の決闘』『たんぽぽ姫』『狼と少年』『ピノチオの冒険』『ちゅうりっぷ姫』『しらゆり姫』
2017 9Vols.set B6 ¥8800 ①978-4-7759-1528-8

◆劇場版BLAME! 弐瓶勉描きおろし設定資料集　弐瓶勉著　講談社
【要旨】劇場版「BLAME!」の設定を、原作者・弐瓶勉が描きおろした設定画、ラフスケッチ、イメージボードの全てを公開。
2017.5 1Vol. B5 ¥2685 ①978-4-06-365019-8

◆結婚する予定もないから、好きなように家建てちゃいました。　ひぐちにちほ著　ぶんか社
【要旨】30代独女・金ナシ・無計画。でも自分の城持っていーじゃない!?綱渡り漫画家が「古民家風の家を建てる」というありえない・夢を実現させるまでを描いたコミックエッセイ!!
2017.3 159p A5 ¥1000 ①978-4-8211-4454-9

◆ケーブル&デッドプール: 銀の衝撃　ファビアン・ニシェザ文、パトリック・ジルシャー絵、小池顕久訳　ヴィレッジブックス
【要旨】苦難の末に人工島プロビデンスを本拠地としたケーブルは、長年の夢の実現に向けて動き出す。だが、既存の世界秩序を揺るがしかねないケーブルの行為を世界の施政者が黙って見逃すはずがなかった。かくして、かつて共に戦場に立った戦友達が次々とケーブルの前に立ちはだかる!そして、デッドプール? 大好評の腐った縁コンビ・ケーブル&デッドプール、待望の第2弾登場!
2017.4 141p 26×19cm ¥2500 ①978-4-86491-329-4

◆限界凸城キャッスルパンツァーズ公式ビジュアルコレクション　電撃ゲーム書籍編集部編　KADOKAWA
【要旨】カバー描き下ろし、通常版&限定版パッケージ、店舗特典、イベントCG、モン娘の下着姿&裸フラッシュ、全120種類の下着＆ラフデザイン、キャラクター関連ラフ画など、ビジュアル素材450点超を収録!
2017.11 159p A4 ¥2500 ①978-4-04-893449-7

◆光年の森　谷口ジロー著　小学館　(ビッグコミックススペシャル)
【要旨】幼かった少年は両親の離婚がきっかけで、山あいの村に住む祖父母の家で育てられる。友達と裏山で遊んでいると、わたるは不思議な声を聞く。まるで森の木々が自分に話しかけているような声を—谷口ジローが闘病中に遺した二つの未発表作品の一つ。未完のオールカラー長編。
2017.12 1Vol. 19×27cm ¥2800 ①978-4-09-179238-9

◆湖川友謙サンライズ作品画集　湖川友謙画　一迅社
【要旨】大胆にして繊細—湖川友謙サンライズ作品画集。80年代に燦然と輝くロボットアニメ「伝説巨神イデオン」「戦闘メカザブングル」「聖戦士ダンバイン」。そして「無敵鋼人ダイターン3」の画稿、約180点を掲載。
2017.4 144p A4 ¥4900 ①978-4-7580-1554-7

◆こけし探偵局　手塚治虫著　国書刊行会　(手塚治虫カラー作品選集)
【要旨】手塚治虫の色鮮やかなカラー作品を連載当時のままの形で刊行する決定版選集、最終巻は可憐で華麗な少女漫画四作品を収録。単行本未収録のカラー扉も完全復刻!
2017.3 338p B5 ¥12000 ①978-4-336-06080-8

◆ゴジラ:ルーラーズ・オブ・アース 1 デストロイア編　クリス・マウリー作、マット・フランク、ジェフ・ゾーナウ画、長沢光希訳　フェーズシックス、星雲社 発売
【要旨】ゴジラ凱旋! ガイガン、クモンガ、ラドン、デストロイア、ガイラ…多数の怪獣の大乱闘!
2017.3 1Vol. 26×17cm ¥2000 ①978-4-434-23180-3

◆ゴジラ:ルーラーズ・オブ・アース 2 ジェットジャガー編　クリス・マウリー作、マット・フランク、ジェフ・ゾーナウ画、長沢光希訳、二村幸司監修　フェーズシックス、星雲社 発売
【要旨】人類の救世主、その名はジェットジャガー。
2017.4 1Vol. 26×17cm ¥2000 ①978-4-434-23237-4

◆ゴジラ:ルーラーズ・オブ・アース 3 深海の決闘編　クリス・マウリー作、マット・フランク、ジェフ・ゾーナウ画、長沢光希訳　フェーズシックス、星雲社 発売
2017.7 1Vol. 26×17cm ¥2000 ①978-4-434-23592-4

◆ゴーストライダー:破滅への道　ガース・エニス作、クレイトン・クレイン画、中沢俊介訳　小学館集英社プロダクション
【要旨】末期ガンを患った恩人の命を救うため、悪魔に魂を売ったジョニー・ブレイズ。彼を待ち受けていたのは想像を絶する苦痛に満ちた日々だった。ゴーストライダーとなり、地獄のハイウェイで永遠に悪魔から追いかけられる日々。二年の月日が経った頃、彼の前に天使マラキが現れ、取引を提示する。マラキに協力し、悪魔カザンを捕らえることができれば、地獄から解放され、自由を約束すると。しかし、地獄と天国の双方から優秀な追跡者が現れる。はたしてゴーストライダーは誰よりも早く悪魔カザンを捕らえ、自由を手にすることができるのか?
2017.3 140p 26×18cm ¥2100 ①978-4-7968-7655-1

◆ゴッサム・アカデミー: イヤーブック　ブレンデン・フレッチャー作、アダム・アーチャー、サンドラ・ホープほか画、内藤真代訳　小学館集英社プロダクション
【要旨】ゴッサム・シティにある超名門校ゴッサム・アカデミー2年生のオリーブと1年生のマップ、そしてその仲間たちは、大忙しの一学期を終えることができた。試験に恋においしいごちそう…はては幽霊たちとモンスターに大騒動!?彼女たちは、普通の学校生活では経験できない冒険譚や思い出の数々を自分たちのイヤーブックにまとめることにした。どんなイヤーブックになるのか…豪華クリエイター陣がゴッサム・アカデミーの学期末を華やかに締めくくる!
2017.11 175p 26×18cm ¥2300 ①978-4-7968-7671-1

◆ゴッサム・アカデミー:カラミティ　ベッキー・クルーナン、ブレンデン・フレッチャー作、カール・カーシル&画、内藤真代訳　小学館集英社プロダクション
【要旨】ゴッサム・アカデミーの2年生、オリーブ・シルバーロックは、休暇中に起こった事件のせいですっかり人が変わってしまった。だが、新たな友情と、探偵クラブとの冒険を通じて、再び自分を取り戻すことができた。このまま順風満帆な学生生活が始まるかと思いきや、今度は死んだはずの母親らしき幽霊に悩まされるオリーブ。探偵クラブのメンバーとともに、次々に起こる奇妙な事件の解決に奔走するも、オリーブは幽霊の真相に迫っていく。ロープをまとった奇怪な影は何のために現れたのか?果たして、オリーブは真実にたどりつくことができるのか…?
2017.2 143p 26×18cm ¥2100 ①978-4-7968-7653-7

◆「この世界の片隅に」劇場アニメ原画集　「この世界の片隅に」製作委員会著、片渕須直監督、こうの史代原作　双葉社
【要旨】大ヒット劇場アニメ「この世界の片隅に」すずさんの日常が紙の上に蘇る。作画スタッフたちの想いが込められたレイアウト&原画を厳選掲載! レイアウト&原画1900枚以上を収録!
2017.11 215p A4 ¥3000 ①978-4-575-31313-0

◆コミケ童話全集　おのでらさん著　KADOKAWA
【要旨】もしコミケ参加者が童話の主人公だったら…「鶴の恩返し」「三匹の子豚」…オタクのリアルな生態を童話でひもとく話題のマンガがついに書籍化!『おっさんと女子高生』の続編も収録し『ごんぎつね』『おおきなかぶ』など描き下ろし40P追加!!よくわかる!コミケ用語集付き。
2017.11 157p A5 ¥1000 ①978-4-04-602007-9

◆最高の夏休み 第1巻 針路を南へ!　ジドル一作、ジョルディ・ラフェーブル画、彩色、原正人訳　Euromanga、飛鳥新社 発売
【要旨】バンド・デシネ作家のピエール、妻のマド、そしてジュリー、ニコル、ルイ、ポーレットの4人の子どもたち。ベルギーのブリュッセルに暮らすファルデロー一家は、毎年夏になるとマイカーに乗って旅行に出かけるのが恒例。1973年—ミシェル・サルドゥーのシャンソン「恋のやまい」が大ヒットした年。出発前にはゴタゴタがあったもののその年も一家は意気揚々と夏の一大イベントに出発する。目的地はもちろん太陽が降り注ぐ南フランス。一家は、ルノーの赤い4Lに乗り込み、歌い、騒ぎ、寄り道をしながら南へと向かう。明るい陽射し、そよ風、誰もいない自分たちだけの川辺。どこか懐かしい風景と特別な時間。夏休みの体験が、家族の間にあるわだかまりを解き、かけがえのないフランスの夏休みへ…。瑞々しい筆致で、ノスタルジーたっぷりに送る、大切な一夏を、かけがえのないフランスの夏休みを。
2017.7 56p 24×19cm ¥1200 ①978-4-86410-563-7

◆桜の森の満開の下　近藤ようこ漫画、坂口安吾原作　岩波書店　(岩波現代文庫)
【要旨】鈴鹿の山に暮らす一人の山賊。怖いものなしの山賊が唯一怖れていたのは満開の桜の森であった。ある日、山賊は旅をする美しい女に出会い、その夫を殺して目の前に、わがままな女の言いなりになる山賊と、涯のない欲望を持つ女はやがて—。
2017.10 192p A5 ¥800 ①978-4-00-602294-5

◆さつまと飼い主　o・ji著　竹書房　(BAMBOO ESSAY SELECTION)
【要旨】フクロウと一緒に暮らしてみたい! だけどハードルが高そう! ツイッターのフォロワー70000人超。ネットで有名なフクロウ"さつま"の飼い主が描く、フクロウコミック登場! フクロウの生態からエサ、カフェまでまったりしっかりご紹介します♪
2017.4 109p A5 ¥1000 ①978-4-8019-1149-9

◆ザ・ビッグガイ&ラスティ・ザ・ボーイロボット　フランク・ミラー作、ジェフ・ダロウ作・画、デイブ・スチュワートカラー、椎名ゆかり訳　G-NOVELS、誠文堂新光社 発売
【要旨】遺伝子実験によって生まれた謎の巨大怪獣が大都会東京を恐怖のドン底に叩き込む! 立ち向かうのは鉄人ビッグガイ&ラ・ラロボット少年ラスティ!! さあ、地球をまもれ!! ミラーの悪意とダロウの描き込みの饗宴にして、美しい国ニッポン? 『ハードボイルド』シリーズで読者に強烈なインパクトを与えたフランク・ミラーとジェフ・ダロウのコンビによる荒唐無稽的読書体験再び。ミラーの怪獣映画の思い出と、悪ガキ的悪ノリ全開でおもちゃにされる東京の壊れっぷりと、ダロウの緻密な絵でぶっ飛ばす。
2017.5 93p 26×19cm ¥3000 ①978-4-416-61722-9

◆ザ・ヒューマンズ vol.1 HUMANS FOR LIFE　キーナン・マーシャル・ケラー作、トム・ニーリー画、クリスティーナ・コリャンテスカラー、上田香子訳　G-NOVELS、誠文堂新光社 発売
【要旨】70年代のエクスプロイテーション・ジャンルへの賛歌である『ザ・ヒューマンズ』は、エネルギッシュでやりたい放題、アナーキーなサルどもの暴れっぷりが存分に楽しめる、最高にクールでセクシーなコミックだ。ボビーやジョニーやヒューマンズの仲間とともに、暴力とセックス、鎖と血と革、クロームメッキ、バナナに満たされ、忘却の彼方へ猛スピードでぶっ飛ばせ!
2017.5 127p 26×19cm ¥3000 ①978-4-416-61748-9

◆ザ・ボーイズ 1　ガース・エニス作、ダリック・ロバートソン画、椎名ゆかり訳　Graffica Novels、誠文堂新光社 発売
【要旨】本書は、危険でクレイジーな"スーパーヒーロー"のお目付役兼始末屋「ザ・ボーイズ」の活躍を描いた大人向けアンチヒーローコミック全12巻のうち、「vol.1:The Name of the Game」と「vol.2:Get Some」を合本した翻訳版です。
2017.2 315p B5 ¥3000 ①978-4-416-61714-4

◆ザ・ボーイズ 2　ガース・エニス作、ダリック・ロバートソン画、椎名ゆかり訳　G-NOVELS、誠文堂新光社 発売
【要旨】『ヒットマン』『Preacher』など数多くの人気作を世に出しているガース・エニスと、『Transmetropolitan』でタッグを組んだヒットシリーズ『ザ・ボーイズ』の翻訳版第2巻が早くも登場! 本書は、危険でクレイジーな"スーパーヒーロー"のお目付役兼始末屋「ザ・ボーイズ」の活躍を描いた人

◆ザ・ボーイズ 3 ガース・エニス作, ダリック・ロバートソン画, 椎名ゆかり訳 G-NOVELS, 誠文堂新光社 発売
【要旨】『ヒットマン』や『Preacher』など数多くの人気作を世に出しているガース・エニスと、『Transmetropolitan』のダリック・ロバートソンが組んだヒットシリーズ『ザ・ボーイズ』の翻訳版第3巻が早くも登場！本書は、危険でクレイジーな"スーパーヒーローのお目付役兼始末屋"『ザ・ボーイズ』の活躍を描いた人気アンチヒーローコミック全12巻のうち、「vol.5:Herogasm」と「vol.6:The Self-Preservation Society」を合本した翻訳版になった。
2017.9 332p 26×19cm ¥3000 ①978-4-416-61799-1

◆沢村さん家のこんな毎日─平均年令60歳の家族と愛犬篇 益田ミリ著 文藝春秋(文春文庫)
【要旨】図書館通いにジム通い、定年ライフを満喫中の父・四朗(70)。社交的で友達が多く、料理も上手な母・典江(69)。未婚で読書好き、18年めのベテランOLの娘・ヒトミ(40)。そんな平均年令60歳、沢村家の日常を描いたホーム・コミック。「あるある」と笑えて、たまにホロリとする沢村さん家シリーズの2冊が読める合本版です。
2017.2 A6 ¥640 ①978-4-16-790891-1

◆実話コミック 愛しの冒険猫ミミ─動物たちへの心ゆさぶる想い 芳賀由香著 ユサブル
【要旨】世界の4大陸を股にかけ、あなたは旅立った。愛するパートナーへの想いのたけをしたためる「動物感謝の手紙コンテスト」に全国から寄せられた作品の中から、珠玉の8名編を心を込めてコミック化。
2017.7 159p A5 ¥1000 ①978-4-909249-02-9

◆シーフ・オブ・シーブス vol.1 "I QUIT." ロバート・カークマン原案, ニック・スペンサー作, ショーン・マーティンロー画, 江原健訳 G-NOVELS, 誠文堂新光社 発売
【要旨】主人公は、世界最高の大泥棒"レドモンド"ことコンラッド・ポールソン。彼の手にかかれば、ピカソの絵画だろうとなんだろうと、この世に盗み出せないものなど存在しない。そんな彼は今、人生の岐路に立たされていた…俺は引退する―レドモンドは、ヴェネツィアでの大仕事を前にして突然、窃盗という生業から足を洗うと宣言した。すべては、今でも愛する元妻オードリーや息子アウグストゥスと再び幸せに暮らすため。しかし家庭を取り戻すには、下手な窃盗を繰り返し同じ司法取引に打って出るのではなく、その司法取引に打って出るのだった…レドモンドは窃盗団の仲間を裏切り、FBIとの司法取引に打って出るのだった…世界的人気ドラマ『ウォーキング・デッド』『アウトキャスト』のロバート・カークマンが描いた新コミックシリーズ、世界最高の大泥棒を描いた『シーフ・オブ・シーブス』が初邦訳化！
2017.6 150p 26×19cm ¥2200 ①978-4-416-61725-0

◆ジャスティス・リーグ:アウトブレイク ブライアン・ヒッチ作, ニール・エドワーズ, ヘス・メリノ, マシュー・クラーク, トム・デレニック画, 高木亮訳 小学館集英社プロダクション
【要旨】経験豊富な新スーパーマンと若き溢れる二人のグリーンランタンがジャスティス・リーグに加入し、チームはさらにパワーアップした。苦難を乗り越え、これまで以上に彼らの絆も強くなった。だが、そんな矢先に彼らの結束が試される事件が起きる。寂れた郊外で二人の子供と暮らす男が最愛の妻を失った。ジャスティス・リーグが阻止したキンドレッド事件に巻き込まれた唯一の犠牲者だった。深い悲しみのなか、天才的なハッカーでもあった彼は、薄暗い自宅のガレージで作業に没頭するのだが…。一方、ジャスティス・リーグは謎のサイバー攻撃に見舞われる。サイボーグの体はハイジャックされ、グリーンランタンのパワーリングにも感染した。さらにそのウイルスは、スーパーヴィランたちを解き放つこともできる。ジャスティス・リーグは、この感染拡大を止めることができるのか？
2017.11 151p 26×18cm ¥2300 ①978-4-7968-7698-8

◆ジャスティス・リーグアンソロジー DCコミックス編, ヤン・グラフ作, アレックス・ロス画, 石川裕人監訳, 秋友克也, 小池顕久, 原正人訳 パイ インターナショナル
【要旨】スーパーマン・バットマン・ワンダーウーマン・フラッシュ・グリーンランタン。DCユニバースのヒーローチーム『ジャスティス・リーグ』が判る厳選8編!!
2017.11 1Vol. 26×18cm ¥3200 ①978-4-7562-4983-8

◆ジャスティス・リーグ:エクスティンクション・マシン ブライアン・ヒッチ作・画, トニー・S.ダニエル, ヘス・メリノ画, 高木亮訳 小学館集英社プロダクション
【要旨】ジャスティス・リーグは世界最高のヒーローチームだった。最大にして最強のメンバーである"鋼鉄の男"がジャスティス・リーグが戦死するまでは。彼は第二の故郷である地球を守って殉死し、残されたジャスティス・リーグはスーパーマン不在のままもがいている。そんななか、彼の後釜を継ぐべく、別世界から"経験豊富なスーパーマン"がやって来た。残されたジャスティス・リーグは、見ず知らずの新スーパーマンを受け入れられるのか…。他方、この新しいスーパーマンは、チーム内で自分の存在価値を証明する立場にある。さらに、ハル・ジョーダンの代理として任命されたグリーンランタンの新人隊員であるジェシカ・クルーズとサイモン・バズが加入する。はたして、新生ジャスティス・リーグは、チームとして機能するのか？いや、今すぐ機能させなければならない。なぜならば、リーグ史上最大の半地存在が到来したからだ。恐るべき破壊兵器が活動を始めるとともに、地球が崩壊の危機を迎え、人類が生体兵器へと作り変えられていく…。その絶滅装置を阻止するためには、ジャスティス・リーグの全員の力が必要だ！
2017.9 170p B5 ¥2300 ①978-4-7968-7684-1

◆ジャスティス・リーグ:ダークサイド・ウォー 2 ジェフ・ジョーンズ作, ジェイソン・ファボック画, 高木亮訳 小学館集英社プロダクション
【要旨】ダークサイドとアンチモニターとの戦争により、神々とヒーローたちを分かつ境界線が消え去った。その結果、スーパーマンは力の神、バットマンは知識の神、フラッシュは死の神、シャザムは六神の神、グリーンランタンは光の神、そしてレックス・ルーサーはアポコリプスの神となり、人間以上の存在へと変貌を遂げたのだった。しかし、依然として危機的な状況は続いている。すべての災厄を防ぐために、ジャスティス・リーグは、宿敵クライム・シンジケートと手を組むことに…。二つの世界の二つの最強チームが、魔の反生命方程式から生命そのものを守り抜き、ニューゴッズの脅威を除くことが…。
2017.3 185p 26×18cm ¥2500 ①978-4-7968-7657-5

◆少林カウボーイ SHEMP BUFFET ジェフ・ダロウ作・画, 椎名ゆかり訳 Graffica Novels, 誠文堂新光社 発売(DARK HORSE BOOKS)
【要旨】百鬼屍の地獄絵図。アメリカの若造どもを餌食にする謎のゾンビ軍団に立ち向かうひとりの男、少年カウボーイ。6連発の銃に弾を込め、ガス欠間近のチェーンソーを振り回す。
2017.3 133p B5 ¥2200 ①978-4-416-61721-2

◆しょっぷちゃんアモーレ─通販ホリックな私たち たちばなかおる著 集英社インターナショナル, 集英社 発売
【要旨】ちょっと家事と育児に疲れた女流まんが家が、なんとな～く自宅でつけたテレビ通販番組「ショップチャンネル」。仕事場＆リビングに流れるのは、天使のささやきのような女性の声。優雅に時代のトレンドを語る小粋なゲスト。そしてスペシャル感満載の商品情報。気がつけばペンはとまり、テレビをガン見。そしてPCを起動させてクリック連打。奇行はさらに加速するかと思いきや…なぜか呼吸を整えラストにっこり。以来、友達にあふれ、家族も笑顔に満たされてると本人は思ってる!?そんな自己満足感たっぷりの、新感覚お買いものエッセイコミック!!
2017.3 160p A5 ¥1000 ①978-4-7976-7341-8

◆シルバーサーファー:パラブル スタン・リーライター, メビウスアーティスト, 市川裕文, 石川裕人訳 ヴィレッジブックス
【要旨】世界のアーティストに多大なる影響を与えた巨匠メビウスが、生前に唯一手掛けたマーベルタイトル『シルバーサーファー:パラブル』。久々にライターに復帰したスタン・リーが紡ぐ寓話的ストーリーに、メビウスがその独特のタッチで形にした、フランスとアメリカのコミック界を代表する両巨頭だった一度のコラボレーションを、メビウス本人の指示によるリカラーリング・バージョンで収録。また、制作の裏側に迫るインタビュー、スパイダーマン、デアデビルなど、メビウスが描いたマーベルヒーローのポスター作品も掲載。また、スタン・リー＆ジョン・ビュッセマコンビによるオリジンストーリー『シルバーサーファー』#1 (8/1968)も日本版に特別収録。頂点を極めた巨人達の共演に刮目せよ。
2017.12 119p B5 ¥2700 ①978-4-86491-358-4

◆新海誠監督作品 君の名は。美術画集 一迅社
【要旨】本書では「君の名は。」に登場した、糸守の豊かな自然、宮水家、宮水神社、御神体、カタワレ時、東京の町並み、立花家、飛騨への道のり…など、物語の舞台の美術背景約220点を、美術スタッフのコメント付きで掲載。新海誠監督をはじめ、美術監督やスタッフのインタビューも収録。
2017.8 207p 19×26cm ¥2800 ①978-4-7580-1564-6

◆スーサイド・スクワッド:カタナ マイク W.バーデ, ディオゲネス・ネベス画, 高木亮訳 小学館集英社プロダクション
【要旨】愛刀「ソウルテイカー」を手に単身戦うカタナ。彼女は、なぜ独裁主義のカルト結社「コブラ」が小国マルコビアを侵略したのかという理由を知らなかったし、そんなことにも興味もなかった。いかなる手段を用いても彼らの計画を阻止し、生きて脱出すること。彼女の任務は、ただそれだけだった。しかし、事態は思わぬ方向へ動き出す。カタナが悪の陰謀を切り裂いて、任務の裏に隠された恐るべき事実を突き止めねば、全世界が危機に陥ってしまうのだ。一方で、同志であるはずのスーサイド・スクワッドのメンバーたちは、彼女が任務中に命を落とすことを願っていた…。
2017.2 124p 26×18cm ¥2000 ①978-4-7968-7652-0

◆スーサイド・スクワッド:デッドショット ブライアン・ブッチェラート作, ビクトル・ボグダノビッチ画, 高木亮訳 小学館集英社プロダクション
【要旨】スーパーヴィランの特殊部隊"スーサイド・スクワッド"。彼らは首に爆弾を埋め込まれ、減刑と引き換えに政府の極秘任務を押し付けられている。その部隊の主要メンバーであるデッドショットことフロイド・ロートンは、いま、極めて個人的なミッションを果たそうとしていた。それは彼を非情な殺人鬼たらしめた、フロイド自身の父親を殺すことである…。やがてデッドショットを仲間に引き入れるため、スーサイド・スクワッドはある策を講じる。しかしそれは、彼にとって唯一の大切な存在を危険にさらすものだった―。
2017.2 134p 26×18cm ¥2000 ①978-4-7968-7651-3

◆スーサイド・スクワッド:ブラック・ヴォールト ロブ・ウィリアムズ作, ジム・リー, フィリップ・タン, ジェイソン・ファボック, アイヴァン・リース, ゲーリー・フランクほか画, 高木亮訳 小学館集英社プロダクション
【要旨】デッドショット、ハーレイ・クイン、キラー・クロック、エンチャントレス、キャプテン・ブーメラン、カタナ…破滅的で、常軌を逸した面々だが、我々の唯一の希望でもある。彼らの名は"スーサイド・スクワッド"、別名"タスクフォースX"。鋼の意志を持った情報将校アマンダ・ウォラーが招集し、名誉を傷つけられた大佐リック・フラッグが率いるのが彼らは、スーパーヒーローたちが決して請け負わない汚れ仕事を一手に引き受けていた。最新の任務は"ブラック・ヴォールト"と呼ばれる謎の宇宙物質を敵の手から奪うこと。問題なく任務完了となるはずだったのだが、ロシア版スーサイド・スクワッドとも言うべき凶暴凶悪なアナイアレーション・ブリゲードに阻まれる。しかも、想定外の強敵も彼らの前に立ちはだかるのだが、はたして任務を完遂することができるのか…。
2017.10 161p B5 ¥2000 ①978-4-7968-7690-2

◆スター・ウォーズ:サンスポットの騒乱 ジェイソン・アーロン, キーロン・ギレン著, レイニル・ユー, アンベル・ウンスエータ, マイク・メイヒュー画, 秋友克也訳 ヴィレッジブックス
【要旨】強大なる帝国軍を相手に明日無き死闘を続ける反乱軍。だが、彼らの戦いは、若き英雄ルーク・スカイウォーカーや、命知らずのパイロット達だけではなかった。反乱軍の健闘の裏

には、様々な姿に身を変え、正義とは程遠い冷酷な諸行に身をやつすスパイ達の暗躍があったのだ。そして、ここにも一人、反乱軍のスパイがいた。その名はエネブ・レイ。偽名を名乗り、帝国軍に潜入した彼は、生涯最大の獲物を目前に、己が任務の重さを痛感する事になる。一方、ダース・ベイダーの右腕であるドクター・アフラを捕らえたレイアが向かった先は、反乱軍の暗部を凝縮したような場所、サンズポット監獄だった。クロスオーバー『ベイダー・ダウン』に続く人気シリーズ第3弾!
2017.6 142p 26×19cm ¥2650 ①978-4-86491-340-9

◆スター・ウォーズ:ダース・ベイダー シュー=トラン戦役 キーロン・ギレンライター, レイニル・フランシス・ユー, サルバドール・ラロッカアーティスト, 秋友克也訳 ヴィレッジブックス
【要旨】追い求めるルーク・スカイウォーカーとの束の間の邂逅の後、帝都コルサントに戻ったダース・ベイダーは、皇帝の特使としてシュー=トラン王国に派遣される。貴重なレアメタルの産地であるシュー=トランは、帝国にとっても重要な戦略拠点だったが、そこは鉱物利権を巡って貴族達が権謀算術をめぐらす陰謀の惑星だった。自らも政敵との闘争の渦中にあるベイダーは、如何にしてこの難局を乗り切るのか?「ベイダー・ダウン」より続くシリーズ第3弾登場!
2017.10 121p 26×19cm ¥2400 ①978-4-86491-354-6

◆スター・ウォーズ/フォースの覚醒 チャック・ウェンディグ作, ルーク・ロスほか画, 村上清幸, 高貴準三訳 小学館集英社プロダクション
【要旨】反乱同盟軍による第2デス・スターの破壊と銀河帝国の崩壊から30年。帝国の残党から生まれた軍事組織ファースト・オーダーの部隊と彼らを率いる邪悪な戦士カイロ・レンが辺境の惑星ジャクーの村を襲った。消えたルーク・スカイウォーカーの居場所を求めて!同じ目的でレジスタンスのレイア・オーガナ将軍から派遣されたエースパイロットのポー・ダメロン、若き廃品回収業者レイ、脱走ストームトルーパーのフィン、そしてカイロ・レン―彼らの運命が交錯し、銀河に新たな激動の歴史がスタートする!
2017.12 142p 26×18cm ¥1600 ①978-4-7968-7712-1

◆スター・ウォーズ:ポー・ダメロンブラックスコードロン チャールズ・ソウル, ジェームズ・ロビンソン文, フィル・ノト, トニー・ハリス画, 秋友克也訳 ヴィレッジブックス
【要旨】帝国の崩壊から30年。新たなる脅威ファースト・オーダーの台頭に、新銀河共和国を率いるレイア・オーガナ将軍はレジスタンスを組織して対抗した。こうして集められたレジスタンスの戦士の中に凄腕で知られるパイロット、ポー・ダメロンがいた。レイア直々の指名を受け、ブラックスコードロンの一員となったポーは、相棒のBB-8と共に決死の極秘任務に挑む!『スター・ウォーズ/フォースの覚醒』の人気キャラクター、ポー・ダメロンの活躍を描く前日譚!その"赤い腕"の由来が明かされる短編『C-3PO』も同時収録!
2017.2 175p B5 ¥2700 ①978-4-86491-324-9

◆スタンドマイヒーローズ1st Anniversary Book 電撃Girl's Style編集部編 KADOKAWA
【要旨】美麗イラストを多数収録。ファッションやキーワードでカレの魅力を紐解く。カードイラストやスチルをたっぷり掲載。好評を博したイベントマップストーリーを収録。クリエイターインタビューなども充実。カレからの1周年記念メッセージを掲載。カバーイラストと連動したピンナップポスター&書きおろしショートストーリー「1st Anniversary Book 表紙撮影裏話」を収録!
2017.12 191p A4 ¥4200 ①978-4-04-893348-3

◆スパイダーグウェン ジェイソン・ラトゥーア作, ロビー・ロドリゲス画, 光岡三ツ子訳 小学館集英社プロダクション
【要旨】舞台は別の時間軸の世界。放射能を浴びたクモに噛まれ、ヒーローになったグウェン・ステイシー。日常生活やバンド活動、家族、友情、そして皆を守るための戦い。波乱に満ちたグウェンの冒険が始まる!
2017.3 130p 26×18cm ¥2100 ①978-4-7968-7659-9

◆スパイダーマン大全 マシュー・K.マニング, トム・デファルコ著, 光岡三ツ子, 富原まさ江訳 小学館集英社プロダクション 増補改訂版

【要旨】スパイダーマンのすべてがわかる究極のガイドブック『スパイダーマン大全』(2012年刊行)が増補改訂版として再登場!1962年8月『アメイジング・ファンタジー』15号での初登場から55年。スパイダーマンの能力、コスチューム、ウェブ・シューターをはじめとするガジェットの詳細はもちろん、スパイダーマンに関わる無数のキャラクターたちを徹底解説。55年にわたる歴史から10年刻みで特集。年代別にコミックやキャラクターのエピソードが掲載され、2000年代における最新のタイムラインに!?増補改訂版では、スパイダーグウェンやシルクといった新たな女性キャラクターや、多国籍企業「パーカー・インダストリーズ」の詳細、さらには2012年12月以降のストーリーまで追加し、スパイダーマンに関する解説を大幅にアップデート。ますます進化し活躍の場を広げるスパイダーマン。ファンが求めるすべてを網羅した、最新にして完全保存版のガイドブックが誕生した!
2017.10 206p 28×24cm ¥3600 ①978-4-7968-7706-0

◆スパイダーマン/デッドプール:ブロマンス ジョー・ケリー作, エド・マクギネス画, 高木亮訳 小学館集英社プロダクション
【要旨】スパイディ&デップーこそが真の"ダイナミック・コンビ"だ!…とはいえ、スパイディは別に"新しい友人"を求めていたわけじゃない。一方のデッドプールは"ブロマンス"を求めている。こんな状況でチームアップ誌ができるのだろうか…。しかし、そんな心配をよそに今回も超豪華なゲストが大活躍する。もう一人のスパイダーマン(マイルズ・モラレス)や、傭兵集団マークス・フォー・マネーらも加わり、究極のチームアップが展開される!さらに、ブラインドデートに出かけたスパイダーマンとデッドプールは、ソー(ジェーン・フォスター)と出会うのだが、どちらが彼女の心を射止めたのか…続きが気になる読者諸氏は今すぐ本書を読もう!
2017.9 130p B5 ¥2100 ①978-4-7968-7688-9

◆スパイダーマン/デッドプール:ブロローグ ファビアン・ニシーザほか作, ピート・ウッズほか画, 高木亮訳 小学館集英社プロダクション
【要旨】待望の競演がついに始まる―まずはその前に、彼ら凸凹コンビの過去のブロマンスを読んでおこう!コミック(と時間旅行)の魔法によって、ウェイド・ウィルソンは若き日のピーター・パーカーの子守を務めることに。親しき隣人と反社会的な問題児は殴り合いに飽き足らず、"お前のママ"ジョークでも対決する。だが、デッドプールの長年の夢が叶う日がやってきた!自分の赤と黒の臭いスーツと、スパイディの赤と青のスーツを交換できるなんて!
2017.7 125p B5 ¥2400 ①978-4-7968-7682-7

◆スパイダーマンホームカミング:プレリュード ウィル・コロナ・ピルグリム作, トッド・ナウクほか画, 光岡三ツ子訳 小学館集英社プロダクション
【要旨】昼は家族思いの高校生、夜は壁を這う能力と蜘蛛ウェブで犯罪者たちと戦うクライムファイター。2つの顔を持つピーター・パーカーは、いつしか"クイーンズの親しい隣人"として、ニューヨークでも知られる存在になっていた。市民から愛されるヒーローだったが、キャプテン・アメリカとアイアンマンの間で勃発した、アベンジャーズを引き裂く"内紛(シビルウォー)"に巻き込まれてしまった。アイアンマン側に立った彼を待ち受ける運命とは?映画『シビル・ウォー/キャプテンアメリカ』で初登場したマーベル・シネマティック・ユニバース版のスパイダーマンが、コミックでもついに始動!
2017.8 124p 26×19cm ¥2000 ①978-4-7968-7704-6

◆スパイディ:ファースト・デイ ロビー・トンプソン作, ニック・ブラッドショーほか画, 高木亮訳 小学館集英社プロダクション
【要旨】ピーター・パーカーの高校時代にさかのぼって、彼の若き日々を覗いてみよう!山のような宿題、女の子とのつきあい方、トップクラスの個性的なヴィランたちが巻き起こす終わりなき大騒動の数々。我らの愛すべきスパイディはスパイダーマン・オクトパスの触手と格闘し、砂浜ごとサンドマンに飲み込まれる!お馴染みのキャラクターたちも意外な形で登場!
2017.8 175p B5 ¥2400 ①978-4-7968-7686-5

◆スーパーマン:サン・オブ・スーパーマン ピーター・J.トマシ作, パトリック・グリーソン作・画, ダグ・マーンキ, ホルヘ・ヒメネスほか画, 中沢俊介訳 小学館集英社プロダクション
【要旨】鋼鉄の男が第二の故郷を守るために命を落とした時、彼の体現する真実と正義は永遠に失われたかに思えた。しかし、遠くから見つめるもう一人のスーパーマンがいた。より年齢を重ね、経験と知恵を身につけたスーパーマンだ。さらに彼は妻のロイス・レーンと、息子のジョナサン・ケイトを伴っていた。こうして、とある消え去ったユニバースから逃れてきた彼が、表舞台に現れる。いまは亡きもう一人の自分の名前を継承して、地球で最も偉大なヒーローとして飛び立つために。この次元にたどり着いたクリプトン星の生き残りは、彼だけではなかった。"エラディケーター"として知られる人工知性体が、エル家の生存者を追う。彼の目的はクリプトン星人の遺伝情報の保存のみであり、他の生命体に対する考慮は一切ない。たとえそれが、カル=エル―つまりクラーク・ケントの命を継ぐ者であったとしても。果たしてスーパーマンの息子は、目覚めたばかりの能力を使いこなして、地球人としての自分をまっとうすることができるのか?
2017.8 175p 26×18cm ¥2300 ①978-4-7968-7681-0

◆スピタのコピタの! 12 緑一色署 新紀元社 (ロール&ロールコミックス)
【要旨】『スピコピ』を読んでテーブルトークRPGやボードゲームを知っちゃおう!大人気のTRPGやボードゲームの楽しさを体験できるレポートコミック第12弾!!
2017.9 93p A5 ¥1000 ①978-4-7753-1544-6

◆スーペリア・スパイダーマン:トラブル・マインド ダン・スロットライター, ウンベルト・ラモス, ライアン・ステグマンアーティスト, 秋友克也訳 ヴィレッジブックス
【要旨】病に冒されたオクタビアスは、スパイダーマンの肉体を奪う事で一命を取り留めた。その記憶をも手に入れた彼は、スパイダーマンの使命の重さを痛感し、その名を継ごうと決意する。一方、意識のみの存在となったピーター・パーカーは、全てを取り戻すべく手を尽くすが、それでもオクタビアスは彼なりの正義を貫き、新たな火種を振りまいていく。スパイダーマンという器を巡る二人の男の争いは、やがて大きな選択に辿り着くのだが…シリーズ第2弾!
2017.5 102p 26×19cm ¥2200 ①978-4-86491-333-1

◆「性別が、ない!」人の夜の事件簿in Deep 新井祥著 ぶんか社
【要旨】恋、SEX、体、「性別」のこと…みんなのディープなお悩みにインターセックス作家・新井祥がすべてお答え!!
2017.7 163p A5 ¥1000 ①978-4-8211-4462-4

◆世界一周ホモのたび 結 サムソン高橋原作, 熊田プウ助漫画 ぶんか社
【要旨】世界を旅して♂×♂の愛を探す!大人気ハッテントラベルエッセイとうとう最終巻!!
2017.12 143p A5 ¥1111 ①978-4-8211-4464-8

◆絶対無敵スクイレルガール:けものがフレンド ライアン・ノース, ウィル・マレーライター, エリカ・ヘンダーソンアーティスト, スティーブ・ディッツコライター・アーティスト, 御代しおり訳
【要旨】Dr.ドゥームもサノスも、デッドプールだってまとめてたたんでゴミ箱にポイ!絶対無敵なマーベル最強ヒロインもなんと女子大生!寮に入ったのはいいけれど、カーテン開けたら即事件!女子トイレで着替えて出動だ!リスなやつはだいたい友達、元祖けもの娘スクイレルガール、いよいよ日本上陸!
2017.11 121p B5 ¥2300 ①978-4-86491-356-0

◆閃乱カグラ PEACH BEACH SPLASH 公式イラスト集 週刊ファミ通編集部編 Gzブレイン, KADOKAWA 発売
【要旨】背景まで瑞々しい1枚絵から、数々の設定画、思い出いっぱいのイベントビジュアルまで。『閃乱カグラPEACH BEACH SPLASH』のぷりちーなビジュアルが満載のイラスト集!2017.8 183p A4 ¥2600 ①978-4-04-733266-9

◆総特集 木原敏江 エレガンスの女王 木原敏江著 河出書房新社
【要旨】少女マンガ高度成長期の最前線を駆け抜けた、およそ50年の軌跡を語ったロングインタビューに加え、史上初、青池保子・萩尾望都との超貴重スペシャル鼎談を収録。短編2作、豊富

なカラーイラスト、掲載誌でたどる主要作品解説、全作品リスト他、少女マンガのひとつの到達点、芸術性とエンターテインメントが融合した木原敏江の至高の作品をとことん知り、堪能できる一冊！収録マンガは：超美麗カラー完全再現の「封印雅歌」＋「夢占舟」。
2017.10 191p A5 ¥2800 ①978-4-309-27892-6

◆**大逆転裁判2－成歩堂龍ノ介の覺悟－公式原画集** 電撃ゲーム書籍編集部編 KADOKAWA
【要旨】『大逆転裁判2－成歩堂龍ノ介の覺悟－』の神髄を。完全保存版。『大逆転裁判2－成歩堂龍ノ介の覺悟－』の関連画稿を網羅。繊細なスケッチや完成イラストの数々を、余すことなく公開。初公開ビジュアル満載で贈る、ファン必見のプレミア原画集。
2017.10 140p A4 ¥2800 ①978-4-04-893504-3

◆**滝田ゆう一昭和×東京下町セレナーデ** 松本品子編 平凡社
【目次】1 愛しきわが町・玉の井、2 寺島町奇譚、3 やさしいおねえさんたち、4 四季と風景、5 デビューの頃、6 泥鰌庵閑話、7 遺された日記、8 劇場シリーズ、9 多才な人気者
2017.6 127p 22x17cm ¥1800 ①978-4-582-63511-9

◆**ターニングポイント―マンガ バンド・デシネ アメリカン・コミックス作品集** 松本大洋、浦沢直樹、ジョン・キャサディ、エマニュエル・ルパージュほか著 Euromanga, 飛鳥新社発売
【要旨】かつて雑誌『メタル・ユルラン』で、世界中のマンガ家・アニメーター・映像作家に影響を与えたフランスの出版社HUMANOIDS（ユマノイド）の創立40周年を祝して、日仏米14人のコミックアーティストが結集！マンガ（日本）、バンド・デシネ（フランス語圏）、アメリカン・コミックス（北米）で活躍する14人の作家たちが、同一テーマに挑んだオリジナル短編集です。
2017.9 118p 26x19cm ¥2200 ①978-4-86410-573-6

◆**ダーリンは71歳** 西原理恵子著 小学館
【要旨】サイバラ＋高須院長＝122歳!!霊長類最強のバカップルなんです!!
2017.1 1Vol.23x16cm ¥1000 ①978-4-09-179215-0

◆**中年女子画報―44年目の春** 柘植文著 竹書房（BAMBOO ESSAY SELECTION）
【要旨】あれ？ 私っちゃう？ 正しい（？）中年を模索する体験エッセイが第2弾!!描き下ろし・エッセイ10本収録。40代の中年入門。
2017.2 129p A5 ¥1000 ①978-4-8019-0999-1

◆**ディズニーキャラクター イラストポーズ集―躍動感のあるしぐさからデフォルメ表現まで完全マスター** キャラクターイラスト研究部編 宝島社
【要旨】数々の名作を世に放つディズニーアニメのイラストテクニックを公開。生き生きと駆け出したミッキーやプリンセス、ヒーローたち。まるで夢の世界に実在するかのような、魅惑のキャラクター表現の秘密に迫ります。世界中のアニメーションの原点となったイラスト技法がここに集約！全15作品収録。
2017.6 127p B5 ¥1900 ①978-4-8002-7062-7

◆**ディズニー伝説の天才クリエーター マーク・デイヴィス作品集―キャラクターからアトラクションまで創造の軌跡を探る** ジョン・ケインメーカー、ボブ・カーツ、アンドレアス・デジャ、グレン・キーン、マーク・デイヴィスほか文, 小宮山みのり訳 講談社
【要旨】「マークは私の"ルネッサンス・マン"だ」とウォルト・ディズニーに言わしめた天才クリエーター、マーク・デイヴィス。本書は、ディズニーを代表するキャラクターやアトラクションのもとになった彼の原画やスケッチ、コンセプトアートを多数収録。さらに日常や旅先でのスケッチや絵画などを紹介し、マークおよびディズニーのクリエーションの源に迫ります。
2017.9 208p 29x23cm ¥4300 ①978-4-06-220757-7

◆**定年を全うした中間管理職のスルメ爺いの余録集** 清水章著（奈良）編集工房レイヴン, （大阪）せせらぎ出版 発売
2017.6 67p A5 ¥1000 ①978-4-88416-257-3

◆**手塚治虫―扉絵原画コレクション1950-1970** 手塚治虫著 玄光社
【要旨】本書は、手塚治虫が遺した膨大な作品のなかから、各作品の扉絵にあたる、手塚プロダクションに原画が現存するものに絞って作品を選出（本書では1950年から70年の間に連載がス

タートした作品を厳選）。資料性は勿論のこと、鮮やかな色彩やタッチの変遷、ロゴタイプなどの魅力を一望出来る作品集として構成している。収録にあたっては、執筆時の息吹が感じられるよう、敢えて過剰な補正をせずに、原画ならではの質感を重視し、描線の躍動感や色彩感を再現するよう編集した。扉絵ならではの一枚絵としての魅力が感じられるファン待望の作品集である。*1971年以降に連載がスタートした作品は、続刊に収録。
2017.12 287p A4 ¥4600 ①978-4-7683-0914-8

◆**手塚治虫ヴィンテージ・アートワークス 漫画編** 手塚治虫著 立東舎, リットーミュージック 発売
【要旨】手塚治虫生誕90周年記念出版。瑞々しい筆致で描かれた愛らしいキャラクターやアイディアの数々。これまで散発的にしか紹介されてきたラフスケッチや下書き、未使用原稿をここに集約！未発表原画やラフスケッチを多数掲載！
2017.11 223p A4 ¥3000 ①978-4-8456-3152-0

◆**手塚治虫傑作選「戦争と日本人」** 手塚治虫著 祥伝社（祥伝社新書）
【要旨】手塚治虫が中学校（現在の高校）に入った後、日米は開戦した。戦時下の日本で、手塚は軍需工場での勤労奉仕や大阪大空襲を経験します。そして、自らが体験した「戦争」の悲惨さを後世に伝えるべく、彼は戦争をテーマにした作品を数多く描いてきました。本書では、自伝的漫画「どついたれ」をはじめ、現在の日本を彷彿とさせる「悪魔の開幕」、原爆問題を扱った作品など、選りすぐりの九編を収録しています。現在、日本では戦争の記憶が風化し、平和の尊さについても鈍感になっています。戦争の足音が聞こえてきそうな今だからこそ、読んでほしい珠玉の短編集です。
2017.7 265p 18cm ¥820 ①978-4-396-11511-1

◆**デスストローク：ゴッド・キラー** トニー・S・ダニエルほか作, タイラー・カークハムほか画, トム・モリーほか彩色, 吉川悠訳 小学館集英社プロダクション
【要旨】世界屈指の暗殺者、スレイド・ウィルソン。またの名を殲滅者デスストローク。卓抜した戦闘能力以上に、最も危険な殺し屋という名誉こそが、彼の最大の武器であり、譲れない財産であった。彼に狙われるということは、すなわち死を意味する。しかし今度のミッションは、さすがのデスストロークでも完遂できないかもしれない。彼に与えられた新たな任務、それは囚われの死神ラベトゥスの暗殺。そして標的の前には、ワンダーウーマンとスーパーマンが立ちはだかる。この戦いは、スレイドの死で決着する!?
2017.3 142p 26x18cm ¥2100 ①978-4-7968-7658-2

◆**鉄人28号"少年オリジナル版"復刻大全集 UNIT3** 横山光輝著 復刊ドットコム
【要旨】いよいよ風雲急を告げるロボット対決が息も切らさぬ展開をみせる1959年7月号から1960年9月号まで、完全収録。謎の天才科学者・不乱拳博士の人工知能開発が、鉄人を超える最強ロボットを誕生させるのか!?バッカス、ブラッククオックスが登場し鉄人と死闘を繰り広げる随一の人気編が、原典となる連載オリジナル版でついに甦る！
2017.3 1Vol. B5 ¥8354-5421-4

◆**鉄人28号"少年オリジナル版"復刻大全集 UNIT4** 横山光輝著 復刊ドットコム
2017.5 18Vols.set B5 ¥21500 ①978-4-8354-5422-1

◆**鉄人28号"少年オリジナル版"復刻大全集 UNIT6 1963-1964年** 横山光輝著 復刊ドットコム
【要旨】「少年」本誌連載部分をまとめたB5判サイズ・1冊と、B6判の別冊ふろく・十数冊を各BOXに収納。本誌からふろくへとストーリーが続く、当時ならではのスリリングな読書体験は、この形式でしか味わえません。連載各話の扉はもちろん、漫画本文のほぼ半分におよび2色、4色カラーで掲載され、B5大判のスケール感とともに、その圧倒的な迫力は、これまでの「鉄人」単行本とはまったく次元の違う豪華さ。特に、横山先生自身の手による扉絵や別冊ふろく表紙絵の多くは、ここでしか見ることができない、まさに"幻"の逸品です。増刊号の読みきり作品や、飛び出す立体漫画と立体メガネ、鉄人関連広告なども忠実に再現した、まさにファン熱望、"一生もの"の永久愛蔵版です！
2017.9 17Vols.set B5 ¥19500 ①978-4-8354-5424-5

◆**鉄人28号"少年オリジナル版"復刻大全集 UNIT7** 横山光輝著 復刊ドットコム

【要旨】「少年」本誌連載部分をまとめたB5判サイズ・1冊と、B6判の別冊ふろく・十数冊を各BOXに収納。本誌からふろくへとストーリーが続く、当時ならではのスリリングな読書体験は、この形式でしか味わえません。連載各話の扉はもちろん、漫画本文のほぼ半分におよび2色、4色カラーで掲載され、B5大判のスケール感とともに、その圧倒的な迫力は、これまでの「鉄人」単行本とはまったく次元の違う豪華さ。特に、横山先生自身の手による扉絵や別冊ふろく表紙絵の多くは、ここでしか見ることができない、まさに"幻"の逸品です。増刊号の読みきり作品や、飛び出す立体漫画と立体メガネ、鉄人関連広告なども忠実に再現した、まさにファン熱望、"一生もの"の永久愛蔵版です！
2017.11 16Vols.set B5 ¥22000 ①978-4-8354-5425-2

◆**デッドプール＆ケーブル：スプリット・セカンド** ファビアン・ニシーザ作, ライリー・ブラウン作・画, 中沢俊介訳 小学館集英社プロダクション
【要旨】ある男の死によって引き起こされる恐るべき未来を予見したケーブルはその男を守ろうと決意する一方、同じ男を殺すために"ある男"が近づく…デッドプールは果たして相棒なのか!?活劇と時間旅行のトリックに満ちた大騒動の始まりだ！
2017.2 97p 26x18cm ¥1800 ①978-4-7968-7649-0

◆**デッドプール：バック・イン・ブラック** カレン・バン作, サルバ・エスピン画, 高木亮訳 小学館集英社プロダクション
【要旨】1984年の『マーベル・スーパーヒーローズ・シークレット・ウォーズ』において、デッドプールが遭遇したエイリアン共生体は、スパイダーマンのコスチュームとなり、最終的にはヴェノムとなった。ところで、その共生体がエディ・ブロックと出会う前に、実はデッドプールと合体してたって知ってた？ 知らない？ それならこの本を読むといいよ！ ブラック・コスチュームのスパイダーマンまで現れて、驚きの大事件がおきるぞ！
2017.6 108p 26x18cm ¥1800 ①978-4-7968-7679-7

◆**デッドプール：ミリオネア・ウィズ・ア・マウス** ジェリー・ダガン作, マイク・ホーソーン画, 高木亮訳 小学館集英社プロダクション
【要旨】ムカつく男。危険な男。とても臭い男。でも、世間は彼を愛している！ 大いなる人気には、大いなる責任がともなうものだ。そこで、ウェイドは助けを借りることにした。でもその相手は誰かって？ きっと信じないだろうし、実際に見てもわからないだろうな。我らのヒーローは悪党をおびき出すために、完璧な囮を使うことにした。その囮とは、純真無垢な娘のエリーだった!?
2017.12 103p 26x18cm ¥1800 ①978-4-7968-7692-6

◆**デッドプールVS.ガンビット** ベン・アッカー, ベン・ブラッカー作, ダニーロ・ベイルー画, 高木亮訳 小学館集英社プロダクション
【要旨】X‐MENにおいて、もっともハンサムで口が達者なメンバー、ガンビット。そしてあらゆる世界において、もっとも迷惑なクソ野郎、デッドプール。実はこの二人、こっそりとコンビを組んで詐欺をはたらいていた"共犯者"なのだ。再生可能で更生不可能な男と、荒ぶるケイジャンがしばしば手を結び、乗り出したのはドデカイ詐欺。中国人の実業家からお宝を盗むなんて楽勝――のはずだったが、そうは問屋が卸さない。ウェイドとレミー、どちらの味方だけでわかりあえるのか。それとも、やはり戦わなくてはならないのか。ペンは刀よりも強いかもしれない。だが、トランプは刀よりも強いのか？
2017.4 107p 26x18cm ¥1800 ①978-4-7968-7665-0

◆**天外画廊―辻野芳輝画集** 辻野芳輝著 アンビット, 徳間書店 発売
【要旨】『天外魔境』シリーズの絵師、"辻野寅次郎"こと辻野芳輝の珠玉の作品！ 初公開含む全662点！
2017.1 159p A4 ¥3600 ①978-4-19-864342-3

◆**どうせ片想いで終わりますけど？** 森もり子著 幻冬舎
【要旨】大学に入学して一週間、ついに最高の男子を見つけてしまった…異常行動連発！"ヤバイ系女子"もり子の爆笑＆爆痛の片想いコミック。
2017.2 127p A5 ¥1000 ①978-4-344-03070-1

◆**動物のお医者さんは小学生** 小林原作, 葛岡容子漫画 リンダパブリッシャーズ, 泰文堂 発売

美術

◆毒家脱出日記―親が苦手じゃダメですか？ 1　春キャベツ著　集英社　（ふんわりジャンプ愛蔵版コミックス）
【要旨】酒浸りの父、すぐキレる母。それが「普通の家族」だと思っていた…エゴイスティックな毒親からの脱却と自立を実体験をもとに描くリアリティコミック!!描き下ろし充実!!
2017.11 124p A5 ¥900 978-4-08-792724-5

◆ドクター・ストレンジ：プレリュード　ウィル・コロナ・ピルグリム作, ホルヘ・フォルネス原画, 光岡三ツ子訳　小学館集英社プロダクション
【要旨】大ヒットした『シビル・ウォー/キャプテン・アメリカ』に続くマーベル・スタジオズ最新作、映画『ドクター・ストレンジ』。医術か？魔術か？医者としての信念と葛藤する、人間味あふれるリアルなヒーローを描くファンタジック・エンターテインメントの前日譚コミック、ここに登場！前日譚のみならず関連作品も収録。自動車事故に遭い、両手の麻痺のため手術ができなくなった天才外科医のドクター・ストレンジ。治癒を求めて伝説の高僧エンシェント・ワンのもとへ赴いた彼は、新たな世界に目を開かせられ、魂と世界を守る魔術の習得者”マスター・オブ・ミスティック・アーツ”となるべく修行を開始する―。
2017.1 154p 26×18cm ¥2000 978-4-7968-7647-6

◆トランスフォーマー：インターナショナル・インシデント　マイク・コスタライター, E.J. スー, ハビエル・サルタレス, グイド・グイディアーティスト, 石川裕人訳　ヴィレッジブックス
【要旨】メガトロンとの戦いから2年。地球の人々の憎しみのとなり離伏の時を過ごしたオートボットは、状況打開を焦った結果、歴戦の勇士アイアンハイドを失ってしまう。大胆な変容を求めて司令官のオプティマス・プライムは人類に投降。残された者達は各々の思惑に引きずられ瓦解の危機を迎える。が、新たな司令官に選出されたバンブルビーの下、はぐれディセプティコンとの戦いで人類側組織スカイウォッチとの和解を実現する。こうして人類とオートボットの関係は新たな一頁を迎えたものの、逃亡したディセプティコンの行方は杳として知れなかった…。人類との和解を果たしたオートボットを待つ新たな危機とは？待望のオンゴーイング・シリーズ第2弾登場！
2017.8 159p 26×18cm ¥2500 978-4-86491-343-0

◆トランスフォーマー：フォー・オール・マンカインド　マイク・コスタ作, ドン・フィゲロア画, 石川裕人訳　ヴィレッジブックス（このマンガがすごい！comics）
【要旨】メガトロン率いるディセプティコンの地球征服は、オプティマス・プライムら、オートボットの手で阻止された。メガトロンの死でディセプティコンは壊滅したが、それで全てが終わったわけではない。トランスフォーマー達の戦いで甚大な被害を被った人類は、あらゆるトランスフォーマーを憎むようになっており、勝者であるオートボットも人類から恣意の念を消さざるを得なかった。こうして、長く苦しい戦いの果てにトランスフォーマーと人類が袂を分かってから2年の月日が過ぎ去った。そして今…。IDWが誇る人気シリーズが待望のオンゴーイング化！日本オリジナル特典満載で邦訳スタート！
2017.4 167p B5 ¥2500 978-4-86491-328-7

◆トランスフォーマー：リベンジ・オブ・ディセプティコン　マイク・コスタライター, ニック・ロシェ, ドン・フィゲロア, アレックス・ミルンアーティスト, 石川裕人訳　ヴィレッジブックス
【要旨】雌伏の2年間を経て、ついに人類との和解を果たしたオプティマス・プライムとオートボット連合たち。が、安住の地を得たと思った矢先、思わぬ緊急事態に見舞われる。逃亡したコンパチコンがN国に傭兵として雇われ、隣国に侵攻し始めたのだ。スカイウォッチと共に鎮圧に向かうオプティマス一行。だが、膝元の合衆国では、大量破壊兵器の保有国と見なすとの大統領声明が発表された直後にオートボットとスカイウォッチの関係が露呈し、群衆がスカイウォッチ本部に押し寄せる事態となっていた。オプティマスらは、新たにプレダコンも巻き込んだ激闘を制したものの、悲劇が現実となっていた。スカイウォッチ本部ではついにバンブルビーの胸を貫いたのである。人類とオートボットの関係は再び泥沼に陥ってしまうのか…。瓦解寸前のディセプティコンの反撃が始まるオンゴーイング・シリーズ第3弾！
2017.11 155p B5 ¥2500 978-4-86491-357-7

◆永井豪 デザインスケッチ・オブ・スーパーロボット　永井豪著　復刊ドットコム　増補版
【要旨】すべての始まりは「マジンガーZ」だった！1972年、永井豪が想像＆創造した”スーパーロボット”は「グレートマジンガー」「グレンダイザー」「ゲッターロボ」「鋼鉄ジーグ」と多くの後継を生み出し、今や世界中のファンを虜にしている。その巨大なイマジネーションの元型がここに!!カラーイラストを加えた127点のデザインを収録。
2018.1 127p A4 ¥3500 978-4-8354-5549-5

◆猫国（にゃんごく）よもやま お菓子ばなし　元祖ふとねこ堂著　KADOKAWA
【要旨】食べちゃいたいほど かわいい、猫とおやつの物語。作る猫、食べる猫、踊る猫、寝る猫…甘いものが大好きな猫たちの、甘すぎる一冊。
2017.10 79p A5 ¥1200 978-4-04-105760-5

◆猫とダンナと時々ごはん―ウンタのつれづれ日記　梶井潤著　海王社（KAIOHSHA COMICS GUSH COMICS DX）
【要旨】猫飼い歴40年。BL漫画家ウンタはダンナのたかちゃんと気ままな猫ぐらし。個性的な4匹のニャンたちに振り回されて今日も大騒ぎ！猫たちをお留守番にして出かけた北九州旅行＆ご当地グルメ編も収録したコミックエッセイ！
2017.2 115p A5 ¥850 978-4-7964-0969-8

◆猫ピッチャー外伝―勇者ミー太郎の大冒険　そにしけんじ著　中央公論新社
【要旨】読売中高生新聞人気連載。猫ピッチャー・ミー太郎がゲームの世界で大活躍。
2017.7 141p B6 ¥800 978-4-12-004996-5

◆ハイスクール・フリート アニメイラスト画集　KADOKAWA
【要旨】珠玉のイラスト80点以上を収録！全てのイラストを表紙にできるリング綴じ仕様。アニメ画集史上初の画集!!
2017.11 119p A4 ¥3500 978-4-04-069451-1

◆パグまんが め一語 2　よしこ著　河出書房新社　（付属資料：ポストカード1）
【要旨】大人気ブログ発！小さい頃も、シニアになっても、犬との日々はますます楽しい。描きおろしもたっぷり、待望の第2弾！
2017.5 127p A4 ¥1000 978-4-309-27844-5

◆バック・トゥ・ザ・フューチャー アントールド・テイルズ　ボブ・ゲイル監修, ブレント・シュノーヴァーほか作画　宝島社（このマンガがすごい！comics）
【要旨】マーティとドクの出会いは泥棒…!?デロリアンを手に入れた方法とは!?ビフが恐竜時代にタイムスリップ!?映画で描かれなかった新エピソードを初コミック化!!!!
2017.2 143p 26×18cm B5 ¥1850 978-4-8002-6743-6

◆バック・トゥ・ザ・フューチャー コンティニュアム・コナンドラム　ボブ・ゲイル監修, マルセロ・フェレイラほか作画　宝島社（このマンガがすごい！comics）
【要旨】1985年に戻ってきたマーティ・マクフライは、時空を超えた冒険の日々を忘れられないでいた。そんなある日、クララからかつてのもとに100年越しの手紙が届く…。「お願いドクを探して 未来に行ったまま帰ってこないの」かくして冒険はふたたび幕を開ける…!!
2017.6 143p B5 ¥1850 978-4-8002-7298-0

◆バットマン：アイ・アム・ゴッサム　トム・キング作, デイビッド・フィンチほか画, 中沢俊介訳　小学館集英社プロダクション
【要旨】ゴッサムシティに2人のヒーローが現れた。スーパーマンと同様の能力を持った覆面の2人組だ。彼らはお互いを「ゴッサム」、そして「ゴッサムガール」と呼び合う。かつてバットマンに助けられ、彼らと多くを学ぶ2人のメタヒューマンだ。しかし、もし彼らが悪に染まるとしたら…？そしてその責任はダークナイトに押しつけられるとしたら…。今、ヒーローの心を歪ませ、悪へと引き込む邪悪な力が解放される。バットマンと仲間たちには、決断の時が刻一刻と迫っていた。
2017.9 192p B5 ¥2300 978-4-7968-7683-4

◆バットマン：アイ・アム・スーサイド　トム・キング作, ミケル・ハニン, ミッチ・ゲラッズ, ジューン・チャンほか画, 中沢俊介訳　小学館集英社プロダクション
【要旨】コウモリを倒した唯一の男にして監獄島の独裁者―彼こそはベイン。そしていま、彼はバットマンが求めるある人物を手中に収めている。その人物と接触するため、バットマンは自殺同然の特攻任務に身を投じる。天才的犯罪者の牙城に侵入するために、バットマンは犯罪者をかき集めた部隊を結成する。アーカム・アサイラムの深奥から選ばれた連中は、危険でイカれた最悪のヴィランばかりだった。そのなかには、キャットウーマンもいた。血塗られた爪を持ちながらも、バットマンを最もよく知る女性だ。急ごしらえとはいえ、この”自殺部隊”の危険性はオリジナルと遜色がない。不安定な精神、欲望、悪癖、そして裏切り…果たして彼らは、ベインの要塞から無事に生還できるのだろうか？
2017.11 169p 26×18cm ¥2300 978-4-7968-7695-7

◆バットマン：エターナル 上　スコット・スナイダー, 4, ジェームズ・タイノンほか作, ジェイソン・ファボック, ダスティン・グエンほか画, 吉川悠訳　小学館集英社プロダクション（THE NEW 52！）
【要旨】ゴッサムシティの良心ジム・ゴードン、逮捕―この事件をきっかけに、ゴッサムの街は変わってしまった。裏社会では、街に舞い戻った旧once カーマイン・ファルコーネとペンギンの間で血で血を洗うギャング抗争が勃発。治安が悪化するなか、ゴードンの代わりを務めるゴッサム市警新本部長にはマフィアの傀儡が就任してしまう。日増しに不穏さを増していくゴッサムを救うために奔走するバットマン。しかし、これらの事件の背後には、ブルース・ウェインを陥れるための遠大な陰謀が隠されていた。バットマン生誕75周年記念作品として華を上げたビッグイベント「エターナル」、ついに邦訳スタート!!
2017.1 588p 26×18cm ¥5500 978-4-7968-7640-7

◆バットマン：エターナル 下　スコット・スナイダー, 4, ジェームズ・タイノンほか作, ジェイソン・ファボック, ダスティン・グエンほか画, 吉川悠訳　小学館集英社プロダクション（THE NEW 52！）
【要旨】ジム・ゴードンを更迭し、マフィアの傀儡がゴッサム市警に居座る。一方で魔術を駆使する悪がゴッサム水面下でうごめく。一見バラバラに思われたこれらの出来事には、遠大な陰謀が隠されていた。すべてはバットマン―ブルース・ウェインをおとしめるために…。ゴッサム中のヴィランたちが、彼らすらも恐れおののく謎の人物の下に集結する時、バットマン、そしてバットファミリーたちは、ゴッサムを救うことができるのか？
2017.7 580p B5 ¥5500 978-4-7968-7641-4

◆バットマン：エピローグ　スコット・スナイダーほか作, グレッグ・カプロほか画, 中沢俊介訳　小学館集英社プロダクション
【要旨】物語は終幕を迎える。ブルース・ウェインが何ヶ月にもわたって普通の市民として過ごし、その間他のヒーローが代役を務めていた。しかしついにブルースはゴッサムの正統なる守護者として復帰した。街は喜びをもって救済者を迎え、バットマンと人々は彼の見いだした精神について考える。ヒーローなきゴッサムは存続できるのか？そして、バットマンを抜きにしたブルース・ウェインとは何者なのか…？ダークナイトが荒廃した別次元の未来で戦い、過去に深く足を踏み入れ、残すべき歴史と伝えるべき本質について思いを巡らせる短編集！
2017.7 106p 26×18cm ¥2000 978-4-7968-7674-2

◆バットマン：スーパーヘヴィ　スコット・スナイダー作, グレッグ・カプロ画, 中沢俊介訳　小学館集英社プロダクション
【要旨】ジョーカーとの決戦後、バットマンは姿を消した―。ヒーロー不在のゴッサムシティで、ダークナイトの再臨を望む声が高まるなか、ジム・ゴードン本部長はダークナイトの遺産を引き継ぎ、新たなバットマンとなることを決意する。しかし、高機能な最新型バットスーツを身にまとい、誰かの助けと連携しながら街をパトロールするが、その力はオリジナルには及ばない。不気味な力を持ったヴィラン、ミスター・ブルームの魔手がゴッサムを覆おうとしているにもかかわらず…。コウモリの翼は、再びゴッサムに舞い戻るのか？
2017.5 159p 26×18cm ¥2200 978-4-7968-7662-9

◆バットマン：ノーマンズ・ランド 3
ジャネット・ハービー，ラリー・ハマほか作，セルジオ・カリエロほか画，高木亮訳　小学館集英社プロダクション
【要旨】終わりの見えない"ノーマンズ・ランド"の混乱―無政府状態のゴッサムシティで，バットマンと同志たちの戦いは続いていた。バーバラ・ゴードンの跡を継いだ新生バットガール，ロビンことティム・ドレイク，アズラエルたちの奮闘は，ゴッサムに残された善良な市民たちの心に希望の灯を点し始める。しかし事態は，バットマン，そしてバットファミリーの意図を離れて急展開していく。うえに，荒廃したゴッサムに再び平和が訪れる日は来るのか―バットマン史上国指の大作"ノーマンズ・ランド"、ついに第3巻が登場！
2017.2 478p 26×18cm ¥4000 ①978-4-7968-7648-3

◆バットマン：ブルーム　スコット・スナイダー作，グレッグ・カプロほか画，中沢俊介訳　小学館集英社プロダクション
【要旨】ジョーカーとの決死の戦いのあと，記憶を失ったブルース・ウェインは，かつてない幸福のなかで過ごしていた。美しい女性の傍らに，ゴッサムの愛すべき子供たちを支援する活動に従事していたのだ。しかし，彼にはもう一つの人生が脳裏をよぎる。暴力と暗黒に覆われながらも，市民たちから称えられていた過去の自分の姿が一瞬，今"バットマン"がブルースを呼ぶ声が聞こえる。果たして彼は，過去の姿を取り戻すのか。それとも，愛する女性と築き上げた，完璧な，そして幸福な現在の人生を捨ててまで。
2017.6 164p 26×18cm ¥2500 ①978-4-7968-7668-1

◆ばなにゃ―バナナにひそむにゃんこ　クーリエ著　ぴあ
【要旨】バナナにひそむ不思議な生物ばなにゃ。その知られざる日常を綴ったはじめてのオフィシャルBOOKが登場にゃ。描き下ろしマンガも多数掲載！
2017.1 97p B6 ¥980 ①978-4-8356-3811-9

◆花福さんの戦争ごはん日誌　花福こざる著　ぶんか社
【要旨】飽食の時代に風化させてはいけない食生活を噛みしめる。美味と悶絶のハザマを軽妙に描く実食コミックエッセイ!!
2017.7 142p A5 ¥1000 ①978-4-8211-4460-0

◆母娘問題―オトナの親子　おぐらなおみ，読売新聞生活部著　中央公論新社
【要旨】「母が重たい」悩む娘，「娘と連絡取れない」嘆く母。親との関係に悩む全ての人におくります。読売新聞好評連載「オトナの親子」拡大版コミックエッセイ。
2017.2 124p A5 ¥1000 ①978-4-12-004938-5

◆婆ボケはじめ，犬を飼う　ニコ・ニコルソン著　ぶんか社
【要旨】東日本大震災から6年―『ナガサレール イエタテール』のニコ一家が犬を飼うことに！認知症がすすむ婆と，それに翻弄される家族を，愛犬「ヌ太郎」は癒やしてくれるのか!?笑って泣けるファミリーエッセイ。
2017.3 137p A5 ¥1000 ①978-4-8211-4455-6

◆ハルク：グレイ　ジェフ・ローブ作，ティム・セイル画，中沢俊介訳　小学館集英社プロダクション
【要旨】すべてが白と黒にはっきりと分けられるわけじゃない。ガンマ爆弾の放射線を浴びて，ブルース・バナーの人生は一変した。その瞬間，地上最強の生物インクレディブル・ハルクが生まれたのだ。だが，どれだけ力を増しても，彼の心は宿敵サンダーボルト・ロス将軍の娘ベティを忘れられなかった・・・。ハルクのオリジンが語られ，ブルース・バナーに対する我々の認識，さらにはハルクを永久に変えることになる秘密が明らかにされる！
2017.10 150p 26×18cm ¥2200 ①978-4-7968-7694-0

◆ハーレイ・クイン：キス・キス・バン・スタブ　アマンダ・コナー，ジミー・パルミオッティ作，チャド・ハーディンほか画，高木亮訳　小学館集英社プロダクション
【要旨】カウンセラーとして働き，ひとクセある住人と騒々しいペットだらけのアパートを管理し，ローラーダービーの試合に出場し，新しい恋の予感に胸を躍らせて・・・日々を忙しく過ごすハーレイは，ヒーロー活動（？）をしている余裕なんてあるはずない。こうなったら，アシスタントを集めて自分のチームを結成するしかない！もちろんハーレイが求めるのは，彼女の名誉と信頼を損なわず，反骨精神を持った最高の人材だけ。その採用試験は熾烈かつ凄惨を極

める，超難関なのだ。
2017.4 191p 26×18cm ¥2400 ①978-4-7968-7663-6

◆ハーレイ・クイン：コール・トゥ・アームズ　アマンダ・コナー，ジミー・パルミオッティ作，チャド・ハーディンほか画，高木亮訳　小学館集英社プロダクション
【要旨】ハーレイとギャング・オブ・ハーレイズは，報酬をもらうために活動を開始する。しかし，少々手に余る仕事が舞い込むことも。単なる行方不明者捜索のはずが，"凶暴化した船長と対決する"ハメになるなんて一誰にも予想できただろう？さらにハーレイはハリウッドへ。賞金稼ぎのビジネスにも手を広げた彼女だったが，やがてそれがヒーロー稼業より危険な仕事だと思い知ることになる。なぜなら，ハーレイはデッドショットの標的を横取りしようとしていたのだから・・・！
2017.5 161p 26×18cm ¥2300 ①978-4-7968-7669-8

◆ハーレイ・クイン：ダイ・ラフィン　アマンダ・コナー，ジミー・パルミオッティ作，ジョン・ティムス，チャド・ハーディンほか画，吉川悠訳　小学館集英社プロダクション
【要旨】読者諸君，コニーアイランドにあるハーレイのトンデモワールドへようこそ！君らが目を離したすきに，ここはゾンビがあふれかえる終末世界になってしまったよ。ハーレイと愉快な仲間たちは，バットやチェインソーや日本刀を使って，ゴミ掃除（ゾンビ退治）に大忙し。腹を空かせた化け物たちにとって，ヒーローもヴィランもお構いなし。みんなヤツらの餌だ。敵も味方も一致団結して，さまざまな方面から元の世界を取り戻すんだ！
2017.9 168p B5 ¥2300 ①978-4-7968-7691-9

◆ハーレイ・クイン：ビッグ・トラブル　カール・ケセル著，テリー・ドッドソン画，御代しおり訳　ヴィレッジブックス
【要旨】尽くしに尽くしたジョーカーと別れ，自分の道を歩み始めたハーレイ・クイン。もちろん，タガの外れたハーレイだけに，タダで済むはずはナッシング！トゥーフェイス，キャットウーマン，リドラー，ついにはビッグ・バルダまで巻き込んで，ゴッサムを揺るがすドタバタボタン騒ぎ！ハーレイファン待望のオンゴーイング・シリーズがついに邦訳！
2017.6 190p 26×19cm ¥3000 ①978-4-86491-339-3

◆ハーレイ・クイン：ブラック・ホワイト＆レッド　アマンダ・コナー，ジミー・パルミオッティ作，チャド・ハーディンほか画，高木亮訳　小学館集英社プロダクション
【要旨】ハーレイ・クインが歪んだ愛のプロフェッショナルだったのは，もはや過去の話。しかし，彼女はいまだに，歪んだ愛情を押し付けられようとしている。男の名はレッドツール。彼はハーレイへの愛を証明すべく，さまざまな行動に出る。誘拐から殺人，さらには強制的な挙式まで！しかも，ハーレイを悩ませるのはそれだけではなかった。一致団結し，約束を反故にしてハーレイの自警団活動に介入すると決めたニューヨーク市長が，今度は敵に…。ハーレイは逮捕されてしまうのか？それとも，レッドツールが彼女の救世主となるのか？
2017.7 103p 26×18cm ¥2100 ①978-4-7968-7680-3

◆ハーレイ・クイン：リトル・ブラックブック　アマンダ・コナー，ジミー・パルミオッティ作，ニール・アダムスほか画，吉川悠訳　小学館集英社プロダクション
【要旨】スーパーヒーローからアンチヒーロー，はたまたヴィランまで!?ハーレイがDCユニバース中の名物キャラたちを巻き込む（はた迷惑な？）人気シリーズが，ついに書籍化！純粋な悪人かちょっとアブない思考回路を持った精神科医といえば・・・そう我らがハーレイ・クイン！東西南北いたるところで暴れ回り，ついには銀河系へと飛び出して，宇宙の鼻つまみ者，賞金稼ぎロボともチームアップしてしまう始末。規格外のキャラクター，ハーレイにとって，やっぱり地球は小さかった！
2017.12 245p 26×18cm ¥3000 ①978-4-7968-7642-1

◆ハワード・ザ・ダック：アヒルの探偵物語　チップ・ズダースキー作，ジョー・キノーネス画，中沢俊介訳　小学館集英社プロダクション
【要旨】大阪・中崎町のカフェ"HUKULOU COFFEE"フクロウ店長と看板猫マリモのモフモフ＆いちゃいちゃな勤労の日々を，写真たっぷりオールカラーでコミカライズ！
【要旨】"毛のないサル"が住む世界で私立探偵所を営む"しゃべるアヒル"のもとに珍しく客の姿が！張り切って調査に向かうハワードだったが，トラブルの始まりに過ぎなかった。ブラック・キャットの調査をするはずが，ひょんなことから宇宙規模の大事件に発展し，彼は超

越的存在"コレクター"の手に落ちる。そこには"しゃべるアライグマ"ロケット・ラクーンも捕えられていて，協力して脱出することに…。果たして，直立歩行する動物たちは，無事にコレクターから逃れることができるのか？他にも，老人による犯罪事件を調査したり，ドクター・ストレンジと共闘したり，イカれたハチャメチャ大冒険に巻き込まれる！しゃべるアヒルの運命やいかに。
2017.2 103p 26×18cm ¥2000 ①978-4-7968-7654-4

◆非合法アンダーランド　西塚em著　実業之日本社
【要旨】毒をはらんだ不思議の園で，少女は"愛しいもの"と共生になる。これは秘密の標本コレクション。イモムシ，毒花，キノコ，ウミウシ…虫愛ずるアングラ系水彩画家が人間と植生物との共生・寄生をテーマに描く。美しい図鑑のようなコミック＆イラスト集。オールカラー。
2017.5 1Vol. A5 ¥1500 ①978-4-408-41465-2

◆ヒットマン　volume 3　ガース・エニス脚本，ジョン・マクリア漫画，海法紀光訳　KADOKAWA
【要旨】正義の味方から，超人，ギャングetc.ゴッサムに争いの火種は絶えない!!ゴッサムシティを舞台にした，二流・三流ヒーローたちの銃弾にまみれた日常。
2017.5 364p 26×17cm ¥3500 ①978-4-04-730520-5

◆ビブリア古書堂セレクトブック―ブラック・ジャック編　手塚治虫著，三上延編　KADOKAWA（角川文庫）
【要旨】謎の天才外科医ブラック・ジャックは，他の医師が誰も手を付けられなかった，大きな腫瘍がある患者を助けるために，危険な手術に挑む！（「畸形嚢腫」）台風が近づいている中で，ブラック・ジャックは，人気絶頂の歌手の手術をすることに。一方，助手のピノコは，自宅を直撃した台風と闘っていた…。（「台風一過」）。「ビブリア古書堂の事件手帖」の著者が厳選。漫画の神様，手塚治虫の魅力がつまった一冊。
2017.2 300p A6 ¥600 ①978-4-04-104900-6

◆ファンタシースター公式設定資料集　セガホールディングス著　復刻ドットコム　復刻版
【要旨】最初にリリースされた「ファンタシースター」と続編を含めた初期4部，「ファンタシースター」「ファンタシースター復刻版」「ファンタシースター2 還らざる時の終わりに」「時の継承者 ファンタシースター3」「ファンタシースター 千年紀の終わりに」の世界観の紹介，開発スタッフのインタビュー，キャラクターデザイン，絵コンテなどの設定資料を収録。巻頭には米田仁士とキャラクターデザインの吉田徹による2種類の描き下ろしポスターを収録。
2017.11 71p B5 ¥3700 ①978-4-8354-5534-1

◆ファン・ホーム―ある家族の悲喜劇　アリソン・ベクダル著，椎名ゆかり訳　小学館集英社プロダクション　新装版
【要旨】セクシャルマイノリティとして，文学を愛する父として，共感を覚えながらもすれちがい続けた父と娘。互いをつなぐ微かな糸を，繊細にして静謐な筆致でたどる，ある家族の喪失と再生の物語。
2017.12 236p A5 ¥1800 ①978-4-7968-7711-4

◆フィア・イットセルフ　マット・フラクション，エド・ブルベイカーライター，スチュアート・インモネン，スコット・イートンアーティスト，御代しおり訳　ヴィレッジブックス
【要旨】亡き父，レッドスカルの仇を討たんと奔走するシン。その激情は伝説の大蛇，サーペントを呼び覚ます。封印から解き放たれたサーペントは，因縁の地，アスガルドへの報復に燃え，恐怖を糧とするサーペントの第一の目標は，人間達の住む"地球"。恐怖を蔓延させんと手下を率いて迫りくる大敵に，アベンジャーズら世界最強のヒーロー達は如何に戦うのか。アスガルドの伝説に出来する正と邪の大戦，マーベル屈指のクロスオーバー大作，ついに登場！
2017.8 239p 26×19cm ¥3200 ①978-4-86491-346-1

◆フクとマリモのHUKULOU COFFEEへようこそ　ものゆう漫画，永原律子原案　KADOKAWA
2017.4 117p A5 ¥1100 ①978-4-04-068783-4

◆藤子スタジオアシスタント日記 まいっちんぐマンガ道 名作秘話編 えびはら武司著 竹書房
【要旨】あれっ!?マスクが違う? キャラの違いが激しいパーマン初登場!オバケのQ太郎は落語がヒントになって生まれたキャラクターだった!!ドラミちゃんは当初、妹ではなくドラえもんの恋人設定だった!?ドラえもんが青くなったのはネズミにかじられたからではなかった!?藤子・F・不二雄先生が語った衝撃の事実!!先生自身が面接をした最初で最後の弟子が明かす、あの名作ウラ話。
2017.5 176p B6 ¥1300 ①978-4-8019-1066-9

◆フラッシュ:邪悪なる閃光(THE NEW 52!) フランシス・マナプル作・画, ブライアン・ブッチェラート作, 彩色, 中沢俊介訳 小学館集英社プロダクション
【要旨】速いのは、どっちだ。新たな光速の男、逆さのマークを掲げる殺人鬼の正体とは…存在をかけた死闘。
2017.11 175p 26×18cm ¥2000 ①978-4-7968-7664-3

◆プラネット・ハルク:地の巻 グレッグ・パクライター, カルロ・パグラヤン, アーロン・ロプレスティ, ゲイリー・フランクアーティスト, 御代しおり訳 ヴィレッジブックス
【要旨】地球を追放され、原始の惑星サカーへと流れ着いたハルクは、剣闘士に身をやつすも、ウォーバウンドの仲間を得て、残虐な皇帝レッドキングに反旗を翻す。その後サカーの人々は、救世主サカーサンの姿を重ねるも、彼にはもう一つの顔があった。それは世界の破壊者ワールドブレイカー。果たして、ハルクはそのどちらとなるのか? ハルク史に残る傑作、ついに完結!
2017.10 182p 26×19cm ¥2900 ①978-4-86491-353-9

◆プラネット・ハルク:天の巻 グレッグ・パクライター, カルロ・パグラヤン, マイケル・エイボン・オーミング, アレックス・ニーニョ, マーシャル・ロジャース, アーロン・ロプレスティアーティスト, 御代しおり訳 ヴィレッジブックス
【要旨】変身後もブルース・バナーの知性を手に入れたハルク。その無双の怪力は人類に恩恵をもたらすはずだった。しかし、ガンマ爆弾の爆発が引き金となったハルクの暴走で、改めてその危険性を痛感した秘密結社イルミナティは、人類全体の利益のためにハルクの地球外追放を決定した。国際ワロ組織ハイドラの宇宙兵器の始末を任されたハルクは宇宙に出たが、それはイルミナティの罠だった。彼らはハルクの乗ったシャトルを痛撃し、知的生物のいない平和な星へとその進路を取った。こうしてハルクの脅威は永遠に去った…はずだった。航法装置に異常が発生するまでは…。故郷を追放され、弱肉強食の惑星サカーに流れ着いたハルクの闘争と抵抗の日々が今、明らかになる!
2017.9 154p 26×19cm ¥2600 ①978-4-86491-349-2

◆ベルサイユのばら 1972-73 3 池田理代子著 復刊ドットコム
【要旨】漫画史上不滅の名作が、池田理代子先生のデビュー50周年&連載開始45周年を記念して、かつてない究極仕様で新刊行。第3巻は物語が衝撃の急展開。一度この決定版で、「ベルばら」の真価・真髄に出逢って下さい!!
2017.1 263p B5 ¥8180 ①978-4-8354-5396-5

◆ベルサイユのばら 1972-73 4 池田理代子著 復刊ドットコム 豪華限定版
【要旨】変わる時代、去りゆく人々。シリーズ刊行半ばの傑作巻!雑誌連載以来初のB5判・フルサイズによる、高精細で迫力ある誌面。褪色に強い、上質な本文用紙。美麗な金箔押しハードカバー装。全扉絵を、本文中に連載時のサイズで初収録。著者インタビューも収録。
2017.3 263p B5 ¥8180 ①978-4-8354-5397-2

◆ベルサイユのばら 1972-73 7 池田理代子著 復刊ドットコム
【要旨】フランス革命の渦中一永遠に結ばれたふたり。感動の最終巻! 連載開始45周年と池田理代子先生のデビュー50周年を記念し、究極の豪華仕様で刊行されたシリーズもついに完結!!冒頭からラストまで、大迫力のクライマックスシーンが連続する当巻を、連載時と同じ"B5・大判サイズ"でご堪能ください!!
2017.9 275p B5 ¥8180 ①978-4-8354-5400-9

◆ヘルボーイ:地獄の花嫁 マイク・ミニョーラ作, リチャード・コーベン, スコット・ハンプトン, ケビン・ノーラン画, 今井亮一訳 ヴィレッジブックス
【要旨】1944年12月23日、スコットランド沿岸の小さな島で、怪しげな儀式が執り行われた。戦況逆転を狙うナチスドイツの「ラグナロク計画」である。得体の知れない怪僧ラスプーチンを頼ってまで実行された計画の目的は、世界を混沌へと追いやる龍神オグドル・ヤハドを解き放つ力を地獄より召喚する事だった。果たして計画は成功した。島を察知していた連合軍特殊部隊は、逸早くその幼い悪魔を保護して、こう名付けた。「ヘルボーイ」と…。
2017.1 198p 26×19cm ¥3100 ①978-4-86491-322-5

◆北欧女子オーサが見つけた日本の不思議 3 オーサ・イェークストロム著 KADOKAWA (メディアファクトリーのコミックエッセイ)
【要旨】北欧女子オーサの「日本の不思議」探しは止まらない! 野宿から婚活パーティー、サラリーマン体験まで、いろいろディープな日本に飛び込みました。スウェーデン人漫画家による日本再発見コミックエッセイ、初のオールカラーで描く待望の最新刊!
2017.3 171p A5 ¥1100 ①978-4-04-069185-5

◆細居美恵子アートワークス 細居美恵子著, 中村亮介監修 パイインターナショナル
【要旨】『灰と幻想のグリムガル』『あいうら』『ねらわれた学園』キャラクターデザイン、『バッテリー』EDイラスト、『Fate/Grand Order』OPアニメーション、キャラクターデザインなど、いま、もっとも注目すべきアニメーター細居美恵子の初画集!
2017.1 232p 22×19cm ¥2800 ①978-4-7562-4848-0

◆ホモ無職、家を買う サムソン高橋原作, 熊田プウ助画 (RuelleCOMICS)
【要旨】もうすぐ50歳。ひとりぼっち&ほぼ無職のホモが800万円で東京23区に一戸建てを衝動買いしたのだが…!?風呂のお湯が出ないほか、夜などに室温が40℃になったり…他にもいろいろな問題が山積み。修理するお金もないので、自分ですべてをリフォームすることに。苦労と努力のDIYの末に、夢のマイホーム生活は手に入るのか!?
2017.12 121p A5 ¥1100 ①978-4-408-41485-0

◆ほわころくらぶ えちがわのりゆき著 KADOKAWA
【要旨】ファッション誌やタレントにほわほわ人気急上昇!!ココロのトゲトゲ、ほわっところっと抜けちゃう本。
2017.11 121p 19×15cm ¥1000 ①978-4-04-106399-6

◆マイティ・ソー:シーズンワン ライラ・スタージェス作, ペペ・ララス画, 光岡三ツ子訳 小学館集英社プロダクション
【要旨】最強にして傲慢。神々の国から地球へと追放された雷神ソーの若き日の冒険物語! 神々の国アスガルド。この国の若き王子ソーはもっとも強い神として知られていたが、同時に傲慢で軽はずみな性格でもあった。巨人たちをなぎ倒し、その武勇を誇っていた栄光の日々は、嫉妬にかられた義弟ロキの陰謀により突然終わる。彼は、父王オーディンによって地球に追放され足の不自由な医師に転生させられてしまった!果たして彼は本来のパワーに目覚め、真の自分の姿を取り戻すことができるのか?
2017.10 123p 26×18cm ¥2000 ①978-4-7968-7693-3

◆毎日かあさん 14 卒母編 西原理恵子著 毎日新聞出版
【要旨】ついに最終巻、「卒母」します! 万感こめた20ページの描き下ろし収録!
2017.9 76p 23×16cm ¥907 ①978-4-620-77094-9

◆マザーファッカー―あるブラックパンサー党員の物語 シルヴァン・リカール作, ギヨーム・マルティネス画, 原正人訳 G-NOVELS, 誠文堂新光社 発売
【要旨】彼の名はヴァーモント・ワシントン。アメリカ合衆国初代大統領ジョージ・ワシントンと、独立13州に続いて合衆国に加盟したヴァーモント州に由来する名前を持つ男。ヴァーモントと彼の家族が住む町には、いまだ奴隷制と南北戦争の残痕が影を落とし、クー・クラックス・クランの亡霊がうろつき黒人への人種差別が横行していた。黒人民族主義運動を展開していた急進的な政治組織ブラックパンサー党の一員として権利と平等を獲得するため、「10項目綱領」に則って戦うことを決意したヴァーモントと彼の愛する人たちに、次々と訪れる悲劇が。1960年代のアメリカを生きた、自由を象徴する名の、ブラックパンサー党員の男の怒りと苦しみの物語。
2017.4 126p B5 ¥2000 ①978-4-416-61724-3

◆真剣で私に恋しなさい! Aビジュアルファンブック テックジャイアン編集部編 KADOKAWA (TECHGIAN STYLE)
【要旨】『A-1』~『A-5』そして『プラスディスク』と『まじこいA』シリーズ全部入り! みなとそふとの人気作最新作『まじこいA』のイベントCGや販促イラストをお届け! さらにキャストコメントや、ブランド代表であり企画・シナリオを手掛けるタカヒロさんへのインタビューも掲載!!
2017.7 238p 30×21cm ¥3200 ①978-4-04-734734-2

◆マジンガーZ 1972-74 初出完全版 2 永井豪, ダイナミック企画著 復刊ドットコム
【要旨】金髪の殺人アンドロイド! 全国各地に機械獣出現!!どうする兜甲児!! B5判サイズ&カラー頁完全収録。雑誌連載時を初の完全再生。
2017.11 325p B5 ¥4800 ①978-4-8354-5537-2

◆マーベルツムツム:テイクオーバー! ジェイエド・シャボット, デイビット・バルデオン画, 光岡三ツ子訳 小学館集英社プロダクション
【要旨】ゲームで大人気の"ツムツム"が、マーベル・コミックスに登場! コレクターの元へ届けられるはずだったコンテナが、輸送の途中で宇宙から地球に落下した!?場所は、ブルックリンに暮らす3人のティーンエイジャーたち。コンテナを開けてみると、なかにはかわいい謎の生き物"ツムツム"が入っていた。なんと彼らは、ヒーローの能力をコピーすることができるのだ! しかしそれは、ヴィランの能力もコピーできるということだった…。ツムたちの力を借りて、少年たちはウルトロンとの戦いを生き抜くことができるのか!?
2017.9 119p B5 ¥1800 ①978-4-7968-7672-8

◆マーベルマスターワークス:アメイジング・スパイダーマン スタン・リー著, スティーブ・ディッコ画, 小野耕世訳 ヴィレッジブックス
【要旨】1962年8月刊行の『アメイジング・ファンタジー』♯15での衝撃のデビューから、1963年3月にスタートした個人誌『アメイジング・スパイダーマン』1-10を、翻訳第一人者、小野耕世氏が翻訳! 初登場回の原画など、貴重な資料も満載した永久保存版!
2017.7 257p 27×19cm ¥3980 ①978-4-86491-342-3

◆漫画家たちの戦争『出征と疎開そして戦後』 藤子・F・不二雄, 手塚治虫, 野坂昭如, 滝田ゆう, こうの史代, 石野径一郎, 木内千鶴子, 佐藤まさあき, 矢島正雄・原作, 弘兼憲史, あべ善太, 倉田よしみ, 高橋遠州, 永松潔, 村野守美著 金の星社
【目次】『ドラえもん』より「白ゆりのような女の子」(藤子・F・不二雄)、「ゴッドファーザーの息子」(手塚治虫)、「火垂るの墓」(野坂昭如・原作、滝田ゆう・画)、「この世界の片隅に」(こうの史代)、「ああ七島灘に眠る友よ! 疎開船「対馬丸」の悲劇」(石野径一郎・原作、木内千鶴子・画)、「夕映えの丘に一そこも戦場だった」(佐藤まさあき)、『人間交差点』より「消えた国」(矢島正雄・原作、弘兼憲史・画)、「味いちもんめ」より「若竹煮」(あべ善太・原作、倉田よしみ・画)、『テツぼん』より「汽車ぽっぽ」(高橋遠州・原作、永松潔・画)、『垣根の魔女』より「御身大事に…」(村野守美)
2017 340p A5 ¥3200 ①978-4-323-06409-3

◆漫画家たちの戦争『引き揚げの悲劇』 村上もとか, ちばてつや, 石坂啓, 巴里夫, 矢島正雄, 弘兼憲史, おざわゆき, 望月三起也著 金の星社
【目次】「フイチン再見!」(村上もとか)、「家路1945~2003」(ちばてつや)、「幻の子どもたち」(石坂啓)、「赤いリュックサック」(巴里夫)、『人間交差点』より「海峡」矢島正雄・原作(弘兼憲史)、「凍りの掌―シベリア抑留記」より「出征」(おざわゆき)、『二世部隊物語最前線』より「流血の丘」(望月三起也)
2017 350p A5 ¥3200 ①978-4-323-06408-6

◆三毛猫ふうちゃんは子守猫 おたべ著 KADOKAWA (メディアファクトリーのコミックエッセイ)

◆水木しげるの雨月物語　水木しげる著　復刊ドットコム　愛蔵復刻版
【要旨】日本幻想文学の最高峰『雨月物語』と妖怪画の第一人者が奇跡の邂逅を果たした記念碑的作品集が、完全復刻版で遂に甦る―。高精細印刷で肉筆の墨痕、漂う妖気まで再現！
2017.8 119p A4 ¥5000 ①978-4-8354-5515-0

◆みたび！ 女のはしょり道　伊藤理佐著　講談社
【要旨】最大の敵は自分!?加齢と闘いながらはしょって30年！ キレイのために手間ヒマ惜しむ!?ぐーたらビューティ漫画第3弾！
2017.11 127p A5 ¥806 ①978-4-06-365041-9

◆三つ目がとおる "オリジナル版" 大全集 2　手塚治虫著　復刊ドットコム
【要旨】幻の『少年マガジン』連載版が、美麗画質&究極仕様で、ついに復活！ 1974 - 78年『週刊少年マガジン』に長期連載、同時期の『ブラック・ジャック』と共に "手塚治虫・完全復活" を担った大ヒット作『三つ目がとおる』。単行本化時の大幅改訂により書誌が複雑化し、長らく謎のベールに包まれていた雑誌初出版の全貌が、今、ついに明らかに―！ オリジナル原稿を細密にコラージュし、失われた箇所のみ復刻する新方式による、美麗な最高画質。全巻合計約3200Pのうち、なんと200P以上（第2巻では70P以上）もの未収録ページが大復活!!まさに、ファン熱望の逸品！
2017.10 433p B5 ¥5500 ①978-4-8354-5507-5

◆三つ目がとおる "オリジナル版" 大全集 3　手塚治虫著　復刊ドットコム
【要旨】1974 - 78年『週刊少年マガジン』に長期連載、同時期の『ブラック・ジャック』と共に "手塚治虫・完全復活" を担った大ヒット作『三つ目がとおる』。単行本化時の大幅改訂により書誌が複雑化し、長らく謎のベールに包まれていた雑誌初出版の全貌が、今、ついに明らかに―！ オリジナル原稿を細密にコラージュし、失われた箇所のみ復刻する新方式による、美麗な最高画質。全巻合計・約3200Pのうち、なんと200P以上もの未収録ページが大復活！「まさに原点！」「欲しかったのは、これ！」と大好評！
2017.12 411p B5 ¥5500 ①978-4-8354-5508-2

◆宮武一貴画集―MIYATAKE KAZUTAKA MEGA DESIGNER CREATED MEGA STRUCTURES　宮武一貴著　ホビージャパン
【要旨】2015年に開催された「メカニックデザイナー宮武一貴原画展」で展示された原画+αの約120点掲載。メガデザイナー宮武一貴の足跡をたどる画集。カラー原画を4×5ポジ撮影、高精細スキャンすることで原色を再現！
2017.4 113p 21×30cm ¥4300 ①978-4-7986-1424-3

◆ミュージアムの女　宇佐江みつこ著　KADOKAWA
【要旨】その隅っこに座っている人は人形ではありません。人間です。岐阜県美術館公式アカウント発twitter&facebook・新聞・テレビ各メディアで話題となった美術館のお仕事4コマ!!
2017.9 134p 18×15cm ¥1200 ①978-4-04-069452-8

◆ミュータントタートルズ 5　ケビン・イーストマン、トム・ワルツ作、ベン・ベイツ画、中沢俊介訳　小学館集英社プロダクション
【要旨】魂の知性を持ったピンクの脳みその不気味な独裁者=クランゲ将軍の野望に引き寄せられ、タートルズが最強の敵と対決する！ 異次元から地球を狙う "歩く要塞"、クランゲ軍。カラー原画。彼の侵攻によって滅亡の危機に陥っている「惑星ニュートリノ」にワープしてしまった。惑星ニュートリノを守るため、4人はついにクランゲ将軍との直接対決に挑むことに！ 最強の敵に打ち勝ち、地球に帰還することはできるのか…？
2017.1 87p 26×18cm ¥1800 ①978-4-7968-7629-2

◆麦ばあの島　古林海月作・画、蘭由岐子監修　すいれん舎
【要旨】ハンセン病問題は1996年の「らい予防法」廃止以後のいまもなお、日本社会における重大な人権侵害の事例として注目を集めている。そうした社会の関心と相まって、教育現場ではビジュアルでハンセン病問題を学べる教材が要望されている。本書はプロの漫画家によるハンセン病問題を主題とした書き下ろし一大長編コミックである。小学生から手に取ることができ、大人にも読みごたえのある作品となっている。主人公の置かれた境遇に感情移入して読み進めるうちに、ハンセン病をとりまく様々な事象を学べる構成になっている。多くの読者の手に渡ることを願って、本書を刊行する。
2017.11 4Vols.set A5 ¥15200 ①978-4-86369-513-9

◆麦ばあの島 第1巻　古林海月作・画、蘭由岐子監修　すいれん舎
【要旨】ハンセン病問題は1996年の「らい予防法」廃止以後のいまもなお、日本社会における重大な人権侵害の事例として注目を集めている。そうした社会の関心と相まって、教育現場ではビジュアルでハンセン病問題を学べる教材が要望されている。本書はプロの漫画家によるハンセン病問題を主題とした書き下ろし一大長編コミックである。小学生から手に取ることができ、大人にも読みごたえのある作品となっている。主人公の置かれた境遇に感情移入して読み進めるうちに、ハンセン病をとりまく様々な事象を学べる構成になっている。多くの読者の手に渡ることを願って、本書を刊行する。
2017.11 223p A5 ¥3800 ①978-4-86369-509-2

◆麦ばあの島 第2巻　古林海月作・画、蘭由岐子監修　すいれん舎
【要旨】ハンセン病問題は1996年の「らい予防法」廃止以後のいまもなお、日本社会における重大な人権侵害の事例として注目を集めている。そうした社会の関心と相まって、教育現場ではビジュアルでハンセン病問題を学べる教材が要望されている。本書はプロの漫画家によるハンセン病問題を主題とした書き下ろし一大長編コミックである。小学生から手に取ることができ、大人にも読みごたえのある作品となっている。主人公の置かれた境遇に感情移入して読み進めるうちに、ハンセン病をとりまく様々な事象を学べる構成になっている。多くの読者の手に渡ることを願って、本書を刊行する。
2017.11 198p A5 ¥3800 ①978-4-86369-510-8

◆麦ばあの島 第3巻　古林海月作・画、蘭由岐子監修　すいれん舎
【要旨】ハンセン病問題は1996年の「らい予防法」廃止以後のいまもなお、日本社会における重大な人権侵害の事例として注目を集めている。そうした社会の関心と相まって、教育現場ではビジュアルでハンセン病問題を学べる教材が要望されている。本書はプロの漫画家によるハンセン病問題を主題とした書き下ろし一大長編コミックである。小学生から手に取ることができ、大人にも読みごたえのある作品となっている。主人公の置かれた境遇に感情移入して読み進めるうちに、ハンセン病をとりまく様々な事象を学べる構成になっている。多くの読者の手に渡ることを願って、本書を刊行する。
2017.11 213p A5 ¥3800 ①978-4-86369-511-5

◆麦ばあの島 第4巻　古林海月作・画、蘭由岐子監修　すいれん舎
【要旨】ハンセン病問題は1996年の「らい予防法」廃止以後のいまもなお、日本社会における重大な人権侵害の事例として注目を集めている。そうした社会の関心と相まって、教育現場ではビジュアルでハンセン病問題を学べる教材が要望されている。本書はプロの漫画家によるハンセン病問題を主題とした書き下ろし一大長編コミックである。小学生から手に取ることができ、大人にも読みごたえのある作品となっている。主人公の置かれた境遇に感情移入して読み進めるうちに、ハンセン病をとりまく様々な事象を学べる構成になっている。多くの読者の手に渡ることを願って、本書を刊行する。
2017.11 197p A5 ¥3800 ①978-4-86369-512-2

◆ムーンナイト／影　ブライアン・マイケル・ベンディス作、アレックス・マリーブ画、堺三保訳　小学館集英社プロダクション
【要旨】純白のコスチュームに身を包んだ狂えるヒーローの活躍！ 自身の内なる声に悩まされつつ、人類にとってとてつもない脅威である殺人ロボット＝ウルトロンの壊れたボディを巡って、その強奪を企む強力な悪漢カウント・ネフェリアに、徒手空拳で挑むアベンジャーの孤独なビジランテ、エコーとマヤ・ロペスとのロマンスの行方は？ 映画の都ロサンゼルスを舞台にした、ひときわ異彩を放つヒーローの活躍を見届けよ！
2017.3 111p B5 ¥1900 ①978-4-7968-7619-3

◆もしも坂本龍馬がヤンキー高校の転校生だったなら　井上ミノル著　（大阪）創元社
【要旨】もしも、徳川幕府が系列校を多く抱えるマンモス高校だったら…、新撰組が京都校の裏生徒会だったら…。幕末動乱が超身近になった、お笑いマンガ読本。幕末・維新をめぐる激動の学園(!?)ドラマ。
2017.7 157p A5 ¥1000 ①978-4-422-91027-7

◆モンストレス vol.1 AWAKENING　マージョリー・リュウ作、サナ・タケダ画、椎名ゆかり訳　G・NOVELS、誠文堂新光社 発売
【要旨】アール・デコ調の美とスチームパンク・ホラーの融合した異世界を舞台に繰り広げられる壮大な物語『モンストレス』。人間どうしと幻の天敵「アーカニック」の間で起こった悲劇的な戦争を生き残った10代の少女マイカ・ハーフウルフは、自らの過去の謎の答えを求め続けている。追う者であると同時に追われる者でもあるマイカに迫害と危険が迫り、彼女を利用しようとする者たちが背後へと忍び寄る。そんななか、マイカの内部に潜む怪物が今まさに目を覚まそうとしていた…。
2017.12 205p B5 ¥2000 ①978-4-416-61773-1

◆やめて！ ハハのライフはもうゼロよ！　イメトモ著　秀和システム
【要旨】「謎の価値観」「あるある」とlivedoorブログで大人気の子育て奮闘4コママンガブログが、新規描き下ろしを加え、待望の書籍化！
2017.10 127p A5 ¥1100 ①978-4-7980-5251-9

◆夢十夜　近藤ようこ漫画、夏目漱石原作　岩波書店
【要旨】漱石が遺した珠玉の小品『夢十夜』に名手近藤ようこが挑む。
2017.1 147p A5 ¥1300 ①978-4-00-025425-0

◆夜長姫と耳男　近藤ようこ漫画、坂口安吾原作　岩波書店（岩波現代文庫）
【要旨】長者の一粒種として慈しまれる夜長姫。黄金となしほらせ、しきたり露で産湯をつかわせたので、姫の身体は光りかがやき、黄金の香りがするといわれていた。飛騨随一の匠の弟子で、大きな耳を持つ耳男は、十三歳の時、姫のために弥勒菩薩像を造るよう長者から命じられる。美しく、無邪気な姫の笑顔に魅入られた耳男は、次第に残酷な運命に巻き込まれていく。
2017.10 276p A6 ¥980 ①978-4-00-602293-8

◆よんこまのこ 6　重野なおき著　竹書房（SUKUPARA SELECTION）
【要旨】子供の迷言・珍行動を描き続けた4コマ観察日記。連載11年、これで最終巻!!
2017.9 111p A5 ¥1000 ①978-4-8019-1215-1

◆理系の人々 6　よしたに著　KADOKAWA
【要旨】やめたくてもやめられない…それが「理系」！ 普段の暮らしのあるあるから時代をリードする最先端技術まで、ぎっしり詰まってオールカラー！
2017.3 159p A5 ¥1000 ①978-4-04-601671-3

◆流星のロックマン―オフィシャルコンプリートワークス　カプコン著　復刊ドットコム
【要旨】『流星のロックマン3』デザインワークスメインの完全メイキングから設定画まで、貴重な資料を収録!!初期デザイン・ラフスケッチ画各キャラクターの初期案やラフを大量公開!!「流星」シリーズ・アーカイブスメインビジュアルからパブリシティまで、「流星」シリーズの歴代イラストを網羅!!
2017.12 175p A4 ¥2700 ①978-4-8354-5541-9

◆リラックマ4クママンガ 8　コンドウアキ著　主婦と生活社
【要旨】だらだら4コマ8冊目!!
2017 110p 18cm ¥1200 ①978-4-391-15033-9

◆ロキ：エージェント・オブ・アスガルド　アル・エウィングライター、リー・ガーベットアーティスト、秋友克也訳　ヴィレッジブックス
【要旨】「シージ」の戦いで散った欺瞞の神ロキは、死の女神ヘラとの取引で無垢なる少年に生まれ変わった。数多の冒険を経て青年へと成長したロキは、かつての罪を帳消しにしようと、母なる女神達オールマザーズの下僕となって、任務達成のために世界を駆け巡る。その名は「エージェント・オブ・アスガルド」！ 生まれ変わったロキがスパイとなって暗躍する娯楽作！
2017.9 120p 26×19cm ¥2400 ①978-4-86491-350-8

美術

◆ロックマンゼロ オフィシャルコンプリートワークス　カプコン著　復刊ドットコム
【要旨】『ロックマンゼロ』の全シリーズを網羅した、イラスト&設定資料集。残されたイラストや資料、開発者の声を頼りに、シリーズの魅力や隠された謎に迫る。
2017.12 175p A4 ¥2700 ①978-4-8354-5540-2

◆ワイルド7 イラストレーションズ　望月三起也著　復刊ドットコム
【要旨】1969年『週刊少年キング』での連載開始以来、数多くの読者を熱狂させた「ワイルド7」。完結後も大小さまざまな続編が発表され、45年以上も描き継がれてきた、まさに望月三起也のライフワーク。その膨大なイラスト群から絵柄を厳選。ガンとバイクにこだわり抜いた迫力満点のアクションと、強く優しくカッコいい飛葉の雄姿を堪能できる、ファン必携の一冊！
2017.2 103p A4 ¥4500 ①978-4-8354-5470-2

◆ワイルド7 1972—緑の墓"生原稿ver."　上　望月三起也著　復刊ドットコム
【要旨】「W7」ファンの誰もが、シリーズBEST3に必ず入れる大傑作「緑の墓」(1972)を、スミベタの濃淡、望月先生自筆による鉛筆の書き込み跡やページナンブル、コマ枠指定のピンホール、ホワイトの修正跡、写植文字の貼り跡に至るまで、当時描かれた原稿そのままに特別刊行！しかも、同作単行本初の、雑誌初出時と同じB5判・フルサイズ。カラーページも全再現（下巻・本文）。生きて帰れぬ恐怖の私設監獄「緑の墓」を舞台に展開する、壮大なスケールのアクション巨編！ 連載時の扉絵ギャラリーや図版も収録。
2017.11 359p B5 ¥5500 ①978-4-8354-5531-0

◆ワンダーウーマン：アースワン　グラント・モリソン作、ヤニック・パケット画、中沢俊介訳　小学館集英社プロダクション
【要旨】パラダイス島に暮らすアマゾン族は、何千年もの間、男たちの害悪から距離を置き、独自の文明を謳歌してきた。しかし、その閉鎖的な生活に満足できない者もいた。アマゾン族の王女ダイアナは狭い世界に飽き足らず、もっと多くを知りたいと考えていたのだ。そんなある日、島に空軍の飛行機が墜落する。ダイアナが生まれて初めて目にした男性こそ、そのパイロットであるスティーブ・トレバーだった。彼を救うため、ついにダイアナは禁じられた"男の世界"に飛び込むが。
2017.3 141p 27×18cm ¥2200 ①978-4-7968-7656-8

◆ワンダーウーマン アンソロジー　DCコミックス編、ヤン・グラフテキスト、小池顕久、原正人訳　バイ インターナショナル
【要旨】DCコミックス史上もっとも強く美しいキャラクター「ワンダーウーマン」を知るための厳選11エピソード!!
2017.6 248p 26×18cm ¥3000 ①978-4-7562-4901-2

◆ワンダー・ウーマン：ザ・ライズ　グレッグ・ルッカ作、リアム・シャープ画、中沢俊介訳　小学館集英社プロダクション
【要旨】真実の投げ縄を携え、神々より力を賜ったアマゾン族のダイアナは、人々には最高のスーパーヒーローの一人であり、人々にはワンダーウーマンとして知られている。しかし、その"ワンダーウーマン"とはいったい何者なのか？ それは彼女自身にすらよくわからなかった。過ごした覚えのない人生が意識の片隅に浮かび上がり、しかしそれは真実だと心の声が告げる。さらに不可解な出来事がダイアナを襲う。アマゾン族の故郷である神秘の島、セミッシラは消えなくなってしまったのだ！ 島に帰る方法を知る者はただ一人。凶暴な半獣の女性、チーターだ。ダイアナは二人の宿敵とかりそめの連帯をもって、自らの秘密を探り、再び故郷の地を踏むことができるのか。
2017.8 176p 26×18cm ¥2300 ①978-4-7968-7687-2

◆ワンダーウーマン：ベストバウト　ジョージ・ペレス、ジョン・バーンほか作・画、中沢俊介訳　小学館集英社プロダクション
【要旨】ジョージ・ペレス、ジョン・バーン、ブライアン・アザレロ、クリフ・チャン、ゲイル・シモーン、グレッグ・ルッカらスター作家たちが手がけた、最強美女戦士の歴戦の集大成。ワンダーウーマンが持つ力のすべてをかけて、神や怪物、そしてヴィランに心を操られた友人と戦う—
2017.8 144p 26×18cm ¥1800 ①978-4-7968-7685-8

◆んがんがぐでたまんが　サンリオ著　主婦と生活社
【要旨】無気力4コマに衝撃の新展開!?やる気はないけど、読みごたえはあるらしい…。何も解決しないお悩み相談、休んでばっかりでだいたいすごくて、数えてないけど4コマ100本くらい。
2017.10 176p B6×15cm ¥900 ①978-4-391-15036-0

◆A＋X：アベンジャーズ＋X－MEN＝最驚　ゼブ・ウェルズほか作、デイル・キーオンほか画、中沢俊介訳　小学館集英社プロダクション
【要旨】マーベルを代表する人気ヒーローチーム、アベンジャーズとX－MENのチームアップ作品第2弾！ キャプテン・アメリカ、アイアンマン、サイクロップスなど主要メンバーはもちろん、今回はデッドプールも参戦！
2017.2 134p 26×18cm ¥2000 ①978-4-7968-7650-6

◆DCユニバース：リバース　ジェフ・ジョーンズ作、ゲーリー・フランクほか画、高木亮訳　小学館集英社プロダクション
【要旨】ウォーリー・ウェスト（三代目フラッシュ）は、彼の先輩にあたるバリー・アレン（二代目フラッシュ）が引き起こした"フラッシュポイント"事件によって、現実の時空間から追放され、次元の狭間に囚われてしまった。虚無の空間を彷徨うウォーリー…かつてキッド・フラッシュと名乗り、フラッシュの名を受け継いだ彼だけが、この世界の異変を知ることができる。いったい誰が"失われた10年間"を盗んだのか？ ウォーリーは地球上に戻れなければならない。彼の愛する人たちは避雷針の役目を果たしてくれるはずだが、誰に接触を試みても、彼はますます世界から遠ざかり、消滅へと近づいていく…全宇宙の運命は、ウォーリーの再生にかかっているのだ！
2017.8 100p 26×18cm ¥1500 ①978-4-7968-7677-3

◆GET JIRO！　アンソニー・ボーデイン著、椎名ゆかり訳　誠文堂新光社
【要旨】それほど遠くない未来のロサンゼルス—この街ではシェフたちが犯罪組織のボスのように君臨し、人気レストランの席をめぐって人々は殺し合い、今まさに血みまれの料理戦争が勃発しようとしていた。街を二分する組織の一方は、世界中の食を融合させてエキゾチックなテイストを作るボブ率いるインターナショナル派。もう一方は、ローズ率いる有機野菜を使った健康食のみを提供する菜食主義派。そしてこの大混乱の最中に登場したのが、カリフォルニアロールを注文し醤油にワサビを入れてかき混ぜる無謀な客の首を刎ねることで知られた一匹狼の非情な寿司職人、我らがジロー大将その人だ。両陣営はジローを仲間に加えようとするが、彼には別の考えがあった。この仁義なきグルメバトルで生き残るシェフは誰だ!?
2017.2 312p B5 ¥2500 ①978-4-416-51700-0

◆LINE Creators Market公式 トップクリエイター100　LINE監修　KADOKAWA
【要旨】人気のLINEスタンプクリエイター100名が大集結！ LINE Creators Market 初の公式ブック。未公開情報解禁！ 各種ランキングデータも掲載。
2017.1 175p B5 ¥1800 ①978-4-04-734340-5

◆MATSUMOTO　LF・ボレ作、フィリップ・ニクルー画、原正人訳　Graffica Novels, 誠文堂新光社 発売
【要旨】暴力と祈り。今、世界には過激派組織ISILによる戦争、頻発する無差別テロと、死と神話的暴力が溢れ続ける。20数年前のこの事件とは、混沌と破壊的暴力の21世紀に対しての黙示録だったのか！
2017.9 199p B5 ¥2200 ①978-4-416-71670-0

◆Ms.マーベル：もうフツーじゃないの　G.ウィロー・ウィルソンライター、エイドリアン・アルフォナアーティスト、秋友克也訳　ヴィレッジブックス
【要旨】『インフィニティ』の戦いのさなかに炸裂した『テリジェン・ボム』は、超人類インヒューマンズの遺伝子を持つ人間を超人に変えた。ジャージーシティに住む16歳のムスリムの少女、カマラ・カーンもその一人。家族や友人、周囲との関わり方に悩む一方で、二次創作まで手がけるヒーローオタクでもある彼女は、偶然、手に入れたこの力とどう向き合っていくのか！ 新世代のヒロインとして注目を集めるMs.マーベルのデビュー作にして、ヒューゴー賞を受賞した傑作が遂に登場！
2017.9 115p 26×19cm ¥2200 ①978-4-86491-348-5

◆PIECES Gem 03　アップルシード下描き集　士郎正宗著　（大阪）青心社
【要旨】知られざるアップルシードの世界。倉庫から偶然発見されたその下描きは、完成原稿とは微妙に表現が違っていた！ 貴重な資料を完成原稿と並べて比較できる見開き状態の対面デザインで発売。
2017.2 119p A5 ¥1300 ①978-4-87892-402-6

◆To LOVEる - とらぶる - シリーズ10周年アニバーサリーブック とらぶるくろにくる　矢吹健太朗漫画、長谷見沙貴脚本　集英社　（愛蔵版コミックス）
【要旨】『To LOVEる - とらぶる - 』連載開始から『ダークネス』完結までの約10年間を総ざらい！ キャラクターや物語の解説・考察企画に加え、矢吹先生と長谷見先生による執筆秘話で作品の全容に迫る！ 描き下ろしカバー&ピンナップ、著名作家陣によるトリビュート、さらには単行本未収録漫画まで収録した、これまでの"とらぶる"を締めくくる超豪華記念本!!
2017.11 176p B6 ¥3000 ①978-4-08-792517-3

◆Y：THE LAST MAN　2　ブライアン・K.ヴォーン作、ピア・ゲラ画、江原健訳　Graffica Novels, 誠文堂新光社 発売
【要旨】ようこそ"男が消えた世界"へ。2002年夏—起源不明の伝染病により、Y染色体を持つ全ての精子・胎児・子供・大人・哺乳類が死滅した。たった1人の青年と、彼のペットであるオマキザルを除いて…この"男の大量死"により、世界の全人口の48%—29億人の男性一が瞬く間に命を落とした。アイズナー賞3部門受賞作品。
2017.3 320p B5 ¥2800 ①978-4-416-61720-5

◆Y：THE LAST MAN　3　ブライアン・K.ヴォーン作、ピア・ゲラ、ゴラン・スズカ画、Jr.、ホセ・マルサンインカー、江原健訳　G-NOVELS, 誠文堂新光社 発売
【要旨】2002年、世界が永久にその姿を変えてしまった。Y染色体を持つ全ての大人・子供・哺乳類が、突如として息絶えた。地球の全人口の半数以上が失われ、社会の歯車は止まった。事態を収拾できるのは、残された女性たちだけ。彼女たちが、文明の崩壊を防ぐべく立ち上がった。しかし、この"男の大量死"は、男の全滅には至らなかった。ヨリック・ブラウンと彼の飼い猿の"アンパサンド"は、どういうわけか死を免れたのだった。ごく普通の20代の青年は、一瞬にして地球上で最重要人物となった。男のみを死に至らしめた謎の伝染病の正体を突き止める鍵は、彼が握っていると思われた。ヨリックには、はるか1万キロの彼方にいる最愛の恋人ベスの存在があるためにも、どんな困難をも乗り越える覚悟があった。しかし、ベスに会うには広大な大海原を渡らなければならない。再会の希望の光がしぼんでいく中で、ヨリックに四方八方から新たな脅威が襲いかかる…。
2017.5 319p 26×19cm ¥2800 ①978-4-416-61747-2

◆Y：THE LAST MAN　4　ブライアン・K.ヴォーン作、ピア・ゲラ画、江原健訳　G-NOVELS, 誠文堂新光社 発売
【要旨】2002年夏—起源不明の伝染病により、Y染色体を持つ全ての精子・胎児・子供・大人・哺乳類が死滅した。たった1人の青年と、彼のペットであるオマキザルを除いて…この"男の大量死"により、世界の全人口の48%—29億人の男性一が瞬く間に命を落とした。Fortune 500のCEOの495人が死亡し、世界の全地主の99%が死亡した。アメリカだけでも、民間機パイロット、トラック運転手、船長の95%、暴力的な重罪犯の92%が死亡した。世界全体では、機械工、電気技師、建設作業員の99%が息絶えた。しかし、農業労働者の51%はまだ息がある。スペインやドイツなどの14ヵ国は、地上戦闘部隊に従事した経験のある女性兵士を擁しているものの、アメリカの20万人以上の女性兵士は、"大感染"以前は地上戦に加わったことがなかった。オーストラリア、ノルウェー、スウェーデンだけが、潜水艦に女性乗組員を配置している。イスラエルでは、18歳から26歳までの全ての女性が、徴兵制のもてイスラエル国防軍（IDF）に1年9ヵ月以上、従軍しなければならない。この"大感染"以前に命を落とした自爆攻撃の少女も少なくとも3人が女性だった。世界全体では、政府代表者の85%が死亡し、カトリックの聖職者、イスラム教のイマーム、正統派ユダヤ教のラビの100%が亡くなった。
2017.9 296p 26×19cm ¥2800 ①978-4-416-51757-4

◆Y：THE LAST MAN　5　ブライアン・K.ヴォーン著、ピア・ゲラ、ゴラン・スズカ画、Jr.、ホセ・マルサンインカー、江原健訳　誠文堂新光社

【要旨】2002年、世界が永久にその姿を変えてしまった。Y染色体を持つ全ての大人・子供・哺乳類が、突如として息絶えた。地球の全人口の半数以上が失われ、社会の歯車は止まった。事態を収拾できるのは、残された女性だった。彼女たちは、文明の崩壊を防ぐべく立ち上がったのだった。ごく普通の20代の青年は、"男の大量死"には至らなかった。ヨリック・ブラウンと彼の飼い猿の"アンパサンド"は、どういうわけか死を免れたのだった。ごく普通の20代の青年は、一瞬にして地球上で最重要人物となった。男のみを死に至らしめた謎の伝染病の正体を突き止める鍵は、彼が握っていると思われた。ヨリックたちは横浜から船に乗り、中国の深圳(せん)に到着した。一行はマン博士の言葉を受けて国際生命倫理学研究所へと向かう。彼らがそこで目にしたものとは…? その後、シベリア鉄道、哺乳られて一路パリへ。5年の月日をかけて世界各地を旅してきたヨリックたちは、すべての真実を解き明かすことができるのか。そして、最愛の恋人ベスとの再会を果たせるのか。地球最後の男をめぐる物語が、ここに完結!
2017.12 328p B5 ¥3200 ①978-4-416-51758-1

絵画表現(イラスト)

◆アーティストのための形態学ノート—人体表現に生命を吹き込む　アントワーヌ・バルジーニ著　(京都)青幻舎インターナショナル、(京都)青幻舎 発売
【要旨】観察、デッサンの実践、芸術作品とのかかわりを組み合わせた、豊かで斬新な身体解釈を提案。性差や体格、個性豊かな人体の表情を「ルール」と「差異」で捉える形態学の決定版。
2017.6 199p 28×21cm ¥3800 ①978-4-86152-603-9

◆アナログ・手描きのかわいいパターン素材集　木波本陽子著　パイ インターナショナル(付属資料:DVD-ROM1)
【要旨】パッケージデザイン、小冊子の表紙etc…いろいろなデザインに自由に使えるかわいい手描きのパターン素材集。使いやすいパーツもたっぷり収録。 2017.1 125p B5 ¥2600 ①978-4-7562-4807-7

◆アニメキービジュアルで学ぶイラストテクニック　ビー・エヌ・エヌ新社
【要旨】ラフ、原画、仕上げ、背景、撮影、アニメーターのテクニックを学ぶ。有名スタジオの作業工程を公開!
2017.6 161p B5 ¥1980 ①978-4-8025-1053-0

◆1分間似顔絵　山田雅夫著　ワニブックス(ワニブックスPLUS新書)
【要旨】顔のパーツを選んで組み合わせれば、誰でもすぐに描ける。友人・同僚から有名人まで時間を忘れるほど楽しい似顔絵の世界へ!
2017.10 189p 18cm ¥830 ①978-4-8470-6596-5

◆色えんぴつでうちの犬を描こう—写真を使って簡単かわいい　目黒健嗣著　日貿出版社 新装版
【目次】1 絵を描く前の準備(取材気分で とにかく写真を撮る、プロが教える うちの犬をかわいく撮るコツ(写真家・大橋愛さん)、めらけん先生のワンポイントアドバイス1 かわいいけど絵にしにくい写真・絵になる写真 ほか)、2 さあ、色えんぴつで犬を描こう!(色えんぴつの使い方入門、描き方の基本、ぬり方の応用 色えんぴつ+ぼかしでぬる、道具の応用その1 電動消しゴムを使ってみよう、3 画家気分で贈る・飾る・作る(お友達の犬を描いてって頼まれたら、額に入れて飾ろう、オリジナル・グッズを作ってみよう)
2017.12 71p B5 ¥1200 ①978-4-8170-2095-6

◆ウォッシュから始める水彩風景—劇的に絵が変わる7つの方法　笠井一男著　グラフィック社
【目次】01 基本 作品から見るプロセスの重要事項、02 レクチャー 風景を絵にするための7つの方法(一点集中、色の統一、空気の可視化、光の道、大反射、大グラデーション、陰影品格)、03 風景作品、04 デモンストレーションと制作記録"Venice is Burning"
2017.3 143p 26×20cm ¥2800 ①978-4-7661-3046-1

◆うちの猫を描こう!—なぞりから始める、かわいい猫の描き方　小泉さよ著　KADOKAWA
【要旨】モデルはCM・Instagramの人気猫!えんぴつで1ステップずつ描いていく方法や、トレースというお気に入りの写真を描き写す方法、色えんぴつでニュアンスをつけて着色する方法、手帳やポストカードなどに使える、キャラ猫を描く方法…。コツがわかれば、そっくりに描ける!
2017.10 95p B5 ¥1100 ①978-4-04-069388-0

◆美しい情景イラストレーション—魅力的な風景を描くクリエイターズファイル　パイ インターナショナル編著　パイ インターナショナル
【要旨】心揺さぶる光景が広がる新感覚のイラストコレクション。郷愁にかられる街並みや幻想的な自然風景など、情緒的で空気感のある風景を描く、クリエイター40名の作品を収録。
2017.5 159p 25×26cm ¥2600 ①978-4-7562-4859-6

◆絵を描く基本 鉛筆&水彩—モノの見方が身につく20のドリル　醍醐芳晴著　グラフィック社
【要旨】見るポイントを知る→描ける気がする。→作例プロセスについていきながら描いてみる。→描ける!本格絵画教室で実証済みの20のドリル。
2017.6 111p 24×20cm ¥1800 ①978-4-7661-3066-9

◆絵になる美男子ポーズ集—トレースして使える決めポーズ　活劇座監修　ホビージャパン(付属資料:CD-ROM1)
【要旨】マンガやアニメ、ゲーム作品には、スマートなポーズの美男子がたくさん登場してきます。カッコよくポーズを決めた姿を描いてみたいと思う人は多いことでしょう。しかし一方で、「どうポーズをつければいいかわからない!」「体の構造がつかみにくい!」そんな悩みの声も聞こえます。そこで本書では、美男子のポーズの中でも「絵になる」ポーズに特化。ミステリアスな魅力が際立つS字のポーズ、マンガに活かしやすい感情表現のポーズ、勇ましく武器を構えたポーズなど…。男性がよりカッコよく見えるポージングの数々を誌面と付属CD-ROMの両方に収録しています。また、着衣のポーズと裸のポーズの両方を掲載。裸の人体をつかんだ上で服を描けば、デッサンの学びがより深まります!
2017.3 127p B5 ¥1900 ①978-4-7986-1297-3

◆えんぴつで簡単!かわいい!犬なぞり絵　shino絵　学研プラス
【目次】SPECIAL みんなの人気もの柴犬まるをなぞろう!、1 愛らしさになごむ!顔なぞり(シー・ズー、ミニチュア・シュナウザー ほか)、2 元気いっぱい!全身なぞり(シー・ズー、柴 ほか)、3 かわいいが倍増!仲よしなぞり(ゴールデン・レトリーバー、ミニチュア・ダックスフンド ほか)、4 カラフルに楽しむ色なぞり(色鉛筆で塗ってみよう、ウェルシュ・コーギー・ペンブローク ほか)
2017.9 95p B5 ¥1000 ①978-4-05-800812-6

◆えんぴつで簡単!かわいい!動物の赤ちゃんなぞり絵　shino絵　学研プラス
【要旨】胸キュンな動物赤ちゃん83点!上野動物園のシャンシャンもなぞり絵になった!
2017.12 95p B5 ¥1000 ①978-4-05-800845-4

◆えんぴつで簡単!かわいい!猫なぞり絵　shino, NoA, 森屋真偉子絵　学研プラス
【要旨】心くすぐる猫絵が83点!なぞれば愛着もひとしお♪SNSで話題、なごむ、ムータ、ぶーもかわいいから描いて!
2017.12 95p B5 ¥1000 ①978-4-05-800846-1

◆鉛筆デッサン基本の「き」—やさしく、楽しく、デッサンを始めよう　スタジオ・ものくろーむ著、角丸つぶら編　ホビージャパン
【目次】1章 鉛筆の線とタッチに慣れよう(鉛筆をそろえよう…ステッドラーマルスルモグラフの線と調子、準備する画材・道具類 ほか)、2章 人工物も自然物も、基本形に当てはめよう(単体)(紙コップを描き始めよう…手順通りに進めば必ず描ける!、すべてのものは、立方体から始まる ほか)、3章 静物を組み合わせて描こう(複数)(内包する組み合わせを描く意味、巾着に入ったジャガイモを描いてみよう…実際に描く手順 ほか)、4章 自分の手をデッサンしよう(手の動きを描いてみよう、コップを持つ手を描いてみよう ほか)、5章 質感表現で表情をつけよう(布の質感を描き分けよう、素材の持つ質感を表現しよう ほか)
2017.3 175p B5 ¥2000 ①978-4-7986-1421-2

◆黄金期のイラストレーターに学ぶ魅せるイラストのエッセンス　ステファニー・ハブツシュ・ブランケット, マグダレン・リプジー著、Bスプラウト訳　ボーンデジタル
【要旨】ノーマン・ロックウェル、アルバート・ドーンをはじめ、総勢12人の一流アーティストたちが創立したフェイマス・アーティスト・スクール。そのコース教材から、実績ある手法、経験に裏打ちされたアドバイスを作品とともに掲載。
2017.11 159p 26×22cm ¥2800 ①978-4-86246-385-2

◆オジサン描き分けテクニック 顔・からだ編　YANAMi著　ホビージャパン
【要旨】本書では、オジサンの顔や体を骨格・筋肉の面から徹底追及。基本となるオジサンの描き方から若者との描き分け、顔立ちによる描き分け、ポーズやファッションでの描き分けなど「オジサンひとりひとりが持つ個性」を魅力的に表現するテクニックを紹介しています。多彩な魅力を放つオジサンたちの描き方をぜひマスターしてみませんか?
2017.3 151p B5 ¥1900 ①978-4-7986-1361-1

◆小野月世の水彩画人物レッスン—覚えておきたい21の大切なこと　小野月世著　日貿出版社
【目次】1 水彩クロッキーにチャレンジ(形を把握する、シルエットを見る、陰影で立体感を加え、輪郭線で形を決める、いろいろな時間設定で描いてみる ほか)、2 水彩で人物を描く(シルエットを捉える、下描きを考える、パーツを研究する、自分が使いやすい表現方法を選ぶ、混色で透明感のある肌の色を作る ほか)
2017.10 127p B5 ¥2200 ①978-4-8170-2088-8

◆お姫様のドレスを描こう　スタジオ・ハードデラックス編、水溜鳥イラスト　廣済堂出版(KOSAIDOマンガ工房)
【要旨】「すてきなドレスを着たお姫様を描いてみたい!」という気持ちにこたえる一冊です。中世ヨーロッパ貴婦人のドレスから現代のドレスまで、形やラインなどの基本的な知識や細部のつくりまで、イラストでわかりやすく紹介しています。上手に描くためのコツもていねいにアドバイス!
2017.6 151p B5 ¥1900 ①978-4-331-52103-8

◆描いて楽しい なぞり猫　イデタカコ著　成美堂出版
【要旨】いやし効果バツグン!線をなぞるだけ!見るだけでもかわいい。なぞったらもっとかわいい。
2017.3 95p B5 ¥1000 ①978-4-415-32280-3

◆描いて楽しい もっとなぞり猫　イデタカコ著　成美堂出版
【要旨】ニャンコ73匹。ますますかわいい猫ぞろい。
2017.8 95p B5 ¥1000 ①978-4-415-32399-2

◆描き込み式色鉛筆ワークブック—ぬりえ感覚で質感や立体感の表現が上達できる　河合ひとみ著　誠文堂新光社
【要旨】描きながら技法をマスター!解説とぬりえがセットになった新しいレッスン帖です。
2017.6 159p 24×19cm ¥1600 ①978-4-416-61750-2

◆かわいいコスチュームが描ける本　藍飴著　宝島社
【要旨】コスチュームさえマスターすれば、あなたのキャラクターはもっと動き出す!
2017.8 143p B5 ¥1900 ①978-4-8002-7097-9

◆基礎から応用までマスター デッサンパーフェクトレッスン　河村栄一監修　メイツ出版(コツがわかる本)
【要旨】習得すべき基本テクニックから、作品としての表現方法まで。デッサン上達の具体的なコツをレクチャー!
2017.7 144p B5 ¥1750 ①978-4-7804-1819-4

◆キャラクター作画上達テクニック—「なんか変だな」を解決!　緑茶野菜子著　グラフィック社
【要旨】「なんか顔がヘン」「手が大きすぎ!?」「体ってどう描くの?」描くときに躓きがちなポイントのクリア&上達法、マンガ+図解で教えちゃいます!
2017.8 160p B5 ¥1900 ①978-4-7661-3080-5

◆キャラのポーズがみるみる上達! 人体デッサン赤ペン添削塾　JAM日本アニメ・マンガ専門学校, cielo監修　廣済堂出版

美術

◆今日から描けるはじめての水彩画　野村重存著　日本文芸社　増補改訂版
【要旨】はじめてでもすぐに描き始められるていねいな解説。豊富な「描き分けのコツ」などプロの裏ワザも披露。
2017.12 159p B5 ¥1800 ①978-4-537-21448-2

◆キラキラで豪華なイラストを描きたい　キラキラ向上研究会、ロータス著　秀和システム
【要旨】あなたの絵がワンランクUPして見える初心者のための魅せるデジタルイラストテクニック。
2017.7 239p B5 ¥2400 ①978-4-7980-5097-3

◆筋肉・骨の動きがわかる美術解剖図鑑　アンドラス・スンニョギイ、ギョルギ・フェヘール著、奈良信雄監訳、世波貴子訳　エクスナレッジ
【要旨】骨と筋肉がわかると人体の描き方、人体の構造がわかる。デッサンを学ぶために必要な詳細なイラスト、解剖図を豊富に掲載。美術学生および医療関係者必読の書。
2017.8 219p 24×19cm ¥4500 ①978-4-7678-2267-9

◆グレン・ビルプのドローイングマニュアル　グレン・ビルプ著　ボーンデジタル
【要旨】50年にわたり、教育現場で磨き上げた理論と実践。「古典絵画の手法」をベースに観察と分析によって動きと感情を伝える。グレン・ビルプはアメリカのアート教育、アニメーション教育のスタンダード！
2017.4 194p 27×23cm ¥3200 ①978-4-86246-378-4

◆ゲッチョ先生の昆虫と自然の描き方教室―初めてでも楽しくできる　盛口満絵・文　ナツメ社
【目次】1 生き物スケッチの準備と基本（スケッチの準備、どれくらい時間をかけて描くか ほか）、2 さまざまな昆虫を描く（描くことはよく見ること、台湾のオニヤクワガタたちを描く ほか）、3 海に棲む「虫」を描く（海と陸の境界線上に棲む「虫」、南の海辺の昆虫たち ほか）、4 生態画を描く（海辺の生態画を描く、海の取材日）
2017.7 159p B5 ¥1800 ①978-4-8163-6262-0

◆心に響くイラストを描く―色と構図とストーリー演出の奥義　garnet、kirero、東雲ハル、titio、七瀬尚、晴瀬ひろき著　ソシム
【要旨】人気絵師6人がズバリ答える。なぜあの人の絵は人気があるのか？なぜ自分の絵はスルーされるのか？
2017.9 159p B5 ¥2200 ①978-4-8026-1117-6

◆この1冊で苦手を克服 超色鉛筆画レッスン―絵画技法の基本と応用　弥永和千著　メイツ出版（コツがわかる本）
【要旨】身近な画材でここまでリアルに描ける！「観察力」と「表現力」を養う的確なアドバイスで、基礎と応用がしっかり身につきます。
2017.8 128p B5 ¥1830 ①978-4-7804-1869-9

◆三原色を極める大人の水彩画塾　青江健二著　日貿出版社
【目次】1 基本の知識とモノクロの表現（鉛筆クロッキーの基本、紙コップのクロッキー、画材の知識と基本、三原色の色づくり、筆遣いの基本、三原色で黒を作る、描法プロセスNo.1 昼下がり）、2 三原色で静物（「July」混色と制作、「告白」混色と制作、「昼下がり」混色と制作、描法プロセスNo.2 Please leave me alone）、3 三原色で風景（「流木」混色と制作、「夏木立」混色と制作、「Boat」混色と制作、描法プロセスNo.3 ポルトフィーノ）
2017.2 219p B5 ¥2200 ①978-4-8170-2077-2

◆360° どんな角度もカンペキマスター！マンガキャラデッサン入門　藤井英俊監修　西東社
【要旨】写真もイラストも超充実！「描きたい！」キャラが描けるようになる！
2018.1 223p B5 ¥1500 ①978-4-7916-2529-1

◆シェパードの人体ポーズと美術解剖学―立つ・座る・ひねる・横たわる　ジョセフ・シェパード著、榊原直樹訳　マール社
【要旨】本書では筋骨格のポジションや動きが、いかに人体の動作に影響を与えているかを詳細に解説しています。170種類を超す様々な角度（前面図、後面図、側面図）や姿勢（立位、座位、膝立ち、しゃがみ、横たわる、ひねり）の人物像を掲載し、これらを非常に精緻に描いています。

さらに、一つの人物画に対して骨格図と筋肉図を付け加えている。皮下にある構造が身体の輪郭にどれほど影響をおよぼしているかを理解できると思います。また、本書は美術解剖学を効率よく学べるように構成しています。体力で、あらゆるレベルの芸術家にとって、人体デッサン技術をさらに精錬されたものにすることができるでしょう。
2017.6 144p B5 ¥1900 ①978-4-8373-0667-2

◆自分時間を楽しむ花の細密画―フレンチスタイルのボタニカルアート　藤井紀子著　日貿出版社
【目次】第1章 "観る"を楽しむ（ボタニカルアートとは？、植物との出会いを楽しむ ほか）、第2章 "描く"の準備（描く前の準備1 観察と情報の記録、描く前の準備2 構図と光源を考える ほか）、第3章 "描く"を楽しむ（ハッチングの練習、描法プロセス1 姫リンゴ ほか）、第4章 "飾る"を楽しむ（暮らしにアートを飾る、フランス額装の勧め ほか）
2017.1 111p B5 ¥2200 ①978-4-8170-2076-5

◆「写画」四季の花編―あなたの絵心をカタチにしよう　小島万里子講師、CCCメディアハウス書籍第一編集部編　CCCメディアハウス
【要旨】前半はカラーページで、モチーフ写真（写画の題材になる花の写真）を8枚、後半はモノクロページで、スケッチ見本を8枚収録。写画のページ（モチーフ写真とスケッチ見本を見ながらスケッチして色を付けるページ）も8枚収録されている。収録されている花の写真は次の通り（カッコ内は開花時期）。1. チューリップ（3月～5月）、2. ワスレナグサ（4月～5月）、3. カンパニュラ（5月～6月）、4. バラ（5月～6月）、5. ユリ（5月～8月）、6. ムクゲ（8月～9月）、7. コスモス（8月～9月）、8. ツバキ（10月～3月）。
2017.7 47p 27×21cm ¥1200 ①978-4-484-17219-4

◆12色からはじめる 水彩画混色の基本　野村重存著　大泉書店
【要旨】彩りゆたかな水彩画を描くために、「混色」のコツをつかむ。絵具の組み合わせを紹介した混色見本と、その使いどころがわかる作例満載。
2017.4 143p 24×19cm ¥1500 ①978-4-278-05367-8

◆瞬撮アクションポーズ 04 ヒロインスーツアクション　カラサワイサオ監修、小野寺廣ս撮影　玄光社
【要旨】本格アクション監督による、瞬間連写アクションポーズ第4弾！！ボディスーツ、バトルスーツ、そしてスーツのインナーでヒロインアクションを展開。メカパーツの動き、吊りなどではのアクロバティックなアクションも満載！
2017.12 191p B5 ¥2300 ①978-4-7683-0921-6

◆水彩色鉛筆で描く コミックイラストレッスン　古島紺著　日貿出版社
【要旨】水彩色鉛筆でもコミックイラストが描ける！「人物」「質感」「背景」などのイラストメイキングと、アナログ画材を使った著者オリジナルの着彩テクニックを徹底解説！
2017.12 159p B5 ¥1800 ①978-4-7661-3064-5

◆水彩画 色の覚え書き―人気画家に学ぶ混色と配色　青木和志著　日貿出版社　新装版
【要旨】混色と配色の疑問を解決。色のセンスを磨く。
2017.9 95p B5 ¥2000 ①978-4-8170-2090-1

◆水彩画ルールブック―「描く」がわかる！　赤坂孝史著　日貿出版社
【目次】第1章 パースのルール（地平線を探してみよう、パースラインを探してみよう ほか）、第2章 明暗描写のルール（ネガティブペインティングで描く、緑は明暗を描き分ける）、第3章 人物描写のルール（夜の景色の人物は必須、人物に色をつける ほか）、第4章 絵づくりのルール（一番明るいところを探してみよう、コントラストを調整してみよう ほか）
2017.4 127p B5 ¥2200 ①978-4-8170-2081-9

◆水彩で描くボタニカルアート　ビリー・ショーウェル著、倉田ありさ訳　マール社
【要旨】植物画家として世界的に有名なビリー・ショーウェルがボタニカルアートのテクニックを惜しみなく公開。植物を愛する方へ、また水彩画のテクニックを学びたい方へ贈る待望の一冊！
2017.11 192p 24×22cm ¥2750 ①978-4-8373-0889-8

◆水墨画技法で本格的に！ 四季の筆ペン画48のポイント　本多豊國監修　メイツ出版（コツがわかる本！）

【要旨】筆ペンさえあれば、簡単に楽しく描ける！はがきでも俳句などでもさらっと。季節の風物詩を自分らしく描ける。濃淡、ぼかしといった表現からカラーペンを活かした彩色まで。わかりやすい上達のコツで、楽しく心のこもった絵が描ける。
2017.6 128p B5 ¥1730 ①978-4-7804-1874-3

◆ステップアップの人物ドローイング―動きと感情のあるポーズを描く　ケン・ゴールドマン、ステファニー・ゴールドマン著、Bスプラウト訳　ボーンデジタル
【要旨】150のポーズの例題と豊富な写真リファレンス！！飛び切りの笑顔、物思いにふける表情、スポーツに打ち込む姿など印象的な一瞬をとらえたドローイングを描きましょう。画材の使い方、解剖学、立体の表現、シェーディングといったテクニックを段階的に習得することができます！
2017.11 239p 31×23cm ¥3700 ①978-4-86246-394-4

◆スーパーデフォルメポーズ集 男の子キャラ編　Yielder著　ホビージャパン（付属資料：CD・ROM1）
【要旨】「スーパーデフォルメポーズ集」シリーズ第6弾の本書では、カッコいい男の子のポーズをピックアップ。ちっちゃい2頭身キャラだけでなく、スマートな3頭身キャラ、マッスルな4頭身キャラまで勢ぞろい！日常のシーンから迫力の戦闘シーンまでたくさん収録しています。約650体の素体データをCD・ROMに収録！
2017.9 159p B5 ¥1900 ①978-4-7986-1371-0

◆スーパーデフォルメポーズ集 ラブラブ編　Yielder著　ホビージャパン（付属資料：CD・ROM1）
【要旨】「スーパーデフォルメポーズ集」シリーズ第7弾の本書は、恋愛シーンを大特集。寄り添ったり、キスしたり、抱き合ったり。デートしたときにはケンカしたり。2～4頭身のラブラブな恋人たちのポーズや心ときめく恋愛シーンの数々を収録しています。さらに今回は、人気作家5名による描き下ろしポーズ素体を特別収録。作家ごとに異なる魅力を放つ恋愛ポーズの数々を見て学んで楽しめます。
2017.9 159p 26×20cm ¥1900 ①978-4-7986-1539-4

◆スーパー・ポーズブック ヌード 新妻編　島本耕司監修、KANJI撮影　コスミック出版（COSMIC ART GRAPHIC）
【要旨】新米人妻のお気楽な1日をのぞき見するシチュエーション・ポーズ集！マンガ・イラストにすぐに活用できる日常生活の自然な動き満載！彩りあふれるコスチューム編（制服・巫女・Sの女王様）との、充実の2本立て！
2017.5 159p B5 ¥2500 ①978-4-7747-9136-4

◆スーパー・ポーズブック Sexy編　島本耕司監修、KANJI撮影　コスミック出版（COSMIC ART GRAPHIC）
【要旨】究極の女性美をとことん追求！アナタの五感を超刺激するポーズ満載！！マンガ・イラストはじめ、作画全般に不可欠なSexy＆エロスにフォーカスしたポーズ集。刺激的・挑発的ポーズの数々に、創作意欲爆発必至！巻末特集、KANJIのミニミニポートレート講座。
2017.7 158p B5 ¥2500 ①978-4-7747-9137-1

◆スーパー・ポーズブック Sexy編 2　島本耕司監修、KANJI撮影　コスミック出版（COSMIC ART GRAPHIC）
【要旨】なにげないポーズのさりげないセクシーから、超大胆なエロティックショットまで！マンガ・イラストをはじめ、作画全般に「使える」Sexyポーズがよりどりみどり！「こういうシーンが欲しかった！」と言わしめる納得の1冊！！
2017.12 159p B5 ¥2500 ①978-4-7747-9139-5

◆スピードペインティングの極意―Master the Art of Speed Painting日本語版　3DTotal Publishing制作　ボーンデジタル
【目次】テクニック（カスタムブラシ、フォトバッシング）、ギャラリー、2時間のペインティング（SF：夕暮れの探険者、ファンタジー：偶然のアート ほか）、1時間のペインティング（SF：忘れられた探検家たち、SF：火星の工場 ほか）、30分のペインティング（SF：移動ラボ、SF：火星のチェックポイント ほか）、Thomas Scholes のマスタークラス
2017.4 251p 28×22cm ¥4000 ①978-4-86246-372-2

◆3ステップで描けちゃうかんたんイラスト練習帳　サカキヒロコ著　主婦の友社

【目次】1章 いろんな線を描いてみましょう（まっすぐ線を描いてみましょう、てんてん線を描いてみましょう ほか）、2章 身のまわりのものを描いてみましょう（動物を描いてみましょう、植物を描いてみましょう ほか）、3章 人を描いてみましょう（顔を描こう、体を描こう ほか）、4章 構図を考えてイラストを組み合わせて「場面」をつくってみましょう（単体のイラストの違いをあげてさしにして、動きのある「場面」をつくってみましょう ほか）、5章 しかけお手紙＆ペーパークラフトをつくりましょう（イラストを使ったクラフトづくり、もらった人がうれしくなっちゃうイラストつきクラフトいろいろ）
2017.9 111p A5 ¥1200 ①978-4-07-426220-5

◆西洋甲冑＆武器 作画資料　渡辺信吾著，ジェイ・エリック・ノイズ監修　玄光社
【要旨】4世紀‐17世紀ヨーロッパ騎士装束の構造や着用法などを徹底図解！ホーバーク／グレートヘルム／バシネット／ミラノ・ゴシック・マクシミリアン式甲冑ほか騎士の乗る馬の種類・馬具・馬鎧や、剣・槍・盾などの武器まで。
2017.12 159p B5 ¥2000 ①978-4-7683-0920-9

◆西洋甲冑ポーズ＆アクション集　三浦権利著　グラフィック社　フルカラー改訂増補版
【要旨】収録カットは400超！甲冑の着用から、剣、槍、銃、騎乗といったシチュエーションでのポーズを再現。西洋甲冑師・三浦権利があるいは復元した兜、鎧を様々なポーズ、角度から撮影！！
2017.12 112p B5 ¥2300 ①978-4-7661-3078-2

◆セクシャルヌード・ポーズBOOK―act　羽月希　長谷川朗撮影　二見書房
【要旨】女性のボディが放つエロスを「自然体」「のぞき見」「誘惑」「エクスタシー」の4つのチャプターで構成。アナタを刺激する新感覚ポーズ集！
2017.3 143p B5 ¥2500 ①978-4-576-17030-5

◆セクシャルヌード・ポーズBOOK―act　深田ナナ　長谷川朗撮影　二見書房
【要旨】女性のボディが放つエロスを「自然体」「のぞき見」「誘惑」「エクスタシー」の4つのチャプターで構成。
2017.12 143p B5 ¥2500 ①978-4-576-17182-1

◆ゼロからわかるマンガの作り方―挫折せずに完成させるストーリー＆キャラクター講座　田中裕久著　翔泳社
【要旨】面白さを求めるのは「まず、描き切ってから」でOK、自分でモチベーションを高めながら描いていこう、意外と知らない「起承転結」の具体的な使い方、「自分節」を炸裂させるために必要なことは？…etc.描きたいものが描けるようになるポイントを解説！描いていくうちにどんどん面白くなる、マンガ教科書の決定版！
2017.4 173p B5 ¥1980 ①978-4-7981-4993-6

◆戦車の描き方―箱から描く戦車・装甲車輌のテクニック　夢野れい、野上武志、吉原昌宏、横山アキラ、名城犬朗、エアラ戦車、西岡知三著　ホビージャパン
【要旨】映画やアニメでも人気の、カッコいい戦車。難しいイメージはあるけれど、その力強い勇姿を作画するのは難しい―そんなふうに思っていませんか？じつは戦車は、単純な形の組み合わせでできていて、コツさえつかめば、上手に描けてしまうのです！人物を描くときとはちがったイラスト・ミリタリーメカにあります。本書では、戦車の作画のプロフェッショナルたちが、さまざまなタイプの戦車の描き方を、丁寧に順を追って解説していきます。どのようにメカニズムを描くかはもちろんのこと、資料の集め方や活用の仕方、その背景や人物との組み合わせ方も多数紹介します。あなたの思いどおりのシチュエーションで、一番好きな戦車の活躍を描きましょう！
2017.3 160p B5 ¥1900 ①978-4-7986-1391-8

◆即戦力の漫画背景　アシスタント背景美塾MAEDAX派著　幻冬舎コミックス，幻冬舎発売
【要旨】漫画の背景、なんとなく描いていませんか？百戦錬磨の漫画アシスタント達が、プロの現場から門外不出のレッスンをお届けします！
2017.2 127p B5 ¥2000 ①978-4-344-83897-0

◆そのまま使える 女の子ポーズ500　人体パーツ素材集制作部著　廣済堂出版　（付属資料：CD・ROM1）
【要旨】本書は、家や学校で見せる日常のポーズや、恋愛中の女の子ならではのしぐさなど、約500点におよぶ「女の子ポーズ」を収録しています。お手本にして女の子を描く練習をしたり、トレースして作品に取り入れたり、使い方はあなた次第。本書を使いこなして、かわいくてグッとくる女の子のイラストを完成させましょう！
2017.7 159p B5 ¥1800 ①978-4-331-52108-3

◆大胆なポーズの描き方―基本の動き・さまざまな動作とアングル・迫力あるポーズ　えびも著，角丸つぶら編　ホビージャパン
【目次】第1章 基本となる立ちポーズから練習してみよう（男性立ちポーズをパターンで描いてみよう、男性立ちポーズの描き方―正面・水平位から見た約5分マンガデッサン ほか）、第2章 動きのあるポーズとアングル変換に挑戦しよう（立ちポーズに動きと表情をつけてみよう、同一ポーズを2方向から描いてみよう、同一ポーズを3方向から描いてみよう ほか）、第3章 「動き」を大胆に演出しよう（体以外の要素も動かしてみよう、「輪」を使って立体感を出してみよう、「筒」を使って遠近感を出してみよう ほか）
2017.7 167p 26×19cm ¥1900 ①978-4-7986-1497-7

◆ダイナミックポーズ・ドローイング―躍動感のあるキャラクターを描く　デヴィッド・H・ロス著，森屋利夫訳　マール社
【目次】第1章 遠近法入門、第2章 人物を人体模型のパーツに分解して描く、第3章 立つ、第4章 歩く・走る、第5章 前屈み・座る・横たわる、第6章 頭部を描く、第7章 手と足を描く、第8章 骨格を描く、第9章 筋肉を描く、第10章 躍動感ある動き
2018.1 197p 25×19cm ¥1900 ①978-4-8373-0674-0

◆だらっとしたポーズカタログ―リラックスした自然的なポースを収録　マール社編集部編　マール社
【要旨】男女3名のモデルによるリラックスした自然なポーズを集めた写真資料集。イメージが湧きやすい「背景付きポーズ」、ポーズのみを切り取った「シンプルポーズ」の2種類のポーズを収録。作例解説では、絵に描き起こす際のポイントをわかりやすくまとめ、約800点の写真を収録。
2017.3 239p B5 ¥2500 ①978-4-8373-0665-8

◆チョークとペンのイラスト素材集 ニューヨークスタイルブック　ingectar・e著　ソシム　（付属資料：DVD・ROM1）
【要旨】ぜーんぶ手描きで描きました＆ペンも！！！黒板にチョークで描いた質感と黒いペンでさらりと描いたイラスト、黒と白のイラストを両方収録！まるで2冊分の使いやすさ！フレーム、ライン、フォントも満載！商用利用OK！！素材JPG/PNG約5900点、オリジナルフォント6書体収録！
2017.2 127p B5 ¥2380 ①978-4-8026-1080-3

◆辛くならない絵の描き方―描くのを楽しくする90の方法　松村上久郎著　秀和システム
【目次】1（"環境"作業環境）、2（"技術"SNS・アイディア、"技術"画風・作風、"技術"作画・練習方法）、3（"メンタル"SNS・アイディア、"メンタル"モチベーション、"メンタル"画風・作風）
2017.6 220p A5 ¥2200 ①978-4-7980-5093-5

◆デジタルアーティストのためのスケッチガイド―Beginner's Guide to Sketching日本語版　3DTotal Publishing制作，スタジオリ訳　ボーンデジタル
【要旨】アナログを知って、スケッチのコツをつかみましょう！『デジタルアーティストのためのスケッチガイド』では、デザイナーを上達させながら、自信を持ってスケッチする方法を学習できる教材です。ジェスチャードローイング、シンプルな形状の模索から、線の洗練やシェーディングまで幅広く網羅します。ウォームアップの演習に進む前に、マテリアルの選択やテクニックを学習、基礎知識を身につけましょう。熟練のプロによるマスタープロジェクトでは、コンセプトから最終的なイラストに至るまで、ポーズ・デザイン・衣装を順に追っていき、最後にシーンにまとめます。
2017.1 209p 29×21cm ¥3600 ①978-4-86246-336-4

◆デジタルイラストの「構図・ポーズ」事典―キャラクターを引き立てる絵作りの秘訣40　シカタシヨミ著　SBクリエイティブ
【要旨】構図は、迫力を出したい・動きを格好良く見せたい・可愛く見せたいなど、「思いや効果」を伝えたいとき、その目的のために「なに」を「どのように」「どのようなかたちで」配置して画面を組み立てるか、という方針を決める「みちしるべ」の役目を果たすものです。ポーズは、アクション・必殺技・色っぽさ・喜怒哀楽の感情など、構図と同じように伝えたい「思いや効果」のために、キャラクターに「どのような姿勢を」「どのような表情を」「どのようなかたちで」取らせていけばいいか、という方向を決める「コンパス」の役目を果たします。本書は、できるだけ迷わず、苦労せずに、可能な限り楽しめるルートで冒険（作画）ができるよう、「構図・ポーズ」の考え方を事典形式でまとめました。
2017.3 175p B5 ¥1980 ①978-4-7973-8963-0

◆デジタルイラストの「表情」描き方事典―想いが伝わる感情表現53　NextCreator編集部編著　SBクリエイティブ
【要旨】あらゆる"感情"をキャラに宿す。キャラの感情表現を事典形式で多彩に解説。今すぐ役立つ知識がつかめる。
2017.7 175p B5 ¥1980 ①978-4-7973-8964-7

◆デジタルイラストの「服装」描き方事典―キャラクターを着飾る衣服の秘訣45　スタジオ・ハードデラックス著　SBクリエイティブ
【要旨】たくさんのキャラクターを描こうと思えば、その分だけキャラクターに合った服が必要になり、それを調べる時間や手間も膨れ上がっていきます。なにより、服の良し悪しは感性によるところが大きく「これが正しい」という明確な基準があリません。本書は、現代の男女の服装を、トップス、ボトムスなどに分類・整理し、服装ごとの構造や特徴、描き方、シワのポイント、バリエーションを描くコツ、コーディネートのヒントをまとめた、事典形式のイラスト実用書です。現代の洋服をはじめ、学生服やスーツなど、日常で目に触れる機会が多い服装を中心に収録しています。仮に自分の知らない服があったとしても、この本を開いて調べれば、基本的な構造や特徴、描き方やバリエーションを知ることができます。
2017.3 175p B5 ¥1980 ①978-4-7973-8991-3

◆デジタルツールで描く！違いがわかるキャラクターの描き分け方　スタジオ・ハードデラックス著　マイナビ出版
【要旨】クラスメイト全員に個性が出せる！主役、ヒロイン、ライバル、サブキャラなど、キャラクター性を表現する描き分け術を紹介!!
2017.6 159p 24×19cm ¥2090 ①978-4-8399-6233-3

◆デジタルツールで描く！魅力を引き出す女の子の服の描き方　スタジオ・ハードデラックス著　マイナビ出版
【要旨】かわいい服でドレスアップ！洋服から靴、カバンまで女の子のかわいい服や小物をガーリー、フェミニンなどのスタイル別に解説!!
2017.8 143p 24×19cm ¥1980 ①978-4-8399-6258-6

◆手の描き方―神志那弘志の人体パーツ・イラスト講座 手をきちんと描ければ一人前!!　神志那弘志著　エムディエヌコーポレーション，インプレス発売
【要旨】最も身近なのに描くとなると難しい"手"。そんな手にスポットを当て、うまく描くための知識やテクニックを伝授！『HUNTER×HUNTER』など著名アニメを多数手掛ける、アニメ業界のトップクリエイターが教える、プロとして通用する"手の描き方"講座。
2017.4 150p B5 ¥2000 ①978-4-8443-6648-5

◆動画で学べる！手書きPOP一見すて！学んで！すぐ実践　石川香代，石川伊津子著　パルディア，サンクチュアリ出版発売
【要旨】プロの売れるノウハウが満載！スマホを見ながらスポットも楽しく練習できる！
2017.3 183p A4 ¥2296 ①978-4-86113-332-9

◆東洋ファンタジー風景の描き方―CLIP STUDIO PAINT PRO/EX空気感のある背景＆キャラのなじませ方　ゾウノセ，藤ちょこ，角丸つぶら著　ホビージャパン
【目次】1章 ペイントソフトの基本、2章 風景イラストの基本、3章 東洋＋ファンタジーとは、4章 室内風景を描く、5章 テクスチャペインティング、6章 ひとつのテーマから連想して描く、7章 シンメトリーに構成された風景を描く
2017.9 159p 26×22cm ¥2200 ①978-4-7986-1537-0

◆ときめきチョークアート―ブラックボードにカラフルに描こう！　佐藤真理著　日貿出版社
【要旨】ブラックボードに発色のよいチョーク（オイルパステル）で自由に絵を描く「チョークアー

美術　862　BOOK PAGE 2018

◆ドラマチックとうめい水彩―あでやかに花を描く　ジャネット・ウィットル著，永井浄子訳　グラフィック社
【要旨】ジャネット・ウィットルが描く絵は、鮮やかな色彩と独創的な構図を特徴としています。本書は、ジャネット独自の色使いや数々の水彩画のテクニック（ウェット・イン・ウェット、ウェット・オン・ドライ、ネガティブペインティング、マスキング、リフティング、グレージングなど）を紹介し、いかにして花の美しさをとらえ、ドラマチックな作品に仕上げるかを示す技法書であり、作品集です。ステップ・バイ・ステップで学べる6つの課題と、掲載された多くの作品は、初心者、中・上級者を問わず、あなたの想像力を大いに刺激し、新たな作品を生み出す力を与えてくれることでしょう。
2017.8 128p B5 ¥1800 ①978-4-7661-3069-0

◆トリックアート入門―イラストと写真で描ける3Dアート　ステファン・パブスト著　グラフィック社
【要旨】まるで実物がそこにあるかのような飛び出す立体絵画、トリックアート。この不思議な3D作品は、いかにして描かれているのでしょうか。本書では、絵画の基本的な技法を使ったトリックアートの制作方法をステップバイステップで紹介。誰もが驚く、リアルで不思議な飛び出す絵画のしくみがわかります！　基本の正方形からガラスのコップなどを経て、身の回りの物や人物などを遠近法、陰影描写、ドライブラシといった基本の技法で、いかに立体的に表現するか解説します。さらに彩色方法も紹介。より生命力の溢れる作品の完成を目指します。これまで耳にすることのなかった、驚く程精巧なトリックアートの描き方。世界中のハウツー満載の一冊が、日本上陸！
2017.9 128p 30×23cm ¥1800 ①978-4-7661-3038-6

◆なぞっておぼえる遠近法 スケッチパース プレゼン編　宮後浩，山本勇気，広畑直子著　秀和システム　第2版
【要旨】イメージをどう伝えるか？　最強のプレゼン力が自然と身につく！　50の作例で挑戦しよう！　パースの基礎から着色技法まで。
2017.8 155p B5 ¥1800 ①978-4-7980-5189-5

◆なぞって楽しむおっぱい練習ドリル　ポストメディア編集部編　一迅社
【要旨】漢字練習ドリルのように、おっぱいをなぞって練習することができる、世界で唯一のドリル！　理想のおっぱい穴埋めドリルも同時収録!!
2017.4 63p B5 ¥1300 ①978-4-7580-1543-1

◆脳を鍛える大人のスケッチ―絵が上手くなるミラクル定規で描くだけ！　朝田隆，芸術造形研究所著　アスコム（付属資料：ミラクル定規1）
【要旨】ミラクル定規で構図を決めて、目盛りよりに写して描くだけ！　観察力が高まり脳が活性化！！　輪郭が正確になれば、絵が上手くなる！　認知症の名医が開発。普段あまり使っていない右脳を活性化!!集中力アップ、ボケ防止、記憶力アップ、そして、絵も上手くなる！
2017.8 94p 22×22cm ¥1500 ①978-4-7762-0920-1

◆ノート・日記・手帳が楽しくなる ゆるスケッチ　corekiyoスギタメグ著　インプレス
【要旨】よく気楽に描くだけでスケッチは上手くなります！　自分の見たモノ・考えたコトをちょっぴり上手に、センスよく描くヒントがいっぱい詰まってます。
2017.3 111p A5 ¥1200 ①978-4-295-00089-1

◆野村重存絶対に受けたい水彩画講座―四季の風景を描く　野村重存著　日貿出版社
【要旨】本書は、著者の講座の流れを例にして、主に透明水彩絵の具を使った様々な風景の描き方を紹介しています。
2017.10 127p B5 ¥2000 ①978-4-8170-2089-5

◆背景カタログ 西洋ファンタジー編―城・洞窟・墓地・教会/貴族の館・食堂・庭/街並・村など　マール社編集部編　マール社
【要旨】漫画やイラスト・アニメ等で背景を描く際に便利な写真を収めた資料集。イギリスやドイツ、フランスのファンタジーの世界のような建築や風景を掲載。堅牢なお城や砦から華やかな館、中世の面影を残す村まで、さまざまな場面に役立つ写真を収録した。
2017.12 175p B5 ¥2200 ①978-4-8373-0850-8

◆背景作画―ゼロから学ぶプロの技　mocha著　KADOKAWA（神技作画シリーズ）
【要旨】パーツを作って組み合わせるだけ！　いかに複雑な背景イラストも、雲や樹木、塔などのパーツ素材で構成できます。パーツの作成方法から組み合わせまでを分かりやすく説明。初心者でも確実に見ごたえのある背景イラストを描くことができます。アニメ・ゲーム業界の裏技を公開!!!!
2017.9 143p B5 ¥2000 ①978-4-04-602151-9

◆はじめてでもすぐに描けるデッサン入門　藤森詔子著　ソシム
【要旨】基礎を身につけ、より表現力をつける鉛筆デッサンの描き方。
2017.7 159p B5 ¥1600 ①978-4-8026-1101-5

◆はじめての水彩レッスン―モチーフ別でやさしく描ける　野村美南編著　ナツメ社（付属資料：別冊1）
【要旨】水彩画のモチーフの描き方を、ていねいに手順を追いながら豊富な作例で解説しました。
2017.5 143p B5 ¥1600 ①978-4-8163-6226-2

◆パースによる絵作りの秘訣　vol.1 基本と環境　マルコス・マテウ＝メストレ著，Bスプラウト訳　ボーンデジタル
【要旨】ビジュアルでストーリーを伝えるためのドローイングの基礎をマルコスが解説します。空間についての基本を理解したら、人間の知覚について学びます。それをベースに、実在感のあるアート指南書の中でも、最も頻繁に手に取りたくなる一冊になることは間違いありません。手順を追った丁寧な説明と素晴らしいイラストで学んだ後では、現実世界の曲線や斜線を観察することが楽しくなるでしょう。さらには、観察によって得た情報を奥行きと比率をもった、つまり「正確な」作品として描けるようになります。読み終わるころには、皆さんの見方そのものが変わります。
2017.12 227p 28×22cm ¥2800 ①978-4-86246-382-1

◆パースによる絵作りの秘訣　vol.2 影・人物・構図　マルコス・マテウ＝メストレ著，Bスプラウト訳　ボーンデジタル
【要旨】アーティストでもありベストセラー書籍の著者でもあるマルコス・マテウ＝メストレが、イラストの成否のカギを握る要素を深く掘り下げます。本書を読んだ後には、適切なパースで周辺環境に影を落としたり、さまざまな状況に置かれたキャラクターをパース付きで描くといった、一見手ごわそうな作業にも進んで取り組めるようになります。また、モデルやオブジェクトを観察する効果的な方法を知ることで、適量の情報を取り出し、それを印象的な画に変換できるようになります。これは、すべてのビジュアルストーリーテラーが目標とするところでしょう。
2017.12 131p 28×22cm ¥2400 ①978-4-86246-383-8

◆パーツ別！魅せるフェチ絵の描き方 女子編　cielo監修　廣済堂出版
【要旨】フェチに注目させるためのポーズ選びのコツを4つにわけて紹介。全点描きおろしの、思わず触れたくなる作例&描き方300点掲載。
2017.5 143p B5 ¥1800 ①978-4-331-52098-7

◆花城祐子の絵手紙画帖―心に花が咲きますように　花城祐子著　マール社
【要旨】絵手紙にはいろいろな「顔」があります。ハガキに描いて送るのはもちろんですが、絵手紙日記や記録として自分用に描く絵手紙もあります。思い出は折り帳や御朱印帳に描いて保存。送る時もハガキだけではなく、半紙に描いて届けたり、巻物に描いたり…頭を柔らかくして暮らしの中に絵手紙をたくさん取り入れてみませんか。いつでもどこでも絵手紙を描いている花城先生の日々から絵手紙の楽しさ、幅広さが伝わってくる一冊です。
2017.2 132p 25×19cm ¥1800 ①978-4-8373-0749-5

◆花のかたち―描きたいところから始めるスケッチ水彩　中村愛著　グラフィック社

【要旨】かたちや色がわかる四季の花70種類以上収録！　描きたい花がすぐに探せる花索引付き。
2017.2 111p 23×19cm ¥1800 ①978-4-7661-3014-0

◆東村アキコ完全プロデュース超速!!漫画ポーズ集―日本一筆が速い漫画家　東村アキコ著　講談社
【要旨】描き下ろし漫画付き!!　東村アキコの超速メソッド教えます!!スマホ、カフェデート、壁ドン、ツッコミなど…今までになかった使えるポーズ448を収録。
2017.11 145p B5 ¥1800 ①978-4-06-220735-5

◆ビジュアルヌード・ポーズBOOK―act市川まさみ　長谷川朗撮影　二見書房
【要旨】女性のボディラインがもつ魅力を「柔らしさ」「美しさ」「格好よさ」「妖艶さ」の4つのチャプターで構成。
2017 143p B5 ¥2500 ①978-4-576-17081-7

◆ビジュアルヌード・ポーズBOOK―act緒奈もえ　長谷川朗撮影　二見書房
【要旨】長身スレンダーのしなやかな肉体美！　ヌードの魅力を余すことなく表現した新感覚ポーズ集。
2017.9 143p B5 ¥2500 ①978-4-576-17130-2

◆美少女作画―ゼロから学ぶプロの技　フライ，ぽよ，けーしん，田中寛崇，U35著　KADOKAWA（神技作画シリーズ）
【要旨】魅了あふれる絵はどのように作り出されるのか？　キャラデザから線画・塗り方・仕上げ方まで第一線のクリエイターたちが編み出した技巧のすべてを惜しみなく公開!!それぞれの持ち味を活かしたこだわりの描き方を徹底解説！
2017.9 143p B5 ¥1800 ①978-4-04-602110-6

◆美男子作画―ゼロから学ぶプロの技　秋赤音，えびも，キナコ，佐木frsh，しきみ，べっこ，ホノジロトヲジ著　KADOKAWA（神技作画シリーズ）
【要旨】話題のゲーム・アニメ・書籍で人気。カリスマ絵師たちが教える！　魅惑的な男の描き方。
2017.12 143p B5 ¥1700 ①978-4-04-602150-2

◆人と人をつなぐ楽しい絵手紙　2　金子洋子著　郵研社
【要旨】「大好き」が心と手を動かす！　絵手紙スピリット満載！　手がきの楽しさを伝える第2弾！広い視野と高い視点を求める絵手紙ライフを紙上公開。
2017.11 143p 26×21cm ¥2000 ①978-4-907126-12-4

◆一人ひとりの思いをつなげる 絵手紙続ける力　絵手紙いずみの会編　日貿出版社
【要旨】絵手紙は「伝える、続ける、繋がる」が合い言葉。一介の主婦から、コツコツと学びを深めて大樹となった。友や、仲間がいればこそである。しかし、楽しさの中には、激しさや苦しさもあります。振り返れば、なんと三〇年。絵手紙の道は、まだまだ続く。
2017.7 95p B5 ¥1800 ①978-4-8170-2083-3

◆ファンタジー・マトリックス―ファンタジーキャラデザイン・完全攻略本　両角潤香，みずなともみ著　マール社
【要旨】「ファンタジー作品に登場するキャラクターをつくりたい！」本書は、そんな声に応えるキャラデザインのヒント資料集です。キャラクターデザインコンテストの受賞作品を含む、色とりどりの個性豊かなカラー作例が150種以上。さらに、発想を膨らませるためのファンタジー基礎知識や、専門家が執筆したコラムも掲載。世界にたった1人のキャラクターに出会うための、創作の旅へ出かけましょう！
2017.2 159p B5 ¥2000 ①978-4-8373-1001-3

◆風景の中の水を描く―驚きの水彩テクニック　ジョー・ダウデン著，倉田ありさ訳　マール社
【要旨】小川のきらめく水面、川岸の落ち葉や小石、水流のすがすがしい冷気…。このような美しい光と水の風景は、色や明暗を少し工夫することで、驚くほどリアルに表現することができます。そして、リアルな絵を見た人は不思議な錯覚に陥ります。「この水面は見たことがある。でもそんなはずはない、だってこれは絵なのだから。いったいどうやってこの絵を描いたのだろう？」リアルに見せるためのコツさえ分かれば、マジックのように、あこがれの水の表現ができるようになります。
2017.4 127p B5 ¥1900 ①978-4-8373-0886-7

◆物理表現のイラスト描画―炎・爆発・煙・雲・水・風・天体　平井太朗著　エムディエヌコーポレーション，インプレス 発売

【要旨】イラストやマンガのシーンを飾るエフェクト表現を、わかりやすく解説。あなたのイラストに真実味を足す、イラスト描画テクニック満載!
2017.5 159p B5 ¥2000 ①978-4-8443-6667-6

◆筆ペンで書く戌年のゆる文字年賀状 宇田川一美著 誠文堂新光社
【要旨】そのままマネできる年賀状見本70点掲載。
2017.9 96p B5 ¥1000 ①978-4-416-61784-7

◆プロの作画から学ぶ 超マンガデッサン—男子キャラデザインの現場から 林晃,九分くりん,森田和明著 ホビージャパン
【目次】第1章 キャラクターデザイン(メインキャラのデザイン、いろいろなキャラのデザイン)、第2章 カラダを学ぶ(胴体を描く、頭・首・胴体のつながりを学ぶ、胴体と脇・腕を学ぶ、胴体上面部の作画から学ぶ ほか)、第3章 動きを描く(イスに座る、イスに座って、首を小さく動かしてみよう、イスに座って、首を大きく動かしてみよう、歩く ほか)
2017.9 199p 26×20cm ¥2000 ①978-4-7986-1538-7

◆ベスト・ヌードポーズ ヌード編 4 横山こうじ撮影,綾波リュウ監修 オークス
【要旨】絵心を刺激し創作意欲をかきたてるヌードポーズ集!!女性ヌードポーズのみの基本ポーズ。60ポーズ以上全330カット以上収録。漫画・イラストを描きたい貴方のための写真素材として。
2017.2 159p B5 ¥2500 ①978-4-7990-0861-4

◆ボールペンイラストレッスン帖—はじめてでもすぐ描ける!!描き込み式 Reap,橋爪かおり著 電波社
【要旨】雑貨・インテリア、スイーツ、ダイアリーを描いてみよう、いろんな色で描いてみよう、食べもの、飛びもの、たてもの、MAPを描いてみよう、いろんなボールペンで描いてみよう…ボールペンさえあればすぐに始められる超簡単描き方レッスン! 楽しく描けるカラフルでかわいいイラストがいっぱい!!
2017 111p 23×19cm ¥1200 ①978-4-86490-100-0

◆ボールペンでかんたん! 気持ちが伝わる! ゆるかわいいイラスト&かき文字が描ける本 高村あゆみ著 学研プラス
【要旨】カードに! メモに! 手帳に! 描き方順&ゆるかわいいポイント付きで、すぐにイラスト&かき文字が描ける。
2017.3 127p A5 ¥1200 ①978-4-05-800723-5

◆○△□で描く色鉛筆カフェ—かわいいスイーツとティーグッズがいっぱい 漆間順子著 日貿出版社
【要旨】○を使って描いてみましょう、球を使って描いてみましょう、円柱・円錐を使って描いてみましょう、△を使って描いてみましょう、○+△を使って描いてみましょう、□を使って描いてみましょう、立方体・直方体を使って描いてみましょう、○+△+□を使って描いてみましょう、ちょこっと描き 実践編
2017.5 108p 17×19cm ¥1400 ①978-4-8170-2082-6

◆○×式で解説 誰でもかんたん!!構図がわかる本—バランスカアップで漫画・イラストが上手くなる! 斉藤むねお監修,喜多野土竜構成 誠文堂新光社
【目次】カラー作品ギャラリー、構図の主材と副材と実相、動きのある構図、トリミングと視線誘導、可能性空間と動きの構図、ホライゾンラインと構図、角度のある構図、近景と遠景と中景の構図、影の表現と構図、物語性のある作品ギャラリー、垂直分割と水平分割、垂直と水平の分割の融合、黄金比と白銀比分割、ムーブマンとショット、構図の拾遺ページ
2017.11 191p B5 ¥1800 ①978-4-416-61712-0

◆マンガイラスト資料集 レトロ・モダン学校のたてもの 伊藤隆之著・写真,椎名見早子作画,吹イラスト 廣済堂出版(KOSAIDOマンガ工房)
【要旨】教室、廊下、階段、図書館など200点以上の写真と50棟以上の建物を掲載! 作画方法や時代背景も紹介!
2017.8 143p B5 ¥1800 ①978-4-331-52091-8

◆マンガキャラの髪型資料集 アミューズメントメディア総合学院監修 廣済堂出版(KOSAIDOマンガ工房)
【要旨】男女総勢44キャラの髪型を六面図のアングルで紹介! 総イラスト約450点!
2017.3 127p A5 ¥1300 ①978-4-331-52086-4

◆マンガキャラの食べ物資料集 アミューズメントメディア総合学院監修 廣済堂出版(KOSAIDOマンガ工房)
【要旨】家の食事・外食・甘いもの・飲みもの・食など「食」を描くためのサンプル集。総イラスト約250点!
2017.4 127p A5 ¥1300 ①978-4-331-52090-1

◆マンガキャラの服装カタログ 女子編 小峯有華イラスト監修,廣済堂マンガ工房編 廣済堂出版(KOSAIDOマンガ工房)
【要旨】少女キャラを描く際に参考にできる便利な服装カタログです。キャラのタイプ別・季節別に、かわいい服からドレスや大人っぽい服まで、バリエーション豊富に収録しました。服のつくりや種類、服を描く際に気をつけるべきことがよくわかります。
2017.5 111p A5 ¥1300 ①978-4-331-52097-0

◆マンガキャラの服装カタログ 男子編 廣済堂マンガ工房編,小峯有華イラスト監修 廣済堂出版(KOSAIDOマンガ工房)
【要旨】マンガキャラ男子の服の着こなし例を豊富に紹介しています。キャラのタイプ別に収録しています。ベーシック・ワイルド系・きれいめ系・ストリート系など、描きたいキャラクターによって参考にしてください。服のつくりの基本や種類もイラストでよくわかります。
2017.4 111p A5 ¥1300 ①978-4-331-52089-5

◆まんがデッサン基本講座 東京コミュニケーションアート専門学校監修 電波社
【要旨】顔の描き方。体の描き方。キャラの作り方。演出効果。背景の描き方。
2017.9 103p A5 ¥1000 ①978-4-86490-118-5

◆まんがデッサン基本講座 日常編 東京コミュニケーションアート専門学校監修 電波社
【目次】1 年齢ごとの描き方を学ぼう!、2 朝のシチュエーションを描こう!、3 学校・職場のシチュエーションを描こう!、4 帰宅後のシチュエーションを描こう!、5 その他のシチュエーションを描こう!、6 日常生活の背景を描こう!
2017.10 119p A5 ¥1000 ①978-4-86490-124-6

◆マンガデッサン練習ドリル 基本編—30日でステップアップ! 子守大好監修,tsukasaイラスト 大泉書店
【要旨】まずはとにかく人物を描けるようになりたい! 描きこみ式だから叶う! ゼロからはじめる30日間集中レッスンで楽しみながらうまくなる!!
2017.12 95p 24×19cm ¥900 ①978-4-278-05346-3

◆マンガ背景資料 キャラの部屋とインテリア 袖山卓也監修,廣済堂マンガ工房編 廣済堂出版
【要旨】本書は、さまざまなキャラクターを想定し、キャラが住む家や部屋の内部、家具やインテリアなどを、イラストで紹介しています。背景として住いを描くときに、大いに参考にしてください。ごく基本的なパースについても、巻末でわかりやすく解説しているのでそれを踏まえて描いていくと、ぐんぐん上達します。
2017.10 121p B5 ¥1800 ①978-4-331-52127-4

◆万年筆ですぐ描ける! シンプルスケッチ 兎村彩野著 グラフィック社(付属資料:別冊1)
【要旨】万年筆を使った、簡単なのにおしゃれでかわいいスケッチ&イラストの描き方が満載! 掲載作品数約220点。初めての万年筆でも安心!
2017.11 95p A5 ¥1300 ①978-4-7661-3063-8

◆身近なものから始める リアル 色鉛筆レッスン 三上詩絵著 日貿出版社
【要旨】色鉛筆は「絵を描きたい!」と思ったら、すぐに描くことができる手軽で面白く、楽しい画材です。昨今の塗り絵ブームですでに色鉛筆の魅力に染まっている方も多いかと思いますが、これからはご自身が描きたいモチーフを描いてみませんか? まだ経験がない方はまず紙と色鉛筆で遊んでみましょう。コピー用紙でも子供の眠っている色鉛筆でも構いません。線を引いてみましょう、色を重ねてみましょう。手に優しい木軸の感触と手から紙にダイレクトに伝わる色の感覚を味わってください。
2017.7 127p B5 ¥2000 ①978-4-8170-2084-0

◆ミリタリー雑貨箱 2 —吉原昌宏ミリタリーイラスト作品集 吉原昌宏著 大日本絵画
【要旨】吉原昌宏のミリタリーイラスト作品集第2弾。ネイビーヤードの人気連載『軍艦ユニフォーム雑記帳』が単行本化! 描きおろしコミックに加えて幻のFtoys付属イラスト解説書も収録。
2017.2 128p 30×21cm ¥3000 ①978-4-499-23200-5

◆目で覚える美術解剖学 ロベルト・オスティ著,植村亜美訳 パイインターナショナル
【要旨】アーティストが知っておきたい人体の基礎をワークスタイルで初歩から学べる入門書。
2017.9 304p 26×19cm ¥2900 ①978-4-7562-4961-6

◆メンズ萌えキャラクターの描き方—しぐさ・ポーズ編 ユニバーサル・パブリシング著 ホビージャパン
【要旨】『メンズ萌えキャラクターの描き方』第2弾は「しぐさ・ポーズ編」です。カッコいいポーズ、素敵なるポーズ、魅力的なポーズを描きたいのに、思うようにいかない貴方へ…。本書はそんな貴方のための本です。立ちポーズや座りポーズ、寝ポーズから動きのあるポーズまで。それぞれのポーズの基本姿勢を入り口としてさまざまな変化をつけていくテクニックや演出方法を解説します。初心者の方から、よりむずかしいポーズに挑戦したい方まで、役に立つ知識が満載です。
2017.1 175p B5 ¥1900 ①978-4-7986-1317-8

◆物語を動かすキャラクターデザインとイラストの描き方 スタジオ・ハードデラックス著 マイナビ出版
【要旨】スマホゲーム、本の表紙・挿絵、ポスターなど用途に合ったキャラクターを生み出そう!!
2017.1 159p A5 ¥1800 ①978-4-8399-5977-7

◆やさしい絵入り 扇子・色紙・短冊・はがきの書き方 奥平朋子著 知道出版
【要旨】用具について、第1章 扇子に書く—ひとことを添える、第2章 十二支を書く—短冊・小色紙、第3章 季節を書く—短冊・はがき・色紙、第4章 色紙に書く—思いやりの言葉、第5章 色紙・短冊に書く—いつまでも残したい作品
2017.6 124p A5 ¥1400 ①978-4-88664-296-7

◆やわらかい色で楽しく描く ホッとする和のイラスト 鮎裕著 日貿出版社 新装版
【要旨】筆と遊ぶ、色と遊ぶ和のイラスト。完成までのステップを細かく設定した「描き方の手引き」は、初めて絵を描く方にも親切でわかりやすいと評判。描き順、使用色、ポイントをていねいに解説しているので、「私にも描けた!」という方が続出。楽しく描いている方が増えている教室での実体験を、詳しくまとめた本書は、奥深く楽しい画の世界へ、あなたを誘います。
2017.9 95p B5 ¥1800 ①978-4-8170-2085-7

◆4色ボールペンでかんたん&かわいいイラストを描く! くわざわゆうこ著 主婦の友社
【要旨】描き方ポイントはプロセス入りで解説し、それ以外にもお手本になるイラストが満載。モチーフや色の見本帳としても便利! 子どもの喜ぶイラストや、お誕生日などのイベント、園や学校行事のときに使えるイラストもいっぱい。掲載のイラストを実際に使った手帳や日記、カード、ギフト類、子どもグッズなどの作例写真も豊富で、イラストを暮らしの中でどう生かすかのヒントも!
2017.4 111p A5 ¥1200 ①978-4-07-418509-2

◆ラインを極める 人体ドローイングマスターコース—ライン、構造から陰影まで スティーヴ・ヒューストン著 ボーンデジタル
【要旨】人体を描くのは、楽しくもあり、難しくもあります。スティーヴ・ヒューストンが、このやりがいのある旅のガイドを務めます。Part1では観察と行動のための基礎知識を学びます。Part2では「ジェスチャー」と「構造」のアイデアに基づいて人体を構築します。各章の最後には、古典の巨匠作品の分析と、得た知識を作品に応用するための演習が用意されています。
2017.11 192p 26×22cm ¥3000 ①978-4-86246-377-7

◆リアリズム・チャレンジ—紙切れ1枚からはじめる写実への挑戦 マーク・クリリー著,森屋利夫訳 マール社
【目次】1 陰影を描き分ける、2 色を加える、3 複雑な表面、4 透明な物、5 金属の表面、6 工業製品
2017.7 152p 24×19cm ¥2200 ①978-4-8373-0669-6

◆零士メーターから始めるSFメカの描き方 板橋克己著 玄光社
【要旨】マンガ家・松本零士のアニメ化作品で数々のメカニック・デザインを手掛けてきた板橋克己。彼の様々なメカニック描写のノウハウは松

美術　864　BOOK PAGE 2018

本マンガのアシスタント経験を通して培われたものだ。それを基礎から段階的に習得できるHOW TO本がここに誕生！
2017.8 167p 21×21cm ¥2500 ①978-4-7683-0881-3

◆わくわくアイデア絵手紙―16の楽しみ方　人を喜ばせたいと思う気持ち　岡本サヨ子著　日貿出版社
【要旨】人を喜ばせたいと思う気持ちが考える力になり、わくわくするアイデアを引き出してくれた。元気のない人に、元気を！ 笑顔がない人に、笑顔を！ 自分の弱さに、勇気を！ 初心に戻って、絵手紙を楽しむ心を思い出させてくれる、熱意のあるアイデア絵手紙集。
2017.9 95p B5 ¥1800 ①978-4-8170-2087-1

◆BLポーズデッサン集―カップリング別　抱擁&密着シーン　えびも著　エムディエヌコーポレーション, インプレス 発売　(付属資料：CD・ROM1)
【要旨】"ふたりの間にしか流れない空気"―漫画・イラストを描きたいすべてのクリエイターへ。CD・ROM全ポーズトレースOK!!380点のポーズ収録。
2017.5 111p B5 ¥2400 ①978-4-8443-6665-2

◆CGキャラクターアニメーションの極意―MAYAでつくるプロの誇張表現　Keith Osborn著, スタジオリズ訳　ボーンデジタル
【要旨】カートゥンアニメーションに挑戦したいと思ったことはありますか？ 本書では、手書きアニメーションのテクニックを用いて、生き生きとしたCGキャラクターアニメーションをつくる方法・秘訣を紹介します。キャラクターのデザインで動きを伝える方法、ポーズをデザインして際立たせる方法、「動き」、「デザイン」の重要性を学びましょう。ステップバイステップの手順で、計画～ポーズの仕上げ、ブレイクダウンの作成、接線タイプと厄介な「グラフエディタ」の設定におけるポイントを紹介します。また、世界をリードするキャラクターアニメーターのインタビューも多数掲載。本書には、生き生きとしたCGキャラクターアニメーションをつくるのに必要な素材が揃っています！
2017.11 175p B5 ¥4000 ①978-4-86246-402-6

◆CLIP STUDIO PAINT―基礎力を上げるテクニカルガイド　井上のきあ著　エムディエヌコーポレーション, インプレス 発売　(付属資料：CD・ROM1)
【要旨】クリスタのコツ、教えます。漫画やイラスト制作に使えるブラシやパターンも収録!!
2017.2 191p 25×18cm ¥2200 ①978-4-8443-6639-3

◆CLIP STUDIO PAINTキラキラの描き方―宝石・鉱物・金属などを輝かせるのテクニック　珠樹みつね, 角丸つぶら著　ホビージャパン
【要旨】宝石や鉱物、金属などのキラキラを描きたい！ キラキラはイラストを魅力的にする魔法でもあります。「宝石の描き方がわからない」「キラキラさせられない」、と悩む方も多いでしょう。本書は、デジタルイラストが得意とするキラキラした表現を、「CLIP STUDIO PAINT」を使って、誰でも簡単に描くことができるように解説しています。宝石や鉱物の線画データがダウンロードできるので、買ったその日からキラキラのテクニックが学べます。「描いた宝石のアレンジ方法」「人物との組み合わせ方」など自分のイラストに活用できる方法も解説。また、イラストレーター3名によるメイキング、厳選つ3つ技法書を掲載。キラキラの基本から応用まで学べる一冊です。
2017.3 158p B5 ¥1900 ①978-4-7986-1403-8

◆DVDビデオ付き！ アニメ私塾流最速でなんでも描けるようになるキャラ作画の技術　室井康雄著　エクスナレッジ　(付属資料：DVD1)
【要旨】あの「アニメ私塾」のノウハウがついに書籍化！ 最速で上手くなるには「模写」をしよう！ 「単純化→細部」の順でなんでも描ける！ 画力アップのカギは「肩・腰」の表現力にあり！ キャラの躍動感は「重心の変化」で表現できる！ どんなモノも自由につくれる「空間ビート」とは？ 他のどこにも載っていない著者オリジナルのノウハウが詰まった超濃密な1冊。絵を描くすべての人に役立つ技法書の決定版！
2017.11 159p B5 ¥2400 ①978-4-7678-2390-4

◆The Basics あなたらしい絵を描くために―描くことが楽しくなる新トレーニングブック　汐見稔幸監修, 高橋久美子著　創英社/三省堂書店
【要旨】さまざまな角度から、「上手い絵」よりも「思いあふれる絵」を描いて楽しむためのトレーニングブック。デッサン、スケッチ、イラスト、ぬり絵、ふちどりぬり絵など、盛りだくさん！ 子育て中の方、日々忙しく働いている方、介護中の方、機能回復訓練中の方など、さまざまな状況の皆様に是非お取っていただきたい、「生涯学習絵画部門」の決定版！
2017.10 47p B5 ¥1500 ①978-4-88142-299-1

◆Webマンガの技術―ゼロから学ぶプロの技　泡沫, 佐木郁, 世紀末, にいち, まき田, ヤマダ著　KADOKAWA　(神技作画シリーズ)
【要旨】"キュン"とする共感ポイントを作る！ 投稿プラットフォームの特性を意識する！ マンガを投稿する時間を一定にする！ アンケート機能を使って読者を巻き込む！ キャラクターの見た目を正反対にする！ セリフの文字サイズはスマホに合わせる！ ハッシュタグを使ってイベントに参加する！ 4ページ構成のショートマンガを描く！ 泡沫, 佐木郁, 世紀末, にいち, まき田, ヤマダ, 6人の人気作家が明かすWeb・SNSで"共感"を呼ぶ創作術。
2017.12 141p B5 ¥1500 ①978-4-04-602184-7

塗り絵

◆アイビーと不思議な蝶―ひみつの花園からねむれる森をめぐるぬりえストーリーブック　ジョハンナ・バスフォード著, 西本かおる訳　グラフィック社
【要旨】ジョハンナが数々の美しいぬりえブックを描きながら心の中で育んできた物語が、1冊の本になりました。主人公の少女アイビーが、美しいチョウを追って抜けていく花園、そして、ねむれる森。子どもから大人まで楽しめるドキドキ、わくわくの物語。最後にはじんわり心が温かくなるエンディングまで。ぬりえを楽しみながら、あなただけの物語絵本を作りましょう。
2017.11 1Vol. 26×22cm ¥1400 ①978-4-7661-3107-9

◆あなたもできる　プロの塗り方で猫のぬりえ　エヴァーソン朋子著　東邦出版
【要旨】えっ、ほんとに!? 基本の12色を重ねるだけで楽しく完成。23匹+おまけの4匹=計27匹の猫を収録！
2017.5 39p 23×21cm ¥1300 ①978-4-8094-1482-4

◆いちご日和　サンリオキャラクター著作　イースト・プレス　(サンリオキャラクター塗り絵ブック)
【要旨】いちご新聞、幻の歴代ポスターが、大人のぬり絵になって登場！ ハローキティ、マイメロディ、リトルツインスターズ、パティ&ジミー、ポムポムプリン、マロンクリーム、キシードサム、シナモロールほか、可愛くって懐かしい、人気キャラクター勢ぞろい！ キャラクターのプロフィールや、当時のいちご新聞を振り返るコラムも充実！
2017.3 88p 24×24cm ¥1500 ①978-4-7816-1525-7

◆五木寛之とめぐる金沢の四季ぬりえ　五木寛之著　ワニブックス
【要旨】名勝、史跡、文化財―五木寛之作品と辿る21の風景。
2017.8 1Vol. A4 ¥1200 ①978-4-8470-9575-7

◆五木寛之の百寺巡礼ぬりえ 京都　1　五木寛之著　集英社
【要旨】大人のためのアート&メディテーション。千年の都「京都」の厳選全20ヶ寺。仏心の絆を深める。
2017.8 71p A4 ¥1500 ①978-4-08-781640-2

◆五木寛之の百寺巡礼ぬりえ 京都　2　五木寛之著　集英社
【要旨】大人のためのアート&メディテーション。千年の都「京都」の厳選全20ヶ寺。仏心の絆を深める。
2017.8 71p A4 ¥1500 ①978-4-08-781641-9

◆映画ロード・オブ・ザ・リング三部作　原作「指輪物語」カラーリングブック　評論社
【要旨】映画「ロード・オブ・ザ・リング」三部作は、トールキンが創作した「中つ国」の魅力を何百万もの人びとに知らしめました。今度はあなた自身が、この魅惑的な世界を芸術的に探検してください。「中つ国」を彩色する旅は、平和なホビット庄を出発して裂け谷へ、そして旅の仲間と共に恐ろしいモリアの坑道をぬけ、ロリアンやミナス・ティリスを通り、やがては滅びの山に至ります。このカラーリングブックには、映画でおなじみのキャラクター：ガンダルフやアラゴルン、レゴラス、フロドにサム、ガラドリエルやゴクリやエント、おまけにバルログやシェロブまで登場します。存分にお楽しみ下さい。
2017.2 1Vol. 28×22cm ¥1200 ①978-4-566-02385-7

◆大神―塗絵草子　ワニブックス
【要旨】貴方の絵筆でナカツクニに命を吹き込もう。アマテラス・イッスン・スサノオなどなど…、『大神』が塗り絵になった！ 可愛らしいキャラクターから、怖くて不気味な妖怪の数々、感動のイベントシーンまでを多数収録。塗り絵になったキャラクター達に色を塗り込んで、『大神』の名シーンを思い出してみよう！
2017.7 1Vol. A4 ¥1389 ①978-4-8470-6800-3

◆大人が楽しむはじめての塗り絵 九州の四季彩　立川眞澄絵・文　いかだ社
【要旨】絵の具や色えんぴつで気軽に描ける。デッサン14作品、ポストカード14枚収録。全作品完全見本付き。
2017.5 69p 27×21cm ¥1200 ①978-4-87051-489-8

◆大人が楽しむはじめての塗り絵 春夏の花と実　あいきもりと絵・文　いかだ社
【要旨】絵の具や色えんぴつで気軽に描ける。デッサン16作品、ポストカード6枚収録。全作品完全見本付き。
2017.4 62p 28×22cm ¥1200 ①978-4-87051-488-1

◆大人ディズニー 愛の贈りもの―素敵な塗り絵レッスンブック　INKO KOTORIYAMA著　エムディエヌコーポレーション, インプレス 発売　(付属資料：別冊1)
【要旨】取りはずして使える！ セパレートタイプの塗り絵&レッスンブック。美女と野獣、塔の上のラプンツェル、シンデレラ、白雪姫、リトル・マーメイド、眠れる森の美女、アラジン、ミッキー&ミニー、ミッキー&フレンズ、ドナルド&デイジー、チップ&デールとプルート、アナと雪の女王、バンビ、ダンボ、わんわん物語、101匹わんちゃん…ディズニーの世界へと誘う表現テクニック&大人の塗り絵集。
2017.5 31p 23×23cm ¥1278 ①978-4-8443-6661-4

◆大人の塗り絵―海のファンタジー編　玉神輝美著　河出書房新社
【要旨】自分の好きな色や画材を使って彩色し、美しい絵を仕上げてみませんか？ 塗り絵は色を選んだり塗ったりする指先を使うので、脳の活性化にとても効果的です。仕上がった絵を飾ったり、家族や友人と一緒に塗ったり…手軽に美しい絵ができあがる質の高い塗り絵は、これからの大人の趣味にピッタリです。なめらかな線画と塗りやすい画用紙の『大人の塗り絵』で、楽しいひとときをお過ごし下さい。本書では、太陽の輝きや月のきらめきのもと、優美に生きる魚たちの世界を描いた13作品を収録しています。
2017.7 1Vol. 27×21cm ¥950 ①978-4-309-71950-4

◆大人の塗り絵 英国クラシックの花々編　ジェーン・ラウドン画　河出書房新社
【要旨】リラックスタイムに塗り絵を一枚…脳の活性化にも効果的！ すぐ塗れる、美しいオリジナル原画付き。
2017.8 1Vol. 27×21cm ¥950 ①978-4-309-71951-1

◆大人のぬり絵 芸者ごよみ―THE SECRET OF GEISHA　鵜野澤啓祐著　筑摩書房
【要旨】塗り師になって日本の美しい四季の風景と艶やかな芸者を染める。モノクロの線画で描かれた芸者はミステリアスで妖艶。
2017.2 1Vol. 29×22cm ¥1300 ①978-4-480-87391-0

◆大人の塗り絵 スイスの風景編　門馬朝久著　河出書房新社
【要旨】本書では、雄大な山々に囲まれたスイスの美しい風景画を11点収録しています。
2017.5 1Vol. 28×22cm ¥950 ①978-4-309-71949-8

◆大人のぬり絵 枕絵めくり―THE ART OF SHUNGA　鵜野澤啓祐著　筑摩書房
【要旨】黒い線で描かれた春画の世界を染める。日本の行事の風景のなかで繰り広げられる愛の形。
2017.2 1Vol. 29×22cm ¥1300 ①978-4-480-87392-7

◆大人の塗り絵POSTCARD BOOK 里山の野鳥編　齋藤壽彦著　河出書房新社　(付属資料：ポストカード32)
【旨】自分の好きな色や画材を使って彩色し、オリジナルのポストカードを仕上げてみませんか？ メッセージを添えて誰かに送ったり、部屋のインテリアとして飾ったり…塗り絵をカードとして使用できます。指を使うので、脳の活性化にもとても効果的です。また、お手本となる原画もそのまま切り離してポストカードとして使用できます。
　2017.4 1Vol. 15×22cm ¥850 ⓘ978-4-309-71800-2

◆怪盗グルーのミニオン大脱走ワクワクぬりえ　小学館
【旨】貴重なイラスト画30枚！ こどもから大人まで！ ミニオンたちの大騒動をぬりえで体感！ コミカルな絵がいっぱい！ カラフルにぬって楽しもう！
　2017.6 62p 29×21cm ¥980 ⓘ978-4-09-735312-6

◆画家加藤幹彦が描く水彩の世界─塗り絵シリーズ Vol.1 古民家　加藤幹彦著　(名古屋)中日出版
【旨】塗って甦る、日本の原風景「古民家」。画家の水彩画見本と、新たに描き直したデッサン画。四季彩々の風景、収録されているのは北海道・秋田・三州路・飛騨路・湖北路・四国・九州の15箇所。心が安らぐ塗り絵集・第1弾！
　2017.7 63p 19×26cm ¥1500 ⓘ978-4-908454-15-8

◆鏡の国の衣裳美術館ぬり絵ブック　田代知子　世界文化社
　2017.5 1Vol. 25×23cm ¥1300 ⓘ978-4-418-17223-8

◆ガールズぬりえブック カノンとシルビア ふたりのバレリーナ　サトウユカ絵、田中舞花監修　ポプラ社
【旨】かわいいものがだいすきなあなた。ガールズぬりえの世界へようこそ！ すてきなトゥシューズに、美しいチュチュ、そして夢のようなバレエの舞台。この本は、ふたりのバレリーナのかわいいくらしをあなただけのすきな色でぬれる、絵本みたいなぬりえブックです。色えんぴつを手にとって、すきなページをひらいたら、さあ、心ときめく魔法のはじまりです。
　2017 1Vol. 22×23cm ¥920 ⓘ978-4-591-15626-1

◆"かわいい"の魔法にかかる 夢色ハピネス塗り絵　たけいみき著　河出書房新社　(大人の塗り絵シリーズ)
　2017.11 1Vol. 23×23cm ¥1300 ⓘ978-4-309-27897-1

◆季節のぬりえ帖─皇居を飾った柴田是真の植物画　青月社編集部著　青月社
　2017.11 77p 24×19cm ¥1300 ⓘ978-4-8109-1316-3

◆ギフトカードブック ぬり絵で楽しむ聖書の美しい世界　近藤圭恵著　いのちのことば社フォレストブックス
　2017.9 1Vol. A6 ¥900 ⓘ978-4-264-03693-7

◆きらきらシートつき 塗ってデコってきらきら塗り絵 美しいお花たち編　ジェマ・クーパー編、ニア・ウイリアムズデザイン　河出書房新社　(付属資料：きらきらシート；銀色シール)
【旨】楽しくて、集中できる。取り外して飾れる塗り絵24枚のほか、きらきら可愛いシート4枚、100枚以上の銀色シールが付いたマジックブック！
　2017.1 1Vol. 29×20cm ¥1300 ⓘ978-4-309-27775-2

◆きらきらシートつき 塗ってデコってきらきら塗り絵 かわいい妖精編　ジェマ・クーパー編、ニア・ウイリアムズデザイン　河出書房新社　(付属資料：きらきらシート；銀色シール)
【旨】楽しくて、集中できる。取り外して飾れる塗り絵24枚のほか、きらきら可愛いシート4枚、100枚以上の銀色シールが付いたマジックブック！
　2017.1 1Vol. 29×20cm ¥1300 ⓘ978-4-309-27776-9

◆切り絵作家 大橋忍のCOLORING BOOK─どうぶつ・小鳥・花・鉱石の塗り絵　大橋忍著　エムディエヌコーポレーション、インプレス 発売
【旨】好きな画材で楽しめる塗り絵の他、ポストカードやメッセージカードなど約50点の図案を収録。お部屋に飾るのはもちろん、大切な方へのメッセージカードとしても最適です。
　2017.3 95p 25×23cm ¥1300 ⓘ978-4-8443-6652-2

◆切りはなせる！ 楽しいパズルぬりえ 3 ファンタジー・ワールド　カミーユ・ド・モンモリヨン著、花島聖訳　グラフィック社　(アートセラピーシリーズ)
【旨】どんな絵が隠れているのでしょうか？ パズルぬりえに色をぬって、不思議な世界を完成させましょう！
　2017.7 1Vol. 26×22cm ¥1200 ⓘ978-4-7661-3071-3

◆恋する、ぬり絵。　奥田けい著　講談社ビーシー、講談社 発売
【旨】ベストセラー本『月にたった2万円のふたりごはん』の著者が描く "恋の世界"。切ない恋心をぬり絵に託し、SNSにアップしてみませんか？
　2017.12 1Vol. A5 ¥920 ⓘ978-4-06-220898-7

◆幸運を呼び寄せる天使のぬり絵　エレマリア著　青春出版社
【旨】天使、妖精、女神、イルカ、人魚、ペガサス、ユニコーン、龍…あなただけの色で心ときめく！ 聖なる20色。
　2017.6 1Vol. 25×22cm ¥1300 ⓘ978-4-413-11219-2

◆こころ華やぐなぞり描き ミュシャ　アルフォンス・マリア・ミュシャ著、平松洋監修　KADOKAWA
【旨】アール・ヌーヴォーの精華、アルフォンス・ミュシャ。その傑作をなぞり描き。薄い線の上を鉛筆でなぞるだけ。簡単な作品から難易度の高い作品まで、バラエティ豊かな16作品。作品理解が深まる、最新研究を踏まえた解説を収録。
　2017.3 1Vol. A4 ¥1300 ⓘ978-4-04-602006-2

◆小松崎茂 日本の軍艦塗り絵　小松崎茂画、根本圭助監修　河出書房新社
【旨】空想科学イラスト、絵物語、プラモデルの箱絵、雑誌の口絵や挿絵、戦記物などで戦前から活躍した小松崎茂の得意とした軍艦のイラスト16点を厳選!!戦艦、航空母艦、巡洋艦、駆逐艦、潜水艦の精緻なイラストを塗り絵化!! じゃクッキーの塗り方解説付き。
　2017.7 1Vol. 28×22cm ¥1300 ⓘ978-4-309-27858-2

◆コロボックルぬりえ　村上勉絵　講談社
【旨】名作ファンタジー「コロボックル物語」(佐藤さとる・作、村上勉・絵)の、コロボックルがくらす世界がぬりえに。美しい自然の風景に自由に色を添える、かきおろしイラストの数々。
　2017.2 1Vol. B5 ¥980 ⓘ978-4-06-220488-0

◆しかけぬり絵 日本一周再発見　柳川風乃著　講談社
【旨】47都道府県にきれいで楽しい「しかけ」つき♪知らず知らずに脳が活性化するウレシイぬり絵。
　2017.11 1Vol. B5 ¥1000 ⓘ978-4-06-220850-5

◆昭和 レトロの玉手箱　大久保友博著　彩流社　(大人のぬり絵)
【旨】昭和にはおもしろい形がたくさんあった。ブリキのおもちゃ、文化人形、メンコに手押しポンプ…楽しく塗って部屋に飾ろう！
　2017.4 52p 25×25cm ¥1300 ⓘ978-4-7791-2317-7

◆新感覚の「塗り絵&内観メソッド」で気づく ほんとうの私を見る練習─スピリチュアル・アートブック　奥平亜美衣、レイチェル・マツダ共著、Naoseiyum絵　Clover出版、産学社 発売
【旨】初公開！ フォーチュンアート+Notice Artで、手のひらの上で『私のこころ』が見える！ 描いて、観て、答える "新・内観アートセラピー"。
　2017.6 60p 26×22cm ¥1500 ⓘ978-4-7825-9019-5

◆水彩色鉛筆ではじめるぬりえの塗り方上達レッスン　かわいみな著　ソシム
【旨】「水彩」をマスターするとぬりえが格段に上手くなる！ 花や植物、人物の肌や髪、光と影、光沢と反射など、「塗り」テクニックのすべてをメイキングで学べます！
　2017.1 72p 24×21cm ¥1300 ⓘ978-4-8026-1082-7

◆3D点つなぎぬり絵 動物─気持ちを整える　シェーン・マッデン著　小学館　(付属資料：クロマデプス式3Dメガネ1)
【旨】赤・青・黄の3色で点と点をつなぐと、あら不思議！ 草かげのウサギや、笹を食べるパンダが紙から飛び出て見えます。動物の「3D点つなぎぬり絵」30作品を収録。
　2017.7 80p A4 ¥1400 ⓘ978-4-09-310858-4

◆世界にひとつだけのぬり絵をつくる練習帖　ティファニー・ラヴァリング著、森本幸太郎訳　ディスカヴァー・トゥエンティワン
【旨】「絵心不要」の創作技法を全公開！ 好きな図柄の描き方と、その組み合わせ方を覚えるだけで、オリジナルなぬり絵をつくることができます。
　2017.1 182p 19×25cm ¥2000 ⓘ978-4-7993-2036-5

◆なぞって描けば祈願成就 運慶写仏　田中ひろみ著　朝日新聞出版
【旨】「写仏」は、仏道修行としてお寺で古くから行われてきました。願いを込めて、丁寧になぞってください。描き始める前と、描き終えた後とでは、あなたの中で、何かが違っているはずです。
　2017.9 79p B6 ¥1000 ⓘ978-4-02-333175-4

◆認知症予防の権威朝田隆教授の脳トレぬり絵　朝田隆著、YOUCHAN画　大和出版
【旨】ぬり絵本来の心地よいマインドフルネス効果と、脳を活性化する効果の両方を持つ、これまでない画期的なぬり絵です。絵の不思議な世界と謎解きを楽しみながら、少しずつぬってみてください。心がゆったり、脳がイキイキ、きっと、あなたの日常生活が変わります。
　2017.9 67p 25×22cm ¥1200 ⓘ978-4-8047-6283-8

◆ぬり絵コミック まめねこ　ねこまき著　さくら舎
【旨】自分だけの可愛いまめねこを描いてみよう！
　2017.6 86p 25×22cm ¥1200 ⓘ978-4-86581-090-5

◆塗る!!PUZZLE & DRAGONS─超精密塗り絵 神の章/龍の章　ファミ通コンテンツ企画編集部編　カドカワ、KADOKAWA 発売
【旨】パズドラ塗り絵シリーズがドラゴンを引き連れて再登場!!超精密線画集として保存用に購入するパズドラファンも続出!!星刻の時龍契士・ミル、太陽神・ラー=ドラゴン、裁定の鋼星神・エスカマリ、聖徳の麗女神・サラスヴァティ、覚醒マシンアテナ、爆怒の鉄龍帝・ナインガルダetc. これであなたもパズドラ絵師になれる!?
　2017.3 31p A4 ¥1700 ⓘ978-4-04-733192-1

◆願いをこめて 和の文様ぬり絵─文様解説文つき　エヴァーソン朋子絵、藤依里子文様監修・文　東洋館出版社
【旨】日々の健康、暮らしの安全、受験や仕事の成功、良縁の導き─文様ぬり絵24種+切り抜いて楽しめる丸文6種。
　2017.12 63p 24×21cm ¥1200 ⓘ978-4-491-03431-7

◆脳いきいき 大人のぬり絵─四季を彩る花の名作集　オランジェリー・コレクションイラスト　竹書房　(付属資料：ポストカードぬり絵4)
【旨】ルドゥーテ、フィッチ、カーティス、コッシー、ルメール、ソーントン、ベスラー、ステップ─ボタニカルアートの巨匠たちの作品19点を厳選収録。ぬり絵が初めての方はもちろん、上級者の方にもお気に入りの一枚がきっと見つかります。楽しみながら自分だけのオリジナル作品を完成させてください。
　2017 1Vol. A4 ¥1200 ⓘ978-4-8019-1105-5

◆脳がみるみる若返るぬり絵　米山公啓監修、山﨑宏指導　西東社
【旨】1日10分、脳を効果的に鍛えます！ 脳科学にもとづくぬり絵。
　2017.6 1Vol. A4 ¥1000 ⓘ978-4-7916-2530-7

◆脳がみるみる若返るぬり絵 日本の四季　米山公啓監修、山﨑宏指導　西東社
【旨】和のモチーフが脳を刺激！ ちょうどいい難易度で集中できる！ ぬり絵テクニックで上達できる！
　2018.1 1Vol. A4 ¥1000 ⓘ978-4-7916-2722-6

◆脳トレ・介護予防に役立つ やさしいぬり絵 美しい和小物編　篠原菊紀監修　世界文化社　(レクリエブックス)
【旨】美しい和小物をテーマに、高齢者の方が懐かしい気持ちで取り組めます。シンプルな絵柄でもやさしいので、達成感が得やすい！ 同じテーマで、大きなぬり絵と、小さなサイズの「絵手紙」それぞれに。楽しく取り組める工夫が随所に！ 和小物にまつわる由来や地域の祭や市などの話も写真と共に紹介。好きな色で自由にぬっても、原寸のぬり絵見本を見ながらぬってもOK！
　2017.8 64p A4 ¥1000 ⓘ978-4-418-17240-5

◆初音ミクの塗り絵　クリプトン・フューチャー・メディア監修　河出書房新社

美術

◆初音ミク初の公認塗り絵本。初音ミク、鏡音リン・レン、巡音ルカ、KAITO、MEIKOが塗り絵になって登場！楽曲やイベントなどで使われた豪華イラスト16点を厳選!!
2017.1 1Vol. 27×21cm ¥1200 ①978-4-309-27802-5

◆初音ミクの塗り絵 2 feat.鏡音リン・レン クリプトン・フューチャー・メディア監修 河出書房新社
【要旨】『初音ミクの塗り絵』第二弾！今度は鏡音リン・レンの『悪ノ娘』『ココロ』などのイラストを中心に厳選!!もちろん初音ミク、巡音ルカ、KAITO、MEIKOも登場！もじゃクッキーの塗り方解説付き。
2017.8 1Vol. 27×21cm ¥1200 ①978-4-309-27884-1

◆パティシエ・ジャッキー！ぬり絵ブック―映画くまのがっこう パティシエ・ジャッキーとおひさまのスイーツ 田代知子ぬり絵 小学館
2017.8 1Vol. 25×25cm ¥1300 ①978-4-09-682118-3

◆花と生きもの 美しく繊細な塗り絵 Colourful Black yutaokuda著 河出書房新社 (大人の塗り絵シリーズ)
2017.10 1Vol. 23×23cm ¥1300 ①978-4-309-27888-9

◆花のぬりえ帖 樹に咲く花 三村美雪著 マール社
【要旨】本書には、サクラ、ハナミズキ、ライラック、ナンテンなど、樹に咲く花を16点収録しています。身近に感じる花や、気に入った絵のページから、自由に塗り絵をお楽しみ下さい。すべての作品には色鉛筆による彩色手本がついていますので、色に迷ったときに参考にして下さい。また、塗り絵ページにはミシン目が入っていますので、切り離してお使いいただけます。画材や塗り方次第で、絵のイメージはさまざまに変わります。さあ、あなただけの作品を完成させてみましょう。
2017.3 1Vol. 24×19cm ¥1000 ①978-4-8373-0888-1

◆花のぬりえ帖 野に咲く花 三村美雪著 マール社
【要旨】本書には、ポピー、デルフィニウム、ユリ、コスモスなど、野に咲く花を16点収録しています。身近に感じる花や、気に入った絵のページから、自由に塗り絵をお楽しみ下さい。すべての作品には色鉛筆による彩色手本がついていますので、色に迷ったときに参考にして下さい。また、塗り絵ページにはミシン目が入っていますので、切り離してお使いいただけます。画材や塗り方次第で、絵のイメージはさまざまに変わります。さあ、あなただけの作品を完成させてみましょう。
2017.3 1Vol. 24×19cm ¥1000 ①978-4-8373-0887-4

◆びじゅチューン！ぬりえ 井上涼、NHKびじゅチューン！制作班著 小学館
2017.1 1Vol. 29×22cm ¥1000 ①978-4-09-388541-6

◆ひみつの国のフェスティバルFestival of Secret Country クリハラマリ著 新星出版社 (500円ではじめよう かわいい！楽しい！ぬりえブック)
【要旨】森の奥深くにあるひみつの国には動物たちがたくさん暮らしています。花舞うパレードや愉快なサーカス、お化け屋敷、めいろ、おいしいお菓子…待ちに待ったフェスティバル！
2017.12 1Vol. 25×25cm ¥500 ①978-4-405-07262-6

◆ファッションぬり絵 FASHION FROM HEAD TO TOE―色を塗りながらファッションの歴史が学べる！ ベッカ・スタッドランダー絵、ナターシャ・スリーケ、アンドリュー・ワトソンデザイン、講談社編、高橋眞理子訳 講談社
【要旨】ビーズを使った1920年代のフラッパードレス、1930年代のデカダンな夜会服、スウィンギング・シックスティーズのミニスカート…。35枚の心ときめくページには、今日までの、華麗な服や小物がギュッと詰まって、ぬり絵と共に、各アイテムにまつわる歴史やエピソードもたっぷりと解説。
2017.3 70p 28×27cm ¥1500 ①978-4-06-220319-7

◆ぷちぬり絵 白雪姫 佐藤明日香著 エムディエヌコーポレーション、インプレス 発売
【目次】登場人物の紹介、物語のはじまり、白雪姫と動物たち、魔法の鏡とお妃さま、花、奇妙な植物、狩人に狙われる白雪姫、森へ逃げる、7人の小人、森の家での暮らし〔ほか〕
2017.4 95p 15×21cm ¥1500 ①978-4-8443-6664-5

◆ベルサイユのばら 塗り絵 池田理代子監修 扶桑社
【要旨】オスカルやマリーアントワネットはもちろん、アンドレもフェルゼンもアランも塗れる！色えんぴつで手軽に楽しめる塗り絵(コロリアージュ)。
2017.2 72p A4 ¥1200 ①978-4-594-07647-4

◆ペンでなぞるだけ写仏 一日一仏一心を整え、運を磨く。 田中ひろみ著 講談社
【目次】不空羂索観音菩薩坐像(興福寺南円堂(奈良県))、伝千手観音立像(黒田観音寺(滋賀県))、普賢延命菩薩坐像(大山寺(大分県))、馬頭観音立像(浄瑠璃寺(京都府))、十一面観音立像(羽賀寺(福井県))、阿閦(しゅく)如来坐像(安養院(東京都))、釈迦如来坐像(浄智寺(神奈川県))、不動明王立像(地蔵院(埼玉県))、空也上人立像(月輪寺(京都府))、梵天立像(瀧山寺(愛知県))〔ほか〕
2017.3 79p B5 ¥1200 ①978-4-06-220494-1

◆ボールペンでぬり絵「パリの旅」 がなはようこ、ピポン著 文化出版局
【要旨】ボールペンは、すてきな画材！するする描けて、きれいな色がいっぱい。安価で色をそろえるのも楽しい。スケッチ風の下絵だから、絵描きさん気分で、ぬり絵してください。
2017.1 1Vol. A5 ¥1125 ①978-4-579-21289-7

◆本当に美しいおとなの塗り絵―心を整える癒しの日本風景 稲垣謙治著 講談社ビーシー、講談社 発売
【要旨】とっておきの日本美を塗って感じよう。超緻密でスーパーハイクオリティな原画見本付。
2017.12 1Vol. A4 ¥1100 ①978-4-06-220744-7

◆ミュシャ ぬりえファンタジー 小学館 (小学館アートぬりえBook)
【要旨】『ジスモンダ』から『スラブ叙事詩』までミュシャの画業を網羅！装飾の魔術師、ミュシャの世界をぬりえで体感！
2017.3 1Vol. 29×21cm ¥1000 ①978-4-09-682117-6

◆目がよくなる魔法のぬり絵 2 日比野佐和子著、林田康隆作画・監修 扶桑社
【要旨】ぬり絵で、眼トレ&脳トレ。大人も子供も楽しくできて、視力が上がる！切り離せるミシン目つき。認知症予防、アンチエイジングにも効果的！
2017.8 1Vol. 26×24cm ¥1200 ①978-4-594-07751-8

◆森の少女の物語 井田千秋著 日本ヴォーグ社 (わたしの塗り絵 POST CARD BOOK)
2017.10 1Vol. 15×23cm ¥1200 ①978-4-529-05758-5

◆やさしい大人の塗り絵 野菜とフルーツ編 佐々木由美子著 河出書房新社
【要旨】本書では、美味しそうな野菜とフルーツの絵を11枚収録しています。あらゆる年代の方やはじめての人にも塗りやすい絵を、彩色してオリジナルの1枚に仕上げてください。
2017.9 1Vol. 27×21cm ¥950 ①978-4-309-71952-8

◆やせる習慣が身につくぬり絵 小林弘幸監修、まるはま作画 光文社
2017.6 1Vol. 26×22cm ¥1200 ①978-4-334-97931-7

◆夢を叶える塗り絵 奇跡の星の世界遺産 WORLD HERITAGE ART絵 ライツ社
【要旨】46億年前に誕生した、地球という奇跡の星。この星で生まれた人類が時を越えて築き上げた歴史や文化はいつしか「世界遺産」と呼ばれ、今を生きるわたしたちの憧れの地になります。天空都市マチュピチュ、美しき巡礼地モン・サン・ミシェル、世界の七不思議ギザのピラミッド…。さぁ、行きたくても行けなかった夢の世界遺産を、塗り絵をしながら巡る旅ははじまりはじまり。
2017.1 1Vol. 25×25cm ¥1370 ①978-4-909044-01-3

◆立体パズルぬりえ―フラワー編 エリザベス・ティー・ギルバート著 グラフィック社 (アートセラピーシリーズ)
【要旨】指定された番号の色を、ダイヤカットのピースに塗ると、カラフルな花々が輝き出します！本書は入門、中級、上級と3つのレベル分けをしています。レベルが上がるほど、複雑な絵柄になり、色指定のナンバーが減って難易度が上がっていきます。パズルを解くようなワクワク感や、自分のセンスで色を楽しくきとともに、パターンを入れて創る"ぬりえ"に夢中になること間違いありません!!
2017.2 111p 29×22cm ¥1500 ①978-4-7661-2981-6

◆リラックス塗り絵―しあわせゆるパンダ ル・マヨ著 河出書房新社 (大人の塗り絵シリーズ)
【要旨】お昼寝パンダ、くいしんぼうパンダ、旅するパンダ…のんきで愛らしいパンダが大集合！カラフルな彩色であなただけの一枚に。ユーモラスな絵柄と大胆な構図の、ちょっとふしぎな美しい塗り絵。
2017.2 1Vol. 30×22cm ¥1200 ①978-4-309-27815-5

◆ルビーの素敵な夢―物語のある美しい塗り絵 INKO KOTORIYAMA著 河出書房新社 (大人の塗り絵シリーズ)
【要旨】お姫様ガエルのルビーは、好奇心旺盛な箱入り娘。王国の中で外の世界を夢見ながら、退屈な毎日を過ごしています。そんなある日、いつものように本をめくりながらウトウトしていたルビーの目の前に現れたのは、ナイトと名乗る1羽のフクロウ。ナイトに連れ出されたルビーが訪れるのは、見たこともない世界。万華鏡のようなめくるめく世界、ヘンテコな住人が暮らす世界、チェロが凶暴なネコに変身する世界、真実の口や仮面舞踏会の仮面などが次々に登場します。好奇心旺盛なルビーとミステリアスなナイトの夢のような現実のようなスリリングでファンタジックな物語を塗り絵にしました。
2017.11 1Vol. 23×23cm ¥1300 ①978-4-309-27898-8

◆Colors of Hawaii―ハワイのぬり絵ブック ローレン・ロス著 トランスワールドジャパン
2017.11 1Vol. 25×23cm ¥1300 ①978-4-86256-221-0

◆DCコミックス カラーリングブック トランスワールドジャパン編集部編 トランスワールドジャパン
【要旨】大空をひとっ飛びするスーパーマンの鮮やかなレッドとブルーから、ワンダーウーマンやグリーンランタンのアイコニックな色いまで、ビビッドな色であふれたDCコミックスの世界。世界中のファンをとりこにした歴史に残るDCコミックスのカバーや、偉大なるアーティストたちが生み出した有名キャラクターを掲載したカラーリングブックが日本初上陸！カラフルな冒険の世界へ自分だけのクリエイティブなカラーワールドへ飛び出してみよう！
2017 95p 27×22cm ¥1400 ①978-4-86256-192-3

◆DCコミックス ワンダーウーマンカラーリングブック トランスワールドジャパン編集部編 トランスワールドジャパン
【要旨】ワンダーウーマンの鮮やかなレッドとブルーのコスチューム、豊かなグリーンとイエローが映えるふるさとパラダイス島、ワンダーウーマンの世界は、さまざまな色で溢れています。クラシックなカバーから、コミックス本編のアクションシーンまで、このカラーリングブックには、DCコミックスの著名なアーティストたちが手掛けたワンダーウーマンのアートを多数収録しました。さあ、ワンダーウーマンの記憶に残る数々の名シーンを、自分だけのカラーワールドで再現してみましょう！
2017.7 87p 27×22cm ¥1400 ①978-4-86256-193-0

◆Disney 100パズルぬりえコンプリートコレクション 講談社編、ジェレミ・マリエ絵 講談社
【要旨】記号どおりに色をぬると、ディズニー名作がよみがえる！ミッキーマウスからティンカー・ベルまで、世代を超えたディズニーキャラクターの数々！
2017.2 100p A4 ¥2100 ①978-4-06-220328-9

◆Disney 100パズルぬりえベスト・オブ・ベスト ジェレミ・マリエ絵、講談社編 講談社
【要旨】記号どおりに色をぬると、ディズニー名作がよみがえる！『アナと雪の女王』から『ズートピア』まで、最新人気アニメーションの数々！
2017.12 100p A4 ¥2100 ①978-4-06-220780-5

◆DISNEY GIRLS Coloring Book PREMIUM―ディズニー・ガールズの美しいぬり絵ベストセレクション ディズニー大人のぬり絵編集部編 宝島社
【要旨】ベストセラーとなったディズニー・ガールズぬり絵シリーズ全3作の傑作選がついに登場！シリーズ初登場の『アナと雪の女王』の新規イラストを追加し、美しく仕上がるカラーリングレッスンも収録。大切な人へのプレゼントにもぴったりな一冊です。
2017.12 1Vol. 25×25cm ¥1280 ①978-4-8002-7866-1

◆Disney・Pixar 100パズルぬりえ ピクサーベストコレクション ジェレミ・マリエ絵, 講談社編 講談社
【要旨】記号どおりに色をぬると、ピクサー名作がよみがえる！『トイ・ストーリー』から『ファインディング・ドリー』まで、世代を超えたピクサー・アニメーションの数々！
2017.7 1Vol. 30×21cm ¥2200 ①978-4-06-220599-3

◆healing mandalas―心を鎮める、マンダラヒーリングbook カールトンブックス編, やなぎけんじ監修 日本文芸社
【要旨】マンダラぬりえに色をのせて心を整えましょう。あなたの力を引き出す色のぬりかた&美しい色見本つき。
2017.4 1Vol. 23×23cm ¥1100 ①978-4-537-21497-0

◆SNOOPY Coloring Book―ぬりえで楽しむスヌーピーと仲間たち チャールズ・M.シュルツ作 学研プラス
【要旨】スヌーピーぬりえ決定版!!素敵なピーナッツの世界へようこそ！全126作品が描きおろし！切りとってかざれる！
2018.1 101p 27×21cm ¥1300 ①978-4-05-406620-5

俳画・切り絵・ちぎり絵

◆一茶365+1きりえ 柳沢京子選句・きりえ, 中村敦子俳句解説, 加瀬清志記念日 (長野) ほおずき書籍, 星雲社 発売
【要旨】心温まる一茶の俳句と京子きりえで一年を巡る。
2017.8 366p 27×22cm ¥5000 ①978-4-434-23675-4

◆美しい幻想切り絵。 大橋忍著 エムディエヌコーポレーション, インプレス 発売
【要旨】2つの切り絵を重ねることで1つの作品になる「重ねる切り絵」図案も収録！ カラーシートと丁寧な解説付き！
2017.11 111p B5 ¥1600 ①978-4-8443-6719-2

◆美しい花モチーフの切り絵 FLOWER GARDEN チェヒャンミ著 河出書房新社
【要旨】世界で注目の切り絵作家、デビュー作！そのままずに切れる大きな図案を52点収録。カッターひとつで、驚くほど繊細で美しい作品ができます。
2017.2 127p A4 ¥1800 ①978-4-309-25573-6

◆大阪のきりえ 7 全大阪きりえ連絡会編 (大阪) 清風堂書店
【目次】序文 (吉幸ゆたか)、きりえの魅力が溢開に (原圭治)、作者と掲載ページ、作品、大阪のきりえ40年のあゆみ、加盟団体一覧・あとがき
2017.9 104p A4 ¥1852 ①978-4-88313-865-4

◆大人かわいい 華やかカラー切り絵―はじめてでも美しく 平石智美著 メイツ出版 (コツがわかる本！)
【要旨】季節のモチーフを自在に表現&アレンジする上達レッスン。カラーで美しい、ときめく花と動物たち図案全102。
2017.6 112p B5 ¥1570 ①978-4-7804-1915-3

◆基本の和紙ちぎり絵 田中悠子講師 主婦の友社
【要旨】大きな写真とすぐに使える型紙つきで、初心者にぴったり。美しい和紙をちぎって貼って飾ると、知的好奇心を刺激する。
2018.1 95p B5 ¥1400 ①978-4-07-428991-2

◆切り絵の下絵集 2 久保修著 (大阪) 東方出版 2017.4 143p A4 ¥2800 ①978-4-86249-283-8

◆切り紙でつくる季節の花図鑑―祝う・贈る・彩る 簡単にできて美しいペーパーフラワー 大原まゆみ著 誠文堂新光社
【目次】百花繚乱のハッピー と、手作りの優しさがお部屋に咲く、切り紙のキホン、春の花、素敵な切り紙・花雑貨お祝い袋、夏の花、素敵な切り紙・花雑貨くす玉、秋の花、冬の花、素敵な切り紙・花雑貨ミニバッグ、コピーして使える型紙集 2017.8 143p B5 ¥1500 ①978-4-416-61792-2

◆切り紙でつくる恐竜図鑑―子供が喜ぶ・大人がハマる リアルで大迫力のペーパークラフト 大原まゆみ著 誠文堂新光社
【要旨】恐竜の解説も楽しい立体作品55点。
2017.7 143p B5 ¥1600 ①978-4-416-61706-6

◆切り紙でつくる食の歳時記―日本の四季の暮らしを彩る立体作品 やまもとえみこ著 誠文堂新光社
【目次】食の歳時記 春 (ちらし寿司、はまぐりの吸物、さやえんどう ほか)、食の歳時記 夏 (ちまき、柏餅、新にんじん ほか)、食の歳時記 秋 (お月見だんご、里芋、ざくろ ほか)、食の歳時記 冬 (蓮根、白菜 ほか)
2017.3 167p 22×19cm ¥1600 ①978-4-416-51720-8

◆切り師長屋明の超絶の技 奇跡の切り絵 長屋明著 日貿出版社
【要旨】わずか0.1ミリの線に挑む超絶の技。世界を驚かせた切り絵アーティスト・長屋明の作品とテクニックを初公開。代表作「糸切り絵」シリーズをはじめ、未発表の新作を含む作品60点以上を収録。さらに著者独自の作品制作方法をプロセス3例を交えて紹介する他、初心者向けのシンプルな作例を中心に実物大図案26点も掲載します。
2017.6 95p B5 ¥2000 ①978-4-8170-8237-4

◆紙仏巡礼―「紙彫仏」が起き上がる。 菊地清著 文化出版局
【要旨】「紙仏巡礼」は切って、折って、開くと起き上がり、閉じると畳まれる。いつも仏像を持ち運べる。封筒で送ることもできる。いわば「ケータイ仏像」
2017.10 71p B5 ¥1500 ①978-4-579-21311-5

◆自律神経が整う美しい切り絵 小林弘幸監修, 藤野ひろのぶ切り絵 西東社
【要旨】ストレス、疲労感、不眠、不安感、頭痛、肩こり、冷え性…1日10分自律神経が元気になる！
2017.10 103p 26×19cm ¥1300 ①978-4-7916-2614-4

◆世界で一番美しい切り絵人体図鑑 エレーヌ・ドゥルヴェール, ジャン=クロード・ドゥルヴェール著, 奈良信雄訳 エクスナレッジ
【要旨】美しいイラストと、驚くべき仕掛けの数々を通して、ヒトのからだの構造がすみずみまでわかる！子どもももとなも楽しみながら学習できる、新しい人体図鑑。2017年「ボローニャ・ラガッツィ賞」ノンフィクション部門優秀賞受賞作品！
2017.12 1Vol. 37×26cm ¥2800 ①978-4-7678-2366-9

◆辻恵子作品集 貼リ切ル 辻恵子著 東京ニュース通信社, 徳間書店 発売
【要旨】連続テレビ小説『とと姉ちゃん』オープニングアニメーション&宇多田ヒカル『花束を君に』ミュージックビデオの原画を創り出し一躍注目を集めた貼り絵の作家、彼女本来のオリジナリティあふれる切り絵の世界。その繊細であたたかな作品の数々を収録した。
2017.1 120p 22×17cm ¥2000 ①978-4-19-864335-5

◆なかめせしまに―和紙ちぎり絵の風景 小嶋十三子作 (名古屋) 風媒社
2017.10 42p 26×26cm ¥1800 ①978-4-8331-5339-3

◆花の立体切り絵―組み合わせてつくる繊細なかたち カジタミキ著 誠文堂新光社
【目次】春の花 (サクラ、チューリップ ほか)、夏の花 (ヒマワリ、ツツジ ほか)、秋の花 (コスモス、キキョウ ほか)、冬の花 (ポインセチア、カンボタンと蝶 ほか)、立体切り絵の基本と作品の組み立て方
2017.9 143p 21×19cm ¥1800 ①978-4-416-51765-9

◆濱直史の美しい立体切り絵―鮮やかな色と繊細な影が重なるペーパーアート 濱直史著 河出書房新社
【要旨】切って使える用紙付き！掲載作品24点がすべて作れます。
2017.9 47p B5 ¥1500 ①978-4-309-27181-2

◆濱直史 和の立体切り絵―伝承折り紙をモチーフに四季を飾る 濱直史著 誠文堂新光社 (付属資料：切り絵用紙)
【要旨】平面から飛び出した、新しい切り絵の世界！日本の四季を感じさせる伝承折り紙をモチーフに、和風の絵柄の切り絵を施した "立体切り絵" を紹介します。年中行事など日本文化や身近にある春夏秋冬のイメージを形にして、繊細でかわいらしい絵柄に仕上げています。作品の作り方は、順を追って、やさしく、詳しく紹介しています。初心者でも気軽に楽しめます。
2017.3 63p B5 ¥1500 ①978-4-416-51785-7

◆平安絵巻の素敵な切り絵―みやびなひとと き 望月めぐみ著 PHP研究所

【要旨】一枚の紙から生まれる雅な世界。基本の切り方、色柄のつけ方、美しい飾り方もていねいに解説。初心者から経験者まで、すぐに使える図案55作品を掲載。そのまま切れる作品型紙つき。
2017.5 63p A4 ¥1400 ①978-4-569-83497-9

◆ポストカードサイズのかわいいちぎり絵 丸田ちひろ著 産業編集センター
【要旨】コラージュみたいなちぎり絵！原寸図案集。
2017.12 95p 21×19cm ¥1400 ①978-4-86311-173-8

◆もっと簡単に美しく作れる！切り紙81のポイント 桜まあち著 メイツ出版 (コツがわかる本！)
【目次】1 作り方 (基本の作り方、道具選び ほか)、2 雑貨にアレンジする (パウチのコースター、お菓子のプレート ほか)、3 季節の切り紙をカードにする (春：お祝いのカード、春の切り紙 ほか)、4 かわいいモチーフ図案 (ゾウ、キリン ほか)、5 切り紙の5大モチーフ (雪の結晶いろいろ、アラベスクいろいろ ほか)
2017.12 128p B5 ¥1840 ①978-4-7804-1962-7

◆立体切り絵作家SouMaのジュエリー&アクセサリー図案集 SouMa著 産業編集センター
【要旨】美しいジュエリーがカッターと紙1枚でつくれる、人気作家SouMaの立体切り絵第2弾！
2017.2 103p B5 ¥1800 ①978-4-86311-147-9

◆和紙とことばで楽しむ ちぎり絵の絵手紙12ケ月 大森節子著 日貿出版社
【要旨】新しい趣味の世界が広がります。美しい和紙をちぎって、彩り鮮やかな花や果物、野菜などを、友達に送る楽しさは格別です。一言添えた文言が、相手を喜ばせます。もらって嬉しい、送って嬉しいちぎり絵の絵手紙です。
2017.11 95p B5 ¥1800 ①978-4-8170-2091-8

◆和のカラフル切り紙―四季のモチーフと伝統文様を配色で楽しむ ゆまあひmaki著 誠文堂新光社
【要旨】色和紙を使って思いのままの色を付けるカラフル切り紙に、またひとつ、新しい世界が加わりました。日本古来の紙に何よりふさわしい "和" の図案化。四季折々の風物に伝統の文様、いろは文字など、すべて日本の歴史と歴史に育まれたモチーフを図案化。色和紙ならではの温かな質感や独特の透明感、そして "ぼかし" の繊細なグラデーションを存分に味わえる92点の作品を収録しています。初めてでも作りやすい文様から手応えのある大作まで、作品紹介に加えて、作り方の解説もしっかり充実させました。自由な配色で作る、和の世界をお楽しみください。
2017.8 143p 21×19cm ¥1600 ①978-4-416-61765-6

◆和の切り紙ごよみ―四季を彩るアイテムから昭和の懐かしいアイテムまで 日本ヴォーグ社
【目次】春 (梅と桜のノート、縁起のよい鳥たち ほか)、夏 (梅雨の楽しみ、七夕の笹飾り ほか)、秋 (きのこのレターセット、紅葉狩り ほか)、冬 (雪の結晶、犬と猫のカード立て ほか)、昭和レトロ (懐かしい玩具、動物園カード ほか)、切り紙の基本
2017.10 95p 20×21cm ¥1100 ①978-4-529-05727-1

◆guide to plants odo 濱田久美子切り絵・文 (高槻) ブックロア
【要旨】切り絵の植物図鑑。大切な人達が過ごす三つの庭の草木の記録。
2017.6 189p 19×14cm ¥1800 ①978-4-9903667-8-0

◆Wonderland of Paper Cutting―立体でつくる、綺麗な切り絵と小物たち カジタミキ著 日本文芸社
【目次】Spring 春, Summer 夏, Autumn 秋, Winter 冬、切り絵のはじめ方、図案集
2017.1 95p B5 ¥1500 ①978-4-537-21447-5

版画

◆絵本 ありがとう 南部柔心文・絵・字 (名古屋) ブイツーソリューション, 星雲社 発売
【要旨】ココロがらくになる30のメッセージ。ページを開くと猫の版画30点！
2017.3 1Vol. 15×13cm ¥800 ①978-4-434-23075-2

◆音楽―夭折の画家 葛原陽子銅版画集 葛原陽子著 丘のうえ工房ムジカ

◆かわいいやさしい 消しゴムはんこの仏さま　nihhi著　日貿出版社
【要旨】私の彫る「仏はんこ」は、実在の像を忠実に模写したものではありません。写真や写実的な図像などを参考にしつつ、ディフォルメしたイラストが元絵です。形のない仏さまの存在をわかりやすく擬人化した仏像や仏画のように、私なりに形のない仏さまを表しているのが「仏はんこ」です。絵としてはマスコットキャラクターのようで親しみやすい感じですが、かわいいだけではなく、仏さまに備わった「何か」を伝えることができたらいいなと思っています。
2017.8 1Vol. 22×19cm ¥1500 ①978-4-8170-8240-4

◆川瀬巴水木版画集　川瀬巴水著　阿部出版　第2版
【目次】図版（シリーズ作品、単独作品）、資料（ポートレート、巴水の旅と写生、巴水の「新版画」制作、略年譜、関連文献、掲載木版画作品リスト）、再録資料（『川瀬巴水創作版画解説』、「版画の旅」、「半雅荘随筆」）
2017.3 207p 28×22cm ¥6000 ①978-4-87242-448-5

◆草間彌生全版画 1979・2017　草間彌生著　阿部出版　本文：日英両文
【目次】心をこめて！ 草間彌生、全版画 Prints 1979・2017、資料（年譜／受賞／国際展／著書／収蔵）
2017.4 295p 30×22cm ¥8000 ①978-4-87242-446-1

◆消しゴムでかんたん版画—手軽に楽しむレトロな風合いのカードづくり　山田泰幸、やまだひろゆき著　マール社
【目次】1章 道具を揃えよう（基本の道具と材料、用紙、トレーシングペーパー、刷り込み、バレン、スタンプインクについて）、2章 消しゴム版画を作ろう（版について、消しゴムの彫り方、消しゴムスタンプを作る、版を完成させる、台紙・原寸ハガキ大、基本の刷り方、仕上がりを調整する、身近な箱を刷り台にする、消しゴム版画を作ってみよう）、3章 消しゴム版画作例集（アートフレームを作ってみよう）、下絵集
2017.5 95p A5 ¥1280 ①978-4-8373-1273-4

◆消しゴム仏はんこ。でごあいさつ—暮らしの中のいろんな場面で、作って贈って身につけて。心やすらぐ法話とともに。　津久井智子、麻田弘潤著　誠文堂新光社
【要旨】暮らしの中のいろんな場面で、作って贈って身につけて。心やすらぐ法話とともに。
2017.10 95p A5 ¥1400 ①978-4-416-61797-7

◆幻想版画—ゴヤからルドンまでの奇怪コレクション　ヴァレリー・シュール＝エルメル執筆、千足伸行監修、冨田章学術協力、ダコスタ吉村花子訳　グラフィック社
【要旨】文学からインスピレーションを得て生まれ、ロマン主義、新ロマン主義、象徴主義とともに成長してきた、「幻想的」で「不気味」、「悪魔的」で「悪夢」のような幻想版画。本書は、フランシスコ・デ・ゴヤにはじまり、ウジェーヌ・ドラクロワ、J・J・グランヴィル、ギュスターヴ・ドレ、ロドルフ・ブレダン、シャルル・メリヨン、オディロン・ルドンにいたるまで、フランス国立図書館所蔵の貴重な名作版画を収録。幻視者たちが目の当たりにした、黒と白の美しき闇黒の世界へといざないます。
2017.8 191p 25×22cm ¥2800 ①978-4-7661-3018-8

◆高い表現力が身につく木版画上達のコツ50　牧野浩紀監修　メイツ出版　（コツがわかる本！）
【要旨】現代技法を組み合わせたテクニックや描く内容に合わせたインクの配合、緻密な色分けまでプロの技を伝授します。
2017.3 128p B5 ¥2500 ①978-4-7804-1838-5

◆中国版画史論　小林宏光著　勉誠出版
【目次】第1部 古典の版画の形成と継承—唐、宋、元代の版画の諸相（仏教版画の時代—木版画の誕生と唐、北宋期の発展、『御製秘蔵詮』版画の山水表現—十世紀末の宋初宮廷山水画に関する試論 ほか）、第2部 通俗文学書と挿絵版画—新たな版画ジャンルの誕生と成長（通俗文学と版画—元代から明代中期にいたる文学挿図本の発展状況、建安と金陵派版画—地方様式の盛衰と相互関係について ほか）、第3部 画家と版画

—明末から清末にいたる版と絵の相互交流（彷徨する美人像—仇英仕女像の版画化による変貌の足跡、陳洪綬の版画活動—挿絵版画の芸術的自立 ほか）、（画譜の誕生と初期の発達—南宋『梅花喜神譜』から明代中期『高松画譜』まで、劉世儒の墨梅と同時代の支持者—『劉雪湖梅譜』初刻本の出版とその意義をめぐって ほか）
2017.2 736, 38p B5 ¥25000 ①978-4-585-27039-3

◆手島圭三郎全仕事—木版画で極めた聖域『原始の森』　「手島圭三郎全仕事」編集委員会編　絵本塾出版
【要旨】酷寒の大地と向き合い、渾身の刻刀で魂の衝動を描ききった。日本の絵本の常識を覆した、ドキュメンタリー手法の木版画絵本。
2017.11 143p A4 ¥2700 ①978-4-86484-117-7

◆伝導版画摺って四十年二十五万枚　西田光衛著　（京都）探究社
2017.10 128p B6 ¥926 ①978-4-88483-985-7

◆銅版画家 清原啓子作品集　八王子市夢美術館監修
【目次】銅版画、素描、解説（「清原啓子とリチャード・ダッド」（河村錠一郎）、「清原啓子の十篇」（江口雄輔）、「師・深沢幸雄との関係について」（黒川公二）ほか）、試作・未完（「清原啓子の制作ノート」、「川俣高丸」、制作ノート ほか）、資料・付録（掲載作品リスト、清原啓子関連文献リスト、清原啓子年譜 ほか）
2017.11 143p A4 ¥3500 ①978-4-87242-453-9

◆巴水の日本憧憬　川瀬巴水画、林望文　河出書房新社
【要旨】痛切な懐かしさ、滅びしものへの憧憬。大正・昭和期の日本を描いた版画家・川瀬巴水の春夏秋冬の作品約50点と、林望の文章が誘う、失われた風景への旅。
2017.3 125p 26×19cm ¥3200 ①978-4-309-27824-7

◆浜口陽三　浜口陽三著　玲風書房　（ポストカードブック PRINTART COLLECTION）改訂版
2017.10 1Vol. A6 ¥1000 ①978-4-947666-73-4

◆版画、「あいだ」の美術　松山龍雄著　阿部出版
【目次】第1章 版画とは何か、第2章 近代版画としての「創作版画」、第3章 近代版画家たち、第4章 「現代版画」とは何か、第5章 現代版画家たち、第6章 西洋版画
2017.10 371p B6 ¥2000 ①978-4-87242-449-2

◆版画を作ろう、版画であそぼう　丸山浩司監修　阿部出版　（別冊「版画芸術」）
【要旨】版画がはじめてでも作れます。画用紙や消しゴムでかんたんにできます。木工ボンドやパスタマシンだって使えます。自分で描いた絵も版画にできます。年賀状だって作れます。版画を作ったことがある人やキャリア十分の人にとっては「こんな作り方があったのか！」とびっくりするアイデア・技法が満載です。
2017.12 103p 29×21cm ¥2300 ①978-4-87242-452-2

◆版画詩集 草千里人万里　徳沢愛子詩、前田良雄版画　（金沢）北國新聞社
【目次】太宰府（福岡県）、玄界灘（福岡県、佐賀県）、神風台風（福岡県、佐賀県）、虹の松原（佐賀県）、柳川（福岡県）、臼杵（大分県）、臼杵石仏（大分県）、鶴御崎灯台（大分県）、青島（宮崎県）、高千穂神楽舞（宮崎県）〔ほか〕
2017.1 27p A4 ¥2000 ①978-4-8330-2088-6

◆マール社のいぬ年木版画年賀状—貼ってそのまま彫れる薄紙使用の下絵集　マール社編集部編　マール社
2017.10 103p A5 ¥600 ①978-4-8373-1274-1

◆棟方志功の眼　石井頼子著　里文出版　改訂版
【要旨】人間味あふれた偉大な芸術家の本質。孫が語る創作秘話と愛蔵品のエピソード。新たに三篇が加わり、さらに充実。日本民藝館館長・深澤直人氏との対談も収録。
2017.6 179p B6 ¥2000 ①978-4-89806-455-9

◆横尾忠則全版画 HANGA JUNGLE　横尾忠則アートディレクション　国書刊行会
【要旨】「版画」から「HANGA」へ—1960年代の最初期の作品から最新作まで、様々な生命が共生するジャングルのごとく、多種多様な有機的相貌が顕現する、横尾忠則の全版画作品がこの一冊に！
2017.4 260p 31×24cm ¥2800 ①978-4-336-06144-7

◆吉田博画文集—われ山の美とともにあり　安永幸一監修　東京美術
【目次】第1章 日本の山々（高山美の感得、風望美 ほか）、第2章 外国の名山（「ロッキー」グランド・キャニオンの壮観、ヨセミテ・バレーの数日 ほか）、第3章 山の心得（山の天候、登山の携帯品 ほか）、略年表
2017.9 127p 24×19cm ¥2000 ①978-4-8087-1097-2

◆Mの辞典　望月通陽著　ゆめある舎
【要旨】紙版画24点に紡ぎ出されたことばの小筐。
2017.9 1Vol. 22×25cm ¥3000 ①978-4-9907084-2-9

彫刻

◆アフロディテの指先—パルテノン彫刻を読む　篠塚千恵子著　国書刊行会
【要旨】パルテノン・フリーズの一枚の石板に残る微かな痕跡。それは女神アテナの祭礼に臨席している愛と美の女神アフロディテの指。まさしく女の彼女の左人差し指の先端が、石板の佇まいに残っているだけだが、奇しくも石板に残っている。その左脇には母の膝に手をおいたエロスがねていて日傘をさして立っている。彼女は息子に祭礼の先頭を歩む乙女の行列を指差している—なぜエロスは傘を持っているのか？ アフロディテは誰を指差しているのか？ そこからヒストリーのなかのストーリーも立ち上がる。ギリシア美術の白眉、パルテノン彫刻に秘められた謎を読み解く。図版約180点収録。
2017.11 293p B6 ¥2400 ①978-4-336-06210-9

◆ある日の彫刻家—それぞれの時　酒井忠康著　未知谷
【目次】1（佐藤忠良を書く、淀井敏夫—回想のなかの佇まい ほか）、2（保田春彦、山口牧生—「石の周辺」と「ミチ・ガーデン」 ほか）、3（桑久庵憲司—鳳が翔く、内井昭蔵—遠い祈りの声 ほか）、4（鈴木久雄—彫刻の課題、保田井智之 ほか）
2017.6 317p B6 ¥3000 ①978-4-89642-527-7

◆イサム・ノグチ 庭の芸術への旅　新見隆著　武蔵野美術大学出版局
【要旨】「私は長く、彫刻と社会とのあいだに、新しい関係がつくりだされなければならないと考えてきた」見果てぬ場所。庭は、文化の原器であり、人間の原器である。
2018.1 327p B6 ¥3200 ①978-4-86463-064-1

◆イサム・ノグチ物語—「遊び」は芸術だ！　めらかよこ著　未知谷
【目次】第1章 カリフォルニアの太陽—誕生、第2章 大好きなことを見つけた日本—二歳から、第3章 素晴らしい出会いが待っていたアメリカの中・高校生時代—十三歳から、第4章 彫刻家への道—十八歳から、第5章 自分の彫刻をさがして—二十歳から、第6章 戦争に苦しむ—三十六歳から、第7章 人間と社会に役立つ彫刻をめざす—四十五歳から、第8章 子どものための芸術「公園作り」を追求—五十七歳から、最終章「これは、ぼくの仕事です」
2017.12 154p B6 ¥1600 ①978-4-89642-541-3

◆語られる佐藤忠良—彫刻・デザイン・美術教育　小川幸造、藤木匡、前田朗編　（八王子）桑沢学園、アイノア 発売　（桑沢文庫 11）
【目次】第1部 佐藤忠良の遺したもの（佐藤忠良の生涯、佐藤忠良と日本近代彫刻、西洋美術史における佐藤忠良 ほか）、第2部 佐藤忠良の弟子たち（他人と違うことだけが個性ではない、佐藤忠良の人柄と言葉、三木俊治はいかに佐藤忠良に語ってきたか ほか）、第3部 講座の内容と知見（「佐藤忠良の美術とデザイン」の各講義を振り返って）
2017.12 213p 26×18cm ¥3000 ①978-4-88169-170-0

◆空洞説—現代彫刻という言葉　遠藤利克著　五柳書院　（五柳叢書）
【要旨】言葉を焼いて始まった『エピタフ墓碑銘』以降。
2017.8 309p B6 ¥3000 ①978-4-901646-30-7

◆熊を彫る人—木彫りの熊が誘うアイヌの森 命を紡ぐ彫刻家・藤戸竹喜の仕事　在本彌生写真、村岡俊也文　小学館
【目次】冬（『狼と話をしていたんだと思う』、阿寒湖のむかし話）、春（「ビッキが何でも最初だった」、「マサカリ持って、斧持って」ほか）、夏

（木彫り熊の歴史、「熊彫り大会に、優勝す」ほか）、秋（「人間の子どもと一緒だ」、最後の連作）
2017.9 120p 26×14cm ¥2300 ①978-4-09-682257-9

◆作品達の家で―いきもののすみか　小泉悟著
（京都）赤々舎
2017.6 1Vol. 27×23cm ¥2800 ①978-4-86541-066-2

◆寺社の装飾彫刻ガイド 百龍めぐり―関東編　若林純撮影・執筆構成　日貿出版社
【要旨】日光東照宮の装飾彫刻に始まり、江戸期を中心に寺社建造物の代表的装飾テーマとして数多くの見事な龍が匠たちによって彫刻されてきた。龍神は水を司ることから豊漁除けや雨乞いの水神として、また漁村では火災除けの海神として庶民に広く信仰され、近年はパワースポット巡りの主役として龍の多さが脚光を浴びている。本書は全国の寺社彫刻を撮影する第一人者が、御朱印の授与があり、傑作が拝観できる関東地方の100寺社の龍を厳選して紹介する。写真と寺社の由緒、龍作品解説と共に各寺社の情報、アクセス、周辺地図なども掲載したハンディーなガイドブックである。
2017.6 147p A5 ¥1800 ①978-4-8170-5099-1

◆彫刻の問題　白川昌生, 金井直, 小田原のどか著　トポフィル（日英両文）
【要旨】爆心地・長崎から彫刻を問う。
2017.3 115, 54p 22×13cm ¥2200 ①978-4-9905835-4-5

◆20世紀の総合芸術家 イサム・ノグチ―彫刻から身体・庭へ　新見隆監修　平凡社
【要旨】舞踊神のいる庭。展覧会「イサム・ノグチ―彫刻から身体・庭へ」公式カタログ。
2017.11 175p B5 ¥2500 ①978-4-582-20712-5

◆日本彫刻史基礎資料集成 鎌倉時代 造像銘記篇 第13巻　中央公論美術出版
【目次】阿弥陀如来像―兵庫 寿福寺 建治四年（一二七八）、地蔵菩薩像―神奈川 慶覚院 建治四年（一二七八）、薬師如来像―福島 薬師寺 建治四年（一二七八）、薬師如来像―奈良 西方寺 弘安元年（一二七八）、阿弥陀如来像―埼玉 蓮華寺 弘安元年（一二七八）、十一面観音菩薩像―栃木 水道坂観音堂 弘安元年（一二七八）、弥勒菩薩像―神奈川 称名寺 弘安元年（一二七八）、十一面観音菩薩像―兵庫 乗仙寺 弘安元年（一二七八）、持国天・増長天像―大阪 天野山金剛寺 弘安二年（一二七九）、不動明王像―大阪 興源寺 弘安二年（一二七九）［ほか］
2017.2 2Vols.set A4 ¥33000 ①978-4-8055-1035-3

◆土方久功正伝―日本のゴーギャンと呼ばれた男　清水久夫著　東宣出版
【要旨】彫刻家であり詩人でもある土方久功は、ミクロネシア研究の民族誌家としても一定の評価がある。しかし久功の最も貴重な遺産は関東大震災の前年から死の5日前まで55年に渡って書き続けられた日記であろう。残された膨大な日記を一字一句翻刻し、久功の喜び、苦しみ、悲しみを共にする者の上で立ち上がってくるのは、自己に忠実に生きようとした男の清々しさであり、読む者の知的好奇心を刺激してやまないその生き方である。
2016.12 316p A5 ¥2500 ①978-4-88588-092-6

◆よくわかる仏像彫刻―思い通りに彫る55のコツ　関侊雲監修　メイツ出版（コツがわかる本！）
【要旨】最適な道具と素材の選び方から、精密な仕上げまで、美しく造形するポイントを豊富な写真と図解でわかりやすくご紹介します。
2017.7 128p B5 ¥2600 ①978-4-7804-1920-7

◆David Shrigley: Really Good　三輪健仁著, パメラ・ミキ・アソシエイツ訳　ユミコチバアソシエイツ（本文：英文）
2017.11 31p A5 ¥1000 ①978-4-908338-09-0

書・書道

◆愛の方程式　金澤翔子書, 金澤泰子文　新日本出版社
【要旨】ダウン症の書家・金澤翔子さんが生み出す"魂の書"。それは見る人の心に寄り添い、躍動感を持って「愛」と「命」を訴えかけます。胸を打つ作品27点のほか、翔子さんの一人暮らしを見守る母・泰子さんの書き下ろしエッセイも収録。
2017.9 78p 23×19cm ¥1600 ①978-4-406-06163-6

◆あふれる愛―翔子の美しき心　金澤泰子著　（相模原）どう出版
【要旨】ダウン症の告知を受けた日、「私は日本で一番悲しい母親だろう」と記した。三十年を経て今、「翔子！母さんは世界一幸せだよ」と言えた。生きてさえいれば絶望はない―生きること愛することの道しるべ。
2017.9 210p B6 ¥1600 ①978-4-904464-84-7

◆石飛博光臨書集 古典渉猟 第12集 石門頌／乙瑛碑／西狭頌　石飛博光著　芸術新聞社
【要旨】石飛ワールドの原点がここにある。臨書に始まり、臨書に終わる。書の学びの醍醐味をご一緒に。
2017.8 63p A4 ¥1900 ①978-4-87586-520-9

◆石飛博光臨書集 古典渉猟 第17集 晋祠銘／文皇哀冊／争坐位文稿　石飛博光著　芸術新聞社
【目次】晋祠銘、文皇哀冊、争坐位文稿
2017.8 63p 30×22cm ¥1900 ①978-4-87586-525-4

◆伊都内親王願文　橘逸勢　石原太流編, 伊藤文生現代語訳　天来書院（シリーズ書の古典 28）
【要旨】筆路がはっきりとわかる骨書や、字形・筆順などの解説が充実。すべてに現代語訳つき。また、臨書作品に最適な字句を選んで紹介し、作品づくりを徹底サポートします。
2017.8 38p A4 ¥1200 ①978-4-88715-331-8

◆美しい楷書のお手本　川邊尚風著　知道出版
【要旨】"書"の魅力があふれる五字句・五十題材！美しい文字を書くための本格的なお手本集。
2017.12 135p B5 ¥1500 ①978-4-88664-293-6

◆美しい行書のお手本　川邊尚風著　知道出版
【要旨】"書"の魅力があふれる五字句・五十題材！美しい文字を書くための本格的なお手本集。
2017.12 137p B5 ¥1500 ①978-4-88664-294-3

◆美しい条幅のお手本　川邊尚風著　知道出版
【要旨】これから「作品づくり」を始めたい人、書の表現方法をさらに深めたい人のために「条幅作品を書くための本格的なお手本集。初歩的な詩句から始まり、五言絶句、七言詩句など、楷書、行書、草書と書き分けて文字数別に編成し、読者それぞれの力量と好みによって手本を選んで練習できるように工夫した。
2017.12 155p B5 ¥1500 ①978-4-88664-307-0

◆美しい草書のお手本　川邊尚風著　知道出版
【要旨】"書"の魅力があふれる五字句・五十題材！美しい文字を書くための本格的なお手本集。
2017.12 137p B5 ¥1500 ①978-4-88664-295-0

◆遠望の地平―未収録論考　石川九楊著　（京都）ミネルヴァ書房（石川九楊著作集 別巻3）
【要旨】"書くこと"の復権を問う同時代への提言と格闘の軌跡！宮澤賢治『雨ニモマケズ手帳』に筆蝕論から解読を試み、その匿された深層を鮮やかに浮き彫りにした論考をはじめ、白川静・吉本隆明への追悼など、96年以後の言論活動の全容を。初の著作集全巻完結！
2017.12 843p 23×17cm ¥9000 ①978-4-623-07758-8

◆王羲之名品字帖 第1巻 楽毅論集　飯島太千雄編著　雄山閣
【目次】字帖 楽毅論集、比較してこそ知る書法の王道、書法解説 正書の華「楽毅論集」、書法解説と学び方（学銘の書法上の特徴、楽毅論の字形と学び方、楽毅論の書法と習い方、楽毅論小稿）
2017.11 165p B5 ¥2400 ①978-4-639-02529-0

◆王羲之名品字帖 第2巻 黄庭経集　飯島太千雄編著　雄山閣
【目次】字帖 黄庭経集、比較してこそ知る書法の王道、書法解説 名書の極到「黄庭経」、書法解説と学び方（王羲之名書と諸本の特徴、黄庭経に学ぶ、黄庭経の書を習う、楷書の成立と黄庭経の書法）
2017.11 135p B5 ¥2800 ①978-4-639-02530-6

◆王羲之名品字帖 第3巻 蘭亭叙集　飯島太千雄編著　雄山閣
【目次】字帖 蘭亭叙集、比較してこそ知る書法の王道、書法解説「蘭亭叙」で新法から古法へ、書法解説と学び方（蘭亭叙の臨書を学ぶ、蘭亭叙の学び方を考える）
2017.11 85p B5 ¥2400 ①978-4-639-02531-3

◆王羲之名品字帖 第4巻 十七帖集　飯島太千雄編著　雄山閣
【目次】字帖 十七帖集、比較してこそ知る書法の王道、書法解説 草書の根幹十七帖、書法解説と学び方
2017.11 131p B5 ¥2800 ①978-4-639-02532-0

◆王羲之名品字帖 第5巻 集王聖教序・心経集　飯島太千雄編著　雄山閣
【目次】字帖 集王聖教序・心経集（集王聖教序、般若心経 ほか）、比較してこそ知る書法の王道、書法解説 行書の母体「集王聖教序」・「心経」、書法解説と学び方（集王聖教序の書美と用筆、各本の比較と臨書の進め方）
2017.11 109p B5 ¥2400 ①978-4-639-02533-7

◆王羲之名品字帖 第6巻 行書集　飯島太千雄編著　雄山閣
【目次】字帖 行書集（奄至帖、昨得照帖、奉告帖、鯉魚帖、近得書帖 ほか）、比較してこそ知る書法の王道、書法解説 多様な表現力に溢れた「行書集」、書法解説と学び方（行書の特徴と学び方、学則不同、王羲之の行書の偉大さ、王羲之の日本への影響とかな）
2017.11 113p B5 ¥2400 ①978-4-639-02534-4

◆王羲之名品字帖 第7巻 草書集（1）　飯島太千雄編著　雄山閣
【目次】字帖 草書集1（足下散勢帖、月半哀悼帖、敬豫帖、袁生帖、想小大皆佳帖 ほか）、比較してこそ知る書法の王道、書法解説 ポスト「十七帖」の「草書集」、書法解説と学び方（各帖の特徴と注意点、貴重な字帖の活用、学書の私見）
2017.11 117p B5 ¥2400 ①978-4-639-02535-1

◆王羲之名品字帖 第8巻 草書集（2）　飯島太千雄編著　雄山閣
【目次】字帖 草書集2（運民帖、八日帖、転佳帖、得西間帖、発搪帖 ほか）、比較してこそ知る書法の王道、書法解説 暴発的な表現力の晩年の草書、書法解説と学び方（義之草書の結体の特徴、義之草書書法の真の姿を探る）
2017.11 117p B5 ¥2400 ①978-4-639-02536-8

◆大きな条幅手本 古典編 第3巻 欧陽詢―九成宮醴泉銘　髙橋蒼石編　天来書院　改訂版
2017.4 1Vol. 21×30cm ¥1600 ①978-4-88715-337-0

◆お母様 大好き　金澤翔子著　ハルメク
【要旨】子どもをもつすべての母親、そして母親を愛するすべての人に贈ります。ダウン症の書家の最高に純粋な世界。
2017.10 47p 18×17cm ¥1200 ①978-4-908762-07-9

◆贈って喜ばれる書の色紙―入門から100作例　全国書道普及協会編, 田中研彩書作揮毫　秀作社出版
【要旨】1,000年続く日本の床しい伝統。色紙は言葉を贈る素敵なプレゼント。末永く残る贈り物です！結婚式、誕生日、卒業式、送別会、定年退職、お見舞いなど、目上、先輩、恩師、両親に一筆する待望のマニュアル。
2017.5 94p B5 ¥1800 ①978-4-88265-594-7

◆貝合せ百人一首　山下啓明著　芸術新聞社（墨アーティストコレクション）
【目次】一首～二十五首、二十六首～五十首、五十一首～七十五首、七十六首～百首、私と貝合せ
2017.1 222p 24×21cm ¥2315 ①978-4-87586-508-7

◆楽毅論・杜家立成雑書要略 光明皇后　山中翠谷編, 伊藤文生現代語訳, 髙橋蒼石図版監修　天来書院（シリーズ書の古典 26）
【要旨】自信を持って正しい臨書をするために！天来書院のベストセラー「テキストシリーズ」から人気の古典30冊を厳選し、さらに美しく実用的に生まれ変わった新シリーズです。筆路がはっきりとわかる骨書や、字形・筆順などの解説はさらに充実。すべてに現代語訳つき。また、臨書作品に最適な字句を選んで紹介し、作品づくりを徹底サポートします。
2017.6 63p 30×21cm ¥1300 ①978-4-88715-329-5

◆金澤翔子―伝説のダウン症の書家　金澤翔子書, 金澤泰子文　平凡社
【要旨】10歳の「涙の般若心経」から渾身の最新作まですべて大公開!!
2017.7 118p 23×25cm ¥1389 ①978-4-582-20887-0

◆雁塔聖教序 褚遂良　中野遼編, 山内常正, 永由徳夫現代語訳　天来書院（シリーズ書の古典 19）
【要旨】筆路がはっきりとわかる骨書や、字形・筆順などの解説が充実。すべてに現代語訳つき。また、臨書作品に最適な字句を選んで紹介し、作品づくりを徹底サポートします。
2017.8 69p A4 ¥1400 ①978-4-88715-322-6

美術

◆完本・一日一書　石川九楊著　（京都）ミネルヴァ書房　（石川九楊著作集 別巻1）
【要旨】日本と中国─「書」の厖大な堆積層から斬りとられた一字。その光と翳から思想や文明の痕跡をあぶりだす。三年間1096日に及ぶ『京都新聞』人気連載コラムにしてベストセラーになった「一日一書」を全編収録した完全版！
2017.4　645p　23×17cm　¥9000　①978-4-623-07756-4

◆簡明 書道用語辞典　伊藤文生編　天来書院
【要旨】作品を書きたい。筆や墨を買いたい。古典を知りたい。書を読めるようになりたい。そんな疑問に答える辞典。耳慣れない用語や最新の研究など、字が大きくルビも多い、「読む辞典」としても使える、待望の書。
2017.4　215p　B6　¥2000　①978-4-88715-336-3

◆草枕　山田裕子著　知道出版
【要旨】漱石の文章を良寛の文字で…『草枕』を良寛調の文字で書いた書。
2017.10　94p　21×30cm　¥1500　①978-4-88664-305-6

◆慶安手鑑　増田孝,日比野浩信編　（京都）思文閣出版
【要旨】古筆家初代・古筆了佐によって、慶安四年（一六五一）に版行された、大型木版本『御手鑑』の影印・釈文（翻刻）・解題、索引をコンパクトに収める。文献出版『慶安手鑑』（一九八七年）より増補改訂版で、影印を状態のよい版本から撮り直し、新たに日比野論文、釈文、筆者略伝、索引を収録。
2017.1　201,　46p　31×23cm　¥8170　①978-4-7842-1878-3

◆現代書道クロニクル─コラム 2011～2016　菅原教夫著　芸術新聞社
【要旨】読売新聞の人気コラム66篇を一冊に集成！書き下ろし註記を加えることで、内容がよりボリュームアップ。現代の書の景色を一望できる、書家、書道愛好家の必読書です。
2017.4　288p　B6　¥2800　①978-4-87586-514-8

◆心を整える写経と写仏　伊藤大鑑監　河出書房新社
【要旨】えんぴつやボールペンで簡単なぞり描き。写経と写仏が一冊に！1000年前の写経手本を書家大僧侶が復刻！！14体の写仏手本とともに、タップリ写経と写仏が味わえる！！
2017.2　79p　B5　¥1000　①978-4-309-24793-9

◆枯樹賦・文皇哀冊　褚遂良　佐野榮輝編　天来書院　（シリーズ書の古典 20）
【目次】図版（枯樹賦）、図版（文皇哀冊）、現代語訳、解説、字形と筆順、臨書作品制作のために（節臨に適した箇所）
2017.11　39p　30×21cm　¥1100　①978-4-88715-323-3

◆ことば大全墨場必携─作品づくりに役立つ名言集　日貿出版社編　日貿出版社
【要旨】世界のさまざまな名言名句・詩歌などから、書の小作品にまとめやすい言葉を九〇〇語選んだ墨場必携です。収録語句は、和歌、俳句、漢詩・漢文の一節、近現代の詩歌、格言、故事成語、芝居や映画のセリフ、そして個人の発言のなかの言葉まで、実に多彩です。
2018.1　201,　46p　A5　¥1800　①978-4-8170-4097-1

◆色紙 漢字かな交じり書─富士山を書く　石飛博光著　二玄社
【目次】俳句（霧しぐれ富士を見ぬ日ぞ面白き（松尾芭蕉）、にょっぽりと秋の空なる富士の山（上島鬼貫）、不二ひとつうづみのこして若葉哉（与謝蕪村）、此の花のとっぽっちけだけ出しの山（小林一茶）、かたつぶりそろそろ登れ富士の山（小林一茶）、和歌（田子の浦うちいでて見れば白たへのねいつとてか…（在原業平）、人知れず思ひそがの富士の嶺に…（伊勢）、ふじの嶺の煙を見るなむたるべき…（和泉式部）、いつとなく心そらなるわが恋や…（相模）〔ほか〕
2017.6　86p　31×23cm　¥3200　①978-4-544-15134-3

◆色紙 漢字かな交じり書 隆達小歌─戦国の世のはやり歌　杭迫柏樹書　二玄社
【目次】あら何ともなのうき世やの、面白のお月や二人見ばやか、梅は匂ひ花は紅梅は緑は心い、春の名残は藤躑躅人の情は一言、いつも見たいは君と春の初花、面白の春の野の花の散らぬは君と春の初花、面白の春の野の花の散らぬは、色々の草の名は多けれど何ぞ忘れ草、五条わたりに君を待てと今何車、誰か作りけいこいとしやかな人を踏み見る、雨の降る夜の独り寝いかなる人も涙も〔ほか〕
2017.6　86p　31×23cm　¥3200　①978-4-544-15133-6

◆常用漢字手習い帖─毛筆・硬筆三体字典 2 十～子の部　飯島英雄著　国土社

【目次】十─じゅう、ト─ぼく・と・ぼくのと、匚─ふしづくり・わりふ、厂─がんだれ、ム─む、又─また、口─くち・くちへん、囗─くにがまえ、土─つち・つちへん・どへん、士─さむらい〔ほか〕
2017.1　238,　16p　A4　¥3000　①978-4-337-30302-7

◆常用漢字手習い帖─毛筆・硬筆三体字典 3 宀～无(旡)の部　飯島英雄著　国土社
【目次】邑(阝)─おおざと・ゆう・むら、酉─とり・とりへん、ひよみのとり・さけのとり、釆─のごめ・のごめへん、里─さと・さとへん、金─かね・かねへん、長─ながい、門─もん・もんがまえ、阜(阝)─こざとへん、ふ・おか、隶─れいづくり、隹─ふるとり〔ほか〕
2017.1　239,　16p　29×29cm　¥3000　①978-4-337-30303-4

◆常用漢字手習い帖─毛筆・硬筆三体字典 4 心～欠の部　飯島英雄著　国土社
2017.3　239,　16p　29×29cm　¥3000　①978-4-337-30304-1

◆常用漢字手習い帖─毛筆・硬筆三体字典 5 木～水の部　飯島英雄著　国土社
【目次】木─き・きへん、止─とめる・とめへん、歹(歺)─がつへん・がつへん・かばねへん、歹─がつ・いちた、殳─ほこづくり・るまた、母─なかれ、比─くらべる・ひ・ならびひ・くらべる、毛─け・けへん、氏─うじ、气─きがまえ、水(氵さんずい)─したみず）─みず・したみず
2017.3　239,　16p　29×29cm　¥3000　①978-4-337-30305-8

◆常用漢字手習い帖─毛筆・硬筆三体字典 6 火～竹の部　飯島英雄著　国土社
2017.3　255,　16p　A4　¥3000　①978-4-337-30306-5

◆常用漢字手習い帖─毛筆・硬筆三体字典 7 米～行の部　飯島英雄著　国土社
2017.3　240,　16p　A4　¥3000　①978-4-337-30307-2

◆書を語る　野中吟雪著　芸術新聞社（墨アカデミア叢書）
【要旨】平成十九年から平成二十八年に亙る講演のなかから八篇を選び、その講演録を収載。
2017.2　200p　B5　¥3000　①978-4-87586-513-1

◆書体大百科字典　飯島太斤雄編　雄山閣　普及版
【要旨】本書は、従来の書体字典の楷書、行書、草書、篆書、隷書の分類法や、通行書体、公用書体といった既成概念にとらわれることなく、書体書というより造形字体と称すべき書体を中心に編成したものである。収録範囲は、中国は殷・周の金文から、明・清代秀「百体千字文」まで。日本は、奈良時代の鳥毛書屏風から、江戸時代「集古十種」の扁額集（松平定信編,寛政一二年）」まで、凡そ三千三百年に及ぶ。
2017.12　939p　B5　¥2000　①978-4-639-02551-1

◆書と画　鈴木森森斎著　東銀座出版社
【目次】1部 書の部（月の沙漠、雪月花、バラ）、2部 絵の部、3部 書の部（讃─安藤三佐夫氏寄稿、詩「青海湖遠景」）
2017.3　79p　B5　¥2315　①978-4-89469-191-9

◆書の宇宙一書史論　石川九楊著　（京都）ミネルヴァ書房　（石川九楊著作集 9）
【要旨】中国書史3500年、日本書史1500年。悠久の歴史のなかで放つ書の美の光芒！叢書『書の宇宙』全24冊の巻頭論考を再構成するとともに、1990年サントリー学芸賞を受賞した最初期の記念作『書の終焉』を収録。
2017.3　1019p　¥9000　①978-4-623-07755-7

◆書のひみつ　古賀弘幸著、佐々木一澄イラスト　朝日出版社
【要旨】書には、千年前を生きた人の「心」が宿っている。王羲之、空海、良寛、漱石─奥深い歴史を知れば、文字を見ること・書くことが楽しくなる。新しい「書」入門！
2017.5　109p　23×19cm　¥1650　①978-4-255-00998-8

◆書の風景─作品論　石川九楊著　（京都）ミネルヴァ書房　（石川九楊著作集 8）
【要旨】歴史に名を刻んだ一休・良寛らの名僧から漱石・鷗外らの文豪、現代の作家まで、彼らが残した筆蹟はなにを物語るのか？一点一画の「筆触」から書の本質に迫り、その人物像や現在までの書字の変遷をも浮き彫りにする！
2017.2　761p　23×17cm　¥9000　①978-4-623-07754-0

◆書の風景　尾崎邑鵬著　創樹社美術出版

【要旨】「負けん気」を信条に、書業にただひたすら歩ゆんで来た尾崎邑鵬の書・文集。そこには年輪をえた老樹風骨の存在が見える。
2017.6　464p　22×22cm　¥20000　①978-4-7876-0099-8

◆書譜 孫過庭　高橋蒼石編・図版監修, 伊藤文生現代語訳　天来書院　（シリーズ書の古典 21）
【要旨】天来書院のベストセラー「テキストシリーズ」から人気の古典30冊を厳選し、さらに美しく実用的に生まれ変わった新シリーズです。筆路がはっきりとわかる骨書や、字形・筆順などの解説はさらに充実。すべてに現代語訳つき。また、臨書作品に最適な字句を選んで紹介し、作品づくりを徹底サポートします。
2017.4　103p　A4　¥1900　①978-4-88715-324-0

◆新古今集 四季の歌　芸術新聞社編　芸術新聞社
【要旨】かな作家102人がいざなう幽玄の美の世界、新古今和歌集。第一線で活躍する、かな作家が書き下ろした204作品をオールカラーで収録。百人百様の「散らし書き」による紙面構成のバリエーション。幻想的な四季の情景を映す雅な料紙は、見て楽しく、作品制作のヒントがいっぱい。初心者が親しみやすい、変体仮名を使わない作品、漢字仮名交じり作品も多数紹介。
2017.3　223p　29×24cm　¥2500　①978-4-87586-510-0

◆図解テキスト 書道の基本　小倉不折著　秀作社出版　新装改訂第2版
【要旨】物事には、すべて基本が大切である。本書は、日常使用の楷書、行書・平仮名・片仮名各書体の、書き方の基本の習得だけに目的を絞り、できるかぎり平易に、具体的に、かつ詳細に説明し、書道の基本を学ぶ者が、自学自習できるように心がけた。
2017.5　131p　30×23cm　¥2500　①978-4-88265-595-4

◆禅語の茶掛を読む辞典　沖本克己,角田恵理子著　講談社（講談社学術文庫）
【要旨】禅の世界観・人間観を短い言葉に表した「禅語」。それを一行の書で表現し、掛軸として茶席をつくりあげる「茶掛」。言葉と書、それぞれに深淵なる趣を味わうための一冊です。禅語の意味とともに、つづけ字の読み方、表現の仕組み、見どころ等について、わかりやすくコンパクトに解説する。「茶禅一味」＝茶と禅はひとつ。計り知れぬ世界への絶好の入口。
2017.1　253p　A6　¥920　①978-4-06-292411-5

◆草書体 小倉百人一首　小嶋十三子著　（名古屋）風媒社
【目次】あきの田のかりほのいほのとまをあらみわがころもてはつゆにぬれつ─天智天皇、春すぎて夏来にけらし白たへのころもほすてふあまの香山─持統天皇、あしひきの山鳥の尾のしだり尾のしをしひとりかもねむ─柿本人麿、田子の浦にうちいでて、見れば白たへの富士のたかねにゆきはふりつ─山部赤人、おくにしもみちふみわけなくしかのこゑきくとき─猿丸大夫、かささぎのわたせる橋におくしろきをみればよぞふけにける─中納言家持、天のはらふりさけみれば春日なるみかさの山にいでし月かも─阿倍仲麿、わがいほは宮このたつみとうをすみうぢ山と人はいふなり─喜撰法師、花のいろはうつりにけりないたづらにわが身にふるながめせしまに─小野小町、これやこの行くもかへるもわかれてはしるもしらぬも逢坂のせき─蝉丸〔ほか〕
2017.10　109p　21×24cm　¥2000　①978-4-8331-5340-9

◆書全碑　高木聖雨編　天来書院　（シリーズ書の古典 7）
【目次】図版（碑陽）、図版（碑陰）、現代語訳、解説、字形と筆順、臨書作品制作のために（節臨に適した箇所）
2017.11　53p　30×21cm　¥1200　①978-4-88715-307-3

◆続 古筆の楽しみ　田中登編著　武蔵野書院
【目次】勅撰集と古筆切（寂蓮一右衛門切（古今集）、藤原清輔一内裏切（古今集）、私撰集と古筆切（藤原為家一四半切（古今六帖）、仲顕一四半切（拾遺抄））〔ほか〕、私家集と古筆切（飛鳥井雅世一大四半切（散木奇歌集）、葉室光俊一芝山切（顕輔集）〔ほか〕、物語と古筆切（藤原為家一六半切（伊勢物語）、京極為兼一四半切（伊勢物語注）〔ほか〕
2017.5　179,　4p　A5　¥8000　①978-4-8386-0473-9

◆その先私は知らんぷり─よめる・ほゝえむ・不思議だね　倉田信岳著　創英社／三省堂書店
【要旨】これは、92歳の千葉県在住の書家が原稿を3ヶ月で一気呵成に書き上げた、諧謔とウィッ

トに富んだユーモア自詠書作品集です。長年の研鑽から生み出された独自の書体による、見て楽しく、読んでも楽しい未体験の書の世界をお楽しみ下さい。
2017.5 115p B5 ¥1700 ①978-4-88142-129-1

◆対談 私の白川静 立命館大学白川静記念東洋文字文化研究所編、芳村弘道、西川照子、津崎史者 (八幡)エディション・アルシーヴ
【要旨】幻の写真、初公開。誰も知らなかった、誰も語らなかった、もう一人の、「白川静」の"もの"がたり。
2017.10 134p B6 ¥926 ①978-4-900395-08-4

◆田邉古邨全集 第8巻 作品、書簡選・余録 田邉古邨著 書道一元會、芸術新聞社 発売
【目次】田邉古邨作品・書簡選、『野瓠』掲載の短歌と文、国語国字問題、講演録・随想・書籍あとがき、書簡、慶辞弔辞他、自伝・年譜
2017.1 498p A5 ¥6875 ①978-4-87586-468-4

◆中国書史 石川九楊著 (京都)ミネルヴァ書房 (石川九楊著作集 別巻2)
【目次】総論(書的表出の美的構造―筆蝕の美学、書史の前提―文字の時代(書的表出の史的構造(一))、書史の原像―筆蝕から筆蝕へ(書的表出の史的構造(二))ほか)、本論(東アジアの造形―甲骨文の時代、列国の国家正書体創出運動―正書体金文論、象徴性の喪失と字画の誕生―金文・篆書論 ほか)、結論(書史から見た中国史の時代区分への一考察、日本書史小論―恒度の美学、日本語―日本=日本語の精神構造)
2017.5 903p 23×17cm ¥9000 ①978-4-623-07757-1

◆中国書法通解 兪鵬潔、兪建華著、河内利治監訳、樋口將一訳 大樟樹出版社、インターブックス 発売
【要旨】長年の実践経験に基づき、中国書法とその歴史を書体別にわかりやすく記述。書体の歴史的な位置づけでなく、日常書写にとっての必要度から立て、それぞれの書体の技法を、テクニカルタームと図版を用いて丁寧に解説。書体間の相互の影響についても触れ、どの書体から読み始めても連環する。探究すべき課題があちこちに提示され、入門者にも教授者にも発見がある。筆法(用筆法)、臨模を重視し、最終的に独自の「意」(美意識)の表現へ導く。
2017.10 215p A5 ¥2500 ①978-4-909089-11-3

◆つけたしことばの本 だんきょうこ書、ニシワキタダシ絵 高陵社書店 (こども字本シリーズ)
【要旨】楽しい! 気持ちいい! つけたしことばで日本語とますます仲よくなろう! 人気書家×人気イラストレーターがおくる2歳からの日本語エンターテイメント第2弾!
2017.7 41p 15×22cm ¥1200 ①978-4-7711-1023-6

◆徒然草を書く―現代文と共に 津田鳳凰著 日本習字普及協会
【目次】序段 つれづれなるまゝに、1段 (1) 人は、かたち・ありさま、1段 (2) しな・かたちこそ、1段 (3) ありたき事は、2段 いにしへの、7段 (1) あだし野の、7段 (2) 命あるものを見るに、10段 (1) 家居のつきづきしく、10段 (2) さめにしく、13段 ひとり、燈のもとに [ほか]
2017.3 103p B5 ¥2100 ①978-4-8195-0330-3

◆花 井上有一著 リトルモア
【要旨】書として、美術として、人間として。ブラジル、ドイツ、アメリカ、スイス、中国、韓国、UAE…世界を熱狂させ続ける伝説の書家・井上有一「花」新生版。
2017.11 1Vol. 27×22cm ¥4800 ①978-4-89815-468-7

◆筆蝕の構造 書字論 石川九楊著 (京都)ミネルヴァ書房 (石川九楊著作集 7)
【要旨】言葉を生み出すダイナミックなカー"筆蝕"という概念を駆使し、書くことの深みに鋭く切りこんだ書論。日常の普遍的かつ核心的な書字論。次世代の電子書字機械で入力される文章の氾濫の中で進行する国語と文学の退廃を撃つ!
2017.1 654p A5 ¥9000 ①978-4-623-07753-3

◆星弘道臨書集 古典臨書入門 第10集 明清の書2 倪元璐 何紹基 呉昌碩 星弘道著 芸術新聞社
【要旨】半紙4文字から半切3行まで。古典臨書のてほどき第10集は個性豊かな明清の書2。
2017.4 63p A4 ¥1900 ①978-4-87586-325-0

◆本格の書 小倉百人一首―麗しの仮名作例集 奥江晴紀著 勉誠出版
【要旨】あらゆるちらし書きのパターンを網羅した必携書! 300点の作例をフルカラーで掲載。

書の手本として、構図の参考に最適な一冊。
2016.12 83p 31×23cm ¥2800 ①978-4-585-27034-8

◆万葉集競作―千三百年の時をつなぐ「書」 芸術新聞社出版部編 芸術新聞社
【要旨】第一線で活躍する書家87名が万葉集を書き下ろし。漢字・かな・漢字かな交じり・墨象など、ジャンルを超えた競演で171作品一挙掲載。漢字作品は、楷行草を主体に各書体が登場。かな作品は大字・中字・細字の多種多様な作品づくりが学べて、初心者にも最適。全紙2分の1・半切・全懐紙・半懐紙・色紙・扇面・円形まで、紙の種類・形成も様々。全作品解説付きで表現のポイントが分かりやすい。
2017.9 190p 29×21cm ¥3000 ①978-4-87586-517-9

◆万葉の恋―和歌を学び、書と篆刻を楽しむ 樋口百合子、藤田朱宣、松本岫風著 (京都)淡交社
【要旨】恋する想いは今も昔もかわらない。『万葉集』に綴られた恋の和歌40首の解説と書・篆刻の手引き。
2017.3 103p B5 ¥1800 ①978-4-473-04168-5

◆毛筆の年賀状―毛筆で書く年賀状の正しい書き方 川邊尚風著 知道出版 改訂新版
2017.10 158p A5 ¥1500 ①978-4-88664-306-3

◆文字と書の消息―落書きから漢字までの文化誌 古賀弘幸著 工作舎
【要旨】東アジア漢字文化圏の人々は、古来の漢字を敬いながらも、近代化へ向けて、簡略化や新作文字を試みる。古紙に重ね書きして、底に潜む文字とにじみあう書があり、身体を書と同化するパフォーマンスまで人気を集める。路地裏の落書き、工事現場の書体、文字アート、書のオーラ…文字と書が織りなす数々の文化誌をよみ解く。
2017.5 305p 23×14cm ¥3200 ①978-4-87502-484-2

◆木簡小字典 拡大本 佐野光一編 雄山閣 新装第三版
【要旨】木簡の発見は書の古典に対するイメージを一変させた。木簡は漢人の肉筆の生々しさをそのまま残し、多くは日常的なものなので自由な生命感を持ち、しかも書風は変化をきわめている。今日、先進的な作家の多くが木簡に注目し、展覧会にも木簡からヒントを得た作品が多い。絶賛されている『木簡字典』からよく使う文字を選んで拡大した。木簡の書法を応用するために、また鑑賞にもふさわしい、ハンディで使いやすい小字典。
2017.6 377p B6 ¥3400 ①978-4-639-02492-7

◆木簡・竹簡 横田恭三編、高橋蒼石図版監修 天来書院 (シリーズ書の古典 2)
【要旨】自信を持って正しい臨書をするために! 天来書院のベストセラー「テキストシリーズ」から人気の古典30冊を厳選し、さらに美しく実用的に生まれ変わった新シリーズです。筆路がはっきりとわかる骨書がさらに充実。また、臨書作品に最適な字句を選んで紹介し、作品づくりを徹底サポートします。
2017.6 71p 30×21cm ¥1600 ①978-4-88715-305-9

◆良寛遺墨集―その人と書 泉田玉堂序、小島正芳執筆、関谷徳衛企画・編 (京都)淡交社
【目次】第1巻 (円通寺修行時代懐古、五合庵時代、乙子神社時代)、第2巻 (島崎時代、ゆかりの人々)、第3巻 (総論・良寛―その生涯と書、釈文・解説)
2017.4 3Vols.set A4 ¥16000 ①978-4-473-04175-3

◆忘れ得ぬ書人たち 田宮文平著 芸術新聞社
【要旨】次世代に届けたい、熱き時代の「書の仕事人」の足跡。雑誌「墨」の連載13本に、著者渾身の書き下ろし2本と総論を加え、再構成。書表現の可能性を追求した書人たちの残した仕事を通して、これからの書の課題と可能性を指し示します。
2017.11 318p B5 ¥2800 ①978-4-87586-533-9

◆DVDで手ほどき 武田双葉の書道入門―誰でも美しい字が書ける 武田双葉著 メイツ出版 (コツがわかる本!) (付属資料: DVD1) 新装版
【要旨】武田双雲・双鳳・双龍を育てた母が書に親しむためのコツを「わかりやすく」教えます。
2017.6 128p B5 ¥1700 ①978-4-7804-1791-3

技法書・字典

◆書道技法講座 楷書編 大貫思水著 知道出版 新版
【要旨】『誰にも判る書の正しい姿、誠実な書きぶり』―基礎から高度な修業まで、順序よく効率的な学習ができるよう配慮され、著者の定評ある書風、豊富な体験、すぐれた指導理念が集大成されたもっとも信頼できる書道講座。
2017.6 121p 25×19cm ¥1500 ①978-4-88664-298-1

◆書道技法講座 かな編 大貫思水著 知道出版 新版
【要旨】『誰にも判る書の正しい姿、誠実な書きぶり』―基礎から高度な修業まで、順序よく効率的な学習ができるよう配慮され、著者の定評ある書風、豊富な体験、すぐれた指導理念が集大成されたもっとも信頼できる書道講座。
2017.6 101p 25×19cm ¥1500 ①978-4-88664-301-8

◆書道技法講座 行書編 大貫思水著 知道出版 新版
【要旨】『誰にも判る書の正しい姿、誠実な書きぶり』―基礎から高度な修業まで、順序よく効率的な学習ができるよう配慮され、著者の定評ある書風、豊富な体験、すぐれた指導理念が集大成されたもっとも信頼できる書道講座。
2017.6 111p 25×19cm ¥1500 ①978-4-88664-299-8

◆書道技法講座 条幅と作品 大貫思水著 知道出版 新版
【要旨】『誰にも判る書の正しい姿、誠実な書きぶり』―基礎から高度な修業まで、順序よく効率的な学習ができるよう配慮され、著者の定評ある書風、豊富な体験、すぐれた指導理念が集大成されたもっとも信頼できる書道講座。
2017.6 85p 25×19cm ¥1500 ①978-4-88664-302-5

◆書道技法講座 草書編 大貫思水著 知道出版 新版
【要旨】『誰にも判る書の正しい姿、誠実な書きぶり』―基礎から高度な修業まで、順序よく効率的な学習ができるよう配慮され、著者の定評ある書風、豊富な体験、すぐれた指導理念が集大成されたもっとも信頼できる書道講座。
2017.6 94p 25×19cm ¥1500 ①978-4-88664-300-1

篆刻・印章

◆刻字のテキスト 日本刻字協会編 芸術新聞社
【要旨】刻字は「書」のアート! 自分が書いた文字を、自分で刻って、自分で着色。初心者の人も、極めたい人も楽しめる、刻字入門の決定版。
2017.1 110p B5 ¥2000 ①978-4-87586-505-6

◆呉昌碩篆刻字典 伏見冲敬編 雄山閣 増補第三版
【要旨】篆刻の最高峰呉昌碩、その印文より精選された文字集録。充実した総画索引・音索引を増補、より使いやすくなった第三版!!
2017.2 385p B6 ¥4000 ①978-4-639-02449-1

工芸

◆アニマル・モデリング動物造形解剖学 片桐裕司著 玄光社
【要旨】ライオン、ゾウ、ゴリラ、チンパンジー、馬、犬、ドラゴン…皮膚にあらわれる骨格の凹凸、動きによって形を変える肢体の筋、光と影による筋肉のかたち。造形家の視点からとらえた、動物造形解剖学の決定版!
2017.5 170p B5 ¥2700 ①978-4-7683-0852-3

◆イヌイットの壁かけ―氷原のくらしと布絵 岩崎昌子著 誠文堂新光社 愛蔵版
【要旨】旧版(『イヌイットの壁かけ』暮しの手帖社、2000年)の内容に加え「壁かけ」と「人形」のコレクションを新たに収録した待望の愛蔵版。
2017.6 181p 25×19cm ¥2800 ①978-4-416-61768-7

◆祈りと遊び 花巻人形の世界 高橋信雄著 (盛岡)盛岡出版コミュニティー

美術

芸術・芸能

◆うつわを巡る旅―ほしいものはどこにある？　赤木明登、赤木智子著　講談社　（講談社の実用BOOK）
【要旨】お買いもの好きなふたりが、いまほしいものは…？
2017.5 175p A5 ¥1600 ①978-4-06-299873-4

◆雲知桃天使千体像　南椌椌著、添田康平写真　七月堂
2017.7 143p 26×14cm ¥2685 ①978-4-87944-277-2

◆おもしろサイエンス 日本刀の科学　井上達雄編著　日刊工業新聞社　（B&Tブックス）
【要旨】日本古来の伝統技法で製作されてきた日本刀は、折れず、曲がらず、よく切れるという優れた特性をもっています。これらの特性は、現代の工業技術を先取りしたさまざまなハイテクによるものです。今後の技術開発において日本刀から学べることはたくさんあります。
2017.1 117p A5 ¥1600 ①978-4-526-07656-5

◆織り上げられた動物たちと花々―横浜ユーラシア文化館蔵二作品の美術史的・文化史的考察　江上綏、道明三保子、ヤマノウチ水野美奈子著　（京都）世界思想社
【目次】第1章 二作品の表現内容、第2章 二作品の技法と素材、第3章 イスラーム世界における美術の交錯地―トラブゾン、ディヤルバクル、タブリーズを結ぶ三角地域
2017.8 133p B5 ¥5800 ①978-4-7907-1702-7

◆織物以前―タパとフェルト　LIXIL出版　（LIXIL BOOKLET）　（付属資料：布上）
【目次】南太平洋のタパ（パプアニューギニア、フィジー、トンガ、サモア）、遊牧民のフェルト（新疆ウイグル自治区、トルコ、イラン）、織物以前のはなし―南太平洋から、布と紙の起点を探る新機軸、綿打ち弓矢―北欧からユーラシア大陸、日本まで）
2017.9 76p 21×22cm ¥1800 ①978-4-86480-519-3

◆からくり屏風 1 対角屏風　堀口れい子著、荒川達監修　オルク、星雲社 発売
【要旨】屏風の表装掛け軸・屏風・巻物・画帳の紹介。
2017.5 31p A5 ¥500 ①978-4-434-23316-6

◆かんたんやさしい押し絵―一年中の布絵アート　西本典子著　日本ヴォーグ社
【要旨】作品全44点。押し絵の基礎知識、全図案と作り方つき。
2017.10 96p 26×21cm ¥1400 ①978-4-529-05745-5

◆北村徳齋の仕事 裂地爛漫　北村徳齋著　（京都）淡交社
【要旨】京都・西陣の地に店を構えて三百年余。日本で唯一の茶器帛紗専門店・北村徳齋帛紗店。九代目当主・北村徳齋の眼に映る裂地の世界を紹介します。北村徳齋帛紗店で扱う裂地の中から選りすぐった二百点以上を一挙に掲載。
2017.9 167p B5 ¥2200 ①978-4-473-04191-3

◆貴道裕子のまめざら 1 ―伝えたい日本の美しいもの　貴道裕子著　スーパーエディション
【要旨】京都、縄手古門前の小さな骨董屋「てっさい堂」の貴道裕子さんが集めたそれはそれは美しい皿。手のひらにすっぽり入ってしまう程の小さな小さなお皿の中には、日本人が忘れかけた日本人の美意識が生き生きと息づいている。
2017.7 480p 13×13cm ¥5000 ①978-4-915743-15-3

◆木のものづくり探訪―関東の木工家20人の仕事　西川栄明著、渡部健五写真　（大阪）創元社
【要旨】木を素材にした家具や器などの様々な作品を生み出す作り手を紹介。活躍中の木工家20名を紹介、様々な作品を掲載、約300点のカラー写真を収録。
2017.11 164p B5 ¥2400 ①978-4-422-72025-8

◆金継ぎ手帖―はじめてのつくろい　ナカムラクニオ著　玄光社
【要旨】カジュアルなうつわも、素敵な一点ものもつくろってなおせば、ずっと使える。金継ぎワークショップを開催している『6次元』店主による、かんたん金継ぎの実用書。金継ぎの技法だけでなく、歴史、作例、「うつわ用語の基礎知識」なども掲載。
2017.11 103p A5 ¥2000 ①978-4-7683-0911-7

◆結晶倶楽部―神宮字光人形写真集　神宮字光ドール・写真　ステュディオ・パラボリカ
【要旨】少年少女たちがみずみずしい神宮字光の第2作品集。
2017.7 1Vol. B6 ¥2000 ①978-4-902916-38-6

◆古代からの贈り物―帯鉤の魅力　成本高壱著　東京図書出版、リフレ出版 発売　（付属資料：DVD1）
【要旨】バックルのルーツ古代帯鉤にあり！「用」と「美」の追求！2600年前の象嵌技術の素晴らしさを一挙公開。帯鉤の魅力満載DVD付。
2017.5 260p A5 ¥4800 ①978-4-86641-050-0

◆漆芸の見かた―日本伝統の名品がひと目でわかる　小林真理編著、梶原祥造撮影　誠文堂新光社　（JAPONisme BOOK）
【目次】1章 漆芸の技と美（北applied齋、大西勲ほか）、2章 日本の漆芸と産地（津軽塗、浄法寺塗ほか）、3章 漆芸の新しいかたち（赤木明登、桐本泰一ほか）、4章 漆芸の基礎知識（漆芸を知ろう、漆芸とつきあう）
2017.8 190p A5 ¥2200 ①978-4-416-61699-4

◆七宝 大和順作品集―無限の譜　大和順著　（京都）亥辰舎
2017.4 94p 22×27cm ¥4800 ①978-4-904850-61-9

◆昭和の悪童―西村煕一木彫人形作品集　西村悠一著　（須坂）川辺書林
【目次】食べもの、小学校、悪戯、運動、遊び、手伝い、仕事、悩める悪童漂流記
2017.7 71p 21×19cm ¥1300 ①978-4-906529-88-9

◆新八犬伝―辻村寿三郎作品集　辻村寿三郎作、高木素生撮影　復刊ドットコム　復刻版
【要旨】NHK人形劇の白眉「新八犬伝」が40年の時をこえ、待望の完全復刻！
2017.1 110p B5 ¥4600 ①978-4-8354-5429-0

◆西洋を魅了した「和モダン」の世界―明治・大正・昭和に生まれた輸出工芸品 金子皓彦コレクション　金子皓彦著　三樹書房
【要旨】寄木細工、芝山細工、漆器など日本の職人の繊細なデザインを生かした工芸品は、近代に多く輸出され、欧米人に愛された。今日、「和モダン」と称される美術工芸品のみならず、様々な「モノ」の魅力と歴史を写真とともに解説する。
2017.11 221p A5 ¥3000 ①978-4-89522-683-7

◆世界の美しいステンドグラス　パイインターナショナル編著　パイインターナショナル
【要旨】神々しく荘厳な教会、魅惑的なモスク、幻想的な美術館や図書館、豪奢なホテルや百貨店、奇想天外な駅舎など、様々な空間を彩るステンドグラスを世界各地から集めました。息をのむような光の美しさ、思わず見上げたくなる極彩色の光をふりそそぐ薔薇窓、優美で繊細なガラスドーム、幻想的な光を放つ宮殿の窓など、約100点を収録。
2017.11 207p 16×15cm ¥1800 ①978-4-7562-4991-3

◆染め付け―blue and white porcelain　有坂多絵子著　誠文堂新光社
【要旨】その1 長寿の文様、その2 邪気を祓う文様、その3 婚礼・出産・夫婦円満の文様、その4 商売繁盛・吉祥文様、その5 様々な場面に合う文様、その6 技法・便利な文様
2017.2 79p B5 ¥1800 ①978-4-416-91631-5

◆竹筬―製作と修理の方法　今里哲久、合原厚、西尾一三、西尾充代、野村千春ほか著　（彦根）サンライズ出版　改訂増補版
【目次】第1章 筬と竹筬、第2章 文献に見る竹筬製作技術、第3章 現在の竹筬、第4章 竹筬の修理と組替え、第5章 粗筬と絵絣台用の竹筬、第6章 筬糸、第7章 機械筬、第8章 ミニチュア竹筬
2017.6 191p A5 ¥2000 ①978-4-88325-622-8

◆旅する布―Traveling Textiles works/words/worlds　ひろいのぶこ著　美学出版
【要旨】作品、文章、コレクション、ひろいのぶこの仕事をまとめました。
2017.3 181, 113p A5 ¥3500 ①978-4-902078-44-2

◆短冊図鑑　鈴木嘉定、光芸出版編著　（さいたま）光芸出版　増補改訂版
【目次】短冊図鑑（鎌倉時代、南北朝時代、室町時代、桃山時代、江戸時代 ほか）、短冊押形集／光芸出版編（鎌倉時代、南北朝期、室町期、桃山期、江戸期 ほか）
2017.8 350p A5 ¥3600 ①978-4-7694-0159-9

◆"超絶技巧"の源流 刀装具　内藤直子著　（京都）淡交社
【要旨】初めての刀装具鑑賞に有効なのは作品を感じる力。刀装具の名品を、的確なメッセージとともに愉しみ、自然に作品との向き合い方が身に付く一冊！
2017.11 119p 17×19cm ¥1800 ①978-4-473-04206-4

◆繕うワザを磨く金継ぎ上達レッスン　持永かおり監修　メイツ出版　（コツがわかる本！）
【要旨】伝統の漆技法をもとに、大切な器を美しくよみがえらせる。小さな欠けこそ丁寧に。ポイントをわかりやすく解説。基本と応用を1冊でマスター。コツをつかんで自在にアレンジ。
2017.9 128p B5 ¥1900 ①978-4-7804-1882-8

◆辻容子ビスクドール　辻容子制作、岩井映子編　創樹社美術出版
【要旨】作品（可愛い、豪華、特別企画・外交官の家、日本、自然、人形遊び）、解説 ビスクドール―ルーベル・エポックから現代まで
2017.10 103p 30×23cm ¥3000 ①978-4-7876-0100-1

◆手のひらの宇宙―宇宙ガラスビジュアル・ブック　戸水賢志著　中央公論新社
【要旨】「宇宙ガラス」とはそのひとつひとつが手でつくり出された芸術品。その工程ゆえに同じものをつくることはできず、すべてが異なる個性としてできあがる。この宇宙ガラス制作の第一人者である+αの戸水賢志氏が心血を注いだ作品群の、極上品をあますところなく紹介する初写真集がついに刊行！
2017.7 1Vol. B5 ¥3000 ①978-4-12-004990-3

◆手まり―幾何模様と手わざ　水田真由美著、日本てまりの会本部監修、三木浩写真（高知）リーブル出版　（本文：日英両文）
【目次】1 手まりの始まり、2 手まりの素材、3 地割り、4 模様と手わざ、5 手まり、6 "日本てまりの会"の歴史と主な書籍一覧、7 参考文献、8 関連する日本についての歴史と文化（英文）、9 英語コラボレーター、10 筆者
2017.5 93p B5 ¥1800 ①978-4-86338-180-3

◆伝統工芸を継ぐ男たち　関根由子著、山下三千夫写真　論創社
【要旨】業界を背負って立つ責任の重さ。技を磨き、伝承することの意味。きびしい職人の世界で生き抜くことを決め、自分なりの表現を求めて、日々奮闘する若手職人16人の姿を追う。
2017.7 148p A5 ¥2500 ①978-4-8460-1601-2

◆ドールハウス―ヨーロッパの小さな建築とインテリアの歴史　ハリーナ・パシェルブスカ著、安原実津訳　パイインターナショナル
【目次】はじめに：ドールハウスの歴史、ニュルンベルクハウス 1673年、エドモンド・ジョイの洋服ダンス 1712年、テートのベビーハウス 1760年、エンリケスのドールハウス 1700年代、キラーのキャビネット型ドールハウス 1830‐1840年、ベティ・ピニーのドールハウス 1870年、ボックスパックのテラスハウス 1890年代、ミス・マイルスのドールハウス 1890年代、ペギー・ラインのドールハウス 1930年代、ホワイトレディハウス 1935年、ロマ・ホプキンソンのドールハウス 1990年代、カレイドスコープハウス 2001年、玩具のコレクション―子供のための博物館ができるまで
2017.6 143p 23×23cm ¥2800 ①978-4-7562-4921-0

◆日本刀 五ヶ伝の旅 大和伝編　田野邉道宏著　目の眼
【要旨】日本刀のわざを伝えてきた五つの聖地・五ヶ伝。その中でも最も滋味豊かな作風を示す大和鍛冶の魅力に迫る一冊。日本でいちばん刀剣に精通した著者による最新本格解説第二弾！
2017.2 141p B5 ¥3500 ①978-4-907211-09-7

◆日本刀の美しさがわかる本　別冊宝島編集部編　宝島社　（宝島SUGOI文庫）
【要旨】伝統と技が受け継がれた日本の美の象徴のひとつである日本刀。貴重なカラー写真とともに、名刀にまつわる伝承・伝記・心震える物語を一挙紹介！！三郷隆盛ら幕末の志士たちが帯びた刀から、織田信長ら天下人たちが愛した刀、戦国武将たちの生き死ににかかわった刀、そして土地土地に伝えられる刀まで、その背景にあるドラマに迫る。歴史に残る珠玉の55振り。
2017.12 223p A6 ¥790 ①978-4-8002-7812-8

◆日本刀の材料科学　北田正弘著　雄山閣
【要旨】日本刀の持つ特性は何に起因するのか／鍛造技術は原料にどんな変化をもたらすのか／時代

ごとにどんな変遷をたどるのか/アジア刀・西洋刀とどう違うのか―鎌倉刀から現代刀まで、材料科学的側面からその微細構造を分析し、日本刀の真の姿と伝統技術の真髄を浮き彫りにする。
2017.10 455p B5 ¥20000 ①978-4-639-02520-7

◆**日本刀の総合美―職人たちの精華**　飯山嘉昌編著　里文出版
【目次】1 日本刀―職人たちの仕事（刀身、刀装、刀装具）、2 天正拵とお国拵（時代拵、お国拵）、3 武士の礼装（江戸時代の刀装における正装と平装、袴紐の結び）、4 刀のまつわる話―日本刀の源流「舞草刀」、透鐔と武士 ほか、小説 浮沈―柄巻師・櫃屋籐三郎の生涯
2017.6 250, 34p A5 ¥3600 ①978-4-89806-456-6

日本の工芸を元気にする！　中川政七著　東洋経済新報社
【要旨】創業300年、奈良の小さな老舗から全国展開まで今、最も注目される若手経営者が格闘し、挑み続けた15年の記録と、未来への構想。現代的マネジメントとブランディングで伝統産業を蘇らせる。
2017.3 254p B6 ¥1600 ①978-4-492-50287-7

◆**人形作家**　四谷シモン著　中央公論新社（中公文庫）
【要旨】唐十郎率いる状況劇場の女形として、またドラマで活躍する俳優として、七〇年代の熱気の中を駆け抜けた四谷シモン。個性の強い母に翻弄された少年時代、金子國義らとの友情、ベルメールの人形の衝撃、そして心の支えとなった澁澤龍彦と親交。華やかな活動の陰で続けてきた人形制作を軸に綴る自伝。
2017.7 251p A6 ¥1000 ①978-4-12-206435-5

◆**残したい手しごと 日本の染織**　片柳草生著　世界文化社
【要旨】美しく希少な18の染織。この美しさは、夢幻境の布世界。
2017.6 157p A5 ¥2600 ①978-4-418-17414-0

◆**はじめての裂き織りレッスン―糸の種類・かけ方、基本の織り方などをわかりやすく解説**　箕輪直子著　誠文堂新光社
【要旨】布を裂いて、織る「裂き織り」の基本とさまざまな柄パターンを詳細にわかりやすく紹介。ナチュラル・エスニック・和・モノトーンの4つのテイスト。同じ技法でも色やデザインの違いでまったくイメージの変わる作品や、ちょっと慣れてからチャレンジしたほうがいい中上級編までの約30作品。
2017.3 128p 21×19cm ¥1800 ①978-4-416-71647-2

◆**はしもとみおの木のどうぶつ図鑑**　はしもとみお著　創造教育センター
【目次】なかよしのどうぶつたち―ねこのなかま、なかよしのどうぶつたち―いぬのなかま、森や林などでくらすどうぶつたち―さるのなかま、草原やさばくなどでくらすどうぶつたち、はねのあるどうぶつたち、小さなどうぶつたち、人といっしょのどうぶつたち、ブレーメンのおんがくたい、みんないっしょ、どうぶつデッサン、木などものがたり、はしもとみおのデッサン5ヶ条、はしもとみおのプロフィール
2017.4 1Vol. 21×21cm ¥1400 ①978-4-915467-37-0

◆**ふるさと前橋の刀工―古刀期～近現代の上州刀工概観**　鈴木叙孝（前橋）上毛新聞社（前橋学ブックレット 11）
【要旨】美しい地肌、刃文、そして反り、さらに神秘性など、刀剣の魅力は尽きない。武器から工芸品へ、上州と前橋の刀工について時代ごとに解説。
2017.8 76p A5 ¥600 ①978-4-86352-185-8

◆**ポーセリン・アートの装飾テクニック―和洋のモチーフ50点と技法解説**　花島悦子著　日貿出版社　新装版
【要旨】本書では、花や果実等を描いた絵付け作品からレベルアップさせた作品に、多彩な装飾技法とアイディアを、多彩な作例50点とプロセス写真で詳しく説明します。マスキングやスクラッチをはじめとするモダンテクニックの他、著者独自の道具・材料の使い方の工夫も公開。制作プロセス写真には、作品づくりの行程を、写真で追いながら丁寧に解説します。巻末には、作品の一部の下絵と、全作品に使用した絵の具の説明も掲載。人気の和風モチーフも多数収録した充実の1冊です。
2017.9 109p 30×23cm ¥3600 ①978-4-8170-8243-5

◆**ポーランドヤノフ村の絵織物―二重織りの技法と伝統文化が生まれた小さな村を訪ねて**　秋元尚子織り、藤田泉文　誠文堂新光社
【目次】第1章 ヤノフ村の絵織物その歴史と模様（歴史、模様）、第2章 ヤノフ村の絵織物の制作技法（用意する織機、道具、糸、よこ糸の準備 ほか）、第3章 オリジナルの柄の絵織物を織る（イチゴ狩り、ヤノフ村の思い出 ほか）、第4章 ポーランド東北部の織りの村を訪ねて（ジジン/ホドニク、シュチェブキ/セイパク ほか）
2017.8 207p B5 ¥3400 ①978-4-416-51770-3

◆**松平不昧公没二百回忌記念茶会記翻刻 第3集 慶應義塾図書館所蔵『不昧公名物茶會記・不昧候茶會記・大圓庵茶器扣』翻刻**　米澤義光著　（金沢）能登印刷出版部
【目次】第1章 はじめに、第2章 松平不昧公の茶会開催日（「不昧公年譜」・その他茶事の記載から、不昧公名物茶會記・不昧候茶會記での茶会開催日）、第3章 松平不昧公茶会記・道具帳翻刻（『不昧公名物茶會記上巻』翻刻、『不昧公名物茶會記下巻』翻刻、『不昧候茶會記』翻刻、『大圓庵茶器扣』翻刻）、第4章 まとめと考察（『不昧公名物茶會記』と『不昧侯茶會記』を翻刻して、『大圓庵茶器扣』を翻刻して）
2017.2 165p A4 ¥4000 ①978-4-89010-706-3

◆**ミャオ族の民族衣装 刺繡と装飾の技法―中国貴州省の少数民族に伝わる文様、色彩、デザインのすべて**　鳥丸知子著　誠文堂新光社
【要旨】中国の西南地域、貴州省のミャオ族の刺繡や装飾を中心に、村ごとに異なる多種多様な文様、材料、技法を細かく紹介する貴重な一冊。ミャオ族の手仕事に魅せられた著者が、長年の現地調査と研究を重ねてまとめあげた『One Needle, One Thread』（2008年ハワイ大学アート・ギャラリー発行）の待望の日本語版である。
2017.2 239p 25×19cm ¥3600 ①978-4-416-51737-6

◆**魅惑の万華鏡―華麗にモダンに繊細に！**　照木公子著　誠文堂新光社（手作りを楽しむ）（『作って遊ぶ！ 魅惑の万華鏡』増補・改訂・改題書）
【要旨】いつ見ても美しく、妖しく、魅惑的な万華鏡。大きいものから小さいものまでさまざまな形があり、アイホールから覗けば広がる小宇宙。その映像、仕組み、作り方を紹介。併せて四角いボックスに閉じこめられた不思議アートのぞき箱もお楽しみ。デジタルでなくアナログの世界に現れる不思議な映像を満喫してください。
2017.5 79p 24×19cm ¥1000 ①978-4-528-02162-4

◆**明治工芸入門―清水三年坂美術館村田理如コレクション**　村田理如著　古美術宝満堂、目の眼 発売
【要旨】世界を驚かせた明治の細密工芸美術の世界。世界一のコレクターによる初の講義録。
2017.3 159p 30×23cm ¥5000 ①978-4-907211-11-0

◆**名刀に挑む―日本刀を知れば日本の美がわかる**　松田次泰著　PHP研究所（PHP新書）
【要旨】日本刀の世界では、鎌倉期の刀が最高のものとされてきたが、製法が失われ、再現が不可能になっていた。特に江戸期以降、無数の刀鍛冶が再現に挑むも、叶わなかったのである。しかし著者は、遂にその再現に成功した。「名刀」の域に達するは、並大抵のことではない。名刀であるためには、「品格」が求められる。刀の原料となる和鉄の性質にも通じなくてはならないし、刀の歴史や文化の深い部分も知らなくてはならない。しかし、それがわかったとき、日本文化の美、強さ、精神性の凄さが見えてくる―。希代の実力派刀匠が語る日本刀の真実と、日本文化の真髄。
2017.5 247p 18cm ¥860 ①978-4-569-83246-3

◆**めぐる日本のモノづくり―52 Stories of NEW TAKUMI**
【要旨】47都道府県、52人。「若き匠」をめぐる旅から、日本のモノづくりの未来が見えてきた。それぞれの土地に根ざし、長い歴史とともに育まれた「日本の工芸」。いまそこに求められるのは、伝統の継承だけではなく、革新・進化している。そんな変革の時代、日本各地に、挑戦的な技とアイデアで、その長い歴史に新風を吹き込む「若き匠」が誕生している。全国47都道府県の気鋭の匠・52名た。彼らがファッション・建築・デザインなど、各界を牽引するサポートのもとに、約1年間の試行錯誤を経て作り上げた「これまでになかったモノ」と。「モノ・人・土地」をめぐりながら、日本の未来を見つける旅へ。
2017.10 236p 21×21cm ¥3900 ①978-4-568-50627-3

◆**もようを織る―バスケットから幾何・布から曲線**　小林桂子著　日貿出版社
【要旨】手技から生まれる文様デザイン。機で織る連続紋様を図説。
2017.3 466p B5 ¥4000 ①978-4-8170-8236-7

山下晴子作品集　山下晴子著　（金沢）能登印刷出版部（北陸の美術・工芸作家選集）
2017.4 131p 28×22cm ¥4000 ①978-4-89010-643-1

◆**四谷シモン ベルメールへの旅**　菅原多喜夫著　愛育出版
【要旨】ふたりの人形作家が出会った不思議な旅の記録！
2017.1 167p B6 ¥2000 ①978-4-909080-00-4

◆**和華 第15号 特集 やきもの**　アジア太平洋観光社、星雲社 発売
【要旨】第1部 中国、第2部 日本、コラム、美術館・ギャラリー巡り、和華の輪、スペシャル企画 気迫あふれる画家何香凝
2017.9 94p 28×22cm ¥694 ①978-4-434-23794-2

◆**技者（わざもん）―日本の伝統と文化を支える職人たち**　七田祐子著　創藝社
【要旨】未来に継承したい日本の伝統工芸職人たちの技術と想いを満載！
2017.8 190p B6 ¥1400 ①978-4-88144-235-7

◆**craft art DOLL 2017**　クラフトアート人形コンクール実行委員会編　マリアパブリケーションズ、実業之日本社 発売
2017.7 173p A5 ¥3200 ①978-4-408-63020-5

◆**MINIATURE & DOLLHOUSE―小川富美子ドールハウスの世界**　小川富美子著　New York Art、丸善出版 発売
2017.11 55p 24×20cm ¥3200 ①978-4-902437-71-3

◆**Night Comers 夜の子供たち―林美登利人形作品集**　林美登利人形、田中寛写真、石神茉莉小説　アトリエサード、書苑新社 発売（TH ART SERIES）
【要旨】森の中を流れる川は、The Secret Garden、The Nightcomers、人魚切、The Nightcomers（Abridged Translation）、The katana named Mermaid - Slasher（Abridged Translation）、Children of the Night、モノがたる人形の書の物語、The story of the book for the eloquent dolls、作品リスト
2017.11 95p A5 ¥2750 ①978-4-88375-288-1

陶芸

◆**粋な古伊万里―江戸好みのうつわデザイン**　「粋な古伊万里」図録編集部編　平凡社
【要旨】藍色の映える染付と華やかな色絵。白い磁器の肌に描かれた自在で愛らしい文様の魅力。
2017.10 127p B5 ¥2222 ①978-4-582-24734-3

◆**伊万里焼の生産流通史―近世肥前磁器における考古学的研究**　野上建紀著　中央公論美術出版
【目次】生産の形態と変遷、流通の形態と変遷、窯業圏の成立と地域的窯業圏の形成、海外流通の開始と拡大、アジア・アフリカ・ヨーロッパへの流通、ガレオン貿易による流通、窯業圏の拡大と地域的分業化の確立、窯業の量産化と生産機構の変容、国内市場の流通販路の拡大、生産機構の変容、肥前窯業圏の生産機構の特質
2017.2 649p 27×21cm ¥12000 ①978-4-8055-0776-6

◆**インドネシアの王都出土の肥前陶磁―トロウラン遺跡ほか**　坂井隆編著、大橋康二著　雄山閣
【要旨】ジャワ島東部のトロウラン遺跡と、同島西部のバンテン・ラーマ遺跡、ティルタサヤ遺跡、スラウェシ島南部のソンバ・オプー城跡、東南部のブトン・ウォリネ城跡の4王都遺跡の陶磁片調査・研究をもとに、インドネシア貿易陶磁史の全体像を追究する。
2018.1 317p B5 ¥12000 ①978-4-639-02489-7

◆**オールド・ノリタケ―近代輸出磁器の煌めき**　井谷善惠著　いなほ書房、星雲社 発売（本文：日英両文）
【目次】デビッド・スペイン博士からの手紙、はじめに、近代磁器の黎明、煌めきと輝き、アール・デコの光、コトラー・コレクションとその

美術　874　BOOK PAGE 2018

意義について、「オールド・ノリタケの裏印」について（木村一彦）、展示品一覧
2017.2 80p 23×23cm ¥1800 ①978-4-434-22969-5

◆鹿児島睦の器の本　鹿児島睦著・オブジェ美術出版社
【要旨】図案と陶器が織りなす、どこにもない世界。世界各地、20人のコレクターが所有する器を公開。ひとつずつ異なる約260枚を収録した、鹿児島睦、初めての器の本。
2017.2 167p B5 ¥2800 ①978-4-568-14371-3

◆黒田泰蔵 白磁へ　黒田泰蔵著　平凡社
【要旨】20歳でパリへ渡り、カナダで轆轤と出会う。世界的陶芸家・黒田泰蔵が「白磁」を見つけるまでの旅、来し方。
2017.5 135p 22×15cm ¥2500 ①978-4-582-24733-6

◆高麗青磁・李朝白磁へのオマージュ　伊藤郁太郎著　（京都）淡交社
【要旨】透徹した史観、綿密な考証、みずみずしい感性によって高麗青磁・李朝白磁の魅力がすべて解き明かされる―
2017.2 485, 21p A5 ¥2800 ①978-4-473-04172-2

◆古唐津復興―陶工 中里重利　坂本美紀監修、下村佳史文　（福岡）西日本新聞社
【要旨】茶陶として名高く、戦国武将に愛された「古唐津」。その技法を人間国宝の父・重利とみがえらせ、自身の創作へと昇華させた陶工・中里重利の作品集と、その人生をたどった回想録。おおらかな人間味を感じる器とともに、深遠な思いが伝わってくる。
2017.4 112p B5 ¥3400 ①978-4-8167-0934-0

◆青磁―清澄な青の至宝　阿部出版　（別冊「炎芸術」）
【目次】序章 青磁とは何か、第1章 青磁の巨匠（岡部嶺男、清水卯一、三浦小平二 ほか）、第2章 青磁の精鋭作家（中島宏、川瀬忍、高垣篤 ほか）、第3章 青磁の注目作家（村田亀水、鈴木三成、原口卓士 ほか）、第4章 青磁を知る・見る・買う（中国青磁概略史、日本近代青磁概略史、青磁用語集 ほか）
2017.12 151p 29×21cm ¥2500 ①978-4-87242-454-6

◆ゼロから分かる！ やきもの入門　河野惠美子監修　世界文化社
【要旨】陶器と磁器の違いは？ 器の形にはどんな種類がある？ やきものの見どころはどこ？ 産地別やきものの特徴は？ どんなふうに料理を盛ると映える？
2017.7 159p A5 ¥1400 ①978-4-418-17222-1

◆千変万化の出雲焼―茶陶から鑑賞陶器　松江歴史館編　（松江）松江歴史館、（松江）山陰中央新報社 発売
2017.4 71p 28×22cm ¥1200 ①978-4-87903-206-5

◆染付古便器の粋―清らかさの考察　LIXIL出版　（INAXミュージアムブック）
【要旨】染付古便器の基礎知識、藍と白の魔力について、染付古便器のある風景、江戸の粋、染付の粋―染付古便器の源流、あっぱれ！ ブランド便器―加藤紋右衛門、便器まで装飾する魂―近代日本を鼓舞した染付の美と力、染付古便器に咲いた花、日本一の便器コレクション―なぜかくも集まったのか、INAXライブミュージアム蔵 染付古便器コレクション―千羽他何之コレクション＆INAX収蔵品、染付古便器の歴史
2017.6 63p B5 ¥1500 ①978-4-86480-912-2

◆竹中浩 陶藝作品集　竹中浩著　シングルカット
【要旨】李朝の心を京焼に昇華させた―京都府指定無形文化財「陶磁」保持者、竹中浩、白磁陶藝の真髄。
2017.3 182p 31×24cm ¥5000 ①978-4-938737-65-8

◆「千種」物語―二つの海を渡った唐物茶壺
竹内順一、岡佳子、ルイズ・コート、アンドリュー・M.ワッキー編　（京都）思文閣出版
【要旨】一三、四世紀頃に中国で生まれたひとつの壺が、東シナ海を渡って日本に伝わり、一六世紀に茶の湯の道具として「千種」の銘を与えられ、名物となった。やがて二一世紀にはもうひとつの海、太平洋を渡り、アメリカ合衆国ワシントンDCにあるフリーア美術館（管理運営：国立スミソニアン協会）に収められた―唐物茶壺「千種」の歴史的な変遷を経糸に、「千種」をめぐる多様な文化事象を緯糸に織りなされる、壮大な物語。日本、アメリカ、中国の研究者による歴史、美術、考古学、科学などの多角的な研究成果を網羅した最新の研究成果を収録。
2016.12 247p A5 ¥3200 ①978-4-7842-1870-7

◆茶碗の中の宇宙―樂家一子相伝の芸術　樂吉左衛門、松原龍一編著　講談社　愛蔵版
【要旨】初代長次郎から次期十六代樂篤人まで、137点を掲載。重要文化財、利休が所持した茶碗も。
2017.6 255p 26×20cm ¥4000 ①978-4-06-220373-9

◆陶芸道場 手びねり＆装飾の巻―イラスト解説 基本を知って上達！　杉山佳隆著　誠文堂新光社
【目次】基本編 手びねり成形のツボ（菊練りの意味を理解する、玉づくりでお椀を成形、タタラ成形で板皿をつくる、タタラのカブセ成形で、組み皿をつくる、展開図からマグカップをつくる、ヒモ積みで丼をつくる、閉じて、叩いて、袋ものをつくる、難しそうな急須を克服する、かたまりをくり抜いて陶箱をつくる）、装飾編 しほんの武者修行記（九谷焼の絵付けに挑戦、付立を学ぶ、蹴ろくろで井戸茶碗を挽く、練り込みを極める、染付技法を極める、ポーセリンを体験する、楽の技法に挑む）
2017.7 111p B5 ¥2000 ①978-4-416-61781-6

◆陶芸 銅・マンガン・クロムを使った装飾技法―金属顔料で新しい色彩表現に挑む　小山耕一著　誠文堂新光社
【目次】第1部 図録（銅・マンガン・クロムで得られる豊かな色彩）、第2部 資料集（装飾"Decoration"、釉薬"Glaze"、テストピース一覧"Test piece"）、第3部 実例集（発色と発泡を確かめるテストピース、象嵌で発色させたたらづくりの皿、練込模様を見せるたたらづくりのマグカップ、シリコンカーバイトで還元効果を得た花器、マンガンの化粧土を流したマーブル模様のプレート、クロムと銅の化粧土で描く渦巻き模様の丸皿、化粧土の矢羽根模様を活かした石膏型の皿、銅の化粧土とマンガン釉でブロンズに発色させた皿、飛びカンナで描く赤いマンガン釉を掛けた鉢、ブロンズ釉の二度焼きで縄模様を装飾した丸壺）
2017.5 127p 26×21cm ¥2400 ①978-4-416-51704-8

◆陶芸の技法を学ぼう―削り・剥貫・パッチワーク・型作り・練込・布目・三島手・抜絵・炭化焼成　阿部出版　陶芸実践講座　（「炎芸術」特別編集）
【目次】成形1 東田茂正の削りと剥貫、成形2 松田百合子のパッチワークと型作り、装飾1 梶谷胖の練込、装飾2 伊藤東彦の布目、装飾3 金田鹿男の三島手（小絵象嵌）、装飾4 三宅洋司の抜絵、焼成 四本哲男の炭化焼成
2017.10 93p 29×21cm ¥2300 ①978-4-87242-451-5

◆陶磁「飾」―工藤省治デザイン画集　工藤省治著　（松山）創風社出版
【要旨】砥部焼きを代表する現代の名工・工藤省治のデザイン集。
2017.8 95p 24×19cm ¥3000 ①978-4-86037-251-4

◆常滑の急須―恵みの半島に開花した陶の"華"　飯田辰彦著　（宮崎）鉱脈社
【要旨】土管や甕の生産で全国的にも知られた六古窯の一、常滑。知多の風土に育まれた遅咲きの名器たち。百花繚乱、急須の最前線！！
2017.6 275p A5 ¥2650 ①978-4-86061-667-0

◆なにのせる？　鹿児島睦絵とおさら，ギャラリーフェブお話と企画　文化出版局
【要旨】「おいしいキオクは宝物」鹿児島睦の楽しいお皿に10人の料理家たちがおいしいおやつをのせました。おさらにのせたおいしいおやつのレシピつき。
2017.1 1Vol. 24×26cm ¥1600 ①978-4-579-21290-3

◆人気陶芸作家の凄技ファイル―作陶のスキルを上げる極意がわかる　陶工房編集部編　誠文堂新光社
【目次】1章 泥をあやつる―化粧・泥彩（後藤義工「しのぎ・粉引」『鎬カップ』、高木寛子「泥彩・上絵」『色絵栲南天六角皿』、金子司「墨流し」、下和弘「色化粧・金銀彩」）、2章 筆を走らせる―絵付け（佐々木好正「弥七田織部」『弥七田織部ぶどう絵鉢』、小山智徳「織部焼」『青織部平向付』、内藤六原「陶水彩」『森の秋』、大昌昌拡「染付・釉裏紅」）、3章 フォルムで魅せる―彫り・焼締め（井口大輔「銹陶」『黒銹陶銀彩茶盌（わん）』、大野佳典「白磁」『白磁釉彩』、大藪龍二郎「縄文」『ミニチュアJomonカップ』、羽毛修二「自然釉」『窯変煎花器』、山根咲江「青白磁」「オブジェ」）、4章 釉で彩る―青彩・影青（井口雅代「釉彩」『釉彩額睡蓮』、大河内泰弘「釉上彩」『山帰来文八角皿』、笠井咲江「青白磁」『彫花白蓮図鉢』、前田正剛「掛け分け・釉彩」）
2017.1 143p B5 ¥2000 ①978-4-416-71659-5

◆野田朗子作品集 AKIKO NODA GLASS WORKS　野田朗子著　作品集制作委員会, 里文出版 発売
2017.5 79p A4 ¥2300 ①978-4-89806-454-2

◆備前―土と炎の芸術　阿部出版　（別冊「炎芸術」）
【目次】第1章 備前の巨匠（金重陶陽、藤原啓 ほか）、第2章 現代備前の精鋭（伊勢崎淳、隠崎隆一 ほか）、第3章 現代備前の注目作家（和仁栄幸、藤原和 ほか）、第4章 備前焼を知る・見る・買う（備前焼の名品、備前焼800年の歴史 ほか）
2017.2 151p 29×22cm ¥2500 ①978-4-87242-444-7

◆秀吉・織部の緑の京焼　古田織部美術館編　古田織部美術館，（京都）宮帯出版社 発売
【要旨】本図録は、2017年5月20日〜9月18日開催の古田織部美術館の企画展「織部の遺響―後水尾天皇と東福門院和子」の展示資料を基に編集したものである。
2017.5 10p A4 ¥300 ①978-4-8016-0108-6

◆豊後『古田家譜』―古田織部の記録　古田織部美術館編　古田織部美術館，（京都）宮帯出版社 発売　改訂版
【要旨】本図録は、2016年9月17日〜2017年1月15日開催の古田織部美術館の企画展「古田家譜の実像―『古田家譜』（豊後古田家伝来）初公開」において展示した『古田家譜』の異本『本家系図古田氏』の展示資料を基に編集したものである。
2016.12 34p A4 ¥500 ①978-4-8016-0080-5

◆幻の光悦作赤筒茶碗 銘「有明」　古田織部美術館編　（京都）古田織部美術館，（京都）宮帯出版社 発売　改訂版
2017.11 17p A4 ¥400 ①978-4-8016-0135-2

◆見て・買って楽しみたい 茶器の逸品　阿部出版　（別冊「炎芸術」）
【目次】茶器の人気陶芸家30人―全国のギャラリーが推薦（堀一郎、田中佐次郎 ほか）、現代作家の多彩な茶器―人間国宝から気鋭の若手作家まで（金重鶸、川瀬棟太郎＋剛、巨匠の茶器逸品―代表的な物故作家（北大路魯山人、加藤唐九郎 ほか）、茶器の楽しみ手本会・盆点・コレクター（旧友を招く新年の茶会、盆で楽しむ四季の取り合わせ、茶器コレクター）、全国ギャラリーガイド―「茶器の逸品」の取扱店
2017.4 213p 29×21cm ¥3000 ①978-4-87242-445-4

◆名品撰 古伊万里金襴手作品　栗田俊英、田口惠美子、小木一良著　創樹社美術出版
【目次】1 論考（解明が進んできた金襴手作品類、高評価すべき金襴手作品類）、2 作品と解説（栗田美術館蔵品、愛陶家コレクション、NGVオーストラリアヴィクトリア州国立美術館蔵品）
2017.12 143p B5 ¥4800 ①978-4-7876-0101-8

◆迷碗・凡碗・ガラクタ茶碗蒐集顛末記―茶碗の真贋やいかに　初田幸隆著　ミヤオビパブリッシング，（京都）宮帯出版社 発売
【要旨】自ら茶碗を見い出す。疵があれば金繕いをする。思いを込めて銘をおくる。時には土を捻ってみる。蒐集した茶碗を世に問う。茶碗の出自を調べる。茶碗の添え仕覆を仕立てる。気に入った箱を仕立てる。茶碗蒐集を趣味とする筆者が綴る茶碗の楽しみ方。
2017.3 125p A5 ¥1800 ①978-4-8016-0083-6

◆やさしい陶芸絵付け 鉄絵の描き方―酸化焼成で新しい表現 オリジナル図案付き　比護武司著　誠文堂新光社
【目次】第1章 多彩な鉄絵作品集、第2章 基本の鉄絵を描く、第3章 鉄絵＋銅彩を描く、第4章 鉄絵の濃淡を描く、第5章 鉄絵＋呉須を描く、第6章 幾何学模様の鉄絵を描く、第7章 絵替わりの鉄絵を描く、第8章 鉄絵作品図案集
2017.6 156p B5 ¥2200 ①978-4-416-61733-5

◆リサ・ラーソン展―北欧を愛するすべての人へ　リサ・ラーソン著　大和書房
【目次】1回顧展パート（初期の仕事、鳥、ネコ、イヌ、面、強い女たち、姉妹、社会討論 ほか）、2コンテンポラリーパート（リサ・ラーソン制作、グンネル・ラーソン制作）、ロングインタビュー リサ・ラーソン―仕事と家族
2017.9 119p 29×23cm ¥2300 ①978-4-479-88046-2

◆USUI KOIMARI COLLECTION―オランダ連合東インド会社欧州公式貿易編

(1659～1683) 碓井文夫著 (福岡)西日本新聞社
(本文:日英両文)
【要旨】年毎に解明された輸出古伊万里の図録。17世紀のミニチュアセットから60センチ超えの大皿までヨーロッパ向けならではの造形美が堪能できる写真集。
2017.4 168p B5 ¥12000 ⓘ978-4-8167-0935-7

デザイン

◆アイデアスケッチ―アイデアを"醸成"するためのワークショップ実践ガイド ジェームズ・ギブソン, 小林茂, 鈴木宣也, 赤羽亨書 ビー・エヌ・エヌ新社
【要旨】なぜ、あなたのアイデアは組織の壁を突破できないのか？ 地方都市にありながらも全国から異才が集結する学校IAMAS（イアマス）。そこで培われた視覚的ブレインストーミング手法「アイデアスケッチ」のノウハウを、誰もが実践できるようわかりやすく解説。プロセスからデザインすることで、アイデアとチームを同時に醸成できる。
2017.10 143p 23×19cm ¥2300 ⓘ978-4-8025-1072-1

◆足の下のステキな床 今井晶子, 奥川純一, 西村依莉著 グラフィック社
【要旨】1970年代を中心とした、20世紀のかわいい模様の床189。
2017.7 207p 15×15cm ¥1600 ⓘ978-4-7661-3029-4

◆新しい和を魅せる！―パッケージ＆グラフィックデザインコレクション グラフィック社編集部, 開発社編 グラフィック社
【要旨】「和」を背景にデザインされた商品パッケージとその周辺販促ツールの最新事例を100点以上収録！
2017.5 159p B5 ¥2400 ⓘ978-4-7661-3043-0

◆あなたの心を描きだす はじめてのアルテアデザイン―幾何学模様のカラーリングブック エンソー・ホリデー, ロジャー・バローズ, ロジャー・ペンローズ, ジョン・マルティノ, ハイファ・ハワージャ著, 渡辺滋人訳 (大阪)創元社
【要旨】アルテアデザインとは…英国発祥。幾何学模様のマス目を塗りつぶして描く、新感覚のアート。この本は、日本ではじめての「アルテアデザイン」！ 全85点収録でボリューム満点！ 子どもから大人まで楽しめる。
2017.2 88p 23×26cm ¥1500 ⓘ978-4-422-71230-7

◆あなたの街のイベントグラフィックス―フェス・マルシェ・イベント・祭りのフライヤー特集 パイ インターナショナル
【要旨】イベントを魅力的にするアイデアが詰まったグラフィックが満載！
2017 267p B5 ¥3900 ⓘ978-4-7562-4874-9

◆アニマル・グラフィックス―動物モチーフのデザイン センドポインツ・パブリッシング編 グラフィック社
【要旨】ロゴや名刺、封筒、リーフレット、ペーパーバッグ、ポスターからペット作品にいたるまで、動物をモチーフにした美しいデザイン。本書は動物の芸術的な姿態に着目し、モダンデザインにどのように取り入れられるか、どんな心理学的影響を及ぼせるかを探った作品集です。グラフィック・デザインはもちろん、ブランディングやマーケティング、商品企画の資料やインスピレーションの源として活用できる1冊です。
2017.5 255p 25×19cm ¥3000 ⓘ978-4-7661-3011-9

◆アパレルのグラフィックデザインコレクション グラフィック社編集部, フレア編 グラフィック社
【要旨】カタログ、DM、ショッパー、ショップカード、タグ…ファッションブランド・アパレルショップにおける販促ツールの事例を多数収録。
2017.2 191p B5 ¥2700 ⓘ978-4-7661-2999-1

◆あらゆる業種につかえる！ アイコン・ピクトグラム大全 パイ インターナショナル (付属資料あり)
【要旨】大胆までにブランドを表現したいと思ったら、一見シンプルなアイコンほどパワフルなものはありません。驚くほど用途の多いアイコンは、世界のほぼだれもが理解でき、複雑なメッセージでも素早くスタイリッシュに伝えることがで

きます。アイコンを使えばブランドのアイデンティティをごくベーシックなフォルムに凝縮できますが、巧みに目を引くひとつの画像、あるいは画像のシリーズのような、ブランド哲学のような複雑なことも、メニュー項目といった基本的なことも表現できるのです。本書は、ブランディング・ニーズに合わせてアイコン制作に力を入れたさまざまな企業や組織、イベントなどの作品を紹介しています。
2017.8 240p 29×21cm ¥3900 ⓘ978-4-7562-4916-6

◆色数を抑えてキメる！ 効果的なグラフィックデザイン ヴィクショナリー編 グラフィック社
【要旨】1、2、3色という限られた色数で、狙ったコンセプトやテーマをどう伝達出来るのか、実例約120作品で紹介するヴィジュアル資料集。特殊印刷やモダンなシンボリズムを巧みにとりいれ、色数に抑制をきかせつつ、インパクトのあるビジュアル・アイデンティティ、出版物や紙媒体など、大規模なものから小規模なものまでバラエティに富んだ内容構成。
2017.4 247p 26×19cm ¥3800 ⓘ978-4-7661-3009-6

◆ウィム・クロウェル DNP文化振興財団, DNPアートコミュニケーションズ 発売 (ggg Books―世界のグラフィックデザイン 125)
2017.12 63p B6 ¥1165 ⓘ978-4-88752-396-8

◆ウィリアム・モリス―英国の風景とともにめぐるデザインの軌跡 藤田治彦監修 ウィリアム・モリス出版協会, 梧桐書院 発売
【要旨】"いちご泥棒"や"兄弟うさぎ"はどこから生まれたのだろう。実際のモリス作品の色を忠実に再現した図版とともにモリスゆかりの地とその歴史を眺め、モリスデザインの軌跡を探る一冊。
2017.12 157p B5 ¥2100 ⓘ978-4-340-02720-0

◆美しい日本のくせ字 井原奈津子著 パイ インターナショナル
【要旨】稲垣淳二、南伸坊、レディ・ガガ、さらに王義之などの古典文字から道ばたで拾った名も無き文字まで。手書き文字収集家井原奈津子が考察する、あんな文字、こんな文字。きれいな文字も、汚い文字も、みんなちがって、みんな美しい！ くせ字練習帳付き。
2017.5 203p A5 ¥1800 ⓘ978-4-7562-4826-8

◆'80s(エイティーズ) ガーリーデザインコレクション ゆかしなもん著 グラフィック社
【要旨】可愛さは永遠！ 懐かしの昭和ファンシーグッズ＆キャラ1341点収録!! ゆかしなもんのお宝大公開。
2017.3 236p B6 ¥1600 ⓘ978-4-7661-3000-3

◆エクリ叢書 1 デザインの思想、その転回 大林寛著 オーバーキャスト
【要旨】デザインの哲学に多くを期待するのは間違っている。多くではなく、すべてを期待することが正しい―本というものは、その装飾や造本も含めて、記憶のための装置でもある―エリー・デューリングのプロトタイプ論の作品は、ブルース・スターリングがデザイン・フィクションにおいて重視する具現化された制作物に通じている―デザインにもっとも重要となるのは、身体的経験に根ざした感性ではなく、抽象的認識としての概念を操作する理性だ―デザインは、ゲシュタルトと律動の配置であり、意味と無意味の差異として現れる―デザインについて、そもそもどのように考えたらいいだろうか？
2017.11 153p B6 ¥2300 ⓘ978-4-909501-00-4

◆縁起のよいデザイン―ロゴや広告、めでたさのあるグラフィック集 フレア, グラフィック社編集部編 グラフィック社
【目次】1章 縁起のよいモチーフ・文様(植物、動物、自然風景、小物、商売繁盛 ほか)、2章 ロゴと展開、3章 広告・PR、4章 パッケージ・年賀状・グッズ
2017.9 190p B5 ¥2800 ⓘ978-4-7661-3065-2

◆エンジニアのためのデザイン思考入門 東京工業大学エンジニアリングデザインプロジェクト著, 大内孝子編著 翔泳社
【要旨】本書はデザイン思考に対する疑問に明快な回答を与えるものではありません。多くの人が誤解しやすいポイント、多くの人が陥りやすいワナを示しながら、デザイン思考の本来の目的である「ユーザー体験をデザインする」ための

ヒントを示すものです。
2017.9 227p A5 ¥2480 ⓘ978-4-7981-5385-8

◆エンジニアのための理論でわかるデザイン入門 伊藤博臣著 インプレス (Think IT BOOKS)
【要旨】WebサービスのUI/UXに活かせる文字、色、写真、装飾、配置のキホン。ロジックが分かれば、デザインは怖くない！
2017.9 227p A5 ¥2200 ⓘ978-4-295-00233-8

◆お菓子の包み紙 甲斐みのり著 グラフィック社
【要旨】土地土地の店を訪ね、味わい、思い出と大切に仕舞っておいたコレクションから200店舗超の愛らしいデザインを収録。
2017.6 142p A5 ¥1600 ⓘ978-4-7661-3044-7

◆おしゃれなフリーフォントCollection―「センスいいね」って褒められる フロッグデザイン著 ソシム (付属資料: DVD-ROM1)
【要旨】かわいい手書き風・上品なスクリプト・かっこいいゴシック等、使うだけでおしゃれに魅せる素敵なフォントが満載。和文＆欧文フォント324書体収録。
2017.3 159p B5 ¥2200 ⓘ978-4-8026-1098-8

◆小野勇介の仕事 博報堂デザインドリブンプロジェクト編 CCCメディアハウス (HAKUHODO ART DIRECTORS WORKS & STYLES VOL.3)
【要旨】ファッション誌『WWDマガジン』で5年間の連載経験をもち、そのスタイリッシュな作風は海外での評価も高い、小野勇介。一見ファッション寄りに見える彼だが、磨き上げられたビジュアル表現の基盤には、綿密に練られたロジックがある。そこに時代のヴェールを美しく纏わせて発信するのが彼のスタイルだ。この本では、そんな小野の表現力に注目、一冊に凝縮した。
2017.11 158p A5 ¥1600 ⓘ978-4-484-17236-1

◆ガイドサインのグラフィックス パイ インターナショナル (本文:英文)
【目次】EDUCATIONAL AND MEDICAL INSTITUTIONS, INDOOR PUBLIC SPACE, BUSINESS CENTERS, LEISURE SPACE, HOTEL&HOUSING, OUTDOORS
2017.12 285p 28×22cm ¥4500 ⓘ978-4-7562-4918-0

◆カイ・フランクへの旅―"フィンランド・デザインの良心"の軌跡をめぐる 小西亜希子著, 永禮賢写真 グラフィック社
【要旨】知られざるカイ・フランクを探して。Teema、Kartio…誕生から60年以上を経てなお色褪せないタイムレスデザインはいかにして生まれたのか―レジェンドの人生と仕事にせまるデザイン紀行。
2017.12 223p 26×20cm ¥3200 ⓘ978-4-7661-3054-6

◆描き文字のデザイン―日本を代表する45人の「描き文字」仕事 雪朱里著, 大貫伸樹監修 グラフィック社
【要旨】明治・大正・昭和から現在まで、長い年月を経てもなお愛される、すばらしい描き文字作品を作家別に掲載。歴史の流れを知りつつ豊富な作品を見ることができる、「描き文字デザイン」本の決定版！
2017.4 271p 26×19cm ¥3500 ⓘ978-4-7661-2939-7

◆片山正通的百科全書―Life is hard…Let's go shopping. ワンダーウォール監修 PARCO出版
【目次】ワンダーウォール・オフィス・ツアー、出版物、音楽、多肉植物、人と動物、剥製、大切な絵子、カウズ、白と黒、アブストラクト・アート〔ほか〕
2017.6 269p A4 ¥6000 ⓘ978-4-86506-221-2

◆学校ブランディング―大学案内に学ぶ、募集広報のコンテンツ＆デザイン実例集 ビー・エヌ・エヌ新社
【要旨】求める学生を集めるための、考え方と伝え方。
2017.8 159p A4 ¥4000 ⓘ978-4-8025-1049-3

◆カリグラフィー・スタイリング ヴェロニカ・ハリム著 主婦の友社
【要旨】カリグラフィーの新しい愉しみ―。日本でワークショップが大人気のヴェロニカ・ハリムさんによる、カリグラフィーの書き方からスタイリング提案まで一冊に。
2017.4 159p B5 ¥1800 ⓘ978-4-07-419360-8

美術　876　BOOK PAGE 2018

◆カリグラフィーと装飾模様の素材集
Power Design Inc. 著　ソシム　（付属資料：DVD‐ROM1）
【要旨】文字をアーティスティックにデザインした「カリグラフィー」と美しい装飾模様をたっぷり収録。名刺・看板・メニューなどのショップツール、グリーティングカード、ウエディングボードなどさまざまなデザインワークにご活用いただけます。素材データJPG/PNG/AI約3500点、オリジナルフォント8書体収録。
2017.4　127p　B5　¥2480　①978‐4‐8026‐1089‐6

◆カリグラフィー・ブック—デザイン・アート・クラフトに生かす手書き文字　三戸美奈子編著　誠文堂新光社　増補改訂版
【要旨】カリグラフィーの基礎から応用まで収録。各書体のコンセプトを理解してステップアップしながら、自分だけの美しい文字を書くための決定版教則本。
2017.10　151p　26×19cm　¥2200　①978‐4‐416‐71732‐5

◆かわいい色の本—デザインと言葉の配色ブック　ingectar‐e著　エムディエヌコーポレーション, インプレス 発売
【要旨】そのまま配色。今すぐおしゃれ。10色の配色セットから好きな組み合わせを選ぶだけ！イメージとキーワードで引ける配色カタログ。具体的な作例アイデアをたっぷり収録。
2017.6　223p　20×16cm　¥1800　①978‐4‐8443‐6669‐0

◆かわいい南仏のデザイン素材集—ボタニカルデザインブック　ingectar‐e著　ソシム（付属資料：DVD‐ROM1）
【要旨】南フランスのナチュラルなライフスタイルショップに並ぶ、ハーブや多肉、ドライフラワーなど「オシャレな植物」をモチーフに写真とイラスト素材にしました。素材データJPG・PNG・AI約2500点オリジナルフォント3書体収録！
2017.10　127p　B5　¥2380　①978‐4‐8026‐1113‐8

◆キッズのためのグラフィックス　パイ インターナショナル
【要旨】子ども向け商品やサービスの市場は、経済動向の影響を受けにくい消費者マーケットといえるでしょう。親はいつだって、家計よりも子どもの幸せと健康を願ってお金を費やします。デザイン意識の高まるなか、心躍り楽しげな魅力あるグラフィックスを子ども向け商品やサービスに採用して提供する企業は、商品やサービスと同様にアイデンティティも重要になってきています。本書は、ブランディング、パッケージング、商品、販促のための優れたデザインを厳選して紹介。おもちゃメーカーや販売店だけでなく子ども博物館から、病院などの施設まで、楽しく、子どもの心を躍らせる作品が満載です！
2017.9　240p　29×21cm　¥3900　①978‐4‐7562‐4917‐3

◆グラフィックアーツ　グラフィックアーツ編集委員会編　印刷学会出版部　第2版
【要旨】第1章 概要、第2章 企画・デザイン・文字の世界、第3章 画像複製の科学、第4章 印刷の原理、第5章 ワークフロー、第6章 画像再現材料、第7章 印刷用紙、第8章 製本と装幀、第9章 特殊な印刷物、第10章 電子出版、第11章 グラフィックアーツ産業の諸問題
2017.4　217p　B5　¥3000　①978‐4‐87085‐226‐6

◆グラフィックデザイナーたちの"理論"　ヘレン・アームストロング編著, 小川浩一翻訳　ビー・エヌ・エヌ新社
【要旨】20世紀の伝説的デザイナーたちは、当時の社会と自らの実践の狭間で何を見出そうとしたのか？ 普遍性、社会的責任…精選されたテキストから紐解くアンソロジー。
2017.7　223p　A5　¥2400　①978‐4‐8025‐1060‐8

◆グラフィックスの天才たち。一名作の100年　ペン編集部編　CCCメディアハウス（pen BOOKS 024）
【要旨】そもそも、グラフィック・デザインとは？ グラフィック・デザインの持つ力とは？ 表現手段が多様化するいまだからこそ、一枚の平面の「伝える力」について、その魅力と可能性を改めて考えてみたい。20世紀の巨匠から、活躍中のクリエーターたちまで、知っておくべき天才たちの、思想と仕事を見てみよう。
2017.6　141p　A5　¥1700　①978‐4‐484‐17216‐3

◆幸運を引き寄せる！　色のチカラ　色のチカラ研究会著　宝島社
【要旨】13人の専門家が教える、色の使いこなし方。本当の自分がわかる！ ソウルカラー。怖いほど人を見抜く、色読み術。似合う色がわかる、パーソナルカラー診断。色の呼吸、カラー風水、塗り絵、ラッキーカラー×ドレスセラピー。
2017.6　159p　A5　¥1000　①978‐4‐8002‐7268‐3

◆構成学のデザイントレーニング—デザインに活かす造形力　三井秀樹, 三井直樹著　六耀社
【目次】序 デザインの造形力（美術と「構成」／デザインの造形力、バウハウスのデザイン教育 ほか）、1 点・線・面からはじまるデザイン表現（点とは何か—点が生みだす造形の世界、線から面へ—イメージの原点となる線の表現 ほか）、2 デザインの基本と平面構成（点の構成—点がつくりだすさまざまなイメージ、線の構成—線で表現する美しいイメージ ほか）、3 平面構成のテクニカルトレーニング（直線の移動による構成—直線がつくる曲線の美、円の移動による構成—円がつくる幾何学的な美 ほか）、4 魅力を引きだすデザインテクニック（デザイン表現と視覚心理—形が伝えるイメージの力、余白とバランス—モチーフを引き立てる空間効果 ほか）、資料編：デザインに役立つ図学の基礎知識
2017.3　182p　25×19cm　¥3200　①978‐4‐89737‐889‐3

◆心にササるチラシデザイン　加藤賢策監修　玄光社
【目次】1 GRAPHIC、2 COLOR、3 TYPOGRAPHY、4 GIMMICK、5 PROCESSING
2017.7　143p　B5　¥3300　①978‐4‐7683‐0797‐7

◆心惹かれるカフェデザイン＆グラフィックス　センドポインツ・パブリッシング編　グラフィック社
【要旨】その事業の成功に欠かせない、ブランドを体現する強力なアイデンティティとユニークかつ洗練されたショップデザインの世界の事例をご紹介いたします。さらに、コーヒーを巡る逸話と歴史、各国のカフェの成り立ちも掲載。これまで知りえなかったコーヒーの文化的背景も堪能できる1冊です。ついつい足が向く、心惹かれるカフェを生み出すためのアイディア・ブックとして、またインスピレーション・ソースとしてご活用ください。ショップカード、テイクアウト用容器、カップ、メニュー、グッズなど魅力的なショップツールの数々を39事例掲載。コンセプトに沿ったインテリア、サインボード、什器、平面図など世界のカフェのショップデザイン事例を21件紹介。
2017.7　259p　25×20cm　¥3800　①978‐4‐7661‐3060‐7

◆個性が光る！　小さな会社のブランディングブック—事業案内・商品案内・サービス案内・コンセプトブック・ブランドブック・採用案内のデザイン　パイ インターナショナル編　パイ インターナショナル
【目次】LIVING、SERVICE、FOOD
2017.6　216p　31×24cm　¥5800　①978‐4‐7562‐4902‐9

◆最新 現代デザイン事典　勝井三雄, 田中一光, 向井周太郎監修, 伊東順二, 柏木博編集委員　平凡社
【要旨】デザインを読む、時代を見る事典。デザイン25分野を網羅した決定版。
2017.4　296p　26×14cm　¥3500　①978‐4‐582‐12936‐6

◆最新！　北欧デザイン・コレクション　ヴィクショナリー編　グラフィック社
【要旨】北欧デザインの真髄ともいうべき削ぎ落としの妙技が光る、デザイン事例の数々。デンマーク、フィンランド、アイスランド、ノルウェー、スウェーデンのクリエイターによる最新プロジェクトを、まるっと一冊に詰め込みました。ブランディング、マーケティング、商品企画などのインスピレーション・ブックとしてご活用ください。
2018.1　309p　25×19cm　¥4800　①978‐4‐7661‐3111‐6

◆実用的！　折りチラシデザイン—ペラ1枚を折りたたんだ情報整理のアイデア集　フレア, グラフィック社編集部編　グラフィック社
【要旨】ターゲットに向けて、たくさんの情報を親しみやすく、わかりやすく伝えるためには？ チラシ・リーフレット・パフレット制作者必携！ 伝わるレイアウトはこれだ！！
2017.7　253p　26×19cm　¥3200　①978‐4‐7661‐3057‐7

◆自分でできる！　印刷・加工テクニックブック—低予算でも素敵なデザイン　平田美咲著, 印刷・加工テクニックブック編集部編　誠文堂新光社
【目次】1 印刷＆加工テクニック（抜き加工、ミシン目加工 ほか）、2 製本テクニック（本の仕組みと名前、製本の種類 ほか）、3 素材選びのテクニック（ネイルアート用品、メタリック素材 ほ

か）、4 応用テクニック（カレンダーいろいろ、ミシン活用 ほか）
2017.9　159p　23×19cm　¥2000　①978‐4‐416‐61119‐7

◆ジャパン・クリエイターズ　2017　カラーズ編著　カラーズ, ボーンデジタル 発売
【要旨】明日のクリエイティブのための才能ガイドブック。イラスト、グラフィックデザイン、CG、映像…さまざまなデザインの現役のクリエイター137組の作品を一挙掲載。
2017.7　311p　B5　¥2870　①978‐4‐86246‐390‐6

◆商業施設のキャンペーンビジュアル　アルファブックス／アルファ企画, 現代企画室 発売
【目次】Seasons—春／夏／秋／冬、Bargain Sale—セール／バーゲン／バザール／クリアランス、Events—クリスマス／バレンタイン／ホワイトデー／母の日／父の日／ハロウィン／その他、Anniversary—周年記念／グランドオープン／リニューアルオープン
2017.11　251p　29×22cm　¥12000　①978‐4‐7738‐8179‐0

◆白井敬尚　白井敬尚著　DNP文化振興財団, DNPアートコミュニケーションズ 発売（世界のグラフィックデザイン 124）
2017.9　63p　B6　¥1165　①978‐4‐88752‐395‐1

◆知りたいタイポグラフィデザイン　ARENSKI著　技術評論社（知りたいデザインシリーズ）
【要旨】身につける・理解する・やってみる—デザインのアイデアいろいろ。文字組みのルールからロゴまで。
2018.1　222p　A5　¥2080　①978‐4‐7741‐9522‐3

◆知りたいレイアウトデザイン　ARENSKI著　技術評論社（知りたいデザインシリーズ）
【要旨】割り付けのルールから伝わるデザインのアイデアいろいろ。誰に何をどのように伝えるのか。レイアウトにおいて、もっとも大切で基本的な知識、伝わるレイアウトで大切な3つのキーワードと8つのルール、33の技と7のデザインサンプル。レイアウトのさまざまなテクニックによる効果的な見せ方を、作例を使って解説。Ai&Psのワンポイント解説付き。
2017.12　221p　A5　¥2080　①978‐4‐7741‐9418‐9

◆白百　原研哉著　中央公論新社
【要旨】記憶の束から思いつくままに百の白を引き抜き、一葉ずつの白を味わってみたい。もはや白いという形容も希薄になるほどに。『白』から10年—白を感じとるための100の実践。
2018.1　207p　B6　¥1900　①978‐4‐12‐005036‐7

◆進化する！　地域の注目デザイナーたち　パイ インターナショナル編　パイ インターナショナル
【要旨】地域の魅力を全国に発信！ 最新トレンドがわかるデザイナーズ・ポートフォリオ。
2017.2　233p　B5　¥5800　①978‐4‐7562‐4856‐5

◆シンボル—アイデンティティを形にするためのヴィジュアルディクショナリー　アンガス・ハイランド, スティーブン・ベイトマン著, 大野千鶴, 尾原美保訳　ビー・エヌ・エヌ新社
【要旨】抽象から具象まで、世界中の企業・団体から1,300以上もの優れたシンボルを収録。理念やビジョンを形に落とし込みたい時に力になるアイデアリソース大事典。
2017.11　335p　23×19cm　¥4800　①978‐4‐8025‐1079‐0

◆図鑑デザイン全史　柏木博監修, 橋本優子, 井上雅人, 天内大樹著　東京書籍
【要旨】決定的図鑑—19世紀から21世紀まで、デザインの流れを一望する初めてのヴィジュアル大図鑑。編年的な構成—アーツ・アンド・クラフツ運動から、アール・ヌーヴォー、アール・デコ、モダニズム、ミッドセンチュリー・モダン、文化革命、ポストモダン、そして現在まで、時代や動向ごとにデザイナーと作品を紹介。ジャンルを網羅—グラフィック、タイポグラフィ、食品、ジュエリー、家具、照明器具、自動車、建築などなど、幅広いデザインのジャンルを豊富な作品写真で丁寧に解説。進化—自転車の進化、カメラの進化、電話機の進化、ギターの進化など、個別のジャンルの変遷が一目でわかる特設ページも多数収録。
2017.7　400p　31×26cm　¥5800　①978‐4‐487‐81034‐5

◆説得力を生む配色レイアウト—効果的な配色とレイアウトがわかる本（デジタル色彩対応）　南雲治嘉著　グラフィック社

◆**色をどこに置けばいいか？** 感覚に頼らない。ボリュームと位置が要。色彩生理学×視覚心理学に基づくノウハウ。配色とレイアウトの悩みにこの1冊！
2017.7 191p A5 ¥1800 ①978-4-7661-3076-8

◆**素材を使わないデザインのヒント** パイインターナショナル
【目次】カタチでみせる Shape、パターンでみせる Pattern、文字でみせる Letter、色でみせる Color
2017.8 271p 26×20cm ¥5800 ①978-4-7562-4940-1

◆**素材と対話するアートとデザイン―富山県美術館開館記念展 Part 2** 富山県美術館企画・監修 ADP （本文：日英両文）
【目次】アート×素材、革新×素材（木・石・竹・炭素・皮革、ガラス、セラミックス、メタル、繊維・テキスタイル、合成材・ポリマー・プラスチック、その他（塗料・インク））、素材のきほん
2017.11 159p A5 ¥1800 ①978-4-903348-50-6

◆**塑する思考** 佐藤卓著 新潮社
【要旨】デザインの本質は、物や事をカッコよく飾る付加価値ではありません。あらゆる物や事の真の価値を、あらゆる人間の暮しへと繋ぐ「水のような」ものなのです。デザインの第一線で活躍する著者が、全身で柔軟に思考する22章。デザインを介して検証する人の営み。
2017.7 262p B6 ¥1900 ①978-4-10-351071-0

◆**そもそもをデザインする―博報堂若手デザイナーたちの奮闘ドキュメント**「デザインの博報堂」取材班著 コスモの本
【要旨】なぜ、経営者たちはデザイナーの頭脳を欲しがるのか？「そもそも発想」を武器に、難問解決に挑んだ若手デザイナー5人、500日の記録。
2017.11 159p B6 ¥1500 ①978-4-86485-035-3

◆**タイポグラフィ ISSUE11 特集 欧文書体を使いこなす** グラフィック社編集部編 グラフィック社 （付属資料：別冊2）
【目次】ヨーロッパの事例から学ぶ欧文書体の選び方と使い方、CASE1 ドイツの新聞「Welt」の書体、CASE2 日産の3つの専用書体、CASE3 Monotypeの新書体開発 欧文書体「Between」と和文書体「たづがね角ゴシック」、事例 欧文書体の上手な使い方、知っておきたい欧文フォントの知識、欧文書体の用語解説、欧文書体の超基本定番書体と使い方
2017.5 127p B5 ¥2000 ①978-4-7661-3035-5

◆**タイポグラフィ ISSUE 12 特集 和文の本文書体** タイポグラフィ編集部編 グラフィック社 （付属資料：見本帳）
【目次】特集 和文の本文書体（藤田重信さんに聞く―筑紫書体のこれから、鳥海修さんに聞く―小説の本文書体の味わい方、本文書体を知る、使用例を見る、和文フォントを自分で作る）、特別記事・連載（ハウスメーカーシリーズ活動25周年の本『The Process is the Inspiration』、Hot New Fonts、Book Typography、ルーツで見分ける和文書体）
2017.11 127p B5 ¥2000 ①978-4-7661-3087-4

◆**タイポグラフィ論攷** 板倉雅宣著 朗文堂
【目次】本木昌造の呼称、本木昌造 長崎ゆかりの地、『學問のすゝめ』活字版、グーテンベルクが作った活字の高さをめぐって、ギャンブルがつくった日本語かな活字、マージナルゾーンの語源を探る、史料 中国の母型と活字に関するホフマンの報告 日本語訳
2017.6 106p B5 ¥2000 ①978-4-947613-94-3

◆**だれにもすぐにもできるデザイン技法** 阿部典英著 青娥書房
【要旨】親子でデザインや造形を楽しむことができるでしょう。この本では、従来からある伝統的な技法から、まったく新しい方法も含めて41の技法をまとめてみました。手足で遊びながら、デザイン、造形を楽しむ仕方と、身近なもので創ると、表現することの楽しさを味わえるような工夫があふれています。生活の中の美術の働き、生活を楽しく豊かにする形や色について、身の周りの素材・材料で工夫して表現する力を引き出します。
2017.5 141p A5 ¥1400 ①978-4-7906-0331-3

◆**地域の魅力を伝える！親切な観光案内のデザイン** パイインターナショナル編著 パイインターナショナル
【目次】北海道・東北地方、関東地方、中部地方、近畿地方、中国・四国地方、九州・沖縄地方、移住案内、外国人向け案内
2017.11 236p 30×23cm ¥5800 ①978-4-7562-4849-7

◆**チェコ ポーランド ハンガリーのポスター** 中川可奈子編著、京都工芸繊維大学美術工芸資料館監修 （京都）青幻舎 （京都工芸繊維大学美術工芸資料館デザインコレクション1）
【要旨】社会主義体制下にあったチェコスロヴァキア、ポーランド、ハンガリーでは、芸術家が公式な場で自由に表現活動を行なうことが許された、ポスターなどのグラフィックデザインが芸術性を発揮できる数少ない場所でした。本書では映画、演劇など文化的なポスター233点を一挙掲載。想像力を刺激する、独自のポスター文化をご堪能ください。
2017.6 279p 15×11cm ¥1500 ①978-4-86152-594-0

◆**定番フォントガイドブック タイポグラフィ編集部編** グラフィック社
【要旨】和文・欧文の定番フォント和欧混植のフォントなど約700書体を収録。
2017.8 383p A5 ¥2700 ①978-4-7661-3086-7

◆**デコレーション・グラフィックス―装飾で魅力的にみせるデザイン** パイインターナショナル編 パイインターナショナル
【要旨】飾りケイ・フレーム・背景のパターンなど装飾を効果的に使ったデザインアイデアが満載！
2017.12 223p 26×19cm ¥3900 ①978-4-7562-4978-4

◆**デザイナーが愛用したいこだわりフォントセレクション** フロッグデザイン著 秀和システム
【要旨】キュート、クール、クラシック…万能フォントでデザイン力アップ！デザイン見本で、使用のイメージを確認できる。詳細カタログに、商用利用の可否や条件も掲載。あらゆるデザインシーンにに対応できるフリーフォント。欧文、和文、計115書体を収録。
2017.3 191p A5 ¥1900 ①978-4-7980-4920-5

◆**デザイナーズFILE 2017―プロダクト、インテリア、建築、空間などを創るデザイナーズガイドブック** カラーズ編著 カラーズ、ボーンデジタル 発売
【要旨】製品と建築。モノデザインの今。第一線のデザイナー、建築家123組の最新作品とスケッチ＆プロトタイプを収録！
2017.3 291p B5 ¥2870 ①978-4-86246-375-3

◆**デザイナーのアイデア戦略―発想を生み出すデザインのスケッチ実例集** MdN書籍編集部編 エムディエヌコーポレーション、インプレス 発売
【要旨】本物のデザイナーはどのようにデザインするのか？＋のデザインはどのようなアイデアで作られたのか？93人のプロフェッショナルデザイナーのアイデアのもと。その手の内を見せる！
2017.4 223p B5 ¥1800 ①978-4-8443-6653-9

◆**デザインが生きる幾何学模様グラフィックス** センドポインツ・パブリッシング編 グラフィック社
【要旨】幾何学模様は綿密に構成されたクリアなイメージを生み出し、デザインの可能性を無限に広げてくれます。ロゴをはじめ、名刺や封筒、リーフレット、ペーパーバッグ、ポスターなど、幾何学模様をもちいた美しいデザインを世界中から集め、本書にまとめました。グラフィック・デザインはもちろん、ブランディングやマーケティング、商品企画の資料やインスピレーションの源として活用いただけます。
2017.6 180p 26×20cm ¥3500 ①978-4-7661-3012-6

◆**デザイン女子No.1決定戦 2014&2015 official book** デザイン女子No.1決定戦実行委員会編著 総合資格
【目次】Design Girls Championship 2014（大会概要、審査委員紹介、1次審査、2次審査、入選作品紹介、FINAL PRESENTATION・Q&A、FINAL DISCUSSION、出品作品一覧、学生委員の活動記録）、Design Girls Championship 2015
2017.3 181p B5 ¥4000 ①978-4-86417-224-0

◆**デザイン。知らないと困る現場の新・100のルール** MdN編集部編 エムディエヌコーポレーション、インプレス 発売
【要旨】デザインやDTP、レイアウトの基本やルール、アプリケーションやフォーマットの知識、紙、色、印刷や校正まで、印刷物を制作するための現場の最新常識。「今、どうなってるの？」をもう一度確認するためのDTP事典。
2017.11 223p A5 ¥2300 ①978-4-8443-6717-8

◆**デザインってなんだろ？** 松田行正著 紀伊國屋書店
【要旨】ブックデザインの世界を颯爽と駆け抜けてきた著者が、長年の経験と博覧強記の知識を駆使して、デザインや美的感覚が、そもそもどのように形成されていったか、歴史の糸をときほぐしつつ解説する渾身のデザイン論。混迷する文化状況を俯瞰し、その行く末を占う読み物としても楽しめる、基礎教養が詰まったコンパクトブック。
2017.4 326p 18cm ¥1800 ①978-4-314-01145-7

◆**デザインの小骨話** 山中俊治著 日経BP社、日経BPマーケティング 発売
【目次】第1章 生き物と人とその仕組み、第2章 日常の観察、第3章 つくる人の視界、第4章 スケッチの役目、第5章 仕事の作法、第6章 空へ
2017.11 229p B6 ¥1500 ①978-4-8222-5951-8

◆**デザインの仕事** 寄藤文平著、木村俊介聞き書き 講談社
【要旨】何かをつくり出したいと思っているすべての人へ。イラスト、デザイン、広告から装丁まで、さまざまな形で活躍する寄藤文平の体験的仕事論。
2017.7 201p 18×12cm ¥1300 ①978-4-06-220662-4

◆**デザインのひきだし 31 特集 刷りもの&紙もの・オリジナルグッズ大特集** グラフィック社編集部編 グラフィック社 （付属資料：オリジナルグッズ見本）
【要旨】ノベルティとして、またオリジナル商品として、グッズをつくる機会はよくあります。名入れグッズを簡単につくるのもいいけれど、せっかくつくるなら訴求力があり、グッズ自体に魅力があるものをつくりたい！という思いの人も多いはず。そんなとき役立つ「どんなものをつくったらいいのか」というアイデアと、「どこに頼めば、どのくらいの価格・納期・最小ロットでつくれるのか」という伝手の両方をドーンとご紹介。今までに知らなかった、またWeb検索ではなかなか出てこないグッズを多数掲載。グッズの実物付録も豊富にし、紙もの制作に携わるすべてのひとに役立つ特集です。
2017.6 159p B5 ¥2000 ①978-4-7661-2994-6

◆**デザイン歴史百科図鑑** エリザベス・ウィルハイド編、角館克子訳 原書房
【要旨】産業革命の時代以来、プロダクトデザイナーは様式の表現と単純化、機能性と形状といったデザインの根底にある緊張関係に解決を見出そうとしてきた。本書は、1000を超える魅力的な図版とともに、高い機能性や印象的な美しさで感銘をあたえる製造者の高度なとりくみを追い、デザインの未来の姿を展望する。
2017.10 576p B5 ¥8000 ①978-4-562-05415-2

◆**デザコン2016 in Kochi official book―第13回全国高等専門学校デザインコンペティション** 全国高等専門学校連合会編 建築資料研究社
【要旨】高知で開催された第13回「全国高専デザコン」、その全容を伝える公式記録集。空間デザイン/構造デザイン/創造デザイン/AM（Additive Manufacturing）デザインの4部門に加え、3年生以下を対象として新設されたプレデザコン部門も収録。各競技の審査過程を明らかにし、作品ごとに講評も掲載。応募作品全271点を網羅した完全版！
2017.6 147p B5 ¥1600 ①978-4-86358-510-2

◆**デジタルメディアと日本のグラフィックデザイン その過去と未来** JAGDAインターネット委員会編 誠文堂新光社
【要旨】黎明期の実験、CGの発展、マルチメディアの熱狂、ネットの普及、そしてシンギュラリティの未来―デザインとテクノロジーの来し方・行く末を一望し、イノベーション幻想を超えた本質へ。東京ミッドタウン・デザインハブ第55回企画展「デジタルメディアと日本のグラフィックデザイン その過去と未来」公式記録。
2017.2 252p 20×13cm ¥1800 ①978-4-416-51784-0

◆**テレンス・コンラン マイ・ライフ・イン・デザイン―成功するデザイナーの法則** テレンス・コンラン著、斎藤栄一郎訳 エクスナレッジ
【目次】テキスタイル&パターン、ハビタ、ファッション&小売、食&レストラン、建築&インテリア、再生、カタログ&本、家具、生活用品、デザイン・ミュージアム
2017.8 261p 26×21cm ¥3600 ①978-4-7678-2354-6

美術　　878　　BOOK PAGE 2018

◆突破するデザイン―あふれるビジョンから最高のヒットをつくる　ロベルト・ベルガンティ著，八重樫文日本語版監訳，安西洋之日本語版監訳・解説　日経BP社，日経BPマーケティング 発売
【要旨】しゃれたサーモスタット，リラックスできるMRI検査，5本指アウトドアシューズ，ハイファッションレンタル，iPhone，ネスプレッソ，リビングベッドルーム…固定観念を覆し生活を一変する斬新な製品やサービスはこうやって生み出された！企業戦略やデザインの専門家で，EUのデザイン政策にも深く関わる著者が，1990年代から世界のイノベーションを牽引してきた「デザイン思考」では突破できなかった壁を崩す新たな手法「意味のイノベーション」を，豊富な事例とともに明かす。
2017.7　350p　A5　¥2000　①978-4-8222-5525-1

◆日本字フリースタイル・コンプリート―たのしい描き文字2100　稲田茂著　誠文堂新光社　新装版
【要旨】1969年の刊行以来，高い評価を得てきた名著であり，描き文字の見本帳である『日本字フリースタイル700 1』（1976年）『同3』（1981年）の内容を再編集し，あらゆる文字の描き文字，計2,111作品を収録した復刻版（2013年）の新装版。新装版だけの特別付録付。
2017.10　480p　A5　¥2200　①978-4-416-71730-1

◆年鑑日本の空間デザイン 2018 ディスプレイ・サイン・商環境　空間デザイン機構，年鑑日本の空間デザイン刊行委員会編　六耀社
【要旨】展示会・見本市・イルミネーション・インスタレーション・ショールーム・商空間・レストラン・カフェ・百貨店・エキナカ・ホテル・美容室・アミューズメント施設・ショーウインドウ・博物館・学校・病院・福祉施設・オフィス・パブリックサイン・コマーシャルサインなど，多彩な空間での最新デザインを紹介。
2017.12　389p　A4　¥16500　①978-4-89737-967-8

◆年鑑 日本のパッケージデザイン 2017　日本パッケージデザイン協会企画・監修　六耀社
【要旨】今回で17回目となる国内唯一のデザイン主体のコンペティション「日本パッケージデザイン大賞」。2014年から2016年制作の応募作品1,277点の中から厳正な審査を経て選ばれた入賞・入選作品451点を掲載した，資料性の高い年鑑。
2017.5　612p　25×cm　¥18000　①978-4-89737-893-0

◆配色アイデア手帖―めくって見つける新しいデザインの本　桜井輝子著　SBクリエイティブ　完全保存版
【要旨】印象別／年代別／国別／色相別。さまざまな配色見本が全部で3175選。イメージを形にできる新しい配色の教科書。
2017.12　303p　15×21cm　¥1780　①978-4-7973-9324-8

◆配色手帳　日本カラーデザイン研究所監修　玄光社
【目次】第1章 12色のキーカラーとシルバー，ゴールド／2～3色の組み合わせ（キーカラー解説表の見方，赤／カーマイン，橙／オレンジ，黄／イエロー，緑／グリーン，青紫／ウルトラマリン，紫／パープル，うす桃色／モーブ・ピンク，茶色／ブラウン，紺色／ダーク・ミネラル・ブルー，白／ホワイト，灰色／グレー，黒／ブラック，銀／シルバー，金／ゴールド）、第2章 ファッションしたアイコンで配色を考える（3色の配色パターン，4色の配色パターン）、第3章 空間を意識したアイコンで配色を考える（空間を意識した5色の配色パターン）
2017.2　111p　B6　¥1800　①978-4-7683-0815-8

◆はじめて学ぶデザインの基本　小島トシノブ著　ナツメ社
【要旨】ノンデザイナーにもわかるようにデザインのルールを解説！豊富な作例からデザインの"見方・考え方・つくり方"がわかる。良いデザインに修正したBEFORE→AFTERの例も満載！
2017.2　175p　B5　¥2000　①978-4-8163-6152-4

◆パッケージデザイン総覧 2017年版（34）　日報ビジネス編　クリエイト日報
【目次】化粧品・美容関連・トイレタリー、菓子・食品、飲料、医薬品・ヘルスケア、電気製品・日用品・雑貨　その他
2017.9　383p　A4　¥9260　①978-4-89086-304-4

◆パッケージデザインの教科書　日経デザイン編　日経BP社，日経BPマーケティング 発売　第3版
【要旨】売れるパッケージのヒントと事例が満載！パッケージ制作の基礎～応用テクニックを網羅。商品企画担当者，デザイナー必携！増ページ＆大幅改訂！最新ヒット商品の開発事例，調査データを大幅拡充。
2017.6　271p　21×14cm　¥2900　①978-4-8222-5914-3

◆発想力のアイデアBOOK ひらめきスイッチ　相沢康夫著（静岡）マイルスタッフ，インプレス 発売　（momo book）
【要旨】今，必要なのは「知識」ではなく，「ひらめき」だ。「ひらめき」とは「自分の好きなもの」の中にある。「ひらめき」が「ときめき」に変わった時，世界は輝いて見える。おもちゃデザイナーの発想力が最爆発するアイデアBOOK！
2017.9　127p　24×19cm　¥1800　①978-4-295-40128-5

◆華やぐ筆のデザイン素材集　太田さやか，松本直美著　インプレス（デジタル素材BOOK）（付属資料：DVD‐ROM1）
【要旨】「上品」も，「決め」も，「可愛い」も。自在な使いで華やかなイラストと筆文字の素材集。プロの筆文字アーティストによる高品質な素材約4,000点収録。
2017.3　143p　B5　¥2600　①978-4-295-00085-3

◆遙かなる他者のためのデザイン―久保田晃弘の思索と実装　久保田晃弘著　ビー・エヌ・エヌ新社
【要旨】真に新しいもの，まだ見ぬ未知のものをつくりだすということは，どういうことなのか―芸術と工学を行き来し，脱中心を志向しながら最先端を走り抜けてきた久保田晃弘，20年分のデザイン論を精選収録。テクノロジーとともに更新されゆく人間と社会の未来を照らし出す一冊。
2017.2　447p　B6　¥2600　①978-4-8025-1050-9

◆ハワイアン・プリント・ブック　赤澤かおり著　筑摩書房（ちくま文庫）
【要旨】「この陽気でハッピーなプリント柄を着たい！」，アロハシャツやムームーを探すようになったのは25年前。今なお，私を惹きつけるのプリント柄の魅力とは？アロハシャツを制服とするワイキキのホテルマンやデザインのクリエーター，コレクター，そしてAloha な人達との出会いから，ハワイアン・プリントへの恋の理由が見えてきた。愛蔵のプリント117柄とハワイアン・プリントをめぐる旅のエッセイ。アンティークショップやアロハシャツのお店情報も！
2017.12　190p　A6　¥1200　①978-4-480-43490-6

◆判断のデザイン　チップ・キッド著，坪野圭介訳　朝日出版社　（TEDブックス）
【要旨】何もかも第一印象がすべて。その見た目をどう判断し，どうデザインすれば良いだろう？村上春樹作品（アメリカ版）の装幀でも知られる「世界一有名なブックデザイナー」が導入するのは「！／？」という基準だ。第一印象に必要なのは，明瞭さ（！）か、不可解さ（？）か、その二つか。ダブルクリップに地下鉄のポスター、ATMにタバコのパッケージ…身の回りにある様々な実例から、自らのデザインへの応用例を学んでいく。明瞭／不可解の尺度で世界の見方を再定義する、デザイン＝認識の技術。人気のTEDトークをもとにしたシリーズ見どころ満載、第6弾!!
2017.6　146p　B6　¥1700　①978-4-255-01009-0

◆ハンドレタリング素材集―TAM'S WORKSによる手書き文字・フォント・スタンプの世界　田村梓著　翔泳社　（付属資料：CD‐ROM1）
【要旨】Instagram で35,000人のフォロワーを集める人気ハンドレタリング・スタンプ作家「TAM'S WORKS（タムズワークス）」の素材集ができました。人気沸騰のスタンプ印影はもちろん、書き下ろしのハンドレタリングや手描きイラストも多数収録。また手書き文字をそのままデジタルフォント化したオリジナル欧文フォントも50種類以上収録しています。さらに、オリジナルスタンプやハンドメイド作品、DIYで素材を活用するアイデアも多数紹介。流行テイストの素材を探している方はもちろん、手書き文字のある暮らしを楽しみたいすべての方にお送りする1冊。
2017.4　127p　25×19cm　¥2200　①978-4-7981-5018-5

◆ハンド・レタリングの教科書―スケッチから完成まで、レタリング・デザインのすべてを　マルティナ・フロー著，白井敬尚監修，井原恵子訳　グラフィック社

【目次】第1章 ヴィジュアル・ストーリーテリング―レタリングの定義、カリグラフィやタイプデザインとの違い、第2章 文字を見る目―観察の重要性、第3章 基本の構造―文字のDNA、第4章 道具と使い方―ペン、筆、その他の道具、第5章 レタリング・デザインの世界―文字のさまざまなスタイル、第6章 構成と装飾―構造、ヒエラルキー、飾りつけ、第7章 文字の形をスケッチ―ラフスケッチから完成度の高いドローイングまで、作業に有効なヒントとテクニック、第8章 アナログからデジタルへ―レタリングのベジェ曲線化、第9章 最後の仕上げ―色とテクスチャー、第10章 仕事の現場―プロのレタリング・デザイナーになるには
2018.1　167p　24×21cm　¥2700　①978-4-7661-3089-8

◆悲劇的なデザイン―あなたのデザインが誰かを傷つけたかもしれないと考えたことはありますか？　ジョナサン・シャリアート、シンシア・サヴァール・ソシェ著，高崎拓哉訳　ビー・エヌ・エヌ新社
【要旨】命を奪いかねないインターフェイス、怒りをあおる失礼なテクノロジー、思いがけず悲しみを呼ぶ仕様、多様性や公正さの欠如により人を排除するプロダクト…。過ちは、どうすれば避けられるのか。人が触れるモノやサービスをつくる全デザイナー、特に美術教育を受けた人に捧ぐ。新時代のデザイナーのためのリスクマネジメント・ガイドブック。
2017.2　239p　A5　¥2600　①978-4-8025-1078-3

◆101のビジュアル・イリュージョン　サム・タプリン文，マット・ダーパー，ヤスミン・フォークナー，ハンリ・ヴァン・ワイク，ステファニー・ジョーンズ絵，神田由布子訳　東京書籍
【要旨】目で見ているものが「本当」とはちがって見える！不思議さでポップ＆カラフルな101種類の「だまし絵」が、あなたの脳に魔法をかける。
2017.7　111p　26×20cm　¥1600　①978-4-487-81073-4

◆表裏異體―杉浦康平の両面印刷ポスターとインフォグラフィックス　杉浦康平，神戸芸術工科大学共同研究組織者，赤崎正一編，神戸芸術工科大学，ビジュアルデザイン学科、アジアデザイン研究所監修　新宿書房
【目次】杉浦康平インタビュー1―「東京国際版画ビエンナーレ展」ポスター、杉浦康平インタビュー2―「田中未知の『言語楽器』展」ポスター、展示スタンド、デザインノート、回転への誘惑（映像制作ノート）、ポスター批判としてのポスター
2017.6　94p　26×16cm　¥2850　①978-4-88008-467-1

◆平野甲賀　平野甲賀編・デザイン　DNP文化振興財団、DNPアートコミュニケーションズ 発売　（世界のグラフィックデザイン 123）（本文：日英両文）
【目次】江戸川乱歩『屋根裏の散歩者』（架空装丁）、高橋悠治『カフカ／夜の時間』みすず書房、ウィリアム・アイリッシュ『暗闇へのワルツ』（架空装丁）、都筑道夫『推理作家の出来るまで（上巻）』フリースタイル、ビリー・ホリデイ『レフト・アローン』、波一文字シリーズ、赤地に文字の連なり、山口瞳『日本語を作った男』集英社インターナショナル、鬱一文字シリーズ、小島信夫『残光』新潮社〔ほか〕
2017.8　63p　B6　¥1165　①978-4-88752-394-4

◆ファッションアイテムとテキスタイルを集めて、オトナ女子スタイル素材集を作ってみました。　田村嘉章著　技術評論社（design parts collection）（付属資料：DVD‐ROM1）
【要旨】今までにはない?!驚きの高精細、リアリティ＆存在感！これは使える！継ぎ目の無いシームレスパターン＆パターンブラシ。
2017.10　151p　21×14cm　¥2680　①978-4-7741-9250-5

◆ファンシーポップ・デザイン　パイインターナショナル編著　パイインターナショナル
【目次】ニュー・エイティーズ、キュート・パンチ、テクノ・ポップ、コミカル・ポップ、ネオン・ドリーミー、ロゴ＆タイポグラフィ
2017.5　223p　26×20cm　¥3900　①978-4-7562-4894-7

◆フィリップ・アペロワ　フィリップ・アペロワ編・デザイン　DNP文化振興財団、DNPアートコミュニケーションズ 発売　（世界のグラフィックデザイン 122）（本文：日英両文）
【目次】FIAF秋のフェスティバル：クロッシング・ザ・ラインフレンチ・アンスティチュ・ア

ライアンス・フランセ、ニューヨーク、『21世紀アートガイド』ファイドン、イベントカレンダーNo.17、No.20フレンチ・アンスティチュ・アライアンス・フランセ、ニューヨーク、TDC54募集案内タイプディレクターズクラブ、ニューヨーク、パリのスイスチューリッヒ・デザイン・ミュージアム、『ブラジル・モダンの再発明』ガゴシアン・ギャラリー、パリ、セーヴル焼磁器皿のためのパターン国立セーヴル工房、腕時計"スリムドゥエルメス"数字フォントデザイン：フィリップ・アペロワ 時計デザイン：フィリップ・デルホタル（エルメスウォッチクリエイティブ・ディレクター）エルメス

2017.8 63p B6 ¥1165 ①978-4-88752-393-7

◆フォントマッチングブック　松village大輔編集・デザイン　パイ インターナショナル
【要旨】フォント別に「見出し」「リード」「本文・キャプション」の3つのパートを収録した縦組み・横組みに対応した、文字に関わるすべての人、必携の組版見本帳。自分だけのフォントの組み合わせを見つけよう！
2017.1 1Vol. 19×16cm ¥2600 ①978-4-7562-4864-0

◆藤田純平の仕事　博報堂デザインドリブンプロジェクト編　CCCメディアハウス
(HAKUHODO ART DIRECTORS WORKS & STYLES VOL.4)（付属資料：別冊1）
【要旨】いまや日本が世界に誇り、世界を牽引するカルチャーとなったアニメーション。そのアニメを武器に新たなアートディレクターのカタチを開拓するのが藤田純平だ。活躍の場は広告にとどまらず、人気TV番組「オトッペ」のWEBアニメと日々広がり続ける。この本では、藤田の軌跡を肉筆スケッチを交えて紹介する。
2017.11 170p A5 ¥1600 ①978-4-484-17235-4

◆富士通デザインフィロソフィー　富士通デザインBOOK編集委員会編　アクシス（富士通デザインBOOK 1）
【要旨】人や社会、技術を理解し、人の経験や行動原理をベースに未来ビジョンを描き、それを実現する仕組みを考え、必要なサービスやモノ、空間を総合的にデザインする。そのためのデザインフィロソフィーが求められている。
2017.9 107p B5 ¥2000 ①978-4-900450-80-6

◆不自由な自由 自由な不自由—チェコとスロヴァキアのグラフィック・デザイン　増田幸弘、集著　六耀社
【要旨】「レトロでかわいい」と人気のチェコとスロヴァキアで生まれたデザイン。でも、そのつくり手たちはどんな思いを形や色に込めたのだろう。
2017.2 227p B6 ¥2500 ①978-4-89737-881-7

◆フランスのポスター—京都工芸繊維大学美術工芸資料館デザインコレクション 2　平芳幸浩編著，京都工芸繊維大学美術工芸資料館監修（京都）青幻舎
【要旨】近代ポスターの始まりの地、フランス・パリ。シェレ、ロートレック、ミュシャら芸術家が腕を競い、ベル・エポックの華やかな市民生活を象徴する目にも鮮やかなポスターが街を彩りました。本書では、近代ポスターの草創期からアールヌーヴォー、アールデコを経て戦争期の作品まで227点を一挙収録。時代の息づかいを伝えるポスター芸術の歩みを辿ります。
2017.9 277p A4 ¥1500 ①978-4-86152-631-2

◆ボタニカル・グラフィックス—植物モチーフの美しいデザイン　サンドゥー・パブリッシング編　グラフィック社
【目次】WOW、HAZEL、Kana Nakaminami、Inside Norway、Marianne & Lars、"AT THIS RATE"、Coca i Fitó、JASP-I、Ippon Matsu Beer、Sexologist Business Card〔ほか〕
2017.2 240p B5 ¥3500 ①978-4-7661-2986-1

◆ポール・コックス デザイン＆アート　ポール・コックス作　パイ インターナショナル
【要旨】遊び心あふれるフランス人アーティスト日本初作品集。「JR東日本北陸新幹線」関連CMイラスト・「ルミネ」「キリンビール」広告などで大人気！ ポップでグラフィカルなポスター・絵本・アートワークなど600点収録。
2017.8 295p B5 ¥2900 ①978-4-7562-4941-8

◆ポール・ランド デザイナーの芸術　ポール・ランド著，山本政幸監修，手嶋由美子訳　ビー・エヌ・エヌ新社
【要旨】デザインに関するランドの代表的な著作、1930年代から1980年代までの優れたグラフィック作品を幅広く集めたもの。1947年に刊行された名著『ポール・ランドのデザイン思想 (Thoughts on Design)』の中のエッセイのほとんどは1984年にランド自身の手で書き換えられている。広告デザイン、コーポレート・アイデンティティ、デザイン教育、タイポグラフィなど、ランドが模範となる独創的な作品を生み出した分野におけるそれ以降の作品も、新たに加えた。それぞれの文章には実例として、ランドが尊敬する芸術家の作品だけでなく、ポスター、本のカバー、商品広告、企業の商標、パッケージ、内装などランド自身の作品も豊富に掲載されている。
2017.4 247p B5 ¥4600 ①978-4-8025-1055-4

◆水たまりの中を泳ぐ—ポスタルコの問いかけから始まるものづくり　マイク・エーブルソン，エーブルソン友理著　誠文堂新光社（本文：日英両文）
【要旨】橋の構造を活かした軽くて丈夫なバッグ、着心地の良さを追究したレインウェア、ありそうでなかったものを生み出すポスタルコが本になりました。
2017.10 224p 24×18cm ¥3000 ①978-4-416-51771-0

◆ミニマル・デザイン—引き立つシンプルグラフィックス　サンドゥー・パブリッシング編　グラフィック社
【要旨】可能な限りデザイン要素を制限したミニマル・スタイルは、不要なものを淘汰することで、その本質とメッセージをより際立たせます。本書では、ブランディング、エディトリアル・デザイン、プロダクト・パッケージなど、ミニマル・スタイルを用いたシンプルかつインパクトのある、世界の美しいデザイン事例を100点以上ご紹介しています。クリアで明瞭なデザインで、「ターゲットに響く」グラフィックスを生み出すためのインスピレーション・ソースとして、ブランディング、マーケティング、商品企画などにお役立ていただけます。
2017.8 232p B5 ¥3800 ①978-4-7661-3061-4

◆メディア工作ワークブック　パンタグラフ著　グラフィック社
【要旨】つくるものを動かして楽しむ「メディア工作」。絵を描くだけでできる簡単なものから、モーターやLEDを使ったもの、コマ撮りアニメーションまで、仕組みさえ理解できれば簡単！ アイデア次第で作品の世界はいろいろ広がります。新しい工作の世界へようこそ！
2017.4 142p 26×20cm ¥2200 ①978-4-7661-3001-0

◆目次レイアウトの見本帳　ヤマモトカウンシル，グラフィック社編集部編　グラフィック社
【要旨】レイアウトに迷った時、情報整理に悩んだ時に。本文へのリードとして、優れた目次デザインを多数収録。実際に使用されている書体情報付き。
2017.3 175p 25×20cm ¥2500 ①978-4-7661-2996-0

◆目的別に探せて、すぐに使えるアイデア集 Webデザイン良質見本帳　久保田涼子著　SBクリエイティブ
【要旨】本書は415点の厳選した良質なWebサイトを集めた見本集です。レイアウト、配色、フォント、素材、プログラムなど、ページを構成しているデザインパーツまで分解して解説しているので、Webサイトを見るだけではわからなかった「デザインの魅力の理由」がわかり、サイトの制作にもすぐに活用できます。「アイデアが見つからない」「イメージはあるけど、何が必要で、どうつくればいいかわからない」といった時に必見の価値あり。パラパラめくって好きなページを見つけ出し、デザイン制作に役立ててください。
2017.6 191p B5 ¥2300 ①978-4-7973-8903-6

◆ユール・イヤーター—デンマーク生まれのクリスマスオーナメント150のサンプル　ファルスター民俗資料館編，福記誠二訳　ビネバル出版，星雲社 発売
【要旨】クリスマス・ツリー、オーナメント、ユール・イヤーターについて、お母さんと作ったユール・イヤータ、手編みハート ユール・イヤータの作り方と150種のハートのテンプレート
2016.12 135p B5 ¥3180 ①978-4-434-22847-6

◆ルーダー・タイポグラフィ ルーダー・フィロソフィー—エミール・ルーダー作品集　ヘルムート・シュミット編　誠文堂新光社
【目次】エミール・ルーダーとセリフ・タイポグラフィ（バーゼル工芸専門学校 (AGS) におけるタイポグラフィ教育の目標、AGSの組版専科のタイポグラフィ ほか）、エミール・ルーダーとサンセリフ・タイポグラフィ（今日の精神、社会、科学、技術における…、一服の茶、タイポグラフィ、歴史主義、シンメトリーとアシンメトリーについて ほか）、エミール・ルーダーとユニバース・タイポグラフィ（ユニバース55、12pt試作版、ユニバースと現代のタイポグラフィ ほか）、エミール・ルーダーについて（レオ・マイエ、ティッチーノ、アーミン・ホフマン、ルツェルン ほか）
2017.8 220p 31×24cm ¥4500 ①978-4-416-61751-9

◆レイアウト、基本の「き」　佐藤直樹著　グラフィック社　増補改訂版
【要旨】『レイアウト、基本の「き」』の内容をより役立つよう見直し、20ページ以上増補して新たな本として生まれ変わりました。
2017.4 164p B5 ¥2400 ①978-4-7661-3023-7

◆レイアウトデザイン見本帳—レイアウトの意味と効果が学べるガイドブック　関口裕、内藤タカヒコ、長井美樹、佐々木剛士、鈴木貴子、市川水緒著　エムディエヌコーポレーション、インプレス 発売
【要旨】秀逸な実例サンプルと図解を満載！ 視覚に与える効果と意味が学べる、新・レイアウト見本帳。レイアウトを秀逸な実例で参考にしたい方から、自分で応用して考えたい方まで。文字、写真、配置、配色といったレイアウトの基本をはじめ、イメージや言葉から創造されるレイアウトデザインの実践方法を丁寧に解説。見る人に与える心理的効果や意義、意味まで学べるレイアウト見本帳の決定版！
2017.4 159p B5 ¥2500 ①978-4-8443-6662-1

◆レトロでかわいいポルトガルの紙もの　矢野有貴見著　イカロス出版
【要旨】食品・日用品、文房具、カフェ＆レストランの紙もの、包装紙＆紙袋—レトロでほっこり、キュートなデザインと、味のある印刷がたまらないポルトガルの紙ものの世界へ、ようこそ！
2017.10 157p 20×15cm ¥1600 ①978-4-8022-0436-1

◆ロードアイランド・スクール・オブ・デザインに学ぶ クリティカル・メイキングの授業—アート思考＋デザイン思考が導く、批判的ものづくり　ロザンヌ・サマーソン、マーラ・L. ヘルマーノ編著，久保田晃弘監訳，大野千鶴訳　ビー・エヌ・エヌ新社
【要旨】「電気を使わずに部屋を明るくする10通りの方法を考えなさい」「新しいメディアやテクノロジーを使い、社会のニーズに応えるものを作りなさい」明確な答えのない課題を、創造的な方法で解決するために必要な能力を育むRISD教育のエッセンスを凝縮。Airbnbの創設者をはじめ、様々なビジネス領域で数多くのイノベーターを輩出した「美大のハーバード」、ロードアイランド・スクール・オブ・デザインでは、どのような教育が行われているのか？
2017.7 287p A5 ¥2800 ①978-4-8025-1063-9

◆ロマン・チェシレヴィチ　DNP文化振興財団、DNPアートコミュニケーションズ 発売（世界のグラフィックデザイン 121）
2017.5 65p B6 ¥1165 ①978-4-88752-392-0

◆和—japanese style × beautiful material　田村嘉章著　技術評論社　(design parts collection)（付属資料：DVD1）
【要旨】伝統的手法を踏襲して仕上げた超精細デジタルデータ。日本の美を極める素材集2 in 1。プロでもアマでも、あらゆるジャンルのクリエイターへ。AIファイル＆PNGファイルそれぞれ2296種類収録。
2017.5 333p 19×19cm ¥3580 ①978-4-7741-8922-2

◆わくわくロゴワーク—いっしょに増やそう！ ロゴづくりのひきだし　岡口房雄著　ビー・エヌ・エヌ新社
【要旨】ゲームやアニメのタイトルから、ブランドや企業名まで。よくある・あるかも・まさかのお題がきたときに、同じ文字列でいかにテーマに沿ったバリエーション案を作れるかを繰り広げる、あたらしいロゴづくりの本。
2017.9 191p A5 ¥2000 ①978-4-8025-1064-6

◆和のかわいい配色パターン　iyamadesign著，グラフィック社編集部編　グラフィック社
【要旨】和の伝統色をもとにした配色見本帳。約500種類のかわいい配色を紹介！
2017.6 158p A5 ¥1800 ①978-4-7661-3036-2

美術

◆ワンパターンとは言わせない！ 年中行事のデザイン　パイ インターナショナル編著　パイ インターナショナル
【要旨】バリエーション豊かな行事・イベントのデザインが満載！
2017.7　303p　31×23cm　¥9200　978-4-7562-4767-4

◆a+a 美学研究　10　美学への視点 芸術への視点　大阪大学大学院文学研究科比較デザイン学クラスター美学研究室編　（大阪）松本工房
【目次】プラトン『法律』における「テアトロクラティア」―沈黙する観客からポリス全体による歌舞へ、香りのアートはなぜ面白いのか―従来の「身体論」を越えて、芸術の名においてジェノサイドを見るコト―S・21写真に向かうド・デューヴの視点、過去との出会い―映画『オルフェの遺言』のなかのコクトー、E. バークと一七七〇年代の英国ブリストル陶磁器―クエーカー商人R. チャンピオンとの蜜月関係、日本のデザイン様式考―その相反する側面に関する現象学的分析、日常に根ざすアートとアートセラピー―「エンパワメント」概念によって見えてくる構図、マイノリティのパフォーマンスを引き出すメディア空間―『フリークスター3000』にみる空間の多重化、風景と雰囲気
2017.4　143p　A5　¥1500　978-4-944055-89-0

◆a+a 美学研究　11　デザインへの視点　大阪大学大学院文学研究科比較デザイン学クラスター美学研究室編　（大阪）松本工房
【目次】第1章 近代工芸運動（一九世紀後半の英国におけるインテリアの位置、ドイツの近代工芸運動―ミュンヘンとドレスデンを中心に、柳宗悦の佛教美学）、第2章 デザインの言葉たち（デザイナーを考、つくる・風情・風流―日本におけるデザイン意識の古層、手・様・体―筆跡の語られた方をめぐって）、第3章 デザイン教育史（イタリアの「デザイン」教育、ウルム造形大学における脱バウハウス思想、映像による美的コミュニケーション教育）、第4章 デザインミュージアム（フランス第二帝政期の装飾芸術と展覧会、新しいミュージアムのかたち―工場・製作室・研究所、ロボットをめぐる展示の問題）、第5章 デザインの東西交流（朝顔のジャポニスム―園芸と工芸と文芸、英国人リバティの日本趣味）
2017.4　222p　A5　¥1500　978-4-944055-90-6

◆Advertising is―Takuya Onuki Advertising Works 1980・2010　大貫卓也著　グラフィック社
【要旨】アートディレクター大貫卓也、25年ぶりの作品集。常に３歩先を提示し続けた大型クリエイティブのすべてが網羅された広告デザイン書の決定版。日清カップヌードル「hungry？」、ペプシマン、Jリーグロゴ、ラフォーレ原宿、愛知万博シンボルマーク、新潮文庫Yonda？、ソフトバンク、資生堂TSUBAKIなど、誰もが知る仕事の数々を5,000点を超えるビジュアルと本人による書き下ろしテキストで、その発想から定着までを詳細に解説。大貫がデザイナーとして葛藤しながら進化していく様よ、まさに血の滲む冒険小説。デザイナーのみならず問題を解決したいすべてのクリエーターへ。オールカラー1,500ページ、図版5,000点超、テキスト500枚超、必見の没アイデアスケッチ多数収録！
2017.11　1502p　A4　¥10000　978-4-7661-3083-6

◆AGE OF SUPER SENSING―センシングデザインの未来　中川聰監修, 日経エレクトロニクス編　日経BP社, 日経BPマーケティング 発売
【目次】未だ見ぬ過去、懐かしい未来、生物感覚とセンシング、現代社会とセンシング、なぜ、今センシングのこれまでとこれから、センシングの実践と課題、SUPER SENSINGとは、意味センシング、副産物によるセンシング、センサーレスセンシング、バイオハック、拡張感覚―五感を超えて、予測感性のセンシング、SENSING DESIGN PROCESS, SUPER SENSINGの未来
2017.3　272p　24×24cm　¥3600　978-4-8222-3971-8

◆APPLE：Learning to Design, Designing to Learn―りんご 学び方のデザイン デザインの学び方　三木健著　CCCメディアハウス
【目次】『りんご』観察―分解、『りんご』観察―長さ、『りんご』観察―面積、『りんご』観察―色、『りんご』いたずらがき、『りんご』点、『りんご』線、『りんご』連想ゲーム、『りんご』パーティー、『りんご』一本の線、『りんご』オノマトペ、『りんご』思考のオブジェ、『りんご』パラパラ漫画、『りんご』教科書、『りんご』まとめ
2017.12　219p　24×18cm　¥3700　978-4-484-17234-7

◆Brilliant Logo―モチーフでみるロゴデザインコレクション　ビー・エヌ・エヌ新社
【要旨】日本、そして世界から（クライアントは25カ国以上）集めた900個を超えるロゴクリエイション集。
2017.8　303p　26×20cm　¥4000　978-4-8025-1048-6

◆CHALK & DESIGN―うつくしいレタリングとデコレーションのルール23　丸橋伸監修　三才ブックス
【要旨】チョークデザインの第一人者が教えるうつくしいレタリングとデコレーションのルール23。「絵は苦手。でもかっこよく手描きしたい！」を叶えるため、色鮮やかなチョークの作り方から、フォント別の描き方、文字やフレームの効果的な配置まで、チョークデザインのアイデアとコツを知る。
2017.5　109p　B5　¥1600　978-4-86199-973-4

◆Creator　2018　特集 外部パートナーへの「発注」術 期待を超える仕上がり！ 進行がラクに！―広告制作プロダクションガイド　宣伝会議
【目次】特集 期待を超える仕上がり！ 進行がラクに！ 外部パートナーへの「発注」術（発注者がオリエンまでに準備すべきポイント 要点を簡潔に伝えるオリエン技術、発注者はデザインにどう関与すべきか デザイナーの力を引き出す発注術、発注者は法律とどう向き合うべきか 制作の一環としての法的ロジックの構築、デジタル時代の発注術と外部パートナー 時代の変化をとらえる広告アイデア術、発注者も知っておきたい写真技術 写真を昇華させる職人技のレタッチ）、広告制作パートナーズガイド（広告制作パートナーズガイドの見かた、前編（OAC会員社）、後編（その他企業））、気鋭のクリエーターの作品＆連絡先 Creators' index
2018.1　197p　28×21cm　¥1900　978-4-88335-425-2

◆d design travel TOKYO　D&DEPARTMENT PROJECT　改訂版
【目次】東京の十二か月、東京の数字、東京の47 47 REASONS TO TRAVEL IN TOKYO、東京の世界 FOOD FROM AROUND THE WORLD IN TOKYO、d MARK REVIEW TOKYO TRAVEL MAP、d MARK REVIEW TOKYO、東京の一号店を訪ねて ドトールコーヒーショップ原宿店、東京のロングライフ・コーポレート・マーク かわるかわらない ソニー、東京のロングライフデザイン・ケーススタディ ヤクルト本社のヤクルト、編集長が行く ナガオカトラベル〔ほか〕
2017.6　129p　24×18cm　¥1900　978-4-903097-80-0

◆DESIGN IS DEAD（？）デザイン イズ デッド？　幅允孝企画監修、未来を変えるデザインプロジェクト編著　ダイヤモンド社
【目次】1 境界線、2 ロゴマーク、3 変化、4 生まれる場所、5 社会課題、6 可能性
2017.1　118p　27×21cm　¥1800　978-4-478-06871-7

◆Design Review　2017　デザインレビュー2017実行委員会編　総合資格
【目次】大会概要、クリティーク紹介、受賞作品紹介、本選出場作品、受賞者選抜議論、全体講評、出展者データ、学生実行委員会
2017.8　227p　B5　¥1800　978-4-86417-237-0

◆Ex‐formation（エクスフォーメーション）　原研哉著　平凡社
【目次】四万十川、RESORT、皺、植物、はだか、女、半熟、空気、ふたり、TOKYO
2017.9　479p　16×12cm　¥3200　978-4-582-62063-4

◆Exhibition Booth―日本で唯一の展示会ブースデザイン集　アルファブックス／アルファ企画, 現代企画室 発売
【要旨】SCビジネスフェア2016、建築・建材展2016、JAPAN SHOP 2016、第27回国際文具・紙製品展、第8回ベビー＆キッズEXPO、第35回JAPANTEX 2016、エコプロ2016、第50回ジャパンゴルフフェア2016、第29回インターフェックスジャパン、LED NEXT STAGE 2016〔ほか〕
2017.7　261p　31×24cm　¥18000　978-4-7738-8172-1

◆Fujitsu Human Centric Experience Design―Fujitsu Design Book 2　富士通デザインBOOK編集委員会編著　アクシス
【要旨】自らが意思を持って望ましい未来を創造する。そのためには、「未来の心地よい体験」を可視化し、具現化すること。これは、これからのデザインに求められていることでもある。人が中心となって創造的な価値を生み出すための方法論と手法、そして事例の数々を紹介します。
2017.10　121p　B5　¥2000　978-4-900450-81-3

◆GIRLS LUXURY WEEKEND―週末を彩る大人かわいい装飾素材集　パワーデザイン著　インプレス　（付属資料：DVD‐ROM1）
【要旨】ファッション、美容、ウエディング、旅行、イベントなど、様々なシーンをおしゃれでイマドキに飾ってくれる、便利で使いやすいデジタル＆アナログ素材をたっぷり収録！ JPEG／PNG／EPS形式、約7200点収録♪
2017.6　160p　B5　¥2700　978-4-295-00135-5

◆GOOD DESIGN AWARD　2016　日本デザイン振興会編　日本デザイン振興会, 宣伝会議 発売

【目次】2016年のフォーカス・イシュー、グッドデザイン・ベスト100、グッドデザイン大賞、グッドデザイン賞受賞対象総覧(生活プロダクト(小物類、趣味・健康用品、生活雑貨、日用品、キッチン、家電、情報機器、家具、住宅設備、モビリティ、医療・生産プロダクト、店舗・公共プロダクト、住宅、住宅工法、産業空間建築、建築工法、インテリア、メディア、パッケージ、一般・公共向けソフト、システム、サービス)、海外とのデザイン賞連携、グッドデザイン・ロングライフデザイン賞
2017.3 802p A4 ¥25000 ①978-4-88335-401-6

◆**GRAPHIC DESIGN IN JAPAN 2017**　日本グラフィックデザイナー協会編　日本グラフィックデザイナー協会, 六耀社 発売　(本文:日英両文)
【要旨】亀倉雄策賞、JAGDA賞、JAGDA新人賞、他、日本のグラフィックデザイン秀作600点。
2017.6 495p 30×22cm ¥15000 ①978-4-89737-895-4

◆**How to Design―いちばん面白いデザインの教科書**　カイシトモヤ著　エムディエヌコーポレーション, インプレス 発売　改訂版
【要旨】造形の基本/配色のセオリー/文字と書体/写真と画像処理/レイアウトの考え方/印刷の知識。「どう考えて、どう手を動かすのか」。グラフィックデザインの現場で求められる基礎知識とデジタルスキルを実践的なプロセスとともにわかりやすく解説。
2017.4 223p B5 ¥2300 ①978-4-8443-6655-3

◆**Marimekko Spirit**　パーヴォ・ハロネン、マイヤ・ロウェカリ、アイノ=マイヤ・メッツォラ著　DNP文化振興財団, DNPアートコミュニケーションズ 発売　(本文:日英両文)
【目次】Paavo Halonen、Maija Louekari、Aino-Maija Metsola
2017.11 71p B6 ¥1500 ①978-4-88752-397-5

◆**MdNデザイナーズファイル 2017**　エムディエヌコーポレーション, インプレス 発売
【要旨】注目の若手から熟練のエキスパートまで、第一線で活躍する210組のグラフィックデザイナー/アートディレクター、そして、独創性あふれるクリエイター、アーティスト30組の仕事とプロフィールを掲載。ビジュアル表現の「現在進行形」がわかる比類なきデザイナー年鑑!
2017.2 263p 28×22cm ¥3800 ①978-4-8443-6641-6

◆**RED―ヒトラーのデザイン**　松田行正著　左右社
【要旨】デザインの歴史探偵が読み解く、ヒトラーのデザインの本質。なぜ、「ナチズム」は止まらなかったのか。ナチス映画が語る日常にひそむ煽動。
2017.8 367p 19×13cm ¥2700 ①978-4-86528-176-7

◆**SIMPLE & NATURAL素材集With タイポグラフィー―ニュアンスカラーで上品おしゃれ**　Power Design Inc. 著　ソシム　(付属資料:DVD-ROM1)
【要旨】これ1冊でおしゃれなデザインが完成!ノンデザイナーも安心。素材の使用見本を全ページに掲載。あくまでさりげなく、でもないと物足りない。そんなシンプルで使いやすい素材を厳選。作例のカラー情報を掲載。色の組み合わせや多色展開の参考に。作例内で使用しているフォントデータも収録。
2018.1 127p B5 ¥2480 ①978-4-8026-1135-0

◆**Something Strange This Way**　ジャネット・カーディフ、ジョージ・ビュレス・ミラー著　(京都)青幻舎
【目次】出展作品のカラー写真とアーティストの言葉、怖がらないで。ちょっと奇妙なものを見せてあげるから、カーディフ&ミラー百科事典、サウンドマシン、スナップショット(2002-2014)、アーティスト紹介、作品リスト
2017.11 201p 24×17cm ¥2500 ①978-4-86152-650-3

◆**Sweet & Natural 手描きでかわいいイラストとフォントの素材集―水彩・色鉛筆・パステル・クレヨン・線描**　中島心著、米倉明男フォント監修　SBクリエイティブ　(付属資料:DVD1)
【要旨】水彩・色鉛筆、ナチュラルテイストの手描きイラストが盛りだくさん!オリジナルフォントがたっぷり付いて、かわいいデザインが作れる!フレーム、ライン、テクスチャー、素材に豊富なバリエーションがある!人気の作品に加えて、和風も充実。年賀状作成用の

素材にも使える!本をめくり旅するように素材と会える。絵本のような素材集!
2017.9 143p B5 ¥2400 ①978-4-7973-9267-8

◆**ten to senの模様づくり**　岡理恵子著　グラフィック社　(読む手しごとBOOKS)　(付属資料:オリジナルペーパー16)　増補改訂版
【要旨】北の大地の自然からすてきな模様とテキスタイルを生み出す「点と線模様製作所」の本。未収録コレクション7種を新たに収録!
2017.5 141p A5 ¥1600 ①978-4-7661-3049-2

◆**THE MACH55GO WORKS 55×20―マッハ55号がデザインするアニメ・音楽・書籍の世界20年**　上杉季明著・デザイン　パイインターナショナル
【要旨】マッハ55号/上杉季明によるアニメ・音楽・書籍のデザイン二〇年分。
2017.10 175p B5 ¥3400 ①978-4-7562-4993-7

◆**Tokyo TDC Vol.28 The Best in International Typography & Design**　DNPアートコミュニケーションズ
【要旨】TDC最新デザイン年鑑。世界のタイポグラフィ、グラフィックデザインのベストセレクション。ポスター、ロゴ＆コーポレートステーショナリー、パッケージ、サインデザイン、ブック＆エディトリアル、フォント、小型グラフィック、ブランディング、広告、映像、ミュージックビデオ、実験作品。東京TDC賞2017への応募34カ国3,006エントリーから厳選した423作品。
2017.9 1Vol. 29×21cm ¥6900 ①978-4-88752-050-9

◆**Visual Thinking with TouchDesigner―プロが選ぶリアルタイムレンダリング＆プロトタイピングの極意**　松山周平、松波直秀著、ベン・ヴォイト監修　ビー・エヌ・エヌ新社
【要旨】ハリウッドやメディアアート界から熱い注目を集めるTouchDesigner。本邦初の入門解説書が遂に登場!リアルタイム映像出力や大規模インスタレーションで威力を発揮。TouchDesigner本家Derivative社ベン・ヴォイト氏特別監修。気鋭デジタルアーティストが書き下ろした、現場で使えるテクニック満載。
2017.5 287p 27×20cm ¥9000 ①978-4-8025-1071-4

◆**WA デザインの源流と形相**　ロッセッラ・メネガッツォ、ステファニア・ピオッティ著、木田拓也、野見山桜、谷美奈江訳　美術出版社
【要旨】日本のデザインに宿る美しさとその本質、その根底に流れる影響源を、250点の伝統的なものとコンテンポラリーなものとを比べ見ることで、読者をわくわくするような日本文化の旅へ誘います。
2017.5 287p 27×20cm ¥9000 ①978-4-568-50626-6

◆**WEBプロ年鑑 '18**　アルファブックス/アルファ企画、現代企画室 発売
【要旨】第一線で活躍する全国のWEB制作会社、精鋭100社を紹介。
2017.11 215p 31×24cm ¥9000 ①978-4-7738-8181-3

色彩・文様

◆**アイデア広がる!配色バリエーションBOOK**　久野尚美, フォルムス色彩情報研究所著　グラフィック社
【要旨】とっておきの配色アイデアが盛りだくさん。2配色から多色の配色例まで、色の持つ可能性を最大限に引き出せる実用配色ブック。カラーパレットごとに、日/英/仏/伊の4カ国語対応イメージワードを掲載。商品開発、ネーミングのヒントや手芸のアクセント使いにもオススメです。
2017.2 304p 18×18cm ¥1800 ①978-4-7661-3007-2

◆**色という奇跡―母・ふくみから受け継いだもの**　志村洋子著　新潮社
【要旨】祖母・豊、母・ふくみ、母娘三代にわたって受け継いできた、日本の色、色彩世界への感性。本書のために著者が作成した作品『色の扉』付き。
2017.3 109p 22×16cm ¥15000 ①978-4-10-350811-3

◆**色の名前事典507**　福田邦夫著　主婦の友社
【要旨】JIS規格の269色を含む日本の色、世界の色、507色の由来、おもしろ話、色データ。
2017.3 311p A5 ¥2600 ①978-4-07-423166-9

◆**着物と日本の色―着物で綴る日本伝統色**　弓岡勝美監修　パイインターナショナル　(本文:日英両文)
【要旨】赤、緑、桃、青、茶、紫、黄、黒白、金銀
2017.12 240p 27×16cm ¥2800 ①978-4-7562-5017-9

◆**古今文様素材集**　kd factory著　ソシム　(付属資料:DVD1)
【要旨】伝統美に魅了される一古より受け継がれる伝統文様を現代的な感性と繊細なタッチで描いた珠玉の素材集。振袖などに描かれる華やかな吉祥文様や黒地に金が映える蒔絵、磁器陶器の色絵など美しい日本の伝統文様素材を収録。
2017.3 127p B5 ¥2480 ①978-4-8026-1093-3

◆**この1冊で合格!色彩検定2級テキスト＆問題集**　桜井輝子著　新星出版社　(付属資料:赤シート1)
【要旨】最新公式テキストに完全対応。2回の模擬試験で合格Get!
2017.8 239p A5 ¥1480 ①978-4-405-04909-3

◆**この1冊で合格!色彩検定3級テキスト＆問題集**　桜井輝子著　新星出版社　(付属資料:赤シート1)
【要旨】最新公式テキストに完全対応。2回の模擬試験で合格Get!
2017.8 207p A5 ¥1480 ①978-4-405-04910-9

◆**世界の服飾文様図鑑**　文化学園服飾博物館編著　河出書房新社
【要旨】文様から世界の文化が見えてくる。基礎知識からそれぞれの文様に込められた意味まで、約350点の豊富な図版と共に紹介した充実の一冊。
2017.7 191p A5 ¥2400 ①978-4-309-25581-1

◆**中国の伝統文様×デザイン**　センドポインツ・パブリッシング編　グラフィック社
【要旨】本書では、中国の伝統的な文様700点を収録。吉兆、富、豊かさを意味する文様、モチーフ(動物・植物・自然など)と、過去から引き継いだそれらの視覚的要素を現代のデザインへと昇華させた、アジア各国のオリエンタル・ムード溢れるグラフィックスを集めたデザイン資料集です。ブランディングや、ロゴデザイン、プロダクトデザインなどのインスピレーション・ブックとして、ご活用いただける一冊です。
2017.12 255p 26×19cm ¥3500 ①978-4-7661-3094-2

◆**日本の色のルーツを探して**　城一夫著　パイインターナショナル
【要旨】日本古来の神々の色、陰陽五行説の色、武将たちに愛された色、雅な平安の色、粋な大江戸の色彩から、昭和の流行色まで、ビジュアルで辿る日本の色を探る旅。
2017.3 255p B6 ¥1800 ①978-4-7562-4700-1

◆**花しるべ手帖―誕生日の花個紋**　花個紋企画室(京都)青幻舎
【要旨】季節、歳時に基づき集められた花々を「紋」にかたどった花暦。「366日の花個紋」から届いたバースデーメッセージと「個意ことば」からイメージをふくらませ、その日に生まれた人が持っている性質や性格を綴りました。
2017.9 415p A6 ¥1500 ①978-4-86152-639-8

◆**100語でわかる色彩**　アマンディンヌ・ガリエンヌ著、守谷てるみ訳　白水社　(文庫クセジュ)
【要旨】著者は、カラーアドバイザー(カラリスト)として、エルメスや数々のプレタポルテルのほか、アクト・シュッド出版などの仕事に携わる。顔料の歴史、色の理論、象徴性、色と文化、色と音楽の関係、流行などと100のテーマで色を解説。著者の幼い頃からの、そして仕事や旅を通して得た、色に対する感性を随所に散りばめた一冊。
2017.12 151, 2p 18cm ¥1200 ①978-4-560-51017-9

◆**佛教の文様―打敷の織と刺繍**　池修編著　(京都)光村推古書院
【目次】仏教の荘厳と打敷、打敷の歴史、打敷の図柄と色、打敷と行事、打敷の文様、五色、陰陽五行、考察
2017.11 318p A6 ¥2800 ①978-4-8381-0561-8

◆**様式への問い―文様装飾史の基盤構築**　アーロイス・リーグル著、加藤哲弘訳　中央公論美術出版
【目次】第1章 幾何学様式、第2章 紋章様式、第3章 植物文様装飾の始まりと、文様としての蔓草の発展(古代オリエント(エジプト―植物文様の

美術 / 芸術・芸能

創出、メソポタミア、フェニキア、ペルシア)、ギリシア美術における植物文様装飾(ミュケーナイ―蔓草の成立、ディピュロン様式、メロス、ロードス、古ボイオティア 初期のアッティカ、蔓草の絡み合い、蔓草縁飾りの発達、蔓草充填の発達、アカンサス文様の出現、ヘレニズムと古代ローマの植物文様装飾) 第4章 アラベスク(ビザンティン美術における植物蔓草文様装飾、初期のサラセンにおける蔓草文様装飾術)
2017.4 428p B5 ¥28000 ①978-4-8055-0769-8

事典・書誌・年鑑・名鑑

◆現代人気美術作家年鑑―画廊・コレクターが推奨する日本画/洋画/彫刻/工芸/書/写真 2017　美術の杜出版、星雲社 発売
【目次】現代の巨匠、インターナショナルアーティストの横顔、クローズアップアーティスト、スペシャルアーティスト、日本画、洋画、彫刻・工芸、書、写真、記録・資料、作家索引
2017.2 767p 28×21cm ¥9259 ①978-4-434-23010-3

◆最新美術・デザイン賞事典2010-2016　日外アソシエーツ編　日外アソシエーツ, 紀伊國屋書店 発売
【要旨】美術・デザイン分野の288賞を収録。前版(2010.6刊)以降に新設された17賞を含め、最新データと受賞者情報を掲載。洋画・日本画、版画、書、彫刻、陶芸、工芸、写真、デザイン、イラスト、広告、建築、漫画など、美術・デザイン分野の賞、公募展、コンペティションを収録。個人の受賞歴を一覧可能な受賞者名索引のほか、賞名索引と主催者索引を付す。
2017.6 671p A5 ¥19000 ①978-4-8169-2664-8

◆西洋美術作品レファレンス事典―個人美術全集・彫刻/工芸/建造物篇　日外アソシエーツ編　日外アソシエーツ, 紀伊國屋書店 発売
【要旨】戦後(1945〜2016年)に国内で刊行された、西洋彫刻家・美術家・工芸家・建築家などの個人美術全集やそれに準ずる作品集(展覧会カタログ等は除く)、185種224冊(別掲「採録美術全集一覧」参照)に掲載されている版画作品の図版(15,540点)を対象とした彫刻、オブジェ、工芸品、建造物などの図版別索引。
2017.1 985p B5 ¥92000 ①978-4-8169-2638-9

◆日本タイポグラフィ年鑑　2017　日本タイポグラフィ協会編　パイ インターナショナル(本文:日英両文)
【目次】理事長挨拶、応募・収録作品点数、受賞者一覧、審査委員選評、グランプリ・受賞者に聞く、ビジュアル・アイデンティティ、ロゴタイプ・シンボルマーク、タイプフェイス、グラフィック、エディトリアル、パッケージ、インフォグラフィック、環境・ディスプレイ・サイン、オンスクリーン、研究・実験、学生、第16回佐藤敬之輔賞発表
2017.4 271p A4 ¥12000 ①978-4-7562-4884-8

◆日本美術年鑑　平成27年版　東京文化財研究所編　中央公論美術出版
【目次】平成26(2014)年美術界年史、美術展覧会(企画展、作家展、団体展)、美術文献目録(収録定期刊行物誌名、定期刊行物所載文献、美術展覧会図録所載文献)、物故者
2017.3 516p B5 ¥10000 ①978-4-8055-1310-1

◆美術界データブック　2017　生活の友社
【目次】ジャンル別 作家略歴・住所録、全国デパート、画廊・画商、鑑定人、オークション会社一覧、物故作家略歴、名簿1、名簿2、PRIZE
2017.2 581p A5 ¥1524 ①978-4-908429-05-7

◆美術界データブック　2018　生活の友社
【目次】ジャンル別作家略歴・住所録(日本画・水墨画、洋画・水彩・版画、他平面、彫刻・他立体、工芸)、全国デパート、画廊・画商、鑑定人、オークション会社一覧(全国デパート内美術画廊、全国画廊・画商 ほか)、物故作家略歴、名簿(美術団体事務所、美術評論家・関係者住所録 ほか)、PRIZE(文化勲章受章者、文化功労者 ほか)
2017.12 572p A5 ¥1524 ①978-4-908429-16-3

◆美術作品レファレンス事典 人物・肖像篇3 個人美術全集　日外アソシエーツ編　日外アソシエーツ, 紀伊國屋書店 発売
【要旨】個人美術全集に掲載されている歴史上実在した人物や、神話・宗教や物語に登場する架空の人物の肖像画・人物画が、どの美術全集に掲載されているか、モデルとなった人名から探せる図版別索引。973種1,118冊、見出し人名5,677人、作品図版25,299点のデータを収録。作者名、技法、制作年、所蔵先等も記載。「作者名索引」付き。
2017.5 964p B5 ¥38000 ①978-4-8169-2655-6

◆美術作品レファレンス事典 日本の風景篇　日外アソシエーツ編　日外アソシエーツ, 紀伊國屋書店 発売
【要旨】美術全集に掲載されている風景・名所を描いた絵画・版画作品を、画題となった名称から検索するための図版別索引。収録点数は、684種1,534冊、風景・名所4,899ヵ所、作品図版27,844点。
2017.10 898p B5 ¥37000 ①978-4-8169-2683-9

◆美術大鑑　2018年版　美術大鑑編集部編　ビジョン企画出版社
【要旨】美術家、美術界の総合情報年鑑。
2018.1 854p B5 ¥4000 ①978-4-89979-050-1

◆美術年鑑　2018(平成30年版)　美術年鑑社
【目次】巻頭特別企画 BEST EXHIBITION '17、日本画、洋画、彫刻、工芸、記録・資料、古美術大総覧
2018.1 857p 28×23cm ¥4000 ①978-4-89210-216-5

◆美術の窓の年鑑 現代日本の美術　2017　生活の友社
【要旨】人気作家411名の新作を一挙掲載!!
2017.5 293p 29×23cm ¥2500 ①978-4-908429-12-5

◆美術品所蔵レファレンス事典 西洋絵画篇　日外アソシエーツ編　日外アソシエーツ, 紀伊國屋書店 発売
【要旨】美術全集・個人美術全集・作品集231種558冊に掲載されている作品27,194点の所蔵先を作家別に掲載。掲載画家1,371人の生没年・出身地などの基本情報も明記。巻末に「所蔵別索引」「作品名索引」「作者名カナ表記索引」付き。
2017.11 955p B5 ¥37000 ①978-4-8169-2689-1

◆美術名典　2018　美術名典編集部編　芸術新聞社
【目次】巻頭企画、日本画家、洋画家、版画家、彫塑家、工芸美術家、書家、古美術大鑑、資料編、歴代叙勲・受賞作家
2018.1 657p B5 ¥4259 ①978-4-87586-118-8

文学・小説

文学	884

◆文学 884
- パロディ・ジョーク　　　885
- ミステリーの周辺　　　885
- 児童文学・ＳＦ・ファンタジー論　　　885
- 民話・伝承　　　886
- 怪談　　　887
- 日本文学の全集　　　888
- 外国文学の全集　　　891
- 事典・書誌・年鑑　　　892

◆日本文学の研究 893
- 古代・中世の文学　　　894
  - 日記・随筆　　　895
  - 物語文学　　　896
  - 源氏物語　　　897
- 近世の文学　　　898
- 和歌・俳諧　　　899
  - 百人一首　　　901
  - 万葉集　　　901
  - 松尾芭蕉　　　902
- 近代日本文学　　　902
  - 詩・短歌・俳句　　　903
  - 評論・論集　　　906
  - 対談集　　　909
  - 作家論・作品論　　　910

◆外国文学の研究 917
- アジアの文学　　　918
  - 中国文学　　　918
  - 中国古典文学　　　919
  - 漢詩　　　920
  - 千一夜物語　　　920
- 英米文学　　　920
  - イギリス文学　　　920
  - アメリカ文学　　　922
- ドイツ文学　　　923
- フランス文学　　　924
- ロシア文学　　　925
- その他の海外文学　　　925

◆ノンフィクション 926
- ノンフィクション（海外）　　　933

◆エッセイ 937
- エッセイ・コラム（海外）　　　960

◆詩集・歌集・句集 960
- 季語・歳時記　　　960
- 詩集　　　961
- 歌集　　　968
- 句集　　　971
- 外国の詩集　　　975

小説（作家名の五十音順） 976
- 明治～昭和初期の小説　　　976
- 現代の小説（純文学）　　　976
- 歴史・時代小説（戦記）　　　1025
- 経済・社会小説　　　1066
- ミステリー・サスペンス・ハードボイルド　　　1066
- ＳＦ・ホラー・ファンタジー　　　1116
  - 架空戦記　　　1128
- ヤング・アダルト小説　　　1131
  - ボーイズラブノベルズ　　　1302

◆外国の小説 1326
- ミステリー・サスペンス・ハードボイルド　　　1341
- ＳＦ・ホラー・ファンタジー　　　1357
- ロマンス　　　1366

◆ポルノグラフィ 1396

文学

◆池澤夏樹、文学全集を編む　河出書房新社編集部編　河出書房新社
【要旨】豪華対談・鼎談多数収録。
2017.9 239p A5 ¥1600 ①978-4-309-02608-4

◆インザシティ　第17集　「彼女はサイエンス」　ビームス、サンクチュアリ出版 発売
【目次】インタヴュー（小林エリカ「危険でも、光輝くものに心奪われる気持ちが、私にはすごくよくわかる」、詩と短篇小説（瞳の奥の科学館、絶対に人には言えないこと、ひらめきウィークエンド、「それはいまでもブルースなのか」第一回 リズム・セクションと論理の道筋）、ロングエッセイ〈彼女たちこそサイエンス！、ロックとロールのあいだには、、、（第九回））、エッセイ連載
2017.5 231p 19cm ¥1000 ①978-4-86113-894-2

◆エンタテインメントの作り方―売れる小説はこう書く　貴志祐介著　KADOKAWA（角川新書）
【要旨】エンタテインメント小説の書き方には、明確なルールがある。数々の文芸賞を受賞し、「黒い家」「悪の教典」など、映像化作品も多数生み出した人気小説家・貴志祐介が、"売れる小説"の創作テクニックを余すところなく開示。読めば小説の書き方が劇的に変わる、小説家志望者なら、必ず読むべき、目からウロコの「小説の書き方」論。
2017.10 232p 18cm ¥800 ①978-4-04-082181-8

◆オリジナリティあふれる物語作りのためのライトノベル・マンガ・ゲームで使えるストーリー80　榎本秋、榎本事務所著　秀和システム
【要旨】"王道パターン"を知らなければ、オリジナルは作れない。アレンジのために必須の基本ポイントも図解で見える。新しいストーリーと今はやりのパターン、バラエティ豊かな80のシナリオ集。
2017.5 255p A5 ¥1600 ①978-4-7980-4822-2

◆軽井沢朗読館だより　青木裕子著　アーツアンドクラフツ
【要旨】高原の拠点から被災地や沖縄へ孤軍奮闘、文学作品を朗読する。元NHKアナウンサー、プロの仕事と日常。
2017.6 231p B6 ¥1400 ①978-4-908028-19-9

◆キスの先までサクサク書ける！乙女系ノベル創作講座　ジュエル文庫編集部編　KADOKAWA（ジュエルブックス）
【要旨】イメージがどんどん湧くシーンや、素敵なキャラクター、萌えるストーリー展開が脳内にはあるのに、小説の形にうまくできない。実際に自身で書きあげたことがあるけど、もっと上達したい。ネットで作品を発表しているけど、もっとランキング上位にいきたい。プロデビューして小説家になりたい。そんな色んなあなたのために書かれました。超実践、書き方ハウツー本。
2017.6 223p B6 ¥1400 ①978-4-04-892799-4

◆雑談につかいたい古典―雑談力の決め手は古典の知識だ　野中根太郎著　アイバス出版
【要旨】雑談で古典がつかえるようになれば、人間力や評価が向上しつづける。
2017.7 281p B6 ¥1400 ①978-4-907322-17-5

◆子午線―原理・形態・批評　5　（熊谷）書肆子午線
【目次】インタビュー（武田崇元―願わくはこれを語りて平地人を戦慄せしめよ）、連載（中島一夫「帝国主義をめぐって―文学・転向・槇村浩2、なし崩しの果て―プチブルインテリゲンチャ、平野謙」）、批評（長濱一眞―終末のサドたち―二〇一五年前後の「反ヘイト」をめぐって、大澤南―リベラル

安倍晋三の双子たち、木藤亮太―柳田國男論（下）柳田國男と農）、詩（手塚敦史―解散、松本圭二―マツモト・エレジー、宿久理花子―シ、どこでも）、特集 下村康臣（鼓行するもの（抄）、室蘭（抄）、リサ、リサたち サキ、サキたち（抄）、PRÉF-ACE、名辞、無題（ざわめきの中に身を沈めることは快い…）、ビッキの外れ、言語崩壊、八木幹夫 下村康臣覚え書き）
2017.1 261p 24×17cm ¥2000 ①978-4-908568-10-7

◆"小説家になろう"で書こう　新紀元社（モーニングスターブックス）
【要旨】もうすぐアイディアが降臨しそうな人へ。本気で作家になりたい人のための"小説家になろう"使いこなしガイドブック登場！創作の基礎知識やアイディアのまとめ方、読者を引き込む文章テクニック解説も!!
2017.8 293p B6 ¥1600 ①978-4-7753-1517-0

◆小説同人誌をつくろう！―ラノベを書くならウェブ投稿より同人で！　弥生肇著　総合科学出版
【要旨】ウェブ小説で投稿した自分の作品をセルフプロデュースして、同人誌デビュー！ウェブ小説では体験できない楽しさがある!!
2017.6 143p A5 ¥1400 ①978-4-88181-860-2

◆ストーリー・ジーニアス―脳を刺激し、心に響かせる物語の創り方　リサ・クロン著, 府川由美恵訳　フィルムアート社
【要旨】脳科学的アプローチで、"物語の天才（ストーリー・ジーニアス）"になる！その極意は、主人公の"内面の闘い"を描くこと―『脳が読みたくなるストーリーの書き方』の著者による物語創作の実践編。
2017.8 414p B6 ¥2000 ①978-4-8459-1640-5

◆絶対誰も読まないと思う小説を書いている人はネットノベルの世界で勇者になれる。―ネット小説家になれる本　榎本秋、榎本海月月、榎本事務所著　秀和システム
【要旨】ネットで自分の好きな小説を書きつつもネットのトラブルを回避する創作レッスン。
2017.9 255p A5 ¥1600 ①978-4-7980-5202-1

◆創作トレーニング ストーリーの作り方　2 実践編　野村カイリ著　新紀元社
【要旨】ジャンル別にストーリーの作り方を詳しく解説！
2017.4 277p A5 ¥1600 ①978-4-7753-1485-2

◆ダイアローグ―小説・演劇・映画・テレビドラマで効果的な会話を生みだす方法　ロバート・マッキー著, 越前敏弥訳　フィルムアート社
【要旨】60名以上のアカデミー賞受賞者を輩出した、世界で最も影響力のあるロバート・マッキーの物語創作講義!!
2017.10 381p A5 ¥2800 ①978-4-8459-1629-0

◆太宰治賞　2017　筑摩書房編集部編　筑摩書房
【要旨】第三十三回太宰治賞受賞作 タンゴ・イン・ザ・ダーク（サクラヒロ）、第三十三回太宰治賞最終候補作（ガンちゃんはきみっこ！（井上タニシ）、地下小劇場（高本葵葉））
2017.6 263p 18cm ¥1600 ①978-4-480-80472-3

◆超・戦略的！作家デビューマニュアル　五十嵐貴久著　PHP研究所（PHP新書）
【要旨】「正しい方法論」で臨みさえすれば、才能やセンスがなくとも「作家になる」のは決して難しくない。むしろ「簡単だ」と著者はいう。「作家デビュー」というのはゲームのようなものであり、攻略法が存在するというのだ。本書では、多くのベストセラー作品を生み出してきた著者が、「いわゆる入門書の"まずは短編を書いてみよう"は間違っている」「プロットは100枚書く」「審査する側の気持ちを理解しよう」など、徹底微尾リアルで「作家になるための正しい方法論」"イガラシ・メソッド"を惜しみなく紹介。効率よく、ノーリスクで作家になるための「最短距離」が学べる、作家志望者必読の一冊！
2017.8 263p 18cm ¥860 ①978-4-569-83044-5

◆テンプレート式 ライトノベルのつくり方　榎本秋著　総合科学出版
【要旨】プロット（あらすじ）、登場キャラクター、世界設定などなど、ライトノベルや長編小説、物語を執筆・制作するためには数多くの要素が必要になります。そこで、本書では項目を埋めていくだけでできあがる6つの「テンプレート」と数多くのサンプルを公開。初めて物語を書く、作る人でも詳細な「設計図」が作成できます。ま

た、作成するときに役に立つ「アイデアワード」やヒントなどもあわせて収録。どのように書き始めたらいいかわからない、どうしても途中で詰まってしまう、という方におすすめです！
2017.2 174p A5 ¥1380 ①978-4-88181-850-3

◆「、。」　河村塔王著　（柏）暗黒通信団
2017.8 24p A5 ¥200 ①978-4-87310-100-2

◆場面設定類語辞典　アンジェラ・アッカーマン, ベッカ・パグリッシ著, 滝本杏奈訳　フィルムアート社
【要旨】キャラクターや物語を生かすも殺すも場面設定の良し悪し次第！225パターンの場所・環境・背景を通じて自由自在に「場面設定」をつくりあげるテクニックをこの一冊で習熟しよう！大ヒット「類語辞典」シリーズ第4弾！
2017.4 583p A5 ¥3000 ①978-4-8459-1623-8

◆ヒツクリコ ガツクリコ―ことばの生まれる場所　アーツ前橋, 萩原朔太郎記念・水と詩のまち前橋文学館企画・監修　左右社
【目次】第1章 線という言語（対談 石川九楊×鈴木ヒラク―文字の起源、會田大河、大澤雅休・大澤竹胎・横堀仙風・浦上秀樹 ほか）、第2章 危機の時代のことば（テキスト 平川克美―嘘と真実あるいは、絵画の次元について、イタリア未来派・ダダイスム・クルト・シュヴィッタース・ジョージ・マチューナス・ベン・ヴォーティエ・塩見允枝子・ジョン・ケージ・河原温・河口龍夫・山川冬樹 ほか）、第3章 私・記憶・空間（テキスト 瀬戸夏子―短歌、有限性、そしてそれゆきの可能性、荒井良二・オノ・ヨーコ・ミヤギフトシ ほか）、第4章 意味からの解放（テキスト 山本浩貴+h―生（活）の配置、「調べ」の気づき必然の混雑なる場をもたらす詩の形式について、テキスト 建畠晢 視覚詩はジャンルたりうるかほか）、第5章 ことばの生まれる場所へ（詩 文月悠光―鶴舞う形 絹の橋、文月悠光・山村暮鳥・萩原朔太郎・東宮七男・草野心平・ムットーニ・白石慶子 ほか）
2017.11 203, 32p A5 ¥2200 ①978-4-86528-186-6

◆文学効能事典―あなたの悩みに効く小説　エラ・バーサド, スーザン・エルダキン著, 金原瑞人, 石田文子訳　フィルムアート社
【要旨】読むクスリ、処方します。小説で愉しむ「病」と「悩み」の処方箋。
2017.6 421p B6 ¥2000 ①978-4-8459-1620-7

◆文芸くらしき―倉敷市民文学賞作品集　第20号　倉敷市文化振興財団企画・編　（岡山）大学教育出版
【要旨】小説、随筆、童話、現代詩、短歌、俳句、川柳など全六九作品を掲載。
2017.3 183p A5 ¥1000 ①978-4-86429-446-1

◆文芸翻訳入門―言葉を紡ぎ直す人たち、世界を紡ぎ直す言葉たち　藤井光編　フィルムアート社（Next Creator Book）
【目次】下線部和訳から卒業しよう、Basic Work（「下線部を翻訳しなさい」に正解はありません―それでも綴る傾向と対策（一五〇年分）、なぜ古典新訳は次々に生まれるのか？、私にとっての名訳と誤訳・こだわり、Actual Work（小説翻訳入門、翻訳授業の現場から、映画字幕の冒険―翻訳以上、創作未満）、翻訳家への12の質問、私の好きな翻訳書と翻訳書の魅力、未来の翻訳者のみなさんへ
2017.3 276p B6 ¥1800 ①978-4-8459-1618-4

◆文章を仕事にするなら、まずはポルノ小説を書きなさい　わかつきひかる著　雷鳥社
【要旨】ジュブナイルポルノの女王が勧める、「官能小説」というビジネス。デビューから20年間で培ったノウハウを元に、仕事の見つけ方から、企画の立て方、物語の書き方まで、プロへの道のりをサポート。さらに、デビュー後の営業の方法まで、一冊ですべてフォロー。著者が実際に使っている企画書作成用の箱書きシートつき。現役のフランス書院編集長＆編集者計4名のインタビューを掲載！
2017.7 255p B6 ¥1500 ①978-4-8441-3726-9

◆翻訳等価再考―翻訳の言語・社会・思想　河原清志著　（京都）晃洋書房
【要旨】「翻訳とは何か」を、翻訳等価の言語学・社会学・哲学的徹底解明。古今東西の翻訳理論の社会文化史的総括を通して、言葉の意味への根源的問いかけを行う。
2017.3 262, 25p A5 ¥4500 ①978-4-7710-2851-7

◆物語論 基礎と応用　橋本陽介著　講談社（講談社選書メチエ）

文学

【要旨】人間だけが物語を語り、物語によって現実を理解する。では、「おもしろい物語」とは、どのように作られているのか。プロップ、バルト、ジュネットらの理論を紹介し、具体的な作品の分析から、その設計図を明らかにする。最もわかりやすいナラトロジーの教科書。
2017.6 269p B6 ¥1700 ①978-4-06-258650-4

◆ライトノベル新人賞の獲り方　榎本秋著
総合科学出版
【要旨】「イラストでレーベルの特色、特徴、読者層などをつかむ」「ポスターやPOP(ポップ)、オビなどの販促物をチェックする」「友人に読んでもらい、どれくらいの時間で読めたかで、作品の出来がわかる」「落選した作品を修正するのではなく、新しい作品にトライする」「自分が好きなものを作品に入れる時には、説明しすぎのキャッチを考えてみる」…など、すぐに使えるノウハウ満載！
2017.3 255p A5 ¥1600 ①978-4-88181-856-5

◆AUTHOR'S 6 まうかいブックスギャラリー編　まうかいブックスギャラリー
【目次】COVER's STORY 今日の顔（青山公子）、仰向けの蝉一真っ青な空と真っ赤な夏の詩（小林ヨシロ）、ゲセルと聖水（ガルチン・アリヤ）、帰還（一宮晴美）、森の福音（夏川夏奈）、出会いのコラージュ―中止々呂美冬・水の時空（星埜恵子）、日本映画感傷往来 閉塞感を吹き飛ばした「釣りバカ日誌」—映画の再興は人づくりから（吉村久夫）、続いて踊ろう、キューバ！（志治美世子）、我が内なる「難民」問題（皐一）、これからの出版に感じること（向井楠）
2017.7 99p A5 ¥1000 ①978-4-904402-10-8

◆COAL SACK―石炭袋 89号　コールサック社
【目次】扉詩 慈悲（美濃吉昭）、詩1（ひっそりとした深夜の街／怒りは種にして（佐藤克哉）、祈りの木（青柳晶子）ほか）、短歌 俳句 五行歌（予兆（加部洋祐）、長い夢（森水晶）ほか）、小説（ピュアホワイト（北嶋節子）、父と子／蝶（植松晃一）ほか）、エッセイ・評論（神秘の湖「四尾連湖」に寄せる想い（野澤俊之）、石川逸子さんの歴史フィールドワーク「オサヒト散歩2」に参加して（青山晴江）ほか）、詩2（月と通信する／窓のない部屋（李元姫）、あなたは私の孤独を持っていった（盧戎）ほか）、お話 講演録（海の詩集）に関するメモランダム（若宮明彦）、繋がることで希望を—「少年少女に希望を届ける詩集」に寄せて（二階堂晃子）ほか）
2017.3 415p A5 ¥1000 ①978-4-86435-287-1

◆MORI Magazine―作家・森博嗣が雑誌をつくると、こうなる。　森博嗣編　大和書房
【目次】編集長の巻頭挨拶―創刊に当たって、二〇一六年を振り返る―世間知らずな森博嗣にできる時事放談みたいな超絶企画、特集「いつまでも子供でいたいなんて、どう？」—作家・遊び人の森博嗣にロングインタビュー、人生相談 千人義理―森博嗣が悩みにすばりお答えします、エッセイ 大人の森の理屈にしばられずに、考える、質疑応答ってこんなもんか―森博嗣に質問したい人、集まれ！、エッセイ 言葉について、考える、人生相談 千人義理パート2—森博嗣が今はすっきりお答えします、近頃の森博嗣—二〇一六年の仕事、森博嗣たちによる座談会、編集後記
2017.8 189p B6 ¥1200 ①978-4-479-39297-2

パロディ・ジョーク

◆紳士淑女のジョーク全集　井坂清著　さくら舎
【目次】1 快楽、2 偉い人、3 はだかの真実、4 苦い空気、5 身体狂、6 こころの迷子、7 消えた楽園
2017.12 244p B6 ¥1500 ①978-4-86581-128-5

◆新・世界の日本人ジョーク集　早坂隆著
中央公論新社（中公新書ラクレ）
【要旨】シリーズ累計100万部！あの『世界の日本人ジョーク集』の帰ってきた！AI、観光立国、安倍マリオ…。日本をめぐる話題は事欠かない。やっぱりマジメ、やっぱり英語が下手で、曖昧で。それでもなぜか魅力的な「個性派」は他にいない！不思議な国、日本。面白き人々、日本人。異質だけれどスゴい国。世界の人々の目を通して見れば、この国の底力を再発見できるはず。
2017.12 229p 18cm ¥800 ①978-4-12-150605-4

◆ふらんす小咄大観　田辺貞之助編　青蛙房
新装版
【目次】乙女心はやさし、牧歌のしらべ、初夜のともしび、ハネムーン余談、女性哀歓、夫婦善哉、よろめき夫人の記、愛すればこそ、忠実なるしもべたち、無邪気な女たち〔ほか〕
2017.3 355p B6 ¥2300 ①978-4-7905-0472-6

ミステリーの周辺

◆このミステリーがすごい！ 2018年版
『このミステリーがすごい！』編集部編　宝島社
【要旨】2017年のミステリー＆エンターテインメントランキング発表！ベストテン、特別インタビュー 国内編一位『屍人荘の殺人』今村昌弘、特別寄稿 海外編一位『フロスト始末』、デビュー30周年記念対談 綾辻行人×宮部みゆき、復刻版＆21世紀版『奇想天外』刊行記念 山口雅也、『奇想天外アンソロジー』を語る、特別対談 恩田陸×宮内悠介、人気作家55名が集結！新作情報私の隠し玉＆特別エッセイ私の◯◯の何周年、2017年テーマ別注目作品スペシャルレビュー、新鋭作家大座談会 浅倉秋成×芦沢央×阿部智里×岡崎琢磨×白井智之×知念実希人×友井羊、全アンケート回答 私のベスト6〔ほか〕
2017.12 191p B6 ¥680 ①978-4-8002-7928-6

◆ホームズ！まだ謎はあるのか？―弁護士はシャーロッキアン　大川一夫著　一葉社
【目次】第1部 シャーロック・ホームズの推理法とは（シャーロック・ホームズの推理法と弁護術、シャーロック・ホームズはメンタリストであった―君は見ているだけで観察していない）、第2部 影響編（中世の人権派弁護士―「仮説」「妖術の開示」のコナン・ドイルに与えた影響、シャーロック・ホームズと綾辻行人）、第3部 トリック編（シャーロック・ホームズと叙述トリック）、第4部 パスティッシュ（日本民法とシャーロック）
2017.7 159p B6 ¥1500 ①978-4-87196-064-9

◆本格ミステリ戯作三昧―贋作と評論で描く本格ミステリ十五の魅力　飯城勇三著　南雲堂
【要旨】本書では、本格ミステリのさまざまな作家やテーマに、贋作と評論の二方向から切り込んでみました。本書に収められた贋作は、すべて"評論的な贋作"、つまり、作品や作品に対する考察を小説の形で表現したものなので、切り込むことができます。そして、カップリングされている評論は、その贋作を生み出す基となった論か、贋作を書くことによって深まったり生まれ変わったりしたものをまとめたものです。それでは、贋作と評論を両輪にして、本格ミステリをめぐる冒険を楽しんでください。
2017.12 429p B6 ¥1500 ①978-4-523-26565-8

◆本格ミステリ・ベスト10 2018　探偵小説研究会編　原書房
【要旨】新本格ミステリ30周年特集号！記事や年表、コラム形式で30年を一挙おさらい！映像、ラノベ、コミックにゲーム、評論関連まで。1年間の「本格情報」を濃密凝縮！作家、評論家、書店員など読み巧者たちによる個性際立つ本格ミステリ・ランキング！
2017.12 177p A5 ¥1000 ①978-4-562-05461-9

◆ミステリ国の人々　有栖川有栖著　日本経済新聞出版社
【要旨】これぞミステリ！と膝を打ついかにも"らしい"52人。あの名探偵から、つい見逃してしまう存在まで、名編の多彩な登場人物にスポットをあて、世相を織り交ぜながら、自在に綴ったエッセイ集。作家ならではの読みが冴える、待望のミステリガイド！
2017.5 287p B6 ¥1500 ①978-4-532-17617-4

◆横溝正史研究 6　江藤茂博、山口直孝、浜田知明編　戎光祥出版
【目次】巻頭エッセイ 懐かしの―（西村賢太）、特別手記 わたしの目イヌの目エッチの弁（野本瑠美）、ロングインタビュー 横溝正史と横溝孝子―次女から見た父と母 野本瑠美さん（横溝正史次女）ロングインタビュー、特集 横溝正史旧蔵資料が語るもの2―世田谷文学館からの眺め、論考、『香水小中』改訂増補版（横溝正史）、連載『宝石』『別冊宝石』横溝正史関連記事目録 第五回 一九六一年～一九六四年、横溝正史年譜事典（一九三九年～一九四二年）、フレーベル館、横溝正史ネットワーク 第六回―世田谷文学館「横溝正史旧蔵史料」
2017.3 303p A5 ¥2500 ①978-4-86403-149-3

◆乱歩と正史一人はなぜ死の夢を見るのか　内田隆三著　講談社（講談社選書メチエ）
【要旨】江戸川乱歩と横溝正史。日本探偵小説界に燦然と輝く二つの巨星。大正の"消費と欲望"文化と"抑圧と監視"社会の微妙な均衡のなか、世の中に浸透していく"透き見＝探偵趣味"に呼応するように『新青年』を始めとする雑誌を中心に探偵小説は盛り上がりを見せる。密室のトリックから猟奇的作品、人外冒険譚へと幅を拡げる乱歩。編集者から作家へ、本格探偵小説家へ転回していった正史。二人の交流と作品を分析し、近代探偵小説の系譜を概観する。
2017.7 345p B6 ¥1950 ①978-4-06-258658-0

◆乱歩と清張　郷原宏著　双葉社
【要旨】江戸川乱歩と松本清張。ミステリー界の大御所だって、悩みもすればグチもこぼす。創作はもちろん、ふたりがともに目指したのは何だったのか。それぞれの足跡をたどることで、その解を探す知的探求書。
2017.5 301p B6 ¥2500 ①978-4-575-31255-3

児童文学・ＳＦ・ファンタジー論

◆英米の絵本の窓から―Views from the Window of Picture Books　石原敏子著
（吹田）関西大学出版部
【目次】第1章 わたしのくすり箱、第2章「中を見るもの、外を見るもの、なんでしょう？」、第3章 文字で遊ぶ―ABC絵本、第4章 音が見える―楽譜絵本、第5章 母の糸遊び―手芸絵本、第6章 こどもの手に―リトル・ゴールデン・ブック、第7章 わたしの絵本箱
2017.11 260p A5 ¥2700 ①978-4-87354-663-6

◆絵本を深く読む　灰島かり著　（町田）玉川大学出版部
【目次】第1章 成長を占う旅―少年の場合（森へいく少年、その基本、森へいく少年、その完成形、森のさらにその先へいく少年、心の奥の森へいく少年 ほか）、第2章 成長を占う旅―少女の場合（女の子はおつかいにいく、小さい母になる女の子たち）、第3章 ポストモダン絵本に登場する見えない友だち（見えない友だち―ジョン・バーニンガムの場合、見えない友だち―アンソニー・ブラウンの場合、小さい友だち―ビアトリクス・ポター論（ビアトリクス・ポター その特異な魅力、絵本作家から農場主へ）、第5章 絵本サロン（絵本サロンを開きます（シャーリー・ヒューズ、マリー・ホール・エッツの描いた、男の子の冒険と女の子の冒険、「育てる者」と「育てられる者」の葛藤『まどのそとのそのまたむこう』に描かれた命の神秘、進化する赤ずきんたち））
2017.11 222p A5 ¥2400 ①978-4-472-40516-7

◆絵本をプレゼント―えほんの作り方　ももとせくらげ著　鳥影社
2017.3 28p A5 ¥1200 ①978-4-86265-601-8

◆絵本作家の百聞百見　川端誠著　子どもの未来社
【目次】いろいろな色のこと、落語絵本のこと、絵本のこと 手渡すこと、アーティスト・表現者のこと、食べ物のこと、旅のこと、自分のこと
2017.10 182p B6 ¥1300 ①978-4-86412-125-5

◆えほんのせかい こどものせかい　松岡享子著　文藝春秋（文春文庫）
2017.10 237p A6 ¥680 ①978-4-16-790946-8

◆絵本の魅力―その編集・実践・研究　無藤隆、野口隆子、木村美幸著　フレーベル館
【目次】絵本の成り立ち（絵本というメディア、命名ゲームとしての絵本、ページを超えてつながる絵本、物語絵本の始まり、物語絵本の成立へ、物語と図鑑の結びつき、物語としての絵本の完成）、絵本の多様性（キャラクターとしての絵本、言葉遊びとしての絵本、知識絵本、絵本が「本」になるとき、園における集団での読み聞かせ、絵本の読み解き（絵本ゼミナール
2017 395p 24×19cm ¥6000 ①978-4-577-81421-5

◆紙芝居百科　紙芝居文化の会編　童心社
【要旨】この1冊で紙芝居のすべてがわかる！！どこからでも読めるQ＆A方式。紙芝居を新しい視点から考えた「紙芝居文化の会」の研究を基に創られた本。
2017.11 159p 20×15cm ¥1300 ①978-4-494-01400-2

文学　886　BOOK PAGE 2018

◆教養は児童書で学べ　出口治明著　光文社
（光文社新書）
【要旨】社会のルール、ファクトの重要性、大人の本音と建前、ビジネスに必要な教養、世の中の渡り方まで一大切なことは、すべて児童書が教えてくれた。珠玉の10冊をじっくり読み解く出口流・読書論の集大成！
2017.8 286p 18cm ¥840 ①978-4-334-04302-5

◆幻獣図鑑　スタジオエクレア企画・編　笠倉出版社　（QUEST OF FANTASYシリーズ）
【要旨】幻獣500体を個性豊かなイラストレーターのイラスト付きで徹底解説！
2017.5 263p B6 ¥1000 ①978-4-7730-8902-8

◆子どもが本をひらくとき―石井桃子講演録　石井桃子著　（所囚）ブッククローブ社
【目次】幼いころの思い出、子どもの本とのかかわり、「かつら文庫」と子どもをとりまく環境、我らみな人類、子どもの成長と昔話、人間は言葉によってのみ人間になれる
2017.3 63p A5 ¥1600 ①978-4-938624-27-9

◆子どもの本のよあけ―瀬田貞二伝　荒木田隆子著　福音館書店
【要旨】『三びきのやぎのがらがらどん』『ナルニア国ものがたり』など、子どもたちに愛され読み継がれる絵本やファンタジー作品の数々で、名翻訳者として知られる瀬田貞二氏。戦後の焼け跡が残る日本で「私は自らのあらゆる能力と持ち時間を、子どもにむかって解放しなくてはならない」と決心した氏が、それからどのように子どもの本に関わっていったのか。担当編集者として携わった著者が一九七〇年代を振り返りながら、生涯「自分流に子どもの本とつきあう暮らし」をつづけた瀬田貞二氏の軌跡をたどる。
2017.1 477, 24p A5 ¥3200 ①978-4-8340-8315-6

◆このえほんだいすき！―読み聞かせのための48冊　細川和子著　日本キリスト教団出版局
【要旨】たのしいえほんって、なに?? 読み聞かせ歴34年の達人が、絵本選びの悩みを解決します！
2017.10 132p B6 ¥1800 ①978-4-8184-0984-2

◆それゆけ！　長谷川義史くん　長谷川義史著　小学館
【要旨】ちょっとアホな少年時代からオッサン期のいまで。絵本作家・長谷川義史がしゃべり尽くす、初の自分語り本！描き下ろしイラストぎっしり収録！
2017.3 175p B6 ¥1300 ①978-4-09-388538-6

◆童話ってホントは残酷―グリム童話から日本昔話まで38話　三浦佑之監修　二見書房　（二見レインボー文庫）
【要旨】『白雪姫』の原典では、実の母がわが娘の美しさをねたんで何度も殺そうとし、死体と内臓を美容のために食べようとしたが失敗。最後には焼けた鉄靴を履かされて処刑される！―『灰かぶり（シンデレラ）』『赤ずきん』『人魚姫』『三匹の子ブタ』から『瓜子姫』『浦島太郎』『舌切り雀』まで、有名な童話や日本昔話38話の今に伝わるストーリーとは裏腹の、残酷極まりない本当の姿をあぶりだす。
2017.10 254p A6 ¥640 ①978-4-576-17148-7

◆童話ってホントは残酷　第2弾　グリム童話99の謎　桜澤麻衣編著　二見書房　（二見レインボー文庫）　改装改訂新版
【要旨】聖書に次ぐ世界的ベストセラーといわれる『グリム童話』。だが、ひとくちにグリム童話といっても実はさまざま。1812年の初版から1857年の決定版まで7つの版があり、版を重ねるごとにかなり手が加えられ、またもともとの草稿と初版にもかなりの違いがあるからだ。残虐・拷問・殺人・悪意・性描写・激しい兄弟愛…。残酷さゆえに初版から消し去られた話も掘り出して、グリム童話に秘められた謎に迫る！
2018.1 250p A6 ¥640 ①978-4-576-17199-9

◆「時」から読み解く世界児童文学事典　水間千恵、奥山恵、西山利佳、大島丈志、川端有子編著　原書房
【要旨】日本・外国の創作児童文学作品に登場する「時」に焦点をあて、「時」から読み解く作品案内。全体を8つに分類、見開き1項目計200項目200冊を美容のために食べる・写真・書影と共に紹介した読む事典。巻末にタイトル・人名・時索引を掲載。『「もの」から読み解く世界児童文学事典』、『「場所」から読み解く世界児童文学事典』に続く第3弾。
2017.10 453p A5 ¥5800 ①978-4-562-05437-4

◆どんな絵本を読んできた？　「この絵本が好き！」編集部編、こうの史代イラスト　平凡社
【要旨】絵本を開けば、いつも思い出があふれてる―。『どろぼうがっこう』『ちいさいおうち』『おやすみなさいフランシス』『ももいろのきりん』『シンデレラ』など、心に響く名作がずらり！
2017.8 135p 19×15cm ¥1200 ①978-4-582-83762-9

◆南吉童話の散歩道　小野敬子著　（名古屋）中日出版　改訂増補版
【目次】第1章 愛のかなしみ（「権狐」の世界）、第2章 愛のかなしみ（「手袋を買ひに」）、第3章 通い合う心（幼年童話その1）、第4章 かなしみはどこには（幼年童話その2）、第5章 知ることのかなしみ、第6章 愛のかけ橋、第7章 臨終のうた、第8章 愛の築設―懐かしき隣人達の物語
2017.1 264p B6 ¥1500 ①978-4-908454-09-7

◆マジカルチャプターブックガイド―中学英語で読める海外児童書の世界　なかなかこ著　経済界
【要旨】科学実験大好き少女が活躍するサイエンス・フィクション、コビト家族のたたかいを描いたドキドキアドベンチャー、不思議な力をもつ少女が主人公のファンタジー、ちょっぴり涙するリアル・フィクション。とびっきりの4作品を収録。
2018.1 203p B6 ¥1100 ①978-4-7667-8618-7

◆松居直と絵本づくり　藤本朝巳著　教文館
【要旨】月刊絵本『こどものとも』を創刊し、多くの名作を世に送り出してきた福音館書店の名編集者・松居直。日本の絵本づくりに革命をもたらした、その奥義を児童文学研究者が紹介する。
2017.1 225, 10p B6 ¥1800 ①978-4-7642-6124-2

◆村山籌子の人間像と童話　橋本外記子著　（高知）南の風社
【目次】1 日本の幼年童話の新世界を切り拓いた「三匹の小熊さん」、2 村山籌子の生涯における人間像、3 村山籌子の童話の世界、4 村山籌子のもうひとつの世界「翻訳童話、未発表童話、遺稿作品、童謡」、5 村山籌子の仕事（作品目録一覧）、6 村山籌子年譜
2017.11 517p A5 ¥4600 ①978-4-86202-089-5

◆メルヘン館はハーブの香り　阿部愛志子著　音羽出版
【要旨】美女と野獣など珠玉の新メルヘン十二話。シャルル・ペロー、グリム兄弟、ボーモン夫人、ジョーゼフ・ジェイコブズほか、名だたる再話者の逸話を含めてメルヘンの真髄を理解し味わうための解説付き。
2017.2 461p B6 ¥2800 ①978-4-901007-64-1

◆読み方からおススメまで 絵本ガイド　全日本私立幼稚園連合会、全日本私立幼稚園幼児教育研究機構、（金沢）能登印刷出版部 発売
【目次】絵本のきほん、つくる人、ようちえん絵本大賞、年齢別おススメの絵本、ご当地絵本、テーマ別絵本
2017.1 49p A4 ¥463 ①978-4-89010-710-0

◆SFが読みたい！　2017年版　発表！ベストSF2016「国内篇・海外篇」　SFマガジン編集部編　早川書房
【目次】ベスト30作品ガイド（国内篇、海外篇）、国内篇第1位『夢みる葦笛』著者・上田早夕里氏の言葉、国内篇第2位『スペース金融道』宮内悠介インタビュウ「新たなるイメージ、新たなる精神性」、海外篇第1位『死の鳥』著者・ハーラン・エリスン氏の言葉、伊藤典夫インタビュウ「古いもののなかにある、新しい感覚」、「マイ・ベスト5」アンケート全回答「SFトピック（国内篇、海外篇）、2016年のSFトピック、サブジャンル別ベスト10＆総括、特別企画1 2010年代前期SFベスト30―2010年代後期総括座談会「伊藤計劃／イーガン以後の時代に」、特別企画2 2017年のわたし、「SFが読みたい！」の早川さん（coco）、「バーナード嬢、SFが読みたい！」に出張して日く。（施川ユウキ）、あの物語はいまどうなっているの？―人気大人気シリーズの現在、このSFを読んでほしい！―SF出版各社2017年の刊行予定
2017.2 191p A5 ¥800 ①978-4-15-209669-2

◆SFの書き方―「ゲンロン大森望SF創作講座」全記録　大森望編、ゲンロン企画　早川書房
【要旨】2016年4月、書評家・翻訳家・SFアンソロジストの大森望を主任講師にむかえて開講した「ゲンロン大森望SF創作講座」。東浩紀、長谷敏司、冲方丁、藤井太洋、宮内悠介、法月綸太郎、新井素子、円城塔、小川一水、山田正紀らという第一線の作家陣が、SFとは何か、小説とはいかに書くかを語る豪華講義を採録。各回で実際に与えられた課題と受講生たちの梗概・実作例、付録エッセイ「SF作家になる方法」も収録の超実践的ガイドブック。
2017.4 286p B6 ¥1600 ①978-4-15-209684-5

民話・伝承

◆アフリカの民話集 しあわせのなる木　島岡由美子文、ヤフィドゥ・A. マカカ、8人のティンガティンガ・アーティストたち絵　未来社
【要旨】アフリカのタンザニア在住30年の著者が東アフリカ地域の各地で直接聞き集めた、おおらかで鮮やかな空気をたっぷり含んだ民話20篇を、鮮やかなティンガティンガ・アートの挿絵とともにお届け。タンザニアはザンジバルを中心に、人びとの暮らしや習慣、学校生活なども紹介する「アフリカの民話を楽しく読むために」も収録。
2017.11 221p B6 ¥2000 ①978-4-624-61042-5

◆今も生きている巨人 伝説さんぶたろう　民話さんぶたろう研究実行委員会編著、立花憲利監修　岡山県奈義町教育委員会、（岡山）吉備人出版 発売
【目次】第1章「さんぶたろう」を考える（「さんぶたろう」とは何か？―巨人さんぶたろうと三穂太郎満佐、さんぶ太郎、よみがえれ）、第2章 さんぶ太郎・巨人・大力者・桃太郎、第3章 さんぶたろうの史跡を巡る、第4章「三穂太郎記」の形成―古典和歌の関係する恋愛譚をめぐって、第5章「さんぶ太郎」の家系―『東作誌』記事との比較を中心に
2017.3 258p A5 ¥1500 ①978-4-86069-505-7

◆占い八兵衛　さがみ・山梨・長野・岡山昔ばなし大学再話コース再話、小澤俊夫監修　（川崎）小澤昔ばなし研究所　（子どもに贈る昔ばなし 16）
【目次】さがみ昔むかし（油を買いにきた小坊主（神奈川）、彦六ダブ（神奈川）ほか、甲斐のむかしむかし（櫛形山の碁盤岩と天狗（山梨）、柿の葉書籍（山梨）ほか、うんとしかのことだいね（鼻取り地蔵（長野）、ほっこ食いむすめ（長野）ほか、連れのうてきこうや岡山の昔ばなし（占い八兵衛（岡山）、椎茸の始まり（岡山）ほか
2017.4 245p 18×13cm ¥1300 ①978-4-902875-81-2

◆近江の民話　中島千恵子編　未来社　（日本の民話 74）　新版
【目次】湖南（びわこができた話、三井の晩鐘 ほか）、湖東（狐のおよめ入れ話、彦一と魚 ほか）、湖北（塩売りとキツネ、結岩 ほか）、湖西（ちえくらべ、だまされ狐 ほか）
2017.4 313p B6 ¥2000 ①978-4-624-93574-0

◆岡山「へその町」の民話―岡山県吉備中央町の採訪記録　立花憲利、吉備中央町図書館編著　（吉備中央町）吉備中央町教育委員会、（岡山）吉備人出版 発売
【目次】1 昔話（若返りの水、こぶとり爺さん ほか）、2 伝説（木の伝説、石、岩の伝説 ほか）、3 世話（狐狸の話、大蛇の話 ほか）、4 暮らし、その他（干ばつ、村の暮らし ほか）、5 解説
2017.3 445p A5 ¥1500 ①978-4-86069-507-1

◆怪異伝承譚―やま・かわめま・うみ・つなみ　大島廣志編　アーツアンドクラフツ　（「やまかわうみ」別冊）
【要旨】山や海の自然の中で暮らす人々にとって、自然は恵みをもたらす一方で、死に結びつく常でない事象を強いるものであった。『怪異伝承譚』は、このような自然と人々のかかわりの中から生じた民俗譚―不思議な体験・伝聞談である。「三陸大津波」などの伝承譚も含め、本書は約80編を収録した。
2017.10 187p A5 ¥1800 ①978-4-908028-22-9

◆写真日本昔ばなし―昔ばなしの"あるところに"をたずねて　大久保行広著　（大阪）青心社
【目次】一寸法師、ものぐさ太郎、安珍清姫、一休さん、稲むらの火、因幡の白うさぎ、牛若丸、金太郎、浦島太郎、酒呑童子 [ほか]
2017.9 85p 17×19cm ¥1200 ①978-4-87892-404-0

◆シンデレラの謎―なぜ時代を超えて世界中に拡がったのか　浜本隆志著　河出書房新社　（河出ブックス）

【要旨】世界でもっとも有名な童話のひとつ『シンデレラ』は、実は古代エジプトから日本まで、時代を超えて、ヨーロッパのみならずアジア、アフリカなど世界のほとんどの地域に存在する。不幸な娘が継母にいじめられ、援助者を得て、花嫁テストを通過し、幸せになるという構造をもつシンデレラ譚は、なぜ世界規模で伝播したのか。その謎を、太古の人類大移動にまで遡りながら、歴史学、神話学、文化人類学など多角的なアプローチで解明する知的冒険。
2017.6 237p B6 ¥1500 ①978-4-309-62505-8

◆善光寺街道の民話　高田充也著　（長野）ほおずき書籍、星雲社 発売
【要旨】語り継ぎたい古人の心と教え。信濃にまつわる珠玉の11話。
2017.11 112p B6 ¥1400 ①978-4-434-23929-8

◆続インドネシア民話の旅─小学生からおとなまで　百瀬侑子編・訳、渡辺政憲絵　（柏）つくばね舎、地歴社 発売
【目次】第1部 インドネシア各地の民話・本文編（インドネシア民話の中の「変身」、日本の民話、世界の民話と似ている話）、第2部 インドネシア各地の民話・解説編（インドネシア民話の中の「変身」、日本の民話、世界の民話と似ている話）
2017.1 139p A5 ¥980 ①978-4-924836-82-2

◆定本 昔話と日本人の心　河合隼雄著、河合俊雄編　岩波書店　（岩波現代文庫─"物語と日本人の心" コレクション 6）
【要旨】「浦島太郎」「鶴女房」など日本人に古くから親しまれてきた昔話には、西洋近代流の自我の意識とは異なる日本人独特の意識が現われている！ 心理療法家河合隼雄が「女性の意識」に着目し、日本昔話を世界の民話や伝記と比較しながら読み解く。日本人の精神構造を昔話から解明した著者の代表作に、著者自身による解題「序説 国際化の時代と日本人の心」を収録し、定本とした決定版。
2017.4 408, 7p A6 ¥1400 ①978-4-00-600349-4

◆伝説・神話研究　フェルディナン・ド・ソシュール著、金澤忠信訳　（調布）月曜社　（シリーズ・古典転生）
【要旨】北欧伝説の変遷やルクレティウスの詩を分析する神話学者としてのソシュール。草稿群に加えて、大学生時代のドイツ留学時の書簡や、さらに遡る17歳の折にイラストを添えて描いた空想冒険譚を初訳する。
2017.5 249p A5 ¥4200 ①978-4-86503-043-3

◆橡の木の話　富木友治作、勝平得之画　（秋田）無明舎出版　復刻版
【要旨】昭和17年、秋田魁新報に52回にわたって連載された、東北の民間説話を基にした3話からなる物語。著者にとって初の出版に、気鋭の版画家が50点の見事な挿画で華をそえた、名著の待望の復刊！
2017.3 165p A5 ¥2800 ①978-4-89544-626-6

◆奈良の民話　松本俊吉編　未来社　（日本の民話 75）　新版
【目次】国中（北和・中和）（ヒチコとハチコの伊勢詣り、ノミとシラミの伊勢詣り、ひばりと麦刈り ほか）、山中（東大和）（鶴の塔、おりゅうの森、松尾長者のミイさん ほか）、吉野（南和）（竜宮のみやげもの、つり鐘とママ母、ママ子とハッタイ粉 ほか）
2017.4 307p B6 ¥2000 ①978-4-624-93575-7

◆魔女と魔術師　ルーシー・キャベンディッシュ著、住友玲子訳　アールズ出版
【要旨】現代に歴史をたどり、聖地を訪ねて、実在した魔女や魔術師が、それぞれの時代をいかに生き抜いたかに迫るヒストリカル・ストーリー。
2017.10 270p B6 ¥1800 ①978-4-86204-286-6

◆みちのくの和尚たち　及川儀右衛門編　未来社　（日本の民話 別巻3）　新版
【目次】第1部 古代（黒駒太子（まいりの仏）、定慧と山の寺 ほか）、中世（ひびげ木、正法寺の無底和尚 ほか）、近世（福蔵寺の鐘、木町和尚 ほか）、第2部（錦木塚、和尚と小僧（八話）、和尚と狐（五話））
2017.4 243p B6 ¥2000 ①978-4-624-93578-8

◆みちのくの長者たち　及川儀右衛門編　未来社　（日本の民話 別巻2）　新版
【目次】第1部（福島県（万蔵（安壽）姫と長者、小野豊丸 ほか）、宮城県（名取長者、手倉田長者 ほか）、岩手県（金売吉次、大隅長者（鈴掛観音堂）ほか）、山形県（阿古耶姫と松の精、金蔵長者 ほか）、秋田県（だんぴる長者）ほか、第2部（ツブ（田にし）の長者 下の長者、木仏長者、鶏長者、金太郎長者 ほか）
2017.5 194p B6 ¥2000 ①978-4-624-93577-1

◆みちのくの百姓たち　及川儀右衛門編　未来社　（日本の民話 別巻4）　新版
【目次】蚕養の宮、ひなの王子たち、尾崎明神、人が石となる話、与次郎稲荷、犬の宮、イズナ（飯綱）、化物屋敷、化け猫、蛇退治と蛇よけ ほか）
2017.5 231p B6 ¥2000 ①978-4-624-93579-5

◆みちのくの民話　東北農山漁村文化協会編　未来社　（日本の民話 別巻1）　新版
【目次】あおもり（火の太郎、はまぐりひめコ ほか）、あきた（川うそとキツネ、ねずみのおすもう ほか）、いわて（笛ふき兼吉、だんぶり長者 ほか）、みやぎ（木の精と茂作じいさん、狐のお産 ほか）、ふくしま（コーモリになったノネズミ、三つの願い ほか）、やまがた（水の種、雪むすめ ほか）
2017.5 244p B6 ¥2000 ①978-4-624-93576-4

◆昔話と現代　河合隼雄著、河合俊雄編　岩波書店　（岩波現代文庫─"物語と日本人の心" コレクション 5）
【要旨】昔話の中には、時を経ても変わらない人間の心性の深層が映し出されている。昔話に出てくる殺害、自殺、変身、異類との婚姻、夢などは何を意味しているのか。西洋と日本の物語パターンの違いとは何だろうか。河合隼雄がユング心理学の手法で、グリム童話から日本昔話まで古今東西の伝説や昔話を読み解き、現代人の心の課題を浮き彫りにする。単行本未収録の村上春樹『海辺のカフカ』論も収載した、現代文庫オリジナル版論集。
2017.2 225p A6 ¥1000 ①978-4-00-600348-7

◆昔話の読み方伝え方を考える　石井正己著　三弥井書店
【要旨】今、なぜ昔話を語り聞く必要があるのか。「桃太郎」「かちかち山」「猿蟹合戦」「舌切り雀」ほか、語り伝えられてきた食文化や自然観を通して昔話を循環する思想と哲学をよみとく。
2017.7 260p B6 ¥2000 ①978-4-8382-3323-6

◆萌える！ アーサー王と円卓の騎士事典　TEAS事務所著　ホビージャパン
【要旨】イラスト総数42枚！ アーサー王も円卓の騎士も女の子に！ 物語の内容も騎士たちの活躍も全部わかる、究極の「アーサー王伝説」入門書がここに登場！
2017.9 175p B6 ¥1600 ①978-4-7986-1523-3

◆モンスターストライクで覚える天使と悪魔　XFLAGスタジオ、森瀬繚監修　日本文芸社
【要旨】モンストのキャラクター解説×"聖書"のあらすじで歴史がイッキにマスターできる！！
2017.8 128p A5 ¥850 ①978-4-537-21496-3

◆モンスターストライクで覚える伝説の英雄　XFLAGスタジオ、鈴木悠介監修　日本文芸社
【要旨】モンストで英雄がわかる・歴史がわかる！ モンストのキャラクター解説×英雄の物語で世界の文学作品と歴史がイッキにマスターできる！！
2017.12 127p A5 ¥850 ①978-4-537-21533-5

◆八千代の昔話―四十三話　小林千代美著　美術の杜出版、星雲社 発売
【要旨】平安時代に都落ちしてきた高津姫のお話、戦国時代に八千代にあった吉橋城・米本城のお話、今も続く下総三山の七年祭りのお話…など。「昔話は時代の教育力のひとつ」千葉県八千代市とその周辺に伝わる庶民の歴史。日本文芸家大賞受賞。
2017.10 243p B6 ¥1800 ①978-4-434-23892-5

◆読みくらべ世界民話考―庶民の豊かな想像力と集合的認識を読み取る　野中涼著　松柏社
【要旨】読んで、比べて、学んで、味わう、刺激的・民話集。日常の喜びや嘆きや感動や驚きのさまざまな経験から、ごく自然に湧きだした物語…民話を、優れた文学作品と捉え、世界の各地から共通するテーマを三作ずつ集めた。
2017.10 423p B6 ¥3800 ①978-4-7754-0245-0

◆47都道府県・妖怪伝承百科　小松和彦、常光徹監修、香川雅信、飯倉義之編　丸善出版
【要旨】地元の「妖怪」をご存知ですか？ 本書では、各地の伝承に存在する、海の怪、川の主、魚類、小豆とぎ、座敷童子、キツネ、人ダマなど、特徴的な妖怪たちの姿を民俗学的視点から都道府県別の切り口で紹介します。非日常的でありながらどこか身近な妖怪たちの魅力と、妖怪たちを生み出した風土・歴史を紹介します。

◆琉球の伝承文化を歩く 4　八重山・石垣島の伝説・昔話 2　福田晃、山里純一、藤井佐美、石垣繁、石垣博孝編　三弥井書店
【目次】石垣四箇の歴史と暮らし（石垣島の風景、四箇の集落、四箇の歴史、四箇の暮らしと伝承）、石垣四箇の伝説・昔話（八重山の始まり、石垣四箇の始まり、真乙姥御嶽の由来、天川御嶽の由来、稲の伝説 ほか）
2017.9 370p B6 ¥3800 ①978-4-8382-4085-2

◆若狭・越前の民話　第2集　杉原丈夫、石崎直義編　未来社　（日本の民話 73）　新版
【目次】嶺南地方（かっぱの証文、孝女いと、じんべい観音、大根のびっくりぎょうてん、へびの知恵 ほか）、嶺北地方（足羽の宮、黒竜、うるしが淵、男水、野菜を食べた看板の牛 ほか）
2017.4 243p B6 ¥2000 ①978-4-624-93573-3

怪談

◆鬼火―フランス人ふたり組の日本妖怪紀行　アトリエ・セントーー著、セシル・ブラン絵・写真、オリヴィエ・ビシャール脚本・着色、駒形千夏訳　祥伝社
【要旨】日本の精霊たち、狐やタヌキ、その他の妖怪たちは、田舎の道ばたや神社の影に隠れて、道に迷った旅人をいたずらしてやろうと待ちかまえている。新潟の田舎の近くに住むことになったセシルとオリヴィエは、そんな妖怪たちをフィルムに焼きつけるという、ちょっと変わった中古カメラを買う。2人は妖怪たちの姿を写真に撮ろうと追いかけるうちに、この世とあの世を行き来するもうひとつの日本の姿を描いていく。
2017.10 113p 25×19cm ¥2778 ①978-4-396-61623-6

◆お化けの愛し方─なぜ人は怪談が好きなのか　荒俣宏著　ポプラ社　（ポプラ新書）
【要旨】お化けは「怖い」。そうしたイメージは、いつから生まれたのか。『牡丹燈籠』や『雨月物語』。タイの昔話に、西洋恋愛怪談の『レノーレ』。乱歩が見出した幻の書『情史類略』…。怪談のある姿を探る中で見えてきたのは、実は人間とお化けは仲良くなれるし、恋だってできるという、衝撃の価値観だった。この本を読めば、あなたも「あの世」に行きたくなるかも？
2017.7 323p 18cm ¥900 ①978-4-591-15094-8

◆怪談生活─江戸から現代まで、日常に潜む暗い影　高原英理著　立東舎、リットーミュージック 発売
【要旨】怪談は、夜の学校や墓地だけのものじゃない。夕食時や散歩道、そういう何気ない瞬間、私たちが生活している空間すべてに潜んでいる―。『ゴシックハート』『不機嫌な姫とブルックナー団』の著者による、江戸時代から現代までの怪談・奇譚集。時代を超えて語り継がれる、怪談随筆の決定版。
2017.3 301p B6 ¥1800 ①978-4-8456-2995-4

◆山怪実話大全―岳人奇談傑作選　東雅夫編　山と溪谷社
【要旨】登山家たちが実話として綴った異界の「山」の物語。斯界の雄・東雅夫の選による未曾有のアンソロジー。
2017.11 289p B6 ¥1200 ①978-4-635-32011-5

◆日本怪談実話・全　田中貢太郎著　河出書房新社
【要旨】元祖実話、決定版。怪談といえば田中貢太郎、田中貢太郎といえば怪談実話。この人にして初めて編まれえた、明治以降の怪談実話の集大成─怪談、家屋敷、女、軍隊、海山…現代の怪談実話の祖型！ 全234話！
2017.10 349p B6 ¥1800 ①978-4-309-02635-0

◆山の怪異譚　山の怪と民俗研究会編　河出書房新社
【要旨】日本人は古来、山という他界を怖れ、おびえ、またそこに郷愁を感じてもいた。死と隣り合う岳人の神秘体験、作家の感性が出遭う実話怪異譚、民俗の古層の心意がにじむ魔の世界。究極の怪異アンソロジー。全25話。
2017.11 188p B6 ¥1200 ①978-4-309-22715-3

◆山の怪談　岡本綺堂ほか著　河出書房新社
【要旨】怪異だらけの山の世界。化けもの、怪異の民俗譚、文人による心霊、不思議な話、岳人・

アルピニストの遭難・恐怖・神秘体験…。実話、エッセイ、小説でひたる二十の怪談。
2017.8 190p B6 ¥1200 ①978-4-309-22710-8

日本文学の全集

◆アンソロジー・プロレタリア文学 4 事件・闇の奥へ　楜沢健編　森話社
【目次】雨の降る品川駅（中野重治）、1（転機（伊藤野枝）、砂糖より甘い煙草（小川未明）、川柳）、2（十五円五十銭─震災追悼記（壺井繁治）、奇蹟（江馬修）、骸骨の舞跳（秋田雨雀）、間島のパルチザンの歌（槇村浩））、3（不逞鮮人（中西伊之助）、新聞配達夫（楊逵）、平地蕃人（伊藤永之介）、済南（黒島伝治）、伏字（坂井徳三））、4（江戸川乱歩（平林初之輔）、労働者ジョウ・オ・ブラインの死（前田河広一郎）、六万円掏摸事件（橋本英吉・窪川いね子・土師清二））
2017.8 373p B6 ¥3000 ①978-4-86405-118-7

◆和泉式部日記/和泉式部集　野村精一校注　新潮社　（新潮日本古典集成）　新装版
【要旨】為尊親王とその弟敦道親王、二人とのあいつぐ恋と死別。恋愛の無常を感じさせる日記と孤独を痛切に悟った女の魂の叫びの歌。
2017.12 253p B6 ¥1800 ①978-4-10-620816-4

◆伊勢物語　渡辺実校注　新潮社　（新潮日本古典集成）　新装版
【要旨】引き裂かれた恋。東国への流浪の旅。在原業平を想わせる昔男をめぐる珠玉の歌物語が織りなす平安の「みやび」の世界。
2017.6 269p B6 ¥1800 ①978-4-10-620809-6

◆いはでしのぶ　永井和子校訂・訳注　笠間書院　（中世王朝物語全集 4）
【要旨】容姿・才能を並び称される大将と中将は、高貴な一品宮に共に思いを寄せている。大将（関白）は一品宮を妻としたが、中将は密かに「いはでしのぶ」恋心に悩み続け、のちに、一品宮の姫宮を妻とする。大将は遂に帝の計らいで、一品宮と引き離され没する。次世代へと物語は移り、関白の子、厭世的な性格の大将は様々な運命に翻弄されつつ、やがて出家を志し、吉野山に赴く。本文全文が残るのは巻一巻二のみであるが、ほかに詠歌の場面を中心とした抄書本八巻が伝わることにより、その概要が知られる。多数の登場人物と、長期にわたる錯綜した筋書きと、詩情溢れる文体を持つ大作。
2017.5 459p A5 ¥7500 ①978-4-305-40084-0

◆大鏡　石川徹校注　新潮社　（新潮日本古典集成）　新装版
【要旨】文徳から後一条まで十四代の天皇や貴族たちの事跡を語り、栄華の絶頂を極めた藤原道長を讃美する。人物の魅力的なエピソードを通じて語る歴史物語の傑作。
2017.1 413p B6 ¥2500 ①978-4-10-620831-7

◆落窪物語　稲賀敬二校注　新潮社　（新潮日本古典集成）　新装版
【要旨】継母にいじめられ、「落窪の君」と呼ばれていた女君の不遇な日々。彼女の運命は貴公子の出現により一変。そして始まる復讐─。王朝世界を舞台とする波瀾万丈のシンデレラストーリー。
2017.6 349p B6 ¥2400 ①978-4-10-620813-3

◆蜻蛉日記　犬養廉校注　新潮社　（新潮日本古典集成）　新装版
【要旨】名門の貴公子を夫にもちながら、その愛の不実に苦悩し続けた藤原道綱母。才色兼ね備えた彼女が切切と綴る半生の回想記。
2017.9 357p B6 ¥2300 ①978-4-10-620812-6

◆近現代作家集 1　池澤夏樹編　河出書房新社　（池澤夏樹＝個人編集 日本文学全集 26）
【要旨】江戸趣味からモダニズムまで、超絶技巧の作家たち。昭和初期までを描いた多様な傑作12篇。
2017.3 505p B6 ¥2800 ①978-4-309-72896-4

◆近現代作家集 2　池澤夏樹編　河出書房新社　（池澤夏樹＝個人編集 日本文学全集 27）
【要旨】戦争、敗戦、占領。混乱期の中で開花した新しい作家たちの才能。社会と対峙する20篇。
2017.5 557p B6 ¥2800 ①978-4-309-72897-1

◆近現代作家集 3　池澤夏樹編　河出書房新社　（池澤夏樹＝個人編集 日本文学全集 28）

【要旨】昭和から平成、「3・11」、そして宇宙へ。日本文学の未来を切り拓く18篇。
2017.7 515p B6 ¥2800 ①978-4-309-72898-8

◆源氏物語 上　角田光代訳　河出書房新社　（池澤夏樹＝個人編集 日本文学全集 04）
【要旨】恋に生き、切なさに、嫉妬に、孤独に、美しさに涙する─日本文学最大の傑作が、明瞭な完全新訳で甦る。
2017.9 689p B6 ¥3500 ①978-4-309-72874-2

◆古今和歌集　奥村恆哉校注　新潮社　（新潮日本古典集成）　新装版
【要旨】鬼神にまでもあわれと思わせ、男女の仲をもやわらげる、やまとうた。その精髄を一千一百余首収めた最初の勅撰和歌集。
2017.12 434p B6 ¥1800 ①978-4-10-620810-2

◆更級日記　秋山虔校注　新潮社　（新潮日本古典集成）　新装版
【要旨】物語の世界に憧れていたひとりの少女。しかし夢は砕かれ、孤独な晩年が待っていた。菅原孝標女が嘆きつつも清冽に綴る自らの生涯。
2017.12 195p B6 ¥1600 ①978-4-10-620827-0

◆続後撰和歌集　佐藤恒雄著　明治書院　（和歌文学大系 37）
【要旨】定家の衣鉢を継いだ前大納言為家が撰進した第十番目の勅撰集。下命者後嵯峨院の院政や一族と深いつながりのある西園寺家の繁栄をことほぎつつも、後鳥羽院の「人ももし人もうらめし」、順徳院の「ももしきや古き軒端の」など、承久の乱の流され王の歌もさりげなく雑歌に入れた。南殿の桜の盛りに女房が立ち並んだようだと後成願が評した、温雅な歌風の裏に、中世の宮廷が置かれた複雑な現実をのぞかせる、文化史的にも重要な書。
2017.1 425p A5 ¥12000 ①978-4-625-42422-9

◆新後拾遺和歌集　松原一義、鹿野しのぶ、丸山陽子著　明治書院　（和歌文学大系 11）
【要旨】動乱の南北朝時代も半世紀を過ぎた頃、北朝の朝廷に撰進された、第二十番目の勅撰集。「夕潮のさすには連れし影ながら干潟に残る秋の夜の月」（後円融院）に刻まれる、人生を見つめる視線、「十年余り世を助くべき名は古りて氏をし救ふ一事もなし」（光厳院）とみずからを責める帝王の表白─。紆余曲折を経て成った痕跡をとどめながら、南朝の後醍醐天皇も尊氏・義詮・義満ら足利将軍も作者として名を連ね、宮廷和歌の変貌を如実に物語る集。
2017.5 459p A5 ¥12500 ①978-4-625-42424-3

◆新編・日本幻想文学集成 5　江戸川乱歩、佐藤春夫、宇野浩二、稲垣足穂著、別役実、須永朝彦、堀切直人、矢川澄子編　国書刊行会
【要旨】大都会のビルディングのはざまで起こる妖しい月光の犯罪「目羅博士の不思議な犯罪」。ナンセンス童話劇「楽しき夏の夜」。夢を培養する理想郷を見つけた男の物語「夢見る部屋」。"薄板界"という異世界の消息を伝える「薄い街」。他全32編。
2017.2 725p A5 ¥5800 ①978-4-336-06030-3

◆新編・日本幻想文学集成 6　宮沢賢治、小川未明、牧野信一、坂口安吾著、別役実、池内紀、種村季弘、富士川義之編　国書刊行会
【要旨】ノスタルジーと夢魔を宿す遙かなるメルヘン群。ある日一郎君のところに届いたふしぎな手紙「どんぐりと山猫」。金色の輪の少年が導く死の世界「金の輪」。不条理なリンチの慣らしがある奇妙奇天烈な村の物語「鬼涙村」。憎むべき論敵・蜻蛉市への復讐がたくらまれるナンセンス物語「風博士」。他全59編。
2017.6 699p A5 ¥5800 ①978-4-336-06031-0

◆新編・日本幻想文学集成 7　三島由紀夫、川端康成、正宗白鳥、室生犀星、橋本治、松山俊太郎、矢川澄子編　国書刊行会
【要旨】優雅の化身とあがめられる美貌の御息所と高徳の老僧の怨念の物語「志賀寺上人の恋」。死後の霊とのかかわりを描く「死者の書」。妖しいラヴレターが次々と波瀾を巻き起こす恐怖小説「人生恐怖図」。金魚と老作家の会話でできた超現実的な小説「蜜のあはれ」。他全31編。
2017.8 773p A5 ¥5800 ①978-4-336-06032-7

◆新編・日本幻想文学集成 8　夏目漱石、内田百閒、豊島与志雄、島尾敏雄著、富士川義之、別役実、堀切直人、種村季弘編　国書刊行会　新編
【要旨】アーサー王伝説を踏まえたファンタジー「幻影の盾」。SPレコードにまつわる怪異をえがいた「サラサーテの盤」。妖しい幽霊屋敷を舞台にした都市幻想小説「白血球」。超現実主義的手法で夢の世界を克明に記述した「夢の中での日常」。他全48編。
2017.12 755p 22×16cm ¥5800 ①978-4-336-06033-4

◆説経集　室木弥太郎校注　新潮社　（新潮日本古典集成）　新装版
【要旨】安寿と厨子王姉弟の哀話で知られる「さんせう太夫」。照手姫が小栗判官を死の世界から蘇生させる「をぐり」。数奇な運命に翻弄される人びとの悲劇を語り、近世に人気を博した芸能の代表作六篇。
2017.1 461p B6 ¥2800 ①978-4-10-620866-9

◆とはずがたり　福田秀一校注　新潮社　（新潮日本古典集成）　新装版
【要旨】後深草院の寵愛を受けながら、複数の男性との愛に苦悩し、出家して後は仏道修行のため諸国を遍歴した二条。奔放で波瀾に富んだ自らの生涯を大胆に告白する日記文学。
2017.1 424p B6 ¥2600 ①978-4-10-620851-5

◆枕草子 上　萩谷朴校注　新潮社　（新潮日本古典集成）　新装版
【要旨】自然や人間に対する清少納言の鋭い観察眼が冴える。機知に溢れ情愛細やかな王朝文学の代表作。
2017.9 426p B6 ¥2600 ①978-4-10-620814-0

◆枕草子 下　萩谷朴校注　新潮社　（新潮日本古典集成）　新装版
【要旨】中宮定子を賛仰する清少納言が自在に紡ぐ「雅」の世界。千年前に生きた人々の息ぶきが感じられる随筆集。
2017.9 393p B6 ¥2600 ①978-4-10-620815-7

◆まひる野/雲鳥/太虚集　久保田淳監修、太田登、西村真一、神田重幸編　明治書院　（和歌文学大系 79）
【要旨】明治のはじめ、いずれも信濃に生まれ、その風土に根ざす歌心を培い、若い一時期は触発しあいながら、やがてそれぞれの歌境を切り開き、近代短歌を推し進めた、窪田空穂・太田水穂・島木赤彦の三歌人の集。
2017.9 514p A5 ¥13000 ①978-4-625-42425-0

◆無名草子　桑原博史校注　新潮社　（新潮日本古典集成）　新装版
【要旨】『源氏物語』に登場する架空の女性を論じ、小野小町や清少納言など実在の女性を語る。女性の理想的な生き方を求める中世初期の異色評論。
2017.6 165p B6 ¥1600 ①978-4-10-620838-6

個人全集

◆岩波茂雄文集 1　1898 - 1935年　植田康夫、紅野謙介、十重田裕一編　岩波書店
【要旨】一九一三年、神田高等女学校にて教鞭をとっていた青年は、その職を辞して神保町に古書店を開業した。岩波茂雄、三十二歳のときである。出版事業の道を歩み始めてのち、夏目漱石との出会い、関東大震災の被害による経営難、岩波文庫の発刊、岩波講座の刊行など、創業からおよそ二十年間に記された文章を収録する。
2017.1 420p B6 ¥4200 ①978-4-00-027088-5

◆岩波茂雄文集 2　1936 - 1941年　植田康夫、紅野謙介、十重田裕一編　岩波書店
【要旨】七ヶ月半にわたる欧米視察旅行から戻った岩波茂雄は、「武力日本」に対して「文化日本」の理念を掲げ、以前にも増して出版事業に邁進する。日中戦争開戦の翌年には、軍国主義化する時局を憂いながら、岩波新書を創刊する。言論弾圧の風潮が強まり、学問の自由が脅かされる状況のなか、茂雄はどのような日々を過ごしていたのか。
2017.2 347p B6 ¥4200 ①978-4-00-027089-2

◆岩波茂雄文集 3　1942 - 1946年　植田康夫、紅野謙介、十重田裕一編　岩波書店
【要旨】創業から三〇年を迎えた岩波書店は、戦況の悪化に伴う物資不足と言論統制のもとで、厳しい経営状況へと追い込まれる。一九四四年にはすべての雑誌が休刊となり、四五年半ば、その出版活動はほとんど休止状態となった。戦後の荒廃と混乱のなかで、敗戦を「天譴」と捉えた茂雄は、再出発にあたりどのような決意を抱いていたのか。
2017.3 334, 12p B6 ¥4200 ①978-4-00-027090-8

◆恐ろしき四月馬鹿（エイプリル・フール）
―横溝正史ミステリ短篇コレクション 1 横溝正史著，日下三蔵編 柏書房
【目次】恐ろしき四月馬鹿，深紅の秘密，画室の犯罪，丘の三軒家，キャン・シャック酒場，広告人形，裏切る時計，災難，赤屋敷の記録，悲しき새朝屋の一人の恋人，犯罪を狙る男，執念，断髪流行，山名耕作の不思議な生活，鈴木と河越の話，ネクタイ綺譚，夫婦宣簿文，あ・てる・てえる・ふいるむ，角男，双生児，片輪，ある女装冒険者の話，一人の未亡人，カリオストロ夫人，丹夫人の化粧台
2018.1 442p B6 ¥2600 ①978-4-7601-4904-9

◆風の月光劍・惜別の祝宴 横田順彌著，日下三蔵編 柏書房（横田順彌明治小説コレクション3）
【要旨】帝都を襲う怪事件―SFミステリ連作にこに大団円。科学か？迷信か？押川春浪，鵜沢龍彦が挑む不可思議事件簿。そして伊藤博文，乃木希典ら明治の英雄を巻き込む陰謀の驚愕の真相とは―"空想科学探偵賞"最終章。
2017.11 437p B6 ¥2600 ①978-4-7601-4897-4

◆雁の童子―童話 4 宮沢賢治著 筑摩書房（宮沢賢治コレクション4）
【要旨】童話・詩作品を中心に賢治の作品世界を，より広く，より深く味わえるコレクション全10巻。第4巻は，西域ものの内，もっとも完成度が高い表題作をはじめとして，「風の又三郎」の別バージョン「風野又三郎」，「食」に対する考えをユーモラスに表現した「ビジテリアン大祭」，自身の姿を戯画化したとも言われる男の話「革トランク」など傑作20篇を収録。
2017.5 335p B6 ¥2500 ①978-4-480-70624-9

◆完本丸山健二全集 05 いつか海の底に 1 丸山健二著 （札幌）柏艪舎，星雲社 発売
2017.12 518p B6 ¥6500 ①978-4-434-23637-2

◆完本丸山健二全集 06 いつか海の底に 2 丸山健二著 （札幌）柏艪舎，星雲社 発売
2017.12 504p B6 ¥6000 ①978-4-434-23638-9

◆倉橋健一選集 6 全時評 倉橋健一著（大阪）澪標
【目次】1 詩時評―1984・2005（「詩と思想」―1984，毎日新聞―1986・1996，現代詩手帖・詩誌月評―1998，関西文学・時評―1998-1999，朝日新聞―2001-2005），2 同人雑誌評―1964（新日本文学―1964（ユーモア性の新局面，新文学への実行行為，新文学への展開軸）），3 新聞時評―2007（毎日新聞―2007（過去と現在の連続性を示す記事を，読み方次第で新しい現実が見え，情報を正しく伝える相像力が必要））
2017.7 432p B6 ¥3000 ①978-4-86078-358-7

◆後藤明生コレクション 2 前期 2 後藤明生著，いとうせいこう，奥泉光，島田雅彦，渡部直己編集委員 国書刊行会
【要旨】R団地に住む男のもとに県庁社会教育課からとつぜんかかってきた一本の電話。それは自身が暮らす団地についてのレポート執筆を依頼するものだった。住まいについて考察をめぐらし，住まいとの関係を模索する男の姿を描いた「書かれない報告」。あの外套はいったいどこに消え失せたのだろう？ 二十年前に福岡から上京した際に着ていた旧陸軍の外套の行方を求めて，大学浪人時代を過ごした地を訪れた主人公の想念は，"アミダクジ式"に脱線を繰り返しながら次々に展開する。後藤明生の小説作法のひとつの頂点をなす傑作「挟み撃ち」ほか，全7作を収録。
2017.1 465p 20×14cm ¥3000 ①978-4-336-06052-5

◆後藤明生コレクション 3 中期 後藤明生著 国書刊行会
【要旨】団地のそばの川を遡ることは時間を遡ることに似て，いつしか記憶は少年期を通り過ごした故郷の朝鮮北部へと導かれていく。望郷と断念の交錯する「二色刷りの時間」のなかでとらえた人間存在の喜劇性と不思議さ，安らぎに満ちた筆致で描いた「思い川」。かつて信遠追分宿に実在した，隠れキリシタンであったがゆえに処刑された遊女・吉野大夫。二百年前の伝記を探し求め，定かならぬ伝承のラビリンスに足を踏み入れたわたしたちが，その正体はようとしてつかめぬ小説は脱線と増殖を重ねていく…谷崎潤一郎賞受賞作「吉野大夫」ほか，全11作を収録。
2017.4 488p A5 ¥3000 ①978-4-336-06053-2

◆後藤明生コレクション 4 後期 後藤明生著 国書刊行会
【要旨】スズメ蜂に刺され九死に一生を得たわたしは，その顚末と考察を「蜂アカデミー」へ報告すべく，古今東西の文献を渉猟し，蜂の被害を報じた新聞記事を蒐集し，蜂被害者の取材へと出掛けていく。「蜂アカデミー」への報告に仮託した"蜂の博物誌"「蜂アカデミーへの報告」。単身赴任の初老の男が，地図を片手に大阪の街を歩き回る。ある時はマーラーの交響曲を聴くために，またある時は「四天王寺ワッソ」の見物に。そしてその道行きの末に俊徳丸の墓と思しき古墳へとたどり着く。大阪の日常を幻想空間へと異化する「しんとく問答」ほか，全16作を収録。
2017.7 496p B6 ¥3000 ①978-4-336-06054-9

◆後藤明生コレクション 5 評論・エッセイ 後藤明生著，いとうせいこう，奥泉光，島田雅彦，渡部直己編集委員 国書刊行会
【要旨】円と楕円，ゴーゴリとロシア，雨月物語，千円札文学論，アミダクジ式文学論，日本作家論，団地，自分史，読書遍歴―小説との境目を自在に往復していきながら織りなされる思考のアラベスク。昭和40年代から平成年代まで，約30年のあいだに書かれ，後藤明生のエッセンスが凝縮された，50篇を越える評論・エッセイを厳選してこの一冊に収録。詳細な年譜付き。
2017.10 435p B6 ¥3000 ①978-4-336-06055-6

◆小松左京全集完全版 25 短編小説集―全ショートショート集 小松左京著（東金）城西国際大学出版会
【要旨】人類の未来を考える黄金の羅針盤。『宇宙的・知』の集大成。
2017.2 493p A5 ¥4572 ①978-4-903624-25-9

◆小松左京全集完全版 48 威風堂々うかれ昭和史 小松左京が語る「出合い」の話 小松左京著（東金）城西国際大学出版会
【目次】威風堂々うかれ昭和史（戦前篇，戦後篇），小松左京が語る「出合い」のいろいろな話（自然と生きる，科学から空想へ，文学への道，友と師―私の選んだ六人，少年の心 ほか）
2017.2 396p A5 ¥4572 ①978-4-903624-48-8

◆堺屋太一著作集 第6巻 峠の群像 上 堺屋太一著 東京書籍
【要旨】幕府御府から約100年を経た元禄時代。華やかな貨幣経済が，社会を変えようとしていた。武士や農民は疲弊し，大商人が勃興する。赤穂では，藩財政の悪化から塩業改革に乗り出すが，これが三州吉良の塩と競合し，「事件」の導火線となる。経済の視座によって「峠の時代」を描き出す歴史巨篇。
2017.2 701p B6 ¥4200 ①978-4-487-81016-1

◆堺屋太一著作集 第7巻 峠の群像 下 堺屋太一著 東京書籍
【要旨】勅使饗応役・浅野内匠頭vs.指南役・吉良上野介。確執はついに，殿中での刃傷事件に及んだ。主家断絶の激震から，大石内蔵助は討入を決断する。その本懐を遂げた時，仇討ちの46人を「義士」と讃え，不参加の者を「不義士」と糾弾する論の非情。幕府，浪士，吉良家，そして世論が織りなす「堺屋版忠臣蔵」。
2017.2 677p B6 ¥4200 ①978-4-487-81017-8

◆堺屋太一著作集 第8巻 俯き加減の男の肖像 堺屋太一著 東京書籍
【要旨】華やかな元禄に続く宝永年間は下り坂の時代である。人々はお陰参りに熱狂し，成金商人に布施を施す。やがて西で大地震，東で富士の大噴火。吉良邸討入りに加わらなかった男は，名を変えて大和川付替え工事に絡み，大規模な綿畑の成功を果たす。逆境にも希望を持ち続けた男の生き様を描く異色の傑作。"赤穂の不義士"の夢と「淀屋闕所事件」。作者自身による書き下ろし解説付き。
2017.4 628p B6 ¥4100 ①978-4-487-81018-5

◆堺屋太一著作集 第9巻 秀吉―夢を超えた男 上 堺屋太一著 東京書籍
【要旨】有力大名がしのぎを削る戦国時代。下剋上の嵐の中，「サル」と呼ばれた少年は「おおうつけ」の青年大名との運命の出会いを果たした。常識を覆し，革新的な組織と戦術を生み出す信長の下，藤吉郎は壮大な夢を抱いて時代を駆け抜ける。草履取りの藤吉郎から近江大名の秀吉へ。
2017.6 620p B6 ¥4100 ①978-4-487-81019-2

◆堺屋太一著作集 第10巻 秀吉―夢を超えた男 下 堺屋太一著 東京書籍
【要旨】尾張・美濃を平定し，天下人への道を突き進む信長。その後を追い，秀吉は戦闘と出世競争に驀進する。だが天下統一を目前にして，信長は本能寺の変に散った。熾烈な権力闘争を制して，関白，太閤となった秀吉。天下取りの夢を超えた男の最期の言葉は何だったのか？ 堺屋太一が描く戦国歴史小説の集大成，ここに完結。作者自身による書き下ろし解説付き。「組織」から戦国を見通す，堺屋版『太閤記』。
2017.6 645p B6 ¥4200 ①978-4-487-81020-8

◆堺屋太一著作集 第11巻 世界を創った男チンギス・ハン 上 堺屋太一著 東京書籍
【要旨】アジア北方の草原に生まれたテムジン（チンギス・ハン）。族長の父を亡くし，一族は滅亡の淵にまで追いやられる。中世的身分社会の冷酷さに憤慨するテムジンを救ったのは，冒険心と己の才能によって生き抜く多国籍の人々だった。「人間に差別なし，地上に国境なし」獲得した思想を信念とし，テムジンは遊牧民の皇帝に就く。
2017.8 549p B6 ¥3800 ①978-4-487-81021-5

◆堺屋太一著作集 第12巻 世界を創った男チンギス・ハン 下 堺屋太一著 東京書籍
【要旨】中華の大国を破り，中東のホラズム帝国を制して，ついにユーラシアに覇を唱えたチンギス・ハン。なぜただの征服者でなく，世界の創造者に飛躍できたのか。脱・部族階級社会と絶対王制を支えた策を解き明かす。「天尽き地果てるとも，わが志は止まぬ。時移り，人代わるとも，この想を継げ」の最期の言葉に至る道。
2017.8 532p B6 ¥3800 ①978-4-487-81022-2

◆堺屋太一著作集 第13巻 三人の二代目 堺屋太一著 東京書籍
【要旨】上杉景勝，毛利輝元，宇喜多秀家。領国と家臣団を継いだ二代目たちは，生き残りを賭けて，織田信長に対し抗戦か服従かの決断を迫られる。秀吉の下で五大老の地位を獲得した三人は，関ヶ原の決戦で敗将となりながら，愛と勇気を持って戦国乱世を生き抜く。辛抱と勇気を支えた女たちの戦いを同時進行で活写。作者自身による書き下ろし解説付き。
2017.10 852p B6 ¥4600 ①978-4-487-81023-9

◆堺屋太一著作集 第14巻 平成三十年 堺屋太一著 東京書籍
【要旨】明治の日本は74年目，昭和16年に太平洋戦争に突入。20世紀末，著者は戦後74年目，平成30年の日本の姿を探った。データ分析から導き出されたのは，「何もしなかった日本」。作中では，現状突破のために政治家と官僚たちが奮闘，「天下分け目の改革合戦」が始まる。現実の日本はどうか!?選択そ，その先を示唆する予測小説の快作。
2017.12 773p B6 ¥4500 ①978-4-487-81024-6

◆山東京傳全集 第12巻 山東京傳全集編集委員会 ぺりかん社
【目次】松風村雨 磯馴松金糸腰黄，さらやしきろくろむすめかさね 会談三組盃，不破名古屋 濡格子宿傘，染分手綱尾花馬市 黄金花奥州織道，ふところにかへ服鈔あり燕子花 草履打所縁色揚，綠青碣組朱塗鳶葛 絵看版戸持山姥，女團磨之由来文法語，栗野女郎平双之小蘭 猿候（さる）著閨水月談
2017.2 510p A5 ¥14000 ①978-4-8315-1453-0

◆詩集工都 松本圭二著 航思社（松本圭二セレクション 第2巻）
【要旨】松本圭二の幻の第2詩集。
2017.11 384p B6 ¥3200 ①978-4-906738-26-7

◆詩人調査―小説 1 松本圭二著 航思社（松本圭二セレクション 第7巻）
【要旨】小説家志望の青年が詩を書きはじめるまでを綴った「あるゴダール伝」。元タクシードライバーの詩人で，かつてはテロリスト志望であったとおぼしき男が，PCモニター上に現れた宇宙公務員の質問に答えていく「詩人調査」。詩とは何か，詩人とは何か，そして詩人にとって詩とは何かを描く2篇。
2017.12 260p B6 ¥2600 ①978-4-906738-31-1

◆澁澤龍彦論コレクション 1 澁澤龍彦考/略伝と回想 巌谷國士著 勉誠出版
【要旨】澁澤龍彦の年少の研究仲間として，その人物像と全作品に精通している稀代の碩学が，半世紀近くにわたって発表しつづけてきたエッセーとトークの一大集成，全5巻。
2017.10 315, 3p A5 ¥3200 ①978-4-585-29461-0

◆澁澤龍彦論コレクション 2 澁澤龍彦の時空/エロティシズムと旅 巌谷國士著 勉誠出版

文学

像と全作品に精通している稀代の碩学が、半世紀近くにわたって発表しつづけたエッセーとトークの一大集成、全5巻。
【要旨】澁澤龍彦の年少の朋友として、その人物
2017.10 337, 3p A5 ¥3200 ①978-4-585-29462-7

◆澁澤龍彦論コレクション 4 トーク篇1 澁澤龍彦を語る/澁澤龍彦と書物の世界 巖谷國士著 勉誠出版
【要旨】「澁澤龍彦」とは誰か？ 私たちの「澁澤さん」をより広く深く知るために、最良の理解者たちの探求に立ち会う。"書斎"と"夢想"の中の「書物の世界」をめぐるトークを増輯。
2017.12 365p A5 ¥3800 ①978-4-585-29464-1

◆澁澤龍彦論コレクション 5 トーク篇2 回想の澁澤龍彦(抄)/澁澤龍彦を読む 巖谷國士著 勉誠出版
【要旨】「澁澤龍彦」とは誰か？ 私たちの「澁澤さん」をより広く深く知るために、回想・読解・オマージュの声を聴こう。多彩な対話者との『回想』+厖大な未刊行トーク集『澁澤龍彦を読む』！
2017.12 393p A5 ¥3800 ①978-4-585-29465-8

◆竹山道雄セレクション 3 美の旅人 竹山道雄著, 平川祐弘編 藤原書店
【要旨】欧州へ、アジアへ、そして日本国内へ。美しいものを広く深く味わえる術を心得た旅の達人の足跡。全四巻完結！
2017.5 609p B6 ¥5800 ①978-4-86578-122-9

◆多田富雄コレクション 1 自己とは何か —免疫と生命 多田富雄著 藤原書店
【要旨】「免疫学」の最先端の成果を通じて決定的な知的衝撃を与えた多田富雄の全貌！ 1990年代初頭、近代的「自己」への理解を鮮烈に塗り替えた多田の「免疫論」の核心と、そこから派生する問題系の現代的意義を示す論考を精選。
2017.5 342p B6 ¥2800 ①978-4-86578-121-2

◆谷崎潤一郎全集 第9巻 愛すればこそ お国と五平 藝術一家言 谷崎潤一郎著 中央公論新社
【要旨】複雑な私生活を投影しながら、倒錯した情緒の世界を描いた戯曲を中心に収載。
2017.2 537p 21×15cm ¥6800 ①978-4-12-403569-8

◆谷崎潤一郎全集 第12巻 赤い屋根/友田と松永の話/饒舌録 谷崎潤一郎著 中央公論新社
【要旨】記者がのぞきみた先生の秘密「蘿洞先生」、推理小説的な分身譚「友田と松永の話」、横浜を舞台に美少女に貢ぐ中年男を描いた「青い花」、芥川龍之介との論争に発展した「饒舌録」、話題を呼んだ翻訳「グリーブ家のバァバラの話」など、残酷でエロティックな短篇を中心に、大正末から昭和初年の作品群を収載する。
2017.4 589p A5 ¥6800 ①978-4-12-403572-8

◆谷崎潤一郎全集 第22巻 過酸化マンガン水の夢/鍵/夢の浮橋 谷崎潤一郎著 中央公論新社
【要旨】日常から突如奇想が展開する「過酸化マンガン水の夢」、死に至る限界まで妻の肉体にうちこむ夫と、誘惑する妻=性の駅楽と恐怖を追求した問題作「鍵」。継母への憧れと夭折した生母への思いの二人を意識の中で混同させてゆく主人公を描く「夢の浮橋」など、老いや母恋いをテーマにした円熟期の秀作を収載する。
2017.5 512p B6 ¥6800 ①978-4-12-403582-7

◆谷崎潤一郎全集 第23巻 三つの場合 当世鹿もどき 残虐記 谷崎潤一郎著 中央公論新社
【要旨】若き日の友人たち、名作「細雪」の後日譚などを描いた「三つの場合」、松子夫人との出会い、友人芥川との死、才気煥発な女優たちとの交流、東西文化や日本語のことなどを落語家のような口調で綴った「当世鹿もどき」など、老境に入り、死をみつめながら綴られた随筆集二冊を中心に、同時代の幅広い文章を収載した。
2017.3 527p B6 ¥6800 ①978-4-12-403583-4

◆谷崎潤一郎全集 第26巻 日記・記事・年譜・索引 谷崎潤一郎著 中央公論新社
【要旨】晩年の日常と創作状況がわかる「日記」、新聞や雑誌のインタビューを中心に編纂した「記事」、そして「参考」として妻松子が記録した「主おもむろに語るの記」「十八公日記」など、未収録資料を多数収載。充実の「年譜」「著作目録」「著書目録」「索引」を含む、全二十六巻の最終巻。
2017.6 589p B6 ¥6800 ①978-4-12-403586-5

◆注文の多い料理店―童話2・劇ほか 宮沢賢治著 筑摩書房 (宮沢賢治コレクション 2)
【要旨】賢治の作品世界をより深く、より広く味わえるコレクション全10巻。第2巻は生前唯一の童話集『注文の多い料理店』収録作品ほかに生前雑誌等発表の「雪渡り」「やまなし」「オツベルと象」「ざしき童子のはなし」、劇作品「種山ヶ原の夜」「植物医師」ほか全32作品を収録。
2017.1 335p B6 ¥2500 ①978-4-480-70622-5

◆辻章著作集 第1巻 辻章著 作品社
【要旨】「群像」編集長を経て小説家に転身、泉鏡花賞を受賞、芥川賞の候補となり、2015年に逝去した辻章の著作集全6巻、刊行開始！ 第一作品集『逆羽』、第二作品集『この世のこと』、芥川賞候補作「青山」所収。
2017.10 377p B6 ¥2800 ①978-4-86182-661-0

◆筒井康隆コレクション 6 美藝公 筒井康隆著 出版芸術社
【要旨】日本最大の産業が映画という世界を描いた『美藝公』北海道にソ連軍が攻めてきた―!?『歌と饒舌の戦記』ほか実験的小説「上下左右」(イラスト：真鍋博)や「クラリネット言語」など貴重な短篇やエッセイを併録。表題作に横尾忠則の美麗イラストを再録した豪華選集！
2017.4 607p B6 ¥2800 ①978-4-88293-478-3

◆筒井康隆コレクション 7 朝のガスパール 筒井康隆著, 日下三蔵編 出版芸術社
【要旨】読者の意見を反映させた型破りな作品「朝のガスパール」ロシア勇士の生涯を美文で描いた「イリヤ・ムウロメツ」真鍋博の繊密なイラスト、手塚治虫の美麗イラストを全点再録。リレー小説「冷中水湖伝」や「筒井康隆の人生問答」など貴重な作品を多数収録。全7巻、堂々完結！
2017.11 607p B6 ¥2800 ①978-4-88293-479-0

◆筒井康隆全戯曲 4 大魔神 筒井康隆著, 日下三蔵編 復刊ドットコム (付属資料：CD1)
【目次】大魔神、影武者騒動、俄・納涼御搔勘進帳、スーパージェッター、フォノシート漫画
2017.2 557p B6 ¥3700 ①978-4-8354-5352-1

◆定本 漱石全集 第2巻 倫敦塔ほか・坊っちゃん 夏目金之助著 岩波書店
【要旨】日常と非日常の交差から人々を描く、瑞々しくうつくしい初期中短編。
2017.1 586p B6 ¥4000 ①978-4-00-092822-4

◆定本 漱石全集 第3巻 草枕・二百十日・野分 夏目金之助著 岩波書店
【目次】草枕、二百十日、野分
2017.2 608p B6 ¥4400 ①978-4-00-092823-6

◆定本 漱石全集 第4巻 虞美人草 夏目金之助著 岩波書店
【要旨】六人の男女の想いが交錯するひと春の絢爛たる愛の群像劇。
2017.3 578p 20×15cm ¥4200 ①978-4-00-092824-8

◆定本 漱石全集 第5巻 坑夫・三四郎 夏目金之助著 岩波書店
【要旨】坑の底へ、心の奥へ、深く潜りこんでゆく青年。学問と友情と恋愛にゆらぐ、悩み、迷う青年。青春の光と影を描く二作。
2017.4 787p B6 ¥4600 ①978-4-00-092825-X

◆定本 漱石全集 第6巻 それから・門 夏目金之助著 岩波書店
【要旨】「大風は突然不用意の二人を吹き倒した」友のために手放したはずの恋、仲睦まじい夫婦が抱える影―季節の移ろいとともに揺れ動く心を描く。
2017.5 797p B6 ¥4600 ①978-4-00-092826-7

◆定本 漱石全集 第7巻 彼岸過迄 夏目金之助著 岩波書店
【要旨】不気味な蛇のステッキ、降りしきる雨―青年はある男の探偵をきっかけに友人の秘密に近づいていく。ミステリ仕立ての連作小説。
2017.6 464p B6 ¥4400 ①978-4-00-092827-4

◆定本 漱石全集 第8巻 行人 夏目金之助著 岩波書店
【要旨】妻も己も信じられず、絶望と狂気のはざまに自らを追い詰める男―誰もが心の奥に抱える強烈な孤独の形を照らし出す心理小説。
2017.7 582p B6 ¥4200 ①978-4-00-092828-1

◆定本 漱石全集 第9巻 心 夏目金之助著 岩波書店
【要旨】「私は今あなたの前に打ち明ける」先生と私―孤独な二人の真面目で懐かしい交流を描き、明治の時代精神への挽歌を重ねた静かな語りかけ。
2017.8 416p B6 ¥4000 ①978-4-00-092829-8

◆定本 漱石全集 第10巻 道草 夏目金之助著 岩波書店
【要旨】「人間の運命は中々片付かないもんだな」遠い国から帰ってきた健三がある雨の日に出会った―妻ともぎこちなく、親戚にも悩まされる男の日常に現れた過去。
2017.12 458p B6 ¥4000 ①978-4-00-092830-4

◆定本 漱石全集 第11巻 明暗 夏目金之助著 岩波書店
【要旨】見栄、疑心、裏返る言葉。虚飾にまみれた闇の中、新婚の津田夫妻は心通わす光を求めもがく。愛を主題とした、最期の小説。
2017.12 835p B6 ¥4400 ①978-4-00-092831-1

◆定本 漱石全集 第12巻 小品 夏目金之助著 岩波書店
【要旨】愉快なサイクリスト漱石、美しくも怪しい幻想譚、ふとした日常に垣間見える深淵―初期から晩年までの短篇全二十二篇。
2017.9 941p B6 ¥4800 ①978-4-00-092832-8

◆定本 漱石全集 第14巻 文学論 夏目金之助著 岩波書店
【要旨】三十代の若き漱石が「文学とは何か」を探り抜いそうになるまで打ちこんだ一世一代の、東西の文学を架橋する先駆的な文学理論書。
2017.11 733, 47p B6 ¥4800 ①978-4-00-092834-2

◆定本 夢野久作全集 2 小説 2 夢野久作著 国書刊行会
【目次】一足お先に、霊感！、ココナツツの実、犬神博士、怪夢(1)、斜坑、焦点を合せる、怪夢(2)、狂人は笑ふ、幽霊と推進機、ビルヂング、キチガヒ地獄、老巡査、意外な夢遊探偵、けむりを吐かぬ煙突、縊死体
2017.5 466p A5 ¥9000 ①978-4-336-06015-0

◆定本 夢野久作全集 3 小説 3 夢野久作著 国書刊行会
【目次】暗黒公使、氷の涯、冗談に殺す、爆弾太平記、白菊、斬られ度さに、名君忠之、山羊髯編輯長、難船小僧、木魂、衝突心理、無系統虎列剌 2017.10 569p A5 ¥9500 ①978-4-336-06016-7

◆時の幻影館・星影の伝説 横田順彌著, 日下三蔵編 柏書房 (横田順彌明治小説コレクション 1)
【要旨】日本SFの祖・押川春浪と門人・鵜沢岳が遭遇する数々の摩訶不思議―SFの奇才にして古典SF研究の第一人者・横田順彌が贈る、科学と綺想、怪奇と幻想に満ちた"空想科学探偵譚"！
2017.9 414p B6 ¥4000 ①978-4-7601-4895-0

◆中上健次集 10 野性の火炎樹、熱風、他十一篇 中上健次著 インスクリプト
【目次】野性の火炎樹、熱風、香港、シンガポール、ヒタノスの涙、タンヘルの死、イテウォンの女、踊り子イメルダ、天の歌、火ねずみの恋、大鴉、青い朝顔、蘭の崇高、私の因縁な兄たち、(講演)小説家の想像力、(対談)柄谷行人、中上健次 路地の消失と流亡―中上健次の軌跡、(インタビュー)渡部直己 シジフォスのように病と戯れて、物語反物語をめぐる150冊
2017.7 718p B6 ¥4000 ①978-4-900997-63-9

◆なめとこ山の熊―童話 5 宮沢賢治著 筑摩書房 (宮沢賢治コレクション 5)
【要旨】「宿命」を引き受けて生きる猟師と熊との絆を描いた表題作、「動物園」を自然との交感の場に変質させるシュールな傑作「月夜のけだもの」、ラディカルで屈指の作品といわれる「フランドン農学校の豚」ほか、賢治の主要なテーマである「自然」を中心とした作品二十四篇を収録。
2017.6 333p B6 ¥2500 ①978-4-480-70625-6

◆西山宗因全集 第6巻 解題・索引篇 西山宗因全集編集委員会編 八木書店
【目次】補訂(連歌、和歌、文章、小発句集、評点、書簡、加藤正方関係資料、追善、同時代俳書抜抄・雑抄、俳諧、現存真蹟一覧)、資料解題、初句索引
2017.4 234, 268p A5 ¥18000 ①978-4-8406-9666-1

◆春と修羅―詩 1 宮沢賢治著 筑摩書房 (宮沢賢治コレクション 6)

【要旨】最愛の妹トシとの死別に際して創られた「永訣の朝」をはじめとして「小岩井農場」「真空溶媒」「東岩手火山」「風景とオルゴール」等、著者生前唯一の詩集「心象スケッチ 春と修羅」全70篇と補遺9篇を収録する。さらに、その後の多くの作品への萌芽を感じさせる短唱「冬のスケッチ」を全篇収録。
2017.8 374p B6 ¥2500 ①978-4-480-70626-3

◆**春と修羅第三集・口語詩稿ほか―詩3** 宮沢賢治著,天沢退二郎,入沢康夫監修,栗原敦,杉浦静編 筑摩書房 (宮沢賢治コレクション 8)
【要旨】賢治の詩の中で、主に「生活」や「現実」に関する題材が多い「春と修羅第三集」および補遺をすべて収録。また、その素材となるテーマを多く扱っている「詩ノート」、口語詩稿など数十篇を選び収録した。
2017.11 399p B6 ¥2500 ①978-4-480-70628-7

◆**松原正全集 第3巻 戦争は無くならない** 松原正著 (仙台)圭書房
【目次】1(人間は犬畜生ではない、生存が至高の價値か ほか)、2(二つの正義―力と數の バランス、「親韓派」知識人に問ふ ほか)、3(アメリカ「べったり」で何が悪いか―戦争は何故無くならないのか―、政治が纒禰の生き甲斐―戦爭は何故無くならないのか二 ほか)、4(敵の所在、ぐうたらに神風 ほか)
2017.2 596p A5 ¥4000 ①978-4-9904811-5-5

◆**水野広徳著作集** 水野広徳著,栗屋憲太郎,前坂俊之,大内信也編 雄山閣 新装版
【目次】第1巻 日露戦記、第2巻 渡欧記、第3巻 日米未来戦記、第4巻 評論1、第5巻 評論2、第6巻 評論3/書誌、第7巻 評論4/日記/書簡、第8巻 自伝/年譜
2017.4 8Vols.set A5 ¥100000 ①978-4-639-02476-7

◆**みだれ絵双紙・金瓶梅** 皆川博子著,日下三蔵編 出版芸術社 (皆川博子コレクション 10)
【要旨】全10巻、堂々完結。中国の奇書を見事に蘇らせた表題作に岡田嘉夫の華麗なイラストを再録。貴重な短篇5篇を併録。
2017.9 506p B6 ¥4500 ①978-4-88293-467-7

◆**宮本研エッセイ・コレクション 1 1957－67 夏雲の記憶** 宮本研著,宮本新編 一葉社
【要旨】戦後を代表する劇作家のもうひとつの「作品」集。戦後精神の光芒。
2017.12 351p B6 ¥3000 ①978-4-87196-066-3

◆**冥界武侠譚 其の1** 立原透耶著 彩流社 (立原透耶著作集 3)
【要旨】著者の"中国熱"全開の痛快冒険活劇「冥界武侠譚」シリーズ、前半の4巻を収録!
2017.8 544p A5 ¥4500 ①978-4-7791-2113-5

◆**夢の陽炎館・水晶の涙雫** 横田順彌著,日下三蔵編 柏書房 (横田順彌明治小説コレクション 2)
【要旨】永久機関研究者の執念、日露戦争生還者の予言、絵から抜け出す幽霊、南極探検に端を発する怪事件、押川春浪と綿谷賢治が挑む超常現象!SF、ミステリ、幻想…"空想科学探偵譚"復刻第2弾!
2017.10 421p B6 ¥2600 ①978-4-7601-4896-7

◆**吉本隆明全集 13 1972－1976** 吉本隆明著 晶文社

【要旨】はじめて外国の文学者たちを論じた『書物の解体学』、長くその資質にひかれて論じてきた「島尾敏雄」のほか、1972年から1976年の間に発表された詩や散文を収録。
2017.9 697p A5 ¥6800 ①978-4-7949-7113-5

◆**吉本隆明全集 14 1974－1977** 吉本隆明著 晶文社
【要旨】『古事記』『日本書紀』から平安期の歌論書までを読み解き、歌の発生や和歌形式の成立までを統一的に論じた古典批評の書「初期歌謡論」、および同時期の評論や講演を収録。
2017.12 575p A5 ¥6500 ①978-4-7949-7114-2

◆**吉本隆明全集 37 書簡 1** 吉本隆明著 晶文社
【要旨】『試行』単独編集、試行出版部創設、『初期ノート』刊行、「全著作集」刊行開始―。1962-68年の頃が白熱した核心となる川上春雄宛全書簡を150通余りを収録。あわせて、川上春雄の吉本会見記などの訪問記録ノートやその貴重な収集資料を収録。
2017.5 446p A5 ¥6000 ①978-4-7949-7137-1

◆**よだかの星―童話3・初期短篇** 宮沢賢治著 筑摩書房 (宮沢賢治コレクション 3)
【要旨】童話・詩作品を中心に賢治の作品世界を、より広く、より深く味わえるコレクション全10巻。第3巻は、名作の評価の高い表題作をはじめとして、「貝の火」「ひかりの素足」「ペンネンネンネンネン・ネネムの伝記」など珠玉の童話19篇と「電車」「図書館幻想」ほか初期短篇7篇を併せて収録。
2017.3 335p B6 ¥2500 ①978-4-480-70623-2

◆**CITY VICE** 立原透耶著 彩流社 (立原透耶著作集 2)
【要旨】近未来サイバーアクション『CITY VICE』全3冊を一挙収録。さらに、「チャイナタウン・ブルース」からは「絆」「掟」他!
2017.1 657p A5 ¥4500 ①978-4-7791-2112-8

外国文学の全集

◆**アンドレ・ジッド集成 第4巻** アンドレ・ジッド著,二宮正之訳 筑摩書房
【要旨】いかなる物語へも収束されない"純粋小説"を問い、未来に開かれた野心作『贋金つくり』、このメタフィクションを別光源から照らす創作ノート『贋金つくりの日記』、ギリシア王に生涯を生ききった者の感慨を託す『テーセウス』。ジッド円熟期の傑作三篇を収める。
2017.9 532p A5 ¥7700 ①978-4-480-79104-7

◆**ガラテーア** ミゲル・デ・セルバンテス著,本田誠二訳 水声社 (セルバンテス全集 1)
【要旨】世俗から自由な牧人たちは愛の本質を熟知しつつも、叶わぬ恋に苦しみ悲喜劇を繰り広げる…観念的韻文と写実的散文、二つの貌をもつ渾身の処女作品。
2017.11 699p A5 ¥10000 ①978-4-8010-0171-8

◆**完訳・エリア随筆 4 続篇 下** チャールズ・ラム著,南條竹則訳,藤巻明註釈 国書刊行会
【要旨】エッセイ文学における最高傑作、彫心鏤骨の新訳―ついに完結なる!!中国の古い茶器を取

り出して貧乏だった遠い日々を懐かしむ…畢生の名作「古陶器」や、本邦初訳の「死の床」ほか全11篇を収録。エッセイ文学の古典エリア随筆の完訳シリーズ、最終回配本。
2017.5 342p B6 ¥2400 ①978-4-336-05773-0

◆**蒸気で動く家** ジュール・ヴェルヌ著,荒原邦博,三枝大修訳 インスクリプト (ジュール・ヴェルヌ《驚異の旅》コレクション 4)
【要旨】北インドの大自然を行く鋼鉄の象。冒険の旅は、大反乱の傷痕深い怨念の復讐劇へと姿を変える。血の糸で引き合う宿敵同士の運命やいかに…。『八十日間』のインドの謎、ついに解かれる! 必読の傑作。
2017.8 509p A5 ¥5200 ①978-4-900997-71-4

◆**新釈漢文大系 97 白氏文集 1** 岡村繁著 明治書院
【目次】『白氏文集』解題、白氏長慶集序、巻第一 諷諭一 古調詩 五言、巻第二 諷諭二 古調詩 五言、巻第三 新樂府 諷諭三 雜言、卷第四 新樂府 諷諭四 雜言
2017.5 776p A5 ¥12500 ①978-4-625-67324-5

◆**世事は煙の如し―中短篇傑作選** 余華著,飯塚容訳 岩波書店
【要旨】一人暮らしを始めた少年が理不尽な暴力に晒される出世作「十八歳の旅立ち」から、現代版「狂人日記」『阿Q正伝』を思わせる「四月三日の事件」「名前のない男」、数字で名づけられた老若男女が次々と死の影にとらわれる表題作「世事は煙の如し」まで、現代中国文学を牽引する作家による、暴力と狂気と不条理に彩られた魯迅×カフカな六つの物語。
2017.6 175p B6 ¥2300 ①978-4-00-061203-6

◆**ドン・キホーテ 前篇** ミゲル・デ・セルバンテス著,岡村一訳,本田誠二注釈 水声社 (セルバンテス全集 第2巻)
【要旨】騎士道物語に魅せられ、"狂人"となった初老の男の"荒唐無稽な"冒険譚。スペイン黄金世紀文学の巨人による、あまりにも有名な近代小説の最初にして最高の作品!
2017.2 810p 22×16cm ¥10000 ①978-4-8010-0172-5

◆**ドン・キホーテ 後篇** ミゲル・デ・セルバンテス著,岡村一訳,本田誠二注 水声社 (セルバンテス全集 第3巻)
【要旨】出版された『ドン・キホーテ』前篇を"登場人物"たちが読み、主従の冒険のすべてを知り、二人を周囲に愚弄する…"夢"と"現実"が交錯する、世界文学史上初の前代未聞のメタフィクション! 驚くべき"狂気"の終焉。新訳決定版!
2017.3 829p A5 ¥10000 ①978-4-8010-0173-2

◆**フランス・ルネサンス文学集 3 旅と日常と** 宮下志朗,伊藤進,平野隆文編訳,斎藤広信,篠田勝英,高橋薫訳 白水社
【要旨】フランス・ルネサンス文学の豊饒にして広大な地平を俯瞰し、その全貌を伝える。第3巻には、日々の暮らしや激動の時代を浮き彫りにする回想録、日記、旅行記などを収める。
2017.6 556, 12p B6 ¥8300 ①978-4-560-09553-9

◆**ペルシーレスとシヒスムンダの冒険** ミゲル・デ・セルバンテス著,荻内勝之訳 水声社 (セルバンテス全集 7)
【要旨】兄妹を名乗る美しい男女が数々の苦難に遭いながらも、極北の地から聖都ローマを目指す"魂の巡礼"の物語。著者の死の四日前に完成

した、全著作の最後を飾る一大冒険小説。
2017.12 553p A5 ¥8000 ⓘ978-4-8010-0177-0

◆三島由紀夫の死　ヘンリー・ミラー著、松田憲次郎、小林美智代、萩埜充、野平宗弘訳　水声社　（ヘンリー・ミラー・コレクション 15）
【要旨】ブニュエルを称賛する「黄金時代」、ブラッサイを語る「パリの眼」、三島由紀夫自決の翌年に発表された出色の作人論といえる「三島由紀夫の死」をはじめ10編のエッセイを収録。
2017.12 246p B6 ¥2800 ⓘ978-4-8010-0004-9

◆名探偵ホームズ全集 第1巻 深夜の謎・恐怖の谷・怪盗の宝・まだらの紐・スパイ王者・銀星号事件・謎屋敷の怪　アーサー・コナン・ドイル著、山中峯太郎訳著、平山雄一註　作品社
【要旨】昭和三十〜五十年代、日本中の少年少女が探偵と冒険の世界に胸を躍らせて愛読した、図書館・図書室必備の、あの山中峯太郎版「名探偵ホームズ全集」、シリーズ二十冊を全三巻に集約して一挙大復刻！　小説家・山中峯太郎による、原作をより豊かにする創意や原作の疑問/矛盾点の解消のための加筆を明らかにする、詳細な註つき。ミステリマニア必読！
2017.1 707p A5 ¥6800 ⓘ978-4-86182-614-6

◆名探偵ホームズ全集 第2巻 火の地獄船 鍵と地下鉄 夜光怪獣 王冠の謎 閃光暗号 獅子の爪 踊る人形　アーサー・コナン・ドイル著、山中峯太郎訳、平山雄一註　作品社
【要旨】日本中の少年少女が愛読した、図書館・図書室必備の、「名探偵ホームズ全集」全三巻に集約して一挙大復刻！　詳細な註つき。
2017.4 698p A5 ¥6800 ⓘ978-4-86182-615-3

◆名探偵ホームズ全集 第3巻 悪魔の足 黒蛇紳士 謎の手品師 土人の毒矢 消えた蠟面 黒い魔船　アーサー・コナン・ドイル原作、山中峯太郎訳、平山雄一註・解説　作品社
【要旨】昭和三十〜五十年代、日本中の少年少女が探偵と冒険の世界に胸を躍らせて愛読した、図書館・図書室必備の、あの山中峯太郎版「名探偵ホームズ全集」、シリーズ二十冊を全三巻に集約して一挙大復刻！　小説家・山中峯太郎による、原作をより豊かにする創意や原作の疑問/矛盾点の解消のための加筆を明らかにする、詳細な註つき。ミステリマニア必読！
2017.7 649p A5 ¥6800 ⓘ978-4-86182-616-0

◆模範小説集　ミゲル・デ・セルバンテス著、樋口正義、斎藤文子、井尻直志、鈴木正士訳　水声社　（セルバンテス全集 第4巻）
【要旨】"真実"を映す学"虚構"の物語。哲学的議論を戦わせる犬、誰よりも真理に近い狂人、スペイン・地中海世界を舞台とする波瀾万丈の恋と冒険の数々。ありえない出来事をありそうに思わせる作家セルバンテスの技が光る12編。
2017.8 725p A5 ¥10000 ⓘ978-4-8010-0174-9

◆J・G・バラード短編全集 2 歌う彫刻　J.G. バラード著、柳下毅一郎監修　東京創元社
【要旨】科学技術と人間の関係を追求した、ニューウェーヴの旗手。『沈んだ世界』『結晶世界』『ハイ・ライズ』で知られる鬼才の全短編を、執筆順に集成する決定版全集。第2巻には本邦初訳作を含む全18編収録。
2017.1 405p B6 ¥3600 ⓘ978-4-488-01059-1

◆J・G・バラード短編全集 3 終着の浜辺　J.G. バラード著、柳下毅一郎監修　東京創元社
【要旨】硬質な抒情が描く、終末世界のヴィジョン。『沈んだ世界』『結晶世界』『ハイ・ライズ』で知られる鬼才の全短編を、執筆順に集成する決定版全集。第3巻は本邦初訳「光り輝く男」ほか全19編。
2017.5 410p B6 ¥3600 ⓘ978-4-488-01060-7

事典・書誌・年鑑

◆大きな字の創作ネーミング辞典　学研プラス　（ことば選び辞典）
【要旨】小説、シナリオ、歌詞、台詞…納得いく名付けができる、スマートなネーミング辞典。
2017.10 234p 18×10cm ¥850 ⓘ978-4-05-304633-8

◆世界の児童文学登場人物索引 単行本篇　DBジャパン編　（横浜）DBジャパン
【要旨】2005〜2007年に翻訳刊行された、海外の児童文学の単行本に登場する主な人物を採録し

た索引。1,018作品に登場する、のべ3,634人の登場人物を収録。
2017.11 326, 27p A5 ¥15000 ⓘ978-4-86140-032-2

◆世界の名作絵本4000冊　日外アソシエーツ編　日外アソシエーツ, 紀伊國屋書店 発売
【要旨】センダック、ハレンスレーベン、ポターなど、海外の絵本作家201人をピックアップ。定番の名作から最近の話題作まで幅広く4104冊を収録。公立図書館・幼稚園・保育園での選定・読み聞かせ案内に最適のガイド。
2017.6 422p A5 ¥8000 ⓘ978-4-8169-2666-2

◆世界の物語・お話絵本登場人物索引 2007-2015　DBジャパン編　（横浜）DBジャパン
【要旨】2007〜2015年に日本国内で翻訳刊行された外国の絵本と外国原作のお話の絵本に登場する主な人物・動物たちを採録した索引。1,473作品に登場するのべ2,791人の登場人物を収録。
2017.5 322p A5 ¥15000 ⓘ978-4-86140-029-2

◆世界文学全集/個人全集・作品名綜覧 第4期　日外アソシエーツ編　日外アソシエーツ, 紀伊國屋書店 発売　（世界文学綜覧シリーズ 22）
【要旨】国内で翻訳刊行された外国文学作品を主に収録した全集と、海外作家の個人全集の作品名索引である。2005年〜2017年に刊行が完結した全集・個人全集、および刊行中で全巻構成が判明しているものの一部を収録。収録点数は、全集46種514冊と、79名の作家の個人全集（選集・著作集・作品集などを含む）91種420冊に収載された作品、作家プロフィールおよび書簡・日記・作品解説前書き・後書き等16,335件である。
2017.11 757p A5 ¥32400 ⓘ978-4-8169-2682-2

◆世界文学全集/個人全集・作家名綜覧 第4期　日外アソシエーツ編　日外アソシエーツ, 紀伊國屋書店 発売　（世界文学綜覧シリーズ 21）
【要旨】国内で翻訳刊行された外国文学作品を主に収録した全集と、海外作家の個人全集の作家名索引である。2005年〜2017年に刊行が完結した全集・個人全集、および刊行中で全巻構成が判明しているものの一部を収録。収録点数は、全集46種514冊と、79名の作家の個人全集（選集・著作集・作品集などを含む）91種420冊に収載された、1,157名の作家とその作品、および各作家・作品に関する解説等18,467件である。
2017.10 656p A5 ¥32400 ⓘ978-4-8169-2681-5

◆世界文学全集/個人全集・内容綜覧 第4期　日外アソシエーツ編　日外アソシエーツ, 紀伊國屋書店 発売　（世界文学綜覧シリーズ 20）
【要旨】2005〜2016年に刊行された世界文学全集46種514冊と作家79名の個人全集91種420冊、合計137種934冊の内容細目集。
2017.9 384p A5 ¥22500 ⓘ978-4-8169-2680-8

◆全集・叢書総目録 2011-2016 2 人文　日外アソシエーツ編　日外アソシエーツ, 紀伊國屋書店 発売
【要旨】2011年から2016年までに国内で刊行された哲学、宗教、歴史、伝記、地理などの分野の全集・叢書類5,173種23,264点を収録。
2017.11 655p A5 ¥23100 ⓘ978-4-8169-2692-1

◆創作ネーミング辞典　学研プラス　（ことば選び辞典）
【要旨】小説、シナリオ、歌詞、台詞…納得いく名付けができる、スマートなネーミング辞典。
2017.10 234p 16×9cm ¥630 ⓘ978-4-05-304628-4

◆日本の児童文学登場人物索引 単行本篇 2008-2012　DBジャパン編　（横浜）DBジャパン
【要旨】安倍晴明が登場する児童文学のお話はあるか、ひかるという子が登場する児童文学作品を知りたい、ミス・カナって誰？　どんなお話の主人公？　そんな要求に答え、2008〜2012年に刊行された日本の児童文学の単行本に登場する主な人物を採録した索引。1,979作品に登場するのべ6,217人の登場人物を収録。「日本の児童文学登場人物索引 単行本篇」の続編。
2017.9 544, 48p A5 ¥22000 ⓘ978-4-86140-031-5

◆日本の児童文学登場人物索引 単行本篇 2003-2007　DBジャパン編　（横浜）DBジャパン
【要旨】2003〜2007年に刊行された日本の児童文学の単行本に登場する主な人物を採録した索引。1,919作品に登場するのべ5,740人の登場人物を収録。
2017.8 489, 40p A5 ¥22000 ⓘ978-4-86140-030-8

◆日本の名作絵本5000冊　日外アソシエーツ編　日外アソシエーツ, 紀伊國屋書店 発売
【要旨】「かさじぞう」「ぐりとぐら」から「あらしのよるに」「だるまさんが」まで。あきまけたし、いわむらかずお、五味太郎、長新太など、日本の絵本作家101人をピックアップ。定番の名作から最近の話題作まで幅広く5,759冊を収録。公立図書館・幼稚園・保育園での選定・読み聞かせ案内に最適のガイド。
2017.7 442p A5 ¥8000 ⓘ978-4-8169-2672-3

◆日本の物語・お話絵本登場人物索引 2007-2015　DBジャパン
【要旨】ある特定の人物や動物が登場する絵本を知りたい。絵本の名前は忘れたが、おばあさんとねこがくらしていたお話の絵本をもう一度読みたい。そんな絵本愛読者の要求に答える、登場人物から引けるお話絵本の登場人物索引。2007〜2015年に日本国内で刊行された日本の絵本に登場する主な人物・動物たちを採録した索引。3,164作品に登場するのべ5,547人の登場人物を収録。
2017.5 492p A5 ¥22000 ⓘ978-4-86140-028-5

◆文学賞受賞作品総覧 児童文学・絵本篇　日外アソシエーツ編　日外アソシエーツ, 紀伊國屋書店 発売
【要旨】戦後から2017年までに実施された主要な児童文学・絵本に関する賞98賞の受賞作品5,226点を収録する作品目録。受賞作品が収録されている図書3,776点の書誌データも併録。巻末に作品名索引付き。
2017.12 472p A5 ¥16000 ⓘ978-4-8169-2698-3

◆翻訳図書目録2014-2016 4 総索引　日外アソシエーツ編　日外アソシエーツ, 紀伊國屋書店 発売
【要旨】「翻訳図書目録2014-2016」1巻から3巻の総索引。「著者名索引（五十音順）」「著者名索引（ABC順）」「書名索引（五十音順）」「原書名索引（ABC順）」を収録。
2017.6 375p A5 ¥18500 ⓘ978-4-8169-2659-4

◆歴史時代小説文庫総覧―昭和の作家　日外アソシエーツ編　日外アソシエーツ, 紀伊國屋書店 発売
【要旨】吉川英治、司馬遼太郎、池波正太郎、笹沢左保、平岩弓枝など作家200人を収録。作家ごとに7,843点を文庫別・系列別『剣客商売』などシリーズごとに一覧できる。不朽の名作から意外な1冊まで一挙掲載。過去最多収録の歴史時代小
2017.6 892p A5 ¥22800

説ガイド。星新一、西村京太郎など他ジャンルの作家が書いた歴史小説作品も収録。書名・シリーズ名から引ける「作品名索引」付き。読みたい作品が一目でわかる。
2017.1 593p A5 ¥9250 ①978-4-8169-2641-9

◆歴史時代小説文庫総覧―現代の作家　日外アソシエーツ編　日外アソシエーツ、紀伊國屋書店 発売
【要旨】佐伯泰英、鳴海丈、火坂雅志、宮部みゆきなど平成の作家345人を収録。作家ごとに6,895点を文庫別に掲載。「吉原裏同心」などシリーズも一挙掲載。過去最多収録の歴史時代小説ガイド。人気シリーズから話題の新人まで一挙掲載。過去最多収録の歴史時代小説ガイド。赤川次郎、三谷幸喜など他ジャンルの作家が書いた歴史小説作品も収録。書名・シリーズ名から引ける「作品名索引」付き。読みたい作品が一目でわかる。
2017.2 658p A5 ¥9250 ①978-4-8169-2643-3

日本文学の研究

◆愛知で知る読む日本文学史15講―古典de聖地巡礼　中根千絵、森田貴之編著　三弥井書店
【目次】熱田『日本書紀』、引馬野『万葉集』、古渡『日本霊異記』、八幡『伊勢物語』、国府『古今著聞集』、犬頭神社（三河）『今昔物語集』、菟足神社『宇治拾遺物語』、野間『平治物語』、阿波手の杜 謡曲『反魂香（不連森）』、津島 狂言『千鳥』〔ほか〕
2017.9 213p B6 ¥1800 ①978-4-8382-3319-9

◆犬と猫はどうして仲が悪いのか　福井栄一著　技報堂出版
【要旨】世の人気を二分する犬と猫。彼らの仲が悪い理由、こっそりお教えしましょう。十二支シリーズ最終巻。
2017.12 92p B6 ¥1200 ①978-4-7655-4251-7

◆エロい昔ばなし研究―『古事記』から『完全なる結婚』まで　下川耿史著　ベストセラーズ（ベスト新書）
【要旨】学生のころに教科書で読んだ、『源氏物語』や『平家物語』といった名作古典の数々。学校では雅で高尚な文学として教えられがちなそれらの作品には、実は日本人の豊かな"性生活"がユニークな表現で書き記されている。専門家の研究では、学問が扱うべき対象ではないとして避けられがちな性の文化。しかし、大昔の人々がどのような性生活を送っていたか、それが現代人にどのような影響を与えているかを追求することで、初めて見えてくる歴史もある。本書では「性」を切り口に古典の名作を読み解き、日本人の本質や特性に真価に迫る。
2017.8 255p 18cm ¥815 ①978-4-584-12560-1

◆幼なじみ萌え―ラブコメ恋愛文化史　玉井建也著　藝術学舎、幻冬舎 発売
【要旨】かわいいのになぜ萌えない!? 隣家に住む幼なじみの同級生が朝起こしにくるシチュエーションは、果たして理想なのか―。恋愛小説の展開を追いながらラブコメにおける幼なじみの位置づけを分析し、日本の文化史・恋愛史を読み解く。
2017.6 229p B6 ¥1800 ①978-4-344-95330-7

◆語り文化を世界へ―声で伝える日本文学の旅　平野啓子、子母澤類著（金沢）時鐘舎、（金沢）北國新聞社 発売
【要旨】日本文学の「語り」が国境を越えた! 古典「竹取物語」や瀬戸内寂聴氏「しだれ桜」などの文学を、日本語のまま声で表現する「語り」。外国人が笑い、涙して共感する「語り」の魅力を伝える。
2017.7 233p B6 ¥1800 ①978-4-8330-2105-0

◆京極派と女房　岩佐美代子著　笠間書院
【要旨】女流文学関係・中世自照文学関係・京極派和歌関係の考察中心に収録。研究の舞台裏を明かすエッセイも加え、和歌・物語・日記文学の面白さを新たに照らす書。物語、和歌研究者・愛好者必読の一冊。著作目録付き。
2017.10 261, 2p A5 ¥7000 ①978-4-305-70841-0

◆キリシタンが拓いた日本語文学―多言語多文化交流の淵源　郭南燕著　明石書店
【要旨】イエズス会を通じて伝来したキリシタン文化を継承し、今日のグローバル化の先駆けとなった多様多彩な交流を初めて総合的に考察する。西洋人宣教師と信徒が紡ぎ出した日本語文学の源流と展開を探る。
2017.9 414p A5 ¥6500 ①978-4-7503-4557-4

◆こえのことばの現在―口承文芸の歩みと展望　日本口承文芸学会編　三弥井書店
【要旨】口承文芸の現在はどこにあるのか、最前線を捉え、その動向を明らかにする。「口碑」「民譚」としての意義を正しく理解し、生活や社会における機能や役割を認識する。世界的規模と視野のもと、現在の最先端に立ち、まなざしの先にあるものを見据える。
2017.4 335p A5 ¥2800 ①978-4-8382-3320-5

◆跨境／日本語文学研究　Vol.4　東アジアと同時代日本語文学フォーラム、高麗大学校 GLOBAL日本研究院編　（ソウル）高麗大学校GLOBAL日本研究院
【巻頭】エッセイ―跨境の言葉（鷲馬の歩みながらも―私のハングル邂逅記、文化越境への意思―『東日本大震災・東北朝鮮学校の記録』から、純文学と大衆小説の狭間―現代文学における「終わり」の比較）、特集：集団の記憶、個人の記憶（あまんきみこ戦争児童文学における「満洲」表象の「雲」、在日朝鮮人雑誌『季刊まだん』の作品分析―「アンニョンヒアボジ」と「無花果」を中心に、正宗白鳥「日本脱出」再考―「文学論」をプレテクストとして、ライトノベルにおける災害描写に関する研究―一般論文（戦後日本映画『愛を乞うひと』における台湾表象―忘却と記憶のはざまで、文学の科学への接近（仿）吾の漱石『文学論』受容における「微分」、樺太／日本／朝鮮の異邦人―恢成『またふたたびの道』論、戦争の記憶と自分史の変遷―自分史の書き方手本からのアプローチ）、研究資料（龍谷大学所蔵の遺墨から理解する安重根の行動と思想、「LE・MOULIN」第3輯における李張瑞の作品、植民地期初期"韓半島で刊行された日本語民間新聞の文芸欄"）、フォーラム参加記（名古屋フォーラムに学ぶ―石森児童文学検討の視点）
2017.6 213p B5 ¥2000 ①978-4-305-40304-9

◆古典の小径―記紀から『夜明け前』まで　外村展子著　（大阪）新葉館出版
【要旨】古代、中世、近世―広汎な史料を背景に、貪欲な探究心、風土・歴史・文学等への造詣の深さで、史実と伝承の暗部に解説と写真図版で鋭くアプローチした古典随想。『竹取物語』から『夜明け前』までの多様な古典作品についての解説に鋭く斬り込む、斬新な仮説と読みを七十五編に凝縮。
2017.9 331p B6 ¥3000 ①978-4-86044-633-8

◆古典のすすめ　谷知子著　KADOKAWA（角川選書）
【要旨】『古事記』に描かれたダイナミックな生命の誕生、『曾根崎心中』の悲しく切なく熱い恋、『徒然草』の輪転する死生観、『宇治拾遺物語』にみる差別と崇拝など、古典が伝えてきた日本人の哲学を縦横無尽に解説。長年読み継がれてきた日本の古典は示唆に富み、私たちが生まれてから死ぬまで、人の長い一生で出会ったとき、きっと意外な方向からの視点を与えてくれる。教科書に描かれることのない古典の豊穣な世界を味わう。
2017.11 292p B6 ¥1700 ①978-4-04-703620-8

◆桜は本当に美しいのか―欲望が生んだ文化装置　水原紫苑著　平凡社（平凡社ライブラリー）改訂版
【要旨】桜の花を特別に美しいと感じるわたしたちにとって自然の情緒なのか、それとも刷り込まれただけではないのか。記紀・万葉から今世紀の桜ソングまでを取り上げ、これまであえて誰もふれえなかった―タブーには触れ、挑んだ異色の日本文化論。近現代の章を改訂した決定版。
2017.3 284p A6 ¥1300 ①978-4-582-76853-4

◆定本"男の恋"の文学史―『万葉集』から田山花袋、近松秋江まで　小谷野敦著　勉誠出版
【要旨】『源氏物語』の柏木、『伊勢物語』の業平、近世の仮名草子といった古典文学から、北村透谷、二葉亭四迷、田山花袋、そして恋する男の極北・近松秋江まで―日本文学を紐解けば、幾多の「男が女に恋をして苦しむ」作品が登場する。文学における恋愛と片思い事情を探り、恋する男たちの系譜を辿る！
2017.8 321, 8p B6 ¥2200 ①978-4-585-29151-0

◆日韓怪異論―死と救済の物語を読み解く　清泉女子大学「日本文学と怪異」研究会編　笠間書院

【要旨】何が"救い"で何が"苦"なのか怪異から死生観がわかる一学問を超えて「人間」と「社会」を捉える際に有効な視点である怪異研究と、東アジアという比較文芸の両視点を取り入れ、「死と救済」を全体テーマのもと、日韓のひとびとの死生観を考察する。
2017.5 196p A5 ¥2200 ①978-4-305-70848-9

◆日本「文」学史　第2冊　「文」と人びと―継承と断絶　河野貴美子、ヴィープケ・デーネーケ、新川登亀男、陣野英則、谷口眞子、宗像和重編　勉誠出版
【要旨】古代から近代初頭の日本において「文」は人びとをつなぐ知的システムとして重要な機能を果たすものであった。「文」はいかなる人びとに担われ、いかなる社会のなかで流通していったのか。人びとはどのように「文」に関わり、「文」を具現化していきたのか。コミュニケーションを成立させる「発信者」、「メッセージ」、「受信者」、「メディア」の相関図を基とした四つの観点より「人びと」と「文」との関わりを明らかにすることで、新たな日本文学史を描き出す。
2017.6 560p A6 ¥960 ①978-4-585-29492-4

◆日本文学の発生 序説　折口信夫著　KADOKAWA（角川ソフィア文庫）改版
【要旨】あるものを発生させる力というのは、発生自体が目的で終息するわけではない。発生した後もその力は一つの傾向を保ち、発生させたものの変化を促し続けるのである―。古代人が諺や枕詞、呪詞に顕した神意と神への信頼を具現化しながら、古代より脈打つ日本文学の精神を追究する。生涯にわたり書き改め続けた貴重な論考。
2017.6 410p A6 ¥960 ①978-4-04-400296-1

◆日本文学の名作を読む　島内裕子編著　放送大学教育振興会、NHK出版 発売（放送大学教材）
【目次】名作をどう読むか、『伊勢物語』を読む、『源氏物語』正編を読む、『源氏物語』続編を読む、『平家物語』を読む、『方丈記』を読む、『徒然草』を読む、『金々先生栄花夢』を読む、『桜姫全伝曙草紙』を読む、『白縫譚』を読む、『怪談牡丹燈籠』を読む、夏目漱石の小説を読む、森鴎外の史伝を読む、芥川龍之介の短編を読む、中島敦の短編を読む
2017.3 243p A5 ¥2700 ①978-4-595-31711-8

◆濃飛文学百話　上　道下淳著　（岐阜）岐阜新聞社（岐阜新聞アーカイブズシリーズ 2）
【要旨】文豪たちの意外なエピソードに驚くばかり！ 岐阜・西濃の文学散策。
2017.6 417p B6 ¥1852 ①978-4-87797-242-4

◆濃飛文学百話　下　道下淳著　（岐阜）岐阜新聞社（岐阜新聞アーカイブズシリーズ 2）
【要旨】文豪たちの意外なエピソードに驚くばかり！ 中濃・東濃・飛騨の文学散策。
2017.6 301p B6 ¥1667 ①978-4-87797-244-8

◆浜辺の文学史　鈴木健一編　三弥井書店
【要旨】大国主命の国作り、光源氏と明石の君の恋、新田義貞と竜神、源義経の逃走を阻む浦、浮世絵が描く美保の松原etc. 浜辺には人との出会いがあり別れ、生活や風俗、日常を切り抜いたドラマがある。
2017.2 308p A5 ¥2800 ①978-4-8382-3315-1

◆比較文學研究　第102號　特集 研究を語る　東大比較文學會編　（川越）すずさわ書店
【目次】巻頭言 反戦という文化の営みかた、レッシング、ヘルダーにおける非ヨーロッパとヨーロッパ、余は如何にして劣等人種となりし乎―アフリカン・ディアスポラ、黒人表象研究、アフリカ文学、自由・平等・友愛の場としての人文学、わが研究の道―演劇研究から女性研究へ、文化の巨人・小島烏水における研究の力、中国を研究することの個人的な意味、日本におけるスペイン語圏文学文化研究の三十年―私的瞥見、情報通信技術と人文学の学際的研究と文章解釈をめぐって、円熟期の島田謹二教授―書誌の側面から（17）〔ほか〕
2017.2 183, 9p A5 ¥3800 ①978-4-7954-0295-9

◆文学問題（F+f）＋　山本貴光著　幻戯書房
【要旨】文学の傾向と対策を「人」「文」「学」から考える。誰にも読解できなかった夏目漱石『文学論』を「現代訳＋解説」で完全読解。文学の定義「F+f」を古今東西の世界文学を読み解き再生。「この百年の文学理論」の再検討から、神経文学、文学環境論まで多様な学術領域と連環し「来たるべき『文学論』」として

日本文学の研究

ヴァージョンアップ。「文学とは何か?」―自己本位で理解するための文学問題集。
2017.12 539, 50p B6 ¥3600 ①978-4-86488-135-7

◆**文豪と暮らし―彼らが愛した物・食・場所**　開発社編　創藝社
【要旨】萩原朔太郎×マンドリン、太宰治×黒マント、池波正太郎×ポークカツレツ、江戸川乱歩×東京駅ステーションホテル…文豪たちのこだわり。近代に活躍した47名の愛した物・食・場所を3章立てで紹介。
2017.6 128p A5 ¥1600 ①978-4-88144-232-6

◆**もし文豪たちがカップ焼きそばの作り方を書いたら**　神田桂一、菊池良著　宝島社
【要旨】太宰治、村上春樹、星野源…ネットで大反響の文体遊戯！100人の多彩な文体で綴るフタ、かやく、湯切り…。
2017.6 190p B6 ¥980 ①978-4-8002-7110-5

◆**もし文豪たちがカップ焼きそばの作り方を書いたら 青のりMAX**　神田桂一、菊池良著　宝島社
【要旨】「桐島、湯切りやめるってよ」『失楽麵』『ゆげうどべ』『博士の愛したソース 氷』『湯邦人』etc.120人！文体模写が奏でるC級グルメ文学の金字塔。
2017.12 219p B6 ¥980 ①978-4-8002-7804-3

◆**早稲田文学増刊 女性号**　川上未映子責任編集　早稲田文学会、筑摩書房 発売
【目次】エドナ・セント・ヴィンセント・ミレー=小澤英実=訳、石垣りん、ルシア・ベルリン「掃除婦のための手引き書」岸本佐知子=訳・解説、多和田葉子「空っぽの瓶」松永美穂=訳、津村記久子「誕生日の一日」、佐藤ルネ「神戸市西区学園東町」、イーユン・リー「かくまわれた女」篠森ゆりこ=訳、小山田浩子「蟹」、井上佐由紀、伊藤比呂美「夏のおわり。秋のはじめ。」〔ほか〕
2017.9 552p 24×19cm ¥2200 ①978-4-480-99312-0

◆**わたしの日本学び**　東北大学大学院文学研究科講演・出版企画委員会編　(仙台)東北大学出版会　（人文社会科学講演シリーズ 9）
【目次】1 蘆山烟雨浙江潮（エンリコ・フォンガロ）、2 ローカルに思考、グローバルで生活（クリストファー・クレイグ）、3「万葉集」と中国の思想（齋藤智寛）、4「古今和歌集」をあじわう（大木一夫）、5 和食の「おいしさの心理学」を学ぶ（坂井信之）
2017.12 184p B6 ¥2200 ①978-4-86163-294-5

古代・中世の文学

◆**妖しい愛の物語―想いがつのる日本の古典！**　古典の謎研究会編　青春出版社　（青春文庫）
【要旨】神々や妖異が人と縁を結んだ異類婚姻譚！日本の古典を彩った21の物語。
2017.4 189p A6 ¥780 ①978-4-413-09668-3

◆**異界へいざなう女―絵巻・奈良絵本をひもとく**　恋田知子著　平凡社　（ブックレット"書物をひらく"5）
【要旨】お伽草子などの物語世界で、この世との境にいて人々をあの世へと引きずり込む女たち。そうした物語を語り伝え、また絵巻や絵本に仕立てて物語という異界を現実世界に実現する女たち。そして物語を罪あるものとしてとらえ、供養する営み。物語と女たちとの、多層にわたる深いかかわりをとらえる。
2017.4 110p A5 ¥1000 ①978-4-582-36445-3

◆**イマドキ古事記―スサノオはヤンキー、アマテラスは引きこもり**　岩渕円香著　京都造形芸術大学東北芸術工科大学出版局藝術学舎、幻冬舎 発売
【要旨】日本の神話を現代風にした新訳古事記。
2017.11 275p B6 ¥1400 ①978-4-344-95329-1

◆**宇治拾遺物語**　伊東玉美編　KADOKAWA　（角川ソフィア文庫―ビギナーズ・クラシックス 日本の古典）
【要旨】法師が平家となって生まれ変わり、翁は鬼の前で踊ってこぶをとられ、神通力の持った犬が飼い主を救う…。日本、インド、中国などを舞台に奇想が繰り広げられる鎌倉時代の説話集。教訓めいた話もあるものの、「善」「悪」と単純に割り切ることのできないこの世の理不尽やモヤモヤを取り込みながら、ユーモラスに展開していく。ながつきの原文と現代語訳に、ていねいな解説を付した、宇治拾遺物語入門の決定版。
2017.9 223p A6 ¥680 ①978-4-04-400245-9

◆**「大鏡」作者の位置**　五十嵐正子著　悠光堂
【目次】「大鏡」の構想とその表現意図、表現から「大鏡」作者の位置(一)―係り結び「こそ」の使用から、表現から見た「大鏡」作者の位置(二)―係り結び「こそ、ぞ、なむ」の使用から、「大鏡」作者の位置(三)藤原資平の視点からの考察―隆家・公季・能信・隆国の叙述について、「大鏡」作者の位置(四)藤原資平の視点による考察―話群に見られる人物の配置と物の怪の叙述から、「大鏡」作者の位置(五)藤原資平の視点からの考察―作品構想と「雑々物語」について、「大鏡」作者の位置(六)藤原資平の視点による考察―「王威」と「愚管抄」の叙述から、「大鏡」作者の位置(七)藤原資平の視点による考察―「日本紀略」の叙述から(その一)、「日本紀略」の叙述から(その二)―円融帝期の内裏焼亡について、「大鏡」作者の位置(九)藤原資平の視点による考察―一世継・古鏡の構想について、「大鏡」作者の位置(十)藤原資平の視点からの考察―作品構造と菅原道真
2017.3 238p A5 ¥2500 ①978-4-906873-87-6

◆**擬人化と異類合戦の文芸史**　伊藤慎吾著　三弥井書店
【要旨】鳥や魚・妖怪・野菜が人間のように社会を作り、衣食住のもと文明人のごとく日々の暮らしを営む、ファンタジとパロディーの時空。万物に霊魂が宿るという観念から、現代のキャラクター文化にまでいきつく流れを文芸・文化史的な面でたどる。
2017.8 299p A5 ¥2800 ①978-4-8382-3324-3

◆**幻想の平安文学**　永井和子著　笠間書院
【要旨】作者名が明記された漢詩文や歌と異なり、物語は、作者とは別に設定された「語り手」が語ることが建前の、現実とは切り離された虚構的存在である。「作者」の存在そのものは直接には見えてこない。いわば物語自体が「幻想」を抱えている。また一方、老人を語り手に設定することで叙述そのものが相対化されて幻想は深まる。物語は自在性を獲得した。物語と作者、老人の語りを主題に、枕草子・源氏物語・寝覚物語の読みを解いてきた著者の集大成！
2018.1 513p A5 ¥14000 ①978-4-305-70855-7

◆**古代研究 5 国文学篇 1**　折口信夫著　KADOKAWA　（角川ソフィア文庫）改版
【要旨】時を定めて海の彼方から来臨する神「まれびと」の聖なる言葉である「呪言」に、日本文学の発生をみた折口。そのアプローチは、「民俗学的国文学研究」として新たな道を切り開いた。核をなす「国文学の発生」について論じた四篇を所収。「言語」に執着した、日本語の発生を探るために朝鮮語、モンゴル語、アイヌ語までを学び、「新しい国学」を興すことを目指した折口の、稀有な日本文学発生論。
2017.4 334p A6 ¥920 ①978-4-04-400200-8

◆**古代研究 6 国文学篇 2**　折口信夫著　KADOKAWA　（角川ソフィア文庫）改版
【要旨】従来の日本文学における"時間""作品""作家"の概念を根底から解体し、民俗学的国文学研究として、新しい学問を拓いた折口信夫。その国文学の"発生とその展開"に関する、和歌史を主題とした具体論として収録。「女房文学から隠者文学へ」「万葉びとの生活」「古代民謡の研究」など、古代と近代との対立と融合をめざした折口万葉論の集大成ともいえる13篇を収録。貴重な全巻「総索引」付き。
2017.5 459p A6 ¥1240 ①978-4-04-400203-9

◆**古代における表現の方法**　岩田芳子著　塙書房　（日本史学大学叢書）
【目次】第1章「もの」の表象性と表現方法（杖考（『常陸国風土記』夜刀神伝承）、剣考（『古事記』建御雷命の伝承、『古事記』倭建命の「御刀」、「播磨国風土記」異剣伝説、「萬葉集」境部王詠剣歌考「首」）、第2章「もの」との交感と表現方法（針考（『古事記』三輪山伝説、『肥前国風土記』弟日姫子譚）、鉤考（『肥前国風土記』神功皇后の年魚釣り譚）
2017.3 210, 7p A5 ¥6000 ①978-4-8273-0125-0

◆**古代の文化圏とネットワーク**　蔵中しのぶ編　竹林舎　（古代文学と隣接諸学 2）
【目次】序 文化の環をたどる―「文化圏」「ネットワーク」という視座、1 中央アジア・唐・朝鮮半島・日本をつなぐ（ユーラシアの奔流―越境し混じり合う人と文化、敦煌―時空を超える古写本三種 ほか）、2 律令国家の秩序形成が生むもの（神話と神々のネットワーク『古事記』・『日本書紀』・風土記、古代における地名表記のネットワーク ほか）、3 古代仏教の時空の広がり（飛鳥の仏教の文化圏―道慈以前の日本の仏教、氏族の伝・国家の伝・寺院の伝「大安寺文化圏」以前の僧伝 ほか）、4 文学創造の「場」と集団（『献忠壁皇子歌』・『献舎人皇子歌』とその背景、大宰府の集団詠―「梅花歌」と「松浦河に遊ぶ」 ほか
2017.11 557p A5 ¥14000 ①978-4-902084-72-6

◆**古典の叡智―老いを愉しむ**　小野恭靖著　新典社　（新典社選書）
【目次】老いの自覚、老いの後悔・嘆き・孤独、懐旧、老いの生き方、老いの愉しみ、享楽、老いの美意識、老人の徳、生命、年齢、無常、祝言
2017.2 239p B6 ¥1700 ①978-4-7879-6831-9

◆**古典文学の常識を疑う**　松田浩、上原作和、佐谷眞木人、佐伯孝弘編　勉誠出版
【要旨】万葉集は「天皇から庶民まで」の歌集か？源氏物語の本文は平安時代のものか？中世は無常の文学の時代か？春画は男たちだけのものか？未解明・論争となっている55の疑問に答える。
2017.5 227p A5 ¥2800 ①978-4-585-29147-3

◆**西行学 第8号**　西行学会編　(加них)西行学会、笠間書院 発売
【目次】大会講演記録、大会シンポジウム記録 西行と長明、研究論文、研究ノート、科研費報告書より、西行ノート、資料紹介、西行文献目録、書評、特別展より
2017.6 216p A5 ¥4200 ①978-4-305-00408-6

◆**西行と伊勢の白太夫**　小林幸夫著　三弥井書店　（三弥井民俗選書）
【目次】1 西行法師の伊勢（伊勢の西行説話―西行追慕のかたち、西行谷神照寺の遁世説話、西行草庵の地、熱田の西行―熱田社と天照大神、那須野をめぐり西行と芭蕉―那須野の伝説）、2 伊勢・白太夫の素性（伊勢の白太夫伝説―御師と伊勢比丘尼、度会春彦本縁―度会氏の祖先祭祀、宿神としての妙見童女像―度会氏の祖先祭祀と衣の祀り、伊勢の白太夫伝説―山田の御師神事と陰陽師、伊勢金剛寺の霊石伝説―白太夫の袂石）、3 伊勢比丘尼の行方（「白河の山」考―歌比丘尼の間の山節、西行の比丘尼―伊勢比丘尼と西行伝説、勢州の名取熊野参詣説話―「横滝寺旧記」をめぐって）
2017.6 321p B6 ¥3000 ①978-4-8382-9093-2

◆**作家と楽しむ古典―古事記 日本霊異記・発心集 竹取物語 宇治拾遺物語 百人一首**　池澤夏樹、伊藤比呂美、森見登美彦、町田康、小池昌代著　河出書房新社
【要旨】愛くるしい！エロい！グロい！古典ってこんなに面白い！「池澤夏樹=個人編集 日本文学全集」で新訳を手掛けた作家たちが語る、最良の古典入門ガイド。
2017.1 187p B6 ¥1300 ①978-4-309-72911-4

◆**袖中抄 冊子本/無名抄/君臣僧俗詠歌 短冊手鑑**　冷泉家時雨亭文庫編　朝日新聞社、朝日新聞出版 発売　（冷泉家時雨亭叢書 第97巻）
【目次】袖中抄 冊子本、無名抄、君臣僧俗詠歌短冊手鑑
2017.6 538, 60p 28×20cm ¥30000 ①978-4-02-240417-6

◆**唱導文学研究 第11集**　福田晃、中前正志編　三弥井書店
【目次】論攷編（鎮護国家の仏教の儀礼と芸能―迦陵頻伽の飛翔、浄土の美声、聖徳太子の兵法―文献本系「太子伝」をめぐって、「神道集」本文の形成環境に関する一考察―本地化欲徳同章を起点として、「説経才学抄」書誌―演変の様相、「神道雑々集」典拠考一覧用「三教指帰注」について、行誉書写本『八幡宮愚童訓』考、『今昔物語集』と『大乗法苑義林章』―道慈・神叡論義説話の意味、京都女子大学図書館所蔵「七小町物語」翻刻と覚書、近世期における鷹術流派の派生と放鷹伝承―依田氏伝来の祢津家鷹書を端緒として、『百合若説経』（壱岐・対馬）の伝承世界）、注釈編（『神道雑々集』下冊「四、山王権現叡宝籠時分之事」）
2017.6 373p A5 ¥8500 ①978-4-8382-3314-4

◆**新潮ことばの扉 教科書で出会った古文・漢文一〇〇**　石原千秋監修、有馬義貴、木下修、遠藤仁美、佐藤浩一、阿部光麿著　新潮社　（新潮文庫）
【要旨】誰もが一度は読んだことがある珠玉の名文や名句。古来、読み継がれてきた言葉の宝庫から、その真髄を精選しました。日本語の言霊

◆新訂 吾妻鏡 2 頼朝将軍記 2 ―文治元年1185〜文治三年1187 髙橋秀樹編 （大阪）和泉書院
【目次】吾妻鏡第四―文治元年（元暦二年）、吾妻鏡第五―文治二年、吾妻鏡第六―文治三年
2017.2 282p 60p A5 ¥3900 ⓘ978-4-7576-0818-4

◆制作空間の"紫式部" 助川幸逸郎、立石和弘、土方洋一、松岡智之編 竹林舎 （新時代への源氏学 4）
【目次】紫式部考―『源氏物語』の作者をこえて、藤原彰子とその時代―后と女房、紫式部の生活と家系・交流圏―環境は「作者」を生み出すか、『紫式部日記』の言説、紫式部集の"物語"―詞章における受容、紫式部はどれほど物語をかけるのか―源氏物語の思想的環境、都市空間はどれほど物語を作るのか―「少女」巻の六条院造営に慶滋保胤筆「池亭記」の影を見てとる、源氏物語正篇の成立―紫の上系と玉鬘系、"成立"からみた続篇の世界―描かれざる過去の実現としての紅梅・竹河巻、『源氏物語』の成立と作者―物語のできてくるかたち、古典学としての成立論―伊勢・うつほ・枕などとの対比
2017.4 327p A5 ¥7800 ⓘ978-4-902084-34-4

◆中世の王朝物語―享受と創造 金光桂子著 （京都）臨川書店
【目次】『有明の別』の"有明の別"一題号の意味するところ、『有明の別』と文治・建久期和歌一定家らびに六条家歌壇との関係について、『有明の別』と九条家、破局を避ける物語―先行物語の利用から見る『我身にたどる姫君』、『我身にたどる姫君』女帝の人物造型―兄率往生を中心に、『我身にたどる姫君』の描く歴史、『松浦宮物語』と『我身にたどる姫君』、『我身にたどる姫君』の聖代描写の意義、『我身にたどる姫君』巻六の位置づけ、『我身にたどる姫君』巻六の後日談について―仏教的教誡の意義、若菜巻「ゆくへ」考―付・『我身にたどる姫君』冒頭歌について、中世王朝物語における物語の怪―六条御息所を起点として、『風葉和歌集』の政教性―物語享受の一様相、『風葉和歌集』雑部の構成について
2017.5 405p A5 ¥10000 ⓘ978-4-653-04337-9

◆中世の文学伝統 風巻景次郎著 岩波書店 （岩波文庫） （第6刷）（第1刷1985年）
【要旨】風巻景次郎(1902 - 60)は、日本文学史の書きかえを生涯の課題とした。本書は、上代における和歌の成立からはじめ、『新古今集』『山家集』『金槐集』など中世300年の代表的歌集とその歌人たちを通覧することで和歌こそが日本文学をつらぬく伝統だと論ずる。鮮烈な問題意識をもって日本文学の本質に迫る力作。
2017.8 248p A6 ¥780 ⓘ4-00-331711-4

◆中世ふしぎ絵巻 西山克文、北村さゆり画 ウェッジ
【要旨】山は鳴動し、馬が話し、龍が飛ぶ。将軍が虹を飲み込み、鬼鬼が練り歩き、高僧は呪をおこす…中世はふしぎな出来事がたくさんおきた時代でした。この本はそんなふしぎな背景を美しい挿絵とともに解説。激動の中世が体感できるまさに、現代版「絵巻」です。
2017.6 127p 27×16cm ¥3200 ⓘ978-4-86310-182-1

◆中世物語資料と近世社会 伊藤慎吾著 三弥井書店
【要旨】草子や絵巻がつくられた目的と理由。社会的、文化的次元でとらえ物語文学の継承と社会性を追求する。
2017.2 522, 4p A5 ¥8800 ⓘ978-4-8382-3317-5

◆ともに読む古典 中世文学編 松尾葦江編 笠間書院
【要旨】古典文学の魅力を伝えたくてたまらない研究者と、生徒を前にして、古文の面白さをどう伝えるかわかってもらおうと日々奮闘している現場教員たちとのコラボレーション。
2017.3 334p A5 ¥2300 ⓘ978-4-305-70828-1

◆日本語書記用文体の成立基盤―表記体から文体へ 乾善彦著 塙書房
【目次】第1章 文字と「ことば」（文字と「ことば」の対応関係、古代日本語の書記システム）、第2章 ウタの表記体（漢文中のウタの表記の展開、歌木簡の仮名使用、仮名の成立と万葉集「仮名」歌巻）、第3章 古事記の表記体と「ことば」（古事記の音訓交用と会話引用形式、古事記の固有名表記（神名・人名、地名）、古事記の表記体と訓読、古事記を構成する「ことば」）、第4章 変体漢文文体表記から和漢混淆文体へ（部分的宣命書きと和漢混淆文、変体漢文の漢文的指向、変体漢文から和漢混淆文へ、三宝絵と和漢混淆文、変体漢文の変換と和漢混淆文）
2017.3 383, 5p A5 ¥12000 ⓘ978-4-8273-0126-7

◆日本霊異記の罪業と救済の形象 大塚千紗子著 笠間書院
【要旨】恋や愛という他者への欲望から生まれる罪業と葛藤、そして聖人の救済が描かれる『霊異記』。奈良末期から平安前期において、漢訳仏典の語や教理の深淵に人間の心の様相を求め、存在の在り方を探った仏教説話集である。これまでは仏教学、思想史学、歴史学、国語学方面からのアプローチがほとんどであったが、「文学」の対象に据えたとき、物語の持つあらたな構造が浮かび上がる。作品論的読解により、中国説話集の未熟な模倣作とされた評価を覆す。
2017.2 259, 8p A5 ¥5800 ⓘ978-4-305-70835-9

◆反訓詁学―平安和歌史をもとめて 山田哲平著 書肆心水
【要旨】『平安和歌史』はこれまで存在していなかった一貫近代の平安和歌史、歌の内在的読解から平安和歌史を構造的に呈示する初の試み。平安和歌を構造的に根拠づける視点として桜の花をめぐる『貫之のカノン』を発見。初めて統一的な視点から描き出した平安和歌史の構造が、平安和歌史の真の主役は誰であるのかを明らかにする。
2017 282p A5 ¥4200 ⓘ978-4-906917-63-1

◆悲劇文学の発生・まぼろしの豪族和邇氏 角川源義著 KADOKAWA （角川ソフィア文庫）
【要旨】いかにして日本民族に、悲哀の文学とも称すべきものが発生したか、そしてその管理者は誰であったか、更になぜこの管理者が自分の味わった悲劇として語られなかったか―処女作「悲劇文学の発生」をはじめ、語りと伝承、悲劇文学の流運を論じる四篇を収録。『古事記』のなかに頻出する豪族和邇氏の存在に着目し、その謎と信仰との関わりを解き明かす。日本国文学者・角川源義の原点をさぐる、珠玉の論考集。
2017.6 214p A6 ¥1200 ⓘ978-4-04-400238-1

◆風土記研究 第39号 （宮崎）風土記研究会、笠間書院 発売
【目次】豊後国風土記の特殊性―『輿地誌』との比較を端緒として、『出雲国風土記』出雲郡漆治郷条をめぐって、書評
2017.3 59p A5 ¥4000 ⓘ978-4-305-00309-6

◆平安朝漢詩文の文体と語彙 後藤昭雄著 勉誠出版
【要旨】平安朝漢詩文のなかから雑詩、讚、記、牒、祭文、呪願文、表白、願文、讽誦文及び碑の一〇種の文体について、実例の読解および当該作品の読まれた状況の再現により、その構成方法や機能などの文体的特徴を明らかにし、日本文学史・日本文化史における位置づけを提示する。また、平安朝漢詩文における構成要素として最も基本的なものである語彙について、当該語彙の意味、用語例などを明らかにし、漢籍などを用いる平安朝の言語・文学・政治・思想等、多面的な領域に関わる基盤研究。
2017.5 416, 11p A5 ¥8800 ⓘ978-4-585-29146-6

◆マンガ古事記―神話篇 原秀三郎監修、阿部高明画 河出書房新社 新装版
【要旨】神々のロマン。日本の国の誕生物語―。
2017.11 238p B6 ¥1300 ⓘ978-4-309-62351-1

◆マンガ今昔物語集 松村雄二監修、甲斐謙二画 河出書房新社 新装版
【要旨】霊界との交信。涙あふれる物語―。
2017.11 317p B6 ¥1300 ⓘ978-4-309-62352-8

◆マンガ平家物語―清盛篇 生形貴重監修、阿部高明画 河出書房新社 新装版
【要旨】清盛の栄華と悪行。一門への限りない思い―。
2017.11 311p B6 ¥1300 ⓘ978-4-309-62353-5

◆萬葉語文研究 第12集 萬葉語学文学研究会編 （大阪）和泉書院
【目次】萬葉集の字余り―短歌第二・四句等の「五音節目の第二母音」以下のあり方を巡って、『肥前国風土記』佐嘉郡郡名起源説話の特質―異伝記載の意図を大きくする、高浜の「嘯」、訓詁―「刺」か「判」か、暁と夜がらす鳴きと―萬葉集巻七「臨時」歌群への見通し、持統六年伊勢行幸歌群の表現史的意義―巻一行幸関連歌の中で、中臣宅守と狭野弟上娘子の贈答歌群の表す時間―三五七五歌「月渡る」を中心に、『萬葉集』における漢字の使用方法と文字選択の背景、カラニ考―上代を中心に、上代文献から見られる仮名「部」の成立―『萬葉集』の「部」の用法を中心に
2017.3 200p A5 ¥3500 ⓘ978-4-7576-0836-8

◆紫式部"裏"伝説―女流作家の隠された秘密 大橋義輝著 共栄書房
【要旨】紫式部は、オネエだった!?文学史上に燦然と輝く『源氏物語』の作者、女流作家の頂点に君臨するあの紫式部は、実はオンナではなかった？作品に残された文学性の数々の手がかり、ミステリアスな生涯、複雑な家系、そして父と祖母の画策―千年の時を越え、隠された「絶対秘密のプロジェクト」を追う！
2017.2 180p B6 ¥1500 ⓘ978-4-7634-1074-0

◆ラノベ古事記―日本の神様とはじまりの物語 小野寺優著 KADOKAWA
【要旨】日本の神話が面白すぎてラノベ風に脳内変換!!新訳「古事記」。
2017.7 443p B6 ¥1400 ⓘ978-4-04-734604-8

◆梁塵秘抄 西郷信綱著 講談社 （講談社学術文庫）
【要旨】遊女や巫女など、歌や舞いを生業として諸国をめぐり歩く女たちが歌い継いだ「はやり歌」。後白河院はそれら、やがて消えゆく「声わざ」を蒐集し、『梁の上の塵も動くほど妙なる歌』という意味の名を付けた。それが梁塵秘抄である。法皇をも虜にしたアウトサイダーたちの歌うたの調べを、稀代の古代文学者が耳をすませて読む。
2017.7 266p A6 ¥980 ⓘ978-4-06-292440-5

◆論集上代文学 第38冊 萬葉七曜会編 笠間書院
【目次】萬葉集の「孤抄」（三）―予備的な調査、人麻呂歌集「寄物陳思」歌考（五）―「分類」の効用を考える、讚酒歌の酒―酒をめぐる頌讚の文学様式から、古代の歌における時鳥の鳴き声、本居宣長最晩年の萬葉研究―野井安定の「東歌疑問」に答える（続）、古事記の神武聖婚説話について（前編）―神武伝説におけるその存在意義、兼右本敏達紀朝貢の敬語表現―助詞、三橋本『日本書紀』と具書について、上代文学研究年報二〇一四年（平成二十六年）、萬葉七曜会会員逝去追悼文 阿蘇さんと萬葉七曜会
2017.9 244p A5 ¥12800 ⓘ978-4-305-00228-0

◆和漢古典植物名精解 木下武司著 （大阪）和泉書院
【要旨】古典文学に登場する植物を文献学的・自然科学的な知見の両面から解明。日本・中国の古典文学・古医学・本草学・古農書に至るまで、三百点以上の文献を博引旁証。収録植物名を網羅した索引により、古典・現代植物名事典（1,200項目以上）としても充実。本書は古典文学・植物愛好家に至るまで幅広く活用できる。
2017.2 994p A5 ¥18000 ⓘ978-4-7576-0819-1

◆私の古典文学研究―始めと終り 片桐洋一著 （大阪）和泉書院 （和泉選書）
【目次】研究篇（平安時代における作品享受と本文、『土左日記』定家基本と為家筆本、『伊勢物語』の本文と『伊勢物語』の享受、『古今集』における『萬葉集』、藤原定家の三代集、『古今和歌集』と『後撰和歌集』、冷泉時雨亭文庫の三十六人集、『毘沙門堂旧蔵本古今集注』の本文、住吉大社本『古今秘聴抄』について―『中世古今集注釈書解題』補遺の内、『枕草子』論序説）、随想篇（国文学の衰退、王朝物語の享受と生成、私の国文学者人生―我が生い立ちの記）
2017.6 236p B6 ¥2500 ⓘ978-4-7576-0841-2

日記・随筆

◆『和泉式部日記/和泉式部物語』本文集成 岡田貴憲、松本裕喜編 勉誠出版
【目次】夢よりもはかなき世の中を、かくて、しばしばのたまはする、帰り参るに聞こゆ、晦日の日、女、宮、例の忍びておはしましたり、雨うち降りていとつれづれなる、五月五日になりぬ、からうじておはしました、二三日ばかりありて、かくて、のちもなほ間遠なり〔ほか〕
2017.11 728p A5 ¥17000 ⓘ978-4-585-29155-8

◆兼好法師―徒然草に記されなかった真実 小川剛生著 中央公論新社 （中公新書）

日本文学の研究

◆**兼好は鎌倉時代後期に京都・吉田神社の神職である卜部家に生まれた。六位蔵人・左兵衛佐となり朝廷に仕えた後、出家して「徒然草」を著す―。この、現在広く知られる彼の出自や経歴は、兼好没後に捏造されたものである。著者は同時代史料をつぶさに調べ、鎌倉、京都、伊勢に残る足跡を辿りながら、「徒然草」の再解釈を試みる。無位無官のまま、自らの才知で中世社会を渡り歩いた「都市の隠者」の正体を明らかにする。
2017.11 244p 18cm ¥820 ①978-4-12-102463-3

◆**こころ彩る徒然草―兼好さんと、お茶をいっぷく** 木村耕一著 1万年堂出版
【要旨】『徒然草』を開くと、新しい景色が見えてくる。もっと明るく、もっと楽しく生きるヒント。
2017.8 219p B6 ¥1500 ①978-4-86626-027-3

◆**超口語訳 徒然草** 濱田浩一郎著 新典社（新典社新書）
【要旨】人間論・政治論・恋愛・住居論・心理など幅広い分野の話が収められている、日本三大随筆の一つ『徒然草』。その中から現代人にも役に立つエピソードを選び、原文とわかりやすい口語訳・解説で紹介する。
2017.12 125p 18cm ¥800 ①978-4-7879-6173-0

◆**超口語訳方丈記** 濱田浩一郎著 彩図社（彩図社文庫）
【要旨】天災、政治的混乱、出世競争、人間関係…。鴨長明が挫折の中で見出した不安な今を楽に生きる考え方。日本三大随筆の一つ『方丈記』がわかりやすい口語調で読める。
2017 189p A6 ¥619 ①978-4-8013-0201-3

◆**枕草子 上** 清少納言著、島内裕子校訂・訳 筑摩書房（ちくま学芸文庫）
【要旨】大人のための、新訳。北村季吟の『枕草子春曙抄』本文に、文学として味わえる流麗な現代語訳を付す。上巻は、第一段「春は、曙」から第一二八段「恥づかしきもの」までを収録。全二巻。
2017.4 455p A6 ¥1400 ①978-4-480-09786-6

◆**枕草子 下** 清少納言著、島内裕子校訂・訳 筑摩書房（ちくま学芸文庫）
【要旨】冴えわたる批評精神。優雅で辛辣で洗練された洞察は、また普遍的な文明批評の顔をもつ。女性だからこそ、男性だからこそ、文学として味わえる流麗な現代語訳を付す。下巻は、第一二九段「無徳なる物」から第三二五段「物暗う成りて」までを収録。
2017.4 524p A6 ¥1500 ①978-4-480-09787-3

◆**枕草子のたくらみ―「春はあけぼの」に秘められた思い** 山本淳子著 朝日新聞出版（朝日選書）
【要旨】平安に暮らす女房の視線で、その日常を明るく軽やかに描いた随筆として有名な『枕草子』。だが、作者・清少納言の真意は"お仕えする中宮定子の御ため"その一点にこそあった。生前は定子の心を慰めるために、死後にはその鎮魂のために筆を込めて―。定子の死後、その敵方であった藤原道長の権勢極まる世で、『枕草子』は潰されることなく、平安社会に流布した。果たしてこの事実は何を意味するのか。『枕草子』が平安社会を生き延びるために、清少納言が駆使した戦略とは？冒頭「春はあけぼの」に込められた、真実の思いとは？『枕草子』のまったく新しい扉が、ここに開かれる。
2017.4 312p B6 ¥1500 ①978-4-02-263057-5

物語文学

◆**伊勢物語の生成と展開** 山本登朗著 笠間書院
【要旨】業平が創造した物語は、どのように継承され、豊かな世界を築き上げてきたのか。成立論、作品論、享受史論など、多様な視点から探究。日本神話、中国説話、絵画資料ほかの、さまざまな材料を用いて通読を再考し、新しい理解を探求する。各論が多様に連関し、伊勢物語の総体を描き出す。
2017.5 443, 19p A5 ¥11000 ①978-4-305-70829-8

◆**伊勢物語論―文体・主題・享受** 山本登朗著 笠間書院 新装版
【要旨】伊勢物語は、長期間にわたり複数の人によって作られた結果、現在の姿となっている。既存部分の読解にもとづく新たな章段の増補や、既存章段の改変をくりかえしてきた本質を探るため、「文体・内容」と、「享受史・注釈史」という二種の要素を用いて読解の歴史的変遷を辿る。
2017.6 435, 16p A5 ¥12500 ①978-4-305-70849-6

◆**うつほ物語論―物語文学と「書くこと」** 武藤那賀子著 笠間書院
【要旨】何を書きつけているか、書かれている文の特徴、筆跡、それが一族に継承される様相など、あらゆる角度から「書くこと」について分析。物語を動かしている重要な効果を明らかにする。日本現存最古の長編物語がもつ、あらたな魅力を解き明かし、従来の音楽物語という括りから解き放つ。
2017.6 276, 5p A5 ¥7000 ①978-4-305-70837-3

◆**軍記物語の窓 第5集** 関西軍記物語研究会編 （大阪）和泉書院
【要旨】軍記物語を基軸に時代をこえ隣接分野をまたいで編む精鋭による論考13篇と重要資料紹介2篇を収録。
2017.12 371p A5 ¥7000 ①978-4-7576-0855-9

◆**狭衣物語 文学の斜行** 井上眞弓編 翰林書房
【要旨】文学史的縦の観点、同時代的横の観点を超えて「斜行」という批判的視座から平安後期物語を読む。
2017.5 349p A5 ¥7000 ①978-4-87737-414-3

◆**子孫が語る「曽我物語」―曽我家と血縁関係のない「曽我物語」** 伊東祐朝著 （垂井町）垂井日之出印刷所
【目次】第1章「曽我物語」の前夜、第2章「曽我物語」の幕開け、第3章「曽我物語」の遠因、第4章「曽我物語」の序章、第5章 源平戦の渦の中、第6章 奢る平家は久しからず、第7章 鎌倉幕府、第8章「曽我物語」の核心部、第9章「曽我物語」の終章、第10章「曽我物語」その後
2017.8 152p A5 ¥1111 ①978-4-907915-07-0

◆**四部合戦状本平家物語全釈 巻11** 早川厚一、佐伯真一、生形貴重校注 （大阪）和泉書院
【要旨】読み本系『平家物語』に初めての詳注。語り本系に比べ、古態を多くとどめる四部合戦状本を、原文・書き下しの双方の形で提示。同時に、諸本を比較して物語の原点に迫りつつ、これまでの研究を歴史学などの隣接諸学を含めて通観しつつ、注釈を付す。
2017.10 529p A5 ¥15000 ①978-4-7576-0856-6

◆**宣教師と『太平記』―シリーズ "本と日本史" 4** 神田千里著 集英社（集英社新書）
【要旨】本書が扱うのは、宣教師と『太平記』の意外な関係だ。南北朝一室町期の武士の生き様を描いた『太平記』は、戦国時代最大のベストセラーであり、数々の武将たちに愛好されていた。だからこそ、宣教師もこの作品を「日本を知るための最高の教科書」とみなして、必死に読み解こうとしたのであった。『太平記』と宣教師との接点に注目することで戦国時代に生きた人々の心性に迫ろうとする画期的論考。
2017.3 187p A5 ¥700 ①978-4-08-720872-6

◆**堤中納言物語の新世界** 横溝博、久下裕利編 武蔵野書院（知の遺産シリーズ 4）
【目次】文学史上の『堤中納言物語』、六条斎院禖（ばい）子内親王家「物語合」の復原一『後拾遺和歌集』の詞書の再検討を通して、「花桜折る少将」の切り詰められた世界―終末部における中将の乳母登場の意義など、『虫めづる姫君』を読む―冒頭部の解釈をめぐって、「ほどほどの懸想」覚書―"三"という数字への "こだわり" をめぐって、「逢坂越えぬ権中納言」を読む、『貝合』を読む―正しい読解のための六つの問題点、「思はね方に泊まりする少将」を読む―「宇治十帖」を起点に、『はいずみ』を読む―我身かく歌の解釈と「口おほひ」する女の系譜、『堤中納言物語』研究の現在と展望
2017.3 219p B6 ¥3000 ①978-4-8386-0469-2

◆**堤中納言物語の真相** 後藤康文著 武蔵野書院
【要旨】今ある本文、今ある注釈を鵜呑みにしてはならない。―『堤中納言物語』研究への革新的提言の書。本文批判の徹底と厳密な本文解釈にこだわり、従来の漫然たる読みを洗い直す。書名そのものをめぐる独自の仮説も盛り込む。
2017.4 241p B6 ¥3000 ①978-4-8386-0471-5

◆**女房たちの王朝物語論―『うつほ物語』『源氏物語』『狭衣物語』** 千野裕子著 青土社
【要旨】脇役からあたらしい読みを探る。
2017.10 252p B6 ¥2200 ①978-4-7917-7011-3

◆**根来寺と延慶本『平家物語』―紀州地域の寺院空間と書物・言説** 大橋直義編 勉誠出版（アジア遊学）
【要旨】覚鑁上人によって、大伝法院領荘園である弘田荘（和歌山県岩出市）に開かれ、頼瑜が大伝法院の堂塔を移したことにより、新義真言宗の拠点として成立した根来寺。そこは単に「古刹」とするにとどまらない、多様な意義を有した寺院空間であった。この根来寺において著述・編纂された延慶本『平家物語』と紀州地域との関わりから、その書物としての成り立ちを再検討し、延慶本という書物が存在した場のありかた、延慶本が持つ説話論的な多様性を明らかにする。
2017.6 244p A5 ¥2400 ①978-4-585-22677-2

◆**平家公達草紙―『平家物語』読者が創った美しき貴公子たちの世界** 櫻井陽子、鈴木裕子、渡邉裕美子著 笠間書院
【要旨】『平家物語』に満足できないなら自分たちで書けばいいじゃない？『平家物語』の登場人物を借り、鎌倉時代の読者が創った美しき御曹司たちが織りなす逸話集『平家公達草紙』。公達への夢と憧れの詰まった、二次創作の元祖！全話の内容をストーリー仕立てでわかりやすく紹介！現存する三系統の影印・翻刻・注・現代語訳を掲載！本文の読解を助ける補注とコラムを豊富に収録。資料編には系図・書誌、人名一覧、人名索引なども収録。『平家公達草紙』の下地「安元御賀記」翻刻を初紹介。
2017.2 254p A5 ¥1900 ①978-4-305-70825-0

◆**平家物語 1 全訳注** 杉本圭三郎著 講談社（講談社学術文庫）新版
【要旨】平安末期、頭角を現した平家一門。男は官界の要職に、女は貴族の妻室に収まり、確固たる地位を築いてゆく。暴走する権力に延暦寺から反発を受けると天台座主明雲を流罪に処し、鹿の谷での凶謀が知れると大臣らを追放する。ついには後白河法皇までも鳥羽離宮へ幽閉―「盛者必衰の理」が発動する以前、平家が栄華を極めた巻第三までを収録（全四巻）。
2017.4 694p A6 ¥1850 ①978-4-06-292420-7

◆**平家物語 2 全訳注** 杉本圭三郎訳 講談社（講談社学術文庫）新版
【要旨】清盛の暴慾を戒めねば―平家討伐の気運は高まっていた。以仁王の謀反は露顕し、宇治橋合戦で討ち取られ、東国で源頼朝が挙兵。富士川の追討は不首尾に終わり、さらに北国の木曾義仲も挙兵、悪行極まる平家にも不吉な影が寄る。炎上する寺院、凶兆に祟られる新都、そして熱病に倒れる清盛。世も末の様相を呈する第四から第六までを収録（全四巻）。
2017.5 685p A6 ¥1850 ①978-4-06-292421-4

◆**平家物語 3 全訳注** 杉本圭三郎訳 講談社（講談社学術文庫）新版
【要旨】進撃する木曾義仲勢は一時は内通により敗れるも、巧みな作戦で平家を倶利伽羅峠に打ち破る。平家は京、白河を焼き払い、「三種の神器」を持って福原、太宰府へと敗走。瀬戸内で一矢報いるも、征夷大将軍となった頼朝も源氏に押され、次々と無残な最期を迎える。クライマックスへ向け流麗と凄絶の色を増してゆく、巻第七から第九を収録（全四巻）。
2017.6 701p A6 ¥1850 ①978-4-06-292422-1

◆**平家物語 4 全訳注** 杉本圭三郎著 講談社（講談社学術文庫）新版
【要旨】平家一族は多く生首となって都に還り、囚われの身の重衡は六条を引き回される。屋島を義経に襲われ、敗走する平家に従う者などもはやない。壇の浦で二位殿は安徳帝を抱えて身を投げ、ついに平家は歴史から退場。しかし滅びてなお平家の怨霊に都の人々は怯え―そして建礼門院の余生語りが、この一大軍記物を静かに締める。地図・系図・年表付き。
2017.7 805p A6 ¥2130 ①978-4-06-292423-8

◆**平家物語作中人物事典** 西沢正史編 東京堂出版
【要旨】物語に紡がれた様々な人間模様や、日本各地を縦断した興亡の舞台を、より深く、的確に味わうための知識を満載。『平家物語』を読むための宝典。
2017.7 268p A5 ¥4500 ①978-4-490-10887-3

◆**「平家物語」という世界文学** 日下力著 笠間書院
【要旨】戦争の引き起こす悲しみや苦悩は、世界で、どう語りつがれてきたのだろうか。人間の歴史において戦争とは何であったのか。それを知るために、この国のいくさの物語を、世界の戦争文学のなかで捉え直す。わが国の人々が生

み出した戦争文学から何がわかるか。
2017.3 236, 7p A5 ¥2800 ①978-4-305-70836-6

源氏物語

◆絵巻で読む源氏物語―毛利博物館所蔵「源氏物語絵巻」　龍澤彩編著　三弥井書店
2017.3 101, 26p 19×26cm ¥2000 ①978-4-8382-3313-7

◆謹訳 源氏物語 1 改訂新修　林望著　祥伝社（祥伝社文庫）
【要旨】帝の子として生まれた光源氏。美貌と才を兼ね備えるが、その心には深い闇―父の後妻である藤壺の宮への許されぬ恋慕―を抱えていた。日本文学史上屈指の名作『源氏物語』。古典文学者として知識と作家としての筆力で描き切った、現代語訳の決定版がついに文庫化。
2017.9 410p A6 ¥720 ①978-4-396-31716-4

◆謹訳 源氏物語 2　林望著　祥伝社（祥伝社文庫）改訂新修版
【要旨】古典文学者としての知識と作家としての筆力で描き切った、現代語訳の決定版。藤壺の宮との不義の子の誕生、車争い、夕顔や御息所の生霊、葵上の死、朧月夜との情事、紫の君との契り―。名場面の数々を収録した第二巻は、源氏、十八歳から二十五歳までを描く。
2017.10 404p A6 ¥720 ①978-4-396-31720-1

◆謹訳 源氏物語 3　林望著　祥伝社（祥伝社文庫）改訂新修
【要旨】朧月夜の尚侍との密会が発覚し、弘徽殿大后の怒りを買った源氏。遠流に処せられる前にと、自ら京をあとにして流離、須磨へ。明石の君との逢瀬、帰京、明石の姫君の誕生、冷泉帝（藤壺との子）の即位―。人生の浮き沈みと、別れの名場面に涙する第三巻。源氏、二十六歳から三十一歳まで。二〇一三年毎日出版文化賞特別賞受賞作品。
2017.11 453p A6 ¥760 ①978-4-396-31723-2

◆謹訳 源氏物語 4　林望著　祥伝社（祥伝社文庫）改訂新修
【要旨】内侍の説得で姫を紫上に託すことを決意する明石の御方。源氏の最愛の人・藤壺は源氏に見守られながら息を引き取り、冷泉帝は自身の出生の秘密を知ることとなる。夕顔の忘れ形見である玉鬘の発見。夕霧と雲居の雁との恋。そして太政大臣となった源氏は、広大な六条院を造営し、人生の栄華を極める。源氏、三十一歳から三十六歳まで。二〇一三年毎日出版文化賞特別賞受賞作品。
2017.12 436p A6 ¥760 ①978-4-396-31726-3

◆源氏物語 1 桐壺―末摘花　柳井滋、室伏信助、大朝雄二、鈴木日出男、藤井貞和、今西祐一郎校注　岩波書店（岩波文庫）
【要旨】皇子に生まれ、幼くして母を亡くし、位人臣を極めた光源氏。その数々の恋愛を軸に平安貴族の栄華と苦悩を描き尽くした、世界最高の長編物語の一つ。新日本古典文学大系版による精密な原文、最新の成果を盛り込む注解と補遺。桐壺から末摘花までの六帖を収める。
2017.7 612p B6 ¥1320 ①978-4-00-351015-5

◆源氏物語 2 紅葉賀―明石　柳井滋、室伏信助、大朝雄二、鈴木日出男、藤井貞和ほか校注　岩波書店（岩波文庫）
【要旨】朧月夜に似たものぞなき―政敵の娘との密会が発覚し、須磨・明石へと流れてゆく光源氏…。葵上、六条御息所・紫上など、優美な女君との恋愛模様が描かれる紅葉賀から明石までの七帖。新日本古典文学大系版による精密な原文、最新の成果を盛り込む注解と補訂。原文で読む千年の物語。
2017.11 622p A6 ¥1320 ①978-4-00-351016-2

◆源氏物語 池田本 5 蛍・常夏・篝火・野分・行幸・藤袴・真木柱・梅枝・藤裏葉　天理大学附属天理図書館編（天理）天理大学出版部、八木書店 発売　（新天理図書館善本叢書）
2017.4 646, 31p A5 ¥36000 ①978-4-8406-9567-1

◆源氏物語 池田本 6　天理大学附属天理図書館編　八木書店古書出版部、八木書店 発売（新天理図書館善本叢書 18）
【目次】第三十冊 若菜上、第三十一冊 若菜下
2017.6 546, 24p A5 ¥34000 ①978-4-8406-9568-8

◆源氏物語 池田本 7　天理大学附属天理図書館編　八木書店（新天理図書館善本叢書 第19巻）
【目次】第32冊 横笛、第33冊 鈴虫、第34冊 夕霧、第35冊 御法、第36冊 幻、第37冊 匂宮、第38冊 紅梅
2017.8 552, 23p A5 ¥34000 ①978-4-8406-9569-5

◆源氏物語 池田本 8　天理図書館編　八木書店（新天理図書館善本叢書）
【目次】第39冊 竹河、第40冊 橋姫、第41冊 椎本、第42冊 総角
2017.12 614, 21p A5 ¥36000 ①978-4-8406-9570-1

◆『源氏物語』女三の宮の"内面"　西原志保著　新典社（新典社新書）
【要旨】『源氏物語』の女君の中でも特に「内面がない」とみなされがちな人物、女三の宮。しかし先入観を排除してその言葉に耳を傾ければれば、現代の女性にも似通うその人物像が明らかになる。これまで見逃されてきた女三の宮の内面、内なる声とは。
2017.12 156p 18cm ¥1000 ①978-4-7879-6172-3

◆源氏物語再考―長編化の方法と物語の深化　高木和子著　岩波書店
【要旨】当初は格段に小さい物語だったはずの源氏物語は、いかにして長編化を成し遂げることができたのか。小さな物語は、人びとの多彩な要望に応じて書き継がれながらも、その全体の整合性を保ちつつ、大きな物語へと成長していく。その過程の痕跡をつぶさにたどることで、物語長編化の内なる動力を解き明かす。
2017.7 419, 9p A5 ¥10000 ①978-4-00-061206-7

◆源氏物語とシェイクスピア―文学の批評と研究と　廣田收、勝山貴之著　新典社（新典社選書）
【目次】第1部 対談―文学研究の「これから」（なぜ文学なのか、古代文学のテキストと超越者、影響を受けた研究者、研究状況をどう捉えるか、研究対象はどこにあるか、分析概念・方法的概念とは何か、表象と表現と、類型と個性、構造主義は終わったのか、作者と読者と・作り手と受け手と、研究主体としての私とは何か、比較研究の可能性、文学研究と文学史研究、対談 語注）、第2部 論考（初めて『源氏物語』を読む人に、『源氏物語』の中の『竹取物語』―重層する話型、『源氏物語』の作られた一場面と歌と人物配置、初めてシェイクスピアを読む人に、『マクベス』における観客層と重層的な解釈、『アントニーとクレオパトラ』とジプシー女王）
2017.4 231p B6 ¥1700 ①978-4-7879-6835-7

◆源氏物語と和歌の論―異端へのまなざし　久富木原玲著　青簡舎
【要旨】正統と異端の狭間から。源氏物語を、和歌において特異な歌謡・歌語り・歴史を含めた伝承などからとらえる。さらに、車俗なる笑いの文学が、上代から近世に至るまで活き活きと生きていたことを述べて、万葉集から源氏物語を経て中世和歌から芭蕉へと続く射程の文学史を掲げる試み。
2017.3 735, 25p A5 ¥12000 ①978-4-903996-99-8

◆源氏物語の漢詩文表現研究　笹川勲著　勉誠出版
【目次】第1篇 物語の展開と漢詩文表現―「漢才」を視点として（『源氏物語』の「才」と「漢才」、光源氏の政治像と"漢才"、夕霧の呼称と「漢才」、柏木の"漢才"、宇治八の宮の「才」と"漢才"）、第2篇 政治の主題と漢詩文表現（「桐壺」巻の予言と漢詩文表現―鴻臚館の光る君、朱雀院御世の政治と漢詩文表現、「澪標」巻の建国と漢詩文表現―致仕大臣の招聘と光源氏の政治構想、「松風」巻の漢詩文表現と『伊勢物語』八十二段―桂の院の光源氏）、第3篇 作中人物の形象と漢詩文表現（「蓬生」巻の漢詩文表現―叔母北の方の形象と新楽府「塩商婦」、藤壺宮の形象と漢詩文表現―「朝顔」巻末と尤物論、「御師の大内記」の形象と『源氏物語』の儒者たち）、第4篇 寛弘期の文学と漢詩文表現（『紫式部日記』の漢詩文表現、『本朝麗藻』の釈奠詩と『源氏物語』の漢詩文表現）
2017.2 355, 17p A5 ¥10000 ①978-4-585-29139-8

◆源氏物語の記憶―時代との交差　久下裕利著　武蔵野書院
【要旨】道長から頼通の時代へと引き継がれた政治・文化は、サロン文芸を支える女房たちを、和歌から物語へと躍動させた。時代背景は「いま」となり物語に蘇る。本書は源氏物語以後の物語の中で浮き彫りにした。
2017.5 616p A5 ¥14500 ①978-4-8386-0701-3

◆源氏物語の政治学―史実・准拠・歴史物語　高橋麻織著　笠間書院
【要旨】『源氏物語』准拠論の従来の問題点を乗り越えるべく、果敢に新たな方法を提示。歴史史料の調査による史実、中世の『源氏物語』研究の成果、歴史物語の叙述を踏まえつつ、『源氏物語』の歴史性―物語に描かれる政治世界―を解明する野心作。
2016.12 402p A5 ¥8500 ①978-4-305-70819-9

◆源氏物語の政治と人間　田坂憲二著　慶應義塾大学出版会
【要旨】世界文学『源氏物語』。古代から現代に到るまで、無数の人々を惹きつけてきたこの物語の構造を四つの視角から読み解き、緻密極まりないその構造を明らかにする。『源氏物語』研究における「政治の季節」を牽引してきた著者の、物語解読へのあらたな挑戦を集成する、待望久しい論文集。
2017.10 377, 17p A5 ¥8500 ①978-4-7664-2473-7

◆『源氏物語』の特殊表現　吉海直人著　新典社（新典社選書）
【目次】第1部 美的表現（「時めく」桐壺更衣、「上来めく」と明石の君、「うしろめかし」へ演出された玉鬘、「らうたげ」は男の目線）、第2部 特殊表現（「ひとりごつ」は朗読するか、「さしつぎ」はナンバー2か、「さだ過ぐ」は何歳から？、「尻かけ」というポーズ）、第3部 物語表現（桐壺（淑景舎）の幻想、葵祭を読む、「格子」と末摘花、「簾を捲き上ぐ」について、「丈高し」をめぐって、「いさよふ笑」と「いさよひの月」）
2017.2 302p B6 ¥2200 ①978-4-7879-6832-6

◆『源氏物語』引歌の生成―『古今和歌六帖』との関わりを中心に　薮葉子著　笠間書院
【要旨】平安時代、文化を担った貴族たちの意識の中には常に和歌があり『源氏物語』は和歌の美意識の集大成ともいえる。作歌の手引書『古今和歌六帖』は他の和歌集にはない、当時の貴族たちのイメージや意識が表れている特徴を持つ。本書は『古今和歌六帖』から『源氏物語』作者や当時の読者たちの意識の一端を具体的に探ることを試みる。
2017.4 238, 4p A5 ¥6500 ①978-4-305-70844-1

◆「源氏物語」放談―どのようにして書かれていったのか　島津忠夫著（大阪）和泉書院（島津忠夫著作集 別巻3）
【要旨】『源氏物語』五十四帖は、どのようにして書かれていったのか。紫式部の周辺には、すでに物語の書ける女房もいくらもいた。いくつかの巻は、紫式部工房での競作に成るのではないか？ 名古屋の「源氏の会」で、四十五年間にわたって講義して来た著者が、いまその真相に迫る。
2017.4 308p A5 ¥3700 ①978-4-7576-6832-5

◆源氏物語 A・ウェイリー版 1　紫式部著、アーサー・ウェイリー英訳、毬矢まりえ、森山恵訳　左右社
【要旨】100年前、シェイクスピアの国の人びとを涙させたベストセラーがドラマチックによみがえる！ 世界中で読まれたウェイリー版源氏物語を、読みやすい日本語に再翻訳（完訳・全4巻）
2017.12 685p B6 ¥3200 ①978-4-86528-163-7

◆七五調 源氏物語 8 若菜上・若菜下 1―古528撮り腑に落ちまんま訳　中村博著（大阪）JDC出版
【要旨】若菜上（ありし御幸ののち―朱雀院は気懸り女三の宮、朧月夜にこの御ことを―朱雀院夕霧にそれとなく、覗きて見きこえて―候補と浮かぶ源氏君なるに、重々しき御乳母の兄―女三の宮のことと相応しは、こと夕衛門督の一遂に代替えが源氏君へと ほか）、若菜上（一）（ことわりとは思へども―猫手に届いて右衛門督、左大将髪の北の方は―兵部卿宮得たりなる真木柱）、巻末資料
2017.5 221p A5 ¥1500 ①978-4-89008-557-6

◆七五調 源氏物語 9 若菜下 2 柏木―古528撮り腑に落ちまんま訳　中村博著（大阪）JDC出版
【目次】若菜下（二）（年月もかさなりて―冷泉帝が譲位され、住吉の御願―住吉に一参る源氏君、十月の中の十日なれば―一社頭に遊び思い出は、ほのぼのと明けゆくに―運良きなるの明石尼君ぞ、入道の帝は―女三の宮を気にお病む紫上は ほか）、柏木（なほおこたらで―死をば予感の右衛門督、かしこき行なひ人の―小侍従へ、うちしめり一女三の宮の返事でも有離と、この暮れこそや一男君生まるも源氏君、ひはづなる御さまにて―いっそ出家と女三の宮 ほか）
2017.7 265p A5 ¥1500 ①978-4-89008-562-0

日本文学の研究

◆七五調 源氏物語 10 横笛・鈴虫・夕霧・御法・幻―古語擬心腑に落ちまんま訳
中村博著 (大阪)JDC出版
2017.10 329p A5 ¥1500 ①978-4-89008-566-8

◆省筆論―「書かず」と書くこと 田村隆著
東京大学出版会
【要旨】『源氏物語』はどのように書かれなかったのか。古典文学から与謝野晶子、谷崎潤一郎の現代語訳まで叙述のレトリックをめぐる裏側からの文学論。
2017.7 284,4p B6 ¥2900 ①978-4-13-083073-7

◆正訳 源氏物語 本文対照 第7冊 柏木／横笛／鈴虫／夕霧／御法／幻 中野幸一訳 勉誠出版
【要旨】柏木との不義の子薫を出産し、源氏の制止を振り切って出家する女三の宮。夕霧に秘密を打ち明け、落葉の宮のことを託して世を去る柏木。一方、雲居の雁を迎えるので、妻雲居の雁の嫉妬が激しい。紫の上はかねてから出家を望むも、源氏はそれを許さず、ついにその生涯を閉じる。そして、深い悲しみのうちに源氏は、出家を望みつつ物語から退場する。本文に忠実な語り言葉の最上の現代語訳誕生！
2016.12 365p A5 ¥2500 ①978-4-585-29577-8

◆正訳 源氏物語 本文対照 第8冊 匂宮・紅梅・竹河・橋姫・椎本・総角 中野幸一訳 勉誠出版
【要旨】光源氏薨去後、一族の中で、薫と匂宮という二人の貴公子の評判が高かった。薫は自らの出生に疑問を持ち、仏道に傾倒する。そんな中、俗聖のように暮らす宇治の八の宮の許へ通うようになる。そこで、八の宮の二人の姫君、大君と中の君を知り、匂宮も興味を持つ。光源氏亡き後の世界を彩る、「宇治十帖」の幕開けである。本文に忠実な語り言葉の、最上の現代語訳誕生！ 語りの文学『源氏物語』、その原点に立ち返る。
2017.2 440p A5 ¥2500 ①978-4-585-29578-5

◆正訳 源氏物語 本文対照 第9冊 早蕨・宿木・東屋 中野幸一訳 勉誠出版
【要旨】大君を失い、悲しみにくれている中の君は、匂宮の住む二条院に移される。しかし、夕霧の娘六の君と匂宮が結婚したことにより、夜離れがちとなり嘆きは深まる。一方中の君から、亡き大君によく似た異腹妹・浮舟の存在を知らされる。大長編物語最後の女君の登場。本文に忠実な語り言葉の、最上の現代語訳！
2017.4 347p A5 ¥2500 ①978-4-585-29579-2

◆正訳 源氏物語 本文対照 第10冊 浮舟・蜻蛉・手習・夢浮橋 中野幸一訳 勉誠出版
【要旨】浮舟が薫によって宇治にかくまわれていることを知った匂宮は、情熱的な魅力で浮舟の心をとらえる。浮舟は薫と匂宮との間で煩悶の末入水をきめるが、横川の僧都に助けられるも、懇願してて尼になる。浮舟の生存を知った薫は再び会えようとするが…。『正訳源氏物語 本文対照』、ついに完結！
2017.6 424p A5 ¥2500 ①978-4-585-29580-8

◆ちゅう源氏の源氏物語絵巻―京都カワイイ平安古典絵本 ながたみどり文・イラスト,山本淳子監修 (京都)ユニプラン
【要旨】ねずみの光源氏「ちゅう源氏」がかわいいイラストで源氏物語と平安時代を楽しくお届けします。
2017.11 81p A5 ¥900 ①978-4-89704-440-8

◆2時間でおさらいできる源氏物語 竹内正彦著 大和書房(だいわ文庫)
【要旨】「いつか源氏を読み通したい」「それが無理でも内容をちゃんと知りたい」、そんな野望が、今日、かなう！平安文学の最高峰『源氏物語』全五十四帖を、あらすじと解説で一気読み！登場人物のキャラクター、人間関係、知られざるエピソードの数々を、ドラマティックな起点の行方も、びっくりするほどスラスラ読めて楽しめる！中学生から大人まで、学生から社会人まで、教養として押さえておきたい人も、この一冊で源氏が語れる、画期的にわかりやすくて面白い源氏物語講義、満を持して開講！
2017.4 285p A6 ¥680 ①978-4-479-30647-4

◆ひらかれる源氏物語 岡田貴憲,桜井宏徳,須藤圭編 勉誠出版
【要旨】記録上にその名をあらわしてから一千年余、変わることなく我々を魅了し続ける『源氏物語』。前代の放射を深く取り入れ、後代に長い影を落とすこの物語は、日本文学史における大いなる達成をなし、いまなお論ずべき魅力の宝

庫として屹立している。文学研究の起点に立ち返り、時代・ジャンルという既存の枠組みを越えた場に『源氏物語』を開き、新たな読解の方法論・可能性を拓く。気鋭の研究者たちの視角から日本文学研究を啓発する野心的論集。
2017.11 348p A5 ¥4600 ①978-4-585-29154-1

◆藤式部の恋人―「源氏物語」another story
毛井公子著 (名古屋)あるむ
【要旨】源氏物語はたんなる「優雅で華麗な貴族の恋愛物語」ではない。むしろ、当時の藤原摂関体制を批判した、歴史的事実を具体的に記すような社会性の強い物語である。藤式部が遺した紫式部日記・紫式部集を、同時代に生きた藤原行成の日記「権記」と石山寺起筆伝説イメージの成立を照らし合わせて読むことにより描く源氏物語の真実。
2017.9 342p B6 ¥1700 ①978-4-86333-129-7

◆メディア・文化の階級闘争 助川幸逸郎,立石和弘,土方洋一,松岡智之編 竹林舎(新時代への源氏学 10)
【目次】研究者共同体と大衆文化、源氏物語と能―一年譜と解題、源氏物語と歌舞伎、映像としての平安時代―「平安的なるもの」のイメージ編成、「紫式部」と石山寺起筆伝説―イメージの複数性、江戸から明治へ―継承と変革、明治から昭和へ―古典の大衆化と少女文化、国語教育と源氏物語教育市場―教科書が呼び込む「紫式部伝説」、コミック文化とキャラクタライズ―コミック＝ライトノベル的想像力の浸透、世界の文化状況と源氏物語＝オリエンタリズム・オクシデンタリズム―他者としての『源氏物語』、源氏文化年譜―明治から二〇一二年まで
2017.4 319p A5 ¥7800 ①978-4-902084-40-5

◆よく和歌る源氏物語 山田利博著 武蔵野書院
【要旨】歌詠みにとって必読の書と言われる『源氏物語』。しかし、物語に含まれる795首という『古今集』なみの和歌の数だけを見ても、どこから手をつけたら良いものか、頭を悩ませるところなのかもしれません。そこで、本書では肩肘張らずに『源氏物語』の和歌の世界に足を踏み入れられるように、和歌作りに役立つであろうエピソード20話を紹介し、読者を「源氏物語と和歌の世界」へと誘います。
2017.10 223p B6 ¥1500 ①978-4-8386-0475-3

近世の文学

◆秋成論攷―学問・文芸・交流 高松亮太著 笠間書院
【要旨】上田秋成―「歌道之達人」とよばれた男の実像に迫る。『雨月物語』一書を以て近世文芸の白眉と見なされてきた秋成の、和学者・歌人としての面目に注目したとき、秋成という人物と彼の学問・文芸は、どのような相貌をみせてくれるのだろうか。本書は、多才を以て鳴った秋成晩年の諸活動を跡づけ、さらに周縁との関係を解明していくことで、近世中後期の上方における秋成の位置づけや、国風文芸の新たな可能性を追究した書である。
2017.2 368p A5 ¥8500 ①978-4-305-70838-0

◆荒木田麗女の研究 雲岡梓著 (大阪)和泉書院
【要旨】当代一流にして異端の才媛の生涯と文学活動の全貌に迫る。江戸時代中期、伊勢の地で平安古典の世界に憧れ巨大な量の物語を執筆した荒木田麗女。本書ではその文学活動を、連歌・擬古物語・歴史物語・和学・紀行文・漢詩の順に網羅的に考察し、麗女が古典作品をどのように享受し、著述に反映させたのかを解き解く。さらに詳細な年譜稿、主要作品の翻刻・解説、人名・書名索引を付した。
2017.2 386,9p A5 ¥11000 ①978-4-7576-0821-4

◆浮世絵師の絵で読む八犬伝 上 徳田武著 勉誠出版
【要旨】一〇六冊一八〇回で構成された壮大な物語の核心を、的確かつ読みやすく要約したあらすじを収録。「艶墨」「薄墨」などの特殊技法を駆使して描かれた口絵・挿絵、約三五〇点を初版初刷り本から全点掲載。各場面の口絵・挿絵に添えられた、和文・漢文・枕詞・掛け言葉を多用した難解な美文を翻字。簡潔な解説を付けて絵の読みを助けた。著者の研究成果を示す、『八犬伝』要所の典拠を提示。『水滸伝』『三国志演義』など、享受の有り様を確認できる。
2017.6 286p A5 ¥2800 ①978-4-585-29133-6

◆浮世絵師の絵で読む八犬伝 下 徳田武著 勉誠出版
【要旨】一〇六冊一八〇回で構成された壮大な物語の核心を、的確かつ読みやすく要約したあらすじを収録。「艶墨」「薄墨」などの特殊技法を駆使して描かれた口絵・挿絵、約三五〇点を初版初刷り本から全点掲載。各場面の口絵・挿絵に添えられた、和文・漢文・枕詞・掛け言葉を多用した難解な美文を翻字。簡潔な解説を付けて絵の読みを助けた。著者の研究成果を示す、『八犬伝』要所の典拠を提示。『水滸伝』『三国志演義』など、享受の有り様を確認できる。
2017.6 286p A5 ¥2800 ①978-4-585-29134-3

◆雨月物語 上田秋成著,佐藤至子編 KADOKAWA (角川ソフィア文庫―ビギナーズ・クラシックス 日本の古典)
【要旨】白峯の御陵を訪ねた西行法師の前に崇徳院の亡霊が現れる「白峯」、学者と武士が義兄弟の盟約を結び、ある約束をかわす「菊花の約」、蘇生した僧侶が自らの数奇な体験を語る「夢応の鯉魚」、風雅を好む青年が妖しい美女に出会う「蛇性の婬」、あの世ごとの世、人間と人間でないものが交錯する、美しくも恐ろしい9つの物語。流麗な筆致でつづられた本格異界小説を、やさしい現代語訳と丁寧な解説とともにダイジェストで読む。
2017.12 204p A6 ¥720 ①978-4-04-400211-4

◆雨月物語 全訳注 上田秋成著,青木正次訳注 講談社(講談社学術文庫) 新版
【要旨】崇徳上皇の御陵に参った西行が見たものは？自由への願いを鯉の絵に記した三井寺の僧・興義は、自ら絵に同化し湖へ。高野山では怨霊になった豊臣秀次一行の宴会に巻き込まれ、雨宿り先で邂逅した美しい女は、地に姿を変え一。抑えがたい情念が、此岸と彼岸を越えて暴れ出す。奇才・上田秋成が安永五年（一七七六）に世に放った怪異譚、全九篇。
2017.3 599p A6 ¥1650 ①978-4-06-292419-1

◆絵伝と縁起の近世僧坊文芸―聖なる俗伝 堤邦彦著 森話社
【要旨】高僧伝や縁起譚は近世中期の仏教の卑俗化を背景に伝奇性・娯楽性を帯び絵画化を伴いながら大衆文化に深く浸透していく。聖と俗の混淆から立ち現れた近世僧坊文芸の変遷を丹念にたどる。
2017.2 433p A5 ¥7800 ①978-4-86405-107-1

◆江戸のベストセラー 清丸惠三郎著 洋泉社
【要旨】武家名鑑、算術指南書、健康読本、江戸タウンガイド、ファンタジー小説、ホラー小説、生活実用書、遊郭風俗ガイド…、発禁処分続出！現代に通じるヒットの秘密!!
2017.7 223p B6 ¥1600 ①978-4-8003-1255-6

◆江戸化物の研究―草双紙に描かれた創作化物の誕生と展開 アダム・カバット著 岩波書店
【要旨】江戸の大衆文学というべき草双紙には、滑稽で愛嬌のある化物がしばしば登場する。著者はこの化物に着目し、近世文学の立場から緻密な文献調査を重ね、当時の風俗・流行・芸能等との関係も視野に、草双紙を捉え直してきた。草双紙のなかの化物は、いかにして形成され、時代とともに展開していったのか。また、当時の出版事情とどのような関わりを持ったのか。本書には、積年の論考に書き下ろしを加えて集成し、江戸都市文化の産物としての「創作された化物像」の面白さを鮮明にする。著者にとって初の論文集。
2017.2 341p A5 ¥7500 ①978-4-00-022299-0

◆御伽百物語 藤川雅恵編著 三弥井書店
【要旨】地獄・妖怪・呪い・奇録～菱川師宣・豪商淀屋・かぶき者。百物語怪談会のはじまりは、はじまり…。元禄の人々が熱狂した事件や出来事・有名人のゴシップなどなど、忠臣蔵だけじゃない、小泉八雲・江戸川乱歩の源流を探る。中国怪異小説と江戸の事件が融合。語注・あらすじ・解説・典拠の書き下し文付きで、二つの怪談が同時に味わえる。
2017.5 257p B6 ¥2000 ①978-4-8382-7100-9

◆假名草子集成 第57巻 は・(補遺)け、せ 花田富二夫,伊藤慎吾,柳沢昌紀編 東京堂出版
【目次】自身房(写本、一冊)、初時雨(整版本、二巻二冊、絵入)、補遺 慶長見聞集(写本、十巻五冊)(承前)、補遺 醒睡笑(寛永正保頃版、八巻三冊)
2017.2 314p A5 ¥18000 ①978-4-490-30762-7

◆假名草子集成 第58巻 柳沢昌紀,入口敦志,冨田成美,速水香織,松村美奈編 東京堂出版

【目次】年斎拾唾(寛文三年九月以後板、二巻合一冊)、囃物語(延宝八年八月板、三巻三冊)、花の縁物語(寛文六年三月以後板、二巻二冊、絵入)、はなむけ草(貞享三年六月板、二冊、絵入)、春風(寛文頃板、一冊)、春寝覚(影写本、一冊)、百物語(万治二年二月板、二巻二冊)、ひそめ草(正保二年板、二冊)、補遺 醒睡笑(寛永末・正保頃板、八巻三冊)(承前)
2017.11 294p A5 ¥18000 ⓘ978-4-490-30763-4

◆漢詩から読み解く 西郷隆盛のこころ 諏訪原研作 大修館書店
【要旨】雪に耐へて梅花麗し。激動の時代を生きた男の、詩に託した思い。
2017.11 263p B6 ¥1900 ⓘ978-4-469-21366-9

◆京都大学蔵穎原文庫選集 第2巻 浮世草子 京都大学文学部国語学国文学研究室編 (京都)臨川書店
【目次】子孫大黒柱、寛闊鎧引、庭訓桜句車、謡曲百万車、加古川本蟲網目、当世銀持気質、世間姑気質
2017.3 611p A5 ¥16200 ⓘ978-4-653-04322-5

◆近世小説の研究—啓蒙的文芸の展開 湯浅佳子著 汲古書院
【目次】第1部 仮名草子とその周辺(仮名草子と古典、仮名草子と思想、仮名草子と怪異説話、近世軍書の研究)、第2部 説話考証随筆・談義本・読本の研究(『広益俗説弁』の研究、談義本・読本と思想、馬琴読本の世界)
2017.2 642, 14p A5 ¥17000 ⓘ978-4-7629-3633-3

◆近世文学史研究 1 十七世紀の文学—文学と歴史・思想・美術との関わりを通して 鈴木健一監修 ぺりかん社
【目次】序 十七世紀文学のために、提言 十七世紀の文学研究への提言、論文(近世初期の和歌と絵画、「医事説話」の誕生と成長—一面瘡・姑獲鳥を例に、芭蕉は何をめざしたのか『猿蓑』と『おくのほそ道』を中心に、近世刊行事書と『武家義理物語』—青砥説話の生成と展開、十七世紀の人形浄瑠璃制作—近松が登場する背景)、近世文学研究史攷 1 蕪村の近代—近世文学の発見(1)
2017.1 118p A5 ¥2200 ⓘ978-4-8315-1456-1

◆近世文学史研究 2 十八世紀の文学 飯倉洋一監修 ぺりかん社
【目次】序 十八世紀の文学学び・戯れ・繋がり、提言(漢詩文サロンと儒学教養書と文運東漸、十八世紀の美術—都市と地方のかしましい関係、芸能史と十八世紀の文学)、論文(十八世紀地下歌学の前提—出版の時代、社会と対峙する「我」から世法を生きる「心」、そして私生活を楽しむ「自己」へ—俳諧と社会、前期読本における和歌・物語義—十八世紀の仮名読本の一面、書籍業界における近世中期の終わり方)、近世文学研究史攷2 近世小説のジャンル—近世文学の発見(二)
2017.6 150p A5 ¥2200 ⓘ978-4-8315-1475-2

◆現代語訳 賤のおだまき—薩摩の若衆平田三五郎の物語 鈴木彰訳、笠間千浪解説 平凡社(平凡社ライブラリー)
【要旨】舞台は薩摩。戦国の世に出会った無双の美少年平田三五郎と青年武士吉田清家一義兄弟の契りを尽くし、忠義を称して生死を共にする二人の物語は、男子のあるべき姿として長く読み継がれ、明治期には自由民権運動の機関誌に連載されるなど、一大ブームを巻き起こした。この伝説的物語の現代語訳に、著者とされる「西国薩摩の婦女」を鍵として、当時の女性の教育や職業、執筆の可能性に迫る解説を付す。
2017.8 199p A6 ¥1200 ⓘ978-4-582-76858-9

◆『古今奇談英草紙』と白話語彙 張海燕著 勉誠出版
【目次】序章、第1章 白話の概念をめぐって、第2章『英草紙』に表現された白話語彙の分析、第3章『英草紙』が初出例である白話語彙の分析、第4章 語の出自が南北朝以前である『英草紙』白話語彙の分析、第5章 語の出自が唐代以降である『英草紙』白話語彙の分析、終章
2017.3 334, 8p A5 ¥10000 ⓘ978-4-585-29138-1

◆後水尾院の研究—研究編・資料編・年譜稿 日下幸男著 勉誠出版
【目次】研究編(上冊)(継承と発展—後陽成院の文事、後水尾院の文事、後水尾院撰の和歌について、円浄法皇御自撰和歌について、禁中三十六歌仙について、後水尾院歌壇の源流者情、寛永元年について)、資料編1 『後水尾院御製』一帖(個人蔵)、『後水尾院御集』(京都大学附属図書館中院文庫蔵(中院6・八二)一冊 中院通

茂筆)、『円浄法皇御集』(宮書本(二一〇・六八)三冊 水田長隣筆)、『円浄法皇御撰和歌 全』(宮書本(二一〇・七〇二)一冊 水田長隣筆))、後水尾院年譜稿(下冊)
2017.2 2Vols.set A5 ¥30000 ⓘ978-4-585-29141-1

◆世俗諺文 作文大躰 天理大学附属天理図書館編 八木書店 (新天理図書館善本叢書 12)
【目次】世俗諺文—観智院本、作文大躰—観智院本
2017.10 208, 17p A4 ¥30000 ⓘ978-4-8406-9562-6

◆節用集と近世出版 佐藤貴裕著 (大阪)和泉書院 (研究叢書)
【要旨】室町中期に成立した簡易国語辞書「節用集」は江戸時代には豊かな展開をむかえ、約六百本も出版された。その原動力は、近世的版株(株)であった。近世節用集の全版権問題の検討を示しつつ、特徴的な事例を採り上げ詳述。問題の核心は本文か、付録か、検索法か。近世節用集の全体像を出版の側面より描きだす。節用集刊行年表付。
2017.2 354p A5 ¥8000 ⓘ978-4-7576-0826-9

◆探究の人 菅江真澄 菊池勇夫著 (秋田)無明舎出版
【要旨】生活文化史料として類をみない記録遺産ともいえる真澄の著作は、どのようにもたらされたものなのか。遊歴文人を旅へといざなった源泉を著作の内部にまでわけいり、考察する。
2017.4 150p A5 ¥1700 ⓘ978-4-89544-632-7

◆中本研究—滑稽本と人情本を捉える 鈴木圭一著 笠間書院
【要旨】現在では別々のジャンルと考えられている「滑稽本」「人情本」は、江戸時代、「中本」と呼ばれていた。書型が美濃半裁、すなわち中本である。「滑稽本」「人情本」を「中本」という視点から捉え直し、近代以降の理解とは異なった江戸時代の文学の姿を明らかにする。
2017.2 472, 14p A5 ¥13000 ⓘ978-4-305-70831-1

◆富山文学の黎明 2 漢文小説『蜴洲餘珠』(巻下)を読む 磯部祐子、森賀一惠著 (富山)桂書房
【目次】第1章『蜴(れい)洲餘珠』(巻下)を読む(蒲留仙—『聊斎志異』を愛した友・服部叔信のこと、義経公—義経一行の狐退治、胡僧—「バテレン」に豪饮—炎熱を吸いこみ死んだ大酒飲み、地震—大地震で地中に埋まり、十二年後、大地震で生還した男の話 ほか)、第2章『蜴(れい)洲餘珠』の受容『聊斎志異』の「聊斎癖」をもつ漢学者の『困(へん)譚』『蜴(れい)洲餘珠』の作者寺崎蜴(れい)洲)との出会い、『蜴(れい)洲餘珠』、『蒲留仙』に見るその『聊斎志異』『聊斎志異』に用いられた「ことば」の借用)
2017.3 154p B6 ¥1300 ⓘ978-4-86627-021-0

◆南総里見八犬伝 全注釈 1 徳田武著 勉誠出版
【目次】巻一(八犬士傳第、第一回、第二回)、巻二(第三回、第四回)、巻三(第五回、第六回)、巻四(第七回、第八回)、巻五(第九回、第十回)
2017.8 212p A5 ¥6500 ⓘ978-4-585-29701-7

◆膝栗毛文芸集成 第36巻 万国航海西洋道中膝栗毛(1)初編〜5編(仮名垣魯文作) 中村正明編・解題 ゆまに書房
2017.2 602p A5 ¥17000 ⓘ978-4-8433-4868-0

◆膝栗毛文芸集成 第37巻 万国航海西洋道中膝栗毛(2)6編〜10編(仮名垣魯文作) 中村正明編・解題 ゆまに書房
2017.2 454p A5 ¥16000 ⓘ978-4-8433-4869-7

◆膝栗毛文芸集成 第38巻 万国航海西洋道中膝栗毛(3)11編〜15編(仮名垣魯文作・総生寛作) 中村正明編・解題 ゆまに書房
2017.2 502p A5 ¥16000 ⓘ978-4-8433-4870-3

◆膝栗毛文芸集成 第39巻 東京開化膝栗毛(笑門舎福来作)他三篇 中村正明編・解題 ゆまに書房
【目次】東京開化膝栗毛(笑門舎福来)、東京開化膝栗毛(染崎延房)、昇平鼓腹三府膝栗毛(松村桜雨)、民権膝栗毛(蟹觸舎蘇山)
2017.2 467p A5 ¥17000 ⓘ978-4-8433-4871-0

◆膝栗毛文芸集成 第40巻 猫狐豊川詣笑談膝栗毛(桂林舎一枝作)他六篇 膝栗毛文芸目録(中村正明編) 中村正明編・解題 ゆまに書房
【目次】猫狐豊川詣笑談膝栗毛(桂林舎一枝)、開化弥次喜多(松葦(あん)主人)、絵本膝栗毛、東

海道五十三駅滑稽膝栗毛(牧金之助)、西洋道中膝栗毛(小林鉄次郎)、西洋膝栗毛(堤吉兵衛)、膝栗毛百首(藍川)
2017.2 645p A5 ¥17000 ⓘ978-4-8433-4872-7

◆マンガ雨月物語 木越治監修、岸田恋画 河出書房新社 新装版
2017.11 230p B6 ¥1200 ⓘ978-4-309-62354-2
【要旨】怪異のなかの真実。限りない人間の愛と憎悪—。

◆柳川藩の女流漢詩人 立花玉蘭の『中山詩稿』を読む 三浦尚司編著 (福岡)梓書院
【目次】五言古、七言古、五言律、七言律、五言絶句、七言絶句
2017.3 149p A5 ¥1500 ⓘ978-4-87035-602-3

和歌・俳諧

◆一茶の相続争い—北国街道柏原宿訴訟始末 高橋敏著 岩波書店 (岩波新書)
【要旨】俳人小林一茶、こと百姓弥太郎。その十年に及ぶ異母弟との骨肉の争いを語るものは少ない。父の遺書を楯に家産をむしりとる、欲に憑かれた嫌われ者。そんな弥太郎の主張がなぜ罷り通るのか。そこには契約文書がそれを言う北信濃の文治社会の存在があった。史料を読み解き、一茶が巧みに覆い隠した弥太郎の本性を明るみに出す。
2017.8 184, 8p 18cm ¥760 ⓘ978-4-00-431674-9

◆小沢蘆庵自筆六帖詠藻—本文と研究 蘆庵文庫研究会編 (大阪)和泉書院 (研究叢書)
【要旨】その和歌、およそ17, 000首。歌論家として知られる小沢蘆庵(1723 - 1801)の、和歌の全貌を初めて翻印公刊。歌論的言説も、連作の妙味も、妙法院宮真仁法親王や上田秋成との雅交も、あるいは双六歌や沓冠歌などの"遊び"も、蘆庵の日々の和歌の営みが、すべてここに明らかに—。
2017.2 777p B5 ¥26000 ⓘ978-4-7576-0828-3

◆歌学秘伝史の研究 三輪正胤著 風間書房
【目次】第1章 歌学秘伝史とは(歌学秘伝史を展望するために、歌学秘伝史を『八雲神詠伝』に見る—幽玄への道)、第2章 灌頂伝授期の諸相(『愚秘抄』の形、『竹園抄』の流伝 ほか)、第3章 切紙伝授期の諸相(切紙伝授の総体、切紙を読む—近衛流切紙集への変容 ほか)、第4章 神道伝授期の諸相(貞徳流の軌跡—墨流斎宗範をめぐって、『月刈藻集』の形 ほか)、第5章 明治期に受け継がれたもの(『詠史百首』から『内外詠史歌集』へ、『詠史歌集』と『前賢故実』ほか)
2017.10 482p A5 ¥16000 ⓘ978-4-7599-2185-4

◆柏木如亭詩集 1 柏木如亭著、揖斐高訳注 平凡社 (東洋文庫)
【要旨】遊蕩、遊歴生活を貫いた天性の抒情詩人の主要作品を作詩年代順に収める。江戸後期に出現した異数の漢詩人の全貌を味読する訳注。第1巻は青年期から中年期まで。巻末に解説を付す(全2巻)。
2017.5 302p 18cm ¥2900 ⓘ978-4-582-80882-7

◆柏木如亭詩集 2 柏木如亭著、揖斐高訳注 平凡社 (東洋文庫)
【要旨】現代に再発見され、再評価の高い放浪の漢詩人の作品を作詩年代順に集成する。第2巻は初老期から老年期、京都を足場に諸国を漂泊し、時に江戸を思う—。第一人者による訳注。
2017.7 308p 18cm ¥2900 ⓘ978-4-582-80883-4

◆其角と楽しむ江戸俳句 半藤一利著 平凡社 (平凡社ライブラリー)
【要旨】冴える推理、うなる解釈、ほれる粋—。「其角は江戸文化の大輪の花なのである。大らかで、色気もたっぷりあって、才気煥発に、自然風土より市井の人事を詠む。わび、さび、細みに飽き飽きしていた江戸っ子たちは、人情の機微を詠む弾んだ其角に、ぐんと肩入れをした。それを現代人は見捨ててほとんどかえりみることがない。俳句の面白さは「古池や」ばかりではあるまいに—」半藤ファン、江戸文化や俳句を愛する方、必読の書。
2017.9 221p 16x11cm ¥1200 ⓘ978-4-582-76859-6

◆京都大学蔵穎原文庫選集 第3巻 連歌1・俳諧1 京都大学文学部国語学国文学研究室編 (京都)臨川書店

日本文学の研究

◆**京都大学蔵穎原文庫選集 第4巻 連歌2・俳諧2・狂歌1** 京都大学文学部国語学国文学研究室編 (京都) 臨川書店
【目次】新板連歌新式増抄、便舩集
2017.6 270, 168p A5 ¥15000 ①978-4-653-04323-2

【目次】以春独吟連歌集、宗祇法師連歌付合、郡山、久流留、俳諧薑分船、例の癖、柳日記、油ински斎貞柳翁狂歌訓、狂歌詠方初心式、狂歌五題集
2017.9 576, 21p A5 ¥16500 ①978-4-653-04324-9

◆**金槐和歌集論─定家所伝本と実朝** 今関敏子著 青簡舎
【要旨】実朝の内なる光と影。遺された和歌を置き去りにして実朝を語ることは出来ないでしょう。実朝にとって定家所伝本はひとつの到達点であり、その世界の統合性は、自ずと成熟した精神、治世者としての有能さをも物語っています。
2016.12 405, 5p A5 ¥9000 ①978-4-903996-96-7

◆**元禄名家句集略注 小西来山篇** 佐藤勝明著 新典社
2017.12 293p A5 ¥2700 ①978-4-7879-0642-7

◆**元禄名家句集略注 山口素堂篇** 田中善信著 新典社
2017.3 197p A5 ¥1800 ①978-4-7879-0641-0

◆**古歌そぞろ歩き** 島田修三著 本阿弥書店
【目次】春、夏、秋、冬、賀、相聞・恋、挽歌・哀傷歌、旅、雑歌
2017.8 293p B6 ¥2800 ①978-4-7768-1296-8

◆**古典和歌の面白さを知る─「てにをは」の巻** 中尾彰男著 (武蔵野) さんこう社
【要旨】助詞や助動詞の違いを知れば面白い!!例えば、疑問の助詞といわれる「や」と「か」─その違いがわかりますか？ 些細に見える違いが分かってこそ、古典和歌の面白さが実感できます！
2017.11 189p B6 ¥1500 ①978-4-902386-73-8

◆**小林一茶** 大谷弘至編 KADOKAWA (角川ソフィア文庫ビギナーズ・クラシックス日本の古典)
【要旨】喜びも、哀しみも、生きることのつらさも、すべてを俳句に昇華させていった人生だった。「雀の子そこのけそこのけ御馬が通る」「目出度さもちう位ぢぶおらが春」「ともかくもあなた任せのとしの暮」など、日々の生活の中にある身近な事象を、まっすぐに、ユーモラスに詠んだ一茶。古びることのない作品の数々をやさしく鑑賞する入門書。一茶を近代俳人としてとらえ直し、俳句の歴史にも新たな視点を与える。
2017.9 286p A6 ¥760 ①978-4-04-400290-9

◆**西行のうた** たかやまもとこ絵、松井文雄現代語訳、高山素子、山根ジュリア英訳 幻冬舎メディアコンサルティング、幻冬舎 発売 (本文：日英両文)
【要旨】四季を愛し花を愛でた西行は、後世に何を残したのか。悠久の時を経て詠い継がれた珠玉の22篇が、新たな解釈で現代に蘇る。英語訳付き。
2017.8 41p B5 ¥1300 ①978-4-344-91263-2

◆**拾遺和歌集─蒔絵小箱三代集本** 冷泉家時雨亭文庫編、朝日新聞社、朝日新聞出版 発売 (冷泉家時雨亭叢書)
【目次】春、夏、秋、冬、賀、別、物名、雑上、雑下、神楽歌、恋一、恋二、恋三、恋四、恋五、雑春、雑秋、雑賀、雑恋、哀傷
2017.8 422, 11p A5 ¥29000 ①978-4-02-240407-7

◆**女性漢詩人 原采蘋 詩と生涯─孝と自我の狭間で** 小谷喜久江著 笠間書院
【要旨】寛政10年（1798）に九州秋月藩の儒者の娘として生まれ、生涯独身で日本各地を遊歴の漢詩人として生活を続けた原采蘋。儒教倫理の規制の中で、「漢詩人として成功せよ」との父の遺命を背負い、62年間その運命に背くことなく漢詩人としての業績を上げることに精進した。遊歴の日記を漢詩で綴ったが、残された詩には、自らの運命に対する慎み、悲しみが正直に書かれており、江戸時代後期に漢詩人として生きた女性の複雑な感情がにじみ出る。またそれは儒者の娘として「漢詩人が学んだ知識の深さを知って書くことが出来るものである。「男子は徳有れば優（すなわ）ち己、女子才有れば便ち徳」と一般的に考えられた時代に、采蘋のような女性が生きることは決して楽ではなかったはずである。その生涯と詩に再び光を当てて定着していた「男装の女性漢詩人」という勇ましい采蘋像を更新した労作。
2017.6 654, 17p A5 ¥13000 ①978-4-305-70845-8

◆**女流歌人が詠み解く！ 万葉歌の世界─今に詠い継がれる最古の歌集** 久恒啓一監修、久恒啓子著 日本地域社会研究所 (コミュニティ・ブックス)
【要旨】日本人なら知っておきたい"いにしえの歌"。万葉時代の庶民たちはどんな思いで歌を詠んでいたのか。恋・望郷・家族の絆・祈りなど詩情豊かな歌の世界へ誘う。
2017.3 336p B6 ¥2200 ①978-4-89022-195-0

◆**資料と注釈 早歌の継承と伝流─明空から坂阿・宗砌へ** 岡田三津子編 三弥井書店
【要旨】16世紀初頭から500年の時をへた新出資料。新出早歌「四季恋」「鴬」「枕」と、明空作「熊野参詣」などの現存資料を手がかりに、中世の文学のみならず文芸・文化を切り開く。
2017.5 393p A5 ¥9000 ①978-4-8382-3321-2

◆**新古今の天才歌人 藤原良経─歌に漂うペーソスは何処から来たのか** 太田光一著 郁朋社
【要旨】貴族社会の頂点に立ち華麗なる交友関係を堪能する良経。しかしその歌にはそこはかとなく哀愁が漂う。天才歌人良経の内面を仏教的視点から紐解き、その代表的な歌を再解釈する。
2017.10 233p B6 ¥1500 ①978-4-8382-2659-6

◆**新古今増抄 7** 大坪利絹校注 三弥井書店 (中世の文学)
【目次】新古今増抄恋2─(一○八一)番歌～(一四八)番歌、新古今増抄恋3─(一四九)番歌～(一二三三)番歌、注継成
2017.11 577p A5 ¥12000 ①978-4-8382-1042-8

◆**茶の湯百人一首** 筒井紘一著 (京都) 淡交社 (淡交新書)
【要旨】茶の湯の心をうたった101首を紹介。茶道の教えのみならず、古今東西を問わず武人、僧侶、公家、学者、実業家など幅広い人々の生活の中で詠まれた茶にまつわる歌を逸話などをまじえて読み解きます。歴史の本からは分からない詠み人の人となりや日本文化に深く根ざしたお茶の世界を垣間見ることができる一冊。
2017.11 239p 18cm ¥1200 ①978-4-473-04199-9

◆**中世和歌史の研究─撰歌と歌人社会** 小川剛生著 塙書房
【目次】「撰集」の時代、第1部 勅撰和歌集と公武政権、第2部 歌道師範家の消長、第3部 私家集の蒐集と伝来、第4部 古歌の集積と再編、第5部 勅撰作者部類をめぐって
2017.5 700, 22p A5 ¥14000 ①978-4-8273-0127-4

◆**中世和歌史論─様式と方法** 渡部泰明著 岩波書店
【要旨】古代社会に誕生した和歌は、なぜ時代を超えて生き続けることができたのか。古代和歌から中世和歌への飛躍こそが、文学としての永続性を決定づけたのではないか。中世という時代において、はたして和歌に何が起こったのか。歌人たちの創作の営みを通して、中世和歌の詩的達成を考究し続けてきた著者の長年の論考を集成する。
2017.3 458, 9p A5 ¥9600 ①978-4-00-023889-2

◆**官人（つかさびと） 大伴家持─困難な時代を生きた良心** 中西進監修、高志の国文学館編・解説 (富山) 桂書房
【目次】カラーグラビア 官人 大伴家持のうた二十選、官人・大伴家持、氏族の伝統を背負う家持、官人から見る官人・家持、第1部 内舎人として─異国文化の中での成長と天皇に近侍する詩人（大宰府と家持、聖武天皇の東国行幸と大伴家持、陸奥産金と家持）、第2部 国司として─新たな風土への驚きと民に接するよろこび（越中の家持─"驚異"をキーワードに、因幡と大伴家持）、第3部 武門の人として─官人としての苦悩（防人と家持、多賀城と地方行政）
2017.3 185p A5 ¥1800 ①978-4-86627-024-1

◆**筑紫万葉 恋ひごころ** 上野誠著 (福岡) 西日本新聞社
【要旨】大伴旅人や山上憶良らが九州・大宰府で詠んだ歌を大胆に意訳。8世紀を生きた人の本音を現代文学として読みなおす"上野ワールド"たっぷりのエッセイ。
2017.5 141p B6 ¥1400 ①978-4-8167-0936-4

◆**俳人今井柳荘と善光寺の俳人たち** 矢羽勝幸、臼田修一、中村敦子著 ほおずき書籍、星雲社 発売
【目次】1 今井柳荘─人と作品、2 柳荘と猿左、3 柳荘の秀作、4 作品集、5 俳諧関係著作、6 関連俳書、7 参考資料、8 今井柳荘 年譜
2017.6 170p A4 ¥1800 ①978-4-434-23463-7

◆**花の俳人 加賀の千代女** 清水昭三著 アルファベータブックス
【要旨】松尾芭蕉十傑の一人・各務支考に見出された千代女。伊勢派俳壇の千和歌史・乙由とのロマンスや芭蕉と弟子たちの人間模様が鮮やかに甦る。太宰治の短編「千代女」にも取り上げられた波乱の人生を描く歴史物語。
2017.4 262p B6 ¥1800 ①978-4-86598-031-8

◆**藤原定家全歌集 上** 藤原定家著、久保田淳校訂・訳 筑摩書房 (ちくま学芸文庫)
【要旨】こまやかに袖うち払ひさびしさや佐野のわたりの雪の夕暮─。『新古今和歌集』『百人一首』の撰者をつとめ、日本和歌史上に燦然と屹立する不世出の歌人・藤原定家の自作歌は、現在知られている限り約4260首にのぼる。上巻には『拾遺愚草』正篇の全歌2791首を収録、すべてに現代語訳を付す。中世文学研究の泰斗による校訂を行い、和歌に関心のある読者のために、学術的利用にも資するよう編纂された決定版。
2017.8 740p A6 ¥1800 ①978-4-480-09754-5

◆**藤原定家全歌集 下** 藤原定家著、久保田淳校訂・訳 筑摩書房 (ちくま学芸文庫)
【要旨】たちのぼり南のはてに雲はあれど照る日くまなきころの虚（オホゾラ）─。定家の歌は単なる風雅の屈託を吐露したその詩情は、時を超え堀田善衛、三島由紀夫や塚本邦雄ら現代の文学者にも絶大な影響を及ぼし続けている。下巻には『拾遺愚草員外雑歌』『拾遺愚草員外之外』等の約1470首のほか歌枕一覧、定家略年譜、総索引を収載。解釈や鑑賞に資する先行歌・同時代人の歌も可能な限り参照し、三十一文字に凝縮された表現世界を解き明かす。
2017.8 612p A6 ¥1700 ①978-4-480-09755-2

◆**まんが良寛ものがたり** 高橋郁丸画・文 (新潟) 考古堂書店 新装版
【要旨】良寛さんの生涯が、マンガで楽しく読める。
2017.10 129p A5 ¥1200 ①978-4-87499-865-6

◆**万葉歌に映る古代和歌史─大伴家持・表現と編纂の交点** 新沢典子著 笠間書院
【要旨】万葉集をどのようにして古代和歌史の中に定位させるか。これまで、限定的な資料から古代和歌史を考えることの限界が叫ばれ、歌論・成立・表記史などの、長らく万葉集を読む拠り所とされてきた枠組みの多くが否定された。本書では、限界突破を目指して、編纂者家持が先人歌人の歌をどう取り込んでいるかという視点を設定。歌内部の要素である表現に即して、語や文法の通時的変化を追う日本語学的アプローチを用いながら、飛鳥時代から平安時代に至る語法や表現形式の変化を明らかにする。表現の変遷を具体的に追い、歌が文芸として成立する過程を描いた新しい方法論！
2017.10 321, 4p A5 ¥9000 ①978-4-305-70851-9

◆**万葉歌の環境と発想** 近藤健史著 翰林書房 (日本大学通信教育部叢書)
【要旨】作歌する者、それをとりまくもの、そこから生じる万葉歌との関連などについてまとめ、「環境」が作歌する者の「発想」と係わり、どのように表現を規制し特徴づけているのか、その過程や思考などについて論考する。
2017.3 558p A5 ¥12000 ①978-4-87737-412-9

◆**家持歌日記の研究** 松田聡著 塙書房
【目次】第1部 歌日記の手法（大伴家持末四巻と立筆、家持と書持の贈答─「橘の玉貫く月」をめぐって、万葉集の餞宴の家持送別の宴を中心として）、第2部 歌日記と伝聞歌（万葉集末四巻の伝聞歌─家持歌日記の方法、大宰の時の梅花に追和する新しき歌─万葉集の梅樹、射水郡の駅館の屋の柱に題せる歌─題壁と駅 ほか）、第3部 歌日記の題詞左注（万葉集末四巻における作者無記の歌─歌日記の編纂と家持、依興─家持歌日記の問題として、述懐─天平十九年のホトトギス詠ほか）
2017.10 601p A5 ¥15000 ①978-4-8273-0128-1

◆**良寛詩歌集─「どん底目線」で生きる** 中野東禅著 NHK出版 (NHK「100分de名著」ブックス)
【要旨】今、ここ、あなた自身─ありのままの自分を見つめよ。何不自由のない生活から、何も持たない暮らしへ。生き方に迷ったら、良寛に帰ろう。その核心を読み解く。
2017.4 147p B6 ¥1000 ①978-4-14-081715-5

◆良寛と貞心尼　加藤僖一著　（新潟）考古堂書店　新装版
【要旨】良寛と貞心尼との美しい交流をうたった相聞歌集「蓮の露」全文掲載!!書道的鑑賞に役立つよう、部分的な拡大写真も駆使。初公開の貞心尼自筆本「焼野の一草」の全文、及び貞心尼の助力によりなった初めての良寛詩集・蔵雲編「良寛道人遺稿」の一部も添えて貞心尼の書を通して良寛をしのぶ…。
2017.10 202p B5 ¥3000 ①978-4-87499-864-9

◆連歌史―中世日本をつないだ歌と人びと　奥田勲著　勉誠出版　復刊
【要旨】南北朝期から室町期にかけて、日本文化史上、特筆すべきムーブメントが起こった。天皇や貴族、武士や僧侶など、地位や身分を越えて人びとの紐帯となった「連歌」である。この連歌を専らとする連歌師たちは、歴史の中でどのように立ち回り、その地位を築きあげていったのか。文芸としての連歌をどのように展開させていったのか。丁寧に諸資料を読み解き、時代のなかに連歌師のあらたな位置付けた名著を装いを新たに復刊。近年盛んとなっている室町期研究における必読の書。
2017.6 337, 11p A5 ¥3500 ①978-4-585-29135-0

◆連歌師宗祇の伝記的研究―旅の足跡と詳細年譜　両角倉一著　勉誠出版
【要旨】古代以来の短詩・和歌の展開を受け、室町期に最盛期を迎えた連歌。その第一人者として斯界を領導したのが宗祇である。第一部では、特にその後半生における文芸的にも人的交流の上でも重要な位置づけを有した旅に関しての、その足取りと時代背景・文芸的展開を明らかにする。そして、第二部では、諸資料を悉皆網羅的に博捜し、連歌と古典学を両輪として多方面への人的ネットワークを構築した宗祇の生涯を詳細年譜として描き出す。宗祇にとって室町文化研究における基礎資料。
2017.8 841, p11 A5 ¥10000 ①978-4-585-29145-9

◆和歌のアルバム―藤原俊成詠む・編む・変える　小山順子著　平凡社　（ブックレット"書物をひらく" 4）
【要旨】俊成は和歌史の上に大きな足跡を残した歌人である。私たちは俊成のすぐれた和歌の完成した動かしがたい「古典」として受けとってしまう。けれどもそれは、はじめから絶対的な完成形をとっていたわけではない。試行錯誤も変更もあった。俊成が自分の和歌に手を入れるその過程を追うことで、和歌・和歌集についてこの歌人の考えを読み解くことができる。
2017.4 101p A5 ¥1000 ①978-4-582-36444-6

百人一首

◆英語で読む百人一首　ピーター・J. マクミラン英訳　文藝春秋　（文春文庫）
【要旨】日本人の誰もが親しんできた和歌集「小倉百人一首」が、美しい英語の詩になりました。英語を学びたい人はもちろん、日本の美をもっと深く知りたい人にも最適。知っていたようで知らなかったあの歌この歌の感動と理解が、英語で読むことでまた新たによみがえります。オリジナルの和歌と英訳が見開きで一覧できるレイアウト。
2017.4 269p A6 ¥740 ①978-4-16-790841-6

◆えんぴつで百人一首　大迫閑歩書, 吉海直人監修　ポプラ社
【要旨】恋、人生、四季のうつろい。名歌に秘めた百人百様の想いをなぞって体感。脳活に、古典の勉強に。「えんぴつで」シリーズ第11弾!
2017.11 217p 19×26cm ¥1100 ①978-4-591-15632-2

◆覚えて教える百人一首―「源平かるた」指導教則本　小林隆著　（横浜）学進出版
【要旨】歴史的に面白いエピソードを満載！ 画期的な百人一首入門書！
2017.1 231p A5 ¥1759 ①978-4-907773-06-9

◆図説 百人一首　石井正己著　河出書房新社　（ふくろうの本）　新装版
【要旨】名品かるたが誘う、奥深き秀歌の世界。現存最古道勝法親王筆「百人一首絵入り歌かるた」で楽しむ。くわしい解説で歌の意味・技法・背景がよくわかる本。
2017.11 115p 22×17cm ¥1800 ①978-4-309-76264-7

◆千年後の百人一首　清川あさみ絵, 最果タヒ訳　リトルモア
【要旨】言葉と絵―。ふたりが1000年の時の砂をはらうと、たった1つの変わらない「思い」が、切ない100の音楽を奏ではじめた。表現・交信・ひとりごと・恋の告白…コミュニケーションの原点が、ふたりの圧倒的な才能によって、鮮やかによみがえる。
2017.12 100p B6 ¥1600 ①978-4-89815-470-0

◆超訳マンガ 百人一首物語 全首収録版　学研プラス編　学研プラス
【要旨】オールカラーのマンガで楽しむ、和歌の世界、歌人の人生。
2017.11 677p A5 ¥1800 ①978-4-05-204715-2

◆ときめき百人一首　小池昌代著　河出書房新社　（14歳の世渡り術）
【要旨】恋する気持ち、人生の深淵、四季折々の感動…ドラマチックな名歌それぞれに詩を付けて紹介！ 味わうための百人一首入門!!
2017.2 233p B6 ¥1300 ①978-4-309-61707-7

◆平成狂歌百人一首　丘手軽棒榛登著　東京図書出版, リフレ出版 発売
【目次】秋の田のかりほの庵の苫を荒みわが衣手は露にぬれつつ 天智天皇、春すぎて夏来にけらし白妙の衣ほすてふ天の香具山 持統天皇、足引きの山鳥の尾のしだり尾の長々し夜をひとりかも寝む 柿本人麿、田子の浦にうち出でて見れば白妙の富士の高嶺に雪はふりつつ 山辺赤人、おくやまに紅葉踏み分けなく鹿の声聞く時ぞ秋は悲しき 猿丸大夫、鵲の渡せる橋におく霜の白きを見れば夜ぞふけにける 中納言家持、天の原ふりさけ見れば春日なる三笠の山に出でし月かも 阿倍仲麻呂、我が庵は都のたつみしかぞ住む世をうぢ山と人はいふなり 喜撰法師、花の色は移りにけりないたづらにわが身世にふるながめせし間に 小野小町、これやこの行くも帰るも別れては知るも知らぬも逢坂の関 蝉丸〔ほか〕
2017.2 114p B6 ¥1100 ①978-4-86641-028-9

◆読んで楽しむ百人一首　吉海直人著　KADOKAWA
【要旨】なぜ天智天皇から始まるのか？ 親子の歌は18組もある？ 秋の歌が春の歌の3倍近く！ 紅葉の名所・竜田川から「竜田揚げ」は生まれた？「小倉あん」の由来は紅葉で名高い小倉山？ 研究の第一人者が、歌のなりたちから、詠み人の素顔に加え、料理や動植物、色彩などにまつわるエピソードを紹介。楽しみながら味わうコツがわかる。
2017.4 262p B6 ¥1300 ①978-4-04-400276-3

万葉集

◆歌のおこない―萬葉集と古代の韻文　影山尚之著　（大阪）和泉書院　（研究叢書）
【要旨】歌という特別な様式に表現者が何を託そうとしたのか、どのようにことばを紡ぎだしてその歌が成り立っているのか、そこに織り込まれた心は読者にいかに届いていくのか、一連の過程を、萬葉集歌を中心として古事記歌謡また平安時代和歌を視野に収めつつ究明。
2017.8 308p A5 ¥9000 ①978-4-7576-0847-4

◆近世初期『万葉集』の研究―北村季吟と藤原惺窩の受容と継承　大石真由香著　（大阪）和泉書院　（研究叢書）
【要旨】論考篇では『拾穂抄』『秘訣』中の先人・定家、宗祇、仙覚等に対する態度を探り、その文献主義をみることで季吟の『万葉集』を国学へと続く近世上代文学研究の先駆けと位置付け直す。また、同『拾穂抄』の底本である惺窩校正本の諸本の成立と歌句改変の意図を論じ、多くの人材を輩出した惺窩の研究を精査。加えて『万葉集』受容史研究の今後の展望をしめすほか、資料篇として季吟自筆と目される岩瀬文庫本『拾穂抄』翻刻を収載する。
2017.2 384, 6p A5 ¥11000 ①978-4-7576-0827-6

◆口訳万葉集 上　折口信夫著　岩波書店　（岩波現代文庫）
【要旨】折口信夫は、『万葉集』の全体を当時の読者にも親しんで読めるようにした。さらに口述による現代語訳で古代の人々の思いが篭った歌を直に味わうという、その一つの集大成である。本書により『万葉集』は、広く国民に愛読される古典となった。上巻には巻第一から巻第七までを収める（全三冊）。
2017.3 492p A6 ¥1400 ①978-4-00-602287-7

◆口訳万葉集 中　折口信夫著　岩波書店　（岩波現代文庫）
【要旨】日本最古の歌集『万葉集』は、日本人の言葉の故郷とも呼ぶべき古典である。青年折口信夫は、古代の万葉歌の魅力を近代人に知らしめるために、自身の口述による現代語訳に挑戦した。本書は、日本文学の至宝にふれるための最良の案内書である。中巻には巻第八から巻第十二までを収める。
2017.4 489p A6 ¥1400 ①978-4-00-602288-4

◆口訳万葉集 下　折口信夫著　岩波書店　（岩波現代文庫）
【要旨】日本最古の歌集『万葉集』。この古典文学を味わうために、二十九歳の青年折口信夫は、口述による現代語訳に挑戦し、これを成し遂げた。本書は、刊行から百年を経た今日でもなお、日本文学の至宝を鑑賞するための最良の指標となっている。下巻には、巻第十三から巻第二十までを収める（全三冊）。
2017.6 465p A6 ¥1400 ①978-4-00-602289-1

◆奈良には歌があふれてる おさんぽ万葉集―平城 春日 葛城 山辺の道 泊瀬 忍坂 飛鳥　村田右富実著　（吹田）西日本出版社
【要旨】万葉歌と一緒に歩くと、遙かな古代が目の前にひろがって。村田せんせいが案内する奈良は、一味違う。マジメな話から、ちょっとコミカルなエピソードへ、そして古代人に思いを馳せる心情まで。読んで楽しく、歩いて納得、万葉好きにもおさんぽ好きにも持っておいてほしい一冊。
2017.4 231p A5 ¥1500 ①978-4-908443-16-9

◆万葉集から古代を読みとく　上野誠著　筑摩書房　（ちくま新書）
【要旨】歴史の中の『万葉集』。歌の拡がりを示す、出土した考古資料。民俗学が教えてくれる歌の文化の本質。それらを総合することによって、『万葉集』の新しい読み方を提案する画期的な書。"情感を伝える歌""事実を伝える日記""共同体が伝える物語"…古代人は、どうやったら、これらをうまく書き表し、後世に残せると考えたのか。斬新な古代文化論、万葉文化論が、ここに出現。
2017.5 229p 18cm ¥800 ①978-4-480-06962-7

◆萬葉集研究　第37集　芳賀紀雄監修, 鉄野昌弘, 奥村和美編　塙書房
【目次】大伴旅人考―「遊於松浦河」「龍の馬」と『楚辞』、「白妙の袖さへ濡れて朝菜摘みてむ」萬葉集の手枕による副詞句、『萬葉集』巻第十四の表記をめぐって、移りゆく時―一家持歌における「自然」と「時間」、声律から見た『萬葉集』および奈良時代の漢文、萬葉集の本文批判と漢語考証、和名抄にみる古点以前の萬葉集、景行天皇朝の征討伝承をめぐって、「加賀郡牓（ほう）示木簡（勧農・禁令札）」を訓む―加賀郡牓（ほう）示木簡の釋文と所用漢字と地方役人の識字能力と、惜秋と悲秋―萬葉より古今へ
2017.11 418p A5 ¥13000 ①978-4-8273-0537-1

◆万葉集とは何か―永久（とわ）の挽歌・そらみつ大和の国　小椋一葉著　田畑書店
【要旨】古事記・日本書紀による歴史の隠蔽を告発するために編まれた歌集…それが万葉集だった！ なぜ第一番歌だけが三百年前の雄略歌なのか。人麻呂はなぜ非業の死を遂げなければならなかったのか。家持はなぜ死後に身分を剥奪された一消された古代史が、いま甦る！
2017.11 349p B6 ¥2800 ①978-4-8038-0347-1

◆万葉集難訓歌―一三〇〇年の謎を解く　上野正彦著　学芸みらい社
【要旨】代表的な注釈書に、「訓義未詳」「後考を待つ」として放置されてきた歌がこんなにも存在した！ 万葉人の心情をすくい取り、難訓歌・誤訓歌を丁寧かつ大胆な視点で多角的に読み解く渾身の万葉集訓解書！
2016.12 523p A5 ¥3800 ①978-4-908637-33-9

◆『万葉集』における帝国的世界と「感動」　トークィル・ダシー著, 青山学院大学文学部日本文学科編, 小川靖彦企画　笠間書院
【要旨】万葉集の"豊かな感情表現"は政治的な文化装置として創り出された一歌にいまされた喜びも悲しみも、時代を越えて通じているようにみえる。しかし、現代人の感動と古代人の感動は、果たして同じものなのか。歌の背景に存在する、天皇を中心とした古代帝国的世界を見つめ、感情表現という根源的正体に迫る。万葉集にみえる政治制度と歴史意識を解き明かした講演録。
2017.3 57p A5 ¥750 ①978-4-305-70842-7

松尾芭蕉

◆加賀の芭蕉—「奥の細道」と北陸路　山根公著　アルファベータブックス
【要旨】意外に知られていない劇的な「奥の細道」旅の終わり。地元の研究者が現地調査をもとに克明に描く。「塚も動け我(が)泣(く)声は秋の風」、俳諧の友たちとの「出会いと別れの人生」を綴る。多数の写真と資料付。
2017.11　242p B6 ¥1800　①978-4-86598-043-1

◆新解釈『おくのほそ道』—隠されていた芭蕉のこころ　矢島渚男著　角川文化振興財団、KADOKAWA 発売
【要旨】度重なる芭蕉の書き直しの過程をたどり、句文に秘められた真意と芭蕉の作者像に迫る。300年来の通説をくつがえす画期的な新解訳！『おくのほそ道』を愛するすべての人におくる「目からうろこ」の一書。
2017.4　261p A5 ¥2700　①978-4-04-876425-4

◆随想 奥の細道—今こそ活きる芭蕉のヴィジョン　谷口江里也著、マネル・アンメンゴール写真　未知谷
【要旨】数かずの名句を残した俳諧紀行「奥の細道」。現代語訳と解説で、芭蕉の感動の本質をきめる心、一瞬の気配の中に永遠を詠む、その想像力を追体験する。
2017.8　271p B6 ¥2800　①978-4-89642-521-5

◆続猿蓑五歌仙評釈　佐藤勝明、小林孔著　ひつじ書房
【目次】芭蕉の生涯と『続猿蓑』、連句とその詠み方・読み方、『続猿蓑』五歌仙分析(「八九間」歌仙、「雀の子や」歌仙、「いさみ立」歌仙、「猿蓑に」歌仙、「夏の夜や」歌仙)、『続猿蓑』の成立
2017.5　284p B6 ¥2800　①978-4-89476-830-7

◆芭蕉　上　栗田勇著　祥伝社
【要旨】芭蕉の句は、なぜここまで日本人の心に響くのか—。その旅の生涯と、精神性の深奥をたどり、創作者としての全人像に迫る。執筆十年、著者畢生の大業、ここに完成。
2017.5　749p A5 ¥4500　①978-4-396-61591-8

◆芭蕉　下　栗田勇著　祥伝社
【要旨】なぜ『おくのほそ道』は日本人の心にしみ入るのか。芭蕉の生涯の集大成にして日本文学史上の最高傑作は、いかにして生まれたか。創作の裏側をたどり、芭蕉がかけた思いのたけを探る。
2017.10　501p A5 ¥4500　①978-4-396-61625-0

◆芭蕉自筆 奥の細道　上野洋三、櫻井武次郎校注　岩波書店（岩波文庫）
【要旨】江戸中期より行方知れずであった『奥の細道』の自筆草稿本の存在が一九九六年に公表され、書き癖から芭蕉の真蹟であることが明らかにされた。夥しい推敲跡を有する本文をカラー版で再現、校注者による振り仮名を付して翻字を行った。新たな『奥の細道』への誘い。
2017.7　194p A6 ¥970　①978-4-00-351024-7

◆芭蕉という修羅　嵐山光三郎著　新潮社
【要旨】「俳聖」の本業は、凄腕の水道工事請負人だった！芭蕉の人脈と金脈を明らかにする決定版評論。
2017.4　237p B6 ¥1600　①978-4-10-360106-7

近代日本文学

◆芥川賞の偏差値　小谷野敦著　二見書房
【要旨】芥川賞はまことに奇妙な文学賞である。「火花」は？「太陽の季節」は？ 最高偏差値は？第1回から最新回まで164作をランク付け！ 掟破りの日本文学史。
2017.3　365p A5 ¥1700　①978-4-576-17029-9

◆「新しき村」の百年—"愚者の園"の真実　前田速夫著　新潮社（新潮新書）
【要旨】一世紀前、武者小路実篤を中心として「新しき村」が創設された。戦争や階級格差で国内外が騒然とする時代にあって、「人類共生」の夢を掲げた農村共同体は、土地の移転、人間関係による内紛、実篤の離村と死没など幾度も危機にさらされながらも、着実な発展を遂げていく。平成以降、高齢化と収入減のため存続が危ぶまれるなか、世界的にも類例のないユートピア実践の軌跡をたどるとともに、その現代的意義を問い直す。
2017.11　223p 18cm ¥760　①978-4-10-610743-6

◆命みじかし恋せよ乙女—大正恋愛事件簿　中村圭子編　河出書房新社（らんぷの本）
【要旨】平塚らいてうの運命の出会い、松井須磨子の後追い自殺、佐藤春夫の「魔女事件」、藤原義江をミラノに追った藤原あき、岡田嘉子が決行した雪の国境越えと銃殺された恋人等。「マツオヒロミ 大正恋愛幻想」描き下ろしイラスト3点掲載!!
2017.6　151p A5 ¥1800　①978-4-309-75025-5

◆関西大学と大正ロマンの世界—「夢の顔たち」の人脈ヒストリア　浜本隆志著（吹田）関西大学出版会
【目次】第1章 ロシア皇太子訪日と大津事件展開、第2章 関西大学と大正ロマンの世界、第3章 早稲田騒動と関西大学の大学昇格、第4章 関西大学学歌の制定、第5章 関西大学と「学の実化」、第6章 迫りくる暗雲のなかで、第7章 伝統を継承した人たち、第8章 関西大学の歴史の教訓、終章 大きな楠木のある風景
2017.9　247p B6 ¥1600　①978-4-87354-661-2

◆こう読めば面白い！ フランス流日本文学—子規から太宰まで　柏木隆雄著（吹田）大阪大学出版会（阪大リーブル）
【要旨】子規のさりげない自筆墓碑銘が語るもの、藤村『破戒』の背後にひそむルソー、透谷の影、黒澤映画と『人間喜劇』、バルザック研究で知られる著者の日本近代文学「謎とき」全11章。これでフランス流文学解読のプロになろう。
2017.6　336p B6 ¥2100　①978-4-87259-443-0

◆自然主義文学とセクシュアリティ—田山花袋と"性欲"に憑惑する時代　光石亜由美著（横浜）世織書房
【要旨】"恋愛"の時代から"性欲"の時代へ。そして"性欲"に悶え"性欲"に涙する人々を登場させた近代。文学において"性"を描くこととは—"性"の言説分析。
2017.3　358, 10p A5 ¥3800　①978-4-902163-93-3

◆昭和文学の上海体験　大橋毅彦著　勉誠出版（関西学院大学研究叢書）
【要旨】多数の民族・言語・文化が重なり合った1920年代後半〜1945年の上海を、文学はどのように描いてきたのか。金子光晴・横光利一から池田克己・室伏クララまでの小説や詩、多彩な演目がかかった劇場空間や美術と文学との交響のドラマなど、その地に関わりを持った人びとの言説と記録から個別の体験を探り、文学・歴史研究における上海像の見直しを図る。一つ一つの小さな声が織りなす多層的な場としての上海を、度重なる現地踏査を踏まえて提示する。作品の舞台へ案内する詳細な上海地図、現地刊行の新聞・雑誌メディアの細目や記事情報も多数掲載。
2017.3　594, 34p A5 ¥6000　①978-4-585-29140-4

◆新撰讃美歌　植村正久、奥野昌綱、松山高吉編　岩波書店（岩波文庫）
【要旨】島崎藤村や国木田独歩などの日本近代文学、ことに新体詩や浪漫主義を生み出す源泉となった、明治期の記念碑的讃美歌集。プロテスタントの二大教派である日本基督一致教会と日本組合基督教会との初の共通讃美歌集として刊行され、現在歌われている讃美歌の礎となった。30曲の楽譜を掲載。
2017.3　270p A6 ¥780　①978-4-00-331162-2

◆『青鞜』の冒険—女が集まって雑誌をつくるということ　森まゆみ著　集英社（集英社文庫）
【要旨】「元始女性は太陽であった。」という平塚らいてうの創刊の辞が有名な、女性による女性のための雑誌『青鞜』。その創刊から休刊までを雑誌編集という独自の観点から描く。掲載作品から広告、デザインまでを紹介しつつ、雑誌刊行の高揚感や苦労をしのぶ。らいてう、伊藤野枝、尾竹紅吉、神近市子など刊行に携わった女性たちの等身大の姿を浮き彫りにする傑作評伝。第24回紫式部文学賞受賞作品。
2017.6　365p 16cm ¥900　①978-4-08-745559-5

◆日本近代文学年表　石崎等、石割透、大屋幸世、木谷喜美枝、鳥羽耕史、中島国彦編　鼎書房
2017.2　158p A5 ¥1500　①978-4-907282-30-1

◆蓮田善明論—戦時下の国文学者と"知"の行方　奥山文幸著　翰林書房
【目次】1（独語としての対話—『有心』を読む保田與重郎、蓮田善明「有心」論—島尾敏雄「はまべのうた」と比較して、蓮田善明における詩と小説）、2（蓮田善明「鴨長明」論—中世文学研究の側から、蓮田善明と「古事記」—時代の中の「古事記」・蓮田の中の「古事記」、蓮田善明における"おはやけ"の精神と宣長学の哲学的発見—昭和一〇年前後の日本文芸学と京都学派の関わり）、3（「詩人」と「小説家」の肖像—保田與重郎と蓮田善明が描く佐藤春夫、「小説の所在」—あるいは蓮田善明と川端康成、蓮田善明と保田與重郎—『文芸文化』と『日本浪曼派』の間、雑誌『文芸文化』の昭和一六年—蓮田善明のなかの三島由紀夫）
2017.9　277p A5 ¥3200　①978-4-87737-415-0

◆文芸的な、余りに文芸的な／饒舌録 ほか—芥川vs.谷崎論争　芥川龍之介、谷崎潤一郎著、千葉俊二編　講談社（講談社文芸文庫）
【要旨】昭和二年二月号『新潮』合評会での谷崎の小説に対する芥川発言に端を発し、『改造』を舞台に文学史上に残る"筋のない小説"をめぐる論争が始まった。芸術とはなにか。何が文学を文学たらしめているのか。二人の文学観の披瀝と応酬を、雑誌発表版に配列し、合評会と、その姐上に載った小説二篇、論争掲載中の昭和二年七月に自殺した芥川への谷崎の追悼文七篇を収める。
2017.9　312p A6 ¥1600　①978-4-06-290358-5

◆文豪春秋—百花繚乱の文豪秘話　ライブ編著　カンゼン
【要旨】文豪の生き方はスキャンダラス!? 有名文豪28人を、作風や生き様から擬人化。34点の漫画と共に出来事をわかりやすく解説。年表や相関図により、親しい人間関係や交流がバッチリ見えてくる!!
2017.1　143p A5 ¥1400　①978-4-86255-376-8

◆文豪図鑑 完全版—あの文豪の素顔がすべてわかる　開発社編　自由国民社
【要旨】日本の歴史に残る50人の文豪たちがここに集結！あの有名作品の元になったエピソードから、文豪の生い立ちや趣味嗜好、読むべき代表作まですべてがわかる！さらには人間関係までも網羅した、これが『文豪図鑑』完全版!!
2017.3　111p A5 ¥1300　①978-4-426-12245-4

◆「文豪とアルケミスト」文学全集　神楽坂ブック倶楽部編　新潮社
【要旨】あの文豪たちの恋、喧嘩、訣れ。「文アル」文豪たちのリアルな素顔を伝える傑作選。初公開!! 太宰、谷崎、漱石、菊池寛の貴重な新発見資料収録！
2017.10　228p 22×16cm ¥2200　①978-4-10-304872-5

◆文豪の女遍歴　小谷野敦著　幻冬舎（幻冬舎新書）
【要旨】当時の姦通罪に怯え、世間の猛バッシングに耐えながらも不義を重ねたり、人間の痴愚や欲望丸出しで恋愛し、破壊と蘇生を繰り返し、それを作品にまで昇華させるタフさ。夏目漱石、太宰治、谷崎潤一郎、田山花袋、樋口一葉、芥川龍之介...ほかスター作家62名の男性自身、女性自身。
2017.9　265p 18cm ¥840　①978-4-344-98466-0

◆文豪の謎を歩く—詩、短歌、俳句に即して　牛島富美二著（大阪）竹林館
【要旨】文学作品は織物である。紐解くことの深いよろこび。
2017.1　230p B6 ¥1400　①978-4-86000-352-4

◆明治・大正・昭和・平成 文学の國いわて—輝ける郷土の作家たち　道又力著（盛岡）岩手日報社
【要旨】明治から現在までの、岩手文学の歩みをまとめた、初めての通史。著者名6人　A5 ¥3700　①978-4-87201-419-8
2017.6　625p A5 ¥3700　①978-4-87201-419-8

◆明治二十年代 透谷・一葉・露伴—日本近代文学成立期における"政治的主題"　関谷博著　翰林書房
【要旨】透谷・一葉・露伴を統一的に論ずる理論的な枠組みを提示することで、明治二十年代の日本社会が直面していた"政治的主題"の本質を明らかにする。
2017.3　289p A5 ¥3800　①978-4-87737-411-2

◆『蠟人形』（昭和五年〜昭和十九年）の検討　猪熊雄治著　昭和女子大学近代文化研究所（ブックレット近代文化研究叢書）
【目次】第1章『蠟人形』の出発（投書雑誌としての『蠟人形』、文化誌としての『蠟人形』、新

しい投稿者たちの出現と支部の開設、支部活動の拡大、同人誌の刊行と支部活動の転機）、第2章 詩誌としての『蠟人形』（「詩中心」の強化、加藤憲治の発言、加藤の提起、定型詩運動への共感、加藤の目指したもの）、第3章 詩誌としての充実（同時代詩壇への視線、時局性の出現、戦時色の浸透、支部活動のその後）、第4章 大島博光の編集担当（大島への編集交代、編集の方向、詩論の充実、戦時色の強化）、第5章 日米開戦後の『蠟人形』（開戦後の誌面）
　　　　2017.3 64p B5 ¥800 ①978-4-7862-0311-4

現代日本文学

◆軽井沢の歴史と文学　桐山秀樹,吉村祐美著　万来舎
【要旨】訪れる人の心を魅了する風景。芸術的な創造をうながす風土。
　　　　2017.10 295p B6 ¥1600 ①978-4-908493-17-1

◆感触的昭和文壇史　野口冨士男著　講談社（講談社文芸文庫）
【要旨】昭和初期、学生時代に新感覚派の影響を色濃く受けた青年は、やがて縁あって雑誌編集者となり、作家たちを身近に接する多忙な日々を送りはじめした。志半ばで文学から遠ざかる友を見つづけてきた半世紀を愛惜をこめて回想するとともに、激動の時代に流され翻弄された文壇の実像を余すところなく描ききった作家・野口冨士男最晩年の記念碑的労作、初の文庫化。
　　　　2017.7 522p A6 ¥2200 ①978-4-06-290354-7

◆芸能人と文学賞―"文豪アイドル"芥川から"文藝芸人"又吉へ　川口則弘著　ベストセラーズ
【要旨】お笑いタレント・俳優・歌手・キャスター・放送作家・落語家・ポルノ女優、文学と"深く"関わり、文学賞を目指した"文藝芸人"たち。
　　　　2017.8 285p B6 ¥1450 ①978-4-584-13805-2

◆このライトノベルがすごい！　2018　『このライトノベルがすごい！』編集部編　宝島社
【要旨】「文庫」＆「単行本・ノベルズ」の2部門を集計。2018年版ベストランキングです。
　　　　2017.12 191p A5 ¥640 ①978-4-8002-7798-5

◆このBLがやばい！　2018年度版　NEXT編集部編　宙出版
【要旨】BLファン＆識者が選ぶ、今読みたい空前絶後のコミック・小説ベスト20！ランキング作品描きおろし番外編＆独占インタビュー。
　　　　2017.12 141p A5 ¥850 ①978-4-7767-9694-7

◆コバルト文庫40年カタログ―コバルト文庫創刊40年公式記録　鳥兎沼佳代著　集英社
【要旨】創刊40年を迎え、発刊総数は約4500冊になるコバルト文庫。昭和から平成にかけて、時にはちょっと大胆に、若者たちの心に寄り添い続けていました。ラノベの元祖とも言われるその全貌を、正確な記録としてまとめました。少女文化研究の基礎資料となるように…なんて大義名分はともかく、コバルト・ワールドをいっしょに楽しみましょう！
　　　　2017.12 271p A5 ¥1800 ①978-4-08-781638-9

◆時代小説で旅する東海道五十三次　岡村直樹著　講談社（講談社プラスアルファ文庫）
【要旨】お江戸日本橋にはじまり、五十三の宿を経て、京都三条大橋まで、それぞれの町を舞台にした時代・歴史小説の読みどころを紹介しながら、宿場町の名所・名物を読みたくなる珍しい一冊。歴史好き、旅好きにはたまらない一冊。江戸時代に活躍した捕物帳の先駆者・岡本綺堂から、司馬遼太郎、池波正太郎、山本周五郎らベストセラー作家、そして、現代の若手まで膨大な量の時代・歴史小説を読破した著者が、東海道を舞台とする傑作・名作を厳選。あとは著者自身の足で取材した各宿場に残る名所・旧跡・名物を写真入りで紹介する。
　　　　2017.8 539p A6 ¥1200 ①978-4-06-281726-4

◆〆切本　2　左右社編集部編　左右社
【要旨】幻覚を振りはらい、地方に逃亡して、それでも筆を執る作家たち。勇気と慟哭の80編。
　　　　2017.10 386p B6 ¥1800 ①978-4-86528-177-4

◆小説の言葉尻をとらえてみた　飯間浩明著　光文社　（光文社新書）
【要旨】筋を追っていくだけの小説の楽しみ方ではない。そこで描かれた日本語に注目すると、作者が必ずしも意図しなかった部分で、ことばの思いがけない面白さに気づくだろう。『三省堂

国語辞典』編集委員である著者のガイドによって、物語の世界を旅し、そこに隠れている珍しい日本語、興味深い日本語を「用例採集」してみよう。エンタメ、ホラー、時代物、ライトノベル…。「旅先」となる物語のジャンルはさまざまだ。それらの物語世界に暮らす登場人物や、語り手の何気ない一言を味わいながら、辞書編纂者の目で謎を見出し、解き明かしていく。次第に読者をことばの魅力の中へと引き込む、異色の小説探検。
　　　　2017.10 256p 18cm ¥780 ①978-4-334-04316-2

◆昭和文学研究　第74集　特集"マルクス主義"という経験　昭和文学会編集委員会編　昭和文学会,笠間書院発売
【目次】特集"マルクス主義"という経験（浮遊の表象―近藤東と「カタカナ」詩の問題を中心に、"転形期"の混沌（カオス）から―小林多喜二と小樽の若き"マルクス主義"者たち、文体と"マルクス主義"―初期・太宰治におけるテクスト様式の成立、アフリカからアジアをみる―中日戦争期の保田與重郎とマルクス主義民族論、横断する作家像―山本有三像の流通とその行方、孤独なマルクス主義者の彷徨―花田清輝「ルネッサンス的人間の探究」の一断章、プロレタリア文学から戦後文化運動へ―中野重治・本多秋五・花田清輝、大江健三郎「死者の奢り」におけるサルトル受容―粘つく死者の修辞（レトリック）、"起源"のシミュレーション―坂口安吾「保久呂天皇」の射程、著作物の問題から再考する井伏鱒二「黒い雨」事件―記録/文学としての『重松日記』、越境の産物に触れること―茅野裕城子「韓素音の月」、柳美里『8月の果て』における非―「本名」―創氏改名の隠喩としての号と源氏名、研究動向、研究展望、書評
　　　　2017.3 245p A5 ¥4200 ①978-4-305-00374-4

◆昭和文学研究　第75集　特集 ツーリズムと文学　昭和文学会編集委員会編　昭和文学会,笠間書院発売
【目次】特集 ツーリズムと文学、資料紹介 水上勉宛田中英光書簡18通―水上勉資料の中から、研究動向 世界文学、研究展望、書評、新刊紹介
　　　　2017.9 177p A5 ¥4200 ①978-4-305-00375-1

◆触媒のうた―宮崎修二朗翁の文学史秘話　今村欣史著　（神戸）神戸新聞総合出版センター
【要旨】日本近代文学史の「生き字引」が語る博覧強記の文学談義。
　　　　2017.5 326p B6 ¥1800 ①978-4-343-00950-0

◆戦争をよむ―70冊の小説案内　中川成美著　岩波書店　（岩波新書）
【要旨】克明な心理描写をまじえて戦争と人間の真実に分け入る小説作品は、戦争のリアルを伝える大切な語り部だ。物語のなかに封じ込められた、戦時下を生きる人びとの細やかな感情、日々の葛藤、苦しみ、そして悲しみ。記憶の風化とともに失われていく、かつての時代の手がかりを求めて、戦争の文学を再読する。
　　　　2017.7 197p 18cm ¥760 ①978-4-00-431670-1

◆第3回 藤本義一文学賞　藤本義一文学賞事務局編　（大阪）たる出版
【要旨】第3回藤本義一文学賞、キーワード『虫』受賞作9編掲載。
　　　　2018.1 289p B6 ¥1500 ①978-4-905277-22-4

◆点景 昭和期の文学　岩佐壯四郎著　（横浜）関東学院大学出版会,丸善出版発売
【要旨】川端康成・三島由紀夫・水上勉・野坂昭如・阿部昭・福田恆存・飯沢匡・井上ひさしらの作品をはじめ、「昭和」という舞台の複雑な表情に光をあてる。
　　　　2017.3 287p B6 ¥2800 ①978-4-901734-64-6

◆直木賞物語　川口則弘著　文藝春秋　（文春文庫）
【要旨】芥川賞と並び称されるも、大衆文学・エンタメ小説が対象の直木賞はいつもオマケ扱い。その時々の選考会でブレまくる選考基準、山本周五郎賞や「このミステリーがすごい！」、本屋大賞など次々とライバルが出現！波乱万丈の直木賞の歴史を、人気サイト「直木賞のすべて」を運営する著者が描く、人間臭さ全開のドキュメント。
　　　　2017.2 580p A6 ¥1170 ①978-4-16-790798-3

◆ニッポン放浪記―ジョン・ネイスン回想録　ジョン・ネイスン著,前沢浩子訳,岩波書店
【要旨】戦後文壇がその絶頂期を迎えていた1960年代、ニッポン。著者は最も才能ある作家たちと親しく交わり、三島由紀夫、大江健三郎らの

寵児たちが生み出す作品を翻訳、世界にその作品世界を知らしめていく。翻訳家、映画監督としてもマルチな才能を武器に日中を駆け回ったジョン・ネイスンによる日本文学の黄金時代、そして日米文化交渉の生きた証言録。
　　　　2017.11 336p B6 ¥2800 ①978-4-00-061234-0

◆文士の遺言―なつかしき作家たちと昭和史　半藤一利著　講談社
【要旨】「歴史探偵」が薫陶を受けた作家たちの知られざる言葉、苦悩、その素顔！あの戦争・戦後とは何だったのか？知られざる作家の肉声、創作秘話が炙り出すもう一つの「昭和秘史」!!
　　　　2017.3 250p B6 ¥1600 ①978-4-06-220520-7

◆もう一度、一緒にあの坂を　永岡義久原作,渡邉正孝編　幻冬舎メディアコンサルティング,幻冬舎発売
【要旨】「坂」を基軸に、文豪たちの心象を読み解く！亡き永岡義久氏を偲ぶ、ぶらり東京文学探訪記。明日にでも「あの坂」を訪れたくなる1冊。
　　　　2017.9 301p B6 ¥1600 ①978-4-344-91350-9

◆歴史・時代小説 縦横無尽の読みくらベガイド　大矢博子著　春秋社　（文春文庫）
【要旨】
　　　　2017.10 315p A6 ¥730 ①978-4-16-790934-5

◆歴史・時代小説の快楽―読まなきゃ死ねない全100作ガイド　細谷正充著　河出書房新社
【要旨】ネタバレまったくOKなれども、オールタイム全100人100作完全ガイド。歴史・時代小説のありとあらゆるジャンルを味わい尽くす。第一人者の一押しがズラリ！
　　　　2017.2 223p B6 ¥1600 ①978-4-309-02548-3

◆歴史小説の懐　山室恭子著　講談社　（講談社プラスアルファ文庫）
【要旨】『鬼平犯科帳』の"消えた暦"とは？『御宿かわせみ』のおるいは年をとらない？宮本武蔵はワープする？『大菩薩峠』の七不思議？歴史・時代小説をこよなく愛する日本史学者が1行1字まで徹底的に読み込んで、あの名作の魅力の秘密が見事解き明かされていく。歴史探究のプロ清が作品世界の時空奥深くまで案内する、謎と発見にあふれたワンダフル・トラベル。
　　　　2017.12 467p A6 ¥1500 ①978-4-06-281738-7

◆私小説の技法―「私」語りの百年史　梅澤亜由美著　勉誠出版　増補改訂版
【要旨】田山花袋『蒲団』（1907）から小島信夫『各務原名古屋 国立』（2002）まで、"私小説"の100年を辿り、成立と変遷、そして今後の可能性を提示する。認識する「私」から「私」から生まれた作品群を、「私探究」の文学として捉え直し、従来とは異なる観点から考察する。水村美苗論、リービ英雄論を増補、改訂版として装い新たに刊行！
　　　　2017.12 396, 8p A5 ¥4200 ①978-4-585-29144-2

詩・短歌・俳句

◆愛と感動 信濃路うたの旅 下　花嶋堯春著　（長野）信濃毎日新聞社　（信毎選書）
【目次】第1章 唱歌・子守唄、第2章 青春の歌・新民謡、第3章 民謡、第4章 詩、第5章 短歌、第6章 俳句・川柳
　　　　2017.3 296p B6 ¥1200 ①978-4-7840-7296-5

◆あなたと短歌　永田和宏,知花くらら著　朝日新聞出版
【要旨】歌にとって最も大切なのは言葉を"あなた"に託す気持ち。「週刊朝日」好評連載から生まれた短歌入門。
　　　　2018.1 253p B6 ¥1600 ①978-4-02-331655-3

◆「生きよ」という声 鮎川信夫のモダニズム　岡野勝人著　左右社
【要旨】鮎川信夫とは何者だったのか。戦地スマトラから帰還し、戦後詩を切り拓いた歩みはまたひとりのモダニストにとっての困難なる隘路だった。濃密なる母との関係、吉本隆明との論争、そして訣別―戦後詩の巨人の生きざまを甦らせる力作評伝。
　　　　2017.4 285p B6 ¥2700 ①978-4-86528-141-5

◆石川啄木論攷―青年・国家・自然主義　田口道昭著　（大阪）和泉書院　（近代文学研究叢刊）
【目次】第1部 啄木と日本自然主義（啄木と日本自然主義―「実行と芸術」論争を中心に、啄木

日本文学の研究

樗牛・自然主義—啄木の樗牛受容と自然主義 ほか)、第2部『時代閉塞の現状』論(「時代閉塞の現状」を読む—本文と注釈、「時代閉塞の現状」まで—渡米熱と北海道体験 ほか)、第3部啄木と同時代人(啄木と与謝野晶子—日露戦争から大逆事件へ、啄木・漱石・教養派—ネオ浪漫主義批判をめぐって ほか)、第4部啄木像をめぐって(中野重治の啄木論、啄木と"日本人"—啄木のうたをめぐって ほか)、第5部『一握の砂』から『呼子と口笛』へ(「一握の砂」の構成—"他者"の表象を軸に、啄木と朝鮮—「地図の上朝鮮国にくろぐろと墨をぬりつゝ秋風を聴く」をめぐって ほか)

◆**一握の砂** 石川啄木著, 近藤典彦編 (紫波町)桜出版
【要旨】「一頁二首、見開き四首」という啄木の編集を再現し、その意図をわかりやすく解説した独自の注釈。啄木研究100年の成果を踏まえた解題。さらに使いやすさを極めた索引と歌番号。どの角度からみても、本書はこれからの『一握の砂』鑑賞・研究の定本となるものです。
2017.10 337p A6 ¥1000 ①978-4-903156-23-1

◆**右城暮石の百句** 茨木和生著 (調布)ふらんす堂
【目次】右城暮石の百句、右城暮石を語る
2017.11 203p 18cm ¥1500 ①978-4-7814-1019-7

◆**うたげと孤心** 大岡信著 岩波書店 (岩波文庫)
【要旨】詞華集の編纂、歌合、連歌といった古典詩歌の創造の場としての「うたげ」、これに対峙する創作者たちの「孤心」。『万葉』『古今』、そして『梁塵秘抄』等々、日本詩歌史上の名作の具体的な検討を通して、わが国の文芸の独自性を問い、日本的美意識の構造をみごとに捉えた名著。豊饒なる詩のこころへの誘い。
2017.9 413p A6 ¥910 ①978-4-00-312022-4

◆**歌ことば100** 今野寿美著 本阿弥書店
【要旨】今では死語に等しくても、歌人たちが当たり前に大切に使いこなしている、歌ことばをめぐる100の章。
2017.1 298p B6 ¥2700 ①978-4-7768-1290-6

◆**大食らい子規と明治—食から見えた文明開化と師弟愛** 土井中照著 (松山)アトラス出版
【要旨】目に触れるものすべてが新しい、東京での食体験。病気になってからも目覚めた滋養食。「病牀六尺」の空間に閉じ込められてからも、子規は"ご馳走主義"を唱え、大食いであり続けた。すべての自由を奪われたあと、唯一残された"食べる楽しみ"を支え続けた家族と門人たち。子規の食から、明治と人生が見えてくる。面白い、食のエピソードがいっぱい!!「文明開化」によって初めて日本に登場した、食べものの薀蓄コラム。
2017.3 207p A5 ¥1500 ①978-4-906885-28-2

◆**大阪の俳人たち 7** 大阪俳句史研究会編 (大阪)和泉書院 (上方文庫)
【要旨】貴重な資料やエピソードを豊富に用いて、大阪で活躍した十人の俳人の"人と作品"を浮き彫りにした。大阪俳句史研究会の成果。
2017.6 256p B6 ¥2600 ①978-4-7576-0839-9

◆**岡井隆考** 江田浩司著 北冬舎
【要旨】「詩人岡井隆とは何か?」を尋ねて、そのテクストとの1000枚に及ぶ"批評的対話"の達成にとどまらず、更なる「岡井隆研究」の充実を願い、1956年から2016年にわたる精細で広範な「岡井隆研究史」、1928年から2005年にいたる貴重な「岡井隆自筆年譜抄」、また、「岡井隆著作一覧」も集成収録した。
2017.8 564p B6 ¥4500 ①978-4-903792-62-0

◆**大人の短歌入門—すぐ作る、必ず作る、完璧に創る** 秋葉四郎著 角川文化振興財団, KADOKAWA発売
【要旨】斎藤茂吉記念館館長が伝える茂吉の心、佐藤佐太郎の作歌法。実作の悩みから抜け、もう一歩うまくなるためのヒント。ここが知りたかった! 実作のポイント教えます。
2017.4 191p A6 ¥1600 ①978-4-04-876394-3

◆**悲しき玩具——握の砂以後(四十三年十一月末より)** 石川啄木著, 近藤典彦編 (紫波町)桜出版
【要旨】100年来底本とされてきた土岐哀果編『悲しき玩具』(東雲堂)の問題点を正し、啄木自筆のノート歌集「一握の砂以後(四十三年十一月末より)」を底本に啄木の意図通りに復元。啄木の『悲しき玩具』が本当の姿で読めるようにな

りました。本書はこれからの『悲しき玩具』鑑賞・研究の定本となるものです。
2017.11 286p A6 ¥1000 ①978-4-903156-24-8

◆**北川透現代詩論集成 2 戦後詩論 変容する多面体** 北川透著 思潮社
【要旨】敗戦後の若い詩人たちは、当時の日本の思想・文学に強い支配力をもったマルクス主義の理念や伝統的な抒情詩の自然感性に、さまざまな位相で対抗的に想像力を形成する。それが画一化的な言語とスタイルを拒む、多様で多彩な詩的世界を生みだした。なぜ、戦後詩なのか—。シュルレアリスムをめぐる新稿を巻頭に、九つの論考からなる力篇「谷川雁論」をはじめ、秋山清、吉岡実、中村稔、岡井隆、村上一郎、辻井喬、黒田喜夫らを論じた詩人論と、「列島」批判の論考を収録。
2016.12 549p B6 ¥5000 ①978-4-7837-2372-1

◆**仰臥漫録—附・早坂暁「子規とその妹、正岡律」** 正岡子規, 早坂暁著 幻戯書房
【要旨】文豪が病床生活での感情を余さず記した不朽の名作を、読みやすい大きな文字で。巻末には同郷・松山生まれの脚本家・早坂暁が、正岡律に光を当てた長編エッセイを併録。『坂の上の雲』にも描かれた、その献身的な介護とは—。
2017.6 269p B6 ¥2000 ①978-4-86488-122-7

◆**清崎敏郎の百句** 西村和子著 (調布)ふらんす堂
【目次】清崎敏郎の百句、師の後ろ姿
2017.6 203p 18cm ¥1500 ①978-4-7814-0975-7

◆**虚子探訪** 須藤常央著 (横浜)神奈川新聞社
【要旨】「虚子と鎌倉」愛子句集、寿福寺、虚子庵、能舞台…近代俳壇の巨星の足跡を50年暮らした著者が如実に訪ねる。御成中学校門礼の真相を見る。生き続ける虚子の遺徳と出会う。
2017.9 342p 18cm ¥1400 ①978-4-87645-570-6

◆**虚子に学ぶ俳句365日** 『週刊俳句』編 草思社 (草思社文庫)
【要旨】高浜虚子は近代俳句の祖・正岡子規に兄事し、子規没後は俳句雑誌「ホトトギス」を率いて、俳句を国民的文芸にまで育てた近代最大の俳人である。生涯を通して20万句を超える句を詠んだと言われる。そんな虚子の残した数多くの俳句から、時候・行事に合わせて365句を選び、注目の若手俳人6名がその魅力を解きほぐす。現代的でわかりやすく面白味に富んだ虚子の俳句を味わいながら、俳句の骨法を習得しよう。
2017.12 263p A6 ¥760 ①978-4-7942-2308-1

◆**クイズで学ぶ俳句講座—20週俳句入門** 戸恒東人著 本阿弥書店
【要旨】クイズで身につく俳句の基礎知識。覚えておきたい知識、学んでおきたい古今の俳人、難読難解季語・用語のあれこれ、この一冊で無理なく楽しく学べます!
2017.4 191p B6 ¥2500 ①978-4-7768-1293-7

◆**葛原妙子と齋藤史—『朱霊』と『ひたくれなゐ』** 寺島博子著 六花書林, 開発社発売
【要旨】葛原妙子と齋藤史、ともに六十代の歌集、『朱霊』と『ひたくれなゐ』。その歌集名の美しい均衡に焦点を当て、ふたりの表現者としての意識を探る、書き下ろし評論集!
2017.3 241p B6 ¥2500 ①978-4-907891-38-1

◆**現代詩試論/詩人の設計図** 大岡信著 講談社 (講談社文芸文庫)
【要旨】「折々のうた」で知られた大岡信の評論活動は、二十二歳の時に書かれた『現代詩試論』から始まった。詩人として、詩と信じたものの中でつかんだ言語感覚を、そのまま文字にたたきこむ努力をした。散文でどこまで詩の領域に近づけるか、拡大出来るかを『詩人の設計図』は、「エリュアール論」、鮎川信夫、中原中也、小野十三郎、立原道造、パウル・クレー等へ及ぶ詩論。
2017.6 367p A6 ¥1700 ①978-4-06-290352-3

◆**古川柳入門** 吉田健剛著, 森田雅也監修 (西宮)関西学院大学出版会
【目次】1 鑑賞篇(家族をよんだ句、庶民をよんだ句、商いの世界をよんだ句、話体句、武家をよんだ句、医者をよんだ句、僧侶をよんだ句、詠史句、吉原、破礼句)、2 学習篇(古川柳への道程、俳諧と俳句、柄井川柳、『柳多留』の衰退、十七字詩の復活)
2017.9 364p A5 ¥2800 ①978-4-86283-248-1

◆**言葉となればもう古し—加藤楸邨論** 今井聖著 朔出版

【要旨】「人間探求派」という括りが意味したのは何だったのか。ヒューマニズム、正しい生き方、箴言的表現、そんなところに楸邨の本領はない。楸邨の本質は、一回性の対象との出会いを通して「私」を刻印することに他ならない。これまでの定説を覆す、新たなる楸邨論。
2017.10 291p B6 ¥2400 ①978-4-908978-07-4

◆**コレクション・戦後詩誌 5 戦前詩人の結集 1** 大川内夏樹編, 和田博文監修 ゆまに書房
【要旨】『現代詩』第1巻第1号〜第10号、第2巻第1号〜第5号、第3巻第1号〜第3号(一九四六・二〜一九四八・一)を収録。
2017.2 798p A5 ¥25000 ①978-4-8433-5071-3

◆**コレクション・戦後詩誌 6 戦前詩人の結集 2** 大川内夏樹編, 和田博文監修 ゆまに書房
【要旨】『現代詩』第3巻第4号〜第10号、第4巻第1号〜第5号(一九四八・五〜一九四九・五)を収録。
2017.2 788p A5 ¥25000 ①978-4-8433-5072-0

◆**コレクション・戦後詩誌 7 戦前詩人の結集 3** 大川内夏樹編, 和田博文監修 ゆまに書房
【要旨】『現代詩』第4巻第6号〜第11号、第5巻第1号〜第2号(一九四九・六〜一九五〇・六)を収録。
2017.2 780p A5 ¥25000 ①978-4-8433-5073-7

◆**三枝昂之** 伊藤一彦監修, 和嶋勝利編 (京都)青磁社 (シリーズ牧水賞の歌人たち Vol. 8)
【目次】アルバム、特別寄稿エッセイ、三枝昂之を詠み込んだ歌、インタビュー 三枝昂之×伊藤一彦—日常のなかで文学の主題を手探りする短歌、三枝昂之ゆかりの地めぐり、三枝昂之のキーワード、交友録、三枝昂之コレクション、対談・鼎談、代表歌三三三首選、折々の三枝昂之、自歌自注、書評、書評解説
2017.11 212p A5 ¥1800 ①978-4-86198-392-4

◆**詞華美術館** 塚本邦雄著 講談社 (講談社文芸文庫)
【要旨】目的もなく旅に出るとした、私はためらはず、この一巻を絶好の伴侶に選ぶだらう。/人生と呼ぶ不可解でかなしい旅のあるゆゑふべ、このやうな詞華の正餐を、愛する人と共に賞味したいものだ。それこそ生ける験であらう一人鷹、ランボー、芭蕉、李白、李商隠、ダニエル・キイス…古今東西の言語芸術から最も壮麗で美味な部分を収集し、二十七の主題の部屋に陳列した、超一級の言語美術館。
2017.11 312p A6 ¥1600 ①978-4-06-290363-9

◆**子規に学ぶ俳句365日** 『週刊俳句』編 草思社 (草思社文庫)
【要旨】近代俳句の祖である正岡子規が35年の短い生涯に残した数多くの俳句、短歌、散文は、後世の日本文学に大きな影響を与えた。子規が提唱した「写生」という近代俳句の基本手法は、現在の俳句にも脈々と息づいている。そんな子規の俳句を1日1句365日、めぐる季節を楽しみながら俳句の骨法が会得できる1冊に。注目の若手俳人9名がその魅力を解きほぐす。
2017.10 263p A6 ¥760 ①978-4-7942-2301-2

◆**子規の音** 森まゆみ著 新潮社
【要旨】病に伏した子規は目に映る景色で五感を鍛え、最期まで句や歌を作り続けた。幕末の松山から東京まで足跡を丹念に辿り、日常生活の中での姿を描き出す新しい正岡子規伝。
2017.4 370p B6 ¥2000 ①978-4-10-410004-0

◆**子規はずっとここにいる—根岸子規庵春秋** さいとうなおこ著 北冬舎
【目次】1(根岸子規庵へ、"不思議空間"、正岡家使用井戸筋、葛飾川甚での九人、陸奥宗光、律、戸主となる、最後の写生文、「母」二十八回登場 ほか)、2 座談会・遠くて近い正岡子規—子規とわれらが祖父・伯父と
2017.9 160p B6 ¥1200 ①978-4-903792-64-4

◆**子規への溯行** 大辻隆弘著 現代短歌社, 三本木書院発売 (現代短歌社選書) 新版
【目次】1(私というパラダイム、活字メディアの成立と近代短歌)、2(失われたものから(小池光)、関係性としての耳(河野裕子) ほか)、3(私像の時代、短歌的主題と私性 ほか)、4(若者の歌(正岡子規)、子規一五〇首選)
2017.10 363p B6 ¥2600 ①978-4-86534-219-2

◆**詩人 西脇順三郎—その生涯と作品** 加藤孝男, 太田昌孝著 クロスカルチャー出版 (CPCリブレーエコーする"知" No.7)

【目次】第1章 西脇順三郎の魂にふれる旅—少年、青年時代の西脇（故郷・小千谷にて）、第2章 西脇順三郎の魂にふれる旅—英国留学時代の西脇、第3章 西脇順三郎の魂にふれる旅—東京、小千谷を歩く旅人、第4章 西脇順三郎の詩の魅力をあじわう
2017.5 167p A5 ¥1800 ①978-4-908823-16-9

◆時代閉塞の現状 食うべき詩 他十篇　石川啄木著　岩波書店　（岩波文庫）（第16刷（第1刷1978年））
【要旨】自己の詩作を語りながら日本の現実を深く見つめた「食うべき詩」、その現実に立脚しつつ強大な「敵」に対して身構えた「時代閉塞の現状」の二篇。さらには幸徳秋水が獄中で書いた「陳弁書」とクロポトキンの『一革命家の思い出』の読解から生れた"A Letter from prison"。啄木（1886－1912）の先駆的な思想の歩みを明らかにする論集。
2017.5 206p A6 ¥540 ①4-00-310545-1

◆詩について—アンドルー・マーヴェルから　加藤光也ほか著　松柏社
【要旨】いかにも、解釈を一つ誤れば身の破滅なのだ。彼らの会話に耳を澄ますなら、詩人がその裏に何を読みとっているのかもわかる。マーヴェル、ポープ、ジェフリー・ヒル、ロチェスター、テッド・ヒューズ、シルヴィア・プラス、ヒーニー、イェイツ、萩原朔太郎、与謝野晶子…"詩人とがここにある"
2017.6 369p B6 ¥3500 ①978-4-7754-0242-9

◆詩の翼 Les Ailes de Poésie　山田兼士著（札幌）響文社
【目次】1 現代詩の百年（オノマトペとリフレイン—萩原朔太郎と中原中也の愛唱性を探る、中原中也「散文詩集remix」序説、更なる中也に向けて 中原中也一〇一年 ほか）、2 フランス詩の百年（"詩集"論構築のためにボードレール『悪の華』を読み返す、スペイン美術とボードレール—紀行文風に、ボードレールの「祭り」三部作 ほか）、3 詩の森（寒市論—ローデンバック、福永武彦、村上春樹、都市における群衆と分身について、字余りソングの詩的リズムについて—吉田拓郎の言語革命 ほか）
2017.1 381p B6 ¥1600 ①978-4-87799-128-9

◆自分の花を咲かせよう—祈りの詩人 坂村真民の風光　神渡良平著　PHP研究所
【要旨】人々の心を励まし続けた詩人の生涯と、その詩に救われた人たちの生き様。
2017.6 254p B6 ¥1500 ①978-4-569-83802-1

◆重ささと旅する。—29歳で夭逝した魂の詩人　フォレストブックス編集部編　いのちのことば社フォレストブックス
【要旨】現代人が忘れたもの。かなしみと喜び、死と生、闇と光を綴り、29歳で逝った詩人・八木重吉。
2017.1 95p 17×13cm ¥1300 ①978-4-264-03694-4

◆少年詩の魅力　海沼松世著　（川崎）てらいんく（てらいんくの評論）
【要旨】詩は難しいという方から詩の愛読者まで必読の書。長いあいだ少年詩を愛読してきた著者が、数多くの作品を題材に詩の基本や表現方法、専門用語などをやさしく解説します。待望の評論集。いざ、魅力あふれる少年詩の世界へ！
2017.4 211p B6 ¥1600 ①978-4-86261-129-1

◆昭和俳句作品年表 戦後篇—昭和21年～45年　現代俳句協会編　現代俳句協会、東京堂出版 発売
【要旨】社会性俳句、前衛俳句の登場と女性俳句の台頭。戦後俳句の鮮やかな軌跡。
2017.3 433p B6 ¥4000 ①978-4-490-20879-5

◆昭和・平成を詠んで—伝えたい俳人の時代と作品　栗林浩著　書肆アルス
【要旨】アジア・太平洋戦争期およびその戦後期を生きた俳人に取材。二度と繰り返してはならない経験や、大震災を含め、決して忘れてはならないものは何か、自作句との関連で丹念に聴きだすのが本書である。折しも平和安全法制（安保法制）が施行された日本の今、時代を学び時代から学ぶ、昭和・平成俳句の証言作。
2017.9 447p B6 ¥3000 ①978-4-907078-23-2

◆女性・戦争・アジア—詩と会い、世界と出会う　高良留美子著　土曜美術社出版販売
【要旨】女性詩をはじめ、海外の詩人たち、アジア・戦争・植民地支配について、さらには「列島」「現代詩」「詩組織」「詩と思想」等詩運動誌との関わりを通じて、女性詩の評価、的反省、モダニズムの考察、人ともの、未来の詩

への展望など、高良留美子の58年間に及ぶ評論活動を集大成。
2017.2 412p A5 ¥2700 ①978-4-8120-2352-5

◆鷹女への旅　三宅やよい著　（松山）創風社出版
【要旨】前面に押し出される烈しい自我。自分の存在を賭けて突きとめた言葉で俳句を詠むことが何よりも重要だった鷹女。彼女がどのように俳句と出会い、どのような作風が変化していったのか。未知なる一句を求め続けた鷹女の歩みを追う。
2017.4 206p B6 ¥2000 ①978-4-86037-245-3

◆高野公彦インタビュー ぼくの細道のうたの道　高野公彦編著、栗木京子聞き手　本阿弥書店
【要旨】歌人・高野公彦の水脈をたどるインタビュー集。
2017.10 415p B6 ¥3000 ①978-4-7768-1343-9

◆啄木の遺志を継いだ土岐哀果—幻の文芸誌『樹木と果実』から初の『啄木全集』まで　長浜功著　社会評論社
【要旨】石川啄木の名は知っていても土岐善麿（哀果）の名を知っている人はすくない。実は哀果は啄木をこの世に初めて紹介した人物であり、哀果がいなければ、啄木の今日はなかった。本書は哀果が啄木と出会い、新しい文芸誌『樹木と果実』を出そうと意気投合し、いくつかの難問に遭遇し、啄木は失意の内に亡くなったあと、その意志をついで文芸誌『生活と芸術』を刊行するまでの物語である。そして啄木の名を全国に知らしめた哀果の編んだ『啄木全集』に至る過程を加えていく。
2017.5 237p B6 ¥1700 ①978-4-7845-1918-7

◆他流試合—俳句入門真剣勝負！　金子兜太、いとうせいこう著　講談社（講談社プラスアルファ文庫）（『他流試合—兜太・せいこうの新俳句鑑賞』加筆・修正・改題書）
【要旨】「俳句って何だろう！」「俳句の面白さをもっと知りたい！」俳句界の巨人・金子兜太に、作家・いとうせいこうが挑みかかった！俳句を通して、「試合」のテーマは「詩語論」「日本語論」、そして「平和の俳句」へと発展！二人が分け入った日本語という森の奥での刺激的かつ血の通った会話を、どうぞお楽しみあれ！
2017.2 379p A6 ¥890 ①978-4-06-281697-7

◆短歌でめぐる九州・沖縄　桜川冴子著　（福岡）書肆侃侃房
【要旨】九州・沖縄で生まれた歌には風と水と土と、そして空の匂いがする。
2017.10 159p B6 ¥1500 ①978-4-86385-284-6

◆短歌は最強アイテム—高校生活の悩みに効きます　千葉聡著　岩波書店（岩波ジュニア新書）
【要旨】「ちばさと」の愛称で親しまれる国語科の熱血教師で、歌人でもある著者が、短歌を通じて学校生活の様子や揺れ動く生徒たちの心模様を描く青春短歌エッセイ。友情、恋、部活といった現在進行形の高校生のリアルに寄り添いながら、「小さな黒板」の歌に「いろいろあるけど大丈夫！　前を向いていこうぜ！」の思いを込めてエールを送る。
2017.11 191p 18cm ¥860 ①978-4-00-500863-6

◆違いがわかる はじめての五七五「俳句・川柳」上達のポイント　上野貴子、江畑哲男監修　メイツ出版（コツがわかる本！）
【要旨】俳句と川柳、その魅力と違いを知れば五七五のリズムで感じたままに句も詠める。それぞれのエキスパートが作句のコツをやさしく解説する。
2017.4 176p A5 ¥1500 ①978-4-7804-1854-5

◆天皇と和歌—国見と儀礼の一五〇〇年　鈴木健一著　講談社（講談社選書メチエ）
【要旨】被災地やかつての戦地を訪れ、その思いを歌に詠む現代の天皇。万葉の時代から、多彩かつ強固に結びついてきた。ライバルを次々と倒して即位した雄略天皇は「愛」の歌を詠み、二十一番目の勅撰和歌集が五百年以上をかけて編まれ、歌道の秘伝「古今伝受」は、「御所伝受」として江戸時代に存続し、明治天皇は、生涯に十万首におよぶ歌を詠んだ。和歌を通して見えてくる「日本社会にとっての天皇」とは。
2017.1 198p B6 ¥1400 ①978-4-06-258644-3

◆泥の好きなつばめ—細見綾子の俳句鑑賞　辻恵美子著　（尼崎）邑書林

【要旨】若くして茅舎賞を、円熟期に芸術選奨・蛇笏賞を受賞した、不世出の昭和の俳人・細見綾子。その高弟が懇切丁寧に代表的二百句を読み解き、美しさ、深さ、おもしろさの秘密に迫る会心の労作。
2017.10 287p B6 ¥2500 ①978-4-89709-853-1

◆中原中也—沈黙の音楽　佐々木幹郎著　岩波書店（岩波新書）
【要旨】詩人であることの幸福と不幸。近代日本を代表する詩人の、自らへの自負と揶揄、表現者としての存在の不安がみなぎる作品の数々は、どこからきたのか。宿命のように降りてきたのは、雪か、歌か。その歌はどこへ消えていくのか。新発見資料から読み解く、立体的な、まったく新しい中原中也像の誕生。
2017.8 283, 6p 18cm ¥900 ①978-4-00-431673-2

◆中村草田男—私の愛誦句鑑賞　鍵和田秞子著　春秋社
【要旨】師・草田男俳句への敬愛と共感。かみしめて味わいたい十七音の豊饒な世界。斯界の第一人者がきめこまかく読み解いた秀句の数々…。
2017.5 257p B6 ¥2200 ①978-4-393-43647-9

◆2択で学ぶ赤ペン俳句教室　夏井いつき著　ヨシモトブックス、ワニブックス 発売
【要旨】有名芸能人の俳句査定が一冊に！人気の俳句コーナー公式本第2弾！
2017.11 159p B6 ¥1300 ①978-4-8470-9608-2

◆日本の詩歌—その骨組みと素肌　大岡信著　岩波書店（岩波文庫）
【要旨】日本の叙景歌は、偽装された恋歌であった。勅撰和歌集の編纂を貫く理念は何か—。日本詩歌の流れ、特徴のみならず、日本文化のにおいや感触までをも伝える卓抜な日本文化芸術論。コレージュ・ド・フランスにおける全五回の講義録。
2017.11 251p A6 ¥640 ①978-4-00-312023-1

◆日本の文化と思想 2 短歌の周辺・その時代　「短詩形文学」編集部編　生活ジャーナル
【要旨】早乙女勝元（作家）、小宮多美江（音楽評論家）、中野光（教育学者）、木下晋（画家）、堀田節夫（実業家）、紅野敏郎（日本近代文学研究者・元早稲田大学名誉教授）、坂西先生（埼玉大学教育学部教授）、永井愛（劇作家・二兎社主宰）、高橋玄洋（劇作家・作家）、米倉斉加年（俳優・演出家・絵本作家・絵師）、池辺晋一郎（作曲家）、笹森恵子（平和活動家）
2017.4 299p B6 ¥1852 ①978-4-88259-163-4

◆寝る前に読む一句、二句。—クスリと笑える、17音の物語　夏井いつき、ローゼン千津著　ワニブックス
【要旨】1日の終わりに、愉快な俳句と小さな気づきを。俳人姉妹が軽妙に語り合う「ケーハツ的」対談。
2017.11 207p 19×15cm ¥1300 ①978-4-8470-9617-4

◆俳句がどんどん湧いてくる100の発想法　ひらのこぼ著　草思社（草思社文庫）
【要旨】「さて今日は俳句でもつくろうかと出かけてみる。でも一向に焦点が絞れない—。そんなときはなにか見方を変えましょう。カメラマンがファインダーを覗くようなつもりであれこれアングルを考えたり、レンズを換えて見たり…。人とは違った自分だけの景色が見えてきます」（「気分はカメラマン」より）俳句を吟行などで景色の中に句を見つけ、どう表現するか。「しゃがんでみる」「影を主役に」「記憶が匂う」「高さを見つける」など、会心の一句がひらめくたっぷり100のヒント。『俳句がうまくなる100の発想法』続篇！
2017.4 180p A6 ¥600 ①978-4-7942-2267-1

◆俳句で夜遊び、はじめました　岸本葉子著　朔出版
【要旨】六本木の骨董店、神楽坂の旅館、街角の居酒屋、はたまた吉野の山奥など、今夜もどこかで句会が。夜遊び初挑戦の岸本葉子が夜の句会現場に潜入し、俳句の魅力を本当たりレポート。
2017.11 198p B6 ¥1600 ①978-4-908978-10-4

◆俳句という他界　関悦史著　（尼崎）邑書林
【要旨】鷹女・兜太・浩司・青鞋・幸彦・澄子・裕明から、写生・プルトニウムまで今世紀最強の現代俳句評論集！
2017.3 212p B6 ¥1800 ①978-4-89709-833-3

◆俳句の背骨　島田牙城著　（尼崎）邑書林

【要旨】現代俳句を過激に書き散らす。初の單行散文集。
2017.2 219p B6 ¥2000 ①978-4-89709-780-0

◆俳句の底力―下総俳壇に見る俳句の実相　秋尾敏著　東京四季出版
【要旨】中央の俳壇を見ていただけでは、俳句のもつほんとうの存在価値はわからない。一俳句結社「軸」の主宰として、千葉県野田で「文学する」人々の地平と俳句を見つめてきた著者が、下総ゆかりの俳人・俳誌の歴史をひもとくことであきらかになる、俳句のもつほんとうのちから。
2017.6 260, 6p B6 ¥2200 ①978-4-8129-0907-2

◆俳句のための文語文法 実作編　佐藤郁良著　KADOKAWA（角川俳句ライブラリー）
【要旨】うまい俳壇は「文法」で決まる！ 初級者から上級者まで役立つ、文語文法の決定版。実作で迷いやすい点、間違えやすいポイントを丁寧に解説。
2017.6 206p B5 ¥1600 ①978-4-04-400241-1

◆俳句の図書室　堀本裕樹著　KADOKAWA（角川文庫）
【要旨】五七五の十七音、世界で一番短い詩である俳句。作られた時代背景や、作者のそのときの状況を知ることで、いっそう俳句が深く感じられます。かな遣いに季語の取り入れ方、省略や暗示の方法など、作者の写し取った情景をこころで辿ることは、俳句作りの第一歩です。子規、蛇笏、山頭火から、現代俳人まで選り抜いた114句。名句、季語、表現技法、暗唱や章立てによって触れる人に向け、俳句をやさしく読み解きました。巻末対談、又吉直樹。
2017.4 215p A6 ¥640 ①978-4-04-104934-1

◆俳句のルール　井上泰至編　笠間書院
【要旨】高校の教科書に載っている作品を中心に選んだ、俳句の魅力を味わうのに十分な10のルール。初めて俳句を読む人々を思い浮かべて書かれた、わかりやすくて本格的な俳句案内書。
2017.3 175p B6 ¥1200 ①978-4-305-70840-3

◆俳誌要覧　2017年版　（東村山）東京四季出版
【目次】平成二十八年の俳界、句集回顧2016、評論回顧2016、俳文学の現在、受賞作を読もう、俳句甲子園をふりかえる、いま、短歌が気になる、鼎談、資料
2017.3 534p A5 ¥2407 ①978-4-8129-0908-9

◆俳人風狂列伝　石川桂郎著　中央公論新社（中公文庫）
【要旨】種田山頭火、尾崎放哉、高橋鏡太郎、西東三鬼……破滅型、漂泊型など独烈な個性を持った十一名の俳人たち。人生と世間と格闘しつつ、俳句に懸けた彼らの壮絶な生きざまと詩世界を端正な筆致で彫琢する。読売文学賞受賞作。
2017.11 280p A6 ¥1000 ①978-4-12-206478-2

◆ハナモゲラ和歌の誘惑　笹公人著　小学館
【要旨】魔術的言語「ハナモゲラ」の謎を追って、歌人・笹公人が言葉と韻律の冒険に繰り出す。愉快痛快、縦横無尽の短歌エッセイ多数、ジャズ・ピアニスト山下洋輔との対談も同時収録。
2017.4 191p B6 ¥1300 ①978-4-09-388459-4

◆房総を詠じた漢詩　瀧口房州撰　創英社／三省堂書店
【要旨】千葉県房総半島は風光明媚な景勝に抱かれ、実は数多の漢詩がものされた地なのである。故に文人墨客を魅了し続ける地なのである。室町時代の道興准后をはじめ、江戸時代の梁川星巌や安積良斎、また、房総出身の文人や、現代にいたっては夏目漱石や正岡子規らがそれぞれの感性に触れて、漢詩を詠じている。一人一首ずつ、千葉県在住の著者が名勝に関する解説と共に詳細な解釈を試みる。
2017.10 272p B6 ¥1800 ①978-4-88142-326-4

◆正岡子規 人生のことば　復本一郎著　岩波書店（岩波新書）
【要旨】病と闘いながら、短い一生で文学革新をなしとげた正岡子規。長友目漱石には「僕ハモダメニナッテシマッタ」と弱音をはき、人生行路定まらぬ高浜虚子には「貴兄ニ半腕ノ飯ヲ分タン」と激励する―著作、書簡を読み解きながら彼の人間的魅力を紹介し、そのことばが明正な意味を探る渾身の一冊。
2017.4 197, 7p 18cm ¥820 ①978-4-00-431660-2

◆モダニズムの遠景―現代詩のルーツを探る　中原秀雪著　思潮社
【目次】第1章 丸山薫 素描―俯瞰する孤独な夢想家（夜の航海、「物象との特異な交感」、詩集『帆・ランプ・鷗』と俯瞰の視点、「行為と生活」と「リアルな眼」、第2章 春山行夫 覚書―モダニズムの旗手とその悲劇（詩誌『青騎士』周辺、詩集『月の出る町』と『花花』の頃、「詩と詩論」の創刊と「旧詩壇」（義父の死、ブリュッセルと詩魂、詩集『こがね蟲』の出版 ほか）、補遺 故郷と時代とモダニズム
2017.11 221p B6 ¥2400 ①978-4-7837-3811-4

◆桃子先生、俳句ここを教えて！　辻桃子著、増田真麻聞き手　文學の森
【要旨】今さら聞けない俳句の基礎をQ&A形式でわかりやすく解説。ライバルと差をつける必読の一冊。
2017.10 177p B6 ¥1200 ①978-4-86438-658-6

◆横川唐陽『唐陽山人詩鈔』本文と解題　横川端、佐藤裕亮編　汲創社
【要旨】明治・大正期の軍医にして漢詩人・横川唐陽の傑作詩集を影印復刻。子孫である編者・横川端が語る横川家の物語とともに唐陽漢詩の世界を探求する。
2017.11 311p B6 ¥3000 ①978-4-8460-1648-7

◆四年間　正岡子規著　（立川）国文学研究資料館、平凡社 発売　（リプリント日本近代文学296）
【目次】第1篇 明治二十九年の俳句界、第2篇 明治三十年の俳句界、第3篇 明治三十一年の俳句界、第4篇 俳句新派の傾向、第5篇 明治三十二年の俳句界、附録（内藤鳴雪、五百木飄亭、河東碧梧桐、高濱虚子）
2017.3 317p B6 ¥4300 ①978-4-256-90296-7

◆4週間でつくれる はじめてのやさしい俳句練習帖　日下野由季監修　日本文芸社
【要旨】7日間×4ステップ。書き込み式問題を解きながら初心者でも着実にレベルアップ！
2017.4 127p B6 ¥1400 ①978-4-537-21467-3

◆リップヴァンウィンクルの詩学　宗近真一郎著　（札幌）響文社
【要旨】タイム・スリップがメルヘンを駆動する！ 抵抗への詩的フィールドワーク。
2017.9 301p B6 ¥1800 ①978-4-87799-133-3

◆柳儀―川柳七〇年目の境地　大野風柳著　（大阪）新葉館出版
【要旨】培われた経験から発する言葉は川柳の哲学に―前人未踏の70年！ 最高のリーダーが語る川柳論。70年目の句集、70年目に作る川柳、そして70年目の選考と指導、その何もかもが新しい。誰も見たことのない川柳の境地！
2017.7 197p 18cm ¥1200 ①978-4-86044-635-2

◆私の女性詩人ノート 2　たかとう匡子著　思潮社
【要旨】詩史的観点をはずさずに、なおも女性の詩にこだわっていきたい。戦後の同時代を生きた詩人から、いま旺盛な活動を展開する書き手まで。時代に挑戦し、詩の表現について格闘してきた12人をめぐる詩人論ノート、待望の第2冊！
2017.9 229p B6 ¥2800 ①978-4-7837-3809-1

◆私の出会った詩人たち　清水茂著　菰燈社
【目次】片山敏彦、エミール・ヴェルハーランの『夕べの時』、ヘルマン・ヘッセ、タゴールの『螢』、マルセル・マルティ、哀悼詩 Y・B に
2016.11 396p 18×14cm ¥1900 ①978-4-87782-140-1

◆1ランクアップのための俳句特訓塾　ひらのこぼ著　草思社
【要旨】俳句の基本のおさらい・季語や構造、切字など。日々の情景を詠む・目覚めから就寝までの一コマをとらえる。「正岡子規と十番勝負」「動物園に通う」「記念日をお題で毎日俳句」など集中トレーニング。楽しみつつトレーニングする方法を、多くの例句を示しつつ教える。「二冊目の俳句入門書」。
2017.7 222p B6 ¥1500 ①978-4-7942-2288-6

◆NHK俳句 作句力をアップ 名句徹底鑑賞ドリル　高柳克弘著　NHK出版
【要旨】54の名句を通して俳句を楽しく学ぶ、「NHK俳句」人気連載がついに単行本化！ 発想法、作者の境地、時代背景、作品を深く読み解けば、名句の名句たる所以が見えてくる。
2017.7 207p B6 ¥1400 ①978-4-14-016253-8

評論・論集

◆アダプテーションとは何か―文学/映画批評の理論と実践　岩田和男、武田美保子、武田悠一編　（横浜）世織書房
【要旨】原作に寄り添い、あるいは原作から離れて、多様に増殖し、メディアを横断して形式の変化をもたらし、オリジナル/コピーの二項対立を超える一批評の未来への応答。解体しつつある文学研究に代わる新たな試み。
2017.3 286, 10p A5 ¥2800 ①978-4-902163-94-0

◆新しい小説のために　佐々木敦著　講談社
【要旨】小説の中の「私」とは、誰なのか？ 新世代の小説家たちが切り開いてきた現代文学の新たな地平の持つ意味を、小林秀雄以来の文芸理論を徹底的に検証しつつ探った、まったく新しい小説論。
2017.10 525p B6 ¥2700 ①978-4-06-220805-5

◆生きている前衛―山口勝弘評論集　山口勝弘著、井口壽乃編　水声社
【要旨】前衛美術、建築、デザイン、ファッション、テクノロジー、都市環境…芸術家の創造力は社会を変革することができるのか!? 胎動する創造力。現代アートの泰斗が創作の歩み歩んだ、1952年から2001年まで、半世紀にわたる思考の軌跡。
2017.10 570p A5 ¥8000 ①978-4-8010-0284-5

◆越境する小説文体―意識の流れ、魔術的リアリズム、ブラックユーモア　橋本陽介著　水声社
【要旨】小説の"文体"に着目。ある文体が国境や言語を越えて作用するときに、どのように模倣され、誤読され、変形されたのかを"言語"に密着し分析しながら、新しい文体の創出は個人的なものであるだけでなく、集団的な作用から生み出されることを明らかにした、画期的に文学論！
2017.6 340p B6 ¥3500 ①978-4-8010-0272-2

◆江戸と東京　森三溪著　（立川）国文学研究資料館、平凡社 発売　（リプリント日本近代文学293）
【要旨】武蔵野たりし時の江戸、江戸の名稱、市街の區劃、市街の名稱、都會としての位置、都會の廣さ、政府の位置と都會、人口、江戸城、江戸の區劃 ほか
2017.3 166p B6 ¥2700 ①978-4-256-90293-6

◆エロス的人間　澁澤龍彦著　中央公論新社（中公文庫）　改版
【要旨】「エロティシズム…太古の闇のなかの恐怖をそのまま現代に持ってきたかのような、社会生活をおびやかす力」。千一夜物語やサド、ジャン・ジュネ、フロイト、同性愛、ナルシシズムと、あらゆる角度から人間のアンモラルな隠れ家を探索。
2017.9 211p A6 ¥680 ①978-4-12-206455-3

◆エロティシズム　澁澤龍彦著　中央公論新社（中公文庫）　改版
【要旨】「人間の性的活動は、動物のそれと全く違った面をもっている…つまり快楽の欲求によって動かされている。」芸術や宗教の根柢に横たわり、快楽・錯乱・狂気にまで高まるエロティシズムの渉猟。矛盾に満ちた精神世界を冒険した渋澤龍彦の軌跡。
2017.9 287p A6 ¥780 ①978-4-12-206454-6

◆欧州航路の文化誌―寄港地を読み解く　橋本順光、鈴木禎宏編著　青弓社
【要旨】明治後期から大正期、そして戦前にかけて発展し、多くの日本人に異文化体験を提供した船の旅＝欧州航路は、数百年にわたる西洋の東洋進出を歴史的にさかのぼる旅だ。哲学者・和辻哲郎の『風土』を補助線にして、近代日本の海外イメージをあざやかに照らし出す。
2017.1 229p A5 ¥2900 ①978-4-7872-2069-1

◆終わりなき対話 2 限界-経験　モーリス・ブランショ著、湯浅博雄、岩野卓司、上田和彦、大森晋輔、西山達也ほか訳　筑摩書房
【要旨】意味と決別せよ。ニーチェ論を転回点にヘラクレイトスからバタイユへ、哲学と文学を架橋し、思考の極北を探る渾身の第二冊。
2017.6 487p A5 ¥5900 ①978-4-480-77552-8

◆終わりなき対話 3 書物の不在（中性的なもの、断片的なもの）　モーリス・ブラン

ショ著,湯浅博雄,岩野卓司,郷原佳以,西山達也,安原伸一朗訳　筑摩書房
【要旨】外へ、純粋なる外部へ一語ること、書くこと。始まりも終わりもなく、痕跡を残すこともなく、肯定でも否定でもなく、あらゆる負荷と重力を逃れ、文学が切り開くものとは一体何か？　伝説の名著、ついに完結。
2017.11　350p A5 ¥5200　①978-4-480-77553-5

◆亀井俊介オーラル・ヒストリー―戦後日本における一文学研究者の軌跡　亀井俊介著　研究社
【要旨】岐阜生まれの軍国少年は、いかにして、戦後日本の代表的なアメリカ文学者・比較文学者となったのか。「近代文学におけるホイットマンの運命」で学者人生をスタートし、その後、自由闊達な学風を展開してきた著者が、語りとインタビューという形式で、みずからの学問史を自在に語る。
2017.4　340p B6 ¥3000　①978-4-327-48165-0

◆現代女性文学を読む 山姥たちの語り―フェミニズム/ジェンダー批評の現在　水田宗子,小林富久子,長谷川啓,岩淵宏子,北田幸恵著　アーツアンドクラフツ
【要旨】女である自分、女としての個人。何を開拓していったか。
2017.12　289p B6 ¥2500　①978-4-908028-25-0

◆現代日本の批評 1975-2001　東浩紀監修,市川真人,大澤聡,福嶋亮大著　講談社
【要旨】批評とはなにか。それは戦後日本固有の病である。"批評史の屈曲点"からどう変容したか？　新時代を希求する気鋭の格闘の記録！
2017.11　315p B6 ¥1600　①978-4-06-220756-0

◆現代評論20　夏苅一裕,細矢瑞紀編著　桐原書店
（『長文読解コーチ 現代評論22』改訂・改題書）
【要旨】哲学/言語/科学/芸術/国際/歴史など、さまざまなジャンルの評論文20本掲載。集中で読める2500〜8000字の文章。8つの「解析マスター」で評論文を正確に読み解く。
2017.4　231p A5 ¥900　①978-4-342-35144-0

◆講義 政治思想と文学　堀田新五郎,森川輝一編　(京都)ナカニシヤ出版
【要旨】「政治と文学」の関係を再考し、「政治」の自明性を問う。特別講義・平野啓一郎「『仮面の告白』論」、最終講義・小野紀明「戦後の精神史」収録。
2017.8　383p B6 ¥4000　①978-4-7795-1191-2

◆構造としての語り　小森陽一著　青弓社
（青弓社ルネサンス 6）増補版
【要旨】欧文をモデルにしたある一定の文体が安定しようとするその同じ時期に、必ず"語り"の手法を基本にした表現が、単なる"反動"としてではなく、新しい表現状況と密接に絡み合いながら登場していたことに、わが国の文学的「近代」の重要な特質である。
2017.9　468p A5 ¥4200　①978-4-7872-9237-7

◆高齢者の性愛と文学―明治期の感化事業と先達・良寛考　市川隆一郎著　水曜社
【目次】1章 高齢者の性愛と文学（文学作品にみる高齢者の性）、2章 明治期の感化事業と先達（佐竹音次郎と児童保護事業、留岡幸助と感化事業、有馬四郎助と感化事業）、3章 良寛考（良寛の病跡学的研究―良寛にみる日本人の原形、良寛と「戒語」）
2017.10　223p B6 ¥1800　①978-4-88065-432-4

◆ゴシックハート　高原英理著　立東舎,リットーミュージック 発売 (立東舎文庫)
【要旨】死と暗黒、耽美と残酷に彩られたゴシック世界の全貌を、澁澤龍彦・中井英夫の後継が描いた本格ゴシック評論。
2017.1　318p A6 ¥900　①978-4-8456-2984-8

◆里山という物語―環境人文学の対話　結城正美,黒田智編　勉誠出版
【要旨】SATOYAMAとは何か―人びとの暮らしと多様な生き物を育む自然が調和した美しい環境、日本の原風景を残すエコロジカルな体系を体現するものとして、近年もその意義は盛んに喧伝され、世界的な関心も集めつつある。しかし、このような理解は里山のすべてを捉えているのだろうか。里山なるものが形成されるトポスがはらむ問題、歴史的に・構築されてきた言説のあり方を、さまざまな視点から解きほぐしていく時、里山という参照軸から自然・環境をめぐる人間の価値観の交渉

を明らかにする。
2017.6　323p B6 ¥2800　①978-4-585-22180-7

◆私小説のたくらみ―自己を語る機構と物語の普遍性　柴田勝二著　勉誠出版
【要旨】私小説という形式がひとつの潮流となった必然性と、現代作家が"私"を語る意味を探究する。
2017.10　348, 15p B6 ¥3600　①978-4-585-29152-7

◆写生の物語　吉本隆明著　講談社 (講談社文芸文庫)
【要旨】敗戦後、あらゆる事象に切り込んできた詩人・批評家は若きころより和歌を味わいつづける読み手でもあった。古代歌謡、百人一首、新宗教開祖の教え、近代が必要とする写実や心理、風俗をとりこんだ表現、前衛短歌や俵万智などの現代の歌人…作品にあらわれる時代や精神の変化を丁寧に追うことで和歌の現在、そして未来をも擁護するような愛あふれる評論。
2017.4　297p 17×12cm ¥1600　①978-4-06-290344-8

◆純文学とは何か　小谷野敦著　中央公論新社 (中公新書ラクレ)
【要旨】「純文学」とは何か？　大衆文学、通俗小説とどう違うのか。芥川賞・直木賞とは何か。海外に純文学と大衆文学の区別がないというのは本当か。文藝雑誌に掲載されると純文学というのは本当か。文学の敵とは誰か。日本だけでなく海外文学にも目配りし、豊富な事例をもってこうした疑問に快刀乱麻を断ごとく答える、かつてない文学入門。
2017.11　221p 18cm ¥800　①978-4-12-150604-7

◆小説のしくみ―近代文学の「語り」と物語分析　菅原克也著　東京大学出版会
【要旨】芥川龍之介、安部公房、泉鏡花、太宰治、永井荷風、夏目漱石、三島由紀夫、森鷗外…魅力的な日本近代文学の作品を例に、地に足ついた日本語で文学理論を語りなおす試み。
2017.4　396, 24p B6 ¥3600　①978-4-13-083070-6

◆将来之日本　徳富蘇峰著 (立川)国文学研究資料館,平凡社 発売 (リプリント日本近代文学 291)
【目次】洪水ノ後ニハ洪水アリ、一國ノ生活、腕力世界、平和世界、平民主義ノ運動、天然ノ商業國、過去ノ日本、現今ノ日本、将来ノ日本
2017.3　241p B6 ¥3000　①978-4-256-90291-2

◆シリーズ日本文学の展望を拓く 1 東アジアの文化圏　小峯和明監修,金英順編　笠間書院
【要旨】各国の文学・文化を相互に対照し、輻輳する読みをかさねあわせ、東アジア古典学の未来を創る。日本文学とその研究がこれまでに担ってきた領域、これから創造していく可能性をもつ領域とは何か。人文学としての文学が人間社会に果たしうる役割に関して、より豊かな議論を成り立たせるには、これからどうしていけばよいのか。日本文学の窓の向こうに広がるものの総体を捉えようとするシリーズ第1巻。
2017.11　470p A5 ¥9000　①978-4-305-70881-6

◆シリーズ日本文学の展望を拓く 2 絵画・イメージの回廊　小峯和明監修,出口久徳編　笠間書院
【要旨】多様な研究分野が競い合うフィールドで、各分野の解析法がどう重なり、ずれるのか、読みと研究のあり方が問われている。日本文学とその研究がこれまでに担ってきた領域、これから創造していく可能性をもつ領域とは何か。人文学としての文学が人間社会に果たしうる役割に関して、より豊かな議論を成り立たせるには、これからどうしていけばよいのか。日本文学の窓の向こうに広がるものの総体を捉えようとするシリーズ第2巻。
2017.11　344p A5 ¥9000　①978-4-305-70882-3

◆シリーズ日本文学の展望を拓く 3 宗教文芸の言説と環境　小峯和明監修,原克昭編　笠間書院
【要旨】既存の学域、系統、時代設定に拘泥せず、宗教特有のダイナミズムを読み解く、その視座と方法をどう獲得するか。日本文学とその研究がこれまでに担ってきた領域、これから創造していく可能性をもつ領域とは何か。人文学としての文学が人間社会に果たしうる役割に関して、より豊かな議論を成り立たせるには、これからどうしていけばよいのか。日本文学の窓の向こうに広がるものの総体を捉えようとするシリーズ第3巻。
2017.11　386p A5 ¥9000　①978-4-305-70883-0

◆シリーズ日本文学の展望を拓く 4 文学史の時空　小峯和明監修,宮腰直人編　笠間書院
【要旨】人びとの関心を喚起する未知の学域は、なお豊饒に存在する。日本文学とその研究がこれまでに担ってきた領域、これから創造していく可能性をもつ領域とは何か。人文学としての文学が人間社会に果たしうる役割に関して、より豊かな議論を成り立たせるには、これからどうしていけばよいのか。日本文学の窓の向こうに広がるものの総体を捉えようとするシリーズ第4巻。
2017.11　460p A5 ¥9000　①978-4-305-70884-7

◆シリーズ日本文学の展望を拓く 5 資料学の現在　小峯和明監修,目黒将史編　笠間書院
【要旨】書物をめぐるネットワーク、人と書物をめぐる文化総体の追究が資料学の全容である。日本文学とその研究がこれまでに担ってきた領域、これから創造していく可能性をもつ領域とは何か。人文学としての文学が人間社会に果たしうる役割に関して、より豊かな議論を成り立たせるには、これからどうしていけばよいのか。日本文学の窓の向こうに広がるものの総体を捉えようとするシリーズ第5巻。
2017.11　378p A5 ¥9000　①978-4-305-70885-4

◆新世紀ゾンビ論―ゾンビとは、あなたであり、わたしである　藤田直哉著　筑摩書房
【要旨】ゾンビ、世界が液状化するトランプ時代の予兆にして、人類解放の徴。その可能性の中心をまったく新しいゾンビ論の誕生！
2017.3　324p B6 ¥1800　①978-4-480-84313-5

◆新日本之青年　徳富蘇峰著 (立川)国文学研究資料館,平凡社 発売 (リプリント日本近代文学 292)
2017.3　221p B6 ¥3300　①978-4-256-90292-9

◆性食考　赤坂憲雄著　岩波書店
【要旨】「食べちゃいたいほど、可愛い。」このあられもない愛の言葉は、"内なる野生"の呼び声なのか。食べる/交わる/殺すことに埋もれた不可思議な繋がりをひもどきつつ、近代を超え、人間の深淵に向かい、いのちの根源との遭遇をめざす、しなやかにして大胆な知の試み。
2017.7　334p B6 ¥2200　①978-4-00-061207-4

◆西洋料理通　仮名垣魯文編 (立川)国文学研究資料館,平凡社 発売 (リプリント日本近代文学 299)
2017.3　221p A6 ¥4200　①978-4-256-90299-8

◆戦争と虚構　杉田俊介著　作品社
【要旨】災厄の気配。—鳴り響く早朝のJアラート。力なき笑いに覆われた"戦前"。一に満ちた転換期としての2010年代。『シン・ゴジラ』『君の名は。』『聲の形』『この世界の片隅に』、押井守、宮崎駿、山田尚子、リティ・パン、伊藤計劃、湯川遙菜、安倍晋三、東浩紀、土本典昭…、それらを星座のようにつなぎ合わせたとき、見えてくる未来とは。新たなる時評＝批評の形。
2017.11　397p B6 ¥2400　①978-4-86182-660-3

◆滝田樗陰―『中央公論』名編集者の生涯　杉森久英著　中央公論新社 (中公文庫)
【要旨】明治末から大正にかけて『中央公論』主幹を務めた滝田樗陰。低迷する雑誌に文芸欄を設け文壇の登竜門にまで押し上げ、吉野作造の起用して大正デモクラシーの時代を招来した、名編集者とその時代を描く。巻末に吉野ほか谷崎潤一郎、芥川龍之介、菊池寛、山本実彦による追悼記を収録。
2017.4　264p A6 ¥1200　①978-4-12-206398-3

◆男色を描く―西鶴のBLコミカライズとアジアの"性"　染谷智幸,畑中千晶編　勉誠出版
【要旨】日本の古典における男色の世界、二次創作、「萌え」の共振、そしてアジアにおけるBL解釈からLGBT事情まで、時代や国の中で変化していく、恋愛・性愛の多様性を探る。
2017.9　223p A5 ¥2800　①978-4-585-23058-8

◆男女の煩悶 相談の相談　吉川庄一郎編 (立川)国文学研究資料館,平凡社 発売 (リプリント日本近代文学 297)
2017.3　321p A5 ¥6100　①978-4-256-90297-4

◆短篇小説の生成―鷗外"豊熟の時代"の文業、及びその外延　新保邦寛著　ひつじ書房 (ひつじ研究叢書・文学編 8)
【目次】序章 近代短篇小説の概念と方法、1章 鷗外短篇論1―膨張する"語り手"(『半日』論―"建国神話"のたそがれと"癒着"する語り手の

日本文学の研究

戦略、「鶏」から「金貨」へ、そして「金毘羅」—一方法的な、余りに方法的な)、2章 鷗外短篇論2—「隣接ジャンル」との交響(「普請中」論—「演劇」的趣向の小説、「カズイスチカ」化する"Casus"—印象派絵画との出会い ほか)、3章 鷗外短篇論3—文化的社会的文脈の中で(「有楽門」一日比谷焼打ち事件と「群衆心理学」言説、「沈黙の塔」一名、慨世悲歌「拝火教徒」騒動始末記—「優生学」言説の侵犯 ほか)、4章 谷崎潤一郎の場合—「刺青」論—「自己表出」か「芸術性」か、「少年」の方法—「胎内幻想」と「金毛九尾の狐」の物語 ほか)、終章に代えて 解体する近代短篇小説と芥川龍之介
2017.10 286p A5 ¥5600 ①978-4-89476-865-9

◆**超現実と東洋の心**—東洋的心性の、詩における普遍的な意味を問う 佐久間隆史著 土曜美術社出版販売
【要旨】シュルレアリスムは、第一次大戦後、ブルトンが中心となってフランスで興った芸術運動だが、それは、自己や自己の居場所の喪失を踏まえ、一時代を超えた普遍性を所持している。この本は、その普遍性を見据えつつ詩や詩人を論じた注目の書である。
2017.11 325p B6 ¥3000 ①978-4-8120-2402-7

◆**月の別れ**—回想の山田登世子 山田鋭夫編 藤原書店
【要旨】急逝した仏文学者への回想。そして、その足跡。著作一覧・略年譜所収。
2017.8 221p A5 ¥2600 ①978-4-86578-135-9

◆**動物の声、他者の声**—日本戦後文学の倫理 村上克尚著 新曜社
【要旨】戦後文学の陥穽を衝く!人間性=主体性の回復をめざした日本戦後文学。しかし、そこに今次大戦の根本原因があるのだとしたら?武田泰淳・大江健三郎・小島信夫の作品に表われた「動物」の表象を手がかりに、文学そして共同体の再生を企図する、気鋭の力作。
2017.9 392p B6 ¥3700 ①978-4-7885-1537-6

◆**西宮文学案内** 河内厚郎編著 西宮市文化振興財団、(西宮)関西学院大学出版会 発売
【目次】涼宮ハルヒと村上春樹文学—西宮ゆかりの作品を解読する、小松左京の西宮マップ、夙川ゆかりのヒロインたち、阪神間・夙川の風景と須賀敦子、文学の中のお嬢様、作家家を生み出す街・西宮—岩谷時子、喜志邦三、ミステリー文学と阪神間の風土、水木しげるの西宮時代、刻まれた足跡—甲子園球場、「勇者たちの伝言」が聞こえる街・西宮、西宮に息づく料亭文化、流転の子 最後の皇女・愛新覚羅顕琦(こ)—相依って命を為す 愛と再生の物語を今に問う
2017.3 277p A5 ¥2200 ①978-4-86283-240-5

◆**日系文化を編み直す**—歴史・文芸・接触 細川周平編著 (京都)ミネルヴァ書房
【要旨】移民研究は、まったく異なる自然・文化環境に生きることがもたらす重要な問いかけをいくつも教える—それまでの経験のなにを優先しなにを後回しにするか、新しい環境にどう適応しなにを拒絶するか、「日本性」をどう継承するのか、あるいはどう扱われ、どう対応するのか。本書は、これらの問いをさまざまな土地と時代における具体的な事例からも考えていくことを課題とした共同研究の豊かな実りである。
2017.3 416, 6p A5 ¥8000 ①978-4-623-07883-7

◆**日朝古典文学における男女愛情関係**—17〜19世紀の小説と戯曲 山田恭子著 勉誠出版
【要旨】17〜19世紀の日朝古典文学における男女の愛情関係を比較することで、両国の文学の特徴、社会・文化・宗教的背景までをあぶりだす。今までの閉塞した日韓比較文学研究の枠を超え、新たな視点による相互理解の礎を築く。
2017.3 291, 4p A5 ¥8000 ①978-4-585-29143-5

◆**日本言語文化の「転化」** 長谷部剛編著 (大阪)ユニウス (東西学術研究所研究叢書 第5号)
【目次】「和習」再考、敦煌歌辞「王昭君安雅詞」をめぐって、花生山院願聖筆松尾切(源氏集)の実体—集成を兼ねて、『和漢朗詠集』の享受—詩歌の増補と大江匡房、十二世紀日本における「神仏隔離」の一実態—勧撰和歌集を中心に、蘇る異邦人—邦枝完二「お伝地獄」をめぐって、火野葦平「石と釘」「亡霊」考察—水木しげる漫画「小便」との比較と九州地方の伝説をふまえて、資料紹介一九四二年度「大陸往来」掲載記事(作品)タイトル一覧—合を、「大陸往来賞」をめぐる動向について の若干の解説、A Cultural History of Watching Fish 'From the Side and from Be-low'—Roman Fish Ponds, Natural History Books, Cabinets of Curiosity, Goldfish Bowls and Aquariums
2017.3 256p A5 ¥2400 ①978-4-946421-53-2

◆**日本人とリズム感—「拍」をめぐる日本文化論** 樋口桂子著 青土社
【要旨】「あなたはリズム感が悪すぎる!」突きつけられた衝撃の一言。どうしてリズム感が悪いのか。そんな素朴な疑問からはじまったリズムの謎をめぐる冒険は、文学・絵画・歴史・文化・風土などあらゆるジャンルを横断して、西洋とはまったく違う日本独自のリズムの正体を明らかにしていく。リズムをめぐる謎から描き出される、おどろきと発見の日本文化論。
2017.12 299p B6 ¥2200 ①978-4-7917-7028-1

◆**日本の文学理論—アンソロジー** 大浦康介編 水声社
【要旨】明治期以降の、日本を代表する作家、思想家、批評家、詩人等、四十一名の文学理論に関するテクストを八つの側面から精選し、気鋭の研究者たちによる解説を付した近代日本の文学理論の決定版アンソロジー!詳細な文献年表と、研究者たちによる論考も収録。
2017.6 466p A5 ¥6000 ①978-4-8010-0240-1

◆**バナナの皮はなぜすべるのか?** 黒木夏美著 筑摩書房 (ちくま文庫)
【要旨】人類の誕生以来、最もポピュラーなギャグ=「バナナの皮すべり」は、いつ、どこで、誰によって、どうやって生みだされたのか?この素朴な疑問を解決するべく、マンガ、映画、文学作品、テレビ番組、ウェブサイトから、はては「実際にバナナの皮ですべった事件とそ の社会的背景」までを調べに調べつくす!「バナナの皮」論のパイオニアにして決定版。
2018.1 302, 14p B6 ¥950 ①978-4-480-43487-6

◆**東日本大震災後文学論** 限界研編 南雲堂
【要旨】3・11以降、おびただしい数の「震災後文学」が書かれた。故郷と肉親・友人・知人の喪失、原発問題、放射能による生物の変容、被災地と非・被災地の温度差、東北と東京の温度差、政権への批判、真偽不明の情報と感情の洪水としてのSNS、言論統制や自主規制、ディストピア化した日本、テロやデモや群衆蜂起、戦争文学との接続—さまざまな作品、さまざまなテーマがうまれた。3・11以降にうみだされた「震災後文学」を扱う渾身の評論集。
2017.3 570, 62p B6 ¥2900 ①978-4-523-26553-5

◆**深読み日本文学** 島田雅彦著 集英社インターナショナル、集英社 発売 (インターナショナル新書)
【要旨】「色好みの伝統」「サブカルのルーツは江戸文化」「一葉の作品はフリーター小説」など、古典から漱石・一葉の近代文学、太宰・安吾らの戦後作品、さらにAI小説までを、独自の切り口で分析。創造的誤読、ユーモアの持つ効能、権威を疑う精神といった、作家ならではのオリジナリティあふれる解釈で、日本文学の深奥に誘う。巻末ブックリスト付き。
2017.12 229p 18cm ¥760 ①978-4-7976-8016-4

◆**文学研究から現代日本の批評を考える**—批評・小説・ポップカルチャーをめぐって 西田谷洋編 ひつじ書房
【要旨】文学や文化について伝統的に批評は大きな見取り図を示してきたが、文学研究の蓄積は参照されることはさほど多くない。本書は、文学研究と批評の接点として、ゼロ年代批評がその対象としたポップカルチャーを中心に、現代の文学・文化の展開やそこに現れるジェンダー秩序、文芸批評や理論導入をめぐる力学を取り扱うことで、文学研究・文化批評の更新を目指す。
2017.5 364p A5 ¥3200 ①978-4-89476-770-6

◆**文学における宗教と民族をめぐる問い** 中里まき子編 朝日出版社
【目次】文学における多様な宗教・民族の対立と融和、隠れキリシタン殉教の地、大篭、殉教者たちの物語の承継—コンピエーニュ・カルメル会16修道女をめぐって、宮沢賢治「ビジテリアン大祭」改定稿におけるエスペラント表記について、Toni Morrisonの Jazz (1992)についての一考察—再生への軌跡、韓国女性映画人大会と"戦線"、世界大戦期のレオン・ブロワとジョルジュ・ベルナノスにおける救済する女性像とジャンヌ・ダルク
2017.2 112p B5 ¥1111 ①978-4-255-00983-4

◆**文化現象としての恋愛とイデオロギー** 成蹊大学文学部学会編 風間書房 (成蹊大学人文叢書)
【要旨】あなたの恋、本当の恋?恋愛という現象を学問として問うとき、その先に見えるものは…。
2017.3 322p B6 ¥2000 ①978-4-7599-2180-9

◆**ポストマンの詩学—郵便配達の文化表象** 時実早苗著 彩流社 (フィギュール彩 95)
【要旨】文学、映画、絵画などの文化テクストに遍在する郵便配達員のイメージを読解する!「手紙」は多様に、そして頻繁に表象されていても、なぜ、それを運ぶポストマンは軽視されるのか?本書は、現在のネット(メール)の時代にこそ、手紙、そして、それを運ぶことの意義を見つめ直す。また、馬で郵便を届ける「ポニー・ライダー」はじめ、郵便制度の歴史なども簡明に説明。
2017.8 172p B6 ¥1800 ①978-4-7791-7097-3

◆**堀田善衞の敗戦後文学論—「中国」表象と戦後日本** 陳童君著 鼎書房
【目次】堀田善衞見研究序説、第1部 本論(堀田善衞・戦中から戦後へ—初期文学批評からのアプローチ、上海・一九四五—堀田善衞『祖国喪失』論、「留用」日本人の"まなざし"—堀田善衞『齒車』の生成とその問題意識、「広場の孤独」の表現手法—堀田善衞における朝鮮戦争と「国民文学」、堀田善衞『漢奸』の問いかけ—戦時中国における「対日協力」者の表象、「他者」としての中国論—堀田善衞『断層』の材源と方法、堀田善衞『歴史』論、「上海シリーズ」の最終篇の方法と射程、堀田善衞『時間』と南京大虐殺事件、堀田善衞の敗戦後文学論—「戦後十年」と「中国の行方」)、第2部 資料編
2017.10 341, 5p A5 ¥6000 ①978-4-907282-36-3

◆**まあちゃんの文芸評論・スポーツ論ノート** 山村正英著 (仙台)創栄出版、星雲社 発売
【要旨】まあちゃんの文芸評論第二弾。文芸評論、そしてスポーツを独自の視点でひもとくエッセイ!帰って来たまあちゃん魅力の集大成!!
2017.7 67p B6 ¥900 ①978-4-434-23441-5

◆**三木清文芸批評集** 三木清著、大澤聡編 講談社 (講談社文芸文庫)
【要旨】「哲学と文学とは根本において同じ問題をもっている。そのような問題は、例えば、運命の問題である。自由と必然の問題、道徳と感性との対立の問題である。」哲学者にして評論家の三木清はまた、稀代の文芸批評家でもあった。批評論・文学論・状況論の三部構成で、その豊かな批評眼を読み解く。
2017.9 307p A6 ¥1550 ①978-4-06-290359-2

◆**宮原昭夫評論集—自意識劇の変貌** 宮原昭夫著 (狛江)言海書房
【要旨】『人間失格』を継ぐ者たち。太宰治の『人間失格』の主人公大庭葉蔵から、宮原自身の世代、曾孫ともいえる現代の作家までの、自意識の変貌を辿りながら読み解く評論集。
2017.3 247p A5 ¥1800 ①978-4-901891-57-8

◆**昔話** 吉田健一著 講談社 (講談社文芸文庫)
【要旨】一九七七年、英仏旅行から帰国後六十五歳で急逝した吉田健一が七五年から七六年に執筆した文学評論。西欧と日本、文明と野蛮、英文学を論じてきた著者が、ホメロス、シェイクスピア、ナポレオン、ワイルドから清少納言、秀吉、鷗外まで、史実と逸話を織り交ぜ、古今東西を融通無碍に渉猟して、「世界」を読み解いていく。深い教養と類稀な文学センスに貫かれた、最晩年の佳品。
2017.2 269p A6 ¥1500 ①978-4-06-290338-7

◆**物語が伝えるもの—『ドラえもん』と『アンデルセン童話』他** 佐藤義隆著 近代文藝社
【要旨】「想像力の大切さ」「人間の心の真実」壮大なイメージ「本当の幸福とは何か」…時代を超えて愛される様々な名作を通して、物語の世界へ飛翔しよう!!
2017.3 343p B6 ¥2000 ①978-4-7733-8029-3

◆**保田與重郎 近代・古典・日本** 前田雅之著 勉誠出版
【要旨】昭和十年代の批評界を領導し、数多くの支持者を得た希代の評論家・保田與重郎。近代および戦時の日本に生きた彼は何故、「古典」という装置を選び、その思想の中心に置くことを選んだのか。彼の思想の形成期を丹念にたどることで、その背景にある近代・日本・古典の三竦みの構造を読み解き、保田の営みを時代のなか

に定位する。
2017.8 338,8p B6 ¥3800 ①978-4-585-29148-0

◆夢と表象―眠りとこころの比較文化史　荒木浩編　勉誠出版　(日文研叢書 55)
【要旨】我々はなぜ夢を見るのか。夢に何を象徴しているのか。夢をめぐる思索は洋の東西、そして時代を問わず、人びとの心を悩ませてきた。睡眠の夢、ビジョンとしての夢、そして比喩としての夢―。多様に存する「夢」は、いかなるかたちで、今日へと歴史を刻んできたのか。そして、人びとはどのように夢の信仰と未来性に対峙してきたのだろうか。日本そして世界の「夢」に関することばや解釈の歴史を包括的に分析、文学や美術さらには脳科学等の多角的な視点から、社会や時代との関わりを問い、夢をめぐる豊饒な文化体系を明らかにする。
2017.3 571p A5 ¥8000 ①978-4-585-29137-4

◆欲望の世界を超えて―"やすらぎ"の国はいずこに　赤堀芳和著　講談社エディトリアル
【目次】グレン・グールドと『草枕』、第1部 トーマス・マンの『魔の山』(トーマス・マンとドイツロマン主義、ショーペンハウアー、ニーチェ、トーマス・マンの結論)、第2部『草枕』から"やすらぎ"の国へ(『草枕』と漱石の苦闘―我執の克服、チッコリーニと東洋の精神性、よみがえるシャカ一体得による欲望の統御、自然との共生、共生の社会、闘うヒューマニズム―トーマス・マンのナチズムとの闘い、"やすらぎ"の国はまぼろしか―新自由主義からナチズムの復活へ)
2017.3 212p 18×12cm ¥800 ①978-4-907514-79-2

◆読むことの可能性―文学理論への招待　武田悠一著　彩流社
【要旨】「テクスト理論」から「精神分析」まで、「文学理論」の「定番」をわかりやすく解説、今のわたしたちに意味のある形で実践する入門書!
2017.8 292,10p B6 ¥2500 ①978-4-7791-2377-1

◆ヨーロッパの死―未完連載集　福田和也著　青土社
【要旨】幸田露伴の漢入脈はなぜ近代文学と接続しえなかったのか、トーマス・マンとワーグナーの壮麗なすれ違いはいかなる文化を生み、ハイデガーによるテクネーの問いはいかにしてし人間性を説き起こし、エグルストンの風景はアメリカをどのように切り出したのか―圧倒的なエピソードの奔流と、豊穣かつ痛切な思惟が繰り広げる歴史と文学の交錯、数多の書物を世に問うてきた著者が渾身の力を注ぎながらついに果しえなかった未完の連載を待望の成集。
2018.1 381p B6 ¥2800 ①978-4-7917-7031-1

◆琉球文学論　島尾敏雄著　幻戯書房
【要旨】日本列島弧の全体像を眺める視点から、琉球文化を読み解く。講義録、新発掘。
2017.5 269p B6 ¥3200 ①978-4-86488-121-0

◆歴史の総合者として―大西巨人未刊行批評集成　大西巨人著、山口直孝、橋本あゆみ、石橋正孝編　幻戯書房
【要旨】志賀直哉批判、ハンセン病問題、身分権利にかんする発言、「俗情との結託」論争など、戦々たる状況に「文学」から批判し、人間精神の真実を貫徹させた"批評家・大西巨人"。その終わりなき批評＝運動を、大西巨人研究の最前線から総展望する。晩年にいたるまでの70年にわたり書かれた単行本未収録批評85篇＋小説1篇を一書に集成。
2017.11 389p B6 ¥4500 ①978-4-86488-133-3

◆BL進化論(対話篇)―ボーイズラブが生まれる場所　溝口彰子著　宙出版
【要旨】男性同士の恋愛を軸とした一大エンタテインメント・ジャンルであるBL(ボーイズラブ)。そのBLが、現実の進化を先取りし、ホモフォビア(同性愛嫌悪)や異性愛規範、ミソジニー(女性嫌悪)を克服した社会へと進化することを助けている。その最前線で常に新しい表現を模索してきたBLクリエイターたちは、今なにを考えているのか。BLが生まれる初期衝動とは？ 作品と現実社会との接続は？ LGBT差別のない社会になった時、ジャンルは廃れるのか―？ 気鋭のBL研究者が、作家たちとの対話を通じてその魅力にディープにせまりながら、BLの進化・社会との関係を考察する。
2017.11 453p B6 ¥2130 ①978-4-7767-9692-3

対談集

◆あのひとたちの背中　重松清著　文藝春秋 (文春文庫)　(「この人たちについての14万字ちょっと」加筆・修正・改題版)
【要旨】ずっと、ずーっと、いつも見ていた、追いかけていた、憧れのひと―。作家、映画監督、脚本家など各界の第一線で常に「次作が待ち望まれている」13人の人物ドキュメンタリー＆対談集。生い立ちから死生観まで本音を引き出す。単行本『この人たちについての14万字ちょっと』を改題し、未収録の4人が新たに加わった完全版!
2017.3 402p A6 ¥860 ①978-4-16-790816-4

◆「永遠の都」は何処に？―TAIDAN 22世紀に向かって　加賀乙彦、岳真也著　牧野出版
【要旨】日本の近現代を描ききった類い稀なる歴史巨編『永遠の都』を歴史時代小説家の岳真也が著者本人を相手に読み解いていく! なぜ、長編なのか。どのようにして物語は生まれるのか。創作活動の秘密に迫りながら現代社会をも問う、スリリングな対談集。
2017.3 238p B6 ¥1700 ①978-4-89500-212-7

◆おいしい時間をあの人と　伊藤まさこ著　朝日新聞出版
【目次】矢野顕子 音楽家、美内すずえ 漫画家、寺久保遙一朗 有次代表取締役社長、黒木華 俳優、田根剛 建築家、片桐はいり 俳優、椎名直子 スタイリスト、是枝裕和 映画監督、菊池亜希子 俳優、モデル、臼井悠 スナック「アーバン」のママ、穂村弘 歌人、阿川佐和子 エッセイスト、小説家、杉本哲太 俳優、依田favoritesハム 洋菓子舗ウエスト社長、水口克夫 アートディレクター、沖田修一 映画監督、串田和美 俳優、演出家、川内倫子 写真家、内田鋼一 陶芸家、黒川光博 虎屋17代目店主
2017.5 287p A6 ¥1400 ①978-4-02-331579-2

◆書くインタビュー　3　佐藤正午著、東根ユミ聞き手　小学館　(小学館文庫)
【要旨】二十年ぶりに長編小説を書き下ろすことになった作家。いつもの雑誌連載とはちがって、書き下ろしは「書いても書いても原稿料を貰えない」。そんな定収入ゼロの世知辛い執筆生活に作家を駆り立てたのは、十五年以上前に編集者とかわした口約束と、みずからの身に起こった"種田くん現象"なる心の叫びだった。現代作家の中でも指折りの小説名人・佐藤正午が、「小説を書くこと」について見つめ直した一年半。書き下ろしの執筆中には『鳩の撃退法』が山田風太郎賞を受賞という吉報も舞いこむ。新たな代表作『月の満ち欠け』の執筆開始から第一稿完成までの生の声。
2017.5 283p A6 ¥600 ①978-4-09-406256-4

◆極一超一流の世界へようこそ! 18組の対談　サンケイスポーツ編　東京書籍
【要旨】トップアスリート、カリスマ、レジェンド。各界を代表するスター36人18組が集結。ジャンルと業種の垣根を超えて縦横無尽に語り尽くす。サンスポの異色連載「極対談」。小泉純一郎×YOSHIKIによる書籍化オリジナル対談を加え、本紙には未掲載の写真、発言を大幅に増補し、再編集。完全版として、ついに刊行!
2017.5 216p A6 ¥640 ①978-4-487-81093-2

◆国ゆたかにして義を忘れ　井上ひさし、つかこうへい著　河出書房新社　(河出文庫)
【要旨】時代のやり方同士で時代を駆け抜けた14歳違の天才作家が、小説、演劇はもちろん、好きな映画や俳優・女優のこと、作品を産み出す苦しみについて、さらに社会情勢、国家、家族、お金の話まで…のびやかに、しかし時に鋭く語り合った傑作対談集。待望の文庫化!
2017.4 216p A6 ¥640 ①978-4-309-41516-1

◆現代作家アーカイヴ　1　自身の創作活動を語る　高橋源一郎、古井由吉、瀬戸内寂聴著、平野啓一郎、飯田橋文学会編　東京大学出版会
【要旨】小説家たちは、なにを書いてきたのか。珠玉のインタヴュー集、かつ良質なブックガイド。
2017.10 234p B6 ¥2200 ①978-4-13-083047-6

◆現代作家アーカイヴ　2　自身の創作活動を語る　武田将明、飯田橋文学会編、谷川俊太郎、横尾忠則、石牟礼道子、筒井康隆著　東京大学出版会
【要旨】詩人・美術家・小説家の創作の源泉とは? 珠玉のインタヴュー集、かつ良質なブックガイド。
2017.12 241p B6 ¥2200 ①978-4-13-083072-0

◆小泉放談　小泉今日子著　宝島社　(宝島社文庫)
【要旨】人は、四十にして惑わず、五十にして天命を知る。アイドル・歌手・女優・文筆家としていつの時代も最前線を駆け抜けてきた小泉今日子が、齢五十の節目に感じること、思うこととは? 残りの人生を、力まず弛まず、自由におもしろく生きることについて、親愛なる二十五名のゲストたちと本音で語り合った約二年間の記録をお届けします。特別書き下ろしエッセイ収録。
2017.12 373p A6 ¥780 ①978-4-8002-7669-8

◆ことばの恐竜―最果タヒ対談集　最果タヒ著　青土社
【要旨】気鋭の詩人・最果タヒ、初の対談集!
2017.9 191p B6 ¥1800 ①978-4-7917-7008-3

◆小林秀雄対話集　小林秀雄著　講談社 (講談社文芸文庫Wide)
【要旨】近代日本文学史上、燦然と輝く業績を残し、今なお強い影響力を及ぼす批評家・小林秀雄の歴史的対話十二篇。坂口安吾、正宗白鳥、青山二郎、大岡昇平、永井龍男、河上徹太郎、三島由紀夫、江藤淳、中村光夫、福田恆存、岩田豊雄(獅子文六)、田中美知太郎を相手に、文学、音楽、美術、演劇、作家の生き方等、多彩なテーマを自由闊達に語り合い、人生の妙味と真実に迫る、感銘深き一巻。
2017.8 384p 16×12cm ¥1400 ①978-4-06-295512-6

◆ご本、出しときますね？―文筆系トークバラエティ　BSジャパン、若林正恭著　ポプラ社
【要旨】小説って面白い! 無類の本好き芸人・オードリー若林正恭と、20人の作家たちが"自分のルール"を語りつくす。大人気番組、ついに書籍化!
2017.4 344p B6 ¥1500 ①978-4-591-15276-8

◆対談―戦後・文学・現在　加藤典洋著　而立書房
【要旨】文芸評論家・加藤典洋はときに著者より深く、鮮やかに文学作品を読み解く。一方、デビュー作『アメリカの影』、代表作の一つ『敗戦後論』に見られるごとく、戦後日本の追究を自身の思想の足場として保持してもいる。この二つを両輪に、長年、徒手空拳のまま「現在」と向きあい、数々の魅力的な論考を発表してきた。本書では、この非凡な批評家の1999年以降、現在までの対談を精選。現代社会の見取り図を大胆に提示する見田宗介、また今は亡き吉本隆明との伯仲する対談など、供し流されない、付度なき思想家、同時代人との「生きた思考」のやりとりを収録した。
2017.11 382p B6 ¥2300 ①978-4-88059-402-6

◆愉しきかな、俳句　西村和子著　KADOKAWA　(角川俳句ライブラリー)
【要旨】俳句でつながる人の縁は、極小の詩型に似つかわからず奥深い。医師、学者、作家、歌舞伎役者、落語家、詩人など第一線で活躍する達人15人と、自身の仕事について、人生について、俳句の魅力について、縦横無尽に語り尽くす、快活洒脱の対談集。
2017.1 371p B6 ¥1900 ①978-4-04-400240-4

◆ていだん　小林聡美著　中央公論新社
【要旨】女優・小林聡美が、人生で初めてのホスト役に挑戦。作家、俳優、噺家、料理人、ミュージシャン、漁師、etc…ゲスト36人と紡いだ人生が愛おしくなる対話の時間。
2017.10 301p 18×13cm ¥1600 ①978-4-12-005012-1

◆東大から刑務所へ　堀江貴文、井川意高著　幻冬舎　(幻冬舎新書)
【要旨】刑務所に堕ちてこそ分かることがある。大学在学中に起業したライブドアを時価総額8000億円企業にまで成長させながら、世間から「拝金主義者」のレッテルを貼られ逮捕された堀江貴文。大王製紙創業家の長男として生まれ、幼少時代は1200坪の屋敷で過ごし、42歳で社長に就任しながらも、カジノに106億8000万円を使い込み逮捕された井川意高。二人の元東大生が刑務所に入って初めて学んだ"人生の表と裏""世の中の清と濁"。東大では教えてくれない「人生を強く自由に生きる極意」を縦横無尽に語り尽くす。
2017.9 236p 18cm ¥820 ①978-4-344-98471-4

◆文学の淵を渡る　大江健三郎、古井由吉著　新潮社　(新潮文庫)
【要旨】聖なるものと優れた小説がともにもつ、明晰にして難解な言葉の有り様を語り、鷗外から中上健次まで百年間の名作小説を、実作者の眼で再検証する。また、外国詩を読み、翻訳す

日本文学の研究

る喜びを確認し合う傍らで、自らの表現を更新するたびに「+1」を切望する、創作時の想いを明かす。日本文学の最前線を半世紀を超えて走り続けた小説家が、それぞれの晩年性から文学の過去と未来を遠望する対談集。
2018.1 275p A6 ¥520 ①978-4-10-112624-1

◆**文学のレッスン** 丸谷才一著，湯川豊聞き手 新潮社 （新潮選書）
【要旨】長篇小説はなぜイギリスで、短篇小説はなぜアメリカで発展したのか。歴史は文学とどのようにかかわっているのか。批評にとって最も大事なことは何か。エッセイという形式はどのようにして生まれたのか…古今東西の作品を次々と繰り出しながら、文学の大山脈を奔放自在に探索し、その真髄に迫る。湯川豊による「最晩年の十年」を新たに加えて選書化。
2017.4 291, 6p B6 ¥1400 ①978-4-10-603801-3

◆**みみずくは黄昏に飛びたつ―川上未映子訊く/村上春樹語る** 川上未映子，村上春樹著 新潮社
【要旨】芥川賞作家にして、少女時代からの熱心な愛読者が、村上春樹のすべてを訊き尽くす。騎士団長とイデアの関係は？ 比喩はどうやって思いつく？ 新作が何十万人に読まれる気分は？ 見返したい批評家はいる？ 誰もが知りたくて訊けなかったこと、その意外な素顔を、鮮烈な言葉で引き出す。11時間、25万字の金字塔的インタビュー。
2017.4 345p B6 ¥1500 ①978-4-10-353434-1

◆**洋子さんの本棚** 小川洋子，平松洋子著 集英社
【要旨】同郷で同世代で名前も同じ。小説家・小川洋子とエッセイスト・平松洋子。踏みしめてきた数々の「踊り場」を振り返れば、そこにはいつも本があった―。ふたりはこんな本でできている。アンネ、ドイル、ケストナー、増井和子、タブッキ、白洲正子、倉橋由美子、深沢七郎、藤沢周平…。お二人が古今東西の名作を入口に、本と人生を行き来して、楽しく語り尽くした、滋味あふれる対話集。
2017.10 269p A6 ¥580 ①978-4-08-745650-9

◆**わたくしたちの旅のかたち―好奇心が「知恵」と「元気」を与えてくれる** 兼高かおる，曾野綾子著 秀和システム
【要旨】50年来の知己が初めて語り合う、異文化にふれる喜び、楽しい出会い―。
2017.2 238p B6 ¥1300 ①978-4-7980-4914-4

作家論・作品論

◆**愛ゆえの反ハルキスト宣言** 平山瑞穂著 皓星社
【要旨】彼の長編小説から、どんな「雑音」が聞こえるのか？ 誰もが思っていたのに、言葉にされてこなかったこと。アンチに転じた現役作家が、いま語り尽くす！ 村上春樹の何が「劣化」しているのか？
2017.9 358p B6 ¥1600 ①978-4-7744-0639-8

◆**芥川追想** 石割透編 岩波書店 （岩波文庫）
【要旨】歿後90年を経て今も読み継がれる作家の愛惜まざる面影と真実を巡りあつて48人が手繰りよせ語る。彼の生きた時代を現出させると共に、彼の作品の生成の秘密をも遠望させてくれる同時代人たちの回想。
2017.7 525p A6 ¥1000 ①978-4-00-312012-5

◆**芥川龍之介** 鷲只雄編著 河出書房新社 （年表作家読本） 新装版
【要旨】詳細な年表、数々のエピソードと写真による、芥川龍之介完全ガイド。
2017.10 222p B6 ¥1800 ①978-4-309-02615-2

◆**芥川龍之介試解―呪縛の構造** 西原千博著 （小平） 蒼丘書林
【目次】第1章 芥川龍之介の初期作品に関する一考察―「過剰なもの」という呪縛、第2章「ひょっとこ」試解―「対照」の呪縛、第3章「羅生門」試解―「作者」の呪縛、あるいは同時的なものの走、第4章「或日の大石内蔵之助」試解―話者の呪縛、第5章「地獄変」試解―「見る」という呪縛、第6章「奉教人の死」試解―呪縛としての「刹那の感動」、第7章「杜子春」試解―呪縛された父親、あるいは父と息子の物語、第8章「秋山図」試解―画は言葉の呪縛を超えられるか、第9章「藪の中」試解―真相という呪縛、あるいは言葉の呪縛、第10章「玄鶴山房」試

解―「内」と「外」との対照、あるいは"内"の呪縛
2017.11 317p B6 ¥3000 ①978-4-915442-21-6

◆**生きられた死生観―作家 高見順の場合** 大町公著 （京都）晃洋書房
【要旨】作家高見順は食道ガンで死ぬ直前まで日記を書き続けた。高見の死生観に関しては、従来詩集『死の淵より』が取り上げられてきたが、真骨頂はそれではなく、『続高見順日記』「死生の十字路」にある。二大宗教との対決を中心に、高見順最期の日々を追う。
2017.4 132p B6 ¥1600 ①978-4-7710-2859-3

◆**石川啄木論** 中村稔著 青土社
【要旨】その生涯、思想と作品の全貌。悲痛な生涯の崖ぶちに立って抱いた思想と作品。詩作をはじめて70年余、鋭利な関心をもち続けてきた詩人が、斬新な視点から通説の多くを批判し、啄木の詩・短歌・評論・小説の現代的な意義を明断に論述した、画期的、決定的な石川啄木論。
2017.5 528p B6 ¥2800 ①978-4-7917-6977-3

◆**泉鏡花** 福田清人，浜野卓也共編 清水書院 （Century Books―人と作品） 新装版
【要旨】雪深い北国の優雅な伝統の街金沢に、古典的美文学の血をひきついで生まれた泉鏡花は亡くしていった美しい母への慕情のたゆたいの中で、作家としての詩魂を磨いていった。明治・大正・昭和を通じて、鏡花ほど日本女性の美しさを文学的に結晶させた作家は他にあるまい。それは、女体の妖しい美にひざまずいた谷崎潤一郎の享楽主義とも、また、清らかなだまでなざしで女性の性情の陰影を繊細に描いた川端康成の虚無主義とも違う。それは、人間界に存在する美なるもの、美しきものの象徴として女性を描こうとするロマンチシズムが、流れるような才能による文体とともに見事に開花したものにほかならない。
2017.9 198p 19cm ¥1200 ①978-4-389-40114-6

◆**いのちの旅人―評伝・灰谷健次郎** 新海均著 河出書房新社
【要旨】子どもへのあたたかい眼差しにあふれ、多くの人を魅了してやまない感動作品を残す児童文学作家・灰谷健次郎は、酒や女を、海や旅を、そして文学を心から愛し、"生きること"を徹底的に楽しんだ。しかしその生涯は、長兄の自殺、著作の差別問題、断筆と放浪、版権の引き上げなど激烈なものだった…絶望から希望への道を歩んだ灰谷の生涯から作品の根源に迫る。
2017.10 250p B6 ¥1800 ①978-4-309-02618-3

◆**うそつき一夫・野坂昭如との53年** 野坂暘子著 新潮社
【要旨】黒眼鏡の下の「永遠の少年」。21歳の元タカラジェンヌが飛び込んだのは、想像もつかないような、波瀾万丈の結婚生活だった。直木賞受賞前の日々から、病に倒れてもなお書き続けた最晩年まで。
2017.10 213p B6 ¥1800 ①978-4-10-351271-4

◆**江戸川乱歩と横溝正史** 中川右介著 集英社
【要旨】日本の探偵小説を牽引した二大巨頭、江戸川乱歩と横溝正史。盟友として、ライバルとして、お互い影響しあい、時に対立しつつ、一方が作家として執筆するとき、もう一方は編集者として支えた。太陽と月にも喩えられる日本文学史上稀な関係はどのように生まれ、育まれたのか。二人の大作家の歩みを辿りながら日本の出版史をも描き出す、空前の対比評伝。
2017.10 334p B6 ¥1700 ①978-4-08-781632-7

◆**遠藤周作と『沈黙』を語る―『沈黙』刊行50年記念国際シンポジウム全記録** 遠藤周作文学館企画 （長崎）長崎文献社 （長崎文献社ブックレット No.1）
【目次】はじめに 遠藤周作没後二〇年・『沈黙』刊行五〇年記念国際シンポジウムの概要、特別講演 父・遠藤周作の思い出、基調講演『沈黙』と「SILENCE」＝英語圏での解釈と評価について、パネルディスカッション 遠藤周作とわたし、そして"長崎"、参考資料（小説『沈黙』に出てくる歌について、「こびとの歌」）
2017.1 129p B6 ¥800 ①978-4-88851-274-9

◆**老いの荷風** 川本三郎著 白水社
【要旨】第一人者の視点と筆さばき。『濹（ぼく）東綺譚』以降の作品と生活を中心に、老いを生きる孤独な姿を描く。
2017.6 238p B6 ¥2400 ①978-4-560-09556-0

◆**大西巨人と六十五年** 大西美智子著 光文社
【要旨】18歳の出会いから、主治医に不可能と言われた自宅でのたった一人の看取りまでを綴る。
2017.12 271p B6 ¥2800 ①978-4-334-91196-5

◆**大庭みな子 響き合う言葉** 与那覇恵子編著，大庭みな子研究会著 めるくまーる
【要旨】歿後10年、難民問題はじめ流動化が進む現代世界にあって、「越境」し「混交」するその作品は今日的な意味を帯びつつ、再び甦ろうとしている。時代に先駆けた大庭文学のいま。
2017.5 354p B6 ¥2800 ①978-4-8397-0170-3

◆**大佛次郎―一代初心** 福島行一著 （京都）ミネルヴァ書房 （ミネルヴァ日本評伝選）
【要旨】大佛次郎（一八九七～一九七三）小説家。明治維新、進取の気風の中で生まれ育った大佛次郎。一中、一高、東大法学部卒のエリート街道から本格的大衆文学作家となり、「鞍馬天狗」から近代日本人の精神の原点を求めた「天皇の世紀」までを生み出した。その作家の人間像とはいかなるものであったのか。一次史料を渉猟し、その生涯と作品が織りなす実像に迫る試みである。
2017.11 335, 7p B6 ¥3200 ①978-4-623-07880-6

◆**大佛次郎と猫―500匹と暮らした文豪** 大佛次郎記念館監修 小学館
【要旨】300点以上の猫グッズ、名作童話『スイッチョねこ』の原画、無類の猫浮世絵などから厳選！！ 101匹の猫ちゃん大行進。秘蔵コレクションを本邦初公開！ 日本一の猫先生の心温まるエピソード満載！
2017.2 111p A5 ¥1500 ①978-4-09-388535-5

◆**おちゃめに100歳！ 寂聴さん** 瀬尾まなほ著 光文社
【要旨】66歳年下の秘書の私が「日々若返る」先生の秘密を明かします。
2017.11 269p B6 ¥1400 ①978-4-334-97960-7

◆**夫・車谷長吉** 高橋順子著 文藝春秋
【要旨】十一通の絵手紙をもらったのが最初だった。直木賞受賞、強迫神経症、お遍路、不意の死別。異色の私小説作家を支えぬいた詩人の回想。
2017.5 277p B6 ¥1600 ①978-4-16-390647-8

◆**折口信夫―日本の保守主義者** 植村和秀著 中央公論新社 （中公新書）
【要旨】民俗学者、国文学者にして釈迢空の号で知られる歌人、そして小説家でもある折口信夫。多方面にわたる業績は「折口学」と総称されるが、全貌をひとつとおり眺めるのは容易ではない。本書ではその生涯をたどり、関東大震災、二・二六事件、敗戦から占領下という日本崩壊の危機感がこの稀有な思想家を生み出したことを示す。さらに、折口の思想をナショナリズムと反ナショナリズムから読み解き、真の保守主義とは何かを問う。
2017.10 233p 18cm ¥820 ①978-4-12-102458-9

◆**折口信夫の晩年** 岡野弘彦著 慶應義塾大学出版会 復刊
【要旨】折口信夫の生誕一三〇年を記念して復刊する本書は、昭和二十二年から二十八年九月の逝去まで、折口の晩年七年間を共に生活した著者による追憶の書である。折口信夫の生きる姿をまざまざと写し出すその鮮烈な印象は二一世紀の現在もいささかも古びることがない。十七年間を共に暮らし、出征後に養子となった春洋が硫黄島で戦没し、深い悲しみを湛えた折口の率直な「死生観」や師・柳田國男に対する礼のありよう、若き日に覚えたコカインの影響で利かなくなった臭覚、代々医を生業としていた生家の影響で自ら調合する薬など、日常生活を生き生きと描いた記録としても貴重であり、また、折口信夫に全人的な薫陶を受けた若き日の岡野弘彦の思いがほとばしっている本書は、「折口学」入門に欠かせないものである。
2017.10 301p B6 ¥3200 ①978-4-7664-2476-8

◆**開高健―生きた、書いた、ぶつかった！** 小玉武著 筑摩書房
【要旨】最後の同時代人の記録と証言。詳細年譜付き。
2017.3 407, 22p B6 ¥2500 ①978-4-480-81844-7

◆**開高健の文学世界―交錯するオーウェルの影** 吉岡栄一著 アルファベータブックス
【要旨】「人間らしく／やりたいナ」のコピーで有名になり、『裸の王様』で芥川賞を受賞。ジョージ・オーウェルの作品から多大な影響を受け、自らも翻訳していた…。作品を通し、開高健の知られざる苦闘の足跡を辿る。
2017.6 386p A5 ¥2500 ①978-4-86598-034-9

◆**怪人江戸川乱歩のコレクション** 平井憲太郎，本多正一，落合教幸，浜田雄介，近藤ようこ著 新潮社 （とんぼの本）

【要旨】探偵小説の巨星。ミステリーの祖。名探偵明智小五郎の生みの親にして怪人二十面相で世を騒がせた張本人。一方で怪奇・猟奇・幻影・耽美の妖しい世界を教えてくれた、われらが江戸川乱歩。その作品や伝説の人物像から density なイメージが独り歩きしているけれど、いったい乱歩とは何者なのか一ついに、終の住処に遺された乱歩俳優の品々を洗いざらいお見せする時来た。無残絵、人形、遠眼鏡から帽子、ネクタイ、身辺小道具まで、愛蔵プライベート・グッズをたんとご覧あれ。うら若き女性のヌード写真まで納めた、整理魔乱歩自身の調査による秘蔵アルバム帖も初公開しよう。没後50年を過ぎ、明治大正昭和を駆け抜けた巨人の素顔が、いま浮かび上がる。第一人者による文学案内、評伝、そして待望の近藤ようこ描き下ろし漫画「お勢登場」は必見。
2017.12 142p 22×17cm ¥1800 ①978-4-10-602278-4

◆回想の青山光二―資料で読む「最後の文士」の肖像 池内規行著 （東久留米）共和国
【要旨】青春時代からの親友・織田作之助や太宰治との交流。そして、戦後は仁侠小説で一時代を築き、最愛の妻を描いた『吾妹子哀し』によって、90歳で川端康成文学賞を受賞した「最後の文士」＝青山光二。代筆や古書店との交流など、長年にわたる生々しいエピソードを残しながら、愛悼の末で納めた。詳細を究めた年譜、全著作目録、秘蔵写真を駆使した文学アルバムを収録。
2017.5 285p 19×16cm ¥5000 ①978-4-907986-35-3

◆金子光晴の唄が聞こえる 松本亮著 めこん
【要旨】ジャワ舞踊、バリ舞踊の花をたずねて―その文学・ものがたり背景をさぐる。金子光晴の人と詩への、永久なる愛惜の想いをこめ。
2017.7 229p B6 ¥2500 ①978-4-8396-0303-8

◆荷風を追って―1945夏・岡山の80日 三ツ木茂著 （岡山）山陽新聞社
【要旨】戦争ほどおそるべきものはなし一貫して戦争を悟み、国民を破滅へと導く軍人政治と国家に反発した永井荷風。内田百聞（けん）文学賞最優秀賞受賞作家・三ツ木茂が、岡山で過ごした荷風の1945年夏の足跡を追う。
2017.8 139p B6 ¥1800 ①978-4-88197-752-1

◆川端文学への視界 年報2017（32） 川端康成学会編 （鎌倉）銀の鈴社
【目次】巻頭言 この頃を思うこと、川端康成学会第43回大会（インタビュー「川端康成と湯ヶ島」土屋昆氏（湯本館取締役社長）、講演「川端文学の源流・湯ヶ島での言葉」、文学散歩・第一日「湯ヶ島」、第二日「湯ヶ島から下田へ一『伊豆の踊子』の足跡をたどる」）、論文（虚実を融解する「祟り」―川端康成「処女作の祟り」の恐ろしさ／面白さ、「古都」にとらわれる芸術家たち―川端康成「美しさと哀しみと」における京静止した時空―川端康成「美しさと悲しみと」をめぐって）、随筆 康成の誤植？、追悼 ダンディであった武田勝彦先生、磯貝英夫氏追悼―「作品分析の方法論」再読とともに)、書評（森晴雄著『川端康成「掌の小説」論―「雪」「夏の靴」その他』、小谷野敦・深澤晴美編『川端康成詳細年譜』）、研究動向（川端康成研究展望 二〇一六・一〜二〇一六・一二、川端康成研究文献目録・刊行一覧（二〇一六年）、学会記録（平成二八年度）
2017.7 138p B6 ¥2500 ①978-4-86618-019-9

◆神林長平論―コミュニケーションと意識の表現 白鳥克弥著 専修大学出版局
【目次】第1章 神林長平の作家性と作品の構造分析―『アンブロークン アロー 戦闘妖精・雪風』と「ぼくらは都市を愛していた」、第2章 登場人物の自律性―『アンブロークン アロー 戦闘妖精・雪風』のメタフィクション性、第3章 PABという人格像―『兎の夢』と『帝王の殻』におけるコミュニケーションの代理人としての人格複製機械、第4章 コミュニケーション空間としてのインターネット、第5章 雪風再考、第6章 意識とは何か―「ぼくらは都市を愛していた」における意識の在り方
2017.2 230p A5 ¥2400 ①978-4-88125-312-0

◆菊池寛随想 片山宏行著 未知谷
【要旨】菊池寛作品の多彩、奥行き、成り立ち、そして東西にわたる評価をコンパクトにまとめてみた。加えて芥川龍之介、久米正雄の文学にもふれ、両者の対照化を図った。結果的に「作品」の解釈と分析、および評価を入射角としながら、作家の相貌を浮かび上がらせることに帰着した。テクスト論を標榜して、テクスト論のみの墓窟に終わった近代文学研究の「パラダイムチェンジ」。そうした風景に対する反骨

定であるかもしれない。

◆北原白秋―言葉の魔術師 今野真二著 岩波書店 （岩波新書）
【要旨】「待ちぼうけ」「この道」などの童謡、『桐の花』『雲母集』に代表される短歌、童謡・民謡の粋たる『邪宗門』から円熟期の『水墨集』まで、様々なジャンルで名作を残し、その名を知らぬ人のない近代文学の巨匠、北原白秋。一面のみ取り上げられることの多かった作家の全貌を迎え、他に類のない広大な言語宇宙の秘密に迫る。
2017.2 272, 2p 18cm ¥880 ①978-4-00-431649-7

◆北原白秋 恩田逸夫著 清水書院 （Century Books―人と作品）新装版
【要旨】九州柳河の一少年が文学に志して以来、詩歌壇の巨匠として五十八歳で永眠するまでの北原白秋の生涯は、まさに詩業一路の歩みであった。それは明治大正昭和にわたってこの分野を進められ、しばしば画期的な作風を樹立したのである。しかも、その活動は詩・短歌・童謡・民謡、その他、詩歌圏の全領域におよんでいる。絶えず新しい地境を求めて躍動する豊饒で健康な生命力こそ、白秋の詩業の根本を推進させるたくましい生命力なのである。多様と統一、流行と不易の中に、白秋の詩業の魅力がある。
2017.9 222p 19cm ¥1200 ①978-4-389-40116-0

◆鏡花、水上、万太郎 福田和也著 キノブックス
【要旨】好きです、好きなんです。先生の文章は一泉鏡花、水上瀧太郎、久保田万太郎、獅子文六、佐多稲子、武田泰淳、檀一雄、小島信夫、樋口修吉―明治、大正、昭和に活きた文壇を活写した著者渾身の文藝評伝・批評集！
2017.2 287p B6 ¥2000 ①978-4-908059-63-6

◆近代作家の基層―文学の"生成"と"再生"・序説 半田美永著 （大阪）和泉書院 （近代文学研究叢刊）
【要旨】表現することは、作家にとって"再生"への"祈り"なのだ。文学は表現者を鍛え、ひとをつくる。ひとはまた、歴史を構築する…。文学とは、書き手にも読み手にも、孤独な試練を与えるものであるらしい。伊勢に住み、紀伊・熊野を見据えた著者の、近代作家・文学論。
2017.3 372, 25p A5 ¥3500 ①978-4-7576-0829-0

◆屈託という思想―小林秀雄と井伏鱒二 神林尋史著 作品社
【目次】小林秀雄（一兵卒の嗤い―精神の深化という偽について、小林秀雄小論―花の美しさが美しい花の傍らに降りたった時、論理の暗転から、不行跡未熟俺相重ノ論―私的小林秀雄「感想」、井伏鱒二（なつかしさへの帰り道から―若き日の井伏鱒二、くっきとと鰯ならびに山草木の記、「中島健蔵」のような人々に、言葉に隠れて酒をくむひと、戸惑う詩情から、つかしい現実へ―二十二歳（大正九年）から三十二歳（昭和五年）から三十五歳（昭和八年）、桃源郷一煙の彼方の「多甚古村」」
2017.7 284p B6 ¥2000 ①978-4-86182-638-2

◆消せなかった過去―まどみちおと大東亜戦争 平松達夫著 朝日新聞出版
【要旨】「戦争」を忘れることができますか？「心やさしい」「素直な」詩人として、栄誉と絶賛の中で生きた彼が、最晩年まで明かそうとしなかった「事実」。嵐の中で高揚した植民地役人時代、そして、その記憶を封印して生きた長い長い戦後の実相に迫る。
2017.9 189p B6 ¥1500 ①978-4-02-100263-2

◆原稿の下に隠されしもの―遠藤周作から寺山修司まで 久松健一著 笠間書院
【要旨】ふたりの原稿の下には「禁秘」がある。そこには毒が仕込まれている。出自にからむなれこれあり、卑下のなかに虚栄が香り、したたかな戦略もまた見え隠れる。そうした暗部にたまらず手を突っ込み、つかみあげたい一。引用の模倣に目を配り、その有様を具体的に検証することから、創造の原理を考える。
2017.7 307, 18p B6 ¥2500 ①978-4-305-70830-4

◆言語と思想の言説（ディスクール）―近代文学成立期における山田美妙とその周辺 大橋崇行著 笠間書院

【要旨】江戸以前の「知」、海外から流入してくる「知」。明治期、活字メディアによる情報革命の中で、多様な「知」はさまざまに錯綜し、新たな言説は生み出されていくこととなった。その過程の総体を、山田美妙から明らかにしていく書。ある時代の言葉は、どのように運用、共有され、新たななテクストして再編成されていたか。目の前にあるテクストだけを精読しても読み取ることのできない領域が、言葉には張り巡らされている。山田美妙は言葉とどう格闘し、そこでは何が起こっていたのか。日本の"近代"の実態が立ち上がる。
2017.10 284p A5 ¥2800 ①978-4-305-70853-3

◆「現在」に挑む文学―村上春樹・大江健三郎・井上光晴 松山愼介著 （札幌）響文社
【要旨】現在と本へ！！―政と性と生の「現在」をえがいた三人の作家。"日本"戦争"個人"の時代が立ち上がる、挑発な文学的入門書。
2017.1 376p B6 ¥1600 ①978-4-87799-129-6

◆小泉八雲―西洋脱出の夢 平川祐弘著 勉誠出版 （平川祐弘決定版著作集 第10巻）
【要旨】「信頼できる最大の批評家は読者である。それも日々の読者でなく、何代にもわたる読者である」ハーンの東大講義を引いて平川は結論する、「小泉八雲ことハーンを読者の今なお好しとしている」と。日本人の心をとらえたハーンの魅力を鮮やかに蘇らせた評伝。
2017.4 390p A5 ¥4800 ①978-4-585-29410-8

◆幸田文―「台所育ち」というアイデンティティー 藤本寿彦著 田畑書店
【要旨】「父・露伴の記録者」という役割を脱し、独自の作家スタイルを確立した幸田文―素人を自認し続け、「台所育ち」の表現者として、生きるための知を求めた"稀有な批評的存在"を読み解く！
2017.9 507p B6 ¥4500 ①978-4-8038-0345-7

◆行動する多面体―馬場駿吉の輪郭をたどって 清水義和,赤塚麻里,清水杏奴著 文化書房博文社
【要旨】第1章 身体 馬場駿吉による「加納丈於の身体論」、第2章 味覚ハイブリッドな耳鼻咽喉科医馬場駿吉―映像メディア論、第3章 視覚 馬場駿吉の宇宙―俳句と演劇、第4章 多面体としての馬場駿吉―松尾芭蕉とサミュエル・ベケット瀧口修造に見る短詩型の「余白」、第5章 馬場駿吉・ハイブリッドな俳人―異質なアートの組み合わせ、第6章 現代音楽メディア論 馬場駿吉と高橋悠治とヤニス・クセナキス、第7章 触覚 ブランク 建築論 馬場駿吉と荒川修作
2017.4 197p A5 ¥2500 ①978-4-8301-1292-8

◆小島信夫の文法 青木健著 水声社
【要旨】現実の淵から生の深奥へと鏡鋩を下ろす代表作『抱擁家族』を読みほどく評論、ともに過ごした日々、小説の胎動を秘めた言葉の数々を振り返るエッセイ、さらには発掘対談を収め、小島信夫文学の沃野を見はるかす。
2017.11 207p B6 ¥2500 ①978-4-8010-0298-2

◆湖村詩存 桂湖村著,村山吉廣編 明徳出版社
【要旨】『漢籍解題』の名著によって、また森鴎外の漢詩漢文の師としても知られる博学の漢学者「桂湖村」。万巻の書を自家薬籠中の物として成った、高古・秀逸な彼の漢詩を収めた貴重な書を初公刊し、その生涯と学績を明らかにした「桂湖村伝」を附載。
2017.3 153p A5 ¥2300 ①978-4-89619-949-9

◆小林秀雄―美しい花 若松英輔著 文藝春秋
【要旨】小林秀雄は月の人である。中原中也、堀辰雄、ドストエフスキー、ランボー、ボードレール。小林は彼らに太陽を見た。歴史の中にその実像を浮かび上がらせる傑作評伝。『ランボオ』『Xへの手紙』『ドストエフスキイの生活』から『モオツァルト』まで。小林秀雄の著作を生き直すように読み、言葉の向こうへ広がる世界へと誘う。
2017.12 621p B6 ¥3000 ①978-4-16-390687-4

◆小林秀雄と河上徹太郎 坂本忠雄著 慶應義塾大学出版会
【要旨】近代日本に創造的文芸批評を確立した小林秀雄と河上徹太郎。一九五九年に文芸誌「新潮」編集部に配属されて以来、十四年間の同誌編集長時代を含めて、二人の晩年まで身近にいた著者が、小林秀雄の求心力と河上徹太郎の遠心力を対比させながら、その作品と生涯の友情に迫る。
2017.4 253p B6 ¥3000 ①978-4-7664-2422-5

◆小林秀雄の超戦争―全釈『無常という事』を楽しむ 佐藤公一著 菁柿堂,星雲社 発売

日本文学の研究

【目次】まえがき―中野重治にみちびかれて、序説「みちのくの少年、秀雄―死んでもいいほどの陶酔」と、第1章「当麻」と冬の夢幻の一夜―室町時代版SMAP、眼もくらむような美少年世阿弥、第2章「無常という事」とノーベル文学賞作家川端康成の"虚無"―鎌倉時代と闇夜の「仏教ムスメ」の歌、第3章「平家物語」の非=無常と爽快感―サムライジャパン」の起源、第4章「徒然草」と月をも隠す一枚の木の葉―近代批評を超えた"批評精神の「毒」"、第5章「西行」という最高峰の歌人―その稀有の生きざまが、そのまま芸術になる、第6章「実朝」と"無垢の耀き"―歌人としての夭折の謎と残照

2017.8 281p B6 ¥2200 978-4-434-23737-9

◆斎藤茂吉―生きた足あと 藤岡武雄著 本阿弥書店
【目次】一枚のチラシから、短歌の出発、動揺攪瀾、茂吉長崎物語、茂吉のヨーロッパ紀行、青天の霹靂、永井ふさ子との恋愛、疎開生活、老残の生 2016.11 349p B6 ¥2900 978-4-7768-1278-4

◆斎藤茂吉 片桐顕智著 清水書院 （Century Books―人と作品） 新装版
【要旨】斎藤茂吉は、みちのくの山形県上山市に生まれ、医師を志して一家をなし、かたわら、近代歌人の巨匠となった。歌人としての全業績は、全集五六巻および、短歌・歌論・研究・随筆など文化勲章に輝く光彩を放っている。子規の根岸派の写生論を継承して、実相観入の歌論に発展させ、万葉集を主とする古典研究には、独自の足跡を残した。また「赤光」にはじまるの歌風は、真の意味の近代性をうちたて、膨大な作品となった。大正期のアララギ時代の現出は、茂吉の歌論と実作によるものといっても過言ではない。郷土的なものと万有的なもの、古典的なものと近代的なものとを兼備した広大な歌人であった。そこに茂吉の魅力があるといえよう。茂吉が近代文学史上に残した業績は、まことに広大であるといわざるを得ない。

2017.9 221p 19cm ¥1200 978-4-389-40118-4

◆坂口安吾論 柄谷行人著 インスクリプト
【要旨】日本人の自己欺瞞を剔抉する安吾的精神、自ら自由人たらんとした未来の作家・安吾。『坂口安吾全集』月報連載170枚に重要評論を精選併録し、今こそアクチュアルな安吾の全体像を描く、柄谷安吾論決定版！単行本初収録250枚。

2017.10 273p B6 ¥2600 978-4-900997-67-7

◆座右の秀雄 鷲崎佳弘著 風詠社、星雲社発売
【要旨】『本居宣長』の"謎解き"を主軸に、この畢生の大著へと至る乱気に満ちた思想劇の紆余曲折を描き、全く新しい"軋轢型"の小林秀雄像を提示した画期的論考。

2017.9 283p B6 ¥2400 978-4-434-23751-5

◆志賀直哉をめぐる作家たち・『志賀直哉と信州』（補遺） 深堀郁夫著 （長野）信毎書籍出版センター
【要旨】近代から現代まで多くの作家たちに影響を与え、「小説の神様」とも呼ばれた志賀直哉。信州ともゆかりが深く、この地で執筆した作品も多くあります。そんな志賀をめぐる作家たちとの交流が満載の本書は日本近代文学史をより深く理解するうえでも、たいへん意義深い一冊

2017.11 179p A6 ¥600 978-4-88411-145-8

◆『死者の書』の謎―折口信夫とその時代 鈴木貞美著 作品社
【要旨】『死者の書』は、こう読め！生誕130周年、いま、新たな折口信夫。歌人・小説家＝釈迢空と民俗学者・国文学者＝折口信夫。二つの才能が見事に融合・醗酵した稀有の小説『死者の書』。作家の青年期、作品成立の時代背景、作者の精神に踏み込むことで謎多き名作の秘鑰に迫る。

2017.10 279p B6 ¥2500 978-4-86182-658-0

◆柴田錬三郎の世界 熊代正英、綾目広治編著 （岡山）日本文教出版 （岡山文庫）
【目次】無頼の青春（熊代正英）（錬三郎の肖像、少年時代、中学時代、大学時代、初の長編小説執筆、錬三郎入隊、生死の狭間、漂流体験、東京で再奮闘）、柴田錬三郎の文学（綾目広治）（戦前の短編小説、戦後の短編小説、長編時代小説と『図々しい奴』、『眠狂四郎』シリーズ、『決闘者本武蔵』、その後の時代小説と柴錬版『三国志』） 2017.10 156p A6 ¥900 978-4-8212-5308-1

◆「司馬遼太郎」で学ぶ日本史 磯田道史著 NHK出版 （NHK出版新書）
【要旨】当代一の歴史家が、日本人の歴史観に最も影響を与えた国民作家に真っ向から挑む。戦国時代に日本社会の起源があるとはどういうことか？なぜ「徳川の平和」は破られなくてはならなかったのか？明治と昭和は本当に断絶していたのか？司馬文学の豊饒な世界から「歴史の本質」を鮮やかに浮かび上がらせた決定版。

2017.5 187p 18cm ¥780 978-4-14-088517-8

◆澁澤龍彥 ドラコニアの地平 世田谷文学館編 平凡社
【要旨】没後30周年大回顧展公式図録。息づかい伝わる草稿・創作メモ、愛蔵の品々や蔵書、美しい単行本の装幀、偏愛した美術品や作家たち。

2017.3 285p B6 ¥2400 978-4-12-110027-6

◆島尾敏雄・ミホ 愛の往復書簡 島尾敏雄、島尾ミホ著 中央公論新社 （中公選書）
【要旨】特攻隊員と島の国民学校教師が交わした手紙を、原資料から全文をはじめて復刻。そこにあらわれた戦争末期の交流は、恋の喜びと死の予感で揺れ動く心情が率直に綴られ、異様な切迫感は読む者の胸を打つだろう。解説は『狂うひと―「死の棘」の妻・島尾ミホ』の著者梯久美子。

2017.3 285p B6 ¥2400 978-4-12-110027-6

◆島尾敏雄・ミホ/共立する文学―敏雄生誕100年・ミホ没後10年記念総特集 河出書房新社
【要旨】敏雄"病妻物"―もう一つの「死の棘」。家の中、治療、捜索記…「死の棘」への応答―ミホ単行本未収録エッセイ他集成。ふたりの文学について、夫・島尾敏雄の遺書として、日日の移ろいの中で、恋愛の由縁…吉増剛造特別インタヴュー、裂断と転換―ふたりの文学が立ち上がる場所。映画『海辺の生と死』の世界。

2017.7 199p A5 ¥1700 978-4-309-02592-6

◆島崎藤村 福田清人編、佐々木冬流著 清水書院 （Century Books―人と作品） 新装版
【要旨】三代を生きた作家は多い。しかし、三代を貫いた作家は少ない。まさに、藤村こそは、三代を力強く生きぬいた作家である。浪漫主義の詩人として出発し、自然主義の大家として活躍し、偉大な歴史小説で終わった。しかも、いずれの分野の活躍にも、きっぱりと筋金が入っていた。自然抒情詩の確立、自然主義の完成、発展、ペースを守ってゆまず書き、自然主義を押しすすめて視野の広い歴史大作を発表し、新時代に生きる大家の面目を世に示した。どの一つをとっても、彼の偉大さを明示しないものはない。その生涯は、必ずしも恵まれず、むしろ苦難にみちみちながら、ついにくじけることがなかった。粘り強く、地道に、しかも大きく生きた。我等が誇りとする近代日本の永遠の作家である。

2017.9 210p 19cm ¥1200 978-4-389-40113-9

◆島田謹二伝―日本人文学の「横綱」 小林信行著 （京都）ミネルヴァ書房 （シリーズ・人と文化の探究 13）
【要旨】本書は、日本における比較文学の父にして、『ロシヤにおける広瀬武夫』『アメリカにおける秋山真之』『日本における外国文学』などで高名な島田謹二の評伝である。戦前から戦後にかけて多くの弟子を育て、佐藤春夫や司馬遼太郎などの作家とも親交を結び、精力的に研究活動に取り組みした生涯。その生き様を、大学時代から長きにわたり薫陶を受けた元高校教師が、豊富な資料をもとに鮮やかに描き出す。

2017.7 317p 11p B6 ¥8000 978-4-623-07623-9

◆「ジュニア」と「官能」の巨匠 富島健夫伝 荒川佳洋著 河出書房新社
【要旨】「ジュニア小説」というジャンルを一身でになった作家、その波乱の生涯をはじめて描き、時代と文学の知られざる流れをあかす畢生の評伝。

2017.11 317p B6 ¥2900 978-4-309-02541-4

◆『死靈』の生成と変容―埴谷雄高のヴィジョンと無限の自由 立石伯著 深夜叢書社
【要旨】埴谷高没後20年、『死靈』からの問いかけ。戦後の日本文学に聳立する巨篇『死靈』。その成立と変容の過程を、『『死靈』構想ノート』（1935年頃）という新しい解読を軸に解き明かす。埴谷雄高『死靈』論の一つの到達点。

2017.10 221p B6 ¥2500 978-4-88032-440-1

◆新編 宮本百合子と十二年 不破哲三著 新日本出版社
【目次】宮本百合子の社会評論について、宮本百合子の「十二年」、戦時下の宮本百合子と婦人作家論―没後三五周年によせて、古典学習における「文学的読み方」―宮本百合子の場合、試練の一二年と作家・宮本百合子、「道標」と「道標」以後―百合子は何を語ろうとしたか

2017.3 326p B6 ¥2000 978-4-406-06129-2

◆清張鉄道1万3500キロ 赤塚隆二著 文藝春秋
【要旨】清張鉄道は、旅情・愛憎・ミステリー。作中の誰が、最初に、どの路線に乗ったのか「初乗り場面」のある100作を徹底研究。JR全線1万9981・8キロ（2013年）に乗った元朝日新聞記者が、清張世界の鉄道場面にこだわった画期的な研究！

2017.11 290p B6 ¥1500 978-4-16-390723-9

◆戦場のファンタスティックシンフォニー―人道作家・瀬田栄之助の半生 志水雅明著 （名古屋）人間社
【要旨】生誕百年を迎えた作家・瀬田栄之助を朗読劇で再現した意欲作。瀬田文学の再評価とともに、従来あまり知られていなかった外国人捕虜収容所との関わり、学徒として戦死し『きけわだつみの声』でも知られる実弟・万之助との交流も紹介。ほか瀬田自身の新聞連載小説『偽りの青春』、ペンネームで書いた「日本にあった外国人捕虜収容所」も収録。

2017.12 203p B6 ¥1600 978-4-908627-26-2

◆続・寂聴伝―拈華微笑 齋藤愼爾著 白水社
【要旨】『源氏物語』の個人全訳、宗教への傾倒、海外作家との交流など、特筆すべきその精神と文筆活動を、最大のオマージュを込めて掘り下げる。

2017.5 495p B6 ¥3600 978-4-560-09233-0

◆高橋和巳―世界とたたかった文学 河出書房新社
【目次】高橋和巳、その人と時代、入門対談 陣野俊史×小林祐揚 いま、高橋和巳を読むために―「苦悩」と「妄想」から遠く離れて、インタビュー 田邊園子―編集者から見た高橋和巳、インタビュー 高橋和巳 私の文学を語る（聞き手・秋山駿）、高橋和巳と想像力の柵（大江健三郎）、破局への参加―高橋和巳への追悼（埴谷雄高）、文学は自己指弾か（梅原猛）、ついに書かれなかった「幻の国」（高橋たか子）、対談 三島由紀夫×高橋和巳 大いなる過渡期の論理、視野脱落をおそれた人（武田泰淳）［ほか］

2017.2 237p A5 ¥1900 978-4-309-02549-0

◆高橋たか子 地獄をさまよう魂 藤倉孝純著 彩流社
【要旨】孤高の作家の作品世界を読み解く！人間の内奥に潜む"悪"の諸相を描き、泉鏡花賞をはじめ多くの文学賞を得た作家・高橋たか子。難解と言われた作家の小説世界に丹念に分け入り、その魂の遍歴が、ついに神との出会いを果たした過程をあまさずところなく分析した魂の力作。

2017.3 226p B6 ¥2500 978-4-7791-2312-2

◆竹久夢二 恋の言葉 石川桂子編 河出書房新社 新装版
【要旨】大正時代を駆け抜けた画家・夢二が理想とする男女の関係、恋愛観とは!?現代にも通じる、恋の苦楽とロマンの法則。

2017.7 143p 19×14cm ¥1400 978-4-309-27854-4

◆谷崎潤一郎読本 五味渕典嗣、日高佳紀編 翰林書房
【目次】座談会 複数の「谷崎」をめぐって―新発見資料「創作ノート」を手がかりに、1 小説機械、谷崎潤一郎、2 谷崎をめぐるメディア・イメージ、3 接続するテクスト、4 谷崎テクストの現在地、5 谷崎潤一郎論のために、谷崎潤一郎全作品集

2016.12 355p A5 ¥3200 978-4-87737-408-2

◆田山花袋 福田清人編、石橋とくゑ著 清水書院 （Century Books―人と作品） 新装版
【要旨】足かけ五〇年に近い年月を、明治・大正・昭和の三代にわたって、ただまっしぐらに書き続けてきた花袋の底に張られる強力な線、それは「無類の正直さ」であろう。かれは、人生の奥底を、正直な目で見つめ、自己の欲求を正直に示して、その生涯を貫いた。それは、時には利己的にも見え、愚直にも見えたかもしれない。しかし、かれが自己を愛し、かつ自己からの一部、いな、全てである自然主義小説、宗教小説、歴史小説、紀行文が生み出されたとき、それはより次元の高いものへと昇華されていった。その全てが、花袋の血であり、肉であり、真実の声である。死して八〇年余。利根川のほとりを歩むとき、かれの作風のいまだ新鮮なるに驚きの声を発するのである。

2017.9 206p 19cm ¥1200 978-4-389-40119-1

日本文学の研究

◆**短歌でつづる河上肇・津田青楓と言う時代** 小木宏著　生活ジャーナル
【目次】1 学生時代、2「貧乏物語」前後、3「山川を超えて超えて」たどりつきし道、4 津田青楓の人と短歌、5 獄中の歌、6 出獄・行きかふ人を美とし見し、7 あとがき
2017.8 224p B6 ¥1482 ①978-4-88259-164-1

◆**父・福田恆存**　福田逸著　文藝春秋
【要旨】大岡昇平との和解。終生信頼した中村光夫。チャタレイ裁判を吉田健一と弁じ、三島由紀夫と天皇論を交したに忍び寄る老い。そして、親子の長く苦しい葛藤―。初めて明かされる晩年。
2017.7 307p B6 ¥2000 ①978-4-16-390688-1

◆**津島佑子―土地の記憶、いのちの海**　河出書房新社
【目次】津島佑子の世界、特別対談 川村湊×高澤秀次―遊動する世界を生きた作家、エッセイ、津島文学との交差点、世界への想像力、論考、著作解題 1971～2016 津島佑子の作品を読む
2017.1 207p A5 ¥2000 ①978-4-309-02539-1

◆**津島佑子の世界**　井上隆史編　水声社
【要旨】鋭敏な感覚によって「女性」や「母子」の深淵を穿つ作品群を執筆、また世界的視野のもと歴史や民族の問題を踏まえた充実の長編作品を数多く世に問うた津島佑子。創作の原点となった若き日々、家族とともにあることの葛藤とよろこび、父親の影、大胆かつ繊密な小説の綾、世界文学でのキャリアの意味を支えた自由闊達な人柄…。小説家・批評家・研究者による多彩なエッセイ・評論・座談を収録し、津島佑子の魅力的な文学世界へ誘う一冊。
2017.8 274p B6 ¥2500 ①978-4-8010-0261-6

◆**筒井康隆入門**　佐々木敦著　星海社、講談社発売
【要旨】現代日本文学が生んだ最重要にして最強の作家・筒井康隆。日本SF第一世代に属したのち、中間小説に進出してその最盛期を支え、さらには燦然と輝くジュブナイルの金字塔をうちたて、小説のジャンルとスタイルのあくなき改革者として、この怪物的作家の作品世界をトータルに把握することは困難を極める。本書はその難題に、筒井本人をして「わしに以上にこのことを知っている」と言わしめた佐々木敦が、デビュー作『お助け』から最新作まで、綺羅星の如き作品群を愚直にレビューするという回答を試みます。キーワードは「筒井康隆は二人いる」。さあ、半世紀以上に及ぶ巨人のキャリアを辿り、新たな筒井康隆像を探す旅に出ましょう。
2017.9 269p 18cm ¥900 ①978-4-06-510440-8

◆**寺山修司研究 10**　国際寺山修司学会編　文化書房博文社
【目次】巻頭論文「寺山修司―過激なる疾走―」解説ノート、パフォーマティヴな空間―寺山修司の演劇空間)、エッセイ(スクリーンの中に寺山修司を見たか、二〇一六年★★★★メモリアル)、研究論文(寺山修司書簡が収録されるまでの『寺山修司からの手紙』を中心に、戯曲「レミング」をユング心理学で読み解く―アクティブ・イマジネーションの世界ほか)、書評・劇評(書評 清水義和・赤塚麻人・清水杏奴著『身体とメディア』(文化書房博文社、二〇一六)、書評 三上宥絵夫著『関係 Between』(日本地域社会研究所)ほか
2017.10 281p A5 ¥2500 ①978-4-8301-1296-6

◆**寺山修司論―バロックの大世界劇場**　守安敏久著　国書刊行会
【要旨】ラジオ、テレビ、映画、演劇―誇張、過剰、不規則の「バロック常数」を見出しながら作品創造の秘儀を解読する寺山修司研究の画期的集大成。著者自身による寺山修司インタビュー収録。図版多数。
2017.2 563, 14p A5 ¥5400 ①978-4-336-06135-5

◆**徳田秋聲**　紅野謙介, 大木志門編　ひつじ書房　(21世紀日本文学ガイドブック 6)
【目次】第1部 作家を知る(徳田秋聲という作家、作品案内、研究のキーワード、研究案内)、第2部 テクストを読む(徳田秋聲のクリティカル・ポイント、関東大震災「ファイヤ・ガン」私注―爆弾と消火器、秋聲文学における「自然主義」と「私小説」の結節点―明治四〇年代短篇小説の達成、徳田秋聲「黴」における中断と反復の構造、徳田秋聲「花が咲く」の修辞的リアリズム）
2017.2 241p A5 ¥2000 ①978-4-89476-513-9

◆**永井荷風**　多田蔵人著　東京大学出版会

【要旨】フィクショナルな江戸が近代を揺さぶる荷風小説の言葉の魅力を解き明かす。新しい「小説」の探究。第6回東京大学南原繁記念出版賞受賞作。
2017.3 224, 4p A5 ¥4200 ①978-4-13-086051-2

◆**永井荷風**　福田清人編、網野義紘著　清水書院　(Century Books―人と作品)　新装版
【要旨】かつて明治・大正・昭和の三代に渡って、永井荷風という一陣の風が吹き抜けて行った。風は語った。日本の文明を、日本の四季を、そして人の世のすさまじさと人間の悲哀を、…今、私たちには風が残して行った言葉に、もう一度、心を向ける числа значる。
2017.9 229p 19cm ¥1200 ①978-4-389-40120-7

◆**中島文学における「己」の探究**　郭玲玲著　菁柿堂、星雲社 発売　(Edition Trombone)
【目次】序章 研究の主題と方法、第1章「山月記」論―その変身文学としての意義を探る、第2章「光と風と夢」論―「南洋」を出発点として、第3章「わが西遊記」論―「西遊記」と「ファウスト」などとの関連をめぐって、第4章「名人伝」論―その寓意性について、第5章 中島敦「弟子」論―己を堅持する子路像の成立をめぐって、終章 結論と今後の展望
2017.6 213p B6 ¥4200 ①978-4-434-23728-7

◆**長塚節「羈旅雑咏」―現場で味わう136首**　山形洋一著　未知谷
【要旨】一三六首の詠まれた場所すべてを踏破！「明治の健脚青年(長塚節)が二か月足らずで駆け抜けた跡をたどるのに、平成の高齢者がたっぷり三年を費やした」旅する歌人の孤独や喜びに思いを馳せ、詠まれた地への理解を深めた研究成果。
2017.11 253p B6 ¥2800 ①978-4-89642-537-6

◆**中原中也**　青木健編著　河出書房新社　(年表作家読本)　新装版
【要旨】詳細な年表、数々のエピソードと写真による、中原中也完全ガイド。
2017.10 207p A5 ¥1800 ①978-4-309-02614-5

◆**日本批評大全**　渡部直己編著　河出書房新社
【要旨】『日本小説技術史』の批評家が江戸後期より蓮實重彥、柄谷行人まで―近現代の批評から70編を精選し解題、日本批評の全貌を俯瞰・総括する。初の個人編集による批評集成。前人未到の比類なき偉業。
2017.1 640p B6 ¥7000 ①978-4-309-02534-6

◆**人間 吉村昭**　柏原成光著　風濤社
【要旨】太宰賞受賞作家から亡くなるまでの四十年、作家吉村昭の担当編集者として謦咳に接し、氏の人柄への親しみと創作への真摯な姿勢に畏敬の念を抱いてきた筆者が、吉村の著述を渉猟し、その人間像に迫った鎮魂の書。
2017.12 284p B6 ¥2500 ①978-4-89219-442-9

◆**萩原朔太郎とヴェルレーヌ**　小川敏栄著　人間と歴史社 (文学論集 1)
【要旨】排列の詩学。「ふらんすへ行きたしと思へども」だけではない朔太郎、「秋の日のヴィオロンの」だけではないヴェルレーヌ。
2017.2 339p B6 ¥3500 ①978-4-89007-206-4

◆**反 - 寺山修司論**　永山則夫著　アルファベータブックス　復刻版
【要旨】死刑執行から20年…。「永山則夫」は今に何を伝えるのか！「犯罪はなぜ生まれるのか」をめぐって「社会」と「個人」に対して激しく対峙した永山の1000枚を超える「反 - 寺山修司論」(1977年刊)の復刊。
2017.4 378p A5 ¥3000 ①978-4-86598-039-4

◆**万人に文を―橋本義夫のふだん記に至る道程**　橋本鋼二著　(八王子) 揺籃社
【目次】第1部(生まれ育った家と村、少年時代―昨書が人生観を変えた、書店揺籃社の開店と結婚、"鬱の時代"の再来、太平洋戦争を前に―地方文化運動に力を注ぐ、太平洋戦争前期―戦争協力から非戦争論者に、太平洋戦争後期―悪化の一途を辿る戦局の中で)、第2部(戦災・敗戦の中から五年、地方文化研究会を作り活動した時代、地方新聞に書き続けた十五年、ふだんぎ運動への序奏の十年、ふだんぎ運動最初の十年 万人に文章を書かせたい、終わりに)
2017.4 274p A5 ¥2000 ①978-4-89708-382-7

◆**ハーンは何に救われたか**　平川祐弘著　勉誠出版　(平川祐弘決定版著作集 15)
【要旨】横浜に上陸したハーンは青い瞳の混血児を見てハッとした。ダブリンの少年時代のみじめな自分を思い出したからである。そんなハーンはいかにして捨子の境涯から脱け出し、救われたか。平川の新著は、泳ぎを習い、自立し、日本でアット・ホームとなるハーンを描く。
2017.8 527p A5 ¥6000 ①978-4-585-29415-3

◆**百田尚樹 永遠の一冊**　月刊Hanada編集部編　飛鳥新社　(月刊Hanadaセレクション)
【目次】わが原点『永遠の0』誕生秘話、特攻に反対を唱えた指揮官たち、日本の至宝、悲劇の戦闘機「零戦」、自衛隊「ドッグファイト」体験記、沖縄で熱血大講演全録音、今明かす沖縄二紙も上層部はクズや×我那覇真子、沖縄タイムス阿部岳記者の正体、百田尚樹、自ら全著書を完全解説 1、自筆履歴書、百田尚樹5大対談 (ほか)
2017.12 288p A5 ¥926 ①978-4-86410-586-6

◆**評伝 石牟礼道子―渚に立つひと**　米本浩二著　新潮社
【要旨】石牟礼道子九〇歳、かくも激しい憩いの本格評伝。
2017.3 357, 4p B6 ¥2200 ①978-4-10-350821-2

◆**評伝 永井龍男―芥川賞・直木賞の育ての親**　乾英治郎著　青山ライフ出版、星雲社 発売 (シバブックス)
【要旨】戦前は―芥川賞・直木賞を育てた編集者。戦後は―短編小説の名手。昭和文壇の中心にあった永井龍男初の評伝。
2017.4 319p A5 ¥2000 ①978-4-434-23072-1

◆**藤沢周平 遺された手帳**　遠藤展子著　文藝春秋
【要旨】娘の誕生、先妻の死…、「藤沢周平」となるまでの苦闘の足跡を遺された手帳から、愛娘が読み解く。
2017.11 246p B6 ¥1500 ①978-4-16-390761-1

◆**へるん先生の汽車旅行―小泉八雲と不思議の国**　芦原伸著　集英社 (集英社文庫)
【要旨】『怪談』で知られる小泉八雲こと、ラフカディオ・ハーン。親の愛を知らずに育ち、イギリスから単身、アメリカに渡った彼は、極貧生活の果て、原稿料を稼ぎにルポライターとして来日した。時は明治、鉄道の時代。横浜から始まり、日本各所で暮らし、やがて帰化―そんな彼を日本に惹きつけたものは何だったのか？「へるん先生」と親しまれた彼の軌跡を辿る中で見えてくる、"日本魂"を再発見！
2017.3 286p A6 ¥600 ①978-4-08-745558-8

◆**辺境図書館**　皆川博子著　講談社
【要旨】最期の日まで、本に溺れる。小説の女王が耽読した、妖しくも美しい本の数々。書き下ろし短編「水族図書館」も収載。
2017.4 305p 18×12cm ¥2200 ①978-4-06-220535-1

◆**『濹東綺譚』を歩く**　唐仁原教久画・文　白水社
【要旨】麻布、銀座、浅草、向島、玉の井…名作の原風景。風景の詩人と評された永井荷風の視線を辿りながら、追憶の街並みを甦らそうとした意欲的な画文集。
2017.11 222p B6 ¥2400 ①978-4-560-09580-5

◆**僕ならこう読む―「今」と「自分」がわかる12冊の本**　佐藤優著　青春出版社 (青春新書INTELLIGENCE)
【要旨】『火花』(又吉直樹)、『異類婚姻譚』(本谷有希子)、『沈黙』(遠藤周作)、『羊と鋼の森』(宮下奈都)、『堕落論』(坂口安吾)―読書は、時代を生き抜く最強の武器になる。
2017.2 188p 18cm ¥840 ①978-4-413-04508-7

◆**堀辰雄**　福田清人編、飯島文、横田玲子共著　清水書院　(Century Books―人と作品)　新装版
【目次】第1編 堀辰雄の生涯(詩人の出発、死の季節、美しい村、レクイエム)、第2編 作品と解説(詩、聖家族、燃ゆる頬、美しい村、風立ちぬ ほか)
2017.9 182p 19cm ¥1200 ①978-4-389-40112-2

◆**枕詞はサッちゃん―照れやな詩人、父・阪田寛夫の人生**　内藤啓子著　新潮社
【要旨】「今日から俺をオジサンと呼べ」。離婚して新しい妻と子供ができた時に備えた父から、ある日突然指令が下った。家族の恥部も全て創作のネタにするひねくれた所が、なぜあんなに優しい詩が書けたのだろう―。童謡「サッちゃん」の作者のハチャメチャな人生。爆笑必至の"変父"。
2017.11 247p B6 ¥1600 ①978-4-10-351161-2

◆**正岡子規**　福田清人編、前田登美著　清水書院　(Century Books―人と作品)　新装版

【要旨】正岡子規の名は、近代文学において不朽である。彼は俳人であり、歌人であり、写生文家であった。同時に彼の生涯は病魔との闘いの連続であった。二十二歳の若年にして喀血して以来、激痛と高熱に見舞われ、ほとんど病床から離れることは不可能であった。「写生」を基盤とした俳句革新、短歌革新、写生文創始などの偉大な業績は、すべてそういう彼の、小さな病室でなされたのである。しかし彼は野心家であった。日毎に衰弱していく肉体の中で、彼の野望は火のごとく燃えあがった。私たちが今、近代の短詩型文学について語ろうとすれば、まっさきに子規を語り、彼の唱導した「写生」を語らねばならない。彼こそ短詩型文学の父である。おそらく俳句や短歌が消滅しないかぎり、彼の名は永遠に伝えられるであろう。
2017.9 206p 19cm ¥1200 ①978-4-389-40111-5

◆松本清張の葉脈　南富鎭著　（横浜）春風社
【目次】第1部 清張文学の系譜（松本清張・丸山眞男・朝鮮、松本清張・川端康成・熱海、松本清張の従軍鉄道と張赫宙、松本清張の葉脈と魯迅）、第2部 清張文学の葉脈（フィクション・ノンフィクション・真実、証言・偽証・冤罪、社会派推理小説・自殺・失踪、美術・真贋・史伝）
2017.3 370, 4p ¥2700 ①978-4-86110-557-9

◆まどみちお 詩と童謡の表現世界　張晟喜著　風間書房
【要旨】気鋭の研究者による、まど・みちお作品の全容。童謡"ぞうさん"の作詞者まど・みちおの創作の軌跡を辿り、104年の生涯を貫いた詩と童謡の表現世界を探究。作品の分析でまどが感じ取った時空間を明らかにする。
2017.2 291p A5 ¥2800 ①978-4-7599-2174-8

◆ミステリ読者のための連城三紀彦全作品ガイド　浅木原忍著　論創社
【要旨】連城三紀彦という特異な、そしてその特異性を見落とされてきた作家群が遺していった作品群。第16回本格ミステリ大賞・評論・研究部門受賞作を大幅加筆した決定版！
2017.3 336p B6 ¥2800 ①978-4-8460-1579-4

◆みはてぬ夢のさめがたく―新資料でたどる石上露子　奥村和子, 樹野政子著　（大阪）竹林館
【目次】第1部 新発見「婦人世界」の石上露子作品―青春の軌跡、浪華婦人会時代「婦人世界」における露子の新作品、露子のペンネーム「まほろし人」、読者欄「友信欄」で雑誌の盛り上げに活躍する露子、"宵暗"「王女ふおるるちゆにあ」の作者夢地庵は露子ではない、浪華婦人会時代「婦人世界」所在の現況―「おわりに」にかえて、第2部 若き日の石上露子書簡―苦悩し旧弊にあらがう露子（明治三六年二月一五日付大谷子之助宛杉山孝子書簡、明治三六年三月一九日付大谷きよ子宛杉山孝子書簡、明治三六年四月一一日付大谷きよ子宛杉山孝子書簡、明治三六年六月一〇日付大谷きよ子宛杉山孝子書簡、明治四一年九月一七日付杉山荘平宛杉山孝子書簡）、第3部 『助産乃栞』を読む―幸福な妻・母であった石上露子（資料、資料解説 幸福な妻・母 孝子）、第4部 新たにみつかった高貴寺石上露子書簡から地主杉山家崩壊と逆縁の晩年を生きる（高貴寺と杉山好彦・好子父娘、露子書簡と解読）
2017.6 343p B6 ¥2300 ①978-4-86000-362-3

◆村上春樹を、心で聴く―奇跡のような偶然を求めて　宮脇俊文著　青土社
【要旨】デビューから最新作『騎士団長殺し』に至るまで、村上文学は何を描き出してきたのか。影／地震／暴力などの鍵概念に肉薄し、作家の全体像に迫る。物語に隠された"偶然"の連関を指し示す、これまで目にしたことのなかった村上春樹論。
2017.5 352p B6 ¥2200 ①978-4-7917-6981-0

◆村上春樹「騎士団長殺し」メッタ斬り！　大森望, 豊崎由美著　河出書房新社
【要旨】『騎士団長殺し』は第○章を読めばすべてがわかる！部品はみんな村上春樹なのに……ワースト作？『色彩を持たない多崎つくると、彼の巡礼の年』『1Q84』はBOOK3がなければ……村上春樹の10年を徹底放談。
2017.4 212p 18cm ¥740 ①978-4-309-02567-4

◆村上春樹とスペイン　小阪知弘著　国書刊行会
【要旨】現代スペイン絵画、スペイン内戦、『ナイト・トーキョー・デイ』などさまざまな視座から春樹が自ら紡ぎ出す作品世界のうちに投影してきたスペイン語とスペイン文化の諸相へとフォーカスを定め肉薄する、最先端の論考。
2017.3 232, 12p A5 ¥3600 ①978-4-336-06142-3

◆村上春樹と"鎮魂"の詩学―午前8時25分、多くの祭りのために、ユミヨシさんの耳　小島基洋著　青土社
【要旨】"喪われた恋人"をめぐる冒険がはじまる。三人目のガール・フレンド、直子、「耳」の女の子、革命家と結婚したクラスメイト、ユミヨシさん……。本論文を横断して何度も反復され輻輳する"喪われた恋人"の謎。
2017.10 280p B6 ¥2200 ①978-4-7917-7016-8

◆村上春樹のフィクション　西田谷洋著　ひつじ書房　（ひつじ研究叢書―文学編 9）
【目次】1 修辞的構成（修辞と構成―超短編小説、幻想空間の生成―「三つのドイツ幻想」ほか）、2 幻想の物語（語り手と視点―「タイランド」、距離とエコー―「レキシントンの幽霊」「バースデイ・ガール」ほか）、3 視覚性と物語（解釈的断片体―「ふわふわ」、写実的物語性―クリス・ヴァン・オールズバーグ『西風号の遭難』ほか）、4 倫理とイデオロギー（解釈と倫理―「めくらやなぎと眠る女」、虚構のモラリティー―「納屋を焼く」ほか）
2017.12 508p A5 ¥5200 ①978-4-89476-888-8

◆村上春樹 翻訳（ほとんど）全仕事　村上春樹著　中央公論新社
【要旨】同時代作家を日本に紹介し、古典を訳し直す。音楽にまつわる文章を翻訳し、アンソロジーを編む。フィッツジェラルド、カーヴァー、カポーティ、サリンジャー、チャンドラー、小説、詩、ノンフィクション、絵本、訳詩集……1981年刊行の『マイ・ロスト・シティー』を皮切りに、訳書の総数七十余点。小説執筆のかたわら、多大な時間を割いてきた訳業の全貌を明らかにする。
2017.3 197p A5 ¥1500 ①978-4-12-004967-5

◆名作をいじる―「らくがき式」で読む最初の1ページ　阿部公彦著　立東舎, リットーミュージック 発売
【要旨】漱石、太宰、谷崎、乱歩……文豪の名作に「らくがき」をしたら、小説のことがもっとわかった！東大の先生が考えた新しくておもしろい読書入門。
2017.9 264p B6 ¥2200 ①978-4-8456-3077-6

◆名作「細雪」の真実―谷崎潤一郎の「細雪」は「細菌兵器」だった　そとばこまち著　平成出版, カナリアコミュニケーションズ 発売　（あの名作の真実）
【要旨】あの名作には、隠された真実があります。パズル作家が、ついに解き明かします!!谷崎潤一郎の『細雪』は危険な細菌兵器だ！もう一度、原作を読みたくなることでしょう。
2017.6 158p B6 ¥1200 ①978-4-7782-0384-9

◆名作「楢山節考」に隠された謎を解く―みんな深沢七郎にダマされていた！六十年の誤読　そとばこまち著　平成出版, カナリアコミュニケーションズ 発売　（あの名作の真実）
【要旨】あの名作には、隠された真実があります。パズル作家が、解き明かします!!深沢七郎の「楢山節考」の不思議な世界……もう一度、原作を読みたくなるでしょう。
2017.6 155p B6 ¥1200 ①978-4-7782-0383-2

◆明治期泉鏡花作品研究―「父」と「女」の問題を中心に　金子亜由美著　（大阪）和泉書院　（近代文学研究叢刊）
【要旨】泉鏡花の作品世界においてほとんど存在しないとされてきた「父」に着目。鏡花が明治20年代後半から40年代にかけて発表した小説を取り上げ、それらの中で構築される「父」を分析すると共に、「父」との関係において描かれる「女」あるいは「母」についても考察した。
2017.8 284p A5 ¥5800 ①978-4-7576-0848-1

◆保田與重郎―吾ガ民族ノ永遠ヲ信ズル故ニ　谷崎昭男著　（京都）ミネルヴァ書房　（ミネルヴァ日本評伝選）
【要旨】保田與重郎（一九一〇〜一九八一）文藝評論家。若くして『コギト』『日本浪曼派』を創刊。反近代主義を柱に文筆活動を行い、「時代閉塞」状況に置かれた戦中の青年に熱烈に迎えられた。戦後も己の思想を貫き通し、活躍の場を広げた七十余年の生涯に迫る。
2017.12 358, 17p B6 ¥3500 ①978-4-623-08223-0

◆破られた友情―ハーンとチェンバレンの日本理解　平川祐弘著　勉誠出版　（平川祐弘決定版著作集 第11巻）
【要旨】明治の二人の日本解釈者、ハーンとチェンバレンは互いに認めあったが、ハーンの死後、チェンバレンは意見を一変し、ハーンを貶めた。

ではハーンのようなsympathetic understanding of Japan 同情ある日本理解は学者としてあるまじき行為であるのか。
2017.5 388p A5 ¥4200 ①978-4-585-29411-5

◆山崎豊子と"男"たち　大澤真幸著　新潮社　（新潮選書）
【要旨】『白い巨塔』『大地の子』『沈まぬ太陽』……。デビュー作から遺作まで、全作品を読み解きながら、また三島由紀夫、井上陽水、谷崎潤一郎、葉隠、松本清張、カント、三浦綾子、鶴見俊輔、更に半沢直樹とも比較しつつ、誰も気がつかなかった、"男たち"の秘密を明かす。戦後日本が解決出来ずで、今に続く様々な難問を解く鍵は、「山崎文学」の中にあった！
2017.5 237p B6 ¥1300 ①978-4-10-603807-5

◆山本七平の思想―日本教と天皇制の70年　東谷暁著　講談社　（講談社現代新書）
【要旨】『「空気」の研究』『日本人とユダヤ人』……日本社会と国民性の本質を見抜く力。日本独自の「日本教」の正体とは。なぜ「空気」は日本全体を覆うのか。明治以降の天皇制が果たした役割等を鋭く問い続けた七平の戦いとは!?
2017.8 286p 18cm ¥860 ①978-4-06-288440-2

◆ゆめいろ万華鏡―田辺聖子文学事典　浦西和彦, 檀原みいず, 増田周子編著　（大阪）和泉書院　（和泉事典シリーズ）
【要旨】芥川賞受賞作『感傷旅行』、乃里子シリーズ、『新源氏物語』、「むかし・あけぼの―小説・枕草子」、NHK朝の連続テレビ小説「芋たこなんきん」の原作、映画にもなった「ジョゼと虎と魚たち」、カモカシリーズなどで、世代を超え、愛され続ける田辺聖子の世界。小説、エッセイ・評論など全560項目を収録。
2017.10 358p A5 ¥3500 ①978-4-7576-0850-4

◆夢をのみ―日本SFの金字塔・光瀬龍　立川ゆかり著　（矢巾町）ツーワンライフ
【要旨】本書はこれまで未発表の資料も多数収録された本格的評伝としてファン待望の一書である。代表作『百億の昼と千億の夜』でSF界に異彩を放った光瀬龍。鬼籍に入った今も多くのファンを魅了してやまない。光瀬を師と仰ぐ著者は、激変と人生に悩み、思索の森を巡り歩いた作者の姿に感動！夫人との800通に及ぶ往復書簡、書斎に残された日記、膨大な資料をベースに、生前彼と親交のあった人々を訪ね歩き、光瀬の知られざるエピソードや、作品に投影された彼の人生を追慕。作品の真意を解いていく。
2017.7 621p B6 ¥2000 ①978-4-907161-89-7

◆夢野久作と杉山3代研究会 会報 民ヲ親ニス 第5号　（筑紫野）「夢野久作と杉山3代研究会」事務局, （福岡）不知火書房 発売
【目次】第5回研究大会の記録（基調講演、研究発表、特別報告、報告、資料展示報告、第5回研究大会プログラム、特別資料（書誌：夢野久作著書目録 生前篇（追補）、書誌：夢野久作著書目録 歿後篇（新聞集成等）、報告（新聞集成等）、報告（江戸川乱歩賞受賞の作家・佐藤究さんに聞く、映画「ドグラ・マグラ」監督・松本俊夫さんの逝去を悼み、筑紫野市広報「図書館くらぶ」で杉山3代を紹介、「夢野久作に注目」の地元女子中学生に感謝状）
2017.11 320p A5 ¥2500 ①978-4-88345-114-2

◆横光利一　福田清人編, 荒井悟見著　清水書院　（Century Books―人と作品）　新装版
【要旨】飢えをものともせず、ひたすら理想の文学を求めてきた横光が『蠅』と『日輪』とを捧げて華々しく文壇に登場してきたのは大正十二年のことである。以来、時代の動きをとらえ、その風貌とともに強い印象と陶酔とを与え続ける。思想乱入という怪しげの中で、横光は常に文学の理想の形を求めて生きる。その強い意志による生き方が作品をより一層魅力のあるものにした。戦後、この作家がなくなってあよそ七十年。まだ一時代を風靡した文豪が忘れ去られる歳月ではない。しかし、不思議にも横光の精彩は次第に失われてきている。現代文学の課題を多くはらむこの作家を、もう一度よく検討すすべき時期であろう。そのためにこの書が少しでも役立ってくれたら幸いである。
2017.9 200p 19cm ¥1200 ①978-4-389-40117-7

◆横光利一とその時代―モダニズム・メディア・戦争　黒田大河著　（大阪）和泉書院　（近代文学研究叢刊）
【要旨】映画的認識と文体、異文化＝異言語体験の意義、戦時メディアにおけるラジオと活字の共犯関係、歿後70年を迎え横光利一の文学世界

を再評価。
2017.3 324p B6 ¥4800 ①978-4-7576-0830-6

◆与謝野晶子　福田清人編、浜名弘子著　清水書院　（Century Books—人と作品）　新装版
【目次】第1編 与謝野晶子の生涯（老舗の娘、はたちの心、おごりの春、転生、ただひとり）、第2編 作品と解説（みだれ髪、恋衣、舞姫、夏より秋へ、明るみへ ほか）
2017.9 220p 19cm ¥1200 ①978-4-389-40115-3

◆吉本隆明と中上健次　三上治著　現代書館
【要旨】吉本の間近で深い交流があったからこそ描けた、吉本・中上思想の真髄。ヨーロッパ近代思想も色褪せ、思想の根底が見えない今、思想の可能性を追究し、最後まで思想と格闘を続けた二人の巨人が指し示したものは！
2017.9 241p B6 ¥2200 ①978-4-7684-5746-7

◆米澤穂信と古典部　KADOKAWA
【要旨】"古典部"新作50枚収録。折木奉太郎や千反田えるの本棚、仕事場や執筆資料も大公開。
2017.10 135p A5 ¥1100 ①978-4-04-106051-3

◆弱い「内面」の陥穽—芥川龍之介から見た日本近代文学　篠崎美生子著　翰林書房
【要旨】日本近代小説がその原点に抱え込んでいる「弱い内面の平等性の発見」。芥川テクストとその流通のさまをモデルに明らかにする。
2017.5 446p B6 ¥3800 ①978-4-87737-413-6

◆Long hello——穂ミチファンブック　一穂ミチほか著　新書館
【要旨】今までの「こんにちは」と、これからの「こんにちは」に—。10周年記念スペシャルファンブック。書き下ろし小説11作品97P掲載!!
2017.8 246p B6 ¥1300 ①978-4-403-22114-9

◆SFの先駆者 今日泊亜蘭—"韜晦しさ現さず"の生涯　峯島正行著　青蛙房　新版
【要旨】海軍の父・水島爾保布の影響を強く受けて一切の束縛を嫌い退学して独学で文学や外国語を学び数カ国語の通訳をこなす。やがて、江戸川／乱歩に見出されて科学小説家として活躍する。日本のSFの基礎を築いた文学者の、その独自の生き方を追求。
2017.10 259p B6 ¥2300 ①978-4-7905-0892-2

太宰治論

◆太宰治研究　25　山内祥史編　（大阪）和泉書院
【要旨】晦渋で難解な作品とされてきた『虚構の彷徨、ダス・ゲマイネ』『二十世紀旗手』収載作品に積極果敢に挑んだ論考9篇を含む、力作19篇を収録。
2017.6 257p A5 ¥7000 ①978-4-7576-0842-9

夏目漱石論

◆生れて来た以上は、生きねばならぬ—漱石珠玉の言葉　夏目漱石著、石原千秋編　新潮社（新潮文庫）
【要旨】智に働けば角が立つ。情に棹させば流れる。意地を通せば窮屈だ。兎角に人の世は住みにくい—。世間と自分の生き方との大きな隔たりに苦しんだ漱石。彼の残した言葉には、類稀なる独創の深い叡智が込められている。漱石研究の第一人者・石原千秋が25作品から413の言葉を厳選、章末解説でそれらを鮮やかに読み解く。困難な時代を生き抜く私達迷える子に寄り添う決定版名言集。
2017.2 495p A6 ¥750 ①978-4-10-101030-4

◆三四郎と東京大学—夏目漱石を読む　竹本寛彦著　（大阪）風詠社、星雲社 発売
【要旨】漱石が亡くなってから100年。彼と同じ学舎を卒業した著者が、母校の東京大学を舞台にした小説『三四郎』を解読する。大正13年発行の『漱石全集』から多数引用し、当時の日本の文化や若者たちの心模様を探った。
2017.6 215p B6 ¥1600 ①978-4-434-23480-4

◆知っているようで知らない夏目漱石　出口汪著　講談社（講談社プラスアルファ新書）
【要旨】漱石は「告白」場面もすごい！日常に潜む不穏な緊張感。すべてが生死をかけた闘いだった。漱石にとっての宗教と罪。通り過ぎるだけの人と人との関係、漱石はこう読む！主要作12件。視座を変えれば世界が変わる…きっかけがなければなかなか手に取らない文豪をきち

んと読む「最後のチャンス」？生誕150年に贈る漱石入門の決定版！
2017.10 250p 18cm ¥900 ①978-4-06-291507-6

◆13歳からの夏目漱石—生誕百五十年、その時代と作品　小森陽一著　（京都）かもがわ出版
【要旨】そうだったのか！戦争の時代からの問い、恋愛問題の当時と今…漱石の世界を再発見。
2017.3 250p B6 ¥1600 ①978-4-7803-0895-2

◆生誕150年 世界文学としての夏目漱石　フェリス女学院大学日本文学国際会議実行委員会編　岩波書店
【要旨】世界文学の一読者・研究者であった夏目漱石が著した読者論的な『文学論』と、いまや世界中に読者をもつ世界文学であるがゆえに避けては通れない「翻訳」に焦点をあて、錚々たる国内外の研究者が「夏目漱石」と切り結ぶ。没後百年を記念して、二〇一六年十二月八〜十日に行われた国際シンポジウムの報告集。
2017.3 170, 20p A5 ¥2200 ①978-4-00-061191-6

◆漱石を知っていますか　阿刀田高著　新潮社
【要旨】『吾輩は猫である』→冗長。『彼岸過迄』→バランスに欠ける。『門』→暗く、読者に不親切。『こころ』→際立つ女性軽視。数々の難点を抱えながらも、一世紀の間、読み継がれている漱石は常に新たな小説表現に挑み続ける文学の冒険者だった！実作者から創作技法・文章術・作家心理をやさしく解説。スラスラ、あらあら、ドンドン読める目からウロコの漱石文学、超入門書。
2017.12 349p B6 ¥1800 ①978-4-10-334330-1

◆漱石を電子辞書で読む　斎藤孝著　時事通信出版局、時事通信社 発売
【要旨】近代日本語の基礎をつくった漱石。言葉にこだわると、ストーリーを追って読んでいた時には見えなかった『坊っちゃん』や『こころ』の世界が現れかす。複数の辞書を瞬時に引ける電子辞書を使えば漱石の言葉の深くて、広い世界に簡単に触れられます。語彙力は飛躍的にアップします。その手法を紹介します。電子辞書を持っていない人も、本書で体験してください。
2017.4 200p B6 ¥1600 ①978-4-7887-1518-9

◆漱石激読　石原千秋、小森陽一著　河出書房新社　（河出ブックス）
【要旨】漱石生誕一五〇年。まだまだこんなにも新しい読み方ができる一。漱石研究をリードしてきた名コンビが、一〇年の時を経て、電撃復活。難解とされる『文学論』を明快に解きほぐすことから始め、『吾輩は猫である』から『明暗』に至るまで、小説一四作品を素材に、漱石文学の豊饒な可能性を肉声の呼吸で語りつくす。作品あらすじ、登場人物相関図、漱石略年表付き。
2017.4 329p B6 ¥1800 ①978-4-309-62504-1

◆漱石ゴシップ 完全版　長尾剛著　朝日新聞出版　（朝日文庫）
【要旨】まちがいなく「知の巨人」だったが、決して「聖人君子」などではなかった—。頑固者・お人好し・正義漢・臆病者・女性崇拝者…『吾輩は猫である』から『明暗』まで、作品の隙間に埋もれた数々のエピソードを掘り起こし、屈指の文豪の多面性とその知られざる素顔に迫る。
2017.9 311p A6 ¥840 ①978-4-02-261914-3

◆漱石辞典　小森陽一、飯田祐子、五味渕典嗣、佐藤泉、佐藤裕子、野網摩利子編　翰林書房
【要旨】生誕150年殁後100年記念出版。本辞典が掲げるすべての項目は、漱石が現実に用いた言葉であり、漱石が確かに実見し、手に取り、触れたことのある書物や芸術作品ばかりである。
2017.5 829p A5 ¥7800 ①978-4-87737-410-5

◆漱石先生の手紙が教えてくれたこと　小山慶太著　岩波書店　（岩波ジュニア新書）
【要旨】漱石の書き残した若い人への手紙は、小説とは違った感触を読む者に与える。「あせってはいけません」「牛のように図々しく進んでいくのが大事」等々、綴られる励まし、ユーモア、人としての深さは、今を生きる人にとって、温かなエールとなるであろう。示唆に富む手紙から、文豪・漱石の新たな横顔が見えてくる。
2017.8 209p 18cm ¥880 ①978-4-00-500858-2

◆漱石と『學鐙』　小山慶太編著　丸善出版
【要旨】『學鐙』創刊120周年、夏目漱石生誕150年記念。明治30年創刊の丸善・広報誌『學鐙』に載った漱石自身の原稿と漱石関連の記事25本を再掲。
2017.1 230p B6 ¥1600 ①978-4-621-30120-3

◆漱石と『資本論』　小島英俊、山崎耕一郎著　祥伝社　（祥伝社新書）
【要旨】漱石が「カール・マークスの所論のごときは…今日の世界にこの説の出づるは当然のこと」と述べた『資本論』。近代人・漱石が感じたこと、および『資本論』の価値は、現代に生きるわれわれにも古びていないことを示したのが本書である。この価値を理解するために、全3巻・17編・98章・131節から成る『資本論』を95ページでまとめた（第二章）。また、『資本論』やマルクシズムが日本でどのように受け入れられたかを明らかにしながら、漱石は社会主義に共鳴していたのか—に迫る。
2017.2 242p 18cm ¥800 ①978-4-396-11496-1

◆漱石と煎茶　小川後楽著　平凡社　（平凡社新書）
【要旨】『草枕』で、主人公の画工は茶を振る舞われる。「濃く甘く、湯加減には重い露を、舌の先へ一しずく宛て（ずつ）落して味って見るのは閑人適意の韻事である」それは、茶の湯ではない天雅な煎茶。なぜここに煎茶が描かれるのか？それはどんな漱石を照らし出すのか？
2017.1 229p 18cm ¥800 ①978-4-582-85823-5

◆漱石とその周辺—100年前のロンドン　清水一嘉著　松柏社
【要旨】発見と出会いの日々、同宿の女子学生と卓球に興じる大学一滞英中の漱石と、周辺の人と時代を鮮やかに描写。書物に取り憑かれた英文学者が、日本近代文学の黎明期、ロンドンに渡った若き漱石と芸術家たちの足跡、交遊を辿る。さらに出版史の泰斗として知られる著者ならではの古書店巡り、貴重な文献の発見と明らかになった新たな事実。本、文学、絵画愛好家には垂涎のエッセイ!!
2017.10 254p B6 ¥2200 ①978-4-7754-0244-3

◆漱石と日本の近代　上　石原千秋著　新潮社　（新潮選書）
【要旨】「自意識は強いのに他者との関係に自信が持てない」一漱石文学の主人公たちは皆、早く生まれすぎた "現代人" だったのかもしれない。『それから』まで主要な前期六作品を取り上げ、「漱石的主人公の誕生」という新たな解釈をもとに物語の奥に込められたテーマを浮き彫りにしていく。時代を超えて通じる閉塞感と可能性を読む！
2017.5 232p B6 ¥1300 ①978-4-10-603805-1

◆漱石と日本の近代　下　石原千秋著　新潮社　（新潮選書）
【要旨】都市空間に住む家族の物語を描き続けた漱石。明治民法によって家の中にも権利の意識が持ち込まれ、近代的な「個」の自覚、生活に浸透する資本主義、家族を離れた愛など、新たなテーマが見出されていた。その中で漱石にとって最も謎に満ち、惹かれた対象は「女の心」だった…。後期六作品を中心に時代と格闘した文豪像を発見する試み。
2017.5 254p B6 ¥1300 ①978-4-10-603806-8

◆漱石に英文学を読む　小鹿原敏夫著　（京都）晃洋書房
【要旨】漱石の『猫』『虞美人草』『三四郎』など中期までの作品を対象に、英文学からの受容とロンドン留学時代に吸収したと思われる「英国嫌い」の視点を丹念に読み解く。
2017.11 169, 14p B6 ¥2600 ①978-4-7710-2935-4

◆漱石の印税帖—娘婿がみた素顔の文豪　松岡譲著　文藝春秋　（文春文庫）
【要旨】日本近代文学の巨匠でベストセラー作家、夏目漱石。その没後、夏目家に遺された印税覚書から、一連の謎解きを調べつくすと…？漱石愛読の万年筆をめぐる、摩訶不思議な逸話とは？漱石門下生で娘婿だから描けた文豪の姿。文壇秘話の数々。生誕150年＆没後100年のいま、幻の名著が蘇る！
2017.2 275p A6 ¥690 ①978-4-16-790799-0

◆漱石の個人主義—自我、女、朝鮮　関口すみ子著　海鳴社
【要旨】江戸から帝都東京へ—精神的・社会的怒涛の時代に「個人主義」を掲げ、自己・他者・社会を文学を通して追求・表現した漱石。その作品群を読み解く。「韓国併合」前後の漱石の動きについても、新たな見方を示す。
2017.6 310p B6 ¥2500 ①978-4-87525-333-4

◆漱石の書斎—外国文学へのまなざし 共鳴する孤独　飛ヶ谷美穂子著　慶應義塾大学出版会
【要旨】漱石作品のなかには、謎の外国語、そして外国作品の引用句がちりばめられている。漱石はどのように外国語の本を読み、作品のなか

日本文学の研究

に取り込んでいったのか。ピーコック、ブラウニング、シェンキェヴィチ、ウィリアム・シャープなど、遺された蔵書を手がかりにして作品を読み解いていくと、絶望的な「孤独」という、漱石の"現代性"が見えてくる。
2017.12 279,11p B6 ¥2500 ①978-4-7664-2490-4

◆**漱石のヒロインたち—古典から読む** 増田裕美子著　新曜社
【要旨】漱石文学の「謎」を解く。幼少時から歌舞伎、謡曲(謡)などの口承文芸に触れて育った漱石。彼の小説のヒロインには、謡曲『葵上』、安珍・清姫の道成寺もの、水死する処女の伝承などが響き合う。さらに『こころ』の夢幻能的構造の指摘など、口承的な古典の視点から斬新な読みを展開する。漱石生誕150年に贈る力作。
2017.6 260p B6 ¥3200 ①978-4-7885-1529-1

◆**漱石文学の虚実—子孫に伝わる『坊っちゃん』と『草枕』の背景** 相川良彦著　幻冬舎メディアコンサルティング、幻冬舎 発売
【要旨】赤シャツのモデルはもう一人いた？松山中学校で起きた騒動の真相は？漱石夫人鏡子は本当に悪妻だった？作家論の枠を越え、独自の視点で漱石の実像に迫る。
2017.12 351p B6 ¥1400 ①978-4-344-91502-2

◆**漱石漫談** いとうせいこう、奥泉光著　河出書房新社
【要旨】誰でも楽しめる、漱石入門！『吾輩は猫である』『三四郎』『草枕』など、8作品を徹底解剖。
2017.6 260p B6 ¥1600 ①978-4-309-02561-2

◆**漱石論集成** 柄谷行人著　岩波書店(岩波現代文庫) 新版
【要旨】「マルクスを読むように漱石を読んできた」と自ら語るように、漱石はつねに柄谷行人の思考の原点であり続けてきた。群像新人文学賞を受賞した代表作「意識と自然」(一九六九年)から九〇年代に至るまでの柄谷の漱石に関する評論、講演録、エッセイ等を集め、その思考の軌跡をたどる。岩波市民セミナーでの講演をもとにした「漱石の作品世界」を加え、旧版から代表的な論文を精選。同時代の日本やヨーロッパの哲学・文学とも比較対照しながら多面的な切り口でせまる、漱石論の決定版。
2017.11 424p A6 ¥1540 ①978-4-00-600370-8

◆**『夏目狂セリ』—ロンドンで何が起きたのか** 三上命著　(長野)満天地
【要旨】「百年後に第二の漱石が出て第一の漱石を評してくれればよい」門下生から『坑夫』が知られないといわれた時、漱石はこう答えた。それから百十年、第一の漱石の淡い期待が、今かなえられている。第二の漱石による第一の漱石論。
2017.11 165p B6 ¥1500 ①978-4-9909633-2-3

◆**夏目漱石—非西洋の苦闘** 平川祐弘著　勉誠出版(平川祐弘決定版著作集 第3巻)
【要旨】西洋を学びつつも西洋本位の枠組にとらわれず、自己を生かそうと苦闘したロンドンの漱石——。そんな彼に触発された日本留学の魯迅——。漱石の『クレイグ先生』を読んだ魯迅は仙台で同郷の藤野先生が懐かしくなった。師弟関係の刺戟伝播こそ文化の伝播なのである。
2017.2 397p A5 ¥4800 ①978-4-585-29403-0

◆**夏目漱石—『猫』から『明暗』まで** 平岡敏夫著　鳥影社
【要旨】漱石文学は時代とのたたかいの所産であるゆえに、作品には微かな"哀傷"が漂う。『猫』から『明暗』までを愛読した本書の魅力もそこに関わっている。新たな漱石を描き出す充実した論集。
2017.4 448,6p B6 ¥2800 ①978-4-86265-611-7

◆**夏目漱石解体全書** 香日ゆら著　河出書房新社
【要旨】文豪・夏目漱石の生涯も作品も記念館も趣味も友達も全部ガイドしちゃいます!!
2017.5 127p A5 ¥1300 ①978-4-309-02575-9

◆**夏目漱石考—熊本時代を中心に** 西川盛雄著　新宿書房
【目次】1(夏目漱石のこと、漱石俳句のオノマトペ、漱石俳句の「花」、漱石先生"にこり"の詩学、漱石の「文学論」)、2(漱石の試験問題、漱石の「中学改良策」と「語学養成法」、漱石の「中学授業参観報告書」のもつ意味、漱石「文学論」の布石—熊本時代の三つの評論、夏目漱石の英詩 ほか)
2017.12 229p B6 ¥2700 ①978-4-88008-472-5

◆**夏目漱石と西田幾多郎—共鳴する明治の精神** 小林敏明著　岩波書店(岩波新書)
【要旨】「同窓生」であり、ベストセラーの著者であり、禅に打ち込んだ。—これまで論じられることはなかったが、日本を代表する二人の知性の間には、多くの共通点がある。綿密な考証にもとづいて、かれらを包みこんでいた時代環境や知的ネットワークを解きほぐし、近代日本の思想課題を明らかにする、精神史的評伝。
2017.6 240,3p 18cm ¥840 ①978-4-00-431607-1

◆**夏目漱石『坊っちゃん』をどう読むか** 石原千秋責任編集　河出書房新社(文芸の本棚)
【目次】石原千秋「坊っちゃん」はどう読まれてきたか、対談 いとうせいこう×奥泉光—文芸漫談 ちょっと淋しい童貞小説『坊っちゃん』、インタビュー 河合隼雄 聞き手=小森陽一・石原千秋—坊っちゃんのサイコロジー、エッセイ 小林信彦—坊っちゃん」と「うらなり」「うらなり」創作ノート、小森陽一—『坊っちゃん』の七不思議、大澤真幸—坊っちゃんは水甕の中から知られるのか、小田島恒志—戯曲翻訳家から見た『坊っちゃん』の語り、文月悠光—ごめんね、坊っちゃん、小平麻衣子—平静こえてくるのは誰の声か？揺れる発話表記、伊藤かおり—"ポスト・トゥルース"の時代に読む『坊っちゃん』〔ほか〕
2017.12 222p B6 ¥2000 ①978-4-309-02574-2

◆**漫画坊っちゃん** 近藤浩一路著　岩波書店(岩波文庫)
【要旨】漱石の『坊っちゃん』は多くの読者に愛読され、「国民文学」の代名詞ともいえる存在である。この名作を、近代日本漫画の開拓者・近藤浩一路が飄逸にして諧謔味溢れる漫画としている。坊っちゃんの活躍が、画と文を通し存分に楽しむことができる。
2017.1 235p A6 ¥720 ①978-4-00-335791-0

◆**漫画 吾輩は猫である** 近藤浩一路著　岩波書店(岩波文庫)
【要旨】『吾輩は猫である。…』。猫の眼から描かれた、苦沙弥先生をはじめとする人間たちの織りなす診談・奇談の数々。諷刺とユーモアに溢れた物語は、今なお静かな笑いを誘う。近代文学の古典を、近藤浩一路の画と文で楽しむ。
2017.2 227p A6 ¥720 ①978-4-00-335792-7

◆**明治の御世の「坊っちゃん」** 古山和男著　春秋社
【要旨】夢幻能の様式を借り、戯作の技法を駆使して生み出された諷刺文学—これこそが、この小説の神髄である。真の舞台は「四国」の松山ではなく、日露戦争で激戦の地となった「清国」の旅順—そして「赤シャツ」を「山県有朋」、「うらなり」を「乃木希典」、「坊っちゃん」と「明治天皇」に読み替えることで、壮大な夢幻能の舞台が立ち現れる。
2017.10 222p B6 ¥2000 ①978-4-393-44166-4

📖 三島由紀夫論

◆**告白 三島由紀夫未公開インタビュー** 三島由紀夫著、TBSヴィンテージクラシックス編　講談社
【要旨】「放送禁止扱い」音源の中から発見され、半世紀の時を経て甦る世界的文豪の肉声。生き生きと語り豪放磊落に笑う、素顔の三島由紀夫がここに。
2017.8 206p B6 ¥1500 ①978-4-06-220654-9

◆**死の貌—三島由紀夫の真実** 西法太郎著　論創社
【要旨】果たされなかった遺言、自身がモデルのブロンズ裸像！「花ざかりの森」自筆原稿発見、楯の会突入メンバーの想い、川端康成との確執、代作疑惑。
2017.12 300p B6 ¥2800 ①978-4-8460-1669-2

◆**三島由紀夫かく語りき** 篠原裕編著　展転社
【要旨】決起からほどなく半世紀。三島氏は我らに何を遺していったのか？膨大精緻なる創作と言動の一端に、元楯の會一期生が肉薄する！
2017.4 285p B6 ¥1800 ①978-4-88656-435-1

◆**三島由紀夫とスポーツ—三島由紀夫研究 17** 松本徹、佐藤秀明、井上隆史、山中剛史責任編集　鼎書房
【要旨】特集 三島由紀夫とスポーツ(山中湖文学の森 三島由紀夫文学館第12回レイクサロン講演「三島由紀夫とスポーツ」、三島由紀夫とボディビル—肉体の陶酔と死、踊る三島由紀夫、三島由紀夫のボディビルとアメリカ—編集され、コラージュされる身体の形成、ボクシング小説における表象の実験について—戦後中間小説から2016年まで、「ネタ」と「ベタ」の往還—三島のスポーツ言説文法という視座、三島由紀夫の剣—「文武両道」から「菊と刀」へ、意識と無意識の狭間で—二つの肉体と「太陽と鉄」、肉体が見出す「日本」—三島由紀夫「太陽と鉄」覚書、スポーツというループについて)、鼎談「こころで聴く三島由紀夫Ⅴ」アフタートーク 近代能楽集「卒塔婆小町」をめぐって、三島由紀夫の生誕地、資料 三島由紀夫と武道、書評、紹介
2017.4 190p A5 ¥2500 ①978-4-907282-34-9

◆**三島由紀夫と楯の会事件** 保阪正康著　筑摩書房(ちくま文庫)
【要旨】1970年11月25日、三島由紀夫と楯の会メンバーが陸上自衛隊市ヶ谷駐屯地で人質を取り、憲法改正と自衛隊員の決起を訴えた。そして、三島は森田必勝とともに割腹自決を遂げた。60年代後半、ベトナム反戦、全国学園紛争など反体制運動が高揚した時代、何が彼らを決起に駆り立てたのか？関係者への綿密な取材を基に、事件の全貌を冷静な筆致で描いた傑作。
2018.1 377p A6 ¥900 ①978-4-480-43492-0

◆**三島由紀夫は、なぜ昭和天皇を殺さなかったのか** 板坂剛著　(西宮)鹿砦社(鹿砦社LIBRARY)
【要旨】大正14年に生まれ20歳で終戦を迎えた三島由紀夫は、「人間宣言」で生き長らえた昭和天皇を軽蔑していた!!後年政治色を強め、皇国主義者となり最後「自衛隊を天皇にお返しする」と叫んで割腹自殺した三島の真意はなんであったのか？自決直前の言動や彼の文学作品から「愛国」の仮面に隠された素顔に迫る問題作!!
2017.12 159p 18cm ¥600 ①978-4-8463-1213-8

◆**私の中の三島由紀夫** 山本光伸著　(札幌)柏艪舎、星雲社 発売 (ネプチューン(ノンフィクション)シリーズ)
【目次】私は今、とんでもない航海に出ようとしている。すでに三島が亡くなってからのことである。そして運命のあの日、一九七〇年十一月二十五日がやって来る。その後、私の人生は微妙に変化した。一九六八年三月より、自衛隊富士学校の滝ヶ原分屯地で、楯の会の体験入隊が始まった。ここで武士道について考えてみよう。三島はある日の楯の会例会で、次のように発言した。三島の密析は事件翌日の一九七〇年十一月二十六日、三島にてしめやかに行なわれた。三島は、『「楯の会」のこと』の中で次のように書いている。ここまで述べてきたことに関連して、国土の防衛について考えてみたい。〔ほか〕
2017.3 192p B6 ¥1500 ①978-4-434-23098-1

📖 宮沢賢治論

◆**教師宮沢賢治のしごと** 畑山博著　小学館(小学館文庫)
【要旨】大正一〇年から一五年まで、宮沢賢治は故郷・花巻の農学校で教鞭をとられた。当時の教え子たちの心には、いつまでも色褪せることのない"賢治先生"の姿が生き続けている。公式だけでは絶対に解けない代数の問題。生徒たちを二班に分けて競わせた英語のスペリング競争。土壌学の授業では味噌の成り立ちを学びつつたいあげ、肥料学では、一枚の細胞絵図から生命の記憶を読き起こす。そして、生まれたばかりの『風野又三郎』や『春と修羅』の作品群を生徒たちに朗読して聞かせたという国語の授業。知られざる宮沢賢治の教室が入念な取材でよみがえる。
2017.2 253p A6 ¥570 ①978-4-09-406397-4

◆**賢治学 第4輯 特集 地域と賢治** 岩手大学宮澤賢治センター編　(平塚)東海大学出版部
【目次】特集 地域と賢治(フォーラム 賢治と語り合う二十一世紀の地域創生、宮沢賢治記念館のリニューアルについて、「グルコープドリの伝記」を例とした賢治の理想世界—被災地の今・陸前高田より 事例報告、宮沢賢治による方言表記の工夫と地域に根ざした国語観、標準語と宮沢賢治—方言と標準語のはざまで)、コラム それぞれの賢治(私の人生の庫夫さん、祖父「猪狩源三」と宮澤賢治、河本緑石研究会の活動について、小笠原賢治センター研究例会より(童話「毒もみのすきな署長さん」と能「鵜飼」と常不軽菩薩—署長さんの「毒もみ」と鵜使いの「面白さ」、フォーラム「賢治学」(きみにならずて野に立てば)考、法華文学としてのイーハトヴ童話「かしはばや

外国文学の研究

賢治詩歌の宙を読む　関口厚光著　（矢巾町）岩手復興書店
【要旨】謎に満ちている宮澤賢治。その謎の解明は、賢治の魅力の解明でもある。「宇宙意志、高瀬露、"雨ニモマケズ"手帳」が著者の選んだキーワードである。旅立ちを控えた渾身の集中力が、賢治詩歌を素材として、賢治の新しい世界を拓いてみせている。
2017.5 262p B6 ¥1000 ①978-4-907161-90-3

清水正の宮沢賢治論―解体・再構築批評によるケンジ童話論の革命　山下聖美著　（我孫子）D文学研究会、星雲社　発売
【要旨】気鋭の文芸研究家が水先案内する壮大豊穣な清水ワールド。"ケンジ童話論の革命"の現場に同行した著者が的確平明にガイドする画期的な検証本！
2017.4 264p A5 ¥2000 ①978-4-434-23195-7

清水正・宮沢賢治論全集　第2巻　清水正著　（我孫子）D文学研究会、星雲社　発売
【要旨】「国文学 解釈と鑑賞」に掲載された諸論考を所収。単行本未収録の賢治童話論30篇。
2017.3 561p A5 ¥3500 ①978-4-434-23052-3

遂にカンパネルラが　金田幸子著　（矢巾町）ツーワンライフ
2017.4 38p 18×18cm ¥1000 ①978-4-907161-88-0

宮沢賢治を読む―童話と詩と書簡とメモと　秋枝美保著　朝文社
【要旨】歴史の過渡期を生きる―「底」に立つ。亡き妹の魂との再会を求めた賢治は、樺太で「サガレンの古くからの誰か」に出会う。そこで、アイヌという人類の文化の、水脈の底を流れる命の水を汲み上げた。
2017.10 283p A5 ¥3500 ①978-4-88695-273-8

宮沢賢治の真実―修羅を生きた詩人　今野勉著　新潮社
【要旨】たった4行、だが「猥」「凶」「呪」などただならぬ言葉をちりばめた文語詩との出会い。それが始まりだった。謎の詩に導かれるように、著者は賢治の人生をたどっていく。身が切られるほどの悲しみ、苦悩を、彼は作品に変えていったのだ。妹を死の淵にまで追い込んだ事件とは何か。なぜ、賢治は自身を修羅と呼んだのか。「永訣の朝」はいかにしてつくられたのか。「銀河鉄道の夜」で描かれた「ジョバンニの切符」とは一体何なのか―。謎解きの連続で賢治像を一変させる圧巻の書。
2017.2 399p B6 ¥2000 ①978-4-10-350681-2

宮澤賢治の「やまなし」を読む　繁田興司著　（京都）大垣書店　第2版
【目次】状況、やまなし、幻灯、谷川、クラムボン、成長、魚、言葉、かわせみ、かげ、死、やまなし、イサド、光、生、生活、まとめ
2017.5 115p A5 ¥500 ①978-4-903954-04-2

外国文学の研究

アレゴリー―ある象徴的モードの理論　アンガス・フレッチャー著、伊藤誓訳　白水社　（高山宏セレクション "異貌の人文学"）
【要旨】"思考の仲介者" アレゴリーの宇宙誌。古典古代から受け継がれたアレゴリーの魔術的な力、豊饒な世界を論じて、その宇宙的スケールを絢爛と語り、現代におけるアレゴリー復権を謳った画期的名著。
2017.4 553, 25, 18p B6 ¥7600 ①978-4-560-08309-3

今を生きる人のための世界文学案内　都甲幸治著　立東舎、リットーミュージック　発売
【要旨】とにかく面白い本を、日・言語にかかわらずひたすら読みまくる。そしてその本について書きまくる。これは、そんな「狂喜の読み屋」の戦いの記録だ。現代日本の最重要翻訳家・都甲幸治。彼の膨大な原稿から厳選したベスト書評集。村上春樹『騎士団長殺し』についての書き下ろし書評も掲載。世界文学の今を知るための、最新ブックガイドが登場。
2017.10 250p B6 ¥2000 ①978-4-8456-3126-1

架空の国に起きる不思議な戦争―戦場の傷とともに生きる兵士たち　津久井良充、市川薫編著　開文社出版
【要旨】第1部 架空の国に起きる不思議な戦争（奇怪な内乱の起きる不思議な国―コンラッド『ノストローモ』にみる祖国喪失者たちの抱く幻想、変奏されるアイルランド史―ロディ・ドイル『ヘンリーと呼ばれた星』における戦争と歴史、戦争のクーフリン―W.B. イェイツの劇作品「バーリャの浜辺にて」に見る叙事詩英雄の戦い）、第2部 未来の戦争を予言する作家たち（若き炭鉱王を脅かす見えない戦争の影―D.H. ロレンス『恋する女たち』と邪道の叫び声、戦争映画の中の「音楽」と「兵士」たち―デイヴィッド・リーン監督の『戦場にかける橋』を観る、核時代の到来を予言した作家―H.G. ウェルズ『解放された世界』からヒロシマへ）、第3部 戦争の傷跡とともに生きる（戦場で心の傷を負う兵士たちの「それから」―パット・バーカー『再生』を読み解く、自然と向き合う人間に見えるもの―農と食の未来と平和を思う、ある現代美術家の告白―戦争の傷跡から信ずべき「何か」を求めて）
2017.3 335p A5 ¥3000 ①978-4-87571-880-2

実験する小説たち―物語るとは別の仕方で　木原善彦著　彩流社
【要旨】言葉遊び、視覚的企み、まことしやかな事典、入れ子構造…小説の可能性を果敢に切り拓く「実験小説」のタイプ毎に、特徴、読みどころ、オススメ作品まで紹介する初のガイド。
2017.1 262p B6 ¥2200 ①978-4-7791-2281-1

西洋古典学研究　65　日本西洋古典学会編　岩波書店
【目次】ホメーロスと『平家物語』における生死の選択―英雄美女が死を選ぶ時、デモファントスの誓い（And.1.97, Lycurg.1.127）について―古典期アテーナイの殺人概念に関する一考察、リュクルゴス期アテナイ住民のメンタリティと対市民顕彰、プラトン『パルメニデス』篇における全体と部分のアポリア、悲劇のカタルシス―憐れみ・怖れと快の分離、アイハヌム出土パピルス断片における「不動なる第一の原因」についてーギリシア哲学のマージナル、ヘレニズム期ロドスにおけるアテレイア、ピロストラトス『テュアナのアポッローニオス』における「ダミスが言うには」と「彼らが言うには」の表現、書評
2017 183p A5 ¥5200 ①978-4-00-009641-6

世界最古の物語―バビロニア・ハッティ・カナアン　Th.H. ガスター著、矢島文夫訳　平凡社　（東洋文庫）
【要旨】ギルガメシュ叙事詩ほか、旧約聖書やホメロスの叙事詩よりもはるか以前、四千年前に近東で語られていた物語。遺跡の粘土板上に残されたそれらを復元・解説し、わかりやすく語り直す。
2017.9 321p 18cm ¥2900 ①978-4-582-80884-1

世界文学を読みほどく―スタンダールからピンチョンまで　池澤夏樹著　新潮社　（新潮選書）増補新版
【要旨】「小説は、その時代、その国、その言葉の人々の世界観の一つの表現である」―世界が変われば小説も変わる。小説はどのように変遷し、これからどこへ向かうのか。世界文学全集をひとりで編んだ作家が、21世紀の今に生きるわたしたちに向けて語る文学観・世界観の集大成。十大傑作をめぐる京大連続講義録に国際メルヴィル会議での講演を付した増補新版。
2017.3 463p B6 ¥1700 ①978-4-10-603799-3

世界文学大図鑑　ジェイムズ・キャントンほか著、沼野充義日本語版監修、越前敏弥訳　三省堂
【目次】英雄と伝説―紀元前3000年～後1300年、ルネサンスから啓蒙主義へ―1300年～1800年、ロマン主義と小説の台頭―1800年～1855年、現実の生活を描く―1855年～1900年、伝統を破壊する―1900年～1945年、戦後の文学―1945年～1970年、現代文学―1970年～現在
2017.5 352p 25×21cm ¥4200 ①978-4-385-16233-1

続 英雄詩とは何か　中央大学人文科学研究所編　（八王子）中央大学出版部　（中央大学人文科学研究所研究叢書）
【目次】第1部 古代メソポタミア・古代ギリシア（時間と仲介者―古代メソポタミアの神話・宗教解釈についての若干の視点、ギルガメシュの死と死者供養、ホメロスの叙事詩の評価をめぐって―古代から現代までの受容の問題）、第2部 古英詩（古英語詩「モールドンの戦い」の英雄は誰か―'ofer-

外国文学の研究

mod' の解釈の可能性、英雄詩としての『モールドンの戦い』再考)、第3部 中世フランス文学・中世ドイツ文学 (比較神話学から見た騎士ゴーヴァンの諸相—太陽・チェス・鹿との関連をめぐって、三本目の剣を祖国に残すメリヤドゥック—十三世紀古フランス語韻文物語『双剣の騎士』を読む、カール大帝の死に対する不倫疑惑の物語—『モーラントとガリエ』『カールマイネット』第二部)について)
2017.3 269p A5 ¥3200 ①978-4-8057-5348-4

◆つまり、読書は冒険だ。—対話で学ぶ"世界文学"連続講義 5 沼野充義編著 光文社
【目次】日本から世界へ—「私と文学」—なめらかで熱くて甘苦しくて、マグノリアの庭から—文学の未来はどうなるのか)、世界から日本へ(世界文学としての東アジア文学交流の現在、心づくしの日本語—短詩系文学を語る)、シンポジウム 世界文学と愉快な仲間たち (日本から世界へ、世界から日本へ)
2017.3 381p B6 ¥1900 ①978-4-334-97921-8

◆文学とアダプテーション—ヨーロッパの文化的変容 小川公代、村田真一、吉村和明編 (横浜) 春風社
【要旨】フランス、ドイツ、イギリス、ロシア、イタリア、ボスニアにおける作家・作品の諸相を探り、表現形態としてのアダプテーションがもつ豊かな可能性を明らかにする。
2017.10 384, 10p B6 ¥3200 ①978-4-86110-559-3

◆ヨーロッパの昔話—その形と本質 マックス・リュティ著、小澤俊夫訳 岩波書店 (岩波文庫)
【要旨】「むかしむかしあるところに…」。人びとが長く親しんできた昔話には決まった形がある。魔女・こびとなどとも違和感なく出会い、主人公に与えられる試練もまた三つ、心の葛藤は描かず肉体の痛みもない…。グリム童話ほか、ヨーロッパ各地に伝わる数多くの昔話を分析、その本質を学問的に突きとめた先駆的著作。
2017.8 297, 5p A6 ¥970 ①978-4-00-342291-5

◆ルネサンスの詩—城と泉と旅人と 平川祐弘著 勉誠出版 (平川祐弘決定版著作集 19)
【目次】第1部 アッシジの丘より (アッシジの聖フランチェスコ、創造讃歌 (アッシジの聖フランチェスコ)、花咲ける蔭 (ダンテ)、第2部 ロワールの野辺へ (比較文学比較文化の世紀—SIÈCLE D'INUTRITION、一フランス官吏のローマ体験、デュ・ベレー、ロンサール)、第3部 海こえて時代をこえて—新しい人文主義 (「生欲」、囲炉裏の火、あなたが老いて (イエイツ) ほか)
2017.6 295p A5 ¥4800 ①978-4-585-29419-1

◆煉獄と地獄—ヨーロッパ中世文学と一般信徒の死生観 松田隆美著 ぷねうま舎
【要旨】聖職者・知識階級ではなく、中世ヨーロッパの一般大衆は、死と死後の世界をどのようにイメージしていたのだろうか。一三世紀から一六世紀にかけて、煉獄の誕生をみた中世は、死後世界をめぐってさまざまな表象と物語を生み出し、ペストの惨禍をくぐってさらに多様化する。現世蔑視、魂と肉体の対話、往生術、死後探訪譚、死の舞踏という死の文学のモチーフにおいて煉獄が果たした役割とはどのようなものか。自国語による説教、教化文学、壁画、ステンドグラス、時禱書、装飾写本などを図像とともに広く渉猟し、人々の心性に浸透してきた死生観の根となった要素を掘り起こす。
2017.10 269, 25p B6 ¥3200 ①978-4-906791-74-3

◆ワレリウス・マクシムス『著名言行録』の修辞学的側面の研究 吉田俊一郎著 (平塚) 東海大学出版部
【目次】序論 ワレリウス・マクシムス『著名言行録』の概要、本論 ワレリウス・マクシムス『著名言行録』の執筆目的と修辞学学校、ワレリウス・マクシムスの典拠としての修辞学文献、ワレリウス・マクシムスと修辞学理論、ワレリウス・マクシムスの文体)、結論
2017.3 195p A5 ¥4000 ①978-4-486-02130-8

◆From Medieval to Modern : Aspects of the Western Literary Tradition 和田葉子編著 (吹田) 関西大学出版部
【要旨】中世から現代へ—西洋文学の伝統の様々な形。〔17.4〕201p A5 ¥2000 ①978-4-87354-653-7

アジアの文学

◆生命の詩人・尹東柱 (ユン・ドンジュ)—『空と風と星と詩』誕生の秘蹟 多胡吉郎著 影書房
【要旨】清冽な詩篇を残し、一九四五年二月に福岡刑務所で獄死した若き詩人・尹東柱 (享年二七)。日本でも広く愛される韓国の国民的詩人の足跡をたんねんに追い、最新の調査・研究成果をふまえ、その人、その文学の核心に迫る。
2017.2 294p B6 ¥1900 ①978-4-87714-469-2

◆韓国古小説の女たち 趙恵蘭著、朴福美訳 新幹社
【要旨】中〜近世の韓国古小説を丹念に読み解く。登場人物の女たちの魅力に引き寄せられた読者は、圧倒的に同時代を生きた女たちだった。すべてを仕切る厳しい身分社会の中で性差、身分差をいともたやすく越える女主人公たちの奔放の秘密はどこにあるのか。
2017.5 312p B6 ¥2000 ①978-4-88400-122-3

◆韓国古代文学の研究 岡山善一郎著 (葛城) 金壽堂出版
【目次】韓国文学史における時代区分—古代を中心に、歌謡文学 (古代歌謡「亀旨歌」、郷歌「献花歌」、郷歌「薯童謠」考—五行思想を中心に、郷歌「彗星歌」、郷歌「兜率歌」、郷歌と天人感応思想、新羅の詩歌に表れた対唐・対日本意識、高麗歌謡「動動」考—日本の翁舞「十二月往来」との比較、高麗歌謡「動動」と奈良豆比古神社の翁舞、韓国の史書に表れた童謠観)、叙事文学 (韓国の王権神話に表れた祥瑞思想、居陁 (た) 知と八岐大蛇の比較研究、感応と三輪山伝承)、民謠文学 (カンガンスォレ考—韓国の歌垣的性質、韓国の情恕謠、日本におけるアリランの受容、日本における韓国古典文学研究の現況と展望)
2017.1 550p A5 ¥4800 ①978-4-903762-15-9

◆韓国の自然主義文学—韓日仏の比較研究から 姜仁淑著、小山内園子訳 クオン (クオン人文・社会シリーズ 05)
【要旨】植民地時代の朝鮮では、日本が西洋文化を学ぶための窓だった。日本語を習得し、日本流に変形された自然主義文学を受容した廉想渉たちの変遷を辿ると、自然主義が生まれたフランス、それを変形させて受容した日本、日本から自然主義を受け入れた韓国の比較を横糸に、韓国における近代の受容の軌跡をたどる。
2017.5 442p B6 ¥3800 ①978-4-904855-63-8

◆韓国昔話集成 第4巻 厳鎔姬編著、李権熙、鄭裕江訳、崔仁鶴解説・編者、斧原孝守、樋口淳解説 悠書館
【要旨】韓国民衆の心と生活を豊かに伝える民話を紹介するとともに、話型をグローバルな基準にしたがって体系的に分類。韓国民話の独自性を示すと同時に、世界の国々の民話との国際比較を可能にした、画期的業績!
2017.7 404, 3p B6 ¥2500 ①978-4-903487-84-7

◆七仙人の名乗り—インド叙事詩『マハーバーラタ』「教說の巻」 中村史著 (小樽) 小樽商科大学出版会、論創社 発売 (小樽商科大学研究叢書)
【要旨】古典サンスクリットによって記された壮大な叙事詩『マハーバーラタ』の文学作品としての価値や意味とは—。インド古典文学の重要作品の文学性を、従来はほとんど顧みられることのなかった第13巻の研究と付篇によって明らかにする。
2017.12 380p A5 ¥7000 ①978-4-8460-1660-9

◆植民地の腹話術師たち—朝鮮の近代小説を読む 金哲著、渡辺直紀訳 平凡社
【要旨】近代「韓国語」はいかに作られたのか。帝国の支配下で帝国の言語で発言する被植民地人は一種の腹話術師である。主に日本語との格闘を通して作品を書いた文学者たちの活動に豊富な引用で光を当て、その実態に鋭く近づく、ユニークな試み!
2017.10 213p B6 ¥2600 ①978-4-582-83754-4

◆大説話 ブリハットカター 土田龍太郎著 中央公論新社 (中公選書)
【要旨】『千夜一夜物語』に匹敵する世界説話藝苑屈指の作『カターサリットサーガラ』の成立に至る前史を辿るとき、失われた大作として古い大説話ブリハットカターの存在が見いだせる。本書はその存在に迫った名篇である。ブリハットカター収録作品の一部和訳も付し、謎めいたこの大説話の実相へと一般読者を導いていく。第一人者による決定版。
2017.2 331p B6 ¥2400 ①978-4-12-110025-2

◆タゴールの世界—我妻和男著作集 我妻和男著 第三文明社
【要旨】タゴール研究に身を献げ、日印文化交流の懸け橋として生きた碩学の論考を集成。インドの心とベンガル文化を知る!
2017.11 751p A5 ¥7000 ①978-4-476-03370-0

◆バッティの美文詩研究—サンスクリット宮廷文学とパーニニ文法学 川村悠人著 (京都) 法藏館
【目次】第1部 本論 (規則の例証と言葉の教示の様態、Bhattikavya とRavanarjuniya の比較考察、文法学部門における詩的技巧、バッティ、カーティアーヤナ、パタンジャリ)、第2部 付論
2017.1 438p A5 ¥14000 ①978-4-8318-7092-6

◆東アジアの仏伝文学 小峯和明編 勉誠出版
【要旨】人間の生と死を探求した"物語"の一大原点—仏教の創始と展開とともに、アジア各地に広まり、地域や時代ごとに多種多彩な再創造を繰り返し、受け継がれてきた仏伝文学。古代のみならず中世から近現代まで幅広く、その展開を捉え、中国、朝鮮半島、日本、ベトナムなど、東アジアの漢字漢文文化圏に共有された文化・文学の意義を検証する。
2017.6 832p A5 ¥14000 ①978-4-585-29131-2

◆マカエンセ文学への誘い—ポルトガル人子孫によるマカオ二十世紀文学 内藤理佳訳 上智大学出版、ぎょうせい 発売
【要旨】社会に翻弄されながらも逞しく生きる女性たちの恋愛物語から、中国・マカオの歴史や伝説まで、マカエンセによる文学作品を日本語初翻訳!
2017.10 339p B6 ¥2200 ①978-4-324-10262-6

中国文学

◆詩人郭沫若と日本 藤田梨那著 武蔵野書院
【要旨】郭沫若に関する研究は、中国においてですでに半世紀にわたり続けられてきた。これまでの研究は、基本的に愛国主義、五四精神、マルクス主義といった思想理論に基づいている傾向が強く、資料、史実の調査、文学理論に基づくテキストの評価は必ずしも十分とは言えない。特に、郭沫若が日本での二つの時期に関する研究は、まだ多くの空白を残している。本書『詩人郭沫若と日本』では、彼の留学と亡命の二つの時期に焦点を当て、彼と近代日本との精神面での交流を明らかにしていくことを目的とする。
2017.9 326p A5 ¥3900 ①978-4-8386-0705-1

◆中国飛翔文学誌—空を飛びたかった綺態な人たちにまつわる十五の夜譚 武田雅哉著 (京都) 人文書院
【要旨】中国人は、空を飛ぶことにどれほどの関心を持っていたのであろうか？堯・舜の神話伝説時代から、魏晋六朝の古譚、唐宋の伝奇、明清の小説戯曲、そしてウエスタン・インパクトにさらされる清朝末期の新聞雑誌、二〇世紀中葉の中国でささやかれた都市伝説まで。神仙、凧、パラシュート、飛車、気球、飛行船、UFOと、空を飛ぶことに思いを馳せた中国人の言動のあれこれを面白おかしく描き出す。虚実ないまぜにした奇譚によって綴られる中国飛翔文学誌。図版多数収録。—さあ、中国人が綴り語ってきた「空飛ぶ」おはなしをよんでいこう！
2017.12 568p A5 ¥6200 ①978-4-409-51076-6

◆中国文学の愉しき世界 井波律子著 岩波書店 (岩波現代文庫)
【要旨】『三国志』『西遊記』『水滸伝』『紅楼夢』…。とてつもないスケールで繰り広げられる華麗な物語世界。烈々たる気概に満ちた奇人・達人の群像。中国文学の魅力をわかりやすく説き明かす第一人者である著者が「竹林の七賢」をはじめとする個性豊かな人物のエピソードや、面白い書物、不思議な出来事をめぐって縦横無尽に語る。とびきり愉しい中国文学案内。
2017.9 226p A6 ¥860 ①978-4-00-602291-4

◆橋本循著作集 第2巻 詩經國風 橋本循著 (京都) 橋本循記念會
2017.12 537p A5 ¥5000 ①978-4-8318-3732-5

◆抑圧されたモダニティ─清末小説新論　王德威著, 神谷まり子, 上原かおり訳　東方書店 (台湾学術文化研究叢書)
【要旨】「五四」だけが、新文学であり「モダニティ」なのか。清末小説の豊穣な作品群（花柳小説、俠義公案小説、暴露小説、サイエンス・ファンタジーなど）を読み解き、中国文学史上で「抑圧」されてきた清末小説の再評価と、「五四」新文学一辺倒だった中国近代(モダン)文学史を再考する試み。
2017.6 511p A5 ¥5000 ①978-4-497-21710-3

◆歴史と記憶─文学と記録の起点を考える　松岡正子, 黄英哲, 梁海, 張学昕編　(名古屋)あるむ　(愛知大学国研叢書)
【目次】第1部 文学（「興民」と小説の位置づけ─許寿裳遺稿「中国小説史」初探、如何在一個作品中読、記憶和歴史、新歴史의的文学史建構、歴史与文学的双重変奏─賈平凹「古炉」的叙事策略、俠客、江湖与意境─対「臥虎蔵龍」的一点美学解読 ほか）、第2部 歴史（「歴史の視点から見た中国の対外観」序論、「自治」と「友愛」─日本統治期台湾における蔡培火の政治思想、チャン族における婚姻慣習の記憶─史詩「木吉珠和斗安殊」と入贅婚、戦前日本の中国語教育と東亜同文書院大学、「大旅行誌」にみる書院生の「ことば」へのまなざし─大正期以前の記述より ほか）
2017.10 293p A5 ¥3000 ①978-4-86333-135-8

中国古典文学

◆韋應物詩論─「悼亡詩」を中心として　黒田眞美子著　汲古書院
【目次】序章 問題の所在と方法論、第1章 韋應物「悼亡詩」十九首構成への懐疑、第2章 韋應物「悼亡詩」と潘岳の哀傷作品との関わり、第3章 韋應物「悼亡詩」と江淹雜詩篇との関わり、第4章 韋應物「悼亡詩」と「古詩十九首」との関わり、第5章 韋應物の自然詩─洛陽時代を中心に、終章 自然詩と「悼亡詩」、附章 江淹の悼亡詩について
2017.2 517, 11p A5 ¥12000 ①978-4-7629-6588-3

◆呉趼人小論─「譴責」を超えて　松田郁子著　汲古書院
【目次】序論─中国小説史上における呉趼(けん)人の位置づけ、第1章 清末小説と呉趼(けん)人、第2章 創作姿勢と生涯、第3章「写情小説」創始の意義、第4章「写情小説」における女性性の構築、第5章「社会小説」─「暗黒世界」の「魑魅魍魎」、第6章「理想科学小説」「新石頭記」における「救世」、第7章「上海遊驂録」における「厭世」、第8章 梁啓超との関係、結論
2017.12 253p A5 ¥4000 ①978-4-7629-6602-6

◆古代中国の語り物と説話集　高橋稔著　東方書店
【要旨】六朝時代以前の古い語り物の例として、「燕丹子」（荊軻の始皇暗殺の物語）などを翻訳。原文も掲載し、語りのリズムの痕跡を追究する。また、「捜神記」や「幽明録」といった「志怪小説」の生みの親「列異伝」の逸文50種を翻訳。志怪小説と語り物が相互に与えた影響を見る。最後に、唐代の「鶯鶯伝」を翻訳し、六朝志怪から唐代伝奇まで、あらゆる話を集めた「太平広記」と比較することで「列異伝」の特徴を考察する。
2017.11 223p A5 ¥2400 ①978-4-497-21714-1

◆春秋左傳正義譯注　第1冊　序・隠公・桓公篇　野間文史訳注　明德出版社 (二松學舍大学中国学古典叢書 1)
【目次】春秋左傳正義譯注 春秋正義序、春秋左傳正義校定文 春秋左傳正義校勘記 春秋正義序、春秋左傳正義譯注 巻一（春秋左氏傳序）、春秋左傳正義校定文 巻一（春秋左氏傳序）、春秋左傳正義校勘記 春秋左氏傳序）、春秋左傳正義譯注 巻二、前傳、隱公元年經、隱公元年傳〔ほか〕
2017.10 624p A4 ¥10000 ①978-4-89619-021-2

◆春秋左傳正義譯注　第2冊　荘・閔・僖公篇　野間文史訳注　明德出版社 (二松學舍大学中国学古典叢書)
【目次】巻八、巻九、巻十、巻十一、巻十二、巻十三、巻十四、巻十五、巻十六、巻十七
2017.10 631p 31×22cm ¥10000 ①978-4-89619-022-9

◆「春望」の系譜─続々・杜甫詩話　後藤秋正著　研文出版 (研文選書)
【目次】1「春望」について（「春望」の系譜、杜甫「春望」の頷聯について、杜甫の詩における「山河」と「山川」、「江山」）、2 杜甫の詩と詩語（杜甫「旅夜書懐」の「星垂」はどのように読まれてきたか、「牛炙・牛肉」についての覚書─杜甫「蘇耑陽詩」、杜甫の詩とサル─猿・狙・狖(ゆう)など、杜甫の詩とニワトリ、杜甫の詩とタケノコ─筍・笋）、3 杜甫の「逸詩」と「逸句」（杜甫の「逸詩」について、杜甫の「逸句」について）
2017.5 284p B6 ¥2300 ①978-4-87636-423-7

◆水滸伝─虚構のなかの史実　宮崎市定著　中央公論新社 (中公文庫)
【要旨】宋の時代の史書に散見する宋江が三六人の仲間とともに反乱を起こしたという記述は、中国民衆によって、一〇八人の豪傑が活躍する痛快無比な伝奇小説『水滸伝』となった！「現今の中国を理解するため」の必読書だと言う著者が、歴史と虚構を対比させてその魅力を解き明かす。　2017.3 242p A6 ¥840 ①978-4-12-206389-1

◆水滸伝　1　井波律子著　講談社 (講談社学術文庫)
【要旨】中国武俠小説の最大傑作にして「中国四大奇書」の一つ。北宋末期の乱世を舞台に、好漢百八人が暴力・知力・胆力を発揮し、戦いを繰り広げながら、「梁山泊」へと集結。窃盗、殺人、痛飲、奸計、忠義、友情…。善悪が渾然一体となる物語世界を、よみやすく、勢いのある文体で、完全新訳。本巻は冒頭の「引首」から「第二十二回」までを収録（全5巻）。
2017.9 715p A6 ¥1850 ①978-4-06-292451-1

◆水滸伝　2　井波律子著　講談社 (講談社学術文庫)
【要旨】中国武俠小説の最大傑作にして「中国四大奇書」の一つ。北宋末期の乱世を舞台に、好漢百八人が暴力・知力・胆力を発揮し、戦いを繰り広げながら、「梁山泊」へと集結。窃盗、殺人、痛飲、奸計、忠義、友情…。善悪が渾然一体となる物語世界を、よみやすく、勢いのある文体で、完全新訳。本巻は「第二十三回」から「第四十二回」までを収録（全5巻）。
2017.10 687p A6 ¥1830 ①978-4-06-292452-8

◆水滸伝　3　井波律子訳　講談社 (講談社学術文庫)
【要旨】中国武俠小説の最大傑作にして「中国四大奇書」の一つ。北宋末期の乱世を舞台に、好漢百八人が暴力・知力・胆力を発揮し、戦いを繰り広げながら、「梁山泊」へと集結。窃盗、殺人、痛飲、奸計、忠義、友情…。善悪が渾然一体となる物語世界を、よみやすく、勢いのある文体で、完全新訳。本巻は「第四十三回」から「第六十回」までを収録（全5巻）。
2017.11 632p A6 ¥1780 ①978-4-06-292453-5

◆水滸伝　4　井波律子訳　講談社 (講談社学術文庫)
【要旨】中国武俠小説の最大傑作にして「中国四大奇書」の一つ。北宋末期の乱世を舞台に、好漢百八人が暴力・知力・胆力を発揮し、戦いを繰り広げながら、「梁山泊」へと集結。窃盗、殺人、痛飲、奸計、忠義、友情…。善悪が渾然一体となる物語世界を、よみやすく、勢いのある文体で、完全新訳。本巻は「第六十一回」から「第八十二回」を収録。
2017.12 771p A6 ¥1850 ①978-4-06-292454-2

◆宣教師漢文小説の研究　宋莉華著, 鈴木陽一監訳, 青木萌訳　東方書店
【目次】宣教師漢文小説研究の現状、プレマールと初期のカトリック宣教師による「儒交信」、早期のキリスト教の漢語訂至刊行物、最初に宣教師漢文小説を書いた宣教師のミルン、ドイツ人宣教師ギュツラフの小説創作と評価、「中国叢報」が翻訳紹介した中国古典小説及び宣教師に対する影響、バーンズと『天路歴程』の訳本について、街頭布教家のグリフィス・ジョンおよびその漢文小説、リチャードと『回頭看紀略』の翻訳紹介、宣教師と中国の近代児童文学の萌芽、一九世紀宣教師小説の文化解読、一九世紀西洋人の漢語読本における小説
2017.12 334p A5 ¥4000 ①978-4-497-21715-8

◆全訳 封神演義　1　二階堂善弘監訳, 山下一夫, 中塚亮, 二ノ宮聡訳　勉誠出版
【要旨】中国古典神怪小説の集大成。紂王が女神・女媧(か)を畏れぬ所行で怒らせ、女媧(か)に遣わされた千年狐狸精は妲己を殺し憑依する。ここから殷(商)の破滅物語がはじまった─全訳第1巻！
2017.9 549p B6 ¥3200 ①978-4-585-29641-6

◆全訳 封神演義　2　二階堂善弘監訳, 山下一夫, 中塚亮, 二ノ宮聡訳　勉誠出版
【要旨】武勇の開祖、知略の姜子牙、ぶつかり合う！妲己は紂王を誑かし、殷(商)の重臣を次々と陥れる。姜子牙は周の武王を扶け、開仲・昆公明に挑み、仙人たちが人界を暴れ回る─全訳第2巻！
2017.11 516p B6 ¥3200 ①978-4-585-29642-3

◆中国学入門─中国古典を学ぶための13章　二松学舎大学文学部中国文学科編　勉誠出版　改訂新版
【要旨】中国の文学・歴史・思想・芸術などの文化を研究する「中国学」。歴史をひもとけば分かるように、私たちの精神や思想には中国や朝鮮半島など東アジアからの影響がある。古代から二〇世紀にいたる中国文化の展開や日本における影響を概観して、その豊穣な世界を分かりやすく紹介する。
2017.4 216p A5 ¥1600 ①978-4-585-20056-7

◆中国古典文学挿画集成　10　小説集　4　瀧本弘之編　遊子館
2017.1 349, 57p B5 ¥46000 ①978-4-86361-029-3

◆中国史談集　澤田瑞穂著　筑摩書房 (ちくま学芸文庫)
【要旨】中国小説、なかでも怪異譚や笑話など庶民文学研究の第一人者が、多くの資料に目配りを利かせ、洒脱な筆さばきで歴史の表面に浮かび上がってこなかった知られざる裏面を独自の視点から鮮やかに掘り起こす。採りあげられる話題は、皇帝、影盲、にせ俊寛、流言、準禍事件等と多彩で、特に仏教の僧侶、道教の張真人、宗教結社の問題は、現代中国にも密接に連なるテーマ性を兼ね備えている。
2017.9 386, 4p A6 ¥1300 ①978-4-480-09817-7

◆唐代伝奇を語る語り手─物語の時間と空間　葉山恭江著　汲古書院
【目次】序論（本研究の目的と方法、日本における唐代伝奇研究の現状と課題、本書の構成）、第1部 理論編（物語論（ナラトロジー）の概説、唐代伝奇の語りの分類─語り手と物語世界の関係から、「謝小娥伝」の語り─語り手「私」と作中人物「私」の関係）、第2部 実践篇（「古鏡記」の語り─語り手王度に語られた王度と王勣の物語、「南柯太守伝」の時空と語り手の枠─生き直しをさせられた夢、「南柯太守伝」に含まれる二つの焦点化─物語に介入する語り手）
2016.12 216, 4p A5 ¥7500 ①978-4-7629-6581-4

◆風絮 別冊─龍楡生編選『唐宋名家詞選』北宋編　1　日本詞曲学会編　日本詞曲学会, (名古屋)あるむ 発売
【目次】張先、晏殊、張昇、梅堯臣、柳永、王安石、晏幾道、蘇軾、黄庭堅、張耒、陳子道、趙令時、李鷹(たい)、晁冲之
2017.3 425p A5 ¥2000 ①978-4-86333-123-5

◆貶謫文化と貶謫文学─中唐元和期の五大詩人の貶謫とその創作を中心に　尚永亮著, 愛甲弘志, 中木愛, 谷口高志訳　勉誠出版
【要旨】韓愈・柳宗元・劉禹錫・白居易・元稹(しん)、遠流の憂き目の中で、中国史上に燦然と輝く詩を創った士人たち…。彼らの詩を丹念に読み解きその事跡を追いながら、悲劇が詩を「豊か」にする過程を明らかにする。
2017.5 628, 17p A5 ¥13500 ①978-4-585-29100-8

外国文学の研究

漢詩

◆おとなのためのやさしい漢詩教室　三羽邦美著　瀬谷出版
【要旨】50首(絶句42首、律詩8首)の漢詩をやさしく解説しました。
2017.6　269p　A5　¥1600　①978-4-902381-36-8

◆漢詩花ごよみ——百花譜で綴る名詩鑑賞　渡部英喜著、牛尾篤画　未知谷
【要旨】桜、蕨、桃、苔、薔薇、葡萄、銀杏…草花の解説に親しみながら、四季折々の花と草木を詠った古今の名作を鑑賞。
2017.3　245p　B6　¥2000　①978-4-7505-1495-6

◆宋詩百人一首　瀧口房州撰　創英社/三省堂書店
【要旨】欧陽修・蘇東坡・王安石ら、盛唐から200年を経た宋代の漢詩を、作者の経歴やエピソードを豊富に交えて、深く鑑賞する。
2017.7　293p　B6　¥1800　①978-4-88142-140-6

◆天空の詩人 李白　陳舜臣著　講談社
【要旨】歴史小説家・陳舜臣の、知られざる漢詩世界。絶筆となった評論エッセイ「天空の詩人 李白」と、未発表の詩集「澄懐集」を通して「漢詩」の豊かさを再発見する一冊!
2017.1　173p　B6　¥1200　①978-4-06-220419-4

◆人間万里塞翁馬　海江田万里著　双葉社
【要旨】日本語の奥に広がる、面白くてためになる「漢詩の物語」。人生が豊かになる学びのすゝめ。
2017.8　251p　18cm　¥1200　①978-4-575-31295-9

◆私と和漢名詩——日本・中国の漢詩を折にふれて　黒澤和規著　(金沢)北國新聞社
【要旨】日本の教養を支えた103編の名漢詩を分かりやすく解説。
2017.9　456p　B6　¥2037　①978-4-8330-2112-8

千一夜物語

◆『アラビアンナイト』からアラジンとお菓子　ムナ・サルーム、レイラ・サルーム・エリアス著、今川香代子訳　東洋出版
【要旨】アラビアンナイトの物語と魅惑のスイーツ。王妃が夜ごと王に話して聞かせたアラビアンナイトの物語。そこに出てくるスイーツはどれも魅力的なものばかり。そんなスイーツの作り方を材料とともに紹介します。アラビアンナイトの楽しい物語を魅惑のスイーツとともに召し上がれ。
2017.12　146p　B6　¥1000　①978-4-8096-7889-9

英米文学

◆英米文学に描かれた時代と社会——シェイクスピアからコンラッド、ソロー　川成洋、吉岡栄一、伊澤東一編　悠光堂
【要旨】"チャールズ・モウズリー博士の「シェイクスピアのヒパクリット」論は本書の白眉であり、出色のできばえ"。
2017.12　389p　B6　¥3500　①978-4-906873-92-0

◆エコクリティシズムの波を超えて——人新世の地球を生きる　塩田弘、松永京子、浅井千晶、伊藤詔子、大野美ヤ、上岡克己編　音羽書房鶴見書店
【目次】第四の波のかなた——エコクリティシズムの新たなる歴史編纂的比喩を求めて、第1部 エコクリティシズムの源泉——風景の解体と喪失、第2部 エコクリティシズムの現代的展開——語り始めた周縁、第3部 SFとポストヒューマン——境界のかなたへ、第4部 核時代の文学——アポカリプス、サバイバンス、アイデンティティ、聖樹伝説——ヨセミテの杜、熊野の杜
2017.4　436p　A5　¥3800　①978-4-7553-0401-9

◆教室の英文学　日本英文学会(関東支部)編
【要旨】31人が語る英文学の授業風景——日本英文学会関東支部のメンバーを中心に、英文学研究の第一線で活躍する研究者たちが、実践的な英語教育・英文学教育論を展開。日本英文学会による英文学教育論の第1弾!
2017.5　320p　A5　¥2600　①978-4-327-47235-1

◆情動とモダニティ——英米文学/精神分析/批評理論　遠藤不比人著　彩流社
【要旨】近現代の英米文学研究、殊にモダニズム文学研究にインパクトを与えた「情動」を徹底解明! 文学、理論、精神分析という差異を越境して反復する「情動」のテクスト性を触知する初の試み。
2017.3　273p　B6　¥3200　①978-4-7791-2308-5

◆新カナダ英語文学案内　藤本陽子、堤稔子、中山多恵子、馬場広信編　彩流社
【要旨】早逝の気鋭の研究者が移民国家カナダの生々しい鼓動を伝える斬新な文学論! オンダーチェを中心とするカナダの"マイノリティ"や先住民作家の論考、マンロー、シールズ、アトウッドらの作品に関する多角的なエッセイの集成。
2017.3　321p　B6　¥3200　①978-4-7791-2271-2

◆読者ネットワークの拡大と文学環境の変化——19世紀以降にみる英米出版事情　小林英美、中垣恒太郎編著　音羽書房鶴見書店
【目次】第1部 イギリス編 (予約)購読形式出版談集への定期刊行物書評——スコットランド詩人グラント夫人の事例研究、コックニー試派と出版社——十九世紀前半イギリスの出版事情、「ウェイヴァリー現象」——越境するテクストと十九世紀読者層の創出(および忘却)、十九世紀における小説読者の拡大とディケンズ、イングランドにおける大衆読者層の形成と拡大、読者を啓発するジョイス——『ダブリンの市民』に描かれたアイルランド社会の病理、拡大する読者とヴァージニア・ウルフの『普通の読者』——ウルフのジャーナリズムと評論「斜塔」、第2部 アメリカ編(鉄筆の力——マガジニスト・ポーの軌跡を辿る、国民作家マーク・トウェインの生成とアメリカ出版ビジネスの成長——予約出版と知的財産権の概念整備、エミリ・ディキンソンと「読者」、ネットワーク——南北戦争時に「送られた」詩と「送られなかった」詩、書物の流通譚——『ロリータ』の大西洋横断的出版ネットワーク)
2017.5　316p　A5　¥3000　①978-4-7553-0297-8

◆火の後に——片山廣子翻訳集成　片山廣子著　幻戯書房
【要旨】イエーツ、ダンセイニ、ロレンスらの短篇、上田敏も称賛したグレゴリー夫人、タゴールの詩、大正期に広く読まれていた戯曲、アメリカ探偵小説、その広範な訳業を網羅。
2017.11　413p　B6　¥4600　①978-4-86488-134-0

イギリス文学

◆アイルランドの言葉と肉——スターンからベーコンへ　近藤耕人著　水声社
【要旨】自分の手が自分の身体の一部ではなく、獣にも共通する一般的な肉と見えたり思えたりするとき、「わたし」はなにものであり、どこにあるのであろうか。言葉の不在感と肉体。創造力の原点に"言葉"と"肉体"の相剋を探る、新しいアイルランド芸術論。
2017.7　237p　B6　¥2800　①978-4-8010-0262-3

◆アガサ・クリスティーの大英帝国——名作ミステリと「観光」の時代　秀秀紀著　筑摩書房(筑摩選書)
【要旨】英国を代表する「ミステリーの女王」アガサ・クリスティーはまた「観光の女王」でもあった。奇しくも同じ一八四一年に端を発する「ミステリ」(ポー「モルグ街の殺人」)と「観光」(トマス・クックによるツアー)は、束の間の「非日常」を楽しみ、平凡だが価値ある「日常」へと帰還する営みとして、大衆社会なかんずく大英帝国の繁栄の下で、花開いた。その頂点をなすクリスティーの傑作群、六六作に及ぶクリスティーの長編の分析を通して、彼女が「ミステリ」と「観光」に託して描いた二〇世紀大英帝国の変容を明らかにする。
2017.5　266p　B6　¥1600　①978-4-480-01652-2

◆アーサー王伝説の起源——スキタイからキャメロットへ　C.スコット・リトルトン、リンダ・A.マルカー著、辺見葉子、吉田瑞穂訳　青土社　新装版
【要旨】ながらくケルト起源とされてきたアーサー王伝説に、スキタイ起源というまったく新しい角度から光をあて、主要なストーリーがキタイの末裔オセット人の伝承に類似していること、円卓の騎士たちの名前の語源についての新事実など、歴史学・文献学・比較神話学の知見を駆使し、詳細な考証によって、アーサー王伝説の起源を塗りかえる、大胆な仮説の書。
2017.6　485,49p　B6　¥3200　①978-4-7917-6989-6

◆葦笛の詩神——英国十八世紀の牧歌を読む　海老澤豊著　国文社
【要旨】古典・近世の牧歌の伝統を継承しながらも新たな牧歌の創造を目指して変奏を奏でた。牧歌詩人たちの多彩な世界を読み解く。
2017.1　586p　B6　¥5000　①978-4-7720-0989-8

◆アフラ・ベーン——「閨秀作家」の肖像　福岡利裕著　彩流社
【要旨】妖艶な美女か、スパイか、フェミニストか…英文学史上初の女性職業作家、アフラ・ベーンの代表作『オルノーコ』を中心にたどる!
2017.2　522, 11p　A5　¥6500　①978-4-7791-2273-6

◆イェイツをめぐる作家たち——ワイルド、ジョイス、パウンド、エリオット、オーデン　リチャード・エルマン著、小田井勝彦、グレース宮田訳　彩流社
【要旨】競って、盗んで、嫉妬して、築かれた19-20世紀のイギリス・アイルランド文学。アイルランドのノーベル賞作家、ウィリアム・バトラー・イェイツと、同時代を生きたオスカー・ワイルド、ジェイムズ・ジョイス、エズラ・パウンド、T.S.エリオット、W.H.オーデン。互いへの嫉妬と尊敬の入り交じる複雑な感情と、優れた批評眼をもった6人の作家たちの、人間模様と作品の比較分析をおこなった名著!
2017.6　241, 21p　B6　¥2800　①978-4-7791-2325-2

◆イギリス絵本留学滞在記——現代絵本の源流 ウォルター・クレインに魅せられて　正置友子著　風間書房
【目次】第1部 イギリスで暮らす(ジャッキーさんとイングリッシュ・ホーム、イギリス人の衣食住 ほか)、第2部 イギリスで児童文学を学ぶ(ローハンプトン大学大学院、ローハンプトンのクラスメートたち ほか)、第3部 イギリスで、絵本研究過程で出会った人たち(ブライアン・オルダーソン先生、ノーマン・ワドリントン先生とケンブリッジ ほか)、第4部 ヴィクトリア時代の絵本に魅せられて(ヴィクトリア時代は、絵本の花が開いた時であった、エドマンド・エヴァンズ登場 ほか)
2017.1　256p　B6　¥2000　①978-4-7599-2164-9

◆ウィリアム・ゴールディングの読者　宮原一成著　開文社出版
【目次】『蠅の王』における読者の拘束——"むき出しの人"を読ませるために、『後継者たち』に見る断絶と架け橋——読ませるための拘束と受け入れ、読者が捨てられる/読者に捨てさせない——『ピンチャー・マーティン』における意味の標識、読み書きの時間——『自由落下』における書く行為の純粋持続と読む行為、読ませるゴールディングから読まれるゴールディングへ——転機とその後、『尖塔』における読み手の自負と偏見、そしての教化、『ピラミッド』の非倫理的な読み手から学ぶ"読むことの倫理"、「一」を目指す"二"、『可視の闇』に見る複製と復元願望としての解釈行為、読み手の革命の貧弱さ——ジェイムズ・コリーの手紙から読む『通過儀礼』、白紙から読む『ペーパー・メン』——「作者の死」が死なせたもの、「雪の平原」としてのエジプト——自らを読み直すゴールディング、『海洋三部作』における"信頼できる語り手"と"読んで書くことの魔性"、『蠅の王』とビルとビル・ゴールディング
2017.10　400p　A5　¥3000　①978-4-87571-089-9

◆オースティンの『高慢と偏見』を読んでみる——「婚活」マニュアルから「生きる」マニュアルへ　鹿島樹音編著訳、市原順子印刷　(大阪)大阪教育図書
【要旨】"資産家の独身男性は妻を求めているはず"。愛は自分で見つけ出すもの。200年前の「婚活」大作戦、成功率100パーセント!!
2017.8　264p　20×12cm　¥2000　①978-4-271-90009-2

◆カズオ・イシグロ——境界のない世界　平井杏子著　(水声社)水声文庫
【要旨】デビュー作『遠い山なみの光』、代表作『日の名残り』、『わたしを離さないで』、そして『夜想曲集』などをとりあげ、日本生まれのグローバル作家の全貌にせまる本邦初のイシグロ論。
2017.10　267p　B6　¥2500　①978-4-8010-0288-3

外国文学の研究

◆カズオ・イシグロ読本―その深淵を暴く 別冊宝島編集部編 宝島社
【要旨】『遠い山なみの光』『日の名残り』『わたしを離さないで』『忘れられた巨人』…作品・ルーツから、カズオ・イシグロを徹底研究。2017年ノーベル文学賞受賞作家、邦訳小説全作を読み解く。
2017.12 167p B6 ¥1290 ①978-4-8002-7939-2

◆カズオ・イシグロ入門 日吉信貴著 立東舎, リットーミュージック 発売
【要旨】受賞を予言していた専門家による副読本。2017年ノーベル文学賞受賞作家の作品の謎に迫るいちばん読みやすい解説書が登場！ 生い立ちから作品世界まで、大人気作家の実像に迫る！
2017.12 191p B6 ¥1300 ①978-4-8456-3170-4

◆カズオ・イシグロの世界 小池昌代, 阿部公彦, 平井杏子, 中川僚子, 遠藤不比人ほか著 水声社
【要旨】新ノーベル賞作家のすべて。長崎から英国へと移り住み、「過去にしか"ホーム"をもたない」と評される小説家の、それ故にこそのアクチュアリティを多面性を縦横に読み解く。
2017.12 216p B6 ¥2000 ①978-4-8010-0318-7

◆キャサリン・マンスフィールド―荒地を吹き渡る風のように自由に 手塚裕子著 （横浜）春風社
【要旨】祖国ニュージーランドを離れ、イギリスやヨーロッパ各地を漂泊しながら34歳で夭逝した女性作家、キャサリン・マンスフィールド。激しく生き、書き続けた生涯を克明に描き出す、本格的評伝。写真多数掲載。
2017.12 333, 12p B6 ¥3200 ①978-4-86110-553-1

◆キリスト教弁証家C.S.ルイスの遺産 竹野一雄著 （大阪）かんよう出版
【要旨】"まじりけのないキリスト教"とはなにか？ 日本におけるC.S.ルイス研究の金字塔。『ナルニア国年代記物語』、『キリスト教の精髄』、『悪魔の手紙』など、すべての作品研究によって、ルイスのキリスト教理解の核心についてきめ細かく、そして丹念に解き明かす。
2017.3 246, 12p A5 ¥3500 ①978-4-906902-85-9

◆サキの思い出―評伝と短篇 エセル・M. マンロー, ロセイ・レイノルズ, サキ, 花輪涼子訳 彩流社
【要旨】「わたしには弟がいました。名前はヘクター」姉が語る、短篇小説の名手サキの幼少期から死まで―。2つの評伝にサキの短篇作品を加えたコレクション。サキ自筆のイラストも収録！
2017.11 242p B6 ¥2800 ①978-4-7791-2379-5

◆三ギニー―戦争を阻止するために ヴァージニア・ウルフ著, 片山亜紀訳 平凡社 （平凡社ライブラリー）
【要旨】教育や職業の場で続けられてきた女性に対する直接的・制度的差別。これらが戦争と通底する暴力行為を生み出すことを様々な資料により明らかにし、戦争なき未来のためにできること、を、女性が働いてようやく得た自由なお金三ギニーの寄付行為になぞらえ提示する。男女の賃金格差・少子化・介護・過重労働やマスコミの偏重報道など、現代日本が直面する問題にも迫る名評論の新訳。
2017.10 406p A6 ¥1400 ①978-4-582-76860-2

◆ジェイムズ・ジョイスと東洋―『フィネガンズ・ウェイク』への道しるべ 山田久美子著 水声社
【要旨】多文化都市トリエステ、パリで見間した東洋と日本文化、そして多言語はジョイスの作品にどのような影響をあたえたか。イエズス会の宣教、フェノロサの漢字学、パウンドの夢幻能など様々なアプローチをすることで、『フィネガンズ・ウェイク』にみられる日本や日本語との関わりを多面的に読みとく。
2018.1 338p B6 ¥4000 ①978-4-8010-0315-6

◆ジェイン・オースティン研究の今―同時代のテクストも視野に入れて 日本オースティン協会編 彩流社
【要旨】オースティンの切り拓いた世界と技法、そして現在への接続を明らかに。現代でもドラマ化、映画化と人気ながら、閉じられた世界を描いていると見なされてきたオースティン作品。最前線の研究者がこれまでの定説を覆し、社会や時代との積極的な関わり、現代における受容と普遍性を論じる。ジェイン・オースティン協会10周年記念論集。
2017.4 382, 14p A5 ¥4000 ①978-4-7791-2287-3

◆シャーロック・ホームズ 秘宝の研究 北原尚彦著 宝島社 （宝島SUGOI文庫）
【要旨】コナン・ドイルが執筆した正典以降、パロディ・パスティーシュはもちろん、ドラマ『SHERLOCK／シャーロック』をはじめとする映像作品、アニメ、マンガ、児童書などシャーロック・ホームズの活躍は留まるところを知らない。記録に残すべきメディアミックス作品だけでなく、正史には残らないが魅力的な怪作・珍本も多数存在する。そんな無数に存在する「ホームズ」を、あますところなく、貴重なビジュアルとともに紹介！
2017.7 325p A6 ¥690 ①978-4-8002-7404-5

◆絨毯とトランスプランテーション 二十一世紀のV.S. ナイポール 栩正行著 音羽書房鶴見書店
【目次】第1章 出版のはずみ、第2章『作家と世界』（二〇〇二年）と『文学論』（二〇〇三年）、第3章『魔法の種』（二〇〇四年）、第4章『作家をめぐる人々』（二〇〇七年）、第5章 アフリカ、第6章 絨毯の行方
2017.2 160p B6 ¥2500 ①978-4-7553-0298-5

◆ジョウゼフ・コンラッドのアート理論―『ナーシサス号の黒人』序文を読む 浦речный信吉著 ミヤオビパブリッシング, （京都）宮帯出版社 発売 増補改訂版
【目次】第1章 第1段落の読み取り―序に代えて（思想家・科学者の世界と真理、アーティストの世界と真理、アーティストの真理と思想家・科学者の真理、パルメニデスの心理と死すべき者たちの思わくの真理）、第2章 2・3・4段落の読み取り「彼自身の内面へと下っていく」の解釈、「もしそれに値しそして運が良ければ」の意味の確定）、第3章 第5・6・7・8段落の読み取り（コンラッドがつくり出したことば「モノ・言葉」とその実例、「もし人々がそれに値し、加えて幸運であれば」のここでの意味の確定）、第4章 第9・10・11段落の読み取り（語りの場変更の理由、実践的読み取りの困難点、評価と困難解決の方法、「それにふさわしくかつ幸運な人」）、補遺 モノ・言葉の実例（その2）（小説の語り手はシングルトンである、猫の目のシングルトン）、付録 宇宙はどのようにして「今ある」のか
2017.3 179p A5 ¥1600 ①978-4-8016-0087-4

◆スコットランド、一八〇三年―ワーズワス兄妹とコールリッジの旅 安藤潔著 （横浜）春風社
【要旨】詩人ワーズワス、その妹ドロシー、コールリッジが旅したスコットランド。ドロシーの『旅行記』やコールリッジのノートブックを資料に、現地へも赴き三人の足取りを辿る。
2017.1 198p B6 ¥2700 ①978-4-86110-529-6

◆図説 アーサー王と円卓の騎士―その歴史と伝説 マーティン・J. ドハティ著, 伊藤はるみ訳 原書房
【要旨】アーサー王物語の全体像を描く決定版！ 180以上の豊富な図版とともに、文学と伝説と歴史が一体となった、魅力的な物語のすべて！
2017.6 264p 21×16cm ¥2800 ①978-4-562-05417-6

◆世紀末の長い黄昏―H.G. ウェルズ試論 宗洋著 春風社
【要旨】見る、覗く、眺める、凝視する、監視する、目撃する…19世紀末、科学技術教育の普及によって登場した「観察者としての読者」は、どのように文学作品と向き合ったのか？ 初期のSF、異色のサイクリング小説、社会小説の計6編をとりあげ、「観察」という視点からウェルズを読み解く。
2017.7 217, 8p B6 ¥2700 ①978-4-86110-550-0

◆増殖するフランケンシュタイン―批評とアダプテーション 武田悠一, 武田美保子編著 彩流社
【要旨】誕生から200年―なぜ、『フランケンシュタイン』は多くの解釈を生み出し、甦り続けるのか？ 現代の視点から分析する第一部と、演劇・小説・映画・マンガ等、多種多様な「翻案・改作」からなる第二部で構成。
2017.3 328, 28p B6 ¥3400 ①978-4-7791-2315-3

◆ダーク・ヒロイン―ジョージ・エリオットと新しい女性像 矢野奈々著 彩流社
【要旨】金髪・青い目、女性の鑑として好まれた「フェア」なヒロインに対し、黒やブルネットの「ダーク」な髪や目のヒロインたちに託されたものとは何か？ 魔性、妖艶、知性、情熱、そして自立―ヴィクトリア朝を代表する女性作家ジョージ・エリオットによるダークの表象と彼女が描

◆中世イギリスロマンス ガウェイン卿と緑の騎士 菊池清明訳 （横浜）春風社 （中世英語英文学 3）（原書改訂第2版）
【要旨】14世紀に成立した中世イギリスロマンスの新訳。多彩で変化に富んだ原文が格調高い日本語でよみがえる。
2017.12 231p A5 ¥3400 ①978-4-86110-579-1

◆トマス・ハーディの文学と二人の妻―「帝国」「階級」「ジェンダー」「宗教」を問う 土屋倭子著 音羽書房鶴見書店
【要旨】トマス・ハーディと妻たちの栄光と苦悩と確執の歳月をたどり、文学と歴史が交錯するハーディ文学生成の「真実」に迫る。「帝国」「階級」「ジェンダー」「宗教」を問い、多数の貴重な図版を配した著者渾身のハーディ文学論。
2017.10 403p B6 ¥5000 ①978-4-7553-0403-3

◆ナルニアの隣人たち 堀越喜晴著 （大阪）かんよう出版
【要旨】ルーシー―光を見ていた女の子、エドマンド―扉を閉ざした男の子、スーザン―ナルニアに戻れない少女、ピーター―ナルニア国の一王、リーピチープ―気高き騎士なる鼠、ユスタス―科学少年の冒険、パドルグラム―がんと一発奮起した咳嗽、ブリー―外観から実体への信仰の歩み、タムナス―ナルニア人の最後の言葉、ディゴリー・カーク―「論理じゃよ、論理」、ジェイディス―永遠の青白き囚われ人、シフト―あざといき毛猿（けざる）、エメース―図に真（まこと）を求め尽くす者、アスラン―ナルニアの救世主、C・S・ルイス―ナルニアの創造者、ナルニアと私―あとがきにかえて
2017.4 130p B6 ¥1500 ①978-4-906902-62-0

◆花を見つめる詩人たち―マーヴェルの庭とワーズワスの庭 吉中孝志著 研究社
【要旨】17世紀の形而上派詩人アンドリュー・マーヴェル、ロマン派の代表的詩人ウィリアム・ワーズワス。そして二人を思想的に繋ぐヘンリー・ヴォーン。共通して庭や植物に興味をもったこれら詩人たちの作品を緻密かつ実証的に読み込む。セクシュアリティと記憶の問題をキーワードに、すぐれた先行研究を持つ「庭と英詩」をめぐる議論を更新する。
2017.12 371p A5 ¥5000 ①978-4-327-48166-7

◆比較文學研究 第103號 特輯 イギリス・ロマン主義の受容と変容 東大比較文學會編 （川越）すずさわ書店
【目次】特輯 イギリス・ロマン主義の受容と変容（天心・岡倉覚三と五浦―イギリス・ロマン主義特輯号の余白に、漱石の淡黄の花―『草枕』とイギリス・ロマン主義、ロマン主義における近代の超克―北村透谷『蓬莱曲』とトマス・カーライル『サーター・リザータス』）、書評、展覧会カタログ評（徳川美術館・蓬左文庫開館八十周年記念「全点一挙公開源氏物語絵巻」展、赤瀬川原平の芸術原論展）、Le Rond - Point（澤入要仁氏博士論文「カリヨンのひびき―ロングフェローの詩とアメリカ文化」審査結果の要旨、池田美紀子氏博士論文「夏目漱石―眼は識る東西の字」審査結果の要旨、李美蓮氏博士論文「源氏物語」における教育―父と子の関係を中心に」審査結果の要旨）
2017.9 186, 6p A5 ¥3800 ①978-4-7954-0296-6

◆深読みジェイン・オースティン―恋愛心理を解剖する 廣野由美子著 NHK出版 （NHK BOOKS）
【要旨】英文学史上最大のリアリズム作家の一人とされるオースティン。分別を失って多感になることで報いを得た「耐える女」エリナ、成り上がる戦略をつけて偏見を武器にした「賢い女」エリザベス、無垢の殻に激しい情念を押し込めた「おとなしい女」ファニー、勝手な思い込みで誤解を反復する「わがままな女」エマ…など、個性的な6人のヒロインの"認知の歪み"という観点に着目し、その言動分析から普遍的な人間の心情に迫る画期的アプローチ。
2017.6 318p B6 ¥1500 ①978-4-14-091246-1

◆ブルームの歳月―トリエステのジェイムズ・ジョイス 1904 - 1920 ジョン・マッコート著, 宮田恭子訳 水声社
【要旨】20世紀初頭の多民族・多言語・多文化都市トリエステ。『ユリシーズ』の主人公ブルームの人物像はどのように形成されたか。『フィネガンズ・ウェイク』の言語はどのような刺激を得て創造されたか。ジョイスの芸術と都市の関係を浮き彫りにする。
2017.6 467p A5 ¥7000 ①978-4-8010-0239-5

外国文学の研究

◆文学都市ダブリン―ゆかりの文学者たち　木村正俊著　（横浜）春風社
【要旨】なぜダブリンはすぐれた文学者たちを輩出してきたのか。スウィフト、ワイルド、ジョイスから現代の作家まで、作品を生み出す土壌となった都市ダブリンとの関係に注目しながら、文学者たちの足跡をたどる。
2017.2 436、2p A5 ¥3700 ①978-4-86110-518-0

◆『マビノギオン』を読む―魅惑の国ウェールズの華　中野節子著　JULA出版局
【目次】前編　『マビノギオン』の成立と背景（物語の舞台ウェールズの歴史―古代から中世まで、口承文学の伝統を支えた「エイステッズヴォド」、『マビノギオン』の構成・内容・成立の過程、ウェールズ文化の復興に貢献した二人の貴婦人たち ほか）、後編　『マビノギオン』を読む（『マビノギオン』の世界観、『マビノギオン』の女性像、ウェールズの巨人たち―物語と伝説のなかから、二つの「怪童物語」を追って―ペレドゥルと金太郎 ほか）
2017.11 296、12p A5 ¥3500 ①978-4-88284-197-5

◆物語のティータイム―お菓子と暮らしとイギリス児童文学　北野佐久子著　岩波書店
【要旨】ライオンと魔女、秘密の花園、クマのプーさん、時の旅人…イギリスでは、日常のなかにファンタジーが息づいている―。お菓子の文化や児童文学を研究してきた著者が、物語に登場するお菓子やハーブをとりあげながら、11作品を読み解いていきます。名作がもっと面白く、味わい深くなる、イギリスの児童文学案内です。それぞれの物語にちなんだお菓子のレシピ付き。
2017.7 151p A5 ¥1800 ①978-4-00-061205-0

◆『指輪物語』と『ナルニア国年代記物語』における色彩表現　川原有加著　（大阪）かんよう出版
【要旨】「色彩」から何が見えてくるのか？青、赤、黄、金、銀、黒、白、茶、灰、緑、紫、……イギリスの二大ファンタジーを色彩表現から緻密に読み解く。膨大な色彩語のデータ分析による資料付き。
2016.12 336、110p A5 ¥4500 ①978-4-906902-77-4

◆ユリシーズ航海記―『ユリシーズ』を読むための本　柳瀬尚紀著　河出書房新社
【要旨】「ブルームの日」の大穴馬券や12章の「発犬伝」など、ジョイスが仕掛けた注釈を精緻に読み解き、正解の翻訳を追究した著者の航跡を集大成。だれも気づかなかった細部や、未完部分の翻訳も含め、ダブリンの一日に描きこんだ『ユリシーズ』全体像に迫る最良の設計図。この一冊で『ユリシーズ』が断面白くなる!!
2017.6 373p B6 ¥2700 ①978-4-309-02585-8

◆歴史のなかのブロンテ　マリアン・トールレン編、内田能嗣、海老根宏監修、清水伊津代、白井義昭、橋本清一、廣野由美子、大田美和監訳　（大阪）大阪教育図書
【目次】第1部場所、人物、出版（ブロンテ姉妹当時のハワース、ハワース牧師館での家庭生活、ブロンテ姉妹の生涯と作品にゆかりの北イングランドの場所 ほか）、第2部研究、批評、翻案、翻訳（ブロンテの伝記―一つのジャンルの概観、十九世紀中葉におけるブロンテ姉妹批評の動向、ブロンテ研究と批評 一九二〇年・一九七〇年 ほか）、第3部歴史的・文化的背景（宗教、哲学的・知的背景、教育 ほか）
2016.12 443、113p A5 ¥7000 ①978-4-271-31031-0

◆わが妹、ヴァージニア―芸術に生きた姉妹　スーザン・セラーズ著、窪田憲子訳　彩流社
【要旨】画家ヴァネッサ・ベルと作家ヴァージニア。二人の芸術を追い求め、ブルームズベリ・グループのメンバーとしてイギリス・モダニズムを牽引した姉妹の愛と葛藤の日々。
2018.1 302p B6 ¥2600 ①978-4-7791-2394-8

📖 シェイクスピア研究

◆シェイクスピア・カーニヴァル　ヤン・コット著、高山宏訳　筑摩書房（ちくま学芸文庫）
【要旨】ヤン・コットは名著『シェイクスピアはわれらの同時代人』で、その研究とは一線を画すコペルニクス的転換をもたらした。コットの研究はシェイクスピア劇全体を眺め渡して、その底に太く流れる歴史的深層海流とも言うべき「歴史のメカニズム」が登場人物たち、あらゆる図式に貫かれていることを明確にあぶり出してみせたのである。また、本書に特筆すべきは、バフチーンのカーニヴァル論が援用されていることで、聖と俗、嘲笑と歓喜、死と再生等に注目することによってシェイクスピアの豊饒な宇宙がより一層鮮やかに描き出されている。
2017.2 351p A5 ¥1300 ①978-4-480-09783-5

◆シェイクスピアと異教国への旅　勝山貴之著　英宝社
【要旨】異教の他者との遭遇をへて、英国人はいかに自己成型を果たしたのか。演劇と旅行記の邂逅。
2017.1 334p A5 ¥4200 ①978-4-269-72143-2

◆シェイクスピアとロマン派の文人たち　上坪正徳著　（八王子）中央大学出版部（中央大学学術図書 92）
【目次】序章　シェイクスピア批評史の幕開け―シェイクスピアの「自然」（nature）と「技法」（art）をめぐる論議、第1章　サミュエル・ジョンソンのシェイクスピア批評―二つの「自然」をめぐって、第2章　性格批評の始まり、第3章　A.W.シュレーゲルのシェイクスピア批評、第4章　S.T.コウルリッジとシェイクスピア、第5章　チャールズ・ラムのシェイクスピア批評、第6章　リー・ハントの演劇批評、第7章　ハズリットの批評と想像力の共感作用、第8章　キーツのシェイクスピア
2017.3 326、11p A5 ¥3400 ①978-4-8057-5231-9

◆シェイクスピアの面白さ　中野好夫著　講談社（講談社文芸文庫）
【要旨】木下順二、丸谷才一らが師事した英文学者にして名翻訳家として知られる著者が、シェイクスピアの芝居としての魅力を縦横に書き尽くした名エッセイ。人間心理の裏の裏まで読み切り、青天井の劇場の特徴を生かした作劇、イギリス・ルネサンスを花開かせた稀代の女王エリザベス一世の生い立ちと世相から、シェイクスピアの謎に満ちた生涯が浮かび上がる。毎日出版文化賞受賞。
2017.10 252p A6 ¥1500 ①978-4-06-290362-2

◆シェイクスピアの影の国―We are shadows　井村君江著　（大阪）レベル、ビレッジプレス 発売
【要旨】影の国とは妖精の世界であり、その妖精の世界をシェイクスピアは、どのように扱い、思い、描いたか。英文学作家に甚大な影響力を持つシェイクスピアを、妖精学の第一人者、井村君江ならではの視点で解き明かす。
2017.7 240p B6 ¥1500 ①978-4-903225-50-0

◆シャイロックの沈黙―ヴェニスの商人　飽くなき亡者は誰か　坂本佑介著　（福岡）花乱社
【要旨】物語は謎かけで始まり、復活したポーシアの父親がヴェニスの商人の悪を滅ぼす別の物語の幕開けで、終わりを告げる。悪者の「ぬか喜び」が善の力によって滅びるからこそ喜劇なのだ―400年間、誰も語らなかったシェイクスピアの魂の叫び。
2017.3 255p B6 ¥2000 ①978-4-905327-68-4

◆書斎の外のシェイクスピア　サウンディングズ英語英米文学会編、舟川一彦監修　金星堂
【目次】第1章　シェイクスピアの謎多き人生と不安定なテキスト―「不確かさ」が与えた可能性、第2章　シェイクスピア上演史1―エリザベス時代からハワース時代まで、第3章　シェイクスピア上演史2―ヴィクトリア時代後期から現在まで、第4章　シェイクスピアと日本における上演史・翻訳史、第5章　シェイクスピアと映画、第6章　伝統への挑戦―ミレイの「オフィーリア」の新奇性と宗教性、第7章　王政復古期のシェイクスピア劇―マスク化されたThe Tempest
2017.11 212p A5 ¥2000 ①978-4-7647-1171-6

◆ロミオとジュリエット・悲劇の本質―魂を失った者への裁き　坂本佑介著　（福岡）花乱社
【要旨】金とセックスそして殺戮の世界に生きた人間が、この世の最後にたどりついた「大事な仕事」とやらを、シェイクスピアは謎に満ちた夢の言葉で、四百年の我々にプレゼントしてくれたのだ。―誰も語ることのなかった、ほんとうの『ロミオとジュリエット』。
2017.6 303p B6 ¥2000 ①978-4-905327-72-1

📖 アメリカ文学

◆アナイス・ニンの日記　アナイス・ニン著、矢口裕子編訳　水声社
【要旨】17歳から74歳の死まで、ヘンリー・ミラー、その妻ジューン、アントナン・アルトー、オットー・ランクほか作家・芸術家たちとの交遊、恋愛、そして作家としての葛藤を綴った膨大な日記から、奔放、かつ繊細に生きたニンの生涯をたどる。
2017.3 536p B6 ¥5000 ①978-4-8010-0218-0

◆アメリカ思春期文学にみる"少年の旅立ち"―ハック、オズ、ライ麦畑、ゲド戦記から現代文学まで　吉田純子著　（京都）阿吽社
【目次】まえがきに代えて、第1部（オズの悩める男たち、文明・野性の境界線上の少年たち、猿に育てられたイギリスの貴公子、影を殺した少年）、第2部（"ゲド戦記"の男らしさの見直し、男らしさの"宇宙"をかき乱すチーズになった少年、アジア、女性との和解する）、第3部（スラムからヴェトナム戦争へ、ゲイとして生きる、障害者として生きる）
2017.3 273p A5 ¥2500 ①978-4-907244-29-3

◆アメリカ小説をさがして　諏訪部浩一著　松柏社
【要旨】著者初のアメリカ文学初期論集。著者の半生を語る将棋エッセイ・観戦記も収録。
2017.3 424p B6 ¥2900 ①978-4-7754-0240-5

◆アメリカン・ドリーマーズ―チャーミアン・ロンドンとジャック・ロンドン　クラリス・スタッズ著、大矢健、岡崎清、衣川清子、小古間甚一、小林一博訳　明石書房
【要旨】アメリカン・ドリームという新しい領域への挑戦をつづけた男女の夢の足跡。
2016.12 560p A5 ¥2800 ①978-4-8391-0943-1

◆アメリカン・ナルシス―メルヴィルからミルハウザーまで　柴田元幸著　東京大学出版会　新装版
【要旨】自己をめぐる文学的想像力に読む、アメリカ文学のもうひとつの系譜。第27回サントリー学芸賞受賞図書。
2017.5 238、6p A5 ¥3400 ①978-4-13-080107-2

◆アレゴリーで読むアメリカ/文学―ジェンダーとゴシックの修辞学　武田悠一著　（横浜）春風社
【要旨】「あることを言いながら、別のことを意味する」アレゴリー。そこに潜む排除と抑圧の構造とは？アメリカとアメリカ文学を"ジェンダー"と"ゴシック"で読みなおす―ポカホンタス物語から『羊たちの沈黙』まで。
2017.12 426、24p B6 ¥3500 ①978-4-86110-569-2

◆衣装が語るアメリカ文学　西垣内磨留美、山本伸、馬場聡編　金星堂
【目次】第1章　時代の目撃者（飽和の時代と拘束―『アメリカン・サイコ』に見るウォール街の「衣装」、"革命"をデザインする―一九六〇年代アクティヴィズムにおける"見かけ"の政治学 ほか）、第2章　民族を映す（極北民族イヌイト社会にみる衣装の機能と象徴性、物語から読み解くチルカット・ブランケット ほか）、第3章「衣装」という表象（意匠あるいは衣装としての比喩、象徴としてのズボン―アリス・ウォーカーの『カラー・パープル』 ほか）、第4章　あざむく（隠れて騙る、隠して語る、ウィンフレッド・イートンの自伝小説『私』におけるファッションとその意味について ほか）
2017.3 273p A5 ¥2700 ①978-4-7647-1172-3

◆エドガー・アラン・ポーとテロリズム―恐怖の文学の系譜　西山智則著　彩流社（フィギュール彩 89）
【要旨】商業作家ポーは本を売るために多彩な戦略をくりあげ手段を選ばなかったが、本書は、文学研究者はもちろん一般の読者にも著者の声を届けるべく、ポーが煽情性を煽ったように不気味な図版を散りばめ、専門性を避けて読みやすい一冊になっている。そう、本書は、サブカルチャーとポーを「ハイブリッド」に論じてゆく。サブカルチャーで「偽装」し、サブカルチャーに「寄生」してポー本論になれる。
2017.6 270p B6 ¥1800 ①978-4-7791-7090-4

◆エマソン―自己から世界へ　堀内正規著　南雲堂
【要旨】21世紀にエマソンを読むとはどういうことか？難解とされるエマソンを文学的に読み解いた稀有な論考。身体性をベースにした、自我とは異なる"自己"のあり方と、愛する者との死別による人生の傷との闘いを浮き彫りにする。エマソンの表現と思想と人生が交差する場所を探り当てる画期的論考。
2017.10 302p A5 ¥3500 ①978-4-523-29330-9

◆エミリ・ディキンスン―アメジストの記憶　大西直樹著　彩流社　（フィギュール彩 96）
【要旨】白いドレスに身を包んで隠遁生活を送り、無名のままこの世を去ったひとりの女性。しかし、その死後に遺品のなかから発見された約一八〇〇篇もの詩群により、彼女はアメリカを代表する詩人と評価されるに至った。その名はエミリ・ディキンスン。唯一無二の詩はいかにして生み出されたのか。その生涯と詩を、彼女の生きた時代と文化から探る。
2017.8 159p B6 ¥1700 ①978-4-7791-7098-0

◆エリノア・フロスト―ある詩人の妻　サンドラ・L・キャッツ著、藤本雅樹訳　（京都）晃洋書房
【目次】「なぎ倒された花」、「再々生を望んだ愛」、「花摘み」、「でも世の中は邪悪で」、「君をこないかん」、「種まき」、「黄金の部屋」、「楽園に放り込まれて」、「いく人かの魔女たち」、「最も信頼しあった夫婦」、「翼を合わせて」
2017.1 211, 12p A5 ¥3500 ①978-4-7710-2784-8

◆痕跡と祈り―メルヴィルの小説世界　橋本安央著　松柏社　（関西学院大学研究叢書 第199編）
【要旨】神なき時代―文学と祈りを主題に据えたメルヴィルの文学世界をめぐる近代小説論。新訳「ホーソーンと彼の苔」（評註付）を収録。
2017.11 367p B6 ¥3800 ①978-4-7754-0248-1

◆彷徨える魂たちの行方―ソール・ベロー後期作品論集　日本ソール・ベロー協会編　彩流社
【要旨】ノーベル文学賞作家の描いた人生の深みと機微―理想と現実、事実と真実の相剋―シニカルで滑稽、描き込まれた実人生が特徴的なユダヤ系アメリカ人作家の、ノーベル文学賞受賞後の長・中編小説と主要短編小説を一覧し、その本質に迫る。
2017.9 312, 41p B6 ¥3500 ①978-4-7791-2378-8

◆スタインベックの物語世界―生と死と再生と　上優二著　彩流社
【要旨】20世紀アメリカ文学を代表するノーベル賞作家、ジョン・スタインベック。人種問題、核の問題、環境問題、貧富の格差等、今日的課題を自己の物語世界に織り込み、20世紀アメリカに大きな痕跡を残した。スタインベック文学の人間観の変遷を検証、その普遍的価値を再評価する。ウォルト・ホイットマン、ヘンリー・D・ソローとの比較考察、国際ペン東京大会（1957）に出席するため、来日したときの貴重なエピソードも紹介する。
2017.11 305, 21p B6 ¥3400 ①978-4-7791-2388-7

◆そしてワシントン・アーヴィングは伝説になった―"アメリカ・ロマン派"の栄光　斉藤昇著　彩流社　（フィギュール彩 90）
【要旨】日本にも早くに紹介され、「英語の模範」として芥川龍之介や大日本帝国憲法の起草にも参画した金子堅太郎など、明治期の知識人らにも影響した作品『スケッチ・ブック』、いまも読み継がれる旅行記『アルハンブラ物語』などの名作を残したワシントン・アーヴィングとは一体どのような人物だったのか。アメリカとヨーロッパを行き来したその人生と、作品誕生の背景を探る。
2017.5 172p B6 ¥1800 ①978-4-7791-7091-1

◆多文化アメリカの萌芽―19～20世紀転換期文学における人種・性・階級　里内克巳著　彩流社
【要旨】「世紀転換期アメリカ」の多文化性が鮮やかに浮かび上がる―南北戦争の混乱を経て、急激な変化を遂げたアメリカ。多くの社会矛盾を抱えるなか、アフリカ系、先住民系、移民出身等、多彩な書き手たちが次々と現われていた。11人の作家によるテクストを多層的に分析、20世紀後半の「多文化主義」の萌芽をみる。
2017.6 455, 21p B6 ¥4800 ①978-4-7791-2332-0

◆沈黙と沈黙のあいだ―ジェス、バーマーとペトリンの世界　山内功一郎著　思潮社
【要旨】サンフランシスコ、東京、京都、パリー―それらの都市で、ひとりの文学者が詩や画家たちをはじめとするアーティストたちの世界へと歩み入り、やがて彼らの作品が発する「私」へと耳を澄ましはじめる。言語の詩と非言語の詩が生じる地点へと読者をいざなうトラベローグ。
2017.12 231p B6 ¥2400 ①978-4-7837-3808-4

◆ディズマル・スワンプのアメリカン・ルネサンス―ポーとダーク・キャノン　伊藤詔子著　音羽書房鶴見書店

【目次】ポーのボストン帰郷と遺髪秘話の行方、第1部ポーの墓場詩と花嫁の逆襲、第2部ゴシックネイチャー、キメラ、第二の自然、第3部ディズマル・スワンプのアメリカン・ルネサンス―ナット・ターナー、ドレッド、ホップ・フロッグ、第4部ポーとダーク・キャノン、第5部ポーとポストモダンの世界―ルネ・マグリット、ジョイス・キャロル・オーツ、ポストヒューマン、作家のトランク
2017.3 324p A5 ¥3200 ①978-4-7553-0296-1

◆「場所」のアジア系アメリカ文学―太平洋を往還する想像力　吉田美津著　（京都）晃洋書房　（松山大学研究叢書）
【要旨】「場所」とは具体的な場所であると同時に、変容するアイデンティティを位置づける空間的でメタフォリカルな場所でもある。本書は、アジア系アメリカ文学がアメリカの政治的経済的な「アジア太平洋」世界に抵抗する想像力をもって、解放の場所・空間を構築していることを論証する。
2017.3 246, 23p B6 ¥2900 ①978-4-7710-2828-9

◆フィリップ・K・ディックの世界　ポール・ウィリアムズ著、小川隆訳　河出書房新社　復刊
【要旨】生涯の秘密、創作の背景、独自の世界観…稀代の作家に盟友が深く鋭い洞察でせまった唯一無二のロング・インタビュー、待望の復刊！　2017.8 259p A5 ¥2800 ①978-4-309-20733-9

◆フォークナーのヨクナパトーファ小説―人種・階級・ジェンダーの境界のゆらぎ　大地真介著　彩流社
【要旨】「基盤の解体」を鍵語にしてフォークナー創設の架空の土地、ヨクナパトーファを舞台にした複雑かつ難解な代表作『響きと怒り』『八月の光』『アブサロム、アブサロム！』『行け、モーセ』を読み解く！　南北戦争での敗北によってアメリカ南部で劇的に引き起こされた"人種・階級・ジェンダーの境界のゆらぎ"＝"貴族階級の白人男性層という旧南部社会の基盤の解体"が、"ストーリー"の基盤（時間と空間）を解体する技法によっていかに描かれているのか、スリリングな文学読解に本書は誘う。第二部では、南部作家コーマック・マッカーシーや映画作家タランティーノ、イニャリトゥ、アリアガへのフォークナーの影響、そして、横満洲史とフォークナーの類似性を指摘。さらに、大橋健三郎がなぜフォークナー研究に至ったのかを考察して、日本人がフォークナーを研究することの意味を探る！
2017.9 236p B6 ¥2600 ①978-4-7791-2397-9

◆"法"と"生"から見るアメリカ文学　越川芳明、杉浦悦子、鷲津浩子編　悠書館
【要旨】人は法を作り、時に法に従い、時に法に抗い、時に法を逸脱する。そのような人の営みを、3世紀にわたるアメリカ文学の作品群から読み解く。
2017.4 346p B6 ¥2800 ①978-4-86582-028-7

◆メルヴィル文学に潜む先住民―口讐の連鎖か福音か　大島由起子著　彩流社
【要旨】『白鯨』以降の作品には、そこかしこに"赤い人"の影がちらつく…。従来は等閑視されてきた北米先住民表象をつぶさに炙り出すことで浮かび上がるのは、虐げられし人々の復讐譚、そして、生涯にわたって救済と共存を訴えた作家の闘志だった。巧妙に仕掛けられた"赤"、"赤"と"白"の相克。
2017.2 489, 4p A5 ¥5000 ①978-4-7791-2286-6

◆H.P.ラヴクラフト―世界と人生に抗って　ミシェル・ウエルベック著、星埜守之訳　国書刊行会
【要旨】「クトゥルフ神話」の創造者としてカルト的人気を誇るホラー作家H.P.ラヴクラフトの生涯と作品を、熱烈な偏愛を込めて語り尽くす！
2017.11 205p B6 ¥1900 ①978-4-336-06177-5

ドイツ文学

◆ヴィルヘルム・ミュラーの生涯と作品―『冬の旅』を中心に　渡辺美奈子著　（仙台）東北大学出版会
【要旨】詩人は何を探し求めたのか。時代背景とともにその生涯と精神を丹念に読み解き作品の「何がいかに描かれているか」を問う独創的研究。
2017.7 306p A5 ¥4000 ①978-4-86163-276-1

◆おとなのグリム童話―あまり知られていなかった作品を読む　金成陽一著　彩流社　（フィギュール彩 91）
【要旨】メルヘンは、生や死といった哲学的命題までもかんたんな表現で提示する。物語をとおして子供たちは、考えもしなかった悩みや苦しみが存在することを知り、同じような悩みを持った仲間がいることを発見する。子供にとってこれほど勇気づけられることがあるだろうか。わかりやすくて子供たちに伝えることで、それだけでも魅力的なのだ。グリム童話のなかでよく知られた作品といえば、「赤ずきん」「白雪姫」「灰かぶり（シンデレラ）」「いばら姫（眠りの森の美女）」「ヘンゼルとグレーテル」ということになるだろう。これら以外の作品にも、世に知られていなくて面白い話がたくさんある。本書ではそうした作品を取りあげる。
2017.6 231p B6 ¥1800 ①978-4-7791-7092-8

◆カフカ―マイナー文学のために　新訳　ジル・ドゥルーズ、フェリックス・ガタリ著、宇野邦一訳　法政大学出版局　（叢書・ウニベルシタス）
【要旨】偉大なもの、革命的なものは、ただマイナーなものだけである。世紀の名著『アンチ・オイディプス』と『千のプラトー』の間に刊行された、すさまじい思考の生気！　悲劇ではなく喜劇、否定ではなく肯定、超越ではなく内在…。書きながら奇妙な戦いを続けたカフカのテクストを"名作"の囲いから引きずりだして、"政治"の定義を更新し、生々しく蠕動する現在の"過程"そのものとして読み直す。
2017.10 212p B6 ¥2700 ①978-4-588-01068-2

◆教養としてのゲーテ入門―「ウェルテルの悩み」から「ファウスト」まで　仲正昌樹著　新潮社　（新潮選書）
【要旨】ゲーテはなぜ「教養の代名詞」とされているのか。「ウェルテル」は単なる"妄想青年"に過ぎないのか。「親和力」はなぜ"私の一番の本"と評価されているのか。「ヴィルヘルム・マイスター」は何の"修業"をしているのか。「ファウスト」に登場する"ワルプルギスの夜"は何を意味しているのか。「近代の悪魔」の正体を誰よりも早く、的確に描いたゲーテ作品の"教養のツボ"がはっきり分かる完全ガイド。
2017.1 252p B6 ¥1300 ①978-4-10-603795-5

◆グリム兄弟言語論集―言葉の泉　ヤーコプ・グリム、ヴィルヘルム・グリム著、千石喬、高田博行編　ひつじ書房
【目次】1 辞書（『ドイツ語辞典』）、2 文法（『ドイツ語文法』）、3 音韻論（子音推移について（『ドイツ語史』第17章）、ウムラウトと母音混和について）、4 語源論、その他（語源学と言語の比較研究について（1854年8月10日開催の講演）、ドイツ語の指の名前の意味について、ドイツ語におけるペダンティックなものについて（1847年10月21日、科学アカデミー公開会議における講演）、言語の起源について（1851年1月9日、科学アカデミーにおける講演））
2017.2 379p A5 ¥12000 ①978-4-89476-850-5

◆グリム童話と表象文化―モティーフ・ジェンダー・ステレオタイプ　大野寿子編　勉誠出版
【要旨】グリム童話、民話、伝説、神話、演劇、映画、現代小説、都市伝説…巷間に伝わる「物語」には、なにが描き出されてきたのか。民話の受容の諸相や様相、モティーフとその類型、さらにはそこに内包されるジェンダー観念やステレオタイプなど、「物語」の諸相とその不変の連続性を、比較民話学や文献学・民俗学・社会学の手法から考察する。多彩なジャンルの「物語」を題材にして研究手法の新地境を探る。野口芳子退職記念論集。
2017.7 429p A5 ¥4600 ①978-4-585-29150-3

◆ゲオルク・トラークル―生の断崖を歩んだ詩人　リューディガー・ゲルナー著、中村朝子訳　青土社
【要旨】暗い時代に生き、生の深淵からの叫びをうたった詩人の魂の軌跡。第一次世界大戦に向かう旧世界ヨーロッパの没落のただ中を生き、罪の意識に苦悩し、存在することの痛みをうたった詩人トラークル。言葉の音楽的な響き、独特な色彩にいろどられた幻覚、救済を求める絶望的な叫びと生涯を生の只中に行き来しながら、リルケやヴィトゲンシュタインを驚嘆させ、ハイデガーを表現哲学的思索へと誘ったその詩作の真髄に迫る第一級の評伝。
2017.11 439p B6 ¥3400 ①978-4-7917-7022-9

◆決定版　グリム童話事典　高木昌史編著　三弥井書店
【要旨】世界中で翻訳され、愛読されている童話200話、子供のための聖人伝説10話からなる210

◆五感で読むドイツ文学 松村朋彦著 (諏訪)鳥影社・ロゴス企画
【要旨】文学は五感のすべて、五感を媒介に創作の深部に迫る。例えば「見ること」をめぐってゲーテやホフマンを省察し、芳香や悪臭からノヴァーリスやT.マンの世界を読みなおす。そして五感の統合と協働でヘルダーやシュティフター、リルケの再発見に挑む。
2017.3 226p 18cm B6 ¥2800 ⓘ978-4-86265-593-6

◆心に火をつける「ゲーテの言葉」 白取春彦著 潮出版社
【要旨】文豪のメッセージが貴方の人生をより深く、豊かにする!『超訳ニーチェの言葉』の著者が新たに放つ賢者の201の箴言。
2017.9 201p B6 ¥1300 ⓘ978-4-267-02096-4

◆この人、カフカ?─ひとりの作家の99の素顔 ライナー・シュタッハ著、本田雅также訳 白水社
【要旨】日記や手紙、走り書きやサイン、出版広告、高校修了証、妹に宛てた初めてのポストカード、『変身』の部屋の間取り、『田舎医者』の校正刷り、アンケート用紙や遺言状、墓碑銘などから、カフカのさまざまな一面を浮かび上がらせる。
2017.3 333, 9p B6 ¥2600 ⓘ978-4-560-09541-6

◆タウリス島のイフィゲーニエ ヨハン・ヴォルフガング・フォン・ゲーテ作, 市川明訳 (大阪)松本工房 (AKIRA ICHIKAWA COLLECTION NO.1)
2017.1 350p 18cm ¥1100 ⓘ978-4-944055-87-6

◆闘う文豪とナチス・ドイツ─トーマス・マンの亡命日記 池内紀著 中央公論新社 (中公新書)
【要旨】大作『ブッデンブローク家の人々』で若くして名声を獲得し、五十四歳でノーベル文学賞を受賞したドイツ人作家トーマス・マン。だが、ファシズム台頭で運命は暗転する。体制に批判的なマンをナチスは国外追放に。以降、アメリカをおもな拠点に、講演やラジオ放送を通じてヒトラー打倒を訴え続けた、その亡命生活は二十年にもおよんだ。激動の時代を、マンはどう見つめ、記録したか。遺された浩瀚な日記から浮かび上がる闘いの軌跡。
2017.2 226p 18cm ¥820 ⓘ978-4-12-102448-0

◆断片化する螺旋─ホーフマンスタールの文学における中心と「中心点」 小野間亮子著 鳥影社
【要旨】ウィーン世紀末文化を代表する一人とされる、作家で詩人のホーフマンスタール。『影のない女』『アンドレアス』『ナクソス島のアリアドネ』『新しい詩』などを取り上げ、作品内部に現れる相反する要素の相互作用がひきおこすダイナミズムを明らかにし、その見えない中心点を追う、画期的論考。
2017.2 207, 9p A5 ¥2800 ⓘ978-4-86265-604-9

◆デーブリーンの黙示録論─『November1918』における破滅の諸相 粂田文著 (諏訪)鳥影社・ロゴス企画
【要旨】挫折したドイツ革命を踏えわたる独特の筆致で描いたデーブリーンの大作に挑む研究評論!数限りない無名の人間たちの生と死が、歴史的に知られた人物たちの大きな革命の歴史に絡みつくことによって生じる世界を「黙示録」というタームを手掛かりにダイナミックに分析する試み。
2017.2 298p B6 ¥1800 ⓘ978-4-86265-590-5

◆ドイツの「移民文学」─他者を演じる文学テクスト 浜崎桂子著 彩流社 (白水uブックス)
【要旨】戦略としての他者化、獲得される普遍性。移民受入国ドイツにおいて「移民」=「他者」と刻印された者たちが、ホスト国の言語で書くことの意味とは?トルコ系作家の作品を中心に、彼/彼女らが育む「移民文学」、そして世界文学の行方を探る。
2017.2 264, 85p B6 ¥3600 ⓘ978-4-7791-2313-9

◆ニーベルンゲンの歌 岡崎忠弘訳 鳥影社
【要旨】ドイツ語文化圏に今も息づく壮絶な闘いの記憶。『ファウスト』とともにドイツ文学の双璧をなす英雄叙事詩『ニーベルンゲンの歌』を、原文の一語・一文・一詩節を考量しながらの綿密な翻訳。詳細な訳注と解説を付す。待望の完

全新訳。
2017.5 1042p A5 ¥5800 ⓘ978-4-86265-602-5

◆火蛾の詩学─ゲーテとイスラーム神秘主義 髙橋明彦著 朝日出版社
【目次】1(ハンマー訳ハーフィズ詩集、双子の兄ハーフィズ、ゲーテのプレテクスト ほか)、2(至福の憧れ、循環する焔、肉の悲しみ ほか)、結びにむけて─ふたたび「死して成れ!」について(レーヴィットとテレンバッハ、ジャラール・ッ・ディーン・ムハンマド・ルーミー、『ルーミー語録』と井筒俊彦)
2017.9 147p B6 ¥1800 ⓘ978-4-255-01014-4

◆『ファウスト』における「夾雑」的場面─バロック文学から眺めたゲーテの文学 橋本由紀子著 (京都)松籟社
【要旨】絶対王政からフランス革命を経て保守反動体制へと、社会が目まぐるしく展開していく時代を見つめながら自らの作品を紡いでいったゲーテ。その創作姿勢には、同じく激動の時代であった一七世紀バロック時代の芸術の方法に通底する何かがあるのではないか。
2017.3 235p B6 ¥2200 ⓘ978-4-87984-353-1

◆文学と政治─近現代ドイツの想像力 青地伯水編 松籟社
【要旨】バロックから第二次大戦後のドイツを文学と政治から読む、多様なアプローチ。
2017.3 341p B6 ¥3400 ⓘ978-4-87984-354-8

フランス文学

◆印象・私・世界─『失われた時を求めて』の原母体 武藤剛史著 水声社
【要旨】プルーストの視点に立つ試み。
2017.4 269p B6 ¥3000 ⓘ978-4-8010-0258-6

◆失われた写本を求めて─中世のフランスと中東における文学写本の世界 小川直之著 翰林書房
【目次】第1章 失われた写本を求めて(断片写本の身元さがし、失われた「母」写本を求めて、中世の地中海東岸地方におけるフランク人の知的活動)、第2章 中東から遠くはなれて(聖戦イデオロギーの発露としての十字軍系列武勲詩、おとぎ話の世界へ─白鳥の騎士の取りこみ、伝説と化した十字軍)、第3章 失われた挿絵を求めて(『薔薇物語』とは?、ナルシスとピグマリオン、失われた挿絵を求めて)
2016.12 246p B6 ¥1800 ⓘ978-4-87737-409-9

◆近代フランス小説の誕生 植田祐次編 水声社
【要旨】18世紀のフランスにおいて、美学的・道徳的批判にさらされ、文学の下流に甘んじていた近代小説は、どのようにして自らを洗練させ、19世紀には文学の中心を担うまでに至ったのか。ヴォルテール、ルソー、レチフ、サン=ピエール、メルシエ、サドからその諸相を明らかにする。
2017.8 242p A5 ¥4000 ⓘ978-4-8010-0281-4

◆声と文学─拡張する身体の誘惑 塚本昌則、鈴木雅雄編 平凡社
【要旨】現実でもフィクションでもなく、記述の体験。この体験とともに文学の時代は終焉を迎え、文学のようなものの時代が到来した…。壮大な20世紀文学読み替えプロジェクトのフィナーレ、『前衛』とは何か?『後衛』とは何か?『写真と文学』に続くシリーズ完結篇。詳細年譜「音響技術と文学」を付す。
2017.3 584p A5 ¥6200 ⓘ978-4-582-33327-5

◆サミュエル・ベケット 髙橋康也著 白水社 (白水uブックス)
【要旨】いつの時代にも、新しい読者を獲得し読まれる稀有な作家、サミュエル・ベケット。ゴドーとは何者なのか。ベケットの半生とその作品を辿りつつ、"道化"の誕生から終末までを代表作を中心に扱う。第一人者によるベケット入門の名著。著者のベケット追悼文と吉岡実の関連エッセイを併録。
2017.11 209, 13p 18cm ¥1400 ⓘ978-4-560-72132-2

◆サン=テグジュペリ─イメージの連鎖の中で 藤田尊潮著 八坂書房
【要旨】誰もが知る「星の王子さま」の著者にして操縦士、第二次大戦従軍中に行方を絶ったアントワーヌ・ド・サン=テグジュペリ。『夜間飛

行』『戦う操縦士』『人間の土地』など6つの代表作を「人間」『絆』『交換』のキーワードが導くイメージを手掛かりに丁寧に読み解く、画期的な作家・作品研究!!『小さな王子』(新訳『星の王子さま』)の訳者ならではの、原文を熟知した深い考察と、作品への愛情溢れるアプローチで圧倒する渾身の書。
2017.2 252p A5 ¥3500 ⓘ978-4-89694-231-6

◆ジオノ作品の舞台を訪ねて 山本省著 彩流社
【要旨】ジオノがさまざまな土地を利用したのは、土地が醸し出す雰囲気が物語の情景に最適だと考えたからだろう。景色を眺め、大気に接すると小説が身近に思えてくる。プロヴァンス讃歌。
2017.5 269p B6 ¥2500 ⓘ978-4-7791-2323-8

◆抄訳 アフリカの印象─IMPRESSIONS D'AFRIQUE レーモン・ルーセル著, 坂口恭平絵, 國分俊宏訳 (熊本)伽鹿舎 (本文:日仏両文)
【要旨】「逃げたやつらが隠れているのはここか?」言語に挑み、文章を解体することから決して逃げることのなかった作家レーモン・ルーセルによる言葉の奔流。仮想のアフリカを舞台に繰り広げられる奇妙きわまりない祝祭の只中で、あなたはきっと熱に浮かされて夢を見る。奇才・坂口恭平によるドローイングで読む、心ないほど熱帯アフリカ。稀代の言葉の魔術師と、現代の奇才の爛熳たる競演。機械的に翻訳したルーセルを少しだけ血を通わせて訳した新訳版で、あなたも奇想世界へ。
2017.6 304p 16×12cm ¥926 ⓘ978-4-908543-04-3

◆ジョルジュ・ペレック─制約と実存 塩塚秀一郎著 中央公論新社 (中公選書)
【要旨】ユダヤ系移民の子としてパリに生誕したペレックは、第二次世界大戦によって戦争孤児となり、想像を絶する人生の断絶を体験した。のち特異な言語遊戯小説の制作者となり、評価は没後ますます高まっている。本書は、日常・自伝・遊戯・物語の四分類よりペレックの総合的読解に挑み、二〇世紀後半を彗星の如く駆け抜けた作家の魅力へと縦横に迫る。
2017.5 451p B6 ¥2600 ⓘ978-4-12-110028-3

◆新訳!「星の王子さま」27の秘密─サン=テグジュペリからのメッセージ 佐々木隆著 サイゾー
【要旨】原作の構図を忠実に読むことで"大切なこと"が見えてくる。キリスト教徒でもあったサン=テグジュペリが描いた名作「星の王子さま」を、『聖書』『サン=テグジュペリの境遇』そして共通のメッセージをもつ「ジブリ作品」を中心に解読しました。
2017.5 179p B6 ¥1400 ⓘ978-4-86625-075-5

◆スタンダールのオイコノミア─経済の思想、ロマン主義、作家であること 柏木治著 (吹田)関西大学出版部
【目次】第1章 活字メディアの台頭と書き手の境遇、第2章 ジャーナリストとしてのスタンダール、第3章 スタンダールと経済思想、第4章 産業主義のメタファー、第5章 サン=シモン主義と「産業者に対する新たな陰謀について」、第6章 サン=シモン主義の残照、第7章 金銭問題と文明の風景
2017.3 325, 9p B6 ¥3000 ⓘ978-4-87354-652-0

◆バルザック王国の裏庭から─「リュジェリーの秘密」と他の作品集 宇多直久著 (横浜)春風社
【目次】1 作品集(ヴィクトル・ラティエ宛の手紙(一八三〇年七月)、クロッキー「パリの小僧のお礼の仕方」、ファンタジー「石のダンス」、「パリだより」第一一信、「物乞うひと」、ジュルマ・カロー宛の手紙(一八三二年一月)、「パリからジャワへの旅」抄、ハンスカ夫人宛の手紙(一八三三年三月)、「神の木霊たち」、ハンスカ夫人宛の手紙(一八三六年三月)、ハンスカ夫人宛の手紙(一八三六年一〇月))、2 『リュジェリーの秘密─哲学研究』(シャルル九世の一夜、マリー・トゥシェ、策略対策略)
2017.3 289p B6 ¥2500 ⓘ978-4-86110-544-9

◆バルザックの文学とジェンダー─女性作家との比較から分かること 東辰之介著 (横浜)春風社
【目次】第1部 女性作家を読むバルザック(バルザック「毬打つ猫の店」とソフィー・ゲー「アナトール」─男性画家に描かれる女性像、ソフィー・ゲー「レオニー・ド・モンブルーズ」とバルザック─女性登場人物の類似点と相違点)、第2部 バルザックを読む女性作家(バルザック「アデュー」

とジラルダン夫人『ポンタンジュ侯爵』—男女反転のアイロニー、カロリーヌ・マルブティ『危うい地位』とバルザックー文壇のタブーに挑戦する女性作家）、第3部 古典を読むバルザックと女性作家（バルザック『田舎ミューズ』とソフィー・ゲー『エレノール』—コンスタン『アドルフ』をどう書き換えるか）
2017.2 347p B6 ¥3600 ①978-4-86110-533-3

◆ふらんす民話大観　田辺貞之助編　青蛙房
新装版
【要旨】フランス民話は弱い者の味方。悩める人々を神や仙女がかならず救う、勧善懲悪のハッピーエンド。
2017.8 310p B6 ¥2300 ①978-4-7905-0473-3

◆プルーストと過ごす夏　アントワーヌ・コンパニョン, ジュリア・クリステヴァほか著, 國分俊宏訳　光文社
【要旨】二十世紀文学の最高峰と言われる、プルースト『失われた時を求めて』。この大作に挑戦するには、まばゆい日差しのもと、ゆったりとした時間が流れる夏休みが最適だ—。本書は、現代フランスを代表するプルースト研究者、作家などが、それぞれの視点から『失われた時を求めて』の魅力をわかりやすく語った、プルースト入門の決定版である。
2017.2 331p B6 ¥2300 ①978-4-334-97915-7

◆フロベール—コンテンポラリーなまなざし　ジャンヌ・ベム著, 柏木加代子訳　水声社
【要旨】近代小説を革新して芸術の域にまで高めた巨匠フロベール。作家は、現代のコラージュ/パフォーマンス/インスタレーションに繋がる「ビジュアルな瞬間」とも言うべきエクリチュールを読者に体験させようとする思考実験を行っていた！ フロベール研究の第一人者の緻密な草稿研究に裏打ちされた分析と、大胆にして新鮮なアプローチによって小説における視覚性を浮き彫りにする。
2017.6 235p B6 ¥3000 ①978-4-8010-0260-9

◆モーリアック—文学と信仰のはざまで　藤田尊潮著　八坂書房
【要旨】フランソワ・モーリアックはフランスのカトリック作家（1952年ノーベル文学賞受賞）として知られるが、傑作を執筆した1930年頃、彼は信仰の不安に苦しんでいた。本書ではモーリアックの「回心」を軸にその前後の小説を比較し、信仰への深い意味をすくい出す。また、「自然」のイメージを通して作品の本質に迫り、新しい読解の方法を提示。さらに、三島由紀夫作品との比較研究により、日本文学に与えた影響についても考察する。
2017.4 261p A5 ¥3800 ①978-4-89694-232-3

◆モンテーニュ　エセー抄　ミシェル・ド・モンテーニュ, 宮下志朗編訳　みすず書房　新装版
【要旨】モンテーニュは、自分をはじめて見つめた人、人間が生きるための心を鼓舞してくれる人である。「年齢について」「後悔について」「経験について」など、"エッセイ"というジャンルの水源となる古典の精髄を、読みやすく面白い画期的な訳が出で。
2017.9 257p B6 ¥3000 ①978-4-622-08655-0

◆モンテーニュの書斎—『エセー』を読む　保苅瑞穂著　講談社
【要旨】「私とは何か」から「人間とは何か」へ。モンテーニュは「私」の探究を通して「人生の真実」を問うた名著『エセー』。思想の書にして第一級の文学作品であるその本質と魅力を、みずみずしい名文で綴る、最良の手引きの書。
2017.6 413p B6 ¥2700 ①978-4-06-220628-0

◆『レ・ミゼラブル』の世界　西永良成著
岩波書店　（岩波新書）
【要旨】世界的な名作『レ・ミゼラブル』を通読した読者は少ない。原因はその長大さばかりでなく、「哲学的部分」と呼ばれるユゴーの膨大な「蘊蓄」にある。しかし、「哲学的部分」こそ一番面白い。作品の成立の過程を辿り、歴史的背景を参照しつつ、作品に込められたユゴーの思想を読み解く。
2017.3 204, 3p 18cm ¥780 ①978-4-00-431655-8

◆GRIHL—文学の使い方をめぐる日仏の対話　文芸事象の歴史研究会編　吉田書店
【要旨】本書で展開されるのは、文学の使用と歴史記述に関する方法を長年検討してきたフランスの研究集団「GRIHL」と、時とテーマごとに構成メンバーをかえて活動している我が国の「文芸事象の歴史研究会」による共同研究の成果である。本書は単なる翻訳論集でも、最新の研究紹介でもない。GRIH-Lの研究を批判的にとらえながら各人の研究を深化させていった。我が国の若手研究者の軌跡である。
2017.2 366, 22p A5 ¥6000 ①978-4-905497-48-6

ロシア文学

◆言葉に命を—ダーリの辞典ができるまで　ボルドミンスキイ著, 尾家順子訳　（横浜）群像社
【要旨】全四巻、二十万語の辞書をひとりで完成させた言葉の巨人、収集家ウラジーミル・ダーリ。民衆の間で使われている生きた言葉を生涯かけて集め続け、言葉の意味や用法よりも言葉そのものの深みと広がりを伝えることに心をくだき、独自の配列の辞書にたどりついたダーリ。その後の世代にとって辞書の代名詞ともなったダーリの営みは、ロシア文化の重要な光源であると同時に、いまの私たちが抱える言葉の問題にまで届く光を放っている。名だたるロシアの作家たちが頼りにし敬意をはらったダーリの歩みを知る本格評伝。
2017.8 266p B6 ¥2000 ①978-4-903619-78-1

◆辻原登の「カラマーゾフ」新論—ドストエフスキー連続講義　辻原登著　光文社
【要旨】小説家だからこそ見抜ける"不朽の名作"の真実！ 文学講義の名手が贈る4つのレクチャー。
2017.2 245p B6 ¥1800 ①978-4-334-97914-0

◆ドストエフスキーと近代作家　権藤三鉉著
文藝書房出版, 文藝書房 発売
【要旨】ドストエフスキーを制する者は文学を制する。文学の科学性を攻める。十人の日本近代作家とドストエフスキーとの関係を論ずる。
2017.8 159p B6 ¥1900 ①978-4-89477-467-4

◆トルストイ　新しい肖像　E.J.ディロン著, 成田富夫訳　成文社
【要旨】問題作『クロイツェル・ソナタ』翻訳秘話、心ならずも巻き込まれた「新聞戦争」、文豪を取り巻く人々との温かい交わり…知られざる逸話に満ちた、アイルランド生まれの知識人による追想。19世紀末期、トルストイの文学作品の翻訳から始まり、トルストイとの個人的関係を築いていった著者ならではの体験と、そこから育まれた観測。新たなトルストイ像を形成する試みを通じて、若くして一生の思いを懐き続けたロシアを語る、著者の遺作、言論ともいえる作品。
2017.9 342p B6 ¥3400 ①978-4-86520-024-9

◆トレブリンカの地獄—ワシーリー・グロスマン前期作品集　ワシーリー・グロスマン著, 赤尾光春, 中村唯史訳　みすず書房
【要旨】極限状況下で人々はどのようにふるまったのか。自由や優しさや善良さとは何なのか。第二次世界大戦の終結前後までに執筆為れた構想されたルポルタージュ・小説・戯曲を収載する。独ソ戦末期に赤軍記者としてナチの絶滅収容所を報じた「トレブリンカの地獄」。母を虐殺された故郷ウクライナを舞台に、ホロコーストがテーマの世界最初の作品となった傑作小説「老教師」。男まさりの女性政治局員がユダヤ人集落で出産する日々をユーモラスに描いた出世作「ベルディーチェフの町で」。行きずりの情事を経験した兵士の二日間「女」。革命が空洞化し官僚主義がはびこるにつれ、過去と同じことを繰り返す人間の業を目にして、歴史は進歩するのか循環するのかと主人公が問う戯曲「ピタゴラスを信じるな」。人はそれぞれ歴史を生きている。その希望や幻滅、想いを、死ぬまで表現しつづけた文学の軌跡は、『システィーナの聖母ワシーリー・グロスマン後期作品集』（齋藤紘一訳）へとつながっていく。グロスマンは社会主義国家建設に参加し、そのために努力しながら、やがて次第にスターリン体制批判へと転じていった。
2017.5 384p B6 ¥4600 ①978-4-622-08585-0

◆メディアと文学—ゴーゴリが古典になるまで　大野斉子著　（横浜）群像社
【目次】第1章（一八四〇年代スタイルの確立、『百鬼の絵』、四〇年代スタイルの解体）、第2章（複製されるゴーゴリ、教育改革とゴーゴリ作品の読み方の変化、雑誌『ニーヴァ』とゴーゴリの古典化、シンボル化への道）、第3章（大衆化、異本論）
2017.2 325p B6 ¥5500 ①978-4-903619-76-7

◆ロシア歌物語ひろい読み—英雄叙事詩、歴史歌謡、道化歌　熊野谷葉子著　（横浜）慶應義塾大学教養研究センター　（慶應義塾大学教養研究センター選書 17）
【目次】1 イリヤー・ムーロメツの歌物語、2 ドブルイニャとアリョーシャの歌物語、3 超人たちの歌物語、4 華麗な男たちの歌物語、5 愛と死をめぐる歌物語、6 サトコーとノヴゴロドの歌物語、7 歴史上の人物たちの歌物語
2017.3 139p B6 ¥1500 ①978-4-7664-2419-5

◆ロシアの詩を読む—銀の時代とブロツキー　岡林茉莉著　未知谷
【目次】ヴェリミール・フレーブニコフ 1、アレクサンドル・ブローク 1、アレクサンドル・ブローク 2、イワン・ブーニン、インノケンティ・アンネンスキー、ニコライ・グミリョフ、アンナ・アフマートワ 1、ジナイーダ・ギッピウス、セルゲイ・エセーニン、ウラジーミル・マヤコフスキー 1〔ほか〕
2017.8 261p B6 ¥2500 ①978-4-89642-535-2

◆ロシアの物語空間　近藤昌夫, 角伸明, 樫本真奈美, 髙田映介, 新井美智代著　水声社
【要旨】近現代ロシアの作家14人の長・短篇小説を、その核心部を構成する場所・空間の表象に着目して読み解き、人工的な都市と豊かな自然のコントラスト、隠された宗教的シンボル、帰るべき場所を失いさまよう人々の影に満ちている、不可思議な魅力を湛えた"ロシアの物語空間"を探索する。
2017.4 317p A5 ¥3500 ①978-4-8010-0182-4

◆ロシア文学うら話　笠間啓治著　（横浜）群像社　（ユーラシア文庫）
2017.1 109p 18cm ¥900 ①978-4-903619-73-6

その他の海外文学

◆赤毛のエイリークのサガ（他）　アイスランド・サガ著, 山元正憲訳　（上尾）ブレスポート　（1000点世界文学大系 北欧篇 7-3）
【要旨】赤毛のエイリークのサガ、グリンランド人のサガ
2017.4 175p 19cm ¥1500 ①978-4-905392-11-8

◆「ウサギとカメ」の読書文化史—イソップ寓話の受容と「競争」　府川源一郎著　勉誠出版
【要旨】明治時代に日本に輸入された「ウサギとカメ」はどのように受容され、どのような「教訓」が付されていたのか。『イソップ寓話集』の享受の様相をたどると同時に、教育に係わる様々な「競争」の話題とをより合わせて読書と教育の問題を考える。
2017.4 235, 10p B6 ¥2400 ①978-4-585-23052-6

◆ウンベルト・エーコの小説講座—若き作家の告白　ウンベルト・エーコ著, 和田忠彦, 小久保真理江訳　筑摩書房
【要旨】高名な中世美学研究者にして哲学者が、ある日ベストセラー小説家に！ 処女作『薔薇の名前』ほかの世界的名作・話題作は、どのような方法でその生み出されたのか。最初のアイデア、緻密な調査・考証の方法、「リスト」作り、さらには創作世界と読者と作家の関係。五〇歳目前にして小説を書き始めた、自称「とても若く将来有望な小説家」が、創作の手のうちを見せる。
2017.7 254p B6 ¥2300 ①978-4-480-83650-2

◆エッダとサガ—北欧古典への案内　谷口幸男著　新潮社　（新潮選書）　復刊
【要旨】いにしえのゲルマン人が育んだ、豊饒なる古典世界への扉を開く。古きゲルマン神話を伝える詩篇『エッダ』では、万物の父オーディン、槌をふるう雷神トール、ひねくれ者ロキといった神々と英雄たちが躍動する。欧州の初期中世文学に冠たる散文芸術「サガ」は、アイスランドの人々の生活や信仰、ヴァイキングの冒険などを生き生きと描く。日本における古北欧文学研究の第一人者が、古典のエッセンスを広く知らしめた名著。
2017.7 302p B6 ¥1500 ①978-4-10-603813-6

◆オイディプス王　ソポクレス著, 河合祥一郎訳　光文社　（光文社古典新訳文庫）
【要旨】危機に瀕する都市国家テーバイを救うためオイディプス王は神託を請う。結果は、「先王ライオス殺害の犯人を罰せよ」だった。真相が明らかになるにつれ、みずからの出生の秘密を知ることになる彼を待ち受けていた運命とは？ 後世の文学、思想に大きな影響を与えたギリシャ悲劇の最高傑作。
2017.9 166p A6 ¥740 ①978-4-334-75360-3

ノンフィクション

◆オーストラリア・ニュージーランド文学論集 三神和夫編著 彩流社
【要旨】イギリスの入植先として形成された多様な文学世界は、国や民族、人種、文化や歴史を再遊／超越し、新たな展開を見せる—
2017.3 261, 36p B6 ¥3200 ①978-4-7791-2298-9

◆語るボルヘス—書物・不死性・時間ほか J. L. ボルヘス著, 木村榮一訳 岩波書店（岩波文庫）
【要旨】「書物」「不死性」「エマヌエル・スヴェーデンボリ」「探偵小説」「時間」。1978年にブエノスアイレスの大学で行われた連続講演の記録。
2017.10 147p A6 ¥580 ①978-4-00-327929-8

◆ギリシア詞華集 4 沓掛良彦訳 （京都）京都大学学術出版会 （西洋古典叢書）
【要旨】知的遊戯の極致と言える図形詩、算術問題・謎々など、往古の人びとの心を映し出す万華鏡。
2017.2 639, 5p B6 ¥4900 ①978-4-8140-0035-7

◆古代文芸論集 ロンギノス, ディオニュシオス著, 戸高和弘, 木曽明子訳 （京都）京都大学学術出版会 （西洋古典叢書）
【要旨】古来ロンギノスの名の下に伝わり、バークやカントをはじめ近代以降の美学・芸術論にも大きな影響を与えた『崇高について』に、ハリカルナッソスのディオニュシオスによる『模倣論』『トゥキュディデス論』『デイナルコス論』と関連書簡を併録。いずれも実践的な弁論術・修辞学書であると同時に、規範とすべき著作家を数多く取りあげ解説することで、古代の貴重な文芸批評にもなっている。
2018.1 530, 50p B6 ¥4600 ①978-4-8140-0097-5

◆詩人が読む古典ギリシア—和訓欧心 高橋睦郎著 みすず書房
【要旨】自然を見る人間の眼差し、倫理の原典としての神話、悲劇喜劇、ソクラテス、プラトン、エピクロスの哲学、ヘロドトス、トゥキュディデスの歴史。少時よりギリシア古典に親しんだ著者による自在な批評にしてヘレニズム讃歌。跋に代えて「ヘレニスト呉茂一先生の一面」を附す。
2017.4 296p B6 ¥4000 ①978-4-622-08602-4

◆書簡詩 ホラーティウス著, 高橋宏幸訳 講談社（講談社学術文庫）
【要旨】古代ローマの詩人クイントゥス・ホラーティウス・フラックス（前六五-前八年）は、ウェルギリウスと並んでラテン文学の黄金期をもたらした。その代表作である本作はペトラルカやヴォルテールに至る韻文の書簡創作という伝統を創出し、『詩論』と並ぶ第二巻要作品は独立した著作としても読み継がれた。名手による清新な日本語で甦る不朽の古典。
2017.11 241p A6 ¥3200 ①978-4-06-292458-0

◆シンボルスカの引き出し—ポーランド文化と文学の話 つかだみちこ著 （鎌倉）港の人
【要旨】若い頃からポーランドに足繁く通う著者が、ポーランド文学に造詣が深く、翻訳家として幅広く活躍する。本書は、情緒細やかにポーランドの魅力を伝える珠玉エッセイ集。1「シンボルスカ」は、ノーベル賞詩人シンボルスカとのエピソードをつづり、2「ポーランド三十景」は、著者が留学時代（一九六七～七五）、実際に見聞したポーランドの姿を活写する。3「ポーランド文化と文学の話」は、キュリー夫人、ショパン、ガリツィア文学祭などの、豊かな知識と体験を込めて語るポーランド讃歌！
2017.11 197p B6 ¥1800 ①978-4-89629-340-1

◆新訳 アレクサンドロス大王伝—『プルタルコス英雄伝』より プルタルコス著, 森谷公俊訳・註 河出書房新社
【要旨】登場人物の性格や経歴、相関関係、用語解説など、詳細で丁寧かつ最新の研究を反映した注釈でギリシア・マケドニア世界がいきいきと甦る。注釈は章ごとに挿入され、原文との照合も容易。写真、地図、戦闘図など150点以上。より立体的に大王の偉業に迫る。アレクサンドロス大王小事典としても使える索引付き。
2017.6 518p B6 ¥3200 ①978-4-309-22704-7

◆ダンテ『神曲』講義 今道友信著 みすず書房 改訂普及版
【目次】序とホメーロス、ホメーロスとウェルギリウス—神話と創られた神話、ダンテヘの道としてのキリスト教、ダンテ『神曲』地獄篇、ダンテ『神曲』煉獄篇、ダンテ『神曲』天国篇
2017.9 575, 7p 22×15cm ¥14000 ①978-4-622-08638-3

◆小さな国の多様な世界—スイス文学・芸術論集 スイス文学会編 （諏訪）鳥影社・ロゴス企画
【要旨】スイスをスイスたらしめているものは何なのか。文学、芸術、言語、歴史などの総合的な視座から、小さな国の大きく豊かな存在の秘密を明らかにする。
2017.6 311p B6 ¥1900 ①978-4-86265-612-4

◆動物奇譚集 1 アイリアノス著, 中務哲郎訳 （京都）京都大学学術出版会
【目次】第1巻（ディオメデイア島の迎え鳥, 武鯛の色欲 ほか）、第2巻（鶴の渡り, 火ノ子虫 ほか）、第3巻（マウリタニアのライオン, 飼主に似たトカゲ ほか）、第4巻（鵡鵡を戦わせる秘訣, アプロディテ神殿の土鳩 ほか）、第5巻（メムノンを悼む鳥, 恩寵の島クレタ島 ほか）、第6巻（動物と人間, 勇気と節制競べ, 豹の慈悲 ほか）、第7巻（数を数える牛, 象の終の棲家 ほか）、第8巻（虎の乳を引くインド犬, 誇り高き猟犬 ほか）、第9巻（ライオンの恋心, 鷲の羽ほか）
2017.5 452, 2p B6 ¥4100 ①978-4-8140-0093-7

◆動物奇譚集 2 アイリアノス著, 中務哲郎訳 （京都）京都大学学術出版会 （西洋古典叢書）
【要旨】驚嘆の目で描かれる多彩な特性！
2017.6 375, 40p B6 ¥3900 ①978-4-8140-0094-4

◆ピノッキオ物語の研究—日本における翻訳・戯曲・紙芝居・国語教材等 竹長吉正著 （川崎）てらいんく（てらいんくの評論）
【要旨】日本ではなぜ、ピノッキオの話がこれほどメジャーなのか。イタリアで生まれたピノッキオというあくたれ少年の破天荒な物語は、どのような道を辿って日本に登場・定着したのか。作品の成立背景からこれまでの翻訳史、研究史をふまえて考察した、ピノッキオ物語研究の集大成。
2017.6 485p A5 ¥3800 ①978-4-86261-127-7

◆仏教者が読む古典ギリシアの文学と神話—松田紹典論集 村上真完, 阿部秀典編 国書刊行会
【要旨】古代ギリシアの哲学と宗教を究め、仏典や和漢の古典と対比する。古代ギリシアの知見から日本を見て仏典を読む、聖和学園短期大学元学長の独創的な学術エッセイ。
2017.6 377, 12p A5 ¥3600 ①978-4-336-06008-2

◆文学の仲介者ヴァレリー・ラルボー—ラルボーとホイットマン, バトラー, ジョイス, ラテンアメリカの作家たち 西村靖敬著 （岡山）大学教育出版
【要旨】フランスの作家ヴァレリー・ラルボーによる、ホイットマン, バトラー, ジョイスやラテンアメリカ作家たちに関する翻訳や批評や取り上げ、「文学の仲介者」ラルボーの全貌に迫り、彼が国際的な文学の交流に果たした役割を明らかにする。
2017.11 168p A5 ¥2000 ①978-4-86429-474-4

◆ミシェル・ファルドゥーリス=ラグランジュ—神話の声, 非人称の声 國分俊宏著 水声社 （シュルレアリスムの25年）
【要旨】「一にして全なる」世界を志向する「小説＝詩」『セバスチャン, 子ども, そしてオレンジ』をはじめ、本邦初訳の作品を収録。バタイユやレリスの激賞を受け、シュルレアリスム・グループの傍らで秘教的な言語世界を構築した、カイロ生まれのギリシア人、ミシェル・ファルドゥーリス=ラグランジュ。事物の根源をまなざす難解きわまりない抽象的散文をつぶさに辿り、人称という装置に収まりきらない詩人の「声」に耳を傾ける。
2017.12 284p B6 ¥3000 ①978-4-8010-0302-6

◆名婦列伝 ジョヴァンニ・ボッカッチョ著, 瀬谷幸男訳 論創社
【要旨】人文主義者による"女性伝記集"の先駆たる傑作！師ペトラルカの人文主義の影響を深く受け、古典古代の神話・歴史上の名婦たち106名を描き、後のジェフリー・チョーサーやクリスティーヌ・ド・ピザンを始め、多くの作家たちの典拠となった伝記集。ラテン語の原典より本邦初訳！
2017.10 420p B6 ¥5500 ①978-4-8460-1647-0

ノンフィクション

◆嗚呼！ 学生寮—"国鉄職員の息子達"の青春群像 古賀恒樹著 HORI PARTNERS （PARTNERS新書）
【要旨】国鉄の民営化とともに消えて行った、今は無き「鉄道弘済会福岡学生寮」。高度成長期の中で青春時代をこの寮で過ごした若者たちが、喜び、悩み、成長する姿を描いた感涙のノンフィクション。記憶をたどり一気に書き上げた、古賀恒樹、書き下ろしのデビュー作！
2017.10 166p 18cm ¥925 ①978-4-909391-00-1

◆愛国とノーサイド—松任谷家と頭山家 延江浩著 講談社
【要旨】「昭和」の主音とは何だったのか？ ユーミンも知らなかった両家の歴史がここにある！
2017.3 348p B6 ¥1700 ①978-4-06-219693-2

◆愛別十景—出会いと別れについて 窪島誠一郎著 アーツアンドクラフツ
【要旨】人生の歓びと哀しみ。時代を問わず、出会いと別れの人間模様を描く珠玉の書き下ろし10篇。
2017.9 337p B6 ¥2200 ①978-4-908028-21-2

◆秋の蟬—砂の器は誰が書いたか 水野忠興著 近代文藝社
【要旨】昭和十年代、早熟の学生作家として登壇し、病毒性失明と闘い、横光利一を巡る文壇との暗闘の末断筆に至った亡父井原誠一の残した謎の文言を追った渾身の自伝。
2017.6 278p B6 ¥1700 ①978-4-7733-8036-1

◆あなたとわたしのドキュメンタリー—死ぬな, 終わらせるな, 死ぬな 成宮アイコ著 （福岡）書肆侃侃房
【要旨】傷つかない人間なんていると思うなよ。わたしは、あなたに届くところに、一巻末に作家・雨宮処凛との対談を収録。社会不安障害・適応障害の著者が生きてきたこれまでのことをまとめた本。
2017.9 191p B6 ¥1500 ①978-4-86385-277-8

◆アはアナキストのア—さかのぼり自叙伝 大澤正道著 三一書房
【要旨】戦後日本のアナキズム運動を支えてきた当事者が、若き日の『相互扶助論』や『資本論』との出会いから、生を同じくする多くの人たちとの出会い、離合と集散の遍歴を綴った貴重なドキュメント。現在から始まる反・回想録。
2017.1 317p B6 ¥3000 ①978-4-380-16003-5

◆アリガト謝謝（シェシェ） 木下淳一著 講談社
【要旨】日本を助けるために、どうしてこんなにも熱くなれるのか。世界にも類を見ない東日本大震災への義援金200億円。そして、たった一人の日本人女性が巻き起こした奇跡、「謝謝台湾計画」とは!? 台湾在住30年の著者が圧倒的取材で綴る、感動ストーリー。
2017.3 311p B6 ¥1500 ①978-4-06-220495-8

◆歩いて走って闘って一人生これからだ 永井肝彦著 （大阪）日本機関紙出版センター
【目次】第1章 わが師わが道, 第2章 大阪市役所・泣いて笑って40年, 第3章 気軽に走ろう・ジョギングは愉しい—高石ともやさんとの出会い, 第4章 家族・ともにぼっちの高齢者—高齢者運動とのであい, 第6章 人生これからだ・羽ばたけ年金者組合
2017.6 304p B6 ¥1500 ①978-4-88900-949-1

◆アンネ・フランク 早乙女勝元著 新日本出版社
【要旨】約150万人が無念の死をとげたアウシュビッツ。『アンネの日記』で知られる少女の隠れ家と、家族を見守ったミープ夫妻に直接取材した「アンネ・フランク 隠れ家を守った人たち」。作者が現地を初めて訪れた時の気持ちと、なぜ虐殺が起きたのかを伝える「アウシュビッツと私」。いまの日本にもつながる作者渾身の2作品を収録。
2017.10 222p B6 ¥1800 ①978-4-406-06178-0

◆池袋・母子餓死日記覚え書き（全文） 公人の友社編 公人の友社 新装版
【目次】一九九三年（平成五年）一二月二四日より一九九四年（平成六年）三月一四日まで, 一九九四年（平成六年）三月一五日より一九九四年（平

成六年）六月二一日まで、一九九四年（平成六年）六月二一日より一九九四年（平成六年）九月一九日まで、一九九四年（平成六年）九月二〇日より一九九四年（平成六年）一一月三〇日まで、一九九四年（平成六年）一二月一日より一九九五年（平成七年）二月二一日まで、一九九五年（平成七年）二月二二日より一九九五年（平成七年）五月一二日まで、一九九五年（平成七年）五月一三日より一九九五年（平成七年）八月一四日まで、一九九五年（平成七年）八月一五日より一九九五年（平成七年）一一月三〇日まで、一九九五年（平成七年）一二月一日より一九九六年（平成八年）一月二八日まで、一九九六年（平成八年）一月二九日より

2017.12 235p A5 ¥1800 ①978-4-87555-810-1

◆**石つぶて—警視庁二課刑事の残したもの** 清武英利著　講談社
【要旨】消えた10億円。沈黙する官邸・外務省。「機密費」という国家のタブーに挑んだのは、名もなき4人の刑事だった。人間の息遣いが聞こえるヒューマン・ノンフィクション。

2017.7 366p B6 ¥1800 ①978-4-06-220687-7

◆**一の魅力—PTSDの体験記** 高詩月著　萌文社
【目次】「180度のプライド」、事故、葛藤、症状固定、いろんな検査と地裁訴訟、「君の名は？」、自殺願望、"PTSD"と判明、再び裁判—控訴、事故からの中、のろけ？、変化、近況、「一の魅力」

2017.10 182p A5 ¥1400 ①978-4-89491-323-3

◆**井戸を掘る 命をつなぐ—創業明治45年のさく井工事会社、100年の軌跡** 若林直樹著　ダイヤモンド・ビジネス企画、ダイヤモンド社発売
【要旨】彼らのその汗が、乾いた大地に笑顔を咲かせた。井戸掘さくや地下への強い思いを持ち続ける『百年企業』日さく。「水の世紀」といわれる21世紀、一滴でも多くの水を一人でも多くの人に届けるという夢と情熱を抱き、使命感に燃え、あくなき挑戦を続ける。

2017.11 263p B6 ¥1500 ①978-4-478-08424-3

◆**命のまもりびと—秋田の自殺を半減させた男** 中村智志著　新潮社　（新潮文庫）（『あなたを自殺させない』改題書）
【要旨】事業の失敗を、なぜ社長が命で償わねばならないのか。心血注いだ会社の倒産と深刻なうつ病を乗り越えた佐藤久男は、NPO法人を立ち上げた。自殺率ワーストの地で、民・学・官の連携により自殺者数を半減させた活動は秋田モデルとして全国に影響を与える。絶望し、駆け込んでくる人の心に笑顔と言葉で灯をともす男を描く「生きる支援」のルポルタージュ。

2017.8 A6 ¥670 ①978-4-10-130182-2

◆**イマイキテル 自閉症兄弟の物語—知ろうとするより、感じてほしい** 増田幸弘著　明石書店
【要旨】自閉症の兄弟、楽守と詞音は豊かな自然に囲まれた山間の地で暮らす。自閉症ゆえに出遭う困難や無理解を越えて、両親のかけがえのない愛と地域や学校の温かな共感に包まれて大人になっていく。10年におよぶ取材を通して、人が成長するとはなにかを問いかける心揺さぶる物語。

2017.7 333p B6 ¥1600 ①978-4-7503-4542-0

◆**移民の魁傑・星名謙一郎の生涯—ハワイ・テキサス・ブラジル** 飯田耕二郎著　不二出版
【目次】第1章 先祖と幼少の頃、第2章 ハワイ時代前期—キリスト教伝道師の頃、第3章 ハワイ時代中期—新開地の頃・コーヒー農場主の頃、第4章 ハワイ時代後期—ワイアルア耕地監督・新婚の頃、第5章 テキサス時代と一時帰国、第6章 ブラジル時代前期、第7章 ブラジル時代後期、第8章 星名の最期とその後

2017.11 329p A5 ¥3800 ①978-4-8350-8061-1

◆**奪われた学園** 永田宗子著　幻冬舎メディアコンサルティング、幻冬舎 発売
【要旨】2016年11月30日城西大学で起きた官製クーデターの真相。その語られぬ顛末は経営者理事長が綴る衝撃のノンフィクション。

2017.12 211p B6 ¥1200 ①978-4-344-91443-8

◆**海をわたる手紙—ノンフィクションの「身の内」** 澤地久枝、ドウス昌代著　岩波書店
【要旨】満州に生まれ、『妻たちの二・二六事件』『密約』などの著書があり、「九条の会」呼びかけ人となった澤地久枝。二十代で渡米、その後『東京ローズ』から『イサム・ノグチ』まで、一貫して日米にまたがる歴史を描いてきたドウス昌代。「事実」を書くことにこだわり、語られなかった歴史と愚直に向き合い続けるふたりのノンフィクション作家は、長年にわたり友として、人としての互いを支え合ってきた。ともに「外地の子」でもあったふたりが、戦後七十年の節目に、書き手として踏み出すまでのこと、取材と執筆を続けてきたなかでのなやみ、苦しみ、そして幾つもの出会いについて、しみじみ語り合った往復書簡集。

2017.2 211p B6 ¥1700 ①978-4-00-022234-1

◆**おクジラさま—ふたつの正義の物語** 佐々木芽生著　集英社
【要旨】大ヒット映画『ハーブ＆ドロシー』監督の著者が、最新作と同時に書き下ろした初のノンフィクション。

2017.8 283p B6 ¥1700 ①978-4-08-781608-2

◆**おっかさまの人生料理** 森田洋編著　デナリパブリッシング、（三鷹）ぶんしん出版 発売
【要旨】越後の清酒『八海山』の発展を支えた、おっかさまにとって料理とは？ 酒蔵に嫁いで六十年。『八海山』と共に歩いた南雲仁さんの生きかた。巻末カラー保存版、魚沼の料理六〇選。

2017.11 135p B6 ¥1600 ①978-4-89390-136-1

◆**夫のちんぽが入らない** こだま著　扶桑社
【要旨】衝撃の実話。交際期間も含めて二十余年、好きなのに入らない。

2017.1 195p 19cm ¥1300 ①978-4-594-07589-7

◆**男であれず、女になれない** 鈴木信平著　小学館
【要旨】あの日、私は「男」であることを放棄した。小学館ノンフィクション大賞選考会を紛糾させた問題作。

2017.4 190p B6 ¥1200 ①978-4-09-388549-2

◆**音の記憶—技術と心をつなげる** 小川理子著　文藝春秋
【要旨】かつて松下電器にはソニーに匹敵する自由なる研究所があった。1986年に入社した私は、その音響研究所に配属され栄光のブランド「テクニクス」の様々な発展形の技術・商品を開発する。人には大切な「音の記憶」がある。その感情を技術が喚起する。そんな商品をめざし、うちこんだ青春の日々は、8年目でプロジェクト解散、配置転換で雲散霧消したかに見えた。失意の中で始めたジャズ・ピアノで世界的な評価を受ける。「君はパナソニックのトップにはなれないが、プロとしては成功する」そうアメリカのプロデューサーに言われ、心は揺れるが…。日本の会社で働く全ての女性に贈る働くこと、愛すること、継続すること。

2017.2 257p B6 ¥1350 ①978-4-16-390607-2

◆**追われゆく坑夫たち** 上野英信著　岩波書店（岩波新書）（第24刷）（第1刷1960年）
【要旨】廃坑と眠るボタ山—坑夫たちは失業し一家は路頭に迷う。年々の労働者として生きようという情熱から、京大を中退して炭鉱にとびこみ、採炭夫や掘進夫になって筑豊の小ヤマを転々とした。大手資本のクッションとして、常に過酷な奴隷労働と飢餓生活に苦しめられている絶望的な中小炭鉱の極限状況を内面から追究した異色のドキュメント。

2017.5 245p 18cm ¥840 4-00-415024-8

◆**女が美しい国は戦争をしない—美容家メイ牛山の生涯** 山科智子著　講談社
【要旨】戦前、モダンガールが闊歩する東京・銀座に生まれ、大評判の美容師がいた。山口県から18歳で単身上京、後にメイ牛山と呼ばれる高根マサコは何も知らない時代に独自の美意識で次々にヘアサロンを創造していく。戦争、パーマネント禁止、疎開。暗い時代にも希望を見失わず、焼け跡で心に誓った「日本じゅうの女性を美しくする」という夢は高度成長期に大きく開花する。六本木に開いた東洋一のサロン、作家や芸術家たちとの交流。年齢にとらわれない女性美を追究し、明治・大正・昭和・平成を駆け抜けた美のマエストロ、メイ牛山の一代記。

2017.10 287p B6 ¥1600 ①978-4-06-220685-3

◆**女の数だけ武器がある。—たたかえ！ ブス魂** ペヤンヌマキ著　幻冬舎（幻冬舎文庫）
【要旨】ブス、地味、存在感がない、女が怖いetc.…。コンプレックスだらけの自分を救ってくれたのは、アダルトビデオの世界だった。働き始めたエロの現場には、地味な女が好きな男もいれば、乳臭に興奮する男もいて、好みはみなバラバラ。弱点は武器にもなるのだ。生きづらい女の道をポジティブに乗り切れ！ 全女性必読のコンプレックス克服記。

2017.2 235p A6 ¥580 ①978-4-344-42575-0

◆**カウボーイ・サマー—8000エイカーの仕事場で** 前田将多著　旅と思索社（Tabistory Books）
【要旨】20年以上持ち続けたカウボーイへの憧れにケリをつけようと、電通コピーライターの職を捨てて、カナダの牧場に立った。そして、あまりの広大さに息をのんだ—。そこに生きるカウボーイたちの仕事を通じて、人としての「在り方」を見つめる、冒険の夏。"リアルな姿"を鮮明に描いたノンフィクション。

2017.6 302p B6 ¥1800 ①978-4-908309-05-2

◆**かげろうの向こうの家族—戦争遺児として逆境を乗り越えて** 菅沼孝行著　幻冬舎メディアコンサルティング、幻冬舎 発売
【要旨】何か一つでもよい。生き甲斐があれば生き抜く力となる。希望の光は、子ども達の未来に思いを馳せて発行し続けた「学級通信」だった。何らかの理由で遺児になった人達に向けてエールをおくる手記。

2017.10 122p B6 ¥1000 ①978-4-344-91432-2

◆**風の中の自叙伝—素敵に燃えた青春** 中村俊夫著　幻冬舎メディアコンサルティング、幻冬舎 発売
【要旨】戦中・終戦直後を過ごした子ども時代、音楽に目覚めた中学時代、社交ダンスと出会った大学時代。就職・結婚・定年退職後まで輝き続けられるのは、それぞれの経験があったから—。80歳を超えても、まだまだ人生は楽しめる。ハワイアン・ミュージック、社交ダンス、手品…さまざまなことにチャレンジしてきた著者が綴る、80歳まで元気に・楽しく過ごす秘訣。

2017.6 B6 ¥1400 ①978-4-344-91306-6

◆**家族最後の日** 植本一子著　太田出版
【要旨】母との絶縁、義弟の自殺、夫の癌—写真家・植本一子が生きた、懸命な日常の記録。

2017.2 299p B6 ¥1700 ①978-4-7783-1555-9

◆**語らなかった女たち—引揚者・七〇年の歩み** 鈴木政子著　本の泉社
【目次】中国の大豆畑で、繁栄を信じて、どうしてこんな逃走を、大虎山収容所で、多くの人の愛情に支えられて、コロ島港から博多へ、人々のつながりのなかで、ソ連、ルポルタージュ「引揚港・博多湾」、李蘭英さん、中国を旅する、語られなかったこと、金曜先生から預かった手紙、『ガイサンシーとその姉妹たち』を読む、わたしの赤ちゃん

2017.11 269p B6 ¥1300 ①978-4-7807-1655-9

◆**学校へ行けなかった私が「あの花」「ここさけ」を書くまで** 岡田麿里著　文藝春秋
【要旨】「あの日見た花の名前を僕達はまだ知らない。」「心が叫びたがってるんだ。」ひきこもりだったじんたんと、幼少期のトラウマで声が出なくなった成瀬順。二人を主人公にした二本のアニメは、日本中の心を揺さぶり、舞台となった秩父は全国からファンが訪れるアニメの聖地となった。実は、この二本のアニメの脚本を書いた岡田麿里自身が小学校で学校に行けなくなっていたのです。これは、中母親と二人きりの長い長い時間をすごしそして「お話」に出会い、やがて秩父から「外の世界」に出て行った岡田の初めての自伝。

2017.4 253p B6 ¥1400 ①978-4-16-390632-4

◆**家電兄弟—松下幸之助と井植歳男** 阿部牧郎著　PHP研究所
【要旨】「すごい二人」がいた！ 蒲柳の質ながら常に時代の先端を行く幸之助と、抜群の行動力で支えた義弟・歳男。関東大震災、昭和恐慌、戦時統制下の苦労、そしてGHQによるいわれなき財閥指定…、幾度もの困難を乗り越えてパナソニックと三洋電機を創った二人の人生を直木賞作家が描く感動のノンフィクション・ノベル。

2017.6 381p B6 ¥1700 ①978-4-569-83282-1

◆**紙つなげ！ 彼らが本の紙を造っている—再生・日本製紙石巻工場** 佐々涼子著　早川書房（ハヤカワ・ノンフィクション文庫）
【要旨】「8号（出版用紙の製造マシン）が止まる時は、この国の出版が倒れる時です」2011年3月11日、日本製紙石巻工場は津波に呑み込まれた。本の紙の供給にはなくてはならない工場だ。閉鎖が噂されるほどの壊滅的被害だったが、工場長は半年での復興を宣言。その日から、従業員の壮絶な闘いが始まった。工場のため、地元のため、そして本を待つ読者のために！ 絶望から立ち上がる者たちのドラマを徹底取材した、傑作ノンフィクション。

2017.2 319p A6 ¥740 ①978-4-15-050486-1

ノンフィクション

◆**危機にこそぼくらは甦る—新書版ぼくらの真実** 青山繁晴著 扶桑社 (扶桑社新書)
【要旨】「ぼくらの危機」登場！『ぼくらの真実』が加筆で待望の新書に進化。半島危機、トランプ現象…世界は喘ぎ、ぼくらは潜在力を爆発させる。
2017.8 399p 18cm ¥880 ①978-4-594-07700-6

◆**キャッチ・ザ・ダイヤモンド** 夏目徹著 (大阪)澪標
【要旨】人生を輝かせるのはあなた自身だ！真のダイヤモンド(善なる個性)を摑み取るのもあなた自身だ！波乱に富んだ人生から生まれた今必読のカリスマ・ストーリィ。
2017.5 178p B6 ¥1200 ①978-4-86078-350-1

◆**キャパへの追走** 沢木耕太郎著 文藝春秋 (文春文庫)
【要旨】トロッキー、スペイン戦争、ノルマンディー上陸作戦…。数々の傑作を遺した戦場写真家、ロバート・キャパ。故国ハンガリーを離れてからインドシナで最期を迎えるまで、四十年の激しい生涯の中で撮影した五箇所の現場を著者は探索し、彼の見た光景を追体験する。永年のキャパへの憧憬を締めくくる傑作ノンフィクション。
2017.10 383p A6 ¥800 ①978-4-16-790947-5

◆**90歳からのメッセージ 横浜の戦中・戦後を生き抜いて** 岩井昭著 東銀座出版社
【要旨】とある、機密図書係りの記録。
2016.12 123p B6 ¥1400 ①978-4-89469-190-2

◆**凶獣** 石原慎太郎著 幻冬舎
【要旨】2001年6月8日、未曾有の事件は起こった。大阪府池田市の小学校に刃物を持って侵入した宅間守は逃げまどう小学1年生と2年生の児童8名を殺害、15名に重軽傷を負わせた。初公判の日、入廷してきた宅間は三度口笛を吹いたという。なぜ彼は事件を起こしたのか？綿密な取材とインタビューで宅間の実像に迫る戦慄の記録！ 2017.9 205p B6 ¥1500 ①978-4-344-03174-6

◆**巨影—ほんとうの石井隆匡** 石井悠子著 サイゾー
【要旨】東京佐川急便事件、東急電鉄株買い占め、皇民党事件。「日本の裏総理」と呼ばれた最強の経済ヤクザとして君臨した稲川会二代目会長、石井隆匡の真実の姿—昭和から平成へ…追憶と憧憬の一大家族秘史。
2017.6 291p B6 ¥1500 ①978-4-86625-085-4

◆**銀翼のアルチザン—中島飛行機技師長・小山悌物語** 長島芳明著 KADOKAWA
【要旨】SUBARUの安全神話の源流となった男。「疾風」をテストした米国空軍は、その性能に驚愕した。幻の「富嶽計画」に込めた平和への願い。 2017.7 285p B6 ¥1600 ①978-4-04-105927-2

◆**屈折くん** 和嶋慎治著 シンコーミュージック・エンタテイメント
【要旨】怪奇派ロックバンド、人間椅子の中心人物による初の自伝。弘前が生んだ東北のトリックスターが、奇想天外な人生を明かす。「メンヘラ」でも「こじらせ」でもなく、僕を作ったのは"屈折"だった—
2017.3 239p B6 ¥1500 ①978-4-401-64388-2

◆**組長の妻、はじめます。—女ギャング亜弓姐さんの超ワル人生懺悔録** 廣末登著 新潮社
【要旨】懲りない女と笑ってください—。逃走中で痛恨の恥骨骨折もなんのその、激痛さえシャブでかき消し、手下を率いた荒稼ぎで毎日が大忙し。度々の指名手配ではヒットマンと逃避行あり、警官の威嚇射撃で殺されかけたり。御用となっても刑務所中は毎度「満期上等！」で懲の独房常駐、隣にはあの林真須美死刑囚—。こんな悪名高き彼女が、悪事から足を洗い、晴れて？極妻となるまでを涙と笑いで大告白！
2017.9 237p B6 ¥1300 ①978-4-10-351191-5

◆**久留島武彦評伝—日本のアンデルセンと呼ばれた男** 金成妍著 求龍堂
【要旨】信じ合うこと、助け合うこと、違いを認め合うこと。「日本のアンデルセン」と呼ばれた久留島武彦は、明治・大正・昭和の三代にわたって、人々と共に生きていく上で、必要な教えを楽しいお話にのせて子どもたちに語り聞かせた教育者です。その一途な人生をたどる。
2017.2 175p B6 ¥1500 ①978-4-7630-1701-7

◆**車いす犬ラッキー—捨てられた命と生きる** 小林照幸著 毎日新聞出版
【要旨】家族はかけがえのない家族—。美しい自然と、人々が支え合う"ユイ(結い)"の伝統が息づく島で、一人の男がめぐりあった"人生を変

えた犬"。犬と人のドラマを通じて、命の意味を問う、感動のノンフィクション。
2017.4 231p B6 ¥1500 ①978-4-620-32445-6

◆**車イスホスト。** 寺田ユースケ著 双葉社
【要旨】「他人と同じことができなくても仲間でいられる」そう教えてくれたのは、ホストのみんなでした。障がい者と健常者が共に働き"本当の仲間"になるまで!!感動のノンフィクション！
2017.12 229p B6 ¥1400 ①978-4-575-31325-3

◆**月空ワールド** 中島月空著 (岐阜)岐阜新聞社
【目次】第1章 中島泰弘として、第2章 島田画伯との出会い、第3章 全国千日行脚、第4章『月空記念館』完成、第5章『言霊交流誌シャンバラ』との出会い、第6章 再婚、そして妻千恵子の死、第7章 三人目の花嫁、第8章 道友の言霊、第9章 月空詩歌、第10章 月空ワールドラストメッセージ(高野山巡礼)
2017.6 177p B6 ¥2315 ①978-4-87797-241-7

◆**工学部ヒラノ教授の中央大学奮戦記** 今野浩著 青土社
【要旨】「2001年無職の旅」から新天地へ。国立大学を定年退職したヒラノ教授。再就職先は都内の私立大学だった。学校業務やシステムの違い、ユニークな学生たち、求められる教育や能力の変化、そしてあたらしい楽しみ。エンジニアとして、研究者として、円熟期をむかえた10年の記録。
2017.3 196p B6 ¥1800 ①978-4-7917-6980-3

◆**工学部ヒラノ教授のはじまりの場所—世田谷少年交差点物語** 今野浩著 青土社
【要旨】「ド田舎」から上京してきた、ずんぐりむっくりの少年。東京のエリートたちにたじろぎながらも、みずからの居場所を見出していく。個性豊かな少年たちは、あまりにも自由に楽しいことも悲しいことも共有しながら、「そこ」で大人になっていった。シリーズの原点にして最新の。
2017.6 197p B6 ¥1800 ①978-4-7917-6995-7

◆**口上 人生劇場—青島秀樹伝** 林和利著 論創社
【要旨】多くの早稲田人を魅了した青島流「人生劇場」、口上の歴史と秘話が記された一冊。
2017.12 323p B6 ¥2000 ①978-4-8460-1659-3

◆**港都神戸を造った男—"怪商"関戸由義の生涯** 松田裕之著 (大阪)風詠社, 星雲社 発売
【要旨】黎明期の神戸に彗星のごとく現れ、都市整備の先覚となった関戸由義。その謎と誤解に彩られた生涯を、新たに発掘された史料にもとづき描き直す。開港150年の港都に封印されてきた真実が、いま鮮やかな輪郭とともによみがえる!!
2017.6 257p B6 ¥1400 ①978-4-434-23148-3

◆**降伏の記録** 植本一子著 河出書房新社
【要旨】末期癌の夫は手術によって一命をとりとめたが、半年後に転移がみつかる。繰り返される入退院のなかで育っていく子どもたちと、ときおり届く絶縁した実家からの手紙。そしてある日、わたしは夫との間に、決定的な"違い"があることに気がついたのだ—。生きることの痛みと歓び、その先に拡がる自由を鮮やかに描く「生」の記録。
2017.10 323p B6 ¥1800 ①978-4-309-02620-6

◆**幸福の商社、不幸のデパート—僕が3億円の借金地獄で見た景色** 水野俊哉著 サンライズパブリッシング, 星雲社 発売
【要旨】億単位のカネが怒濤のように流れては消え、また流れ込んできていた2000年代初頭のベンチャーシーン。若手起業家として独立し、この世の春を謳歌していた著者だったが、上場直前に内紛をきっかけに会社から追放され、個人保証を入れていた3億円の借金だけが残る。月々の返済額は500万円。仕事もなく返す当てのないままに利子だけが際限なく膨らんでいく悪夢のような現実。いったいどうすれば這い上がれるのか—。ビジネス界の天国と地獄を経て、さらに這い上がった著者が見た、現代日本に流れているお金の本質。
2017.10 229p B6 ¥1400 ①978-4-434-23764-5

◆**神戸っ子の応接間—川瀬喜代子と神戸にしむら珈琲店** 日野嗣士著 (神戸)アートヴィレッジ
【要旨】もうひとりの「べっぴんさん」。終戦直後の焼け野原と化した神戸に、不揃いなテーブル3つを並べ、人々のこころを癒す美味しい珈琲を淹れはじめた店があった。神戸を愛し珈琲を

よなく愛したひとりの女性と珈琲店の物語。
2017.1 184p B6 ¥1300 ①978-4-905247-57-9

◆**獄中関 我、木石にあらず** 川口和秀著 (伊東)TAO Lab LLC (ホーリー・アウトロー 1)
【要旨】罪なき罪で獄中に二十二年。侠客・川口和秀の不屈の精神史。
2017.7 290p 22×15cm ¥2500 ①978-4-903916-02-6

◆**「心の除染」という虚構—除染先進都市はなぜ除染をやめたのか** 黒川祥子著 集英社インターナショナル, 集英社 発売
【要旨】福島第一原発から50キロ離れた伊達市には、いたるって多量の放射能物質が降り注いだ。避難できる家と避難できない家の格差を生む政策で、分断される市民の心。先進的に取り組むはずの除染事業は失速。行政は「心の除染」を強調するようになる。不安の中、子どもたちを守るため立ち上がる母親たち、引き裂かれた地域社会を修復するため奔走する若き市議会議員、伊達市出身のノンフィクション作家が、被曝に揺れる福島の「今」を描くヒューマン・ドキュメント！
2017.2 366p B6 ¥1400 ①978-4-7976-7339-5

◆**五色の虹—満州建国大学卒業生たちの戦後** 三浦英之著 集英社 (集英社文庫)
【要旨】日中戦争の最中、満州国に設置された最高学府・建国大学。「五族協和」を実践すべく、日本、朝鮮、中国、モンゴル、ロシアから集められた若者たちは6年間、寝食を共にしながら国家運営の基礎を学んだ。そして敗戦。祖国へと散った彼らは帝国主義の協力者にされ、弾圧を受けながらも、国境を越えて友情を育み続けた。スーパーエリートたちの知られざる戦後。第13回開高健ノンフィクション賞受賞作。
2017.11 345p A6 ¥700 ①978-4-08-745667-7

◆**コトニズム・カタルシカ—柿ノ木寮蛮勇伝** 今野博信著 一声社
【要旨】古都の東はずれに佇む木造二階建ての「柿ノ木寮」。そこに住まう奇天烈な寮生達の生態を活写する記念物的語り下ろし。「ここでの暮らしぶりを間近に見たなら、今どき話題の発達障害で括り方も変わってくるだろう」などと物知り顔に語る牡蠣の正体は？寮生活の極意はキャパシティだ、と伝説の寮長は言った！
2018.1 215p A5 ¥1200 ①978-4-87077-268-7

◆**在日マネー戦争** 朴一著 講談社 (講談社プラスアルファ新書)
【要旨】大正期、朝鮮半島から玄界灘を越え、三人の男が日本に渡ってきた。戦後、多くの在日コリアンが住みついた大阪・猪飼野を舞台に繰りひろげられた、在日金融機関の設立・再編をめぐるマネー戦争。「在日のドン」と呼ばれる男たちの栄光と挫折のマネーゲームに迫った渾身ノンフィクション！
2017.1 235p A6 ¥630 ①978-4-06-281707-3

◆**小百合物語—続・星になった少年** 坂本小百合著 光文社
【要旨】二度の結婚と離婚を乗り越え、五人の子供を育てた著者が、赤裸々に語った初恋・恋愛・結婚・再婚・離婚・息子の死・友の死・女性が働くことの難しさ…。夫婦生活や子育てに悩みを抱える女性やお母さんたちに贈る、「幸福のための人生レシピ」です。
2017.4 189p B6 ¥1500 ①978-4-334-97926-3

◆**サンダカンまで—わたしの生きた道** 山崎朋子著 朝日新聞出版 (朝日文庫)
【要旨】底辺女性史の名著『サンダカン八番娼館』の著者による自伝。1954年、女優を目指した著者は、朝鮮青年との恋、暴漢に顔を切られるアクシデント、結婚、出産を経て、女性史の道へ。何度人生に絶望しても自分の道を歩き続けた、驚愕の人生秘話。
2017.9 373p A6 ¥920 ①978-4-02-261912-9

◆**三文人生劇場** 川谷源昭著 (名古屋)ブイツーソリューション, 星雲社 発売
【要旨】昭和一けた生まれで、戦争と平和の時代をくそまじめに奮励努力してきたつもりであったが、冥途への一里塚に立ってみると、それは何とつまらないひとりよがりの三文芝居ではなかったか…。
2017.6 263p B6 ¥500 ①978-4-434-22900-8

◆**死刑囚永山則夫の花嫁—「奇跡」を生んだ461通の往復書簡** 嵯峨仁朗, 柏艪舎編 (札幌)柏艪舎, 星雲社 発売
【要旨】1968年、全国を震撼させた連続射殺事件。捕まったのは貧しく愛を知らずに育った19

歳の少年、永山則夫だった。1審は死刑。控訴審で死刑が確定されると思われていた12年後の1980年、永山が獄中で書いたベストセラー『無知の涙』を読んで、アメリカから1通のエアメールが届く。それは一つの"奇跡"が始まる瞬間だった。処刑から20年。いま初めて公開される夫妻の愛の往復書簡。
2017.2 331p B6 ¥1700 ①978-4-434-22970-1

◆**死刑捏造―松山事件・尊厳かけた戦いの末に** 藤原聡、宮野健男、共同通信社著 筑摩書房
【要旨】死刑判決をくつがえした、名もなき人々の怒りと悲しみ。生還までの29年とその後の人生…無実の人間の叫び、冤罪の恐ろしさを描いた迫真のドキュメント!
2017.3 319p B6 ¥2200 ①978-4-480-81845-4

◆**死体鑑定医の告白** 上野正彦著 東京書籍
【要旨】"事故ではありません。その人は殺されたのです"次から次へと依頼が来る。本当の死因は何か。天才監察医が解き明かした難事件の真相とは…。数々のテレビ番組に出演。圧倒的な共感を呼んだ著者が書き下ろした衝撃の最新刊。ついに発売!
2017.7 205p B6 ¥1400 ①978-4-487-81086-4

◆**失権** 島田文六著 幻冬舎メディアコンサルティング, 幻冬舎 発売
【要旨】神戸製鋼所に仕え、花街で暗躍した半生。すべては"鉄の家業"と郷土"脇浜"を守るためだった。
2017.12 211p B6 ¥1100 ①978-4-344-99456-0

◆**実録 頭取交替** 浜崎裕治著 講談社(講談社プラスアルファ文庫)
【要旨】ある地方銀行で、絶大な権力を掌中に君臨していた相談役に反旗を翻した一派がいた。出世とカネを餌にし、長年にわたって銀行を私物化してきた相談役は、このクーデタを押さえ込むことができるのか? 取締役会の多数派工作は熾烈を極める。誰がどちらにつき、裏切り者は誰か? 実録ならではの、手に汗握る醍醐味!!
2017.4 270p A6 ¥800 ①978-4-06-281721-9

◆**実録 水漏れマンション殺人事件** 久川凉子著 新潮社
【要旨】落水、殺人、巨額の工事費、業者の水増し請求、保険会社の出し渋り、傷アリ物件の処理、賠償裁判、法律の壁。ごく普通のマンションで本当にあったコワイコワイ話…あなたのお部屋、大丈夫ですか?
2017.1 222p B6 ¥1200 ①978-4-10-350711-6

◆**自分を超え続ける―熱意と行動力があれば、叶わない夢はない** 南谷真鈴著 ダイヤモンド社
【要旨】19歳、日本人最年少で世界七大陸最高峰を制覇。いま注目の冒険家が語る、終わりなき挑戦。
2017.3 215p B6 ¥1300 ①978-4-478-10189-6

◆**シベリアの恩讐―数奇な運命に翻弄された広瀬武夫の「愛と死」** 支刈誠也著(八尾)リトル・ガリヴァー社
【要旨】軍神として祀られた広瀬武夫の愛と死の行方を追いかけて、「なぜ日本は、日露戦争に勝ったのか」、「終戦の聖断をした昭和天皇は、なぜ対米非戦の聖断をしなかったのか」、「あれほど合理的に日露戦争を戦った日本は、なぜ、あのような馬鹿げた戦争を始めたのか」、「シベリア抑留の密約の真実」、「ロマノフ王朝、金塊の行方」など、歴史に残された壮大な謎に"あのオジン達"が迫る。オジン探偵団、三度登場!
2017.5 248p 18cm ¥1257 ①978-4-903927-99-01-1

◆**島影を求めて** 佐々木明廣著 幻冬舎メディアコンサルティング, 幻冬舎 発売
【要旨】海の彼方に何があるのか―。限りない好奇心を携えて、米ソ冷戦下の東西を股にかけた一人の商社マン。海を愛し、仲間と過ごした日々の"航海録"。
2017.8 200p B6 ¥1200 ①978-4-344-91278-6

◆**13歳、「私」をなくした私―性暴力と生きることのリアル** 山本潤著 朝日新聞出版
【要旨】私がなくしてしまったのは、自分自身だった。空が美しいとか、季節の移り変わりを感じたり、好きな人に胸をときめかせる時間の流れに私が得たのは、何を見ても生き生きとした感覚が得られない虚しさ、何を見ても生きているかも死んでいるのかわからない感覚だった。アルコール依存、強迫症状、制御できない性行動…"あの日"から今まで、私に起きたことのすべて。
2017.2 258p B6 ¥1400 ①978-4-02-251453-0

◆**集団就職―高度経済成長を支えた金の卵たち** 澤宮優著(福岡)弦書房
【要旨】彼ら彼女らの存在がなければ、戦後復興、経済成長はなかった。当時(昭和30年代~昭和50年代前半)の経験者たちへの聞き書きから"集団就職"の現代史上での評価を促し、働くことの本質を問い直す渾身の記録。
2017.5 261p B6 ¥2000 ①978-4-86329-151-5

◆**宿題の絵日記帳** 今井信吾著 リトルモア
【要旨】子供と先生が会話の練習をする補助として、宿題に出された毎日の絵日記。画家の父はにぎやかな家族の日々を、みずみずしく写し取る。高度難聴のやんちゃな娘は、たくさんのおしゃべりとやさしさにつつまれて、少しずつゆっくりと、言葉と声を獲得していく。聾話学校に通う娘のために、父が描いた日々の記録。
2017.7 1Vol. A5 ¥1600 ①978-4-89815-460-1

◆**生涯投資家** 村上世彰著 文藝春秋
【要旨】"村上ファンド"を率いて日本に旋風を巻き起こした男の、最初で最後の告白。
2017.6 276p B6 ¥1700 ①978-4-16-390665-2

◆**職人の近代―道具鍛冶千代鶴是秀の変容** 土田昇著 みすず書房
【要旨】近代化の"外皮と骨格の矛盾"の中で、世の変化に侵食されてはならない技術の芯を守るために「最後の名工」がしかけた逸脱の試み。職人の道徳と誇りを描く。
2017.2 313p B6 ¥3000 ①978-4-622-08593-5

◆**女子硬式野球物語 サクラ咲ク** 濱本光治著 幻冬舎メディアコンサルティング, 幻冬舎 発売
【要旨】「女子にも硬式野球をやらせてあげたい」その一心で私財を投げ打ち、女子硬式野球の礎を築いた四津浩平。その遺志を継いだ、ひとりの高校教師と仲間たちが、全国大会開催へ向けて奮闘する中、香港の女子野球チームからの依頼が…。本当にあった奇跡のノンフィクションドラマ。
2017.2 188p B6 ¥926 ①978-4-344-91123-9

◆**女子硬式野球物語 サクラ咲ク 2 旅の果てに** 濱本光治著 幻冬舎メディアコンサルティング, 幻冬舎 発売
【要旨】平和だから野球ができるんだ。1本のバットとの衝撃の出逢いで筆をとった著者が、野球の街・加須市から放つ「野球愛」溢れるノンフィクション。日本全国へと羽ばたく女子硬式野球物語第3弾! まだ見ぬ、果てない夢の先へ。北海道から沖縄まで日本全国、「野球」を通じて繋がったたくさんの絆。女子硬式野球普及への旅は、これからも続く…。
2017.12 213p B6 ¥1204 ①978-4-344-91503-9

◆**新宿センチメンタル・ジャーニー―私の新宿物語** 堀江朋子著 図書新聞
【要旨】新宿に新宿が生まれ、いわば新宿が生んだ新宿が育てた。中村屋が出来、二幸が建った。駅前の焼け跡に闇市が出来た。酒場が出来て文士が集まり、ぽつぽつと喫茶店という西洋が入ってきた。国際的繁華街・歌舞伎町も育った。本書は、著者ならではの筆による、温もりに包まれた新宿の歴史の変遷、新宿物語でもある。
2017.8 335p B6 ¥2000 ①978-4-88611-473-0

◆**新宿、わたしの解放区** 佐々木美智子著, 岩本茂之聞き書き(札幌)寿郎社 増補版
【要旨】ゴールデン街の60~70年代を今に伝える名著が"増補版"で復活! 2010年代もおミッちゃんは元気にバーをやっています。気高く野蛮な人々と歩んだ道のり。
2017.8 287p B6 ¥2500 ①978-4-909281-01-2

◆**人生は90%が運** 藤田稔著 東京図書出版, リフレ出版 発売
【要旨】幸運の女神は日々コツコツと努力に努力を重ねている人に微笑む。著者の半生を綴る驚きのノンフィクション。あなたに夢と希望と元気を与えてくれる一冊!(『人生は90%が運』)。高性能電気絶縁油の研究開発物語。美しい研究者神谷万子の協力を得て、画期的な商品化に成功。『研究と愛は永遠に』)。
2017.7 211p B6 ¥1200 ①978-4-86641-065-4

◆**人生は冒険旅行のようなもの!!** 草野馨者 幻冬舎メディアコンサルティング, 幻冬舎 発売
【要旨】裸一貫からビル王になった男! その男は両親も、お金も無い。ただ"ひらめき"位だった。悪夢・難病・苦楽の体験と様々な出会いがあり、気が付けば北海道でも業

界大手の会社に成長していたと語る。何故そんな事ができたのか―。この数奇な生き様を、主人公自ら書き下ろしたノンフィクション物語。
2017.1 229p B6 ¥1300 ①978-4-344-91015-7

◆**神童は大人になってどうなったのか** 小林哲夫著 太田出版
【要旨】灘や開成、麻布、ラサールなど名門校で伝説的といわれた子どもたちはどうなったのか。東大首席卒業した人は? 神童と呼ばれた人たちをできるかぎり追跡してみた。
2017.8 318p B6 ¥1500 ①978-4-7783-1587-0

◆**捨てられないTシャツ** 都築響一編 筑摩書房
【要旨】70枚のTシャツと、70とおりの物語。
2017.5 285p 16x15cm ¥2000 ①978-4-480-87622-5

◆**ストリップの帝王** 八木澤高明著 KADOKAWA
【要旨】刃物をもったヤクザと大立ち回り、相手を病院送りにする。警察の手入れに激怒し、腹にダイナマイトを巻いて警察署を襲撃さ逮捕。業界のドンとして盃を交わされるも逃げ切る等々。このような武勇伝と裏腹に、その男・瀧口義弘は線の細い銀行マンだった。福岡の進学校を卒業後、福岡相互銀行(現・西日本シティ銀行)に勤めていたが、昭和50年にはストリッパーとして活躍していた姉に誘われ、その日のうちに辞表を出して劇場に飛び込んだ。以後、彼は帝王としてストリップ業界を差配するまでに上り詰めた。15年以上にわたり、日本各地、世界各国の色街を取材し、ストリップ劇場の栄枯盛衰も見てきた著者が描く、悪漢にして好漢の一代記!!
2017.12 314p B6 ¥1700 ①978-4-04-105164-1

◆**西蔵漂泊―チベットに潜入した十人の日本人** 江本嘉伸著 山と渓谷社(ヤマケイ文庫)新編
【要旨】明治から大正、そして太平洋戦争前後にかけて、仏教の経典を求めて、あるいは情報収集の修学に、そして国の密命を帯びて、鎖国状態のチベットに密かに潜入した十人の日本人がいた。彼らの行動を、新発見の資料や現地も含めた取材で探った異色のドキュメンタリー。当時のチベットの特異性と歴史に翻弄された日本人の稀有な体験が、詳細に綴られる。上下巻の親本二冊が、一冊の文庫に再編集された。
2017.3 517, 8p A6 ¥1100 ①978-4-635-04799-9

◆**世界の産声に耳を澄ます** 石井光太著 朝日新聞出版
【要旨】過酷な環境でも、日々生まれてくる新たな生命。先住民族、ストリートチルドレン、代理母出産、HIV感染者、紛争地…。海外ルポルタージュの名手が七年ぶりに世界を旅し、悲しみの現場から"希望"を見つめた、新機軸ノンフィクション!
2017.5 300p B6 ¥2000 ①978-4-02-251466-0

◆**世川行介放浪日記 貧乏歌舞伎町篇** 世川行介著(越谷)彩雲社, 星雲社 発売
【要旨】"野垂れ死にをも許される自由"を求め、日本各地を放浪したノンフィクション作家世川行介の、破天荒な20年間を綴った異色ブログ「世川行介放浪日記」。その支持者たちの強い後押しで出版が実現しました。本書を手にすれば、いまの日本で、このような人物が存在することに驚くとともに、その生き方に少なからぬ憧れと共感を抱くことでしょう。
2017.5 277p B6 ¥1400 ①978-4-434-23333-3

◆**戦中戦後の日々―わたしが子どもだったころ** 竹島善一著(三島町)奥会津書房(奥会津書房文庫)
【目次】遊び三昧、食料事情、嗜好品、疎開、趣味、鉄道、つれづれ
2017.3 183p A6 ¥741 ①978-4-901167-23-9

◆**続 忘れられぬ人々―赤松良子自叙伝** 赤松良子著 ドメス出版
【目次】第1章 幼少のころ、第2章 津田塾時代の三年間、第3章 東京大学での三年間、第4章 労働省に入る、第5章 国連公使時代、第6章 歴代婦人少年局長、第7章 均等法をつくる
2017.12 192p B6 ¥2000 ①978-4-8107-0837-0

◆**そして、ぼくは旅に出た。―はじまりの森ノースウッズ** 大竹英洋著 あすなろ書房
【要旨】オオカミに導かれて北米の森へ―それが、自分の人生を前に進めることのできる、ただひとつの行動だった。
2017.3 418p B6 ¥1900 ①978-4-7515-2868-6

ノンフィクション

◆**その後のリストラなう！―割増退職金危機一髪** 瀬尾健著 出版人, 東洋出版 発売
【要旨】帰ってきたたぬきち。ブログ「リストラなう！」の後日談がいま明らかに。投資金額4400万円が外国投資銀行で溶けた！
2017.2 356p B6 ¥2000 ①978-4-908927-01-0

◆**「空飛ぶワン」と言われて―ご長寿犬エリーのグアムライフ** 高山エリー著 東京図書出版, リフレ出版 発売
【要旨】はじめはおばあちゃんのコンパニオンドッグ。それから長崎や大阪へ飛行機で何度も往復。10歳からは年2回グアムのパパの所へ。8年間で計15往復。1年の半分をグアムで暮らした私の生涯のお話です。
2017.7 249p B6 ¥1200 ①978-4-86641-052-4

◆**大正の女 タカ子―教師として、画家として、母として激動の時代を生きた女性の人生** 松久タカ子著 (大阪)風詠社, 星雲社 発売
【要旨】戦争の時代に生きた一人の女性の祈りと願い。大正、昭和、平成…教師を経て、五十二歳から絵筆を持ち、画家としても活動した波乱万丈の人生。
2017.9 111p A5 ¥1200 ①978-4-434-23278-7

◆**だから、居場所が欲しかった。―バンコク、コールセンターで働く日本人** 水谷竹秀著 集英社
【要旨】「お電話ありがとうございます。○○社の△△です。ご注文ですか？」遠く離れたバンコクの高層ビルで、一斉に電話を受ける日本人がいる。非正規労働者、借金苦、風俗にハマる女、LGBTの男女。生きづらい日本を離れ、行き着いた先は―。フィリピン在住の開高賞作家が描く成長を止めた日本のもう一つの現実！
2017.9 283p B6 ¥1600 ①978-4-08-781633-4

◆**田中正造と松下竜一――人間の低みに生きる** 新木安利著 (福岡)海鳥社
【要旨】足尾銅山鉱毒事件、豊前環境権裁判…。"民衆の敵"とみなされながら、虚偽の繁栄を逆照射した二人の生き方を探る。松下竜一の文学と活動、田中正造の生涯をたんねんに辿り、同調圧力に屈せず、"人間の低み"を生きるとはなにかを問う。
2017.3 435p B6 ¥2500 ①978-4-86656-002-1

◆**他人の始まり 因果の終わり** ECD著 河出書房新社
【要旨】「個」として生まれ、「個」として生き、「個」として死ぬ。自殺した弟と残された父、心を病んで死んだ母、そして妻と娘たち。癌発覚と闘病の中で向き合った、家族と自身の生きた軌跡。音楽で、ストリートで、身を賭して闘ってきたラッパー・ECDの生の総決算。
2017.9 198p B6 ¥1700 ①978-4-309-02607-7

◆**玉の井挽歌** 大林清著 青蛙房 新装版
【要旨】「ぬけられます」「ちかみち」で連想する大正期から昭和戦前まで栄えた私娼街・玉の井。その街の移り変わりを実在の娼婦たちをヒロインにした挿話で綴る"玉の井"語り。
2017.12 278p B6 ¥2300 ①978-4-7905-0386-6

◆**ダムと民の五十年抗争―紀ノ川源流村取材記** 浅野詠子著 (名古屋)風媒社
【要旨】半世紀の歳月と3640億円の巨費を投じられた、巨大公共事業―大滝ダム。国策に消えたふるさとの哀しむ記憶をたどり、失われゆく山村史の空白を埋める渾身のルポ。
2017.8 241p B6 ¥1800 ①978-4-8331-1121-8

◆**団塊坊ちゃん青春記** 久恒啓一著 (多摩)多摩大学出版会, メタ・ブレーン 発売
【目次】第1部 九州大学（大学、「八重山群島遠征報告」を読む、軌跡（九大探検vol.4より―1972～1973年）、教員の失敗）、第2部 日本航空（30歳の転機。絶望からの出発、羽田、札幌）、第3部 ロンドン、第4部 成田
2017.3 191p B6 ¥1600 ①978-4-905239-67-3

◆**チア☆ダン―「女子高生がチアダンスで全米制覇しちゃったホントの話」の真実** 円山夢久著 KADOKAWA
【要旨】いつかIMPISHのようなチアダンスチームを作ってアメリカに行く―。そんな固い決意とともに、JETSを立ち上げてから3年。裕子と二十名の生徒たちは、ついにフロリダの地に降り立った。
2017.1 314p B6 ¥1400 ①978-4-04-892382-8

◆**地球の娘** リスフェルド純子著 木耳社
【要旨】若くして世界150ヶ国余を訪ねて、歩いて、住んでみて…その後の40数年におよぶアメリカでの結婚生活―約半世紀の時の流れの中で感じ、得たものは何だったのか。
2017.7 283p A5 ¥2000 ①978-4-8393-9200-0

◆**地の底の笑い話** 上野英信著 岩波書店 (岩波新書) (第19刷)（第1刷1967年）
【要旨】ボタ山のふもとの納屋生活のあけくれ、また、一秒後の生命の保証もない坑内労働のあいまあいま、折にふれて老坑夫たちの語ってくれた、懐かしい笑い話。"幼い頃から筑豊炭田のあらあらしい脈動をききながら育ち、敗戦後はいくつかのヤマで働き、生涯を炭鉱労働者とともに生きたいと願ってきた"著者が生き生きと描き出す労働者像。
2017.9 184p 18cm ¥760 ①4-00-415023-X

◆**『強い人』にならなければダメ―3人の女王蟻に育てられた男蟻の雌伏物語** 吉澤素行著 幻冬舎メディアコンサルティング, 幻冬舎 発売
【要旨】男がこの世に生命を受けてから60と余年、振り返ればその人生の節目にはいつも飴をくれる3人の女性は「女王蟻」が側にいた。彼女たちのおかげで、男はそれまでの人生の苦難を乗り越え生きてきた。親愛なる女王蟻たちへの感謝と、生きることの辛さ、そして喜びを伝える珠玉の自伝。
2017.3 266p B6 ¥1300 ①978-4-344-91126-0

◆**テヘランからきた男―西田厚聰と東芝壊滅** 児玉博著 小学館
【要旨】およそ半世紀前、東大大学院で政治思想史をまなんでいた青年は、恋人を連れて、"最果ての地"イランに辿り着く。東芝の合弁会社に現地採用されると頭角を現し、その後、欧州でパソコンを売りまくり、東芝再興をなし遂げる。社長に成り上がり、筆者に「運命はコントロールせよ」と豪語した男は、しかし米原子力事業の泥沼に落ち、晩年は"財界総理"を目指して、醜い人事抗争を繰り広げた。その男は、創業140年の名門企業に何をしたところだったのか。2017年10月初旬、最後のインタビューは行われた。実は、西田は9時間を超える大手術、3ヶ月に及ぶ入院生活を経て、ようやく退院したところだった。存亡の危機に立たされていた古巣と同様、この男もまた死線をさまよっていた。"戦犯"と呼ばれた経営者の告白白。
2017.11 300p B6 ¥1500 ①978-4-09-389774-7

◆**デリヘルドライバー―満たされることのない東京の闇を駆け抜ける** 駒草出版 鈴鹿美季著
【要旨】ヤクザ、闇金、元女性、バイオリン日本一、ブッシャー…さまざまな経歴を持つ彼らは、今日も夜を引き裂いて走り続ける。彼らはどんなきっかけで、どんな人生の道のりを経てこの職業にたどり着いたのか。寝静まった夜の街で繰り広げられる物語。
2017.12 283p B6 ¥1500 ①978-4-905447-87-0

◆**電通の深層** 大下英治著 イースト・プレス
【要旨】巨大広告代理店「電通」は、歴史的に日本の政官業すべてを支配する構造―「一業種多社制」を有している。「電通省」、「日本のCIA」と呼ばれ、業界最大のタブーとされた電通の闇を、『週刊文春』記者時代の1981年から鋭く切り込み、問題作「小説電通」でデビューした作家・大下英治が渾身の取材力を駆使して描く、巨艦「電通」の核心を突く激震ドキュメント！
2017.3 479p B6 ¥1600 ①978-4-7816-1526-4

◆**東亜新秩序の先駆 森恪** 樋口正士著 カクワークス社
【目次】上巻 薫陶を活かした男（少年時代―支那に渡るまで）、青年時代、実業界飛躍時代―政界に入るまで）、下巻 日本を動かした男（政界進出時代、外務政務次官時代、野党活躍時代 ほか）、補遺（文書篇「手簡、論稿」）
2018.1 3Vols.set A5 ¥10000 ①978-4-907424-17-6

◆**慟哭の海峡** 門田隆将著 KADOKAWA (角川文庫)
【要旨】太平洋戦争時、"輸送船の墓場"と称され、10万を超える日本兵が犠牲になったとされる「バシー海峡」。アンパンマンの作者でる、やなせたかしの弟も犠牲者の一人だ。一方、"魔の海峡"から12日間の漂流を経て奇跡の生還を遂げた若者もいた。彼は死んだ戦友の鎮魂のために海峡が見える丘に長い歳月の末に、ある寺院を建てた。「生」と「死」の狭間で揺れ、最後に犠牲を貫いた男たち。今、明かされる運命の物語。
2017.11 437p A6 ¥880 ①978-4-04-106162-6

◆**東大助手物語** 中島義道著 新潮社 (新潮文庫)
【要旨】「きみのあの態度は何だ！」15年間の大学生活、ウィーンへの私費留学…。出口のない生活から私を救い、東大助手に採用してくれた教授の一言から「いじめ」は始まった。「髭を剃ったらどうか？」私を助教授にするため、あれこれ画策しては「恩人」から数か月に及ぶ罵声と執拗な攻撃を受けながら、大学とはなんたるかを知るまでを描く壮絶な「アカデミズムの最底辺」体験記。
2017.6 222p A6 ¥460 ①978-4-10-146731-3

◆**ときを紡ぐ 上 昔話をもとめて** 小澤俊夫著 (川崎)小澤昔ばなし研究所
【目次】第1部 戦争の時代（夜空に消えていった花火、北京へ移住 ほか）、第2部 敗戦とその後（高性能爆弾、進駐軍―実は占領軍なのに ほか）、第3部 学び始めたころ（茨城大学、東北大学 ほか）、第4部 教職に就いて（東北薬科大学、征爾のヨーロッパ行き ほか）、第5部 初めてドイツへ（こわがることを習いにでかけたこと、ドイツでの初仕事 ほか）
2017.5 263p B6 ¥1800 ①978-4-902875-82-9

◆**特命！ 現役保険調査員の事件簿** 小幡兼路著 文芸社 (文芸社文庫)
【要旨】各種保険会社の依頼を受け、保険金目当ての詐欺といった不審な点の有無を調査する保険調査員。現役の保険調査員である筆者が、これまでに担当した多種多様なケースを記録したノンフィクション形式の事件簿。
2017.2 137p A6 ¥540 ①978-4-286-17995-7

◆**熔ける―大王製紙前会長 井川意高の懺悔録** 井川意高著 幻冬舎 (幻冬舎文庫)
【要旨】大王製紙社長の長男として、幼少時代は1200坪の屋敷で過ごし、東大法学部に現役合格。27歳で赤字子会社を立て直し、42歳で本社社長就任。順調な経営、華麗なる交遊…すべてを手にしていたはずの男はなぜ"カネの沼"にハマり込んだのか？ 創業家三代目転落の記。そして、刑期を終えたいま、何を思うのか―。出所後の独白を加え改稿した。
2017.1 307p A6 ¥650 ①978-4-344-42579-8

◆**年寄りの想いと偏見―戦後の70年を考える** 大谷政泰著 東洋出版
【要旨】今、私達に一番大事なことは？ 災害の多い我が国、日本。助け合いの精神は、生き延びるために身についた特性ともいえる。日本の災害を振り返るとともに、これからの日本を考える。
2017.7 61p B6 ¥800 ①978-4-8096-7881-3

◆**富岡公晴―その人生** 宮本武著 (大阪)たる出版
【目次】第1章 新田義貞に見る太田の歴史（新田荘、大光院呑龍と金山城跡 ほか）、第2章 足利銀行設立のころ（富澤家、富源分家 ほか）、第3章 市議会議員での活躍（戦後の生活、富士工業時代 演劇 ほか）、第4章 その後の太田（国際交流、市議会議長の立場から）、補章 知られざる高山彦九郎（高山彦九郎、広い友好と多大な影響力 ほか）
2017.2 199p B6 ¥1800 ①978-4-905277-19-4

◆**内緒の話―二人の軌跡** 東堂かずこ著 幻冬舎メディアコンサルティング, 幻冬舎 発売
【要旨】就職した先で勇一が出逢ったのは、10歳上の強気な女性・菜子。突如消えたけれど、覚悟の退職そして逆プロポーズ。決して急な生活ではなかったけれど、お互いへの思いやりで溢れた幸せな毎日。お互いを一途に想い続けた。気づいたら、50年以上経っていた。夫と妻、それぞれの視点から語られる、手と手を取り合い生きてきた、とある夫婦の物語。
2017.12 108p B6 ¥1100 ①978-4-344-91463-6

◆**長原さん、わたしも生まれ変わります―実体験でつかんだ迷路からの脱却** 斎藤信二著, 長原和宜監修 高木書房
【目次】序章 生きる価値を知った長原和宜さん、第1章 帯広少年院での講演、第2章 中学校、高等学校で体験を語る（富澤家、富源分家 ほか）、第3章 悪の道に進んだ中学、高校時代、第4章 真面目に頑張った陸上自衛隊時代、第5章 覚せい剤に嵌る その1 堕落の道へ、第6章 覚せい剤に嵌る その2 更正、第7章 長原和宜さんのこぼれ話
2017.7 254p B6 ¥1400 ①978-4-88471-808-4

◆**永山則夫―封印された鑑定記録** 堀川惠子著 講談社 (講談社文庫)
【要旨】連続射殺犯・永山則夫。犯行の原因は貧困とされてきたが、精神鑑定を担当した医師から100時間を超す肉声テープを託された著者は、これに真っ向から挑む。そこには、父の放浪、母の

の育児放棄、兄からの虐待といった家族の荒涼とした風景が録音されていた。少年の心の闇を解き明かす、衝撃のノンフィクション。
2017.4 486p A6 ¥860 ⓘ978-4-06-293628-6

◆流れて、流しの新太郎─新宿・四谷荒木町の演歌師伝説　千郁譲司著　ベストセラーズ
【要旨】上野の地下街から全国流転の旅人生。演歌師にして日本のブルースマンが語る人情昭和と哀愁酒場。
2017.11 222p B6 ¥1500 ⓘ978-4-584-13817-5

◆何が私をこうさせたか─獄中手記　金子文子著　岩波書店　(岩波文庫)
【要旨】関東大震災後、朝鮮人の恋人と共に検束、大逆罪で死刑宣告された金子文子(一九〇三─二六)。無籍者として育ち、周囲の大人に虐げられ続けながらも、どん底の体験から社会を捉え、「私自身」を生き続けた迫力の自伝を残す。天皇からの恩赦を受けず、獄中で縊死。
2017.12 434p A6 ¥1200 ⓘ978-4-00-381231-0

◆日常という名の海で─淡路島物語　菅耕一郎著　アルファベータブックス
【要旨】「私は十八で島を出てから東京、パリ、東京、そして再び淡路島へ帰ってきた…」父と子、母との葛藤、故郷の人々─俳優笹野高史、沖縄の女との出会いと別れを詩情豊かに綴る自伝的記録！
2017.5 251p B6 ¥1800 ⓘ978-4-86598-033-2

◆日航123便墜落の新事実─目撃証言から真相に迫る　青山透子著　河出書房新社
【要旨】事故ではなく事件か！？墜落現場特定と救助はなぜ遅れたのか。目撃された戦闘機の追尾─あの事故で仲間を失った元客室乗務員が解き明かす！鎮魂のノンフィクション。
2017.7 205p B6 ¥1600 ⓘ978-4-309-02594-0

◆「你好(ニーハオ)」羽根つき餃子とともに─二つの祖国に生きて　石井克則著　三一書房
【要旨】蒲田「你好(ニーハオ)」には今日も行列が絶えない。「羽根つき餃子」を考案した中国残留邦人八木功、波乱の半生。
2017.5 249p B6 ¥1500 ⓘ978-4-380-17003-4

◆日本国最後の帰還兵深谷義治とその家族　深谷敏雄著　集英社　(集英社文庫)
【要旨】義を貫き、日本の名誉を守り抜いた男がいた。第二次大戦中、中国でスパイとして暗躍した深谷義治。終戦後も潜伏し続けたが、当局に遅れをとり、中国最悪の上海監獄へ収監された。その月日は、20年以上。残酷な拷問を受け続け、幾度も生死をさまよい、それでも祖国や家族のために完全秘を貫いた。彼の不屈の信念を支えたものは、いったい何だったのか。戦争の傷跡をえぐる壮絶なノンフィクション。
2017 489p A6 ¥800 ⓘ978-4-08-745615-8

◆人間の居場所　田原牧著　集英社　(集英社新書)
【要旨】巨大な資本の流れは、人々の暮らしをボロボロに蝕み、国家は、国境の壁をより高く押し上げる。押し出された者は、当て所もなく荒野を彷徨うのみ。─私たちの居場所は、どこにあるのか？　シリア難民、AKB、三里塚闘争、LGBT、暴力団、新宿ゴールデン街、子ども食堂、日赤軍、刑務所、イスラエル、釣り場…。一見バラバラな「断片」を繋ぎ合わせたとき、見たことのない地平が浮かび上がってくる。「人間」の姿を丹念に描いたこの小さな本に、私たちの生存のヒントが、隠されている！　開高健ノンフィクション賞受賞作、第一作。
2017.7 221p 18cm ¥740 ⓘ978-4-08-720891-7

◆野村證券第2事業法人部　横尾宣政著　講談社
【要旨】苛烈なノルマ、強烈な先輩たち、損失補塡問題…バブル期の野村證券で、いちばん稼いだ男「オリンパス巨額粉飾事件」で逮捕された著者が、黄金時代と事件の真相を綴った実名手記。
2017.2 407p B6 ¥1800 ⓘ978-4-06-220462-0

◆狼煙を見よ　松下竜一著　河出書房新社
【要旨】一九七四年、三菱重工をはじめとした連続企業爆破事件が発生し、翌七五年公安警察によって容疑者のうち九名が逮捕される。東アジア反日武装戦線を名乗る彼らは、なぜ過激な闘争に身を投じたのか──事件を巡る公安警察の駆け引きや逮捕前後の動き、そして収監後の内省の日々に寄り添うことで浮かび上がる彼らの素顔─最も苦しんでいる人々の側から発想すること、アジアの人々の側から思考すること、そしてその帰結として生まれた「反日思想」の核心。

テロリストとして一面的に報道された大道寺将司と彼らグループの真実に迫る傑作ノンフィクション。
2017.8 269p B6 ¥2200 ⓘ978-4-309-02601-5

◆バイリンガルの人生─外交官の回想　小宅庸夫著　創英社／三省堂書店
【要旨】戦後七十年を超し、戦後に積み上げられた政治経済秩序は流動化しつつある。さらに、その土台を危うくするような事態がアジア、中東、ヨーロッパで生起し始めている。我が国としても国家としての立ち位置を問われる中、外交の役割は益々高まっている。本書は四十年間「外交」を務めた著者が外交の世界に関心を持つ人々、わけても若き時代の著者に外交を最前線から眺めて来た自らの体験と感想の記録である。
2017.8 269p B6 ¥1800 ⓘ978-4-88142-167-3

◆裸足で逃げる─沖縄の夜の街の少女たち　上間陽子著　太田出版　(at叢書)
【要旨】沖縄の女性たちが暴力を受け、そこから逃げて、自分の居場所をつくりあげていくまでの記録。
2017.2 260p B6 ¥1700 ⓘ978-4-7783-1560-3

◆二十日間の浦島太郎─私が容疑者にされた日　山下重喜著　幻冬舎メディアコンサルティング，幻冬舎　発売
【要旨】これは誰にでも起こりうる悲劇。一枚の写真で、あなたも「児童ポルノ禁止法」容疑者に…。予期せず受信した一通のメールで逮捕された著者の二十日間の記録と彼を支え続けた仲間たちの物語。
2017.8 216p B6 ¥1000 ⓘ978-4-344-91279-3

◆八田外代樹の生涯─台湾に東洋一のダムを造った八田技師の妻　楢潤希著　柘植書房新社
【要旨】外代樹夫人の実像を、残された子どもたちの証言から鮮やかに描き出す。
2017.4 149p B6 ¥1500 ⓘ978-4-8068-0693-6

◆母への100の質問状　森谷雄著　SBクリエイティブ
【要旨】繰り返される離婚、離れ離れになった家族、4人の父親…。50歳になった息子が母の想いと人生を問う100通の書簡劇。
2017.5 192p B6 ¥1300 ⓘ978-4-7973-9025-4

◆半ケツの神さま　荒川祐二著　創藝社
【要旨】あの人との出会いがなければ、僕はダメ男のままだった！「夢なし」「自信なし」「希望なし」誰もが認めるダメ男が、日本一汚い新宿でのゴミ拾いを通じて「自分が好きだ！」と言えるようになるまでの感動おもしろドキュメント。考えてみて、10%泣ける!!心が暖まる実話！あの半ケツのおじさんは、僕を導くために現れた神様だったのかもしれない…！
2017.1 255p B6 ¥1400 ⓘ978-4-88144-223-4

◆半自叙伝　古井由吉著　河出書房新社　(河出文庫)
【要旨】見た事と見なかったはずの事との境が私にはひろがった。あるいは、今の眼が揺らぐ時、何かを思い出しかけているような気分になる─空襲に怯え、敗戦の焼跡を走りまわった幼年期、文学との出会いと高度経済成長の時代、そして現在まで。老年と幼年、重なりゆく記憶の中に作家は何を見入み、自身の創作をどう生きているのか。魂の往還から滲む深遠なる思考。
2017.2 215p A6 ¥830 ⓘ978-4-309-41513-0

◆半世紀を超えてなお息吹くヤマギシの村─そこには何の心配も不安もない暮らしがあった　辻秀雄著　牧野出版
【要旨】ここは、本当に"奇跡の村"なのか─数多くのバッシングを受けつづけたにもかかわらず、60年以上続いてきた生活共同体。そこに暮らす人びとのホンネの姿を初めて描く！
2017.2 237p B6 ¥1800 ⓘ978-4-89500-210-3

◆晩恋─映子と爺のラブメール　高橋映子，宮原一武著　(京都)京都通信社
【要旨】長野で生まれた男と愛媛で育った女が京都の大学で出会い、恋に落ちた。やがて男は東京で働きはじめ、女は地元放送局に就職した。いつしか疎遠な幕末期を迎えて、男のもとに一通の手紙が届いた。女は離婚して独身、男は不可分の伴侶を得ていた。それでも一気に青春時代に戻った。別々に歩んだ半生を振り返りつつ、男は一つの答えを求めていた。なぜ、二人は別れなければならなかったのか。そこには一途な男を見守るクリスチャンの妻がいる、互いの家族もある。京都で生まれた初恋が、半世紀をへて晩恋へと飛び火。美人アナウンサーと元大

教授のラブストーリー。
2017.2 384p B6 ¥1800 ⓘ978-4-903473-23-9

◆引き離されたぼくと子どもたち─どうしてだめなの？　共同親権　宗像充著　社会評論社
【要旨】「パパがママか」から「パパもママも」「家族観の違い」から別れた二人。娘たちと著者との生活が始まる。しかし突然、裁判所から「人身保護請求」が出され、子どもたちから引き離される。…調停につぐ調停、自助グループとの出会い、ネットワーク結成、子どもとの再会までの日々を描いたノンフィクション。
2017.12 246p B6 ¥1800 ⓘ978-4-7845-2408-2

◆ピストルと荊冠─"被差別"と"暴力"で大阪を背負った男・小西邦彦　角岡伸彦著　講談社　(講談社プラスアルファ文庫)
【要旨】ヤクザと部落解放運動活動家の二足のわらじをはき、莫大な富と権力を握った男、小西邦彦。晩年に「飛鳥会事件」で逮捕され、失意のなか2007年にこの世を去った。バブルの時代には1ヵ月で呑み代1000万円、その力は市庁政、警察、税務署、財界にまで及び権勢をふるった。1969年に部落解放同盟の支部長となり、40年の長きにわたりその職にあったが、次第に人生の目的は福祉事業へと変わり、特別養護老人ホームや保育園の経営に邁進する。それは解放運動の関係者による不祥事が続き、運動が退潮してゆく時期となぜか重なった。人生の「貧窮と清濁」両極を生きた男の波乱万丈、74年の生涯を描く本格評伝！
2017.4 315p A6 ¥740 ⓘ978-4-06-281710-3

◆人の数だけ物語がある。─ザ・ゴールデンヒストリー朗読CDブック　文化放送「大竹まことゴールデンラジオ！」編　扶桑社　(付属資料：CD1)
【要旨】切なくて心が温かくなる、本当にあった16のお話。各メディアで話題となった「鉄道少年」も特別収録。
2017.6 83p A5 ¥1400 ⓘ978-4-594-07739-6

◆ビートルズを呼んだ男　野地秩嘉著　小学館　(小学館文庫)　(『ビートルズを呼んだ男　伝説の呼び屋・永島達司の生涯』加筆・修正・改題書)
【要旨】「タツのためならいくらでも質問に答えよう。思い出せる限りね」ポール・マッカートニーはそういって一人の男の話を始めた…。一九六六年に日本、武道館コンサートによって日本を熱狂の渦に巻き込んだビートルズ。空前の社会現象を引き起こし日本の音楽シーンを一変させた彼らの公演を実現させた裏にはある伝説的プロモーターの存在があった。米軍キャンプへのミュージシャンの斡旋から始め、世界最高峰のミュージシャンの来日を次々に成功させた男・永島達司の知られざる七三年の生涯を国内外に追ったノンフィクション。
2017.4 396p A6 ¥670 ⓘ978-4-09-406413-1

◆108年の幸せな孤独─キューバ最後の日本人移民、島津三一郎　中野健太郎著　KADOKAWA
【要旨】キューバに魅せられ、取材を重ねていた著者は、100歳間近の日本人移民が、今も暮らすことを知る。小さな島の老人ホームで暮らす島津三一郎。足跡をたどるなかで、移民たちの知られざる姿が浮き彫りにされる。第二次世界大戦中、敵国人として強制収容された男性、キューバ革命に参加した日系人、そして─。フィデル・カストロが率いた独裁国家で、誇りを持ち、懸命に生きた移民たちに光を当てたノンフィクション。
2017.1 238p B6 ¥1700 ⓘ978-4-04-103842-0

◆日雇い臨時工員から非正規社員になった男の奮闘記　野崎堅三著　青山ライフ出版，星雲社　発売
【要旨】15歳で働き始め、社会のドン底で生きてきた男が書いた人生記！
2017.3 169p A5 ¥1500 ⓘ978-4-434-22861-2

◆評伝　田中清玄─昭和を陰で動かした男　大須賀瑞夫著，倉重篤郎編　勉誠出版
【要旨】『田中清玄自伝』を世に問うて二〇年余、気鋭のライターが今度は『評伝』に描く、「昭和の志士」。反共主義者としての戦い、昭和天皇との邂逅、スハルトと国際石油人脈の形成、鄧(とう)小平、オットー大公との親交。今の時代にはないスケールを持った生き様とその背景を、関係者の膨大な証言から丁寧に再構成した物語。奔馬、駆けやまず─。昭和という時代と格闘しつづけた伝説の男、再び。
2017.2 389p B6 ¥3200 ⓘ978-4-585-22168-5

ノンフィクション

文学

◆評伝 森恪―日中対立の焦点　小山俊樹著
ウェッジ
【要旨】"東洋のセシル・ローズ"と称された、政治家・実業家の森恪。「東方会議」を主宰し、「満洲国」の建国を支えた森は、中国を舞台に、また政界の闇の中に何を見聞きし、何を行ったのか？ その知られざる生涯に迫る。
2017.2 451p B6 ¥2700 ①978-4-86310-175-3

◆ピン芸人ですが、パチンコ店員やっています　原田おさむ著　KADOKAWA
【要旨】パチンコ店に巣喰う闇との果てしない闘い！ 小説投稿サイト「カクヨム」エッセイ・実話・実用作品コンテスト受賞作。
2017.2 239p B6 ¥1100 ①978-4-04-601833-5

◆福島双葉町の小学校と家族‐その時、あの時―小野田陽子文集　小野田陽子著　コールサック社
【要旨】2011年3月11日午後2時46分。東日本大震災の始まりとともに、それまでの平穏な日々が終わる。原子力発電所立地町、双葉町の小学校。こどもたちと家族は「その時」「あの時」をどう過ごしてきたか。一教員であり、家族の一員である筆者がつづる克明な証言の数々。関係者の心を励まし続ける話題の通信文集をひろく世に伝える。
2017.3 303p B6 ¥1500 ①978-4-86435-286-4

◆復讐手帖―愛が狂気に変わるとき　亀山早苗著　扶桑社
【要旨】男の裏切り、心変わり…別れた男、不倫相手、行き場を失った女の想いが向かう先。ボンド、下剤、剃毛、暴露、破壊、尾行…実録！ 復讐劇の数々。
2017.10 210p B6 ¥1300 ①978-4-594-07738-9

◆ふたりのせかいりょこう―東日本大震災から6年 姉妹人形の奇跡　佐藤美香著　祥伝社
【要旨】クリスマスに奇跡は起きた―「あいり」「じゅり」と名づけられた人形は、世界を旅してクリスマスに少女の元に帰ってきた。その世界旅行のきっかけは、少女がサンタクロースに宛てて書いた手紙（本書所載）だった。「3・11」以来、帰ってこない姉。でも少女は「いつも一緒にいるよ」と姉に語りかけつづける。人を思う気持ちの重さが感動を呼ぶ真実の物語。
2017.3 153p 18cm ¥1500 ①978-4-396-61595-6

◆浮浪児1945‐―戦争が生んだ子供たち　石井光太著　新潮社　（新潮文庫）
【要旨】1945年の終戦直後、焦土と化した東京では、家も家族もなくした浮浪児が次々と放り出されていた。その数、全国で3万以上。金もなければ飯も食えない。物乞い、窃盗、スリ…生きるためにあらゆることをした。時に野良犬を殺して食べ、握り飯一個と引き換えに体を売ってまで―。残された資料と当事者の証言から、元浮浪児の十字架を背負った者たちの人生を追う。戦後裏面史に切り込む問題作。
2017.8 345p A6 ¥590 ①978-4-10-132537-8

◆ペケポコ福―幸運に巡り合った三きょうだい　松田明子著　（神戸）神戸新聞総合出版センター
【要旨】目に見えない大きな力で、私の背中を押してくれたペケポコ福。大安吉日、大当たりを、「ありがとう」。
2017.3 198p B6 ¥1300 ①978-4-343-00943-2

◆望畔 陣内河畔―待て、而して希望せよ　陣内河畔生著　近代文藝社　改訂版
【要旨】我物を我物とするにも隠忍雌伏の十年の歳月をかけた男の獅子吼する雄姿！ 成功街道を進むも良し。而して我と妻は稲を作る。その道は道によって賢しと云う。私は自分の踏み慣れた道を自分並に歩こう。自らの赤裸の魂を吐露した日記や手紙の数々が我後を行く若人或は不幸な人の指針とならん事を！ そして著者は云う。「待て、而して希望せよ」。
2017.5 301p B6 ¥2400 ①978-4-7733-8038-5

◆僕は何でも知っている―スティーヴィーの一年日記　ジャック牧田著　（名古屋）ブイツーソリューション、星雲社　発売
【要旨】愛犬がわが家へ来た日から、筆者が愛犬目線で綴った日記。
2017.12 263p B6 ¥648 ①978-4-434-23987-8

◆ホセ・ムヒカと過ごした8日間―世界でいちばん貧しい大統領が見た日本　くさばよしみ著　汐文社
【要旨】日本で私がもっとも驚いたのは、テクノロジーの進歩と、人間が行っていた仕事をこなすロボットの存在です。日本での体験を通じての結論は、近い将来、人類は人間による仕事をこれほど必要としなくなるだろうし、人類はそうした事態に備えなくてはならないというものでした。私は帰国後、スピーチのたびに日本という国について触れ、このことを話題にしています。二〇一六年四月、日本中で話題となった前ウルグアイ大統領ホセ・ムヒカ氏来日の公式記録。
2017.1 181p B6 ¥1100 ①978-4-8113-2364-0

◆檻褸々々一路　鈴木玄吉著、鈴木大亮追記　志學社
【目次】第1部 檻褸々々一路（私の人生観、最近、私が受けた「よろこび」、略歴と想い出、満洲国時代、養父の想い出 ほか）、第2部 鈴木大亮の記録（再出版にあたり、私と中国、終戦時の思い出、鈴木大亮の歩み、北京及び満洲時代、再訪問 ほか）
2017.7 200p B6 ¥1400 ①978-4-904180-75-4

◆ボンネットバスはきょうも走る　河合こと著　幻冬舎メディアコンサルティング、幻冬舎 発売
【要旨】戦後の厳しい時代を乗り切り、高度経済成長を支えた「鼻高バス」と歩んだ女性車掌の心温まる実話です。
2017.5 63p B6 ¥1200 ①978-4-344-91304-2

◆本能と理性の狭間―私の生きた道筋　石花井ヒロミ著　東銀座出版社
【要旨】2人の男性と出会い、結婚、死別、迷いを経験した女性の実録話。大切な尊厳を守るため、誰にも話せなかった過去を綴ることで、過去との決別を決意し、本書で赤裸々に語る。
2017.6 93p B6 ¥926 ①978-4-89469-194-0

◆マイベンチャービジネス　奥田光著　東京図書出版、リフレ出版 発売
【要旨】自分が思ったように、自由に事業を展開できる、自己責任で進める、サラリーマンと対極にあるイメージ。次々に壁が立ち塞がる。しかし、すべては自分の意志で選択できる。リスクを取りさえすれば、いつでも避けたり止めたり立ち止まったりする自由がある。ノウハウやリスクなどもわかる起業経験者によるガイダンス。
2017.7 147p B6 ¥1200 ①978-4-86641-072-2

◆負けてたまるか―反戦一家と呼ばれて　坂根嵩基著　幻冬舎メディアコンサルティング、幻冬舎 発売
【要旨】戦時中、自分たちの信念を貫き通した一家の壮絶なノンフィクション。
2017.7 242p A6 ¥600 ①978-4-344-91271-7

◆ママ、死にたいなら死んでもいいよ―娘のひと言から私の新しい人生が始まった　岸田ひろ実著　致知出版社
【要旨】27歳、長男を出産。知的障害のある子だった。37歳、最愛の夫が突然死。心の支えを失う。40歳、生存率20％の大手術。無事生還するも、下半身麻痺となり、車椅子生活に。50歳（現在）これまでの経験をもとに、年間180回の講演。人々に生きる勇気を与えている。生きる力が湧く感動実話！
2017.2 193p B6 ¥1400 ①978-4-8009-1137-7

◆ママのくれた夢 ドルフィン・ベイエス―イルカ物語　三好晴之著　幻冬舎メディアコンサルティング、幻冬舎 発売
【要旨】高度成長の波に翻弄されながら「くじらの町」和歌山県太地町でイルカの飼育・調教に身を投じ、トレーニングセンター「ドルフィン・ベイエス」を開設した男と、彼を支え続けた妻の物語。遠い青春の日々、果てしない自問自答―。煉獄の日々を駆け抜けた男が辿り着いた生涯とは。
2017.8 254p B6 ¥1500 ①978-4-344-91257-1

◆満洲の土建王 榊谷仙次郎―土建国家「満洲国」の深層　岡田和裕著　潮書房光人社
【要旨】粉骨砕身、不動の信念、情熱を持って有言実行―関東軍、政府、満鉄、特殊会社、市井に至るまで、長年培った人脈を駆使して、満洲の国造り「インフラ建設」のために全精魂を傾注した男の生涯。厳しい自然に向き合う覚悟、強引であるが裏も表もない彼の姿を封じ込める処世術をもって難工事に取り組み、数々のインフラ整備に成功をおさめた満洲土木建築業協会理事長の足跡。土工から満洲土建界のリーダーへと研鑽を重ねて成り上がった不屈の男の一代記。
2017.10 484p B6 ¥3600 ①978-4-7698-1653-9

◆万引き女子 "未来（みくる）"の生活と意見　福永未来著　太田出版
【要旨】14年間で万引き6千回（実話）。私はなぜ万引きを我慢できないのか？ どうして万引きをするようになったのか？ どれくらいの頻度でやっているのか？ これまでどんな人生を送ってきたのか？ 今現在はどんな生活をしているのか？ すべてを正直にお話しします。
2017.9 197p B6 ¥1300 ①978-4-7783-1591-7

◆美川仏壇職人の譜　島田達之助著　（金沢）北國新聞社
【要旨】昭和25年、美川の仏壇店で修業中の親方が営業停止。中途半端で放り出された「私」は、再度金沢で徒弟として身を投じた。無給の5年間を経て一人前になったころには、我が家は困窮の極み。やっと父親と二人で仏壇を作れると思った先先、父が51歳で突然他界する。さあ、どうする。踏んだり蹴ったりの職人人生に光は差すのか？ 伝統工芸最高の技術を守り抜く男の七転び八起きの半生記。
2017.5 241p B6 ¥1300 ①978-4-8330-2102-9

◆道を継ぐ　佐藤友美著　（逗子）アタシ社
【要旨】49歳でその生涯を閉じた伝説の美容師・鈴木三枝子。いまなおトッププレイヤーたちに強烈な影響を与え続ける彼女の「生き方」とは？ 今だからこそ知りたい、圧倒的な熱意の、その向こう側。
2017.3 201p B6 ¥1400 ①978-4-9908436-4-9

◆耳原病院が謝罪し、一千万を支払った理由　南埜純一著　（堺）銀河書籍、星雲社 発売
【要旨】苦悩の11年5か月と11日。奇跡の女神は、こうして微笑んだ。
2017.8 169p B6 ¥980 ①978-4-434-23738-6

◆無垢の花一蕨と虐待　亜未著　幻冬舎メディアコンサルティング、幻冬舎 発売
【要旨】「私の記憶はトラックの前に突き飛ばされたところから始まる。」思わず目を背けたくなる衝撃のノンフィクション。暴力、レイプ、DV、自傷、死…ある少女の痛みの記録。
2017.10 211p B6 ¥1200 ①978-4-344-91434-6

◆無名鬼の妻　山口弘子著　作品社
【要旨】海軍主計中尉との出会いから、その凄絶な自死まで。短歌と刀を愛した孤高の文人・村上一郎の悲運に寄り添い支え続けた妻、93歳の晩晴！
2017.3 267p B6 ¥1600 ①978-4-86182-624-5

◆明治の男子は、星の数ほど夢を見た。―オスマン帝国皇帝のアートディレクター山田寅次郎　和多利月子編著　産学社
【要旨】激動の時代を生きるとは、人より多くの夢を見ること。オスマン帝国軍艦エルトゥールル号遭難事件の義捐金活動をきっかけに、日本とトルコの友好の礎を築いた山田寅次郎。民間外交官、実業家、茶道家元、そしてオスマン帝国皇帝のアートディレクター。奇才希な男の生涯を実孫がひもとく。日本を世界に伝えた山田寅次郎の生涯。
2017.10 324p B6 ¥2800 ①978-4-7825-3465-6

◆迷走人生 Nやんの奇跡―きっと、いいことあるさ　西出剛士著　幻冬舎メディアコンサルティング、幻冬舎 発売
【要旨】人生山あり谷あり、その中には多くの人との出逢いがあった。ギャンブル依存症から抜け出した男の、恥も外聞も捨てた、ありのままの半生記。
2017.4 149p B6 ¥1100 ①978-4-344-91165-9

◆珍しい日記　田中珍彦著　木楽舎
【要旨】世界初、門外不出のドイツの至宝バイロイト祝祭劇場を、そっくり日本に引っ越しさせた、苦難と痛快の実録奮戦記。1989年9月3日、東急文化村グランドオープン。柿落としを飾る、ワーグナーのオペラ・タンホイザーが遂に実現した。そして渋谷は、文化村になった。この日記には、グローバル社会に役立つ外国人との交渉術の見本がある。
2017.6 247p B6 ¥1600 ①978-4-86324-114-5

◆もういちどあいとうて　日野谷道子著　幻冬舎メディアコンサルティング、幻冬舎 発売
【要旨】ある日突然、夫が行方不明になり、その凄まじい年月を綴った妻の手記。2011年8月1日、足の少し不自由な夫がつっかけサンダルを履いて行方不明になった。捜索が打ち切られた後、3年以上も自分達で捜し続けた末、不思議な形で夫は山で発見された。夫につながることが知りたくて妻がたずねた八戸の口寄せの発した言葉は、恋しい夫のあまりに残酷な告白だった。
2017.10 194p 19cm ¥800 ①978-4-344-91427-8

ノンフィクション

◆**約束された道——いのちの仕事に出会うとき、歓びの人生がはじまる**　岡部明美著　学芸みらい社　（みらいへの教育）
【目次】第1章 真の自分を発見していく道、第2章 身体という神、第3章 人生の授業、第4章 魂のお産婆さん、第5章 海に、空に、還っていく涙、第6章 命 季節は過ぎ、第7章 大切なことは、出発することだった、第8章 悲しみから逃げるから、悲しみが追いかけてくる、第9章 母なる宇宙との往復書簡、第10章 指の隙間から、幸せがこぼれてゆかぬよう、終章 いのちに還る旅、その途上にて
2017.6 277p B6 ¥1700 ①978-4-908637-49-0

◆**八十路の通信簿——戦中戦後の混乱期から高度成長期そして混迷の時代を生きたその足跡**　水上一夫著　（静岡）静岡新聞社
【要旨】はじめに——小学五年時の通信簿、学校の反対を押し切って、六泊七日の修学旅行を敢行、昼間は失業者だったが、夜間は大学生に、戦争に翻弄され続けた、幼少から少年期、昭和二十年八月十五日、日本は連合国に無条件降伏した、子供は学校をしぼって、いろんな遊びをした、午後から授業が始まった、中学校一年生だった、(株)てんのうみせに入社・実社会の厳しさを肌で知る、YMYAで出会った人たちの活動、中央会に入会し中小企業に特化する、行き合うことができた本田さんと松前総長、八十年間で行き合った経済人たち、一国一城の主になりたい、NPO法人を発足、八十路の傷病歴と健康法
2017.2 223p B6 ¥1000 ①978-4-7838-9951-8

◆**山里の記憶——山里の笑顔と味と技を記録した三十五の物語。　5**　黒沢和義著　同時代社
【要旨】味（みそポテト、赤大根の漬物、でえら、肉寿司、卯の花 ほか）、技（べっちゃん車、滝野川ごぼう、製帆行、ユリの栽培、鮎釣り ほか）
2017.2 226p A5 ¥1800 ①978-4-88683-811-7

◆**友情——平尾誠二と山中伸弥「最後の一年」**　山中伸弥著、平尾誠二、平尾恵子著　講談社
【要旨】告げられた余命はわずか3か月。生涯か永遠の別れか——。大人たちが挑んだ極限の闘い。
2017.10 208p B6 ¥1300 ①978-4-06-220827-7

◆**ユダヤ大悪列伝**　烏賀陽正弘著　論創社
【要旨】詐欺師たちの巧妙な罠。文化や経済に多大なる貢献をしてきたユダヤ人。その一方、欧米で起きた巨額詐欺事件の多くも、ユダヤ人による犯罪だった——一挙智の限りを尽くした数々の悪行の事例を紹介！
2017.9 223p B6 ¥1600 ①978-4-8460-1649-4

◆**夢一途——ぬいぐるみづくりは幸せづくり**　関口芳弘著　毎日新聞出版
【要旨】「世界中の人に幸せを届ける」大きな夢を描き、その道をまっすぐに歩んだ一人の男の物語。
2017.2 237p B6 ¥1600 ①978-4-620-32436-4

◆**ヨコハマメリー——かつて白化粧の老娼婦がいた**　中村高寛著　河出書房新社
【要旨】歴史の中に埋もれていた幕末以来の"娼婦たち"を掘り起こし、一方で"メリーさん"の周辺に生きる人々の人生を見つめた渾身の実録！時代とともに"ヨコハマ"の町が変遷していく姿を背景に、謎めいた"ハマのメリーさん"の鮮烈な全貌を描くドキュメント！
2017.8 326p B6 ¥2200 ①978-4-309-02593-3

◆**四つ手網の記憶——日本のこころを愛したカルシュ**　若松秀俊著　杉並けやき出版、星雲社 発売　新版
【要旨】大正の末期に異国情緒あふれる松江にドイツ語教師のカルシュが訪れた。夏には霞のような堀端の蚊柱に、冬には、丸井ズボンのような雪の風情に心を奪われた。春は咲きかかる桜の微笑みに誘われ、秋には目の覚める紅葉に惹かれ、近隣の山々を訪ね歩いては、高校生らとともに季節の変化を心ゆくまで楽しんだ。
2017.1 281p B6 ¥1700 ①978-4-434-22915-2

◆**寄り添う——銀座「クラブ麻衣子」四十年の証**　雨宮由未子編著　講談社エディトリアル
【目次】第1章「麻衣子」四十年の証（銀座でいちばん長い歴史をつくってほしい（東京グループ名誉会長 青井忠雄）、勝手な想像を楽しむ（作家 阿刀田高）、良い店の体（作家 井沢元彦）、「銀座の夕暮れ」（作家 伊集院静）、第三の男と男前の魂（クオンタムリープ代表取締役ファウンダー＆CEO 出井伸之）ほか）、第2章「麻衣子」の心（「クラブ麻衣子」が生まれるまで、「クラブ麻衣子」の経営、「麻衣子」のおもてなし、

私の大きな節目と仕事の喜び）
2017.8 331p B6 ¥1400 ①978-4-907514-89-1

◆**よわむし**　大塚咲著　双葉社
【要旨】人には誰しも傷がある。傷は痛い。傷は新たな一歩を躊躇させる。そんな傷を少しでも抱えている人はこの物語を読んでほしい。もしかしたらここに登場する女の子は傷を乗り越えようと思っているアナタ自身かもしれないから。すべての傷ついた女の子に捧げる「救いの物語」元AV女優にして気鋭のアーティスト「初の著書」。
2017.6 284p B6 ¥1400 ①978-4-575-31267-6

◆**りっぴさんと過ごした4012日——グループホームにやってきたあるセラピー犬との交流物語**　加藤恵美子著　幻冬舎メディアコンサルティング、幻冬舎 発売
【要旨】歩んできた人生も、価値観もまったく違う、決して交わることのなかった人々。一匹の犬との触れ合いの中で、互いに認め合い、それぞれの人生と向き合っていく。セラピー犬、りっぴさんが一生をかけて伝えたかったメッセージの意味を知ったとき、誰もがきっとやさしくなれる。——人と犬の切なくも温かい、涙溢れる感動の実話。
2017.4 252p B6 ¥1300 ①978-4-344-91201-4

◆**連綿 離別草子**　大森龍三著　日本図書刊行会、近代文藝社 発売
【目次】1 右衛門、2 鞍馬山、3 中部第三十七部隊、4 月山、5 たたかい、6 桃乞先生、7 遊離、8 写真、9 茅の隅、10 離遊回帰
2017.3 243p B6 ¥1600 ①978-4-8231-0948-5

◆**六市と安子の"小児園"——日米中で孤児を救った父と娘**　大倉直著　現代書館
【要旨】捨て子だった安子、実子として育てた六市。戦争前夜、ロサンゼルスと上海郊外で二人は、孤児たちの父となり母となった。そして、戦後一通の手紙が届く…。「排他」が叫ばれるいま、心揺さぶられるノンフィクション。
2017.6 213p B6 ¥1400 ①978-4-7684-5803-7

◆**60年代が僕たちをつくった**　小野民樹著　幻戯書房　増補版
【要旨】60年代は無駄ではなかった。長い時を経て、ちょっと置く「彼ら」がいなせな足で、時代の変革期、好奇心・反抗心、得たもの・失ったもの。忘れ得ぬ、苦い青春記。
2017.7 268p B6 ¥2500 ①978-4-86488-123-4

◆**64万人の魂 兵庫知事選記**　勝谷誠彦著　（吹田）西日本出版社
【目次】草莽崛起、始動、グランドツアー、逆風、教養と哲学と覚悟、震災の革命、千人の神戸大集会、告示、テーマソング、義、あと一日、いざ、投票日、64万票の思い
2017.8 273p B6 ¥1500 ①978-4-908443-21-3

◆**路地の子**　上原善広著　新潮社
【要旨】「ワシは更池の上原じゃっ！」昭和39年、「コッテ牛」と呼ばれた突破者・上原龍造と再び巡り会う。一匹狼ながら、部落解放同盟、右翼、共産党、ヤクザと相まみえ、同和利権を取り巻く時代の波に翻弄されつつ生き抜いた姿を、息子である著者が描く！！
2017.6 228p B6 ¥1400 ①978-4-10-336252-4

◆**わが心の自叙伝**　伊丹三樹彦著　沖積舎
【目次】故郷、乳房願望、甘茶寺、キング、秋祭、横町の風景、養父の葬、三樹校、汽車通学、墓参り 〔ほか〕
2017.2 137p B6 ¥2000 ①978-4-8060-4129-0

◆**我が心の上海——父・安井源吾と私**　友近乃梨子著　幻冬舎メディアコンサルティング、幻冬舎 発売
【要旨】法律家として初代上海居留民団長を勤め上げ、戦時下で「公平な判断」を武器に多くの中国人を救った、一人の日本人がいた。
2017.12 283p B6 ¥1200 ①978-4-344-91474-2

◆**若槻菊枝 女の一生——新潟、新宿ノアノアから水俣へ**　奥田みのり著　（熊本）熊本日日新聞社、(熊本)熊日出版 発売
【要旨】新宿・ノアノアから水俣へ——「苦海浄土基金」から広がった患者支援の輪。若槻菊枝ママに惚れ込んだ著者の、5年にわたる取材により浮かび上がる女の人生。
2017.7 325p A5 ¥1500 ①978-4-87755-558-0

◆**わが半生の裏街道——原郷の再考から**　色川大吉著　河出書房、河出書房新社 発売

【要旨】戦前戦後の昭和を、自らの足で踏みしめ、彷徨した一人の歴史家が、いま自らの人生の原点に立ち返り、その裏街道を辿る時、時代の底辺を生きた民衆の姿が浮かび上がる。「自分史」の生みの親が今こそ語る底辺人生の裏ばなし。
2017.6 223p B6 ¥1400 ①978-4-309-92127-3

◆**わが文学生活**　吉行淳之介著　講談社　（講談社文芸文庫）
【要旨】父母祖父母の思い出、敗戦後の生活困窮と編集記者稼業、小説家としての出発、常に身近だった病、性の探求、成長期のジャーナリズムにおける活躍と葛藤、「第三の新人」を筆頭とする多彩な交友——自ら încadrnaintre——自ら語るインタビューと対談により文学創造の深淵と作家生活が浮き彫りになる。初の文庫化。
2017.11 298p B6 ¥1600 ①978-4-06-290364-6

◆**わけあり記者——過労でウツ、両親のダブル介護、パーキンソン病に罹った私**　三浦耕喜著　高文研
【要旨】うつ病を患い、両親のダブル介護、さらに離病認定された著者がつづる、「わけあり」ドキュメント！
2017.6 208p B6 ¥1500 ①978-4-87498-623-3

◆**私の知的遍歴——哲学・時代・創見**　山脇直司著　（八戸）デーリー東北新聞社
【目次】第1部 幼少期から高校までの想い出——軽やかに（複雑だが平和やかだった家庭・親族、楽しかった幼稚園時代、鮫町の有名人—秋山阜二郎氏と村次郎氏 ほか）、第2部 大学時代から現在までの知的遍歴——かなり、お硬く（一橋大学時代の想い出、経済学から神学を経て哲学へ、上智大学大学院での2人の恩師 ほか）、第3部「私見創見」を中心に——極めて、真摯に（デーリー東北コラム「私見創見」、スピーチー日本外交の哲学的貧困と御用学者の責任、小論）
2017.10 241p B6 ¥1300 ①978-4-907034-15-3

◆**Mr.トルネード——藤田哲也 世界の空を救った男**　佐々木健一著　文藝春秋
【要旨】1975年、シカゴ。藤田哲也の元に一本の電話があった。それは、ある飛行機事故の謎を解いてほしい、という依頼だった——。こんな日本人がいた！ 飛行機事故を激減させた天才気象学者の物語。
2017.6 288p B6 ¥1800 ①978-4-16-390673-7

◆**Uターン日記——霞ヶ関から故郷（ふるさと）へ**　皆川治著　国書刊行会
【目次】東日本大震災と人生の転機、だだちゃ豆、三世代での作業、古民家を活かす知恵—英国のセミデタッチド・ハウスに学ぶ、PTAからつながる小水力発電、風と庄内柿、湯尻川のホタルとイバラトミヨ、戦後70年とわが家、雪に埋もれてしまえない、「豊水」と発電用水利権、熊本地震と湯田川孟宗、人を引きつけるチーム、地域へ、JAは空気みたいなもの？、「読書のまち鶴岡」の思い
2017.3 222p B6 ¥1600 ①978-4-336-06156-0

◆**UNLOCK——凄ウデ鍵開け屋の"非日常"**　木村一志著　幻冬舎メディアコンサルティング、幻冬舎 発売
【要旨】20万円を握りしめて上京、ホームレス生活からフリーターを経験、そして鍵開けの技術を学び、年収3000万円の鍵師技師へ。
2017.7 195p B6 ¥1400 ①978-4-344-99393-8

ノンフィクション（海外）

◆**悪魔の日記を追え——FBI捜査官とローゼンベルク日記**　ロバート・K・ウィットマン、デイヴィッド・キニー著、河野純治訳　柏書房
【要旨】ヒトラーの思想をささえた、アルフレート・ローゼンベルク。狂気の独裁者に従う凡庸な夢想家を裁くのは、故国を追われたひとりの男。世界を混乱に陥れた歴史の行方を追って、捜査官は100年前の歴史と向き合う…。
2017.7 505p B6 ¥2700 ①978-4-7601-4875-2

◆**あの山は、本当にそこにあったのだろうか**　朴婉緒著、橋本智保訳　（大阪）かんよう出版
【要旨】韓国文学界の巨匠パク・ワンソの自伝第2作いよいよ刊行！ シリーズ100万部を超えるロングセラー。「記憶」と「虚構」が交錯しつつ、朝鮮戦争下のソウル市民の暮らしを生き生きと描く。「国民文学」から「世界文学」への飛翔！
2017.8 333p B6 ¥2400 ①978-4-906902-82-8

ノンフィクション

◆アルカイダから古文書を守った図書館員　ジョシュア・ハマー著, 梶山あゆみ訳　紀伊國屋書店
【要旨】37万点もの歴史遺産はいかに救われたか——西アフリカ・マリ共和国中部のトンブクトゥは、古くから金や岩塩、奴隷などの交易で繁栄、イスラム文化が花開き、16世紀には100以上のコーラン学校やモスクが建てられた「古の学術都市」である。各家庭でひそかに保存されてきた往時の手彩色の写本の多くが図書館に納められて数年後、アルカイダ系組織がマリ北部を制圧した——。全米で話題をさらったノンフィクション。
2017.6 349p B6 ¥2100 ①978-4-314-01148-8

◆ある奴隷少女に起こった出来事　ハリエット・アン・ジェイコブズ著, 堀越ゆき訳　新潮社（新潮文庫）
【要旨】好色な医師フリントの奴隷となった美少女、リンダ。卑劣な虐待に苦しむ彼女は決意した。自由を掴むため、他の白人男性の子を身籠ることを——。奴隷制の真実を知的な文章で綴った本書は、小説と誤認された一度は忘れ去られる。しかし126年後、実話と証明されるやいなや米国でベストセラーに。人間の残虐性に不屈の精神で抗い続け、現代を鋭くえぐる"格差"の闇を打ち破った究極の魂の物語。
2017.8 343p A6 ¥630 ①978-4-10-220111-4

◆生き物を殺して食べる　ルイーズ・グレイ著, 宮崎真紀訳　亜紀書房（亜紀書房翻訳ノンフィクション・シリーズ33）
【要旨】日仕留めた獲物に感謝し、肉と繋がり、自然と繋がり、生命を繋ぐ。かつて当たり前だった食生活とその哲学はどこに消えたのか？ある女性通信ジャーナリストが、自ら撃ち、釣り、獲り、味わった2年間の驚くべき"肉食"体験記。
2018.1 380p B6 ¥2600 ①978-4-7505-1533-5

◆イートン校の2羽のフクロウ　ジョナサン・フランクリン著, 清水玲奈訳　エクスナレッジ
【要旨】イギリスでいちばん有名な2羽のフクロウ——ウィリアム王子やエディ・レッドメインも在学した英国の名門パブリックスクール「イートン校」に通う、フクロウの兄妹がいた…！？1960年の出版以来、英国民に愛され続けてきたロングセラー・ノンフィクション待望の日本語版。
2017.3 200p 18×13cm ¥1600 ①978-4-7678-2303-4

◆ウォークス——歩くことの精神史　レベッカ・ソルニット著, 東辻賢治郎訳　左右社
【要旨】二足歩行と都市計画、ルームランナーと迷宮、ウォーキングクラブと風俗史、思考と文化と歩行の深い結びつきを証した驚くべき冒険の書。歩くことがもたらしたものを語った歴史的傑作。
2017.7 517p B6 ¥4500 ①978-4-86528-138-5

◆エヴァの震える朝——15歳の少女が生き抜いたアウシュヴィッツ　エヴァ・シュロス著, 吉田寿美訳　朝日新聞出版
【要旨】1944年5月11日、エヴァ15歳の誕生日の朝、アムステルダムの隠れ家にゲシュタポが踏み込んできた。間もなく家族4人が乗った家畜用列車は、アウシュヴィッツへ。絶滅収容所の苦悩と、解放の足音と——。アンネ・フランクの義姉が告白する、『アンネの日記』の続きの物語。
2018.1 375p A6 ¥980 ①978-4-02-261911-2

◆エリザベスと奇跡の犬ライリー——サイトメガロウイルスによる母子感染症について知って欲しいこと　リサ・ソーンダース著, 森内浩幸, 渡邊智美監修, 宋美玄解説, ナカイサヤカ訳　AZホールディングス
【要旨】エリザベスは、何も話せない、何もできない、謎めいた女の子だった。相棒のライリーも、芸が苦手で、できることが少ない、年とった犬だった。病気で身体が小さいエリザベスと、黒クマみたいに大きなライリー。仲よしのふたりの周りではいつもいろんなことが巻き起こる。
2017.1 253p A5 ¥2000 ①978-4-909125-01-9

◆オーヴ・アラップ——20世紀のマスタービルダー　ピーター・ジョーンズ著, 渡邉研司訳（平塚）東海大学出版部
【目次】「若くして知ること能わず…」、「偉大なビルダーになるために…」、「二重のよそ者」になること、「とんでもない騒動…」、戦うには適さず、新たな出発、拡大と釈明、ジョブナンバー1112、「可能性の限界—栄光さもなくば非難」、背信そして哲学の回復、キースピーチ、「不可能な技」を求めて、受け継がれたもの
2017.6 583p A5 ¥6800 ①978-4-486-02135-3

◆弟は僕のヒーロー　ジャコモ・マッツァリオール著, 関口英子訳　小学館
【要旨】僕は5歳のとき、パパとママから弟が生まれると聞かされ、大喜びした。姉と妹に囲まれた僕は、一緒に遊べる男兄弟ができるのだ。しかも、どうやら弟は「特別」らしい。僕はスーパーヒーローを思い描き、一緒に闘いごっこをすることを想像していた。だけど、実際はちょっと違っていた。弟はだんだん「特別」の意味を知る——。僕、ジャコモ、19歳。弟、ジョヴァンニ、13歳。僕の弟はダウン症。世界30万人が泣いた、たった5分の映像から生まれた奇跡の本。
2017.8 285p B6 ¥1500 ①978-4-09-388542-3

◆俺たちはみんな神さまだった　ベンヨ・マソ著, 安家達也訳　未知谷
【要旨】実に、人間臭く自由奔放なフランス一周。しかも、大きな社会的影響力を持った旅。この特別なレースを、1ステージごとに分析するドキュメンタリー！　読むツール!!
2017.12 346p B6 ¥2500 ①978-4-89642-540-6

◆隠れナチを探し出せ——忘却に抗ったナチ・ハンターたちの戦い　アンドリュー・ナゴルスキ著, 島村浩子訳　亜紀書房（亜紀書房翻訳ノンフィクション・シリーズ32）
【要旨】戦後、各地に身を潜めた元ナチを今も追い続ける"ハンター"がいる。ヴィーゼンタールやバウアーをはじめとするナチ・ハンターたちと、アイヒマン拉致から裁判までの詳細、「死の医師」ハイムやメンゲレ、コッホなど追われる者たちが繰り広げるドラマ。身の毛もよだつナチスの残虐行為の数々とともに、『ヒトラーランド』のジャーナリストが、関係者への直接インタビューや資料から鮮烈に描きだすノンフィクション！
2018.1 480p B6 ¥3200 ①978-4-7505-1526-7

◆風よ吹け、西の国から——トーマス・オ・カネン回想録　トーマス・オ・カネン著, 大井佐代子訳（名古屋）風媒社
【要旨】アイリッシュネスに生きた自由な魂の軌跡。詩人にして工学博士、人気バンドのミュージシャンにして有能な教師、そして国際的なアマチュア無線技士…。多彩な才能をふるい、ユーモアと勇気あふれる半生をいきいきと綴るアイルランド人・トーマス・オ・カネンの自叙伝。本邦初訳。
2017.9 274p B6 ¥1700 ①978-4-8331-5338-6

◆カッコウはコンピュータに卵を産む　上　クリフォード・ストール著, 池央耿訳　草思社（草思社文庫）
【要旨】1986年、まだネット黎明期のカリフォルニア・バークレー。事件の発端は75セントだった。ローレンス・バークレー研究所のコンピュータ・システムの使用料金が75セントだけ合致しない。天文学研究のかたわらコンピュータ管理者をつとめる著者の初仕事はその原因の究明だった。やがて正体不明のユーザが浮かび上がってきた。研究所のサーバを足場に、国防総省のネットワークをかいくぐり、米国各地の軍事施設や陸軍、はてはCIAにまで手を伸ばしている！——インターネットが世界を覆いはじめる前夜、「ハッカー」の存在を世に知らしめた国際ハッカー事件。その全容を当事者本人が小説のような筆致で描く。トム・クランシーも絶賛した世界的ベストセラー、待望の復刊！
2017.12 382p A6 ¥900 ①978-4-7942-2309-8

◆カッコウはコンピュータに卵を産む　下　クリフォード・ストール著, 池央耿訳　草思社（草思社文庫）
【要旨】ハッカーは海を越えて、ドイツから侵入してきていた。アメリカ各地の軍事施設のサーバに入り込むだけで飽きたらず、米国から折り返してドイツ駐留米軍基地にまでさらにはドイツの米軍基地にまで触手を伸ばしている。自分は端末の前からも一歩も動くことなく世界を縦横に駆け巡り、自在にスパイ活動を行っているのだ。ドイツの捜査機関は犯人をあと一歩まで追い詰めながら、逆探知までに至っていない。そこで著者が考え出したのが「おとり作戦」だった——インターネットが世界を覆いはじめる前夜、「ハッカー」の存在を世に知らしめた国際ハッカー事件。その全容を当事者本人が小説のような筆致で描く。トム・クランシーも絶賛した世界的ベストセラー、待望の復刊！
2017.12 372p A6 ¥900 ①978-4-7942-2310-4

◆彼女たちはみな、若くして死んだ　チャールズ・ボズウェル著, 山田順子訳　東京創元社（創元推理文庫）
【要旨】ニューヨークの花嫁学校の寄宿舎で、幸せな結婚を前に謎の死を遂げた良家の子女。彼女の遺体からは多量のモルヒネが検出された——「ボルジアの花嫁」をはじめ、女性が犠牲となった10の事件について丹念に調査を重ね、扇情に走ることなく、被害者と加害者と遺族、刑事たちの真の姿を誠実に描き出す。MWA賞受賞のジャーナリストによる出色の犯罪ノンフィクション、本邦初訳。
2017.6 306p A6 ¥900 ①978-4-488-17002-8

◆仮面のダンス——ジョージ・ソロスの一家はいかにしてナチ党支配下のハンガリーを生き延びたのか　ティヴァダル・ソロス著, ハンフリー・トンキン編, 三田地昭典訳, 山本明代監訳　現代企画室
【要旨】1944年3月から翌45年2月まで、戦況の不利に喘ぐ終末期のナチス・ドイツに占領されたハンガリーの首都ブダペシュト。ユダヤ系ハンガリー人の法律家ティヴァダル・ソロスは、妻と義母、そして二人の息子や親しい友人たちとともに生き延びるために、「仮面」をつけて生活する道を選択した。極限状態にあっても冷静さとユーモアを失わず、偽造の身分証や隠れ家を求めて繰り広げられる頭脳ゲーム。結果として、家族の全員と数多くのユダヤ人の命を救ったティヴァダルが、濃密な一年弱の経験を語った自叙伝が本書である。20世紀前半のハンガリーにおけるユダヤ人社会や、これまで日本に紹介されることが少なかったドイツ軍占領下のブダペシュトの様子を克明に描くと同時に、投資家、社会事業家として世界に名を馳せる息子ジョージ・ソロスの思想を育んだ背景も明らかにする。
2017.6 401p B6 ¥2000 ①978-4-7738-1710-2

◆カントリー・ガール——回想　エドナ・オブライエン著, 小沢茂訳　国文社
【要旨】アイルランドでの誕生から、不幸な結婚、処女作の衝撃的デビュー、のちのロバート・ミッチャム、ポール・マッカートニー、R.D.レイン、サミュエル・ベケット、ジョン・ヒューストン、ジャッキー・オナシスらとの交友など、驚くべき話に満ちている。
2017.2 283p A5 ¥3000 ①978-4-7720-0984-3

◆奇跡のスーパーマーケット　ダニエル・コーシャン, グラント・ウェルカー著, 太田美和子訳　集英社インターナショナル, 集英社発売
【要旨】「従業員・顧客の連帯」と「株主」の戦い。「会社は社会のためにある」を公言し、地元から愛されるCEOが解任された！　米国ニューイングランド地域で、最も尊敬された企業が崩壊の瀬戸際に追い込まれたとき、その将来を守ろうと立ち上がったのは、レジ係から店長、管理職、取引先から顧客まで、200万人を超える人々が州をまたがってデモを行った——。小さな声が集まって大きなうねりで社会を動かした奇跡の物語。
2017.11 269p B6 ¥1800 ①978-4-7976-7347-0

◆偽装死で別の人生を生きる　エリザベス・グリーンウッド著, 赤根洋子訳　文藝春秋
【要旨】詐欺罪で懲役二十二年を言い渡され、刑務所に出頭することになっていた日にハドソン川に架かる橋から飛び降りた男。フィリピンで賭博の最中にトラブルで刺殺されてしまった男。自宅付近の浜からカヌーで海に出て戻らず、死亡を認められたイギリス人の男性。彼らは皆、死亡を偽装し、その後も生きていた。はたしてそんなことが可能なのだろうか——著者自ら、偽装死の実体験者や失踪請負人、偽装の摘発者たちを取材すると、自身の死亡証明書を手に入れ、海外に飛んだ——。
2017.5 275p B6 ¥1800 ①978-4-16-390650-8

◆黒い迷宮 上 ―ルーシー・ブラックマン事件の真実　リチャード・ロイド・パリー著, 濱野大道訳　早川書房　(ハヤカワ・ノンフィクション文庫)
【要旨】2000年7月、六本木でホステスとして働いていた元英国航空の客室乗務員、ルーシー・ブラックマンが突然消息を絶った。英国から来日した家族の必死の働きかけにもかかわらず、警察の初動は遅く捜査は進展しない。支援者が現れる一方でルーシーへのいわれなき誹謗中傷が飛び交う。彼女は一体どこへ消えてしまったのか? 事件の知られざる真相に、"ザ・タイムズ"東京支局長が10年越しの取材で迫る渾身のルポルタージュ。
　　　　　　　　2017.7 324p A6 ¥740 ①978-4-15-050502-8

◆黒い迷宮 下 ―ルーシー・ブラックマン事件の真実　リチャード・ロイド・パリー著, 濱野大道訳　早川書房　(ハヤカワ・ノンフィクション文庫)
【要旨】ルーシーが失踪してから3カ月後、容疑者の男性は逮捕された。起訴後の法廷では、複数の女性への暴行容疑が明らかになり、失踪への関与は決定的になっていく。この男は何者なのか? そしてルーシーの行方は…日本を知り尽くした英国人ジャーナリストが、関係者への徹底取材をもとに男の素顔に迫り、事件の全貌を炙り出す犯罪ノンフィクションの傑作。著者が事件現場を再訪した日本版版へのあとがきを収録。
　　　　　　　　2017.7 325p A6 ¥740 ①978-4-15-050503-5

◆原因――つの示唆　トーマス・ベルンハルト著, 今井敦訳　(京都)松籟社
【要旨】ベルンハルトによる自伝的五部作の出発点―ザルツブルクでの学校時代は、作家自身にとってどのようなものだったのか。日々篤いた寄宿舎を統べていたナチズム、そしてカトリシズムの抑圧的機構を弾劾し、故郷ザルツブルクへの悪罵を書き連ねるに至るまで、「人生のもっとも凄まじい時代」の回想のなかで、自らを形成していく問題作「原因」を探っていく問題作。
　　　　　　　　2017.12 155p B6 ¥1700 ①978-4-87984-360-9

◆最後のヴァイキング―ローアル・アムンセンの生涯　スティーブン・R・バウン著, 小林政子訳　国書刊行会
【要旨】人類初、南極点へ到達した男。20世紀初頭、不可能と思える行動力と強靭な精神力で、最後の秘境に挑み続けた探検家がいた。そして借金地獄、悲恋、失踪…これほど比類なき、力強い人間が存在したことを読者は知る!!
　　　　　　　　2017.5 371p A5 ¥3500 ①978-4-336-06151-5

◆最初に父が殺された―あるカンボジア人少女の記憶　ルオン・ウン著, 小林千枝子訳　青土社
【要旨】カンボジアの首都プノンペンで、両親と六人のきょうだいと共に幸せに暮らしていた少女・ルオン。一九七五年四月、ポル・ポト率いるクメール・ルージュが首都を制圧、豊かな暮らしは一変し、飢えと虐殺の恐怖に怯える日々に投げ出された。家族の離散、労働収容所での悲惨な生活、子供兵士としての訓練―五歳のルオンは、その目で何を見たのか―。
　　　　　　　　2018.1 352p B6 ¥2400 ①978-4-7917-7035-9

◆猿神のロスト・シティ―地上最後の秘境に眠る謎の文明を探せ　ダグラス・プレストン著, 鍛原多恵子訳　NHK出版
【要旨】中米ホンジュラスに500年前から伝わる"猿神王国"伝説。熱帯雨林の奥地に、謎の古代都市群が存在していたという。過去、数々の探検家が彼の地への突き出しようとしてきた。だが、ジャングルの脅威と殺人発生率世界一という政情不安に阻まれ、21世紀に至るまで、一帯は人跡未踏のままだった…最新テクノロジーを駆使した空中からの探索と、命を賭した密林での探検。はたして、そこにはマヤ文明に匹敵する一大都市が栄えていたのか? なぜ、彼らは忽然と姿を消したのか? 世界中が固唾をのんで見守った一大発見をスリリングに描き出す、考古学アドベンチャー・ノンフィクション。
　　　　　　　　2017.4 365, 13p B6 ¥2200 ①978-4-14-081716-2

◆幸せは自分の中にある―ベニシア、イギリス貴族の娘。　ベニシア・スタンリー・スミス著, 竹林正子訳　KADOKAWA
【要旨】なぜ、イギリス貴族に生まれながらも京都大原の里山暮らしを選んだのか? こころの平穏を求めるベニシアの旅路はここから始まった。
　　　　　　　　2017.2 217p B6 ¥1600 ①978-4-04-601935-6

◆ジャングルの極限レースを走った犬 アーサー　ミカエル・リンドノード著, 坪野圭介訳　早川書房
【要旨】2014年11月のアドベンチャーレース世界選手権エクアドル大会。ミカエルたち4人のスウェーデンチームの前に1匹の犬が現れた。泥にまみれ傷だらけながらも、気高さを感じさせる野良犬だった。同情したミカエルは自分のミートボールを分け与えることにした。気まぐれにあげたご飯。それだけだった。だが、このとき絆が生まれた。その犬は険しい山道でも、激しい川下りでもミカエルたちの後をついてきた。金色の毛をもち、威厳すらある犬は「アーサー」と名づけられた。数百kmの悪路で疲れきった人間4人とほろぼろの野良犬だった。これが僕らのチーム。誰も欠けることなくゴールするんだ―。世界中が驚き、涙した奇跡の出来事をつづるベストセラー・ノンフィクション、待望の邦訳。
　　　　　　　　2017.4 339p B6 ¥1800 ①978-4-15-209682-1

◆自由を盗んだ少年―北朝鮮悪童日記　金革著, 金善和訳　太田出版
【目次】第1章 脱出 中国からモンゴルへ、第2章 ぼくの生い立ち、第3章 ぼくはコッチェビ、第4章 コッチェビの生きる方法、第5章 悲惨な孤児院、第6章 拷問、第7章 生き地獄の教化所、第8章 越境、第9章 韓国
　　　　　　　　2017.9 196p B6 ¥1400 ①978-4-7783-1588-7

◆シリアからの叫び　ジャニーン・ディ・ジョヴァンニ著, 古屋美登里訳　亜紀書房　(亜紀書房翻訳ノンフィクション・シリーズ2 15)
【要旨】世界の紛争地帯を取材してきた著者は、二〇一二年、シリアに入る。そこでは、「アラブの春」から始まった民主化運動が過激化し、国を取り返しのつかない混乱・崩壊へと導く内戦の火蓋が切って落とされていた。恐るべき拷問を受けた男性、レイプされた女性、瓦礫の中で必死の治療を続ける医師、脅迫を受けながらも毎日パンを焼き続けるパン屋、スナイパーのひそむ場所で子育てをする女性、そして兵士たち。声を奪われた人々に寄り添い、世界を揺るがすシリア内戦の実情をつぶさに伝える、緊迫のルポ。
　　　　　　　　2017.3 236, 19p B6 ¥2300 ①978-4-7505-1445-1

◆人生を変えてくれたペンギン―海辺で君を見つけた日　トム・ミッチェル著, 矢沢聖子訳　ハーパーコリンズ・ジャパン
【要旨】たった一羽、生き残ったペンギン―君を助けたあの日、すべては始まった。若き教師に助けられ、ペンギンは学校の屋上で暮らすことに。ふたりが出会い、本当の親友になるまでを綴った実話。
　　　　　　　　2017.1 251p B6 ¥1500 ①978-4-596-55117-7

◆人生の段階　ジュリアン・バーンズ著, 土屋政雄訳　新潮社　(新潮クレスト・ブックス)
【要旨】最愛の人にして最大の文学的理解者であった妻を突然喪った作家の痛みに満ちた日々。その思索と回想。
　　　　　　　　2017.3 151p B6 ¥1600 ①978-4-10-590136-3

◆スパイの血脈―父子はなぜアメリカを売ったのか?　ブライアン・デンソン著, 国弘喜美代訳　早川書房
【要旨】CIAの要職にあったジム・ニコルソンが、なぜ祖国を裏切る道を選んだのか? いかにして息子ネイサンを共謀者に仕立て上げたのか? そして、すべてを除いて操るロシアの思惑は? ピュリッツァー賞最終候補にも選ばれたベテラン記者が、全米を震撼させたロシアの現実に迫る。ハリウッド映画化で話題のベストセラー・ノンフィクション。
　　　　　　　　2017.5 414p B6 ¥2000 ①978-4-15-209686-9

◆世界と僕のあいだに　タナハシ・コーツ著, 池田年穂訳　慶應義塾大学出版会
【要旨】黒人の肉体は自らの所有物ではなく、「国民の自由と平等」を掲げるアメリカ、白人によって築かれた祖国アメリカの歴史を支えてきた資源にすぎない。冷徹な現実認識をもって、現代アメリカ社会の矛盾を描き、黒人が生き抜く術を教える、父から息子への長い長い手紙。二〇一五年度全米図書賞受賞の大ベストセラー。
　　　　　　　　2017.2 189p 20cm ¥2400 ①978-4-7664-2391-4

◆戦場に行く犬―アメリカの軍用犬とハンドラーの絆　マリア・グッダヴェイジ著, 櫻井英里子訳　晶文社
【要旨】全米でにわかに軍用犬が脚光をあびたのは、特殊部隊の犬が、ウサマ・ビンラディンの追跡と奇襲に立ち会った作戦だったからだ。現代の戦場において、人類最大の友は、有能な兵士なのか? 何か月も続く犬の訓練法、兵士たちに求められる心構え、伝説的な訓練士の実感…軍の機密扱いである軍用犬の訓練場に潜り込み、緻密な取材と膨大なインタビューで明らかになる、犬と人間のかけがえのない絆。爆弾を嗅ぎ分け、人の痕跡を追う一犬の並外れた嗅覚が、戦場で兵士たちの命を守る。ニューヨークタイムズのベストセラーの本書は、私たちの犬についての理解を劇的に変える。
　　　　　　　　2017.1 343p B6 ¥2500 ①978-4-7949-6949-1

◆孫婉―孫文愛嬢の波瀾の生涯　孫穂青著, 岡井禮子訳　(大阪)日中言語文化出版社
【目次】第1章 風雲変幻の時代、第2章 アメリカ留学、第3章 孫婉の家庭の形成、第4章 父親の遺訓を大切に守る、第5章 父親の偉大さを悟る、第6章 三人の母親、第7章 戴恩曾の官僚人生、第8章 家庭の運命を変えた戴永憲、第9章 母娘の別離と再会、第10章 孫婉養女を迎える、第11章 戴成功の北への旅
　　　　　　　　2017.6 282p B6 ¥1500 ①978-4-905013-10-5

◆大海に生きる夢―大海浮夢　シャマン・ラポガン作, 下村作次郎訳　草風館
【要旨】ポンソ・ノ・タオ(人の島)蘭嶼に生きるタオ族。独自の暦―夜語の循環のなかで、舟を造り、舟を遣いでトビウオ漁に出、捕ってきた魚と女たちが育てたイモを主食とする生活を、父や祖父の世代は営んできた。本当のタオの男たち。そんな民族が生きる蘭嶼を襲ったのは、中国語による学校教育、大型漁船の乱獲と爆薬漁の横行、戒厳令下の80年代に建設された核廃棄物貯蔵所。そして急速に進む近代化。シャマン・ラポガンの文学は、タオ族の伝統を取り戻すために、現代の知識人として生きる壮絶な闘う文学、それは少数民族タオ族が生んだ人類の奇跡にほかならない。
　　　　　　　　2017.10 567p B6 ¥4320 ①978-4-88323-200-0

◆ダメ女たちの人生を変えた奇跡の料理教室　キャスリーン・フリン著, 村井理子訳　きこ書房
【要旨】食べることは、生きること。料理ができない―そのせいで、自信を持てなくなっていた。年齢も職業もさまざまな女たちが、励ましあい、泣き、笑い、努力を積み、10人の人生を賭けた、リベンジがはじまる。米国ASJAベスト・ノンフィクション賞受賞!
　　　　　　　　2017.2 325p B6 ¥1480 ①978-4-87771-364-5

◆ダンヒル家の仕事　メアリー・ダンヒル著, 平湊音訳　未知谷
【要旨】19世紀末ロンドン、自転車と車がこの世に現れた頃、ダンヒル家の父親はパイプタバコを売る商売を始めた。三人の兄が手伝う家業に独立心に目覚めた末娘メアリーも加わる。二つの世界大戦を経てダンヒル家にも様々な喜びや悲しみが。個性的な銘店であった"アルフレッド・ダンヒル"を世界的ブランドへと展開した彼女の手腕、そしてその人生。
　　　　　　　　2017.2 202p B6 ¥2400 ①978-4-89642-520-8

◆小さなモネ―アイリス・グレース―自閉症の少女と子猫の奇跡　アラベラ・カーター・ジョンソン著, 吉井智津訳　辰巳出版
【要旨】重度の自閉症スペクトラムを抱える少女アイリス。戸惑い苦悩しながら、ただひたすらに娘に寄り添いつづけた母。固く閉ざされていたふたりの世界を開いたのは、子猫トゥーラと、絵を描くことだった。
　　　　　　　　2017.7 350p B6 ¥1850 ①978-4-7778-1898-3

◆チェ・ゲバラと共に戦ったある日系二世の生涯―革命に生きた侍　マリー・前村・ウルタード, エクトル・ソラーレス・前村著, 伊高浩昭監修, 松枝愛訳　キノブックス　(『革命の侍―チェ・ゲバラの下で戦った日系二世フレディ前村の生涯』改稿・改題書)
【要旨】革命の英雄、没後50年―。いま共に甦る、もう一人の"ゲバラ"、フレディ前村。当時を知る者たちの証言から、日本人の血を引く戦士たちチェが率いたゲリラの最期を克明に描き出す。貴重な写真資料も掲載。
　　　　　　　　2017.9 329p B6 ¥1800 ①978-4-908059-80-3

◆誓います―結婚できない僕と彼氏が学んだ結婚の意味　ダン・サヴェージ著, 大沢章子訳　みすず書房
【要旨】現代の結婚に意味はない? 人生の墓場? 結婚につきものの、そんな疑問や不安に向き合いつつ、結婚の意味を探究するノンフィクション。それが婚姻の単なる損得勘定に堕さないのは、著者たちが婚姻制度で結ばれない同性カップルだからだ。驚くほど多彩なパートナーシップのあり方を見聞して考え抜いた二人は、ちょっ

ノンフィクション

◆**地下道の鳩―ジョン・ル・カレ回想録** ジョン・ル・カレ著, 加賀山卓朗訳　早川書房
【要旨】東西冷戦、中東問題、ベルリンの壁崩壊、テロとの戦い―刻々と変化する国際情勢を背景に、ル・カレは小説を執筆し、『寒い国から帰ってきたスパイ』、『ティンカー、テイラー、ソルジャー、スパイ』に始まるスマイリー三部作、『リトル・ドラマー・ガール』などの名作を世に送り出してきた。本書は、巨匠と謳われた彼の回想録である。その波瀾に満ちた人生と創作の秘密をみずから語っている。イギリスの二大諜報機関MI5とMI6に在籍していたこと。詐欺師だった父親の奇態天外な生涯と母親、家族のこと。ジョージ・スマイリーなどの小説の登場人物のモデル。さまざまな紛争地帯での取材やソ連崩壊前後のロシアへの訪問。二重スパイ、キム・フィルビーへの思い。PLO（パレスチナ解放機構）のアラファト議長、"ソ連水爆の父"サハロフ、サッチャー首相らとの出会い。作家グレアム・グリーン、ジョージ・スマイリーを演じたアレック・ギネス、キューブリック、コッポラなどの映画監督との交流と、実現しなかった数々の映画化の企画。謎に満ちた作家ル・カレの真実が明かされる、読書界待望の話題作。
2017.3 362p B6 ¥2500 ①978-4-15-209674-6

◆**父の逸脱―ピアノレッスンという拷問** セリーヌ・ラファエル著, 林昌宏訳, ダニエル・ルソー, 村本邦子解説　新泉社
【要旨】忘れてしまうべきか。赦せばよいのか。どのようにして人生をやり直せばよいのか。音楽の才能があると言われ、わたしはピアノを弾く家奴になり、父はわたしを拷問し続けた。周りの人たちは目を背けた―。お稽古地獄という虐待を生き延びた少女の告白。フランスで大反響の回想録であり、その後人生に成り上がり映画化も決定したベストセラー。
2017.9 273p B6 ¥1900 ①978-4-7877-1709-2

◆**テトリス・エフェクト―世界を惑わせたゲーム** ダン・アッカーマン著, 小林啓倫訳　白揚社
【要旨】冷戦終結間際の1989年2月。日本で小さなゲーム会社を営むヘンク・ロジャースがモスクワに降り立った。そのあとを追うように、さらに2人の西側諸国の人間がモスクワへと向った。目的はただひとつ。それはソ連政府の管理下にあるテクノロジーで、当時すでに世界中の人々に途方もない影響を与えていた代物―『テトリス』。開発からライセンス争奪戦、ゲームボーイでの大ヒットまで、綿密な取材に基づいて描く、伝説的ゲームの驚きの実話。
2017.10 358p B6 ¥2300 ①978-4-8269-0198-7

◆**ドリーム―NASAを支えた名もなき計算手たち** マーゴット・リー・シェタリー著, 山本めぐみ訳　ハーパーコリンズ・ジャパン（ハーパーBOOKS）
【要旨】1943年、人種隔離政策下のアメリカ。数学教師ドロシー・ヴォーンは、"黒人女性計算手"としてNASAの前身組織に採用される。コンピューターの誕生前夜、複雑な計算は人の手に委ねられ、彼らは"計算手（コンピューター）"と呼ばれていた。やがて彼らは宇宙開発の礎となり、アポロ計画の扉を開く―！差別を乗り越え道を切り拓いた人々の姿を描く、感動の実話。映画『ドリーム』原作。
2017.8 403p B6 ¥1000 ①978-4-596-55068-2

◆**7200秒からの解放―レイプと向き合った男女の真実の記録** ソルディス・エルヴァ, トム・ストレンジャー著, 越智睦訳　ハーパーコリンズ・ジャパン
【要旨】16歳の時に、恋人にレイプされたソルディス。留学先だった彼トムをその後、母国オーストラリアへ帰り、二度と会うことはないと思われた。やがて自らの経験を語りレイプ被害者の支援活動を始めた彼女は、自分を犯した男へ1通のメールを送る。8年間で交わされたメールは300通。トムもまた自ら犯した行為に苦しんでいた。そして、ついに2人は再会を決意する。アイスランドとオーストラリア、2つの国の中間地点である、南アフリカの地で―過去と決別するために約束した9日間だけの再会―デートレイプの被害者と加害者が共著で綴る、衝撃のノンフィクション。
2017.6 421p B6 ¥1800 ①978-4-596-55121-4

◆**覗くモーテル観察日誌** ゲイ・タリーズ著, 白石朗訳　文藝春秋
【要旨】一九八〇年のはじめ、著者のもとに一人の男から奇妙な手紙が届く。男の名はジェラルド・フース。コロラド州デンヴァーでモーテルを経営しており、複数の部屋の天井に自ら通風孔と見せかけた穴を開け、秘かに利用者たちの姿を観察して日記にまとめていると言う。男を訪ねた著者が屋根裏へと案内され、光の洩れる穴から目撃したのは、全裸の観光カップルがベッドでオーラルセックスにはげむ姿だった―。ヴェトナム派遣の兵士とその妻の行為から、不倫や同性愛、グループセックス、さらには麻薬取り引きの絡んだ殺人事件まで、米ノンフィクション史上最強と目されてきた著者と"覗き魔"、その三十年の記録。
2017.1 254p B6 ¥1770 ①978-4-16-390596-9

◆**パタゴニア** ブルース・チャトウィン著, 芹沢真理子訳　河出書房新社（河出文庫）
【要旨】人はなぜ移動するのか。マゼランが見た裸の巨人、ブッチ・キャシディとサンダンス・キッド、伝説の一角獣、オオナマケモノを見つけた19世紀の船乗り、世界各地からの移住者たち…。幼い頃に触れていた一片の毛皮の記憶から綴られる、繊細かつ壮大な旅の軌跡。不毛の大地に漂着した見果てぬ夢の物語。
2017.8 460p B6 ¥1500 ①978-4-309-46451-0

◆**バングラデシュ 砒素汚染と闘う村 シャムタ** モンジュワラ・バルビン著, 松村みどり訳（福岡）海鳥社
【要旨】砒素汚染に立ち向かう！バングラデシュの辺境の村シャムタ。ここで生まれ育ったモンジュは、謎の病が地下水の砒素汚染によるものと知り、住民への啓発活動を担う。自らも砒素中毒になりながらも患者に寄り添い、砒素汚染に立ち向かう記録文学の誕生。
2017.9 246p B6 ¥1500 ①978-4-86656-012-0

◆**羊飼いの暮らし―イギリス湖水地方の四季** ジェイムズ・リーバンクス著, 濱野大道訳　早川書房
【要旨】太陽がさんさんと輝き、羊たちが山で気ままに草を食む夏。羊飼いたちのプライドをかけた競売市が開かれ、一年で一番の稼ぎ時となる秋。過酷な雪と寒さのなか、羊を死なせないように駆け回る冬。何百匹もの子羊が生まれる春。羊飼いとして生きる喜びを、湖水地方で六百年以上つづく羊飼いの家系に生まれた著者が語りつくす。ニューヨーク・タイムズ・ベストセラー。
2017.3 385p B6 ¥2400 ①978-4-15-209668-5

◆**否定と肯定―ホロコーストの真実をめぐる闘い** デボラ・E.リップシュタット著, 山本やよい訳　ハーパーコリンズ・ジャパン（ハーパーBOOKS）
【要旨】「ナチスによる大量虐殺はなかった」そう主張する、イギリス人歴史家アーヴィング。彼を"史実を歪曲したホロコースト否定者"と断じたユダヤ人歴史学者リップシュタットは、反対に名誉毀損で訴えられる。裁判に勝つには、ホロコーストが事実だと法廷で証明するしかない。だが予想に反し、アーヴィングの主張は世間の関心を集めていって…。実際にあった世紀の法廷闘争の回顧録。映画原作！
2017.11 581p A6 ¥1194 ①978-4-596-55075-0

◆**ファミリー 上 ―シャロン・テート殺人事件** エド・サンダース著, 小鷹信光訳　草思社（草思社文庫）
【要旨】1967年、「ラヴの夏」を迎えようとしていたサンフランシスコに突如、現われたチャールズ・マンソンは、扇動風の巧みな弁舌と異様な能力で、十代のフラワーチルドレンたちを惹きつけ、「ファミリー」を形成していく。マイクロバスで気ままに旅をするヒッピー集団だった彼らは、いつしかマンソンを教祖拝に取り憑かれた、戦闘的な殺人集団へと変貌していく。マンソンの生い立ちからファミリーの誕生、連続猟奇殺人の始まりまでを克明にたどるロングドキュメント。
2017.2 384p A6 ¥1200 ①978-4-7942-2257-2

◆**ファミリー 下 ―シャロン・テート殺人事件** エド・サンダース著, 小鷹信光訳　草思社（草思社文庫）
【要旨】チャールズ・マンソン率いるファミリーは1969年夏、臨月を迎えていた女優シャロン・テートらを惨殺し、スーパーマーケットのオーナー、ラビアンカ夫妻を殺害する事件＝ラビアンカ事件」を起こし、全米を震撼させる。その後も西海岸を中心に次々と猟奇的な殺人事件を起

していく。アメリカのある若者の一集団が、どのような経緯をたどり、殺人集団と化したのか。膨大な公判資料やインタビュー取材から、その実態がリアルな筆致で書き継がれる。
2017.2 319p A6 ¥1200 ①978-4-7942-2258-9

◆**復讐者マレルバ―巨大マフィアに挑んだ男** ジュセッペ・グラッソネッリ, カルメーロ・サルド著, 飯田亮介訳　早川書房
【要旨】シチリアの少年アントニオ・ブラッソ（著者グラッソネッリの仮の名）は手がつけられない悪ガキで、「マレルバ（雑草）」と呼ばれていた。17歳でお尋ね者となってハンブルクに逃れ、二枚目のギャンブラーとして放蕩生活を送っていた。だが、21歳のある日、彼の人生は一変する。巨大マフィアに彼と家族が襲われたのだ。残された道は、殺られるか、殺るか。復讐者と化したアントニオは賭博で金を稼ぎ、銃を仕入れ、敵を撃つ。やがて新興マフィアのボスに成り上がり、仇敵を追い詰める！激烈な抗争の中心人物として恐れられ、20年を越えて今なお服役する男の血涙にみちた回想と悔悟。レオナルド・シャーシャ文学賞を受賞。
2017.6 460p B6 ¥2200 ①978-4-15-209692-0

◆**へこたれない UNBOWED―ワンガリ・マータイ自伝** ワンガリ・マータイ著, 小池百合子訳　小学館（小学館文庫）（『UNBOWED へこたれない―ワンガリ・マータイ自伝』加筆・改題書）
【要旨】日本人が忘れかけていた「もったいない」の心を世界に広め、「グリーンベルト運動」で環境保護のため三〇〇〇万本もの植林を実施。アフリカ人女性として初のノーベル平和賞を受賞した、ケニア人女性政治家のワンガリ・マータイ氏。差別、裏切り、不当逮捕などの、度重なる苦難を乗り越え、「地球の未来」のために戦い続けた不屈の人生を綴った感動の自伝。
2017.6 530p A6 ¥880 ①978-4-09-406417-9

◆**マインドハンター―FBI連続殺人プロファイリング班** ジョン・ダグラス, マーク・オルシェイカー著, 井坂清訳　早川書房（ハヤカワ・ノンフィクション文庫）（『FBIマインドハンター』改題書）
【要旨】女性たちを監禁、暴行したあげく森に放って人間狩りを楽しむ男。祖父母、母親ら10人を惨殺した大男―。信じがたい凶行を重ねる殺人者たちをつき動かすものは何か？チャールズ・マンソンら多くの凶悪犯と面接し彼らの心理や行動を研究、綿密なデータをもとに犯人を割り出すプロファイリング手法を確立し、数々の事件を解決に導いたFBIの伝説的捜査官が綴るノンフィクション。
2017.9 375p A6 ¥960 ①978-4-15-050508-0

◆**マタ・ハリ伝―100年目の真実** サム・ワーヘナー著, 井上篤夫訳　えにし書房
【要旨】没後100年。マタ・ハリ評伝の、古典的名著本邦初訳！これは世紀の冤罪か―放蕩な女スパイのレッテルを貼られながらも、気高く死んでいった女性の生涯を辿り、真の姿に迫る本格評伝。本人が遺した貴重な一次資料を駆使して書かれた唯一の書。第一次世界大戦期、各国の思惑が交錯する諜報の世界に巻き込まれ、スパイの嫌疑をかけられた彼女は本当に有罪だったのか？
2017.12 393p A5 ¥3000 ①978-4-908073-46-5

◆**息子が殺人犯になった―コロンバイン高校銃乱射事件・加害生徒の母の告白** スー・クレボルド著, 森めぐみ訳　亜紀書房（亜紀書房翻訳ノンフィクション・シリーズ22-16）
【要旨】死者13人、重軽傷者24人、犯人2人は自殺。事件の一報を知ったとき、母が心の中で神に願ったのは、息子の死だった。
2017.7 395p B6 ¥2300 ①978-4-7505-1446-8

◆**滅亡へのカウントダウン―人口危機と地球の未来 上** アラン・ワイズマン著, 鬼澤忍訳　早川書房（ハヤカワ・ノンフィクション文庫）
【要旨】温暖化や資源の枯渇、そして生物多様性の喪失―これらの現象の根にあるのは我々自身の「人口問題」だ。『人類が消えた世界』で知られる環境ジャーナリストが、人類の存続を脅かすこの最大の難問に挑む。人口過剰により貧困層を生み出したイスラエル、一人っ子政策が限界を迎えた中国、避妊具の推奨により安定した出生率を達成したタイなど、世界20カ国以上で取材。我々が直面する現実に迫る、衝撃のノンフィクション。
2017.5 460p A6 ¥1000 ①978-4-15-050497-7

◆滅亡へのカウントダウン—人口危機と地球の未来 下　アラン・ワイズマン著, 鬼澤忍訳　早川書房　（ハヤカワ・ノンフィクション文庫）
【要旨】いま、世界では人口爆発による問題が深刻化している。イギリスでは移民の激増により人種排斥が起きている。パキスタンでは職がない若者たちによる暴動が跡を絶たない。インドでは井戸が枯渇し乳幼児死亡率が増加中だ。一方、他国に先駆け人口減少社会を迎えた日本に、著者は可能性を見出す。人類は成長に依存しない経済システムを設計できるのか？ 精緻な調査と大胆な構想力で、将来を展望する予言の書。
2017.5 390p A6 ¥1000 ①978-4-15-050498-4

◆ユダヤ人を救った動物園—アントニーナが愛した命　ダイアン・アッカーマン著, 青木玲訳　亜紀書房　普及版
【要旨】魂を揺さぶる驚くべき実話。ナチスの侵攻を受けたポーランドで、動物園を運営するある夫婦が、命をかけてユダヤ人を救おうとした正義と勇気の物語—あなただったら、どうしますか？
2017.11 366p B6 ¥1400 ①978-4-7505-1529-8

◆ライト兄弟—イノベーション・マインドの力　デヴィッド・マカルー著, 秋山勝訳　草思社
【要旨】1903年12月17日、ノースカロライナ州キティホーク近郊のキルデビルヒルズ。ウィルバーとオーヴィルの兄弟は、12馬力のエンジンを搭載した「ライトフライヤー号」で有人動力飛行に初めて成功した。人類を地上から解き放つこの革新技術を実現させた兄弟の苦闘と家族の愛情に満ちた足跡を、膨大な量の日記や報道記事、家族との手紙などの資料を駆使して描き切った評伝、決定版。ニューヨークタイムズ・ベストセラー第1位、アマゾンThe Best Books of 2015。
2017.5 422p B6 ¥2200 ①978-4-7942-2278-7

◆リンドグレーンの戦争日記 1939 - 1945　アストリッド・リンドグレーン著, 石井登志子訳　岩波書店
【要旨】作家デビュー以前のリンドグレーンが書いた六年に及ぶ「戦争日記」。日記帳には、新聞や雑誌の切り抜きが貼りつけられ、戦争スウェーデンに暮らす三〇代の二児の母親が見つめ続けたリアルタイムの第二次世界大戦と、家族の日常が綴られている—何が起きているのかを、考えるために。そして誕生したのが、『長くつ下のピッピ』だった。リンドグレーンの原点であり、歴史ドキュメントとしても貴重な日記の全文を初公開。
2017.11 339, 7p B6 ¥3400 ①978-4-00-025574-5

◆歴史の証人 ホテル・リッツ—生と死、そして裏切り　ティラー・J. マッツェオ著, 羽田詩津子訳　東京創元社
【要旨】歴史はホテルで作られる…。パリ、ヴァンドーム広場に面したホテル・リッツ。世界中の観光客の憧れの的であるこのホテルは、ナチス占領時、ゲーリングが拠点を置いたにもかかわらず、そこには同時にコクトー、サルトル、ボーヴォワールら多くの作家、文化人たち、王族たちも出入りし、女優のアルレッティやシャネルのように、ドイツ人将校の愛人となる女性たちも多くいた。そしてパリ解放前には、従軍記者だったヘミングウェイ、戦場カメラマンのロバート・キャパらが先を争ってリッツを目指し、イングリッド・バーグマンはキャパと出会い恋に落ちる。ホテル・リッツという舞台を切り口に描かれた、まるでグランドホテル形式の小説のような傑作ノンフィクション。
2017.6 270, 17p B6 ¥2500 ①978-4-488-00385-2

◆ワイルド・スワン 上　ユンチアン著, 土屋京子訳　講談社　（講談社プラスアルファ文庫）
【要旨】15歳で著者の祖母は軍閥将軍の妾になる。中国全土で軍閥が勢力をぶつけあう1924年のことであった。続く満州国の成立。直前に生まれた母は、新しい支配者日本の苛酷な占領政策を体験する。戦後、ともに共産党で邦進する母。そして中華人民共和国の成立後、反革命鎮圧運動の中で著者は誕生する。中国で発禁処分となった衝撃的自伝！
2017.11 555p A6 ¥1400 ①978-4-06-281663-2

◆ワイルド・スワン 下　ユンチアン著, 土屋京子訳　講談社　（講談社プラスアルファ文庫）
【要旨】迫害を受け続ける家族。思春期をむかえた著者は、10代の誰もが経験する悩みや楽しみをひとつも経験することなく急速に「おとな」になった。労働キャンプに送られる両親。自らも、下放される日がついに訪れた。文化大革命の残虐な真実をすべて目撃しながら生き、「野生の白鳥」は羽ばたく日を夢見続ける。親子3代、70年にわたる運命の記録！
2017.11 540p A6 ¥1400 ①978-4-06-281665-6

◆私にはいなかった祖父母の歴史—ある調査　イヴァン・ジャブロンカ著, 田所光男訳　（名古屋）名古屋大学出版会
【要旨】これは殺人捜査ではなく、生成の行為だ。20世紀の悲劇の連鎖のなか、二人はどのように生きたのか。それを調べ、記しはっきりとした意味とは何か。アカデミー・フランセーズ・ギゾー賞、歴史賞元老院賞、オーギュスタン・チエリー賞受賞。
2017.8 371, 39p B6 ¥3600 ①978-4-8158-0879-2

◆私の宝物—泣き虫少年のあの日の中国　趙平著　連合出版
【要旨】中国文化大革命から半世紀。文化大革命の少年時代の日々と日本留学時代を描いたこれらの作品は中国で日本語教材として出版されている。
2017.1 347p A5 ¥1800 ①978-4-89772-297-9

エッセイ

◆犬と私の感動物語　日本動物愛護協会編　イースト・プレス　（文庫ぎんが堂）
【要旨】家族を失った孤独な少女のそばで、母親代わりになってくれた犬。崩壊しかけた家族の絆を再び結んでくれた犬。亡くなった飼い主の家から離れず、ひとりぼっちで小さな命を捧げた犬。学校嫌いの中学生に寄り添い、あふれる涙をとめてくれた犬。さよならを通じて、死んでしまった者を愛する方法を教えてくれた犬。（公財）日本動物愛護協会のエッセイコンテスト「君がいてよかった」に寄せられた珠玉の40編を収録。犬の愛情に涙する、感動のエッセイ集。
2017.8 205p A6 ¥667 ①978-4-7816-7160-4

◆井上ひさしから、娘へ—57通の往復書簡　井上ひさし, 井上綾著　文藝春秋
【要旨】父から娘へ、そして次代へ。タウン誌上で5年にわたって交わされた往復書簡。没後7年、初の単行本化。
2017.4 240p B6 ¥1600 ①978-4-16-390629-4

◆うっとり、チョコレート　杉田淳子, 武藤正人編　河出書房新社　（おいしい文藝）
【要旨】バレンタインも悲喜こもごも。切なく、ほろ苦い思い出も収録。身もこころもとろけるチョコレートエッセイ38篇。
2017.2 283p B6 ¥1800 ①978-4-309-02537-7

◆鰻—eel　石川博編　皓星社　（紙礫 5）
【要旨】日本人はウナギを、ご馳走でもあり、生態は謎で、人に祟ることもある妖しい生き物、と捉えて来た。本書ではそれぞれの側面を描いた作品を集めた。
2017.2 205p B6 ¥1800 ①978-4-7744-0623-7

◆占いで結婚しました！　柏木珠希原作, 深森あき漫画　イースト・プレス　（コミックエッセイの森）
【要旨】恋人にフラれ42歳で崖っぷちからスタートした婚活。ありとあらゆる占い&開運法を駆使したその紆余曲折とは—!? 役立つ占いや開運アクション、占いの婚活秘話、ネット婚活体験談など内容もりだくさんで描く占い婚活コミックエッセイ。
2018.1 144p A5 ¥1100 ①978-4-7816-1619-3

◆エッセイ集 想い—ドームに降る雪　吉岡紋, 吉岡孝二著　近代文藝社
【要旨】百万回のごめんねとありがとうをあなたに。好評エッセイ集「話の小骨」の第二弾。愛おしき人々への鎮魂の想い。
2017.11 127p 20×12cm ¥1400 ①978-4-7733-8047-1

◆おいしい記憶　上戸彩, 小島慶子, 柴門ふみ, 中島京子, 姫野カオルコほか著　中央公論新社
【要旨】誰にでもある「おいしい記憶」を呼び覚ます。そして、読めば誰かと食卓を囲みたくなる珠玉の書き下ろしエッセイ集！
2017.12 240p B6 ¥1300 ①978-4-12-005030-4

◆大阪的　江弘毅, 津村記久子著　ミシマ社　（コーヒーと一冊）
【要旨】どこで書くか、方言を使うか、世の中の場所は全部ローカルではないか…関西の名物編集者と作家が、怒濤の勢いで語り、綴る！ 大阪から、日本のローカルの力が見えてくる。書き下ろしエッセイ×一気読み必至の対談を収録！
2017.3 95p B6 ¥1000 ①978-4-903908-92-2

◆おしゃべりな銀座　銀座百点編　扶桑社
【要旨】憧れも切なさも、喜びもため息も。きらきらと輝くショーウィンドウ、思い出のフルーツポンチ、歌舞伎座に響く義太夫の声、資生堂パーラーの花椿ビスケット、そして、忘れえぬ出会いと銀座の街のぬくもり…。作家、女優、画家、映画監督らが紡ぐ、一とっておきの銀座のはなし。日本初のタウン誌「銀座百点」から生まれた極上エッセイ50篇。
2017.7 267p B6 ¥1400 ①978-4-594-07716-7

◆思い出ガタゴト 東京都電diary　東京都交通局編　東京新聞
【要旨】都電の音、あの日の思い出、ずっと。東京都交通局が、平成28年5月20日から8月15日まで一般募集した「東京都電diary」。戦時中から現在のエピソードまで、応募総数500点。そのすべてが、家族や大切な人とのかけがえのない思い出でした。ここに収録されているのは、その中から選ばれた506のエピソード。東京新聞での連載が話題を呼び、2つの広告賞を受賞。プロの作家には決して書けない、宝物のような掌編が1冊の本になりました。ページをめくれば、懐かしい都電のガタゴトが、あなたの心にも響き出す！ 東京新聞協会新聞広告大賞、中日新聞社広告大賞最優秀賞、W受賞！
2017.10 160p 21×14cm ¥1500 ①978-4-8083-1022-6

◆温泉天国　角田光代, 北杜夫, 太宰治ほか著　河出書房新社　（ごきげん文藝）
【要旨】は〜、極楽、極楽。みんな温泉につかって名作が生まれた32篇の温泉エッセイ。
2017.12 275p B6 ¥1400 ①978-4-309-02642-8

◆片づけたい　赤瀬川原平, 阿川佐和子, 新井素子, 有元葉子, 有吉玉青ほか著　河出書房新社　（暮らしの文藝）
【要旨】片づけベタの苦悩、別れがたき思い出の品、掃除道具へのこだわり…「片づけ」には、その人の生きかたが表れる。掃除ゴコロに火がともる、32人のエッセイ集。
2017.6 205p B6 ¥1600 ①978-4-309-02584-1

◆考えるマナー　中央公論新社編　中央公論新社　（中公文庫）
【要旨】五本指ソックスのはき方からオヤジギャグを放つ方法まで、大人を悩ますマナーの難題に作家や芸人十二人がくりだす名（迷）回答集。座を温めたい、のどかに生きたい、美を匂わせたい…この一冊が、日々の小さなピンチを救う。笑いながらも粋な暮らしのヒントが見つかる、新しいマナー考。
2017.1 303p A6 ¥600 ①978-4-12-206353-2

◆ききがたり ときをためる暮らし　つばた英子, つばたしゅういち著, 水野美保子聞き手, 落合由利子撮影　文藝春秋　（文春文庫）
【要旨】朝は一杯の野菜ジュースで始まり、キッチンガーデンで野菜や果物を育てる。午後はパーコンで絶品おもてなし料理。自然の恵みを享受し手間暇を惜しまず、日々の生活を愛しむ夫妻。「人生はだんだん美しくなる」をモットーとし、前向きに暮らしてきた。常識にとらわれず自己流を貫いてきた二人から、次世代への温かなメッセージ。
2018.1 220p A6 ¥740 ①978-4-16-791006-8

◆紀行とエッセーで読む 作家の山旅　山と渓谷社編　山と渓谷社　（ヤマケイ文庫）
【要旨】明治、大正、昭和の文学者48人が遺した山にかかわるエッセイ、紀行文、詩歌を集めたアンソロジー。文学を取り巻く時代背景と、登山の移り変わりの中で、作家たちは山をどのように見て、歩き、魅了されたか。文芸作品としてはもちろん、それぞれの山岳観や自然観照、登山史的背景、そして、自然を舞台とした文芸鑑賞への手引書としても興味は尽きない。
2017.3 357p A6 ¥930 ①978-4-635-04828-6

◆きのう、きょう、あした。　つばた英子, つばたしゅういち著　主婦と生活社
【要旨】愛知県のニュータウンで、はる、なつ、あき、ふゆ。ひとりになり、時が止まってしまった英子さん。時をあかしてくれたのは、しゅういちさんの「何でも自分で」の言葉でした。89歳、初めてのひとり暮らし。新しい菜園生活の始まりです。
2017.11 160p A5 ¥1400 ①978-4-391-14976-0

エッセイ

◆**きみとさいごまで** 小西秀司監修 オークラ出版
【要旨】愛犬がいつか「いなくなる」ことを、考えたくないあなたにも読んでほしい。果たして、死ぬことは終わりだろうか。死は誰かと誰かを分かつだけのものなのか。「虹の橋」のむこうに見える永遠の日々を語る旅へ。すべての犬好きへ贈る長い手紙へ。
2017.6 207p B6 ¥1400 ①978-4-7755-2663-7

◆**くらしの作文** 中日新聞編集局生活部編 (名古屋)中日新聞社
【要旨】日々の生活に心のともしびを灯す「くらしの作文」。昭和27年、読者に作文の投稿を呼びかけて始まった長寿コーナー。今も朝刊生活面に毎日1本掲載。女も男も、老いも若きも、十人十色の感性で紙面を彩ってきた。普通の人がつづった、普通のくらしだからこそ、普通の人々の心に届く。最近作を中心に153編を収録。日々のくらしのどこに、どう気づいたか、世の中はそんなに美しく見えるのか。中日新聞社から初めての出版。
2017.5 179p 15x21cm ¥1300 ①978-4-8062-0727-6

◆**コーヒーと随筆** 庄野雄治編 mille books, サンクチュアリ出版 発売
【要旨】近代文学に造詣の深い、『コーヒーの絵本』の著者で徳島の人気焙煎所アアルトコーヒー庄野雄治の、コーヒーを飲みながら読んで欲しい随筆を厳選しました。大好評を博した『コーヒーと小説』の姉妹書、2冊続けて読むと何倍も楽しめる内容です。前作に続きカバー写真に人気シンガーソングライター・安藤裕子さんを起用！ 現代に生きる私たちにこそ響く、至極面白く読みやすい随筆20編です。コーヒーを飲みながらお楽しみください。「新しいものは古くなるが、いいものは古くならない。何を証明するでもなく、人々の心の中は、百年前の人が読んでも、百年後の人が読んでも、同じところで笑って、同じところで泣くような心のかな。コーヒーと一緒に、偉大な先達たちの真摯な言葉を楽しんでいただけると、望外の喜びだ。
2017.10 269p B6 ¥1300 ①978-4-902744-88-0

◆**こぽこぽ、珈琲** 杉田淳子, 武藤正人編 河出書房新社 (おいしい文藝)
【要旨】ゆったり、ほっと、リフレッシュ…珈琲を飲む贅沢。植草甚一、村上春樹、常盤新平、寺田寅彦ほかによる、31篇の珈琲エッセイ。珈琲とともに特別な時間が流れていきます。
2017.10 205p B6 ¥1600 ①978-4-309-02619-0

◆**詩人のエッセイ集—大切なもの** 佐相憲一編 コールサック社
【要旨】飛ぶ蝶のように、命は、はかなくも輝いている。さまざまな角度から届けられる"大切なもの"。詩の心でつづる人生、夢、関係性、社会、時代、…現役詩人たちの多様なエッセイを収録。
2017.2 283p A5 ¥1500 ①978-4-86435-285-7

◆**親愛なるミスタ崔（チョエ）—隣の国の友への手紙** 佐野洋子, 崔禎鎬著, 吉川凪訳 クオン (日韓同時代人の対話シリーズ 02)
【要旨】40年近くにわたり、"ミスタ崔"と交わした57通の手紙。若き日の佐野洋子の素顔が浮かぶ、ベルリン・ミラノ・ソウル・東京を往復した未公開書簡集。
2017.3 183p B6 ¥2000 ①978-4-904855-67-6

◆**推理作家謎友録—日本推理作家協会70周年記念エッセイ** 日本推理作家協会編 KADOKAWA (角川文庫)
【要旨】江戸川乱歩賞などの文学賞の選出のほか、時代を率いる作家たちの交流団体としての一面を持つ日本推理作家協会。そこに所属する作家同士は、どのような付き合いをしているのか。そんな読者にとって垣間見ることのできない一面が、赤裸々に明かされる。抱腹絶倒の交遊録から、とっておきの読書録まで、協会に在籍する会員作家たちによる、珠玉の書き下ろしエッセイ集。
2017.8 237p A6 ¥680 ①978-4-04-105757-5

◆**ずんがずんが 2—椎名誠自走式マガジン** 椎名誠編集部編 椎名誠旅する文学館
【目次】このさい言っておくぜ！エッセイ（ライバル本音対談（椎名誠）、というだけの話（群ようこ）ほか）、生きるために食べる？食べるために生きる？（阿多静香）、たどり着いた父の顔—海外旅行で感じた驚きヨロコビ（蔵前仁一）、マンガ盛り君がいく！「魚は美味しいけれど、すごく美味しくはないのです」、超絶添乗員たちの激白?！面白ブックガイド そこに旅のあるかぎり、いや、団体客のあるかぎり！（柴口育子）、このさい言っておくぜ！ インタビュー東京「沖」オリンピック構想！（沢野ひとし）、すべての秘境が被写体だ！（山本皓一さん（社会派カメラマン））、「ココロ専門医」の心の裡は？（中沢正夫さん（精神科医））、意外にストレスフリー？（和田泰治さん（タクシー運転手））、華やかな夢舞台でみたウラオモテ（篠崎裕利さん（元アイドル））〔ほか〕
2017.6 176p A5 ¥1300 ①978-4-908920-09-7

◆**せいのめざめ** 益田ミリ, 武田砂鉄著 河出書房新社
【要旨】修学旅行の夜、プールの授業、授業中の手紙、夏休みの遭遇…あの頃、同じ教室にいた男子は、女子は、何を考えていたのだろう？とてつもなくまぶしくて切実で、もやもやしていた日々を異色のコンビが描く。
2017.1 147p A5 ¥1300 ①978-4-309-02542-1

◆**千の風になったあなたへ贈る手紙 第3章** 新井満監修, 愛媛県西条市「千の風」手紙プロジェクト編 朝日新聞出版 (朝日文庫)
【要旨】千の風になったあの人に手紙を書いてみませんか？ その呼びかけに、国内と海外から、1445編の応募がありました。働きづめの生涯をおくった後の、自死した兄へ、妻の誕生日に急死した夫へ…。喪失の悲しみを越えて生きる、涙と感動の優秀作品157編を収録しました。
2017.4 331p A6 ¥600 ①978-4-02-261897-9

◆**楽しむマナー** 中央公論新社編 中央公論新社 (中公文庫) (『マナーの正体』改題書)
【要旨】人が喜ぶおごられ方から天寿を全うする方法まで、人生のあらゆる場面で出くわすマナーの難題を作家・歌手・科学者十三人がすると解決！ 愛を温めたい、気まずい空気を消したい、プロフェッショナルな仕事をしたい…この一冊が、大人の悩みを解きほぐす。しんどい心のコリに効く、楽しいマナー考。
2017.3 351p A6 ¥640 ①978-4-12-206392-1

◆**ダンナさまは幽霊** 流光七奈原作, 宮咲ひろ美漫画 イースト・プレス (コミックエッセイの森)
【要旨】幼い頃からスピリチュアル体質の七奈と闘病生活の末に息を引き取ったダンナさま・通称ハカセ。彼らの不思議なふたり暮らしが始まった—!? この世を旅立った者と残された者、それぞれの想いを時に切なく、コミカルに描くスピリチュアル・コミックエッセイ。
2017.9 141p A5 ¥1000 ①978-4-7816-1565-3

◆**ちょっといい話 第13集 各界名士による心洗われるお話** 一心寺編 (大阪)東方出版
【要旨】文化・学術・芸術・芸能・スポーツ…そして宗教者等47人が語るアンソロジー、珠玉の96話。
2017.9 420p B6 ¥1500 ①978-4-86249-292-0

◆**読書空間、または記憶の舞台—20世紀文学研究会編** 風濤社
【要旨】どのような本でしょうか？ あなたの読書空間に、輝く樹のように立っていたのは。読書の時空に広がる記憶の舞台へご招待—。
2017.3 249p B6 ¥2800 ①978-4-89219-431-3

◆**日本一短い手紙「ごめんなさい」—第24回一筆啓上賞** 丸岡文化財団編 中央経済社, 中央経済グループパブリッシング 発売
【要旨】「ごめんなさい」をテーマに届けられた4万4348通の手紙の中から入賞作品を中心に収録。
2017.4 211p 19x12cm ¥1000 ①978-4-502-23231-2

◆**猫の文学館 1—世界は今、猫のものになる** 和田博文編 筑摩書房 (ちくま文庫)
【要旨】大佛次郎、寺田寅彦、太宰治、鴨居羊子、向田邦子、村上春樹…いつの時代も、日本の作家たちはみんな猫が大好きだった。そして、猫舞伎坂に佇み、風呂敷に包まれて眠り流される猫、陽だまりで背中を丸めて眠りこんでいる猫、飼い主の足もとに顔をすりつける猫、昨日も今日もノラちゃんとデートに余念のない猫、ページを開くとさまざまな猫たちの大行進。猫好きをくすぐる47編!!
2017.6 397p A6 ¥840 ①978-4-480-43446-3

◆**猫の文学館 2—この世界の境界を越える猫** 和田博文編 筑摩書房 (ちくま文庫)

【要旨】「チビや死ぬ時はこっそりと死んでおくれよ…」。佐藤春夫は、愛猫の死に際にこうつぶやいた。愛猫ノラが昨晩帰ってこなかったと知った瞬間に号泣した内田百閒（けん）も、転居を機に痩せてきた愛猫の最期を見守る夏目漱石も、猫を轢いてしまった男が追いつめられてゆく様を描いた吉行淳之介も、星新一も、武田花も、何の前ぶれもなくあちら側に行ってしまった猫に、涙し、おびえ、悼み、そして書いた。日本の小説、詩、エッセイのうち選りすぐりの35編による、猫好きのためのアンソロジー。思わずぞくっとして、エッセイから涙してしまう35編。
2017.6 383p A6 ¥840 ①978-4-480-43447-0

◆**はがきの名文コンクール 一言の願い 明日への願い** はがきの名文コンクール実行委員会編 NHK出版
【要旨】はがきの名文コンクール第1回テーマ「一言の願い」、第2回テーマ「明日への願い」20字以上200字以内で願い事をつづり、奈良県御所市の郵便名柄館に送られたはがきは計約7万通から、各回、大賞1作、佳作10作、日本郵便大賞10作、郵便名柄館賞10作が選ばれました。本書には最終候補作から計106作も合わせて収録。
2017.6 157p B6 ¥920 ①978-4-14-005688-2

◆**ベスト・エッセイ 2017** 日本文藝家協会編 光村図書出版
【目次】鼻毛に背骨を合わせすぎ（武田砂鉄）、まずいものの「ま」（原田ひ香）、塗り椀の朝 微熱が出て（片岡義男）、星と星のつながり（アーサー・ビナード）、生きるために壁を越える（竹宮惠子）、畑ちがい、50年来の友だった（加賀乙彦）、ごはんは食べたか？（星野博美）、マグロの真実（渡辺佑基）、「夢中毒」から立ち直る（小島慶子）、田части井さんの死を悼む（三浦豪太）〔ほか〕
2017.6 323p B6 ¥2000 ①978-4-8138-0002-6

◆**本人に訊く 2 おまたせ激突篇** 椎名誠, 目黒考二著 椎名誠旅する文学館
【要旨】2017年2月現在、著作数267作。『南国かつおまぐろ旅』（'94）から『大漁旗ぶるぶる乱風編—にっぽん・海風魚旅4』（'05）まで89作の裏事情をきく！ 著者シーナvs.書評家メグロ。全著作検証第2弾！
2017.4 319p A5 ¥2200 ①978-4-908920-08-0

◆**元町医者の人生哲学—老いと病と死と世の中のこと** 乾達, 乾律子著 白澤社, 現代書館 発売
【要旨】長年開業医として多くの患者さんと接し、看取ってきた元町医者が、ときには処世を諭し、ときには不正に憤るエッセイの個人紙「あしたへ」の5年分をまとめて再構成。
2017.12 279p B6 ¥2200 ①978-4-7684-7968-1

◆**夢みる昭和語** 女性建築技術者の会編著 三省堂
【要旨】「あ〜そ〜ぼ」から「わんわん横丁」まで五十音順に2000語を並べ、子どもの頃の暮らしをありのままに綴った寄せ書きのような楽しいおしゃべり本。次々とよみがえる昭和が"心の洗濯"に。少女たちの思い出ミニエッセイ集。
2017.10 325p B6 ¥1900 ①978-4-385-36069-0

◆**吉利くんありがとう** 耕人舎編 (鹿児島)南方新社 (付属資料あり)
【要旨】平成30年度に、吉利小学校が廃校と決まった。それをきっかけに、何十年も前に卒業し、今なお母校を愛し続ける者たちが立ち上がった。そして、こんな本を作ってしまったのです。
2017.1 211p A5 ¥2000 ①978-4-86124-354-7

◆**わが心の"千空"** 俳人成田千空研究会編 (五所川原)青森文芸出版 (青森文芸ブックレット 6)
【目次】大いなる魂、生命の俳人、千空忌、千空さんと初めて逢った頃の私、千空先生への感謝、行合岬に句碑建立、思い出・断片、思い出すままに…、千空さんの言葉—「バガになれへ」、絵のあり方を学ぶ〔ほか〕 2017.11 87p A5 ¥870

◆**わが師・先人を語る 3** 上廣倫理財団編 弘文堂
【目次】濱田純一—『銀の匙』の国語教師・橋本武先生と私、久留島典子—日本中世史研究の先達・石井進先生と私、平岩弓枝—文学の師・長谷川伸先生と私、林望—対照的な二人の恩師、森武之助先生と阿部隆一先生、山極壽一—二人の恩師の夢、今西錦司先生と伊谷純一郎先生、位田隆一—日仏の恩師、田畑茂二郎先生と私、ポール・ショーモン先生、徳川康久—わが先祖、慶喜様の人となり、川淵三郎—少年期と青年期の

師、吉岡たすく先生とクラマーさん

◆「笑い」がいい人生をつくる 『PHP』編集部編　PHP研究所
【要旨】落ち込んでも、落ち込まない―くよくよからの抜け出し方。
2018.1 156p B6 ¥580 ①978-4-569-83762-8

◆EARTH GYPSY あーす・じぷしー――はじまりの物語　Naho & Maho著　TOブックス
【要旨】人生がどうしてもうまくいかなくなったとき、あなたならどうする？ ワクワクだけを信じた双子姉妹が、忘れてしまっていた「本当の人生」を取り戻す奇跡の実話。
2017.8 266p B6 ¥1500 ①978-4-86472-597-2

〔あ行の著者〕

◆幸田家のことば―知る知らぬの種をまく　青木奈緒著　小学館
【要旨】曾祖父・幸田露伴、祖母・幸田文、母・青木玉、そして筆者へと連なる40のことばからひもとく珠玉のエッセイ集。
2017.8 254p B6 ¥1500 ①978-4-09-388502-7

◆うちの犬にはもうだまされない　青沼貴子著　竹書房　(SUKUPARA SELECTION)
【要旨】人の都合はお構いなし、それでも自分の都合は曲げない。それが信条の(!?)ジュラ（メス・ダックスフンド）、8歳。青沼家では最近ジュラの健康が悩み。ダイエット、歯周病、膝ヘルニア、椎間板ヘルニア…。しかし肝心のジュラはどこ吹く風！ おやつ大好き、歯磨き苦手、ソファからジャンプして腰への負担なんて知らん顔。オマヌケで憎めない犬あるある満載！ 青沼家の犬コミックエッセイ、シリーズ第4弾！
2017.12 124p A5 ¥1000 ①978-4-8019-1335-6

◆悲しみの上に、人は輝く　青山俊董著　PHPエディターズ・グループ、PHP研究所 発売　(『悲しみはあした花咲く』再編集・改題書)
【要旨】転んだら、起き上がればいい。『泥があるから、花は咲く』著者の心に沁みる生き方エッセイ復刊。
2017.3 190p 18cm B6 ¥580 ①978-4-569-83585-3

◆60歳からの外国語修行―メキシコに学ぶ　青山南著　岩波書店　(岩波新書)
【要旨】これまで何度も挫折してきたラジオ講座、60歳にして決意した、いざメキシコへ語学留学！ 毎日肩こりでグッタリしながらも、若者にまじって授業を受け、大家さんのゴミ出しを手伝い、街角でタコスを買い―語学学習を通じてこの国の様々な顔を知る。名翻訳家・エッセイストによる、サイコーに面白い奮闘記。
2017.9 236, 10p 18cm ¥820 ①978-4-00-431678-7

◆82歳、まだ書けるぞ―おかやま雑学ノート第14集　赤井克己著　(岡山)吉備人出版
【要旨】郷土史の空白に独自の視点で鋭く切り込み、人気のルポ＆エッセー。「ビヤホールの日」と井原市生まれのビール王馬越恭平…など、幅広く興味深い話題を集めた雑学ノートシリーズ14弾。
2017.6 176p B6 ¥1200 ①978-4-86069-517-0

◆バブルノタシナミ―受けて立つわよ、寄る年波　阿川佐和子著　世界文化社
【要旨】オンナの後半生は、ワクワクとドキドキとウヨウキがいっぱい。見たことのないもりのように待ち受けている。ザッパ～ンと寄る年波、受けて立とうじゃないの！ 人生が断然楽しくなる！ 元気が湧いてくる！ アガワ節炸裂の痛快エッセイ集！
2017.7 191p B6 ¥1200 ①978-4-418-17504-8

◆乗りもの紳士録　阿川弘之著　中央公論新社　(中公文庫)
【要旨】鉄道・自動車・飛行機・船と、乗りもの全般に並々ならぬ好奇心を燃やす著者が、「紳士たち」と交友を綴る。突如自動車教習所に通いはじめた吉行淳之介、著者の運転に御機嫌の志賀直哉、女性巡査にいつも親切にされる芦田伸介ほかが登場。
2017.4 222p A6 ¥620 ①978-4-12-206396-9

◆言葉で世界を裏返せ！　秋亜綺羅著　土曜美術社出版販売
【目次】1 1200字のひとりごと（マイナンバーカードがだめなら、津波ごっこをして笑える日、専

門家のことばは正しいか？　ほか）、2 オフォフ東京から仙台庵まで（寺山修司を超える？、パフォーマンスとしての詩、セックスは何歳から？）、3 小論（詩ってなんだろう）、4 自叙（かわいいものほど、おいしいぞ／秋葉和夫校長の漂流教室）、5 ブログ・ココア共和国（大震災―仙台）
2017.10 237p B6 ¥1300 ①978-4-8120-2403-4

◆祥の少年・高齢記　阿久澤祥二郎著　東洋出版
【要旨】70～60年前の日本の田舎と子供達の姿。小学生の遊び・躾の大切さと、大人の思い。心に残る大切な言葉を生き方にかいす。
2017.5 97p 13x19cm ¥800 ①978-4-8096-7869-1

◆芥川竜之介紀行文集　芥川之介著、山田俊治編　岩波書店　(岩波文庫)
【要旨】芥川の国内の旅行記と中国紀行を収録する。芥川は、1921年、「大阪毎日新聞」視察員として中国（上海、杭州、南京、北京など）を訪れた。特派員芥川は、伝統的な中国像にとらわれることなく、中国の実情や対日観を裸の眼で冷静に見つめ、紀行文に新たな方法を試みている。芥川の作品中でも、特異な文学ルポルタージュである。詳細な注解を付した。
2017.6 384p A6 ¥720 ①978-4-00-360030-6

◆風と共にゆとりぬ　朝井リョウ著　文藝春秋
【要旨】1冊で100回笑える、腹筋崩壊エッセイ！
2017.6 315p B6 ¥1400 ①978-4-16-390668-3

◆竜宮城と七夕さま　浅田次郎著　小学館
【要旨】100万ドルに値する体験をした！ "浦島太郎が食べたご馳走と、滅多に会えない織姫と彦星の恋の行方に想いを馳せる" 表題作ほか、爆笑と感動と法悦の極上エッセイ集。JAL機内誌「SKYWARD」人気連載エッセイ「つばさよつばさ」単行本化。
2017.6 253p B6 ¥1400 ①978-4-09-388559-1

◆三博四食五眠　阿佐田哲也著　幻戯書房
【要旨】睡眠発作症に悩まされながら「呑む打つ喰う」の日々。二つの顔を持つ作家が遺した抱腹絶倒の傑作エッセイ集、暴飲暴食の記、初刊行！
2017.8 204p B6 ¥2200 ①978-4-86488-126-5

◆変化はいつも突然に…毎日、ふと思う 16帆帆子の日記　浅見帆帆子著　廣済堂出版
【要旨】すべては良好、起こることは皆ベスト！ 結婚、妊娠という人生の転換期にあるベストセラー作家の1年を収録。16年にも及ぶ大人気エッセイシリーズ、最新刊！
2017.9 265p B6 ¥1300 ①978-4-331-52118-2

◆アウトドア・ものローグ　芦澤一洋著　山と渓谷社　(ヤマケイ文庫)
【要旨】"アウトドアの伝道師" 芦澤一洋が、愛用の"もの"を通して、自然と向き合う心と思想を語った『アウトドア・ものローグ』三十二篇と、折々の自然の中で、人と自然のかかわり方を見つめた『自然とつきあう五十章』五十篇を収録。アウトドア・ライフや登山のみならず、環境問題、社会思想から、古今の名著の世界にも自在に筆を運び、時を経ても新鮮かつ啓発的な名エッセー集。
2017.10 301p A6 ¥900 ①978-4-635-04843-9

◆浄化でハッピー！　麻生夕貴著　イースト・プレス　(コミックエッセイの森)
【要旨】ストレスと生活の乱れにある、悪い気の影響を感じた著者が「やめる」「出す」「気づく」の3ポイントで浄化をスタート！ キラキラな自分を取り戻す過程を描くコミックエッセイ。
2017.4 147p A5 ¥1100 ①978-4-7816-1530-1

◆ことばの向こうがわ―震災の影 仮設の声　安部智海著　(京都)法藏館
【目次】第1章 大災害のあとで（死にたい気持ち、居室訪問活動という支援 ほか）、第2章 仮設に住む（亡き人の声、同じ空を見上げる ほか）、第3章 綻びゆく日常（あの日に戻れたら、つづく仮設暮らし ほか）、第4章 仮設に残る（町がなくなる、仮設住宅の限界 ほか）、第5章 ためらう一歩（ぜいたく、モノクロの桜 ほか）
2017.3 133p B6 ¥1100 ①978-4-8318-8180-9

◆川を歩いて、森へ　天野礼子著　中央公論新社
【要旨】日本の川のかけがえなさに気づいた若き日々、開高健氏のもとでの修業時代、川を相手に体を張った反ダム運動、さらに、養老孟司氏らの協力を得ながら進めている地域再生。現代日本が抱える問題を水辺から光をあてる自伝的エッセイ。
2017.2 189p B6 ¥1500 ①978-4-12-004942-2

◆旅路　新井信子著　鶴書院、星雲社 発売
【要旨】90歳（大正15年生まれ）を過ぎても世界を旅している。旅が人生になっている。今回は『敦煌・チベット』『イスタンブール』『オランダ』の知られざる"素顔"に迫る。
2017.12 155p B6 ¥1200 ①978-4-434-24111-6

◆探してるものはそう遠くはないのかもしれない　新井見枝香著　秀和システム
【要旨】某有名書店の"型破り"書店員による初エッセイ。
2017.12 231p 18x13cm ¥1000 ①978-4-7980-5344-8

◆愛情生活　荒木陽子著　KADOKAWA（角川文庫）
【要旨】天才写真家、荒木経惟の妻、陽子。オモシロガリでクレージー、でも淋しがりで繊細な二人のセンチメンタルな愛の日々。出会いと結婚のエピソードから「あー夫婦だなあ」の日常、旅の記憶はどれも食と愛のイトナミに彩られ―。ひときわ率直で瑞々しい言葉の数々は、彼女亡き今も鮮やかさを失わない。傑作エッセイに写真を増補して文庫化！
2017.1 394p A6 ¥920 ①978-4-04-400177-3

◆枯れてたまるか！　嵐山光三郎著　新潮社
【要旨】待ってました！ 老前老後。六十歳還暦でスイッチを切りかえろ。年をとっても色情を手離すなかれ。老人の毎日は思ったより忙しいぞ。とかくこの世はオモシロイ。オサラバまでは全力投球！ 老いることは日々、楽しい冒険だ！
2017.8 221p B6 ¥1400 ①978-4-86081-560-8

◆外国人だらけの小学校はツッコミの毎日でした。　あらた真琴著　ぶんか社
【要旨】個性豊かな子どもたちに囲まれて、毎日が笑いのオンパレード。元小学校講師が、外国人児童・親・先生のありえね～行動を描いた奇想天外コミックエッセイ!!
2017.6 155p A5 ¥1000 ①978-4-8211-4456-3

◆いわて星日和　有田美江著　(札幌)寿郎社
【要旨】ダウン症の娘とともに札幌から岩手県奥中山へも移り住んだ著者のイーハトヴな日々を綴った移住エッセイ。
2017.8 268p B6 ¥1700 ①978-4-909281-04-3

◆病院でぼくらはみんな死にかけた!!　安斎かなえ著　竹書房　(BAMBOO ESSAY SELECTION)
【要旨】命を落とすブラック病院が続々。元ナース漫画家が全国から寄せられた九死に一生体験をマンガ化!!
2017.12 126p A5 ¥1000 ①978-4-8019-1324-0

◆本が好き　安野光雅著　山川出版社
【要旨】子どもの頃から本が好きだった。母が「へそくり」を工面して『少年倶楽部』を買ってくれた。これが生涯ただ一度の宝物になる事件だった。
2017.7 254p B6 ¥1800 ①978-4-634-15122-2

◆花火の音だけ聞きながら　いがらしみきお著　双葉社
【要旨】漫画界の巨匠は実は随筆も絶妙。硬軟とりまぜたテキストが貴方の心臓を貫く。数々の名作を描いてきたいがらしみきお、初のエッセイ本！
2017.7 206p B6 ¥1200 ①978-4-575-31279-9

◆季節感と少年時代　生田魅音著　(大阪)風詠社、星雲社 発売
【要旨】四季折々の少年期の思い出。懐かしくも儚いエピソードの数々を素朴なイラストと共にまとめた感動と癒やしの一冊。
2017.6 238p B6 ¥1200 ①978-4-434-23482-8

◆旅の途中で―ドクター井口の人生いろいろ　井口昭久著　(名古屋)風媒社
【要旨】その時、空には白い雲が流れていた―。行きつけの理髪店やコンビニでの出来事、ふと蘇る懐かしい人たちとの日々、患者や学生たちとの硬軟織りり交ざる日常の断片…。第5エッセイ集。
2017.10 184p B6 ¥1400 ①978-4-8331-3176-6

◆記憶の海辺――一つの同時代史　池内紀著　青土社
【要旨】あるドイツ文学者の、物語のようなホントウの話。最初で最後の自伝的回想録。
2017.12 355p B6 ¥2400 ①978-4-7917-7023-6

◆ギリシャの誘惑　池澤夏樹著　書肆山田　(りぶるどるしおる) 増補新版;第2版
【要旨】古代ギリシャからの長い時間。時代とともに変るものがあり、変らないものもある…ど

こまでも青い空。過剰なほどに朝ぐ陽光。その下で人々の生きること。賞讃者のまなざしで綴るギリシャ案内。
2017.12 201p B6 ¥2500 ①978-4-87995-962-1

◆笑いと祈りは神様に通じる——主婦の記録　池田啓子著　幻冬舎メディアコンサルティング，幻冬舎 発売
【要旨】あの世の存在、霊的体験からの学び、感謝の大切さ…。人生は一冊の問題集。解きほぐすヒントを一主婦の経験からお伝えします。
2017.1 189p B6 ¥1500 ①978-4-344-91075-1

◆笑いと祈りは神様に通じる——主婦の記録　池田啓子著　幻冬舎メディアコンサルティング，幻冬舎 発売　改訂版
【要旨】「あの世」を正しく知れば、死は少しも怖くない。「祈り」「感謝行」が奇跡を起こす。死後の世界での幸せのヒントの詰まった「真の終活エッセイ」増補版。
2017.11 189p B6 ¥1500 ①978-4-344-91476-6

◆江戸前 通の歳時記　池波正太郎著　集英社（集英社文庫）
【要旨】"てんぷら屋に行くときは腹をすかして行って、親の敵にでも会ったように、揚げるそばからかぶりつくようにして食べていかなきゃ「通のたしなみ」"——料理人が喜ぶ食の食べ方から、小鍋だて、白魚の卵落とし、鯛茶漬、小鰭の酢漬け等々、旬の味を堪能するお料理まで。食通作家をうならせた酒肴のメニューと人生の折々に出会った忘れられない味。本当の通のたしなみを知る食道楽による名エッセイ集。
2017.3 221p A6 ¥500 ①978-4-08-745557-1

◆私たち、戦争人間について——愛と平和主義の限界に関する考察　石川明人著　（大阪）創元社
【要旨】人はなぜ、平和を祈りながら戦い続けるのか？　私たちの"凡庸な悪"を正視するための、たぐいまれな戦争随筆。長らく忌避されてきた"軍事的思考"を始めるに恰好な、助走路的エッセイ。
2017.8 295p B6 ¥1500 ①978-4-422-30071-9

◆箸もてば　石田千著　新潮社
【目次】1（もうそ、、おべんとさげて、空豆紀行 ほか），2（バニラの空目、おうちやさん、ある夏 ほか），3（縄文ぐらし、厨夏の陣、八百万の湯気 ほか）
2017.5 205p B6 ¥1700 ①978-4-86081-555-4

◆花びら供養　石牟礼道子著　平凡社
【要旨】ここ十数年の時を経て辿りついた新境地。『石牟礼道子全集』未収録の、二〇〇〇年以後に書かれた珠玉のエッセイ四十篇を一冊に。水俣の記憶を磁場から立ち上がる独自のコスモロジーは、一片の花びらに捧ぐ祈りのように、この世のかなしみに包み込み、時に鋭く真の不条理を照らしだす。齢九十を迎えた著者が今、直裁に伝えたいメッセージが。
2017.8 294p B6 ¥2500 ①978-4-582-83764-3

◆女と男の品格。　伊集院静著　文藝春秋
【要旨】週刊文春で大人気連載中の人生相談「悩むが花」傑作選。人生に効く100の処方箋。
2017.5 195p 18cm ¥926 ①978-4-16-390653-9

◆さよならの力——大人の流儀 7　伊集院静著　講談社
【要旨】去りゆくものに微笑みを。切ない思いも悲しみも、やがては消える。季節は移ろい、そして新しい人とまた出逢う。
2017.2 187p 18cm ¥926 ①978-4-06-220538-2

◆人生なんてわからぬことだらけで死んでしまう、それでいい。——悩むが花　伊集院静著　文藝春秋（文春文庫）
【要旨】『週刊文春』好評連載、「悩むが花」第2弾。読者からの名問・珍問に行きに親身にさらに厳しく答える伊集院氏の魂から発せられる言葉の数々。「人が人を救うことはできない。しかし共に闘うことはできる」「すぐ役に立つものはすぐ役に立たなくなる」一膝を打ったり頭を垂れたりしながら読み進み、人生そんなに悪くないと思う一冊。
2017.4 203p A6 ¥540 ①978-4-16-790839-3

◆旅だから出逢えた言葉　伊集院静著　小学館
【要旨】世界を巡る作家・伊集院静が、20年以上続く旅の日々を振り返りまとめた、心に残る33の言葉。スペインの巡礼の道、ゴッホ・モネが愛した北フランスの街、白樺山地の森。国内外の旅で出逢った、フランシスコ・ザビエル、

ミングウェイ、王貞治、城山三郎、恩師、家族らの言葉は、何気ない事柄でも私たちに人生を考えるヒントや勇気を与えてくれる。大切にしたい「ひと言」を見つけられる珠玉の紀行文集。
2017.2 229p A6 ¥540 ①978-4-09-406391-2

◆旅よ どの街で死ぬか。—男の美眺　伊集院静著　集英社
【要旨】「大人の男」は、いかに生きるべきか。パリ、バルセロナ、ダブリン、上海…etc. 街を眺め、旅を通して人生を知る一冊。「孤」を知るにはどうすればいいか。さまようことである。旅をすることである。伊集院静が綴る、珠玉のエッセイ！
2017.3 221p B6 ¥1400 ①978-4-08-781623-5

◆文字に美はありや　伊集院静著　文藝春秋
【要旨】歴史上の偉大な人物たちは、どのような文字を書いてきたのか。この一冊に、書のすべてがわかる。月刊「文藝春秋」大反響連載エッセイ。
2018.1 253p B6 ¥1600 ①978-4-16-390777-2

◆グレイのものがたり　いせひでこ著　中央公論新社
【要旨】絵描きの一家にシベリアンハスキーの子犬がやってきた。愛くるしくも家族をふりまわす子犬時代、成長したある日の突然の発作、そして末期ガンの宣告…。風のように駆け抜けた犬との五年の生活を、スケッチと文章で綴るエッセイ。『グレイがまってるから』『気分はおすわり』『グレイの日』『グレイのしっぽ』、合本にて待望の復刊！　2017.6 477p A6 ¥1200 ①978-4-12-206422-5

◆猫だもの——ぼくとノラと絵描きのものがたり　いせひでこ絵・文，かさいしんぺい文　平凡社
【要旨】一匹のノラとの出会いが、人生を変えることだってある。——キタカルとの出会い以来、それまで、近くにいながら縁遠きものだった猫という存在に、カメラと心のファインダーを向け続けた。——ある日、ともだちやしんぺいから手紙が届いた。ノラ猫キタカルとの日々を読むうちに、スケッチ帖はまだ見ぬ猫のスケッチでいっぱいになった。小学校高学年～一般。
2017.9 55p A5 ¥1200 ①978-4-582-83766-7

◆沖縄、シマで音楽映画——『島々清しゃ』ができるまで　磯田健一郎著　編集室屋上
【要旨】一人の「音楽監督」が映画の企画を持ち込んだら、脚本まで書くことになってしまった！　沖縄の離島を舞台にした映画『島々清しゃ』の始めから終わりまでを描いた制作の記録であり、映画への、沖縄への愛に溢れたエッセイ。
2017.8 219p B6 ¥2500 ①978-4-9906105-6-2

◆わたし今、トルコです。　市川ラク著　KADOKAWA（BEAM COMIX）
【要旨】2015年、この文化に憧れまくった女流漫画家が、単身トルコのイスタンブールに移住した。魅惑の国の"素顔"は、困りものだけど、エキサイティング！　話題の体当たりエッセイ・コミック。
2017.12 160p A5 ¥920 ①978-4-04-734935-3

◆老いの残り福　市本百合枝著　（名古屋）ブイツーソリューション，星雲社 発売
【要旨】日本人最高齢夫婦で一年間留学（百合枝75歳、隆幸81歳）、中国最高峰広州美術学院へ。60歳・70歳過ぎない、前を向いて歩きましょう。老いも又、尚有難や。残り福、何かが見つかるはず。歩みつづける魂。
2017.10 218p A6 ¥1500 ①978-4-434-23835-2

◆ことばの万華鏡　一海知義著　藤原書店
【要旨】中国古典文学の碩学が、漢詩・漢語の豊かな知識を背景に、ことばの多様性と歴史の深みをかいま見せてくれる。著作集未収録随筆集、第二弾。
2017.6 414p B6 ¥3600 ①978-4-86578-125-0

◆症原探幽　糸井秀夫著　杉並けやき出版，星雲社 発売
【要旨】日本の国を動かす政治や経済、その指導層の中には、病根や腐敗菌が、存在する場合がある。常々、この国を好きだと思うが、そうした日本を汚がすまで修正したくない、無くさせたい。そんな思いを幾つか述べてみた。
2017.5 170p 19x14cm ¥1200 ①978-4-434-23282-4

◆あぁ、だから一人はいやなんだ。　いとうあさこ著　幻冬舎
【要旨】ぎっくり腰で一人倒れていた寒くて痛い夜。いつの間にか母と同じ飲み方してる「日本酒ロック」。海外ロケでの一人トランジット。森三中・大島さんの感動的な出産。40歳で体重計を捨てたから止まらない「わがままボ

ディ」。大泣きのサザン復活ライブ。22歳から10年住んだアパートの大家さんを訪問。20年ぶりに新調した喪服で出席したお葬式。…etc. 笑って、沁みて、元気になるエッセイ集。
2017.2 274p A6 ¥1400 ①978-4-344-03124-1

◆銀漢亭こぼれ噺——そして京都　伊藤伊那男著　北辰社，星雲社 発売
【目次】旅の始まり、船出、激流へ、翻弄される日々、血筋が争えない、叔父「池上雄人」のこと、井上井月のこと、そして京都、「食べもの散歩」
2017.4 182p B6 ¥1500 ①978-4-434-23064-6

◆切腹考　伊藤比呂美著　文藝春秋
【要旨】鴎外を読むことが、生きる死ぬるにつながるのである。かつて切腹のエロスに魅せられた詩人は鴎外に辿り着く。侍たちの死生観をさぐりつつ語りなおす「阿部一族」。日本語を解さぬ夫を看取りながらの「ちいさんばあさん」。誕生、離別、天災・無常の中を生き続けるのだ。
2017.2 280p B6 ¥1700 ①978-4-16-390603-4

◆閉経記　伊藤比呂美著　中央公論新社（中公文庫）
【要旨】変わっていく身体、減らない体重、親の老い、夫の偏屈。更年期に次々とふりかかる事態に女たちは奮闘する。その闘いこそが、「漢」と書いて"おんな"と読むにふさわしい——ほど火照るからだで日米を往復し、仕事に介護にラテン系エクササイズと全力で駆け抜けた日々。人生と格闘する多くの女たちの支持を得る、パワフルなエッセイ集。
2017.6 306p A6 ¥1000 ①978-4-12-206419-5

◆ステキな奥さん あはっ 2　伊藤理佐著　朝日新聞出版
【要旨】「ドブ板に捨てる力」で続くオトナ女子の友情、「この本買ったらお金なくなる？」ムスメの大声にかたまる母の心…40代半戦を大笑いに苦笑い、福笑いで迎える大人気エッセイ第二弾！　巻末付録に家族ネコ、トラとマツの描きおろし漫画も！　エッセー42本+4コマ漫画6本！
2017.7 111p A6 ¥1200 ①978-4-02-251479-0

◆また！　女のはしょり道　伊藤理佐著　講談社（講談社文庫）
【要旨】がんばったメイクが夫に不評、紫外線との闘いで可愛さを放棄し本来転倒、結婚式もしょぼっとしたぐーたらな美容の求道者が、四十にして妊娠・出産。猫の介護も入り、筋金入りのはしょり道に初めての危機到来？　笑って納得の実践エピソードてんこ盛り、あのぐーたらビューティーエッセイが帰ってきた！
2017.11 137p A6 ¥530 ①978-4-06-293800-6

◆寂しい生活　稲垣えみ子著　東洋経済新報社
【要旨】会社を辞め、大切なものと別れ、一人ぼっち…。掃除機、レンジ、エアコン、冷蔵庫まで捨て電気代月150円。アフロのイナガキさん、『魂の退社』に続く、第二の物語。
2017.6 294p B6 ¥1400 ①978-4-492-04612-8

◆ルネサンスin京都——福井の地からの反転　稲垣春彦著　アテネ出版社
2017.2 66p A6 ¥950 ①978-4-908342-91-2

◆夢のなかの魚屋の地図　井上荒野著　集英社（集英社文庫）
【要旨】書けないときに思い出す、小説家だった父の「とにかく二時間、机の前に座ってみろ」という言葉、「誰よりも美しい女」だった母。古本屋である夫との、驚きと嘆息に満ちた結婚生活。友人たち、食べることへの情熱、家事をしながら聞く音楽、ストーリーを考えながらの家事、仕事部屋に忍び込んでくる愛する猫。そして、書きつづけることへの迷い…。直木賞作家・井上荒野の軌跡を知る、初のエッセイ集。
2017.3 250p A6 ¥560 ①978-4-08-745556-4

◆色川武大・阿佐田哲也ベスト・エッセイ　色川武大，大庭萱朗編　筑摩書房（ちくま文庫）
【要旨】純文学作家・色川武大と雀聖・阿佐田哲也というふたつの顔をもつ人。突然眠り込んでしまう奇病ナルコレプシーに悩まされつつも、鉄火場をくぐり抜けたかのような目は、外界に向けられるとき常に鋭く、また暖かい。色川名の時代、文学、芸能、ジャズ・映画、交遊。阿佐田名の博打、食。息を飲むような気迫あふれるエッセイを全7章に編んでお届けする。
2018.1 369p A6 ¥950 ①978-4-480-43495-1

◆戦争育ちの放埒病　色川武大著　幻戯書房（銀河叢書）

◆昭和を追うように逝った無頼派作家の随筆群、待望の初書籍化！単行本・全集未収録の86篇。
2017.10 411p B6 ¥4200 ①978-4-86488-129-6

◆私の旧約聖書　色川武大著　中央公論新社（中公文庫）改版
【要旨】「旧約聖書を読んで、はじめて、(神でなく)人間の叡智というものに底知れぬ怖れを感じました」。中学もろくすっぽ行かないで、ずっと不良じみた一匹狼でしのいできた著者が若き日偶然に出会った旧約の世界。イェホバは律を求め、人々は生を望む一神と人間との約束事を描く旧約聖書に向き合い、対話し続けた自伝的省察の記。
2017.2 233p A6 ¥720 ①978-4-12-206365-5

◆声にならなかった声　岩崎保則著　七つ森書館
【要旨】戦争は高くつく、原発は高くつく、金と命は民から、こんな高笑いを黙らせる法…。
2017.6 269p B6 ¥1800 ①978-4-8228-1778-7

◆ぼくの半生――病気に負けない生き方　岩谷尚著　幻冬舎メディアコンサルティング、幻冬舎発売
【要旨】"初三" "青春時代" "リハビリ生活" 病気で倒れて障害が残っても、ユーモアだけは忘れずに生きてきた。脳出血で右手以外動かなくなった男が見出した「幸せな人生」とは？ 人生の意味、その根源に迫る珠玉のエッセイ集。
2017.9 151p B6 ¥1200 ①978-4-344-97417-3

◆ことばの散歩道 7 成語・ことわざ雑記　上野恵司著　白帝社
【要旨】毛沢東から鄭麗君まで。成語・ことわざを巡る著者薬籠中の日中言語文化比較エッセイ。
2017.10 190p B6 ¥1400 ①978-4-86398-301-4

◆明日は、いずこの空の下　上橋菜穂子著　講談社（講談社文庫）
【要旨】十七歳の夏スコットランドで迷子になり、研究の地オーストラリアで羊の尻尾を食べ、イランの遺跡を前に母と二人息を呑む――旅は苦手なのに、二十ヵ国以上を巡った作家上橋菜穂子が、異国の地で見聞きし、食べ、出会い、心動かされた出来事を表情豊かに綴る。物語を育む土壌となった旅にまつわる名エッセイ。
2017.12 214p A6 ¥580 ①978-4-06-293787-0

◆物語と歩いてきた道――インタビュー・スピーチ&エッセイ集　上橋菜穂子著　偕成社
【要旨】「守り人」シリーズをはじめとする傑作を著し、国際アンデルセン賞作家賞、本屋大賞(『鹿の王』)などにかがやく作家、上橋菜穂子。これまで発表してきた単行本未収録のインタビューやスピーチ、エッセイ、そして書店でのフェアのためにお選びした大切な本。約七〇〇冊のリストが一冊にまとまりました。折々の言葉から、壮大な物語を描く作家のたどってきた道のりが浮かびあがります。
2017 205p B6 ¥1500 ①978-4-03-003440-2

◆ステラ・ポラリス　植松紫魚子著　(鎌倉)かまくら春秋社
【要旨】あの日、ぼくらを導いてくれたもの。遠のくほど、鮮やかに甦る胸の奥の鼓動。心に残る幼き日からのアメリカの日々を振り返り綴る珠玉のエッセイ集。
2017.1 139p B6 ¥1400 ①978-4-7740-0706-9

◆桜に想う　鵜飼礼子著　鼓燈社
【目次】第1章 朝星夕星(学徒動員、寒暁の灯、菊の露、錆びた刀、竹の皮剝ぐ ほか)、第2章 桜に想う(雪にも負けず、埋火の抄、トンネルの彼方、父の微笑、ささ舟 ほか)
2016.12 242p A5 ¥2000 ①978-4-87782-142-5

◆捨てる女　内澤旬子著　朝日新聞出版(朝日文庫)
【要旨】乳癌の治療の果て、変わってしまった趣味嗜好に。生活雑貨や家具、靴に洋服、長年蒐集してきたお宝本、ついには配偶者まで、40年の人生で溜め込んだすべてのものを切り捨てる、捨て暮らしエッセイ。講談社エッセイ賞受賞作『身体のいいなり』の後日譚。
2017.4 263p A6 ¥640 ①978-4-02-261899-3

◆大貧帳　内田百閒著　中央公論新社(中公文庫)
【要旨】無心者や押売りが悪態をついて、二円や三円のお金がないと云う者はいないどと云い出すと、蔭で聞いていても可笑しくなる。そう云う俗物にはそんな気がするかも知れないが、悪はないとうに洗った様になくなる。

。質屋、借金、原稿料…飄然としたなかに笑いが滲みでる。お金にまつわる三十八篇。
2017.10 293p A6 ¥800 ①978-4-12-206469-0

◆十二章のイタリア　内田洋子著　東京創元社
【要旨】様々な本、様々な人との出会い…。『ジーノの家 イタリア10景』の著者による半生記ともいえる、魅惑のエッセイ集。
2017.7 237p B6 ¥1500 ①978-4-488-02774-2

◆対岸のヴェネツィア　内田洋子著　集英社
【要旨】幻都の永遠と日常を描く十二章。
2017.11 209p B6 ¥1400 ①978-4-08-781644-0

◆どうしようもないのに、好き――イタリア15の恋愛物語　内田洋子著　集英社(集英社文庫)
【要旨】好奇心に満ち個性豊かなイタリア人の恋愛は、万華鏡のよう。秘めた関係を覆う、濃厚な薔薇の香り。絵に描いたような幸せの切ない顛末。きらめいて、でもすぐに消えてしまうシャンパンの泡に似た恋。老熟した愛は、すべてを赦す深い慈しみ…。解こうとするほどにいっそうもつれる人間模様は、役者が次々と入れ替わる舞台さながら。イタリアの暮らしを通して内田洋子が綴った、15の恋愛物語。
2017.8 241p A6 ¥560 ①978-4-08-745628-8

◆ボローニャの吐息　内田洋子著　小学館
【要旨】ラッファエッロの「聖母画」数奇なる盗難事件ほか、イタリアの日常にひそむ美を巡る15の人間ドラマ。在伊30年余の著者が描く最新随筆集。
2017.2 365p B6 ¥1600 ①978-4-09-388546-1

◆聞かなかった聞かなかった　内館牧子著　幻冬舎(幻冬舎文庫)
【要旨】「残念だ」という自分の気持ちさえ断言できず、「残念だったかな」と言ってしまった国会議員に笑止千万と言い放ち、まともに挨拶できない子供は、親の責任！と苦言を呈する。もはや日本の将来は、真っ暗どころの騒ぎではない!?歯に衣着せぬ物言いに、著者本人も思わず怯む、直球勝負の痛快エッセイ五十編。日本人の心を取り戻す必読の一冊!!
2017.4 267p A6 ¥600 ①978-4-344-42587-3

◆毒唇主義　内館牧子著　潮出版社(潮文庫)
【要旨】日常生活の中の何気ないひとコマを、"毒ある毒"をスパイスに、ドラマとして鮮やかに切り取ってみせてくれる52編の痛快エッセイ。辛口華麗、愛情濃厚――。著者特有の「歯に衣着せぬ」筆致は、深い慈愛に満ち溢れているからこそ、読めば、心にストレートに響く。読めば、スカッと爽快！私たちが日ごろ忘れてしまいがちな大切なもの・ことを思い出させてくれる。
2017.4 ¥713 ①978-4-267-02118-3

◆定本 薔薇の記憶　宇野亞喜良著　立東舎、リットーミュージック発売(立東舎文庫)
【要旨】奇才画家の筆致が冴える、日常と夢想を往来して綴られた記憶の断片。魅惑のエッセイ集。
2017.5 383p A6 ¥900 ①978-4-8456-3043-1

◆実装的ブログ論――日常的価値観を言語化する　宇野文夫著　幻冬舎メディアコンサルティング、幻冬舎発売(幻冬舎ルネッサンス新書)
【要旨】元TV報道番組プロデューサーである著者が12年にわたって書き続けているブログ「自在コラム」から、直近4年における選りすぐりの記事を抜粋。「日頃の自らの感性や思考をニュースだと発想し、文字にして表現する」という実装的ブログ論の書籍化。
2017.12 145p 18cm ¥800 ①978-4-344-91455-1

◆ああ、素晴らしき人生。　梅本健次郎著　幻冬舎メディアコンサルティング、幻冬舎発売
【要旨】生きろ。生きるためでもなく、自分のために。1948年、いわゆる団塊の世代に当たる年に生まれた。事故もなく病気もせず、今日まで生きることができた。ただ、最後に自分の人生を形に残してみようと思ったのだ――。
2017.9 392p A6 ¥1400 ①978-4-344-91362-2

◆ぬかよろこび　嬉野雅道著　KADOKAWA
【目次】空港へ向かう電車の中で世にもおかしな人を見た話、その気もなかったのに、なぜか珈琲の味を究めるお膳立てをされてパニックに陥る男の話、生まれてはじめての銭湯で、どこで服を説げばいいのか分からず中が真っ白になった男の話、鋏ちゃんに会ってしまった夜の話、ぼくのおじさんと、ぼくの家族と、あのこの話、レジでのイラつきをなくした男の話、人類の遺産がありながら後世に受け継がれていく

のだと信じた男の話、小学6年の夏、水泳大会に人生を見た男の話、高校3年の夏、床屋のオヤジにあんたハゲるよと言われ、7年半引きこもった男の話、いつか女房と見た映画の話、山形県の東根温泉の食堂でかつ丼のうまさに泣く話、子供のころ父親に聞かされた不思議な話の答えに、「水曜どうでしょう」のロケ中にたどり着く話、おかえり、私の人生の恩人たち
2017.5 263p B6 ¥1250 ①978-4-04-601552-5

◆ヨーロッパ、日本 歌紀行　榮田卓弘著　彩流社
【要旨】イギリス史の専門家であり、歌人でもある著者の第二歌集『流水』と歴史的背景に裏打ちされたイギリス、アイルランド、ヨーロッパ大陸、そしてインドの含著のある歌紀行！
2017.12 183p B6 ¥1800 ①978-4-7791-2427-3

◆激動のまなびや 一生きたいように生きる女子道　江崎びす子著　KADOKAWA(ピクシブエッセイ)
【要旨】kawaii ときどき闇深い女子の日常あるある！激動のSNS時代を駆け抜けるイマドキ女子・まなびすのホンネに共感。
2017.6 139p B6 ¥1100 ①978-4-04-069308-8

◆蜜柑の恋　衛藤夏子著　(松山)創風社出版(俳句とエッセー)
【目次】第1章 文学のこと(俳句、エッセー)、第2章 仕事のこと(俳句、エッセー)、第3章 映画のこと(俳句、エッセー)、わたしの十句(わたしの十句――一期一会)
2017.9 139p B6 ¥1400 ①978-4-86037-252-1

◆多摩川のほとり――随筆と写真　榎本良三著　(立川)けやき出版
【目次】第1章 多摩の今昔――多摩の中心 八王子から立川へ、天然理心流剣法 日野農兵隊と佐藤彦五郎 ほか、第2章(太平洋戦争と私、梅と鶯の思い出 ほか)、第3章(神代植物公園と深大寺、代官川崎平右衛門の謝恩塔 ほか)、第4章(小河内ダムについて、武蔵国の国府府中市 ほか)
2017.6 207p B6 ¥1500 ①978-4-87751-571-3

◆照る日 曇る日 一心のふるさと能登穴水と私　海老名香葉子著　石川県穴水町、(金沢)北國新聞社出版局 発売
【要旨】石川県の地元紙北國新聞での珠玉の連載。夫・初代林家三平亡きあとも家族と一門を支え育んだそのパワーの原動力は？
2017.8 198p B6 ¥1000 ①978-4-8330-2108-1

◆ウスバかげろう日記――狐狸庵ぶらぶら節　遠藤周作著　河出書房新社(河出文庫)
【要旨】年齢なんかに負けないぞ！七十代半ばにしてダンス、英会話に励み、劇団「樹座」の座長を務め、ぶらり旅を楽しみ、悪戯に精を出す日々！「面白可笑しくこの世を渡る」「七十にしてカラム元気」「猿が庵にやってきた」等九十七篇を収録。時代を超えた達人的生き方！
2017.2 315p A6 ¥800 ①978-4-309-41511-6

◆人生の踏絵　遠藤周作著　新潮社
【要旨】『沈黙』の作家による名講演、初の活字化！
2017.1 189p B6 ¥1400 ①978-4-10-303523-7

◆沈黙の声　遠藤周作著　青志社　新装版
【要旨】神よ、なぜ応えてくれないのですか？私はその答えを『沈黙』の中で雄弁に語り尽した。明かされる『沈黙』秘話。
2017.11 277p 18×12cm ¥1200 ①978-4-86590-055-2

◆フランスの大学生　遠藤周作著　小学館(P+D BOOKS)
【要旨】仏留学生活を瑞々しい感受性で描いた著者のデビュー作。1950年、27歳の遠藤周作は文学研究のため、いち留学生としてフランスに渡る。そこにはいまだ大戦の荒廃が色濃い日々の暮らしがあった。ナチスの残虐行為、肉欲、黒ミサ、サド、ジイド等々、ときに霧深いリヨンの街で、あるときは南仏の寂しい曠野で、人間の魂の暗部を掘視しながら綴った思索の足跡――。愛とは、信仰とは？本書は、戦後初の留学生として渡ったフランスでの学生生活について日本に書き送った原稿をまとめたエッセイ集であり、著者の原点ともいえるデビュー作である。
2017.6 209p B6 ¥500 ①978-4-09-352303-5

◆ルーアンの丘　遠藤周作著　PHP研究所 増補新版
【要旨】こんなにも瑞瑞しい青春があった。戦後初の留学生としてフランスにわたった遠藤周作。留学先から書き送ったエッセイと日記に、恋人

エッセイ

フランソワーズへの「恋文」を新たに収録。
2017.8 239p B6 ¥1350 ①978-4-569-83840-3

◆いとしいいとしい日々のこと。　大木明子著　幻冬舎メディアコンサルティング, 幻冬舎 発売
【要旨】ゆっくりゆっくり生きていこう。それは、なんでもない日常。でも、抱きしめたくなるほど愛おしい日々。大切なことを教えてくれる心温まるエッセー集。
2017.5 103p B6 ¥800 ①978-4-344-91287-8

◆賞玩唯心　大久保裕司著　創樹社美術出版
【目次】骨董唯心の章（花一輪、勾玉、金銅菩薩立像 ほか）、古玩唯心の章（古唐津碗、秋草、白磁面取り小瓶 ほか）、方丈唯心の章（コップ他、瀬戸白磁面取り小碗、仮面 ほか）
2017.3 287p 20×13cm ¥4800 ①978-4-7876-0098-1

◆風呂上がりの気分にさせるメッセージ　大島脩平著　創英社/三省堂書店
【要旨】80歳を過ぎたからこそ、枕のかたちが気になり、毎日几帳面に便秘改善にはげむ。その上、かわいい菜園を守るため日々大奮闘。前向きに自己流に生きる83歳、初のエッセイ！
2017.8 247p B6 ¥1600 ①978-4-88142-164-2

◆山の宿のひとり酒—ニッポンぶらり旅　太田和彦著　集英社（集英社文庫）
【要旨】山の香に匂われて独酌を楽しむ青梅の旅。川越では蔵造りの町並みをさまよい三軒はしご。なじみの居酒屋訪問から始まる藤沢の旅では観光スポット・江の島を完全ガイド。軍港・横須賀で近代化の歴史に肌で触れ、山深き高山で日本の美を再発見。一関では算額なるものに目を見張り、秋深くらりの大津では地酒と鰤寿司の抜群の相性に大感動—居酒屋愛を引っさげて、ぶらり一人旅。シリーズ最終巻。
2017.4 289p A6 ¥660 ①978-4-08-745577-9

◆インディアンにならないイカ!?　太田幸昌著　鳥影社
【要旨】海洋の民とすごした仰天な孤島の暮らし。カナダ西海岸バンクーバーアイランド。先住民の島フローレスアイランドでは、倒壊寸前の築100年になるバックパッカーズ・ホステルで孤軍奮闘。自然と人間の仰天わくわくエピソード！体当たりロングステイ・アドヴェンチャー。
2017.2 259p B6 ¥1300 ①978-4-86265-589-9

◆男と女の台所　大平一枝文・写真　平凡社
【要旨】台所で出会った、19通りの愛と別れの物語。暮らし・エッセイ。朝日新聞のウェブマガジン「&w」大人気連載待望の書籍化。
2017.2 238p B6 ¥1600 ①978-4-582-62062-7

◆二丁目の叔父さん—ゲイの天才、モモエママの人生語り　大谷峯子著　三一書房
【要旨】星も見て泣いていた乙女な少年時代から、新宿二丁目・老舗ゲイバーのママになるまで。壮絶でコミカルなおしゃべり満載！
2017.6 253p B6 ¥1600 ①978-4-380-17004-1

◆角満さんちのるーさん—ネコマンガエッセイ　大塚角満著, 酢coイラスト　Gzブレイン, KADOKAWA 発売
【要旨】アメリカに降臨してわずか3ヵ月…！月間PV20万オーバー！笑撃ネコマンガエッセイ。ブログ読者も大感激の大量の描き下ろしマンガ&エッセイ収録！
2017.12 189p A5 ¥1200 ①978-4-04-733300-0

◆敏感性自滅ガール—吹奏楽部エッセイ　大塚みちこ著　竹書房（BAMBOO ESSAY SELECTION）
【要旨】これから「コンプレックスにまみれた私が青春を謳歌した話」というエッセー小説を持った女の子が吹奏楽部を通してコンプレックスと向き合った大塚みちこによる自伝的エッセイコミック遂に刊行！
2017.12 161p A5 ¥1300 ①978-4-8019-1276-2

◆老人になったとき、語るべきものを持っているか—シニア世代の学習帳　大深俊明著（大阪）風詠社, 星雲社 発売
【要旨】日々の人間模様の中に隠された「大切なもの」とは何か。山陽新聞の人気コラム「芦田川」に掲載された話を中心に、生きるヒントとなる55の話を収録。福祉教育に携わってきた著者が還暦を過ぎた今、語るべきものを投げかける。
2017.9 194p 18cm ¥800 ①978-4-434-23776-8

◆なんでこうなるのッ!!　大宮エリー著　毎日新聞出版

【要旨】泣きながらゆけ、笑いながらゆけ、人生って愛なんだ！思いがけない事態に巻き込まれながら、もがきまくる"爆笑"エッセイ。
2017.11 235p B6 ¥1300 ①978-4-620-32483-8

◆のぞみ33歳。だだ漏れ日記　大盛のぞみ著　扶桑社
【要旨】ブクズ彼氏列伝、ラブホの清掃バイト、昔の痛いファッションetc…ほっこり下品な闇歴史、大幅加筆修正&新ネタも収録！
2017.5 159p A5 ¥1100 ①978-4-594-07707-5

◆忘れえぬ人びと　岡田朝雄著　朝日出版社
【要旨】日本でもベストセラーになったヘルマン・ヘッセの詩文集『庭仕事の愉しみ』の紹介者であるドイツ文学者が、忘れえぬ詩人・芸術家・文学者・俳優等、多彩な人々との交流とヘッセと蝶の出会いを綴った、滋味豊かなエッセイ集。
2017.7 261p B6 ¥2000 ①978-4-255-01010-6

◆ニューヨークの魔法のかかり方　岡田光世著　文藝春秋（文春文庫）
【要旨】世界一孤独な街なのに、人一倍お節介で、いつもユーモアを忘れない。だから毎日がなんだか楽しそう。忙しい人間関係に疲れたら、ニューヨークの日常をのぞいてみませんか。大人気シリーズの著者が、泣きたくなるほど温かい話とともに、どこでも使えるコミュニケーション術を初めて伝授。女優黒木瞳さんとの対談を特別収録。
2017.12 235p A6 ¥830 ①978-4-16-790989-5

◆コドモの定番　おかべりか著　中央公論新社
【要旨】そうそう、たしかにこうだった！コドモ目線での"あるある"満載。懐かしくて、ほのぼの笑えるイラストエッセイ。待望の復刊。
2017.2 133p A5 ¥1200 ①978-4-12-004945-3

◆煩悩ウォーク　岡宗秀吾著　文藝春秋
【要旨】テレビの地方ロケで地獄を見た話、大きな声では言えない阪神・淡路大震災体験談（その時〇〇した！）、ボーイスカウトで出会った恐怖のオカルト少年の話ほか、笑い話に噂話、猥談、怪談、失敗談…全部実話！数々の「キテレツな体験談」で評判のTVディレクターが鉄板エピソードをまとめた青春特盛りエッセイ!!
2017.11 239p B6 ¥1600 ①978-4-16-390764-2

◆コーヒーを淹れる午後のひととき　岡村健著（福岡）梓書院
【要旨】コーヒーの湯気の向こうから見えてくる歴史の情景、人の運命、医療事情…この悠久の世界。「ヒトが幸せになり、笑顔で暮らすには？」医療人そしてひとりの社会人としての医師がつづる、冬の日のあたたかいコーヒーのようなエッセイ集。
2017.3 489p 18cm ¥926 ①978-4-87035-596-5

◆犬とペンギンと私　小川糸著　幻冬舎（幻冬舎文庫）
【要旨】女子四人組で旅したインドでは、ヨガとカレー三昧。仕事で訪れたパリでは、お目当てのアップルパイを求めて一人お散歩。旅先で出会った忘れられない味と人々。でも、やっぱり我が家が一番！愛する家族の一員になった愛犬と「ペンギン」の待つ家で、パンを焼いたり、いちじくのジャムを煮たり。毎日をご機嫌に暮らすヒントがいっぱいの自己流エッセイ。
2017.2 361p A6 ¥600 ①978-4-344-42571-2

◆心地よさのありか　小川奈緒文, 小池高弘画　パイインターナショナル
【要旨】わたしの暮らしは、もっと心地よくなれる。暮らし、仕事、家事、おしゃれ。迷いの日々もおもしろがりながら、自分とまわりをゆっくり見つめ直した、ちいさなエッセイ33篇。
2017.3 159p 19×15cm ¥1600 ①978-4-7562-4892-3

◆とことん毎日やらかしてます。—トリプル発達障害漫画家の日常　沖田×華著　ぶんか社
【要旨】自閉スペクトラム症（アスペルガー）、ADHD（注意欠陥・多動性障害）、LD（学習障害）の沖田×華が自身の障害を笑いに変える！爆笑コミックエッセイシリーズ・待望の第4弾!!
2017.6 131p A5 ¥1000 ①978-4-8211-4461-7

◆日常学事始　荻原魚雷著　本の雑誌社
【要旨】ここちよい日常って何だろう？東京・高円寺暮らしのライターが自らの経験をもとに綴る、衣食住のあいだのこころのしのみ。怠け者のための快適生活コラム集。豆腐を使う「かさ増しレシピ」、賞味期限と食品の保存法あれこれ、洗濯ネットの効用、換気と健康の深い関係、値打ち優先の部屋選び…ひとり暮らし

の若者たちに伝えたい衣食住のABC。お金はないけど、無理せずのんびり生きていく。
2017.7 205p 19cm ¥1300 ①978-4-86011-403-9

◆君は決して一人ではない！　奥島孝康著　財界研究所
【要旨】偉大さの評価、デカンショ節と大学生の読書、安保世代の読書、「幸せな愛はない」、武将大カトーの見識、不屈の精神をもつ男、『馬上少年過ぐ』、小野梓記念公園と梓立祭、高校野球の隆盛と甲子園の栄光、甲子園だけが高校野球ではない〔ほか〕
2017.6 229p B6 ¥1500 ①978-4-87932-124-4

◆苦汁100%　尾崎世界観著　文藝春秋
【要旨】楽しい。恐い。売れたい。嬉しい。悔しい。やりたい。クリープハイプのフロントマンであり、作家・尾崎世界観が赤裸々に綴る、自意識過剰な日々。
2017.5 229p B6 ¥1200 ①978-4-16-390654-6

◆ぼくの東京全集　小沢信男著　筑摩書房（ちくま文庫）
【要旨】小説、紀行文、エッセイ、評伝、書評、詩、俳句。「新東京感傷散歩」でデビューして以来60年以上の文業において、作家は一途に「東京」を歩き、書いてきた。奇跡の鮮明な記憶、銀座に暮らした幼少期の思い出、佐多稲子や辻武夫の作品と人生、「千人斬」松の門三艸子…闊達なユーモアと確かな観察眼で、下町に生きる人々を描きだす。『東京骨灰紀行』著者の集大成。
2017.3 555p A6 ¥1300 ①978-4-480-43407-4

◆私のつづりかた—銀座育ちのいま・むかし　小沢信男著　筑摩書房
【要旨】1935年、銀座・泰明小学校の2年生だったオザワノブヲ少年が書いた作文のタネの数々は、持ち帰らぬ最愛の父により綴じられた、80代半ばとなった作家の眼前にある。遠足や軍楽隊パレードなどの学校行事、花火やデパートでのお出かけなど家族との思い出、そして友人と遊んだ銀座の町並み—幼少期の思い出が詰まっている。愛すべき出来事や風景である。オザワノブヲ少年が描いた絵も多数掲載！
2017.2 203p B6 ¥1400 ①978-4-480-81535-4

◆決定版 母に歌う子守唄—介護、そして見送ったあとに　落合恵子著　朝日新聞出版（朝日文庫）
【要旨】7年の介護生活を経て母は逝った。襲ってくる後悔、ぽっかり空いた時間、母のいない部屋。大切な人を亡くした悲しみと、どう向かい合うか。反響を呼んだ前二作からの35編に、見送ったあとの日々を綴った新たなエッセイ33編を加えた、介護・見送りエッセイの決定版。
2017.7 225p A6 ¥620 ①978-4-02-264852-5

◆旅に出たロバは一本・人・風土　小野民樹著　幻戯書房
【要旨】行ってみたいな、よその国。神保町から屋久島、トカラ列島、モンゴルの草原、メコンの大河。アジアのうちにどこか消え行く時代と、見えない未来を踏みしめる、時間紀行！
2017.7 238p B6 ¥2500 ①978-4-86488-125-8

◆随想集 変化の昭和　小野連太郎著　幻冬舎メディアコンサルティング, 幻冬舎 発売
【要旨】昭和、それは激動の時代。終戦、そしてその後の高度経済成長—人々は何を思い、どう生きたのか。遠い日の記憶を呼び起こす、珠玉の11編。
2017.1 111p B6 ¥1000 ①978-4-344-91078-2

◆追憶 下弦の月　尾原重男著（大阪）バレード, 星雲社 発売
【要旨】半世紀をともに過ごした妻との日々を失った痛み、亡き妻との思い出を綴ることで得た癒し、自身の生い立ちや、経験した戦争の悲劇、日本が貧しかった時代…74歳、人生のサード・クォーター。月の満ち欠けにたとえるならば下弦の月にあたる今、書き記す意味がある。
2017.11 361p B6 ¥1500 ①978-4-434-23989-2

◆一枚の絵の長い旅　小原瑞子著　本の泉社
【目次】一枚の絵の長い旅（一枚の絵の長い旅、私が求めていたこと—オーストラリアとは、親友ヘレン、ドンとハーヴィー、待望の永住権を得た ほか）、初恋の山マッターホルン（パリの日々、スイスへ）
2017.3 219p B6 ¥1500 ①978-4-7807-1609-2

◆痛みの作文　ANARCHY著　筑摩書房（ちくま文庫）
【要旨】こんなクソッタレな環境やけど、一生上向いて、全員かましたる一両親の離婚、バスケ

とケンカに明け暮れた日々、ヒップホップとの出会い、決意の暴走族参加、少年院での一年間、かけがえのない仲間と家族…。京都・向島団地の過酷な環境で育ったケンタ少年はラップを武器に奇跡を起こした。日本語ラップのカリスマが綴る魂震わすリアル・ストーリー。
2017.7 295p A6 ¥780 ①978-4-480-43453-1

◆世界は2人を愛してる　e子著
KADOKAWA
【要旨】いつまでも見続けていたい、いじらしい、愛らしい2人組×20。フォロワー数10万人超。Twitterで話題の甘美シチュエーション書籍化！
2017.4 205p 19×15cm ¥1100 ①978-4-04-601826-7

◆ホームシック一生活（2〜3人分）　ECD、植本一子著　筑摩書房　（ちくま文庫）
【要旨】ラッパー・ECDが、写真家・植本一子に出会い、家族をつくるまで。日常が変化していく様をECDの真摯で愛情を深く隠した文章で描く。植本一子の出産前後の初エッセイ「ビギナーズラック」も、二人の文庫版あとがきも魅力！植本一子撮影のカラー写真満載。
2017.9 206p A6 ¥880 ①978-4-480-43472-2

📖〔か行の著者〕

◆お父さんの日記　かあいがもん著　宝島社
【要旨】還暦中卒の父親、23歳と15歳の息子。一家全員フリーター…？それでも家族はこんなに楽しい！大人気ブログ、奇跡の書籍化！
2017.9 271p B6 ¥1380 ①978-4-8002-7645-2

◆食の王様　開高健著　角川春樹事務所　（ハルキ文庫）新装版
【要旨】シャンゼリゼ大通りでとびきりのフレッシュフォアグラを頬張り、ヴォルガ河のキャヴィアを食べ、ベトナムの戦地でネズミの旨さに仰天する。世界を股にかけた行動修業で、ビール、ワイン、ウイスキーなど酒という酒を飲み尽くす。己の食欲に向き合い、食の歓びと深淵を探る。旅に暮らした作家・開高健が世界各地での食の出会いを綴った、珠玉のエッセイ集を新装版にて刊行。
2017.12 220p A6 ¥600 ①978-4-7584-4136-0

◆巷の美食家　開高健著　角川春樹事務所（ハルキ文庫）新装版
【要旨】世界的な有名スパイの意外な好物、戦中の電極パン、ベルギーのショコラ、南米のスコッチなど、最高の食と酒から、ゲテモノまで、一度は味わいたい逸品の数々。行動家として世界中を旅した開高健による、傑作エッセイ集を新装版にて刊行。
2017.12 242p A6 ¥620 ①978-4-7584-4135-3

◆不幸な国の幸福論　加賀乙彦著　（新座）埼玉福祉会　（大活字本シリーズ）
【目次】第1章 幸福を阻む考え方・生き方（「考えない」習性が生み出す不幸、他者を意識しすぎる不幸）、第2章「不幸増幅装置」ニッポンをつくったもの（経済成長優先で奪われた文化）、「つながり」、流され続けた日本人）、第3章 幸福は「しなやか」な心に宿る（不幸を幸福に変える心の技術、幸せを選択する人生から、幸福を生む・担う生き方へ）、第4章 幸せに生きるための「老い」と「死」（人生八十五年時代の「豊かな老い」の過ごし方、死を思うことは、よく生きること）
2017.6 383p A5 ¥3300 ①978-4-86596-179-9

◆OLaD—ほんとに「いいね」と思ってんの？　facebook column 2012-2017　香川誠著　（前橋）上毛新聞社
【目次】2012（号外「エンデバー退役と自分」、果たして、上手の手から溢れたものは…？ほか）、2013（三ヶ月のルールに学ぶマイノリ、有森裕子発言の功罪 ほか）、2014（ニュースな人、のらくろ ほか）、2015（知恵と悪知恵、カノっせりよりも大きな屈辱 ほか）、2016（おかしなニュース、メモリーが満タン ほか）、2017（お前バカだなぁ…と言われたい生き方、運行状況の確認作業 ほか）
2017.6 207p A5 ¥1500 ①978-4-86352-183-4

◆今日も一日きみを見てた　角田光代著
KADOKAWA　（角川文庫）
【要旨】生後三カ月で角田家にやってきたアメショーのトト。は、粘り強く慎重派で、運動音痴。ああやっぱり私に似てしまったんだねという同情、愛猫の寝息に至福を覚え、どうかと怖い夢を見ませんようにと本気で祈る。この小さな生き

ものに心を砕き世話しながら、救われているのは自分の方かもしれない—猫を飼うことで初めてひらけた世界の喜びと発見。愛するものとの暮らしを瑞々しい筆致で綴る感涙の猫エッセイに猫短篇小説も収録！
2017.6 221p A6 ¥520 ①978-4-04-105701-8

◆月夜の散歩　角田光代著　オレンジページ
【要旨】ささやかで愛おしい日常を、角田光代が綴る。
2017.11 205p B6 ¥1238 ①978-4-86593-187-7

◆降り積もる光の粒　角田光代著　文藝春秋（文春文庫）
【要旨】旅好きだが旅慣れない。時刻表が読めない、地図が読めない、しかも方向音痴。しかし私はどうしようもなく旅に出てしまうのだ。北海道、三陸から、メキシコ、パリ、バンコクへ。美食を楽しむ日もあれば、世界最貧国で危険を感じることもある。そんな日常のなかで出会った、きらきらと光を放つ美しい思い出。珠玉の名エッセイ。
2017.5 315p A6 ¥660 ①978-4-16-790858-4

◆東京時間旅行　鹿島茂著　作品社
【要旨】日本の近代を創った上野の博覧会、震災と空襲で郊外へ向かった文学者たち、1964年の五輪における都市大改造、古書街・神保町で過ごした思い出…。時代とともに絶えず変貌する東京150年の歩みを、博覧強記の文学者が独自の多彩な視点でたどりなおす。
2017.10 246p B6 ¥1800 ①978-4-86182-657-3

◆東京銀座六丁目 僕と母さんの餃子狂詩曲（ラプソディ）　かずこ著　集英社クリエイティブ、集英社 発売
【要旨】人生、お一人様。一回ぽっきり！もっと自由でいいんじゃない？子どもの頃から"普通"からはみ出ていた少年が、学校でのいじめや"母の壁"を乗り越え、人との出会いに導かれていくうちに、銀座でバーを開くことに！痛快饒舌自伝エッセイ。
2017.6 333p B6 ¥1500 ①978-4-420-31079-6

◆お父さん、だいじょうぶ？日記　加瀬健太郎著　リトルモア
【要旨】少々頼りないけどひょうきんな父と、愉快な家族の物語。
2017.9 191p B6 ¥1600 ①978-4-89815-466-3

◆昭和っ子の朝焼け　片山久志著　（須坂）川辺書林
【要旨】戦後の暮らしはこうして始まった。子供の目から見た信州の昭和20〜30年代、ちょっと切ない、うんと誇らしい、少年時代。
2017.7 318p B6 ¥1400 ①978-4-906529-87-2

◆歳のことなど忘れなさい。—いつまでも自分らしく生きるために　加藤恭子著　出版芸術社
【要旨】「もう歳よね…」というため息を高らかに笑い飛ばす！『文藝春秋』の巻頭で紹介された「年齢を気にしすぎる日本人」が話題となった著者による底抜けに明るい痛快エッセイ。
2017.9 189p B6 ¥1400 ①978-4-88293-502-5

◆断想 1 私のアフォリズム　かとうけん著　幻冬舎メディアコンサルティング、幻冬舎 発売
【要旨】教育、歴史、宗教、医学、政治、法律、文学…。多分野における著者の断想はきっとあなたに思考のヒントを与えてくれるはず。雅やかで鋭く、少しの毒を含んだ金言集。
2017.7 265p B6 ¥1300 ①978-4-344-91245-8

◆断想 2 私のアフォリズム　かとうけん著　幻冬舎メディアコンサルティング、幻冬舎 発売
【要旨】教育、歴史、宗教、医学、政治、法律、文学…。アトランダムにページを開くたび、新しい発見がある。雅やかで鋭く、少しの毒を含んだ金言集、第2巻。
2017.11 255p B6 ¥1300 ①978-4-344-91437-7

◆森林官が語る山の不思議—飛騨の山小屋から　加藤博二著　河出書房新社　（『飛騨の山小屋』改題・再刊）
【要旨】飛騨の山やま月淡く、灯りにもせぶ湯の煙…。山奥の世界はあくまで懐かしく、そこに棲むひとたちは哀しくもあたたかい。森林官の見た、湯小屋のおやじ、山窩の娘、雪和郎たちの物語。
2017.9 189p B6 ¥1200 ①978-4-309-22711-5

◆恬河童　加藤三紀彦著　幻冬舎メディアコンサルティング、幻冬舎 発売

【要旨】医学部国文科（？）卒の医師が贈る、失笑（苦笑）？コラム集。一般にあまり知られざる日常の裏側を情緒溢れる歌と共に綴った異色作。
2017.5 103p B6 ¥1200 ①978-4-344-91305-9

◆時雨の化　加藤敬子著　（大阪）竹林館
【要旨】大地を潤す穏やかな雨のように、心に沁み入る言葉。一晩のうちに聴覚を失った著者が綴る、言葉による創造と復活のエッセイ集。
2017.6 225p B6 ¥1500 ①978-4-86000-360-9

◆道草の詩—金澤啓写文集 2　金澤啓著　（福岡）海鳥社
【要旨】他人ばかりを慮ってきた自分に不都合な人生。人間模様の舞台で日々繰り広げられるドラマは共感、失望、希望、そして、人生にさまざまな彩りと影を落とした。たのしい思い出も、つらい記憶も、すべての出会いに感謝を込めて…。
2017.12 130p 20×22cm ¥2000 ①978-4-86656-017-5

◆エッセイ 専務理事の独りごと　金山茂人著　芸術現代社
【要旨】これを読めば今の音楽界が浮かびあがる！音楽界へ魂の兆し。音楽界裏から見ればなんだ、これは！音楽界はこれで良いのか？グルメ派ベートーヴェン。好きこそもののオーケストラ。楽器別オーケストラ大売りだし。雑感、苦悩、憧憬そして歓びの世界—などが話題満載！
2017.2 242p B6 ¥1800 ①978-4-87463-208-6

◆あんずとないしょ話　蟹江杏絵・文　東海教育研究所、東海大学出版部 発売　（かもめの本棚）
【要旨】版画家・蟹江杏が出会った子どもたち。その心の奥底にある本音を、創作活動の原点でもある自身の子ども時代を振り返りつつ、伸びやかな線と大胆な色づかいが印象的な版画と感性あふれる文章で綴った一冊。ミュージシャン（元たま）・石川浩司氏との対談も収録。
2017 125p A5 ¥2400 ①978-4-486-03905-1

◆マレーの感傷—金子光晴初期紀行拾遺　金子光晴著　中央公論新社　（中公文庫）
【要旨】どの村落にも村落のどの小さな家にも世界の波動はうちつけ、衝撃しているのだ。ただ私は旅行者なのであり、通り過ぎるものなので、それに気づかずにすませるのだ—妻・三千代の不倫を清算するため二人で旅立った南洋、中国、欧州、南洋。旅の記録を当時の雑誌掲載作や手帳からオリジナル編集。自伝三部作の原石ともいえる貴重な作品群。
2017.8 204p A6 ¥740 ①978-4-12-206444-7

◆おしゃべりな花たち—絵と短歌とエッセイと　鹿野好子著　（長野）ほおずき書籍、星雲社 発売
【目次】第1章 短歌（始まりは矢ぐるまの花、春、夏、秋、冬 ほか）、第2章 エッセイ（花は返してね、あんなに手を振って、冬のキャベツ、ウスベニアオイの手品、パネさん ほか）
2017.11 136p B6 ¥1600 ①978-4-434-23937-3

◆神谷美恵子—島の診療記録から　神谷美恵子著　平凡社　（STANDARD BOOKS）
【目次】ひとことに、島の診療記録から、万霊山にて、患者さんと死と、使命感について、自殺と人間の生きがい—臨床の場における自殺、いのちのよろこび、与える人と与えられる人と、医師が患者になるとき、初夢 ほか）
2017.8 219p 19cm ¥1400 ①978-4-582-53162-6

◆ひまわりのように　カレイナニ早川著、清水一利構成　双葉社
【要旨】カレイナニ早川氏とスパリゾートハワイアンズの歩み。昭和40年代後半、炭鉱閉山の危機に直面していた常磐炭砿は、社員生活を守るため中村豊副社長の指揮の元、常磐ハワイアンセンターに変貌を遂げていた。着々と施設の建設が進む中、唯一足りないのが炭鉱の子どもたちにフラを教える講師の存在。頭を悩ます副社長に奇跡の邂逅が起きる。それがカレイナニ早川氏との出会いだった。以来半世紀に渡りハワイアンズのフラガールを教え続けた早川氏だが、その道のりは平坦なものではなかった。開設当時の周囲の郷愁、学院閉鎖の危機、そして震災。フラ一筋を貫いた女の生き様がここにある。映画『フラガール』のモデルになった伝説のフラガール初の自叙伝。
2017.3 207p B6 ¥1300 ①978-4-575-31218-8

◆一日一敗のきらめき 負ける言葉365　カレー沢薫著　講談社

エッセイ

◆ブスのたしなみ　カレー沢薫著　太田出版
【要旨】"ブスに厳しいブス" カレー沢薫が最新の美容、健康法を駆使して目指す次世代美人!!「cakes」の大人気連載「ブス図鑑」が待望の書籍化!
2017.12 247p B6 ¥1000 ①978-4-7783-1604-4

◆やらない理由　カレー沢薫著　マガジンハウス
【要旨】虫のいい話のどこが悪い!? 自分のワガママを許すと、ちょっと気が楽になる!?
2017.11 223p B6 ¥1100 ①978-4-8387-2970-8

◆こころとお話のゆくえ　河合隼雄著　河出書房新社（河出文庫）『平成おとぎ話』改題
【要旨】ふだん気づかないことの隠れた深い意味を「お話」が明らかにしてくれる。話は様々なテーマによって広がりを持つのと同時に、どのテーマも驚くような深まりを見せ、たましいの動きを伝えてくる。文化やこころのゆくえに意欲的なヒントを与えてくれる、いまだに輝きを失わない、五十三のことばの花束。
2017.8 181p A6 ¥640 ①978-4-309-41558-1

◆川上徹"終末"日記―時代の終わりと僕らの終わり　川上徹著　同時代社
【要旨】2002年から2014年まで書き続けていた著者の日記と、その期間に発表されたエッセー、論考、書簡を時系列順に収録。
2017.10 309, 5p B6 ¥2700 ①978-4-88683-827-8

◆赤いゾンビ、青いゾンビ。―東京日記5　川上弘美著、門馬則雄絵　平凡社
【要旨】ネットで「あなたが一番もてる年齢」というものを調べたら、六歳。あなたの身の回りでも、不思議なこと、愉快なこと、実はいっぱい起こっていませんか?「事実は小説より奇なり」。もはやライフワークの大人気日記シリーズ、第5巻! 二〇一三年から二〇一六年収録。
2017.4 175p B6 ¥1300 ①978-4-582-83755-1

◆晴れたり曇ったり　川上弘美著　講談社（講談社文庫）
【要旨】「不純で鈍感な大人。けっこうわたしは、好きだ」「ときどきスランプは、やって来る」「さくら餅、あの葉っぱはどうするのか」「寝そべってものを読む癖のある子供だった」…日常のこと、読書のこと、子供のころの思い出。優しさと可愛さが同居する、心が温かくなるエッセイ集。未収録の一編も書籍初収録。
2017.2 268p A6 ¥620 ①978-4-06-293596-8

◆きみは赤ちゃん　川上未映子著　文藝春秋（文春文庫）
【要旨】35歳で初めての出産。それは試練の連続だった! つわり、マタニティーブルー、分娩の壮絶な苦しみ、産後クライシス、仕事と育児の両立…出産という大事業で誰もが直面するような、芥川賞作家の観察眼で克明に描き、多くの共感と感動を呼んだ異色エッセイが待望の文庫化。号泣して、爆笑して、命の愛おしさを感じる一冊。
2017.5 351p A6 ¥640 ①978-4-16-790857-7

◆すべてはあの謎にむかって　川上未映子著　新潮社（新潮文庫）
【要旨】見上げる雪空に響く賢治のことば。文豪「ドス」を貫く心揺さぶる「ラズ」の力。たらい回しにされるおばさんクレーマーの心中と、怒髪天を衝いた新幹線車内の衝撃。人気作家の日常は諸事ぐるぐる渦巻いてやがてあの謎へむかう…。オロロイ! からロマンチックまで、週刊新潮人気連載から厳選したエッセイ集。『ぜんぶの後に残るもの』『人生が用意するもの』を合本化し改題したオリジナル文庫。
2017.4 301p A6 ¥550 ①978-4-10-138862-5

◆BAR物語―止まり木で訊いたもてなしの心得　川畑弘著　集英社インターナショナル、集英社 発売
【要旨】名店はどのようにお客様をむかえるのか? 名バーテンダーが一杯のグラスにかけるような温かい情熱とこだわりとは…。ふつうでは知ることのないバーの裏舞台を知れば、一軒の本も一軒のバー。最良の案内書! 本書に登場する全国のバー40数店の地図も掲載。
2017.4 102p B6 ¥1200 ①978-4-7976-7340-1

◆たべもの芳名録　神吉拓郎著　筑摩書房（ちくま文庫）
【要旨】食べ物の味は、思い出と、ささやかな薀蓄、そしてちょっとのこだわりで奥が深くなる。ビフテキの表情をうかがい、鮓が届く前の予感を楽しみ、「カツソバは冷やしにかぎる」と忠告。「鯛」「うなぎ」「天ぷら」「ふぐ」「カレー」「じゃがいも」などなど、洒脱な文章で雅俗とりまぜた食材の真髄と広がりを官能的に描き出す、食べ物エッセイの古典の傑作。
2017.4 274p A6 ¥740 ①978-4-480-43437-1

◆心に残る名画―あの人この場面　菅野拓也著（大阪）風詠社、星雲社 発売
【要旨】映画の魅力、女優の美しさ、存在感ある人物の素顔、さらには、身近な動物たちの知られざる生態、食にまつわる思い出…。画家、詩人、教師、新聞記者という多彩な顔を持つ著者が、月刊誌『東京消防』に1983年から2005年にかけて連載した珠玉のエッセイ集。
2017.11 223p A5 ¥2000 ①978-4-434-23962-5

◆みちくさ道中　木内昇著　集英社（集英社文庫）
【要旨】人生は、寄り道をしながら進むくらいがちょうどいい。真っ直ぐと「人間」を描く小説を世に出し続けてきた著者。ソフトボールに打ち込んだ学生時代、夢の職業だった編集者時代の心持ち、考えたこともなかった執筆への道、何気ない日常生活の一コマ、そして、小説に込める思いと決意―。直木賞作家・木内昇を形づくる「道草」の数々を集め、新たな一面が随所に垣間見られる初めてのエッセイ集。
2017.7 223p A6 ¥520 ①978-4-08-745617-2

◆菊地成孔の粋な夜電波―シーズン1・5 大震災と歌舞伎町篇　菊地成孔、TBSラジオ著　Kノベックス
【要旨】あなただけ今晩は。悲しみよ今日は。そして武器よさらば。人気ラジオ番組、待望の書籍化!「神回」多数収録! 台本＆トーク・ベストセレクション109篇。セットリスト併録。
2017.10 404p B6 ¥1600 ①978-4-908059-81-0

◆木皿食堂 2 6粒と半分のお米　木皿泉著　双葉社（双葉文庫）
【要旨】私たちは物語をつくる。また明日も生きてみようって、思ってもらえるように―。夫婦ユニットの脚本家、そして小説家。物語の力を何より信頼している生きる者たちが、日々の生活の中で紡ぐコトバの数々…。心の襞に染みいるエッセイをはじめ、創作の源がわかるインタビューや、俳優・佐藤健との貴重対談、そしてラジオドラマのシナリオ完全版などを収録。まるごと一冊、生きたコトバの滋味を味わい尽くせる、「木皿食堂」シリーズ第二作!
2018.1 284p A6 ¥611 ①978-4-575-71473-9

◆極悪鳥になる夢を見る　貴志祐介著　文藝春秋
【要旨】ある時はスッポンに詫びつつ鍋を調理し、ある時はなぜ緑色の哺乳類がいないかを考察。またある時は読む者を虐する早口言葉をひねり出し、阪神タイガースには常に無償の愛を注ぐ―当代一流の知性派作家の意外な素顔の数々。機知と刺激溢れる初エッセイ集。講演「文学におけるヒューマニズムと悪について」を文庫特別収録。
2017.4 261p A6 ¥670 ①978-4-16-790840-9

◆石、転がっといたらええやん。　岸田繁著　ロッキング・オン
【要旨】音楽誌「ロッキング・オン・ジャパン」で11年続くエッセイが初の書籍化! バンドのこと、音楽のこと、電車のこと、京都のこと、酒に珍味のコモドオオトカゲのことまで、岸田繁的思考の欠片の一冊に。
2017.5 429p B6 ¥1500 ①978-4-86052-126-4

◆あっこちゃんと月の輪　紀島愛鈴華著　幻冬舎メディアコンサルティング、幻冬舎 発売
【要旨】アーティストとしての音楽活動で日々を謳歌する、40代主婦の自伝的エッセイ。
2017.11 172p B6 ¥1200 ①978-4-344-91444-5

◆50代からしたくなるコト、なくていいモノ　岸本葉子著　中央公論新社
【要旨】今しか、わかる。なりたかった私。今からなら、できる。悔いのない日々への準備。確かな自分の生き方をみつけるヒントが満載!
2017.12 219p B6 ¥1300 ①978-4-12-005029-9

◆ひとり上手　岸本葉子著　海竜社
【要旨】ごはんも旅もひとりでいける! ひとりだからこそ楽しめる。熱中するものがあると「老

い」にも強い。困った時は恥ずかしがらずに助けてもらおう。岸本流「ひとり上手」の楽しい生き方。
2017.4 202p B6 ¥1300 ①978-4-7593-1538-7

◆野次喜多本―喜多謙一との出会い百景　喜多謙一著　ギャラリーステーション
【目次】思想家、師範、一族、学友（中・高等學校）、恩師、盟友（大學校）、老中（取締役）、奉行（支店長）、勘定役、意匠役（でざいん職）（ほか）
2017.5 223p B6 ¥1600 ①978-4-86047-265-8

◆猟師になりたい! 2 山の近くで愉快にくらす　北尾トロ著　KADOKAWA（角川文庫）
【要旨】猟師2年目、後輩が出来た、狩猟サミットに参加した、ついに自力で獲物が…!? ジビエ忘年会、大人数での大物猟、害獣駆除活動、先輩猟師に訊く新事業。だんだんと"自然の中に身を置く作法"も分かってきた。そしてスランプを経て発見した驚愕の事実とは? 猟師になったらおもしろいことが一気に増えた。自然が近い、野性が近い、何より人と人が近い。新しい生き方がひらけていく、気負わない一歩一歩の記録がここに!
2017.10 238p A6 ¥680 ①978-4-04-104773-6

◆流されるにもホドがある―キミコ流行漂流記　北大路公子著　実業之日本社（実業之日本社文庫）
【要旨】好きなものは、おビールとお相撲と蟹など。平和と安定を好むキミコ氏が、まったく興味のない「流行」に挑んだ! 人気アプリに触発された感涙の人情話、某流行ランキングに従い、北陸新幹線に乗って金沢を目指す旅行記、かの名作に想を得たハロウィン物語、北海道の土産についての考察と試食レポなど。多彩な筆致を堪能できる傑作エッセイ集。
2017.6 300p A6 ¥620 ①978-4-408-55358-0

◆晴れても雪でも―キミコのダンゴ虫的日常　北大路公子著　集英社（集英社文庫）
【要旨】冬は毎日繰り返される雪かき、春はブルブル震えながらお花見、夏至が過ぎたら冬を恐れ、秋は迫りくる冬の気配を全力で無視する…。本当に判で押したように、毎年変わらないキミコの日常。ビールも凍る試される大地（北海道）で、雪と酒と妄想まみれの日々をつづったエッセイ、脱力日記の第2弾。ゆるゆる〜と生活していても人生には彩りがある! 生きる希望が湧いてくる、そんな一冊をあなたに。
2017.4 260p A6 ¥520 ①978-4-08-745576-2

◆私のことはほっといてください　北大路公子著　PHP研究所（PHP文芸文庫）
【要旨】人妻界の秘密を知っておののくのき、河童のひと夏の感動的な出会いと別れ、フェイスブックに「なりすましアカウントの削除」を申し込んで、深夜に父の部屋から漏れ出るテレビの大音量と格闘する日々…。ビールを飲みながら妄想を膨らませるキミコの日記風爆笑＆脱力エッセイ。あえて「見ない」という稀勢の里への応援、納豆パックに見る人生が進化を諦めた理由など、今回も笑いが止まらない!
2017.7 248p A6 ¥620 ①978-4-559-76733-8

◆荒野に立てば―十字路が見える　北方謙三著　新潮社
【要旨】執筆16年に亘る大長篇を完成させ、酒場では文字通り煙たがられ、海の基地で真剣を振り回し、メキシコでビールをラッコ飲みして、また新たなる長篇小説に挑む一現役の文豪の日常は、作品以上に豪快で型破り。次々に繰り出される至言の連続に中毒読者続出。人生の滋味、エッセイの醍醐味をあじわい尽くす一冊!
2017.6 254p 18cm ¥1700 ①978-4-10-356214-6

◆フレップ・トリップ　北原白秋著　岩波書店（岩波文庫）（第2刷）（第1刷2007年）
【要旨】フレップは赤い実、トリップは黒い実。ツンドラ地帯の灌木から白秋が選ぶ白秋の旅。船は国境の安別から真岡・本斗・豊原・大泊・敷香を巡りオットセイとロッペン島群れる海豹島へ。歌や手紙、創作をはさみ、異郷の人心と風景息づく、心はずむ紀行文。
2017.6 421p A6 ¥950 ①978-4-00-310487-3

◆愛さずにいられない―北村薫のエッセイ　北村薫著　新潮社
【目次】1 懐かしい人忘られぬ場所、2 言葉と謎と日常、3 読書 1992-2016
2017.3 316p A6 ¥1800 ①978-4-10-406612-4

◆続 蔦の葉通信―日々を味わう喜び　喜多村蔦枝著　（東村山）円窓社

【目次】1 201号～250号（2004年11月～2009年9月）、2 251号～300号（2009年9月～2011年8月）、3 301号～350号（2011年9月～2014年11月）、4 351号～400号（2014年11月～2017年9月）
2017.12 213p A5 ¥4400 978-4-87672-352-2

◆世渡り上手一生き生き 今92歳　北本廣吉著
（金沢）北國新聞社
【要旨】国難の時代だからこそ、世渡り上手があなたの未来を拓いていく。
2017.11 176p A5 ¥1389 ①978-4-8330-2125-8

◆水の容（かたち）　木村和也著　（松山）創風社出版（俳句とエッセー）
【目次】1（エッセー 無意識世界の共鳴、俳句 天上は、Yへの手紙）、2（エッセー俳詩 ねじめ正一―なぜか一ねじめ正一の詩の言葉、俳句 新鬼、教育の四季、私の十句一異空間へ、空と水と子どもを通路として）
2017.1 153p B6 ¥1400 ①978-4-86037-235-4

◆ジャック日記―she is 92 years old　木村かほる著　風濤社
2017.10 125p 19×12cm ¥1300 ①978-4-89219-436-8

◆あしたも快晴　木村治美著　PHP研究所
【要旨】ちょっと考え方を変えれば、曇った心にも光がさしてくる。円熟のエッセイストが描く、珠玉の68編。
2017.3 221p B6 ¥1500 ①978-4-569-83297-5

◆キムラ食堂のメニュー　木村衣有子著　中央公論新社（中公文庫）
【要旨】各地の飲食店主や職人の取材を続けるかたわら、自身のミニコミ『のんべえ春秋』を発行してきた著者が、懐かしの大食堂、小さな台所での工夫、郊外のコーヒーショップ、都会の片隅にある畑……。日常のささやかな変化を感じながら、さまざまな食べもの・飲みものとの出合いを綴る。おいしい話満載の一冊。
2017.10 267p A6 ¥720 ①978-4-12-206472-0

◆人生のお福分け　清川妙著　集英社（集英社文庫）
【要旨】『徒然草』で、生きている幸福をかみしめ、楽しく充実して生きろと教えてくれた兼好法師。娘時代から波長の合う『枕草子』の清少納言なと、古典を友とする暮らしの豊かさ。心に響いた映画や草花に感じる自然のこと。人生の途上に、道しるべとなった本や師や友。心に刻まれ、生きる杖となった言葉たち。生活の細部を愛おしみ、毎日を真剣に丁寧に生きた著者の勁くしなやかな生き方エッセイ集。
2017.1 218p A6 ¥500 ①978-4-08-745534-2

◆こういう旅はもう二度としないだろう　銀色夏生著　幻冬舎
【目次】ベトナム「世界遺産の街ホイアンに4連泊」、ニュージーランド「先住民のワイタハ族と火と水のセレモニーの体験ツアー」、スリランカ「仏教美術をめぐる旅」、インド「薄紅色に染まる聖域 春のラダックツアー」、イタリア「花のドロミテ 山塊を歩く」
2017.12 210p B6 ¥1300 ①978-4-344-03216-3

◆心をまっさらに、さらし期―つれづれノート 31　銀色夏生著　KADOKAWA（角川文庫）
【要旨】私は今、ぺらっとした1枚のさらしでぬぐい。清流で洗われて、どんどん過去の澱が流されていく。過去の出来事が、記憶が、色が、ぬけてぬけて、薄くなっていく。この充電中にやるべきこと。コツコツと小さなことを日々続けること。泳ぐことや臨書、ごはん作りや片づけ。今の私が望むもの。それは昨日の私が望んでいたものとは違う。もうそう思っていた、に囚われるのでなく、今、改めて、本当に思うことを思わなくては。
2017.3 406p A6 ¥640 ①978-4-04-104456-8

◆ぶかぶか浮かびとこれから―つれづれノート 32　銀色夏生著　KADOKAWA（角川文庫）
【要旨】この半年間の前半は、昨年同様毎日のようにマイペースに運動を続けた。興味はスタジオからプールへ移り、水の上にぷかぷか浮かぶ究極のリラックス法を編み出した。後半は息子の高校進学に伴い、色々な流れも自然と変化した。これからはより個性的に、我が道を進もうと決意する。隠者のようにひっそりと力強く、働き、動きたい。つれづれノート32冊目。
2017.9 396p A6 ¥680 ①978-4-04-105847-3

◆世界は水滴のように落ちていく　銀葉著　（名古屋）ブイツーソリューション、星雲社 発売
【要旨】物理の統一理論への発想の手掛かり―それは世界が一つの物体であること。常識的な一つの原理で素粒子から天体、暗黒物質までを説明する。
2017.3 91p A6 ¥400 ①978-4-434-23092-9

◆酒味酒菜　草野心平著　中央公論新社（中公文庫）
【要旨】えびの天ぷらでうまいのは尻っぽ、鮭は頭、牛は舌。釣った岩魚の臓物を洗って串にさし、川べりで見つけた小さな山椒魚を大鉢に入れ…。詩作のかたわら居酒屋を開き、自ら酒の肴を調理してきた著者による、野性味あふれる異色の食通本。
2017.11 258p A6 ¥800 ①978-4-12-206480-5

◆花のある暮らし　國吉和子著　鶴書院、星雲社 発売
【要旨】日々の暮らしの中で出会う花々は、遠い昔の父母の思い出に重なる。静謐な文章にエスプリと、ペーソスが滲む。エッセイの名手が紡ぐ「花のエッセイ集」。
2017.12 285p A6 ¥800 ①978-4-434-24030-0

◆浅草風土記　久保田万太郎著　中央公論新社（中公文庫）
【要旨】名句"竹馬やいろはにほへとちりぢりに"で知られる文人・久保田万太郎。浅草生まれ浅草育ちの生粋の江戸っ子が、明治・大正・昭和三代にわたって移りゆく町の姿を懐旧の情にみちた筆致で綴る。「雷門以北」「吉原附近」「浅草の喰べもの」「夏と町々」ほか全十九編。不朽の浅草案内。
2017.7 345p A6 ¥1000 ①978-4-12-206433-1

◆寝てもさめても猫と一緒　熊井明子著　河出書房新社
【要旨】私はひとりじゃない―いつも猫が生きる力を与えてくれた！ある時は別れに涙し、行方不明をせつなく耐え、新たな出会いに感謝する。昭和から平成へ。変わりゆく街角と猫たちとの哀歓あふれる日々。猫好きのあなたへ。
2017.2 222p B6 ¥1600 ①978-4-309-02545-2

◆泣いて笑ってまた泣いた 2　倉科透恵著　（鹿児島）ラグーナ出版
【目次】1 出版社と出会う（リラックマデビュー戦、会議はぐるぐる ほか）、2 日本でいちばん大切にしたい会社（坂本ゼミへ、黒insel史開帳 ほか）、3 ワカメが流された（ラグーナ出版訪問、原因不明の不調 ほか）、4 続編準備（書いたほうがいい、引っ越し ほか）
2017.10 199p B6 ¥1200 ①978-4-904380-67-3

◆めぐる季節―ときの流れの中で　栗原明理エッセイ・絵　クリロンワークショップ画空、銀の鈴社 発売
【目次】1月 我が家のおせち、2月 親友、3月 大泣きしたこと、4月 故郷、5月 旬の味、6月 約束、7月 夕涼み、8月 心に残る五句、9月 お気に入りの店、10月 くつろぎの時、11月 宅急便、12月 手紙【17.5】72p 25×26cm ¥1500 ①978-4-86618-014-4

◆色いろ骨牌（カルタ）　黒鉄ヒロシ著　小学館（小学館文庫）
【要旨】四十数年前、赤坂に「乃なみ」という旅館があった。そこに夜な夜なメンバーが集まり、始まるのは、麻雀、花札、カード。だが中心はあくまでも座談の楽しさにあった。吉行淳之介さん曰く、「まあ、気取って言えばサロンのようなものですな」。高名な作家・俳優・芸術家たちの中に、まだ二十代の青年が加わった。今は亡き、個性溢れる人々との交流を生き生きと描いた超面白エッセイ集。主役は人。吉行淳之介、阿佐田哲也・尾上辰之助（初代）・芦田伸介・園山俊二・柴田錬三郎・秋山庄太郎・近藤啓太郎・生島治郎、ほかに脇役たちも多士済々。交遊録の名品、初文庫化。
2017.5 267p A6 ¥600 ①978-4-09-406158-1

◆八十四歳だらしがないぞ　黒田はる著　（富山）桂書房
【目次】第1章 日々のこと（春がきた、楽しい方を選ぶ ほか）、第2章 周囲の人々（リビング・ウィル、地獄の釜は休まない ほか）、第3章 旅行（山高神代桜、雨が多い屋久島 ほか）、第4章 健康（病院を楽しむため、手を伸ばせば届く距離 ほか）、第5章 思い出（総曲輪小学校PTA、学童疎開 ほか）、第6章 ふれあい（タクシー運転手に同情、美容院でのお喋り ほか）
2017.4 183p B6 ¥1300 ①978-4-86627-027-2

◆その他の外国語 エトセトラ　黒田龍之助著　筑摩書房（ちくま文庫）
【要旨】英語、ドイツ語などのメジャーな外国語ではなく、「その他」とまとめられてしまうけど、世界のどこかで使われていることばがある。それらの無数のことばとの出合いやお付き合いや別れ？ を描いていくエッセイ集。役には立たないかもしれないけれど、これまで以上に外国語が好きになること。文庫化に際して、「十一年目の実践編チェコ共和国講演旅行記」を追加！
2017.3 398p A6 ¥880 ①978-4-480-43402-9

◆トットひとり　黒柳徹子著　新潮社（新潮文庫）
【要旨】「ザ・ベストテン」時代の舞台裏。毎日共に過ごした向田邦子、母と慕った沢村貞子、頼りになる兄貴の渥美清、「一回どう？」と誘った森繁久彌など、大好きな人たちとの交流。トモエ学園やパンダの研究、テレビ草創期、ニューヨーク留学、結婚未遂、ヌード写真などの思い出。そして友人たちを見送った今なお、ひとり活躍を続けるエンタテイナーが綴る珠玉の回想録。永六輔への弔辞を全文収録。
2017.11 373p A6 ¥630 ①978-4-10-133411-0

◆そっちのゲッツじゃないって！　ゲッツ板谷著　ガイドワークス
【要旨】ゲッツ板谷、約12年ぶりのコラム集。盟友"西原理恵子"との久しぶりの対談収録。
2017.12 255p B6 ¥1500 ①978-4-86535-633-5

◆キャッチャーインザ塾　ケーニッヒ渡邉著　（名古屋）ブイツーソリューション、星雲社 発売
【要旨】多摩ゼミナール。ここは安全、中立、脱日常の小さな基地。ここでは時間がゆっくり穏やかに流れるから、大人になり切れないteens達には居心地がいい。私は彼らの発信を受け取るcatcher、いつでも笑顔でいられるように見守る。
2017.6 221p B6 ¥1300 ①978-4-434-23378-4

◆幼年 水の町　小池昌代著　白水社
【要旨】水の町、深川に育った著者はじめての幼年記。湧きあがる追憶のエッセイと掌編幻想小説。
2017.12 173p B6 ¥2200 ①978-4-560-09588-1

◆感傷的な午後の珈琲　小池真理子著　河出書房新社
【要旨】恋のときめき、愛しい人たちとの別れ、書くことの神秘―喜びと哀しみに身をゆだね、生きていく。12年ぶり、芳醇な香り漂うエッセイ。
2017.9 217p B6 ¥1500 ①978-4-309-02606-0

◆猟師の肉は腐らない　小泉武夫著　新潮社（新潮文庫）
【要旨】現代に、こんなに豊かな食生活があったとは！福島の山奥、八溝山地。電気も水道もない小屋で自給自足の暮らしを送る猟師の義しゃんは、賢い猟犬を従えて、燻した猪や兎の肉に舌鼓を打ち、渓流で釣ったばかりの岩魚や山女を焼いて頬張り、時には虫や蛙、蛇までも美味しくいただく。先人らの知恵と工夫を引き継ぎ、自然と生命の恵みを余すことなく享受する、逞しくて愛すべき猟師の姿。
2017.4 373p A6 ¥630 ①978-4-10-125946-8

◆90度のまなざし　合田佐和子著　（鎌倉）港の人
【要旨】心ひかれるものだけを描き続け、同時代の芸術家たちと共鳴しあいながら、独自のスタンスで創作を続けた画家、合田佐和子。作品への思い、原風景、美術評、瀧口修造、寺山修司ら友人への追悼文など、生涯にわたる散文から厳選収録した。明晰な批評眼に支えられながら色彩豊かなことばが花を咲かせる自由奔放な文業。現実を笑い飛ばしつつ、霊性の高みへ、輝く世界への憧れを放ちつづけている。
2017.6 242p A6 ¥2800 ①978-4-89629-326-5

◆わしの研究　神山恭昭著　（松山）創風社出版
【目次】わしの研究（松山最北端から最南端（陸続き）へ自転車（ママチャリ）で行くとどんくらいかかるかという研究、老人には命がけの研究、松山ビールをのみながら地小説を書こう研究、松山で唯一の貸本屋「貸本おおの」の研究、松山大小屋研究「小屋萌え！」、松山日向水大小屋研究、地老漫の研究、松山の玄関間口寸法研究、松山思い出学（その1）あだ名の研究、松山雄学の研究　松山弁の巻、松山交通学研究 1Dayチケットで市内電車に乗りまくる ほか）、形の研究
2017.3 138p B5 ¥1600 ①978-4-86037-244-6

◆絶対☆女子　小島慶子著　講談社
【要旨】女、中年、仕事と家族。隣の芝ごとろ、明日の自分も見えません!!仕事人・母・妻と、小島慶子が感じたココロ60選。Kissで圧

エッセイ 946

倒的共感を得た小島慶子のエッセイが、ついに書籍化!!
2017.12 191p B6 ¥920 ①978-4-06-510877-2

◆るるらいらい―日豪往復出稼ぎ日記　小島慶子著　講談社
【要旨】まさかの大黒柱、まさかの出稼ぎ生活。自由にキッパリ、今を生き抜く勇気とヒントが満載。
2017.6 186p B6 ¥1350 ①978-4-06-220616-7

◆美酒と黄昏　小玉武著　幻戯書房
【要旨】元「Suntory Quarterly」編集長・織田作之助賞作家が、懐かしき場所と時代を"秀句"で辿る、酒と酒場の文芸エッセイ。
2017.4 229p B6 ¥2200 ①978-4-86488-117-3

◆家族が居心地のいい暮らし　後藤由紀子著　あさ出版
【目次】1章 家事はこうして、こなしています(「家族揃ってごはんを食べる」時間がいちばん大事、「普通の食卓」を囲める幸せ ほか)、2章 とにかく「くつろげる」空間を。(家でくらい、ゆったりしてもいい、家は「安心できる」場所であってほしい ほか)、3章「今、このとき」を大切に(ほどほどの私が、100%で臨むこと、感動に値する日常 ほか)、4章 ようこそ「hal」へ(「hal」という店名の由来、仕事ができるより「感じのいい人」がいい ほか)、5章 人との「ご縁」を考える(これからやりたいこと、お金を落とす先を選ぶ ほか)
2017.7 204p 19cm ¥1300 ①978-4-86063-989-1

◆これはしない、あれはする　小林照子著　サンマーク出版
【要旨】82歳にして現役の美容研究家が語るこれからの人生を「生きるヒント」。
2018.1 249p B6 ¥1500 ①978-4-7631-3672-5

◆女優で観るか、監督を追うか―本音を申せば 11　小林信彦著　文藝春秋（文春文庫）
【要旨】元日の朝、大瀧詠一の訃報を聞くことになった2014年。喪失感を抱えながらも、名作映画や新作を鑑賞したり、アイドル女優の活躍に心を躍らせたり、一方で、戦災の記憶をもつ著者は、日本の現状に強い危機感を表明する。過ぎし日々のと、時とを交錯させながら、時代の姿を浮かび上がらせる。「週刊文春」連載の名コラム。第17弾。
2018.1 265p A6 ¥750 ①978-4-16-791004-4

◆わがクラシック・スターたち―本音を申せば　小林信彦著　文藝春秋
【要旨】すぐれた人々が、なぜすぐれているか―若い人はもう知らない、いま見ても輝いている名優たち。テレビやラジオを盛んにした昭和30年代の良き友人たち。とっておきのエピソードで綴った2016年のクロニクル。「週刊文春」好評連載単行本化第19弾。
2017.5 261p B6 ¥1800 ①978-4-16-390655-3

◆素晴らしき哉、常識!　小林よしのり著　イースト・プレス
【要旨】憲法改正、下流老人、「日本死ね」、爆買い、都知事選、「君の名は。」、生前退位…「炎上」論壇で物議を醸したブログと、「SAPIO」連載『ゴーマニズム宣言』を収録した、著者待望の「時評集」。
2017.2 458p B6 ¥1500 ①978-4-7816-1496-0

◆人生という花　小檜山博著　河出書房新社
【要旨】春夏秋冬、季節はめぐり、花々が咲き誇る生きている限り、あらたな希望が湧き上がる―「花」にかかわる名句や諺から、人間の奥深さを描く感動のエッセイ！
2017.4 229p B6 ¥1800 ①978-4-309-02559-9

◆コモリくん、ニホン語に出会う　小森陽一著　KADOKAWA（角川文庫）
【要旨】「皆さんは国語の授業が好きでしたか？」帰国子女という言葉すらなかった時代。コモリくんは書き言葉で話す、周りとちょっと違う小学生。そのために皆と"仲間"になり切れず、国語（特に「作文」！）が大嫌いになったコモリくん。そんな彼は日本語と格闘し、海外では日本文学を教える側になり、ついには日本を代表する漱石研究者にまでなってしまう。米原万里氏も多くの作家も笑賛した、自伝的エッセイの名著。
2017.6 286p A6 ¥720 ①978-4-04-105185-6

◆雨の日に感謝　小藪実英著　佼成出版社
【目次】楽に生きる、持ち味、すべてまかせる、一人もいい、おろかなこと、プラス思考、どう生きるか、心、希望、人間、人生、心を支えることば（応援歌）
2017.5 155p 19×15cm ¥1400 ①978-4-333-02758-3

◆スキップするように生きていきたい　こやまこいこ著　KADOKAWA（MF comic essay）
【要旨】うっかりやのんびりこと、いつでも元気な娘こつぶ、食べることが大好きな夫・しびれ。家族3人、小さな町で暮らしています。料理の手を抜いたり、たまに熱心に作ったり、仲良し3人組で持ち寄りランチ会を開いたり、気ままに楽しい毎日です。特になんということもないけれど、これがゆるい幸せのかたちなのかもしれません。毎日をごきげんに、軽やかに。家族の時間をていねいに描く、ほんわかコミックエッセイ。
2017.11 125p B6 ¥1000 ①978-4-04-069539-6

〔さ行の著者〕

◆それでも それでも それでも　齋藤陽道著　ナナロク社
【要旨】写真家・齋藤陽道が言葉と写真で綴るはじめてのエッセイ集。「週刊金曜日」の人気連載、待望の書籍化。
2017.8 180p 20×15cm ¥1800 ①978-4-904292-75-4

◆もぐ∞（もぐのむげんだいじょう）　最果タヒ著　産業編集センター
【要旨】詩人、食べ物を語る。ほぼ書き下ろし、全25作品。
2017.10 151p 17×13cm ¥1300 ①978-4-86311-166-0

◆スナックさいばら サバイバル篇　西原理恵子著　KADOKAWA（角川文庫）
【要旨】「ワレ鍋にトジ蓋」は男と女の不都合な真実。今ハメてる男が自分の点数とわきまえるべし。それでも相手がハズレならどう頑張ってもダメなのもまた事実。必要なのは頑張らない勇気。いい嫁にいきたいと同義と心得て、我慢相撲みたいに降りるが勝ち！結婚という人生の一大事業を乗り切るためのノウハウ満載。いもんしょっぱいもん、両方あって初めて些細な幸せがしみじみ嬉しい。人生の真理をズバリ突いた女の幸せ説法第五弾。
2017.1 270p A6 ¥680 ①978-4-04-104559-6

◆オトナのたしなみ　柴門ふみ著　キノブックス
【要旨】本物の「オトナ」になりたい後輩女子に贈る人気エッセイ！
2017.1 238p B6 ¥1400 ①978-4-908059-60-5

◆今年の春は、とびきり素敵な春にするってさっき決めた　さえり文,山科ティナ漫画・イラスト　PHP研究所
【要旨】これは言った！月間閲覧数1500万回突破！女子達の夢を詰め込んだ話題の「胸キュン妄想ツイート」がまさかのコミカライズ！Twitter未発表の「妄想シチュエーション」も多数収録!! 2017.5 158p A6 ¥1100 ①978-4-569-83552-5

◆森のノート　酒井駒子著　筑摩書房
【要旨】小さなトンネルの向こう側の森は、秘密のような、よその世界のような感じがする。静謐な絵と驚きに満ちた言葉が、ともに響きあう珠玉の1冊。
2017.9 157p A5 ¥2100 ①978-4-480-81537-8

◆気付くのが遅すぎて、　酒井順子著　講談社（講談社文庫）
【要旨】「一般の方」を選ぶ男性芸能人に殿方の真意を知り、世襲総理が"お友達"を登用するワケに呆れ、三、四十代アイドルの延命術に感心する。そんな生き様のおかしさよく見えるのに、大局観は抜け落ち気味。非凡な人生視力で切り取った「その時」を重ねて早十年超！殿堂入り人気エッセイシリーズ、新たな地平へ。
2017.11 261p A6 ¥620 ①978-4-06-293764-1

◆男尊女子　酒井順子著　集英社
【要旨】女は下、か。平等は幸せ、か。「男のくせに」と思ってしまうあなたへ。女性の中の男女差別意識をあぶり出す20章。
2017.5 243p B6 ¥1400 ①978-4-08-781628-0

◆忘れる女、忘れられる女　酒井順子著　講談社
【要旨】『私のことは、忘れてほしい。』政治でも芸能でも忘れてもらいたがる女が目白押し。スキャンダル全盛の日本を映す大人気エッセイ！
2017.10 235p 18cm ¥1300 ①978-4-06-220808-6

◆an・anの嘘　酒井順子著　マガジンハウス
【要旨】an・anにダマされて、女は大人になる。創刊から45年。アンアン2000号までを振り返る！巻末スペシャル対談：江原啓之さんと語る、「ア

ンアンの嘘」のホント。
2017.3 293p B6 ¥1300 ①978-4-8387-2915-9

◆片隅の美術と文学の話　酒井忠康著　求龍堂
【要旨】文豪や詩人、画家たちのサイドストーリー。川端康成の心を揺らした古賀春江、芥川龍之介の人生を写す鴇木清方と麻生三郎の三遊亭円朝をめぐる縁、澁澤龍彦の生前最後の本の注文書…読み出すと止められない、33話の名エッセイ。
2017.4 223p B6 ¥2800 ①978-4-7630-1712-3

◆発光　坂口恭平著　東京書籍
【要旨】新政府を立ち上げた二〇一一年から、小説家としての活動が活発となる二〇一五年まで、自身が「自動筆記」と呼ぶ、全ツイートを徹底して厳選し、再構成。坂口恭平の「行動・創造＝発光」の軌跡をそのまま定着、原稿化。
2017.4 734p B6 ¥1600 ①978-4-487-80585-3

◆坊さんは社会に役立っているか　坂口博翁著　東京図書出版, リフレ出版 発売
【要旨】不平不満を言って過ごしても同じ一日、喜びと感謝で過ごしても同じ一日。疑問は常に自分の中にある。
2017.7 249p B6 ¥1100 ①978-4-86641-073-9

◆浮き世離れの哲学よりも憂き世楽しむ川柳都々逸　坂崎重盛著　中央公論新社
【要旨】失われゆく日本人の智と情と粋とを、今にとどめおくエッセイ集。
2017.10 B6 ¥1300 ①978-4-12-005037-4

◆ある言語学者の回顧録―七十蹉跎（ななそゆく）　崎山理著　（大阪）風詠社, 星雲社 発売
【要旨】言語のない人間文化はあり得ない。文化から切り離した言語も考えられない。言語学の第一人者による留学記、講演、追悼文、対談等を収めたエッセイ集。
2017.11 195p A5 ¥1300 ①978-4-434-23732-4

◆ピンヒールははかない　佐久間裕美子著　幻冬舎
【要旨】NYブルックリンひとり暮らし。どこでも走り続けたい。大都会、シングルライフ、女と女と女の話。
2017.6 155p B6 ¥1300 ①978-4-344-03133-3

◆終着駅の手前　佐竹忠著　（名古屋）ブイツーソリューション, 星雲社 発売
【要旨】自分が知らないところで運命は動いて行く、その運命は吉か凶かこの太平の世に波乱万丈の人生がある男の物語がここにある。人の生き方は様々である。終着駅の手前で人々は何を思うのか。
2017.12 248p B6 ¥1204 ①978-4-434-24087-4

◆腐女医の医者道！―外科医でオタクで、3人子育て大変だ！ 編　さーたり著　KADOKAWA（メディアファクトリーのコミックエッセイ）
【要旨】オタクで医者なんて常識！？飛行機でまさかの「ドクターコール」！？家庭を持つことで突き当たった「私の医者道」とは―。オタクの現役外科医、さーたりさんが目撃したお医者さんの世界のぞき見コミックエッセイ第2弾！
2017.12 136p A5 ¥1000 ①978-4-04-069541-9

◆愛子の小さな冒険　佐藤愛子著　青志社
【要旨】ポップで元気すぎる昭和四十年代の世相を背景に、弾ける佐藤愛子。愛子さんのユーモアエッセイのはしりとなった代表作。
2017.11 269p B6 ¥1700 ①978-4-86590-053-8

◆犬たちへの詫び状　佐藤愛子著　PHP研究所
【要旨】「怒りの佐藤」は愛犬家か？犬の敵か？犬は犬らしくあれ、と願う著者の、こんな飼い方、愛し方。
2017.4 187p 18cm ¥1100 ①978-4-569-83809-0

◆こんな老い方もある　佐藤愛子著　KADOKAWA
【要旨】どんなに頑張っても、人はやがて老いて枯れるもの。いかに自然に老い、上手に枯れて、ありのままに運命を受け入れるか。少女時代や作家を目指した下積み時代、著名な作家たちとのエピソード、日々の暮らしで感じたことなどなど。「老い」という人生最後の修業の時をしなやかに生きる著者の痛快エッセイ！
2017.9 270p 18cm ¥820 ①978-4-04-082170-2

◆こんなふうに死にたい　佐藤愛子著　新潮社（新潮文庫）改版
【要旨】北海道の別荘で聞いた、屋根の上の不思議な足音―。それは霊から私への最初のメッ

セージだった。以来、頻繁に届けられるメッセージ、死者が投げかける合図の意味を探り、私は死後の世界や祖先のこと、やがて訪れる自らの死へと思いを深めていく。こんなふうに死にたいと考えることは、より素晴らしい生を望むこと。いまだ科学では計れない霊体験をあるがままに綴ったエッセイ。
2017.2 173p A6 ¥430 ①978-4-10-106412-3

◆上機嫌の本 佐藤愛子著 PHP研究所
【要旨】ままならない人生を、いかにして上機嫌で乗りこえたか？ 人間万事塞翁が馬。元気が出る本！
2017.3 214p 18cm ¥1100 ①978-4-569-83805-2

◆それでもこの世は悪くなかった 佐藤愛子著 文藝春秋 (文春新書)
【要旨】人から見れば悲劇かもしれない人生。しかし、正々堂々、力いっぱい生きた私はいま、満足だった人生は、どうしてできた？ 93歳、初の語り下ろし人生論。
2017.1 183p 18cm ¥780 ①978-4-16-661116-4

◆冥途のお客―夢か現(うつつ)か、現か夢か 佐藤愛子著 (新版)埼玉福祉会 (大活字本シリーズ)
【目次】あの世とこの世、怪人の行方、どこまでつづく合戦ぞ、ノホホンと天国行き、心やさしい人への訓話、生きるもたいへん 死んでもたいへん、珍な、地獄は…ある。あの世からのプレゼント、狼男は可哀そうか、死は終りではない
2017.6 317p A5 ¥3000 ①978-4-86596-173-7

◆破れかぶれの幸福 佐藤愛子著 青志社 新装版
【要旨】他人の物差しを怖れない、佐藤愛子の原点。四十代の愛子がここに詰まっている！
2017.7 237p 18×12cm ¥1400 ①978-4-86590-046-0

◆愛おしいノラ猫ちゃん 佐藤真紀子著 (大阪)風詠社、星雲社 発売
【目次】1 ノラ猫ちゃんたちの現状、2 ピュアちゃん、3 ジュンちゃん、4 おとちゃん、5 幸ちゃん、6 ノラ猫ちゃんへの思い
2017.11 30p A5 ¥800 ①978-4-434-24025-6

◆新しい分かり方 佐藤雅彦著 中央公論新社
【要旨】「ピタゴラスイッチ」「I.Q」「考えるカラス」をはじめ、あらゆる角度から認知の地平を切り開いてきた佐藤雅彦の、標石となる一冊。
2017.9 265p A6 ¥1900 ①978-4-12-005008-4

◆ヒロのちつじょ 佐藤美紗代著 太郎次郎社エディタス
【要旨】彼には、ちょっと変わった癖やこだわりがある。そこには彼の世界がつまっている。その無数のこだわりには、ヒロの「秩序」があるのだ。ダウン症の兄・ヒロの日常を大学生の妹が淡々と描きだす。距離をつめぬ愛がこぼれる観察的イラストエッセイ。
2017.6 93p 19×17cm ¥1400 ①978-4-8118-0822-2

◆ヨーコさんの"言葉" わけがわからん 佐野洋子文、北村裕花絵 講談社
【要旨】全世界300万部のベストセラー『100万回生きたねこ』の著者の言葉が痛烈！ NHKの人気番組・大人に響くイラストエッセイ第3弾。
2017.1 175p A5 ¥1700 ①978-4-06-220461-3

◆葉山 喜寿婚の浜 佐山透著 展望社
【目次】初めに 海を舞ったふたつのM、1 聖母被昇天、2 美と芸術の女神、3 ふたつの心のためらい、4 ふたりの世界、5 花散る下で、6 音楽に乾杯、7 いまを生きる、8 来年は喜寿か、9 清い心、清い夜、10 最終章
2017.4 247p A5 ¥1800 ①978-4-88546-326-6

◆わたしのおせっかい談義 沢村貞子著 光文社 (光文社文庫) 新装版
【要旨】粋な人生とは？ しばれたらきとは？ 下町育ちの江戸っ子気質で知られた名女優がユーモラスに痛快に語った、自らの生い立ちから、食に対する思い、夫婦のあり方、美しく歳を重ねる秘訣まで、噛みしめるほどに味わい深い言葉の数々に、生きる知恵が詰まっています。エッセイストとしても名高い著者の講演会でのスピーチをまとめた、『わたしの茶の間』姉妹編。
2017.9 252p A6 ¥600 ①978-4-334-77530-8

◆わたしの茶の間 沢村貞子著 光文社 (光文社文庫) 新装版
【要旨】贅沢はしないけれど、食卓には心づくしの料理を並べる。常にこざっぱりとして自分に合った装いを心がける。そして、まわりの人に優しく、でも嫌なことは、心ゆたかに

生きるには？ 下町育ちの気風のよさで知られた名女優・沢村貞子が折々に綴った、日々の暮らしの楽しみ、浅草の人々の思い出、夫への愛情、老いへの心構え―。珠玉のエッセイ集が、待望の復刊。
2017.8 364p A6 ¥700 ①978-4-334-77514-8

◆おれたちを跨ぐな！―わしらは怪しい雑魚釣り隊 椎名誠著 小学館
【要旨】おれたちが釣っている魚は猫もまずいと言ってまたいでいく。どしゃめし爆笑釣行記待望のシリーズ第6弾！
2017.8 275p B6 ¥1400 ①978-4-09-379895-2

◆おれたちを笑え！―わしらは怪しい雑魚釣り隊 椎名誠著 小学館 (小学館文庫)
【要旨】若狭だ、奄美だ、四万十だ！ 結成から十年。隊長・椎名誠率いる雑魚釣り隊は、テントと釣り竿かついで、東へ西へ、南へ北へ。今日も焚き火宴会の肴になりそうなオサカナ目指して駆け巡る。「小さな雑魚でも、鍋にぶちこみゃダシになる！」と雄叫びながら、今回狙うのは、カンパチ、アマダイ、マグロにヒメマス。おいおい、雑魚はどこいった？ あげくの果てには、賞金目当てにインドネシア・バリ島のフィッシングトーナメントにまで出場してしまった身の程知らずの男たち。その運命やいかに？ 大人気釣行記シリーズ「わしらは怪しい雑魚釣り隊」の爆笑必至の第5弾！
2017.6 354p A6 ¥670 ①978-4-09-406425-4

◆カツ丼わしづかみ食いの法則―ナマコのからえばり 椎名誠著 集英社 (集英社文庫)
【要旨】ヒトの釣った魚を横取りして生ビールでカンパイ。尿酸値増加の危機も糖質ゼロのビールで軽くいなし、豪快かつ芸術的なカツ丼の食い方に魅せられる。駅のトイレでマーフィーの法則に振り回されるも自然破壊などの社会問題にスルドく迫り、ここにきて雑誌副刊に乗り出した。ついにナマコが霊長類最強じいじいに進化か！? 旅に出てサケを浴びて原稿を量産するかもをつづる痛快エッセイ第9弾。
2017.8 201p A6 ¥520 ①978-4-08-745629-5

◆北の空と雲と 椎名誠写真・文 PHP研究所
【要旨】「北への旅」で、出会った人々。そして、ときどき雲。仙台、酒田、盛岡、秋田、むつ、函館…ひゅるんと吹きぬけた風を追いかけて。最新フォトエッセイ集。
2017.12 219p 21×15cm ¥1900 ①978-4-569-83700-0

◆ソーメンと世界遺産―ナマコのからえばり 椎名誠著 集英社 (集英社文庫)
【要旨】なぜケータイショップのおねえさんの言葉は理解不能なのか。なぜ選挙に出るヒトはタスキにハチマキなのか。なぜ自転車に乗ったオバサンはいきなり飛び出してくるのか。なぜつまらない通販CMを5分間も見てしまうのか。なぜ常にシメキリ地獄にわしはおるのか!? ビールのみつつシーナは今日も無駄な思考で夜がすぎるのだった。ナマコ・エッセイ第8弾。
2017.2 205p A6 ¥520 ①978-4-08-745545-8

◆長さ一キロのアナコンダがシッポを噛まれたら 椎名誠著 KADOKAWA (角川文庫)
【要旨】地下生活の考察と未来都市の姿、宇宙人がエイリアンふうイカタコ系でしかもぬらぬらぐちゃぐちゃではなく、長さ一キロのアナコンダがいたら、もし服が発明されていなかったら…？ 世界の暑い場所、寒い場所―辺境の旅の生々しい経験に、科学ノンフィクションの知識を加えてみた！ 行動派作家・椎名誠が、「もし…が…だったら…」という思いつきをアレコレひねりだして考えた、やわらか頭のくねくねSFエッセイ！
2017.9 251p A6 ¥600 ①978-4-04-106544-9

◆今夜もカネで解決だ ジェーン・スー著 朝日新聞出版
【要旨】リンパドレナージュ/ヒノキ酵素風呂/ヨモギ蒸し/ダイエット鍼/岩盤浴/カイロプラクティック/ドイツ式フットケア/生姜温熱療法/ヘッドスパ/ハワイアンロミロミ…セレブサロンの美魔女に超絶技巧の妖姫。誰かに触れてもらうことで癒される体とココロがここにある。いざ行かん、地上の楽園へ！ 疲れた体と凹んだ心を抱え、今日も街を彷徨う。ジェーン・スーの読むマッサージ！
2017.3 223p B6 ¥1300 ①978-4-02-331578-5

◆愛と死の真実 塩見香世著 (広陵町)UTAブック
【目次】あなたは、寂しくないですか、宗教書ではありません、愛とか死という言葉から何を連

想しますか？、男と女の愛、親子の愛、煩悩、私達は肉の愛が知りたい、本当の愛が知りたい、心の奥深くに届く愛、なぜ、人は愛を求めるのか、愛すること、死ぬこと、本当の自分との出会い、真実を見つめて、愛と死を語っていけば…、思いに忠実に…
2017.4 197p B6 ¥1000 ①978-4-908193-13-2

◆逆襲される文明―日本人へ 4 塩野七生著 文藝春秋 (文春新書)
【要旨】イスラム国の蛮行、ヨーロッパの不協和音、押し寄せる難民、トランプ登場…大変動期の今こそ歴史に学ぶべきではないか。古代ギリシア、ローマ帝国、中世ルネサンスと、半世紀にわたって文明の繁栄と衰退を見つめ続けた著者が導きだしたものは。
2017.9 250p 18cm ¥920 ①978-4-16-661140-9

◆再び男たちへ―フツウであることに満足できなくなった男のための63章 塩野七生著 文藝春秋 (文春文庫) 新装版
【要旨】内憂外患の現代日本。人材が枯渇したのか、政治改革はなぜ成功しないのか、いま求められる指導者とは？ 外圧に惑い、世界で大きな役割を任されぬこの国の真の国際化を問う。身近な話題から国際問題まで、豊かな歴史知識と鋭い批評が冴える警世の書、新装版。
2018.1 284p A6 ¥730 ①978-4-16-791003-7

◆眠る前5分で読める心がほっとするいい話 志賀内泰弘著 イースト・プレス (文庫ぎんが堂)
【要旨】おやすみ前のショート・ストーリー。一日の終わりに幸せな気持ちをくれる、40の物語。
2017.12 239p A6 ¥667 ①978-4-7816-7162-8

◆ちんちん電車 獅子文六著 河出書房新社 (河出文庫) 新装版
【要旨】品川を出発して、新橋、銀座、日本橋、上野、そして浅草へ―。獅子文六は愛してやまなかった都電に乗りこみ、街々をめぐる。車窓を流れるなつかしの風景、老車掌のたたずまいに、うまいもの。昭和のベストセラー作家お気に入りの都電と東京の街がよみがえる、名エッセイにして最高の東京案内。
2017.10 193p A6 ¥720 ①978-4-309-41571-0

◆「森の人(オランウータン)」が食べるブドウの味 篠田節子著 小石川書館
【要旨】アグリツーリズモ、熱帯雨林、先住民のアート、そしてヒトの進化までを小説家が旅する！ 取材旅行の舞台裏、創作の秘密、辺境グルメ、クラシック、進化生物学…思わずニヤリ、聞いてうなずく名対談も収録！
2017.3 303p B6 ¥1600 ①978-4-908610-03-5

◆一〇五歳、死ねないのも困るのよ 篠田桃紅著 幻冬舎
【要旨】生涯現役、一人暮らしを貫く希代の美術家、後世へのメッセージ。
2017.10 176p A6 ¥1100 ①978-4-344-03188-3

◆タイの微笑み、バリの祈り―昔前のバンコク、少し前のバリ 柴田和夫著 幻冬舎メディアコンサルティング、幻冬舎 発売
【要旨】タイ国プーミポン国王陛下逝去のニュースを知ったとき、一昔前のバンコク、そしてバリでの日々が甦った―。何気ない日々の幸せ。元外交官の著者が駐在当時の雑記をまとめたエッセイ集。
2017.11 291p B6 ¥1200 ①978-4-344-91449-0

◆燦泥舞日のつぶやき 芝原茂著 幻冬舎メディアコンサルティング、幻冬舎 発売
【要旨】過酷な戦争体験、夢のような高度経済成長、予期せずやってきた大病、偶然が重なり巡り会えた家族―。5・7・5調の見出しで見開き1頁にまとめられたエッセイと毎日新聞掲載作の短歌・川柳。気分の良い(燦)日も悪い(泥)日もある75年間の記録。
2017.4 197p B6 ¥1000 ①978-4-344-91172-7

◆痛快 不良警察官―ジョークだらけの しぶいはるお著、柳けんじ監修・構成 (横浜)三光出版社
【目次】不良警察官の原点、不良警察官パトロール、お見合いと機動隊、先生としての記憶、葛飾散歩 2017.1 225p B6 ¥1200 ①978-4-87918-102-2

◆エロスの解剖 澁澤龍彦著 河出書房新社 (河出文庫) 新装版
【要旨】母性の女神に対する愛の女神を、奇妙な道具"貞操帯"からさまざまなエピソードを紹介

文学

エッセイ

◆**貝殻と頭蓋骨** 澁澤龍彦著 平凡社（平凡社ライブラリー）
【要旨】澁澤にとって生涯ただ一度の中東への旅の記録「千夜一夜物語紀行」、モロー、デ・キリコ、ボス（ボッシュ）などの幻想美術、花田清輝、日夏耿之介、小栗虫太郎ら偏愛作家への讃辞、三島由紀夫、中井英夫、池田満寿夫、唐十郎、四谷シモン、金井美恵子など同時代を生きた人びとへの愛、オカルト、魔術、毒薬、そしてのちに「あらゆる芸術の源泉」と述べたノスタルジア…。渋澤龍彥の魅力が凝縮された幻の名著がついに再刊。
2017.12 261p 16×12cm ¥1300 ①978-4-582-76862-6

◆**澁澤龍彦玉手匣（エクラン）** 澁澤龍彦著、東雅夫編 河出書房新社
【要旨】これ一冊で澁澤がわかる、この一冊で澁澤をきわめる。30年目にとどいた冥府からの新著。稀代の名文家の全テクストから選びぬかれたエッセンス。
2017.7 207p 18×14cm ¥1600 ①978-4-309-02596-4

◆**少女コレクション序説** 澁澤龍彦著 中央公論新社（中公文庫）改版
【要旨】古今東西、多くの人々が「少女」に抱いた「情熱」に、さまざまな角度からメスを入れた思索の軌跡。
2017.7 225p A6 ¥680 ①978-4-12-206432-4

◆**神聖受胎** 澁澤龍彦著 河出書房新社（河出文庫）新装版
【要旨】反社会、テロ、スキャンダル、ユートピアの恐怖と魅惑など、猥褻罪に問われた「サド裁判」当時に書かれた時評論文のすべて。すでに一部の注目を集めはじめていた弱冠三十三歳の気鋭の評論家として、その真髄を示す評論集。時代は安保闘争直後の混沌とした雰囲気に包まれていた。後年とは異なり、時代と対峙する緊張をはらんだ批評が、随所に現れる。
2017.7 267p A6 ¥740 ①978-4-309-41550-5

◆**華やかな食物誌** 澁澤龍彦著 河出書房新社（河出文庫）新装版
【要旨】古代ローマの饗宴での想像を絶する料理の数々、フランスの宮廷と貴族の美食家たちや、美食に取り憑かれた奇人たちの奇行を描く表題作を含む、二十四のエッセイ集。考えられる限りの料理の数々と奇怪な話が満載。そのほか、ヴィーナス、キルヒャー、ダリなどの東欧芸術エッセイ、絵巻と中世に関するものや琳派など日本の芸術エッセイ、土方巽についてのエッセイなど、多岐にわたる一冊。
2017.7 228p A6 ¥700 ①978-4-309-41549-9

◆**ヨーロッパの乳房** 澁澤龍彦著 河出書房新社（河出文庫）新装版
【要旨】ボマルツォの怪物庭園、プラハの怪しい幻影、ノイシュヴァンシュタイン城、骸骨寺、パリの奇怪な偶像、イランのモスクなど、かねてから心惹かれ、著者の精神的な母胎であるヨーロッパへ初めて旅行した時に収穫したエッセイ。フランス、スペイン、イタリアなどの数ヶ月の滞在は、視る喜びと味わう楽しみに満ちたものだった。当時のみずみずしい印象を中心に編まれた紀行エッセイ。
2017.7 286p A6 ¥760 ①978-4-309-41548-2

◆**コラムの王子さま（42さい）** 渋谷直角著 文藝春秋
【要旨】この本は「笑い」と「幸せ」と「何だこれは？」で、できています。巻末付録31ページ「かわいい王国図鑑」付き。
2017.8 207p B6 ¥1200 ①978-4-16-390709-3

◆**窓ガラスが鏡に変わるとき** 島至著 幻冬舎メディアコンサルティング、幻冬舎 発売
【要旨】愛する。生きる。想う、気づく…僕の中で静かな革命が起こった一旅を通して生まれた、「人生とは何か」を問いかける珠玉の82篇。
2017.5 159p 18cm ¥1100 ①978-4-344-91280-9

◆**神々にえこひいきされた男たち** 島地勝彦著 講談社（講談社プラスアルファ文庫）
【要旨】エッセイスト、そして「サロン・ド・シマジ」バーマンである著者の人気サロンマガ「週刊SUPER Shimaji・Holic」が書籍化！テーマは女、

食、酒、仕事、本、映画について。そして神々にえこひいきされ、去っていった男たちに墓碑銘を。どこから読んでも楽しめるエッセイ集。
2017.5 487p A6 ¥980 ①978-4-06-281718-9

◆**老のくりごと―八十以後国文学談義** 島津忠夫著（大阪）和泉書院
【要旨】学界の第一人者であった著者が日本文学とその周辺のさまざまを語る珠玉のエッセイ集。時代・ジャンルを問わない100篇を収録。
2017.9 264p A5 ¥2500 ①978-4-7576-0802-3

◆**女子のつとめ（現代語訳）―新編下田歌子作集** 下田歌子著、実践女子大学下田歌子研究所監修、伊藤由希子訳 三元社
【要旨】少女、妻、主婦、母、姑、姉、妹、小姑。女性がたどる人生のステージごとの、自分も周囲も円満となる賢き振る舞いを説く。
2017.3 318p B6 ¥3200 ①978-4-88303-434-5

◆**そうだ、結婚しよう。―愛されつづける非常識のススメ** 下田美咲著 毎日新聞出版
【要旨】気鋭の恋愛コラムニストが予想外だった自らの結婚、妊娠を通してつづる幸せな結婚を呼ぶ非常識の哲学。cakesで大人気連載中「下田美咲の口説き方」の書籍化！アラサー未婚女子に放つ、痛快エッセイ。
2017.7 175p B6 ¥1200 ①978-4-620-32461-6

◆**想像力のスイッチを入れよう** 下村健一著 講談社（世の中への扉）
【要旨】国語の教科書（小5、光村図書）にのっている、あのエッセイが1冊に。東京・高知・福島での授業を、現場から実況中継。他者への想像力、情報への想像力、未来への想像力。3つの想像力を、アクティブ・ラーニングで育てよう！小学上級から。
2017.7 175p B6 ¥1200 ①978-4-06-287023-8

◆**オッパイ入門** 東海林さだお著 文藝春秋
【要旨】これなくして人類はいきられない。時に乳房であり、時にパイパイであり、時に乳幼児の食料の源泉であり、時にわけもなく揉んだりするものであり…ショージ君のオッパイ考。
2018.1 261p 18cm ¥1350 ①978-4-16-390779-6

◆**ガン入院オロオロ日記** 東海林さだお著 文藝春秋
【要旨】病院食、ヨレヨレパジャマ…見るもの聞くもの、すべてが目新しい。おや、なんだか面白くなってきた。堂々四十日！
2017.3 279p 18×12cm ¥1350 ①978-4-16-390614-0

◆**猫大好き** 東海林さだお著 文藝春秋（文春文庫）
【要旨】小学生時代からずっと猫や犬と暮らしてきたショージ君が考える、わがままだけど羨ましい猫の生き方研究「猫大好き」。長嶋・松井の国民栄誉賞イン東京ドームでの感動、そして自分が偉いのかはまた内臓がえらいのかをまじめに考える大作エッセイ「内臓とわたし」など、ショージ節が冴えわたる痛快エッセイ集。
2017.8 252p A6 ¥630 ①978-4-16-790913-0

◆**目玉焼きの丸かじり** 東海林さだお著 文藝春秋（文春文庫）
【要旨】ポンと割ってジュッ。目玉焼きは誰かが作ったのがいきなり目の前に出てくるより、自分で作って食べるほうがはるかにおいしい―。セリの哀れな境遇を嘆き、枝豆の正式な食べ方についてマジメに考えを重ねても、つぶアン派かこしアン派かで、人物像を鋭くプロファイル。大人気食エッセイシリーズ第37弾！
2017.8 252p A6 ¥630 ①978-4-16-791001-3

◆**焼き鳥の丸かじり** 東海林さだお著 朝日新聞出版（丸かじりシリーズ 40）
【要旨】「串外しはNG!!」にしみじみ思う…女性にとって焼鳥の串の存在とは？化粧事情、そして、立ちはだかる歯茎の問題。頑強にしがみつく砂肝をどうするか、かねてより最新刊「あれも食いたいこれも食いたい」第40弾！
2017.11 223p 19cm ¥1200 ①978-4-02-251504-9

◆**古典の細道** 白洲正子著 講談社（講談社文芸文庫Wide）
【要旨】記紀の記述の相違から倭建命に深くかかわる精神、能「大原御幸」の演者の一瞬の間に隠れた真実を引き出す感性。芸術・文学に造詣深い著者が、誘われるごとく、業平、小町、世阿弥、蝉丸、建礼門院、惟喬親王等、十二人の縁の地を訪ね歩き、正史に載らぬもう一つの姿を鮮やかに描き出す。伝承・伝説を語り継いだ名のない人々"語り部"、その心に共鳴し、慈し

む、自洲正子の独創的古典へのエッセイ。
2017.4 243p 17×12cm ¥1100 ①978-4-06-295513-3

◆**おしゃ修行** 辛酸なめ子著 双葉社
【要旨】買っても買っても服が足りない、店員に気を遣って購入、パリピに敗北感…だけど、おしゃれになりたい！奮闘する姿に共感&笑い溢れるファッションエッセイ。
2017.7 156p B6 ¥1200 ①978-4-575-31281-2

◆**魂活道場―スピリチュアル・レッスンで霊力・気力・魔力を鍛えてみました** 辛酸なめ子著 学研プラス
【目次】2015（ヘイズ中村先生の「水晶球霊視」クリスタルの中に願のようなビジョンが出現！、根本恵理子先生の「前世療法」前世はアトランティスの巫女？ グレイ系の異星人？、小原田弘美先生の「アニマル・コミュニケーション」最初はイエス、ノーで答えられるような質問から！ ほか）、2016（円明院の「運気好転術」奇跡の開運寺でパワーをチャージ！、ロン・バード先生の「霊視」アメリカンサイキックの秘密は、異星人の血筋!?、伊藤てんさく先生の「波動改善」今世や過去世のネガティブな思念をビシッと修正！ ほか）、2017（小林世征先生の「パワースポット探訪」必須アイテムは4点、服装はズボンが基本！、柴山郁子先生の「整膚セラピー」体中の皮膚をそっと引っぱって幸せに！、北斗柄先生の「易」当たるも八卦、当たらぬも八卦だが…、トランプ氏が心配!? ほか）
2017.12 167p A5 ¥1200 ①978-4-05-406608-3

◆**字が汚い！** 新保信長著 文藝春秋
【要旨】字の汚さには定評のあるコラムニストの石原壮一郎氏、女子高生みたいな字を書くゲッツ板谷氏、デッサン力で字を書く画家の山口晃氏、手書き文字を装丁に使うデザイナーの寄藤文平氏らに話を聞き、作家や著名人の文字を検証し、ペン字練習帳で練習し、ペン字教室にも通った。その結果、著者の字はどう変わったのか…!?手書き文字をめぐる右往左往ルポ。
2017.4 220p B6 ¥1300 ①978-4-16-390631-7

◆**末井昭のダイナマイト人生相談** 末井昭著 亜紀書房
【要旨】人生に迷ったら、人生の迷子の大先輩に聞いてみよう！母親のダイナマイト心中、3億円超の借金、ギャンブル漬け、不倫地獄、パニック病…。数々の人生の苦難を味わった末井さんが、寄せられた悩みを慈愛の心で受け止めます。末井さんからあなたへの、優しい言葉の贈り物。
2017.6 194p B6 ¥1200 ①978-4-7505-1508-3

◆**粗末な小舟（カヌー）―ひとは愛することしか残されていない** 木森英機著 パピルスあい、社会評論社 発売
【目次】1冬の蜜蜂―救いは外から来る（冬の蜜蜂、愛を呼ぶ―被災地からの贈り物、被災地へのルートただ、ただ幸せのを合い言葉に ほか）、2 I AM（ありのまま）でいておくれ（I AM、マリアの神の愛の宣教者会という働き―いつくしみの光のプレゼント、み言葉は存在の住み処―MISSIONARIES OF CHARITY BROTHERS CAVITEでのこと）、3 マナの壺―CALL&RESPONSE（ごく歌の人間は、あたえ、うぼう。神の導火線 ほか）
2017.3 219p B6 ¥1600 ①978-4-7845-9122-0

◆**ねことマスター―幸せをよぶ看板猫** 杉作著 実業之日本社
【要旨】脱サラしてカレー屋のマスターになったオレは店の前で怯えてちぢこまっている汚ねえ子猫に出会った。オレは猫なんか嫌いなんだぁ、コラ！勝手に住みつくんじゃねえっててば！『猫なんかよんでもこない。』の杉作が描く、ほんとうにいた看板猫の物語。
2017.11 104p N5 ¥1100 ①978-4-408-41481-2

◆**四季に見る日本の心と人・文化** 杉山輝吉著（神戸）神戸新聞総合出版センター
【目次】一月・睦月（ゆずり葉、水仙郷 ほか）、二月・如月（大地の片鱗、マラソン ほか）、三月・弥生（日本の気候風土が育んだ国民性、春の訪れほか）、四月・卯月（初物、囲碁と俳句 ほか）、五月・皐月（人生の風、蝙蝠 ほか）、六月・水無月（雨、自然災害 ほか）、七月・文月（ラジオ体操、昭和の夏 ほか）、八月・葉月（日本に生まれて、いつか来た道 ほか）、九月・長月（ホトトギス、予報号館 ほか）、十月・神無月（日本の紅葉、観光日本 ほか）、十一月・霜月（晩秋の里、最後の職人 ほか）、十二月・師走（酒は熱燗、傘かしげ ほか）
2017.5 215p B6 ¥1500 ①978-4-343-00951-7

◆まぼろしを地図にして　鈴江璋子著　開文社出版
【目次】ストラトフォードはどこに、グラーツでアイルランド文学を語る、リトル・ユナイテッド・ネイションズ、出崎先生の生徒であるわたし・そして万葉の旅、おとこの大学、メリーランドのK.A.ポーター、肖像、父のもとに辿りつかない子、モノとこころ、構築物と男たち、刻、ユニヴァーシティ・オブ・ワシントンと北の旅、春の夢、『レベッカ』―読書サークル「英米文学に学ぶ女性像」で読む、天一神社がうどん屋になった！
2017.3 334p B6 ¥1600 ①978-4-87571-881-9

◆愛と子宮に花束を―夜のネオエサンの母娘論　鈴木凛美重　幻冬舎
【要旨】エッジが立ってて、キュートで、エッチで、切ないエッセイ26編。
2017.5 213p B6 ¥1400 ①978-4-344-03117-3

◆わたしの心が晴れる―Change your Mind, Change your Life.　鈴木秀子著　七つ森書館
【目次】第1章 自分の意思や考えを信じる（ダイヤモンドの輝き、全能の瞬間はここにある ほか）、第2章 真実の愛に目覚める（運命の赤い糸は自分で紡ぐ、人に秘めた第三の涙 ほか）、第3章 疲れた心を優しく癒す（心の風向きに手をかざす、あなたは一人ぼっちではない ほか）、第4章 夢や目標をかなえる（答えはあなたの中にある、祝福された心の闇 ほか）、第5章 今を感謝して歩む（時を引き寄せる、輝きは人の数だけ世の中にある ほか）
2017.3 178p 17×13cm ¥1400 ①978-4-8228-1770-1

◆ブックデザイナー鈴木一誌の生活と意見　鈴木一誌著　誠文堂新光社
【要旨】生活者そして知識人としてのデザイナー12年間のクロニクル。はじめてのエッセイ集である。
2017.7 373p B6 ¥2500 ①978-4-416-61776-2

◆うたかたの日々　諏訪哲史著　（名古屋）風媒社
【要旨】バラエティーにとんだ文体が奏でる異色エッセー集。「毎日夫人」「西日本新聞」掲載の人気コラムも収録。
2017.5 240p B6 ¥1500 ①978-4-8331-2093-7

◆ファミリーデイズ　瀬尾まいこ著　集英社
【要旨】人生は想定外のことばかり。だけど、明日はきっと、すばらしい。中学校教師として生徒たちの成長に感動した日々と、主婦となり、のん気な夫とやんちゃな娘と過ごす今。ふたつの時間が交わる人生を綴る、一番大切なこと。著者初の育児エッセイ集。
2017.11 208p B6 ¥1300 ①978-4-08-771125-7

◆バイトの古森くん　せかねこ著　KADOKAWA
【要旨】ショッピングモール内のゆるすぎる職場に彗星のごとく現れた謎の新人バイト・古森くん。果たして彼は天使か悪魔か!?可愛い顔してやたら毒舌な問題児との戦い（？）の日々が、今幕を開ける―。
2017.12 157p A5 ¥1000 ①978-4-04-069652-2

◆世川行介放浪日記―愛欲上野篇　世川行介著（越谷）彩雲出版、星雲社 発売
【目次】二〇〇九年の日記（奇跡、上野で、千円、また来ん春と僕は言い、女は十年苦笑い、"神"と"太陽"だけは僕の味方に、ネットカフェが真夜中に閉店するまで ほか）、二〇一〇年の日記（今年も"野垂れ死にさえをも許される自由"で不本願の正月だと、京成上野駅の石段に腰かけて、とうとう、残金六十円、なかなかしぶとい世川行介 ほか）
2017.7 265p B6 ¥1400 ①978-4-434-23606-8

◆ひとりぼっちの辞典　勢古浩爾著　清流出版
【要旨】群れるな！危険！ひとりぼっちで、何が悪い。さびしい？みじめ？いやいや、「ひとり」は人間の基本なのだ。ひとりぼっちだからこそ見えるものがある。
2017.5 223p B6 ¥1500 ①978-4-86029-462-5

◆奈良・大和を愛したあなたへ　千田稔著（大阪）東方出版
【要旨】奈良にゆかりの多彩な人たち。その足跡に想いを寄せ、大和への愛惜を綴る。會津八一、与謝野晶子、林芙美子、B・タウト、北原白秋、内藤湖南、和辻哲郎、アインシュタイン、濱田青陵、小林秀雄、志賀直哉、井伏鱒二、坂口安吾、宮本常一、土門拳、直木三十五、ほか。全41篇。
2018.1 162p B6 ¥1600 ①978-4-86249-296-8

◆高野山に生きて97歳 今ある自分にありがとう　添田清美著　宝島社
【要旨】97歳にして現役。高野山・蓮華定院人気宿坊の母が語る幸せな人生40の秘訣。
2017.5 191p B6 ¥1400 ①978-4-8002-6700-9

◆死ぬのもたいへんだ　曽野綾子著　青志社
【目次】第1章 いまある自分に感謝する―どれだけ本意で生きてこられたか、第2章 自分を「お年寄り」扱いしない―まわりの年寄りをじっくり観察する、第3章 老化も認知症も哀しけど正視しなければならない―正視こそ成熟した人間の証、第4章「善い人」と思われなくてもいい―もう浮世の義理をやめて、自分の物差しで生きる、第5章 家族は棄てられない。友人との関係はソコソコにする―依存「する」のも「される」のもあり、第6章 後始末は早くから始めておかなと難儀する―必要なものはほとんどないし、迷惑は残さない、第7章 死のその時まで受けつづける―自分は行うは何の使命を帯びてこの世につかわされたのか、第8章 もういいだろうと言って死にたい―自分らしく「よく生きた」と納得して旅立つ
2017.5 221p 18cm ¥900 ①978-4-86590-045-3

◆身辺整理、わたしのやり方―もの、お金、家、人づき合い、人生の後始末をしていく　曽野綾子著　興陽館
【目次】第1章 ものは必要な量だけあることが美しい、第2章 身辺を整理して軽やかに暮らす、第3章 服は持たない、第4章 人間関係の店仕舞いをする、第5章 食べ物は使い切り食器は使い込む、第6章 家族を介護し、始末する、第7章 お金はきれいに使い尽くす、第8章 人はそれぞれの病気とつき合い生きる、第9章 死ぬときは野垂れ死にを覚悟する、第10章 人生の優先順位を決める
2017.12 238p 18cm ¥1000 ①978-4-87723-222-1

◆出会いの幸福　曽野綾子著　ワック（WAC BUNKO）
【要旨】著者に人生を語ってくれた素晴らしき人たち。
2017.3 269p 18cm ¥920 ①978-4-89831-750-1

◆人は怖くて嘘をつく　曽野綾子著　扶桑社（扶桑社新書）
【要旨】焦りも無理もない、人が輝く生き方―人は矛盾した性格を持つ、嘘は愚かであっても有効なときもある。高齢を豊かに生きる84の知恵。
2018.1 278p 18cm ¥840 ①978-4-594-07891-1

◆靖国で会う、ということ　曽野綾子著　河出書房新社
【要旨】国のために命を捧げた英霊への敬意と礼
2017.7 231p 18cm ¥760 ①978-4-309-02588-9

◆私日記 9 歩くことが生きること　曽野綾子著　海竜社
【要旨】人間の生活には、時として不都合、不具合、痛みなどがつきものである。だから、出かけて、人に会い、働き、約束を果たす、それは救いになる！
2017.5 524p B6 ¥2500 ①978-4-7593-1543-1

◆私の漂流記　曽野綾子著　河出書房新社
【要旨】人生を乗せて船は走る―まだ見ぬ世界に魂の自由を求め、人は航海に夢を賭ける。船上での濃密な出会いから、人生の奥深さを描く感動の24話。
2017.12 181p B6 ¥1200 ①978-4-309-02639-8

◆銀座の夜の神話たち―1万8250日の物語　園田静香著　界展研究所
【目次】第1章 無鉄砲と夢と、第2章 花魔巻に運ばれて、第3章 優しい"夜舞言"、第4章 バブルの様な私の夢は、第5章 試練の時と数寄屋橋の"守護神"、第6章 あけの明星たちへ
2017.4 333p B6 ¥1400 ①978-4-87932-122-0

◆忘却について　そらいなおみ著　日本文学館
【目次】追憶（満月、夜明け前 ほか）、さかさまの呼吸（さかさまの呼吸、赤椿の浴衣 ほか）、嘘（嘘に枯れる花、紋白蝶 ほか）、わすれもの（色褪せた写真、ひび割れ月 ほか）、餞（都会、水色と満月 ほか）
2017.8 89p B6 ¥1000 ①978-4-7765-3936-0

◆結婚しても恋してる僕たちの10年間　shin5著　KADOKAWA
【要旨】Twitterのフォロワー数22万人。やさしいつぶやきが人気。
2017.12 159p B6 ¥1100 ①978-4-04-602162-5

◆ボクの針は痛くない　shin5著　あさ出版
【要旨】「トゲトゲしていていいんだよ」孤独で不器用なハリネズミが、家族に出会い、仲間と出会い、自分を受け入れていく。今、大切にすべきものに気づかせてくれるショートストーリー＆エッセイ。
2017.10 135p 14×15cm ¥1100 ①978-4-86667-020-1

〔た行の著者〕

◆おかげさま―奇蹟の巡り逢い　高木利誌著　明窓出版
【目次】父母について、幼少期、小学校時代、中学、高校時代、大学時代、警察官になって、結婚、退職後、高木特殊工業設立、外国視察と技術導入、娘の結婚、脳こうそくと癌を乗り越え、時代の変遷と技術開発、講演会の開催と講師招聘、私にとって経営とは、現在、教え
2017.12 219p B6 ¥1800 ①978-4-89634-383-0

◆本はおもしろければよい　高島俊男著　連合出版（お言葉ですが…別巻 7）
【目次】本はおもしろければよい（播州言葉、本はおもしろければよい ほか）、国語という言葉（戦争中の新語、神の国 ほか）、幸田露伴『怪談』など（幸田露伴『怪談』『活死人王宝風』、周作人著、木山英雄訳『日本文化を語る』 ほか）、堀川惠子『裁かれた命』など（堀川惠子『裁かれた命』、呉智英『言葉の煎じ薬』 ほか）、楊海英『墓標なき草原』など（楊海英『墓標なき草原』、陳惠運・野村旗守『中国は崩壊しない』 ほか）
2017.3 244p B6 ¥1800 ①978-4-89772-298-6

◆高嶋ひでたけの読むラジオ　高嶋秀武著　小学館
【要旨】パーソナリティ歴52年！ラジオを知りつくした男が明かすとっておきの裏話!!スポーツ中継から元総理インタビューまで笑えばスッキリ！おしゃべりで解決!!
2017.6 175p B6 ¥1000 ①978-4-09-343444-7

◆夢の跡―作文コンクール2011〜2016　高田愛弓著　中央公論事業出版
【要旨】読売新聞主催「全国小・中学校作文コンクール」6年連続入選・入賞。「父が、逮捕された」―私が本当に当時のことは、そんなことじゃない―文部科学大臣賞の表題作を読み終わった時、あなたは何を想うのか。怒涛の思春期を駆け抜けた少女の短編集！
2018.1 149p B6 ¥1800 ①978-4-89514-480-3

◆現役東大生が1日を50円で売ってみたら　高野りょーすけ著　KADOKAWA
【要旨】東大生の1日を50円で売ってみたら、予想だにしない出会いがあった。¥50 -「発達障害の息子に、数学を教えてください」¥50 -「世界チャンピオンの私と勝負しませんか？」¥50 -「ニューハーフの私とデートしてくれませんか？」…etc.留年をきっかけに始まった、僕と「よのなか」との交流記。
2017.2 189p B6 ¥1200 ①978-4-04-601827-4

◆近影遠影―あの日あの人　高橋一清著　青志社
【要旨】名作を担当し、作家の誕生に立ち合った編集者は、週刊文春、文藝春秋で多くの人物紹介記事を書いた。
2017.9 230p B6 ¥1300 ①978-4-86590-050-7

◆わが解体　高橋和巳著　河出書房新社（河出文庫）
【要旨】私を支えるものは文学であり、その同じ文学が自己を告発するという―一九六〇年代末、助教授として京大紛争の渦中を生きた文学者が、死に至る闘病生活のなか、「その全過程を完全に、書ききったその覚悟で、まぎれもなく、私自身は解体する」という自覚のもと、当時の全共闘運動と自己の在り方を"わが内なる告発"として追求した、思想的遺書とも言うべき著者最後の長編エッセイ。表題作ほか、母の祈りにみちた闘病の記『三度目の敗北』などを併録。
2017.4 273p A6 ¥920 ①978-4-309-41526-0

◆吾輩は作家の猫である　高橋克彦写真・文　エイアンドエフ
【要旨】高橋克彦が愛した猫の写真＆小説・エッセー。
2017.10 219p B6 ¥1800 ①978-4-9907065-9-3

◆仕方ない帝国　高橋純子著　河出書房新社
【要旨】朝日新聞の名コラム（政治断簡）＋書き下ろし＋インタビューを集成した待望の書!!
2017.10 195p B6 ¥1600 ①978-4-309-24829-5

エッセイ

文学

◆いいから読んで―こどものくにクレヨン王国だより 高橋利雄著 東京図書出版,リフレ出版 発売
【要旨】ちょっと不自由で融通が利かない―子どもと同じ目線で世の中をみつめてみた。無認可保育園こどものくにに「クレヨン王国」の園長の辛口エッセイ。
2017.12 141p B6 ¥1000 ①978-4-86641-093-7

◆北京の合歓の花―私と中国・中国語 高橋俊隆著 白帝社
【目次】第1部（高校時代、大学時代、日中学院、初訪中、中国語研修学校、会社、訪問した街）、第2部（日本語と中国語、中国の外来語、中国の方言、中国の成語）、第3部（漢詩、俳句、和歌）
2017.10 373p B6 ¥1800 ①978-4-86398-317-5

◆楽天家は運を呼ぶ 高橋三千綱著 岩波書店
【要旨】楽天家って何者？ 人生をもう少し暗く考えられないのか。酒、ギャンブル、ゴルフ、愛犬は不機嫌なブルドッグ。孤独なはずの一人旅ですら楽しそうだ。芥川賞作家が世界中を旅して見つけた様々な出会い。これぞ楽天家が見つけた人生の極意。
2017.12 189p B6 ¥2000 ①978-4-00-025505-9

◆遥かなる旅路―キーツ・エッセイ・漢詩 高橋雄四郎著 音羽書房鶴見書店
【目次】第1部 神話と現実―キーツ詩におけるアポロ、第2部 Memories and Ideas（Past and Present, Seasons, Trees and Worms, Wife and Husband）、第3部 漢詩のほそみち―春・夏・秋・冬
2017.9 195p B6 ¥1800 ①978-4-7553-0402-6

◆レンズを通して―四季をめぐる鳥と根付 高円宮妃久子写真・文 中央公論新社
【要旨】100点を超える写真とエッセイで綴る、高円宮妃殿下による四季折々のメッセージ。『婦人画報』で連載中。
2017.4 253p B6 ¥2200 ①978-4-12-004975-0

◆懐古放談 たがみしこう著 鶴雲院,星雲社 発売
【要旨】昔の東京には狐も狸もいた。…彼らが人を化かす話。本や歌舞伎、旅先で聞いたちょっと不思議な怖い話。この本にはそれらを回顧した懐かしくとても面白い昔話があふれている。
2017.11 125p 19cm ¥1000 ①978-4-434-23948-9

◆コーちゃんと真夜中のブランデー―忘れえぬ人びと 高峰秀子著 河出書房新社
【要旨】「二人はまた会えるかもしれないね」―。心友・越路吹雪の思い出から、ファンレターの少年へのせつなさまで。高峰秀子の人間への限りない愛情が溢れ出る。高峰秀子未収録エッセイ集。
2017.3 185p B6 ¥1600 ①978-4-309-02554-4

◆ダンナの骨壺―幻の随筆集 高峰秀子著 河出書房新社
【要旨】高峰秀子の頭の中がわかる！ 単行本未収録のエッセイ集結。大女優、名文家、そして人生の達人。その人が22歳から79歳まで書き綴った珠玉の46作を、今、あなたに。
2017.11 202p B6 ¥1800 ①978-4-309-02632-9

◆私のごひいき―95の小さな愛用品たち 高峰秀子著 河出書房新社
【要旨】高峰秀子が愛したもの―女優・高峰秀子は日常生活の達人だった。そんな彼女の工夫がしのばれる、95の大切な品じなについての、愛情あふれる文章たちを。単行本未収録エッセイを多数収録。
2017.1 157p B6 ¥1600 ①978-4-309-02530-8

◆作家的覚生 高村薫著 岩波書店 (岩波新書)
【要旨】『図書』誌上での好評連載を中心に編む時評集。一生活者の視点から、ものを言い、日々の雑感を綴る。今という時代、ハリーというこの国に生きることへの本能的な危機意識が、生来の観察者を発言者に変える。二〇一四年から一六年まで、日本がルビコンを渡った決定的時期の覚生として、特別な意味をもつ一冊。
2017.4 214p 18cm ¥780 ①978-4-00-431656-5

◆サンデルよ、「正義」を教えよう―変見自在 高山正之著 新潮社 (新潮文庫)
【要旨】「正義」を売り物にするハーバード大のサンデル教授。曰く、ハリケーンで崩壊した屋根の修理を通常料金の50倍で請け負った場合、これは悪徳商法かそれとも需給関係を反映した当然の商行為か―。商売は阿漕で、人を惜しむな。それを正義で包むのがこのセンセイのやり口だ。正義とやらは、悪いヤツほど振りかざし、非道国家こそ口にする。世の正しい見方が分かる、大人気シリーズ。
2017.9 230p A6 ¥490 ①978-4-10-134596-3

◆フランスと信州 滝澤忠義著 (長野) ほおずき書籍,星雲社 発売
【目次】日仏交流は蚕から、信州大学での講演内容、開国以前の日本とフランス、絹織物の街・リヨンのかかわり、フランス人旅行記と善光寺、「パリから来た信州人」、諏訪老人のナゾ、マルセイユへの旅、秋の終わり三題、関口画伯のこと〔ほか〕
2017.2 434p A5 ¥1800 ①978-4-434-22948-0

◆人それぞれ―人間の多面性を理解するためのエッセイ 瀧田輝己著 泉文堂
【要旨】29篇のエッセイを収録。「価値観」の部では、それぞれの人の正義感を主たる題材に、「信条」の部は、それぞれの生き方が主な内容。「性格」についての部では、人それぞれの人柄を取り上げ、「個性」の部では、私たちがもつそれぞれの好みについて書かれている。
2017.12 209p B6 ¥1900 ①978-4-7930-0616-6

◆生きてるって、幸せー！ Love & Peace―Love編 田口ランディ著, 山田スイッチイラスト・漫画 地通科
【要旨】苦しいときは怠けよう。いつもより遠回りした場所にきれいな花が咲いているのだよ。人生を彩る60編のほんわかエッセイ。
2017.7 125p B6 ¥1200 ①978-4-88503-245-5

◆生きてるって、幸せー！ Love & Peace―Peace編 田口ランディ著, 山田スイッチイラスト・漫画 地通科
【要旨】幸せになるのにお金が必要だというのは思いこみ。「幸せはゼロ円です」人生が楽しくなる60編のほんわかエッセイ。
2017.8 125p B6 ¥1200 ①978-4-88503-246-2

◆黄落の夕景―老イテモ春秋アリ 竹岡準之助著 幻戯書房
【目次】師・友・酒・旅・恋・馬・本・画・句・歌etc. リポート風に、エッセイ風に、私小説風に、「終活」完了。茜さす最終章。
2017.3 299p B6 ¥2300 ①978-4-86488-115-9

◆アラ還とは面白きことと見つけたり 武田鉄矢著 小学館 (小学館文庫)（『西の窓辺へお行きなさい』『「折り返す」という技術』加筆・改稿・改題書）
【要旨】本書の主題は「人生の六十代。伝えたい、と思ったことは「年を取る」ことの面白さ―「新人老人」の俳優・武田鉄矢が、これまでに遭遇した人物や出来事、色恋や失敗、挫折などを振り返りながら、「中々の難敵」である老いに立ち向かう術をさがす軌跡をつづったベストセラーエッセイ集、待望の文庫化（『西の窓辺へお行きなさい』を改題）。高倉健さんや坂本龍馬、白川静さんや内田樹さんほか、著者が私淑する人たちの、覚えておきたい名言、生き方が満載。あれから四年を経た「文庫化あとがき」や、西田敏行さんの解説「拝啓武田鉄矢様」も新たに収録しています。
2017.10 252p A6 ¥570 ①978-4-09-406449-0

◆あの頃―単行本未収録エッセイ集 武田百合子著,武田花編 中央公論新社
【要旨】没後25年を前に明らかになる、たぐいまれなる文章家の全貌。かたちにならぬまま遺された100余りのエッセイを収める、待望の作品集。
2017.3 533p B6 ¥2800 ①978-4-12-004968-2

◆磨言一則冊 田島毓堂著 右文書院
【目次】アラファト議長―その蓄財、朝日新聞とNHK、木で鼻をくくったような、いけしゃあしゃあと、体たらく、材割り、絵に描いた餅、言葉はきちんと、中休み、地名〔ほか〕
2017.12 266p B6 ¥1100 ①978-4-8421-0788-2

◆息子のチン毛が生えるまで 田田田著 幻冬舎メディアコンサルティング,幻冬舎 発売
【要旨】「チン毛生えれば俺も成長するのかなぁ」ドキュメンタリー？ 会話劇？ 家族の団欒の時間をそっくり切り取った、息子の成長を見守る家族の記録。
2017.11 273p B6 ¥1100 ①978-4-344-91438-4

◆多田富雄―からだの声をきく 多田富雄著 平凡社 (STANDARD BOOKS)
【要旨】自然のルールは、例外なく美しい―生命の仕組みに美を発見した世界的免疫学者の思索。
2017.12 219p 19cm ¥1400 ①978-4-582-53164-0

◆クレープ屋で働く私のどうでもいい話―こればかりやめられない ただまひろ著 KADOKAWA
【要旨】Twitter フォロワー14万人突破！ ついついしてしまう、人気作家ただまひろの脱力系クレープ屋マンガ、カラーページ増量で待望の新刊!! 2016年4月～2017年8月のお客様をまるっと掲載！ 新規描き下ろしのお客様100人以上！ お客様のその後を描いた「続」は各月に！「クレープ屋あるある」「クレープ豆知識」など小ネタも盛りだくさん！
2017.11 222p A5 ¥1100 ①978-4-04-072514-7

◆辰巳芳子のことば―美といのちのために 辰巳芳子著,小林庸浩撮影 小学館
【要旨】和樂の本。料理家・辰巳芳子さんが、次世代の日本人たちに贈る"美といのち"の名言集！ 食を通し、日本と日本人の美しさを考える全十二章。
2017.12 167p 19×12cm ¥1400 ①978-4-09-388581-2

◆随感録―現実の感受法と熟視のために 立石伯著 深夜叢書社
【要旨】石川啄木、永井荷風、森鴎外、大岡昇平、埴谷雄高、武田泰淳、石川淳、ドストエフスキー、文学者たちの残した卓抜なる予見が示唆するものはなにか。2010年代日本の危機的右傾化への警鐘。
2017.10 204p 18cm ¥1800 ①978-4-88032-441-8

◆エッセイ 旅ゆくヒトガタ 田中健太郎著 (札幌) 響文社 (詩人の聲叢書2)
【目次】1章 詩・詩人（ストリートの現代詩人たち、大きな水たまりで僕たちは戦った ほか）、2章 音・音楽（その借りを誰かに返そう、すべてのものに降り注ぐ雨 ほか）、3章 映像・文楽（寝たふり、気付かないふり、復讐の先にあるものほか）、4章 美術・文芸（旅ゆくヒトガタ、目をそらさずに描いた苦しみ ほか）
2017.5 133p 18cm ¥1800 ①978-4-87799-702-1

◆田中小実昌ベスト・エッセイ 田中小実昌著,大庭萱朗編 筑摩書房 (ちくま文庫)
【要旨】牧師の家に生まれ、戦争では死にかけ、東大に入学しながらストリップ劇場に転がり込んだ男、田中小実昌、通称コミさん。香具師をやったり、米軍基地で働いたりしながら翻訳や創作を始め、いつの間にか直木賞作家に…?！ そんなコミさんの、人に優しく「物語」に厳しいエッセイを精選。入門編にして決定版！ コミさんの「目」は、今も輝きを失っていない。
2017.12 380p A6 ¥950 ①978-4-480-43489-0

◆孤独論―逃げよ、生きよ 田中慎弥著 徳間書店
【要旨】作家デビューまで貫き通した孤独の15年間。追い込まれた生き方ができる者だけが知る最終兵器としての思考―。孤高の芥川賞作家、窮地からの人生論。
2017.2 181p 18cm ¥1000 ①978-4-19-864349-2

◆老いてこそ上機嫌 田辺聖子著 文藝春秋 (文春文庫)
【要旨】「80だろうが、90だろうが屁とも思っておらぬ」と豪語する大先生さんも、御年89歳。人生を元気に楽しく生きるための珠玉の言葉を、200を越える作品の中から厳選しました。短くて、心の奥に響く言葉ばかりを集めました。年金をもらって楽しく生きるということが困難な時代を生きていく私たちを元気づけてくれるお言葉集。
2017.5 225p A6 ¥680 ①978-4-16-790859-1

◆古今盛衰抄 田辺聖子著 文藝春秋 (文春文庫)（『小町盛衰抄 歴史散歩私記』新装・改題書）
【要旨】古き代に生まれ、恋し、苦しみ、戦い、死んでいった14人の歴史のスターたち。スサノオ、卑弥呼、持統天皇、紫式部、小野小町、淀君…そんな愛すべき人びとは、歴史の中で何を思い、いかに生きたか。美しくも、醜くも形作られた主人公たちの生涯をなぞらえ、心に寄せて読み解いていく、古典＆歴史文学散歩。
2017.9 342p A6 ¥830 ①978-4-16-790929-1

◆チャイとミーミー 谷村志穂著 河出書房新社 (河出文庫)
【要旨】いかないでよ、チャイ。頼むから、そばにいて―。縁あって出会った二匹の猫たち。チャイとの二人暮らしから、夫と娘、ミーミーが加わった二十二年間。かけがえのない家族として猫たちと一緒に生き、哀歓を共にする日々を綴るエッセイ。チャイとの別れを描いた文庫版書き下ろし「最後の夏」を収録。
2017.7 238p A6 ¥680 ①978-4-309-41543-7

エッセイ

◆大正・本郷の子　玉川一郎著　青蛙房　（シリーズ大正っ子）　新装版
【要旨】明治38年生まれ、ユーモア作家・玉川一郎は元町小学校から京華中学さらに東京外語大と青春の舞台が"本郷界隈"の「大正っ子」。文明開化に揉まれ磨かれて育った頃の山の手・本郷の街並、庶民の人情、そして大震災後の暮らしの追憶。
2017.4　270p　B6　¥2100　①978-4-7905-0404-7

◆おいしいものは田舎にある―日本ふーど記　玉村豊男著　中央公論新社　（中公文庫）（『日本ふーど記』改題書）改版
【要旨】食の先覚者・薩摩鹿児島から、馬肉・昆虫食の木曽信濃、山鯨と海鰻が併存する九州へ。風土と歴史が生み出す郷土食はどう形成され、どう変貌したのか。日本全国、見て飲んで食べ尽くして考える旅のエッセイ。『日本ふーど記』を改題し、"改版にあたって"を収録。
2017.1　245p　A6　¥700　①978-4-12-206351-8

◆シモネッタのどこまでいっても男と女　田丸公美子著　講談社　（講談社文庫）
【要旨】子が独立した後、拠りどころとなるのは結局、互いに耐え抜いた夫婦だけ。今まで極力秘してきた"博徒の夫"のことをつまびらかに。加えて、子、嫁、父母、姑といった個性溢れる家族のこと、いまだ忘れえぬイタリア男たちを語ったお蔵出しエッセイ。イタリア語会議通訳にして名エッセイストによる抱腹絶倒の人生劇場。
2017.4　311p　A6　¥640　①978-4-06-293647-7

◆日本人失格　田村淳著　集英社　（集英社新書）
【要旨】ツイッターで意見を言ったら大炎上。一般人からのクレームにメディアや企業は振り回され、人と違うことをすると嫉妬され足を引っぱられる…。最近の日本はとかく息苦しい。なぜ他人を叩き、無難を好み、みんなと同じになりたがるのか？そんな空気に抗うように、タレント「ロンドンブーツ1号2号」の田村淳は、好きなことをやり続け、テレビ以外の分野にも活動の幅を広げていく。芸能界の"異端児"が著す初の自分史、日本人論、そして若い人たちへのメッセージ。
2017.2　199p　18cm　¥720　①978-4-08-720868-9

◆おしゃれなおばあさんになる本　田村セツコ著　興陽館
【要旨】「おしゃれ」「かわいい」の元祖、田村セツコの書下ろし！そっと教える"年をとるほど素敵でおしゃれな秘訣"！
2017.2　223p　B6　¥1388　①978-4-87723-207-8

◆噂は噂―壇蜜日記　4　壇蜜著　文藝春秋　（文春文庫）
【要旨】くしゃみの止まらぬ猫のために空気清浄機を買い、「不条理の利用」を女子に説き、寿司屋の看板を見て「寿司良いなあ」と涙し、男の優しさの先にある苦くて甘い「取り返しのつかない何か」をかじりたくなる…。"壇蜜"の日常を瑞々しくも不穏な筆致で綴って大反響を呼んだシリーズ、これがまさかの読み納め!?書下ろし日記第四弾。
2018.1　314p　A6　¥770　①978-4-16-791005-1

◆たべたいの　壇蜜著　新潮社　（新潮新書）
【要旨】生ハムは、ピザやパスタにトッピングされ、オーブンに入れられてもまだ「生」なのか。ラブホテルで頼むピザのサイズはSMLどれが正解なのか。賞味期限切れの牛乳はいつまで「チャレンジ」できるのか。謎めく乙女の脳裏に食を巡る疑問、懸念、記憶の数々が渦巻き続ける。自分の納豆の味を知ることは普通ではないのか。イメージDVDにつきものの魚肉ソーセージとはどうきあうべきか。「食べ物」が壇蜜を語り出す。
2017.4　189p　18cm　¥720　①978-4-10-610741-2

◆明快 人生観　竹林軒百斎著　東洋出版
【目次】人生とは何か、人生の目的、幸せとは、人間は社会の一員である、社会、善悪の基準、教育、健康、男と女のこと、運［ほか］
2017.5　155p　B6　¥1000　①978-4-8096-7871-4

◆神戸ものがたり　陳舜臣著　（神戸）神戸新聞総合出版センター
【要旨】ミステリー、歴史小説に多くの傑作を残した直木賞作家・陳舜臣（1924～2015）。小説以外での作品が、生まれ育った本郷への思いを歴史紀行風に綴った『神戸というまち』（1965）でした。後に「神戸ものがたり」として改訂を重ね、愛読されてきた氏の名エッセイ集が、神戸開港150年の節目の年に新しく蘇りました。併せて、神戸新聞2010年～11年連載の「わが心

の自叙伝」を単行本初収録。
2017.4　295p　B6　¥1800　①978-4-343-00945-6

◆温かな"さようなら"―続・葬斂屋春秋　辻井康祐著　新日本出版社
【要旨】葬儀の途中で僧侶に着信音、でも喪主が大喜びしたわけは？親一人子一人で親の突然死、一残された子どもにかける言葉は…。葬儀の六年後に出版された本に、こう書かれていたのは「またひとりお亡くなりになりました。お引き取りお願いします」だれでもが迎える死。最後の訣れを悲しみだけにしない丁寧なお見送りの「おくりびと」。好評、やさしさに包まれる葬儀にまつわる物語続編。
2017.12　157p　B6　¥1600　①978-4-406-06189-6

◆鈍行列車にのりかえて　2両目　辻井輝行著　（大阪）風詠社、星雲社　発売
【目次】私は花 太陽をめざして、大切な人とともに、ありのままのすばらしさ、あなたの幸せ 私の幸せ、人生が実る今を過ごす、心ゆとりと豊かさ、少し立ち止まって、わが身を内から見つめる、誇りをもって、欲を捨てて、携えあい分かちあう、人品を高めよう、見えるものだけでないもの、人生を元気に生きる、凡庸な日常を非凡に生きる人
2017.2　111p　B6　¥1000　①978-4-434-22939-8

◆鈍行列車にのりかえて　3両目　辻井輝行著　（大阪）風詠社、星雲社　発売
【目次】1 幸せについて思う、2 私の人間観やり謙虚が大切、3 時の流れからの発見、4 私も試行錯誤を続けています、5 つらくて、つらくない、6 優しさは評価しない、7 心を広く視野を広く、8 時には歩いて眺めてみるのもよい、9 道をひらく、10 旅立ちに寄せて、11 いつでも夢を
2017.9　111p　B6　¥1000　①978-4-434-23775-1

◆アニの夢 私のイノチ　津島佑子著　小学館　（P+D BOOKS）
【要旨】アイヌ、ブルトン、マオリの言語と文学―急逝した作家が読み直し、新しい世紀に向けて文学の可能性を探ったエッセイ集であり、中上とデビュー以来盟友として深く関わった津島佑子の1990年代の文学的軌跡でもある。
2017.7　320p　B6　¥600　①978-4-09-352308-0

◆年はとるな　土屋賢二著　文藝春秋　（文春文庫）
2017.10　223p　A6　¥630　①978-4-16-790950-5

◆創作の極意と掟　筒井康隆著　講談社　（講談社文庫）
【要旨】作家の書くものに必ず生じる「凄味」とは？「色気」の漂う作品、人物、文章とは？作家が恐れてはならない「揺蕩」とは？文章表現に必須の31項目を徹底解説。「小説」という形式の中で、読者の想像力を遙かに超える数々の手法と技術を試してきた著者が、満を持して執筆した21世紀の全く新しい「小説作法」。
2017.7　297p　A6　¥670　①978-4-06-293695-8

◆ねんてん先生の文学のある日々　坪内稔典著　新日本出版社
【要旨】『万葉集』や『源氏物語』、松尾芭蕉や島崎藤村、北原白秋、そしてドストエフスキーも大江健三郎さんも、ちょんちょんとつまみ食いすればよい。夏目漱石から又吉直樹まで。ネンテン流文学の読み方、楽しみ方。
2017.4　174p　19cm　¥1700　①978-4-406-06137-7

◆まぬけなこよみ　津村記久子著　平凡社
【要旨】骨正月、猫の恋、祇園祭、渡り鳥、おでん…芥川賞作家がめぐる一年、七十二候。四季のことばから生まれた脱力系歳時記エッセイ。
2017.4　298p　B6　¥1500　①978-4-582-83757-5

◆やりたいことは二度寝だけ　津村記久子著　講談社　（講談社文庫）
【要旨】毎日アッパッパー姿で会社に行き、仕事の合間に1.5Lの紅茶を飲み、帰りは商店街をふらふら歩く。検索やノート集め、炭水化物、サッカーをこよなく愛し、からあげ王子に思いを馳せ…。日々のささやかでどうでもいい出来事を"マヌケ面白い"視点で綴る、超庶民派芥川賞作家による脱力系初エッセイ集。
2017.7　252p　A6　¥620　①978-4-06-293718-4

◆時の名残り　津村節子著　新潮社
【要旨】夫・吉村昭と共に小説のため苦労した若き日々、故郷について、旅路の思い出、小説を生むこと。そして今もふと甦る夫の面影―。88歳の著者が人生の軌跡を綴る珠玉のエッセイ。
2017.3　247p　B6　¥1600　①978-4-10-314712-1

◆神社めぐりをしていたらエルサレムに立っていた　鶴田真由著　幻冬舎

【要旨】日本の国生み物語と「聖書」が、なぜかリンク!?ふしぎな、ふしぎな、聖地めぐり。伊勢、諏訪、剣山、沖縄―。「古事記」で始まった旅が、いつしか世界古代史ミステリーツアーに！神々の「暗号」をたどった、旅エッセイ。
2017.6　159p　B6　¥1300　①978-4-344-03125-8

◆チェコの十二ヵ月―おとぎの国に暮らす　出久根育著　理論社
【要旨】歴史の息づく街プラハ。画家が綴る人々の暮らし。ブラチスラヴァ世界絵本原画展グランプリ受賞作家、待望のエッセイ集。描き下ろしイラスト多数収録。
2017.10　109p　21x16cm　¥1500　①978-4-652-20242-5

◆手塚治虫エッセイ集成 映画・アニメ観てある記　手塚治虫著　立東舎、リットーミュージック　発売　（立東舎文庫）
【要旨】巨匠が綴った、映画、アニメーションへの限りない憧憬と深い愛。SF映画、ヌーヴェル・ヴァーグからディズニーアニメにユーリ・ノルシュテインまで。単行本未収録を含む珠玉のエッセイ集。日本映画ベスト10、外国映画ベスト10など、手塚治虫の嗜好が表れたランキングも掲載。
2017.6　351p　A6　¥900　①978-4-8456-3052-3

◆手塚治虫エッセイ集成 私的作家考　手塚治虫著　立東舎、リットーミュージック　発売　（立東舎文庫）
【要旨】手塚治虫の鋭い考察による異色の漫画、漫画家評論集。自作（ジャングル大帝、鉄腕アトム、火の鳥）はもちろんのこと、SFや西部劇、劇画といったジャンル論、日本における漫画の状況論や表現論、さらには田河水泡、杉浦茂から、永島慎二、松本零士、藤子不二雄、大友克洋といった作家について、ユーモアを交えて、歯に衣を着せずに論じる。単行本未収録10編を含む新編集。未完となった幻の「群雲伝」を収録。
2017.6　319p　A6　¥900　①978-4-8456-3051-6

◆手塚治虫エッセイ集成 ぼくの旅行記　手塚治虫著　立東舎、リットーミュージック　発売　（立東舎文庫）
【要旨】ニューヨーク、パリからアンデス、イースター島まで。多忙な中、都市をふりだしに、辺境の地まで足を伸ばした漫画の神様・手塚治虫の"旅の記録"。愉しいカットと絶妙の語り口で綴ったエッセイに加えて、ルポルタージュ・コミック「6色いんこの国際ããã際版ルポ」を収録。さらに巻末には、自作キャラクターの誕生秘話を綴った「手塚漫画の主人公たち」、「らくがき事典」を併載した、手塚漫画の創作の秘密に迫る、立東舎文庫オリジナル編集のエッセイ集。
2017.12　319p　A6　¥900　①978-4-8456-3157-5

◆手塚治虫エッセイ集成 ルーツと音楽　手塚治虫著　立東舎、リットーミュージック　発売　（立東舎文庫）
【要旨】手塚治虫が残した膨大なエッセイの中から、自作に影響を与えた本や音楽について綴った文章を厳選して収録。幼少時の読書体験から、自身の読書術や忘れられない読書遍歴、さらには、オペラ、クラシック鑑賞を振り出しに、バッハ、チャイコフスキー、ブラームスなど作曲家への思いや愛聴盤など、その膨大な知識に圧倒されること必至。手塚漫画の多様性を裏付ける逸話が満載のエッセイ集。
2017.12　351p　A6　¥900　①978-4-8456-3156-8

◆草原からの手紙　寺井暁子著　（国分寺）クルミド出版
【目次】旅の道のり、1日目、2日目、3日目、4日目、5日目、6日目、旅のつづき、帰路
2016.11　119p　16x13cm　¥2000　①978-4-9907583-4-9

◆伝説の編集者H・テラサキのショーワの常識　寺崎央著　（多賀城）エンジェルパサー
【要旨】『平凡パンチ』『ポパイ』『ブルータス』を支えたレジェンド・エディターを、君は覚えているか？稀代の博学人・テラサキが遺した『ショーワの常識』。
2016.12　209p　A5　¥1800　①978-4-9907609-1-1

◆平和の橋 Peace Bridge――一人ひとりが大切にされる社会を願って　寺沢京子著　（大阪）竹林館
【目次】ピース・ブリッジつなぎたい、「怒りたい女子会」のデモ、批判精神・想像力を忘れず、平和テーマの詩作に思う、非核を求める活動 真剣に、丸木美術館を学び、生き生きとした瞳を守るために、過去から学び、未来を選択する、「文

エッセイ

◆群れるな―寺山修司強く生きぬく言葉　寺山修司著　興陽館
【目次】自分―疑問符をいっぱい持とう、生きる―書く前に走れ！、夢―「賭博」は、時間的な人生の燃焼、愛―あたしが娼婦になったら、しあわせーしあわせというのも年老いるものだろうか？、言葉―言葉は薬でなければならない、創造―書を捨てよ、町へ出よう、正義―正義と悪とは、つねに相対的な関係、死―私の墓は、私のことばで充分、あした一あした死ぬとしたら、今日何をするか？
2017.11 190p B6 ¥1000 ①978-4-87723-218-4

◆望　土居伸光著　光文社
【要旨】現象に振り回される人として自立するための、意識変容のプロセスを平易に描く。
2017.4 218p B6 ¥1800 ①978-4-334-91164-5

◆水源をめざして―自伝的エッセー　遠山啓者　太郎次郎社エディタス　オンデマンド版
【目次】湿った酒、乾いた酒、学問の切り売り、読書の七癖、縦隊から横隊へ、小さな橋、つづり方開眼、エピローグ　水源に向かって歩く
2017.4 254p B6 ¥2500 ①978-4-8118-0488-0

◆連続的随想断片―あるいは、日々の夢想の果てに得られた307の"真理"と"発見"　時任光流著　幻冬舎メディアコンサルティング, 幻冬舎 発売
【目次】第1章 無限と連続、第2章 空間について
2017.9 225p B6 ¥1500 ①978-4-344-91373-8

◆世紀の二枚舌（ダブルトーク）5　戸田宏明著（金沢）北國新聞社
【要旨】バーテンダーは心の名医。幅三尺のカウンターの中から、人心地のしないつれない世相を快刀乱麻と切り諭す、人呼んで「世紀の二枚舌」。金沢の、倫敦屋マスターが語る人生の機微。
2017.11 310p A6 ¥900 ①978-4-8330-2118-0

◆富野に訊け!!"悟りの青"篇　富野由悠季著　徳間書店
【要旨】連載15周年を迎えた月刊アニメ総合誌「アニメージュ」の人生相談コラム「富野に訊け!!」。若者へ向き合うその姿は、暗闇を斬り裂く青白き刃のごとし！
2017.3 221p B6 ¥1500 ①978-4-19-864368-3

◆「マコトよりウソ」の法則　外山滋比古著　さくら舎
【要旨】93歳、"知の巨人"がやっている、ものごとを多面的にとらえる人生術！ 常識の枠をはずせば、自由な頭からおもしろい発想が生まれる。「オモテよりウラ」を楽しむ知の刺激剤！
2017.9 172p B6 ¥1400 ①978-4-86581-118-6

◆山寺清朝―外山滋比古エッセイ集　外山滋比古著　展望社
【目次】山寺清朝、石の下、ハシカ、ふろしき、ビールの泡、赤い風船、竹馬、モモタロウ、時計がひとつしかない、山里の風　〔ほか〕
2017.4 135p 19cm ¥1500 ①978-4-88546-327-3

◆私史エッセイ 炎女　トロック祥子著　（岡山）吉備人出版
【要旨】東京オリンピックの前年、19歳でハンガリー動乱亡命者と国際結婚した私…時代のうねりと絡み合いながら振り返る激動の自伝エッセイ。
2017.9 328p B6 ¥1800 ①978-4-86069-520-0

◆キャリアなどに興味はない。それなりに稼げて、ストレスフリーなら、それがいいのだ！　DJあおい著　ワニブックス
【要旨】これが、ほとんどの女の本音なんです。出世＜＜＜＜怒られない、上司の目を気にせず、定時に出社して、定時に帰りたい。家に帰ったら、職場であった嫌なことはすっかり忘れたい。この世で一番難しい「普通の幸せを手に入れる方法」教えます！「タウンワークマガジン」超人気連載書籍化。
2017.6 207p B6 ¥1300 ①978-4-8470-9574-0

〔な行の著者〕

◆遠望―詩・エッセイ・評論集成　内藤惠子著　（長岡京）エディット・パルク
【要旨】懐かしさに溢れた過去の糸をゆっくりと紡ぎ、編み上げていく、詩とエッセイと評論の刺繍。
2017.2 175p A5 ¥2000 ①978-4-901188-10-4

◆日なたと日かげ―永井和子随想集　永井和子著　笠間書院
【要旨】更新されてゆく日々の陰影をスケッチした著者初の随想集。平安古典を軸に、歌舞伎・演劇評、序文、追悼、ほか「オノ・ヨーコさんの力」等、文学者としての眼が捉えた縦横無尽の短文58篇で構成。
2018.1 239p A5 ¥2500 ①978-4-305-70854-0

◆日和下駄―一名 東京散策記　永井荷風著　講談社（講談社文芸文庫Wide）
【要旨】「一名 東京散策記」の通り「江戸切図」を持った永井荷風が、思いのまま東京の裏町を歩き、横道に入り市中を散策する。十一の章立てに、周囲を見る荷風の独特の視座が感じられる。消えゆく東京の町を記し、江戸の往時を偲ぶ荷風随筆の名作。
2017.1 217p 17×12cm ¥1000 ①978-4-06-295511-9

◆ときどき、京都人。―東京⇔京都 二都の生活　永江朗著　徳間書店
【要旨】京町家をリノベーションして6年。「京都ぎらい」にならずに、ますます京都にはまってしまった。鴨川べりでビールを片手に、ゆるゆる読みたいエッセイです。
2017.9 277p B6 ¥1200 ①978-4-19-864477-2

◆わたしの本棚　中江有里著　PHP研究所
【要旨】自分を成長させてくれた、たいせつな二十四冊。カズオ・イシグロ、北村薫、スティーヴン・キング…わたしの本棚はまさに"人生の写真アルバム"。女優、コメンテーター、作家として活躍する著者の読書エッセイ。
2017.11 183p B6 ¥1400 ①978-4-569-83702-4

◆蜩の呟き―本当の悪は誰か　長尾克夫著　産経新聞出版
【要旨】海自OBが市井より真摯に見つめた社会と国家。
2018.1 201p B6 ¥1500 ①978-4-86306-130-9

◆旅に出たナツメヤシ　長坂道子著　KADOKAWA
【要旨】世界中でごはんをつくって食べて暮らしてきた。世界の料理が一堂に会する、珠玉の食エッセイ。
2017.4 287p B6 ¥1600 ①978-4-04-104741-5

◆中西悟堂 フクロウと雷　中西悟堂著　平凡社（STANDARD BOOKS）
【要旨】自然に対して見る目を持つことは気高い事業である―。"日本野鳥の会"創立者、慈愛あふれる鳥と自然の文学。
2017.9 221p 19cm ¥1400 ①978-4-582-53160-2

◆「旅ことば」の旅　中西進著　ウェッジ
【要旨】旅に関連する88の言葉から、日本人にとっての「たび」の意味が見えてくる。
2017.8 197p 23×16cm ¥2778 ①978-4-86310-187-6

◆世界の果てに、ぼくは見た　長沼毅著　幻冬舎（幻冬舎文庫）
【要旨】砂漠、海洋、北極、南極、そして宇宙。「科学界のインディ・ジョーンズ」と呼ばれる著者にとって、世界の果ては夢の地だ。―砂漠に架かる"月の虹"。美しい色の細胞を持つ微生物。世界最北にある24度の"冷たい温泉"。辺境は、未知なるものの宝庫だ。思考の翼を広げてくれる、地球の神秘の数々。研究旅行での出来事や思索を綴ったエッセイ。
2017.8 230p A6 ¥580 ①978-4-344-42641-2

◆太極悠悠 3　太極拳とともに生きる　中野完二著　時空出版
【要旨】太極拳とともに生きてきた生活の中で、指導・普及に携わった実践者として、幅広い視野・交流の中から太極拳がどう感じられ、深められていったかを具体的に綴る。真摯で、しゃれたユーモアと軽妙なアイロニーが彩る中野ワールド第3集！
2017.12 206p B6 ¥1800 ①978-4-88267-068-1

◆団塊の店仕舞い　中野重夫著　近代文藝社
【要旨】遠ざかる風景、蘇る過去。郷愁、悔悟、矜持、諦念と希望…戦後レジームの光と影の只中を生き、その終焉と共に退場する団塊世代。その黄昏の日々に浮かぶさまざまな想い―月刊「本の街」の連載コラム。
2017.4 230p B6 ¥1400 ①978-4-7733-8033-0

◆あのころ、早稲田で　中野翠著　文藝春秋
【要旨】60年代というトンネルの出口は嵐のよう―早大闘争、社研、吉本隆明、『青春の墓標』、

「ガロ」、GS、喫茶店、ATG、ゴダール、アングラ演劇―あの時代の空気が鮮やかによみがえる。
2017.4 207p B6 ¥1500 ①978-4-16-390630-0

◆TOKYO海月通信　中野翠著　毎日新聞出版
【要旨】この道30余年の"目利き"が推す映画、本…娯楽と雑談。退屈してるヒマなし！ 具だくさんコラム2017。
2017.12 265p 19×12cm ¥1400 ①978-4-620-32488-3

◆たおやかな風景　中橋怜子著　（奈良）奈良新聞社
【要旨】中橋怜子の暮らし方のエッセイ。彩る写真と共に綴られる「たおやかな風景」が、過去、今日そして未来を繋ぐ。読んで、見て、満喫の一冊。
2017.9 156p A5 ¥2000 ①978-4-88856-145-7

◆FOOL on the SNS―センセイハ憂鬱デアル　仲正昌樹著　明月堂書店
【要旨】筆誅！ 匿名・陰口・成り済まし、正体隠してルサンチマンを隠せない―。そんなSNS言論空間の吹き溜まりを俳徊する"末人論客"に情け無用の真剣勝負！ 著者の本気度が伝わる怒りの一冊。
2017.7 267p B6 ¥1800 ①978-4-903145-58-7

◆50代、もう一度「ひとり時間」　中道あん著　KADOKAWA
【要旨】アラフィフのリアル。夫との別居、母の介護、3人の子の成長…人生後半ブロガーがつづる自立のなかで見つけた心豊かな暮らし。
2017.7 167p B6 ¥1300 ①978-4-04-602037-6

◆ありふれた教授の毎日　中村幸一著　作品社
【要旨】町田康、沓掛良彦氏ら、読み巧者をうならせ、おもしろがらせた『中村教授のむずかしい毎日』（筆名＝上村隆一）に続く、待望の、読めば、肩から力が抜け、毎日が気楽になるエッセー集、第2弾！
2017.9 183p B6 ¥1300 ①978-4-86182-648-1

◆心の接木　中村茂弘著　東洋出版
【要旨】生い立ち、海軍への入隊、新兵時代、教官生活、復員、病院勤務、開業…実り多き95年の人生を回顧する。若いうちの苦労は、老いて必ず実る！
2017.3 185p B6 ¥1600 ①978-4-8096-7465-3

◆人を想うこころ―人生で大切な恩と供養の話　中村太釈著　日本文学館
【要旨】空海が説く恩とは？ なぜ先祖供養をするのか？ 恩に報いるとはどういうことか？ 四国のお坊さんが伝える人生で大切な四つの恩と供養のお話。
2017.10 100p A6 ¥600 ①978-4-7765-3929-2

◆故旧哀傷―私が出会った人々　中村稔著　青土社
【要旨】人格形成を育んだ故人たちへの鎮魂。定年を前に自死した若き日の俊才、生涯自己を陶冶し続けた経済学者、名声を博し、あるいは挫折して追放された経営者たち、大文学者の素顔…多彩な友人・知己から十二名の故人を偲び、哀悼と傷心を綴った十二章。
2017.10 286p B6 ¥1800 ①978-4-7917-7019-9

◆活動報告―80年代タレント議員から162万人へ　中山千夏著　講談社
【要旨】市川房枝、青島幸男、鳩山威一郎、宮田輝に続き第5位、161万9629の票を得て第12回参議院選挙（全国区）で最年少参議院議員となった元子役・人気タレントが見たものは？ 子役時代『蝶々にエノケン』、TVタレント時代『芸能人の帽子』に続く「自分語り」三部作完結編！
2017.11 215p B6 ¥1900 ①978-4-06-220740-9

◆とこしえ―わがふるさと「知井」　名古きよえ著　（大阪）竹林館
【目次】1（道―梅の木まで、上ノ庄へ行く道、水について　ほか）、2（地名への興味、村の名について、知井十名　ほか）、3（野の花 山の花、桑の木の思い出、養蚕の歴史　ほか）
2017.4 165p B6 ¥1800 ①978-4-86000-355-5

◆口説き文句は決めている　夏生さえり著　クラーケン
【要旨】「アマノ食堂」の人気連載を書籍化！ 妄想ツイートが話題のライター"さえりさん"による、食と恋のエッセイ集。
2017.8 191p B6 ¥1300 ①978-4-909313-00-3

◆300字の小さな幸せレシピ―"ときめき"は毎日の中に　並木きょう子著　アップオン

〔は行の著者〕

◆やはりオタクでまちがいない。 バカチャン著 KADOKAWA （ピクシブエッセイ）
【要旨】「モンハンのプレイしすぎで腕を負傷」「ソシャゲの影響で聖書に詳しくなる」…今度は弟に加えて父・母も登場！ 会社の同僚も加わってさらにパワーアップ！ そろそろアラサーも卒業が迫るバカチャンのオタク充実ライフ第2弾！
2017.12 153p A5 ¥1000 ①978-4-04-069660-7

◆回生晏語 荻野脩二著 （名古屋）三恵社 （TianLiangシリーズ 16）
【目次】1 2015年（一海知義（いっかい・ともよし）先生のご逝去、宝塚、FB、清水寺 夜の拝観、杉本先生の文章 ほか）、2 2016年（FB、あけましておめでとうございます、1月11日、いただいたお返事、文革の顔 ほか）
2017.1 164p A5 ¥2300 ①978-4-86487-612-4

◆安楽死で死なせて下さい 橋田壽賀子著 文藝春秋 （文春新書）
【要旨】人に迷惑をかける前に、死に方とその時期くらい自分で選びたい。92歳「渡る世間は鬼ばかり」の人気脚本家が語る究極の往生論。衝撃の問題提起で「文藝春秋読者賞」受賞！
2017.8 208p 18cm ¥800 ①978-4-16-661134-8

◆バカになったか、日本人 橋本治著 集英社 (集英社文庫)
【要旨】日本は"初めに結論ありき"で"重要な議論を放棄する"国になってしまった。原発再稼働、消費増税との先送り、特定秘密保護法の成立、集団的自衛権行使の閣議決定。東日本大震災以降、政府の場当たりの対応は続き、国民の声は届かなくなってしまった。そんななか、我々が知性と思考力を取り戻すためにはどのように向き合うべきか。この国の未来を憂う全てのひとへおくる辛口の処方箋。
2017.9 223p A6 ¥520 ①978-4-08-745638-7

◆WILD-HUNTER猟 上 橋本和幸著 （長野）ほおずき書籍、星雲社 発売
2017.11 177p A5 ¥1660 ①978-4-434-23946-5

◆WILD-HUNTER猟 下 橋本和幸著 （長野）ほおずき書籍、星雲社 発売
2017.11 210p A5 ¥1660 ①978-4-434-23947-2

◆四季のうた―想像力という翼 長谷川櫂著 中央公論新社 (中公文庫)
【要旨】詩歌の言葉を探すとき、心は想像力という翼に抱かれて大空に遊んでいる。どの言語でも、人類は太古の昔からこのようにして詩歌を紡いできた。正岡子規が近代俳句の方法として提唱した「写生」からは脱落した、詩歌創造の現実を忘れてはならない―。読売新聞に連載されたコラム「四季」の二〇一五年四月から一年分を収録。
2017.12 199p A6 ¥700 ①978-4-12-206504-8

◆「美」に生かされて―『ほほづゑ』に綴った二十余年の記述録 長谷川智恵子著 （松戸）三好企画
【要旨】『ほほづゑ』の創刊（一九九四年）に参加して二十三年、執筆を続け、内八十篇を自選して"私のほほづゑ"としてまとめた。
2017.12 338p B6 ¥1600 ①978-4-908287-16-9

◆うさうさひねもす絵日記 はとはな著 マガジンランド
【要旨】「うさうさ」と「ダデモル」の二人の日々の生活をゆる～い絵日記にしました。
2017.3 111p A5 ¥1278 ①978-4-86546-147-3

◆スマホを捨てよ、街へ出よう 羽根章夫著 ユーフォーブックス
【目次】第1章 オレはNHKの左遷組、第2章 スターたちとの思い出、第3章 八十日間世界一周―NHK特集「祈りのある生活」、第4章 五十歳の再出発―NHKを離れて気づいたこと、第5章 放送業界に物申す、第6章 悩める上司たちへ、第7章 八十歳のオレが若い人に伝えたい仕事のヒント
2017.12 175p B6 ¥1200 ①978-4-89713-163-4

◆濱田マリの親子バトル！ 濱田マリ著 河出書房新社
【要旨】幼稚園から大学入学まで、13年にもわたる"多感な時期"に、これほど子供との関係性をしっかり築きながらもゆる～く書かれた子育てエッセイが、いまだかつてあっただろうか!? タワーレコードのフリーマガジン『イントキシケイト』の長寿人気連載が、ついに書籍化。単行本オリジナルとして、巻末に愛娘との"ツンデレ対談"も収録しました。
2017.11 271p B6 ¥1400 ①978-4-309-02626-8

◆お茶しませんか 浜田幹子文、浜田泰介画 (京都)白川書院
【要旨】画家のワイフらしい鋭く細やかな視点で世間を観察。心の琴線にふれるエッセイの連続！
2017.6 189p B6 ¥1300 ①978-4-7867-0078-1

◆コラケンボウ 浜畑賢吉著 田畑書店
【要旨】あの頃の世田谷は、冒険に満ちていた！ 俳優にして教育者である著者が、学園ドラマ「進め！青春」の教師像の原点そのままの"ヤンチャ坊主"だった少年時代を振り返り、現代に欠いた人間的な伸びやかさを描く自伝的エッセイ！
2017.8 200p B6 ¥1600 ①978-4-8038-0343-3

◆気づきと感謝で、苦を楽に変える道を学ぶ―還暦からの旅立ち・日本語教師として 濱邊秀喜著 (大阪)風詠社、星雲社 発売
【要旨】還暦を迎えて決意したことは「今後は組織や権威に頼ることを一切やめ、自立した個人として生きて行こう」ということ。61歳でイギリスへ留学し、現在も日本語教師として活躍する著者による、思索と行動の半生記。
2017.6 200p B6 ¥1600 ①978-4-434-23541-2

◆古都再見 葉室麟著 新潮社
【要旨】京の街角から日本史の旅へ。故郷を離れ、古都に仕事場を構えた作家の発見と歴史的思索の日々。知的興奮に満ちた68の随筆。
2017.6 280p B6 ¥1600 ①978-4-10-328014-9

◆野生のおくりもの 早川ユミ著 KTC中央出版
【目次】1章 はじまりの土、2章 わたしにも、石がひつよう、3章 根っこのある木たち、4章 火のもつちから、5章 巡る水、水のふしぎ、聖なる水、6章 太陽の女たち、7章 生命力あふれるものたち、8章 リズムは野生、女の対談 ランディさんと「野生」を語る
2017.8 299p 18×14cm ¥1600 ①978-4-87758-764-2

◆下衆の極み 林真理子著 文藝春秋
【要旨】2018年の大河ドラマ「西郷どん」の原作者として、作家活動も新境地に。トランプ、ゲス不倫、母の介護まで、大騒ぎの世の中を揺るがぬ視点で見つめる。相変わらず"持ってる"女・ハヤシさん、今日も時代の最先端を爆走中！
2017.3 266p B6 ¥1400 ①978-4-16-390612-6

◆出好き、ネコ好き、私好き 林真理子著 光文社 (光文社文庫)
【要旨】人気月刊誌「STORY」連載の好評エッセイ。四十代、美の格闘録！
2017.12 273p A6 ¥560 ①978-4-334-77582-7

◆美女は飽きない 林真理子著 マガジンハウス
【目次】運と縁を猫にまかせて（あの体操…、チョロランマ、攻略！、パーフェクト台湾旅 ほか）、マリコスタンプ七変化（いっしょに暮らす人、美しきかな、見慣れたものたちが！ ほか）、愛と美と買物の輪舞（"何か"が生まれる、お願い、"ヘルスさん"！、始まりの日 ほか）
2017.6 253p B6 ¥1200 ①978-4-8387-2934-0

◆マリコ、カンレキ！ 林真理子著 文藝春秋 (文春文庫)
【要旨】ついに還暦！ ドルガバの赤い革ジャンに身を包み、ド派手でゴージャスな還暦パーティーを開いた。年を取って変わったのは、何でもはっきり口に出して言える、嫌いな人ともにこやかに会話が交わせる、パーティーで料理を食べることができるようになったこと。どこまでもパワフル、日本でいちばん神ってる痛快エッセイ第28弾！
2017.4 277p A6 ¥560 ①978-4-16-790838-6

◆一粒の涙 早house貢司著 (大阪)澪標
【目次】一粒の涙（死亡の報告、最後の伊豆、一粒の涙、天国にいる君、飛び魚一匹、天国と地獄、二人の出会い、そろそろ限界、また二人に行った君、二人は一緒）、女の呪文、私の師匠、朝鮮人街道（再録）
2017.8 262p B6 ¥1600 ①978-4-86078-369-3

◆原田伊織の晴耕雨読な日々―墓場まであと何里？ 原田伊織著 毎日ワンズ 新版
【要旨】暴論か、愚痴か、それとも世迷いごとか!? 利権政治家、奮輸官僚、迎合教育者が震え上がる一本の軸を貫く「物書き」が、脅し、世間体、体裁を無視して吠える！ 己の墓場を背にして放つ迫力なき遺書！！
2017.11 290p B6 ¥1500 ①978-4-901622-96-7

【目次】第1章 四月 五月 六月―花 若葉 梅雨のころ（桜の花に「ありがとう」、あたりまえに、前向きに ほか）、第2章 七月 八月 九月―七夕 ぶどう 月のころ（10分間の"七夕"、沖縄の味に、出合って ほか）、第3章 十月 十一月 十二月―新米 紅葉 年の瀬のころ（多摩川の鉄橋で、「この枝を切ります」ほか）、第4章 一月 二月 三月―雪 バレンタインデー 卒業式のころ（新年の抱負、名前を呼んでください ほか）
2017.2 119p 20×15cm ¥926 ①978-4-900894-20-4

◆子どものアトリエ―絵本づくりを支えたもの 西巻茅子著 こぐま社
【要旨】芸大を卒業してはじめた絵の教室「子どものアトリエ」。そこにくる子どもたちから学んだ絵を描くことの原点、絵本づくりで大切にしてきたこと、そして、自らの子どもと夢中でつくる絵本が突き進む孤独な日々は、ひとつの味に。日本を代表するファンタジー絵本『わたしのワンピース』の作者が書き下ろした初めてのエッセイ集。
2017.4 119p B6 ¥1400 ①978-4-7721-9066-4

◆一私小説書きの日乗 不屈の章 西村賢太著 KADOKAWA
【要旨】無頼作家、鉄の矜持。"凡庸"な日常を綴った"非凡"な日記文学、第五弾！ 2015年7月〜2016年6月。
2017.5 240p B6 ¥1900 ①978-4-04-104203-8

◆下手に居丈高 西村賢太著 徳間書店 （徳間文庫）
【要旨】世の不徳義を斬り、返す刀でみずからの恥部をえぐる。この静かで激しい無頼の流儀―。煙草とアルコールをかたわらに、時代遅れな"私小説"の道を突き進む孤独な日々は、ひとつの意思と覚悟に満ちている。したてに「落伍者」を自認する、当代きっての無頼派作家は現世の隙間になにを眺め、感じ、書いているのか。軽妙な語り口でつづられる「週刊アサヒ芸能」連載の傑作エッセイ集。
2017.4 221p A6 ¥750 ①978-4-19-894223-6

◆小説作法 丹羽文雄著 講談社 （講談社文芸文庫）
【要旨】瀬戸内寂聴、吉村昭、河野多恵子、津村節子、新田次郎らを鋭々たる作家を輩出した同人誌「文学者」を主宰し、文壇の大御所として絶大な人気を博していた昭和二十年代後半『文學界』に連載され、異例の反響を得た名著。描写と説明から人物の描き方、時間の処理法、題の付け方、あとがきの意義、執筆時に適した飲料まで。自身の作品を例に懇切丁寧、裏の裏まで教え論した究極の小説指南書。
2017.12 347p A6 ¥1700 ①978-4-06-290367-7

◆お話はよく伺っております 能町みね子著 文藝春秋 （文春文庫）
【要旨】電車の中、井戸端会議、喫茶店やファーストフード店…どこの誰だか知らないけれど、偶然に直角で出会った目が離せない人々のトークを勝手にリポート（つまり盗み聞き）！ 生々しい会話を集め、妄想し、ほくそえむ。そこには、計り知れないドラマが!? 単行本未掲載のエッセイ15本を新規収録の"実録＆妄想"人間観察エッセイ。
2017.11 280p A6 ¥730 ①978-4-16-790968-0

◆ジャンル 野崎じぞう―弘著 創英社/三省堂書店
【要旨】誰かが言った。「この本は贈り物に最適だ」と。
2017.11 145p B6 ¥1000 ①978-4-88142-330-1

◆苦あれば楽あり 野澤亨着 中央公論事業出版
【要旨】世の中いくつになってもやることがある。卒寿を迎えた著者の回顧録。
2017.11 277p B6 ¥1800 ①978-4-89514-479-7

◆お節介おばさんの独り言―夢見るおばさんの奮闘記 副副信子著 ルネッサンス・アイ、白順社 発売
【要旨】FCEM世界女性企業家協議会の日本支部設立・日本大会開催の依頼を受けた著者が語る、自身が体験した激動の人生。
2017.8 243p B6 ¥1200 ①978-4-8344-0218-6

◆じわりとアトリエ日記 野見山曉治著 生活の友社
【要旨】2013年11月〜2017年2月。挿画つきで綴った日々。
2017.12 505p 18×13cm ¥2500 ①978-4-908429-15-6

エッセイ

◆ぼくの美術ノート　原田治著　亜紀書房
【要旨】原田治（1946 ‐ 2016）が集めた「美しいものたち」。80年代、女子中高生たちが夢中になったOSAMU GOODSの生みの親であるイラストレーター・原田治。物心つくと同時に絵筆を握り、自ずと美術鑑賞が趣味となった著者がずっとずっと持ち続けてきた大切なこと—著者が最後に遺したエッセイ集。
2017.2 180p 19×12cm ¥2000 ①978-4-7505-1493-2

◆日本人として受け継ぎたいこと—凛として生きる　原田宏志著　東京図書出版, リフレ出版 発売
【要旨】歴史、平和、教育、いずれも世界に誇れる国、日本。報道されない日本の美の発掘、社会風潮への警鐘、教育への提言など、読み手に感動と勇気を与える珠玉のエッセイ100話。
2017.10 223p B6 ¥1389 ①978-4-86641-092-0

◆僕の名前はグー　原田道雄著　幻冬舎メディアコンサルティング, 幻冬舎 発売
【要旨】やさしくて、ちょっとせつない。平凡な毎日に、大きな奇跡が舞い降りた—。しあわせな時間だけがぎゅっとつまった、92編にわたる、一匹の犬とある家族の物語。
2017.10 201p B6 ¥1400 ①978-4-344-91430-8

◆ゴジラの中は—ある怪獣バカの足型　破李拳竜著　オルタナパブリッシング, 星雲社 発売
【要旨】元祖美少女同人誌『人形姫』、ロリコンブームを仕掛けた『レモンピープル』での『撃殺！宇宙拳』の作者であり、『平成ゴジラシリーズ』の対戦怪獣キングギドラ二世・ゴジラジュニアであり、宇宙大怪獣ギララとして暴れまわった著者！　その半生をすべて語り尽くす!!
2017.6 359p B6 ¥1500 ①978-4-434-23289-3

◆天国に一番近い会社に勤めていた話　ハルオサン著　KADOKAWA
【要旨】この会社の従業員の大半は…、ありとあらゆる（元）犯罪者の集まりだからです。『人生の道』を踏み外し、どこにも行き場所がなくなってしまった人間が、最後に辿り着く場所が、ココなのです。警察官を辞めた私も、真っ当な人間ではありません。もう染まっているのです…。真っ黒に。
2017.12 239p B6 ¥1300 ①978-4-04-602095-6

◆いつか来た町　東直子著　PHP研究所（PHP文芸文庫）
【要旨】雨に濡れた町は、すべてが目に色濃く、音も少しくぐもって聞こえる—。頬に感じた風の香り、あの日のカルピスの味、指先に触れた黒白の鍵盤の温度…。歌謡を牽引し、心の琴線にふれる言葉を紡いできた著者が、二十五の町の表情を五感でつづる。瑞々しい感性で掬い取られた何気ない日常の風景やワン・シーンがあたたかく、せつなく、時に妖しく映る。あなたを愛おしい気持ちに包み込んでくれる珠玉の一冊。
2017.3 269p A6 ¥680 ①978-4-569-76695-9

◆あるがままに自閉症です　東田直樹著　KADOKAWA（角川文庫）
【要旨】会話で気持ちを伝えられない、思うように行動できず叱られる。本当は感覚のまま、自由でいたいだけなのに—。息苦しさを感じながらも、自分の感性に耳をすませ、言葉を綴ることで自閉の世界の住人である18歳で始めたブログを元に自らの体験や心情の変化を記した本書には、当事者や家族へのメッセージが込められている。『あるがままに自閉症です』は、ひとりひとりのためのものです」ロングセラーの単行本を増補して文庫化！
2017.6 189p A6 ¥560 ①978-4-04-105666-0

◆疋田桂一郎の天声人語　疋田桂一郎著　朝日新聞出版（朝日文庫）
【要旨】戦後の朝日新聞にこの人あり、と言われた大記者、疋田桂一郎。彼が担当した1970年5月から1973年3月までの「天声人語」から、211回を掲載。うすれゆく戦争の記憶と、経済成長とともに変わる日本人の心。ジャーナリズムの死角に光をあて続けた記者の、読みつぐべきコラム集。
2017.3 328p B6 ¥660 ①978-4-02-261909-9

◆答えの無い苦難の道は、もう歩まない　久川正子著　東京図書出版, リフレ出版 発売
【要旨】紆余曲折を経てたどり着いたひとつの答え。人はすべて神と光で繋がっている。
2017.3 154p B6 ¥1200 ①978-4-86641-032-6

◆馬と猫の愛の物語　必守いく男著　創英社／三省堂書店
【要旨】大きな文字でよみやすい！　どうぶつたちの愛の物語。
2017.9 139p B6 ¥1127 ①978-4-88142-163-5

◆こころの読み方　人見一彦著　INITs,（大阪）松本工房 発売 （Hitomi Kazuhiko Essays 1）
【要旨】オイゲン・ブロイラー、ガエターノ・ベネデッティ、クリスチャン・シャルフェッテルなど、スイスの「チューリヒ学派」と呼ばれた精神病理学・心理療法を深く研学し、長年精神科医として臨床の現場で多くの統合失調症患者に接してきた著者が、様々な症例を紹介しながら精神病理学的な考察のみならず、文学・哲学・思想・神話・宗教・医学・教育学・物理学など、分野を超えた世界像を引例しながら、人間存在の深淵を読み解く、珠玉のエッセイ集第1巻。
2016.12 221p B6 ¥2800 ①978-4-944055-86-9

◆犬のいた一日—俳句とエッセー　陽山道子著（松山）創風社出版
【目次】干し柿、俳句　窓開けて、白樺、俳句　おかぜ五号、メダカ、俳句　晩秋、ドライブ、俳句　冬銀河、わたしの十句
2017.4 161p B6 ¥1400 ①978-4-86037-246-0

◆穏やかな日々　比良一平著　東洋出版
【要旨】定年後の日常の暮らしを眺めながら、友人、趣味、ふるさと、家族…。ユーモアたっぷりの軽妙な語り口で振り返るエッセイ。「さてと、明日は何をするべえと想いつつ、穏やかな一日が過ぎていく」。
2017.7 117p B6 ¥1000 ①978-4-8096-7880-6

◆あじフライを有楽町で　平松洋子著, 安西水丸画　文藝春秋（文春文庫）
【要旨】とにかく、あじフライだ。この下世話さがいいんだなぁ—。志ん生が愛した"酒かけ天丼"、紀伊から届いた衝撃のシカ肉。赤坂で本場のソルロンタンを想い、パリではキャロット・ラペをしみじみ噛みしめる。古今東西を駆け巡る、美味なるエッセイ78篇が文庫オリジナルで登場！　安西水丸画伯との最後の饗宴です。
2017.6 307p A6 ¥680 ①978-4-16-790873-7

◆古希に乾杯！　ヨレヨレ人生も、また楽し　弘兼憲史著　海竜社
【要旨】楽しいことも辛いことも、嬉しいことも悲しいことも適度に混ざっているほうが、人生は面白い。「面白い」とは「楽しいことを考え方ひとつで、"それもまた楽し"の気持ちに変えるのが本書のテーマです。ヨレヨレになっても、その現状を受け入れて、いかに楽しく生きるのかを考えるのがこの本のテーマです。
2017.7 148p B6 ¥1000 ①978-4-7593-1548-6

◆トッピングカップル　広友孝美著　（名古屋）ブイツーソリューション, 星雲社 発売
2017.3 153p B6 ¥890 ①978-4-434-23031-8

◆解　廣野実著　東京図書出版, リフレ出版 発売
【目次】神、道徳、理論、神秘体験、文明、超越、天をよむ、仮説
2017.8 254p B6 ¥1200 ①978-4-86641-068-5

◆言わなければよかったのに日記　深沢七郎著　中央公論新社（中公文庫）改版
【要旨】小説「楢山節考」で異色の文壇デビューを果たした著者が、正宗白鳥、武田泰淳、井伏鱒二ら、畏敬する作家たちとの奇妙でおかしな交流を綴る抱腹絶倒の文壇登場日記。他に「思い出の記」「十五のボルカ」を収める。巻末に武田百合子との単行本未収録対談を収録する。
2017.8 289p A6 ¥740 ①978-4-12-206443-0

◆人間滅亡の唄　深沢七郎著　小学館（P+D BOOKS）
【要旨】1956年、処女作『楢山節考』でセンセーショナルな作家デビューを果たした著者が、世間の常識を一蹴し描いた珠玉のエッセイ集。単純明瞭に自らの生きる一簡単そうで実は至難きわまりない生き方を貫き、その結論とも言える作品は当時の文壇にも、三島由紀夫はじめ多くの関係者に多大な衝撃を与えた。「流浪の手記」「子供を二人も持つ奴は悪い奴だと思う」など自選の全28編を収録。
2017.11 258p B6 ¥550 ①978-4-09-352321-9

◆深代惇郎エッセイ集　深代惇郎著　朝日新聞出版（朝日文庫）
【要旨】名記者として活躍し1975年に急逝した深代惇郎。彼が「天声人語」以外の、朝日新聞外報部や学園ジャーナルなどに寄せた傑作エッセイ集が待望の復刻。ロンドン駐在時代のウィットに富むコラムや、紀行文の傑作「世界名作の旅」など読み応えある名文が並ぶ。
2017.6 271p A6 ¥640 ①978-4-02-261905-1

◆深爪流—役に立ちそうで立たない少し役に立つ話　深爪著　KADOKAWA
【要旨】メッタ切りエッセイ！
2017.11 235p B6 ¥1200 ①978-4-04-734840-0

◆続・味なじいさん—げんきに・楽しく歩け走れ　深谷泰造著　鳥影社
【要旨】八十路をスタート—「老いの生き上手」いまこそ新しき人生。農協再生から合併から「あいち知多農協」を実現、さらに地域活性化事業「げんきの郷」を成功させた人生の達人が贈る"念ずれば花ひらく"さわやか人生読本！
2017.7 381p B5 ¥1500 ①978-4-86265-622-3

◆ある狂女の話　福井隆子著　（調布）ふらんす堂
【要旨】幼少期を戦時下で過ごした俳人・福井隆子の珠玉のエッセイ集。戦争、父母のこと、祖母、兄弟、家族のことを情愛を籠めた作品と丹念な筆致で綴る。そこには、昭和という時代への懐かしさとその痕跡が確かにある。後半に収録された評論も力強い。
2017.9 244p B6 ¥2600 ①978-4-7814-0986-3

◆思い出散歩（私の生き方、考え方）—六十三歳で大学院へ　福岡千賀子著　東洋出版
【要旨】30年近く多くの子どもたちの教育に関わる指導者として、そして二人の子供の親として、悩み、考えつつ、励まし、見守り、向き合ってきた記録。第2の青春や自分らしい生き方を綴ったエッセイ。
2017.10 240p B6 ¥1200 ①978-4-8096-7885-1

◆幸せな裏方　藤井青銅著　新潮社
【要旨】みんな誰かの裏方だ！　一番うしろにいるこそすべてが見える。「面白い」にはウラがある!!手塚治虫、大滝詠一、伊集院光…。数名の著名人・無名人と仕事を重ねた現役ベテラン放送作家が綴る、思わずニヤリのエッセイ。
2017.3 223p B6 ¥1400 ①978-4-10-350881-6

◆おんなのこはもりのなか　藤田貴大著　マガジンハウス
【要旨】ぼくを誘い、彷徨わせる君はなにもの？　圧倒的に不可解な女子たちをどこまでも追いかけて—。人気演劇作家が悶々としながら視て、触れて、記憶した半生の足跡。an・an 発、初エッセイ集！
2017.4 189p B6 ¥1300 ①978-4-8387-2835-0

◆河内つれづれ 2　伏谷勝博著　（大阪）竹林館
【要旨】エッセイで綴る河内風土記。河内に生きる喜びと誇り。河内四部作・完結編。
2017.5 189p B6 ¥1300 ①978-4-86000-358-6

◆臨床というもの 2　生物学的人間　藤本蓮風著　たにぐち書店
2016.11 204p A5 ¥3000 ①978-4-86129-301-6

◆あなたがスマホを見ているとき、スマホもあなたを見ている。　藤原智美著　プレジデント社
【要旨】するどく時代を切り取る芥川賞作家が綴る、ありふれた日々の暮らしにスパイスを振りかける珠玉のエッセイ69選。
2017.12 235p B6 ¥1300 ①978-4-8334-2258-1

◆管見妄語　知れば知るほど　藤原正彦著　新潮社
【要旨】大メディアや評論家には見えない世の「真実」をいざ開陳！　英国EU離脱、トランプ氏勝利からコーヒーの味の真実まで、ユーモアを交え物事の本質を抉り出す!!『週刊新潮』人気連載痛快コラム集最新版。
2017.8 189p B6 ¥1300 ①978-4-10-327413-1

◆管見妄語　とんでもない奴　藤原正彦著　新潮社（新潮文庫）
【要旨】「平等」は本当に小うるさい。耳触りの良いこの言葉に、日本の国柄をズタズタにし、知識偏重との批判が、若者の学力を下げている。このままでは、我が国は危うい。今一度、伝統と良識を見つめ直すべきである。鋭い視点で日本の迷走を叱責しつつ、フェアウェイ上で見かけた、密やかな空気を放つ妖しい男女に気を取られる。ユニークな発想と慧眼で物事の本質を衝く週刊新潮大人気コラム第5弾。
2017.7 233p B6 ¥490 ①978-4-10-124816-5

◆ゆらぐ玉の緒　古井由吉著　新潮社
【要旨】老齢に至って病いに捕まり、明日がわからぬ日暮れとなった。雪折れた花に背を

照らされた記憶。時鳥の声に亡き母の夜伽ぎが去来し、空襲の夜の邂逅がよみがえる。陽炎の立つ中で感じるのも、眠りの内のゆらめきの、余波のようなものか。往還する時間のあわいに浮かぶ生の輝き、ひびき渡る永劫。一生を照らす、生涯の今を描く古井文学の集大成。
2017.2 216p B6 ¥1700 ①978-4-10-319211-4

◆楽天の日々　古井由吉著　キノブックス
【要旨】恐怖が実相であり、平穏は有難い仮象にすぎない。現代日本最高峰の作家による、百篇収録最新エッセイ集。短篇小説「平成紀行」を併録。
2017.7 394p B6 ¥2400 ①978-4-908059-73-5

◆花の命はノー・フューチャー――DELUXE EDITION　ブレイディみかこ著　筑摩書房（ちくま文庫）
【要旨】絶版だった名著に、新たな書き下ろし、未収録原稿を約200頁も加えた最強版！ 移民、LGBT、貧困層…地べたからの視点から「壊れた英国」をスカッとした笑いと、抑えがたい抒情ともに描く。「花の命は…苦しきことのみ」の言葉とともに渡った英国ブライトンで、アイリッシュの連合いと過ごす、酒とパンクロックの日々。
2017.6 305p A6 ¥780 ①978-4-480-43452-4

◆別府倫太郎　別府倫太郎著　文藝春秋
【要旨】五歳で全身性の脱毛症を発症し、腎臓の病気も抱える雪国の少年。小学校で「学校に行かない」ことを選んだ著者が、自ら作ったインターネット上の新聞「別府新聞」などで発表した瑞々しい文章の数々。
2017.6 237p B6 ¥1350 ①978-4-16-390586-0

◆インターネットで死ぬということ　北条かや著　イースト・プレス
【要旨】何気ない、悪意のない一言が、なぜ怒りを買ってしまうのか？ 2014年、大学の誘いながら潜入調査をして執筆した『キャバ嬢の社会学』で鮮烈なデビューを果たした社会学者・北条かや。しかし、その2年後、twitterの炎上騒動から自殺未遂をし、休業を余儀なくされた。これまでに読んだ社会学の本や論点と重ね合わせながら、「評価経済社会」のなかで悪戦苦闘した体験を赤裸々に描く。
2017.6 255p B6 ¥1300 ①978-4-7816-1533-2

◆今日はヒョウ柄を着る日　星野博美著　岩波書店
【要旨】朝から賑わう戸越銀座商店街。そこでおばあちゃんたちがまとう「ヒョウ柄」の存在に気づいた著者は、人間界と動物界の相似性に敏感になる。そして若い世代・高齢者・現代・真実、現世‐あの世といった境界を行き来しはじめ…。星野博美ワールドの「その先」を指し示すかのようにせつない、ユーモアあふれる豊かな異界の淵へ、ようこそ！ 新境地をひらく最新エッセイ集！
2017.7 166p B6 ¥1400 ①978-4-00-061210-4

◆花人情―めぐり逢いこそ人生　細川呉港著　愛育出版
【要旨】大伴旅人と鞆の浦・幸田露伴『五重塔』の十兵衛と倉吉・人は何によって生かされているか・人間の夢のユートピア・土屋文明のふるさとの柿の木・レバノン杉の教訓・タイで広島にやってきたなど。生涯で最も嬉しいことはめぐり逢い。
2017.4 361p B6 ¥1600 ①978-4-909080-04-2

◆わたしの主人公はわたし―他人の声に振りまわされない生き方　細川紗々著　平凡社
【要旨】自分が大キライ。私なんてどうせダメ。ネガティブで生きづらいのは、他人と自分と向き合えていないから。『ツレうつ。』の著者が自分を認めて好きになるまでを綴った初エッセイ。
2017.8 155p 18cm ¥1000 ①978-4-582-83763-6

◆蚊がいる　穂村弘著　KADOKAWA（角川文庫）
【要旨】「蚊がいる」のに「いない」ことにされてしまう現実、日常生活の中で感じる他者との感覚のズレ、居心地の悪さと不安…。でも、僕はあのとき何も云えなかったことで、知らぬ間に致命的なのかも。それは世界との可能性をゼロにしてしまうのか―。いま最も"ふわふわ気味"の穂村弘が違和感と内気について綴った永久保存版のエッセイ集。又吉直樹との対談も収録。
2017.2 268p A6 ¥600 ①978-4-04-102625-0

◆野良猫を尊敬した日　穂村弘著　講談社
【要旨】肝が小さい、がんばれない、自意識の暴走が止まらない。心の弱さは、どこまでいっても克服できないものなのか。穂村弘、最新エッセイ集。
2017.1 253p B6 ¥1400 ①978-4-06-220395-1

◆ぼくの宝物絵本　穂村弘著　河出書房新社（河出文庫）
【要旨】絵本は子供だけのものじゃない。会社が辛くても、ページを開けばそこは天国。懐かしい絵本や未知の輝きを放つ絵本に出会い、買って買って買いまくると、夢のように楽しい…古今の名作絵本とその魅力を、オールカラーの図版とともに歌人にしてエッセイの名手がたっぷり紹介。
2017.6 221p A6 ¥740 ①978-4-309-41535-2

◆もしもし、運命の人ですか。　穂村弘著　KADOKAWA（角川文庫）
【要旨】或る夜のこと。友達の家に何人かで集まって遊んでいるとき、コンビニエンスストアに食料の買い出しにゆくことになった。「じゃあ、行こうか」と私も名乗りをあげると、「じゃあ、あたしも行く」とSさんが云った。どきっとする。今、Sさんは「じゃあ、あたしも行く」って云わなかった？「じゃあ」ってなんだ？―恋なんて縁がないと思っている人に贈りたい、人気歌人の恋愛エッセイ集。
2017.1 205p A6 ¥560 ①978-4-04-102624-3

◆ひまわりは枯れてこそ実を結ぶ　堀文子著　小学館
【要旨】「不幸は、次に踏み出す力をくれる。不幸がその人を幸せにするのです」「咲いては散ってゆく生命の流れ、私は花の命そのものを描きたいと思う」「老いの衰えも神が命の終わりに用意して下さったものに違いない」…堀文子の言葉を再編集。99歳のメッセージ。
2017.11 173p 19×12cm ¥1300 ①978-4-09-388587-4

◆ホルトの木の下で　堀文子著　幻戯書房　増補新版
【要旨】2018年、生誕100年―唯一の自伝に、初収録となる1950〜80年代の貴重なエッセイ10篇を増補した決定版。
2017.12 221p A5 ¥2500 ①978-4-86488-138-8

◆音の糸　堀江敏幸著　小学館
【要旨】記憶を手繰る、言葉を奏でる。静かに響きわたる著者初の音楽エッセイ。
2017.1 171p B6 ¥1700 ①978-4-09-388525-6

◆バン・マリーへの手紙　堀江敏幸著　中央公論新社（中公文庫）
【要旨】ユセンにしないと出てこない味わいを一心にとまる言葉や思いを「湯煎」にかけ、日々を身体に染み込ませる。氷の中に眠る狩人、焼きいも屋さんの落とし物、パリに歩いてやってきたキリンの子ども…熱が通りきらなかった部分に目を凝らせば、流れゆく時の切実な一瞬があらわれる。心の奥の塊を、やわらかな火であためるエッセイ集。
2017.8 305p A6 ¥740 ①978-4-12-206375-4

◆美を見て死ね　堀越千秋著　エイアンドエフ（A&FBOOKS）
【要旨】「美を見て死んだ男」が厳選した至高のアート130！『週刊朝日』連載（2014〜16年）珠玉の名品を独特の視点で語る最後の痛快アート・エッセイ。
2017.12 294p B6 ¥2700 ①978-4-909355-01-0

〔ま行の著者〕

◆山・自然探究―紀行・エッセイ・評論集　前川整洋著　図書新聞
【要旨】山に寄り添って思索し続けた50年―100名山を踏破し、山と自然に親しんだ詩人たち、立原道造、中原中也、宮沢賢治、尾崎喜八、深田久弥、秋谷巌、長谷川龍生らと共に深く感銘し、思索し、わが国の宗教、哲学、文化芸術の基層に分け入る、著者の渾身の紀行、エッセイ、評論集。
2017.5 327p B6 ¥2000 ①978-4-88611-472-3

◆百年後　前野健太著　スタンド・ブックス
【要旨】愛なんて、孤独なんて、ただの言葉だろ。君の生きてることに興味があるの。右肩下がりの時代の青春を、恋愛を、街を、人を、歌をすくい取り続ける、シンガーソングライター、初の単行本。
2017.3 254p B6 ¥1800 ①978-4-909048-00-4

◆老いてなお懐かしく偲ばれることども　巻口勇次著　筑波書房

◆目次：父母と一緒に出かけたワラビとゼンマイ採り、太平洋戦争を巡って、慶伊富議博士の思い出、私の悪性リンパ腫発症顛末記、イギリスの駐日大使から届いた幸運のファックス、有色移民同士の人種・民族関係、異人種間結婚に対する白系イギリス人の先入観、現代の若者の人生観について思うこと
2017.10 149p B6 ¥1800 ①978-4-8119-0518-1

◆ハッピーエンドに殺されない　牧村朝子著　青弓社
【要旨】「cakes」の人気連載「女と結婚した女だけど質問ある？」、書籍化！ 人気上位を厳選して大幅に加筆・修正。また、書き下ろしも増補。結婚というおとぎ話のハッピーエンドを打ち破り、性にとらわれず「私を生きる」メッセージに満ちたエッセイ。
2017.10 223p B6 ¥1600 ①978-4-7872-9245-2

◆Boys, be unprecious！（少年よイントロンたれ）―名を成さぬ者たちへ　柾葉進本著　（柏）暗黒通信団
2017.12 32p A5 ¥300 ①978-4-87310-119-4

◆沢村さん家の久しぶりの旅行　益田ミリ著　文藝春秋
【要旨】両親と40歳の娘との3人暮らし。大人になると時間が経つのがどんどん速くなってしまうから、小さな出来事を大事にしたい。描き下ろしマンガ「ヒトミさん、初めてのひとり旅」も収録。
2017.6 141p A5 ¥1050 ①978-4-16-390676-8

◆ちょっとそこまで旅してみよう　益田ミリ著　幻冬舎（幻冬舎文庫）
【要旨】昨日まで知らなかった世界を、今日のわたしは知っている―ひとりのときもあれば、だれかと一緒のときもある。たいてい、ちょっとそこまでという気軽さで、いつだってどこだって出かけられるようになった身軽さで。金沢、京都、スカイツリーは母と2人旅。八丈島、奈良、萩はひとり旅。フィンランドは女友だち3人旅（気に入ったので、ひとりで再訪も）。
2017.4 186p A6 ¥460 ①978-4-344-42598-9

◆やまない雨はない　マダム信子著　ロングセラーズ
【要旨】人生、四〇代は種まき、五〇代は水まき、六〇代は人生のはじまり。幸せの道。日本中を甘い幸せで包み込んだ「マダムブリュレ」誕生の裏に秘められた人間模様。
2017.12 218p B6 ¥1300 ①978-4-8454-2412-2

◆マキとマミ―上司が衰退ジャンルのオタ仲間だった話　町田粥著　KADOKAWA
【要旨】今推しジャンルがある人も、公式からの供給が途絶えた人も、隠れ傷つく全国のオタにおくる推しは死なないオタクライフコミック。隠れオタあるある満載。オタクへの憧れと理想と劣等感が詰まった一冊。
2017.12 124p A5 ¥950 ①978-4-04-069618-8

◆関東戎夷焼煮袋　町田康著　幻戯書房
【要旨】故郷喪失の悲しみから、上方のソウルフード、うどん、ホルモン、お好み焼き、土手焼、イカ焼を携え、食することで見えた宇宙。革命ではない。維新でもない。もちろん自由や平等でもない。愛などという眠たいものでもない―大坂の魂を取り戻す、ビルドゥングスロマン。
2017.4 290p B6 ¥1800 ①978-4-86488-120-3

◆スピンクの笑顔　町田康著　講談社
【要旨】保護犬として小説家の主人・ポチの家にやってきて十年。希望とともに生きたスピンクが綴った楽しき日々。突然に訪れた、別れ。「スピンク日記」シリーズ最終巻！
2017.10 429p B6 ¥1850 ①978-4-06-220802-4

◆スピンクの壺　町田康著　講談社（講談社文庫）
【要旨】こんにちは。スピンクです。主人は、なにをやっても失敗ばかり。側庭を芝でいい感じにしたい、新しい洗濯機を買いたい、一見簡単なプロジェクトが泥沼化します。一方、私は店を始めました。生後四ヶ月で保護されたプードルのスピンクが綴る日々。作家である主人・ポチとの穏やかな日々の幸福。
2017.10 293p A6 ¥880 ①978-4-06-293706-1

◆大事なことはみんな女が教えてくれた―ソニー元社員のひみつノート　松井政就著　PHP研究所（PHP文庫）
【要旨】ありえない話の連続だがすべて実話！ 競馬新聞の記者をあきらめてなんとなく入社したソニーでは、人事部の憧れの女性とほろ苦い思い

エッセイ

出をつくり、深夜にいきなり美女に起こされ訳もなく謝罪させられたり、勝手に玄関に将軍家のポスターが貼られたり、引っ越し当日に発砲事件が起きるなど、奇想天外なことばかり。できれば電車内では読まないほうがいい抱腹絶倒のエッセイ。
2017.6 281p A6 ¥680 978-4-569-76724-6

◆みなさんのおかげで私の人生バラ色　松浦明美（川崎）南天堂
【要旨】明美さんを知っている人にも、知らない人にも伝えたい愉快で痛快な、明美マイウエイ！生きていくって、こんなにおもしろい！松浦明美、堂々のデビュー作！
2017.4 159p 19x11cm ¥1111 978-4-89491-345-5

◆おとなのきほん―自分の殻を破る方法　松浦弥太郎著　PHPエディターズ・グループ、PHP研究所 発売
【要旨】新しいことはまだまだ、できる。アウトプット、友だち、働き方、お金、趣味、おしゃれetc．
2017.9 156p B6 ¥1300 978-4-569-83665-2

◆正直　松浦弥太郎著　河出書房新社　（河出文庫）
【要旨】「自分自身を一度ゼロ設定し、リスクを自覚しながらも、新たなフィールドに飛び込む選択を僕はした」―著者が49歳のとき、「暮しの手帖」編集長を自ら辞するの決断の渦中で綴ったプライベートな軌跡。少年時代から今まで、道に迷いながらも一歩一歩をどう踏み出してきたかを見つめ直した自叙伝的エッセイ。新たな挑戦をしようとする人の心構えとは何か？あたらかい人生の教科書。挑戦を続ける松浦弥太郎の熱い半生記。
2017.7 182p A6 ¥580 978-4-309-41545-1

◆伝わるちから　松浦弥太郎著　小学館　（小学館文庫）（『ベリーベリーグッド』加筆修正・改題書）
【要旨】人付き合いのコミュニケーションに悩んでいる時に役に立つ、たくさんのヒント。なかなか相手に伝わらない自分の思い。それは伝えようとするから。では伝わるためにはどうすればよいのか。そのコツを、元「暮しの手帖」編集長の松浦弥太郎さんが教えます。
2017.12 198p A6 ¥500 978-4-09-406485-8

◆泣きたくなったあなたへ　松浦弥太郎著　PHPエディターズ・グループ、PHP研究所 発売
【要旨】静かな夜に読んで欲しい、個人的なおしゃべりのような、エッセイと小さな短文。
2017.5 159p B6 ¥1400 978-4-569-83587-7

◆アメリカで35年暮らした僕が妻の田舎に移住して見つけた人生でいちばん大切なこと　マックス桐島著　実務教育出版
【要旨】余命5年。最愛の妻への突然の宣告が、すべてを変えた。妻の余生を過ごすため、絶頂期のキャリアを捨てて日本に帰国することを決断したハリウッド映画プロデューサー。思いとは裏腹に、待っていたのは失意と焦燥の田舎暮らし。しかしその先に、思いもかけない「切ないドラマ」が待っていた…。感涙必至―まったく新しい日本語エッセイの誕生。
2017.9 262p B6 ¥1400 978-4-7889-1447-6

◆だじゃれ博士のおしゃれな話　松本佳雅理著　（大阪）風詠社、星雲社 発売
【要旨】もの知りでだじゃれ好きの博士と明るくチャーミングな助手ちーちゃんのおもしろい会話集。
2017.10 192p B6 ¥1000 978-4-434-23833-8

◆"感動の体系"をめぐって―谷川雁 ラボ草創期の言霊　松本輝夫編　アーツアンドクラフツ
【要旨】こどもたちの「物語」創出に向けて、言語・教育活動を実践した、1966～80年までの谷川雁の未公刊の論考・エッセイ・発言集。
2018.1 339p A5 ¥3500 978-4-908028-23-6

◆私はサラリーマンになるより、死刑囚になりたかった　松本博逝著　（大阪）ロックウィット出版
2017.1 204p B6 ¥1500 978-4-9908444-1-7

◆まつゆう＊をつくる38の事柄　まつゆう＊著　光文社
【要旨】ウェブ黎明期からカルチャーサイトを立ち上げ、マルチに活躍する著者、初のエッセイ。38のHAPPY KEY POINTつき！
2017.3 185p B6 ¥1200 978-4-334-97913-3

◆ハムレットと熊本地震　真名井拓美著　明窓出版
【要旨】世代を超えて読者の第六感に訴えるスピリチュアルミステリー。深淵な世界を綴った短編集。
2017.8 286p B6 ¥1600 978-4-89634-378-6

◆別れの挨拶　丸谷才一著　集英社　（集英社文庫）
【要旨】『源氏物語』はイギリスでどのように読まれているのか。芥川が人気作家になった理由とは。書店はどうあるべきか。小説論から芸術、風俗、ファッションの歴史までを軽妙な筆致で描き出す。世界中の人々に支持され続けた文学作品の楽しみ方、読書の快楽がここにある。作家、翻訳家、評論家として半世紀以上に亘って執筆、研究を続けた知の巨人が、その叡智を未来に託した最後のエッセイ集。
2017.3 381p A6 ¥730 978-4-08-745560-1

◆人生なんてくそくらえ　丸山健二著　朝日新聞出版（朝日文庫）
【要旨】自分の人生を生きるのに、誰に遠慮が要るものか。人生は好き勝手に生きていいのだということを本当に理解しているのか。仕事、親、学歴、国家、宗教、恋愛、そして死について、真っ向から挑んだ孤高の人生論。「やりきれない世」を生き抜く力を引き出す丸山流儀のすべて。
2017.6 222p A6 ¥560 978-4-02-261900-6

◆知財文化論　丸山亮著　発明推進協会
【要旨】知財界第一線に身を置き半世紀。あらゆる文化に精通した著者による、本務外での文化エッセー。元特許庁の審判官・審査官で弁理士、作曲家、マルチメディア・アーティストとして活躍中の著者が、時代や洋の東西を越えて、人間社会の文化について語る136篇。
2017.2 275p A5 ¥3000 4-8271-1284-3

◆落穂を拾えば―一地域の一大学教員として　三浦和尚著　（松山）創風社出版
【要旨】本書には一地方大学の教員として26年間国語教育に従事してきた著者の、本務外の文章が採録されている。本務外ではあるが、著者にとっては「私は愛媛という地域で生きてきた姿」という点で、意味のある「落穂」である。
2017.2 185p B6 ¥1300 978-4-86037-241-5

◆されど人生エロエロ　みうらじゅん著　文藝春秋　（文春文庫）
【要旨】ある時はボウリング場で股間の「マイボール」を思い、またある時は「ゆるキャラの中の人」と付添人の不倫関係を妄想し、さらには創作艶笑落語を一席…。"人生の3分の2はいやらしいことを考えてきた"の書き出しでおなじみ、「週刊文春」の人気連載、文庫本第二弾。『ほのエロ記』の著者、酒井順子さんとの対談も収録。
2018.1 280p A6 ¥740 978-4-16-791002-0

◆木のみかた―街を歩こう、森へ行こう　三浦豊著　ミシマ社　（コーヒーと一冊）
【要旨】全国3000箇所以上もの森を歩き続ける「森の案内人」の目を通せば、街なかの道路、路地に自然があふれていることがわかる！いまの日本の森の現状や、榎や神榊などこれだけは知っておきたい「木」のお届け。この本を持って、思わず外へ飛び出したくなる！街のなかで森を見つける方法、教えます。
2017.3 74p B6 ¥1400 978-4-903908-91-5

◆追憶―風薫る季節へ　三木原浩史著　彩流社
【要旨】学生時代から35年の教員生活―その間の交友と折々に書き留めた来し方の回想…。人との出会い、学問への向きあい方、生き方、同僚、そして家族…。ひとりのフランス文学者が"日常"の世界で感じた、"わき道"からのエッセイ集！
2017.11 258p B6 ¥1800 978-4-7791-2436-5

◆若狭がたり―わが「原発」撰抄　水上勉著　アーツアンドクラフツ
【要旨】3.11"フクシマ"以後を、いかに生きるか。作家・水上勉が描く"脱原発"啓発のエッセイと小説。"フクシマ"以後の自然・くらし・原発の在り方を示唆する。
2017.3 229p B6 ¥2000 978-4-908028-18-2

◆ゲゲゲの娘日記　水木悦子著　KADOKAWA
【要旨】「ゲゲゲの鬼太郎」「河童の三平」「悪魔くん」など、数々の人気漫画を生み出し、人生の示唆に富んだユーモラスな言動でも人々に愛された大漫画家・水木しげる。娘としてその姿を誰より側で見続けてきた"ゲゲゲの娘"こと次女・悦子が、お父ちゃんのヒミツの素顔に迫る！？
2017.11 226p B6 ¥1200 978-4-04-106355-2

◆壁を打ち破るための第一歩　水下心賛者　幻冬舎メディアコンサルティング、幻冬舎 発売
【要旨】生きる道に迷った青年はニュージーランド留学を決意。入念に計画を練り、孤独と勇気を抱えながら、新たな世界へ飛び立った。僧侶の肩書きを持つ著者が今ふりかえる、人生を磨く旅の記録。
2017.4 112p B6 ¥1000 978-4-344-91158-1

◆月見草　水原秀子著　幻冬舎メディアコンサルティング、幻冬舎 発売
【要旨】「あの日の記憶」が、わたしの生きる道しるべ。淡い初恋。待ち焦がれた手紙。親の目を盗んで重ねた逢瀬。会えないあなたに、今でも心を奪われる。世代を越えて、時を越えて。85歳のラブレター。
2017.9 156p B6 ¥1100 978-4-344-91374-5

◆とりとめなく庭が　三角みづ紀著　ナナロク社
【要旨】詩人・三角みづ紀がはじめてのエッセイ集。書き下ろしを含む詩とエッセイ三十篇。
2017.9 125p B6 ¥1400 978-4-904292-76-1

◆うた燦燦　道浦母都子著　幻戯書房
【要旨】いつのことを語るにも、うたがきらめく。『無援の抒情』により全共闘運動を象徴する歌人となった著者。あれから、はや50年―百人一首から現代まで、エッセイの中に180首が光る。
2017.4 250p B6 ¥2800 978-4-86488-119-7

◆山猫珈琲　下巻　湊かなえ著　双葉社
【要旨】好きなものは「山」と「猫」と「珈琲」。デビュー10周年、初エッセイ集！脚本から小説へ。こうして作家・湊かなえは誕生した！
2017.1 242p B6 ¥1300 978-4-575-31216-4

◆記憶の断片　宮尾登美子著　小学館　（P+D BOOKS）
【要旨】太宰治賞・直木賞受賞、執筆秘話、ギリシアやヨーロッパの旅、土佐回顧、好物料理、折々の暮らしの雑感など、簡明直截に綴られた随筆集。著者47歳から70歳までの100編を収録。
2017.4 477p B6 ¥650 978-4-09-352300-4

◆随想 春夏秋冬　宮城谷昌光著　新潮社　（新潮文庫）
【要旨】音楽の道をあきらめ、文学を志した十代。大学では英文科に籍を置くもののフランスの詩に心惹かれ。稲垣達郎、小沼丹、新庄嘉章…錚々たる師の学恩に導かれる道は険しく遠い。職を転々とし、貧しさで食いつなぎ、結婚後は英語の私塾で糊口をしのぐ。クラシック音楽、古典文学、写真、陶器、書と様々な学びを得て二十数年、曙光が漸く身を照らし出した。著者の文学的軌跡を刻む傑作随想。
2017.11 166p A6 ¥430 978-4-10-144460-4

◆新編 裏山の博物誌　三宅修著　山と溪谷社
【要旨】里山の価値に光を当てた名著復刊！陣馬山麓・相模湖畔に移住した都会育ちの山岳写真家が、裏山の自然に学び、遊ぶ十二ヵ月。底本に加筆し、再編集。
2017.2 317p B6 ¥1300 978-4-635-42045-7

◆笛を吹く人がいる―素晴らしきテクの世界　宮沢章夫著　筑摩書房　（ちくま文庫）
【要旨】自動販売機の、あのびっくりするほど小さな穴に小銭を入れる。なんでそんなことができるのだ。人は思わぬところで絶妙な「テク」を使っている。一方で、録画予約をすると、きまって別の番組が録画されている者もいる。金魚の飼い方。旅の流儀。そこにも「テク」がある。時には封筒に入ったカメラを送られた気分になる。驚嘆の文庫版あとがきを増補。
2017.8 270p A6 ¥780 978-4-480-43463-0

◆續 倭詩（やまとうた）　宮下周平著　IDP出版
【要旨】水医学とは一霊水に込められた哲学をひもとく―
2016.12 384p A6 ¥2800 978-4-905130-24-6

◆神さまたちの遊ぶ庭　宮下奈都著　光文社　（光文社文庫）
【要旨】北海道のちょうど真ん中、十勝・大雪山国立公園にあるトムラウシ。スーパーまで三十七キロという場所へ引っ越した宮下家。寒さや虫などに悩まされながら、壮大な大自然、そこに生きる人々の逞しさと優しさに触れ、さまざ

まな経験をすることになる。『スコーレNo.4』の宮下奈都が「山」での一年間を綴った感動エッセイを文庫化。巻末に、「それから」を特別収録。　2017.7　325p　A6　¥600　①978-4-334-77505-6

◆緑の庭で寝ころんで　宮下奈都著　実業之日本社
【要旨】ふるさと福井から、北海道の大自然の中で、のびやかに成長する三人の子どもたち。その姿を作家として、母親として見つめ、あたたかく瑞々しい筆致で綴った「緑の庭の子どもたち」(月刊情報誌「fu」連載)4年分を完全収録。ほかに、読書日記、自作解説ほか、宮下ワールドの原風景を味わえるエッセイ61編、掌編小説や音楽劇原作など、単行本初収録の創作5編も収録。著者の4年間のあゆみが詰まった宝箱。
2017.12　341p　B6　¥1600　①978-4-408-53717-7

◆いのちの姿　完全版　宮本輝著　集英社
(集英社文庫)
【要旨】自分には血のつながった兄がいる。後年その異父兄を訪ね返した瞬間を鮮やかに描く「兄」。十歳の時に住んでいた奇妙なアパートの住人たちの日常が浮かぶ「トンネル長屋」など、まるで物語のような世界が立ち上がる。自身の病気のこと、訪れた外国でのエピソード。様々な場面で人と出会い、たくさんのいのちの姿を見つめ続けた作家の、原風景となる自伝的随筆集。新たに五篇を収録した完全版。
2017.10　201p　A6　¥490　①978-4-08-745644-8

◆あさがや千夜一夜　三輪初子著　朔出版
【要旨】阿佐ヶ谷の名店「チャンピオン」で、千夜の灯をともし続けた半生を軽やかに綴るエッセイ集。
2017.11　211p　B6　¥1800　①978-4-908978-09-8

◆新編 底なし淵　村田久著　山と渓谷社(ヤマケイ文庫)
【要旨】得体の知れぬ大魚が釣り人を待ち受ける、底なし淵。ぬめぬめと光るマムシに守られた、尺イワナ湧く淵。昼寝の最中に現れては消える子どもたち。夕暮れの渓にきらめく蛍の乱舞もまた、耳に聞こえる女の声。そして、遠野郷の奥深くに暮らす一家の明かされない謎。岩手の渓流で、釣り人が体験した奇妙な出来事の数々を、みずみずしい筆致で綴った傑作エッセイ集。巻頭に夢枕獏氏が特別に序文を寄せている。
2017.3　251p　A6　¥880　①978-4-635-04833-0

◆老いと収納　群ようこ著　KADOKAWA
(角川文庫)
【要旨】早く捨てなくっちゃ。長年、部屋の中にたまった物を眺め、ため息をついてきた。ところがマンションの大規模修繕工事をきっかけに、毎日少しずつ物を処分する日々が始まった。使い途がないレーザーディスクプレーヤー、重すぎる外国製の掃除機、似合わなくなったコート。老いを考えれば、今処分したほうがいいものは山のようにある。どうやったら捨てられるのか? 限られた収納、溢れ出る物。「捨てる」闘いを描いた奮戦記!
2017.1　171p　A6　¥520　①978-4-04-104612-8

◆かるい生活　群ようこ著　朝日新聞出版
【要旨】漢方で体をかるくし、よけいな物やしがらみも捨てる。いらなくなった着物や本などを手放し、人間関係を整理。心身共に健康的になっていく日々を綴る爽快エッセイ!
2017.11　216p　B6　¥1300　①978-4-02-251501-8

◆96歳のピアニスト　室井摩耶子著　小学館
(小学館文庫)　「わがままだって、いいじゃない。—92歳のピアニスト『今日』を生きる—」加筆・改稿・改題書
【要旨】現役最高齢のピアニストとして活躍する室井摩耶子は、今でも"毎日が発見"だと言う。肺がんや父の介護など、つらい経験は「人生のずだ袋」に入れるポジティブ思考、九十歳を目前に家を新築する行動力…。「老いにあらがわない。でも、甘えない」という室井流の自然体でパワフルな生き方には、自分らしく幸せに歳を重ねるヒントが満載。金言多数の極上エッセイ!
2017.4　188p　A6　¥490　①978-4-09-406410-0

◆優しい人には優しい出来事がありますように。　もくもくちゃん著　ワニブックス
【要旨】Twitterフォロワー110,000人超え!待望の書籍化。癒される人続出のイラストに描きおろしも加えた、全117点を収録。
2017.12　118p　B6　¥900　①978-4-8470-9631-0

◆覚醒する風と火を求めて　本村俊弘著　七月堂
【要旨】随想2004.3～2005.1。
2017.10　182p　21×14cm　¥2000　①978-4-87944-296-3

◆なんでも解決! もひかん家の家族会ぎ
　もひかん著　ワニブックス
【要旨】日本一うらやましい家族のリアル会議、完全収録。
2017.3　175p　B6　¥1300　①978-4-8470-9540-5

◆好奇心をカバンにつめて part2　森千紗花著　(大阪)清風堂書店
【要旨】映画7本を撮り、16年続く舞台公演をこなす女優・歌手・舞踊家・華道家、大阪のマルチなおばあちゃんが綴る日々の暮らし、世界の旅先で出会った人、犬、ものたち。
2017.6　179p　B6　¥1200　①978-4-88313-860-9

◆つぶさにミルフィーユ—The cream of the notes 6　森博嗣著　講談社(講談社文庫)
【要旨】本を読む価値というのは、本を読んでいるその経験、その時間にある。だから、読んで忘れてしまっても良い一。人気作家、森博嗣の視点から見ると、世界はもっと自由で、シンプルだ。大切なものに触れてこられたことから、都会の脆弱性についてまで、驚異的説得力で読者を楽しく翻弄する人気エッセィ・シリーズ第6弾!
2017.12　235p　A6　¥540　①978-4-06-293770-2

◆黒猫ジュリエットの話　森茉莉著、早川茉莉編　河出書房新社(河出文庫)
【目次】黒猫ジュリエットの話、魔利の恋人ジュリエット、牟礼魔利の一日、マリアの気紛れ書き、或黒猫の話、悪魔と黒猫、新人評、東照宮の眠り猫、猫とサラ金男、猫の絵草紙[ほか]　2017.10　201p　A6　¥740　①978-4-309-41572-7

◆幸福はただ私の部屋の中だけに　森茉莉著、早川茉莉編　筑摩書房(ちくま文庫)
【要旨】好きな物、本や雑誌の堆積の下。アニゼットの空瓶に夜の燈火が映る部屋。黄色い西洋水仙を挿すのはピックルスの空瓶。お湯に入って清潔な体をタオルで拭く気分のよさ、タオルやソックスを選ぶ情熱、そして、そして…。美しいものに触れて子どもらが心を震わせ、人生のそばにはいつも「書くこと」があった作家・森茉莉の真骨頂ここに在り! 全集未収録33篇を含む森茉莉の真骨頂ここに在り!
2017.4　270p　A6　¥760　①978-4-480-43438-8

◆こいしいたべもの　森下典子著　文藝春秋
(文春文庫)
【要旨】母手作りの、バターがとろける甘いホットケーキ。父が大好きだった、少し焦げ目がついたビーフン。遅い青春時代に食べた、夜明けのベヤング…。味の記憶をたどると、眠っていた思い出の扉が開き、胸いっぱいになった事はありませんか? 優しい視点でユーモアたっぷり、胸にホロリとくる22品の美味しいカラーイラストエッセイ集。
2017.6　189p　A6　¥700　①978-4-16-790894-2

◆すむの径　森田たけし著　志學社
【目次】第1章 家とは何か(日常生活の家、我々の家、家の物理的条件、家ですること)、第2章 住みかた(住みかた、我々の住みかた、家ごと、人を巡るあれこれ)、第3章 不動産の話(不動産業界の話、仲介手数料について、補い方)、第4章 寝言
2017.6　336p　B6　¥2000　①978-4-904180-76-1

◆太陽と乙女　森見登美彦著　新潮社
【要旨】デビューから14年、初の決定版エッセイ集。特別書き下ろし「『森見登美彦日記』を読む」。本邦初公開「空転小説家」も収録!
2017.11　408p　B6　¥1900　①978-4-10-464505-3

◆ねこの証明　森村誠一著　講談社(講談社文庫)
【要旨】森村家に迷い込んだ猫が、いつしか大きな顔して居間のテレビを見ている。散歩の道すがら、すれちがった猫で写真俳句を下る。ミステリーから時代小説、森村作品に猫はよく似合う。選りすぐりのねこエッセイと三篇のねこ小説、そして写真俳句一森村誠一の講談社文庫100冊記念本は、初の「森村猫本」!
2017.9　251p　A6　¥630　①978-4-06-293767-2

◆BARカウンターから見える風景—銀座・歌謡曲BARマスターの一人語り　盛本昭夫著　かざひの文庫、太陽出版 発売
【要旨】昭和時代を回想、仕事の上で諸先輩から学んだことをまとめ、店での和やかな雰囲気を紹介、現代の若者へ「お酒とはこう飲むものぞ」と昭和人を代表してメッセージを送る。五つの章を支柱とする、全五十話のショートストーリー。昭和の名曲とともに古き良きあの頃が蘇る…。
2017.4　221p　B6　¥1500　①978-4-88469-899-7

◆MAKI's HAPPY DAYS—ハワイのマキさんが365日ハッピーな理由　Maki Konikson著　宝島社
【要旨】"毎日がハッピーになる" マキさんの最新エッセイ。
2017.12　175p　B6　¥1370　①978-4-8002-5840-3

〔や・ら・わ行の著者〕

◆同性婚で親子になりました。　八木裕太著　ぶんか社
【要旨】「親子になる」ってどういうこと? 同性婚のメリット・デメリットは? 家族への報告って必要? 役所への書類提出ってどうやるの? こんな疑問にマジメに取り組んだバカップルの話。LGBTの悩みに取り組む行政書士のコラムも収録したコミックエッセイ!
2017.4　128p　A5　¥1000　①978-4-8211-4453-2

◆FOREVER AND A DAY　矢崎俊二著　東京図書出版、リフレ出版 発売
【要旨】人生、宇宙、時間、映画、言語、生き物たちなどをめぐる思索の随筆集。
2017.8　276p　B6　¥1300　①978-4-86641-075-3

◆早稲田わが町　安井弘著　書籍工房早山
【要旨】ふるさと早稲田と家業を愛して八十余年。すし屋のおやじの「早稲田風土記」。
2017.7　210p　B6　¥1800　①978-4-904701-49-2

◆画文集 旅の貼り絵(コラージュ)　安田彰著　(横浜)春風社
【要旨】鎌倉、富士山、ニューヨーク、パリ…旅や遊びに興じれば、新たな世界と自分に出会う。日本各地の各所や風習、世界の人々の彩りあるくらしを生きた文化として見つめ、詩情あふれる貼り絵を添えてつづる。
2017.12　229p　A5　¥1750　①978-4-86110-546-3

◆数学的思考とは何だ?—抽象・具体の往復思考 3　安田健介　幻冬舎メディアコンサルティング、幻冬舎 発売
【要旨】「世界の物・エネルギー・自由(人間関係)を、同一物の数量的状態として平等にとらえる」という数学的視点による随筆『同一物の数量的状態』としての世界』、トッププロ棋士となった親友の自殺の真相に迫る小説『碁は生き残った』など、全7編を収載。
2017.11　302p　B6　¥1500　①978-4-344-91460-5

◆笑いとは何だ?—抽象・具体の往復思考 2　安田健介著　幻冬舎メディアコンサルティング、幻冬舎 発売
【要旨】フランスのエスプリから大阪のボヤキ漫才まで。京都法曹文芸『奔馬』から全8作品を収載。長谷川司、桂枝雀、川崎徹、片岡敏郎、足立克己、福沢諭吉、ゴーゴリ、フロイト、アンドレ・モロアの「笑い」などを採り上げた随筆・小説集。
2017.5　303p　B6　¥1500　①978-4-344-91291-5

◆マロニエの淡い木漏れ日　安永千香子著　創英社/三省堂書店
【要旨】ファッションデザイナーとして各地を歩いた日の、ヨーロッパの彩りが鮮やかに蘇る…。旅の風を知る人に贈る。
2017.11　251p　18×12cm　¥1200　①978-4-88142-924-2

◆人生はドラマ、そのまんなかに私。一非二元スピリチュアルエッセイ　安元敦子著　Clover出版、産学社 発売
【要旨】現実という概念と、その外側の世界それを統合する"ひとつなるもの"。読んだ瞬間、悩みそのものが消失する。「私」を心から楽しむ、非二元(ノンデュアリティ)。
2017.11　165p　A6　¥1400　①978-4-7825-3483-0

◆諏訪育ち一姫路にて　柳谷郁子著　第三文明社
【目次】1 折り鶴(随筆とエッセイ、修行 ほか)、2 どうかした拍子に(燕の巣、原田計吉という人 ほか)、3 運命の人(本のムシ、常念寺 ほか)、4 われは湖の子(イタチの目険、ミヤーコに捧ぐ ほか)
2017.3　205p　B6　¥1600　①978-4-476-03366-3

◆柳原良平のわが人生　柳原良平著　如月出版

エッセイ　958　BOOK PAGE 2018

【要旨】アンクルトリスの生みの親・柳原良平の「仕事・酒・船」。神奈川新聞に連載された「わが人生」59回全話に書き下しの追記とイラストを加え、貴重な写真を多数盛込んだ、柳原良平「行雲流水」の半生記。
2017.6 255p B6 ¥1500 ①978-4-901850-54-4

◆身代り風子　山茂者　愛育出版
【要旨】「私の余命と宣告された"九月"の死によって購われた」と述懐する著者は、その後の闘病生活の中でも「風供養」と題する俳句を詠み続けていた。そして折に触れ「風子はまだ生きている。たとえ末期とはいえ、私のこの体の中で生きている。がんは風子なのだ！」と訴えているのである。正に命懸けのエッセイは、きっと読者の涙を誘うことであろう―。
2017.8 177p B6 ¥1600 ①978-4-909080-21-9

◆大阪弁の犬　山上たつひこ著　フリースタイル
【要旨】大阪で過ごした少年期のこと、貸本出版終焉の時代に日の丸文庫で出会った漫画家たち、「喜劇新思想大系」を旗印に集まった双葉社の編集者たちとの日々、そして、『がきデカ』が生まれたその瞬間―。
2017.11 317p B6 ¥1600 ①978-4-939138-89-8

◆人生浪漫彷徨―シナリオなきドラマの光と影　山internal修平著　三一書房
2017.12 265p B6 ¥1800 ①978-4-380-17007-2

◆似合わない服　山口ミルコ著　ミシマ社
【要旨】会社をやめ、浪費をやめ、肉食をやめ、社交をやめ、東京を離れ、坊主になり、がんを克服した。…でも、何かがずっと、おかしかった。これは、行き場のない私に行き場を与えるための、グルグルを綴った手記である。
2017.9 171p B6 ¥1500 ①978-4-903908-95-3

◆母ではなくて、親になる　山崎ナオコーラ著　河出書房新社
【要旨】「母」になるのは、やめて！妻は作家で、夫は町の書店員。妊活、健診、保育園落選…。赤ん坊が1歳になるまでの親と子の驚きの毎日。全く新しい出産・子育てエッセイ。
2017.6 269p B6 ¥1400 ①978-4-309-02580-3

◆チェリーがいた夏　山崎マサ著　幻冬舎メディアコンサルティング,幻冬舎 発売
【要旨】「この子だ」と、直感した。温和でくいしんぼうなラブラドール、チェリーとのしあわせな日々。失明という不運にも見舞われても、最期まで無邪気でけなげだったあなたを、いつまでも忘れない。愛犬との悲喜こもごもな日々をつづった、くすっと笑えて、ぽろぽろ泣けるワンダフルなエッセイ。
2017.2 102p B6 ¥1000 ①978-4-344-91100-0

◆沢村貞子という人　山崎洋子著　（新座）埼玉福祉会　（大活字本シリーズ）
【目次】マネージャーってナニ？、仕事を決める話、大橋さんのこと、せっかち、おせっかい、衝立、創る、食事、すきやき弁当、おしゃれ〔ほか〕
2017.6 298p A5 ¥3000 ①978-4-86596-178-2

◆朝の随想 あふれる　山下多恵子著　未知谷
【目次】在る、会う、渡す、似る、訪ねる、書く、思う、焦がれる、歩く、運ぶ〔ほか〕
2017.5 98p B6 ¥1500 ①978-4-89642-525-3

◆猫返し神社　山下洋輔著　徳間書店（徳間文庫）
【要旨】あるときは絶世の美女に見え、思わず愛撫すれば逃げ、逃げてはまた流し目で艶めくと誘いをかける。とかくままならぬ猫たち！行方不明の放浪猫を探しあぐね、近くの神社にお参りしたら、翌日戻ってきた！それが評判となり、ついに「猫返し神社」として猫好きのあいだに名を馳せた、立川の阿豆佐味天神社。のいきさつやジャズ界の巨匠が翻弄される面白すぎるエピソードと写真満載。
2017.6 269p A6 ¥700 ①978-4-19-894342-4

◆猫には嫌なところがまったくない　山田かおり　幻冬舎
【要旨】「どんなに掃除してもひょっこり出てくる奴らの毛。でもいつかはこの毛も完全になくなってしまうのだろうか。」2匹と過ごした、長い、夢みたいな時間。いつかは不思議な惑星に旅立つすべての人と猫たちへ。
2017.1 173p B6 ¥1400 ①978-4-344-03060-2

◆山田全自動でござる　山田全自動著　ぴあ
【要旨】日常のふとした瞬間に感じる"あるあるな光景"浮世絵風のイラストと、微苦笑を誘うコメントで綴る。
2017.9 127p B6 ¥1000 ①978-4-8356-3832-4

◆猫町ラプソディ　山田稔明著　ミルブック,サンクチュアリ出版 発売
【要旨】"猫と暮らす人生は、かくも素晴らしい"名作小説『猫と五つ目の季節』の著者、シンガーソングライター・山田稔明（ゴメス・ザ・ヒットマン）が、愛猫との、親子のような、恋人同士のようなかけがえのない時間を綴った初エッセイ集。著者がこれまでの人生を共に歩んできた愛猫たちとの大爆笑話から、涙なしでは読めない感動の物語まで、20編すべて書き下ろしの新作エッセイ。あわせて『猫と五つ目の季節』のその後のエピソードや、小説の中の重要場面のいくつかを事実に沿ってより詳細に、そして心の機微もより丁寧に描いた番外短編も掲載。著者自身による挿絵（表紙絵も著者）も豊富に掲載した、見た目にも楽しい猫エッセイ本です。
2017.4 173p B6 ¥1500 ①978-4-902744-86-6

◆死言状　山田風太郎著　筑摩書房（ちくま文庫）
【要旨】麻雀に人生を学び、数十年ぶりの寝小便に狼狽し、男の渡り鳥的欲望について考察する。「無害で有益な人間はほとんど存在しない」「男の顔の化粧ないしカモフラージュとして、ヒゲほど有効なものはない」「美人好みはホンイチ狙い」「人間は長生きしすぎて、せっかくの完全形をみずから壊す」等々の風太郎流名言（？）も次々と登場。ナンセンスに見えて深遠。これぞ風太郎エッセイ。
2018.1 394p A6 ¥950 ①978-4-480-43488-3

◆半身棺桶　山田風太郎著　筑摩書房（ちくま文庫）
【要旨】「自分が死ぬということ自体が最大の滑稽事といえるかも知れない」―古今東西の人間の死に方に思いを馳せ、世相を眺め、小説家とは妙な職業だなと麻雀を楽しみ、チーズの肉トロに舌鼓を打ち、泉鏡花の天才に感嘆し、乱歩の矛盾をみつめ、高木彬光のいびきを聞く。奇想作家・山田風太郎の日常生活と意見が淡々軽妙の筆致でつづられる、絶品エッセイ集。
2017.7 434p A6 ¥1000 ①978-4-480-43458-6

◆神様がくれた風景　やまはなのりゆき著　いのちのことば社
【要旨】漫画家・山花典之がつづる、あったかいこの世界。水彩画エッセイ＆母親との思い出マンガ。
2016.12 87p B6 ¥1300 ①978-4-264-03594-7

◆はじめての八十歳　山藤章二著　岩波書店
【要旨】膝の手術のため、はじめての長期入院。「ブラック・アングル」などの雑誌連載も、はじめて休載。そして、入院中に迎えた八十歳の誕生日。一おや、今までとは違う世界が見えてきた。若いころは気付かなかったこと、思いがけない発想など、脳裏に浮かぶあれこれを、筆の向くまま綴り始めたら止まらない。入院中に蓄積された創作エネルギーを放出するかのごとく、一気にこの一冊を書き下ろした。曰く「好き嫌いで書きました」。御存知ヤマフジ節は健在である。八十歳の本音を綴る、論より感覚、御意見無用のエッセイ集。
2017.12 154p B6 ¥1600 ①978-4-00-024486-2

◆みみずと魔女と青い空―大人になったわたしから小さいころのわたしへ　山元加津子著,こばたけちかこ画　（鎌倉）公哉社,大学図書 発売
【要旨】ありのままの私でぜんぶ大丈夫だった。ぼんやりと失敗ばかりのエピソード、心を揺さぶり続けた大切な出会いをイラスト80点と余すことなく描く。
2017.11 191p B6 ¥1700 ①978-4-9908461-3-8

◆新編 渓流物語　山本素石著　山と溪谷社（ヤマケイ文庫）
【要旨】遠くなる昭和の山村風景を舞台に、旅情ゆたかな表現と独特のユーモアをもって、渓流釣り文学に挑んだ山本素石。その著書のなかでも傑作として名高い『釣山河』、『遥かなる山釣り』、『釣彩』、『渓流物語』に収録された作品より25篇を厳選。「山釣り逍遙」、「渓魚爛漫」、「釣師縁起」の3章に新編集し、ていねいにまとめた一冊。秘話息づく、珠玉の釣り随筆がここにある。
2017.3 299p A6 ¥890 ①978-4-635-04837-8

◆野老であるが志は千里　油井喜夫著　本の泉社
【目次】第1部 野老であるが…（目から始まった、歳を取ると…ほか）、第2部 ハッキリさせておきたいこと（垂直的論理と水平的論理、「共産党の考え方に幅あるか」ほか）、第3部 戦争、従軍慰安婦、核、原発（三つの死亡日と六十六年目の真実、死への道 ほか）、第4部 消えない記憶と光景（アウシュビッツ強制収容所、ビルケナウ強制収容所 ほか）
2017.3 228p B6 ¥1500 ①978-4-7807-1610-8

◆名作なんか、こわくない　柚木麻子著　PHP研究所
【要旨】『ランチのアッコちゃん』『BUTTER』の著者による初のエッセイ集。『悪女について』『白鯨』からカズオ・イシグロの『日の名残り』まで、読んだ人も、これから読む人も、読むつもりがない人も、みんなが楽しめる名作案内。
2017.12 253p B6 ¥1600 ①978-4-569-83720-8

◆男をこじらせる前に　湯山玲子著　KADOKAWA（角川文庫）
【要旨】出世に金、女。長いこと、男性の原動力はこの三つだと信じられてきた。しかし今、男性社会を巡る価値観は激震中！カフェを代表とする空間で、自分を心地よくするものに囲まれる生活が好まれ、語学力とIT知識があれば世界中を仕事場にできる時代。必要なのは、井戸端会議的のコミュ力とネットワーク力だ。ヒエラルキー社会に興味があまりない、「男でいること」がツラい男たちへ。鎧を脱ぐ方法、教えちゃいます！
2017.8 292p A6 ¥760 ①978-4-04-106130-5

◆京都徒然草―母として女性として　陽子著　幻冬舎メディアコンサルティング,幻冬舎 発売
【要旨】古都京都の風情と、四季折々の美しい花を織り交ぜて綴る珠玉のエッセイ集。テーマは『愛』。
2017.4 162p B6 ¥1200 ①978-4-344-91168-0

◆あなたの脳にはクセがある 上 ―「都市主義」の限界　養老孟司著　（新座）埼玉福祉会　（大活字本シリーズ）
【目次】1（「都市主義」の限界、日本人の「歴史の消し方」、「少子化」は問題なのか、情報社会の「人間の幸福」、「田舎暮らしブーム」を考える、「子どもの問題」を考える、そもそも歳をとるとはどういうことか、「考えているかどうか」を考える）、2（現代社会の思想と医療）
2017.6 250p A5 ¥2800 ①978-4-86596-175-1

◆あなたの脳にはクセがある 下 ―「都市主義」の限界　養老孟司著　（新座）埼玉福祉会　（大活字本シリーズ）
【目次】3（マニュアル時代と倫理、自殺を放置する「人命尊重大国」、オウム事件と日本思想史、都市型犯罪は予防できる、住民投票と忠臣蔵、昔の人はなぜ隠居したのか、饒舌はものごとの本質を隠す、だから私は政治を好まない、この国はかたち、ミルク騒動に思うこと、アフリカの国境線、女ばかりがなぜ強いのか）、4（方法としての言葉）
2017.6 216p A5 ¥2700 ①978-4-86596-176-8

◆夜の放浪記　吉岡逸夫著　こぶし書房（「私の大学」テキスト版 9）
【要旨】みんながぐっすり眠っている間に、働き、歌い、祈り、食べる人びと。そこには、不思議な世界が広がっていた。戦場取材の名物記者が、東京の夜をさまよう！
2017.12 142p B6 ¥1800 ①978-4-87559-333-1

◆毒舌の作法―あなたの"武器"となる話し方＆書き方、教えます　吉川潮著　ワニ・プラス,ワニブックス 発売　（ワニブックスPLUS新書）
【要旨】辛口評論家として知られる作家・吉川潮が"正しい毒舌の吐き方"をガイドする一冊。政界や芸能界、街ネタに至るまで、縦横無尽に毒舌を披露。「毒舌と悪口はどこが違うのか」「毒舌を吐くため、書くために必要な態度とは」などについて、新聞や雑誌のコラムに載った実例を挙げながら、「正しい毒舌」をこと細かに解説する。SNSのちょっとした書き込みなどが"炎上"するこの時代、正しい毒舌を学ぶことはあなたの武器となるうえ、"毒舌なのになぜか好かれる人"になれること請け合いである。
2017.2 255p 18cm ¥880 ①978-4-8470-6108-0

◆八十歳からの雑文集 いろいろかいろ 1　吉川義一著　（高知）南の風社
【目次】第1部 随想―折々に思ったこと、考えたこと（結婚五十周年を迎えて、言葉の乱れ―「替わりましょうか」を巡って ほか）、第2部 旅の記録―懐かしい思い出の地を訪ねて（木之本のお地蔵さん―地蔵縁日に郷里木之本へ、終戦の日を迎えた群馬県中之条町を訪ねる ほか）、第

3部 回想―私と妻の戦中・戦後史(私の戦中・戦後、妻の戦中・戦後)、第4部"土佐ことば"散策―表現の豊かさとおもしろさを味わいながら(意・用法と語源を調べる、重ね言葉―暮らしの中に活きるユーモアに富む表現ほか)
2018.1 280p A5 ¥1500 ①978-4-86202-090-1

◆京都で考えた 吉田篤弘著 (京都)ミシマ社
【要旨】答えはいつもふたつある。京都の街を歩きながら「本当にそうか?」と考えたこと―。
2017.11 125p B6 ¥1500 ①978-4-903908-99-1

◆金曜日の本 吉田篤弘著 中央公論新社
【要旨】この小さな本には、物心ついてから中学生に上がるくらいまでのあいだに、実際に起きたことばかりが書いてある―。短編小説「窮鼠、夜を往く」も収める。書き下ろしエッセイで辿る著者自身の少年時代。
2017.11 125p B6 ¥1500 ①978-4-12-005021-3

◆酒談義 吉田健一著 中央公論新社 (中公文庫)
【要旨】少しばかり飲むというのも程つまらないことはない―。酒豪である文士が、自身の経験をふまえて飲み方から各種酒の味、思い出の酒場、そして禁酒の勧めまでユーモラスに綴る。全著作から精選した酒エッセイ全21編。文庫オリジナル。没後40年記念エッセイ第1弾。
2017.4 229p A6 ¥800 ①978-4-12-206397-6

◆舌鼓ところどころ/私の食物誌 吉田健一著 中央公論新社 (中公文庫)
【要旨】グルマン吉田健一の名を広く知らしめた食べ歩きエッセイ「舌鼓ところどころ」、全国各地の旨いものを綴り全一〇〇篇を数える「私の食物誌」。長年にわたり多くの読者を魅了した、この二大食味随筆を一冊に合わせた待望の決定版。巻末に地域別目次を付す。
2017.5 333p A6 ¥920 ①978-4-12-206409-6

◆父のこと 吉田健一著 中央公論新社 (中公文庫)
【要旨】戦後日本の礎を築いたワンマン宰相・吉田茂、その長男である文士・健一。著者はこの父といかに接し、どのように見てきたのか。日常生活の回想から吉田内閣論まで、著作集未収録を含む全エッセイを収める。さらに父子が忌憚なく語り合った長編対談「大磯清談」を併録。
2017.9 299p A6 ¥860 ①978-4-12-206453-9

◆わが人生処方 吉田健一著 中央公論新社 (中公文庫)
【要旨】常識的な叡智が底流する独自の人生論、書物への愛着や惜しみない愛と読書をめぐる珠玉の随想、そして著者の中核をなす佳篇「余生の文学」…。大人の愉しみを探す老いと読書をめぐる極上の随想集を初集成。巻末に吉田暁子・松浦寿輝対談「夕暮れの美学」を併録する。没後40年記念エッセイ第3弾。
2017.6 273p A6 ¥860 ①978-4-12-206421-8

◆最後に手にしたいもの 吉田修一著 木楽舎 (翼の王国books)
【要旨】大人が、自分自身に満足するための25篇。
2017.10 176p B6 ¥1200 ①978-4-86324-120-6

◆泣きたくなるような青空 吉田修一著 木楽舎 (翼の王国books)
【要旨】大人が、遠い記憶と向き合うための25篇。
2017.10 172p B6 ¥1200 ①978-4-86324-119-0

◆いぬパリ 吉田パンダ著 CCCメディアハウス (madame FIGARO BOOKS)
【要旨】街角で出会った犬とパリジャン、30のストーリー。パリ在住17年の写真家が見つめた、自由に自然体な犬たち。眺めているだけでつい、クスリ。思わず笑顔になるフォトエッセイ。
2017.12 104p B6 ¥1300 ①978-4-484-17221-7

◆人生を「私の履歴書」から学ぶ―「心の雨の日」には 吉田勝昭著 PHPエディターズ・グループ、素材図書 発売
【要旨】「私の履歴書」研究の第一人者が「日本経済新聞」の名物コラムを1956年の掲載開始から61年間に登場した810名すべてを読破し、「人生の先達の困難克服法」を抽出して、詳しく解説する!
2017.8 299p B6 ¥1200 ①978-4-908064-07-4

◆LIVE ALOHA―アロハに生きるハワイアンの教え よしみだいすけ著 (横浜)文踊社
【目次】ALOHA―meaning (ALOHAは生き方、ALOHA女王の定義 ほか)、ALOHA―people (ALOHAは言葉、行動>言動 ほか)、ALOH-A―nature (海の民、故郷は砂浜 ほか)、ALOHA―spirit (虹の迷信、答えはどこに? ほか)、ALOHA―song and dance (ALOHAはハワイの島々、ハワイアンがフラを踊るとき ほか)
2017.5 120p 19×15cm ¥1800 ①978-4-904076-63-7

◆東京の下町 吉村昭著 文藝春秋 (文春文庫) 新装版
【要旨】昭和二年生まれの著者が幼少年期を過ごした大都会の中のふるさと、東京・日暮里。諏方神社の夏祭り、トンボ採り、ベイゴマ、凧遊び、上野動物園の黒ヒョウ脱走事件、物売り、演芸、火事、映画館、大相撲、初めて食べたカレーそばの味、そして空襲…戦前の庶民の姿を活き活きと描き、生活史の貴重な記録ともなった名エッセイ。
2017.3 298p A6 ¥770 ①978-4-16-790123-2

◆美大生図鑑―あなたの周りにもいる摩訶不思議な人たち ヨシムラヒロム著 飛鳥新社
【要旨】美大生って本当にスゴいの!?「付き合いづらいけど、超☆純粋(ピュア)」美大生が抱える切なさや思いをリアルに大公開!
2017.4 106p B6 ¥1111 ①978-4-86410-543-9

◆うつぼのひとりごと 吉村萬壱著 亜紀書房
【要旨】怖さ満ちみちた恋かきれいなダイビングの「ゴミ」捨て場漁りの愉しみ、女の足の小指を切る夢、幼い頃の小さな、つぐなうことのできない「失敗」…。「臣女」「ボラード病」の芥川賞作家が、何気ない日常の奥にひそむ「世界のありのまま」をまっすぐにみつめる。人間への尽きない興味と優しさに溢れたエッセイ集。
2017.9 131p 18×12cm ¥1500 ①978-4-7505-1515-1

◆名作のある風景―吉村祐美第3エッセイ集 吉村祐美著
【要旨】清冽なる魂を育む風土。神戸北野町、京都、伊豆天城、軽井沢、そこに佇む作家たちの声と想いが交差する。
2017.10 215p B6 ¥1400 ①978-4-908493-18-8

◆人生の旅をゆく 3 吉本ばなな著 NHK出版
【要旨】こつこつと積み重ねること、ちいさくてもまっすぐな思いを持つこと。それがいつしか奇跡になる―。「喪失」と「再生」を経験した著者がその「かけがえのなさ」を描いた最新エッセイ集。ネットで大きな反響を得た秀作「手を動かす」も収載。
2017.8 334p B6 ¥1400 ①978-4-14-005689-9

◆すばらしい日々 よしもとばなな著、潮千穂写真 幻冬舎 (幻冬舎文庫)
【要旨】父の脚をさすれば一層温かくなった感触、ぼけた母が最後まで孫と話したがったこと。老いや死に向かう詩いや笑顔と喜びがあり、愛する父母との最後を過ごした"すばらしい日々"が胸に迫る。発見と癒しに満ちたエッセイ。
2017.6 189p A6 ¥540 ①978-4-344-42578-1

◆すべての始まり―どくだみちゃんとふしばな 1 吉本ばなな著 幻冬舎
【要旨】私が人生の舵を持つ。私から光を発信する―。Webマガジン「note」の大人気連載が本になりました!
2017.12 270p B6 ¥1400 ①978-4-344-03227-9

◆毎日っていいな 吉本ばなな著 毎日新聞出版
【要旨】この歳になって、新しくなにかを取得できるなんて、なんてすばらしいことだろう! 読むほどに体がおしくなる50のエッセー。
2017.2 178p B6 ¥1300 ①978-4-620-32438-8

◆忘れたふり―どくだみちゃんとふしばな 2 吉本ばなな著 幻冬舎
【要旨】すごい富よりも美よりも、最高に贅沢なこと。それは、今していることに集中できて、その余裕が心にも体にもあるということ。世界の"不思議"を見つめ続ける著者が送る、爽快な人生哲学!
2017.12 266p B6 ¥1400 ①978-4-344-03228-6

◆ややのはなし 吉行淳之介著 小学館 (P+D BOOKS)
【要旨】軽妙洒脱に綴った、晩年の短文随筆集。安岡章太郎、結城昌治、立原正秋、村松友視、森茉莉、澁澤龍彦、色川武大、柴田錬三郎ら作家や知人との交流、子供の頃の邂逅、愛用の粋な小道具、酒や甘味、美人論、身体の不調など還暦前後の身辺を腹蔵なく語っている。"いささか変わった書名とはいうものの、同じ題名の随筆が、この本の中にある。「やや」と驚く短い話を集めてみたものだが、いま読み返してみると、そういう要素が含まれた話がこの本の大部分といえそうだ。"あとがきより。昭和57年から平成3年までの短文随筆を所収。
2017.6 293p B6 ¥550 ①978-4-09-352305-9

◆私の文学放浪 吉行淳之介著 講談社 (講談社文芸文庫Wide)
【要旨】旧制高校へ入学したころの文学との出会い、詩作、敗戦後の同人雑誌、大学中退、大衆雑誌記者時代、肺結核の経験、芥川賞受賞等の興味深いエピソードから、父エイスケのこと、安岡章太郎、小島信夫、阿川弘之、遠藤周作、島尾敏雄等、文学者仲間との交流まで。古き良き文壇や文学への思いを、感情を込めて綴る名随筆。「拾遺・文学放浪」「註解および詩十二篇」を併録。
2017.6 267p 17×12cm ¥1300 ①978-4-06-295514-0

◆世界一の妻 らふ亜沙弥著 (松山)創風社出版 (俳句とエッセー)
【目次】野アザミ、ほぼ性格の不一致、窓側の人、耳たぶ、ファスナーに届かぬ右手、あたしの村、枇杷の花、私の十句
2017.9 140p B6 ¥1400 ①978-4-86037-253-8

◆アメリカ・オレゴンより宇宙愛をこめて―魔法使いは和筆で創造できるのか? ルーマン恵里著 明窓出版
【要旨】平凡な田舎で暮らし自由の国アメリカを夢見た少女が飛び込んだ大陸は、日本人のDNAを呼び覚まし、スピリチュアルな和筆アーティストを生み出した。
2017.5 152p B6 ¥1300 ①978-4-89634-370-0

◆ザビエルの置き土産―お菓子 ごちそう ありがとう レナート・ミナミ著 幻冬舎メディアコンサルティング、幻冬舎 発売
【要旨】おかま、ガンバル、おもしろい、実はどれも日本語じゃなかった! 私たちはこんなにたくさん、ポルトガル語を使っている!
2017.2 251p B6 ¥1200 ①978-4-344-91110-9

◆街と山のあいだ 若菜晃子著 アノニマ・スタジオ
【目次】美しい一日、前剣、奥穂と校了、山でわかった話、地図を作る、山座同定、山での会話、大町のなすび、山頂にて、山へのいざない 〔ほか〕
2017.9 279p 18×12cm ¥1600 ①978-4-87758-767-3

◆言葉の羅針盤 若松英輔著 亜紀書房
【要旨】手紙、夢、仕事、幸福、魂、旅―。見えないものの中から大切な光を汲み取る、静かな励ましに満ちたエッセイ集。
2017.9 155p 18cm ¥1500 ①978-4-7505-1517-5

◆日本詩歌思出草 渡辺京二著 平凡社
【要旨】名著『逝きし世の面影』の著者が若き日より心の拠りどころとし、生きる糧としてきた詩歌を厳選・紹介しながら私的昭和史を綴る、珠玉の歴史・文学エッセイ。
2017.4 247p 19×14cm ¥1900 ①978-4-582-83756-8

◆男と女、なぜ別れるのか 渡辺淳一著 集英社 (集英社文庫)
【要旨】身体の大きさ、運動能力などから考える男女の生命力。言葉の曖昧な男と明瞭な女で異なる表現力。執着の順位によって活する集中力の男女差など、交友力、行動力、嫉妬深さ、食欲、性的快感の差までを読み解く全14章。男女小説の第一人者が、元医師の立場からでもわかりやすく考察。男と女の根本的な違いを知ると、いい関係を持続する方法がみえてくる。別れないために、互いを認め合い愛し合う極意。
2017.5 262p A6 ¥540 ①978-4-08-745588-5

◆知の湧水 渡部昇一著 ワック
【要旨】「知の巨人」ラストメッセージ。稀代の碩学珠玉のエッセイ。追悼出版。
2017.6 284p B6 ¥1700 ①978-4-89831-461-6

◆あなたの夫は素晴らしい人だと叫びたくなる 渡辺千穂著 マガジンハウス
【要旨】フリーアナウンサー羽鳥慎一氏の妻で人気脚本家の初エッセイ!
2017.6 188p B6 ¥1300 ①978-4-8387-2928-9

◆世に問う・心眼 渡部平吾著 東京図書出版、リフレ出版 発売
【要旨】国体はなぜ開催県が必ず優勝するのか? 大臣でなった、大司にすべきではないか? 群馬県庁は都庁に次いで二番目の高さ…今の世の中、何かがおかしい! 本当のことを書いてみた!
2017.8 73p B6 ¥1000 ①978-4-86641-081-4

詩集・歌集・句集

◆Very LiLy　LiLy著　幻冬舎
【要旨】必要なのは、生きるセンス。すべては、愛せる自分でいるために。
2017.8　318p　B6　¥1600　①978-4-344-03161-6

エッセイ・コラム（海外）

◆アメリカ紀行　上　ディケンズ著、伊藤弘之、下笠徳次、隈元貞広訳　岩波書店（岩波文庫）（第3刷）（第1刷2005年）
【要旨】1842年1月、29歳の若き人気作家ディケンズ（1812‐1870）は、新興国アメリカの地に降り立った。"新しき国"の人々、文化、風土、社会制度─ディケンズは好奇心に満ちた目でアメリカの姿をつぶさに観察し、母国イングランドとの比較もまじえながら、ときにユーモラスに、ときに皮肉っぽく、生き生きと描く。本邦初訳。
2017.6　433p　A6　¥1000　①4-00-322296-2

◆アメリカ紀行　下　チャールズ・ディケンズ著、伊藤弘之、下笠徳次、隈元貞広訳　岩波書店（岩波文庫）（第3刷）（第1刷2005年）
【要旨】様々な経験をした約半年間にわたるディケンズのアメリカ旅行は、いよいよ終わりの時を迎える。奴隷制度など、自由・平等・博愛を高らかに標榜するアメリカの抱える矛盾にも、青年ディケンズの目は鋭くそそがれていた─。付録として、親友ジョン・フォースター（1812‐1876）のディケンズ伝より第3章「アメリカ」を収録。
2017.6　435p　A6　¥1000　①4-00-322297-0

◆あるノルウェーの大工の日記　オーレ・トシュテンセン著、牧尾晴喜監訳　エクスナレッジ
【要旨】『あるノルウェーの大工の日記』は、屋根裏の物置の改築依頼の電話から施主への引き渡しまでの日々が、職人技の豊かなディテールとともに綴られる。ユーモアを交えた率直な語り口のなかに浮かび上がる、建築業界の厳しい現状やノルウェーの人々の暮らし、そして働くことの誇りと喜び。遠い北欧の国で紡がれた、現役の大工の手によるエッセイ。
2017.9　295p　19cm　¥1700　①978-4-7678-2391-1

◆国のない男　カート・ヴォネガット著、金原瑞人訳　中央公論新社（中公文庫）
【要旨】人間への絶望と愛情、そしてとびきりのユーモアと皮肉。世界中の読者に愛された、戦後アメリカを代表する作家、その最後の遺作となった当エッセイで軽妙に綴られる現代社会批判はいまだに色褪せず没後十年を経た現在をも予見していたかのような鋭さと切実さに満ちている。この世界に生きるわれわれに託された最後の希望の書。
2017.3　198p　A6　¥720　①978-4-12-206374-7

◆首のたるみが気になるの　ノーラ・エフロン著、阿川佐和子訳　集英社（集英社文庫）
【要旨】"老いることは素晴らしい"…そんなことを平然と語る人たちが存在すること自体、私には信じられない。いったい何を考えているのだろう。この人たちに首はないわけ？"と、日常の不満、願望、妄想をつぶやいたアメリカのベストセラー・エッセイ集。抱腹絶倒、最後はしんみりの極上話を、著者が憑依したかのよう阿川佐和子の名訳でお届け！
2017.5　190p　A6　¥500　①978-4-08-760734-5

◆さまよえる影たち─最後の王国　1　パスカル・キニャール著、小川美登里、桑田光平訳　水声社（パスカル・キニャール・コレクション）
【要旨】死に直面した作家が、そこで死ぬため、書き始めた"最後の王国"。群れず、そして服従せず、二十一世紀をありのままに語る、最後の書。影/死者たちとともに、文学を渉猟し、断片化し、ショートさせる、書物の脱構築！死者たちをめぐる変奏曲。小説の体系をなしていないにもかかわらず、ゴンクール賞を受賞し、文学作品の定義/既成概念を打ち破った、異形の書。
2017.3　201p　B6　¥2400　①978-4-8010-0223-4

◆死の舞踏─恐怖についての10章　スティーヴン・キング著、安野玲訳　筑摩書房（ちくま文庫）
【要旨】40年以上にわたってモダン・ホラー界に君臨するスティーヴン・キングのノンフィクション大作、待望の復刊！帝王キングが『フランケンシュタイン』から『エイリアン』まで、あらゆるメディアのホラー作品を縦横無尽に渡り歩き、同時代アメリカへの鋭い批評や自分史も交えながら饒舌に語りつくす。「恐怖とは─2010年版へのまえがき」を増補した決定版。
2017.9　732p　27p　A6　¥1500　①978-4-480-43332-9

◆周期律─元素追想　プリーモ・レーヴィ著、竹山博英訳　工作舎　新装版
【要旨】アウシュヴィッツ体験を持つユダヤ系イタリア人著者の自伝的短編集。アルゴン、水素、亜鉛、鉄、カリウム…化学者として歩んできた日々の挿話を周期表の元素とからめて語る。「青年時代に訪れた浜辺や渓谷と同じように、あらゆる元素が何かを誰かに語りかけるのである…」アウシュヴィッツを生き抜いた著者ならではの生命観、宇宙観を背景に、科学と文学を高密度に融け合わせた逸品。
2017.10　363p　B6　¥2500　①978-4-87502-487-3

◆書物の宮殿　ロジェ・グルニエ著、宮下志朗訳　岩波書店
【要旨】「待つこと」が大きな役割を果たしている小説とは。作品理解や作家の「私生活」を知るのは有効か。広く芸術における「未完成」とは。さらには、「書くこと」とは生きる理由となるのか─。1919年生まれの現役作家が、同時代の作家たちや様々な古典から、親しい友人の声を聞きだすようにして想いを自在に巡らせた9本のエッセイ。
2017.10　208p　B6　¥2700　①978-4-00-061223-4

◆トリエステの亡霊─サーバ、ジョイス、ズヴェーヴォ　ジョゼフ・ケアリー著、鈴木昭裕訳　みすず書房
【要旨】20世紀はじめ、帝国の栄光と繁栄が消え残るこの港町に、詩人サーバ、作家ジョイスとズヴェーヴォがいた。彼らの作ったかもしれない三角形を求めて「本でできた町」を「端から端まで」さまよい歩く、マニアックな文学紀行の名品。
2017.2　321p　21×16cm　¥5400　①978-4-622-08540-9

◆内面からの報告書　ポール・オースター著、柴田元幸訳　新潮社
【要旨】ある精神をめぐる物語。初めて書いた詩。心揺さぶられた映画、父の嘘。元妻リディア・デイヴィスへの熱い手紙─。記憶をたぐり寄せ、心の地層を掘り起こして語る、熱を帯びた回想録。
2017.3　307p　B6　¥2200　①978-4-10-521719-8

◆バッド・フェミニスト　ロクサーヌ・ゲイ著、野中モモ訳　亜紀書房
【要旨】映画やテレビドラマや音楽などのポップカルチャー、社会に衝撃を与えた犯罪や事件、スターのDVやカミングアウト問題、フロリダの黒人少年射殺事件、ノルウェーの自爆テロ、歌手エイミー・ワインハウスの死…さまざまな話題を取りあげ、性差別と人種差別、経済格差が交差するアメリカの文化状況を「バッド・フェミニスト」として鋭く読み解くエッセイ集。
2017.4　393p　B6　¥2400　①978-4-7505-1494-9

◆美味礼讃　ブリア＝サヴァラン著、玉村豊男編訳・解説　新潮社
【要旨】『パリ旅の雑学ノート』『料理の四面体』の玉村豊男が、原書の魅力が伝わるよう大胆に編集し、新訳。その妙味を解説。
2017.4　429p　B6　¥2800　①978-4-10-507031-1

◆ブコウスキーの酔いどれ紀行　チャールズ・ブコウスキー著、中川五郎訳　筑摩書房（ちくま文庫）
【要旨】テレビに出れば泥酔して共演者を怒らせ、朗読会を開けば聴衆に罵られ、ホテルで騒いで叱られる。家に帰りたいとゴネては酔い、毎日が二日酔い。伝説のカルト作家による、エピソード満載の紀行エッセイ。人生を嘆き悲哀を滲ませるブコウスキー節が全開。本人の貴重な写真の他、滅多に描かないイラストも掲載、ブコウスキー文学のエッセンスがぎっしり詰まった一冊。
2017.3　319p　A6　¥840　①978-4-480-43435-7

◆冬の日誌　ポール・オースター著、柴田元幸訳　新潮社
【要旨】いま語れ、手遅れにならないうちに。幼時の大けが、性の目覚め。パリでの貧乏暮らし、等らしてきた家々。妻との出会い。母の死─。「人生の冬」を迎えた作家の、肉体と感覚をめぐる回想録。
2017.2　216p　B6　¥1900　①978-4-10-521718-1

◆マクソーリーの素敵な酒場　ジョゼフ・ミッチェル著、土屋晃訳　柏書房（ジョゼフ・ミッチェル作品集）
【要旨】バワリーにある古い酒場の店主の父子。小さな映画館をひとりで切り盛りする女性。「教授」と呼ばれているグリニッチヴィレッジの放浪者。個人博物館を開き、持ち物の由緒を語る自称「船長」。長いひげを生やしたレディ。マンハッタンの天才児。セントラルパークの洞穴で寝起きする夫婦。世の中から汚い言葉を撲滅しようとする男。口の悪い、バーの店主。ビーフステーキには一家言ある精肉店の店主。一九四〇年代ニューヨークの裏通りにうずまく、人びとの喜び、愛しみ、そして諦め。したたかに、しかし誇り高く、毎日を生きる人々へのまなざし。今なお、色あせないジャーナリズムの傑作。
2017.3　222p　B6　¥1800　①978-4-7601-4789-2

◆マーヤの自分改造計画─1950年代のマニュアルで人気者になれる？　マーヤ・ヴァン・ウァーグネン著、代田亜香子訳　紀伊國屋書店
【目次】9月 体型の悩み、10月 ヘアスタイル、11月 モデル歩き、12月 お肌のお手入れ＆メイク、1月 ファッションとTPO、2月 清潔感、3月 おこづかい＆バイト、4月 人気者とは─美しく見せる＆自信をもつ、5月 いよいよデート＆パーティを主催
2017.4　317p　B6　¥1700　①978-4-314-01146-4

詩集・歌集・句集

◆301　vol.1 autumn 2017　301（さんまるいち）住人著　（宝塚志水町）マニュアルハウス
【目次】俳句、詩、エッセー、ショートショート、漫画、短歌
2017.9　125p　B6　¥1389　①978-4-905245-21-6

◆四半世紀の獄の詩　夢路遥著　創英社/三省堂書店
【要旨】悔恨の時を今尚塀の向うで刻むその手、その心から紡ぎ出された獄中創作集。
2017.8　340p　B6　¥1200　①978-4-88142-117-8

◆震災歌集　震災句集　長谷川櫂著　（京都）青磁社
【目次】震災歌集、震災句集、おはやう地球
2017.3　268p　A6　¥2000　①978-4-86198-378-8

季語・歳時記

◆いちばんわかりやすい俳句歳時記　秋 冬 新年　辻桃子、安部元気著　主婦の友社
【要旨】初心者から経験者まで、一生使える俳句歳時記。秋・冬・新年の豊富な季語と例句が収録され、俳句を考える際のヒントがぎっしり。それぞれの季語には、江戸時代から最新のものまで例句を3～4つずつ掲載。必要な内容を簡潔にまとめた解説は、俳句初心者にも経験者にもわかりやすい。軽くてコンパクトなので、句会や野外での吟行のときにも携帯しやすく便利！
2017.2　295p　18cm　¥1000　①978-4-07-420452-6

◆いちばんわかりやすい俳句歳時記　春 夏　辻桃子、安部元気著　主婦の友社
【要旨】初心者から経験者まで一生使える俳句歳時記。春・夏の豊富な季語と例句が収録され、俳句を考える際のヒントがぎっしり。それぞれの季語には、江戸時代から最新のものまで例句を3～4つずつ掲載。必要な内容を簡潔にまとめた解説は、俳句初心者にも経験者にもわかりやすい。軽くてコンパクトなので、句会や野外での吟行のときにも携帯しやすく便利！
2017.2　301p　18cm　¥1000　①978-4-07-420446-5

◆季語体系の背景─地貌季語探訪　宮坂静生著　岩波書店
【要旨】ことばには貌がある。日本のことばには、土地の貌が映し出されている。地貌のことばを探索する俳人は、その貌の現場に赴き、季節と共にことばが立ちのぼる様を目醒ですとる。どうしてもそのことばでなければならない現象、営み、情念、願い。これまでの季語の範疇を超えて、愛着のあるこの土地の、このことばでこそ、詠みたい─。地貌季語への期待と展開の実践書。
2017.10　404, 6p　B6　¥3700　①978-4-00-061219-7

◆季語の博物誌　工藤力男著　（大阪）和泉書院
【要旨】江戸時代から昭和期まで、700余りの名句・佳吟を味わいながら、季語をめぐって和の心を育み、奇説をわらい、日本語について楽しく学ぶ366日。
2017.7　210p　B6　¥1600　①978-4-7576-0844-3

◆季語は生きている―季題・季語の研究と戦略　筑紫磐井著　実業公報社
【目次】第1部 季題と歳時記の誕生（季題・季語の発生、太陽暦歳時記の誕生）、第2部 生きている季題・季語（季題・季語・季語の原理、季題・季語戦略―その論理）、第3部 二十四節気論争―日本気象協会と俳人の論争―「二十四節気とは何か」、「二十四節気アンケート」回答まとめ、「二十四節気アンケート」の"意見"の分析、参考資料、まとめ）
2017.4 199p B6 ¥1000 ①978-4-88038-054-4

◆365日の歳時記　上　1月〜6月―今日という日がわかる　夏生一暁編著　PHP研究所
【要旨】夜の鶴、風花、幻氷、東雲、花明り…。季節に寄りそう美しい言葉や季語を一日ごとに集めた『言葉の宝箱』。特別付録「俳句に使いたい古語240」も役に立つ。
2017.2 241p A5 ¥1600 ①978-4-569-83480-1

◆365日の歳時記　下　7月〜12月―今日という日がわかる　夏生一暁編著　PHP研究所
【要旨】咲いている花、鳥、旬の食べ物、祭りは？　美しく、楽しみにあふれた一日を味わう！
2017.2 241p A5 ¥1600 ①978-4-569-83481-8

◆夏井いつきの365日季語手帖　2018年版　夏井いつき著　レゾンクリエイト、日販アイ・ピー・エス 発売
【要旨】あなたの俳句が夏井いつきに届く！　上達のヒントが詰まった決定版。365日、季語と名句を鑑賞できる！　1週間に1句作る習慣がつく！　投句の中から「才能あり」と認定、2019年版に掲載。優秀な句は本文の暦の俳句として採用！
2017.12 263p B6 ¥1400 ①978-4-9909928-0-4

◆夏井いつきの「雪」の歳時記　夏井いつき著　世界文化社
【要旨】俳句がメキメキうまくなる！　見て、感じて、雪のすべてを味わいつくす本！
2017.11 94p B6 ¥1300 ①978-4-418-17255-9

詩集

◆哀歌とバラッド　浜田優著　思潮社
【要旨】この夜が明けるために失われていった光はいくつ。この夜が明けるために起こらなかった奇蹟はいくつ。失われたものと、来たらざるもの。時のはざまで律動する最新詩集。
2017.9 99p 22×15cm ¥2400 ①978-4-7837-3574-8

◆哀愁の化石　振津晴雄著　創英社/三省堂書店
【要旨】深い思索の海から拾い出した、心の化石たちの輝き。全579篇。
2017.6 512p B6 ¥2200 ①978-4-88142-609-8

◆愛の縫い目はここ　最果タヒ著　リトルモア
【要旨】詩集三部作、完結。「死んでしまう系のぼくらに」『夜空はいつでも最高密度の青色だ』が拓いた、詩の新時代を決定づける傑作。書き下ろしを含む43篇。
2017.8 93p B6 ¥1200 ①978-4-89815-464-9

◆青蚊帳　黒岩隆著　思潮社
【要旨】闇の中で瞬間に明滅する無数の時間を、巡りあう季節を彩る光に重ねて描く、19篇。
2017.8 85p 22×15cm ¥2400 ①978-4-7837-3584-7

◆青木善保詩選集一四〇篇　青木善保著　コールサック社　（コールサック詩文庫 17）
【目次】第1詩集『風の季節』（二〇〇一年）より、第2詩集『天上の風』（二〇〇七年）より、第3詩集『風のレクイエム』（二〇一一年）より、第4詩集『風のふるさと』（二〇一三年）より、第5詩集『風の沈黙』（二〇一六年刊）より、詩集未収録詩篇より、散文
2017.2 226p B6 ¥1500 ①978-4-86435-284-0

◆あかるい時間に―丸田麻保子詩集　丸田麻保子著　（調布）ふらんす堂
【目次】1 その場所で（ドクダミ、川の淵に ほか）、2 縦のままで（きょうだいは、餃子物語 ほか）、3 姉たち（落ち葉、眠る ほか）、4 手のひらを空に向けて（川面から、庭 ほか）
2017.9 102p B6 ¥1200 ①978-4-78140-993-1

◆あたりまえポエム 君の前で息を止めると呼吸ができなくなってしまうよ　氏田雄介著、カズキヒロ監修　講談社
【要旨】心が震えそうで、震えない。美しい写真×意味のない言葉＝あたりまえポエム。Twit-ter 発！「じわじわくる」「癒やされる」とSNS・テレビ・雑誌で大人気！　新作ポエム多数収録、恋愛小説として楽しめる一冊ができました！
2017.4 1Vol. 15×15cm ¥926 ①978-4-06-220537-5

◆あなたのために　岩谷時子詩、宇野亞喜良絵　888ブックス
【要旨】本書は1970年にサンリオ山梨シルクセンター出版部（当時）より、ギフト・ブックシリーズの1冊として刊行されたものを、宇野亞喜良氏ディレクションのもとアレンジを加え再現しています。
2017.10 46p 16×11cm ¥1500 ①978-4-908439-06-3

◆あなたへのラブレター―小林征子詩集　小林征子著、長野ヒデ子絵　コールサック社
【要旨】大好きなあの人に贈りたい愛の詩。
2017.12 143p 18×16cm ¥1500 ①978-4-86435-323-6

◆あのとき冬の子どもたち　峯澤典子著　七月堂
【目次】流星、パリ、16時55分着、サイレン、一羽の、バス停、滞在、夜行、ガラス、改札の木、嗚咽〔ほか〕
2017.2 92p B6 ¥1200 ①978-4-87944-264-2

◆アンソロジー風 12 2017 126の詩の華　詩を朗読する詩人の会「風」編　(大阪)竹林館
【要旨】日本一の例会数485、さらに詩の愛好者の輪を広げ続ける"詩を朗読する詩人の会「風」"の記録と詩人たちの作品集。
2017.8 287p A5 ¥2500 ①978-4-86000-368-5

◆アンフォルム群　たなかあきみつ著　七月堂
【目次】色彩豹的に（たなびく黄色の菜の花をベンチで…、真夏の窓際の厚ぼったい目蓋にごろんと… ほか）、レキシコ界面（脳天にとって意想外なことに林縁のそれは…、いきなり夢の過剰投与、ah overdose！… ほか）、フェルマータの眼を（振りかざすナイフの刃に似た鳥の風切り羽…、アフリカ大陸東岸のモザンビークで解体された武器で… ほか）、エンドレス・コラム（十指では指折りフォロースルーしきれない…、二〇一六年七月版"光の唇―20枚のスナップショット"テクスト ほか）
2017.9 171p A5 ¥2300 ①978-4-87944-294-9

◆いきていてこそ　堀江菜穂子著　サンマーク出版
【要旨】脳性まひとたたかう"声なき詩人"。寝たきりのベッドで紡いだ「心」を呼び覚ます54編。
2017.6 133p B6 ¥1300 ①978-4-7631-3619-0

◆痛くないかもしれません　深沢レナ著　七月堂
【目次】虎、神経症のレッサーパンダ、枯れ野原、膨らむ、芋虫、白い仔犬、せんせい、眠り、空気猿、マンボウの皮膚、空腹、洗濯機、指覚え、病室、テーブル越しの話
2017.9 91p 17×13cm ¥1500 ①978-4-87944-295-6

◆一面の静寂　清水茂著　舷燈社
2017.9 139p B6 ¥2000 ①978-4-87782-143-2

◆1分間のラブソング―あなたはあなたでいい　仲宗根泉著　ディスカヴァー・トゥエンティワン　（付属資料：CD1）
【要旨】慌ただしく流れていく毎日のなかで、ほんの1分間だけ、自分と向き合ってほしい。恋愛、人生、日々のこと…HY仲宗根泉が大人の女性におくる言葉と歌のメッセージ。本書限定楽曲「私」の2曲以歌詞特別CD付き。
2017.10 1Vol. 17×16cm ¥2000 ①978-4-7993-2172-0

◆いにしえからの素描　第3集　金田一美著　東京図書出版、リフレ出版 発売　(TTS新書)
【要旨】今、自分の信ずる道を探す旅、純真に達成できていますか…。自分の心に潜んでいるものに損得なしに生きよう。心に響く珠玉の話。
2017.3 137p 18cm ¥900 ①978-4-86641-037-1

◆いにしえからの素描　第4集　震度7　金田一美著　東京図書出版、リフレ出版 発売　(TTS新書)
【要旨】ありのままを受け入れ、今を生きる。地球と共に生きている証しが瞬時なんだ。被災者の心のさけび。
2017.12 132p 18cm ¥900 ①978-4-86641-107-1

◆今井文世詩集　今井文世著　土曜美術社出版販売　（新・日本現代詩文庫）
【目次】詩篇（詩集『鳥影ひらめく』（一九八〇年）抄、詩集『夜明けまで』（一九八七年）抄、詩集『林床・陽だまり』（一九九二年）抄、詩集『時のすきま』（一九九五年）抄、小詩集『縄文の渦』（二〇〇一年）全篇、詩集『睡蓮空間』（二〇〇四年）抄、詩集『青い指を持った』（二〇〇九年）全篇、詩集『峠の季』（二〇一四年）抄、エッセイ集『水の色から炎の色へ』（二〇一二年）抄（私の小宇宙、心の不思議、縄文晩期について、新聞をめぐって、過去からの便り、私の中のカサオカ、未刊エッセイ（樸、父と本と私）
2017.3 184p B6 ¥1400 ①978-4-8120-2354-9

◆失うことの意味　北門笙著　小学館スクウェア
【目次】失うことの意味、雨がお化粧したくて、ひとりでいたい、ひだまり、三日月ランプともし、エズの扉、ムーラン・ルージュ、砂時計、ラスト・サマー、蒼い月、朝顔、月の岬、根雪、明日へのセレナーデ、夢
2017.4 71p B6 ¥1200 ①978-4-7979-8433-0

◆失せる故郷　倉橋健一著　思潮社
【要旨】しなやかにしたたかに、闊達な語りのうちに底光りする視線。深まる季節をつらぬいて、一つの生と現在への意志が鋭く交錯する。
2017.8 109p 21×16cm ¥2400 ①978-4-7837-3579-3

◆歌を忘れたカナリア　Arizona著　幻冬舎メディアコンサルティング、幻冬舎 発売
【要旨】あるヴォーカリストに捧げた愛の詩。
2017.10 95p B6 ¥800 ①978-4-344-91422-3

◆宇宙の響きを聞きながら　髙橋正和詩・画　幻冬舎メディアコンサルティング、幻冬舎 発売
【目次】躍動する生命、歩み、やわらかい光の中で、祈り、豊かに、少年の原風景
2017.10 205p B6 ¥1000 ①978-4-344-91380-6

◆美しい小弓を持って　藤井貞和著　思潮社
【要旨】葉裏のキーボードで、うたは自分を叩いている。声を辞めない、抗いの詩30篇。
2017.7 127p 21×14cm ¥2400 ①978-4-7837-3578-6

◆美しい街　尾形亀之助著、松本竣介画　(武蔵野)夏葉社
【要旨】待望の選詩集。尾形亀之助（1900〜1942）の全詩作から55編を精撰。
2017.2 171p 17×13cm ¥1600 ①978-4-904816-22-6

◆海はいのちのみなもと―水上不二詩集　水上不二著、夢ぽけっと編　たんぽぽ出版
【目次】戦前（『水上大陸詩集 私の内在』、氷のなかの絵、牛と牡丹、朝焼、ふゆの日 ほか）、戦後（ハナノタネ、思うこととやること、こひのぼり、ウミノイリヒ、太陽とぼくと ほか）
2017.3 335, 12p A5 ¥1000 ①978-4-901364-84-3

◆裏冨士―中村吾郎詩集　中村吾郎著　(入間)東方社
【目次】紅と黄のふるさと、愛しぶむし、春ずらに、ながしのないもの同士、水堀の光陰、さいのさい、すっとび夜話、タフとシャイの前山後悔、平気の庄左、四百年後の内の人2019〔ほか〕
2017.10 101p 23×16cm ¥2500 ①978-4-9906679-6-2

◆永遠の塔　法橋太郎著　思潮社
【要旨】詩壇を慄然とさせた衝撃の第一詩集『山上の舟』から18年。先達の死者へのオマージュをモチーフにして、研ぎ澄まされた煌silklikeな言語は無数に拡散しながらも凝縮されてゆく。
2017.2 84p A5 ¥2400 ①978-4-7837-3558-8

◆おーい団塊世代よ―Hello baby boomers　北出睦子著　杉並けやき出版、星雲社 発売
【要旨】もう極まった、人間の魂へ。唯一の戦いは、それは国会内での論戦のはず。けれど最小限度の前提はしたい、それはかみあう議論がない。台本なしのサービス残業国会を開いてほしい。参加不参加は、国民の納得判断パロメーター。議事堂ダメなら、野外でオールナイトでやればいい。ルビふり、ささやきサポーター連れずにいきたる議員を見たい。
2017.7 109p 19×14cm ¥800 ①978-4-434-23646-4

◆青（おう）の植物園―幻想植物コラージュ　橋本由紀子著　七月堂　（幻想植物コラージュセイレーンシリーズ）
【目次】1章（愛の罪、星めぐりの歌 ほか）、2章（砂の旅、マドンナ・リリー（その一） ほか）、3章（空鉢、銀ネム ほか）、4章（王宮の廃園、黄泉の松 ほか）
2017.12 115p 20×27cm ¥2000 ①978-4-87944-303-8

◆大貫喜也詩集　大貫喜也著　土曜美術社出版販売　（新・日本現代詩文庫）
【目次】詩篇 抑留詩集『黒龍江附近』（一九五四年）抄、詩集『愛と化身』（一九六一年）抄、詩

詩集・歌集・句集

集『眼・アングル』(一九六三年)抄、詩集『小銃と花』(一九八六年)抄、詩集『年賀の中の十二支』(一九九一年)抄、詩集『北の街』(一九九五年)抄、詩集『黄砂蘇生』(二〇〇二年)抄、詩集『宙を飛んだ母』(二〇一一年)抄、慶弔の詩、未刊詩篇、エッセイ、解説
2017.2 188p B6 ¥1400 ①978-4-8120-2350-1

◆**音をあたためる** 徳弘康代著 思潮社
【要旨】日々にふと感じる異和にゆっくりと耳を寄せたとき、あらゆる音と色彩にあふれかえる世界がきこえる─小さなざわめきをかろやかな言葉でつつむ、第4詩集。
2017.8 89p A5 ¥2400 ①978-4-7837-3581-6

◆**オレンジ色のあかり─名嘉実貴詩集** 名嘉実貴著 (町田)四季の森社
【目次】1 "ひとりで"(春の声、春の筆、さくら、ひとりで ほか)、2 ママの笑顔(裏庭、ママの笑顔、ねんねのともだち、とくとうせき ほか)
2017.4 127p A5 ¥1200 ①978-4-905036-14-2

◆**女たちへ─Dear Women─中村純詩集** 中村純著 土曜美術社出版販売
【目次】第1楽章 ちいさな手(小さな手、戦争をしないと決めた国のこどもたちに ほか)、第2楽章 戸籍の空欄(戸籍の空欄、いのち・言葉葉章─乗り越えるために ほか)、第3楽章 女たちへ(友よしていとしいひとよ、解放一あなたが嫌なになったひとに ほか)、第4楽章 風よ、吹け 美しい彼方へ(八月の祈り、一輪の花、ろうそくの灯 ほか)
2017.12 75p B6 ¥1000 ①978-4-8120-2413-3

◆**女の子のためのセックス** ちんすこうりな著 (名古屋)人間社
【要旨】爽快なセックス宣言ともいえる詩集『青空オナニー』から8年。驚くほど成長した身体思想詩人・ちんすこうりなが満を持して放つ第2詩集。ほんとうの淋しさがここには存在する。
2017.7 155p 19×12cm ¥2000 ①978-4-908627-19-4

◆**かあさんの歌** 吉岡義雄著 創英社/三省堂書店
【要旨】この気持ちを伝えたい。かあさんとぼくの思い出あふれる詩集です。
2018.1 109p B6 ¥900 ①978-4-88142-336-3

◆**華茎水盤** 古田嘉彦著 思潮社
【要旨】あじさい、桜、立葵、ヒマワリ、カンナ…。美しく咲く花々や樹木に生と死の真理を探して語る最新詩集。
2017.6 60p 21×12cm ¥2000 ①978-4-7837-3564-9

◆**花章─ディヴェルティメント** 松尾真由美著 思潮社
【要旨】2009年から、静かに、ひたむきに積み重ねられた、森美千代の写真とのコラボレーション。松尾真由美の新たなる挑戦。
2017.2 181p 22×15cm ¥3800 ①978-4-7837-3384-3

◆**数と夕方─管啓次郎詩集** 管啓次郎著 左右社
【目次】四川、移住論、海辺へ、数と夕方、Red River Valley、かかしの神、渓海へ、流域論、安土、水郷、ヨハネ挽歌 [ほか]
2017.9 316p 15×11cm ¥2400 ①978-4-86528-187-3

◆**風の巡礼─宮沢賢治ゆかりの地詩画集** 滝たか恒男著 (矢巾町)ツーワンライフ出版 復刻版
【要旨】農民芸術概論綱要 木版、銀河鉄道の夜 旅立ち 花巻市胡四王山上空 水彩、花巻農業高校と早池峰山 花巻市葛 水彩、羅須地人協会 花巻農業高校校庭 水彩、イギリス海岸A 瀬川・北上川合流点西岸 水彩、イギリス海岸B 水彩、獅鼻 花巻市北上川 水彩、更木街道 花巻市 水彩、カタクリの花 胡四王山 水彩、花巻北斜面 水彩、花巻蛇北上市飯豊町 水彩 [ほか]
2017 45p A5 ¥1000 ①978-4-907161-82-8

◆**家族の絆 愛の詩 8** 岐阜県養老町編 (習志野)大巧社 (愛の詩シリーズ17)
【要旨】岐阜県養老町には養老の滝にまつわる昔話あります。親思いの樵(源丞内)が岩間の泉から酒となった水を汲んできて、老父に飲ませ、喜び合うというもので、親は子を思い、子は親を思う心の大切さが描かれています。この孝子伝説の底に流れている親子の愛の心を受けて、養老町では、『家族の絆』をテーマに詩を募集しました。今回も、小学生から高齢者まで、三〇七九篇の家族愛に満ちた作品が、全国から寄せられました。本書は「愛の詩」シリーズ17回目の入賞作品をまとめたものです。
2017.2 155p 18×14cm ¥1200 ①978-4-924899-92-6

◆**学校─十五歳の決意** 山口和士著 悠光堂
【要旨】生徒たちに真に向き合う教育とは？信頼を勝ち取る本物の教師とは？地方公立高校で、早朝校門に立ち、日々声をかけ、生徒たちと面談し続け、悩みに正面からぶつかった、詩人校長の3年間。その思いを込めた珠玉の詩集。
2017.10 287p A5 ¥1800 ①978-4-906873-95-1

◆**かなしみという名の爆弾を** 能祖將夫著 書肆山田
【目次】1 後八千の葉(エクスプレッション、変身！、細胞には海の記憶が刻まれている、参詣、霊媒と詩人 ほか)、2 声を響かせて(鉄筋コンクリートの謎巡り、あめふり、山のあなた、マダムバタフライ、実話 ほか)
2017.12 129p 22×15cm ¥2200 ①978-4-87995-963-8

◆**かのひと─超訳世界恋愛詩集** 菅原敏著、久保田沙耶絵 東京新聞
【要旨】今の恋も、昔の恋。いにしえの恋愛詩を気鋭の詩人菅原敏が新たに超訳。はるかな時代を越えて甦る"恋の処方箋"、全35篇を収録。
2017.7 144p B6 ¥1800 ①978-4-8083-1019-6

◆**かまきりすいこまれた** 細田傳造著 思潮社
【要旨】名もなきいのちの棲処からぬっと顔をのぞかせて、世界の見方を無邪気に、ときに鋭く擾乱させる。老年と幼年の間をのらりくらりと自在にさまよう、最新詩集。
2017.6 92p 21×15cm ¥2000 ①978-4-7837-3570-0

◆**天牛蟲(かみきりむし)─魚野真美詩集** 魚野真美著 (富津)iga、星雲社 発売
【目次】1 (牛小屋にて、ガンガー、バズーカ病院、金くだきい、秘湯黄金郷温泉 ほか)、2 (灘湯にて、さみしいエッチ、春、楽園、夏夜の公園、三日月時代 ほか)
2017.5 155p A5 ¥1100 ①978-4-434-23345-6

◆**神のくちづけ** 合田和厚著 マインドカルチャーセンター (本文:日英両文)
【目次】PROLOGUE 夢とまどろみの章 DREAMING AND DROWSING、1 愛の影の悲しみの章 THE SADNESS OF LOVE'S SHADOW、2 火の鳥の悲しみの章 THE SADNESS OF THE FIREBIRD、3 神と預言者の章 GOD AND PROPHETS、4 光と闇の始まりの章 THE BEGINNING OF LIGHT AND DAKRKNESS、5 永遠の終結と始まりの章 THE END AND BEGINNING OF ETERNITY、EPILOGUE 難解なるものの儚くも美しい真理の章 THE FLEETING YET BEAUTIFUL TRUTH OF ABSTRUSENESS
2017.7 299p A5 ¥1800 ①978-4-944017-07-2

◆**神のみる夢** 合田和厚著 マインドカルチャーセンター (本文:日英両文)
【目次】1 月 CONSCIENCE、2 自我 FOOL、3 愛する WORDS、4 自然 GOD、5 ルネッサンスの予感 OLD & NEW、6 小さな恐竜 HUMAN BEINGS、7 光のごとく MISTY
2017.7 299p A5 ¥1800 ①978-4-944017-08-9

◆**かりそめの日々─横山克衛詩集** 横山克衛著 土曜美術社出版販売
【目次】1 旧詩帖から(かりそめの日々、夕食の前に ほか)、2 CAFÉ(人々のCAFÉ、黒い亀と白いココナッツミルク ほか)、3 片隅の花、4 ヘンリー(ヘンリー、幸せ、それとも不幸せ ほか)、5 最後の紅茶(あいびき、最後の紅茶 ほか)
2017.7 110p A5 ¥2000 ①978-4-8120-2376-1

◆**記憶する生×九千の日と夜** 吉田広行著 七月堂
【目次】記憶する生、九千の日と夜
2017.9 73p B6 ¥1000 ①978-4-87944-283-3

◆**帰、去来** 陶原葵著 思潮社
【目次】岸、卯木―空木、窟、眠、度、処方、柱、あつまっている夜に、著茎―胡蝶花、帰、去来、洞、藍―イワチ、病、ひのうちどころ、点、穴、滅築の庭、筒、20×5
2017.4 95p 23×15cm ¥2500 ①978-4-7837-3559-5

◆**鬼神村流伝** 金田久璋著 思潮社
【要旨】小さな抒情的叙事詩。
2017.4 139p A5 ¥2600 ①978-4-7837-3556-1

◆**汽水** 古賀大助著 思潮社
【要旨】水のように形をかえる時間の汽水域に佇み、なつかしい人や風景、日常に滴するかすかな音をきく。23年ぶり、待望の第3詩集。
2017.4 111p 21×15cm ¥2400 ①978-4-7837-3563-2

◆**奇跡を呼ぶ詩集 愛の詩** 羅針全通著 (大阪)風詠社、星雲社 発売
【目次】1(愛の祝福の詩、聞こえてくるよ ほか)、2(活路、天の力 ほか)、3(必ず天使のことばのとおりに─、みんなアミーゴ ほか)、4(アミの詩 第四水準へ、世界の春の詩 ほか)
2017.11 91p B6 ¥700 ①978-4-434-23816-1

◆**季節を駆ける詩人の冒険─宗方玲詩集** 宗方玲著 鳥影社
【要旨】季節が詩人の横を駆けぬける。世界は不思議の中にいる。知らない謎で満ちている。遠い青空と聞こえる歌声。舞う花びらと薫る風。雨の午後と静かな夜。希望と出会いの懐かしい物語。今はここにいる。これからの詩人の冒険。季節を書きとめた浪漫あふれる36編。
2017.1 105p B6 ¥1800 ①978-4-86265-592-9

◆**北園克衛全詩集** 北園克衛著、藤富保男編 沖積舎
【要旨】実験的・リリカル・郷土詩・その他、北園克衛の全詩業。全24詩集。
2017.11 881p A5 ¥6800 ①978-4-8060-0706-7

◆**君の音と僕の色** フクザワ著 KADOKAWA
【要旨】音楽を描くクリエイター、フクザワによる人気ミュージシャンの楽曲からインスパイアされたイラスト詩集！
2017.6 109p 17×15cm ¥1000 ①978-4-04-734674-1

◆**君のことを愛しているよ！ まるで友達のように！** 和泉なおふみ著 (大阪)パレード、星雲社 発売
【要旨】この詩集のテーマは「愛」。起承転結でたとえると「結」に属します。愛の終わりからまた新しい愛が生まれる、永遠の愛を伝えたい。詩人・和泉なおふみの、これからの彼の詩の方向性、軌道を示すかのような『東京の街が好き』『沈丁花』の二編は特に注目です。
2017.10 67p A5 ¥1200 ①978-4-434-23100-1

◆**教科書で読む名作 一つのメルヘンほか 詩** 中原中也ほか著 筑摩書房 (ちくま文庫)
【要旨】これまで高校国語教科書に掲載されたことのある詩と詩論のアンソロジー。合計四二名の詩人を収録！丁寧な語注と図版、読みを深める詩論つき。
2017.5 222p A6 ¥740 ①978-4-480-43420-3

◆**具現** 貞久秀紀著 思潮社
【要旨】「現代詩手帖」に「写生の試み」として連載された作品を中心に、見えるものをとおして見えるものの具現を試みる38篇の小景。
2017.6 105p 22×15cm ¥2400 ①978-4-7837-3568-7

◆**グッドモーニング** 最果タヒ著 新潮社 (新潮文庫nex)
【要旨】あらゆるものに手が届きそうなのに、何だってできそうなのに、私たちの現実は行き詰まっている。閉じている。愛とか、死とか、そこにドラマなんて、ありはしない。一本当に？それは誰が決めたの。それはいつ、わかったの。私たちの、僕たちの世界を、塗り替える言葉たち。見たことのない景色。知らなかった感情。新しい自分が、ここから始まる。中原中也賞に輝いた鮮烈なる第一詩集。
2017.2 126p A6 ¥430 ①978-4-10-180089-9

◆**月光浮遊抄** 秋山基夫著 思潮社
【要旨】詩はどのようにして可能なのか。「引用」を原理的方法として、類のない構想力で古典世界と現代を往還する力作詩集。
2017.7 104p 24×14cm ¥2400 ①978-4-7837-3573-1

◆**五月よ 僕の少年よ さようなら** 寺山修司詩・文、宇野亜喜良絵、目黒実編・選詩 (福岡)アリエスブックス
【要旨】世界のあらゆる場所を劇場化し続けた希代の詩人・劇作家寺山修司と、少女の神秘性をファンタジックに描き続ける天才画家宇野亞喜良、珠玉のコラボレーション！
2017.12 47p 18×16cm ¥1700 ①978-4-908447-07-5

◆**虚空のうた─清水榮一選詩集** 清水榮一著 土曜美術社出版販売 (叢書 現代の抒情)
【目次】第一詩集『きしり』(一九九六年)より、第二詩集『凡俗の歌』(二〇〇一年)より、第三詩集『述懐』(二〇〇九年)より、第四詩集『ある呟き』(二〇一二年)より、第五詩集『かぜが…』(二〇一五年)より、未刊詩篇より
2017.10 109p A5 ¥2000 ①978-4-8120-2394-5

◆こだわらない 葉祥明著 日本標準
　2017.12 105p B6 ¥1500 ①978-4-8208-0626-4

◆ことばのしっぽ―「こどもの詩」50周年精選集 読売新聞生活部監修 中央公論新社
【要旨】こどもにしか見えない世界おとなになって忘れてしまった気持ち―だれもが持っていた"しっぽ"を探しにいきませんか？
　2017.3 248p 18×14cm ¥1400 ①978-4-12-004965-1

◆今宵の開花―小川まゆみ詩集 小川まゆみ著 七月堂
【目次】1（滴く涙、必ずしもピアノレッスンは必要ではない、囁きと轟音 ほか）、2（はじまりの14才、声、共鳴 ほか）、3（青い光のもとで、あなたがすべきいくつかのこと）
　2017.9 107p 21×13cm ¥1500 ①978-4-87944-290-1

◆壊れる感じ 鈴木正樹著 思潮社
【要旨】女性をテーマに、短歌や評論・物語の枠を超え、落ち込んだりはしゃいだり、哲学したりし―。詩と詩をつなげ、現代詩の立ち位置を、さりげなく辺境へと広げる作品群。4年ぶりの新詩集。
　2017.2 125p A5 ¥2500 ①978-4-7837-3544-1

◆齋藤惠美子詩集 齋藤惠美子著 思潮社
（現代詩文庫）
【要旨】知りえなかった何かに。亡き者たちとの邂逅を願いつつ、言葉でおのれを擲つこと。極点を照らし出す詩的エクリチュールの達成、『空閑風景』までの軌跡を一望する。
　2017.9 160p B6 ¥1300 ①978-4-7837-1013-4

◆在日詩集 詩碑 丁章著 新幹社
【目次】イルムの革命、在日サラムとは、在日サラム者かがサラムである、見えない在日、通名を絶って光の中へ、マウムの瓶、あたりまえになれないでいる一つこの地球の上で、北共和国について、北の詩人は、南の領事館へ〔ほか〕
　2016.12 147p B6 ¥1500 ①978-4-88400-120-9

◆坂村真民詩集百選―はなをさかせよいみをむすべ 坂村真民著、横田南嶺選 致知出版社
【要旨】日本全国に愛好者をもつ坂村真民の詩。一万篇を超える詩の中から、円覚寺派管長が贈る真民詩100選。
　2017.10 275p 18cm ¥1300 ①978-4-8009-1161-2

◆捧げたかった…。―twin soul fantasy リラン著 幻冬舎メディアコンサルティング、幻冬舎 発売
　2017.10 215p 19×19cm ¥800 ①978-4-344-91421-6

◆笹原常与詩集 晩年 笹原常与著 七月堂
【目次】1 発表詩篇（果実、レースのカーテン、輪まわし、歩行、ゼリー ほか）、2 遺稿詩篇（折り目―女のモノローグ1、折り目―女のモノローグ2、折り目―女のモノローグ3 1・2、折り目―女のモノローグ4、折り目―女のモノローグ5 ほか）
　2017.4 241p A5 ¥2500 ①978-4-87944-278-9

◆さんざめく種―佐川亜紀詩集 佐川亜紀著 土曜美術社出版販売
【要旨】表現の自由が脅かされる時代に言葉のさんざめく種を大切にしたい。文明の危機を考え、アジアの歴史を省み、平和を祈る新詩集。
　2017.8 110p A5 ¥2000 ①978-4-8120-2384-6

◆詩画集 花のうた 夏坂周司著 郁朋社
【要旨】大輪と咲く野の花々、くちずさむ思い遣いの中に感じる生を謳歌する力強さ、鮮やかな色彩と細密な描写で切り取ったその姿と美しい旋律の散文でまとめ上げた珠玉の詩画集。
　2017.5 194p A5 ¥1000 ①978-4-87302-641-1

◆詩画集「SONGS」 田中信爾著 （大阪）竹林館
【要旨】AからZまで、言葉と絵が織りなす美しい饗宴。新しいビジュアルポエムの世界。
　2017.4 52p 20×19cm ¥2200 ①978-4-86000-357-9

◆詩国八十八ヶ所巡り 嶋岡晨編 （平塚）洪水企画、（伊万里）草場書房 発売 （燈台ライブラリ 3）
【要旨】四国八十八ヶ所巡礼になぞらえ、近現代日本を代表する八十八人の詩人の作品を集めて百年の心の歴史をたどるアンソロジー。この一冊を繙く巡礼は、時代的視野を広げまた深め、詩の生まれる意味を考えさせ、さらには心魂の浄化の可能性を証し、人生にきびしい核をそなえる真摯さをもたらすだろう。
　2017.1 190p 18cm ¥1300 ①978-4-902616-85-9

◆姉（シーコ）の海 谷合吉重著 思潮社

【要旨】時代の猥雑なノイズによって、構造化された抒情の陰影。薄幸な姉の姿を追って、言葉が彷徨い出る先に何が起きるのか。詩は悼みと出来事の連続である。瞠目の第二詩集！
　2017.9 106p B6 ¥2400 ①978-4-7837-3585-4

◆詩集 嗚呼無蒸し虫 中島けいきょう著 青娥書房 （朱の旗文庫）
【目次】アア ムムシムシ（山桃の叢に、いまぼくらは、だからそのとき ほか）、初期詩篇（羊歯類、孤りいて、神意のなかに ほか）、詩への架け橋（吉岡實「僧侶」を読む、日常にあってなお―このミステリーに満ちたもの）
　2017.5 127p B6 ¥1400 ①978-4-7906-0347-4

◆詩集 あたかもそこに永遠の安らぎがあるかのように 平木惣二著 （大阪）風詠社、星雲社 発売
【要旨】永遠の魂、窓辺の風景、時の寝台…。ふわりと浮いた思いの欠片が静かな風の言葉となって、誰かの頬にそっと触れる日を待つ。日陰で生きる者たちへの愛を謳った第二詩集。
　2017.10 109p B6 ¥1500 ①978-4-434-23881-9

◆詩集 アナタニ玉手箱 高橋しげを著 創英社／三省堂書店
【要旨】夢を夢に、ありがとう笑顔、はなが咲く、青い空、そっと秋の風、負けない○あなたに、聖母聖母どこに、掌を視る、涙がとまらなくて、お母さん
　2017.8 60p A5 ¥1400 ①978-4-88142-166-6

◆詩集 雨あがりの朝に 飯М雅子著 （鎌倉）かまくら春秋社
【要旨】養護教諭人生の区切りに30数年間書き溜めた集大成の第二詩集。
　2017.9 117p B6 ¥1500 ①978-4-7740-0730-4

◆詩集 荒磯 外村文象著 明文書房 （えぼ叢書）
【目次】1（縁あって上州の地に、南の島、再会の日、ワルシャワの雨、鬼瓦 ほか）、2（北の街で、男鹿半島入道崎、東京オリンピック2020、赤いポロシャツ、落武者の唄 ほか）
　2017.12 192p 16×14cm ¥1800 ①978-4-8391-0410-8

◆詩集 生きてやろうじゃないの！ 武澤順子著、武澤忠監修 青志社
【要旨】人生で大切なのは、今までではなくこれから…。夫の死、震災、容赦ない試練。老いた母は、明日への希望をどう紡いでいったのか。愛しく、切なく、逞しい母の言葉が熱い―。震災を乗り越えて今を生きる84歳。
　2017.9 126p B6 ¥1200 ①978-4-86590-051-4

◆詩集 漁火の眺める丘―「万里の航跡」復刻版 藤枝文静著 近代文藝社
【要旨】気仙沼から…2011年3月11日午後2時46分（推定）のあの巨大地震に依る大津波から早くも6年の歳月が流れ、人々の計り知れない思い出の数々を奪い去ったふるさとの海は、今ほんの少しずつ去りし日の風景を呼び戻すかの様に、夕闇せまる頃、遠い水平線の彼方にひとつふたつと漁火が灯り始めている。「あの日がなかったら…」と思う人々の心を慰めるかのように…。
　2017.3 121p A5 ¥1389 ①978-4-7733-8024-8

◆詩集 いろいろ愁 鎮西貴信著 土曜美術社出版販売
【目次】第1部 いろいろ（いろいろ、かずのかたち―figure ほか）、第2部 種々のことば（威風、種々のことば ほか）、第3部 愁（四愁、憂愁 ほか）、第4部 詩についての断章（コンピューターと現代詩、勘違い？ ほか）
　2017.4 126p B6 ¥1500 ①978-4-8120-2355-6

◆詩集 歌声は幸せを残すだろう 藍りんこ著 （大阪）風詠社、星雲社 発売
【要旨】雪の結晶が生まれる音、星々の擦れあう音、ラベルのピアノ曲…。明るく透明感のある音楽を思わせる詩篇は、読者に若々しい希望と勇気をもたらすだろう。
　2017.11 54p B6 ¥648 ①978-4-434-23953-3

◆詩集 生まれ来る季節のために 井上優著 （みなかみ町）井上出版企画
【目次】第1部 浅い呼吸はプネウマを求める（ナチュラルエチュード（K・Nに捧げる）、慈しみの密儀の森の中で、季節への手紙 ほか）、第2部 メルフェンとファンタジア 詩は世の中を甘くするために（26のクリスマス、初夏への散歩道、部屋 K・Nの回想 ほか）、第3部 虚飾に満ちた甘く浅い信仰（「言葉」、アダムの土地1、アダムの土地2（K・Nスナップショット） ほか）
　2016.12 107p A5 ¥1500 ①978-4-908907-00-5

◆詩集 俺達の歌 米島康晴著 鳥影社
【要旨】ルナティック・ピエロ、骨、防波堤、セレナーデ、義務、姿勢、遊離、斥候、欅、虚無僧、20××年 夏、人間・この自由なる者へ、〈梅の木君、おはようございます〉
　2017.9 69p B6 ¥1800 ①978-4-86265-617-9

◆詩集 回路 星野エマ著 中野商店
【要旨】ある夢、遺影、夜盲症、白昼の森、トランプ、物音、無題1、ひらかれたページ、カフェで遺書を書く女、青〔ほか〕
　2017.8 77p B6 ¥1200 ①978-4-9905272-8-0

◆詩集 かげを歩く男 幸松榮一著 （福岡）書肆侃侃房
【目次】1、2、3、4、異方域（含羞、楽の子、チキチキ指定区域）
　2017.9 316p B6 ¥2000 ①978-4-86385-275-4

◆詩集 風の森 西田純著 （大阪）竹林館
【目次】1（風の森、冬の日の ほか）、2（あおい青、時間と時間の切 ほか）、3（実、落葉 ほか）、4（すこしでも、落葉のように ほか）
　2017.11 101p A5 ¥1500 ①978-4-86000-372-2

◆詩集 学校という場所で 汐海治美著 （大阪）風詠社、星雲社 発売
【要旨】詩とは何か。詩作するとはどのような行為なのか。教師として文芸部顧問として、詩を通して生徒と、生徒を通して詩と向き合ってきた著者が退職を前に詩と散文で描く「自画像」。
　2017.3 76p B6 ¥800 ①978-4-434-23169-8

◆詩集 季節の手のひら 井上優著 （みなかみ町）井上出版企画
【目次】第1章（明日が始まるとき、光の素顔 ほか）、第2章（生命、会陰の詩 ほか）、第3章（咲いている、子どもの黄色いクツ ほか）、第4章（薔薇、とぶねこ ほか）、第5章（数時間と数週間の叙事詩・豚カツの灯（M・G先生に捧げる）、手のひら ほか）、附章 物語り詩の眼差し（序 ささめき～物語りの森、わすれんぼ天使 ほか）
　2017.4 162p A5 ¥1500 ①978-4-908907-02-9

◆詩集 銀の涙 塚本正明著 （名古屋）ブイツーソリューション、星雲社 発売
【目次】1 妻逝きしあとに（幸運な出逢い、病身の旅路にて、花の永訣 ほか）、2 折々の詩篇（台風のあと、詩、言葉と心 ほか）、3 哲学詩のつぶやき（祈り、薄明の思想、瞬間）
　2017.7 70p B6 ¥926 ①978-4-434-23534-4

◆詩集 月光苑 6 大原鮎美著 土曜美術社出版販売
　2017.9 88p B6 ¥1600 ①978-4-8120-2388-4

◆詩集 源氏物語の女たち 坂田トヨ子著 コールサック社
【目次】桐壺の更衣、弘徽殿の大后、葵の上、六条の御息所、夕顔、夕顔の侍女右近、空蝉、末摘花、末摘花の侍女、藤壺、朧月夜、明石の君、花散里、紫の上、朝顔の姫君、女三の宮
　2017.10 125p A5 ¥1500 ①978-4-86435-313-7

◆詩集 聲にのせたことばたち―鹿児島の方言で 竹内美智代著 （札幌）響文社 （詩人の聲叢書 3）
【要旨】てげぇてげぇ―ほどほど、汽車―汽車、にぁとんさぁ―次太郎兄上様、浜―浜、夕暮れ―夕暮れ、あったらしか―勿体無い、でもいいも―出ることも入ることも、親っちゅうもんな親というものは、あん風呂屋も……あの風呂屋も、……酔っ払いの、正月が近づくと、九月になると、陸に上がった灯台―陸に上がった灯台、どっかあん男い―どこかあの男に、ふゆん日ざしを離さず……冬の日ざしを離さず、あげどう―油揚げ、筏―筏、ふるさとの手毬歌、一本のテープから
　2017.5 98p 18cm ¥1000 ①978-4-87799-703-8

◆詩集 鼓動 井上摩耶著 コールサック社 （気鋭詩集シリーズ）
【目次】1 鍵をなくした貝殻（一枚の鍵、鍵をなくした貝殻、オーバードーズ ほか）、2 小屋（寂しいセミ、峠、小屋 ほか）、3 スモールワールド（内乱という名の戦争、焼き魚、秋の空の下で ほか）
　2017.11 127p A5 ¥1500 ①978-4-86435-317-5

◆詩集 今昔夢想 秋元炯著 七月堂
【目次】篝火、物忌み、橋、蛇身、崖、狗、山猫、一本道、橋の鬼、鬼の腕〔ほか〕
　2017.11 129p A5 ¥1600 ①978-4-87944-300-7

詩集・歌集・句集

◆詩集 冴 北川清仁著 (狛江)モノクローム・プロジェクト，らんか社 発売 (ブックレット詩集)
【目次】1(夢のなかの冴、揺れる ほか)、2(水晶山界隈、騒ぐ ほか)、3(歌うように、水の冠 ほか)、4(樹となる冴、生まれ変わった冴 ほか)
2017.11 106p A5 ¥1400 ①978-4-88330-006-8

◆詩集 桜の空 瑞木よう著 (大阪)竹林館
【目次】桜の空、桜、山科疏水、ねこさんぽ、さくら、紅しだれ、桜の道、白川郷、紫陽花、初夏〔ほか〕
2017.4 159p A5 ¥2200 ①978-4-86000-359-3

◆詩集 三十六面体 桐本美智子著 文藝春秋企画出版部，文藝春秋 発売
【要旨】ガラス絵・人形作家でもある詩人が、少女として、乙女として、母として、妻として、女性の綾なす感情の煌めきを描いた36篇。
2017.8 116p B6 ¥1870 ①978-4-16-008904-4

◆詩集 詩神たちへの恋文 万里小路譲著 土曜美術社出版販売 (叢書現代の抒情)
【要旨】読むことから書くことへと変容する自己の内省がここにある。敬愛する詩人たちとの対話とオマージュ。稀有なハーモニーを醸し出す出色の書!
2017.9 143p A5 ¥2000 ①978-4-8120-2395-2

◆詩集 死水晶 白島真著 七月堂
【目次】1 二○一六年(雪豹、薔薇の痛み、夏をみる人 ほか)、2 一九七四年~(断章・狼の沈む水平線、澱む月夜、ひかりあれひかりあれ ほか)、3 一九八四年~(影、死せる管理人K氏、白壁 ほか)、4 一九八八年四月(長編詩 肉体の創世記)
2017.3 173p A5 ¥2000 ①978-4-87944-272-7

◆詩集 新梁塵秘抄 水崎野里子著 土曜美術社出版販売 (叢書現代の抒情)
【目次】第1部 旅人(旅人、鮎 ほか)、第2部 新梁塵秘抄(花はサクラか、女船頭小唄 ほか)、第3部 ヒロシマの折り鶴(ヒロシマの折り鶴、アリシャの涙と赤い冬の薔薇 ほか)、第4部 愛のブランコ(愛のブランコ、傘のメモワール ほか)
2017.9 109p A5 ¥2000 ①978-4-8120-2393-8

◆詩集 倉集 真崎節著 砂子屋書房
【要旨】『晴れる日』に続く、著者第二詩集。
2017.10 93p A5 ¥2500 ①978-4-7904-1658-6

◆詩集 その先の視線へ 服部昭代著 視点社
【目次】1 ネーマプロブレマ(国境の青年たち、ネーマプロブレマ ほか)、2 祈り(橋、おもい ほか)、3 標的(標的、再会 ほか)、4 その先へ(内なるものへ、家路 ほか)
2017.3 163p A5 ¥2000 ①978-4-908312-06-9

◆詩集 立ち姿 真原継一著 土曜美術社出版販売
【目次】反響(磨かれた図書館、白百合 ほか)、清らかさ(輝く顔、ゆれる手 ほか)、人間を問う(悪魔のささやき、永遠の継続 ほか)、生き抜く(美しい立ち姿、足元の目 ほか)、こころ(愛おしい別れ、吟遊詩人 ほか)
2017.6 136p A5 ¥2000 ①978-4-8120-2378-5

◆詩集 地球の扉を叩く音 たひらこうそう著 (大阪)竹林館
【目次】第1章 どんぐりが帰ってくる(年輪、西国街道、冬 瓜 ほか)、第2章 穴のあいた空(雨戸を叩かれたのは誰だ、穴のあいた空、壊れた夏 ほか)、第3章 地球の扉を叩く音(青い風景、ひとにぎりの音、無くしてはならぬむら なか)
2017.6 106p B6 ¥2000 ①978-4-86000-363-0

◆詩集 沈黙の絶望、沈黙の希望 常本哲郎著 鳥影社
【要旨】沈黙をテーマに、繊細な感性でこころの痛みをみつめ、喪失感を歌った詩の数々。
2017.7 203p A5 ¥1800 ①978-4-86265-620-9

◆詩集 豊玉姫 紫圭子著 (札幌)響文社 (詩人の聲叢書 5)
【目次】豊玉、水の雲へ、橋、真名井、松、土俵、新緑の淵、潮満珠、わたつみのいろこの鍋、水玉/梓弓、ゆつ香水、あかい月、トヨタマ、四股踏る、洗う、瞬間のものがたり、豊玉町、対話、デーメーテル、豊玉姫、豊玉姫、降臨、出雲
2017.5 107p 18cm ¥1000 ①978-4-87799-705-2

◆詩集 虹の足 小髙恒著 砂子屋書房
【目次】虹の足、朝顔、睡蓮、友情、背中の自画像 trompe l'œil、日常、エーデルワイスと群羊、一滴の海、鶏の世界 悲劇のコロニア に捧げる、旅券、或孤鳥の葬送、たゝかい、親馬鹿の木、鳥の夢、命の音、叫びについて、駅舎
2016.12 101p B6 ¥2000 ①978-4-7904-1619-7

◆詩集 野笑 小池昌代著 (大阪)澪標
【要旨】野が笑って歌う、地面が笑って踊る。絵と詩が醸成する、歌ごころの一冊。
2017.11 89p A5 ¥1600 ①978-4-86078-376-1

◆詩集 野ばらの変遷 比留間美代子著 土曜美術社出版販売
【目次】1(薔薇の花に寄せて、小鳥の飢え ほか)、2(小径の想い、死者の声を聴く ほか)、3(移動する白雲、眺める主のない檸檬 ほか)、4(神話の里(古事記に因んで)、天安河原(古事記より))
2017.9 121p 22×16cm ¥2000 ①978-4-8120-2382-2

◆詩集 バス停にて 森口祥子著 土曜美術社出版販売 (100人の詩人・100冊の詩集)
【目次】1(雪の朝、春を待ちつつ、雨の匂い ほか)、2(街のバス停、次止まります、「この地区で土地を探しています」 ほか)、3(溜め息、くしゃみが二回、こだわり ほか)
2017.9 124p A5 ¥2000 ①978-4-8120-2396-9

◆詩集 花の瞳 藤井雅人著 土曜美術社出版販売
【目次】花の瞳、百合、あじさい、吉野山の桜、暗闇の蘭、モネの睡蓮、セザンヌのチューリップ、ゴッホのひまわり、シェイクスピアの薔薇、ゲーテの罌粟〔ほか〕
2017.8 97p A5 ¥2000 ①978-4-8120-2377-8

◆詩集 花は黙って待っている 木戸光孝 七月堂
【目次】1(おいも、クジラ ほか)、2(妹、赤いエントツ ほか)、3(おばば、オシッコの色 ほか)、4(病気のシグナル、指が開いた ほか)、5(花は黙って待っている、三十三年 ほか)
2017.1 144p A5 ¥2000 ①978-4-87944-268-0

◆詩集 花もやい 岡田哲也著 (福岡)花乱社
【要旨】うぶすなの宙と地の間で、遠い日の少年のまじなう声を聴くような、岡田哲也の新しい詩世界。
2017.8 111p 22×15cm ¥2000 ①978-4-905327-77-6

◆詩集 万国旗 柏木咲哉著 コールサック社 (コールサック社気鋭詩集シリーズ)
【目次】1 転ばぬ先に喰え(転ばぬ先に喰え、おさかな ほか)、2 ドアーその向こうの場所(ドアーその向こうの場所、ドアーその向こう ほか)、3 素晴らしき人々(日上眞輝(ひかみ・まさてる)、百澤輝星(ももさわ・てるほし) ほか)、4 カフェ・ドリーマー(万国旗、猫はマタタビを求め再び旅に出た ほか)
2017.11 127p A5 ¥1500 ①978-4-86435-314-4

◆詩集 光いずこに 岸本嘉名男著 土曜美術社出版販売 (叢書現代の抒情)
【目次】光芒、碧空、さすらい、イノセンス、タンゴ鉄道にて、福井への旅、還暦同窓会、ポン太逝く、はるかなり人生、光彩暮色 〔ほか〕
2017.9 109p A5 ¥2000 ①978-4-8120-2392-1

◆詩集 鼻行類の盗賊たち 尾世川正明著 土曜美術社出版販売
【目次】1(黄色いカンナの咲いた夏、秋の翳と美しい虫たち、ひとりで梨を食べている、植物性の指の変容、欧州中世美術を慕うからこそ)、2(十二分貿の小世界)、3(世界に探査機を降ろすために、四種類の演技方法、蝶と遺跡のために、古い鏡のなかの海岸通り、壺のなかで半島になる)、4(A氏の存在と空疎な不安、春の変異、ひさかた 街裏になじむ、現実の遠さについての日々、O博士の書いた詩についての報告、ある色彩論)
2017.4 95p A5 ¥2000 ①978-4-8120-2356-3

◆詩集 標本づくり 鷲谷みどり著 土曜美術社出版販売
【目次】1(フラミンゴ、鳥小屋、まひるの象、魚の夢、猫駅伝 ほか)、2(ドッペルゲンガー、こけし1、こけし2、おきあがりこぼし、標本づくり ほか)
2017.9 125p A5 ¥2000 ①978-4-8120-2386-0

◆詩集 父音 龍秀美著 土曜美術社出版販売
【目次】きょうはんしゃ、冬薯夏魚、芋の在り処、大甲渓の鮎、犬、ラッキーストライク、台湾一周カラオケ漫才、迷子、横切る、タマグス 〔ほか〕
2016.12 97p A5 ¥2000 ①978-4-8120-2349-5

◆詩集 仏教の宣伝 ハラキン著 (大阪)竹林館

【目次】ナンデモアリ、闇、闇を思え、昔の俺、ウラ、コトバ、心の実況、心の美術、寺なるもの、逆観の練習 〔ほか〕
2017.10 126p 22×16cm ¥2000 ①978-4-86000-370-8

◆詩集 冬の柿 長谷川雅代著 土曜美術社出版販売
【目次】1(曲がった胡瓜、冬の柿、商店街、またひとつ ほか)、2(わたしの中の見知らぬ人、鰻、繋ぎ合わせて、孫とわたしの十歳 ほか)
2017.12 110p 21×14cm ¥2000 ①978-4-8120-2411-9

◆詩集 ペトリコール シエ著 七月堂
【目次】シャニダール、湖、赤い家、足し算、頭、金魚、薬瓶、日、曇天、銀 〔ほか〕
2017.12 230p B6 ¥1800 ①978-4-87944-307-6

◆詩集 北暦 児島倫子著 (弘前)津軽書房
【目次】前奏曲、残暑、乱気流、漂流、晩夏、秋鈴、伝説、秋晴、悲涼、声〔ほか〕
2017.10 55p 21×14cm ¥1200 ①978-4-8066-0239-2

◆詩集 星を産んだ日 青木由弥子著 土曜美術社出版販売 (詩と思想新人賞叢書)
【要旨】第24回詩と思想新人賞受賞詩集。
2017.6 110p A5 ¥2000 ①978-4-8120-2375-4

◆詩集 蛍 太田康成著 (みなかみ町)井上出版企画
【目次】第1章 蛍(冬物語、ネオ、揺りかごこ ほか)、第2章 初冬(春風、汗、初冬 ほか)、第3章 旅券(月の雫、大鷹、旅券出工 ほか)
2016.12 107p A5 ¥1500 ①978-4-908907-01-2

◆詩集 ほたる 大西秀隆著 砂子屋書房
【目次】1(命の息、母のぬくもり、かあさん、母さんの味、灯ろう流し ほか)、2(お池のかめさん、ほたる、ツバメの挨拶、磯ひよどり、たけのこ ほか)
2017.11 132p A5 ¥2500 ①978-4-7904-1657-9

◆詩集 まほらのような 谷和子著 (静岡)静岡新聞社
【目次】1 風そよぎ(まほらのような、馬頭観音 ほか)、2 香りをたどり(コーヒーの香り、ポパのパイプ ほか)、3 思いを胸に(良く晴れた秋の日に、ハリハリ漬け ほか)、4 たぐり寄せて(窓辺のタペストリー、千代紙の小箱の中は ほか)
2017.9 119p B6 ¥2000 ①978-4-7838-9962-4

◆詩集 丸い地球はどこも真ん中 久遠晴人著 (名古屋)ブイツーソリューション、星雲社 発売
【要旨】あの「自然回帰船」の著者が放つ、ネット時代の詩的世界! 現代をさまよう人間たちに捧げる、キラ星のような詩の数々!
2017.3 113p A5 ¥1200 ①978-4-434-23159-9

◆詩集 見えない涙 若松英輔著 亜紀書房
【要旨】泣くことも忘れてしまった人たちへ。若松英輔、初の詩集。
2017.5 107p 20×13cm ¥1800 ①978-4-7505-1498-7

◆詩集 右から二番目のキャベツ 服部誕著 書肆山田
【目次】右から二番目のキャベツ、妻はもちろん熊ではない、今夜も楽しい夢を、真夏の夜のビーコンライト、晴れときどき曇り一時雨、展延性、もしくは弾性と磁性、上空の交差点、人生の目的、あした天気になあれ、箕面線の果てしない旅〔ほか〕
2017.10 83p A5 ¥2400 ①978-4-87995-960-7

◆詩集 喪服 原章二著 七月堂
【目次】喪服、無形の通信、きみはどこにでもいる、一本の木、春のうたげ、風の道しるべ、孤心、散歩、骨壺、山の一日 〔ほか〕
2017.8 248p B6 ¥2000 ①978-4-87944-293-2

◆詩集 憂鬱 白鳥葉著 幻冬舎メディアコンサルティング，幻冬舎 発売
【要旨】貴方のいない"白い憂鬱"な日々。愛と喪失を綴った15篇の詩。
2017.71p 20×13cm ¥1000 ①978-4-344-91261-8

◆詩集 結城を歩き探すもの 田村勝久著 文治堂書店
【要旨】県芸術祭文学部門で、私家版詩集、『海を縫う』『木と花が教えてくれる』『誕生日にプレゼントをする』により、三年連続『茨城文学賞』の候補になった著者が、1972年から2016年の詩作420篇より40篇を収めた、新撰詩集。
2017.1 189p A5 ¥1500 ①978-4-938364-29-8

◆詩集 歪んだ時計 斉藤明典著 (大阪)竹林館

詩集・歌集・句集

◆【目次】1（朝の散歩―「歩く詩人ワーズワスと芭蕉」展〔柿衞文庫〕に想を得て、詩人の詩、甘い詩、心を偽る、ひとに夢を与える ほか）、2（ゆがめているのは誰？、マネーロンダリング、1％、狂気、拝啓 首相どの ほか）
2017.1 119p 20×13cm ¥1500 ①978-4-86000-353-1

◆詩集 雪降る日の紙漉きのように　植村勝明著　土曜美術社出版販売
【目次】雪の日の紙漉きのように、わたしたちは心の奥に、加えて思考の貧困が極論を生む、近過去のわが現代史には加えて歌、かつて字が読めない兵卒のためには、ここにも、そこにも、負けるに決まっている戦争を、戦争は勿論正気の沙汰でない、曼珠沙華の利点は、まともな花を庭一杯咲き植え〔ほか〕
2017.12 111p A5 ¥1600 ①978-4-8120-2406-5

◆詩集 若菜集　柳沢幸雄著　明文書房
【目次】龍胆館、さくら、桜、たんぽぽ、早春賦、秋桜、少女、せつなくて、異性、嫉妬〔ほか〕
2017.11 113p A5 ¥1200 ①978-4-8391-0452-8

◆詩集 わが涙滂々（抄）―原発にふるさとを追われて　小島力著、野田説子英訳　西田書店
（本文：日英両文）
【要旨】原発にふるさとを追われて〔地震・津波のさ中で、帰れない朝―武蔵野市・都営アパートで、望郷、殺し屋、シロの話、五人のデモ隊、一年四か月目の一時帰宅〕、三十年の作品から〔原発下請労働者、蟻たちの寄せて、聞き書の墓碑銘、秋の城、原発問答、聴こえる、火災〕
2017.3 123p A5 ¥1500 ①978-4-88866-612-1

◆詩集 私のハランバンジョウ　加代敏著　左右社
【要旨】明日を求め、生き抜く旅人へ―激しさと純粋さがつむぎ出す渾身の31篇。
2017.4 93p 20×14cm ¥1000 ①978-4-86528-305-1

◆詩集 渡邊坂　中井ひさ子著　土曜美術社出版販売
【要旨】あの世とこの世の境い目や、人間と動物の区別があるようでない。ないようである。たとえば見なれた坂道や路地、生け垣の向こう。そんな場所から一筋の隠れ道は始まっている。懐かしさがひりひり込み上げる、郷愁の中井ワールド。
2017.9 120p A5 ¥2000 ①978-4-8120-2370-9

◆詩集 わらべ詩　日吉平章著　（松山）創風社出版
【要旨】軽やかに誘う「ことのは」の世界。25編のわらべ詩とオノマトペいろは詩。
2017.7 106p B6 ¥1200 ①978-4-86037-249-1

◆詩人なんて呼ばれて　谷川俊太郎語り手・詩、尾崎真理子聞き手・文　新潮社
【要旨】「二十億光年の孤独」以来、第一線であり続ける詩人・谷川俊太郎。18歳のデビュー、女性たちとの出会い、創作の源泉―「国民的詩人」の核心と日本戦後詩の潮流に、当代きっての文芸ジャーナリストが迫る。3年ごしのロング・インタビュー。ぎっしり収録！書下ろし1篇＋全2500作から厳選した詩20篇。
2017.10 380, 6p A5 ¥2700 ①978-4-10-401806-2

◆詩選集 絵空事 羅人（らびっと）どん　田中實著　朝日出版社
【目次】1 絵空事 羅人どん、2 凡愚 羅人どん、3 迷夢 羅人どん、4 道草 羅人どん、5 詩人の夢 スピアの芸術、6 逆立ち男、7 竜の落し子、8 影法師、9 死の上がった橋、10 A Bridge over Death、田中實〔舞ератор人〕の詩と画の宇宙
2017.10 259p A5 ¥1204 ①978-4-255-01029-8

◆詩と思想・詩人集 2017　「詩と思想」編集委員会編　土曜美術社出版販売
【要旨】「詩と思想」は1972年に創刊された月刊詩誌。総合商業詩誌であると同時に、編集は詩人たちが行うことで終始一貫しており、"全国の詩人と詩愛好者のための共同の詩的広場"を目指して、45年の歩みを戦後詩の歴史に刻み続けている。
2017.8 486p A5 ¥5000 ①978-4-8120-2390-7

◆樹形図　宮本益光著　らんか社
【要旨】第一詩集「もしも歌がなかったら」全篇を再収録。第一詩集以降の新作歌曲・合唱曲全29タイトルを加添した、待望の第二詩集。
2017.3 173p B6 ¥2000 ①978-4-88330-502-5

◆シュタイネ　多和田葉子著　青土社
【要旨】言葉の境界をゆく鮮烈の20篇。
2017.10 116p B6 ¥1600 ①978-4-7917-7013-7

◆詞葉集 あきらめの旅にしあれば　福地順一著　烏影社
【目次】1 歌曲（桜んぼの実る頃、丹頂鶴 ほか）、2 歌謡（古城の秋、すすき野ブルース ほか）、3 詩（メタセコイア讃歌、海が傾き行く ほか）、4 方言詩（母ァ、鬼灯 ほか）
2017.2 165p 18×16cm ¥1800 ①978-4-86265-588-2

◆小説　四元康祐著　思潮社
【要旨】心のなかから言葉が消えるとき、自分は自分の外へと滲み出す。詩と小説の距離は表現の方法だけにとどまらない。つねに実験的冒険作で読者を驚愕させる著者が、詩のかたちで問いかける、小説、詩、そして言葉と人間。
2017.5 157p 21×14cm ¥2400 ①978-4-7837-3566-3

◆食卓一期一会　長田弘著　角川春樹事務所
（ハルキ文庫）
【要旨】美味しそうなにおい、色、音で満ち溢れた幸福な料理を生きることの喜びが横溢する、食べものの詩六十六篇。
2017.11 201p A6 ¥680 ①978-4-7584-4129-2

◆白石かずこ詩集成 1　白石かずこ著　書肆山田
【要旨】白石かずこ1949-1975の詩の群。
2017.11 608p B6 ¥5500 ①978-4-87995-961-4

◆白くてやわらかいもの.をつくる工場　奥主榮著　（狛江）モノクローム・プロジェクト、らんか社 発売　（ブックレット詩集）
【目次】第1章 暗がりのぬくもり（昔、僕らは、別離、ぬくぬくぬくとこたつむり ほか）、第2章 行き止まりの時代（行き止まりの時代から、街にからっ風が吹きまくり、いきもののおはなし ほか）、第3章 白くてやわらかいもの.をつくる工場（地平線、長く辛い時代を歩かなければならないから、あわいだけ）
2017.4 93p A5 ¥1400 ①978-4-88330-001-3

◆塩飽から遠く離れて　平岡敏夫著　思潮社
【要旨】"無名の父・母・姉・弟・妹らを塩飽というトポスのなかで記しておきたい"という著者の切実な想いによって、遙かな歴史を抱き時代の荒波をおおらかに漕ぎわたった塩飽人の姿が鮮やかに詠われた新詩集。
2017.1 93p 21×13cm ¥2000 ①978-4-7837-3557-1

◆水天のうつろい　岡田ユアン著　らんか社
【目次】ギフト、いうみだす、罌粟の実のういしる、朱と黄土の律動、風を聴く、ねむりのとなりで、水が話した秘密、飛天、水鏡〔ほか〕
2017.11 93p B6 ¥1800 ①978-4-88330-505-6

◆スパイラル　葉山美玖著　（狛江）モノクローム・プロジェクト、らんか社 発売　（ブックレット詩集）
【目次】序詩 クラヴィーア練習曲第一巻、Chiffoncake、終電、成人儀式、ミント色の靴、開花、六月、悪魔祓い、SHUN-GA、揺れ、(る)、朝の街灯、おんな浪裏、八月の雨、あまえない、1と9がない、私の咎、IN/OUT、鍋、晩夏、花火、窓
2017.4 93p A5 ¥1400 ①978-4-88330-003-7

◆青春という名の丘に来て　矢﨑俊二著　東京図書出版、リフレ出版 発売
【要旨】人生、宇宙、時間を見つめる詩集。
2017.8 76p B6 ¥1000 ①978-4-86641-074-6

◆鶺鴒―SEKIREI　唯木佐保子著　（名古屋）中日出版
【目次】片想いの夏（海鏡、君が忘れていた傘、浜辺の薔薇、遠雷）、秋の月夜（鶺鴒、月夜、風吹く街角、藤紫色の薔薇、冬の恋人たち（烏瓜、冬の薔薇、冬の仲間、悲しみは永久に）、花咲く乙女たちの春（椅子、ムーランルージュ、水色の空を切り抜いて、ハープを盗んで、ルビナスの花園、ハミングバード）
2017.6 53p B6 ¥1000 ①978-4-908454-21-1

◆絶景ノート　岡本啓著　思潮社
【要旨】中原中也賞とH氏賞を史上初めてW受賞した詩人、疾駆する第2詩集！
2017.7 113p 21×13cm ¥2000 ①978-4-7837-3575-5

◆続・財部鳥子詩集　財部鳥子著　思潮社
（現代詩文庫）
【要旨】「無」へと豊かに広がる言葉。満洲引揚げ体験にはじまる長い歳月を生き、人の生死を見据えて、年輪を経るごとにみずみずしく馥郁たる世界をひろげる詩人の後期作品集。
2017.9 160p B6 ¥1300 ①978-4-7837-1014-1

◆そして彼女はいった–風が邪魔をした。　横山黒鍵書　（狛江）モノクローム・プロジェクト、らんか社 発売　（モノクローム・プロジェクト ブックレット詩集 2）
【目次】「and」（いぶき4、かしゃり、岐路、Fairy Tail～おとぎ話と妖精の粉～、俄か蛇（詩型融合 短歌＋自由詩）、ゆまり、錆の果実（詩型融合 短歌＋自由詩））、「she」（いぶき2、education。、虹、朔、し、読む）、「said」（いぶき1、（a=i+llusion。）或いはてがみ、みず、のね、犬神、消毒））、「。」（結晶（詩型融合 俳句＋短歌＋自由詩））
2017.4 134p A5 ¥1500 ①978-4-88330-002-0

◆その声はいまも　高良留美子著　思潮社
【要旨】戦争、災害、そしていま―。語りえないさまざまな声のひびく流れの底に身をひたし、時代を越えて生のかたちを自他に問い、歩いていく。朝日新聞「天声人語」に掲載された表題作を収録、11年ぶりの新詩集。
2017.3 98p A5 ¥2400 ①978-4-7837-3561-8

◆対詩 2馬力　谷川俊太郎、覚和歌子著　ナナロク社
【要旨】"ライブ対詩"を含む対詩7作品と、ふたりの創作の秘密に迫る"座談"、作者自身によるユニークな対詩の"書き下ろし解説"を収録。ふたりの詩人が挑んだ対詩の全記録。
2017.10 187p 21×14cm ¥1600 ①978-4-904292-73-0

◆第二詩集 通勤後譚　由紀荘介著　郁朋社
【要旨】追憶の余韻、言葉の香りを紡ぎだす。日常に潜むさりげない幻影をリズムに刻んだLyrics。
2017.9 196p A5 ¥1600 ①978-4-87302-656-5

◆退廃の勧め–故松原吠詩集　故松原吠著　（大阪）パレード、星雲社 発売
【要旨】青春時代のほとんどを精神病院で送り、少年期より3度の有罪判決を受けた狂気の強盗詩人、故松原吠！その遺された処女詩集、完全版。貞操帯、禁断の開錠！
2017.10 136p A6 ¥500 ①978-4-434-23844-4

◆太平洋―未来へ　田中清光著　思潮社
【要旨】太平洋戦争の東京大空襲に遭遇した過酷な体験を基点に、深い海の声のなかに数多の歴史や生死の声を聴く。なおも言語表現として未来を模索しつづける、詩19篇。
2017.10 105p 23×15cm ¥2000 ①978-4-7837-3580-9

◆佇まい–佐藤勝太詩集　佐藤勝太著　コールサック社
【目次】1 自画像、2 肖像、3 戦中から現代へ、4 ふるさと・青春、5 山・島、6 千里川
2017.12 207p B6 ¥2000 ①978-4-86435-321-2

◆ただ そこに いつもの場所に―あかまきみこ集　あかまきみこ著　（静岡）静岡新聞社
【目次】1 喪（働き続けた、一瞬 全てが ほか）、2 うつろい（大風が吹けば、桜並木の ほか）、3 変わらぬもの（日常の色、雨上がりの朝 ほか）、4 歓び（何も持たぬ、何かを 手に入れること ほか）
2017.4 57p A5 ¥926 ①978-4-7838-9955-6

◆谷川俊太郎エトセテラ リミックス　谷川俊太郎著　いそっぷ社　新装版
【要旨】赤塚不二夫らとの極めつけコラボ詩集。横尾忠則・長新太・細江英公ら、同時代の異才と奏でた「詩」を中心に再構成した、新装版!!
2017.3 53p A5 ¥1600 ①978-4-900963-73-3

◆狸の匣　マーサ・ナカムラ著　思潮社
【要旨】幽明の、声を超えた姿をこえ、詩想を自在に羽ばたかせる。颯爽と紡ぎだす、現代の民話20篇！第54回現代詩手帖賞。
2017.10 102p B6 ¥2000 ①978-4-7837-3595-3

◆卵のころ　そとめそふ著　（和光）ミッドナイト・プレス
【目次】poem essence、フランケン、きみの見たゆめ、砂丘、あなたの好きだった午後、うかんでいる風景、明け方にふく風、イメージの輪郭、My musician in the early morning
2016.11 66p A5 ¥2000 ①978-4-907901-09-7

◆誰もいない　永澤康太著　七月堂
【目次】夜のバス停、赤子のままで、鯛を買いに、いつも、こんなに、春の終わり、春の落葉、さも美しい思い出のように、雪の夜、冬の涙、流転歌、声、一本の声、川に寄り添い、わたしの子、何者、家・家族、誕生日、多摩川いろは
2016.11 60p 15×15cm ¥1200 ①978-4-87944-260-4

◆単調にぼたぼたと、がさつで粗暴に　四元康祐著　思潮社

詩集・歌集・句集

【要旨】もっと奔放に、野方図に、私たちを取り巻く現実の諸相に詩の触手を伸ばして。自由詩のゆくえ。
2017.5 155p 21×14cm ¥2400 ⓘ978-4-7837-3565-6

◆地球のかたすみで―原田慶詩集 風草、後恵子詩集 モザイク都市　原田慶、後恵子著　(大阪)竹林館　(二人のスケッチノート)
【要旨】二人の個性がかもしだすあたらしい詩集のかたち。
2017.9 143p A5 ¥1800 ⓘ978-4-86000-369-2

◆遅日の記　佐々木寿信詩、葛西薫画　ADP
【目次】太陽のはしご、かずへい君、ゆき、二月のゆき、雪の日のたより、小さな春、春になったら、三月、すみれ、春ですよ〔ほか〕
2017.9 104p 19×15cm ¥2500 ⓘ978-4-903348-49-0

◆父の配慮―小笠原眞詩集　小笠原眞著　(調布)ふらんす堂
【目次】哀しい眸、向日葵、天を仰ぐ、淋しい実家、斜陽館、ホテル青森でぼくは初めて生身の詩人泉谷明に出会った、恩師の命日、犬猿の仲、青池探訪、戦争を知らない子供たち〔ほか〕
2017.4 140p 17×15cm ¥2500 ⓘ978-4-7814-0962-7

◆血のいろの降る雪―木原孝一アンソロジー　木原孝一著、山下洪文編　山知谷
【要旨】木原孝一は硫黄島に生き残り、荒地派の精神を貫いた。その文学活動の全貌がよみがえる。死と美そして永遠をテーマにした詩群。未発表小説『無名戦士(硫黄島)』を収録。略年譜と編者による「木原孝一論」添。
2017.5 397p B6 ¥4000 ⓘ978-4-89642-524-6

◆摑みそこねた魂　新井豊吉著　思潮社
【要旨】マイノリティたちの生の息吹を五感でひたすら抱きしめる。ちくちく чувствの哀しさのかけらを掘って。終わりなき対話、11年ぶりの第4詩集。
2017.9 121p A5 ¥2600 ⓘ978-4-7837-3587-8

◆月に足、届きそう　オノツバサ著　七月堂
【目次】レモンソーダ、空中列車、手を振っていた、二〇五号室、コーヒーとバナナと雨、宇宙の歌、いくつかの青、群青、消息、冬の仮象〔ほか〕
2016.12 73p B6 ¥1200 ⓘ978-4-87944-263-5

◆手　菅沼美代子著　思潮社
【目次】側道、パッフのように、在るということ、揚げば、舌たたき隊、シャーペンというもの、聡こえない音、なすを焼く、マンモスの夢、サイレントストーン〔ほか〕
2017.10 103p A5 ¥2500 ⓘ978-4-7837-3591-5

◆ディオニソスの居場所　藤本哲明著　思潮社
【目次】九月一匹、トータル・エモーショナル・トラッシュ、床と誰か、間違った夏、ノーツ・オン・ナッシング、水没宣言、Loveless、南港、平成一一、荷造り、明石市太寺にある、ビデオ・イン・アメリカ、ビデオ・イン・アメリカ（二）、それぞれの一個が静かである夜、部屋、年が明けてから、ずっと、インターナショナル・ヒットマン・ブルース、唇、この街の今世紀
2017.10 143p 21×14cm ¥2300 ⓘ978-4-7837-3592-2

◆手紙―三間由紀子詩集　三間由紀子著　紅書房
【要旨】あなたへの43通のラヴ・レター。
2017.8 123p B6 ¥1200 ⓘ978-4-89381-320-6

◆デジャヴュ街道　野村喜和夫著　思潮社
【要旨】原詩テキストに登場した事物や生き物たちに、新たな記述とともにリンクを張る。名が集められ、詩がわきたち、われわれは出発する。幻影の世界地図。オルガスムス星、神経の蟻、錆と苔、霊の抜け出した、廃墟、染色体…。躍動の、詩のライフワーク。90年代からの連作、結実!
2017.6 227p 23×16cm ¥3600 ⓘ978-4-7837-3571-7

◆哲学の骨、詩の肉　野村喜和夫著　思潮社
【要旨】ハイデガー、シャール、ツェランの深淵から、ニーチェを読む朔太郎、隠喩をめぐる諸問題、そして自身の詩的歴程まで。現代詩とポストモダンの交差をもくろみ、詩人が総決算を果たすべく『詩と哲学のあいだ』を思索する。渾身の、詩論のライフワーク。
2017.6 276p B6 ¥2800 ⓘ978-4-7837-3807-7

◆デラ・ロッピア・ブルーの屋根　松井ひろか著　(狛江)モノクローム・プロジェクト、らんか社　発売　(ブックレット詩集)
【目次】1 Туман рассеивался (琥珀、白樺の郵便、星の街でおち)、2 Если пройти отойти до радужной радуги (デラ・ロッ

ピア・ブルーの屋根、鎮める六月、母音ほか)、3 Как когда-то мне нравилась ты.(夜想曲、朝の会話、無患子ほか)
2017.11 96p A5 ¥1200 ⓘ978-4-88330-005-1

◆天から沙が…―平野秀哉詩集　平野秀哉著　土曜美術社出版販売　(叢書 現代の抒情)
【目次】1(ふくろうさんホーホー、歩くかいとか)、2(鳴沙山、窓煙ほか)、3(城下町にて、八月ほか)、4(経過報告、間歇療法―経過報告ほか)
2017.11 93p A5 ¥1200 ⓘ978-4-8120-2404-1

◆遠い日の夢のかたちに―崔龍源詩集　崔龍源著　コールサック社
【目次】空のひとみ、路上、遠い日の夢のかたちは、さくら、キリンの唄、ハンマー、窓、月の夜と虫の声、骨灰、ひとひらの雲ほか
2017.12 143p A5 ¥1500 ⓘ978-4-86435-318-2

◆トメアスの月　津留清美著　エー・ティー・オフィス
【要旨】熊本大地震から一年余、変わりゆく街の景色の陰で変わらないものたちがいる。よるべないものたちの声に耳を澄ませよ！「饒舌な沈黙」を聴く、魂込めて！
2017.11 88p 22×16cm ¥2000 ⓘ978-4-908665-03-5

◆ともだちいっぱい―田代しゅうじ詩集　田代しゅうじ著、篠原晴美絵　(町田)四季の森社
【目次】1 ともだち（言葉、一年生、ひとりほか)、2 おかあさん（命がさきだ、血流、生きているほか)、3 ふるさとの風（命あるものに、みつばほ、ほたるほか)
2017.3 175p A5 ¥1400 ⓘ978-4-905036-15-9

◆トランジット―杉原美那子詩集　杉原美那子著　(金沢)能登印刷出版部
【目次】薄氷、裸身、北へ行く、春の日の夢の散り散り、白いしおり、駆けてくる夏、干拓地の夏、十年間、パンを焼く、見えないどこかでほか
2017.6 93p A5 ¥2000 ⓘ978-4-89010-715-5

◆中田敬二詩集　中田敬二著　思潮社　(現代詩文庫)
【要旨】旅するごとに近づく世界と、かぎりなく遠ざかってゆく故郷。サハリンからイタリアへ―。原初よりすでに喪失された帰省の路線が必然的な出発を告げた、遥かなる詩業の道程を辿る。
2017.9 158p B6 ¥1300 ⓘ978-4-7837-1015-8

◆中山直子詩集　中山直子著　土曜美術社出版販売　(新・日本現代詩文庫)
【目次】詩集『春風と蝶』（一九七〇年）抄、ロシアに関する詩とエッセイ『ほほえみはひとつ』(共著一九八一年)抄、詩集『ヴェロニカのハンカチ』(一九九二年)抄、詩画集『天国のドア』(一九九五年)抄、ロシア詩集『銀の木』(二〇〇二年)抄、詩集『トゥルベツコイの庭』(二〇〇二年)抄、ドイツ語日本語詩集『春の星』(二〇〇五年)抄、明治学院詩集『ヒュペリオンの丘』(二〇〇七年)抄、韓国語日本語対訳中山直子詩選集(李相宝訳)『美しい夢』(二〇一一年)抄、詩集『雲に乗った午後』(二〇一五年)抄、エッセイ「アンナ・アフマートワの詩について、旧ソ連邦時代とロシア連邦時代のロシア詩、「合唱抒情詩」ということ)
2017.5 184p A5 ¥1400 ⓘ978-4-8120-2368-6

◆夏の花　河津聖恵著　思潮社
【要旨】ここに花は咲くのか、なぜ咲くのか―いまも闇を落ちながら咲きつつ裂く声に耳を澄ませながら、新たな詩の力を考え感じていきたい。原発事故に書き継がれた、花をモチーフとする、魂の17篇。
2017.5 109p B6 ¥2300 ⓘ978-4-7837-3567-0

◆ニューシーズンズ new seasons　中堂いこ著　思潮社
【目次】とりのうた、群がる六月の花嫁、わたしは鉄梯子をのぼる、プラスチック精神、虚無僧、未来サイズ、徹睡、ひさしぶりに百を切った晴れの日に、わたしは慈悲のマカロニを、new seasons〔ほか〕
2017.9 85p A5 ¥2400 ⓘ978-4-7837-3586-1

◆人間の構図―和比古詩集　和比古著　(大阪)ユニウス
【目次】分身たち、人間とし、湿原にて、不条理な社会、手助け、絵に見とれて、アートギャラリー点描、晩夏の昼下がり、ビートルズの夢、「花は咲く」ほか〕
2017.11 42p A5 ¥1200 ⓘ978-4-946421-59-4

◆「猫」と云うトンネル　松本秀文著　思潮社
2017.10 107p 22×15cm ¥2200 ⓘ978-4-7837-3596-0

◆野道の唄―梁瀬重雄詩集　梁瀬重雄著　土曜美術社出版販売
【目次】第1章(正月1、正月2 ほか)、第2章(農家1、農家2 ほか)、第3章(軒下、引継 ほか)、随想(ゴビ砂漠1、ゴビ砂漠2 ほか)
2017.4 135p A5 ¥2000 ⓘ978-4-8120-2360-0

◆野村喜和夫の詩―杉中昌樹詩論集 付・野村喜和夫全詩集解題 野村喜和夫略年譜　杉中昌樹著　七月堂
【目次】言葉たちは芝居をつづけよ、つまり移動を、移動を―2008、川萎え―1987、わがリゾート―1989、反復彷徨―1992、特性のない陽のもとに―1993、草すなわちポエジー―1996、アダージェット、暗澹と―1996、狂気の涼しい種子―1999、幸福な物質―2002、ニューインスピレーション―2003〔ほか〕
2017.7 225p A5 ¥1600 ⓘ978-4-87944-280-2

◆橘が言う　阿部嘉昭著　(和光)ミッドナイト・プレス
【要旨】「減喩」を駆使した挑発的でしずかな八行詩集。
2017.10 91p 19×16cm ¥2400 ⓘ978-4-907901-12-7

◆裸木のように―大滝満詩集　大瀧満著　(大阪)竹林館
【目次】1 (朝、儀式 ほか)、2 (愛について、テネシーワルツ ほか)、3 (桜、椿 ほか)、4 (死の準備、死ぬときは ほか)
2017.3 127p A5 ¥2000 ⓘ978-4-86000-354-8

◆花をもらいに―伊藤康子詩集　伊藤康子著　土曜美術社出版販売　(叢書 現代の抒情)
【目次】1 (ドクダミ、幼子は ほか)、2 (文月に、「ゆりかごの歌」 ほか)、3 (つぶやきは、さくら ほか)、4 (あなたへ、これからは? ほか)
2017.11 123p A5 ¥2000 ⓘ978-4-8120-2415-7

◆バナナ二園　谷郁雄詩、吉本ばななまえがき・写真協力　ポエムピース
【目次】星座、サッカー、くちぶえ、ゲーム、卒業式、旅立ち、ぼくの木、いやなこと、隠し味、メール〔ほか〕
2017.2 107p 12×22cm ¥1450 ⓘ978-4-908827-18-1

◆花の詩画集　足で歩いた頃のこと　星野富弘著　偕成社
【要旨】2010年代の詩画63点と随筆16箇所収。1973年～2016年のおもな詩画462点のさくいん付。
2017 111p 26×21cm ¥1600 ⓘ978-4-03-963950-9

◆花ポエム・アルバム―田口静香 珠玉の名詩集　田口静香著　鶴書院、星雲社　発売
【目次】四季の道、さくら色の雫、花柄のブラウス、束の間の憩い―姉の十三回忌に捧ぐ、花に託して、赤い花 白い花、花星、ひめリンゴ、庭木よ、春のささやき〔ほか〕
2017.2 89p 12×18cm ¥1000 ⓘ978-4-434-22967-1

◆浜辺にて―さとう三千魚詩集　さとう三千魚著　らんか社
2017.5 628p B6 ¥2800 ⓘ978-4-88330-503-2

◆林嗣夫詩集　林嗣夫著　土曜美術社出版販売　(新・日本現代詩文庫)
【目次】詩篇（詩集『むなしい仰角』(一九六五年)抄、詩集『教室』(一九七〇年)抄、詩集『袋』(一九八四年)抄、詩集『耳』(一九八六年)抄、詩集『土佐日記』(一九八七年)抄、詩集『U子、小さな迂回』(一九九一年)抄、詩集『林檎』(一九九九年)抄、詩集『四万十川』(一九九三年)全篇、詩集『ガソリンスタンドで』(一九九五年)抄、詩集『薊野1241』(一九九七年)全篇、詩集『春の庭で』(二〇〇一年)抄、詩集『ささやかなこと』(二〇〇七年)抄、詩集『花ものがたり』(二〇〇七年)抄、詩集『あなたの前に』(二〇一一年)抄、『林嗣夫詩選集』(二〇一三年)抄、詩集『そのようにして』(二〇一五年)全篇、詩集『解体へ』(二〇一六年)全篇)、"詩"をめぐるノート『日常の裂けめより』(二〇一四年)抄(花の非花的側面、という詩のみなもと、詩への思い)
2017.4 217p B6 ¥1400 ⓘ978-4-8120-2362-4

◆薔薇の晩鐘 付・落日周辺―山崎剛太郎詩集　山崎剛太郎著　春秋社
【要旨】第三詩集は「女」たちをめぐって幻想と現実の交錯する新作十四篇に、詩人の近況を伝える散文十篇を収録。
2017.12 61p 19×17cm ¥2000 ⓘ978-4-393-43449-9

◆東アジアの疼き―鈴木比佐雄詩集　鈴木比佐雄著　コールサック社
【目次】1 花巻・豊沢川を渡って、2 釜山の鵲、3 ソンミ村のおじぎ草、4 青島の夕暮れ、5 東日本の疼き、6 モンスーンの霊水
2017.11 223p A5 ¥1500 ①978-4-86435-316-8

◆光ったり眠ったりしているものたち　西尾勝彦著　(高槻)BOOKLORE
【要旨】奈良のほのぼの詩人、西尾勝彦の詩集。
2017.2 106p 18×13cm ¥1600 ①978-4-9903667-7-3

◆光る種子たち　桂沢仁志著　(名古屋)ブイツーソリューション、星雲社 発売
【要旨】予定調和が運命に含まれるならば、条理と不条理、真実と虚偽、恩寵と残虐、それぞれがステンドグラスの一欠けらの色ガラスのように必ず混在して一つの光のハーモニーを奏でるものなのか？これらの詩篇の一つ一つが「光る種子」のように発起して実を結ぶことを祈らずにはいられない。
2018.1 129p 18cm ¥800 ①978-4-434-24137-6

◆非＝戦(非族)　添田馨著　(札幌)響文社
【要旨】「非族」とは誰か？「非＝戦」とはいかなる戦いなのか？歴史の闇に葬られた幾多の"声"が、いま言葉の殻をつき破り一千行の奔流となって溢れ出る…。
2017.7 143p B6 ¥1800 ①978-4-87799-132-6

◆人と人の間で生きる　越山北行著　創英社／三省堂書店
【目次】詩 残り柿、第一部、第二部、第三部、詩風に泣く、倍返ししたくてもできない人へ
2017.7 135p B6 ¥1000 ①978-4-88142-127-7

◆ひとりごとの翁　田中さとみ著　思潮社
【目次】ともだちです、ひとりごとの翁、鼠浄土、こけし分裂、人魚の肉、であいと銭別、わっか、お目玉、富士の頭、亀の皮、Waltz for Naia、こころ明かすまで19Hz、森に入ってめくしていたらクダァと鳴いた、play stone、千、うつくしい
2017.6 87p A5 ¥2000 ①978-4-7837-3583-0

◆福岡県詩集 2016年度版　(福岡)書肆侃侃房
【目次】寂寥(青柳俊哉)、太宰府頌(一)(秋山喜文)、懺悔の如くDNAを(麻田春太)、大空との対話(荒平太和)、夜の公園に(池田幸子)、雪温しに(石川希代子)、青のところは(魂は…)(いよかよい)、父のスリッパ(犬童かつ代)、手話(上野眞子)、雨の中の列車(上村育也)〔ほか〕
2017.6 175p A5 ¥2000 ①978-4-86385-269-3

◆平成の漢詩あそび　岡崎満義著　西田書店
【要旨】時代に抗する遊びは愉しい！平成を詠む岡崎流漢詩50首。付・漢詩の作り方(ルールと実例)。
2017.9 149p B6 ¥1300 ①978-4-88866-622-0

◆ベンヤミンの黒鞄―消えたパサージュ　久保俊彦著　幻冬舎メディアコンサルティング、幻冬舎 発売
【要旨】100年後もドキドキさせてやる！ベンヤミンの失踪、誰も知らない黒鞄の中身、そして永遠の謎「素数」。独自の着想によって完成した、「断篇」的詩集。
2017.7 1Vol. B6 ¥1100 ①978-4-344-91256-4

◆彷徨夢幻　李正子著　影書房
【要旨】故・近藤芳美氏が絶賛したデビューから三十余年。詠えずに過ぎた眠れぬ夜の空白と暗黒を、三十一文字に託す。在日コリアンとして、女性として、母として、生きる日々の想いを詠う。歴史を詠む。
2017.5 206p B6 ¥2000 ①978-4-87714-473-9

◆ホラホラ、これが僕の骨―中原中也ベスト詩集　中原中也著、ロゼッタストーン編集部編　ロゼッタストーン
【要旨】魂の詩人、中原中也の珠玉作を集めた「中也ベスト詩集」。
2017.9 174p 19×14cm ¥1600 ①978-4-947767-15-8

◆また春の日に―かいじろう詩画集　原貝次郎著　(志木)かいじろう作品保存会，(八王子)揺籃社 発売
【目次】第1章 Duettino、第2章 春山の歌、第3章 木枯が春を吹く、第4章 別離、第5章 薔薇の夜、第6章 あなたのために、第7章 人々、第9章 大衆食堂を建てる、第10章 耳飾り
2017 182p 15×22cm ¥2800 ①978-4-89708-383-4

◆まっすぐないのち　山村新一著　ポエムピース
【目次】1(おもい、お呼びになったでしょうか？、カラオケにて ほか)、2(おもっている、かくれんぼ、すましてはいるが ほか)、3(お風呂が沸きました、ゴメンネ、雨がふる ほか)
2017.6 109p 15×13cm ¥1400 ①978-4-908827-26-6

◆魔笛　広瀬大志著　思潮社
【目次】1 白い旅(最後の詩篇、アヴァロンの秘密の庭、雪の歌謡、冬の歌謡、完備な市街 ほか)、2 HM/HR(犬の舌の上の夏、流星、制作、哲学ゾンビ、頭蓋穿孔 ほか)
2017.10 109p A5 ¥2400 ①978-4-7837-3589-2

◆まど・みちお詩集　谷川俊太郎編　岩波書店(岩波文庫)
【要旨】だれもが知ってる「ぞうさん」「やぎさんゆうびん」「ドロップスのうた」―。子どもの世界、自然の不思議、すべてのものや生きものがそのものとして在ること、生かされてここにいることをうたいつづけたまど・みちお(一九〇九・二〇一四)のエッセンス。一七二篇を収録。
2017.6 391p A6 ¥740 ①978-4-00-312091-0

◆魔法の丘　暁方ミセイ著　思潮社
【目次】1 雲の目(巨眼、大宇宙雅楽 ほか)、2 宿願(秋の星、夜の太陽 ほか)、3 呪歩(正午までの希望、ホームタウンの草の匂い ほか)、4 風の肉(春風と瞼、梅林画報 ほか)
2017.10 94p 21×15cm ¥2000 ①978-4-7837-3594-6

◆幻の光の中で　田中勲著　七月堂
【要旨】ときには無意味で懐疑的な詩的錯誤では成しえない影の影も蕭散なる、精選21編。田中勲新詩集。
2017.4 203p 21×14cm ¥1650 ①978-4-87944-262-8

◆まま そだて ありがと―松﨑胡桃詩集　松﨑胡桃著　(熊本)熊本日日新聞社，(熊本)熊日出版 発売
【要旨】難病に侵され、体を動かすことも話をすることもままならない中、懸命にパソコンを使って"ことば"を紡ぎ出した胡桃さん。それは、周囲の人たちへの深い愛情と感謝の気持ちであふれていた。熊本地震の影響で16歳の若さで生涯を終えましたが、彼女の残した"ことば"は優しい光を放ち続けます。
2017.6 125p 15×15cm ¥1300 ①978-4-87755-564-1

◆真夜中の魚　田中啓史著　(大阪)ロックスエンタテインメント、シンコーミュージック・エンタテイメント 発売
【要旨】写真とインタビューを含む詩集。Keishi Tanaka、Riddim Saunter、カジヒデキとリディムサウンター、THE DEKITSなど、様々な名義で発表されてきた作品の中から選ばれた言葉たち。彼が鳴らしてきた声を読む。
2017.5 111p B6 ¥1852 ①978-4-401-76225-5

◆みをつくし―葛西佑也詩集　葛西佑也著　七月堂
【目次】ホスピタル、あさはらけ、ひとりごと、星屑、断片。宇宙なんて知らなかった、いちじつ、てんかの桜／地の子、クリティカル、じのぶい、みずのない街、みず〔ほか〕
2017.7 120p B6 ¥1500 ①978-4-87944-285-7

◆未来の居る光景　山岸哲夫著　土曜美術社出版販売
【目次】1 天使も踏むを恐れるところ(天使も踏むを恐れるところ、またない、未来の居る光景、トルストイ邸、松たか子主演の映画『夢売るふたり』のある場面について ほか)、2 冬の日、宵の口に銀狐を見た(冬の日、宵の口に銀狐を見た、harmony in winter、英橋英郎先生のこと、「モテキ」(J-POP CINEMA)、cycling ほか)
2017.6 94p A5 ¥2000 ①978-4-8120-2359-4

◆ミジッシ　山口謡司著　游学社
【要旨】あなたの「未完施」はなんですか？記憶の押入れの片隅を揺り動かすような言葉の断片たちが、読む人をしばし心の旅へと連れ出してくれる。
2017.11 270p 19×11cm ¥1800 ①978-4-904827-50-5

◆道のり　Akiko Smith著　幻冬舎メディアコンサルティング，幻冬舎 発売
【要旨】みんなちがう幸せの定義。胸の奥がジワッと暖かくなる詩73篇。
2017.5 111p B6 ¥800 ①978-4-344-91307-3

◆三井喬子詩集　三井喬子著　思潮社(現代詩文庫)
【要旨】血のようにめぐる生/性の哀しみと滲み出るユーモアが、流れ続ける河水の風景を軸に、幻境の世界に仮託し紡がれる。初期詩集を含め、代表作『牛ノ川釈地帯』『青天の向こうがわ』など、9詩集から収録。
2017.9 157p B6 ¥1300 ①978-4-7837-1016-5

◆密室論　朝吹亮二著　七月堂　復刊
2017.7 109p 21×13cm ¥2000 ①978-4-87944-287-1

◆耳の生存　菊石朋著　七月堂
2017.1 40p A6 ¥600 ①978-4-87944-266-6

◆銘度利加　十田撓子著　思潮社
【要旨】この土地を行き交う者たちの気配を、胎内に響かせ、鎮める、聖なるうた声。第一詩集。
2017.11 108p 20×15cm ¥2200 ①978-4-7837-3593-9

◆ものがたり詩集 ぼくと冴　北川清仁著　(狛江)モノクローム・プロジェクト、らんか社 発売 (ブックレット詩集)
【目次】プロローグ 楠語り、西双版納異聞、冴盗賊の首飾の娘、トキが来た、立山浄土、西ノ京残照、ほほえむ冴、ピヒラヤの花咲くころ、ワンスアップオンナタイム、冴前世語り、六月の精、始まりの森で、冴えるうなら、あなたのあなた、エピローグ 遊魔惑星
2017.11 110p A5 ¥1400 ①978-4-88330-007-5

◆森に消える老人たち　浮海啓著　(京都)白地社
【要旨】記憶の流出する部屋にそれでも残留しようとする言葉と身体の淵。行く場を失くすのか…雨の中を佇むのか。可能なかぎりに舞う小石のダンスとコスモロジーの夢幻が走る渾身の第三詩集。
2017.10 194p 19×16cm ¥1800 ①978-4-89359-280-4

◆柳生じゅん子詩集　柳生じゅん子著　土曜美術社出版販売　(新・日本現代詩文庫)
【目次】詩篇(詩集『伸樹』他(一九六二年)抄、詩集『視線の向うに』(一九八一年)抄、詩集『声紋』(一九八七年)抄、詩集『天の路地』(一九九一年)抄、詩集『静かな時間』(一九九四年)抄 ほか)、未刊詩篇(産声、公園で ほか)、エッセイ(父の句集、孫につなぎたい話)
2017.12 198p B6 ¥1400 ①978-4-8120-2410-2

◆屋久島だより　山尾三省詩、山尾春美文　(秋田)無明舎出版
【目次】自分の樹(木はいいなあ)、旧盆会(山の墓へ)、山呼び(ゲンノショーコ)、テリハノブドウ(種)、シーカンサ(風景)、梅月夜(三本の万年筆)、いろりを焚いて(囲炉裏を焚いて)、すみれ草(出発)、春の雨(蓬すいとん)、夏の海(母)
2016.12 131p B6 ¥1500 ①978-4-89544-621-1

◆友(やづ)ぁ何処(ど)サ行(え)った―福司満・秋田白神方言詩集　福司満著　コールサック社
【目次】1章 此処サ生ぎで(此処サ生ぎで、急遽ぉ山来い、露月先生ぁ村さ来た ほか)、2章 だ生ぎでらたがぁ(まだ生ぎでらたがぁ、朝鮮牛、蟆 ほか)、3章 友ぁ何処サ行った(友ぁ何処サ行った、英霊、同級生 ほか)
2017.2 175p A5 ¥2000 ①978-4-86435-280-2

◆夢のあとさき―志田静枝詩集　志田静枝著　(大阪)竹林館
【目次】扉詩 夏空、1 駅(海辺の村、お盆がくる ほか)、2 生きる(蘭の花か 幻花だったか、シクラメンの花 ほか)、3 マドレーヌ(道標、爪 ほか)、豊かな輝きを放つ詩集―志田静枝詩集を読む(左子真由美)
2016.12 143p A5 ¥2000 ①978-4-86000-350-0

◆夜明けをぜんぶ知っているよ　北川朱実著　思潮社
2017.9 102p A5 ¥2500 ①978-4-7837-3582-3

◆翼果のかたちをした希望について　岩切正一郎著　らんか社
【目次】プロローグ、一瞬と無限(書物・砂・呼吸、眠り・骨・血、日常・床・光 ほか)、毒と薔薇(咀嚼のデカルト、箴言とカーテン)、悲劇的エピローグ
2017.9 68p 22×14cm ¥2000 ①978-4-88330-504-9

◆夜更けわたしはわたしのなかを降りていく　水出みどり著　思潮社
【要旨】「誰も行く人のない」道を辿るように、夜の底に幾重にも縫い込められた波の襞をほどい

詩集・歌集・句集

てゆく。巡り続ける思念の、静けさに宿る烈しさを記す。第5詩集。
2017.10 91p 20×14cm ¥2200 ①978-4-7837-3588-5

◆夜とぼくとベンジャミン 高階杞一著 (大阪) 澪標
【要旨】日常のありふれた言葉が詩へ飛翔する。言葉の貼り絵。さまざまな方法を試みた高階杞一の新たな世界。
2017.7 122p A5 ¥1600 ①978-4-86078-366-2

◆理科室がにおってくる―かわいふくみ詩集 かわいふくみ著 コールサック社 (付属資料:別冊1)
【目次】1 (一粒のダイヤ、理科室、捌く、ノラ、つながってゆく ほか)、2 (草はらの住人、雨の七変化、現在地、時が止まるとき、旅程 ほか)
2017.2 95p A5 ¥1500 ①978-4-86435-283-3

◆零時のラッパをぶっ放せ 増田秀哉著 七月堂
【目次】牛の眠り、臍の見る夢、亡骸のうぃおろん、ヴェロシティ、惑星軌道逸脱、果て?、バルテュス、ひっきりなし、千葉は雨、屋外の瘋癲、冷たい賭博、斜線、陥没した永遠、文盲、外形はR、明くる日、半壊の交接、スクランブルエッグ
2017.4 141p 19cm ¥1400 ①978-4-87944-279-6

◆六角形あるいは八角のポストに入っていた枯れ葉について―なかむらてつや詩集 なかむらてつや著 (調布) ふらんす堂
【目次】はじまり、未来派、一日、標識、ブロッサム アラーム、靴を磨く、たんぽぽ、ケガ、活字、福神漬 〔ほか〕
2017.7 161p A5 ¥2500 ①978-4-7814-0978-8

◆ロンリーアマテラス 甘里君香著 思潮社
【要旨】現代の灰色の覆いの下、母と子の生活に点滅するエラーボタン。小さな魂が全身で発する痛みにヒリヒリと共鳴し、空の故郷と対話する、渾身の第1詩集。
2017.4 109p A5 ¥2200 ①978-4-7837-3569-4

◆ワシオ・トシヒコ定稿詩集 われはうたへど ワシオトシヒコ著 コールサック社
【目次】ペーパー・イズ・ゴッド、釜石港、ヤマツツジの頃、屋外映画会、少年、妖矼、神経衰弱期、心象海景、夏のゆうべのメルヘン、花びらのように 〔ほか〕
2017.8 343p B6 ¥1800 ①978-4-86435-319-9

◆倭人伝断片 福田拓也著 思潮社
【目次】「倭人伝」断片、香具山、ストーンサークル、さい果ての庭、燕通り、アメリカ、酒匂川を越えて、羽搏きの霊、死、誕生、裏地、行き迷い 〔ほか〕
2017.11 80p 21×16cm ¥2200 ①978-4-7837-3597-7

◆Kと真夜中のほとりで 藤田貴大著 青土社
【要旨】マームとジプシーの代表作をリズム、匂い、感触をそのままに。26歳で岸田國士戯曲賞を受賞し、現代演劇を更新し続ける俊英・藤田貴大。言葉と身体、詩と演劇の往還から生まれた、珠玉のフラッシュバック・ポエトリー5篇。
2017.5 222p B6 ¥1700 ①978-4-7917-6985-8

◆love poem キスがスキ 白井ひかる著 (大阪) 竹林館
【目次】1 (LEMON YELLOW、あの光る海の彼方へ、Good - bye Tears、エロスをあげる ほか)、2 (赤と青のパラレル、A convenience store is very convenient、カーブミラーの向こう側、点火、G7 ほか)
2017.10 117p 18×17cm ¥1500 ①978-4-86000-367-8

◆Lyric Jungle 23 平居謙編 (名古屋) 人間社
【目次】小詩集1 (海老名絢「ことばのはつろ」、春野たんぽぽ「探索」、小詩集2 (阿賀猿「愛の形/鳥の妻」、ちんすこうりな「夢」 ほか)、作品1 俳句 (浜田睦雄「冬銀河」、竹下和宏「秋思」ほか)、作品2 詩 (山村由紀「口を開けて」、細見和之「絵本論/夢」 ほか)
2017 134p A5 ¥1500 ①978-4-908627-20-0

◆Röntgen、それは沈める植木鉢 榎本櫻湖著 思潮社
【要旨】この知らないことば、この読めない文字、この詩はプラズマ。
2017.8 161p B6 ¥2600 ①978-4-7837-3576-2

◆something 25 鈴木ユリイカ責任編集 (福岡) 書肆侃侃房

【目次】山口眞理子、網谷厚子、駒ヶ嶺朋乎、馬敬徳/李美京訳/韓成禮監修、渡辺めぐみ、大木潤子、山本楡美子、長田典子、苅田日出美、山田輝久子
2017.6 124p B5 ¥1000 ①978-4-86385-270-9

◆SSS 近藤洋太著 思潮社
【要旨】あたしは22歳を過ぎて生きられないようになっている。自分が息苦しかった一表向きには推理小説同好会SSS。存在することの不安をかかえ、生と希死念慮のはざまで揺れる若者たちの涙のようにひりひりと澄んだ書き下ろし連作長篇詩。
2017.7 109p A5 ¥2400 ①978-4-7837-3577-9

◆vary 広田修著 思潮社
【目次】探索、神話、空間の定義、樹木の定義、報告、未来、無題、秋、稲、静物、憎しみ、温泉、土、昇進、傷
2017.6 93p 21×14cm ¥2200 ①978-4-7837-3572-4

歌集

◆愛のまなざし 雲遊著 日本図書刊行会, 近代文藝社 発売
【目次】青春、ときめき、愛の炎、Uターン、生きる日々、あなたは今何処に、願い、おわり
2017.8 126p B6 ¥1000 ①978-4-434-23209-1

◆朝日歌壇 2016 馬場あき子、佐佐木幸綱、高野公彦、永田和宏選、朝日新聞社編 朝日新聞出版
【目次】年間秀歌と「朝日歌壇賞」受賞作品・評、新春詠、朝日歌壇 平成二十八年
2017.4 226p B6 ¥2800 ①978-4-02-100261-8

◆新しい猫背の星 尼崎武著 (福岡) 書肆侃侃房 (新鋭短歌シリーズ 35)
【目次】青春の真ん中に、僕らはみんなミステイク、はしれ、しあわせもの、満月予報官、きりんのネックレス、マル眉、優しいマン、うごくおとうさん、全国片思い駅伝、屋上の飛行機雲、100万回生きたヒト、やっぱり光について、いつか観覧車
2017.3 141p B6 ¥1700 ①978-4-86385-254-9

◆あったこともない人々―佐藤理江歌集 佐藤理江著 (調布) ふらんす堂
【目次】考える時間が足りません、パン屋を探す、望まれる人望まれない人、使用禁止、水分子、幽霊、ぎきぎきぎ、雲と地面の間、誰かを責めても仕方ないでしょと言われることが多い、不採用通知 〔ほか〕
2017.1 136p B6 ¥2500 ①978-4-7814-0938-2

◆いちまいの羊歯 國森晴野著 (福岡) 書肆侃侃房 (新鋭短歌シリーズ 36)
【目次】いちまいの羊歯、指はしずかに培地を注ぐ、環をひとつ、あなたと暮らして、工場の朝、うさぎを抱いて、ひらかない場所、海鳥を呼ぶ、雨、それぞれの、水茄子を食む、ゆきのなか、の裏地、の町、かたおもい、春のひと、青いバス、降り立つ手紙、嘴、三月の港
2017.3 141p B6 ¥1700 ①978-4-86385-255-6

◆一ヶ月反抗期―14歳の五行歌集 水源カエデ著 市井社 (そらまめ文庫)
【目次】第1章 ほんとのはなし―幼少期の歌、第2章 終劇のセリフ―小学生の歌、第3章 からだ全体が楽しい―小学生の歌、第4章 一ヶ月反抗期、第5章 僕のビッグな夢、第6章 友達が泣いたら、第7章 ホンネ
2017.9 94p 18cm ¥800 ①978-4-88208-148-7

◆いつも恋して 水門房子著 北冬舎
【要旨】つかまえきれない恋心ととらえきれない詩の心を柔らかく響かせるため、たったひとつの、かたちを探し求め、たどり着いた新口語感覚の第一歌集。
2017.1 226p B6 ¥2400 ①978-4-903792-60-6

◆いとしの歌集 念澤まき、念澤浩一著、畠山貞子編 (矢巾町) ツーワンライフ出版
【要旨】戦から還ってきた青年を救ったのは、やさしさを歌で表現する文化だった! 井戸の水を生かした手作り歌集!
2017 66p 14×21cm ¥800 ①978-4-907161-65-1

◆インバネスの背 松崎信子著 (福岡) 書肆侃侃房

【目次】1 (山城、幻の回廊 ほか)、2 (阿蘇の原、脚気地蔵 ほか)、3 (プサンの丘、南京街路 ほか)、4 (堂島の雨、レインコートの犬 ほか)
2017.1 166p 20×13cm ¥2000 ①978-4-86385-247-1

◆岡山県歌人会作品集 第15 岡山県歌人会編 (岡山) 大学教育出版
2017.10 186p A5 ¥3000 ①978-4-86429-473-7

◆オレがマリオ 俵万智著 文藝春秋 (文春文庫)
【要旨】"ゆきずりの人に貰いしゆでたまご子と忘れるなそのゆでたまご"。震災から五日後、息子の手を引き西へ向かい、そのまま石垣島に住むことになる親子。豊かな自然、地域の人との触れ合いは、様々な変化をもたらした。"オレが今マリオなんだよ" 島に来て子はゲーム機に触れなくなりぬ。新しい光に満ちた第五歌集。
2017.8 169p A6 ¥640 ①978-4-16-790915-4

◆オワーズから始まった。白井健康著 (福岡) 書肆侃侃房 (ユニヴェール 1)
【要旨】生を見つめる。死を見とどける。言葉とイメージの世界を自在に散策する。派遣獣医師としての口蹄疫防疫作業のドキュメント。
2017.5 157p 22×14cm ¥2000 ①978-4-86385-260-0

◆歌集 あさきゆめみし まえだのぶこ著 (大阪) 風詠社、星雲社 発売
【要旨】定年退職後、偶然のきっかけで始めた短歌。従来の型にとらわれない作風が新鮮味を感じさせると評価され、10年ほどの間に、短歌総合誌や全国の短歌大会などで500首あまりの「のぶこ流短歌」が入選しました。
2017.12 245p A5 ¥1500 ①978-4-434-23954-0

◆歌集 雨女の恋 森村明香著 (名古屋) 人間社
【要旨】鮮やか! 心揺さぶる鳥獣戯歌。
2017.12 167p B6 ¥1500 ①978-4-908627-23-1

◆歌集 猪鼻坂 柴田典昭著 砂子屋書房 (まひる野叢書)
【要旨】徒歩で歩んだ古の旅人のように、"外" からの眼で捉えると、日常や時代の相が立ち顕れる。徒歩坂を上るにつれ、視界が開け、水平線の彼方の永遠が眼に入る。静謐さを湛えた佳品、465首を収めた、作者10年ぶりの第3歌集。
2017.11 209p A5 ¥3000 ①978-4-7904-1655-5

◆歌集 えびすとれー 水原紫苑著 本阿弥書店
【要旨】短歌という器に沈潜する著者が、時空を自在に行き来し、虚と実の間をつなぐ。典麗な調べでイマジネーションを刺激する圧巻の七四六首。第九歌集。
2017.12 282p B6 ¥3000 ①978-4-7768-1334-7

◆歌集 滑走路 萩原慎一郎著 角川文化振興財団, KADOKAWA 発売
【要旨】32歳。若き歌人が遺した至極の295首。第一歌集。
2017.12 156p B6 ¥1200 ①978-4-04-876477-3

◆歌集 刳舟 上田倫子著 本阿弥書店 (ヤマユユ叢書)
【要旨】刳舟が運ぶはるかな時空からのこえを、そらみつ大和の風の中で聞く作者が、いにしえの日本のカレードスコープに誘う第二歌集。
2017.10 209p B6 ¥2600 ①978-4-7768-1329-3

◆歌集 故郷 田村守著 時潮社
【目次】冬の月、雪明り、春楽、震災後一年、偕楽園、土筆、花祭、金環日蝕、甲斐信濃の旅、茂吉展 〔ほか〕
2017.11 205p A5 ¥3000 ①978-4-7888-0720-4

◆歌集 心と舞 角谷喜代子著 本阿弥書店 (好日叢書)
【目次】さくらの覚悟、北から南へ、弟のこと、やっぱり辛い、カウントダウン、一枝添えて、荷車に会う、白磁のカップ、生の勢い、心優と舞優 〔ほか〕
2016.10 165p B6 ¥2500 ①978-4-7768-1271-5

◆歌集 四月一日。斎藤千代著 六花書林、開発社 発売 (音叢書)
【要旨】図工教員としての日々に埋没するような不安。明るく振る舞えばさびしく、振り返らばせつない。子どもたちに寄り添いながら、しなやかな鋼のつよさで、日常を描き取る。第二歌集。
2017.6 157p B6 ¥2000 ①978-4-907891-46-6

◆歌集 自転車を漕ぐ 石原秀樹著 砂子屋書房
【要旨】第一歌集『ふくろふ自在』から十余年余り、その間に藤井常世の選を受けて「笛」誌上に掲載された作品398首を制作年代順に配列する。著

詩集・歌集・句集

者五十代の、齢を重ねていくごとの「思ひ」の記録であり、歌人・石原秀樹のひそかな詩と真実である。
2017.2 174p B6 ¥2800 ①978-4-7904-1626-5

◆歌集 叙唱―レチタティーヴォ 阿部久美都著 六花書林, 開発社 発売
【目次】1（私語、職場にて、御破算 ほか）、2（落としどころ、残響、グレー・グラデーション ほか）、3（叙唱（レチタティーヴォ）、独奏（ソリテリー））
2017.3 137p B6 ¥1800 ①978-4-907891-41-1

◆歌集 白猫倶楽部 紀野恵著 （福岡）書肆侃侃房 （現代歌人シリーズ 16）
【目次】猫が来ました、光をとほす、ナルニア、しろねこの ゆめ、世界のいちぶ、行く春や、白猫倶楽部、ヤマモモを踏む、竹の里にも、ベリーベリー〔ほか〕
2017.7 204p 20×13cm ¥2000 ①978-4-86385-267-9

◆歌集 城山の楠 鎌田芳郎著 南日本新聞社, 南日本新聞開発センター 発売
【目次】芽吹き、遊歩道、水の反照、桜花びら、竜ヶ水界隈、内海、指宿の浜、鳩争はず、残り花、若葉風〔ほか〕
2017 229p B6 ¥1800 ①978-4-86074-251-5

◆歌集 水神 麻生由美著 砂子屋書房 （まひる野叢書）
【要旨】著者第一歌集。
2016.12 195p B5 ¥3000 ①978-4-7904-1618-0

◆歌集 青眼白鼻 坂井修一著 砂子屋書房
【目次】毛沢東、薔薇、かまきり、吊革、ひとりの日曜日、ジムにて、納豆、竹の子、凌霄花、はなまきり〔ほか〕
2017.3 239p B6 ¥3000 ①978-4-7904-1627-2

◆歌集 雑木林 松井春満著 砂子屋書房
【目次】阪神大震災、事故、定年、正木坂道、旅、知床冬凪、雪の風紋、断章、春宵、道行き〔ほか〕
2017.7 255p B6 ¥4000 ①978-4-7904-1623-4

◆歌集 外側の声 高石万千子著 六花書林, 開発社 発売
【目次】1 アンフォルメル、2 アンブレラ、3 作品
2017.2 127p B6 ¥1800 ①978-4-907891-39-8

◆歌集 空を鳴らして 山本夏子著 現代短歌社,（京都）三本木書院 発売 （白珠叢書―gift10叢書）
【要旨】第一歌集。第4回現代短歌社賞受賞歌集。
2017.8 208p B6 ¥2500 ①978-4-86534-213-0

◆歌集 月に射されたままのからだで 勺禰子著 六花書林, 開発社 発売
【目次】1 橋の向かう（離陸、和三盆、ふじだな ほか）、2 元参道（あるべきやうわ、コスモスエア、水耕栽培 ほか）、3 月の放つ音（強行採決、防火用バケツ、パパサマエ ほか）
2017.7 189p B6 ¥1900 ①978-4-907891-45-9

◆歌集 冬湖 石田比呂志著 砂子屋書房
【要旨】辛酸をなめ尽くした人生を振返り、再び生きても「短歌の道」をと強く語った石田比呂志。その生涯を貫いた反逆の精神はいまでも歌の荒野に輝き、孤高の調べを奏ではたたきつけた。没後五年、著者の最終歌集である。
2017.2 166p B6 ¥2500 ①978-4-7904-1624-1

◆歌集 季（とき）は巡りて 藤高邦宏著 （岡山）ふくろう出版
【要旨】毎日新聞岡山歌壇入選歌自撰百首、他。
2017.6 88p B6 ¥800 ①978-4-86186-696-8

◆歌集 飛びなさい 髙島静子著 本阿弥書店 （ポトナム叢書）
【要旨】作歌生活の原点としての両親、夫、友人たちに支えられ折毎の思いの大方を短歌という器に留めてきた著者。歌を楽しみ自在に飛翔する「ポトナム」作家の充実の第6歌集。
2016.12 251p A5 ¥3000 ①978-4-7768-1280-7

◆歌集 夏の領域 佐藤モニカ著 本阿弥書店
【目次】1（夏の領域、ちんすこう、紅型 ほか）、2（パインカッター、さーふーふー、キャンベルスープ ほか）、3（母となる、マタニティパジャマ、産み月 ほか）
2017.9 143p B6 ¥2600 ①978-4-7768-1331-6

◆歌集 猫は踏まずに 本多真弓著 六花書林
【目次】1（猫は踏まずに、発光樹にて）、2（花の岸辺を、宇治抹茶色時）、3（わたし）はた）は遍在する、恋になったらどうするつもり

ほか）、4（ひりひりながい、使用約款 東京篇 ほか
2017.12 159p B6 ¥1800 ①978-4-907891-53-4

◆歌集 眠れる海 野口あや子著 （福岡）書肆侃侃房 （現代歌人シリーズ）
【目次】1（切手、港の穢 ほか）、2（ターミナル、きんか銀貨 ほか）、3（夜の底、水のむすめ、水の耳穴 ほか）、5 桔梗平にて（妹背）
2017.9 161p 20×13cm ¥2200 ①978-4-86385-276-1

◆歌集 八十の夏 奥村晃作著 六花書林, 開発社 発売 （コスモス叢書）
【要旨】囲碁、絵画・音楽鑑賞、そして暮らしの中心には、いつも短歌！歌人・奥村晃作、観察者の視線が益々冴え渡る。一年間、情熱の四八二首。
2017.9 243p B6 ¥2800 ①978-4-907891-52-7

◆歌集 晩夏の海 岩崎堯子著 六花書林, 開発社 発売
【目次】ゑんどうの花、五能線、アベベ、夏草、聞きたかりしを、このところ、雪だるま、「勃発」、日蝕、釣の首〔ほか〕
2017.5 212p B6 ¥2300 ①978-4-907891-43-5

◆歌集 悲天 三浦義一著 講談社エディトリアル
【目次】当麗無常（流咒悲歌 乾の巻、幽囚秘唱 乾の巻、雲水風詠 乾の巻 ほか）、草莽（幽燈集、神饌集、忍冬（捨身抄、養痾抄、絶琴抄 ほか）
2017.4 371p B6 ¥2800 ①978-4-907514-75-4

◆歌集 百観音 小宮山久子著 本阿弥書店
【要旨】細やかに外界自然と触れ合い、生をすぐさびしさの源に分け入り、心の求めるところを見極めようと努める著者。すべての事柄に真摯に向きあい、人を己をはげまし、信濃人としての美質を存分に込めて詠う第四歌集。
2017.9 180p B6 ¥2700 ①978-4-7768-1323-1

◆歌集 百通り 長嶺元久著 本阿弥書店
【目次】1（「にっこり」に遇ふ、ゆく年くる年、でんき予報、海馬、不死身なりけり ほか）、2（むらぎもの、連れ合ひ、ちりちりぢりと、同じ人、大還暦 ほか）
2017.10 178p B6 ¥2700 ①978-4-7768-1330-9

◆歌集 フェルメールの光 大石和子著 砂子屋書房
【要旨】著者第一歌集。
2017.2 219p B6 ¥3000 ①978-4-7904-1620-3

◆歌集 舟はゆりかご 小黒世茂著 本阿弥書店
【目次】焼畑、鍛冶炉、おな神の森、雨乞虫、亀ト、和多都美、大鰻、青芝垣、小櫛、舟はゆりかご〔ほか〕
2017.10 190p B6 ¥2800 ①978-4-7768-1268-5

◆歌集 文語定型 上條雅通著 本阿弥書店
【目次】第三歌集。
2017.9 205p B6 ¥2600 ①978-4-7768-1327-9

◆歌集 紅雀 水上深保子著 六花書林, 開発社 発売 （象文庫）
【目次】若菜篭、冬の眠り、碧き湖、立冬の朝、手袋、朝の海、泡、蓼、森、道しるべ〔ほか〕
2017.8 135p B6 ¥1800 ①978-4-907891-48-0

◆歌集 母船 池永和子著 本阿弥書店 （プチ★モンド叢書 No.11）
【目次】1（匂ひたつ春は、ブラインドおろす、ひいやりおはす ほか）、2（あが子羽くくめ、姫鏡台、鍋底黒ずむ ほか）、3（づぶとく太る、バリアにこもる、ねぢばなの道 ほか）
2017.6 189p B6 ¥2000 ①978-4-7768-1285-2

◆歌集 北帰行 紺野愛子著 本阿弥書店 （国民文学叢書）
【要旨】「国民文学」同人、第二歌集。
2017.10 216p B6 ¥2800 ①978-4-7768-1326-2

◆歌集 蜜入り林檎 磯辺朋子著 （鎌倉）冬花社
【目次】花束、見張られている、花の陰、夏の途中、晩夏の自画像、秘め事、いびつな影、屈葬、傷口、根無し草〔ほか〕
2017.6 175p B6 ¥1600 ①978-4-908004-21-6

◆歌集 御幸橋まで 平田利栄著 本阿弥書店
【要旨】故郷・平戸島より迎えて同居した母との暮らし、といとしき看取りの歳月。夫と妹、離れ住む子どもたちの心通い合う日常のくさぐさ。それらを縦糸横糸にして紡ぎだす滋味あふれる第五歌集。
2017.9 185p B6 ¥2800 ①978-4-7768-1328-6

◆歌集 やはらかい水 谷とも子著 現代短歌社,（京都）三本木書院 発売 （gift10叢書）
【要旨】大都市圏で生活しながら、週末は山ふかく入る著者が自然と人間の新たな関係性を切り結ぶ意欲作。
2017.8 160p B6 ¥2500 ①978-4-86534-214-7

◆歌集 夜のボート 鶴田伊津著 六花書林, 開発社 発売
【要旨】掬い取る日々のおもい、少しずつ膨らみ、くきやかになる世界の輪郭。十年間の結実。第二歌集。
2017.12 176p B6 ¥2400 ①978-4-907891-54-1

◆風のアンダースタディ 鈴木美紀子著 （福岡）書肆侃侃房 （新鋭短歌シリーズ 34）
【目次】グリンピースが残されて、小さな螺子、アンダースタディ、私小説なら、打ち明けるゆび、無呼吸症候群、海は逃げない、祈りのような、風のパラード、スプーンのなかへ、雨を飲み干す、嘘をください、ロザリオ
2017.3 141p B6 ¥1700 ①978-4-86385-253-2

◆風のおとうと 松村正直著 六花書林, 開発社 発売 （塔21世紀叢書）
【要旨】歳月の濃淡のなかで、ゆらめく家族の日常、言葉から滲み出る喜び、悲しみ。己という存在に対峙した五〇五首。第四歌集。
2017.9 217p B6 ¥2500 ①978-4-907891-49-7

◆かぜのてのひら 俵万智著 河出書房新社 新装版
【要旨】恋。そして4年間教師をした高校の教え子たちとの別れ…心を鳴らす感動の歌集。
2017.6 221p B6 ¥1700 ①978-4-309-02582-7

◆去年マリエンバートで 林和清著 （福岡）書肆侃侃房 （現代歌人シリーズ 18）
【目次】第1部（紫だちたる、釣鐘まんぢゅう、東京臓腑 ほか）、第2部（八瀬童子、沈黙の黒い犬、おまへから征け ほか）、第3部（24時間）
2017.10 141p 20×13cm ¥1900 ①978-4-86385-282-2

◆激情少年 水護玲於奈著 （大阪）パレード, 星雲社
【要旨】アスペルガーの青年が贈る、珠玉の短歌集。
2016.7 47p B6 ¥400 ①978-4-434-23446-0

◆月下独白 水護玲於奈著 （大阪）パレード, 星雲社
【目次】傷、茫漠、悠久の彼方、千年王国、結体せよ、生命、その脆きもの、微かな歓び
2017.12 50p B6 ¥400 ①978-4-434-24037-9

◆玄関の覗き穴から差してくる光のように生まれたはずだ 木下龍也, 岡野大嗣著 ナナロク社
【要旨】男子高校生ふたりの七日間をふたりの歌人が短歌で描いた物語、二一七首のミステリー。最注目の新世代歌人、初の共著。
2018.1 134p 19×12cm ¥1400 ①978-4-904292-77-8

◆現代万葉集―日本歌人クラブアンソロジー 2017年版 日本歌人クラブ編 NHK出版
【目次】自然・四季、動物、植物、生活、仕事、愛・恋・心、生老病死、家族、教育・スポーツ、旅、戦争、社会、都市・風土、災害・環境・科学、芸術・文化・宗教
2017.10 343, 47p B6 ¥2857 ①978-4-14-016254-5

◆恋人不死身説 谷川電話著 （福岡）書肆侃侃房 （現代歌人シリーズ 15）
【目次】恋人不死身説、パタパタ、うみべのキャンバス、テーマパークとワンルーム、ミルク広がれ、観覧車ワリカン購入、信じても夜、でちゃうね、地球のばか、「おはよう」で、顔と青、空がきたない、それはわたし！、ドキュメンタリー「会いたい」、われるくちびる、ウェイク、ぼくはモザイク、春未遂、音符かな
2017.5 138p B6 ¥1900 ①978-4-86385-259-4

◆恋うた一百歌繚乱 松本章男著 紅書房
【要旨】万葉集から江戸末期まで、浮かびくる恋のあかし―和歌秀詠アンソロジー。
2017.3 351p B6 ¥2300 ①978-4-89381-316-9

◆氷の焔とそこにある恋と 飯島晶子著, 洪十六写真 みらいパブリッシング, 星雲社 発売
【要旨】甘美で刹那的で愛おしい想いが胸にとどまっている。嵐のような恋。恋が人生を深くしてくれる恋歌と写真のコラージュ。
2017.7 85p B6 ¥1400 ①978-4-434-23542-9

◆五行歌集 宇宙人に背中おされて 三友伸子著 市井社

詩集・歌集・句集

◆五行歌集 白無垢を着て 詩流久著 市井社
【目次】1 おにやんま、2 添木の尺八、3 "鈍い"も才能、4 玉手箱、5 ソトヅラがいいのよ、6 誕生日祝い、7 宇宙人に背中おされて、8 白塗りの顔 2017.4 293p B6 ¥1500 ①978-4-88208-147-0

◆五行歌集 白無垢を着て 詩流久著 市井社
【目次】100％元気!!、チョーク一本、だからここで向日葵が好き、光そのもの、ショパンによく似た青年、大大大号泣、新しい箸、空気の薄い日、一番の手柄、勝負の春 ほか
2017.12 308p B6 ¥1500 ①978-4-88208-153-1

◆五行歌集 そ・ら 松山佐代子著 市井社
【目次】第1章 蒼穹、第2章 生きるにきまっちょる!、第3章 ウフフ怪しい妹ざよ、第4章 鳥の貌、第5章 不採用通知、第6章 雪富士、第7章 スニーカーは空の色、跋 人の魂の極限を(草壁焔太)
2017.12 319p 18×13cm ¥1400 ①978-4-88208-152-4

◆五行歌集 机と椅子 河田日出子著 市井社
【目次】机と椅子、父が押す・母が押す一父母、哀しい闇一弟、武骨な幹から、「逃げるなよ」一介護、宇宙に包まれて一思い、くすぐったいよ、心の芯で触れ合える一恋、肉体がくにゃとなる一恋、心は原石、人、贈り物一家族、ひとり、ひとり、ひとり ほか
2017.3 244p B6 ¥1500 ①978-4-88208-145-6

◆五行歌集 薔薇色のまま 遊子著 市井社
【目次】浅間、春夏秋冬、友、道、子、親、歌、孫、花、私、俳、心、人、全国大会in小諸、弟、ふるさと、美しい六十代、世
2017.3 261p B6 ¥1200 ①978-4-88208-146-3

◆五行歌集 プロジェクションマッピング 三葉かなえ著 市井社
【目次】第1章 吐息の腹、第2章 秋の鱗、第3章 雲の額縁、第4章 深緑の火山、第5章 星の精、第6章 生きている証、第7章 破壊と誕生
2017.11 121p B6 ¥1000 ①978-4-88208-151-7

◆午後の庭一永田和宏歌集 永田和宏著 角川文化振興財団, KADOKAWA 発売 (塔21世紀叢書)
【要旨】午後の庭に、妻在りし日の記憶と現在の孤独な日常が交差する。出逢いの時から惹かれあい、ともに生きてきた妻河野裕子を失って7年。残されたものとして、悲しみに向き合い、歌い続けた日々の至純の531首。第十三歌集。
2017.12 233p A5 ¥2600 ①978-4-04-876418-6

◆心うた一百歌清韻 松本章男著 紅書房
【要旨】万葉から江戸末期まで、聞こえくる心のひびき一和歌秀詠アンソロジー。
2017.3 357p B6 ¥2300 ①978-4-89381-317-6

◆歳月 中庭昌樹著 (日野)サプリ, 星雲社 発売
2017.5 127p 20×13cm ¥1667 ①978-4-434-23429-3

◆下谷風煙録 福島泰樹著 皓星社
【要旨】デビュー作『バリケード・一九六六年二月』から48年、終生の地・下谷より織り成す奔放の第30歌集!
2017.10 218p B6 ¥2700 ①978-4-7744-0642-8

◆自堕落補陀落一野一色容子歌集 野一色容子著 (調布)ふらんす堂
【目次】V字の谷、英国客船の材、心を削り、夕映えの influence、もののけ姫の森、平城遷都一三〇〇年、土と日桜、落果のごとく待つものを、オパール、紫木蓮 ほか
2017.11 229p B6 ¥2600 ①978-4-7814-1005-0

◆スウィート・ホーム 西田政史著 (福岡)書肆侃侃房 (ユニヴェール 4)
【目次】序章、第1章 漸近線のヴィジョン、第2章 亜細亜の底の形而上学、第3章 国旗、第4章 スウィート・ホーム、終章
2017.8 143p B6 ¥1900 ①978-4-86385-273-0

◆世界の終わり/始まり 倉阪鬼一郎著 (福岡)書肆侃侃房 (現代歌人シリーズ 14)
【目次】空色の観覧車、最後の飛行線、銀色の塔の囚人、絶望の島、夜明けの廃墟、まぼろしの鳥、無の断片、世界が終わる日 ほか
2017.2 136p 20×14cm ¥1900 ①978-4-86385-248-8

◆千趣宣誓5.0 野々山睦圭著 (名古屋)ブイツーソリューション, 星雲社 発売
【目次】第1章 連省、第2章 甲冑、第3章 残照、第4章 薄明、第5章 春暁、千趣宣誓6、第6章 黎明 短歌を詠み始めた当初原点の千趣宣誓「零」から抜粋
2017.6 269p 18cm ¥1000 ①978-4-434-23335-7

◆続 坂井修一歌集 坂井修一著 砂子屋書房 (現代短歌文庫)
【目次】『ラビュリントスの日々』(全篇)(一九七九年〜一九八三年春、一九八三年夏〜一九八四年初夏 ほか)、『ジャックの種子』(全篇)(菊、馬頭星雲 ほか)、歌論・エッセイ(「やおよろず」とグローバリゼーションと短歌、懐旧の歌 ほか)、解説(迷宮への旅立ち一坂井修一歌集『ラビュリントスの日々』書評、父なるもののゆくえ一坂井修一歌集『ジャックの種子』評 ほか)
2017.3 196p B6 ¥2000 ①978-4-7904-1628-9

◆そして、春一柊明日香歌集 柊明日香著 六花書林, 開発社 発売
【目次】ケルン、添いゆく日々、銀のピアス、雪の匂い、海沿いの家、汎神祭り、冬の序章、沙羅の木と猫、巣立ち、父の大根、鳥類図鑑、桐の花、故郷の駅
2017.7 152p B6 ¥2000 ①978-4-907891-47-3

◆そにどりの青 吉田美奈子著 六花書林, 開発社 発売 (コスモス叢書)
【要旨】職を退きし後にあらわれる生き生きとした時間。真っ直ぐな視線、誠実な言葉、そして、はかないものへの思い。穏やかな抒情が日常を輝かせる。
2017.5 213p B6 ¥2500 ①978-4-907891-44-2

◆チョコレート革命 俵万智著 河出書房新社 新装版
【要旨】甘くも苦い大人の恋…至上の恋愛歌。
2017.6 166p B6 ¥1300 ①978-4-309-02583-4

◆転生の繭 本多忠義著 (福岡)書肆侃侃房
【目次】やさしい死体、鳥の夢、ミックスジュース、柔らかすぎる雪のことなど、かなかな、青い封筒、トゥインクル、さざめく夕べ、忘れてしまったことを、空を描く 〔ほか〕
2017.5 183p 22×14cm ¥2200 ①978-4-86385-261-7

◆永田和宏作品集 1 第一歌集『メビウスの地平』から第十一歌集『日和』まで 永田和宏著 (京都)青磁社 (塔21世紀叢書第291篇)
【目次】メビウスの地平、黄金分割、無限軌道、日和 〔ほか〕
2017.5 821p A5 ¥7000 ①978-4-86198-382-5

◆波まかせ一旅 柳瀬丈子著 市井社
2017.10 44p 18×19cm ¥1500 ①978-4-88208-150-0

◆花を待つ一部矢恵美子歌集 部矢恵美子著 藍書房
【要旨】麦秋、庭に花を待つ、ひと日のくらし、花に憑かれて、遠き日、家族、わが家、峡
2017.7 217p B6 ¥2500 ①978-4-900876-28-6

◆花谺一森真迫晴子歌集 森迫晴子著 本阿弥書店 (星雲集)
【目次】1(風光る、春の玉水、玉菜の葉 ほか)、2(リラの花房、遠き日の音、目瞑れば ほか)、3(時のあはひ、雨の柳川、われも海亀ずり ほか)
2016.11 173p A5 ¥2600 ①978-4-7768-1257-9

◆花吹雪 福永眞由美著 展転社
【目次】福永眞由美第三歌集。平成十六〜二十八年
2017.7 247p B6 ¥2000 ①978-4-88656-442-9

◆パパはこんなきもち。一こそだてほんか 本多忠義著 (福岡)書肆侃侃房
【要旨】パパのきもち。ママのきもち。たくさんの笑いと涙がつまった、ぱんか(パパのたんか)の子そだてえほん。
2017.5 111p B6 ¥1200 ①978-4-86385-262-4

◆ピアフは歌ふ一伊勢方信歌集 伊勢方信著 本阿弥書店
【目次】周防灘、散華と称ぶな、走水峠、修正鬼会、仏の耳朶、姫島、カブトガニの湾、幻にたつ、風除け城、海幸彦 〔ほか〕
2017.11 180p B6 ¥2700 ①978-4-7768-1340-8

◆眉月一月子歌集 月子著 (名古屋)風媒社
【目次】ひまわり、新潟、春の夜、白き扉、冬の街、白桃、モーツァルト、水族館、少年、冬の蝿、モランディの壺、銀の月かげ、林檎
2017.10 121p B6 ¥1700 ①978-4-8331-5341-6

◆ピース降る 田丸まひる著 (福岡)書肆侃侃房 (ユニヴェール 3)

【目次】ピース降る、可愛くて申し訳ない、ロッキンホースバレリーナ、ひとの眠りにつばさを重ね、詩は祈り、祈りのように、眠りの森に、あすを生きるための歌、雪がほつれる、この部屋で死のう、かなしみは咀嚼できるのとか、知らない、夜空の死角、Godzilla、ゆうごい、わたしの果てにわたしはいない、ほろほろにしればよかった、目覚めたらそこにいてほしかった、きみの花冷え、たぶんこれも薄らいでいくひから、grief work
2017.5 127p B6 ¥1700 ①978-4-86385-263-1

◆風幻領あるいはきさらぎの月一松本千枝子歌集 松本千枝子著 六花書林, 開発社 発売
【目次】第1章 (暁に死なば、やわらかき雪、灯は点るなれ ほか)、第2章 (きさらぎの月、きおく、ふるさとの谷 ほか)、第3章 (左眼幽寂、月の光、春の羊歯 ほか)
2017.8 239p B6 ¥2700 ①978-4-907891-51-0

◆米寿記念歌文集 行雲流水 鷹司誓玉著 (長野)ほおずき書籍, 星雲社 発売
【要旨】浄土宗大本山善光寺大本願・121世主が語る御仏の教え・恩師・家族・短歌…。
2017.10 140p B6 ¥1500 ①978-4-434-23809-3

◆星嬉短歌集 4 星嬉著 牧歌舎, 星雲社 発売
【要旨】漢字、ひらがな、カタカナの三十一音で詠む短歌千首。巻末に「萬葉仮名」の一漢字一音の漢字をあいうえお順に記載。シリーズ第4弾。 2017.3 194p B6 ¥926 ①978-4-434-22858-2

◆星嬉短歌集 5 星嬉著 牧歌舎, 星雲社 発売
【要旨】漢字、ひらがな、カタカナの三十一音で詠む短歌千首。漢字は、音読・訓読の好きな読み方で表しているため、三十一音で構成されている。萬葉仮名の手法も執られている。巻末に「萬葉仮名」の一漢字一音の漢字をあいうえお順に記載。 2017.9 194p B6 ¥926 ①978-4-434-23528-3

◆前川佐重郎歌集 前川佐重郎著 砂子屋書房 (現代短歌文庫)
【目次】『彗星紀』(全篇)(無言、残響、五十の夏 ほか)、『天球論』(抄)(剝製、他郷、惨劇 ほか)、歌論・エッセイ(口語歌について一反逆と遊戯と必然、GHQと言語空間、歌の行方 ほか)
2016.12 169p B6 ¥2000 ①978-4-7904-1622-7

◆窓辺のふくろう一奥山恵歌集 奥山恵著 コールサック社 (COAL SACK銀河歌叢書; かりん叢書)
【目次】1 窓辺のふくろう、2 不覚な「さよなら」、3 星の由来、4 ダメージ感、5 light house、6 共に見る、7 もやい直し、8 本の蚯蚓
2017.10 191p B6 ¥2000 ①978-4-86385-312-0

◆曼荼羅華の雨 加藤孝男著 (福岡)書肆侃侃房 (ユニヴェール 5)
【目次】銀河詩篇、地球照、寂光を連れ、尖る眠り、伊勢講、苔のすすけ、翼もつ玄奘、山峡の湯、蘆刈り、夏の輪郭 〔ほか〕
2017.9 159p 22×14cm ¥2000 ①978-4-86385-274-7

◆みだれ髪 与謝野晶子著, 今野寿美訳注 KADOKAWA (角川文庫)
【要旨】「やは肌のあつき血汐にふれも見でさびしからずや道を説く君」「いとせめてもゆるがるままにもしえむよ暮れてゆく春」。恋する女性の美しさを詠んだ与謝野晶子の処女歌集。与謝野鉄幹との恋、衝撃のデビュー…近代短歌の金字塔をうちたて、多くの若い詩人や歌人たちに影響を与えた399首を、全訳とともに現代によみがえらせる。各章に愛吟者による「みだれ髪」解説、年譜、晶子の初期作品を集めた「みだれ髪拾遺」を所収。
2017.6 203p A6 ¥400 ①978-4-04-400285-5

◆南の窓から一短歌日記2016 栗木京子歌集 栗木京子著 (調布)ふらんす堂 (塔21世紀叢書)
【要旨】栗木京子の366日。
2017.7 1Vol. 17×11cm ¥2000 ①978-4-7814-0980-1

◆雅 - Miyabi - 一五行歌集 高原郁子著 市井社 (そらまめ文庫)
2017.9 103p 18cm ¥800 ①978-4-88208-149-4

◆ライナスの毛布 高田ほのか著 (福岡)書肆侃侃房 (ユニヴェール 6)
【目次】1(メリーゴーラウンド、揺れる三つみみ、"少女漫画の短歌化"チョコより甘い恋があるのってホントですか?)、2(水に絵を描く、苔はらら、ライナスの毛布、プリーツスカート、あなたがいて散る花火 ほか)
2017.9 127p B6 ¥1700 ①978-4-86385-278-5

詩集・歌集・句集

◆わが歩み―矢嶋美智子歌集　鶴田美智子著、鶴田国弘編　日本図書刊行会、近代文藝社 発売
【要旨】青春時代から老境に至るまで、喜び・哀しみはいつも短歌と共に。たぐいまれな才能に恵まれた著者が、忙しい日々、夫の支えと励ましで歩み続けた短歌の世界。―それは日記であり、自画像であり、生きた証明―
2017.5　231p　B6　¥1500　①978-4-8231-0951-5

句集

◆アウトロー俳句―新宿歌舞伎町俳句一家「屍派」　北大路翼編　河出書房新社
【要旨】元ホスト、女装家、鬱病・依存症患者、ニート…行き場をなくした"はみ出し者"たちが、「生きづらさ」をストレートに詠んだ108句！
2017.12　173p　B6　¥1300　①978-4-309-02641-1

◆青木月斗句集　月斗句集　中原幸子、大阪俳句史研究会編、青木月斗句史研究会編（調布）ふらんす堂（大阪の俳人―明治編 10）
【目次】新年、春、夏、秋、冬
2017.11　88p　18cm　¥1200　①978-4-7814-1006-7

◆揚雲雀―高橋裕子句集　高橋裕子著　（調布）ふらんす堂
【目次】初つばめ 平成十五年～平成十八年、覇者敷物 平成十九年～平成二十一年、盆の月 平成二十二年～平成二十三年、藪柑子 平成二十四年～平成二十五年、初座敷 平成二十六年～平成二十七年、日永 平成二十八年～平成二十九年
2017.10　190p　B6　¥2700　①978-4-7814-0996-2

◆朝桜―鈴木征子句集　鈴木征子著　（調布）ふらんす堂
【目次】平成十年～平成十八年、平成十九年～平成二十二年、平成二十三年～平成二十五年、平成二十六年～平成二十七年
2017.4　172p　B6　¥2700　①978-4-7814-0964-1

◆朝日俳壇　2016　稲畑汀子、金子兜太、長谷川櫂、大串章選、朝日新聞社編　朝日新聞出版
【目次】年間秀句と「朝日俳壇賞」受賞作品・評、新春詠、朝日俳壇 平成二十八年
2017.4　226p　B6　¥2800　①978-4-02-100262-5

◆あしかび―武井美代子句集　武井美代子著（調布）ふらんす堂
【目次】1 昭和五十八年～平成四年、2 平成十一年～平成十四年、3 平成十五年～平成二十年、4 平成二十一年～平成二十四年
2017.4　212p　B6　¥2700　①978-4-7814-0957-3

◆頭が良くなる言葉遊び―回文句集　小渕哲夫著　（大阪）風詠社、星雲社 発売
【要旨】老いも若きも一作って楽しむ。読んで楽しむ。傑作、快作、驚作、奇作、苦作…五百余句!!
2017.6　178p　B6　¥700　①978-4-434-23540-5

◆天の川銀河発電所―Born after 1968 現代俳句ガイドブック　佐藤文香編著　左右社
【目次】1 おもしろい（福田若之、生駒大祐、北大路翼 ほか）、2 かっこいい（堀下翔、藤田哲央、藤井あかり ほか）、3 かわいい（小野あらた、外山一機、西村麒麟 ほか）
2017.9　221p　B6　¥2200　①978-4-86528-180-4

◆あんこーる―後藤比奈夫句集　後藤比奈夫著（調布）ふらんす堂
【目次】月光―平成二十七年、養老―平成二十八年、新玉―平成二十九年
2017.8　128p　A6　¥2200　①978-4-7814-0979-5

◆アンモナイトを踏んでから―川柳句集　久留素一著　丘のうえ工房ムジカ
【目次】1 トライアングル（連作 鳥の唄）、2 アンモナイトを踏んでから、3 欲しい、4 点線の彼氏（連作 異次元の遊園地）、5 海へ
2017.7　93p　B6　¥1944　①978-4-9905964-8-4

◆一日十句―松田ひろむ句集　松田ひろむ著　第三書館、電子本ピコ第三書館販売 発売
2017.4　373p　B6　¥2800　①978-4-8074-1701-8

◆絵巻物―江本冷子句集　江本冷子著　本阿弥書店
【要旨】「対岸」同人第一句集。
2017.10　195p　B6　¥2800　①978-4-7768-1336-1

◆大耳―岡崎寅雄句集　岡崎寅雄著　（調布）ふらんす堂
【目次】八十路、逆上がり、オリーブ油、ひよンの笛、卒寿
2017.8　195p　B6　¥2600　①978-4-7814-0976-4

◆折々の句―伊藤まさ代句集　伊藤まさ代著（調布）ふらんす堂
【目次】1 平成十三年～十五年、2 平成十六年～二十年、3 平成二十一年～二十三年、4 平成二十四年～二十七年
2017.1　144p　B6　¥2500　①978-4-7814-0950-4

◆音符―金子敦句集　金子敦著　（調布）ふらんす堂
【目次】二〇一二年、二〇一三年、二〇一四年、二〇一五年、二〇一六年
2017.5　193p　B6　¥2200　①978-4-7814-0959-7

◆かえる跳び川柳　深見東州監修　たちばな出版
【要旨】世の中も、男も女もナナメにみつめ、五七五で、ぴょんと詠み。これぞ深見東州の川柳だあ。
2017.10　125p　19cm　¥1000　①978-4-8133-2592-5

◆輝く子―藤井啓子句集　藤井啓子著　（調布）ふらんす堂
【目次】第1章 風の章―昭和五十四年～平成六年、第2章 地の章―平成七年～十七年、第3章 空の章―平成十八年～二十五年、第4章 森の章―平成二十六年～
2017.3　209p　B6　¥2300　①978-4-7814-0948-1

◆家郷―米田清文句集　米田清文著　（調布）ふらんす堂
【目次】帰省―二〇〇〇年～二〇〇七年、鬼無里―二〇〇八年～二〇一〇年、足袋―二〇一一年～二〇一二年、手花火―二〇一三年～二〇一四年、父眠る―二〇一五年
2017.2　179p　B6　¥2400　①978-4-7814-0941-2

◆樫の花―谷ゆう子句集　谷ゆう子著　（調布）ふらんす堂
【目次】いかのぼり―平成十三年～二十年、目白籠―平成二十一年～二十二年、寒の鶯―平成二十三年～二十四年、冬萌―平成二十五年～二十六年、山笑ふ―平成二十七年、萱の束―平成二十八年
2017.10　205p　B6　¥2700　①978-4-7814-1008-1

◆カムイ―櫂未知子句集　櫂未知子著　（調布）ふらんす堂
【目次】火口、夜空、海流、簡単、自由、遺品
2017.6　174p　22×14cm　¥2800　①978-4-7814-0973-3

◆軽井沢時雨―芳澤隆句集　芳澤隆著　本阿弥書店
【要旨】「若狭」同人第一句集。
2017.11　229p　B6　¥2800　①978-4-7768-1341-5

◆甘雨―兼久ちわき句集　兼久ちわき著　（調布）ふらんす堂
【目次】第1章 直系―平成十七年～二十年、第2章 力石―平成二十一年～二十三年、第3章 七霽―平成二十四年～二十六年、第4章 手甲―平成二十七年～二十九年
2017.11　223p　B6　¥2600　①978-4-7814-1014-2

◆漢字川柳―五七五で漢字を詠む　長崎あづま著　論創社
【要旨】五七五で遊ぶ頭の体操！こじつけ「漢字」解体新書。
2017.12　327p　B6　¥2000　①978-4-8460-1656-2

◆寒卵　吉田嘉名郎著　（調布）ふらんす堂
【目次】平成十年（一九九八）、平成十一年（一九九九）、平成十二年（二〇〇〇）、平成十三年（二〇〇一）、平成十四年（二〇〇二）、平成十五年（二〇〇三）、平成十六年（二〇〇四）、平成十七年（二〇〇五）、平成十八年（二〇〇六）、平成十九年（二〇〇七）
2016.12　266p　20×12cm　¥2700　①978-4-7814-0877-4

◆寒紅―馬越やす子句集　馬越やす子著　（調布）ふらんす堂
2017.8　94p　A6　¥1700　①978-4-7814-0983-2

◆祇園囃子―後藤立夫句集　後藤立夫著　（調布）ふらんす堂
2017.5　237p　B6　¥2800　①978-4-7814-0947-4

◆季語別大石悦子句集　大石悦子著　（調布）ふらんす堂

【要旨】『群萌』から『有情』まで既刊句集全五冊に収録の作品を季語別に収録。作品理解の上で更に役立ち、実作者にとっては季語を通して俳句を学べる格好の一書。
2017.12　288p　B6　¥2800　①978-4-7814-1024-1

◆季語別松尾隆信句集　松尾隆信著　（調布）ふらんす堂
【要旨】『雪渓』から『弾み玉』まで、既刊句集全八冊の作品を季語別に収録。作品理解の上で更に役立ち、実作者にとっては季語を通して俳句を学べる格好の一書。
2017.10　289p　B6　¥2800　①978-4-7814-1010-4

◆木村日出夫句集　木村日出夫著　（調布）ふらんす堂
【目次】さざれ石、無限の楽、草木染、萩の波、冬帽子
2017.4　247p　A6　¥2000　①978-4-7814-0946-7

◆金魚玉―黒澤麻生子句集　黒澤麻生子著（調布）ふらんす堂　（未来図叢書）
【目次】1 魔法の杖、2 桐下駄、3 墨にほふ、4 枇杷の種、5 家族写真
2017.8　201p　B6　¥2400　①978-4-7814-0985-6

◆銀の欅―渡辺紀子句集　渡辺紀子著　（調布）ふらんす堂　（ふらんす俳句叢書―赤のシリーズ）
【目次】事のはじめは 一九八八～二〇〇四年、銀の欅 二〇〇五年～二〇〇八年、ジャングルジムの影 二〇〇九年～二〇一一年、レース着て 二〇一二年～二〇一三年、鏡中の眼 二〇一四年～二〇一五年
2017.2　167p　B6　¥2800　①978-4-7814-0871-2

◆金木犀―酒井紀三子句集　酒井紀三子著（調布）ふらんす堂　（鶴叢書）
【目次】雁来紅 昭和五十八年～平成四年、聖五月 平成五年～平成九年、新居 平成十年～平成十四年、夕蜩 平成十五年～平成十九年、麦の秋 平成十九年～平成二十二年、金雀枝 平成二十三年～平成二十七年
2017.1　190p　B6　¥2700　①978-4-7814-0939-9

◆句集　アンダンテ　志磨泉著　（調布）ふらんす堂　（知音青炎叢書）
【目次】第1章 草は実に―平成二十二年～平成二十三年、第2章 頼枝―平成二十四年、第3章 ことばの力―平成二十五年、第4章 螺旋階段―平成二十六年、第5章 片道切符―平成二十七年、第6章 白靴―平成二十八年
2017.8　196p　B6　¥2100　①978-4-7814-0988-7

◆句集　いきものの息　常盤優著　紅書房　（炎環叢書）
【目次】星の歳時記、天元の石、実験室、慈郎の星、ゆきあひの空、沖縄時間、水をください、旅鞄、いきものの息、さくらプロジェクト
2017.11　197p　B6　¥1800　①978-4-89381-324-4

◆句集　いちまいの皮膚のいろはに　原満三寿著　深夜叢書社
【要旨】句集三部作完結。
2017.6　82p　B6　¥1200　①978-4-88032-437-1

◆句集　稲雀　増山至風著　（柏）創開出版社
【目次】第1章 春の部、第2章 夏の部、第3章 秋の部、第4章 冬の部
2017.6　206p　B6　¥2200　①978-4-921207-12-0

◆句集　梅東風　浦澤久美子著　本阿弥書店　（新時代俳人双書）
【目次】岩煙草―平成十六年～二十年、餅の花―平成二十一年～二十三年、雁渡し―平成二十四年～二十五年、小六月―平成二十六年、諸手船―平成二十七年～二十八年
2017.1　200p　B6　¥2700　①978-4-7768-1281-4

◆句集　烏律律　安井浩司著　沖積舎
2017.6　245p　A5　¥3900　①978-4-8060-1692-2

◆句集　縁　伊藤航著　紅書房　（炎環叢書）
【目次】第1章 翔ぶかたち、第2章 円筒分水、第3章 祖国の土、第4章 片足待機、第5章 一葉の口、第6章 めがねの奥、第7章 護摩大太鼓、第8章 蜜柑、エッセイ すみか
2017.11　197p　B6　¥1800　①978-4-89381-323-7

◆句集　燕京　日原伸傳著　（調布）ふらんす堂
【要旨】第四句集。
2017.9　176p　B6　¥2500　①978-4-7814-1000-5

◆句集　鴨緑　上田昭子著　本阿弥書店
【目次】三椏咲く 平成九年～十六年、銀河澄む 平成十七年～二十一年、邂逅 平成二十二年～二

詩集・歌集・句集

十五年、草の絮 平成二十六年〜二十九年
2017.11 191p B6 ¥2800 ①978-4-7768-1342-2

◆句集 大鷹 増山至風著 （柏）創開出版社
【目次】第1章 春の部、第2章 夏の部、第3章 秋の部、第4章 冬の部
2017.4 278p 20×14cm ¥2400 ①978-4-921207-11-3

◆句集 かたこと一旅人 宗本智之著 牧歌舎，星雲社 発売
【要旨】待望の第二句集！難病で寝たきりの生活の中、独自の境地を詠い上げる作者の、第一句集出版から三年間の作句の集大成。五千を超える句の中から厳選した本句集は、作句した年月別に朝日俳壇入選句・投句句、ブログ「一日一句」の掲載句、さらには未投句、未発表句を羅列。
2017.5 186p B6 ¥926 ①978-4-434-23189-6

◆句集 片白草 大西朋著 （調布）ふらんす堂
【要旨】第一句集。
2017.9 173p B6 ¥2500 ①978-4-7814-0995-5

◆句集 豁然（かつぜん） 本多きめ子著 本阿弥書店
【要旨】「みづうみ」同人第二句集。
2017.11 185p B6 ¥2800 ①978-4-7768-1311-8

◆句集 カフカの城 川嶋悦子著 紅書房（響焰叢書）
【目次】太い尻尾 平成八年〜十三年、島原角屋 平成十四年〜十六年、夜の雷 平成十七年〜十九年、カフカの城 平成二十年〜二十二年、関ヶ原 平成二十三年〜二十五年、蒸鰈 平成二十六年〜二十九年
2017.11 193p B6 ¥2000 ①978-4-89381-322-0

◆句集 鴨 西村麒麟著 文學の森
【要旨】石田波郷新人賞を始めとし、三十四歳にして数々の受賞歴を持つ西村麒麟。俳壇待望の第二句集、ついに刊行。
2017.12 171p B6 ¥1667 ①978-4-86438-712-5

◆句集 器量 上村ツネ子著 本阿弥書店
【目次】第1章 行き先―平成十年〜十四年、第2章 及び腰―平成十五年〜二十年、第3章 無頓着―平成二十一年〜二十五年、第4章 余所見―平成二十六年〜二十八年
2016.11 167p B6 ¥2700 ①978-4-7768-1277-7

◆句集 告白 瀬戸優理子著 （大阪）パレード，星雲社 発売
【要旨】瀬戸優理子第一句集。
2017.8 148p B6 ¥1500 ①978-4-434-23632-7

◆句集 心 佐怒賀直美著 本阿弥書店（平成の100人叢書―新橘叢書）
【要旨】創刊40周年、新たな地平に向けて放つ第4句集。
2017.11 211p B6 ¥2800 ①978-4-7768-1344-6

◆句集 ゴールデンウィーク 西山ゆりこ著 朔出版
【目次】1 前髪 入門前〜平成二十年（2008）、2 ラッシュアワー 平成二十一年（2009）〜二十四年（2012）、3 天瓜粉 平成二十五年（2013）〜二十九年（2017）
2017.9 155p B6 ¥2400 ①978-4-908978-06-7

◆句集 桜の家 泉いほを著 本阿弥書店（鶴叢書）
【目次】春、夏、秋、冬・新年
2017.2 207p B6 ¥2800 ①978-4-7768-1288-3

◆句集 シェエラザード―遍照の彼方に 千野風来子著 丘のうえ工房ムジカ
【目次】Mt.Fuppushi 風不死岳、aspirin アスピリン、Hiding village カクネ里、Greek letters ギリシャ文字、No more blues ブルースはよせ、Cutting the dahlia ダリア剪る、androgynous アンドロギュノス、4degrees Celsius 摂氏4℃、episode 4 遍照の彼方に2014、episode 1 遍照の彼方に1968
2017.8 207p A5 ¥1500 ①978-4-9905964-9-1

◆句集 少年のやうな蜻蛉 田川節子著 本阿弥書店
【目次】1 今年藁、2 三九郎、3 学校のチャイム、4 雪形の蝶、5 祝樽
2017.11 214p B6 ¥2800 ①978-4-7768-1282-1

◆句集 聲心 川上良子著 本阿弥書店（未来図叢書）
【要旨】第二句集。
2017.9 211p B6 ¥2800 ①978-4-7768-1322-4

◆句集 象牙の箸 石橋三紀著 本阿弥書店（新時代俳人双書）
【要旨】「梅檀」同人、第一句集。
2017.9 177p B6 ¥2700 ①978-4-7768-1335-4

◆句集 霜琳 日高俊平太著 （国立）樹芸書房
【目次】第1章 切支丹、第2章 白日傘、第3章 冬星座
2017.5 149p 17×11cm ¥1500 ①978-4-915245-68-8

◆句集 素心 塚田佳都子著 本阿弥書店
【目次】鬼灯―平成二十二年、水鶏笛―平成二十三年、一所不在―平成二十四年、天球儀―平成二十五年、蘇民将来―平成二十六年、素心―平成二十七年、夏蓬―平成二十八年
2016.10 181p B6 ¥2700 ①978-4-7768-1274-6

◆句集 卒業 寺澤佐和子著 （調布）ふらんす堂（未来図叢書）
【要旨】壇上の五歩踏みしめて卒業す。第一句集。
2017.9 202p B6 ¥2500 ①978-4-7814-0998-6

◆句集 たう 市川蠹子著 （調布）ふらんす堂
2017.9 168p 20cm ¥2500 ①978-4-7814-0999-3

◆句集 鉄線花 大橋弘子著 本阿弥書店（未来図叢書）
【要旨】「未来図」同人の第一句集。
2017.8 199p B6 ¥2800 ①978-4-7768-1316-3

◆句集 冬至星 大曽根育代著 本阿弥書店（新時代俳人双書）
【目次】遠富士―平成十一年〜十四年、夫の椅子―平成十五年〜十八年、船笛―平成十九年〜二十二年、無言劇―平成二十三年〜二十五年、風衣―平成二十六年〜二十八年夏
2016.10 205p B6 ¥2700 ①978-4-7768-1267-8

◆句集 濤 小笠原眞弓著 本阿弥書店
2016.10 223p B6 ¥2500 ①978-4-7768-1264-7

◆句集 而今（にこん）―脇村禎徳句集 脇村禎徳 （調布）ふらんす堂
【要旨】平成二十四年から二十六年までの第十句集。
2017.1 222p B6 ¥2500 ①978-4-7814-0932-0

◆句集 楡の東風―北海道くらしのうた 3 野々村紫著 （札幌）寿郎社（百句叢書）
【要旨】伊藤凍魚、飯田蛇笏・龍太、大串章に師事した俳人の全句を収録。戦後俳句の王道を北海道で歩み続ける。
2017.9 478p B6 ¥2200 ①978-4-909281-05-0

◆句集 日脚 田" 耕治著 （尼崎）邑書林
【要旨】野に咲く一輪の花に和し、小さな生き物に息を合わせ、人として伝え続けるべき言葉を紡ぐ。耕治俳句に円熟期の静かな眼差しが光る！前句集『学校』以来20年ぶり。1996年1月より2014年3月までの465句を纏めあげ、満を持して世に問う！
2017.3 174p B6 ¥2200 ①978-4-89709-840-1

◆句集 ひとり 瀬戸内寂聴著 深夜叢書社
【要旨】自らの孤独を見つめ明澄するいのちの不思議にこころを震わせる待望の第一句集。
2017.5 133p B6 ¥2500 ①978-4-88032-439-5

◆句集 媚薬 加賀東鶴著 （調布）ふらんす堂
【目次】四十代、五十代前半、五十代後半、六十代
2017.12 187p B6 ¥2000 ①978-4-7814-1007-4

◆句集 氷絃 辰巳奈優美著 本阿弥書店
【目次】平成十六年〜十八年、平成十九年〜二十一年、平成二十二年〜二十四年、平成二十五年〜二十八年
2017.2 179p B6 ¥2800 ①978-4-7768-1287-6

◆句集 風韻 石寒太著 紅書房（炎環叢書）
【目次】枯野抄、賢治抄、愛禽抄、風韻抄、天真抄
2017.12 187p B6 ¥2800 ①978-4-89381-321-3

◆句集 棒になる話 漢夢道著 七月堂
【目次】箱男、鉄片、棒になる話、左側の男、鉄と木のある場所
2017.2 191p B6 ¥2500 ①978-4-87944-267-3

◆句集 星戀 鳥井保和著 本阿弥書店（星雲叢書 第6篇―平成の100人叢書 62）
【要旨】平成23年〜平成26年までの第4句集。
2017.12 229p B6 ¥2700 ①978-4-7768-1337-8

◆句集 骨時間 打田峨おん著 書肆山田
【要旨】「オメガルパ」「昭和ドクメンタ」「風の再話」「水の写本」「あとりえアナベル」「夏憂。夏。」「ワレンベルク辺境伯領滞在記」―全7篇の連作・群作を収録。
2017.10 155p 21×14cm ¥2400 ①978-4-87995-959-1

◆句集 弥勒下生 河村悟著 七月堂
【要旨】忌の果てへ向かう言の葉の結晶体。詩的彷徨の三百句。情動のロゴスを注入せよ。
2017.9 182p 22×14cm ¥2000 ①978-4-87944-288-8

◆句集 目盛 今富節子著 本阿弥書店
【目次】春、夏、秋、冬
2016.10 185p B6 ¥2800 ①978-4-7768-1269-2

◆句集 忘れ雪 笹下蟷螂子著 （調布）ふらんす堂
【要旨】第一句集。
2017.9 224p B6 ¥2400 ①978-4-7814-0994-8

◆句集 f字孔 竹内洋平著 紅書房（炎環叢書）
【目次】無伴奏、ハ短調ミサ、ジャズライヴ、ハモニカ、f字孔、アダージョの終章、アリア、チェロの弓、フーガ、ティンパニー［ほか］
2017.11 173p B6 ¥1800 ①978-4-89381-325-1

◆句集 My Way 小田桐素人著 （弘前）津軽書房
【目次】第1章 鳥雲に（平成八年〜十三年）、第2章 晩学の窓（平成十四年〜十六年）、第3章 子は母に（平成十七年〜十九年）、第4章 記念樹（平成二十年〜二十二年）、第5章 豊の秋（平成二十三年〜二十五年）、第6章 マイ・ウェイ（平成二十六年〜二十八年）
2017.9 199p B6 ¥2000 ①978-4-8066-0238-5

◆雲なつかし―岩田由美句集 岩田由美著 （調布）ふらんす堂（ふらんす堂俳句叢書―藍生文庫）
【目次】雨の粒、ベニスに死す、檸檬の木、焚火の跡、五月の空
2017.10 163p B6 ¥2667 ①978-4-7814-0982-5

◆桑名―坂野たみ句集 坂野たみ著 （調布）ふらんす堂
【目次】1 平成十五年〜十八年、2 平成十九年〜二十二年、3 平成二十三年〜二十六年、4 平成二十七年〜二十九年
2017.10 185p B6 ¥2500 ①978-4-7814-1002-9

◆現World川柳―ライバルは昔同期で今はロボ ものづくりは気合と感謝だ！ 現World川柳委員会編，見ル野栄司漫画 德間書店
【要旨】無口だけれど腕利きの職人、気まぐれな社長や勝手な上司、製作の子ども、"神の手" おばちゃん、徹夜のプログラマー、再雇用のテクノロ爺─。ものづくり大国ニッポンの最前線！傑作集。公募13,000句から選りすぐりの112句を収録！
2017.10 124p 19cm ¥1000 ①978-4-19-864495-6

◆毫―小野あらた句集 小野あらた著 （調布）ふらんす堂
【目次】序章、第1章 裏側の音、第2章 喫水線、第3章 すまし汁、第4章 一斗缶、第5章 いつの間にやら、第6章 根の先
2017.8 199p B6 ¥2400 ①978-4-7814-0981-8

◆穀象―岩淵喜代子句集 岩淵喜代子著 （調布）ふらんす堂
【目次】穀象、水母、西日、盆、半日、冬桜、氷柱、凡人、巡礼
2017.11 166p B6 ¥2500 ①978-4-7814-1004-3

◆575 朝のハンカチ 夜の窓 岸本葉子著 洋泉社
【要旨】あなたのすぐ隣にある俳句を、作って、鑑賞して、人生を今より少し豊かに。女性俳人による、何気ない日常を詠んだ名句50選。
2017.3 189p B6 ¥1400 ①978-4-8003-1174-0

◆木蓮―矢島久栄句集 矢島久栄著 （調布）ふらんす堂
【目次】寒明け―平成六年〜十年、清白―平成十一年〜十五年、予報―平成十六年〜十九年、遠来―平成二十年〜二十三年、蕗の薹―平成二十四年〜二十七年
2017.6 192p B6 ¥2400 ①978-4-7814-0971-9

◆碁の句―春夏秋冬 秋山賢司著 文治堂書店
【目次】正月の句、春の句、夏の句、秋の句、冬の句、無季の句
2017.5 217p B6 ¥1200 ①978-4-938364-31-1

◆この世佳し―桂信子の百句 宇多喜代子著 （調布）ふらんす堂

集 晩春、第4句集 新緑、第5句集 初夏、第6句集 緑夜、第7句集 草樹、第8句集 樹影、第9句集 花影、第10句集 草影、草影以後
2017.12 101p 18cm ¥1400 ①978-4-7814-1009-8

◆小町圭運集　小町圭著　(調布)ふらんす堂
【目次】作品（「切株」抄、「鬼は内」抄、『一億円』抄、『一億円』以後)、エッセイ(磯子の海と母と『山村祐「肋骨の唄」一句鑑賞』)
2017.4 99p B6 ¥1800 ①978-4-7814-0960-3

◆建立一橋口等全句集　橋口等著　(大阪)風詠社, 星雲社 発売
【要旨】本書は、既刊第一句集『透明部落』(1991年黙想社刊)、既刊第二句集『こすもすろごす』(2001年青木印刷刊)に、新たに、未刊の第三句集『徳魂』、第四句集『鶴恋暮』、第五句集『宇宙遊戯』を加え、『建立一橋口等全句集』としたものである。
2017.11 215p B6 ¥1500 ①978-4-434-23951-9

◆歳月一松田雄姿句集　松田雄姿著　(調布)ふらんす堂　(百鳥叢書 第100篇)
【目次】開戦 一平成十五年～平成十七年、鵜匠の村一平成十八年、平成十九年、逃げ水一平成二十年、平成二十一年、一領具足一平成二十二年、平成二十三年、青嶺一平成二十四年、平成二十五年、八十路一平成二十六年、平成二十七年
2017.4 189p B6 ¥2600 ①978-4-7814-0945-0

◆西東三鬼全句集　西東三鬼著
KADOKAWA　（角川ソフィア文庫）
【要旨】「水枕ガバリと寒い海がある」昭和俳壇に彗星のごとく登場し、十七文字の魔術師と称された新興俳句の旗手、三鬼。戦時下に詠んだ句で弾圧されるも、戦後は現代俳句協会の創設や随筆執筆など多彩に活躍した。「中年や遠くみのれる夜の桃」「露人ワシコフ叫びて石榴打ち落す」、異国的エロス、異国的郷愁や中年感情を大胆にモダンに詠む感性は無二の魅力を放つ。既刊句集に初句・季語索引、貴重な自句自解も収録！
2017.12 473p A6 ¥1240 ①978-4-04-400326-5

◆サラリーマン川柳なっとく傑作選30回記念版　やくみつる, やすみりえ, 第一生命編著, NHK出版
【要旨】サラ川30年の集大成。歴代のなるほど、なっとく、なけちゃう川柳がてんこ盛りの保存版。
2017.5 205p B6 ¥1050 ①978-4-14-016251-4

◆残雪一佐保光俊句集　佐保光俊著　(調布)ふらんす堂
【目次】平成二十三年(秋・冬)、平成二十四年、平成二十五年、平成二十六年、平成二十七年、平成二十八年(新年・春・夏)
2017.5 192p B6 ¥2600 ①978-4-7814-0970-2

◆静かな時間一山中正己句集　山中正己著　(調布)ふらんす堂
【目次】「空想茶房」抄1―昭和六十二～平成四年、「空想茶房」抄2―平成五～八年、「キリンの眼」抄―平成九～十三年、「地球のワルツ」抄1―平成十四～十八年、「地球のワルツ」抄2―平成十九～二十三年、「静かな時間」一平成二十四～二十八年
2017.4 151p A6 ¥2200 ①978-4-7814-0952-8

◆自生地　福田若之著　(東村山) 東京四季出版
【要旨】「句」と「文」の新たな草むら。圧倒的な、初句集。
2017.8 249p 17×13cm ¥1700 ①978-4-8129-0913-3

◆枝垂れの桜一同前悠久子句集　同前悠久子著　(調布)ふらんす堂
【目次】1 毛糸編む―一九七九年～一九九六年、2 雀色時―二〇〇六年～二〇〇八年、3 ボサノヴァ―二〇〇九年～二〇一一年、4 残暑を佇―二〇一二年～二〇一四年、5 万民石踊り―二〇一五年～二〇一六年
2017.11 193p B6 ¥2500 ①978-4-7814-1001-2

◆17音の青春―五七五で綴る高校生のメッセージ 2017　神奈川大学広報委員会編　角川文化振興財団, KADOKAWA 発売
【要旨】無心で生み出す渾身の一句。11,465通を勝ち抜いた厳選の作品集。若手俳人の登竜門、神奈川大学全国高校生俳句大賞。
2017.3 153p 18cm ¥700 ①978-4-04-876443-8

◆自由律句集 純真　本間とろ著　（伊丹) 牧歌舎, 星雲社 発売
【要旨】春画秋冬、何を思い何を感じたのか。とろの新自由律句。300句渾身の光と力。
2017.4 123p B6 ¥1200 ①978-4-434-23265-7

◆春夏秋冬 猫うらら　安藤香子絵, 新堀邦司選句　里文出版
【要旨】猫の句を絵に描く。俳句に登場する猫が、穏やかな絵の中で気ままに過ごしています。絵で詠む俳句、英訳付き。
2017.10 94p B6 ¥1800 ①978-4-89806-458-0

◆嘱―白石正人句集　白石正人著　(調布)ふらんす堂　(椋叢書)
【要旨】梟の鳴きてより開く酒場かな。第一句集。
2017.9 196p B6 ¥1800 ①978-4-7814-0997-9

◆シルバー川柳 7　寝坊して雨戸開ければ人だかり　全国有料老人ホーム協会, ポプラ社編集部編　ポプラ社
2017.9 124p 19cm ¥1000 ①978-4-591-15573-8

◆迅速―上野一孝句集　上野一孝著　(調布)ふらんす堂
2017.8 154p A5 ¥3000 ①978-4-7814-0899-6

◆新編 星の雫―バイリンガル俳句集　青山夕瑠子著　七月堂　(日英両文)
【目次】冬星座、星祭、流星
2017.1 107p B6 ¥2000 ①978-4-87944-274-1

◆しんぽり―川柳新堀端句集　川柳新堀端編　左右社
【目次】鼻唄（伊藤睦子）、屋久杉（伊藤亮次）、大納言（石川三佳子）、羅漢（内田博柳）、人生珍プレー（内山純男）、金婚（生沼泰子）、イケメン（菊地ミネ）、立て女形（草ケ谷茂男）、笑う月（小杉美智子）、セールスの訛り（小山しげ幸）〔ほか〕
2017.6 165p B6 ¥1800 ①978-4-86528-331-0

◆素足―阿部菁女句集　阿部菁女著　(調布)ふらんす堂　（小熊座叢書）
【目次】野葡萄、蝶の道、乳銀杏、祭笛、雪解光、山彦　2017.3 252p B6 ¥2700 ①978-4-7814-0951-1

◆星辰図ゆるやかなれば　中永公子著　ビレッジプレス
【目次】星辰図、どちりなきりしたん、日に映えて街はすかいに歪みゆく、KOBE―より深層の神戸を求めて、俳句朗読合本「仏恋」、白蘭、HAIKU ARTIST、鎮魂、そしていのちの明日へ
2017.5 167p A5 ¥2000 ①978-4-89492-215-0

◆早春―安立公彦句集　安立公彦著　本阿弥書店　(平成の100人叢書―春燈叢書)
【要旨】一冊の本が一人の俳人を生むことがある。安立敦の『随筆歳時記』、それが原点だった。師に学んだ深い抒情は幾多の風雪を経て、いま私たちの眼前へおもむろに浮上する。待望の一巻ついになる。
2017.11 187p B6 ¥2800 ①978-4-7768-1346-0

◆第7回田中裕明賞　田中裕明賞事務局著　(調布)ふらんす堂
【目次】発表、作品紹介三〇句、候補作品、選考経過報告、選考会、受賞記念句会、授賞式、お祝いの会　2017.4 226p A5 ¥800 ①978-4-7814-0972-6

◆第8回田中裕明賞　田中裕明賞事務局著　(調布)ふらんす堂
【目次】発表、自選三十句、候補作品、選考経過報告、選考会
2017.7 82p A5 ¥500 ①978-4-7814-0990-0

◆鷹羽狩行俳句集成　鷹羽狩行著　(調布)ふらんす堂
【要旨】明断な把握と独自の表現方法によって、有季定型俳句の新たな地平を開いた鷹羽狩行、初期の清新な作風から円熟の境地に至るまで、俳句人生の成果がここに収められている。作品11,672句を収録。
2017.6 1138p A5 ¥15000 ①978-4-7814-0968-9

◆高畑浩平句集　高畑浩平著　(調布)ふらんす堂
【目次】『雲』抄（百句）、『水』抄（百句）、『風』抄（二百句）、『樹』未刊（四百句）
2017.5 171p A6 ¥1800 ①978-4-7814-0966-5

◆ただならぬ日　田島健一著　(調布)ふらんす堂
【目次】記録しんじつ、帆のような、音楽噴水、雨後、不思議な婚姻、蒼髪の使者、咲いてみれば、月と鉄棒、ふかい霧、鶴が見たいぞ〔ほか〕
2017.1 214p B6 ¥2400 ①978-4-7814-0929-0

◆旅鞄―市ヶ谷洋子句集　市ヶ谷洋子著　(調布)ふらんす堂
【目次】第1章 邂逅、第2章 旅鞄、第3章 再び
2017.9 161p B6 ¥2400 ①978-4-7814-0991-7

◆団十郎とおはぎのゐる家。　石橋淳一作・絵　幻冬舎メディアコンサルティング, 幻冬舎 発売
【要旨】五感と記憶を刺激する俳句集。
2017.10 1Vol. B6 ¥900 ①978-4-344-91381-3

◆短篇集―日高玲句集　日高玲著　(調布)ふらんす堂
【要旨】よみ人しらず、うまい嘘、湖の木片、短篇集、明日香浄御原宮、鳥類学者、ふぐ刺しの震え、貧窮問答歌、造形学部、バンド仲間〔ほか〕　2017.9 175p B6 ¥2400 ①978-4-7814-98140-984-9

◆時の瘡蓋　北大路翼著　(調布)ふらんす堂
【要旨】生き様を俳句に刻み続けた、30代最後の句集。
2017.5 193p B6 ¥2000 ①978-4-7814-0967-2

◆翔ぶ母―石原日月句集　石原日月著　(調布)ふらんす堂
【目次】遠景、病む、間奏、死に給ひし、風に吹かれて　2017.3 92p 19cm ¥1400 ①978-4-7814-0944-3

◆虎の夜食　中村安伸著　（尼崎）邑書林
【目次】一篇の詩、東京、聖五月、抱擁、手錠、つみびと、仮の海、天窓
2016.12 135p B6 ¥2200 ①978-4-89709-827-2

◆鳶の空―山本吉人句集　山本吉人著　(調布)ふらんす堂
【目次】平成十二年まで、平成十三年～十六年、平成十七年～十九年、平成二十年～二十二年、平成二十三年～二十六年、平成二十七年～二十八年
2017.12 187p B6 ¥2700 ①978-4-7814-1011-1

◆ながさき句暦―長崎新聞「きょうの一句」　長崎新聞社生活文化部編　（長崎）長崎新聞社
【要旨】長崎新聞の一面に掲載されて日々読み親しまれている人気コーナー「きょうの一句」。掲載が始まった平成21年1月以降の8年分2019句を一挙に収録。長崎県内の俳人らによる彩り豊かな句々が四季折々の情景を描く暦のような、歳時記のような俳句集。
2017.10 382p B6 ¥1800 ①978-4-86650-003-4

◆長嶺千晶句集　長嶺千晶著　(調布)ふらんす堂　（現代俳句文庫）
【目次】作品（『晶』抄、『夏館』抄、『つめたい貝』抄、『白い崖』抄、『雁の雫』抄）、エッセイ（馬になりたい、草田男『帰郷二十八句』にみる構成の流れ、草田男の虫の句に秘められたもの）
2017.4 102p B6 ¥1200 ①978-4-7814-0963-4

◆七十句／八十句　丸谷才一著　講談社　（講談社文芸文庫）
【要旨】“ばさばさと股間につかふ扇かな”墓石にこの句を刻み、墓碑銘を俳号である「玩亭墓」とのみ記した小説家は、こよなく句作を愛した。人情の機微を卓抜にすくい取る句を選りすぐり、古希と米寿を記念して編まれた句集二冊に、岡野弘彦、長谷川櫂と巻いた未発表の歌仙を併録。生前の姿が浮かび上がる、知と情とユーモア溢れる句の世界。
2017.11 216p A6 ¥1400 ①978-4-06-290365-3

◆猫俳句パラダイス　倉阪鬼一郎著　幻冬舎　（幻冬舎新書）
【要旨】愛らしい姿に「この美しい生き物がそばにいることの奇蹟と幸福」をしみじみ感じることはありませんか。ときに猫は人生の何よりのなぐさめになります。かわいい猫をバッグに忍ばせ、どこへでも連れて行くことができたら、どんなにいいでしょう。現実の猫は狭いところに押しこめられて移動することを嫌うのでとても無理ですが、本書ならそれが可能です。147もの表題句のみならず数百の引用句のすべてが猫・猫・猫。どのページから読み進めても楽しい猫ワールドを見せます。猫好き、俳句好きのための前代未聞の猫アンソロジー。
2017.1 187p 18cm ¥780 ①978-4-344-98449-3

◆俳諧新潮　尾崎紅葉編　（立川）国文学研究資料館, 平凡社 発売　(リプリント日本近代文学 295)
【目次】新年（天文、地理 ほか）、春（天文、地理 ほか）、夏（天文、地理 ほか）、秋（天文、地理 ほか）、冬（天文、時候 ほか）
2017.3 213p B6 ¥3500 ①978-4-256-90295-0

◆俳句的人生―開発コンサルタントが詠んだ118句　橋本強司著　幻冬舎メディアコンサル

詩集・歌集・句集

ティング,幻冬舎 発売 (幻冬舎ルネッサンス新書)
【要旨】長年、ODA（政府開発援助）の一環としてJICA（独立行政法人国際協力機構）の技術協力に携わってきた著者。テロ被害の中、カブールの新都市開発を目指すアフガニスタン、洪水常襲地で道路整備を進めるミャンマー、10メートルの盛土の上に工業団地建設をするバングラデシュ…。発展途上の地に降り立ち、数々の現場を見てきた開発コンサルタントだからこそ感じる、人々の夢、希望、自然の豊かさを「俳句」という形で表現する。
2017.10 237p 18cm ¥800 ①978-4-344-91429-2

◆白桃―関根千方句集　関根千方著　(調布)ふらんす堂　(古志叢書)
2017.3 136p B6 ¥2400 ①978-4-7814-0949-8

◆橋本夢道の獄中句・戦中日記―大戦起こるこの日のために獄をたまわる　殿岡駿星編著　勝どき書房、星雲社 発売
【要旨】権力の横暴に俳句で戦った獄中で刻んだ300句。反骨の俳人橋本夢道出獄後、日記に書いたその心中とは？
2017.8 317p A5 ¥2000 ①978-4-434-23626-6

◆秦夕美句集　秦夕美著　(調布)ふらんす堂　(現代俳句文庫)
【目次】作品（「仮面」抄、「泥眼」抄、「勅使道」抄、「万媚」抄、「孤獨浄土」抄、「恋susuki抄、「妖虚句集」抄、「妣翠」抄、「歌舞と蝶」抄 ほか）、エッセイ（去年今年）
2017.8 102p B6 ¥2500 ①978-4-7814-0992-4

◆初鏡―藤森万里子句集　藤森万里子著　(調布)ふらんす堂　(百鳥叢書)
【目次】紐打つ音 平成十三年～十六年、野菊晴 平成十七年～十九年、伊賀焼 平成二十年～二十二年、海峡大橋 平成二十三年～二十五年、遺品の時計 平成二十六年～二十八年
2017.3 196p B6 ¥2200 ①978-4-7814-0942-9

◆鳩笛―藤原喜久子俳句・随筆集　藤原喜久子著　コールサック社
【目次】第1章 俳句（緋の羽音、冬海、青絵皿、万灯火（昭和61～平成19年）、鳩笛（平成20～29年））、第2章 随筆（家族、ものの味、青葉の旅、鳩笛、秋田の自然と街並み）
2017.11 367p A5 ¥2000 ①978-4-86435-315-1

◆花咲く機械状独身者たちの活造り　関悦史著　(鎌倉)港の人
【目次】近景、渚にて、換気弁、ヤフー、目まいのする散歩、山海経、侵蝕世界、BL、数学、コスモス、花嫁
2017.2 207p 20×13cm ¥2000 ①978-4-89629-327-2

◆花の語らい 写生帖　久冨正美著　(福岡)石風社
【要旨】その日、その日目につく花を描いた。花は記憶を呼び覚まし思い出は花とともにあった。
2017.5 116p 18×14cm ¥1500 ①978-4-88344-273-7

◆花、わたしたちは…―姥澤愛水句集　姥澤愛水著、ロナルド英澤英訳　(調布)ふらんす堂　(本文：日英両文)
【目次】ジンクホワイト―Zinc white、「花、わたしたちは…」―"Flowers we are, mere flowers…"、越南・彼南―Vietnam, Penang、磁北―Magnetic north
2017.12 171p B6 ¥2700 ①978-4-7814-1018-0

◆母の手―後閑達雄句集　後閑達雄著　(調布)ふらんす堂　(椣叢書)
【目次】春、夏、秋、冬
2017.9 104p B6 ¥2200 ①978-4-7814-0989-4

◆ひとひらの―木村容子句集　木村容子著　(調布)ふらんす堂
【目次】第1楽章 アレグロ、第2楽章 アンダンテ、第3楽章 メヌエット、第4楽章 ロンド
2017.3 149p B6 ¥2500 ①978-4-7814-0954-2

◆百の椿―押尾きよ美句集　押尾きよ美著　(調布)ふらんす堂　(青山叢書)
【目次】1 紫木蓮―平成十二年～十七年、2 百歳―平成十八年～二十二年、3 螢火―平成二十三年～二十四年、4 姉妹―平成二十五年～二十七年、5 桜鯛―平成二十八年・二十九年
2017.12 166p B6 ¥2500 ①978-4-7814-1016-6

◆風成―城倉吉野句集　城倉吉野著　(調布)ふらんす堂
【目次】草朧、夏燕、秋桜、炉明り
2017.7 189p B6 ¥2500 ①978-4-7814-0969-6

◆諷経―昆千鶴子句集　昆千鶴子著　(調布)ふらんす堂
【目次】第1章 小春凪、第2章 どべつこ、第3章 大津波、第4章 雪ぱんば
2017.8 227p B6 ¥2700 ①978-4-7814-0987-0

◆藤沢周平句集　藤沢周平著　文藝春秋　(文春文庫)
【要旨】青年期に結核治療のため入院した病院で、藤沢周平は俳句と出会う。俳誌「海坂」に二年にわたり投句を続け、俳句への強い関心は後に小説『一茶』に結実した。文庫版には業界紙記者時代、また作家として充実していた昭和五十年代前半の作と思われる百余りの句を収録。藤沢の俳句への思いに光を当てる貴重な発見である。
2017.9 198p A6 ¥700 ①978-4-16-790930-7

◆浮上　野崎海芋著　(調布)ふらんす堂
【目次】パンチングボール、聖樹、ゴムタイヤ、センパイ、脱ぎ捨て、河童、何か云へよ、並走、ヘッドロック
2017.9 197p B6 ¥2500 ①978-4-7814-1003-6

◆冬の虹―花輪とし哉句集　花輪とし哉著　(調布)ふらんす堂
【目次】1 平成十五年～十六年、2 平成十七年～十八年、3 平成十九年～二十年、4 平成二十一年～二十二年、5 平成二十三年～二十四年、6 平成二十五年～二十六年、7 平成二十七年～二十八年
2017.3 150p B6 ¥2700 ①978-4-7814-0953-5

◆古雛―大河内冬華句集　大河内冬華著　(調布)ふらんす堂
【目次】1 一九七八年～一九八〇年、2 一九八一年～一九九〇年、3 一九九一年～一九九六年、4 二〇〇九年～二〇一〇年、5 二〇一一年～二〇一六年
2017.3 193p B6 ¥2700 ①978-4-7814-0940-5

◆ふわふわうさぎ川柳　うさぎの時間編集部編　誠文堂新光社
【目次】第1章 うさぎの「部位」をたたえる川柳一部位せん、第2章 かけがえのない日々を川柳に―日常せん、第3章 うさぎからの珠玉のメッセージ―格言せん、第4章 そのかわいさにもだえる川柳―仕草せん、第5章 ありったけの愛を川柳に―親バカせん
2017.3 127p B6 ¥1000 ①978-4-416-51789-5

◆平面―金田咲子句集　金田咲子著　(調布)ふらんす堂
【要旨】第一句集『全身』上梓より三十余年の歳月が流れた。母、そして夫と、最愛の人たちを失った。哀悼の思いをこめてここに第二句集を刊行。
2017.8 179p B6 ¥2400 ①978-4-7814-0977-1

◆ベスト100 大牧広　大牧広著　(調布)ふらんす堂　(シリーズ自句自解 2)
【目次】自句自解、大切にしたい山河・自分
2017.10 203p 18cm ¥1500 ①978-4-7814-1012-8

◆朴(ほお)―中村重雄句集　中村重雄著　(調布)ふらんす堂　(いには叢書 第7集)
【目次】第1章 かなかな―平成四～十六年、第2章 麦の秋―平成十七～十八年、第3章 星月夜―平成十九～二十年、第4章 三伏―平成二十一～二十二年、第5章 天の川―平成二十三～二十四年、第6章 出雲―平成二十五～二十六年、第7章 朴の花―平成二十七～二十八年
2017.5 181p B6 ¥2700 ①978-4-7814-0974-0

◆木瓜の花―齋藤啓太郎川柳句集　齋藤啓太郎著　(矢巾町)ツーワンライフ　(川柳人選集 1)
【目次】第1章 白い木瓜、第2章 赤い木瓜
2017.10 70p B6 ¥500 ①978-4-907161-91-0

◆星戀　野尻抱影随筆、山口誓子俳句　中央公論新社　(中公文庫)
【要旨】星の和名収集研究で知られる天文民俗学者・野尻抱影、戦後の俳句界を牽引した俳人・山口誓子。星を愛し、星座の動きに子どものように心躍らせる二人が、天空を眺めながら交わしあった随想を収める。ページを繰るごとに星々がこぼれ落ちるような珠玉の随想集。
2017.6 224p A6 ¥720 ①978-4-12-206434-8

◆ますます健康川柳 210の教え　近藤勝重著　幻冬舎
【要旨】生きる力から川柳です。毎日新聞・MBSラジオ『しあわせの5・7・5』への10年間の投句から選んだ傑作集。
2017.7 159p 18cm ¥926 ①978-4-344-03147-0

◆明鏡―亀山歌子句集　亀山歌子著　(調布)ふらんす堂
【目次】瀞瀞―平成十七年～十九年、鮎の宿―平成二十年～二十一年、寒山の一―平成二十二年～二十三年、玲瓏と―平成二十四年～二十五年、白鳥座―平成二十六年～二十七年、夕日坂―平成二十八年
2017.2 170p B6 ¥2700 ①978-4-7814-0943-6

◆屋根にのぼる　小西雅子著　(松山)創風社出版　(俳句とエッセー)
【目次】うらうら、ぎらぎら、さわさわ、きりきり、みにみに、わたしの十句
2017.2 145p B6 ¥1400 ①978-4-86037-237-8

◆山ガール　山本純子著　(松山)創風社出版　(俳句とエッセー)
【目次】口語訳『鬼の細道』、ふと、このごろ、校歌、学校歳時記、詩『奥の細道』、私の十句
2017.8 152p B6 ¥1400 ①978-4-86037-250-7

◆雪月夜―野村玲子句集　野村玲子著　(調布)ふらんす堂
【目次】春着 昭和五十三年～平成三年、永き日 平成四年～同九年、御田植 平成十年～同十三年、夏館 平成十四年～同十八年、秋の声 平成十九年～同二十二年、冬支度 平成二十三年～同二十五年、のつべい汁 平成二十六年～同二十八年
2017.11 227p B6 ¥2700 ①978-4-7814-1017-3

◆ヨットと横顔―俳句とエッセー　ふけとしこ著　(松山)創風社出版
【目次】待ちぼうけ（エッセー ゆきゆきさと、桃の枝 ほか）、郭公（エッセー プラントインベーダー、山繭 ほか）、没後（エッセー 電話、地名 ほか）、慈姑の芽（エッセー 鳥を拾う、蒲公英 ほか）、わたしの十句
2017.12 153p B6 ¥1400 ①978-4-86037-236-1

◆余白―鈴木千恵子句集　鈴木千恵子著　(調布)ふらんす堂
【目次】第1章、第2章、第3章、第4章
2017.3 202p 20×12cm ¥2700 ①978-4-7814-0956-6

◆リボン―上田信治句集　上田信治著　(尼崎)邑書林
【目次】1、2 車庫、3 感情、4 小型犬、5 バナナ、6　2017.11 52p B6 ¥2700 ①978-4-89709-781-7

◆ログインパスワード―折勝家鴨句集　折勝家鴨著　(調布)ふらんす堂
【目次】第1章 市松模様、第2章 大陸、第3章 ラブホテル、第4章 多肉植物
2017.4 183p B6 ¥2500 ①978-4-7814-0958-0

◆ローマの釘―俳句とエッセー　中原幸子著　(松山)創風社出版
【目次】ゲド戦記―エッセー（梅が香、さえずる ほか）、兜太の―エッセー（黴と芳香、汗 ほか）、叱られて―エッセー（カメムシ、子規の遺品展 ほか）、真赤―エッセー（枇杷の花、雑煮）、一句（二〇〇四年三月、エッセー・美しい？ ほか）、わたしの十句
2017.6 146p B6 ¥1400 ①978-4-86037-248-4

◆笑いあり、しみじみあり―シルバー川柳 一笑青春編　みやぎシルバーネット、河出書房新社編集部編　河出書房新社
【要旨】シルバー川柳ファンのみなさま、お待たせしました。全国の60～90歳代のリアル・シルバーが詠んだ投稿川柳傑作選、シリーズ第7弾。笑いあり、しみじみありの選りすぐり177句が新たに登場します。「心のビタミン」シルバー川柳で、ページをめくるたび笑ったり共感したり。明るい元気をいっぱいいただきましょう!!
2017.3 141p B6 ¥926 ①978-4-309-02552-0

◆笑いあり、しみじみあり シルバー川柳 青い山脈編　みやぎシルバーネット、河出書房新社編集部編　河出書房新社
【要旨】みやぎから、全国から！お元気シルバーの投稿続々!!傑作158句。
2017.8 141p B6 ¥926 ①978-4-309-02599-5

山頭火

◆山頭火意外伝　井上智重著　(熊本)熊本日日新聞社、(熊本)熊日出版 発売
【要旨】行乞流転時代の代表作の舞台は実は…天草だったのか？ 漂泊の俳人・種田山頭火の真の

姿。次々に明かされる"新発見"の数々。山頭火の"常識"に一石を投じる。
2017.7 311p B6 ¥2000 ①978-4-87755-556-6

◆種田山頭火論　首藤保春　(三篇)A文学会
【目次】1 はじめに、2 山頭火の人柄、3 山頭火の予言、4 山頭火の句作、5 山頭火の禅味、6 山頭火俳句の評価、7 おわりに
2017.6 159p B6 ¥1000 ①978-4-9907904-4-8

◆秘すれば花なり　山頭火　西本正彦著　春陽堂書店
【目次】第1章 文芸家山頭火の骨組み、第2章 山頭火の自由律俳句、第3章 "秘すれば花なり"、第4章 先賢を心の灯に、第5章 十年続いたどん底、第6章 歩いて作った一筋の道、第7章 山頭火文芸の本質
2017.8 157p B6 ¥1000 ①978-4-394-90331-4

外国の詩集

◆イデアに捧げる愛の詩集　マイケル・ドレイトン著，岩崎宗治訳　国文社
【目次】イデアに捧げる愛の詩集、付録 マイケル・ドレイトンの近代ソネット詩集『イデア』におけるナショナリズムと個人主義
2017.9 110p B6 ¥1500 ①978-4-7720-0991-1

◆ウイグル新鋭詩人選詩集—芽生えはじめる言葉たち　ムカイダイス，河合眞編訳　左右社
【要旨】日本で読めるウイグル詩集第三弾！アフメットジャン・オスマンから受け継いだ新体詩を羽ばたかせた詩人たちの光彩。
2017.9 275p A5 ¥1850 ①978-4-86528-182-8

◆おしゃべりな猫たち　フランチェスコ・マーシュリアーノ著，服部京子訳　K&Bパブリッシャーズ
【要旨】じつにさまざまな猫の世界が猫の詩というかたちで表されている。この詩集の一篇一篇を読めば、すべての猫がもつ、ちょっとひねくれ気味だがすぐれた芸術的な才能に触れることができるだろう。全米100万部突破のネコ詩集。猫好きなら「あるある！」ってゼッタイ思う、猫たちの独りごと。
2017.11 110p B6 ¥1200 ①978-4-902800-63-0

◆ガルシア・ロルカ 対訳タマリット詩集　フェデリコ・ガルシア・ロルカ著，平井うらら訳・解説　影書房　新装版
【要旨】ファシズムに心を謳い上げ銃殺されたロルカ最晩年の詩集。
2017.4 181p A5 ¥2500 ①978-4-87714-470-8

◆ギリシア墓碑によせて　ネーモー・ウーティィ著，沓掛良彦訳　(広島)大和プレス，思潮社発売　2017.5 123p B5 ¥5000 ①978-4-7837-2774-3

◆クァジーモド全詩集　クァジーモド著，河島英昭訳　岩波書店　(岩波文庫)
【要旨】1959年にノーベル文学賞を受賞した、20世紀イタリアを代表する詩人サルヴァトーレ・クァジーモド(1901-68)。ファシズムの暴虐に抗して、人間を蹂躙する現実への激しい怒りを表現し、戦後は冷戦や核の恐怖を見据えた強靱な社会詩を書き続けた。社会の悲惨、歴史の苦悩に対峙する詩篇の圧倒的な強さと深さと重みが胸をうつ。
2017.7 448p A6 ¥1070 ①978-4-00-377021-4

◆ゲットーに咲くバラ 2パック詩集　トゥパック・アマル・シャクール著，丸屋九兵衛訳　PARCO出版　新装版
【要旨】『ミー・アゲインスト・ザ・ワールド』(95年)、『オール・アイズ・オン・ミー』(96年)といった歴史的ヒップホップの名盤/ミリオンセラーを連発。映画「ジュース」(92年)をはじめ俳優としての才能を発揮し数々の映画にも出演。しかし96年、米社会の不正と闘い、ちょっとひねっていた西海岸vs東海岸抗争の矢面に立った彼はその抗争の象徴的な犠牲者として、25歳の若さで銃殺に倒れた――米ラップの王道、黒人としての誇りを貫く作風から、死後20年以上経てなお「史上最高のラッパー」として愛されている2PACの詩集"新訳版"。
2017.12 175p 19×15cm ¥1500 ①978-4-86506-253-3

◆詩集 満ち潮の時間　ト ジョンファン著，ユン ヨンシュク，田島安江編訳　(福岡)書肆侃侃房
【要旨】2017年、韓国、文在寅政権で文化体育観光長官に就任した詩人ト・ジョンファン。韓国を代表する詩人は、いかなる詩を紡いできたか。その全体像が見えわたる、主要作品を網羅した決定版アンソロジー。東日本大震災について書かれ、日本で朗読された詩「ノーモアフクシマ(津島佑子さんへ)」も収録。
2017.11 253p B6 ¥2000 ①978-4-86385-285-3

◆織女へ・一九八〇年五月光州ほか—文炳蘭詩集　文炳蘭著，広岡守能，金正勲訳　(名古屋)風媒社
【要旨】どんな美しい詩よりも、どんな芳しい花よりも、花より美しい人間のためにまた五月が来ました。君よ。権力に対峙する抵抗の詩情を読む。
2017.10 260p B6 ¥1800 ①978-4-8331-2096-8

◆タゴール詩集 ギタンジャリ—歌のささげもの　ロビンドロナト・タゴール著，川名澄訳　(名古屋)風媒社　新装版
【要旨】わたしから、あなたへ。1913年、アジア初のノーベル文学賞受賞。新訳でよみがえるタゴールの詩のこころ。
2017.6 158p B6 ¥1700 ①978-4-8331-2095-1

◆ダダ・シュルレアリスム新訳詩集　塚原史，後藤美和子編訳　思潮社
【要旨】破壊/反抗/変革の感性と精神を生きた言葉のアヴァンギャルドたち32人の、画期的邦訳アンソロジー。
2016.12 236p B6 ¥2400 ①978-4-7837-2772-9

◆ただの黒人であることの重み—ニール・ホール詩集　ニール・ホール著，大森一輝訳　彩流社
【要旨】黒人差別の苦痛をえぐる詩人の叫びが、移民排斥・ヘイトスピーチで揺れる現代日本に、差別意識や偏見と向きあう覚悟を問う！
2017.9 125p 18cm ¥1000 ①978-4-7791-2384-9

◆とてもいい！　ヴラジーミル・マヤコフスキー著，小笠原豊樹訳　土曜社　(マヤコフスキー叢書)
【目次】ある日のマヤコフスキー(L・カッシリ)、とてもいい、訳者のメモ(小笠原豊樹)
2017.3 77p 17cm ¥952 ①978-4-907511-32-6

◆日英詩画集 神様がくれたキス　キャロリン・メアリー・クリーフェルド著，郡山直訳　コールサック社　(本文：日英両文)
【目次】無のかけら、荒野の欲望、貴方が欲しいわ、黄金の魚たち、完全な新しい太陽、愛の神エロスから生まれて、コモ湖の恋人たち、キス、栄光の響き、魂のミルク、愛の神エロスよ、憐みを、有難う、魔術的なもの、自由奔放なジプシーの戯れ、魔術的な同時性
2017.2 71p B5 ¥1800 ①978-4-86435-277-2

◆蓮の愛—周琦詞詩集　周琦著，後藤淳一訓読・語釈・日訳　(松戸)鶚出版
【目次】第1部 巡る季節の中で—春花・秋月・夏雨・冬雪(七律一立春、漢宮春一立春随筆、漢宮春—春寒随筆 ほか)、第2部 四海を旅して—古往今来 幾多の情を(長相思—美林谷、七律—美林谷深くして酒正に濃し、咯納斯の誌 ほか)、第3部 寄せては返す波を見つめて—集まり散る雲を仰いで(翔の賦、仙蹤の賦、晩秋の賦 ほか)
2017.3 210p 22×18cm ¥2400 ①978-4-903251-14-1

◆プレヴェール詩集　ジャック・プレヴェール著，小笠原豊樹訳　岩波書店　(岩波文庫)
【要旨】「天井桟敷の人々」、「霧の波止場」など恋愛映画の名脚本家であり、シャンソン「枯葉」の作詞家でもある、フランスの国民的詩人ジャック・プレヴェール(1900-77)。恋人たちの歓喜と悲哀、戦争や日々の暮らしのありさまを、ユーモアと諷刺につつんでうたいあげた、ことばの魔術師のエッセンス。
2017.8 293p A6 ¥840 ①978-4-00-375171-8

◆ブローティガン東京日記　リチャード・ブローティガン著，福間健二訳　平凡社　(平凡社ライブラリー)
【要旨】一九七六年五〜六月、ブローティガンは一ヶ月半日本に滞在した、日記のように日々の気分や思い、観察を詩に著した。深いペーソスあふれる最後の詩集、待望の再刊。
2017.4 253p B6 ¥1300 ①978-4-582-76854-1

◆プロミシュース解放—およびその他の詩集 附『改革への哲学的見解』　パーシー・ビッシュ・シェリー著，原田博訳　音羽書房鶴見書店
【要旨】人類解放のために苦しみつつ愛の力を信じたシェリーの長編詩劇『プロミシュース解放』。その他の詩群とともに解説と詳注を付して新訳でおくる。本邦初訳となる論文『改革への哲学的見解』も併録。
2017.10 575p B6 ¥3500 ①978-4-7553-0404-0

◆朴正大詩集　朴正大著，権宅明訳，佐川亜紀監修　土曜美術社出版販売　(新・世界現代詩文庫)
【目次】詩集『チェ・ゲバラ万歳』(これははやく一匹の詩、それは哀悼すべきもの、あれは無限の風)
2017.5 186p B6 ¥1400 ①978-4-8120-2369-3

◆ミルクとはちみつ　ルピ・クーア著，野中モモ訳　アダチプレス
【要旨】父や恋人との苦い経験の先に見つけた、甘くて大切なもの—。愛、喪失、トラウマ、虐待、癒し、そして女性であることの意味を正直な言葉で描き、20代の女性を中心に深い共感を呼ぶ若き作家による詩集。その作品は「すべての女性が読むべき詩人」(ハフポスト)、「同世代の声」(USAトゥデイ)と評されている。「ニューヨーク・タイムズ」のベストセラーリストで1位を獲得。100万部を突破、30カ国語に翻訳されている。
2017.11 204p 19×13cm ¥1400 ①978-4-908251-07-8

◆楊克(ヤンクー)詩選　楊克著，竹内新翻訳　思潮社
【要旨】「朦朧詩」以後、1980年代末から90年代に登場した「第三代」の実力派詩人、楊克。平明な表現で隠れた社会現実を浮かび上がらせたその代表作を網羅し、しかも独自の経験をあらわす「民間」の詩学を凝縮する。
2017.4 222p B6 ¥2400 ①978-4-7837-2773-6

◆読まずに死ねない世界の名詩50編　小沢章友編訳，マツオヒロミ画　実業之日本社　(じっぴコンパクト新書)
【要旨】ニーチェ、ランボー、シェイクスピア、ダンテ、ボードレール…世界的な哲学者、詩人、文学者が遺した珠玉の詩50編を、21世紀に生きる私たちにストレートに届くことばで紹介。収録された詩は、動乱の時代を生き、歓喜も絶望も味わった偉人たちそれぞれの思索の結晶だ。読めば知性と感性が刺激され、じんわり心に沁み込んでくる、永久保存版。
2017.4 205p 17×12cm ¥1200 ①978-4-408-53703-0

◆レクイエム　アンナ・アフマートヴァ著，木下晴世編訳　(横浜)群像社　(群像社ライブラリー 37)
【要旨】監獄の前で差し入れを持って並ぶ列の中で「これを書くことができますか」と問われた詩人がともに苦難の中にある人々への思いをつづった詩集『レクイエム』。悪事が行われた場所に生えて笛となりその悪をあばいたと言われる伝説の「葦」を表題にかかげ、忘却にあらがって書き続けられた言葉。孤独と絶望の中でささやく女の声が詩となって私たちに届く。
2017.9 131p 17×12cm ¥1200 ①978-4-903619-80-4

◆レクスロス詩集　ケネス・レクスロス，ジョン・ソルト，田口哲也，青木映子訳編　思潮社　(海外詩文庫)
【要旨】大自然の普遍的な美を取り上げた短篇詩「キングズ・リバー・キャニオン」や、日本の古典詩歌をふまえた情緒溢れる長編詩「摩利支子の愛の歌」などが代表作を収録。文化、社会および環境問題を先見性に富んだ鋭い洞察力で論じた新聞コラム記事を紹介。博学多才で知られるレクスロスを多角的に検証し、その稀有にして波瀾に満ちた生涯の軌跡を辿る。
2017.9 159p B6 ¥1165 ①978-4-7837-2516-9

◆わたしは名前がない。あなたはだれ？—エミリー・ディキンスン詩集　エミリー・ディキンスン著，内藤里永子編・訳　KADOKAWA
【要旨】世に知られずひっそりと生きて、嫁ぐこともなく、55歳で静かに死んだエミリー。33歳から敷地の外へ歩み出ることなく、四季を通して白い服を身につけた。遺された1775編の詩稿と手紙が、眠っていた「沈黙のドラマ」を、死後、白日の明るみに晒すことになった。—アメリカ文学史上の奇跡と言われる詩人の誕生である。
2017.7 175p B6 ¥1400 ①978-4-04-069333-0

日本の小説

日本の小説

明治～昭和初期の小説

◆**大導寺信輔の半生・手巾・湖南の扇 他十二篇** 芥川竜之介作 岩波書店 （岩波文庫） （第6刷）（第1刷1990年）
【要旨】芥川（1892‐1927）は技巧を凝らした歴史小説によって名をなしたが、次第に具体的な現実に関心を移し、深い自己省察に満ちた独特の"私"小説的作品を書きはじめる。自伝的色彩の濃い「大導寺信輔の半生」、狂人であった生母を描く「点鬼簿」等、芥川をより人間的に身近に感じさせる作品を中心に15篇を収めた。
2017.6 291p A6 ¥700 ①4-00-310708-X

◆**杜子春** 芥川龍之介著 KADOKAWA （角川文庫） 改版
【要旨】金持ちの息子、杜子春が財産を使い果たし途方に暮れていると、見かねた仙人に大金を授けられる。しかし、金の有難で態度を変える人間に嫌気がさし、仙人へ弟子入りを志願した。そんな彼に課された条件はたった一つ。「決して声を出さないこと」。虎や蛇、地獄での責め苦にも、決して口を開かなかった彼だったが…。青年が平凡に生きる喜びを見つけるまでを描く「杜子春」ほか、「女」「南京の基督」など全十七篇を収録。
2017.10 322p A6 ¥600 ①978-4-04-106176-3

◆**年末の一日・浅草公園 他十七篇** 芥川竜之介作 岩波書店 （岩波文庫）
【要旨】芥川の作風の転換期とされる中期から後期の作品十九篇を収録した。「年末の一日」は、漱石の墓を訪ねた年末の或る日の出来事と、それに続く微妙な作者の心情を描き出す。シナリオ形式の作品「浅草公園」など、従来の形式や文体とは違った作品を模索している芥川の苦闘する姿が窺える、多彩な小説を選んだ。
2017.6 209p A6 ¥600 ①978-4-00-360029-0

◆**奉教人の死・煙草と悪魔 他十一篇** 芥川竜之介作 岩波書店 （岩波文庫） （第3刷）（第1刷1991年）
【要旨】幼児を救うために火中にとび込む若い殉教者の死と奇蹟を美しく綴った表題作。煙草の日本伝来を考証的説話スタイルで軽妙に語る「煙草と悪魔」。伝説や説話をとりあげて独特な奇警な解釈を与え、巧智極まる文章によって再現してみせる芥川（1892‐1927）の才気に充ちた作品から、いわゆる切支丹物13篇を選び収めた。
2017.5 190p A6 ¥540 ①978-4-00-310705-5

◆**蜜柑・尾生の信 他十八篇** 芥川竜之介作 岩波書店 （岩波文庫）
【要旨】隅田川沿いの生い立ちを反映した最初の小説「老年」、以後、芥川は多彩な短編小説、小品を織りなした。素朴な娘の愛情の表現に、憂鬱な感情を忘れる「蜜柑」、中国古典に拠った愛と詩情を描いた掌篇「尾生の信」。愚ともいえる素朴で正直な人間に、作者は優しいまなざしを向ける。芥川の佳作二十篇を選んで収める。
2017.5 221p A6 ¥600 ①978-4-00-360027-6

◆**雲は天才である** 石川啄木著 講談社 （講談社文芸文庫）
【要旨】詩や短歌では叙情味あふれる作品で天性の才能を発揮し、矛盾に満ちた明治という時代への鋭い考察も相俟って今もなお熱烈な読者を持つ石川啄木が心血を注いだ小説。故郷・渋民村の高等小学校の教員時代に書き出され、青年たちの鬱屈と貧しきと、弱き者の心に共振していく初期短篇三作と、唯一新聞に連載された中篇を収録し、短い生涯を駆け抜けた啄木文学の可能性を提示する。
2017.6 363p A6 ¥1700 ①978-4-06-290353-0

◆**歌行燈** 泉鏡花作 岩波書店 （岩波文庫） 改版
【要旨】私はね…お仲間の按摩を一人殺しているんだ。一寒月冴えわたる桑名の夜、流しの若き旅芸人が酒をあおり語り始めたのは、芸へのおごりが招いたある悲劇。同刻、近くの旅宿では、二人の老客が薄幸の芸妓の身の上話に耳を傾ける。揺らめく町の行燈。交錯する二つの場の語り。それらが混然と融合した時、新たな世界が立ち現れる。
2017.6 154p A6 ¥480 ①978-4-00-360028-3

◆**絵草紙 月夜遊女** 泉鏡花文、山村浩二絵、アダム・カバット校註 平凡社
【要旨】「私を一所に連れておいで。」月夜、大きな鮫鱶を運んでいた吉と音吉の二人。なぜか鮫鱶の肝は、美女に化けてしまう。泉鏡花の怪異譚を山村浩二のイラストで活写した、奇妙で滑稽な新しい絵草紙の誕生！
2017.11 118p B6 ¥1800 ①978-4-582-83768-1

◆**侠黒児** 尾崎紅葉著 （立川）国文学研究資料館、平凡社 発売 （リプリント日本近代文学294）
2017.3 133p B6 ¥2700 ①978-4-256-90294-3

◆**檸檬** 梶井基次郎著、げみ絵 立東舎、リットーミュージック 発売 （乙女の本棚）
【要旨】梶井基次郎の『檸檬』が、書籍の装画やCDジャケットなどで活躍し、幅広い世代から支持を得ているイラストレーター・げみによって、鮮やかに現代にリミックス。不朽の名作が、令和に現代にリミックス。人気シリーズ「乙女の本棚」の第4弾が登場。
2017.7 1Vol. 18×19cm ¥1800 ①978-4-8456-3056-1

◆**竹久夢二童話集** 竹久夢二著 パンローリング
【要旨】大正浪漫、グラフィックデザインの先駆者による児童文学。『草の実』『春』収録。
2017.11 373p B6 ¥1400 ①978-4-7759-4173-7

◆**教科書で読む名作 夢十夜・文鳥ほか** 夏目漱石著 筑摩書房 （ちくま文庫）
【要旨】これまで高校国語教科書に掲載されたことのある短編小説・講演・随筆を中心にした夏目漱石の作品集。教科書に準じた注と図版がついて、読みやすく分かりやすい。解説として「夢十夜」を読むうで必読の名評論も収録。あわせて読むといっそう味わい深い。
2017.2 287p A6 ¥560 ①978-4-480-43415-9

◆**虞美人草** 夏目漱石著 KADOKAWA （角川文庫） 改版
【要旨】美しく聡明だが、我が強く、徳義心に欠ける藤尾には、亡き父が決めた許嫁・宗近がいる。しかし藤尾は宗近ではなく、天皇陛下から銀時計を下賜されるほどの俊才で詩人の小野に心を寄せていた。京都の恩師の娘で清楚な小夜子という許嫁がありながら、藤尾に惹かれる小野。藤尾の異母兄・甲野を思う宗近の妹・糸子。複雑に絡む6人の思いが錯綜するなか、小野が出した答えは…。漱石文学の転換点となる初の悲劇的作品。
2017.6 461p A6 ¥560 ①978-4-04-400284-8

◆**明暗** 夏目漱石著 KADOKAWA （角川文庫） 改版
【要旨】見栄っ張りな津田由雄には、半年余り前に結婚したばかりの妻・お延がいる。しかし津田は、金を裏切って友人と結婚した元婚約者、清子のことがいまだに忘れられなかった。病を患い入院した後、清子が流産し、温泉に逗留中だと知る。未練と期待を胸に、妻へは病気の静養と嘘をついて温泉へ向かう津田だったが、実はお延に二人の関係は知られていて…。漱石最後の作品となった、未完の傑作。
2017.10 654p A6 ¥760 ①978-4-04-106177-0

◆**万寿応賀作品集** 万寿応賀著 （立川）国文学研究資料館、平凡社 発売 （リプリント日本近代文学298）
2017.3 369p B6 ¥4900 ①978-4-256-90298-1

◆**教科書で読む名作 高瀬舟・最後の一句ほか** 森鷗外著 筑摩書房 （ちくま文庫）
【要旨】これまで高校国語教科書に掲載されたことのある森鷗外の小説を中心とした作品集。教科書に準じた注と図版がついて、読みやすく分かりやすい。解説して、森鷗外についての名評論も収録。
2017.5 270p A6 ¥680 ①978-4-480-43419-7

◆**青年** 森鷗外作 岩波書店 改版
【要旨】現代社会を描きたいという希望をもって東京へ出た文学青年小泉純一が、初志に反して伝説を題材とした小説を書こうと決意するまでの体験と知的成長を描く。作中に夏目漱石、木下杢太郎、正宗白鳥、森鷗外自身などをモデルとした作家が登場する。漱石の『三四郎』と並称される、鷗外初の現代長篇小説。明治43‐44年作。
2017.4 349p A6 ¥740 ①978-4-00-360026-9

◆**塵泥** 森鷗外著 （立川）国文学研究資料館、平凡社 発売 （リプリント日本近代文学300）
【目次】うたかたの記、文づかひ、舞姫、そめちがへ
2017.3 211p B6 ¥3300 ①978-4-256-90300-1

◆**瓶詰地獄** 夢野久作著、ホノジロトヲジ絵 立東舎、リットーミュージック 発売 （乙女の本棚）
【要旨】この美しい、楽しい島はもうスッカリ地獄です。浜辺に流れ着いた3通の手紙。そこには、遭難した兄妹の無人島での生活が綴られていた。夢野久作の『瓶詰地獄』が、『刀剣乱舞』のキャラクターデザインなどで知られ、数多くのイラスト・マンガを手がけるイラストレーターホノジロトヲジによって、鮮やかに現代リミックス。
2017.12 60p 17×19cm ¥1800 ①978-4-8456-3137-7

現代の小説（純文学）

◆**仰げば尊し―美崎高校吹奏楽部のファンファーレ** いずみ吉紘脚本、舟場泉美小説 学研プラス
【要旨】県大会を前に、顧問の樋熊が病に倒れる。樋熊ぬきで勝ち抜けるのか、全国の舞台で合奏する夢はかなうのか？ 吹奏楽部の新たな挑戦が始まった…。涙の青春感動ストーリー、完結！
2017.3 259p B6 ¥1300 ①978-4-05-204540-0

◆**碧のみち** 赤松義正作、相馬和彦著 一二三書房
【要旨】4つの舞台と4つのドラマ。「哀しみ」や「困難」の先にある景色とは…。
2017.2 255p B6 ¥1300 ①978-4-89199-418-1

◆**浅草** 福島泰樹編 皓星社 （シリーズ紙碟8）
【要旨】庶民の町・浅草を描く十二の物語。
2017.5 361p B6 ¥4740 ①978-4-7744-0634-3

◆**麻布ハレー** 松久淳、田中渉著 誠文堂新光社
【要旨】1910年、麻布天文台。ハレー彗星が地球へ回帰したその年、僕はかけがえのない女性に出会った。そして交わした、ふたりだけのかたい約束。それを解くのは、76年後の秘密の言葉。「星が綺麗ですね」ひとりの青年の恋と成長が、ハレー彗星の回帰とシンクロしていく、ちょっと不思議な物語。
2017.3 223p B6 ¥1300 ①978-4-416-61708-3

◆**あなたを奪うの。一偏愛小説集** 窪美澄、千早茜、彩瀬まる、花房観音、宮木あや子著 河出書房新社 （河出文庫） （『きみのために棘を生やすの』改題）
【要旨】あなたを絶対手に入れる、どんなことをしても―。許婚を待たなくてはならない女、恋人に過去を知られたくない女、小島と男を奪い合う女、愛人と夫との間で揺れ動く女、若くてきれいな男しか愛せない女…。略奪愛をテーマに、燃え上がりはじける愛のひとが、5人の女性作家たちが紡いだ、におい立つようなめくるめく恋愛譚。
2017.3 214p A6 ¥580 ①978-4-309-41515-4

◆**アンソロジー 隠す** 大崎梢、加納朋子、近藤史恵、篠田真由美、柴田よしき、永嶋恵美、新津きよみ、福田和代、松尾由美、松村比呂美、光原百合著 文藝春秋
【要旨】あなたが隠したいものは、なんですか？ 机の中に、記憶の中に、人生のどこかに…「隠す」をテーマに描かれる、11の不穏で切実な人間ドラマ。
2017.2 342p B6 ¥1600 ①978-4-16-390597-6

◆**アンソロジーしずおか 純文学編** アンソロジーしずおか編集委員会編 （静岡）静岡新聞社
【要旨】静岡にゆかりある純文学作品のなかから、今という時代だからこそ響く13の作品を選びました。おだやかだなんて、真っ赤な嘘。ひそやかに燃えるブルーの焔のように熱く、純な『静

岡』を。読んで、感じる。心ざわつく13の物語。
2017.2 292p B6 ¥1800 ①978-4-7838-2255-4

◆"異界"文学を読む　東郷克美, 高橋広満編　鼎書房
【目次】龍潭譚(泉鏡花)、狐(永井荷風)、西班牙犬の家(佐藤春夫)、奉教人の死(芥川龍之介)、母を恋ふる記(谷崎潤一郎)、Kの昇天(梶井基次郎)、瓶詰の地獄(夢野久作)、押絵と旅する男(江戸川乱歩)、魚服記(太宰治)、猫町(萩原朔太郎)、川(岡本かの子)、へんろ宿(井伏鱒二)、狐憑(中島敦)、水月(川端康成)、補陀落渡海記(井上靖)
2017.2 237p A5 ¥2000 ①978-4-907282-29-5

◆一礼して、キス　豊田美加著, 加賀やっこ原作　小学館（小学館文庫）
【要旨】受験を控えた岸本杏は、弓道部部長の座を超イケメンな後輩・三神曜太に譲ることになる。三神は学校中の女子を虜にする容姿を持ち、その上弓道ではインターハイへいくほどの実力者。そんな三神から一途に想われていたことを知った杏は戸惑うものの、自分の全てをぶつけて愛してしまう不器用な三神、気付けば杏も好きになっていて…。加賀やっこ作、累計100万部突破の大人気恋愛コミックスを完全ノベライズ！好きに好きなのに素直になれない、史上最高の偏愛・ラブストーリー！
2017.10 189p A6 ¥490 ①978-4-09-406463-6

◆一週間フレンズ。　きりしま志帆著, 葉月抹茶原作, 泉澤陽子脚本　スクウェア・エニックス
【要旨】高校二年生の長谷祐樹は、出会った日から惹かれていた同級生・藤宮香織に「友達になってください」と声をかける。ところが香織は、祐樹をかたくなに拒みつづける。実は香織には、友達のことを一週間で忘れてしまうという秘密があった一。涙あふれる青春ピュアラブストーリー「一週間フレンズ。」実写映画ノベライズ！
2017.1 223p A6 ¥556 ①978-4-7575-5238-8

◆いつまた、君と―何日君再来（ホーリージュンザイライ）　芦村朋子原作, 山本むつみ脚本, 五十嵐佳子ノベライズ　朝日新聞出版（朝日文庫）
【要旨】俳優・向井理の祖母の半生を映像化した珠玉のラブストーリーを完全ノベライズ。脳梗塞で入院した祖母・朋子の頼みで、手記をパソコンで入力することになった大学生の理。そこに綴られていたのは、今まで知ることのなかった祖父母の波乱の歴史と家族への深い愛情だった。
2017.5 199p A6 ¥540 ①978-4-02-264847-1

◆岩手の純文学　道又力編　東洋書院
【目次】氷柱(森荘巳池)、動物園(儀府成一)、盆栽記(川村公人)、日本の牙(池山廣)、蟹の町(内海隆一郎)、踊ろう、マヤ(有為エンジェル)、葡萄(佐藤庫八子)
2017.3 318p A6 ¥2315 ①978-4-88594-506-9

◆映画 兄に愛されすぎて困ってます　豊田美加著, 夜神里奈原作, 松田裕子脚本　小学館（小学館文庫）
【要旨】初恋の人に告白して撃沈してから、小沢くん、山田先輩、あきらくん、滝沢先輩、永谷くん…せとかには、失恋街道を驀進中。ところが十七歳のせとかに突然モテ期が到来！美5千秋、芹川高繼に告白されリア充経験ができる！と思っていたのに、なぜかうまくいかない。なんと、お兄・はるかが、私の恋路を邪魔していたのだ！いくらお兄でも許せない。そう思っていたら、そこには衝撃の事実があった…。累計180万部突破のコミックス「兄に愛されすぎて困ってます」が映画化。映画の胸キュンをたっぷりのせてノベライズ。せとかに彼氏はできるのか？驚きの結末！
2017.6 178p A6 ¥490 ①978-4-09-406419-3

◆小川洋子の陶酔短篇箱　小川洋子編著　河出書房新社（河出文庫）
【要旨】短篇と短篇が出会うことでそこに光が瞬いて、どこからともなく思いがけない世界が浮かび上がって見えてくる—川上弘美「河童玉」、泉鏡花「外科室」など魅惑の短篇十八篇と小川洋子の解説エッセイが奏でる極上のアンソロジー。
2017.6 354p A6 ¥860 ①978-4-309-41536-9

◆風の色　クァクジェヨン原案, 鬼塚忠著　講談社（講談社文庫）
【要旨】もし、この世界に、もう一人の自分がいたら。そして運命の人と出会ってしまったら。流氷の北海道・知床と東京。そこに生きる二組の男女。二つの時空が交錯し、結ばれる愛の先

には。映画「猟奇的な彼女」の監督と小説『花戦さ』の作者がタッグを組み、人間存在の本質をミステリータッチで描く、究極の恋愛物語。
2017.11 251p A6 ¥600 ①978-4-06-293769-6

◆家族はつらいよ 2　小路幸也著, 山田洋次原作・脚本, 平松恵美子脚本　講談社（講談社文庫）
【要旨】熟年離婚の危機を乗り越えた平田周造は、運転好きの頑固な高齢者。しかし自損事故をきっかけに、家族に「免許返納」を求められ憤慨する。そんな折、彼は高校時代の同級生と再会し、互いの境遇の違いを実感させられるのだった。「男はつらいよ」の山田洋次監督が描く新作喜劇映画シリーズ、小説化第2弾！
2017.3 218p A6 ¥580 ①978-4-06-293568-5

◆からっぽないくつ どうようびはまだ―子どもが家族に贈る「ありがとう」短編集　「いつもありがとう」作文コンクール書籍制作委員会編　幻冬舎メディアコンサルティング, 幻冬舎 発売
【要旨】子どもならではの視点や、みずみずしい言葉、独特の発想が、大人が見落としていた何かを教えてくれる10篇の物語を収録。
2017.4 232p B6 ¥1300 ①978-4-344-91209-0

◆彼らが本気で編むときは、　荻上直子原作, 百瀬しのぶノベライズ, 今日マチ子絵　PARCO出版
【要旨】優しさに満ちたトランスジェンダーのリンコと彼女の心の美しさに惹かれすべてを受け入れる恋人のマキオ。そんなカップルの前に現れた愛を知らない孤独な少女トモ。桜の季節に出会った3人がそれぞれの幸せを見つけるまでの心温まる60日間を描いた物語。
2017.1 221p A6 ¥630 ①978-4-86506-203-8

◆カンナさーん！小説版　青柳美穂著, 深谷かほる原作　集英社（集英社文庫）
【要旨】「こんないい女と別れたいだぁぁ!?」離婚を言い渡されてカンナは激怒した。原因は浮気。ごめんと謝る夫を家から叩き出し、四歳になる息子の麗音と二人で生きていくことを決意する。仕事と育児の両立の難しさに加え、のしかかる家計の不安。それでもカンナはくじけない。どんな逆境も愛と勇気で乗り越えるスーパー主婦が周囲を巻き込んで繰り広げる、笑いあり涙ありのポジティブハッピー小説。
2017.6 292p A6 ¥500 ①978-4-08-745603-5

◆季刊文科セレクション　季刊文科編集部編著　鳥影社
【目次】いわしの目ん玉(城戸則人)、たみ子の人形―あの年の夏(渡辺毅)、月の夜は(和田信子)、妄想同盟(藤田優子)、紅い造花(難波田節子)、淡し柿(井藤鬣)、梨の花(斎藤史子)、昭和者がたり、ですネン(土井荘平)
2017.3 314p A6 ¥1800 ①978-4-86265-642-1

◆きみは嘘つき　彩瀬まる, 加藤千恵, 寺地はるな, 中澤日菜子, 額賀澪, 椰月美智子著　角川春樹事務所（ハルキ文庫）
【要旨】どうして私たちは、嘘ばかりつくんだろう―「花が咲くまで待って」。思いがけず再会した初恋の人「恋の値段」。婚約者とともに故郷を訪れた美しい姉「ランドクルーザー田園を行く」。父と子の秘密と冒険「ユウマ」。嘘でつながりたがる少女「読書する女の子」。老舗喫茶店でくり広げられる、ある夏の日「純喫茶パオーン」。六人の女性作家が描く、それぞれの嘘。贅沢なアンソロジー。
2017.8 238p A6 ¥600 ①978-4-7584-4109-4

◆キャプテンそれが青春なんだ　ちばあきお原作, 山田明小説　学研プラス（部活系空色ノベルズ）
【要旨】墨谷二中野球部は、新キャプテン・イガラシのもと優勝候補と噂されるほどの実力をつける。ところが、全国大会を前にその厳しすぎる特訓が大問題となって…。傑作野球マンガの小説版。
2017.8 332p B6 ¥1300 ①978-4-05-204682-7

◆教科書で読む名作 セメント樽の中の手紙ほか プロレタリア文学　葉山嘉樹ほか著　筑摩書房（ちくま文庫）
【要旨】これまで高校国語教科書に掲載されたことのある、プロレタリア文学のアンソロジー。教科書に準じた注と図版を付した。理解を深めるプロレタリア文学についての対談も収録。
2017.8 287p A6 ¥740 ①978-4-480-43417-3

◆黒い結婚 白い結婚　窪美澄, 深沢潮, 木原音瀬, 中島京子, 瀧羽麻子, 森美樹, 成田名璃子著　講談社

【要旨】7人が競作！男と女の不思議なかたち。墓場か、楽園か。
2017.3 187, 186p B6 ¥1500 ①978-4-06-220504-7

◆建築文学傑作選　青木淳選　講談社（講談社文芸文庫）
【要旨】建築学科の必読書は谷崎「陰翳礼讃」であるという。文学と建築。まったく異なるジャンルでありながら、そのたたずまいやかたちに文学を思わせる建築、そして構造、手法に建築を思わせる文学がある。構成、位相、運動、幾何学、連続/不連続―日本を代表する建築家が選び抜いた、既存の読みを覆す傑作"建築文学"十篇。　2017.3 411p A6 ¥1850 ①978-4-06-290340-0

◆恋いして―播火100号記念同人競作集　柳谷郁子監修・編　(長野)ほおずき書籍, 星雲社 発売
【要旨】「播火」100号記念、13人の同人による書き下ろし競作集。
2017.1 379p B6 ¥1600 ①978-4-434-22932-9

◆恋と嘘 映画ノベライズ　有沢ゆう希著, ムサヲ原作　講談社（講談社文庫）
【要旨】この国では、十六歳になると運命のパートナーを知らせる"政府通知"が届く。その異性は遺伝子データに基づいた最良の結婚相手だ。優柔不断だけれど葵に通知された相手は、超美男子で大病院の御曹司・高千穂。幼なじみの司馬への淡い想いは、高千穂とデートするうちにだんだん…。でも!?映画「恋と嘘」ノベライズ！
2017.9 208p A6 ¥580 ①978-4-06-293762-7

◆言の葉の庭　新海誠原作, 加納新太著　KADOKAWA
【要旨】靴職人を志す高校生・秋月孝雄はある雨の朝、学校をさぼり、日本庭園で靴のスケッチを描いていた。そこで出会った謎めいた年上の女性、ユキノ。やがて二人は約束もないまま雨の日だけの逢瀬を重ねるようになり、心を通わせていくが、梅雨は明けようとしていた…。思春期ゆえの内面の機微を繊細に描き出すことで、主人公・孝雄の心情に迫る加納新太版ノベライズ！
2017.8 235p B6 ¥1300 ①978-4-04-734789-2

◆今夜、勝手に抱きしめてもいいですか？　蒼井ブルー原作, 三津留ゆうき著　KADOKAWA
【要旨】蒼井ブルーのつぶやきを小説化!!
2017.3 271p A6 ¥1200 ①978-4-04-105057-6

◆詩人小説精華集　長山靖生編　彩流社
【要旨】北原白秋、萩原朔太郎、中原中也、立原道造、高村光太郎…詩人たちの「詩想」あふれる小説の世界！これまであまり知られなかった瑞々しい詩人の小説の世界を読みやすい現代仮名遣いで。
2017.11 325p A5 ¥2400 ①978-4-7791-2408-2

◆小辞譚―辞書をめぐる10の掌編小説　文月悠光, 澤西祐典, 小林恭二, 中川大地, 三遊亭白鳥, 藤谷文子, 木村衣有子, 加藤ジャンプ, 小林紀晴, 藤谷治著　猿江商會
【要旨】詩人、小説家、女優、落語家、写真家、批評家…、異なる10の才能が描く"辞書と言葉と想い"の小さな物語。
2017.4 168p 18×12cm ¥1600 ①978-4-908260-07-0

◆小説 あゝ、荒野 前篇　大石直紀著, 港岳彦, 岸善幸脚本, 寺山修司原作　小学館（小学館文庫）
【要旨】二〇二一年、新宿。少年院帰りで、住む家も仕事もない沢村新次。吃音障害と赤面対人恐怖症に悩み、他者との関係を築くのが苦手な二木建二。ある日、対照的な二人の若者が、プロボクサーを目指し、さびれたジムで奇妙な共同生活を始める。やがて二人は友情を育み成長を遂げていくが、その一方で、母親との離別、父親からの暴力、仲間の裏切り…、それぞれが抱える問題に向き合うことになる。新宿という都会の荒野の真ん中で孤独と戦い、誰かと繋がりたいと渇望する人々を描いた、魂を揺さぶる青春物語。寺山修司唯一の長編小説を現代に甦らせた映画版をノベライズ。
2017.10 292p A6 ¥510 ①978-4-09-406468-1

◆小説 あゝ、荒野 後篇　大石直紀著, 港岳彦, 岸善幸脚本, 寺山修司原作　小学館（小学館文庫）
【要旨】プロボクサーを目指し共同生活を始めた、少年院帰りの不良・沢村新次と、庄屋で働く引っ込み思案な二木建二。性格は対照的だが、二人はいつしか深い絆で結ばれていった。だが、見

ず知らずの人を憎み、打ち負かすことへの疑問を払拭できない建二は、自分を埋めようともがく二人の若者の夏合宿を経験し、成長を遂げた二ツ坂。しかし秋の大会で宿敵の國陵と対戦し、まさかの出来事で青春は部活動に、現代を舞台に蘇らせた映画版を完全ノベライズ。感動のラストを迎える後篇。
2017.10 189p A6 ¥500 ①978-4-09-406469-8

◆**小説あさひなぐ** きりしま志帆著、こざき亜衣原作 小学館 (小学館文庫)
【要旨】二ツ坂高校に入学した東島旭は、元美術部で運動音痴。先輩の宮路真奈の熱さに憧れて"なぎなた部"に入部すると、過酷な稽古の日々が始まった。インターハイ予選で、二ツ坂はノーマークの國陵に敗北。なかでも一年生エースの一堂寧々の強さは圧倒的だった。山奥の寺で地獄の夏合宿を経験し、成長を遂げた二ツ坂。しかし秋の大会で宿敵の國陵と対戦し、まさかの出来事で青春は部活動に失くなってしまう。精神的な支柱を失った二ツ坂を一つにするため、旭は動き出すが…。"なぎなた"に全てをかける女子高生の青春を瑞々しく描いた映画を完全ノベライズ!
2017.9 205p A6 ¥510 ①978-4-09-406451-3

◆**小説 あなたのことはそれほど 上** いくえみ綾原作、吉澤智子脚本、青山美智子子著 祥伝社
【要旨】私、2番目に好きな人と結婚しました—偶然の再会から始まる、大人のいびつなラブストーリー。話題の"ザワキュン"ドラマが小説に!
2017.6 226p B6 ¥1400 ①978-4-396-61607-6

◆**小説 あなたのことはそれほど 下** いくえみ綾原作、吉澤智子脚本、青山美智子子著 祥伝社
【要旨】話題の"ザワキュン"ドラマが小説に! 大人の四角関係その衝撃の結末は…!? 第6話~最終話分を収録。
2017.6 215p B6 ¥1400 ①978-4-396-61610-6

◆**小説 写真甲子園—0.5秒の夏** 菅原浩志案、樫辺勒著 新評論
【要旨】ひと夏のフォト・グラフィティ。舞台は北海道東川町、「日本一の写真部」をめざす高校生たちの成長ストーリー。
2017.9 231p B6 ¥1600 ①978-4-7948-1078-6

◆**小説 春一番—キャンディーズに恋した作曲家** 穂口雄右、増島巳巳著 マガジンランド
【要旨】たそがれの空が、満開の桜に彩られた東京の街を見おろしている。その真ん中に巨大な円を描いた後楽園球場が、あふれんばかりの観客で埋め尽くされている…あの日からやがて40年…。
2017.4 223p A5 ¥1389 ①978-4-86546-151-0

◆**小説 星を追う子ども** 新海誠原作、あきさかあさひ著 KADOKAWA (角川文庫)
【要旨】山間の町・溝ノ淵に暮らす少女アスナはある日、アガルタという地から来た少年シュンと出会う。2人は心を通わせるが、シュンは突然姿を消してしまう。「もう一度あの人に会いたい」と願うアスナの前にシュンと瓜二つの少年シンと、失われた地上を探し求める教師モリサキが現れる。3人はそれぞれの思いを胸に、伝説の地へ。それは、"さよなら"を言うための旅となる。「君の名は。」新海誠監督の劇場アニメ「星を追う子ども」を小説化。
2017.6 246p A6 ¥560 ①978-4-04-102631-1

◆**小説 夜明け告げるルーのうた** 湯浅政明原作、三萩せんや著 KADOKAWA
【要旨】"××だ"その二文字を口にするのが、どれほど難しいことか—。ポップで躍動感あふれる、湯浅ワールド全開のアニメーションを小説で紡ぎだす。さらにアニメでは描ききれなかった、父・則夫たちの目線からの物語も交えた、もうひとつの「ルー」の作品世界がここに。
2017.5 253p B6 ¥1200 ①978-4-04-069228-9

◆**小説BOC (ボック) 6** 小説BOC編集部編 中央公論新社
【要旨】競作連載第6回・螺旋—横断コラボ決行、8作品に"共通シーン"!? 読み切り特集・JKさくら一冊を通わせるが、シュンは名前をもつ女子高生のあの子。特集・モテ本! つながる読書。中央公論新社創業一三〇周年記念企画。
2017.7 451, 29p A5 ¥1000 ①978-4-12-004994-1

◆**小説 DESTINY 鎌倉ものがたり** 西岸良平原作、山崎貴監督・脚本・VFX、蒔田陽平ノベライズ 双葉社 (双葉文庫)

【要旨】鎌倉に暮らすミステリー作家・一色正和のもとに嫁いできた亜紀子は、その生活に驚くばかか。ここ鎌倉では、人間も幽霊も魔物も神様も仏様もみんな仲良く暮らしていたのだ。そして、鎌倉署の捜査にも協力する夫・正和は、小説の仕事に加え、多趣味でもあり忙しい。亜紀子の理想とはちょっと違うが楽しい新婚生活が始まり…!? しかしある日、病に倒れた正和が目を覚ますと、亜紀子の姿が消えていた。夫への愛にあふれた手紙を残して。映画ノベライズ版。
2017.12 205p A6 ¥537 ①978-4-575-52054-5

◆**ショートショートの宝箱—短くて不思議な30の物語** 光文社文庫編集部編 光文社 (光文社文庫)
【要旨】電車の待ち時間に。ランチのお供に。仕事や家事や勉強に疲れたときに。そして、ベッドに入る前のひとときにも。この本を開けば、いつでもどこでも、あなたの前に別世界への扉が開きます。一話五分以内で読める、とびきり短くて面白いお話を三〇編集めました。ほっこりしたり、じんときたり、あっと驚いたり。どうぞ、あなたのお気に入りを見つけてください。
2017.4 265p A6 ¥580 ①978-4-334-77459-2

◆**ショートショートの花束 9** 阿刀田高編 講談社 (講談社文庫)
【要旨】残業後の夜遅くに乗るバスには、なぜかいつも同じ男が(「チキンレース」)、憧れの先輩との初ドライブでわかった彼女の真の姿とは(「かもしれない運転」)…採点は各九・五点。奇想天外な発想やドンデン返しから、心温まる物語まで、短編の名手が厳選した60編。選評には創作に役立つヒントが満載!
2017.4 265p A6 ¥750 ①978-4-06-293644-6

◆**人工知能の見る夢は—AIショートショート集** 新井素子、宮内悠介ほか著、人工知能学会編 文藝春秋 (文春文庫)
【要旨】日本を代表するSF作家たちが人工知能を題材にショートショートを競作し、それを「対話システム」「神経科学」「自動運転」「人工知能と法律」「環境に在る知能」「人工知能と哲学」「ゲームAI」「人工知能と創作」の8つのテーマ別に編集、テーマごとに第一線の研究者たちが解説を執筆した画期的コラボ企画。"AI作家"の新作「人狼知能能力測定テスト」も収録。文庫オリジナル。
2017.5 318p A6 ¥780 ①978-4-16-790850-8

◆**絶望図書館—立ち直りそうもないとき、心に寄り添ってくれる12の物語** 頭木弘樹編 筑摩書房 (ちくま文庫)
【要旨】気持ちが落ち込んで、どうしようもない。はげましの言葉も心に届かない。そんなときは、絶望図書館を訪れてみよう。そこには世界中からさまざまなジャンルの物語が集めてある。せつない話、とんでもない話、どきりとする話などなど。すべて、絶望した気持ちに寄り添ってくれるものばかり。今の気持ちにぴったりの物語がきっと見つかる。こんな図書館も世の中にひとつくらいはあっていいだろう。
2017.11 363p A6 ¥840 ①978-4-480-43483-8

◆**千住クレイジーボーイズ** 高羽彩原作、諸星久美ノベライズ センジュ出版
【要旨】かつては一世を風靡したものの今や人気ガタ落ちのアラサービン芸人・恵喜。貯金は底をつき、家も追い出され、昔組んでいた漫才コンビ「クレイジーボーイズ」の相方・行が住む東京足立区・北千住エリアの家に転がり込む。そこで出会うは、シングルマザーや、元ヤンキーの床屋や、銭湯のダンナや、個性豊かなまちの面々。そのおせっかいさに恵喜は「ぬるい」「ダサい」と突っかかりトラブルばかり。しかし、そんな人たちに触れるうち、恵喜の心と生活に変化が生まれて…。このまちのもの哀しさと温もりが詰まった、NHK地域発ドラマを小説化。
2017.8 220p 19x14cm ¥1400 ①978-4-908586-03-3

◆**第十三回岡山県「内田百閒文学賞」受賞作品集** 畔地里美、伊藤大輔、小浦裕子、馬場友紀著 作品社
【目次】最優秀賞 プラット(畔地里美)、優秀賞 桃の寺(伊藤大輔)、優秀賞 夏服線(小浦裕子)、優秀賞 大正受験事情(馬場友紀)
2017.5 315p A6 ¥926 ①978-4-86182-625-2

◆**ダッチワイフ—sex doll** 伴田良輔編 皓星社 (シリーズ紙礫 11)
【要旨】代用品か、恋人か。セックスドールをめぐる物語。
2017.10 318p B6 ¥2000 ①978-4-7744-0644-2

◆**耽美—estheticism** 平山瑞穂編 皓星社 (シリーズ紙礫 12)

【要旨】最上の美とは、人と人との関係性において現れる「美しい」と思える要素がなんらかの形で突出している作品を集めた。
2017.12 335p B6 ¥2000 ①978-4-7744-0646-6

◆**短編学校** 集英社文庫編集部編 集英社 (集英社文庫)
【要旨】個性あふれる作家陣が、大人への階段を上ろうとする人生の一瞬を鋭くとらえた短編作品集。内面から湧き出る衝動をもてあまし、人生のほろ苦さを味わいながらも大人未満のところにいる。そんな人々が集まる場所。人気作家勢揃いのアンソロジー。
2017.6 444p A6 ¥720 ①978-4-08-745596-0

◆**短篇集 そして NO14** (千葉)そして企画、(鎌倉)冬花社 発売
【目次】エッセイ これからの文学(三木卓)、夕日の中で(山本洋)、白い家(伏本和代)、アルトのひと(原雅子)、ネオンサイン(石沢千鶴子)、児童文学 すけっと(和木亮子)、浅春(一川一)、つばめ食堂(宇梶紀夫)
2017.4 265p A6 ¥1500 ①978-4-908004-17-9

◆**短編少女** 集英社文庫編集部編 集英社 (集英社文庫)
【要旨】恋に恋する女の子のささやかな成長。家出した少女の冒険と、目の当たりにした社会の現実。早熟な少年が抱く不安と、それをほぐす女の子のやさしさ。「少女」をキーワードに綴った傑作短編9編を収録。多感な時期の愛しさとせつなさ、ときに切ない表情、そしてそれらの先にある成長を、思い出のアルバムをめくるように楽しんでください。それぞれの作家の魅力も体感できる贅沢な一冊。
2017.4 380p A6 ¥620 ①978-4-08-745573-1

◆**短編少年** 集英社文庫編集部編 集英社 (集英社文庫)
【要旨】人気作家の贅沢な競演。少年をテーマに綴られた短編作品9編を収録したアンソロジー。
2017.5 371p A6 ¥620 ①978-4-08-745589-2

◆**短編伝説—めぐりあい** 集英社文庫編集部編 集英社 (集英社文庫)
【要旨】「めぐりあい」をキーワードに編まれた短編アンソロジー。人と人とが出会うときに生まれる、ときに感動的な、ときに意外な、ときに不思議なドラマを、作品の数だけ味わえます。これまで触れたことのなかった作家や、好きな作家のまだ見ぬ名品との「めぐりあい」が、この本にはあるはず。ふだんあまり読まない方は日本の文学の底力を感じ、読書好きはきっと納得。自信を持ってお届けする13編。
2017.8 467p A6 ¥780 ①978-4-08-745627-1

◆**短編伝説—愛を語れば** 集英社文庫編集部編 集英社 (集英社文庫)
【要旨】愛だけでは生きていけない。だけど、愛がない人生はつまらない。人生にうるおいを、読書にも愛を。一口に愛といってもその形はさまざま。異性への愛、兄弟愛、友情愛、祖国愛etc. 収録作品のジャンルも純文学から恋愛小説、時代小説までバラエティ豊か。笑える話も、泣ける話もあって、楽しい作品ばかり。これをきっかけに、豊かな読書ライフを始めてみては? 短掌編あわせて19本、自信と信頼のラインナップ。
2017.10 459p A6 ¥780 ①978-4-08-745653-0

◆**短編伝説—旅路はるか** 集英社文庫編集部編 集英社 (集英社文庫)
【要旨】「旅」をキーワードに名作短編を紹介するアンソロジー。地球を離れて遠くの惑星まで行くストーリーから、空港からホテルに行くつもり、という話、さらには心理的な距離感になぞらえた作品まで、緩急自在、多種多様な「旅」。物語に触れるとき、心は時間と空間を飛び越えます。旅とは、まさに旅そのもの。本書は、ここではないどこかへ行きたいあなたを、新たな読書の世界へと招待する本です。
2017.12 515p A6 ¥840 ①978-4-08-745680-6

◆**短篇ベストコレクション—現代の小説 2017** 日本文藝家協会編 徳間書店 (徳間文庫)
【要旨】小説は立ち止まってはいけないものなのだ。常に新しい試みに挑み、マンネリズムに抗って、自らが変貌しようと模索しなくてはならないものなのだ—作家は日々その闘いを繰り広げている。ここに集いし17名は、2016年に文芸誌に発表された全短篇のなかから厳選された作品を擁して、日本の小説の底力と未来を読者に問うている。これでいいのか? もっとなのか、どうなんだ!
2017.6 525p A6 ¥800 ①978-4-19-894341-7

現代の小説（純文学）

◆"都市"文学を読む　東郷克美, 吉田司雄編
鼎書房
【目次】夜行巡査（泉鏡花）、十三夜（樋口一葉）、少女病（田山花袋）、窮死（国木田独歩）、秘密（谷崎潤一郎）、小僧の神様（志賀直哉）、舞踏会（芥川龍之介）、檸檬（梶井基次郎）、街の底（横光利一）、交番前（中野重治）、水族館（堀辰雄）、目羅博士（江戸川乱歩）、木の都（織田作之助）、橋づくし（三島由紀夫）、人間の羊（大江健三郎）
2017.6 237p A5 ¥2000 ①978-4-907282-28-8

◆図書館情調―Library & Librarian　日比嘉高編　皓星社　（シリーズ紙礫 9）
【要旨】『図書館文学』傑作撰。
2017.6 273p B6 ¥2000 ①978-4-7744-0635-0

◆突然ですが、明日結婚します　豊田美加著, 宮園いづみ原作, 山室有紀子, 倉光泰子脚本　小学館　（小学館文庫）
【要旨】大手銀行に勤める高嶺あすかは、「専業主婦」になることが夢。人気アナウンサーの名波竜は「絶対に結婚したくない男」。結婚に対する価値観が全く合わない男と女が出会い、知れば知るほど強烈に惹かれ合ってしまう。やがて、元恋人などの異性の登場で、二人の状況はより複雑さを増していくことに。宮園いづみの人気コミックを原作に、最旬のラブストーリーとして話題のテレビドラマをノベライズ。様々な登場人物たちが、互いの「恋愛観」「結婚観」「人生観」をぶつけ合い、リアルな恋愛模様を繰り広げる。果たして、あすかと名波の恋の着地点はいかに!?
2017.3 253p A6 ¥570 ①978-4-09-406404-9

◆泥棒役者　三羽省吾小説, 西田征史原作
KADOKAWA　（角川文庫）
【要旨】かつて鍵開けの名人だったはじめは、泥棒から足を洗って小さな町工場で働いていた。しかし出所した先輩泥棒の畠山に脅され、泣く泣く盗みを手伝わされることに。忍び込んだ先は絵本作家の豪邸だった。嫌々ながらふたりで金品を物色していると、不意に何者かが玄関に入ってきた。はじめは自分が家主であると嘘をつき必死に演じたのが、今度は"本物"の家主であり絵本作家がリビングに現れて…。曲者たちの騙し合いの結末は!?
2017.9 205p A6 ¥520 ①978-4-04-105494-9

◆2030年の旅―BOCアンソロジー　「小説BOC」編集部編　中央公論新社　（中公文庫）
【要旨】東京オリンピックからさらに十年後。仕事は、恋愛は、科学は、そしてこの国はどのように変わっているのだろう。空間を超えて他人と認知を共有できる新技術「RR」。意識上で不思議な人が奇妙な体作りを始めた「邂逅」（恩田陸）など八つの短編を収録。それぞれジャンルの異なる豪華作家陣が紡ぎだす、日本の明るい未来!
2017.10 260p A6 ¥540 ①978-4-12-206464-5

◆ニャンニャンにゃんそろじー　有川浩, ねこまき, 蛭田亜紗子, 北道正幸, 小松エメル, 益田ミリ, 真梨幸子, ちっぴ, 町田康著　講談社
【要旨】『ねこじといっちゃん』『ツバネこ』出張掲載、「ブーねこ」作者の描き下ろしも収録! 小説と漫画の垣根を越える、猫愛あふれるアンソロジー。
2017.4 244p B6 ¥1400 ①978-4-06-220517-7

◆猫が見ていた　湊かなえ, 有栖川有栖, 柚月裕子, 北村薫, 井上荒野, 東山彰良, 加納朋子著
文藝春秋　（文春文庫）
【要旨】現代を代表する人気作家たちが猫への愛をこめて書き下ろす猫の小説、全7編。作家の家の庭に住みついた野良猫。同じマンションの女の猫が迷い込んできたことで揺れる孤独な女の心。猫にまつわる絵本に描かれた絵本ばかり…ミステリアスな猫たちに翻弄される文庫オリジナルアンソロジー。巻末にオールタイム猫小説傑作選も収録。
2017.7 226p A6 ¥600 ①978-4-16-790890-4

◆猫ミス!―BOCアンソロジー　「小説BOC」編集部編　中央公論新社　（中公文庫）
【要旨】ミステリアスな"相棒"をめぐる全八篇―新井素子×黒猫の独白、秋吉理香子×野良猫見守り隊、芦沢央×少年名探偵と仔猫、小松エメル×猫になりたがる妹、恒川光太郎×妖怪ケショウ、菅野雪虫×オッドアイと"死神"、長岡弘樹×高齢者とペットに、探偵ニャンロックホームズ。バラエティ豊かな文庫オリジナルアンソロジー。
2017.10 251p A6 ¥600 ①978-4-12-206463-8

◆俳句でつくる小説工房　堀本裕樹, 田丸雅智著　双葉社
【要旨】読者の詠んだ3631句から言葉の匠ふたりがつくりあげた物語の宝石箱。世界一短い詩と世界一短い小説が史上初のコラボ。面白さいいとこ取り!
2017.10 275p B6 ¥1400 ①978-4-575-24062-7

◆走る?　東山彰良, 中田永一, 柴崎友香, 王城夕紀, 佐藤友哉, 遠藤徹, 前野健太, 古川日出男, 岩松了, 小林エリカ, 恒川光太郎, 服部文祥, 町田康, 桜井鈴茂著　文藝春秋　（文春文庫）
【要旨】人生は走ることに似て、走ることは人生に似ている―。芥川・直木賞作家から青春エンタメ小説の名手まで、暑い夏を見ない豪華メンバーが"走る"をテーマに競作した短編14作、ここに集合! 人が次の一歩を踏みだそうとする時、その背中をそっと押してくれる、バラエティー豊かな作品が目白押し。異色のアンソロジーをご堪能あれ。
2017.8 260p A6 ¥700 ①978-4-16-790912-3

◆8年越しの花嫁―奇跡の実話　ノベライズ版
岡田惠和脚本, 国井桂ノベライズ　主婦の友社
【要旨】結婚式の直前、意識不明となった花嫁を新郎は8年間待ち続けた―。そして、結婚の約束から8年。二人が訪れる最高の奇跡とは…。感動の実話を完全小説化!
2017.12 221p A6 ¥630 ①978-4-07-427454-3

◆はなだより―ほのぼのログanother story
藤谷燈子著, 深町なか原案・装画
KADOKAWA
【要旨】Twitterフォロワー数61万人の大人気イラストレーター、深町なかの世界をノベライズ。
2017.4 245p A6 ¥1200 ①978-4-04-103831-4

◆昼顔　井上由美子脚本, 百瀬しのぶノベライズ
扶桑社
【要旨】お互いに結婚していながら、惹かれ合い愛し合うようになった紗和と北野。その関係はいつしか明るみになり、別れざるを得なくなってしまった。あれから3年―。運命のいたずらか、再びめぐり合う二人。あの時に交わした愛を忘れられず、どちらからともなく逢瀬を重ねていく。そんな中、二人の前に現れたのは…。
2017.6 230p B6 ¥1300 ①978-4-594-07727-3

◆昼顔 Another End―平日午後3時の恋人たち　井上由美子脚本, 百瀬しのぶノベライズ
扶桑社　（扶桑社文庫）
【要旨】ある日の午後、笹本和我（上戸彩）はパート帰りの滝川利佳子（吉瀬美智子）に呼び止められる。利佳子は紗和のある秘密を目撃し、そのことを黙っている代わりに不倫のアリバイ作りに協力するよう求めてきた。夫と2人、平穏な生活を送っていた紗和だが、"幸せ"を守るために利佳子に従う。その過程で紗和は、高校教師の北野裕一郎（斎藤工）に出会い、惹かれてゆくが、彼には妻がいた。しかし、やがて越えてはいけない一線を越えてしまい…。
2017.5 396p A6 ¥740 ①978-4-594-07725-9

◆冬の虫―ゆきのまち幻想文学賞小品集　26
萩尾望都, 乳井昌史著, ゆきのまち通信編（青森）企画集団ぷりずむ
【目次】大賞（冬の虫（伊藤万記））、準大賞（倍音の雪（大滝ダイゴウ））、準長編賞（トラッパー・ミック―Trapper Mick（山岸行輝）、さかな橋を渡って（最後の父（柴金顕斗）、つくも神（あまのかおり） ほか）、長編佳作（ミドリ様にきいてみて（黒田衿））、入選（はらもけけ（五十月彩）、南雲（中村明美）ほか）
2017.3 191p B6 ¥1727 ①978-4-906691-58-6

◆文学　2017　日本文藝家協会編　講談社
【要旨】注目の新人から名手の珠玉作まで、2016年のベスト短篇小説アンソロジー。2016年刊行の全文芸誌掲載作品から精選した19篇!
2017.4 300p B6 ¥3600 ①978-4-06-220523-8

◆文豪エロティカル　末國善己編　実業之日本社　（実業之日本社文庫）
【要旨】性愛を題材にした文学の歴史は古く、弾圧が厳しい時代をも乗り越えも、現代に至っている。本作は川端康成、太宰治、坂口安吾など、近代文学の流れを作った10人の文豪によるエロティカル小説。少女愛、フェティシズム、人妻、同性愛、スカトロジーなど多彩な作品をラインナップ。視覚を重んじる現代エロスとは異なり、五感すべてを刺激する名作集!
2017.8 265p A6 ¥593 ①978-4-408-55380-1

◆文豪妖怪名作選　東雅夫編　東京創元社　（創元推理文庫）
【要旨】文学と妖怪は切っても切れない仲、意外な文豪が妖怪を描いていたりする。本書はそんな文豪たちの綴る様々な妖怪物語を集めたアンソロジー。雰囲気たっぷりのイラスト入りの尾崎紅葉「鬼桃太郎」、泉鏡花「天守物語」、宮澤賢治「ざしき童子のはなし」、小泉八雲（円城塔訳）「ムジナ」、芥川龍之介「貉」、内田百閒「件」等19篇を収録。妖怪づくしの文学世界を存分にお楽しみ下さい。
2017.3 343p A6 ¥860 ①978-4-488-56404-9

◆変態―pervert　平山瑞穂編　皓星社　（シリーズ紙礫 7）
【要旨】犬（中勘助）、東京日記（その八）（内田百閒（けん））、富美子の足（谷崎潤一郎）、彼等（THEY）（稲垣足穂）、合掌（川端康成）、果実（平山瑞穂）、夢鬼（蘭郁二郎）
2017.3 344p B6 ¥2000 ①978-4-7744-0630-5

◆僕は小説が書けない　中村航, 中田永一著
KADOKAWA　（角川文庫）
【要旨】なぜか不幸を招き寄せてしまう体質と、家族とのぎくしゃくした関係に悩む高校1年生の光太郎。先輩・七瀬の強引な勧誘で廃部寸前の文芸部に入ると、部の存続をかけて部誌に小説を書くことに。強烈なふたりのOBがたたかわす小説論、2泊3日の夏合宿、迫り来る学園祭。個性的な部のメンバーに囲まれて小説の書き方を学ぶ光太郎はやがて、自分だけの物語を探しはじめる―。ふたりの人気作家が合作した青春小説の決定版!!
2017.6 220p A6 ¥560 ①978-4-04-105612-7

◆マウンドの神様　あさのあつこ, 朝倉宏景, 荻原浩, 早見和真, 東川篤哉, 宮下奈都, 額賀澪, 須賀しのぶ著　実業之日本社　（実業之日本社文庫）
【要旨】対戦する甲子園本命校のエース優一は、かつて颯太とバッテリーを組んだ親友で…（「絶対的最後」）。高3の夏、補欠の「僕」に訪れた驚くべきチャンスとは!?（「あの日、監督がうなずいていれば、僕は―」）。"聖地"を目指し、切磋琢磨する球児たちの汗、涙、そして笑顔。野球を愛する人気作家が個性あふれる筆致で紡ぎ出す、小説6編、エッセイ2編。
2017.6 269p A6 ¥593 ①978-4-408-55368-9

◆惑―まどう―アンソロジー　アミの会（仮）著
新潮社
【要旨】淡い恋心、男か女か、宇宙人が来襲!? 火事と焼死体への既視感、そして、人生をあの時からやり直すべきか…。最強の作家集団、四たび集結。全作品書き下ろし。
2017.7 285p B6 ¥1600 ①978-4-10-351112-0

◆迷―まよう―アンソロジー　アミの会（仮）著
新潮社
【要旨】はじめてのひとり暮らし、旅先、迷路、父か母か。そして、俺の人生を狂わせた、憎いあいつを殺してしまうか…。迷うほどに、心を揺さぶる。短編の饗宴。最強の作家集団、四たび集結。全作品書き下ろし。
2017.7 280p B6 ¥1600 ①978-4-10-351111-3

◆未成年だけどコドモじゃない　豊田美加著, 水波風南原作, 保木本佳子脚本　小学館　（小学館文庫）
【要旨】累計百万部突破の大人気コミックス『未成年だけどコドモじゃない』の映画脚本をノベライズ。高校生秘密の新婚ラブストーリー。ラブラブ甘々な二人と思いきや、新婚なのにヒロイン香琳は、大人の尚に片思い。結婚式を終えて一緒に暮らし始めたとたん、尚に「おまえのことは大嫌い」と言われ、いきなり家庭内別居を余儀なくされた。お嬢様である香琳の家のお金が目的で結婚した尚と尚のことが好きな香琳。そんな二人の同居生活、香琳の思いは尚に届くのか。中島健人, 平祐奈, 松倉悠伴出演、二〇一七年冬一番熱いラブストーリーが東宝系で全国ロードショー。
2017.12 187p A6 ¥490 ①978-4-09-406473-5

◆ミックス。　古沢良太脚本, 山本幸久小説
ポプラ社　（ポプラ文庫）
【要旨】不器用で欠点だらけの人達が、卓球の男女混合（ミックス）ダブルスを通じて小さな"奇跡"を起こす、恋と人生の再生物語。大注目の脚本家・古沢良太による、笑いと涙が詰まったオリジナル脚本を、人気作家・山本幸久が、感動と幸せに満ちた物語として、豪華小説化!
2017.10 285p A6 ¥593 ①978-4-591-15606-3

◆耳瓔珞―女心についての十篇　安野モヨコ選・画　中央公論新社　（中公文庫）

現代の小説（純文学）

【要旨】女の胸をかき乱す、淋しさ、愛欲、諦め、悦び…。愛してしまった、女心のひだを味わう傑作群。孤独な男を残酷なまでに誘惑する「耳環珞」、愛している男を自分の親友と結婚させる「むすめごころ」など…繊細な挿絵とともに、円地文子、川端康成、白洲正子、岡本かの子、有吉佐和子、芥川龍之介、織田作之助らの奥深い魅力に出会える、好評シリーズ第二弾。
2017.4 235p A6 ¥540 ①978-4-12-206308-2

◆民衆の敵―世の中、おかしくないですか!?　上　黒沢久子脚本, 蒔田陽平ノベライズ　扶桑社（扶桑社文庫）
【要旨】佐藤智子、40歳。夫はフリーター、4歳の息子あり。赤字ギリギリの生活でも家族仲良く暮らしていたが、たまたま知った市議会議員の年収950万円に目がくらみ、選挙に出馬。仕事はデキるのに社会への不満を抱えたママ友たちの共感と協力を得て、当選してしまう…智子は、"ド素人"政治家として型破りな活動を繰り返しながら、さまざまな社会問題に切り込んでいく。駆けだしママさん市議の活躍を描いた市政エンタテインメント！
2017.12 251p A6 ¥680 ①978-4-594-07880-5

◆民衆の敵―世の中、おかしくないですか!?　下　黒沢久子脚本, 蒔田陽平ノベライズ　扶桑社（扶桑社文庫）
【要旨】市長選で勝利した智子は、「市民のしあわせを実現していく」ことを目指して福祉政策などを実現。支持率が7割を超え、ドキュメンタリー番組で特集が組まれるほどの人気政治家になる。そんな中、前市長の河原田が中止していた「ニューポート開発計画」が再浮上。特別委員会が設置され、智子が状況を把握しないうちに事が進められてしまい…。ド素人市議であった智子がいきなり市長になるという突拍子もない展開から、感動のクライマックスを迎える完結編！
2018.1 237p A6 ¥680 ①978-4-594-07881-2

◆横浜―YOKOHAMA　八木澤高明編　皓星社（シリーズ紙礫 10）
【要旨】人の業が生み出す匂いのするこの港町で、日陰を歩かざるを得なかった者たちの物語。
2017.6 324p B6 ¥2000 ①978-4-7744-0636-7

◆リベンジgirl　清野英, 吉田恵里香, 星あやさ著　KADOKAWA
【要旨】東大首席卒業、ミスキャンパス・グランプリ。性格"以外"はパーフェクトな宝石美輝が、政治家一家の御曹司・俊稚にまさかの失恋。彼女が決めた恋の"リベンジ"は、「総理大臣になる」こと。しかしひょんなことから秘書を務めることになった俊也の厳しいレッスンを受けるうち、彼女のなかに別の気持ちが生まれて―。美輝の選挙の行方は？ そしてリベンジから始まった新しい恋の行方は？
2017.12 215p 18cm ¥1300 ①978-4-04-731770-3

◆恋愛仮免中　奥田英朗, 窪美澄, 荻原浩, 原田マハ, 中江有里著　文藝春秋
【要旨】人気、実力とも当代随一の作家5人が腕を競う、恋愛小説アンソロジー。3年越しの恋人が無断で会社を退職して失踪を受け、結婚を焦るOL。夏の日、大人の異性との出逢いに心を震わせる少年と少女。長年連れ添った夫婦の来し方、そして行く末。人の数だけ恋の形はある―。人の心が織りなす、甘くせつない物語の逸品。
2017.5 226p A6 ¥680 ①978-4-16-790849-2

◆路地―被差別部落をめぐる文学　上原善広編　皓星社（紙礫 6）
【要旨】「路地＝被差別部落」は、いつまでも文学のタブーであってはならない。
2017.2 292p B6 ¥1800 ①978-4-7744-0628-2

◆Doctor・X 外科医・大門未知子4　後編　中園ミホ, 林誠人, 寺田敏雄, 香坂隆史, 宇田学脚本, 百瀬しのぶノベライズ　宝島社（宝島社文庫）
【要旨】かつての国内最高峰、「帝都大学病院」の名誉を挽回すべく、院長と副院長は熾烈な争いを続けていた。「失敗しない」外科医・大門未知子は病院の思惑に巻き込まれそうになりながら、目の前の患者の命を救うため、結婚を賭け今までどおりの人々の前に次々と挑戦していく。一方、未知子の気づかぬ間に、思いもよらぬ病魔に侵されている人物が…。大ヒット本格医療ドラマ第4弾、完全ノベライズ・後編！
2017.2 365p A6 ¥680 ①978-4-8002-6382-7

◆KENが「日本は特別な国」っていうんだけど―憲法シミュレーションノベル　ジュニア, ケン・ジョセフ, 荒井潤著　トランスワールドジャパン（付属資料：日本国憲法全文＆英語版小冊子1）
【要旨】ケン太とノリカが出会う摩訶不思議男子Qによって、日本国憲法のあり方や、日本の現実を直視するシミュレーション世界に誘われていく…。本書は見えない守護神、日本国憲法を様々な仮想体験を通じて見えるようにしていく憲法シミュレーションノベル。
2017.3 287p B6 ¥1300 ①978-4-86256-198-5

◆LEADERS―国産自動車に懸けた熱い男たちの物語　橋本裕志, 八津弘幸脚本, 百瀬しのぶノベライズ
【要旨】第2次世界大戦後、日本の未来のために仲間を信じ、未来に人生を賭けた男たちがいた。日本の技術力で自動車を生産し販売する夢を追い求めた"リーダー"たちの熱い物語。
2017.3 360p B6 ¥1300 ①978-4-594-07686-3

◆NHK連続テレビ小説 ひよっこ 上　岡田惠和作, 国井桂ノベライズ　NHK出版
【要旨】昭和39（1964）年。奥茨城村の農家の娘・谷田部みね子が東京へ出稼ぎに行ったきり姿を消したことをきっかけに、高校卒業後、集団就職で上京を決意する。初めての都会。初めての仕事。みね子の奮闘が始まる。"金の卵"のヒロインが殻を破って成長していく、波乱万丈青春記！
2017.3 269p B6 ¥1300 ①978-4-14-005686-8

◆NHK連続テレビ小説 ひよっこ 下　岡田惠和作, 国井桂ノベライズ　NHK出版
【要旨】父の衝撃の再会、みね子の恋の行方…最終回までをノベライズ！
2017.9 285p B6 ¥1300 ①978-4-14-005687-5

◆NHK連続テレビ小説 べっぴんさん 下　渡辺千穂作, 中川千英子ノベライズ　NHK出版
【要旨】戦後、すみれが仲間たちと始めた子供服の店「キアリス」は、品質のよさが評判を呼び、発展していく。やがて日本は高度成長期を迎え、大量消費社会へ。すみれたちは、温かくすてきな"もの作り"を守り通せるのか―。最終回までを完全ノベライズ！
2017.3 285p B6 ¥1300 ①978-4-14-005678-3

◆NHK連続テレビ小説 わろてんか 上　吉田智子作, 青木邦子ノベライズ　NHK出版
【要旨】明治時代後期、京都の老舗の長女で笑い上戸の藤岡てんは、厳格な父親に人前で笑うことを禁じられて育った。てんは、芸事好きで実は大阪船場のボンボン・北村藤吉と出会い、てんは笑いの大切さを知り、藤吉は人を笑わせる喜びを知る。二人は駆け落ち同然に結婚、下町の小さな寄席を買い、大阪中を笑顔にすべく二人三脚の奮闘を始める―。
2017.9 285p B6 ¥1300 ①978-4-14-005691-2

◆The Brain Battler's Bible　ブレインバトラー開発チーム著　(柏)暗黒通信団
【要旨】
2017.5 40p A5 ¥300 ①978-4-87310-091-3

◆Wonderful Story　伊坂幸太郎, 犬崎梢, 木下半太, 横関大, 貫井ドッグ郎著　PHP研究所（PHP文芸文庫）
【要旨】伊坂幸太郎・大崎梢・木下半太・横関大・貫井徳郎―当代きっての人気作家5人が、「犬」にちなんだペンネームに改名（！？）して夢の競演。昔話でおなじみの犬の恩返しの裏話から、「犬吠埼」で繰り広げられる物語、悪人が連れてきた犬や、人のために働く盲導犬の抱える秘密、そしてやたらと夏どめてくる犬の謎とは…。個性豊かな犬たちが踊る、感動ありサプライズありの前代未聞の小説"ワンソロジー"、ここに登場！
2017.9 274p A6 ¥680 ①978-4-569-76753-6

〔あ行の作家〕

◆なついろ　相川浩一著　セルバ出版, 創英社／三省堂書店 発売
【要旨】人は皆、それぞれに「孤独」を抱える。芯の強い孤独もあれば、曖昧な孤独、とても脆弱な孤独もあって、その人々が人間社会で交錯して、擦れ違う。「タフでなければ生きられない、優しくなければ生きていく資格がない」そんな立派な大人になる前の人々の肖像を通じ、ありふれた人間模様にもう一度、信頼の価値や人と人との距離感を問う。体重別の全日本大会で8回の優勝を誇るボディビルダー、相川浩一、渾身の処女作!!
2017.7 183p B6 ¥1500 ①978-4-86367-350-2

◆猫にされた君と私の一か月　相川悠紀著　双葉社
【要旨】『美女と野獣』のような恋を夢見る女子高生ひなたは、クラスメイトの塚田くんに絶賛片思い中。ある日、カラスにされた子猫を助けるが、その正体は塚田くんの親友で失踪していた学校一のイケメン・祐星だった！ 魔女によって猫にされた祐星が人間に戻るためには、愛する人とのキスが必要だという。そんな彼と同居するはずが、祐星くんに、次第に魔女の手が迫り…！ 現代版『美女と野獣』の物語。
2017.9 254p A6 ¥574 ①978-4-575-52033-0

◆雨の降る日は学校に行かない　相沢沙呼著　集英社
【要旨】保健室登校をしているナツとサエ。二人の平和な楽園は、サエが"自分のクラスに戻る"と言い出したことで、不意に終焉を迎える―（「ねぇ、卵の殻が付いている」）。学校生活に息苦しさを感じている女子中学生の憂鬱と、かすかな希望を描き出す6つの物語。現役の中高生たちへ、必ずしも輝かしい青春を送って来なかった大人たちを、きみは一人きりじゃない、そう心に寄り添う連作短編集。
2017.3 271p A6 ¥520 ①978-4-08-745553-3

◆ねこあつめの家　相澤りょう著　実業之日本社（実業之日本社文庫）
【要旨】若くしてベストセラー作家となったが現在はスランプ中の小説家・佐久本勝。出版社の編集者・十和田ミチルからも無理な注文を出され、心も折れそうになる。心機一転、のどかな町の一軒家で新たな生活を始めるが、やはり仕事ははかどらない。そんなとき、庭に一匹の三毛猫が現れて…大人気アプリから生まれた、猫に癒される胸キュンストーリー。
2017.2 260p A6 ¥648 ①978-4-408-55346-7

◆ブラック企業VS労働Gメン ワンイヤーバトル！―ダイナマイト襲撃が怖くて法の番人（労働基準監督官）が務まるか！　會田朋哉著　日新報道
【要旨】
2017.4 263p B6 ¥1600 ①978-4-8174-0793-1

◆深海カフェ 海底二万哩（マイル）3　蒼月海里著　KADOKAWA（角川文庫）
【要旨】サンシャイン水族館の回廊傍の扉を開くとそこは"深海カフェ"。"心の海"に宝物を落としてしまった人だけがその入り口は開くという。誰にでも意見を合わせても決められなくなった女性や、誰かの宝物を食べてしまったデメニギスが客として現れる。彼らの宝物を僕、来栖倫太郎は店主の深海やメンダコのセバスチャンと一緒に探すのだ。でもある日、とうとう"心の海"に墜ちて行ってしまった僕。そこで出会ったのは？
2017.5 199p A6 ¥520 ①978-4-04-105485-7

◆もしもパワハラ上司がドラゴンにさらわれたら　蒼月海里著　幻冬舎（幻冬舎文庫）
【要旨】「このままでいいのか、おれの人生？」そう思いながらブラック企業で働く浩一。パワハラ上司さえいなくなれば！ そんな願望を抱いた時、突然ドラゴンが現れ、上司がさらわれてしまい―。人間のストレスが生み出す魔物で新宿駅はダンジョン化!?謎の毒舌イケメン剣士ニコライとヘタレ男子浩一コンビは、上司を無事に連れ戻せるのか？
2017.1 216p A6 ¥460 ①978-4-344-42565-1

◆書店ガール 6 遅れて来た客　碧野圭著　PHP研究所（PHP文芸文庫）
【要旨】彩加が取手の駅中書店の店長になってから一年半、ようやく仕事が軌道に乗り始めたと感じていたところ、本社から突然の閉店を告げられる。一方、編集者の伸光は担当作品『鋼と銀の雨が降る』のアニメ化が決まり喜ぶものの、思わぬトラブル続きとなり…。逆境の中で、自分が働く意味、進むべき道について、悩む二人が見出した答えとは。書店を舞台としたお仕事エンタテインメント第六弾。文庫書き下ろし。
2017.7 283p A6 ¥660 ①978-4-569-76735-2

◆スケートボーイズ　碧野圭著　実業之日本社（PHP文芸文庫）
【要旨】一年ぶりに怪我から復帰した和馬。大学四年の全日本選手権を最後の舞台と定め、フィギュアスケート部の仲間と切磋琢磨の日々を送る。大学スポーツ新聞の記者・将人は取材を通じ、選手たちに、そしてスケートに魅せられていく。家族やコーチとの関係、就活、友情、恋愛―夢に挑み、葛藤し、成長する大学生たちを活写する、青春小説の傑作。
2017.11 251p A6 ¥574 ①978-4-408-55391-7

現代の小説（純文学）

◆**星に願いを、そして手を。** 青羽悠著 集英社
【要旨】大人になったら僕たちは、"夢"と向き合う。中学三年生の夏休み。宿題が終わっていない祐人は、幼馴染の恵、理奈、春樹とともに、町の科学館のプラネタリウムに併設された図書室で、毎年恒例の勉強会をおこなっていた。小学校からずっと一緒の彼らを繋いでいたのは、宇宙への強い好奇心だった。四人でいれば最強だと信じて疑わなかった。時が経ち、大人になるまで。それぞれ別の道を歩んでいた彼らが、大切な人の死をきっかけにして再び集まることとなる―。第29回小説すばる新人賞史上最年少受賞作。
2017.2 296p B6 ¥1600 ①978-4-08-771037-3

◆**踊る星座** 青山七恵著 中央公論新社
【要旨】ダンス用品会社のセールスレディが疲労とアクシデントにまみれて疾駆する！ 勤労の喜びとうっぷんがあふれだす"笑劇"的な最新小説。
2017.10 260p B6 ¥1500 ①978-4-12-005010-7

◆**風** 青山七恵著 河出書房新社 （河出文庫）
【要旨】緑地の平屋に住む姉妹・貴子と澄子が奏でるあまりにも純粋な愛憎「風」、ともに大手肌着メーカーに就職した十五年来の友人・実加と未紀が育んだ友情の果て「二人の場合」、身体の声に忠実に決して踊らない優子「ダンス」、そして声を殺して笑いを終えて帰ってくれば、わたしの家は消えていた…「予感」一疾走する"生"が紡ぎ出す、とてもとても特別な「関係」の物語。
2017.4 182p A6 ¥550 ①978-4-309-41524-6

◆**ハッチとマーロウ** 青山七恵著 小学館
【要旨】11歳の誕生日。ママが「大人を卒業します！」と宣言。大人になることを余儀なくされたふたりに突如シビアな現実が降りかかる。お料理で大変！ お洋服何を着ればいい！？ 私たちの個性って？ パパは誰？ おちゃめな双子・ハッチとマーロウの大人への冒険が始まる！
2017.5 349p B6 ¥1700 ①978-4-09-386468-8

◆**めぐり糸** 青山七恵著 集英社 （集英社文庫）
【要旨】終戦の年に生まれた"わたし"は九段の花街で育った。家は置屋から芸者を呼ぶ料亭「八重」。母も評判の芸者で、客として訪れた父は父と知り合い、わたしが生まれた。踊りや唄の練習に励み、幼くして芸者になることを夢見たわたしは、小学二年生のときに置屋「鶴ノ家」の子、哲治と出会う。それは不可思議な運命の糸が織り成す長い物語のはじまりだった。数奇な人生と燃え上がる情熱を描く長編。
2017.1 696p A6 ¥1050 ①978-4-08-745532-8

◆**木曜日にはココアを** 青山美智子著 宝島社
【要旨】僕が働く喫茶店には、不思議な常連さんがいる。木曜日に来て、同じ席でココアを頼み、エアメールを書く。僕は、その女性を「ココアさん」と呼んでいる。ある木曜日、いつものようにやって来たココアさんは、しかし手紙を書かずに俯いていた。心配に思っていると、ココアさんは不可思議な秘密をこぼしはじめたのだった。夫の旦那の代わりに初めて息子のお弁当を作ることになったキャリアウーマン。厳しいお局先生のいる幼稚園で働く新米先生。誰にも認められなくても、自分の好きな絵を描き続ける女の子。銀行を辞めて、サンドイッチ屋をシドニーに開業した男性。人知れず頑張っている人たちを応援する、一杯のココアから始まる温かい12色の物語。
2017.9 217p B6 ¥1300 ①978-4-8002-7571-4

◆**春喪祭** 赤江瀑著 小学館 （P+D BOOKS）
【要旨】愛する野田涼太郎と初めて結ばれたにも拘わらず、翌日、なぜか吉村深美は姿を消してしまう。一年後、牡丹で知られる奈良・長谷寺の門前町、初瀬で深美は屍となって発見された。琵琶の撥で手首を切り、琵琶の裏手には万葉集の恋歌二首が遺されていた。深美の死因を探るべく初瀬へ向かった涼太郎が見たものは―いとも妖しげな無明世界だった。耽美的な幻想文学の秀作「春喪祭」を含む、著者渾身の短篇6作を収録。
2017.2 294p B6 ¥550 ①978-4-09-352295-3

◆**白球ガールズ** 赤澤竜也著 KADOKAWA （角川文庫）
【要旨】女の子はでられない―。甲子園を夢見てきた青山由佳は、父の転勤が決まった際に野球の強豪校である花ヶ丘学園高校へ転校する。しかし、早々に理事長代理と対立。「春の1勝」を部の参加条件にチーム作りに励きだすが、集まったのは個人主義者、外国人留学生、不良…と超個性的な面々ばかり。男子野球部には幼馴

染みで天敵の石田もいた！ 果たして由佳は野球を続けていけるのか!?熱血女子高校生野球エンタメ！
2017.6 311p A6 ¥600 ①978-4-04-105063-7

◆**Jimmy** 明石家さんま原作 文藝春秋 （文春文庫）
【要旨】1980年代の大阪。高校卒業後、どこにも就職できなかった大西秀明は、担任教師の口利きで、舞台進行見習いとして「なんば花月」に出入りしていた。幼い頃から何をやっても失敗ばかりの大西は、吉本でもとんでもないヘタクソばかり。そんな大西が、人気絶頂の明石家さんまと出会い、孤独や劣等感を抱えながら芸人として成長していく。
2017.6 362p A6 ¥650 ①978-4-16-790878-2

◆**レンズの下の聖徳太子** 赤瀬川原平著 幻戯書房 （銀河叢書）
【要旨】のちに「千円札裁判」へと至る若き時代を描く、封印されていた伝説の処女小説ほか、日本文学に「超私小説」の領域を拓いた天才の軌跡を辿る傑作群10篇を初書籍化。
2017.3 315p B6 ¥3200 ①978-4-86488-116-6

◆**正義のセ 2 史上最低の三十歳！** 阿川佐和子著 KADOKAWA （角川文庫）
【要旨】検事5年目に突入した凜々子が担当するのは女性を狙った凶悪事件。女性として絶対に許せない案件に気合十分で取り組みに挑む。一方で同期・順子の恋愛スキャンダルや父の浮気疑惑、はたまた神蔵守からの突然のプロポーズなどプライベートでは恋の波乱続き！ 被害者や被疑者と向き合った末に自信を持って決断を下した凜々子だが、大トラブルに発展してしまい!?下町育ちの女検事の成長物語、第2弾！
2017.1 239p A6 ¥640 ①978-4-04-101633-6

◆**正義のセ 3 名誉挽回の大勝負！** 阿川佐和子著 KADOKAWA （角川文庫）
【要旨】親友・明日香の記事によって誤審を暴かれ、検事失格の烙印を押された凜々子。それでも事件の真相を追い求め続けるなかで凜々子は冤罪坂が隠していた事実を突き止める。ところが被害女性を訪ねたものの門前払いにされてしまい、その裏に明日香がいることを知り…。一方プライベートでは妹・温子の事件に責任を感じ凜々子が大暴走し、神蔵守にまさかの逆プロポーズの行くえは―！下町育ちの女検事の成長物語、恋と友情のゆくえは―！
2017.4 274p A6 ¥640 ①978-4-04-101634-3

◆**正義のセ 4 負けっぱなしで終わるもんか！** 阿川佐和子著 KADOKAWA （角川文庫）
【要旨】転勤で尼崎にやってきた検事・凜々子のもとに汚職事件の告発状が届いた。したたかな相手に取り調べは進まず、凜々子は証拠集めに奔走する。豪快な110番担当の虎子や、こてこての関西弁の青井明生と協力して捜査を進め、上司にガサ入れの許可を求めるが、理不尽な理由で却下されてしまう。一方プライベートでは、幼馴染みの紹介で知り合った俳優と恋の予感が!?下町育ちの女検事、関西でも『正義』に向かって全力投球！
2017.9 404p A6 ¥760 ①978-4-04-106045-2

◆**アリハラせんぱいと救えないやっかいさん** 阿川せんり著 KADOKAWA
【要旨】特別な自分の演出のために変人ぶろうとする、偽りの変人、"やっかいさん"。北大2年コドリは、ある理由から"真の変人"を追い求めている。だがそれゆえ、やっかいさんから好かれがち。ある日、心理学系コース4年・アリハラと「とんでもない出会い方」をする。アリハラはコドリとやっかいさんらの関係に興味津々…かきまわし、あらゆるイベントを起こしそう。封印していた自分の気持ちと向き合うようだが、アリハラには別の目的があった…。あなたは「特別な人」ですか？「やっかいさん」ですか？ 迷い終えたあとは自由になれる、今までにないこじらせ系青春小説！
2017.2 271p B6 ¥1400 ①978-4-04-104759-0

◆**厭世マニュアル** 阿川せんり著 KADOKAWA （角川文庫）
【要旨】人生、マスクが必需品。自称「口裂け女」ことくにさきはさきは、札幌在住の22歳フリーター。他人とはマスクを隔てて最低限の関わりで生きてきたが、諸事情により、避けてきた人々を自己陶酔先輩の相手をし、引きこもりの元親友宅を訪問し…やっかい事に巻き込まれ四苦八苦するみさとだが、周囲

の評価は確実に変化していき―？ 衝撃のラストとある「勇気」に痺れる、反逆の青春小説！
2017.8 297p A6 ¥640 ①978-4-04-105609-7

◆**あひる飛びなさい** 阿川弘之著 筑摩書房 （ちくま文庫）
【要旨】戦争に負けた日本。男たちはどうやって生きていくのでしょうか？ 国産旅客機の開発を夢見る元中尉、進駐軍専用キャバレー経営から、みんなに夢を売る観光事業へ転身する男。家族をかかえ悪戦苦闘しながらも、夢は少しずつ実現に向かうのでしょうか？ 娘を空襲で亡くし、ひとり娘の成長に気をもんだり、戦争未亡人との恋に悩んだり。阿川弘之の娯楽傑作。
2017.11 387p A6 ¥860 ①978-4-480-43478-4

◆**末の末っ子** 阿川弘之著 筑摩書房 （ちくま文庫）
【要旨】「あなた、どうなさるおつもり？」「驚き、あわて、かつ困る」。作家・野村耕平は二男一女の父、末っ子の友雄も小学四年生になるというのに、妻が懐妊。末の末っ子誕生を控えながら軍艦小説の執筆、親炙するS先生の全集編纂と仕事は多忙。お寝坊の秘書なる、新しいお手伝いさん、悪戯好きの作家仲間と身辺はまったく落ち着かない。―昭和ファミリー小説の決定版！
2017.5 570p A6 ¥980 ①978-4-480-43444-9

◆**季節はめぐり、そして春は来る** 秋冴斗志著 幻冬舎メディアコンサルティング、幻冬舎発売
【要旨】大学受験に失敗した友樹。有名進学校の卒業生である彼は、予備校で大きな期待を寄せられるものの、模試で思うような結果を出せず、ぞんざいな扱いを受けるように。予備校講師はあてにならないと感じた友樹は、一日のタイムスケジュールを組み、様々な参考書を買い、自分に合った勉強法を探りながら必死に勉強を始めるが…。人生で一番デリケートな時期に味わう、深い孤独。浪人生の不安感や焦燥感を生々しく描いた青春小説。
2017.11 109p B6 ¥1000 ①978-4-344-91384-4

◆**幸腹な百貨店―デパ地下おにぎり騒動** 秋川滝美著 講談社
【要旨】売り上げ減少で閉店のピンチにあった堀内百貨店はどうにか危機を脱したものの、依然、低迷が続いていた。事業部長の高橋伝治はデパ地下テコ入れのため、名古屋で大人気のおにぎり屋を出店させようとするが、店主はとことん頑固者。「類友」の高島マーケティング部長、「マドンナ」瑠玉などの協力を得た伝治に秘策はあるのか？
2017.5 284p B6 ¥1300 ①978-4-06-220569-6

◆**放課後の厨房男子** 秋川滝美著 幻冬舎 （幻冬舎文庫）
【要旨】通称・包丁部、いわゆる料理部は運動部が盛んな男子校において弱小この上ない。存続の危機に直面する中、抜群の料理の腕を誇る部長・翔平と、イケメンで話術に長ける副部長・颯太に挟まれて、元陸上部で今や包丁部エースの大地がいよいよ新入生勧誘に乗り出す。がっつり飯と伝統の豚汁に魅せられた男子高校生が繰り広げる垂涎必至のストーリー。
2017.9 296p A6 ¥600 ①978-4-344-42646-7

◆**放課後の厨房男子 まかない飯篇** 秋川滝美著 幻冬舎
【要旨】特製ホットサンドで意中の女を落とせるか!?華麗な包丁さばきで酸いも甘いもみじん切り。料理馬鹿たちのちょっぴり塩辛青春の日々。
2017.9 296p B6 ¥1300 ①978-4-344-03178-4

◆**進路** 秋野一之著 学研プラス
【要旨】お互いに想いを寄せる幼なじみの二人。大学進学と家業―進路選択を機にすれ違ってしまう男女の切ない青春模様を描く!!書店「蔦文庫」を運営し、自らも筆をとり、継続して文芸作品を創作してきた秋野一之の小説から青年期の揺れる心を綴る2作品。
2017.2 199p B6 ¥1100 ①978-4-05-406530-7

◆**葭の堤―女たちの足尾銅山鉱毒事件** 秋山圭著 作品社
【要旨】潜水地の底に消えた谷中村。その地で育ったチヨとユウ、部落の総代から土地買収員となった男の妻トシ、田中正造の妻・勝子。そして正造の死後もひとり旧谷中村への援助を続けた婦人解放運動の先駆者・福田英子。足尾銅山鉱毒事件にかかわり、人生を変えられた女たちを描く、書き下ろし長編小説。
2017.10 253p B6 ¥1800 ①978-4-86182-654-2

現代の小説（純文学）

◆教室の隅にいた女が、調子に乗るとこうなります。　秋吉ユイ著　幻冬舎　（幻冬舎文庫）
【要旨】地味で根暗なシノが、明るい人気者ケイジと交際7年目に突入するも、ある日大喧嘩!!別れてしまう。彼を忘れようと、一人映画に一人スイーツ、さらに合コンへと繰り出すが心の穴は広がるばかり。そんな中、ケイジに新しい彼女ができて―？　シリーズ史上、最悪のピンチ。2人はこれでサヨナラか!?すべてが実話のラブコメディ、第3弾開幕！
2017.5 306p A6 ¥650 ①978-4-344-42612-2

◆スペードの3　朝井リョウ著　講談社　（講談社文庫）
【要旨】有名劇団のかつてのスター"つかさ様"のファンクラブ「ファミリア」を束ねる美知代。ところがある時、ファミリアの均衡を乱すが件が現れる。つかさ様似の華やかな彼女は昔の同級生。なぜ。過去が呼び出され、思いがけない現実が押し寄せる。息詰まる今を乗り越える切り札はどこに。屈折と希望を描いた連作集。
2017.4 344p A6 ¥640 ①978-4-06-293613-2

◆パンゲア5　朝香式著　新潮社
【要旨】大学時代に出会い、「完璧なバランス」を保っていたはずの男女5人。その均衡は、ある事件をきっかけにバラバラに崩れてしまう。だが、蓮太がテレビで偶然、高僧となった旧友・道を発見したその時から、彼らの人生は再び交わりはじめた―予想を越えたラストが待つ、ユーモラスであたたかな物語。
2017.1 237p B6 ¥1600 ①978-4-10-336452-8

◆乙女の家　朝倉かすみ著　新潮社　（新潮文庫）
【要旨】愛する人との内縁関係を貫いた曾祖母、族のヘッドする子どもを16歳で産んだ祖母、理想の家庭像に邁進しすぎる母という、強烈な女系家族に育つ女子高生の若菜は、自分のキャラのなさに悩んでいた。文学少女キャラの友人・高橋さんと家出をしてみたり、彼女の初恋や家族の恋への助太刀を決め、名脇役を目指してみたり。はたして若菜は自分のキャラを、皆の幸せを摑めるか。かしましい迷走青春劇。
2017.9 525p A6 ¥750 ①978-4-10-120132-0

◆遊佐家の四週間　朝倉かすみ著　祥伝社　（祥伝社文庫）
【要旨】羽衣子の親友・みえ子が遊佐家に四週間ほど居候することになった。みえ子は異様な容貌だが、大富豪の娘。美しく貧しい家庭で育った羽衣子とは正反対。二人で支え合ってきたが、やがて羽衣子は「まともな家庭」を手に入れる。その遊佐家に住み始めたみえ子は家族の心を摑み、完璧だったはずの家族に徐々に綻びが見え始め…。二人の女の歪な友情が家族に与えたものとは？
2017.7 295p A6 ¥620 ①978-4-396-34333-0

◆風が吹いたり、花が散ったり　朝倉宏景著　講談社
【要旨】視覚障害のある女性ランナーの伴走者として未体験のマラソン距離に挑む19歳・フリーター。彼女は俺を信じている。俺は彼女に嘘をついている。
2017.6 313p B6 ¥1350 ①978-4-06-220534-4

◆野球部ひとり　朝倉宏景著　講談社　（講談社文庫）
【要旨】部員数が足りないヤンキー高校の野球部が、進学校と合同チームを組むことになる。相手は、たった一人の部員、通称「ひとりが丘」さん。偏差値70超えの頭脳と、ありあまる体力がガチンコでぶつかりあい、前代未聞の異次元チームが近づく一勝を目指す！"弱くても勝てる"秘策とは!?落涙必至の青春小説。
2017.3 399p A6 ¥780 ①978-4-06-293614-9

◆僕の呪われた恋は君に届かない　麻沢奏著　双葉社
【要旨】高校2年生の倫は、九州に引っ越した同級生の恋人・道孝と遠距離恋愛中。親が厳しくスマホを持っていない道孝と繋がる唯一の手段は、webメール。道孝に会いにいくためにバイトに励む倫に、道孝の親友でクラスメイトの甲斐がやたらと絡んでくる。次第に道孝からの連絡が減っていき不安を抱える倫を、甲斐は近くて遠い存在に。しかし甲斐は、倫には絶対に知られてはならない、大きな秘密を抱えていた―
2017.9 270p A6 ¥583 ①978-4-575-52017-0

◆おもかげ　浅田次郎著　毎日新聞出版
【要旨】浅田文学の新たなる傑作、誕生―。定年の日に倒れた男の"幸福"とは。心揺さぶる、愛と真実の物語。
2017.12 377p B6 ¥1500 ①978-4-620-10832-2

◆神坐す山の物語　浅田次郎著　双葉社　（双葉文庫）
【要旨】白と黒の山狗が連れ立って現れるような場所にある、奥多摩・御嶽山の神宮屋敷―そこで物語られる怪談めいた夜語り。著者が少年だった頃、伯母から聞かされたのは、怖いけれどもなぜか惹きこまれる話ばかりだった。切なさにほろりと涙が出る、浅田版遠野物語ともいうべき御嶽山物語。"特別収録"ロング・インタビュー「物語が生まれる場所」。
2017.12 277p A6 ¥593 ①978-4-575-52057-6

◆ブラック オア ホワイト　浅田次郎著　新潮社　（新潮文庫）
【要旨】「どうぞお試しくださいませ。ブラック・オア・ホワイト？」スイスの湖畔のホテルで、バトラーが差し出した二つの枕。パラオ、ジャイプール、北京、そして京都。エリート商社マンに人生の転機が訪れる度に、黒と白の枕が現れ悪夢、あれは人生の一部分なのか。夢と現の境は曖昧になり、夢が現実を呑み込んでいく。現代日本の実像に迫る、渾身の長編小説。
2017.11 393p A6 ¥630 ①978-4-10-101928-4

◆霧笛荘夜話　浅田次郎著　KADOKAWA　（角川文庫）　新装版
【要旨】とある港町、運河のほとりの古アパート「霧笛荘」。法外に安い家賃、半地下の湿った部屋。わけあり顔の管理人の老婆が、訪れる者を迎えてくれる。誰もがはじめは不幸に追い立てられ、行き場を失って「霧笛荘」までたどりつく。しかし、「霧笛荘」での暮らしの中で、住人たちはそれぞれに人生の真実に気付きはじめる。本当の幸せへの繋がり、比類ない優しさに満ちた、切ない感動を呼ぶ7つの物語。
2017.11 317p A6 ¥640 ①978-4-04-106319-4

◆グリーン・グリーン　あさのあつこ著　徳間書店　（徳間文庫）
【要旨】失恋の痛手から救ってくれたのはおにぎりの美味しさだった。翠川真樹（通称グリーン・グリーン）は新設された、産地の農林高校で新米教師として新生活をスタートさせた！　農業未経験なのにもかかわらず、豚が道を横切るなんて日常茶飯事だが、真樹には豚と会話ができる能力が!?　熱心に農業を学ぶ生徒に圧倒されつつも、真樹は大自然の中で彼らとともに成長してゆく。
2017.3 411p A6 ¥680 ①978-4-19-894209-0

◆さいとう市立さいとう高校野球部　上　あさのあつこ著　講談社　（講談社文庫）
【要旨】温泉巡りとぽっちゃり系女子を愛する、健全な―新高校一年生・勇作。少年野球時代からエースとして活躍してきたが、高校では帰宅部と決めていた。温泉三昧の日々を夢見ていた勇作に、美術教師にしてプレー経験ピカイチの野球部監督が、勇作も驚くとんでもない入部条件を提示する。そして、目指すは甲子園!?
2017.8 203p A6 ¥580 ①978-4-06-293638-5

◆さいとう市立さいとう高校野球部　下　あさのあつこ著　講談社　（講談社文庫）
【要旨】一ヵ月のお試し入部期間中なのに、初日からいきなりの紅白試合。勇作ははじめての硬球を恐る恐る握りマウンドに立った。小学校以来の女児役・一良と久しぶりにバッテリーを組んだとき、勇作の心は熱く切なく燃えあがる。不朽の名作『バッテリー』のあさのあつこが放つ、感動と熱さに溢れる青春野球小説！
2017.8 237p A6 ¥580 ①978-4-06-293740-5

◆さいとう市立さいとう高校野球部　おれが先輩？　あさのあつこ著　講談社
【要旨】山田勇作と山本一良の幼馴染の最強バッテリーで甲子園出場を目指すが、野球部なのになんだかユルい、さいとう市立さいとう高校野球部には難題が山積。美術教師にして野球部の監督をつとめる鈴木先生は独自の練習方法を考案し、一筋縄ではゆかない先輩たちは頼りない。野球の強豪中学出身の新入部員の二人が入部して、はじめて一良以外とバッテリーを組むことになる勇作は、ついにマウンドに立つことになるが…。
2017.7 267p B6 ¥1500 ①978-4-06-220650-1

◆末ながく、お幸せに　あさのあつこ著　小学館
【要旨】相手に幸せにしてもらうのではなく、相手の幸せを自分で作り上げる。それができる者同士が結び合うこと、それが結婚というものだろう。私たち、本物の夫婦になれるかな？　もらい泣き必至の結婚式小説！
2017.9 206p A6 ¥1200 ①978-4-09-386476-3

◆スポットライトをぼくらに　あさのあつこ著　文藝春秋　（文春文庫）
【要旨】地方都市の小さな町に住む、中学2年の幼なじみ3人。「淋しい大人になりたくない」美鈴。「からっぽの大人になりたくない」達彦。じゃあぼくは？　進路調査書を白紙で提出した樹には、思い描ける将来がない。親や教師の意見に反発しながらも、悩み成長してゆく少年達の姿を描く。あさのあつこの原点ともいえる傑作青春小説。
2017.5 184p A6 ¥560 ①978-4-16-790843-0

◆チームFについて　あさのあつこ著　角川春樹事務所　（ハルキ文庫）
【要旨】昔ながらの温泉街・極楽温泉町は、人口減と少子高齢化の問題に直面していた。町で唯一の高校であり、一二〇年の歴史と伝統を誇る極楽高校にも廃校の危機が。町長秘書の香山和樹は、そんな町の再興と、町長の選挙再予選を懸けて「世界の大都市に負けないマラソン大会」の開催を画策。一方、和樹の弟で極楽高校陸上部員の香山芳樹は、この大会で走るため、幼馴染の二人と「チームF」を結成する―。老いも若きも熱くなる、青春小説、ついに文庫化！
2017.7 373p A6 ¥680 ①978-4-7584-4102-5

◆敗者たちの季節　あさのあつこ著　KADOKAWA　（角川文庫）
【要旨】第99回甲子園地区予選、決勝戦9回の攻防。あと、1人アウトにすれば延長にもつれ込む。と、その瞬間、サヨナラホームランを浴び敗者となった海藤高校の投手直登は、試合後も立ち直れないでいた。そこに、優勝校東祥学園が出場辞退をしたため、意外な報せが届く。「繰り上がりによる甲子園出場」は、どちらのチームにとっても重い結果となって…。少年たちの熱い思いに胸が高鳴る、著者真骨頂の青春野球小説！
2017.4 299p A6 ¥600 ①978-4-04-105479-6

◆空白の絆―暴走弁護士　麻架涼著　文芸社　（文芸社文庫）
【要旨】暴走族から弁護士になった真行寺は、暴走族仲間の峰岸孝治から仕事の依頼を受けた。孝治は峰岸工業の代表取締役社長、峰岸平の次男で、かつて親の敷くレールに反発して暴走族に加わっていたのだ。相談の内容は、峰岸工業の後継者問題で内紛が起こり、傍から発展していたためだった。創業者の孫を巡る後継者争い。その発端は、戦中戦後の創業者の謎の半生にあった。調査にあたった真行寺は、創業者の長男の出生の秘密に突き当たったが!?
2017.8 348p A6 ¥720 ①978-4-286-18978-9

◆あの子が欲しい　朝比奈あすか著　講談社　（講談社文庫）
【要旨】新人採用プロジェクトを完遂せよ。アラフォーの川俣志帆子は社内の女性リーダーに突如指名された。ネットの裏工作や学生との心理戦を制し、上げられるが、なぜか心は満たされない。同居する男には惑わされ、猫カフェの猫ザビーだけが癒やし。このままでいいの？　独身女性の働く辛さをリアルに描く！
2017.2 173p A6 ¥550 ①978-4-06-293595-1

◆人間タワー　朝比奈あすか著　文藝春秋
【要旨】「わたしは人間タワーには反対だけど、人間タワーをやらないことにも反対」無数の人々の思いを巻き込んで、想像を超えた結末が訪れる…幾何学のように精緻に組み立てられたノンストップ群像劇！　組体操をめぐって展開する人間たちの物語。
2017.10 276p B6 ¥1500 ①978-4-16-390740-6

◆ばんちゃんがいた　朝比奈あすか著　双葉社　（双葉文庫）　（『BANG！BANG！BANG！』加筆・修正・改題書）
【要旨】親友のばんちゃんが死んだ。以来、俺は口を閉ざすようになった。そんな態度がうざいという裏掲示板の書き込みをきっかけに、刃のような言葉が飛び交う。あの夜、ばんちゃんに対して俺が密かに計画していたことは、誰も知らない―。トンとあだ名をつけて蔑んでいた男の子。あたしがあだ名が好きだったらしい。中二の冬、突如このよからいなくなった。中学を卒業して10年、夜の街で働くあたしは壊れそうになる「心」の守り方を、かつてトンから教わった―。表裏一体の二編から立ち上がる、未熟な

現代の小説（純文学）

魂のあやうさときらめき。
2017.2 220p A6 ¥556 ①978-4-575-51969-3

◆不自由な絆　朝比奈あすか著　光文社　（光文社文庫）
【要旨】中学高校の同級生だった洋美とリラは乳児の予防接種会場で偶然に再会。育児に悩む洋美にリラは手を貸し、二人は"ママ友"となった。やがて洋美の子・敏光とリラの子・光鳥は同じ幼稚園、小学校へと進むが、"問題児"の敏光の乱暴がひどくなって、その対象は光鳥に―。無力なついにあることを決断する…。母親の無力感、悔しさ、葛藤を浮き彫りにする著者会心の長編！
2017.3 393p A6 ¥880 ①978-4-334-77438-7

◆沈黙する女たち　麻見和史著　幻冬舎　（幻冬舎文庫）
【要旨】廃屋に展示されるように残されていた女性の全裸死体。それを撮影したものが会員サイト「死体美術館」にアップされる。その頃、凶悪事件を取材するCS放送クライムチャンネルに、元警視庁捜査一課の久我が加わって……。廃屋で発見される女性の全裸死体。犯人の正体と目的とは！「重犯罪取材班・早乙女綾香」シリーズ第2弾。
2017.10 357p A6 ¥650 ①978-4-344-42649-8

◆貘の耳たぶ　芦沢央著　幻冬舎
【要旨】自ら産んだ子を自らの手で「取り替え」た、郁絵。常に発覚に怯え、うまくいかない育児に悩みながらも、息子・航太への愛情が深まる。一方、郁絵は「取り違えられた」子と知らず、保育士として働きながら、息子・瑠空を愛情深く育ててきた。それぞれの子が4歳を過ぎたころ、「取り違え」が発覚。元に戻すことを拒む郁絵、沈黙を続ける蕗子、そして一心に「母」を慕う幼子たちの行方は…。切なすぎる「事件」の慟哭の結末。渾身の書き下ろし！
2017.4 360p B6 A6 ¥1700 ①978-4-344-03099-2

◆失くした1/4　芦谷遼著　幻冬舎メディアコンサルティング，幻冬舎 発売
【要旨】暴力、ドラッグ、精神病…希望。あなたの夏は何色？心がっ壊す青春小説。人生を賭けた覚悟のデビュー作。
2017.7 175p B6 ¥1200 ①978-4-344-91310-3

◆女の子は、明日も。　飛鳥井千砂著　幻冬舎　（幻冬舎文庫）
【要旨】略奪婚をした専業主婦の満里子、女性誌編集者の悠希、女性治療法を始めた仁美、翻訳家の理央。元同級生達は再会を機にそれぞれの悩みに向き合うことになる。前妻への罪悪感、要領のいい後輩への嫉妬、妊娠できない焦り、好奇の目に晒される戸惑い―。華やかな外見に隠された女性同士の痛すぎる友情と葛藤、そしてその先をリアルに描く衝撃作。
2017.8 349p A6 ¥600 ①978-4-344-42568-2

◆砂に泳ぐ彼女　飛鳥井千砂著　KADOKAWA　（角川文庫）　（『砂に泳ぐ』加筆・修正・改題書）
【要旨】大学卒業後、地元の携帯ショップで働いていた紗耶加は、息苦しい毎日に嫌気がさし、上京することを決心する。派遣社員ながらも新しい職場で充実した生活をスタートさせた。しかし、半同棲することになった彼氏の自分勝手な言動に違和感を抱きはじめる。幸せとは何か。仕事と恋愛の狭間で揺れる紗耶加を救ってくれたのはカメラだった。やがて紗耶加の撮った写真が雑誌編集者の目に留まり、彼女の運命は大きく変わっていく―。
2017.6 326p A6 ¥640 ①978-4-04-104956-3

◆そのバケツでは水がくめない　飛鳥井千砂著　祥伝社
【要旨】アパレルメーカー「ピータイド」に勤める佐和理世は、自らが提案した企画が採用され、新ブランド「スウ・サ・フォン」の立ち上げメンバーに選ばれた。そんなある日、カフェで展示されていたバッグのデザインに衝撃を受けた理世は、作者の・小鳥遊美名をメインデザイナーにスカウトする。色白で華奢、独特の雰囲気を纏う美名の魅力とその才能に激しく惹かれる理世。仕事内のセクハラ事件をきっかけに、二人の距離は一気に縮まるが、やがてその親密さは過剰になって―。
2017.12 370p B6 ¥1700 ①978-4-396-63538-1

◆餓鬼岳殺人山行　梓林太郎著　文芸社　（文芸社文庫）
【要旨】北アルプス山岳救助隊員・紫門一鬼は、大糸線・穂高駅の近くで絞殺された東京に住む、根岸淑子の調査を長野県警から依頼された。彼

女のデイパックには謎の男の写真2枚が入っていた。彼女の夫は、2年前、北アルプスの事故で死んでいた。謎の男は夫の死と関連があるのか?!そんな中、山岳写真家・久住が絞殺された女性を写真に撮影していたことがわかった。久住の不審な行動に、紫門が迫る、山岳ミステリーの傑作!!
2017.8 311p A6 ¥680 ①978-4-286-18976-5

◆弱虫日記　足立紳著　講談社　（講談社文庫）
【要旨】俺は自分が嫌いだ。ズルい自分を変えようと決めたそばから、イジメを見て見ぬふりをするような自分だから。俺に本当の仲間はいるのか？誰が自分を信じてくれるだろう。ままならない家庭の事情やシビアな友人関係に翻弄されながら、生きる上で大切なものを1つ1つもがく少年の、葛藤と前進を描いた感動作。
2017.9 256p A6 ¥610 ①978-4-06-293761-0

◆暗黒調書―闇猫・冴子　安達瑶著　徳間書店　（徳間文庫）
2017.10 361p A6 ¥650 ①978-4-19-894264-9

◆私の愛したブロンズ像　あでゅー著　幻冬舎メディアコンサルティング，幻冬舎 発売
【要旨】美しきブロンズ像との間に芽生えた淡い恋、穏やかな生活。やがて彼女の因子が明らかになり…。独特な感性で紡がれた表題作ほか、暖かくした部屋でじっくり読みたい5つの恋愛短編集。
2017.2 207p B6 ¥1100 ①978-4-344-91094-2

◆地下水路の夜　阿刀田高著　新潮社　（新潮文庫）
【要旨】銀座の地下を流れる水路で、絵本を読み聞かせる美女に出会った少年の日。それは全部、夢だったのか？本を友とする男の芳しき幻想譚（「地下水路の夜」）。死んだ少女に捧げる奇妙な言辞。そのリフレインが巻き起こす摩訶不思議な出来事とは？（「朗読者」）。源氏物語、ギリシャ神話、夢十夜。短編の名手が古今東西の名作と共に、あなたを不思議な世界へと誘う。全ての本好きに贈る12の物語。
2017.12 475p A6 ¥710 ①978-4-10-125540-8

◆激動のイスラム世界を行く　畔蒜正雄著　文藝書房出版，文藝書房 発売
【要旨】一枚の辞令により中東の地に赴任。激動期の時代という渦（アラブの世界では理解しがたい不思議な現象としばしば遭遇する）に巻きこまれて行く物語。著者渾身の力作!!
2017.1 157p B6 ¥1200 ①978-4-89477-462-9

◆しあわせの黄色いバス―東京バスガール物語　あべ美佳著　PHP研究所　（PHP文芸文庫）
【要旨】初添乗に臨む新人バスガイドの美織。しかしアナウンスは詰まる、失敗ばかり。そんな彼女を見かねて、助け舟を出したのは、一人の女性客で…（「東京のバスガール」）、国際結婚した若い妻の携帯電話に右往左往する夫（「嫁に来ないか」）、共同経営者と訣別した女性の携帯に届いた音楽に込められたメッセージとは？（「なごり雪」）など、一台のバスに乗り合わせた人々の人生模様を、昭和の名曲とともに綴る傑作短篇集。2018.1 253p A6 ¥660 ①978-4-569-76797-0

◆産めなくても、産めなくても　甘糟りり子著　講談社
【要旨】「掌から時はこぼれて」39歳の女性弁護士、卵子凍結の持ちかけに心を揺さぶられて…／「折り返し地点」妊娠よりもオリンピック出場を優先してきた女性アスリートの選択は？／「ターコイズ」不妊治療中の女性たちの集いで、卵巣の劣化の話を聞いて愕然となり…／「水のような、酒のような」独身を謳歌した男が結婚して、不妊治療医院で思わぬ宣告を！／他三編を含む全七話。顕微授精や卵子凍結、男性不妊など、妊娠と出産にまつわる切実なテーマを切り取った物語。
2017.2 208p B6 ¥1400 ①978-4-06-220475-0

◆産む、産まない、産めない　甘糟りり子著　講談社　（講談社文庫）
【要旨】四十歳独身での妊娠に戸惑う桜子、不妊治療を続けるが子どもを授からない三十九歳の実美。…妊娠・出産をめぐる女性の心の葛藤と人生の選択を描いた八つの物語。悩みや迷いに寄り添い、「あなたが決めたことなら、それが正解」と、優しく背中を押してくれる短編集。
2017.2 317p A6 ¥620 ①978-4-06-293594-4

◆COCORA―自閉症を生きた少女　1　小学校篇　天咲心良著　講談社
【要旨】本書は、自閉症スペクトラム障害の著者が自身の半生をもとに描いた、自伝的小説

である。幼い頃から「なんだか変わった子」と言われて育ってきた作者が、小学校入学とともに出会ったのは、理不尽な暴力教師「鈴本」だった―。次々に訪れる様々な試練。誰にも理解されない障害を抱え、もがきながら、全てのものと闘いながら、それでも必死に生きていく。自閉症スペクトラム障害の少女の「闘いの軌跡」。
2017.1 375p B5 ¥1700 ①978-4-06-220454-5

◆COCORA―自閉症を生きた少女　2　思春期篇　天咲心良著　講談社
【要旨】発達障害の当事者が、自らの壮絶な体験を克明に描いた衝撃作。第二弾にあたる「思春期篇」の舞台は海外。両親の勧めで、海外に留学することになった心良。温かいホストファミリーとの交流の中で、あるべき家族の姿に気づくが、それが新たな葛藤を生むことになる。「性別意識の目覚め」「自我の分裂」そして「死に対する畏怖と関心」…。思春期の様々な変化とともに、疾風怒涛の激情に翻弄される日々。新天地で、愛を持ち受けていたものとは。
2017.1 350p B5 ¥1700 ①978-4-06-220455-2

◆午後二時の証言者たち　天野節子著　幻冬舎　（幻冬舎文庫）
【要旨】八歳の女児が乗用車に撥ねられ死亡する。運転手は不起訴処分になるが、そこには罪深い大人たちの様々な打算が絡んでいた。患者よりも病院の慣習を重んじる医師、損得勘定だけで動く老獪な弁護士、人生の再出発を企む目撃者…。遺族の疑心と刑事の執念が交錯した時、少女の死を巡る衝撃の事実が浮き彫りになる。慟哭の長編ミステリー。
2017.10 446p A6 ¥710 ①978-4-344-42650-4

◆深煎りの魔女とカフェ・アルトの客人たち―ロンドンに薫る珈琲の秘密　天見ひつじ著　宝島社　（宝島社文庫）
【要旨】ロンドン・ブルームズベリーにひっそりと佇む『カフェ・アルト』。その店主・アルマは『深煎りの魔女』とあだ名される。彼女の珈琲と焼き菓子、カクテルに入れこむ紳士淑女は数知れず、訪れた客人を魅了していく。20世紀ロンドンの美しい世界観、珈琲や焼き菓子の蘊蓄と、心温まるエピソードが絡まっていく。ほのかに苦くて甘い魔法に掛けられたような、コージー・カフェストーリー。
2017.10 253p A6 ¥640 ①978-4-8002-7756-5

◆彼の娘　飴屋法水著　文藝春秋
【要旨】学校の先生になりたかった父と、キャンディ屋さんを夢見る娘。謎と矛盾だらけのこの世界で、もうひとつの本当を探し求めて、ともに考え、悩み、笑い…。未知なる記憶をめぐる大冒険がはじまった！演劇界の鬼才が描く、異色のドキュメント小説。
2017.8 252p B6 ¥2400 ①978-4-16-390696-6

◆くちなし　彩瀬まる著　文藝春秋
【要旨】別れた愛人の左腕と暮らす。運命の相手の身体には、逃げ出した花が咲く。獣になった女は、愛する者を頭から食らう。繊細に紡がれる、七編の傑作短編集。
2017.10 215p B6 ¥1400 ①978-4-16-390739-0

◆眠れない夜は体を脱いで　彩瀬まる著　徳間書店
【要旨】自分でいることに窮屈を覚えた人々が夜な夜な掲示板に集う。「私」とうまくつきあえない―悩める人々を解放する物語。
2017.2 239p B6 ¥1600 ①978-4-19-864345-4

◆骨を彩る　彩瀬まる著　幻冬舎　（幻冬舎文庫）
【要旨】十年前に妻を失うも、最近心揺れる女性に出会った津村。しかし罪悪感で次なる一歩を踏み出せずにいた。そんな中、遺された手帳に「だれもわかってくれない」という妻の言葉を見つけて―。彼女はどんな気持ちで死んでいったのか―。わからない、取り戻せない、どうしようもない。心に「ない」を抱える人々を痛いほど繊細に描いた代表作。
2017.2 261p A6 ¥540 ①978-4-344-42569-9

◆逆恨みのネメシス　新井素子著　出版芸術社　（星へ行く船シリーズ 4）
【要旨】"私はあなたが嫌いです。"陰湿な手紙が届き、気心知れた太一郎がレストランへ連れ出す。太一郎が席を外した隙に知らないおじさんが近づいてきて…表題作ほか、書き下ろし「田島麻子の特技」、新あとがきを併録。
2017.1 285p A6 ¥1400 ①978-4-88293-494-3

◆未来へ…　上　新井素子著　角川春樹事務所　（ハルキ文庫）

現代の小説（純文学）

【要旨】「かなちゃんのお仏壇を、だして」。多賀内若葉は、成人式を迎えた"ひとり娘"の菜苗から、思わぬ願い事をされた。二十年前に双子を授かったときには、愛らしい娘たちと優しい夫の家族四人、いつまでも幸せに暮らすのだと思っていた。けれど、それから五年後の夏、双子の姉・香苗は遠足のバス事故で亡くなってしまった。菜苗の願いを聞き入れ、しまい込んでいた仏壇を出したとき、若葉は封印していた悲しい記憶を呼び起こされ、不思議な夢を見るようになる──。
2017.4 340p A6 ¥680 ①978-4-7584-4080-6

◆**未来へ…　下**　新井素子著　角川春樹事務所（ハルキ文庫）
【要旨】遠足バスの事故で愛娘・香苗を亡くした母・若葉は、事故から十六年後に見るような不思議な夢の中で、過去の自分と交信ができることに気づいた。香苗の死を回避しようとする若葉に対して、過去の若葉は、香苗だけでなくバスに乗り合わせた全員を助けたいと言い出す。いくつもの難題に頭を悩ます母を見かねた香苗の双子の妹・菜苗は、〈過去の改変〉の手助けをすることになるが…。パラレルワールドハートフルファンタジー！ 書き下ろし特別短編収録の豪華完結巻。
2017.4 367p A6 ¥680 ①978-4-7584-4081-3

◆**大脱走**　荒木源著　小学館
【要旨】中堅よりやや落ちるレベルの女子大を卒業した片桐いずみは、就活で大苦戦し、ようやく住宅リフォーム会社に内定した。しかし、入社早々、理不尽に怒鳴りまくる部長・大木田の姿を目にして生ぬるい空気が一変する。それから、3年。なんとか社内でのポジションをキープしながら鬼の飛び込み営業を続けていたある日、片桐に新人の部下が付く。だが、これが、前代未聞のとんでもないやる気のない男だった。連日連夜、超絶無気力新人・俵の教育に骨を折るものの、一向に改善の余地は見られず。業を煮やした大木田はある策に出るのだが─。
2017.2 380p A6 ¥670 ①978-4-09-406392-9

◆**独裁者ですが、なにか？**　荒木源著　小学館（小学館文庫）
【要旨】ペックランド人民党中央委員会委員長・ジョンウィンは、ミサイル実験の発射ボタンを押す作業に日々勤しんでいた。そんなある日、ヤップランドから取り寄せたお話しAIロボットが届く。まるで樽のような体型のそれは、いきなり慣れないしい口調で話し出した。聞けば、自分は、暗殺された彼の異母兄、ジョンーメムールだという。一体これはなんの冗談か？ と怒りを露わにしたジョンウィンだったが、次第に彼との会話を愉しみにするようになっていく。だがもちろん、何事もない日々がそんなに長く続くはずはなかった──。
2017.9 215p A6 ¥510 ①978-4-09-406458-2

◆**猫のほそ道──ノラ猫俳句旅**　嵐山光三郎著、浅生ハルミン絵　小学館（小学館文庫）
【要旨】ノラは行方不明の子猫を探して芭蕉さんの「奥のほそ道」の旅に出た──俳句を詠みながら、東京から松島へ、そして平泉へ。登場する個性豊かな猫たち（ボイシン、トーちゃん、ニャー水、ネコ尼、ネコ丸）はみな俳句をたしなむ。芭蕉研究で注目を浴びる著者が猫の視点で描いた前代未聞のネコ文学。人気の絵師・浅生ハルミンの絵も多数（カラーも五点）収録。
2017.9 219p A6 ¥770 ①978-4-09-406440-7

◆**キケン**　有川浩著　KADOKAWA
【要旨】成南電気工科大学機械制御研究部、略称"機研"。彼らの巻き起こす、およそ人間の所行とは思えない数々の事件から、周りからは畏怖と慄きをもって、キケン＝危険、と呼び恐れられていた。これは、その伝説的な黄金時代を描いた物語である。
2017.1 271p B6 ¥1400 ①978-4-04-104979-2

◆**旅猫リポート**　有川浩著　講談社（講談社文庫）
【要旨】野良猫のナナは、瀕死の自分を助けてくれたサトルと暮らし始めた。それから五年が経ち、ある事情からサトルはナナを手離すことに。「僕の猫をもらってくれませんか？」一人と一匹は銀色のワゴンで「最後の旅」に出る。懐かしい人々や美しい風景に出会うたびに明かされる、サトルの秘密とは。永遠の絆を描くロードノベル。
2017.2 328p A6 ¥640 ①978-4-06-293561-6

◆**赤い天使──白衣を血に染めた野戦看護婦たちの深淵**　有馬頼義著　潮書房光人社（光人社NF文庫）
【要旨】恐怖と苦痛と使命感──。戦野に立つ若き女性が見た兵士たちの過酷な運命。若尾文子主演で映画化された、戦場での愛と性を描いた問題作。
2017.3 278p A6 ¥800 ①978-4-7698-2997-3

◆**五輪五代記──純国産のスポーツ施設を造った男たち**　安斉幸彦著　幻冬舎メディアコンサルティング、幻冬舎 発売
【要旨】明治初期、日本の文明開化の波はスポーツにまで及んだ。しかし当時の日本には欧米スポーツの施設などない。知識も技術もない中、日本の未来のためにゼロから取り組んだ男たちがいた。5代にわたって日本のスポーツ施設づくりに貢献し続けた一族の物語。
2017.9 203p B6 ¥1200 ①978-4-344-91354-7

◆**テノヒラ幕府株式会社**　安藤祐介著　講談社（講談社文庫）
【要旨】ゲームオーバー寸前!?崖っぷちのスマホゲーム制作会社「テノヒラ幕府」に集まった面々は、夢追い系の絵描きから、一流企業出の元腐女子オジさんまで、来歴もマインドもてんでバラバラ。その作務衣の歴女が社長だって？ 先行き透明度ゼロのスマホゲーム戦国時代を生き延びるために、彼らの挑戦が今始まる！
2017.6 423p A6 ¥780 ①978-4-06-293685-9

◆**君に恋をするなんて、ありえないはずだった**　筏田かつら著　宝島社（宝島社文庫）
【要旨】千葉県南総にある県立高校に通う地味で冴えない男子・飯島靖貴は、勉強合宿の夜に、クラスメイトの北岡恵麻が困っているところを助けた。それから恵麻は、学校外でだけ靖貴に話しかけてくるようになった。しかし靖貴は恵麻に苦手意識を持っていて、彼女がどうして自分に構うのかわからない。地味系眼鏡男子と派手系ギャル。絶対に相容れないはずの二人に起きる、すれ違いラブストーリー。
2017.4 317p A6 ¥640 ①978-4-8002-7029-0

◆**君に恋をするなんて、ありえないはずだった、そして、卒業**　筏田かつら著　宝島社（宝島社文庫）
【要旨】普通に過ごしていれば、接点なんてなかったはずの飯島靖貴と北岡恵麻。徐々に仲良くなり、「好き」という気持ちも芽生え始めていた恵麻は、靖貴が友達に放った陰口を靖貴は耳にしてしまう。すれ違ったまま迎えた一月、大学受験を控えた靖貴は「遠くの大学を受ける」という選択肢を口にせず…。不器用すぎる二人の恋、どう卒業を迎えるのか。二人のその後を描く「春休み編」も収録。
2017.7 313p A6 ¥640 ①978-4-8002-7463-2

◆**あの子が結婚するなんて**　五十嵐貴久著　実業之日本社
【要旨】大手企業フクカメに勤める32歳・西岡七々未は、突如イケメン婚約者を捕まえた学生時代からの親友ぽっちゃり系女子・小松美宇の結婚式を盛り上げる「プライズメイド」のリーダーに任命されてしまった。友人の幸せを喜ぶ気持ちとうらやましさで複雑な心境のまま準備がはじまるなか、新郎側の盛り上げ役「アッシャー」の神崎英也に惹かれてしまい──!?痛快ブライダル・コメディ。
2017.5 308p B6 ¥1600 ①978-4-408-53706-1

◆**可愛いベイビー**　五十嵐貴久著　実業之日本社（実業之日本社文庫）
【要旨】正しい恋、正しい結婚、どれを選べば満足するの？ 三十八歳で大手企業の課長職を務める晶子には、児島君という二十四歳の年下の彼氏がいる。様々な障害を乗り越えて結ばれたはずの二人だったが、両家の家族は今でも交際に反対。しっくりいっていると、児島君がまさかのリストラ!?追い打ちのように晶子の仕事や身体にも大きな変化があらわれ始めお仕事恋愛小説のバイブル！
2017.4 389p A6 ¥685 ①978-4-408-55349-8

◆**セブンズ！**　五十嵐貴久著　KADOKAWA
【要旨】ラグビーの町、岩手県釜石市。7人制女子ラグビーチームの監督を務める奥寺浩子は、来年に地元で行われる国体での優勝を目指し、チーム強化に奔走していた。浩子の尽力で、子育て中の主婦、俊足女子高生、重量級の双子の姉妹ら、個性豊かなメンバーが集まるも、寄せ集めチームには、何かが足りなかった。浩子は、かつてラグビーをしていた妹の泉に大きな可能性を感じていたが、泉はある理由でラグビーから目を背けていて…。
2017.12 283p B6 ¥1550 ①978-4-04-103726-3

◆**アキラとあきら**　池井戸潤著　徳間書店（徳間文庫）
【要旨】零細工場の息子・山崎瑛と大手海運会社東海郵船の御曹司・階堂彬。生まれも育ちも違うふたりは、互いに宿命を背負い、自らの運命に抗って生きてきた。やがてふたりが出会い、それぞれの人生が交差したとき、かつてない過酷な試練が降りかかる。逆境に立ち向かうふたりのアキラの、人生を賭けた戦いが始まった一。感動の青春巨編。
2017.5 713p A6 ¥1000 ①978-4-19-894230-4

◆**銀翼のイカロス**　池井戸潤著　文藝春秋（文春文庫）
【要旨】出向先から銀行に復帰した半沢直樹は、破綻寸前の巨大航空会社を担当することに。ところが政府主導の再建機関がつきつけてきたのは、何と500億円もの借金の棒引き!?とても飲めない無茶な話だが、なぜか銀行上層部も敵に回る。銀行内部の大きな闇に直面した半沢の運命やいかに？ 無敵の痛快エンタメ第4作。
2017.9 434p A6 ¥760 ①978-4-16-790917-8

◆**ヒストリア**　池上永一著　KADOKAWA
【要旨】第二次世界大戦の米軍の沖縄上陸作戦で家族すべてを失い、魂（マブイ）を落としてしまった知花煉。一時の成功も挫折もある米軍のお尋ね者となり、ボリビアへと逃亡するが、そこも楽園ではなかった。移民たちに与えられた土地は未開拓で、伝染病の蔓延もあった。沖縄からも忘れられてしまう中、数々の試練を乗り越え、自分を取り戻そうとする煉。一方、マブイであるもう一人の煉はチェ・ゲバラに出会い恋に落ちてしまう…。果たして煉の魂の行方は？ 著者が20年の構想を経て描いた最高傑作！
2017.8 629p B6 ¥1900 ①978-4-04-103465-1

◆**福島ノラ牛物語──原発事故を生き残った牛たち**　伊坂邦雄著、山本宗補解説　彩流社
【要旨】牛は何も知らないのか？ 現職の獣医が描いた動物ファンタジー。
2017.3 280p B6 ¥2000 ①978-4-7791-2295-8

◆**アイネクライネハトムジーク**　伊坂幸太郎著　幻冬舎（幻冬舎文庫）
【要旨】妻に出て行かれたサラリーマン、声しか知らない相手に恋する美容師、元いじめっ子と再会してしまったOL…。人生は、いつも楽しいことばかりじゃない。でも、運転免許センターで、リビングで、結婚式場で、奇跡は起こる。情けなくも愛おしい登場人物たちが仕掛ける、不器用な肘引きの数々。明日がきっと楽しくなる、魔法のような連作短編集。
2017.8 341p A6 ¥600 ①978-4-344-42631-3

◆**砂漠**　伊坂幸太郎著　実業之日本社（実業之日本社文庫）
【要旨】仙台市の大学に進学した春、なにごとにもさめた青年の北村は四人の学生と知り合った。少し軽薄な鳥井、不思議な力が使える南、とびきり美人の東堂、極端に熱くまっすぐな西嶋。麻雀に勤しみ合コンに励み、犯罪者だって追いかける──。一瞬で過ぎる日常は、光と痛みと、小さな奇跡とでできていた─。実業之日本社文庫限定の書き下ろしあとがき収録！ 明日の自分が愛おしくなる、一生モノの物語。
2017.10 509p A6 ¥722 ①978-4-408-55382-5

◆**ホワイトラビット**　伊坂幸太郎著　新潮社
【要旨】仙台で人質立てこもり事件が発生。SITが交渉を始めるが─。伊坂作品初心者から上級者まで、没頭度MAX！ 書き下ろしミステリー。
2017.9 270p B6 ¥1600 ①978-4-10-459607-2

◆**日本が「人民共和国」になる日**　井沢元彦著　ワック（WAC BUNKO）（『「日本」人民共和国』改訂・改題書）

【要旨】大地震が発生し、静岡県にある原子力発電所「スーパーみらい一号炉」が津波に襲われ炉心の緊急冷却装置が働かず大爆発。取材中の新聞記者・桜浩行と金村良美が、気がついたとき、そこは「扶桑国人民政府」という「もう一つの日本」にタイムスリップ。60年安保闘争の時点でハガチーをデモ隊が殺害したのがきっかけで日米安保条約が破棄されたために、日本は共産圏に編入されていたのだ…。ジョージ・オーウェルの『一九八四年』の日本版ともいうべき恐怖のパラレルワールド小説。
2017.7 331p 18cm ¥1000 ①978-4-89831-757-0

◆世界で一番のクリスマス 石井光太著 文藝春秋
【要旨】1980年代にネオンを輝かせていた上野界隈のフィリピンパブ。父親の経営する店の人気者だった姉は、AV女優として成功したけれど…。風俗という「闇の世界」に生きて、それでも光を求める女や男たちの物語。
2017.10 289p B6 ¥1500 ①978-4-16-390735-2

◆知らない記憶(こえ)を聴かせてあげる。石井颯良著　KADOKAWA（角川文庫）
【要旨】反訳とは記録媒体に吹き込まれた音声や動画を、文字に書き起こす「テープ起こし」の作業を指す。清澄白河にある音谷反訳事務所の店主・久呼は、仕事の腕は超一級だが「個人宛てのテープは起こさない」という信条を持っていた。ところが新たな依頼は、トラウマを抱えた青年・陽向の亡き叔父の遺稿を起こしてほしいというものだった。吹き込まれた声の裏にある本当に伝えたい想いとは一記憶がつなぐ絆と再生のお仕事小説!
2017.5 285p A6 ¥640 ①978-4-04-105608-0

◆ご機嫌な彼女たち 石井睦美著　KADOKAWA（角川文庫）
【要旨】離婚に傷つきながら娘と二人暮らす、寧。年下の恋人のいるスタイリスト、万起子。口をきかなくなった娘を抱え、スーパーで働く美香。ハイブランドに勤めるみどり。夫を癌で亡くした崇子の店には、晩ごはんを目当てにワケありの女性が集まってくる。仕事の愚痴、子育てへの不安、熟年再婚の悩み、惑い続ける女性たちの「バツイチ倶楽部」が始まった! つらいことも多いけれど、仲間とごはんがあれば大丈夫。心あたたまる家族と友情の物語。
2017.12 316p A6 ¥800 ①978-4-04-106144-2

◆ひと夜の月 石神賢口著　東洋出版
【要旨】えっ! 妻に逢える? 亡き妻の面影を手繰り、霊界を彷徨して行く瀬島。辿る先々で眼にする信じられない光景……。
2017.10 140p A6 ¥1100 ①978-4-8096-7886-8

◆人はアンドロイドになるために 石黒浩著, 飯田一史著　筑摩書房
【要旨】人間とアンドロイドの未来をめぐる5つの思考実験。アンドロイド研究の第一人者が、最先端の研究をステップボードに大胆に想像力をはばたかせた初の小説集!
2017.3 317p B6 ¥1900 ①978-4-480-80469-3

◆オネスティ 石田衣良著　集英社（集英社文庫）
【要旨】「どんな秘密も作らない。恋愛も結婚もしないけれど、心はいつも一番近いところにある。ほかの人を好きになっても、結婚しても、ずっと好きでいるけれど、赤ちゃんをつくるようなことはしない」カイとミノリは、幼き日に交わした約束を大切に守りながら成長していく。そんな二人の関係は大人になってもずっと続いていく―。人をどれくらい誠実に愛することができるのかを問う純愛的長編小説。
2017.11 321p A6 ¥620 ①978-4-08-745656-1

◆スイングアウト・ブラザーズ 石田衣良著　KADOKAWA（角川文庫）
【要旨】デブの営業マンと薄毛の銀行員、オタクのゲームプログラマー。大学時代から腐れ縁の男3人は33歳の春、揃って彼女に手ひどく振られた。そんな傷心の中年男空振りトリオが東大時代の憧れの先輩・美紗子は、3人を教育して魅力あるモテ男に変身させるという。果たしてこの遠大な計画の行方は一⁉ ルックス、ファッション、教養、コミュ力…ふりかかる難題の数々。笑って泣けるTIPS満載のモテ奮闘記!
2017.9 318p A6 ¥600 ①978-4-04-106056-8

◆きょうの日は、さようなら 石田香織著　河出書房新社
【要旨】かつて兄だったキョウスケが勝手に私の人生へと戻ってきた。立派な「あかんたれ」になってここにいても、ただ生きさえいてく

れればいい―家族や親友や恋人より大切な「運命」の物語。
2017.7 222p A6 ¥1400 ①978-4-309-02578-0

◆きなりの雲 石田千著　講談社（講談社文庫）
【要旨】大切な恋を失い、生きる気力さえ失くしたさみ子。だがある日、アボカドの水栽培をきっかけに彼女の気持ちに変化が生じる。古びたアパートの住人たちや編みもの教室の仲間との交流により、少しずつ心の中に射し込み始める光―。傷ついたからこそ見えたもの、失ったからこそ得たもの。第146回芥川賞候補作。
2017.3 237p A6 ¥600 ①978-4-06-293620-8

◆救急病院 石原慎太郎著　幻冬舎
【要旨】千代田区溜池にある中央救急病院は、南棟屋上にヘリポートを、北棟屋上倉庫にはドクターヘリを保有。都下の小笠原諸島から神奈川県・千葉県・埼玉県の関東一円を管轄し、病床1500を誇る首都圏一の救急総合病院。そんな病院に、今日も地下鉄の人身事故で瀕死の重傷を負った妙齢の女性が運び込まれた。左脚の裂傷は無残なありさまで、切断された骨の周りの筋肉でかろうじてつながっている状態。駆けつけた患者の父親が涙ながらに訴えるには、彼女はほどなく結婚式を予定だという。救急部長の梶山をはじめとする担当チームが高度な縫合手術に挑む―。「ショックではありましょうが、どうか落ち着いてください。そして現代の医学を信じてください」。
2017.2 163p B6 ¥1300 ①978-4-344-03069-5

◆愚者よ、お前がいなくなって淋しくてたまらない 伊集院静著　集英社（集英社文庫）
【要旨】最愛の妻を亡くし、酒と博奕に溺れていたユウジ。競輪記者エイジと出会い、似た者同士の二人は意気投合する。また、弟分的存在で亡き妻とも親しかった芸能プロ社長三村との再会。そして、執拗に小説執筆を勧めてくる編集者木暮がいた。生きるのに不器用な"愚者"たちとの出会いと別れが、過去に縛られるユウジにもたらしたものとは―。男たちのこの上なく切ない絆を描く自伝的小説の最高傑作。
2017.7 443p A6 ¥720 ①978-4-08-745606-6

◆琥珀の夢―小説 鳥井信治郎 上 伊集院静著　集英社
【要旨】サントリー創業者・鳥井信治郎のひたむきな日々。
2017.10 341p A6 ¥1600 ①978-4-08-771123-3

◆琥珀の夢―小説 鳥井信治郎 下 伊集院静著　集英社
【要旨】サントリー創業者・鳥井信次郎の果てなき情熱。
2017.10 353p A6 ¥1600 ①978-4-08-771124-0

◆東京クルージング 伊集院静著　KADOKAWA
【要旨】あのニューヨークの秋を私は忘れない。ドキュメンタリー番組で出逢った三阪剛という青年に、作家の私は強く惹きつけられた。彼の依頼してきた仕事は、松井秀喜のアメリカでの活躍を私の視点で追う番組だった。二人で作り上げた番組は成功し、全ては順調だった。だが、三阪君には病魔が迫っており、さらに決して忘れることのできない女性がいたのだった。彼と一生を誓い合ったその女性は、突然、彼の許を去ったという。「何も言わずに、何も残さずに…」。彼の死後、手紙を受け取った私は、三阪君の過去を辿り、彼女の行方を探しはじめる―。伊集院静の出逢いと別れが凝縮した、奇跡の物語。
2017.2 445p A6 ¥1600 ①978-4-04-103265-7

◆次の突き当たりをまっすぐ いしわたり淳治著　筑摩書房
【要旨】たった5分でひっくり返る28の"超"短編小説。ミニマルな構成にシャープな風刺と驚きの結末が仕掛けられた注目の作詞家が描く"ことば"のエンターテインメント。
2017.11 281p A6 ¥1400 ①978-4-480-80474-7

◆還暦シェアハウス 泉麻人著　中央公論新社（中公文庫）
【要旨】妻から別居を宣言され、一人娘は海外留学中。59歳のフリーライター松木は、55歳以上が対象の共同住宅「R55」に住むことに。しかし車椅子の女性オーナーは訳ありで、他の入居者たちも昭和臭ムンムンのくせ者たちだった。深夜ラジオ、ツチノコ、ジュークボックス、バブル―人生の半分以上を「昭和」で生きてきた男の第二の青春は⁉
2017.3 184p A6 ¥540 ①978-4-12-206384-6

◆外資系秘書ノブコのオタク帝国の逆襲 泉ハナ著　祥伝社（祥伝社文庫）
【要旨】何かにアツくなれる人生は最強に楽しい! 外資系銀行秘書ノブコはオタ友の裏切り、職場のレイオフ旋風での傷心を乗り越え、復活しようとしていた。愛するアニメ『バイファロス』のスピンオフ映画化の一報を受けたのだ。だが、資金面で難航していると知り…ノブコが! 従兄弟タツオが! 映画のためにすべてを捧ぐ、これぞオタク魂! 共感&感動必至の猛烈オタ活動‼ 爆走エンターテインメント。
2017.11 403p A6 ¥700 ①978-4-396-34372-9

◆鳥獣戯画 磯﨑憲一郎著　講談社
【要旨】二十八年間の会社員生活を終え自由の身となった小説家。並外れた美貌を持ちながら結婚に破れた妻。「鳥獣戯画」を今に伝える名刹を興した高僧。父親になる三十歳の夫。恋をする十七歳の私。語りの力で、何者にもなりえ、何処へでも行ける。小説の可能性を極限まで追い求める、最大級の野心作。
2017.10 284p B6 ¥2000 ①978-4-06-220807-9

◆電車道 磯﨑憲一郎著　新潮社（新潮文庫）
【要旨】ある男は家族を捨て洞窟に棲み着き、やがて小さな塾を始める。またある男は選挙に落選し、雑木林を飛ぶムササビの幻影と恋の傷を抱えたまま、電鉄会社を興す。ふたつの破格の人生が交錯する高台の町を、大震災、敗戦、高度成長と、電車は何代もの人生を乗せて絶え間なく通い、町と世界を変容させる。東京近郊の私鉄沿線の百年の変転から、この国と私たちの人生の姿が立ち現れる魅惑の物語。
2017.11 277p A6 ¥520 ①978-4-10-139032-1

◆壊れた自転車でぼくはゆく 市川拓司著　朝日新聞出版（朝日文庫）
【要旨】限られた時の中で、彼らは互いを思い遣り、慈しみ、精一杯自分たちの命を生きた―もうこの世に存在しない祖父と、ぼくはかつて不思議な旅をした。そこで語られた少年と少女の切ない純愛の物語。なぜふたりは引き離されなければいけなかったんだろう?
2018.1 310p A6 ¥660 ①978-4-02-264872-3

◆K体掌説 九星鳴生著　文藝春秋（文春文庫）
【要旨】Kは小噺のK。Kは簡潔のK。Kは奇態のK。つまりKなるの体の掌編。これ即ち、「K体掌説」なり。21世紀の稲垣足穂か、はたまた星新一か。シャートショートに驚異の新人現る…単行本刊行当時、一体この著者は何者? と評判となった話題作がついに文庫化。その謎めいた著者の正体がいま明かされる。
2017.6 201p A6 ¥600 ①978-4-16-790862-1

◆公開法廷―一億人の陪審員 一田和樹著　原書房
【要旨】20XX年、日本。ネット投票による重要事件の国民総陪審員制が開始。この極めて民主的なシステムが超管理社会への第一歩になる―SNSにあふれる悪意、エンタメ化する「セカイ」、ポスト真実。この物語は予言なのかもしれない。材料はすでに揃っている。
2017.10 302p A6 ¥1600 ①978-4-562-05439-8

◆脊椎外科の罠―ある医療難民からの衝撃の叫び 壱島良男著　幻冬舎メディアコンサルティング, 幻冬舎 発売
【要旨】手術は成功、しかし消えない腰の痛み。あの診断は正しかったのか―? 真実を求め立ち上がった患者たちに、待ち受けていた数々の罠。現役整形外科医が業界の闇に切り込む、衝撃の医療ヒューマン小説。
2017.12 203p B6 ¥1100 ①978-4-344-91311-0

◆稽古とプラリネ 伊藤朱里著　筑摩書房
【要旨】南景以子、29歳、不器用。女性のお稽古事を取材するフリーライター。彼氏(交際10年)と別れたばかり。迷える彼女にもたらされる、親友の突然の転機。人生のヒントはお稽古事教室にある。太宰治賞受賞の新鋭が描く、オンナの友情、そのリアル。
2017.3 221p B6 ¥1600 ①978-4-480-80468-6

◆どんぶらこ いとうせいこう著　河出書房新社
【要旨】終わりなき介護に、静かに揺れる家族。21世紀の日本昔話など、3編を収録。
2017.4 234p 20cm ¥1700 ①978-4-309-02558-2

◆鼻に挟み撃ち いとうせいこう著　集英社（集英社文庫）
【要旨】御茶ノ水、聖橋のたもとで演説をする奇妙な男。ゴーゴリの「鼻」と後藤明生の「挟み

現代の小説（純文学）

撃ち」について熱く語るその男は、大声を出すには相応じえないようなマスクをしていう。そしてまた道行く人々もみな同様に。なぜ誰もが顔を隠しているのか、男の演説の意図は何なのか。支離滅裂に思える内容に耳を傾けるうち、次第に現実が歪み始めー。政治小説の再来を目指した表題作の他三篇を含む幻惑小説集。
2017.11 182p A6 ¥500 ①978-4-08-745663-9

◆留やんの金歯　伊藤節子著　幻冬舎メディアコンサルティング, 幻冬舎 発売
【要旨】自分を信じて、人と比べないようにして、くよくよせず、自分なりに生きる。生まれつき耳が聞こえない「留吉」が持つ純真とひたむきさに、誰もが心打たれるー。戦争前後の大阪を舞台に繰り広げられるハートフル・ヒューマンドラマ。
2017.3 119p B6 ¥1000 ①978-4-344-91122-2

◆はやく老人になりたいと彼女はいう　伊藤たかみ著　文藝春秋
【要旨】新興住宅地の夏祭の会場からきもだめしをするうちに十歳の少年と少女が深い森に迷いこんでいた。少年と知り合いの老婆は森をさまよっている。さらに少年の母親と父の父親は皆、心打たれる。ひと晩だけの遭難。暗い森で浮かびあがったそれぞれの人生。愛に不器用な人たちを描くおとぎ話のような文学作品。小幡彩貴のイラスト21点掲載！
2017.11 191p 19×14cm ¥1300 ①978-4-16-390752-9

◆離陸　絲山秋子著　文藝春秋（文春文庫）
【要旨】国交省から矢木沢ダムに出向中の佐藤弘のもとに、ある夜、見知らぬ黒人が訪れる。「女優の行方を探してほしい」。昔の恋人はフランスで、一人息子を残して失踪していた。彼女の足跡を辿る旅は、弘の運命を意外な方向へ導いていく。"生きている老年には皆、種類がある"のだ"。静かな祈りで満たされた傑作長編小説。
2017.4 423p A6 ¥910 ①978-4-16-790828-7

◆忘れられたワルツ　絲山秋子著　河出書房新社（河出文庫）
【要旨】ごめんわたしふつうがわからないのー。恋人の鰌江君と別れたわたしは、預言者のおばさんと出会う。彼女が空に投げた音符が奏でるのは「未来の曲」。しかし、その暗く濁ったメロディは、戦争の始まりを告げる「国民保護サイレン」だった…。震災以後の、ふつうがなくなってしまった世界で、あのころより見えるものがある。不穏に揺らぎながら、美しく輝く七つの"生"に寄り添う傑作短編集。
2017.6 193p A6 ¥690 ①978-4-309-41587-1

◆少年愛の美学—A感覚とV感覚　稲垣足穂著　河出書房新社（河出文庫）
【要旨】永遠に美少年なるもの、A感覚、ヒップへの憧憬はタルホにとって真の自由の希求にほかならず、ヒコーキや宇宙へとつながるタルホのノスタルジーの源泉でもあった。表題作は、少年愛に関する古今東西の実例や文献を渉猟し、性愛論にとどまらないA感覚の形而上学に独自の美学をうちたてた記念碑的集大成である。その入門編ともいうべき三篇を併録。恩田陸、長野まゆみ、星野智幸各氏推薦！「21世紀タルホスコープ」第2弾。
2017.2 489p A6 ¥1200 ①978-4-309-41514-7

◆天体嗜好症—千一秒物語　稲垣足穂著　河出書房新社（河出文庫）
【要旨】タルホみずから「私が折にふれてつづってきたのは、すべてこの作品の解説にほかならない」と語った名作「一千一秒物語」、「天体嗜好症」にまとめられたファンタジーの数々、「宇宙論入門」をはじめとする比類なき宇宙論・空間論、そして、少年が愛してやまなかった"ヒコーキ"への憧憬…タルホ・コスモロジーを一冊に精選。恩田陸、長野まゆみ、星野智幸氏推薦！「21世紀タルホスコープ」第3弾。
2017.4 473p A6 ¥1200 ①978-4-309-41529-1

◆戦略参謀—経営プロフェッショナルの教科書　稲田将人著　日本経済新聞出版社（日経ビジネス文庫）
【要旨】紳士服チェーン「しきがわ」の営業マン高山昇は、ある発言がもとで古株の阿久津専務の逆鱗に触れ、新設の経営企画室に異動させられる。だが、高山は持ち前の正義感と行動力を武器に、外部コンサルタントらの助力を得ながらトップの補佐役＝戦略参謀として成長していく。会社再生にまい進する主人公を描く企業改革ノベル。
2017.11 532p A6 ¥1000 ①978-4-532-19839-8

◆ゼンマイ　戌井昭人著　集英社

【要旨】魔術団の女を探して、いざモロッコへ!!残されたゼンマイの小箱をたよりに、昔の恋人をたずねて、オトコ二人の珍道中。見つけたのは、ひとりの女か、それとも人生かー。野間文芸新人賞の新鋭による最新傑作小説。
2017.6 137p B6 ¥1300 ①978-4-08-771113-4

◆びんぞろ　戌井昭人著　講談社（講談社文庫）
【要旨】浅草・西の市でイカサマ賭博に巻き込まれた脚本家の「おれ」は、まるでサイコロの目に導かれるように、地方のさびれた温泉街に辿り着く。そこであてがわれたのは、ヌード劇場の司会業。三味線弾きのルリ婆さんと、その孫リッちゃんとの共同生活の末に訪れた、意外な結末とは。野間文芸新人賞受賞作家の話題作。
2017.2 157p A6 ¥550 ①978-4-06-293569-2

◆思い出は満たされないまま　乾緑郎著　集英社（集英社文庫）
【要旨】東京・多摩地区在住のフリーター・甲田には認知症の母がいる。母の介護を口実に仕事を辞めたのに団地の自治会役員を押し付けられてしまう。住民の自分勝手なクレームに翻弄される毎日。遂に近くに住み着いたホームレスの男性を追い出せと言われ、「団地の孤児」マンモス団地に住む人々の日常と街の様相を描いた7つの連作短編集。この一冊には理屈を超えて、感情を揺さぶるパワーがある。
2017.6 365p A6 ¥660 ①978-4-08-745612-7

◆あなたならどうする　井上荒野著　文藝春秋
【要旨】昭和歌謡曲の歌詞にインスパイアされた、珠玉の九篇。
2017.6 198p B6 ¥1400 ①978-4-16-390670-6

◆さようなら、猫　井上荒野著　光文社（光文社文庫）
【要旨】アパートに向かう途中の美那は、不審な男女が猫の親子を攫う場面を目にし、残された仔猫を連れて帰るのだった。ハッピーと名付けた猫との生活は、荒んだ彼女のこころを変えていく。ところがクラブで知り合った男が、ハッピーを引き取りたいという人を見つけ出しー。〈自分の猫〉ままならない人生、その背後に見え隠れする猫たちが織りなす物語を繊細に紡いだ短編集。
2017.6 291p A6 ¥680 ①978-4-334-77479-0

◆虫娘　井上荒野著　小学館（小学館文庫）
【要旨】四月の雪の日。あの夜、シェアハウスで開かれたパーティーで、一体何があったのか？「椴木照らはもう死んでいた」という衝撃的な一行からこの物語は始まる。しかも死んだはずの照の意識は今もなお空中を、住人たちの頭上を、"自由に"浮遊している。悪意と嫉妬、自由と不自由ー小さな染みがじわじわ広がり、住人たちは少しずつ侵されていく。"みんなが照を嫉（ねた）んでいたにちがいない。みんな不自由だった。照は自由だった。…俺も彼女が嫉ましかった。でも、俺は殺していない。では、誰が？"著者の新境地をひらくミステリ＆恋愛小説の傑作。
2017.2 250p A6 ¥570 ①978-4-09-406394-3

◆涙の招待席—異形コレクション傑作選　井上雅彦編　光文社（光文社文庫）
【要旨】1997年暮れ、彗星のように現れたオリジナル・アンソロジー「異形コレクション」。独創的な企画と新しい書き手の発掘で、ホラー、SF、ミステリー、ファンタジー界に大きな衝撃を与え続け、2011年には、ついに48巻を数えた。今回、千編を優に超える全収録作の中から、涙を誘わずにはいられない詩情豊かな物語十編をセレクト。どうぞハンカチを用意してお読みください。
2017.10 284p A6 ¥660 ①978-4-334-77545-2

◆彼方の友へ　伊吹有喜著　実業之日本社
【要旨】平成の老人施設でまどろむ佐倉波津子に、赤いリボンで結ばれた小さな箱が手渡される。「乙女の友」昭和十三年 新年号附録 長谷川純可 作」。そう印刷された可憐な箱は、70余年の歳月を懸けて届けられたものだった。昭和初期から現在へ。雑誌の附録に秘められた想いとはー。
2017.11 445p B6 ¥1700 ①978-4-408-53716-0

◆カンパニー　伊吹有喜著　新潮社
【要旨】合併、社名変更、グローバル化。老舗製薬会社の改革路線から取り残された47歳の総務課長・青柳と、選手に電撃引退した若手トレーナーの由木。二人下された業務命令は、世界的プリンシパル・高野が踊る冠公演「白鳥の湖」を成功させること。主役交代、高野の叛乱、売れ残ったチケット。数々の困難を乗り越えて、本当に幕は開くのかー？　人生を取り戻す情熱が熱

生の物語。
2017.5 347p B6 ¥1700 ①978-4-10-350971-4

◆情熱のナポリタン—BAR追分　伊吹有喜著　角川春樹事務所（ハルキ文庫）
【要旨】かつて新宿追分と呼ばれた街の、"ねこみち横丁"という路地の奥に「BAR追分」はある。"ねこみち横丁"振興会の管理人をしながら脚本家を目指す宇藤輝良は、コンクールに応募するためのシナリオを書き上げたものの、悩んでいることがあって…。両親の離婚で離れて暮らす兄弟、一人息子を育てるシングルマザー、劇団仲間に才能の差を感じ始めた男ー人生の分岐点に立った人々が集う「BAR追分」。客たちの心も胃袋もぐっと掴んで離さない癒しの酒場に、あなたも立ち寄ってみませんか？　大人気シリーズ第三弾。
2017.2 244p A6 ¥520 ①978-4-7584-4065-3

◆地の星ーなでし子物語　伊吹有喜著　ポプラ社
【要旨】自立、顔を上げて生きること。自律、美しく生きることー。遠州峰生の名家・遠藤家の邸宅として親しまれた常夏荘。幼少期にこの屋敷に引き取られた耀子は、寂しい境遇にあっても、屋敷の大人たちが、自分を導いてくれる言葉、小さな友情に支えられて子供の時代を生き抜いてきた。時が経ち、時代の流れの中で凋落した遠藤家。常夏荘はもはや見る影もなくなってしまったが、耀子はそのさびれた常夏荘の女主人となりー。ベストセラー『なでし子物語』待望の続編！
2017.9 314p B6 ¥1600 ①978-4-591-15605-6

◆芦田川　今井絵美子著　KADOKAWA
【要旨】老いてなお「女」でいつづける母・登勢。そのあけすけで奔放な性を嫌悪し、実家を飛び出した不器用な娘、千歳。やがて凡庸ながら温厚な夫と結婚し、憧れのマイホームを構え、幸せな人生を手に入れたと信じて疑わなかった。種違いの美しい妹、ユキがある日転がりこんでくるまではー。高度経済成長期、重工業都市として発展していく福山は芦田川河口の町を舞台に描く、壮絶な愛憎小説！
2017.3 253p B6 ¥1600 ①978-4-04-105270-9

◆嘘八百　今井雅子著　PARCO出版
【要旨】千利休を生んだ茶の湯の聖地、大阪・堺。空振り続きの古物商・小池则夫は、落ちぶれた陶芸家・野田佐輔と出会う。大御所鑑定士に一杯食わされた2人は、仕返しのため「幻の利休の茶器」を仕立て上げ一攫千金を狙う。やがて彼らの計画は家族や仲間、文化庁までも巻き込む大騒動に発展しー。骨董ロマンあふれる、開運お宝コメディ。
2017.12 239p A6 ¥650 ①978-4-86506-244-1

◆プレストガール！—女子高生の戦略会議　今井雅子著　文芸社NEO
【要旨】家と学校を往復するだけの毎日に退屈していた高校生の女の子・みゆ里は、ひょんなことから外資系広告代理店の高校生ブレーンになった。個性あふれる面々と一緒にアイデア出しをするうち、仕事の楽しさや難しさを学び、次第に未来に夢を見出してゆく。広告代理店コピーライター出身で脚本家でもある著者が、大人になることに希望をもてない若い世代に向けて書いた青春"お仕事小説"。元気と勇気とアイデアが湧いてくる一冊。
2017.1 234p A6 ¥540 ①978-4-286-18209-4

◆砂漠の燈台　今川東著　幻冬舎メディアコンサルティング, 幻冬舎 発売
【目次】砂漠の燈台、天使の子守唄、麗老
2017.8 264p B6 ¥1400 ①978-4-344-91264-9

◆ないものがある世界—バルティータ 5　今福龍太著　水声社
【要旨】「喪失」の陰に覆われた近未来の都会で、「進歩」し続けることに疑いを抱かない世界を憂う"わたし"。人間の原初的なことばや身振りが生き生きと現前する精霊の島から、いのちの根源をたどり直すために旅立つ少年"ノア"。"ない"ことと"ある"ことのはざまで、二人の異なった時空間の物語がパラレルに展開しつつ、いつしか一つの大きな物語として重なり合い、昇華されていく。批評と創作の境界線上で生まれた、父と母と子供たちのための、少し哀しく、希望あふれる未来の寓話。
2018.1 243p B6 ¥2200 ①978-4-8010-0255-5

◆星の子　今村夏子著　朝日新聞出版
2017 224p B6 ¥1400 ①978-4-022-51474-5

◆小説 阿佐田哲也　色川武大著　小学館（P+D BOOKS）

現代の小説（純文学）

【要旨】「奴とは、ばくち打ちであり、ばくち打ちの奥に至らんと五十年もすごしてきたような、顔をしている人物である」一色川武大は『阿佐田哲也』を冒頭でこう評している。阿佐田哲也なるばくち打ちは『麻雀放浪記』を書き、麻雀新撰組などを結成して世間を煙に巻いた。色川武大名義では『離婚』で直木賞を受賞した作家が、虚にして実、実にして虚の"阿佐田哲也"の素顔に迫った異色作。
2017.5 273p B6 ¥550 ①978-4-09-352302-8

◆打ち上げ花火、下から見るか? 横から見るか? 岩井俊二原作、大根仁著
KADOKAWA（角川文庫）
【要旨】「打ち上げ花火は横から見たら丸いのか、平べったいのか?」夏の花火大会の日、港町で暮らす典道は幼なじみと灯台に登って花火を横から見る約束をする。その日の夕方、密かに想いを寄せる同級生のなずなから突然「かけおち」に誘われる。なずなが母親に連れ戻されて「かけおち」は失敗し、二人は離れ離れに。彼女を取り戻すため、典道はもう一度同じ日をやり直すことを願うが……。繰り返す1日の果てに起こる、恋の奇跡の物語。
2017.6 248p A6 ¥560 ①978-4-04-105488-8

◆少年たちは花火を横から見たかった 岩井俊二著 KADOKAWA（角川文庫）
【要旨】やがてこの町から消える少女なずなを巡る典道と少年たち。花火大会のあの日、彼らに何があったのか? 少年から青年になる時期の繊細で瑞々しい友情と初恋の物語。映像化されなかった幻のエピソードを復刻、再構成し、劇場アニメ版にあわせて書き下ろされた待望の小説。テレビドラマ版『打ち上げ花火、下から見るか? 横から見るか?』のOAから、24年の歳月を経てよみがえる原点ともいえる物語。岩井俊二著『銀河鉄道の夜』。
2017.6 157p A6 ¥480 ①978-4-04-105603-5

◆ジャパン・トリップ 岩城けい著 KADOKAWA
【要旨】オーストラリアのローランド・ベイ・グラマー・スクールに通うショーンは、大好きな祖母と離れてはじめてのジャパン・トリップへ。ステイ先の和菓子職人のオトーチャン・オカーチャンに優しくされて日本を満喫するショーンだけど、秘めた目的を達成するために大事件を起こしてしまう! 一方、引率として久しぶりに故郷・日本へ帰ってきた山中光太朗は、様子のおかしい女子生徒・ハイリーのことが気がかりで―。
2017.8 277p B6 ¥1400 ①978-4-04-105727-8

◆Masato 岩城けい著 集英社（集英社文庫）
【要旨】「スシ! スシ! スシ!」いじめっ子イーダンがまた絡んでくる―。親の仕事の都合でオーストラリアに移った少年・真人。言葉や文化の壁に困惑しては、悔しい思いをする毎日だ。でも少しずつ自分の居場所を見出し、ある日、感じる。「ぼくは、ここにいてもいいんだ」。ところが突然、父は日本へ戻ることに。異国での少年と家族の成長を描いた第32回坪田譲治文学賞受賞作。
2017.10 238p A6 ¥500 ①978-4-08-745648-6

◆ジイちゃん、朝はまだ?―438gのうまれ・そだち・いけん いわせかずみ著 日本僑報社
【要旨】妊娠26週で生まれた"超低出生体重児"のボク。そんなボクを育ててくれたのは初孫の小さな命の可能性に賭けてくれたジイちゃんでした。未熟児網膜症と闘うボクの成長をあふれる愛で支え続けた著者だからこそ書ける、5年間の実体験をもとに綴られた感動ドキュメント小説。
2017.5 215p B6 ¥1800 ①978-4-86185-238-1

◆少年時代 岩本輝直著 東洋社
【要旨】昭和三十四年夏、和歌山県西牟婁郡串本町。この漁師町に転入してきた少年・正直の、清々しくかけがえのない一年を描く、実体験に基づいた自伝的小説。いつか希望を掴むという、未来への確信がそこにはある。
2017.4 115p B6 ¥1200 ①978-4-8096-7866-0

◆レ・ファンタスティック 上島周子著 水声社
2017.12 281p B6 ¥2500 ①978-4-8010-0313-2

◆トラットリア・ラファーノ 上田早夕里著 角川春樹事務所（ハルキ文庫）
【要旨】神戸・元町にあるイタリア料理店「ラファーノ」。兄と妹が厨房相手に人気はホール係である日、高校の同窓生・優奈が来店した。お店を気に入ったらしい彼女が何度か通ってくるようになった頃、高校時代のソフトテニス仲間・伸幸が店にやって来た―。プロシュート、鶏の白ワイン煮込み、仔羊のカツレツ、夏サンマのマリネ、カッサータ…など美味しい料理と、友情と恋愛の間で揺れ動く男女の心の機微とかけがえのない人生を描く感動の物語。書き下ろし。
2017.12 201p B6 ¥1600 ①978-4-7584-4134-6

◆塔と重力 上田岳弘著 新潮社
【要旨】予備校仲間と勉強合宿のさなか、阪神大震災で初恋の相手とともに、倒壊したホテルに生き埋めとなった僕は、ひとり助け出されたのち、失われた彼女の記憶を抱えて生きていた。20年後、Facebookを通じて再会した大学の旧友は、そんな僕に、「今日は美希子を呼んでいるんだ」と持ちかけた。表題作と響きあう2つの短篇併録。
2017.7 205p B6 ¥1600 ①978-4-10-336734-5

◆キジムナーkids 上原正三著 現代書館
【要旨】出会い、友情、冒険、好奇心、別れ…そして、希望。たくましく生きた子供たち"キジムナーkids"を、ウルトラマンのシナリオライターがみずみずしく描く自伝小説。
2017.6 359p B6 ¥1700 ①978-4-7684-5804-4

◆雪つもりし朝―二・二六の人々 植松三十里著 KADOKAWA
【要旨】帝都叛乱の二月二十六日、彼らはそれぞれの夜を過ごしていた。義弟が身代わりとなり落命、やがて第二次大戦の終戦に尽力した、当時の首相の岡田啓介。妻のタカが夫へのとどめを制した、終戦内閣の総理・鈴木貫太郎。弘前から上京した、青年将校が要と仰いだ秩父宮。襲撃を受けながらも祖父を守り、父・吉田茂を助ける存在になったива本和子。事件当時に歩兵部隊におり、やがて『ゴジラ』の監督になった本多猪四郎。昭和の平和に関わった彼らの「その後」に繋がる、「この一日」。
2017.2 282p B6 ¥1500 ①978-4-04-105212-9

◆ピーテル（継之進）とコルネリア 宇賀神修著 幻冬舎メディアコンサルティング、幻冬舎発売
【要旨】十七世紀・江戸時代初期、日本が急速に鎖国へと向かうなか、平戸藩の通詞・本木庄之進は、藩の密命により、オランダ商館で出会った自由思想家エンデンとともに、オランダに渡る。二年を超える過酷な船旅を経て、ようやく到着した継之進を待っていたのは、密計を命じた藩主病没の知らせだった。日本の地で生きることを決意した継之進は、ピーテルと名を変え、エンデンの助けでライデン大学で学び、オランダ東インド会社（VOC）に社員として職を得、妻を娶る。そして生まれた最愛の一人娘・コルネリア だが、妻も早々に先立たれてしまう。ピーテルはコルネリアの将来を思慮し、世間の慣習にとらわれずに、ラテン語と哲学を学ばせる。「黄金時代」を迎えたオランダの「激動」を真摯に生き抜いた日本人の父とその娘をめぐる、感動の大河巨編。
2017.9 343p B6 ¥1500 ①978-4-344-91366-0

◆ずっとあなたが好きでした 歌野晶午著 文藝春秋（文春文庫）
【要旨】バイト先の女子高生との淡い恋、転校してきた美少女へのときめき、年上劇団員との溺れるような日々、そして人生の夕暮れ時に抱いた恋心、そして人生の夕暮れ時に抱いた恋心、そして人生の夕暮れ時に抱いた恋心、そしてサプライズ・ミステリーの名手が綴る恋愛小説集は、一筋縄ではいくはずがない!? 企みに気づいた瞬間、読み返さずにはいられなくなる一冊。
2017.12 669p A6 ¥930 ①978-4-16-790974-1

◆龍神の女（ひと）―内田康夫と5人の名探偵 内田康夫著 徳間書店（徳間文庫）
【要旨】浅見光彦、車椅子の美女・橋本千晶ら5人の名探偵が挑む5つの怪事件。
2017.10 327p A6 ¥650 ①978-4-19-894266-3

◆愛についての感じ 海猫沢めろん著 講談社（講談社文庫）
【要旨】レザーフェイスと呼ばれる男は、駅前で切り殺しをする女の子に出会った。プレゼントは渡さないし、メールも送れない。奥手すぎる男の淡く儚い恋の行方は―（「初恋」）。世の中にはうまく馴染めないけれど、君に出会うことだけは出来た。異色の経歴を持つ作家だからこそ描けた、不器用で切ない5編の恋愛模様。
2017.10 278p A6 ¥720 ①978-4-06-293788-7

◆キッズファイヤー・ドットコム 海猫沢めろん著 講談社
【要旨】超ポジティブな男が日本を革命する! 少数精鋭、短期決戦をモットーとするホストクラブの店長、白鳥神威。いつも通り歌舞伎町を帰った彼を待ち受けていたのは、見知らぬ赤ちゃんだった。育てることを決意した神威は、IT社長・三國孔明と一緒に、クラウドファンディングで赤ちゃんを育てることを思いつく。ITで日本の子育てを救えるのか!?
2017.7 216p B6 ¥1300 ①978-4-06-220674-7

◆今夜、ロマンス劇場で 宇山佳佑著 集英社（集英社文庫）
【要旨】映画監督を夢見る青年・健司は、ある嵐の夜、行きつけの映画館・ロマンス劇場で一人きりで観ていた映画のなかのお姫様・美雪だった! モノクロ映画の世界から飛び出した美雪は、カラフルな現実の世界に興味津々で、わがままな彼女に健司は振り回されてばかり。共に過ごすうち、惹かれあうふたりだが、美雪には秘密があった…。極上のラブストーリー。
2017.12 235p A6 ¥520 ①978-4-08-745681-3

◆桜のような僕の恋人 宇山佳佑著 集英社（集英社文庫）
【要旨】美容師の美咲に恋をした晴人。彼女に認めてもらいたい一心で、一度は諦めたカメラマンの夢を再び目指すことに。そんな晴人に美咲も惹かれ、やがて二人は恋人同士になる。しかし、幸せな時間は長く続かなかった。美咲は、人の何十倍もの早さで年老いる難病を発症してしまったのだった。老婆になっていく姿を晴人にだけは見せたくないと悩む美咲は…。桜のように儚く美しい恋の物語。
2017.2 335p A6 ¥600 ①978-4-08-745548-9

◆Mの女 浦賀和宏著 幻冬舎（幻冬舎文庫）
【要旨】ミステリ作家の冴子は、友人・亜美から恋人タケルを紹介される。第一印象からタケルに不穏なものを感じていた冴子に、一通のファンレターを契機に、タケルに不審を抱き、彼の過去を探ることに。するとそこには数多くの死が……! そしてその死は亜美に迫手と亜美にも近づいている。逆転に次ぐ逆転。鮮やかに覆っていく真実。これぞミステリの真髄!
2017.10 215p A6 ¥730 ①978-4-344-42652-8

◆狂信者 江上剛著 幻冬舎（幻冬舎文庫）
【要旨】フリーライターの堤慎平は、取材で知り合ったユアサ投資顧問社長の湯浅晃一郎に見込まれ、強く入社を勧められる。当初は一千万円、働き次第で五千万円という年収に魅せられ、慎平は入社を決意するが、ユアサの巨額基金の運用実態に疑念を持つ慎平の恋人で新聞記者の国本美保は反対する。やがて本格的に取材を始めた美保は驚くべき真相を突き止める。
2017.10 445p A6 ¥730 ①978-4-344-42653-5

◆クロカネの道―鉄道の父・井上勝 江上剛著 PHP研究所
【要旨】鉄道を日本へ。幕末、長州ファイブの一人として国禁を犯して英国へ―。伊藤博文らが政治の世界を突き進むなか、ひたすら鉄道敷設に人生を捧げた男を描いた著者渾身の長編小説。
2017.3 381p B6 ¥1800 ①978-4-569-83283-8

◆ザ・ブラックカンパニー 江上剛著 光文社（光文社文庫）
【要旨】水野剛太は、フェラーリを乗り回す社長にスカウトされヤンキーバーガーに就職。無職から、いきなり正社員となり、夢を描くが…。店長に抜擢された剛太に課せられる、長時間労働、アルバイト人件費の肩代わり、キャンペーン商品のノルマ。さらに、ハンバーガーへの異物混入問題が発生! 前任店長が過労死したほどの過酷な職場に、剛太は懸命に立ち向かう!
2017.12 413p A6 ¥740 ①978-4-334-77574-2

◆庶務行員 多加賀主水が悪を断つ 江上剛著 祥伝社（祥伝社文庫）
【要旨】近隣住民から信頼厚い第七明和銀行高田通り支店の庶務行員・多加賀主水のもとには、相談事が絶えない。商店街のシャッター街化問題、保育園の騒音問題、祭事の協賛金問題、一方、世間では矢部内閣による「ヤベノミクス」が推し進められる中、国債の危機を訴える一派が何事かを企んでいた。第七明和銀行も吉川新頭取の息子が誘拐されるに及び、国家の危機に巻き込まれる!
2017.6 347p A6 ¥660 ①978-4-396-34316-3

◆翼、ふたたび 江上剛著 PHP研究所（PHP文芸文庫）
【要旨】二〇一〇年一月、ヤマト航空は経営に行き詰まり、会社更生法を申請。再建の切り札として外部から招かれたカリスマ経営者に対し、プライドの高い社員たちは反感を抱くが、次第

現代の小説（純文学）

にバラバラだった社内は一つになっていく。しかし、そこで東日本大震災が発生。津波によって孤立した仙台空港で、ヤマト航空の社員たちがとった行動とは…。二〇一二年九月の株式再上場までの、"奇跡の復活"を描く感動のストーリー。　2017.7 429p A6 ¥840　①978-4-569-76757-4

◆**特命金融捜査官**　江上剛著　新潮社　（新潮文庫）（『鬼忘島』改題書）
【要旨】ひとりの男が失踪した。金融庁長官の特命を帯びた捜査官の伊地知耕介がマークしているベンチャー銀行の専務だった。銀行の急所を突く証拠と共に消えた金庫番を探し出し、伊地知は不正を暴くことができるのか。野望実現に邁進する会長の坂巻、銀行に巣くう闇の暴力組織。男たちは沖縄の離島へ飛ぶ…。金融界を熟知した著者が放つハードボイルド金融エンターテインメント！
2017.6 507p A6 ¥750　①978-4-10-146226-4

◆**なかなか暮れない夏の夕暮れ**　江國香織著　角川春樹事務所
【要旨】本ばかり読んでいる稔、姉の雀、元恋人の渚、娘の波十、友だちの大竹と淳子。切実で愛しい人生の冒険の日々と頁をめくる官能を描き切る、待望の長篇小説。
2017.4 334p B6 ¥1600　①978-4-7584-1300-8

◆**ヤモリ、カエル、シジミチョウ**　江國香織著　朝日新聞出版　（朝日文庫）
【要旨】小さな動物や虫と話ができる幼稚園児の拓人の目に映る、カラフルでみずみずしい世界。ためらいながら恋人との時間を優先させる父と、思い煩いながら待ちつづける母のもと、しっかり者の姉に守られながら、拓人は大人たちの穏やかでない日常を冒険する。
2017.11 469p A6 ¥760　①978-4-02-264864-8

◆**病の中で**　江津水澄者　幻冬舎メディアコンサルティング，幻冬舎 発売
【要旨】「生きるひと」と、「死にゆくひと」と、それぞれの思いが交差する。「病院」という「日常」のなかで、内科医が見つめた10篇の「いのち」。　2017.9 162p B6 ¥1200　①978-4-344-91370-1

◆**カブキブ！　6**　榎田ユウリ著　KADOKAWA　（角川文庫）
【要旨】歌舞伎大好き高校生、来栖黒悟（クロ）が部長を務める「カブキ部」。文化祭に向け準備中だが、人手も予算も不足の上、元演劇部の芳をめぐって、演劇部との対立はますます悪化。おまけに公演予定だった場所が使えず、元演劇部の親友、トンボの機転で、演劇部との観客動員数での勝負を条件に、なんとか場所を確保。しかし、負けばとんでもないペナルティがあって…。嵐の予感！？青春歌舞伎小説、第六弾！　2017.3 259p A6 ¥560　①978-4-04-105264-8

◆**カブキブ！　7**　榎田ユウリ著　KADOKAWA　（角川文庫）
【要旨】文化祭が始まった！カブキ部の個性あふれるメンバーに、それぞれ情熱を注いだ集大成の舞台…になるはずが、本番直前に部長のクロが消えた！？学内を探し回るトンボの前に現れたのは、従妹の蓮だ。今まで懸命に時間稼ぎをする部員たちの助っ人となったのは意外にも…。歌舞伎十八番の内「毛抜」。稽古を重ねて作り上げた彼らの花舞台は、いよいよクライマックスの青春歌舞伎小説、最終巻もトップスピード！！
2017.11 250p A6 ¥560　①978-4-04-105695-0

◆**新天地**　江波戸哲夫著　講談社
【要旨】スマホが便利になるなんて小さい小さい「技術開発こそ生命線だ」いう創業者の言葉を胸に、大手電機メーカーで新技術の研究に没頭してきた真崎直人。景気後退により自らの夢とも言える「見えないガラス」完成への道を閉ざされた彼は、進境著しい韓国メーカーの誘いに乗り、単身現地に身を投じる。日本で実現済みの「低反射フィルム」開発から手がけた真崎だったが、社内での反発や経済風土の違いに苦しめられ、次第に追い詰められてゆくことに。
2017.1 344p B6 ¥1750　①978-4-06-220396-4

◆**定年待合室**　江波戸哲夫著　潮出版社　（潮文庫）
【要旨】上司の逆鱗に触れ定年待合室へ追いやられた、大手百貨店の敏腕営業マン大和田信。妻のガン宣告を受け50代で早期退職をする。妻を喪ったあと、ふとしたきっかけで"人助け"に手を貸し始めるのだが、その中で出会った人脈も豊富なその道のプロたちと、それぞれの職場でそれぞれの鬱屈を抱えていた一再起をかける男たちを描いた、痛快経済小説。
2017.10 470p A6 ¥880　①978-4-267-02097-1

◆**長崎・オランダ坂の洋館カフェーシュガーロードと秘密の本**　江本マシメサ著　宝島社　（宝島社文庫）
【要旨】長崎の女子大学に入学した東京出身の乙女は、オランダ坂の外れに一軒の洋館カフェを見つけ、バイトをすることに。クラシカルで雰囲気たっぷりのカフェのメニューは、一日一品のデザートセットのみ。不機嫌顔のイケメンオーナーは、本業不明でやる気なし。その上、雨降る夜にしか開店しないという謎システム。乙女は怪しすぎるバイトをやめようと思うが、提供される極上スイーツに攻略され、徐々にカフェと長崎の歴史に夢中になって…。
2017.4 315p A6 ¥640　①978-4-8002-6849-5

◆**北欧貴族と猛禽妻の雪国狩り暮らし**　江本マシメサ著　宝島社　（宝島社文庫）
【要旨】一年の半分近くが冬となる極寒の地を治める伯爵リツハルドは、夜会で出会った男装の麗人、元軍人のジークリンデに目を奪われ、思わず告げる「自分と結婚してください！」と。一目惚れから始まった、オーロラが空を彩る地での、一年間のお試し婚。トナカイを狩り、解体＆仕分け＆狩猟。摘んだベリーは保存食に。伝統工芸品を作る合間に、凍結湖で魚釣り。自給自足の狩猟民族的スローライフを通して、奥手の二人は無事、正式な夫婦となれるのか？
2017.5 307p A6 ¥670　①978-4-8002-7211-9

◆**鬼は内**　円浄寺鳳水著　（京都）ウインかもがわ，（京都）かもがわ出版 発売
2017.4 237p A6 ¥640　①978-4-903882-82-6

◆**奈良町あやかし万葉茶房**　遠藤遼著　双葉社　（双葉文庫）
【要旨】生まれつきあやかしの見える高校生・草壁彰良は、父親の死をきっかけに奈良に住む親戚の額田真奈歌に引き取られ、彼女の営む喫茶店「万葉茶房」で働き始めることになった。万葉茶房は人間だけでなく、あやかしたちにとっても憩いの場。彰良は趣味で万葉集の歌をそらんじられるのだが、試しにあやかしに披露したところ大好評で、歌を聞きに来る常連客も出るほどになる—あやかしと人間たちの交流を描いたハートフルストーリー。
2017.11 290p A6 ¥611　①978-4-575-52053-8

◆**よすが横丁修理店—迷子の持ち主、お探しします**　及川早月著　中央公論新社　（中公文庫）
【要旨】人に大切にされた道具は心が宿り、人との縁が切れると道具は迷子になる—。ぼくは、古道具修理店「ゆかりや」で店長代理のエンさん（ちょっと意地悪）と一緒に、人と道具の「縁」を結んだり断ち切ったりしている。でもある日、横丁で不思議な事件が続いたと思ったら、ぼくの体にも異変が起こり始め？
2017.3 282p A6 ¥640　①978-4-12-206382-2

◆**虹の翼のミライ**　旺季志ずか著　サンマーク出版　2017.3 331p B6 ¥1400　①978-4-7631-3606-0

◆**青葉のタスキ—われらは人生の駅伝選手である**　大内一郎著　（東松山）まつやま書房
【要旨】オール一年生で、箱根駅伝初出場の大東文化大学。就任6年目で新監督に就任した原弘記25歳の青春昌幸。恋と笑い、挫折と涙—そして史上初の大学駅伝「三冠校」へ。駅伝誕生100周年に贈る青春感動物語。
2017.9 261p A6 ¥1200　①978-4-89623-107-6

◆**噴火のあとさき**　大浦ふみ子著　光陽出版社
【要旨】1991年6月3日、雲仙普賢岳の大火砕流で、消防団員12名が被災した。東日本大震災でも消防団員の命が…。火山国に暮らすということは…。生き残った共生の視点で当時を振り返り、火山との共生を探る。併載『谷間にて』。
2018.1 169p 19cm ¥1000　①978-4-87662-607-6

◆**事件**　大岡昇平著　東京創元社　（創元推理文庫）
2017.4 433p A6 ¥1300　①978-4-488-48111-7

◆**小説 君のまなざし**　大川宏洋也著　ニュースター・プロダクション，幸福の科学出版 発売
【要旨】幼い頃に両親を亡くし、バイトに明け暮れる大学生の健太は、友人の朝飛に誘われ、夏休みに長野のペンション「たちばな」で住み込みのバイトをすることに。そこで、以前神社で出会った巫女のあかりと再会する。ある夜、不思議な現象に見舞われた健太は、ペンションに重大な秘密が隠されていることを知る。そして、あかりとともに、その真相を探っていくのだが…。
2017.5 196p 19×13cm ¥926　①978-4-86395-905-7

◆**ストレンジ・ブループラス—70年代原宿の風景とクールス**　大久保喜市著　DU BOOKS，ディスクユニオン 発売
【要旨】クールスのオリジナル・メンバー、キイチが描く70年代の原宿と"セックス、ドラッグ＆ロックンロール"の自伝的小説が新原稿を追加し、待望の復刊！！
2017.8 297p B6 ¥2500　①978-4-86647-021-4

◆**だいじな本のみつけ方**　大崎梢著　光文社　（光文社文庫）
【要旨】中学生の野々香は、放課後の校舎でまだ本屋さんで売られていない大人の文庫本をみつける。大好きな作家・新木真琴の発売前の新作だ。なぜここにあるの？友達に誘われて、野々香は本が好きな仲間や、本に関わる仕事をする大人たちと出会う。本は世界を広げ夢を作り、素敵な出会いをもたらしてくれる力がある。あなたにもだいじな本とだいじな人が、みつかりますように。　2017.4 217p A6 ¥480　①978-4-334-77452-3

◆**横濱エトランゼ**　大崎梢著　講談社
【要旨】高校3年生の千紗は、横浜のタウン誌「ハマペコ」編集部でアルバイト中。初恋の相手、善正と働きたかったからだ。用事で元町の洋装店へ行った千紗は、そこのマダムが以前あった元町百貨店をよく利用していたと聞く。けれども善正によると元町百貨店は、マダムが生まれる前に崩壊したという。マダムは幻を見ていた？それともわざと嘘をついた？「元町ロンリネス」「山手ラビリンス」など珠玉の連作短編集。
2017.6 267p B6 ¥1400　①978-4-06-220612-9

◆**君と1回目の恋**　大島里美著　集英社　（集英社文庫）
【要旨】29歳の崖っぷちギタリスト俊太郎は、カフェで働くナツに一目惚れ。そんな時、ピンチヒッターで大事な原宿のライブに出ることに。このチャンスに恋と夢をかけるも、大失敗をしてしまう。失意のどん底の俊太郎は、その夜、バイト先のレコード屋で不思議なレコードを見つける。それは時間を巻き戻し、過去をやり直せるレコードだった。時をかけめぐり何度も君に恋をする"運命"のラブストーリー。映画スピンオフ小説。　2017.3 187p A6 ¥520　①978-4-08-745564-9

◆**無明長夜—娼婦その子 ひとり語り**　大島扶美代著　講談社エディトリアル
【要旨】女であることが生きていく上ですべてだった—。「昭和」を生きぬいた過去が、老いた女のなかで鮮明に顕つ！
2017.4 237p B6 ¥1500　①978-4-907514-82-2

◆**あなたの本当の人生は**　大島真寿美著　文藝春秋　（文春文庫）
2017.10 340p A6 ¥800　①978-4-16-790939-0

◆**三月**　大島真寿美著　ポプラ社　（ポプラ文庫）
【要旨】平穏で地味に見えても、それだけですむ人生なんて。同窓会の案内がきっかけで二十年ぶりに連絡を取り合った六人の女性。犬と暮らす失業中の領子、娘との関係に悩む明子、元恋人の夫に夫が興味でたのではと疑う穂乃香…深い感動が胸を打つ、終わりと始まりの物語。　2017.2 233p A6 ¥640　①978-4-591-15119-8

◆**下町アパートのふしぎ管理人**　大城密著　KADOKAWA　（角川文庫）
【要旨】浅草にある古びたアパート"メゾン・シグレ"。管理人は意外にも若い女性で、ちゃきちゃきの下町っ子だ。情に厚く威勢がよい、そして霊能力者だというから変わっている。その力は相母譲りらしく、代々町の相談役をしているという。彼女が関わる事件は奇妙なものばかり。だがその裏には様々な人情が交錯し、ちょっぴり切なく、そしてあたたかい。彼女は生来のまっすぐさで、人助けに奔走するのだった。下町のふしぎ物語。
2017.1 278p A6 ¥600　①978-4-04-105058-3

◆**小説集 カレンシー・レボリューション**　大園治夫著　（名古屋）ブイツーソリューション，星雲社 発売
【要旨】財政の天才宋子文が、姉宋慶齢、妹宋美齢、蒋介石らとの関係に悩みつつ、みずからの進むべき道をみつけるまでの葛藤を描く成長ロマン（『ステーツマン』）。1931年、上海北駅で発生した重光葵・宋子文暗殺未遂事件の謎を追う歴史ミステリー『上海ノース・ステーション』。日本、米国、英国、中国の戦略と思惑が交錯する1935年中国幣制改革の裏側と、同日に発生

した汪兆銘襲撃事件の真相に迫る外交経済小説（『カレンシー・レボリューション』）。
2017.5 383p B6 ¥1800 ⓘ978-4-434-23263-3

◆姥捨て山繁盛記　太田俊明著　日本経済新聞出版社
【要旨】半世紀前の水害で甚大な被害を受けた山梨県北部の過疎の村。ダム建設計画は中断したままだが、その補償金を使い高齢者介護・医療を目玉とする「シニアの郷」計画が進んでいる。初期の認知症と診断された都内の大手企業に勤務する59歳の男が、早期退職して「郷」に移り住んだ。美しいが、どこか暗い。立ち入り禁止区域の水没予想地に反対派が居すわっているからか？そこには「日本一のワイナリー」があるという。ある日、男が思い立って訪ねてみると、理想郷のような風景が広がっていた。
2017.2 242p B6 ¥1500 ⓘ978-4-532-17143-8

◆文明の子　太田光著　新潮社（新潮文庫）
【要旨】どこまでも飛んで行ける。想像力の翼があれば－。23世紀初頭、一人の研究者があるマシーンを発明した。それは人類の「願い」を叶えてくれる、神のような装置だった。ある日、孫・ワタルはマシーンの試運転のために自分の願いを口にしたが…。文明とは、私たちの犯した過ちなのか。未来は閉ざされてしまうのか。爆発問題・太田がいちばん描きたかった世界がここにある。類稀なる長編小説！
2017.10 359p A6 ¥590 ⓘ978-4-10-138353-8

◆間取りと妄想　大竹昭子著　亜紀書房
【要旨】図の中で人びとが動きだす。"世界初"の間取りから小説集！
2017.6 203p B6 ¥1400 ⓘ978-4-7505-1507-6

◆いつか春の日のどっかの町へ　大槻ケンヂ著　KADOKAWA（角川文庫）（『FOK46突如40代でギター弾き語りを始めたらばの記』改題書）
【要旨】40歳になった年、8年間活動を停止していた筋肉少女帯を再結成。その後、音楽活動では人生何度目かのピークを迎えながら、心の中には常に「アウェイ感」が棲んでいる。このままでいいのだろうか。これまでの人生でやり残したことはないのか。それが見つからないのだろうか。そして思い悩んだ挙げ句、楽器店でギターを購入した。一進一退の四十の手習いが胸を打つ！笑いと感動の私小説。
2017.2 243p A6 ¥680 ⓘ978-4-04-105378-2

◆想い出をむかえに　大族勇一著　幻冬舎メディアコンサルティング、幻冬舎　発売
【要旨】互いに惹かれ合って恋人同士となった山本信之輔と真桜子。結婚を意識する2人は引き裂かれてしまうが、思いを断ち切ることのできない信之輔は真桜子を追い求め…。著者渾身の処女作、ここに完成。40代50代男女の揺れる思いを描いた長編小説。
2017.6 199p B6 ¥1500 ⓘ978-4-344-91163-5

◆傘も差せない不安定な乗り物の上から　大森茂幸著　源
【要旨】バイク乗りの中に「バイカー」と呼ばれる人たちがいる。ある人はそれを「日々、少しずつ、人生を台無しにしていく人のこと」と定義付けている。そんなバイカーによる、バイカーのための物語。日本初のバイカーノベル！！
2017.11 191p B6 ¥1111 ⓘ978-4-904248-16-4

◆原之内菊子の憂鬱なインタビュー　大山淳子著　小学館
【要旨】弁当屋の看板娘、原之内菊子には特殊な能力がある。彼女の顔を見た者は、"自分語り"が止まらなくなってしまうのだ。弱小編プロ「三巴企画」の戸越社長は、菊子の力に惚れ込み、インタビュアーとして雇うことに。ただ黙っているだけで次々に特ダネを取ってくる菊子だが、やくざの組長の取材をしたことから、とんでもない事件に巻き込まれてしまい…!?
2017.1 301p B6 ¥1400 ⓘ978-4-09-386462-6

◆エンディングノート　大山ちこ著　（甲府）山梨日日新聞社
【要旨】樋口一葉記念、第二十五回やまなし文学賞受賞作品。
2017.6 78p B6 ¥857 ⓘ978-4-89710-637-3

◆明日なき身　岡田睦著　講談社（講談社文芸文庫）
【要旨】離婚を繰り返し、生活に困窮した作家、生活保護と年金で暮らす老人の日々を描く。高齢化社会を迎えた今、貧困のなかで私小説の旗手は、いかに生きるべきか。下流老人の世界を

赤裸々に描きつつも、不思議に、悲愴感は感じられず自分勝手を貫く、二十一世紀の老人文学。
2017.3 227p A6 ¥1500 ⓘ978-4-06-290339-4

◆嘘を愛する女　岡部えつ著　徳間書店（徳間文庫）
【要旨】大手食品メーカーに勤める由加利は、研究医で優しい恋人・桔平と同棲5年目を迎えていた。ある日、桔平が倒れて意識不明になるも、彼の職業はおろか名前すら、すべてが偽りのものだったことが判明する。「あなたはいったい誰？」由加利は唯一の手がかりとなる桔平の書きかけの小説を携え、彼の正体を探る旅に出る。彼はなぜ素性を隠し、彼女を騙したのか。すべてを失った果てに知る真実の愛とは―。もうひとつのラストに涙する、小説版「嘘愛」。
2017.12 260p A6 ¥620 ⓘ978-4-19-894284-7

◆西郷星　岡本綺堂著　光文社（光文社時代小説文庫）
【要旨】明治十年、西南の役で西郷隆盛が没した後に、帝都の夜空に箒星がいくつも流れた。人々はこれを西郷星と呼び大騒動になったという―。著者の幼少時の記憶をもとに綴られたユーモア溢れる表題集をはじめ、切れ味鋭い掌編から、読み応え充分な中編まで、稀代のストーリーテラーの才筆を存分に堪能できるヴァラエティ豊かな作品集。全十一編のうち八編が初文庫化！
2017.6 327p A6 ¥680 ⓘ978-4-334-77487-5

◆再起動　岡本学著　講談社
【要旨】僕は大学時代からの親友と教団を始めた。PCのセーフモードに着想を得た、その名も「リブート教」。「修行を積めば、人格も再起動してまっさらから楽になれる」という教義に、順調に信者は集まるが…。（「再起動」）。相撲ゲームのプログラムに反して、連勝を続ける小兵力士「高田山」。彼を通して「神」をユーモラスに描く「高田山は、勝った」。
2017.2 154p B6 ¥1400 ⓘ978-4-06-220464-4

◆キラキラ共和国　小川糸著　幻冬舎
【要旨】ツバキ文具店は、今日も大繁盛です。夫からの詫び状、疎遠の文豪からの葉書、大切な人への最後の手紙…。伝えたい思い、聞きたかった言葉、承ります。『ツバキ文具店』待望の続編。
2017.10 251p B6 ¥1400 ⓘ978-4-344-03193-7

◆サーカスの夜に　小川糸著　新潮社（新潮文庫）
【要旨】両親の離婚でひとりぼっちになった少年は、13歳の誕生日を迎え、憧れのサーカス団・レインボーサーカスに飛び込んだ。ハイヒールで綱の上を歩く元男性の美人綱渡り師、残り物をとびきり美味しい料理に変える名コック、空中ブランコで空を飛ぶ古参ペンギンと、個性豊かな団員達に囲まれて、体の小さな少年は自分の居場所を見つけていく。不自由な世界を自由に生きるための、道標となる物語。
2017.5 362p A6 ¥750 ⓘ978-4-10-138342-2

◆にじいろガーデン　小川糸著　集英社（集英社文庫）
【要旨】夫との関係に悩む泉は、ある日女子高生の飛び込み自殺を止める。事情を聞いているはずが、知らず知らずのうちに自らの身の上話をしていた泉。やがて二人は魅かれ合い、お互いをかけがえのない存在だと知る。家族として共に歩むことを決意し、理想の地を求めて山里へ移り住んだタカシマと泉は、母二人、子二人での生活を始めた。たくさんの喜びを紡いだ一家の軌跡を描く、愛と再生の感動長編。
2017.5 362p A6 ¥750 ⓘ978-4-08-745582-3

◆ミ・トン　小川糸文,平澤まりこ画　白泉社（MOE BOOKS）
【要旨】昔ながらの暮らしを大切にし国ループマイエに波乱に満ちながらも慎ましく温かい生涯を送った女性マリカ。彼女のそばにはいつも神様の宿る美しいミトンのコラボレーションが紡ぎだす、愛しい物語世界。作品のモデルとなった国・ラトビアを旅するイラストエッセイも収録！
2017.11 206p B6 ¥1400 ⓘ978-4-592-73295-2

◆花の残月録　小川征也著　作品社
【要旨】さばさばからっとしたハードボイルドを貫き、常にユーモアを絶やさずに時には花もある、中年弁護士の終活物語。
2017.2 333p B6 ¥1700 ⓘ978-4-86182-622-1

◆新選 小川未明秀作小説20―未知の国へ　小川未明著,小埜裕二編・解説（小平）蒼丘書林
【要旨】喪うこと、生きること。あらがえない運命に翻弄される悲哀、生への慈しみを描く小川

未明、小説家時代の20作品を収める。童話の世界にも広がる、未明文学の原風景。童話編2集、随想編に続く「未明」作品集、第4集。
2017.5 317p A5 ¥2200 ⓘ978-4-915442-24-7

◆偶然の祝福　小川洋子著　（新座）埼玉福祉会（大活字本シリーズ）
【目次】失踪者たちの王国、盗作、キリコさんの失敗、エーデルワイス、涙腺水晶結石症、時計工場、蘇生。
2017.6 314p A5 ¥3000 ⓘ978-4-86596-167-6

◆不時着する流星たち　小川洋子著　KADOKAWA
【要旨】ヘンリー・ダーガー、グレン・グールド、パトリシア・ハイスミス、エリザベス・テイラー…現実のはしっこでそっと異彩を放つ人々をモチーフに、その記憶、手触り、痕跡を結晶化した珠玉の十篇。現実と虚構がひとつになった世界に溶け合うとき、めくるめく豊饒な物語世界が出現する―くらみに満ちた不朽の世界文学の誕生！
2017.1 251p B6 ¥1500 ⓘ978-4-04-105065-1

◆尼崎の一番星たち　沖田臥竜著　サイゾー
【要旨】濃密すぎる「泣き笑い」そして「生」と「死」。元山口組二次団体最高幹部、極道作家が描くリアルアウトロー小説。
2017.12 189p B6 ¥1200 ⓘ978-4-86625-096-0

◆漱石、百年の恋。子規、最期の恋。　荻原雄一著　未知谷
【目次】漱石、百年の恋。子規、最期の恋。漱石、「最少人数の最小幸福」と口走る、漱石、お嬢と契る、漱石、恋に乱れる
2017.10 405p A6 ¥4000 ⓘ978-4-89642-536-9

◆RDGレッドデータガール―氷の靴 ガラスの靴　荻原規子著　KADOKAWA
【要旨】宗田真響の視点で描く、「最終巻」その後の物語。冬休み明け、泉水子と深行の関係が強まったことを知った真響は「チーム姫神」として不安を抱く。折しも大がかりなスケート教室が開催されるが、そこに現れたのは真響の従兄弟克巳だった。彼は、自分こそ真響に最もふさわしい相手と宣言、彼女に手を差し伸べるのだが…!?（他短編三本収録）。
2017.12 259p B6 ¥1500 ⓘ978-4-04-106070-4

◆冷蔵庫を抱きしめて　荻原浩著　新潮社（新潮文庫）
【要旨】幸せなはずの新婚生活で摂食障害がぶり返した。原因不明の病に、たった一人で向き合う直子を照らすのは（表題作）。DV男から幼い娘を守るため、平凡な母親がボクサーに。生きる力湧き上がる大人のスポ根小説（『ヒット・アンド・アウェイ』）。短編小説の名手が、ありふれた日常に訪れる奇跡のような一瞬を描く。名付けようのない苦しみを抱えた現代人の心を解き放つ、花も実もある8つのエール。
2017.10 398p A6 ¥630 ⓘ978-4-10-123038-2

◆リバース＆リバース　奥田亜希子著　新潮社
【要旨】ティーン誌の編集者の禄は読者からのお悩み相談ページを担当しているが、かつての投稿者との間にトラブルを抱えていた。一方、地方に暮らす中学生の郁美はその雑誌の愛読者。東京からの転校生が現れたことで、親友との関係が変わり始めてしまう。出会うはずのない二人の人生が交差する時、明かされる意外な真実とは―。
2017.11 230p B6 ¥1500 ⓘ978-4-10-350432-0

◆ウランバーナの森　奥田英朗著　講談社（講談社文庫）　新装版
【要旨】一九七九年、軽井沢。世界を熱狂させたポップスター・ジョンは、妻と愛する息子との静かな隠遁生活を楽しんでいた―はずだった。猛烈な便秘に襲われるまでは。不安を抱え小さな医院に通うジョンが遭遇した衝撃的な出来事、そして奇跡。人気作家の伝説のデビュー作に「二十年後のあとがき」を加えた新装版。
2017.7 349p A6 ¥680 ⓘ978-4-06-293640-8

◆私たちの願いは、いつも。　尾崎英子著　KADOKAWA（角川文庫）（『小さいおじさん』改題書）
【要旨】中学で同級生だった、二十八歳の女三人。設計士として「住まいを作る」仕事と向き合いながら、突如豹変した母親との関わりに悩む曜子。結婚し、娘を保育園に通わせて幸せな日々のはずが、なぜか満たされない紀子。優雅な実家暮らしだが、誰にも明かせない"秘密"を一人で抱えている朋美。神社で不思議な「小さい

現代の小説（純文学）　990　BOOK PAGE 2018

おじさん」を見たとクラス会で朋美が話したことから、今までの日々が少しずつ変化し始めて…。2017.1 263p A6 ¥680 ①978-4-04-104986-0

◆ビンボーの女王　尾崎将也著　河出書房新社
【要旨】ADを辞め、ネットカフェ難民となった麻衣子が、立てこもり事件に巻き込まれる。ところが全国中継で犯人が予想外の要求をしたことから、「大炎上」が始まる！激増するSNSのフォロワー数、番組に出演させようとする元上司、プロデュースしようとする芸能マネージャー、やがて襲い掛かるバッシング…混乱のなかで、麻衣子は本当に大切なものに気づき始める。母との確執を乗り越えて、麻衣子は幸せになるのか!?大人気脚本家がおくる渾身の小説デビュー作！2017.8 261p B6 ¥1300 ①978-4-309-02598-8

◆尾高修也初期作品　4　短篇集 帆柱の鴉　尾高修也著　ファーストワン
【要旨】高度成長期の十年。一青年の参加と離脱。みずみずしく甦る多彩な生の記録。「内向の世代」の作家尾高修也の初期未発表作品集。2017.11 235p B6 ¥2000 ①978-4-9906232-9-6

◆不惑ガール　越智月子著　実業之日本社　（実業之日本社文庫）
【要旨】1989年、聖泉大学のミスコンのステージでスポットライトを浴びていた苑子、真理恵、由美子。43歳になり専業主婦、微欲女子のホステス、カリスマモデルと、それぞれの道を歩んでいる3人の人生が交錯したとき、奇跡が起きる―！女性の本音と葛藤の欲望を軽快に描く、読後感抜群の痛快ストーリー！（「花の命は短くて…」改題）。2017.12 323p A6 ¥620 ①978-4-408-55396-2

◆R.S. ヴィラセニョール　乙川優三郎著　新潮社
【要旨】日本に暮らしながら、フィリピン流の生き方を貫く父。房総半島の染色工房を構え、母の国の伝統に立ち向かう娘。著者がさらに掘り下げた民族と家族、工芸の世界。2017.3 221p B6 ¥1400 ①978-4-10-439307-7

◆アムールの交差点　おぬきのりこ著　牧野出版
【目次】夢見るカムジャタン、闇プロレス、Mの痴劇、世界童貞ハンター、その人物、人相鑑定につき、恋はデジャヴ。2017.11 175p B6 ¥1500 ①978-4-89500-217-2

◆葦屋根　小沼丹著　講談社　（講談社文芸文庫）
【要旨】戦時中に結婚して初めて一緒に住んだ大きな葦屋根の家、そして戦後に疎開先から戻って住み込んだかつての飛行機工場の工員寮が舞台の、大寺さん連作四つを中核に構え、山梨にわたる三作と、恩師である谷崎精二を囲む文学者の交流と彼らの風貌を髣髴とさせる「竹の会」、アルプス・チロルや英国の小都市を訪れた際の出来事を肩肘張らぬ筆致で描いて印象深い佳品が揃う短篇集。2017.12 235p A6 ¥1550 ①978-4-06-290366-0

◆九年前の祈り　小野正嗣著　講談社　（講談社文庫）
【要旨】35歳になるさなえは、故郷の海辺の町へと戻った。幼い息子、希敏とともに。希敏の父、フレデリックは、美しい顔立ちだけを残し、母子の前から姿を消してしまった。「引きちぎられたミミズ」のように大騒ぎする子を持て余しながら、さなえの胸には、九年前のあの言葉がよみがえる。芥川賞受賞作を含む四篇を収録。2017.12 248p A6 ¥620 ①978-4-06-293827-3

◆それ自体が奇跡　小野寺史宜著　講談社
【要旨】30歳、結婚3年め、共働き。夫は本気で夢を追い始め、妻は違う男に惹かれ始めた。会社の先輩から「カピタイル東京」で東京23区初のJリーグ入りを共に目指そうと熱心に勧誘される。報酬ゼロなのに本気のサッカーへの誘いに心を動かされた貢は、「やります」と即答していた。高卒で百貨店に入社して13年め、そろそろ子どもをほしいと考えていた綾は、夫の突然の宣言に異を唱える。特にイヤだったのは、相談ではなく事後報告だったことだ。そんな折に知り合った客の天野と、二人で映画に行くことに…。初めて訪れた危機を、田口夫妻は乗り越えられるのか!?夢を諦めないすべての男女に贈る夫婦の物語！2018.1 265p A6 ¥1450 ①978-4-06-220673-0

◆本日も教官なり　小野寺史宜著　KADOKAWA

【要旨】豊士の教習車には今日もさまざまな人が乗り込む。カレシに飲酒運転をさせまいと教習所に通う佳世。就職先で免許が必要な大学四年の七瓜。孫娘の幼稚園送迎のため69歳で免許取得を目指すのに。彼ら教習生に対し紳士的に接することを心掛ける豊士。だが、それどころではない男女の教習生は、ついつい娘とその相手に見えてしまう。加えて現カノジョ・万由子は徐々に疎遠に。17歳の娘が妊娠したというのだ。若き元妻・美鈴との再会がそれを加速させる!?どうなる、ロック中年・豊士!! 2017.9 290p A6 ¥500 ①978-4-04-105390-4

◆みつばの郵便屋さん―幸せの公園　小野寺史貴著　ポプラ社　（ポプラ文庫）
【要旨】少し宛名が違っていても届けられれば届くの。でも、さすがにこれは…宛先も名前も不明のハガキ。だが、チラッと見えた文面に「思い」を察してしまった秋宏は、かすかな手掛かりをもとに謎の受取人を探し始める。心優しいポストマンが繰り広げる小さな奇跡の物語。2017.10 265p A6 ¥660 ①978-4-591-15607-0

◆リカバリー　小野寺史宜著　新潮社　（新潮文庫）　（『転がる空に雨は降らない』改題書）
【要旨】路上を転がるボール、追う息子、叫ぶ父。最愛の息子・一気を交通事故で亡くしたプロサッカーチームのベテランGK灰沢考人。事故後、自責の念から自暴自棄になった灰沢は家庭を壊し、チームのレギュラーの座も失う。一方、事故を苦にし自ら命を絶った亡き父の願いを胸に、若き砂田隼之もプロ選手への道を歩み出す。サッカー小説を超える感動の物語。2017.11 363p A6 ¥590 ①978-4-10-121151-0

◆新宿ナイチンゲール　小原周子著　講談社
【要旨】看護師の桑原ひまりは新宿のネットカフェで暮らしている。ネット経由で依頼を受け、患者の自宅に泊まり込んで介護するのが仕事だ。不衛生な環境、終末期の患者、料金交渉してくる家族など、派遣先の事情はさまざまだ。それでも、布団で眠れる日は恵まれている。患者と家族と看護師に、本当の弱者は誰なのか。第12回小説現代長編新人賞奨励賞受賞作。2017.11 261p B6 ¥1500 ①978-4-06-220907-6

◆幸福のパズル　折原みと著　講談社
【要旨】倉沢みちるは葉山で生まれ育った純粋でひたむきな女の子。高3の夏、老舗ホテルの御曹司の蓮星優斗と恋に落ちるが、花火大会の夜、行き違いから悲しい別れを迎える。5年後、再会した二人は急速に近づき合う。好きな人と過ごし、好きな絵を描き、人生で初めて幸せに身を委ねたみちるだったが、それは束の間の"幸福"だった。何度も引き裂かれながら愛し合う二人が"青い鳥"を探す現代の純愛小説。2017.4 587p B6 ¥1850 ①978-4-06-219706-9

◆真ん中の子どもたち　温又柔著　集英社
【要旨】台湾人の母と日本人の父の間に生まれ、日本で育った琴子、同じく台湾人・日本人のハーフである嘉玲、両親ともに中国人で日本で生まれ育った舜哉。上海の語学学校で出会った3人は悩みながら友情を深めていく。日本、台湾、中国という三つの国の間で、自らのアイデンティティーを探し求める若者たちの姿を描く青春小説。2017.7 163p B6 ¥1300 ①978-4-08-771122-6

◆錆びた太陽　恩田陸著　朝日新聞出版
【要旨】立入禁止区域のパトロールを担当するロボット「ウルトラ・エイト」たちの居住区に、国税庁から派遣されたという謎の女・財前徳子が現れる。三日間の予定で、制限区域の実態調査を行うという。だが、彼らには、人間の訪問が事前に知らされず。戸惑いながらも、人間である徳子の司令に従うことにするのだが…。彼女の目的は一体何なのか？直木賞受賞後長編第一作。2017.3 458p B6 ¥1700 ①978-4-02-251465-3

◆アイリスからの贈り物　Akihisa著　明窓出版
【要旨】愛と平和を説き、この星の全てを抱きしめる聖アイリスと呼ばれた女性。彼女が「今」に描いた世界とは？王様は、「平和とは、私達一人一人の心から生まれる」というアイリスの言葉に深く感動し、子どもたちが通う学校に平和の心を育てる授業を数多く取り入れた。アイリスが姿を消してから250年後の世界を描いた物語。2017.7 395p B6 ¥1600 ①978-4-89634-373-1

〔か行の作家〕

◆思い出の品、売ります買います 九十九古物商店　皆藤黒助著　KADOKAWA　（角川文庫）
【要旨】下駄を鳴らして歩きたくなる温泉の町、箱根強羅。のどやかな軒並みの中に、その店はある。店主は浮世離れした古い女性。古物商なのだが、扱う品は変わっている。それぞれが次の持ち主を選ぶというのだ。心ある器物、いわゆる付喪神なのだった。最近出入りする青年には全てが驚くことばかり。だが彼は知ることになる。大切にされた道具には特別な思い出がこもっていることを。身近なものが愛おしくなる、優しさに満ちた物語。2017.7 285p A6 ¥560 ①978-4-04-105696-7

◆ババチャリの神様　皆藤黒助著　双葉社　（双葉文庫）
【要旨】父親が失業したため、住み慣れた東京から父の故郷である日本海の四葉島に移り住んだ高校生の鳥羽心一。都会への未練を捨て切れずにいる心一は、ある日、昔で古い自転車を見つけた。なんと、その自転車には死んだばあちゃんの神様が宿っていた!?一目惚れをした同級生の女の子のために、強く願って漕げば好きな場所に行けるという、不思議な力を持つ"ババチャリ"で奮闘する心一。海に囲まれた離島で、都会っ子高校生が奇跡を起こす!? 2017.8 269p A6 ¥583 ①978-4-575-52025-5

◆王子は白馬に乗ってない！　かおうし著　幻冬舎メディアコンサルティング, 幻冬舎 発売
【要旨】高校時代の男を忘れられない真奈美。結婚に興味の持てない紗英。浮気性の彼氏と別れない由佳。三人の女たちが選ぶ、運命の選択とは―。オトナ女子必見の恋愛小説。2017.6 198p B6 ¥1200 ①978-4-344-91260-1

◆真夏の島に咲く花は　垣根涼介著　中央公論新社　（中公文庫）
【要旨】フィジー人、インド人、日本人、中国人…。雑多な人種が陽気に暮らす南国の楽園・フィジー。そんな日常をクーデターが一変させてしまう。観光業が一気に活気を失い国全体が不穏になっていき中、浮き彫りになる民族的な価値観の対立。それは次第に衝突の気配を孕み出して―。幸せの意味を問い続ける著者、渾身の長篇小説。2017.6 483p A6 ¥740 ①978-4-12-206413-3

◆女たちの避難所　垣谷美雨著　新潮社　（新潮文庫）　（『避難所』改題書）
【要旨】九死に一生を得た福子は津波から助けた少年と、乳飲み子を抱えた遠方は男や義兄と、息子とはぐれたシングルマザーの渚は一人、避難所へ向かった。だがそこは、"絆"を盾に段ボールの仕切りも使わせない所。男尊女卑が蔓延し、美しい遠方は好奇の目の中、授乳もままならなかった。やがて虐げられた女たちは静かに怒り、立ち上がる。憤りで読む手が止まらぬ衝撃の震災小説。2017.7 424p A6 ¥560 ①978-4-10-126952-8

◆後悔病棟　垣谷美雨著　小学館　（小学館文庫）　（『if サヨナラが言えない理由』加筆・改稿・改題書）
【要旨】神田川病院に勤務する医師の早坂ルミ子は末期のがん患者を診ているが、患者の気持ちがわからないのが悩みの種。ある日、ルミ子は病院の売店で不思議な聴診器を拾う。その聴診器を胸に当てると、患者の"心の声"が聞こえてくるのだ。「もし高校時代に戻れたら、芸能界デビューしたい」―母に反対されて夢を諦めた小都子が目を閉じて願うと、"もうひとつの人生"へ通じる扉が現れる。念願の女優になった小都子だが、聴診器の力で"あの日"へ戻った患者達の人生は、どんな結末を迎えるのか。夢、家族、結婚、友情。共感の嵐を呼んだヒューマンドラマ。2017.4 690p A6 ¥690 ①978-4-09-406409-4

◆嫁をやめる日　垣谷美雨著　中央公論新社
【要旨】ある晩、夫が市内のホテルで急死した。「出張に行く」という言葉は、嘘だった―。ショックを受けながらも、夫の隠された顔を調べはじめた夏葉子。いっぽう、義父母や親戚、近所の住人から寄せられた同情は、やがて"監視"へと変わってゆき…。追い詰められた夏葉子を、一枚の書類が救う！義父母、婚家からの「卒業」を描く、「嫁」の役割に疲れたあなたに！人生大逆転ストーリー。2017.3 312p B6 ¥1600 ①978-4-12-004961-3

現代の小説（純文学）

◆華飾と虚飾 芥川賞の結末―歌狂人卍短編集
1 歌狂人卍著 （福岡）櫂歌書房, 星雲社 発売
【要旨】発表時はダイヤモンドの原石扱い。時間が経てば、やっぱりガラス玉。さあ鑑定しよう！芥川賞の真贋と値打ち。
2017.5 171p B6 ¥1019 ①978-4-434-23377-7

◆笹の舟で海をわたる 角田光代著 新潮社
（新潮文庫）
【要旨】朝鮮特需に国内が沸く日々、坂井左織は矢島風美子に出会った。陰湿ないじめに苦しむ自分を、疎￥して守ってくれた彼女を、しかし左織はまるで思い出せない。その後、左織は大学教師の春日温彦に嫁ぎ、風美子は温彦の弟豊司と結婚し、人気料理研究家として、一躍高度成長期の寵児となっていく。―平凡を望んだある主婦の半生は、壮大な戦後日本を映す感動の長篇。『本の雑誌』2014年第1位。
2017.7 540p A6 ¥750 ①978-4-10-105833-7

◆重助菩薩 短編小説集 笕火郎著 地湧社
【要旨】あなたは一心の奥を掘り起こされてみますか？ほっこりとした気持ちになりますか？それとも、自身の人生を見直しますか？百姓暮らしの豊かさを追究してきた哲学者が初めて書き下ろした異色の短編集。
2017.5 188p B6 ¥1500 ①978-4-88503-241-7

◆尊びの剣 影森光著 学研プラス
【要旨】全国高校剣道選抜大会でライバルに敗れ準優勝に終わった主人公・十野明は、父のライバルから放たれた「真の強さ」の言葉の意味がわからず戸惑う。「真の強さって何？ただ強くなるだけじゃいけないのか？ 剣の意味とは？」―答えを求めて苦悩する明に父はアドバイスしようとするが、そこにさらなる悲劇が襲う…。明は立ち直れるのか？
2017.8 49p B6 ¥1000 ①978-4-05-406578-9

◆血魔派の三鷹 笠井一成著 幻冬舎メディアコンサルティング, 幻冬舎 発売
【要旨】夢か現か幻か…。電車内で起こった半グレ集団事件、羽化する電話の受付嬢、発掘されたミイラに奇怪な死骸…。ページをめくるごとに繰り広げられる、想像をはるかに超えた展開。
2017.3 241p B6 ¥1300 ①978-4-344-91136-9

◆ハガキ職人タカギ！ 風カオル著 小学館
（小学館文庫）
【要旨】広島県在住の高校二年生、高木正広は、筋金入りのラジオ番組のハガキ投稿オタク。今日もネタ帳とにらめっこ。クラスの女子は気味悪いって近寄ってこないが、そんなことは全く（全くもちろんが）気にならない。厳選したネタを、深夜のラジオ番組に投稿することが高木の使命だ。学校では地味だが、ラジオの世界では名の知れたハガキ職人。全国のリスナーにその名を轟かす。ある日東京のハガキ職人ライブに出演することになった高木に人生の転機が訪れる。高木の運命は？社会学者・古市憲寿さんの解説も。第15回小学館文庫小説賞を受賞した青春小説。
2017.5 202p A6 ¥500 ①978-4-09-406156-7

◆さよなら、ムッシュ 片岡翔著 小学館
【要旨】小さな出版社で校正の仕事をしている森星太朗は、幼いころ他界した作家で母の文子が残してくれたコアラのぬいぐるみを大事にしていた。そのぬいぐるみは、母が亡くなってそのかわりに、しゃべりだし、以来、無二の親友になっていたのだ（もちろん、世間には内緒にして）。そんなある日、突然しゃべらなくなった星太朗に大きな転機が訪れる。コアラのぬいぐるみと出版社校正男子の切ない友情物語MAXの友情物語。
2017.6 218p B6 ¥1300 ①978-4-09-386467-1

◆僕とおじさんの朝ごはん 桂望実著 中央公論新社 （中公文庫）
【要旨】ケータリング業者の水島健一は何事にも無気力な四十四歳。病死に見せかけ楽に死ねる「薬」の都市伝説に翻弄される人々を横目に、手抜き調理で依頼をこなす日々。しかし、生意気な少年・英樹との出会いが健一の料理を変えていく。それと同時に「薬」の噂とも向き合うようになって…。真摯に生きることを拒んできた男と、生死をまっすぐに見つめる少年の交感が胸をうつ感動長篇。
2017.10 282p A6 ¥700 ①978-4-12-206474-4

◆銀河鉄道の父 門井慶喜著 講談社
【要旨】宮沢賢治は祖父の代から続く富裕な質屋に生まれた。家を継ぐべき長男の賢治は、学問の道を進み、理想を求め、創作の情熱を注いだ。勤勉、優秀な商人で、地元の熱心

な篤志家でもあった父・政次郎は、この息子にどう接するべきか、苦悩した―。生涯夢を追い続けた賢治と、父でありすぎた父政次郎との対立と慈愛の日々。
2017.9 408p B6 ¥1600 ①978-4-06-220750-8

◆Burn. ‐バーン‐ 加藤シゲアキ著
KADOKAWA （角川文庫）
【要旨】演出家として成功し子どもの誕生を控え幸せの絶頂にいたレイジは、失っていた20年前の記憶を不ұ の事故により取り戻す。天才子役としてもてはやされていたレイジの現実はただの孤独な少年。突如現れ、イジメから救ってくれた魔法使いのようなホームレスと優しきドラッグクイーンと奇妙な関係を築くうちに冷め切った心は溶け始めるが、幸せな時は続かなかった…。少年の成長を通して愛と家族の本質に迫るエンタメ青春小説！
2017.7 290p A6 ¥560 ①978-4-04-105506-9

◆こぼれ落ちて季節は 加藤千恵著 講談社
（講談社文庫）
【要旨】愛は大学サークルの先輩と男と女の関係となった後も、彼の目線で友人のように装っていた。しかし、彼と同級生の那菜香だけはそれを見抜いている。那菜香もかつてその彼に巡り、密かに想いを寄せていたのだった。巡り合っては移ろう季節のように、男女の機微を歌人カトチエが鮮やかに描く珠玉の恋愛小説。
2017.2 253p A6 ¥600 ①978-4-06-293597-5

◆点をつなぐ 加藤千恵著 角川春樹事務所
（ハルキ文庫）
【要旨】二十八歳のみのりは、コンビニチェーンでカップスイーツの商品開発を担当している。故郷をはなれて、東京で働くこと。希望していたスイーツ開発の仕事。忘れられない恋の終わり。自分で選んだのはずなのに、なにか満たされないのは、なぜ―？悩みながらも、「点」をつなぐように選択を重ねていく静かな日々。著者初の仕事小説が、待望の文庫化。
2017.4 186p A6 ¥600 ①978-4-7584-4082-0

◆うなぎ女子 加藤元著 光文社
【要旨】笑子は、20年前に知り合い、家族の反対をおして同棲するが、何度も浮気される。加寿枝は、高校時代に振られるが、職場で再会し、密かに慕いながら別の男と見合いする。史子は、バイト先で知り合い、家出後、彼の家に転がり込みルームメイトとなる。佐藤は、入院中に声をかけられ、退院後に旨いうなぎ屋に連れて行ってもらう。ともえは、決して育つが、実は兄ではなかった事実を中学の時に知らされる。「権藤佑市」を舞台に、ひとりの男がつなぐ五人の女たち。鰻屋「まつむら」を舞台に、ひとりの男がつなぐ五人の女たち。甘辛連作短編集。
2017.3 285p B6 ¥1500 ①978-4-334-91178-2

◆キャピタル 加藤秀行著 文藝春秋
【要旨】僕は市場原理から逃げて、車椅子の彼女と出会った。肌寒いバンコクで…資本と個人の適切な距離ってなんだろう？ 芥川賞候補作品。
2017.3 181p B6 ¥1400 ①978-4-16-390610-2

◆モップガール 3 加藤実秋著 小学館
（小学館文庫）
【要旨】事件・事故現場を専門とする清掃会社で働く桃子は、現場に遺された想いに感応する特殊能力の持ち主だ。しかし、肝心である事件の真相まではわからないという半端な能力のため、常に同僚達の協力が必要だった。そんなある日、桃子は死んだ父親の想いに触れ、完全な能力「素敵なサムシング」を手にする。その能力を利用し、清掃業務に加え「失せ物探し」のサービスをはじめたクリーニング宝船は業績絶好調。役者志望の重男にもテレビ出演のチャンスが訪れる。しかし、桃子と仲間たちを襲う危機が再び迫っていた。笑って泣ける新感覚ミステリ、シリーズ堂々完結。
2017.1 340p A6 ¥670 ①978-4-09-406386-8

◆28―TWENTY EIGHT 加藤ミリヤ著
ポプラ社
【要旨】高校時代の仲良し5人組が、28歳になり再会した。手をとりあって、未来のために女たちは決断する。28歳、5人の女子の多様な人生選択をめぐるガールズトーク小説！
2017.11 221p 19cm ¥1200 ①978-4-591-15416-8

◆尾道茶寮夜咄堂―猫と茶会と花吹雪（つくも神付き） 加藤泰幸著 宝島社（宝島社文庫）
【要旨】父が残した古民家カフェ「夜咄堂」。そこには、黒髪の美少女とおっさん、そして犬の"つくも神"がいた―。大学一年生の千尋は、彼らと茶論を学ぶうちに、嫌っていた茶論の良さを

知り、夜咄堂の店長となる。だが、お客は来ず、さらにはトラブルも発生。新米店長かつ駆け出し茶人の千尋にできることはなんだろうか？ 悩みつつも解決しようとする千尋だったが…。広島・尾道を舞台に、切なさと温かさが交差する再生の物語。第4回ネット小説大賞受賞作第二夜。
2017.7 283p A6 ¥650 ①978-4-8002-7466-3

◆真夏に降る雪 門倉暁著 鳥影社
【要旨】真夏に雪のように降るウイルスに、人々が冒されはじめる。食べても食べても食べ足りない異様な食欲。物語は欲望を制御できない人類の行く末を暗示する。
2017.6 271p B6 ¥1500 ①978-4-86265-610-0

◆カストロの尻 金井美恵子著 新潮社
【要旨】常に密やかに、優雅に、挑戦し続けてきた作家の言葉が、無数の映像や小説、夢や記憶の断片と共に繊細に紡がれ、誰も読んだことのない、前代未聞の物語として誕生した！ 二つの批評的エッセイに縁取られ、六つのフォト・コラージュに彩られた小説群。
2017 313p B6 ¥2000 ①978-4-10-305005-6

◆もしも高校四年生があったら、英語を話せるようになるか 金沢優著 幻冬舎メディアコンサルティング, 幻冬舎 発売
【要旨】英会話スクール、オンライン英会話、ハウツー本…すべてに挫折してきた英語教師の「私」が気付かされた「今の英語教育の間違い」と「新時代の勉強方法」。英語が開ける、話せる！ もう何にも怖くない！ 英語を諦めてきたすべての日本人に贈る、新しい英会話学習×爽快青春小説。
2017.1 367p B6 ¥1200 ①978-4-344-91071-3

◆双子は驢馬に跨がって 金子薫著 河出書房新社
【要旨】いつ何処ともしれぬ森の中のペンション―。オーナーなる人物に監禁された父と子は、双子が驢馬に乗って助けにくるのを信じて待ち続けていた。双子が迫るであろう道のりを地図に描き物語を紡ぎあげ、時に囲碁を打ちながら、父子はこの不条理の中、辛うじて精神の均衡を保っていた。いっぽう苛烈な旅と救済を宿命づけられた双子の少年少女は、驢馬ナカタニを得て旅立つが、行く先々で旁り道ばかり。畜獣のように踉躏されている人々がいるという噂を聞きつけ、二人は意気揚々と救出に向かうが―一通の手紙が二つの世界を繋ぐ時、眩い真実が顕れる。
2017.9 188p B6 ¥1600 ①978-4-309-02605-3

◆墨の魔術師 金田石城著 幻冬舎
【要旨】書家・谷村玄斎は、貧しい少年時代を過ごした。手作りの石の硯、薪の燃え殻の炭、藁で作った筆で書を学んでいたあの頃…そこには、必ず寒母・夏代の艶やかな肌のぬくもりがあった。地位も名誉も金も手に入れた玄斎だったが、八十歳を迎えてもどこか満たされぬ思いを抱えていたある日、不意に現れた一人の少女と出逢い、少女の裸身に究極の墨の美を描きたいという欲求が芽生える。また、夏代の鎮魂の想いを持っていた。貧しさから這い上がった男が最後に求めたものは、何だったのか!? "書の鬼才"が赤裸々に描く激動の生涯。
2017.2 229p B6 ¥1600 ①978-4-344-03072-5

◆カーテンコール！ 加納朋子著 新潮社
【要旨】経営難で閉校が決まっていた萌木女学園。とにかく全員卒業させようと、課題制のハードルは限界まで下げられていたが、それすらクリアできなかった私達。もう詰んだ。人生終わったと諦めかけた先先に、温情で半年の猶予を与えられ、敷地の片隅で補習を受けることに―。でも、集まった生徒達は、さすがの強者「ワケあり」揃い。こんな状態で、本当にみんな卒業できるの？
2017.12 280p B6 ¥1400 ①978-4-10-351391-9

◆トオリヌケ キンシ 加納朋子著 文藝春秋
（文春文庫）
【要旨】「トオリヌケ キンシ」の札をきっかけに小学生のおれとクラスメイトの交流を描く表題作。ひきこもった部屋で俺が開いた彼女の告白は「夢」だった（「この出口の無い、閉ざされた部屋で」）。たとえ行き止まりの袋小路に見えたとしても、出口はある。かならず、どこかに。6つの奇跡の物語。
2017.6 279p A6 ¥630 ①978-4-16-790867-6

◆すもうガールズ 鹿目けい子著 幻冬舎
（幻冬舎文庫）
【要旨】好きだった人を親友に取られ、親の離婚でせっかく合格した進学校を転校することに

現代の小説（純文学）

なった遥。人生どん底の彼女の前に現れたのは、部員たった二人の相撲部に所属する幼馴染・乙葉だった。努力なんて意味がないと何事にも無気力な遥だったが、ピンチヒッターとして、一度だけの約束で団体戦に参加するはめにな。汗と涙とキズだらけの青春小説。
2017.3 322p A6 ¥650 ①978-4-344-42580-4

◆P・O・S—キャメルマート京洛病院店の四季　鏑木蓮著　早川書房（ハヤカワ文庫JA）
【要旨】コンビニチェーン"キャメルマート"の社員・小山昌司は、京都の病院内店舗に店長として赴任する。持ち前の効率主義で売り上げ増を目指すが—新品のサッカーボールをごみ箱に捨てる子ども、大のお相撲さんの高級猫缶を望む認知症の老女、高値の古い特殊雑誌を探す元伊達女など、店には難題を持込む患者たちが現れる。利益しか頭にない昌司だったが、やがて彼らの想いに応え…心を温める大人のコンビニ・ストーリー。
2017.5 350p A6 ¥700 ①978-4-15-031276-3

◆2.43 清陰高校男子バレー部 代表決定戦編 1　壁井ユカコ著　集英社（集英社文庫）
【要旨】万年一回戦負けの弱小チームだった清陰高校男子バレー部。だが天才セッター灰島、発展途上のエース黒羽の入部により、全国大会を目指して大きく変わり始める。一方で県内有数の常勝校・福蜂工業高校のエースで主将の三代には、男子マネージャーの越智との"約束"を高校最後の全国大会で叶えねばならない理由があった。県予選を前に、両校は練習試合をすることになり!? 青春スポーツ小説！
2017.11 281p A6 ¥580 ①978-4-08-745660-8

◆2.43 清陰高校男子バレー部代表決定戦編 2　壁井ユカコ著　集英社（集英社文庫）
【要旨】春高の全国大会出場を目指す清陰と、エース三村統にとって最後の全国大会を逃すわけにはいかない福蜂工業。予選を勝ち上がった両校は、代表決定戦を前にそれぞれ合宿を行うことに。清陰の合宿で灰島は折り合いが悪かった副主将の青木とも距離を縮め、改めてチーム一丸となって王者福蜂に挑む思いを新たにする。そして11月末、福井県代表の座をかけた直接対決の幕が上がる！青春スポーツ小説。
2017.12 265p A6 ¥560 ①978-4-08-745676-9

◆小説 ひるね姫—知らないワタシの物語　神山健治著　KADOKAWA（角川文庫）
【要旨】昼寝が得意な女子高生の森川ココネは最近、同じ夢ばかり見ていた。時は2020年、東京オリンピックの3日前。岡山でともに暮らす父親のモリオは、突然警察に東京へ連行される。ココネは父を助けようと、幼なじみのモリオと東京に向かうが、その道中は夢の世界とリアルをまたいだ不思議な旅となる。それは彼女にとって、"知らないワタシ"を見つける旅でもあった。アニメーション映画「ひるね姫」の神山健治監督自らによる原作小説。
2017.2 259p A6 ¥560 ①978-4-04-102629-8

◆ブルースカイ作戦　加茂晴久著　東京図書出版、リフレ出版 発売
【要旨】神様が能天気の男を総理大臣なんぞにしてしまったから、さあ、大変！霞が関ではてんやわんやの大騒動が勃発！とうとう前代未聞の奇想天外な作戦が発動される事態に。
2017.10 281p A6 ¥1500 ①978-4-86641-080-7

◆こんにちわBlue sky　唐沢杏子著　幻冬舎メディアコンサルティング, 幻冬舎 発売
【要旨】絶望の日々と悲哀の空を詩に詠んだ少年。生きながらえて半世紀たった今、最愛の人が逝ってしまったあと、愛犬とともに過ごす平穏な日々を綴る。
2017.10 166p A6 ¥1200 ①978-4-344-91425-4

◆出雲のあやかしホテルに就職します 2　硝子町玻璃著　双葉社（双葉文庫）
【要旨】神様や妖怪をゲストとして迎えるお化けホテルに就職した時町見初。ある日、見初のもとに嬉しい報告が届く。親友の平野由夜が、アシスタントを務める有名漫画家とともに出雲に来ることになったのだ。久々の再会に喜ぶ見初だったが、どうやらその漫画家は、一癖も二癖もある人物のようで…。全国の神様が神在月に恋模様きらめくバレンタインと、今回もイベント盛りだくさん！笑って泣けるあやかしドラマ、待望の第二弾！
2017.5 271p A6 ¥583 ①978-4-575-52000-2

◆出雲のあやかしホテルに就職します 3　硝子町玻璃著　双葉社（双葉文庫）
【要旨】神様や妖怪をゲストとして迎える出雲のお化けホテルに就職した時町見初。季節は春。見初がホテルにやってきてから、ちょうど一年。それを祝おうと、先輩の櫻葉永遠子が発起人となり、お花見が開催されることになった。しかも、ただのお花見ではなく、桜の妖精であふれる特別な場所で開かれるようで…。神様を治すお医者様の登場や、見初に関係する四季神家の謎も明かされるなど、今回も イベント盛りだくさん！笑って泣けるあやかしドラマ、待望の第三弾！
2017.11 247p A6 ¥574 ①978-4-575-52051-4

◆水声　川上弘美著　文藝春秋（文春文庫）
【要旨】1996年、わたしと弟の陵はこの家に二人で戻ってきた。ママが死んだ部屋と、手をふれてはならないと決めて南京錠をかけた部屋のある古い家に。夢に現われたママに、わたしは呼びかける。「ママはどうしてパパと暮らしていたの」—愛と人生の最も謎めいた部分に迫る静謐な長編。読売文学賞受賞作。
2017.7 253p A6 ¥600 ①978-4-16-790881-2

◆ぼくの死体をよろしくたのむ　川上弘美著　小学館
【要旨】彼の筋肉の美しさに恋をした"わたし"、魔法を使う子供、猫にさらわれた"小さい人"、緑の箱の中の死体、解散した家族。恋愛小説？ファンタジー？SF？ジャンル分け不能、ちょっと奇妙で愛しい物語の玉手箱。
2017.3 251p B6 ¥1500 ①978-4-09-386455-8

◆森へ行きましょう　川上弘美著　日本経済新聞出版社
【要旨】1966年ひのえうまの同じ日に生まれた留津とルツ。「いつかは通る道」を見失った世代の女性たちのゆくうちには無数の岐路があり、選択がなされる。選ぶ。判断する。突き進む。後悔する。また選ぶ。進学、就職、仕事か結婚か、子供を生むか…そのとき、選んだ道のすぐそばを歩いているのは、誰なのか。少女から50歳を迎えるまでの恋愛と結婚が、ふたりの人生にもたらしたものとは、はたして—日経新聞夕刊連載、待望の単行本化。
2017.10 507p B6 ¥1700 ①978-4-532-17144-5

◆この嘘がばれないうちに　川口俊和著　サンマーク出版
【要旨】愛する人を想う気持ちが生み出した、不器用でやさしい4つの"嘘"。"過去にいられるのは、コーヒーが冷めるまでの間だけ"不思議な喫茶店フニクリフニクラにやってきた人たち。どうしても過去に戻りたい彼らの口には出せない本当の願いとは…？
2017.3 303p B6 ¥1300 ①978-4-7631-3607-7

◆肉弾　河崎秋子著　KADOKAWA
【要旨】北海道のカルデラ地帯で孤立した青年が熊や野犬と戦い、人間の生きる本能を覚醒させてゆく—。圧倒的なスケールで描く肉体と魂の成長物語。
2017.10 252p B6 ¥1600 ①978-4-04-105382-9

◆オールド・ゲーム　川崎草志著　KADOKAWA
【要旨】ベータ基板が盗まれた!? ありえないほどの高得点を打ち立て続けるプレイヤー？発売後に見つかったプログラムの改竄…。ゲーム産業の過渡期に巻き起こった数々の事件。それらを乗り越え、ゲーム会社「ネットワ・テック」は、果たして生き残れるのか!? シューティングゲーム、バイク型筐体ゲーム、アドベンチャーゲーム…。懐かしくも新しい全6篇！
2017.4 293p B6 ¥1500 ①978-4-04-104500-8

◆署長・田中健一の幸運　川崎草志著　光文社
【要旨】彼には野望があった。それは旧日本軍が保有した連合艦隊すべてのプラモデルを作り上げること。決して捜査の先陣を切ったり、本部の方針に逆らったりすることじゃない。なのに、事件解決の手がかりが勝手に降ってきて、田中署長に、平穏な日々はいつ訪れる!? —読、やみつき必至。軽快な筆致の傑作ユーモア警察小説。
2017.9 293p B6 ¥1900 ①978-4-334-91185-0

◆あなたが子供だった頃、わたしはもう大人だった　川崎徹著　河出書房新社
【要旨】坂の上り口の桜の老木がある家、列車を走げて石を投げた橋、清掃工場の四角い建物から不安定にそびえた煙突、ボルサリーノを巻き込んだまま走り抜けた列車、網棚に置き去られた赤ん坊、山岳部の弔辞を託された新米英語教師、写真部で購入した8ミリカメラ。小説の時間と現実の時間がまざりあう、著者初の書き下ろし長編。
2017.5 237p B6 ¥2200 ①978-4-309-02571-1

◆テーラー伊三郎　川瀬七緒著　KADOKAWA
【要旨】福島の田舎町で、ポルノ漫画家の母と暮らす男子高生・海色。17歳にして人生を諦めていたが、ある日、古びた紳士服店「テーラー伊三郎」のウィンドウに現れた美しいコルセットに心奪われる。頑固な老店主・伊三郎がなぜ女性下着を—騒然となる町内を尻目に、伊三郎に知識を買われたアクアは、共に「テーラー伊三郎」の新装開店を目指す。活動はやがて、スチームパンク女子高生や町に埋れていた職人らを巻き込んでいく…。仕立て職人と少年が"コルセット"で革命を起こす!? 灰色の日々を吹き飛ばす、曲者（主に老人）揃いの痛快エンタメ！
2017.12 333p A6 ¥1500 ①978-4-04-105617-2

◆天空の約束　川端裕人著　集英社（集英社文庫）
【要旨】かつて、いずれの時代にも重宝された能力があった。"微気候"の研究者・八雲助壱は「雲の倶楽部」なるバーを訪れ、小瓶を預かる。八雲は、雲のアーティスト・かすみ、夢で天候を予知する早樹子との運命的な巡り会いから、自分たちが代々受け継いできた"天候を感知"する能力を知る。人として、"空の一族"とは？そして、小瓶との関係は？脈々と続く一族の謎に迫る壮大な気象エンタメ！
2017.10 292p A6 ¥680 ①978-4-08-745647-9

◆教科書で読む名作 伊豆の踊子・禽獣ほか　川端康成著　筑摩書房（ちくま文庫）
【要旨】これまで高校国語教科書に掲載されたことのある短編小説・評論・随想などを中心にした川端康成の作品集。教科書に準じた注と図版がついて、読みやすくわかりやすい。解説として、川端康成について必読の名評論も収録。あわせて読むといっそう味わい深い。
2017.3 307p A6 ¥980 ①978-4-480-43416-6

◆親友　川端康成著　小学館（小学館文庫）
【要旨】めぐみとかすみは新制中学一年のクラスメート。赤の他人ながら瓜二つ、誕生日も同じとあって親しくなっていく。鵠沼での夏休み、上級生・容子への憧れや嫉妬。微妙にすれ違っていく友情の行方は？日本人初のノーベル文学賞受賞作家・川端康成による幻の少女小説。昭和二十九年から月刊誌『女学生の友』に連載された貴重なる秀作が蘇る！玉井徳太郎による連載当時のイラストも多数収録。また川端が戦前に「セウガク一年生」に寄稿した短編「樅ノ木ノ話」も当時の誌面のまま収載しています。解説は娘婿の川端香男里氏と、生前の著者と親交のあった瀬戸内寂聴氏。
2017.8 269p A6 ¥580 ①978-4-09-406411-7

◆山の音　川端康成著　KADOKAWA（角川文庫）改版
【要旨】夜中に響く「山の音」。死への予告のように思い、尾形信吾は恐怖を抱くようになった。出戻りの娘と孫、復員兵の息子の堕落。複雑な家族の有様に葛藤する信吾は、息子の妻、菊子への淡い恋心を生きる支えとするようになる。四季の移ろいの細部、折々に信吾が見る、時に現実的な夢。次第に変化してゆく家族の人間模様。生への渇望とともに、万人に訪れる老いや死を、鮮やかに捉えた川端康成晩年の傑作。
2017.10 351p A6 ¥680 ①978-4-04-106154-1

◆二ノ橋 柳亭　神吉拓郎著　光文社（光文社文庫）
【要旨】雑誌で取り上げられた小料理屋"二ノ橋柳亭"の場所は誰も知ることができない。なぜなら、食味評論家が書いた架空の店だからだ。ところが、「柳亭を探し当てた」という読者からの手紙が編集部に届く…。（表題作）代表作『ブラックバス』など全七篇を収録。繊細と洒脱が織りなす物語の妙に酔う、直木賞作家の粋が詰まった短篇集。
2017.8 263p A6 ¥680 ①978-4-334-77521-6

◆球道恋々　木内昇著　新潮社
【要旨】金なし、地位なし、才能なし—なのに、幸せな男の物語。時は明治39年。業界紙編集長を務める宮本銀平は、母校・一高野球部から突然コーチの依頼が舞い込んだ。万年補欠の俺に何故？と訝しむもつかの間、後輩を指導するうちに野球熱が再燃し、周囲の渋面と嘲笑をよそに野球狂のチームに所属。押川春浪のティームに所属。そこへ大新聞が「野球害毒論」を唱えだし、銀平たちは憤然と立ち上がる—。明治球児の熱気と人生の喜びを描く痛快作。
2017.5 541p B6 ¥2100 ①978-4-10-350955-4

現代の小説（純文学）

◆走れ、健次郎　菊池幸見著　祥伝社　（祥伝社文庫）
【要旨】盛岡初の国際マラソン大会に注目が集まる。謎のランナーがスタートからコースの沿道を、トップ集団と共に走っているのだ。テレビの視聴者は無邪気に彼の快走を囃すが、大会を無事成功させたい関係者や実況、参加ランナーは戸惑いを隠せない。どうして彼は、まったく報われることのない走りを続けているのか。だがやがて、男の真剣な姿が周りの心を動かし始め—。
2017.12 269p A6 ¥600 ①978-4-396-34377-4

◆愛のかたち　岸惠子著　文藝春秋
【要旨】『愛のかたち』—「愛しているんだ。だが今は、この愛に埋没したくない」化粧品会社のパリ駐在員、渚詩子は、フランスの監獄から少年を脱獄させたいという奇妙な弁護士、ダニエルと知り合う。この出逢いをきっかけに、恋愛に臆かった詩子は愛の不思議さに身をゆだねる。『南の島から来た男』—「わたしは楽園向きの女ではないと思う」新聞社のパリ支局で働く藤堂華子は、モーリシャス島出身で一文無しの青年ドムと、パリの屋根裏部屋で暮らすようになる。しかし、ドムにはある秘密があった。華子は愛とジャーナリストの矜持の間で揺れる。
2017.9 240p B6 ¥1500 ①978-4-16-390731-4

◆ビニール傘　岸政彦著　新潮社
【要旨】共鳴する街の声—。絶望と向き合い、それでも生きようとする人に静かに寄り添う、二つの物語。第156回芥川賞候補作。気鋭の社会学者による、初の小説集！
2017.1 124p 20×13cm ¥1400 ①978-4-10-350721-5

◆弁当屋さんのおもてなし—ほかほかごはんと北海鮭かま　喜多みどり著　KADOKAWA　（角川文庫）
【要旨】「あなたの食べたいもの、なんでもお作りします」恋愛に二股をかけられ、傷心状態のまま北海道・札幌市へ転勤したOLの千春。仕事帰りに彼女はふと、路地裏にひっそり佇む「くま弁」という名の不思議なお店に吸い込まれる。そこで内なる願いを叶える『魔法のお弁当』の作り手・ユウと出会った千春は、凍った心が解けていくのを感じて—？　おせっかい焼きの店員さんが、本当に食べたいものを教えてくれる。おなかも心もいっぱいな、北のお弁当ものがたり！
2017.5 262p A6 ¥600 ①978-4-04-105579-3

◆弁当屋さんのおもてなし—海薫るホッケフライと思い出ソース　喜多みどり著　KADOKAWA　（角川文庫）
【要旨】北海道・札幌市の路地裏に佇む「くま弁」。願いを叶えるお弁当の作り手・ユウの優しさに触れ千春はもっと彼に近づきたいと思いつつも、客と店員の関係から一歩踏み出せずにいた。そんな中、悩み相談で人気の占い師がくま弁を訪れる。彼女はユウの作る「魔法のお弁当」で霊感を回復させたいらしい。思い出のお弁当を再現しようとするユウと千春だが…？　あなたの食べたいものがきっと見つかる、北のお弁当ものがたり第2弾！
2017.10 260p A6 ¥600 ①978-4-04-106146-6

◆きみがすべてを忘れる前に　喜多南著　宝島社　（宝島社文庫）
【要旨】結城クロは、ある日の放課後の教室で、同級生だった長谷川紫音の幽霊と出会う。紫音を成仏させるため、彼女の心残りを聞き出そうとするクロ。しかし振られる度に取り合わず、生きていたころと同じようにクロを振り回していくが、やがて紫音の記憶と存在が薄れ始めて…。霊感無用ナシの少年×幽霊少女が繰り広げるせつない青春ラブストーリー。物語の最後に明かされる、相手を想うあまりについてきた「嘘」とは。
2017.3 294p A6 ¥630 ①978-4-8002-6875-4

◆ビギナーズ・ドラッグ　喜多喜久著　講談社
【要旨】世界を変えるのはいつだって、ひたむきな努力と果てしない情熱だ！　中堅製薬会社で事務職を務める水田恵輔は、祖父が入居する老人ホームで出会った女性・滝宮千夏に一目惚れていた。しかし、彼女は治療困難な難病に侵されていた。彼女のために何かできないのか。悩んだ恵輔は、自ら治療薬を創ればいいという、同期の研究員・綾川理沙を巻き込み準備を始める。恵輔だったが、素人の思いつきに対する周囲の風当たりは強く…。次々と立ちふさがる困難、進行する病魔、恵輔の恋と情熱の結末は—。
2017.12 333p B6 ¥1500 ①978-4-06-220752-2

◆コースアゲイン　北方謙三著　集英社　（集英社文庫）
【要旨】男はどこに向かおうとしているのだろう。船に乗る。相棒は酒と葉巻。気の向くままに舵を取り、気の向くままに女を抱く—。コースアゲイン、進路を戻せ。人生もだいぶ先に来てしまった。自分の生き方はわかっている。変えられないもの、失ったもの。残酷な時の流れは女を泣かせ、それは、男の心に深く刻まれ疵をつくる。壮年の作家を主人公に、男のロマンに満ち溢れた伝説の短編集。
2017.9 279p A6 ¥580 ①978-4-08-745633-2

◆きみが来た場所—Where are you from? Where are you going?　喜多川泰著　ディスカヴァー・トゥエンティワン　（『母さんのコロッケ』新装・改題書）
【要旨】会社を辞め、子供たちの生きる力を育てる塾を立ち上げた秀平。家族を支えながらも経営がうまくいかず、不安な毎日を過ごしていた。そんなある日、口に入れると「自分の先祖が体験したこと」が夢とてあらわれる「ルーツキャンディ」を手に入れる。秀平は祖父たちの生き様、決意、つないできた命の奇跡を知るなかで、これから自分の子として生まれる新しい命と、塾の子供たちに伝えなければならない大切なことに気づいていく。ベストセラー作家、喜多川泰の隠れた名作！　書き下ろし新作短編も収録！
2017.1 260p B6 ¥1500 ①978-4-7993-2033-4

◆ソバニイルヨ—AI UG起動しますか？　喜多川泰著　幻冬舎
【要旨】勉強が嫌いで、周囲の目ばかりを気にして日々過ごしている隼人。さらに、些細な出来事をきっかけに、仲の良かった友達との関係がうまくいかなくなってしまった。ある日、自分の部屋に帰ると、そこには見慣れた大きな物体が。それは、長期間不在になる父親が残していったロボット・ユージだった—。
2017.12 278p B6 ¥1400 ①978-4-344-03226-2

◆二十年かけて君と出会った—CFギャング・シリーズ　喜多嶋隆著　光文社　（光文社文庫）
【要旨】再会は雪降る静かな夜だった。店にやって来た女性は、流葉爽太郎の中学時代の級友・菜摘。ふと淡い思い出が蘇る。もちろん彼女の訪問には理由が。それは日本初上陸となる海外ファッション・ブランドの広告制作依頼。彼らの前に立ちはだかる無数の壁、少しずつ近づく二人の距離。そして、プライドをかけた広告戦争の行方は!?　流葉シリーズの新たなシーズンが始まる！
2017.9 391p A6 ¥720 ①978-4-334-77507-0

◆Hawaii Love Story　喜多嶋隆著　中央公論新社
【要旨】通り雨のように出会い、波の上で抱きしめ、夕陽のなかで手を振った喜多嶋隆のハワイアン・ラブ・ストーリー。
2017.7 263p 19x12cm ¥1500 ①978-4-12-004991-0

◆ヴェネツィア便り　北村薫著　新潮社
【要旨】人生の一瞬を永遠に変える魔法…時の向こうを透かす光。一瞬が永遠なら永遠も一瞬。プリズムの煌めきを放つ「時と人」の短篇集。なつかしくて色あざやかな15篇。
2017.10 280p B6 ¥1500 ①978-4-10-406613-1

◆慶應本科と折口信夫—いとま申して　2　北村薫著　文藝春秋　（文春文庫）
【要旨】昭和4年。著者の父・宮本演彦は慶應の予科に通い、さらに本科に進む。教壇に立つのは西脇順三郎や折口信夫。また、たびたび訪れた歌舞伎座の舞台には、十五代目羽左衛門、五代目福助が。父が遺した日記は、時代の波の中に浮かんでは消えていく伝説の人々の姿を捉えていた。"本の達人"が描く小さな昭和史。著者のライフワーク3部作第2巻。
2018.1 399p A6 ¥880 ①978-4-16-790997-0

◆神の味噌汁　鬼頭誠司著　秀和システム
【要旨】「自分らしく生きればいい」。たった8日間しか参加できない「呑み屋神」で人々は己の人生の「棚卸し」をして泣いたり怒ったりして失っていた「何か」を見つける。
2017.12 503p B6 ¥1800 ①978-4-7980-4973-1

◆生成不純文学　木下古栗著　集英社
【要旨】蔵出し未発表作品も収載。読書芸人も賞賛！　文学界の異才が放つ、待望の最新短編集。
2017.2 178p B6 ¥1500 ①978-4-08-771028-1

◆東京ワイン会ピープル　樹林伸著　文藝春秋
【要旨】自慢のワインを持ち寄り楽しむ宴。そこは愛と欲望と打算が渦巻く場でもあった。人気コミック原作者によるもうひとつの『神の雫』。
2017.11 252p B6 ¥1550 ①978-4-16-390751-2

◆北都の七つ星　木村花道著　（札幌）柏艪舎, 星雲社　発売
【要旨】突然この世を去った親友と残された6人の仲間たち。歌手だった亡き友のため、彼らは立ち上がる。目指すは墓の建立と、数百万円規模の40周年記念パーティーの開催。平均年齢61歳、厳しい不況の中、果たして彼らは目標を達成できるのか!?　熟年男たちの挑戦が今、スタートする！
2017.3 197p B6 ¥1500 ①978-4-434-22992-3

◆或る映画監督の回想　桐ヶ谷まり著　（鎌倉）冬花社
【要旨】監督の心の中には一本の、未公開のフィルムがある。登場人物は三人の女。相母、母、そして波子。港町横浜と古都鎌倉を舞台に、映画監督となったひとりの少年の成長を通して綴られる、著者初の恋愛小説!!
2017.9 112p B6 ¥1500 ①978-4-908004-22-3

◆デンジャラス　桐野夏生著　中央公論新社
【要旨】君臨する男。寵愛される女たち。文豪が築き上げた理想の"家族帝国"と、そこで繰り広げられる妖しい四角関係—日本文学史上もっとも貪欲で危険な文豪・谷崎潤一郎。人間の深淵を見つめ続ける桐野夏生が、燃えさかる女たちの「業」に焦点をあて、新たな小説へと昇華させる。
2017.6 287p B6 ¥1600 ①978-4-12-004985-9

◆奴隷小説　桐野夏生著　文藝春秋　（文春文庫）
【要旨】長老との結婚を拒んで舌を抜かれた女。武装集団によって拉致された女子高生たち。夢の奴隷となったアイドル志望の少女。死と紙一重の収容所の少年—人間社会に現出する抑圧と奴隷状態。それは「かつて」の「遠い場所」ではなく「今」「ここ」にある。何かに囚われた状況を炸裂する想像力と感応力で描いた異色短編集。
2017.12 187p A6 ¥570 ①978-4-16-790972-7

◆夜の谷を行く　桐野夏生著　文藝春秋
【要旨】39年前、西田啓子はリンチ殺人の舞台となった連合赤軍の山岳ベースから脱走した。5年余の服役を経て、いまは一人で静かに過ごしている。だが、2011年、元連合赤軍最高幹部・永田洋子の死の知らせと共に、忘れてしまいたい過去が啓子に迫ってくる。元の仲間、昔の夫から連絡があり、姪に過去を語らねばならず、さらに連合赤軍を取材しているというジャーナリストが現れ—女たちの、連合赤軍の、真実が明かされる。
2017.3 299p B6 ¥1500 ①978-4-16-390611-9

◆夜また夜の深い夜　桐野夏生著　幻冬舎　（幻冬舎文庫）
【要旨】友達に本当の名前を言っちゃだめ。マイコにそう厳命する母は整形を繰り返す秘密主義者。母娘はアジアやヨーロッパの都市を転々とし、17年前からナポリのスラムに住む。国籍もIDもなく、父の名前も自分のルーツもわからないマイコは、難民キャンプ育ちの七海さん宛に、初めて本名を明かして手紙を書き始めた。疾走感溢れる現代サバイバル小説。
2017.8 430p A6 ¥900 ①978-4-344-42636-8

◆パルチザン伝説　桐山襲著　河出書房新社
【要旨】アジアの犠牲の上に成り立つ平和と繁栄を破壊するため、僕と仲間たちはその象徴たる天皇の暗殺を企てたが、敗北。代わりに経済侵略の急先鋒だったM企業を爆破するが、その後の路線対立で僕はグループから離脱。ひとり爆弾闘争を続ける中で片手片目を失い、地下に潜行することに。沖縄の離島へと流れ着いた僕は、逃亡生活の直前に母から受け継いだ一通の手記から、謎の失踪を遂げた父の驚くべき来歴を知るのだが…。繋がっていく戦時中の父と、戦後を生きる自身の姿、そして浮かび上がる日本という国家のかたち—文学的想像力の奇蹟的な到達点を示す伝説の作品、ついに刊行！
2017.8 175p B6 ¥1800 ①978-4-309-02600-8

◆巫女っちゃけん。　具光然著　光文社　（光文社文庫）
【要旨】父が宮司をする神社で、やりたくもない巫女のバイトをしている大鳥しわす。「就職したらやめちゃるけん！」と豪語するが、態度も口も悪ければ、常識も礼儀もなろもなく。そのくせ、うまくいかないのはすべて人のせい—そんな、夢も希望もない（？）ない彼女の前に、ある日、五歳の悪ガキ・健太が現れて…。広瀬アリス主演映画、待望のノベライズ！
2017.12 240p A6 ¥500 ①978-4-334-77572-8

現代の小説（純文学）

◆**院長選挙** 久坂部羊著 幻冬舎
【要旨】国立大学病院の最高峰、天都大学医学部付属病院。その病院長・宇津々賞が謎の死を遂げる。「死因は不整脈による突然死」という公式発表の裏では自殺説、事故説、さらに謀殺説がささやかれていた。新しい病院長を選ぶべく院長選挙が行われた。候補者は4人の副院長たち。「臓器のヒエラルキー」を口にして憚らない心臓至上主義の循環器内科教授・徳富恭一。手術の腕は天才的だが極端な内科嫌いの消化器外科教授・大小路篤樹。白内障患者を盛大に集め手術し889の4割を上げる眼科教授・百目鬼洋佑。古い体制の改革を訴え言いにくいこともバンバン発言する若き整形外科教授・鴨下徹。4人の副院長の中で院長の座に就くのは誰か？ まさに選挙運動の真っ盛り、宇津々院長の死に疑問を持った警察が動き出した。
2017.8 285p B6 ¥1600 ①978-4-344-03159-3

◆**カネと共に去りぬ** 久坂部羊著 新潮社
【要旨】今日、患者が死んだ。初めて主治医として受け持つことになった患者に、村荘医師がとった不条理な行動とは？「医家人」68歳を迎えた脳神経内科医の郷田智有。高名である文部勲章の受章を目前にして、健康状態を記録するため日記を付け始めるのだが。「アルジャーノンにギロチンを」研修医の寒座久礼に。ある朝、目を覚ますと、ベッドの上で自分の心が巨大な毒虫のように変わっていることに気がついた。「変心」付き、劇薬揃いの全7篇収録。
2017.11 284p B6 ¥1500 ①978-4-10-335872-5

◆**アンハッピー・ウエディング―結婚の神様** 櫛木理宇著 PHP研究所 （PHP文芸文庫）
【要旨】幼馴染の史郎を一方的に恋慕い、結婚を夢見る咲希は、ひょんなことから結婚式の代理出席者である「サクラ」のバイトを始める。サクラを頼むだけあって、出席する結婚式はどこか不穏なものばかり。そんな中、花嫁の幽霊が出るという"いわくつき"の老舗ブライダル会館で問題が頻発することに気づいた咲希は、史郎とともに謎に巻き込まれていく。恋とオカルトが錯綜する、エンターテインメント小説。
2018.1 317p A6 ¥760 ①978-4-569-76810-6

◆**海に向かう足あと** 朽木祥著 KADOKAWA
【要旨】村雲佑らヨットクルーは、念願の新艇を手に入れ外洋レースに参加するため、レース開催の懸念は、きな臭い国際情勢だった。クルーの諸橋は物理学を専門に、政府のあるプロジェクトに加わり多忙を極めていた。村雲はスタート地点の島で諸橋や家族の合流を待つが、いつに現れず連絡も取れなくなる。SNSに「ある情報」が流れた後、すべての通信が絶たれて…。いったい、世界で何が起きているのか？ 被爆2世の著者が「今の世界」に問う、心に迫る切ないディストピア小説。
2017.2 242p B6 ¥1400 ①978-4-04-104195-6

◆**通天閣の消えた町** 沓沢久里著 （札幌）亜璃西社
【要旨】面白うて、やがてドスンと心に響く大阪・青春ラプソディー。戦後間もないエネルギー渦巻く大阪の町で、ひとりの少女が逞しく成長する姿を、札幌在住の著者が半生に重ねて綴った連作小説集。
2017.4 236p B6 ¥1600 ①978-4-906740-28-4

◆**スキゾマニア** 久保憲司著 タバブックス（ウィッチンケア文庫）
【要旨】パンク、レイヴ、フェス、デモ、そしてトランプショック。1980年から現在まで、日本のカウンターカルチャーを歩く。単身渡英、写真家・ロック・ジャーナリストとして活動する一方、日本のクラブシーンの基礎を築いた著者による現代日本のビート小説。
2017.1 102p 19cm ¥1.8 ①978-4-907053-17-8

◆**ジョンとママとはな** 久保博美著 文芸社
【目次】ジョンとママとはな、きゅりともも君、たぬきさん、どこ？
2017.3 50p A6 ¥500 ①978-4-286-18061-8

◆**水やりはいつも深夜だけど** 窪美澄著 KADOKAWA （角川文庫）
【要旨】セレブママとしてブログを更新しがちな周囲の評価に怯える主婦。仕事で子育てになかなか参加できず、妻や義理の両親から責められる夫。出産を経て変貌した妻に戸惑い、若い女に傾いていく男。父の再婚により突然やってきた義母を受け入れられない女子高生…。思い通りにならない毎日。募る不満。言葉にできない本音。それでも前を向いて懸命に生きようとする人たちの姿を鮮やかに描いた、胸につき刺さる6つの物語。
2017.5 272p A6 ¥560 ①978-4-04-105495-6

◆**やめるときも、すこやかなるときも** 窪美澄著 集英社
【要旨】家具職人の壱晴は毎年十二月の数日間、声が出なくなる。過去のトラウマによるものだが、原因は隠して生きてきた。制作会社勤務の桜子は困窮する実家を経済的に支えていて、恋と縁遠い。欠けた心を抱えたふたりの出会いの行方とは。
2017.3 359p B6 ¥1600 ①978-4-08-771052-6

◆**ペット・PET** 窪依凛著 丘のうえ工房ムジカ
【目次】ペット、JINKAKU、そこにある大切なもの
2017.11 189p B6 ¥1600 ①978-4-9909736-0-5

◆**ループ！** 窪依凛著 文芸社 （文芸社文庫）
2017.2 289p A6 ¥620 ①978-4-286-18146-2

◆**鮪立の海** 熊谷達也著 文藝春秋
【要旨】宮城県北、三陸海岸の入江にたたずむ町「仙河海」（せんがうみ）。のちに遠洋マグロ漁業で栄えるこの地で、大正十四年に生まれた菊田守一は、「名船頭」として名を馳せた祖父や父のようになることを夢みていた。いつか自分の船で太平洋の大海原に乗り出してカツオの群を追いかけたい―。海軍の艦上戦闘機グラマンとの戦い、敗戦からの復興…。著者ライフワーク「仙河海」サーガの最新作。三陸の海辺には、どんな未来があったのか―。
2017.3 407p B6 ¥1950 ①978-4-16-390626-3

◆**ティーンズ・エッジ・ロックンロール** 熊谷達也著 実業之日本社 （実業之日本社文庫）
【要旨】2010年、宮城県仙河海市。中学時代から続けていたバンドが解散した匠は高校の軽音楽部の扉を叩いた。失意も一転、部長の美少女・遙にひとめぼれ。彼女への恋心をきっかけに、少年は一つの屋根、部活の仲間となる。「このまちにライブハウスをつくろう―」地元の縁を巻き込みながら交差していく遙の過去と匠の未来。そして、春のすべてが―。
2017.10 349p A6 ¥648 ①978-4-408-55384-9

◆**夢の浮橋** 倉橋由美子著 小学館 （P+D BOOKS）
【要旨】大学で知り合い愛し合うようになった一組の若い男女。だが、期せずして自分たちの両親が、夫婦交換遊戯を長年にわたり続けてきたことに気づいてしまう。結婚を夢見る男女と、一方で両親もかねて広げる艶麗な恋愛譚を通じ、生涯「物語文学」を追求した倉橋由美子が、古代神話、源氏物語等の系譜を織り込めた意欲作。倉橋文学後期を代表する「桂子さんシリーズ」の第一弾である。
2017.8 304p B6 ¥550 ①978-4-09-352310-3

◆**こちさ短篇集** 藏前幸子創作 沖積舎
【要旨】藏前幸子は「船団」に所属する俳人である。だが、彼女の胸中には十七音に収まりきれない夢想が溢れている。この度の短篇集は、そんなこちさのショートショート集大成！
2017.2 173p B6 ¥2000 ①978-4-8060-2162-9

◆**蟋蟀** 栗田有起著 小学館 （小学館文庫）
【要旨】先生、これから連続telしますから待ってください―。そういって、大学研究室で働く女性秘書は、高層ホテルの最上階のバーで、結構なスピードで部屋の隅から隅までくるくるとまわり始めた。そんな奇怪ながらも有能な彼女に惹かれた准教授はある日、求婚を申し出るのだが、彼女は研究室に珍奇な中国産の水槽を置いたまま、行方知らずとなってしまう（あほろーとる）。人も、馬、河童、蟋蟀、猫など様々な生き物をモチーフに、日常と非日常の境界線をのびやかな筆致で揺るがす、読めば読むほどクセになる11の物語。
2017.7 317p A6 ¥620 ①978-4-09-406427-8

◆**ムーン・リヴァー** 栗本薫著 KADOKAWA （角川文庫）
【要旨】東京。スターを夢見、全てを失ったこの街で、年を経てもなお美しい男、森田透はたゆたうように生きている。愛憎を越え結ばれたトップスターの今西良は、罪を償うために塀の中だ。彼を想いつつ、長年の理解者でパトロンの島津正彦とともに暮らす。作家として名を馳せる彼との関係は、「愛」ではなく「情」の筈だった。しかし島津がガンに侵され、愛欲の日々が始まって…。時代を切り拓いた天才作家、遺作にして衝撃の傑作。
2017.12 460p A6 ¥920 ①978-4-04-106147-3

◆**居酒屋ふじ** 栗山圭介著 講談社 （講談社文庫）
【要旨】役者志望の「僕」は、その日もオーディションに落ち、ふらりと小さな居酒屋に入った。壁いっぱいに貼られたサイン色紙に、有名選手の記念バット…。目黒区蛇崩。著名人が通い続ける実在の店の、伝説のおやじ。彼の八十余年の強烈な生き様は、今に迷う人たちへ、勇気と希望を与えてくれる。傑作長編小説。
2017.6 427p B6 ¥1600 ①978-4-06-293671-2

◆**フリーランスぶるーす** 栗山圭介著 講談社
【要旨】一九九〇年。前年秋にベルリンの壁が崩壊し、愛犬のジョンが死んだ。平林健太、フリーター、30歳。逃げとごまかしばかり連続の人生だった。このままでいいのか？ 健太は一念発起し、小さな編集プロダクションを立ち上げ、憧れ続けた「ギョーカイ」の門を叩く。90年代の広告・雑誌業界を舞台にした半自伝的小説。
2017.6 285p B6 ¥1600 ①978-4-06-220496-5

◆**八〇年代の郷愁―R大学物語 バブルの華盛りし御時** 栗山幸雄著 鳥影社
【要旨】涙と恋に明け暮れたあの頃、毎日が楽しかった、毎日が苦しかった、あのトキメキ…懐かしさいっぱいのあの時代、男女が共に初々しかった。片思い、恋求めて、実らぬ恋が多かった。あの甘酸っぱい思い出満載。
2017.10 189p B6 ¥1200 ①978-4-86265-637-7

◆**春の道標** 黒井千次著 小学館 （P+D BOOKS）
【要旨】戦後間もない時代の若者たちを描いた"自伝的青春文学"旧制中学から新制高校へと移行する時代、高校2年生の倉沢明史は、通学途中に出会った中学3年生の美少女・棗に惹かれていく。文学に憧れ、政治にも熱い関心を寄せる明史だが、幼なじみの慶子との接吻もあって心は千々に乱れる。武蔵野の美しい四季を背景に、物音は満足にないけれど心豊かに生きる者たちの甘く、ほろ苦い思春期の恋愛を叙情的に描いた青春小説の傑作。"内向の世代"を代表する著者が、今回あとがきを特別寄稿。
2017.9 279p B6 ¥550 ①978-4-09-352314-1

◆**岩場の上から** 黒川創著 新潮社
【要旨】2045年、北関東の町「院加」では、伝説の奇岩の地下深くに、核燃料最終処分場造成が噂されていた。鎌倉の家を出て放浪中の17歳の少年シンは、院加駅前で"戦後100年"の平和活動をする男女と知りあい、居候暮らしを始める。やがてシンは、彼らが、「積極的平和維持活動」という呼び方で戦争に送り出される兵士たちの逃亡を、助けようとしていることを知る。妻を亡くした不動産ブローカーと、打ち解けた男女、町に残って八百屋を切り盛りする妻、役場勤めの若い女とボクサーの兄、首相官邸の奥深くに住まい、現政府を操っている男、そして首相官邸への住居侵入罪で服役中のシンの母…。やがて、中東派兵を拒む陸軍兵士200名が浜岡原発に篭城する―。"戦後百年"の視点から日本の現在と未来を射抜く壮大な長編小説。
2017.2 428p B6 ¥1800 ①978-4-10-444408-3

◆**壁の鹿** 黒木渚著 講談社 （講談社文庫）
【要旨】女子高の寄宿舎に暮らす少女タイラ。鬱陶しい同級生たちから逃れられる唯一の場所「書斎」にこもる彼女に、ある夜「壁の鹿」から声が聞こえる。結婚詐欺師、恋に悩む女、剥製職人…彼らの「孤独」に交感する声とは。絶望と希望を鮮やかに描く、黒木渚の魂の叫び。衝撃の処女小説刊行。
2017.4 388p A6 ¥720 ①978-4-06-293645-3

◆**本性** 黒木渚著
【目次】超不自然主義、東京回遊、ぱんぱかぱーんとぴーひゃらら
2017.4 223p B6 ¥1400 ①978-4-06-220533-7

◆**樫/豚群** 黒島伝治著 講談社 （講談社文芸文庫）
【要旨】昭和初期に隆盛したプロレタリア文学運動の潮流の中で、写実的な文章と複眼的想像力による傑作短篇を立て続けに発表して一躍脚光を浴びながら、肺病による喀血から郷里・小豆島での療養生活を余儀なくされた黒島伝治。官憲の横暴に対する農民の知恵がドラマを生む「豚群」、戦争の悲惨さと裏腹の滑稽な現実を鮮やかに描いた「樫」、「渦巻ける烏の群」など時代を超えた輝きを放つ代表作集。
2017.8 265p A6 ¥1400 ①978-4-06-290356-1

◆**京都の甘味処は神様専用です** 桑野和明著 双葉社 （双葉文庫）

現代の小説（純文学）

◆京都の甘味処は神様専用です　桑野和明著　双葉社（双葉文庫）
【要旨】両親が亡くなり、姉の住む京都に引っ越した高校生の天野瑞樹。ある日、観光で西本願寺を訪れた瑞樹は、見知らぬ少年に『甘露堂』という甘味処まで荷物を運ぶのを手伝ってほしい、と頼まれる。甘露堂へたどり着き荷物を開けると、「ナリソコナイ」と呼ばれる黒い玉が出てきて、店内を食い散らかしてしまう。修繕費を弁償するため甘露堂でアルバイトをすることになった瑞樹だが、そこはなんと神様専用の甘味処だった!?
2017.5　295p　A6　¥611　①978-4-575-52002-6

◆京都の甘味処は神様専用です　2　桑野和明著　双葉社（双葉文庫）
【要旨】借金返済のため神様がお客様の甘味処『甘露堂』で働き始めた瑞樹。仕事にも京都にも慣れてきたところに、お地蔵様からの依頼が舞い込む。何やら、いつもお参りに来る女性の娘が家出してしまったようで。京都には神様とあやかしがあふれている!?京都×神様×甘味のハートフルストーリー第二弾。
2017.10　262p　A6　¥541　①978-4-575-52045-3

◆家庭の事情　源氏鶏太著　筑摩書房（ちくま文庫）
【要旨】定年になった三沢平太郎は退職金と貯金を合わせて300万円を5人の娘と自分で平等に6等分することにした。その金を元手に喫茶店を開いた長女、お金に困っているという恋人に貸した次女、旅行の資金にした三女、株式に投資する四女、会社で高利貸しを始めた五女、小料理屋の女に入れあげる父、五男、五郎。それぞれの50万円の使い道から三沢家にドタバタ劇が巻き起こる?!
2017.11　376p　A6　¥780　①978-4-480-43477-7

◆竹林精舎　玄侑宗久著　朝日新聞出版
【要旨】恋の悩みを抱えたまま、被災地の寺に入った新米僧侶の懊悩と逡巡。ブッダの弟子になった気弱で明るい青年は、仲間と共にフクシマでどう生きるのか。福島県に住む僧侶作家が7年を経て放つ書き下ろし長編。
2018.1　309p　B6　¥1800　①978-4-02-251513-1

◆白い衝動　呉勝浩著　講談社
【要旨】私立中高一貫校でスクールカウンセラーとして働く奥貫千早のもとに現れた高校1年の生徒・野津秋成は、ごく普通の悩みを打ち明けるように、こう語りだす。「ぼくは、人を殺してみたい。こうなるなら、殺すべき人間を殺したい」千早の住む町に、連続一家監禁事件を起こした入壱要が暮らしていることがわかる。入壱は、複数の女子高生を強姦のうえ執拗に暴行。それでも死には至らぬものの、懲役15年の刑となり刑期を終えていた。殺人衝動を抱える少年、犯罪加害者、職場の仲間、地域住民、家族、そして、夫婦。はたして人間は、どこまで「他人」を受け入れられるのか。「孤人」に向き合うことはできるのか。社会が病を問う、祈りに溢れた書き下ろし長編。
2017.3　339p　A6　¥1600　①978-4-06-220389-0

◆千日のマリア　小池真理子著　講談社（講談社文庫）
【要旨】誰にも言えない、でも決して忘れることはない夢深い記憶。男と女の間を流れていった時間──。夫と移住しペンションを営んだ家をたった一人引き払う時、庭に現れた美しい動物（『テンと月』）。義理の弟の葬儀で棺に寄り添う男が思い起こす光景とは（表題作）。心の奥底深く降り積もった思いを丹念にすくいとる珠玉の短編集。
2017.11　329p　A6　¥680　①978-4-06-293747-4

◆ソナチネ　小池真理子著　文藝春秋（文春文庫）
【要旨】ピアニストの佐江は、教え子の少女のホームコンサートで、少女の叔父だという男と出逢う。音楽堂の暗い客席で、少女の弾くソナチネのメロディに合わせるように、佐江と男は視線を、指先をからませていく…（「ソナチネ」）。生と死とエロスを描き出す著者の真骨頂、7つの作品を収めた圧巻の短編集。
2017.2　283p　A6　¥630　①978-4-16-790788-4

◆水無月の墓　小池真理子著　集英社（集英社文庫）
【要旨】死ぬことを予期していたかのように、夫は家を買った。近所にはお寺があり、それは由緒ある佇まいをしていた。結局、夫にこしたことがつもこうになってしまった彼が、「帰って、いうわ。私は、「おかえりなさい」というふうに、迎えよう、ある日─。（「流山寺」）現世と異界が交錯し、あわいにたゆたう、強烈で甘美な想いが、恐怖の闇へとなだれ込む、幻想怪奇小説集、全八編収録。
2017.9　219p　A6　¥480　①978-4-08-745634-9

◆青空に飛ぶ　鴻上尚史著　講談社
【要旨】人生に絶望し、死を望んだ少年が出会ったのは、太平洋戦争で9回特攻し、9回生きて帰ってきた実在の特攻隊員だった。非情な命令に負けず空を飛び続けた男と、教室で戦った孤独な少年の物語。
2017.8　281p　B6　¥1550　①978-4-06-220709-6

◆ジュリエットのいない夜　鴻上尚史著　集英社
【要旨】劇的なことすべてに見放されたあなたは、現代を生きるロミオとジュリエット。人生の達人・鴻上尚史が贈る、最新小説！
2017.4　194p　B6　¥1400　①978-4-08-771108-0

◆水燃えて火─山師と女優の電力革命　神津カンナ著　中央公論新社　（『風のゆくえ』加筆修正・改題書）
【要旨】福沢諭吉の女婿・桃介と女優第一号・貞奴が木曽山中に繰り広げた「水力オペラ」の波欄万丈。
2017.8　341p　B6　¥1400　①978-4-12-004952-1

◆幼児狩り・蟹　河野多惠子著　小学館（P+D BOOKS）
【要旨】外房海岸を舞台に、小学一年生の甥と蟹を探し求めて波打ち際で戯れる中年女性の屈折した心理を描き、第49回芥川賞を受賞した「蟹」。ほかに、知人の子供や道端で遊ぶ子供に異常な関心を示す、子供のない女性の内面を掘り下げた「幼児狩り」。夫婦交換による男女の愛の生態を捉えた『夜を往く』「劇場」など、日常に潜む欺瞞を剝ぎ取り、その〝歪んだ愛のカタチ〟から、よりリアルな人間性の抽出を試みた筆者初期の短編6作を収録。
2017.3　327p　B6　¥600　①978-4-09-352298-4

◆片手の楽園─サクラダリセット　5　河野裕著　KADOKAWA（角川文庫）（『サクラダリセット5　ONE HAND EDEN』改題書）
【要旨】二年前に死んだ相麻菫が、能力により再生した。ケイは彼女が平穏な生活を送るために、咲良田の外に移り住むべきだと考える。だが、能力が存在しない世界は、相麻にどんな影響を与えるだろう？　それを調べる実験をするため、ケイは九年間眠り続ける女性の「夢の世界」を訪れる。しかし、現実に忠実に再現されているはずのその世界には、いくつかの相違点があり…チルチル、ミチル、そして幸福の青い鳥を巡る、シリーズ第5弾。
2017.1　385p　A6　¥680　①978-4-04-104209-0

◆少年と少女と、─サクラダリセット　6　河野裕著　KADOKAWA（角川文庫）（『サクラダリセット〈6〉BOY, GIRL and─』修正・改題書）
【要旨】学園祭当日、浅井ケイは春埼美空に想いを伝えた。だがその裏側で、再生した相麻菫と管理局対策室室長・浦地正宗それぞれの計画が絡み合いながら進行していた。翌日、ケイは相麻からの不可思議な指示を受け、その矢先で能力の連続暴発事件に遭遇する。それは40年前に咲良田に能力が出現した「始まりの一年」から続く、この街が抱える矛盾と、目の前に迫った〝咲良田の再生″に繋がっていた。最終章突入のシリーズ第6弾！
2017.2　337p　A6　¥600　①978-4-04-104210-6

◆少年と少女と正しさを巡る物語─サクラダリセット　7　河野裕著　KADOKAWA（角川文庫）（『サクラダリセット〈7〉BOY, GIRL and the STORY of SAGRADA』修正・改題書）
【要旨】能力の存在を忘れ去るよう、記憶の改変が行われた咲良田。そこにいたのは浅井ケイを知らない春埼美空と、あるべき相麻菫だった。だが相麻の計画により、ケイはもう一度「リセット」する術を手にしていた。より正しい未来のために、ケイは、自分自身の理想を捨て去らないがゆえに能力を否定する、管理局員・浦地正宗との最後の「交渉」に臨む。昨日を忘れない少年が明日を祈り続ける物語、シリーズ感動のフィナーレ！
2017.3　376p　A6　¥680　①978-4-04-104211-3

◆ベイビー、グッドモーニング　河野裕著　KADOKAWA（角川文庫）
【要旨】寿命を三日ほど延長させて頂きました──入院中の僕の前に現れた「死神」を名乗る少年。なんでも死神には、リサイクルのため、濁った魂を集めるノルマがあり、その達成のため勝手に死にたいと言う嘘つきな少年、物語の中で自殺した小説家、世界を「良い人」で埋め尽くす計画を立てた青年、誇り高き老道化師。死が迫った濁った魂たちは、少女と出会い、何を選択したのか。優しくて切ない四つの物語。
2017.8　295p　A6　¥600　①978-4-04-105505-2

◆ざわつく女心は上の空　こかじさら著　双葉社
【要旨】榎本佐和子は、平凡な専業主婦だったがパート感覚でフードコーディネーターの友人を手伝ううちに、料理研究家としてレシピ本を出版する。本は大ヒットし、佐和子は周りに祭り上げられるまま憧れの女性の地位をものにした。変わっていく金銭感覚、ふるまい、人柄に昔から佐和子を知っている人たちは、戸惑い始める。彼女を見ていると心がざわつくのだ。その理由は、単なる妬みなのか何なのか。きっと誰しも抱いたことのある微妙な感情を描き出す連作短編集。
2017.10　296p　B6　¥1400　①978-4-575-24061-0

◆海原を越えて　国府正昭著　鳥影社
【要旨】九編の作品集。
2017.11　274p　B6　¥1389　①978-4-86265-635-3

◆余命10年　小坂流加著　文芸社（文芸社文庫NEO）
【要旨】20歳の茉莉は、数万人に一人という不治の病にかかり、余命が10年であることを知る。笑顔でいなければ周りが追いつめられる。何かをはじめても志半ばで諦めなくてはならない。未来に対する諦めから死への恐怖は薄れ、淡々とした日々を送っていた。そして、ひそかにはじめた趣味に情熱を注ぎ、恋はしないと心に決める茉莉だったが……。涙よりせつないラブストーリー。
2017.5　358p　A6　¥620　①978-4-286-18492-0

◆ホライズン　小島慶子著　文藝春秋
【要旨】主人公の真知子は海外企業に職を得た夫と共に南半球へ移住。娘を出産し、新生活が始まった。美しく小さな異国の街に暮らす日本人達のコミュニティには、夫の職業や住む場所によって暗黙のヒエラルキーが築かれていた。その中で真知子は、投資銀行に勤める夫を持つ郁子、商社マンの妻の宏美、現地の日本人シェフと再婚した弓子らと親しくなる。しかし、日本人会のバザーで起こった事件をきっかけに、彼女たちの関係は一気にあやういものになっていく…。孤独と自立、家族と友情…。今、女性が「生きる」ことに正面から向き合った傑作長編。
2017.4　390p　A6　¥1700　①978-4-16-390634-8

◆囚われの盤　小島環著　講談社
【要旨】国府の有力者の息子・盤は、年末のお祭り騒ぎのなか、かつての許嫁イチに呼び出される。二人は様々な発明品を作ることに夢中になり、お互いの才能を認め合ってもいた。盤の父親がイチの才能に目をつけ、自らの夫人としてしまったため、本来は二人きりで会うことは決して許されない。束の間、昔と苦い時を味わっていたそのとき、盤の家の方から煙が立ち上り、大量の火矢が射られていることを発見する。盤は家へ急ぐ。イチにもどうするか問いかけるが、すでにそこにはイチはいなかった──。この日を境に運命の歯車は大きく狂い、盤とイチの愛と憎しみの物語が始まる。
2017.7　221p　B6　¥1400　①978-4-06-220663-1

◆おとめの流儀。　小嶋陽太郎著　ポプラ社（ポプラ文庫）
【要旨】中学1年生になったさと子が入部したのは「なぎなた部」。部員不足によりさっそく廃部の危機になったうえに、不安ちらかメンバーが揃いなんとか回避。だけど部長の朝子さんから告げられた部の目標は、「剣道部を倒す」ことで─!?13歳、部活も人生も、いざ真剣勝負！
2017.12　451p　A6　¥740　①978-4-591-15685-8

◆悲しい話は終わりにしよう　小嶋陽太郎著　KADOKAWA
【要旨】生まれ育った松本から出ることのないまま大学生になった僕は、附属図書館のくたびれたソファーで寝るか、数少ない友人の広崎と吉岡さんと慣れないビールを飲んで時間をつぶす毎日。時間とともにまわりはどんどん変わっていくのに、あの日のことを忘れられない僕は、ずっと動けずにいて─。友情、淡い恋心、ちぐはぐな心とからだ─胸をかきむしるほどの切なさで青春の喪失と再生をみずみずしく描きあげた、著者入魂の新境地！
2017.11　253p　A6　¥1400　①978-4-04-106231-9

◆今夜、きみは火星にもどる　小嶋陽太郎著　KADOKAWA（角川文庫）

現代の小説（純文学）

◆（無印）
【要旨】「私、火星人なの」―必死なまなざしでそう語り続ける佐伯さんに、僕は恋をした。夏休みの数学の補習を一緒に受けながら毎日彼女のいる火星の白昼夢を見るばかり、気持ちはつのるばかり。誰もいない校舎で、夜のグラウンドで、ゲームセンターで、佐伯さんとの距離はだんだん近づいていったが、彼女は自分の家のことを決して話そうとしないまま、別れの時が迫っていた。行き場のない想いを抱えた高校生たちの青春小説。
2017.10 318p A6 ¥760 ①978-4-04-106227-2

◆ぼくのとなりにきみ　小嶋陽太郎著　ポプラ社
【要旨】慎重で大人っぽいサクと、スポーツ万能で天真爛漫なハセは、仲良し中1男子コンビ。夏休みの最終日、町の古墳へ冒険に出た2人は、謎の暗号を拾ってくる。教室で解読にいそしんでいると、いつもフシギな行動が目立つ近田さんが割りこんできて、暗号調査隊に加わることに。最初は乗り気になれなかったサクだけれど、無防備な笑顔やまっすぐに歌う姿を見るうち、近田さんが気になっていく。彼女の奇行には、どうやら秘密があるようで――。人を助けたいと思う気持ちが、自分の弱さに気づかせてくれた。3人組が起こすキュートな奇跡！
2017.2 259p B6 ¥1400 ①978-4-591-15342-0

◆ぼくらはその日まで　小嶋陽太郎著　ポプラ社
【要旨】サク・ハセの幼馴染み男子コンビに、フシギ少女・チカの加わった仲良し3人組。中2のクラス替えでひとり離れてしまったサクは、バレー部のエース・水瀬さんから思ってもみない告白を受け、合宿と称して３人揃ってハセの親戚の家へ。そこで変なしゃべり方だけどやたらと美人の高校生・桐子さんに出会い、サクは人が恋に落ちる瞬間というものを初めて目にする。親友・ハセの一心な恋は、眠っていた記憶と未来を結ぶ―「朝日中高生新聞」で人気沸騰！　青春のもどかしさときらめきを描く快作。
2017.8 232p B6 ¥1400 ①978-4-591-15537-0

◆きみを殺すための5つのテスト　狐塚冬里著　一迅社
【要旨】僕はきみに惹かれていく。きみを殺さなければいけない未来が待っていると知らずに。「小説家になろう」で連載、人気を博した号泣必至のピュアラブストーリー。
2017.9 390p B6 ¥1400 ①978-4-7580-4969-6

◆プロポーズアゲイン　小田部尚文著　幻冬舎メディアコンサルティング，幻冬舎 発売
【要旨】父の猛反対にも関わらず香港からの留学生・タムさんを妻に一気に進めていったが、しかしタムさんとの交流で、しだいに父の心がほぐれていき、(「父の留学生」)。突然、早期退職させられ新しい会社に馴染めないでいる男が、吹雪の日に見つけた希望とは？（「大雪」）。絶海の孤島・与那国島に伝わる悲しい物語に、うらぶれた男が自身の人生を重ね合わせる（「与那国の女」）。ベビーブームの谷間で起きていたという「取り違え」。しかし50歳を過ぎてから間違えたと言われても…今更どうすりゃ（「戻すんじゃぁねえよ」）。毛むくじゃらで熊のような男・吾作。秋葉原を日本一の電気街に変えようと奮闘する辣腕銀行員だが、恋愛経験はなし。そんな吾作の運命が、一人の女性との出会いで動き出す―。不器用な恋を描いた表題作を含む、重厚な人間ドラマ全7篇。
2017.4 351p B6 ¥1300 ①978-4-344-91171-0

◆星ちりばめたる旗　小手鞠るい著　ポプラ社
【要旨】1916年、既にアメリカに暮らす大原幹三郎のもとへ「写真花嫁」として嫁ぎ、佳乃は海を渡った。そこから全ては始まった。夢が叶うと言われた大地で日々を積み上げていく一家。彼らはやがて時代の激流に呑み込まれていく。日本人というルーツに苦しめられた祖母、捨てようとした母、自分を「私」―これまでの百年、そして今のこの世界の物語。
2017.9 371p B6 ¥1700 ①978-4-591-15574-5

◆見上げた空は青かった　小手鞠るい著　講談社
【要旨】隠れ家に暮らすユダヤ人の少女ノエミ、学童疎開中の少年風太。ふたりが見た戦争―。
2017.9 155p B6 ¥1300 ①978-4-06-220682-2

◆闇にあかく点るのは、鬼の灯か君の瞳。　ごとうしのぶ著　KADOKAWA　（角川文庫）
【要旨】「俺と出会わなければ、お前は生きていられるのに―」闇に光る緋色の双眼の持ち主・タケル。彼は人の心を自在に操る不思議な力を持ち、少年の姿のまま、いつ果てるとも知れぬ時の中を生きていた。タケルの望みはただひとつ、運命の恋人のしあわせな次。だが恋人は、何度生まれかわっても、タケルとの出会いゆえに命を削られる宿命にあった。切なさに心ふるえる、少年たちの別離と邂逅の物語。
2017.11 205p A6 ¥520 ①978-4-04-104033-1

◆YOROZU―妄想の民俗史　後藤正文著　ロッキング・オン　（付属資料：CD1）
【要旨】アジアン・カンフー・ジェネレーション、後藤正文がはじめての短編小説。本人書き下ろしによる、全ての楽器を演奏した1曲で約46分に及ぶ超大作の読書用アンビエントミュージック（CD）付き。この物語は史実なのか、フィクションなのか―音楽誌「ロッキング・オン・ジャパン」で連載されていた「YOROZU IN JAPAN―妄想の民俗史」が遂に書籍化！
2017.7 245p B6 ¥1800 ①978-4-86052-127-1

◆ラブセメタリー　木原音瀬著　集英社
【要旨】甥に対する密かな欲望を抱え、妄想に囚われ苦しむ百貨店のエリート外商・久瀬圭祐。その思いがいつか暴走するのではと恐怖し、治療を求めて精神科クリニックを訪れるのだが―。小学校教師の森下伸春は遠い昔、幼い少女に繰り返し恋をした。その嗜好の果てに待っていたものは―。欲望に弄ばれる二人の男と、その周囲の人たちの心の葛藤をリアルに描いた、異色の連作小説。BL界の巨匠・木原音瀬が挑んだ衝撃作。
2017.8 237p B6 ¥1300 ①978-4-08-771118-9

◆堕ち蟬　小橋隆一郎著　ロングセラーズ
【要旨】移植される臓器は『ヒト』であって『もの』ではない。ドナーの臓器にも意志がある。譲り受ける側はそのことを理解しなければならない。現役医師が書き下ろした問題提起の書！
2017.11 462p B6 ¥1400 ①978-4-8454-2411-5

◆天国への旅立ちツアー　小橋隆一郎著　ロングセラーズ
【要旨】「理想の最期」とは何か―「尊厳死」を求めて豪華客船の旅に出た人々は、はたしてその思いを遂げられたのか!?
2017.7 313p B6 ¥1300 ①978-4-8454-2397-2

◆彼女は鏡の中を覗きこむ　小林エリカ著　集英社
【要旨】類まれな想像力と遙かな時間軸で描かれる、全四篇の小説集。
2017.4 125p B6 ¥1300 ①978-4-08-771031-1

◆利き蜜師物語　2　図書室の魔女　小林栗奈著　産業編集センター
【要旨】チューリップの庭園と、息をのむような図書室を備える古城・ベルジュ城。利き蜜師・仙道と弟子のまゆは、利き蜜師協会からの、ある命を受け城を訪れた。敷地に入った瞬間、仙道はそこに宿る特殊な力を感じる。仙道たちを迎えた城主シェーラは若く美麗な女主人だったが、その気配はあまりにも弱々しい。やがて仙道とまゆはこの城で、利き蜜師の真実を知ることになり…。迫力のスケールで描かれる利き蜜師の物語第二話。
2017.5 265p B6 ¥1200 ①978-4-86311-150-9

◆利き蜜師物語　3　歌う琴　小林栗奈著　産業編集センター
【要旨】仙道とまゆ、ユーリーの乗った飛行船が、音楽祭を数日後にひかえた芸術の都・月の古都に不時着した。そこは利き蜜師の権威が通じない特殊な町だった。一行は飛行船の同乗者である琴の名手・エイラの館に身を寄せることになるが、そこに漂う重く異様な空気が仙道を戸惑わせた。大祭の日、まゆはユーリーの影に謎の銀黒王に気づく。そして訪れた対決の時。まゆが選び取った手段は―。迫力のスケールで描かれる利き蜜師の物語第三話。
2017.11 268p B6 ¥1200 ①978-4-86311-168-4

◆鶴屋の女将　五本松昌平著　（金沢）北國新聞社出版局
【要旨】金沢の茶屋街に置屋をひらく若き女性その生きざまとは―。
2017.12 324p B6 ¥1300 ①978-4-8330-2122-7

◆ゆきうさぎのお品書き―親子のための鯛茶漬け　小湊悠貴著　集英社　（集英社オレンジ文庫）
【要旨】小料理屋「ゆきうさぎ」でアルバイトを続ける碧は、大学の友人の玲央から、母親の再婚相手のことがわからず悩んでいると相談を受ける。弟から聞いていた実際とは、少し様子が違ったのだ。碧は「ゆきうさぎ」につれてきたらどうかと提案するが？　表題作に加え、決断を助けるアイスクリーム、縁を結ぶ肉だんご、懐かしの茶碗蒸し……などをご用意しています。
2017.7 250p A6 ¥550 ①978-4-08-680141-6

◆ブルズアイ　小森陽一著　集英社　（集英社文庫）
【要旨】航空自衛隊で戦闘機パイロットの教官として空を飛ぶ陸。生と死の狭間に絶えず身を置く訓練で着実に飛行技量は上がり、その一方で空への純粋な憧れは薄れつつあった。管制官になった速、救難ヘリを操る葉even、F-2乗りの笹木ら、かつて競い合った友が自分の道を一歩ずつ進むなか、陸は何を求めて空に上がるのか。そして彼は天神に出会うことができるか。大人気シリーズ、ついに感動の完結。
2017.9 407p A6 ¥700 ①978-4-08-745640-0

◆インク・スタンドその後　小諸悦夫著　鳥影社
【要旨】強制疎開で母親の実家がある地方の町に移り、時代は旧制中学から新制高校にかわる。一人に家族を支える身に交際を知られ泣く泣く別れた彼女との三十年後の邂逅、苦しい時代を支え続けた思い出の品を通して戦後の昭和を描く表題作はじめ、全四作。
2017.7 123p B6 ¥1300 ①978-4-86265-627-8

◆望むのは　古谷田奈月著　新潮社
【要旨】歳を取るのが怖い、15歳の小春。家が隣どうし、同い年の歩くんは可愛いバレエダンサーなのに、私はまだ、何者でもない。誰もが違う顔をしている、高校一年生の一年間。少し不思議な世界で起こる、王道の青春小説。
2017.8 205p B6 ¥1500 ①978-4-10-334913-6

◆私の命はあなたの命より軽い　近藤史恵著　講談社　（講談社文庫）
【要旨】東京で初めての出産を間近に控えた遼子。だが突如、夫が海外に赴任することになったため、実家のある大阪で里帰り出産をすることに。帰ってみると、どこかおかしい。仲が良かったはずの父も母も歓迎してくれないし、初孫なのに、両親も妹も歓迎してくれていないような…。私の家族に何があったのか？
2017.6 276p A6 ¥620 ①978-4-06-293672-9

〔さ行の作家〕

◆日本一の女　斉木香津著　小学館　（小学館文庫）
【要旨】「あげなクソ婆、弔ってやらんでもいい、とか言うんで」東京の生活に行き詰まった私は、曽祖母の三十三回忌を口実に、故郷の実家に帰郷した。曽祖母・匹田サダは、杼村の裕福な家に生まれながら、昭和二年、数え歳二十のときに野津市村の農家に嫁いでいったという。豊臣秀吉似のサル顔と歯に衣着せぬ物言いが災いして、実家を追い出されたらしい。しい嫁いでからは次々と男の子ばかりを産み落とし、精米所を大繁盛させ女太閤様と呼ばれた。人に嫌われても決して許さず、懸命に働き続けた熱すぎる女の一生とは―。悩みも悲しみも癒えてゆく、人間賛歌！
2017.2 285p A6 ¥600 ①978-4-09-406398-1

◆ニセモノだけど恋だった　齋藤ゆうこ著　宝島社　（宝島社文庫）
【要旨】かつて期待の新人俳優だったカオルは夢を諦め、レンタル彼氏として働いている。先月初めてカオルを指名したエイコは、高額な料金にもかかわらずそれから毎週次かさず予約を入れてくれている。女性らしい服装に趣味の良いデートコース、心地いい会話。ところが、「いいお客」だと思っていたエイコの目に潜むカオルとのデートではなかったようで…。夢と現実を描く、切ない青春恋愛。
2017.11 318p A6 ¥640 ①978-4-8002-7811-1

◆一粒の飴とグラウンドゼロ　齋藤隆著　（大阪）風詠社，星雲社 発売
【要旨】9.11ニューヨーク、緊迫する現場で何が起きていたのか―。
2017.2 335p B6 ¥1500 ①978-4-434-22757-8

◆十代に共感する奴はみんな嘘つき　最果タヒ著　文藝春秋
【要旨】感情はサブカル。現象はエンタメ。つまり、愛はサブカルで、セックスはエンタメ。私は生きているけれど、女子高生であることのほうが意味があって、自殺したどっかの同い年がニュースで流れて、ちょっと羨ましい…。
2017.3 124p B6 ¥1200 ①978-4-16-390623-2

現代の小説（純文学）

◆渡良瀬　佐伯一麦著　新潮社　（新潮文庫）
【要旨】南條拓は一家で古河に移ってきた。緘黙症の長女、川崎病の長男の療養を考えてのことだった。技術に誇りを持っていた電気工の職を捨て、配電盤の製造工場で新たに勤めはじめた。慣れぬ仕事を一つずつ覚えていく。人間関係を一つずつ作っていく。懸命に根を張ろうとする拓だったが、妻との仲は冷え切っていた。圧倒的な文学的感動で私小説系文学の頂点と絶賛された最高傑作。伊藤整文学賞受賞。
2017.7 516p A6 ¥750 ①978-4-10-134217-7

◆ただいまが、聞きたくて　坂井希久子著　KADOKAWA　（角川文庫）（『ただいまが、聞こえない』改題書）
【要旨】埼玉県大宮の一軒家に暮らす、和久井家。一見幸せそうに見える家族だったが、高2の次女は彼氏にフラれて非行に走り、ひきこもりの長女はBL趣味に夢中、商社勤務の父は社内で不倫、そしてキャバクラで働く母は家事を放棄して…。どこにでもあるごく普通の家族に潜む問題が次々と噴出していく。やがて和久井家を思いがけない事態が襲い―。不器用でいびつな家庭の崩壊から再生までをリアルかつ鮮烈に描いた、心温まる感動の物語。
2017.3 234p A6 ¥600 ①978-4-04-105209-9

◆リリスの娘　坂井希久子著　光文社　（光文社文庫）
【要旨】この女は麗しき悪魔か、それとも淫らな女神か。流行作家、会社経営者、パティシエ、前途有望な学生…。巧みに心を弄びながら、様々な男たちの人生を幻影のチェスに誘い込む凛子。欲望と波乱に満ちた流転の果てに、彼女が胸に抱いた誰もが知りえぬ願いとは？　夜の魔女・リリスのごとき女の、蠱惑と謎に彩られた一生を流麗に描いた七つの官能連作短編集。
2017.6 261p A6 ¥640 ①978-4-334-76640-5

◆小説における反復　坂井真弥著　作品社
【要旨】反復的小説は、本質的小説でもある。私たちの生きているこの世界がますます複雑多岐になっている今日、小説においても本質が追求されるべき時機にきている。
2017.5 230p B6 ¥1800 ①978-4-86182-639-9

◆団塊の後―三度目の日本　堺屋太一著　毎日新聞出版
【要旨】2020年東京五輪の後こそ深刻！―「天国・日本」の重大危機に若き徳永総理が挑む "三度目の日本" とは！　圧巻のストーリーを精緻な筆致で綴る問題作！
2017.4 317p A6 ¥1600 ①978-4-620-10825-4

◆鶏小説集　坂木司著　KADOKAWA
【要旨】『和菓子のアン』シリーズの著者が贈る、肉と人生の短篇集。トリドリな物語。旨さあふれる「鶏」の小説を召し上がれ。
2017.10 253p A5 ¥1400 ①978-4-04-105575-5

◆肉小説集　坂木司著　KADOKAWA　（角川文庫）
【要旨】凡庸を嫌い「上品」を好むデザイナーの僕。何もかも自分と正反対な婚約者には、さらに強烈な父親がいて―。（「アメリカ人の王様」）サークルで憧れの先輩と部屋で2人きり。「やりたいなら面白い話をして」と言われた俺は、祖父直伝のホラ話の数々を全力で始めるが…。（「魚のヒレ」）不器用でままならない人生の瞬間を、肉の部位とそれぞれの料理で彩った、妙味あふれる傑作短篇集。
2017.9 243p A6 ¥560 ①978-4-04-105574-8

◆ホリデー・イン　坂木司著　文藝春秋　（文春文庫）
【要旨】元ヤンキーの大和と小学生の息子・進の期間限定親子生活を描いた「ホリデー」シリーズ。彼らを取り巻く愉快な仕事仲間たち、それぞれの「事情」を紡ぐサイドストーリー。おかまのジャスミンが拾った謎の中年男の正体は？　完璧すぎるホスト・雪夜がムカつく相手って??　ハートウォーミングな6つの物語。
2017.4 218p A6 ¥550 ①978-4-16-790824-9

◆和菓子のアン 上　坂木司著　（新座）埼玉福祉会　（大活字本シリーズ）
【目次】和菓子のアン、一年に一度のデート、萩と牡丹
2017.6 352p A5 ¥3200 ①978-4-86596-171-3

◆和菓子のアン 下　坂木司著　（新座）埼玉福祉会　（大活字本シリーズ）
【目次】甘露家、辻占の行方
2017.6 314p A5 ¥3000 ①978-4-86596-172-0

◆けものになること　坂口恭平著　河出書房新社
【要旨】死にたいと思う。死にたいと願う。おれはドゥルーズだ。病と命を絶対肯定する純粋劇薬小説。
2017.2 223p B6 ¥1700 ①978-4-309-02547-6

◆しみ　坂口恭平著　毎日新聞出版
【要旨】シミが死んだという。あの頃、シミの部屋に流れていた音楽の名前は、いまだにわからない。あそこにいた連中の行方も。でもたしかなのは、ぼくらは白魚みたいに会話を交わし、怪しいバイトに手を染め、とびきり美味いアボカドスープを飲んだってこと。だけど、シミが死んだって、本当なのだろうか―？　誰もが通り過ぎてきた人生の断片を、鮮やかに、ときに痛切に、詩的文体で描き出す。オルタナティヴ文学の旗手・坂口恭平が放つ、傑作青春小説。
2017.4 186p B6 ¥1400 ①978-4-620-10828-5

◆徘徊タクシー　坂口恭平著　新潮社　（新潮文庫）
【要旨】徘徊癖をもつ90歳の曾祖母が、故郷熊本で足下を指しヤマグチとつぶやく。ボケてるんだろうか。いや、彼女は日指す場所を知っているはずだ！　認知症老人の徘徊をエスコートする奇妙なタクシー会社を立ち上げた恭平と老人たちの、時空を超えたドライブを描く痛快表題作と、熊本震災に翻弄された家族の再生を探る「避難所」など、三編を収める新編集小説集。巻末に養老孟司との特別対談を収録。
2017.3 206p A6 ¥460 ①978-4-10-120751-3

◆バルトと蕎麦の花　阪田寛夫著　（札幌）一麦出版社
【要旨】ふしぎな「元気の素」を探し求めて、雪深い山中にある教会のクリスマス礼拝に出かける…。人間関係に挫折し、悩みながらも、神に近づく歌人牧師ユズルさん。
2017.6 111p B6 ¥1800 ①978-4-86325-098-7

◆本州沈没　坂戸昇著　鳥影社
【要旨】これは現実に起こるかも知れない。存亡の危機に見舞われた日本の選択とは？　感動的なラストシーンが涙を誘う！
2017.1 154p B6 ¥1800 ①978-4-86265-585-1

◆往復書簡 初恋と不倫―不帰（かえらず）の初恋、海老名SA／カラシニコフ不倫海峡　坂元裕二著　リトルモア
【要旨】ロマンティックの極北。おかしいくらい悲しくて、美しく残酷な、心ざわめく恋愛模様。「カルテット」「最高の離婚」「Mother」の坂元裕二が贈る、とっておきの2つの物語。
2017.7 177p B6 ¥1800 ①978-4-89815-461-8

◆無能男　佐川恭一著　（高知）南の風社
【要旨】「あんたはバカなんだから、つまらないプライド捨ててバカなりに生きなよ」「うん、ありがとう」絶望的なまでに無能な自分を認めたとき射した、一筋の光…第13回もんもん文学賞大賞作品。
2017.4 152p A5 ¥1200 ①978-4-86202-086-4

◆大きくなる日　佐川光晴著　集英社　（集英社文庫）
【要旨】グーパーじゃんけんで人数の少ない方がコート整備をする。それが中学一年の太二が所属するテニス部のルール。ある日、太二は同級生の武藤にパーを出そうと持ち掛けられ、その結果、末永一人が負けてしまう。心にモヤモヤを抱えたまま、太二は翌日を迎えて…。（「四本のラケット」）子供も親も先生も、互いに誰かを育てている。四人家族の横山家の歩みを中心に、心の成長を描いた感動の家族小説。
2017.9 293p A6 ¥580 ①978-4-08-745636-3

◆鉄道少年　佐川光晴著　実業之日本社　（実業之日本社文庫）
【要旨】国鉄が健在だった1981年、北海道から東京までひとりで旅をする不思議な男の子がいた。室蘭本線、中央線、東海道線、相模線…男の子の存在は出会った人々の記憶に深く刻まれる。成長した「わたし」は、思いがけない形で自らの過去を知ることになるが―あたたかい、人と鉄道の「絆」の物語。
2017.8 280p A6 ¥620 ①978-4-408-55352-8

◆君のことを想う私の、わたしを愛するきみ。　佐木隆臣著　ディスカヴァー・トゥエンティワン　（ディスカヴァー文庫）
【要旨】人が愛するのは、肉体なのか。それとも、魂、心、精神なのか。28歳でこの世を去った井上彩乃は、100年後の未来で見ず知らずの女性「霧恵」の身体に魂を移植され、再び目覚める。最愛の夫と子供は すでに過去の人なった孤独な世界に絶望する彩乃。そのうえ、霧恵の夫である秀と生まれたばかりの霧恵の娘、梢と共に生きていかなければならないのだが―書店員が選んだ新世代の才能！　第3回日本のサナギ賞大賞受賞作。
2017.8 280p A6 ¥800 ①978-4-7993-2160-7

◆ウェルカム・ホーム！　鷺沢萠著　新潮社　（新潮文庫）
【要旨】血なんか繋がってなくても大丈夫。魔法のことばは「お帰りなさい！」を大きな声で叫んだら、大好きなあの人は、たちまち大切な家族に変わるから。離婚し親にも勘当され、親友の父子家庭に居候しながら、家事と子育てに励む元シェフ渡辺毅と、再婚にも失敗し、愛情を注いで育てあげた前夫の連れ娘と引き離されたキャリアウーマン児島律子。それぞれの奮闘に温かな涙がとまらない2つの物語！
2017.11 255p A6 ¥490 ①978-4-10-132520-0

◆明日　佐倉淳一著　KADOKAWA　（角川文庫）
【要旨】小2担任の鈴木千香は、トラブル続きの翔太に悩んでいた。問題児に詳しい丸先生と出会い、千香はもっと別の接し方があると気づく。子育てに悩む翔太の両親に、丸先生は「発達障害って面白いのよ」と告げた。「大切なのは、原因、行動、結果の3つ。子どもがどんなプラスを得たか、観察して記録すること」。丸先生の言葉を実践した両親と千香は、少しずつ穏やかになる翔太を見て安堵する―。子どもとの接し方を学べる成長物語。
2017.12 322p A6 ¥680 ①978-4-04-106258-6

◆凹凸　紗倉まな著　KADOKAWA
【要旨】結婚13年目で待望の娘・栞が生まれた一家に、ある異変が起きていた。「あの日」を境に夫と決別した絢子は、娘を守ろうと母親としての自分を貫こうとする。しかし、成長過程の栞は "ある日" の出来事に縛られ続け、恋人の智嗣に父親の姿を重ねている自分に気付く…。家族であり、女同士でもある母と娘、二代にわたる性と愛の物語。
2017.3 189p B6 ¥1200 ①978-4-04-068901-2

◆最低。　紗倉まな著　KADOKAWA　（角川文庫）
【要旨】AV出演歴のある母親を憎む少女、あやこ。実父に黙って活動を続ける人気AV女優、彩乃。愛する男とともに上京したススキノの女、桃子。夫のAVを見て出演を決意した専業主婦、美穂―。4人の女優を巡る連作短編小説。現役人気AV女優、紗倉まなの小説デビュー作。
2017.9 269p A6 ¥560 ①978-4-04-102632-8

◆嘘が見える僕は、素直な君に恋をした　桜井美奈著　双葉社　（双葉文庫）
【要旨】他人の嘘が分かる、不思議な力を持つ高校生、藤倉聖。だが、全ての人の嘘が分かるわけではない。分かるのは、好きになった人の嘘だけ。幼い頃から、大切に想う人たちからの嘘に苦しめられてきた聖は、もう誰も好きになれないよう、心を閉ざし生きてきた。だがそんなある日、聖は嘘とは無縁の明るく素直な転校生、二葉晴夏と出会ってしまい―。「誰かを好きになりたい、でも好きになったら…」嘘を憎む少年と、嘘をつかない少女がおくる切ない青春ストーリー。
2017.4 271p A6 ¥583 ①978-4-575-51989-1

◆マンガハウス！　桜井美奈著　光文社　（光文社文庫）
【要旨】超人気漫画家・神野拓が指導する新人育成プロジェクトに、ワケありの三人が集まった！　再デビューを目指すが伸び悩む滝川あさひ。会社を辞めて漫画家を志す林一樹。絵は下手だが発想力は人一倍の星塚未来。しかし、彼らが共同生活を送る一軒家には、編集者や家族らが入り乱れ、騒々しいことこの上なし。それでも切磋琢磨の日々を送る三人はデビューできるのか!?
2017.10 339p A6 ¥660 ①978-4-334-77541-4

◆サヨナラ自転車　櫻川さなぎ著　ディスカヴァー・トゥエンティワン　（ディスカヴァー文庫）
【要旨】横須賀北陽学園高校2年、亜優、俊輔、拓己。幼なじみの3人は、いつでもいっしょ。あの運命の夜までは…。海と坂道の美しい横須賀を舞台に、かけがえのない日々をリアルにつづる青春ラブストーリーの傑作登場。
2017.2 460p A6 ¥800 ①978-4-7993-2047-1

◆妻を殺してもバレない確率　桜川ヒロ著　宝島社　（宝島社文庫）

現代の小説（純文学）

【要旨】未来に起こることの確率が調べられるとしたら、あなたは何の確率を調べますか？ 政略結婚で好きでもない女性と暮らすことになった夫は、毎日『妻を殺してもバレない確率』を調べるようになった。しかし夫は妻を殺さず、流れる時の中で二人の関係は徐々に変わっていく…。様々な「確率」が繋ぐ人と人との不思議な縁。読めば心が晴れやかになる、未来を見つめるオムニバスストーリー。第5回ネット小説大賞"グランプリ"受賞作。
2017.10 317p A6 ¥640 ①978-4-8002-7750-3

◆それを愛とは呼ばず　桜木紫乃著　幻冬舎（幻冬舎文庫）
【要旨】妻を失った上に会社を追われ、故郷を離れた五十四歳の亮介。十年所属した芸能事務所をクビにこめた二十九歳の紗希。行き場を失った二人が東京の老舗キャバレーで出会ったのは運命だったのか――。再会した北海道で孤独に引き寄せられるように事件が起こる。そこにあったものは「愛」だったのか？ 驚愕の結末が話題を呼んだ傑作サスペンス長編。
2017.10 342p A6 ¥600 ①978-4-344-42655-9

◆ブルース　桜木紫乃著　文藝春秋（文春文庫）
【要旨】没落した社長夫人が新聞に見つけた訃報。それはかつて焦がれた六本指の少年のものだった。霧たちこめる釧路で生まれた男が、自らの過剰を切り落とし、夜の支配者へとのしあがる。男の名は影山博人。貧しく苛烈な少年時代を経て成熟していった男、彼に何を残したのか――。謎の男をめぐる八人の女たちの物語。
2017.11 254p A6 ¥620 ①978-4-16-790955-0

◆荒野　桜庭一樹著　文藝春秋（文春文庫）
【要旨】鎌倉で小説家の父と暮らす少女・荒野。「好き」ってどういうこと――か、まだよくわからない。でも中学入学の日、電車内で見知らぬ少年に窮地を救われたことをきっかけに、彼女に変化が起き始める。少女から大人へ――荒野の4年間を瑞々しく描き出した、この上なくいとおしい恋愛"以前"小説。全1冊の合本・新装版。
2017.5 538p A6 ¥920 ①978-4-16-790845-4

◆じごくゆき＊　桜庭一樹著　集英社
【要旨】『砂糖菓子の弾丸は撃ちぬけない』の後日談を含む全7編。青春・SF・家族ドラマ…。読了後、世界が動き始める。想像力の可能性を信じる、著者10年間の軌跡。
2017.6 334p B6 ¥1550 ①978-4-08-771114-1

◆ほんとうの花を見せにきた　桜庭一樹著　文藝春秋（文春文庫）
【要旨】中国の山奥からきた吸血種族バンブーは人間そっくりだが若い姿のまま歳を取らない。マフィアによる一家皆殺しから命を救われた少年は、バンブーとその相棒の3人で暮らし始める。人間との同居は彼らの掟では大罪だった。禁断の、だが掛けがえのない日々。郷愁を誘う計3篇からなる大河的青春吸血小説。
2017.11 325p A6 ¥700 ①978-4-16-790956-7

◆タンゴ・イン・ザ・ダーク　サクラ・ヒロ著　筑摩書房
【要旨】朝、目を覚ますと、隣には誰もいなかった――妻は地下室に引きこもった。連絡手段はLINEだけ。その日から、妻ともう一度出会うための冒険が始まった。失われた絆、出会ったころの情熱、抑えきれない傷口――何度でも出会いそこなう二人は、闇の中で不思議なセッションを始める。ゆがんでもなお惹かれ合う夫婦の、奇妙な愛の物語。第33回太宰治賞受賞作。
2017.11 223p B6 ¥1500 ①978-4-480-80476-1

◆春近く―酒匂つよし短編集　酒匂つよし著（八尾）リトル・ガリヴァー社
【要旨】酒匂つよし短編集。新聞で入選した数々の短編時代小説、エッセイ、書き下ろしを集めた一冊。
2017.8 282p B6 ¥1700 ①978-4-909259-03-5

◆短編集 影絵の町―大船少年記　佐々木通武著　北冬書房
【要旨】家の近くの、撮影所通りに面した小さな神社があった。いつしかその、街頭テレビというものが人の背より高いところに据えられ、背の低い子供が、遠くからでも見られるようになっていた。神社のテレビでは、力道山というプロレスの選手が、外国人をやっつけていた『幸福の町』より。彼の家の右隣にある男性俳優家であった。この俳優は、そのころまだに日本映画界きっての、若手の美男スタアとして名を馳せていた。その後、年をとるにつれ渋い色気をたたえた、正真正銘

の大スタアになってゆく。スタアの家の板張りの塀は、いつも落書きでいっぱいだった「コーちゃん好き！」（『星の隣で』より）。珠玉の短編小説集。
2017.4 238p B6 ¥1600 ①978-4-89289-144-1

◆竹陵の期節　佐鈴信能著　（名古屋）ブイツーソリューション，星雲社 発売
【要旨】最も輝いている季節。全てにおいて挑むことを許された季節。何事においても夢を見ることを与えられた季節。それは青春という季節。過ぎ去って知ることになる期節。
2017.7 287p B6 ¥1200 ①978-4-434-23562-7

◆デメキン　佐田正樹著　幻冬舎（幻冬舎文庫）
【要旨】「デメキン」と呼ばれ泣いていばかりいた少年は、強くなりたい一心で不良の道へ。いつだって喧嘩上等、暴走族の総長にまで上り詰めたその陰に、失恋地獄、信じていた先輩の裏切り、本当の喧嘩を教えてくれた先輩の死、鑑別所で見た母の涙――。どん底で見つけた言葉は「笑わな。笑わせな」。自由を渇望し、暗闇で足掻き続けた、アウトロー青春物語。
2017.10 277p A6 ¥630 ①978-4-344-42666-5

◆ちゃんぽん食べたかっ！ 上　さだまさし著　小学館（小学館文庫）
【要旨】ときは高度経済成長期の真っ只中。長崎で「天才」と期待されたヴァイオリン少年・雅志は、大志を抱き、中学進学を機に単身上京。貧乏に耐えながら、天才の総長にまで上り詰めたヴァイオリン練習に励んでいた。しかし、音楽系の高校受験に失敗したことで、目標に疑問を持ち、悪友たちと過ごす時間が増えていく。『お前を信頼しています』。そんな母の手紙に胸を痛めながら…。切なく哀しいけど、可笑しく、そして絶対に諦めない青春物語。
2017.6 267p A6 ¥580 ①978-4-09-406346-2

◆ちゃんぽん食べたかっ！ 下　さだまさし著　小学館（小学館文庫）
【要旨】目標を見失った青年は、心機一転高校に進学した雅志は、家計のことも案じ、とうとう父にこう切り出す。「ヴァイオリン、やめてもいいかな？」。夢を失った青年は、古まぐれでヴァイオリンを始めるが、大切なヴァイオリンを質入するほど生活は困窮。病気も思い、思い悩みだれ、逃げるように故郷へと帰った雅志。そこで彼を待ち受けていたのは…。
2017.6 265p A6 ¥580 ①978-4-09-406416-2

◆血脈 上　佐藤愛子著　文藝春秋（文春文庫）新装版
【要旨】物語は大正四年、人気作家・佐藤紅緑が妻子を捨て、新進女優の横田シナを狂おしく愛したことに始まる。父親への屈折した思いを胸に、散り始めた四郎、節、弥、久の四人の息子たち。シナのつれなさに苦悩する紅緑が半ば別れを覚悟した先笑、シナの妊娠が判明。大正十二年、愛子の誕生で、二人は離れられぬ宿命を受け入れる。
2017.12 637p A6 ¥920 ①978-4-16-790978-9

◆血脈 中　佐藤愛子著　文藝春秋（文春文庫）新装版
【要旨】末息子の久が心中を図り死んだ。サトウハチローとなった八郎は、いまや売れっ子詩人で、所々に女を囲っている。節と弥は相変わらず、親に金の無心を続けている。戦争の足音がともに紅緑に忍び寄る不吉の影。敗戦を迎え、家を広島で、弥をフィリピンで失った。息子の放蕩から解き放たれ、紅緑の生命もまた輝きを失っていく。
2017.12 684p A6 ¥980 ①978-4-16-790979-6

◆血脈 下　佐藤愛子著　文藝春秋（文春文庫）新装版
【要旨】紅緑を看取り、シナは過ぎ去った四十年を思う。夫と別れた愛子は、小説を書くことを勧めたのはシナだった。ヒロポン中毒の八郎の家で繰り返される、佐藤家の因果。愛子は再婚するも夫の会社が倒産し、多額の借金を背負う。シナが世を去り、八郎が急死。愛憎を焼き尽くす因縁の炎の行方を見据えるのは、残された愛子であった。
2017.12 664p A6 ¥930 ①978-4-16-790980-2

◆戦いすんで日が暮れて　佐藤愛子著　講談社（講談社文庫）新装版
【要旨】ボンクラ亭主が抱えた山のような借金。妻はそれを肩代わりに、憤りに燃えながらも休む間もなく奮闘する。瑞々しくユーモアとペーソスに溢れる、傑作の表題作のほか、「ひとりぼっちの女史」「ああ男！」「田所女史の悲恋」など全八篇を収録。あらゆる世代を魅了

する著者の代表作、待望の新装版化。
2017.9 292p A6 ¥640 ①978-4-06-293773-3

◆晩鐘 上　佐藤愛子著　文藝春秋（文春文庫）
【要旨】「パパ、死んだよ、今」。娘・多恵子からの電話に、作家・藤田杉は「ご苦労さん」と呟く。かつての夫・畑中辰彦との間に流れた歳月が終わった。共に文学を愛した、十円の貸し借りから始まった付合い。借金まみれの人生を杉に背負わせた辰彦は結局、何者だったのか。九十歳を目前にした作家は、記憶を辿り、真実を求めて、ペンを執る。
2017.9 218p A6 ¥600 ①978-4-16-790919-2

◆晩鐘 下　佐藤愛子著　文藝春秋（文春文庫）
【要旨】辰彦は第一回文藝賞を受賞。新しい事業も起ち上げ、毎日上機嫌だった。しかし、杉にとって辰彦はいつしか「ヘンな人」になっていた。案の定、辰彦の会社は倒産、原稿欲しさに書いた小説で、杉は直木賞を受賞、娘を抱えて必死に生きた。当時の文学仲間はもう誰もいない。枯淡の境地で、杉が得た答えとは。畢生の名作、誕生。
2017.9 296p A6 ¥640 ①978-4-16-790920-8

◆スウィングしなけりゃ意味がない　佐藤亜紀著　KADOKAWA
【要旨】ナチス政権下のドイツ、ハンブルク。軍需会社経営者である父を持つ15歳の少年エディは享楽的な毎日を送っていた。戦争に行く気はないし、兵役を逃れる手段もある。ブルジョワと呼ばれるエディと仲間たちが夢中なのは、"スウィング（ジャズ）"だ。敵性音楽だが、なじみのカフェに行けば、お望みの音に浸ることができる。ここでは歌い踊り、全身が痺れるような音と、天才的な即興に驚嘆することがすべて。ゲシュタポの手入れからの脱走もお手のもの。だが、永遠に思える日々にも戦争が不穏な影を色濃く落としはじめた…。一人の少年の目を通し、戦争の狂気と滑稽さ、人間の本質を容赦なく抉り出す。同時に、暴力と愛に蹂躙されながらも、"未来"を掴みとろうと闘う人々の姿を、全編にちりばめられたジャズのナンバーとともに描きあげる、魂を震わせる物語。
2017.3 337p B6 ¥1800 ①978-4-04-105076-7

◆ファイト　佐藤賢一著　中央公論新社
【要旨】俺の名はモハメド・アリ。世界で最も偉大な男だ！ 世界王者、差別、戦争、アメリカ合衆国、そして老い――全ての闘いでベストを尽くした伝説のボクサーが、直木賞作家が魂を込めて描いた。
2017.5 318p B6 ¥1700 ①978-4-12-004983-5

◆ラ・ミッション―軍事顧問ブリュネ一著　文藝春秋（文春文庫）　佐藤賢一著
【要旨】フランス陸軍士官のジュール・ブリュネは軍事顧問団として来日し、伝習隊の指導にあたっていた。大政奉還が行われ幕府の終焉とともにブリュネらも解任されるが、日本人の士道に感じ入った彼は母国の方針に反旗を翻し、土方歳三らとともに戊辰戦争に身を投じる。「ラストサムライ」のモデルを描いた感動大作。
2017.12 502p A6 ¥990 ①978-4-16-790975-8

◆毒盃　佐藤紅緑著，町田久次校訂　論創社
【要旨】ペトログラードに生を享けた主人公＝浪は日露戦争下に来日するが、後に自らの偶像除幕式で「毒盃」を仰ぐ運命に弄ばれる。幻の長編を挿絵と共に初単行本化！
2017.1 295p A5 ¥2800 ①978-4-8460-1582-4

◆月の満ち欠け　佐藤正午著　岩波書店
【要旨】欠けていた月が満ちるとき、喪われた愛が甦る。第157回直木賞受賞。
2017.4 336p B6 ¥1600 ①978-4-00-001408-3

◆夏の情婦　佐藤正午著　小学館（小学館文庫）
【要旨】第一五七回直木賞を『月の満ち欠け』で受賞した著者が、デビュー直後、瑞々しい感性で描いた永遠の恋愛小説集。ネクタイから年上女性との恋を追憶する『二十歳』、男と女の脆い関係を過ぎゆく季節の中に再現した『夏の情婦』、高校生の結ばれぬ恋を甘く苦く描く『片恋』、夜の街を彷徨いながら人間関係を描いていく『傘を探す』、放蕩のなかでめぐり遭った女性との顛末『恋人』、小説巧者と呼ばれる才能がすでに光り輝く五編を収録。
2017.8 285p A6 ¥600 ①978-4-09-406422-3

◆花のようなひと　佐藤正午著，牛尾篤画　岩波書店（岩波現代文庫）

現代の小説（純文学）

【要旨】日々の暮らしのなかのなにげない出来事、揺れ動く心象風景——その一瞬の物語の、"恋愛小説の名手"がさまざまな花々に託して描き出す。その世界観を牛尾篤が洗練された筆致であざやかに映し出した、ふたつの才能によるコラボレーション。直木賞作家が贈る、優しさの花束。秀作「幼なじみ」をあわせて収録。
2017.8 169p A6 ¥900 ①978-4-00-602290-7

◆**白バイガール―幽霊ライダーを追え！** 佐藤青南著 実業之日本社（実業之日本社文庫）
【要旨】箱根駅伝の先導に憧れて神奈川県警の白バイ隊員になった本田木乃美。みなとみらいで起きた殺人事件の真相に、同僚の川崎潤が何か隠していることに気づく。一方県外に神出鬼没のライダーに隊員たちが翻弄されて…。悩みながらも奮闘する木乃美たちの青春と、怒涛の事件展開に一気読み間違いなしの、大好評青春お仕事ミステリー！
2017.2 392p A6 ¥648 ①978-4-408-55339-9

◆**白バイガール―駅伝クライシス** 佐藤青南著 実業之日本社（実業之日本社文庫）
【要旨】箱根駅伝1日目の深夜、翌日10区を走る選手の妹が誘拐された。神奈川県警の白バイ隊員・本田木乃美は、年末に起きた七里が浜殺人事件の捜査を進めていたが、駅伝先導を命じられ川崎潤から、選手の妹を探して欲しいと電話が入り—。駅伝×事件が同時進行、白熱の追走劇と胸熱の人間ドラマで一気読み間違いなし！大好評青春お仕事ミステリー！
2017.11 293p A6 ¥593 ①978-4-408-55392-4

◆**南方熊楠―近代神仙譚** 佐藤春夫著 河出書房新社（河出文庫）『近代神仙譚―天皇・南方熊楠・孫逸仙』改題書
【要旨】独創は苦々しい宿命であり、先駆は悲痛の使命である——ひとりの哲理の証人の一人として世に現われたわれわれの主人公は、多くの伝説で飾られながらも畸人という通俗な観念でかたづけられ、誤まられていた。この異様な文化人の奔放不羈にも、亦、天真無垢な人間像を眺めたいという目的で、確たる証拠に従って書かれた、格調高い最初の熊楠評伝小説。
2017.11 179p A6 ¥780 ①978-4-309-41579-6

◆**悪魔とのおしゃべり** さとうみつろう著 サンマーク出版
【要旨】古本屋で偶然見つけた1冊の本。それは世にも恐しい悪魔の封印を解く、禁断の書だった。ただ、その恐ろしいほどに強力なパワーはあなたを幸せにするものだった。"善い行い"をし続けて、幸せになれた奴はいるか？本当の悪魔は、"正義の味方"ぶって自分の常識を押し付けてくる奴らのほうさ。悪魔のささやきが超音速であなたを変える！価値観ぶった斬り実用エンタメ小説。
2017.10 574p B6 ¥1700 ①978-4-7631-3654-1

◆**君が描く空―帝都芸大剣道部** 里見蘭著 中央公論新社（中公文庫）『藍のエチュード』改稿・改題書
【要旨】芸術家の卵が集う帝都芸術大学剣道部。部長の結人は、道場に現れた金髪の天才画家・唯の指導をすることになる。有名ギャラリーとの契約を賭けた、「半年で初段を取りたい！」と語る唯。彼女の笑顔の裏には、悲しい過去が秘められていた。アート系剣士たちの恋と友情、そして夢が交錯する。芸術×武士道青春小説！『藍のエチュード』を改題。
2017.2 341p A6 ¥660 ①978-4-12-206360-0

◆**あなたは一人ぼっちじゃない** SOMEONE LIKE YOU 佐原わこ著 平成出版、カナリアコミュニケーションズ 発売
【要旨】母のふるさと弘前市で生きる霊能力者がさまざまな苦しさを持つ人々のために、イタコとなって必要な人と繋がることにより、それぞれの真実を知らせていく物語です。人は苦しみや哀しい記憶を抱えている、すべての人に読んでもらいたい佳編。
2017.5 125p B6 ¥1000 ①978-4-7782-0381-8

◆**青炎―彼方に燃ゆる頬** 澤炬遙志著 文藝書房出版
【要旨】今—。翔の熱きまなざしに瑛基子の青き心が揺れと憑う。やがて一炎は燃え盛る。彼方にあるのは—？
2017.5 317p B6 ¥1300 ①978-4-89477-464-3

◆**外務官僚マキアヴェリ―港都ピサ奪還までの十年** 澤井繁男著 未知谷
【要旨】16世紀初頭のフィレンツェを舞台に、共和国の外務官僚として活躍した十年間を歴史的資料に基づきつつ展開するイタリアルネサンス思想研究者ならではの異色ロマン—。「若きマキァヴェリ」の続編である、外務官僚・マキァヴェリ三十歳代の活躍を錬達な筆致で描く、港都ピサ奪還までの十年。レオナルド・ダ・ヴィンチや妻マリエッタ、それにチェーザレ・ボルジア公、ミケーレ将軍をはじめとして、歴史上の人物が続々登場する意欲的書き下ろし作品。
2017.4 218p B6 ¥2200 ①978-4-89642-523-9

◆**助教横田弘道／ダヴィデ像** 澤里繁男著 水声社
【要旨】小さな大学でマキアヴェリを教える新任の助教が、腐敗した学内政治の闇に直面する「助教横田弘道」と、若きミケランジェロによるダヴィデ像の彫刻で、フィレンツェの新時代を拓こうとするマキアヴェリの奮闘を描く「ダヴィデ像」、二編の書き下ろし短編小説を収録。
2017.12 206p B6 ¥1800 ①978-4-8010-0312-5

◆**波の音が消えるまで 第1部 風浪編** 沢木耕太郎著 新潮社（新潮文庫）
【要旨】サーフィンの夢を諦め、バリ島から香港を経由し、流木のようにマカオに流れ着いた伊津航平。そこで青年を待ち受けていたのはカジノの王「バカラ」だった。失った何かを手繰り寄せるようにバカラにのめり込んでいく航平。偶然の勝ちは必要ない。絶対的な勝ちを手に入れるんだ—。同じくバカラの魔力に魅入られた老人・劉の言葉に導かれ、青年の運命は静かに、しかし激しく動き出すのだった。痛切な青春小説にして、究極のギャンブル小説。
2017.8 407p A6 ¥670 ①978-4-10-123523-3

◆**波の音が消えるまで 第2部 雷鳴編** 沢木耕太郎著 新潮社（新潮文庫）
【要旨】取り憑かれたようにバカラに打ち込む伊津航平。中国人を装ってマカオに長く暮らす劉。心に深い傷を負いながら航平と惹かれ合う娼婦の李蘭。それぞれに背負う闇の淵を互いに覗き合う三人。そして何も言わずその中心に鎮座するバカラという魔。もっとも純粋な生き方を求めた先に待つのは、破滅だけなのか—。雷のように交錯し、薔薇の花弁のように砕け散る三人の運命は何処へ向かうのか。カジノの王バカラに挑む男たちの熱い物語。
2017.8 366p A6 ¥590 ①978-4-10-123524-0

◆**波の音が消えるまで 第3部 銀河編** 沢木耕太郎著 新潮社（新潮文庫）
【要旨】劉が遺したノートにたった一言書かれた謎の言葉。あの人はついにバカラの必勝法を見出したのか？その指先でバカラの深奥に触れた航平は退路を断ち、最後の賭けに打って出る—もう後戻りなどしない。勝つためではなく、生を濃く生きるために。世界を掴み、神になるために。幾多の河を渡り、最後の岸辺に着いた青年は何を見たのか。激動の完結編。
2017.8 372p A6 ¥600 ①978-4-10-123525-7

◆**二十歳の君がいた世界** 沢木まひろ著 宝島社（宝島社文庫）
【要旨】夫を病気で亡くした五十歳の専業主婦・清海は、満月の夜に遭遇した転落事故によって突然、三十年前のバブルに沸く一九八六年の渋谷にタイムスリップしてしまった。そこは清海のいた世界とよく似た別の渋谷。清海はそこで、失踪した叔父や、若き夫、さらには二十歳の自分と出会う。ある殺人事件の謎を解くことで、清海は元の世界に戻ろうとするが、思いもよらない真相が明らかになり…。
2017.12 372p A6 ¥600 ①978-4-8002-7894-4

◆**板橋遊民伝** 沢崎元美著（長野）信毎書籍出版センター
【要旨】沢崎元美第五作品集。旅人三作品。
2017.6 246p B6 ¥600 ①978-4-88411-143-4

◆**別府フロマラソン** 澤西祐典著（福岡）書肆侃侃房
【要旨】別在住作家による書き下ろし痛快小説。もちろん舞台は別府。別府八湯を圧倒的なスケールで描き、市内の温泉施設や名所が多数登場。読み終わると、温泉に入らずにはいられなくなり、別府に行きたくなる！注釈を読むだけで別府温泉のことがぜ〜んぶわかるよ！
2017.8 158p B6 ¥1400 ①978-4-86385-271-6

◆**チェリーヒルの夜明け** 椎名羽津実著 鳥影社
【要旨】文章を書く主人公の若き日の回想から物語は始まる。女子大の文学サークルを率いるリーダーとの確執、奇妙な三角関係、手ひどい復讐…。人の心の脆さと強さ、優しさと
あぶり出す、鮮烈な作品。

◆**家族のあしあと** 椎名誠著 集英社
【要旨】父がいた。母がいた。きょうだいがいた。シーナ少年が海辺の町で過ごした黄金の日々。『岳物語』前史、謎多き大家族の物語。
2017.7 283p 19×12cm ¥1300 ①978-4-08-771115-8

◆**古都と新米社員と柊と** 潮加満男著 ミヤオビパブリッシング、（京都）宮帯出版社 発売
【要旨】日本を代表する情報機器取扱商社に入社し、一年二ヵ月間の新人研修を終えて配属された先は、京都支店だった。四季折々に枕草子の一節を思い浮かべながら、古都の祭や行事を体験しつつ繰り広げられる、新米社員の奮戦記。潮加満男運命の中編小説。
2017.3 186p B6 ¥1200 ①978-4-8016-0084-3

◆**新極道記者** 塩崎利雄著 徳間書店（徳間文庫）
【要旨】ナリタブライアンがよもやの敗戦を喫した。怪物ハイセイコー、皇帝シンボリルドルフ…。賭け続けることで体感を痛感する競馬記者の松崎達也。賭け事なら何でもござれで、競馬はもとより、麻雀ホンビキその他、高額レートでヒリヒリするような勝負に身を焦がす、人呼んで極道記者。ツキに見放されて真っ逆さまの奈落の底で、一世一代の大勝負に出るが…。伝説的賭博小説『極道記者』の続篇！巻末付録：わかりやすい手本引き。
2018.1 315p A6 ¥700 ①978-4-19-894300-4

◆**止まり木ブルース 2016** 塩崎利雄著 UMAJIN
【要旨】日刊ゲンダイに30年以上連載する同時進行競馬小説。2016年のシンザン記念から有馬記念までを収録。
2017.5 264p B6 ¥1700 ①978-4-907284-05-3

◆**ともにがんばりましょう** 塩田武士著 講談社（講談社文庫）
【要旨】地方新聞社、入社六年目の武井涼。極度のあがり症で一切の交渉事に向かないが、委員長に口説かれて労働組合の執行委員を務めることに。折しも会社からの深夜労働手当引き下げ案が大きな波紋を呼んでいた。組合経営側、緊迫の団体交渉を克明に綴り、働くことへの熱い思いを描き出す傑作エンターテインメント。
2017.3 395p A6 ¥700 ①978-4-06-293603-3

◆**クロボン** 詩音カナタ著 日本文学館
2017.7 114p A6 ¥500 ①978-4-7765-3921-6

◆**無情の神が舞い降りる** 志賀泉著 筑摩書房
【要旨】避難区域に寝たきりの母と留まった「俺」が、誰一人いない町で封印された記憶をたどっていく表題作のほか、避難先の学校でフクシマの映画を作ることになる17歳の女子高校生を描く「私のいない椅子」を収録。南相馬出身の作家がはなつ、震災文学の決定版！
2017.2 154p B6 ¥1600 ①978-4-480-80467-9

◆**5分で涙があふれて止まらないお話―七転び八起きの人びと** 志賀内泰弘著 PHP研究所
【要旨】ご利益が伝えられている八起稲荷神社の門前町、八起稲荷商店街は、歩くだけでもなんとなくいいことがあるように思える。それは、この街の人たちと八起稲荷の神様がやさしく見守ってくれるから。あたたかい人情を描いて感動を呼ぶ連作短編。
2017.6 239p B6 ¥1300 ①978-4-569-83828-1

◆**カラーコート** 式田亮著 幻冬舎メディアコンサルティング、幻冬舎 発売
【要旨】みんなで行くんだ、あの舞台へ!!チームメイトとの衝突、叶わぬ恋、強力なライバル…。少年たちはそれぞれの想いを抱え、全国大会の舞台「カラーコート」を目指す—。ドッジボールに想いを懸ける青春群像小説。
2017.7 223p B6 ¥1100 ①978-4-344-91247-2

◆**ノスタルジック・オデッセイ―失われた愛を求めて** 重久俊夫著 明窓出版
【要旨】1966年春、青山アパートメント302号室で出会った彼は、フランス帰りの美貌の語学教師だった。あれは夢か、妄想か、人を乱すのは甘く苦い青春のバックページ。謎を解く手がかりは、天才哲学者ニシダ・キタロウの不思議な教えだった一。一恋と"哲学"の、ノスタルジック・ロマン。
2017.5 185p B6 ¥1500 ①978-4-89634-371-7

◆**なぎさの媚薬 上** 重松清著 講談社（講談社文庫）

現代の小説（純文学）

◆なぎさの媚薬 上 重松清著 講談社 (講談社文庫)
【要旨】「わたしを買ってくれませんか？」―透きとおるような白い肌、吸い込まれそうに深い瞳、まるくやわらかな声。伝説の娼婦なぎさは、自分を本当に必要とする客の前だけに現れる。なぎさとの甘美な時間の合間に男が見るのは、あまりにもリアルな、青春時代の自分と女性たちとの夢。切なさに満ちた官能恋愛小説。
2017.10 727p A6 ¥1000 ①978-4-06-293778-8

◆なぎさの媚薬 下 重松清著 講談社 (講談社文庫)
【要旨】「あの子を助けられるのは、あなたしかいないんです」―性犯罪や、余命の告知。男女のつらい過去を、時を遡って変える力をもつ娼婦のなぎさ。男を包み込み、女に救いの手をさしのべる、なぎさとは何者なのか。性の哀しさと愛おしさ、生きることの尊さを描き、かつてなく深い余韻を残す傑作官能小説。
2017.10 769p A6 ¥1000 ①978-4-06-293779-5

◆一人っ子同盟 重松清著 新潮社 (新潮文庫)
【要旨】ノブとハム子は、同じ団地に住む小学六年生。ともに"一人っ子"だが、実はノブには幼いころ交通事故で亡くなった兄がいて、ハム子にも母の再婚で四歳の弟ができた。困った時は助け合う、と密かな同盟を結んだ二人は、年下の転校生、オサムに出会う。お調子者で嘘つきのオサムにも、複雑な事情があって―。いまはもう会えない友だちや、あの頃、忘れられない奇跡の一瞬を描く物語。
2017.7 477p A6 ¥710 ①978-4-10-134936-7

◆小説 カボチャの花 獅子ひろし著 日新報道
【要旨】人間とは何だろう。生とは、死とは。戦前、戦中、戦後という日本大激動の時代を背景に人間の愚昧、正邪、美醜など人間の本性をえがきつつ成長する迫真のドラマ。
2017.2 195p B6 ¥1400 ①978-4-8174-0792-4

◆おばあさん 獅子文六著 朝日新聞出版 (朝日文庫)
【要旨】孫娘の婚約騒ぎ、娘婿の浮気、演劇に傾倒する末息子。隠居中でもおばあさんの悩みはつきないが、人生の荒波をくぐりぬけた、明治生まれの女性の知恵と気骨としたたかさで家族の厄介事の解決に奔走する。昭和初頭の家族をユーモア満点に描いた痛快小説。
2017.8 459p A6 ¥900 ①978-4-02-264854-9

◆胡椒息子 獅子文六著 筑摩書房 (ちくま文庫)
【要旨】牟礼家の次男、昌二郎は12歳。気が優しくて曲がったことが大嫌いなのだが、家族から邪魔者扱いされるので反発して悪戯ばかり。味方は、婆やのお民だけ。ある日、誤解と行き違いから異母兄と喧嘩して大怪我をさせてしまい感化院へ―。しかし、そこで出会った友達との生活で本来の気性を取り戻していく。小粒だがぴりっとしたまるで"胡椒"みたいな少年の成長物語。
2017.7 316p A6 ¥680 ①978-4-480-43457-9

◆信子 獅子文六著 朝日新聞出版 (朝日文庫)
【要旨】大分から上京し大都女学校に赴任した新米教師の信子。初めての東京生活に戸惑い、学校を二分する校長と教頭の勢力争いに巻き込まれ、一筋縄ではない寮の女生徒たちに手を焼きながら、信子は持ち前の度胸と真っ直ぐさで奮闘する。爽快な女版『坊っちゃん』。
2017.8 243p A6 ¥700 ①978-4-02-264855-6

◆箱根山 獅子文六著 筑摩書房 (ちくま文庫)
【要旨】箱根の山は天下の瞼か、ケンカのケンか？一足刈にある二軒の老舗旅館、玉屋と若松屋は先祖伝来の犬猿の仲だ。だが若松屋の娘、明日子と玉屋の若番頭、乙夫は反発しながらも内心惹かれあっていた。いがみあう旅館、勃発する跡継ぎ問題、親から紹介された見合い相手、旅館の経営不振と大事故、乗り込んでくる都会の大資本…二人の恋の行方と箱根の未来はどうなる？ 2017.9 429p A6 ¥880 ①978-4-480-43470-8

◆バナナ 獅子文六著 筑摩書房 (ちくま文庫)
【要旨】お金持ちの台湾華僑の息子、龍馬は車が欲しい。そのガールフレンド、サキ子はシャンソン歌手としてデビューしたいが、青果仲買人の父の許しが得られない。そんな二人の夢を叶えるのはバナナ？ ひょんなことからバナナの輸入で金儲けをすることになったのだが、そこへ周囲の思惑が絡み、物語は意外な方向に。テンポの良い展開に目が離せないドタバタ青春物語。 2017.8 427p A6 ¥880 ①978-4-480-43464-7

◆名称未設定ファイル 品田遊著 キノブックス
【要旨】シリアスなコメディか、笑えるディストピアか。デビュー作『止まりだしたら走らない』以来2年ぶりダ・ヴィンチ・恐山が品田遊として帰ってきた！ 鋭い分析と冴えわたる想像力で紡がれる物語が読む者をわくく言い難い感情に導く。黙示録的短篇集解禁!!巻末袋とじ付。
2017.6 273p 17cm ¥1500 ①978-4-908059-70-4

◆和解の関 篠崎敏著 日本図書刊行会, 近代文藝社 発売
【要旨】誤解から生じる葛藤、老いて病む肉親への愛情…生きていく中で、ときに優しくときに厳しく交錯する人びとの思いを描く3つの物語。
2017.4 154p B6 ¥1300 ①978-4-8231-0950-8

◆虫眼鏡ジャンピング 篠田あき著 (会津若松)歴史春秋出版
【要旨】ローアングルで見てみよう。飽きることなきオモシロ人間模様。虫目線で描く、不思議小説。
2017.7 105p B6 ¥1200 ①978-4-89757-905-4

◆長女たち 篠田節子著 新潮社 (新潮文庫)
【要旨】あなたは、そこまでして私の人生を邪魔したかったのか。認知症の母を介護するために恋人と別れ、仕事のキャリアも諦めた直美。孤独死した父への悔恨に苛まれる頼子。糖尿病の母に腎臓を提供すべくタイで苦悩する慧子。老親の呪縛から逃れるすべもなく、周囲からも当てにされ、一人重い現実と格闘する我慢強い長女たち。その言葉にしなやかな胸中と微かな希望を描き、圧倒的な共感を呼んだ傑作。
2017.10 403p A6 ¥670 ①978-4-10-148420-4

◆夏残照 篠原真司著 (大阪)風詠社, 星雲社 発売
【要旨】昭和38年、小学5年生の真司が経験した忘れられない想い出。父の故郷、新潟県椎谷で過ごした日々が大切な何かを教えてくれた。初々しい心の風景が鮮やかな色彩とともに浮かび上がる自伝的小説。
2017.4 255p B6 ¥1300 ①978-4-434-23256-5

◆あやかし屋台なごみ亭 2 金曜の夜は風のお祭り 篠宮あすか著 双葉社 (双葉文庫)
【要旨】「もうひとりで、こっそりと泣いたりせんでね。福岡県・那珂川沿いに『なごみ亭』と呼ばれる金曜の夜にだけ現れる不思議な屋台。店に選ばれた人間しか訪れることのできないこの屋台でアルバイトする大学生・浩平は、あやかし達の世界へとますます深く足を踏み入れていく。悩みを抱えた人間とやさしいあやかし達の心が、おいしい料理によって重なり合う。胸温まる大人気シリーズ第2弾！
2017.8 263p A6 ¥583 ①978-4-575-51979-2

◆あやかし屋台なごみ亭 3 金曜の夜に神さまは憩う 篠宮あすか著 双葉社 (双葉文庫)
【要旨】神さまも癒される絶品料理、お出しします！ 金曜の夜にだけ現れる、不思議な屋台『なごみ亭』。神さまの使いであるお狐のコンが客引きするのは、人間だけとは限らない。感謝の気持ちを伝えたい子ギツネ、コンの過去を知る豪快な天狗、人間に片思いする姫神、家出中の女神さま…。そして、明かされる『なごみ亭』誕生の秘密とは…。おいしい料理が、バラバラだったせつない想いをひとつに繋ぐ。優しい涙が溢れ出す大人気シリーズ第3弾！
2017.8 222p A6 ¥556 ①978-4-575-52026-2

◆あやかし屋台なごみ亭 4 金曜の夜に未来は芽吹く 篠宮あすか著 双葉社 (双葉文庫)
【要旨】凍った心もとろける至福のひと皿、召し上がれ！ 人間だけでなく、神さまやあやかしまで訪れる不思議な屋台『なごみ亭』でバイトをしている大学生・浩平。卒業を控え、将来への期待と不安で揺れる店主の前に、「金色の斧を落とした」と言う子猿や川を流れる大きな桃が現れて…？客引きするお狐・コンの家族も登場し、心温まるあやかしグルメシリーズは感動の大団円へ!! 2018.1 222p A6 ¥556 ①978-4-575-52076-7

◆週末カミング 柴崎友香著 KADOKAWA (角川文庫)
【要旨】31歳のわたしは年末から風邪を引いて2日間寝込んで気づいたら年が明けていた。そこに会社の既婚者の先輩女性が転がり込んできて―(「ハッピーニュー」)。東京で暮らすわたしは、人が住む中で一番暑い場所に近いハルツームの天気を毎日確かめる。偶然や今という一瞬が永遠とつながる事務所に乗り込んできた傑作「ハルツームにわたしはいない」。週末はいつもより少しだけ特別。見慣れたはずの風景が違って感じられる、8つの物語。
2017.1 254p A6 ¥680 ①978-4-04-104827-6

◆千の扉 柴崎友香著 中央公論新社
【要旨】三十九歳の千歳は、親しいわけでもなかった一俊から「結婚しませんか？」と言われ、広大な都営団地の一室に移り住む。その部屋で四十年以上暮らしてきた一俊の祖父から人捜しを頼まれ、いるかどうかも定かでない人物を追うなかで、出会う人たち、そして、出会うことのなかった人たちの過去と人生が交錯していく…。
2017.10 270p B6 ¥1600 ①978-4-12-005011-4

◆春の庭 柴崎友香著 文藝春秋 (文春文庫)
【要旨】東京・世田谷の取り壊し間近のアパートに住む太郎は、住人の女と知り合う。彼女は隣に建つ「水色の家」に、異様な関心を示していた。街に積み重なる時間の中で、彼女が見つけたものは―第151回芥川賞に輝く表題作に、「糸」「見えない」「出かける準備」の三篇を加え、作家の揺るぎない才能を示した小説集。
2017.4 245p A6 ¥640 ①978-4-16-790827-0

◆あした世界が、 柴崎竜人著 小学館 (小学館文庫)
【要旨】業界大手の音楽会社に勤める吉山朗美(28)は、大物ロック歌手の絹川空哉が、社長に契約解除を宣告され、事務所に乗り込んでくる姿を目にする。空哉は十年前、朗美と同じ高校に通う同級生だった。同じ日、極度のあがり症にも関わらず全社報告会で発表を任された朗美は、壇上で気を失ってしまう。目を覚ますと、なぜか高校時代の制服を着ていた朗美を、あの絹川空哉と、世界的ヴァイオリニストになった深山蓮、そして死んだはずの父親が心配そうに見下ろしていた。いったいどうなっているのだろう？思わず本を抱きしめたくなる、突き抜けるラストに乞うご期待!!
2017.4 333p A6 ¥630 ①978-4-09-406395-0

◆地蔵千年、花百年 柴ana翔著 鳥影社
【要旨】半世紀の時空を描く、長編570枚！
2017.3 378p B6 ¥1800 ①978-4-86265-606-3

◆われら戦友たち 柴田翔著 小学館 (P+D BOOKS)
【要旨】1964年の第51回芥川賞受賞作で、当時、一大センセーションを巻き起こした『されどわれらが日々―』。その続きともいえる本作では、その時代の新左翼運動にかかわった血気盛んな青年男女の機徴を、ダンスパーティーの現金紛失事件とからめてミステリー仕立てで描いていく。登場人物がそれぞれの視点で世界を見つめ、それが一つに収斂されることなく多様性に開かれたまま放置されている点は、『されどわれらが日々―』とは対称的な位置づけにある作品といえる。
2017.8 412p B6 ¥650 ①978-4-09-352311-0

◆ねこ町駅前商店街日々便り 柴田よしき著 祥伝社
【要旨】赤字ローカル線の終点・根古万知。駅前は、わずか八店舗ほどが細々と営業するシャッター商店街である。数年前、猫の町「ねこまち」としてブームになりかけたこともあったが、それも一時のこと、以前より、ジリ貧状態だ。離婚を機に、そんな町に戻ったラーメン店の娘・愛美は、緑色の大きな目と灰色の毛が愛らしい拾い猫を拾うことになる。ノンちゃんと名付けたその猫が、ひょんなことから一日猫駅長を務めることに。猫町商店街も観光客が訪れて再ブレイク、ラーメン店の売上も伸びる。愛美は久しぶりに賑わう光景を見て、今度こそ、元気いっぱいだった頃の根古万知を取り戻したいと動き出すのだが…。
2017.11 456p B6 ¥1850 ①978-4-396-63537-4

◆風味さんのカメラ日和 柴田よしき著 文藝春秋 (文春文庫)
【要旨】東京を離れ洋菓子屋を営む実家に戻った風味は、幼馴染の頼みでカメラ講座に通うことに。いつも写真がボケてしまう老人、寂しくない写真を撮りたい中年の女性たちが集う中、講師の知念大輔は、カメラマンを挫折した天然のイケメン。だが、彼はレンズを通して受講生の心を癒していく。カメラ撮影用語解説もついた文庫書き下ろし。
2017.8 221p A6 ¥650 ①978-4-16-790790-7

◆多喜二忌や 柴山芳隆著 (秋田)秋田文化出版

【要旨】何よりも家族思いだった兄、純粋な愛を信じていた兄、社会正義のために闘った兄…。もっとも身近な所で兄を見続けていた弟の口から語られる、小林多喜二の姿。新たな視点で多喜二の生涯を描く意欲作！
2017.2 225p B6 ¥1500 ①978-4-87022-575-6

◆極楽鳥とカタツムリ　澁澤龍彦著　河出書房新社（河出文庫）
【要旨】およそ考えられない動物たちの伝説。獏や犀から、鳥、魚、貝、昆虫まで、動物をめぐる奇妙な物語を集めた澁澤エッセンス。代表的な小説『高丘親王航海記』からの二篇を含め、眩暈さえ誘う自然への若々しい興奮を呼ぶ珠玉の二十八篇を収録。
2017.7 301p A6 ¥880 ①978-4-309-41546-8

◆バビロンの架空園　澁澤龍彦　河出書房新社（河出文庫）
【要旨】古代の七不思議の一つ、大都市バビロンにあった巨大建造物「架空庭園」には、あらゆる種類の植物、珍奇な花々が集められ、孔雀や極楽鳥が遊び、滴り落ちる噴水の涼しい水幕を通して、下界の街を見下ろす…。植物界の没落貴族たち、植物界のイカロス、薬草と毒草、香料、琥珀、庭園への偏愛など、植物をめぐるユニークな十八篇、うち十二篇からなる「フローラ逍遥」も収録。著者没後三十年を機に、いまだからこそ新鮮な澁澤の世界を。
2017.8 301p A6 ¥880 ①978-4-309-41557-4

◆死の棘―短篇連作集　島尾敏雄著　河出書房新社
【要旨】共に狂っていく夫婦の凄絶な「愛」の記録。精神病院での療養生活からさかのぼる、もう一つの"死の棘"の世界。圧倒的な私小説の極北がここにある。短篇連作版復活。
2017.11 267p B6 ¥2200 ①978-4-309-02625-1

◆島の果て　島尾敏雄著　集英社（集英社文庫）
【要旨】南海のカゲロウ島に配属された朔中尉。特攻隊長として、常に死を目の前にして過ごす彼は、島の少女トエに出会う。おとぎ話のような二人の恋。戦局が緊迫するが、遂に出撃命令が下る―（「島の果て」）。生々しく描かれる感情表現と、やわらかな筆致で綴られる情景描写との両立により決定的な存在感を放つ島尾戦争文学。趣の異なる8篇を、寄せては返す波のように体感できる短編集。写真、関連年譜も収載。
2017.7 341p A6 ¥680 ①978-4-08-745613-4

◆絆―走れ奇跡の子馬　島田明宏著　集英社
【要旨】2011年3月11日、津波に呑まれた牧場でただ1頭生き残った牝馬ラロと引き替えに産み落とした芦毛の牡馬「リヤンドノール（北の絆）」。牧場主・雅之とその長男・拓馬は、放射能汚染の風評被害などと戦いながらリヤンを競走馬として育て、デビューさせる。リヤンは拓馬たちの夢を乗せて、日本ダービーをめざして疾走する。東日本大震災に見舞われた福島県南相馬市を舞台に展開する、馬と人、人と人の「絆」の物語。
2017.2 249p B6 ¥1500 ①978-4-08-781627-3

◆カタストロフ・マニア　島田雅彦著　新潮社
【要旨】なぜか自分以外には誰の姿も見当たらない。治験バイトのため入っていた病院で、長い眠りから覚めたシマダミロクは驚愕する。事態を解明すべく都心に向かった彼が他の生存者たちの力を得て知ったのは、「太陽のしゃっくり」を引き金に電力危機、感染症の蔓延、ライフライン停止が同時発生し、人類が滅亡へとまっしぐらに突き進んでいること。そんな絶体絶命の状況下で、看護師の国도すずに囁かれた言葉がミロクの頭をよぎる。「最後の一人になっても、頑張ってくださいね」。驚異の想像力で我々の未来を予見する、純文学×SFの到達点！
2017.5 275p B6 ¥1600 ①978-4-10-362209-3

◆わたしたちは銀のフォークと薬を手にして　島本理生著　幻冬舎
【要旨】限られた時間。たった一度の出会い。特別じゃないわたしたちの、特別な日常。
2017.6 237p B6 ¥1500 ①978-4-344-03123-4

◆Red　島本理生著　中央公論新社（中公文庫）
【要旨】夫の両親と同居する塔子は、可愛い娘がいて夫と仲がよく、恵まれた環境にいるはずだった。だが、かつての恋人との偶然の再会が塔子を目覚めさせる。胸を突くような彼の問いに、塔子は今まで抱いていた不満や疑問がすっと、はっきりとした姿を現し、快楽の世界へも引き寄せられていく。心地よいのは、セックスだ

けだったのに―。島清恋愛文学賞受賞作。
2017.9 503p A6 ¥780 ①978-4-12-206450-8

◆老老戦記　清水義範著　新潮社（新潮文庫）（『朦朧戦記』改題書）
【要旨】グループホームの老人たちがクイズ大会に参加した。珍解答を期待する主催者を手玉に取る面々。覚醒した彼らは海外旅行に出かけ、合コンに妖しく浮き立つ。一方、世間では団塊アゲイン党なる政党が勃興した。同世代の反体制派が闘争を開始、社会に衝撃が走る。これは悪夢か、現実か。日本を守らんと義勇軍を結成したのは…。超高齢社会日本を諷刺するハードコア老人小説。
2017.9 274p A6 ¥520 ①978-4-10-128221-3

◆人生の作戦会議！―なんでも解決しちゃう女、王生際ハナコ　下田美咲著　幻冬舎
【要旨】「好きを営む人生になれない」「年収が低い」「彼女が一度もできたことがない」「自信がない」など、あらゆる悩みを王生際ハナコが解決していく、人生エンタテイメント小説！
2017.12 271p B6 ¥1300 ①978-4-344-03236-1

◆かたみ歌　上　朱川湊人著　(新座)埼玉福祉会（大活字本シリーズ）
【目次】紫陽花のころ、夏の落し文、栞の恋、おんなごころ
2017.6 257p A6 ¥2900 ①978-4-86596-154-6

◆かたみ歌　下　朱川湊人著　(新座)埼玉福祉会（大活字本シリーズ）
【目次】ひかり猫、朱鷺色の兆、枯葉の天使
2017.6 217p A6 ¥2700 ①978-4-86596-155-3

◆今日からは、愛のひと　朱川湊人著　光文社（光文社文庫）
【要旨】無職歴ナシの亀谷幸慈は、秋葉原でカツアゲされていた記憶喪失の青年を助ける。元天使だと自称する彼を利用して小金稼ぎをもくろんだ幸慈だが、失敗して絶体絶命の窮地に。そこに、一人の女性が救いの手を差し伸べてくれた。彼女の家「猫の森」で始まった六人の共同生活。それは不思議なやすらぎに満ちたものだったのだが…。コミカルにして哀切な傑作長編。
2017.12 489p A6 ¥860 ①978-4-334-77570-4

◆月蝕楽園　朱川湊人著　双葉社（双葉文庫）
【要旨】癌で入院している会社の後輩。上司から容態がよくないことを知らされ、伝えてほしいことがあると言われた私は、心理的抵抗を感じながら病院に行く。そして病室を前に、逡巡した私は、このまま帰ったほうがいいのかもしれない。なぜなら…（「みつばちの心中」）。みつばちのほか、金魚、蜥蜴、猿、孔雀が短編の題名になった作品集。そのどれもが重く、切ないが、登場人物たちの「その後」が気になる恋愛小説。
2017.8 325p A6 ¥630 ①978-4-575-52021-7

◆あの頃トン子と　城明著　講談社
【要旨】養豚を営む洋一はアラフォー独身。東北の農村で十年一日がごときメタボな日々を送っていた。そこに、東京で夢破れバツイチとなった幼馴染みのマナブが戻ってくる。二人は、退屈のしのぎとばかりに一匹のメスの子豚に「トン子」と名付けて、芸を仕込み始める。だが、その子豚が、呼びかけに「トン子！」と答えるようになったのだ！ テレビで紹介され、トン子は日本中の人気者に。ついに二人は、トン子を連れて上京する―。第11回小説現代長編新人賞奨励賞受賞作。
2017.1 253p B6 ¥1500 ①978-4-06-220390-6

◆風とにわか雨と花　小路幸也著　キノブックス
【要旨】専業作家を目指す父、仕事に復帰した母、小学生の姉と弟。海辺の町を舞台に繰り広げられる、ひと夏の家族物語。
2017.5 209p B6 ¥1500 ①978-4-908059-71-1

◆すべての神様の十月　小路幸也著　PHP研究所（PHP文芸文庫）
【要旨】帆奈がバーで隣り合ったイケメンは、死神だった！?死神は、これまでに幸せを感じたことがないという。なぜなら幸せを感じた瞬間…（「幸せな死神」）。貧乏神に取り憑かれていた雅人。そうとは知らずに、彼は冴えない自分の人生を「小吉人生」と呼び、楽しんでいたのだが…（「貧乏神の災難」）。人生の大切なものを見失った人間の前に現れる神たち。その意外な目的とは？ 優しさとせつなさが胸を打つ連作短編集。
2017.9 266p A6 ¥680 ①978-4-569-76756-7

◆東京カウガール　小路幸也著　PHP研究所
【要旨】その夜、カメラマン志望の大学生・木下英志は夜景を撮っていた。人気のない公園で鈍

い音を聞きつけカメラを向けると、そこには一人の女性がいた。彼女は屈強な男たちを叩きのめすと、車椅子の老人を伴い車へと消えた…。後日、彼女で画像を見た英志は気づく。一似ている。横顔が、あの子に。カメラが捉えた不可解な事件に隠された哀しい過去とは？
2017.6 377p B6 ¥1600 ①978-4-569-83257-9

◆猫ヲ捜ス夢―蘆野原偲郷　小路幸也著　徳間書店
【要旨】古より、蘆野原の郷の者は、人に災いを為す様々な厄を祓うことが出来る力を持っていた。しかし、大きな戦争が起きたとき、郷は入山を閉じてしまう。その戦争の後から、蘆野原の長筋である正也には、亡くなった母と同じように、事が起こると猫になってしまう姉がいたが、行方不明になっていた。彼は、幼馴染みの知水とその母親とともに暮らしながら、姉と郷の入口を捜している。移りゆく時代の波の中で、蘆野原の人々は何を為すのか？為さねばならぬのか？
2017.6 310p B6 ¥1600 ①978-4-19-864490-1

◆花歌は、うたう　小路幸也著　河出書房新社
【要旨】天才的ミュージシャンだった父の失踪から9年。秘められた音楽の才能が開花くとき、止まっていた時が動き始める―。音楽の勧めで歌をうたうことに真剣に向き合い始めた花歌は、父親譲りの天才的な才能を花開かせていく。そんな中、父・ハルオの目撃情報が届き…。祖母・母・娘、三世代女子家庭の再生の物語。
2017.10 287p B6 ¥1600 ①978-4-309-02612-1

◆花咲小路二丁目の花乃子さん　小路幸也著　ポプラ社（ポプラ文庫）
【要旨】元・怪盗紳士のご隠居や若手刑事などユニークな人々が暮らす花咲小路商店街。今回の語り手は「花の店にらやま」を営む花乃子さんのもとに居候中の女の子。慶事ごとにも悲しにも寄り添う花屋の仕事を手伝うなかで、ある日ちょっと気がかりなお客さんが来店して―。
2017.12 375p A6 ¥700 ①978-4-591-15687-2

◆ヒア・カムズ・ザ・サン―東京バンドワゴン　小路幸也著　集英社（集英社文庫）
【要旨】明治時代から続く古本屋を舞台にした"東京バンドワゴン"シリーズは、皆様に愛されてついに第十巻目！ 今回のお話は、真夏の幽霊騒動、そっと店に置き去りにされた謎の本をめぐる珍事、そして突如湧き起こる我南人引退危機！?や研人の高校受験の顛末、笑いと涙の全四編。堀田家恒例の全員勢揃いの騒々しい朝食シーンや、初公開の堀田家の正月もお楽しみ。結局、「LOVEだねぇ」！
2017.4 364p A6 ¥600 ①978-4-08-745567-0

◆ラブ・ミー・テンダー―東京バンドワゴン　小路幸也著　集英社
【要旨】若き日の堀田我南人はコンサート帰りに、ある女子高校生と出会った。名は秋実。彼女はアイドルとして活躍する親友・桐子の窮地を救うため、ひそかに東京に来たという。話を聞いた我南人と、古書店"東京バンドワゴン"の一同は彼女のために一肌脱ぐが、思いもよらぬ大騒動に発展し…？ 下町の大家族が店に舞い込む謎を解決する人気シリーズ、番外長編。
2017.4 292p B6 ¥1500 ①978-4-08-775434-6

◆前途　庄野潤三著　小学館（P+D BOOKS）
【要旨】学徒出陣を目前にした文学青年たちを描く自伝的作品。太平洋戦争の最中、昭和18年、九州大学に通う文学青年たちには深い交わりがあった。文学的揺籃期における恩師・伊東静雄（詩人）から受けた薫陶、そして学生仲間（島尾敏雄がモデルの小高、森道男がモデルの室、林富士馬がモデルの木谷）との交流を描いている。違史を読み、東洋史の学問にも励むが、それ以上に仲間たちと文学を論じ、酒を飲み交わしながら、それぞれの仄暗い"前途"を案じている。主人公の文学的形成の様を、約1年に渡り、日記スタイルで描いた"第三の新人"の代表的作家・庄野潤三の青春群像作。
2017.6 304p B6 ¥550 ①978-4-09-352306-6

◆さあ、文学で戦争を止めよう　猫キッチン荒神　笙野頼子著　講談社
【要旨】お髭ふくふく毛色白黒垂れ耳の猫様が語る平和で幸せな猫台所日記に影を落とす戦前。
2017.7 284p B6 ¥1900 ①978-4-06-220661-7

◆猫道―単身転々小説集　笙野頼子著　講談社文芸文庫
【要旨】私は猫と出会ってこそ人間になった。猫を知らぬころの悲しみと知ってからの喜怒哀楽

現代の小説（純文学）

をひとつながりに眺めて笙野文学の確かな足跡を示す作品集。単行本未収録の「この街に、妻がいる」を収録。
2017.3 381p A6 ¥1850 ①978-4-06-290341-7

◆愛なんて嘘　白石一文著　新潮社　（新潮文庫）
【要旨】恋人の家に転がり込んできたのは、とっくの昔に離婚したはずの彼の元妻だった。ひとつの場所にとどまることのできない女の存在が二人の関係を変える（「夜を想う人」）。一度は別れを選び、それぞれ新しい伴侶を見つけ、子供も授かった元夫婦の約束とは（「二人のプール」）。裏切りに満ちたこの世界で、信じられるのは私だけ？　平仮で幸福を産みだす「嘘」に気づいてしまった男女を繊細な筆致で描く六篇。
2017.9 368p A6 ¥630 ①978-4-10-134074-6

◆彼が通る不思議なコースを私も　白石一文著　集英社　（集英社文庫）
【要旨】友人の生死を決める衝撃的な現場で露子が出会った黒ずくめの男。彼は修羅場をよそに、消えるようにいなくなってしまった。後日、露子は男に再会し、徐々に魅かれていく。彼の名は椿林太郎。学習障害児の教育に才能を見つけ、本気で世界を変えようと目論む、抜群に優秀な小学校教員。人は彼のことを「神の子」と呼ぶ。しかし、彼にはある大きな秘密があって…。生への根源的な問いを放つ傑作長編。
2017.9 364p A6 ¥620 ①978-4-08-745531-1

◆編集女子クライシス！　白石まみ著　大和書房　（だいわ文庫）
【要旨】念願かなって27歳で中途入社した出版社で、喜びも束の間、"あそこは特殊"と噂の男性誌「ANDO」編集部に配属になった文香。いきなり振られたのはAV女優のインタビューに添い寝クラブの体験記事、雑用を次々かいくぐって出かけた取材先では先輩のいやがらせに!?「もう自信ないよ…やってけないよ？　私…」編集長の不穏な行動、特ダネ合戦の意外な結末、謎のゲリラメール―アワアワで半泣きの日々の中に文香の居場所と幸せは見つかるのか？　勇気と元気とやる気がもらえる、一気読みお仕事ノベル！
2017.9 270p A6 ¥680 ①978-4-479-30671-9

◆世界のすべてのさよなら　白岩玄著　幻冬舎
【要旨】30歳になった同級生4人の物語。会社員としてまっとうに人生を切り拓こうとする悠。ダメ男に振り回されてばかりの蓉。画家としての道を黙々と突き進む竜平。体を壊して人生の休み時間中の瑛一。悠の結婚をきっかけに、それぞれに変化が訪れて…。失われた時間と関係性を抱きしめながら、今日の次に明日が続く。
2017.6 187p B6 ¥1300 ①978-4-344-03131-9

◆恋虫　白土夏海著　KADOKAWA　（角川文庫）
【要旨】『恋』を知っていますか？　正式名称は「感情性免疫不全症」、通称『恋虫』という病。感染すると、肌のどこかにピンク色の痣が現れる。他者への感染を防ぐため、駆除される運命にある。「恋虫」に感染した人を駆除する人員に入隊した四ノ宮美季は、この世界の救世主と呼ばれている上官のもとに配属される。希望を断ち、初の出動で目にした光景とは…。くるおしいまでの脆い感情を彩り豊かに描いた、感涙必至のラブストーリー。第1回角川文庫キャラクター小説大賞隠し玉。
2017.10 255p A6 ¥600 ①978-4-04-105933-3

◆ルールズ　新藤晴一著　マガジンハウス
【要旨】ロック魂を胸に疾走する男たちの夢、欲望、葛藤―。メジャーデビューを目指し、夢を追う男たちの奮闘をポルノグラフィティの新藤晴一が熱く描きさる。小説家デビュー後、待望の第2弾は青春ロック小説の傑作！
2017.9 348p A6 ¥1600 ①978-4-8387-2925-8

◆紙のピアノ　新堂冬樹著　双葉社
【要旨】貧しさゆえイジメに遭っていた白石ほのかは、町のピアノ教師・二ノ宮に助けられた。ほのかの音楽的才能を見抜いていた二ノ宮は、白紙に描いた鍵盤をもとに、献身的にピアノを教えていく。その甲斐あって音大に入ったほのかはプロのピアニストを目指すため、コンクールに挑むことを決意した。その前に続々と現れる強力なライバルにほのかは優勝という実力をつけていけるのか!?
2017.2 417p B6 ¥1600 ①978-4-575-24018-4

◆少女A　新堂冬樹著　祥伝社　（祥伝社文庫）
【要旨】女優になる一心で幼い頃からの夢を抱いて上京した少女・花崎小雪は、大手芸能プロのオーディションでいともほろんに、プラ

イドを引き裂かれた。失意の底に沈んだ小雪が縋ったのは、偶然声をかけてきた街頭スカウトの井出。しかし、井出に連れていかれたのはアダルトビデオの現場だった！　決して誇りを失わず、トップAV女優として君臨した女の愛と信念の物語。
2017.7 352p A6 ¥670 ①978-4-396-34330-9

◆瞳の犬　新堂冬樹著　KADOKAWA　（角川文庫）
【要旨】夏の公園に虐待の傷を負い捨てられていた黒いラブラドールレトリーバー。介助犬訓練士の三崎達郎は、犬に運命的なものを感じテレサと名づけ介助犬として育て始めた。かつての母の死にさえ12年も口が利けなかった女性をテレサは治し、達郎はその瞳が起こす奇跡を目の当たりにする。だが直後、テレサの飼い主だと名乗る男が現れ…。
2017.6 375p A6 ¥800 ①978-4-04-105838-1

◆夜姫　新堂冬樹著　幻冬舎
【要旨】キャバクラの聖地、新宿・歌舞伎町の絶対女王、花蘭。日本人離れした外見とどんな相手にも合わせることのできる会話術で男たちを虜にし、年に数億を売り上げる。だがアパレル業界で働く乃愛には、最愛の妹が自殺する引き金となった、殺したいほど憎い女だ。復讐のため、乃愛は昼の仕事をやめ、虚栄、欲望と野心、嫉妬と憎悪が絡み合う夜の世界に足を踏み入れる。365日更新されるキャスト人気順位、24時間LINE営業、ドンペリゴールドに誘導する会話術、太客の争奪合戦…。
2017.7 269p B6 ¥1500 ①978-4-344-03089-3

◆明日の色　新野剛志著　講談社　（講談社文庫）
【要旨】スカイツリーの町で生まれ育った吾郎。低額宿泊所の施設長兼じぶんが社長と喧嘩してクビ。バツイチで、可愛い息子には時々しか会えず、元妻は再婚するという。多難な毎日だけど元ホームレスの青年・魁多に絵の才能を感じ、ギャラリストになろうと決意した。めげない男の奮闘が痛快・爽快な下町人情物語！
2017.9 469p A6 ¥860 ①978-4-06-293665-1

◆迷える空港―あぼやん　3　新野剛志著　文藝春秋　（文春文庫）　『あぼわずらい―あぼやん3』改題書
【要旨】航空業界に吹き荒れる逆風の中、遠藤や森尾が働く成田空港の大乱ツーリストにもリストラの圧力が。さらに、エリート本社出向社員・星名の不可解な言動にも翻弄され、人のいい遠藤が遂に出庫拒否!?「常にお客様のため」にトラブルを解決してきた空港スタッフたちの奮闘ぶりに胸が熱くなる大人気シリーズ第3弾！
2017.8 425p A6 ¥840 ①978-4-16-790847-8

◆ゲームセットにはまだ早い　須賀しのぶ著　幻冬舎　（幻冬舎文庫）
【要旨】クビを宣告されたプライドばかり高い圭輔、自身の夢と家族との間で葛藤する武、やりたいことが何もない超現実主義の心花…そんな彼らが、ど田舎のスーパーなどで働きながら、共に野球をするはめに。目標はまさかの全国制覇!?　はみ出し者の彼らは、人生の逆転ホームランを放つことができるか。かっこ悪くて愛おしい、大人たちの感動物語。
2017.4 450p A6 ¥770 ①978-4-344-42593-4

◆夏の祈りは　須賀しのぶ著　新潮社　（新潮文庫）
【要旨】文武両道の県立北園高校にとって、甲子園への道は遠い。格下の相手に負けた茂呼香山が立ち尽くした昭和最後の夏。その十年後は、エース葛巻と豪腕宝迎を擁して戦った。女子マネの仕事ぶりが光った年もあった。そして今年、期待されていないハズレ世代がグラウンドに立つ。背負って長年の悲願は叶うのか。先輩から後輩へ託されてきた夢と、それぞれの夏を鮮やかに切り取る青春小説の傑作。
2017.8 286p A6 ¥670 ①978-4-10-126973-3

◆夏は終わらない―雲は湧き、光あふれて　須賀しのぶ著　集英社　（集英社オレンジ文庫）
【要旨】弱小野球部の三ッ木高校は、エース月谷と主将筈吹のもとで確実に実力をつけていった。急成長を遂げるチームの中、捕手の鈴江は月谷の投球に追いつけず苦しむ。一方、ライバル東明学園の木暮も、思わぬ乱調でエースナンバーを剥奪される危機に。それぞれが悩みと熱い想いを胸に秘め、挑む夏の甲子園へ向けて走り出す！　感動の高校野球小説、クライマックス！
2017.7 238p A6 ¥540 ①978-4-08-680140-9

◆俺はバイクと放課後に―走り納め川原湯温泉　菅沼拓三著　徳間書店　（徳間文庫）
【要旨】同じ高校に通う女子が、真っ裸の俺の前に現れた!?　エレンという名で、華道の家元の娘らしい。元高校球児のブンヤとバイクでツーリング、川沿いの露天風呂に入ったとこまではいけれど、さすがにこの展開は恋すぎる。翌日は翌日で、昨日の災難をヘンに誤解したエレンの取り巻きにブンヤが囲まれて、俺まで煽りを食らってしまう。エレンがバイクに興味を持ってくれたことだけが救いだな。書下し温泉ツーリング学園小説。
2017.11 297p A6 ¥650 ①978-4-19-894277-9

◆俺はバイクと放課後に―雪が降る前に草津温泉　菅沼拓三著　徳間書店　（徳間文庫）
【要旨】ブンヤが突然告白された！　しかも学園祭終了直後の学食というベタな場所。相手は一年生で陸上部員のミア。ガチガチに固まって、噛みまくりだ。一方、ウエイトリフティング全国二連覇のミニマム美女委員長が生徒会長選挙に立候補。続いて、野球部マネージャーのヒラオカも出馬を表明。ヒラオカは「当選したら、野球部に戻れ」とブンヤを説得しているけれど、選挙と野球ってどんな関係が？
2017.12 333p A6 ¥660 ①978-4-19-894288-5

◆俺はバイクと放課後に―伊豆半島耐寒温泉ツーリング　菅沼拓三著　徳間書店　（徳間文庫）
【要旨】枝蓮のメル友女子が河越高校に留学!?　東御家にホームステイして、紫古流華道の師範免状取得を目指したいから、学校へ通わせたい。「温泉も、仲間とのバイクツーリングも、日本に行ったら自分もぜひ体験してみたい」と言ってるそうな。そんなある日、俺は校長室に呼び出された。バイク仲間みんな、県教育委員会フクズミ氏、国際留学生支援協会のホンジョーさんがいて、なにやら妙な緊張感が…。書下し温泉ツーリング学園小説。
2018.1 313p A6 ¥660 ①978-4-19-894301-1

◆40歳独身のエリートサラリーマンが「不動産投資」のカモにされて大損した件　杉田卓哉著　幻冬舎メディアコンサルティング，幻冬舎　発売
【要旨】大手上場企業に勤めるサラリーマン、須藤。40歳独身。将来への不安から、副収入を求めて「新築区分マンション投資」に手を出すが…。可愛い声の女性担当者でテレアポにおびき寄せ、イカつい営業マンが強引にクロージング！　複数戸まとめて不動産を購入させるエリートサラリーマンの行く末は―!?　"超エグい不動産投資の実態"を実話をもとにしたストーリーで大暴露。
2017.11 194,7p B6 ¥1400 ①978-4-344-91391-2

◆鎌倉夢幻　杉本晴子著　（鎌倉）冬花社
【要旨】妻子に去られた初老の石山と、誰よりも原節子を愛し続ける喫茶店「ハリウッド」のマスターとの奇妙な出会い。長い歴史の降り積もった鎌倉は、魂と魂の出会いを呼びこむ場所なのだろうか。
2017.5 173p B6 ¥1600 ①978-4-908004-18-6

◆競馬の終わり　杉山俊彦著　集英社　（集英社文庫）
【要旨】22世紀。ロシアの占領下にある近未来の日本では競走馬のサイボーグ化が決定。ロシア高官イリッチは、生身の馬体で行われる最後のダービーを勝つために零細牧場主・笹田の最高傑作"ポグロム"を購入。笹田はだだこねるのは最大手牧場が禁断の交配により生み出した"エピメテウス"。勝つのは「悪魔的な強さ」か、「病的な速さ」か。第10回日本SF新人賞受賞、時代が埋もれることを許さなかった問題作。
2017.7 300p A6 ¥620 ①978-4-08-745611-0

◆蒼天の悲曲―学徒出陣　須崎勝彌著　潮書房光人社　（光人社NF文庫）
【要旨】日本敗戦の日から七日後、鹿島灘に突入した九七艦攻と同期生たちの生と死を、事実の奥にひそむ真実を抉り出すべく、名シナリオ作家がほとばしるように織りなすかずかずの人間ドラマ。「一つの生を得るには一つの死が要る」の信念の下、「事件」の真相と心情を綴り、不条理の青春を生きた著者の体験に基づく感動作。
2017.10 315p A6 ¥850 ①978-4-7698-3033-7

◆ホイッスルが鳴るとき　鈴木和音著　幻冬舎メディアコンサルティング，幻冬舎　発売
【要旨】障害者施設で働く巧。巧の先輩職員、あすかの姉で、電動車椅子サッカー日本代表

現代の小説（純文学）

の絵美。巧の元カノ、梓。彼らは互いの悩みや不安をかかえながらも、それぞれに人生の答えを見つけ出し、やがて"大人"になっていく―。 2017.8 237p B6 ¥1000 ①978-4-344-91312-7

◆星のない夜　鈴木今日子著　鳥影社
【要旨】太平洋に面した地方都市で県の弁護士会会長をつとめる父が預かった娘が、しだいに母や姉妹たちに波紋を投げかける「善意の過ちの深さ」を問う表題作ほか、社会的マイノリティを通底するテーマに、人間存在の根源を問う。 2017.2 192p B6 ¥1700 ①978-4-86265-600-1

◆私は大人の貌(かお)を見せた子供　鈴木静著　鶴書院、星雲社 発売
【要旨】67歳にもなって「大人」になれない自分…。そんな自分と大人の貌を見せた女性が颯爽とすれ違う。「ああ―」と溜息がもれる。野に咲くタンポポが「あなたはあなたのままでいいんだよ」と言うかのように春風に吹かれて揺れている。私は自分なりにしっかりと生きるよ。ありがとうね。障がい者文学の確立。 2017.4 156p B6 ¥1500 ①978-4-434-23176-6

◆…なんでそんな、ばかなこと聞くの？　鈴木大輔著　KADOKAWA （角川文庫）
【要旨】生と死で賑わう、生と死が入り交じった町・郡上八幡。高校生、藤沢大和はある日この町で一死んだ。なぜ死んだのかも忘れたまま存在し続ける大和。そして、とある秘密を抱えながらも大和を生き返らせようとする、幼馴染みの少女・青山凛虎。不器用なふたりのひと夏の運命がいま一始まる。恋愛小説の名手が紡ぐ、傑作青春ストーリー。 2017.9 284p A6 ¥560 ①978-4-04-102634-2

◆黄金郷の河　鈴木貴雄著　（大阪）風詠社、星雲社 発売
【要旨】詩誌「コールサック」に連載された「前略、お前たちよ。生きろ」、文芸誌「覇気」連載の「エレクトアリス」ほか、10年にわたり創作された珠玉の24篇からなる短編集。 2018.1 127p A6 ¥1500 ①978-4-434-24092-8

◆おめでたい女　鈴木マキコ著　小学館
【要旨】25年連れ添った映画監督の夫との別れ、愛と憎、そして死。渾身の力で離婚のすべてを描いた圧倒の私小説！ 2017.11 233p B6 ¥1500 ①978-4-09-386482-4

◆さよなら、田中さん　鈴木るりか著　小学館
【要旨】田中花実は小学6年生。ビンボーな母子家庭だけれど、底抜けに明るくたくましいお母さんと、毎日大笑い、大食らいで生きている。この母娘を中心とした日常の事件を時に可笑しく、時にはホロッと泣かせる筆致で鮮やかに描きき。る。「12歳の文学賞」史上初3年連続大賞受賞賞。5編からなる衝撃的小学生デビュー作。 2017.10 253p B6 ¥1200 ①978-4-09-386484-8

◆ハイネさん―豊川海軍工廠をめぐる4つの物語　住田真理子著　（豊橋）これから出版
【要旨】ふたりは出会った。好きな本が読めなかった時代に。『ハイネさん』。空襲の混乱で、三人の朝鮮人徴用工が逃げ出した。『赤塚山のチョンス』。親子で出かけた大阪万博。その熱気で、母が思い出したものは…『太陽の塔』。百歳を迎えた祖父は、自ら庭に割り胼を突き立てている。『杭を立てるひと』。8月7日、空襲。四人の体験と記憶。 2017.7 187p B6 ¥1400 ①978-4-903988-08-5

◆か「」く「」し「」ご「」と「　住野よる著　新潮社
【要旨】みんなは知らない、ちょっとだけ特別なちからを。そのせいで、君のことが気になって仕方ないんだ―きっと誰もが持っている、自分だけのかくしごと。5人のクラスメイトが繰り広げる、これは、特別でありふれた物語。共感度No.1の青春小説！ 2017.3 275p B6 ¥1400 ①978-4-10-350831-1

◆君の膵臓をたべたい　住野よる著　双葉社（双葉文庫）
【要旨】ある日、高校生の僕は病院で一冊の文庫本を拾った。タイトルは『共病文庫』。クラスメイトである山内桜良が綴った、秘密の日記帳だった。そこには、彼女の余命が膵臓の病気により、もういくばくもないと書かれていて一。読後、きっとこのタイトルに涙する。「名前のない彼女」が織りなす、大ベストセラー青春小説！ 2017.4 325p A6 ¥667 ①978-4-575-51994-5

◆岩塩の女王　諏訪哲史著　新潮社
【要旨】緻密で典雅な言葉が紡ぐ6篇の異空間。 2017.8 205p B6 ¥2100 ①978-4-10-331382-3

◆小指が燃える　青来有一著　文藝春秋
【要旨】私たちは、過去を静かに見つめてみるべきなのだ。遠藤周作、林京子…先達の祈りを胸に戦場や爆心地を書き継ぐ作家の最新作品集。 2017.8 226p B6 ¥1800 ①978-4-16-390698-0

◆君が夏を走らせる　瀬尾まいこ著　新潮社
【要旨】小さな手。でたらめな歌。喜ぶ顔。増えていく言葉。まっしぐらに走ってくる姿。夏はまだ残っているというのに、それらをすべて手放さないといけないのだ。寂しい、悲しい。そういう言葉はピンとこないけど、体の、生活の、心の、ど真ん中にあったものを、するっと持っていかれるような心地。金髪ピアスの俺が1歳の女の子の面倒をみるなんて!?16歳の少年の思いがけない夏。青春小説の傑作が誕生！ 2017.4 281p B6 ¥1500 ①978-4-10-468603-2

◆春、戻る　瀬尾まいこ著　集英社（集英社文庫）
【要旨】結婚を控えたさくらの前に、兄を名乗る青年が突然現れた。どう見ても一回り は年下の彼は、さくらのことをよく知っている。どこか憎めない空気を持ち合わせた"おにいさん"は、結婚相手が実家で営む和菓子屋にも顔を出し、知らず知らずのうち生活に溶け込んでいく。彼は何を目的に現れたのか。何気ない日常の中からある記憶が呼び起こされて一。今を精一杯生きる全ての人に贈るハートフルストーリー。 2017.2 215p A6 ¥460 ①978-4-08-745541-0

◆聴け!!残存企業兵の声　関基勝著　幻冬舎メディアコンサルティング,幻冬舎 発売
【要旨】明治四十一年創業の帝国鉱業は、我が国を代表する金石両輪の素材会社として日本の近代化を支えてきた。しかし、過去の業績にあぐらをかいて変わりゆく世界的経済に翻弄され、行く手を見失い、帝国鉱業に暗雲が立ちこめた。企業の危機を救うため、一人の男が、その時、立ちあがった。 2017.5 199p B6 ¥1200 ①978-4-344-91162-8

◆1990年、何もないと思っていた私にハガキがあった　せきしろ著　双葉社
【要旨】深夜ラジオだけが世界との接点だった。それで十分だった。伝説のハガキ職人せきしろが自身の"あの頃"を描いた自伝的小説。 2017.7 244p B6 ¥1400 ①978-4-575-24041-2

◆青い花―瀬戸内寂聴少女小説集　瀬戸内寂聴著　小学館
【要旨】デビュー前に書かれた幻の作品に、書き下ろしを加えた全8作。三島由紀夫との思い出を綴ったエッセイも収録。作家・瀬戸内寂聴の原点がここに！瀬戸内寂聴、95歳にして初の少女小説集。 2017.10 239p B6 ¥1400 ①978-4-09-388554-6

◆いのち　瀬戸内寂聴著　講談社
【要旨】ガンと心臓の病に襲われ、痛切な"老い"に直面した私。脳裏に蘇るのは、70年近い作家人生で出会った男たち、そして筆を競った友の"死に様"だった。ただ一筋に小説への愛と修羅を生きた女の鮮烈な"いのち"を描き尽くす、渾身の感動作！ 2017.12 253p B6 ¥1400 ①978-4-06-220878-9

◆諧調は偽りなり 上　―伊藤野枝と大杉栄
瀬戸内寂聴著　岩波書店　（岩波現代文庫）
【要旨】「美はただ乱調にある。諧調は偽りなる。」（大杉栄）四角関係による刃傷沙汰、日蔭茶屋事件を経て、深く結びついたアナーキスト大杉栄と伊藤野枝。大杉の幼少期から関東大震災直後の甘粕正彦らによる虐殺まで、二人の生と闘いの軌跡を、神近市子、辻潤、武林無想庵、有島武郎と、行き交うさまざまな人物の人生とともに描いた、大型評伝小説。名著『美は乱調にあり』から一六年の時を経て成就した、注目の完結編。 2017.2 327p A6 ¥980 ①978-4-00-602285-3

◆諧調は偽りなり 下　―伊藤野枝と大杉栄
瀬戸内寂聴著　岩波書店　（岩波現代文庫）
【要旨】「美はただ乱調にある。諧調は偽りなる。」（大杉栄）四角関係による刃傷沙汰、日蔭茶屋事件を経て、深く結びついたアナーキスト大杉栄と伊藤野枝。大杉の幼少期から関東大震災直後の甘粕正彦らによる虐殺まで、二人の生と闘いの軌跡を、神近市子、辻潤、武林無想庵、有島武郎と、行き交うさまざまな人物の人生とともに描いた、大型評伝小説。名著『美は乱調にあり』から一六年の時を経て成就した、注目の完結編。栗原康氏との解説対談を収録。 2017.2 329p A6 ¥980 ①978-4-00-602286-0

◆美は乱調にあり―伊藤野枝と大杉栄　瀬戸内寂聴著　岩波書店　（岩波現代文庫）
【要旨】「美はただ乱調にある。諧調は偽りである。」（大杉栄）瀬戸内寂聴の代表作にして、伊藤野枝を世に知らしめた伝記小説の傑作が、続編『諧調は偽りなり』とともに文庫版で蘇る。婚家からの出奔、師・辻潤との同棲生活、『青鞜』の挑戦、大杉栄との出会い、神近市子を交えた四角関係、そして日蔭茶屋事件へ。その傍らには、平塚らいてうと『若い燕』奥村博史との恋もあった。まっすぐに愛し、闘い、生きた、新しい女たちの熱き人生。 2017.1 344p A6 ¥980 ①978-4-00-602284-6

〔た行の作家〕

◆煩悩の子　大道珠貴著　双葉社（双葉文庫）
【要旨】桐生極は小学五年生。いつも周囲にずれを感じているが、なぜなのかよく分からない。どういう局面でも腑に落ちないし、落ち着かない。でも、油断はしていない。ただひとつだけ分かっているのは、いまここで間違ったら、先々どんくさい人間になりかねないということだ―。世界と向き合い始めた少女の日々の観察と分析をシニカルなユーモアで描く成長小説。 2017.5 190p A6 ¥546 ①978-4-575-51997-6

◆異世界コンサル株式会社　ダイスケ著　幻冬舎
【要旨】通勤途中に突然異世界に転移した、経営コンサルタントのケンジ。特にチートもなく、魔術も使えないケンジは、赤毛の弓兵・サラをアシスタントに加え、元経営コンサルタントのハウツーで、周りのパーティーの問題を次々と解決し、頭角を現していく。やがてケンジは、腕利きで鳴らすトップクラン『剣牙の兵団』と組んで、ある事業に乗り出すのだが―。サラリーマン必読のビジネスハウツーが満載、異色のビジネス・ファンタジーノベル！ 2017.7 376p B6 ¥1400 ①978-4-344-03141-8

◆婚活探偵　大門剛明著　双葉社
【要旨】41歳の黒崎竜司は元敏腕刑事で、訳あって探偵転職した。事務所ではハードボイルドを気取っているが、実は女性とまともに付き合ったことがない草食系なのだ。結婚相談所のアドバイザー・城戸まどかは親身にサポートしてくれる。しかし、妙にマジメな性格が災いしてか、誤解あり、判断ミスあり、運はナシで、道のりは険しく…。竜司の婚活に未来はあるのか!? 2017.6 323p B6 ¥1600 ①978-4-575-24039-9

◆愛にもいろいろありまして　平安寿子著　実業之日本社（実業之日本社文庫）（『Bランクの恋人』改題書）
【要旨】モテるためにひたすら努力する"Bランク"男。「愛してる」の一言さえあれば家庭円満、が持論の夫。"はずれっ子"と付き合うことに精を出す負け犬女教師。恋多きゲイの失恋＆ひと目惚れ騒動…。ちょっぴりホロ苦い"愛"の形をユーモラスに描く。大爆笑のうち、じんわりほろり。心のデトックスに効き目バツグンの傑作小説集。 2017.6 285p A6 ¥593 ①978-4-408-55361-0

◆言い訳だらけの人生　平安寿子著　光文社（光文社文庫）
【要旨】田中修司、四十九歳。「バブル入社組」と言われ、上司からは翻弄され、部下からは突き上げられる。家庭の実権は妻にあって、それでいいと思っているけれど、なんなかどうして大変そうだ。ある日、徳市じいさんが死んだと聞き、幼なじみの和彦、達也と集まると、あの頃の記憶が蘇る。ただひたすら楽しかった思い出一。今を生き抜く「元・男子」に贈る人生の応援歌。 2018.1 343p A6 ¥740 ①978-4-334-77586-5

◆オバさんになっても抱きしめたい　平安寿子著　祥伝社（祥伝社文庫）
【要旨】我々はバブルの犠牲者だ！―イケイケなバブル女の上司・山元里佳子は、質素なアラサーOL・才川美結の天敵。耳にタコの自慢話にお説教…ああ、うっとうしい！そんな里佳子がある事件をきっかけに婚活を本格始動、気になる草食男子・野々村にまでちょっかいを出してきて…。私だって幸せをつかみたい！女同士の本音がぶつかる痛快ジェネレーションバトル小説。 2017.7 301p A6 ¥620 ①978-4-396-34331-6

現代の小説（純文学）

◆あなたの病院―医師に御用心　平凡人著　東京図書出版, リフレ出版 発売
【要旨】主人公草直志が勤務する町中の総合病院。彼が起こすひと騒動に、患者や看護師、他の医師たちだけでなく、経営者をも悩ませる！果たしてその結末は？　現役の勤務医が明かす病院の内側。医師に泣かされるのは患者だけではない。
2017.6 89p B6 ¥1000 ①978-4-86641-055-5

◆白磁海岸　高樹のぶ子著　小学館
【要旨】大学生だった息子の16年前の不可解な死の謎を追う母、息子の親友だった夫婦、不倫の恋に溺れる20歳の女性、そして、謎の朝鮮白磁を発掘した若き大学講師と陶芸界の黒幕の老人。古都金沢を舞台に、大学生の謎と白磁の正体をめぐって驚くべき物語が展開する。恋愛小説とミステリが融合する、傑作エンタテインメント長編。
2017.12 267p B6 ¥1500 ①978-4-09-386483-1

◆マイマイ新子　高樹のぶ子著　筑摩書房（ちくま文庫）
【要旨】新子はマイマイ（つむじ）をピンと立て、妹や友達と今日も元気に駆けまわる。大好きなおじいちゃんが作ってくれたハンモックは二人だけの秘密。昭和30年の山口県国衙を舞台に、戦争の傷を負いながらも懸命に生きる大人たち。変わりゆく時代の中で成長する子どもたちをいくつも切なく描いた傑作。片渕須直監督アニメ映画『マイマイ新子と千年の魔法』原作小説。
2017.6 349p A6 ¥770 ①978-4-480-43451-7

◆うちの執事に願ったならば 3　高里椎奈著　KADOKAWA（角川文庫）
【要旨】フランスにある烏丸家の別荘に集った6人の使用人。かつて烏丸家で代理執事を務めたヴァズの発案で各家の使用人同士の技術交流が行われる最中、何者かが地下金庫に侵入。犯人を袋小路に追い詰めたものの、そこにいたのは衣更月以外の5人の使用人たちだった。金庫破りを目論んだのは誰か。そのうえ帰国した花瓶に飛び込んできた烏丸家売却のニュース。すべてを失った花瓶に衣更月は「私は烏丸家の執事です」と言い放ち―!?
2017.11 250p A6 ¥560 ①978-4-04-106178-7

◆勁草の人　中山素平　高杉良著　文藝春秋（文春文庫）
【要旨】日本興業銀行頭取・会長、経済同友会代表幹事を歴任し、「財界鞍馬天狗」と呼ばれた中山素平。新日鐵発足、ジャパン・インドネシア・オイル設立、NTT民営化、国鉄分割、東京ディズニーランド開園…。時代を動かす者の向こうには、必ず彼がいた。格差社会が叫ばれる今日、勁く温かいリーダーの実像を描く傑作。
2017.3 439p A6 ¥770 ①978-4-16-790806-5

◆辞令　高杉良著　文藝春秋（文春文庫）
【要旨】大手メーカー宣伝部副部長の広岡修平に、左遷辞令が下る。有能で人柄も良く、同期中の出世頭だったはずなのになぜだ!?自ら調査に乗り出した広岡は、ファミリー企業に巣食う利己的な思惑と保身、讒言、足の引っ張り合いに巻き込まれていく。不可解な「辞令」をモチーフに、組織と人間のあり方に迫る。
2017.11 415p A6 ¥770 ①978-4-16-790962-8

◆組織に埋れず　高杉良著　新潮社（新潮文庫）
【要旨】添乗員時代、ツアー客の航空券を忘れる大失態に辞職も考えたJTBの「ずっこけ若手社員」大軒敏治。「仕事上の失敗は仕事で返すしかない」心、心機一転、OB人脈や顧客の列気をひと言からヒントをつかみ、前例のない新商品を生み出していく。年金ツアー、積立旅行、デパート共通商品券…。思考停止とマンネリを破り、つねに新しい仕事を楽しんだ実在のヒットメーカーの胸奥を描く快作。
2017.5 430p A6 ¥670 ①978-4-10-130335-2

◆めぐみ園の夏　高杉良著　新潮社
【要旨】昭和二十五年夏。両親に見捨てられた十一歳の亮平は、孤児たちが暮らす施設「めぐみ園」に放り込まれた―。厳しい食糧事情、粗暴な上級生、園長夫妻の理不尽、幼い弟妹。級友たちと園長に支えられ、亮平は持前の機転と正義感で、自らの未来を切り拓いていく。経済小説の巨匠初の自伝的長編小説。
2017.5 270p B6 ¥1400 ①978-4-10-454706-7

◆グランプリ　高千穂遙著　早川書房（ハヤカワ文庫JA）
【要旨】十二月三十日、その年のG1優勝者や賞金王など九人の選手が、最速の称号と賞金一億円を争って「KEIRINグランプリ」が開催される。過酷な自転車トラックレース、競輪で人生をかける男たちが挑む、年に一度の決戦への道を迫真の筆致で描き、読む者の血をたぎらせる自転車競技小説の傑作！　妻への愛、友との友情、息子への想い、仲間との連帯を胸に、男たちは熱き血を躍動させ、ただひたすら、ゴールへと走る！
2017.11 463p A5 ¥880 ①978-4-15-031304-3

◆ペダリング・ハイ　高千穂遙著　小学館
【要旨】調布にある深大寺サイクル。ママチャリを買いに行ったら、運命の出会いが待っていた！初心者のぼくが、3ヶ月で実業団カゼに!?
2017.11 318p B6 ¥1500 ①978-4-09-386485-5

◆ポスドク！　高殿円著　新潮社（新潮文庫）（『マル合の下僕』改題版）
【要旨】瓶子貴宣は、月収10万円の私大非常勤講師。博士号を持ち実力も抜群なのに、指導教官の不祥事で出世の道を閉ざされた。しかも姉が育児放棄した甥、誉を養っている。貧乏でも正規雇用を諦めない貴宣の前に、千載一遇の家庭問題まで勃発―。奮闘するポスドクの未来はどうなる!?痛快かつ心温まる、極上のエンタテインメント。
2018.1 409p A6 ¥670 ①978-4-10-121221-0

◆昭和残照 ひと物語　高野望著　（大阪）星湖舎
【要旨】偶然に出会い、そして何気に別れた、ただ、それだけのことだったのだ。昭和のあのころ、人生には季節があった。伝播する激情の彼、熱病に冒されていた。もう戻らない時代への追憶。
2017.11 215p B6 ¥1300 ①978-4-86372-093-0

◆日本の悪霊　高橋和巳著　河出書房新社（河出文庫）
【要旨】60年安保闘争下の京都―刑事・落合は強盗容疑者・村瀬を単独で調べ始める。特攻隊員として国家のために死を決意しながら生き残った刑事と、八年間の戦後沈黙期に革命の牙を秘して火炎瓶闘争から殺人にもかかわった容疑者。執拗に容疑者の過去を探る刑事の胸に、いつしか奇妙な共感が…ミステリアスな展開のなかに、民衆・個人と権力、"罪と罰"の根源を問う著者の代表的作品。
2017.6 519p A6 ¥1400 ①978-4-309-41538-3

◆我が心は石にあらず　高橋和巳著　河出書房新社（河出文庫）
【要旨】学徒出陣の生き残りであり、エリート技術者となった「私」は地方都市企業の労働組合を率い、地域連合組織を作ろうとしている。一方で、妻子ある家族でありながらも不毛な愛を続けていた。その運動が緊迫し、女が妊娠するなかで、「危険な破滅への意志が蘇る」―高度経済成長と「政治の時代」のなか、「私」の回顧という形で志の可能性を深く問いつめた高橋文学の金字塔！
2017.8 427p A6 ¥1200 ①978-4-309-41556-7

◆ぎんなんのいえ　高橋兼治著　（名古屋）ブイツーソリューション, 星雲社 発売
【要旨】愛と根性をもち頑張る男女を描く。運命に翻弄されながらも必死に生きる人たちにエールを送ります。
2017.10 262p B6 ¥1500 ①978-4-434-23920-5

◆銀河鉄道の彼方に　高橋源一郎著　集英社（集英社文庫）
【要旨】ジョバンニのお父さんは宇宙飛行士だ。「宇宙の果て」に関する秘密を明かした直後、いくつもの謎を残したまま、宇宙船から通信を絶って失踪してしまう。ある日、ジョバンニは目を覚ますと、なぜか古い鉄道の車中だった。そして父を追い求め、時空を超えて旅に出る―。宮沢賢治作『銀河鉄道の夜』を大胆に換骨奪胎した傑作、待望の文庫化！時代のオピニオンリーダー高橋源一郎の新たな代表作。
2017.8 578p A6 ¥1400 ①978-4-08-745625-7

◆恋する原発　高橋源一郎著　河出書房新社（河出文庫）
【要旨】震災の被災者支援チャリティーのためにアダルト・ヴィデオの制作を企画した男たちのひとすぎる奮闘記。言葉を失う現実を前に、言葉を発する意味を問い―カワカミヒロミ、ミヤザキハヤオ、イシムレミチコらを論じた「震災文学論」を挿入。東日本大震災及び福島第一原発事故直後に発表され、大きな議論を巻き起こした問題作。
2017.3 303p A6 ¥830 ①978-4-309-41519-2

◆ダダイストの睡眠　高橋新吉著, 松田正貴編　（東久留米）共和国
【要旨】現実と内面、正気と狂気のあわいを超えた、詩的言語の実践。『ダダイスト新吉の詩』（1923）によって一挙に「現代詩」を到来させた日本最初のダダイスト、高橋新吉。虚無思想と禅を基盤とし、時代と社会を超越した14編を斬新な構成で編集。
2017.8 259p B6 ¥2600 ①978-4-907986-23-0

◆スイミングスクール　高橋弘希著　新潮社
【要旨】私と母の間には、何があったのか―。父の不在。愛犬の死。実家の片付け。そしてカセットテープの謎。母とその娘との繊細な関係を丁寧に描き持つ気鋭の作家の注目作！第155回芥川賞候補作「短冊流し」を併録。
2017.1 139p B6 ¥1400 ①978-4-10-337073-4

◆日曜日の人々（サンデー・ピープル）　高橋弘希著　講談社
【要旨】他者に何かを伝えることが救いになるんじゃないかな。亡くなった従姉から届いた日記。それをきっかけに、僕はある自助グループに関わるようになった…。死に惹かれる心に静かに寄り添う、傑作青春小説！
2017.8 155p B6 ¥1400 ①978-4-06-220708-9

◆指の骨　高橋弘希著　新潮社（新潮文庫）
【要旨】太平洋戦争中、南方戦線で負傷した一等兵の私は、激戦の島に建つ臨時第三野戦病院に収容された。最前線に開いた空白のような日々。私は、現地民から不足する食料の調達を試み、病死した戦友真田の指の骨を手土産に帰郷を願う。敵軍の攻勢に転じた敵軍は軍事拠点を次々奪還し、私も病院からの退避を余儀なくされる。「野火」から六十余年、忘れられた戦場の狂気と哀しみを再び呼びさます衝撃作。
2017.8 138p A6 ¥400 ①978-4-10-120991-3

◆クリミア発女性専用寝台列車（プラツ・カルト）　高橋ブランカ著　未知谷
【要旨】セルビア文学の新星、第二短篇集。
2017.8 190p B6 ¥2000 ①978-4-89642-532-1

◆さすらいの皇帝ペンギン　高橋三千綱著　集英社
【要旨】小説家・楠三十郎は『テレビ麻布』開局30周年記念のドキュメンタリー番組のレポーターとして南極に行ってほしいとのオファーを受けた。経由地、チリのプンタアレナスで、ある少女からクリスマスプレゼントとして大きな鳥かごをもらうが、中にいたのは皇帝ペンギンの雛。どうやら南極に帰してほしいということだった。そして悪戦苦闘の旅が始まった―。
2017.3 225p B6 ¥1600 ①978-4-08-771107-3

◆みさと町立図書館分館　高森美由紀著　産業編集センター
【要旨】みさと町立図書館分館に勤める遥は、33歳独身の実家暮らし。遥が持参する父お手製の弁当に、岡部主査はいつも手を伸ばし、くすねていく。人事異動でやってきた彼は、図書整理もできないインターネットサーフィン中毒だ。本の貸借トラブル＆クレーム対処をはじめ、家庭内の愚痴聞きや遺失物捜索など色々ある"図書館業務"は、ままならないことが多い。でも小さな町の図書館分館では、訪れる人たちの生活が感じられる。理解もできる。だから、ここではちょっと優しくなれるのだ。いなかのちょっと古い図書館を舞台に描かれる、小さな町のハートフル・ストーリー。
2017.10 329p B6 ¥1300 ①978-4-86311-165-3

◆通天閣さん―僕とママの、47年　高山トモヒロ著　ヨシモトブックス, ワニブックス 発売
【要旨】映画『ベイブルース』から33年。元ベイブルースの高山トモヒロ（ケツカッチン）がすべての"家族"におくる、涙と感動の自伝的小説。昭和の大阪・下町。母との別れと再会。不器用だけど温かい、家族再生の物語。
2017.12 238p B6 ¥1400 ①978-4-8470-9629-7

◆高架線　滝口悠生著　講談社
【要旨】風呂トイレつき、駅から5分で家賃3万円。古アパート・かたばみ荘では、出るときに次の入居者を自分で探してくることになっていた。部屋を引き継いだ住人がある日失踪して…。人々の記憶と語りで紡がれていく16年間の物語。注目の芥川賞作家、初めての長篇小説。
2017.9 231p B6 ¥1600 ①978-4-06-220759-1

◆茄子の輝き　滝口悠生著　新潮社
【要旨】離婚と大地震。倒産と転職。そんなできごとも、無数の愛おしい場面とつながっている。

旅先の妻の表情。震災後の不安な日々。職場の千絵ちゃんの愛らしさ一。次第に輪郭を失いながら、なお熱を発し続ける一つ一つの記憶の、かけがえのない輝き。覚えていることと忘れてしまったことをめぐる6篇の連作に、ある秋の休日の街と人々を鮮やかに切りとる「文化」を併録。
2017.6 221p B6 ¥1600 ①978-4-10-335313-3

◆操翼士オリオ　滝澤真実著　幻冬舎メディアコンサルティング、幻冬舎 発売
【要旨】"タコ"で飛行する「操翼士」のオリオ。「空の悪魔」とも呼ばれた彼には、凄絶な過去があった。そんな彼を慕うリツカ。二人の運命は、やがて激しい嵐に巻き込まれてゆく一。
2017.9 469p A6 ¥800 ①978-4-344-91356-1

◆たとえ明日、世界が滅びても今日、僕はリンゴの木を植える　瀧ума古都著　SBクリエイティブ
【要旨】
2017.3 283p B6 ¥1200 ①978-4-7973-9037-7

◆いろは匂へど　瀧羽麻子著　幻冬舎（幻冬舎文庫）
【要旨】京都・二条で小さな和食料店を営む紫。好きなものに囲まれ静かに暮らす来の毎日が、20歳近く年上の草木染め職人・光山の出現でがらりと変わる。無邪気で大胆なくせに、強引なことを「してくれない」彼に、紫は心を持て余し、らしくない自分に戸惑い果てる。それでも想いは募る一。ところが、光山には驚くべき過去が一。ほろ苦く、時々甘い、恋の物語。
2017.2 347p A6 ¥690 ①978-4-344-42572-9

◆左京区桃栗坂上ル　瀧羽麻子著　小学館
【要旨】わたし、お兄ちゃんのおよめさんになる。ときめく「左京区」に、やさしい愛があふれ出す一誰もが恋したくなる！ 超好感ラブストーリー。
2017.7 333p B6 ¥1500 ①978-4-09-386470-1

◆乗りかかった船　瀧羽麻子著　光文社
【要旨】舞台は創業百年を迎える中堅造船会社。配属、異動、昇進、左遷—。人事の数だけドラマがある！ 明日、働く元気がもらえる、全七編の連作短編集。
2017.9 268p B6 ¥1600 ①978-4-334-91184-3

◆ばりばり　瀧羽麻子著　実業之日本社（実業之日本社文庫）
【要旨】中林菫は、担当教師に才能を見出され、17歳の若さで詩人としてデビューした一。姉の自由さに苛立ちながらも憧れを抱く妹。伸び悩む新人に苦悩する編集者。不思議な魅力を持つ隣人にときめく大学生。意外な形で同級生と再会する販売員。幼い娘の成長に不安を覚える母親。詩人「すみれ」とかかわった人々が見つける愛の形を描く、青春＆家族小説。
2017.6 269p A6 ¥593 ①978-4-408-55362-7

◆松ノ内家の居候　瀧羽麻子著　中央公論新社
【要旨】七十年の時を経て、文豪とその孫が同じ屋敷に転がりこんだ。孫の目当ては幻の原稿。掘り起こされる、家族も知らない"秘密"の数々。お宝騒動のさざ波が、彼方の記憶をたぐり寄せ—。
2017.3 325p B6 ¥1600 ①978-4-12-004960-6

◆逆さに吊るされた男　田口ランディ著　河出書房新社
【要旨】オウム真理教とは何だったのか、私だけが、真実に辿りつけるはず—。地下鉄サリン実行犯死刑囚Yとの十年を超える交流。実体験をもとに、世紀の大事件を描く衝撃の私小説。
2017.11 247p B6 ¥1600 ①978-4-309-02482-0

◆訴訟合戦—オレ、あした、部長のこと訴えるわ　竹内謙礼著　KADOKAWA（角川文庫）
【要旨】「部長の発言、訴えてもいいんですよ」。「殿山缶詰」の若手社員、飯尾、佐山、多賀井の3人は、日頃の鬱憤を晴らそうと「裁判」「慰謝料」などの言葉をちらつかせ、部長の久保見を謝らせることに成功する。これをきっかけに社内では部下が上司を訴える事態が頻発。容認できない課長の楠木、寺石たちは、弁護士をバックにつけ反撃を開始した。そんな中、会社が買収されるかもしれない事件が起こって—。実用ビジネスノベル！
2017.12 229p A6 ¥600 ①978-4-04-105190-0

◆ばらっぱフーガ　竹内真著　双葉社（双葉文庫）
【要旨】有人と風香は吹奏楽部でアルトサックスを吹く恋人同士。高校でも共に全国を目指そうと、名門・旺華高校を揃って受験した。だが、有人がまさかの不合格。吹奏楽部がない羽修館学園に入学してしまい、人数ゼロからスタートする羽目

に—。一方、風香は全国大会金賞常連の名門の洗礼を受け吹奏楽への情熱をハートフルにユーモラスに奏でた青春組曲。
2018.1 340p A6 ¥657 ①978-4-575-52072-9

◆女談合屋 6 衝撃作戦　竹乃大著（静岡）静岡新聞社
【要旨】「談合」の実体験を基にした衝撃のフィクション第6弾。暴行事件や記念物保存会館の工事受注をめぐるトラブルの後、草花市の「話し合い（談合）」の顔ぶれは大きく変わった。無知で非礼な新参者の存在は煩わしいが、落ち着きを取り戻したかに見えた。しかしまたも事件勃発。白かかわる凶悪なものだ。これは「あいつら」の仕業か？ 絶えることのない怨念、懲りない執拗な攻撃に「女談合屋」とその仲間たちが立ち向かう。悪意に満ちた危険な「裏営業」に平和な日が訪れることはないのか…。
2017.3 247p B6 ¥1300 ①978-4-7838-9947-1

◆女談合屋 7 これでもか　竹乃大著（静岡）静岡新聞社
【要旨】女談合屋の忍と美香は、もはや草花市では「中心的存在」である。時に事情に疎い者が場を乱すが、忍や美香には太刀打ちできない。トラブルメーカーな「三悪人」（白井・茶畑・灰田電業）も消滅し「話し合い（談合）」は一見平穏のように見えた。そんな中、草花市に空調機業の旭電空社が本社を移転してきた。この社は以前の石への恨みを忘れず電気工事業に参入してきたのだ。この社の例に漏れず、騒動を引き起こす。「談合」の実体験を基にしたフィクション第7弾、遂に最終ステージへ。
2017.6 247p B6 ¥1300 ①978-4-7838-9949-5

◆お迎えに上がりました。—国土交通省国土政策局幽冥推進課　竹林七草著　集英社（集英社文庫）
【要旨】入社試験当日に会社が倒産し、路頭に迷った朝霧夕霞。失意の中立ち寄った公園の掲示板で、国土交通省の臨時職員募集の貼紙を見付け、藁をも掴む気持ちで応募する。不可思議な試験を経て採用が決まったそこは「幽冥推進課」。国土開発の妨げになる地縛霊などを立ち退かせる不思議な部署で、同僚は全員妖怪。しかし好待遇に心惹かれた夕霞は、働くことを決意し…。あやかしお仕事小説、開幕！
2017.8 268p A6 ¥520 ①978-4-08-745631-8

◆応えろ生きてる星　竹宮ゆゆこ著　文藝春秋（文春文庫）
【要旨】結婚直前の会社員・廉次の前に現れた女は、突然のキスと、謎の言葉を残して消える。直後に、婚約者は目の前で別の男と駆け落ちをされた廉次は謎の女と再会。婚約者の行方をある手段で探し出そうとする。奪われて、失って、続けた痛みからの再生を描く書き下ろし長篇小説。
2017.11 254p A6 ¥640 ①978-4-16-790844-7

◆神様のお伊勢参り　竹村優希著　双葉社（双葉文庫）
【要旨】恋人も仕事も失い、伊勢神宮に神頼みにやってきた谷原芽衣。事もあろうか、駅からくで宮に向かう途中に有り金を盗られた芽衣は、泥棒を追いかけて迷い込んだ内宮の裏の山中で謎の青年・天と出会う。一文無しで帰る家もないこともあり、天の経営する宿「やおよろず」で働くことになった芽衣だが、予約帳に載っているのは市杵島姫や磐鹿六雁など聞きなれない名前ばかり。なんと「やおよろず」は、お伊勢参りにやってくる日本中の神様御用達のお宿だった!?
2017.6 268p A6 ¥583 ①978-4-575-52011-8

◆神様たちのお伊勢参り 2 逃げる因幡の白うさぎ　竹村優希著　双葉社（双葉文庫）
【要旨】谷原芽衣が、伊勢神宮の内宮の裏山にある宿「やおよろず」で働き始めて4カ月。火の神様にオムライスを振る舞ったり、猿田彦大神様（天狗様！）に道案内したり、相変わらず不思議なお客さんで大忙しの毎日を送る芽衣。そんなある日、大国主様に頼まれて、因幡の白うさぎを捜しにおかげ横丁へ行くが、そこでとんでもない事件が芽衣を待ち受けていた!?大人気神様ストーリー、第二弾！
2017.11 235p A6 ¥574 ①978-4-575-52052-1

◆神様の棲む診療所　竹村優希著　双葉社（双葉文庫）
【要旨】東京の大学病院で働いていた比嘉篤は、父親の診療所を継ぐため8年ぶりに沖縄に帰った。患者は元気なはずだが、という噂に当惑としていたある日、診療所に朱色の髪をした跣足の子供がやって来た。子供のことを知っ

ているようだが、篤に記憶はない。診療所に入り浸っている謎の青年・宮城獅道は、その子は庭の枯れかけたカジュマルの木に棲む精霊・キジムナーだと言うが—南の島の神様や精霊たちとの交流を描いた、心温まる物語。
2017.5 269p A6 ¥583 ①978-4-575-51980-8

◆神様の棲む診療所 2　竹村優希著　双葉社（双葉文庫）
【要旨】あれほど嫌だった沖縄での生活に、少しずつ居心地の良さを感じ始めた比嘉篤。ある日、琉球王国時代の「聖地」である斎場御嶽に行くと、キミと遭遇する。「ニライカナイ（理想郷）って本当にあるの？」とキミに訊く篤。そこに突然、木の葉にすっぽりとくるまれた小さな生き物が現れ、久高島のほうへ飛んでいく。驚く篤に、キミは「あれはキーヌシー（木霊）だ」と言うが—診療所の若きお医者さんと南の島の"神様たち"との交流を描いた、心温まる物語。
2017.12 247p A6 ¥574 ①978-4-575-52064-4

◆丸の内で就職したら、幽霊物件担当でした。　竹村優希著　KADOKAWA（角川文庫）
【要旨】東京、丸の内。本命の一流不動産会社の最終面接で、大学生の澪は唖然としていた。理由は、怜悧な美貌の部長・長崎次郎からの簡単すぎる質問。「面接官は何人いる？」正解は3人。けれど澪の目には4人目が視えていた。長幅に、霊が視えることその素質を買われ、澪は事故物件を扱う「第六物件管理部」で働くことになり—。イケメンSな上司と共に、憑いてる物件なんとかします。元気が取り柄の新入社員の、オカルトお仕事物語！
2017.10 284p A6 ¥560 ①978-4-04-106233-3

◆教科書で読む名作 走れメロス・富嶽百景 ほか　太宰治著　筑摩書房（ちくま文庫）
【要旨】これまで高校国語教科書に掲載されたことのある太宰治の短編小説集。教科書に準じた注と図版について、読みやすく分かりやすい。解説として、著名な太宰論も収録。
2017.4 286p A6 ¥680 ①978-4-480-43418-0

◆斜陽 前編　太宰治著　ゴマブックス（大活字名作シリーズ）
2017.3 183p B5 ¥2800 ①978-4-7771-1888-5

◆斜陽 後編　太宰治著　ゴマブックス（大活字名作シリーズ）
2017.3 135p B5 ¥2300 ①978-4-7771-1889-2

◆人間失格 前編　太宰治著　ゴマブックス（大活字名作シリーズ）
2017.3 119p B5 ¥2300 ①978-4-7771-1886-1

◆人間失格 後編　太宰治著　ゴマブックス（大活字名作シリーズ）
2017.3 119p B5 ¥2300 ①978-4-7771-1887-8

◆走れメロス 他（新樹の言葉、水仙）　太宰治著　ゴマブックス（大活字名作シリーズ）
【目次】走れメロス、新樹の言葉、水仙
2017.3 126p B5 ¥2300 ①978-4-7771-1892-2

◆争議生活者—「時の行路」完結編　田島一著　新日本出版社
【要旨】8年に及ぶ「非正規切り」争議が決着。私生活も退路もない現代の争議生活者が語る"希望の灯"とは。
2017.9 174p B6 ¥1900 ①978-4-406-06168-1

◆ダブルマリッジ　橘玲著　文藝春秋
【要旨】大手商社五井商事の部長、桂木憲一がパスポートの申請のために戸籍謄本をとると、婚姻欄に、妻の名前と並んで、「ロペス・マリア」なるフィリピン人女性の名前が入っていた。いったいどういうことなのか？ そもそも、日本では重婚は認められていないはずではないか？ 市役所市民課の山下という課長補佐に問い合わせると、「明治以来重婚罪がありますが、民法では『配偶者のある者は、重ねて婚姻をすることができない』として、当事者がその取消しを請求できると定められているだけですから、請求がなければそのままです」と驚くべき返事が返ってきたのだが。
2017.1 318p B6 ¥1500 ①978-4-16-390592-1

◆ふなだま　立花水馬著　徳間書店
【要旨】父の葬儀後、一週間ぶりに出社した課長の江原修司は社内でリストラが行われることを知る。上から無茶な人員削減案を押しつけられ、家庭も崩壊寸前…。苦悩する修司が見つけたのは、亡き父が遺した不思議な石。この「石」に触

現代の小説（純文学）

れてから、修司は奇妙な夢を見始める―。人生最大の危機。父の遺品「鉄塊」が道を示してくれた。オール讀物新人賞作家、渾身の人間ドラマ。　2017.9 315p B6 ¥1700 ①978-4-19-864471-0

◆宰相A　田中慎弥著　新潮社　（新潮文庫）
【要旨】揃いの国民服に身を包む金髪碧眼の「日本人」。武力による平和実現の大義を説く黒髪の首相A。母の墓参に帰朝したはずが、「日本国」の違法侵入者として拘束された小説家Tは、主権を奪われた「旧日本人」の居留地に送られる。そこで自分と瓜二つの伝説の救国者Jの再来とみなされたTは、国家転覆を狙うレジスタンス羅騎に巻き込まれていく。もう一つの日本に近未来の悪夢を映す問題作。
2017.12 221p A6 ¥460 ①978-4-10-133484-4

◆空吹く風/暗黒天使と小悪魔/愛と憎しみの傷に―田中英光デカダン作品集　田中英光著, 道旗泰三編　講談社　（講談社文芸文庫）
【要旨】太宰治をして「この荒れ果てた竹藪の中にはかぐや姫がいる」と言わしめた「空吹く風」、戦後の混乱の中で春をひさぐ女たちに真実の愛を夢想する「暗黒天使と小悪魔」、運命の女との愛欲の果てに傷害事件に至る顛末を描いた「愛と憎しみの傷に」。共産党への幻滅ゆえに生きる意味への絶望ゆえに女に溺れ、薬と酒で破滅へと突き進んでいく自らの姿を見据え、人間の本性を浮き彫りにする小説集。
2017.7 413p A6 ¥1700 ①978-4-06-290355-4

◆ストーミー・ガール―サキソフォンに棲む狐2　田中啓文著　光文社　（光文社文庫）
【要旨】吹奏楽部を辞めた典子は、メンバーを募集していたジャズ・バンドに加わることに。夜の街・新宿で、プロ奏者たちの刺激的な演奏に出会い、練習にのめり込んでいく。そこに典子のアルトサックスの来歴と、父親の死の真相を知る人物が現れて、運命は大きく動き出す―。少女が悩み、傷つきながらも、自分の音楽を見出すために駆け抜ける本格ジャズ青春小説、完結編。　2017.2 468p A6 ¥840 ①978-4-334-77426-4

◆ニワトリ★スター　たなか雄一狼著　宝島社　（宝島社文庫）
【要旨】東京の片隅にある奇妙なアパートで共同生活する草太と楽人の秘密は、大麻の密売で生活していること。自堕落で自由で楽しく、また、楽人が思いを寄せるシングルマザーの月海ともに生きようとしたとき終わりを告げる。二人に迫るヤクザの魔の手。彼らは次第に予測不可能な事態に巻き込まれていく―。都会の吹き溜まりで生きる、ギザギザ傷だらけ男たちのバイオレンス・ラブ・ファンタジー。
2017.12 381p A6 ¥630 ①978-4-8002-7554-7

◆小説集 彩鱗舞う　棚橋鏡代著　（名古屋）風媒社
【要旨】「義兄さんの絵は、私がかならずや守るから」。画家の最期の日々を見つめ、芸術と格闘した人生の永劫の苦闘を描く表題作のほか、あまたの苦しみと寄り添って生きる人々の日常に、生の耀きを見いだす小説集。
2017.2 405p B6 ¥1800 ①978-4-8331-2092-0

◆人魚の石　田辺青蛙著　徳間書店
【要旨】人魚の男と私。おんぼろ寺での奇妙な共同生活は、私を壊すー。ある目私は誰もいないおんぼろ寺に帰ってきた。掃除に取り掛かった私が池で見つけたのは、真っ白な自称人魚の男「うお太郎」。人魚には見えないが、人間とも思えない不思議な生物だった。うお太郎は「この寺の周辺には奇妙な石が埋っており、それを私には見つける力がある」と言うが―。
2017.11 298p B6 ¥1700 ①978-4-19-864508-3

◆私の大阪八景　田辺聖子著　KADOKAWA　（角川文庫）改版
【要旨】銃後の子供はとにかく体が丈夫でないとあかんな。在郷軍人の小父ちゃんが台に上って号令をかけるラジオ体操。歌う唱歌は「敵の将軍ステッセル」。千人針と慰問袋のある戦下、トキコは高等女学校の入学試験を受ける。出征した男たちは、桜のように散り、人生の花を独り占めし、女はカスの部分をつかまされる。中原淳一の絵を見ては、ちぢれ毛をねっとけて下さいと祈る、ささやかな女の日常の中に戦争が描き込まれた、名連作感動篇集。
2017.8 287p A6 ¥760 ①978-4-04-106133-6

◆第4回東奥文学賞大賞作品 健やかな一日　田辺典忠著　（青森）東奥日報社
2017.4 101p A5 ¥800 ①978-4-88561-244-2

◆素晴らしき人々―回想のフォルクスワーゲン　谷克二著　同人社
【目次】フォルクスワーゲン18番工場、グッド・ラック工場長、ワーゲン18番工場の冬、ベルリンの女、ベロニカ
2017.4 348p B6 ¥2500 ①978-4-904150-08-5

◆がらくた屋と月の夜話　谷瑞恵著　幻冬舎　（幻冬舎文庫）
【要旨】仕事も恋も上手くいかないつき子は、ある晩、ガラクタばかりの骨董品屋に迷い込む。そこは古道具に秘められた「物語」を売る店だった。未亡人を未来へと導いた時刻表、母と娘の拗れた関係を解いたレース、居場所のない少女に特等席を与えた椅子―。人生の落し物を抱いて、今日も訳ありのお客が訪れる。つき子もまた、ある指輪を探していた。
2017.6 320p A6 ¥600 ①978-4-344-42669-6

◆越し人―芥川龍之介 最後の恋人　谷口桂子著　小学館
【要旨】晩年の芥川龍之介が叙情詩を捧げた相手は、十四歳年上の歌人だった。文豪と美貌の「文学夫人」の秘められた恋物語。
2017.7 319p B6 ¥1700 ①978-4-09-386474-9

◆移植医たち　谷村志穂著　新潮社
【要旨】情熱、野心、そして愛―すべてを賭けて、命をつなげ。1985年、まだ実験的段階にあった臓器移植。3人の日本人医師を待ち受けていたのは、血の滲むような努力も崇高な理想をも打ち砕く、シビアな命の現場だった。苦悩し、葛藤しながらも、やがて彼らは日本初となる移植専門外科を立ち上げるが…。命を救うための最終手段である臓器移植。限界に挑む医師たちを支える想いとは。命と向き合い、生きていくことの意味を問う傑作長編。
2017.8 366p B6 ¥1900 ①978-4-10-425606-8

◆ボルケイノ・ホテル　谷村志穂著　光文社　（光文社文庫）
【要旨】茉祐子は火山の麓で百年以上続く温泉旅館を営んできた。三十代半ばだが、年より若く美しい彼女が深い仲になったのは、新聞の支局員、火山の研究者、新任の教師。時が来れば、彼女の元から去って行く男たちばかりだった。旅先のNYで出会った初老の夫婦の言葉に彼女の凍りついていた心が解きほぐされる表題作など男女の深淵を描く傑作揃いの短編集。
2017.5 276p A6 ¥660 ①978-4-334-77469-1

◆ひこばえに咲く　玉岡かおる著　PHP研究所　（PHP文芸文庫）
【要旨】父が経営する銀座の骨董店が閉店し、そこで働いていた香魚子は自分の行く末と恋人との未来に不安を抱えるなか、ある画集を手にする。それは知られざる画家・上羽硯（ケン）の絵だった。その絵に衝撃を受け、津軽の地に飛んだ彼女を待っていたのは、ケンを慕う絵描き仲間の女性・フク。ケンの個展を銀座で開催するため奔走する香魚子であったが、ケンとフクの二人には、戦前からの「秘められた過去」があった―。実在の画家をモデルとした感動の長編小説。
2017.3 409p A6 ¥820 ①978-4-569-76681-2

◆YOSAKOIソーラン娘―札幌が踊る夏　田丸久深著　宝島社　（宝島社文庫）
【要旨】札幌でひとり暮らしをする26歳の生田満月は、いつも「ぼっち飲み」。友達もなく、会社でもお局様のいじめに遭うぱっとしない日々。そんな折、行きつけの居酒屋でヨサコイチームに誘われた満月は、チームの振り付けを担当する太陽の踊りに惹かれて参加の返事をする。仲間たちとの日々のなかで、満月は自分が変わっていくことに気づき。札幌の街を舞台に、ぼっち女子の恋と心の成長を描いた感動の物語。
2017.4 312p A6 ¥600 ①978-4-8002-7017-7

◆インスタント・ジャーニー　田丸雅智著　実業之日本社
【要旨】1話5分の絶景旅行！ショートショートで世界一周。ショートショートの名手がおくる、全18編の世界旅行へご招待。
2017.7 232p B6 ¥1500 ①978-4-408-53701-6

◆海色の壜　田丸雅智著　双葉社　（双葉文庫）
【要旨】初老のマスターが営むその小さなバーには、酒の種類がひとつしかないという。出された壜の美しさに驚いていると、マスターは酒の名前を告げた。口に含んだとたん、目の前に海の景色が広がって一。「海酒」不思議な壜の中に懐かしさを感じさせる、新世代ショートショートの傑作集。一話5分で楽しめる、満

ちた世界がここに！
2017.8 266p A6 ¥583 ①978-4-575-52024-8

◆芸能人ショートショート・コレクション　田丸雅智著　角川春樹事務所
【目次】魂の園（又吉直樹）、キュウリにこねる（藤田ニコル）、大黒柱（谷原章介）、声の渚（大原さやか）、ヘッド・リバー（橘ケンチ）、フリル菌（秦佳和子）、怒りに油を（尾崎世界観）、利子手帳（村上健志）、量子的な女（中嶋朋子）、スポットライトに魅せられて（綾部祐二）
2017.10 153p B6 ¥1200 ①978-4-7584-1312-1

◆ショートショート・BAR　田丸雅智著　光文社
【要旨】お洒落なBAR、ゴールドコースト、甲子園―。巧みな舞台設定と絶妙なテンポが癖になる、新世代ショートショートの旗手による本気の21編！
2017.5 193p 18×13cm ¥1300 ①978-4-334-91167-6

◆家出ファミリー　田村真菜著　晶文社
【要旨】小田原、熊本、愛媛、徳島、大阪、長野、富山、青森、仙台、能登、輪島。さまざまな困難が襲い掛かるサバイバル的な日々を乗り越えた先に少女が見出したものとは。機能不全に陥った家族は再生の道へ導かれるか。圧倒的筆力で描く追憶の旅。衝撃の自伝的ノンフィクションノベル。
2017.4 289p B6 ¥1600 ①978-4-7949-6958-3

◆献灯使　多和田葉子著　講談社　（講談社文庫）
【要旨】大災厄に見舞われ、外来語も自動車もインターネットもなくなり鎖国状態の日本。老人は百歳を過ぎても健康だが子どもは学校に通う体力もない。義郎は身体が弱い曾孫の無名が心配でならない。無名は「献灯使」として日本から旅立つ運命に。大きな反響を呼んだ表題作など、震災後文学の頂点とも言える全5編を収載。
2017.8 268p A6 ¥650 ①978-4-06-293728-3

◆百年の散歩　多和田葉子著　新潮社
【要旨】都市は官能の遊園地、革命の練習舞台、孤独を食べるレストラン、言葉の作業場。世界中から人々が集まるベルリンの街に、経済の運河に流され、さまよい生きる人たちの物語が、かつて戦火に焼かれ国境に分断された土地の記憶が、立ちあがる。「カント通り」「カール・マルクス通り」、かつて国境に分断され、いまや世界中の人々が行き交うベルリンに実在する10の通りからなる連作長編。
2017.3 246p B6 ¥1500 ①978-4-10-436105-2

◆変身のためのオピウム/球形時間　多和田葉子著　講談社　（講談社文芸文庫）
【要旨】ローマ神話の名を持つ女達と"わたし"のおかしな物語。二十二の断章が織りなす魔術的な言葉の積み重なりが、深い陶酔感へと誘う散文の精華「変身のためのオピウム」。女子高生サヤは喫茶店ドジンで時を超えて旅をつづける英国人イザベラ・バードに出会う。見慣れた風景が反転し、少年少女が非日常へと飛翔する「球形時間」（ドゥマゴ賞）。強靱な知性と創造力で緻密に練り上げられた傑作二篇。
2017.10 455p A6 ¥1500 ①978-4-06-290361-5

◆花筐　檀一雄著　小学館　（P+D BOOKS）
【要旨】「火宅の人」でその名を全国に知らしめた「最後の無頼派文士」の処女作品集に収められた表題作「花筐」は、十代の学習院生たちの愛と友情を瑞々しく描いた青春の記年碑ともいえる一作。なお檀一雄自身の南極捕鯨船への乗船体験を元に描いた「ペンギン記」、自伝的な「白雲悠々」「誕生」、そして「元帥」「光道」など、多面的な魅力の作品を収録。
2017.12 298p B6 ¥550 ①978-4-09-352323-3

◆花筐　檀一雄著　光文社　（光文社文庫）
【要旨】青い海に面し、間断なく波が運ばれてくる架空の町。二十二の断崖が織りなす魔術の高等予備校に通う榊山は新学期の教室で奔放な情熱家の鵜飼、静脈の浮かぶ巨きな頭の吉良と知り合う。十代の男女の愛と友情が交錯し、燃焼する青春の饗宴「花筐」。戦後の混乱期に破滅へと傾く誇り高い男を描く「元帥」、「火宅の人」へと連なる「誕生」など"浪漫的放浪者"檀一雄の特質を伝える短編集。　2017.12 328p A6 ¥720 ①978-4-334-77575-9

◆崩れる脳を抱きしめて　知念実希人著　実業之日本社
2017 304p B6 ¥1200 ①978-4-408-53714-6

◆男ともだち　千早茜著　文藝春秋　（文春文庫）

【要旨】29歳のイラストレーター神名葵は関係の冷めた恋人・彰人と同棲をしながらも、身勝手な愛人・真司との逢瀬を重ねていた。仕事は順調だが、ほんとうに描きたかったことを見失っているところに、大学の先輩だったハセオから電話がかかる。七年ぶりの彼との再会で、停滞していた神名の生活に変化が訪れる―。直木賞候補作。
2017.3 317p A6 ¥680 ①978-4-16-790807-2

◆ガーデン 千早茜著 文藝春秋
【要旨】花と緑を偏愛し、生身の女性と深い関係を築けない、帰国子女の編集者。異端者は幸せになれるのか。幸せにできるのか。
2017.5 238p B6 ¥1500 ①978-4-16-390644-7

◆人形たちの白昼夢 千早茜著 PHP研究所
【要旨】嘘をつけない男と嘘しか口にしない女が出会った時、物語は動き出す―。『魚神』『男ともだち』の著者が贈る、リアルと幻想が交錯する12のショートストーリー。
2017.9 233p B6 ¥1400 ①978-4-569-83639-3

◆そして僕は強くなる 茶豪著 幻冬舎メディアコンサルティング, 幻冬舎 発売
【要旨】孤独な高校二年生のリアルは残酷で容赦がない。辛く、切なく、儚く、だけど仄かに眩しい青春グラフィティ。
2017.10 135p B6 ¥1100 ①978-4-344-91378-3

◆緑の国の沙耶 塚越淑行著 鳥影社
【目次】緑の国の沙耶、アトランティックウエザー、荒嵐
2017.11 262p B6 ¥1500 ①978-4-86265-629-2

◆黄金の時刻(とき)の滴り 辻邦生著 講談社 (講談社文芸文庫)
【要旨】夢中で読んできた小説家や詩人の生きた時に分け入り、その一人一人の心を創作へと突き動かし、ときに重苦しい沈黙を余儀なくさせてきた思いの根源に迫る十二の物語。それは"黄金の時刻"である現在を生きる喜びを喚起し、あるいは冥府へ下降していく作家の姿を描き出す。永遠の美の探求者が研ぎ上げた典雅な文体で紡ぎ出す、瑞々しい詩情のほとばしる傑作小説集。
2017.1 441p A6 ¥1900 ①978-4-06-290334-9

◆黄金の時刻(とき)の滴り 辻邦生著 講談社 (講談社文芸文庫)
【要旨】夢中で読んできた小説家や詩人の生きた時に分け入り、その一人一人の心を創作へと突き動かし、ときに重苦しい沈黙を余儀なくさせてきた思いの根源に迫る十二の物語。それは"黄金の時刻"である現在を生きる喜びを喚起し、あるいは冥府へ下降していく作家の姿を描き出す。永遠の美の探求者が研ぎ上げた典雅な文体で紡ぎ出す、瑞々しい詩情のほとばしる傑作小説集。
2017.1 441p A6 ¥1900 ①978-4-06-290343-1

◆眞晝の海への旅 辻邦生著 小学館 (P+D BOOKS)
【要旨】海を愛する若者が生の歓びを求め、ブリガンティン型帆船「大いなる眞晝」号に乗り込んで船出をする。「無一物主義」という哲学思想にもつベルナールを船長に、フランソワ、ターナー、ケイン、女性のファビアン、そして日本人のハセオなど11人のクルーは、ヨーロッパから日本を経由して、一路、南太平洋へと航海を続ける。やがて、南太平洋に入ると、荒れ狂う鳳凰圏に突入していく中、嵐のさなかに恐るべき事件が起きてしまう。帆船の船内は、いかにも芝居の劇場のように複雑な人間関係が入り組んで、それは悲劇への序章にふさわしい舞台だった。辻作品らしい"詩とロマンの薫り"に満ち溢れた長編小説。
2017.7 529p B6 ¥650 ①978-4-09-352309-7

◆エッグマン 辻仁成著 朝日新聞出版
【要旨】元料理人のサトジが居酒屋で一目惚れした女性と、14年ぶりに再会する。彼女の名はマヨ。いまは離婚を経験し、一人娘のウフと二人で静かに暮らしていた。別れの理由は夫の横暴なふるまい。そのことがウフのこころの枷にもなっている。決して豊かとはいえない母娘の暮らしだが、ともに卵が好物で、サトジの作る卵料理が二人に幸せの笑みをもたらしていく。芥川賞作家による初の料理小説!
2017.10 253p B6 ¥1600 ①978-4-02-251493-6

◆父―Mon Père 辻仁成著 集英社
【要旨】ぼくはパパに育てられた。パリで生まれたぼくは、ママを失った後、パパと二人できた。大人になったぼくは、恋人と共に、パパたちの物語と自らの物語に向き合っていく。フランスで子育てをする著者が描く、家族と愛をめぐる運命的な長編小説。
2017.5 196p B6 ¥1500 ①978-4-08-771110-3

◆コーイチは、高く飛んだ 辻堂ゆめ著 宝島社 (宝島社文庫)
【要旨】体操界期待の新星・結城幸市一高校の全日本選手権の鉄権で優勝し、順風満帆だった彼の青春を、度重なる不運が襲う。幸市の練習中にばかり相次ぐ器具の故障。さらに妹の似奈が転落事故で植物状態に陥ってしまう。一度は酷く心を乱す幸市だが、家族の不安を払うためも、そして自分に期待を寄せてきた似奈への「誓い」を胸に、幸市は世界選手権に挑む。
2017.4 439p A6 ¥640 ①978-4-8002-7034-4

◆大いなる夢よ、光よ 津島佑子著 (京都) 人文書院 (津島佑子コレクション)
【要旨】よく見届けて。眼をそらさないで。息子を見失ったその人は、その何もかもをたゆたい記憶を辿りながら、共に過ごした時間のあの喜びを見届けてくれる存在を求めて歩みつづける。囚われなき情愛を通じて、人生を再び歩み始めるまでの道程を描く傑作。
2017.12 381p B6 ¥3200 ①978-4-409-15031-3

◆悲しみについて―津島佑子コレクション 津島佑子著 (京都) 人文書院
【要旨】1985年の春、その人は息子を失った。そして絶望の果てに、夢と記憶のあいだで、この「連作」を紡ぎはじめた。彼女は何を信じ、何に抗おうとしているのか。聞き届けられるべき、不滅の物語。
2017.6 328p B6 ¥2800 ①978-4-409-15029-0

◆ヤマネコ・ドーム 津島佑子著 講談社 (講談社文芸文庫)
【要旨】二〇一一年三月一一日、東日本大震災が起きた。余震の続く中、地震の被害は原発の方へも拡がっていく。作家は言葉を失い、そして言葉の力で立ち上がる。戦後の米軍占領期に生まれた混血の孤児たちの人生。隠された暴力と恐怖の記憶。しかし作品は、多くの色彩が交錯し妖しくも美しい...。「世界の終わり」へ向かう現実で引き戻される長編小説。
2017.5 376p A6 ¥1700 ①978-4-06-290349-3

◆夜の光に追われて 津島佑子著 (京都) 人文書院 (津島佑子コレクション)
【要旨】なにが本当の喜びなのだろう? あなたはなぜ書いたのか、一人で子を成す孤独を。あなたも知っていたのか、子を育てる苦しみを。千年の時を超え、平安時代の王朝物語『夜の寝覚』の作者とともに、人間の幸福の意味を問いかける名著。
2017.9 370p B6 ¥3000 ①978-4-409-15030-6

◆ハケンアニメ! 辻村深月著 マガジンハウス (マガジンハウス文庫)
【要旨】1クールごとに組む相手を変え、新タイトルに挑むアニメ制作の現場は、新たな季節を迎えた。伝説の天才アニメ監督・王子千晴を口説いたプロデューサー・有科香屋子は、早くも面倒を抱えている。同クールには気鋭の監督・斎藤瞳と敏腕プロデューサー・行城理が手掛ける話題作もオンエアされる。ファンの心を掴むのはどの作品か。声優、アニメーターから物語の舞台裏で巻き込んで、熱いドラマが舞台裏でも繰り広げられる―。
2017.9 622p A6 ¥880 ①978-4-8387-7100-4

◆盲目的な恋と友情 辻村深月著 新潮社 (新潮文庫)
【要旨】タカラジェンヌの母をもつ一瀬蘭花は自身の美貌に無自覚で、恋もまだ知らなかった。だが、大学のオーケストラに指揮者として迎えられた茂実星近が、彼女の人生を一変させる。茂実との恋愛に陶酔した蘭花だったが、やがて彼の裏切りを知る。五年間の激しい恋の衝撃的な終焉。蘭花の友人・留利絵の目からそのの歳月を見つめにとき、また別の真実が―。男女の、そして女友達の妄執を描き切る長編。
2017.2 302p A6 ¥600 ①978-4-10-138882-3

◆永遠と刹那の交差点に、君はいた。 津田卓也著 幻冬舎メディアコンサルティング, 幻冬舎 発売
【要旨】東京・渋谷。喧嘩に明け暮れる日々、衝撃的な愛、復讐、号泣、葛藤...猛スピードで過ぎていく時間。この結末は残酷か、ハッピーエンドか。津田卓也、鮮烈なデビュー作。
2017.12 221p B6 ¥1200 ①978-4-344-91477-3

◆プログラム 土田英生著 河出書房新社
2017.2 220p B6 ¥1500 ①978-4-309-02538-4

◆笑いのカイブツ ツチヤタカユキ著 文藝春秋
【要旨】人間の価値は人間からはみ出した回数で決まる。僕が人間であることをはみ出したのは、それが初めてだった。僕が人間をはみ出した瞬間、笑いのカイブツが生まれた時―他を圧倒する質と量、そして"人間関係不得意"で知られる伝説のハガキ職人・ツチヤタカユキ、27歳、童貞、無職。その熱狂的な道行きが、いま解明される。「ケータイ大喜利」でレジェンドの称号を獲得。「オールナイトニッポン」「伊集院光 深夜の馬鹿力」「バカサイ」「ファミ通」「週刊少年ジャンプ」など数々の雑誌やラジオで、圧倒的な採用回数を誇るようになるが―。伝説のハガキ職人による渾身の青春私小説。
2017.2 231p B6 ¥1350 ①978-4-16-390563-1

◆農協月へ行く 筒井康隆著 KADOKAWA (角川文庫) 改版
【要旨】「月行こましたろか」。ひとり六千万円の月旅行に出ることになったご一行様。観光用宇宙船の中で大暴れ、着いた先の月では異星人と最初の接触を取ってしまい、国際問題に発展するか―(「農協月へ行く」)。地殻変動で、日本を除く陸地のほとんどが海没、住民の大物政治家から領土をねだられた日本は(「日本以外全部沈没」)。ほか、「経理課長の放送」「自殺悲願」など痛烈なアイロニーとブラックな笑いに満ちた短篇七作を収録。
2017.7 263p A6 ¥640 ①978-4-04-106134-3

◆繁栄の昭和 筒井康隆著 文藝春秋 (文春文庫)
【要旨】文壇のマエストロによる、戦慄の最新短篇集。迷宮殺人の現場にいた謎の小人、人工臓器を体内に入れた文学探偵、窃盗団に身をやつした貴公子、ツツイヤスタカを思わせる俳優兼作家...。メタフィクションとノスタルジー、奇想に満ちた妖しげな世界に、どこまでも誘われてください。ツツイワールド大爆発!
2017.8 236p A6 ¥680 ①978-4-16-790903-1

◆メーゾン・ベルビウの猫 椿實著 幻戯書房
【要旨】焼け跡を生きる、博物学的な精神とエロス。中井英夫・吉行淳之介の盟友であり、稲垣足穂・三島由紀夫・澁澤龍彦らの激賞を受けた幻の天才が、『椿實全作品』以降編んだ未収録の秀作群に、未発表の遺稿集を増補した中短編作品集。没15年記念出版、初版1000部限定ナンバー入。
2017.2 412p B6 ¥4500 ①978-4-86488-113-5

◆歌うエスカルゴ 津原泰水著 角川春樹事務所 (ハルキ文庫)
【要旨】編集者の柳楽尚登は突然会社を解雇され、吉祥寺の家族旅館経営の古い飲み屋で料理人として働くことに...。しかも店の主が引退、長男の「ぐるぐる」に拘るカメラマン・雨野秋彦によって、エスカルゴメインのフレンチの店に改装するという。日本三大うどん、かんたん絶品チーズキツネ、ナポリタンなピザグラタン...。奇才・津原泰水が本気で挑んだ、エンターテインメント料理小説!
2017.11 348p A6 ¥700 ①978-4-7584-4132-2

◆るい―その向こうの世界 摘今日子著 西田書店
【要旨】物語は雨の六甲山中から始まる。傷を負った「るい」は美禰に招じられ、その森へと分け入る。そして、その向こうの世界に見えてきたものは...。
2017.9 104p B6 ¥1200 ①978-4-88866-618-3

◆ウエストウイング 津村記久子著 朝日新聞出版 (朝日文庫)
【要旨】女性事務員ネゴロ、塾通いの小学生ヒロシ、若手サラリーマンのフカボリ。ビルの物置場所で、3人は物々交換から繋がりができる。そんなある日豪雨警報が流れた。古びた雑居ビルに集う見知らぬ者同士のささやかな交わりを温かな手触りで描いた長編小説。
2017.8 419p A6 ¥900 ①978-4-02-264853-2

◆エヴリシング・フロウズ 津村記久子著 文藝春秋 (文春文庫)
【要旨】中学三年生のヒロシは、背は低め、勉強は苦手。唯一の取り柄の絵を描くことも、最近は情熱を失っている。クラス替えで、気になる女子と同じクラスになったはいいけれど、自分自身の進路と人生に迷いながら、仲良くなったクラスメイトたちに起こる事件に立ち向かう。少年の成長の日々を描く傑作青春小説。
2017.5 398p A6 ¥850 ①978-4-16-790848-5

◆これからお祈りにいきます 津村記久子著 KADOKAWA (角川文庫)

現代の小説（純文学）

【要旨】高校生シゲルの町には、自分の体の「取られたくない」部分を工作して、神様に捧げる奇妙な祭がある。父親は不倫中、弟は不登校、母親とも不仲の閉塞した日常のなか、彼が神様に託したものとは――（「サイガサマのウィッカーマン」）。大切な誰かのために心を込めて祈ることは、こんなにも尊おしい。芥川賞作家が紡ぐ、不器用な私たちのための物語。地球の裏側に思いを馳せる「バイアブランカの地層と少女」を併録。
2017.1 236p A6 ¥640 ①978-04-104751-4

◆菊日和　津村節子著　(新座)埼玉福祉会
(大活字本シリーズ)
【目次】流星、火事明り、青海波、病人の船、紅梅、菊日和
2017.6 324p A5 ¥3100 ①978-4-86596-164-5

◆静かな隣人　寺井順一著　(長崎)長崎新聞社
【要旨】祖父が"8月9日"を語らなかった理由は何だったのか。家族が負った心の傷とともに生きていくこととは――。抑えた筆致からにじみやさしさ。生命や家族愛への讃歌が静かに響く。「命」をテーマとする四つの短編小説。表題作のほか、妻の流産、兄の死、視覚障害をもつ妹との心の交流などを通じ、それぞれの家族に生命の連帯を暗示する三作品を収録。家族へのやさしさに包まれる短編の名手によるアンソロジー。
2017.2 236p B6 ¥1300 ①978-4-86650-000-3

◆泣き虫オトコと嘘泣きオンナ　寺井広樹著　有田秀穂監修　トランスワールドジャパン
【要旨】上手くいかない恋愛、熟年離婚、W不倫に職場問題……。脳内ホルモンを上手に使えばすべてうまくいく！不思議なフワモコ神様カタルシスが現れて、脳科学に基づきお悩みを解決するオムニバス小説。
2017.12 254p B6 ¥1300 ①978-4-86256-224-1

◆遥かな青春の軌跡――ぼくたちの戦後　寺ור隆尚著　東洋出版
【要旨】いかに生きるべきか。敗戦後の混沌とした社会状況の下で、明るい未来を切り開くために、一人ひとりがよりよい生き方を求め、自らの道を模索し続けた学生たちの青春を、多元的な視点から描いた長編小説。
2017.11 427p B6 ¥1800 ①978-4-8096-7884-4

◆架空の犬と嘘をつく猫　寺地はるな著　中央公論新社
【要旨】「あんたは社会にとって、なんの役にも立ってない子」そう言われて育った羽猫家長男の山吹。だけど彼が大人になり、みんなの「嘘」が解かれたとき、本当の家族の姿が見えてくる。今大注目の作家寺地はるなが描く、ちょっと変わった家族小説。これは、それぞれが破綻した嘘をつき続けた家族の、素敵な物語だ。
2017.12 237p B6 ¥1400 ①978-4-12-005034-3

◆今日のハチミツ、あしたの私　寺地はるな著　角川春樹事務所
【要旨】恋人の故郷である朝埜市で、蜂蜜園の手伝いを始めることになった碧。蜂蜜たちの暮らしの奥深さを知る日々のなか、十六年前に自分の人生を狂わす不思議なできごとを思い出す――。草木がゆたかに花を咲かせる小さな町。不器用な家族の愛が心にしみる、書き下ろし長編。
2017.3 236p B6 ¥1400 ①978-4-7584-1302-2

◆みちづれいても、ひとり　寺地はるな著　光文社
【要旨】今は職を探している弓子39歳と独身で休職中の楓41歳。仕事もない、男ともうまくいかない二人が、行き場のない思いを抱え旅に出る。40女のロードノベル。
2017.10 228p B6 ¥1500 ①978-4-334-91191-1

◆詠われた女　伝まさこ著　創英社/三省堂書店
【要旨】戦争を生き抜き、戦後を耐え抜いた、ある一家の四姉妹の物語。面倒の赴くままに生きる奔放な長女、人懐っこく活発な次女、人一倍臆病で慎素な三女、宿命的にしっかり者である四女ー。時代に翻弄されながらも懸命に生きた女たちの群像。
2017.8 387p B6 ¥1500 ①978-4-88142-169-7

◆0円相談室　東郷もよ著　東洋出版
【要旨】カウンセラーの資格取得を目指す女性。口が開かなる難病にかかった女性の挑戦。ギャンブル依存が抜け出したい女性。夫から離婚を言い渡された女性。新築した住宅に泥棒に入られた女性。「いん石宝くじ」に思いを馳せる女の子。自宅が道路建設予定地内にある女性の葛藤。個性豊かな7人の女性の物語。
2017.8 163p B6 ¥1300 ①978-4-8096-7875-2

◆Stay My Gold――永遠の輝き　藤堂希望著　幻冬舎メディアコンサルティング, 幻冬舎 発売
【要旨】だれよりも美しくしなやかな肉体を持つ希望。「彼女」はとあるふたつの秘密を抱える。ひとつはあらゆる血液に輸血できる通称「黄金の血」を持つこと。そしてもうひとつ――それは神秘と孤独に満ちた秘密だった。身に宿る不の秘密を知り、打ちのめされていた希望がある日、とある「少年」流風と出逢う。そして、いつしか互いに惹かれあうようになるが――。残酷な運命に翻弄される主人公の、恋と成長を描くだれも見たことがない本格的青春ラブストーリー。
2017.5 225p B6 ¥1300 ①978-4-344-91286-1

◆犬の報酬　堂場瞬一著　中央公論新社
【要旨】大手メーカーのタチ自動車は、自動運転技術の開発に取り組んでいた。政府の特区に指定されている千葉・幕張での実証実験中、実験車両が衝突事故を起こす。軽微な事故ということもあり、警察は発表しなかった。ところが数日後、この事故に関するニュースが東日新聞に掲載された。同社社会部遊軍キャップの畠中孝介に情報を流したのは、いったい誰なのか？トラブル対応時の手際から社内で「スーパー総務」と揶揄されるタチ自動車本社総務課係長・伊佐美祐志を中心に、「犯人探し」のプロジェクトチームが発足するが…。
2017.3 407p B6 ¥1600 ①978-4-12-004966-8

◆オトコの一理　堂場瞬一著　集英社（集英社文庫）
【要旨】体形を気にする男にとって体脂肪率と体重は機密事項である。だが、気にしていることを他人に知られてはならない、恥ずかしすぎる。男の沽券にかかわるのだ。身体を鍛え、極め、ファッションに敏感であるために、頑張る切なさと滑稽さが愛おしい物語。シューズ、時計、手帳、サングラス、コート、クルマ、サプリメントなど、こだわりと思い入れのある品をテーマに男たちへエールを贈る短編集。
2017.9 226p A6 ¥580 ①978-4-08-745637-0

◆ルール――堂場瞬一スポーツ小説コレクション　堂場瞬一著　実業之日本社（実業之日本社文庫）
【要旨】クロスカントリースキー選手・竜神真人が現役復帰した。二大会連続で五輪金メダルを獲得、国民的英雄と崇められ引退した花形。彼の評伝執筆に取り組む新聞記者で旧友の杉本直樹は、復帰の真意を探って取材を重ねるうち、ある疑念を抱く。竜神は「致命的なルール違反」を犯したのではないか――。記者の使命と友情の狭間で、杉本は真実に迫るが…。
2017.10 430p A6 ¥694 ①978-4-408-55387-0

◆二重国籍兵――ある男の小さな戦争（陸軍幹部特別候補生）　東馬喬著　(伊丹)牧歌舎、星雲社 発売
【要旨】
2017.2 71p B6 ¥1400 ①978-4-434-23047-9

◆オブリヴィオン　遠田潤子著　光文社
【要旨】森二が刑務所を出た日、塀の外で二人の「兄」が待っていた――。自らの犯した深い罪ゆえに、自分を責め、他者を拒み、頑なに孤独でいようとする森二。うらぶれたアパートの隣室には、バンドネオンの調べに哀しげな旋律を奏でる美少女・沙羅がすんでいた。森二の部屋を突然訪れた『娘』冬香の言葉が突き刺さる――。森二の「奇跡」と「罪」が埋まれ、憎しみを、欲望を呼び寄せ、人々と森二を結び、縛りつける。更に暴走する憎悪と欲望が、冬香と沙羅を巻き込む！森二は苦しみを越えて「奇跡」を起こせるのか!?
2017.10 374p B6 ¥1700 ①978-4-334-91187-4

◆化けてます――こだぬき、落語家修業中　遠原嘉乃著　双葉社（双葉文庫）
【要旨】上方の落語家・木の葉亭枝鳩の末娘である梓は困惑していた。なぜなら祖父が数十年ぶりにとった弟子が、たぬきだったからだ。いくら人間に化けられるとはいえ、たぬきが落語家を目指すなんて聞いたこともない。こだぬきは代金を木の葉で支払ったり、飼い犬のクロに追いかけ回されたり、失敗ばかり。しかし、慣れない生活に戸惑いながらも落語家になるため一心不乱に頑張るこだぬきのため、心を打たれた梓は、読めば心が温まる青春落語小説。
2017.4 230p A6 ¥565 ①978-4-575-51990-7

◆黒夢　戸能圭太著　文芸社（文芸社文庫）
2017.6 239p A6 ¥620 ①978-4-286-18770-9

◆黴 爛　徳田秋声著　講談社（講談社文芸文庫）
【要旨】明治四十四年、夏目漱石の推挙で「東京朝日新聞」に連載し、自身の結婚生活と尾崎紅葉との関係等を徹底した現実主義で描き、自然主義文学の代表作と謳われ傑作とも謳われる「黴」。翌々年「爛」では、元遊女の愛と運命を純粋客観の手で辿り、文名を確立する。川端康成に「日本の小説は源氏に始まって西鶴に飛び、西鶴から秋声に飛ぶ」と言わしめた秋声の、真骨頂二篇。
2017.4 381p 17×12cm ¥1700 ①978-4-06-290342-4

◆心理小説――神様の手の平のうえで　ドクター.S著　近代文藝社
2017.4 177p B6 ¥1300 ①978-4-7733-8035-4

◆おじいさんと熊――短篇小説集　戸渡阿見著　たちばな出版
【要旨】空気とおならは、元が一緒で親友だと!?シェークスピアも"プッ"と吹き出す戸渡阿見、怖くて笑えるギャグ文学絶好調！
2017.2 211p B6 ¥1000 ①978-4-8133-2264-1

◆痛みのペンリウク――囚われのアイヌ人骨　土橋芳美著　(浦安)草風館
2017.3 151p B6 ¥926 ①978-4-88323-199-7

◆映画化決定　友井羊著　朝日新聞出版
【要旨】放課後の教室でナオトが落とした一冊のノートを拾ったのは、同級生の天才画家監督・ハル。彼女はそこに書かれたマンガのネームを見て、言った。これをわたしに撮らせてほしい。創作者としてぶつかり合いつつ、ナオトは徐々にハルに惹かれていく。しかし一涙とサプライズのせつない青春小説。
2018.1 269p B6 ¥1300 ①978-4-02-251495-0

◆映画ノベライズ エルネスト "もう一人のゲバラ"　豊田美加著、阪本順治脚本・監督　キノブックス
【要旨】50年前、ボリビアでチェ・ゲバラと共に行動し、ゲバラから"エルネスト"の名を授けられた日系人青年。その名は、フレディ前村。日系二世として生まれたフレディは、医者を志し、キューバの国立ハバナ大学へと留学。そしてキューバ危機のさなかにゲバラと出会い、その深い魅力に心酔し、ゲバラの部隊に参加。やがてボリビア軍事政権へと立ち向かっていく――。
2017.9 213p B6 ¥1300 ①978-4-908059-79-7

◆ワンルーム・シーサイド・ステップ　DAOKO著　KADOKAWA
【要旨】イラスト投稿サイト「DrowwW」で人気を集める19歳の渚は、高校卒業と同時に渋谷の外れにある奇抜な外観のマンション「メゾン・ド・メール」に移り住んだ。その上階に住むぼさぼさ髪の良仁や、イラストレーター仲間で、姉御肌の沙織との出会いの多く、恋することを忘れていた渚の心に再び熱を灯してゆく――。20歳の気鋭ラップ・シンガーが囁くように綴る新感覚の"リリック・ノベル"。
2017.8 197p B6 ¥1380 ①978-4-04-069331-6

◆DJ　DJ Ritchy著　幻冬舎メディアコンサルティング, 幻冬舎 発売
【要旨】乱転な街で追いかけた純粋な夢。80年代のビートにのせて刻まれた心震えるアンダーグラウンド青春小説。クールな男が熱い夢を掴むまでの物語。
2017.9 233p B6 ¥1300 ①978-4-344-91298-4

〔な行の作家〕

◆財コン！一円満相続への案内人！　永井勝巳著　幻冬舎メディアコンサルティング, 幻冬舎 発売
【要旨】信託銀行の新人財務コンサルタント、杉山勝。初めての財コンの仕事に戸惑いながらも『お客様の家族になったつもりで、自分の持っている知識とノウハウで徹底的に尽くすんだ』という先輩コンサルタントの言葉を胸に、さまざまな相続問題を抱える遺族らに関わっていく。
2017.7 260p B6 ¥1300 ①978-4-344-91255-7

◆天狗の回路　中上紀著　筑摩書房
【要旨】女は物語にたよらず、生きる。好き勝手に生き、女を抱いて子を孕ませ、武勇伝を語る男たちへの、女の怒りとあきらめと愛が、時空を超えてひびきあう！中上健次文学の裏側を作家にして実の娘が書き抜いた傑作小説。
2017.6 130p B6 ¥1500 ①978-4-480-80473-0

◆晴れ着のゆくえ　中川なみえ著　文化出版局
【要旨】祖父は孫娘のために、むらさき草を育て紫根染めの晴れ着を作った。やがて晴れ着は、少

現代の小説（純文学）

女のもとを離れ、幾人かの数奇な運命と共に歩むことになる。晴れ着を巡る物語。
2017.2 213p B6 ¥1600 ①978-4-579-30453-0

◆**艦隊は動かず―ベトナムから日本への贈り物** 中川秀彦著 牧歌舎, 星雲社 発売
【要旨】教科書で語られることのなかった史実をホーチミン市在住の著者が小説化。日露戦争時、日本はベトナムに助けられた。世界最強といわれたバルチック艦隊を撃破することができたのか？世界を驚かせたその裏側では、日本を救うために実に多くのベトナム人が関わっていた。
2017.5 393p B6 ¥1600 ①978-4-434-23279-4

◆**おまめごとの島** 中澤日菜子著 講談社
（講談社文庫）
【要旨】無駄にイケメンな三十代、高橋秋彦と恋も結婚も諦めたアラフォーの三輪言問子。どちらも東京での居場所をなくし、ここ小豆島に人生をリセットするためにやってきた―。家庭から逸脱したい真奈美や超絶美少女・遙の出現で平穏な島が大揺れに。軽妙な筆致で描かれた笑いと涙の、ノンストップ家族小説。
2017.8 375p A6 ¥1600 ①978-4-06-293712-2

◆**ニュータウンクロニクル** 中澤日菜子著
光文社
【要旨】人々の大きな夢と希望を集め、郊外に開発された巨大な人工の町―若葉ニュータウン。高度経済成長、バブル景気、震災、そしてすぐそこの未来まで…。1971年から2021年までの10年ごとにニュータウンの住人たちの視点で紡ぐ、全六編の連作短編集！
2017.7 295p B6 ¥1600 ①978-4-334-91173-7

◆**PTAグランパ！** 中澤日菜子著
KADOKAWA （角川文庫）
【要旨】大手メーカーを定年退職した勤。さあ隠居生活と思いきや、商社勤めの娘が出戻り、勤は孫娘のため小学校PTAの副会長を務めることに！会長はギャル男、相方の副会長は気弱な主婦。活動を「暇な主婦のお仕事ごっこ」と公言する勤も、敵を作らぬわけがない。トラブル満載の行事が始まり、信頼する教師がある事件で起訴されてしまい！?人生の全てを仕事に捧げてきた昭和の男が、子供と家族、自分と向き合う1年間！
2017.3 283p A6 ¥600 ①978-4-04-105501-4

◆**おふるなボクたち** 中島たい子著 光文社
（光文社文庫）
【要旨】「古いもの」が好きなケンは、古代遺物の『レコード』が奏でる魅惑的な調べに聴き入る毎日を送っていた。そんな彼が恋をしたのはジャケット写真の中の微笑む女性。「彼女に会いたいんだ」。本当の願いは思いがけぬ出来事を招いて…。（「ボクはニセモノ」）中古物やおさがり、古いものに宿る思いが巻き起こす物語を、ユーモアとシニカルで包み込みだすフシギ不思議な短編集。
2017.9 295p A6 ¥680 ①978-4-334-77510-0

◆**万次郎茶屋** 中島たい子著 光文社
【要旨】動物園の日陰者、イノシシの万次郎はカフェを開くのが夢。万次郎から万次郎の絵を描き続ける、画家志望で才能なしのエリは、万次郎の絵本を出版するという―「万次郎茶屋」。遠い文明からのメッセージが刻まれた石がふってきて、人類は新しい価値観を持つために西暦を廃止し、地球暦を始めることに。その記念すべき大晦日を、ぼくは恋人とではなく親友とすごすことにした。その親友を今から作ろうと思うのだが―「親友」。動物園の日陰者・イノシシの見る夢、宇宙飛行士の妻の会、じんわり事件を解決するヒーロー…読むとちょっと人生がラクになる、「すこし不思議」な短編集。
2017.4 277p 20×13cm ¥1600 ①978-4-334-91162-1

◆**東野鉄道** 中嶋敬彦著 作品社
【要旨】母をめぐる時空の奥に存在の無限の深みを見据える。故郷と母への謀歌。
2017.1 119p B6 ¥1200 ①978-4-86182-618-4

◆**ITSUKI 死神と呼ばれた女** 中島丈博著
文藝春秋
【要旨】「年上の女が憧れなんすよ。駄目ですか。ラブしてくれませんか」周囲の大事な人が次々と死んでいったことから、死神と呼ばれてきた人妻、斎（いつき）。冷え切った夫との生活に倦んでいた時、しなやかでいて荒々しい筋骨と濃密な体臭をまとった男・志田に出会う。思いがけず落ちた年下男との恋、そして第三の男の登場。斎とはかくも酔いしれる斎。ついに、次第に大波となって、裕福な病院長一家に巻き起こしたさざなみは、
を巻き込んでいく―。その果てにもたらされた惨劇とは―!?氾濫する美意識と譜運で描く、生と性、死と詩のジェットコースター・ロマンス。週刊文春連載で読者を瞠目とさせた作品が大幅改稿のうえ満を持して登場！
2017.1 351p B6 ¥1600 ①978-4-16-390587-7

◆**もう生まれたくない** 長嶋有著 講談社
【要旨】マンモス大学に勤める、にわかナースの春菜、ゲームオタクのシングルマザー・美里、謎めいた美人清掃員の神子。震災の年の夏、偶然の訃報でつながった彼女たちの運命が動き始める―。誰もが死とともにある日常を通して、生の光を伝える傑作長編小説。
2017.8 221p B6 ¥1600 ①978-4-06-220627-3

◆**アタックライン** 中城座太著 幻冬舎メディアコンサルティング, 幻冬舎 発売
【要旨】友達も少なく、感情の吐き出し方も知らず、孤独な小学校生活を送っていた京輔が中学生になり入部したのは、鬼監督率いるバレー部だった。強くなりたい―。その一心で叩いた扉の向こうに待ち受けている未来とは。
2017.9 290p B6 ¥1200 ①978-4-344-91359-2

◆**祝福** 長嶺安浩著 小学館 （小学館文庫）
【要旨】広告制作会社に身を置く私は、CF撮影で十七歳のモデル、サキと知り合う。自宅が近いということで大量のパンと菓子を買い込み「あなたの部屋に連れて行ってください」と懇願した。私の家に着くと、サキは購入した食べ物を一気に食べて今度はそれらをすべて吐いた。楽しむ私がサキの肩を抱くと彼女は「あたしと、セックスしていいですか」と訊く。「でも、するのは祖父の部屋だけにしてください」と続けた。サキの祖父の部屋に行くと、そこには斑ボケの始まった七十八歳の老詩人、長谷川がベッドに独りで横たわっていた。
2017.2 277p A6 ¥600 ①978-4-09-406393-6

◆**いわし雲** 永野秀夫著 鳥影社
【要旨】ある地方都市で起こった事件を題材に、簡潔にして清楚な描写から人間存在の哀歌をさぐる表題作、伝統ある"学習院輔仁会雑誌賞"入選作をはじめ、心にしみる最新の小説を収める。
2017.6 295p B6 ¥1500 ①978-4-86265-618-6

◆**いい部屋あります。** 長野まゆみ著
KADOKAWA （角川文庫）
【要旨】大学進学のために上京した鳥目一弥17歳。東京での部屋さがしに行き詰まっていたところ、いい部屋があると薦められて訪ねた先は高級住宅街の奥に佇む洋館だった。条件つきだが家賃も破格の男子寮だという。そこで共同生活を営んでいるのは揃ってひとくせある男ばかり。先輩たちに翻弄されつつも、鳥目は幼い頃の優しい記憶の断片を呼び覚まし、自らの出生の秘密と向き合っていく。艶っぽくて甘酸っぱい、極上の青春小説！
2017.10 238p A6 ¥600 ①978-4-04-106163-3

◆**銀河の通信所** 長野まゆみ著 河出書房新社
【要旨】銀河通信につないでごらん。賢治の声やいろんな声が、聞こえてくる。足穂や百閒（けん）とおぼしき人々から詩や童話の登場人物までが賢治を語る未知なる4次元小説体験へ！
2017.8 265p B6 ¥1400 ①978-4-309-02597-1

◆**さくら、うるわし―左近の桜** 長野まゆみ著
KADOKAWA
【要旨】犬に姿を変えられたつくろい師、死者の衣を剥ぐお婆、日くつきの私家版の稀覯本―霊界の異形のものたちとの交わりを円熟味増す筆で紡ぐ、甘美で幻想的な世界への誘い。陶酔感あふれる「左近の桜」シリーズ第3弾！
2017.11 237p B6 ¥1400 ①978-4-04-105066-8

◆**チマチマ記** 長野まゆみ著 講談社 （講談社文庫）
【要旨】複雑な関係ながら、皆個性的で仲がいい宝家家で飼われることになったネコ兄弟、チマキとノリマキ。一家の息子のカガミさんは、みんなの健康のために美味しくてヘルシーな料理を日々作っている。そんな彼が気になっているのは居候の桜川くんなのだが…。著者真骨頂、ネコ目線のほっこり「不思議家族」物語。
2017.3 312p A6 ¥640 ①978-4-06-293626-2

◆**人の香り方** 中原清一郎著 河出書房新社
【要旨】晃が二十歳になった日、自死を決行した父。棺の前で彼は初めて、父の壮絶な満州体験を知る。新聞社のカメラマン矢崎晃―人間の生と死に迫る連作小説。
2017.11 266p B6 ¥1700 ①978-4-309-02623-7

◆**混沌ホルモン** 長嶺将義著 幻冬舎メディアコンサルティング, 幻冬舎 発売
【要旨】大阪弁を巧みに使い日常のささやかな喜怒哀楽を描く、軽妙洒脱な短篇集。高校時代の同級生の爺さんたちが集まると、話題と言えば病気、年金、それから…（「混沌ホルモン」）、高槻のジャズイベントへの参加と、若かりし日々が思い起こされる（「ジャズストリート」）など全7篇を収載。
2017.12 163p B6 ¥1200 ①978-4-344-91470-4

◆**小森谷くんが決めたこと** 中村航著 小学館 （小学館文庫）
【要旨】波瀾万丈な人生を送ってきたドラマの主人公のような人物ではなく、どこにでもいる普通の男子の物語を書いてみよう―。作家との話し合いの末、編集者が連れてきたのは三十代前半の会社員。しかし、話を聞いてみると、彼の半生はちょっと普通とはいいがたいものだった。暗黒面に落ちた中学時代、悪友とのおバカな高校時代。美容師の女性と初めて交際した大学時代を経て、紆余曲折の後、憧れの全国映画館チェーンに就職が決まる。しかし、そんなある日、彼は余命2か月、末期がんであると告げられていた。
2017.10 347p A6 ¥670 ①978-4-09-406465-0

◆**神様の定食屋** 中村颯希著 双葉社 （双葉文庫）
【要旨】妹とともに、両親の遺した定食屋を継ぐことになった高坂哲史。ところが哲史は料理がまったくできず、妹に怒られてばかり。ふと立ち寄った神社で、「誰かに料理を教えてもらいたい」と愚痴をこぼしたところ、なんと神様に、この世に未練を残した魂を憑依させられてしまった。神様曰く、魂から料理を教わる代わりに、その魂が望む相手に料理を振る舞い、未練を解消してやってほしいということで―。思い出の味を繋ぐ、五編の心温まる物語。
2017.6 302p A6 ¥611 ①978-4-575-52012-5

◆**神様の定食屋 2 ごちそうさま、めしあがれ** 中村颯希著 双葉社 （双葉文庫）
【要旨】ひょんなことから神様と出会い、未練を残した魂に体を貸すのと引き換えに、「料理の腕を磨きたい」という願いを叶えてもらっていた高坂哲史。その神様と会えなくなって、はや数ヶ月。いなくなったはずの神様に話しかけると、まさかの返事が！何やら未練を解消してくれる哲史のことが魂の間で話題になっていたようで。忘れたくない、忘れられない味を繋ぐハートフルストーリー第二弾！
2017.12 319p A6 ¥630 ①978-4-575-52063-7

◆**惑いの森** 中村文則著 文藝春秋 （文春文庫）
【要旨】毎夜、午前一時にバーに現われる男。投函されなかった手紙をたったひとりで受け留められた郵便局員。植物になって生き直したいと願う青年―狂おしいほどに愛を求めながら、満たされず生きてきた彼らの人生に、ふいに奇跡が訪れる。見えないはずの運命に光が射すその一瞬を捉えた、著者史上もっともやさしい作品集。魔性の50 Stories。
2018.1 205p A6 ¥550 ①978-4-16-790998-7

◆**A** 中村文則著 河出書房新社 （河出文庫）
【要旨】「一度の過ちもせずに、君は人生を終えられると思う？」女の後をつける男、罪の快楽、苦しみを交換する人々、妖怪の村に迷い込んだ男、首つりロープのたれる部屋で飛び跳ねる三つのボール、無機な旅館で働く軍人、小説のために、身近な女性の死を完全に忘れ原稿を書き上げてしまった作家―。いま世界中で翻訳される作家の、多彩な魅力が溢れ出す13の「生」の物語。
2017.5 269p A6 ¥550 ①978-4-309-41530-7

◆**若葉の宿** 中村理聖著 集英社
【要旨】日本の顔やと思わんとあかん―新米の仲居として、京都の老舗旅館で修業を積む若葉。祖父母が細々と営む町家旅館にも今度の波が押し寄せて…。小説すばる新人賞受賞第一作。
2017.6 237p B6 ¥1600 ①978-4-08-775436-0

◆**血と肉** 中山咲著 河出書房新社
【要旨】不倫相手との子どもをひとりで産むと決意し、古ぼけた海辺のラブホテル「コート・ダジュール」に住み込みで働くことになった光海。オーナーの老婆・頼子さんは上品で優しいが、ある日、ホテルの一室で行っているという怪しげなミサに光海を誘うのに、ふいに頼子さんの子どもの家庭をぶち壊したと告白した光海だが、どうやら頼子さんも過去に大きな「罪」を犯していた…。女であることの生々しい痛みと、連綿と続く命の連

小説

現代の小説（純文学）

鎖を直視する問題作。
2017.1 164p B6 ¥1400 ①978-4-309-02540-7

◆みなそこ 中脇初枝著 新潮社 （新潮文庫）
【要旨】清流をまたぐ沈下橋の向こう、懐かしいひかげの家に10歳のみやびを連れ里帰りしたさわ。自分を呼ぶ声に車をとめると、それは親友ひかるの息子で、褐色の手足が伸びすっかり見違えた13歳のりょうだった…。蜘蛛相撲、お施餓鬼の念仏、遠い記憶を呼び戻すラヴェルの調べ。水面を叩くこどもたちの歓声と、死んだ人たちの魂が交錯する川べりに、互いの衝動をさぐる甘く危うい夏が始まる。
2017.5 349p A6 ¥590 ①978-4-10-126042-6

◆鳩を 上 鳩が来た 名古広著 本の泉社
【要旨】「自然保護」と「地域開発」、「鳥獣保護」と「有害鳥獣の駆除」、「当事者」と「本人の暮らしに無関係な人」、「餌遣り」と「迷惑」、「理想」と「現実」、「清貧」と「欲望」、色々な事柄が重層的に絡み合って、なかなか一筋縄には片付かない。これに立ち向かった男が、波乱を引き起こす。本当は「鳩」が大波乱を惹起したのだった！鳩の糞害で孤軍奮闘になってしまった物語。果たして変化は…。
2017.9 253p B6 ¥1500 ①978-4-7807-1634-4

◆鳩を 下 本格戦 名古広著 本の泉社
【要旨】「自然保護」と「地域開発」、「鳥獣保護」と「有害鳥獣の駆除」、「当事者」と「本人の暮らしに無関係な人」、「餌遣り」と「迷惑」、「理想」と「現実」、「清貧」と「欲望」、色々な事柄が重層的に絡み合って、なかなか一筋縄には片付かない。これに立ち向かった男が、波乱を引き起こす。本当は「鳩」が大波乱を惹起したのだった！鳩の糞害で孤軍奮闘になってしまった物語。果たして変化は…。
2017.9 219p B6 ¥1500 ①978-4-7807-1635-1

◆冬虫夏草 梨木香歩著 新潮社 （新潮文庫）
【要旨】亡き友の家を守る物書き、綿貫征四郎。姿を消した忠犬ゴローを探すため、鈴鹿の山中へ旅に出た彼は、道連で印象深い邂逅を経験する。河童の少年。秋の花炎。異郷から来た素朴な犬。天狗。お庭で命を落とした若者。荘厳なる滝。赤竜の化身。宿を営むイワナの夫婦。人間と精たちがともに暮らす清澄な山で、果たして再びゴローに会えるのか。『家守綺譚』の主人公による、ささやかで壮絶な冒険譚。
2017.6 304p A6 ¥550 ①978-4-10-125343-5

◆西の魔女が死んだ-梨木香歩作品集 梨木香歩著 新潮社
【要旨】少女は祖母を「西の魔女」と呼んでいた。光あふれる夏が始まる—。ロングベストセラーの表題作に繋がる短篇小説「ブラッキーの話」「冬の午後」、書き下ろし「かまどに小枝を」の3篇をあわせて収録する愛蔵版小説集。
2017.4 215p B6 ¥1500 ①978-4-10-429911-9

◆神様のカルテ0 夏川草介著 小学館 （小学館文庫）
【要旨】人は、神様が書いたカルテをそれぞれ持っている。それを書き換えることは、人間にはできない—。信州松本平にある本庄病院は、なぜ「二十四時間、三百六十五日対応」の看板を掲げるようになったのか？（「彼岸過ぎまで」）。夏目漱石を敬愛し、悲しむことの苦手な内科医・栗原一止の学生時代（「有明」）と研修医時代（「神様のカルテ」）、その妻となる榛名の常念岳山行（「冬山記」）を描いた、「神様のカルテ」シリーズ初の短編集。二度の映画化と二度の本屋大賞ノミネートを経て、物語は原点へ。日本中を温かい心にする大ベストセラー最新作！
2017.11 285p A6 ¥760 ①978-4-09-406470-4

◆本を守ろうとする猫の話 夏川草介著 小学館
【要旨】高校生の夏木林太郎は、祖父を突然亡くした。祖父が営んでいた古書店「夏木書店」をたたみ、叔母に引き取られることになった林太郎の前に、人間の言葉を話すトラネコが現れる。21世紀版『銀河鉄道の夜』！
2017.2 222p B6 ¥1400 ①978-4-09-386463-3

◆江の島ねこもり食堂 名取佐和子著 ポプラ社
【要旨】江の島に「ねこもりさん」と呼ばれる女たちがいた。それは島の猫の世話をするという、とある食堂の隠れた作車。1915年のすみゑ、1963年の筆、1988年の溶子、そして2017年の麻布。一家の女たちが、ねこもりとして生きたそれぞれの人生は、新しい命を育て、未来を繋いでいく。
2017.2 310p B6 ¥1500 ①978-4-591-15418-2

◆金曜日の本屋さん—夏とサイダー 名取佐和子著 角川春樹事務所 （ハルキ文庫）
【要旨】"読みたい本が見つかる"と評判の駅ナカ書店・金曜堂は、アルバイトの倉井以外の三人全員が、地元・野原高校出身者。その金曜堂に、夏休みを前に現役野原高生・東藤紗世が訪ねてきた。「これぞ青春！」という高校生活を送りたい紗世は、卒業アルバムで見た店長の慎乃をはじめとする「読書同好会」メンバーのキラキラした姿に憧れ、自分も入会させたくて相談にきたのだという。けれど、大の本好きなはずの店長の反応が意外にも薄くて…。人と本との"運命の出会い"を描く大好評シリーズ、第二弾。
2017.2 268p A6 ¥600 ①978-4-7584-4071-4

◆金曜日の本屋さん—秋とポタージュ 名取佐和子著 角川春樹事務所 （ハルキ文庫）
【要旨】小さな駅ナカ書店「金曜堂」。名物店長の南、金髪のオーナー・ヤスさん、喫茶担当イケメン栖川、そして年上の南に想いを寄せる学生アルバイト・倉井の四人が働く店には、様々な想いを抱き「いまの自分にぴったりの一冊」を求める客が訪れる。ある日、倉井に大学内で話しかけてきた女子学生たちに、ひょんなことから一日だけ"金曜堂"を手伝うことに。けれども、同じ同好会だというふたりの仲は、どう見てもぎくしゃくしていて…。温かな感動を呼ぶ人と本との出会いの物語、シリーズ第三弾。
2017.8 266p A6 ¥600 ①978-4-7584-4112-4

◆僕はもう憑かれたよ 七尾与史著 宝島社 （宝島社文庫）
【要旨】ある夜、八木沼真知の部屋を見知らぬ男が訪ねてきた。初対面にもかかわらず、彼はなぜか真知の昔からの友人や好物を知っていた。一方、周囲で不可解なことが起きているのに気付く美門玲二。どうやら眠っている間に、別人格が勝手に行動しているようだ。本来交わるはずのない二人の運命を結び付けるのは、半年前のとある転落事故だ。真知は恋人を失ったその事故について調べ始める。
2017.3 349p A6 ¥580 ①978-4-8002-6802-0

◆東京すみっこごはん—親子丼に愛を込めて 成田名璃子著 光文社 （光文社文庫）
【要旨】心にすきま風が吹いたとき、商店街の路地に佇む「共同台所」が、いつも、誰でも、やさしく迎えてくれる。恋愛に無関心なOL、誰にも言えぬ片思いに悩む高校生、シングルファーザーと結婚したキャリアウーマン。そして、無愛想な常連・柿本が回想する、忘れられぬ人との出会い—。あったかな恋心と愛が溢れ出す、大人気シリーズ第三弾。お待たせしました！
2017.4 329p A6 ¥600 ①978-4-334-77453-0

◆多摩川のミーコ なりゆきわかこ著 KADOKAWA （角川文庫）（『多摩川にすてられたミーコ』加筆・修正・改題書）
【要旨】星も見えない夜、多摩川のミーコは人間に捨てられた。震える彼を拾い上げたのは、ホームレスの"おっちゃん"だった。人間への不信感を持ったミーコだが、母親代わりに育ててくれる白猫のたまさんや、危険を顧みずに自分を守ってくれるおっちゃんとの関わりを通じ、人との絆を取り戻していく。しかしその矢先、河川敷を台風が襲う。「東京に関東を襲った大型台風、台風9号」。その裏で起きた、出会いと別れを描く感動の実話。
2017.4 278p B6 ¥1300 ①978-4-04-105524-3

◆立川忍びより 仁木英之著 KADOKAWA
【要旨】ブラック企業からの脱出、忍者一家への婿入り、大盛り中華料理バトル、許嫁とアイドルと！？『僕僕先生』の著者が描く、「忍者一家」に舞い込んだ青年のはちゃめちゃボーイ・ミーツ・ファミリーな成長物語！ご町内忍者ロマン！
2017.8 278p B6 ¥1300 ①978-4-89477-465-0

◆サラバ！ 上 西加奈子著 小学館 （小学館文庫）
【要旨】僕はこの世界に左足から登場した—。圷歩は、父の海外赴任先であるイランの病院で生を受けた。その後、父母、そして問題児の姉とともに、イラン革命のために帰国を余儀なくされた歩は、大阪での新生活を始める。幼稚園、小学校で周囲にすぐに溶け込めた歩と違って姉は「ご神木」と呼ばれ、孤立を深めていった。そんな折、父の新たな赴任先がエジプトに決まる。メイド付きの豪華なマンション住まい。初めてのピラミッド。五年生で中学生になった歩は、ある日、ヤコブというエジプト人の少年と出会うことになる。
2017.10 331p A6 ¥630 ①978-4-09-406442-1

◆サラバ！ 中 西加奈子著 小学館 （小学館文庫）
【要旨】両親の離婚、そして帰国。母の実家のそばに住む母子三人は、次第にバラバラになっていった。母は頻繁に恋人をつくり、サッカーに興じる歩は高校で同級生の須賀に影響を受けていく。姉は、近所に住む矢田のおばちゃんが宗教団体の教祖のように祀り上げられていくなか、そこに出入りするようになった。そして、阪神神戸大震災が起こった。それは歩の生活にも暗い影を落とし、逃げるように東京へ向かう。脳が轟きような学生生活を経て、歩はライターになった。だが、そこで、ある取材を依頼される。そこには変わり果てた姉が絡んでいた。
2017.10 317p A6 ¥620 ①978-4-09-406443-8

◆サラバ！ 下 西加奈子著 小学館 （小学館文庫）
【要旨】姉・貴子は、矢田のおばちゃんの遺言を受け取り、海外放浪の旅に出る。一方、公私ともに頑風満帆だった歩も、三十歳を過ぎ、あることを機に屈託を抱えていく。そんな時、ある芸人の取材で、思わぬ人物と再会する。懐かしい人物との旧交を温めた歩は、彼の来し方を聞いた。ある日放浪を続ける姉から一通のメールが届く。ついに帰国するという。しかもビッグニュースを伴って。歩と母の前に現れた姉は美しかった。反対に、歩にはよくないことが起こり続ける。大きなダメージを受けた歩だったが、衝動に駆られ、ある行動を起こすことになる。
2017.10 295p A6 ¥610 ①978-4-09-406444-5

◆舞台 西加奈子著 講談社 （講談社文庫）
【要旨】太宰治『人間失格』を愛する29歳の葉太。初めての海外、ガイドブックを丸暗記してニューヨーク旅行に臨むなか、初日の盗難で無一文になる。間抜けと哀れまれることに耐えられずあくまで平然と振る舞おうとしていた—。命がけで「自分」を獲得してゆく青年の格闘が胸を打つ傑作長編。
2017.1 213p A6 ¥580 ①978-4-06-293582-1

◆さよならは明日の約束 西澤保彦著 光文社 （光文社文庫）
【要旨】祖母の蔵書に挟まっていた一通の手紙。宛名はヒッチコック。差出人は祖母の旧姓だが、心当たりはない。誰が何のために挟んだ手紙なのか。開けて読んでみると、ジャンクかつてのルームメイトからのメッセージで…。（「恋文」）大食い・海好き美少女エミールと、ジャンク映画フリーク男子のユキサキが、解かれないままになっていた謎を読み解いていく！
2017.11 309p A6 ¥700 ①978-4-334-77557-5

◆そして僕等の初恋に会いに行く 西田俊也著 KADOKAWA （角川文庫）
【要旨】思わぬきっかけから、初恋の告白を撮ったドキュメント映画を中学の文化祭で上映することにした雄也たち。10年後、あのときの「初恋シネマ」をもう一度見たいという仲間からの頼みで、雄也は所在不明の映像を探し始める。中途半端に終わった恋の告白や自分の青春と向き合うため、胸に秘めていた初恋相手と再会したとき、何かが変わっていく。誰の胸にも訪れる初恋の嵐と後悔な想いから、大人への扉は開くのか、青春感動ストーリー。
2017.12 349p A6 ¥760 ①978-4-04-106246-3

◆おっぱい山 西田宣子著 梓書院
【目次】おっぱい山、おんじい坂、ゆうれいトンネル、朝顔の家、いつもの賀茂駅で、悪縁石
2017.2 279p B6 ¥1500 ①978-4-87035-594-1

◆芝公園六角堂跡 西村賢太著 文藝春秋
【要旨】独りの死者と生者、鬼気迫る「夜」と「昼」。ここ数年、感いに流されていた北町貫多に東京タワーの灯が凶暴な輝きを放つ。その場所は、師・藤澤清造の終焉地であった。何の為に私小説を書くのか。鬼気迫る四作品。
2017.3 182p B6 ¥1500 ①978-4-16-390525-9

◆無銭横町 西村賢太著 文藝春秋 （文春文庫）
【要旨】私小説への殉情、無頼派の矜持。横浜での生活立て直しに失敗した北町貫多は再び都内

に戻っていた。そして二十歳になった彼は、その日も野良犬のように金策に奔走するが…（「無銭横町」）。筆色冴えわたる六篇に、芥川賞選考会を前にして、藤澤清造の墓前にぬかずく名品「一日」を加えた新併録。
2017.12 185p A6 ¥600 ①978-4-16-790977-2

◆小説 日本博物館事始め　西山ガラシャ著
日本経済新聞出版社
【要旨】御一新とともに、寺や城は壊され、仏像や書画骨董が海外に流出していく。「日本が生き残る道は西洋の物真似しかないか」と多くの人は信じているが、文明開化の時勢に流されて、日本の美と技をうち捨ててはおけぬ。自分一人でもミュージアムを創る。留学中に観た大英博物館のような─旧物破壊・廃仏毀釈の嵐に抗い、新政府内の政争に巻き込まれながらも、粘り強く夢を実現させた官僚、町田久成。明治150年を前に贈る、日本文化の維新の物語。日経小説大賞受賞の第一作。
2017.3 251p B6 ¥1600 ①978-4-532-17142-1

◆懐かしい食堂あります―五目寿司はノスタルジアの味わい　似鳥航一著　KADOKAWA（角川文庫）
【要旨】昭和の空気が漂う町、三ノ輪。そこに大家族が営む食堂がある。─美形揃いの五兄弟が評判の「みけねこ食堂」。次男の修一が体を壊すことでゴタゴタを乗り越え、家族はようやくひとつになろうとしていた。だが、一件落着といかないのが、この食堂。兄弟が起こす騒動に、気の休まる時がない。だが柊一はそれらに真摯に向き合い、料理で応えていく。その素朴な味わいは、頑なな心も解けるもので─。そんな、懐かしい食堂あります。
2017.6 292p A6 ¥600 ①978-4-04-105697-4

◆スピノザの秋　蜷川泰司著　河出書房新社
【要旨】異邦人の孤独な魂が彷徨する崩壊の序曲。
2017.11 348p B6 ¥1900 ①978-4-309-92133-4

◆黙視論　一肇著　KADOKAWA
【要旨】落とし物のスマホを賭けてテロリストと暗闘することになった女子高生は!?
2017.5 250p B6 ¥1400 ①978-4-04-102530-7

◆国士　楡周平著　祥伝社
【要旨】カレー専門店「イカリ屋」の老創業者・篠原悟は、加盟店と一致団結してチェーンを日本一に押し上げた。しかし、人口減少社会を迎えた国内だけでは成長は見込めず、アメリカに打って出ることに。それを機に、篠原は自らは経営から身を引き、海外進出と、この国の将来を見据えた経営を、コンビニやハンバーガーチェーンを立て直した実績を持つプロ経営者・相葉譲に託した…。
2017.8 318p B6 ¥1600 ①978-4-396-63523-7

◆ぷろぼの　楡周平著　文藝春秋
【要旨】業界大手のパシフィック電器は、人事労務担当部長の江間を中心に大規模リストラを進めていた。実務を担う大岡の担当セクションは難航し、ある悲劇が起きる。大岡は心身ともに疲弊しきって、三国が代表を務めるNPOで「プロボノ」として社会貢献活動をすることに救いを求める。大岡はパシフィック電器の首切りの内情を打ち明けたところ、義憤にかられた三国は、三人首謀者である江間を「嵌める」べく立ち上がった。大企業のえげつないリストラと、それに立ち向かうNPOのボランティアたちを、軽妙かつコミカルに活写する、痛快な企業エンターテイメント小説。
2017.5 362p B6 ¥1600 ①978-4-396-90651-5

◆和僑　楡周平著　祥伝社（祥伝社文庫）
【要旨】宮城県緑屋町に老人定住型施設「プラチナタウン」が開設されて四年。町は活気を取り戻し居住者は増えた。だが、町長の山崎は不安を覚えていた。いずれ高齢者人口も減り、町は廃れてしまう─。山崎は、役場の工藤らとともに緑原の食材を海外に広め、農畜産業の活性化を図ろうとする。だが、日本の味を浸透させる案が浮かばず…。新たな視点で日本の未来を考える注目作!
2017.8 377p A6 ¥690 ①978-4-396-34342-2

◆ウズタマ　額賀澪著　小学館
【要旨】周作（28歳）は、シングルマザーの紫織との結婚を控えたある日、唯一の肉親である父親から、謎の通帳を渡される。「誰か」が自分のために振込を続けていていることは分かったが全く心当たりがない。唯一の真相を知る父は、脳梗塞で昏睡状態に。父に会わず初めて、父の過去や自分の過去も詳しく知らないことに気づく。その「誰か」を探し始めた周作は、25年前の

ある傷害致死事件に行き着くのだが…。小さな希望が灯る、新しいカタチの家族小説。
2017.11 293p B6 ¥1400 ①978-4-09-386487-9

◆屋上のウインドノーツ　額賀澪著　文藝春秋（文春文庫）
【要旨】ひとりぼっちの高校生活を送る引っ込み思案の少女・志音。くじ引きで吹奏楽部部長となった大志。屋上でドラムのバチを手にリズムを刻む志音を見た大志は思わず部活に勧誘する。大志との二人きりの演奏を通して人と一緒に演じる楽しさを知った志音は一歩を決意する。二人の夢は大きく「東日本大会」出場!
2017.6 365p A6 ¥740 ①978-4-16-790868-3

◆潮風エスケープ　額賀澪著　中央公論新社
【要旨】高校生の深冬は、思いを寄せる優弥とともに、彼の故郷・潮見島を訪れる。島の伝統「潮祭」が開かれる夏のことだった。深冬が出会ったのは、祭の神女となるために自分の未来を捨てた少女・柑奈。彼女の生き方に、深冬は疑問と嫌悪感を抱く。なぜ柑奈は伝統に縛られることを望むのか？そしてある人物の来訪で明かされる、十二年前の悲しい真実とは？消えゆく伝統と先の見えない将来。まっすぐな恋とゆがんだ友情。それぞれの思いが交錯するとき、十二年に一度の祭が幕を開ける。
2017.7 333p B6 ¥1400 ①978-4-12-004993-4

◆ヒトリコ　額賀澪著　小学館（小学館文庫）
【要旨】深作日都子は小学五年生の時、理不尽なことから熾烈ないじめの対象となった。その時から日都子は、誰にも心を閉ざし、「みんな」には加わらない「ヒトリコ」として生きていく決心をする。そんなヒトリコの心の支えは、ピアノとピアノを教えてくれる偏屈なキューばあちゃんだけだった。地元の高校の入学式、小五で転校した冬希の姿がそこにあった。毒親の母を棄てて、父とともに戻ってきたのだった。冬希はまったく変わってしまった日都子の姿に驚く。そしてその原因は、父親が飼い、置いておきた金魚と知り…。大人気の青春小説、待望の文庫化。巻末に特別短編収録。
2017.12 349p A6 ¥650 ①978-4-09-406477-3

◆影裏　沼田真佑著　文藝春秋
【要旨】大きな崩壊を前に、目に映るものは何か。交差する追憶と現実。第157回芥川賞受賞。
2017.7 126p B6 ¥1300 ①978-4-16-390728-4

◆ナックルな三人　ねじめ正一著　文藝春秋
【要旨】詩人兼絵本作家と若年性認知症の画家が、一人の女性をめぐり繰り広げる、遅れてきた青春。中年男三人のかけがえのない時間が胸に響く。
2017.10 251p B6 ¥1600 ①978-4-16-390741-3

◆認知の母にキッスされ　ねじめ正一著　中央公論新社（中公文庫）
【要旨】ある日、デイケア先で喚きはじめた母は、気付かぬうちに認知症を発症していた。息子は、介護のために毎日、実家へ通い、一語一語逃さぬよう、母の「妄想」を聞き取り始めた…。生きることのおかしみやユーモアが全編に溢れる、新しい"介護小説"。母との別れを描く最終章を書き下ろしで収録。
2017.12 329p B6 ¥800 ①978-4-12-206494-2

◆むーさんの自転車　ねじめ正一著　中央公論新社
【要旨】長野と高円寺。二つの街で少年・正雄が大きく成長していく"平成版純情商店街"
2017.8 363p B6 ¥1800 ①978-4-12-004997-2

◆ある愛の姿　野上慶介著　幻冬舎メディアコンサルティング、幻冬舎 発売
【要旨】東京から山梨へと移住してきた真一郎と奈津子。外界から遠く隔てられた「愛の巣」で、二人は互いを激しく求め合っていた。やがて待ち受ける「別れ」に目を背けたまま…。すれ違う男女の姿を艶やかに描く、切なく悲しい大人の恋愛小説。
2017.10 350p B6 ¥1600 ①978-4-344-91423-0

◆とむらい師たち―野坂昭如ベスト・コレクション　野坂昭如著　河出書房新社（河出文庫）
【要旨】死顔にはその仏の一生の歴史がかたまるわけでなく─死者の顔が持つ威厳と迫力に魅力され、葬儀博の実現に懸ける男・ガンめん。マスコミを巻き込み葬儀のレジャー産業化に狂奔する男・ジャッカー。戦後の大阪を舞台に、とむらい師たちの愚行と奮闘、笑いと悲しみを通じて「生」の根源を描く表題作のほか、初期野坂昭如を代表する短篇を収録。
2017.6 280p A6 ¥900 ①978-4-309-41537-6

◆ガジュマルの樹の下で　野里征彦著　本の泉社
【要旨】16歳の陸軍少年兵はだれのために戦ったのか。何のために戦ったのか。沖縄戦を問い、今を見つめる渾身の長編小説。
2017.3 294p B6 ¥1800 ①978-4-7807-1608-5

◆それは秘密の　乃南アサ著　新潮社（新潮文庫）
【要旨】美容に狂う前妻と彼女を奪っていった男、なぜ二人は俺に会いに来るのか？なぜこんなに友人の母親が気になるのか？隣室で虚ろで奇妙な音を出し続けるのは何者か？どうしてあんなに不出来な部下に惹かれるのか？なぜ暗闇で出会って聞も見えない彼女がこんなにも愛おしいのか？なぜ、なぜ…。愛とも恋とも言えない、不思議な感情─。心理描写の洗練を極めた珠玉の短編九編を収録。
2017.9 298p A6 ¥550 ①978-4-10-142557-3

◆真空地帯　野間宏作　岩波書店（岩波文庫）改版
【要旨】空気のない兵隊のところには、季節がどうしてめぐってくることがあろう─木曾と柳と に縛られた兵営での日常生活は人をなくし、一人一人を兵隊へと変えてゆく…。人間の暴力性を徹底して引き出そうとする軍隊の本質を突き、軍国主義に一石を投じた野間宏（1915‐91）の意欲作。改版。
2017.12 616p A6 ¥1160 ①978-4-00-360031-8

◆足太郎と瞳の立ち話　野里歩夢著　東京図書出版、リフレ出版 発売
【要旨】37兆を超える仲間が、お互い神から与えられた自分を愛することを知り、そして自分を愛するように周りの仲間を愛する意志に目覚めていく。生死を分かつ細胞たちの生命力の深い感銘と儚さ。
2017.8 185p B6 ¥1100 ①978-4-86641-071-5

◆本物の読書家　乗代雄介著　講談社
【要旨】老人ホームに向かう独り身の大叔父に同行しての数時間の旅。大叔父には川端康成からの手紙を持っているという噂があった。同じ車両に乗り合わせた謎の男に、私の心は掻き乱されていく。大変な読書家らしい男にのせられて、大叔父が明かした驚くべき秘密とは。─「本物の読書家」。なりゆきで入った「先生」のゼミで、私は美少女・間村季那と知り合う。サリンジャー、フローベル、宮沢賢治を巡る先生の文学講義、季那との関係、そして先生には奇妙な噂が…。たくらみに満ちた引用のコラージュとストーリーが交錯する傑作。─「未熟な同感者」。
2017.11 218p B6 ¥1600 ①978-4-06-220843-7

◆丘の火─野呂邦暢小説集成 8　野呂邦暢著　文遊社
【要旨】激戦地の生還者が残した手記、「新型爆弾」の鋭い青紫色の光─戦場の真実を探る表題作、遺稿を含む晩年の傑作群。
2017.3 676p B6 ¥3600 ①978-4-89257-098-8

〔は行の作家〕

◆通りすがりのあなた　はあちゅう著　講談社
【要旨】言葉や距離を越え、友達とも恋人とも名づけられない"あなた"との関係。切ない7つの人間模様を描く、はあちゅう初めての小説集。
2017.9 237p B6 ¥1300 ①978-4-06-220720-1

◆スクロール　橘爪駿輝著　講談社
【要旨】あの頃感じた全てがここには詰まっている─僕の部屋の隣に住む元彼の「音だけでも聞きたいの」、という女子高生が、ある日突然やってきた。─「童貞王子」。まぐれで就職できたテレビ局。希望の部署ではなく燻っていた時に、入り浸っていたバーで出会った葉穂と付き合うことになるが、ある事件取材をきっかけに俺たちの関係は変わっていってしまう。─「スクロール」。表題作を含む、青春まっただなか、全力疾走な全5篇収録!
2017.10 171p B6 ¥1250 ①978-4-06-220795-9

◆襷を我が手に　蓮見恭子著　光文社
【要旨】実業団「ワトー電器」所属でオリンピックを目指していたマラソン選手・千吉良朱里は、突然チームが休部となり、浪華女子大学で創設される駅伝部に就任要請を受ける。すでに選手としてのピークを過ぎた朱里は、指導者としての道を歩む決意をするが、新設された

現代の小説（純文学） 1012

ばかりの駅伝部は部員ゼロからの状態でスタートしなければならず…。スポーツ小説の名手が大学女子駅伝の世界をリアルに描いた青春小説の傑作!!
2017.11 331p B6 ¥1600 ①978-4-334-91195-9

◆水曜の朝、午前三時　蓮見圭一著　河出書房新社　（河出文庫）
【要旨】「もしかしたら有り得たかもしれないもう一つの人生、そのことを考えなかった日は一日もありませんでした一」一九七〇年、大阪万博を舞台に叶わなかった恋とその後の二〇年を描く。恋の痛みと人生の重みを描く、究極のラブストーリー。涙を誘った大ベストセラー。
2017.11 309p A6 ¥640 ①978-4-309-41574-1

◆あたしたちの未来はきっと　長谷川町蔵著　タバブックス　（ウィッチンケア文庫）
【要旨】2010年、中学2年のお楽しみ会で「少女時代」を踊るはずだった美少女たち。光輝く将来を約束されていたかに見えた彼女たちを待ち受けていた現実とは。東京の郊外・町田を舞台に、少女たちが時空を超えて運命を切り開く。映画・音楽コラムの名手が初めて描く青春群像小説。
2017.1 146p 19cm ¥1250 ①978-4-907053-16-1

◆私が好きなあなたの匂い　長谷部千彩著　河出書房新社
【要旨】香りとともに、甘やかに立ち上るあの人との時間と記憶。シャネル、ゲラン、クリード、トム・フォード、クロエ一実在の香水から喚起された36の情景を描くショートストーリー集。
2017.4 189p 19×14cm ¥1800 ①978-4-309-02560-5

◆成功者K　羽田圭介著　河出書房新社
【要旨】芥川賞を受賞したKは、いきなりTVに出まくり、寄ってくるファンや友人女性と次々性交する。突如人生が変わってしまったKの運命は？　芥川賞作家の超話題作。
2017.3 324p B6 ¥1400 ①978-4-309-02551-3

◆ザーッと降って、からりと晴れて　秦建日子著　河出書房新社　（河出文庫）　（『明日、アリゼの浜辺で』改題書）
【要旨】リストラ直前の中年男、駆け出しのシナリオライター、離婚目前のOL、本命になれない30歳のOL—。一生懸命生きているけど、ちょっと不器用な人たちに起こる、小さな奇跡が連鎖して…感動の連作小説。
2017.6 217p A6 ¥640 ①978-4-309-41540-6

◆花精の舞　波多野聖著　KADOKAWA
【要旨】明治の世。能楽の家に生まれた綾は、女ながら能楽師になりたいと志すかたわら女子英学塾にも学び、たぐいまれな審美眼をもつ才媛へと成長する。そんな折、綾は親友同士である魅力的な二人の学生と知り合う。二松學舍に学ぶ重光伊織と、帝大に通う高見友則。三人での輝くような青春の日々が過ぎ、やがて綾は伊織と友則、どちらかを選ばねばならない時がくる…。あくまでも自分らしく美を追い求めた、花精のごとき女性の生涯！
2017.12 291p B6 ¥1600 ①978-4-04-104634-0

◆本屋稼業　波多野聖著　角川春樹事務所　（ハルキ文庫）
【要旨】新宿で薪炭問屋「紀伊國屋」の長男に生まれた田辺茂一は、幼い頃に入った書店「丸善」の崇高で特別な雰囲気に魅せられた。そして、二十二歳で夢だった「紀伊國屋書店」を創業する。軍人の子として誕生した松原治は、大学卒業後、満州鉄道に入社するも、二十七歳で陸軍少尉となり日本のために戦っていた。別々の人生を歩んできた二人は、一九五〇年に運命的な出会いを果たし、「紀伊國屋書店」を大きな発展へと導く—。戦後、日本に一大文化を創った男たちの熱き物語。
2017.4 278p A6 ¥680 ①978-4-7584-4085-1

◆家と庭　畑野智美著　KADOKAWA
【要旨】中山望は、桜やバラやひまわりなど四季折々の花が咲く庭のある家で、母と姉と妹と暮らしている。大学を卒業して2年以上が経つけれど、就職する気にならないまま、マンガ喫茶でアルバイトをする日々だ。ある日、上の姉が娘を連れて帰ってきて、女5人の生活が始まる。家族や幼なじみ、バイト仲間と過ごす時間。"何も望まない"はずが、変化していく。家の奥の古びたバー、神出鬼没の長天狗、工事がつづく駅。抜け出せなくなる町で暮らす人々の、色鮮やかで愛すべき日常。
2017.2 286p B6 ¥1500 ①978-4-04-105143-6

◆運転、見合わせ中　畑野智美著　実業之日本社　（実業之日本社文庫）

【要旨】朝のラッシュ時に電車が緊急停止。授業に向かおうとしていた大学生、バイトに遅刻しそうなフリーター、トイレに行きたくなったデザイナー、恋人の部屋から会社に向かうOL、自宅から出られなかった引きこもり、駅のホームで女性駅員は…アクシデントに遭った六人の男女それぞれの物語。そして、止まっていた心が再び動き出す。人生応援小説！
2017.4 364p A6 ¥667 ①978-4-408-55355-9

◆コンビ　畑野智美著　講談社
【要旨】新番組のレギュラー獲得を目指すオーディションが終了してから一ヵ月。"敗退"という現実は、メリーランドに決まった。先を行くライバルや先輩芸人。大学卒業後、それぞれの道を歩み始める恋人や友人。みんな進んでいるのに、自分達だけ進めずに…。一方、先輩トリオ・ナカノシマは中嶋の彼女が妊娠、解散の危機が訪れる。そんなとき、社長より次のオーディション番組の話が伝えられて…。若手芸人達の苦悩と前進を鮮やかに描ききる、人気シリーズ第3弾。
2017.5 330p A6 ¥700 ①978-4-06-293664-4

◆パティスリー幸福堂書店はじめました　秦本幸弥著　双葉社　（双葉文庫）
【要旨】祖父の代から続く歴史ある書店を継いだ本田安子。しかし、残念ながら経営はずっと赤字続き。このままでは、自分がお店をつぶしてしまう。そんな悩みを抱えたある日、安子は美味しいお菓子と珈琲を出す、カフェを併設した書店の存在を知る。しかし、自分と秒で似たお客様のお悩みをずばっと解決!?がけっぷち書店員・安子とドSなイケメンパティシエ・洋野創。そんな二人がおくる美味しくてタメになる物語！
2018.1 268p A6 ¥583 ①978-4-575-52075-0

◆本日、職業選択の自由が奪われました　秦本幸弥著　双葉社　（双葉文庫）
【要旨】国家が国民の職業を一元的に管理する近未来の日本。失業率は大きく改善したものの、国民は職業選択の自由を失った。そんなある日、山田康太は緊張した面持ちで卒業式に出席していた。これから、自身の就職先が決定するためだ。調理師の仕事を希望する康太。しかし、まさかのブラック企業の営業職に決まってしまい—。就活・転職が禁止された世の中で、ブラック企業から脱出できるのか!?働く人ならみんな共感必至の人生応援ドラマ！
2017.3 283p A6 ¥602 ①978-4-575-51981-5

◆ひとり吹奏楽部—ハルチカ番外篇　初野晴著　KADOKAWA　（角川文庫）
【要旨】マレンと成島の夢は、穂村と上条の夢を叶えようとしていた。一部を引退した片桐元部長から告げられ、来年のコンクールへの決意を新たにする芹澤直子。ギクシャクした関係を続けるカイユと成島康朱里。部の垣根を越えてある事件を解決するマレンと名越。そして部のまとめ役の成島敦子。清水南高校吹奏楽部に運命的に集まった個性的なメンバー。その知られざる青春と日常の謎を描く、大人気シリーズ書き下ろし番外篇。
2017.2 255p A6 ¥600 ①978-4-04-104000-3

◆GoForward！—櫻木学院高校ラグビー部の熱闘　花形みつる著　ポプラ社
【要旨】名門・東京中央大学ラグビー部でEチームからの上がりAチームのリザーブ入りを果たしたが、公式試合には5分しか出場できなかった酒田公男は、就職が決まらず、恩師の伝手で私立櫻木学院高校の臨任体育講師の枠にもぐりこむ。そこで若い新理事長から、ラグビー部の立ち上げと花園出場を命じられ、背水の陣で挑むことに。なんとか集めた部員は、もちろん素人ばかり—。
2018.1 495p A6 ¥1680 ①978-4-591-15712-1

◆忘れられた部屋　花島真樹子著　鳥影社　（季刊文科コレクション）

【目次】赤いドレスの女、湖畔の街への旅、忘れられた部屋、七年の後、山里にて、村暮らしで
2017.3 191p B6 ¥1500 ①978-4-86265-605-6

◆くちびる遊び　花房観音著　新潮社　（新潮文庫）
【要旨】「女の匂いをさせては、獣が来ます」山奥の宿坊。妖艶な僧が、手で舌で、私の体を清めていく—（「女禁高野」）。あなた、俺の顔に跨ってくれ。潤みに塗れたその尻で潰してくれ（「悦楽椅子」）先生は、私の髪で先をくすぐられるのが、たまらなく好きでしょう？（「みだら髪」）狂おしいほどに疼き、したたり、吐息が漏れる。団鬼六賞作家が男と女の心の秘部を押しひらく、文庫オリジナル欲情短編集。
2017.11 266p A6 ¥520 ①978-4-10-120582-3

◆わたつみ　花房観音著　中央公論新社
【要旨】いくら逃げようとしても、故郷からは、逃れられない—。借金を重ね、失意のうちに故郷へ戻ってきた京子は、かまぼこ工場で働き始める。職人の多い職場には、女の目と嫉妬心が渦巻いていた。やがて噂の波は、京子と女たちの"罪"をあらわにする。注目の著者が紡ぐ、日本海を望む田舎町に生きる女たちの物語。
2017.2 275p B6 ¥1600 ①978-4-12-004943-9

◆いまのはなんだ？　地獄かな　花村萬月著　光文社　（光文社文庫）
【要旨】家庭には無縁と思い込んでいた小説家の愛紫條司の考えは、娘・愛の誕生で一変する。妻の志帆と共に成長を愛しく見守る日々の中、己を必要とする存在があることを知ったのだ。だが、愛が間もなく三歳になるころ、異変は突如降りかかる。愛の引き金は志帆の抱える深い闇だった…。親と子、妻と夫、男と女。流れていく生の中で逃れえぬ関係を鮮烈に描く衝撃の長編。
2017.10 398p A6 ¥820 ①978-4-334-77536-0

◆心中旅行　花村萬月著　光文社
【要旨】小説を愛してやまない文芸編集者の澤野逸郎は、文芸誌"小説○○"の編集長になった。妻と双子の娘に囲まれ、幸せの絶頂かと思われたが、気づけば編集部には鬱が蔓延、作家とのトラブルも続き、やがて大量の薬に溺れるようになる。時を同じくして、部下である新人編集者の豊鳴と不倫関係が始まった。薬と肉欲にまみれた逸郎を、不幸の連鎖が襲う。その行き着く先は—。
2017.9 327p B6 ¥1800 ①978-4-334-91183-6

◆舎人の部屋　花村萬月著　双葉社　（双葉文庫）
【要旨】過食嘔吐を繰り返す小説家志望の自称モデル・宮島弥生を登場人物にした前作『浄夜』の登場人物だった彼は弥生の想念のなかから生みだされた妄想なのか、それとも…。虚構と現実を行き来する舎人の"M"を描いた哲学的小説。
2018.1 335p A6 ¥657 ①978-4-575-52070-5

◆お義父さん　はなわ著　KADOKAWA
【要旨】最高の家族に囲まれた僕の想いを、目一杯詰め込みました。今年いちばん泣ける歌「お義父さん」が小説に。
2017.12 222p B6 ¥1250 ①978-4-04-069545-7

◆神様ドライブ　浜口倫太郎著　講談社
【要旨】神様って何なんだ？　全国の神社とコンビニを巡るうち、閉じこめた想いが爆発する！　笑いあり涙あり、訳アリ3人組の青春ロードノベル！　2017.2 282p B6 ¥1500 ①978-4-06-220371-5

◆くじら島のナミ　浜口倫太郎著　ディスカヴァー・トゥエンティワン
【要旨】海の生き物ならば誰もが知っている島のように大きなくじらの「ジマ」は、嵐の海で出会った人間の赤ちゃん「ナミ」を自分の背中の上で育てることになっている。人間の子育てに悪戦苦闘するジマと、海の仲間たちの協力もありナミはすくすくと成長していく。ナミが5歳になったとき、ジマはくじらの群れを率いて「マジックオーシャン」を目指すことを決意する。だがそれは、生きるか死ぬかの運命を賭けた過酷な旅の始まりだった。『22年目の告白—私が殺人犯です』の著者の新刊、大感動作！
2017.10 194p B6 ¥1400 ①978-4-7993-2173-7

◆シンマイ！　浜口倫太郎著　講談社　（講談社文庫）
【要旨】失業中の翔太は、新潟の祖父・喜一のもとで米作りを教わることになった。待ち受けていたのは毎朝5時起きの生活や、いけ好かない有機農法女子。だが、喜一の作った米を食べた瞬

間、翔太はそのうまさに衝撃を受ける。土の匂いを嗅ぎ、稲の顔色を窺う毎日が、うまい米を作る。やっぱり、日本のお米は最高だ！
2017.10 313p A6 ¥660 ①978-4-06-293768-9

◆廃校先生　浜口倫太郎著　講談社（講談社文庫）
【要旨】あと一年。子供たちに何をしてあげたらいいんだろう。新人教師の香澄は悩む。閉校が決まった谷川小学校には七人の生徒と四人の先生しかいない。だが、過疎化が進む十津川村で、学校にいうな村民の生活の中心だった。そして卒業とともに母校を失う六年生の思いとは？ 温かな涙を誘う、学校エンタテインメント！
2017.8 428p A6 ¥1500 ①978-4-06-293739-9

◆続・新地物語　濱田秋彦著　（大阪）浪速社
【要旨】"男と女の機微"を綴った渾身のデビュー作『新地物語』から12年！ 世紀末の大阪・新地を舞台に繰り広げられる大人の愛の絵巻。
2017.11 324p A6 ¥463 ①978-4-88854-508-2

◆Tengu 天狗　浜本龍蔵著　ルネッサンス・アイ、白順社　発売
【要旨】嵐が去った海岸に大きな天狗が打ち上げられた。声を発しない美しい少女との出会いにより、天狗の運命は大きく動き出す。大航海時代、ロンドンからジャポンへとつながる、真実の愛と奇跡の物語。
2017.11 347p B6 ¥1500 ①978-4-8344-0219-3

◆浮雲　林芙美子著　KADOKAWA（角川文庫）改版
【要旨】義兄の弟との不倫関係から逃れるため、戦時下、仏印へタイピストとして渡ったゆき子。そこで出会った農林研究所所員、富岡と熱烈な恋に落ちたが、彼もまた、妻のある身であった。戦争が終わり、帰国したゆき子は、富岡の心が彼女からすでに離れていることを知る…。心身旅行、別離、そして妊娠。様々な出来事を乗り越え、二人はついに屋久島へとたどり着く。敗戦後、激動の日本で漂うように恋をした、男と女の物語。
2017.10 414p A6 ¥640 ①978-4-04-106153-4

◆最高のオバハン—中島ハルコの恋愛相談室　林真理子著　文藝春秋
【要旨】中島ハルコ、52歳。本音で生きる会社経営者。金持ちなのにドケチで、口の悪さは天下一品。嫌われても仕方がないほど自分勝手な性格なのに、なぜか悩み事を抱えた人間が寄ってくる。高学歴ゆえに結婚できない、不倫相手がお金を返してくれないといった相談を、歯に衣着せぬ物言いで鮮やかに解決していく痛快エンタテインメント！
2017.10 239p A6 ¥600 ①978-4-16-790936-9

◆フェイバリット・ワン　林真理子著　集英社（集英社文庫）
【要旨】二十三歳の夏帆は、弱小ブランドで働くファッションデザイナー。幼い頃から夢見てきた仕事だったが、中途半端でもどかしい。気になる若手芸人との関係も思うようには進まない。そんな時、先輩に誘われ、新しい会社に移る。そこでパリコレの刺激を受け、一流の仕事を知ることで、いつしか自分の中の野心に気付く。仕事の成功は本物の愛も、自分で掴みとる！ 共感を呼んだ話題の長編小説。
2017.3 426p A6 ¥680 ①978-4-08-745552-6

◆我らがパラダイス　林真理子著　毎日新聞出版
【要旨】突然終わりを告げる、平穏な日々。「貧者の逆転劇」の結末は—東京・広尾の高級介護付きマンション「セブンスター・タウン」の受付係・細川邦子（48歳）、看護師の田代朝子（54歳）、ダイニングで働く丹羽さつき（52歳）…それぞれの家族内で深刻な介護問題を抱える3人は、困窮していく我が身と、裕福な施設の入居者たちとの格差を前に、一世一代の勝負に出る！
2017.3 455p B6 ¥1800 ①978-4-620-10826-1

◆一年（ひととせ）—先生も好きだったよ　速島實著　eブックランド社、星雲社　発売
【要旨】片想いではなかった「先生」の歌。新米教師の速島は、教え子の美也と赤い糸で結ばれているような出来事に遭遇して、次第に惹かれて行った。それが—。著者の自伝的小説。
2017.2 424p B6 ¥1380 ①978-4-434-22725-7

◆未必のマクベス　早瀬耕著　早川書房（ハヤカワ文庫JA）
【要旨】IT企業Jプロトコルの中井優一は、東南アジアを中心に交通系ICカードの販売に携わっていた。同僚の伴浩輔とともにバンコクでの商談を成功させた優一は、帰国の途上、澳門の娼婦から予めいた言葉を告げられる—「あなたは、王として旅を続けなくてはならない」。やがて香港の子会社の代表取締役として出向を命じられた優一だったが、そこには底知れぬ陥穽が待ち受けていた。異色の犯罪小説にして、痛切なる恋愛小説。
2017.9 613p A6 ¥1000 ①978-4-15-031294-7

◆それは宇宙人のしわざです—竜胆くんのミステリーファイル　葉山透著　幻冬舎
【要旨】憧れの出版社に入って2年目でファッション誌からオカルト誌へ異動させられた雛子。異動初日に「宇宙人にさらわれた」と噂される少年を取材することになり、高校生にもかかわらず、超高層マンションの最上階に一人で住む竜胆に出会う。並外れた頭脳と洞察力を持ちながらも、人間嫌いでUFOオタクの竜胆の言動に振り回される雛子。しかし帰り際、彼から奇妙な助言をされて…『9S』『0能者ミナト』の著者による、書き下ろしエンターテイメント小説。
2017.12 301p B6 ¥1400 ①978-4-344-03225-5

◆花笑み　葉山弥世著　鳥影社
【目次】花笑み、エスポワール、我もまた、風に吹かれて
2017.11 283p B6 ¥1500 ①978-4-86265-638-4

◆神さまたちのいた街で　早見和真著　幻冬舎
【要旨】父による交通事故に巻き込まれたことをきっかけに、父と母は違う神を信じはじめ、ぼくの家族には"当たり前"がなくなった。ぼくは担任の先生に助けを求めたが、どうやら先生にも自分の正義があるらしい。大人たちが信じられなくなったとき、ぼくの「正しい」の基準は、親友の龍之介だけ。妹のミッコを守ることでなんとか心のバランスを取りながら、ぼくは自分の武器を探すことにした。いつか、後悔だらけの大人にならないために—。『ぼくたちの家族』から6年。次の家族のストーリー。あの頃の"痛み"がよみがえる成長の話。
2017.4 298p B6 ¥1500 ①978-4-344-03101-2

◆ようさま　原あやめ著　（名古屋）ゆいぽおと、KTC中央出版　発売
【要旨】瀬戸村の「松本屋」のようさまは、大きな夢を持った若者の手助けをすることを願っていた。人に多くの喜びを与えることで輝いた明治の女性の半生。
2017.9 278p B6 ¥1600 ①978-4-87758-466-5

◆踊れぬ天使—佳代のキッチン　原宏一著　祥伝社
【要旨】どんなに調理が難しい食材でも、心をほぐす一品に変えてみせます！ 失踪した両親を捜すため、持ち込まれた食材で料理を作る"移動調理屋"を始めた佳代。結局、両親には会えなかったが、貴重な出会いと別れを経験した。松江のばあちゃんとの出会いが、佳代を変えた。シングルマザーのためのロングライド大会では「ズッキーニ麺ポモドーロ」、山形の芋煮会では「手打ち冷やしラーメン」などに挑戦しながら、その想いを実現するために、佳代を乗せたキッチンワゴンは今日もゆく！
2017.5 307p B6 ¥1600 ①978-4-396-63518-3

◆星をつける女　原宏一著　KADOKAWA
【要旨】世界的な「食の格付け本」の「格付け人」、牧村紗英。会社を辞めて独立し、シングルマザーとして働く彼女は、先輩で相棒の真山幸太郎と、人気店の覆面調査を開始する。絶対的な味覚と調査能力で、彼女がつける「星」の数は…？ 彼女の舌が見抜く「嘘」。
2017.1 285p B6 ¥1500 ①978-4-04-104645-6

◆女神めし—佳代のキッチン 2　原宏一著　祥伝社（祥伝社文庫）
【要旨】失踪した両親を捜すため、移動調理屋を始めた佳代。再会は叶わなかったが、旅先で縁を得た「松江のばあちゃん」から全国各地の港町に調理屋の支店を開いてと頼まれ、再びキッチンワゴンを走らせる。食文化の違いに悩む船橋のミャンマー人女性、尾道ではリストラされた父を心配する娘—奮闘する人々が持ち込む食材で、佳代は彼らの心をほぐす最高の一皿を作れるか？
2017.5 335p A6 ¥660 ①978-4-396-34310-1

◆蒼い月　原田クンユウ著　幻冬舎メディアコンサル刊行、幻冬舎　発売
【要旨】31才、製薬会社でMRとして働く僕はゲイであることを隠して毎日の生活を送っていた。しかしそんなある日、HIVへの感染が明らかになり僕の日常は一変する。
2017.11 216p A6 ¥1100 ①978-4-344-91451-3

◆ミチルさん、今日も上機嫌　原田ひ香著　集英社（集英社文庫）
【要旨】四十五歳、職なし、夫なし、バツイチ、彼氏なし。ミチルにあるのは元夫から譲られたマンションと貯金の三百万円。若くて可愛くてチヤホヤされたバブルの頃が懐かしく、そうかといって将来に不安がないわけでもない。恋愛、子供、親、仕事。あたし、これからどうするんだろう—。それでもミチルはめげずに前を向く。時代の波に翻弄されながらも懸命に今を生きる女性に贈るハートフルストーリー。
2017.7 275p A6 ¥580 ①978-4-08-745610-3

◆ラジオ・ガガガ　原田ひ香著　双葉社
【要旨】人生で大切なことはすべて深夜のラジオが教えてくれた。夜更けに、ラジオのスイッチを入れる。きょうも一日、いろいろあった。みんな、どんな事情を抱え、なにを考えているんだろう？ 私たちは、精いっぱい生きている。実在するラジオ番組に耳を傾ける人々の人生を切り取った哀歓5篇。
2017.5 265p B6 ¥1400 ①978-4-575-24034-4

◆ランチ酒　原田ひ香著　祥伝社
【要旨】大森祥子の職業は「見守り屋」だ。営業時間は夜から朝まで。ワケありの客から依頼が入ると、シッターやペットなど、とにかく頼まれたものを寝ずの番で見守る。そんな祥子の唯一の贅沢は、仕事を終えた後の朝限ならぬ「ランチ酒」。孤独を抱えて生きる客に思いを馳せ、離れて暮らす娘の幸せを願いながら、つかの間、最高のランチと酒に癒される。すれ違いのオムライスと日本酒、別れの予感のフライと生ビール…今日も昼どき、最高のランチと至福の一杯！ 心を癒し、胃袋を刺激する絶品小説。
2017.11 280p B6 ¥1400 ①978-4-396-63534-3

◆あなたは、誰かの大切な人　原田マハ著　講談社（講談社文庫）
【要旨】勤務先の美術館に宅配便が届く。差出人はひと月前、孤独の内に他界した父。つまらない人間と妻には長年思われ、娘の進路を密かに理解していた父の最後のメッセージとは…（「無用の人」）。歳を重ねて寂しさと不安を感じる独身女性が、かけがえのない人の存在に気が付いた時の温かい気持ちを描く珠玉の六編。
2017.5 213p A6 ¥580 ①978-4-06-293660-6

◆アノニム　原田マハ著　KADOKAWA
【要旨】ジャクソン・ポロック幻の傑作「ナンバー・ゼロ」のオークション開催が迫る香港。建築家である友有美里は七人の仲間とともにオークション会場へ潜入していた。一方、アーティストを夢みる高校生・張英才に"アノニム"と名乗る謎の窃盗団からメッセージが届く。「本物のポロック、見てみないかい？」という言葉に誘われ、英才はある取引に応じるが…!?ポロックと英才、ふたつの才能の出会いが"世界を変える"一枚の絵を生み出した。痛快華麗なアート・エンタテインメント超大作!!
2017.6 291p B6 ¥1500 ①978-4-04-105926-5

◆奇跡の人—The Miracle Worker　原田マハ著　双葉社（双葉文庫）
【要旨】アメリカ留学帰りの去場安のもとに、伊藤博文から手紙が届いた。「盲目で、耳が聞こえず、口も利けない少女」が青森県弘前の名家にいるという。明治二十年、教育係として招かれた安は、介良れんに出会った。使用人たちに「けものの子」のように扱われ、暗い蔵に閉じ込められていたが、れんは強烈な光を放っていた。彼女に眠っている才能を開花させるため、二人の長い闘いが始まった—。著者渾身の感動傑作！
2018.1 430p A6 ¥722 ①978-4-575-52071-7

◆サロメ　原田マハ著　文藝春秋
【要旨】「不謹慎」「不健全」「奇怪」「退廃的」…世紀末、すべては賛辞の裏返し。その悪徳とスキャンダルで時代の寵児となった作家オスカー・ワイルドと、イギリス画壇に彗星のごとく現れた夭折の天才画家、ビアズリーの愛憎を描く。
2017.11 322p B6 ¥1400 ①978-4-16-390589-1

◆たゆたえども沈まず　原田マハ著　幻冬舎
【要旨】19世紀末、パリ。浮世絵を引っさげて世界に挑んだ画商の林忠正と助手の重吉。日本に憧れ、自分だけの表現を追い求めるゴッホと、孤

現代の小説（純文学）

◆海が見える家　はらだみずき著　小学館（小学館文庫）（『波に乗る』加筆・改稿・改題書）
【要旨】入社一ヶ月で会社を辞めた直後、田舎暮らしをしていた父の死を知らされた。電話は知らない男からだった。孤独死したのか。文哉が霊安室で対面した父は、なぜか記憶とはまるで違う風貌をしていた。家族に連絡したのは、丘の上にある、海が見える家。文哉は早々にその家を処分するため、遺品整理をはじめる。そして、疎遠にしていた父の足跡をたどると、意外な事実を突きつけられていくのだった。夏、豊かな自然が残る南房総の海辺の暮らしを通して、文哉はもう一度自分の人生を見つめる時間を過ごす。「幸せとは何か」を静かに問いかける、著者、新境地の感動作。
2017.8 341p A6 ¥650 ①978-4-09-406439-1

◆風の声が聞こえるか―サッカーボーイズU-17　はらだみずき著　KADOKAWA
【要旨】県立青嵐高校サッカー部の武井遼介は、2年に進級してもAチーム入りが叶わず、Bチームのままだった。3部リーグ優勝を目標に戦う中、遼介はチームのエース・上崎響と試合中に口論となり、衝突してしまう。上崎は、サッカーに対して沈黙を貫いていた。インターハイでは、スタンドで応援役にまわる遼介からBチームの部員たちへ、Aチームのために声をあげよう、練習を重ねた応援歌を熱唱するが、遼介の胸には、このままでは終われない、という気持ちが強くなっていき―。青春ど真ん中17歳、熱き高校サッカー小説。
2017.10 340p B6 ¥1500 ①978-4-04-105738-4

◆ようこそ、バー・ピノッキオへ　はらだみずき著　幻冬舎（幻冬舎文庫）
【要旨】白髪の無口なマスターが営む「バー・ピノッキオ」。カウンターに連なって8席の小さな店に、連日、仕事や恋愛に悩む客がやってくる。人生に迷い疲れた彼らは、店での偶然の出会いによって、それぞれの「幸せな時」を呼び醒ましていき…。そして、マスター自身もまた、誰にも言えない秘密を抱えていた。バーに集う人々が織りなす大人味の物語。
2017.4 277p A6 ¥600 ①978-4-344-42597-2

◆そういう生き物　春見朔子著　集英社
【要旨】千景とまゆ子。高校の同級生だった二人は十年ぶりに再会し、思いがけず一緒に暮らすことになる。薬剤師の千景は、定年退職した大学の「先生」の元を訪れては、ともに細虫の観察をする日々。スナック勤めのまゆ子は、突然訪ねてきた「先生」の孫と、カタツムリの飼育を巡り、交流を深めてゆく。そんな中、高校時代の友人の結婚式が近づき、二人はかつての自分たちの「深い関係」と「秘密」に改めて向き合うことになる。そして…?「生」と「性」のままならなさを印象的すくい上げるデビュー作。第40回すばる文学賞受賞作。
2017.2 141p B6 ¥1300 ①978-4-08-771054-0

◆乳房のある情景　伴田良輔写真・文　シンコーミュージック・エンタテイメント
【要旨】ファインダーの向こうの乳房、思春期の乳房、母の乳房…。一人の写真家が出会ったさまざまな乳房の記憶。写真78点、掌編小説23篇を収録。
2017.3 173p B6 ¥1600 ①978-4-401-62284-9

◆漱石先生がやって来た　半藤一利著　筑摩書房（ちくま文庫）
【要旨】漱石誕生150年。その生涯の中で分岐点となる一年があった。明治38年、教師稼業の傍ら、発表した小説『吾輩は猫である』が評判となり、帝大教授への道か、小説家への道かで悩む漱石先生。日露戦争勝利に沸き立つ世相を背景に、分かれ道に立った漱石先生の一年間を『吾輩は猫である』のモデルになった夏目家の福猫、半兵衛の目を通して小説仕立てで描く表題作を大幅に改訂した決定版！　また、当時の漱石の生活を別の視点から描いたエッセイ「千駄木町の漱石先生」を併録。
2017.6 252p A6 ¥720 ①978-4-480-43449-4

◆眠る魚　坂東眞砂子著　集英社（集英社文庫）
【要旨】ガイドや通訳をしながら南太平洋のバヌアツに暮らす彩実は、東日本大震災からしばらくの後、父の訃報を受けて故郷の北関東の町に

一時帰国する。放射線被害についての危機感の相違と、保守的な家族たちの思考に嚙み合わない思いを抱くうち、「アオイロコ」という奇妙な風土病が見られる東京浅草の口中の腫瘍が悪性と診断され、入院することに―。坂東眞砂子、絶筆作品。
2017.2 264p A6 ¥560 ①978-4-08-745543-4

◆小説　浅草案内　半村良著　筑摩書房（ちくま文庫）
【要旨】粋なやつ、不器用なやつ、土地っ子、よそ者…、色とりどりの人間模様が見られる東京浅草。その奥深さに、作家自らも吸い寄せられてゆくかのように書かれた連作小説全12話。SFから時代小説まで幅広い作品を残した半村良。彼が愛した昭和末年の浅草を舞台に、なさけ、酒、色恋を実際の風物を織り交ぜながら描いた人情小説の最高傑作。
2017.4 332p A6 ¥780 ①978-4-480-43439-5

◆半端者　東慶太著　幻冬舎メディアコンサルティング、幻冬舎　発売
【要旨】ある日、妻子ある男のもとに小包が届いた。そこには遠い昔、自分を好きだと言った男の日記が入っていたーレディオヘッドを始め、60年代から00年代に奏でられた哀愁のロックにのせて剝き出される狂おしい情念。少年期、青年期、壮年期―愛を求めながらの「半端者」の人生と、その結末は…叶わない恋、歪んだ愛。生を見つめる者への衝撃作。
2017.2 616p B6 ¥1400 ①978-4-344-91096-6

◆いとの森の家　東直子著　ポプラ社（ポプラ文庫）
【要旨】都会から小さな村に引っ越してきた加奈子は、不思議なおばあさん・オハルさんとの出会いを通し命について考えはじめる。福岡・糸島の豊かな自然の中で、成長していく少女の姿が瑞々しく描かれた物語。永作博美・樹木希林主演でNHKドラマにもなった話題作！　第31回坪田譲治文学賞受賞作。
2017.4 247p A6 ¥620 ①978-4-591-15434-2

◆薬屋のタバサ　東直子著　新潮社（新潮文庫）
【要旨】平穏な時間。それ以外に欲しいものなんて何もない―。山崎由実はすべてを捨てて家を飛び出し、知らない町の古びた薬屋に辿り着いた。店主の平山タバサは、由実を薬局の手伝いと家事全般の担い手として住み込みで雇ってくれた。見ず知らずのわたしを、なぜ…。謎めいたタバサや由実のもとにはわからぬままだが、由実は次第に新しい生活に慣れてゆく。誰しもがもつ孤独をおやかに包み込む長編小説。
2017.4 270p A6 ¥620 ①978-4-10-120981-4

◆女の子のことばかり考えていたら、1年が経っていた。　東山彰良著　講談社
【要旨】この本の主成分は、これまで恋に関して沈黙するしかなかった有象無象たちの涙なのだ。モテ、という人類最大のテーマ。男たちよ泣け、女たちよ笑え―有象無象たちの哀歌、誕生。
2017.3 389p A6 ¥670 ①978-4-06-220798-0

◆流　東山彰良著　講談社（講談社文庫）
【要旨】一九七五年、台北。内戦で敗れ、台湾に渡った不仅奇の祖父は殺された。いったい、どんな理由で？　無軌道に過ごす十七歳の葉秋生は、自らのルーツをたどる旅に出る。台湾から日本、そしてすべての答えが待つ大陸へ。激動の歴史に刻まれた一家の流浪と決断の軌跡をダイナミックに描く一大青春小説。直木賞受賞作。
2017.7 497p A6 ¥810 ①978-4-06-293721-4

◆ウホッホ探険隊　干刈あがた著　小学館（P+D BOOKS）
【要旨】離婚を契機に新しい家族像を模索し始めた夫、妻、小学生の2人の息子たち。その日常を優しく、切なく綴った物語「ウホッホ探検隊」。同作は芥川賞候補となり、後に森田芳光脚本、根岸吉太郎監督で映画化もされた著者の代表作。ほかに「プラネタリウム」「幾何学街の四日月」「月曜日の兄弟たち」の3作を収録。
2017.2 223p B6 ¥500 ①978-4-09-352296-0

◆ウホッホ探険隊　干刈あがた著　河出書房新社（河出文庫）
【要旨】離婚を機に、新しい家族のあり方と、自立する女性の生き方を、優しく切なく描いた感動作。作家デビューからわずか十年、四十九歳の若さでこの世を去った著者の名作復刊！
2017.12 141p A6 ¥500 ①978-4-309-41582-6

◆突撃ビューティフル　ヒキタクニオ著　廣済堂出版（廣済堂文庫）

【要旨】人形のように美しくなりたい…。完璧な美を追い求めて手術を繰り返す。「何でブスに産んだのよ」…。美容整形の門をたたくためにIDを偽造する明日香。アンチエイジングに自分の存在理由のすべて賭ける女優の美沙子など…。「美」という名の病に取り憑かれた8人の人間模様が、美容整形外科・加々見クリニックを中心に繰り広げられていく。著者渾身の連作短編集。
2017.4 425p A6 ¥722 ①978-4-331-61667-3

◆レスキュードッグ・ストーリーズ―南アルプス山岳救助隊K‐9　樋口明雄著　山と溪谷社
【要旨】標高3193m。日本第二の高峰・北岳。そこに南アルプス山岳救助隊がおり、山岳救助犬を伴うK‐9チームがいる。山岳救助、犬との交流、義務の絆のほか、「南アルプス山岳救助隊K‐9」シリーズの転換点となる「相棒（バディ）」、単行本未収録作品「夏のおわりに」を含むバラエティあふれた全12編を収録した本格山岳小説集。
2017.5 317p B6 ¥1400 ①978-4-635-17191-5

◆愛される資格　樋口毅宏著　小学館（小学館文庫）
【要旨】大手文具メーカー「あねちけ」に勤めるうだつが上がらないサラリーマン・富岡兼吾は、日頃から自分に厳しい態度に描いたような体育会系上司・下永良一の不満を抱いていた。ある日、珍しく下永から酒に誘われた兼吾は、酔った上司から送る羽目に。しかし、兼吾はそこで憎き敵の妻とはとても思えない美しい女性、秀子と出逢ってしまう。「上司の妻を寝取ってやる！」兼吾の心に芽生えた復讐というにはあまりにも突飛な企み。その企みを実行に移す時、物語は誰も想像がつかなかった衝撃の結末に向け加速する。果たしてこの小説は、「官能」なのか、「純愛」なのか―。
2017.10 460p A6 ¥730 ①978-4-09-406466-7

◆アクシデント・レポート　樋口毅宏著　新潮社
【要旨】昭和、平成、男女、黒幕、政府事故調査委員会、文化芸能、マスコミ、宗教、沖縄、そして原発…。日本の「すべて」が炙り出される警世の書。
2017.11 645p B6 ¥3100 ①978-4-10-316934-5

◆スープの国のお姫様　樋口直哉著　小学館（小学館文庫）
【要旨】元料理人の僕は、奇妙な仕事を紹介された。それは古い屋敷で、一人暮らしのマダムに毎晩一杯のスープを届けるというもの。報酬は破格だった。屋敷で、僕はマダムの孫娘の千和に出会う。両親を事故で失くした千和は心を閉ざしていたが、母の遺した料理本を愛読し、膨大な料理の知識をもっていた。幼い頃に母と離れ離れになった僕は、千和と心を通わせていく。無理難題のようなリクエストに隠された"謎"を解きながら、ついに僕はずっと探してきた「母の想い出のスープ」の手がかりにまで至るが―。悲しみから再生し、明日へと歩む力をくれる六皿のスープの物語。
2017.3 389p A6 ¥670 ①978-4-09-406400-1

◆あなたの隣にいる孤独　樋口有介著　文藝春秋
【要旨】"あの人"から逃れるために、母親と二人で住む場所を転々としてきた十四歳の玲菜には戸籍がない。その母親が突然、姿を消した。学校とも、社会とのつながりのない少女を一人残して…。心震える物語。
2017.6 217p B6 ¥1500 ①978-4-16-390671-3

◆主婦　悦子さんの予期せぬ日々　久田恵著　潮出版社
【要旨】家族って、誤解と勘違いの繰り返しだから…定年夫、老母、パラサイト息子、シングルマザーの娘…平凡な家族に起こるあまりにもリアルな波乱の日々は、深刻なのになぜか笑える、心に染みるものがたり。
2017.9 238p B6 ¥1500 ①978-4-267-02095-7

◆昭和の夏　上　常陸野俊著　創英社/三省堂書店
【要旨】1960年代後半、昭和は夏の時代ともいえる活力に輝きつつあった。プロ用カラーフィルム現像所に、写真のガリバー、グレゴリー・カーク社の先進技術を導入するべく悪戦苦闘する駆け出しの技術担当商社員を、南稜介。組織における不尽な下積みの苦闘の先には、さらに大きな難局と挑戦の新たな夏が待ち受けていた。
2017.8 464p B6 ¥1600 ①978-4-88142-297-7

◆昭和の夏　下　常陸野俊著　創英社/三省堂書店

現代の小説（純文学）

ダー・天使　一雫ライオン著　集英社（集英社文庫）
【要旨】カーク・カラーフィルム現像所の困窮にもがく稜介は一人の快男児に遭遇し、数々のピンチから救われる。その男とは果たして？　カラーフィルムの関税撤廃と資本自由化、円高シフトにあってもダメ切り崩れない日本市場、寄せ来るデジタル写真の脅威。米国巨大資本はついに日本直接侵攻を決断する。物語に描かれるのは、熱い昭和を懸命に生きた企業戦士の群像である。
2017.8 444p B6 ¥1600 ①978-4-88142-298-4

ダー・天使　一雫ライオン著　集英社（集英社文庫）
【要旨】妻と幼い娘とともに、慎ましくも幸せに暮らしていた二郎。だが、ある日、通り魔から家族を守ろうとして命を落としてしまう。天国で神と交渉し、「天使」として地上へと戻るが、誰からも姿は見えず、手助けも出来ないまま、ただひたすらに妻を見守り続ける二郎。小さかった娘は、中学生になり、高校生になり、そして一。すべての人への慈しみがあふれる、心温まる現代のファンタジー。
2017.9 313p A6 ¥620 ①978-4-08-745639-4

アナログ　ビートたけし著　新潮社
【要旨】たけしがたどりついた"究極の愛"。狂暴なまでに純粋な、書下ろし恋愛小説。
2017 174p B6 ¥1200 ①978-4-10-381222-7

ジゼルの叫び　雛倉さりえ著　新潮社
【要旨】バレエの天才として将来を期待される女子高生の澄乃。澄乃の通うバレエ教室では数年前、生徒が失踪するという事件があった。才能を磨き、一心に舞う澄乃をみつめる人々の心には、憧れや羨望、苛立ちや葛藤、様々な感情が過ぎる。退廃的で耽美な生を描く青春小説。
2017.7 235p B6 ¥1600 ①978-4-10-334212-0

天窓のあるガレージ　日野啓三著　講談社（講談社文芸文庫）
【要旨】時空を遠く隔てられた土地の悠久の歴史を物語る遺構や人を寄せ付けない奥深い自然の中に身を置いた主人公が自らの経験を通じて「私」を超えていこうとする試みは、やがて著者や女性といった身近な他者の異質な感性に刺激されて一層深化した世界感覚として変貌を遂げる。後に高い評価を受ける都市を舞台にした作品群の嚆矢となった表題作を始め、転形期のスリルに満ちた傑作短篇集。
2017.9 264p A6 ¥1550 ①978-4-06-290360-8

青い鳥のロンド　緋野晴子著　（八尾）リトル・ガリヴァー社
【要旨】就職氷河期の中でなんとか思いどおりの道を切り開き、仕事も結婚も手に入れた四人の"勝ち組女"。夢を追う菜摘子を取り巻く人々と、ある日忽然と現れた栄の魔女と夢子さん。三十歳を迎えた彼女たちを待っていたものは。本当に幸せなのは誰なのか？　幸せの条件とは何か？　青い鳥はいるのか？
2017.5 220p B6 ¥1200 ①978-4-909259-02-8

刺草　白髪寺秀遠著　（大阪）風詠社、星雲社発売
【要旨】卓球サークルで知り合った熟年の男女、日常生活の合間の出会い、会話を通じて微妙な関係、それらの心の機微を描く。
2017.5 197p B6 ¥1200 ①978-4-434-23285-5

カエルの楽園　百田尚樹著　新潮社（新潮文庫）
【要旨】国を追われた二匹のアマガエルは、辛い放浪の末に夢の楽園にたどり着く。その国は「三戒」と呼ばれる戒律と、「謝りソング」という奇妙な歌によって守られていた。だが、南の沼に棲む凶暴なウシガエルの魔の手が迫り、楽園の本当の姿が明らかになる。「予言書」とも言われた現代の寓話にして、国家の意味を問う警世の書。
2017.9 277p A6 ¥520 ①978-4-10-120192-4

肝っ玉かあさん　平岩弓枝著　文藝春秋（文春文庫）新装版
【要旨】東京・原宿の地元っ子の自慢といえば、原宿駅前、欅並木に明治神宮。それに加えて、蕎麦屋「大正庵」のおかみ、人呼んで「肝っ玉かあさん」。大正五年子は心も身体も太っ腹、世話好きで、長男の嫁、孫育てに適齢期の娘…家族の悩みと喜びを、鋭くも軽妙に描く、これぞホームドラマの原点。
2017.8 263p A6 ¥640 ①978-4-16-790909-3

イシマル書房編集部　平岡陽明著　角川春樹事務所（ハルキ文庫）
【要旨】満島絢子は念願かなって神保町の小さな出版社にインターンとして働くことに。しかし、当のイシマル書房は親会社から「半年で経営が改善されなければ他社に株を売却する」と最終通告を受ける―会社存続の危機に、石丸社長を中心に、理由あり作家、引退していた編集者、活版職人で絢子の祖父、元ヤンキーの営業マン、全国の書店員…など「小説」を愛する人々が立ち上がった。果たして起死回生のベストセラー小説は生まれるのか？　書き下ろし長篇。
2017.11 281p A6 ¥600 ①978-4-7584-4127-8

ライオンズ、1958。　平岡陽明著　角川春樹事務所（ハルキ文庫）
【要旨】一九五六年師走。博多の町は、西鉄ライオンズの大下弘や稲尾和久らの活躍で湧いた日本一の余韻に酔っていた。そんなある日、地元紙の記者・木屋淳二の元に、田宮と名乗るヤクザがやって来た。西鉄をクビになったばかりの川内の弟分のような川内を心配するが…。「史上最強のスラッガー大下弘」と「伝説のやくざ」そして「普通の記者」の仁義と熱き人情を描き切り、各紙誌でも大絶賛された圧巻の長篇デビュー作。
2017.8 286p A6 ¥640 ①978-4-7584-4113-1

愛を振り込む　蛭田亜紗子著　幻冬舎（幻冬舎文庫）
【要旨】他人のものばかりほしくなる不倫女、スーパーの「お客さまの声」に夢中な主婦、旬がすぎ実家に帰ったタレント、人との距離が測れず、恋に人生に臆病になった女。愛に飢え、自分をもてあまし、将来に悩みながらも、このまま足踏みはしていられない―現状に焦りやもどかしさを抱える6人の女性の生々しい性愛の呪縛と一瞬の煌めきを描いた恋愛小説。
2017.2 222p A6 ¥640 ①978-4-344-42574-3

凜　蛭田亜紗子著　講談社
【要旨】大学生の上原沙矢は、恋人と行くはずだった旅先で出合った書物と石碑により、北の大地で娼妓として生き抜いた女たちと、タコ部屋で働いた男たちの存在を知る。一大正3年、網走の妓楼「宝春楼」へやってきた八重子は、知人に預けた最愛の息子の死を知り、いつかこの妓楼の頂点に立つことを誓う。裕福な生活を送っていた帝大生の麟太郎は、父の甘い考えによりタコ部屋に送られることになり、人生が一変する。北の果ての大地で、貧しさに打ち喘ぎながらも生きる女と男は、逞しく己の人生を切り拓いていく。そんな彼らの生き方を知った沙矢は、自分の行く末が見えない不安の中から、一筋の光を見いだす。新世代の大河ロマン誕生！
2017.3 320p A6 ¥1500 ①978-4-06-220497-2

彼女の人生は間違いじゃない　廣木隆一著　河出書房新社（河出文庫）
【要旨】震災後、恋人とうまく付き合えなくなったみゆき。父と二人で、仮設住宅に暮らす彼女は、週末、高速バスで上京し、デリヘルのバイトを始める。福島と東京、市役所職員とデリヘル嬢―二つの間を往き来する彼女の、生きるための闘いを描く感動作。話題の映画監督が、自身の故郷を舞台に書いた初小説を、映画化！
2017.7 157p A6 ¥550 ①978-4-309-41544-4

君に出会えた4%の奇跡　廣瀬未衣著　双葉社（双葉文庫）
【要旨】ひとつきに二度、満月が見られるブルームーンの7月。結婚を控え、数年ぶりに京都に帰った灯里は、自宅で高校2年の祇園祭で作った小さな提灯を見つける。そこには確かに「コウ」と書かれた跡があったが、灯里はコウのことを思い出せない。17歳の7月に、忘れてはならない何かがあったのか？　灯里は青い月に導かれるように、祇園の街に足を踏み入れる。そこには、しかにコウがいた。「もしこちらの世界にもう一人の僕がいたら、必ず君を見つけるよ」宇宙の神秘に隠された奇跡を描いた物語。
2017.5 274p A6 ¥593 ①978-4-575-52001-9

あいまい生活　深沢潮著　徳間書店
【要旨】お金もない、友人もいない、私たちのシェアハウス。
2017.11 234p B6 ¥1600 ①978-4-19-864507-6

伴侶の偏差値　深沢潮著　小学館（小学館文庫）
【要旨】真紀と未央と佳乃は大学時代の同級生。結婚を経て自由に生きる未央、田園調布の一戸建で温かい家庭を築いている佳乃。三十五歳独身の真紀は幸せそうな二人が羨ましい。一方、結婚を決断してくれない新宮との未来に不安を抱きながら彼と身体を重ねる日々。そんな真紀の趣味は、新築マンションのモデルルームめぐり。素敵な家で暮らす自分を想像しながら揺れる気持ちを落ち着かせる。ある日、大地震が起こり、女友達が置かれている厳しい現実や悩みが露呈する。女の幸せってなに？　真紀が最後に下した決断は…？
2017.9 316p A6 ¥620 ①978-4-09-406453-7

数霊 諏訪古事記　深田剛史著　今日の話題社
【要旨】神と人とは響き合い、太古の想いが建ち上がる!!待望の新ファミリー誕生！　気持ち新たに歩む"数霊カップル"言纒も忘れずに。自ら祭典も成し遂げた諏訪で、健太は大社から小宮までオンバシラ祭りに数多く参加する。体験の中で垣間見える、神と人との太古からの想いと絆。ついに見えてきた、糺すべき歴史の姿とは!?　シリーズ第8弾、核心に触れる！！
2017.11 341p A6 ¥1600 ①978-4-87565-638-8

少年時代　深水黎一郎著　角川春樹事務所（ハルキ文庫）
【要旨】町を歩くチンドン屋のシゲさんが吹くサキソフォンの音色に惹かれ、彼についていった僕。シゲさんは僕に、"あきらめないこと"の大切さを教えてくれた。ある日、町で殺人事件が起きて…（「天の川の預かりもの」より）。その他、アクの強い両親のもとと犬を飼い始めた少年、柔道部での上下関係に揉まれる少年…大人の世界の理不尽にさらされながらもひたむきに生きる、ピュアな彼らの成長を描く。昭和の香り漂う懐かしい時代の風景から予想外の展開が待ち受ける、書き下ろし連作小説。
2017.3 325p A6 ¥620 ①978-4-7584-4077-6

侠飯（おとこめし）4　魅惑の立ち呑み篇　福澤徹三著　文藝春秋（文春文庫）
【要旨】藤堂宇一郎、28歳、国会議員秘書。あまりに多忙な日々に、青雲の志も忘れがち。そんな彼の心が安らぐのは、永田町近くの立ち呑み酒屋で店主の小梅に逢うときだ。だがある日、眼光鋭く、頬に傷を持つ"新店長"が現れた。この怪しい男のつくるつまみが滅法旨い！　読めば読むほど腹が減る、文庫書き下ろしシリーズ第4作。
2017.7 258p A6 ¥680 ①978-4-16-790884-3

現車（うつつぐるま）前篇　福島次郎著　論創社
【要旨】小旅館の主となり奔放に振る舞う祖父と、スンカキ博奕の胴元となって派手な生活を繰り広げる娘の民江、夫の興行師・曳地省吾らの戦前の熊本を舞台とする生き様を描く！
2017.4 340p A5 ¥2400 ①978-4-8460-1580-0

現車（うつつぐるま）後篇　福島次郎著　論創社
【要旨】私＝泰三と姉の菊子、弟の信正、妹の高子、父親違いの四兄弟と、母・民江と夫・曳地、祖父らの葛藤を軸に、兄弟姉妹の戦中・戦後の生き様を描く！
2017.4 405p A5 ¥2600 ①978-4-8460-1581-7

空に咲く恋　福田和代著　文藝春秋
【要旨】女性に触れると呼吸困難に陥る重度の女性アレルギー（おばあちゃん世代なら大丈夫）の三輪由紀。実家の花火屋を継ぐというプレッシャーから逃れるため放浪の旅に出た。ある日、由紀は交通事故に遭遇。そこで出会ったのは、清倉花火店の跡取り娘清春ぼたん。なぜかぼたんに対してだけは女性アレルギーが出ず、親近感を抱く。二人の距離は徐々に縮まるが、何と彼女に対してもアレルギーが発症してしまう。おまけにぼたんにアプローチするライバルも出現。さらにやっと帰った実家では、家出に激怒していた父親に邪魔者扱いされる始末…。由紀は花火師として独り立ちできるのか？　恋のゆくえは？
2017.7 286p B6 ¥1650 ①978-4-16-390679-9

熱風　福田隆浩著　集英社（集英社文庫）
【要旨】「こいつにだけは絶対に負けたくない！」テニスの練習試合で他人を見下すような態度の対戦相手・順一を見て、中学2年の孝也は無性にそう思った。ところが、ある大会で2人はダブルスを組むことに。ハンデがあり、性格も何もかも正反対な彼らは、不器用ながらも、本気でぶつかり合う。そんな中、大会前にある事件が起こり…。一途な情熱を鮮やかに描く、第48回講談社児童文学新人賞佳作受賞作。
2017.10 212p A6 ¥520 ①978-4-08-745649-3

廃市　福永武彦著　小学館（P+D BOOKS）
【要旨】誇り高い姉と、快活な妹―いま、二人の女性の前に横たわっているのは、一人の青年の棺だった。美しい姉妹に愛されていながら、彼はなぜこの世を去らねばならなかったのか？

現代の小説（純文学）

卒業論文を書くために「廃墟のような寂しさのある、ひっそりした田舎の町」にやってきた大学生の「僕」は、地所の夫婦、妻の妹の三角関係に巻き込まれる。古き日本の風情を残しながらどこか享楽的な田舎町での青年のひと夏の経験から、人の心をよぎる孤独と悔恨の影を清冽な筆致で描いた表題作「廃市」は、後に大林宣彦監督によって映画化された。ほかに「飛ぶ男」「樹」「風花」「退屈な少年」「沼」の全6編を併録。
2017.4 243p B6 ¥500 ①978-4-09-352307-3

◆**夢見る少年の昼と夜**　福永武彦著　小学館
（P+D BOOKS）
【要旨】帰りの遅い父を待ちながら優しく甘い夢を紡ぐ孤独な少年の内面を、ロマネスクな文体で描いた表題作「夢見る少年の昼と夜」。不可思議な死を遂げた兄の秘密が自分の運命にも繋がっている事実を知った女性の生を見つめる「秋の嘆き」ほか、「死神の駅者」「鏡の中の少女」「夜の寂しい顔」「未来都市」「鬼」など、意識の深い底に横たわる揺らぎを凝視した福永ワールドの短編14作。初版単行本『心の中を流れる河』『世界の終り』より編纂した一冊。
2017.4 487p B6 ¥650 ①978-4-09-352299-1

◆**初恋は坂道の先へ**　藤石波矢著
KADOKAWA　（角川文庫）
【要旨】彼女が消えた。一冊の本とともに。小学校の教師をしている研介。一冊の本が届いた日、恋人が失踪した。本の贈り主は彼女の「忘れられない初恋相手」か？田舎町に暮らす中学生の本好き女子は、敬愛する小説家の家で不登校児と出会った。彼は祖父の著書をばらばらにする謎の行動をしており、初めは馴染めなかったが、徐々に交流を深めていく。第1回ダ・ヴィンチ「本の物語」大賞・大賞受賞作と、短編「かなたの小説」を収録。
2017.4 253p A6 ¥600 ①978-4-04-105614-1

◆**晴れたらいいね**　藤岡陽子著　光文社　（光文社文庫）
【要旨】夜勤中に地震に見舞われ意識を失った看護師の紗穂。気がつくとそこは一九四四年のマニラで、さっきまで病室にいた女性の若き日の姿になっていた！困惑を抱えたまま、従軍看護婦として戦争に巻き込まれる紗穂。それでも、持ち前の明るさで数々の理不尽に抗いながら、過酷な日々を駆け抜けていく。反戦の意志と、命を背負った女たちのかけがえのない青春が紡ぐ圧倒的感動作。
2017.8 345p A6 ¥700 ①978-4-334-77495-0

◆**満天のゴール**　藤岡陽子著　小学館
【要旨】舞台は星空が美しい医療過疎地。人生どん底のシングルマザー、人生に責められ続ける医師、人生をあきらめている老女、3人の出会いが、人生を変えてゆく―希望をもたらす、人間味あふれる感動小説。
2017.10 293p B6 ¥1400 ①978-4-09-386480-0

◆**ふたご**　藤崎彩織著　文藝春秋
【要旨】彼は、わたしの人生の破壊者であり、創造者だった。異彩の少年に導かれた孤独な少女。その苦悩の先に見つけた確かな光。SEKAI NO OWARI Saori、初小説！
2017.10 325p B6 ¥1450 ①978-4-16-390714-7

◆**武曲 2**　藤沢周著　文藝春秋
【要旨】天才ラップ剣士、高校三年生の冬の陣。恋と、受験と、さらなる剣の高みへ。青春武道小説シリーズ第2弾！
2017.6 217p B6 ¥1300 ①978-4-16-390662-1

◆**アダザクラ**　澤田和裕著　幻冬舎メディアコンサルティング、幻冬舎　発売
【要旨】5歳から想い続けていた初恋、突如終わりを迎えた恋、気づいてしまった初心。琢磨、響、翔琉、瑞稀、颯太郎、友希奈、幼くして出逢った6人は成長し、それぞれの道へと歩きだす。幼なじみ6人の、まっすぐで純粋な恋物語。
2017.12 161p A6 ¥800 ①978-4-344-91468-1

◆**ホームレス ワールドカップ**　藤田健著　東京図書出版、リフレ出版　発売
【要旨】あなたに、すてたものをひろう勇気がありますか？七人のホームレスの壮絶な闘いが、今始まる…。
2017.5 326p B6 ¥1200 ①978-4-86641-025-8

◆**女系の教科書**　藤田宜永著　講談社
【要旨】「男が女系の中で生きるには、家庭でも処世術が必要なのだ。吉川英治文学賞作家がおくる、懐かしくて新しい家族のかたち。
2017.5 300p B6 ¥1650 ①978-4-06-220542-9

◆**女系の総督**　藤田宜永著　講談社　（講談社文庫）
【要旨】私は森川崇徳。59歳。十数年前に妻を亡くし、現在は東京・江東区に母、次女、三女夫婦と孫、姪っ子、そして二匹の牝猫と暮らしている。近所に住む姉の不倫疑惑、競艇選手である長女の事故、母の俳徊などなど女たちが起こす事件に日々振り回され孤軍奮闘中。そんなある日、私の前に運命の女性が現れた…。
2017.3 689p A6 ¥980 ①978-4-06-293624-8

◆**奈緒と私の楽園**　藤田宜永著　文藝春秋
【要旨】50歳の音楽プロデューサー、塩原達也のもとを突然訪ねてきた29歳の川原奈緒。セックスは苦手と言いながら一年上の俳優との不倫経験があり、男友達と二人で旅行にも出かけてしまう。理解できない奈緒の言動に達也は心を奪われるが、それは禁断の世界の入り口に過ぎなかった…。全裸で絵本を読み聞かせ子守唄を歌う不思議な女。禁断のプレイにはまった男を待つのは天国か、地獄か。あなたを子供に戻してあげたい。男が絶対に認めたくない欲望を直視する衝撃作。
2017.3 254p B6 ¥1680 ①978-4-16-390621-8

◆**きなりの二人**　藤谷治著　ポプラ社　（ポプラ文庫）
【要旨】売れどきを過ぎた女優・野滝繭美と一世を風靡したデイトレーダー・桜田脩作。人生のピークをすぎかけた頃に思い出会い恋に落ちたふたりは、ともに暮らす場所を得るために、とある古い家を買う。きなりのままで生きられる場所を見つけた二人の幸福の形を描く、心の物語。
2017.6 339p A6 ¥700 ①978-4-591-15504-2

◆**おはなしして子ちゃん**　藤野可織著　講談社　（講談社文庫）
【要旨】理科準備室に並べられたホルマリン漬けの瓶。ただの無駄な存在に見えた標本のひとつが、けれども「私」には意外と使えた。クラスの噂や自慢話の聞き役として、私に激しくエロを感じさせめがものがら（「おはなしして子ちゃん」）。ユーモラスでアンチデトックス、才能あふれる芥川賞作家が紡ぐ類まれな物語世界、全十編。
2017.6 217p A6 ¥580 ①978-4-06-293689-7

◆**ドレス**　藤野可織著　河出書房新社
【要旨】愛したかはずの誰かや確かな記憶を失った、見知らぬ場所にやって来た彼女たちの物語。文学と奇想の垣根を軽やかに超える8編。
2017.11 216p B6 ¥1600 ①978-4-309-02624-4

◆**ファイナルガール**　藤野可織著
KADOKAWA　（角川文庫）
【要旨】どこで見初められたのか、私にはストーカーがついている。もう何年も。そして私の結婚が決まったあとも、携帯に電話をかけてくる（「去勢」）。狼が訪ねてきたのは俺が五歳の時だった。その記憶は、俺の生涯を変えた（「狼」）。リサの母は、リサを守って連続殺人鬼とともに死んだ。その後から、リサの戦いが始まった（「ファイナルガール」）。日常に取り憑いて離れない恐怖と、歪んだ愛と捉えた快楽、読む者に迫りくる7つの短篇集。
2017.1 183p A6 ¥760 ①978-4-04-105074-3

◆**すしそばてんぷら**　藤野千夜著　角川春樹事務所　（ハルキ文庫）
【要旨】早朝のテレビ番組で、お天気お姉さんをしている寿々は、隅田川のそばで祖母とふたり暮らし。おばあちゃんには、ノシたこ、おにぎらーずなど、おやつまでも作ってもらっていた。そんな彼女が「江戸まちめぐり」ブログを開設することに。浅草のそば、王子の玉子焼きと出会い、寿々は料理もお店も街も人も、時間がずっとつながっていることを知り、日々の暮らしと人生の愛しさを感じるのだった。心も身体も幸せな長篇小説。
2017.1 278p A6 ¥640 ①978-4-7584-4064-6

◆**最後の晩ごはん―忘れた夢とマカロニサラダ**　椹野道流著　KADOKAWA　（角川文庫）
【要旨】兵庫県芦屋市。雨の夜、定食屋「ばんめし屋」を訪れた珍客は、青年の幽霊・塚本だった。元俳優で店員の海里は、店長の夏神たちと事情を聞くことに。なぜか今までのどの幽霊よりも意思疎通できるものの、塚本は「この世に未練などない」と言い切る。けれど成仏できなければ、悪霊になってしまいかねない。困惑する海里たちだが、彼ら自身にも、過去と向き合う時間になって…。優しい涙があふれる、お料理青春小説第8弾！
2017.6 217p A6 ¥520 ①978-4-04-104897-9

◆**最後の晩ごはん―海の花火とかき氷**　椹野道流著　KADOKAWA　（角川文庫）
【要旨】兵庫県芦屋市。元俳優の海里の職場は、夜だけ営業の定食屋「ばんめし屋」。人間だけではなく幽霊も常連客という不思議な店で、それなりに楽しく働いている海里だが、近頃気になる事があった。誰かの気配と視線を感じるのだ。気のせいと割り切って、後輩の李英と芝居を観に行った帰り、海里は「シネ」という言葉とともに突き飛ばされる。その犯人は、視線の元である「重い女」の幽霊、フミで…。癒し系お料理青春小説第9弾！
2017.12 210p A6 ¥520 ①978-4-04-106254-8

◆**時給三〇〇円の死神**　藤まる著　双葉社　（双葉文庫）
【要旨】「それじゃあキミを死神として採用するね」ある日、高校生の佐倉真司は同級生の花森雪希から「死神」のアルバイトに誘われる。日く「死神」の仕事とは、成仏できずにこの世に残る「死者」の未練を晴らし、あの世へと見送ることらしい。あまりに現実離れした話に、不審を抱く佐倉。しかし、「半年間動き上げれば、どんな願いも叶えてもらえる」という話などを聞き、疑いながらも死神のアルバイトを始めることとなる。死者たちが抱える、切なすぎる未練、願いに涙が止まらない、感動の物語。
2017.12 320p A6 ¥639 ①978-4-575-52062-0

◆**ハイドアンドシーク―国際的租税回避を追う**　伏見俊行著　大蔵財務協会
2017.5 304p B6 ¥2037 ①978-4-7547-4435-9

◆**断裁処分**　藤脇邦夫著　ブックマン社
【要旨】もしも、2017年4月1日に消費税10%が施行されていたら―。出版不況の中、窮地に陥った経営破綻寸前の老舗出版社が最後の財産として残していた版権をめぐって、暗躍する出版業界の俗物たちが巻き起こす狂騒と波乱。消費税10%の施行日に向かって、大手出版社、広告代理店、印刷所、製紙会社、作家、取次、書店、外資まで巻き込んだ一大買収劇が始まる。誰が最後に「顔」を救うのか。
2017.4 349p B6 ¥1600 ①978-4-89308-879-6

◆**蜩の声**　古井由吉著　講談社　（講談社文芸文庫）
【要旨】雨の音、町工場の金属音、窓外を歩く人の足音。無防備な耳から身内に入り込む音が過去と像を結び、夜半の蜩の声で幽界の恐怖、破壊と解体が噴出する表題作他、男女の濃密なエロスが漂う「除夜」から、空襲に逃げ惑う少年の姿に震災後の今と未来を予感させる「子供の行方」まで。時空の継ぎ目なく現れる心象、全新と深化を続ける古井文学の連作短編集。
2017.5 285p A6 ¥1550 ①978-4-06-290348-6

◆**蒼のファンファーレ**　古内一絵著　小学館
【要旨】藻屑の漂流先と揶揄されていた廃業寸前の厩舎。芦原瑞穂という女性騎手の真摯な姿勢と情熱でメンバーが一つになり、大きな夢であるG1桜花賞に挑戦、惨敗した翌年。場違いな超良血馬がやってくる。馬主はメディアでも有名な風水師。一体、なぜ…？そして、厩舎のメンバーに様々な事件が降りかかる。それらを乗り越えた彼らが再び一丸となって臨む、大きな夢の行方は？
2017.7 306p B6 ¥1500 ①978-4-09-386472-5

◆**十六夜（いざよい）荘ノート**　古内一絵著　中央公論新社　（中公文庫）
【要旨】英国でこの世を去った大伯母・玉青から、高級住宅街にある屋敷「十六夜荘」を遺された雄哉。面識なき伯母が、大伯母は面識のない自分に、なぜこの屋敷を託したのか？遺産を受け取るため、親族の中で異端視されていた大伯母について調べるうちに、「十六夜荘」にこめられた大伯母の想いと、そして「遺産」の真の姿を知ることになり―。
2017.9 341p A6 ¥680 ①978-4-12-206452-2

◆**風の向こうへ駆け抜けろ**　古内一絵著　小学館　（小学館文庫）
【要旨】芦原瑞穂（18歳）は地方競馬界にデビューした女性騎手。配属先は「藻屑の漂流先」と揶揄された寂れた弱小厩舎。調教師、厩務員たちは皆それぞれが仕事に情熱を抱え、人生をあきらめたポンコツ集団だった。当厩舎は廃業寸前だったが、瑞穂の真摯な努力と純粋な心、情熱から徐々に皆の心は一つになり、ついには大きな夢、中央競馬の桜花賞を目指すまでになる。が、行く手には大きな試練が。温かな心でつながった彼らの運命は…？競馬に興味がない人も、競馬好きも大満足の爽快な感動を呼ぶ人間ドラ

マの大傑作、待望の文庫化。巻末に騎手・藤田菜七子氏の特別寄稿つき。
2017.7 413p A6 ¥690 ①978-4-09-406428-5

◆きまぐれな夜食カフェ—マカン・マランみたび 古内一絵著 中央公論新社
2017.11 271p B6 ¥1500 ①978-4-12-005022-0

非常口の音楽 古川日出男著 河出書房新社
【要旨】不思議な音に導かれ、森に入るおじいさんとおばあさん、ママのバイクから落っこちた少年の、1年間のサバイバル、人がいっさい消えた世界で進化する猫たちの…。『gift』以来となる、13年ぶり、待望の掌篇集。
2017.7 195p B6 ¥1500 ①978-4-309-02589-6

◆縫わんばならん 古川真人著 新潮社
【要旨】新潮新人賞受賞、芥川賞候補作！長崎の島の漁村の家の一族をめぐる四世代の来臨。語り合うことで持ち寄る記憶の断片をあわせて結実するものがたりは、意識の流れを縦横に編み込んで人生の彩りを織りなす。「過去に記憶に、声に、まっすぐ向き合っていきたい」新鋭の話題作。
2017.1 138p B6 ¥1600 ①978-4-10-350741-3

◆四時過ぎの船 古川真人著 新潮社
【要旨】生き迷う青年の切実な現実を、老いて行く祖母の時間の流れと照らして綴る中編小説。
2017.7 120p B6 ¥1500 ①978-4-10-350742-0

◆老愛小説 古屋健三著 論創社
【要旨】時を越える幻想恋愛譚。
2017.12 313p B6 ¥2200 ①978-4-8460-1633-3

◆あさつゆ通信 保坂和志著 中央公論新社 （中公文庫）（『朝露通信』改題書）
【要旨】うちが山梨から鎌倉に引っ越したのは一九六〇年、昭和三十五年九月、僕は三歳十一ヵ月だった…。鎌倉を舞台に、小学生までの子ども時代を、その光や空気を、回想して描き出す長篇小説。『朝露通信』を改題。
2017.11 387p A6 ¥1200 ①978-4-12-206477-5

進化した猿たち—The Best 星新一著 新潮社 （新潮文庫）
【要旨】人間と他の生物とのいちばんの違いは何か。それは、笑いと想像力である―。星新一が長年愛読し、蒐集してきたアメリカのヒトコマ漫画にはそれぞれ"進化した猿たち"の欲望や習性、奇癖が余すことなく描かれていた！「結婚」「宇宙人」「精神分析」「クリスマス」など、漫画を17のテーマに分け、ブラック・ユーモアと旺盛な想像力で魅せるエッセイ集。幻の名作、待望のリニューアル復刊！
2017.12 299p A6 ¥550 ①978-4-10-109854-8

◆活版印刷三日月堂—海からの手紙 ほしおさなえ著 ポプラ社 （ポプラ文庫）
【要旨】小さな活版印刷所「三日月堂」には、今日も悩みを抱えたお客がやってくる。店主の弓子が活字を拾い、丁寧に刷り上げるのは、誰かの忘れていた記憶や、言えなかった想い…。活字と言葉の温かみに、優しい涙が流れる、大好評シリーズ第二弾！
2017.8 329p A6 ¥680 ①978-4-591-15329-1

◆活版印刷三日月堂—庭のアルバム ほしおさなえ著 ポプラ社 （ポプラ文庫）
【要旨】小さな活版印刷所「三日月堂」には、今日も悩みを抱えたお客がやってくる。店主の弓子が活字を拾い刷り上げるのは、誰かの忘れていた記憶や、言えなかった想い…。しかし三日月堂を続けていく中で、弓子自身も考えるところがあり…。転機を迎えるシリーズ第三弾！ブクログ1位、読書メーター1位、第5回静岡書店大賞、第9回天竜文学賞、4冠！
2017.6 327p A6 ¥680 ①978-4-591-15686-5

◆たまうら—玉占 星乃あかり著 小学館 （小学館文庫）
【要旨】「あんた、迷いを晴らしたいんだろ。いくら出せるかね？」昔も今も、人の悩みはつきぬもの。藁にもすがりたい人々の間で、ある噂が流れていた。「玉占〜たまうら〜」という行燈を掲げて、どこからともなく現れる不思議な老婆が、どんな望みもかなえてくれるというのだ。鍵を握るのは、まるまる太った金色の瞳の猫と、青い複雑な模様の描かれた白い大きな壺。「この壺の中の玉をひとつ選びな」。ほれ、試しに引いてごらん。玉の導く運命は？ 地獄から、「よう来なさる」と言われた業突く占い婆さんの真の目的は？ あなたの心を柔らかくする、"あやかしエンタメ"開幕！
2017.11 265p A6 ¥580 ①978-4-09-406471-1

◆海鳴り 細川貴美者 近代文藝社
【要旨】侭ならない恋愛、家族との葛藤、母と娘の愛憎…。女達の生きる道は、それぞれに隠しく、それぞれに喜びがある。—ほろ苦い人生を描いた3つの物語。
2017.5 164p B6 ¥1300 ①978-4-7733-8030-9

◆むすびや 穂高明著 双葉社 （双葉文庫）
【要旨】就職活動で全敗し、家業のおむすび屋を手伝うことになった結。実家の商売に子供の頃からコンプレックスを抱いてきた結だが、おむすび作りに実直に向き合う両親の姿を目の当たりにし、気持ちに変化が訪れる。「結」という名前に込められた、亡き祖母の想いも前面に明るく照らしだす—。一人の青年の新たな出発を描いた成長物語。
2017.3 221p A6 ¥556 ①978-4-575-51977-8

◆夜明けのカノープス 穂高明著 実業之日本社 （実業之日本社文庫）
【要旨】教師への夢をあきらめ、小さな出版社で契約社員として働いて映子。仕事は雑用ばかり、憧れの先輩への恋も叶わない—。自分を持て余す日々を送る映子が、生き別れた父親との再会をきっかけに得たものは…？ 一等星なのに、日本では限られた条件でしか見えない星「カノープス」をモチーフに、不器用な女性の逡巡と成長を温かく紡ぎ出す珠玉長編。
2017.10 213p A6 ¥546 ①978-4-408-55389-4

◆八月のイコン 蛍ヒカル著 郁朋社
【要旨】私は生き抜く。戦火の樺太から、北海道、シアトル、アラスカへ。女はイコンを胸に、男に会う日を夢に見る。
2017.3 277p B6 ¥1500 ①978-4-87302-647-3

◆羽ばたき—堀辰雄初期ファンタジー傑作集 堀辰雄著, 長山靖生編 彩流社
【要旨】『風立ちぬ』などのサナトリウム文学のイメージを一新するように、堀の初期の作品には、しばしば天使や妖精が登場し、空を飛ぶイメージと共に、水の中を漂い泳ぐイメージを伴う作品も少なくない。そのいずれにも軽やかな浮遊感がある…。新仮名遣いで甦る摩訶不思議な世界。
2017.2 225p A5 ¥2200 ①978-4-7791-2284-2

◆錬金 堀江貴文, team錬金著 徳間書店
【要旨】「妹の由里子がこの世界から丸ごと消えた」宇宙ロケットの開発過程でタイムスリップ装置を発見したオッサンこと堀井健史はそう言って、1枚の写真を見せた。40年前の1978年撮影。そこに今の俺が映っている。どういうこと？「由里子が消えたのと、この写真にお前が現れた。お前のタイムスリップと、彼女の消えた"因果"は1つなんだ。のちにIT革命の関連性を突き止めて、時間軸をただせば、彼女の存在は戻る。それができるのはお前だけだ」因果？ タイムスリップ？…大いに混乱した。だいいち時価総額1兆円のIT企業ネクサスドアの社長だった俺を嵌め、刑務所行きにしたのは、この目の前のオッサンなのだ。でも断れない。由里子は俺にとって大切な人だから。俺はともかく1978年に旅立った。そこで出会ったのは西島和孝、21歳。のちにIT革命の土台を築く伝説の人物。俺は破天荒すぎる彼の行動にたちまち魅了された。IT革命前夜、世界を変えた常識破りのカリスマたち。痛快な、その失敗と成功—。ホリエモンが贈る、感動のタイムスリップ青春小説！
2017.2 298p B6 ¥1400 ①978-4-19-864347-8

◆おせっかい屋のお鈴さん 堀川アサコ著 KADOKAWA （角川文庫）
【要旨】杜の都、仙台で暮らす村田カエデ27歳。ぽっちゃり体型の優しい彼氏あり。地元の信金勤務の平凡な人生を送っていた一お鈴さんに出会うまでは。彼女は超がつくわがままお嬢さんで。さらに問題なのは幽霊であること!?でもお人好しで憎めない、変わった能力なのだ。困った人を放っておけず騒動ばかり引き起こす。今日もカエデたちを巻き込み大騒ぎに！楽しくて、ホロリとさせられる。読んだ後に優しい気持ちになれる物語。
2017.9 294p B6 ¥680 ①978-4-04-105573-1

◆オリンピックがやってきた—1964年北国の家族の物語 堀川アサコ著 KADOKAWA
【要旨】昭和のお茶の間には笑いと涙がありました。茶の間の主役はテレビ、みんな揃って夢中で見ていた。ご近所さんの話で花が咲き、我が家のことのように心配する。そんな町全体が家族のような時代の、あたたかいお話。
2017.9 259p B6 ¥1500 ①978-4-04-105572-4

◆ゆけ、シンフロ部！ 堀口泰生小説, 青木俊直絵 学研プラス （部活系空色ノベルズ）

【要旨】温泉で行うシンクロ—それがシンフロ！放送界の芥川・直木賞、ギャラクシー賞受賞の傑作CM、まさかの小説化!!
2018.1 327p B6 ¥1000 ①978-4-05-204765-7

●70年代博多青春記 好いとぅ 濠多きすい著 （岡山）吉備人出版
【要旨】「うちが嫌いね？」「じゃあ、好いとぅね？」井上陽水の「夢の中へ」が流行っていたころ、福岡の大学を舞台にした若者たちの物語。第116回コスモス文学長編小説部門入選作品。
2017.3 270p B6 ¥1800 ①978-4-86069-493-7

◆監督の問題 本城雅人著 講談社
【要旨】プロ野球を引退したばかりの元スラッガー、宇ների康彦。彼が監督に就任したのは三年連続最下位の「新潟アイビス」だった。上を見れば、すぐに監督をクビにする若きオーナー。下を見れば、キャンプ中に若手を引き連れ朝帰りするベテラン投手。仲間であるはずのコーチたちにも静いが…。問題だらけの球団にルーキー監督が挑む！
2017.7 250p B6 ¥1500 ①978-4-06-220664-8

📖〔ま行の作家〕

◆サヨナラ、おかえり。 牧野修著 光文社 （光文社文庫）（『冥福—日々のオバケ』改題書）
【要旨】高校二年の春、ぼくに親友ができた。馬鹿話に笑い転げ、いつも一緒に過ごした最高の夏休み。あの出来事さえなければ…。少年たちの揺れる心を濃やかに描く「夏休みを終わらせない方法」。豪雨で川が氾濫した日、行方不明になった孫娘。あきらめきれず探し続ける老人と謎めいた少女の出会いを綴る「草葉の陰」。せつなくもあたたかい、優しい幽霊たちの物語六編を収録。
2017.7 282p A6 ¥640 ①978-4-334-77494-3

◆片づきません！ 牧村泉著 ポプラ社 （ポプラ文庫）
【要旨】夫が突然仕事を辞め、北大阪の義実家へ引っ越した珠希。そこには超マイペースでくせ者の姑、夫と前妻の間のヤンキー娘、その彼氏で気弱なバンドマンとの珍妙な同居生活が待っていた。おまけに謎の家財道具が家から溢れんばかり。平穏に暮らしたい珠希は整理に乗り出すが—。
2017.8 429p A6 ¥720 ①978-4-591-15535-6

◆パーマネント神喜劇 万城目学著 新潮社
【要旨】「今からあんたの願いをひとつだけ叶えてあげる。」デートの途中、突然時が止まった。動かない街に現れたのは「神」と名乗るアヤしげな男たち。肩を叩かれ戻った世界は、あれ、何かが違う…？ 笑って笑って最後にほろり。わちゃわちゃ神頼みエンターテイメント。
2017.6 238p B6 ¥1300 ①978-4-10-336012-4

◆いちばん悲しい まさきとしか著 光文社
【要旨】犯人は、水底から現れて、水底へ消えて行った。ある大雨の夜に起きた冴えない中年男。不倫相手の妄想女、残された妻子、そして男の家族の苦い思い出となった、キャンプでの出来事…。事件の周縁をなぞるような捜査は、決して暴いてはならない秘密をつきとめる。女たちの心の奥底にうずまく毒憎悟が、少しずつ溢れ、歪み、凶器となって、人の命を奪うまでを描いた、イヤミスの衝撃作！
2017.1 328p B6 ¥1700 ①978-4-334-91142-3

◆七帝柔道記 増田俊也著 KADOKAWA （角川文庫）
【要旨】北大、東北大、東大、名大、京大、阪大、九大の七校で年に一度戦われる七帝戦。北海道大学に二浪の末入った増田俊也は、柔道部に入部して七帝戦での優勝を目指す。一般学生が学生生活を満喫するなか『練習量がすべてを決定する』と信じ、仲間と地獄のような極限の練習に耐える日々。本当の「強さ」とは何か。青年たちは北の大地に汗と血を沁みこませ、悩み、苦しみ、泣きながら成長していく。圧巻の自伝的青春小説。
2017.2 632p A6 ¥920 ①978-4-04-104231-1

◆北海タイムス物語 増田俊也著 新潮社
【要旨】平成2年。全国紙の採用試験にすべて落ち、北海道の名門紙・北海タイムスに入社した野々村巡洋。縁もゆかりもない土地、地味な仕

現代の小説（純文学）

事、同業他社の6分の1の給料に4倍の就労時間という衝撃の労働環境に打ちのめされるが…会社存続の危機に、ヤル気ゼロだった野々村が立ち上がる！ 休刊した実在の新聞社を舞台に、新入社員の成長と熱血お仕事小説を描く。『七帝柔道記』の"その後"を描く感動作。
2017.4 429p B6 ¥1700 ①978-4-330073-1

◆アムステルダム・ヘブン　又井健太郎著　河出書房新社
【要旨】「やめてー!!」、死に場所を求めさまよい歩いていた賢治の耳に響く悲鳴。振り向いた先には下着姿の女子が?! そして再び響き渡る「カーット!!」の大きな声。絶賛人生に絶望中の賢治は、AV撮影現場に遭遇してしまったのだ。「自殺するくらいなら」とAVの出演を依頼された賢治だったが、まったく役に立たないまま撮影現場をあとにする。だが、そこで知り合ったAV女優・真央との出会いが大きく運命を変えていく―。
2017.5 388p B6 ¥1500 ①978-4-309-02570-4

◆劇場　又吉直樹著　新潮社
【要旨】演劇を通して世界に立ち向かう永田と、その恋人の沙希。夢を抱いてやってきた東京で、ふたりはじめて出会った―。『火花』より先に書き始めていた又吉直樹の作家としての原点にして、書かずにはいられなかった、たったひとつの不器用な恋。夢と現実のはざまにもがきながら、かけがえのない大切な誰かを想う、切なくも胸にせまる恋愛小説。
2017.5 208p B6 ¥1300 ①978-4-10-350951-6

◆火花　又吉直樹著　文藝春秋　（文春文庫）
【要旨】売れない芸人の徳永は、天才肌の先輩芸人・神谷と出会い、師と仰ぐ。神谷の伝記を書くことを乞われ、共に過ごす時間が増えるが、やがて二人は別の道を歩むことになる。芸人とは何か、人間とは何かを描ききったデビュー小説。第153回芥川賞受賞作。芥川賞受賞記念エッセイ「芥川龍之介への手紙」を収録。
2017.2 180p A6 ¥580 ①978-4-16-790782-2

◆この世のメドレー　町田康著　河出書房新社（河出文庫）
【要旨】先生は人間からすればゴミクズですがミミズやミジンコからすれば神さまのような存在です―ひとりの小癪な若者の孤独な挑発が、絶海の孤島で死すら乗りこえ、超然の高みに達したはずの「余」を破綻の旅へと誘う。辿り着いた沖縄の荒野で再び死に直面し、いつしかボーカルとしてバンドに参加。これは神/悪魔の意志なのか？ 人間存在のそもそもを問い、魂の深淵に迫る、『どつぼ超然』に続く傑作長編。
2017.8 343p A6 ¥760 ①978-4-309-41552-9

◆生の肯定　町田康著　毎日新聞出版
【要旨】世界を睥睨し超然と生きるんだった。数多の苦難に襲われ、死に場所を求めて彷徨った。余はいま、名の温もりの中で生きようとしている。普通の人生を求めて…この世は地獄。それでも、生の方へ―町田文学の最高峰『どつぼ超然』ここに完結！
2017.12 260p B6 ¥1600 ①978-4-620-10803-2

◆どつぼ超然　町田康著　河出書房新社（河出文庫）
【要旨】どうにも世間並に生きづらい男が、自らを「余」と称し、海辺の温泉地百宮の地で超然の三味境を目ざす。降りかかる人生の難酸辛苦、人間的弱さを克服し、成長する余の姿を活写する傑作長編。
2017.6 352p A6 ¥790 ①978-4-309-41534-5

◆ホサナ　町田康著　講談社
【要旨】愛犬家が集うバーベキューパーティーが、全ての始まりだった。私と私の犬は、いつしか不思議な世界に巻き込まれていく。栄光と救済。呪詛と祈り。迷える民にももたらされる現代の超約聖書。私たちを救ってください。人間の根源を問う傑作大長編小説。
2017.5 691p B6 ¥2200 ①978-4-06-220580-1

◆夜空に泳ぐチョコレートグラミー　町田そのこ著　新潮社
【要旨】世界が変わるほどの恋。すべてが反転する秘密。大胆な仕掛けに満ちた、選考委員激賞のデビュー作！ 抜けてしまった歯が思い起こさせるのは、一生に一度の恋。もう共には生きられない、あの人。それでも、どうしようもなく進めない場所でも必死に泳ごうとする5匹の魚たちをとびきり鮮やかな仕掛けで描いた連作集。
2017.8 253p B6 ¥1500 ①978-4-10-351081-9

◆セブン・デイズ―崖っぷちの一週間　町田哲也著　光文社　（光文社文庫）
【要旨】木下勇介に第二子が誕生したその日、勤務先の証券会社が業界大手に買収された。妻が退院するまでの間、長男の世話に追われる勇作の猶予は一週間！ 成果至上主義の新任部長を相手に、勇作は証券マンとしてどれだけの力を発揮できるのか!? 現役証券マンにして、二児の父である著者が描く、リアルお仕事小説！
2017.10 291p A6 ¥700 ①978-4-334-77539-1

◆筑後女（ちっこおんな）がゆく　町野玉江著（福岡）九州人
【要旨】戦前の激動の時代、九州・筑後地方の旧宿場町で生を得た安子。早産で、医者に「こん子は名はつけんほうがよか」と言われながらも、ヤカマシ者の父・寛次と笑い上戸の母・ラクヲに甘やかされ、よく笑いよく泣きよく怒るパワフルな子に育つ。我が道以外の道はなく、人生常にフルスロットル。そんな筑後のぐいぐい女と家族の半生を、ホームドラマ風に描いた小説です。
2017.11 221p B6 ¥1300 ①978-4-906586-41-7

◆師父の遺言　松井今朝子著　集英社　（集英社文庫）
【要旨】京都祇園の料理屋に育ち、歌舞伎役者と親戚で、幼い頃から芝居に親しんだ著者。早稲田大学で演劇を学ぶうち、稀代の演出家にして昭和の怪人、武智鉄二に出会う。やがて"跡継ぎ"と見込まれ、弟子として武智の演出助手を務めるようになるが…。毀誉褒貶ありながら鬼才として名を馳せた巨匠の、全身全霊で教えてくれた人生の闘い方とは！ 恋愛に似た師への想いと波乱の青春を描く自伝文学の傑作。
2017.6 319p B6 ¥640 ①978-4-08-745651-6

◆光の犬　松家仁之著　新潮社
【要旨】北の町に根づいた一族三代と、そのかたわらで人びとを照らす北海道犬の姿。信州・追分に生まれ、酪農婦となった珂北の町・枝留にやってきた祖母。戦前に隆盛をきわめた薄荷工場の役員である祖父。川釣りと北海道犬が趣味の生真面目な父。子どもたちを頼みに生きる専業主婦の母。幼なじみの牧師の息子と恋をする歩。レコードと本には没頭するが、気難しい始。いずれも独身のまま隣に暮らす、三姉妹。祖母の幼少期である明治初から、50代になった始が東京から帰郷し、父母と三人のおばたちの老いにひとりむきあう現在まで、100年にわたる一族の、たしかにそこにあった生のきらめきと生の翳りを、ひとりひとりの記憶をたどるように行きつ戻りつ描きだす、新作長編小説。
2017.10 441p B6 ¥2000 ①978-4-10-332813-1

◆幽（かすか）/花腐（はなくた）し　松浦寿輝著　講談社　（講談社文芸文庫）
【要旨】詩人として出発、批評でも活躍の後、四十を越え小説へ―。中華街のバーで、二十年上に遇った女の幻影に翻弄される男の一夜を描く、最初の本格的な小説「シャンチーの宵」、芥川賞を受賞した「花腐し」他、知的かつ幻想的で、悲哀と官能を湛えた初期の秀作全六篇を収める。社会から外れた男が生きる過去と今を、類稀な魅力を秘めた文体で生々しく再現し、小説の醍醐味が横溢する作品集。
2017.1 349p A6 ¥1600 ①978-4-06-290335-6

◆名誉と恍惚　松浦寿輝著　新潮社
【要旨】日中戦争のさなか、上海の工部局に勤める日本人警官・芹沢は、陸軍参謀本部の嘉山と青幇の頭目・蕭炎彬との面会を仲介したことから、警察を追われ、青幇に身を寄せ潜伏生活を余儀なくされる…。祖国に捨てられ、自らの名前を捨てた男に生き延びる術は残されているのか。
2017.3 765p B6 ¥5000 ①978-4-10-471703-3

◆裏ヴァージョン　松浦理英子著　小学館（P+D BOOKS）
【要旨】家賃代わりに短篇小説を差し出す書き手と、それに対して辛辣コメントを浴びせ続ける読み手。やがてコメントは書き手の精神を抉るような質問状となり、青春を共に過ごした二人の中年女性の愛憎が垣間見える展開に―。現実世界と小説世界が入り交じる斬新な手法で描いた異色作。
2017.9 279p B6 ¥600 ①978-4-09-352313-4

◆最愛の子ども　松浦理英子著　文藝春秋
【要旨】"パパ"日夏、"ママ"真汐、"王子"空穂。わたしたちの心をかき立てるのは、同級の女子高生三人が演じる疑似家族―時代を切りひらいて来た作家、最新にして最高の傑作！
2017.4 212p B6 ¥1700 ①978-4-16-390636-2

◆東京の夫婦　松尾スズキ著　マガジンハウス
【要旨】東京で家族を失った男に、東京でまた家族ができた。夫は、作家で演出家で俳優の51歳。妻は、31歳の箱入り娘。東京で出会って、東京で夫婦になった。ときどきシビアで、ときどきファンタジー。東京の夫婦はたくさんいる。そのどれにもドラマがある。これも一つの東京の夫婦のストーリー。
2017.8 184p 21×13cm ¥1400 ①978-4-8387-2961-6

◆私はテレビに出たかった　松尾スズキ著　朝日新聞出版　（朝日文庫）
【要旨】ただただ、画面に映りたい。公共の電波に乗りたい。誰にも知られずに目立ちたい。普通に生きてきた43歳のサラリーマン倉本恭一に突如めざましたこの衝動、及び途方もない冒険が始まる！ 著者初の新聞連載、10年ぶりの長篇小説。このチャンスを逃したら一生後悔する―面白みのない男で終わる。松尾スズキが描く、サラリーマンアドベンチャー！
2017.12 483p A6 ¥940 ①978-4-02-264870-9

◆生きている理由　松岡圭祐著　講談社　（講談社文庫）
【要旨】滅び行く清の王女・愛新覺羅顕（し）は国を去り、日本で川島芳子として生きた。後に大陸進出に邁進する闘士として、東洋のジャンヌ・ダルクと持て囃された彼女が、弱冠十代で女を捨てて男になると宣言し、「男装の麗人」に変貌したのか？ 国家を巡る思惑の狭間で生きる少女の数奇な恋と運命、激動の青春篇。
2017.10 434p B6 ¥780 ①978-4-06-293783-2

◆八月十五日に吹く風　松岡圭祐著　講談社（講談社文庫）
【要旨】アメリカが敵視した、人命を軽んじ易々と玉砕するという野蛮な日本人観が、一人の米軍諜報員の報告で覆った。戦後占領政策転換の決め手となった一九四三年、北の最果てキスカ島の救出劇。日本は人道を貫き五千人の兵員を助けた。戦史に残る大規模撤退作戦を、日米双方の視点で描く感動の物語。
2017.8 424p A6 ¥740 ①978-4-06-293744-3

◆八月十五日に吹く風　松岡圭祐著　講談社
【要旨】アメリカが敵視した、人命を軽んじ易々と玉砕するという野蛮な日本人観が、一人の米軍諜報部員の報告で覆った。戦後占領政策転換の決め手となった、1943年、北の最果て・キスカ島の救出劇。日本は人道を貫き5000人の兵員を助けた。戦史に残る大規模撤退作戦を日米双方の視点で描く感動の物語。
2017.12 343p B6 ¥1900 ①978-4-06-220961-8

◆あしたば文章教室　松坂ありさ著　（三鷹）A文学会
【要旨】「普通の小説は難しいけれど、メルヘンなら」と文章教室に通い始めた葉子。だが聞くと書くとでは大違い、物語作りに苦闘する日々。書き手としての資質にはもちろん、創作の元になる人生経験にも自信が持てない彼女だが、まずは大勢の前で作品を発表することで殻を破っていく。彼女の初めての作品の評価やいかに。創作の真摯さ、多彩さが胸を打つ作品。
2017.6 137p A6 ¥500 ①978-4-9907904-5-5

◆架空論文投稿計画―あらゆる意味ででっちあげられた数章　松崎有理著　光文社
【要旨】蛸足大学の助教・ユーリー小松崎は、駆け出し作家の松崎有理と、学問の危機を救うため、嘘論文のでっちあげ投稿を開始！ しかし、正義を貫かす謎の機関「論文警察」の魔手が彼らに迫る!? 抱腹絶倒の架空論文満載でおくる、著者ならではのサイエンス・ユーモア・サスペンス。
2017.10 261p B6 ¥1600 ①978-4-334-91189-8

◆英子の森　松田青子著　河出書房新社（河出文庫）
【要旨】「英語ができると後でいいことがある」幼い頃から繰り返し母親に、テレビに、先生に、広告によって刷り込まれた言葉。その後、英語は彼女を違う世界に連れて行ってくれる「魔法」のはずだった…わたしたちはこんなにも奇妙な世界に住んでいる！ 社会に溢れた「幻想」に溺れる私たちに、一縷の希望を照らす話題作、待望の文庫化！
2017.12 182p A6 ¥620 ①978-4-309-41581-9

◆事物の力―Force des choses　松田ゆたか著　幻冬舎メディアコンサルティング、幻冬舎発売
【要旨】20××年―失業率が90％を超えた社会。仕事を失った「敗者」と、しがみつく「勝者」。

彼らは、何を失い、手に入れたのか―。
2018.1 173p B6 ¥1100 ①978-4-344-91509-1

◆闇の中の少女　松之段厚著　近代文藝社
【要旨】その少女は学校の子供たちと共に机を並べて勉強する喜びも、集落の年中行事に参加してみんなと一緒に楽しむ喜びも、すべてを奪われて闇の中に独りぼっちでいた―結核で闇の中に隔離されている少女と少年の心温まる交流物語。　2017.8 220p B6 ¥1500 ①978-4-7733-8041-5

◆猫の話をそのうちに　松久淳著　小学館
【要旨】あの日、売れないギターポップ系ミュージシャンだった彼は、26歳だった。それから幾方ない時間が流れたとき、彼は心の底からこう思うことになる。自分は、結局、師匠と、そして元カノに生かされていたんだな、と。師匠と元カノ十余年の物語。
2017.12 206p B6 ¥1300 ①978-4-09-386486-2

◆花のお江戸で粗茶一服　松村栄子著　ポプラ社
【要旨】弓、剣、茶の「三道」を伝える"坂東武州流"の嫡男・友衛遊馬、二十歳。家出先の京都から帰還するも、家元でさえ副業しなければ家族を養えない貧乏流派ゆえ、働き口を探しては言われてしまう。建造が始まったスカイツリーの警備員に収まるが、周囲からは「あそこの跡継ぎはダメだ」と後ろ指を指され、ガールフレンドとの仲も「行き止まり」—日々の中、曲者ぞろいの茶人武人にやりこめられながら、遊馬は自分の進むべき道をぐるぐると探しつづける。明日が見えないあなたに贈る笑えて泣けて元気になれる物語。
2017.11 427p B6 ¥1800 ①978-4-591-15608-7

◆老後マネー戦略家族(ファミリー)！　松村美香著　中央公論新社　(中公文庫)
【要旨】定年が近づく父、専業主婦の母、仕事を辞めた息子に学費のかかる娘…。老後や将来への不安から、山田家は顔を合わせればケンカばかり。しかし勇気を持って踏み出した先には、めくるめく財テクワールドが待っていた！目標額は三〇〇〇万。崖っぷち中流家族の奮闘がここに始まる！文庫書き下ろし。
2017.3 364p A6 ¥720 ①978-4-12-206385-3

◆つなぎあう日々　松本喜久夫著　新日本出版社
【要旨】民間校長に揺れる職員室と子どもたち―維新政治が吹き荒れる大阪の教育現場で、子ども、父母、教職員と心をつなぎ、成長する青年教師を描く。
2017.10 254p B6 ¥2300 ①978-4-406-06177-3

◆私の中のアヒルと毒　松本実佳著　幻冬舎メディアコンサルティング, 幻冬舎 発売
【要旨】自分と他人の境界線はどこに―恋と愛、生と死、異なるようで連続しているもの。きっと心もその繰り返しで、人間は成長していくのだ。繊細なあなたに読んでほしい、現実を強く生き抜く4人の物語。
2017.11 127p B6 ¥1100 ①978-4-344-91381-7

◆みすゞと雅輔　松本侑子著　新潮社
【要旨】心の詩人・金子みすゞ、知られざる光と影、自殺の謎とは？実弟・上山雅輔(昭和の喜劇王・古川ロッパの脚本家)の膨大な日記を読み解き、みすゞの童謡と生涯、二人の青春と愛憎、別れを、弟の目を通して描く、画期的伝記小説！
2017.3 399p B6 ¥2000 ①978-4-10-416602-2

◆ワインガールズ　松山三四六著　ポプラ社
【要旨】長野県塩尻市・桔梗ケ原学園。生徒たちがブドウ栽培からワインを瓶詰めにする工程までを実際に手がける、全国でも珍しい「ワイン醸造」を学べる高校だ。北村いちる・百瀬結生子・奥沢美麗の三人の女生徒たちも抱える事情のため、ワイン醸造を決意する。三人は互いに激しくぶつかりあい、ときには支えあい、挫折をくりかえしながら、ひたすらワインづくりに没頭していく。そんなワインガールズたちの情熱が、やがて「奇跡のワイン」を生み出すことになる…。
2017.3 286p B6 ¥1500 ①978-4-591-15415-1

◆ぼくたちと駐在さんの700日戦争　26　ママチャリ著　小学館　(小学館文庫)
【要旨】ときは一九七五年。とある町の駐在所の栗林巡査部長は署内でも評判の出来た人で、地元住民からの信望も厚かった。そんなわけで異例の六年間もの同じ派出所に勤務していた。その栗林さんの後任に選ばれたのが、ご存じ駐在さん「駐在さんの700日戦争 赴任編」では、ママチャリたちいたずら高校生との出会いから

いたずら合戦を繰り広げる闘争の歴史、彼らとの世代を超えた交流を、駐在さんの視点から振り返る。千葉くんとママチャリのおバカな小学生時代のエピソードが大爆笑間違いなしの「外伝　千葉くんと僕と」も収録。
2017.7 279p A6 ¥610 ①978-4-09-406434-6

◆オペレーションZ　真山仁著　新潮社
【要旨】国の借金は千兆円を超え、基礎的財政収支は赤字が続く。国債が市場で吸収されなくなった時、ヘッジファンドが国債を売り浴びせた時、国家破綻は現実となる。総理は「オペレーションZ」の発動を決断し、密命を帯びたチームOZは「歳出半減」という不可能なミッションに挑む。官僚の抵抗、世論の反発、メディアの攻撃、内部の裏切り者―。日本の未来に不可欠な大手術は成功するのか？明日にも起こる危機。未曾有の超大型エンターテインメント！
2017.10 459p B6 ¥1800 ①978-4-10-323323-7

◆プライド　上　真山仁著　(新座)埼玉福祉会　(大活字本シリーズ)
【目次】一俵の重み、医は…、絹の道
2017.6 263p A5 ¥2900 ①978-4-86596-152-2

◆プライド　下　真山仁著　(新座)埼玉福祉会　(大活字本シリーズ)
【目次】プライド、暴言大臣、ミツバチが消えた夏、歴史的瞬間
2017.6 285p A5 ¥2900 ①978-4-86596-153-9

◆夕焼けのかなた　眉村卓著　双葉社　(双葉文庫)
【要旨】外との接触を拒むかのように、町の入り口に位置する「峠」。就職し赴任したひなびた町で、閉塞感に包まれながら、若き日々を過ごした男は、久方ぶりに町を訪れた際に、「峠」で不思議な感覚にとらわれる。長年活躍し齢八十を超えた現在も健筆をふるう著者の自伝的要素を含む「峠」ほか、人生の分かれ道に立った者たちの存念や悲哀を物語に綴った、渾身の書き下ろし集。
2017.12 333p A6 ¥667 ①978-4-575-52061-3

◆カスミとオボロ―春宵に鬼は妖しく微笑む　丸太文華著　集英社　(集英社オレンジ文庫)
【要旨】時は大正。妖力を持つ一族に生まれた華族令嬢の香澄は、古の鬼神悪路王を蘇らせ、朧と名付けて使役鬼としている。ある時、同級生の初江に誘われてサーカスを見に行った二人は、不思議な術を使う男・花月と出会う。恋をしたように花月に付き従うチャリネの踊り子たち。さらに初江も花月に心を奪われて…。人の心に巣食う鬼たちのあやかし事件簿。
2017.7 224p A6 ¥570 ①978-4-08-680142-3

◆おはぐろとんぼ夜話　上巻　丸山健二著　左右社　2017.3 643p B6 ¥4600 ①978-4-86528-169-9

◆おはぐろとんぼ夜話　中巻　丸山健二著　左右社　2017.3 615p B6 ¥4600 ①978-4-86528-170-5

◆おはぐろとんぼ夜話　下巻　丸山健二著　左右社　2017.3 639p B6 ¥4600 ①978-4-86528-171-2

◆緑の国へ　萬造寺齊著, 萬造寺譲一編　(鹿児島)南日本新聞社, (鹿児島)南日本新聞開発センター 発売
【要旨】鹿児島が生んだ孤高の文豪、萬造寺齊(まんぞうじ・ひとし)生誕から130年、没して60年。大正10年から鹿児島新聞に連載した、学校教師を主人公にした青春小説。
2017 334p A5 ¥1500 ①978-4-86074-250-8

◆お客さま、そのクレームにはお応えできません！―"小説"不動産店店長・滝山玲子の事件簿　三浦展著　光文社　(光文社知恵の森文庫)
【要旨】滝山玲子(42歳)。独身。職業は不動産屋の店長。仕事の中身はほぼクレーマー対応。「部屋に幽霊が出る！」「トイレットペーパーのホルダーのネジがゆるんだ！」「大家さんにセクハラされた！」…。「もう、いい加減にして！」と叫びたくなるけど、仕事だからガマンガマン―「下流社会」の著者が、豊富な取材を元に初めて挑む「実録」ライトノベル。
2017.3 206p A6 ¥620 ①978-4-334-78716-5

◆まほろ駅前狂騒曲　三浦しをん著　文春春秋　(文春文庫)
【要旨】まほろ市は東京都南西部最大の町。駅前で便利屋を営む多田と、居候になって丸二年がたつ行天。4歳の少女子「はる」を預かる羽目になった二人は、無農薬野菜を生産販売する謎の団体の沢村、まほろの裏社会を仕切る星、

なじみの岡老人たちにより、前代未聞の大騒動に巻き込まれる！まほろシリーズ完結編。
2017.9 521p A6 ¥830 ①978-4-16-790918-5

◆鍼灸日和　未上夕二著　KADOKAWA
【要旨】使えない後輩、理不尽なクレーム処理、上司からの叱責…会社でストレスをためる西川道隆は太りすぎで膝を痛め、「祖間鍼治療院」を訪れた。言葉遣いは荒いが、なぜか腕がいい相隆。やがて両親と姉たちとの関係に問題があることに気づいていく…。ヘンテコ鍼灸師・祖間が打つハリの意外な効果とは？期待の新鋭が描く、画期的なカラダ小説！
2017.11 246p A6 ¥1500 ①978-4-04-105718-6

◆K　三木卓著　講談社　(講談社文芸文庫)
【要旨】「Kのことを書く。Kとは、ぼくの死んだ配偶者で、本名を桂子といった。画家への志を抱く仲間として出会い、結婚したKとの暮らしは苦労の連続ながら子供にも恵まれ落ち着くかに見えたが、「ぼく」が小説を書くことに傾注し家庭から遠ざけられる。幼い娘と繭のなかのように暮らし、詩作や学問に傾注していった彼女の孤高の魂を、最期まで寄り添った同志として丁寧に描き出した純真無垢の私小説。逝きし妻への鎮魂の書。
2017.2 266p A6 ¥1500 ①978-4-06-290337-0

◆気になるあいつは、キャット・たまーある　青年の人生の棚卸・スピリチュアルレッスン　幹本恵未著　セルバ出版, 創英社/三省堂書店 発売
【要旨】隣りに住んでいる猫のたまに学ぶ、深層心理学。外面的にはきつい出来事の裏側を教えてくれる、猫のようで、実は猫ではない存在。心の癒しの世界へようこそ！見えない世界からの小さなサインを感じてみませんか？
2017.2 175p A6 ¥1500 ①978-4-86367-318-2

◆チェーン・ピープル　三崎亜記著　幻冬舎
【要旨】いつでも、どこでも、安心安定の人格者、チェーン店ならぬチェーン・ピープルでいるための物語。あなたの「ここだけの話」「内緒だけど…」が作り出した物語。
2017.4 246p A6 ¥1600 ①978-4-344-03100-5

◆命いとおしきもの　水木光介著　(札幌)柏艪舎, 星雲社 発売
【要旨】中途退職し便利屋を始めた中年男と中国人女子留学生との交流。そして、中年男が老局人から受けた自叙伝の代筆を通じて語られる、第二次大戦時の恋模様。札幌、東京、中国を舞台に、普遍的な人間愛、戦時下の青春、元企業人の再生を描きだす。
2017.8 205p B6 ¥1200 ①978-4-434-23668-6

◆プラットホームの彼女　水沢秋生著　光文社　(光文社文庫)
【要旨】駅のホームの端に立ち、風にスカートを翻す少女。彼女は、まっすぐにこちらを見ていた―。喧嘩した親友に転校を告げぬまま夏休みを迎えてしまった少年。地味な女の子がバンドをやっていると聞き、心がざわつく女子高生。様々な思いを抱える人々の前に彼女は現れ、心の奥に隠した本当の声を聞く。青春の記憶を紡ぐ物語の先に驚きと感動のラストが待つ、六篇の傑作。　2017.6 303p A6 ¥620 ①978-4-334-77480-6

◆愛は…わ・か・れ　水島桜水著　創英社/三省堂書店
2017.10 332p B6 ¥1380 ①978-4-88142-316-5

◆浮遊する言の葉たち―太陽系からダイヤの国へ　水沼文三小説選集　水沼文三著　青山ライフ出版, 星雲社 発売
【目次】浮遊する言の葉たち―太陽系からダイヤの国へ、文鳥、右屑に舞いおり、原稿見詰めたり—日根野連・夏目金之助の旅路、あお東京物語　2017.7 205p B6 ¥1500 ①978-4-434-23323-4

◆運命の恋をかなえるスタンダール　水野敬也著　文響社
【要旨】誰にでも恋愛の奇跡は起こる―。「夢をかなえるゾウ」の著者水野敬也が贈る愛と笑いの長編恋愛小説。文豪スタンダールの名著「恋愛論」のノウハウを超訳。愛の国フランスの恋愛エッセンスが自然と学べます。
2017.8 19x13cm ¥1450 ①978-4-86651-015-6

◆ファースト・エンジン　未須本有生著　集英社　(集英社文庫)
【要旨】エンジンメーカーで超音速エンジンプロジェクトが始動。本庄たち開発チームの奮闘で、

現代の小説（純文学）

国産初のアフターバーナーエンジンは最終の燃焼試験を迎えた。だが、試験終了直前に爆発が生じ、若手技術者が死亡。本庄は左遷され、プロジェクトは中止となる。チームは爆発原因を突き止めようと独自の調査を…。数々の妨害工作を叡智で乗り越え、エンジン完成のため死力を尽くす誇り高き技術者たちの熱き闘い。
2017.3 244p A6 ¥540 ①978-4-08-745562-5

◆マッド・ドッグ　美達大和著　河出書房新社
【要旨】菊山尚泰は一九二四年、朝鮮の貧しい農家に生まれ、一八歳の時に「夢の国」を目指し日本に出稼ぎに来た。鉱山で働くうちにその腕力だけで頂点に立ち、どんな荒くれ男たちからも恐れられる存在になった。終戦後、菊山は夜の街の用心棒、債権回収業から金貸しになり巨額の富を得て成金に…。一九五九年、菊山に待望の息子、翔太が誕生し幸せな日々を過ごしていたが、妻が突然出奔すると菊山の人生が激変。
2017.1 381p 18cm ¥1500 ①978-4-309-02536-0

◆物語のおわり　湊かなえ著　朝日新聞出版（朝日文庫）
【要旨】病の宣告、就職内定後の不安、子どもの反発…様々な悩みを抱え、彼らは北海道へひとり旅をする。その旅の途中で彼らが受け取った紙の束、それは「空の彼方」という結末の書かれていない小説だった。そして本当の結末とは？あなたの「今」を動かす、力強い物語。
2018.1 357p A6 ¥640 ①978-4-02-264873-0

◆ありえた人生　湊正雄著　幻冬舎メディアコンサルティング、幻冬舎　発売
【要旨】正直に生きること。それは、誰かを犠牲にすること。かつての親友、同僚、上司、愛人、そして別れた妻。夢の中で彼らが告げた真実は俺の存在意義を揺るがすものだった。後悔なにもできない、悲しみ。
2017.12 122p B6 ¥1000 ①978-4-344-91491-9

◆知られざるわたしの日記――ベテラン処女の最後の一年　南綾子著　双葉社
【要旨】死ぬ前に一度でいいから、世の結婚済みらしいセックスというものをやってみたい。勅使河原一子は、人生になんの目標もなく頭の中は好きなアイドルやエロい妄想でいっぱい。おもしろいことなら山ほど言えるのに、男を前にすると色っぽいことが言えない。気づけば三十六歳処女。誕生日の正月に決心した一子は、目標を達成すべく奔走するが……。自分の殻を破るために大切なことは本当の性交体験なのか、それとも。爆笑＆感涙のガールズ奮闘記。
2017.11 324p B6 ¥1500 ①978-4-575-24068-9

◆暴き屋稼業　南英男著　文芸社（文芸社文庫）
【要旨】スキャンダルをネタに悪党を強請る凄腕の「暴き屋」、瀬名渉は、世田谷の児童公園で惨殺されたゲームソフト開発会社の社長の妹の依頼で、犯人探しに乗り出した。犯人とおぼしき男は、一緒に殺された社長の妻と不倫をしていたライバル会社の社員だった。猟奇殺人の裏の醜い人間関係。警察では裁けない悪党たちに、暴き屋が吠えた！！
2017.6 343p A6 ¥740 ①978-4-286-18771-6

◆アゲハの公約　三萩せんや著　河出書房新社
【要旨】過疎化が進む故郷を復活させるため、市長選に立候補することになったアゲハ。裏公約をしたことで、ライバルたちのあり得ない反撃で、静かな町が狂乱へ突入する。驚愕の公選法違反、まさかの再選挙かと、産業振興、そしてアゲハの恋の行方…混乱の選挙戦をとおして、アゲハが見つけた答えとは？　嫁不足、高齢者との絆、産業振興、そしてアゲハの恋の行方…混乱の選挙戦をとおして、アゲハが見つけた答えとは？　第二回ダ・ヴィンチ「本の物語」大賞受賞者がおくる青春選挙ノベル！
2017.9 246p B6 ¥1400 ①978-4-309-02604-6

◆永遠の道は曲りくねる　宮内勝典著　河出書房新社
【要旨】人々のために祈れ――「お前も、沖縄にこないか？」――世界を放浪していた有馬は、かつて世界的新興教団のブレーンだった男・田島に誘われ、精神病院で働くことになり、沖縄に来た。医院長の霧山は元全学連のリーダーで、沖縄返還前後からシャーマン教団の乙姫さまとともに戦争で傷ついた人々の治療を続けている。ある日、乙姫さまのもとへ「GRANDMOTHERS COUNSEL」を名乗る乙姫光の一族からの「平和への祭典」開催を相談する手紙が届くのだが…。有馬、霧山、乙姫、島ハーフの七海

とアタル、戦争PTSDを抱える患者のジェーン、宇宙ステーションで働くジム―祝祭の日、洞窟の中でグランマザーたちが祈りとともに世界の悲劇を語り出す時、彼らの運命の歯車は動き出す。私たちは、永遠の戦争の子どもだ―善と悪を超えた、"終わらぬ悲劇の連鎖"と"生命の輝き"を描く傑作。
2017.5 419p B6 ¥1850 ①978-4-309-02568-1

◆あとは野となれ大和撫子　宮内悠介著　KADOKAWA
【要旨】中央アジアのアラルスタン。ソビエト時代の末期に建てられた沙漠の小国だ。この国で、初代大統領が側室を置いていた後宮を将来有望な女性たちの高等教育の場に変え、様々な理由で居場所を無くした少女たちが、政治家や外交官を目指して日夜勉学に励んでいた。日本人少女ナツキは両親を紛争で失い、ここに身を寄せる者の一人。後宮の若い嫁世代のリーダーであるアイシャ、姉と慕う面倒見の良いジャミラとともに気楽な日々を送っていたが、現大統領が暗殺され、事態は一変する。国の危機にもかかわらず中枢を担っていた男たちは逃亡し、残された後宮の居場所のみ。彼女たちはこの国の後宮の居場所のため、自ら臨時政府を立ち上げ、「国家をやってみる」べく奮闘するが…。内紛、外交、宗教対立、テロに陰謀、環境破壊と問題は山積み。それでも、つらい今日を笑い飛ばして明日へ進み続ける彼女たちが最後に掴み取るものとは――？
2017.4 381p B6 ¥1600 ①978-4-04-103379-1

◆楊梅の熟れる頃　宮尾登美子著　小学館（P+D BOOKS）
【要旨】土佐の13人の女たちから紡いだ13の物語。おきみさん、おときさん、おまつさん…、南国土佐の女たちの人生から着想を得て、著者が初めて試みた"ルポルタージュ・フィクション"である。高知の特産物や風物詩、名所などが鍵言葉となり、幾何かの波乱を含んだ女たちの人生と絡みあう13の短篇集。抗えぬ運命や襲いかかる困難に翻弄されながらも、健気に気丈夫に生きる故郷の女たちの気質が巧みに描かれている。
2017.12 222p B6 ¥500 ①978-4-09-352324-0

◆ヴィオレッタの尖骨　宮木あや子著　河出書房新社
【要旨】あとどのくらい私たちはこうやって肌を合わせられるのですか。世間から隔絶された場所で生かされている美しい少女たち。快楽に溺れながらも、真実の情愛を求める彼女たちに救いはあるのか。儚くも美しい恋愛小説集。
2017.9 233p B6 ¥1800 ①978-4-309-02603-9

◆校閲ガール　ア・ラ・モード　宮木あや子著　KADOKAWA（角川文庫）
【要旨】出版社の校閲部で働く河野悦子。彼女の周りの人たちにもそれぞれ悩みや驚くべき過去が！他社から引き抜きオファーを受けたファッション誌編集者・森尾。仕事に情熱を持てないでいる、カタブツ文芸編集者の藤岩。文学賞落選で荒れる作家に対応して、悦子の天敵(!?)貝塚。同僚のお洒落男子、エリンギ似の部長、悦子が気に入るベテラン作家など個性的な面々が大活躍。仕事への活力が湧くワーキングエンタメ第2弾。
2017.6 239p A6 ¥560 ①978-4-04-105862-6

◆白蝶花　宮木あや子著　幻冬舎（幻冬舎文庫）
【要旨】福岡のお屋敷に奉公に出た千恵子。そこで出会った美しい令嬢の和江は、愛に飢えた寂しい日々を送っていた。孤独の中、友情とも恋とも違う感情で惹かれ合うが、第二次大戦下、戦況は刻々と悪化。女たちの運命はたやすく戦火に揺り動かされ、人生を選ぶことも叶わず、時代と男に翻弄されてもなお咲き続ける昭和の女性たちの、誇り高き愛の物語。
2017.2 347p A6 ¥800 ①978-4-344-42576-7

◆うみの歳月　宮城谷昌光著　文藝春秋（文春文庫）
【要旨】歴史小説家として世に出る以前に書き継いだ、未発表作品を含む現代小説五篇と詩一篇を初めて公開。故郷・三河湾の風景を背景に魅惑的な女性を描いた短篇や、嫁姑の相克に想いを折る決意のもとに描いた中篇など、私家版でしか読めなかった貴重な作品を文庫化。宮城谷昌光の文学的な航跡がこの一冊に。
2017.11 287p A6 ¥730 ①978-4-16-790960-4

◆銀河鉄道の夜　上　宮沢賢治著　ゴマブックス（大活字名作シリーズ）
2017.3 102p B5 ¥2200 ①978-4-7771-1884-7

◆銀河鉄道の夜　下　宮沢賢治著　ゴマブックス（大活字名作シリーズ）
2017.3 95p B5 ¥2200 ①978-4-7771-1885-4

◆つぼみ　宮下奈都著　光文社
【要旨】『スコーレNo.4』の女たちはひたむきに花と向き合う。凛として、たおやかに、強く、しなやかに、6つのこれからの物語。宮下奈都11年の軌跡。
2017.8 240p B6 ¥1500 ①978-4-334-91179-9

◆ふたつのしるし　宮下奈都著　幻冬舎（幻冬舎文庫）
【要旨】美しい顔を眼鏡で隠し、田舎町で息をひそめるように生きる優等生の遙名。早くに母を亡くし周囲に疎まれてばかりの落ちこぼれの温之。遠く離れた場所で所在なく日々を過ごしてきた二人の「ハル」が、あの3月11日、東京で出会った一。何度もすれ違った二人を結びつけた「しるし」とは？出会うべき人と出会う奇跡を描いた、心ふるえる愛の物語。
2017.4 226p A6 ¥500 ①978-4-344-42599-6

◆小説　モン族たちの葬列　宮田隆著　栄光出版社
【要旨】ラオス・モン族はなぜ二つに引き裂かれたか？インドシナ戦争からベトナム戦争まで。大国のエゴがモン族を二つに引き裂いた。モン族の悲劇を炙り出す渾身の長編。
2017.3 367p B6 ¥1500 ①978-4-7541-0154-1

◆ちゅうちゃん　向山義彦著　幻冬舎
【要旨】昭和十一年、山梨の片田舎。少年・義彦は親戚の家で偶然、一冊の英語の雑誌を見付けた。そこに広がっていたのは、見たこともないほど華やかで自由な世界だった。やがて独学で英語の勉強を始めた義彦が、米国へ行くことを夢見るようになった頃、日本は米国との全面戦争へ突入しようとしていた。英語は禁止。ドルは違法。徴兵され、一文無しで家族を守りながら戦後を生き抜く義彦の手に最っ残されたもの――それはかつて覚えた英語だった。
2017.8 407p B6 ¥1500 ①978-4-344-03160-9

◆鎌鼬――村尾文短篇集　第2巻　村尾文著　西田書店
【要旨】家族の葛藤、下総の風土…、そして、老いの愉楽。描写は彫琢するように奔放に5篇の作品を貫く。本格リアリズム作家83歳。
2017.10 257p B6 ¥1500 ①978-4-88866-619-0

◆騎士団長殺し　第1部　顕れるイデア編　村上春樹著　新潮社
【要旨】その年の五月から翌年の初めにかけて、私は狭い谷間の入り口近くの、山の上に住んでいた。夏には谷の奥の方でひっきりなしに雨が降っていたが、谷の外側はだいたい晴れていた。それは孤独で静謐な日々であるはずだった。騎士団長が顕れるまでは。
2017.2 512p B6 ¥1800 ①978-4-10-353432-7

◆騎士団長殺し　第2部　遷ろうメタファー編　村上春樹著　新潮社
2017.2 544p B6 ¥1800 ①978-4-10-353433-4

◆バースデイ・ガール　村上春樹著、カット・メンシックイラストレーション　新潮社
【要旨】二十歳の誕生日の夜、ささやかな乾杯のあとで、彼女の人生に何が起こったのか。一年に一度の「特別な日」彼女自身が答えを見つける物語。中学校教科書にも採用された名短篇を、鮮烈なイラストレーションで彩るアートブック第四弾！
2017.11 61p B6 ¥1500 ①978-4-10-353435-8

◆オールド・テロリスト　村上龍著　文藝春秋（文春文庫）
【要旨】「満洲国の人間」を名乗る老人からのNHK爆破予告電話をきっかけに、元週刊誌記者セキグチは巨大なテロ計画へと巻き込まれていく。暴走を始めたオールド・テロリストたちを食い止める使命を与えられたセキグチを待つものは!?横溢する破壊衝動と清々しさ。これぞ村上龍と唸るほかない、唯一無比の長編。
2018.1 655p A6 ¥950 ①978-4-16-790993-2

◆遠い勝鬨　上　村木嵐著　（新座）埼玉福祉会（大活字本シリーズ）
2017.6 343p A5 ¥3100 ①978-4-86596-162-1

◆遠い勝鬨　下　村木嵐著　（新座）埼玉福祉会（大活字本シリーズ）
2017.6 413p A5 ¥3300 ①978-4-86596-163-8

◆百貨の魔法　村山早紀著　ポプラ社
【要旨】時代の波に抗しきれず、「閉店が近いのでは？」と噂が飛び交う星野百貨店。エレベー

現代の小説（純文学）

ターガール、新人コンシェルジュ、宝飾品売り場のフロアマネージャー、テナントのスタッフ、創業者の一族らが、それぞれの立場で街の人びとに愛されてきたデパートを守ろうと、今日も売り場に立ちつづける―。百貨店で働く人たちと館内に住むと噂される「白い猫」が織りなす、魔法のような物語！
2017.10 373p B6 ¥1600 ①978-4-591-14272-1

◆嘘―Love Lies　村山由佳著　新潮社
【要旨】刀根秀俊、美月、亮介、陽菜乃は仲のいい友達グループだったはず。あの事件が起こるまでは―。恐怖、怒り、後悔、そして絶望。生среは過ちと心の傷を負ったまま、各々の人生を歩んでいた4人。純粋な憎しみと暴力の行き着く果てに迎えた結末とは？　純愛と狂気。聖と贖い。読む者すべての感情を揺さぶる究極の愛！
2017.6 243p B6 ¥1800 ①978-4-10-339952-0

◆婚約迷走中　パンとスープとネコ日和　群ようこ著　角川春樹事務所
【要旨】いつでも婚約破棄する準備あり～。滋味深いスープと美味しいサンドイッチのお店をマイペースで営むアキコと相棒のしまちゃん。仕事熱心なしまちゃんだが、婚約者・シオちゃんには、つれない態度…。ロングセラー「パンとスープとネコ日和」待望の第4弾！
2017.3 188p B6 ¥1400 ①978-4-7584-1318-3

◆ついに、来た？　群ようこ著　幻冬舎
【要旨】父の死後、年下の男に奔ったサチの母。70歳で男に捨てられ戻ってきたけど、どうも様子がおかしくて…。「母、出戻る？」避けては通れないシリアスなテーマを、ユーモアを交えて明るく綴る、全8編。
2017.2 245p B6 ¥1400 ①978-4-344-03064-0

◆ネコと昼寝―れんげ荘物語　群ようこ著　角川春樹事務所
【要旨】キョウコは、都内のふるい安アパート「れんげ荘」で相変わらず自由なひとり暮らし。読書をしたり、美術館や図書館へ行ったり、隣のクマさんとおしゃべりしたり、近所のネコと仲良くお昼寝したり…。自分の将来のことなど、少々心配なことはあるけれど、心穏やかにキョウコの「れんげ荘」暮らしはつづく―
2017.1 187p B6 ¥1400 ①978-4-7584-1299-5

◆優しい言葉―パンとスープとネコ日和　群ようこ著　角川春樹事務所　（ハルキ文庫）
【要旨】心と身体に優しいサンドイッチとスープのお店を営むアキコの元に、腕白な兄弟猫がやってきた。「たい」と「ろん」と名づけられた彼らは食いしん坊で元気いっぱい。アキコと相棒のしまちゃんは、猫の毛が料理に入らないよう細心の注意を払っている。そんなある日、しまちゃんから、近所のうちの店に似たお店ができるらしい、という情報が…。心穏やかにドラマ化にも話題になった「パンとスープとネコ日和」シリーズ第三弾。のんびり幸せな風が吹いています。
2017.6 183p A6 ¥500 ①978-4-7584-4106-3

◆或る少女の死まで 他二篇　室生犀星作　岩波書店　（岩波文庫）　（第8刷　第1刷1952年））　改版
【要旨】繊細な感覚で日常の美を謳った大正詩壇の鬼才、室生犀星（1889-1962）の自伝的三部作。古都金沢で数奇な星の下に寺の子として育った主人公は、詩への思いやみがたく上京する。詩人志望の青年の鬱屈した日々を彩る少女との交流をみずみずしく描いた表題作の他、「幼年時代」「性に眼覚める頃」を収録。
2017.7 288p A6 ¥700 ①4-00-310661-X

◆遠い約束　室積光著　キノブックス
【要旨】戦争体験者、遺族を実際に訪ね歩くことでわかった、戦中日本の「現実」をベースに作られた物語。1945年、戦争が彼らの未来を奪った。友情と夢、そして深い後悔の念―。人気舞台が待望の書籍化。
2017.7 170p B6 ¥1400 ①978-4-908059-76-6

◆パンドラ　名生健人著　鳥影社
2017.8 101p B6 ¥1700 ①978-4-86265-628-5

◆虹の鳥　目取真俊著　影書房　新装版
【要旨】基地の島に連なる憎しみと暴力。それはいつか奴らに向かうだろう。その姿を目にできれば全てが変わるという幻の虹の鳥を求め、夜の森へ疾走する二人。鋭い鳥の声が今、オキナワの闇を引き裂く。
2017.5 220p B6 ¥1800 ①978-4-87714-471-5

◆眼の奥の森　目取真俊著　影書房　新装版
【要旨】米軍に占領された沖縄の小さな島で、事件は起こった。少年は独り復讐に立ち上がる―悲しみ・憎悪・羞恥・罪悪感―戦争で刻まれた記憶が、60年の時を超えて交錯する。魂を揺さぶる連作長篇。
2017.5 221p B6 ¥1800 ①978-4-87714-472-2

◆東京藝大物語　茂木健一郎著　講談社　（講談社文庫）
【要旨】全国から才能が集う東京藝術大学。しかし、アーティストとして名をなすのは十人に一人ともいう。感動すると鼻水が出るジャガー、鳩ばかり描くハト研、迸る情熱を制御できない杉ちゃん。何者かになろうとあがく彼らの悪戦苦闘、波瀾万丈の日々を、藝大教員として過ごす著者が万感の思いで描く青春小説！
2017.3 236p A6 ¥590 ①978-4-06-293609-5

◆水族館ガール　4　木宮条太郎著　実業之日本社　（実業之日本社文庫）
【要旨】水族館アクアパークの官民による共同事業化に向け作業を進めていた梶良平だが、大詰めの会議で計画は白紙撤回の危機!?―方、担当の吉崎に代わり急遽ペンギンの世話をすることになった嶋由香にも次々とトラブルが発生。動物たちの命をつなぐ飼育員の奮闘の先に奇跡は起きるのか。そして、なかなか進展しない梶と由香の恋にも変化が―？
2017.7 349p A6 ¥639 ①978-4-408-55369-6

◆生協のルイーダさん―あるバイトの物語　百舌涼一著　集英社　（集英社文庫）
【要旨】大学生の社本勇はとにかく優柔不断。電車のルートも学食のメニューも、何てことない二者択一にいちいち悩む。そんな勇に、美人生協職員のルイーダが紹介してくれるバイトはレアで怪しいものばかり。新薬の治験、下着モデル、借金の取り立てなど。ただ、勇はどれも失敗続き。そんなバイト生活が意外な展開に。勇が最後に選ぶのは!?笑いあり驚きありラストはスッキリのブラック"バイト"コメディ！
2017.9 254p A6 ¥540 ①978-4-08-745642-4

◆京都烏丸御池のお祓い本舗　望月麻衣著　双葉社　（双葉文庫）
【要旨】会社をリストラされた木崎朋美がレトロなBARで出会ったのは、ジョニー・デップさながらの弁護士・城之内商。之の内すーム。カラ、烏丸御池にある彼の事務所に勤めることになった朋美だが、来るのは"猫探し"や"ストーカー退治"など、奇妙な依頼ばかり。抜群にイイ男なのに、普段は残念な京男子・ジョー先生と、絶世の美少年高校生・海斗君に囲まれた事務所の本業は"お祓い"だった!?"不思議いっぱい"の街・京都を舞台にしたキャラクターノベル、新シリーズスタート！
2017.10 278p A6 ¥593 ①978-4-575-52042-2

◆小説ラヴァーズダイアリー　百瀬しのぶ著　PARCO出版
【要旨】千尋、28歳、書店員。大学2年からつきあっている春樹と最近、微妙。モテ期到来で30歳を前に思いは揺れる。春樹、28歳、設計事務所勤務。すこし鈍感でピュアな理系男子。趣味は、ロードバイク。好きなものは、プロレスとうどん。実在するふたりの365日「LOVERS' DIARY」から誕生した、わたしの、あなたの、恋愛小説。
2017.3 270p A6 ¥1250 ①978-4-86506-207-6

◆月山・鳥海山　森敦著　文藝春秋　（文春文庫）　新装版
【要旨】古来、死者の行く「あの世の山」とされた月山。「わたし」は「この世」と隔絶されたような、雪深い山間の破れ寺でひと冬を過ごす。そこには、現世とも幽界ともさだかならぬ村人

たちの不思議な世界が広がっていた。年を経るごとに名作との呼び声が高まる芥川賞受賞の表題作ほか、「天沼」「光陰」など6篇を収録。
2017.7 371p A6 ¥820 ①978-4-16-790885-0

◆偽装恋愛―ある痴人の告白　彩魚名家　彩流社
【要旨】純文学志望の著者による初の、妄想エロティック小説。男性・女性遍歴をおもしろ、おかしく纏めている。若き日の著者の思想遍歴の端緒のころも描かれ、怠惰と執着と挫折と希望が綯い交ぜに交錯する、青春の時代の彼方の追憶が見え隠れしている！
2017.8 289p B6 ¥3000 ①978-4-7791-2348-1

◆夏の旅人　森詠著　文芸社　（文芸社文庫）
【要旨】大正から昭和の日本と世界の動乱の時代に、自ら信じる理想の道を進んだ若者たちとは!?大正8年夏、北アルプス槍ヶ岳、将来の夢を語り合い、50年後にここで再会しようと誓った6人の若者がいた。それぞれ青雲の志を胸に秘めていた。大正八（1919）年夏から昭和二十（1945）年八月十五日にいたる26年の動乱の歴史を生きた若者たちの、魂の旅を描いた傑作、青春冒険小説!!
2017.6 536p A6 ¥980 ①978-4-286-18767-9

◆はるか青春―激動の昭和転換期（1968～72）極私的クロニクル　森詠著　文芸社　（文芸社文庫）
【要旨】書評新聞編集者の仕事についていた私は、いつか会社を飛び出しフリーのジャーナリストになる。会社はそれまでの修行の場だと勝手に思っていた。いつも現場を重視し、愛用のアサヒ・ペンタックスを携帯し、騒乱の現場に急行した。ベトナム戦争、大学闘争、成田三里塚闘争、70年安保闘争と、新米記者は喧噪のなかで見て、書いた!!60年後半から70年前半を活写した自伝的小説。
2017.5 354p A6 ¥760 ①978-4-286-18977-2

◆出会いなおし　森絵都著　文藝春秋
【要旨】年を重ねるということは、おなじ相手に、何度も、出会いなおすということ―。別れ、再会、また別れ―。人は会うたびに知らない顔を見せ、立体的になる。人生の特別な瞬間を凝縮した、名手による珠玉の六編。
2017.3 230p A6 ¥611 ①978-4-16-390620-1

◆終の日までの　森浩美著　双葉社　（双葉文庫）
【要旨】母が他界した五年後に、独り暮らしの父が亡くなった。納骨を済ませると子供たちは実家に集まり、ぽつりぽつりと両親の想い出話をする。遺品整理を始めたところ、父は意外なものを遺していた。そして初めて父の家族に対する想いを知るのであった（「月の庭」より）。大切な人の死や老いに直面したとき、生きている今、何をすべきか…。前向きに生きるその先には、救いの光が見えてくる。"人生の閉じ方"を描く「家族小説」第八弾！
2017.2 292p A6 ¥611 ①978-4-575-51968-6

◆夜を汐う　森昌文著　鳥影社
【要旨】滴るような秘めやかな言葉たち。また火炎のように迫りくる言葉の魔術。脱俗孤高の著者が心魂傾けた、稀にしか見られない五篇の作品集。幻想文学の極致。
2017.9 295p B6 ¥1500 ①978-4-86265-621-6

◆主婦病　森美樹著　新潮社　（新潮文庫）
【要旨】「たとえ専業主婦でも、いざという時のために最低百万円は隠し持っているべきでしょう」。新聞の悩み相談で目にした回答をきっかけに、美津子はある仕事を始める。朝九時三十分から三時まで、昼休憩を除いて六時間勤務。完全在宅勤務でノルマなし。R-18文学賞読者賞を受賞した「まばたきがスイッチ」をはじめ、生きる孤独と光を描きふる六編を収む。
2018.1 297p A6 ¥550 ①978-4-10-121191-6

◆道の向こうの道　森内俊雄著　新潮社
【要旨】一九五六年、大阪から上京し、早稲田大学露文科に入学。米川正夫ら教授陣、個性豊かな級友たち、コケティッシュな女学生、親戚のような大家夫妻や興味深い隣人の姿…。八十代を迎えた作家による自伝的連作集。
2017.12 249p B6 ¥2000 ①978-4-10-321605-6

◆明治一代女　お蔦、お梅、お吉の悲恋物語　森田成子著　（仙台）創栄出版、星雲社　発売
【目次】婦系図 お蔦、壬生に散った梅の花、開国の陰に散った唐人お吉
2017.12 179p B5 ¥1800 ①978-4-434-24091-1

◆焼け跡のハイヒール　盛田隆二著　祥伝社

現代の小説（純文学）

【要旨】戦争に翻弄されつつも、数奇な運命に導かれ、鮮やかに輝いた青春があった。東京大空襲からわずか三週間後の昭和二十年四月一日。上京した十四歳の美代子は、新宿の看護婦養成所に入った。「お国のために働きたい」と勉学に励む美代子だったが、激化する空襲に、現場はたちまち野戦病院と化していく。同じ頃、二十三歳の隆作は、通信兵として大陸を転戦していた。だが、壮絶な行軍の末、体調に異変を来してしまう…。
　　2017.10 300p B6 ¥1600 ①978-4-396-63530-5

◆春や春　森谷明子著　光文社　（光文社文庫）
【要旨】俳句の価値を主張して国語教師と対立した茜。島の東子に顔を向けてうち、その悔しさを晴らすため、俳句甲子園出場を目指すことに。人一倍、鋭い音感の持ち主の理香や、論理的な弁舌に長けた夏樹らの個性的な生徒が集う。そして、大会の日はやって来た。少女たちのひたむきな情熱と、十七音で多彩な表現を創り出す俳句の魅力に満ちた青春エンタテインメント！
　　2017.5 431p A6 ¥740 ①978-4-334-77468-4

◆南風（みなみ）吹く　森谷明子著　光文社
【要旨】小市航太は瀬戸内海に浮かぶ五木島の分校に通う高校三年生。球技部を引退した航太は、ひょんなことから俳句甲子園出場を目指す日向子のメンバー探しを手伝うことになる。メンバー五人が揃い、本格的に俳句甲子園出場を目指すため動き始めたある日、航太の祖母が倒れてしまい…。島で生まれ育った少年少女たちが俳句甲子園に新風を巻き起こす！
　　2017.7 358p B6 ¥1600 ①978-4-334-91177-5

◆メメント1993―34歳無職父さんの東大受験日記　両角長彦著　KADOKAWA
【要旨】34歳の子持ち男、柴田元。作家を目指すも全く芽が出ず、編集者である妻のヒモ同然。4歳の娘の面倒をみながら妻の帰りを待つ日々だった。そんな柴田は突然思い立つ。「おれは東大を目指すぞ」妻が突きつけた条件は、絶対に一年で合格すること。さもなくば実家に帰るという。34歳無職父さんの東大受験日記。
　　2017.9 254p A6 ¥1400 ①978-4-04-105954-8

〔や・ら・わ行の作家〕

◆ルビンの壺が割れた　宿野かほる著　新潮社
【要旨】
　　2017.8 156p B6 ¥1000 ①978-4-10-351161-8

◆フクシノヒト―こちら福祉課保護係　役所てつや原案、先崎綜一著　文芸社　（文芸社文庫NEO）（『フクシノヒト』修正・改題書）
【要旨】ごくフツーに大学を卒業し、ひたすら安定を求めて役所に就職した堺勇治。ところが、配属先は誰もが敬遠する福祉課保護係。病気や高齢、障害といった様々な境遇に苦しみ、時には亡くなっていく生活保護受給者の姿にショックを受ける。そして、社会が抱える矛盾と自分の無力さに苦悩する日々…。そんな堺を支えたのは個性豊かな保護係の先輩たちだった。がむしゃらに邁進する若者の成長を描いた"社会派コミカル青春小説"。
　　2017.3 259p A6 ¥560 ①978-4-286-18379-4

◆Aではない君と　薬丸岳著　講談社　（講談社文庫）
【要旨】あの晩、あの電話に出ていたら。同級生の殺人容疑で十四歳の息子・翼が逮捕された。親や弁護士の問いに口を閉ざす翼は事件の直前、父親に電話をかけていた。真相は語られないまま、親子は少年審判の日を迎えることに。少年犯罪に向き合ってきた著者の一つの到達点にして真摯な眼差しが胸を打つ吉川英治文学新人賞受賞作。
　　2017.7 460p A6 ¥780 ①978-4-06-293714-6

◆物語の山脈　八雲立哉著　東洋出版
【要旨】いくつもの物語を越えた先にはたして何が見えてくるのか。十四篇を縦走する、極上の小説集。
　　2017.7 708p A5 ¥3800 ①978-4-8096-7824-0

◆海の家のぶたぶた　矢崎存美著　光文社　（光文社文庫）
【要旨】町の海水浴場に、ひと夏限定、レトロな外観の海の家ができたという。かき氷が絶品で、店長は料理上手だが、普通の海の家とは様子が違っている。店先にピンクのぶたのぬいぐるみが「いる」のだ…？　そう、ここはおなじみ、ぶたぶたさんの海の家。一服すれば、子どもの頃の思い出がフッと蘇ってきて、暑さも吹き飛びますよ。心に染み入る、五篇を収録。
　　2017.7 230p A6 ¥480 ①978-4-334-77492-9

◆NNN（ねこねこネットワーク）からの使者―猫だけが知っている　矢崎存美著　角川春樹事務所　（ハルキ文庫）
【要旨】最近寂しさが身に染みる独身男藤本誓のもとに、やけに模様がくっきりとした三毛猫が現れるようになった。と同時に、会社からの帰り道、野良と思われる白猫が「お腹すいた」と猛アピールしてくるようで。食べ物を与えるようになった誓は、次第に猫が飼いたくなり、ペット可物件に入居してしまう。今日もミケさんたちは、猫好きな誰かのことをじっと見ている！？ページをめくるたび、あなたも猫の魅力のとりこになる、モフモフ猫小説誕生！
　　2017.10 221p A6 ¥560 ①978-4-7584-4125-4

◆ぶたぶたラジオ　矢崎存美著　光文社　（光文社文庫）
【要旨】東京のAMラジオ局で、朝の帯番組のパーソナリティを務める久世遼太郎は、木曜日の新しいゲストに、山崎ぶたぶたという人物（？）を迎えることになった。ぶたぶたの悩み相談コーナーは、一味違う答えがもらえると、とすぐ大人気。今日もラジオに耳を澄ませると、ぶたぶたの渋い声が聞こえてくる。それだけで、不思議と心が落ち着くんだな。胸に響く三編を収録。
　　2017.12 208p A6 ¥480 ①978-4-334-77569-8

◆消えてなくなっても　椰月美智子著　KADOKAWA　（角川文庫）
【要旨】あおのはある雑誌の新人編集者。幼少期に両親を亡くした彼は、ストレス性の病を患っていた。そんな彼が神体の世界のような山中の、どんな病気でも治してしまうという鍼灸治療院を取材に訪れる。そこには、不思議な力を持つ節子先生がいて…。運命がもたらす大きな悲しみを、人はどのように受け入れるのか。治療院で"呼ばれた"理由は何だったのか…多くの読者の涙を誘った"死生観"を問う魂の救済の物語。
　　2017.5 253p A6 ¥600 ①978-4-04-105602-8

◆伶也と　椰月美智子著　文藝春秋　（文春文庫）
【要旨】ふたりが迎えた衝撃の結末は最初のページで明かされる！―32歳の直子は初めて訪れたライブで「ゴライアス」のボーカル・伶也と出会う。持てるお金と時間を注ぎ込み、すべてをなげうち伶也を支える直子。失われていく若さ、変わりゆく家族や友人たちとの関係。恋愛を超えた究極の感情を描く問題作！
　　2017.12 303p A6 ¥700 ①978-4-16-790976-5

◆出張料亭おりおり堂―ふっくらアラ煮と婚活ゾンビ　安田依央著　中央公論新社　（中公文庫）
【要旨】三二歳独身、派遣社員。婚活も人生も迷走中の山田澄香は、骨董店「おりおり堂」のカフェスペースで口にした料理の味と、料理人・橘仁の男ぶりに心を奪われる。折しも仁が助手を募集すると知り、訪問先で料理を提供する「出張料亭」で働き始めたが、仁との距離は縮まらぬまま。派遣すぎるイケメン料理人の二人三脚やいやいや！『出張料理おりおり堂』改題。
　　2017.10 235p A6 ¥580 ①978-4-12-206473-7

◆出張料亭おりおり堂―ほろにが鮎と恋の刺客　安田依央著　中央公論新社　（中公文庫）
【要旨】見た目も腕も抜群の料理人・橘仁から、訪問先で料理を提供する「出張料亭」の助手に誘われた山田澄香。仕事も結婚もこれで安泰と働き始めたが、仁との距離は縮まらぬまま。そこへある日、可憐な娘が現れ仁の胸に飛び込んできた―！？ライバルの出現、そして澄香の知らない仁の過去。早くも波乱のおいしいラブコメ第2弾！
　　2017.12 253p A6 ¥580 ①978-4-12-206495-9

◆横浜元町コレクターズ・カフェ　柳瀬みちる著　KADOKAWA　（角川文庫）
【要旨】横浜元町。大学生の大崎結人は、ある店を探していた。幼い結人に、絵本作家になる夢を与えてくれたレストラン。けれど夢が叶う気配はなく、もし店がなくなっていたら、結人は夢を諦めると決めたのだ。思い出の場所にあったのは、色んな服の「コレクター」が集まる喫茶店。店長で美貌の青年・佳野が、年代物のテディベアの謎を鮮やかに解く姿を見た結人は…。色んなカフェで謎解きを。居場所が見つかるカフェ物語。
　　2017.3 222p A6 ¥520 ①978-4-04-105389-8

◆かわいい結婚　山内マリコ著　講談社　（講談社文庫）
【要旨】結婚して専業主婦となった29歳のひかりだが、家事能力はゼロ。こんな嫌な女一生続くだなんて…これがゴールなら、わたしは誰とも恋なんかしない！「かわいい結婚」。いまどき女子の本音をおしゃれに鋭く描いて大人気の著者が、結婚生活の夢とリアルをコミカル＆ブラックに描く、3つの短編集。
　　2017.6 223p A6 ¥590 ①978-4-06-293673-6

◆さみしくなったら名前を呼んで　山内マリコ著　幻冬舎　（幻冬舎文庫）
【要旨】さみしいとか悲しいとか切ないとか、そんなのを感じる心のひだが、全部なくなればいいのに―。ブスと呼ばれ続けた女、年上男に翻弄される女子高生、未来を夢見て踊り続ける14歳、田舎に帰省して親友と再会した女。「何者でもない」ことに憤慨しながらも、「何者にもなれる」と思って、ひたむきにあがき続ける女性を描いた、胸が締め付けられる短編集。
　　2017.2 229p A6 ¥540 ①978-4-344-42577-4

◆東京23話　山内マリコ著　ポプラ社　（ポプラ文庫）
【要旨】生真面目な千代田区が思い出すビートルズが皇居を歩いた日のこと、洒落者の港区が語る魅力的な若者たち、文学を愛する杉並区が明かすある女性との出会い―23区23様のドラマチックなストーリーが踊りだす。今すぐ東京を歩きたくなる、ユーモアと機知に溢れた傑作小説集。
　　2017.10 270p A6 ¥680 ①978-4-591-15636-0

◆パリ行ったことないの　山内マリコ著　集英社　（集英社文庫）
【要旨】女性たちの憧れの街「パリ」。ずっとパリに行くことを夢見ていながら、臆病すぎて一度も海外に行ったことのなかったあゆこ。35歳になった彼女はある映画に感化され、ついに渡航の決意をかためる。年齢も境遇もさまざまな10人の女性たちが、パリへの想いを通して結び付き、やがて思わぬところで邂逅することに。11の掌編が花束のように束ねられ、特別な旅へ導かれる、大人のおとぎ話。
　　2017.4 180p A6 ¥460 ①978-4-08-745570-0

◆メガネと放蕩娘　山内マリコ著　文藝春秋
【要旨】著者が地元、富山の商店街を徹底取材。なぜ商店街はシャッター通りと化していくのか、止めるためにどんなことができるのか。真摯に向き合って描いた、渾身の社会派エンタメ！街を愛するキーパーソンは、ボンクラ・バカ者・若者が姉妹の元に集結し、ついに動き出す…！
　　2017.11 250p B6 ¥1500 ①978-4-16-390750-5

◆春の華客／旅恋い―山川方夫名作選　山川方夫著　講談社　（講談社文芸文庫）
【要旨】急激に変貌していく戦後日本を背景に新しい感性による現代文学の興隆を牽引し、短い作家活動のうちに数多くの鮮烈な作品を残した山川方夫。その早熟ぶりが同世代の仲間を震撼させた学生時代の作品から、時代を先取りしたモチーフや研ぎ澄まされた文体によってジャンルの枠を超えた才能を開花させた後期作品まで、不慮の事故による早逝が惜しまれる著者の多彩な魅力が凝縮された傑作選。
　　2017.5 395p A6 ¥1700 ①978-4-06-290346-2

◆愛は味噌汁―食堂のおばちゃん 3　山口恵以子著　角川春樹事務所　（ハルキ文庫）
【要旨】オムレツ、エビフライ、豚汁、ぶり大根、麻婆トマト、鯛茶漬け、ゴーヤチャンプル―…昼は定食屋で夜は居酒屋。姑の一子と嫁の二三が仲良く営んでおり、そこにアルバイトの万里が加わってきて、店の財布にも優しい例の「はじめ食堂」は常連客の笑い声が絶えない。新しいお客の後藤がカラオケバトルで優勝したり、常連客の後藤が騒動が持ち上がったり、子たちはバスの夜の観光ツアーに出かけたり…「はじめ食堂」は、賑やかにお客さんたちを迎えてくれる。文庫オリジナル。
　　2018.1 234p A6 ¥600 ①978-4-7584-4143-8

◆恋するハンバーグ―食堂のおばちゃん 2　山口恵以子著　角川春樹事務所　（ハルキ文庫）
【要旨】ほっとする美味しさと人の温もり。下町の小さな洋食屋物語。
　　2017 292p A6 ¥640 ①978-4-7584-4094-3

◆毒母ですが、なにか　山口恵以子著　新潮社
【要旨】16歳で両親を亡くしたりつ子は、逆境と屈辱を闘争心に変え、次々と目標を実現してきた。東大合格、名家御曹司との結婚、双子誕生。それでも婚家で蔑まれる彼女が次なる目標に定めたのは子どもたちへの最高の教育を与えること。名門お受験塾で闘志を刺激され、わが子の超難

関校合格を夢見てひとり暴走しはじめた彼女を待つ皮肉な運命とは―。幸せを求めて猛進する女のブラックコメディ。
2017.10 296p B6 ¥1500 ⓘ978-4-10-351251-6

◆犬から聞いた素敵な話―喜びのかけ算、悲しみのわり算　山口花著　東邦出版
【要旨】中学生から楽しめる笑顔と感涙、感動の美しい短編全14話。
2017.4 283p B6 ¥1389 ⓘ978-4-8094-1472-5

◆江分利満氏の優雅で華麗な生活―"江分利満氏"ベストセレクション　山口瞳著　小学館（P+D BOOKS）
【要旨】あの"昭和サラリーマン"を描いたベストセラーがいま甦る！ 昭和三十年代―ときは正に高度成長期！ まだまだ貧しいけれど夢いっぱいになっていくサラリーマンの悲喜こもごもを描いた山口瞳の出世作『江分利満氏の優雅な生活』『江分利満氏の華麗な生活』のベストセレクションを再編した。『江分利満氏の優雅な生活』は第48回直木賞を受賞。特別に長男・正介氏の解説も収録。
2017.3 317p B6 ¥550 ⓘ978-4-09-352297-7

◆ギッちょん　山下澄人著　文藝春秋（文春文庫）
【要旨】四十歳を過ぎた「わたし」の目の前を去来する、幼なじみの「ギッちょん」の姿ー子供みたいにさみしく、無垢な文章。そこには別の時間が流れ、ページを繰るたびに新たな世界が立ち上がる―鮮烈なスタイルで現れた芥川賞作家・山下澄人の、芥川賞候補作「ギッちょん」「コルバトントリ」を含む初期傑作集。
2017.4 360p A6 ¥810 ⓘ978-4-16-790829-4

◆砂漠ダンス　山下澄人著　河出書房新社（河出文庫）
【要旨】「砂漠へ行きたいと考えたのはテレビで砂漠の様子を見たからだ」―北国に住むわたしが飛行機に乗って到着した街は、アメリカの古くからのカジノの街。レンタカーを借りて向かった砂漠で、わたしは、子どもの頃のわたしに、既に死んだはずの父と母に、そして、砂漠行きを誰えずにいた地元のバーで働く女に出会う…。小説の自由を解き放つ表題作に、単行本未収録を含む短篇三作を併録。
2017.3 191p A6 ¥640 ⓘ978-4-309-41523-9

◆鳥の会議　山下澄人著　河出書房新社（河出文庫）
【要旨】ぼくと神永、三上、長田はいつも一緒だ。ぼくがまさしにどつかれて左目を腫らしたと知って、神永たちは仕返しに行こうと言い、ぼくらは、教師や先輩からの理不尽には暴力で反抗する毎日。ある朝、酔った親父の乱暴にカッとなった神永は、台所に二本あった包丁を握る。「お前にやられるなら本望や」そう言い放つ親父を、神永は刺すのだが…。痛みと苦味のなかで輝く少年たちの群像。
2017.3 200p A6 ¥640 ⓘ978-4-309-41522-2

◆ゆっくりと前え　山下孝幸著　パブリック・ブレイン
【要旨】オリンピックパラリンピックに想いを抱きマラソンに挑む少女たちの物語。
2017.9 150p B6 ¥1200 ⓘ978-4-434-23652-5

◆ドバラダ門　山下洋輔著　朝日新聞出版（朝日文庫）
【要旨】「明治の五大監獄」を造ったおれのじいさん、山下啓次郎。そこから始まるルーツ探しは、幕末明治の薩摩魂しゃばどび大騒ぎ。ローヤも造れば国も造る、時空を超えた大人セッション、轟くは三十一億五千三百六十万秒の露霹！ ―一文豪をも席巻した超絶小説。幕末明治のヒーロー全員集結！ 西郷が叩き、大久保が弾き、川路が吹きまくる怒涛のセッション、明治国家はこうして生まれた。超ド級展開、伝説の傑作小説が奇跡の復活。
2017.12 578p A6 ¥960 ⓘ978-4-02-264869-3

◆きっと誰かが祈ってる　山田宗樹著　幻冬舎
【要旨】親の病気や生活苦、失踪、虐待や育児放棄など様々な理由で親と暮らせないゼロ歳から二歳までの子どもたちが生活する乳児院・双葉ハウス。ここでは、赤ちゃん一人ひとりの担当療育者を決めている。赤ちゃんに絶対的な安心を与える「特別な大人」を"マザー"と呼び、赤ちゃんとマザーは擬似的な親子関係を築いていく。しかし、赤ちゃんが二歳を過ぎる前にその親子関係は終わることに―子が心も傷つく前に。双葉ハウスに勤める島本温子は、保育士歴十二年。最初に担当し

た多喜が不幸になっているのではと思った温子はある行動に出る…。乳児院で奮闘する保育士を描く、あふれる愛の物語。
2017.9 228p B6 ¥1400 ⓘ978-4-344-03176-0

◆93番目のキミ　山田悠介著　河出書房新社（河出文庫）
【要旨】心を持つ「スマートロボット2」が発売された。遊び暮らしていた大学生の也太は、しっかり者のスマロボ「シロ」を使って想いを寄せる都奈の気を引こうとする。ところが都奈の弟・和穀が事件に巻き込まれ、也太の中で何かが変わり始めた。二人は絶望する姉弟を救えるのか。機械の心がみんなの気持ちを変えていく物語。
2017.8 350p A6 ¥600 ⓘ978-4-309-41542-0

◆僕はロボットごしの君に恋をする　山田悠介著　河出書房新社
【要旨】二〇六〇年、三度目のオリンピック開催が迫る東京で、人型ロボットを使った国家的極秘プロジェクトが進んでいた。プロジェクトメンバーの健は、幼なじみの陽一郎、そして彼の妹の咲に助けられながら奮闘する。ところが、咲の勤務先にテロ予告が届き事態は急変する。目的を達するため、はてしなく暴走する研究者の狂気。はたして健は、テロを防ぎ、想いを寄せる咲を守れるのか？ そしてラストに待ち受ける衝撃と、涙の結末は？ 男の打った最後の一手が、開けてはいけない扉を開ける！
2017.10 252p B6 ¥1400 ⓘ978-4-309-02610-7

◆叛骨（ごじゃもん）―最後の極道・竹中武　山平重樹著　徳間書店
【要旨】山口組が倒せなかった、ただ一人の侠。竹中武の生き様と知られざる素顔に迫る。「週刊アサヒ芸能」の大人気連載、待望の書籍化！
2017.4 285p B6 ¥1800 ⓘ978-4-19-864397-3

◆小説 その男誠実 懸命につき、（小阪）パレード、星雲社 発売　山村章著
【要旨】反骨・挫折・独立・逆買収―そして飛躍。磁性流体応用商品のトップメーカー、フェローテックグループの創業社長・山村章。グローバル・カンパニーの夢を追い続ける波瀾万丈の半生を小説化。
2017.12 342p A5 ¥1800 ⓘ978-4-434-24026-3

◆サンライズ・サンセット　山本一力著　双葉社
【要旨】著者が肌で感じた街の匂い、住民の息づかい。舞台は江戸から現代ニューヨークへ。変わらぬ人々の営みが、滋味深く心に沁みる短編集。
2017.1 260p B6 ¥1500 ⓘ978-4-575-24013-9

◆阪堺電車177号の追憶　山本巧次著　早川書房（ハヤカワ文庫JA）
【要旨】大阪南部を走る路面電車、通称・阪堺電車。なかでも現役最古のモ161形177号は、大阪の街を85年間見つめつづけてきた―戦時下に運転士と乗客として出会ったふたりの女性の数奇な運命、バブル期に地上げ屋からたこ焼き店を守るくせ分開するキャバクラ嬢たち、撮り鉄の大学生vsパパラッチvs第三の男の奇妙な対決…昭和8年から平成29年の現代まで、阪堺電車で働く人々、沿線住人が遭遇した事件を鮮やかに描く連作短篇集。
2017.9 292p A6 ¥640 ⓘ978-4-15-031296-1

◆ひなた弁当　山本甲士著　小学館（小学館文庫）
【要旨】人員削減を行うことになった勤務先で、五十歳目前の芦溝真郎は、上司に肩叩きを受け入れる。紹介先の人材派遣会社では名前を登録されただけで、きつい仕事ばかりを紹介され長続きしない。家族からは仕事をしているしにしてくれと言われ、スーツ姿で朝から出ていく。やがて心の病を自ら疑うようになった頃、以前の派遣社員の新たな姿に励まされ、公園で見かけたのがドングリだった。そこの思いつきが、良朗の運命を大きく変えていく。気がつけば誰もやれなかった、本人も気づかなかった潜在能力を発揮し始め、逞しく変貌していく主人公を描いた感動の長編小説！
2017.2 317p A6 ¥620 ⓘ978-4-09-406331-8

◆ノスタルジア物語　山本福敏著　幻冬舎メディアコンサルティング，幻冬舎 発売
2017.9 424p B6 ¥1800 ⓘ978-4-344-97362-6

◆神様の名前探し　山本風碧著　双葉社（双葉文庫）
【要旨】高校生の立花薫は、清掃ボランティアで行った廃屋の裏庭にある小さな社を、誤って壊してしまう。直後、銀色の目をした美青年が現れ、その場にいた薫の幼馴染み、二ノ宮瑛太に

憑依した。壊れた社に住んでいたという"神様"は、「自分の祭神がわからないと天界に戻れない」と言う。寝ている間に現れては、瑛太のお小遣いを盗み "神様" に困り果てる瑛太と薫は、"神様" の名前を探すために、全国の神社を旅することになった!? 読めば心がほんわかする、絶品キャラクターノベル！
2017.10 249p A6 ¥574 ⓘ978-4-575-52044-6

◆芸者でGO！　山本幸久著　実業之日本社（実業之日本社文庫）
【要旨】東京八王子の置屋「夢民」の新人芸者・弐々（杉浦晴子）は元女子高生。大学受験に失敗し、恋人とも別れてなぜか芸者の道へ。「夢民」には他にも丸の内OL、元キャバクラ嬢、元看護師のシングルマザー、そして元女子プロレスラーなど個性的な面々ばかり。彼女たちは人生の逆境を乗り越え最高の芸を見せることができるのか。そして恋の行方は…!?
2017.6 369p A6 ¥740 ⓘ978-4-408-55367-2

◆ジンリキシャングリラ　山本幸久著　PHP研究所（PHP文芸文庫）
【要旨】"北陸の小江戸"と呼ばれる町で、父と二人暮らしの高校一年生の雄大は、イケメンなのに女子が苦手でちょっぴり喧嘩っ早い。入学早々、先輩と衝突して野球部を追われるが、可愛い先輩に誘われるまま人力車部へ入ることに。そこには、人気者だがモテない部長、男前な女性車夫、サボりの天才等、個性溢れる仲間がいて…。青春の煌めきと甘ずっぱさを描いた感動の物語。書き下ろし短篇「浅間くんのお父さん」を収録。
2017.3 422p A6 ¥780 ⓘ978-4-569-76683-6

◆店長がいっぱい　山本幸久著　光文社（光文社文庫）
【要旨】ここは友々家。国内外に総数百二十七店舗を展開する他人丼のチェーン店だ。ひと癖ある社長と創業者会長の元、左遷組、転職組、離婚した主婦、家出青年等、いろんな店長たちが奮闘中。不満は山ほど、疲れも溜まりトラブル多発。でも店長たちは今日も明日も、誰かのために店を開けています。さあ、いらっしゃい。超絶技巧のトロトロ卵で、きっと元気になれるかも。
2017.10 379p A6 ¥760 ⓘ978-4-334-77538-4

◆スタンド・バイ・ミー　山本洋著（鎌倉）冬花社
【要旨】日常に鬼神が参上しジョン・レノンが鉱石ラジオから流れ出る女は風景から歩み出しコウモリは夕暮れを舞う。気鋭が展開する作品集。読んでほしい。
2017.3 251p B6 ¥1500 ⓘ978-4-908004-16-2

◆永遠という名の花　山本蓮著　幻冬舎
【要旨】MC CHÉRIE 話題のWebムービー原作、恋する魔法の写真小説集！
2017.5 115p B6 ¥1200 ⓘ978-4-344-03114-2

◆エーゲ海に強がりな月が　楊逸著　潮出版社
【要旨】現代に生きる女性を主人公に、恋愛の悩みや幸せのあり方を、等身大に描く！ 芥川賞作家による初の本格的恋愛小説!!
2017.6 301p B6 ¥1600 ⓘ978-4-267-02084-1

◆逢魔　唯川恵著　新潮社（新潮文庫）
【要旨】抱かれたい。触れられたい。早くあなたに私を満たして欲しい―。身分の違いで仲を裂かれ、命を落としたはずの恋が、蕩けるほどに甘く激しい交わり。殿様の側室と女中が密かにかわす慰め合う、快楽と恍惚の果て。淫らな欲望と嫉妬に悶え、魔性の者と化した高貴な女の告白。牡丹燈籠、雨月物語、四谷怪談、源氏物語…古の物語に濃厚なエロティシズムを注ぎ描き出した、八つの愛欲の地獄。
2017.6 323p A6 ¥550 ⓘ978-4-10-133438-7

◆淳子のてっぺん　唯川恵著　幻冬舎
【要旨】2016年10月に逝去した登山家・田部井淳子。男女差別が色濃い時代、女性として世界で初めてエベレスト登頂に成功した彼女は、どのように生き、どのように山に魅入られたのか―その物語を完全小説化。山を愛し、家族を思い、人生を慈しんだ淳子が、その"てっぺん"に至るまでの、辛く苦しくも、喜びと輝きに満ちた日々。すべての女性の背中を優しく押してくれる、感動長篇！
2017.9 435p B6 ¥1700 ⓘ978-4-344-03168-5

◆飼う人　柳美里著　文藝春秋
【要旨】さまざまな生き物を飼いながら、人間たちはなぜ生きるのか？ この世界のリアルを描く、戦慄の連作小説集！
2017.12 358p B6 ¥1700 ⓘ978-4-16-390770-3

現代の小説（純文学）

◆JR上野駅公園口　柳美里著　河出書房新社（河出文庫）
【要旨】一九三三年、私は「天皇」と同じ日に生まれた─東京オリンピックの前年、男は出稼ぎのために上野駅に降り立った。そして男は彷徨い続ける、生者と死者が共存するこの国を。高度経済成長期の中、その血縁ともいえる「上野」を舞台に、福島県相馬郡（現・南相馬市）出身の一人の男の生涯を通じて描かれる死者への祈り、そして生の光と闇……。「帰る場所を失くしてしまったすべての人たち」へ柳美里が贈る傑作小説。
2017.2 181p A6 ¥600 ①978-4-309-41508-6

◆花葬　悠木シュン著　小学館
【要旨】事故でこの世を去った美術教師は、ひとりの女性の絵を残していた─。姉の自殺の真相を訊くために、美術教師で義兄のアトリエに通う栞。学費を捻出するために、JK産業に手を出してしまった愛。小学生の頃にいじめていた幼馴染もれ、思わぬ所で再会した恵。愛する人の近くにいられる場所を、ひたすら探し求める誓。大切なものをすべてなくし、生きる意味を見いだせなくなった千。叶わない恋、追い続けた夢、崩れ去る覚悟……儚くて切なくて残酷だけど胸に響く、五人の男女の青春の日々。
2017.4 293p B6 ¥1400 ①978-4-09-386466-4

◆僕らだって扉くらい開けられる　行成薫著　集英社
【目次】テレキネシスの使い方、パラライザー金田、パイロキネシスはピッツァを焼けるか、ドキドキ・サイコメトリー、目は口ほどにものを言う、僕らだって扉くらい開けられる
2017.11 289p B6 ¥1600 ①978-4-08-771126-4

◆さらさら流る　柚木麻子著　双葉社
【要旨】あの人の内部には、淀んだ流れがあった─。28歳の井出董は、かつて恋人に撮影を許したヌード写真が、ネットにアップされていることを偶然発見する。その恋人、垂井光成は董の家族や仲間の前では見せない、どこか不安定な危うさを秘めており、ついていけなくなった董から別れを告げた。しかし半年も経たずに問題の写真が出回るのか。苦しみの中、董は光時との付き合いを思い起こす。初めて意識したのは、二人して渋谷から暗楽を辿って帰った夜だった。董の懊悩や不安をすくいとりながら、逆境に立ち向かうしなやかな姿に眼差しを注ぐ、清々しい余韻の会心作。
2017.8 284p B6 ¥1400 ①978-4-575-24052-8

◆3時のアッコちゃん　柚木麻子著　双葉社（双葉文庫）
【要旨】澤田三智子は高潮物産の契約社員。現在はシャンパンのキャンペーン企画チームに所属しているが、会議が停滞していてうまくいかない。そこに現れたのが黒川敦子女史、懐かしのアッコさんだった。会議にアフタヌーンティーを用意して三智子の会社に五日間通うと言い出した。不安に思う三智子だったが…!?表題作はじめ、全4編を収録。読めば元気になるビタミン小説、シリーズ第二弾！
2017.10 200p A6 ¥537 ①978-4-575-52037-8

◆その手をにぎりたい　柚木麻子著　小学館（小学館文庫）
【要旨】八十年代。都内で働いていた青子は、二十五歳で会社を辞めて、栃木の実家へ帰る決意をする。その日、彼女は送別会をかね、上司に連れられて銀座の高級鮨店のカウンターに座っていた。彼女は、その出来事に衝撃を受けた。そこでは、職人が握った鮨を掌から貰い受けて食べるのだ。青子は、このお店に自分が稼いだお金で通い続けたい、と一念発起する。そして東京に残ることを決めた。田舎の職人、一ノ瀬への想いも抱きながら、転職先を不動産会社に決めた青子だったが、到来したバブルの時代の波に翻弄されていく。
2017.3 253p A6 ¥570 ①978-4-09-406399-8

◆BUTTER　柚木麻子著　新潮社
【要旨】結婚詐欺の末、男性3人を殺害したとされる容疑者・梶井真奈子。世間を騒がせたのは、彼女の決して若くも美しくもない容姿と、女性としての自信に満ち溢れた言動だった。週刊誌で働く30代の女性記者・里佳は、親友の伶子からのアドバイスでカジマナとの面会を取り付ける。だが、取材を重ねるうち、欲望と快楽に忠実な彼女の言動に、翻弄されるようになっていく。読み進むほどに濃厚な、圧倒的長編小説。
2017.4 460p B6 ¥1600 ①978-4-10-335532-8

◆夢Q夢魔物語─夢野久作怪異小品集　夢野久作者,東雅夫編　平凡社（平凡社ライブラリー）
【要旨】不安や恐怖を伴いつつも、夢を見ている自分を見るような、そんな感覚─。まるで無垢なものに恐れをなし、ある時は他人事のような冷たさすら感じさせる、自己喪失感に満ちた眩惑のアンソロジー。奇書中の奇書『ドグラ・マグラ』の著者として知られる夢野久作の魅力が、編者の手によって新たに生み出されようとしている。いざ、誰も知らない"魔""魅""夢""冥""妄"の夢Qワールドへ！文豪怪異小品シリーズ、第六弾。
2017.7 390p A6 ¥1500 ①978-4-582-76857-2

◆夜の木の下で　湯本香樹実著　新潮社（新潮文庫）
【要旨】また会おうよ。実現しないとわかっていても、言わずにはいられなかった─。病弱な双子の弟と分かち合った唯一の秘密。二人の少女が燃える炎を眺めながら話した将来の夢。いじめられっ子からのケットウジョウを受け取った柔道部員が主人公の小説。出てくる本のなかに、子どもの頃の自分が蘇る、奇跡のような読書体験。過ぎ去ってしまった時間をあざやかに瑞々しく描く、珠玉の作品集。
2017.11 209p A6 ¥460 ①978-4-10-131514-0

◆小説 ミラーさん─みんなの日本語初級シリーズ　横山悠太著　スリーエーネットワーク
【要旨】日本語の教科書『みんなの日本語』（スリーエーネットワーク）の登場人物の一人、マイク・ミラーさんが主人公の小説。出てくる単語や文法は、ほとんど『みんなの日本語 初級1・2』で習うもの。『みんなの日本語』の会話や例文、練習、問題なども内容に反映されています。
2017.7 147p 21×13cm ¥1000 ①978-4-88319-755-2

◆ずっと名古屋　吉川トリコ著　ポプラ社（ポプラ文庫）
【要旨】ナゴヤドームで再会する父と娘、SKE48に憧れてストリートで踊る少女、運転免許試験会場でサンタクロースと出会った少女、実直な店員の一日─名古屋にある16の区を舞台に悲喜こもごものドラマを描く『名古屋16話』、東海・中部の都市が舞台の『8の旅』を収録した短編集。
2017.8 315p A6 ¥720 ①978-4-591-15568-4

◆ミドリのミ　吉川トリコ著　講談社（講談社文庫）
【要旨】重田ミドリは小学3年生の女の子。一緒に暮らすのは父親の広とその恋人、源三である。母親の貴美子は広の心境の変化についていけず、離婚話もあまり進まない。だが、進まない理由はそれだけではなく─。それぞれの理想の"かたち"を追い求め、もがくミドリたち。彼女たちに訪れるのは一体どんな結末なのか。
2017.6 317p A6 ¥680 ①978-4-06-293692-7

◆先生の夢十夜　芳川泰久著　河出書房新社
【要旨】夢枕に立ったのは、なんとあの漱石先生だった。夫を捨て、代助に走った『それから』のヒロイン三千代の"それから"は？　道ならぬ恋の続きに迫る、漱石三部作・完結篇！
2017.2 227p B6 ¥1500 ①978-4-309-02535-3

◆台所のラジオ　吉田篤弘著　角川春樹事務所（ハルキ文庫）
【要旨】それなりの時間を過ごしてくると、人生には妙なことが起きてくる。昔ながらのミルク・コーヒー、江戸の宵闇でいただくきつねうどん、思い出のビフテキ、静かな夜のお茶漬け。いつのまにか消えてしまったものと、今もずっとそこにあるものをつなぐ、美味しい記憶。台所のラジオから聴こえてくる声に耳を傾ける、十二人の物語。滋味深くやさしい温もりを灯す短篇集。
2017.8 317p A6 ¥740 ①978-4-7584-4114-8

◆遠くの街に犬の吠える　吉田篤弘著　筑摩書房
【要旨】消えゆく音と忘れられた言葉。それらを愛し見失った人たちのささやかな冒険譚─。
2017.5 236p A6 ¥1700 ①978-4-480-80471-6

◆モナ・リザの背中　吉田篤弘著　中央公論新社（中公文庫）
【要旨】ある日、美術館に出かけた曇天先生。ダ・ヴィンチの『受胎告知』の前に立つや画面右隅の暗がりへ引き込まれ、以来、絵の中に入り込み冒険を繰り返す。絵の奥では「見えなかった背中」も「曖昧だった背景」も…！はたしてこれは一体？文庫あとがきとして著者の"打ち明け話"付き！
2017.1 397p A6 ¥740 ①978-4-12-206350-1

◆キッチン・ミクリヤの魔法の料理 2 決断のナポリタン　吉田安寿著　双葉社（双葉文庫）
【要旨】幼馴染の御厨陽一が経営する「キッチン・ミクリヤ」で、正社員として働き始めた桜木まどか。ドSな天才シェフ・百瀬克哉にいじられながらも、お客様に「魔法のように人を幸せにする料理」を届けていたある日、金髪の白人男性が店を訪れる。男性は、どうやら克哉に興味があるご様子。克哉のほうも、普段通り仕事をしながらもどこか落ち着かない。数日後、白人男性と克哉がレストランで会っている場面に、まどかは遭遇する…。エブリスタ発、大人気キャラクター小説第二弾！
2017.2 286p A6 ¥583 ①978-4-575-51972-3

◆森は知っている　吉田修一著　幻冬舎（幻冬舎文庫）
【要旨】南の島で知子ばあさんと暮らす十七歳の鷹野一太。体育祭に興じ、初恋に胸を高鳴らせるような普通の高校生活だが、その裏では某課報機関の過酷な訓練を受けている。ある日、同じ境遇の親友・柳が一通の手紙を残して姿を消した。逃亡、裏切り、それとも─!?その行方を案じながらも、一太は訓練の最終テストとなる初ミッションに挑むが…。
2017.8 373p A6 ¥650 ①978-4-344-42643-6

◆まひるまの星─紅雲町珈琲屋こよみ　吉永南央著　文藝春秋
【要旨】コーヒー陶と和食器の店「小蔵屋」の敷地に、山車蔵を移転する話が持ち上がった。祭りの音が響く真夏の紅雲町で、草は町全体に関わるある重大な事実に気づく─日常の奥に覗く闇にドキリとする、人気シリーズ第5弾。
2017.1 237p B6 ¥1500 ①978-4-16-390590-7

◆空色バウムクーヘン　吉野万理子著　徳間書店（徳間文庫）
【要旨】鏡池若葉の夢はお笑い芸人になること！高校入学初日の運命の相方・大月弥生に出会い、心が震え早速声をかけるが、相方が入部したのはウエイトリフティング部。弥生の気を引こうと渋々入部する若葉だったが、一キロ一キロ、重さをかさねていく中で、深まる弥生と仲間との友情に若葉の心が奪われていく。ウエイトリフティングに高校生活をかけた少女たちの爽快青春小説。
2017.9 365p A6 ¥670 ①978-4-19-894262-5

◆二子玉川物語─バー・リバーサイド 2　吉村喜彦著　角川春樹事務所（ハルキ文庫）
【要旨】二子玉川にある大人の隠れ家「バー・リバーサイド」。大きな窓からは夕映えゆゆったり流れる多摩川が見える。シードル造りに励む女性、大阪生まれの江戸前寿司職人、電車の女性運転士など、マスターの川原とバーテンダーの琉平が温かくお客を迎える。アイラ・モルトの流氷ロック、キンキンに冷えたモヒート、サクランボのビール、燻製のチーズと穴子、ピンチョス、ジャーマンポテト…美酒美味があなたをお待ちしています。「海からの風」「星あかりのりんご」「空はさくら色」など五篇収録。
2017.10 214p A6 ¥540 ①978-4-7584-4126-1

◆回遊人　吉村萬壱著　徳間書店
【要旨】妻も、妻の友人も。過去へ跳び、人生を選べ。何度も。平凡な暮らしとはいえ、幸せな家庭を築いてきた男。しかし、妻子とのやり取りに行き詰まりを感じて家出してしまう。たどり着いたドヤ街で小さな白い錠剤を見つけた男は、遺書を書き、それを飲む。ネタになるならよし。よしんば死んでも構わない。目覚めるとそこは10年前、結婚前の世界だった。人生を選べ幸せを、男は噛み締めていたのだが…。芥川賞、島清恋愛文学賞作家と旅する永遠なる10年。書き下ろし長篇。
2017.9 222p A6 ¥1700 ①978-4-19-864472-7

◆ボラード病　吉村萬壱著　文藝春秋（文春文庫）
【要旨】B県海塚市は、過去の災厄から蘇りつつある復興の町。皆が心を一つに強く結び合って「海塚讃歌」を歌い、新鮮な地元の魚や野菜を食べ、港の清掃活動に励み、同級生が次々と死んでいく─。集団心理の歪み、蔓延る同調圧力の不穏さを、少女の回想でつづり、読む者を震撼させたディストピア小説の傑作。
2017.2 189p A6 ¥520 ①978-4-16-790789-1

◆サーカスナイト　よしもとばなな著　幻冬舎（幻冬舎文庫）
【要旨】バリで精霊の存在を感じながら育ち、物の記憶を読み取る能力を持つさやかのもとに、ある日奇妙な手紙が届いた。「庭を掘らせていただ

歴史・時代小説（戦記）

けないでしょうか」。それは左手が動かなくなった悲惨な記憶をよみがえらせ…。愛娘の世話や義母との交流、バリ再訪により、さやかの心と体は次第に癒えていく。自然の力とバリの魅力に満ちた心あたたまる物語。
2017.8 389p A6 ¥650 ①978-4-344-42644-3

◆鳥たち　よしもとばなな著　集英社（集英社文庫）
【要旨】それぞれの母親を自殺で失った大学生のまことパン職人の嵯峨。まことは日々、喪失感に怯えては嵯峨の声を欲しがり、そんなまことを嵯峨は、見守っている。お互いにしか癒せない傷を抱えた二人。少しずつ一歩ずつ、捕らわれていた過去から解き放たれ、未来へと飛び立っていく。大人になる直前の恋と、魂の救済の物語。
2017.11 202p A6 ¥480 ①978-4-08-745658-5

◆花のベッドでひるねして　よしもとばなな著　幻冬舎（幻冬舎文庫）
【要旨】海辺で拾われた捨て子の幹は、血の繋がらない家族に愛されて育った。祖父が残したB&Bで忙しく働きながら幸せに過ごしていたが、廃墟のビルに明かりが点いてから不穏な出来事が起こり始める。両親の交通事故、夢に出る気味の悪いうさぎ、玄関前に置かれる小石…。歪んだ世界に、小さな村の平凡な営みが正してゆく。希望が芽吹く傑作長編。
2017.4 187p A6 ¥460 ①978-4-344-42603-0

◆楽園　夜釣十六夜　筑摩書房
【要旨】「引き継いでもらいたいものがある」―会ったこともない「祖父」から届いた一通の葉書。パチンコで稼ぎを食いつぶす警備員の圭太が遺産にもらえようと出かいた先は、しかし、遠い昔に忘れ去られた廃鉱の窪地だった。コウモリのスープを食べ、南洋の花々に異常な愛情を注ぐ奇妙な老人に強いられて始まった共同生活。圭太の運命はいったいどこに向かうのか―。第32回太宰治賞受賞のデビュー作。
2017.4 149p B6 ¥1200 ①978-4-480-80466-2

◆ハートは世界の共通語　リュウテンカ著　東洋社
【要旨】現代版聖書。ある日突然作者の体の中に強い気が入り込み、一気に書きあげた物語。
2017.2 154p B6 ¥1200 ①978-4-8096-7857-8

◆おらおらでひとりいぐも　若竹千佐子著　河出書房新社
【要旨】74歳、ひとり暮らしの桃子さん。夫に死なれ、子どもとは疎遠。新たな「老いの物語」を描いた感動作！圧倒的自由！賑やかな孤独！63歳・史上最年長受賞、渾身のデビュー作！第54回文藝賞受賞作。
2017.11 164p B6 ¥1200 ①978-4-309-02637-4

◆東京近江寮食堂　渡辺淳子著　光文社（光文社文庫）
【要旨】定年退職を間近に控えた妙子は、十年前に消えた夫の行方を探すため東京にやってきた。慣れない土地でのひょんなトラブルから、谷中にある宿泊施設、近江寮にたどりつく。個性的な管理人や常連客の貧しい食生活を見かねた妙子は彼らの食事を作り始めるが、その料理はやがて人々を動かし、運命を変えていく。そして彼女自身も。…おいしくてせつない、感動長編。
2017.10 289p A6 ¥660 ①978-4-334-77542-1

◆GIブリン　渡辺淳子著　光文社
【要旨】昭和26年、僕の家の二階には、進駐軍相手の彼女が暮らしていた。GIベビーだったケンは入院先の病院でGIベビーだったケントからの手紙。封印してきた過去が一気によみがえる。ほろ苦いブリンの思い出と戦後のキャンプ地周辺の暮らしを鮮やかに描く、著者の新境地。
2017.8 221p B6 ¥1700 ①978-4-334-91182-9

◆自由なサメと人間たちの夢　渡辺優著　集英社
【要旨】痛快な毒気をはらんだ物語センスが炸裂！自殺を繰り返す女が、入院先の病院で決意する最後の日の顛末とは？―「ラスト・デイ」。冴えない男が事故で手を切断。新型の義手で人生を一発逆転する力を手に入れ―「ロボット・アーム」。メンヘラ気味のキャバ嬢のたったひとつの生きがいは、サメを飼うことだった―「サメの話」。新感覚フィクション、怒涛の全7編。
2017.1 251p B6 ¥1400 ①978-4-08-771023-6

◆意識のリボン　綿矢りさ著　集英社
【要旨】少女も、妻も、母親も。女たちは、このままならない世界で、手をつなぎ、ひたむきに生きている。恋をして、結婚し、命を授かった人。人生の扉をひらく、綿矢りさの最新短編集。
2017.12 187p B6 ¥1300 ①978-4-08-771128-8

◆ウォーク・イン・クローゼット　綿矢りさ著　講談社（講談社文庫）
【要旨】"対男用"のモテ服好みなOL早希と、豪華な衣装部屋をもつ人気タレントのだりあは、幼稚園以来の幼なじみ。危うい秘密を抱えてマスコミに狙われるだりあを、早希は守れるのか？わちゃわちゃ掻き回されっ放しの、ままならなくも愛しい日々を描く恋と人生の物語。表題作他「いなか、の、すとーかー」収録。
2017.10 277p A6 ¥580 ①978-4-06-293771-9

歴史・時代小説（戦記）

◆あやかし―"妖怪"時代小説傑作選　細谷正充編　PHP研究所（PHP文芸文庫）
【要旨】病弱な若旦那のために特別に注文された布団から、夜な夜な聞こえてくる泣き声の正体（「四布の布団」）、のっぺらぼうの同心のもとに持ち込まれてきた、奇妙な女からの訴え（「あやかし同心」）、「百物語」の場に来た少年には、可愛らしい少女の姿をした神様が憑いていた（「逃げ水」）など、妖怪や怪異を扱った時代小説アンソロジー。平成を代表する豪華女性作家陣の魅力が味わえる珠玉の短編六作を収録。
2017.11 427p A6 ¥820 ①978-4-569-76780-2

◆井伊の赤備え―徳川四天王筆頭史譚　細谷正充編　河出書房新社
【要旨】外様として徳川家康に仕えた井伊直政は、"赤備え"の精鋭部隊を組織しつつ、知謀と胆略を発揮、頭格を発揮し、徳川きっての策謀家・参謀として家臣の筆頭格を占め、彦根藩主、大老職を務め、幕末まで幕府に貢献した。その豪雄と悲愴、維新後の苦難までを描く、名門井伊家の本質と実態を描く傑作七篇。
2017.2 269p A6 ¥760 ①978-4-309-41510-9

◆英傑―西郷隆盛アンソロジー　池波正太郎、国枝史郎、吉川英治、菊池寛、松本清張ほか著　新潮社（新潮文庫）
【要旨】時代を越え愛される維新最大の功労者、西郷隆盛―。西郷と入水した月照の死の真相（「悲恋 大神娘」）。熊本城で官軍を勝利に導いた司令官大人の活躍（「谷下城夫人」）。西南戦争のもとに田原坂の熱き忠誠（「賊将」）。薩摩軍が発行した軍票剥札（「西郷札」）。西郷は生きていた?!芥川の意外な逸品（「西郷隆盛」）。謎多き偉人、その知られざる生涯を旅する傑作集。
2018.1 284p A6 ¥520 ①978-4-10-126362-5

◆大江戸猫三昧―時代小説アンソロジー　澤田瞳子編　徳間書店（徳間時代小説文庫）新装版
【要旨】愛くるしい表情を見せるかと思えば、ふいとどこかにいなくなる。猫という生きものは、気まぐれなもの。そんな猫と人間たちが、江戸の町を舞台に織りなす喜怒哀楽。時代小説の名手たちによる傑作を、歴史小説家の気鋭・澤田瞳子がセレクト。時代小説好きはもちろん、猫好きの方々にもお楽しみいただける一冊。巻末に収録された解説「文学における「猫」の位置づけ」は出色。
2017.4 346p A6 ¥660 ①978-4-19-894204-5

◆大谷吉継―信義を貫いた仁将　野村敏雄著　PHP研究所（PHP文庫）新装版
【要旨】「このまま、三成を見捨てていいのか」―。勝てないとわかりつつ、信義のために石田三成とともに挙兵し、関ヶ原に散った仁将・大谷吉継。その決断をもたらしたものは何か。秀吉

に見出され、賤ヶ岳の合戦で戦功をあげた青年期や、豊臣政権の奉行として活躍した壮年期など、「関ヶ原」以前を丹念に追うことで、その人物像を鮮やかに描き出した歴史長編。「戦国最高の男」が、ここにいる！
2017.6 402p A6 ¥840 ①978-4-569-76751-2

◆おんな城主直虎　2　森下佳子作、豊田美加ノベライズ　NHK出版
【要旨】遠江（静岡県西部）・井伊家の一人娘である次郎法師は、亡き許婚の遺児・虎松（のちの直虎）の後見人として、勇ましい男名「直虎」を名乗り城主となった。直虎は、生来の負けん気と持ち前の機転で家臣団をまとめ、圧力を強めてくる今川家とも堂々とわたり合っていく。井伊の地と民を守り抜くため、知恵と勇気を振り絞って奮闘する直虎、その驚くべき戦略とは!?NHK大河ドラマ・完全小説版第2巻。
2017.3 301p B6 ¥1400 ①978-4-14-005683-7

◆おんな城主直虎　3　森下佳子作、豊田美加ノベライズ　NHK出版
【要旨】領内に新たな産業を興し、龍雲丸率いる無頼な輩たちも手なずけ、城主として奮闘する直虎。順風満帆に見えた井伊家中だったが、今川家の凋落が暗い影を落とす。北から武田信玄、西から徳川家康が井伊領を狙う中、小野但馬守政次からは、井伊家存続の鍵となる決断を迫られる。城主としての真価を問われる局面で、直虎は一世一代の策にうって出る！
2017.6 269p B6 ¥1400 ①978-4-14-005684-4

◆おんな城主直虎　4　森下佳子作、豊田美加ノベライズ　NHK出版
【要旨】井伊の城を徳川方へ明け渡し、井伊家断絶という苦渋の決断を下した直虎。平穏な生活が訪れると思いきや、武田軍の侵攻により井伊領は焼き払われてしまう。焼失した地の復興が進められる中、直虎の十三回忌を機に帰還した虎松（のちの井伊直政）は、井伊家再興の野望を胸に徳川家康への出仕を決断する―。
2017.9 301p B6 ¥1400 ①978-4-14-005685-1

◆鳩摩羅什―法華経の来た道　立松和平、横松心平著　佼成出版社
【要旨】2010年に急逝した立松和平氏。未完となった本作を、息子・横松心平氏が引き継いで執筆。父子が紡ぐ"鳩摩羅什像"ここに完結！長編仏教小説。
2017.11 490p B6 ¥2400 ①978-4-333-02751-4

◆決戦！大坂城　葉室麟、木下昌輝、富樫倫太郎、乾緑郎、天野純希、冲方丁、伊東潤著　講談社（講談社時代小説文庫）
【要旨】応仁の乱から始まった戦国の世に終止符が打たれようとしていた。慶長二十年五月、舞台は豊臣秀吉が築いた天下の名城・大坂城。淀君や豊臣秀頼はなぜ散ろうとしていたのか。真田信繁ら、戦に巻き込まれた武将たちの生きざまとは。七人の作家が異なる視点から歴史を描く大好評「決戦！」シリーズ第二弾！
2017.11 374p A6 ¥760 ①978-4-06-293801-3

◆決戦！賤ヶ岳　木下昌輝、簑輪諒、吉川永青、土橋章宏、矢野隆、乾緑郎、天野純希著　講談社
【要旨】天正十一年四月二十日（一五八三年五月十日）。突如、砦を襲う鬼武者に神速の用兵で立ち向かう一。秀吉の天下と七本槍の英雄を生んだ、もう一つの「天下分け目」。七本槍、首級競争の顛末を見届けよ！荒ぶる若武者が駆けた、決戦！第7弾！
2017.11 272p B6 ¥1600 ①978-4-06-220825-8

◆決戦！新選組　葉室麟、門井慶喜、小松エメル、土橋章宏、天野純希、木下昌輝著　講談社
【要旨】士道に殉じた壬生浪たちを描く、六人の作家による競作長編。
2017.5 282p B6 ¥1600 ①978-4-06-220585-6

◆決戦！関ヶ原　葉室麟、冲方丁、伊東潤、天野純希、矢野隆、吉川永青、木下昌輝著　講談社（講談社時代小説文庫）
【要旨】慶長五年九月十五日、霧立ちこめる地に戦国時代の終焉を告げる運命を背負った男たちが集結した。天下分け目の大戦「関ヶ原の戦い」。徳川家康率いる「東軍」圧勝の理由、石田三成率いる「西軍」敗北の契機、そして両軍の運命を握る男。七人の作家が七人の武将の視点で描く競作長編「決戦！」シリーズ初陣。
2017.7 389p A6 ¥800 ①978-4-06-293716-0

◆決戦！関ヶ原　2　葉室麟、吉川永青、東郷隆、簑輪諒、宮本昌孝、天野純希、冲方丁著　講談社

歴史・時代小説（戦記）　1026

【要旨】七人の武将を七人の作家が紐解く、業界初の立体的(3D)な競作長編！
2017.7　280p B6 ¥1600 ①978-4-06-220457-6

◆決戦！忠臣蔵　葉室麟、朝井まかて、夢枕獏、長浦京、梶よう子、諸田玲子、山本一力著　講談社
【要旨】元禄十五年十二月十四日（一七〇三年一月三十日）。粉雪舞う夜更け、四十七人の浪人が、一人の老人の首を落とし、勝鬨を上げた。死を賭して立てる、武士の一分一。三百有余年、日本人が愛し続けた物語。決死の義挙に涙せよ。「決戦！」が新たな忠臣蔵に挑む！
2017.3　253p B6 ¥1550 ①978-4-06-220499-6

◆西郷隆盛—英雄と逆賊　細谷正充編、池波正太郎、植松三十里、海音寺潮五郎、南條範夫、古川薫著　PHP研究所　(PHP文芸文庫)
【要旨】明治維新の英雄でありながら、新政府に叛旗を翻した男・西郷隆盛。歴史に大きな足跡を残しながらも、さまざまな謎に包まれたその実像を、盟友や家族といった周囲の人々の目を通して浮かび上がらせた傑作短編集。江戸無血開城に至るまでの勝海舟との交流（海音寺潮五郎「西郷隆盛と勝海舟」）、西南戦争で若い息子・菊次郎から見た父の意外な姿と親子の絆（植松三十里「可愛岳越え」）など七篇を収録。
2017.5　246p A6 ¥660 ①978-4-569-76722-2

◆時代小説ザ・ベスト2017　日本文藝家協会編　集英社　(集英社文庫)
【要旨】2016年度発行の文芸誌に掲載された作品群から精選した12編を収める極上の時代小説アンソロジー。実力派作家たちが、その力量を余すところなく発揮。誰もが名が知る代表作から名もなき市井の人々まで、それぞれの時代をそれぞれのひたむきで生きる姿と繰り広げられるドラマ。
2017.6　451p A6 ¥880 ①978-4-08-745602-8

◆戦国番狂わせ七番勝負　高橋直樹、木下昌輝、佐藤巌太郎、簑輪諒、天野純希、村木嵐、岩井三四二著　文藝春秋　(文春文庫)
【要旨】歴史に残るような戦国武将は、戦いに勝つべくして勝つのみにあらず。時として味方は寡勢、敵は数倍という絶対絶命の窮地から生き抜いてきて、世に名を残したのだ。織田信長、伊達政宗、浅井長政、島津義弘など七人の武将たちの驚愕の逆転の打開策を、手練きっての名手七人が描く、珠玉の短編アンソロジー。
2017.11　359p A6 ¥860 ①978-4-16-790959-8

◆たたら侍　錦織良成原作、松永弘高ノベライズ　朝日新聞出版　(朝日文庫)
【要旨】時は戦国時代。出雲の山奥で、幻の鋼づくりを代々継承してきた鉄師の跡とり・伍介。乱世の中で己の本分を噛み締めた青年は、村を守る力を得るため、侍になるべく一人旅立つ。劇団EXILE・青柳翔主演、モントリオール世界映画祭最優秀芸術賞受賞の映画を完全ノベライズ。
2017.4　252p A6 ¥600 ①978-4-02-264845-7

◆なぞとき—"捕物" 時代小説傑作選　細谷正充編　PHP研究所　(PHP文芸文庫)
【要旨】棒手振りの魚屋で、鰹を千両で買いたいという奇妙な申し出があり…（「鰹千両」）、幕府直轄の御薬園で働く真葛は、薬種屋から消えた女中の行方を探ってほしいと頼まれるが…（「人待ちの冬」）、商家の妻が主夫婦の息子を林檎で毒殺した疑いをかけられるが、料理人の季蔵は独自の捜査を進め…（「五月菓子」）など、"捕物"を題材とした時代小説ミステリー。話題の女性作家陣の作品が一冊で楽しめるアンソロジー。
2018.1　376p A6 ¥800 ①978-4-569-76796-3

◆信長の鬼—桜井桃十郎伝　ワンダリウム著、河田成人原案、井上岳則執筆　ワニブックス
【要旨】比叡山焼き討ちの夜に空から堕ちし異形の鬼、信長と与し、戦乱の世に跋扈すーー迎え討つは、仕えるべき国も主君も持たない流浪の鬼斬り、桜井桃十郎ただひとり！
2017.12　341p B6 ¥1400 ①978-4-8470-9644-0

◆龍馬の生きざま　末國善己編、安部龍太郎、隆慶一郎ほか著　実業之日本社　(実業之日本社文庫)
【要旨】1867年、京の近江屋で暗殺された龍馬。尊皇攘夷の嵐が吹き荒れる幕末、いち早く海外貿易の重要性を指摘し、私設海軍にして貿易会社の海援隊を組織するなど、その先見性と行動力が評価され、今も人気を誇る。妻・お龍、姉・乙女、暗殺犯、今井信郎、人斬り以蔵らが見た、真実の姿たち。龍馬の生涯に新たな光を当てた、豪華作家陣が描く傑作歴史・時代作品集。
2017.2　341p A6 ¥648 ①978-4-408-55345-0

〔あ行の作家〕

◆女城主直虎と信長　愛須隆介著　郁朋社
【要旨】NHK放映の大河ドラマ「女城主直虎」の波乱に満ちた生涯を再現したもう一つの物語である。幼馴染で許嫁と直親との甘く悲しい恋や、井伊家を飲み込もうとする好敵手小野道好との三角関係、戦国の世に鮮やかな光彩を放った天真爛漫な女の魅力が余すことなく描き出されている。時代の先を読み解く知力と大胆さ、包容力、優しさが軽快な文章でテンポ良く綴られた作品。
2017.6　331p B6 ¥1500 ①978-4-87302-645-9

◆御用船帰還せず　相場英雄著　幻冬舎　(幻冬舎文庫)
【要旨】江戸中期、勘定奉行の荻原重秀が財政立て直しに辣腕を振るった陰に、四人の猛者がいた。金の採掘量減少を受け、重秀が金の含有率を下げる御法度の貨幣改造を行うと、四人は十万両分の金を積む御用船を強奪。それは金の枯渇感を煽るための重秀公認の裏工作だったが…。日の目を見ることのないま暗澹たる時代に光を灯す歴史エンタテインメント。
2017.6　498p A6 ¥730 ①978-4-344-42614-6

◆彩菊あやかし算法帖　青柳碧人著　実業之日本社　(実業之日本社文庫)
【要旨】常陸国牛敷藩の下級藩士の娘・車井彩菊は算法が大好きで、寺子屋で教えている。藩内のある村では、妖怪「贄目童子」への生贄として若い娘をひとり捧げていた。村人に乞われ、彩菊は妖怪とサイコロ勝負を行うが…（第一話）。大人気「浜村渚の計算ノート」シリーズの著者が贈る、数学の大好きな子どもでも夢中になれる新感覚「時代×数学」ミステリー！
2017.8　331p A6 ¥520 ①978-4-408-55370-2

◆彩菊あやかし算法帖 からくり寺の怪　青柳碧人著　実業之日本社
【要旨】謎だらけのからくり屋敷から脱出できるか!?『浜村渚の計算ノート』著者が贈る、新感覚"数学×時代" ミステリー！
2017.9　325p B6 ¥1600 ①978-4-408-53713-9

◆鬼はもとより　青山文平著　徳間書店　(徳間時代小説文庫)
【要旨】どの藩の経済も傾いてきた宝暦八年、奥脇抄一郎は江戸で表向きは万年青売りの浪人、実は藩札の万指南である。戦のない時代、最大の敵は貧しさ。飢饉になると人が死ぬ。各藩の問題解決に手を貸し、経験を積み重ねるうちに、藩札の藩経済そのものを立て直す仕法を模索し始めた。その矢先、ある最貧小藩から依頼が舞い込む。剣が役に立たない時代、武家はどういきるべきか!?
2017.10　380p A6 ¥670 ①978-4-19-894265-6

◆遠縁の女　青山文平著　文藝春秋
【要旨】『機織る武家』血の繋がらない三人が身を寄せ合う、二十四人二人扶持の武家一家。生活のため、後家の縫は機織りを再開する。『沼尻新田』新田開発を持ちかけられ当惑する江戸三十二歳当主。実地検分に訪れた現地のクロマツ林で、美しい女に出会う。『遠縁の女』寛政の世、浮世離れした剣の修行に出た武家。五年ぶりに帰国した彼を待っていたのは、女の仕掛ける謎一。直木賞受賞作「つまをめとらば」に続く清冽な世界。傑作武家小説集。
2017.4　268p B6 ¥1500 ①978-4-16-390622-5

◆春山入り　青山文平著　新潮社　(新潮文庫)　(『約定』改題書)
【要旨】藩命により友を斬るための刀を探す武士の胸中を描く（「春山入り」）。小さな藩を開く浪人が、ふとしたことで介抱した行き倒れの痩せ侍。その侍が申し出た刀の交換と、劇的な結末を描く（「三節草」）。城内の苛めで病んだ若侍が初めて人を斬る「夏の日」。他に、「半席」「約定」「乳房」等、踏み止まるしかないその場所でもがき続ける者たちの姿と人生の岐路を刻む本格時代小説の名品。
2017.5　284p A6 ¥520 ①978-4-10-120092-7

◆イスパニアの陰謀—隠し目付服部組『遠国御用組』始末2　安芸宗一郎著　小学館　(小学館文庫)
【要旨】長崎から仙台に向かう途中、服部半蔵と仲間たちは江戸に立ち寄った。江戸では、一家心中を装って商家が相次いで殺害されていた。いずれも、大名や旗本に金を貸し付けて莫大な利益を上げており、幕府や大名が借金帳消しに企んだ陰謀という噂も流れた。外道衆の犯行であ

ることを突き止めた服部半蔵は、金貸しの検校を襲撃した外道衆と対決。半蔵は、首領の鬼道磨を仕留める。さらに、異国船から奪った武器の試射と取引にバウティスタの涙も参加することを知り、悪徳商人ともども成敗すべく城ヶ島に向かった。「真の敵」とは誰なのか!?書き下ろしシリーズ第二弾。
2017.6　343p A6 ¥650 ①978-4-09-406436-0

◆凶弾—風魔小太郎血風録　安芸宗一郎著　文芸社　(文芸社文庫)
【要旨】丹波黒雲党の新首領・高麗屋鬼六の仕業らしい。鬼六の狙いは、将軍・吉宗の命で捕らえられた、黒雲党の家族たちとの交換に、越前を利用するためだった。その人質交換を陣頭指揮した将軍・吉宗は、何者かによって惨殺されそうになる。しかし、その銃弾の身代わりになったのは吉宗直属の隠密風魔衆の統領、津田幽斎だった。
2017.6　321p A6 ¥720 ①978-4-286-18772-3

◆鎮魂の盃—風魔小太郎血風録　安芸宗一郎著　文芸社　(文芸社文庫)
【要旨】将軍徳川吉宗は、江戸で相次いだ大火対策に頭を悩ませていた。そんな折、徳川御三家の徳川継友より、大名、旗本屋敷に飾られた魔除けの鬼瓦を遠州産に交換し、江戸城下の瓦葺根瓦を上奏された。その試しのため遠州瓦の瓦屋と職人を運ぶ船が、将軍職を吉宗から、尾張継友になさせようとする勢力のものたちに奪われた！奴らの狙いは何か。江戸市中を大火に焼失させ、将軍の座を転覆させようとする闇の陰謀、風魔の正義が挑む!!
2017.2　286p A6 ¥720 ①978-4-286-18390-9

◆京奉行長谷川平蔵—八坂の天狗　秋月達郎著　新潮社　(新潮文庫)
【要旨】江戸から京都西町奉行所に赴任した長谷川平蔵。京の町では、麝香を焚いて家人を眠らせて盗みを働き、その跡に花札を残していく謎の盗賊「八坂天狗」が跳梁していた…。表題作のほか、平蔵の息子で、若き日の「鬼平」、銕三郎が活躍する「伏見の白狐」、親子の情愛を描いた「十三参り」の二編を収録。初年、清水詣で四季折々の京の風物を背景に、初代長谷川平蔵の活躍を描く好評シリーズ。
2017.3　366p A6 ¥590 ①978-4-10-138944-8

◆伊庭八郎 凍土に奔る　秋山香乃著　徳間書店　(徳間時代小説文庫)
【要旨】心形刀流宗家に生まれ、「小天狗」と呼ばれた伊庭八郎。遊撃隊の一員として鳥羽・伏見の戦いに参加しながら、近代兵器を駆使する新政府軍を前に唇を噛む。箱根山崎の戦いで左腕を失いながらも、八郎は盟友三十歳三の待つ北へと向かう。幕末から維新、激動の時代に最後まで幕臣として生きることを望み、蝦夷箱館の地に散った若き剣士の苛烈な生涯を鮮やかな筆致で描く。
2017.3　461p A6 ¥770 ①978-4-19-894207-6

◆龍が哭く　秋山香乃著　PHP研究所
【要旨】英雄か、大戯けか一幕末、一介の武士から長岡藩家老に抜擢され、戊辰戦争に際し武装中立をめざした男の真実。「新潟日報」他、10紙で連載の話題作、ついに刊行！河井継之助の生涯を描き切った感動巨編。
2017.6　527p B6 ¥2100 ①978-4-569-83579-2

◆御松茸騒動　朝井まかて著　徳間書店　(徳間時代小説文庫)
【要旨】「御松茸同心を命ずる」—十九歳の尾張藩士・榊原小四郎は、かつてのバブルな藩政が忘れられぬ上司らに批判的。いつか自分が藩の誇りを取り戻すと決めていたが、突如、「御松茸同心」に飛ばされる。松茸のことなど全くわからない上、左遷先は部署ぐるみの産地偽装に手を染めていた。改革に取り組もうとする小四郎の前に、松茸の"謎"も立ちはだかる！爽快時代お仕事小説。
2017.9　293p A6 ¥640 ①978-4-19-894254-0

◆銀の猫　朝井まかて著　文藝春秋
【要旨】お咲は、年寄りの介護をする「介抱人」。口入屋「鳩屋」の主人・五郎兵衛とお登夫婦に見守られ、誠心誠意働くお咲は引っぱりだこだが、妾奉公を繰り返してきた母親のだらしなさに振り回され、悩む日々。そんな時、「誰もが楽になれる介抱指南の書」を作りたいという young 本屋・佐分郎太から協力をもとめられる。「いっそ、ぎりぎりなるものってなんだろうね、お咲さん」—「いいかも。そのぎりぎり」。長寿の町・江戸に生きる人々を描く傑作時代長編。
2017.1　332p B6 ¥1600 ①978-4-16-390581-5

歴史・時代小説（戦記）

◆福袋　朝井まかて著　講談社
【要旨】朝井亭「読む落語」だよ、寄っといで！商人も職人も、その日暮らしの貧乏人も、江戸の町は賑やかで、笑いと涙にあふれてる。江戸庶民の暮らしを綴る珠玉の時代小説短編集。
2017.6 310p B6 ¥1600 ①978-4-06-220609-9

◆藪医ふらここ堂　朝井まかて著　講談社（講談社時代小説文庫）
【要旨】江戸は神田三河町の小児医・天野三哲は、「面倒臭ぇ」が口癖。朝寝坊はする、患者は待たせる、面倒になると逃げ出す、付いた渾名が「藪のふらここ堂」だ。ところがこの先生、見えないところで凄腕を発揮するらしい。三哲に振り回されながらも診療を手伝う娘のおゆん、弟子たち、ふらここ堂の面々の日常と騒動を描く！
2017.11 429p A6 ¥780 ①978-4-06-293790-0

◆風花の露―無茶の勘兵衛日月録 18　浅黄斑著　二見書房（二見時代小説文庫）
【要旨】越前大野藩主松平直良（七十八歳）は、延宝六年（一六七八）六月二十六日に卒去。藩御耳役の落合勘兵衛は、江戸留守居役の松田与左衛門とともに葬儀のため多忙を極めていた。藩の天敵たる大老酒井忠清は江戸で越後高田藩国家老の小栗美作らと上野藩への策謀を巡らしつづけてきた。若ぎみ直明の襲封を目前にして新たなる動きが…。
2018.1 321p A6 ¥648 ①978-4-576-17193-7

◆御前試合―剣客大名柳生俊平 6　麻倉一矢著　二見書房（二見時代小説文庫）
【要旨】かの戦国の梟雄・松永弾正が信長に攻められた折、一緒に焼死したとされる、伝説の名物「平蜘蛛の茶釜」が秘かに柳生家に伝わっていた。これに鳥取藩三十二万石の池田吉泰が目をつけた。池田のあくどい手口に将軍吉宗は怒り、将軍の影目付たる御前試合の俊平に、鳥取藩主池田綱清を懲らしめるよう命じた。俊平は鳥取藩の剣豪たちと、柳生藩の存亡をかけて立ち向かう。実在の大名の痛快な物語。書き下ろし長編時代小説。
2017.5 289p A6 ¥648 ①978-4-576-17059-6

◆修羅―将軍の影法師 葵慎之助　麻倉一矢著　徳間書店（徳間時代小説文庫）
【要旨】将軍家重は大奥の灌仏会で出された甘茶を気に入り、毎日飲むようになった。だが甘茶に仕込まれたある毒が、家重の身体を少しずつ蝕み始める。同じ頃、公人朝夕人の土田伊織の元には、根本寺の寺院である三つ柏と「梅坊主」という名前だけが記された奇妙な書付けが届く。一方、公人朝夕人後見人の慎之助は、御香寺院の灌仏会で大奥入りの酒を飲まされ…。書下し人気シリーズ第四弾！
2017.9 294p A6 ¥640 ①978-4-19-894255-7

◆将軍の秘姫―剣客大名柳生俊平 7　麻倉一矢著　二見書房（二見時代小説文庫）
【要旨】将軍家剣術指南役の柳生家一万石の第六代藩主・俊平は、筑後三池藩主、伊予小松藩主と一万石大名の契りを結んだ。その三池藩主が殿中で有馬久次の挑発に乗り脇差を抜いてしまった。ところが切腹。将軍の影目付・俊平は、刃傷事件の裏に"燃える石"を巡る氏久の策謀を察知。盟友の命を救うべく将軍吉宗の落とし胤・鶴姫探索との交換条件に…。
2017.9 278p A6 ¥648 ①978-4-576-17125-8

◆女帝の密偵―雅や京ノ介　麻倉一矢著　徳間書店（徳間時代小説文庫）
【要旨】深川の町外れに"鬼灯長屋"に、奇妙な看板がかかった。「雅やーよろず、みやびごと伝授」。立花、茶の湯、書道、蹴鞠、和歌、和歌の道を教えるというのだが、およそ裏長屋にはふさわしからぬ話だ。この私塾を開いた浪人、雅・京ノ介は、女帝陛下の密命を帯びていた。京ノ介に襲いかかる朝転覆の策謀の裏には、意外な黒幕が―！注目の新シリーズ、開幕！第一弾。
2017.9 297p A6 ¥640 ①978-4-19-894234-2

◆南朝の刺客―雅や京ノ介　麻倉一矢著　徳間書店（徳間時代小説文庫）
【要旨】京ノ介が姉・後桜町帝の密命を帯びて、江戸に来て四ヵ月。私塾"雅や"は活況を呈していた。ある日、家来とともに自作の和歌を持ち歩く京の名家久我家の夕姫と知り合い、和歌作りを手伝うことになった。しかし夕姫の挙動に違和感を覚え、京ノ介は正体を探り始める。一方幕府では、尊皇論者山県大弐の柳荘塾の動きを重く見て、朝廷を弾圧しようとする動きが生じていた。シリーズ第二弾！
2017.11 296p A6 ¥640 ①978-4-19-894272-4

◆背水―将軍の影法師 葵慎之助　麻倉一矢著　徳間書店
【要旨】町火消し朝沼頭取の愛犬がお伊勢参りを済ませて帰ってきたが、妙なことに瀬戸内塩飽衆の浪人太と佳奈と名乗るふたりも一緒だった。事情を訊けば、家康が塩飽衆に与えた朱印状が何者かに狙われているのを江戸の仲間へ報せに来たという。手掛かりは賊が落とした三つ引紋の印籠―戦国の世に海賊として名を知らしめ、今が旗本となっている三浦家の家紋に、心当たりのある慎之助は首を傾げる。
2017.3 311p A6 ¥640 ①978-4-19-894208-3

◆魔天―将軍の影法師 葵慎之助　麻倉一矢著　徳間書店（徳間時代小説文庫）
【要旨】江戸では狐面の一味による付け火が横行していた。狐面の正体は美濃の郡上一揆のあぶれ者との噂が広がる。将軍家重に仕える公人朝夕人後見人の慎之助が、火の用心の見廻りにも出たが、美濃の庄屋の娘、澪と出会う。澪もまた狐面の一味を追っていた。一方、御側御用人の大岡忠光は、尾張藩主徳川宗勝が吉宗から託されたという遺言状の存在を知る―。書下し人気シリーズ第五弾！
2018.1 284p A6 ¥640 ①978-4-19-894295-3

◆かわうそ―お江戸恋語り。　あさのあつこ著　祥伝社（祥伝社文庫）
【要旨】「あたし、あの人がこんなにも好きなんだ」太物問屋『あたご屋』の一人娘・お八重はごろつきから助けてくれた"川瀬"と名乗る男に想いを寄せている。もう一度逢いたい一心で江戸をさまようお八重は、裏長屋で川瀬といた女の死体を発見してしまう。殺していないと言う川瀬を信じるお八重は…。恋を知った少女が大人になっていく姿を描いた感動の時代小説。
2017.6 371p A6 ¥690 ①978-4-396-34325-5

◆薫風ただなか　あさのあつこ著　KADOKAWA
【要旨】石久藩の上士の子弟が通う藩学で心身に深い傷を負った新吾は、庶民も通う薫風館に転じ新たな友と学びを得、救済される。しかしある日、「薫風館にはお家を害する陰謀が潜んでいる」として、父から間者となり館内を探るよう命じられる。信じられない思いの新吾。いったい、薫風館で何が起きているのか？若き剣士たちの命を懸けた節義を描く、時代小説の新しい風。
2017.6 306p B6 ¥1500 ①978-4-04-105193-1

◆花を呑む　あさのあつこ著　光文社
【要旨】心が動かなくても人を殺せる。それが、おねしの正体さ。口入れ屋、木暮信次郎、商人、遠野屋清之介、思わず息を潜めてしまう、因縁の二人。とろりと甘い匂い、口から溢れる深紅の牡丹、妾に怨み殺された男の怪異に挑む。
2017.1 302p B6 ¥1600 ①978-4-334-91141-6

◆ゆらやみ　あさのあつこ著　新潮社（新潮文庫）
【要旨】幕末の石見銀山。間歩と呼ばれる鉱山の坑道で生まれたお登枝は、美貌を見込まれ女郎屋に引き取られた。初めて客を取る前の晩、想いを寄せる銀掘の伊大を訪ねるが、別の男に襲われる。とっさに男を殺め、窮地を救ってくれた伊大と身と身体を重ねた。罪と秘密をともに抱えた二人の行く末は―。変わりゆく世を背景に、宿命を背負った男女の灼けつくような恋を官能的に描き切った力作時代長編。
2018.1 476p A6 ¥710 ①978-4-10-134033-3

◆飛鳥から遥かなる未来のために（白虎・前編）―聖徳太子たちの生きた時代　朝皇龍二郎著（名古屋）ブイツーソリューション、星雲社 発売
2017.4 375p B6 ¥1800 ①978-4-434-23111-7

◆画狂其一　梓澤要著　NHK出版
【要旨】酒井抱一と鈴木其一、師匠への思慕と葛藤から世界が驚愕する絵画が生まれた！
2017.10 333p B6 ¥1700 ①978-4-14-005693-6

◆捨ててこそ空也　梓澤要著　新潮社（新潮文庫）
【要旨】平安時代半ば、醍醐天皇の皇子ながら寵愛を受けられず、都を出奔した空也。野辺の骸に悲しみ、市井に生きる聖となった空也は、西国から坂東へ、ひたすら仏の救いと生きる意味を探し求めていく。悪人は救われないのか、救われたい思いも我欲ではないか。「欲も恨みもすべて捨てよ」と説き続けた空也が、最後に母を許したとき奇跡が起きる。親鸞聖人と一遍上人の先駆をなした聖の感動の生涯。
2017.12 541p A6 ¥750 ①978-4-10-121181-7

◆万葉恋づくし　梓澤要著　新潮社

◆『荒仏師 運慶』『捨ててこそ 空也』の著者が紡ぐ連作短編小説集。
2017.1 273p B6 ¥1600 ①978-4-10-334533-6

◆み仏のかんばせ　安住洋子著　小学館（小学館文庫）
【要旨】女衒に手込めにされ逃げ出した志乃は、江戸に出て松助と名乗り、首斬り役人として名高い山田浅右衛門の下で男として中間奉公をしていた。ある日、山田家にとって大切な罪人の胆を夜盗に奪われてしまい、家に迷惑をかけるのを恐れて中間奉公を辞した。針売りになった志乃だったが、憧れていた壮太が同じ長屋に越してくる。普通の幸せを望んでいた志乃も、壮太と気持ちを確かめ合い夫婦になる。しかし、壮太にも隠された過去があった！人に言えない秘密を持つ者同士が、互いを支えて懸命に生きる姿を描いた、感動の人情時代小説！
2017.12 253p A6 ¥570 ①978-4-09-406480-3

◆弥栄の烏　阿部智里著　文藝春秋
【要旨】断末魔のような悲鳴が響き渡った―未曾有の大地震が山内を襲い、禁門の扉がひらく。失った記憶を必死にさぐり求める日嗣の御子・若宮。真緒の薄は、浜木綿の決意に衝撃をうけた。宿敵・大猿との最終決戦がついに始まった。その時、八咫烏の軍を率いる参謀・雪哉のとった作戦とは。壮大な世界の謎が、いま明らかになる！
2017.7 349p B6 ¥1500 ①978-4-16-390684-3

◆維新の肖像　安部龍太郎著　KADOKAWA（角川文庫）
【要旨】明治維新そのものが持つ思想と制度の欠陥に根本原因があるのではないか―1932年、イェール大学教授・朝河貫一は、日露戦争後から軍国主義に傾倒していく日本を憂えていた。そのとき、亡父から託された柳井李を思い出した。中に入っていたのは、二本松藩士として戊辰戦争を戦った父が残した手記だった。貫一はそれをもとに、破滅への道を転げ落ちていく日本の病根を見出そうとする。明治維新の闇に迫った歴史小説。
2017.12 428p A6 ¥760 ①978-4-04-106456-6

◆宗麟の海　安部龍太郎著　NHK出版
【要旨】信長に先んじて海外貿易を行い、硝石、鉛を輸入、鉄砲隊を整備。強大な軍事力と知略で九州六ヶ国を制覇。理想の王国を作ろうと，御一神の下に向かって駆け抜けた大友宗麟を描く。直木賞作家が新たな構想で挑む歴史小説！
2017.9 498p B6 ¥1900 ①978-4-14-005690-5

◆冬を待つ城　安部龍太郎著　新潮社（新潮文庫）
【要旨】小田原の北条氏を滅ぼし、天下統一の総仕上げとして奥州北端の九戸城を囲んだ秀吉軍。その兵力はなんと15万。わずか3千の城兵を相手に何故かのぼどの大軍を要するのか。その真意に気づいた城主九戸政実は、秀吉軍の謀略を逆手に取り罠をしかける。だが雪深い冬を待つのみ―。跳梁する間者、飛び交う密書、疑心暗鬼、そして裏切り。戦国最後にして最大の謀略「奥州仕置き」を描く歴史長編。
2017.10 620p A6 ¥840 ①978-4-10-130527-1

◆有楽斎の戦　天野純希著　講談社
【要旨】有楽斎、この戦国一愛すべき男。怯えて、喚いて、逃げる一覇王信長の弟・織田有楽斎は、「本能寺の変」「関ヶ原の戦い」「大坂の陣」でどう戦ったのか。戦国三大合戦を有楽斎ともう一人の視点で描く、前代未聞の連作短編集。
2017.8 253p B6 ¥1600 ①978-4-06-220711-9

◆燕雀の夢　天野純希著　KADOKAWA
【要旨】織田信長、豊臣秀吉―英傑の「父」たちは、果たして息子を愛したのか。歴史小説の気鋭が描く、戦国覇者の父子の物語。
2017.2 295p B6 ¥1500 ①978-4-04-104771-2

◆信長 暁の魔王　天野純希著　集英社（集英社文庫）
【要旨】「その赤子を殺せ」生まれ落ちたその瞬間から実母・久子に呪詛されて育った信長。癇癪もちで傾いた姿で闊歩する"大うつけ者"は、元服直後の初陣で勝利する。十九のとき父・信秀が病に倒れ、死去。織田の家督を譲られた信長だったが、久子や弟・信行から壮絶な跡目争いを仕掛けられる。母の情を知らずに育ち、強くなりたいと切望し続けた、傑出の戦国武将の生き様を描いた歴史小説。
2017.10 373p A6 ¥680 ①978-4-08-745646-2

◆信長嫌い　天野純希著　新潮社
【要旨】主役にはなれなかった敗者たちのドラマは、こんなにも、熱く、激しいものだった。信

歴史・時代小説（戦記）

長によって人生を狂わされた七人の男。愛すべき負け犬たちの戦国列伝。
2017.5 252p B6 ¥1700 ①978-4-10-333662-4

◆北天に楽土あり―最上義光伝　天野純希著
徳間書店　（徳間時代小説文庫）
【要旨】伊達政宗の伯父にして山形の礎を築いた戦国大名・最上義光。父との確執、妹への思い、娘に対する後悔、甥との戦。戦場を駆けた北国の領主には、故郷を愛するがゆえの数々の困難が待ち受けていた。調略で戦国乱世を生き抜いた荒武者の願いとは…。策謀に長けた陰謀家とのイメージとは裏腹に、詩歌に親しむ一面を持ち合わせ、晩年は凡庸の評さえもあったという最上義光の苛烈な一生！
2017.11 588p A6 ¥850 ①978-4-19-894273-1

◆花天の力士（ちからびと）―天下分け目の相撲合戦　天野行人著　朝日新聞出版
【要旨】藤原道長が栄華を極めていた平安時代―。政敵の右大臣藤原顕光の姦計にはめられた左大臣道長は、例年行われる大相撲節会において、それぞれが選んだ最強の相撲人による決闘を約束させられる。顕光は必勝を期して、怪しい呪術を使う異能の力士・獲麟を準備していた。困った道長は、最強の相撲人を召し出す役目を安倍晴明に託する。晴明は頼光四天王のひとり渡辺綱を従者に二千年前の垂仁天皇の御世に行われた七夕相撲伝説に登場する勇者・野見宿禰の子孫が暮らす秋篠の里を訪れる。妖刀鬼切を自在に操る渡辺綱、役小角の体術を駆使する美少女・鹿毛乗、野見宿禰の仁王立ちな胸に憧れる少年力士・出雲、そして最強の陰陽師・安倍晴明らが繰り広げる痛快時代ファンタジー！
2017.12 232p B6 ¥1200 ①978-4-02-251452-3

◆さあ、信長を語ろう！　天美大河著　郁朋社
【要旨】父、信秀の強い影響を受けつつ、生まれながら事実上の城主として、那古野城からの定点観測、観察を経て元服を迎えた信長は、視点においては明らかな定点的な観察眼を持つに至った。
2017.9 134p B6 ¥800 ①978-4-87302-653-4

◆神訳 古事記　荒川祐二著　光文社
【要旨】Ameba ブログ月間100万PV超！ 超人気連載がついに単行本化!! 八百万の神々が躍動する！ 最強の"古事記新訳"はこれだ!!
2017.10 233p B6 ¥1400 ①978-4-334-97955-3

◆江都落涙―宗元寺隼人密命帖 4　荒崎一海著　講談社　（講談社時代小説文庫）
【要旨】新月の夜、屋台で十六文の二八蕎麦一杯を仲良く食べていた幼い三人がそろって大川に身を投げた。たがいの袖に腕をいれ、けっして離れまいとする三人。あまりの出来事に江戸じゅうが嘆いた。一方、隼人は叔父の老中松平和泉守に呼ばれ、新たな密命を受けるが、帰路、またしても忍に襲われる。
2017.11 379p A6 ¥720 ①978-4-06-293795-5

◆荒木町奇譚　有間カオル著　角川春樹事務所　（ハルキ文庫）
【要旨】かつて花街として栄えた四谷荒木町は、小さな稲荷神社を中心に美酒と美食が集まる大人の街。その石畳の坂道は、不思議な街角へと続いている―。仕事でこの街を訪れた行原暁生は、謎めいた芸者に誘われて、時が止まったかのような花街・荒木町へと迷い込む。なぜ自分はこの街に呼ばれたのか。不思議なバーのマスターや半玉の少女に導かれて、行原は自分自身の過去と向き合うことに。切なく優しいラストに涙が溢れる書き下ろし長篇。
2018.1 236p A6 ¥600 ①978-4-7584-4139-1

◆源氏豆腐―縄のれん福寿 4　有馬美季子著
祥伝社　（祥伝社文庫）
【要旨】お園が、江戸に帰ってきた。だがその矢先、お園を待っていたのは、店の危機だった。近所にできた京料理屋"山源"に、留守にしている間に客を根こそぎとられてしまったのだ。しかも"山源"の板長・稔は、お園の"お客の心を癒すための料理"というお園の考えを強く否定した。だが、信念を曲げないお園は、お客と自らをも救う一品を作り出す。優しさ溢れる人情料理帖。
2017.10 320p A6 ¥640 ①978-4-396-34364-4

◆さくら餅―縄のれん福寿 2　有馬美季子著
祥伝社　（祥伝社文庫）
【要旨】日本橋小舟町"福寿"の料理は人を元気づけると評判だ。その店を十歳の少年連太郎と下男勘助が訪れた。女将のお園が出した"親子飯"と"親子雑煮"に感激し、二人は事情を語り出す。父の泥よいによるお家取り潰しで、一家離散となった連太郎。江戸で見かけた生みの母

を捜しに信州の養家から出てきたという―。健気に悩み惑う少年を、お園の温かな料理が導いていく。
2017.2 310p A6 ¥630 ①978-4-396-34290-6

◆出立ちの膳―縄のれん福寿　有馬美季子著
祥伝社　（祥伝社文庫）
【要旨】お園は芋を剥き、鮎を捌く。あの人を思って―。夜道を襲われたお園を助けに現われた男が落とした紙片。そこには謎の食材が書かれていた。それが元夫・清次との思い出に符合すると気づいたお園は、矢も楯もたまらず旅に出る。食材に導かれるように、旅の途上で邂逅する清次と亡き父の友人。やがて意外な形で旅が終わり―。健気なお園の姿が胸を打つ江戸料理帖。
2017.6 351p A6 ¥670 ①978-4-396-34327-9

◆花の定め　阿波新九郎著　幻冬舎メディアコンサルティング、幻冬舎 発売
【要旨】仇討ちと学問の狭間で揺れた、気高き若武者の一生。時は元禄十五年十二月十四日。吸い寄せられるように吉良邸門前に集った四十七名の赤穂浪士たちの中に彼の姿はあった一若き故の葛藤と亡き父の意志を胸に抱き、矢頭右衛門七の生涯を描いた歴史青春小説。
2017.3 253p B6 ¥1300 ①978-4-344-91161-1

◆夢裡庵先生捕物帳 上　泡坂妻夫著　徳間書店　（徳間文庫）
【要旨】絵馬の中の人物がまるで矢を放ったように見える殺しの現場の真相は―（びいどろの筆）。米饌番付で上位になった店ばかりが強盗に襲われているが…（泥棒番付）。砂を金に変える秘術をおらんだ人から学んだという者が持ち込んできた話とは（砂子四千両）。空中楼夢裡庵こと八丁堀定町廻り同心の富士宇衛門が、江戸の風物詩をめぐる不可思議で魅惑的な事件と対峙する。
2017.12 407p A6 ¥750 ①978-4-19-894281-6

◆夢裡庵先生捕物帳 下　泡坂妻夫著　徳間書店　（徳間文庫）
【要旨】「相性を見てほしい」真剣な顔をした娘が本当に占ってもらいたかったものとは（手相拝見）。金魚が一匹残らず死んだ。さらには人間まで…もしやあの饅頭に毒が？（金魚狂言）。花火が終わって静かに始まった川に浮かぶお舟には一体の屍体が（仙台花樹）。八丁堀同心・夢裡庵が大砲隊の末日まで呼ぶ最終話「夢裡庵の逃走」を含む、江戸が舞台の連作ミステリ十一篇。
2017.12 429p A6 ¥770 ①978-4-19-894282-3

◆逆襲の必殺剣―悪徳豪商を叩きつぶせ！
飯野笙子著　コスミック出版　（コスミック・時代文庫）
【要旨】越後藩の武士・高瀬周次郎は、江戸留守居役という役目を利用して小遣い稼ぎに励む、いわば典型的なごなずい小役人。夢や野望、まして正義などとは無縁の生活を送っているが、それでも若いうちは真面目に剣を修行し、才能の片鱗も見せていた。そんな周次郎が、ある日、古の骨董品にまつわる詐欺に騙されてしまう。自業自得ではあるものの、使ったのは、藩の御用金。困り果てた周次郎に、救いの手をさしのべたのは、なんと北町奉行の佐々井忠孝。落ちぶれた周次郎に、金の補填の代わりに、ある密命探索を周次郎が再起をかけて巨悪と戦い、奇跡の逆転を魅せる、痛快・読み切り長編！
2017.9 317p A6 ¥650 ①978-4-7747-1349-6

◆最強の相棒―ひねくれ浪人と腰ぬけ若様　飯野笙子著　コスミック出版　（コスミック・時代文庫）
【要旨】毎夜遊び暮らす、腰貫藩の若さま・曽根虎之介が、老中の水野忠邦から命じられたのは、大奥で起きた殺しの捜査。はて困った…と悩み虎之介は、飲み仲間である、向井彦治郎の手を借りることを思いつく。彦治郎は浪人であるものの、名門富豪の師範をこころざすまでの凄腕であった。すっかり世を拗ね、内心では金持ち・お偉方を見くだしている彦治郎と、自分ではなにもできぬ、甘ったれの若さま・虎之介…。およそ最低最悪と思われた二人組であったが、いくたの試練を乗りこえるうちに、いつしか互いを認めあい、深い友情で結ばれた最強の相棒へと成長してゆくのであった…。読み切り長編。
2017.4 309p A6 ¥650 ①978-4-7747-1313-7

◆天下無敵！ 影将軍―裁きの剣　飯野笙子著　コスミック出版　（コスミック・時代文庫）
【要旨】町を騒がす辻斬りをを、凄まじき剣力で成敗した謎の侍…。誰あろう、この長身の武士こそ、闇に隠れた悪を裁くべく市井にくだってきた

1028

た、時の将軍・徳川吉宗その人であった。将軍になって以来、庶民の救済に目安箱を設置した吉宗であったが、幕府の制度では限界がある。世の貧にひそむ悪事をただすべく、吉宗はおのれそっくりの小藩の下級侍になりかわり、市井の側から、世直しをおこなうことを決意した。事情を知る越貫藩家老から遣わされた、遊び人侍の亀治郎をお供として、将軍吉宗の波乱にみちた影の裁きが、今はじまる！名君として名高い八代将軍・徳川吉宗の、知られざる活劇譚！
2018.1 335p A6 ¥660 ①978-4-7747-1401-1

◆読売屋お吉 甘味とおんと帖　五十嵐佳子著
祥伝社　（祥伝社文庫）
【要旨】両親の死後、女手ひとつで妹弟を育てた二十五歳のお吉は、とびきりの甘味好き。働いていた菓子屋が暖簾を下ろすと、ひょんなことから、読売書き見習いに。人気者のお気に入りの菓子を紹介するため、歌舞伎役者の市川團十郎と尾上菊五郎に初取材すると、團十郎の亡き父との思い出の一品を捜すことに―。健気なお吉とほっこり甘い菓子が、心をときほぐす人情帖開幕。
2017.9 340p A6 ¥660 ①978-4-396-34353-8

◆銀杏散る―ふろしき同心御用帳 2　井川香四郎著　光文社　（光文社時代小説文庫）
（『ふろしき同心御用帳 情け川、菊の雨』加筆・修正・改題書）
【要旨】大店や札差、武家屋敷から大金が盗まれる事件が続出。しかし、同心の近藤信吾ら奉行所の面々は解決の糸口が掴めずにいた。そんな折、信吾と腐れ縁の中である瓦版屋の栄吉が、町で妙な煎餅屋を見つけ、好奇心から出入りしていたところ―。（表題作）奉行所嫌いの同心が、大法螺吹いて事件を解決！人情味溢れる活躍を痛快に描く時代シリーズ第二弾！
2017.11 309p A6 ¥640 ①978-4-334-77565-0

◆口は災いの友―ふろしき同心御用帳 3　井川香四郎著　光文社　（光文社時代小説文庫）
（『ふろしき同心御用帳 残り花、風の宿』加筆修正・改題書）
【要旨】日本橋の両替商に押し込みに入った男が逃走。医者の屋敷に人質と共に立て籠もった！駆けつけた南町奉行所筆頭同心の近藤信吾は、咎人との離れた話し合いにあたるうち、材木問屋の主人や作事奉行方の大工頭を不平ぞべなどと要求を重ねることを訝しみ、その関係を探ると―。（表題作）奉行所嫌いの同心が大法螺吹いて事件を裁く、痛快な人情時代シリーズ第三弾！
2017.12 317p A6 ¥640 ①978-4-334-77578-0

◆御三家が斬る！一殺しの鬼棲む妻籠宿　井川香四郎著　講談社　（講談社時代小説文庫）
【要旨】中山道の名宿妻籠宿では、「旅人たちを食う鬼がでる」との不穏な噂が立っていた。危機に乗じて制定された悪法に苦しむ百姓衆。見かねた新之助と箕山は、百姓を諫めるべく葵の御紋の引箱をかざすも、偽物とはねつけられ万事休す。ひとり、幕府用人の策謀を察知した求馬の探索は、窮地を救えるか。
2017.6 299p A6 ¥660 ①978-4-06-293690-3

◆守銭奴―もんなか紋三捕物帳　井川香四郎著
徳間書店　（徳間時代小説文庫）
【要旨】門前仲町の十手持ち紋三は、巷を騒がせている盗賊の件で、品川宿の半次親分に会いに行った。その帰り道、高輪で激しい驟雨に降られ、居酒屋の軒先で雨宿りしていると、店の女将に誘われ、食事をすることに。出された鮪の味付けから、十五年前に紋三の地元にあった鮨屋と、ある事件を思い起こさせた。十八人の子分たちとともに、江戸の治安に目を光らせる紋三の活躍を描いた四篇！書下ろし大江戸痛快捕物帳。
2017.12 317p A6 ¥660 ①978-4-19-894283-0

◆千両仇討―寅右衛門どの江戸日記　井川香四郎著　文藝春秋　（文春文庫）
【要旨】越後四条藩で影武者を務めていた与多寅右衛門は、一橋家の元家老、飯田龍登守易信の推挙で武蔵滝山藩主にして若年寄の座に就いた。江戸と甲州をつなぐ美しいこの地が、石高は貧しい。そんな小藩に金鉱が発見され、寅右衛門の首を狙う賊が現れた。謎の女の姿も―。好評痛快シリーズ、怒涛の第四弾！
2017.8 300p A6 ¥760 ①978-4-16-790907-9

◆大名花火―寅右衛門どの江戸日記　井川香四郎著　文藝春秋　（文春文庫）
【要旨】駒形そこつ長屋に起居する与多寅右衛門。かつて越後四条藩主の影武者を務め、町の事件

を次々と解決する彼のもとに、碁敵として謎の男が通い詰める。小柄で白髭、前歯の欠けた素性の知れぬこの老人、なにやら思惑があるようだ。幕閣の政争にも巻き込まれ、寅右衛門の身にも大きな変化が―。絶好調シリーズ、急展開の第三弾！
2017.5 311p A6 ¥690 ①978-4-16-790851-5

◆花供養―ふろしき同心御用帳 4 井川香四郎著 光文社 （光文社時代小説文庫）
【要旨】大店の通い手代が連続して四人も殺される事件が持ち上がった。手がかりは亡骸の口上に置かれたなでしこの造花。同心・近藤信吾は真相を調べるが、真相は杳として知れない。だが、その四人が両国橋広小路を毎日通っているという共通点を深掘りすると―。（表題作）奉行所に出仕するのが大嫌いな型破りの同心は、今日も素法螺吹いて事件を解決！人情時代シリーズ第四弾。
2018.1 315p A6 ¥640 ①978-4-334-77591-9

◆ふろしき同心御用帳 井川香四郎著 光文社 （光文社時代小説文庫）（ふろしき同心御用帳 恋の橋、桜の闇 加筆修正・改題書）
【要旨】奉行所に出仕するのが大嫌いな定町廻り同心の近藤信吾。代わりに決まって行く先は船宿の「千成」で、瓦版屋の栄吉や医者の八朔、女将のお немаки大げさな自慢話を聞いて過ごす。されど騒ぎが出来すれば、己の義と情をたぎらせて、刀と大法螺で一件落着。広げた風呂敷は必ず畳む！粋な男の活躍と江戸の町に住む個性豊かな人びとが織りなす痛快無比の時代シリーズ第一弾！
2017.10 316p A6 ¥640 ①978-4-334-77547-6

◆別子太平記―愛媛新居浜別子銅山物語 井川香四郎著 徳間書店
【要旨】1690年、伝説の切上り長兵衛によって発見されて、閉山までの283年間で65万トンの銅を産出し、巨大財閥住友の礎となっただけでなく、日本の貿易や近代化にも大きく貢献した愛媛県新居浜市の別子銅山。江戸時代の貨幣改鋳にも深く関わった世界屈指の鉱山を舞台に、歴史を彩った熱い人々を鮮烈に描く、魂が揺さぶられる大河ロマン！
2017.5 412p B6 ¥1800 ①978-4-19-864394-2

◆黙示録 上 池上永一著 KADOKAWA （角川文庫）
【要旨】1712年、琉球王が第13代尚敬王が即位した。国師の蔡温は国を繁栄させるため、王の身代わりとなる存在「月しろ」を探し始めた。一方、貴族出身の盗人を働く蘇了泉は、王宮で失われた舞踊家・石羅昔に踊りの天賦の才を見出される。病気の母親を救うため、謝恩使の楽童子として江戸に行くことを決めた了泉。だが船中には、もうひとりの天才美少年・雲胡が同乗していた…。将軍に拝謁すべく、2人の舞踊家が鎬を削る！
2017.5 413p A6 ¥800 ①978-4-04-105381-2

◆黙示録 下 池上永一著 KADOKAWA （角川文庫）
【要旨】謝恩使を成功させ、琉球に凱旋した了泉は一挙に富と名声を得るが、成功を受け止めきれずにいた。折から、清国から冊封使としてやって来た徐葆光をもてなすため、踊奉行の玉城朝薫は究極の舞踊である「組踊」を創作。琉球の芸術を究めるため、2人の天才舞踊家を用いて完成に近づけようと目論む。王の身代わりとなる「月しろ」は、果たして了泉か雲胡か？傑作『テンペスト』を凌駕した、"琉球サーガ"の到達点、遂に文庫化！
2017.5 506p A6 ¥920 ①978-4-04-105384-3

◆三菱を創った男 岩崎弥之助の物語―弥之助なかりせば 池田平太郎著 幻冬舎メディアコンサルティング, 幻冬舎 発売
【要旨】幕末の動乱の中から一代にして「三菱」を作った風雲児・岩崎彌太郎。だが、彼が創ったのは「三菱」であって「三菱財閥」ではない。兄の死後、その盛名を毀すことなく、新たに「三菱財閥」を創り上げた岩崎弥之助の生涯を描く歴史経済小説。
2017.1 473p B6 ¥1400 ①978-4-344-91037-9

◆鬼平犯科帳 決定版 4 池波正太郎著 文藝春秋 （文春文庫）
【要旨】「おなつかしゅうございます」二十余年ぶりに平蔵の前に現われ、「密偵になりたい」と申し出たおまさには、平蔵への淡い恋心と語りたからぬ過去があった（「血頬」）。平蔵の凄絶な剣技に息を呑む本作ほか、「霧の七郎」「五年目の客」「密通」「あばた新助」「おみね徳次郎」「敵」「夜鷹殺し」の全八篇を収録。
2017.2 387p A6 ¥660 ①978-4-16-790795-2

◆鬼平犯科帳 決定版 5 池波正太郎著 文藝春秋 （文春文庫）
【要旨】妻を亡くし、隠居の身であった平蔵の従兄・三沢仙右衛門が突如、茶屋女を「嫁にもらいたい」と言い出した。老父の情熱をもてあました長男に頼まれ、平蔵はその女に会いに行く（「山吹屋お勝」）。後年、著者自身が鬼平ベスト5に選んだ本作ほか、「深川・千鳥橋」「乞食坊主」「女賊」「おしゃべり源八」「兇賊」「鈍牛」の全七篇を収録。
2017.2 350p A6 ¥660 ①978-4-16-790796-9

◆鬼平犯科帳 決定版 6 池波正太郎著 文藝春秋 （文春文庫）
【要旨】舟の上で"隠居"を待ちながら、のんびりと交わす老船頭と平蔵のかけ引きの妙味（「大川の隠居」）。密偵としての任務と、かつて愛した男への思いに揺れるおまさ。じっと見守っていた平蔵が動く（「狐火」）。シリーズ屈指の名作二篇ほか、「礼金二百両」「猫じゃらしの女」「剣客」「盗賊人相書」「のっそり医者」の全七篇を収録。
2017.3 344p A6 ¥660 ①978-4-16-790814-0

◆鬼平犯科帳 決定版 7 池波正太郎著 文藝春秋 （文春文庫）
【要旨】この年二十の平蔵の長男・辰蔵は、剣術の稽古そっち退けで、女あそびに打ち込んでいる。いまは"芋の煮ころがしのような小むすめ"に夢中だ（「隠居金六百両」）。縦覧自在の鬼平の魅力ここにあり。ほかに「雨乞いの庄右衛門」「はさみ撃ち」「搔掘のおけい」「泥鰌の和助始末」「寒月六間堀」「盗賊婚礼」の全七篇を収録。
2017.3 345p A6 ¥690 ①978-4-16-790815-7

◆鬼平犯科帳 決定版 8 池波正太郎著 文藝春秋 （文春文庫）
【要旨】火付盗賊改方の同心・小柳安五郎は、一昨年、妻と子をうしなった。以来、人が変わったように、われから危難に立ち向かっている。そんな小柳が罪人を逃した胸の内とは（「あきれた奴」）。四十をこえた平蔵の剣友・岸井左馬之助が思い悩む（「あきらめきれずに」）ほか、「用心棒」「明神の次郎吉」「流星」「白と黒」の全六篇を収録。
2017.4 345p A6 ¥690 ①978-4-16-790836-2

◆鬼平犯科帳 決定版 9 池波正太郎著 文藝春秋 （文春文庫）
【要旨】女密偵・おまさと、かつては本格派の盗賊の首領であった大滝の五郎蔵。二人は平蔵の指示で一つ家に住み、盗賊の見張りを続けるが、その顛末は―（「鯉肝のお里」）。平蔵の愛犬となるクマとの出会いを描く名作「本門寺暮雪」ほか、「雨引の文五郎」「泥亀」「浅草・鳥越橋」「白い粉」「狐雨」の全七篇に、エッセイ一篇を特別収録。
2017.4 359p A6 ¥720 ①978-4-16-790837-9

◆鬼平犯科帳 決定版 10 池波正太郎著 文藝春秋 （文春文庫）
【要旨】人のこころの奥底には、おのれでさえもわからぬ魔物が棲んでいるものだ―。このところ様子がおかしい老密偵・相模の彦十に、何が起こったのか（「むかしなじみ」）。密偵に盗賊、同心たちの過去と現在を縦横に描き、目が離せない。全七篇を収録。
2017.5 365p A6 ¥720 ①978-4-16-790854-6

◆鬼平犯科帳 決定版 11 池波正太郎著 文藝春秋 （文春文庫）
【要旨】食い気盛んな同心・木村忠吾の大好物は、深川の一本鰻だ。柚子や擂胡麻、葱などをあしらった濃目の汁で食べる。ある日、「同席、かまわぬかしら？」と巨体の侍が忠吾に近づいてきた（「男色一本鰻鈍」）。老盗人の名人芸が光る（「穴」）。全七篇を収録。
2017.5 377p A6 ¥730 ①978-4-16-790855-3

◆鬼平犯科帳 決定版 12 池波正太郎著 文藝春秋 （文春文庫）
【要旨】盗賊の頭・長沼又兵衛は、かつて本所・高杉道場で、平蔵、岸井左馬之助とともに、三羽鳥と呼ばれた男だった（「高杉道場・三羽鳥」）。腕利きの密偵六人衆が集まり、盗賊だった昔の思い出話を肴に、飲んで飲んで、その挙句…（「密偵たちの宴」）。ほかに「いろおとこ」「見張りの見張り」「二つの顔」「白蝮」「二人女房」の全七篇を収録。
2017.6 406p A6 ¥780 ①978-4-16-790871-3

◆鬼平犯科帳 決定版 13 池波正太郎著 文藝春秋 （文春文庫）
【要旨】同心・松永弥四郎は、自身の奇妙な性癖を平蔵の息子・辰蔵に知られ、戦々恐々の日々を送る（「夜針の音松」）。「酒もうまい。肴もうまい」と煮売り酒屋で、上機嫌の同心・木村忠

吾。さし向いの相手の顔貌は、眉毛と眉毛がつながっていた（「一本眉」）。ほかに「熱海みやげの宝物」「殺しの波紋」「墨つぼの孫八」「春雪」の全六篇を収録。
2017.6 340p A6 ¥690 ①978-4-16-790872-0

◆鬼平犯科帳 決定版 14 池波正太郎著 文藝春秋 （文春文庫）
【要旨】近年、いよいよ兇悪化する盗賊どもの跳梁。長谷川平蔵はその探索のために身命を惜しまず、父・宣雄が遺した金も刀剣もほとんど失い、命をも狙われる日々である。密偵・伊三次の過去と無念（「五月闇」）ほか、「あごひげ三十両」「尻毛の長右衛門」「殿さま栄五郎」「浮世の顔」「さむらい松五郎」の全六篇を収録。
2017.7 355p A6 ¥720 ①978-4-16-790888-1

◆鬼平犯科帳 決定版 15 特別長篇 雲竜剣 池波正太郎著 文藝春秋 （文春文庫）
【要旨】火付盗賊改方の二同心が、立て続けに殺害される。その太刀筋は、半年前に平蔵を襲った兇刃に似ていた。何者かの火盗改方への挑戦が始まった。平蔵は二十数年前に亡師・高杉銀平が語った「忘れられぬ刺客」の記憶を手操る。その男こそ、「雲竜剣」の遣い手・堀本伯道であったか…。忍び寄る恐怖と敵に立ち向かう迫力の特別長篇・初登場！
2017.7 425p A6 ¥810 ①978-4-16-790889-8

◆鬼平犯科帳 決定版 16 池波正太郎著 文藝春秋 （文春文庫）
【要旨】新婚の同心・木村忠吾の惚けぶりは延々綿々、平蔵の皮肉も通じない（「白根の万左衛門」）。一方、妻子を失って以来、独り身の同心・小柳安五郎は、平蔵の指示で、火賊と乱行を続ける同僚の監視を続けていた（「網虫のお吉」）。部下たちの почти剣の決断が冴える。ほかに「影法師」「火つけ船頭」「見張りの糸」「霜夜」の全六篇を収録。
2017.8 363p A6 ¥720 ①978-4-16-790910-9

◆鬼平犯科帳 決定版 17 特別長篇 鬼火 池波正太郎著 文藝春秋 （文春文庫）
【要旨】「丹波守様が亡くなられたぞ。知っているか？」…従兄の話に興味をそそられた平蔵は、駒込の「権兵衛酒屋」に立ち寄った。酒と一品のみの肴がうまいと評判だが、平蔵はここに曲者の気配を感じる。ほどなく、この店の女房が斬られ、亭主は姿を消す。これを発端に、平蔵暗殺から身旗本の醜聞へと、謎が謎を呼ぶ長篇「鬼火」登場！
2017.8 394p A6 ¥780 ①978-4-16-790911-6

◆鬼平犯科帳 決定版 18 池波正太郎著 文藝春秋 （文春文庫）
【要旨】目黒不動まで見廻りに出た平蔵は、門前の桐屋で妻・久栄の好物である黒飴を求め、少々のんびり過ごす。帰り道、驟雨にたまらず、近くの百姓家に入ると、そこに、同心・細川峯太郎が女連れで飛び込んできた（「俄か雨」）。同心たちも一筋縄ではいかない。ほかに「駲馬の三蔵」「蛇苺」「一寸の虫」「おれの弟」「草雲雀」の全六篇を収録。
2017.9 303p A6 ¥660 ①978-4-16-790927-7

◆鬼平犯科帳 決定版 19 池波正太郎著 文藝春秋 （文春文庫）
【要旨】女密偵おまさは、万年橋から川面を見つめている女に気づく。以前、同じお頭の許で、「引き込み」をつとめた女賊のお元であった。（さて、どうしたらよいものか？）おまさは迷うが、平蔵は、密偵たちの複雑な心境を理解していた（「引き込み女」）。ほかに「霧の朝」「妙義の團右衛門」「おかね新五郎」「逃げた妻」「雪の果て」の全六篇を収録。
2017.9 377p A6 ¥740 ①978-4-16-790928-4

◆鬼平犯科帳 決定版 20 池波正太郎著 文藝春秋 （文春文庫）
【要旨】肴は豆腐の一品のみの、味も素っ気もない居酒屋が麻布にある。その夜、訪ねてきた女が「小柳安五郎が殺されても、いいのかえ？」といって、帰った。店の亭主は、火付盗賊改方同心をつとめていた金三郎であった。（おしま金三郎」）。ほかに「二度あることは」「顔」「怨恨」「高萩の捨五郎」「助太刀」「寺尾の治兵衛」の全七篇を収録。
2017.10 350p A6 ¥690 ①978-4-16-790944-4

◆鬼平犯科帳 決定版 21 池波正太郎著 文藝春秋 （文春文庫）
2017.10 330p A6 ¥680 ①978-4-16-790945-1

◆鬼平犯科帳 決定版 22 特別長篇 迷路 池波正太郎著 文藝春秋 （文春文庫）

と、筆頭与力・佐嶋忠介を伴い市中見廻りへ出た平蔵だが、変事の予感を覚える。翌日、宿直明けの与力・秋本源蔵が半刀で射殺されし、平蔵の周辺と身内が連日で命を狙われる。敵は何者か？　火盗改方への恨みなら、なぜ下僕まで襲うのか。苦悩の果てに、平蔵は行方知れずとなる。傑作長篇！
2017.11 391p A6 ¥780 ①978-4-16-790964-2

◆**鬼平犯科帳 決定版 23 特別長篇 炎の色**
池波正太郎著　文藝春秋　（文春文庫）
【要旨】謹厳実直な亡父・長谷川宣雄の隠し子出現に、平蔵は苦笑い（「隠し子」）。夜鴉がしきりに鳴いた翌日、おまさは旧知の盗賊・峰山の初蔵に声をかけられる。「新しい荒神のお頭を手伝ってもらいたい。二代目は女だ。先代の隠し子さ」。先代の助太郎親分を思い、おまさの心が騒ぐ（「炎の色」）。二人の隠し子登場で、新たな物語が始まる。
2017.11 302p A6 ¥660 ①978-4-16-790965-9

◆**鬼平犯科帳 決定版 24 特別長篇 誘拐**
池波正太郎著　文藝春秋　（文春文庫）
【要旨】おまさは、昔の仲間・お熊を茶店で見かける「女密偵女賊」。火盗改メの役宅にきた新しい「まわり髪結い」、その名は五郎蔵（「ふたりの五郎蔵」）。荒神のお夏はおまさへの思いを断ち切れず…未det完となった最後の作品「誘拐」。尾崎秀樹「池波正太郎の文学」と秋山忠彌「平蔵の好きな食べもの屋」を併録する「鬼平」最終巻！
2017.12 260p A6 ¥650 ①978-4-16-790984-0

◆**真田騒動―恩田木工 上**　池波正太郎著（新座）埼玉福祉会　（大活字本シリーズ）
【目次】信濃大名記、錯乱、この父その子
2017.6 341p A5 ¥3100 ①978-4-86596-150-8

◆**真田騒動―恩田木工 下**　池波正太郎著（新座）埼玉福祉会　（大活字本シリーズ）
【目次】碁盤の首、真田騒動
2017.6 320p A5 ¥3200 ①978-4-86596-151-5

◆**白雲鬼―江戸の春**　井坂英二著　幻冬舎メディアコンサルティング，幻冬舎 発売
【要旨】状勢不穏下の幕末。常陸の斉谷新造は仕官を求めて出府の途次に、暴徒に要害された同郷の士の遺志を継いで、日くの脇差を水戸家へ届ける過程で三人組の魔の手に会う。不純な手法で刀を買い集める奇怪な老人と、その刀を巧妙に売りさばく謎の女。身分ある武士と鍛冶師の暗闘、そこに加勢する者は無口の奇態な男。苦境の新造を助ける侠気の深川芸者。謎を呼び、深淵な陰謀に巻き込まれて新造と白雲鬼。その終局は如何に。白装束の快剣士白雲鬼が諸悪の闇を斬る、痛快歴史小説。
2017.6 ¥1200 ①978-4-344-91368-4

◆**驕奢の宴 上 ―信濃戦雲録第三部**　井沢元彦著　祥伝社　（祥伝社文庫）
【要旨】「国の大きな要が崩れ去ったのだ。それをもう一度締め直す」本能寺で信長が横死し、戦国の世は一気に混迷した。北条は関東の滝川一益を襲い、北国勢力で信長家臣家が睨み合う。旧武田領甲信で信長の争奪戦は徳川家康が制した。だが、織田家後継を巡る思惑の中で、明智光秀を討ち取ったの羽柴秀吉が、天下人に近づいていた…。風雲急を告げる歴史巨篇第三部！
2017.9 433p A6 ¥750 ①978-4-396-34355-2

◆**驕奢の宴 下 ―信濃戦雲録第三部**　井沢元彦著　祥伝社　（祥伝社文庫）
【要旨】「この唐の国をそっくりそなたに進呈しよう」小田原城が陥落、奥羽の伊達も帰服して天下統一成った秀吉は、唐土の地図を広げ、さらなる野望を茶々に語る。加藤清正の名護屋城を完成させ、西行長と競わせるかのように、朝鮮国へと大軍勢を派遣した。当初は快進撃を続ける日本軍だったが…。見果てぬ夢、力、そして人々の悲哀―大河歴史小説、ついに完結！
2017.9 458p A6 ¥750 ①978-4-396-34356-9

◆**千利休は生きている！ 上巻**　石井健次著　日本地域社会研究所　（コミュニティ・ブックス）
【要旨】権力と文化の相克を描く！　武力が支配した戦国時代に、権力（茶の湯）で抗った千利休。権力は弓矢枯衰、文化は千年を超えて生き続ける。茶聖・千利休が時空を超えて現代に甦る。驚くべき歴史未来小説！
2017.10 257p B6 ¥2000 ①978-4-89022-204-9

◆**千利休は生きている！ 下巻**　石井健次著　日本地域社会研究所　（コミュニティ・ブックス）
【要旨】賢者・千利休は現代人に何を伝えたかったか。いかに生き、いかに死ぬか。死生観が軽視され、考えることを忘れた現代人に、千利休が茶道を通じて伝えたかったことは何か。
2017.10 253p B6 ¥2000 ①978-4-89022-205-6

◆**影の武士団**　石坂美也男著　（仙台）創栄出版，星雲社 発売
【要旨】盛岡藩で起きた日本最大の百姓一揆を裏で支えた武士団がいた。彼らは影の武士団と呼ばれた。
2017.8 30p B6 ¥1000 ①978-4-434-23617-4

◆**ながれ星 冬星**　石重義一郎著　幻冬舎メディアコンサルティング，幻冬舎 発売
【要旨】「おれは一体、何者なんだ!?」天保十五年。記憶を失くした一人の男が、越後直江の津・今町に流れ着いた。やくざ者から盲目の少女・さくらを助けた男は、旅籠屋に居候することとなる。さくらをめぐる巨大な陰謀が渦巻くなかで、男は壮絶な過去と直面し、運命の「星」に導かれるがまま、ひとすじの流れ星が燃え尽きるように、闘いの真っ只中に身を投じてゆく。それはまるで、燃え尽きる流れ星のように―。
2017.9 276p B6 ¥1400 ①978-4-344-91367-7

◆**完本 春の城**　石牟礼道子著　藤原書店
【要旨】天草生まれの著者が、十数年かけた徹底した取材調査ののち完成させた、天草・島原の乱を描いた一大傑作「春の城」。取材紀行「草の道」、多彩な執筆陣による解説、地図、年表、登場人物紹介、系図、関係図を附した完全版！
2017.7 899p B6 ¥4600 ①978-4-86578-128-1

◆**新八犬伝 起**　石山透著　KADOKAWA（角川文庫）
【要旨】時は室町時代、安房の国は里見城で打ち首となった八房、怨念が立ち向かうため、伏姫は犬の八房とともに己の胎内から八つの珠を持つ八犬士を生み出す。十数年後「孝」の珠を持つ大塚信乃は、父の形見怪刀村雨丸を、さもしい浪人網乾左母二郎にだまし取られ、恋人浜路ともは離れ離れになるがすべて、玉梓が怨霊の仕業だった。『南総里見八犬伝』の大胆な解釈のもと、大人気を博した人形劇を、脚本家自ら書き下ろした完全小説版。
2017.3 311p A6 ¥640 ①978-4-04-104744-6

◆**新八犬伝 承**　石山透著　KADOKAWA（角川文庫）
【要旨】力自慢の犬田小文吾は旅の途中悪女舟虫の計略に落ち捕らえられてしまうが、そこへ助けに現れたのは人気女田楽一座の花形美女、旦開野。実は女装の若武者、犬阪毛野だった。一方、大塚信乃は船路で安房に向かう途中、怨霊玉梓が起こした大暴風雨で、船が難破。流れ着いた先は、海賊が根城とする島「鬼ヶ城」だった。『南総里見八犬伝』の大胆な解釈のもと、大人気を博した人形劇、脚本家自ら書き下ろした完全小説版、第2弾！
2017.3 285p A6 ¥640 ①978-4-04-104739-2

◆**新八犬伝 転**　石山透著　KADOKAWA（角川文庫）
【要旨】犬塚信乃は海賊から救い出した娘リョンビンを明の国に送った帰り、船が難破し琉球に流れつく。そこで出会った王子の剣幕された王位継承権を得るため、一肌ぬぐことになる。王宮は虬（みづち）の化身の摂政に支配されていた。恋人浜路は人買いを通じて遠州は高天神城に売られるが、兄大山道節の火遁の術で助けられ、琉球から逃れた信乃と再会を果たす。『南総里見八犬伝』の大胆な解釈のもと人気を博した人形劇。完全小説版、第3弾！
2017.5 306p A6 ¥680 ①978-4-04-104740-8

◆**新八犬伝 結**　石山透著　KADOKAWA（角川文庫）
【要旨】里見家の宿敵、鎌倉の管領扇谷定正は安房の国を滅ぼすため戦の準備を進めていた。一方、安房那古領の境内では、伏姫ゆかりの七人の犬士が、犬江親兵衛を探して、犬塚信乃と犬村角太郎は出羽の国に旅立つが、二人の行く手を阻むのは、あの玉梓が怨霊だった！『南総里見八犬伝』の大胆な解釈のもと、大人気を博した伝説の人形劇。その完全小説版、完結巻！
2017.5 333p A6 ¥720 ①978-4-04-104785-9

◆**用心棒無名剣―旗本斬り**　いずみ光著　コスミック出版　（コスミック・時代文庫）
【要旨】「俺に名はない。野良犬だ」―黒紋付に黒の袴という黒ずくめの出で立ち、腰に一口の豪剣、同田貫を帯びたのは、五尺七寸はあろうかという長身の浪人であった。同道するでもなく、若侍の七郎太、僧侶の抜山と、行く宛もない旅を続けていたが、囁く口癖の通り、この浪人の素姓や名を知る者は誰もいなかったのである。無頼で人との関わりを避けているように見える浪人であるが、道義に反する者を許さず、その行く先々で用心棒と化し、豪剣を振るっていた。そして京の町で武家同士の斬り合いに遭遇。浪人は事件の原因がとある藩士と高級旗本の諍いにあることを知る。果たしてその遺恨の果てに、浪人が見たものとは―!?異色の用心棒シリーズ、好評第2弾！
2017.3 309p A6 ¥650 ①978-4-7747-1314-4

◆**お師匠さま、整いました！**　泉ゆたか著　講談社
【要旨】享保十一年、茅ヶ崎は浄見寺。今は亡き夫の跡を継ぎ、桃は寺子屋で子供たち相手に師匠をして暮らしている。ある日、酒匂川の氾濫で両親を亡くした春が訪ねてくる。すでに大人の身でありながら、もう一度学問を学び直したいという。はじめは戸惑っていた桃だが、春の素直さとはじけ隠れする才能に次第に魅せられていく。しかし、寺子屋一本気の意気娘・鈴が黙っているはずなく…。爽やかでほんのり温かい、"時代×お仕事"エンターテインメント！
2017.1 221p B6 ¥1400 ①978-4-06-220393-7

◆**ローマ帝国のたそがれとアウグスティヌス**　磯部隆著　新教出版社
【要旨】古代末期の神学的巨人の生涯を、帝国の衰亡史と重ねつつ、弟子アリピウスの述懐を通して描いた壮大な歴史小説。
2017.12 355p B6 ¥2200 ①978-4-400-22754-0

◆**実録西郷隆盛**　一色次郎著　光文社　（光文社時代小説文庫）
【要旨】明治維新最大の功労者でありながら、わずか十年で逆賊とされ、鹿児島にある城山の露と消えた西郷隆盛。大久保一蔵（利通）との貧しい少年時代から、薩摩藩主島津斉彬に引き立てられ、歴史の表舞台を離り出、ついには官軍の大将として江戸へ進軍―激動の時代をまっしぐらに突き進んだ男の生きざまを、著者の憧憬と郷愁を抱き、迫真の筆致で綴り上げた傑作！
2017.8 344p A6 ¥780 ①978-4-334-77522-3

◆**悪左府の女**　伊東潤著　文藝春秋
【要旨】冷徹な頭脳ゆえ「悪左府」と呼ばれる頼長が権力争いの道具として目をつけたのは、下級貴族の娘・春遊栄子だった。曲水の宴、賀茂祭、月見の宴、虫狩り―優雅な行事の裏では、貴族たちが卑劣な罠の仕掛けあいに明け暮れる。平清盛らの勢力に押されて、いつしか頼長は破滅へと舵を取る。「勝つために手段は選ばぬ」と伊東潤の新境地！謎とスリルに満ちた平安時代長編。
2017.6 408p B6 ¥1900 ①978-4-16-390660-7

◆**城をひとつ**　伊東潤著　新潮社
【要旨】北条氏綱の評定の間に現れた男、大藤信基は不敵にそう言い放った。幻の兵法書『孟徳新書』の説く秘伝「入込」の術を用いてある時は馬の商人に、ある時は気鋭の医者に姿を変え敵陣深く潜入し、情報操作を弄して一気に城を奪い取る一大藤家の五代にわたる闘いと、北条の命運を決した小田原合戦までを追った、痛快無比な戦国スパイ小説連作！
2017.3 325p B6 ¥1600 ①978-4-10-331853-8

◆**武士の碑**　伊東潤著　PHP研究所　（PHP文芸文庫）
【要旨】その男の奏でる調べは、武士の時代への鎮魂歌か―。西郷隆盛と大久保利通の後継者と目されていた村田新八は、岩倉使節団の一員として渡欧、パリにおいて、大久保と袂を分かって下野したとの報に接する。二人を仲裁するために帰国し、故郷・鹿児島へと向かったものの、大久保の挑発に桐野利秋らが暴発。ここに、日本史上最大にして最後の内戦・西南戦争の火蓋が切って落とされた。著者渾身の長編小説。
2017.9 534p A6 ¥920 ①978-4-569-76755-0

◆**野望の憑依者（よりまし）**　伊東潤著　徳間書店　（徳間時代小説文庫）
【要旨】時は鎌倉時代末期。幕府より後醍醐帝追討の命を受け上洛の途に就いた高師直は、思う。「これは主人である尊氏に天下を取らせる好機だ」。帝方に寝返った足利軍の活躍により、鎌倉幕府は崩壊。建武の新政を開始した後醍醐帝だったが、次第に尊氏の存在に危機感を覚え、追討の命を下す。そのとき師直は…。野望の炎を燃やす婆娑羅者・高師直の苛烈な一生を描いた

歴史・時代小説（戦記）

南北朝ピカレスク、開演。
2017.7 461p A6 ¥740 ①978-4-19-894235-9

◆**黎明に起つ** 伊東潤著 講談社 （講談社文庫）
【要旨】応仁・文明の乱で荒廃した都。備中の荏原庄で育った伊勢新九郎は、兄を討つことを強いた守旧勢力の権力闘争を憎んだ。下向した駿河で、東国を新天地とすることに定め、茶々丸、三浦道寸ら好敵手との対決が、新九郎とその一族を押し上げていく。戦国黎明期を駆け抜けた北条早雲の新しき姿に、伊東潤が挑む！
2017.3 427p A6 ¥800 ①978-4-06-293424-4

◆**忍者烈伝ノ乱―天之巻** 稲葉博一著 講談社 （講談社文庫）
【要旨】西国・北畠家の婿となった織田信長の次男・信雄は、「三瀬の変」で北畠一族を暗殺して伊勢を手中にした。次なる目標は隣国の伊賀。しかし、危機を察した伊賀衆の知略によって、目論見は頓挫する。血気盛んな彼は、伊賀への復讐を成し遂げようとするが、動乱の世に身を捧げた、忍びたちの哀しき性を描く。
2017.4 399p A6 ¥780 ①978-4-06-293588-3

◆**忍者烈伝ノ乱―地之巻** 稲葉博一著 講談社 （講談社文庫）
【要旨】因縁深い幻術師・果心居士との邂逅で、伝説の伊賀忍者・上野ノ左は露と消えた。残された下忍・笹児と四貫目は、主の命により郷土の防戦に勤しむ。一方、織田信雄は伊賀での敗退で父・信長を激怒させたが、やがて再戦の時機を得た。天下統一へ向け、織田軍の総攻撃が始まる。戦にまみれた兵どもの末路とは。
2017.4 422p A6 ¥780 ①978-4-06-293589-0

◆**爺子河岸―剣客船頭 18** 稲葉稔著 光文社 （光文社時代小説文庫）
【要旨】元南町奉行所の定町廻り同心で、いまは船頭となった沢村伝次郎。孫の髪結いが骸となって見つかった。その下手人探しを始めるが、一方、千草が懇意にしていた子供、半助が消息を絶った。孫を心配する祖父の八百蔵に代わり半助探しにも奔走する伝次郎。そして、二つの事件が繋がった時、真相が明らかになる。江戸情緒と人情を深く描いた傑作シリーズ第十八弾。 2017.11 300p A6 ¥580 ①978-4-334-77567-4

◆**騙り商売―新・問答無用** 稲葉稔著 徳間書店 （徳間時代小説文庫）
【要旨】薬売りの七三郎が長屋で不審死を遂げた。折しも町年寄の元に、ネズミ講まがいの騙しにつられた被害の訴えが押し寄せている。膏薬や丸薬を葛籠で仕入れて首尾良く売れれば、成功報酬が支払われる儲け話だったのだが、素人にそうそううまくいくものではない。損を抱えた大勢の町年寄に訴え出たのだ。町年寄配下として町方の手に負えぬ事件の調べを請け負う柏木宗十郎の出番であった。
2017.2 302p A6 ¥640 ①978-4-19-894194-9

◆**喜連川の風―参勤交代** 稲葉稔著 KADOKAWA （角川文庫）
【要旨】奥州道中にある喜連川藩は騒然としていた。天童藩織田家と仙台藩伊達家、二藩の参勤交代行列の宿泊希望日が、同日になってしまったのだ。家格は十万石の小藩・喜連川藩にとって、行列調整の収入は財政を左右する死活問題。これを調整すべしと、作間管理職の天野一角に白羽の矢が立てられた。曲者上司の無理難題や思いつきに一角は大苦戦！ 機転と剣技で難題に挑む大好評シリーズ第3弾。
2017.4 314p A6 ¥640 ①978-4-04-104365-3

◆**喜連川の風―一切風覚悟** 稲葉稔著 KADOKAWA （角川文庫）
【要旨】日本一小さな大名家に一揆の気配が!?藩の中間管理職・天野一角が調べると、不作に喘ぐ百姓たちが、年貢繰り延べの訴えを撥ねつけた藩に不満を募らせていた。石高は五千石だが家格は十万石の喜連川家。一揆など起きようものなら名家の恥だ。一角は中老の説得を試みるも怒りに触れ、百姓を説得できなければ切腹せよと命じられてしまう。村で殺しも発生し、爆発寸前の百姓たちのために一角がとった行動とは？ シリーズ第4弾！
2017.10 295p A6 ¥640 ①978-4-04-105947-0

◆**沽券状―新・問答無用** 稲葉稔著 徳間書店 （徳間文庫）
【要旨】霊岸島浜町の大家の寡婦りつが他に帰ってくると、家屋や他の不動産まで、まるまるそっくり他人のものになっていた。権利書「沽券状」を偽造して、持ち主が知らぬ間に家屋

敷を売りさばく詐欺があまた横行しているのだ。事態を重く見た町年寄たちは、凄腕剣客・柏木宗十郎に探索を命じた…。欲のためには人殺しも厭わぬ外道どもを懲らしめる、時代剣書下し長篇第五弾。
2017.8 275p A6 ¥630 ①978-4-19-894243-4

◆**十兵衛推参―本所見廻り同心控** 稲葉稔著 双葉社 （双葉文庫）
【要旨】深川の泉養寺脇道で二人の浪人が斬殺された。本所見廻り同心の深見十兵衛は、その凄烈な太刀筋に息を呑む。やがて十兵衛は、殺された二人が悪党「闇の与三郎」の用心棒で、下手人は同じく用心棒を務める小野派一刀流の剣豪、遠野彦市だったことを突き止める。元須坂藩士の彦市には人には言えぬ辛い過去があった。男気溢れる十兵衛の名裁きが冴え渡る！ 傑作時代小説第二弾。
2017.10 319p A6 ¥630 ①978-4-575-66853-7

◆**すわ切腹―幕府役人事情 浜野徳右衛門** 稲葉稔著 文藝春秋 （文春文庫）
2017.10 277p A6 ¥720 ①978-4-16-790942-0

◆**涙の万年橋―剣客船頭 17** 稲葉稔著 光文社 （光文社時代小説文庫）
【要旨】元南町奉行所の定町廻り同心で、いまは船頭を生計にしている沢村伝次郎。殺しの件で伝次郎にしつこく話を聞いていた岡っ引きの元六が何者かに殺された。北町奉行所の定町廻り同心は伝次郎を下手人と疑う。一方、千草がふとした縁で人助けしていた浪人夫婦の仇討ちの手伝いをすることに―。江戸情緒溢れるなかで謎解きも満喫できる、傑作シリーズ第十七弾。
2017.5 284p A6 ¥602 ①978-4-334-77486-8

◆**ぶらり十兵衛―本所見廻り同心控** 稲葉稔著 双葉社 （双葉文庫）
【要旨】ならず者の清次郎が堅川三ツ目橋の袂で骸となって見つかった。本所見廻り同心の深見十兵衛は下手人探しに奔走するも、耳にするのは清次郎に手込めされ道を極めた清次郎の悪評ばかり。やがて行きついた先に待ち受けていた意外な真実と、十兵衛の男気溢れる人情裁きとは？ 胸に染み入る傑作時代小説。
2017.5 284p A6 ¥602 ①978-4-575-66828-5

◆**浪人奉行 1ノ巻** 稲葉稔著 双葉社 （双葉文庫）
【要旨】麹町の裏小路で干物とめし、酒しか出さぬ店「いろは屋」を営む八雲兼四郎。寡黙な兼四郎はかつて凄腕の遣い手として鳴らしていたが、ある事情から剣を封印していた。しかし、思わぬ巡り合わせから町奉行所の手の届かぬところで跋扈する無法者を討つ「浪人奉行」に。己の苦い過去と決別すべく、兼四郎は再び刀を握る。どこまでも強く、どこまでも凄まじい傑作剣戟シリーズ、ここに誕生！ 超期待の第一弾。
2017.3 269p A6 ¥583 ①978-4-575-66820-9

◆**浪人奉行 2ノ巻** 稲葉稔著 双葉社 （双葉文庫）
【要旨】哀しい過去を断ち切るべく、封印していた剣を再び握った八雲兼四郎。表の顔は干物とめし、酒しか出さぬ店「いろは屋」の若大将、裏の顔は許せぬ外道を冥土に送る浪人奉行として生きる兼四郎に不穏な噂がもたらされる。反物を積んだ舟が江戸の手前で次々と消え、荷だけが市中で闇商いされているというのだ。悪の匂いを嗅ぎつけた兼四郎は盟友、橘官兵衛らと行徳に乗り込むも、待ち受けていたのは最凶の賊徒だった。大反響の剣戟シリーズ、堂々の第二弾。
2017.7 267p A6 ¥583 ①978-4-575-66841-4

◆**浪人奉行 3ノ巻** 稲葉稔著 双葉社 （双葉文庫）
【要旨】苛烈な過去を乗り越え、剣友春之助と和解した八雲兼四郎。共に道場をやろうと誘う真の心を嬉しく思いつつも、麹町で営む居酒屋「いろは屋」で再び常連客に囲まれる道を選ぶ。兼四郎には春之助にも言えぬ裏の顔―外道を闇に葬る浪人奉行の影役目があった。平穏な日々も長くは続かず、池袋村で旅の行商人が惨殺されたとの凶報がもたらされる。大反響シリーズ、堂々の第三弾！
2017.12 284p A6 ¥602 ①978-4-575-66864-3

◆**逢魔が山** 犬飼六岐著 光文社 （光文社時代小説文庫）
【要旨】世は戦国。四国のとある小さな山村で、雑兵たちが襲った。秀太・鶴吉の兄弟と村の子供たちは、村長の家に匿われていた謎の子供二人とともに獣われてしまう。「決して立ち入ってはならない」と祖父母らに教えられた禁忌の世界、逢魔が山に迷い込む。深

闇の中、次々と襲い来る怪奇と心に巣くう恐怖に子供たちが立ち向かう。友情と勇気。出色の冒険小説。
2017.7 325p A6 ¥700 ①978-4-334-77503-2

◆**綺良のさくら** 今井絵美子著 角川春樹事務所 （時代小説文庫）
【要旨】江戸初期、南部盛岡藩の草創期に、初代藩主・南部利直の御側用人を務める桜木兵庫の元に生まれた綺良は、周囲の愛情を一身に受けて、幸せな子ども時代を送っていた。利直の五男・彦六郎とは幼馴染みでお互い想いを寄せていた。しかし、そんなある日、二代目藩主に意見をした父・兵庫がその怒りに触れてしまう。そして綺良は、大変に出仕することに。幾多の苦難に出会いながらも自らの道を探し求める綺良の「愛」と「夢」を描き切る、感動の時代長編。
2017.3 315p A6 ¥580 ①978-4-7584-4073-8

◆**群青のとき** 今井絵美子著 KADOKAWA （角川文庫）
【要旨】時は幕末。福山藩からわずか25歳で老中に就任した阿部正弘を待ち受けていたのは、数々の国難だった。黒船はじめ度重なる外国船の来航、欧米列強に対する攘夷派の強硬論、逼迫する財政と弱体化する幕藩体制…。一刻の猶予もない中、正弘は外交・内政に煩悶し、国論の統一に奔走する。身分の上下にかかわらず人材を登用、夜明け前の日本で難局に立ち向かい革新をおこなった男の熱き人生を描く、著者初の本格歴史時代小説！
2017.4 347p A6 ¥640 ①978-4-04-104922-8

◆**友よ―便り屋お葉日月抄 10** 今井絵美子著 祥伝社 （祥伝社文庫）
【要旨】日々堂で代書をする戸田龍之介を、無二の友桜木小弥太の姉が訪ねてきた。突然の来訪に戸惑う龍之介に姉は弟の失踪を告げる。桜木家に婿入りした小弥太は三月前に赤児に恵まれたが、最近の不義の子との噂があった。懸命の捜索にも拘わらず行方は杳として知れないものの、桜木家の秘事が明らかに。やがて、己を貫く小弥太の真意を知った龍之介は一感涙の江戸情話。
2017.3 297p A6 ¥620 ①978-4-396-34297-5

◆**残りの秋―髪ゆい猫字屋繁盛記** 今井絵美子著 KADOKAWA （角川文庫）
【要旨】身重のおよしが突然猫字屋に出戻ってきた。旦那の藤吉が店の金を持って失踪中だという。誰もが認めるおしどり夫婦にいったい何が？ 魚竹の跡継になった喜次は藤吉の探索に一役買い、その一筋縄ではいかない胸の裡を聞きつけるー。消える命あれば、生まれる命あり。めぐる季節のなか、人を慈しみ、縁を大事に生きる尊さ。いつもの世も変わらぬ人の情を哀歓あふれる筆で描きだす、著者畢生の大シリーズ、感動の最終巻！
2017.10 278p A6 ¥600 ①978-4-04-105705-6

◆**ぶぶ漬屋稲茶にございます** 今井絵美子著 角川春樹事務所 （ハルキ文庫）
【要旨】夫が賄を受けたという、いわれのない咎で西国の藩を追われ、親子三人で江戸に出て来て十四年、夫が亡くなってから十三年。その間、真沙女は息子・夢之丞の仕官だけを頼みに、地道に生きてきた。しかし元奉公人のお久と偶然にも再会し、一緒にお袋の味のお惣菜やお茶漬けの店をはじめることに。母親の変わり様に出入り師の夢之丞はとまどいながらも、生き生きとしている母の姿を見て、陰ながら店を助けるが…。「母子燕」が自ら幸せを切り拓く、待望の新シリーズ、ここに誕生。
2017.6 280p A6 ¥670 ①978-4-7584-4096-7

◆**禊凪―すこくろ幽斎診療記** 今井絵美子著 双葉社 （双葉文庫）
【要旨】十七人の子供たちの笑い声が溢れ、今日も賑やかな養護院草の実荘。その草の実荘に薬種問屋浪花屋に奉公する徳次が嫁入りで久しぶりに帰ってきた。徳次が門前を潜ろうとしたとき、草の実荘の庭を覗き込む柳頬巾を被った三十路半ばの女を見かける。それからしばらくして、お夏とお冬姉妹の弟春吉が草の実荘から忽然と姿を消した。書き下ろし好評シリーズ第九弾。 2017.8 293p A6 ¥611 ①978-4-575-66845-2

◆**九紋龍―羽州ぼろ鳶組** 今村翔吾著 祥伝社 （祥伝社文庫）
【要旨】火事を起こし、その隙に皆殺しの押し込みを働く盗賊千羽一家が江戸に入った。その報を受け、新圧藩火消通称"ぼろ鳶"組頭・松永源吾は火付けを止めるべく奔走する。だが藩主の親戚・戸沢正親が現れ、火消の削減を宣言。一方現場では九頭の龍を躯に刻み、町火消最強と

歴史・時代小説（戦記）

◆**火喰鳥—羽州ぼろ鳶組**　今村翔吾著　祥伝社（祥伝社文庫）
【要旨】かつて、江戸随一と呼ばれた武家火消がいた。その名は、松永源吾。別名、「火喰鳥」―。しかし、五年前の火事が原因で、今は妻の深雪と貧乏暮らしをしている。そんな彼の元に出羽新庄藩から突然仕官の誘いが。壊滅した藩の火消組織を再建してほしいという。「ぼろ鳶」と揶揄される火消たちを率い、源吾は昔の輝きを取り戻すことができるのか。興奮必至、迫力の時代小説。
2017.3 444p A6 ¥740 ①978-4-396-34298-2

◆**夜哭烏—羽州ぼろ鳶組**　今村翔吾著　祥伝社（祥伝社文庫）
【要旨】「八咫烏」の異名を取り、江戸一番の火消加賀鳶を率いる大音勘九郎を非道な罠が襲う。身内を攫い、出動を妨害、被害の拡大を狙う何者かに標的にされたのだ。家族を諦めようとする勘九郎に対し、「火喰鳥」松永源吾率いる羽州「ぼろ鳶」組は、大音一家を救い、卑劣な敵を止めるため、果敢に出張るが…。業火を前に命を張った男たちの団結。手に汗握る傑作時代小説。
2017.3 372p A6 ¥680 ①978-4-396-34337-8

◆**家康の遠き道**　岩井三四二著　光文社
【要旨】赤裸々に戦国武将の心を暴き、読者を惹きつける人気作家の最新作！手に入れた天下を死後も、どう無事に守り、保ちつづけるのか―戦国を勝ち抜いた"怪物"が辿り着いた答えとは？
2017.5 350p B6 ¥1700 ①978-4-334-91166-9

◆**絢爛たる奔流**　岩井三四二著　講談社
【要旨】豊臣から徳川へ時代が大きく動いていた慶長年間、京の商人・角倉了以は朱印船貿易で得た私財を投じ、富士川や高瀬川の開削に挑んだ。巨岩を砕き、山肌を掘り、流を消し、舟を上流に戻す道を開く。だが、とてつもなく大規模な事業は、自然と人面面からの困難に見舞われ続ける。
2017.7 345p B6 ¥1750 ①978-4-06-220659-4

◆**天魔の所業、もっての外なり—室町もののけ草紙**　岩井三四二著　（京都）淡交社
【要旨】応仁の乱を経て、世は戦国動乱の時代へと転がり落ちていく―妻に翻弄される男・足利義政、天魔の降臨を願う男・日野宗全、母の呪縛にもがく男・足利義尚、天狗になろうとした男・細川政元…。ろくでもない男たちの運命が狂い始める。絶大な経済力を背景に腎りゆく将軍家を操る日野富子。都でうごめく魑魅魍魎を描いた傑作短編集。
2017.10 213p B6 ¥1600 ①978-4-473-04201-9

◆**三成の不思議なる条々**　岩井三四二著　光文社（光文社時代小説文庫）
【要旨】たかが二十万石の身代である石田三成が、なぜ西軍の大将として指揮をとったのか？西軍、東軍、どちらに道理があったのか？関ヶ原の合戦から三十年、思わぬ知る人々を訪ね歩く町人がいた。「関ヶ原合戦大名衆振舞ノ子細」としてまとめられた一冊から浮かび上がる歴史の真相とは!?そして、敗軍の将・三成について、町人を使って調べさせた「さるお方」の思惑は!?
2017.8 468p A6 ¥840 ①978-4-334-77515-5

◆**うめ婆行状記**　宇江佐真理著　朝日新聞出版（朝日文庫）
【要旨】北町奉行同心の夫を亡くしたうめは、堅苦しい武家の生活から抜け出して独り暮らしを始める。気ままな独身生活を楽しもうと考えていた矢先、甥っ子の隠し子騒動に巻き込まれ、ひと肌脱ぐことを決意決意するが…。遺作にして最後の長篇時代小説。
2017.10 326p A6 ¥680 ①978-4-022648-59-4

◆**為吉—北町奉行所ものがたり**　宇江佐真理著　実業之日本社（実業之日本社文庫）
【要旨】為吉は幼いころ呉服屋の跡取り息子だったが、両親を押し込みに殺されていた。その後、北町奉行所付きの中間となっていたが、両親を殺した盗賊集団の首領が捕まったとの知らせが届く。その首領の名とは？人生の転変に大きな波紋を広げて…。2015年に急逝した著者が遺した一冊。執筆の経緯を綴った単行本未収録のエッセイを収録。
2017.10 321p A6 ¥620 ①978-4-408-55383-2

◆**赤猫始末—闕所物奉行裏帳合 3**　上田秀人著　中央公論新社（中公文庫）　新装版

【要旨】武家屋敷が連続して焼失、出火元の旗本は改易された。検分した扇太郎は放火（赤猫）であることを突き止め、彼らの莫大な隠し財産に驚愕する。そこへ襄奉行の処分に大目付が介入、さらに謎の刺客集団が次々と襲いかかる。大御所家斉の死後を見据えた権力争いに巻き込まれていく扇太郎だが…。新装版シリーズ第三弾。
2017.11 356p A6 ¥640 ①978-4-12-206486-7

◆**茜の茶碗—裏用心棒譚**　上田秀人著　徳間書店
【要旨】将軍家より下賜された茜の茶碗が盗まれた。事が露見すればお家取り潰しは必至。不測の事態に焦った相馬中村藩主は、一番の剣の遣い手、小宮山一之臣に茶碗捜索を命じる。浪人になりすまし、凄腕の見張り役として盗賊の信頼を獲得する小宮山。任務を遂行すべく幾度も盗みに立ち合うが、目当てのものは見つからない。捜索開始から二年。さらなる難題が小宮山に突きつけられる―。権力の横暴に打ち勝つことはできるのか!?痛快無比な大逆転劇。
2017.3 341p B6 ¥1700 ①978-4-19-864361-4

◆**因果—百万石の留守居役 9**　上田秀人著　講談社（講談社時代小説文庫）
【要旨】お国入りの一行は加賀藩領内に入り、婚約者琴の待つ金沢にほど近い高岡の名刹・瑞龍寺で、藩士綱紀に襲撃者たちが襲いかかる。藩士を励まし応戦する数馬に、「加賀の闇を見せてやる」と綱紀は決めた。休む間もなく数馬には、越前松平家を探る新たな命が下される。
2017.6 320p A6 ¥660 ①978-4-06-293688-0

◆**遠謀—奏者番陰記録**　上田秀人著　文藝春秋（文春文庫）
【要旨】水野備後守元綱は、出世の入り口である奏者番に取り立てられた。一度は失態を犯すも松平伊豆守に助けられ、以後、伊豆守に服従するようになる。四代家綱の治世となった折も折、由井正雪の乱が起こる。乱を機に旗本に取りたてられた奏者番は裏にある驚くべき陰謀に巻き込まれていく。
2017.9 317p A6 ¥680 ①978-4-16-790922-2

◆**覚悟の紅—御広敷用人大奥記録 12**　上田秀人著　光文社（光文社時代小説文庫）
【要旨】嫡男の長福丸が毒を飼われたことに激怒した八代将軍吉宗は、背後で糸を引いた天英院に対し苛烈な処断に臨む。御広敷用人の水城聡四郎は、吉宗の指示で大奥の刷新を始めるが、その仕打ちに天英院が暴挙に出る。はたして吉宗と竹姫の恋の行方は、そして、聡四郎に課せられた「最後の大仕事」とは、城内が震える、超人気シリーズ最終巻の第十二弾。
2017.10 367p A6 ¥640 ①978-4-334-77491-2

◆**金の権能—日雇い浪人生活録 4**　上田秀人著　角川春樹事務所（時代小説文庫）
【要旨】江戸屈指の両替商分銅屋に、仕事への誠実さを買われ、用心棒として雇われた浪人・諫山左馬介。しかし、田沼意次の財政改革に手を貸す分銅屋を警戒し、用心棒の左馬介を狙ってきた旗本田野甲の家臣を返り討ちにしたことで、心に重い枷を負うこの一件で、町方にも目を付けられた左馬介は、武士たちによる政の世界と、商人たちが担う財の世界の狭間で、いかにして立ち回るのか―。大人気「日雇い浪人生活録」シリーズ第四作。
2017.11 310p A6 ¥640 ①978-4-7584-4128-5

◆**金の策謀—日雇い浪人生活録 3**　上田秀人著　角川春樹事務所（時代小説文庫）
【要旨】浅草門前町の両替商・分銅屋仁左衛門に用心棒として雇われた浪人・諫山左馬介は、剣の腕はさほど立たぬも、鉄扇の扱いには長けていた。変わらぬ真面目さと謙虚さで雑用も厭わずよく働く左馬介を、ある日つけ狙う者が現れる。刺客を遣わしたのは、分銅屋を蹴落とそうとする札差の加賀屋。両者の背後には、幕政の中心を米から金に代えて幕府の再建を志す田沼意次と、いまの体制が崩れれば自分たちの破滅と血眼になる武家の策謀が交錯していた。金への改革ならんと、様々な思惑が衝突する、大好評シリーズ第三弾。
2017.5 314p A6 ¥640 ①978-4-7584-4087-5

◆**御免状始末—闕所物奉行裏帳合 1**　上田秀人著　中央公論新社（中公文庫）　新装版; 改版
【要旨】遊郭の打ち壊しにより、闕所物奉行、榊扇太郎は競売の入札権を持つ天満屋とともに始末にあたる。そこには水戸藩の思惑と幕府の陰謀が入り乱れていた。やがて吉原にも魔の手のび、扇

太郎にも危険が迫る！痛快時代小説シリーズ、待望の新装版！
2017.8 351p A6 ¥640 ①978-4-12-206438-6

◆**混乱—禁裏付雅帳 5**　上田秀人著　徳間書店（徳間文庫）
【要旨】お前だけは僧籍には入らない鬼籍行きだ。大人気シリーズ、驚愕の第五巻！
2017.10 314p A6 ¥650 ①978-4-19-894267-0

◆**策謀—禁裏付雅帳 4**　上田秀人著　徳間書店（徳間時代小説文庫）
【要旨】老中松平定信の密命を帯び、禁裏付として京に赴任した東城鷹矢。その役屋敷で、鷹矢は二人の女と同居することになった。下級公家の娘、温子と若年寄居守居役の娘、弓江だ。片や世話役として、片や許嫁として屋敷に居る鷹矢が、真の目的は禁裏付を籠絡することにあった。一方鷹矢は、公家の不正な金遣いを告発すべく錦市場で物価調査を開始するが、思わぬ騒動に巻き込まれることになる―。
2017.4 317p A6 ¥650 ①978-4-19-894220-5

◆**宿痾—表御番医師診療禄 10**　上田秀人著　KADOKAWA（角川文庫）
【要旨】将軍綱吉の命により、長崎での医術遊学を終えた御広敷番医師の矢切良衛。将軍の寵姫を懐妊へと導くため、大奥の担当医となった良衛に、様々な障害が立ちはだかる。良衛が持ち帰ったとされる秘薬を求めて、大奥内外に潜む黒幕たちは、手段を選ばぬ行動に出たのだ。矢切良衛のかかりつけ患者の伊田美絵にも魔手が忍び寄る―。美絵を人質に取られた良衛は、捨て身の賭けに打って出るが―。
2017.8 312p A6 ¥640 ①978-4-04-106055-1

◆**宣戦の烽—町奉行内与力奮闘記 5**　上田秀人著　幻冬舎（幻冬舎時代小説文庫）
【要旨】内与力・城見亨を慕う大坂娘の咲江が闇の勢力に狙われている。その背後には亨の主・曲淵甲斐守を追い落とそうとする町方役人の卑劣な思惑が。胡乱な輩と手を結ぶ与力同心などと言語道断。全面対決を決意した甲斐守から咲江の護衛を命じられた亨は、刺客集団との血で血を洗う殺し合いを覚悟する！喰うか喰われるかの対決の行方は？白熱の第五弾。
2017.9 338p A6 ¥640 ①978-4-344-42647-4

◆**忖度—百万石の留守居役 10**　上田秀人著　講談社（講談社時代小説文庫）
【要旨】お国入りの藩主綱紀への襲撃は、百万石を世継ぎなしの危機に陥らせるものだった。加賀藩を思うままにしようとしたのは誰か。綱紀と宿老本多政長は、数馬を藩福井に向かわせる。加賀の監視役にして名門の越前松平家。敵城で藩主面会に臨む数馬はいきなり包囲されてしまう。活路はあるのか!?
2017.12 321p A6 ¥660 ①978-4-06-293820-4

◆**旅発—聡四郎巡検譚**　上田秀人著　光文社（光文社時代小説文庫）
【要旨】将軍徳川吉宗と「大奥で忘れられた姫」竹姫との恋は成就せず、吉宗の大奥改革もとりあえず一幕が終わった。竹姫付き御広敷用人の任を解かれて寄合となり、静かな毎日を取り戻した旗本・水城聡四郎に、またも将軍吉宗から声がかかる。今回の命は「道中奉行副役」。「世の中を見てこい」という吉宗の命に、まずは東海道を。かつてない剣戟満載！待望のシリーズ開始。
2018.1 306p A6 ¥620 ①978-4-334-77583-4

◆**辻番奮闘記 危急**　上田秀人著　集英社（集英社文庫）
【要旨】将軍家光は、長引く島原の乱鎮圧のため、老中松平伊豆守に討伐の命を下す。不穏な気配は江戸にも漂い、辻斬りが横行。藩内に和蘭陀商館を持つ平戸藩江戸家老は、幕府の疑念を逸らすため、斎弦ノ丞らを辻番に任命し、江戸の治安を護る忠誠心を見せようとする。だが、弦ノ丞は任務初日に初戦に遭遇し、政争に巻き込まれていく…。藩の窮地を救うため奮闘する辻番達の活躍！書き下ろし時代小説。
2017.3 317p A6 ¥620 ①978-4-08-745561-8

◆**峠道 鷹の見た風景**　上田秀人著　徳間書店（徳間時代小説文庫）
【要旨】財政再建、農地開拓に生涯にわたり心血を注いだ米沢藩主、上杉鷹山。寵臣の裏切り、相次ぐ災厄、領民の激しい反発―それでも初志を貫いた背景には愛する者の存在があった。名君はなぜ名君たりえたのか。招かれざるものとして上杉家の養子に迎えられた幼少期、聡明な頭脳と正義感をたぎらせ藩主についた青年期、そして晩

年までの困難極まる藩政の道のりを描いた、著者渾身の本格歴史小説。
2017.2 333p A6 ¥660 ①978-4-19-894195-6

◆旗本始末―闕所物奉行 裏帳合 4 上田秀人著 中央公論新社 (中公文庫) 新装版
【要旨】逐電した旗本の行方を追う同心扇太郎は、借金の形に娘を吉原に沈める旗本が増えていることを知る。一方、現将軍・家慶派と大御所・家斉派の幕閥の対立に乗じて、狂い犬の一太郎が人身売買を禁じる法を逆手に吉原乗っ取りを画策する。激化する江戸の闇の支配をめぐる争いに、扇太郎の太刀が鞘走る。いよいよ佳境、新装版第四弾!
2017.12 345p A6 ¥640 ①978-4-12-206491-1

◆蛮社始末―闕所物奉行裏帳合 2 上田秀人著 中央公論新社 (中公文庫) 新装版
【要旨】目付・鳥居耀蔵の命を受けた榊扇太郎は、闕所になった旗本・高野長英の屋敷から一通の書付を発見する。なんとそこには異国の力で幕府を倒す計画が描かれていた! 仇敵を倒そうとする鳥居の陰謀は、大事にしたくない老中水野忠邦の狭間に困惑しながらも、真相究明に乗り出す扇太郎だが…。
2017.10 350p A6 ¥640 ①978-4-12-206461-4

◆秘薬―表御番医師診療禄 9 上田秀人著 KADOKAWA (角川文庫)
【要旨】長崎での医術遊学から戻った寄合医師の矢切良située、江戸での診療を再開した。だが、和蘭陀の産科の秘術を期待される良createは、将軍綱吉から直々に、大奥の担当医を命じられることになる。一方、奥医師の清往は、良creatが持ち帰ったとされる秘術を奪おうと、権力を笠に着せて、あらゆる手立てを仕掛ける。さらに良creatを狙う者は、一人だけではなかった。将軍の寵姫を懐妊へと導くため、奔走する良createに様々な障害が立ちはだかる。
2017.2 315p A6 ¥640 ①978-4-04-104767-5

◆鳳雛の夢 上 独の章 上田秀人著 光文社 (光文社時代小説文庫)
【要旨】戦乱に揺れる奥州の名家、伊達家の長男に生まれた藤次郎。孤独な少年期を過ごしていたが、父から家督を譲られる。伊達の頭領となった藤次郎政宗は、奥州統一を目指し腹心片倉小十郎とともに走り始めたが、最大の刺客が訪れる―。壮絶な戦闘、感涙のシーンを満載した「独眼竜」政宗。オリジナル原稿に大幅加筆した著者渾身の作品。上中下巻同時刊行。激闘の上巻。
2017.11 289p A6 ¥600 ①978-4-334-77550-6

◆鳳雛の夢 中 眼の章 上田秀人著 光文社 (光文社時代小説文庫)
【要旨】伊達家当主として奥州統一に乗り出した政宗。しかし、佐竹、大崎、蘆名との度重なる戦いで苦戦が続き、身内からも命を狙われる事態となる。最上との戦いが奥州惣無事令に反したとして秀吉に呼び出された政宗は、一世一代の「勝負」に出る。オリジナル原稿に大幅加筆した著者渾身の作品。上中下巻同時刊行。策略の中巻。
2017.11 281p A6 ¥600 ①978-4-334-77551-3

◆鳳雛の夢 下 竜の章 上田秀人著 光文社 (光文社時代小説文庫)
【要旨】奥州一揆を引き起こしたとして豊臣秀吉に京へ呼び出された伊達政宗。秀吉の手元には政宗直筆の手紙と花押が。政宗最大の危機を窮余の一策で乗り切る。盤石に思われた豊臣政権が秀吉の死で崩壊。そして、関ヶ原、大坂の陣を経て天下人となった徳川家康に、政宗はどう挑むのか―。オリジナル原稿に大幅加筆した著者渾身の作品。上中下巻同時刊行。感涙の下巻。

◆翻弄―盛親と秀忠 上田秀人著 中央公論新社
【要旨】人は運命から置き去りにされるときがある―長宗我部盛親と徳川秀忠。絶望の淵から栄光をつかむ日は来るのか? 関ヶ原の戦い、大坂の陣の知られざる真実を描く。渾身の戦国長編絵巻!
2017.9 469p B6 ¥1800 ①978-4-12-005005-3

◆連環の罠―町奉行内与力奮闘記 4 上田秀人著 幻冬舎 (幻冬舎時代小説文庫)
【要旨】「城見と浪人の遺恨騒ぎに仕立てあげようではないか」内与力・曲淵甲斐守が抜群の裁きで立ちはだかる。追い詰められた町方は、何と闇の勢力に接触。保身への執念は役人をここまで腐敗させるのか。亨にまたある絶体絶命…そこに思

わぬ援軍が! 激動の第四弾。
2017.3 337p A6 ¥650 ①978-4-344-42583-5

◆志士の峠 植松三十里著 中央公論新社 (中公文庫)
【要旨】文久三年(一八六三)、帝の行幸の先ぶれを命じられた公家・中山忠光は、勤王志士らと大和で挙兵する。五条の代官所を襲撃し新政府樹立を宣言するが、親幕派の公家や薩摩藩などにより一転、朝敵とされ討伐軍を差し向けられる。満身創痍で深き山々を駆けた志士たちの運命は!? 名手が描く、天誅組の志の輝きと四十日間の光跡。
2017.12 399p A6 ¥820 ①978-4-12-206497-3

◆千の命 植松三十里著 小学館 (小学館文庫)
【要旨】彦根藩士の子、賀川玄悦の生みの親は、おなかの子が出てこられずに亡くなってしまう。医者を志したが許されず、独力で鍼や按摩の技術を習得し京都に出る。ある日、お産で苦しむ隣人の女性を自らの技術で救った。その技術は評判となり回生術と名付けた。その後、玄悦は難産でひどい扱いをされている商家の妾・お糸を引き取っていく。次第に、お糸に特別な感情を抱くようになる。三人の子供との関わりや妻のお信とお糸のことに悩みながらも、多くの命を救った。山脇東洋を始め、一流の医者たちからもその技術を認められた男。

◆千両絵図さわぎ 植松三十里著 中央公論新社 (中公文庫) (『唐人さんがやって来る』改題書)
【要旨】江戸期に十二回来日した朝鮮通信使の受け入れは、国を挙げての一大イベント。版元「荒唐堂」の三兄弟は、公認絵図の出版に向けて立ち上がるが、長男の意気込みをよそに、次男は仕事に追われ、三男は町をふらつくばかり。そして次々と難題が降りかかる! 抱腹絶倒の長篇時代小説。
2017.5 397p A6 ¥740 ①978-4-12-206405-8

◆おらんだ忍者(しのび)・医師了潤―御役目は影働き 浮穴みみ著 中央公論新社 (中公文庫) (『御役目は影働き―忍び医者了潤参る』加筆・修正・改題書)
【要旨】伊賀の隠れ里から江戸へ出て、正体を隠し町医者となった上忍・笹川了潤。一見完璧なこの美男の難点(?)はただ一つ、「三度の飯より死ねが好き」一。怪事件に挑み、蘭学者の影を追い、見えない「敵」と相まみえるまで、大江戸ふしぎ事件帖。
2017.3 362p A6 ¥820 ①978-4-12-206380-8

◆鳳凰の船 浮穴みみ著 双葉社
【要旨】箱館にて洋式帆船造りの名匠と謳われた船大工の家を離れ、一介の仏壇師として二十年余りを過ごしていた。世は明治へと移り変わり、ひっそりと暮らす豊治のもとを伊豆の船匠・上田寅吉が訪れる。寅吉との対話により、齢七十を過ぎたその胸に、船造りとしての熱い想いが再燃する。―『鳳凰の船』江戸の残映が色濃い明治初期の函館を舞台に、人々の心情を細やかに描きあげた五編。
2017.8 245p B6 ¥1500 ①978-4-575-24054-2

◆庄内藩幕末秘話 宇田川敬介著 振学出版, 星雲社 発売 改訂版
2017.5 271p B6 ¥1200 ①978-4-434-23153-7

◆戦の国 冲方丁著 講談社
【要旨】『戦国』―日ノ本が造られた激動の55年を、織田信長、上杉謙信、明智光秀、大谷吉継、小早川秀秋、豊臣秀頼ら六傑の視点から描く、かつてない連作歴史長編。
2017.10 284p B6 ¥1550 ①978-4-06-220804-8

◆無用庵隠居修行 上 海老沢泰久著 (新座) 埼玉福祉会 (大活字本シリーズ)
【目次】無用庵隠居修行、女の櫛、尾ける子、聖天の藤兵衛
2017.6 382p A5 ¥3200 ①978-4-86596-160-7

◆無用庵隠居修行 下 海老沢泰久著 (新座) 埼玉福祉会 (大活字本シリーズ)
【目次】千鳥鷺、会津からの客、松屋の銀煙管、辻斬り
2017.6 359p A5 ¥3200 ①978-4-86596-161-4

◆シーザーネヴァーダイ―独裁官ガイウスとローマの明日 江森備著 復刊ドットコム
2017.6 262p B6 ¥2700 ①978-4-8354-5414-6

◆不易の恋―芭蕉庵・桃青 円上行元者 幻戯書房
【要旨】謎多き女性"寿貞"との悲恋を軸に、"風狂"の道に賭けた男が、真の俳諧師として"新生"し、永眠するまでを描く歴史小説。松尾芭蕉を葛藤させた生涯唯一の恋、そして嫉妬。
2017.10 157p B6 ¥1600 ①978-4-86488-130-2

◆決戦の時 下 遠藤周作著 小学館 (P+D BOOKS)
【要旨】絶体絶命の逆境の中、敵をあざむく奇策を講じ、難敵・今川義元を桶狭間にて討ち果たした信長は、やがて美濃・斎藤氏も攻略し、岐阜城を居城とする。ただ一人愛した女性・吉乃に早逝される信長は、天運を味方にして「天下布武」の野望を抱き始め、妹・お市を嫁がせた浅井・朝倉の連合軍を破り、ついには武田軍団との決戦に備える。吉乃の実家・前野家文書「武功夜話」を元に、秀吉、蜂須賀小六らの川筋衆の縦横無尽な活躍までもが生き生きと描かれた筆者渾身の歴史長編・後編。
2017.3 365p B6 ¥600 ①978-4-09-352291-5

◆果てしなき追跡 逢坂剛著 中央公論新社
【要旨】新選組副長・土方歳三は、新政府軍の銃弾に斃れた―はずだった。一命を取り留めた土方は、米国船に乗せられ北米へと渡る。だが、意識を取り戻した彼は、記憶を無くしていたのだった。すべてを失ったサムライと、彼を追いかける一人の少女。海を、大地を駆けめぐる、壮大なる旅がここに始まる!
2017.1 588p B6 ¥1900 ①978-4-12-004932-3

◆奔流恐るるにたらず―重蔵始末 8 完結篇 逢坂剛著 講談社
【要旨】文化四年、五度目の蝦夷地巡見に向かった近藤重蔵は、新たに宗谷、利尻島まで踏破する。北辺の地で九死に一生を得た重蔵は、帰府後、将軍家斉への御目見を果たした。蝦夷地の守りを固めるよう složenía命を受けることとか、その後は御書物奉行へ、また大坂弓奉行へという不本意な役替えを命じられることに。大坂では大塩平八郎の知己を得た重蔵の、あまりにも意外な最期の刻。生涯の宿敵女賊・りよとの最後の対決は―。
2017.11 364p B6 ¥1800 ①978-4-06-220803-1

◆大岡昇平歴史小説集成 大岡昇平著 中央公論新社 (中公文庫)
【要旨】徹底した史料博捜と批判精神、史実にのみ忠実であろうとする厳しい姿勢…。『レイテ戦記』の作者が切り拓いた歴史小説の新境地。「吉村虎太郎」「姉小路暗殺」ほか長篇『天誅組』と連なる佳篇、「高杉晋作」「竜馬殺し」など幕末維新期を舞台にした作品群、さらに「将門記」「渡辺崋山」まで網羅した短篇集。
2017.1 322p A6 ¥1000 ①978-4-12-206352-5

◆矜持の道―真田昌幸前半生の苦闘 大田明著 中央公論事業出版
【要旨】武田氏を壊滅させた信長亡き後、北条・徳川・上杉三つ巴の抗争に突入した関東甲信地域。武田氏の重臣真田昌幸はこの渦中を如何に生き抜いたのか。
2017.10 273p B6 ¥1600 ①978-4-89514-478-0

◆天衝―水野勝成伝 大塚卓嗣著 光文社 (光文社時代小説文庫)
【要旨】水野勝成。信長にその武勇を認められ、一騎駆けで戦場を切り抱き三百もの首を獲る、齢十九の若き猛将。その人生は、父・忠重から勘当され一変した! 家を追われ、名を捨て、どん底に陥った勝成は、ただひたすらに戦場を渡り歩く。天下のろくでなし武将は放浪の果てに何を掴む!? そして挑んだ関ヶ原の大勝負とは! 水野勝成の名を世に知らしめた、最強歴史小説。
2017.4 375p A6 ¥740 ①978-4-334-77462-2

◆居酒屋お夏 6 きつねの嫁 岡本さとる著 幻冬舎 (幻冬舎時代小説文庫)
【要旨】活気溢れるお夏の居酒屋の片隅で、静かに油揚げを食べるその男は、過去のしくじりに縛られていた。人の日常にも、変化の風は吹く。恋というには淡すぎる、ある女への慕情。だが、その女もまた他人に翻弄されながらも生きてきたのだった。傷つきながらも健気に生きてきた二人は、お夏のさりげない尽力で結ばれるのか? 心洗われる第六弾。
2017.1 318p A6 ¥600 ①978-4-344-42567-5

◆居酒屋お夏 7 朝の蜆 岡本さとる著 幻冬舎 (幻冬舎時代小説文庫)
【要旨】お夏が再会したその男は、親に捨てられ泥棒稼業に身をやつした過去の持ち主だった。一時期はまっとうな道を歩もうとした彼だが、世

歴史・時代小説（戦記）

間の風は容赦ない。「生まれてこなければよかった」。捨て鉢な自棄っぱちで喧嘩を起こした彼を救ったある浪人。その恩人が窮地に陥った時、男は一度だけ泥棒に戻る決意を固めるのだが…。心に優しい風が吹く第七弾。
2017.6 318p A6 ¥600 ①978-4-344-42619-1

◆決意―新・剣客太平記 7　岡本さとる著　角川春樹事務所　（時代小説文庫）
【要旨】三田に剣術道場を構える峡竜蔵は、妻と数え六つの好奇心旺盛な長男・鹿之助と親子水入らずで神田へ遊山に出かけた。そこで、頬に傷のある怪しい男と武士の殺しの談合とも取れる不気味な会話を聞いたという鹿之助の話を信じ、父子で探索をすることに。竜蔵は幼き頃の父との思い出と重ね、感慨ひとしお―。息子に「剣俠」の精神を見せるべく、恩人に立ち向かうが…。正義と俠気と愛嬌を持って、たくましく生きる！大人気剣豪小説。
2017.9 295p A6 ¥600 ①978-4-7584-4116-2

◆恋道行　岡本さとる著　KADOKAWA（角川文庫）
【要旨】不幸な生い立ちから悪事に手を染めるも、親切な絵草紙屋の主人に拾われ店番として更生した千七。物語を楽しむささやかな生活を送っていたある時、茶立女のおゆきと運命的な恋に落ちた！だが直後、おゆきに懸想する御家人崩れの久蔵が、ある裏仕事で入った大金で彼女を落籍してしまった。救出に向かった千七は、諍いの末に久蔵を殺してしまう…。追われる身となった二人の逃避行の行方は？著者新境地の時代恋物語、開幕！
2017.12 285p A6 ¥600 ①978-4-04-106248-7

◆戦国、夢のかなた　岡本さとる著　角川春樹事務所
【要旨】落ち延びてた命―戦国の荒野に忘れてきた夢を取り返すべく、男たちは再び戦いはじめる。大坂の陣で真田幸村と共に戦い、落ち延びた明石掃部。熱烈な吉利支丹である掃部は、禁教令を敷き怖々と着々と強いる徳川家に対し、再び旗を掲げる機をうかがっていた…。
2017.8 310p B6 ¥1600 ①978-4-7584-1308-4

◆黄昏―新・剣客太平記 6　岡本さとる著　角川春樹事務所　（時代小説文庫）
【要旨】真心影流峡道場の師範代・神森新吾は、三十路を迎え、将来を真剣に考えるゆえの壁にぶち当たっていた。ある日、遊山に向かう道すがら武家奉公人・新平が浪人三人組に絡まれているところに遭遇した新吾は、浪人達に師・竜蔵譲りの啖呵を切って仲裁した。これをきっかけに新吾と新平は急速に親しくなる。そんな折、竜蔵の息子が新平の住まいの近所で流れる不思議な噂を耳にして…。愛弟子のさらなる剣技と人生の熟成を願う師範の、想いやり溢れる目の配り方とは？大人気爽快剣豪小説。
2017.2 302p A6 ¥600 ①978-4-7584-4066-0

◆二度の別れ―取引ံ榮三 18　岡本さとる著　祥伝社　（祥伝社文庫）
【要旨】秋月栄三郎の手習い道場に久栄が嫁いだのを機に、弟子の又平は裏の長屋に引っ越した。やがて生まれた二人の子の成長を楽しみがためだった。ある日、長屋に捨て子が。駿然とする中、又平は満面の笑みで赤子を育てると宣言し、赤子の世話を始める。一方、栄三は赤子の親捜しを開始する。すると、栄三も知らなかった又平の切ない恋心が…。心温まる長編時代小説。
2017.10 291p A6 ¥620 ①978-4-396-34362-0

◆若鷹武芸帖　岡本さとる著　光文社（光文社時代小説文庫）
【要旨】小姓組番衆を務める若き旗本、新宮鷹之介を、将軍家斉から「滅びゆく武芸流派を調べよ」と、武芸帖編纂所の頭取につくよう命が下る。鷹之介には助っ人がついていた。飲んだくれの柳生新陰流の遣い手に、不器用ながら円明流の達人、かつて愛した女の一言だけで、癖のある剣客ばかり。武芸帖編纂手始めの流派は幻の手裏剣術。その遣い手に辿り着けるのか。笑いあり涙ありの傑作シリーズ開幕！
2017.11 323p A6 ¥620 ①978-4-334-77563-6

◆生きがい―戯作者南風余命つづり　沖田正午著　KADOKAWA（角川文庫）
【要旨】人気が下り坂の戯作者・浮世月南風は、名医・杉田玄白から「あと一年の命」と告げられる。肝の臓に腫瘍があるというのだ。朽ちる前に自棄になるか、版元の励ましにこそ浮かんだのは、かつて愛した女の一言だった。「あなたには＊＊＊＊が足りないの―」その言葉を聞き直すため、南風は旅に出る。

葛藤と決意が胸を震わす、書き下ろし長篇時代小説。
2017.7 319p A6 ¥680 ①978-4-04-105744-5

◆命の代償―北町影同心 6　沖田正午著　二見書房　（二見時代小説文庫）
【要旨】音乃が出かけている間に、大奥の御使使が異家を訪れ、十日後に音乃を召し出せと丈一郎に言い置いていく。呆然とする音乃だったが、そんな折、北町奉行榊原忠之から、幕府転覆の陰謀と後ろ盾を、命を懸けて探索するよう依頼される。限られた日にちの中、大奥召し出しと陰謀阻止を合わせ、そして音乃の従兄弟・船頭寅七のもとに、海で助けられた「殿」と呼ばれる記憶喪失の少年がいることを知る。少年も甥たちと齢恰好が酷似。音乃は、子供たち失踪の闇を暴く！
2018.1 321p A6 ¥648 ①978-4-576-17126-5

◆影武者捜し―北町影同心 7　沖田正午著　二見書房　（二見時代小説文庫）
【要旨】北町奉行の影同心・音乃の甥、十一歳になる鉄太郎が行方不明になった。同日同時刻、年齢も身形も似た子供たちが他に二人、行方知れずになっていた。一方、奉行の勧めで、音乃は書院番士に見合いをするが、番士の従兄弟・船手奉行のもとに、海で助けられた「殿」と呼ばれる記憶喪失の少年がいることを知る。少年も甥たちと齢恰好が酷似。音乃は、子供たち失踪の闇を暴く！
2018.1 321p A6 ¥648 ①978-4-576-17196-8

◆もたれ攻め―北町影同心 5　沖田正午著　二見書房　（二見時代小説文庫）
【要旨】音乃が墓参りに行くと、墓石に「死ね」の文字が彫られていた。ほかの墓も荒らされていたことから、影同心として下手人探しの命が下るが、家に蚯蚓が放り込まれたり盆栽が壊されたり…。誰が何の怨みで？一方、音乃は大店の道楽息子たちと知り合うが、男らが不審死を遂げたことから、そこに闇のにおいを嗅ぐ。関係なく見える二つが音乃機智で繋がる。凄腕同心「闇魔」の女房。書き下ろし長編時代小説。
2017.5 301p A6 ¥648 ①978-4-576-17060-2

◆甲州戦国叙情伝　荻原政夫著　（武蔵野）さんこう社
【要旨】武田信玄の父である信虎の時代に、武田家を存亡の危機から救った軍師荻原昌勝の政乱の生涯を描いた「茜雲」。美濃の出身なのに甲斐を愛し、信玄を慕い、明智光秀と固い絆で結ばれた快川国師の「桔梗物語」。戦国時代の甲州で活躍した、知る人ぞ知る武将と僧を描いた戦国叙情伝。
2017.5 203p B6 ¥1200 ①978-4-902386-72-1

◆葵の残葉　奥山景布子著　文藝春秋
【要旨】この四兄弟がいなければ、幕末の歴史は変わっていただろう―。徳川傍流・高須家から尾張、会津、桑名に散った若き兄弟は動乱の中、維新派と佐幕派に分かれ対立を深めていく。葵の誇りを胸に、新時代の礎となった高須四兄弟の運命を描く！
2017.12 296p B6 ¥1800 ①978-4-16-390768-0

◆恋衣　とはずがたり　奥山景布子著　中央公論新社　（中公文庫）
【要旨】後深草院の宮廷を舞台に、愛欲と乱倫、嫉妬の渦に翻弄される女官・二条。幼くして生き別れとなった娘・露子が、二条の遺した日記を繙きながら、晩年は尼となり自らの脚で諸国を遍歴するまで、美しく、気高く、そして奔放に生きた実母の人生を辿る。
2017.3 300p A6 ¥680 ①978-4-12-206381-5

◆寄席品川清洲亭　奥山景布子著　集英社（集英社文庫）
【要旨】時は幕末、ペリー来航の直後の品川宿。落語好きが高じ寄席の開業を思い立った大工の棟梁・秀八。女房の確保に苦労するも、寄席の建物は順調に出来上がってきていた。そんな中、突然お城の公方さまが―。秀八の清洲亭は無事柿落しが出来るのか？笑いあり涙あり、人情たっぷりの時代小説、開幕！
2017.12 362p A6 ¥660 ①978-4-08-745683-7

◆正義よ燃えよ―高杉晋作一人起つ　小佐々進介著（福岡）花乱社
【要旨】八月十八日の政変で会津・薩摩に京都を追われ、禁門の変で「朝敵」とされた長州藩。揺れる藩論、疑念渦巻く人事、他藩の思惑―。尊王攘夷の誠忠を尽くさんとする藩士たちは、次第に討幕へ傾き、沸騰する思いのままに起ち上がる。そして…高杉晋作は、龍の舞う如くに立ち回り、命を燃やす。死すべきときに死に、生くべきときに生きる。変革の志を追った長編歴

史小説！
2017.10 350p B6 ¥2000 ①978-4-905327-79-0

◆鞍馬天狗 1　角兵衛獅子　大佛次郎著　小学館　（P+D BOOKS）
【要旨】角兵衛獅子の少年・杉作を囮に、鞍馬天狗を取り囲んだ武装組。隊長・近藤勇も新手をひきつれそこに駆けつける。大坂城代あての密書を奪った鞍馬天狗だったが、謀られて地下の水牢に閉じこめられる。恩人を助けようと城へ忍びこんだ杉作少年ももはや袋のねずみ―。幕末京を舞台に、入り乱れて闘う勤皇の志士と新選組。時代小説の名作「鞍馬天狗」から、評論家・鶴見俊輔が厳選した傑作シリーズの第一弾。
2017.8 338p B6 ¥550 ①978-4-09-352312-7

◆鞍馬天狗 2　地獄の門・宗十郎頭巾　大佛次郎著　小学館　（P+D BOOKS）
【要旨】勤王と佐幕の間の謀略に翻弄される志士たちの悲劇から、冷酷な政治と熱い志の葛藤を描いた「地獄の門」。長州の志士を斬った嫌疑がかかってしまった鞍馬天狗。だが、仕掛けられた罠では…と疑念を抱く。新選組と見廻組も絡んで二転三転する展開の末、隠れていた裏切り者は意外な人物だった「宗十郎頭巾」。名作時代小説「鞍馬天狗」から、評論家・鶴見俊輔が厳選した傑作シリーズの第二弾。解説も鶴見俊輔が特別寄稿。
2017.9 312p B6 ¥550 ①978-4-09-352315-8

◆鞍馬天狗 3　新東京絵図　大佛次郎著　小学館　（P+D BOOKS）
【要旨】江戸が東京に変わると大名たちは国許へひきあげ、夜の街にはひと気が消えた。傍若無人な浪人たちや錦旗を纏った官軍たちが横行し富豪。また幕府に殉じようとする老武士や函館戦争へ参じて帰らぬ夫を待つ若い妻など時代の狭間に蠢く人々が仔細に描かれる。そんな折、市井の人となった鞍馬天狗は、ある夜、巡邏の者に襲われ、思わぬ事件に巻きこまれて…。時代小説の名作「鞍馬天狗」から、評論家・鶴見俊輔が厳選した傑作シリーズの第三弾。
2017.10 312p B6 ¥550 ①978-4-09-352316-5

◆鞍馬天狗 4　雁のたより　大佛次郎著　小学館　（P+D BOOKS）
【要旨】江戸の鉄砲鍛冶が次々と行方不明になる奇怪な事件が頻発。柳橋芸者の小吉から経緯を聞いた鞍馬天狗は、事件の裏になにか大がかりな陰謀があると睨む。黒椿を愛する謎の幻庵老人、相川の佐渡奉行から今は老中となった松平主計介、佐渡視察に行って命を落とした大目付・志村橘左衛門が江戸情緒たっぷりの舞台でうごめく。そして遂に鞍馬天狗は思わぬ獲物をとらえる。時代小説の名作「鞍馬天狗」から、評論家・鶴見俊輔が厳選した傑作シリーズの第四弾。
2017.11 380p B6 ¥600 ①978-4-09-352319-6

◆鞍馬天狗 5　地獄太平記　大佛次郎著　小学館　（P+D BOOKS）
【要旨】長州戦争を目前に壮大なスケールで展開する鞍馬天狗の最終章。深夜、江戸伝馬町の牢から一人の脱獄囚が夜の闇に紛れる。だが、その真意は公儀大目付による"泳がせ"。探索に乗り出した鞍馬天狗に、脱獄囚を尾行するもう一人の男が微かに引っかかり、彼らは横浜関内の異人屋敷へ逃げこむ。そこで頻発する奇怪な事件から、場面は神戸へ、そして上海へと広がっていく。長州戦争を目前にしてせめぎあう幕府と長州、暗躍する鉄砲商人など壮大なスケールの物語が展開していく。時代小説の名作「鞍馬天狗」から、評論家・鶴見俊輔が厳選した傑作シリーズの最終第五弾。解説も鶴見が特別寄稿。
2017.12 523p B6 ¥650 ①978-4-09-352322-6

◆かわら版屋繁盛記―やっかい半次郎　小沢章友著　双葉社　（双葉文庫）
【要旨】貧乏御家人の次男、衣笠半次郎は「厄介」といわれる冷や飯食いの身。家督を継ぐこともできず、いろいろな奉公に出るが、直情径行な性格が災いして、すぐに癇癪をしくじっては口入屋に泣きつくことを繰り返していた。そんな半次郎に口入屋はかわら版の文章書きの仕事を斡旋したのだが…。
2017.9 278p A6 ¥611 ①978-4-575-66851-3

◆峠を出でて奇兵隊を撃て―幕末小倉藩物語　小野剛史著　幻冬舎メディアコンサルティング、幻冬舎発売
【要旨】近代日本の夜明けから150年経った今、語られる―倒幕と明治維新を加速させた敗者たちによる「もう一つの幕末史」。藩の至宝である城に自ら火を放ち、孤立無援のゲリラ戦を続ける小倉藩士たち。我々はいったい何のために戦っ

◆火—みちのく一関忠臣蔵　小野寺苺著　勝き書房，星雲社 発売
【要旨】歴史小説「みちのく臍分け始末」「茶杓消えた伊達炫老」に次ぐ、みちのくシリーズ第3弾！　徳川幕政下の大事件に遭遇。改易、刃傷、浅野内匠頭の切腹、討ち入り。苦悩する元禄の一関藩士・牟岐平右衛門。赤穂浪士・富森助右衛門、妻るんとの出会い。
2017.9 327p B6 ¥2000 ①978-4-434-23719-5

◆踊る猫　折口真喜子著　光文社　（光文社時代小説文庫）
【要旨】お滝は、女衒にたぶらかされ、京の島原で遊女となった。童女だったころのお滝に憧れていたと、訪ねて来た男。その本性は!?　「かわたろ」河童、雪女、ウブメ。画家で俳人の与謝蕪村が見聞きした妖たちの、こころに響く物語九編。幽霊となった武家のご新造と出逢った植木職人の宗七。家にがたぴし寄せた、切ない結末とは…（第三回小説宝石新人賞受賞作「梅と鶯」を収録）。
2017.2 328p A6 ¥600 ①978-4-334-77429-5

◆恋する狐　折口真喜子著　光文社　（光文社時代小説文庫）
【要旨】皆が浮かれ、賑やかに踊るやすらい祭り。商家で歓待を受けた蕪村が、鮒の塩漬けを土産にもらい機嫌よく帰路につくと…。薄暗い草むらから若い公達が現れた。「我はこの世の者ではない」と言う。見目麗しい公達が、叶わなかった恋を語りだす。その公達の正体は!?（表題作）画家で俳人の与謝蕪村が見聞きした妖たちの、もの悲しくもこころに響く物語九編。
2018.1 227p A6 ¥580 ①978-4-334-77593-3

📖〔か行の作家〕

◆西郷隆盛 1　海音寺潮五郎著　KADOKAWA（角川文庫）新装版
【要旨】薩摩の下級藩士の家に生まれた西郷隆盛は、安政元年、第十一代藩主・島津斉彬の参観に伴い江戸勤めを命じられる。敬愛する斉彬のお庭方として仕えながら水戸藩の藤田東湖から学ぶうち、天下のことに目覚めていく西郷。折しも外国船来航により開国派と攘夷派の対立が深まる中、一橋慶喜擁立のために暗躍するものの、志半ばで斉彬が亡くなってしまい…。海音寺潮五郎が不退転の覚悟で臨んだ、史伝文学の最高傑作。
2017.5 476p A6 ¥840 ①978-4-04-105067-5

◆西郷隆盛 2　海音寺潮五郎著　KADOKAWA（角川文庫）新装版
【要旨】島津斉彬の死後、藩命により潜居していた大島（奄美）で、砂糖専売などの薩摩藩による苛政を目の当たりにした西郷隆盛。改革に取り組む西郷は、島人から指導者として慕われるようになり、やがて愛加那という妻をめとる。そのころ薩摩藩は八月十八日の政変により京都政界での発言力を高める一方で、尊攘派の人材が払底していた。窮地を打開するため同志らの働きかけで西郷は召還され、幕末の動乱に身を投じていくが…。
2017.6 471p A6 ¥840 ①978-4-04-105068-2

◆西郷隆盛 3　海音寺潮五郎著　KADOKAWA（角川文庫）新装版
【要旨】幕府が安政条約締結と長州再征への勅許が下ったことで、将軍辞職による幕府瓦解の工作が失敗におわった薩摩藩。西郷隆盛は同盟の機は熟したと判断し、黒田清隆を長州に送り込む。坂本龍馬の活躍もあり、一時は不可能と思われた薩長同盟が成立。薩摩による革命の機運は高まり、武力による討幕は避けられない状況となっていた。一方、家茂の死後に将軍職を継いだ慶喜は、徳川氏としての勢力を維持するために大政奉還を決意する。4か月連続刊行、第3弾！
2017.7 478p A6 ¥900 ①978-4-04-105069-9

◆西郷隆盛 4　海音寺潮五郎著　KADOKAWA（角川文庫）新装版
【要旨】鳥羽・伏見の戦いに勝利した西郷隆盛は、官軍参謀として江戸に入る。百軍による江戸城総攻撃が迫る中、幕府側の使者である勝海舟との激しい交渉の末に無血開城を実現した西郷。しかし平和的革命を望む彼の心は裏腹に、彰義隊戦争や会津・奥羽諸藩の反抗に武力戦争はつづいていた。そして、多くの犠牲を払って迎えた新時代。徐々に腐敗していく政府を憂えた西郷は、再革命の決意を固める。史伝文学の金

寺塔、堂々完結！
2017.8 477p A6 ¥840 ①978-4-04-105070-5

◆西郷と大久保と久光　海音寺潮五郎著　朝日新聞出版（朝日文庫）
【要旨】明治維新の原動力となった島津藩、内外の信望が厚く革命に邁進した西郷隆盛、西郷と竹馬の友でありながら、最後には秋をわかつ大久保利通、保守と統制礼儀の筆頭で西郷を疎んじた島津久光。三者三様の個性と人間像を浮き彫りにし西郷が駆け抜けた維新を描く史伝的小説。
2017.12 266p A6 ¥700 ①978-4-02-261917-4

◆南国回天記　海音寺潮五郎著　KADOKAWA（角川文庫）
【要旨】黒船来航以降、時代への焦慮がみなぎる南国の雄藩薩摩。藩主島津斉彬を慕う樺山小一郎は、西郷吉之助（隆盛）や大久保市蔵（利通）らと奸臣誅殺を企てひとり江戸へ向かう。しかし、計画は失敗に終わり小一郎は消息を絶った。小一郎の琵琶歌に魅せられた恋心を抱く大阪芸者のお蔵は、彼の汚名をそそぐため江戸へ。同じく小一郎の行方を追う西郷とともに捜索を始めるが…？　維新前夜の激流を生き抜いた若者たちの青春群像劇！
2017.9 283p A6 ¥640 ①978-4-04-105071-2

◆早雲立志伝　海道龍一朗著　集英社（集英社文庫）
【要旨】応仁の大乱の余燼消えやらぬ室町期。弱冠21歳で伊勢新九郎盛時。彼こそがのちの伊勢早雲庵宗瑞その人である。管領職・細川政元の助力を得て内紛を収めた盛時は、公方の側近にまで登りつめる。だが政争に敗れ、駿河に下向。これにより波瀾の宿命は、彼を小田原城奪取、伊豆平定へと導いてゆく――「乱世の梟雄」と呼ばれた早雲豪の壮絶怒濤の歴史巨編。
2017.8 597p A6 ¥900 ①978-4-08-745626-4

◆室町耽美抄 花鏡　海道龍一朗著　講談社（講談社文庫）
【要旨】室町時代。能楽師・世阿弥元清は齢十二で才能と美貌を将軍・足利義満に見初められ、寵愛を後ろ盾に能楽を完成させていく。しかし義満の死後、彼の遺産は薩摩藩による能楽完成させていく。その他、世阿弥が奥義書を託した金春禅竹。侘茶の祖・村田珠光、美に取り憑かれた一休宗純。佗茶の祖・村田珠光、美に取り憑かれた四人の男たちを描く傑作歴史小説。
2017.3 563p A6 ¥920 ①978-4-06-293625-5

◆龍馬は生きていた　加来耕三著　潮出版社（潮文庫）
【要旨】1867年11月15日、京都・近江屋で暗殺されたのは、じつは坂本龍馬と中岡慎太郎の影武者だった。暗殺をまぬがれた2人は討幕派の王政復古を阻止し、「翔天隊」を率いて、第3次長州征伐の休戦に奔走する。「生きていた龍馬」のその後とは―。もう一つの維新物語を明かす本格的歴史シュミレーション小説。
2017.10 375p A6 ¥900 ①978-4-267-02099-5

◆ご破算で願いましては―みとや・お瑛仕入帖　梶よう子著　新潮社（新潮文庫）
【要旨】間口二間の小さな店を開いたお瑛は今年十六。両親をなくし、兄の長太郎と立ち上げた「みとや」は三十八文均一の雑貨店だ。ところが能天気な兄が仕入れてくるのは、いわくつきの品物ばかりで。不気味な守り刀、恋歌が書かれた五枚の不思議な絵皿、なぜか手に入った今の煙草入れ。山ほどの謎が意外な結末に結びつく表題作をはじめ、色とりどりの人間模様が心に沁み入る情味豊かな六篇。
2017.7 347p A6 ¥590 ①978-4-10-120951-7

◆墨の香　梶よう子著　幻冬舎
【要旨】墨を磨り、紙に向かい、筆を揮う。出戻りの女流書家の凛とした筆が、墨と水が溶け合うように、弟子たちの心をほぐしていく。江戸時代の「書家」の日常を描いた、人気時代作家の新境地。
2017.9 294p B6 ¥1700 ①978-4-344-03177-7

◆花しぐれ―御薬園同心 水上草介　梶よう子著　集英社
【要旨】薬草栽培、生薬精製につとめる小石川御薬園同心・水上草介。様々な人達の心身を癒し、自身も多くの人に助けられてきた。更なる礎を築くため、ある想いを胸に秘め歩み出そうとする草介の前に、やっかいな騒動が巻き起こり…。江戸を舞台に彩り広がれもる、青春時代小説。
2017.5 364p B6 ¥1850 ①978-4-08-771111-0

◆父子ゆえ 摺師安次郎人情暦　梶よう子著　角川春樹事務所

【要旨】親としての「覚悟」、職人としての「矜持」。神田明神下でひとり暮らす安次郎は、女房のお初に先立たれて五年。子の信太をお初の実家に預け、一流の職人として江戸で浮世絵を摺ってきた。寡黙ながら、実直で練達の彼のもとには、摺りの依頼が次々と届く。ある日、義兄が安次郎の住む長屋に駆け込んできて、信太に一大事というが…。かけがえのない「家族」と、大切な「仕事」を守る浮世絵摺師を描く、あたたかな人情物語。
2018.1 290p B6 ¥1300 ①978-4-7584-1317-6

◆北斎まんだら　梶よう子著　講談社
【要旨】天才すぎて傍迷惑。葛飾北斎。その巨星をめざして、取り巻く絵師たちは枕絵と向き合い、もがき躊いていた―浮世絵の終焉を描いた「ヨイ豊」に次ぐ絵画歴史小説。
2017.2 290p B6 ¥1700 ①978-4-06-220474-3

◆桃のひこばえ―御薬園同心 水上草介　梶よう子著　集英社（集英社文庫）
【要旨】「水草さま」と呼ばれ、周囲から親しまれている小石川御薬園同心の水上草介。豊かな草花の知識を活かし、患者たちの心身の悩みを解決してきたが、とんでもなくのんびり屋。そんな草介が密かに想いを寄せてきた、御薬園を預かる芥川家のお転婆娘・千晶に縁談が持ち上がる。初めて自分の心に気付いた草介はある行動に出るが――。大人の男として草介が一歩成長をとげる優しく温かな連作時代小説。
2017.8 350p A6 ¥670 ①978-4-08-745622-6

◆ヨイ豊　梶よう子著　講談社（講談社文庫）
【要旨】黒船来航から十二年、江戸亀戸村で三代豊国の法要が営まれる。広重、国芳と並んで「歌川の三羽烏」と呼ばれた大看板が亡くなったいま、歌川を誰が率いるのか。娘婿ながら慎重派の清太郎と、粗野だが才能あふれる八十八。兄弟弟子の二人が、尊王攘夷の波が押し寄せる江戸で、一門と浮世絵を守り抜こうとする。
2017.12 445p A6 ¥800 ①978-4-06-293819-8

◆猫でござる 1　柏田道夫著　双葉社（双葉文庫）
【要旨】拙者は猫でござる。あちきはねこでありんす。あっしはネコでごさんす―お江戸の猫は知っている。生きる喜び、生きる悲しみ、さだめの苦酷さ、この世の情け。愉快で気ままでときにホロリと涙する、名前はなくとも誇りはある。映画『武士の家計簿』脚本家・柏田道夫が描く、心がモフッと温まる傑作時代小説シリーズ第一弾！
2017.9 310p A6 ¥583 ①978-4-575-66852-0

◆猫でござる 2　柏田道夫著　双葉社（双葉文庫）
【要旨】このところお江戸で流行るもの、女敵取り、猫小僧。タマにニャロ吉、白猫志乃の妖術に、侍四人が倒れ伏す。愛猫さもじに別れを告げる武士の目には涙―。愉快で気ままでときどきホロリ、名前はなくとも誇りはある。映画『武士の家計簿』脚本家・柏田道夫が贈る、福招く傑作時代小説シリーズ第二弾！
2018.1 271p A6 ¥583 ①978-4-575-66867-4

◆穴めぐり八百八町―穴屋でございます　風野真知雄著　徳間書店（徳間時代小説文庫）（『穴屋佐平次難題始末 穴めぐり八百八町』改題書）
【要旨】どんな物にも穴を開ける「穴屋」佐平次のもとを訪れた恰幅のいい姫君。憎き姫君に茶会で恥をかかせるため、茶碗に穴を開けてくれという。後を尾けた先は薩摩屋敷。姫の話には藩邸内で佐平次やシーボルト、北斎の噂が出ているらしい。きな臭さを感じつつ依頼を成功させたが、知らぬ間に懐に入っていた紙には佐平次の本名「倉地朔之進」の文字が…（「洩れる穴」）。好評シリーズ。
2017.6 328p A6 ¥660 ①978-4-19-894337-0

◆穴屋でございます　風野真知雄著　徳間書店（徳間時代小説文庫）（『穴屋佐平次難題始末』改題書）新装版
【要旨】"どんな穴でも開けます 開けぬのは財布の底の穴だけ"―本所で珍商売「穴屋」を営む佐平次のもとには、さまざまな穴を開けてほしいという難題が持ち込まれる。今日も絵師を名乗る老人が訪れた。ろうそく問屋の大店に囲われている絶世のいい女を描きたいので、のぞき穴を開けてほしいという。用心のため、佐平次はその後を尾ける。奴の正体は？　人情溢れる筆致で描く連作時代小説。
2017.2 348p A6 ¥660 ①978-4-19-894203-8

◆女が、さむらい―最後の鑑定　風野真知雄著　KADOKAWA（角川文庫）

歴史・時代小説（戦記）

◆隠密 味見方同心 7 絵巻寿司　風野真知雄著　講談社（講談社時代小説文庫）
【要旨】魚之進を襲った同心・丸川ний三郎は謎の自死を遂げる。重三郎自害の裏事情を知っているかのように、南町奉行・筒井和泉守は抜け荷捜査の強化を部下たちに速やかに指示した。兄の死の真相に近づく魚之進の行く手を、珍料理を巡る難事件が阻む。大人気の食博物帖、美味しさ垂涎面白さ最高潮！
2017.1 247p A6 ¥610 ①978-4-06-293572-2

◆隠密 味見方同心 8 ふふふの麩　風野真知雄著　講談社（講談社時代小説文庫）
【要旨】僧侶となって正体を隠す、伝説の大悪党・河内山宗俊に強引に連れて来られた超高級料亭・百川。そこで魚之進は、兄が遺言に残した「この世のものとは思えないほどおいしいもの」ケイクをついに口にする。ケイクを作らせた主はいったい誰なのか。"美味の傍には悪"は、もうすぐそこにいる!?
2017.6 233p A6 ¥610 ①978-4-06-293679-8

◆隠密 味見方同心 9 殿さま漬け　風野真知雄著　講談社（講談社時代小説文庫）
【要旨】兄・波之進を殺害した下手人を必死に追いかけ上がってきたのは、かの御三家水戸藩。そんな大物が相手では、兄貴の仇はもう諦めるしかないのか。大川に身投げしたほど落胆する魚之進に、吉原で殺しの報が入る。傷心の心持で、遊女たちに聞き込みを始める魚之進。大人気シリーズ笑いと涙の新刊！
2017.12 256p A6 ¥610 ①978-4-06-293806-8

◆紀尾井坂版元殺人事件―耳袋秘帖　風野真知雄著　文藝春秋（文春文庫）
【要旨】耳袋を勝手に刊行しようとした版元が白昼店で殺された。版木は盗まれたらしい。月番の北町奉行は、詮定所でなんと根岸が犯人だと公言。根岸の身辺に捜査の網が。幾昼もしないうちに、今度は彫り師が刺される。深まる疑惑に困惑を隠せない南町奉行所。動揺する周囲の者たち。根岸最大の危機を果たして乗り越えられるのか！
2017.9 229p A6 ¥620 ①978-4-16-790923-9

◆小石川貧乏神殺人事件―耳袋秘帖　風野真知雄著　文藝春秋（文春文庫）
【要旨】年明け早々、小石川で一家心中が発生したらしい。どうも江戸でもこの界隈に夜逃げや倒産などによる不景気の風が吹いているようだ。牛天神に祀られていた貧乏神が怒っている、という噂が流れている。奉行の根岸は部下の宮尾にこの神の探索を命じた。調べると他にも不可解な出来事が色々起きているのが判ってきた…。
2017.6 225p A6 ¥590 ①978-4-16-790831-7

◆極道大名　風野真知雄著　幻冬舎（幻冬舎時代小説文庫）
【要旨】久留米藩主・有馬虎之助には裏の顔がある。なんと江戸のごろつきで知らぬ者はない極道"水天宮の虎"なのだ。そんな虎之助だが八歳の将軍家継にはなぜか懐かれ、このかわいい将軍を立てて自分は副将軍に自認していた。だがある日を境に事態は急変、かつて散散殴りつけた男の影がちらつき始め…。帰ってきた伝説の暴れん坊、新シリーズ始動！
2017.9 261p A6 ¥540 ①978-4-344-42648-1

◆密室 本能寺の変―長編歴史ミステリー　風野真知雄著　祥伝社
【要旨】上さまをもっともお慕いしているのは、この光秀である―天正十年（一五八二）六月一日。織田信長は茶会を催すため、わずか三十人の警護を伴って京の本能寺に入った。そこに集まったのは信長に恨みを持つ公家や豪商ばかり。警護の増員を求める森蘭丸の進言を、「防備は城塞のごとくで、寝所は密室。誰も入れぬ」と聞入れない信長。一方、明智光秀は、此度の京入りは状況を過信したしくじりと憂えていた。そして、信長が誰かに殺されるのをみすみす許すくらいならばわが手で、と挙兵を決意する。だが翌日、本能寺を取り囲んだ光秀は、信長がすでに殺害されたことを知る。いったい誰がどうやって？恋敵ではあるが、切れ者の蘭丸は何をしていた？憤怒に包まれた光秀の犯人捜しが始まった！
2017.2 244p B6 ¥1500 ①978-4-396-63515-2

◆幽霊の耳たぶに穴―穴屋でございます　風野真知雄著　徳間書店（徳間時代小説文庫）
（『穴屋佐平次難題始末 幽霊の耳たぶに穴』改題書）
【要旨】どんな物にも穴を開ける珍商売「穴屋」を営む佐平次は、惚れ込んだへび使いのお巳よと晴れて夫婦になる。稀代の絵師、葛飾北斎先生も二人の住む夜鳴長屋の住人となる。ある日、花札や遊び道具を扱う大店の後妻に入ったおちよがやって来た。三月前に辻斬りに殺された主、喜左衛門の幽霊が出て、耳たぶに穴を開けてほしいと言っているという…（表題作）。好評時代連作第二弾（『穴屋佐平次難題始末 幽霊の耳たぶに穴』改題）。
2017.2 269p A6 ¥630 ①978-4-19-894222-9

◆わるじい秘剣帖 7 やっこらせ　風野真知雄著　双葉社（双葉文庫）
【要旨】愛坂桃太郎と芸者の珠子・桃子母娘が住む「かわうそ長屋」に、またもや奇妙な住人が移ってきた。いつも旅人の恰好をして近隣の宿屋へ出かけていくのだが、そこには泊まらずに、夜になると長屋へ帰ってくるのだ。薬の行商でもしているのか？どうにも気になった桃太郎が身辺を探ると、宿屋で商売をしている気配すらない。いったい、そいつは何者なのか。大人気シリーズ第七弾！
2017.6 239p A6 ¥574 ①978-4-575-66817-9

◆わるじい秘剣帖 8 あっぷっぷ　風野真知雄著　双葉社（双葉文庫）
【要旨】札差「佐野屋」から「珠子には商才がある」と熱烈に口説かれて、心がぐらりと揺れる芸者の珠子。その様子を見かけた愛坂桃太郎は、孫の桃子に会えなくなる日が近づいてきたかと思うと、気が滅入ってしまう。そんな桃太郎心をよそに、桃子はすくすく成長し、桃太郎と「あっぷっぷ遊び」に夢中になる。懸命に耐える桃子に心底惚れる桃太郎だったが、あっぷっぷの先に思わぬ危機が訪れる。大人気シリーズ第八弾！
2017.7 239p A6 ¥574 ①978-4-575-66837-7

◆わるじい秘剣帖 9 いつのまに　風野真知雄著　双葉社（双葉文庫）
【要旨】珠子の知り合いの元芸者・おふじが、長屋に引っ越してきた。いまは「あまのじゃく」という飲み屋の女将をしているという。その店の常連客に「枯芒」という力士がいたが、なんと取り組みの最中にまわしが切れて負けになる、という珍事に見舞われてしまった。しかも、まわしが切れたのは二度目だという。八百長ではなと睨んだ桃太郎は、この事件の真相を探り始める。大人気シリーズ第九弾！
2017.11 234p A6 ¥574 ①978-4-575-66857-5

◆島津の陣風（かぜ）―義久の深謀、義弘の胆力　片山洋一著　朝日新聞出版
【要旨】島津はいかにして関ヶ原を脱し、薩摩に帰還できたのか？西軍として唯一本領安堵を勝ち得た真相に迫る！最新史料を駆使して戦国最強軍団を描き切った新機軸の長編時代小説。
2017.2 317p B6 ¥1600 ①978-4-02-251450-9

◆されど、化け猫は踊る―猫の手屋繁盛記　かたやま和華著　集英社（集英社文庫）
【要旨】それがしは近山宗太郎。旗本の跡取りであったが、とある事情から白猫姿に身をやつすことになってしまった。元に戻るには百の善行を積まねばニャらぬ。千眼通の福犬騒動に、カラスの濡れ羽色をした黒猫と暮らす浪人、夜な夜な唄って踊る猫の祭りの顛末やいかに!?よろず請け負い稼業"猫の手屋"、世のため人のため、猫の手貸します―。人気沸騰中のあやかし時代小説シリーズ第四巻。
2017.8 245p A6 ¥570 ①978-4-08-745604-2

◆利休の闇　加藤廣著　文藝春秋（文春文庫）
2017.10 361p A6 ¥700 ①978-4-16-790938-3

◆小説 太田道灌の戦国決戦―江戸城を築城・関八州平定始末記　加藤美勝著　知道出版
【要旨】今を去ること560年前、東京の原点をつくり上げた文武の名将として歴史教科書にも載る太田道灌。各地に点在する道灌の銅像や「山吹の里伝説」そして和歌の数々…その道灌の知られざる実像に迫る！江戸城を築城した文武の名将、劇的な生涯が今よみがえる！歴史長編戦記小説。
2017.4 247p B6 ¥1800 ①978-4-88664-292-9

◆侠客 2 一挺屋銀次郎半畳記　門田泰明著　徳間書店（徳間時代小説文庫）
【要旨】月忌命日代参を控えた大奥大御年寄・絵島の拵え仕事で銀次郎が受け取った報酬は、江戸城御金蔵に厳重に蓄えられてきた「一番打ち小判」だった。一方、銀次郎の助手を務める絶世の美女・仙が何者かに拉致。目撃者の話から、謎の武士・床滑七四郎に不審を覚えた銀次郎は、無外流の師・笹岡市郎右衛門から、床滑家にまつわる戦慄の事実を知らされる!!苛烈なるシリーズ第二弾いよいよ開幕！
2017.6 375p A6 ¥680 ①978-4-19-894336-3

◆侠客 3 一挺屋銀次郎半畳記　門田泰明著　徳間書店（徳間時代小説文庫）
【要旨】大坂に新幕府創設!?密かに準備されているという情報を得た銀次郎は、そのための莫大な資金の出所に疑問を抱いた。しかも、その会合の場所が、仇敵・床滑七四郎の屋敷であったことから、巨大な陰謀の中に身をおいたことを知る…。老舗呉服商の隠居斬殺事件に端を発し、大奥内の権力争い、江戸城御金蔵の破壊等々、銀次郎の周辺で起きる謎の怪事件。そして遂に最大の悲劇が!?
2018.1 417p A6 ¥690 ①978-4-19-894298-4

◆天華の剣 上 浮世絵宗次日月抄　門田泰明著　光文社（光文社時代小説文庫）
【要旨】宗次と同じ長屋に住む少女二人が、権力者に弄ばれる珍事が。その直後に、殺気漂う侍たちが寺に駆け込んで来たのを目撃した宗次は、悪い予感を覚える。そんな最中、大身旗本、筆頭大番頭の西条山城守貞頼一行が襲撃された。不気味極まりない全身白装束一謎の"白忍び"の一団に！不穏に蠢く幕閣の権力争いを、炎の剣で宗次が斬る！
2017.2 366p A6 ¥660 ①978-4-334-77421-9

◆天華の剣 下 浮世絵宗次日月抄　門田泰明著　光文社（光文社時代小説文庫）
【要旨】夢伝心眼流最高師範皆伝の大剣客・式部蔵人光芳に、宗次と西条貞頼暗殺の下命が！大老・酒井忠清の勢力による、宮将軍招聘に反対する老中・堀田正俊一派への攻撃は苛烈さを増していた。隠密情報機関「白夜」の頭領・貫禄四郎五郎黒鳥介は、正快を狙う襲撃をかけるも、堀田家家臣の決死の一矢に討たれ絶命。悲壮な決意を秘める宗次と蔵人との最終決戦が迫るのだった。
2017.2 366p A6 ¥660 ①978-4-334-77422-6

◆追われもの 1 破獄　金子成人著　幻冬舎（幻冬舎時代小説文庫）
【要旨】博打の罪で遠島となった丹次は八丈島で平穏に暮らしていた。だがある日、新たに来た旧知の男から衝撃の話を聞く。実家の乾物問屋が兄嫁に潰されて親は首を吊り、兄・佐市郎は行方知れずだという。優しい兄の窮状を知った丹次は焦燥にかられ、島抜けして遥か彼方の江戸を目指そうとするが…。時代劇の人気脚本家が贈る骨太の新シリーズ始動！
2017.6 265p A6 ¥540 ①978-4-344-42620-7

◆すっとこどっこい！―若旦那道中双六 2　金子成人著　双葉社（双葉文庫）
【要旨】女に金を騙し盗られ、岡部宿に難を余儀なくされた岡部宿をあとにした「渡海屋」の若旦那の巳之吉は遅れを取り戻すべく先を急ぐ。小夜の中山峠も無事越えて見付宿に辿り着いたが、無理が祟ったのか、街道の辻で倒れてしまう。目浚え女のおしげに助けられ、事なきを得た巳之吉だが、おしげの家にしぼらく厄介になることに一。人情たっぷりの若旦那が繰り広げる、笑いと涙の珍道中！時代劇の超大物脚本家が贈る痛快シリーズ第二弾!!
2017.5 265p A6 ¥583 ①978-4-575-66829-2

◆付添い屋・六平太―天狗の巻 おりき　金子成人著　小学館（小学館文庫）
【要旨】「このまま年引き重ねて、どうなさるおつもりですか」付添い屋稼業でその日暮らしを続ける浪人秋月六平太の行く末を案じる人間は、少ない。一年前に姿を消した情婦、音羽の髪結いおりきは海を望む神奈川宿にいると知れたのだが、六平太の腰は重かった。一方、伝助店の住人で下馬売りの太助の母親おていが失踪、二日後箱崎の川岸で死骸が上がる。おていはこのところ他人の家に入り込んだり、店の物を盗んだりするような不行状をなし、太助は手を焼いていた。おてい殺しを巡って奔走する六平太の前に、史上最強の敵が現れる。日本一の王道時代劇、第三部完結！
2017.3 265p A6 ¥600 ①978-4-09-406402-5

◆ミゲルとデウスと花海棠　加納秀志著　（長崎）長崎文献社

歴史・時代小説（戦記）

【要旨】少年使節としてローマに旅立ったミゲルは、帰朝後に棄教してしまう。その後、かつての仲間がデウスの教えに殉じる姿を目撃する。その光景からミゲルにはある思いが募ってゆく。
2017.1 192p B6 ¥1200 ①978-4-88851-272-5

◆浮雲心霊奇譚―菩薩の理　神永学著　集英社
【要旨】「心霊探偵八雲」のルーツを描く、幕末ミステリー!!とある呉服問屋に死んだ娘の幽霊が出没。棺桶にはあったはずの櫛が見つかり、墓を掘り返したところ、亡骸が消えており!?「死人の理」首なし地蔵が仇を討つ。そんな伝承がある村で、八王子千人同心の男が幽霊に憑依された。近藤勇からの依頼で現地へ向かう浮雲と八十八だったが…!?「地蔵の理」夜毎、無数に現われる赤子の霊におびえる男。憑きもの落としに関わった浮雲は、その背後に妖しげな人物の邪気を察知し…!?「菩薩の理」充実の3編収録!!
2017.2 307p B6 ¥1200 ①978-4-08-771055-7

◆浮雲心霊奇譚―眠രの理　神永学著　集英社（集英社文庫）
【要旨】時は江戸末期。絵師を目指す青年・八十八は、夜道で幽霊に出くわして以来、奇妙な行動を取るようになった姉を救うため、憑きもの落としの名人に会いに行く。肌が異様に白く、両眼を覆うように赤い布を巻いた男。名を、浮雲という。布の下に隠した赤い両眼で死者の魂が見えるという破天荒な浮雲と行動を共にするうち、幕末の江戸に新たな世界が見えてきた―。幕末ミステリー、堂々開幕！
2017.4 331p A6 ¥560 ①978-4-08-745566-3

◆窮鼠の一矢　河合敦著　新泉社
【要旨】大政奉還、王政復古の大号令、辞官納地、鳥羽・伏見の戦いとめまぐるしく変わる事態に、去就にまよう兄弟の小藩・村上藩内藤家。家老・鳥居三十郎は、藩翁こと前藩主・内藤信親から、"新政府に恭順"することで藩をまとめるよう密命を帯びる。ところが藩内は、新政府との徹底抗戦を主張する"主戦派"と"恭順派"、"日和見派"の三つに分かれ、激しく対立してしまう。テレビでおなじみの河合敦先生が挑んだ初の歴史小説！
2017.10 279p B6 ¥1700 ①978-4-7877-1710-8

◆粗忽長屋の殺人（ひとごろし）　河合莞爾著　光文社（光文社文庫）
【要旨】伊勢屋の婿養子がまた死んだ！婿をとったお嬢さんは滅法器量よし、お店は番頭任せで昼間から二人きり。新婚は、夜することを昼間するし、それは短命だ…。そんなご隠居さん、次々に死にお婿さんの死に方を聞くと、何やら考え始めて―。（「短命の理由」）古典落語の奥側に隠れている奇妙なミステリー、ご隠居さんの謎解きが始まる！
2017.10 296p A6 ¥680 ①978-4-334-77540-7

◆鶴八鶴次郎　川口松太郎著　光文社（光文社時代小説文庫）
【要旨】鶴賀鶴八と鶴次郎は女の三味線弾きに男の太夫と珍しい組み合わせの新内語り。若手ながらイキのあった芸で名人と言われる。内心では愛し合う二人だが、一徹な性格故に喧嘩が絶えず、晴れて結ばれる直前に別れてしまう。裕福な会席料理屋に嫁いだ鶴八と、人気を失い転落する鶴次郎。三年後再会した二人の行く末を描く表題作と、「風流深川唄」など三編収録の傑作集。 2017.6 291p A6 ¥680 ①978-4-334-77488-2

◆どぜう屋助七　河治和香著　実業之日本社（実業之日本社文庫）
【要旨】江戸は浅草・駒形にある「どぜう屋」の主人元七（三代目越後屋助七）は剣術と遊びにかまけて仕事はほったらかし。しかし、黒船来航、大地震、ご一新へと、店も人も激動の世になると、江戸っ子の意地と持ち前の明るさで店を盛り立てようと奮起する一実在の老舗「駒形どぜう」を舞台にした、笑いと涙のグルメ時代小説。読めば必ず食べたくなる！
2017.6 248p A6 ¥685 ①978-4-408-55350-4

◆幕末を駆け抜けた天馬―いま蘇る會津の鬼小太郎　河野十四生著（会津若松）歴史春秋出版　歴史小説
【要旨】志賀小太郎が長州で指南、そして会津へ来た長州藩士。戊辰戦争前の会津藩と長州藩の交流とは？　余話「保科正之」「越前藩主松平春嶽」も掲載。
2017.6 168p 18cm ¥1300 ①978-4-89757-904-7

◆宿場鬼―妖剣乱舞　菊地秀行著　KADOKAWA（角川文庫）
【要旨】「ここにいる限り、敵は来る」無双の兵法"臥鬼"を操る無名が中山道の霧深き"鬼利里宿"の用心棒となって半年。彼が身を寄せる元用心棒の清源、そしてその娘の小夜など、徐々に宿場の人々と交流が生まれたのも束の間、新たな刺客がやって来た。隠形剣、死眼剣、不動剣、変移剣…謎の得物の人造人間。果たして無名は彼らの剣を凌げるのか？　そして敵の目的は？　風雲急を告げる、巨匠の本格時代シリーズ第2弾！
2017.11 241p A6 ¥640 ①978-4-04-104593-0

◆人造剣鬼―隻眼流廻国奇譚　菊地秀行著　創土社
【要旨】中山道を辿っていた隻眼の剣士・柳生十兵衛は、田舎の剣道場で殺人鬼ともいうべき遣い手・蘭堂不乱と闘い、からくも勝利する。不乱とその妹・富士枝、弟・賢祇―彼らは人体を繋ぎ合わせて造られた人造人間であった。そして、近江国・遠丈寺藩では巴実の企みが実行に移されつつあった。甦らせた死者たちを不死身の兵士に仕立て上げ、幕府を転覆させようというのだ。忍者・佐源太とともに乗り込んだ十兵衛の前に、奇怪な人造剣鬼の群れが立ち塞がる。生が死へ、死が生へと変化する世界で、愛刀・三池典太丸は、活殺の技を奮えるのか!?
2017.3 218p 18cm ¥1000 ①978-4-7988-4003-1

◆柳生刑部秘剣行―隻眼流廻国奇譚外伝　菊地秀行著　創土社　新装版
【要旨】「貴様は…死んだはずだ…」断末魔の敵が指さす前で、血染めの剣と青白い月のごとき美貌を誇る怪剣士。将軍家指南役にして幕府総目付たる柳生但馬守宗矩―彼には3人の息子がいた。長男・十兵衛三厳、三男・主膳宗冬。そして次男・刑部友矩は、若くして亡くなった。だが、成る程、その刑部が、現れた。しかも、「離魂術」によって蘇生したもうひとりの自分（ドッペルゲンガー）を操る存在として。この世にありえぬ妖剣を操る第二の刑部を、但馬守は幕府の火急なトラブルを解決すべく送り出す。その行方に立ち塞がる奇怪なる敵とは一。将軍家光の隠し子である刑部を別人のものと入れ替えようとする怪医師フランク・N・スタイン。柳生とともに将軍指南役の座にありながら、一派統一の計に応じて牙を剥く小野派一刀流総帥・小野次郎右衛門忠常。そして、仙台藩の暗闇に再び登場する怪医師スタイン。二人の刑部は彼らと打ち破れるのか!?菊地時代小説の決定版！
2017.7 270p 18cm ¥1000 ①978-4-7988-4004-8

◆岳飛伝　3　嘶鳴の章　北方謙三著　集英社（集英社文庫）
【要旨】金軍総帥・兀朮が梁山泊の北に展開すると同時に、撻懶の軍も南進を始めた。戦いの幕がついに切って落とされた。呼延凌率いる梁山泊軍との全面対決となる激突だった。史進の遊撃隊の奇襲により、大打撃を蒙った金軍は後退し、戦いは収束。梁山泊は若い宣凱を単身金に差し向け、講和の交渉に入った。一方、岳飛は来るべき戦いに向け準備を開始する。それぞれの思惑が交錯し、血の気配漂う第三巻。
2017.1 394p A6 ¥600 ①978-4-08-745530-4

◆岳飛伝　4　日暈の章　北方謙三著　集英社（集英社文庫）
2017.2 384p A6 ¥600 ①978-4-08-745540-3

◆岳飛伝　5　紅星の章　北方謙三著　集英社（集英社文庫）
【要旨】南宋の宰相・秦桧は闇の中で戦いが終わってからのことを考えていた。そんな中、梁山泊の宣凱が岳飛を訪ねて対話を求める。「中華を中華の民の国にしたい」と。一方、梁山泊の南の開墾地は本格的に始動。戦場では南宋軍の蒼往と金軍総帥・兀朮が互いを求め、渾身の力を込めた激闘を繰り返していた。突然、秦桧から南宋軍に帰還命令が届く一。岳飛の決断とは。思惑が交錯する第五巻。
2017.3 386p A6 ¥600 ①978-4-08-745551-9

◆岳飛伝　6　転遠の章　北方謙三著　集英社（集英社文庫）
【要旨】金軍・兀朮と呼吸を合わせたかのように戦を停止し、本拠に戻った岳飛。一方、呉用は宣凱に「岳飛を救え」と言い遣わせた。梁山泊が救出に動き始める。ようやく臨安府に赴いた岳飛は、帝に拝謁後監禁されてしまう。独立軍閥を貫く姿勢が、宰相・秦桧の国造りにおける理念と衝突する。ついに、岳飛に犯罪の処断が―。シリーズ前半、最大のクライマックスを迎える緊迫の第六巻。
2017.4 392p A6 ¥600 ①978-4-08-745565-6

◆岳飛伝　7　懸軍の章　北方謙三著　集英社（集英社文庫）
【要旨】南宋の根本を揺るがす「印璽・短剣」と引き換えに、蘭桧は無事に南宋を脱出した岳飛。直後、許礼ら南宋軍に追われるも、梁山泊の致死軍に守られ南下、大理の近くで居を構えることに。一方中、弱体化したかに思われた青蓮寺の不穏な気配が其処彼処で感じられるようになる。一方、秦容のいる南の開墾地は我が成通し、町としての機能が整い始めていた一。独り聳立する岳飛。ついに岳家軍、再起の第七巻。
2017.5 392p A6 ¥600 ①978-4-08-745581-6

◆岳飛伝　8　龍蟠の章　北方謙三著　集英社（集英社文庫）
【要旨】『飛』の旗を掲げた岳飛のもとに、かつての仲間、孟遽や于オも加わり、さらに梁山泊からの援助を受けつつ、本格的に岳家軍が再興されていく。金国と講和した南宋では、韓世忠率いる水軍が、次の相手を梁山泊水軍と見据え準備を始めていた。南方では南宋軍が阮廊の村を襲い、岳家軍と衝突し惨烈したが、景曦（ろう）に塞を築く。ついに小梁山の秦容も守りを固めるため調練を開始する。深慮遠謀の第八巻。
2017.6 392p A6 ¥600 ①978-4-08-745599-1

◆岳飛伝　9　暁角の章　北方謙三著　集英社（集英社文庫）
【要旨】戦いの気配が次第に濃厚になっていた。岳都で高山の民を加え調練の日々を送る岳飛。南宋水軍の韓世忠は遭難した梁山玉を救うため、張明の交易船を襲った。南宋水軍に対し岳飛は警戒を強め、小梁山の秦容と手を組むことに。金国では轟交翠の蕭炫（げん）材が、物流の動きがおかしいことを察知する。そんな中、小梁山と甘奈園が何者かに襲撃された―。本格的な水上戦と新たな山岳戦に臨む第九巻。
2017.7 390p A6 ¥600 ①978-4-08-745607-3

◆岳飛伝　10　天雷の章　北方謙三著　集英社（集英社文庫）
【要旨】梁山泊が南宋と金、それぞれと戦争状態に入った。呼延凌と兀朮が一進一退の攻防をしている最中、丞相・撻懶が病死した。金国内の混乱に乗じ、轟交翠の蕭炫（げん）材が監禁されるも、梁山泊の致死軍が救出した。水上では梁山泊の状況らが、南宋軍の造船所を奇襲し、すべて焼失させた。一方、南では南宋の辛晃の動きを警戒する岳飛と新たな山岳戦で互いに手を組むことを決める。譎詐百端、風雲急を告げる第十巻。
2017.8 385p A6 ¥600 ①978-4-08-745620-2

◆岳飛伝　11　烽燧の章　北方謙三著　集英社（集英社文庫）
【要旨】七星鞭が吼え、胡土児が宙天に翻る。梁山泊軍と金軍は今、最終決戦の時を迎えようとしている。米の不審な流れを追っていた南宋が陣家村を殲滅させた。致死軍に救出された蕭炫材は、小梁山の広大な大地に、万里の垣根を超えた物流網を整備していく。一方、北に蒙古という強敵の姿も見え始めていた。岳飛は時に残った臣下達との邂逅を果たす。新たな時代の胎動を予感させる第十一巻。
2017.9 388p A6 ¥600 ①978-4-08-745632-5

◆岳飛伝　12　飄風の章　北方謙三著　集英社（集英社文庫）
【要旨】呼延凌率いる梁山泊軍と兀朮率いる金国軍が、激戦を展開していた。両軍とも勇将を失うも、勝負はつかず。そんな中、梁山泊水軍も動き出した。李俊は、交易船を追い不穏な動きを見せていた韓世忠をついに追い詰め、打ち繋す。そして秦容と手を組んだ岳飛は、北への進撃の手始めとして南方（ろう）にいる辛晃軍五万に対して攻撃を開始―。あらゆる事態が急展開。各々が剛毅果断に挑む第十二巻。
2017.10 390p A6 ¥600 ①978-4-08-745645-5

◆岳飛伝　13　蒼波の章　北方謙三著　集英社（集英社文庫）
【要旨】奇策・霊作戦で挑んできた辛晃だったが、岳飛は高山兵を遣って景曦（ろう）を奪取した。劣勢の辛晃軍は、梁岳道を突くが、秦容と岳飛に阻まれ敗北。南宋の太子暗殺計画を知った燕青は李師師の元に向かうが、自身は深手を負い、彼女は既に毒に冒されていた。梁山泊水軍の李俊は、南宋の手に落ちた沙門島の奪回に成功する。金国の海陵王は、大軍で子午山を挑発し、史進の逆鱗に触れた―。生流流転の第十三巻。
2017.11 392p A6 ¥600 ①978-4-08-745659-2

◆岳飛伝　14　撃撞の章　北方謙三著　集英社（集英社文庫）
【要旨】岳飛と秦容は、本格的な北進を前に戦略を練り、激しい調練を繰り返していた。中華統一の野望を抱く金の海陵王は、臨安府を狙い進

軍するが、南宋軍の程雲に敗れる。十三湊で王清と再会した李俊はついに絶息する。岳飛は投降してきた辛巳の首を刎ね、秦容と南宋に侵攻を開始する。そんな中、殺されて"吹毛剣"を届けられた胡土児は、兀朮より北辺に赴くことを命じられた。初志貫徹に挑む第十四巻。
2017.12 394p A6 ¥600 ①978-4-08-745673-8

◆武王の門 上 北方謙三著 新潮社 （新潮文庫）改版
【要旨】鎌倉幕府を倒し、後醍醐天皇が敷いた建武の新政も、北朝を戴く足利尊氏に追われ、わずか三年で潰えた。しかし、吉野に逃れて南朝を開いた天皇は、京の奪回を試み、各地で反撃を開始する。天皇の皇子・懐良は、全権を持つ征西大将軍として、忽那島の戦を皮切りに、九州征討と統一をめざす。懐良の胸中にあった統一後の壮大な「夢」とは一。新しい視点と文体で描く、著者初の歴史長編。
2017.4 600p A6 ¥840 ①978-4-10-146404-6

◆武王の門 下 北方謙三著 新潮社 （新潮文庫）改版
【要旨】懐良は肥後の名将・菊池武光と結び、悲願の九州統一を果たし、そして大宰府を征西府の拠点とし、朝鮮半島の高麗や中国大陸の明と接触することから、全く新しい独立国家の建設を夢見る。しかし、足利幕府から九州探題に任ぜられた今川了俊は、懐良の野望を打ち崩すべく、執拗に策を進めた。二十数年にわたる男の夢と友情のドラマを、ダイナミックに描いた一大叙事詩の完結！
2017.4 538p A6 ¥750 ①978-4-10-146405-3

◆偃武の都一藤原道長・保昌と和泉式部 北澤繁樹著 東京図書出版、リフレ出版 発売
【要旨】平安絵巻の下絵のごとく、闘う左大臣の藤原道長を、支える妻と癒やす妻。寄り添う家司の藤原保昌が、迎えた妻は和泉式部。
2017.11 349p B6 ¥1800 ①978-4-86641-096-8

◆化土記 北原亞以子著 PHP研究所 （PHP文芸文庫）
【要旨】化土―それは積み上げた先から崩れ落ちる土のこと。崖下にたまる化土は、淀んだ政治そのものにどっぷり浸かった役人たちの象徴だ。そんな化土にからめとられ、殺された男がいた。老中・水野忠邦配下で天保の改革推進派の幕臣・栗橋伊織である。故あって廃嫡されていた伊織の兄は、かつての思いもよらぬ弟の妻・花重とともに、敵を追いかけ、印旛沼に向かうが…。時代小説の名手が紡ぎ出す感動の人間ドラマ。
2017.11 269p A6 ¥980 ①978-4-569-76787-1

◆似たものどうし—慶次郎縁側日記傑作選 北原亞以子著 新潮社 （新潮文庫）
【要旨】自らの心に巣くう鬼をねじ伏せ、涙に暮れる弱き者らを情けで支える元腕利き同心・森口慶次郎。最愛の娘の死が与えた底知れぬ葛藤と哀しみの中で「仏の慶次郎」と名を出した記念碑的名編「その夜の雪」を始め、名作「峠」などシリーズ全十七作品から名うての読み手が傑作を精選。テレビドラマ版を彩った名優のインタビューや全作品解題も交え、この一冊で「慶次郎縁側日記」の世界に浸る特別編。
2017.10 437p A6 ¥620 ①978-4-10-141433-1

◆乗合船—慶次郎縁側日記 北原亞以子著 新潮社 （新潮文庫）
【要旨】根岸の酒問屋で寮番の身で隠居する森口慶次郎のもとには、今日も様々な事件が持ち込まれる。かつて「仏」と呼ばれた腕利き定町廻り同心は、最愛の娘を不慮の事件で亡くした傷を心に隠し、今日も江戸の市井の人々の苦しみに耳を傾け、解決のみちすじをさりげなく示すのだった。そんな慶次郎の元に、婿養子の晃之助が急襲されたとの一報が届くが…。畢生の傑作シリーズ、ついに最終巻！
2017.5 310p A6 ¥550 ①978-4-10-141432-4

◆春遠からじ 北原亞以子著 KADOKAWA （角川文庫）
【要旨】北条氏政の下総国関宿侵攻から八年。悪夢のような焼き討ちを生き延びた、塩商人蔵次の娘・あぐりに、婿取りの話が持ち上がっていた。相手は、父の店を手伝っている伸助。だが父たちの意をよそに、あぐりは、兄のように慕う伍平太に、心よせる想いを秘めていた。直後、関宿に再び北条氏との戦が忍び寄る。侍となって戦う決意をする伍平太に、あぐりは自らの想いを伝えるが…。戦国の世を力強く生きる女性たちを描いた傑作長編。
2017.7 334p A6 ¥640 ①978-4-04-105511-3

◆宇喜多の捨て嫁 木下昌輝著 文藝春秋 （文春文庫）
【要旨】娘の嫁ぎ先を攻め滅ぼすことも厭わず、権謀術数を駆使して戦国時代を駆け抜けた戦国大名・宇喜多直家。裏切りと策謀にまみれた男の真実の姿とは一体…。ピカレスク歴史小説の新鋭手こごに誕生!!第92回オール讀物新人賞をはじめ、高校生直木賞など五冠を達成した衝撃のデビュー作。特別収録・高校生直木賞ルポ。
2017.4 399p A6 ¥740 ①978-4-16-790826-3

◆敵の名は、宮本武蔵 木下昌輝著 KADOKAWA
【要旨】自らの命と引き替えに、その強さを知った一剣聖と呼ばれた男の姿とは―。7人の敗者たちから描く、著者渾身の最新歴史小説。
2017.2 293p B6 ¥1600 ①978-4-04-105080-4

◆秀吉の活 木下昌輝著 幻冬舎
【要旨】織田への就活、寧々との婚活、天下人への転活、朝活、妊活、終活…。乱世を駆け昇った秀吉の"活きた"仕事とは？天下人の一生を10の活動時期に分け、新たな切り口で描く、豊臣秀吉の出世道!!
2017.11 323p B6 ¥1800 ①978-4-344-03211-8

◆ぼくせん―幕末相撲異聞 木村忠啓著 朝日新聞出版
【要旨】土俵上での禁じ手から角界を追放され、後がない元力士・岩嵐。元行司・庄吉から誘われて"ぼくせん"に挑み、起死回生を図るが…!?
2017.12 301p B6 ¥1600 ①978-4-02-251502-5

◆妖かしの娘―隠居右善 江戸を走る 2 喜安幸夫著 二見書房 （二見時代小説文庫）
【要旨】元北町奉行所の筆頭同心・児島右善は、神田明神下の鍼灸療治処の離れに居を構え、美人鍼師で人気の竜尾の弟子兼用心棒となっている。江戸では今、養女多恵の祟りに見舞われたと噂の大店要屋に不幸が続き、女童幽霊も目撃され…。そんな折、右善を旗本の用人が訪ね、家宝の名刀「備前長松派」が路上で何者かに盗まれたので探してほしいと言うのだ。
2017.2 292p A6 ¥648 ①978-4-576-17009-1

◆裏走りの夜―大江戸木戸番始末 6 喜安幸夫著 光文社 （光文社時代小説文庫）
【要旨】米沢町にある井筒屋の番頭・忠助は、古い知り合いのお米に会う。彼女の夫・友蔵は盗賊に殺されており、口封じのためにお米がさらに襲撃されることを恐れた忠助は、杢之助らと協力し、彼女の救出作戦を決行する！作戦は成功したかに思われたが、両国広小路に現れた、木彫りの鵜の見世物を扱う芸人の一座が、杢之助の守る町内に、怪しい目を光らせ始めて…。
2017.11 303p A6 ¥600 ①978-4-334-77564-3

◆女鍼師竜尾―隠居右善江戸を走る 4 喜安幸夫著 二見書房 （二見時代小説文庫）
【要旨】大店伊勢屋の娘が奉公人と駆落ちの末、相対死？それとも殺された？女鍼療治処の凄腕同心・児島右善は引退後、竜尾の弟子となっている。同じ頃、謎の父子と薩摩の侍らしき者が、竜尾とおぼしき女鍼師を敵と狙って療治処をうかがっているという話が舞いこんだ。今明かされる竜尾の過去とは？書き下ろし長編時代小説。
2017.10 303p A6 ¥648 ①978-4-576-17142-5

◆北町同心 一色帯刀 喜安幸夫著 KADOKAWA （角川文庫）
【要旨】北町奉行所の定町廻り同心・一色帯刀は、仲間内では融通の利かない堅物と評される四十路男。ある日、老中松平伊豆守信明から奉行所に、極秘の探索命令が下る。江戸の武家地に阿片が流通しているという噂があるという。同じ頃、同輩の稲場十四郎が管轄する深川で武家が斬り殺される事件が発生。現場を検分した帯刀は、門前仲町の店頭・伝兵衛の評判に不審を抱き、探査を開始する。やがて伝兵衛の裏に、ある大名家の怪しい影が…。
2017.4 289p A6 ¥680 ①978-4-04-105188-7

◆北町同心 一色帯刀―背後の影 喜安幸夫著 KADOKAWA （角川文庫）
【要旨】北町奉行所の定町廻り同心・一色帯刀は、誰もが認める謎の硬骨漢。老中から寺社判所に、無頼の者が闊歩している状況を是正せよとの命を受け、意気軒昂として深川の町廻りが始まる。すると門前仲町の女郎屋で客が客を刺したとの一報が入る。だが現場に着くと板前が客を刺殺したという噂に変わっていた。店頭・杉太郎の関与を疑い探索に乗り出すが、事件関係者が七日市藩邸に出入りしていることがわかってきて…。
2017.10 306p A6 ¥680 ①978-4-04-106174-9

◆狂言潰し―大江戸木戸番始末 4 喜安幸夫著 光文社 （光文社時代小説文庫）
【要旨】薬研堀の煙草問屋・肥前屋の番頭、庄助の様子がおかしい。まじめ一本で商売熱心だった店のあるじの壱右衛門が、商売を顧みず柳原堤の女を気にしているという。杢之助は意外な色恋沙汰に驚くが、そんなとき、堀に庄助の溺死体が揚がった。色恋沙汰を利用して肥前屋を葬ろうとする一味の魔の手が、米沢町に伸びるのを感じ取る杢之助だが―。シリーズ第四弾。
2017.3 305p A6 ¥580 ①978-4-334-77446-2

◆騒ぎ屋始末―隠居右善 江戸を走る 3 喜安幸夫著 二見書房 （二見時代小説文庫）
【要旨】北町奉行所の凄腕同心・児島右善は隠居して神田明神下の鍼灸療治処の離れに住み、美人で人気の女鍼師竜尾の弟子兼用心棒となっている。ひょんなことで右善は、明神下の惣菜屋の若旦那と、小柳屋の米屋の娘の目見得（見合い）の仲立ちをすることになった。ところが、目見得の日、娘の米屋が打壊しにみまわれて…。町を守るべく右善は探索に動き出す。
2017.6 292p A6 ¥648 ①978-4-576-17075-6

◆知らぬが良策―大江戸木戸番始末 5 喜安幸夫著 光文社 （光文社時代小説文庫）
【要旨】米沢町の相州長屋で、深夜に動物の死骸が置かれる嫌がらせが起きた。杢之助は、近頃様子がおかしい住人の若夫婦・重市、お恵を狙う何者かの存在を疑うが、はっきりしない。そんなとき岡っ引の捨次郎から、近隣に禁制の賭場があるらしいと聞き、押し込む怪しい二人組を尾けといくと、杢之助もまた町内に入り込む怪しい二人組を見かけ…。シリーズ、緊迫の第五弾。
2017.8 295p A6 ¥580 ①978-4-334-77518-6

◆花散る城―戦国女城主秘話 喜安幸夫著 光文社 （光文社時代小説文庫）（『非情の城』改題書）
【要旨】稲穂実る東美濃・岩村の地に、美貌の女性が輿入れした。信長の叔母、おつやの方。武田勢を抑えるための政略結婚であった。「この地に根ざしたい」と願うおつやだが、戦国乱世の城に平穏はない。相次ぐ存亡の危機に際し、岩村城を守るための政略を巡らす度に、逆に数奇な運命に巻き込まれていく。大河ドラマで話題の戦国女城主、もうひとりの傑物、おつやの人生を描く。
2017.6 381p A6 ¥700 ①978-4-334-77477-6

◆闇奉行 燻り出し仇討ち 喜安幸夫著 祥伝社 （祥伝社文庫）
【要旨】「危ない」茶屋の看板娘お沙世が叫んだ。侍の駆る馬に、団扇職人の娘が撥ね飛ばされたのだ。侍は名乗らず、金を投げて立ち去り、娘は看病も虚しく死んだ。憤る札の辻の住人たち。だが、人宿「相州屋」の主忠吾郎は旗本の挙動に不審を覚え、仁左たちに探索を命じる。仇討ちに走ろうとする娘の父親を宥めつつ、策を練る忠吾郎の胸中は…。奉行が裁けぬ悪を討つ、第五弾。
2017.11 293p A6 ¥640 ①978-4-396-34374-3

◆闇奉行 黒霧裁き 喜安幸夫著 祥伝社 （祥伝社文庫）
【要旨】「与次郎、許せねえっ」路地の暗闇から、若者二人が人宿「弥勒屋」に激しい襲いかかった。しかし、返り討ちに遭い、止めに入った伊佐治が巻き添えに―北町奉行の命で、忠吾郎率いる「相州屋」の面々が普請奉行と弥勒屋の黒い繋がりを探っていた最中に起きた悲劇だった。若者が憤った弥勒屋の非道な手口とは。忠吾郎は、伊佐治の仇を討つべく必殺の布陣を張る！
2017.4 300p A6 ¥640 ①978-4-396-34305-7

◆数えずの井戸 京極夏彦著 中央公論新社 （中公文庫）
【要旨】いく度も奉公先を追われる美しい娘・菊。慾のない菊の姿はやがて、つねに満ち足りない旗本青山家当主・播磨の心に触れるるが、菊の父親の因果や、播磨の暗い人間関係が、二人を凄惨な事件に突き落とす。数えるから、足りなくなる―欠けた皿と心の渇きに惑う人々が織りなす、今まで語られなかった「皿屋敷」の真実。
2017.8 731p A6 ¥920 ①978-4-12-206440-9

◆維新の蹉跌 経塚丸雄著 河出書房新社
【要旨】箱館戦争で敗残兵となり、深手を負った元幕府遊撃隊中の奥平八郎太は、実の兄・喜一郎と膝を屈する重臣の本多佐吉とともに、蝦夷地の深い森へと落ち延びる。犬死にしても意味はないと、兄を一人逃がした八郎太であったが、残

◆すっからかん─落ちぶれ若様奮闘記　経塚丸雄著　祥伝社　（祥伝社文庫）
【要旨】須崎槇之輔は、元は信州須崎藩の世継ぎだったが、父の起こした刃傷沙汰の咎により、大和鴻上藩に「預」となってしまった。不遇をかこつこと五年。槇之輔は冷水を買う銭も惜しまず、趣味の狩猟と料理で無聊を慰めていた。そんな折、父の仇・城島家に再興の目が出ると、須崎家旧臣の一部が「城島、討つべし」と息巻き始めた！悩める若様に、御家再興の途はあるのか？
2017.10 287p A6 ¥600 ①978-4-396-34363-7

◆旗本金融道　4　斬るも情けの新次郎　経塚丸雄著　双葉社　（双葉文庫）
【要旨】祖父が榊原家に養子に入ってから、はや二年。榊原家の年間収入が年々減っていることを祖父の源兵衛が、何かに付けて責められ、挙げ句の果てには「儲けが減った分、利子をつけて、あと百日で七百二十八両を用立てろ」と厳命されてしまう。許嫁のお松に泣きつくも、色よい返事はもらえずに落ち込む新次郎だが、そんな折、旧友と再会し「銭が確実に倍になる、とっておきの儲け話」を打ち明けられる。話題沸騰のシリーズ第四弾！
2017.3 268p A6 ¥583 ①978-4-575-66821-6

◆旗本金融道　5　情けが宝の新次郎　経塚丸雄著　双葉社　（双葉文庫）
【要旨】榊原家を実質的に取り仕切っている祖父の源兵衛が、何かが原因で拉致されてしまう。下手人はどうやら、前年秋に奉行に扮した新次郎たちに、「家賃投資の出資者名簿」を奪われた両替商「筑紫屋」のようだ。さらに、筑紫屋の後ろ盾となっている老中・水野越前守の差し金で、新次郎は幕府評定所から召喚を受けてしまう。これまでの新次郎一味の数々の狼藉が、いよいよ白日の下にさらされてしまうのか!?驚天動地のシリーズ最終巻！
2017.7 260p A6 ¥574 ①978-4-575-66843-8

◆戦国史談　土佐一条物語　吉良川文張著　（高知）飛鳥出版室
2017 269p A6 ¥926 ①978-4-88255-157-7

◆信長を生んだ男　霧島兵庫著　新潮社
【要旨】うつけと蔑む兄・織田信長に、先覚なる弟・信行は覇者の資質を見た。それは兵法書と龍笛を好み、覇道の範疇に生きる信行には持ちえないもの。すなわち自らの力で天下を統一しようとする炎の如き意志─。しかし、そこに潜むひと筋の弱さを見出した時、己の犠牲をかきたてるように、信行は身命を賭した大勝負に出る。
2017.11 326p B6 ¥1600 ①978-4-10-351331-5

◆落語小説・柳田格之進　金原亭伯楽著　本阿弥書店
【要旨】現役の落語家金原亭伯楽の落語小説第5弾！落語「柳田格之進」から描く忍者彦丸が活躍する痛快時代劇！
2017.4 237p B6 ¥1389 ①978-4-7768-1299-9

◆金鯱─魚河岸奉行　国光著　双葉社　（双葉文庫）
【要旨】棒手振りの半次が富くじ百両を引き当てた。なんでも、黄金に輝く鮪が夢に出てきたのだという。別名「シビ」と呼ばれて下魚とされると嫌われていた鮪がその日を境に縁起物として江戸で大流行。魚河岸奉行の大池由良ノ介は夏枯れの河岸に現れた救世主に喜ぶ。評判は宿禰内田庵斎の娘、将軍側室お喜代の方の耳にも入り、由良ノ介に献上鮪料理を誂え舞うよう命じる。その裏には密かな狙いがあった。超新鮮シリーズ第二弾！
2017.8 254p A6 ¥574 ①978-4-575-66847-6

◆初鰹─魚河岸奉行　国光著　双葉社　（双葉文庫）
【要旨】文化十四年初夏、江戸に待望の初鰹がやって来た。「御用鳥」の幟をはためかせて初鰹を積んで激走する荷車には、鯔背な男が一人─将軍家の食す魚を目利きする幕府賄方魚納屋役所預かり一人呼んで魚河岸奉行、大池由良ノ介である。一見遊び人風の由良ノ介だが、実は江戸の台所、魚河岸と民の安寧を守るという密命を帯びていた。由良ノ介は豊富な魚の知識から育った剛腕、凄腕の手下を武器に鮮やかに難事件を捌いていく。期待の新シリーズ！
2017.5 266p A6 ¥593 ①978-4-575-66825-4

◆あっぱれ街道─小料理のどか屋人情帖　21　倉阪鬼一郎著　二見書房　（二見時代小説文庫）
【要旨】旅籠付き小料理のどか屋の常連大橋季川が、のどか屋を常宿にしている江戸近郊流山の味醂づくり秋元家の句会に宗匠として招かれた。ただし江戸の大火で焼け出された悪党が近場の野田や流山に移り、押し込みを続けているという。のどか屋のあるじ時吉は、一人息子で満九歳の千吉、大橋季川と流山へと旅立った。秋元家は俳人小林一茶の後ろ盾だったという。
2017.11 299p A6 ¥648 ①978-4-576-17159-3

◆開運十社巡り─大江戸秘耶便　倉阪鬼一郎著　講談社　（講談社文庫）
【要旨】安政の大地震、高波、大火、疫病コロリで傷ついた江戸の町を健脚たちが駆け巡る。益満同心が飛脚問屋江戸屋に持ちかけ、十社巡りが実現した。富ヶ岡八幡宮、神田明神、王子権現…。女義脚をふくめ五区間、競うは十組。力めし処あし屋で腕をぶす江戸屋の面々だが、思わぬ暗雲がたれこめて!?
2017.5 299p A6 ¥640 ①978-4-06-293667-5

◆からくり亭の推し理　倉阪鬼一郎　幻冬舎　（幻冬舎時代小説文庫）
【要旨】安政四年。好色者で、かつ火事のたび大儲けする材木問屋の主人が殺される。死人は「龍」の字をしたためた小さな紙片を握っていた。怪しいのは番頭の龍蔵、出合茶屋の元締め龍次、商売敵の昇龍屋か？周囲には他にも「龍」がいくらでもいて…（「龍を探せ」）。他全四作、南町奉行所隠密廻り同心・古知屋大五郎が難事件に名推理で挑む本格捕物帖の第一作。
2017.6 306p A6 ¥650 ①978-4-344-42621-4

◆きずな酒─小料理のどか屋人情帖　20　倉阪鬼一郎著　二見書房　（二見時代小説文庫）
【要旨】江戸近郊の造り酒屋「武蔵屋」に家を飛び出した末っ子から文が届いた。博打でつくった二百両を使いの者に渡してほしいというのだ。旅籠付き小料理のどか屋の時吉は常連の大橋季川から相談を受け、文の背後に「からくり」があるのを感じ取って…。せがれに成りすまして年寄りから銭を騙り取る悪い奴は許せない─。刀を包丁に持ちかえた元武家の料理人が立ち上がる！
2017.7 302p A6 ¥648 ①978-4-576-17095-4

◆京なさけ　小料理のどか屋人情帖　19　倉阪鬼一郎著　二見書房　（二見時代小説文庫）
【要旨】時吉とおちよの旅籠付き小料理のどか屋に、京から老舗料理屋の跡取りが訪ねてきた。時吉の料理の師・長吉が若い頃に修業した四条大宮の宮戸屋の若旦那・京造だった。父の死後、母と板長が形にこだわって心のこもらぬ料理しか出さなくなり、客が怒って、このままでは店が潰れてしまう。なんとか料簡違いを窘めて店を立て直してほしいというのだ。時吉は京に行ったものの─。
2017.3 305p A6 ¥648 ①978-4-576-17024-4

◆桑の実が熟れる頃─南蛮おたね夢料理　5　倉阪鬼一郎著　光文社　（光文社時代小説文庫）
【要旨】疫病コロリ、大火…災厄続きだった安政五年の春、おたねに届いた依頼は─。下田に入港した米国軍艦の乗組員の若者が重い病にかかっている。彼のため、故郷の料理を再現してやってくれないかというのだ。異人の扱いに戸惑いながらも、次第に深い情を寄せる夢屋の面々。おたねの献身が胸を打つ好評シリーズ第五弾。
2017.7 284p A6 ¥600 ①978-4-334-77502-5

◆上州すき焼き鍋の秘密　関八州料理帖　倉阪鬼一郎著　宝島社　（宝島社文庫）
【要旨】上州（群馬）見廻りの任についた関東取締出役（通称「八州廻り」）の藤掛右京は、ひそかに飼育された上州牛のすき焼き鍋の供応を受ける。獣肉を忌み嫌う時代に、この地にひそかに伝わるすき焼き鍋。上州沼田領を治め、また93歳まで生きて長命で知られた真田信之と、隣接する高崎領を治めた井伊直政に由来するのだという。このすき焼き鍋の秘密に気づいた右京は、凶賊捕縛に立ち上がる！書き下ろし。
2017.5 297p A6 ¥640 ①978-4-8002-7143-3

◆諸国を駆けろ─若さま大団円　倉阪鬼一郎著　徳間書店　（徳間文庫）
【要旨】剣と将棋がめっぽう強い旗本の三男坊・飛川角之進。町娘と一緒になり、「あまから屋」という料理屋を営んでいる。実は彼は将軍の御落胤。そのことを知る美濃前洞藩の重臣たちに

頼まれ、病に倒れた藩主の養子となり、家督を継ぐこととなった。名を斉俊と改め、領地へ赴き、親藩との諍いを治めつつ、改革を進めるべく尽力する。若さまは、江戸に残した息子と妻と暮らすことができるのか？
2017.8 293p A6 ¥640 ①978-4-19-894245-8

◆聖剣裁き─浅草三十八文見世裏帳簿　倉阪鬼一郎著　コスミック出版　（コスミック・時代文庫）
【要旨】浅草駒形堂近くに見世を構える「銭屋」は小間物類をはじめとして、さまざまな品を三十八文均一であきなうよろず屋だ。だが、「銭屋」は見世先の雑多な品以外に、客の目には見えない品を商っている。平生はあらわれない「見えずの品」……それは、殺しだった。盗賊に一家を皆殺しにされた薬種問屋の次男が敵討ちを誓い「銭屋」につなぎを求めてきた。北町奉行所隠密廻り同心の沼上大蔵は「銭屋」のあるじ銀次らとともに、薬種問屋の復讐に手を貸すことになるが、その依頼には思いよらぬからくりが隠されていた。元盗賊の銀次を使い「銭屋」の面々とともに、北町隠密同心が江戸に跋扈するさまざまな悪を裁く、痛快時代活劇。
2017.9 288p A6 ¥640 ①978-4-7747-1364-9

◆ふたたびの光─南蛮おたね夢料理　6　倉阪鬼一郎著　光文社　（光文社時代小説文庫）
【要旨】高波で家族すべてを失った扇職人・礼次郎。気落ちからか身に傷がでる、医者の見立ても芳しいものではなかった。一匹の猫に亡き娘の名前をつけて可愛がっていたが、自らの命も、もう長くはない。夢屋のおかみのおたねは、せめて猫を引き受けることにするが、厄災が立て続く江戸で、明日を信じ願って生きる市井の人々の姿を温かく描く、人気シリーズ第六弾。
2018.1 283p A6 ¥600 ①978-4-334-77595-7

◆帆を上げて─廻船料理なにわ屋　倉阪鬼一郎著　徳間書店　（徳間文庫）
【要旨】江戸の八丁堀に開店した料理屋「なにわ屋」は、大坂の廻船問屋「浪花屋」の出見世。次男の次平と娘のおきみが、料理人の倅が切り盛りしている。しかし、江戸っ子に上方の味付けは受け入れられず、客足は鈍かった。そこで、常連になった南町奉行所の同心たちや知り合いの商人の助けで、新しい献立を創ったり、呼び込みをして、徐々に客が集まってきた。だが、上方嫌いの近所の奴らが…。書下し時代小説。
2017.12 307p A6 ¥670 ①978-4-19-894286-1

◆料理まんだら─大江戸隠密おもかげ堂　倉阪鬼一郎著　実業之日本社　（実業之日本社文庫）
【要旨】災いをもたらすという"悪しき松"の臭いが江戸中に漂っていた頃、蠟燭問屋の一家や呉服問屋のあるじが盗賊に殺された。町中で評判の良かった店の被害とあって、医者の夢屋にも不思議に思われたが、盗賊を自ら招き寄せた形跡があった…。人形師の兄妹が"おもかげ料理"と"からくり人形"ふたつの異能で事件の真相に迫る！じんわりと沁みる江戸人情ミステリー。
2017.4 288p A6 ¥620 ①978-4-408-55351-1

◆迷い子の櫛─むすめ髪結い夢暦　倉本由布著　集英社　（集英社文庫）
【要旨】髪結いとして生計を立てようと奮闘中の卯野。武家出身でなんの伝手もない彼女のために、友人で商家の娘の花絵は「卯野に髪を結ってもらうと恋が叶う」という噂を流すと言いだす。その甲斐もあってか、様々な客が卯野に仕事を依頼し始め…。髪を結いながら、年齢も境遇もそれぞれ違う女たちの人生と恋に触れ、卯野が成長してゆく姿を描き下ろし時代小説。表題作の他、二編を収録。
2017.10 286p A6 ¥580 ①978-4-08-745655-4

◆海武士の詩　黒川十蔵著　幻冬舎メディアコンサルティング, 幻冬舎 発売
【要旨】江戸の中期、尾道に町奉行としてやってきた一人の男がいた。その名は平山角左衛門。義を重んじる武士が「利」を手にすることで、商人もまた利の中に「義」を見出す。かつての栄えし港町を取り戻すため、相反する価値観を持つ侍、商人たちが手を取り合い、一世一代の大工事がはじまる。尾道を救った英雄たちの、真実の物語。
2017.9 296p B6 ¥1300 ①978-4-344-91358-5

◆享保に咲く　黒川十蔵著　幻冬舎メディアコンサルティング, 幻冬舎 発売
【要旨】夫とともに自ら戦った鶴姫伝説を描いた「戦国姫無常」、埋蔵金の言い伝えをもつ「一夜に

歴史・時代小説（戦記）

して滅びた飛騨白川郷の黄金郷"の謎にせまる「帰雲城」、自らを犠牲にして、農民を思いやった武士の生き方が心にしみる表題作「享保に咲く」、神戸の街を外国軍の占拠から救った瀧善三郎の生き様を描いた「最後の武士道」。戦国から幕末まで、実話に基づいた4話を収録。
2017.11 315p B6 ¥1300 ①978-4-344-91458-2

◆仇討一番―恋がらす事件帖　黒木久勝著　双葉社（双葉文庫）
【要旨】観る者すべてを虜にする天才役者、揚羽恋之介と、見る者すべてを震え上がらせる剣豪、烏森堅四郎。正反対にもほどがある二人が人生舞台で出会ってしまった。芸に惚れ込み押し掛け弟子になった堅四郎を、今日もしごき倒す恋之介。『大江戸小芝居祭』で"大階段落ち"を披露すべく熱い稽古に励む凸凹師弟の前で、血腥い殺しが立て続けに起きる。期待のシリーズ第一弾！
2017.11 292p A6 ¥620 ①978-4-575-66860-5

◆お犬侍―恋がらす事件帖　黒木久勝著　双葉社（双葉文庫）
【要旨】天才役者、揚羽恋之介と弟子の剣豪、烏森堅四郎の体を張った階段落ちで大人気となった揚羽座。だが、移り気な江戸っ子にすぐに飽きられ、犬が演じる忠臣蔵、その名も『忠犬蔵』に客を奪われる。荒れる恋之介に尽くす堅四郎だったが、ある夜、舞台で失敗した犬の五郎丸が座頭に折檻される場面に遭遇。思わず五郎丸を逃がしたことで、犬遣いの紅小町がほおずき長屋に乗り込んでくる。期待の新シリーズ第二弾！
2017.4 302p A6 ¥630 ①978-4-575-66866-7

◆花菖蒲のひと―香木屋おりん　黒木久勝著　双葉社（双葉文庫）
【要旨】最愛のひとは、父の仇だった―吉原での香競べの帰途、秘蔵の伽羅・黒影夜を狙って襲ってきた長谷川一馬と対決し、斬られたおりん。絶体絶命のところで真木野左内に救われるも、薄れゆく意識の中で嗅いだ左内の匂いが、おりんに残酷な事実を突き付けた。追い打ちをかけるように、突如おりんの目が見えなくなる。一方、市中には凶悪な企みが着々と進んでいた。江戸が香るシリーズ、完結！書き下ろし長編時代小説。
2017.4 285p A6 ¥611 ①978-4-575-66826-1

◆公事宿始末人―破邪の剣　黒崎裕一郎著　祥伝社（祥伝社文庫）
【要旨】南町奉行所で冤罪事件が続発、一方で捕縛した者をすぐに放免するなど、その放埒で非道な振る舞いに憤る唐十郎。不審を抱いた闇の始末人千坂唐十郎は、牢屋同心と差し入れ屋が囚人から賭場を欺し取っていたと知る。さらに女囚を食い物にしている疑いも浮上、罠に嵌まった大店の内儀が自害する悲劇まで起き―。裁かれぬ悪に、唐十郎の怒りの刃が唸る！
2017.2 333p A6 ¥670 ①978-4-396-34291-3

◆公事宿始末人　斬奸無情　黒崎裕一郎著　祥伝社（祥伝社文庫）
【要旨】最愛の元許嫁を自害に追いやった男を斬り、美濃大垣藩を出奔、流浪の末、江戸に流れ着いた千坂唐十郎は、人柄と剣の業を見込まれ"闇の始末人"となった。定町廻り同心と岡っ引が無残に殺された一件を調べるうち、阿片密売が絡む大垣藩の不正に突き当たる。やがて覆面の武士から夜襲を受け、背後に仇敵の姿を認めると、唐十郎は白刃煌めく敵の中へと向かってゆく！
2017.7 342p A6 ¥670 ①978-4-396-34338-5

◆公事宿始末人　叛徒狩り　黒崎裕一郎著　祥伝社（祥伝社文庫）
【要旨】三河で"神隠し"に遭ったとされる花火職人の弥助が、江戸で襲われ、闇の始末人千坂唐十郎の目の前で息絶える。弥助の今際の言葉を頼りに事件の探索に乗り出す唐十郎たち。手がかりを辿るうち、頻発する凶悪非道な押し込み強盗と、"神隠し"につながりを見出す。信州浪人が大量の爆薬を市中に配し、将軍・吉宗の爆殺を企んでいたのだ。唐十郎と叛徒の激闘の行方は！
2017.4 329p A6 ¥660 ①978-4-396-34304-0

◆玉競り―死神幻十郎　黒崎裕一郎著　文芸社（文芸社文庫）（『邪淫　冥府の刺客』加筆・修正・改題書）
【要旨】四つ目屋の鬼八からドンド橋の下で女の土左衛門が上がったとの知らせが届く。半月ほど前も、上流で若い女の土左衛門が上がったことも噂で聞いた。いずれも、前夜、艶麗粋をまとったあられもない姿で、女陰のすぐ脇に蟹と蛇の刺青が彫られていた。死神とともに、百

化け歌次郎、女殺し屋・志乃が不審死の謎を追うと、大奥に蠢く陰謀が浮かび上がった―!?
2017.2 311p A6 ¥760 ①978-4-286-18392-3

◆謀殺―死神幻十郎　黒崎裕一郎著　文芸社（文芸社文庫）
【要旨】備中岩津藩のお世継ぎ争いをめぐるお家騒動の陰に、時の若年寄・田沼意正の不穏な動きを察知した楽翁（松平定信）は、一度死んだ男・死神幻十郎にその探索を命じた。時を同じくして藩士に絡んだ連続殺人。事件を追う死神の前に、金と色欲に溺れ、腐りきった巨悪の正体と驚愕の謀略が明らかになってゆく。藩を覆う闇を、必殺の剣が斬り裂く―!!
2017.11 292p A6 ¥760 ①978-4-286-18569-9

◆東夷―秀吉の朝鮮出兵に叛いた関東の暴れ馬　多賀谷重経の生涯　毛矢一裕著　郁朋社
【要旨】儂は生きる。物となろうが、盗人になろうが生きてやる。天下人秀吉に屈することなく、下妻千騎と呼ばれた関東最強の銃撃部隊を作り上げた男の激闘と流浪の生涯を描く。第17回歴史浪漫文学賞最終選考通過作品。
2017.11 213p B6 ¥1000 ①978-4-87302-652-7

◆小旋風（つむじかぜ）の夢絃　小島環著　講談社（講談社文庫）
【要旨】春秋後期の中国。十五歳の小旋風は、家業の盗掘を手伝わされていたが、事故で養父と死別。盗み出した華麗な琴を高く売って新生活の糧にしようと思いつくのだったが、その琴のせいで幽鬼のような謎の女性に追い回されることになる。夢と冒険と野心の行方に手に汗握る第9回小説現代長編新人賞受賞作。
2017.4 331p A6 ¥680 ①978-4-06-293655-2

◆哀惜の剣―御用船捕物帖　3　小杉健治著　朝日新聞出版（朝日文庫）
【要旨】「乱心ではない。遺恨だ」御徒目付の片平伊兵衛は組頭の首を刎ねた後、そう呟くと、自らの喉を掻き切った。真相を追う弟の伊之助は、兄の無念を晴らすべく、仇の屋敷に乗り込んでいくが―。背後に蠢く悪に、同心・尾上源蔵が調べを進めていると、小美仍が何者かに落籍され、吉原に身売りされたという。殺しの陰に隠された大掛かりな謀略を源蔵が暴く！
2017.5 322p A6 ¥620 ①978-4-02-264846-4

◆花魁心中―人情同心　神鳴り源蔵　小杉健治著　光文社（光文社時代小説文庫）
【要旨】足袋問屋『山木屋』の主人が殺された。三日前に殺された大工の棟梁久兵衛と同じように、襲われたのは、門前仲町の料理屋『登代川』からの帰り道だった。ふたりとも、深川芸者・小美仍の馴染みだった。同心・尾上源蔵が調べを進めていると、小美仍が何者かに落籍され、吉原に身売りされたという。殺しの陰に隠された大掛かりな謀略を源蔵が暴く！
2017.8 318p A6 ¥600 ①978-4-334-77519-3

◆隠密同心―幻の孤影　1　小杉健治著　KADOKAWA（角川文庫）
【要旨】飾り職人の兄弟子の峰吉と茂助が殺された。同時期に仙台堀であがった死体にも裂紫懸けに同じ太刀筋の傷。彼は伊吹助次郎という御庭番で、昨年病死したはずだった。三人のつながりはどこにあるのか。決死で敵陣に潜り込んだ佐原市松は、隠密同心の役目に疑問を抱きながらも、命がけで極秘任務に励む。そこで思いもよけない藩ぐるみの壮大な悪事が明らかになり―。緊迫した死闘が再び繰り広げられる！
2017.6 316p A6 ¥640 ①978-4-04-105703-2

◆隠密同心―幻の孤影　2　小杉健治著　KADOKAWA（角川文庫）
【要旨】「金山、武蔵」―殺される直前の公儀隠密が言い遺した言葉を手掛かりに、鉄砲洲稲荷付近の質屋『武蔵屋』に用心棒として潜り込んだ市松。幕閣に贋金造りの首魁と通じている者がいると睨み、敢えて敵の手下として囮となり、身内にまで刃を向けながらいねない隠密捜査の苛酷な裏に苦しむ市松。悪を裁くためには時に悪に染まり非情に徹しなければならないのか―最大の試練に立ち向かう!!
2017.10 318p A6 ¥640 ①978-4-04-105704-9

◆隠密同心　3　裏切りの剣　小杉健治著　KADOKAWA（角川文庫）
【要旨】藩財政改革の立役者と筆頭家老の対立が続く芸州藩の御家騒動に風神一族が関与しているとの報を受けた佐原市松。唯一の手がかりとなる「才蔵」とは風神一族の暗号か？謎を追うべく国元に潜入した上役の松原源四郎は長らく音信不通。芸州浅見家の家臣だった長屋の隣人・成瀬三之助とともに疑惑の住人の追

跡を進めるうち、事態は予想外の展開を迎え…。隠密同心・市松の活躍を描く、手に汗握るシリーズ第三弾！
2017.1 317p A6 ¥640 ①978-4-04-103894-9

◆刀傷―蘭方医・宇津木新吾　小杉健治著　双葉社（双葉文庫）
【要旨】ある夜、幻宗と新吾は、刀傷を負った侍の手術に往診した。翌朝、同じ屋敷を訪れた新吾は「怪我人などおらぬ」と、門番に追い返される。一方、順庵の患家では、内儀と手代が駆け落ちするという騒動が持ち上がっていた。新吾の周りで起こったまったく無関係な二つの出来事が奇妙に絡み合っていく…。書き下ろし青春時代小説、シリーズ第六弾!!
2017.8 317p A6 ¥670 ①978-4-575-66846-9

◆伽羅の残香―風烈廻り与力・青柳剣一郎　39　小杉健治著　祥伝社（祥伝社文庫）
【要旨】伽羅に似た香りの髪付け油が大人気の『錦屋』。その主・卯三郎は、何でも金の力で他人のものを奪い取ると評判だ。ある日、腹を真一文字に斬られた男が錦屋の身代が見つかった。青柳剣一郎は、男が錦屋を探っていたと知り、卯三郎が本物の錦屋をすりかえるのではと疑う。さらに、錦屋の用心棒が相次いで襲われ、大盗賊が伽羅を狙っていた話を耳にする。欲望渦巻く争いの行方は!?
2017.9 330p A6 ¥640 ①978-4-396-34349-1

◆霧に棲む鬼―風烈廻り与力・青柳剣一郎　小杉健治著　祥伝社（祥伝社文庫）
【要旨】口入屋『宝生屋』番頭の久次郎と町火消吾平の惨殺体が立て続けに見つかった。風烈廻り与力・青柳剣一郎は手口の残忍さから同一犯と断定。宝生屋主人久五郎が二人と博打仲間だったと知り遺恨を疑うも、与五郎は身に覚えないという。だが与五郎も謎の刺客に襲われ、十五年前の悲惨な事件が浮上する…。哀しみの果てに己を捨てた復讐鬼を、剣一郎はどう裁く。
2017.4 320p A6 ¥640 ①978-4-396-34301-9

◆質草の誓い―質屋藤十郎隠御用　6　小杉健治著　集英社（集英社文庫）
【要旨】青物売りの仙太は働き者だが、喧嘩早い性分が玉に瑕。惚れた娘おすみが、母親の薬代と評判の『万屋』で、人情質屋と評判の『万屋』に借りた三十両の借金に困っていると知り、人情質屋と評判の『万屋』に、あるものを質草にすることを条件に金を貸す。だが、仙太が喧嘩で助けた年寄りが殺されたため、意想外の悪事に巻き込まれ…。盗賊一味と火盗改めが暗躍するなか、敢然と悪に立ち向かう藤十郎の活躍！痛快人情捕物帳。書き下ろし。
2017.11 306p A6 ¥640 ①978-4-08-745669-1

◆天保の亡霊―般若同心と変化小僧　13　小杉健治著　光文社（光文社時代小説文庫）
【要旨】水野忠邦の天保の改革を支えた鳥居耀蔵は、南町奉行の座を追われ、讃岐国にお預けの身である。奢侈禁止令で庶民に圧政を強いた鳥居に、般若同心の一人・柚木源九郎は反撃。その鳥居が、かつての配下を束ね、謀略を仕掛けてきた。源九郎は、同僚の同心たちから「獅子身中の虫」と炙りだされ、難局を乗り越えられるのか!?大人気シリーズ最終章。
2017.2 315p A6 ¥600 ①978-4-334-77402-8

◆遠山金四郎が斬る　小杉健治著　幻冬舎（幻冬舎時代小説文庫）
【要旨】老中水野忠邦による改革で、奢侈が禁じられた江戸の町では、質素倹約により活気が失われ、盗みなどの悪行が横行していた。ある日、小間物屋『風雪堂』に押込みが入る。錺職人の正吉が下手人らしいと捕えられたが、この男、何か大事なことを隠しているようで―。北町奉行遠山景元、通称金四郎の人情裁きが冴え渡る!!著者渾身の書き下ろし時代小説第一弾。
2017.6 340p A6 ¥650 ①978-4-344-42622-1

◆微笑み返し―栄次郎江戸暦　18　小杉健治著　二見書房（二見時代小説文庫）
【要旨】田宮流抜刀術の達人矢内栄次郎は、八丁堀与力の崎田孫兵衛から、海産物問屋美浜屋の相談に乗ってほしいと頼まれる。旦那の蔵太郎が呑み屋の女とはしご酒の末、女の家に誘われ、泥酔のあげく目覚めたら、女は消え、横に男の死体…。この四月から打ちつづく大店への押込みとの関わりは？南町奉行所と火盗改が追う"霞小僧"とは何者なのか？書き下ろし長編時代小説。
2017.10 316p A6 ¥648 ①978-4-576-17141-8

◆魔障―蘭方医・宇津木新吾　小杉健治著　双葉社（双葉文庫）

歴史・時代小説（戦記）

【要旨】突如意識を失い、高熱を発する奇病が発生した。その原因、治療法ともに不明。さらに奇妙なことには、鬼仙院と名のる修験者の祈禱で、その症状はピタリと治まったのだ。鬼仙院は、大黒天魔王の祟りだと言うのだが、幻宗、新吾らは何らかの毒薬と解毒剤が使われたと睨む。奇病の真相を解くべく、そして一方では行方知れずの香保を捜しながら、新吾は江戸の街を疾走する！ 書き下ろし青春時代小説、シリーズ第五弾!!
2017.6 316p A6 ¥630 ①978-4-575-66835-3

◆夜叉の涙―風烈廻り与力・青柳剣一郎　小杉健治著　祥伝社　（祥伝社文庫）
【要旨】その顔を見た者はいない―。一家皆殺しの残忍な押し込みを働く「鬼夜叉」一味の犯行を阻止した風烈廻り与力青柳剣一郎。だが、恨みを抱いた一味が放った凄腕の刺客から不意の襲撃を受ける！ 剣一郎のおかげで難を逃れた木綿問屋「戸倉屋」も、悪所通いにより勘当された長男追放を言葉巧みに近付く輩が…。「鬼夜叉」と剣一郎の、父と子の、因縁が絡む戦いの行方は!?
2017.12 331p A6 ¥660 ①978-4-396-34379-8

◆闇仕合　下―栄次郎江戸暦　17　小杉健治著　二見書房　（二見時代小説文庫）
【要旨】御徒目付である兄・矢内栄之進は、田宮流抜刀術の達人栄次郎に、いつになく厳しく言った。「闇仕合はすべて解決したわけではない。一人で外を出歩くのはひかえよ」と。そんなある日、栄次郎が三味線と長唄を習う杵屋吉右衛門の門下で将来を嘱望された、おりくという美人の訪問を受けた。それが、謎の斬殺体発見が続く「闇仕合の新たなる展開」と重なり栄次郎は苦悩する。
2017.2 314p A6 ¥648 ①978-4-576-17007-7

◆黎明の剣―御用船捕物帖　4　小杉健治著　朝日新聞出版　（朝日文庫）
【要旨】両国の川開きの日、船頭・多吉の屋根船に乗り移った浪人は、商家の旦那を殺して姿を消した。幼馴染みで同心の音之進と調べ進めるうち、その男は堂々と姿を現すが、それと呼応するように、多吉に思いを寄せる女中のお以が何者かに連れ去られ…。人気シリーズ第四弾。
2017.10 323p A6 ¥600 ①978-4-022648-60-0

◆赤備えの鬼武者　井伊直政　近衛龍春著　毎日新聞出版
【要旨】徳川に忠誠を誓い、所領を失った井伊家を再興させ、戦国を駆け抜けた「赤鬼」井伊直政。家康を守り抜き、豊臣との戦いを前に散った"戦場の人生"が、いま生き生きとよみがえる！「おんな城主直虎」に育てられた闘将・直政の熾烈な生涯。圧巻の筆致で、「家康を天下統一に導いた男」を描く長編歴史小説！
2017.4 333p B6 ¥1800 ①978-4-620-10827-8

◆加藤嘉明―「賤ヶ岳七本鑓」知られざる勇将　近衛龍春著　PHP研究所　（PHP文庫）
【要旨】流浪の身から黙々と精進し続け、「賤ヶ岳七本鑓」の一人として勇名を馳せた加藤嘉明。加藤清正、福島正則らと少年時代から武功を競い合い、三木城の攻防を皮切りに山崎合戦など、秀吉の天下統一への戦いで力を振るう。関ヶ原合戦後は家康から"沈勇の士"と重んじられ、会津四十万石の大名へと上り詰めた。水軍の将、築城の名手としても活躍し、乱世の終焉を見届けた男の激闘を描く！
2017.5 566p A6 ¥1100 ①978-4-569-76265-4

◆賢帝と逆臣と―康煕帝と三藩の乱　小前亮著　講談社　（講談社文庫）（『賢帝と逆臣と―小説・三藩の乱』改題）
【要旨】北京に都して二十年足らず、後の大清帝国もまだ国定まらずであった時代。聡明な康煕帝は巧みに宮廷を掌握した後、国土南方に独立国家の如く存在する三つの藩廃止を決める。その最大の攻防を前に、呉三桂は長い戦いを始まる。若き皇帝と年老いた梟雄の心中に去来するものは？ 清朝繁栄初期を見事に描く中国歴史小説。
2017.9 399p A6 ¥760 ①978-4-06-293757-3

◆蚤とり侍　小松重男著　光文社　（光文社時代小説文庫）
【要旨】「猫の蚤とりになって無様に暮らせ！」主君の怒りに触れた長岡藩士・小林寛之進は、下賤な生業と考えていた寛之進だが、次第に世に有用な仕事と知り崇高な仕事と確信する。ところが政権が変わり、蚤とり稼業が禁止に。禁令の撤廃を懸命に生きた愛すべき人々の物語、全六編。
2017.10 371p A6 ¥660 ①978-4-334-77548-3

◆真葛と馬琴　小室千鶴子著　郁朋社

【要旨】第11回歴史浪漫文学賞創作部門優秀賞受賞作品。江戸の人気戯作者馬琴の元に、みちのくに住む真葛の著作「ひとりかんがえ」が持ち込まれる。渋々読み始める馬琴だが、その発想のユニークさと自身と同じく孤独な心情を読み解く真葛に、やがて明治維新の荒波が沖縄を襲う。琉球王国がヤマトに消滅させられる。空手の真髄と沖縄のあるべき姿を追い求めた男の、波瀾の一代記！
2017.9 307p B6 ¥1600 ①978-4-87302-651-0

◆武士マチムラ　今野敏著　集英社
【要旨】幕末の沖縄を生きた空手家・松茂良興作。一度見た「手」をほぼ記憶するという特異な才能を備えた彼は、刀を振るう薩摩藩士に手ぬぐいで立ち向かうなど、数々の武勇伝を持ち泊手の達人として成長する。やがて明治維新の荒波が沖縄を襲い、琉球王国がヤマトに消滅させられる。興作は反ヤマト派の活動を始めるが―。空手の真髄と沖縄のあるべき姿を追い求めた男の、波瀾の一代記！
2017.9 345p B6 ¥1600 ①978-4-08-771121-9

〔さ行の作家〕

◆銀杏手ならい　西條奈加著　祥伝社
【要旨】小日向水道町にある、いちょうの大樹が看板の『銀杏堂』は、嶋村夫妻が二十五年に亘って切り盛りしてきた手習指南所。子を生せず、その家に出戻ることになった一人娘の萌は、隠居を決め込む父・承仙の跡を継ぎ、母・美津の手助けを得ながら筆子たちに読み書き算盤を教えることに。だが、親たちは女師匠と侮り、子供たちは反抗を繰り返す。彼らのことを思って為すことも、願いが思うように届かない。そんなある日、手習所の前に捨てられていた赤ん坊をその胸に抱いた萌は、子供を引き取ると決意を固めるが…。子供たちに一対一で向き合い、寄り添う若き手習師匠の格闘の日々を、濃やかな筆致で鮮やかに描き出す珠玉の時代小説！
2017.11 263p A6 ¥1500 ①978-4-396-63533-6

◆ごんたくれ　西條奈加著　光文社　（光文社時代小説文庫）
【要旨】安永四年、京都。当代一の絵師を目指す豊蔵と彦太郎は、ひょんなことで奇妙な出会いを果たす。喧嘩ばかりか才能を認め合い、切磋琢磨し腕を磨く若きふたり。鼻つまみ者の「ごんたくれ」と呼ばれた彼らは、求めた道の先に何を見たか？ 京画壇の華やかなりし時代、実在した二人の奇想の絵師をモデルに、芸術を探求する人間の性と運命を描き出した、傑作時代長編。
2018.1 435p A6 ¥780 ①978-4-334-77597-1

◆猫の傀儡　西條奈加著　光文社
【要旨】猫町に暮らす野良猫のミスジは、憧れていた桔梗の後を継いでの傀儡になる。さっそく、履物屋の飼い猫・キジから、花盗人の疑いを晴らしてほしいと訴えられる。銅物屋の隠居が丹精している朝顔の鉢がいくつも割られるという事件が起こり、たまたま通りがかったためにその犯人扱いをされている。人が絡んでいるとなれば、人を絡めないと始末のしようがない。ミスジは傀儡である狂言作者の阿次郎を連れ出すことに―。当代屈指の実力派が猫愛もたっぷりに描く、傑作時代「猫」ミステリー!!
2017.5 268p B6 ¥1400 ①978-4-334-91165-2

◆まるまるの毬　西條奈加著　講談社　（講談社文庫）
【要旨】親子三代で菓子を商う「南星屋」は、売り切れご免の繁盛店。武家の身分を捨てて職人となった治兵衛を主に、出戻り娘のお永とひと粒種の看板娘、お君が切り盛りするこの店には、他人に言えぬ秘密があった。愛嬌があふれ、揺るぎない人の絆を爽やかに描いた、読み込み味絶品の時代小説。吉川英治文学新人賞受賞作。
2017.6 378p A6 ¥720 ①978-4-06-293687-3

◆六花落々　西條奈加著　祥伝社　（祥伝社文庫）
【要旨】「雪の形をどうしても確かめたく―」下総古河藩の物書見習・小松尚七は、学問への情熱を買われ御目見以下での身分から藩主の若君の御学問相手となった。尚七を取り立てた重臣・鷹見忠常とともに蘭学者たちと交流し、様々な雪の結晶を記録していく尚七。だが、やがて忠常が蘭学を政に利用していることに気付き…。学問を通して尚七が見た世界とは―。
2017.10 355p A6 ¥680 ①978-4-396-34361-3

◆雄鷹たちの日々―畠山忠重と東国もののふ群伝　斉東野人著　海象社

【要旨】貴族政治が力を失い、混沌として荒らぐ東国。後に「武人の鑑」と称された17歳の畠山重忠が、戦場へと愛馬を駆る！ キラ星の武士群像を活写し、鎌倉武士政権初期の「血と陰謀の武士道」を描き出す。
2017.1 378p B6 ¥1800 ①978-4-907717-33-9

◆浅き夢みし―吉原裏同心抄　2　佐伯泰英著　光文社　（光文社時代小説文庫）
【要旨】鎌倉の旅から帰った幹次郎らは、玉藻と正三郎の祝言を数日後に控え、忙しい日常に戻り、祝いの気持ちが流れる秋。しかし幹次郎は、吉原が公儀から得た唯一無二の御免状「吉原五箇条遺文」が実家から遠直しに直感していた。襲撃される幹次郎と汀女。張り巡らされる謀略と罠。新吉原遊廓の存続を懸けた戦いが、再び幕を開ける！
2017.10 317p A6 ¥660 ①978-4-334-77535-3

◆恨み残さじ―空也十番勝負青春篇　佐伯泰英著　双葉社　（双葉文庫）
【要旨】直心影流の達人・坂崎磐音の嫡子空也が十六歳で武者修行に出た。最初の地、薩摩での修行を終えた空也は肥後国へと戻る。人吉城下にあるタイ捨流丸目道場の門を再び叩いた空也は、山桜行を思い出し、平家落人伝説が残る秘境・五箇荘へと向かう。その頃、薩摩では不穏な動きを見せる東郷示現流の一党が、空也に向けて次なる刺客を放とうとしていた。シリーズ累計2000万部突破の「居眠り磐音　江戸双紙」に続く新たな物語、波乱の二番勝負が開幕！
2017.9 332p A6 ¥648 ①978-4-575-66848-3

◆大晦り―新・酔いどれ小籐次　7　佐伯泰英著　文藝春秋　（文春文庫）
【要旨】落馬で腰を痛め、息子との立ち合いでは不覚を取る。老いを痛感する小籐次だが、熱海での湯治を経て復調、その剣は一段と深みを増す。そんな中起きた年末の火事騒ぎ。二人の遺体と消えた娘。老中の密偵、おしんに乞われ娘探索に加わった小籐次を、八代吉宗にまで遡る怨念と暗闘が待ち構えていた。緊迫の書き下ろし第7弾！
2017.2 331p A6 ¥670 ①978-4-16-790783-9

◆完本　密命　巻之20　宣告　雪中行　佐伯泰英著　祥伝社　（祥伝社文庫）
【要旨】上覧剣術大試合開催を知るや、佐渡を出立して越後に修行の場を移した清之助は、長岡へ向かう途次、討手に追われる姉弟と出会う。彼女らは村上藩の内紛を報せる密書を父に託され、江戸に向かう道中だという。次々に押し寄せる難題を迎え撃った清之助は、姉弟を江戸に送り届けるべく、策を巡らす。その春、江戸では惣三郎の驚くべき宣言が、一同を当惑させていた―。
2017.3 338p A6 ¥670 ①978-4-396-34292-0

◆完本　密命　巻之21　相刻　陸奥巴波　佐伯泰英著　祥伝社　（祥伝社文庫）
【要旨】上覧剣術大試合まで半年余りとなった初夏。金杉清之助は仙台・伊達家城下で修行に励んでいた。若き剣士神保桔次郎を連れて江戸を出奔した父惣三郎が、北へ向かっているとも知らずに―。夫と息子の行く末を案じるのは、ゆくゆくは嫁いで長屋を出ていく娘みわ、姉衣に勧められて、女三人、飛鳥山の菊屋敷で束の間の安寧を得る。別れの予感を胸に秘めながら…。
2017.3 330p A6 ¥670 ①978-4-396-34299-9

◆完本　密命　巻之22　再生　恐山地吹雪　佐伯泰英著　祥伝社　（祥伝社文庫）
【要旨】仙台を発って海路を北に向かった清之助は、巷を悩ます海賊サンボウ党や、子供たちを拐かした妖しげな巫女を成敗するべく、刀を振るう。その清之助を慕すると宣言し、神保桔次郎を伴って出羽三山で修行を重ねる惣三郎は、自ら選んだ道を必ずやり遂げると専心しつつも「分からぬ」と呟いた。惣三郎が胸に抱いたのは、剣者として考えたこともない問いだった。
2017.4 330p A6 ¥670 ①978-4-396-34306-4

◆完本　密命　巻之23　仇敵決戦前夜　佐伯泰英著　祥伝社　（祥伝社文庫）
【要旨】いよいよ江戸に帰るべく、金杉清之助は徹頭徹尾して南下し、師が旅する鹿島を訪れる。しかし清之助が目の当たりにしたのは、米津道場の意外な現状だった。片や父惣三郎の姿は、仇敵の本拠地尾張にあった。敵の姿は確か。清之助を鼓舞するため、惣三郎はまたもや意外な行動に出る。江戸では二人の帰りを待ちわびる娘みわが、昇平のもとに激しく泳いでいく日を迎えたとも知らず―。
2017.5 338p A6 ¥670 ①978-4-396-34315-6

小説

歴史・時代小説（戦記）

◆完本 密命 巻之24 切羽 潰し合い中山道
佐伯泰英著　祥伝社　（祥伝社文庫）
【要旨】飛鳥山の菊屋敷で、剣術家が独り稽古を続けていた。いくつもの死地を乗り越えた疵を負いながら、どこか清らかにして爽やかな印象を与える不思議な青年─昇平が盗み見たのは、五年ぶりに帰郷した金杉惣之助の泰然たる姿だった。剣術大試合開催まで十日余り。その出場権を奪うべく、惣三郎と神保桂次郎は、尾張柳生の剣術家二人を追って中山道をひた走っていた。
2017.6 338p A6 ¥670 ①978-4-396-34328-6

◆完本 密命 巻之25 覇者 上覧剣術大試合
佐伯泰英著　祥伝社　（祥伝社文庫）
【要旨】足掛け五年の修行の日々は、すべてこの日のために。国中から豪腕雄腕の武者が集結した上覧剣術大試合。その出場者には、金杉惣三郎秘蔵の弟子神保桂次郎も名を連ねていた。清之助が吉宗が推挙する唯一の出場者として初戦を免除されたのは、それは後半戦がより厳しくなることを意味していた。母や妹、葉月のお百度参りも続く中、清之助が一世一代の勝負の場に上がる！
2017.7 322p A6 ¥660 ①978-4-396-34339-2

◆完本 密命 巻之26 飯節 終の一刀　佐伯泰英著　祥伝社　（祥伝社文庫）
【要旨】上覧剣術大試合を終え、ついに家族と顔を合わせなかった金杉惣三郎の姿は、いま豊後相良の庵にあった。じつに五年の歳月が過ぎていた。江戸では清之助、みわ、結衣それぞれが所帯を持ち、しのだけが飛鳥山で隠居していた。ある月上旬に吉に任じられた清之助は、吉宗から尾張へ向かうよう言い渡される。それは、父の代より続く因縁を断ずるための重大な"密命"だった！
2017.7 345p A6 ¥670 ①978-4-396-34340-8

◆旧主再会─酔いどれ小籐次 16 決定版　佐伯泰英著　文藝春秋　（文春文庫）
【要旨】かつて仕えた森藩の呼び出しに応じ、旧主・久留島通嘉と面会した小籐次は、思いがけず若き日の悪さ仲間だった松野藩藩主・松平依雅の窮地を救うよう依頼された。保科と再会した小籐次は、保科がお家騒動に巻き込まれ、嫡男が人質になっていることを知る。旧主と旧友の信頼に応えるべく松野へと急ぐ小籐次を、敵が迎え撃つ。
2017.11 331p A6 ¥720 ①978-4-16-790963-5

◆薫風鯉幟─酔いどれ小籐次 10 決定版　佐伯泰英著　文藝春秋　（文春文庫）
【要旨】文政二年仲夏。小籐次にとって商いの師である野菜売りのうづは、いつもの蛤町の船着場に三日も姿を見せない。うづの在所に様子を見に行った小籐次は、彼女に縁談が持ち上がっていることを知る。が、その相手、危険な取り巻きを抱える、なんとも厄介な男。縁談を抱えてうづは窮地に陥っていた。小籐次は恩人うづを救えるか─。
2017.3 340p A6 ¥700 ①978-4-16-790810-2

◆剣と十字架─空也十番勝負 青春篇　佐伯泰英著　双葉社　（双葉文庫）
【要旨】人吉城下のタイ捨流丸目道場での修行を終えた坂崎空也は、仇討ちを企む薩摩の東郷示現流・酒匂兵衛入道一派の刺客から逃れるため、五島列島の福江島へと向かった。平和な島の剣術稽古に励んでいたが、そこにも刺客は忍び寄って、空也はさらに北へ、隠れ切支丹と異人刻印が潜む野崎島へと辿り着く。累計2000万部突破の「居眠り磐音 江戸双紙」に続く新たな物語。試練の三番勝負が始まる！
2018.1 318p A6 ¥648 ①978-4-575-66865-0

◆故郷はなきや─新・古着屋総兵衛 第15巻
佐伯泰英著　新潮社　（新潮文庫）
【要旨】鳶沢信一郎率いる交易船団がようやく帰南に到着した。一行は政変時に離れてしまった総兵衛の母親弓坂恭子のお店確認に動き出すが、一方、江戸では、丹石流の剣を遣う手練れの浪人筑後平十郎が総兵衛暗殺の刺客を請け負ったとの情報がもたらされた。平十郎は、稀代の名刀福岡一文字則宗に執心しているという。知恵者の小僧の忠吉は犬の甲斐を連れて何食わぬ顔でその長屋へと向かう。
2018.1 382p A6 ¥630 ①978-4-10-138060-5

◆島抜けの女─鎌倉河岸捕物控 31の巻　佐伯泰英著　角川春樹事務所　（時代小説文庫）
【要旨】宗五郎たちが江戸を不在にしていたある日、政次は、北町奉行小田切直年の内与力鵜飼與八郎に呼び出された。夜桜お賞なる女賊が島抜けをし、「小田切奉行に恥をかかせて恨みを晴らします」と言って江戸に潜んでいるという。その

同じ頃、金座裏では、愛猫の菊小僧が忽然と消えた。一方宗五郎たちは、京での当代豊島屋十右衛門の本祝言前に、のんびりとお伊勢参りを愉しんでいた─北町奉行と金座裏の絶体絶命の危機に、政次たちが立ち向かう！ 大ベストセラー・ノンストップエンターテインメント時代小説。
2017.11 312p A6 ¥690 ①978-4-7584-4131-5

◆祝言日和─酔いどれ小籐次 17 決定版　佐伯泰英著　文藝春秋　（文春文庫）（『酔いどれ小籐次留書 祝言日和』加筆・修正・改題書）
【要旨】駿太郎が夏風邪をひいた。幸い大事には至らなかったが、そんな折、小籐次は公儀の筋から相談を持ちかけられる。駿太郎の看病で研ぎ仕事がおろそかになり、御用の手助けは控えたかったが、すでに外堀は埋められているようだ。久慈屋の娘おやえと番頭の浩介の祝言が迫るなか、小籐次が巻き込まれた大事件とは？
2017.12 338p A6 ¥720 ①978-4-16-790983-3

◆新春歌会─酔いどれ小籐次 15 決定版　佐伯泰英著　文藝春秋　（文春文庫）
【要旨】年の瀬が迫り、次々と舞い込む研ぎ仕事を片付ける傍ら、小籐次は想いを交わすおりょうのため、芽柳一派旗揚げ新春歌会の設えに奔走する。そのさなか、永代橋から落下した男に謎の花樹札を託された、男は死んだ。聞き慣れぬ「大黒町」の文字、小籐次を待ち伏せる頭巾をかぶった羽織の武家……。背後に蠢く幕府を揺るがす策略とは？
2017.10 338p A6 ¥720 ①978-4-16-790943-7

◆旅立ちぬ─吉原裏同心抄　佐伯泰英著　光文社　（光文社時代小説文庫）
【要旨】幼馴染の汀女とともに故郷の豊後岡藩を出奔し、江戸・吉原に流れ着いた神守幹次郎は、剣の腕を見込まれ、廓の用心棒「吉原裏同心」となった。時は流れ、花魁・薄墨太夫が自由の身となり、幹次郎は汀女、薄墨改め加門麻との三人で新しい生活を始める。幼い頃に母と訪ねた鎌倉を再訪したいと願う麻に伴い、幹次郎らは鎌倉へ向かう。廓からはじまる新しい物語、開幕。
2017.3 326p A6 ¥620 ①978-4-334-77437-0

◆杜若艶姿─酔いどれ小籐次 決定版 12　佐伯泰英著　文藝春秋　（文春文庫）
【要旨】当代随一の女形・五代目岩井半四郎と知り合い、再三、芝居への招きを受けていた小籐次。断り切れずついに承諾したが、おりょうも同道することに。いつになく華やかだ気分の小籐次だが、平穏な日々がそうそう続くはずもなかった。久慈屋に気がかりな事態が出来。加えて、御鑓拝借の因縁に、再び火がついたのである…。
2017.5 336p A6 ¥700 ①978-4-16-790853-9

◆偽小籐次─酔いどれ小籐次 11 決定版　佐伯泰英著　文藝春秋　（文春文庫）（『酔いどれ小籐次留書─偽小籐次』加筆・修正・改題書）
【要旨】想いおりょうとの仲に新たな進展を感じる小籐次。だが、そんな日々にも、自らを見張る鋭い視線を感じていた。そして現れた"偽小籐次"。今や江戸の有名人となった小籐次の名を騙り、研ぎ仕事を請け負い法外な研ぎ料を請求する一方、もはや真偽小籐次の対決は不可避か。緊迫の第11弾！
2017.4 333p A6 ¥700 ①978-4-16-790833-1

◆にらみ─新・古着屋総兵衛 第14巻　佐伯泰英著　新潮社　（新潮文庫）
【要旨】大黒屋に脅迫状が届いた。古着大市を取りやめぬと客を殺戮するという。影・九条家との接見の帰途、総兵衛一行は怪しい霧に包まれ、南蛮鎧兜の集団により奇妙な飛び道具で襲撃される。総兵衛は諜報網のすべてを使って情報を集める。やがて、坊城麻子から有力な情報が届いた。禁裏と公儀の狭間に蠢く鵺のような役割があるという。総兵衛は一計を案じ、読売を使って敵を誘き出すことにした。
2017.6 314p A6 ¥630 ①978-4-10-138059-9

◆野分一過─酔いどれ小籐次 13 決定版　佐伯泰英著　文藝春秋　（文春文庫）
【要旨】文政二年（1819）秋、野分（台風）一過。久慈屋の大番頭・観右衛門に誘われ、隅田川沿いの須崎村に赴いた小籐次。竹林に囲まれた絶景の地に建つ数奇屋こそ、久慈屋の新生活に用意した住まいだった。おりょうの新生活にも奔走する小籐次。だが野分のさなかに直面した、千枚通しを用いた殺し事件も急展開を告げていた…。
2017.6 341p A6 ¥700 ①978-4-16-790870-6

◆船参宮─新・酔いどれ小籐次 9　佐伯泰英著　文藝春秋　（文春文庫）
【要旨】小籐次は久慈屋昌右衛門に同道を請われ、伊勢神宮へと旅立った。昌右衛門は心に秘するものがあるようだが、小籐次にもなかなか胸の内を語らない。島田宿で止めにあうなか地元の悪党どもを一掃した一行は、船を使って伊勢を目指すが、それを神路院まで追う妖しい黒装束がつけ狙う。旅情溢れる好調書き下ろし第9弾！
2017.8 321p A6 ¥690 ①978-4-16-790899-7

◆冬日淡々─酔いどれ小籐次 14 決定版　佐伯泰英著　文藝春秋　（文春文庫）
【要旨】深川惣名主・三河蔦屋染左衛門の信を得た小籐次は、染左衛門の成田山新勝寺詣でに急遽同行することに。物見遊山かと思いきや、一行を待ち構えるかのごとく不穏な賊徒が襲い来る。孤軍奮闘の末に辿り着いた成田山で、染左衛門の悲壮なまでの覚悟を知った小籐次に、江戸出開帳に蠢く闇が迫る。小籐次の剣が冴える決定版第14作。
2017.9 337p A6 ¥720 ①978-4-16-790926-0

◆政宗遺訓─酔いどれ小籐次 決定版 18　佐伯泰英著　文藝春秋　（文春文庫）（『酔いどれ小籐次留書 政宗遺訓』加筆修正・改題書）
【要旨】秋雨が十日も続き、仕事にあぶれた住民たちが食べものにも事欠くようになった新兵衛長屋で、炊き出しが行われることになった。その会場の空き部屋で、勝五郎が金無垢の根付を見つけた。元の住人は夜鷹の女、しかも部屋には家探しした痕がある。小籐次は根付の持ち主探しにかかわるが、はたして根付は誰のもとに落ち着くのか!?
2018.1 335p A6 ¥720 ①978-4-16-790999-4

◆夢三夜─新・酔いどれ小籐次 8　佐伯泰英著　文藝春秋　（文春文庫）
【要旨】正月。小籐次は望外川荘、おりょうの実家、久慈屋と宴席が続き、拐かしを捕まえた駿太郎は、奉行所から褒美をもらうことになった。そんな折、小籐次は何者かに襲われる。難なく撃退したが、刺客は雇い主だと射抜かれて死に、その矢を見たおりょうが驚愕の声を発した。おりょうは何に気付いたというのか。書き下ろし第8弾！
2017.7 324p A6 ¥690 ①978-4-16-790879-9

◆嫁入り─鎌倉河岸捕物控 30の巻　佐伯泰英著　角川春樹事務所　（時代小説文庫）
【要旨】当代の豊島屋十右衛門の祝言が近づき、京からの花嫁ご一行を鎌倉河岸の皆々は首を長くして待っていた。そんな折、政次は同心の寺坂より、女剣家の永峰小夜どのが政次に会いたがっているらしいと聞かされる。どうやら小夜にも見合い話があるという──。十右衛門の祝言は無事に行われるのか？ そして小夜にも幸せが訪れるのか!? 新吉の勘三郎、若親分の政次、いぶし銀の宗五郎……など金座裏が今回も大活躍。平成の大ベストセラー、記念碑的な第三十弾。
2017.4 310p A6 ¥690 ①978-4-7584-4083-7

◆ころころ手毬ずし─居酒屋ぜんや　坂井希久子著　角川春樹事務所　（時代小説文庫）
【要旨】居酒屋「ぜんや」の馴染み客・升川屋喜兵衛の嫁・志乃が子を宿して、もう七月。「ぜんや」の女将・お妙は、喜兵衛の大番頭、隅田川沿いに居を構えている居ごろ嫁姑の関係がぎくしゃくしていると聞き、志乃を励ましにいくことになった。心配性の亭主に外出を止められ、姑には嫌みばかりをたれられてうっかしてしまう志乃だったが、お妙の特製手毬ずしを食べて盛り上がり…。不安で心を抱えていた人々も、お妙の心を込めた料理で笑顔になる。丁寧で美味しい料理と共に、人の心の機微を濃やかに描く傑作人情小説第三巻。
2017.9 249p A6 ¥580 ①978-4-7584-4107-0

◆ふんわり穴子天─居酒屋ぜんや　坂井希久子著　角川春樹事務所　（時代小説文庫）
【要旨】寛政三年弥生。鷹を立派に育て生計を立てる、小禄旗本の次男坊・林只次郎は、その鷹たちの師匠役となる鷹・ルリオの後継のことで頭を悩ませていた。そんなある日、只次郎は、満開の桜の下で得意客である大店の主人たちと、一方的に憧れていた居酒屋「ぜんや」の別嬪女将・お妙が作った花見弁当を囲み、至福のときを堪能する。しかし、あちこちからお妙に忍びよる男の影が現れ…。桜色の鯛茶漬け、鴨と葱の椀物、精進料理と、彩り豊かな料理が数々登場する傑作人情小説第二巻。
2017.1 259p A6 ¥580 ①978-4-7584-4060-8

◆源氏姉妹（しすたあず）　酒井順子著　新潮社
【要旨】光源氏とのまぐわいを通じて肉体の"姉妹"となった元カノたちが愛欲の日々を赤裸々告白。
2017.1 252p B6 ¥1500 ①978-4-10-398509-9

◆三人の二代目　上　―上杉、毛利と宇喜多　堺屋太一著　講談社　（講談社プラスアルファ文庫）
【要旨】全国38紙で連載された巨弾歴史小説、待望の文庫化！戦国の乱世に、偉大な先代の跡を継いで家長となった上杉景勝、毛利輝元、宇喜多秀家という"三人の二代目"は、天下布武を目指す織田信長の圧力にさらされながら、それぞれに生き残りを模索する。そして、本能寺の変勃発。彼らの決断は―。動乱の時代を生き抜く、したたかな知恵と勇気の物語。
2017.9 542p A6 ¥900 ①978-4-06-281724-0

◆三人の二代目　下　―上杉、毛利と宇喜多　堺屋太一著　講談社　（講談社プラスアルファ文庫）
【要旨】全国38紙で連載された巨弾歴史小説、待望の文庫化！戦国の乱世に、偉大な先代の跡を継いで家長となった上杉景勝、毛利輝元、宇喜多秀家という"三人の二代目"は、天下布武を目指す織田信長の圧力にさらされながら、それぞれに生き残りを模索する。そして、本能寺の変勃発。彼らの決断は―。動乱の時代を生き抜く、したたかな知恵と勇気の物語。
2017.9 562p A6 ¥900 ①978-4-06-281725-7

◆遺恨あり―あっぱれ毬谷慎十郎　6　坂岡真著　角川春樹事務所　（時代小説文庫）
【要旨】読むほどの活躍をみせた龍野藩込み藩士・毬谷慎十郎は、江戸の闇を牛耳る蔦の重三郎にその豪傑ぶりを気に入られ、世話になっていた。ある日慎十郎は重三郎から、蘭方医・高野長英の用心棒を頼まれる。巷で尚歯会の蘭方医が辻斬りにあう事件が続き、長英はその会の中心人物であるという。長英の険のある物言いに怒りを覚えながらも、医師としての真摯な姿勢に惹かれていく慎十郎だが…。様々な人生の先達に学び、"真の強さ"をひたすらに追い求める若武者を描く、シリーズ第六弾。
2017.2 307p A6 ¥620 ①978-4-7584-4067-7

◆凶賊―帳尻屋仕置　5　坂岡真著　双葉社　（双葉文庫）
【要旨】浜町のある替両替商が押しこみに遭い、一家惨殺という陰惨な事件が起きた。北町奉行所内与力の長岡玄蕃により事件の顛末を知らされた忠兵衛だが、島帰りとおぼしき入墨がはいった男のすがたを目にし―。帳尻屋に新たな仲間が登場！蔓延る悪に引導を渡す、闇の男たちの活躍を描く、大人気シリーズ、激動の第五弾！！
2017.8 307p A6 ¥620 ①978-4-575-66839-1

◆恋はかげろう―新・のうらく侍　2　坂岡真著　祥伝社　（祥伝社文庫）
【要旨】老中田沼意次の窮地を救った与力葛篭桃之進は、なぜか左遷され道中手形を扱う閑職、西ノ丸留守居役へ。ある朝、骨壺を抱えた旗本の妻女八重が実家の大垣まさの手形を求めて手続きの不備を理由に追い返すが、なんと八重は桃之進との不義密通を夫に告白し、姿をくらました！濡れ衣を訴えつつ八重の突飛な行動を探る桃之進だが、狂犬の如き夫に命を狙われ…。
2017.9 329p A6 ¥640 ①978-4-396-34350-7

◆宿敵―鬼役　22　坂岡真著　光文社　（光文社時代小説文庫）
【要旨】「女官をひとり斬ってもらう」―将軍毒味役の矢背蔵人介は、御小姓組番頭の橘右近から裏御用を命じられる。水戸家の政を父親の陽陰師として蠢動している奥向きの女官を調べる蔵人介の前に、「天保銭」にかかわる悪事が浮かぶ。そして、現われた覆面の刺客。蔵人介はこれまでにない最大の朝敵に、矢背家の総力戦をむけ、濃厚すぎる人気シリーズ二十二弾。
2017.8 322p A6 ¥600 ①978-4-334-77520-9

◆帳尻屋仕置　6　吠え面　坂岡真著　双葉社　（双葉文庫）
【要旨】帳尻屋の仲間である柳橋芸者のおくりに縁談が持ち上がった。突然のはなしに戸惑う忠兵衛だが幼馴染みだという相手の男三太郎を紹介される盃を交わすうちに、ふたりを繋ぐ見守ることを誓う。だがその直後、三太郎が手代見習いとして世話になっている浅草駒形町の

紅屋の主人が殺められ、三太郎が行方知れずとなり―。蔓延る悪に引導を渡す、闇の男たちの活躍を描く、大人気シリーズ、灼熱の第六弾!!
2017.11 331p A6 ¥648 ①978-4-575-66859-9

◆寵臣―鬼役　23　坂岡真著　光文社　（光文社時代小説文庫）
【要旨】将軍家慶の側に仕える御小姓取りが乱心した。事件の責任をとって、小姓を束ねる立場の御小姓組番頭・橘右近は逼塞処分に。将軍の毒味役を務める矢背蔵人介は、この乱心が、橘を陥れる策謀だと見抜き、背後の敵を探り始める。しかし、橘と蔵人介は命を狙われ、矢背家にも討手が向かう。そして、橘は、幕閣の粛弾に命をかけた訴えに出たが―。滂沱の第二十三弾。文庫書下ろし長編時代小説。
2017.12 322p A6 ¥600 ①978-4-334-77577-3

◆秘剣つり狐―あっぱれ毬谷慎十郎　5　坂岡真著　角川春樹事務所　（時代小説文庫）
【要旨】播州龍野から江戸へ出てきて一年。池之端無縁坂下の丹波道場に居候している慎十郎は、世事を学びながら食い扶持を稼ぐべく、高利貸し屋を訪れた。最初の仕事は、美人局に引っかかり強請られて金を借りる習性がついている、莫迦真面目で気の弱い与力から借金を取りたてること。慎十郎は、女房と子供にも捨てられたというあまりに情けない男を放っておけず、関わりを持つことになるが…。捨て身の覚悟で日本一の剣士になる大志を抱いた若者の、喜びと迷いと哀しみに触れる、書き下ろし爽快剣豪小説。
2017.1 323p A6 ¥620 ①978-4-7584-4061-5

◆不忠―鬼役　21　坂岡真著　光文社　（光文社時代小説文庫）
【要旨】京から江戸に戻った将軍毒味役の矢背蔵人介は、相番を務める同僚の桜木玉衛門から娘の縁談を聞かされる。しかし、縁談相手の由緒ある乙山家の息子は悪評が。そして、相番の娘は窮地に陥る―。一方、城中では大御所・家斉を守っていた小姓が何者かに惨殺された。「鬼役」蔵人介の怒りが一気に爆発する！人気シリーズの傑作第二十一弾。
2017.4 314p A6 ¥600 ①978-4-334-77460-8

◆安吾史譚　坂口安吾著　土曜社
【目次】天草四郎、道鏡童子、柿本人麿、直江山城守、勝夢酔、小西行長、源頼朝
2017.10 157p A6 ¥795 ①978-4-907511-53-1

◆信長　坂口安吾著　土曜社
2017.10 371p A6 ¥895 ①978-4-907511-51-7

◆泣き虫弱虫諸葛孔明　第4部　酒見賢一著　文藝春秋　（文春文庫）
【要旨】赤壁の戦いで魏軍に大勝した劉備玄徳は、湖南四郡に進出し、五方の奇人で「鳳雛」と呼ばれた龐（ほう）統を召し抱えたが、龐（ほう）統は流れ矢で戦死し、劉備の義兄弟の関羽、張飛も落命。さらに曹操が逝去し、劉備も病床に…。英雄たちが次々とこの世を去る第四部。孔明の圧巻の「泣き」を、とくとご堪能あれ。
2017.7 633p A6 ¥1050 ①978-4-16-790883-6

◆泣き虫弱虫諸葛孔明　第5部　酒見賢一著　文藝春秋
【要旨】盟友たちを亡くし失意の孔明は、魏を倒し、北伐を決意する。蜀と魏が五丈原で対陣する時、孔明最後の奇策が炸裂する！酒見版『三国志』、ここに完結！
2017.6 608p B6 ¥2400 ①978-4-16-390661-4

◆背徳と反逆の系譜―記紀の闇に光はあるか　佐々木慶三著　（清瀬）丸源書店
【要旨】古事記と日本書紀をあわせて「記紀」という。天皇をこえたと形容された蘇我馬子を天皇だとした説を私はしらない。蘇我入鹿も同様だ。豪族出の天皇を認めることは、歴史の説を否定するからだ。仁徳天皇の聖帝説、天智天皇の英雄説に疑問を差しはさむ説を私はしらない。そもそも、日本初の勅撰史書は「記紀」ではなく、推古天皇は女性ではないとしたら、狂気の説と非難されるのではないか？私たちは「記紀」を読めば、今まで、私たちが常識とされてきた世界とはまったく別の世界がひらけていることに気づく。それは記紀研究者にとっても難しいことだった。何故、記紀研究者は目をつぶったか？タブーだからだ。しかし、真理を追究する学問の世界にタブーはあってはならない。自己矛盾する用語を駆使し、欺瞞をもって正史とし、事実をもって正義とした「記紀」だ。この拙書は、その「記紀」の記述に逐一、論理的な検討を加え、万世一系の「記紀」の著者が後世に託したであろう歴史の真実を明らかにしようとした

「小説」である。
2017.11 274p B5 ¥2000 ①978-4-9904459-3-5

◆乱世をゆけ―織田の徒花、滝川一益　佐々木功著　角川春樹事務所
【要旨】甲賀の忍びあがりの土豪、滝川久助は、里の陰謀で父を失い、兄を彼の出奔。諸国を放浪した久助改め一益は織田信長と出会う。一益は、射撃や忍びの技によって、武将としても頭角を現し、信長の寵臣として存在を大きくしていく。そんな中、信長が斃れてしまう。一益を頼みとする若き前田慶次郎、伝説の忍者・飛び加藤といった魅力的な脇役も登場。謎の多い武将、滝川一益の波乱に満ちた生涯を描く。第9回角川春樹小説賞受賞作。
2017.10 323p B6 ¥1400 ①978-4-7584-1311-4

◆暁の火花―公家武者松平信平　16　佐々木裕一著　二見書房　（二見時代小説文庫）
【要旨】徳川幕府転覆を企む神宮路翔の探索のため京の所司代屋敷に逗留の鷹司松平信平に、江戸の稲葉藩の藩主・黒田長章が参勤交代の途路、病を得て京屋敷で療養中というが、その生死を確かめようというのである。京屋敷に向かうと、三代将軍家光の正室の実弟で、今は公家から旗本となった信平は、神宮路の魔の手が朝倉藩にまで及ぶと察し…。実在の大名の痛快な物語、第15弾『魔眼の光』の続篇。書き下ろし長編時代小説。
2017.5 258p A6 ¥648 ①978-4-576-17058-9

◆公家武者信平―消えた狐丸　佐々木裕一著　講談社　（講談社時代小説文庫）
【要旨】公家から武家となった信平が、幕府転覆を目論む松平一族・狐丸で愛妻・松姫の心の傷は未で癒えない。しかし、剣客を狙う辻切りが出没していると聞き、信平の心に正義感が蘇る。封印した愛刀がついに鞘から抜かれるのか？大人気・公家武者新シリーズ、講談社文庫より見参！
2017.10 292p A6 ¥620 ①978-4-06-293754-2

◆斬！江戸の用心棒　佐々木裕一著　朝日新聞出版　（朝日文庫）
【要旨】老中だった父の横死に絡む御家騒動のため、公儀に病死と届けられ、居場所を失った大垣沖信。彼は月鳥真十郎と名を改め、用心棒稼業に身をやつすが、やがて幕府内に蠢く悪事に単身斬り込んでいく！父の復讐に燃える真十郎の剣が私腹を肥やす悪を薙ぐ、書き下ろし新シリーズ。
2017.10 279p A6 ¥600 ①978-4-022648-63-1

◆浪人若さま新見左近―将軍への道　佐々木裕一著　コスミック出版　（コスミック・時代文庫）
【要旨】ぼろ屋敷に住まう謎の浪人・新見左近。だがその正体は、甲府藩主であり、将軍綱吉の甥、葵の若さま『徳川綱豊』であった。身分を隠し、これまでにさまざまな事件を解決してきた左近であったが、将軍家一族を付け狙う謎の勢力が現れ、周囲の者の安全やさらには徳川治世の平安のため、秘剣・葵風をつけ江戸城西ノ丸入りを余儀なくされてしまう。敵の襲撃により深手を負い、悲壮な決意で、お琴への恋慕の情を振りきる左近。だがその行く先には、左近を傷つけた因縁の強敵・片腕の剣客が立ちはだかってくる…。のちの名君・徳川家宣の活躍を描く、痛快時代の大人気シリーズ・第一部完結の十四弾！
2017.12 273p A6 ¥620 ①978-4-7747-1383-0

◆若同心　如月源十郎―闇の顔　佐々木裕一著　講談社　（講談社文庫）
【要旨】若返りの秘薬を盗んだ者への懸賞金をかけた貼り札が江戸市中に貼り出され、将軍の耳にも入る。そんなこととは露知らず、隠した秘薬で若さを愉しむ隠居老人・小六を突然に襲ったぎょっと隠居。罹った町医者かと小六は不審死の話を聞きつけ、不甲斐ない新米同心の孫の手柄を作ってやろうと発奮する小六だったが…。
2017.2 285p A6 ¥600 ①978-4-06-293598-2

◆若旦那隠密　2　将軍のお節介　佐々木裕一著　幻冬舎　（幻冬舎時代小説文庫）
【要旨】生粋の江戸商人である藤次郎は、ある日自分が公儀隠密の末裔であることを知る。将軍・徳川家治からは"約束"を果たすまでは隠密を続けるよう沙汰を受けるが、義父の父からは侍に娘は嫁がせないと言われ、苦悩する藤次郎。だが仇討ち、盗賊の押入り、興行の利権争いと、次々に事件が！一日も早く隠密を辞め許嫁と添いたい若旦那の必殺剣が唸る。
2017.6 283p A6 ¥600 ①978-4-344-42623-8

歴史・時代小説（戦記）

◆英龍伝　佐々木譲著　毎日新聞出版
【要旨】領地の伊豆韮山では徹底して質素・倹約を貫き、有事には蜀江錦の野袴に陣羽織姿で銃士達を率い、英国船と交渉、それを退けた。「黒船来航」をはるか前から予feed。自ら蘭学、西洋砲術を学び、海防強化を訴え、反射炉造築、江戸湾の台場築城を指揮した。誰よりも早く、誰よりも遠くまで時代を見据え、近代日本の礎となった稀有の名代官の一代記。
2018.1 311p B6 ¥1800 ①978-4-620-10833-9

◆武揚伝—決定版　上　佐々木譲著　中央公論新社（中公文庫）
【要旨】黒船来航に揺れる幕末。榎本釜次郎（武揚）は、幕府要人の蝦夷地視察に随行した後、新設の海軍伝習所に入所。操船、蒸気機関等の技術や語学を研鑽し、オランダ留学を叶える。欧州の地で近代国家間の戦争を目の当たりにした釜次郎は、日の本と隔絶する列強諸国の有り様に驚愕する。新田次郎文学賞受賞作を全面改稿した決定版、待望の文庫化！
2017.11 500p A6 ¥860 ①978-4-12-206488-1

◆武揚伝—決定版　中　佐々木譲著　中央公論新社（中公文庫）
【要旨】幕府艦隊は最新鋭の旗艦・開陽丸の艦長に榎本武揚を抜擢。海軍力で薩長軍を圧倒するも、朝敵とされた徳川慶喜は抗戦に徹しきれず、江戸城は無血開城する。武装解除を逃れた幕府陸軍の一部は、徳川家の海軍となった艦隊を率いる武揚は幕臣の務めを全うせんと苦闘するが…。著者畢生の歴史巨篇の全面改稿した決定版！
2017.11 479p A6 ¥840 ①978-4-12-206489-8

◆武揚伝—決定版　下　佐々木譲著　中央公論新社（中公文庫）
【要旨】押し寄せる西軍の前に奥羽越列藩同盟の雄・仙台藩が降伏、会津は陥落した。榎本武揚は徳川家の艦隊を引き連れ蝦夷共和国を樹立する。だが荒天により開陽丸を喪い、西軍は津軽海峡を突破し、五稜郭に拠り奮戦するも、土方歳三は倒れ、武揚は…。全面改稿の決定版、堂々完結。
2017.11 540p A6 ¥900 ①978-4-12-206490-4

◆ブラック・トゥ・ザ・フューチャー　坂上田村麻呂伝　左高例著　KADOKAWA
【要旨】アメリカ合衆国の黒人警官が転生!?転生した先は、奈良平安時代、時は蝦夷討伐の真っ只中。その名も坂上田村麻呂として前向きに生きていくうちも、蝦夷討伐軍の英雄としてその生き様を運命づけられていく。人生は「一寸先は闇」、なにが起こるかわからない。そんな状況でも笑いながら前に進む田村麻呂扮するマール・タムラ。あることないこと史実入り混じった史上空前のオルタナ系歴史小説が登場!!
2017.4 343p A6 ¥1200 ①978-4-04-734588-1

◆島左近—石田三成を支えた義将　佐竹申伍著　PHP研究所（PHP文庫）　新装版
【要旨】いま一度、賭けてみるか—。明智光秀を裏切った筒井順慶に仕えることを良しとせず、一度は武士を捨てた島左近だったが、石田三成の志を意気に感じ、その参謀役となる。豊臣秀吉亡き後、天下取りの野望をむき出しにする徳川家康を打倒すべく、三成と共に立ち上がった左近。あらゆる手をつくし、ついには家康を関ヶ原へと誘い出すことに成功した。一主君のために義を貫く。その生涯を描いた長編歴史小説。
2017.9 669p A6 ¥1000 ①978-4-569-76770-3

◆ばかたれ男 泣き虫女—雪積む里　佐々泉太郎著　東京図書出版、リフレ出版発売
【要旨】出戻り女の菊が養蚕家の婿蔵彦と再び出会った—。江戸末期の雪深い農村を舞台に二人の男と女が織りなす恋模様。
2017.12 177p B6 ¥1200 ①978-4-86641-094-4

◆洛陽の怪僧—薛懐義と武則天の物語　佐々泉太郎著　東洋出版
【要旨】中華帝国唯一の女帝・武則天の即位成立を後押しした怪僧・薛懐義を描く奇想天外な歴史ファンタジー！
2017.4 208p B6 ¥1400 ①978-4-8096-7879-0

◆会津執権の栄誉　佐藤巌太郎著　文藝春秋
【要旨】相次ぐ当主の早世により、男系の嫡流が途絶えた会津守護、芦名家。近隣の大名から婿養子として当主を迎えることになったが、それをきっかけに家中に軋轢が生じる。一触即発の家臣たちをなんとかまとめる老臣金上盛備。「会津の執権」の異名を持つ金上盛備であり、領土の外からは伊

達政宗の脅威が迫っていた。
2017.2 259p B6 ¥1450 ①978-4-16-390635-5

◆雑賀の女鉄砲撃ち　佐藤恵秋著　徳間書店
【要旨】秀吉が最も恐れた女射撃手、蛍。一発の銃弾が戦国の世を変えた。期待の俊鋭が贈る歴史冒険活劇。
2017.5 405p B6 ¥2000 ①978-4-19-864399-7

◆遺訓　佐藤賢一著　新潮社
【要旨】明治九年。沖田総司の甥で天然理心流の遣い手である沖田芳次郎は、旧庄内藩の家老たちから西郷隆盛の警護を命じられる。叔父譲りで卓越した剣の腕を振るう芳次郎だったが、死闘を重ねるうち、人には力に勝る強さがあることを知る—。青年剣士の成長と挫折を描き、闘いの果てにある「武士の本懐」に迫る感動の時代長篇。
2017.12 429p B6 ¥1900 ①978-4-10-428003-2

◆怪盗 桐山の藤兵衛の正体—八州廻り桑山十兵衛　佐藤雅美著　文藝春秋
【要旨】悪は必ずしも悪ならず。松戸と下総の二つの一家惨殺事件。犯行は二十年前に姿を消したあの賊の仕業なのか。幕府の広大な放牧場「牧」の存在に目をつけた十兵衛は、ついに真犯人と対峙するが…。思いがけない結末が胸を打つ人気シリーズ第十弾。
2017.7 325p B6 ¥1650 ①978-4-16-390678-2

◆敵討ちか主役なか 物書同心居眠り紋蔵　佐藤雅美著　講談社
【要旨】"窓ぎわ同心" 藤木紋蔵の養子・文吉は御家人になり、ある縁から大名家に日参、そこで六百五十石取りの娘に見初められる。しかし婿入りを前に京で修行するはずの文吉に江戸で出会した紋蔵は、大名家への対応に頭を悩ます。一方、紋蔵に何かと邪魔されていると逆恨みする火盗改方が、紋蔵の鼻を明かそうと思案に暮れていた—。
2017.6 345p B6 ¥1700 ①978-4-06-220619-8

◆関所破り定次郎目籠のお練り—八州廻り桑山十兵衛　佐藤雅美著　文藝春秋（文春文庫）
【要旨】上州玉村で道案内が殺され、下手人の定次郎が逃走した。同じ頃、十兵衛は保土ヶ谷の道案内を殺した六蔵を追って相州に出向いた件の関所破りを追うことになった十兵衛と、破れかぶれになりせめて名を上げようとする侠客たち。十兵衛は、首尾よく彼らを捕まえることができるのか。
2017.6 376p A6 ¥680 ①978-4-16-790865-2

◆わけあり師匠家の顛末—物書同心居眠り紋蔵　佐藤雅美著　講談社（講談社時代小説文庫）
【要旨】手習塾市川堂の男座の師匠を務める、青野又五郎を目の当たりにした安芸広浅野家の奥女中の奥林千賀子は、「わたしを騙したんですね」と言い放つ。この男女を放っておけない南町奉行所の同心、藤木紋蔵が持ち込まれる厄介事をさばきながらたどりついた二人の事の顛末は？ シリーズ随一の静かな"恋物語"誕生。
2017.7 429p B6 ¥1700 ①978-4-06-293650-7

◆火定　澤田瞳子著　PHP研究所
【要旨】時は天平。藤原四兄弟をはじめ、寧楽の人々を死に至らしめた天然痘。疫病の蔓延を食い止めようとする医師たちと、偽りの神を祀り上げて混乱に乗じる者たち—。生と死の狭間で繰り広げられる壮大な人間絵巻。
2017.11 414p B6 ¥1800 ①978-4-569-83658-4

◆腐れ梅　澤田瞳子著　集英社
【要旨】時は平安時代、色を売って暮らす、似非巫女の綾児。その美貌を足掛かりに、菅原道真の祟りを騙る、巫女仲間の策謀に誘われた—。「若冲」で注目を集める実力派作家が描く、傑作歴史長編。
2017.7 361p B6 ¥1700 ①978-4-08-771109-7

◆若冲　澤田瞳子著　文藝春秋（文春文庫）
【要旨】京は錦高倉市場の青物問屋枡源の主・源左衛門—伊藤若冲は、妻を亡くしてからひたすら絵に打ち込み、やがて独自の境地を極めた。若冲を姉の仇と憎み、贋作を残し続ける義弟・弁蔵との確執や、池大雅と与謝蕪村、円山応挙、谷文晁らとの交流、また当時の政治的背景から若冲の画業の秘密に迫る入魂の時代長編。
2017.4 393p A6 ¥700 ①978-4-16-790825-6

◆関越えの夜—東海道浮世がたり　澤田瞳子著　徳間書店（徳間時代小説文庫）
【要旨】東海道の要所、箱根山。両親と兄弟を流行り風邪で亡くしたおきねは、引き取られた叔

母にこき使われ、急峻を登る旅人の荷を運び日銭を稼いでいる。ある日、界隈の案内を頼まれる。旅人は先を急ぐものだが、侍はここ数日この地にとどまっている。関越えをためらう理由は…（表題作）。東海道を行き交う人々の喜怒哀楽を静謐な筆致で描く連作集。
2017.11 365p A6 ¥660 ①978-4-19-894274-8

◆煌（きらり）　志川節子著　徳間書店
【要旨】江戸の音が聞こえる。光がみえる。花火で織りなす人生模様。覚悟が人を育て、人が時代を築く。魂に響く渾身の時代小説。
2017.7 332p B6 ¥1700 ①978-4-19-864435-2

◆汝々と紅　志坂圭著　ディスカヴァー・トゥエンティワン（ディスカヴァー文庫）
【要旨】天保八年、飢饉の村から九歳の少女、駒乃が人買いによって江戸吉原の大遊廓、扇屋へと売られしされる。駒乃は、吉原のしきたりに抗いながらも、手練手管を駆使する人気花魁、艶粧へと成長する。忘れられぬ客との出会いや、突如訪れる悲劇。苦界、吉原を生き抜いた彼女が最後に下す決断とは…。全国の書店員が選んだ「世に出したい」新作！ 第1回本のサナギ賞優秀賞受賞作。
2017.2 475p A6 ¥800 ①978-4-7993-2044-0

◆天孫降臨—日本縄文書紀　信太謙三著　花伝社、共栄書房発売
【要旨】日本が国家として成立していった縄文時代晩期を舞台にしたエンタメ小説。主人公の一人ポポは中国の春秋戦国時代の楚国から九州に逃れてきた華人を父とし、倭人である森の民を母として生まれた巫女。稲作のために伝わってきた土地を奪っていく朝鮮渡来人によって父を殺され、母や弟と共に奴隷にされたりしながらも、強く生き抜き、日本で最初の国家を造るもう一人の主人公、タケを育て上げていく—。
2017.8 241p B6 ¥1500 ①978-4-7634-0826-6

◆梶原景季の娘、梶　設楽哲也著　近代文藝社
【要旨】時代に左右されない善の道、人の幸運とは—？「今昔物語」（巻29第29）より、賊に襲われた現場から乳飲み子を救った女の物語を現代に移し、鎌倉時代の武士一族の盛衰と滅亡に翻弄された女の生き方を重ねる。
2017.6 219p B6 ¥1500 ①978-4-7733-8037-8

◆おしどりの契り—代筆屋おいち　篠綾子著　角川春樹事務所（時代小説文庫）
【要旨】母を亡くし、生涯共にと誓った颯太とも生き別れて、おいちがひとりで過ごす二度目の秋。本郷丸山の歌占師・戸田露寒軒を手伝いながら、自らも代筆屋の看板をあげるおいちのところに、大犬の仲の従船・お菊がやってきた。それをきっかけに、おいちは二度と帰ることはないと思っていた故郷を訪ねることになる。折しも、露寒軒には颯太の姉・七重が訪ねてくる。恋しい人との再会を期待するおいちだったが、思いがけない人との縁を結んできたおいちに、自らが望む縁をたぐりよせられるのか—大好評時代小説、シリーズ完結。
2017.1 291p A6 ¥620 ①978-4-7584-4062-2

◆菊のきせ綿—江戸菓子舗照月堂　篠綾子著　角川春樹事務所（時代小説文庫）
【要旨】江戸駒込の菓子舗照月堂で女中として働きながら、菓子職人を目指す少女・瀬尾なつめ。自分よりも後に店に入ったお調子者の安吉が、主・久兵衛のもと職人見習いを始めることに焦りを感じつつ、菓子への想いは日々深まるばかりだ。そんな折、照月堂に立ち続けて珍しい客が現れる。なつめを訪ねてきた常連客の中でも高名な歌人。そして、上野にある大きな菓子店氷川屋の主とその娘である。それぞれの来店により、店には驚きと難題がもたらされて—大好評シリーズ、第二巻。
2018.1 257p A6 ¥620 ①978-4-7584-4141-4

◆紫草の縁—更紗屋おりん雛形帖　篠綾子著　文藝春秋（文春文庫）
【要旨】江戸を去った蓮次の帰りを待つおりんは、さびしさのなかから針仕事がやってきてしまう。そんなある日、大奥入りした熙姫と再会。喜びもつのかの間、大奥の派閥争いに巻き込まれそうになっていることを打ち明けられ、将軍綱吉主催の衣装対決にのぞむことになる。一方、大老・堀田正俊が城中で刺殺され暗雲が…。
2017.2 324p A6 ¥770 ①978-4-16-790792-1

◆望月のうさぎ—江戸菓子舗照月堂　篠綾子著　角川春樹事務所（時代小説文庫）

歴史・時代小説（戦記）

【要旨】生まれ育った京を離れ、江戸駒込で尼僧・了然尼と暮らす瀬尾なつめは、菓子に目がない十五歳。七つで両親を火事で亡くし、兄は行方知れずという身の上である。ある日、了然尼と食べるための菓子を買いに出たなつめは、お参りする神社で好々爺に話しかけられた。この出会いは、なつめがまた食べたいと切に願っていた家族との想い出の餅菓子へと繋がった。あの味をもう一度！心揺さぶられたなつめは、自分も菓子を作りたいという夢へと動きはじめて…。江戸の町の小さな菓子舗が舞台の新シリーズ誕生。
2017.7 267p A6 ¥620 ①978-4-7584-4104-9

◆仁者無敵 甫庵伝 志野靖史著 朝日新聞出版
【要旨】孟子の訓えを信じる儒者の小瀬甫庵は、戦国の変転の中、主君、親友を失いながらも生き抜き、やがて信長、秀吉の評伝である『信長記』『太閤記』を書き始める。甫庵が著した物語に込めた思いは、後世に何を届けたのか。
2017.7 253p B6 ¥1400 ①978-4-02-251480-6

◆夏草の賦 1 司馬遼太郎著 （新座）埼玉福祉会 （大活字本シリーズ）
2017.6 274p A5 ¥2900 ①978-4-86596-156-0

◆夏草の賦 2 司馬遼太郎著 （新座）埼玉福祉会 （大活字本シリーズ）
2017.6 372p A5 ¥3200 ①978-4-86596-157-7

◆夏草の賦 3 司馬遼太郎著 （新座）埼玉福祉会 （大活字本シリーズ）
2017.6 307p A5 ¥3200 ①978-4-86596-158-4

◆夏草の賦 4 司馬遼太郎著 （新座）埼玉福祉会 （大活字本シリーズ）
2017.6 277p A5 ¥2900 ①978-4-86596-159-1

◆眠狂四郎孤剣五十三次 上 柴田錬三郎著 集英社
【要旨】眠狂四郎が東海道を西上。旅の目的は西国十三藩の謀談を暴くこと。各宿場では、さまざまな刺客が狂四郎を待ち受けている。暗殺集団・隼人隠密党との凄絶な決闘あり、大目付の附人・都田水心との剣略戦あり。秘剣・円月殺法の冴えに加え、各地で出会う人々との人間模様や、宿場ごとの風物なども楽しめる道中記ならではの魅力。ひとたび読み始めたら、一気に読んでしまうこと間違いなし。
2017.6 478p A6 ¥880 ①978-4-08-745600-4

◆眠狂四郎孤剣五十三次 下 柴田錬三郎著 集英社
【要旨】東海道を西上る眠狂四郎の旅はつづく。江戸と京都のほぼ真ん中の天竜川を越え、岡崎、四日市と敵を追い詰めていく。鈴鹿で迎える隼人隠密党との最大の決戦は、敵の数なんと二十七人！死闘の舞台は、京都三条大橋。最後の刺客に対して狂四郎の無想正宗が、音もなく円を描きはじめる…。人情、旅情が盛り込まれた、剣豪小説の枠にとどまらない快作。
2017.6 465p A6 ¥880 ①978-4-08-745601-1

◆花嫁首―眠狂四郎ミステリ傑作選 柴田錬三郎著、末國善己編 東京創元社（創元推理文庫）
【要旨】ころび伴天連の父と武士の娘である母を持ち、虚無をまとう孤独の剣士・眠狂四郎。彼は数々の難事件を解決する名探偵であった。密室状態にあった大名屋敷の寝殿で、奥女中が相次いで不可解な死を遂げる「湯殿の謎」。寝室で花嫁の首が刎ねられ、代りに罪人の首が継ぎ合せられていた「花嫁首」。時代小説の大家が手がけした異色の名探偵が奇怪な事件に挑む、珠玉の21編を収録する。
2017.3 504p A6 ¥1300 ①978-4-488-43912-5

◆乙ヶ淵哀話―御家人無頼 蹴ばし左門 芝村凉也著 双葉社（双葉文庫）
【要旨】辻斬りを行っていた大身旗本池端家の嫡男譲之助を成敗し、首と引き換えに大金をせしめた左門は気侭な日々を過ごしていた。一方、嫡男を討たれた池端家では正常の満流が、実家の父である西丸留守居水島大膳正に、仇討ちを依頼。ある思惑を胸に池端家を訊き入れた大膳正は、腹心に譲之助を連れる下手人を捜し出し始末するよう命じる。究極の無頼漢、三日月左門の活躍を描く、人気シリーズ第六弾！
2017.2 340p A6 ¥657 ①978-4-575-66816-2

◆鬼変―討魔戦記 1 芝村凉也著 祥伝社（祥伝社文庫）
【要旨】浪人の子市松が父の死後、瀬戸物商身延屋の小僧となって一月余り。ある日、人のいい身延屋の主夫婦は、見世の前で行き倒れた物乞い夫婦を手厚く保護した。その夜、何者かの影が番頭、手代を刺し殺し、いよいよ市松ら小僧の眠る部屋の障子に手をかける。慌てて押入に隠れた市松は、信じられない惨劇を目撃した―。人が"鬼"と化す不穏な江戸で、激闘が幕を開ける！
2017.9 307p A6 ¥630 ①978-4-396-34351-4

◆追憶の翰―素浪人半四郎百鬼夜行（拾遺） 芝村凉也著 講談社（講談社時代小説文庫）
【要旨】浅間山大噴火に身を挺して闘った半四郎と浅間の山守、聊斎齋・拾吉の生死は杳として不幸な網子の船端霊なり、噴火前年の怪異探索行を寂寥と味わいに満ちた筆致で記す大河伝奇時代小説、感動の最終巻。
2017.8 283p A6 ¥640 ①978-4-06-293575-3

◆抜刀不断―御家人無頼蹴ばし左門 芝村凉也著 双葉社（双葉文庫）
【要旨】お神楽一家の賭場からの帰りに同道した左門は、数人の侍たちが暴徒と化している場面に出くわす。目撃者を排除すべく、こちらに刃を向ける襲撃者たちをあっさり返り討ちにした左門だが、この深夜の刀争の背景に興味を覚え密かに調べを進める。一方、副頭目の轡田兵庫が左門に討たれ、店頭に停滞を築いていた擬宝軒一味も、捲土重来を期し、動き始める―。天下無双の無頼漢、三日月左門の活躍を描く、人気シリーズ第八弾！
2017.6 290p A6 ¥611 ①978-4-575-66834-6

◆雷火一閃―御家人無頼蹴ばし左門 芝村凉也著 双葉社（双葉文庫）
【要旨】殿中藩弦田家のお家騒動の際に、突如現れた赤鞘組頭目の財部擬宝軒によって苦杯を喫めさせられた左門。雪辱を期すものの、二人組の槍遣いを従え何をしでかすかわからぬ危険な相手を前にして、身動きが取れぬ状況に陥っていた。一方、左門を出し抜いたことで、勢いづいた擬宝軒は、さらなる金策を進めるべく、新たな火種を企てていた…。決着！驚異の無頼漢、三日月左門の活躍を描く、人気シリーズ第九弾！
2017.10 321p A6 ¥639 ①978-4-575-66854-4

◆楽土―討魔戦記 芝村凉也著 祥伝社（祥伝社文庫）
【要旨】僧侶天蓋に引き取られた少年一兎には特殊な能力があった。人が鬼と化す兆候を察知できるのだ。一兎の感覚に導かれた麻布桜田町で、天蓋率いる「討魔衆」の小組は新たな鬼と闘う。同じ頃、南町の臨時廻り同心小磯も現われかけていた天蓋らはすがたをくらまし奥州へ。北の大地では、飢饉に喘ぐ民が「涅槃の村」に縋っていた…。
2017.12 308p A6 ¥650 ①978-4-396-34380-4

◆高丘親王航海記 澁澤龍彥著 文藝春秋（文春文庫）新装版
【要旨】貞観七（865）年正月、高丘親王は唐の広州から海路天竺へ向った。幼時から父平城帝の寵姫藤原薬子に天竺への夢を吹き込まれた親王は、エキゾティシズムの徒と化していた。鳥の下半身をした女、犬頭人の国など、怪奇と幻想の世界を編歴した親王が、旅に病んで考えたこととは。著者の遺作となった読売文学賞受賞作。
2017.9 247p A6 ¥720 ①978-4-16-790925-3

◆新選組挽歌 鴨川物語 子母澤寬著 中央公論新社（中公文庫）
【要旨】時は幕末。天誅と称する血腥い殺人が公然と行われ、京の風雲はいよいよ急を告げていた。鴨川の三条河原で髪結床を構える三兄弟の眼前でも、勤王志士と新選組との死闘が繰り広げられた。そして彼らに現れる遊女や目明かしたちの命も激動する時代に翻弄され…。「新選組三部作」の外伝ともいうべき、動乱の京の生と死を描く幕末絵巻。
2017.5 495p A6 ¥900 ①978-4-12-206408-9

◆おもいで影法師―九十九字ふしぎ屋商い中 霜島けい著 光文社（光文社時代小説文庫）
【要旨】かつての上役・菅野の屋敷で、岡っ引きの源次は誰もいない場所に黒々と伸びる影を見る。そこで針仕事をしているような女の影。菅野はそこに、半年前に亡くなった妻の久がいるというのだが。（表題）あやかしたちが引き起こす不思議とそこに浮かび上がる人々の想い。幽霊が見えるうえに「ぬりかべ」の父親らの活躍を描く、とうに切ない人気シリーズ第三弾！
2017.10 270p A6 ¥600 ①978-4-334-77533-9

◆憑きものさがし―九十九字ふしぎ屋 商い中 霜島けい著 光文社（光文社時代小説文庫）
【要旨】古道具乙で買った枕が、夜な夜な赤子のように泣き喚く。八幡様の祭りの絵に描かれた人物がいつの間にか増えていた―。「不思議」を売買する九十九字屋には、今日も怪しい品々が持ち込まれて…。あるいは、憑きものの正体を求め、気はいいがちょっと迷惑な『ぬりかべ』の父親らとともに奔走する。切なくてほっこりとあたたかい、新感覚時代小説シリーズ第二弾。
2017.5 254p A6 ¥580 ①978-4-334-77447-9

◆狐と鞭―知らぬ火文庫 朱川湊人著 光文社
【要旨】妖も怪異も、すぐ側にあった―。やまと心、あな不可思議なり。日本最古の説話集『日本霊異記』を、大胆かつ奔放に潤色。
2017.8 320p B6 ¥1700 ①978-4-334-91180-5

◆影踏み鬼 翔田寛著 双葉社（双葉文庫）新装版
【要旨】鮮やかな謎解きが待ち受ける、珠玉の時代ミステリーがここに！「小説推理新人賞」を受賞した表題作では、若き狂言作者が謎に満ちた誘拐事件の真実解明に挑む。ほかに「日本推理作家協会賞」の候補になった「奈落闇恋之道連」など、いずれ劣らぬ"どんでん返しの傑作"五篇を収録。思わずホロリとする佳篇、人の業の深さを思い知らされる衝撃の一篇―読み味豊か&技巧冴え渡る、乱歩賞作家の短編集が新装版で登場！
2018.1 270p A6 ¥583 ①978-4-575-52073-6

◆白河大戦争 白川悠紀著 栄光出版社
【要旨】新選組の「誠」、会津の「義」、そして、白河には「仁」の心があった。斎藤一隊長のもと、新選組も参戦した戊辰戦争を巡る激戦白河戦争で敗れ、奥羽越列藩同盟の敗戦が決定的となる。棚倉藩士（白河藩士）の子孫である著者が、戦いに翻弄されながら懸命に生きようとする武士と庶民の姿を描いた力作。
2017.11 258p B6 ¥1500 ①978-4-7541-0162-6

◆芭蕉庵捕物帳 新宮正春著 光文社 （光文社時代小説文庫）増補版
【要旨】俳諧好きの本所廻り同心、笹木仙十郎の師匠は粗末な庵に寓する桃青という謎めいた中年男。医学の心得を持つ桃青は、死骸検めや下手人捜しの知恵袋としても、無くてはならない存在だった。堀田大老刺殺事件、生類憐れみの令、そして赤穂浪士の討入りなど、騒然たる五代将軍綱吉の治世に起きた事件の材を採った時代推理の傑作。単行本未収録作を加えた増補版。
2017.3 362p A6 ¥740 ①978-4-334-77449-3

◆逢坂の六人 周防柳著 集英社（集英社文庫）
【要旨】平安前期、文官と舞女の子として生まれた紀貫之。在原業平、小野小町ら、のちに"六歌仙"と称されるやまと歌の詠者たちと幼い頃から交流のあった彼は、歌の妙味に触れ、その才能を大いに伸ばして育った。そして三十九歳になる頃、貫之はこの国初となる勅撰集『古今和歌集』の撰者に任命される。和歌史上、未だ謎の存在とされる六人の歌人に焦点を合わせ、独自の解釈で描いた歴史長編小説。
2017.9 480p A6 ¥760 ①978-4-08-745635-6

◆蘇我の娘の古事記（ふることぶみ） 周防柳著 角川春樹事務所
【要旨】許されぬ恋、王位継承の争い…激動の時代をみずみずしく描く、書き下ろし長編小説。
2017.2 418p B6 ¥1700 ①978-4-7584-1301-5

◆起き姫―口入れ屋のおんな 杉本章子著 文藝春秋（文春文庫）
【要旨】江戸のおんなを描いて「不世出の名人」と評された作家による最後の傑作！夫が浮気相手と子まで生したことに嫌気が差して、おこうは婚家を離れた。実家に戻っても安息は訪れない。奉公人の周旋や仲介をする口入れ屋の女主人に雇われしぶとく必死で頼んだのだが。単行本未収録の「ふたたびの浮き世」も掲載。
2017.10 392p A6 ¥850 ①978-4-16-790941-3

◆江戸の出版王―蔦屋重三郎事件帖 1 鈴木英治著 角川春樹事務所（時代小説文庫）
【要旨】東洲斎写楽を世に出し、浮世絵で一世を風靡した蔦屋重三郎。写楽や喜多川歌麿らの浮世絵、恋川春町や山東京伝らの黄表紙、洒落本、狂歌本などを精力的に刊行し、多くの話題作を世に送り出した江戸の出版王・蔦屋・蔦重にはもう一つの顔があった。人気戯作者の朋誠堂喜三二は佐竹家江戸詰の刀番である。その佐竹家上屋敷の

歴史・時代小説（戦記）

◆隠し湯の効─□入屋用心棒　鈴木英治著　双葉社　（双葉文庫）
【要旨】秀士館の門人が、相次いで頭巾の侍に襲われた。侍は捨て台詞に湯瀬直之進の名を出したという。だが渦中の直之進は、館長の大左衛門から大山・阿夫利神社への納太刀を頼まれた。同行する塚ノ介、珠吉との賑やかな旅路に、邪悪な影が忍び寄る。大山詣の途中、館主の父娘の厄介事も背負い込み、大山詣は益々穏やかならざるものに。因縁の対決の火蓋が切られ、山の清流に鋭い刃音が響き渡った。書き下ろし人気シリーズ第三十九弾。
2017.12 360p A6 ¥657 ①978-4-575-66862-9

◆果断の桜─沼里藩留守居役忠勤控　鈴木英治著　KADOKAWA　（角川文庫）
【要旨】駿州沼里藩の江戸留守居役を務める深貝文太郎は妻殺しの犯人を見つけられず、悔恨怒る思いを抱いていた。ある日、家中の賄賂が自発する。今度は公金横領を告白していた。半月後、今度は留守居役の同輩が乱心して通行人を次々に斬り殺すという事件が勃発。お家取り潰しもあり得るほどの大事件である。文太郎は殿直々にこの事件を解明するよう命じられる─。持ち前の粘り強さと機転を武器に、文太郎が事件の真相を暴く！
2017.8 289p A6 ¥640 ①978-4-04-105939-5

◆暁闇─手習重兵衛　鈴木英治著　中央公論新社　（中公文庫）　新装版
【要旨】旅愁の侍が内藤新宿で殺された。北町奉行所同心・河上惣三郎が探索を進めると、重兵衛の住む白金村に縁があるらしい。一方、堀井道場の師範代である左馬助は、訪ねてきた若侍の腕前に瞠目していた。その天才の名は、松山輔之進。兄の仇を討つために江戸へ出て来たという─。因縁に結ばれし男たちが江戸を奔る、人気シリーズ第三弾。
2017.2 338p A6 ¥640 ①978-4-12-206359-4

◆御上覧の誉─□入屋用心棒　鈴木英治著　双葉社　（双葉文庫）
【要旨】寛永寺御上覧試合に東海代表として出場が決まったものの、未だ負傷した右腕が震えない湯瀬直之進は、稽古もままならず、もどかしい日々を送っていた。続々と各地の代表が決まる中、信州松本で行われた信越予選では、老中首座内藤紀伊守の家臣富士太郎が勝ち名乗りを上げる。だが、江戸では内藤紀伊守の行列を襲う一団が現れた。不穏な気配が漂う中、遂に御上覧試合当日を迎える！　人気書き下ろしシリーズ第三十七弾。
2017.6 375p A6 ¥676 ①978-4-575-66831-5

◆斬─明屋敷番秘録　鈴木英治著　徳間書店　（徳間時代小説文庫）
【要旨】空き屋敷を調べる明屋敷番には、裏の任務があった。それは公儀の転覆を図る者には、容赦ない鉄槌を下すというもの。此度、明屋敷番を率いることとなった旗丘隼兵衛は、青山美濃守をかどわかさんとしている者どもを捕らえるために、渋谷村の黒い家を訪れた。そこで、冴える剣を操る黒装束の男に襲われて…。相次ぐ裏切りの中、隼兵衛は任を果たすことができるか？
2017.11 333p A6 ¥667 ①978-4-19-894275-5

◆正倉院の闇─無言殺剣　鈴木英治著　徳間書店　（徳間時代小説文庫）
【要旨】父は、何故死ななければならなかったのか─。正倉院宝物庫の濡れ衣を着せられて自害に追い込まれた音無黙兵衛の父・菅郷左衛門。黙兵衛は真犯人を突き止めることを誓ったものの、鍵を握る人物の死や失踪により、真犯人探しは遅々として進まない。そんな折、黙兵衛を狙う新たな刺客が送り込まれてきた。最凶の敵が黙兵衛に襲いかかる！　大人気シリーズ第九弾！　物語は佳境へ。
2017.3 317p A6 ¥650 ①978-4-19-894213-7

◆信義の雪─沼里藩留守居役忠勤控　鈴木英治著　KADOKAWA　（角川文庫）
【要旨】11代家斉将軍の時代。駿州沼里藩江戸屋敷において留守居役を務める深貝文太郎。沼里から江戸に出て5年たったある日、相役の高足登左衛門が殺人の科で大目付に捕縛された。文太郎は、高足の残した「さんずのかみ」という謎の言葉を手がかりに、真犯人の探索を開始する。
保身ばかりで怠惰な上役に無理難題を言われるが、高足を信じる文太郎はそれに負けることなく探索に励む。やがて解決の糸口をつかむが…。
2017.4 340p A6 ¥680 ①978-4-04-105616-5

◆天下流の友─□入屋用心棒　鈴木英治著　双葉社　（双葉文庫）
【要旨】将軍家の肝煎りで、日の本一の剣客を決める御上覧試合の開催が決まった。主君真興の推挙を受け、湯瀬直之進は予選が行われる駿州沼里の地を踏んだが、城下を押し包むかの如く跳梁していた。その探索に乗り出そうとした矢先、直之進の前に尾張柳生の遣い手が現れる。果たして直之進は当座柳生に打ち勝ち、上野寛永寺で行われる本戦出場を果たせるのか!?　人気書き下ろし時代小説シリーズ第三十六弾。
2017.3 343p A6 ¥657 ①978-4-575-66818-6

◆天狗変─手習重兵衛　鈴木英治著　中央公論新社　（中公文庫）　新装版
【要旨】帰郷した重兵衛が重臣たちへ隠居の覚悟を告げている頃、その諏訪家に向けて、将軍の御朱印状が江戸を出立した。この使いの行列が、重兵衛出奔の原因を根本に結びつける火口となる。三十年前のある騒動に結びつける火口となる。すべての謎が、今明らかに─痛快時代小説シリーズ、第一部完結！
2017.8 365p A6 ¥640 ①978-4-12-206439-3

◆道中霧─手習重兵衛　鈴木英治著　中央公論新社　（中公文庫）　新装版；改版
【要旨】親友殺しの嫌疑が晴れ、ようやく故郷・諏訪への帰途についた重兵衛。その胸に、母への思慕の念と、主命を秘めていた。友と弟の仇であり、前の江戸家老の不正を知る遠藤恒之助は、この手で屠らなければならぬ─。一方の遠藤は、重兵衛の後を追い、甲州街道を急いでいた。前回の勝利で自らに傷を負わせた重兵衛には、初めて報復してみせる。
2017.6 338p A6 ¥640 ①978-4-12-206417-1

◆謀（はかりごと）─明屋敷番秘録　鈴木英治著　徳間書店　（徳間時代小説文庫）
【要旨】美しい妻と竹馬の友に囲まれ、旗丘隼兵衛は書院番として充実した日々を送っていた。ある日、米問屋の押し込みに遭遇し、たった一人で賊を成敗した隼兵衛。妻や同僚たちから賞賛され、出世の糸口になると思われたが、彼に告げられたのは意外な処分だった。抗えぬ運命を前に、隼兵衛はひとり何を思うのか。相次ぐ裏切りと予測不能の展開。時代小説の名手・鈴木英治の新シリーズ開幕！　書下し。
2017.7 333p A6 ¥660 ①978-4-19-894155-0

◆武者鼠の爪─□入屋用心棒　鈴木英治著　双葉社　（双葉文庫）
【要旨】友垣を見舞いに品川に行くと言い残し、秀士館から姿を消した医者の雄哲。さらに雄哲を追うように、雄哲の助手だった之輔も行方を晦ました。二人を案じる湯瀬直之進ら秀士館の面々は、南町同心の樺山富士太郎と中間の珠吉に品川での探索を依頼する。一方、倉田佐之助と秀士館教授方で棄種問箇古笹屋のあるじ民之助は江戸を離れ、北越街道を北上していた。書き下ろし人気シリーズ第三十八弾。
2017.9 365p A6 ¥667 ①978-4-575-66849-0

◆刃舞─手習重兵衛　鈴木英治著　中央公論新社　（中公文庫）　新装版
【要旨】浪人が殺され、二百両はするという名刀が奪われた。同心の河上惣三郎が探索の数寄者の線を洗い始める。一方、重兵衛の頭の中は、ある男のことで一杯だった。親友と弟の仇・遠藤恒之助。妖剣を使う強敵を倒すため、新たな師のもとで"人斬りの剣"の稽古に励む重兵衛だったが…。男たちの友情に胸が熱くなる、人気シリーズ第四弾。
2017.4 341p A6 ¥640 ①978-4-12-206394-5

◆柳生一刀石─無言殺剣　鈴木英治著　徳間書店　（徳間文庫）
【要旨】初美と再会した伊之助は穏やかな日々を過ごす。この平穏がずっと続けばと願うが、平穏を破るのは初美の父親、黙兵衛の父を自害に追い込んだ水野忠秋だった。さらには黙兵衛のもとに一通の書状が届く。差出人は荒垣外記。二人の因縁の相手だった。仇敵と宿命を前にしたとき、黙兵衛の剣に迷いが生じ…。無言殺剣シリーズ堂々の完結！
2017.5 344p A6 ¥660 ①978-4-19-894232-8

◆桶狭間の四人─光秀の逆転　鈴木輝一郎著　毎日新聞出版
【要旨】これは、のちの天下人たちが、まだくすぶっていた頃の物語─光秀（45）人生後半戦にしていまだ牢人暮らし。このまま終わるのか？　秀吉（24）こき使われても全く出世の目なし。信長を裏切る気満々。家康（19）若くしてすでに苦労人。今川軍の雇われ城主。信長（27）謀反、暗殺、隣の大大名今川義元の脅威で常にキレ気味。天を味方にし、運を引き寄せた男たちの「青春」。痛快！　戦国喜劇。名将たちの夜明け前。「四人」シリーズ第4弾。
2017.7 302p B6 ¥1600 ①978-4-620-10831-5

◆源実朝暗殺共謀犯　鈴木仁着　幻冬舎メディアコンサルティング,幻冬舎　発売
【要旨】鎌倉幕府執権北条義時が3代将軍源実朝暗殺の共謀犯として逮捕された。姉の北条政子に弁護を依頼された『歴史弁護士』がこの難事件に挑む。無実を叫ぶ義時。多くの証言にし、次第に明らかになっていく衝撃の事実。黒幕はいったい誰なのか？　最後に待ち受ける、事件の真相とは…。
2017.8 211p B6 ¥1100 ①978-4-344-91274-8

◆豊臣奇譚─戦国倭人伝　第2部　世川行介著　（越谷）彩雲出版,星雲社　発売
【要旨】この国は無能の王に統治させよ。銀を巡る覇権国家の謀略。歴史ミステリー。第一部『本能寺奇伝』の続篇。
2017.11 365p B6 ¥1800 ①978-4-434-23831-4

◆本能寺奇伝─戦国倭人伝　第1部　世川行介著　（越谷）彩雲出版,星雲社　発売
【要旨】史実に経済（銀）という指標を重ねると、歴史は意外な姿を現す。
2017.2 433p B6 ¥1800 ①978-4-434-22903-9

◆暗夜鬼譚─遊行天女　瀬川貴次著　集英社　（集英社文庫）
【要旨】異常な暑さと日照りが続く平安京。雨を願う人々の期待を集め、二人の女御がそれぞれ推薦する陰陽師と僧による雨乞い合戦が行われる。だが、祈祷の最中、雲の中から異形の獣が現れる。日照りはその獣─魅鬼という妖怪によってもたらされていたのだ。そんなとき、逃げ出した魂を追って馬頭鬼のあおえが冥府から再び現れ─。少年974年と美殺の陰陽師見習いが怪異に挑む平安怪異譚、第二弾。
2017.5 230p A6 ¥520 ①978-4-08-745587-8

◆ばけもの好む中将　6　美しき獣たち　瀬川貴次著　集英社　（集英社文庫）
【要旨】帝の寵愛を一身に受けて懐妊した、宗孝の八番目の姉・梨壺の更衣。彼女に密かに対抗心を抱く異母妹の九の姉と宗孝は連れだって稲荷社へ更衣の安産祈願に訪れるが、そこで怪しげな老巫女に声をかけられる。遠く離れて暮らす夫への不信感や不満を言い当てられ、動揺する九の姉。その後、姿を現した老巫女は、「あなたさまは特別なお方」と九の姉を連れ出し─。波乱の予感のシリーズ第6弾！　心躍る平安冒険譚。
2017.6 232p A6 ¥520 ①978-4-08-745597-7

◆紅と白─高杉晋作伝　関厚夫著　国書刊行会
【要旨】明日を信じ、悩み、もがき、苦しみ、幕末という激動期を、疾風のごとく駆け抜けた、二十七歳という若さで天命をまっとうした、奇兵隊児・高杉晋作の短くも波瀾に満ちた生涯を活写したノンフィクション小説。
2017.6 382p B6 ¥1800 ①978-4-336-06168-3

◆明治の女官長　高倉寿子　扇子忠著　叢文社
【要旨】宮中の旧弊のなかで、女性のための時代を拓いていった美貌と知性の昭憲皇太后。終生の縁により、皇后に仕えた高倉寿子は、後宮の嫉妬、陰謀、策謀から皇后を守り抜く。世継ぎ誕生のたび重なる悲運をのりこえ、時代が大きく変化した二年後、皇太后崩御の時、寿子は驚愕の真実を知る。
2017.9 364p B6 ¥1500 ①978-4-7947-0772-7

◆孫市、信長を撃つ　袖岡徹著　幻冬舎メディアコンサルティング,幻冬舎　発売
【要旨】戦国の風雲児「雑賀の孫市」の新たな伝説がここから始まる！　一気読み必至の歴史エンタメ小説。
2017.3 315p B6 ¥1400 ①978-4-344-91145-1

〔た行の作家〕

◆妖曲羅生門　御堂関白陰陽記　高井忍著　光文社

【要旨】平安王朝華やかにして、魑魅魍魎の跋扈する京の都。若き日の御堂関白・藤原道長と、源頼光、坂田公時、渡辺綱たちの前に次々に現れし妖しき都の真相とは…。
2017.9 269p B6 ¥1900 ①978-4-334-91186-7

◆暴れ宰相 徳川綱重―江戸城騒乱 鷹井伶著
コスミック出版 （コスミック・時代文庫）
【要旨】「浜の金平」と呼ばれ、強きをくじき弱きを助ける庶民の人気者、徳川綱重。豊臣秀頼の正室・千姫に育てられ、秀頼の血を引く侍女・保良を側室に迎えて世嗣・虎松をもうけていた。だが、松に豊臣の血が流れていることが世に知れると―。綱重は一抹の不安を抱いていた。悪い予感は的中する。曲者が、保良と虎松のいる御殿に侵入したのだ。のみならず、弟の館林宰相・綱吉、さらには兄で四代将軍・家綱が、何者かの襲撃を受ける。これは、徳川に恨みを持つ者の仕業か!?果たして決戦の舞台は江戸城本丸へ。徳川家のため、いや、天下安寧のため、渾身の剣を振り上げるのだが…。名君と呼ばれた甲斐宰相の、躍動の日々を描く人気シリーズ、第二弾！
2017.3 257p A6 ¥630 ①978-4-7747-1312-0

◆あきない世傳 金と銀 3 奔流篇 髙田郁著
角川春樹事務所 （時代小説文庫）
【要旨】大坂天満の呉服商「五鈴屋」の女衆だった幸は、その聡明さを買われ、店主・四代目徳兵衛の後添いに迎えられるものの、夫を不慮の事故で失い、十七歳で寡婦となる。四代目の弟の惣次は「幸を娶ることを条件に、五代目を継ぐ」と宣言。果たして幸は如何なる決断を下し、どのように商いとかかわっていくのか。また、商い戦国時代とも評される困難な時代にあって、五鈴屋はどのような手立てで商いを広げていくのか。奔流に呑み込まれた女のすがた。そして五鈴屋の運命は！大好評シリーズ、待望の第三弾！
2017.2 297p A6 ¥580 ①978-4-7584-4068-4

◆あきない世傳 金と銀 4 貫流篇 髙田郁著
角川春樹事務所 （時代小説文庫）
【要旨】江戸時代中期、長く続いた不況を脱し、景気にも明るい兆しが見え始めた。大坂天満の呉服商、五鈴屋でも、五代目店主の惣次とその女房奈が、力を合わせて順調に商いを広げていた。だが、徐々に幸の商才を疎むようになった惣次は、ある事件をきっかけに著しく誇りを傷つけられ、店主の地位を放り出して姿を消す。二度と戻らない、という惣次の決意を知ったお家さんの富久は、意外な決断を下す。果たして幸、そして五鈴屋はどこへ―。幸を、そして五鈴屋をどのような運命へと誘うのか。大人気シリーズ第四弾！
2017.8 289p A6 ¥580 ①978-4-7584-4110-0

◆主君―井伊の赤鬼・直政伝 高殿円著 文藝春秋
【要旨】おまえの"主君"は誰だ。人はなんのために人に仕えるのか。家康に寵愛され、"赤鬼"と呼ばれた男の生涯―
2017.1 304p B6 ¥1550 ①978-4-16-390582-2

◆政略結婚 高殿円著 KADOKAWA
【要旨】加賀藩主前田斉広の三女・勇は、加賀大聖寺藩主前田利之の次男・利極と結婚。やがて身を支える存在になる勇だが―（「てんさいの君」）。加賀藩の分家・小松藩の子孫である万里子。日本で初めてサンフランシスコ万博の華族出身コンパニオン・ガールになった女性が、文明開化後をどう生きるのか―（「プリンセス・ノブ」）。藩洋豪社の洋館に生まれ育った花音子の生活は、昭和恐慌によって激変。新宿のレビュー劇場に立つことになった花音子を一躍スターへと押し上げるが―（「華族女優」）。不思議な縁でつながる、三つの時代を生きた花音子たち。聡明さとしなやかさを兼ね備え、自然体で激動の時代を生き抜く彼女らをドラマチックに描き出す。壮大な大河ロマン！
2017.6 357p A6 ¥1500 ①978-4-04-104768-2

◆鬼九郎鬼草子―舫鬼九郎 2 高橋克彦著 文藝春秋 （文春文庫）
【要旨】根来傀儡衆の頭領・左甚五郎がまたも動き出した。狙いは御家騒動が呪実したばかりの会津藩。舫九郎たちは幡随院長兵衛、大竺徳兵衛、高尾太夫らと会津に乗り込むが、そこには売り出し中の軍学者・由比正雪や柳生十兵衛、天海大僧正までが集結していた。いずれが敵か味方か!?激闘の果てに明かされる真相は？
2017.6 425p A6 ¥900 ①978-4-16-790869-0

◆鬼九郎五結鬼灯―舫鬼九郎 3 高橋克彦著 文藝春秋 （文春文庫）
【要旨】鬼九郎とその仲間たちを様々な怪異が襲う。幡随院長兵衛が巧妙に仕掛けられた罠に落ち、殺しの濡れ衣を着せられる「長兵衛獄門首」、高尾太夫を悩ませる鼠に顔を食い荒らされた遊女の亡霊譚「怪談高尾」、九郎に刺客が迫り、ついにその出生の秘密が明かされる「九郎非情剣」など、血わき肉おどる五篇。
2017.7 316p A6 ¥770 ①978-4-16-790887-4

◆水壁―アテルイを継ぐ男 高橋克彦著 PHP研究所
【要旨】東北人の荒ぶる魂、ここにあり。中央政権の容赦ない仕打ち。窮する民を見かねて、東北の英雄・アテルイの血をひく若者が決起する。朝廷を相手に熱き闘いを繰り広げる蝦夷たちを描く歴史長編。東北の大河小説ついに完成！
2017.3 317p B6 ¥1700 ①978-4-569-83281-4

◆舫鬼九郎 高橋克彦著 文藝春秋 （文春文庫）
【要旨】吉原近くの親父橋のたもとで見つかった女の死体は首を切り落とされ、背中の皮が剥ぎ取られていた。事件をさぐる幡随院長兵衛の前に現れる恐るべき敵。天竺徳兵衛、柳生十兵衛、そして十兵衛と互角の勝負を演じる若き美剣士・舫鬼九郎。謎が謎呼ぶ展開と壮絶な剣戟シーンで読者を魅了する、極め付きの長篇時代活劇！
2017.6 351p A6 ¥780 ①978-4-16-790869-0

◆西郷隆盛―荒天に立つ山の如く 高橋直樹著 潮出版社 （潮文庫）
【要旨】坂本龍馬死す。五代才助に西郷隆盛から急報が届く。薩長同盟へ続く坂本と五代の因縁を覚えながら―。圧倒される五代だが、鳥羽伏見の戦い後、大久保一蔵から西郷が10年前に入牢自殺を図った過去を聞く。物語はその10年前に遡り―。令美流罪、倒幕、新政府との確執、そして西南戦争へ。ともに時代を駆けた人々が見た「英雄」の半生。
2017.11 297p A6 ¥630 ①978-4-267-02113-8

◆猫はおしまい 高橋由太著 文藝春秋 （文春文庫）
【要旨】時は幕末。江戸には、死体から手首を斬りおとす残虐な手口の殺人"手首斬り"が横行していた。その犯行を目撃した南町奉行所の同心・平四郎の命が狙われることに!?そして平四郎の飼い猫である、もののけ仕事人・まろは胸にある決意を抱えていた。もののけ仕事人とその飼い主たちを描く書き下ろしシリーズ、完結篇。
2017.11 258p A6 ¥750 ①978-4-16-790961-1

◆さむらい道 上 最上義光 表の合戦・奥の合戦 高橋義夫著 中央公論新社
【要旨】父義守・弟や天童・白鳥氏、そして伊達氏による峻烈な内憂外患をいかに乗り越え、山形に君臨することができたのか!?山形新聞好評連載、待望の単行本化。
2017.3 380p B6 ¥1900 ①978-4-12-004963-7

◆さむらい道 下 最上義光 もうひとつの関ヶ原 高橋義夫著 中央公論新社
【要旨】伊達政宗との抗争から上杉軍と激闘を繰り広げた1600年9月の"北の天下分け目の戦い"まで、義光の"負けまい、勝つまいの戦"を見よ！
2017.3 392p B6 ¥1900 ①978-4-12-004964-4

◆徳川宗春―尾張葵風姿伝 高橋和島著 光文社 （光文社時代小説文庫） （『尾張葵風姿伝―徳川宗春』加筆・修正・改題）
【要旨】徳川御三家でも筆頭格の尾張藩。だが、江戸時代中期、将軍継嗣争いで紀州に後れをとり、公方吉宗の絶対的な圧力を下に許した。そんな中、藩主の座に就いた宗春は、倹約令を強行する幕府の反し、芝居の奨励、遊郭の認可など規制緩和政策をしき、魅力の乏しかった名古屋城下を活気溢れる街に変えた。中京の礎を築き、いまなお名君と讃えられる男の波瀾の生涯を描いた傑作!!
2017.7 283p A6 ¥780 ①978-4-334-77504-9

◆明治乙女物語 滝沢志郎著 文藝春秋
【要旨】鹿鳴館時代、高等師範学校に学ぶ咲と夏は、女に学問はいらぬという世相にあらがいながら、"戦う乙女"として躍動する。2017年度松本清張賞受賞。
2017.7 342p B6 ¥1400 ①978-4-16-390692-8

◆暗殺者、野風 武内涼著 KADOKAWA
【要旨】永禄四（一五六一）年九月。武田信玄と、上杉謙信は川中島で対峙していた。時を同じくして、謙信の首を獲れという密命を受け、故郷をあとにした少女がいた。名は、野風。野花に似た凛とした美しさをもつ少女は、暗殺者の隠れ里から選ばれた最強の刺客であった。一方、野風を阻止すべく、敵方からは"多聞衆"という、屈指の猛者で組織された用心棒集団が野に放たれた。死んでゆく仲間、裏切り、鏖闘される故郷…湧き上がる怒りと哀しみが、孤独な野風を、恐るべき速さで敵を斬り裂く、赤き鬼神に変えてゆく―。
2017.6 377p B6 ¥1600 ①978-4-04-105483-3

◆駒姫―三条河原異聞 武内涼著 新潮社
【要旨】文禄四年の盛夏。最上義光の娘・駒姫は、関白秀次の側室となるため聚楽第に上る。しかしその直後、秀次は謀反の罪で切腹。囚われの身となった駒姫と侍女・おこちゃ、残された秀次の妻子には想像を絶する運命が待ち受けていた。最愛の者を奪われた最上家の男たちは、石田三成、伊達政宗、徳川家康らの野望渦巻く都から姫を取り戻すことができるのか―。人間の真の強さを問う慟哭の歴史ドラマ。
2017.1 389p B6 ¥1800 ①978-4-10-350641-6

◆はぐれ馬借 武内涼著 集英社 （集英社文庫）
【要旨】その若者、並外れた体躯であった。名は獅子若。比叡山領坂本で馬による陸運業・馬借をしている。世は混迷の室町期、貧者は自力で身を守らねばならぬ。俊敏の腕力のみを信じて生きてきたが、権力者の逆鱗に触れる出来事により叡山領追放の身に。悲鳴を上げ、失意のうちに彷徨うなか現れたのは「はぐれ馬借衆」を率いる美少女・佐保だった。彼女の誘いに行動を共にするが、一団を追う刺客の影が―。
2017.11 295p A6 ¥600 ①978-4-08-745668-4

◆秀吉を討て 武内涼著 KADOKAWA （角川文庫）
【要旨】天正十二年。秀吉と戦った、大名でも、侍でも、ない男たちがいた―根来の若き忍び・林空は、総帥・根来隠形鬼に呼び出されて「秀吉を討て」と命じられる。同じ命を受けた根来の刺客たちが、秀吉を襲撃するが、甲賀忍者・山中長俊らの鉄壁の守りに阻まれていた。そんな中、仲間の叡海や俊念とともに出立した林空は、家康との合戦のため進軍中の秀吉を奇襲しようとするが…。時代小説の若き旗頭が放つ、手に汗握る忍者活劇。
2017.1 437p A6 ¥880 ①978-4-04-105139-9

◆無間如来―妖草師 武内涼著 徳間書店 （徳間時代小説文庫）
【要旨】（この寺はどこか怪しい…）伊勢を訪ねた絵師・曾我蕭白は、熱狂な信者を集める寺を知った。草模様の異様な本尊、上人の周りで相次いだ怪死。蕭白は寺の庭田奈緒雄に至急の文を…（表題作）。江戸中期、この世に災いをなす異界の魔草に立ち向かう若き妖草師に続々と襲いかかる凶獣草木。椿の恋歌か、美貌の女剣士も参戦。人気沸騰の時代伝奇、書下し連作集。
2017.9 313p A6 ¥660 ①978-4-19-894260-1

◆虎の牙 武川佑著 講談社
【要旨】武田信玄の父・信虎の謎の弟、勝沼信友。"山の民"として育てられたその男は、自らに流れる血の運命に呑み込まれていく。一方、罪を犯して流浪の末武田家に仕官した足軽大将の原虎胤は、武田の勇から"鬼美濃"と恐れられ、外様ながら家中で重きをなしていく。乱国甲斐の統一を目指す武田信虎を挟んで、二人の男がある"呪"を背負いながら戦場を駆け抜ける。
2017.10 352p B6 ¥1800 ①978-4-06-220741-6

◆飛燕の小太刀―誠四郎包丁さばき 武田櫂太郎著 コスミック出版 （コスミック・時代文庫）
【要旨】葛飾郡行徳の浜に一隻の小舟が流れ着いた。舟のなかに倒れていた若侍は、刀で斬られた痕があり、昏睡状態だった。浜の連中に助けられ、ももんじ屋「入船屋」に運び込まれた男は意識を回復するものの、名前や経歴をいっさい覚えていなかった…。袂に入っていた手紙によって、名前は誠四郎とわかるものの、苗字は不詳。ただ、入船屋で料理を作ったり、自分にその筋の才能があるらしいことが唯一の手がかりだった。喪われた記憶を求めて江戸に向かう誠四郎だが、そんな彼を待っていたのは、何者とも知れぬ刺客の凶刃。敵と立ち合うことで、自分に剣の腕があることを知った誠四郎は、自らの身の上の背後にうごめく秘密を暴くべく動き出した。
2017.3 306p A6 ¥650 ①978-4-7747-1311-3

◆女神の料理人―深川味物語 竹中亮著 リンダパブリッシャーズ、徳間書店 発売
【要旨】父と二人で小さな飯屋を切り盛りする町娘の香は「絶対嗅覚」の持ち主であり、料理の腕

歴史・時代小説（戦記）

も天才的である。そんな香のもとに、一流料亭との料理対決の話が舞い込んだ。幼い頃に別れた母を探すために、香は料理勝負に挑むことを決意する。香は武家の妻である響、金性の絵描きの軽舟と共に、至高の食材を求めて、心躍るお伊勢参りの旅に出る。そして、料理勝負の日。判定人には勝海舟をはじめ、大久保忠寛、「を紙」の辰五郎、歌川国芳の娘・芳鳥女など、錚々たる人物が並んだ。果たして、香は「鷺舞村」の本板を破り、料理対決に勝つことができるのか!?

2017.3 283p A6 ¥690 ①978-4-19-905219-4

◆**新聞売りコタツ横浜特ダネ帖** 橘933羅著
角川春樹事務所 （時代小説文庫）
【要旨】明治のはじめ海を越えてやって来た異人たちが闊歩する、日本最先端の街・横浜にやって来た庭師の息子・藤野辰吉ことコタツ。今までになかった職業「新聞売り」となり、暴れ馬に撥ねられて足を悪くした四代の絹や、小説を書くそっちのけで日々を過ごしていた。しかし「薄幸な美女」に弱い辰吉は、商売そっちのけで事件に巻き込まれた女性を助けて横浜を駆け回る羽目に。「横浜ガス局事件」"幽霊アンマの謎"――。はたして事件の果てにコタツは何を見たのか、そして明治と明治の狭間にある闇とは…。第八回角川春樹小説賞受賞作家の受賞後第一作、ここに登場！

2017.10 354p A6 ¥680 ①978-4-7584-4123-0

◆**西郷隆盛と大久保利通――破壊と創造の両雄** 立石優著 PHP研究所 （PHP文庫）
【要旨】（また後始末じゃ）大久保は、西郷にいさかりうんざりしていた。信念によって動き、攻めるときは無類に強いが、守勢に回ったときにはあっさり投げ出してしまう西郷。そんな西郷に振り回されながらも、その長所と短所をよく知り、持ち前の粘り強さで支えていく大久保。余人にはうかがい知れぬ両雄の絆を新視点でとらえつつ、維新回天に果たした二人の役割を活写した歴史長篇。

2017.11 308p A6 ¥780 ①978-4-569-76777-2

◆**浮世奉行と三悪人** 田中啓文著 集英社 （集英社文庫）
【要旨】武士を捨てて竹光作りを生業とする雀丸。ある日、三人の武士にボッコボコにされている老人を救い出す。庶民の揉めごとを裁く横町奉行だというこの老人は、あろうことか雀丸に跡を継いでくれぬと言い出した。危険な目に遭っても「三すくみ」という助っ人が馳せ参じるから大丈夫とも。ところが現れたのは悪徳商人に女ヤクザ、破戒僧という面々で――江戸期の大坂を舞台に描く、痛快絶倒の時代小説。

2017.5 367p A6 ¥620 ①978-4-08-745590-8

◆**俳諧でぼろ儲け――浮世奉行と三悪人** 田中啓文著 集英社 （集英社文庫）
【要旨】芭蕉の辞世の句が見つかった。記念の発句大会で天に抜ければなんと100両！法外な賞金に欲深い連中は雀丸を出し抜こうと目の色を変えている。そんなか横町奉行の竹光屋雀丸は、大坂市中で子供の誘拐が増えていることを知る――「俳諧でぼろ儲けの巻」「抜け雀の巻」など、全3編収録の痛快娯楽時代小説、シリーズ第2弾。

2017.12 407p A6 ¥720 ①978-4-08-745682-0

◆**水晶宮の死神** 田中芳樹著 東京創元社
【要旨】十一月のある晴れた休日、ニーダムは姪のメープルとともに、ロンドン郊外のシドナムにある水晶宮を訪れる。人々でごった返す、きらびやかなガラスの宮殿に、突如大きな悲鳴が響き渡った。袋づめの首なし死体がどこからともなく降ってきたのだ。死体の手に握りしめられていたボロ布には、「死神」という赤い文字。外では、暴風雨が吹き荒れ、人々は水晶宮に閉じ込められてしまう。混乱する人々の前に、カラスの仮面をつけた黒ずくめの男が姿を現わす。それは、「おぞましいショーの始まりだった――。

2017.7 323p A6 ¥1800 ①978-4-488-02770-4

◆**隼別王子の叛乱** 田辺聖子著 中央公論新社 （中公文庫）改版
【要旨】ヤマトの王の想われびと、女鳥姫と恋におちた隼別王子は大王の宮殿を襲う。愛と権力を賭けた血なまぐさい叛乱の夢が……。「日本書紀」「古事記」の世界を舞台に紡がれる、恋と陰謀と幻想が渦巻く濃密な物語。

2017.2 360p A6 ¥700 ①978-4-12-206362-4

◆**さなとりょう** 谷治宇著 太田出版
【要旨】明治六年（一八七三年）秋。江戸城堀端に近い桶町の、北辰一刀流千葉道場を訪れた一

人の女によって道場主の娘「さな」の災厄は始まった。女はかつてこの道場に通った土佐藩士、坂本龍馬の妻「りょう」と名乗ったが、さなは龍馬の許嫁だった。決して忘れてはならない二人の女が出会い、やがて、維新の闇に隠された事件の謎と巨大な陰謀が浮かび上がってくる。互いに真相を追う、二人の前に現われた意外な黒幕の正体とは!?

2017.3 341p B6 ¥1600 ①978-4-7783-1559-7

◆**花になるらん――明治おんな繁盛記** 玉岡かおる著 新潮社
【要旨】京都の呉服商・高倉屋の娘みやびは、智恵も回しも手も早い。ご寮人さんとなってからは、奥に控えて習い事に興じるよりも店に出がる働き者で、美しいもの、新しいものが大好き。女だてらに世界を視野に、職人の技巧を駆使した織物を万博に出品しては入賞を果たし、日本が優れた芸術の国であることを世界に知らしめる。皇室御用達百貨店となった高倉屋の繁栄の礎を築いた女性の軌跡を描く大河小説。

2017.9 332p B6 ¥1600 ①978-4-10-373716-2

◆**酔ひもせず――其角と一蝶** 田牧大和著 光文社 （光文社時代小説文庫）
【要旨】松尾芭蕉の一番弟子ながら、一門に馴染めない俳諧師・宝井其角と、豪放磊落な絵師・多賀朝湖（後の英一蝶）。二人は不思議と馬が合った。ある夜、吉原で、彼らは二人の太夫に呼び出される。屏風に描かれた犬が動き、それを見た遊女が次々と姿を消したという。謎解きを頼まれた二人は救うべくあがき……。江戸の人々の生き様、哀切を描く傑作時代小説！

2017.11 347p A6 ¥740 ①978-4-334-77566-7

◆**鯖猫長屋ふしぎ草紙 2** 田牧大和著 PHP研究所 （PHP文芸文庫）
【要旨】鯖縞模様の三毛猫サバが一番いばっている「鯖猫長屋」が、住人が減って存続の危機に！そんな折、団扇売りを生業にする色男が、長屋に引っ越してくる。どうやらそこには、サバが一枚嚙んでいるようで……。一方、「黒ひょっこ」の異名を持つ元盗人で、今はサバの飼い主である画描きの拾楽にも、怪しげな影が近づいてきて……。江戸を舞台にした、謎と人情あふれる好評「鯖猫長屋」シリーズ第二弾。

2017.3 345p A6 ¥760 ①978-4-569-76682-9

◆**鯖猫長屋ふしぎ草紙 3** 田牧大和著 PHP研究所 （PHP文芸文庫）
【要旨】人間より偉い猫サバが仕切る「鯖猫長屋」で事件が！店子たちに愛されているおはまに、サバが毛を逆立て、飛びかかったのだ。その日おはまは奉公先で、ある大店へ届け物を頼まれたという。しかしそれが「出戻り文箱」と噂のものだった。元盗人で、今はサバの飼い主である画描きの拾楽は事件を探るが……。江戸の根津権現永町を舞台にし、謎解きと人情が絡みあう、好評シリーズ第三弾。文庫書下ろし。

2017.11 332p A6 ¥760 ①978-4-569-76768-0

◆**錠前破り、銀太 紅蜆** 田牧大和著 講談社 （講談社時代小説文庫）
【要旨】蕎麦が不味いので有名な「恵比寿蕎麦」を切り盛りする（？）銀太、秀次の兄弟。幼馴染の貫三郎が、色っぽい後家に言い寄られてると知って気が気でない。なんでも、首筋に赤い蝶の痣を持つこの女、亭主が次々に死ぬんだという。さらに、兄弟にとって因縁浅からぬ闇の組織が、意趣返しに動き出す。

2017.7 263p A6 ¥660 ①978-4-06-293711-5

◆**小山氏最後の領主 小山秀綱** 知久豊著 （宇都宮）随想舎
【要旨】祇園城に、鷲城に、敵の大軍が押し寄せてくる！！戦国末期、越後の上杉謙信と相模の北条氏康のたび重なる侵攻の狭間で、本拠地の祇園城を追われても不死鳥のごとく甦った小山秀綱。小山氏の栄光を双肩に担った男の生涯を追った長編歴史小説。

2017.11 151p B6 ¥1200 ①978-4-88748-345-3

◆**入り婿侍商い帖――大目付御用 1** 千野隆司著 KADOKAWA （角川文庫）
【要旨】武士として兄の仇討を果たし、婿入り先の米屋・大黒屋に戻った角次郎。大目付の中川から呼び出しがあった。曰く、古河藩重臣の知行地で、重税に抗議した村名主が不審死。その息子が、事件の吟味に対する不満を直訴してきたため、商人として事を荒立てず真偽を探ってほしい、という。旗本・五月女家の主の息子の善太郎を連れ、件の知行地へ向かった角次郎。待ち受けていたのは、腕利きの刺客と、思わぬ陰謀だった――！

2017.8 284p A6 ¥640 ①978-4-04-105869-5

◆**入り婿侍商い帖――大目付御用 2** 千野隆司著 KADOKAWA （角川文庫）
【要旨】武蔵岡部藩御用達の米問屋和泉屋の主と、勘当されたその息子の刺殺死体が発見された。状況から、互いに刺し合ったということで幕引きとなったが、米問屋大黒屋の主・角次郎は、大目付・中川より事件の吟味を命じられる。裏には、岡部藩の年貢米を狙う政商・千葉屋の目論見があるらしい。その後も続く和泉屋の"不幸"を、角次郎は撥ねのけようとする角次郎と息子の武士・善太郎。だが、刺客は大黒屋にも迫っていた――。

2017.11 286p A6 ¥640 ①978-4-04-105870-1

◆**入り婿侍商い帖――出仕秘命 3** 千野隆司著 KADOKAWA （角川文庫）
【要旨】勘定奉行大久保忠信の悪事を暴こうとして殺された兄の仇を討つため、武士となった角次郎。勘定奉行所が関わる不正を次々と暴き出すが、大久保は巧みに追及を逃れ続ける。崩落した永代橋の架け替え事業の普請担当だった長兵衛殺害の裏に、私腹を肥やそうとする一派の策謀があると睨んだ角次郎は、妻とおり季と共に、材木仕入れに疑惑がないか調べ始める。そして大目付中川忠英の用人頭と一派との不審な繋がりが浮かび上――。

2017.3 306p A6 ¥680 ①978-4-04-105187-0

◆**鬼婆の魂胆――雇われ師範・豊之助** 千野隆司著 双葉社 （双葉文庫）
【要旨】仇討ちの父子を道場に居候させた豊之助だったが、どうやらその仇とは、江戸を騒がす火付け盗賊団の頭らしい。父子に知れぬよう裏を取る、豊之助と北山は、ある屋台店の存在を突きとめ、やがて事件が迫っていく。一方、中西道場からは、豊之助を本部道場に戻そうという声が聞こえてきた――。好評シリーズ第六弾！

2017.7 273p A6 ¥593 ①978-4-575-66842-1

◆**おれは一万石** 千野隆司著 双葉社 （双葉文庫）
【要旨】一俵でも禄高が減れば旗本に格下げになる、ぎりぎり一万石の大名、下総高岡藩井上家に婿入りすることになった竹腰正紀はまだ十七歳の若者だ。正紀は、高岡藩下屋敷を訪れており、堤普請を嘆願する百姓と出会い、二千本の杭を調達する約束を結んでしまう。まだ婿入り前にもかかわらず、高岡藩のために奔走する日々が始まった！待望の新シリーズついに開幕！

2017.9 291p A6 ¥611 ①978-4-575-66850-6

◆**おれは一万石 2 塩の道** 千野隆司著 双葉社 （双葉文庫）
【要旨】凶作のため高岡藩の米収穫高も例年の七割しかなく、藩財政をさらに困窮することが予想された。年貢を増やしてこの危機を乗り切ろうと図る江戸家老に正紀は、正式には上屋敷に婿入りし、世継ぎとなったにもかかわらず、自ら新たな財源を探しに奔走する。ところが、そんな正紀の行動を面白く思わぬ者もいた――。好評シリーズ第二弾！

2017.10 278p A6 ¥611 ①978-4-575-66855-1

◆**次男坊若さま修行中――名月の出会い** 千野隆司著 コスミック出版 （コスミック・時代文庫）
【要旨】安房館山藩一万石稲家の次男・正武は正義感が強すぎて、いささか融通の利かない部屋住み。実の兄が正式に藩主となったため、藩政から身を退いた祖父・正武とともに本所での中屋敷暮らしを始めた。身を隠して気楽に暮らそうち、はからずも様々なやっかいごとを巻き込まれる祖父と孫。そんな中、正武が心惹かれるようになったのは常盤町「茜屋」の女郎・浜里こそおたえだった。ある日、おたえに身請け話が持ち上がる。心穏やかでない正武だったが、正武とともに出かけた月見の宴で出会った美貌の娘との縁談が正流にも……。きっぱりと断ったものの、二人の女性の間で揺れ動く正高。だが、ある事件がきっかけで正武は屈託を乗り越えるべく動きだす。

2017.5 274p A6 ¥630 ①978-4-7747-1331-1

◆**出世侍 4 正直者が損をする** 千野隆司著 幻冬舎 （幻冬舎時代小説文庫）
【要旨】旗本の小出家で、上役の悪辣な妨害にも負けず職務と武芸に励む川端藤吉。真っ直ぐなその姿に当主の信頼も厚く、面角を発している。ある日、新御番頭の旗本、香坂平内から婿入りの誘いが掛かる。香坂家は将軍御目見の地位にあり、藤吉には更なる出世となるのだが、平内

の娘の楓は、重い病で明日をもしれぬ命だった―。悲劇の壮大な歴史ロマン開幕！全四巻。
2017.6 310p A6 ¥650 ①978-4-344-42624-5

◆**泣き虫大将―雇われ師範・豊之助** 千野隆司著　双葉社　（双葉文庫）
【要旨】神田上水の堀が決壊した。その甚大な被害が明らかになるにつれ、普請奉行の責任を問う声が日ましに大きくなっていった。次兄の兄から原因究明を依頼された豊之助と北山同心は、不審な人夫たちと侍の存在を突きとめた。彼らの正体を探っていくと、ある陰謀の存在が浮かびあがってきた。豊之助と北山は果して事件の真相に行きつけるのか!?好評シリーズ第五弾！書き下ろし長編時代小説。
2017.4 296p A6 ¥611 ①978-4-575-66824-7

◆**長谷川平蔵人足寄場平之助事件帖 2 決意** 千野隆司著　小学館　（小学館文庫）
【要旨】一人逃げ延びたものの、弟や情婦を処刑された盗賊鉦七は、平之助や人足寄場に入った奨励への復讐を誓った。その頃、江戸の町を嵐が襲った。土嚢を積み準備したが、寄場は高潮と強風で甚大な被害を被る。三日間の解き放ちで一部の人足は命がけで寄場の復旧に奔走し雄は九死に一生を得る。平之助は長谷川平蔵の意見に従い、寄場復興のため資金集めに奔走する。トミの避難先を尋ね当てて行った奨励だったが何者かに刺され、トミはさらわれてしまう。平之助はトミを救い、今度こそ鉦七を捕らえようとするのだが。
2017.5 301p A6 ¥610 ①978-4-09-406257-1

◆**雪華燃ゆ―上絵師律の似面絵帖** 知野みさき著　光文社　（光文社時代小説文庫）
【要旨】上絵師として、初めて着物を手がけることになった律。粋人として名を馳せる雪永が親しい女に贈るものを。張り切って下描きを仕上げる律だが、なかなか良い返事がもらえない。そんな中、ある女から金を層し取ったという男の似面絵を引き受けるのだが―。涼太との恋、仕事への存持。心を揺らしながらもひたむきに生きる女職人の姿を描く、人気シリーズ第三弾。
2017.10 331p A6 ¥640 ①978-4-334-77546-9

◆**深川二幸堂 菓子こよみ** 知野みさき著　大和書房　（だいわ文庫）
【要旨】「餡子だけじゃつまらねぇ。菓子を作れよ、孝次郎―」深川で菓子屋「二幸堂」を始めた兄・光太郎と弟・孝次郎。ほんのり甘酒香る薄皮饅頭「斑雪」、桜の花弁を模した上生菓子「恋桜」、黄身餡が贅沢な「天道」と十四夜の月の如く控えめの甘さの「幾望」、柳の青葉が風情涼やかな翡翠羹「春の川」、薄紅色の白餡大福「紅福」。一所懸命腕を振るう孝次郎の作るとびきりの菓子が、人と人を繋げ、出会いをもたらし、ささやかな幸福を照らし出す―。江戸の菓子屋を舞台に描かれる、極上の甘味と人情と、つたない恋。兄弟の絆と店を支える人々の温かさに心震える珠玉の時代小説！
2017.11 281p A6 ¥680 ①978-4-479-30680-1

◆**コルトM1847羽衣** 月村了衛著　文藝春秋
【要旨】「あたしは羽衣お炎。こう見えても、江戸じゃあちっとは知られた稼業人さ」四年前に任渡へと送られた無宿人。嘘か真か、それが想い人の青峰信三郎らしい。「羽衣」の異名を持つ女渡世人のお炎はそんな噂を聞きつけ、アメリカ製の最新式六連発銃・コルトM1847を携え信三郎を探す旅に出た。しかし信三郎の金山には、「オドロ様」なる奇怪な像を信仰する邪教が広がっていた。オドロ様一党と対立し、追い詰められたお炎はコルトを抜くが、やがて恐るべき陰謀に巻き込まれる―。濁流のようにうねる物語。圧倒的なリーダビリティを誇る時代長編！
2018.1 389p B6 ¥1700 ①978-4-16-390776-5

◆**孝謙女帝の遺言―芸亭図書館秘文書** 佃一可著　樹村房
【要旨】日本で初めての公開図書館「芸亭」を設立した石上宅嗣。物部氏の直系である宅嗣のまなざしを通して、激動の孝謙女帝時代を描く。繰り返される政変、つぎつぎと交代する権力者、定まらぬ皇位継承。そのなかにあって、宅嗣は芸亭をなぜ創始したのであろうか。図書館に求めた知識とは、何であったのだろうか―。斬新な着想で描かれた図書館好き必読の歴史小説。
2017.12 247p B6 ¥1700 ①978-4-88367-289-9

◆**背教者ユリアヌス 1** 辻邦生著　中央公論新社　（中公文庫）
【要旨】大帝の甥として生まれるも、勢力拡大を狙うキリスト教一派の陰謀に父を殺害され、幽閉生活を送るユリアヌス。哲学者の塾で学ぶことを許され、友と得、生きる喜びを見出す彼の

運命は容赦なく立ちはだかる。毎日芸術賞受賞の壮大な歴史ロマン開幕！全四巻。
2017.12 424p A6 ¥1000 ①978-4-12-206498-0

◆**藍より出でて―夜叉萬同心** 辻堂魁著　光文社　（光文社時代小説文庫）
【要旨】舟運業者らが明らかご禁制の賭場から大金が奪われたとの噂が流れ、次いで勘定奉行所の役人が殺された。萬七蔵は事件の探索を始めるが、そんな中、かつての親友・連太郎が訪ねてくる。七蔵は再会を喜ぶも、友の様子は微妙に変化していた。やがて友に関する重大な事実が明らかになり…。納涼花火の夜陰に紛れ、暗躍する勢力と七蔵が対決する。傑作シリーズ第四弾。
2017.6 316p A6 ¥600 ①978-4-334-77489-9

◆**縁切り坂―日暮し同心始末帖 6** 辻堂魁著　祥伝社　（祥伝社文庫）
【要旨】内藤新宿のはずれ、成子町で比丘尼女郎の千紗が首の骨をへし折られ殺害された。犯行を目撃しただろう妹は姿を隠してしまう。探索する北町奉行所平同心の日暮龍平は、千紗が執拗に付きまとう男から逃れるため、深川から流れてきた妹との因果が明らかに。やがて、妹の命を狙う下手人の身勝手な動機に、龍平は鬼となる！
2017.11 304p A6 ¥620 ①978-4-396-34336-1

◆**親子坂―夜叉萬同心** 辻堂魁著　光文社　（光文社時代小説文庫）
【要旨】中越・永生藩の山村から、奇妙な男が江戸に送り込まれた。無垢な心を持ち、鷹のように一瞬に獲物に止めを刺す、森で育った忍びの者、西上幻影。北町奉行所の隠密廻り方同心・萬七蔵は相次ぐ豪商の不審死を調べるうち、ある腹黒い商人と永生藩国家老周辺との癒着に気づく。巻き込まれる誇り高い鷹、幻影の運命に、七蔵はどう立ち向かうか。傑作シリーズ第三弾。
2017.5 309p A6 ¥600 ①978-4-334-77476-9

◆**父子(おやこ)の峠―日暮し同心始末帖** 辻堂魁著　祥伝社　（祥伝社文庫）
【要旨】年寄りばかりを狙った騙りに、老夫婦をなくした。蓄えのすべてを奪われていた。再び定町廻り代理を命じられた日暮龍平は、若い猿回し夫婦を捕縛、夫は打ち首、病身の妻は放免される。妻お菜は故郷の会津に義父重右衛門を訪ねる。一切を聞き復讐の鬼と化した重右衛門は、あろうことか息子の俊太郎を拐かしてしまった！憤怒の龍平は親として剣をとり追跡するが…。颯爽時代小説！
2017.11 289p A6 ¥620 ①978-4-396-34373-6

◆**架け橋―風の市兵衛 20** 辻堂魁著　祥伝社　（祥伝社文庫）
【要旨】唐木市兵衛を相模の廻船問屋が言伝を持って訪ねてきた。相手は返弥陀ノ介の許から姿を消した女・青だった。伊豆沖で海賊に捕えられるも逃げだったという。返弥陀ノ介は内密にと請われ、市兵衛はひとり平塚に向かう。一方、弥陀ノ介は「東雲お国」と名乗る女海賊の討伐のため浦賀奉行所に派遣される。だが、お国は、弟を殺された哀しみで、復讐の鬼と化していた…。
2017.8 303p A6 ¥650 ①978-4-396-34344-6

◆**天神小五郎 人情剣** 辻堂魁著　角川春樹事務所　（時代小説文庫）
【要旨】八丁堀大中小路の煮売屋「天神屋」では、煮しめや刺身や鍋焼きを肴に二、三合の酒を飲み、百文余の値でくつろぎのひとときを楽しめる。四年前から店主の小五郎が一人で営んでいる小さな店だが、その料理は評判よく、界隈の旦那たちも惣菜を買いに来る。小五郎は何も語らないが、西国の大名に仕えていた元武士で、武芸の腕も立つと噂されている。そんなある日、小五郎は、博奕打ちの旦那に暴力を振るわれている女を助けたことから、事件に巻き込まれていく。人気作家による、待望の書き下ろし最新シリーズ、ここに開幕！
2017.6 322p A6 ¥620 ①978-4-7584-4098-1

◆**遠き潮騒―風の市兵衛 19** 辻堂魁著　祥伝社　（祥伝社文庫）
【要旨】深川で千鰯〆粕問屋の大店・下総屋の主が刺殺された。玄人の仕業を疑った北町奉行所同心・渋井鬼三次は、聞き込みから賊は銚子湊の者と睨み急行する。同じ頃、唐木市兵衛は返弥陀ノ介の供で下総八日市場を目指していた。三年半前に失踪した弥陀ノ介の友が目撃されたのだ。当時、銚子湊では幕府米の抜け荷が噂され、役人だった友は忽然と姿を消していた…。
2017.8 324p A6 ¥650 ①978-4-396-34343-9

◆**逃れ道―日暮し同心始末帖 5** 辻堂魁著　祥伝社　（祥伝社文庫）

【要旨】神田堀八丁堤で菱垣廻船問屋の番頭が殺された。臨時で定町廻り方となった北町奉行所平同心の日暮龍平は、早速、探索を引き継ぐが難航した。同じ頃、俠の俊太郎を地廻りから救ってくれたお篠に出会う。お篠は彼女を描いた錦絵が評判の絵師だった。ところが、番頭の家にその錦絵が見つかるや、お篠の過去に捜索の手が…秘した哀しみが涙を誘う万感の時代小説。
2017.2 322p A6 ¥630 ①978-4-396-34288-3

◆**冬かげろう―夜叉萬同心** 辻堂魁著　光文社　（光文社時代小説文庫）
【要旨】北町奉行所の隠密廻り方同心、萬七蔵は、目的遂行のためには手段を選ばぬやり方から「夜叉萬」と呼ばれ密かに恐れられている。脂粉の香りを残し去ってゆく辻斬りの探索の過程でで七蔵が見た卑劣な真実とは―。七蔵のふるう豪剣は、誰を斬り、何を裁くのか？ 悪道を歩む人間を見つめ、その因果や定めを鮮やかに描き出す、名手による時代小説、超絶の醍醐味ここにあり。
2017.3 335p A6 ¥620 ①978-4-334-77444-8

◆**冥途の別れ橋―夜叉萬同心** 辻堂魁著　光文社　（光文社時代小説文庫）
【要旨】北町奉行所の隠密廻り方同心・萬七蔵は、「夜叉萬」とあだ名される。永代橋崩落の大惨事に揺れる江戸で、押しこみ強盗の末に一家を惨殺する卑劣な窃盗団「赤蜥蜴」の探索をすることに。直近の襲撃のみ、一味のやり口が変化していることに七蔵は戸惑うが、そこから導き出されるのは意外な真実だった。人間の業や情愛、運命を鮮やかに描き出す、シリーズ第二弾。
2017.4 317p A6 ¥600 ①978-4-334-77461-5

◆**もどり途―夜叉萬同心** 辻堂魁著　光文社　（光文社時代小説文庫）
【要旨】浅草・花川戸で貸元の谷次郎が殺され、前後して唇に艶紅の塗られた若い女の死体が見つかった―。夜叉萬と綽名される北町奉行所の隠密廻り方同心・萬七蔵は、内与力・久米信孝の命により、谷次郎殺しの下手人との差口のあった「あやめの権八」なる男の裏を探り始めるが、事態は急展開をみせる。著者の原点であるシリーズ、待望の書き下ろし新作。一寸先の闇を斬れ。
2017.7 319p A6 ¥600 ①978-4-334-77500-1

◆**鉄砲無頼伝** 津本陽著　実業之日本社　（実業之日本社文庫）
【要旨】1543年に鉄砲が伝来して間もなく、紀州の根来衆、津田監物は種子島で弾丸的を撃ち砕く様を目の当たりにする。監物は銃の大量製造を実現、僧兵たちを率い日本最初の鉄砲戦闘集団を組織する。傭兵として細川、三好ら戦国大名のもとを渡り歩く、壮絶にして豪快な戦いの日々。戦国の世に銃声を轟かせた男の生きざまを描く、著者渾身の長編歴史小説。
2017.12 363p A6 ¥722 ①978-4-408-55397-9

◆**天秀尼―豊臣家最後の姫** 敦賀信弥著　ミヤオビパブリッシング，（京都）宮帯出版社 発売
【要旨】「豊臣家最後の姫」である奈阿姫はあわやのところを千姫の養女となり、尼となることを条件に命を救われる。鎌倉東慶寺で出家した姫は天秀尼と名乗り、傳役甲斐姫らに支えられ成長していく。やがて東慶寺二十世住持となった天秀尼は、天樹院（千姫）や三代将軍家光との乳母春日局の庇護を受け、信長、秀吉、淀の方から受け継いだ極美の体現者としての才能を開花させる。その後会津騒動など大きな事件に乗り越えたものの、いつしか病魔に侵された天秀尼は、三十七歳の若さで儚くも美しい数奇な一生を終える。
2017.3 275p B6 ¥1500 ①978-4-8016-0098-0

◆**ブッダは生きている** 東郷日出男著　幻冬舎メディアコンサルティング，幻冬舎 発売
【要旨】仏教の開祖・ブッダ。今からおよそ2,500年前にこの世に生を受け、厳しい修行を耐え忍んだ彼の生涯には、混迷する現代へのメッセージが刻まれていた。ゴータマ・シッダールタの内面を描き出す、仏教小説。
2017.6 198p B6 ¥1300 ①978-4-344-91314-1

◆**信長の二十四時間** 富樫倫太郎著　講談社　（講談社時代小説文庫）
【要旨】かつてない「本能寺の変」！ すべての人間が信長を怖れ、誰もが信長を討つ機会をうかがっていた。時々刻々と「あの日」を克明に描く最高傑作。
2017.10 483p A6 ¥860 ①978-4-06-293784-0

◆**土方歳三 上** 富樫倫太郎著　KADOKAWA　（角川文庫）

歴史・時代小説（戦記）

【要旨】日野の豪農・土方家に生まれた歳三は、すらりと整った見た目に反して、負けず嫌いで一本気な性格だった。江戸での奉公が合わずに店を飛び出した歳三は、後の近藤勇と出逢う。勇によって「強くなって武士になりたい」という想いに火をつけられた歳三は、勇や沖田総司ら試衛館の仲間と行動を共にするようになる。だが、京の治安を守る浪士組に加わったことで、運命は大きく動き出し…。熱量溢れる渾身の青春時代長編！
2017.4 303p A6 ¥600 ①978-4-04-105398-0

◆土方歳三 中　富樫倫太郎著
KADOKAWA　（角川文庫）
【要旨】武士になる夢を胸に浪士組として上洛した歳三ら試衛館の面々。元水戸天狗党の大物・芹沢鴨一派と行動を共にすることになるが、その問題行為の多さに歳三は危機感を覚える。やがて功績を重ね、「新選組」の名を授けられた隊士らは副長として組織作りに心血を注いでいく。だが尊王攘夷派が勢いを増すにつれ、同じ志を抱いていたはずの仲間との間に、深い溝が生まれ…。鬼の副長と呼ばれた歳三の心中と苦渋の決断とは。
2017.5 332p A6 ¥600 ①978-4-04-105399-7

◆土方歳三 下　富樫倫太郎著
KADOKAWA　（角川文庫）
【要旨】討幕派の勢いはさらに激しさを増し、鳥羽・伏見の戦いで幕府軍は敗れた。仲間たちとの永遠の別れに傷つき、涙しながらも、歳三は戦い続けることを選ぶ。蝦夷地へと転戦した歳三は、榎本武揚という新たな同志を得て、常勝将軍と賞される活躍を見せる。だが戦況は悪化していき、ついに新政府軍の総攻撃が始まることになり―。揺るぎない信念を胸に戦い抜いた歳三が、最期に見た景色とは。涙なしには読めない、魂揺さぶる最終巻。
2017.6 277p A6 ¥600 ①978-4-04-105400-0

◆北条早雲―明鏡止水篇　富樫倫太郎著　中央公論新社
【要旨】屍が導く、関東への道！宿敵・足利茶々丸との最終戦と悲願の伊豆統一、再びの小田原城攻め、そして長享の乱の終結…己の理想ゆえ鬼と化した男に、もはや安息はない。
2017.4 353p B6 ¥1500 ①978-4-12-004976-7

◆石田三成―「義」に生きた智将　徳永真一郎著　PHP研究所　（PHP文庫）新装版
【要旨】豊臣家の安寧のため、己の胸に秘めた想いのため―。秀吉から「絶大な信頼」を寄せられ、若年より豊臣政権で辣腕をふるった石田三成。大恩ある秀吉の死後、あらゆる権謀術数を尽くして天下を奪わんとする家康の野望を打ち砕けるのは、もはやこの男しかいない。天下分け目の決戦をしかけ、西軍を率いて運命の関ケ原へと突き進んだ義将の全貌の魅力とその生涯を描いた"決定版的"長編小説。
2017.3 503p A6 ¥980 ①978-4-569-76702-4

◆仇討旅―親連れ侍裏稼業　鳥羽亮著　（幻冬舎時代小説文庫）
【要旨】家督を譲った嫡男を妻女もろとも何者かに惨殺された伊丹茂兵衛は、江戸と国許の連絡役である先手組から、下手人と思しき二人の男が江戸に向かったと知らされ、孫の松之助を従えて出羽国を後にした。仇討を誓う茂兵衛だったが、暮らしのため、いつしか闇の仕事に手を染めるようになっていた。新シリーズ、第一弾！
2017.6 294p A6 ¥580 ①978-4-344-42625-2

◆荒海を渡る鉄の舟　鳥羽亮著　双葉社
【要旨】日本が大変革した明治維新。その分岐点となった江戸城無血開城への道を開く一方で、激動の時代に揺るぐことなく自己研鑽に励み、ついに大悟。剣では無敵の極意を得て一刀正伝無刀流を開き、書では「天下第一」と評され、同時代の誰もがその卓越した人格を敬した、山岡鉄舟。破格の男の生涯を通して、生きることの深淵に迫る傑作歴史小説。
2017.11 268p B6 ¥980 ①978-4-575-24065-8

◆暗험七人―八丁堀「鬼彦組」激闘篇　鳥羽亮著　文藝春秋　（文春文庫）
【要旨】廻船問屋・松田屋の若旦那と手代が殺された。辻斬りの仕業か？ 店は主人が病で倒れ、番頭が仕切っているようだ。駿河のある藩の仕事を一手に請け負っていた。調べてみると、過去にも若旦那は命を狙われていたこと。店の金の動きに不審を覚えた矢先のことだった。相手が武家では奉行所は手を出せない。どうする鬼彦組。
2017.9 275p A6 ¥670 ①978-4-16-790924-6

◆居酒屋恋しぐれ―はぐれ長屋の用心棒　鳥羽亮著　双葉社　（双葉文庫）
【要旨】本所の堅川沿いにたたずむ居酒屋「浜富」。そこの女将・おあきに、亡き妻の面影を見出した菅井紋太夫は、仕事帰りにちょくちょくそこへ通うようになった。そんなある夜、紋太夫が酒を飲んでいると、やくざ者が店に入ってきて暴れ始めた。得意の居合で乱暴者を追い払った紋太夫だが、それ以来、店への執拗な嫌がらせをあきは店を開けることができなくなってしまう。大好評シリーズ第四十一弾！
2017.12 275p A6 ¥593 ①978-4-575-66863-5

◆いのち売り候―銭神剣法無頼流　鳥羽亮著　KADOKAWA　（角川文庫）
【要旨】日本橋の剣術道場を継いだ神道無念流の遣い手・銭神刀三郎。だが門弟は四散し、銭で剣の腕を売る「命屋」で糊口を凌いでいる。ある時、日本橋川に相対死と思われる若い男女の死体が揚がった。情を通じており、騙されたのでは？と疑う父親から、刀三郎は恨みを晴らすよう頼まれる。さっそく死んだ男の奉公先で聞き込みを始めた刀三郎は、旗本周辺の闇の住み込みを警戒していた矢先、二人組の武士の襲撃を受け…。刀三郎の変幻自在の剣が悪を絶つ！
2017.5 274p A6 ¥640 ①978-4-04-105748-3

◆かげろう妖剣―駆込み宿 影御始末　鳥羽亮著　講談社　（講談社時代小説文庫）
【要旨】夜、大名家の内庭番が手裏剣で殺された。大名家の内輪揉めを調査している最中、忍び集団「闇蜘蛛」に襲われたらしい。石垣藩の江戸藩邸では家老と年寄が対立している。私腹を肥やす年寄が暗殺の黒幕のようだ。隠居した元御家人宗八郎らが真相解明に全力で難敵が奇策を弄して襲いかかる！（書下ろし）
2017.2 271p A6 ¥610 ①978-4-06-293599-9

◆霞と飛燕―駆込み宿 影始末　鳥羽亮著　講談社　（講談社時代小説文庫）
【要旨】己の出世のために呉服屋と悪事を働く御納戸頭。幕府が送り込んだ捜査隊は大川端で惨殺されてしまう。敵の暗殺集団は老中達の手中にある。棒手裏剣を遣う女ひとり。御助け人の宗八郎と腕の立つ牢人らが幕府の命を受け、難敵との闘いに乗り出す。宵闇に沈む神田川の川岸で、剣と手裏剣の死闘が始まる！
2017.4 269p A6 ¥610 ①978-4-06-293703-0

◆菊太郎あやうし―剣客同心親子舟　鳥羽亮著　角川春樹事務所　（時代小説文庫）
【要旨】南町奉行所隠密廻り同心・長月隼人のもとに、神田須田町の呉服屋の主・庄兵衛と手代の死骸が発見されたと報せが入った。隼人は同心見習いの嫡男・菊太郎とともに探索を始めた。聞き込みを始めてすぐ、殺された庄兵衛は事件の夜、とある幕臣と一席設けていたことが知れた。その数日後、探索に当たっていた隼人に闇の凄惨な亡骸が見つかった。事件に関われば次は自分が狙われるという不安が町方の間で広がるなか、隼人たちは果敢に下手人を追うが…！？傑作時代長篇。
2017.11 267p A6 ¥590 ①978-4-7584-4133-9

◆菊と鬼―剣客同心親子舟　鳥羽亮著　角川春樹事務所　（時代小説文庫）
【要旨】二年前から南町奉行所に出仕している見習い同心・長月菊太郎。父は、同奉行所の隠密廻り同心で、鬼隼人と恐れられる直心影流の遣い手・長月隼人である。そんな父子のもとに、日本橋の両替屋に押し込みが入り、二千両が奪われ、奉公人五人が惨殺されたとの報が入った。三月ほど前にこの両替屋を襲ったのと同じ賊による所業と睨み、さっそく動き出した隼人について、菊太郎も探索に加わることとなる。幼いころから父の背中を見て剣術の腕を磨いてきた菊太郎は、父と共に、慣れない仕事に体当たりで挑んでいく！「剣客同心親子舟」シリーズ、堂々の第一作。
2017.6 268p A6 ¥590 ①978-4-7584-4099-8

◆源九郎の涙―はぐれ長屋の用心棒 40　鳥羽亮著　双葉社　（双葉文庫）
【要旨】源九郎が久方ぶりに「浜乃屋」に顔を出すと、「親分」と呼ばれた初老の男・猪七と深刻そうに話をしていた。猪七の亡き父の仕事仲間だったという。数日後、猪七と猪七が住む猪乃屋の前でならず者に襲われ、はぐれ長屋まで命からがら逃げてきた。どうやら、その裏には掏摸同士の縄張り争いがあるようだ。お吟を守るため、源九郎たちは下手人を探し始める。大好評シリーズ第四十弾！
2017.8 286p A6 ¥602 ①978-4-575-66844-5

◆三狼鬼剣―剣客旗本奮闘記　鳥羽亮著　実業之日本社　（実業之日本社文庫）

【要旨】深川佐賀町で、御小人目付がふたり斬殺された。ひとりは喉を突き刺され、もうひとりは肩から背を剛剣で裁断。材木問屋が大金を脅し取られた話があり、調べらの帰りだったという。その後も、大店への強請りと殺人が続く。非役の旗本・青井市之介は、御目付の伯父の依頼を受け、悪党たちを追い、死闘に挑む。大人気シリーズ第一幕、興奮度頂点の最終巻！
2017.4 278p A6 ¥556 ①978-4-408-55354-2

◆七人の用心棒―はぐれ長屋の用心棒　鳥羽亮著　双葉社　（双葉文庫）
【要旨】はぐれ長屋の近くで、母子が三人の武士に襲われた。母子をかばい、三人と斬り合っている男が、長屋に越してきたばかりの安田十兵衛と気付いた源九郎は、さっそく助太刀に入り、三人を退けた。源九郎たちはその母子を、しばらく長屋で匿うことにしたが、ある日、大身旗本の家臣が長屋を訪れ、「母子の命を守って欲しい」と懇願してきた矢先、二人組の武士の襲撃を受け…。大好評シリーズ第三十九弾！書き下ろし長編時代小説。
2017.4 281p A6 ¥602 ①978-4-575-66822-3

◆新まろほし銀次捕物帳　鳥羽亮著　徳間書店　（徳間文庫）
【要旨】両替商滝島屋の主と手代が下谷広小路で何者かに首を掻き切られて殺された。凶器は匕首とみられた。池之端の岡っ引き銀次らは遺体の惨状に見覚えがあった。半年ほど前、浅草田原町で殺された料理茶屋橘屋の主人と様と酷似していたのだ。そして、二つの事件の繋がりを探っていた佐久間町の岡っ引き平蔵が斬殺された。銀次は下手人を追うが、やがて魔の手が襲い来る。書下ろし長編時代剣戟。
2017.6 269p A6 ¥619 ①978-4-19-894236-6

◆中山道の鬼と龍―みだし御庭番無頼旅 3　鳥羽亮著　祥伝社　（祥伝社文庫）
【要旨】「おれは、赤鬼だよ」ガチッ、という金属音がし、青火が散った。西崎が刀で巨漢の武士の斬撃を頭上で受けた瞬間、腰から砕けるように倒れた。人影絶えた浜町河岸で、火盗改の同心・向井林十郎、植村京之助、おゆらの忍三人は、公儀の命を受けて下手人を追う。中山道に先に立ちはだかるは、「赤鬼」「龍神」の異名を持つ強敵二人だった。
2017.5 284p A6 ¥620 ①978-4-396-34313-2

◆姫夜叉―隠目付江戸秘帳　鳥羽亮著　光文社　（光文社時代小説文庫）
【要旨】船宿の亭主をしながら駿河国江崎藩の隠目付を務める海野洋之介の許に、釣り仲間の孫が何者かに襲われたという報せが入る。そして、おみつの息子仙太までが攫われてしまう。なんとか救い出したい洋之介だが、その背後には闇の刺客「闇猿」たちが現れる。洋之介の怒りを込めた一刀は幼い命を救えるか―。甲源一刀流の豪剣が煌めく、震撼のシリーズ第四弾。
2017.10 296p A6 ¥580 ①978-4-334-77549-0

◆柳生三代の鬼謀　鳥羽亮著　徳間書店
【要旨】上泉伊勢守から無刀取りの奥儀を託され、艱難辛苦の末、奥義を受け継いだ石舟斎。徳川将軍家兵法指南役となり天下に新陰流の名を轟かせた宗矩。廻国修行で己の剣を磨き流派の深化に務めた十兵衛。偉大なる剣豪三代を余すところなく活写！
2017.2 285p B6 ¥1700 ①978-4-19-864346-1

◆幽霊舟―隠目付江戸秘帳　鳥羽亮著　光文社　（光文社時代小説文庫）
【要旨】駿河国江崎藩の隠目付を務める船宿の亭主海野洋之介は、釣り宿から大川に幽霊舟が出たと聞く。そんな折り、江崎藩の目付から江戸で続く押込み夜盗のことを江崎藩士が探ってくると願われ、洋之介は夜盗の探索を始める。そして、洋之介の前たちはだかったのは十字斬りの遣い手…。甲源一刀流の豪剣が煌めき、江戸を騒がす輩に立ち向かう！体望のシリーズ第三弾。
2017.2 290p A6 ¥580 ①978-4-334-77433-2

◆狼虎の剣―八丁堀「鬼彦組」激闘篇　鳥羽亮著　文藝春秋　（文春文庫）
【要旨】北町奉行所の吟味方与力である彦坂新十郎は、同心倉田佐之助の妹きくを娶って二年近く。「鬼彦組」にも新しい仲間が増えた。奉行所に出仕しようとした矢先、殺しの一報が。大川端の新大橋の袂で、若侍が殺されていたのだ。実は最近二組の男たちが同様の手口で殺されていた。下手人は同じか！「鬼彦組」に解明の沙汰が下る。
2017.3 274p A6 ¥660 ①978-4-16-790811-9

◆我が剣は変幻に候―銭神剣法無頼流　鳥羽亮著　KADOKAWA　（角川文庫）

歴史・時代小説（戦記）

◆[書名なし]
【要旨】日本橋の両替商に賊が押し入り若旦那が殺されたうえ、二千両が奪われた。黒ずくめのみみずく党なる賊に、息子を殺された松沢屋の勘兵衛は、銭で剣の腕を売る"命屋"の銭神刀三郎に敵討ちを依頼する。押し入った先で邪魔者を斬り捨てる卑劣なみみずく党。刀三郎が、手がかりを追わうとした矢先、今度は、八丁堀の同心が殺されてしまう。町方が尻込みするなか、刀三郎は、変幻自在の剣で強敵に立ち向かう。書き下ろし長篇。
2017.11 269p A6 ¥640 ①978-4-04-105749-0

◆金の殿―時をかける大名・徳川宗春 土橋章宏著 実業之日本社 （実業之日本社文庫）
【要旨】江戸中期、美人画に現をぬかす毎日を送っていた尾張藩主・徳川宗春は側近の星野からもらった将軍吉宗公からの贈り物・南蛮の煙草を吸って気を失ってしまう。目覚めてみると、そこは現代の名古屋市で!?星野の子孫・すずに導かれ、江戸と現代を行き来する宗春。様々な人々との出会いを糧に、倹約第一の天下に抗う破天荒な名政策を考案しはじめ…。
2017.2 278p A6 ¥648 ①978-4-408-55341-2

◆駄犬道中こんぴら埋蔵金 土橋章宏著 小学館
【要旨】時は天保元年おかげ年。伊勢参りを終えた辰五郎、沙夜、吉吉、翁丸は、次なる目的地・金毘羅へ向け出発した。旅の途中、ガマの油売りの師匠からよみる巻物を渡された辰五郎。そこには、巷を賑わす大泥棒・鼠小僧次郎吉が隠した埋蔵金の在処が記されているという。次々と襲いかかる刺客、赤い金毘羅大とのの出会い、一世一代の花札勝負…。果たしてお宝は誰の手に!?
2017.10 380p A6 ¥1500 ①978-4-09-386481-7

◆文明開化 灯台一直線！ 土橋章宏著 筑摩書房 （ちくま文庫）
【要旨】時は明治2年。日本人を見下す外国人リチャード・ブラントンと、自由人に孤独に生きる通訳の丈太郎、天才発明家"からくり儀右衛門"こと田中久重の3人は長崎伊王島で条約に定められた近代灯台の建設に取りかかる。言葉と文化の壁、牙を剥く日本の地震、予期せぬトラブル…。立ちはだかる困難を前に、男たちは貧しい漁村に光を灯すことができるのか？
2017.3 283p A6 ¥680 ①978-4-480-43434-0

◆伊東一刀斎 上之巻 戸部新十郎著 光文社 （光文社時代小説文庫）
【要旨】武田、上杉、織田らが天下をうかがう戦国の世、比叡山を望む琵琶湖畔の一向門徒の里に育った夜叉丸（のちの一刀斎）少年は旅の途中にあった剣聖・塚原卜伝に出会う。剣の奥義に触れた夜叉丸は兵法者を志し、亡父の跡を訪ねて独り北国加賀の地を目指すが…。行く手を阻む幾多の難敵と対峙し、美しき女性に翻弄されながらもたくましく成長していく青春の日々。長編剣豪小説。
2017.12 473p A6 ¥920 ①978-4-334-77580-3

◆伊東一刀斎 下之巻 戸部新十郎著 光文社 （光文社時代小説文庫）
【要旨】加賀を離れ廻国修行の旅へ出た夜叉丸（のちの一刀斎）は、亡父と同じ伊東弥五郎と名を改めた。佐々木小次郎、富田勢源、鐘捲自斎など名だたる剣士との邂逅が、彼を大きく成長させる。そして、さらなる高みを目指し、鹿島・香取剣流の発祥地である東国へ向かう―。史上最強とうたわれる剣聖の波瀾万丈の生涯を瑞々しい筆致で綴り上げた著者畢生の名作が甦る！ 長編剣豪小説。
2017.12 483p A6 ¥920 ①978-4-334-77581-0

◆信長を騙せ―戦国の娘詐欺師 富田祐弘著 祥伝社 （祥伝社文庫）（『戦国の娘詐欺師 信長を騙せ』改題書）
【要旨】天正四年、織田信長は城を築くために安土の地に入った。上杉謙信に備え、石山本願寺への攻撃拠点とし、さらに京に上る足掛りに、この地を選んだのだ。そしてもう一人この地に立った者がいた。戦によって両親を殺され、"騙し人"と呼ばれた詐欺師になった娘・鶴である。鶴は欲望渦巻く乱世の中で騙しの腕を磨き、信長に壮大な罠を仕掛けるが…。
2017.6 344p A6 ¥700 ①978-4-396-34381-1

◆紅城奇譚 鳥飼否宇著 講談社
【要旨】織田信長が天下統一をもくろみ、各地の戦国大名を次々と征伐していた16世紀中頃。九州は大友、龍造寺、島津の三氏鼎立状態となっていた。そんななか、三氏も手を出せない一勇猛果敢で「鬼」と恐れられた鷹生氏一族が支配地域に赤い血のように燃える色をした紅城がある。その居城、血のように燃える色をした紅城に摩訶不思議な事

件。消えた正室の首、忽然と現れた毒盃、殺戮を繰り返す悪魔の矢、そして天守の密室…。眉目秀麗な鷹生氏の腹心・弓削月之丞が真相解明に挑む！
2017.7 254p B6 ¥1700 ①978-4-06-220652-5

📖〔な行の作家〕

◆委国乱れる 内藤奎著 郁朋社
【要旨】瑞穂の国では、西暦一五〇年ホホデミ天君が身罷り、波限の命が天君に即位した。西暦一五一年、波限の命が四代目の天君に即位することに関して、ヤマト王朝の五代目カエシネ大王（第五代孝昭天皇）が反対した。それによりヤマト王朝が、筑紫の瑞穂の国、奴国を攻撃した。当時ヤマト王朝が、自国より大国であった瑞穂の国、奴国を攻略し併呑した戦争物語である。
2017.8 245p B6 ¥1300 ①978-4-87302-650-3

◆南国太平記 上 直木三十五著 KADOKAWA （角川文庫）改版
【要旨】明治の夜明けも近い幕末、薩摩藩は激動に揺れていた。藩主・島津斉興の世子斉彬と、わが子久光を藩主の座につけたいと願う斉興の愛妾お由羅の方との間に、激しい抗争が繰り広げられたのだ。折しも斉彬の江戸屋敷では、子の寛之助が原因不明の熱にうかされていた。これはお由羅の放った兵謀家・牧仲太郎が仕掛けた呪いか？ 権謀術数渦巻く薩摩の「お由羅騒動」。その顛末を描いた、直木三十五の代表作がいま甦る！
2017.11 562p A6 ¥1200 ①978-4-04-106347-7

◆南国太平記 下 直木三十五著 KADOKAWA （角川文庫）改版
【要旨】斉彬の三人の子供のあいつぐ変死。異国との密貿易が幕府に露見し、その責任をとったお由羅一派の家老・調所笑左衛門の死。斉彬派とお由羅の方一党との対立は益々深刻化していく。お由羅派の兵謀家・牧仲太郎は、凄惨な呪法争いでその師・玄白斎を斃し、斉彬をも呪殺しようとする。一方、斉彬を助け藩の刷新を行おうとする軽輩の益満休之助らは、その陰謀を打ち砕こうと牧と対決するが…。一躍筆名を高めた著者畢生の力作。
2017.11 627p A6 ¥1280 ①978-4-04-106348-4

◆嫁の心得 中得一美著 リンダパブリッシャーズ, 徳間書店 発売
【要旨】農家から武家に嫁いできた六尺を越える大女のいのは、祝言の日、自分をひとめ見て顔を曇らせた夫となる人をみてショックを受ける。嫁入りした高橋家は下級武士の家柄で、いのの持参金五十両が目当てだったのだ。やがて妻として、嫁としての幸せをつかみかけていたのだったが、ある日、夫・源之助が城下で討たれてしまう。家督を守るためには義父とふたり、敵討ちの旅に出ることになる。しかしそれは、敵が見つからねば帰れぬ明日をも見えない旅なのだ―。武家の嫁として凛として生き抜く、ひとりの女の生きざまを描いた傑作小説。第1回日本エンタメ小説大賞受賞作品。
2017.11 303p A6 ¥650 ①978-4-7747-1382-3

◆剣豪同心 花咲彦次郎―奪われた名刀 中岡潤一郎著 コスミック出版 （コスミック・時代文庫）
【要旨】北町奉行所で例繰方を務める同心・花咲彦次郎。賄賂や付け届け、あげくに強請りたかりはあたりまえの、いわゆる悪徳同心なのだが、この彦次郎、ある問題を抱えにもいた。それというのも、家宝として大切にしていた名刀を、つまらぬ仕掛けに引っかかり、奪われてしまったのだ。これまでさんざん自慢していた名刀を、まんまと盗まれてしまったと知れれば、面子どころかお家までつぶしかねない。苦悩する彦次郎の前に、手助けを申し出てきたのは、うら若き娘のお夏。なんとこのお夏は、鼠小僧の二代目を引き継いだ女盗賊であった。凄腕の同心と女盗賊が手を組み、巨悪に立ち向かう新シリーズ！
2017.11 303p A6 ¥650 ①978-4-7747-1382-3

◆そろばん旗本 井森幸四郎―若さま大勝負！ 中岡潤一郎著 コスミック出版 （コスミック・時代文庫）
【要旨】実父が悪党に騙されたのを契機に、役職どころか住む家や愛する許嫁…つまりは金・名誉・愛のすべてを失ってしまえる、旗本八百石の嫡男・井森幸四郎。思いつめ、刀を手に復讐をたくらむ幸四郎であったが、討ち入り寸前で、奇妙な商人に声をかけられる。善治郎と名乗るその男は、幸四郎に、自分たちの仕事を手伝

ないか、と持ちかけたのであった。剣は苦手だが頭の回転はよく、なにより算術が得意である幸四郎は、あっという間に飛びこんだ世界一相場師たちの金儲け合戦で、めきめきと頭角を現していくのだが…。頭脳と金を武器に、若さまが復活を成し遂げる痛快読み切り！
2017.4 325p A6 ¥660 ①978-4-7747-1324-3

◆もののふ莫迦 中路啓太著 中央公論新社 （中公文庫）
【要旨】時は豊臣秀吉の天下統一前夜。肥後国田中城では村同士の諍いの末、岡本越後守と名乗る男の命が奪われとしていた。だが、そこに突如秀吉軍が来襲。男は混乱に乗じて武器を取り応戦、九死に一生を得る。その男をほぼに引き込んだ敵将・加藤清正は、城主の姫を人質に取って越後守を軍門に降らせ、朝鮮の陣に従軍させるが―。
2017.6 570p A6 ¥760 ①978-4-12-206412-6

◆髑髏城の七人 中島かずき著 双葉社 （双葉文庫）
【要旨】時は戦国、本能寺の変から八年が過ぎた天正一八年。関東一の色里、無界の里に関東髑髏党が現れた。里にかくまわれていた沙霧を狙う髑髏党の前に、客の捨之介や無界の主・蘭兵衛らが立ちはだかる。じつは、捨之介と蘭兵衛、髑髏党を率いる天魔王とは深い縁があった―。戦国末期、信長の亡霊と無頼の徒の死闘を描いた『劇団☆新感線』代表作、小説版。
2017.3 363p A6 ¥667 ①978-4-575-51978-5

◆異国の花―着物始末暦 8 中島要著 角川春樹事務所 （時代小説文庫）
【要旨】柳原の土手で古着屋を営む六助は、朝からそわそわしていた。今日は、昔からの古馴染みで、着物始末の職人・余一と、一膳飯屋の看板娘・お糸の、待ちに待った祝言の日だからだ。めでたい日ではあるが、この事に無頓着な余一が支度に手を抜きやしないかと心配な六助は、身支度を整えた余一の元へ向かった。そんな折、京の老舗呉服問屋、井筒屋江戸店の店主・愁介が、「余一に関わる大事な話がある」と六助の前に現れた。いったい愁介は何を企んでいるのか―。話題沸騰の大人気シリーズ第八弾!!
2017.2 272p A6 ¥620 ①978-4-7584-4070-7

◆御徒の女 中島要著 実業之日本社
【要旨】激動の時代をたくましく生き抜く、おたふく顔の働き者・栄津。器量よしへの嫉妬が止まぬ十七歳。口うるさい姑と幼子の世話に暮れる二十三歳。切り詰めた生活の中、家族を支える三十二歳。御徒（下級武士）の家に生まれ、貧しいながらその誇りを守る栄津の幸せとは―。
2017.4 284p B6 ¥1500 ①978-4-408-53704-7

◆酒が仇と思えども 中島要著 祥伝社
【要旨】呑んでも呑まれるなとは言うけれど、呑むにまかせる夜もある。時に後悔の朝を迎えても、それでもやっぱり酒が好き…凝った心をとぎほぐす、呑まずに酔える傑作時代小説。
2017.10 251p B6 ¥1500 ①978-4-396-63527-5

◆白に染まる―着物始末暦 9 中島要著 角川春樹事務所 （時代小説文庫）
【要旨】晴れて夫婦となった着物始末屋の余一と、一膳飯屋の看板娘・お糸。しかし互いに忙しく、夢にまで見た夫婦の暮らしはすれ違いが続き、お糸はひとり思い悩んでいた。一方、大隅屋の若旦那・綾太郎は、朝っぱらからうんざりしていた。西海天女と呼ばれている唐橋花魁が吉原で着る最後の打掛を大隅屋で作ったことが江戸中の噂となり、それを一目見ようと、客が押しかけてきたからだ。唐橋に恨みをもつ札差の澤田屋や、京の老舗呉服問屋、井筒屋江戸店の店主・愁介がけっけ狙うも、唐橋の最後の花魁道中は無事に終わるのか!?待望のシリーズ第九弾！
2017.8 271p A6 ¥620 ①978-4-7584-4111-7

◆かたづの！ 中島京子著 集英社 （集英社文庫）
【要旨】遠野の羚羊の片角には霊妙な伝説がある。慶長五年、根城南部氏当主直政の妻・祢々は片角の羚羊と出会う。直政と幼い嫡男・久松が立て続けに不審な死を遂げた直後から、叔父の三戸南部氏・利直の謀略が見え隠れしはじめる。次々とやってくる困難に祢々は機転と知恵だけで立ち向かう。「戦でいちばんたいせつなことは、やらないこと」を信条に波瀾万丈の一生を送った江戸時代唯一の女大名の一代記。河合隼雄物語賞（第三回）、歴史時代作家クラブ賞作品賞（第四回）、柴田錬三郎賞、第二十四回、王様のブランチブックアワード2014大賞受賞作!!
2017.6 489p A6 ¥760 ①978-4-08-745593-9

歴史・時代小説（戦記）

◆いつかの花―日本橋牡丹堂菓子ばなし　中島久枝著　光文社　（光文社時代小説文庫）
【要旨】なんて、きれいでおいしいんだろう。江戸の菓子に魅せられた小萩は、遠縁の日本橋の菓子屋で働き始める。二十一屋一通称「牡丹堂」は家族と職人二人で営む小さな見世だが、菓子の味は折り紙付きだ。不器用だけれど一生懸命の小萩も次第に仕事を覚えていって一。仕事に恋に、ひたむきに生きる少女の一年を描く、切なくて温かい江戸人情小説。シリーズ第一弾！
2017.5 292p A6 ¥640 ①978-4-334-77464-6

◆お宿如月庵へようこそ―湯島天神坂　中島久枝著　ポプラ社　（ポプラ文庫）
【要旨】時は江戸。火事で姉とはぐれた少女・梅乃が身を寄せることになったのは、お宿・如月庵。料理に舌鼓を打って風呂に入れば、旅の疲れも浮世の憂さもきれいに消えると噂の隠れ宿だ。クセ者揃いの奉公人と、ワケアリのお客たちに囲まれて、梅乃は新米部屋係として奮闘するが一。
2017.10 293p A6 ¥680 ①978-4-591-15635-3

◆なごりの月―日本橋牡丹堂菓子ばなし　2　中島久枝著　光文社　（光文社時代小説文庫）
【要旨】生まれ故郷の村に帰った小萩は、姉の婚礼の祝い菓子を作る。江戸でもっともっと菓子作りをやりたい。あらためてその思いを強くする小萩だった。ようやく戻った牡丹堂に、ある日颯爽と現れた一人の男。かつて見世にいた腕利きの職人だという。その男が、波乱を引き起こしてゆく一。その男が、波乱を引き起こしてゆく一。おいしいお菓子と人々の情に心がなごむ、好評シリーズ第二弾！
2018.1 295p A6 ¥640 ①978-4-334-77594-0

◆くろご　中谷航太郎著　集英社　（集英社文庫）
【要旨】江戸町内で、旗本・綾瀬と家来の亡骸が発見された。当初、自害と思われたが、若き鉄砲磨同心・数馬は、現場に残された鉄砲の形状や状況から、ある疑念を抱える。それを聞いた小人目付・大崎が、真相を調べ始めると、全身を黒でかためた「黒子」が現れ、襲われるようだ――。果たして、"真の下手人"は誰か。そして、暗躍する黒子の目的は何なのか。息詰まる戦闘とどんでん返しの連続！迫真の時代小説。
2017.9 244p A6 ¥540 ①978-4-08-745641-7

◆半百の白刃―虎徹と鬼姫　上　長辻象平著　講談社　（講談社時代小説文庫）
【要旨】越前の甲冑師だった長曽祢興里は、齢五十を前に江戸に出て、刀鍛冶を目指した。だが自己流で鍛えた無骨な刀は売れぬ、くず刀は冷たい。興里の刀の真価を見抜いたのは、鬼姫の異名をとる旗本家の美貌の娘邦香だった。刀と死体を重ね、興里が打ち下ろしてみせた。鬼姫との出会いが興里の道を開くか。
2017.7 311p A6 ¥660 ①978-4-06-293696-5

◆半百の白刃―虎徹と鬼姫　下　長辻象平著　講談社　（講談社時代小説文庫）
【要旨】邦香の父の試斬家鵜飼十郎右衛門、弟子の正太、興里の幸助からの支援で、興里は虎徹と名を変え、刀匠として名を上げていく。その虎徹を自ら吉原に招いた当代一の花魁勝山の真意とは？由井正雪の隠し資金、伊達家のお家騒動と、刀造りを究めんとする虎徹の行く手には幾多の波乱が待ち受ける！
2017.7 381p A6 ¥700 ①978-4-06-293697-2

◆信長は西へ行く　永峯清成著　アルファベータブックス
【要旨】「天下布武への野望」…美濃から京へと西へ向かった信長は、その先に奥南蛮を見る。本能寺の変で二つとも閉ざされたが…。西洋と信長という時代の光で描く歴史物語。
2017.2 305p B6 ¥1800 ①978-4-86598-027-1

◆アテナの銀貨　中村克博著　郁朋社
【要旨】中世、博多の海は世界に開かれていた。南宋の船もアラブの船も自由に航行していた。琉球、南宋、イスラムと大海を舞台とした源為朝伝説。
2017.8 323p B6 ¥1500 ①978-4-87302-648-0

◆影の火盗犯科帳　3　伊豆国の牢獄　鳴神響一著　角川春樹事務所　（時代小説文庫）
【要旨】宝暦七年睦月、火盗改役・長谷川宣雄は、江戸内の妙な話を耳にしていた。山岡家出入りの豆腐屋、菓子舗の女将とうどん屋の娘……皆おなじ言葉を言い残し、次々と消息を絶っているという。景之は忍び集団「影火盗組」に調べを命じたところ、謎の僧侶が人生に絶望した者たちを騙し、遠方へ連れ去っていることが判明。一方、側用人の大岡忠光に呼ばれた景之は、

破格の低利で大名・旗本相手に金貸しをしていた、怪しい商人の正体を探って探し出て頼まれる――。命を懸けて江戸にはびこる悪と戦う、大好評シリーズ！三部作完結巻。
2017.4 284p A6 ¥680 ①978-4-7584-4084-4

◆悪党坊主龍念―死美人に葬いの唄を　鳴海丈著　廣済堂出版　（廣済堂文庫）『お通夜坊主龍念　大江戸非情拳』改題書
【要旨】神田・極楽長屋に住む龍念は菩提寺の僧に代わって枕経を読む"お通夜坊主"だが、裏の稼業は悪い奴から金を巻き上げる凄腕の"強請り屋"であった！！病死した大店の娘が暴行殺人だと突き止めた龍念は、犯人から大金を脅し取ろうとするが、そこには essentially な危険な罠が！？色好きなお好き、鉄数珠と股間の巨砲が武器という、作者が絶好調で書いた痛快無比の鉄拳坊主シリーズ第一巻待望の登場である！！書き下ろし番外篇「夜が知っている」収録。
2017.7 355p A6 ¥667 ①978-4-331-61670-3

◆悪党坊主龍念―品川宿に美女を狩れ　鳴海丈著　廣済堂出版　（廣済堂文庫）『お通夜坊主龍念　東海道無頼拳』改題書
【要旨】箱根旅で、破戒僧の龍念と寝た湯女が死んだ!!心中に見せかけて殺されたのである。並外れた巨体と最強の真拳術を武器に狡猾な事件の真相を暴き、ついでに悪党から大金を巻き上げる龍念だったが、彼の行く手には、さらに手強い悪党どもの極悪の鍋肉の罠が待ち受けているのだ!?第一巻に続いて、鉄拳坊主で強請り屋の龍念を描いた絶好調の、悪漢大活躍の痛快時代小説である!!二冊同時刊行！書き下ろし番外篇「夜が哭いている」を収録!!
2017.7 347p A6 ¥667 ①978-4-331-61670-3

◆仇討ち乙女―ものぐさ右近人情剣　鳴海丈著　文芸社　（文芸社文庫）『ものぐさ右近風来剣』加筆・修正・改題書
【要旨】「女のくせに二本差しとは、とんだじゃじゃ馬か。あれは、男に化けて助兵衛坊主の相手をしている寺小姓か、どっちにしても碌な奴じゃあるめえ。この念仏が成就してやるぅ！」（表題作）素浪人・秋草右近は、算盤に手足が生えたような寒しい体躯に、抜く手もみせぬ鬼貫流独活刀術の腕前、見たいな風貌に気っ風のよさで女にもてないわけがない。十一代将軍家斉の時世、正義の剣が悪を懲らしめる！書き下ろし「番外篇」も加筆！！
2017.2 286p A6 ¥720 ①978-4-286-18395-4

◆あやかし小町―大江戸怪異事件帳　王子の狐　鳴海丈著　廣済堂出版　（廣済堂文庫）
【要旨】仲秋の名月の晩に、わずか半刻で凍えにした男。北町の同心・和泉京之介が捜査に乗り出すと、今度は霜をあたり凍った死体が！！果たして「雪女」の正体とは!?大店の娘が亡くなり、その四十九日の夜に怪事件が起こる。その真相は意外にも！？江戸を騒がす辻斬りを追う京之介は、ついに、想い人のお光の最大の秘密を知ってしまう!!妖怪と一心同体の美女と青年同心が、様々な怪奇と謎の事件を解決していく、好調シリーズの八百八町妖怪物語第四弾！
2017.4 241p A6 ¥620 ①978-4-331-61671-0

◆大江戸巨魂侍　12　大坂城の鬼女　鳴海丈著　廣済堂出版　（廣済堂文庫）
【要旨】巨城魂之介は、大坂の新町遊廓で美女と遊んでいたが、警固役人から大坂城に怪事件が起こっていると聞く。その直後に役人は殺され、魂之介も賊に襲われた。役人の未亡人に仇討ちを約束した魂之介は、大坂城の鬼面の女が出没していると知った。鬼女を捕らえて、豪根で責めると、怪商の天満屋に頼まれたという。天満屋が匿う「姫様」とは何者か。大坂夏の陣に絡む驚天動地の真実とは!?将軍家の一大事に、魂之介の破邪の豪剣が唸る!!
2017.4 299p A6 ¥648 ①978-4-331-61666-6

◆大江戸巨魂侍　13　淫闇！邪忍軍団　鳴海丈著　廣済堂出版　（廣済堂文庫）
【要旨】巨城魂之介の命を狙う凶悪女忍・麗鬼は、奇怪な妖術をつかう抜け忍を集めて、はぐれ忍団"阿修羅組"を結成した。一方、木曽路を行く魂之介は、無法者に襲われていた娘を救う。そして、御用林を守る尾張藩山同心と関うことになったが、その裏には御三家筆頭六十二万石を揺るがす大事件が！美女、凶女、処女、猛女が女悦裸舞！巨魂侍の豪剣は見事、陰謀を両断にできるか！？待望の人気シリーズ第十三巻、「諸国艶戯篇」第四弾の登場である！！
2017.12 264p A6 ¥648 ①978-4-331-61672-7

◆春風街道―ものぐさ右近人情剣　鳴海丈著　文芸社　（文芸社文庫）

【要旨】小田原宿を目指して、秋草右近とお蝶が旅姿で歩を早めた。右近の剣の師である埴生鉄斎が、小田原町奉行所に捕らわれたのだ。若い娘を手篭めにしようとした疑いだった。右近は、その嫌疑を晴らし、師を町奉行所の牢から救いださねばならない。強きをくじき、弱きを救う人情剣連作集！
2017.8 297p A6 ¥720 ①978-4-286-18975-8

◆花のお江戸のでっかい奴　上　乱華篇　鳴海丈著　コスミック出版　（コスミック・時代文庫）『花のお江戸のでっかい奴/色道篇』加筆・修正・改題書
【要旨】徳川十一代将軍・家斉の治世、「快食・快眠・快姦」を生きる標語とし、ひたすら寝て喰って飲んで、女たちと姦りまくるだけのぐうたら男がいた。その名も"太く貫く"貫太。股倉に巨根をブラ下げたこの絶倫無責任男は、近隣村中の女と関係を持ってしまったため、故郷の奥州梶季村を追われ、江戸へやって来る。この世、デカい者が一番偉い！？――一日に四回は出さないと体調が悪いという常識外の男・貫太が、出会った美女たちを喜悦の渦に巻き込む、波乱万丈の人生双六がいま、始まった！
2017.4 277p A6 ¥630 ①978-4-7747-1321-2

◆花のお江戸のでっかい奴　下　極楽篇　鳴海丈著　コスミック出版　（コスミック・時代文庫）『花のお江戸のでっかい奴/絶倫篇』加筆・修正・改題書
【要旨】この世の中で最も偉いのは、特大魔羅で床上手!?――最低でも一日四回は吐精しないと体調が悪いという特異体質で、出会った美女たちを舌先三寸で虜にするな責任男！貫太。まさに魔羅一本が杖代わり、二つの玉がサイコロ代わり、女の花園が畢代わりの人生双六を歩いていたが、その性欲魔人ぶりを買われ、謎の初老武士から、大奥に潜入して女たちを犯して欲しい、との奇妙な依頼を受ける。その狙いとは果たして？そして"究極の女の園"大奥で、貫太はその使命を全うできるのか――!!
2017.4 287p A6 ¥630 ①978-4-7747-1322-9

◆卍屋麗三郎―艶事指南　鳴海丈著　コスミック出版　（コスミック・時代文庫）『卍屋麗三郎/妖華篇』加筆・修正・改題書
【要旨】長身瘦躯の美青年で、麗貌という表現がふさわしい、秘具媚薬店「卍屋」主人・麗三郎。彼は性の悩みを抱く女たちに指南を施し、巨根と卓越した性技で次々と虜にしていく。だがこれには、冷酷な策略があった。麗三郎は、忠誠を誓うようにした女たちを手駒に、非道に惨殺された両親の仇敵に対し、復讐の機会を窺っているのである。その敵とは、東北の雄藩・仙台伊達家一！およそ不可能と思われる仇討ちであったが、一介の浪人・麗三郎は、巨大な牙城に挑もうとする！！
2017.12 331p A6 ¥660 ①978-4-7747-1380-9

◆卍屋麗三郎―斬愛指南　鳴海丈著　コスミック出版　（コスミック・時代文庫）『卍屋麗三郎/斬尤篇』加筆・修正・改題書
【要旨】仙台伊達家に斬殺された両親の仇討ちを狙う麗三郎は、虜にした女たちを手駒として揃え、復讐を遂げる機会を窺っていた。そんな折、伊達家の存亡に関わるという「雷神の扇」を手に入れる。それは行方不明の「風神の扇」と一対になると、大変な書状の在り処がわかるという。謎の扇をめぐり、怪忍者集団・薩摩鬼刃忍、最凶の処刑人・毒衍と三つ巴の闘いを繰り広げる麗三郎。果たして書状を手に入れ、長年の野望を達成できるのか!?その壮絶な斬り合いの果てには、感動の結末が！
2017.12 286p A6 ¥630 ①978-4-7747-1381-6

◆密命売薬商　鳴海章著　集英社　（集英社文庫）
【要旨】時は幕末。富山藩の薬売り、於免屋藤次が帯びた使命は薩摩への密航開拓。交渉の切り札「昆布」を求め、北前船で大坂から蝦夷へ。死と隣り合わせの道中、秘伝の技で難局を切り抜けていく。一方、支藩の動きを察した加賀藩が放った刺客は必殺剣の使い手、馬渕洋之進。北から南へ呉越同舟の決死行。二人の男が求めるは生きる道か、はたまた死に場所か。圧倒的迫力で贈るハードボイルド時代小説。
2017.4 655p A6 ¥1000 ①978-4-08-745571-7

◆若殿はつらいよ―秘黒子艶戯篇　鳴海丈著　コスミック出版　（コスミック・時代文庫）
【要旨】遠州風藩の嫡子で、性知識が皆無だったにも関わらず、一発奮起して女体修業の旅に出、

歴史・時代小説（戦記）

自他共に認める女たらしに成長（？）した、松平竜之介。次期藩主の座を捨て、御家存亡の危機を救った若殿はある夜、妻の一人、桜姫の実父・将軍家斉に密命を受ける。それは隠し子の"おりん"を捜して欲しいというものだった。十八歳になるその娘の手がかりは、なんと臀の奥にある黒子．．．。本物がみつかるまで臀黒子の娘を抱き、"女体改め"を始めた竜之介は、義父の宿願を叶えることができるのか！全国コンビニで好評発売中、漫画版『若殿はつらいよ！』全四巻（画・ケン月影／ぶんか社）の原作小説が、この第四巻目から、ついに全篇書下ろし！松平竜之介の新たな活躍が、いま始まる一!!
2017.6 258p A6 ¥630 ①978-4-7747-1332-8

◆若殿はつらいよ―妖乱風魔一族編　鳴海丈著（コスミック・時代文庫）
【要旨】遠州鳳藩十八万石の元若殿で、剣術も凄腕のご存じ、松平竜之介。これまで、その腕前と忠誠心を買われて様々な悪党の陰謀を粉砕するも、出会う美女と次々に艶福家であった。ある日、岳父の将軍・家斉に自らの隠し子捜しを命じられ、臀の奥にある三星の黒子を手がかりに "女体改め" を始めた竜之介。だが、捜索が行き詰まっていた折、江戸では美しい娘の神隠しが相次いでいた。その蔭に忍者集団「風魔一族」の存在を認めた若殿は、西へ逃れた一族を追い、大坂へ向かう。無事、若殿はくう最凶の忍者たちを討ち果たせるのか一！全国コンビニで好評発売中の漫画版『若殿はつらいよ！』全四巻（画・ケン月影／ぶんか社）の人気原作シリーズ。二巻目の全篇書下ろし!!
2017.10 263p A6 ¥630 ①978-4-7747-1366-3

◆つわもの長屋 十三人の刺客　新美健著　角川春樹事務所（時代小説文庫）
【要旨】神田の古町長屋には、人騒がせな正義感の強い三人の隠居侍、雄太郎・忠吉が住んでいる。そんな彼らを仇と狙う凄腕の「刺客」たちが西からやって来た。刺客の一人、無骨ながら豪剣を誇る長部隆光は、父の復仇のため、雄太郎を倒そうとするが、肝心の雄太郎は、愛人・お琴との生活で弛み、剣士と名乗るも恥ずかしいほどに太っていた。すでに老境にありながら、まだまだ枯れぬ三匹のサムライは、果たして降りかかる火の粉を払うことが出来るのか。そして雄太郎とお琴の老いらくの恋と、それに巻き込まれた子どもと孫の行く末は？ 痛快娯楽時代劇のシリーズ第二弾！
2017.3 266p A6 ¥680 ①978-4-7584-4076-9

◆つわもの長屋 弾七郎夢芝居　新美健著　角川春樹事務所（時代小説文庫）
【要旨】強い正義感から、事件解決に至るまで大騒動をおこさなければすまない、弾七郎・雄太郎・忠吉の隠居侍三人組。芝居に人生をかけてきた弾七郎は、避暑のためにやって来た品川宿そばの兜島で、奇妙な鉄砲を手に入れる。一方、妻の小春から再び追い出された元同心の忠吉は、雄太郎が身投げ寸前のところを助けた鉄砲組の川波冬馬から、要人暗殺を防げないかと相談を受ける。紀伊徳川家との因縁から、三匹の元サムライが江戸に巣食う妖怪退治に立ち上がる。痛快時代劇のシリーズ第三弾！
2017.9 247p A6 ¥680 ①978-4-7584-4118-6

◆幕末蒼雲録　新美健著　KADOKAWA（角川文庫）
【要旨】狂瀾怒涛の幕末の京都に、美貌の剣鬼がいた。その名は椿。天性の人斬りである椿は、幼馴染みの禿・小菊と共に遊郭で育った。育ての親で、遊郭の楼主の為右衛門には、別の顔があった。朝廷の威光と遊郭の資金力を元に、倒幕を企て、椿を利用していたのだ。一方、対立する新撰組も、椿を味方に引き込もうと画策していた…。暗闘が繰り広げられる中、椿の必殺剣が迸る中、鷲異の新鋭が贈る、剣戟と色欲に満ちた新シリーズ！
2017.10 245p A6 ¥640 ①978-4-04-105839-8

◆くるすの残光 最後の審判　仁木英之著　祥伝社（祥伝社文庫）
【要旨】島原の乱の生き残りで、天草四郎の力を継いだ "聖騎士" 寅太郎たち。切支丹の世を目指す中、弾圧の首魁天海を打ち倒したのだが、幕府の磐石の体制は揺るがなかった。そんな中で出会った、軍学者由井正雪。正雪は世の中から零れた浪人を纏め、新しい世を作るというのだ—。力なき弱者は、強者に消されゆくしかないのか。あらぎを纏って、龍造寺家と繋ぐ、大河歴史叙事。
2017.10 314p A6 ¥650 ①978-4-396-34366-8

◆仙丹の契り—僕僕先生　仁木英之著　新潮社（新潮文庫）

【要旨】長らくの仲間と別れ、新たな旅路へ出発する僕僕一行。国境を守る街で、王弁は吐蕃の医師ドルマと再会した。どうやら同地の城の主ダー・バサンが病に倒れ、医師と薬師を募集しているらしい。二人はタッグを組んでチャレンジするが、患者に触れずに診断してみろと妙な条件を出され…。奇怪なおねぇさまも登場し、王弁と僕僕の仲も進展、か？「僕僕先生」シリーズ、ドキドキの第八弾！
2017.4 403p A6 ¥670 ①978-4-10-137438-3

◆「ななつ星」極秘作戦—十津川警部シリーズ　西村京太郎著　文藝春秋（文春文庫）
【要旨】「乗客全員をマークせよ」。警視庁副総監の特命を帯び、人気豪華列車「ななつ星 in 九州」に乗り込んだ十津川警部。台湾からの旅行客、アメリカ人夫婦、気鋭の歴史学者、外務省の職員—同乗する彼らの目的が、隠された日中の歴史の真実を明かすことだと突き止めるも、相定外の妨害工作が続く。絶体絶命の危機に、乗客たちの運命は!?
2017.12 259p A6 ¥600 ①978-4-16-790973-4

◆鷲ヶ峰物語　新田次郎著　講談社（講談社文庫） 新装版
【要旨】霧ヶ峰高原北西の鷲ヶ峰に登った会社の同僚男女7人。山頂にあった石地蔵を持ち去った彼らを次々不審な出来事が襲う。メンバーの一人は地蔵の来歴を調べ、意外な事実を突き止めるが．．．。表題作『鷲ヶ峰物語』、谷川岳の雪崩事故から生還した男と、死んだ友人の娘との愛憎を描く「谷川岳春色」他、全5編収録。
2017.6 351p A6 ¥670 ①978-4-06-293676-7

◆一九戯作旅　野口卓著　講談社（講談社文庫）
【要旨】物書きをこころざして三十歳を目前に江戸に出た十返舎一九は、『東海道中膝栗毛』で人気戯作者となり、原稿料だけで生活する本邦初の作家となる。江戸を支配する蔦重に励まされる、写楽に嫉妬し、京伝を羨んだ。人は何を面白がり何を笑うのか。飄飄とした語り口の中に革命児の慧眼と心意気を見る、稀代の流行作家の人生絵巻。
2017.4 308p A6 ¥640 ①978-4-06-293652-1

◆思い孕み—ご隠居さん 6　野口卓著　文藝春秋（文春文庫）
【要旨】嫁いで半年で最愛の夫を亡くし、17歳で後家になったイネ。「死んでも魂は離れない。いつも見守っているからね」という夫の言葉が、いまも忘れられない。ある時イネのお腹が、ふっくらと膨らんできて…。しみじみ可笑しい話から奇想天外な江戸のおとぎ話まで、多種多様な5篇。鏡磨ぎ師・梟助さんが大活躍のシリーズ第6弾！
2017.2 280p A6 ¥640 ①978-4-16-790791-4

◆三人娘—手蹟指南所「薰風堂」　野口卓著　KADOKAWA（角川文庫）
【要旨】初午の時期を迎え、「薰風堂」に新しい手習い子がやってきた。四方の寺子屋に断られたほどの悪童を、師匠の雁野直春は、引き受ける決心をする。一方、端午の節句が過ぎてほどなく、二人の武家娘が直春を訪ねてきた。ノブと菜実は、幼馴染みの雪雪が想いを寄せる直春を、ひと目見ようとやってきたのだ。だが菜実は、誠実な直春に只ならぬ関心を寄せるのだった—。静かに深く感動が心に広がる、著者の新たな代表シリーズ第二弾。
2017.5 275p A6 ¥600 ①978-4-04-105755-1

◆波紋—手蹟指南所「薰風堂」　野口卓著　KADOKAWA（角川文庫）
【要旨】晩秋の九月。雁野直春が師匠を務める「薰風堂」に血相を変えて駆け込む者がいた。男は、直春が通う沼田民斎の剣術道場に道場破りが現れたことを伝えに来たのだ。平塚富三郎なる剣客と、その場の機転で退けた直春。だが、それを見ていた女子により、直春の武勇伝の噂は、意外な拡がりを見せるのだった。そんなある日、「薰風堂」に馴染んだばかりの儀助が、平塚に捕らえられたとの報が。直春は、決死の覚悟で剣客に立ち向かう。
2017.12 268p A6 ¥600 ①978-4-04-106439-0

◆闘将島津義弘　野中信二著　学陽書房（人物文庫）
【要旨】「たとえ最後の一兵となっても、われらは義弘様を薩摩へ連れ帰ります。義弘様あってこその島津です。ここで腹を殺させるようなことがあれば島津は滅んでしまいます…」群雄ひしめく九州統一戦線（伊東家、大友家、龍造寺家との戦い）から、秀吉への抗戦、文禄・慶長の役、運命の関ヶ原敵中突破。戦国で無類の強さを示し、家臣に心底慕われていた戦国最強の男の激

戦譜を描く。
2017.3 412p A6 ¥840 ①978-4-313-75300-6

◆雪辱—真説・井伊直弼　野村宗一著（彦根）サンライズ出版
【要旨】司馬遼太郎への返歌—薩長史観により歪められた幕末史は、井伊直弼を緻密に描くことによって正される。彦根藩士の仇討ちという知られざる史実にもとづく小説。
2017.1 255p B6 ¥1700 ①978-4-88325-609-9

◆守り猫重兵衛 3の書　野村昌範著（金沢）北國新聞社
【要旨】加賀藩守り役である猫目重兵衛は、愛しい妻の待つ金沢に戻り、江戸在府中に生まれた我が子との対面を果たし、平穏な日々を送れる幸せにする。だが、領内の百姓が肌荒れで苦しむのを見かねた重兵衛は、心血を注いで滋養のある飴を完成させる。四月の日光社参に備えて、藩士が雛祭りを家族と過ごしたのを見届け、前田光高は金沢から江戸に出立する。光高の命を狙う絢の徳川頼宣の刺客、魔獣眷属の毒兎の操八と死鼠の忠助も江戸に入る。そして、日光社参の道中が眷属の鼠たちに光高に迫り、この策以外に防ぐ手立てが無いと重兵衛は主君を守る。光高の正室大姫が懐妊して前田家が歓喜にわく中、帰国の途に就いた加賀藩の大名行列は忠助に襲われる。重兵衛の親友で凄腕の影武者となった杉森幹太郎は川に落水して行方不明となり、自身もまた、忠助と鼠の前に断末魔の叫びを上げるが！
2017.1 263p B6 ¥1400 ①978-4-8330-2087-9

〔は行の作家〕

◆グレイス　萩耿介著　中央公論新社（中公文庫）『極悪 五右衛門伝』改題書
【要旨】九州の地頭の子・五郎太は朝鮮出兵に叛逆し、妻子領民を殺された。後に五右衛門を名乗るこの男は追放され、絶望の旅路を彷徨う。マニラで出会った異端の神父、自由を求め舞う女、そして太閤暗殺へ。足裏に刻んだ「仏」の字を踏みにじり、それでも生きる男の訪れた恩寵とは。生の意味を問いかける傑作長篇。
2017.3 362p A6 ¥760 ①978-4-12-206379-2

◆嶽神伝 鬼哭 上　長谷川卓著　講談社（講談社時代小説文庫）
【要旨】家臣同士の領地争いに怒った越後の長尾景虎が出奔し、山の者の元へ身を寄せる。女の命を狙い、武田・最凶の忍びの中、さらに北条の風魔が動き出す。無坂らは命を守るべく、死闘に身を投ずる。驚天動地の争いの中、南稜七ツ変が現れる…。ファン待望のシリーズ第3弾、開幕！
2017.1 367p A6 ¥700 ①978-4-06-293577-7

◆嶽神伝 鬼哭 下　長谷川卓著　講談社（講談社時代小説文庫）
【要旨】武田の山本勘助とともに今川の織田攻めに同行した無坂は、桶狭間の戦いで、義元の死を目の当たりにする。勘助の予想を覆す織田信長の台頭。翌年、甲斐の虎と越後の龍は、雌雄を決すべく、川中島で激突する。山の者・無坂、月草らを巻き込み、里の争いはいつ果てるとも知れず続く。
2017.1 305p A6 ¥680 ①978-4-06-293578-4

◆父と子と—新・戻り舟同心　長谷川卓著　祥伝社（祥伝社文庫）
【要旨】上方の大盗賊夜宮の長兵衛は斬首覚悟で江戸へと潜入した。十六年前、泣く泣く手離した娘に一目会いたくなったのだ。一方、迷宮入り事件を専門に追う三ツ森伝次郎ら戻り舟に、急ぎ奉行所から長兵衛捕縛の命が下る。どんな悪も許さぬ伝次郎だが、大盗賊の子への想いを知ると一肌脱ぐ決意をする—。待望の新シリーズ、感涙の幕開け。2017.4 399p A6 ¥700 ①978-4-396-34302-6

◆もののふ戦記—小者・半助の戦い　長谷川卓著　角川春樹事務所（時代小説文庫）
【要旨】天文十九年（一五五〇）、武田晴信（後の信玄）が北信濃の村上義清の戸石城に侵攻した。しかし、攻めきれずに退却することに。徒士兵の雨宮左兵衛と、その小者の半助は殿の一員として戦うが、味方は総崩れとなる。北信濃の地に取り残された二人は落ち武者狩りの追手を振り切り、ひたすら味方の地を目指して山野を駆けずり回る。傷を負った佐兵衛を背負い、「何としても奥様の元に旦那様を連れて帰るのだ」との思いだけを支えに奮闘する半助。全知全能を懸けて逃げる、もののふの物語。壮絶な負け戦

小説

◆雪のこし屋橋―新・戻り舟同心 2 長谷川卓著 祥伝社 (祥伝社文庫)
【要旨】元研ぎ職人の栄七は六十歳を超え、静かに暮らしていた。だがある日、捨て子の命を助けようとすると、拐かしを疑われ捕縛される。栄七は二十七年前、弟弟子を誤って殺し遠島となっていたのだ。御用聞きの横暴に、戻り舟の二ツ森伝次郎は激昂する。人を過去で判断するかと解き放つが、栄七を狙う不審な影が―(「雪のこし屋橋」)老同心の粋な裁き、人情沁み入る熱血捕物帖。
2017.7 365p A6 ¥680 ①978-4-396-34335-4

◆うずら大名 畠中恵著 集英社 (集英社文庫)
【要旨】泣き虫でへっぴり腰の吉之助。東豊島村の豪農で名主の彼は、元し斬りに襲われたところを、一羽の鶉とその飼い主に助けられる。飼い主のなは有為。自称大名で、吉之助とはその昔、同じ道場に通った仲だった。一方、江戸では、大名に金を貸す大名貸しと呼ばれる豪農らが、次々と急死。有り月日の何かが真相を探ろうとに。二人と一羽の異色トリオが、幕府を陥れる謀略に挑む！ 新たな畠中ワールドの開幕。
2017.12 380p A6 ¥620 ①978-4-08-745672-1

◆とるとだす―限定版 畠中恵著 新潮社 (付属資料あり)
【要旨】長崎屋の主が死んだってぇ!?骸骨も来襲してきて…。緊急事態続出、しゃばけシリーズ最新刊。
2017.7 261p B6 ¥2200 ①978-4-10-450724-5

◆とるとだす 畠中恵著 新潮社
【要旨】長崎屋の主が死んだってぇ!?骸骨も来襲してきて…。緊急事態続出、しゃばけシリーズ最新刊。
2017.7 261p B6 ¥1400 ①978-4-10-450723-8

◆なりたい 畠中恵著 新潮社 (新潮文庫)
【要旨】誰もがみんな、心に願いを秘めている。空を飛んでみたくて、妖になりたいという変わり者。お菓子を作りたいため、人になりたした神様。弟を思うがゆえ、猫に転生した兄。そして、どうしても子を育てる親になりたい女一。それぞれの切実な「なりたい」を叶えるために起きた騒動と、本当にかなう望みは？願いをめぐる五つの物語がつまった「しゃばけ」シリーズ第14弾。
2017.12 356p A6 ¥590 ①978-4-10-146135-9

◆ひとめぼれ 畠中恵著 文藝春秋
【要旨】札差の娘と揉めて上方へ追いやられた男。その思わぬ反撃には江戸、盛り場で喧伝された約束とは、同心一家に再び波紋を呼び起こす「昔の約束あり」。麻之助の亡き妻に似た女にもたらされた三つの縁談の相手とは(「言祝ぎ」)。火事現場で双子を救った麻之助の、新たな騒動は始まれる(「黒煙」)。行方不明の男を探すため、麻之助は東海道へと旅立とうとする(「心の底」)。沽券が盗まれた料理屋から、一葉が消えてしまったのは何故か(「ひとめぼれ」)。いつの世も思い通りにならない、人の生死と色事。泣きたいほど泣けない、「まんまこと」ワールド、慟哭の第六弾。
2017.4 324p B6 ¥1300 ①978-4-16-390633-1

◆本所おけら長屋 8 畠山健二著 PHP研究所 (PHP文芸文庫)
【要旨】江戸は本所亀沢町にある「おけら長屋」では、今日も騒動が巻き起こる。長屋の浪人・鉄斎に、剣術の手ほどきを求めてきた娘の目的とは。天下の大関と対戦することになった気弱な相撲取りを勝たせるべく、万造と松吉は策を巡らすが…。家を出た一人娘と、頑固な父親を再会させるために奔走する万造とお満だったが、二人の心にも微妙な変化が…。笑いと涙を二篇収録し、笑って泣ける大好評シリーズ第八弾。
2017.3 304p A6 ¥620 ①978-4-569-76680-5

◆本所おけら長屋 9 畠山健二著 PHP研究所 (PHP文芸文庫)
【要旨】金はないけど情はある、個性豊かな面々が揃う「おけら長屋」は今入も騒がしい。「赤鰯」と呼ばれる腰抜け武士の本当の姿は…。おけら長屋に越してきた謎の女に姿を消したおけは。吉原に乗り込んだお満は男と女の深い情話を知ることに。お糸と文七が陥った苦境を、長屋の住人たちは、陰ながら奔走し―。笑いと涙と人情が満載のシリーズ第九弾がまた充実の五篇を収録。
2017.8 299p A6 ¥620 ①978-4-569-76748-2

◆雁にあらねど 蜂谷涼著 (札幌)柏艪舎,星雲社 発売
【要旨】江戸や京都など各地から、北の地箱館へ流れ着いた人々―。数奇な運命に操られた彼らは、一本の糸に引き合わされ、それぞれが新たな道へと踏み出していく。
2017.8 270p B6 ¥1700 ①978-4-434-23648-8

◆鎌倉幕府の終焉 服部巌著 ミヤオビパブリッシング,(京都)宮帯出版社 発売
【要旨】源氏3代の武家政権から北条氏16代にわたる執権政治まで。鎌倉幕府の成立から消滅までを輻輳する登場人物それぞれの立場と思惑を同じ時間軸で視点を変えながら軽快に描く。
2017.12 373p A6 ¥778 ①978-4-8016-0134-5

◆夢窓 服部真澄著 PHP研究所
【要旨】夢窓とは、虚無から円覚に開かれている目覚めの窓。その名を持つ禅僧・夢窓疎石は、武士の子でありながら九歳で出家し、南北朝の動乱の時代を生きた。両陣営のリーダーである足利尊氏や後醍醐天皇、さらには七代の天皇から師と仰がれた男の生涯を通して、謎多き時代を俯瞰する長編歴史小説。
2017.12 638p B6 ¥1500 ①978-4-569-83258-6

◆色仏 花房観音著 文藝春秋
【要旨】江戸末期の京都。北近江の十一面観音に魅せられた青年、烏は、僧になるため京の都にやってきた。観音像を彫るために仏の道を捨てる。食うために彼が始めたのは、生身の女のあられもない姿を彫り出すことだった…。
2017.5 243p B6 ¥1500 ①978-4-16-390645-4

◆半乳捕物帳 花房観音著 実業之日本社 (実業之日本社文庫)
【要旨】神田の岡っ引きの娘・お七は、昼は茶屋の看板娘、夜はたぷりんの乳房を衿元からのぞかせながら江戸の事件を追う、人呼んで「半乳親分」。同心の兵衛に頼まれ、江戸のお大かたちを虜にしている色坊主・丈円を追い江戸城大奥に潜入するお七だが、童貞将軍まで巻き込んで事態は思いがけない展開に!?やみつきになること間違いなしの、艶笑時代小説！
2017.12 260p A6 ¥593 ①978-4-408-55400-6

◆信長私記 花村萬月著 講談社 (講談社文庫)
【要旨】史上最凶の日本人、織田信長。社会の変革者にして、既存する民を殺した虐殺者。俺は屍を越えてゆく一地獄をも怖れない男の生涯にちりばめられた"謎"を、作家の想像力で繋ぎ、浮かび上がる「人間」の姿とは？吉法師を名乗った幼少期から尾張統一までを描いた、花村文学の衝撃作、文庫化。
2017.10 288p A6 ¥630 ①978-4-06-293722-1

◆續 信長私記 花村萬月著 講談社 (講談社文庫)
【要旨】信長は、なぜ一。桶狭間の戦いで「敦盛」を舞ったのか。徳川家康と同盟を結んだのか。藤吉郎を重用したのか。長篠の戦いで武田に勝てたのか。そして、わずかな手勢で本能寺へと向かったのか。その答えは「私＝日記」にあった。本能寺に至る生涯とその実像に迫る、花村歴史文学の衝撃作、遂に完結。
2017.11 325p A6 ¥660 ①978-4-06-293799-3

◆太閤私記 花村萬月著 講談社
【要旨】主君の力量を見極め、弱点を探り、全力で取り入る。猿面の下の野望。太閤秀吉、史上最大出世の時―。
2017.10 314p B6 ¥1700 ①978-4-06-220796-6

◆武蔵 5 花村萬月著 徳間書店
【要旨】関ヶ原の戦いの結果、京の都は牢人であふれかえっていた。宮本武蔵、弁之助はみずからをそう名乗った。名付け親は佐々木小次郎である。小次郎はいまだ天才、超越的な武芸者だ。翻って、自分はこの無愛の牢人でどう抽んでていけばよいのか。北白川城址に向かう最中、何故か感じて振り返る。頬に受けた、野趣せりたち。しかし次の瞬間、武蔵は意外な態度を取る。物思いに沈んだのだった。死。死。死。際限のない死と引き換えに武蔵が手にするものとは。傑作大河小説、圧倒の第五巻！
2017.5 409p B6 ¥1850 ①978-4-19-864400-0

◆武蔵 6 花村萬月著 徳間書店
【要旨】京で隆盛を極める吉岡一門を我独りにて完全に滅ぼす、ついてはその前に女を抱きたい。槍の達人・宝蔵院胤栄、そして天下の剣豪・柳生石舟斎とあいまみえながら見据えるのは佐々木小次郎の姿。ときに憎しみに近い妬心を、ときに身を焦がすかの懐かしさを覚えさせる男。いざ、決戦のとき。衝撃と感涙のクライマックスに向けて物語は猛然と突き進む。
2017.6 422p B6 ¥1850 ①978-4-19-864417-8

◆守教 上 帯木蓬生著 新潮社
【要旨】初めてだった。これほどに、自分を認めてくれる教えは。だから、信じることに決めた。百姓たちは、苦しい日々を生き抜くためにキリシタンになった。なにかが変わるかもしれないという、ひそかな希望。手作りのロザリオ、村を訪れた宣教師のミサ。ときの権力者たちも、祈ることを奨励した。時代が変わる感触がそのときは、確かにあった。しかし―。感涙の歴史巨編。戦国期から開国まで。無視されてきたキリシタン通史。
2017.9 331p B6 ¥1600 ①978-4-10-331423-3

◆守教 下 帯木蓬生著 新潮社
【要旨】教えを棄てた。そう偽り、信念を曲げず、隠れ続けたキリシタンたち。密告の恐怖。眼前でおこなわれる残虐な処刑。なんのために、信じているのか？ そう迷うこともあった。だが。九州のその村には、おびえながらも江戸時代が終わるまで決して逃げなかった者たちがいた。隠れ、いままで信じ続けたがたちがいた。誰も描かれなかった美しく尊い魂の記録。慟哭の隠れキリシタン秘史。
2017.9 339p B6 ¥1600 ①978-4-10-331424-0

◆天に星 地に花 上 帯木蓬生著 集英社 (集英社文庫)
【要旨】享保十三年、久留米藩領井上村。大庄屋、高松家の長男である甚八と次男の庄十郎は、父に連れられて訪れた善導寺で、何千と集まる人々の姿を目の当たりにした。「ようく見とけ。これが百姓の力ぞ」。藩主から言い渡された増税に抗議して集まる群衆。あわや一揆かと思われたそのとき、あるお達しが下りー。九州の田舎で飢饉と圧政に苦しむ百姓のために医者を志した少年の成長を描く歴史巨編。
2017.5 358p A6 ¥720 ①978-4-08-745583-0

◆天に星 地に花 下 帯木蓬生著 集英社 (集英社文庫)
【要旨】貧富を問わず患者の治にあたる鎮水のもとで医師修業を積む庄十郎。一方で兄の甚八は大庄屋を継いでいた。あの一揆騒動から二十六年、身を挺して増税を阻止した稲次家は病に倒れた。度重なる不作、飢饉、人別銀。再び百姓に困難が降りかかるとき、怒りの矛先は甚八のような大庄屋へ。時代のうねりの中で懸命に慈愛の心を貫こうとする青年医師の目を通して住井の人々を見た歴史大作。
2017.5 425p A6 ¥720 ①978-4-08-745584-7

◆天翔ける 葉室麟著 KADOKAWA
【要旨】文久3年(1863)。北陸の要・越前福井藩の家中は異様な緊張感に包まれていた。京の尊攘派浪徒を鎮めるべく、兵を挙げて上洛すべきか否か。重大な決断を迫られた前藩主・松平春嶽が逡巡をしている折、幕府の軍艦奉行並・勝海舟の使いが来ているとの報せがあった。使いは浪人体のむさくるしい男だという。名は、坂本龍馬。彼の依頼を即決した上で、上洛についての意見を聞いた春嶽は―。旧幕府にあって政権を担当し、新政府にあっても中枢の要職に就いた唯一の男、松平春嶽。日本を守るため、激動の時代を駆け抜けた春嶽の生涯を描いた歴史長編！
2017.12 288p B5 ¥1600 ①978-4-04-105720-9

◆影踏み鬼―新撰組篠原泰之進日録 葉室麟著 文藝春秋 (文春文庫)
【要旨】
2017.10 299p A6 ¥650 ①978-4-16-790937-6

◆風のかたみ 葉室麟著 朝日新聞出版
【要旨】九州豊後・安見藩の女医である桑山伊都子は、目付方の椎野吉左衛門から藩筆頭の佐野家一族の女たちを「生かす」よう命ぜられる。佐野家当主の了禅と一族の男子は藩主に叛旗を翻し、ことごとく上意討ちとなった。生き残った了禅の妻ら佐野家の女たちは白鷺屋敷に軟禁されており、伊都子は傷を負った者の治療も担っていた。佐野家の嫁や女中の中に懐妊している女子がいるらしく、安見藩お世継ぎ問題とも関わりがあるようだった。やがて、死んだとされていた次男・千右衛門が生きているとのうわさが流れ、白鷺屋敷に烏天狗の面を被った曲者が忍びこむが、何者かに殺されてしまう。面の下から現れたのは…。
2017.3 241p B6 ¥1500 ①978-4-02-251458-5

◆嵯峨野花譜 葉室麟著 文藝春秋

歴史・時代小説（戦記）

◆山月庵茶会記　葉室麟著　講談社　（講談社文庫）
【要旨】かつて政争に敗れ黒島藩を去った元勘定奉行・柏木騎員が、千利休の流れを汲む茶人として国に帰ってきた。孤独の心を胸に秘めた彼は、山裾の小さな庵に隠遁し藩士たちを招く。派閥抗争の最中に喪った妻の死の真実を知るために。茶室は刀を使わぬ静かな闘争の場となった。読者の心を虜にする直木賞作家の真骨頂。
2017.4 338p A6 ¥680 ①978-4-06-293591-3

◆潮騒はるか　葉室麟著　幻冬舎
【要旨】夫殺しの疑いをかけられた女、決死の逃避行に隠された衝撃の真実とは？ 時は安政の動乱期。己のまことを信じ、懸命に生きる人々の姿を描く傑作時代小説。
2017.5 218p B6 ¥1600 ①978-4-344-03116-6

◆春雷　葉室麟著　祥伝社　（祥伝社文庫）
【要旨】「鬼隼人」許すまじ一怨嗟渦巻く豊後・羽根藩。新参の多聞隼人が"覚悟"を秘し、藩主・三浦兼清を名君と成すため、苛烈な改革を断行していた。そんな中、一揆を画策しかねない黒菱沼干拓の命を、家老就任を条件に隼人が受諾。大庄屋の"人食い"七右衛門、学者の"大蛇"臥雲を招集、難工事に着手された。だが城中では、反隼人派の策謀が…。著者畢生の羽根藩シリーズ第三弾！
2017.9 375p A6 ¥700 ①978-4-396-34348-4

◆蒼天見ゆ　葉室麟著　KADOKAWA　（角川文庫）
【要旨】時は幕末。西洋式兵術の導入を進めていた秋月藩執政・臼井亘理は、ある夜、尊攘派により妻もろとも斬殺された。だが藩の裁きは臼井家に対し厳旋とした冷酷なものだった。息子の六郎は復讐を固く誓うが、"仇討禁止令"の発布により、武士の世では美しとされた仇討ちが禁じられてしまう。生き方に迷い上京した六郎は、剣客・山岡鉄舟に弟子入りするが―。時代にあらがい、信念を貫いた"最後の武士"の生き様が胸に迫る歴史長篇。
2017.12 379p A6 ¥680 ①978-4-04-105736-0

◆大獄―西郷青嵐賦　葉室麟著　文藝春秋
【要旨】「この国の運命を切り開くのだ」。西郷隆盛は、薩摩藩主・島津斉彬の命を受け、東奔西走する。島津斉彬は、尊王攘夷派の総本山である水戸藩主の実子・一橋慶喜を将軍に擁立して、国難に備えようとした。一方、井伊直弼らは紀州藩主・徳川慶福を推して対抗する。条約勅許問題が浮上、幕府と朝廷の対立が激化するなか、井伊は尊王攘夷派への過酷な弾圧（安政の大獄）を始める。斉彬は志半ばで死去し、西郷は生きる望みを失い…。
2017.11 325p B6 ¥1700 ①978-4-16-390749-9

◆峠しぐれ　葉室麟著　双葉社　（双葉文庫）
【要旨】岡野藩領内で隣国との境にある峠の茶店。小柄で寡黙な半平という亭主と、「峠の弁天様」と旅人に親しまれる志乃という女房が、十年ほど前に老夫婦より引き継ぎ慎ましく営んでいる。ところが、ある年の夏、半平と志乃を討つため、隣国の結城藩から屈強な七人組の侍が訪ねてきた。ふたりの過去に何があったのか。なぜ斬られなければならないのか。話は十五年前の夏に遡る―。辛い過去と哀しみを背負いながらも、真摯に生きる夫婦の姿が胸を打つ、傑作時代小説。
2017.4 676p B6 ¥670 ①978-4-575-66861-2

◆緋の天空　葉室麟著　集英社　（集英社文庫）
【要旨】時は奈良時代。藤原家の一族として生を享け、美しく光り輝くように成長した姿から、父・藤原不比等に光明子と名付けられた一人の少女がいた。成長とともに激しさを増す朝廷の権力争い、貧窮者の救済、仏教の広布、相次ぐ災害や疫病一暗雲の混迷を乗り越え、夫・聖武天皇を支え、国と民を照らす大仏の建立を目指す。時代を大きく動かし、国母を築いた光明皇后。その生涯が鮮やかに蘇る歴史長編。
2017.5 379p A6 ¥680 ①978-4-08-745580-9

◆墨龍賦　葉室麟著　PHP研究所
【要旨】武人の魂を持ち続けた絵師海北友松。浅井家滅亡、斎藤利三との友情、本能寺の変…。建仁寺の「雲龍図」で名を馳せた桃山時代最後の巨匠の生涯を描く歴史長編。
2017.2 284p B6 ¥1600 ①978-4-569-83234-0

◆螢草　上　葉室麟著　（新座）埼玉福祉会
（大活字本シリーズ）
2017.6 296p A5 ¥3000 ①978-4-86596-165-2

◆螢草　下　葉室麟著　（新座）埼玉福祉会
（大活字本シリーズ）
2017.6 299p A5 ¥3000 ①978-4-86596-166-9

◆正妻―慶喜と美賀子　上　林真理子著　講談社　（講談社文庫）
【要旨】幕府と朝廷の関係にも動乱の機運が高まる十二代家慶の治世。一条家の美しき姫美賀子は、英邁の噂轟く一橋慶喜に嫁いだ。「わしはどんなことになっても将軍になどならぬ」信念を曲げない夫の奇矯な振る舞いに翻弄される美賀子は、ある哀しい決意を抱く。幕末の新たな一面を描きあげる、傑作大河小説を文庫化。
2017.10 323p A6 ¥660 ①978-4-06-293461-9

◆正妻―慶喜と美賀子　下　林真理子著　講談社　（講談社文庫）
【要旨】尊皇派と攘夷派の対立が深まり、自ら上洛して幕府方の指揮を執る慶喜は、「二心どの」と罵られ苦境に立っていた。混乱の中、遂に将軍職に就いた夫と御台所になった美賀子。鳥羽伏見の戦いで敗走した慶喜の心中には、日本の命運を左右する決断があった。歴史の深淵に立ち会った女たちが語る幕末、渾身の完結編。
2017.10 312p A6 ¥660 ①978-4-06-293462-6

◆西郷（せご）どん！　上製版　前編　林真理子著　KADOKAWA
【要旨】なんという目をした男なのだ一。吉之助の目を見た者は誰もがそう呟いた。下級武士の家に生まれた西郷吉之助は、貧しいながら家族や友に恵まれて育つ。のちに大久保利通となる正助中間だ。島津斉彬の雄姿を間近に見た吉之助は、いつの日かこのお方にお仕えしたいと焦がれるようになる。時は幕末。夢がない、薄主・斉彬のお側仕えとなった吉之助は、一橋慶喜を将軍とすべく、名君と心を一にし、江戸に京都に飛び回るようになる。しかし宿敵・井伊直弼が大老に就任、異国の脅威が迫るなか斉彬は突然死。ついには国父・久光の逆鱗に触れた吉之助は、遠島を言い渡されてしまう―。林真理子にして初めてなし得た、英雄物語！ 激動の青春編！
2017.11 234p B6 ¥1700 ①978-4-04-103993-9

◆西郷（せご）どん！　上製版　後編　林真理子著　KADOKAWA
【要旨】吉之助にようやく下った赦免。しかし時は急変、不在の間に長州はイギリスの砲撃を受け、国内には不穏な空気が立ち込めていた。荒ぶる長州は一気に挙兵し、幕府軍と蛤御門ではげしい戦闘を繰り広げる。吉之助は幕府側に立ち、生まれついての大将としての才能を開花させる。戦いに勝利し、長州征伐を企図し勝海舟と面会した吉之助だったが、勝の提案が彼を変えようとしていた。維新に名を残す男らと議論をかさねた吉之助は、無血開城を断行する。一方、盟友・大久保一蔵は、新しい国家の設計図を作りだしていた。幼い頃から常に共にいた吉之助と一蔵。二人に別の道を歩む時が訪れたのか―。西郷のすべてがわかる、傑作小説！ 新しき時代、維新編！
2017.11 262p B6 ¥1700 ①978-4-04-105936-4

◆西郷（せご）どん！　並製版　上　林真理子著　KADOKAWA
【要旨】なんという目をした男なのだ一。吉之助の目を見た者は誰もがそう呟いた。下級武士の家に生まれた西郷吉之助は、貧しいながら家族や友に恵まれて育つ。のちに大久保利通となる正助とは、素読をし、相撲を取る幼馴染みだ。島津斉彬の雄姿を間近に見た吉之助は、いつの日かこのお方にお仕えしたいと焦がれるようになる。時は幕末。夢がない、薄主・斉彬のお側仕えとなった吉之助は、名君と心を一にし、江戸に京都に飛び回るようになる。激動の青春編！
2017.11 157p B6 ¥926 ①978-4-04-106170-1

◆西郷（せご）どん！　並製版　中　林真理子著　KADOKAWA
【要旨】敬愛する薄主・斉彬の突然の死は、吉之助に大きな衝撃を与えた。吉之助は自分を曲げることができず、斉彬の異母弟で国父となった久光と正面衝突、遠島を言い渡されてしまう。島で妻を娶り子を授かった吉之助は、初めて愛を、さらには民衆の困窮を知り、家族と政の大切さを実感する。大久保一蔵らの奔走でようやく赦免が下り、薩摩に戻った吉之助だったが、時代は急変、国内には尊王攘夷の風が湧き起こり、不穏な空気が立ち込めていた。駆け抜ける幕末編！
2017.11 173p B6 ¥926 ①978-4-04-106171-8

◆西郷（せご）どん！　並製版　下　林真理子著　KADOKAWA
【要旨】幕府側として蛤御門の戦いに勝利した吉之助は、生まれついての大将としての才能を開花させた。長州征伐を企図し勝海舟と面会した吉之助だったが、勝の提案が彼を変えようとしていた。五代友厚、坂本龍馬、高杉晋作、木戸孝允、岩倉具視。維新に名を残す男らと議論をかさねた吉之助は、無血開城を断行する。一方、盟友・大久保一蔵は、新しい国家の設計図を作りだしていた。幼い頃から常に共にいた吉之助と一蔵。二人に別の道を歩む時が訪れたのか―。新しき時代、維新編！
2017.11 165p B6 ¥926 ①978-4-04-106172-5

◆江戸大決戦―幕府瓦解の日　早瀬詠一郎著　コスミック出版　（コスミック・時代文庫）
【要旨】「頭、いざとなったら江戸の町に火を付けてくれ」一慶応四年早春、幕軍総裁勝海舟は火消しの棟梁新門辰五郎に頼み込んだ。京で朝敵となった徳川慶喜が帰郷後、恭順して籠る江戸城を目標に、薩長率いる東征軍が迫り来る寸前である。「火消しが火を付けるなんて、ご冗談で」一だが、勝は本気だった。百万の民を大量の船で房総へ逃がし、敵の侵入に合わせ町を焼き尽くす。いわゆる焦土作戦を画策していたのだった。そんな勝の肚の内を読んだのが、敵の参謀ながら盟友の西郷吉之助である。このまま江戸に入れば甚大な被害を見る。ならば談判に応じるしかない。そしてついに、勝と西郷、決死の会見が実現する！ 江戸を守るため、命を賭して奔走した英雄たち、その活躍を描く渾身の書下ろし!! 2017.8 250p A6 ¥620 ①978-4-7747-1354-0

◆天下御免の無敵剣―菊と葵の太刀　早瀬詠一郎著　コスミック出版　（コスミック・時代文庫）
【要旨】ものごころついたときは、京の尼寺に預けられていた六条頼母。位ある公家の血を引いている、と噂は立っていたが、頼母の背に菊の紋所が鮮やかに染まっているのを見た者は、帝の落し胤ではないかと、平伏した。そんな頼母は二十歳となった折、従四位下の官位を有するが故に、帝からある下命がもたらされる。将軍家への恭順を示すため江戸に下向し、橋渡し役として徳川へお仕えせよ、と申し渡されたのだった。小石川伝通院の寺侍となった頼母だが、見かくもその身は帝の名代。寺社ばかりか大名家の屋敷にも"御出入り勝手"の証を得る。拝領した銘刀・粟田口吉光で不義を斬る頼母一。朝廷と幕府の名をもって天下を治めたいと渇望する美剣士の闘いがいま、幕を開ける！
2017.6 250p A6 ¥620 ①978-4-7747-1338-0

◆若旦那伊三郎　くるわ奉公　早瀬詠一郎著　コスミック出版　（コスミック・時代文庫）
【要旨】いつものように吉原の廓を出て目を覚ました、米問屋の若旦那伊三郎。ただしこの朝は少し様子が違った。見世の主人が顔を出し、あなた様は勘当された、と一言。借金の支払いを要求された。一文無しとなった伊三郎は、無い袖は振れず、とうとう男衆として働くことになる。客にとって見ることができない廓の色里の情景。そこには、男と女の悲喜こもごもがあった。笑い、涙、恋、そして闇一。吉原ならではの人間愛に包まれる。また時に現れる勝海舟、上野彦馬等との交流を通じて伊三郎は成長していく。だが、

歴史・時代小説（戦記）

◆居眠り狼—はぐれ警視向坂寅太郎　早見俊著
祥伝社　（祥伝社文庫）
【要旨】八丈島に近い岩根島で、元空き巣犯の袴田が殺された。直撃する台風のなか、警視庁の向坂寅太郎警視には、更生を促した袴田に呼ばれて到着した矢先だった。島はリゾート施設建設を巡り、住民を二分していた。同じ頃、反対派の保育園に空き巣が。さらに、向坂に縄張り意識で敵対する地元警察を嘲笑うように、第二、第三の殺人が一孤島を揺るがす巨悪に狼警視が牙を剥く！
2017.12 387p A6 ¥720 ①978-4-396-34378-1

◆炎剣が奔る—居眠り同心 影御用 23　早見俊著　二見書房　（二見時代小説文庫）
【要旨】本所の妙法寺を五十人もの捕方が囲んだ。寺社奉行からの応援要請で南町奉行所、火盗改も加わり踏み込んだ。ところが…。あるはずの賭場が消えた。寺の隣には、大番頭所である五千石の大身旗本・上総右兵衛督安信の隠居屋敷があった。屋敷では病身の隠居のため、怪談噺の会が開かれている。北町奉行所の元筆頭同心で今は居眠り番の蔵前源之助は、その会に招かれ…。第6回歴史時代作家クラブシリーズ賞受賞。書き下ろし長編時代小説。
2017.8 292p A6 ¥648 ①978-4-576-17111-1

◆春風の軍師—居眠り同心 影御用 22　早見俊著　二見書房　（二見時代小説文庫）
【要旨】北町奉行所の元筆頭同心で今は"居眠り番"の蔵前源之助は、数人の侍に襲われている男を助けた。男は、上州榛名内起きた三千人の一揆を指揮し四ヵ月にわたって三万の討伐軍を翻弄、和議に導いた若き軍師だった。江戸で話題の人物だった。数日後、元老中で今は隠居の身の白河楽翁（松平定信）から直々に、影御用を賜った。話題の軍師を注意深く見守れというのである。
2017.4 299p A6 ¥648 ①978-4-576-17040-4

◆常世の勇者—信長の十一日間　早見俊著　中央公論新社　（中公文庫）
【要旨】桶狭間の戦いから一年。織田信長は京にいた。隣国・美濃の斎藤義龍と盟約を結ぶためである。幕府の実力者・松永弾正の横槍を受けながらも、頑なに自らの足固めに腐心する信長。しかし、「草薙の剣」を携えた熱田神宮の巫女・若菜との出会いが、信長の命運を変えていく。
2017.2 372p A6 ¥740 ①978-4-12-206361-7

◆濡れ衣の女—大江戸人情見立て帖　早見俊著　新潮社　（新潮文庫）
【要旨】刀の目利きと研ぎで生計を助け、腕が立つが世間には無関心の下級旗本・関口平九郎。世間の噂に敏感な、お調子者の質屋の若旦那・万寿屋卯之吉。世間を冷めた眼で見る、はぐれ狼の同心・深尾左門。同じ御縁が生まれの三人の男が、それぞれの立場、特技を生かし、江戸の市井で起こる事件を人情味あふれる方法で解決する、書き下ろし連作時代小説四編。
2017.10 293p A6 ¥670 ①978-4-10-138979-0

◆無敵の殿様—天下御免の小大名　早見俊著　コスミック出版　（コスミック・時代文庫）
【要旨】わずか五千石の禄高でありながら、足利将軍家の末裔を引き継ぎ、参勤交代を免除された特殊な大名—喜連川家。その先当主・喜連川恵氏は、いまだ壮年ながらもやばやと隠居し、"大御所"として気ままな江戸暮らしをはじめた。だが、これに納得がいかないのが、時の権力者・松平定信。いっにしろ恵氏には、老中就任か三万石加増という前代未聞の誘いを「喜連川家は徳川の家来にあらず」と、即座に断ったのである。徳川政権のもと、ただひとり将軍の家臣ではない恵氏が、世間の常識や慣習にとらわれず、さまざまな難事件を解決していく。実在した風変わりな武家の活躍を描く、期待の新シリーズ！
2017.1 286p A6 ¥630 ①978-4-7747-2996-1

◆無敵の殿様—悪党許すまじ　早見俊著　コスミック出版　（コスミック・時代文庫）
【要旨】はやばやと家督を譲り、江戸で気ままな隠居暮らしを楽しむ喜連川恵氏。五千石の小藩ながらも、当主として、さぞや雅な生活がおくれるものかと思いきや、恵氏が望んだのは、難事件や不可解な出来事の探索だった。実在した、風変わりな悪党どもを退治することだった。足利尊氏の血を受け継ぐ血筋ゆえに、徳川将軍にすら頭を下

かえず、武家のことわりにも縛られない。そしてこの恵氏という男は、時の権力者・松平定信に公然と反発し、立身出世の甘い誘いを「喜連川家は徳川の家臣にあらず」とつっぱねた、喜連川のなかでも大番頭所の探索。下野国喜連川藩・七代藩主の活躍を描く、大好評シリーズ第二弾！
2017.5 313p A6 ¥650 ①978-4-7747-1334-2

◆無敵の殿様—老中謀殺　早見俊著　コスミック出版　（コスミック・時代文庫）
【要旨】幕府の権力をつっぱねし、あくまで徳川将軍の客分としての立場をつらぬく喜連川家。その七代藩主・喜連川恵氏は、若くして家督を譲り、江戸での気ままな隠居暮らしをはじめた。風変わりな殿様・恵氏が夢中になっているのが、市井に巻き起こる難事件の探索。老中により派遣された監視役・大月源五郎をいつの間にか手下あつかいし、悪党退治にいそしむ毎日であった。そんな中、蘭学者絡みの殺人を調べ始めた恵氏は、事件の背後に平賀源内の影を感じとる。だが首謀者である源内は、すでに十一年前、獄中死しているはずなのだが…。足利将軍家の血を引く無敵の侍の活躍。好評シリーズ・第三弾！
2017.9 290p A6 ¥650 ①978-4-7747-1363-2

◆無敵の殿様—大御所まかり通る　早見俊著　コスミック出版　（コスミック・時代文庫）
【要旨】喜連川家の七代藩主・喜連川恵氏は、家督を息子に譲り、江戸で隠居暮らしを続ける、酔狂な変わり者。その非凡な才能と風格を警戒する、老中・松平定信の思惑をよそに、恵氏がもっぱら夢中になっているのは、不可思議な事件の探索。老中の忠臣・大月源五郎を、探索の手下としてこき使うという、豪放磊落ぶりだ。ある日、国元で狐憑き騒動が起きていると知った恵氏。さすがに放ってはおけぬと、久方ぶりの帰郷を決意する。だが、恵氏一行の旅が平穏無事なはずもなく、道中おかしな事件へと巻き込まれるのだが…。足利将軍末裔の殿様の痛快シリーズ・第四弾！
2018.1 319p A6 ¥650 ①978-4-7747-1399-1

◆野望の埋火 上　居眠り同心影御用 24
早見俊著　二見書房　（二見時代小説文庫）
【要旨】八十歳を超える老剣客が連日、謎と恐怖の道場破り。老人の正体は？ その目的は？ その現場を北町奉行所筆頭同心で今は居眠り番の蔵前源之助も目撃。源之助の許に元老中首座の松平定信が訪れ、将軍家斉の実父—一橋大納言治済がなにやら蠢いている大いなる企てを探ってほしいと影御用。江戸の町は、法度を無視し『天明組』が我がもの顔で動き回る。
2017.12 282p A6 ¥648 ①978-4-576-17175-3

◆野望の埋火 下　—居眠り同心影御用 25
早見俊著　二見書房　（二見時代小説文庫）
【要旨】玄蕃、その仇、松平定信に煮え湯を飲ませ、屈辱にまみれさせ死に追いやれへ。将軍家斉の実父＝一橋大納言治済は、先代将軍家治の世に権勢を誇ったな老中田沼意次の四男、田沼玄蕃頭意正に命じた。北町奉行所の元筆頭同心で今は居眠り番の蔵前源之助に新たな影御用が舞い込んだ。蝦夷を巡る抜け荷の探索であった。どうやら治済と田沼が絡んでいるらしい。
2017.6 282p A6 ¥648 ①978-4-576-17194-4

◆紅の馬—浮かれ鳶の事件帖 3　原田孔平著
祥伝社　（祥伝社文庫）
【要旨】貧乏旗本の次男坊ながら「浮かれ鳶」と綽名される大多控次郎は、すこぶる男前の情に厚い剣客である。その控次郎がごろつきに絡められ馬喰兄妹を救い出す。兄妹は控次郎とも因縁ある旗本へ早駆けの駿馬を届ける途中だ。だが、その旗本が襲われ、代わって控次郎が出走。背後に賭け金を巡る、どす黒い陰謀が蠢いていた。控次郎の正義の剣が、巨大な悪を成敗す！
2017.9 363p A6 ¥670 ①978-4-396-34352-1

◆風浪の果てに　春吉省吾著　ノーク出版
【要旨】主人公沼崎吉五郎は、獄中の吉田松陰から「留魂録」を託され、十六年七ヶ月もの間「留魂録」を守り抜き、松下村塾門下生・野村靖に手渡した人物である。しかし吉五郎は、そんな「歴史」の枠に収まらない、自在な生き方を貫いた。新門辰五郎、堀達之助、細谷鉎十郎などの男達、京や芳、真砂雅な生き方の女達。角中全てに「生身の人間」の息遣いがいきいきとした迫る。壮大な構想で描く幕末・維新長編時代小説。
2017.8 584p B6 ¥3000 ①978-4-905373-07-0

◆仇討ち街道—関八州御用狩り 2　幡大介著
光文社　（光文社時代小説文庫）　（『逃屋—関八州御用狩り』加筆修正・改題書）

【要旨】江戸で起こった敵討ち騒動。咎人の大杉天善は武家屋敷に幽閉されたが脱走、関八州に逃亡した。そこで彼を敵とする古元正之助の依頼で、追い首の新三郎たちは追跡を請け負うことに。ところが騒ぎの元凶に近づくほど、手強い相手に狙われ、次期老中と目される松平定信の秘密にも及ぶ。真摯な気骨をもつ腕利きの男たちの活躍を描く、痛快時代シリーズ第二弾！
2018.1 319p A6 ¥700 ①978-4-334-77592-6

◆お犬大明神—大富豪同心　幡大介著　双葉社　（双葉文庫）
【要旨】溺れる犬を助けて役宅に連れ帰った放蕩同心、八巻卯之吉。銀八や美鈴からまたいつもの道楽かと呆れられるものの、吉原通いも忘れるほどの犬可愛がりは止まるところを知らず、ついに自らを"お犬掛"と称して恵まれない犬の救済に乗り出す。奔走する卯之吉の前に、大事件ならぬ犬事件が起こる—将軍の愛犬"お珠様"が行方知れずになったのだ！ 累計六十万部突破の大人気シリーズ！
2017.6 300p A6 ¥611 ①978-4-575-66833-9

◆海嘯千里を征く—大富豪同心　幡大介著　双葉社　（双葉文庫）
【要旨】芝永井町で鳩尾を一突きされた骸が見つかった。手口からシロウトの仕業と知れたものの元身元が割れず苛立つ南町奉行所の面々。しかし放蕩同心、八巻卯之吉の旺盛な好奇心と洞察力で骸の正体を見破る。さらに、下手人と思しき渡世人が何者かに殺されたことも発覚。二つの事件を結ぶのは下っ引きの三ツ谷と睨んだ卯之吉は勇躍、船で上方入りし、新町遊郭へと乗り込む。累計五十八万部突破の大人気シリーズ。
2017.2 309p A6 ¥620 ①978-4-575-66815-5

◆関八州御用狩り　幡大介著　光文社　（光文社時代小説文庫）（『風聞 関八州御用狩り』加筆・修正・改題書）
【要旨】江戸の町奉行の手が届かない関八州は、悪党の逃避先。そこで彼らを江戸に引き戻すための賞金稼ぎ—追い首たちがいた。旗本三男の白光新三郎もその一人だが、出世欲にまみれた長男に金を巻き上げられてばかり。それでもめげずに、愛想無で魁偉の大黒水木、追い首の元締めに仕える年増女と共に、関八州を駆け巡る！ 個性豊かな三人が繰り広げる痛快無比の時代小説。
2017.12 325p A6 ¥700 ①978-4-334-77579-7

◆真田合戦記—義信謀叛　幡大介著　徳間書店　（徳間時代小説文庫）
【要旨】真田は武田の新参者。北の脅威・上杉輝虎を防ぐ盾となり損耗戦を強いられていた。幸綱の跡取りたちを信綱・昌幸兄弟は武田の跡形として地歩を固めつつあったが、弱肉強食の乱世で生き残るため、真田家としての去就をどうするべきかを悩む幸綱であった。そんな折幸綱は、信玄の継嗣・義信が駿河の今川家と内通して謀叛を企てた嫌疑に連座した。この危機をどう切り抜ける!?戦国大河第七弾！
2017.2 294p A6 ¥650 ①978-4-19-894199-4

◆伊達の味噌騒動—銅信左衛門剣鍔録 2　幡大介著　徳間書店
【要旨】将軍家斉の実父—一橋治済が目を付けた隠し銀は大仁戸藩にはなかった。しかし幕府の実権を取り戻したい松平定信は、いまだこの財宝にご執心。銅雲斎が定信に見せた絵図面が、五万両の在処を蝦夷地に示していた。伊達藩を取り潰し浪人藩士を探索にあたらせる—仙台藩味噌蔵の不審火は幕府の実権を巡る奸計だった。凄腕ジイさま達が強欲な奴らを成敗！ 痛快娯楽時代剣戟第二弾。
2017.5 331p A6 ¥690 ①978-4-19-894333-2

◆北溟の三匹—銅（あかがね）信左衛門剣鍔録 1　幡大介著　徳間書店　（徳間時代小説文庫）
【要旨】陸奥国の小藩・大仁戸藩に、お家騒動が勃発。藩政を壟断する国家老に反旗を翻した若侍十六人が、駕籠訴に及ぼうと江戸表に向かう。彼らの暴発は藩を取り潰したい幕閣の思う壺。大仁戸藩に隠されたという金五万両を巡る策謀が動き出した。訳あって江戸に隠棲していた銅雲斎はじめ凄腕の老骨三人が、故郷の危機に立ち上がる！ めっぽう強いジイさま対公儀隠密集団。決戦の火蓋が切られた！
2017.4 361p A6 ¥700 ①978-4-19-894224-3

◆闇の奉行—大富豪同心　幡大介著　双葉社　（双葉文庫）
【要旨】将軍ご愛玩のお犬探索で大活躍した放蕩同心、八巻卯之吉。側室お静の方の寵愛をも得て

歴史・時代小説（戦記）

万々歳一のはずだったが、お犬発見の手柄をこともあろうに真の黒幕、上郷備前守に譲ってしまう。窮地から一転、北町奉行に出仕した備前守は、若年寄酒井信濃守と謀って老中本多出雲守とその懐刀（と勘違いされている）卯之吉の追い落としを画策。さらに「南町の猟犬」の異名を取る筆頭同心の村田銕三郎を罠に嵌めようと動き出す。累計63万部突破の大人気シリーズ！書き下ろし長編時代小説。
2017.7 303p A6 ¥611 ①978-4-575-66840-7

◆武藝人 平将門―将門合戦の真相 坂東興太郎著 （流山）崙書房出版
2017.7 238p B6 ¥1500 ①978-4-8455-1215-7

◆霽月記―「風の盆・越中おわら節」起源異聞 東出甫国著 郁朋社
【要旨】飲酒の上での失態で失職し、婿入り先を放逐された侍・文左衛門。不思議な縁で出会った三味線の師匠巳乃吉に弟子入りし芸を磨くことに生きがいを見出していく。天賦の才を開花させようとする文左衛門の波乱の半生を描く珠玉の時代小説。第17回歴史浪漫文学賞創作部門優秀賞受賞作品。
2017.10 226p B6 ¥1400 ①978-4-87302-657-2

◆気骨稜々なり 島井宗室 火坂雅志著 小学館 （小学館文庫）（『気骨稜々なり』改題書）
【要旨】幼くして両親を亡くした島井徳太夫、のちの宗室は、十七歳で朝鮮に渡り、身に付けて売ることで博多の有力商人となった。博多を治める大友、そして織田信長、さらには羽柴秀吉とも交わるようになる。荒廃した博多を復興した秀吉には、大陸制覇の野望があった。家臣になっていた対馬の宗氏に言い渡した。大陸との貿易で栄えてきた宗室は戦火を交えぬ工作をせんと、息子鶴松を亡くした秀吉を、朝鮮出兵を決断。石田三成の依頼を受け、宗室は命懸けで秀吉を諫めたのだが…。戦なき世を求めて生きた気骨溢れる商人の生涯。
2017.2 427p A6 ¥710 ①978-4-09-406396-7

◆左近 上 火坂雅志著 PHP研究所 （PHP文芸文庫）
【要旨】我、昇竜たらん―。大和国を治める筒井家での剛直さと胆力を認められた島左近清興は、若くして侍大将に取り立てられる。そんな中、梟雄・松永弾正久秀が大和に攻め入ってきた。次々に城を落とされ窮地に陥る筒井家にあって、左近は、松永勢を相手に獅子奮迅の働きをするが…。弱肉強食の時代に義を貫き、「三成に過ぎたるもの」と謳われた乱世の申し子・島左近の生き様を渾身の筆致で描いた長編小説。
2017.5 404p A6 ¥780 ①978-4-569-76719-2

◆左近 下 火坂雅志著 PHP研究所 （PHP文芸文庫）
【要旨】人生、意気に感ず―。大和国の守護となった筒井家が、織田信長が明智光秀によって本能寺で討たれたとの報が届く。去就を決しかねる筒井家で、静観を主張する島左近は、偵察に出た先で山伏を捕縛した。その山伏こそ、羽柴秀吉の奏者・石田三成だった。なぜ、左近は三成に仕えるようになったか。秀吉の死を機に牙を剝き始める徳川家康。再び風雲急を告げる天下に、"いくさ人"島左近の真価が問われる！
2017.5 417p A6 ¥780 ①978-4-569-76720-8

◆天下 家康伝 上 火坂雅志著 文藝春秋 （文春文庫）
【要旨】幼いころに父を失い、織田、今川両家の人質となり、苦労を重ねる家康。桶狭間の戦いで、今川から自由となったが、織田と同盟を結んだことにより戦はまだまだ続く。越前朝倉攻め、姉川の戦い、三方ヶ原の戦い、長篠の戦い、甲州討入り、上田合戦。この時代に生きる事は戦いであった。戦無き世を夢見て、家康は戦い続ける。
2018.1 428p A6 ¥800 ①978-4-16-790994-9

◆天下 家康伝 下 火坂雅志著 文藝春秋 （文春文庫）
【要旨】本能寺の変、伊賀越え、小牧・長久手の戦い、小田原攻め、関東移封、朝鮮出兵、関ヶ原、大坂の陣。遂に、天下を取ってからも、苦しみは絶えなかった。懐妊したらしい側室の別邸への警護を命じられた加門は…。書き下ろし長編時代小説。
2018.1 471p A6 ¥740 ①978-4-16-790995-6

◆ぼんくら同心と徳川の姫―明かせぬ秘密 聖龍人著 コスミック出版 （コスミック・時代文庫）

【要旨】北町奉行所・例繰方同心の末広喜十郎は、人付き合いが苦手で本好きないっぷう変わった男。他の同僚からは『ぼんくら』などと揶揄される始末だが、難事件の探索では意外な冴えを見せることも。そんな喜十郎が、一膳飯屋で働くお松という娘に恋をする。喜十郎の好意に対し、素直に応える娘だったが、この若い娘には、とんでもない秘密が隠されていた。前将軍・徳川吉宗の子であり、御三郷一橋家の姫――それが、お松がひた隠しにする本当の身分なのであった。そんなお松が、ある日、謎の刺客たちに命を狙われる。負った傷の療養と、敵の真の正体を探るため、お松一行は神奈川宿へと旅に出るのだが…。大人気シリーズの第四弾。
2017.5 300p A6 ¥650 ①978-4-7747-2995-4

◆ぼんくら同心と徳川の姫―若さまは恋敵 聖龍人著 コスミック出版 （コスミック・時代文庫）
【要旨】人を寄せつけず、書物のみを心の友として暮らす北町奉行所の同心・末広喜十郎。まわりからは『ぼんくら』などと呼ばれ、変人あつかいであるが、こと事件の探索では思わぬ活躍を見せる。そんな喜十郎が一世一代の恋に落ちたのは、一膳飯屋の女中・お松。だがところがこのお松という娘、まことの素性は前将軍・徳川吉宗の実子であり、一橋家の姫さま。しかもいまお松は、正体不明の敵に命を狙われている身で、とてものこと、喜十郎の好意に応えるわけにはいかなかった…。愛する気持ちゆえ、みずから身を引こうとするお松の前に、魅力あふれる某豪の若さまが現れる！ まさかの展開が見逃せない、人気シリーズ第五弾。
2017.6 300p A6 ¥650 ①978-4-7747-1333-5

◆ぼんくら同心と徳川の姫―嵐の予感 聖龍人著 コスミック出版 （コスミック・時代文庫）
【要旨】北町奉行所の例繰方同心・末広喜十郎と、徳川吉宗の血を引く葵の姫・お松。ふたりはたがいを想い合いながらも、それぞれの思惑からべつべつの道を歩むことを決意した。奥州の若さま・室川陸奥守雅治との婚儀の準備が進むなか、なおも揺れ惑うお松の前に現れたのは、雅治の幼馴染みと名乗る不思議な姫。しかもどうこの姫は、自分こそが雅治の許嫁だと、勝手に思い込んでいるようなのだ。一方、失意のまま、仕事に精を出す喜十郎であったが、その姿を見て、ある意外な女性が心を揺れ動かされていた…。新たな人物の登場で、ますます目が離せないシリーズ・第六弾。
2017.10 289p A6 ¥650 ①978-4-7747-1362-5

◆上様の笠―御庭番の二代目 3 氷月葵著 二見書房 （二見時代小説文庫）
【要旨】宮地加門は、八代将軍吉宗直属の御庭番十七家のひとつ宮地家の二代目。将軍家世継ぎ家重の小姓で親友の田沼意次と江戸を歩いていた。二人の目の前で、追われていた浪人が追ってきた男に斬りつけられ倒れた。斬った男は逃げたが、加門らは、血で染まった男を助けて近くの医学所へ。瀕死の男の懐には、将軍への訴えを記した、血塗れの"目安"が！
2017.2 284p A6 ¥648 ①978-4-576-17008-4

◆首狙い―御庭番の二代目 4 氷月葵著 二見書房 （二見時代小説文庫）
【要旨】八代将軍吉宗直属の御庭番十七家のひとつ宮地家の二代目・加門は、徳川家康の祥月命日の四月十七日、下谷広小路で御成行列の警護にあたっていた。将軍の駕籠が通り過ぎ、老中主座・松平乗邑の駕籠が来たとき、爆裂音が轟き火の粉と煙が上がった。そして、抜刀した曲者が襲ってきた…。はたして誰が何の目的で老中主座を襲ってきたのか…
2017.6 313p A6 ¥648 ①978-4-576-17076-3

◆老中の深謀―御庭番の二代目 5 氷月葵著 二見書房 （二見時代小説文庫）
【要旨】将軍吉宗直属の御庭番、宮地家二代目の加門に、刀傷で苦しむ百姓父子を助けた。佐倉から江戸に来たという。佐倉藩主は老中主座の松平乗邑。一方、佐倉百姓の口を封じようとする。かつて佐倉騒動に揺れた地の百姓らの生々しい声に、加門は…。同じ頃、北の丸の将軍世嗣家重にも呼ばれ、懐妊したらしい側室の別邸への警護を命じられた加門は…。書き下ろし長編時代小説。
2017.10 305p A6 ¥648 ①978-4-576-17143-2

◆殺生関白の蜘蛛 日野真人著 早川書房 （ハヤカワ文庫JA）
【要旨】「松永弾正が蔵した天下の名器・平蜘蛛の茶釜を探せ」豊臣家に仕える舞兵庫は、太閤秀吉と関白秀次から同じ密命を受ける。太閤

の恐懼か、関白への忠義か…。二君の狭間で懊悩する男の周囲を、石田三成が暗躍し納屋助左衛門が跳梁する。吹き荒れるのは後嗣を巡る内紛の嵐。果たして権力者達が渇望する平蜘蛛の禁秘は何をもたらすのか？ 茶器に潜む密議と秀次事件の真相に迫る歴史ミステリ。第7回クリスティー賞優秀賞。
2017.11 333p A6 ¥740 ①978-4-15-031307-4

◆青い服の女―新・御宿かわせみ 平岩弓枝著 文藝春秋
【要旨】大嵐で屋根瓦を吹きとばされ、休業していた旅宿「かわせみ」。修理も終わり、一ヶ月ぶりの店開き、古くからの常連客が今まで通り戻ってきてくれるかと、不安を抱えていたるいだったが…。1700万部を超える国民的大河小説、いよいよ記念すべき第300話「二人女房」に到達。時代は変わっても、江戸の世から変わらぬ「かわせみ」の人々の絆。
2017.3 244p B6 ¥1400 ①978-4-16-390619-5

◆私家本 椿説弓張月 平岩弓枝著 新潮社 （新潮文庫）
【要旨】武勇に優れ過ぎたために妬みを買い、京の都を追われた、眉目秀麗にして堂々たる偉丈夫の源為朝。美しい鶴に導かれ、肥後の国は阿蘇の宮にたどり着き、最愛の妻となる女性と巡り合う。やがて、過酷な運命は、伊豆大島、四国、琉球と、悲運の英雄を更なる波瀾万丈の冒険の旅へ導いていく…。壮大なスケールで描かれた江戸時代最大のベストセラーが、より華やかに、より爽快に現代に甦る！
2017.4 375p A6 ¥630 ①978-4-10-124119-7

◆千春の婚礼―新・御宿かわせみ 5 平岩弓枝著 文藝春秋 （文春文庫）
【要旨】妹・千春の買い物につきあって出かけた銀座で、神林麻太郎は奇妙な出来事に巻き込まれる（「宇治川屋の姉妹」）。嬉しさと繊細さを抱え、千春は嫁入りの日を迎えた（「千春の婚礼」）。ほかに「とりかえばや診療所」「殿様は色好み」「新しい旅立ち」の全五篇、「かわせみ」の若者たちに訪れる転機と事件を描く、（明治のかわせみ）第五弾！
2018.1 233p A6 ¥580 ①978-4-16-790992-5

◆はやぶさ新八御用帳 2 江戸の海賊 平岩弓枝著 講談社 （講談社時代小説文庫） 新装版
【要旨】「この頃、お江戸に流行るもの 地震、大水、船幽霊」本所、深川に貼られた怪文書の探索に出た隼新八郎。同時しく伊達藩の御用船が海賊に襲撃される。船上に幽鬼のごとき女を縛り、鬼火が舞っていたという海賊船。怪文書に込められた怨嗟、海賊船の正体とは！？ 水路の町「江戸」に蠢く陰謀と新八郎の闘いは！？
2017.1 353p A6 ¥700 ①978-4-06-293511-1

◆はやぶさ新八御用帳 3 又右衛門の女房 平岩弓枝著 講談社 （講談社文庫） 新装版
【要旨】地震が続く江戸。南町奉行所も対応に追われる中、刀剣鑑定の名家に嫁いだ高木良右衛門の娘が「離縁」を言いだした。困惑する高木は新八郎にその話を漏らす。時を同じくし鑑定家に持ち込まれた名刀をめぐり大事件が起こる。表題作「又右衛門の女房」ほか、次々に起こる怪事件に新八郎が対峙する。シリーズ第三弾。
2017.4 323p A6 ¥680 ①978-4-06-293649-1

◆はやぶさ新八御用帳 4 鬼勘の娘 平岩弓枝著 講談社 （講談社時代小説文庫） 新装版
【要旨】「鬼勘」と仇名された名御用聞き勘兵衛。新八郎は、その娘お初から、奉公先の青木甲斐守のお屋敷で、その男の新一郎の命が狙われていると聞かされる。町方が手出しできない大名家の問題に困惑する新八郎だが、お初は親譲りの気の強さで、自分が新一郎を守ると言う。表題作「鬼勘の娘」他、難事件と新八の名手腕七篇。
2017.7 342p A6 ¥680 ①978-4-06-293693-4

◆はやぶさ新八御用帳 5 御守殿おたき 平岩弓枝著 講談社 （講談社時代小説文庫） 新装版
【要旨】下谷長者町の菓子舗永田屋に美しい御仲臈が訪ねてきた。永田屋の育てた捨て子が、さる大名家の姫なのだという―。南町奉行根岸肥前守の命を授け、真相を探る新八郎。捨て子をめぐる人々の心の表裏に思いを巡らし、真実へと迫る。表題作「御守殿おたき」ほか七篇を収録。江戸の人情と粋、大人気シリーズ第五弾。
2017.10 317p A6 ¥640 ①978-4-06-293775-7

◆聖剣将軍事件帖―星の謎解き 平茂寛著 コスミック出版 （コスミック・時代文庫）

歴史・時代小説（戦記）

小説

◆江戸城 御掃除之者！　平谷美樹著
KADOKAWA　（角川文庫）
【要旨】紀州徳川家から八代将軍として江戸城に入った吉宗。逼迫する財政難を立て直すため改革に取り組んでいたが、思うように結果が出せずにいた。そんな暗鬱な心を解放するのが、彼の星や月であった。吉宗は、天文暦学をこよなく愛し、星辰儀に花を咲かせることを何より好んだ。そんな折に町で出会ったのが、天文方で暦作御用手伝を務める猪飼菫次郎であった。二人は予期せず、捕物で下手人探しをする羽目になるのだが、星や月がいつ上り沈むか、十分なく分かる豊次郎は、その時刻の明るさを即断。顔の見分けや犯罪の証明が可能かどうかを見破り、悪人を追い詰めていく。そして、吉宗が決まって抜くは、破邪顕正の聖剣・数珠丸ー。嘘偽りを厳格に許す柿棒が悪を制し、異色の痛快劇！
2017.5 283p A6 ¥630 ①978-4-7747-1329-8

◆江戸城 御掃除之者！　平谷美樹著
KADOKAWA　（角川文庫）
【要旨】江戸城の掃除を担当する御掃除之者の組頭・山野小左衛門は、上司から極秘の任務を命じられる。それは男子禁制の大奥の掃除。7代将軍徳川家継の生母である月光院付きの御年寄・音羽が何年も局に籠もり、部屋を芥溜めにしているらしい。精鋭の配下6人を集め、大奥へと乗り込むが、そこには大奥女中による防衛線が築かれていた。掃除に命を賭する7人の将除作りに降りかかる無理難題。大江戸お掃除戦線、異状アリ！
2017.2 304p A6 ¥640 ①978-4-04-105189-4

◆江戸城 御掃除之者！—地を掃う　平谷美樹著　（角川文庫）
【要旨】江戸城御掃除之者の組頭・山野小左衛門は、また上司から極秘任務を命じられる。紅葉山の御文庫からなくなった本を捜せというのだ。消えたのは蘭語の洋書1冊と漢書2冊。漢書の方はどうやら艶本らしい…。将軍の御蔵書が消えたとなれば一大事。疑わしき人物を蘭風干しに乗じて誘い出そうとするが、同時に黒鍬者との掃除合戦も始まって…。個性豊かな7人の掃除侍に降りかかる無理難題。大江戸お掃除戦線、今回も異状アリ！
2017.11 346p A6 ¥640 ①978-4-04-106256-2

◆鉄（くろがね）の王—流星の小柄　平谷美樹著　徳間書店　（徳間時代小説文庫）
【要旨】時は宝暦四（1754）年、屑鉄買いの鉄籟兵衛は下野国の小藩の鉄山奉行だった。藩が改易になり、仲間と江戸に出てきたのだ。その日、飴を目当てに古鈩を持ってくる幼子の留松という子が、差し出したのは一振りの小柄だった。青く銀色に光っている。重兵衛は興奮した。希少な流星鉄（隕鉄）を使った鋼で作られていた。しかし、その夜、留松の一家は惨殺され、重兵衛たちは事件の渦中へ…。
2017.4 343p A6 ¥720 ①978-4-19-894225-0

◆雀と五位鷺推当帖　平谷美樹著　角川春樹事務所　（時代小説文庫）
【要旨】家康が幕府を開いて三年目の慶長十一年。江戸は大いなる賑わいにあった。傾城屋（遊郭）の五位鷺太夫は江戸で三本の指に入る美人の売れっ妓だった。その妹女郎の雀は兄の呉服屋の息子が付け狙われ殺められた。五位鷺は雀に事件を調べるよう命じる。五位鷺は、年寄や奉行が事件について話し合う寄合や奉行付け事件について話し合うとお茶汲みとして参加し、そこでの自分の推当（推理）を披露することで、実力者に気に入られようと企てていたのだ。遊女が市井の事件を探索、推理する痛快な物語！
2017.10 289p A6 ¥680 ①978-4-7584-4124-7

◆草紙屋薬楽堂ふしぎ始末—絆の煙草入れ
平谷美樹著　大和書房　（だいわ文庫）
【要旨】江戸の本屋を舞台に戯作者＝作家が謎を解く。
2017.2 313p A6 ¥680 ①978-4-479-30653-5

◆草紙屋薬楽堂ふしぎ始末—唐紅色の約束
平谷美樹著　大和書房　（だいわ文庫）
【要旨】時は文政。江戸の通油町にある本屋・草紙屋薬楽堂に特別に頼れ、表紙紙が盗まれた一知恵者の売れっ子女戯作者・鉢野金魚と貧乏戯作者・本能寺無念は、金魚の遠き友への想いがこもった表紙仕立屋・播磨屋を訪ねるが…。江戸の人情と不思議、噂と真実、癒えぬ悲しみと明日への希望—読み心地満点、ますます快調の大人気シリーズ、待望の第三弾！
2017.12 313p A6 ¥680 ①978-4-479-30684-9

◆でんでら国 上　平谷美樹著　小学館　（小学館文庫）

【要旨】時は幕末、陸奥国八戸藩と南部藩に挟まれた小さな国・外館藩西根通大平村。大平村には、六十歳になると村での役目を全て解かれ、御山参りをする習わしがあった。それは食い扶持を減らすための姥捨ての旅とも囁かれていた…。そんな大平村は、どんな厳しい飢饉の年も、きちんと年貢米を納めていた。代官所は、そこに目を付け、食い扶持を減らすだけでなく、もしや「隠田」を開墾しているのではないかと疑い始める。隠田を持つことは死罪にあたる。真実を悟られまいとする農民たちと、それを暴こうとする代官の知恵比べが始まる。痛快！幕末老人エンターテインメント。
2017.6 301p A6 ¥610 ①978-4-09-406259-5

◆でんでら国 下　平谷美樹著　小学館　（小学館文庫）
【要旨】六十歳を過ぎた太平村の人々は姥捨山の奥に老人達の桃源郷でんでら国を作っていた。大平村の真実を暴こうとする代官たちが、その存在に気づき始める。でんでら国に迫り来る代官たちを、あの手この手で翻弄し、行く手を阻む老人たち。老人たちは、でんでら国を守り通せるのか。それとも代官に知られてしまうのか…。老人たちと武士たちの手に汗握る攻防戦が始まる。農民たちの、知恵と経験と勇気が、あっと驚く結末をもたらす。現代の高齢化社会の問題を解くヒントがたくさんつまった物語。
2017.6 237p A6 ¥540 ①978-4-09-406260-1

◆大江戸怪談 どたんばたん（土壇場譚）魂
豆腐　平山夢明著　講談社　（講談社文庫）
【要旨】泥酔すると豹変して寺の鈴緒にぶら下がる男、露天で買った亀の甲羅に息子が閉じ込められ半狂乱となる父、自らの水子の霊に祟られて大物男の饅頭を食い供養する飯盛女、小塚原刑場に曝される生首女の口を吸う男…そこはかとない怖気と滑稽さが背筋を撫でる大凶怪江戸寄譚、努涛の33連発。
2017.12 215p A6 ¥620 ①978-4-06-293782-5

◆呪い返し—髪結いお佐和裏店情話　広田布美著　如月出版
【要旨】小町とよばれ、花の開くような笑顔で嫁に行った娘が、見るも無残な姿でもどってきた。「ゆるさない。あの鬼を決してゆるさない」娘の憎悪の果てを描いた異色の時代小説。
2017.2 262p 18cm ¥1100 ①978-4-901850-51-3

◆天狗壊滅　広田文世著　（牛久）筑波書林
【要旨】江戸時代、常陸国北部。佐竹氏秘蔵の金山をめぐる水戸藩士と地元村人たちの葛藤。歴劇の流血は、やがて清澄な沢の流れに沈みゆく。『生瀬騒乱』『光圀探索』『天狗壊滅』の三編集成。
2017.7 387p B6 ¥1600 ①978-4-86004-117-5

◆薬込役の刃—隠密奉行 柘植長門守 4　藤水名子著　二見書房　（二見時代小説文庫）
【要旨】老中田沼意次が失脚し、松平定信が筆頭老中に就任。そんな中、閉門蟄居の前老中を刺客が襲ったという。勘定奉行柘植長門守もまた刺客に襲われ、田沼家を襲った者と同じだという。さらに、意次と親しかった奏者番の稲葉大和と田安家付き家老の秋月図書が不慮の死を遂げる。田沼の隠し貸金が噂れる中、更なる刺客に襲われる長門守が、自らを囮に闇の真相を暴く！
2017.11 277p A6 ¥648 ①978-4-576-17160-9

◆将軍家の姫—隠密奉行 柘植長門守 2　藤水名子著　二見書房　（二見時代小説文庫）
【要旨】長崎奉行、作事奉行から勘定奉行にと順調に出世を続ける旗本、柘植長門守は何よりも美酒と美女を愛する男だった。そんな彼に、次期老中を約束する松平定信の密命を帯びる隠密奉行でもあった。定信と長門守の屋敷で何者かに襲われるなか、将軍家の後嗣を巡って、老中所になるはずだった定信の妹・種姫に疑惑が持ち上がる。伊賀を継ぐ忍び奉行の決死の探索が始まる！
2017.3 283p A6 ¥648 ①978-4-576-17026-8

◆大老の刺客—隠密奉行柘植長門守 3　藤水名子著　二見書房　（二見時代小説文庫）
【要旨】勘定奉行を拝命した柘植長門守正montereは、松平定信から本物と寸分違わぬ贋小判を見せられ、「もし金座の小判師が関与していることがあれば、勘定奉行であるそちの責」と、探索を命じられる。金座からの帰途、妖しい術を使う白幌子の男に襲われたことから、黒幕の策謀が見えてくる。贋金は何のために、そしてなぜ襲われるのか、身を賭した戦い！
2017.7 284p A6 ¥648 ①978-4-576-17096-1

◆明治ガールズ—富岡製糸場で青春を　藤井清美著　KADOKAWA
【要旨】江戸から明治に時代が移ってすぐのこと。松代藩の中級武士だった横田家の娘・英は困惑していた。降って湧いた縁談を前に、身分違いの幼なじみへの淡い想いが、胸にある。一方、区長を務める英の父もまた、困惑していた。富岡にできる最新の製糸場のため、工女を集めなければならないのだ。その話を聞いた英は、縁談を先延ばしにするために、つい言ってしまう。「わたし、富岡製糸場に参ろうと思います」そして英の言葉をきっかけに、少女たちが集まって…。初めての長旅、共同生活、そして恋。あの時代、あの場所で生きた少女たちの、瑞々しい青春記録。人気脚本家、小説初挑戦作。
2017.6 251p B6 ¥1400 ①978-4-04-105726-1

◆井上真改—御刀番左京之介 9　藤井邦夫著　光文社　（光文社時代小説文庫）
【要旨】駿河国汐崎藩の国許で一揆の噂がたった。汐崎藩の御刀番頭・左京之介は、噂の真偽を確かめるため、さっそく国許へ向かう。汐崎藩領内へ入った左京之介を待っていたのは、汐崎藩を混乱させようとする一派。そして、敵の手には、名剣「井上真改」が。はたして、左京之介は、一揆を防ぐことができるのか。手に汗握る策謀の応酬と迫力の剣戟満載のシリーズ第九弾。
2018.1 312p A6 ¥580 ①978-4-334-77590-2

◆江戸の御庭番　藤井邦夫著　KADOKAWA　（角川文庫）
【要旨】江戸の隠密仕事専任の御庭番・倉沢家に婿入りした喬四郎。着任早々将軍吉宗から神田に現れた盗賊牛頭馬頭の始末を命じられる。佐奈と仮祝言をあげたのも束の間、喬四郎は探索に向かった。盗賊の隠れ家は武家屋敷。背後に潜む者を感じた喬四郎は、次の押し込み先で頭の義十をわざと逃がし、真相を掴むために後を追うが、義十は謎の武士に斬られてしまう。息を呑む展開とアクション。時代劇の醍醐味満載の新シリーズ、第一弾！
2017.12 290p A6 ¥600 ①978-4-04-106358-3

◆九字兼定—御刀番左京之介 7　藤井邦夫著　光文社　（光文社時代小説文庫）
【要旨】汐崎藩の御刀番頭・左京之介は、対立している水戸藩江戸家老から、京之介の友である水戸藩刀番頭・神尾長助の行方がわからなくなったと告げられる。頼みを受け友の行方と水戸藩から奪われた「九字兼定」を捜す京之介の眼前に潜む刀匠が立ちはだかる。闇同心、影目付…「九字兼定」を狙う者たちとの壮絶な闘いが始まった—。手に汗握る渾身のシリーズ第七弾。
2017.5 309p A6 ¥580 ①978-4-334-77474-5

◆御法度—結城半蔵事件始末 2　藤井邦夫著　双葉社　（双葉文庫）
【要旨】南町与力結城半蔵の屋敷で娘の佐奈左に飾り結びを教えていたおゆみを明神下の伝兵衛長屋に送り届けた下男の卯之吉。だがそこには、暗がりに潜み刀を切ろうとする若い武士の姿があった。その報せを受けた半蔵は卯之吉を長屋に張り込ませたが、その矢先、二人の浪人が現れて白昼堂々刀を振り回し…。長屋を襲う浪人たちの目的とは何なのか、そして事の背後に隠された真実とは！？時代小説の名手が放つ、好評シリーズ第二弾。
2017.2 297p A6 ¥611 ①978-4-575-66814-8

◆思案橋—新・知らぬが半兵衛手控帖　藤井邦夫著　双葉社　（双葉文庫）
【要旨】楓川に架かる新場橋傍で、博奕打ちの猪之吉が死体で発見された。探索を開始した半兵衛の前に、猪之吉の縄張りの家を覗う浪人者が現れる。さらに猪之吉と連んで悪事に手を染めていた"厨の長助"も殺され…。「世の中には私たちが知らぬ顔をした方が良い事がある」と囁く、北町奉行所臨時廻り同心白縫半兵衛の人情裁きを描く、大好評シリーズ第二弾。
2017.7 313p A6 ¥630 ①978-4-575-66838-4

◆関の孫六—御刀番左京之介 8　藤井邦夫著　光文社　（光文社時代小説文庫）
【要旨】汐崎藩主・堀田家憲に御三家尾張藩主の姫との縁談が持ち込まれる。汐崎藩の御刀番頭・左京之介は、その「土産」に名刀「関の孫六」が献上されると聞いて不審を抱くが、ある旗本の所と、水戸藩にも関の孫六があることが判明する。いずれが本物なのか。そして水戸藩闇同心、尾張藩士居下組が「幻の名刀」を狙って襲い来る—。壮大なスケールに引き込まれるシリーズ第八弾。
2017.9 309p A6 ¥580 ①978-4-334-77531-5

歴史・時代小説（戦記）

◆高楊枝―素浪人稼業　藤井邦夫著　祥伝社
（祥伝社文庫）
【要旨】恩返しのため、十五年前に潰れた小間物問屋『紅屋』の内儀おとせを捜して欲しいと小間物屋『香美堂』の義兵衛は頼めだ。矢吹平八郎は、おとせと一緒に目撃された浪人・夏目左内を捜し出すが、人違いだと一蹴される。手掛かりは『紅屋』が潰れた背景にあった!?やがて、夏目が思わぬ行動に出て…。萬稼業・平八郎の人助けの顚末とは？人気沸騰、人情時代小説！
2017.2　312p　A6　¥630　①978-4-396-34289-0

◆追跡者―結城半蔵事件始末　藤井邦夫著　双葉社（双葉文庫）
【要旨】中年の男に向けられた追っ手の視線―。脱藩した男を討つよう命じられた勝岡藩士速水又八郎は、同藩の目付衆が付け回していた。だがその存在に気付きながらも、人目を忍んで雑司ヶ谷鬼子母神傍の百姓家の様子を窺う速水。上意討ちの命を帯びた速水が百姓家に住む指物師を見張るのは何故なのか、そして速水を付け回す目付衆の目的とは!?南町奉行所与力の結城半蔵は、上意討ちの裏に隠された真相を探り始める。時代小説の名手が放つ、好評シリーズ第三弾。
2017.3　307p　A6　¥620　①978-4-575-66819-3

◆濡れ衣―結城半蔵事件始末　藤井邦夫著　双葉社（双葉文庫）
【要旨】京橋の呉服屋「角屋」の四歳になる太吉が勾引され、二百両を要求する脅し文が投げ込まれた。角屋の内儀の証言から、武州浪人の矢崎新兵衛に疑いの目が向けられ、北町奉行所の同心らがその行方を追っていた。一方、矢崎の人柄を知る南町与力の結城半蔵は、勾引しに角屋の奉公人が絡んでいると睨み、探索を始めるが…。時代小説の名手が放つ、好評シリーズ第四弾。
2017.4　301p　A6　¥611　①978-4-575-66823-0

◆野良犬―秋山久蔵御用控　藤井邦夫著　文藝春秋（文春文庫）
【要旨】久蔵や和馬が、袴姿の若い侍に尾行された。過去に遺恨のある者なのかと男の探索を進めると、5年前に久蔵に斬り棄てられた浪人の弟らしい。だがなぜ5年前ではなく、いま姿を現したのか。誰にでも噛みつく〝野良犬〟のような男を前に、身重の香織がいる秋山屋敷は警戒を強める。大人気シリーズ、30巻にして第1部完結！
2017.8　329p　A6　¥700　①978-4-16-790906-2

◆花見傘―秋山久蔵御用控　藤井邦夫著　文藝春秋（文春文庫）
【要旨】言い交わした娘を襲おうとした男を殺した丈吉は、久蔵の酌量もあって遠島となり、さらに赦免で江戸に戻ってきた。だが今の娘・おふみは、長屋の隣人で一人娘を育てる浪人と互いに惹かれあっていた。そんな折、丈吉に殺された男の兄が、丈吉に賞金を懸けたとか―。〝剃刀〟久蔵の差配が光る、充実の書き下ろし第29弾。
2017.4　318p　A6　¥690　①978-4-16-790832-4

◆緋牡丹―新・知らぬが半兵衛手控帖　藤井邦夫著　双葉社　（双葉文庫）
【要旨】北町奉行所臨時廻り同心白縫半兵衛の組屋敷を、見知らぬ娘が訪ねてきた。おふみと名乗ったその娘は、奉公先で人殺しの密談を聞いてしまい、恐ろしくなって逃げ出してきたという。驚くことにおふみは五年前に死んだ手先の鶴次郎が着ていた緋牡丹の半纏を手にしていた。生前、おふみの家に世話になった鶴次郎が、困ったときには半兵衛を訪ねるよう言い残していたのだ。直ちに探索に乗り出した半兵衛は、悲しきがたき奸計を暴く！痛快無比の人情裁きが大好評のシリーズ第三弾。
2017.11　315p　A6　¥630　①978-4-575-66858-2

◆冬椋鳥―素浪人稼業　15　藤井邦夫著　祥伝社（祥伝社文庫）
【要旨】秋から春の間、近在より江戸に出稼ぎにくるものを〝椋鳥〟と呼ぶ。そんな出稼ぎ人足喜助の娘ふみが口入屋『萬屋』を訪ねてきた。父親が郷里の常陸に帰ってこないのだ。素浪人矢吹平八郎は、健気なふみに胸を打たれ、父親捜しを引き受ける。道中を尋ね歩くが、馬に頭を蹴られ傷を負った男の噂を聞く。やっと見つけた喜助は記憶を失い、別の所帯を持っていた―。「冬椋鳥」。
2017.10　313p　A6　¥630　①978-4-396-34367-5

◆曼珠沙華―新・知らぬが半兵衛手控帖　藤井邦夫著　双葉社（双葉文庫）
【要旨】北町奉行所例繰方同心の白縫半兵衛は元岡っ引の半次を伴い、かつて手先を務めていた役者崩れの鶴次郎の墓参に下谷大興寺を訪れた。その帰り、鎌倉河岸のお夕の店に立ち寄った二人の前に、博奕打ちに追われる若い男が現れる。一方、数日前に病死した定町廻り同心の死因に不審を抱く吟味方与力の大久保忠左衛門は、半兵衛を用部屋に呼び出し、内々に探索を命じると…。"知らぬ顔の半兵衛"の粋な人情裁きを描く、書き下ろし新シリーズ第一弾。
2017.6　318p　A6　¥630　①978-4-575-66832-2

◆無宿者―結城半蔵事件始末　藤井邦夫著　双葉社（双葉文庫）
【要旨】夜な夜な面妖を隠した妙な侍の一団が浅草界隈に現れるという噂がたち、その真相解明に乗り出した南町奉行所定町廻り同心の高村源吾。三味線堀近くにある肥後国岩倉藩大沢家の下屋敷を見張っていた高村の前に、遊び人風の若い男、平七が現れる。実家の茶問屋を勘当され無宿人となった平七が、大沢屋敷の様子を窺うのはなぜなのか、そして妙な侍の一団の正体とは!?時代小説の名手が放つ人気シリーズ、遂に最終巻。
2017.5　285p　A6　¥602　①978-4-575-66828-5

◆将軍の太刀―影裁き請負人始末　藤井龍著　コスミック出版（コスミック・時代文庫）
【要旨】十一代将軍徳川家斉の御代、江戸の町はうけけ組と呼ばれる悪の一団の存在に怯えていた。強請、拐かし、乱暴狼藉、そして強盗、殺害…。この正体不明の集団に敢然と立ち向かう若者がいた。旗本、篠田右京である。右京は、屋敷を出て深川の長屋住まい。爺さんの大家、五郎兵衛門の代人として大家の仕事もこなす毎日である。だがうけけ組の残忍な刃は、ついに長屋の住人にも向けられて来た。遣い手を自認する右京は、長屋を守ろうと頭領との対決へ向かう。そこで、ところが驚愕の真実が明るみに…。謎が謎を呼ぶまさかの事態に、右京はある決意を固めてゆく！若き剣客旗本の、師弟愛、恋情、そして親子の絆を描く、躍動感あふれる新シリーズ、開幕!!
2017.2　305p　A6　¥650　①978-4-7747-1304-5

◆呉越春秋　戦場の花影一天はここに、妖艶な一凛の花を遣わした。　藤生純一著　鳥影社
【要旨】周王朝の現世的な政治権力がほぼ形骸化した春秋時代末期、揚子江流域では、闔閭・夫差率いる〝呉〟と、允常・句踐率いる〝越〟とが、それぞれの重臣の強力な補佐を受けつつ急速に国力を伸張、互いに中原進出・覇者宣布を賭けて、周辺諸国をもを巻き込みつつ、三つ巴、四つ巴の激しい抗争へと突入していった。
2017.12　773p　B6　¥2800　①978-4-86265-643-8

◆愛憎の檻―獄医立花登手控え　3　藤沢周平著　文藝春秋（文春文庫）
【要旨】新しい女囚人おきぬは、顔も身体つきもどこか垢抜けていた。下男を手なずけ貢がせるしたたかさに、登は与の何かとなる素振りを探るが、どこか腑に落ちない。一方、従妹おちえの友人おあきが自分を訪ねてきたと聞き、とある約束をしていた登は大慌てるが―。青年獄医の成長と葛藤を描いた傑作連作集第三弾。
2017.4　318p　A6　¥690　①978-4-16-790834-8

◆春秋の檻―獄医立花登手控え　1　藤沢周平著　文藝春秋（文春文庫）
【要旨】医者になる夢を叶えるべく江戸に出た登を迎えたのは、はやらない町医者の叔父と口うるさい叔母、驕慢な娘ちえ。居候としてこき使われながらも、叔父の代診や小伝馬町の牢医者の仕事を手伝うが―。ある時、島流しの船を待つ囚人に思わぬ頼まれごとがある。若き青年医師の成長を描く傑作連作集。
2017.3　350p　A6　¥610　①978-4-16-790812-6

◆人間の檻―獄医立花登手控え　4　藤沢周平著　文藝春秋（文春文庫）
【要旨】死病に憑かれた下駄職人の彦蔵が「三十年前に子供をさらった」と告白する。その時子供を二人殺したという相棒によく似た男を、登は見かけて知っていた。彦蔵の死後、おちえから最近起きた"子供さらい"の顚末を聞いた登は、ある行動に出る―。医師としての理想を模索しつつ、難事に挑む登の姿が胸を打つ完結編。
2017.4　370p　A6　¥610　①978-4-16-790835-5

◆橋ものがたり　藤沢周平著　実業之日本社　愛蔵版
【要旨】没後20年、生誕90年記念出版。江戸に生きる人々の喜びと哀しみを描く名作。
2017.8　368p　B6　¥2400　①978-4-408-53710-8

◆風雪の檻―獄医立花登手控え　2　藤沢周平著　文藝春秋（文春文庫）

【要旨】「娘と孫をさがしてくれねえか」半年以上も牢に入り、今は重い病におかされる人に頼まれ、登が長屋を訪ねてみると、そこには薄気味悪い男の影が―。一方、柔情仲間の新谷弥助が姿を消し盛り場をさまよっているという噂に、登は半信半疑で行方を追う。青年獄医が数々の難事件に挑む傑作連作集第二弾。
2017.3　302p　A6　¥570　①978-4-16-790813-3

◆紫鳳伝―王殺しの刀　藤野恵美著　徳間書店（徳間文庫）
【要旨】仰の国では、王の徳が失われ、世情が乱れ始めていた。「王を殺す刀」を作ったという罪を着せられて両親を殺された柳紫鳳は、女であることを隠し、「絶命殺」と恐れられる暗殺者となり、旅を続けていた。ある日立ち寄った酒場で、月家刀を手にしている男たちから、塞北侠己こと胡桃枝が奪おうとするところに遭遇する。この月家刀こそ、紫鳳の父の作った刀だったが…。
2017.12　380p　A6　¥740　①978-4-19-894290-8

◆紫鳳伝―神翼秘抄　藤野恵美著　徳間書店（徳間文庫）
【要旨】凍える風が止むことのない冰火山。魔女が棲むと恐れられている山の頂には、伝説の名刀「月家刀」が眠っているという。この刀を目指す少年蓬己がいた。刀を手に入れて、両親の仇を討とうとしていた。しかし、あと少しのところで、謎の黒装束の男に奪われてしまう。窮地に陥った彼の前に永い眠りから目覚めた柳紫鳳が現れた。腐敗した王政と混迷する世情、彼女は再び騒乱の渦の中に―。武侠小説。
2018.1　502p　A6　¥830　①978-4-19-894303-5

◆若さま双剣裁き―ご落胤騒動　藤村与一郎著　コスミック出版（コスミック・時代文庫）
【要旨】裏長屋に住む若侍・及川余一郎は、日々をのんべんだらりと過ごす生粋の遊び人。その男ぶりと剣の腕前から、仲間うちで「若さま」などと呼ばれていたが、その実態は、火消しの女頭領を母にもつ、ただのぐうたらな貧乏人なる。だがそんな余一郎のことを、なにかと気にかける大物がいた。佐賀藩の名門の生まれ、北町奉行を務める、鍋島内匠頭である。それもそのはず、この余一郎こそが、若き日の内匠頭と火消しの巴が身分違いの恋の果てに成した、大身旗本家を継ぐべき本物の若さまだったのだ。おのれの出自を知った余一郎が、悩みながらも道を切り開いていく。まさに大団円の痛快活劇シリーズ、第三弾！
2017.4　315p　A6　¥650　①978-4-7747-1323-6

◆若さま無敵剣―蛍の橋　藤村与一郎著　コスミック出版（コスミック・時代文庫）
【要旨】赤坂の質屋・丸勘で働く、手代見習いの菊之介。振る舞いや言葉遣いはていねいなもので、とても商人には見えぬ、まこと凛々しい男である。それもそのはず、この菊之介、名門旗本として知られる柏手家の跡取りで、息子の才気走った言動を危ぶんだ父親により、質屋へと人生修行に出された、正真正銘の若さまであった。市井の人々のさまざまな金銭、情念が絡まる質屋では、ときおり、なんとも奇妙な事件がもちこまれる。天才肌な何事にも飽きやすかった菊之介も、不可解な謎を前にして、頭脳と剣がますます冴えわたっていく！気鋭作家が描く、痛快時代小説の新シリーズ！
2017.8　316p　A6　¥650　①978-4-7747-1355-7

◆あま酒―藍染袴お匙帖　藤原緋沙子著　双葉社（双葉文庫）
【要旨】往診場い、梅香る浅草寺境内で怪我をした老爺を救った桂千鶴。その老爺平蔵は手相をみる評判の掃除人で、意に添わぬ占いに激した若者に手を上げられたのだった。今後を案じる千鶴に、平蔵はかつて大店の主だった頃に美人局に引っ掛かった過去を打ち明ける。一方、大番入りを果たした千鶴の想い人、菊池求馬に縁談が浮上。千鶴の心は千々に乱れる。累計九十万部突破の超人気シリーズ、注目の第十一弾！
2017.2　286p　A6　¥602　①978-4-575-66813-1

◆寒梅―隅田川御用帳　17　藤原緋沙子著　光文社（光文社時代小説文庫）
【要旨】「消息を絶った密偵を捜してほしい」―縁切り寺慶光寺の御用宿「橘屋」の用心棒・塙十四郎は、元老中の楽翁こと松平定信から密命を受けた。早速、越後入りした十四郎の前に現れたのは、二分された藩の実態と貧困に喘ぐ民百姓の姿だった。藩政をめぐり十四郎がとった「秘策」とは―。弱き者への慈しみが溢れた著者の代表シリーズ、四年ぶりの書下ろし第十七弾。
2017.9　301p　A6　¥600　①978-4-334-77532-2

歴史・時代小説（戦記）

◆細雨―秘め事おたつ　藤原緋沙子著　幻冬舎
（幻冬舎文庫）
【要旨】両国の稲荷長屋で金貸しを営むおたつ婆は、口は悪いが情に厚く、困っている人を見過ごせない性分。ある日、常連客の弥之助が身投げを図ろうとした女を連れてくる。訳も訳かず寝food を与えるおたつに、女は自身の過去を語り始めるが……。誰の身の上にもある秘め事。それらを清算すべく、おたつと長屋の仲間達が奮闘する書き下ろし新シリーズ第一弾！
2017.10 278p A6 ¥540 ①978-4-344-42665-8

◆さくら道―隅田川御用帳　13　藤原緋沙子著　光文社　（光文社時代小説文庫）
【要旨】駆け込み寺「慶光寺」の主・万寿院の知人の娘・お結を、京から連れ帰ってきた「橘屋」の用心棒・塙十四郎。お結は自身の過去が殺され口が利けなくなっていた。江戸でやっと静かな日々が訪れたころ、突然、お結は命を狙われる。それをきっかけに判明した衝撃の過去とは―。（「さくら道」）表題作をはじめ、ひとの温もりに癒される四編を収録。著者の代表シリーズ第十三弾。
2017.5 319p A6 ¥600 ①978-4-334-77475-2

◆茶筅の旗　藤原緋沙子著　新潮社
【要旨】京都・宇治。古田織部の覚えめでたい朝比奈家の一人娘・綸は、病に倒れた父の跡を継ぎ、嫁女を作る御茶師の修業に励んでいた。そこへ徳川・豊臣決戦近しの報が。大名と縁の深い御茶師たちも出陣を迫られる。茶園を守り、生き抜くにはどちら方につくべきか。さらに家康に疎まれた織部の身を案じる綸の前にも、悪夢のような刺客の手が。乱世に一裸として立ち向かう女御茶師のひたむきな半生。宇治・茶園主の知られざる闘いを描く本格時代長篇。
2017.9 255p B6 ¥1600 ①978-4-10-328683-7

◆鳴き砂―隅田川御用帳　15　藤原緋沙子著　光文社　（光文社時代小説文庫）
【要旨】「慶光寺」の御用宿「橘屋」に、身重の武家の妻女が駆け込んできた。亭主が酒好きで、女を連れて帰ってくるという訴えに、橘屋用心棒の塙十四郎が調べたが、お結の評判は逆に意外なほどよかった。そこで、本人に質してみると、妻は夫婦が歩んできた衝撃の過去を話すー。表題作をはじめ、女の弱さと強さ、深い情愛を描いた三編を収録。著者の代表シリーズ第十五弾。
2017.7 301p A6 ¥600 ①978-4-334-77501-8

◆鹿鳴（はぎ）の声―隅田川御用帳　12　藤原緋沙子著　光文社　（光文社時代小説文庫）
【要旨】「亭主のなにもかもが嫌になった」―そう言って「慶光寺」に駆け込んできた、小間物屋の女房おはつ。御用宿「橘屋」の女主人のお登勢と用心棒の塙十四郎は事情を調べるが、一向におはつが不満を持つに至った理由が分からない。しかし、おはつには人に言えない表題作など三編を収録。著者の代表シリーズ第十二弾。
2017.4 286p A6 ¥600 ①978-4-334-77463-9

◆花野―隅田川御用帳　16　藤原緋沙子著　光文社　（光文社時代小説文庫）
【要旨】「切られた縁を元に戻してほしい」―。縁切り寺の御用宿「橘屋」に駆け込んだ上総の女おふきは、そう訴える。珍しい願いだが戸惑う用心棒の十四郎と主のお登勢。十四郎が、離縁した元亭主に会って話を聞いてみると、背後に上総の幕府を巡る事件の影がちらつく。上総へ渡った十四郎が掴んだ恐るべき「真実」とは―。壮大な物語を描いた著者の代表シリーズ第十六弾。
2017.8 286p A6 ¥600 ①978-4-334-77516-2

◆日の名残り―隅田川御用帳　14　藤原緋沙子著　光文社　（光文社時代小説文庫）
【要旨】駆け込み寺「慶光寺」の御用宿「橘屋」に、大店の薬種問屋「小国屋」の内儀おきくが駆け込んできた。橘屋用心棒の塙十四郎が事情を調べると、お金と引き換えに嫁いだおきくは、亭主の叩と助に商売の手段に使われていたことがわかる。そして、おきくの身に危険が迫る―。表題作をはじめ、弱き者への慈しみが込められた三編を収録。著者の代表シリーズ第十四弾。
2017.6 263p A6 ¥580 ①978-4-334-77490-5

◆風蘭―隅田川御用帳　10　藤原緋沙子著　光文社　（光文社時代小説文庫）
【要旨】「慶光寺」の御用宿「橘屋」に、寺を出て普通の暮らしに戻ったはずのお妙が、火付けの罪で捕縛されていると報せが入る。お妙を救えなかったことに傷付け悩む橘屋の女主人お登勢はー。（「雨の萩」）表題作をはじめ橘屋の用心棒・塙十四郎や慶光寺の主、寺役人ま

で未曽有の危機が次々に訪れる。手に汗握る出色の四編を収録した、著者の代表シリーズ第十弾。
2017.2 314p A6 ¥600 ①978-4-334-77434-9

◆雪見船―隅田川御用帳　11　藤原緋沙子著　光文社　（光文社時代小説文庫）
【要旨】駆け込み寺「慶光寺」に突然、侵入者が現れた。御用宿「橘屋」の用心棒・塙十四郎がすぐに捕まえ、事情を聞いたところ、新助という検物師で、幼馴染みのおひさを救ってほしいと訴えた。おひさは献残屋「赤松屋」へ嫁いでいたが、十四郎が調べると、夫の治兵衛に怪しい過去が現れたー。（「侘助」）親子の情愛を描いた表題作など四編を収録した、著者の代表シリーズ第十一弾。
2017.3 321p A6 ¥600 ①978-4-334-77445-5

◆維新の商人―語り出す白石正一郎日記　古川薫著　毎日新聞出版
【要旨】安政4年11月12日夜、西郷吉之助（隆盛）が白石正一郎邸浜門（下関）のトビラを叩いたときから、幕末史は旋回した。百を超える志士たちと交流し、彼らのパトロン的存在となった白石正一郎。一枚の肖像すら残さず、激動の日々をつづった日記だけを遺し、歴史の中に消えた「維新の商人」の正体とは？　半生の冒険が刻まれた「日記中摘要」に広がる背景世界と、往来する人々の息づかいを珠玉の筆致で描いた、圧巻の維新群像！
2017.11 252p B6 ¥1800 ①978-4-620-32480-7

◆平家物語　犬王の巻　古川日出男著　河出書房新社
【要旨】天衣無縫の能楽師・犬王と、盲いた琵琶法師・友魚。少年たちの友情が、禁断の歌舞を解き放つ！
2017.5 200p B6 ¥1400 ①978-4-309-02544-5

◆信長の狂気　星亮一著　文芸社　（文芸社文庫）（「浅井長政　信長に反旗を翻した勇将」修正・改題書）
【要旨】信長の妹お市の方を正室にした小谷城主・浅井長政は、なぜ義兄信長に離反したのか。浅井長政は3代続いた近江浅井家の期待を一身に背負った戦国武将であった。信長に見込まれたことで、浅井家の将来も安泰に見えた。ところが越前朝倉家との関係を断ち切れず、突如として信長と袂を分かつところから状況が一変する。長政を通して信長の狂気が今、よみがえる！
2017.2 279p A6 ¥600 ①978-4-286-18378-7

◆月下におくる　上　―沖田総司青春録　堀川アサコ著　講談社　（講談社文庫）
【要旨】父亡き後、試衛館の内弟子となった宗次郎。並外れた剣の才で頭角を現す中、美少年殺しが横行、魔の手は親友の藤吉にも及ぶ。道場でどんなに強くても、友の仇一つとれない。抱えた葛藤は、宗次郎の胸に暗い影を落とす。どこにでもいる一人の普通の少年は、いかにして"沖田総司"となったのか。
2017.6 275p A6 ¥620 ①978-4-06-293642-2

◆月下におくる　下　―沖田総司青春録　堀川アサコ著　講談社　（講談社文庫）
【要旨】新撰組隊士として勤皇志士と斬り結ぶ沖田総司。厳格な法度の下で、組の行く末のため、容赦なき刃は次第に仲間にも向かい始める。咳が長引く折、稽古中に倒れた総司は己の身体の異変を知る。死が迫ろうとも生き方を変えるわけにはいかない。まっすぐに駆け抜けた人生、青年は何を見つけたか。
2017.5 315p A6 ¥640 ①978-4-06-293643-9

◆将軍を蹴った男―松平清武江戸奮闘記　誉田龍一著　コスミック出版　（コスミック・時代文庫）
【要旨】征夷大将軍―幕府の長であるこの将軍は、全国の武士を従える棟梁でもあった。よって、この位をめぐって徳川家では度々、権力争いが起きている。だが、次期将軍の第一候補者でありながら、将軍を辞退し放棄した人物も実在した。上州館林藩主松平清武、その人である。清武は、三代家光の孫にして六代家宣の実弟という血筋。いわゆる直系男子であったが、七代家継が危篤に陥った折、年齢や藩政の実績を理由に将軍就任を拒み続ける。これを機に八代吉宗を中心から支え、享保の改革の片棒を担いだ清武…。熱く、波乱に満ちたその活躍を描く、期待の新シリーズ！
2017.2 297p A6 ¥650 ①978-4-7747-1303-8

◆将軍を蹴った男―松平清武江戸改革記　誉田龍一著　コスミック出版　（コスミック・時代文庫）
【要旨】武士の棟梁・将軍位をめぐる継承争いは、武家政権の宿命とも言えたが、この最高の名誉を放棄した奇特な？　人物もいた。三代家光の直系で六代家宣の実弟であり、七代家継の叔父にあたる男、上州館林藩主・松平清武であった。清武は次代将軍就任を懇願されながら、庶民の目線第一という姿勢を頑として貫き通し、長屋住まいを願い出たのである。そんな人柄と才を見抜いたのは、八代将軍となった吉宗であった。清武は、北町奉行の任に就いた大岡忠相とともに、強引に政の補佐役とされ、町中から世直しに尽力。制度の制定や小石川養生所の設立など、しみの改革を陰から推進する。享保の悪を斬る義の剣が、新しい世を築いてゆく―熱き殿さまの躍動を描く評判シリーズ、第二弾！
2017.6 299p A6 ¥650 ①978-4-7747-1337-3

◆泣き虫先生、江戸にあらわる―手習い所純情控帳　誉田龍一著　双葉社　（双葉文庫）
【要旨】「刀林寺」住職の諾竜を頼り、江戸に出てきた三好小次郎。寺に寝泊まりする代わりに、諾竜に請われるまま手習い所「長栄堂」の先生になった小次郎は、ちょっとしたことにすぐ感動して涙を見せることから、子どもたちに「泣き虫先生」と呼ばれるようになった。そんなある日、長栄堂の教え子が家に帰る途中、姿を消してしまう。かどわかしに遭ったのか？　さっそく小次郎は探索を始める。書き下ろし新シリーズ、二カ月連続刊行第一弾！
2017.8 289p A6 ¥611 ①978-4-575-66830-8

◆泣き虫先生、棒手振りになる―手習い所純情控帳　誉田龍一著　双葉社　（双葉文庫）
【要旨】手習い所「長栄堂」の先生ぶりも板についてきた三好小次郎。子どもたちからも「泣き虫先生」と呼ばれ、相変わらず慕われている。そんなある日、小次郎はひとりの子どもの様子がおかしいのに気づく。気になって家を訪ねてみると、棒手振りの父親が怪我をして働けなくなったという。その子のために、小次郎は父親に代わって、自ら棒手振りになって青物を売り歩くことにする。絶好調のシリーズ第三弾。
2017.10 292p A6 ¥611 ①978-4-575-66856-8

◆泣き虫先生、幽霊を退治する―手習い所純情控帳　誉田龍一著　双葉社　（双葉文庫）
【要旨】ちょっとしたことにすぐ感動して、涙を流すことから、手習い所「長栄堂」の子どもたちから「泣き虫先生」と呼ばれ、すっかり人気者の三好小次郎。そんな泣き虫先生と長栄堂の子どもたちが「近所の荒れ寺に幽霊が出た！」と駆け込んでくる。幽霊話など取り合わない小次郎だが、子どもたちのあまりに真剣な様子に、自ら屋敷を探りに行くことにする。話題の新シリーズ、二カ月連続刊行第二弾！
2017.8 286p A6 ¥611 ①978-4-575-66836-0

◆隼人始末剣―最強の本所方与力　誉田龍一著　コスミック出版　（コスミック・時代文庫）
【要旨】本所方与力―大川以東の区域を取り締まる特殊な与力であったが、かつてこの地を治めた本所奉行の替わりに置かれていた。よって、屋敷を置く大名ではいざという時に備え、奉行並の威信がある与力に袖の下を渡す者も多かった。そして今、この職に就いているのが上村隼人である。彼は庶民の暮らしを第一に考え、貰った紙包みはお救い小屋に贈り、また公明正大で、大名家も畏れる存在であった。人々は、その名をとって「上さま」と呼び、殿様よりも偉い上様（将軍）になぞらえたのだ。そんな本所の上さまの耳に、炭の値が高騰しているという報せが入る。その陰には、とある藩の野心が蠢いていて…。大名、恐るるに足りず！　頼もしき与力の津田助広二尺三寸五分が、いざ閃く!!書下ろし長編時代小説。
2017.10 282p A6 ¥630 ①978-4-7747-1365-6

◆見破り同心　天霧三之助　誉田龍一著　徳間書店　（徳間時代小説文庫）
【要旨】質屋の三浦屋六兵衛が、離れで出刃包丁により惨殺された。三浦屋にとっては、娘の佐代が旗本の惣領との婚礼を間近に控えた折の惨事だった。南町奉行所臨時廻り同心、天霧三之助は探索に乗り出す。六兵衛の遺体の不自然さに気づいた三之助は、下手人像を絞り込み、追い込んでいく。だがそんな矢先に、六兵衛が死んだ同じ離れで第二の刺殺事件が起きた。書下し長篇時代ミステリー。
2017.4 311p A6 ¥700 ①978-4-19-894226-7

〔ま行の作家〕

◆月華の神剣―壬生狼慕情　牧秀彦著
KADOKAWA　（角川文庫）
【要旨】風雲急を告げる幕末。祝井信吾は剣の修行に明け暮れていたが、ある時父が何者かに殺害された。死の間際、神宝の御太刀を守護する身を受けた信吾は本社のある京へ向かう。道中、路頭に迷いかけたところを江戸で試衛館の近藤勇と土方歳三に救われた信吾。剣の腕を見込まれ浪士組に誘われるが、御太刀を狙う強敵が次々に現れた。神剣に隠された政局を揺るがす謎とは？　大スケールで描く幕末剣戟譚、開幕！
2017.5　313p　A6　¥640　①978-4-04-104598-5

◆月華の神剣―薩長動乱　牧秀彦著
KADOKAWA　（角川文庫）
【要旨】激動の幕末。若き神官の祝井信吾は、「常勝の御太刀」の霊験を以て日の本を統べるべき人物を一年に亘り各地で探していた。諦めかけた矢先、桂小五郎、坂本龍馬と出会った信吾は、無成の精神で日本の将来を語る彼らを見て心動かされ、独り長州へ向かう。そこでは、異国からの襲撃を受け混乱する中、高杉晋作が抜群の統率力を誇っていた。彼こそが御太刀を託すべき人物なのか。だが直後、信吾は大器・西郷隆盛と邂逅する…。
2017.9　301p　A6　¥880　①978-4-04-104599-2

◆御前試合、暗転―中條流不動剣　5　牧秀彦著　徳間書店　（徳間時代小説文庫）
【要旨】江戸城で御前試合が催されることとなり、何と塩谷隼人が名指しされた。選ばれたのは隼人以外は全員が幕臣、名だたる流派の若手門人ばかり。いくら手練とはいえ、高齢の隼人が不利なのは明らか。将軍・家斉公のお声がかりということではあるが、これは尼崎藩を貶めようと企む輩の陰謀ではあるまいか…!?塩谷隼人と日比谷左内、老若二人の中條流剣法の達人を描く、書下しシリーズ第五弾！
2017.4　312p　A6　¥650　①978-4-19-894227-4

◆対決、示現流―江戸家老塩谷隼人　2　牧秀彦著　徳間書店　（徳間時代小説文庫）
【要旨】尼崎藩江戸家老・塩谷隼人は、国許の農政改善への協力を求め、農学者の大蔵永常を訪ねる。だが快諾の代わりに身辺警固を頼んできた。承知した隼人は相次いで不審な刺客と対決する。永常は幕府と薩摩の双方から狙われていたのだ。日の本の農業を向上させて民が飢え死にしない世を目指す彼が、怪しき人物であろうはずがない。隼人は薩摩藩藩主・島津重豪の手の者と対峙することになる。
2018.1　269p　A6　¥630　①978-4-19-894305-9

◆浜町様捕物帳―大殿と若侍　牧秀彦著　二見書房　（二見時代小説文庫）
【要旨】熊本藩五十四万石の先代藩主・細川斉茲は、江戸での隠居所と定めた下屋敷の場所にちなんで「浜町様」と呼ばれて界隈の町民から親しまれていた。国許の御前試合が縁で斉茲に気に入られた部屋住みの若侍、窪田和馬は江戸に呼ばれ、大殿斉茲の側に仕えることになった。江戸で起こるさまざまな難事件を解決すべく、大殿は謎解きを、和馬は探索という二人三脚が始まって…。新シリーズ第1弾。書き下ろし長編時代小説。
2017.8　309p　A6　¥648　①978-4-576-17094-7

◆浜町様捕物帳　2　生き人形　牧秀彦著　二見書房　（二見時代小説文庫）
【要旨】肥後熊本藩五十四万石の元藩主・細川斉茲は、江戸での隠居所とした下屋敷の場所から「浜町様」と呼ばれて親しまれている。国許から江戸に呼ばれた若侍・窪田和馬は大殿の側に仕えている。江戸の難事件を解決すべく、大殿は謎解き、和馬は探索という二人三脚が始まった。人形町通りを騒がす事件の発端は、市松人形に起きた「異変」であった…。
2017.12　312p　A6　¥648　①978-4-576-17177-7

◆人質は八十万石―江戸家老塩谷隼人　牧秀彦著　徳間書店　（徳間時代小説文庫）
【要旨】内証苦しい尼崎藩の江戸家老・塩谷隼人。藩邸を取り仕切る一方、国許の財政に腐心する日々。その中、加島屋正誠ら大坂の両替商たちを公儀から米切手買い持ちための御用金調達を命じられていた。隼人は旧知の正誠に藩への融資を願うべく大坂へ向かい堂島の米会所で話にこぎつけると、突として三人の賊が乱入。正誠が連れ去られてしまった。老練の知恵と剣技で立ち向かう隼人は……。
2017.10　266p　A6　¥630　①978-4-19-894270-0

◆老将、再び―中條流不動剣　6　牧秀彦著　徳間書店　（徳間時代小説文庫）
【要旨】隠居の身から江戸家老に再任される塩谷隼人は、尼崎藩邸の敷地内に在る役宅で暮らす。大家を務めた八丁堀の長屋の店子たちはつつがなく暮らしているようだが、一方、藩政には不穏な影が。尼崎藩藩主松平忠宝は、江戸老中の土井大炊頭利厚と出会う。二人は、実の叔父と甥の関係。松平家で冷遇され、土井家に養子入り後に出世を遂げた利厚は、尼崎藩に大きな恨みを抱いていたのだった。
2017.7　317p　A6　¥650　①978-4-19-894239-7

◆イタリア古代山岳王国悲歌　増山暁子著　悠書館
【要旨】この世ならぬ色に染まる異形の岩山、神秘的な湖や深い森―そこでは動物界と人間界の境さえさだかではなく、人間と動物はごく自然に言葉を交わし合い、お互いに変身する。太古の昔、イタリア北部ドロミテ・アルプスにはいくつかの王国が存在し、時に共存し、時に覇を競い合っていた。峻厳な美しさを誇るドロミテ山地を舞台にくり広げられる美しくも哀しい、戦争と平和の物語。
2017.6　325p　B6　¥2500　①978-4-86582-029-4

◆改革者蘇我入鹿　町井登志夫著　PHP研究所　（PHP文芸文庫）　（『飛鳥燃ゆ』加筆・修正・改題書）
【要旨】日本史上最も悪評高い蘇我入鹿。しかし彼こそが「改革者」であった!?―七世紀前半、大陸統一を果たした大唐帝国の脅威は、倭国に迫りつつあった。遣唐使に密かに同行し、唐の実情を目の当たりにした入鹿は、皇極女帝の信頼を得て、国を守るべく、新しい国づくりに邁進するが…。彼は、なぜ殺されなければならなかったのか。黒幕は誰か。最新の研究を取り入れつつ、大胆に謎に迫る古代巨編。
2017.7　481p　A6　¥980　①978-4-569-76752-9

◆黄砂の籠城　上　松岡圭祐著　講談社　（講談社文庫）
【要旨】一九〇〇年春、砂塵舞う北京では外国人排斥を叫ぶ武装集団・義和団が勢力を増していた。暴徒化して籠城が続く中、外国公使館区域を包囲する義和団。足並み揃わぬ列強十一ヵ国を先導したのは、新任の駐在武官・柴五郎率いる日本だった。日本人の叡智と勇気を初めて世界が認めた、壮絶な闘いが今よみがえる。
2017.4　315p　A6　¥640　①978-4-06-293634-7

◆黄砂の籠城　下　松岡圭祐著　講談社　（講談社文庫）
【要旨】日本は世界の先陣を切って漢人キリスト教徒の救出を決行した。西太后は宣戦布告を決断し、公使館区域からの24時間以内退去を通告する。沿岸部からの援軍も到着せず、二十万人の義和団と清国軍の前に四千人の外国人とキリスト教徒の命は風前の灯火となる。誇り高き日本人必読の歴史エンタテインメント。
2017.4　321p　A6　¥640　①978-4-06-293677-4

◆清心尼　松田十刻著　（盛岡）盛岡タイムス社
【要旨】叔父、南部利直との確執を乗り越え、根城南部（八戸）女当主、遠野南部の女城主として、気高く、清廉に生きた清心尼。光武者、北十兵衛門との出会いと別れ。異彩を放った女大名の念（おも）いがよみがえる。
2017.5　483p　B6　¥1800　①978-4-944053-70-4

◆珍説　輪廻小町情話　真波連路著　幻冬舎メディアコンサルティング、幻冬舎　発売
【要旨】畳屋与助と、大工の八は、ひょんなことから小野小町の幽霊を救うことになり大奔走！　表題作「輪廻小町情話」をはじめ、鶴の恩返しをモチーフにした「丹頂」、与太郎と父ちゃんが繰り広げる小噺「あすけ噺の小箱」等、全6作品を収録。オリジナル落語の脚本を手がけてきた真波連路が、愛をこめて全編書き下ろし。笑いあり、涙あり、お色気もちょっとあり。言葉遊び満載の「読む」落語風小説です。
2017.5　291p　B6　¥1400　①978-4-344-91284-7

◆天秀尼の生涯―豊臣家最後の姫　三池純正著　潮出版社
【要旨】大坂城落城によって滅亡した豊臣家―。実は、秀頼の実子泰姫が生き延びていた。泰姫は東慶寺で天秀尼となって仏法に帰依し、封建社会の江戸時代において、虐げられていた女性の人権を守り、それを徳川幕府にまで認めさせた先駆者であった。そして、秀頼の実子としての誇りと、義母千姫の愛情を胸に、自身の宿命に真っ向から立ち向かっていった。宿命を使命に変え、桜花のごとく生きた女性。東慶寺で寺法を守り抜き、女性の人権を守った先駆者、天秀尼の知られざる生涯。
2017.3　235p　B6　¥1600　①978-4-267-02079-7

◆北斎夢枕草紙―娘お栄との最晩年　三日木人著　本の泉社
【要旨】画狂人北斎。その画業三昧の浮世離れした生涯を、娘として、女絵師として支えたお栄。貧窮にあえぎながらも、絵筆一本で時代をまっすぐに突っ切った二人の生々の人間像が、赤裸々な魂の叫びが、今、鮮烈によみがえる。
2017.10　245p　B6　¥1700　①978-4-7807-1651-1

◆女人天華―加賀勤王志士夫人・小川直子の生涯　三田薫子著　（金沢）北國新聞社
【要旨】夫は斬首刑。その首を奪取。晩年、皇室に仕える。物語を超える壮絶な運命。金沢に実在した"炎の女"
2017.5　506p　B6　¥1667　①978-4-8330-2098-5

◆白村江の戦い―天智天皇の野望　三田誠広著　河出書房新社
【要旨】帝国の水軍に不慣れな海戦を挑み、大敗を喫したこの戦、何のための戦争だったのか？　古代史の謎に迫る渾身の書き下ろし。
2017.7　315p　B6　¥1700　①978-4-309-02590-2

◆みだら英泉　皆川博子著　河出書房新社　（河出文庫）
【要旨】文化文政時代。ただひたすらに「己だけの女」を求めて、美人画に枕絵に絵筆をふるう浮世絵師・渓斎英泉。お津賀、おたま、おりよ、三人の妹の「生」をも掠めとった果てに見出したのは―。爛熟の江戸を舞台に、絵師の凄まじいまでの業と妹たちの情念が濃艶に花開く。
2017.3　222p　A6　¥740　①978-4-309-41520-8

◆妖櫻記　上　皆川博子著　河出書房新社　（河出文庫）
【要旨】時は動乱と呪法邪法に満ちた室町時代。赤松満祐が将軍義教を暗殺して挙兵し、満祐の側室野分がもう一人の側室玉琴を惨殺した夜から、死者生まれ行う乱れ込んだ運命が動き出す。南朝の血を引く少年阿麻丸は神器奪還の戦いに巻き込まれ、玉琴の怨念は活傀儡と化して野分と娘・桜姫に迫る！　著者畢生の傑作伝奇小説。
2017.8　462p　A6　¥1200　①978-4-309-41554-3

◆妖櫻記　下　皆川博子著　河出書房新社　（河出文庫）
【要旨】阿麻丸と桜姫は京に近江に流転、野分は長い眠りにつき、玉琴の遺児清玄は立川流修法のために桜姫の髑髏を求める。一行が離合集散する中、後南朝の二人の宮と神器を狙う赤松の遺臣により、吉野の御所に戦火が上がる。応仁の大乱の息吹を背景に絢爛に繰り広げられる夢幻綺譚、いよいよ終幕へ。
2017.8　507p　A6　¥1300　①978-4-309-41555-0

◆最低の軍師　簑輪諒著　祥伝社　（祥伝社文庫）
【要旨】永禄八年、上杉輝虎（謙信）が義を掲げ、下総国白井城に侵攻を開始した。総勢一万五千といわれる上杉軍に対し、白井の兵は二千ほど。後ろ盾となる北条家からの援軍は、わずか二百五十余であった。抗戦か降伏か、動揺する城内をまとめるため、北条の武将松田孫太郎は道端の易者を軍師に仕立てた。白井浄三である。ところが、浄三は想像を絶する奇策を次々と画策し…。
2017.9　439p　A6　¥740　①978-4-396-34354-5

◆でれすけ　簑輪諒著　徳間書店
【要旨】鬼の義重・坂東太郎と恐れられた荒武者だったが、今は子・佐竹義宣に実権を譲り、隠居した身に。そんななか、天下統一を成した豊臣秀吉より命が下る。「常陸を平定せよ」五百年の歴史を持つ佐竹家の誰もがなし得なかった夢を我がなし得る。義重は年老いた身でありながら早速攻略に乗り出すが、しかし、実権を握る子・義宣に報せが入り…。父祖伝来の重み、在りし日への思い、その恐怖、次世代へと委ねるもの。祖・源義光より現代まで900年続く佐竹の家名はいかにして護られたのか―。
2017.8　283p　B6　¥1700　①978-4-19-864451-2

◆呉越春秋　湖底の城　6　宮城谷昌光著　講談社　（講談社文庫）
【要旨】天才軍師・孫武を迎え入れた呉は、連戦の末に楚都を陥落させた。呉軍を率いる伍子胥は、殺された父兄の仇を討つため、平王の墓を暴き、屍に三百回も鞭を打つ。虚しさを感じつつも復讐をはたした伍子胥のもとに、孫武の病の報せが舞い込んだ。中国歴史小説の第一人者

小説

◆呉越春秋 湖底の城 8　宮城谷昌光著　講談社
【要旨】越は呉を破るべく密かに大量の造船を行い、林野に隠して運ばせている。これをとある者から聞いた伍子胥は策を練る。その頃、何かがおかしいと感じていた范蠡は句践に伝えるも、句践は秘策を実行する。だが、すでに作戦を把握していた呉の攻撃により越軍は敗退。ついに伍子胥が率いる兵たちに句践は追い詰められるが、何とかかわし会稽山へ逃げ込む。句践は降伏も亡命もありえず、ここで戦い抜くと、ともに山に籠もった兵を前に宣言しておく。范蠡の献策をうけ、呉との講和を進めることをやむなく了承、囚われの身となってしまう。范蠡らはいつか句践が解放されることを信じ、その時まで越国を守り抜くことを誓う。
2017.9 289p A6 ¥630 ①978-4-06-293756-6

◆呉漢 上　宮城谷昌光著　中央公論新社
【要旨】ただの小石が黄金に変わることはあるだろうか。貧家に生まれるが、運命の変転により、天下統一を目指す劉秀の将となった呉漢。時代が生んだ最高の知将・呉漢の生涯を描く！
2017.11 345p B6 ¥1700 ①978-4-12-005018-3

◆呉漢 下　宮城谷昌光著　中央公論新社
【要旨】雲に梯子をかけることはできるだろうか。光武帝劉秀が行った、中国全土統一、後漢建国事業。五十年の呉漢は君主のために、すべてを捧げた武将・呉漢の生涯を描く！
2017.11 356p B6 ¥1700 ①978-4-12-005019-0

◆沈黙の王　宮城谷昌光著　文藝春秋　（文春文庫）　新装版
【要旨】商王朝の王子・丁は、言葉の不自由のため、父王から追放された。しかし彼は苦難の旅の末に、目にみえる言葉―文字を創造した。このハンディを跳ね返し普遍的価値を生み出した高宗武丁を表題作をはじめ、古代中国に材を取った「地中の火」「妖異記」「豊饒の門」「鳳凰の冠」を収録。みずみずしい傑作集。
2017.8 351p A6 ¥800 ①978-4-16-790886-7

◆荒神　宮部みゆき著　新潮社　（新潮文庫）
【要旨】時は元禄、東北の小藩の村山が、一夜にして壊滅した。隣り合い、いがみ合う二藩の思惑が交錯する地で起きた災厄。永津野藩主の側近を務める曽谷弾正の妹・朱音は、村から逃げ延びた少年を助けるが、語られた真相は想像を絶するものだった…。太平の世にあっても常に争いの火種を抱える人びと、その人智が生み出した「悪」に対し、民草はいかに立ち向かうのか。
2017.7 685p A6 ¥940 ①978-4-10-136941-9

◆この世の春 上　宮部みゆき著　新潮社
【要旨】憑きものが、亡者が、そこかしこで声をあげる。青年は恐怖の果てに、ひとりの少年をつくった…。史上最も不幸で孤独な、ヒーローの誕生。
2017.8 397p B6 ¥1600 ①978-4-10-375013-0

◆この世の春 下　宮部みゆき著　新潮社
【要旨】底知れぬ悪意の代償と甘い囁き。かけがえのない人々の尊厳までも、魔の手は蝕んでゆく。前代未聞の大仕掛け、魂も凍る復讐劇。
2017.8 399p B6 ¥1600 ①978-4-10-375014-7

◆雨宿り　宮本紀子著　光文社　（光文社時代小説文庫）
【要旨】女手ひとつで釣り宿を営むおこうの前に、一人の男が現れる。若かりし頃、二人は雨宿りをした寺で、盗賊を殺め、五十両を掠めとったのだ。そして所帯を持った。二度と会うとは思わなかった男との再会に動揺し、おこうは懐に包丁を忍ばせて―。第6回小説宝石新人賞受賞の表題作を含む五つの短編、それぞれの登場人物が、複雑に絡み合う時代小説連作集。
2017.8 330p A6 ¥660 ①978-4-334-77517-9

◆狐の飴売り―栄之助と大道芸人長屋の人々　宮本紀子著　光文社
【要旨】贅沢三昧の放蕩息子が、大店を飛び出し、ある日突然、大道芸人たちと長屋暮らし！笑って泣いて、心がふわりと温まる江戸人情噺。
2017.3 353p B6 ¥1700 ①978-4-334-91157-7

◆風魔外伝　宮本昌孝著　祥伝社　（祥伝社文庫）
【要旨】「風魔の子」と恐れられ、北条氏に仕える忍びの中でも、風魔の小太郎は、桁外れの巨躯と相まってその才能は抜きんでていた。その小太郎が武田を滅亡に追いやった織田信長より名指しで待ち構えた信長は、進

上馬に乗り小太郎に銃口を向ける。そして、発射された銃弾の行方は―。戦国の猛将らと対峙した稀代の忍び『風魔』、その知られざる物語。
2017.6 387p A6 ¥700 ①978-4-396-34326-2

◆武者始め　宮本昌孝著　祥伝社
【要旨】出っ歯の透きっ歯で極端な縮れ毛―。上杉家当主・景勝の前に現れた真田家の人質・弁丸（後の幸村）の兄・源三郎（後の信之）では気に入らないだろうと言い放つ。景勝と跡目を争った義兄弟・三郎景虎が美男で名高かったのに対し、手討ちになるかと思いきや、その明るい人柄で気難しい景勝に気に入られる。秀吉の出陣命令にも、時勢を読んだ的確な助言をし、武将としての厚い信頼も得る。上杉家中での存在感を増していく中、弁丸は父の命として秀吉に謁見することになるが…。真田幸村を描いた「ぶさいく弁丸」他、自ら作った策で家臣団との絆を強めた徳川家康、高貴な身分と偽った豊臣秀吉、北条早雲、武田信玄、上杉謙信、織田信長ら、天下に名を轟かせた七武将の知られざる"初陣"を鮮やかに描く！
2017.10 283p B6 ¥1600 ①978-4-396-63528-2

◆京の絵草紙屋 満天堂 空蟬の夢　三好昌子著　宝島社　（宝島社文庫）
【要旨】侍としての名前と過去を捨て、京で暮らす戯作者・月夜乃行馬。懇意にする板元の満天堂画林で京の名所図会を執筆する行馬は、女絵師の冬芽が描く、哀しき想いを秘めた美しい絵に惹かれていく。同じ頃、行馬の仲間だった侍たちが、行馬が持っているはずの妖刀を振るう辻斬りに遭った、との報せが入る。自分を騙した下手人を探る行馬はやがて、故郷で起きていたある悲劇を知ることに…。
2017.9 382p A6 ¥650 ①978-4-8002-7605-6

◆京の縁結び 縁見屋の娘　三好昌子著　宝島社　（宝島社文庫）
【要旨】縁見屋の娘は祟りつき。男児を産まず二十六歳で死ぬ―一江戸時代、京で口入業を営む「縁見屋」の一人娘のお輪は、母、祖母、曾祖母がみな二十六歳で亡くなったという「悪縁」を知り、自らの行く末を案じる。縁見屋を訪れた修行者・帰燕は、秘術を用いて悪縁を祓えるというが…。縁見屋の歴史と四代にわたる呪縛、そして帰燕の正体。息を呑む真実がすべてを繋ぎ、やがて京全土を巻き込んでいく。
2017.9 405p A6 ¥620 ①978-4-8002-6744-3

◆釈迦　武者小路実篤作　岩波書店　（岩波文庫）
【要旨】仏教の開祖・釈迦の生涯を、人間愛を唱えた文豪が描く。生きることに苦悩し、仏陀となって教団を率いるようになった後も、難問に悩まされながらも、人々を思いやりつつ生きた人間釈迦への尊崇の念と篤い共感が全篇に溢れる。武者小路実篤の伝記小説の名作であり、近代日本における代表的釈迦伝である。
2017.5 383p A6 ¥850 ①978-4-00-310506-1

◆淫法くノ一返し　睦月影郎著　コスミック出版　（コスミック・時代文庫）
【要旨】二十歳の皆川藩郷士・筑紫丈助は、このたび藩邸の奥向き書番という大役を仰せつかり、江戸に出てきたばかりだった。通常、奥向き書番は屈強な藩士の役割だが、丈助は色白で小柄、剣術も苦手。そんな丈助が、藩主皆川義明の命により特別に選ばれたのは、彼が素破の血の出だったからだ。丈助の役目は、皆川藩の鉱山を目当てに、十八歳の佐枝姫との縁をもとうと跳梁する諸大名から姫を守ることに。だが、丈助を陥れようと、彼のまわりにはさまざまな美女や曲者がうごめきだす。丈助は男女和合の閨房術をもちいて敵と渡り合うのだが…。「くノ一猫目付」と二本立て、オリジナル傑作時代小説。
2017.10 254p A6 ¥620 ①978-4-7747-1371-7

◆美女手形―夕立ち新九郎・日光街道艶色巡り　睦月影郎著　祥伝社　（祥伝社文庫）
【要旨】渡世人新九郎は双子の兄で前林藩主の高明と日光社参へ向かうが、一行は女頭目率いる山賊に襲われた！逞しい肢体を持つ美貌の頭目と対峙するが、死の前に肌を交わそうと誘われ、淫気を催した新九郎は、刀を捨て野性味溢れる床をともにする。男装の女剣士、鳥追い女、本陣宿の母娘、粋な壺振り…匂い立つ美女が待つ艶めき道中。
2017.10 252p A6 ¥570 ①978-4-396-34365-1

◆流星刀みだれ露　睦月影郎著　コスミック出版
【要旨】牧田小四郎は微禄の家の冷飯食いだが、学問所の成績を見込まれて、中井徳之進という

典薬頭の手伝いをしていた。典薬頭は江戸城の奥医師たちの上にいて、医術と薬草の全てを掌る高禄の家である。取引先の薬種問屋「山葉屋」の女将と娘、そして徳之進の娘・志穂が、青梅の山中に薬草を採りに行ったまま行方知れずになった。徳之進に命じられ、彼女らを探しに青梅にやって来た小四郎だが、山中で未来から来たという女刀鍛冶・美百合と出会う。美百合から淫気と流れ星の隕石で作った流星豆「冥王丸」を授かった小四郎は、山賊に囚われている女たちを発見し、冥王丸の力でみごと救出。無事江戸に戻った小四郎だが、いままで目もくれなかった志穂に言い寄られて…。
2017.7 255p A6 ¥620 ①978-4-7747-1348-9

◆流星刀夢しずく　睦月影郎著　コスミック出版　（コスミック・時代文庫）
【要旨】時は幕末、慶応四年。倒幕をめざす薩長の東征軍が迫るなか、江戸の西の入口にあたる青梅村の人々は、戦乱の予兆に戦々恐々としていた。そんなとき、村の百姓の五男坊・甚介は山中の小屋で謎の女刀鍛冶・美百合と出会う。美百合は百五十年後の未来からやって来たという美少女。甚介は美百合から流れ星の隕鉄で作った流星刀「冥王丸」を授かり、不思議な力を身につけることになった。男女の和合と剣技を掌る流星刀に導かれた甚介は、今後、歴史がどう動いていくかを美百合に教わり、戦乱を避けるべく、幕軍と薩摩軍のあいだを取り持つことになる。時を駆ける神秘の剣を巡る時代ロマン、完結編！
2018.1 255p A6 ¥620 ①978-4-7747-1398-4

◆やまと錦　村木嵐著　光文社
【要旨】熊本藩の大秀才、井上多久馬（後の井上毅）は、戊辰戦争によって傷ついた会津若松城を見上げ、学問を用いてこの国を豊かにすることを誓う。やがて欧州各国の法律を学び帰国した多久馬は、統一した法を持たぬ未開の地として不平等条約を結ばされた日本にも、独自の憲法が必要だと痛感する。多久馬は岩倉具視や伊藤博文などの理解者と憲法草案の研究を進めるが、諸外国には決してない「二千五百年も続く皇室」の信頼に応えられるか苦悩する。国のためにオを尽くした井上毅の真摯な生き方と、家族愛に溢れた人間性を丁寧な筆致で書き下ろし、長編時代小説の傑作誕生!!
2017.1 269p B6 ¥1600 ①978-4-334-91143-0

◆雪に咲く　村木嵐著　PHP研究所　（PHP文芸文庫）
【要旨】江戸に幕府が開かれて五十年余り。後に越後高田藩筆頭家老になる小栗美作は、大地震の後処理で手腕を発揮し、藩主・松平光長の信頼を勝ち取る。しかし光長の嫡子が亡くなると藩内は二つに割れ、御家騒動へと発展。美作は否応なく、その渦に巻き込まれていく。そんな高田藩を取り潰そうとする幕府は虎視眈々と機会を窺っていた。逃げず、媚びず、諦めず一藩を守るために懸命に戦った男の生涯を感動的に描く歴史長篇。
2018.1 301p A6 ¥760 ①978-4-569-76798-7

◆恩讐街道―剣客相談人 20　森詠著　二見書房　（二見時代小説文庫）
【要旨】剣客相談人のひとり髭の大門甚兵衛は、八丁堀の裏長屋を夜明けに訪れた武家娘とともに、いずこへともなく姿を消した。時をおかず謎の侍集団が長屋を襲い、大門の行方を住人らに訊きまわった。元那須川藩主若月丹波守清胤改め大館文史郎と爺の左衛門は仲間の剣客相談人・髭の大門が十年前に金沢藩から脱藩してきたことを思い出し、大門の行方を追うことになった。書き下ろし、長編時代小説。
2017.8 300p A6 ¥648 ①978-4-576-17110-4

◆暗蟹剣 白鷺―剣客相談人 19　森詠著　二見書房　（二見時代小説文庫）
【要旨】故あって一万八千石の大名家を出奔した若月丹波守清胤は、爺の大門甚兵衛と八丁堀の裏長屋で「剣客相談人」として糧を得ている。墨堤で長屋の住人らと花見に行こうとしていた三人は、南町奉行所から呼び出された。隠密同心を束ねる凄腕の与力と同心が相次いで喉をすっぱり斬られた姿で殺されたという。そした、奉行所から相談人に下手人探索が託された。
2017.4 293p A6 ¥648 ①978-4-576-17039-8

◆月影に消ゆ―剣客相談人 21　森詠著　二見書房　（二見時代小説文庫）
【要旨】口入れ屋権兵衛の店に、七歳ほどの侍の子が訪れ、父を捜してほしい、できぬならここで

腹かっさばくと、短刀を腹に当てた。驚いて駆けつけた母によると、父の伊佐竜勝は越後村上藩を三年前に脱藩し江戸へ来たが、三ヵ月前に出奔してしまったという。この依頼を受けた殿と爺の剣客相談人は一方で、江戸を騒がす奇妙な月党事件に関わっていく。
2017.12 301p A6 ¥648 ①978-4-576-17176-0

◆遠野魔斬剣―走れ、半兵衛 4 森詠著 実業之日本社（実業之日本社文庫）
【要旨】盛岡藩主・南部家が治める遠野城下で若い娘十六人が相次いで失踪した。「魔切り剣」を悪用する天狗一味の仕業で、首領の大天狗は大柿半兵衛が遣う酔剣・神仙夢想流の達人との噂。"兄弟弟子"の悪事を見過ごせぬと、半兵衛は神々や物の怪が棲む異界・遠野へ。しかし現地の古老は、天狗は守り神、真の敵は呪いを操り悪事を重ねる「神魔一族」だと語り…。
2017.8 315p A6 ¥620 ①978-4-408-55379-5

◆吉野桜鬼剣―走れ、半兵衛 3 森詠著 実業之日本社（実業之日本社文庫）
【要旨】大柿半兵衛は柳生家当主・俊順から、桜鬼一族の成敗を要請された。吉野山中に跋扈する一族は奈良の高僧や天領の代官たちを殺め、金銀財宝を掠奪。討伐のため派遣された新陰流の剣士たちも皆、渦巻く桜吹雪に紛れて刀が一閃"吉野桜鬼剣"に打ち破られたという。知心流の新たな秘剣「翡翠」を伝授された半兵衛は、早春の大和国・吉野へ向かうが…。
2017.2 303p A6 ¥620 ①978-4-408-55334-4

◆マインド・クァンチャー―The Mind Quencher 森博嗣著 中央公論新社（中公文庫）
【要旨】その美しい速さ、比類なき鋭さ。こんな剣がこの世にあったのか―。突如現れた謎の刺客。ゼンは己の最期さえ覚悟しつつ、最強の敵と相対する。至高の剣を求め続けた若き侍が、旅の末に見出した景色とは？
2017.3 401p A6 ¥740 ①978-4-12-206376-1

◆朝敵まかり通る―時雨橋あじさい亭 3 森真沙子著 二見書房（二見時代小説文庫）
【要旨】江戸を無傷で帝にお返ししたい。軍馬嘶く敵陣を突破し駿府の東征軍本営の西郷隆盛参謀に、余の意を届けてほしい―。慶応四年三月一日、最後の将軍徳川慶喜（三十二歳）は、山岡鉄太郎（三十三歳）に命じた。江戸城総攻撃の前夜である。鉄太郎はまず軍事裁判勝海舟に、処刑寸前の薩摩藩士釈放から始まる起死回生の秘策達成への熱い想いを語るが…。
2017.9 309p A6 ¥648 ①978-4-576-17127-2

◆花と乱―時雨橋あじさい亭 2 森真沙子著 二見書房（二見時代小説文庫）
【要旨】江戸の片隅で煮売屋あじさい亭を手伝う十四歳のお菜にも、この江戸がいま揺らいでいるのが分かる。あじさい亭によく呑みにくる山岡鉄太郎おじさんは六尺二寸の大男で幕府講武所の剣術世話役。おじさんに会いにくる清河八郎という人は、なぜか血の匂いのする危険な感じで、こと京へ一緒に行くらしい。二人とも無事に帰ってきてほしいのだが…。
2017.4 312p A6 ¥648 ①978-4-576-17041-1

◆懇篤・剛毅の人 宮部鼎蔵 森光宏著 東京図書出版 発売 リフレ出版
【要旨】薩・長・土の藩主らは、それぞれが尊攘派藩士らの思惑とは決して同じとはいえないにもかかわらず、京へ上り、江戸へ下っていた。時運に乗り遅れまいの外様大藩としての意識であった。だが肥後は動かない。この時、松陰が鼎蔵をいかに見ていたか…。
2017.3 379p A5 ¥1700 ①978-4-86641-026-5

◆埋門（うずみもん） 森岡久元著 （大阪）澪標
【要旨】圧倒的迫力の狐憑き裁判を描く『中橋稲荷の由来』、伝馬町牢抜け男女の哀切な恋の逃走劇『埋門』。江戸犯罪史実から掘り起こされた時代小説の傑作。
2017.4 173p B6 ¥1300 ①978-4-86078-352-5

◆悪道 五右衛門の復讐 森村誠一著 講談社（講談社文庫）
【要旨】名君の道を歩む影将軍を護衛する伊賀忍者の末裔・流英次郎とその一統に、安寧は許されない。為政者側人物の暗殺があり、忍び首を斬り落とされる。大店が襲われ、大川に骨が浮かぶと、凄腕の剣客が跳梁する。浮世に入ってきたのは石川五右衛門の影。徳川泰平の世に、か の大泥棒の影がなぜ暗躍するのか！？
2017.9 466p A6 ¥820 ①978-4-06-293765-8

◆刺客大名―暗殺請負人 森村誠一著 幻冬舎（幻冬舎時代小説文庫）
【要旨】図らずも三十二万石山羽藩の後嗣となった鹿之介は、隣藩の婿・立石家良に家臣を殺された。義妹の女忍・るいを従え、その仇討ちに乗り出すが、家良のもとには諸藩から恐れられし凄腕の剣客陣が集結。山羽藩の改易を目論む大老・榊意思が家良の後ろ盾となっていた。凄惨を極める攻防の結末とは？ 予断を許さぬサバイバル・ドラマ、待望の第三弾！
2017.6 460p A6 ¥730 ①978-4-344-42626-9

◆葵の剣士 風来坊兵馬―上様のお墨付き 森山茂里著 コスミック出版（コスミック・時代文庫）
【要旨】棟割長屋に、ひとりの浪人が住んでいる。青井兵馬一その名が本名か否か定かではないが、徳川御三卿・田安家に生を享け、現将軍の家慶の従兄弟という若君であるのは確かだった。養子縁組を嫌って出奔、単身欧州に渡航し、十年の歳月を過ごして帰国した風来坊は、厳しい改革を断行し、江戸の民を疲弊させていた老中首座・水野忠邦を糾弾。御用商人・肥前屋からの賄賂受け取りの証拠となる書状を手に入れた兵馬。真の敵は水野か、肥前屋か？ 兵馬ぴいきの将軍にお墨付きを授かった若君は、ついに仰天の決断を下すことに…。裏店に住まう御曹司が、庶民のため、そして国のため、義の剣をふるう評判シリーズ、第二弾!!
2017.4 263p A6 ¥630 ①978-4-7747-1320-5

◆今ひとたびの、和泉式部 諸田玲子著 集英社
【要旨】式部とは、もしかしたら、前世からの縁で結ばれているのかもしれない一。童女御覧の日、怯えた自分を御簾の間から抱きとめてくれた女性、それが和泉式部だった。式部の養父母である大江匡衡と赤染衛門の娘・江侍従は式部に魅せられ、『和泉式部物語』からあえて省かれてしまった真実を探ろうと奔走する。そして辿りついた、恐ろしくも哀しい結末とは…。
2017.3 357p B6 ¥1700 ①978-4-08-771045-8

◆王朝小遊記 諸田玲子著 文藝春秋（文春文庫）
【要旨】平安の中頃、物売りのナツメ、物乞いのナマズ爺さん、女房づとめをしていたシコン、貴族の子息コオニ、太宰府がえりの勇将・ニシタカの五人がひょんなことから、有力貴族の依頼で疑似家族として町屋で暮らし始め、最近、都に起きた、鬼に纏わる難事件を解決しようと、それぞれに探索を開始するが。
2017.7 347p A6 ¥740 ①978-4-16-790882-9

◆ともえ 諸田玲子著 文藝春秋（文春文庫）
【要旨】大津にある義仲寺、その境内にある巴御前の塚に額ずく一人の尼に、声を掛けたのは旅の途中の松尾芭蕉であった。その尼・智と芭蕉の淡い恋が始まるのだった。遙か五百年の時空を越えて巴御前と木曾義仲の愛が美しく蘇る。近江と鎌倉を、そして過去と今を往還する純愛ファンタジー。
2017.3 347p A6 ¥740 ①978-4-16-790805-8

◆森家の討ち入り 諸田玲子著 講談社
【要旨】彼らは津山森家の忠臣だったが、改易により赤穂浅野家へとその身を移した。彼らはかつて、江戸郊外中野村の御囲築造にも従事するという不思議な共通点があった。何を思い、どんな事情を抱えて義挙に加わったのか。そして、そんな彼らを支えた友たち、それぞれの義を果たすべく、命をかけて戦い抜いた壮絶な生き様がそこにはある。
2017.12 216p B6 ¥1450 ①978-4-06-220884-0

〔や・ら・わ行の作家〕

◆乱世！八王子城 山岩淳著 （八王子）揺籃社
【要旨】八王子城を小説で紹介！戦国の用語説明、もっと深い時代背景の解説あり、戦国時代の雑学いっぱい。面白いこと載っている！真田幸村も参戦。日本に1つのレースガラス。城には鷲しかいない。北条は親子、兄弟争いなし。忍者風魔小太郎が大活躍。
2017.3 121p B6 ¥1000 ①978-4-89708-381-0

◆姫さま剣客 柳生飛鳥 八幡淳一著 コスミック出版（コスミック・時代文庫）
【要旨】江戸城内で将軍家光を襲った暗殺事件。宴の場で舞姫になりすました刺客が家光に向かって毒矢を放ったのだ。その場を救ったのは、新たに護衛に加わった美貌の女剣客・飛鳥。飛鳥は柳生十兵衛の隠し子だという。その美しさを、すっかり気に入った家光は、さっそく夜伽に来るように申し付けるが、そこで十兵衛が耳打ちした。飛鳥は、上様が戯れで江戸市中に出て、その時抱いた高級料理屋の仲居が産み落とした娘だと…。刺客を送ったのは豊臣秀頼の忘れ形見・国松。暗殺に失敗した国松だが、豊臣家再興を願い、さらなる謀計を企てる。そんな国松を迎え撃つ、十兵衛・飛鳥父娘の活躍は？ 書下ろし時代娯楽小説。
2017.10 302p A6 ¥650 ①978-4-7747-1372-4

◆封神演義 前編 八木原一恵編・訳 集英社（集英社文庫）
【要旨】古代中国、殷の時代。妖狐が化けた絶世の美女・妲己にとりつかれた紂王は忠臣を次々と殺し、暴虐の限りを尽くす。武王率いる周軍の軍師となり、殷を討伐する太公望（姜子牙）のもとに、次々とはせ参じる仙人や道士たち。空前絶後の伝奇ロマン、中国では『三国志演義』『西遊記』に並ぶ知名度の神話小説、読みやすい抄訳決定版！
2017.12 430p A6 ¥780 ①978-4-08-745678-3

◆大世紀末サーカス 安岡章太郎著 小学館（P+D BOOKS）
【要旨】幕末維新に米欧を巡演した曲芸一座の「痛快行状記」。幕末維新の動乱の世、慶応2年10月から明治2年2月まで、高野広八以下18人の曲芸師たちは米欧各地を巡業した。アメリカ大統領の謁見を受け、パリでは万国博の最中に公演し大入り満員、ロンドンでは女王までもが見物に。芸人らしく行く先々で女郎買いに走り、風俗も洒脱に記録されている。スペインで革命に遭遇するなど、広八が残した日記をもとに、旅芸人のしたたかさか、動乱期の世相が鮮やかに描かれた、曲芸師一座の痛快行状記である。
2017.6 409p A6 ¥900 ①978-4-09-352304-2

◆おもちゃ絵芳藤 谷津矢車著 文藝春秋
【要旨】あたしは絵師だ。死ぬまで絵師だ。死んでも絵師だ。―歌川国芳の弟子の姿を通し、絵師の矜持と執念に迫る傑作。
2017.4 314p B6 ¥1650 ①978-4-16-390642-3

◆風神雷神―雷の章 柳広司著 講談社
【要旨】妻を娶り、二人の子を生した宗達は、名門公卿の烏丸光広に依頼され、醍醐寺唐獅子図・白象図、相国寺の蔦の細道図屏風を制作する。法橋の位を与えられ禁中の名品を模写し、古今東西のあらゆる技法を学んだ宗達。盟友が次々に逝くなか、国宝・関屋澪標図屏風、重要文化財・舞楽図屏風を描いた天才絵師は、国宝・風神雷神図屏風で何を描いたのか。
2017.8 266p B6 ¥1500 ①978-4-06-220716-4

◆風神雷神―風の章 柳広司著 講談社
【要旨】扇屋「俵屋」の養子となった伊年は、醍醐の花見り、出雲阿国の舞台、また南蛮貿易で輸入された数々の品を意匠を食っていた。俵屋の扇は日に日に評判を上げ、伊年は「平家納経」の修理を任される。万能の文化人・本阿弥光悦が書く「嵯峨本」を「鶴下絵三十六歌仙和歌巻」下絵の天才との共同作業を経て、伊年の筆はますます冴える。
2017.8 249p B6 ¥1500 ①978-4-06-220715-7

◆戦始末 矢野隆著 講談社
【要旨】関ヶ原で大勢が決したのち敵中突破を図った「島津の退き口」。窮地に陥った織田信長を救い、秀吉の出世の足がかりとなった戦国の"オールスター殿軍戦"「金ヶ崎の退き口」…。戦国で最も過酷な戦―殿軍戦を堪能せよ。
2017.1 253p B6 ¥1500 ①978-4-06-220387-6

◆鬼神 矢野隆著 中央公論新社
【要旨】山で生まれ育った坂田公時は、武門の頭領・源頼光に従い都へ入る。初めて目にする「身分の境」に戸惑う彼は、ある日、鬼の噂を耳にする。一方、神の棲まう山・大江山では、民の糧である獣たちが姿を消した。頭目の朱天は仲間たちのため、盗みを働く決断を下す。都と山。人と鬼。陰謀と希望一。交わるはずのない思いが交錯するとき、歴史を揺るがす戦が巻き起こる！
2017.3 355p B6 ¥1700 ①978-4-12-004951-4

◆将門―東国の覇王 矢野隆著 PHP研究所（PHP文芸文庫）
【要旨】「帝をも超える真の王となる」と予言された平将門。一方、その友である貞盛は、「一族繁栄の礎になる」と言われた一人。騒乱のさなか、将門は貞盛の父をやむなく自刃に追い込

歴史・時代小説（戦記）

でしまう。手を携え、夢の実現に向けて共に歩むはずだった二人の運命は…。坂東の地に平安をもたらし、都を目指すため、敢然と立ち上がる将門。心に哀しみを秘めつつ鬼神の如く闘う最強の士の姿を切なく描く歴史エンターテイメント。
2017.5 475p A6 ¥980 ①978-4-569-76578-5

◆山よ奔れ　矢野隆著　光文社
【要旨】慶応元年（1865）。祇園山笠に命を賭けた「のぼせもん」たちは、いつもどおり祭りの準備に余念がない。一方、尊王攘夷派と佐幕派に藩論が二分した黒田藩は、筑前勤王党が死活回生を狙い、策を練る。追い山の英雄にして、町の人気者・大工の九蔵、筑前勤王党の中心人物・月形洗蔵は、互いを友と認めつつ、どうしようもない隔たりも感じていた―。
2017.5 349p B6 ¥1600 ①978-4-334-91168-3

◆原城はるかなり　山ももこ著　（流山）崙書房出版
【要旨】キリシタン一揆、農民一揆、浪人の叛乱？　産まれたばかりの徳川幕府を震え上がらせた、島原の乱の深層に迫る。「ハライソ（天国）かインヘルノ（地獄）か」総大将天草四郎の影武者を務めた百姓の小倅茂造の見たものは―。
2017.2 387p B6 ¥1800 ④8455-1213-3

◆恋形見　山口恵以子著　徳間書店　（徳間時代小説文庫）
【要旨】十一歳のおけいは泣きながら走っていた。日本橋通旅籠町の太物問屋・巴屋の長女だが、母は美しい次女のみを溺愛。おけいには理不尽に辛くあたって、打擲したのだ。そのとき隣家の小間物問屋の放蕩息子・仙太郎が通りかかり、おけいを慰め、螺鈿細工の櫛をくれた。そこで仙太郎のため巴屋を江戸一番の店にすると決意。度胸と才覚のみを武器に大店に育てた女の一代記。
2017.12 363p A6 ¥670 ①978-4-19-894293-9

◆落語魅捨理（ミステリ）全集―坊主の愉しみ　山口雅也著　講談社
【要旨】「猫の皿」「品川心中」「時そば」「あたま山」「花見の仇討」「そば清」「粗忽の使者」「らくだ」「人面久」…なじみの名作古典落語をベースに当代一の謎（リドル）マスター山口雅也が描く、愉快痛快奇天烈な江戸噺七篇！
2017.5 251p B6 ¥1800 ①978-4-06-220584-9

◆無双の拝領剣―巡見使新九郎　山田剛著　コスミック出版　（コスミック・時代文庫）
【要旨】「新九郎、余の名になってくれ」―八代将軍吉宗に突如呼び出され、こう懇願されたのは、日本橋は浮世小路の風来坊であった。だがこの新九郎、実は旗本寄合席で、北町奉行稲生正武の次男坊という身。家を飛び出し、側用人加納久通の屋敷へ向かう内、残像と昵懇になっていた。吉宗は、人を見る目が長けていると評する新九郎に、「巡見使として諸国を巡り、改革の成果を見て来てくれ」と、懇願したのである。一命を懸けて上様の力となる、と決意した新九郎は江戸を出立。川村源右衛門、篁、三浦左平次の三人の供と中山道の旅人となる。腰に差すは、吉宗から拝領した小龍景光…。天下御免の若き巡見使は、魂が怒りに震えたならばこの名刀を翳そうと奮い立ち、颯爽と悪に立ち向かう！
2017.11 327p A6 ¥660 ①978-4-7747-1388-5

◆はだか大名―山手樹一郎傑作選　山手樹一郎著　コスミック出版　（コスミック・時代文庫）
【要旨】明石藩十万石の主松平直之助は、小名木川の下屋敷に若隠居の身。時の将軍家斉の子息、斉信を押しつけられ家督を譲らざるをえなかったからだ。愛妾菜乃の死を受け入れていた直之助は、ある固い決意を秘めていた。身分を捨て、一貫の浪人浮世捨三郎として、お家の大事を救おうというのだ。一方、主君斉信が暗愚なのをいいことに藩政を思うままにしていた大内源蕊太は、直之助暗殺指令を出す。盗人稼業の油屋伝九、辰巳の売れっ子芸者小稲らの手を借りる直之助は、ついに愛の本丸斬り込みを敢行。果たして、正義の剣をふるうことができるのか？　国民的人気作家・山手樹一郎の評判作を刊行する傑作選、第五弾！
2017.7 783p A6 ¥1110 ①978-4-7747-1350-2

◆変化大名―山手樹一郎傑作選　山手樹一郎著　コスミック出版　（コスミック・時代文庫）
【要旨】スリにあっても気づかず、「わしは最近まで病気で座敷牢にいたからな」と自嘲する浪人・福は内福태郎、実は柳生藩七万石の次期藩主、松平徳之助で、悪家老大和田外記の野望のために狂人扱いされていた

のだ。殿様という身分はいらない、ただ惚れた女のだんな様でいたい、道を正したいと藩を脱け出した福太郎だったが、その願いさえ許さぬ悪い刺客が藩から放たれる。しかも敵はひとりではなかった！　同じ頃、お家には復讐鬼と名乗る謎の男の魔の手が迫っていたのだ。悪家老外記、復讐鬼、三つ巴の争いを福太郎はいかに闘うのか。そして最後に勝者となるのは―！？　国民的人気作家・山手樹一郎の評判作を刊行する傑作選、第三弾！
2017.2 719p A6 ¥1050 ①978-4-7747-1306-9

◆世直し若さま―山手樹一郎傑作選　山手樹一郎著　コスミック出版　（コスミック・時代文庫）
【要旨】"浜町の火薬"の異名をとる五千石の旗本格・松平鶴七郎。父は十一代将軍徳川家斉という、大層高貴な身分でありながら、下から政道を見てみたいと自ら願い出て城を去り、気ままな生活を送っている。ある日ふらりと出た町で娘・浪江を助けたことを機に、浜松藩六万石の邪な女中・悪家老の存在を知ることになった。鍛錬に修行を重ねた剣術と、頼れる町の子分の活躍で、鮮やかに奸物退治をやってのける鶴七郎。そんな男気あふれる姿に一途な想いを抱く尾張藩の駄々姫。恋の花が色づき始める一方、鶴七郎は新たな敵に立ち向かうため信州へ出立する。道中追っ手が迫る命をかけた旅の顛末やいかに！？　国民的人気作家・山手樹一郎の評判作を刊行する傑作選、第四弾！
2017.4 743p A6 ¥1080 ①978-4-7747-1328-1

◆浪人八景　上巻　山手樹一郎著　コスミック出版　（コスミック・時代文庫）
【要旨】思いもよらず、生涯浪人で終わらなければならない因果を背負ってしまった比良雪太郎。安住の地を求めて江戸へ向かう途中、ゆくあくりげな一人旅の女・松江から、お嫁にして欲しいと頼まれる。おしゃべり吉松や浪人・三井鍾太郎も加わり、なんとも危険な珍道中。三井の渡しで助けたお妻の縁で、三井と深川大工町に住んはじめた雪太郎だが、偶然にも松江と再会、ある姫君の護衛を頼まれる。雪太郎は、松江の依頼を引きうけずにいられない宿命があった。捕らか捕らえるか…。姫君を守るため、雪太郎は命懸けの攻防戦に立ち向かうことになる！　国民的人気作家の評判作を刊行する「山手樹一郎傑作選」第六弾！！
2017.10 442p A6 ¥780 ①978-4-7747-1373-1

◆浪人八景　下巻　山手樹一郎著　コスミック出版　（コスミック・時代文庫）
【要旨】比良雪太郎が命を賭して守ろうとした姫君とは、明石藩松平家の三女・露姫であった。人形のような美しさと、明石家老の嫡男であった雪太郎は幼馴染みであり、将来を密かに約束していたのである。だが露姫は十六歳の春、和州郡山藩松平又一郎の元への輿入れが決定。二人は引き裂かれた上、さらなる不幸が襲う。郡山家では国家老の赤柴刑部が暗躍、重鳥となった又一郎に替わって分家の田島左門を跡目に立て、露姫をも分家の娘として、藩政を牛耳ろうとしているのだ。これも宿命と、お国入りの姫を護衛する雪太郎…。決死の一戦は目前に迫っていた！　国民的人気作家の評判作を刊行する「山手樹一郎傑作選」第六弾！！
2017.10 446p A6 ¥780 ①978-4-7747-1374-8

◆浪人若殿―山手樹一郎傑作選　山手樹一郎著　コスミック出版　（コスミック・時代文庫）
【要旨】岡っ引きの娘お吟は、父も一目置く勘のよさで女だてらにお役目の手伝いをする毎日。そんなお吟に、浜松藩の留守居役堀川から、主家の家中重役の道楽息子を捕まえてほしいという奇妙な依頼が来る。しかも相手、香坂礼三郎は藩主松平忠之の異母弟の仮の姿だった。実は江戸家老宇田川や留守居役一派こそ賢明な礼三郎を追い落とし、藩を我がものにしようとしていたのだ。そんな折、兄毒殺の報が届く。藩の命運にこそひとりでも若さまの味方をしようと決め、その熱心に動かされてお吟、礼三郎もついに立ち上がる。浜松六万石の存続をかけて戦いの火ぶたはついに切られた―！！
2017.1 653p A6 ¥990 ①978-4-7747-1300-7

◆茜空―大江戸算法絵情伝　山根誠司著　双葉社　（双葉文庫）
【要旨】槇岡藩の下級武士の息子・柏木新助は、江戸に出て一流の算術家になるのが夢。新助に千載一遇の好機が巡ってきた。江戸の北条家への養子入りの話が持ち上がったのだ。勇躍して江戸に出てきた新助だったが、思わぬ現実が待っていた。さまざまな事情により、養子入りの話が立ち消えたという。北城家の「厄

介者」となった新助は、算術に救いを求め、関孝和の算術塾の門を叩く。大注目の時代小説新シリーズ第一弾！
2018.1 270, 7p A6 ¥602 ①978-4-575-66688-1

◆成亥の追風　山本一力著　集英社　（集英社文庫）
【要旨】嘉永6年、黒船来航に揺れる江戸。木更津の薪炭問屋の娘おきょうは、深川の材木商となっている許嫁のため単身江戸へ向かうが、警戒をする船番所で留置されてしまう。彼女の危機を救うと、密かに想いを寄せる仙之助をはじめ、男たちが動き出す。騒動に乗じて悪事を企む者たちも現れ、事態が複雑化する中、若き二人の運命は。川面をはしる風のように、心に爽やかな印象をはこぶ傑作時代小説。
2017.12 425p A6 ¥740 ①978-4-08-745674-5

◆牛天神―損料屋喜八郎始末控え　山本一力著　文藝春秋
【要旨】不況の嵐が吹き荒れる江戸―同心を辞し、庶民相手に鍋釜や小銭を貸す「損料屋」として暮らす喜八郎。与力や仲間たちと力を合わせ、巨大な敵と渡り合う！　二千坪の土地を牛耳る黒幕の目的は？　危機感をつのらせる江戸の住人たち。
2018.1 292p B6 ¥1700 ①978-4-16-390733-8

◆ジョン・マン　4　青雲編　山本一力著　講談社　（講談社文庫）
【要旨】船長の元で暮らし始めた万次郎は、まだ完璧でない英語に加え、算数や理科の基礎を習得するため、小学校へ通うことに。年下の子どもたちとの交流を経た十六歳の少年は、捕鯨船の上級船員に必要な資格を得るべく、バートレット・アカデミーへの進学を決意する。著者が精魂込めた歴史大河小説、沸き立つ！
2017.6 253p A6 ¥620 ①978-4-06-293684-2

◆ジョン・マン　6　順風編　山本一力著　講談社
【要旨】二等航海士として海へ。バートレット・アカデミー（航海術専門学校）を首席で卒業した万次郎。故郷や仲間に思いを馳せながら、1846年5月、ニューベッドフォードから出航。アフリカからアジアへと、緑したたる未知の大陸へと漕ぎ出す。
2017.6 282p B6 ¥1600 ①978-4-06-220622-8

◆つばき　山本一力著　光文社　（光文社時代小説文庫）
【要旨】つばきは、深川に移り住み、浅草で繁盛していた一膳飯屋「だいこん」を開業した。評判は上々だが、「出る杭は打たれる」とばかりに、商売繁盛を快く思わない者もいた。廻漕問屋「木島屋」から、弁当を百個こしらえてほしいという大口の注文を受けたのだが…。浅草とは仕来りの違う深川に馴染もうと、つばきは奮闘する。祭の興奮と職人たちの気概あふれる深川繁盛記。
2017.9 446p A6 ¥720 ①978-4-334-77534-6

◆紅けむり　山本一力著　双葉社　（双葉文庫）
【要旨】有田皿山の薪炭屋の主・健太郎は公儀隠密から、有田で黒色火薬が密造され、伊万里湊から江戸に運び出されている。事が明るみになれば鍋島藩は取り潰しともなりかねない。健太郎は密造一味捕縛に力を貸すことを決め、江戸へと向かった。辿りついた先で、凄絶な闘いの目の当たりにする健太郎。傍らには同道した妻のおちえがいた―。若き大店主の清廉なる信念が胸を打つ、波乱万丈の時代巨編。
2017.7 517p A6 ¥720 ①978-4-575-52015-6

◆べんけい飛脚　山本一力著　新潮社　（新潮文庫）
【要旨】前田家の参勤交代は四千人の大移動。五代藩主前田綱紀は禁を破る数の鉄砲隊の同道を突如命じた。関所通過には公儀の許可証が要る。隊列は既に藩邸を発った。迫る時間の中、漸く吉宗決済の許可証が下りた。予め先々の宿場で待ち受けていた飛脚たちは参勤隊列を目指して文書を繋いでいく。艱難辛苦を極める難事に命を懸ける飛脚たち。使命を遂行する男の意気地に心打たれる傑作時代巨編。
2017.10 513p A6 ¥750 ①978-4-10-121347-7

◆夢をまことに　上　山本兼一著　文藝春秋　（文春文庫）
【要旨】近江国友村の鉄砲鍛冶である一貫斎は村の訴訟に巻き込まれ江戸に出ることになった。太平の世に鉄砲の注文は減り、村は景気が悪く寂れた状況にあった。江戸に出た一貫斎は持ち前の好奇心で交友を広げ、オランダ渡りの新式鉄砲の修繕を依頼される。見事に鉄砲を修繕し

歴史・時代小説（戦記）

◆夢をまことに　下　山本兼一著　文藝春秋
（文春文庫）
【要旨】江戸での訴訟に勝ち、国友村に戻った一貫斎は、江戸滞在中に請け負った反射望遠鏡の制作中に夢中になった。レンズの制作で、失敗を重ねる最中に、墨をすらないですむ「懐中筆」や油を足さない「玉燈」等を発明し、潜水艇も模索する。晩年彼のダ・ヴィンチと呼ばれる鉄砲鍛冶の生涯を描いた傑作時代職人小説。
2017.2 307p A6 ¥600 ①978-4-16-790787-7

◆民衆による明治維新―西郷隆盛と山岡鉄太郎と尊攘の志士たち　山本盛敬著　（名古屋）ブイツーソリューション、星雲社 発売
2018.1 276p A6 ¥700 ①978-4-434-24135-2

◆吾が身をもって、叶えよと―陰陽師・安倍晴明　結城光流著　KADOKAWA
【要旨】化生の血を引く、稀代の陰陽師・安倍晴明。ある日、宮腹の中納言と呼ばれる帝の血を引く貴族から、禁域の沼で瀕死の状態で見つかった息子を助けてほしいと依頼が来る。「夢に出てきた不動明王が、安倍晴明に助けを乞えと告げた」という中納言の言をいぶかしむ晴明の前に、禁域の沼の主・みずちが現れ―!?新・安倍晴明伝第5弾！
2017.7 279p B6 ¥1300 ①978-4-04-105259-4

◆ガルシバの夜明け　由木立司著　ミヤオビパブリッシング、（京都）宮帯出版社 発売
【要旨】昔、山と森に囲まれた湖のほとりに一人の若者が年老いた両親と一緒に住んでいた。若者の名前はリュウ、父親はサンリ、母親はカツといった。この物語は成熟した縄文時代から弥生時代に移行しつつある時、ガルシバと呼ばれた日本のある地方に住んでいた縄文人の話である。
2017.3 414p B6 ¥1800 ①978-4-8016-0101-7

◆陰陽師　螢火ノ巻　夢枕獏著　文藝春秋（文春文庫）
【要旨】稀代の陰陽師・晴明と心優しき笛の名手・博雅が六百万部超の人気時代小説第14弾。今回は、晴明のライバルにして、シリーズ登場人物で人気第三位でもあり、酒をこよなく愛する播磨の蘆屋道満が大活躍。彼を主人公にした三本の短編が登場。通常のシリーズとは、一味と違う平安の幽玄とあわれの世界に読者を誘い…
2017.6 253p A6 ¥580 ①978-4-16-790861-4

◆江戸城仁中　吉川英治著　KADOKAWA
（角川文庫）
【要旨】鳥羽の山田奉行を務める大岡忠相は密貿易に頭を悩ませていた。伝説の海賊・先生金右衛門が多くの手下を従え、親船・巽丸を操り傍若無人に海を駆けていたのだ。忠相は信頼厚い部下を使い、密貿易の実態を探らせる。一方、金右衛門の手下である鯨太郎は、幼馴染みで庄屋の娘・よねと駆け落ちを約束していたが、忠相の罠により、逃亡を余儀なくされてしまった…。やがて徳川吉宗の将軍就任と共に江戸へ導かれた彼らの運命は？
2017.1 507p A6 ¥960 ①978-4-04-104594-8

◆三国志　10　五丈原の巻　吉川英治著　1万年堂出版
【要旨】座して滅ぶより、出でて討つ。孔明、壮なる決意で北伐へ。大きな文字で、あの感動を。
2017.2 461p A6 ¥1500 ①978-4-86626-012-9

◆海道の修羅　吉川永青著　KADOKAWA
【要旨】「海道一の弓取り」と讃えられし今川義元の、閃光の如き生涯を描く、長編歴史小説。
2017.4 322p B6 ¥1800 ①978-4-04-105079-8

◆孟徳と本初―三國志官渡決戦録　吉川永青著　講談社
【要旨】帝を擁する奸雄・曹操孟徳と名門袁家の王者・袁紹本初。中原の覇者となり天下を望むには、かつての友が最大の障壁となった。劉備、関羽、荀彧（いく）、荀攸、許褚（ちょ）、田豊、郭図、文醜、顔良、英雄たちが、荒ぶり謀る三國志前半の大決戦「官渡の戦い」。
2017.7 253p B6 ¥1650 ①978-4-06-220608-2

◆龍の右目―伊達成実記　吉川永青著　角川春樹事務所
【要旨】「決して後らに退かぬ」と言われる毛虫を兜の前立にして、伊達家中一の勇猛さを誇り、伊達三傑の一人とも数えられた男・伊達成実。父雙の役から帰参した後、生涯をともにす

と約した政宗のもとを離れ、成実は謎の出奔をする。その秘められた意図とは？　戦国末期を政宗とともに駆け抜けぬいた男の生き様を描く歴史長編。
2017.11 310p B6 ¥1600 ①978-4-7584-1315-2

◆浅草の月―渡り辻番人情話　吉田雄亮著　KADOKAWA　（角川文庫）
【要旨】商人の娘と所帯を持つため、武士の身分を捨て、辻番人として生きる道を選んだ浅井源三郎。先任の辻番人頭が負傷し、源三郎が代わりに赴任した地は、浅草の薬師橋だった。ある日、源三郎は、橋のなかほどで職人たちに絡まされている女を助けた。お藤と名乗った女は、毎夜、橋で男を待っていたという。だが、彼女と恋仲の男は、敵持ちの武士だったのだ。敵を見つけた男と、叶わぬ恋を願う女。源三郎は、二人を救うことができるのか。書き下ろし時代小説。
2017.7 268p A6 ¥600 ①978-4-04-105194-8

◆侠盗組鬼退治　吉田雄亮著　実業之日本社
（実業之日本社文庫）
【要旨】銭相場で儲ける悪名高き大身旗本・堀田左近には裏の顔があった。賄賂を乱発して剣友の土屋又兵を外に侠盗頭衆に据え、盗人を女郎衆を仲間に引き込むその目的は、浮世の悪を断つの"鬼退治"である。ある夜、強盗頭巾の一団に襲われた若侍から、左近は三枚の木札を託される。若侍が死をもって告発しようとしているものは何か―痛快時代小説開幕！
2017.2 276p A6 ¥620 ①978-4-408-55344-3

◆新・深川鞘番所　吉田雄亮著　祥伝社（祥伝社文庫）
【要旨】仙台堀に、同心の恰好をした土左衛門が浮かんだ。深川鞘番所に詰める北町奉行所の面々は、彼の顔に見覚えがない。南町に問い合わせるもはかばかしい返事がなかった。だが、深川鞘番所支配の大滝錬蔵は、死体は失踪していた南町の臨時廻り同心だと突き止める。なぜ南町は即座に認めなかったのか？　背後に己の想い人紋を巻き込む事件があることを知った錬蔵は…。
2017.12 292p A6 ¥640 ①978-4-396-34314-9

◆鎌倉燃ゆ　奥村久夫著　創英社／三省堂書店
【要旨】苦悶する三浦泰村、若き執権北条時頼、謀略の安達景盛。忽寧への協調か戦か…、時は満ちた…！　三つ巴の戦いがここに始まる。
2017.5 375p A6 ¥850 ①978-4-88142-135-2

◆幕末ダウンタウン　吉森大祐著　講談社
【要旨】噺家・桂文枝とばったり再会しており落ちの世界へ誘われた新撰組隊士の濱田精次郎。サムライが舞台に立つわけがないとはなから相手にしないでいたが、寄席という場所はいろんな人間が出入りする情報の宝庫。手柄につながる何かが転がり始めたところへ長州藩士とつながりがありそうな売れっ子芸妓・松茂登が現れる…。新た新撰組物語お笑い青春小説！　第十二回小説現代長編新人賞受賞作。
2018.1 217p B6 ¥1400 ①978-4-06-220895-6

◆筑紫の風―億良と旅人（たびと）　吉森康夫著　幻戯書房
【要旨】滅亡した百済から父医師憶仁とともに逃れてきた4歳の憶良は、倭国で自ら学び、42歳で遅咲きの無位の遺唐使少録に抜擢されている。帰国後はのちに従五位下まで進み国司になる。伯耆守のあと、67歳で筑前守として筑紫へ下向すると運命的な出会いが待っていた。3年前に観世音寺別当として下っていた沙弥満誓と、翌年下ってきた太宰帥・大伴旅人である。朝廷の骨肉の争い、律令国家への激しい動き、藤原氏の台頭で氏族では旅人、個人では旅人、憶良、満誓の友情がはぐくまれ、後まで残る歌の花が咲いた。世に外れた万葉二大歌人のめぐり逢い、歌がその哀しみを慰めた。大宰府を舞台に、氏家柄を超えた交わりを追う、古代歴史小説。
2017.12 269p B6 ¥1800 ①978-4-86488-137-1

◆小説　東照宮（あずまてらすのみや）　柳光人著　（大阪）風詠社、星雲社 発売
【要旨】怪僧南光坊天海。その謎の正体と恐るべき野望とは。「東照宮」に秘められた願いが、今解き明かされる…。圧倒的スケールで描く戦国伝奇ロマン！
2017.7 253p B6 ¥1650 ①978-4-434-23529-0

◆閻魔帳―地獄極楽巡り会い　和久田正明著　コスミック出版　（コスミック・時代文庫）
【要旨】お春とお夏は仏具問屋「播磨屋」の娘で、神田須田町界隈では評判の美人姉妹。二人は女だてらに捕物好きで、姉のお春はその才を見込まれ、岡っ引きの辰平同心から十手を授か

だった。ある日、ひょんなことから播磨屋に転がり込んできた若い浪人。男は自分が誰で、どこから来たかもわからないという。だが腰の差料は見事な業物、あるいは身分の高い侍なのか。三日月主水という仮初めの名をつけられ、姉妹の捕物に手を貸すことになった浪人。だが、とある商家の女中の不審死を皮切りにした事件は、札付きの町方役人の殺しへと動きだす。そしてその背後には、不条理に翻弄された一組の男女の悲哀が隠されていた。
2017.4 303p A6 ¥650 ①978-4-7747-1305-2

◆怪盗流れ星―はぐれ十左暗剣殺　和久田正明著　徳間書店　（徳間文庫）
【要旨】非道なことは一切せずに、盗んだ金は貧しい人たちに分け与えている「怪盗流れ星」。町方はおろか火盗改改めまでも、捕まえられず、翻弄されていた。同心の鏑木十左は、独自の探索で追い詰める。しかし、そこにいたのは、盗っ人ながらも世情を憂い、正義感に溢れた若い男。おまけに彼は、加賀から江戸に出て父と暮らす娘に一目惚れしていた。そこで十左は、彼を真っ当にするべく…。
2017.8 315p A6 ¥650 ①978-4-19-894251-9

◆地獄耳　2　金座の紅　和久田正明著　二見書房　（二見時代小説文庫）
【要旨】剃髪して鬘をつけた町娘姿の死骸が無住寺で見つかる。十両もの大金を持っていたが、尼僧なのか。寺社方も難渋する事件中であった。奥祐筆組頭の烏丸菊次郎と建部内蔵助、そしてその仲間たち一地獄耳の出番である。娘の敵を討ち、悪を懲らしめるために探索を続けるうちに、淫乱な御金改役が浮かび、しかも、水増し小判鋳造までが発覚して…。地獄耳が悪党を駆逐する！
2017.3 277p A6 ¥648 ①978-4-576-17025-1

◆地獄耳　3　隠密秘録　和久田正明著　二見書房　（二見時代小説文庫）
【要旨】家族仲も睦まじく、うまいと評判の豆腐屋が突然、女房と三人の子供を殺し、行方をくらましてしまう。いったい何が？　この難事件をいち早く解決する地獄耳の出番だった。奥祐筆組頭の烏丸菊次郎と建部内蔵助、その手下たちの厳しい探索に、十年前の信州での大量殺人と五千両強奪事件が浮かび上がり、失踪した豆腐屋主人の正体も見え隠れして…。
2017.7 286p A6 ¥648 ①978-4-576-17093-0

◆地獄耳　4　お耳狩り　和久田正明著　二見書房　（二見時代小説文庫）
【要旨】奥祐筆組頭の烏丸菊次郎は賄賂まみれの普請奉行が殺される現場に遭遇するが、下手人は仏法僧との言葉を残し死んでしまう。殺しを請け負う輩と目撃を付けた浪人らとともに逃げられてしまう。一方、尾張藩の大目付が何者かに殺される。尾張藩で何が起こっているのか、そして浪人と仏法僧の関わりは？　葵の御紋を巡る黒い渦を、地獄耳たちが両断する！
2017.11 295p A6 ¥648 ①978-4-576-17158-6

◆うに勝負―料理人季蔵捕物控　和田はつ子著　角川春樹事務所　（時代小説文庫）
【要旨】日本橋は木原店の一膳飯屋塩梅屋。梅雨時のある日、主の季蔵と三吉が茗荷料理の仕込みをしていたところに、戯作者の華多屋徳次郎と名乗る男がやって来た。「あなたの料理の腕をもってして、生ウニ料理を流行らせてはいただけませんか？」と季蔵に深々と頭を下げた。その数日後、同心の田端と岡っ引きの松次が店にやって来て、大伝馬町の生糸長者・華多屋徳右衛門が大川の上から忽然と消えたという…。季蔵は美味しい料理で市井の人々を喜ばせる一方、町の事件の真相を追う。大ベストセラー書き下ろしシリーズ、二幕目第六弾。
2017.6 250p A6 ¥600 ①978-4-7584-4101-8

◆鬼がくる―ゆめ姫事件帖　和田はつ子著　角川春樹事務所　（時代小説文庫）
【要旨】師走の晦日になっても、池本家の次男・信二郎は眠り続けていた。どうやら信二郎は悪霊と闘っているらしい。将軍家の末娘・ゆめ姫は、亀乃と交代で看病にあたっていた。年が明けたある日、同心の山崎が、姫の力を借りたいとやって来る。大店の跡取りである男の子が行方知れずになったという。ゆめ姫は信二郎の容態を気にかけながらも、山崎に協力を約束する。――「余々姫夢見帖」シリーズを全面改稿。装いも新たな大人気シリーズ「ゆめ姫事件帖」、第五弾。
2017.2 249p A6 ¥600 ①978-4-7584-4086-8

◆恋文―ゆめ姫事件帖　和田はつ子著　角川春樹事務所　（時代小説文庫）　（「余々姫夢見帖」再構成・改稿・改題書）

【要旨】将軍家の末娘"ゆめ姫"は、好奇心が強く、大奥を飛び出し、池本家の屋敷で暮らしている。そんなある日、ふくれまんじゅう作りを楽しんでいた姫の元に、池本家の次男・信二郎がやって来て、秘かに守ってきた"火の見櫓から落ちて死んだ男"の事件で姫の力を借りたいという。一方、姫の夢に許婚の一橋慶斉が現れて…。不思議な力を持つ美しき姫が、難事件に次々と挑む!「余々姫夢見帖」シリーズを全面改稿。装いも新たな人気シリーズ「ゆめ姫事件帖」第四弾。
2017.3 231p A6 ¥600 ①978-4-7584-4079-0

◆特命見廻り 西郷隆盛 和田はつ子著 角川春樹事務所 (時代小説文庫)
【要旨】どうやら近ごろ、六軒もの牛鍋屋に謎の五臓六腑が投げ込まれ、新政府は、この事件に蓋をしているらしい―西郷吉之助こと隆盛は、役人の川路利良に命じて秘かに事件を調べさせていた。西郷は田中作二郎という若者に被害のあった牛鍋屋で聞き込みを。勝海舟、大久保利通と篤姫こと天璋院、女医・楠本イネも登場。牛鍋、鯛の丸あげ煮など美味しい料理とともに西郷隆盛が大活躍する、傑作時代事件帖。書き下ろし。
2017.12 268p A6 ¥600 ①978-4-7584-4144-5

◆南蛮菓子―料理人季蔵捕物控 和田はつ子著 角川春樹事務所 (時代小説文庫)
【要旨】日本橋は木原店にある一膳飯屋「塩梅屋」では、年の瀬に限り municiple 御飯を供している。今年の師走飯は鰯の照り焼き汁かけ飯に決まった。鰯を届けてくれている船頭の豪助が家を出て、兄貴分の尚吉と暮らしていると。師走飯が好評の折、岡っ引きの松次と同心の田端が店にやってきた。綱元孫右衛門の娘・理恵が殺されたという。理恵は尚吉の許嫁だった。―鰯の団子汁、春菊の天ぷらうどん、鳥鍋、鮮のカラスミ…など美味しい料理と季蔵の推理が冴えわたる、書き下ろし大ベストセラーシリーズ、待望の最新刊。
2017.12 280p A6 ¥600 ①978-4-7584-4138-4

◆虹のかけ橋―ゆめ姫事件帖 和田はつ子著 角川春樹事務所 (時代小説文庫)
【要旨】このところ市井で暮らしている将軍家の末娘ゆめ姫が、大奥に戻って来た。父将軍の体調が思わしくないのだ。「徳川の世を恨む悪霊の祟りではないか」と、姫は側用人から相談されている。一方、本丸の開かずの御膳所では近頃殿方三人の幽霊が出るという噂が流れる。一方、姫の美しき姫が、過去に大奥で起きた密通事件など、難事件に果敢に挑む!続々重版の大人気シリーズ「ゆめ姫事件帖」待望の書き下ろし。
2017.9 250p A6 ¥600 ①978-4-7584-4120-9

◆歎きの童霊―溝猫長屋 祠之怪 輪渡颯介著 講談社
【要旨】溝猫長屋で亡くなったお恵さんが祀られた祠をお参りして以来、忠次ら四人は幽霊を「嗅いで」「聞いて」「見て」分かるように。空き家の入った巾着袋を失くした銀太は、幽霊を見たいにしようと空き家に忍び込むが、そこに本物の幽霊が。そして、留吉が路地を歩いていると、愛らしい女の子に手招きされる。その子の正体は?それらの出来事が、銀太に「芸がない」と言われた、お恵ちゃんと関わりが?銀太の心ない言葉が、お恵の怒りを招く?
2017.10 235p A6 ¥640 ①978-4-06-220790-4

◆影憑き―古道具屋皆塵堂 輪渡颯介著 講談社 (講談社時代小説文庫)
【要旨】がらくたと曰く品が並ぶ皆塵堂の新たな居候は、紙問屋の大店の倅、円九郎。お目付役の清左衛門を嘆かせる放蕩児だ。仕事はさっぱりで、悪友たちとつるんでは悪さばかり。その円九郎、皆塵堂では、黒い影や生首を見たりと、恐怖におののく日々。主の伊平次は、ここぞと「荒療治」に踏み切るのだが!?
2017.11 295p A6 ¥640 ①978-4-06-293797-9

◆祟り婿―古道具屋 皆塵堂 輪渡颯介著 講談社 (講談社時代小説文庫)
【要旨】怪しげな曰く品を扱う皆塵堂で、連助という男が働き始めた。だがこの連助、幽霊や祟りの類を絶対に信じようとしない。幽霊が見える太一郎たちの婿入りが決まっている紅白粉問屋六連屋では、なぜか跡継ぎの婿が次々と早死にしている。主の伊平次は祟りの正体をつきとめられるか?
2017.5 300p A6 ¥640 ①978-4-06-293668-2

◆ばけたま長屋 輪渡颯介著 KADOKAWA (角川文庫)
【要旨】浅草の裏長屋に仕事場を構えた指物師の弦次。隣の長屋は空き家ばかり。住人たちが次々と引っ越したのは、木戸口から数えて4つ目の閉じられた部屋と関わりがあるらしい。入居日の夜、弦次はその部屋でこの世の者とは思えない女を見てしまう。怖がりだが根が真面目な弦次は、不真面目な先輩住人の三五郎、幽霊画を描くのにどうしても本物を見たい町絵師の朔天とともに、原因究明という名のおばけ退治に乗り出すが…!?
2017.9 281p A6 ¥600 ①978-4-04-105951-7

◆優しき悪霊―溝猫長屋祠之怪 輪渡颯介著 講談社
【要旨】十二歳の忠次たち四人は、長屋の祠をお参りしてから「幽霊が分かる」ように。空き家となったお店で、彼らがかくれんぼをしていると幽霊が「おとじろう」と告げる。するとその店の娘と縁談のあった乙次郎が行方不明に。幽霊の正体は? 告げた名はどんな意味が?
2017.5 217p B6 ¥1400 ①978-4-06-220568-9

経済・社会小説

◆女子高生社長、ファイナンスを学ぶ―けっぷち経営奮闘記 石野雄一著 SBクリエイティブ
【要旨】小さな出版社の社長だった父の突然の訃報。あとを継ぎ、社長に就任した女子高生の美鈴。しかし会社は倒産寸前。銀行への返済期限は3カ月。「出版不況」「馬鹿の山」「使えない編集者」次々と難題が襲いかかる。途方に暮れる彼女の前に現れたのは、お金にくわしい猫喫茶のマスターだった。青春を賭けた、女子高生社長の戦いが始まる―。次世代の武器と教養が読むだけで身につく、新ビジネス小説。
2018.1 247p B6 ¥1400 ①978-4-7973-8922-7

◆銀行支店長、追う 江上剛著 実業之日本社 (実業之日本社文庫)
【要旨】うなばら銀行T支店を利用し、詐欺グループが動き出した。貞務定男支店長の作戦で、行員の柏木雪乃らが詐欺グループを尾行することに。だが雪乃は敵に軟禁されてしまう。一方、久木原頭取の許へは、第二次大戦中の蔣介石由来と称する、秘密資金話が舞い込む。うなばら銀行の現場とトップ双方に闇勢力が手を伸ばし、真っ向対決の時が訪れた。
2017.2 412p A6 ¥694 ①978-4-408-55338-2

◆抗争―巨大銀行(メガバンク)が溶融(メルトダウン)した日 江上剛著 朝日新聞出版 (朝日文庫)
【要旨】震災義援金の振込集中でATMのシステム障害を起こしたミズナミ銀行。2年後、コンプライアンス統括部次長・橋沼康平の同僚が何者かに殺害される。橋沼は警視庁の斉藤と事件を追うが…。巨大化した金融組織の呪縛が招いた悲劇を描く長編ビジネス小説。
2017.11 387p A6 ¥780 ①978-4-02-264865-5

◆病巣―巨大電機産業が消滅する日 江上剛著 朝日新聞出版
【要旨】日本を代表する総合電機メーカー芝河電機に勤める瀬川大輔は、本社監査部勤務を命じられた。瀬川は会社を救うきっかけにて、芝河の基幹部門PCカンパニーが危機的状況であることを知る。告発した社員は瀬川に後を託して自殺をしてしまう。PCカンパニーだけではなくその他のカンパニーでも粉飾決算が横行していた事実をつかみ捜査する瀬川。証券取引等監視委員会も密かに動き出した。やがて買収した原発企業EECの巨額損失が発覚し、芝河は経営危機に陥る―。
2017.6 373p B6 ¥1600 ①978-4-02-251475-2

◆スケープゴート―金融担当大臣・三崎皓子 幸田真音著 中央公論新社 (中公文庫)
【要旨】三崎皓子、五十一歳。気鋭の経済学者で、テレビのコメンテーターとしても活躍中だ。ある日、明正党の総裁・山城泰三に呼び出され、民間人として金融担当大臣に指名される。就任後、地方銀行の取り付け騒ぎを鮮やかに解決した皓子は、参院選へ出馬、官房長官に抜擢される。そんななか、山城が病に倒れて―。皓子を待ち受ける運命とは?
2017.8 400p A6 ¥720 ①978-4-12-206471-3

◆大暴落―ガラ 幸田真音著 中央公論新社
【要旨】円と国債の大暴落で日本が沈む!?日銀の信用不安が招いていたつの危機。女性総理・三崎皓子は日本を救えるか?
2017.3 426p B6 ¥1700 ①978-4-12-004950-7

◆倒産仕掛人 杉田望著 文芸社 (文芸社文庫)(『破産執行人』加筆・修正・改題書)
【要旨】高い技術の蓄積とブランド力を持ちながら、経営能力のない二代目が跡を継いでしまい、破綻状態にある老舗製菓会社。腐臭を放つ標的を安く買い叩き、上場益を稼ぎ出せ!そんな自分を世間は倒産仕掛人と呼ぶ。不良債権ビジネスに群がる、商社やメガバンクの暗闘を活写した衝撃の経済小説。
2017.4 344p A6 ¥720 ①978-4-286-18565-1

◆巨大外資銀行 高杉良著 講談社 (講談社文庫)(『小説 ザ・外資』再編集・改題書)
【要旨】ヘッドハントされて邦銀を退職、アメリカ系の投資銀行に転職した西田。大手医薬品メーカー同士の対等合併という大型案件に挑むのだが―横取り、リベート、詐欺的商法が横行する外資の暴走。日本経済が踩躙された実態を描いたベストセラー『小説 ザ・外資』を改題。著者があとがきを新たに寄稿した新装版。
2017.6 539p A6 ¥920 ①978-4-06-293686-6

◆小説 創業社長死す 高杉良著 KADOKAWA (角川文庫)
【要旨】東邦食品工業の創業者で相談役の小林貢太郎が急死した。絶大な権力とカリスマ性で会社を掌握してきた小林の死に、社内は揺れる。大株主でもあった小林の妻・晶子の支持を得た社長の筒井節は、周囲を蹴落とし次第にワンマン体制を築きあげていくのだが…。大手総合食品メーカーの創業経営者の突然の死と後継者争いを描き、今、多くの企業が直面する経営承継問題の本質に鋭く切り込む、著者真骨頂のビジネス小説!
2017.5 259p A6 ¥600 ①978-4-04-105481-9

◆メガバンク絶体絶命 波多野聖著 新潮社 (新潮文庫)
【要旨】日本最大のメガバンクを喰らい尽くす、魔の「T計画」が発動!TEFG銀行は絶体絶命の危機に陥った。総務部長としてこの難局に挑む二瓶正平。そして、頭取の椅子を捨て相場師として生きていた大丸光義が、義と理想のために起つ。史上最大の頭脳戦が、ここに始まった。経済の巨龍・中国の影。謀略vs.戦略。マネーを知り尽くす者者にしか描けなかった、痛快無比の金融エンターテインメント。
2017.2 471p A6 ¥710 ①978-4-10-120362-1

◆贅沢のススメ 本城雅人著 講談社 (講談社文庫)
【要旨】落ち目になったカリスマシェフのイタリアン、職人の結束の綻びに揺れるオーダーシャツテーラー、強引な買収危機に瀕した老舗ホテル―。「高級」で売る業種をターゲットにした気鋭不動産ファンドのボス藤沢と新人古武士は、「人生を豊かにする贅沢」のみを買う。だが、窮地の企業を救う彼らの前に因縁の男が立ちはだかる。
2017.1 401p A6 ¥920 ①978-4-06-293547-0

◆ローカルバンカー 松尾吉記著 (名古屋)ブイツーソリューション,星雲社 発売
【要旨】大手銀行OBの林田は、地方の銀行で自らの再生を念じて歩き出す。そこには、変わり切れない地域銀行と生存をかけた地域中小企業の姿があった。いま、本当に再生すべきは「金融マン」ではないのか?シニア銀行員が「あるべき姿」を追い求めた先に見えてきたものは…中小企業金融の実態をリアルに描いたフィクション、ノウハウも満載!
2017.6 375p B6 ¥1200 ①978-4-434-23454-5

ミステリー・サスペンス・ハードボイルド

◆相棒―劇場版 4 大石直紀著,太田愛映画脚本 小学館 (小学館文庫)
【要旨】国際的犯罪組織のリーダー、レイヴンを追うマーク・リュウの警護を任された特命係の杉下右京と冠城亘。レイヴンは七年前、在英日本大使館の参事官の屋敷で起きた集団毒殺事件に関わっていた。唯一無事だった令嬢の瑛里佳も誘拐され行方不明になっている。そんな折、瑛里佳の姿と共に九億円の身代金を要求する動画がレイヴンから届く。「拒否すれば、大勢の人々の見守る中で、日本人の誇りが砕け散るだろう」一国に見捨てられた少女を救い、卑劣なテロを阻止すべく正義を賭けた闘いが始まる。「相棒」史上最大の危機の先に映画とは異なる結末が待ち受ける!
2017.1 211p A6 ¥510 ①978-4-09-406384-4

ミステリー・サスペンス・ハードボイルド

◆**相棒 season15 上** 奥水泰弘脚本, 碇卯人ノベライズ 朝日新聞出版 (朝日文庫)
【要旨】ある女性の周辺で起きた不可解な死は事件か事故か、それとも"呪いによる殺人"なのか？ 杉下右京と冠城亘が真相を追う「守護神」、煙のように消えた男の捜索依頼を受けた二人が、独特なシガーの香りを手掛かりに連鎖する事件を解き明かしていく「チェイン」、冴えない保険営業マンが余命宣告され、今までしたくてもできなかったことをしようと企む「人生のお会計」など6篇を収録。
2017.10 340p A6 ¥860 ①978-4-022648-62-4

◆**相棒 season15 中** 奥水泰弘, 徳永富彦, 金井寛, 真野勝成, 山本むつみ, 池上純哉, 宮村優子脚本, 碇卯人ノベライズ 朝日新聞出版 (朝日文庫)
【要旨】産業廃棄物処理場で発見された死体は、組織犯罪対策五課長・角田の中学時代の同級生だった。角田の意を汲み、特命係がその親友の死の真相に迫る「あとぴん――角田課長の告白」、唯一の目撃者である警視庁副総監の愛娘への聴取を禁じられ、解決の糸口が見えない殺人事件を解きほぐしていく「アンタッチャブル」など6篇を収録(連続ドラマ第15シーズンの第7話〜第12話を収録)。
2017.11 346p A6 ¥860 ①978-4-02-264867-9

◆**相棒 season15 下** 奥水泰弘, 太田愛, 真野勝成, 森下直, 櫻井智也脚本, 碇卯人ノベライズ 朝日新聞出版 (朝日文庫)
【要旨】立てこもり犯が連れてくる要求した女性は、既に3週間前に自殺していたことが判明。籠城事件を起こした犯人の本当の狙いを探りあてた右京が、亘とともに巨悪に挑む「声なき者」、初老男性の凄惨な監禁現場を映し出中の騒がせている投稿動画は虚構なのか犯罪なのか、特命係が鋭く切りこむ「ラストワーク」など5篇を収録。連続ドラマ第15シーズンの第13話〜第18話。
2017.12 338p A6 ¥860 ①978-4-02-264868-6

◆**明日の約束 上巻** 古家和尚脚本, 百瀬しのぶノベライズ KADOKAWA
【要旨】スクールカウンセラーの藍沢日向は、ある日の夜、不登校の男子生徒から「先生のことが好きになりました」と告白される。翌日、彼は不可解な死を遂げ…。誰が彼をなぜたのか？ 彼がいなくなった世界で、"犯人探し"が始まり、クラスや部活動でのトラブル、過去の不穏な交友関係など、彼の"闇"が次々と明らかに。そして、彼の母親は、自らの母親と重なるような"毒親"だった――。
2017.11 221p B6 ¥1400 ①978-4-04-896153-0

◆**明日の約束 下巻** 古家和尚脚本, 百瀬しのぶノベライズ KADOKAWA
【要旨】スクールカウンセラーとして、日々生徒の悩みに寄り添う日向は、自身も母親の過干渉に苦しみ続けていた。そして、不可解な死を遂げた生徒・吉岡圭吾の母もまた、自身の母と異なるような"毒親"だった。恋人の突然の暴力、"毒親"との対峙、同僚教師の恐ろしい闇…幾多の苦しみを乗り越え、日向は、この事件にかかわったすべての人に語りかける。「耐えて、心が壊れて、命をなくしてしまったら、なんの意味もないんです。つらかったら、逃げてください。生きることから逃げさえしなければ…生きていれば、はやり直せるから」学校や家族から、現代の闇に切り込んだ重厚ミステリー、感動のクライマックス！
2018.1 208p B6 ¥1400 ①978-4-04-896154-7

◆**絵鬼の轌――薔薇十字叢書** 愁堂れな著, 京極夏彦Founder KADOKAWA (富士見L文庫)
【要旨】「中禅寺…秋野さん、ですよね？」女学生は、思い詰めたように中禅寺に一通の手紙を差し出した。これは恐らく一恋文。それからしばらくして、新聞に飛び込み自殺の記事が載る。自殺した少女の名は、登阪櫻子。恋文の送り主だった。一高では「自殺の原因は中禅寺」という噂がまことしやかに広まり、ついに学長たちも事情説明を求められることに。しかし学長との面談後、中禅寺は忽然と姿を消してしまう。関口は揺れれる心で榎木津と共に中禅寺を追うが――？ 彼らの友愛の、もう一つの記録。
2017.5 212p A6 ¥580 ①978-4-04-072294-8

◆**嘘の戦争** 後藤法子脚本, 相田冬二ノベライズ KADOKAWA (角川文庫)
【要旨】30年前、家に押し入った男たちに家族を殺された少年は、警察に犯人の目撃証言を信じてもらえず、周囲に嘘つきと呼ばれる。傷を抱え成長した少年、浩一は、タイに渡り凄腕の詐欺師になった。ある日彼は家族を殺した真犯人"あざのある男"とタイで偶然見かける。眠っていた怒りが爆発した浩一は、復讐を誓い日本に帰国。調べると怪しい事件関係者が次々浮上した。浩一は彼らを社会的に抹殺すべく、罠を仕掛け復讐を始める――。
2017.3 495p A6 ¥920 ①978-4-04-105383-6

◆**大下宇陀児 楠田匡介――ミステリー・レガシー** ミステリー文学資料館編 光文社 (光文社文庫)
【要旨】ミステリー文学資料館は、日本の探偵・推理小説の書籍や雑誌を収集保存し、研究者や一般読者の利用に供するために一九九九年四月に開館した。"遺産"ともいえるその膨大なコレクションより、戦前から人気作家として活躍した大下宇陀児と、マニアに熱狂的に愛され続けた楠田匡介のレアな長編二作を選りすぐり、さらに二人の共作も加えた傑作アンソロジー!!

◆**おろしや間諜伝説――ゴルゴ13ノベルズ 3** 船戸与一著, さいとうたかを原案 小学館 (小学館文庫)
【要旨】新宿区市ヶ谷にある防衛省統合幕僚監部会議室のモニターに、一人の東洋人が映し出された――通称ゴルゴ13。この伝説のスナイパーを脅迫し、日本政府との専属契約を迫るという計画が浮上していた。「わが国の自衛隊は憲法上、攻撃的なことはできない。それをやらせる、強引に」脅迫材料は、ゴルゴ出生の秘密。一つの仮説を立証するため、政府の調査員が各国へ飛んだ。血なまぐさい惨劇は、そこから始まった。直木賞作家・船戸与一が、作家デビュー前に脚本を担当した『ゴルゴ13』作品から選りすぐりの三話を自ら小説化。魂が震える読み切り第三弾！
2017.7 221p A6 ¥510 ①978-4-09-406420-9

◆**風蜘蛛の棘――薔薇十字叢書** 佐々木禎子著, 京極夏彦Founder KADOKAWA (富士見L文庫)
【要旨】「東京ローズを捜して欲しい」東京ローズ＝日本軍が連合国側向けに行った反戦放送のアナウンサーの愛称。名探偵・榎木津が元GHQ職員から依頼されたのは、声を頼りに女性を辿る「声」捜しだった。捜査はやがて刑事・木場らが追うバラバラ殺人と交錯した。「薔薇屋敷の人喰い蜘蛛から逃げてきた"と話す少女が保護されて。"風蜘蛛に嚙まれたものはみんな自死してしまうんだ」小説家・関口が自著に生み出した妖怪『風蜘蛛』が、捜査を幻惑する。風にたゆたう薔薇のひそみに存するのは誰か。薔薇十字叢書待望の第二弾！
2017.4 275p A6 ¥620 ①978-4-04-072250-4

◆**奇想博物館――日本ベストミステリー選集** 日本推理作家協会編 光文社 (光文社文庫)
【要旨】予想を裏切る『至宝』の数々！ 驚きのトリックに、思いがけぬ結末。ミステリーの醍醐味を詰め込んだ豪華アンソロジー。
2017.5 647p A6 ¥1200 ①978-4-334-77472-1

◆**鬼畜の宴――ゴルゴ13ノベルズ 2** 船戸与一著, さいとうたかを原案 小学館 (小学館文庫)
【要旨】アマゾンの密林で、世界的な大富豪が人間狩りに興じる。この前代未聞の道楽で、残虐な殺人ゲームをくり返すふたりが企てた新たなプラン――それは、プロ中のプロ二人の殺し合いを愉しむ、というものだった。莫大な予算をかけた"史上最大のショウ"の舞台に、姿を現したゴルゴ13。立ちあがったのは、ゴルゴも認める数少ない好敵手・スパルタカス。本物のプロとの壮絶な死闘の末、ゴルゴは、命をもてあそぶ鬼畜たちの追跡を始める。直木賞作家・船戸与一が、作家デビュー前に脚本を手がけた『ゴルゴ13』作品から選り抜きの三話を自ら小説化。熱い血が滾る読み切り第二弾。
2017.6 221p A6 ¥510 ①978-4-09-406258-8

◆**キャプテンサンダーボルト 上** 阿部和重, 伊坂幸太郎著 文藝春秋 (文春文庫)
【要旨】ゴシキヌマの水をよこせ――突如として謎の外国人テロリストに狙われることになった相葉時之は、逃げ込んだ映画館で旧友・井ノ原悠介と再会。小学校時代の悪友コンビの決死の逃亡が始まる。破壊をまき散らしながら追ってくる敵が狙う水の正体は。話題の一気読みエンタメ大作、遂に文庫化。本編開始一時間前を描く掌編も収録。
2017.11 334p A6 ¥720 ①978-4-16-790953-6

◆**キャプテンサンダーボルト 下** 阿部和重, 伊坂幸太郎著 文藝春秋 (文春文庫)
【要旨】謎の疫病「村上病」。太平洋戦争末期に蔵王山中に墜落した米軍機。世界同時多発テロ計画。これらに端を発する陰謀に巻き込まれた相葉と井ノ原は、少年時代の思い出を胸に勝負に出た。ちりばめられた伏線が反撃のために収束する、謎とアクション満載の100%徹底エンタメ！ 巻末に書き下ろし掌編小説を収録。
2017.11 300p A6 ¥700 ①978-4-16-790954-3

◆**共犯関係** 秋吉理香子, 芦沢央, 乾くるみ, 友井羊, 似鳥鶏著 角川春樹事務所 (ハルキ文庫)
【要旨】わたしたちは永遠の共犯者。二度と離れることはない――(「Partners in Crime」)。夏祭りの日、少年は少女と町を出る(「Forever Friends」)。難病におかされた少年に起こった奇跡(「美しき余命」)。"交換殺人してみない？"冗談のはずが、事態は思わぬ方向に(「カフカ的」)。苦境の作家の会心作。だが酷似した作品がインターネット上に一(「代償」)。五人のミステリ作家が描く、共犯者たち。驚愕のアンソロジー。
2017.10 276p A6 ¥640 ①978-4-7584-4121-6

◆**刑事ゆがみ** 大石直紀著, 古沢泰子, 大はらか脚本, 井浦秀夫原作 小学館 (小学館文庫)
【要旨】ある日、女子大生が歩道橋から転落する。死体を見た刑事・弓神適当(ゆがみ・ゆきまさ)は、新人・羽生虎夫とともに勝手に捜査を開始する。するとある痴漢事件との意外な関係が浮かび上がる。心の奥底に潜む闇を鋭く見抜き、真相究明のためには違法捜査もいとわない天才適当刑事と出世欲が強く真面目ゆえにふりまわされる新人コンビが事件を解決していくバディドラマ。事件のみならず隠された複雑な人間模様も描く。ビッグコミックオリジナルの同名人気連載を原作にした話題のTVドラマノベライズ版。ドラマにはないオリジナル・ストーリーも収録。
2017.11 253p A6 ¥570 ①978-4-09-406472-8

◆**幻異――日本推理作家協会賞受賞作家傑作短編集 5** 京極夏彦, 小松左京, 中島らも, 日影丈吉, 山田風太郎, 山村正夫著 双葉社 (双葉文庫)
【要旨】同居の老人の奇行に悩まされ追い詰められた主婦が、一線を越えた先に信じがたい事実を知ることになる(「厭な老人」)。静かな部屋で時を告げる古い鳩啼時計には、遠く離れた恋人との悲劇の結末が隠されていた(「鳩啼時計」)など、歴史ある日本推理作家協会賞を受賞し、ミステリー界が誇る作家六名による、幻想と怪奇に彩られた物語を収録した珠玉作短編集シリーズ第五弾。
2017.6 307p A6 ¥630 ①978-4-575-65899-6

◆**コード・ブルー――ドクターヘリ緊急救命 2nd season** 林宏司脚本, 沢村光彦ノベライズ 扶桑社 (扶桑社文庫)
【要旨】指導医・黒田が去り、新たに翔陽大学附属北部病院(翔北病院)の救命救急センターに着任した橘のもと、藍沢、白石、緋山、藤川はさまざまな救命現場での経験を積んでいく。そんなある日、急性肺炎で入院し、病室で眠っていた藍沢の祖母・絹江が気になるうわ言を発した…。新たなステージへ向けて、4人のフェローは不安や葛藤を抱えながら自分たちの"道"を探していく。大人気医療ドラマの2ndシーズン。
2017.7 289p A6 ¥640 ①978-4-594-07762-4

◆**コード・ブルー――ドクターヘリ緊急救命** 林宏司脚本, 沢村光彦ノベライズ 扶桑社 (扶桑社文庫)
【要旨】翔陽大学附属北部病院(翔北病院)の救命救急センターに配属された、藍沢、白石、緋山、藤川の4人のフライトドクター・フェロー。彼らは、指導医・黒田による容赦なく厳しい実地訓練に耐え、個性が強く少々やっかいな患者たちの治療に悩み、奮闘しながら成長していく。自身の人生と職務のはざまで揺れ動く医療従事者たちの姿を描いた大人気ドラマの1stシーズンのノベライズ。物語は、ここからはじまった！
2017.7 289p A6 ¥640 ①978-4-594-07761-7

◆**コード・ブルー――ドクターヘリ緊急救命 THE THIRD SEASON 上** 安達奈緒子脚本, 蒔田陽平ノベライズ 扶桑社 (扶桑社文庫)
【要旨】7年前、フェローからそれぞれの道を歩み出した4人。藍沢は脳外科医、白石と藤川はフライトドクター、緋山は産婦人科医として、活躍の場を広げていた。救命救急センターに新たに3人のフェローが加わり、白石と藤川は、彼らを指導する責務を負いながらタフな救命現場に向き合うという過酷な状況に追い込まれてい

ミステリー・サスペンス・ハードボイルド

た。一方、藍沢は、トロント大学へ派遣されるレジデント候補者として名前が挙がっていると聞き…。最前線の医療現場をリアルに描いたドラマのノベライズ!
2017.9 246p A6 ¥680 ①978-4-594-07801-0

◆**コード・ブルー──ドクターヘリ緊急救命 THE THIRD SEASON 下** 安達奈緒子脚本、蒔田陽平ノベライズ 扶桑社 (扶桑社文庫)
【要旨】天才ピアニスト・天野奏の手術は無事終わったものの、後遺症が出てしまった。藍沢は、目指していたトロント大行きを辞退する意志を固める。名取、灰谷、横峯の3人のフェローで、死にかかわる現場で数々の試練を乗り越え、一歩ずつ成長していく。そんなある日、白石、灰谷、雪村を乗せたドクターヘリが着陸ミスを起こしてしまう。医師、患者とその家族たちが織りなすさまざまな命の物語が、感動のクライマックスを迎える!
2017.9 266p A6 ¥680 ①978-4-594-07802-7

◆**『このミステリーがすごい!』大賞作家書き下ろしBOOK vol.16** 『このミステリーがすごい!』編集部編 宝島社
【目次】スープ屋しずくの謎解き朝ごはん ホームパーティーの落とし穴 (友井羊)、連続殺人鬼カエル男ふたたび 1 (中山七里)、リケジョ探偵の謎解きラボResearch 家族の形 (喜多喜久)、"読切短編" オーロラ・テラス盗油事件 (八木圭一)、"読切短編" 佐渡島岩窟温泉ホテルの怪 (海堂尊)
2017.3 253p A5 ¥1200 ①978-4-8002-6791-7

◆**『このミステリーがすごい!』大賞作家書き下ろしBOOK vol.19** 『このミステリーがすごい!』編集部編 宝島社
【目次】菩提のヘレシー (邪敎)、(海堂尊)、谷中レトロカメラ店の謎日和 燃えないゴミの日 (柊サナカ)、エアコン (新米管制官と空飛ぶ謎Flight03 遭難信号は鳴りやまない (喜多喜久)、さらう女 (大津央央)、ヴィジュアル・クリフ(2) (佐藤青南)
2017.12 248p A5 ¥1200 ①978-4-8002-7893-7

◆**5分でほろり! 心にしみる不思議な物語** 『このミステリーがすごい!』編集部編 宝島社 (宝島社文庫)
【要旨】大人気の「ひと駅ストーリー」&「10分間ミステリー」シリーズからついほろりとして"心にしみる話"を厳選。意外なラストが心地よい和尚の名推理「盆帰り」中山七里、あまりに哀切な精霊流しの夜を描く「精霊流し」石持浅海、すべてを失った若者と伊勢神宮へ向かう途中の白犬との出会い「おかげ犬」貫緑郎、忍者の走りが謎を呼ぶ「忍者☆車窓ラン」友井羊など、5分で感動の25作品!
2017.4 269p A6 ¥640 ①978-4-8002-6801-3

◆**ザ・ベストミステリーズ──推理小説年鑑 2017** 日本推理作家協会編 講談社
【要旨】あなたとミステリーの架け橋になる、どこから読んでもハズレなしのアンソロジー。選び抜かれた"最強"の短編ミステリー11本がこの一冊に!!日本推理作家協会賞短編部門受賞作。薬丸岳『黄昏』収録。
2017.5 349p B6 ¥1800 ①978-4-06-220579-5

◆**7人の名探偵──新本格30周年記念アンソロジー** 文芸第三出版部編 講談社 (講談社ノベルス)
【目次】水曜日と金曜日が嫌い──大鏡家殺人事件 (麻耶雄嵩)、毒饅頭怖い──某所望ニテ一服願 (山口雅也)、プロジェクト:シャーロック (我孫子武丸)、船長が死んだ夜 (有栖川有栖)、あべこべの遺書 (法月綸太郎)、天才少年の見た夢は (歌野晶午)、仮題・ぬえの密室 (綾辻行人)
2017.9 302p 18cm ¥1000 ①978-4-06-299105-6

◆**重要参考人探偵** 百瀬しのぶ著、絹田村子原作 (小学館文庫)
【要旨】行く先々で、なぜか死体の第一発見者になってしまう不幸な体質の持ち主、弥木生。殺人事件の犯人に間違われ、重要参考人になることもしばしば。モデル仲間の、大財閥の息子で推理マニアの斎と、女性好きで聞き込みに長けたシモンに助けられて、かけられた容疑を晴らそうと、主は華麗に挑み東奔西走! そんなあり得ない日常が続くなか、撮影のために訪れた土地で突然奇妙な事件に襲われる主。封印された記憶と、隠されていた真実、そして新たなる罠が主を待ち受ける!?本格推理コメディの人気まんがついにドラマ化、原作からドラマ化を小説化!
2017.11 221p A6 ¥510 ①978-4-09-406474-2

◆**将棋推理 迷宮の対局** 山前譲編 光文社 (光文社文庫)
【要旨】江戸川乱歩はミステリーを「犯罪に関する難解な秘密が、論理的に、徐々に解かれて行く経路の面白さを主眼とする文学」と定義した。これはまさに相手の駒の動きを予測し、理詰めで解き明かす将棋の勝負と類似している。事実、推理作家においても将棋好きが少なくなく、本書は文壇の実力派たちによる白熱の名人戦9局を収めた格好のアンソロジー。
2018.1 381p A6 ¥820 ①978-4-334-77589-6

◆**少女ミステリー倶楽部** ミステリー文学資料館編 光文社 (光文社文庫)
【要旨】『不思議の国のアリス』や『オズの魔法使い』を挙げるまでもなく"少女"が活躍する名作は数多い。成人女性にはない、少女特有の未熟さや危うさ、利発的な面白さを主眼とする魅力となって、作品をいっそう引き立てているのかもしれない。ミステリーにおいても少女はある格好のテーマで、本書に収録した13の作品に登場する少女たちは、いずれも謎めいた妖しい煌めきを放っている!!
2017.10 443p A6 ¥820 ①978-4-334-77544-5

◆**小説 レクリエイターズ 上** 豊田美加著、広江礼威原作・キャラクター原案・シリーズ構成、あおきえいシリーズ構成 小学館 (小学館文庫)
【要旨】クリエイターになることを夢見る高校二年生の水篠颯太の目の前に、ある日突然、アニメ『精霊機想曲フォーゲルシュバリエ』のキャラクター、セレジア・ユピティリアと、軍服を着た謎の少女が現れる。その後も、現実に"現界"する物語の住人たち。彼らの争いは創造主、さらに日本政府を巻き込む危機に発展し「軍服の姫君」とは一体、何者なのか。そして、創造主が愛した人々を守るため、颯太たちはこの世界が滅ぶのを阻止することへ動き出す!『BLACK LAGOON』広江礼威と『Fate/Zero』あおきえいがタッグを組んだオリジナルTVアニメを完全ノベライズ。
2017.8 365p A6 ¥750 ①978-4-09-406437-7

◆**小説 レクリエイターズ 下** 豊田美加著、広江礼威原作・キャラクター原案・シリーズ構成、あおきえいシリーズ構成 小学館 (小学館文庫)
【要旨】シマザキセツナの自殺を発端とする被造物の現界。彼女を救えなかったことを悔やむ颯太は、世界を憎むアルタイルを阻止することを決意する。アルタイルを閉じ込める"鳥籠"の作成、セレジアたちの強化を図る大プロジェクトが始動。世界のため、自分の場所に帰るため、過去に向き合うため一各々の思いを胸に士気を高める被造物たち。しかし、観察者の"承認"を糧に自らの力を増強するアルタイルに苦戦を強いられ、彼女の悲願である「大崩潰」は目前に迫る。現実VS物語。二つの世界の存亡をかけた戦いは、ついにクライマックスへ!!
2017.10 269p A6 ¥610 ①978-4-09-406461-2

◆**シンギュラリティ** チーム2045著 幻冬舎メディアコンサルティング, 幻冬舎 発売
【要旨】「完全なバーチャルオフィスを構築せよ」政府直轄の特命組織に属する竹下結依のもとに突如指令が下される。開発現場との衝突、政府からの無茶な要求、妨害を目論む謎の組織。国に何が起ころうとしているのか。誰が、何のために妨害するのか。現実と仮想空間を行き来する中で、次第に真実が明らかになっていく──
2017.3 229p B6 ¥1300 ①978-4-344-91198-7

◆**新鮮 THEどんでん返し** 青柳碧人、天祢涼、大山誠一郎、岡崎琢磨、似鳥鶏、水生大海著 双葉社 (双葉文庫)
【要旨】浦島太郎が龍宮城に来てみれば、待つのは密室殺人? ──村社会、刑期を終えた男の名は半永久的に残る現実が。捜査会議後の刑事たち、会話の中に事件解決の糸口あり? ──シンガポールで新婚旅行で、二組の男女の心理が交錯したすえに…。トロフィー凶器の殺人に、ミステリ史上前代未聞の仕掛けが! ──包丁研ぎが巧みな女のもとに昔の男が訪れ、切れた二人の関係は一転し…。六編のどんでん返しが、あなたを夢にさせる。
2017.12 285p A6 ¥602 ①978-4-575-52060-6

◆**屋の楼──薔薇十字叢書** 和智正喜著、京極夏彦 Founder KADOKAWA (富士見L文庫)
【要旨】「この世には不思議なことなど、なにもないのだよ、関口くん」昭和二十七年。文士・関口巽は刑事・木場、旧友の薔薇十字社とともに、東京を彷徨っていた。巷を騒がす連続神隠し事件。その被害者が消えた跡に、関口初の長編小説「蜃

の楼」が残されていたため、犯人探しに巻き込まれたのだ。捜査会議上に浮かぶのは、"S"と名乗る黒衣を纏った犯人像。一行は犯人を拿捕すべく、犯行の痕跡を追っていく。空を仰ぐと、視界には、天を衝く長大な鉄塔 "スカイツリー" が鎮座していて──。薔薇十字叢書随一の奇書、登場。
2017.5 286p A6 ¥620 ①978-4-04-072284-9

◆**探偵はBARにいる 3** 東直己原作、古沢良太脚本、森晶麿ノヴェライズ 早川書房 (ハヤカワ文庫JA)
【要旨】ススキノで探偵をする"俺"は、相棒である高田の後輩から、失踪した恋人・麗子の捜索を頼まれる。調査の過程で、麗子がバイトをしていたモデル事務所のオーナー・岬マリに会った"俺"は、なぜか既視感を抱く。だがその直後に何者かの襲撃を受け、捜索から手を引くよう脅されることに。事件は札幌で成長する北城グループの幹部殺害事件とつながっていたのだ─劇場映画第3弾となるオリジナルストーリーをノヴェライズ。
2017.11 293p A6 ¥720 ①978-4-15-031303-6

◆**小さな巨人 上** 丑尾健太郎脚本、八津弘幸脚本協力、百瀬しのぶノベライズ 扶桑社
【要旨】警視庁ノンキャリ最高峰・捜査一課長を目指していたエリート刑事が味わった挫折─「警察」という巨大組織の中でもがき、奮闘する男たちの戦いを描くエンターテインメント。大人社会での駆け引き、出世争いの中で信じられるのは己の信じる正義─己の正義を信じて戦う刑事たち。本庁と所轄の対立の中で対決していく人間たちが、辿り着く警察官としての使命。そして、本当に正義とは…。
2017.6 332p B6 ¥1400 ①978-4-594-07730-3

◆**小さな巨人 下** 丑尾健太郎、成瀬活雄脚本、八津弘幸脚本協力、百瀬しのぶノベライズ 扶桑社
【要旨】警視庁ノンキャリ最高峰・捜査一課長を目指していたエリート刑事が味わった挫折─「警察」という巨大組織の中でもがき、奮闘する男たちの戦いを描くエンターテインメント。大人社会での駆け引き、出世争いの中で信じられるのは己の信じる正義─己の正義を信じて戦う刑事たち。本庁と所轄の対立の中で対決していく人間たちが、辿り着く警察官としての使命。そして、本当に正義とは…。ついに、完結へ!
2017.6 303p B6 ¥1400 ①978-4-594-07731-0

◆**謎 010 ─大沢在昌選 スペシャル・ブレンド・ミステリー** 日本推理作家協会編 講談社 (講談社文庫)
【要旨】名作は時を超えて輝き続ける。70年代、80年代、90年代の傑作短編ミステリーから、人気作家がベスト・オブ・ベストを選ぶ豪華アンソロジーも記念すべき第10弾。業界屈指のブレンダー大沢在昌が絞り込んだ珠玉の8編を収録。読者の意表をついた、永遠に読み継がれるべき日本ミステリーの極致をご堪能下さい。
2017.11 439p A6 ¥850 ①978-4-06-293763-4

◆**墓守刑事の昔語り─本格短編ベスト・セレクション** 本格ミステリ作家クラブ編 講談社 (講談社文庫)
【要旨】この短編ミステリがすごい! 本格ミステリ作家クラブ厳選、冒頭からラストまで一気に読ませる傑作アンソロジー。選ばれたミステリの匠は、麻耶雄嵩、中田永一、鳴ød藤雄、里見蘭、小島達矢、岸田るり子、鳥飼否宇、乾緑郎、七河迦南、戸川安宣の11人。スリリングな読書体験をぜひ!
2017.1 571p A6 ¥1500 ①978-4-06-293566-1

◆**ベスト本格ミステリ 2017** 本格ミステリ作家クラブ選・編 講談社 (講談社ノベルス)
【要旨】本格ミステリ作家クラブが選んだ2016年のベスト本格ミステリ短編&評論のすべて!
2017.6 469p 18cm ¥1580 ①978-4-06-299098-1

◆**宮辻薬東宮** 宮部みゆき、辻村深月、薬丸岳、東山彰良、宮内悠介著 講談社
【要旨】全編書き下ろし。超人気作家たちが2年の歳月をかけて"つないだ"前代未聞のリレーミステリーアンソロジー。
2017.6 233p B6 ¥1500 ①978-4-06-220610-5

◆**夢現─日本推理作家協会70周年アンソロジー** 日本推理作家協会編、山前譲監修 集英社 (集英社文庫)
【要旨】戦後間もない1947年、探偵作家クラブは設立された。その後、関西探偵作家クラブとの

ミステリー・サスペンス・ハードボイルド

合併や法人化に伴う名称変更を経て"日本推理作家協会"となった作家団体は、今年で70周年を迎える。初代会長の江戸川乱歩から現代表理事の今野敏まで、協会の歴代理事長を務めた14人の作家が夢の競演！日本ミステリー界の第一線で傑作を生みだしてきた妙技を脈々と受け継がれる妙技を綴じ込めた究極の一冊。

2017.10 468p A6 ¥800 ①978-4-08-745654-7

◆**妖異—日本推理作家協会賞受賞作家傑作短編集4** 綾辻行人、石川喬司、大下宇陀児、大坪砂男、加納一朗、香山滋著 双葉社（双葉文庫）
【要旨】妻が旅行で不在のあいだ、実家に戻った作家が、犬の散歩の際に訪れた河原で、のっぺらぼうの奇妙な人形を拾う（「人形」）。小さな箱を携え、エーゲ海の船旅に参加した男が、いけすかないアベックの殺害を企てる（「エーゲ海の殺人」）など、歴史ある日本推理作家協会賞を受賞し、ミステリー界が誇る作家六名による、奇異で妖しい物語を収録した珠玉作短編集シリーズ第四弾。

2017.6 309p A6 ¥630 ①978-4-575-65898-9

◆**4号警備 前編** 宇田学作、百瀬しのぶノベライズ 宝島社（宝島社文庫）
【要旨】4号警備、それは民間警備会社によるボディガード業務のこと。頼れるものは己の身体ひとつのみという過酷な現場に。警備会社ガードキーパーズの警備員で元警察官の朝比奈は、新たに4号警備を任される。パートナーは臆病者の中年、石丸。年齢も性格もまったく違う二人は、様々な背景を持つ依頼人と向き合い、衝突を繰り返しながらも、身を挺して依頼人を守り続ける—。

2017.5 196p A6 ¥600 ①978-4-8002-7271-3

◆**4号警備 後編** 宇田学作、百瀬しのぶノベライズ 宝島社（宝島社文庫）
【要旨】4号警備、それは民間警備会社によるボディガード業務のこと。元警察官で正義感の強い朝比奈と臆病者の中年、石丸。年齢も性格もまったく異なる二人が、4号警備のパートナーとして様々な依頼人を守るうちに、互いに信頼を深めつつあった。その頃、朝比奈が警察を退職するきっかけとなった事件の犯人が、刑期半ばで出所したという。過去の因縁と向き合い、彼らが掴むものとは—。

2017.6 236p A6 ¥600 ①978-4-8002-7273-7

◆**落日の死影—ゴルゴ13ノベルズ 1** 船戸与一著、さいとうたかを原案 小学館（小学館文庫）
【要旨】冷戦時代、米ソは極秘の生物化学兵器を共同開発していた。"死霊の泉"という名の毒物質はいまも大量に貯蔵されている。製造に関わった両国の元工作員が、この事実の隠蔽を画策。証拠もともかくその存在を消し去るために、最高のプロフェッショナルを送りこむ。依頼を受けたゴルゴ13は、パラオ共和国コロール島に姿を見せる。だがそこには、ゴルゴとほぼ同じ足取りで秘密工場への侵入をもくろむもう一人の"プロ"がいた—。直木賞作家・船戸与一が、作家デビュー前、脚本に携わった『ゴルゴ13』作品群から、珠玉の三作を自ら小説に書き上げた。鼓動が早まる第一弾。

2017.5 221p A6 ¥510 ①978-4-09-406155-0

◆**リアル鬼ごっこJK** 園子温原案、硲本学著 文芸社（文芸社文庫）
【要旨】2001年に発売され、累計200万部を突破した鬼才・山田悠介のデビュー作『リアル鬼ごっこ』が、天才・園子温のオリジナルストーリーでよみがえる。主人公・ミツコは謎の追跡者の手を逃れ、生き残ることができるのか!? ラストには驚愕の真相が明かされる。本作の世界に著者・硲本学が書き下ろした新たな世界を加え文庫化！

2017.2 321p A6 ¥640 ①978-4-286-18377-0

◆**わかっちゃいるけど、ギャンブル！—ひりひり賭け事アンソロジー** ちくま文庫編集部編 筑摩書房（ちくま文庫）
【要旨】勝てれば天国、負ければ地獄…それでもやっぱりやめられない。パチンコ、麻雀、競馬、競輪、花札、カジノ他、賭け事の魔性に魅せられた作家・著名人たちの勝負鉤魂が滾るギャンブルエッセイの名作40篇を収録。

2017.2 369p A6 ¥820 ①978-4-480-43475-3

◆**私の相棒—警察アンソロジー** 日本推理作家協会編 角川春樹事務所（ハルキ文庫）
【要旨】荒川署のミステリーヲタクと食い道楽のまったく知能犯を追う異色刑事コンビの活躍（西村健「張込み」）。生活安全部指導班・佐原が昔の演劇仲間と事件に迫る（池田久輝「舞台裏」）。玉川の新米刑事・有田と、骨董屋を営む有田の祖父・荘助が事件を探っていく（柴田哲孝「孤月殺人事件」）。その他「東京湾臨海署安積班」（今野敏）、「RIKO」（柴田よしき）、「御茶ノ水署」（逢坂剛）、「機動警察パトレイバー」（押井守）、各シリーズのスピンオフ作品も収録。それぞれの"相棒"をテーマに描く傑作短篇集（単行本『タッグ 私の相棒』を改題）。

2017.6 316p A6 ¥680 ①978-4-7584-4100-1

◆**CRISIS—公安機動捜査隊特捜班** 周木律小説、金城一紀原案 KADOKAWA（角川文庫）
【要旨】公安機動捜査隊特捜班—通称"特捜班"。それは、凶悪事件の初動捜査を担当する、警視庁公安部に所属する特別チーム。特捜班の稲見は、横浜の39階建てホテルが武装集団に占拠されたとの報せを受ける。宿泊客550名が人質に取られるという非常事態。事件を秘密裏に解決せよという任務に挑むが—。金城一紀原案の設定をもとに気鋭の作家が紡ぐ完全オリジナルストーリー。一気読み必至の警察エンターテインメント!!

2017.3 249p A6 ¥560 ①978-4-04-105393-5

◆**I Love Father—書き下ろしミステリーアンソロジー** 沖方丁、岡崎琢磨、里見蘭、小路幸也、友清哲編著 講談社（講談社文庫）
【要旨】人気作家競演！"父"にまつわる5つの謎。語られなかった父たちの秘めた想いが溢れだす。笑って、泣いて、驚いて…あなたの心を動かす、5つの物語。

2017.6 238p B6 ¥1300 ①978-4-8002-7279-9

◆**Life 人生、すなわち謎—ミステリー傑作選** 日本推理作家協会編 講談社（講談社文庫）
【要旨】新幹線の車内清掃のパートを始めた、シングルマザーの主人公。彼女を取り巻く清掃チームの人間模様が心に沁みる、伊坂幸太郎「彗星さんたち」。見た目はロートルだが、人相を覚えるのだけは一流のベテラン刑事。意外な活躍が爽快な、今野敏「暁光」ほか、底光りするような日常を丁寧に描いた、珠玉全5編。

2017.4 285p A6 ¥800 ①978-4-06-293639-2

◆**Love恋、すなわち罠—ミステリー傑作選** 日本推理作家協会編 講談社（講談社文庫）
【要旨】古い本に挟まれていた謎の手紙。かつてのルームメイトの"ほんとうの想い"を、孫娘と共に解読する、西澤保彦「恋文」。今も寝たきり状態だという、婚約者だった女性の仇を討とうとする男。しかし、彼の真の動機は意外なところに。苦い読後感が心を揺らす薬丸岳「不惑」ほか、とびきりの恋愛ミステリー全5編。

2017.10 355p A6 ¥900 ①978-4-06-293641-5

〔あ行の作家〕

◆**建築士・音無薫子の設計ノート—あなたの人生、リノベーションします。** 逢上央士著 宝島社（宝島社文庫）
【要旨】産後クライシス（？）で妻子に出て行かれた男性、サモエドと暮らす老夫婦、自宅カフェ開業を考える二人の主婦—音無建築事務所には、今日もさまざまなワケありクライアントが訪れる。天才的な観察眼を持つ音無薫子は、彼ら自身も気付いていない真の問題に、建築士として切り込んでいく。「あなたに必要なのはリフォームではなく、リノベーションです」個性的な面々が織りなす、大人気"建築"ミステリー、第2弾！

2017.2 319p A6 ¥650 ①978-4-8002-6738-2

◆**手がかりは「平林」—神田紅梅亭寄席物帳** 愛川晶著 原書房（ミステリー・リーグ）
【要旨】落語を聞いていた児童たちのたわいない言葉遊びがお伝家襲撃事件に意外なかたちでむすびつく（「手がかりは『平林』」）、お伝さんのテレビ出演から血縁問題がもちあがり大金が絡んで遺産騒動に！ そこで犯人あぶり出しになんと「立体落語」を持ち出す（「カイロウドウケツ」）。落語好きからミステリマニアまで楽しめるシリーズ最新刊！

2017.9 286p B6 ¥1800 ①978-4-562-05434-3

◆**マツリカ・マトリョシカ** 相沢沙呼著 KADOKAWA
【要旨】校内にある「開かずの扉」で事件が発生！ 現場は密室の上、過去にも似たような事件が起きていて。二つの謎を、マツリカさんはどう解くのか!? 男子高校生・柴山と、廃墟に住む艶妖しい美女が織り成す、青春学園ミステリ!!

2017.8 333p B6 ¥1500 ①978-4-04-105833-6

◆**トップリーグ** 相場英雄著 角川春樹事務所

「命の保証はないぞ」政界の深い闇に斬り込んだ記者の運命は—大和新聞の松岡直樹は、入社15年目にして政治部へ異動になり、官房長官番となった。そんな酒井が"都内の埋立地で発見された一億五千万円"の真相を追ううちに、昭和史に残る大疑獄事件が浮かび上がってきて…。

2017.10 362p B6 ¥1600 ①978-4-7584-1309-1

◆**トラップ** 相場英雄著 双葉社（双葉文庫）
【要旨】警視庁捜査二課の警部補・西澤は、ある汚職事件を追っていた。上司から"土管"という捜査方法を教えられる。その"土管"を駆使し、捜査対象者に迫る西澤。だがその裏で、警察官を監視する監察が動いていた（「土管」）。横領や詐欺を担当する捜査二課を舞台に、警察捜査と犯罪の真相を描いた「ナンバー」シリーズ第2弾。ラストの"ひねり"を読み逃すな。

2017.3 229p A6 ¥680 ①978-4-575-51976-1

◆**不発弾** 相場英雄著 新潮社
【要旨】大手電機企業・三田電機が発表した巨額の"不適切会計"。警視庁捜査二課の小堀秀用は、事件の背後に一人の金融コンサルタントの存在を掴む。男の名は、古賀遼。バブル直前に証券会社に入社し、激動の金融業界を生き延びたた古賀が仕込んだ「不発弾」は、予想をはるかに超える規模でこの国を蝕んでいた—！ リストラ、給与カット、超過労働…大企業のマネー・ゲームのツケで個人が犠牲になる、そんなことは絶対に許さない。若き警察キャリアが、いま立ち上がる！

2017.2 380p B6 ¥1600 ①978-4-10-350761-1

◆**リバース** 相場英雄著 双葉社（双葉文庫）
【要旨】捜査において、痛恨のミスを犯した警視庁捜査二課の第三知能犯捜査係（三知）は解体され、捜査員はそれぞれ所轄署に異動となった。その一人、目白署に配属された西澤は、万引き犯の話から詐欺事件の手がかりをつかむ。捜査を進めると、別の犯罪の影が見えてきた。それは、あまりにも非道な犯罪だった…。警察小説「ナンバー」シリーズ初の長編。

2017.4 326p A6 ¥680 ①978-4-575-51985-3

◆**東海道新幹線殺人事件** 葵瞬一郎著 講談社（講談社ノベルス）
【要旨】新横浜・小田原間ですれ違った新幹線のぞみとひかりから、ほぼ同時に頭部切断死体が発見された。だが事件の異常さはそれだけに止まらず、頭部が互いにすげ替えられていたことが判明する。死体の上にあった「鬼は横道などせぬものを」という血文字のメッセージが意味するものとは。創作意欲を掻き立てる刺激を求めて、放浪を続ける人気ミステリー作家・朝倉聡太が難事件に挑む！

2017.10 289p B6 ¥880 ①978-4-06-299110-0

◆**潔白** 青木俊著 幻冬舎
【要旨】札幌地検に激震が走った。30年前に小樽で発生した母娘惨殺事件で前代未聞の再審請求が起こされたのである。すでに執行済みの死刑が、もし誤判だったら、国家は無実の人間を殺めたことになってしまう。「何としても握り潰せ！」担当に指名された、曰く付きの検事。司法の威信を賭けた攻防の行方は…。

2017.7 262p B6 ¥1500 ①978-4-344-03138-8

◆**Y駅発深夜バス** 青木知己著 東京創元社（ミステリ・フロンティア）
【要旨】運行しているはずのない深夜バスに乗った男は、摩訶不思議な光景に遭遇した—奇妙な謎とその鮮やかな解決を描く表題作、女子中学生の淡い恋と不安の行方が意外な展開を辿る「猫矢来」、"読者への挑戦"を付したストレートな犯人当て「ミッシング・リング」、怪奇小説と謎解きを融合させた圧巻の一編「九人病」、アリバイ・トリックを用意して殺人を実行したミステリ作家の涙ぐましい奮闘劇「特急富士」。あの手この手で謎解きのおもしろさを味わせる、著者再デビューを飾る"ミステリ・ショーケース"。

2017.6 285p B6 ¥1700 ①978-4-488-01793-4

◆**嘘つき女さくらちゃんの告白** 青木祐子著 集英社（集英社文庫）
【要旨】盗作疑惑が持ち上がる中、美人イラストレーターsacraが失踪した。彼女の幼馴染みである、ライターの朝倉は、クラスメイトや恩人、恋人などsacraに関わってきた人々にインタビューすることで彼女の真実に迫ろうと考える。盗作、経歴詐称、結婚詐欺など、息をするように繰り

ミステリー・サスペンス・ハードボイルド

返した嘘の果てに姿を消したsacraは今、どこで何をしているのか。そして、彼女が本当に欲しかったものとは―？
2017.1 389p A6 ¥640 ①978-4-08-745538-0

◆風ヶ丘五十円玉祭りの謎　青崎有吾著　東京創元社　(創元推理文庫)
【要旨】夏祭りにやって来た、裏染天馬と袴田柚乃たち風ヶ丘高の面々。たこ焼き、かき氷、水ヨーヨー、どの屋台で買い物をしても、お釣りが五十円玉ばかりだったのはなぜ？　学食や教室、放課後や夏休みを舞台に、不思議に満ちた学園生活と裏染兄妹の鮮やかな推理を描く全五編。『体育館の殺人』『水族館の殺人』に続き、"若き平成のエラリー・クイーン"が贈るシリーズ第三弾は、連作短編集。
2017.7 290p A6 ¥720 ①978-4-488-44313-9

◆追憶　青島武著　小学館　(小学館文庫)
【要旨】二〇〇六年三月、王貞治監督率いる日本代表は、第一回ワールド・ベースボール・クラシックで世界の強豪と激戦を続けていた。同じ頃、北海道警察本部刑事部捜査一課の四方篤は、すすきののラーメン店で、野球仲間だった川端悟と二十九年ぶりの再会を果たす。川崎市在住の川端は、金策のため北海道にやって来たという。その翌々日、小樽市郊外の臨海部で川端悟の刺殺死体が発見された。彼は死の前日、娘との電話で「懐かしい人たちに会った」と言い残していた。四方は、容疑者として浮上した人物もまた、古い友人であることを知る―。超大型映画『追憶』原作小説！
2017.3 200p A6 ¥500 ①978-4-09-406403-2

◆幻想古書店で珈琲を―心の小部屋の鍵　蒼月海里著　角川春樹事務所　(ハルキ文庫)
【要旨】「御機嫌よう、本の賢者にての友人よ」。派手な衣装に身を包んだ青髪の魔人・コバルトが嵐のように不思議な古書店『止まり木』の扉を開けた。店番をしていた名取司が、店主の亜門は奥の書庫にこもっている旨を伝えると、コバルトは困りだした。聞けば天使の風音が市場で見かけられて、その動向が怪しいため、一緒に調べたいという。半ば強引に連れ出された司はコバルトとともに、風音の張った結界の中に入っていく―。人気シリーズ待望の第四弾!!
2017.3 228p A6 ¥480 ①978-4-7584-4072-1

◆幻想古書店で珈琲を―招かれざる客人　蒼月海里著　角川春樹事務所　(ハルキ文庫)
【要旨】本の街・神保町にある不思議な古書店『止まり木』で働く名取司は、大天使のアザリアから、最近この辺りで『魔神アスモデウス』が目撃されているので気を付けるように、と注意を促される。アスモデウスのことをほとんど知らない司は、彼について聞こうと『止まり木』の店主・亜門の元へ向かった。聞けばアスモデウスとは亜門の友人だというが、その亜門の表情はいつになく複雑だった―。一体アスモデウスとは何者なのか!?大人気シリーズ待望の第五弾！
2017.9 221p A6 ¥480 ①978-4-7584-4115-5

◆菜の花食堂のささやかな事件簿―きゅうりには絶好の日　碧野圭著　大和書房　(だいわ文庫)
【要旨】「このあたりでは評判らしいですよ。ちょっとしたヒントから真実を見た、日本のミス・マープルだって」グルメサイトには載っていない、だけどとっても美味しいと評判の菜の花食堂の料理教室で靖子先生が教えてくれるのは、ささやかな謎と悩みの答え、そしてやっぱり美味しいレシピ。いつも駐車場に停まっている赤い自転車の持ち主は誰？　野外マルシェでご飯抜きのドライカレーが大人気になったのはなぜ？　小さな料理教室を舞台に『書店ガール』の著者が描き出す、あたたかくてほろ苦い大人日常ミステリー、第二弾！
2017.2 258p A6 ¥650 ①978-4-479-30640-5

◆ウサギの天使が呼んでいる―ほしがり探偵ユリオ　青柳碧人著　東京創元社　(創元推理文庫)
【要旨】ショッピングサイト"ほしがり堂"を経営する深町ユリオ。節操なく色々なモノをほしがり、方々から集めたガラクタをほしい人に売っている。そんな彼がお宝をゲットしに行くと、なぜか必ず事件に巻き込まれてしまう！身元不明のゾンビの死体の謎、ゴミ屋敷に隠された秘密など、ほしがり探偵が苦労人の妹と共に"お宝"をめぐる数々の事件に挑む。ポップで連作ミステリー。
2017.5 312p A6 ¥700 ①978-4-488-47611-3

◆西川麻子は地球儀を回す。　青柳碧人著　文藝春秋　(文春文庫)

【要旨】密室で突如出現したアリの群れ。殺人現場から消えた絨毯。アシスタントを殺害した少女マンガ家の偽装工作―謎を解くのは「地理の知識」!?あらゆる地理トリビアを麦わら帽子の下の頭脳に詰めこんで、地理の講義で犯人の完全犯罪を突き崩してみせるのは、地理探偵・西川麻子！　文庫オリジナルのライトミステリー小説。
2017.4 260p A6 ¥690 ①978-4-16-790830-0

◆浜村渚の計算ノート　7さつめ　悪魔とポタージュスープ　青柳碧人著　講談社　(講談社文庫)
【要旨】その名もデロス(不可能)・キューブなる立方体に人が閉じ込められた！　開かずの扉をひらくヒントは "(-1)×(-1)"。絶望を抱えたマイナス思考のテロリストに挑む天才少女・浜村渚は、ヒントに隠された「マイナスの魔法」に気が付いた！　はたして人質を救う数学的名案を導き出せるのか。数字が爆ぜる全4編+おまけ付き。
2017.2 341p A6 ¥620 ①978-4-06-293606-4

◆浜村渚の計算ノート　8さつめ　虚数じかけの夏みかん　青柳碧人著　講談社　(講談社文庫)
【要旨】横浜で謎解きイベント「私立赤煉瓦学園」にエントリーした渚と武藤。街中に隠されたヒントを探し、盗まれた「学びの夏みかん」を奪還するゲームです。イベントの主催者は、悪名高いドクター・ピタゴラスの教え子。そして「黒い三角定規」首領が追う、あの男も横浜に…数学的大事件が起きる予感が!?　全3編。
2017.10 326p A6 ¥620 ①978-4-06-293741-2

◆悪夢に架ける橋　赤川次郎著　双葉社　(FUTABA NOVELS)
【要旨】団地に暮らす専業主婦・浩枝は、現実と見まがうような「人が死ぬ悪夢」にうなされていた。ある晩見た殺害現場が現実のものと分かり、自分に不思議な力があることに気づく。浩枝だけが知っている事件の真相を伝えようと、幼馴染みの刑事・片岡と連絡をとるが、同時に平穏な生活に影が射しはじめる。ページを捲る手が止まらないノンストップサスペンス！
2017.2 268p 18cm ¥850 ①978-4-575-00800-5

◆雨の夜、夜行列車に　赤川次郎著　KADOKAWA　(角川文庫)
【要旨】「今夜、九時の列車よ―」組織の金を盗んで命を狙われている逃走中の宮部は、自宅で彼を待ち続けている妻の亜紀子と、夜行列車で落ち合う約束をしていた。しかしその列車には、宮部を逮捕しようとする刑事たち、地方へ講演に出かける元大臣とその秘書、自殺しそうな元サラリーマンと駆け落ちしようとしている元部下など、各々の幸せを掴むための人たちが、乗り込もうとしていた。彼らを待ち受ける衝撃の結末とは―。
2017.1 274p A6 ¥600 ①978-4-04-104459-9

◆勝手にしゃべる女　赤川次郎著　KADOKAWA　(角川文庫)
【要旨】美容院で手にした週刊誌の "お見合" の特集を見て興味を持った直子は、変わり者と評判の叔母から、お見合いの話を受ける。先方は、少し年輩というが、学歴も収入も申し分なく、毎週叔母のところに来てくれるらしい。指定された夜の9時に、直子が叔母の家を訪ねると、そこには奇妙な光景が広がっていた…「勝手にしゃべる女」。表題作ほか、ちょこっと背筋がゾワッとして、ちょこっと洒落た傑作ショートショート26編。
2017.9 261p A6 ¥560 ①978-4-04-105751-3

◆哀しい殺し屋の歌　赤川次郎著　実業之日本社
【要旨】毎夜酒場で泥酔する「元・殺し屋」が目を覚ましたのは、捨てたはずの実の娘の屋敷だった。戸惑いつつも再会を喜ぶ男だが、別れた妻は既に病で亡くなり、娘はなんと夫を殺されて若き未亡人になっていた。さらに、男の元へ謎の少年から殺人の依頼が舞い込んでくる。一連の事件の裏には、かつての仲間の影が―!?表題作ほか「パパは放火魔」を収録。
2017.12 304p A6 ¥593 ①978-4-408-55394-8

◆キネマの天使―レンズの奥の殺人者　赤川次郎著　講談社
【要旨】Q.スクリプターとは？　A.映画の撮影現場で、フィルムを繋ぐときに矛盾が出ないように、役者の動き・衣装など映像に写るすべてを記録＆管理する係。スクリプター・東風亜矢子。ベテランの多い映画業界ではまだまだ若手。人気実力派監督が率いるチーム "正木組" で、現場全体を冷静に眺めることができるスクリプターゆえ、トラブル解決に奔走する日々だ。カメラ

マン、録音技師、照明…職人気質のスタッフたちと、強烈な個性をもった役者たちと共に取り組む新作撮影もこれからが佳境―という最中、アクションシーンに欠かせないスタントマンが刺殺されてしまう。一体誰が、何のために!?ニューヒロインにして名探偵は、映画について何でも知っているスクリプター。
2017.12 319p B6 ¥1500 ①978-4-06-220876-5

◆吸血鬼と怪猫殿　赤川次郎著　集英社　(集英社文庫)
【要旨】取引先のビルの完成披露パーティーに招かれた純粋な吸血鬼であるフォン・クロロックとその娘で人間とのハーフであるエリカ。パーティの開宴と共にまるで猫のたたりのような不可解な事件が頻発する。新しく建てられたビルに隠された猫にまつわる恐ろしい秘密とは!?表題作のほか『土曜の夜と吸血鬼の朝』『吸血鬼に賞罰なし』の2編を収録。"吸血鬼はお年ごろ" シリーズ、新装版第16弾!!
2017.2 216p A6 ¥460 ①978-4-08-745542-7

◆吸血鬼は世紀末に翔ぶ　赤川次郎著　集英社　(集英社文庫)
【要旨】昔、ヨーロッパの古い城に、ある目的のために作られていたという恐ろしい部屋「バラの間」。ある日、純粋な吸血鬼フォン・クロロックとその娘で人間とのハーフであるエリカは、美女に館に招待される。何も知らない二人が通された部屋には、恐ろしい仕掛けが施されており…!?表題作のほか二編を収録した、「吸血鬼はお年ごろ」シリーズ第17作！　新装版!!
2017.6 213p A6 ¥460 ①978-4-08-745605-9

◆禁じられた過去　赤川次郎著　光文社　(光文社文庫)
【要旨】経営コンサルタントの山上忠男は、かつて憧れていた美沙から相談を受けた。彼女の恋人が、横領の嫌疑をかけられているという。この横領事件をきっかけに、山上は大きな謀略に陥れられていく。家族、かつての友人、女性秘書…、周囲の人物までも巻き込んで、事件はめまぐるしく進展する。初恋の女性に心を一瞬奪われ、危機に陥ってしまった山上の運命は!?
2017.7 311p A6 ¥600 ①978-4-334-77496-7

◆クレオパトラの葬列―第九号棟の仲間たち　4　赤川次郎著　徳間書店　(徳間文庫)　新装版
【要旨】鈴本芳子は病院でホームズやダルタニアンたちと探偵業をしている。父の浮気を知って助けを求めてきたのは、三矢産業社長の娘大矢朋子。経営者が次々とK貿易の社長浅井聖美の誘惑に落ちているという。会社乗っ取りの陰謀に矢島専務が行方不明中に社内は混乱。そんなとき、矢島常務の指示で浅井の弱みを調べていた東京支店長が刺殺された！　九号棟の仲間が問題発生！？
2017.3 269p A6 ¥630 ①978-4-19-894206-9

◆三世代探偵団―次の扉に棲む死神　赤川次郎著　KADOKAWA
【要旨】天才画家の祖母と、生活力皆無な女優の母と暮らす女子高生、天本有里。母の所属する演劇に出演中、目の前で母の代役の女優が殺された。次いで劇団の別の女優が狙われ、有里は次第に一連の事件に巻き込まれることに。さらに、有里の通う高校では、事務長に何やら秘密がありそうで…。皆が皆、怪しすぎ！　信じられるのは三人だけ。かしまし女三世代が "絆" を武器に真実へと迫る。
2017.10 378p B6 ¥1500 ①978-4-04-105728-5

◆三人姉妹殺人事件―三姉妹探偵団　24　赤川次郎著　講談社　(講談社文庫)
【要旨】佐々本家の長女・綾子は、泥酔したバイト先のチーフ・松本を自宅へ送り届けた。が、翌朝彼の部屋から女性の死体が発見され、松本はいつの間にか姿を消して逃げ出してしまう。死んでいた女はいったい誰なのか、そして真犯人は？　事件の鍵を握るのは、実はもう一組の三姉妹だった？　佐々本三姉妹は事件を解決できるのか!?
2017.3 319p A6 ¥660 ①978-4-06-293617-0

◆死なないで　赤川次郎著　双葉社　(双葉文庫)　新装版
【要旨】地味で男っ気のない七代は、とてもさわやかな年下のサラリーマン・古賀にいきなりプロポーズされた。最初は疑っていたが、母親を紹介されたり婚前旅行を提案されたり、ついに自分にも春が―と思っていた矢先、旅先で古賀が失踪する。どうしても彼を憎めない七代は、自らの足で真相を突きとめようとするが!?　事件と

事件が絡み合う、恋愛サスペンス。
2017.12 252p A6 ¥574 ①978-4-575-52058-3

◆**死神と道連れ―怪異名所巡り 9** 赤川次郎著 集英社
【要旨】大事故の現場には、必ずその男がいる!?人間でも幽霊でも、一番大事なことは、相手を思いやる気持ち―。霊能バスガイド・町田藍が、あなたのお悩みを解決します！
2017.9 227p 19×12cm ¥1300 ①978-4-08-771120-2

◆**招待状―赤川次郎ショートショート王国** 赤川次郎著 光文社
【要旨】ユーモア&ビターの極上の時間をあなたに一めくるめく、赤川ワールドへ。ショートショート劇場、開演！ファンクラブ会誌のみに掲載されてきた、名人芸が冴え渡る27の短編を収録！
2017.2 230p 18×12cm ¥1300 ①978-4-334-91147-8

◆**招待状―赤川次郎ショートショート王国** 赤川次郎著 光文社（光文社文庫）
【要旨】ファンクラブ会誌『三毛猫ホームズの事件簿』で、毎号書き下ろされているショートショート。「封印された贈りもの」「幽霊の忘れ物」「シンデレラの誤算」「テレビの中の恋人」など。会員から募集したタイトルを元に、創作された二十七の物語。ミステリーはもちろん、サスペンス、ファンタジー、ラブストーリー。赤川ワールドの魅力がたっぷり、ぎゅぎゅっと詰まった一冊。
2017.2 255p A6 ¥540 ①978-4-334-77435-6

◆**世界は破滅を待っている** 赤川次郎著 徳間書店 新装版
【要旨】首相主催のジャーナリスト懇親会へ編集長の代わりに出席した月代。彼を見たときの首相の驚いた顔は、まるで幽霊を見たかのようだった。数日後、急に編集長が亡くなり、月代は車に轢かれそうになり、家に石が投げ込まれた、家族にまで災難が迫ってきた。俺が何をしたというのだ。ふと、五年前ある温泉町のバーで男と話した記憶が蘇った。自分が狙われる理由があの夜の出来事にあったのだ。
2017.11 359p A6 ¥660 ①978-4-19-894271-7

◆**泥棒たちのレッドカーペット** 赤川次郎著 徳間ノベルス
【要旨】アイドルに憧れて上京したものの、なかなかチャンスに恵まれなかったルミ。平凡な高校生だったはずなのに、修学旅行でスカウトされてアイドルの階段をのぼる寿子。二人の運命が交錯するとき、強盗殺人犯が現れて事態は思わぬ方向へ…。盗むことにかけては右に出る者のいない淳一と美人刑事真弓の夫婦が今回直面したのは、卑しい大人たちの事件による、とある策略だった。淳一・真弓コンビが、女の子たちを守ることができるのか。大好評「夫は泥棒、妻は刑事」シリーズ堂々の第二十巻！
2017.1 225p 18cm ¥880 ①978-4-19-850971-2

◆**7番街の殺人** 赤川次郎著 新潮社
【要旨】ここは連ドラの撮影現場。そしてわたしのお祖母ちゃんの殺害現場。犯人はこの中にいる！21年前の未解決事件が、カメラの前でよみがえる！時を超えて張り巡らされる罠。ノンストップ青春ミステリー。
2017.5 310p B6 ¥1400 ①978-4-10-338138-9

◆**花嫁をガードせよ！** 赤川次郎著 実業之日本社（ジョイ・ノベルス）
【要旨】結婚を控えた女性警官・西脇仁美は、暗殺されかけた政治家の蔵本をかばって倒れてしまう。偶然通りかかった女子大生・塚川亜由美と愛犬ドン・ファンの機転で一命をとりとめるが、けがが原因で歩くことができなくなり、新聞記者の彼との婚約も解消されそうに。さらに、蔵本を撃った男は取り調べ中に自殺をしてしまったという。事件の裏には大きな闇がうごめくようで―!?大人気シリーズ第31弾！（ほか「花嫁は日曜日に走る」収録）
2017.12 242p 18cm ¥852 ①978-4-408-50560-2

◆**不思議の国のサロメ―第九号棟の仲間たち 6** 赤川次郎著 徳間書店（徳間文庫）新装版
【要旨】母親が愛人の首を切り落とした現場を目撃してしまった今村まどか。十四歳の少女の心のケアのため、ホームズたちがいる "第九号棟"へ入院することになった。ところが入院した日、看護婦が同じように首を切り落とされてしまう。自分を"サロメ"だと思い込んだ本物の犯行なのか？病院から失踪したまどかを追って、ルパンやダルタニアンたちは調査を進める！
2017.7 262p A6 ¥630 ①978-4-19-894233-5

◆**牡丹色のウエストポーチ―杉原爽香 "44歳の春"** 赤川次郎著 光文社（光文社文庫）
【要旨】「杉原爽香の娘を殺して」夜明け前の公園で交わされた契約が、危険な事件の連鎖を誘い込む。不穏な思惑などつゆ知らず、学校行事の一環で山間のキャンプ地に赴くこととなった爽香と娘の珠実。楽しいはずの旅行先で、殺意は着実に迫りつつあった…。新たな事件、移ろう人間関係、それぞれの成長。登場人物が読者とともに年齢を重ねる大人気シリーズ第三十弾！
2017.9 318p A6 ¥620 ①978-4-334-77523-0

◆**真夜中の騎士―第九号棟の仲間たち 5** 赤川次郎著 徳間書店（徳間文庫）新装版
【要旨】悪名高い実業家添田が、白馬にまたがった黒い鎧の騎士に剣で殺されるという謎の事件が発生。しかも愛人と目の前で！現実に騎士が現れたのは、あるパーティ会場。製薬会社会長の黒川の心臓を槍でひと突きにした。騎士の正体とは？何が目的なのか?!現場に居合わせた鈴木芳子は、被害者の娘黒川さつきに相談を受け、おなじみ "第九号棟の仲間たち" と「黒い騎士事件」に迫る！
2017.5 251p A6 ¥630 ①978-4-19-894229-8

◆**三毛猫ホームズの正誤表** 赤川次郎著 光文社（光文社文庫）新装版
【要旨】新人女優の恵利に主役を射止められてしまった丹羽しおり。彼女が通うグループカウンセリングでは、みな自分の立場に不満を持っていた。部長ポストを奪われた男、転校生に成績トップの座を奪われた娘、夫に悩まされる主婦。彼らの人生を「訂正」させる連続殺人が起こる。まるで、"正誤表"に沿うように。晴美の友人である恵利は、自らに迫る危機を片山に告げ…。
2017.4 314p A6 ¥600 ①978-4-334-77455-4

◆**三毛猫ホームズの卒業論文** 赤川次郎著 KADOKAWA（角川文庫）
【要旨】晴美たちは、出席した友人の披露宴で、新郎新婦がウエイトレスに刃物で襲われる場面に遭遇して。その時、新婦をかばうように、先日大学内で恋人が刺されてしまった淳子が、飛び出してきた。その場で取り押さえられた彼女は自殺してしまい、さらに結婚式場の主任も何者かに殺される。片山たちが、連続して起きた事件を調べていくと、淳子が書いた卒業論文に行き当たる。小さな出来事から大きな事件へ―人気シリーズ第40弾。
2017.5 262p A6 ¥640 ①978-4-04-105750-6

◆**ミステリ博物館** 赤川次郎著 徳間書店（徳間文庫）
【要旨】私が殺されたら、必ず先生が犯人を捕まえてください！祝いの席に似つかわしくない依頼とともに結婚披露宴に招かれた探偵の中尾旬一。招かれた元教え子で旧家の令嬢貞子の、彼女の広大な屋敷には、初夜を過ごすと翌朝どちらかが死体になっているという、呪われた四阿があった。疑惑解明のため、危険を承知で四阿で過ごすと貞子は…。
2017.8 391p A6 ¥670 ①978-4-19-894253-3

◆**南十字星** 赤川次郎著 双葉社（双葉文庫）新装版
【要旨】奈々子は恋人はいないが、喫茶店「南十字星」のウエイトレスとして皆に愛されている。ある日、何か訳がありそうな美女が店を訪ねてくる。話を聞くと新婚旅行先のドイツではぐれた夫の行方をずっと捜しているらしい。同情していた奈々子だったが、なぜか彼女らと一緒にドイツへ行くことになり―。異国で待ち受けていたのは、奈々子たちを襲うあやしい影と衝撃の事実！これは恋の気配も!?青春ミステリー。
2017.8 337p A6 ¥657 ①978-4-575-52020-0

◆**幽霊協奏曲** 赤川次郎著 文藝春秋
【要旨】「どっちを選ばなくてはならなかったんです」と、その女性は言った。「私の人生です。私の意志で選んでも、どこがいけないんでしょうか」美しいピアニストに翻弄されて不倫の恋に走った挙句、息を呑んで死んだ兄と、ヴァイオリニストの弟。女と男が再会したのは、チャイコフスキー「ロミオとジュリエット」のゲネプロ前日だった。オール讀物推理小説新人賞『幽霊列車』でデビューして40年、宇野警部と永井夕子の年の差コンビも健在、前人未到の第600冊目！
2017.3 262p 18cm ¥850 ①978-4-16-390613-3

◆**幽霊候補生―赤川次郎クラシックス** 赤川次郎著 文藝春秋（文春文庫）新装版
【要旨】"乗用車・湖へ転落―大学生二人絶望" というテロップのあと、テレビ画面に映ったのは永井夕子の顔。夕子が死んだ。五カ月後、失意の宇野警部はある事件を捜査中、件の湖で撮られた写真に夕子の姿を見つける。すぐさま車に乗りこみ、現地に到着するが、そこで宇野を出迎えたものは!?傑作中篇『幽霊』シリーズ第二弾。
2017.8 300p A6 ¥660 ①978-4-16-790908-6

◆**幽霊審査員** 赤川次郎著 文藝春秋（文春文庫）
【要旨】「ずるい！」と永井夕子。「仕方ないです」―僕だって好きで引き受けたわけじゃないよ！―大晦日の国民的TV番組「赤白歌合戦」で、宇野警部が代理で審査員をつとめることに!?慣れないタキシードにくるまって、いざ本番へ。一方、てんやわんやの舞台裏では、「何か起こる」と夕子が予言した通り、事件が…。絶好調の全7篇。
2017.1 218p A6 ¥660 ①978-4-16-790996-3

◆**許されざる花嫁** 赤川次郎著 KADOKAWA（角川文庫）
【要旨】「僕を見張ってもらわないと、花嫁を殺してしまうかもしれない」美術展を見に行った帰り、大学生の亜由美が、友人とホテルのラウンジでお茶をしていると、中年の男性に声をかけられた。事情を聞くと、今行われている結婚式の新婦は、男の元妻だというのだ。しかしこの結婚には裏がありそうで…。亜由美、ドン・ファンとともにズバッと解決！花嫁シリーズ第24弾。表題作ほか、「花嫁リポーター街を行く」を収録。
2017.3 184p A6 ¥520 ①978-4-04-104457-5

◆**四次元の花嫁** 赤川次郎著 実業之日本社（実業之日本社文庫）
【要旨】ブライダルフェアに遊びに来た女子大生・塚川亜由美と親友の聡子は、会場で不思議な新郎・一柳と出会った。スタッフのみどりによれば、彼は結婚式のドレスも日程も自分一人で決めて、新婦は一度も現れていないのだという。調査を依頼された亜由美だが、帰宅途中のみどりが何者かに襲われて…!?表題作ほか「花嫁たちの袋小路」を収録。
2017.8 214p A6 ¥556 ①978-4-408-55371-9

◆**終電の神様** 阿川大樹著 実業之日本社（実業之日本社文庫）
【要旨】父危篤の報せに病院へ急ぐ会社員、納期が迫ったITエンジニア、背後から痴漢の手が忍び寄る美人―それぞれの場所へ向かう人々を乗せた夜の満員電車が、事故で運転を見合わせる。この「運転停止」が彼らの人生にとって思いがけないターニングポイントになり、そして…あたたかな涙と希望が湧いてくる、感動のヒューマン・ミステリー。
2017.2 315p A6 ¥593 ①978-4-408-55347-4

◆**兇暴爺** 阿木慎太郎著 祥伝社（祥伝社文庫）
【要旨】柔道六段、元体育教師、息子は警察庁刑事局トップで、元教え子には地元警察署署長も。その経歴を存分に悪用して悪党退治に暴れ回る老人。彼こそが兇暴爺・三船敏三である！そんな彼に、ストーカー相談が。しかしこの女性、どこか大柄で、狙われる一人に見えない。だが、護衛を続けるうちに怪しい影が…。敏三は、事件を解決に導けるのか!?愉快痛快破天荒！
2017.11 314p A6 ¥630 ①978-4-396-34368-2

◆**明日の湯―下町人情銭湯** 秋山浩司著 ポプラ社（ポプラ文庫）
【要旨】浅草下町に佇む銭湯「明日の湯」の三代目当主・三助は大学生。時代遅れの銭湯なんか継ぐ気はないのに、失踪した父のかわりに仕方なく切り盛りしている。ある日銭湯を訪れた美人に一目惚れするが、彼女の正体は意外なもので―。義理人情が溢れた心と身体をあたためる、ほっこり銭湯ミステリー。
2017.2 279p A6 ¥680 ①978-4-591-15420-5

◆**機長、事件です！―空飛ぶ探偵の謎解きフライト** 秋吉理香子著 KADOKAWA
【要旨】冷静沈着、超絶美人。敏腕機長にして名探偵―"キャプテン・ディテクティブ" 氷室翼、登場！事件多発の「東京‐パリ国際線」。クルーたちは無事帰還することができるのか!?とびきりポップなトラベル・ミステリ！
2017.3 289p B6 ¥1500 ①978-4-04-105083-5

◆**婚活中毒** 秋吉理香子著 実業之日本社
【要旨】崖っぷち女が紹介された運命の相手は連続殺人犯？（『理想の男』）。街コンで出会った美女の暴走に戸惑うマニュアル男は…（『婚活マニュアル』）。本命男を絶対に落とす "婚活ツール" の中身とは？（『リケジョの婚活』）。息子

小説 ミステリー・サスペンス・ハードボイルド

の見合いで相手の母親に恋心を抱いた父親は…『代理婚活』。運命の出会いのちがけ一『暗黒女子』の著者が贈るサプライズ満載の傑作ミステリー。
2017.12 206p B6 ¥1300 ①978-4-408-53711-5

◆サイレンス　秋吉理香子著　文藝春秋
【要旨】しまたまさん一雪之島の護り神。新潟本土の港からフェリーで約二時間、人口は三百人以下で信号機もない雪之島で生まれ育った深雪。アイドルを目指して故郷を離れたが、いまは夢をあきらめて東京の芸能プロダクションでマネージャーをしている。両親は結婚の挨拶のために実家へ帰省した が、婚約者の俊亜貴の突然失踪…。「しまたまさん」に護られた島から、深雪たちは東京へ戻って結婚できるのか。イヤミスの新旗手が放つ、サスペンス長編。
2017.1 288p A6 ¥1400 ①978-4-16-390591-4

◆ジゼル　秋吉理香子著　小学館
【要旨】東京グランド・バレエ団の創立15周年記念公演の演目が「ジゼル」に決定し、早川花音は準主役のミルタに抜擢される。このバレエ団では15年前、当時のプリマ・姫宮真由美が代役の紅林嶺衣奈を襲った末に死亡した事件が起き、「ジゼル」はタブーとなっていた。そんな矢先、里衣奈の突然の死亡。公演の準備を進める中、配役の変更で団員の間には不協和音が生まれ、不可解な事件が相次いで…。これはすべて真由美の"呪い"なのか？『ジゼル』の封印を解いた時、悲劇的な死を遂げたプリマの想いが甦る…！
2017.10 341p B6 ¥1500 ①978-4-09-386479-4

◆放課後に死者は戻る　秋吉理香子著　双葉社（双葉文庫）
【要旨】ある夜、教室の机に入った手紙で呼び出された僕は、崖から突き落とされた。目覚めると、僕はオタクだったはずが、巻き添えになった美形の男子高校生の姿に変わっていた—。元いたクラスに転校生として潜入した僕は、入れ替わった姿で犯人捜しをはじめる。いったい誰が僕を殺したのか？そんな僕に警告を発するのは何者か？初々しさと驚きに満ちたラストが待つ傑作青春ミステリー。
2017.11 275p A6 ¥593 ①978-4-575-52050-7

◆魔家族　明野照葉著　光文社（光文社文庫）
【要旨】OA機器を扱う会社で働く西原早季。彼女には秘めた上司がいた。佐藤恭平一イケメンで気さく、営業成績トップの社のスター的存在だ。家こよし、幼い娘と暮らす理の魅力にひためりこんでゆく早季。だが、彼の家には、もう一人の女性がいた。信じられぬほど若く美しい亡き妻の母・温子。いつしか女たちの中で殺意が膨れあがってゆく…。戦慄のサスペンス長編！
2017.8 349p A6 ¥680 ①978-4-334-77537-7

◆ロック、そして銃弾—私立警官・音場良　浅暮三文著　徳間書店（徳間文庫）
【要旨】神戸で警官が撃たれて銃が奪われた。指紋から、学生運動の後、海外へ逃亡していた男が浮かび上がる。浅草でバーをやっているロックと、元刑事の音場良は、この事件の犯人探索の依頼を引き受けることになった。同じ頃、知り合いの芸能プロの社長から、突然行方不明になった歌手を探して欲しいと、ロックの兄貴分の亜子に相談が持ちかけられる。東京と神戸で起きた事件は、やがて…。
2017.6 204p A6 ¥650 ①978-4-19-894172-7

◆白い久遠　浅ől里沙子著　東京創元社
【要旨】三軒茶屋から世田谷線で数駅、裏路地にひっそりと佇む『藤屋質店』の特徴は、今どきの高級ブランド品だけでなく、骨董品が持ち込まれる機会の多いことだ。店主の健三郎がかつて骨董店にいたことがそれゆえである。そのため、涼子が美術館の学芸員の仕事を辞め見習いで入った時から、質屋の商いで持ち込まれた宝飾品やブランド品に加え、骨董類についても対応できるようにと、様々な骨董品について勉強させられている。ひとりで接客する際は、その成果をいやでも試される訳だが、それは涼子の前職での経験と似ていた。目利きの元学芸員が織りなす優雅な連作ミステリー。
2017.10 282p B6 ¥1800 ①978-4-488-02762-9

◆県警出動—黒いオルフェの呪い　麻野涼著　徳間書店（徳間文庫）
【要旨】群馬県の湖で元沖縄在住の元米兵の死体が発見された。謎の言葉「黒いオルフェが微笑んでくれる」を残して。財深刑事は遺留品のボタンに注目し、部隊の会社が特注したことを突き止める。元米兵は歌手クラウジア明美のことを探していたらしい。ヒット曲の歌詞「黒いオル

フェ」を引用した脅迫状が彼女に届き、怪しい芸能ライターがついまとう。そして第二の殺人が起きた。書下ろし長編推理。
2017.8 393p A6 ¥700 ①978-4-19-894242-7

◆暴走弁護士　麻宮涼著　文芸社（文芸社文庫）
【要旨】新宿歌舞伎町でホストをしていた大河内壮太は深夜の中央高速を走っている時、後ろから来たトラックに追突されて、一時、生死をさまよう重体に陥った。当時、トラックは時速百十五キロで走行し、走行車線入スえていた乗用車の後部座席に追突した。実況見分をした警察は、ただの交通事故から、計画的な事故の可能性を疑いはじめた。暴走族から弁護士になった真行寺は、殺人未遂で立件されようとしていたトラック運転手の弁護をするため、事件の背景を調査し、驚愕の真実にたどり着く!!
2017.2 364p A6 ¥720 ①978-4-286-18394-7

◆永久囚人—警視庁文書捜査官　麻見和史著　KADOKAWA
【要旨】極度の文字マニア・鳴海理砂班長率いる警視庁捜査一課文書捜査班に、新たに夏目静香巡査が配属された。唯一の班員だった矢代朋彦は、増員が今までの功績を認められたからだと意気込んでいた。そんな時、文書解読に出動命令が下る。遺体発見現場には、ダイイングメッセージが残されていた。理沙は現場で捜査に加わる。矢代たちが遺品を調べていると、奇妙な幻想小説『永久囚人』の一部の画像が見つかった。入手困難な自費出版の稀覯本であることがわかり、その原本を辿って行くと、さらなる殺人事件が起きてしまい…。『永久囚人』と殺人事件の関連は？ダイイングメッセージの意味とは？
2017.3 314p B6 ¥1500 ①978-4-04-104609-8

◆警視庁文書捜査官　麻見和史著　KADOKAWA（角川文庫）
【要旨】右手首のない遺体が発見された。現場に残されたのは、レシート裏のメモと不可解なアルファベットカード。「捜査一課文書解読班」班長で極度の文字マニア、鳴海理沙警部補に、出動要請が下る。遺留品のメモから身許を特定した理沙は、被害者宅にあった文章から第二の殺人現場を発見。そこには、またもアルファベットカードが残されていた。共に見つかった手描きの地図が示す所を探すと―。理沙の推理と閃きが、事件を解決に導く！
2017.4 324p A6 ¥680 ①978-4-04-104619-7

◆水葬の迷宮—警視庁特捜 7　麻見和史著　新潮社（新潮文庫）（『特捜〈7〉銃弾』改題書）
【要旨】ベテラン警察が拳銃を奪われ、両腕を切られた姿で発見された。一体損壊の謎を追い、特別捜査班の岬恭司は、似顔絵をメモ代わりにする中宏美とコンビを組む。連続する銃撃事件、現場に残された不可解な数字。浮上する過去の未解決事件と闇に消えた男とは…。つながる点と線、迷宮の核心、そしてクライマックスは東京駅へ！緻密な伏線が冴える、本格捜査ミステリー。
2017.9 455p A6 ¥710 ①978-4-10-121081-0

◆鷹の砦—警視庁捜査一課十一係　麻見和史著　講談社（講談社ノベルス）
【要旨】都下の山中で立てこもり事件が発生。犯人は、殺人事件の被疑者として十一係が追跡していた男逮だった。人質が巻き込まれ緊迫する現場。男達は人質の一人と刑事・如月塔子の身柄交換を要求。塔子は覚悟を決めて逃走してしまう。所轄の猪狩巡査とコンビを組み、相棒の救出に奔走する鷹野。一方、塔子自身も犯人たちに連れられて、塔の中を巡っている。やってこない期限の中、鷹野と十一係は塔子を救い出し、事件の真相を解明できるのか!?
2017.12 272p A6 ¥900 ①978-4-06-299102-5

◆蝶の力学—警視庁殺人分析班　麻見和史著　講談社（講談社文庫）（『蝶の力学—警視庁捜査一課十一係』改題書）
【要旨】惨殺された若き資産家の喉には可憐な花が活けられ、その妻は行方をくらました。新聞社には「警察とのゲーム」と題するメールが届き、殺人分析班の如月塔子ら警察は怨恨の線で動き出す。しかし犯人の魔手は警察の身辺へ。奇妙な劇場型殺人事件の深部を、緻密な推理で追い詰める人気シリーズ七作目。
2017.7 420p A6 ¥760 ①978-4-06-293707-8

◆奈落の偶像—警視庁捜査一課十一係　麻見和史著　講談社（講談社ノベルス）
【要旨】日本最大の繁華街・銀座で死体遺棄事件が発生！遺体はショーウインドに吊るされ、

現場には、黒いアルミホイルと蓄光テープという不可解な手掛かりが遺されていた。臨場した如月塔子と十一係は捜査を開始するが、世間に見せつけるような残酷な犯行は続き、さらなる被害者が拉致されてしまう。閃きを武器に活躍を重ねる女性刑事・如月、卓抜した捜査能力を持つ鷹野、熱血漢・門脇、最年長の人情派・徳重、情報収集に優れた尾留川一捜査一課十一係"殺人分析班"は卑劣な犯人に辿り着くことができるのか!?
2017.7 271p 18cm ¥900 ①978-4-06-299095-0

◆今だけのあの子　芦沢央著　東京創元社（創元推理文庫）
【要旨】新婦とは一番の親友だと思っていたのに。大学の同じグループの女子で、どうして私だけ結婚式に招かれなかったのか…（「届かない招待状」）。環境が変わると友人関係も変化する。「あの子は私の友達？」心の裡にふと芽生えた嫉妬や違和感が積み重なり、友情は不信感へと変わる。「女の友情」に潜む秘密が明かされたとき、驚くべき真相と人間の素顔が浮かぶ、傑作ミステリ短篇集全五篇。
2017.4 300p A6 ¥740 ①978-4-488-47411-9

◆バック・ステージ　芦沢央著　KADOKAWA
【要旨】新入社員の松尾はある晩会社で、先輩の康子がパワハラ上司の不正の証拠を探す場面に遭遇するが、なぜかそれを手伝うことになる。翌日、中野の劇場では松尾たちの会社がプロモーションする人気演出家の舞台が始まろうとしていた。その周辺で4つの事件が同時多発的に起き、勘違いとトラブルが次々発生する。バラバラだった事件のピースは、松尾と康子のおかしな行動によって繋がっていき…。
2017.8 267p B6 ¥1500 ①978-4-04-105192-4

◆恐怖の緑魔帝王—みんなの少年探偵団　芦原すなお著　ポプラ社
【要旨】ある寒い寒い秋の夕方、少年探偵団の井上君とノロちゃんは奇怪な緑の老婆に遭遇し、恐ろしい目にあう。同じ頃白金の大富豪のもとに、怪人二十面相から犯罪予告が届く。出張中の明智探偵に代わり、小林少年は刀を携えて乗り込むが—。少年探偵団オマージュ作品第四弾！
2017.6 255p A6 ¥640 ①978-4-591-15501-1

◆楽譜と旅する男　芦辺拓著　光文社
【要旨】楽譜を探して歩く謎の男が、依頼人の凍った時間を溶かし出す。奏でられた楽曲を、あなたは二度と忘れられない。古今東西の散逸した楽譜を探し歩く、楽譜探索人。依頼があれば、どんな譜面でも、かならず見つけ出す。それが、支配人に隠蔽されたものであった。世界を破滅に追いやる、呪われた楽曲であったとしても。聞こえるだろう。逃げることなどできないのだ。音楽からは。
2017.3 219p B6 ¥1500 ①978-4-334-91156-0

◆名探偵・森江春策　芦辺拓著　東京創元社（創元推理文庫）（『少年は探偵を夢見る』改題書）
【要旨】探偵小説に夢中の小学生・森江春策は、ある夕刻に見かけた洋館で、謎の紳士と少女をめぐる不思議な事件に巻き込まれ、初めて"推理"を披露した一その後も密室殺人や首なし死体、鉄壁の不在証明などの多種多彩な不可能犯罪に遭遇する彼が、平凡な少年から名探偵へと成長を遂げていく様を連作形式で描く本格ミステリ読者必読の連作短編集。
2017.8 413p A6 ¥960 ①978-4-488-45607-8

◆飛鳥高探偵小説選 3　飛鳥高著　論創社（論創ミステリ叢書 105）
【要旨】長編『死刑台へどうぞ』を巻頭に置き、「幻への逃走」や「東京完全犯罪」など、探偵小説専門誌以外に書かれた短編をまとめ、さらに単行本未収録の最新短編「とられた鏡」を初収録。本格ミステリを愛する日本推理文壇の最長老・飛鳥高の探偵小説選第三弾！
2017.4 378p A5 ¥3600 ①978-4-8460-1602-9

◆神田川殺人事件—旅行作家・茶屋次郎の事件簿　梓林太郎著　祥伝社
【要旨】「手紙に描かれた風景を探してほしい」旅行作家・茶屋次郎が受け取った一通の依頼状。依頼人・朝波貴士は十年前に突然姿を消した元恋人の行方を捜していた。茶屋はその風景を、歌にもなった神田川とみて調査をはじめる。しかし、そこで朝波の他殺体が発見された一。過去の失踪と依頼人の死。茶屋が辿りついたのは、静かに深く、人の奥深に流れる心の闇

◆京都・近江路殺人事件―人情刑事・道原伝吉
梓林太郎著　徳間書店　(徳間文庫)
【要旨】比叡山で男の毒殺死体が発見された。長野県安曇野市の企業を定年退職し、妻子を残したまま京都に移住した大滝杏一と判明。週末になると訪れてくる美女が目撃されていた。一方、安曇野署管内で三年前に起きた未解決事件との共通点に気づいた安曇野署・道原伝吉は、京都府警の浜口刑事とともに謎の女を追うことに!? 信州・京都・近江八幡・彦根・長浜を舞台に描いた長編旅情ミステリー!
2017.8 343p A6 ¥680 ①978-4-19-894252-6

◆京都・舞鶴殺人事件―人情刑事・道原伝吉
梓林太郎著　徳間書店　(トクマ・ノベルズ)
【要旨】上高地で有馬英雄の刺殺体が発見された。安曇野で農業を営む二十歳の青年だ。穂高登頂を目指した五人のパーティのリーダーだったが、折りからの雪で下山を余儀なくされ、上高地まで引き返してきたその翌朝のことだった。そして英継が山に出かけた日に、父の国明は舞鶴に出かけて行方不明となっていたのだ…。長野県警安曇野署・道原伝吉の捜査で次第に明らかになってきた不可思議な過去と新たな殺人事件!? 舞鶴で何が起きていたのか? 上高地・舞鶴・小浜を舞台に描く、書下し長篇旅情ミステリー。
2017.9 254p 18cm ¥900 ①978-4-19-850974-3

◆京都・大和路殺人事件―人情刑事・道原伝吉
梓林太郎著　徳間書店　(徳間文庫)
【要旨】北アルプス常念岳に通じる林道沿いの小屋から身元不明の男女の変死体が発見された。死亡日時が二〜三日違う。女の財布から、奈良正倉院展や銀閣寺のチケット、男の所持品の中に東京の酒屋の名刺が見つかった。やがて明らかとなった二人の関係と人間模様。家族全員の消失、殺された男の親友だった警察官の失踪…。安曇野署・道原伝吉が辿り着いた事件の真相は!? 会心の長篇旅情推理。
2017.4 317p A6 ¥680 ①978-4-19-894219-9

◆道後温泉・石鎚山殺人事件　梓林太郎著
光文社　(光文社文庫)
【要旨】蝶ヶ岳で遭難し救助された物部佐千子。道後湯之町の自宅に戻った数日後、何者かに刺殺された! 事件を追う安曇野署の刑事・道原伝吉が旧友と共に愛媛・松山へ。関係者を辿るほどに浮かび上がる不審な人々と、佐千子が抱えていた悲しい過去…。「文学のまち」と美しき山々を舞台に、道原の推理が冴え渡る。名手の仕掛けた謎の連鎖に唸る山岳ミステリー!
2017.11 296p A6 ¥600 ①978-4-334-77560-5

◆博多 那珂川殺人事件―長編旅情推理 旅行作家・茶屋次郎の事件簿　梓林太郎著　祥伝社 (ノン・ノベル)
【要旨】脳疾患で入院中の老人・糸島末彦が失踪した。彼の元恋人・大谷深美から捜索を依頼されれた旅行作家・茶屋次郎は、糸島の謎を手掛かりに福岡に飛んだ! 元警察官で、定年目前に退職し、その後地縁もない山口の岩国や京都を経て上京したことが判明した。なぜ彼は定年を待たずに退職し、居を転々と移したのか? 横槍を入れてくる県警を尻目に、やがて茶屋はその陰に、一人娘の大矢の痴漢被害があり、それが揉み消されたことを掴んだ時、博多で警察官殺しが続発した! 九州一の繁華街・中洲に消された謎を追う、傑作旅情推理。
2017.10 218p 18cm ¥860 ①978-4-396-21037-3

◆爆裂火口―東京・上高地殺人ルート　梓林太郎著　実業之日本社　(実業之日本社文庫)
【要旨】頭部を負傷し、泥酔した男が新宿歌舞伎町交番に現れた。五代と名乗る男は「人を殺して上高地の林の中に埋めた」と言い残し、そのまま病院で死亡していた。長野県警の道原伝吉は、証言通りに山中から頭蓋骨を発見。手掛りとして残されたのは五代が死の直前に口にした、とあるノートの存在と、「カズコ」という謎の女性の名前だけだが—
2017.8 275p A6 ¥722 ①978-4-408-55374-0

◆函館殺人坂―私立探偵・小仏太郎　梓林太郎著　実業之日本社　(実業之日本社文庫)
【要旨】長く行方不明だったある殺人事件の重要参考人・田宮英明が移送中に逃亡。九年前、父を殺した強盗犯を復讐心で射殺した疑いがある小仏だが、警察から相談を受け調査を始める小仏だが、過去に警察から強奪された拳銃は、なぜその銃が凶器に? 田宮の女を手がかりに、人情探偵は北へ飛んだ!
2017.12 296p A6 ¥620 ①978-4-408-55395-5

◆百名山殺人山行　梓林太郎著　文芸社　(文芸社文庫)　(『百名山殺人事件』加筆・修正・改題書)
【要旨】北アルプス・槍ヶ岳付近に落雷があり、激しい雨の中、長野県警に行方不明者の通報が入った。本条真六十一歳。救助に向かった隊員たちは、東鎌尾根で平たい岩に赤ペンキで描かれた矢印を見て首を傾げた。本来、登るはずの岩場を下るように描かれている。矢印に沿って探索すると、そこに本条の死体があった。「百名山登山」をめぐる連続殺人の謎に、人情刑事・道原伝吉が挑む!!
2017.4 333p A6 ¥680 ①978-4-286-18566-8

◆堕ちたエリート 奈落の花　安達瑤著　講談社
【要旨】創業者一族令嬢と婚約間近、会社期待のホープ・充彦の密かな趣味はアダルトビデオ。偶然遭遇した隠し撮り現場で起きた窮地から憧れのAV女優・佑衣を救った充彦は、将来と婚約者を捨て彼女の元へ。しかし彼女は何者かに拉致されてしまう。何も生まぬ愛に堕ちる充彦に日本の裏社会の陰謀が待ち受ける。
2017.3 321p A6 ¥670 ①978-4-06-293612-5

◆悪徳(ブラック)探偵―忖度しないの　安達瑤著　実業之日本社　(実業之日本社文庫)
【要旨】秋葉原の路地裏にある「BF探偵社」を突然謎の組織が襲った。所員の飯倉は、ヤクザ社長の黒田、巨乳の社長愛人らと北関東の某町へ夜逃げする。黒田たちは温屋を改造して日帰り温泉やカジノ経営にまで手を出すが、そこには甘い誘惑と、謎の組織の影が…エロス、ユーモア、サスペンスと三拍子揃った大好評シリーズ第3弾!
2017.8 268p A6 ¥593 ①978-4-408-55372-6

◆洋上の饗宴 上 新・悪漢刑事(デカ)
安達瑤著　祥伝社　(祥伝社文庫)
【要旨】「ゆっくりしてこい。休みたいだけ休ませてやる」鳴海署あげての大歓迎で休暇を得た刑事佐脇は、「社長」こと輝本に依頼された身辺警護の名目で、愛人・千紗とともに豪華客船「パシフィック・プリンセス」に招待される。食い放題飲み放題、金持ちの客をおちょくり放題とお構いなしの佐脇。ところが平和なはずのクルーズで、諍い、痴情のもつれ、遂には殺人を発生し…!? 2017.6 361p A6 ¥670 ①978-4-396-34318-7

◆洋上の饗宴 下 新・悪漢刑事(デカ)
安達瑤著　祥伝社　(祥伝社文庫)
【要旨】殺人犯どころか、テロリストが同乗しているかもしれない!? 突然の爆発で騒然とする豪華客船「パシフィック・プリンセス」。監視カメラが壊れ、鑑識もおらず、殺人捜査は難航。おまけに偶然乗り合わせたTVリポーターの磯部ひかるが謎のマネーロンダリングの噂が、思わぬ巨悪を炙り出し…!? 洋上の孤島と化した豪華客船で、佐脇がテロリストたちと対峙する!
2017.6 329p A6 ¥670 ①978-4-396-34319-4

◆名探偵は嘘をつかない　阿津川辰海著　光文社
【要旨】名探偵・阿久津透。その性格、傲岸非情にして冷酷非情。妥協を許さず、徹底的に犯人を追い詰める。しかし、重大な疑惑が持ちあがった。それが、証拠を提出し、自らの犯罪を隠蔽したというものだった—Kappa・Two 応募当時、弱冠20歳。新しい才能は、本格ミステリにどう挑戦するのか。ミステリファン必読のデビュー作!
2017.6 470p B6 ¥2000 ①978-4-334-91163-8

◆お人好しの放課後―御出学園帰宅部の冒険
阿藤玲著　東京創元社　(創元推理文庫)
【要旨】成績が悪いと校内のトイレ掃除―そんな理不尽のある帰宅部に登録した七人が、黒幕を開かされたり雑用に駆り出されたり、地域ボランティアの名のもと厄介事に首を突っ込んだりと、お人好しの面目躍如たる部活動にいそしむ。笑いも涙も謎もある、楽しかるべき高校生活。帰宅部の本分は「まっすぐ帰ること」なのに、なかなか全うできない。さて、今日は平穏無事に帰れるだろうか。
2017.8 270p A6 ¥740 ①978-4-488-48311-1

◆影のクロス―監察特任刑事(デカ)　姉小路祐著　講談社　(講談社文庫)
【要旨】警察官の不正を糾す監察官を、さらに監察する使命をもった刑事・戻橋京一郎。目下、西寺公園で発生した爆破事件で戒厳態勢にある市内で、犯人は碁盤の目状に利用し、警備

を攪乱する。同じ現場で起きた自殺事件を捜査する戻橋は、両案件の背後に、府警がひた隠す"組織"の存在を察知する。
2017.9 381p A6 ¥720 ①978-4-06-293749-8

◆殺戮にいたる病　我孫子武丸著　講談社　(講談社文庫)　新装版
【要旨】東京の繁華街で次々と猟奇的殺人を重ねるシリアルキラーが出現した。くり返される凌辱の果ての惨劇。冒頭から身も凍るラストシーンまで恐るべき殺人者の行動と魂の軌跡をたどる、とてつもない時代の悪夢を重ね、平凡な中流家庭の孕む病理を鮮烈無比に抉る問題作! 衝撃のミステリが新装版として再降臨!
2017.10 362p A6 ¥700 ①978-4-06-293780-1

◆空棺の烏　阿部智里著　文藝春秋　(文春文庫)
【要旨】人間のかわりに八咫烏の一族が住まう世界「山内」のエリート武官を養成する全寮制の学校「勁草院」に入学した少年、雪哉。次の日嗣の御子たる者の多地点同時救出を計画。四宮家と巻き返しを図る兄宮派との間で激化する対立の中で次々と起こる事件に雪哉は立ち向かう。競争の中で少年たちは友情を深めていく。八咫烏シリーズ第四弾。
2017.6 394p A6 ¥700 ①978-4-16-790863-8

◆半島へ—陸自山岳連隊　数多久遠著　祥伝社
【要旨】「自衛隊が北朝鮮で、極秘作戦を展開中か?」テレビ毎朝がスクープを報じた。陸自隊員の種痘接種事故を端緒に、毎朝新聞社会部記者の桐生琴音が、特殊作戦群の一部隊、通称"山岳連隊"の動きを追って掴んだ特ダネだった。最高指導者の求心力が低下した北朝鮮に内部崩壊が迫る中、政府は日米安保に基づき、自衛隊の総力を挙げてミサイルを発射前に撃破するノドンハント、そして拉致被害者の多地点同時救出を計画。さらに米軍の強い要請を受け、北朝鮮が極秘開発した天然痘ウイルスを使った生物兵器を奪取するため、室賀三佐率いる"山岳連隊"を、研究施設のある半島東北部摩天嶺山脈に潜入させた。だが、スクープのせいで北朝鮮の反撃が激化。その上、想定外の悪魔的計画までもが浮上して…。陸の戦闘を描く傑作ミリタリー・サスペンスの最新作!
2017.4 290p B6 ¥1600 ①978-4-396-63516-9

◆黎明の笛—陸自特殊部隊「竹島」奪還　数多久遠著　祥伝社
【要旨】陸上自衛隊特殊作戦群の秋津陸佐率いる約四〇名が失踪。直後に「竹島を"奪還"した」と驚愕の宣言がなされる。緊張が走る自衛隊。はたして彼らの真の目的は? 日本政府はどう動くのか? そんななか秋津の婚約者で空自幹部の倉橋日見子は、孤独な二四時間の戦いをはじめる…。元幹部自衛官の著者が、今そこにある日本の危機を描く、緊迫のエンターテイメント!
2017.3 377p A6 ¥690 ①978-4-396-34294-4

◆彼女が花を咲かすとき　天袮涼著　光文社　(光文社文庫)　(『ハルカな花』改稿・改題書)
【要旨】花の街として知られる地方都市・光咲市。花屋「あかり」を経営する榊竜は、客たちから花に詳しい少女・美咲の噂を耳にする。三つ編みの可憐な少女は謎解き名人で、花にまつわるトラブルを必ず解決するというが…。ある科学者が植物に対する画期的な研究を進める中、花に導かれ、少女と人々が絆を結んでいく。切なさと感動が溢れるファンタジー&ミステリー。
2017.12 339p A6 ¥700 ①978-4-334-77571-1

◆議員探偵・漆原翔太郎―セシューズ・ハイ
天袮涼著　講談社　(講談社文庫)　(『セシューズ・ハイ 議員探偵・漆原翔太郎』加筆修正・改題書)
【要旨】イケメン世襲議員・漆原翔太郎が連発する問題発言でネットやマスコミは大盛り上がり。一方で評判はガタ落ち、次は落選必至!? 政界一のマジメ秘書・雲井は人気回復を狙い、公園取り壊し計画の不可解な謎や官僚の疑惑など選挙区内の五つの事件に漆原と挑むが…。ミステリファン笑って大満足の連作短編集。
2017.3 308p A6 ¥700 ①978-4-06-293615-6

◆希望が死んだ夜に　天袮涼著　文藝春秋
【要旨】14歳の女子中学生が、同級生を殺害した容疑で逮捕された。少女は犯行を認めたけれど、動機は語らない。果たして真相は—。メフィスト賞作家が描く、社会派青春ミステリ。
2017.9 268p B6 ¥1700 ①978-4-16-390720-8

◆探偵ファミリーズ　天袮涼著　実業之日本社　(実業之日本社文庫)
【要旨】格安家賃のシェアハウスに住むことになった元・美少女子役の五月女リオは見返りと

ミステリー・サスペンス・ハードボイルド

小説

◆都知事探偵・漆原翔太郎—セシューズ・ハイ 天祢涼著 講談社 (講談社文庫)
【要旨】弁舌巧みなイケメン元国会議員・漆原翔太郎は国民人気を武器に都知事へ転身。だが都議会襲撃予告、ゆるキャラ殺害など五つの難事件が都政を揺るがす。問題発言で支持率急落の漆原とマジメすぎる秘書・雲井が真相を暴く時、東京が、そして日本が変わる!?ラスト一行まで目が離せない笑えるミステリ連作短編集。
2017.9 349p A6 ¥660 ①978-4-06-293658-3

◆リーマン、教祖に挑む 天祢涼著 双葉社 (双葉文庫)
【要旨】寂れた団地で人々の心の隙間を埋めるように広がる新宗教"ゆかり"。大企業スザクに勤める六三志は、自社の顧客を守るため、教団潰しを命じられた。ところが若き教祖・禅祐は、宗教を用いて金儲けをたくらむ頭脳派。信者の前で正体を暴こうとする六三志の告発をかわしてしまう。教団の存亡を賭け、どちらが住民の支持を得られるのか、激しい心理戦が始まった!気鋭の放つ快作長編ミステリー。
2017.9 386p A6 ¥685 ①978-4-575-52031-6

◆十角館の殺人─限定愛蔵版 綾辻行人著 講談社 (付属資料:別冊1)
【要旨】あの衝撃から30年。著者デビュー30周年、累計100万部を突破した『十角館の殺人』の、はじめての限定愛蔵版。特別付録として、33名の豪華執筆陣によるエッセイ「私の『十角館』」を別冊にまとめ、函入りで収録。
2017.9 429p 19×14cm A5 ¥3700 ①978-4-06-220771-3

◆どんどん橋、落ちた 綾辻行人著 講談社 (講談社文庫) 新装改訂版
【要旨】ミステリ作家・綾辻行人のもとに持ち込まれる「問題」はひと筋縄ではいかないものばかり。崩落した"どんどん橋"の向こう側で、燃える"ぼうぼう森"の中で、明るく平和だったはずのあの家で…勃発する難事件の「犯人」は誰か?本格ミステリシーンを騒然とさせた掟破りの傑作集、新装改訂版で登場!
2017.2 483p A6 ¥780 ①978-4-06-293551-7

◆人間じゃない─綾辻行人未収録作品集 綾辻行人著 講談社
【要旨】異formsの宝石箱あけてみませんか?単行本未収録の短編・中編がこの一冊に!!
2017.2 240p B6 ¥1550 ①978-4-06-220446-0

◆小さいそれがいるところ 根室本線・狩勝の事件録 綾見洋介著 宝島社 (宝島社文庫) 『小さいそれがたくさんいるところ』加筆修正・改題書
【要旨】大学生の白木は、病死した母の友人・ハルに会うため、北海道の東釧帯駅を訪れる。しかしそこは1人の住む集落さえ消えた、1日の利用者が0人の秘境駅。ハルは30年前に起きた殺人事件を機に行方不明になっており、唯一彼女を知る老婆までもが白木の前から失踪してしまう。東羽帯に隠されていると噂の裏金を探す鉄道マニアたちにも巻き込まれ、旅情豊かな、ひと夏の冒険サスペンス劇が始まる!
2017.7 335p A6 ¥640 ①978-4-8002-7493-9

◆鮎川哲也探偵小説選 鮎川哲也著 論創社 (論創ミステリ叢書 106)
【要旨】戦後推理小説文壇の巨匠、鮎川哲也の知られざる作品がよみがえる。未完の遺稿「白樺荘事件」、ファン待望の単行本初収録「雪の山荘」を舞台にした連続殺人事件に名探偵・星影龍三が挑む「白の恐怖」を半世紀ぶりに復刊、ロマンチシズムの色気が漂う「寒櫟」、無邪気さの中に恐怖を描いた掌編「草が茂った頃に」など、単行本未収録品を一挙集成。ここの名義で発表された十二作の絵物語も挿絵付きで完全収録。
2017.7 390p A5 ¥3800 ①978-4-8460-1603-6

◆蒼玉の令嬢 荒井修子著 河出書房新社
【要旨】一九三二年夏、台湾からの帰国の船中で、秋島男爵の令嬢・比佐子は密航していた少女・ユキと出会い、謎めいたサファイアを譲られる。帰国後、穏やかな学園生活に戻っていたのだが、ユキとの運命的な再会が、比佐子を巨大な陰謀の渦に巻き込んでいった。サファイアをめぐる虐殺事件、見え隠れする関東軍、戦争の暗い影、友人で陸軍将校の吉岡たちの力を借りて、比佐子は真相に近づくのだが…そして比佐子に待ち受ける運命は?時代に翻弄されながら、懸命に生き抜く比佐子と仲間たちの活躍を描く!
2017.10 329p B6 ¥1400 ①978-4-309-02611-4

◆人質オペラ 荒木源著 講談社
【要旨】参院選が迫るある日、日本人女性がトルコでIHOの人質になった。解放のため多額の身代金を要求された官邸と外務省は、しかしさらに慌てなかった。「人命は地球より重い」なんて昔の話。日本はアメリカの方針("テロリストに何も与えない")に従うまでだ。さあ、「自己責任」の世論を盛り上げて。公安に彼女の身辺を探らせれば、ホコリでいた一解決の算段を付け、選挙での圧勝を目論む冷徹な官房長官・安井聡美だったが、およそ予測できない展開が待ち受けていた!
2017.5 356p B6 ¥1550 ①978-4-06-220547-4

◆江神二郎の洞察 有栖川有栖著 東京創元社 (創元推理文庫)
【要旨】英都大学に入学したばかりの一九八八年四月、すれ違いざまにぶつかって落ちた一冊—中井英夫『虚無への供物』。この本と、江神部長との出会いが僕、有栖川有栖の英都大学推理小説研究会 (EMC) 入部のきっかけだった。アリス最初の事件「瑠璃荘事件」と、昭和から平成へという時代の転換期である一年の出来事を描いた九編を収録。ファン必携の"江神二郎シリーズ"。
2017.5 469p A6 ¥900 ①978-4-488-41407-8

◆狩人の悪夢 有栖川有栖著 KADOKAWA
【要旨】人気ホラー作家・白布施に誘われ、ミステリ作家の有栖川有栖は、京都・亀岡にある彼の家、「夢守荘」を訪問することに。そこには、「眠ると必ず悪夢を見る部屋」があるという。しかしアリスがその部屋に泊まった翌日、白布施のアシスタントが住んでいた「猿ハウス」と呼ばれる家で、若い女性の死体が発見されて…。臨床犯罪学者・火村と、相棒のミステリ作家・アリスが、悪夢のような事件の謎を解き明かす!
2017.1 413p B6 ¥1600 ①978-4-04-103885-7

◆幻想運河 有栖川有栖著 実業之日本社 (実業之日本社文庫)
【要旨】遠き運河の彼方から静かな謎が流れ来る。切断された死体と、溶解するアリバイと。幻と現実が交錯する傑作ミステリ。
2017.4 365p A6 ¥685 ①978-4-408-55348-1

◆ジュリエットの悲鳴 有栖川有栖著 実業之日本社 (実業之日本社文庫)
【要旨】熱狂的人気を誇るロックバンドの曲中に、存在しない女の悲鳴が紛れ込んだ—。(「ジュリエットの悲鳴」) サラリーマンのアリバイトリック、土足の密室殺人、特急列車で無差別犯行?推理作家志望者必携という怪しげな「ミステリ創作専用」ソフトとは?推理の王者がおくる、愉快で奇妙、美しくも危険な12の傑作短編集!
2017.6 299p A6 ¥648 ①978-4-408-55357-3

◆濱地健三郎の霊 (くしび) なる事件簿 有栖川有栖著 KADOKAWA
【要旨】心霊探偵・濱地健三郎には鋭い推理力と、幽霊を視る能力がある。新宿に構える事務所には、奇妙な現象に悩まされる依頼人だけでなく、警視庁捜査一課の辣腕刑事も秘密裡に足を運ぶ。ホラー作家のもとを夜ごと訪れる、見知らぬ女の幽霊の目的とは?お化け屋敷と噂される邸宅に秘められた古い記憶とは?ある事件の被害者が同じ時刻に違う場所にいられたのは、トリックなのか、生霊の仕業なのか?リアルと幻惑が絡み合う不可思議な事件に、ダンディな心霊探偵が立ち向かう。端正なミステリと怪異の融合が絶妙な7篇。
2017.7 267p B6 ¥1600 ①978-4-04-105274-7

◆名探偵傑作短篇集 火村英生篇 有栖川有栖著 講談社 (講談社文庫)
【要旨】臨床犯罪学者・火村英生と助手・有栖川有栖のコンビが、美しく謎を解く、多彩な事件を散りばめた短篇集。火村と怪人物との丁々発止の対決を描く「ジャバウォッキー」、犯人を論理的に割り出す本格ミステリの王道「スイス時計の謎」、誘拐事件の意外な顛末とは?「助教授の身代金」、全6篇を収録。
2017.8 453p A6 ¥840 ①978-4-06-293738-2

◆生存者の沈黙─悲劇の緑十字船阿波丸の遭難 有馬頼義著 潮書房光人新社 (光人社NF文庫)
【要旨】米潜水艦によって救助された、唯一人の生存者はなぜ沈黙するのか。二千十余名の非戦闘員とともに撃沈された緑十字船「阿波丸」の悲劇の真相を描き、遺された生存者たちの"怒り"を活写する。終戦直後、アメリカに対する日本政府の優柔な姿勢と圧倒的な占領軍政策の下で戦時下に発生した事件の顛末を追求するミステリー。
2017.12 259p A6 ¥760 ①978-4-7698-3042-9

◆花嫁のさけび 泡坂妻夫著 河出書房新社 (河出文庫)
【要旨】映画界のスター・北岡早馬と再婚し、幸せの絶頂にいた伊津子だったが、北岡家の面々は数ヶ月前謎の死を遂げた先妻・貴緒のことが忘れられず、屋敷にも彼女の存在がいまだに色濃く残っていた。そんなある夜、伊津子を歓迎する宴の最中に悲劇が起こる。そして新たな死体が…。傑作ミステリ遂に復刊!
2017.11 306p A6 ¥780 ①978-4-309-41577-2

◆妖盗S79号 泡坂妻夫著 河出書房新社 (河出文庫) 復刊
【要旨】神出鬼没の怪盗S79号!指輪に名画、名刀に化石まで、古今東西のお宝を、奇想天外な手口で次々と盗み出す。そんな中、世間では、連続猟奇看大事件の中で、大混乱!果たして、警視庁のS79号専従捜査班は怪盗の正体とその真の目的を暴くことができるのか?ユーモラスで見事なトリックが光る傑作、待望の復刊!
2018.1 537p A6 ¥950 ①978-4-309-41585-7

◆ゼロの激震 安生正著 宝島社 (宝島社文庫)
【要旨】不可思議な大規模災害が頻発する北関東。そんな折、元大手建設会社で技術者だった木龍に内勤のため奥之という男が現れる。すべてはマグマ活動にともなう火山性事象が原因であり、これ以上の被害を阻止すべく木龍の力を借りたいという。やがてマグマは東京へと南下していく。このままでは関東が壊滅、日本が滅んでしまう—。未曾有の危機にゼネコン技術者たちが挑む、パニックサスペンス。『生存者ゼロ』『ゼロの迎撃』に続く"ゼロ"シリーズ、最新文庫!『このミス』大賞シリーズ。
2017.7 473p A6 ¥740 ①978-4-8002-7246-1

◆Tの衝撃 安生正著 実業之日本社
【要旨】長野・群馬県境で、自衛隊の運搬車が襲撃を受ける、核燃料が運び出される。同時刻、岐阜県の飛驒山中で、大学教授らの乗った車が土石流に流された。生き残ったのは八神准教授、ただ一人。その後、八神は見えない敵からつけ狙われる。一方、自衛隊の運用支援・情報部の溝口には、襲撃犯の洗い出しを命令が下り、男たちは真実を追い求めて戦う。壮大なスケールで描く、パニックサスペンス小説の新傑作!
2017.2 390p B6 ¥1600 ①978-4-408-53700-9

◆総力捜査 安東能明著 新潮社 (新潮文庫)
【要旨】捜査二課から異動してきた"刑事の中の刑事"上可内博人警部が相棒に指名したのは、なんと"内勤のプロ"柴崎警務課長代理だった(「秒差の本命」)。坂元真紀警長は、管内に移ってきた武闘派暴力団事務所を排除するため、総力作戦を組む。対策を練り、調査を進めるうちに、柴崎たちの想像を遥かに超えた真実が浮上する (表題作)。警察小説の醍醐味、その全てを詰めこんだ、会心の連作短編。
2018.1 534p A6 ¥750 ①978-4-10-130156-3

◆虹の不在—第2捜査官 安東能明著 徳間書店 (徳間文庫)
【要旨】元高校物理教師という異色の経歴を持つ神村五郎は、卓越した捜査能力により平刑事なのに署内ではあれこれとナンバー2の扱いに。「第二捜査官」の異名を取る。相棒の新米刑事・西尾美知は元教え子だ。飛び降り自殺と思われた事件の真相に迫った「死の初速」。死体のない不可解な殺人事件を追う表題作「虹の不在」など四篇を収録。蒲田中央署の捜査官たちが挑む大好評警察ミステリー。
2017.2 340p A6 ¥670 ①978-4-19-894192-5

◆夜の署長 安東能明著 文藝春秋 (文春文庫)
【要旨】東大法学部を卒業した新人刑事の野上は、新宿署に配属された。日本最大のマンモス署にして夜間犯罪発生率も日本一の新宿署に、"夜の署長"の異名を取る伝説の刑事・下妻がいた。捜査一課の敏腕刑事だった下妻が、なぜ10年も新宿署に居続けるのか─。野上は次々起こる事件の捜査を通じ、下妻の凄みを知る。文庫オリ

ミステリー・サスペンス・ハードボイルド

ジナル。『撃てない警官』の著者が放つ、最も熱い警察小説。
2017.3 329p A6 ¥640 ①978-4-16-790808-9

◆(仮)ヴィラ・アーク設計主旨―VILLA ARC(tentative) 家原英生著 （福岡）書肆侃侃房
【要旨】川津たちが招かれたのは、断崖に建つ「二本の筒が載った家」。彼らを迎えたのは不可解な表札「ヴィラ・アーク」。豪華な館訪問という楽しいはずの旅に、やがて暗雲が漂いはじめ、事件が起こる。消えた黒猫を捜すうちに一人、また一人と行方不明者が…。建物の設計に隠された秘密とは何か？ 謎は深まる。やがて船長の他殺死体が真相にたどり着いたかに見えたとき、突如、爆発音が轟く。謎は建築家たちによって紐解かれ、真相が明かされる建築ミステリーから一転して社会派ミステリーへと姿を変える。第62回江戸川乱歩賞最終候補作。
2017.3 332p B6 ¥1500 ①978-4-86385-250-1

◆悪寒 伊岡瞬著 集英社
【要旨】大手製薬会社「誠南メディシン」に勤める藤井賢一は、会社の不祥事の責任を一方的に取らされ、東京から山形の片田舎にある関連会社「東誠薬品」に飛ばされていた。それから八か月ほど経ったある夜、東京で娘・母と暮らす妻の倫子から、不可解なメールを受け取る。賢一の単身赴任中に、一体何が起きていたのか。その背景には、壮絶な真相があった。
2017.7 321p B6 ¥1800 ①978-4-08-771116-5

◆乙霧村の七人 伊岡瞬著 双葉社（双葉文庫）
【要旨】かつて乙霧村で、戸川稔という男に一家五人が殺されるという凄惨な事件が起きた。それから二十二年―この事件を題材に『乙霧村の惨劇』という作品を書いた泉進が顧問を務める大学の文学サークルのメンバー六人が、この村を訪ねる。事件当時と同じ豪雨の中、彼らは斧を持った大男に襲われる。閉ざされた集落で一体何が起きたのか!?戦慄のホラー・サスペンス！
2017.10 301p A6 ¥611 ①978-4-575-52039-2

◆密告はうたう 伊兼源太郎著 実業之日本社
【要旨】人事一課監察係の佐良に命じられたのは、元同僚・皆口菜子の監察だった―緻密な伏線と人間ドラマが胸を打つ！ 静かで熱い警察小説。
2017.6 315p B6 ¥1700 ①978-4-408-53702-3

◆波濤の城 五十嵐貴久著 祥伝社
【要旨】"神戸発釜山行き、豪華客船レインボー号で行く魅惑のクルーズ"―五日間の休暇がとれた銀座第一消防署の消防士・神谷夏美と柳雅代は、贅沢な船旅を張り込んだ。全長五百メートル、十一階建ての威容に加え、非常設備の不備や通路の狭さなどに不安を覚える。一方、船長の山野辺は、経営難の会社から、種子島にカジノを誘致する計画の第一人者・民自党の石倉代議士を接待し、新航路を獲得するよう厳命されていた。山野辺は、支援者のために洋上で花火を打ち上げたいという石倉の希望に添うべく種子島沖へ航路を変更。その後、数時間後、異音と共に排水が逆流し船が傾斜する。上、南洋にあった巨大台風が大きく進路を変え、後方に迫り始めていた…。21世紀の『ポセイドン・アドベンチャー』、ここに誕生！
2017.10 378p B6 ¥1700 ①978-4-396-63532-9

◆SCS ストーカー犯罪対策室 上 五十嵐貴久著 光文社
【要旨】「おはよう。今日はどんな日になるかな？」S。白井有梨が所属する新品川署ストーカー犯罪対策室（SCS）に、35歳の専業主婦から相談が寄せられた。2か月も無言電話が続いており、ついには animal の足先と「殺してやる」と印刷されたコピー用紙がポストに入れられていたというのだが。一方、白井有梨も「S」と名乗るストーカーから、無数のメールを送りつけられ続けている。いったい誰が、何のために？
2017.2 317p B6 ¥1700 ①978-4-334-91146-1

◆SCS ストーカー犯罪対策室 下 五十嵐貴久著 光文社
【要旨】「必ず君を守る。S」白井有梨はSCSに復帰した。彼女を負傷させたストーカーは追い詰められて死亡したものの、「S」からは「無事でよかった」というメールが届いた。死んだのは「S」ではなかったのか!?依然正体のわからないSとは、いったい何者なのか。そんななか、現職の少子化担当大臣・原水雅代に大量の脅迫状が届くという事案が発生。有梨は本庁警備部から派遣されてきた岸川とともに捜査にあたるのだが―。
2017.3 299p B6 ¥1500 ①978-4-334-91153-9

◆杉下右京のアリバイ 碇卯人著 朝日新聞出版 （朝日文庫）
【要旨】右京は休暇中のロンドンで殺人事件の捜査に協力することに。被害者宅の防犯カメラには、150キロ離れた場所でマジックショーを行っていた奇術師の姿が映っていた。しかも彼はステージ上で殺人予告し、犯行時刻には短刀を持ち空間移動すると言う。右京は不可能犯罪を暴けるか？
2017.3 228p A6 ¥720 ①978-4-02-264841-9

◆夏をなくした少年たち 生馬直樹著 新潮社
【要旨】拓海と啓、雪丸と国実は新潟の田舎町に住むお騒がせ4人組。小学校最後の夏、花火大会の夜に、僕たちは想像を絶するほどの後悔を知った―。それから20年余り。惨めな遺体が発見される。あの悲劇の夜に封印された謎に、決着をつける時がきた。
2017.1 377p B6 ¥1600 ①978-4-10-350661-4

◆花咲舞が黙ってない 池井戸潤著 中央公論新社（中公文庫）
【要旨】その日、東京第一銀行に激震が走った。頭取から発表されたライバル行との合併。生き残りを賭けた交渉が進む中、臨店指導グループの跳ねっ返り・花咲舞は、ひょんなことから「組織の秘密」というパンドラの箱を開けてしまう。隠蔽工作、行内政治、妖怪重役…このままでは我が行はダメになる！ 花咲舞の正義が銀行の闇に斬り込む痛快連作短篇。
2017.9 428p A6 ¥740 ①978-4-12-206449-2

◆アトミック・ボックス 池澤夏樹著 KADOKAWA （角川文庫）
【要旨】人生でひとつ間違いをしたという言葉を遺し、父は死んだ。直後、美汐の前に現れた郵便局員は、警視庁を名乗った。30年前のある監視中の父だった。父はかつて、国産原子爆弾製造に携わったのだ。国益を損なう機密資料を託された美汐は、父親殺人の容疑で指名手配されてしまう。息つく巡らされた国家権力の監視網、命懸けの逃亡劇。隠蔽されたプロジェクトの核心には、核爆弾を巡る国家間の思惑があった。社会派サスペンスの傑作！
2017.2 475p A6 ¥1100 ①978-4-04-103715-7

◆キトラ・ボックス 池澤夏樹著 KADOKAWA
【要旨】奈良天川村・トルファン・瀬戸内海大三島。それぞれの土地で見つかった禽獣葡萄鏡が同じ鋳型で造られたと推理した藤波三次郎は、国立民俗学博物館研究員の可菜に協力を求める。新疆ウイグル自治区から赴任してきた彼女は、天川村の神社の銅剣に嵌められた北斗が、キトラ古墳天文図と同じであると見抜いた。なぜウイグルと西日本に同じ鏡があるのか。剣はキトラ古墳からなんらかの形で持ち出されたものか。調べを進めていた時、大三島の大山祇神社を訪れた二人は、何者かの襲撃を受ける。窮地を救った三次郎だったが、彼は警察に電話をしている。三次郎は昔の恋人である美汐を通じて、元公安警察部・行田に協力を求め、可菜には遺跡発掘現場から、情報を得ようと提案するが―。1300年の時空を超える考古学ミステリ！
2017.3 318p B6 ¥1700 ①978-4-04-103725-6

◆虹の向こう 池田久輝著 双葉社
【要旨】ひと続きの因縁を関係を描いた「虹」。日本推理作家協会賞候補作「影」。高校球児が見た仲間の本当の顔「空」。そして、ここからすべてが始まる「スターティング・オーバー」。収録作4編。いずれも、高い文章力と構成力でラストまで一気に読ませる作品集。
2017.11 213p B6 ¥1300 ①978-4-575-24067-2

◆向こうがわの蜂 池永陽著 PHP研究所
【要旨】信じられないかもしれないけど、この東京の地の底には、ひとつの大きな町がすっぽりと納まっているの。突然の歯の痛みに飛び込んだ歯医者で、小柳薫は「蜜蜂がこの世からいなくなると人類は滅亡する」という不思議な予言を受ける。その日から、小柳薫の身に次々と不思議な出来事が巻き起こす、多田野黄昏という美女とともに昭和40年代の東京に迷い込むのだが…。
2017.2 556p B6 ¥1500 ①978-4-569-83130-5

◆AX（アックス） 伊坂幸太郎著 KADOKAWA
【要旨】最強の殺し屋は―恐妻家。「兜」は超一流の殺し屋だが、家では妻に頭が上がらない。一人息子の克巳もあきれるほどだ。兜がこの仕事を辞めたい、と考えはじめたのは、克巳が生まれ

た頃だった。引退に必要な金を稼ぐため、仕方なく仕事を続けていたある日、爆弾職人を軽々と始末した兜は、意外な人物から襲撃を受ける。こんな物騒な仕事をしていることは、家族はもちろん、知らない。『グラスホッパー』『マリアビートル』に連なる殺し屋シリーズ最新刊！ 書き下ろし2篇を加えた計5篇。
2017.7 312p B6 ¥1500 ①978-4-04-105946-3

◆小鳥冬馬の心像 石川智健著 光文社
【要旨】あるとき起こった夫婦間の殺人事件。妻の浪費癖や浮気が原因と思われた。事件は一応の終焉を迎えたかに見えたが、行方不明事件が発生し、さらには連続頭部遺棄事件という深い闇が。幼児誘拐犯+頭部遺棄殺人犯VS.刑事×憂鬱な引きこもり青年。甘美な罠、許されざる復讐。そして迎える慟哭のラスト！ 新感覚ミステリー、ここに誕生！ 史上最弱、不安椅子探偵あらわる！
2017.6 293p B6 ¥1700 ①978-4-334-91171-3

◆訪問看護師さゆりの探偵ノート 石黒順子著 講談社
【要旨】事件は毎は、訪問看護の現場で起きている。少しでも良質な訪問看護を！ 奮闘するさゆりが直面する老人を利用する「犯罪」とは？
2017.8 379p B6 ¥1700 ①978-4-06-220565-8

◆裏切りのホワイトカード―池袋ウエストゲートパーク 13 石田衣良著 文藝春秋
【要旨】フェイクだらけの時代。真実は自分で見極めろ！ 渡された白いカードでコンビニATMを操作するだけで、報酬は十万円。そんな怪しいバイトに千人単位の若者を集める目的は？ 池袋の仲間と、新しい命を守るため、マコトとタカシが動く！
2017.9 237p B6 ¥1400 ①978-4-16-390719-2

◆逆島断雄―進駐官養成高校の決闘編 1 石田衣良著 講談社（講談社文庫）
【要旨】世界は大植民地帝国のエリート士官学校に入学した逆島断雄は何者かに狙撃され命を狙われる。亡くなった父・逆島中将を巡る陰謀なのか。気になるクラスメートと幼馴染みの美少女と共に闘う少年の手に、皇国の未来と大戦の勝敗がゆだねられる…。息をのむノンストップ青春アクション小説！
2017.8 378p A6 ¥740 ①978-4-06-293708-5

◆逆島断雄―進駐官養成高校の決闘編 2 石田衣良著 講談社（講談社文庫）
【要旨】入学から半年、進駐官養成高校は逆島断雄をめぐり、闇の闘争に明け暮れていた。文化祭で開催される「クラス総勝トーナメント」の優勝者は、日乃元皇国の決戦兵器「須佐之男」の正操縦者に選ばれるのだ。皇国の未来を懸け、断雄はライバルたちに立ち向かう。一気読み保証の、青春ミリタリーノベル！
2017.9 387p A6 ¥740 ①978-4-06-293742-9

◆賛美せよ、と成功は言った 石持浅海著 祥伝社 （ノン・ノベル）
【要旨】武田小春は、十五年ぶりに再会したかつての親友・碓氷優佳とともに、予備校時代の仲良しグループが催した祝賀会に参加した。仲間の一人・湯村勝治が、ロボット開発事業で名誉ある賞を受賞したことを祝うためのだ。発起人は恩師の真鍋宗典を筆頭に、主賓の湯村、湯村の妻の桜子を始め教え子が九名、総勢十名で宴は和やかに進行する。そんな中、出席者の一人・神山裕樹が突如ワインボトルで真鍋を殴り殺してしまう。旧友の蛮行に動揺する中、優佳は神山の行動に「ある人物」の意志を感じ取る。小春が見守る中、優佳とその人物との息詰まる心理戦が始まる！
2017.10 187p 18cm ¥840 ①978-4-396-21036-6

◆鎮憎師 石持浅海著 光文社
【要旨】赤垣真悟は学生時代のサークル仲間の結婚式の二次会に招かれた。その翌日、仲間の一人が死体となって発見される。これは、三年前にあった「事件」の復讐なのか!?真悟は叔父から「鎮憎師」なる人物を紹介される…。奇想の作家が生み出した「鎮憎師」という新たなる存在。彼は哀しき事件の真相を見極め、憎しみの炎を消すことができるのか―。
2017.4 293p B6 ¥1500 ①978-4-334-91160-7

◆屋上の名探偵 市川哲也著 東京創元社 （創元推理文庫）
【要旨】最愛の姉の水着が盗まれた事件に、怒りのあまり首を突っ込んだおれ。残された上履

きから割り出した容疑者には完璧なアリバイがあった。困ったおれは、昼休みには屋上にいるという、名探偵の誉れ高い蜜柑花子を頼ることに。東京から来た黒縁眼鏡におさげ髪の転校生。無口な彼女が見事な推理で瞬く間に犯人の名を挙げる！鮎川賞作家が爽やかに描く連作ミステリ。文庫オリジナル。
2017.1 265p A6 ¥720 ①978-4-488-46511-7

◆ブルーローズは眠らない 市川憂人著 東京創元社
【要旨】両親の虐待に耐えかね逃亡した少年エリックは、遺伝子研究を行うテニエル博士の一家に保護される。彼は助手として暮らし始めるが、屋敷内に潜む"実験体七十二号"の不気味な影に怯えていた。一方、"ジェリーフィッシュ"事件後、閑職に回されたマリアと漣は、不可能と言われた青いバラを同時期に作出した、テニエル博士とクリーヴランド牧師を捜査してほしいという依頼を受ける。ところが両者との面談の後、施錠された温室内で切断された首が発見される。扉には血文字が書かれ、バラの蔓が壁と窓を覆った堅固な密室状態の温室には、縛られた生存者が残されていた。各種年末ミステリベストにランクインした、『ジェリーフィッシュは凍らない』に続くシリーズ第二弾！
2017.8 297p A6 ¥1900 ①978-4-488-02776-6

◆御社のデータが流出しています―吹鳴寺籘子のセキュリティチェック 一田和樹著 早川書房 （ハヤカワ文庫JA）
【要旨】エンタメ企業ソニカのオンラインゲーム顧客データから個人情報が盗まれ、ネットで公開されてしまう。犯人はツイッターで犯行声明を出し、忽然と姿を消した。調査を依頼された82歳のセキュリティ・コンサルタント、吹鳴寺籘子に、"社内の"ネットワークを洗ってほしい――「アンチウイルスソフトを買わせ金を奪う詐欺」「顧客データが暗号化される悲劇」等々、いま会社員が直面する危機と解決法を描き出したIT連作ミステリ。
2017.6 349p A6 ¥740 ①978-4-15-031281-7

◆内通と破滅と僕の恋人―珈琲店ブラックスノウのサイバー事件簿 一田和樹著 集英社 （集英社文庫）
【要旨】大学生の凪は、同級生の不思議な美少女・霧香と付き合い始めたばかり。ある日ふたりは路地裏の珈琲店ブラックスノウを訪れる。店のマスターは、実はサイバーセキュリティに精通した人物だった。店を手伝うことになった凪は霧香とともに様々なサイバー犯罪に触れていく。一方、マスターを恨む青年年・凌が大規模な犯罪を企てていて…。過去の小さな因縁が世界を揺るがすサイバーサスペンス。
2017.11 297p A6 ¥620 ①978-4-08-745670-7

◆少女は夜を綴らない 逸木裕著 KADOKAWA
【要旨】"人を傷つけてしまう"という強迫観念に囚われている、中学3年生の理子。「夜の日記」と名付けたノートに"殺人計画"を綴ることで心を落ち着け、どうにか学校生活を送っていた。しかし突然、理子の秘密を握る中学1年生・悠人が現れる。秘密を暴露すると脅され、やむを得ず悠人の父親を殺す計画を手伝うことになった理子は、誰にも言えなかった「夜の日記」を共有して悠人に心惹かれていく。やがて準備は整い、ふたりは殺害計画を実行に移すが―。市内で発生する連続殺人、ボードゲーム研究会、「夜の日記」。バラバラだった事件は収束し、予想を裏切る結末が現れる！
2017.7 325p B6 ¥1400 ①978-4-04-105866-4

◆嘘をつく器―死の曜変天目 一色さゆり著 宝島社
【要旨】人間国宝候補とされる京都・鞍馬の陶芸家・西村世界。その窯元で修業する若手町子はある日、世界が作り上げた、瑠璃色の光彩をもつ"曜変天目"に心を奪われる。日本にある数点を除いて世界に存在せず、星のような斑紋は人力の及ばない偶然によってしか生成されない幻の器――。その完璧に再現した世界の製法に町子は関心を抱くが、世外は町子に曜変天目を作り出す口外を固く禁じ、直後何者かに殺されてしまう。世外に次ぐ殺人も起き、どこまでも深まる謎。世外はなぜ作り、なぜ隠し、なぜ殺されたのか。町子は美人の先輩で保存科学の専門家・馬酔木を頼り、世外とも葬られた真相を追う。
2017.8 297p A6 ¥1380 ①978-4-8002-7555-4

◆物件探偵 乾くるみ著 新潮社
【要旨】利回り12％の老朽マンション!?ひとりでに録画がスタートする怪現象アパート？新幹線の座席が残置された部屋？？間取り図には、あなたの知らない究極の謎が潜んでいる。大家さんも間取りウォッチャーも大興奮の本気で役立つリアル不動産ミステリ！
2017.2 269p B6 ¥1400 ①978-4-10-350781-9

◆ミツハの一族 乾ルカ著 東京創元社 （創元推理文庫）
【要旨】未練を残して死んだ者は鬼となり、水源を濁らす村を滅ぼす――。鬼の未練の原因を突き止めて解消し、常世に送られるのは、八尾一族の「烏目役」と「水守」ただ二人のみ。大正12年、H帝国大学に通う八尾清次郎に、烏目役の従姉が死んだとの報せが届いた。新たな烏目役として村を訪ねた清次郎。そこで出会った美しい水守と、過酷な運命に晒される清次郎を描く、深愛に満ちた連作集。
2017.6 302p A6 ¥720 ①978-4-488-43112-9

◆ライプツィヒの犬 乾緑郎著 祥伝社
【要旨】気鋭の劇作家内藤岳は、知己を得た世界的劇作家ヘルムート・ギジに師事するため、ドイツに渡った。ギジは冷戦時代、旧東ドイツで体制を批判するシェイクスピアの翻案作品で名を馳せていた。その彼が、三十年ぶりに『ロミオとジュリエット』の翻案『R/J』を執筆中というニュースは世を驚かせ、原作と翻案が同時上演されることになった。だが、新作の完成を待つ中で進む原作舞台の稽古中に、女優が重傷を負う事故が発生。直後、ギジが新作原稿とともに姿を消した。岳はルームメイトで演劇研究家の桐山準と協力、ギジの足跡を辿り、やがて彼の経歴から消された闇を知ることに…。
2017.5 327p B6 ¥1700 ①978-4-396-63519-0

◆沈黙の書 乾石智子著 東京創元社 （創元推理文庫）
【要旨】火の時代、絶望の時代が近づいている。戦が始まる。穏やかな日々は吹き払われ、人々は踏み躙られる。予言者が火の時代と呼んだそのなかで、いまだ無垢である「風森村」に、"風の息子"は生をうけた。そして"長い影の男"がやってきたときすべてが変わった。天と地のあいだ、オルリアエントの黎明の時代を描く、大人気ファンタジー「オーリエラントの魔道師」シリーズ始まりの書。
2017.7 373p A6 ¥880 ①978-4-488-52507-1

◆幸せからやって来た悪魔 井上卓也著 万来舎
【要旨】東京オリンピックが終わってまもなく我が国から癌の超特効薬が開発される。どんな手遅れの癌も一週間で治してしまう真の夢の特効薬である。ところが…、或る日、特効薬開発者は自殺し…それでも、悪魔たちがやって来る…ご存知、ストーリーテラー井上卓也の話題の新作長編エンターテイメント。
2017.3 203p B6 ¥1400 ①978-4-908493-11-9

◆厨房ガール！ 井上尚登著 KADOKAWA （角川文庫）
【要旨】数多くの名シェフを生み出す伝説のフランス料理学校で、シェフ修業中の理恵。いたって本番に弱い。どうしよう、今日は試験なのに。超落ちこぼれ生徒、でも実は元警察官。料理より推理が得意？な理恵、調理の科学と人間心理が交錯するところに珍事件が巻き起こる！いつもと違うパスタの味に秘められた罠、レストランコンサルタントの仕掛ける罠。料理探偵の名推理が冴えわたる、痛快キッチン・ミステリー！
2017.7 269p A6 ¥760 ①978-4-04-106131-2

◆ポーツマスの贋作 井上尚登著 KADOKAWA （角川文庫）
【要旨】ポーツマス講和会議を前に、小村寿太郎は戦略を練りあげていた。そんな折、ロシアと接触していたユダヤ富豪、ジョエルが崖から転落。居合わせた降霊術師・石正広は、瀕死のジョエルからパリに電報を打つよう頼まれる。「きみの同胞の命がかかっている」――ジョエルの屋敷には、一枚の北斎の贋作があった。一方、贋作を描いた日本人画家・塩田はパリで窮地に陥っていた。歴史を変えた一枚の贋作。知的美術ミステリ。
2017.12 509p A6 ¥1000 ①978-4-04-106150-3

◆屍人荘の殺人 今村昌弘著 東京創元社
【要旨】神紅大学ミステリ愛好会の葉村譲と会長の明智恭介は、曰くつきの映画研究部の夏合宿に加わるため、同じ大学の探偵少女、剣崎比留子と共にペンション紫湛荘を訪れた。合宿一日目の夜、映研のメンバーたちと肝試しに出かけるが、想像しえない事態に遭遇し紫湛荘に立て籠もりを余儀なくされる。緊張と混乱の一夜が明け―。部員の一人が密室で惨殺死体となって発見される。しかしそれは連続殺人の幕開けに過ぎなかった…!!究極の絶望の淵で、葉村は、明智は、そして比留子は、生き残り謎を解き明かせるか？！奇想と本格ミステリが見事に融合する選考委員大絶賛の第27回鮎川哲也賞受賞作！
2017.10 316p B6 ¥1700 ①978-4-488-02555-7

◆京都松原 テ・鉄輪（かなわ） 入江敦彦著 光文社 （光文社文庫）
【要旨】堺町通松原下ル鍛冶屋町。家々の軒の脇に、ぽっかり口をあけた露地の奥、「鉄輪の井戸」の脇に、その店はひっそりと佇んでいた。百年は経とうかという町家カフェの女主人キリとの出会いが、私を古都にうごめく様々な怪異へと誘ってゆく。切なに切なに「縁」をテーマに、京都エッセイの第一人者が綴る、美しくも怖い"京都小説"。裏京都案内にも言える著者解題を収録。
2017.3 307p A6 ¥680 ①978-4-334-77439-4

◆嘘と人形 岩井志麻子著 太田出版
【要旨】テレビで岩井志麻子を見るたび、私は姉である本間可津美を思い出す。生前、姉は芸術家になりたかった。ネットではカルト的な人気があった姉だが、芸術家としては凡庸で素人目でも稚拙とわかる作品は、見る者に不快にさせ不気味で狂気に満ちあふれていた。そして願いは死をもって成就した。切断された姉の首は、彼女の住んでいたマンションの一室で、子供たちに人気のヒョウのぬいぐるみの首にくるまれて、なぜかQ国で起きた「ガオちゃん殺人事件」に酷似していた…。
2017.7 258p B6 ¥1500 ①978-4-7783-1583-2

◆がん消滅の罠―完全寛解の謎 岩木一麻著 宝島社 （宝島社文庫）
【要旨】呼吸器内科の夏目医師は生命保険会社勤務の友人からある指摘を受ける。夏目が余命半年の宣告をした肺腺がん患者が、リビングニーズ特約で生前給付金を受け取った後も生存、病巣も消え去っているという。同様の保険金支払いが続けて起きており、今回で四例目。不審に感じた夏目は同僚の羽島と調査を始める。連続する奇妙ながん消失の謎。がん治療の世界で何が起こっているのだろうか――。
2018.1 380p A6 ¥680 ①978-4-8002-7982-8

◆水底は京の朝 岩下悠子著 新潮社
【要旨】人見知りの新人女性監督と人間嫌いな脚本家。虚構と真実の境界線で2人が見つめるのは？連続ドラマ制作中の2人にせまる邪な闇と謎。名女優や片腕の男たちも巻き込み、撮影が進みだすが―。「相棒」「3月のライオン」脚本家小説デビュー作！
2017.6 246p B6 ¥1500 ①978-4-10-351041-3

◆破滅の王 上田早夕里著 双葉社
【要旨】一九四三年、上海。かつては自治を認められた租界に、各国の領事館や銀行、さらには娼館やアヘン窟が立ち並び、「魔都」と呼ばれるほど繁栄を誇ったこの地も、太平洋戦争を境に日本軍に占領され、かつての輝きを失っていた。上海自然科学研究所で細菌学科の研究員として働く宮本は、日本総領事館から呼び出され、総領事代理の菱него、南京で大使館附武官補佐官を務める灰塚少佐から重要機密文書の精査を依頼される。その内容は驚くべきものであった。「キング」と暗号名で呼ばれる治療法皆無の細菌兵器の詳細であり、しかも論文は、途中で始まり途中で終わる不完全なものだった。宮本は治療薬の製造を任されるものの、それは取りも直さず、自らの手でその細菌兵器を完成させるということであった――。
2017.11 356p B6 ¥1700 ①978-4-575-24066-5

◆心臓のように大切な―原宿コープバビロニア 植田文博著 原書房
【要旨】「息子がこんな症状になってしまった原因が知りたい」そんな風変わりな依頼から「事件」は始まった。やがて同じ症状を持つ患者が見つかる、何人も。彼らには何が共通しているのか。そして大量殺戮計画の隠された真意とは―。
2017.8 314p B6 ¥1600 ①978-4-562-05421-3

◆鳴物師 音無ゆかり―依頼人の言霊 上野歩著 文芸社 （文芸社文庫NEO）『鳴物師 音無ゆかり 事件ファイル』加筆・修正・改題版
【要旨】音無ゆかりは、依頼人の心に巣くう言霊を取り除く「鳴物師」として活躍する18歳。代々受け継がれる能力を、綾瀬、入来のサポートによって、次々と持ち込まれる難題に立ち向かう。しかし、様々な調査を進めるうちに、両親にまつわる悲劇的な過去が浮かび上がる。はたして彼女を悩ませるトラウマの真相とは？そして、

音無家に宿る特殊能力の正体とは!?
2017.1 233p A6 ¥540 ①978-4-286-18030-4

◆**死はすぐそこの影の中** 宇佐美まこと著
祥伝社（祥伝社文庫）
【要旨】ピアノ調律師の一藤麻衣子には、秘密があった。愛媛の山奥にある七曾利村で過ごした少女時代、村がダムに沈む直前の村長であった伯父日出夫の無惨な死体を、麻衣子は目撃したのだ。その肩には、くっきりと十字の印が焼きついていた…。それは村人が噂する隠れキリシタンの祟りなのか？ 深い水底に沈んだ村から二転三転して真実が浮かび上がる、戦慄のミステリ。 2017.10 410p A6 ¥700 ①978-4-396-34358-3

◆**角の生えた帽子** 宇佐美まこと著
KADOKAWA
【要旨】毎夜、同じような悪夢を見る。それはさまざまな女をいたぶり殺すことで性的興奮を覚えるという夢だ。その夢はまるで自分がやったかのような錯覚に陥るほど、リアルなのだ。ある日、自分が見た夢と同じ殺人事件の犯人がつかまったニュースが流れた。そこには自分と同じ顔の、違う名前の男が映っていた―。行き止まりの人間たちを描いた全九篇。
2017.9 249p B6 ¥1500 ①978-4-04-106050-6

◆**虹色の童話** 宇佐美まこと著
KADOKAWA（角川文庫）
【要旨】民生委員の千加代は、「レインボーハイツ」とは名ばかりの、くすんだ灰色のマンションをたびたび訪れる。そこに住む、なかば育児放棄された5歳児・瑠衣を世話するためだ。他の住人たちも生活に倦み疲れ、暗い気配をまとっていたが、やがて不幸のどん底に突き落とす。住まい以外には特に共通項もない事件の裏にちらつく影は一体…？ 日常にじわりと滲み出す狂気を生々しく描く、長編ホラーミステリー。
2017.8 241p A6 ¥560 ①978-4-04-102633-5

◆**ディレクターズ・カット** 歌野晶午著 幻冬舎
【要旨】報道ワイド番組の人気コーナー「明日なき暴走」で紹介される、若者たちの繰り返す無軌道、違法な行動が、じつは下請け制作会社の有能な突撃ディレクター仕込みのやらせだった。やらせディレクターはさらなる視聴率アップを狙い加速度的暴走を開始。職務停止に追い込まれながらも、警察の裏をかいて連続殺人鬼とコンタクトをとり、しかもそれを映像に収めたいディレクターの思惑どおり、殺人鬼は生中継の現場に現れるのか!?ラスト大大大どんでん返しの真実と、テレビ人間の業に、読者は慄然とし言葉を失う！
2017.9 320p B6 ¥1600 ①978-4-344-03167-8

◆**遺譜 浅見光彦最後の事件 上** 内田康夫著
KADOKAWA（角川文庫）
【要旨】本人の知らぬ間に企画された浅見光彦34歳の誕生日会。初恋のひとである稲田佐和との再会に心躍る浅見は、美貌のヴァイオリニスト、アリシア・ライヘンバッハからボディガードを頼まれる。一度は辞退したものの、浅見家の宿老たる祖父の要請でアリシアのコンサートが行われる丹波篠山に向かうことに。彼の地で彼女の祖母の遺譜を捜索するが、手がかりの「インヴェ」につながる男が殺され浅見に嫌疑がかかり!?国民的名探偵"最後"の事件！
2017.9 366p A6 ¥680 ①978-4-04-105937-1

◆**遺譜 浅見光彦最後の事件 下** 内田康夫著
KADOKAWA（角川文庫）
【要旨】美貌のヴァイオリニスト、アリシアから「遺譜」捜索の依頼を受けた浅見光彦は、依頼の裏に戦前日本とドイツまで遡る陰謀があることに気づく。浅見家にも繋がる陰謀下に隠された固い盟約と、陽一郎の暗殺。真相を確かめるため赴いたドイツで、アリシアの祖母から明かされた哀しい事実は浅見の大義と正義を揺らす。70年の時を経て甦る陰謀に、浅見家の人間として下す究極の決断とは―。国民的名探偵が迎える衝撃のラスト。
2017.9 379p A6 ¥680 ①978-4-04-105938-8

◆**喪われた道** 内田康夫著 祥伝社（祥伝社文庫）新装版
【要旨】東京青梅で発見された会社役員の他殺体は、奇妙なことに虚無僧姿だった。事件に遭遇した尺八名人の被害者が名曲「滝落之曲」だけは一度も吹かなかったことに疑問を抱く。かつて縁あった修善寺由縁の曲をなぜ？ 現地へ向かった浅見は、事件当日修善寺でも虚無僧が目撃されていたことを知る。青梅の殺人との関連は？ やがて被害者の残した謎の

言葉が浮上する！
2017.10 400p A6 ¥700 ①978-4-396-34357-6

◆**黄金の石橋** 内田康夫著 実業之日本社（ジョイ・ノベルス）新装版
【要旨】テレビドラマで浅見光彦役を演じる俳優・絵樹卓夫が軽井沢のセンセに相談をもちかけた。鹿児島に住む母親が「金の石橋」の古文書を渡せと男に脅迫され、絵樹は"名探偵・浅見"による解決を願っているらしい。折しも「旅と歴史」藤田編集長から、南九州の石橋の取材と、女子大生・綾鹿智美の素行調査を頼まれた浅見。センセの要請も併せて引き受け、鹿児島を訪ねた直後、智美の交際相手の父親が殺された。金の石橋と恐喝と殺人―三つの絡み合った謎に浅見が挑む！ 内田康夫×榎木孝明スペシャルトーク収録。
2017.10 282p 18cm ¥880 ①978-4-408-50559-6

◆**鏡の女** 内田康夫著 実業之日本社（ジョイ・ノベルス）新装版
【要旨】浅見光彦のもとに奇妙な宅配便が届いた。ダンボール箱の中身は姫鏡台。送り主は浅見の淡い初恋の相手・夏子だった。戸惑いを覚えつつ、彼女が嫁いだ田園調布の豪邸を訪ねると葬式の最中。亡くなったのは夏子当人だという。浅見は姫鏡台の裏に、かつて二人で決めた秘密の暗号文字を見つける。解読すると「HELP（助けて）」という言葉が。夏子は浅見に何を伝えたかったのか!?（「鏡の女」）「鏡」にまつわる三つの事件と、名探偵の活躍を収めた中編ミステリー集。
2017.2 221p 18cm ¥840 ①978-4-408-50555-8

◆**風の盆幻想** 内田康夫著 文藝春秋（文春文庫）
【要旨】すすり泣くような胡弓の音色に乗せて「越中おわら節」が響く「風の盆」の前夜祭。老舗旅館の若旦那が変死体で見つかった。自殺という警察の見方に疑問を持った浅見光彦と軽井沢のセンセは捜査に乗り出す。やがて、二人がたどり着いた驚くべき真相とは!?幽玄な「風の盆」を舞台に、男女の愛の悲劇を描いた傑作ミステリー。 2017.8 341p A6 ¥670 ①978-4-16-790902-4

◆**城崎殺人事件** 内田康夫著 徳間書店（徳間文庫）新装版
【要旨】母親・雪江のお伴で城崎温泉を訪れたルポライターの浅見光彦は、かつて金の先物取引の詐欺事件で悪名高い保全投資協会の幽霊ビルで死体が発見された現場に行きあたる。しかも、この一年で三人目の犠牲者だという。警察ははじめの二人は自殺と断定。今回もその可能性が高いというのだが!?城崎、出石、豊岡…不審を抱いた浅見は調査に乗り出した。会心の長編旅情ミステリー。
2018.1 315p A6 ¥620 ①978-4-19-894296-0

◆**熊野古道殺人事件** 内田康夫著 中央公論新社（中公文庫）新装版；改版
【要旨】友人である大学教授が、作家・内田康夫に相談を持ちかける。観音浄土への往生を願い小船で沖に出る「補陀落渡海」の再現を、助手らが計画しているという。馬鹿げた行為だと批判する内田だったが、浅見光彦を運転手に紀伊半島へ向かうことになり―。名探偵と「軽井沢のセンセ」による湯けむりコンビが、南紀山中を舞台に名推理を繰り広げる！
2017.5 267p A6 ¥600 ①978-4-12-206403-4

◆**「紅藍（くれない）の女（ひと）」殺人事件** 内田康夫著 徳間書店（徳間文庫）新装版
【要旨】新進ピアニスト三郷夕鶴は、父伴太郎の誕生会の日、見知らぬ男から父への伝言を手渡された。紙片には「はないちもんめ」とだけ書かれていたが、それを見た伴太郎は表情を変えたのだ…。父の友人で古美術商の伊豆天洞の娘麻矢は夕鶴の親友。「はないちもんめ」の意味を探るため、夕鶴はルポライターの浅見光彦に会うが、同席するはずだった麻矢から、天洞の死の報せが!?
2017.6 298p A6 ¥640 ①978-4-19-894335-6

◆**幸福の手紙―浅見光彦ミステリー傑作選** 内田康夫著 実業之日本社（ジョイ・ノベルス）新装版
【要旨】旅行雑誌編集者・中村典子のもとに届いた一通の「不幸の手紙」が、すべての悲劇の発端だった。バラバラ死体事件が発生して間もない井の頭公園で、典子につきまとっていた週刊誌記者・長谷の遺体が見つかる。半月前、彼は典子に「半分の馬を見た」という謎の言葉を残していた。さらに、手紙の送り主とおぼしき旧友が殺されたという報せまで舞い込み…。長谷の足取りを追って北海道・十勝へ飛んだ名探

偵・浅見光彦が目にしたものは―!?現実の未解決事件に想を得た傑作ミステリー。
2017.7 237p 18cm ¥880 ①978-4-408-50558-9

◆**孤道** 内田康夫著 毎日新聞出版
【要旨】浅見光彦シリーズ3年ぶりの最新刊。熊野古道を舞台に繰り広げる、壮大な歴史ロマンミステリー。この小説は完結しておりません。物語を完結させるのは、あなただ！"完結編"公募開始！
2017.5 326p B6 ¥1500 ①978-4-620-10829-2

◆**シーラカンス殺人事件** 内田康夫著 祥伝社（祥伝社文庫）
【要旨】「巨大シーラカンス日本へ！」大東新聞に独占掲載されるはずのスクープがライバル紙の一面を飾った。「生きる化石」捕獲プロジェクトを後援する大東の一条記者が学術調査隊に同行しコモロ共和国へ特派されていたのになぜに。やがて帰国した調査隊員を狙った連続殺人が発生。姿をくらました一条に容疑がかかるが…。警視庁きっての名警部・岡部和雄の推理が冴え渡る！
2017.6 371p A6 ¥690 ①978-4-396-34321-7

◆**砂冥宮** 内田康夫著 実業之日本社（ジョイ・ノベルス）
【要旨】三浦半島の須賀家は、文豪・泉鏡花の小説『草迷宮』の舞台のモデルになった旧家である。ルポライター浅見光彦がインタビューした、当主の須賀老人は、家族に「金沢へ行く」と言い残して数日後、歌舞伎の「勧進帳」で知られる石川県「安宅の関」で死体となって発見された。浅見は死の真相に近づくため金沢へ向かうが、須賀老人の足跡は意外な場所で途切れていた。彼の「旅」の目的に思いを馳せる浅見の前で、やがて第二の殺人が発生し…。
2017.12 288p 18cm ¥890 ①978-4-408-50561-9

◆**隅田川殺人事件** 内田康夫著 徳間書店（徳間文庫）新装版
【要旨】家族・親戚とともに水上バスに乗り込んだ花嫁の津田隆子は、船上から忽然と姿を消してしまった。定刻を過ぎても隆子は現れず、新婦不在のまま披露宴を行ったのだった。新郎の池沢英二こと同じ絵画教室の縁で出席していた浅見雪江は唖然。息子の光彦に事件を調べるように依頼すると、何の手掛かりも発見できなかった。数日後、築地の掘割で女性の死体が発見される。それは隆子なのか!?
2017.2 254p A6 ¥620 ①978-4-19-894196-3

◆**鳥取雛送り殺人事件** 内田康夫著 中央公論新社（中公文庫）新装版
【要旨】新宿花園神社の取材中、頭の下に桟俵という藁細工が敷かれた死体を発見した浅見光彦。警察が捜査を進めるうち、被害者の男が生前"雛人形に殺される"と語っていたことが判明。遺留品の桟俵が鳥取山中の流し雛に使われたと判明した直後、現地で調査中の刑事が失踪し―。神秘的な雛人形の世界に迷い込んだ名探偵は、事件を解決できるのか！
2017.12 317p A6 ¥680 ①978-4-12-206493-5

◆**平城山を越えた女** 内田康夫著 講談社（講談社文庫）新装版
【要旨】大和と京を結ぶ「奈良坂」で消息を絶った女を探す浅見光彦は、文人縁の宿「日吉館」を訪れる。その矢先、ホトケ谷で変死体が発見され、仏像ファンの編集者・美果共々、警察に嫌疑を掛けられた羽目に…。三度変調にあった「香薬師仏」が招く悲劇を、歴史ロマンに彩られた筆致で描く著者屈指のミステリー。
2017.5 396p A6 ¥740 ①978-4-06-293610-1

◆**日蓮伝説殺人事件** 内田康夫著 実業之日本社（ジョイ・ノベルス）新装版
【要旨】宝石鑑定士・伊藤木綿子はデザイナーの白木美奈子に相談を持ちかけられた。担当した宝飾品に粗悪な石が混在しているという。数日後、美奈子は恋人、木綿子の夫・塩野満も不可解な伝言を残して、消息を絶った―。日蓮聖人のルポ執筆のため、山梨を訪れていた浅見光彦は取材先で木綿子と遭遇、事件と関わることに。真相を追って聖人ゆかりの地を訪れる浅見に、正体不明の人物が付きまとい、やがて新たな殺人が…。日蓮聖人の足跡が語る驚愕の真相とは!?浅見光彦ミステリー傑作選。
2017.4 435p 18cm ¥1100 ①978-4-408-50557-2

◆**終幕（フィナーレ）のない殺人** 内田康夫著 祥伝社（祥伝社文庫）新装版
【要旨】浅見光彦のもとに届いた一通の招待状。それは、芸能界の大物加堂孝次郎が箱根の別荘で開く晩餐会の案内だった。そこでは二年続けて不審な死亡事故が起きていた。浅見への依頼は

不吉な事態を阻止してほしいというのだ。今をときめく十二人のスターが車を飾るパレードが車を飾る中で事件は始まった。しかし加堂の姿はなく、俳優の永井が毒殺される。悪夢の一夜の始まりだった…。
2017.2 322p A6 ¥650 ①978-4-396-34286-9

◆**御堂筋殺人事件** 内田康夫著 徳間書店 （徳間文庫） 新装版
【要旨】各企業が車を飾りたてて大阪・御堂筋をパレードする最中に事件は起った。繊維メーカー・コスモレーヨンが開発した新素材をまとったミス・コスモの梅本観華子が、大観衆注視の中、急死したのだ。胃から青酸化合物が発見され、コスモレーヨンを取材中の浅見光彦が事件にかかわることに。コスモの宣伝部長・奥田とともに観華子の交友関係を調べ出した矢先、第二の殺人が。長篇推理。
2017.8 301p A6 ¥630 ①978-4-19-894244-1

◆**ユタが愛した探偵** 内田康夫著 光文社 （光文社文庫）
【要旨】琉球王家伝来の滋賀県彦根の名物行事「ブクブク茶会」。沖縄から参加した式香桜里には「神の子」といわれる予知能力があった。彦根で彼女の素性を探っていた澤村聡志が、一週間後沖縄の聖地・斎場御嶽で死体となって発見。男はスキャンダル雑誌の社長だった。彼の関係者からの依頼を受けた浅見光彦は真相解明のため沖縄に向かうが—悲劇の連鎖を止められるか！
2017.3 369p A6 ¥570 ①978-4-334-77440-0

◆**ツノハズ・ホーム賃貸二課におまかせを** 内山純著 東京創元社
【要旨】新宿に本社を構える不動産会社の営業マン、澤村聡志。女性の営業成績を出せない澤村の新しいパートナーとなったのは、トップセールスを誇る美人営業・神崎くららだった。気が強く先輩使いの荒いくららにこき使われながら、大家と店子の間を飛び回る澤村だったが、二人の担当物件にはおかしな謎がつきまとう。「先輩が知恵を絞ってくださいね」謎解きはお客様の居心地よい住まいのために！ 心あたたまる本格不動産ミステリ。
2017.11 277p B6 ¥1600 ①978-4-488-02777-3

◆**ifの悲劇** 浦賀和宏著 KADOKAWA （角川文庫）
【要旨】小説家の加納は、愛する妹の自殺に疑惑を感じていた。やがて妹の婚約者だった奥津の浮気が原因だと突き止め、奥津を呼び出して殺害。しかし偽装工作を終え戻る途中、加納の運転する車の目の前に男性が現れて、ここから物語はふたつに分岐していく。A.男性を轢き殺してしまった場合、B.間一髪、男性を轢かずに済んだ場合。ふたつのパラレルワールドが鮮やかにひとつにつながって、予測不能な衝撃の真実が明らかになる！
2017.4 234p A6 ¥560 ①978-4-04-104775-0

◆**黒の派遣** 江崎双六著 TOブックス （TO文庫）
【要旨】地下駐車場で腹部を切り裂かれた惨殺死体が発見された。カラスと呼ばれる孤高の刑事・赤井は犯人を追うが、嘲笑うように猟奇殺人は止まらない。鍵を握るのは現場に残された黒い封筒と、「黒の派遣」というサイト。やがて、事件の背後に潜める赤井の過去、謎の軍隊子が掲げる計画、手軽な「派遣仕事」に群がる被害者の闇が明らかになる時、正義と悪を越えた真実があなたに迫る！ ページを捲る手が震える、クライム・サスペンス！
2017.2 266p A6 ¥700 ①978-4-86472-559-0

◆**災神** 江島周著 KADOKAWA
【要旨】島根県出雲市は、ある一瞬を境に瓦礫の山となった。テレビに映し出される光景に誰もが息を呑むが、原因は不明のまま。局地的な天災か、北朝鮮のミサイルか、テロか！？先遣隊として送り込まれた陸上自衛官の新野は、風変わりな子供アキラと技術者の天音に出会う。彼女が勤務する巨大な研究施設で起きた"予測不能な事態"を知った新野は震撼する—。街が封鎖され通信手段がない中、唯一つながったツイッターには、最新のニュースや、救出を待つ人がいそうな場違いなさまざまな情報が寄せられる。見知らぬ人々の祈りのもと、生存者たちは立ち上がるが…。ノンストップのパニックサスペンス！
2017.6 322p A6 ¥1550 ①978-4-04-105275-4

◆**明智小五郎事件簿 9 「大金塊」「怪人二十面相」** 江戸川乱歩著 集英社 （集英社文庫）
"ロマノフ王家の宝冠をかざりし大金剛石六個を無償にてゆずりうける決心をした"という旨の予告状が、実業家・羽柴壮太郎氏のも

とに届く。送り主は近ごろ新聞を賑わせていた怪人「二十面相」だった！外遊中の明智に代わり、小林少年がその機転で撃退し、盗まれずにすんだ。予告状は次々と届く一。（「怪人二十面相」）少年探偵団が活躍し、日本中の少年少女たちを熱狂させた二編を収録。
2017.1 431p A6 ¥750 ①978-4-08-745539-7

◆**明智小五郎事件簿 10 「少年探偵団」「黒蜥蜴」** 江戸川乱歩著 集英社 （集英社文庫）
【要旨】クリスマス・イヴに開かれた妖しい大夜会に君臨する美女、緑川夫人の腕にはトカゲの入墨が—。大阪の宝石商の岩瀬庄兵衛の元に、娘の早苗を誘拐するという予告の怪文書が届く。身辺を警護する明智小五郎に、緑川夫人が接近。彼女は変幻自在の女盗賊"黒蜥蜴"。冴え渡る頭脳戦、壮絶で切ないラストシーンが胸に迫る。（「黒蜥蜴」）怪人二十面相が甦る名作（「少年探偵団」）の二編を収録。
2017.2 443p A6 ¥760 ①978-4-08-745550-2

◆**明智小五郎事件簿 11 「妖怪博士」「暗黒星」** 江戸川乱歩著 集英社 （集英社文庫）
【要旨】少年探偵団の泰二君は、不審な老人を追ってある家に忍び込んだ。罠に嵌った泰二君は催眠術をかけられ帰宅。夜中に機密書類を盗み出した後、連れ去られる。事件を追跡していた三人の少年探偵団も誘拐されてしまう。捜査を始めた名探偵・明智小五郎の前に、殿村と名乗る自称名探偵が現れる。手強き犯人は、甦った変幻自在の二十面相！ 恐怖の復讐劇が始まる。（「妖怪博士」）他一編を収録。
2017.3 465p A6 ¥780 ①978-4-08-745563-2

◆**明智小五郎事件簿 12 「悪魔の紋章」「地獄の道化師」** 江戸川乱歩著 集英社 （集英社文庫）
【要旨】差出人不明の脅迫状に悩まされていたH製糖株式会社取締役の川手庄太郎は、明智小五郎に比肩すると噂される法医学界の権威、宗像隆一郎博士に捜査を依頼した。内偵していた弟子が殺人の手掛かりを掴み、死亡。川手の令嬢姉妹が次々と惨殺、当の川手も誘拐された。全ての現場に三重渦状紋の指紋があった。解決したかに見えた事件はどんでん返しの様相に—。（「悪魔の紋章」）他一編を収録。
2017.4 492p A6 ¥880 ①978-4-08-745578-6

◆**江戸川乱歩作品集 1 人でなしの恋・孤島の鬼 他** 江戸川乱歩著, 浜田雄介編 岩波書店 （岩波文庫）
【要旨】日本探偵小説の開拓者にして第一人者であった江戸川乱歩の作品をテーマ別に精選する。第1巻は"愛のゆくえ"。臆病な愛。モダンな愛。裏切りの優しさと、優しさの酷薄。憧れの対象は殺意を生み、人を異形の存在に変える。「日記帳」「接吻」「人でなしの恋」「蟲」「孤島の鬼」の5篇を収録。
2017.11 499p A6 ¥1000 ①978-4-00-311814-6

◆**押絵と旅する男** 江戸川乱歩著, しきみ絵 立東舎, リットーミュージック 発売 （乙女の本棚）
【要旨】「あれらは、生きて居りましたろう」蜃気楼を見にった帰り、私は汽車のなかで押絵を持った男と出会った—。江戸川乱歩の『押絵と旅する男』が、『刀剣乱舞』のキャラクターデザインなどで知られ、pixivフォロワー21万人越えを誇るイラストレーターしきみによって、鮮やかに現代リミックス。
2017.12 68p 17×19cm ¥1800 ①978-4-8456-3136-0

◆**怪人二十面相・上** 江戸川乱歩著 ゴマブックス （大活字名作シリーズ）
2017.3 199p B5 ¥2850 ①978-4-7771-1890-8

◆**怪人二十面相・下** 江戸川乱歩著 ゴマブックス （大活字名作シリーズ）
2017.3 183p B5 ¥2850 ①978-4-7771-1891-5

◆**怪人二十面相・青銅の魔人** 江戸川乱歩著 岩波書店 （岩波文庫）
【要旨】昭和の日本を震撼させた怪人の犯罪予告。オヤクソクノモノ、ウケトリニユク、二〇。明智小五郎と小林少年ら少年探偵団が怪人二十面相と対決する。シリーズ第一作「怪人二十面相」と戦後の乱歩復活を告げた「青銅の魔人」を収録。
2017.4 469p A6 ¥910 ①978-4-00-311812-2

◆**吸血鬼の島** 江戸川乱歩著, 森英俊, 野村宏平編 まんだらけ （江戸川乱歩からの挑戦状 1 —SF・ホラー編）

【要旨】発掘!!半世紀以上の時を経てよみがえる少年探偵団、幻の外伝。雑誌『少年』昭和29年〜38年から珠玉の17編をセレクト。
2017.5 245p B6 ¥2500 ①978-4-86072-132-9

◆**少年探偵団・超人ニコラ** 江戸川乱歩作 岩波書店 （岩波文庫）
【要旨】「少年探偵団」は、変幻自在の黒い怪物が出現、明智小五郎や小林少年たちが対決する代表作。「超人ニコラ」は、乱歩最後の作品、晩年まで少年物に執念を示した。戦時下、筆名を変えて執筆した連作小品集「知恵の一太郎ものがたり」からも収録。
2017.10 454p A6 ¥950 ①978-4-00-311813-9

◆**乱歩の変身—江戸川乱歩セレクション** 江戸川乱歩著 光文社 （光文社文庫）
【要旨】トリックに驚き、幻想に魅了される「変身」づくしのセレクション。変装した男による舞踏会が衝撃の結末を招く「覆面の舞踏者」、怪人二十面相改め四十面相と小林少年が熾烈な変装合戦を繰り広げる「怪盗四十面相」など、乱歩の"変身願望"が具現化された小説の数々。さらには、変身についての冷静な分析と執拗な妄想が入り混じる名随筆を、惜しまず収録した傑作選！
2017.4 348p A6 ¥640 ①978-4-334-77457-8

◆**乱歩の猟奇—江戸川乱歩セレクション** 江戸川乱歩著 光文社 （光文社文庫）
【要旨】猟奇のサーカスにあなたを招待する、もっとも狂わしき江戸川乱歩アンソロジー！ 正体不明の骸骨男が少年探偵団に迫りくる「サーカスの怪人」、奇怪な遊園地で狂瀾の宴が繰り広げられる「地獄風景」が光る、乱歩の"ネジレ趣味"が垣間見える随筆「浅草趣味」、「旅順開戦館」も収録。乱歩が到達した猟奇の極み、とくと堪能せよ。
2017.3 345p A6 ¥640 ①978-4-334-77442-4

◆**原罪** 遠藤武文著 祥伝社 （祥伝社文庫）
【要旨】雪中から西洋風に凍った刺殺体が発見された。長野県警の城取警部補らはライターの布山を逮捕した。彼は親族優先提供制度を不正利用した、心臓移植の疑惑を追っていた。だが、意図的に脳死となり、ドナーになるなど可能なのか？ 殺人との関係は？ 調べを進めるうちに昭和最後の日に殺人を犯した男の存在に行き当たる。乱歩賞作家が描く、慟哭の社会派ミステリー！
2017.9 543p A6 ¥850 ①978-4-396-34346-0

◆**フラッシュモブ—警察庁情報分析支援第二室「裏店」** 遠藤武文著 光文社 （光文社文庫）
【要旨】伝えるべきプロポーズの言葉は、悲鳴にかき消された。フラッシュモブの最中、ひとりの女性が刺し殺されたのだ。直後、犯人と思しき男は自殺。しかし、その一年後に男の冤罪を主張したのは、傲岸不遜な警視正・安孫子弘だった。丹念かつ大胆な捜査の果てに、真犯人は存在するのか!?破天荒な名探偵が、五つの不可能犯罪に挑む連作ミステリー第二弾！
2017.2 360p A6 ¥700 ①978-4-334-77425-7

◆**十字路に立つ女** 逢坂剛著 KADOKAWA （角川文庫）
【要旨】岡坂神策の昔馴染みである神保町古書店主の娘、みずえは慢性腎不全を患っていた。人工透析を続ける彼女に、不審な生体腎移植の話が持ち上がる。彼女の実家は店内に含め地上げ屋から悪質ないやがらせを受けていた。一方、岡坂のスペイン文学研究の者に強く惹かれるが、連続婦女暴行魔が脱走した事を知った理絵は急に態度を変えて…。神田界隈を舞台に錯綜する謎に探偵岡坂が挑む。逢坂剛が描く大人のミステリー！
2017.11 418p A6 ¥800 ①978-4-04-106075-9

◆**宝を探す女** 逢坂剛著 KADOKAWA （角川文庫）（『カプグラの悲夢』修正・改題書）
【要旨】岡坂神策は、ある晩ひったくりにあった女を助ける。が、なぜか女は、東京御茶ノ水に埋まっているという幕末現金輸送金庫した幕末の小切手を持ちかけてきて（表題作）。失踪した男の近所で起こった殺人事件の真相。人気女優から依頼された、恋人の尾行調査の結末。「カティンの森事件」に埋もれた闇。ハードボイルドの巨匠、逢坂剛が描く5つの大人のサスペンス。「岡坂神策」シリーズ短編集。
2017.3 332p A6 ¥680 ①978-4-04-104743-9

◆**緑の家の女** 逢坂剛著 KADOKAWA （角川文庫）（『ハポン追跡』修正・改題書）
【要旨】岡坂神策は世話になっている桂本弁護士からある女の調査依頼を受ける。周辺を探って

ミステリー・サスペンス・ハードボイルド

いる最中、その女が住むマンションのベランダから男が落ちて死亡するという不可解な事故が起きて…(表題作)。新車開発のスパイ疑惑、義理の母娘誘拐が招いた殺人事件、外国要人暗殺事件、スペイン近代史における一族の謎など、ハードボイルドの巨匠、逢坂剛が描く大人のサスペンス。『岡友神策』シリーズの短編集が装いも新たに登場!
2017.2 346p A6 ¥680 ①978-4-04-104742-2

◆特殊作戦群、追跡す! 上 大石英司著
中央公論新社 (中公文庫) (『ピノキオ急襲 上』改題書)
【要旨】元新聞記者の鉄道事故、世界中で次々に姿を消す化学者、襲われる自衛隊基地、佐渡島で起きた警察官惨殺事件によって結びついた! 陸自の第一空挺団もかなわない謎の敵に対し、陸自特殊部隊"サイレント・コア"が緊急召集され、敵殲滅に取りかかる。しかし、高い戦闘力を誇る彼らも思わず戦慄する敵が現れて…。
2017.1 255p A6 ¥600 ①978-4-12-206346-4

◆特殊作戦群、追跡す! 下 大石英司著
中央公論新社 (中公文庫) (『ピノキオ急襲 下』改題書)
【要旨】佐渡島に現れた「ピノキオ」と呼ばれるスーパー・ソルジャー。それを作ったのは、世界最大の民間軍事会社だった。極秘に開発された人間兵器の前では、数々の花形部隊を持つ警察、自衛隊、そして"サイレント・コア"のメンバーたち。脅威の身体能力、殺傷力をもち、戦うために生み出された「ピノキオ」への対抗手段は…?
2017.1 260p A6 ¥600 ①978-4-12-206347-1

◆自分を愛しすぎた女 大石圭著 徳間書店
【要旨】わたしは特別。みんなとは違う。何者かになるべき存在。幼い頃から、今井花梨はそう思い込んでいた。三十二歳になった今は、もう、いくら何でもそんなふうには考えられない。考えられない。「人に注目されたい」「みんなから羨ましがられたい」という強迫的な願望から、どうしても逃れられずにいる…。そんな花梨が陥った罠は、あまりにもエロティックな匂いに満ち満ちていた。
2017.4 261p A6 ¥640 ①978-4-19-894221-2

◆桜疎水 大石直紀著 光文社
【要旨】すべての作品に、仕込みあり。きっとあなたは欺される! 曼殊院、真如堂、寺町通、松ヶ崎疎水、上賀茂神社、太秦…京都が仕掛ける六つの罠。第69回日本推理作家協会賞短編部門受賞作「おばあちゃんといっしょ」収録!!
2017.3 255p B6 ¥1500 ①978-4-334-91154-6

◆孤高のメス 完結篇—命ある限り 大鐘稔彦著 幻冬舎 (幻冬舎文庫)
【要旨】劇症肝炎で死の淵をさまよう藤城の生体肝移植を、かつての上司、久野の制止を振り切って敢行する当麻鉄彦。一方、医科大学新設を目指す鉄心会の理事長、須藤は病魔に侵されながらも、鉄心会を追われたリベンジを図る荒井の対抗馬として、衆院選で当麻の父、大川松男を擁立する一。医学界の現実を鋭くえぐる医療ドラマの最高峰、完結。
2017.8 551p A6 ¥870 ①978-4-344-42632-0

◆クジャクを愛した容疑者—警視庁いきもの係 大倉崇裕著 講談社
【要旨】強面の窓際警部補・須藤友三と、生き物オタクの女性巡査・薄圭子の迷(?)コンビが「アニマル推理」で大活躍!!
2017.6 292p B6 ¥1550 ①978-4-06-220566-5

◆秋霧 大倉崇裕著 祥伝社
【要旨】「天狗岳に登ってくれんか」死期の迫った伝説的経営者上尾の依頼を受けた便利屋の倉持。山中の動画を撮る簡単な仕事のはずが、なぜか不審な影が。紅く燃える八ッ岳連峰・天狗岳で、三つ巴の死闘が始まった便利屋の運命は?
2017.7 306p B6 ¥1600 ①978-4-396-63521-3

◆樹海警察 大倉崇裕著 角川春樹事務所 (ハルキ文庫)
【要旨】初任幹部科教育を終え、警部補になった柿崎努は、山梨県警上吉田署という辺鄙な場所、しかも行ったこともない部署へ配属となった。署長に挨拶も行かず署員から右も左も知らずに登山靴に、とさっそく連れて行かれた場所は樹海…!? 栗栖巡査、桃園巡査、そして事務方の明日野課長、と、樹海署で見つ

かった遺体専門の部署・地域課特別室に勤務することに。腐乱死体から事件の匂いをかぎ取る!! 書き下ろし樹海警察小説登場。
2017.10 319p A6 ¥680 ①978-4-7584-4122-3

◆小説 名探偵コナン から紅の恋歌(ラブレター) 大倉崇裕著 小学館 (小学館文庫)
【要旨】大阪の日売TVで百人一首の第一人者と対談予定だった毛利小五郎。収録直前、局の爆破予告があったと警察から避難指示が出た。犯人がTV局を狙った動機がわからない中、江戸川コナンと服部平次は十次の婚約者と名乗る女の子と出会う。彼女の名は大岡紅葉、百人一首高校チャンピオンだった。そんな折、収録に来るはずだった男性が死体で発見された。彼も紅葉と同じ会所属の百人一首チャンピオンで…。興行収入六八・八億円を記録した『名探偵コナン から紅の恋歌』の脚本最終稿をノーカットでオリジナル小説化!
2017.4 280p A6 ¥600 ①978-4-09-406483-4

◆蜂に魅かれた容疑者—警視庁いきもの係 大倉崇裕著 講談社 (講談社文庫)
【要旨】新興宗教団体にかかわる事件で警視庁が緊張に包まれる中、都内近郊ではスズメバチが人を襲う事故が連続で発生。中には、高速道路を走る車内に蜂が放たれるという悪質な事件も。平穏な日常を脅かす小さな「兵器」に、窓際警部補・須藤友三と動物大好き新米巡査・薄圭子の「警視庁いきもの係」コンビが立ち向かう。
2017.1 402p A6 ¥760 ①978-4-06-293562-3

◆ペンギンを愛した容疑者—警視庁いきもの係 大倉崇裕著 講談社 (講談社文庫)
【要旨】「人間の視点で物を考えないでください」動物オタクの天然系巡査・薄圭子のアニマル推理が大爆発! ペンギン、ヤギ、サル、ヨウム…現場に残されたペットの生態から、常識はずれの発想で真犯人をあぶり出す。コンビを組む元捜査一課の鬼刑事・須藤友三も、薄を認め始めるが。大好評シリーズ、待望の第3弾。
2017.6 414p A6 ¥700 ①978-4-06-293674-3

◆ようこそ授賞式の夕べに—一成風雲書店事件メモ(邂逅編) 大崎梢著 東京創元社 (創元推理文庫)
【要旨】書店大賞授賞式の当日、成風堂書店に勤める杏子と多絵のもとを福岡の書店員・花乃が訪ねてくる。「書店の謎を解く名探偵」に、書店大賞事務局に届いた不審なFAXの謎を解いてほしいというのだ。同じ頃、出版社・明林房書の新人営業マンである智紀にも事務局長から同様の相談が持ち込まれる。授賞式まであと数時間、無事に幕は上がるのか?! 本格書店ミステリ、シリーズ第4弾!
2017.2 297p A6 ¥660 ①978-4-488-48706-5

◆雨の狩人 上 大沢在昌著 幻冬舎 (幻冬舎文庫)
【要旨】新宿のキャバクラで、不動産会社の社長が射殺された。捜査本部に駆り出された新宿署の佐江は組まされたのは、警視庁捜査一課の谷神。短髪を七三に分け、どこか人を寄せつけない雰囲気をもつ細身の谷神との捜査は、やがて事件の背後に日本最大の多重暴力団・高河連合が潜むことを突き止める。高河連合の狙いとは何か? 人気シリーズ、待望の第4弾!
2017.8 417p A6 ¥690 ①978-4-344-42633-7

◆雨の狩人 下 大沢在昌著 幻冬舎 (幻冬舎文庫)
【要旨】佐江と谷神は高河連合が推し進める驚くべき開発事業の存在を暴き出した。だが、ヒットマンらしき男に命を狙われる佐江。死をも覚悟したその時、ライダースーツ姿の謎の人物が殺し屋の前に立ちはだかって…。高河連合の「Kプロジェクト」とは何か? 佐江の「守護神」とは誰なのか? 白熱のエンターテインメント巨編、圧巻の大団円!
2017.8 443p A6 ¥690 ①978-4-344-42634-4

◆俺はエージェント 大沢在昌著 小学館
【要旨】下町の居酒屋にかかってきた1本の電話一。二十三年前にオメガ・エージェントの極秘ミッション「コベナント」が発動され、スパイ小説好きの俺は、元凄腕エージェントの白川老人と行動を共にすることになる。オメガの復活を阻止すべく、敵対するアルファ・エージェントの殺し屋たちが次々と襲ってきたのだが、何かがおかしい。裏切り者は誰か? 誰が味方で誰が敵なのか、誰にもわからない。そして、裏切られた男が選んだ行動とは…!?
2017.12 517p B6 ¥1800 ①978-4-09-386473-2

◆極悪専用 大沢在昌著 徳間書店 (トクマ・ノベルズ)

【要旨】夜の街でやんちゃが少し過ぎた「俺」は、裏社会の大物である祖父ちゃんにお灸を据えられることに。半ば拉致状態で連れて行かれたのは、マンション「リバーサイドシャトウ」。そこは多額の家賃を払って入居を許せば、どんな奴でも入居可能。日本人はもちろん、世界各国から犯罪者たちが集まる無法地帯だった。強引に管理人助手をさせられることになった俺の目に飛びこんできたのは手榴弾を握りしめた人間の片腕! 赴任早々、手荒い洗礼を受けた俺はすっかり意気消沈。任期は一年だが、それまでもつのか、この俺!?
2017.6 302p 18cm ¥950 ①978-4-19-850972-9

◆ジャングルの儀式 大沢在昌著
KADOKAWA (角川文庫) 新装版
【要旨】ハワイから日本へ来た青年・桐生俺の目的はただひとつ—父を裏切り、殺した花木達治に復讐すること。だが、赤いジャガーに乗る美女・麻美に導かれ、花木と対面した俺が知ったのは、強大な権力に守られた真の敵の存在だった。17年間、花木を殺すためだけに生きてきた一再度踏み出した敵を前に、俺は複雑な想いを抱えながらも、花木と共に"戦い"という名のジャングルに身を投じる。ハードボイルド・アクション!
2017.5 332p A6 ¥640 ①978-4-04-104920-4

◆夏からの長い旅 大沢在昌著
KADOKAWA (角川文庫) 新装版
【要旨】充実した仕事と、出来たばかりの恋人・久迩子との逢瀬…工業デザイナー・木島の平穏な日々は、自宅に放火されたことをきっかけに一転した。不審な出来事は続き、木島は誰かに命を狙われていると感じるが、心当たりはない。だが、久迩子の車に悪戯書きされた一文を見た時、木島に二十六年前の遠い夏の記憶が蘇る。鍵は一枚の写真にある—木島は調査を開始するが…。ハードボイルド・サスペンスの名作!
2017.7 283p A6 ¥600 ①978-4-04-104921-1

◆覆面作家 大沢在昌著 講談社
【要旨】「覆面作家」性別や年齢など一切秘密という正体不明の作家。デビューしてまもなく文学賞の候補になる実力の持ち主の覆面作家が、「私」のファンだという一。表題作他「幽霊」「村」「大金」など含む珠玉の8編を収録。
2017.10 253p B6 ¥1400 ①978-4-06-220800-0

◆冬の保安官 大沢在昌著 KADOKAWA (角川文庫) 新装版
【要旨】シーズンオフの別荘地。見回り中の保安管理人は、無人のはずの別荘で、少女に銃口を突きつけられた。恋人を待っているという少女と、自らの過去を思い出しながら交流するのも束の間、彼女を追う男達が現われる(表題作)。誘拐事件の"メッセンジャー"になったことになった「私」は、新宿で、背が高く、独特な目をした刑事に声をかけられ…。大沢作品の人気役者達が共演を果たした「再会の街角」を含む全9編、極上の短編集。
2017.1 431p A6 ¥760 ①978-4-04-104918-1

◆魔女の封印 大沢在昌著 光文社 (カッパ・ノベルス)
【要旨】男を一瞬で「見抜く」能力を持つ女、水原へのNSS(国家安全保障局)の依頼は、堂上保の調査だった。しかし堂上は彼女にも見抜けないその正体は、人間の生命力を奪う存在、頂点捕食者(頂捕)だった。人を超えた力を持つ堂上が殺された。暗殺テロを実行し、中国から逃げてきた新たな頂捕の襲来か。幾多の窮地をくぐり抜けてきた水原が、正体も目的も謎の頂捕たちとの戦いで絶体絶命に!? 破格の状況設定と次々と意表を突く展開で一気に読ませる強烈な傑作長編!
2017.12 445p 18cm ¥1200 ①978-4-334-07736-5

◆ライアー 大沢在昌著 新潮文庫
【要旨】穏やかな研究者の夫。素直に育った息子。幸せな家庭に恵まれた神村奈々の真の姿は対象人物の「国外処理」を行う秘密機関の工作員である。ある日、夫が身元不明の女と怪死を遂げた。運命の歯車は軋みを立て廻り始める。次々と立ちはだかる謎。牙を剥く襲撃者たち。硝煙と血飛沫を浴び、美しき暗殺者はひとり煉獄を歩む。愛とは何か—真実は何処に? アクション・ハードボイルドの最高傑作。
2017.3 725p A6 ¥940 ①978-4-10-126033-4

◆らんぼう 大沢在昌著 KADOKAWA (角川文庫) 新装版
【要旨】巨漢の大浦・通称ウラと、小柄だが空手の達人の赤池・通称イケ—この刑事コンビは、腕

ミステリー・サスペンス・ハードボイルド

小説

は立つがキレやすく素行不良、やくざのみならず署内でも恐れられている。被疑者を半殺しにし、チンピラの車をぼこぼこにし、拳銃をぶっ放し、カジノでは大暴れ──そんな傍若無人で無鉄砲な捜査が、時に誰かを幸せにすることも？ 笑いと涙の痛快刑事小説が、朗読会で披露された「ぶんぶんぶん」を収録した新装・完全版で登場！
2017.3 383p A6 ¥720 ①978-4-04-104919-8

◆見たのは誰だ 大下宇陀児著 河出書房新社（河出文庫）
【要旨】貧しいアプレ大学生桐原進は、友人の古川昌人と起業を計画のうえ、古川の持ちかけた宝石強盗に、正統性を見出し行動に移す。だがそこに思いもよらぬ殺人事件が…。伝説の雑誌『新青年』でデビューし、"変格の鬼才"の勇名を轟かせた大下の、倒叙モノの最高傑作の初文庫化。人情派弁護士探偵・俵岩男奮闘！
2017.3 324p A6 ¥800 ①978-4-309-41521-5

◆幻夏 太田愛著 KADOKAWA（角川文庫）
【要旨】毎日が黄金に輝いていた12歳の夏、少年は川辺の流木に奇妙な印を残して忽然と姿を消した。23年後、刑事となった相馬は、少女失踪事件の現場で同じ印を発見する。相馬の胸に消えた親友の言葉が蘇る。「俺の父親、ヒトゴロシなんだ」あの夏、本当は何が起こっていたのか。今、何が起こうとしているのか。人が犯した罪は、正しく裁かれ、正しく償われるのか？ 司法の信を問う傑作ミステリ。日本推理作家協会賞候補作。
2017.8 487p A6 ¥800 ①978-4-04-105935-7

◆天上の葦 上 太田愛著 KADOKAWA
【要旨】白昼、老人は渋谷の交差点で何もない空を指して絶命した。死の間際、老人はあの空に何を見ていたのか。突き止めれば一千万円の報酬を支払う。興信所を営む鑓水と修司のもとに不可解な依頼が舞い込む。老人が死んだ同じ日、一人の公安警察官が忽然と姿を消した。その捜索を極秘裏に命じられた刑事・相馬。廃屋に残された夥しい血痕、老人のポケットから見つかった大手テレビ局社長の名刺、遺された一枚の葉書、そして闇の中の孔雀。二つの事件がひとつに結ばれた先には、社会を一変させる犯罪が仕組まれていた。鑓水、修司、相馬の三人が最大の謎に挑む。
2017.2 436p B6 ¥1600 ①978-4-04-103636-5

◆天上の葦 下 太田愛著 KADOKAWA
【要旨】失踪した公安警察官を追って、鑓水、修司、相馬の三人が辿り着いたのは瀬戸内海の小島だった。山頂に高射砲台跡の残る因習の島。そこでは、渋谷で老人が絶命した瞬間から、誰もが思いもよらなかったかたちで大きな歯車が回り始めていた。誰が敵で誰が味方なのか。あの日、この島で何が起こったのか。穏やかな島の営みの裏に隠された巧妙なトリックを暴いた先、あまりに痛ましい真実の扉が開かれる。一君は君で、僕は僕で、最善を尽くすんだ。すべての思いを引き受け、鑓水たちは力を尽くして巨大な敵に立ち向かう。
2017.2 373p B6 ¥1600 ①978-4-04-103637-2

◆犯罪者 上 太田愛著 KADOKAWA（角川文庫）
【要旨】白昼の駅前広場で4人が刺殺される通り魔事件が発生。犯人は逮捕されたが、ただひとり助かった青年・修司は搬送先の病院で奇妙な男から「逃げろ。あと10日生き延びれば助かる」と警告される。その直後、謎の暗殺者に襲撃される修司。なぜ自分は10日以内に殺されなければならないのか。はみだし刑事・相馬と、相馬の友人で博覧強記の男・鑓水と3人で、暗殺者に追われながら事件の真相を追う。
2017.1 525p A6 ¥840 ①978-4-04-101950-4

◆犯罪者 下 太田愛著 KADOKAWA（角川文庫）
【要旨】修司と相馬、鑓水の3人は通り魔事件の裏に、巨大企業・タイタスと与党の重鎮政治家の存在を掴む。そこに浮かび上がる乳幼児の奇病。暗殺者の手が迫る中、3人は幾重にも絡んだ謎を解き、ついに事件の核心を握る人物「佐々木邦夫」にたどり着く。乳幼児たちの人生を破壊し、通り魔事件を起こした真の犯罪者は誰なのか。佐々木邦夫が企てた周到な犯罪と、その驚くべき目的を知った時、3人は一発逆転の賭けに打って出る。
2017.1 449p A6 ¥760 ①978-4-04-101951-1

◆櫻子さんの足下には死体が埋まっている─ジュリエットの告白 太田紫織著 KADOKAWA（角川文庫）
【要旨】「帰ったら、2人で旅行しよう」。突然、東京の兄さんからきた連絡。2人きりでどこに？ と悩む僕、正太郎に、櫻子さんが言った。「足寄と網走だ」。どうやら古い骨関係の展示があるらしい。かくして兄さんと櫻子さん、僕という不思議な組み合わせで、秋の北海道旅行が始まって…。「ケルヌンノスの妙案」旅の途中で明かされる、正太郎の秘めた想い。一方、友人の鴻上百合子には謎の花房の影が忍び寄り…。話題のキャラミステリ決定版！
2017.8 281p A6 ¥560 ①978-4-04-105204-8

◆櫻子さんの足下には死体が埋まっている─わたしのおうちはどこですか 太田紫織著 KADOKAWA（角川文庫）
【要旨】北海道・旭川。姿を消した幼子・いいちゃんと、友達の鴻上百合子を追って、櫻子さんと僕、正太郎は、ある場所に辿り着く。けれどようやく見つけた鴻上の話を聞き、僕は絶句した。「貴方のことが、世界で一番大嫌い」そして彼女は、僕にとっての絶対的な秘密を突きつけて…。「わたしのおうちはどこですか」ほか、ハロウィンにまつわるほろ苦だけど甘酸っぱい物語を収録。運命的なバディ、櫻子と正体郎が贈る必読キャラミステリ！
2017.10 252p A6 ¥560 ①978-4-04-106250-0

◆櫻子さんの足下には死体が埋まっている─蝶の足跡 太田紫織著 KADOKAWA（角川文庫）
【要旨】北海道・旭川。高校生の僕、正太郎は、姿を消した櫻子さんを捜し、担任の磯崎先生たちと九条邸を訪れた。主が不在の屋敷はひっそりと静まり返り、家族写真がなくなっている。不安を抱え、僕らは櫻子さんが向かったと思われる層雲峡を目指すが…。「蝶の足跡」ほか、正太郎が偶然見かけたひき逃げに端を発する事件を描いた衝撃作も収録。最高にクールで危うい櫻子と、成長著しい正太郎のコンビが光る、必読キャラミステリ！
2017.3 318p A6 ¥600 ①978-4-04-105202-0

◆僕の殺人 太田忠司著 徳間書店（徳間文庫）
【要旨】五歳のとき別荘で事件があった。胡蝶グループ役員の父親が階段から転落し意識不明。作家の母親は自室で縊死していた。夫婦喧嘩の末、母が父を階下に突き落とし自死した、それが警察の見解だった。現場に居合わせた僕は事件の記憶を失い、事業を継いだ叔父に引き取られた。十年後、怪しいライターが僕につきまとい、事件には別の真相があると仄めかす。著者長篇デビュー作、待望の復刊！
2017.3 365p A6 ¥660 ①978-4-19-894210-6

◆優しい幽霊たちの遁走曲（フーガ） 太田忠司著 東京創元社（創元クライム・クラブ）
【要旨】真夏のある日、知見らぬ田舎の駅に、小説家・津久田舞々は立っていた。彼はある編集者から「ホラー作家を欲しがっている」町を紹介され、黄金の国と呼ばれていた町・古賀音を訪れたのだ。町長から、移住してこの町のことを書き残してほしいと依頼され、古びた洋館で暮らしはじめたところ、「あるもの」の封印を解いたことをきっかけに次から次へと降りかかる難題のせいで奔走する羽目に陥る。幽霊たちと小説家の、不思議なカントリー・ライフ。
2017.12 308p B6 ¥1700 ①978-4-488-02553-3

◆万屋大悟のマシュマロな事件簿 太田忠司著 ポプラ社
【要旨】市後市のローカルアイドルグループ「marshmallow15」に脅迫状が送られた。警護を引き受けたのは、万屋大悟。市内で警備会社を営む社長であり、「marshmallow15」のメンバー・知識の父親でもある。親バカを発揮して職権を乱用しまくりつつ、様々なトラブルと事件を解決していく。年頃の娘とは、ちょっと微妙な距離感を保ちつつ、謎に立ちむかう。それぞれの事件を通して見えてくる少女達の強い想いと、父親の絆。そして脅迫状の犯人と驚きの真相とは─!?
2017.12 323p B6 ¥1400 ①978-4-591-15688-9

◆サブマリンによろしく 大津光央著 宝島社（宝島社文庫）
【要旨】二十八年前、八百長疑惑をかけられてみずから命を絶った伝説の下手投げ投手K・M。行方不明になっていた千五百奪三振の記念ボールが発見されたのをきっかけに、彼を再評価する動きが起こる。彼の伝記を書くべく関係者たちのもとに取材して回るが、彼にまつわる逸話にはいくつもの謎があった─。途中まで芹澤の原稿を引き継ぎ、野球嫌いの「あたし」が謎に迫る。
2017.5 391p A6 ¥680 ①978-4-8002-7131-0

◆木島日記 大塚英志著 KADOKAWA（角川文庫）改訂新装版
【要旨】昭和初期─オカルト、猟奇事件、ナショナリズムが吹き荒れる東京。民俗学者の折口信夫は古書店「八坂堂」に迷い込み、その棚にあるはずのない、未公開の自分の小説『死者の書』を見つける。「何が書いてあるか読んでごらんなさい」。奇怪な仮面を被った店の主人、木島平八郎に促され、その奇妙な書の頁をめくった時から、折口のまわりで奇怪な出来事が起こり始める…。「あってはならない物語」へ誘う傑作怪奇ミステリ。
2017.9 343p A6 ¥880 ①978-4-04-106268-5

◆木島日記 乞丐相 大塚英志著 KADOKAWA（角川文庫）改訂新装版
【要旨】仮面の男、木島平八郎。古書店「八坂堂」の店主にして「この世にあってはならぬもの」の仕分け屋。だがその素性は未だ知れない。一方、木島につきまとわれる学者・折口信夫。大嫌いなはずが、霊的能力をもつ少女・美麗を傍に置く羽目に。彼らが行く先々で常に事件が待ち受ける。『八つ墓村』のモデルとなった津山三十人殺し事件、心中ブーム、人間瀟歌…。正史と偽史の狭間に葬られし物語を暴く、怪奇ミステリ事件簿・第二弾！
2017.9 297p A6 ¥880 ①978-4-04-106269-2

◆木島日記 もどき開口 大塚英志著 KADOKAWA
【要旨】現世と黄泉の境界で、折口信夫と柳田國男が対決。壮大な「仕分け」バトルが始まる─。すべての予想が裏切られる、シリーズ最高傑作。
2017.11 562p B6 ¥2200 ①978-4-04-104221-2

◆奇妙な遺産─村主det授のミステリアスな講座 大村友貴美著 光文社（光文社文庫）
【要旨】国文塾大学文学部史学科の准教授・村主周一郎は、自他ともに認める西洋史オタク。講義には、取り上げる時代に合わせた「コスプレ」姿で臨む変わり種である。そんな村主の元に、次々と不可思議な事件が持ち込まれる。血statされた伝説、怪しげな財宝探しに、奇妙な暗号。真面目だけど破天荒な教授が、歴史から得た知識を駆使して謎を解く、知的ユーモアミステリー。
2017.9 283p A6 ¥720 ①978-4-334-77526-1

◆狼は罠に向かう─エアウェイ・ハンター・シリーズ 大藪春彦著 光文社（光文社文庫）
【要旨】次期総裁の座を狙う保守党の福山派に腕を見込まれた暴力団狩りのプロ・西城秀夫は、香港に飛んだ。中国を将来の世界最大の市場とみた福山は、党有力者との接触を図っていた。だが、密約の親書と多額の現金を持ったまま、使者たちが消息を絶ったため。金と親書奪還のため単身潜入した西城を、中国マフィアの魔手が待ち受ける！ 血で血を洗う凄絶アクション長編。
2017.4 357p A6 ¥720 ①978-4-334-77458-5

◆光二郎分解日記─相棒は浪人生 大山淳子著 講談社（講談社文庫）（『分解日記 光二郎備忘ファイル』改題書）
【要旨】二宮光二郎七十五歳、元理科教師で趣味は分解。大抵の故障なら直す。ただし最近頭の調子がイマイチで、家族はちょっと困ってる。そんな俺のじいちゃんが、草刈り中の老人を刺したって!? クセありじじばばも巻き込み、浪人生活はたなかの丸けるは、真犯人を捜せるのか。「二人で一人」の迷探偵が大活躍！
2017.6 333p A6 ¥660 ①978-4-06-293675-0

◆光二郎分解日記─西郷さんの犬 大山淳子著 講談社
【要旨】西郷さんの銅像から、愛犬ツンが盗まれた!? 手がかりは残された尻尾と、石鹸。"ふたりで一人の迷探偵"が再び大活躍！
2017.7 246p B6 ¥1500 ①978-4-06-220657-0

◆季節はうつる、メリーゴーランドのように 岡崎琢磨著 KADOKAWA（角川文庫）
【要旨】男女だけど「親友」の夏樹と冬子。高校時代、日常の謎解きという共通の趣味で、2人は誰よりもわかり合えていた。ただ、夏樹が冬子に片想いしていたことを除いて…。そして、社会人になった夏樹は、冬子に会いに神戸を訪れる。今度こそ、想いを伝えると決めて。けれど冬子は、なぜかかたくなにチャンスをくれなくて…。ウィットに富んだ日常の謎から、誰もが目を瞠る驚きのラストへ。切なさ最大級の青春片恋ミステリ。
2017.9 310p A6 ¥600 ①978-4-04-105836-7

ミステリー・サスペンス・ハードボイルド

◆さよなら僕らのスツールハウス　岡崎琢磨著　KADOKAWA
【要旨】関東某所、切り立った河岸に建つシェアハウス「スツールハウス」。若者たちが集い、腰かけるように住み、旅立っていく場所。新築時からの住人で、「スツールハウスの主」と呼ばれる女性、鶴屋素子。彼女からは様々な時期に、ハウスのいろんな場所で生まれた、様々な謎。それらが解かれたとき、彼女の衝撃の秘密が明かされる…。「戻りたいあの頃」のあなたへ贈りたい、胸がぎゅっと切なくなる青春ミステリ。
2017.10　253p　B6　¥1400　①978-4-04-105852-7

◆病弱探偵─謎の彼女の特効薬　岡崎琢磨著　講談社
【要旨】高校1年生の貫地谷マイは年中体調不良で学校は欠席続き。ミステリー好きな彼女の唯一の慰めはベッドで謎を解くことである。一方、マイにひそかに想いを寄せている幼馴染みの同級生、山名井ゲンキはマイのために、学校で起こった不思議な事件を、今日もベッドサイドに送り届ける。6つの謎と2人の恋の行く末は？
2017.7　248p　B6　¥1350　①978-4-06-220660-0

◆屋上で縁結び　岡篠名桜著　集英社（集英社文庫）
【要旨】勤め先が倒産し、再就職活動中の苑子。生来の地味さゆえか連敗中のある日、面接会場の窓から遠くのビルの屋上に建つ神社を見つけ、神頼みをする。数日後、採用が決まったのは、なんとその神社があるビルの受付だった。初出勤日の昼休み、何気なく屋上に上がった苑子はモッズコート姿で掃除をする神主の幹人と知り合い、幸せを分け合うことになり…。すこし不思議で心温まるお仕事ミステリー。
2017.1　246p　A6　¥520　①978-4-08-745537-3

◆日曜日のゆううい─屋上で縁結び　岡篠名桜著　集英社（集英社文庫）
【要旨】屋上に神社を祀る、少し変わったビルで受付嬢として働く苑子。「縁結びに御利益がある」という屋上神社の神主・幹人に恋心を抱いているが、彼が死別した妻を今も想っていて、そして彼女との息子・陽人の存在もあり、関係を深められずにいる。そんなとき、ビルの防犯カメラに子どもの幽霊が映ったという噂を聞く。お祓いはできないと笑う幹人だが、映像を見て気掛かりがあるようで…？ ごく普通の日常にある小さな謎と人の縁。あたたかでやさしい連作小説。
2017.12　227p　A6　¥520　①978-4-08-745684-4

◆白霧学舎 探偵小説倶楽部　岡田秀文著　光文社
【要旨】終戦前夜、疎開地で起きた連続殺人を追う！ 時代に翻弄された少年たちの、推理と友情の日々を描く、戦時青春ミステリー。
2017.10　336p　B6　¥1900　①978-4-334-91188-1

◆帝都大捜査網　岡田秀文著　東京創元社
【要旨】昭和17年の夏。死体が発見されるたびに、なぜか刺し傷の数がひとつずつ減ってゆく。殺された男たちのあいだに交友関係などは一切見つからず、共通しているのは全員が多額の借金を背負っていることのみ。警視庁特別捜査隊は奇妙な連続刺殺事件の謎を追い、捜査全体に捜査の網を広げてゆくが─。捜査隊隊長が手の内にした、事件の異様な構図とは？
2017.7　335p　A6　¥1900　①978-4-488-02773-5

◆生き直し　岡部えつ著　双葉社（双葉文庫）
【要旨】一度のミスが命取り。発言には細心の注意を払い、自分の居場所を確保するのに汲々とする─これは小学校児童の話である。優等生の相原真帆は、浮かれて取り組んだにも関わらず、まさかの結果となり、一気に侮蔑の対象へと転落する。周囲に踏みいれられるつらい日々を、真帆は転校するしかなくなってしまう。新たなクラスでの「階級」の中でもがく真帆を奮って彼女が選び取ったポジションとは…？「傍観者」の罪もあぶり出す、問題作にして著者渾身の一作。
2017.4　234p　A6　¥565　①978-4-575-51986-0

◆暁の湊　岡村秀平著　幻冬舎メディアコンサルティング、幻冬舎 発売
【要旨】迫り来る、北朝鮮の脅威。日本海で交錯する日常と非日常。これはフィクションか、明日起こり得る現実か。元海上自衛官が描く緊迫の軍事エンタメ小説。
2017.8　202p　B6　¥1400　①978-4-344-91273-1

◆美森まんじゃしろのサオリさん　小川一水著　光文社（光文社文庫）
【要旨】「まんじゃしろ」に祀られている美森さま。過疎が進む山村、美森町の守り神だ。去年越してきたなんでも屋・岩室猛志と、地元出身の大学生・貫行詐織は、町で起こる事件を解決すべく探偵ユニット"竿竹室士"を結成した。事件の数々は、美森さまのお使いが起こしていると言うが、それって本当…？ 不思議な存在と民俗学、SFが交錯する、新感覚のミステリー！
2017.11　271p　A6　¥640　①978-4-334-77556-8

◆ストールン・チャイルド 秘密捜査　緒川怜著　光文社（光文社文庫）
【要旨】老夫婦の連鎖変死。不慮の事故で妻を失った刑事・外岡が極秘で捜査に乗り出した。警察の杜撰な対応が明らかになり、外岡は老夫婦の会社を引き継いだ男に狙いを定めるが─。過去に起きた二つの乳児連れ去り事件。不法に拉致され九年間、監禁されていた女優。いくつもの事件が交錯し、浮かび上がる意外な真相とは!?結びつくはずもない、異国の政情との関連は!?
2018.1　477p　A6　¥800　①978-4-334-77588-9

◆誘拐捜査　緒川怜著　光文社
【要旨】「わたしが少女を救い出す！」過去と現在の三つの誘拐事件が、心に傷を持つ刑事の前に立ちはだかる。警察小説に独自の世界を拓く著者渾身の書下ろし傑作篇。
2017.2　325p　B6　¥1500　①978-4-334-91148-5

◆二千七百の夏と冬 上　荻原浩著　双葉社（双葉文庫）
【要旨】ダム工事の現場で、縄文人男性と弥生人女性の人骨が発見された。二体はしっかりと手を重ねあい、互いに向き合った姿であった。三千年近く前、この男女にいったいどんなドラマがあったのか？ 新聞記者の佐藤香織は次第に謎にのめりこんでいく。─紀元前600年頃、東日本。谷の村に住むウルクは十五歳。野に獣を追い、木の実を集め、天の神に感謝を捧げる日々を送っている。近頃ピナイは、海渡りたちがもたらしたという神の実"コーミー"の噂でもちきりだ。だが同時にこれは"災いを招く"と囁かれてもいた。そんなある日、ウルクは足を踏み入れた禁忌の南の森でカヒィという名の不思議な少女と出会う。
2017.6　337p　A6　¥648　①978-4-575-52006-4

◆二千七百の夏と冬 下　荻原浩著　双葉社（双葉文庫）
【要旨】"コーミー"は暮らしを豊かにする神の実か、それとも災いの種なのか。禁忌の南の森に入ったウルクのピナイ追放が決まった。だが裏ではコーミーを手に入れてくれば帰還を許すという条件がつけられる。初めて目にする村の外、ウルクは世界の大きさを知る。しかし、そんな彼を執拗につけ狙う存在がいた。金色の陽の獣・キンケス。圧倒的な力と巨躯を持つ獰猛な獣に追い詰められたウルクは、ついに戦いを決意する─。一方、新聞記者の佐藤香織は、死してなお離れない二体から、ある大切な人を思い出していた。第5回山田風太郎賞受賞作。
2017.6　310p　A6　¥648　①978-4-575-52007-1

◆東京自叙伝　奥泉光著　集英社（集英社文庫）
【要旨】舞台は東京。地中に潜む「地霊」が、歴史の暗黒面を生きたスイショウや人間に憑依して、自らの来歴を軽妙洒脱に語り出す。唯一無二の原理は「なるようにしかならぬ」。明治維新、第二次世界大戦、バブル崩壊から福島第一原発事故まで─首都・東京に暗躍した、「地霊」の無責任一代記！ 虚実の裏側で、滅亡へ向かう東京を予言する。果てしないスケールで描かれた第50回谷崎潤一郎賞受賞作。
2017.5　470p　A6　¥780　①978-4-08-745585-4

◆ナオミとカナコ　奥田英朗著　幻冬舎（幻冬舎文庫）
【要旨】望まない職場で憂鬱な日々を送るOL直美は、あるとき、親友の加奈子が夫・達郎から酷い暴力を受けていることを知った。その顔にドス黒い痣を見た直美は義憤に駆られ、達郎を排除する完全犯罪を夢想し始める。「いっそ、二人で殺そうか。あんたの旦那」。やがて計画は現実味を帯び、準備とリハーサルの後、ついに決行の夜を迎えるが─。
2017.4　558p　A6　¥770　①978-4-344-42589-7

◆人外魔境　小栗虫太郎著　河出書房新社（河出文庫）
【要旨】世界のテラ・インコグニタ（未踏地帯）─南米アマゾン河奥地、グリーンランド中央部氷河地帯の冥路の国、青海省ヒマラヤ巴顔喀喇山脈中の理想郷、そしてコンゴ北東部の秘密"悪魔の尿溜"─。国際諜報家・折竹孫七らが戦時下を舞台に活躍する、探偵・SF・スパイ・魔境小説。『新青年』に書き継がれたオグリランドの極北！
2018.1　572p　A6　¥920　①978-4-309-41586-4

◆「新青年」版 黒死館殺人事件　小栗虫太郎著、松野一夫挿絵、山口雄也註・校異・解題、新保博久解説　作品社
【要旨】日本探偵小説史上に燦然と輝く大作の「新青年」連載版を初めて単行本化！「新青年の顔」として知られた松野一夫による初出時の挿絵もすべて収録！ 2000項目に及ぶ語註により、衒学趣味に彩られた全貌を精緻に読み解く！ 世田谷文学館所蔵の虫太郎自身の手稿と雑誌掲載時の異同も綿密に調査！
2017.9　479p　A5　¥6800　①978-4-86182-646-7

◆二十世紀鉄仮面　小栗虫太郎著　河出書房新社（河出文庫）
【要旨】乱歩、澁澤龍彦も絶讃した、本邦三大ミステリのひとつ『黒死館殺人事件』の小栗虫太郎、もう一方の代表作。九州北部に幽閉された謎の鉄仮面とは何者か？ 私立探偵・法水麟太郎は死の商人・瀬高十八郎の魔の手から彼を救い出せるのか。帝都を襲ったペストの陰の陰謀に挑む、ペダンチックな冒険伝奇探偵小説。KAWADEノスタルジック探偵・怪奇・幻想シリーズ
2017.7　290p　A6　¥800　①978-4-309-41547-5

◆侵入者─自称小説家　折原一著　文藝春秋（文春文庫）
【要旨】クリスマスの朝、発見された一家4人の惨殺体。迷宮入りが囁かれる中、遺族は"自称小説家"の塚田慎也に調査を依頼する。彼が書いた、同じく資産家夫婦殺人事件の犯人のルポを読んだという遺族。2つの事件の奇妙な共通点が浮かびあがり、塚田は「真相」に近づくため、遺族を出演者とした再現劇の脚本を書きはじめる─。
2017.9　426p　A6　¥880　①978-4-16-790921-5

◆双生児　折原一著　早川書房（ハヤカワ・ミステリワールド）
【要旨】安奈は、自分にそっくりな女性を町で見かけた。それが奇怪な出来事の始まりだった。後日、探し人のチラシが届き、そこには安奈と瓜二つの顔が描かれていた。掲載の電話番号にかけるとつながったのは…さつきは養護施設で育ち、謎の援助者"足長仮面"のおかげで今まで暮らしてきた。突如、施設に不穏なチラシが届く。そこにはさつきと瓜二つの女性の顔が描かれていて─"双生児ダーク・サスペンス"。
2017.10　375p　B6　¥1800　①978-4-15-209718-7

◆失われた地図　恩田陸著　KADOKAWA
【要旨】川崎、上野、大阪、呉、六本木…日本各地の旧軍都に発生する「裂け目」。かつてそこに生きた人々の記憶が形を成し、現代に蘇る。記憶の化身たちと戦う、"力"を携えた美しき男女、遼平と鮎観。運命の歯車は、同族の彼らが息子を授かったことから狂い始め─。新時代の到来は、闇か、光か。
2017.2　245p　B6　¥1400　①978-4-04-105366-9

◆終りなき夜に生れつく　恩田陸著　文藝春秋
【要旨】強力な特殊能力を持って生まれ、少年期を共に過ごした三人の"在色者"。彼らは別々の道を歩み、やがて鎖鎌の山中で再会する。ひとりは傭兵、ひとりは入国管理官、そしてもう一人は稀代の犯罪者なのて─。「夜の底は柔らかな幻」で凄絶な殺し合いを演じた男たちの過去が今、明らかになる。
2017.2　306p　B6　¥1500　①978-4-16-390609-6

〔か行の作家〕

◆ゲバラ漂流 ポーラースター　海堂尊著　文藝春秋
【要旨】チェ・ゲバラを、そしてラテンアメリカを描く大長編第2部。医師となったゲバラは、母国アルゼンチンを離れ、中米にたどり着く。軍人養成学校生、夜間救急医、街頭カメラマンなどをしながら、パナマ、コスタリカ、ニカラグア、グアテマラ…とカリブ諸国を"漂流"するうち、大国アメリカに蹂躙される小国の苦悩を目の当たりにする。義憤に燃えた彼は、やがて革命家としての道を歩みはじめる─。
2017.10　509p　B6　¥1850　①978-4-16-390729-1

◆散り行く花　伽古屋圭市著　講談社
【要旨】それは女性がいま以上に窮屈に生きざるを得なかった時代─「僕には、罪を背負った女

ミステリー・サスペンス・ハードボイルド

小説

の匂いが、見えるのです」美人画で有名な絵師が告白する相手とは。一度も愛情をもてなかった寝たきりの夫に不実を責められっぱなしの妻。父親の借金のかたに自分を売りとばした女街と運命の再会をした遊女。折檻を受け続けた挙げ句、いまでは父から粘つく目で見られている娘。「家族みんな死んじゃった」と告白した後、ひとり北へと旅立った妾。年間ベスト級の哀切極まる傑作ミステリ!!
2017.8 285p B6 ¥1600 ①978-4-06-220692-1

◆転生の魔―私立探偵飛鳥井の事件簿 笠井潔著 講談社
【要旨】謎の女「ジン」の捜索依頼を受けた私立探偵飛鳥井は43年前の消失事件の関係者を探るうちに現代日本の病巣と密接につながった忌まわしき犯罪の存在に気づく。
2017.10 397p A6 ¥2000 ①978-4-06-220755-3

◆陰謀の天皇金貨(ヒロヒト・コイン)―史上最大・100億円偽造事件・暴かれた真相 加治将一著 祥伝社
【要旨】日本がバブル景気に沸いていた1990年1月31日、新聞が伝える「事件」に国民は仰天した。昭和天皇在位60年を記念した10万円金貨(通称『ヒロヒト金貨』)の「偽造品」がスイスから日本国内に大量流入、と警視庁が発表。その総額は100億円を超えていた。この事件では日本人コイン商が取調べを受け、渦中の人となったが、作家の「私」は疑問を抱いた。そして事件の背景に、日米欧、中東、中米を股にかけた巨大な陰謀が浮上する―
2017.8 302p A6 ¥640 ①978-4-396-31708-9

◆警視庁捜査二課・郷間彩香 ハイブリッド・セオリー 梶永正史著 宝島社 (宝島社文庫)
【要旨】捜査二課特殊知能犯罪係主任の郷間彩香は、匿名の通報を受けて墨田区長の汚職疑惑を調べるうち、かつて区長が経営していた金融会社の現社長に目をつけて尾行を開始する。浅草署の刑事が追う詐欺グループや謎の青年が捜査線上に浮上するなか、隅田川でホームレスの男の死体が発見される。複雑に絡む人間関係と不可解な金の動きを、なかなか噛み合わない事件で「電卓女」こと郷間はどう挑む!?
2017.2 317p A6 ¥630 ①978-4-8002-6559-3

◆組織犯罪対策課 白鷹雨音 梶永正史著 朝日新聞出版
【要旨】白昼の井の頭公園に放置されたピエロ姿の遺体。発見直前まで息があったとされる被害者の耳にした英数字が…。独自の視点から事件解決を図るため、「鷹の目」の異名を持つ組織犯罪対策課の白鷹雨音が捜査の過程で目にしたのは、常に自らを責め苛む過去の凄惨な事件だった。
2017.2 230p A6 ¥580 ①978-4-02-264836-5

◆パトリオットの引き金―警視庁捜査一課・田島慎吾 梶永正史著 講談社 (講談社ノベルス)
【要旨】殺人事件から外され、自衛官の交通事故死を捜査することになった警視庁の田島と新人女性刑事・毛利。防犯カメラに写っていた自衛官・石倉に朝霞駐屯地で事情を聴いていたところ、警務官の松井に退出させられた。そして田島は上司から「朝霞には近づくな」と告げられる。独自の捜査を続ける田島らにより、事故被害者と石倉がPKOで中央スーダンに派遣されていたことが判明。事故の背景に何が？怒涛の展開が続く鮮烈な警察小説誕生！
2017.11 205p 18cm ¥820 ①978-4-06-299111-7

◆鴨川食堂おまかせ 柏井壽著 小学館 (小学館文庫)
【要旨】思い出の「食」を捜していただけなかったら、私はずっと過去ばかりを追いかけてしまっていたと思います―。京都東本願寺近くの鴨川食堂には、今日も人生の迷い人が訪れる。司法試験合格を目指して上京する日の朝に飲んだ味噌汁、大事な約束と一緒に贈られたおにぎり、道ならぬ恋の思い出となった豚のしょうが焼き、酸っぱくないお祖母ちゃんの冷やし中華、弱小野球チームに食堂のおっちゃんが振る舞ってくれたから揚げ、幼い息子と最後に食べたマカロニグラタン。板前の父と探偵の娘がお迎えする美味しいミステリー第四弾！
2017.1 284p A6 ¥570 ①978-4-09-406390-5

◆県警外事課 クルス機関 柏木伸介著 宝島社 (宝島社文庫)
【要旨】"歩く一人課報組織" = "クルス機関" の異名をとる神奈川県警外事課の来栖惟臣は、日本に潜入している北朝鮮の工作員が大規模テロを企てているとの情報を得る。一方そのころ、北の関係者と目される者たちが口封じに次々と暗殺されていた。暗殺者の名は、呉宗秀。日本社会に溶け込み、冷酷に殺戮を重ねる宗秀であったが、彼のもとに謎の女子高生が現れてから、歯車が狂い始める―。
2017.3 459p A6 ¥650 ①978-4-8002-6737-5

◆「おくのほそ道」殺人事件―歴史探偵・月村弘平の事件簿 風野真知雄著 実業之日本社 (実業之日本社文庫)
【要旨】東京の下町・深川で身元不明の死体がいくつも見つかった。体内からは毒物を発見、殺人と断定され、警視庁捜査一課の女性刑事・上田夕湖が捜査に当たる。夕湖の恋人で、「おくのほそ道」の俳聖・松尾芭蕉の取材をしている歴史研究家の月村弘平は、事件の裏に芭蕉が関係していると推理するが…時代小説の鬼才が放つ本格派トラベル・ミステリー！
2017.4 260p A6 ¥620 ①978-4-408-55327-6

◆諦めない女 桂望実著 光文社
【要旨】小学生になったばかりの沙恵は、学校帰りに母京子の勤務先に寄り一緒に帰宅する。スーパーに入った京子は、入口のベンチで待っていたはずの沙恵が、忽然と姿を消し狂乱する。そして数年が経ち、離婚した京子は今日もひとり、わが子の帰りを待ちながら、情報を集めてビラを撒く。失われた時間、果たせなかった親子の絆を求めて…。
2017.4 306p B6 ¥1600 ①978-4-334-91158-4

◆エデンの果ての家 桂望実著 文藝春秋 (文春文庫)
【要旨】母が殺された―葬儀の席で逮捕されたのは、僕の弟だった。エリートサラリーマンの父、良妻賢母の母、両親に溺愛され育った弟。「理想の家庭」の中で、一人除け者のような存在の主人公・葉山兄弘は、真相を求めて父と衝突を繰り返す。家族とは何か、なぜ犯罪が起こったのか。胸を打つ渾身の『魂のミステリ』
2017.8 329p A6 ¥760 ①978-4-16-790905-5

◆注文の多い美術館―美術探偵・神永美有 門井慶喜著 文藝春秋 (文春文庫)
【要旨】榎本武揚が隅石から伝えられたという流星刀だが、刀身の成分を調べた結果、偽物と断定。しかし神永の舌は本物を感じていた（「流星刀、五稜郭にあり」）。佐々木の教え子・琴乃が結婚。婿家の家宝、支倉常長が持ち帰ったローマ法王の肖像画は本物なのか？（「B級傑人」）、美術品の真贋を見分ける美術探偵が大活躍！
2017.8 363p A6 ¥840 ①978-4-16-790904-8

◆チュベローズで待ってる AGE22 加藤シゲアキ著 扶桑社
【要旨】就活に惨敗し、自暴自棄になる22歳の光太の前に現れた、関西弁のホスト・雫。翌年のチャンスにかけ、就活浪人を決めた光太は、雫に誘われるままにホストクラブ「チュベローズ」の一員となる。人並外れた磁力を持つ雫、入れないのに続々と指名をモノにしている同僚の亜夢、ホストたちから「パパ」と呼ばれる異形のオーナー・水谷。そして光太に深い関心を寄せるアラフォーの女性客・美津子。ひとときも同じ形を留めない人間関係の渦に翻弄される光太を、思いがけない悲劇が襲う―。
2017.12 208p B6 ¥1100 ①978-4-594-07810-2

◆チュベローズで待ってる AGE32 加藤シゲアキ著 扶桑社
【要旨】2025年。ゲーム会社に就職した光太は、気鋭のクリエイターとして活躍しながらも、心に大きな喪失感を抱えていた。そんな彼の前に、再び現れたチュベローズの面々。折しも、不気味な女子高生連続失踪事件が世間を騒がせ、光太が心血をそそぐプロジェクトは大きな壁にぶつかろうとしていた。停滞した時間が一気に動き出そうとする中、長年の過去と向き合った末に、光太がたどりついた10年前の恐ろしくも哀しい真実とは―。
2017.12 330p B6 ¥1200 ①978-4-594-07859-1

◆桐谷署総務課渉外係 お父さんを冷蔵庫に入れて！ 加藤鉄児著 宝島社 (宝島社文庫)
【要旨】稀代の名優・十文字豪の「遺体」が誘拐された?!テレビ中継される葬儀を前に奪還が急がれるが、豪の娘で「刑事嫌い」の凛子は刑事課の協力を断固拒否。代わりに通称「クレーム係」こと総務課渉外係の吉良と、新人の真知子が見えざる何かとの交渉役に駆り出される。5761万7559円の奇妙な身代金を要求されるなか、刻一刻と腐敗が進む「人質」の奪還は間に合うのか！
「お願い、お父さんを冷やして！」。
2017.7 334p A6 ¥640 ①978-4-8002-7348-2

◆1999年の王 加藤元著 KADOKAWA
【要旨】あの頃、何も持っていなかった少年は何を得て、何を失ったのか。東京で殺人未遂事件が発生。実行犯の供述から、飲食店経営・北條和美と内縁の夫・安西俊貴が逮捕される。捜査が進むにつれ、安西が主犯として保険金目当ての連続殺人を過去に仕掛けていたことが明らかになる。共犯者、崇拝者、事件記者…それぞれの視点から「安西」という稀代の犯罪者の過去が語られていく。人命を金に換える最低最悪の「錬金術師」。幾万の人の人生を狂わせた男の壮絶な人生とは―。震撼のクライムサスペンス！
2017.9 222p B6 ¥1400 ①978-4-04-105944-9

◆ゴールデンコンビ―婚活刑事&シンママ警察通訳 加藤実秋著 祥伝社 (祥伝社文庫)
【要旨】若い外国人女性を狙った連続バラバラ殺人事件が発生。所轄刑事の白木直哉は警察通訳人の幾田アサとともに捜査にあたることに。幸せな家庭に憧れて婚活に励むも空気が読めずにフラれ続けている直哉と、幾田アサのアサ。噛み合わない二人の相性は最悪だったが…!?凸凹バディが凶悪事件の真相を追う、警察&通訳ミステリ誕生！
2017.9 317p A6 ¥630 ①978-4-396-34347-7

◆学園王国(スクールキングダム) 加藤実秋著 集英社 (集英社文庫)
【要旨】超ロングのスカートに裏地がヒョウ柄のブレザー、黒い口紅…時代を超越した「ツッパリ」スタイルを貫く沙耶香は、母親の再婚がきっかけで埼玉の公立高校から代官山の超セレブ高校に転校する。自分の常識が全く通用しない世界に困惑しつつも、クラスを支配を作ろうとする沙耶香だが、無視や陰口、仲間はずれなど地味なイジメに遭い…。沙耶香はこの閉鎖的な学園を壊すことができるのか!?
2017.4 187p A6 ¥450 ①978-4-08-745575-5

◆捕まえたもん勝ち！ 2 量子人間(クォンタムマン)からの手紙 加藤元浩著 講談社 (講談社ノベルス)
【要旨】元アイドルの捜査一課刑事・七夕菊乃と、天才にして破滅的な変人・アンコウこと深海安公。二人が挑むのは、密閉された倉庫や監視カメラの密林をすりぬけて殺人を犯す「量子人間」と…。警察官僚の権力争いにFBIもお手上げの連続不可能殺人を阻止し、犯人を捕まえろ！『Q.E.D.iff - 証明終了 -』『C.M.B. 森羅博物館の事件目録』の著者入魂の、長編ミステリ第二弾！
2017.10 281p 18cm ¥900 ①978-4-06-299108-7

◆恥知らずのパープルヘイズ―ジョジョの奇妙な冒険より 上遠野浩平著、荒木飛呂彦原作 集英社 (集英社文庫)
【要旨】国民的漫画『ジョジョの奇妙な冒険』の伝説的ノベライズ、ついに文庫化ッッッ!!「組織」の新ボス、ジョルノに対する忠誠心を試されることになったフーゴ。かつてのボス、ディアボロとの対決を前に、仲間たちと袂を分かった彼に対して"組織"が求めた贖いとは、逃走中の裏切り者"麻薬チーム"の抹殺任務に就くことだった―。上遠野浩平が描く「一歩を踏み出すことができない者たち」の物語。
2017.6 355p A6 ¥680 ①978-4-08-745598-4

◆薬草とウインク 金澤マリコ著 原書房
【要旨】パリに暗躍する聖遺物窃盗団と連続殺人、キリストの「聖槍」と十字軍、そして「沼地の魔女」と神明裁判―聖俗混沌たる中世パリを舞台にした本格歴史ミステリ！
2017.4 295p B6 ¥1800 ①978-4-562-05398-8

◆疑薬 鏑木蓮著 講談社
【要旨】「母親の失明の原因を知りたくないか」ある日、雑誌記者の矢島から不穏な誘いを受けた生稲怜花。東大阪で居酒屋「二歩」を営む育ての父・誠一、母の怜子と2人で幸せに暮らしていた彼女に戦慄が走る。10年前、高熱で生死の境をさまよった母は、入院先の病院で新薬を処方され、なんとか一命を取り留めたものの、視力を失ってしまったのだ。―お母ちゃんの目が見えなくなったのは、新薬のせい？原因は副作用なのか、医療ミスなのか。閉ざした過去と向き合い、真相を追う怜花だったが…。
2017.5 364p A6 ¥630 ①978-4-06-220578-8

◆京都西陣シェアハウス―憎まれ天使 有村志穂著 鏑木蓮監修 講談社 (講談社文庫)
【要旨】死亡事故を起こした元自動車販売会社の営業マン、不倫相手のために犯罪寸前のOL、過

◆喪失　鏑木蓮著　KADOKAWA　（角川文庫）
【要旨】京都市内のビルの非常階段で、有力不動産会社社長、真鍋征矢の妻、文香の遺体が見つかる。文香の手には夫・征矢の金属製のブレスレットを握っていた。妻は夫からの暴力被害を訴え離婚調停中だった。事件後、文香の担当弁護士の和光は、彼女は嘘をついていた、DVはなかったとして、征矢の無実を証明したいと名乗り出る。果たして嘘をついているのは誰か。京都府警の準キャリア刑事、大橋砂生が不可解事件に執念で挑むが！？
2017.11　376p　A6　¥680　①978-4-04-104444-5

◆茶碗継ぎの恋——編集者風見菜緒の推理　鏑木蓮著　角川春樹事務所　（ハルキ文庫）
【要旨】風見菜緒は文芸編集者でシングルマザー。ある朝、長くスランプに陥っていた作家の久米武人から電話で起こされた。京都在住の久米は、東寺の縁日で面白い茶碗を見つけたという。早速京都へ飛んだ菜緒と久米は、継ぎはぎだらけの茶碗と謎の書き付けを手に入れた。久米はその書き付けを元に小説を書くつもりだが、なかなか進まず、痺れを切らした菜緒が訪問した久米宅で見たものとは…。"茶碗"が過去と現在の男と女を繋げる、待望の書き下ろしミステリー。驚愕のラストが待ち受けています。
2017.3　307p　A6　¥680　①978-4-7584-4074-5

◆沈黙の詩（うた）——京都思い出探偵ファイル　鏑木蓮著　PHP研究所　（PHP文芸文庫）
【要旨】京都府警の元刑事、実相浩二郎による「思い出探偵社」では、わずかな手がかりから依頼人の消えた人生を見つけ出す。今回の依頼は、二十八年間、内縁の妻として暮らしていながら、それまでの人生を一切語らないまま認知症になった女性の過去を探ること。ノートに書き留められた詩を手がかりに、岡山、倉敷、今治、名古屋、大阪と奔走する探偵たちは、徐々に悲しき真実に近づいていく。文庫書き下ろし。
2018.1　326p　A6　¥780　①978-4-569-76754-3

◆アレス—天命探偵Next Gear　神永学著　新潮社　（新潮文庫）
【要旨】外相会談を狙うVXガス・テロを阻止せよ！いま昏睡状態が続く志乃の療を可視化する"クロノスシステム"が次々と犠牲者を予知するなか、遂に想像を絶する未来が映し出された——。最悪の事態を回避するために、真田と黒野の最強バディが疾走する！だがそこに立ちはだかるのは、過激派の秘密結社"愛国者"、そして凶悪極まる白髪の闘神"アレス"。衝撃のアクション・エンタテインメント。
2017.6　411p　A6　¥670　①978-4-10-133676-3

◆確率捜査官 御子柴岳人—ゲームマスター　神永学著　KADOKAWA　（角川文庫）
【要旨】取り調べの可視化と効率化を図るために新設された"特殊取調対策班"。この部署でコンビを組むのはカタブツ新米刑事の新妻友紀と天才数学者・御子柴岳人だ。彼らが挑む新たな難題は、大物政治家宅で起きた窃盗事件。一見単純な事件に思えたが、御子柴は被疑者の供述で裏で糸を引く"ゲームマスター"の存在に気付く。毒舌で自由奔放な御子柴に振り回されながら、友紀が辿り着く真相とは!?前代未聞の取り調べエンタメ誕生。
2017.6　362p　A6　¥640　①978-4-04-105502-1

◆心霊探偵八雲—ANOTHER FILES亡霊の願い　神永学著　KADOKAWA　（角川文庫）
【要旨】八雲と晴香が通う大学は、まもなく学園祭を迎えようとしていた。サークル発表に向けて練習にいそしむ中、友人から心霊絡みの相談を受け、八雲に助けを求めることに。大講堂に現れ演劇の邪魔をする幽霊、呪われた女と背後につきまとう怒りに満ちた男の霊、見ると女の幽霊が現れる呪いのビデオ。3つの事件の真相を、八雲の赤い左眼が鮮やかに解き明かす。1冊で楽しめる外伝シリーズ、初短編集！
2017.2　291p　A6　¥600　①978-4-04-104236-6

◆心霊探偵八雲 10 魂の道標　神永学著　KADOKAWA
【要旨】左眼を傷付けられ、八雲は死者の魂を見る力を失ってしまっていた。そんな中、唯一の肉親である奈緒が幽霊に憑依された状態で行方不明になってしまい——。
2017.3　409p　B6　¥1200　①978-4-04-101350-2

◆カミカゼの邦　神野オキナ著　徳間書店
【要旨】魚釣島に日章旗を立てた日本人を中国人民解放軍が拘束。それを機に海上自衛隊護衛艦と中国海軍が交戦状態に入った。在日アメリカ軍もこれに反応、沖縄を舞台に、ほぼ半年にわたって戦争状態が継続することとなった。米軍が組織された民間の自警軍—琉球義勇軍に参加した沖縄生まれ沖縄育ちの渋谷賢雄は、自らの小隊を率い、血で血を洗う激戦を生き抜く。そして、突然の終戦——。東京に居を移した賢雄の周辺を、不審な輩が跋扈し始める。暗躍する中国の非合法工作員"紙の虎"の正体と、その作戦実行部隊"紙の風"の目的は——？ やがて賢雄のもとに、かつての個性的な部下たちが、再び集う。さらなる激しい戦いの火蓋が切られた。国際謀略アクション小説、新たな傑作の誕生。
2017.8　445p　B6　¥1900　①978-4-19-864450-5

◆七四　神家正成著　宝島社　（宝島社文庫）
【要旨】自衛隊内の犯罪捜査および被疑者の逮捕を行う部署である中央警務部。甲斐和美三等陸尉は突然の命令により、富士駐屯地で第百二十八地区警務隊の捜査に協力することになった。完全密室である七四式戦車の車内で見つかった遺体。それは単なる自殺と思われた事件だったが、内部からの告発により、殺人の可能性があるという。捜査を進めるうち、やがて甲斐は自衛隊組織の暗部に迫っていく…。
2017.9　510p　A6　¥780　①978-4-8002-7609-4

◆中野学校情報戦士の黙示録—忠臣蔵は情報戦なり　蒲生猛著　青月社
【要旨】第二次大戦、高度経済成長、団塊の世代、ベトナム戦争、そして俳句の旅、忠臣蔵、"昭和の忍者"中野学校…異なるキーワードが一本の線で結ばれるとき、すべての謎が明らかになる。敬愛する伯父の隠された過去を探る、歴史ミステリー。
2017.7　247p　B6　¥1500　①978-4-8109-1313-2

◆海鰻荘奇談—香山滋傑作選　香山滋著、日下三蔵編　河出書房新社
【要旨】「ゴジラ」原作者としても有名な、異色の探偵作家・香山滋の代表的な傑作を厳選した作品集。後に「ゴジラ」に結実する空想科学ものの原点にしてデビュー作「オラン・ペンデクの復讐」、第一回探偵作家クラブ賞新人賞を受賞した極彩色の妖夢譚「海鰻荘奇談」他、幻想怪奇、秘境のロマン、エロチシズムに彩られた全十編。
2017.11　377p　A6　¥820　①978-4-309-41578-9

◆スノウ・エンジェル　河合莞爾著　祥伝社
【要旨】蔓延する違法薬物の陰で進む"完全な麻薬"の開発。犯人5名を"射殺"した元刑事と非合法捜査を遂行する女麻薬取締官が潜入捜査で炙り出す、"依存"の闇と驚愕のW計画とは？ 起こりうる近未来の薬物犯罪を描く、黙示録的警察小説。
2017.6　331p　A6　¥1700　①978-4-396-63520-6

◆デビル・イン・ヘブン　河合莞爾著　祥伝社　（祥伝社文庫）
【要旨】死体の足元に落ちていた「黒い天使」のトランプ——。カジノで借金漬けだった老人の死亡事故を調べていた刑事・諏訪光介は、その日本初のカジノを管轄下に置く聖洲署に異動になる。煌びやかな街の中を歩く巨大な自警団が跋扈し、警官は汚職塗れに。だが、諏訪がその奥に踏み込んだ時、潜んでいた巨大な敵が牙を剥いた！ 未来を予測する、新警察ミステリー。
2017.6　553p　A6　¥850　①978-4-396-34322-4

◆誘神　川崎草志著　KADOKAWA　（角川文庫）
【要旨】死者の魂を送る「ツゲサン」を父から継ぐ終一。一方、枢一の近くの集落に住む誠は、地区の神社のご神体にまつわる不思議な話を耳にしていた。その頃、沙織は、感染症の疑い例により空港で足止めされた父に気を揉んでいた。そんな3人の人生に東南アジアで発生した脅威の感染症が影を落とす。彼らの前に突然現れた安曇は、忍びよる脅威に一つの仮説を立てた。それは人類の進化の先にある絶望的な未来だった——。
2017.2　403p　A6　¥960　①978-4-04-104487-2

◆フォークロアの鍵　川瀬七緒著　講談社
【要旨】千夏は民俗学の「口頭伝承」を研究する大学院生。老人の"消えない記憶"に興味を持ち、認知症グループホーム「風の里」を訪れた。入所者の一人・ルリ子は、ホームからの脱出を図る老女。会話が成り立たない彼女の口から発せられた「おろんくち」という言葉に千夏は引っ掛かりを覚える…。乱歩賞作家の傑作長編・深層心理ミステリー。
2017.5　301p　B6　¥1500　①978-4-06-220577-1

◆メビウスの守護者—法医昆虫学捜査官　川瀬七緒著　講談社　（講談社文庫）
【要旨】東京都西多摩で、男性のバラバラ死体が発見される。岩楯警部補は、山岳救助隊員の牛久と捜査に加わった。法医昆虫学者の赤堀が出した死亡推定月日に、司法解剖医は異を唱えるが、否定されない。他方、岩楯と牛久は現場周辺の聞き込みを始めるが…。死後経過の謎とは。遺体のほかの部位はどこに！
2017.12　448p　A6　¥800　①978-4-06-293822-8

◆私刑　川中大樹著　光文社　（光文社文庫）
【要旨】辻堂で発見された女性の惨殺死体の状況は、すでに犯人が死亡したはずの三年前の猟奇連続殺人、通称"アラストル事件"を彷彿とさせるものだった。藤沢南署の若手刑事・佐倉真理子と、幼馴染みのニュースキャスター・水瀬智世は、協力して犯人を追うが——。殺人の連鎖に、加熱する報道合戦とネット世論、翻弄され続ける警察。現代の犯罪の闇を抉る、傑作ミステリー。
2017.9　404p　A6　¥900　①978-4-334-77525-4

◆不愉快犯　木内一裕著　講談社　（講談社文庫）
【要旨】人気ミステリー作家・成宮彰一郎の妻が行方不明になった。殺害の現場とされた潰れたビデオ販売店には、大量の血液と成宮の靴跡が。「遺体なき殺人」の容疑で逮捕・起訴された成宮の、邪悪なる「完全犯罪」プランとは！ 天才悪役が、警察を、司法を、マスコミを翻弄する前代未聞の犯罪エンターテインメント小説！
2017.10　372p　A6　¥800　①978-4-06-293743-6

◆黒魔孔—魔界都市ブルース　菊地秀行著　祥伝社　（ノン・ノベル）
【要旨】"魔界都市"新宿"の申し子にして街一番の人捜し屋・秋せつらは、妻子の命を奪った男への復讐を誓う花森陣馬を捕縛した。依頼人は花森が狙う敵・志賀巻。異形の殺し屋・崖ケ谷三兄妹を雇い、返り討ちを目論んでいた。が、花森は死地を脱した上、依頼人を殺してせつらも彼の味方に。焦る志賀巻は"変身屋"の手によって悪霊と融合、あらゆる物質を喰らう"孔"と化した。直後、"変身屋"は後悔で自殺。制御不能の暗黒となった志賀巻は、せつらが操る必殺の妖糸さえ呑み込み、その矛先は街そのものに!?"新宿"に"魔震"以来の大激震が走る！
2017.12　251p　18cm　¥880　①978-4-396-21038-0

◆ミステリークロック　貴志祐介著　KADOKAWA
【要旨】防犯探偵・榎本径、史上最難の推理。時計だらけの山荘、奇妙な晩餐会。「事故死」は「秒単位で仕組まれた殺人」へ変貌する。
2017.10　529p　A6　¥1700　①978-4-04-104450-6

◆化学探偵Mr.キュリー 6　喜多喜久著　中央公論新社　（中公文庫）
【要旨】四宮大学にアメリカから留学生が来ることになった。沖野の研究室で天然素材「トーリタキセルA」の合成反応に挑むことになるが、エリーを含め十六歳で大学に入った化学の天才エリーとしても最終段階で合成に失敗してしまう。原因を調べていくと、大学内のきな臭い事情が絡んでいることが見えてきて？ シリーズ初の長編登場。
2017.6　328p　A6　¥640　①978-4-12-206411-9

◆リケジョ探偵の謎解きラボ　喜多喜久著　宝島社　（宝島社文庫）
【要旨】保険調査員の仕事は、保険会社から支払われる保険金に関して、被保険者側に問題がないか調査・報告すること。しかし、江崎に回ってくるのは、大学教授の密室での突然死をはじめとした不審死ばかり。その死は果たして自殺か事故か、殺人か—。そんなとき、江崎は意中の研究者・友永万理子に相談を持ちかける。恋人より研究優先の熱血"理系女子"探偵が、化学を駆使し不審死の謎に迫る！
2017.5　329p　A6　¥640　①978-4-8002-7208-9

◆黒銹—ブラディ・ドール 5　北方謙三著　角川春樹事務所　（ハルキ文庫）
【要旨】叶竜太郎はある男を追って港町N市に来た。この街にある酒場「ブラディ・ドール」のホステスと、追っている男が繋がっているという情報を摑み、叶は店の扉を開けた。店内では、十五年前に突如姿を消したピアニストの沢村俊敏が演奏をしていた。ピアノの音色は歳月を経て、錆びが浮いたような味わいのある演奏になっていた——。叶が追っている人物とはいったい誰か!?そして意外な人物が叶の前に立ちはだかる

ミステリー・サスペンス・ハードボイルド

小説

◆残照―ブラディ・ドール 7　北方謙三著　角川春樹事務所　(ハルキ文庫)
【要旨】自らの生き様を確認する為、下村敬は何も言わず自分の元を去っていった女を追い求め、港町N市にやって来た。そこで癌に触まれながらも己を貫く医師・沖田や、この街の酒場「ブラディ・ドール」のオーナー・川中、坂井たちと出会う。そして沖田が経営する診療所がある土地の権利を狙う暴徒と対峙する。最期の炎を燃やす男、愛の行く末を追う男、死にゆく男を止められない女―。交錯する想い、その先にあるのは光か闇か。大好評シリーズ第七弾!!
2017.9 303p A6 ¥560 ①978-4-7584-4117-9

◆秋霜―ブラディ・ドール 4　北方謙三著　角川春樹事務所　(ハルキ文庫)
【要旨】ホテル「キーラーゴ」。港町N市から少し離れた海沿いにあるこのホテルに、画家の遠山一明は銀座のホステス・玲子と共に宿泊した。ヨットハーバーに立ち寄った遠山は、突如玲子を探す謎の男たちに襲われた。玲子の過去については全く知らない遠山だったが、どうやら彼女とこの街にある酒場「ブラディ・ドール」のオーナー・川中良一のことを知っているらしい。玲子の過去にはいったい何があるのか!?川中と玲子、ふたりの関係は!?珠玉のハードボイルド小説、シリーズ第四弾!!
2017.3 320p A6 ¥560 ①978-4-7584-4075-2

◆聖域―ブラディ・ドール 9　北方謙三著　角川春樹事務所　(ハルキ文庫)
【要旨】東京の高校で教師をしている西尾正人は、家出した教え子の高岸を連れ戻すため、N市にやって来た。高岸は将来を嘱望されたラグビー選手だったにもかかわらず、傷害事件を起こし行方をくらませた。手掛かりを探す正人は、突然二人の男に襲われ、この街にある酒場「ブラディ・ドール」の下村に助けられた。その後、高岸が暴力団に雇われ、ある命令を待っている事実を突き止める。大人気シリーズ待望の第九弾!!
2018.1 307p A6 ¥560 ①978-4-7584-4140-7

◆鳥影―ブラディ・ドール 8　北方謙三著　角川春樹事務所　(ハルキ文庫)
【要旨】三年前に別れた妻・和子に呼び出され、立野良明は前妻と息子が住むこの港町にやって来た。和子が借金で困っている事、その借金に法外な利息が付いている事を知った立野は、弁護士のキドニーへ相談を持ちかけた。しかしこの件が元となり、立野は凄惨な事件へと巻き込まれていく。一方この街の酒場「ブラディ・ドール」のオーナー・川中は、立野の事件が火種となり、新たな抗争へと発展していく中、背後に潜む黒幕の影を捉えた―。大好評シリーズ第八弾!!
2017.11 296p A6 ¥560 ①978-4-7584-4130-8

◆肉迫―ブラディ・ドール 3　北方謙三著　角川春樹事務所　(ハルキ文庫)
【要旨】かつてフロリダでホテルを経営していた秋山律。妻を亡くし、娘とともに日本に帰ってきた秋山は、ある目的のため港町N市に足を入れる。一方、新たに自分のヨットハーバーを建設しようとしていた「ブラディ・ドール」のオーナー・川中良一は、建設予定地をめぐり、秋山と対峙する事になる。脳裏に焼きつく惨劇。守るべきかけがえのない存在。錯綜する想いを胸に抱き、男は雄叫びをあげる。極上のハードボイルド小説、シリーズ第三弾!!
2017.1 341p A6 ¥560 ①978-4-7584-4059-2

◆黙約―ブラディ・ドール 6　北方謙三著　角川春樹事務所　(ハルキ文庫)
【要旨】男は流れてきた。いつ消えていくかもわからないこの街へ。闇を抱えた港町N市に流れ着いた一流の腕をもつ外科医・桜内。ひと月ほど前、自殺未遂で治療した患者が東京で射殺された。その後、次々と起こる不審な事故や事件、そのすべてに桜内の患者が関わり、この街に不穏な空気が漂い始める。「ブラディ・ドール」に集う男たち、川中、藤木、キドニー、坂井。深層の中で蠢く男たちの生き様と死を描いた、大好評シリーズ第六弾!!
2017.7 316p A6 ¥560 ①978-4-7584-4103-2

◆さようなら、お母さん　北里紗月著　講談社
【要旨】原因不明の奇病を患った兄は激痛に耐え、病院の窓から飛び降りた。心の症状が納得いかない妹の笹岡玲央は看護師の義姉の真奈美が兄の腫れた足に巨大な蜘蛛を食べさせていたと聞く。美しく聡明で献身的な義姉の「本当の顔」とは？玲央の天才物

研究者・利根川由紀が調査に乗り出す！
2017.4 290p B6 ¥1500 ①978-4-06-220530-6

◆警視庁強行犯捜査官　北芝健著　さくら舎
【要旨】ターゲットは殺人犯、多国籍マフィア、強姦犯、テロリスト。舞台は六本木、横浜、アメリカ、シリア。警察随一の語学力と格闘センスを持つノンキャリア捜査官が巨悪と闘う刑事物語。
2017.3 230p B6 ¥1400 ①978-4-86581-093-6

◆海よ、やすらかに　喜多嶋隆著　KADOKAWA　(角川文庫)
【要旨】湘南の海岸に打ち上げられた大量の白ギスの屍骸。原因を明らかにするため、藤沢市はハワイから1人の海洋研究員を招聘する。彼女の持つ"魚類保護官"という肩書きに群がるマスコミたち。それにまったく動じない浩美は、調査を開始するものの、嫌がらせの手紙が届いたり、夜中に襲われたり、執拗な妨害に遭う。真相を追い求めた先に見えてきたものは―。魚の大量死に隠された、謎と陰謀を暴く！著者渾身の海洋ミステリー。
2017.11 362p A6 ¥680 ①978-4-04-106261-6

◆ホームズ連盟の事件簿　北原尚彦著　祥伝社　(祥伝社文庫)
【要旨】ワトスンは憂鬱だった。原因はホームズが死んだこと。妻の病気。メイドは役立たず。配管の不調で、鉛管工を呼ぶが、なかなか直らない。しかも、どうやら家に誰かが侵入しているらしいのだ。もしや、これまでの事件記録を盗もうというのか…(「ケンジントン診療所の怪」)。あの名探偵の脇役たちが大活躍！夢のミステリー・ファイル！
2017.3 284p A6 ¥600 ①978-4-396-34296-8

◆太宰治の辞書　北村薫著　東京創元社　(創元推理文庫)
【要旨】大人になった"私"は、謎との出逢いを増やしてゆく。謎が自らの存在を声高に叫びしなくても、冴えた感性は秘めやかな真実を見つけ出し、日々の営みに彩りを添えるのだ。編集者として仕事の場で、家庭人としての日常において、時に形のない謎を捉え、本をめぐる様々な想いを糧に生きる"私"。今日も本を読むことができた、円紫さんのおかげで本の旅が続けられる、と喜ぶのだ。
2017.10 285 A6 ¥700 ①978-4-488-41307-1

◆きみはぼくの宝物―史上最悪の夏休み　木下半太著　幻冬舎　(幻冬舎文庫)
【要旨】江夏七海は小五の夏休みに、落ちぶれた冒険家の父に連れられ、宝探しの仕事に向かう。だが、「危ないことが大好物」の父が、"宝"の正体を聞いて顔色を変えた！一方の七海は、依頼主の豪邸で見た写真の少女に一目惚れも、もはや父は邪魔なだけ。友人と宝探しを始めるが、裏切り、襲撃、誘拐と、手に負えない困難ばかり…。ドキドキ夏サスペンス。
2017.8 338p A6 ¥650 ①978-4-344-42635-1

◆極楽プリズン　木下半太著　幻冬舎　(幻冬舎文庫)
【要旨】バツイチの理々子は、路地裏のバーで柴田と名乗る男に声をかけられた。男は「恋人を殺した無実の罪で投獄されたが、今、脱獄中だ」と打ち明ける。が、飲酒OK、ジムやシアタールームまであり、「出入り自由」な刑務所の話を始める。「彼女を救うため、脱獄を繰り返す奇妙な男」の真相に近づいたとき、理々子が目にした恐ろしいものとは――？
2017.10 269p A6 ¥680 ①978-4-344-42654-2

◆顔に降りかかる雨　桐野夏生著　講談社　(講談社文庫)　新装版
【要旨】親友の耀子が、日く付きの大金を持って失踪した。被害者は耀子の恋人で、暴力団ともつながる男・成瀬。夫の自殺後、新宿の片隅で無為に暮らしていた村野ミロは、耀子との共謀を疑われ、成瀬と行方を追う羽目になる。女の脆さとしなやかさを描かせたら比肩なき著者の、記念碑的デビュー作。江戸川乱歩賞受賞。
2017.6 481p A6 ¥860 ①978-4-06-293680-4

◆天使に見捨てられた夜　桐野夏生著　講談社　(講談社文庫)　新装版
【要旨】AVでレイプされ、失踪した一色リナの捜索依頼を受けた村野ミロは、行方を追ううちに業界の暗部に足を踏み入れた。女性依頼人が殺害され、自身に危険が及ぶ中、ようやくつかんだリナ出生の秘密。それが事件を急展開させた―。江戸川乱歩賞受賞著者の、圧巻の社会派ミステリー。「ミロシリーズ」第2弾！
2017.7 509p A6 ¥880 ①978-4-06-293700-9

◆ローズガーデン　桐野夏生著　講談社　(講談社文庫)　新装版
【要旨】高校二年生のあの日。薔薇が咲き乱れる自宅のベッドで、ミロの口から「義父と寝た」という驚くべき話を聞かされた。「俺」は激しい嫉妬に囚われ興奮した―。ジャカルタで自殺した前夫・博夫の成長期の青春時代を描いた表題作など、4つの事件簿からなる短篇集。「ミロシリーズ」第3弾！
2017.8 262p A6 ¥610 ①978-4-06-293732-0

◆愚者のスプーンは曲がる　桐山徹也著　宝島社　(宝島社文庫)
【要旨】ある日突然、銃を所持した超能力者(らしい)二人組に拉致された町田瞬。瞬を殺しに来たのだという。その能力とは、超能力の「無効化」。つまり、瞬の前では超能力による超常現象は発生しない(らしい)―。なんとか拾い上げた瞬は、代わりに超能力者による組織「超現象調査機構」で働くことになり、やがて奇怪な事件に巻き込まれていく…。
2017.4 330p A6 ¥640 ①978-4-8002-6806-8

◆悪医　久坂部羊著　朝日新聞出版　(朝日文庫)
【要旨】余命宣告された52歳の末期がん患者は、「もう治療法がない」と告げた若き外科医を恨み、セカンドオピニオン、新たな抗がん剤、免疫細胞療法、ホスピスへと流浪する。2人に1人ががんになる時代、「悪い医者」とは何かを問う、第3回日本医療小説大賞受賞の衝撃作。
2017.3 361p A6 ¥680 ①978-4-02-264842-6

◆虚栄　上　久坂部羊著　KADOKAWA　(角川文庫)
【要旨】内閣総理大臣の肝いりで立ち上がった、凶悪がん治療国家プロジェクト・G4。外科、内科、放射線科、免疫療法科は互いに協力し、がん治療開発に挑むはずが、四派は利権にこだわり、プロジェクトは覇権争いの様相と化してしまう。功績を焦る消化器外科の黒木准教授は、手術支援ロボットHALによる手術で外科を優位に導こうとするが、術後に患者が急変、死亡してしまう。同席した講師・雪野は、ことを荒立てるなと言い含められるが。
2017.9 333p A6 ¥600 ①978-4-04-106140-4

◆虚栄　下　久坂部羊著　KADOKAWA　(角川文庫)
【要旨】外科医・雪野は手術支援ロボットHALの医療訴訟で真実を明らかにしようとし、窮地に立つ。その最中、凶悪がん治療国家プロジェクト・G4の主軸となるがん治療の権威が、次々がんに罹患。患者となった途端、自らの提唱する治療法に逆行する言動を見せ始める。一方、雪野の同級生で内科医の赤崎は、凶悪がんの原因を電磁波とする論文を発表し、大波乱を呼び起こす―。国家プロジェクトの行方は？息詰まる医療サスペンス！
2017.9 271p A6 ¥600 ①978-4-04-106141-1

◆テロリストの処方　久坂部羊著　集英社
【要旨】医療費の高騰で病院に行けなくなる人が急増した日本。医療勝ち組と負け組に患者が二分され、同じく医師も、高額医療で破格の収入を得る勝ち組と、経営難に陥る負け組とに二極化。そんな中、勝ち組医師を狙ったテロが連続して発生する。現場には「豚コヲ」の言葉が残されていた。日本の医療界全体を揺るがす陰謀が、うごめき出す！傑作医療ミステリー！
2017.2 243p B6 ¥1500 ①978-4-08-771025-0

◆死刑にいたる病　櫛木理宇著　早川書房　(ハヤカワ文庫JA)　(『チェインドッグ』改題書)
【要旨】鬱屈した日々を送る大学生、筧井雅也に届いた一通の手紙。それは稀代の連続殺人鬼・榛村大和からのものだった。「罪は認めるが、最後の一件だけは冤罪だ。それを証明してくれないか？」パン屋の元店主にして自分のよき理解者だった大和に頼まれ、事件を再調査する雅也。その人生に潜む負の連鎖を知るうち、雅也はなぜか大和に魅せられていく。一つ一つの選択が明らかにする残酷な真実とは。
2017.10 363p A6 ¥740 ①978-4-15-031300-5

◆避雷針の夏　櫛木理宇著　光文社　(光文社文庫)
【要旨】家庭も仕事も行きづまっていた梅宮正樹は、妻子と要介護の母を連れ、田舎町・睦間に移り住む。そこは、元殺人犯が我が物顔でのさばる一方、よそものは徹底的に虐げられる最悪

の町だった。小料理屋の女将・倉本郁枝と二人の子供たちと、それ故、凄惨な仕打ちを受けていた。猛暑で死者が相次ぐ夏、積もり積もった人々の鬱憤がついに爆発する―。衝撃の暗黒小説！
2017.7 371p A6 ¥660 ①978-4-334-77493-6

◆ゆら心霊相談所 2 キャンプ合宿と血染めの手形　九条菜月著　中央公論新社　（中公文庫）
【要旨】高校のキャンプ合宿へやってきた尊。朝、目覚めると足に真っ赤な手形がべったり！これも心霊現象か、それとも誰かのいたずらか？頭脳明晰だが家事能力はゼロのシングルファーザー・由良蒼一郎と、「視えちゃう」男子高校生・秋都尊がさまざまな心霊事件を解決。ほんわかホラーミステリー第2弾！
2017.1 260p A6 ¥640 ①978-4-12-206339-6

◆ゆら心霊相談所 3 火の玉寺のファントム　九条菜月著　中央公論新社　（中公文庫）
【要旨】由良家の一人娘・珠子が無事に小学校へ通いおさめ、平穏な日々が訪れるかに見えたゆら心霊相談所。だが「視えちゃう」アルバイトの秋都尊は、変人所長・蒼一郎がいつも首に巻いている包帯に、不穏な黒い靄が滲むのを目撃する。尊は、その首に刻まれた秘密をつきとめ、恩人を救うことができるのか？波乱のシリーズ第3弾！
2017.5 248p A6 ¥640 ①978-4-12-206407-2

◆ゆら心霊相談所 4 座敷わらしを連れ戻せ　九条菜月著　中央公論新社　（中公文庫）
【要旨】高価な調度品が割れ、蔵の壁が従業員の上に崩れ落ちー老舗旅館を襲う怪事。その原因は座敷わらしがいなくなったこと！？「視えちゃう」高校生・秋都尊と「聴こえちゃう」変人所長・由良蒼一郎のコンビが、小さなお悩みから殺人事件まで、心霊関係のご相談に応じます！ますます好評のほんわかホラーミステリー第4弾。
2017.12 232p A6 ¥660 ①978-4-12-206496-6

◆猿蟹　saru・kani　鯨統一郎著　小学館　（小学館文庫）
【要旨】蟹江静子は、老人ホームに入るために貯めた一千万円を、遠藤を首領とする詐欺グループに騙し取られてしまった。そこを知った八尾みちるは、静子に金を取り戻そうと提案する。みちるは、以前悪人をターゲットにして金を奪っていた詐欺師だった。昔の仲間を集めて動き出したみちるが、遠藤に持ちかけるのは投資事業。バイオ発電に金を出させて、遠藤の分も奪おうと言うのだ。そこに、みちるを昔から追う警視庁の染田刑事が身辺を嗅ぎ回ってきた。さらに、謎の女性"河原崎聖子"が登場！一体何かのはっ誰なのか。ミステリー界の奇人による、書き下ろしコンゲーム小説！
2017.1 387p A6 ¥690 ①978-4-09-406385-1

◆歴史はバーで作られる　鯨統一郎著　双葉社
【要旨】「それは歴史上の大きな謎になっていて、まだ誰も解明していないんですよ」「じゃあ、ここで解明してみましょうか」学界の若きホープと教え子VS市井の歴史学者と知識ほとんどゼロだが頭は冴えている美人バーテンダー。今夜も、歴史推理合戦の火蓋が切って落される!!新解釈で歴史の定説をどんでん返し！『邪馬台国はどこですか？』の衝撃ふたたび！
2017.7 276p B6 ¥1500 ①978-4-575-24043-6

◆歴女美人探偵アルキメデス―大河伝説殺人紀行　鯨統一郎著　実業之日本社　（実業之日本社文庫）
【要旨】美人歴史学者の静香、ひとみ、東子の三人が集まるウォーキングの会"アルキ女デス"の旅の目的地はなぜか川。北海道の石狩川の岸を歩く三人の目の前に、川を仰向けになり流れる女性の姿が。幸いにして救出され一命をとりとめるが、その女性の夫は数日前に不審な溺死を遂げていた。事故か事件か、推理は露天風呂でひらめく!?傑作トラベル歴史ミステリー。
2017.8 365p A6 ¥648 ①978-4-408-55375-7

◆いつ殺される　楠田匡介著　河出書房新社　（河出文庫）
【要旨】作家の津野田が入院した病室に幽霊がいるという。役人の横領・心中事件でかつぎ込まれた女性だというのだ。そこから汚職事件の謎が浮かび上がり、石曽根部は捜査の足を東北・北海道にまで伸ばす。地道な捜査、豊富なトリック。事件の背後の「闇」に目名網警部らは辿りけるのか。楠田匡介の本格ミステリの最高傑作、初の文庫化！
2017.12 490p A6 ¥830 ①978-4-309-41584-0

◆鉄道探偵団―まぼろしの踊り子号　倉阪鬼一郎著　講談社　（講談社ノベルス）

【要旨】東京・新橋にある「テツ」は鉄道ファンが集うこだわりの喫茶店。そこに持ち込まれるのは鉄道がらみの不思議な謎。「鉄道探偵」を名乗るライター・伊賀和志をはじめ、乗りテツ・撮りテツ・鉄ドル・録りテツ・ラン鉄といったエキスパートたちが仮説と推理を繰り広げ、驚き、感動ありの5つの事件の真相に迫る！「テツ」名物の列車見立てケーキ&パスタのお供に、鉄道探偵団の推理は今日も快調！新感覚ユーモア鉄道ミステリー!!
2017.10 213p 18cm ¥920 ①978-4-06-299109-4

◆皇帝と拳銃と　倉知淳著　東京創元社
【要旨】私の誇りを傷つけるなど、万死に値する愚挙である。絶対に許してはいけない。学内で"皇帝"と称される稲見主任教授は、来年に副学長選挙を控え、恐喝者の排除を決意し実行に移す。犯行計画は完璧なはずだった。そう確信していた。あの男が現れるまでに。著者初の倒叙ミステリ・シリーズ、全四編を収録。"刑事コロンボ"の衣鉢を継ぐ警察官探偵が、また一人誕生する。
2017.11 356p B6 ¥1900 ①978-4-488-02778-0

◆シュークリーム・パニック　倉知淳著　講談社　（講談社文庫）
【要旨】体質改善セミナーに参加したメタボな男性4人組。インストラクターの無慈悲な指導にあって耐え難い空腹感が怒りへと変わっていく中、冷蔵庫のシュークリームが盗まれる大事件が発生する。爆笑必至の「限定販売特製濃厚プレミアムシュークリーム事件」をはじめ、ひと味違う傑作本格ミステリ作品を全6編収録。
2017.9 572p A6 ¥920 ①978-4-06-293758-0

◆ほうかご探偵隊　倉知淳著　東京創元社　（創元推理文庫）
【要旨】ある朝いつものように登校すると、僕の机の上には分解されたたて笛が。しかも、一部品だけ持ち去られている。ーいま五年三組で連続して起きている消失事件。不可解なことに「なくなっても誰も困らないもの」ばかりが狙われているのだ。四番目の被害者（？）となった僕は、真相を探るべく龍之介くんと二人で調査を始める。小学校を舞台に、謎解きの愉しさに満ちた正統派本格推理。
2017.8 268p A6 ¥660 ①978-4-488-42109-0

◆星降り山荘の殺人　倉知淳著　講談社　（講談社文庫）新装版
【要旨】雪に閉ざされた山荘に、UFO研究家、スターウォッチャー、売れっ子女性作家、癖の強い面々が集められた。交通が遮断され電気も電話も通じなくなった隔絶した世界で突如発生する連続密室殺人事件！華麗な推理が繰り出され解決かと思った矢先に大どんでん返しが!?見事に騙された快感に身悶えする名品ミステリ。
2017.7 541p A6 ¥900 ①978-4-06-293701-6

◆鬼面の研究　栗本薫著　講談社　（講談社文庫）新装版
【要旨】九州の秘境にある集落を、大手テレビ局のドキュメンタリー番組で取材することになった森カオル。なぜか伊集院大介も同行を申し出た。鬼の子孫を自称し伝説と因習に生きる住民と、やらせ体質の強いテレビスタッフが対立する矢先に次々と犠牲者が。初の不可解な連続殺人の謎に伊集院大介が挑む、探偵小説の傑作！
2017.12 349p A6 ¥700 ①978-4-06-293809-9

◆優しい密室　栗本薫著　講談社　（講談社文庫）新装版
【要旨】名門女子高校の近くでよく見かける赤シャツの不審者が、体育館内の密室で絞殺死体になって発見された。推理するのは、退屈な日常に倦む十七歳の森カオルと、赴任してきたばかりの教育実習生、伊集院大介、二十四歳。名物コンビがはじめての事件に挑む。著者自身の高校生活が投影されたシリーズ初期の傑作！
2017.10 323p A6 ¥700 ①978-4-06-293785-6

◆乱歩城一人椅子の国　黒史郎著　光文社　（光文社文庫）
【要旨】裕福な親元を飛び出し、貸し間住宅・椋鹿館で気侭な一人暮らしを始めた少年コバヤシ。この世のすべてに退屈していた彼は、屋根裏から隣人の生活を覗き見ることに、新鮮な愉しみを見出していた。そんなある日、館の住人四人が惨殺されているものを発見する！（『屋根裏の散歩者』）江戸川乱歩の世界を大胆不敵にアレンジ、謎と狂気に満ちた物語の数々が幕を開ける！
2017.7 291p A6 ¥605 ①978-4-334-77481-3

◆フェイスレス　黒平卓司著　KADOKAWA
【要旨】製薬会社の研究員・透は、同じ研究チームの北岡の婚約者・可奈恵に秘かな想いを寄せ

ていた。だが北岡の車で帰宅中にタイヤがバースト。助手席は一命を取りとめるが、北岡だけが亡くなってしまう。9年後。アメリカである実験が行われていた。アリの殺虫剤のテストという名目だったが、そのアリは被験者15名をあっという間に噛み殺してしまう。実はこの世界は違うに気づかれないまま、二つに体分化されており、ネバダ核実験場の"チューブ"を通じて、アメリカと"もう一つのアメリカ"が秘密裏に交流していた。そしてチューブを通過したアルゼンチンアリが"向こうの世界"で交配し誕生したのが、この恐るべき殺人アリだったのだ。一見、何の関係もない2つの出来事。だがそれが1つの線で結ばれたとき―世界を揺るがす陰謀が透を呑み込み、彼の運命は大きく変わっていく。ラスト、あなたの予想はきっと裏切られる。
2017.6 276p B6 ¥1400 ①978-4-04-105581-6

◆果虫　黒川博行著　幻冬舎
【要旨】堀内信也、40歳。元々は大阪府警の刑事だが、恐喝が監察にばれて依願退職。不動産界に拾われるも、暴力団と揉めて腹と尻を刺され、生死の境をさまよった。左下肢の障害が残り、歩行に杖が欠かせなくなる。シノギはなくなり、女にも逃げられる。...救うのは府警時代の相棒、伊達誠一。伊達は脅迫を受けたパチンコホールのオーナーを助けるため、堀内に協力を求めてきた。パチンコ第一。そこには暴力団、警察も入り乱れ、私腹を肥やそうとする輩がうごめいていた。堀内は己の再生も賭け、伊達とともに危険に身をさらしながら切り込んでいく。ワルでタフなふたりがクズどもを蹴散らす痛快悪漢小説！
2017.3 450p B6 ¥1800 ①978-4-344-03088-6

◆勁草　黒川博行著　徳間書店　（徳間文庫）
【要旨】橋岡恒彦は「名簿屋」の高城に雇われていた。名簿屋とは電話詐欺の標的リストとなる裏稼業だ。橋岡は被害者から金を受け取る「受け子」の差配もする。その大半は高城に入るので、銀行口座には大金がうなっている。賭場で借金をつくった橋岡と矢代は高城に金の融通を迫るが…。一方で大阪府警特殊詐欺班も捜査に動き出す。逃げる犯人と追う刑事たち。最新犯罪の手口を描き尽くす問題作！
2017.12 541p A6 ¥750 ①978-4-19-894285-4

◆二度のお別れ　黒川博行著　KADOKAWA　（角川文庫）
【要旨】三協銀行新大阪支店で強盗事件が発生。犯人は現金約400万円を奪い、客のひとりを拳銃で撃って人質として連れ去った。大阪府警捜査一課が緊急捜査を開始するや否や、身代金1億円を要求する脅迫状が届く。「オレワイマオコッテマスー」。脅迫状には切断された指が同封されていた。刑事の黒田は、相棒の特殊詐欺班"マメちゃん"こと亀田刑事とともに、知能犯との駆け引きに挑む。『破門』の直木賞作家のデビュー作にして圧巻の警察ミステリ。
2017.10 223p A6 ¥520 ①978-4-04-105942-5

◆殺砲一死神幻十郎　黒崎裕一郎著　文芸社　（文芸社文庫）
【要旨】熊谷宿で、松代藩真田家の鉄砲鍛冶の一行が襲われ、藩主に奉呈する新式の銃が奪われた。その直後から、江戸市中で二人の男が射殺される。どうやら、新式銃が使われたらしい。松代藩の藩主は、不可解な連続殺人に家督を継いでいた。公儀のおとがめを恐れて内偵をはじめた死神に、音無しの銃弾が迫る!!
2017.8 307p A6 ¥620 ①978-4-286-18973-4

◆遺跡発掘師は笑わない―元寇船の眠る海　桑原水菜著　KADOKAWA　（角川文庫）
【要旨】長崎県鷹島沖の海底遺跡発掘チームに派遣された、天才発掘師・西原無量。蒙古襲来の際に沈んだ元寇船の調査が目的だ。腐れ縁コンビの広大や、水中発掘の第一人者・司波、一匹狼のトレジャーハンター・黒木などチームは精鋭揃いで、沈船からは次々と遺物が発見される。そんな中、無量は美しい金の短剣を発掘し皆を驚かせる。だがそれは決して目覚めさせてはいけない遺物だった―。文庫書き下ろし、遺跡発掘ミステリ第6弾！
2017.5 271p A6 ¥560 ①978-4-04-105266-2

◆遺跡発掘師は笑わない―元寇船の紡ぐ夢　桑原水菜著　KADOKAWA　（角川文庫）
【要旨】天才発掘師・西原無量は海底遺跡で黄金の剣を発見するが、何者かに奪われてしまう。同じ調査チームのダイバー・黒木と共に犯人捜しをはじめるが、犯人とおぼしき男は死亡。その背後には、国際窃盗団コルドとその

幹部バロン・モールの暗躍があるらしい。この剣は高麗の「忠烈王の剣」か、あるいは黒木家に伝わる家宝「アキバツの剣」か？歴史に秘められた真実がまた一つ明らかになる！文庫書き下ろし、シリーズ第7弾！
2017.7 283p A6 ￥560 ①978-4-04-105858-9

◆道徳の時間　呉勝浩著　講談社（講談社文庫）
【要旨】道徳の時間を始めます。殺したのはだれ？一有名陶芸家の死亡現場で、殺人をほのめかす落書きが見つかる。同じ頃、VJの伏見だいかつて町の小学校で起きた殺人事件の映画撮影のオファーを。伏見はふたつの事件の奇妙なリンクに揺れ動いていく...。選考会も紛糾した江戸川乱歩賞受賞作を完全リニューアル。
2017.8 441p A6 ￥800 ①978-4-06-293734-4

◆ライオン・ブルー　呉勝浩著　KADOKAWA
【要旨】生まれ故郷である田舎町の交番に異動した澤登耀司、30歳。過疎化が進む町で、耀司の同期・長原が姿を消した。県警本部が捜査に全力をあげるも、長原の行方は分からなかった。事件に巻き込まれるのか。それとも自分の意志なのか。耀司は先輩警官・晃光の言動に不審を抱きながらも、長原失踪の真相を探っていく。やがて、町のゴミ屋敷が放火され、住人・毛利淳一郎の遺体が見つかった。長原は、長原が失踪直前に毛利宅を訪れていたことを摑むが...。乱歩賞作家が放つ衝撃の交番警察ミステリ！
2017.4 333p B6 ￥1550 ①978-4-04-104774-3

◆痛みかたみ妬み―小泉喜美子傑作短篇集　小泉喜美子著　中央公論新社（中公文庫）増補復刊
【要旨】先生、ごめんなさい...。痛みと後悔に苦しむ少女が知らぬ「真実」（「痛み」）。裕福な人妻はなぜホテルで突然命を絶ったのか？（「かたみ」）。天才舞踊家をずっと見つめてきた女の心裏は（「妬み」）。息詰まる駆け引き、鮮やかなどんでん返し―人生の裏も表も知る大人のためのミステリ。入手困難・幻の短篇集の増補復刊。
2017.3 414p A6 ￥740 ①978-4-12-206373-0

◆殺さずにはいられない―小泉喜美子傑作短篇集　小泉喜美子著　中央公論新社（中公文庫）
【要旨】推理作家が親友に古今東西の「殺し方」を話したその晩、人が殺された。驚きの方法で...（「冷たいのがお好き」）。昔の恋人を消す計画を練っていた男が落ちた陥穽（「殺さずにはいられない」）。幻のショートセレクトを含む傑作短篇集第二弾。著者選「ミステリひねくれベスト10」も収録する。
2017.4 481p A6 ￥820 ①978-4-12-206442-3

◆殺人はお好き？　小泉喜美子著　宝島社（宝島社文庫）
【要旨】アメリカ人私立探偵のロガートはかつての上司の依頼で来日した。元上司の妻ユキコが麻薬密売に関係しているらしいというのだが。ロガートがユキコの尾行を始めた途端、彼女は誘拐されてしまう。ロガートも襲われ、家には新聞記者の死体が残されていた。ユキコを追うロガート。彼の前には次々と死体が浮かんでいく...。悲運の女流作家がウイット満載で描くハードボイルドミステリー。
2017.2 370p A6 ￥640 ①978-4-8002-6674-3

◆墓屋敷の殺人　甲賀三郎著　河出書房新社（河出文庫）
【要旨】東京・丸の内の路上に停車中の自動車内に、盗の首切断死体が発見された―。広大な屋敷に蠢くがま蛙、久恋の女秘書、怪奇な幽霊、いわくの毒虫、墓屋敷入り...。横浜、鎌倉、埼玉奥地、大阪へと犯人を追う。大胆なトリック、秀逸なプロット、気宇壮大なスケール。スリリングに展開する甲賀三郎の最高傑作、初の文庫化！KAWADEノスタルジック探偵・怪奇・幻想シリーズ。
2017.5 383p A6 ￥840 ①978-4-309-41533-8

◆甲賀三郎探偵小説選 2　甲賀三郎著　論創社（論創ミステリ叢書 103）
【要旨】粗忽者の憎めぬ夜談"気早の惣太"シリーズを初集成。戦時中に発表されたが未刊の長編「朔風」、雑誌連載終了から73年を経ての単行本初収録。デビュー作「真珠塔の秘密」から遺稿の問題「街にある港」まで、戦前期本格派の驍将が書き残した長編集を厳選し、多岐に渡る作品を俯瞰する！甲賀次郎・深草淑子氏による特別エッセイ「父・甲賀三郎の思い出」を併録。
2017.1 365p A5 ￥3600 ①978-4-8460-1568-8

◆甲賀三郎探偵小説選 3　甲賀三郎著　論創社（論創ミステリ叢書 104）
【要旨】稀代の論客が熱弁する探偵小説論『探偵小説講話』、待望の単行本初収録！清廉の士を装いながら、巧妙な手口で上前を撥ねる怪弁護士・手塚龍太の事件簿を完全収録。読者への挑戦心が随所に垣間見える「木内家殺人事件」ほか、戦前期の探偵小説界を風靡し、探偵小説のパズル性を重視した本格至上論者の面目躍如たる選りすぐりのノン・シリーズ作品も収録した充実のラインナップ。探偵小説評論のほか、最新の書誌情報を反映させた「甲賀三郎著作リスト（暫定版）（稲富一般・編）を付す！
2017.2 436p A5 ￥3600 ①978-4-8460-1569-5

◆最良の嘘の最後のひと言　河野裕著　東京創元社（創元推理文庫）
【要旨】世界的な大企業・ハルウィンが「4月1日に年収8000万で超能力者をひとり採用する」という告知を出した。審査を経て自称超能力者の7名が、3月31日の夜に街中で行われる最終試験に臨むことに。ある目的のために参加した大学生・市倉は、同じく参加中の少女・日比野と組み、1通しかない採用通知書を奪うため、策略を駆使して騙し合いに挑む。傑作ノンストップ・ミステリ。
2017.2 325p A6 ￥680 ①978-4-488-46811-8

◆疑問の黒枠　小酒井不木著　河出書房新社（河出文庫）
【要旨】差出人不明の謎の新聞死亡広告を利用して、自らの模擬生前葬と還暦祝いを企図した商事会社社長・村井寿七郎は本当に死んでしまう。他殺か？　さらに死体は紛失し...法医学者・小窪介三は自らの"犯罪方程式"を元に犯人に迫る。息づまるプロットの展開に目を瞠る不木唯一の長篇推理小説、戦後初の文庫化！
2017.9 298p A6 ￥800 ①978-4-309-41566-6

◆シュレーダーの階段　小島達矢著　双葉社（双葉文庫）
【要旨】突然誘拐され、窓のない部屋に閉じ込められたうえ、解かないと脱出できないという難解なゲームをつきつけられた加奈美。一方、いじめを受けている中学生のそらいちは、ひょんなきっかけから自分の部屋に忍び込まれていて、そこで隠しカメラを見つける...。一見、無関係に見えることの二つの話は、ラストで思わぬかたちで繋がっていく。それはまさに、見方によって違うものが見えてくる錯視「シュレーダーの階段」のようである。「脱出」と「侵入」を描く長編サスペンス。
2017.10 234p A6 ￥574 ①978-4-575-52040-8

◆硝子の探偵と消えた白バイ　小島正樹著　講談社
【要旨】警察車両を先導中の白バイが警察もろとも消失した。この怪事件に招聘されたのは「ガラスの探偵」の異名を持つ自称天才、朝倉。捜査は助手任せで見当違いな推理を連発する彼に、刑事たちも呆れ顔。しかし、街中で見つかった白バイ警官の死体と過去のストーカー殺人が絡み合った難事件を、朝倉は解決できるか？
2017.4 336p A6 ￥700 ①978-4-06-293735-1

◆浜中刑事の迷走と幸運　小島正樹著　南雲堂（本格ミステリー・ワールド・スペシャル）
【要旨】鉄柵で囲まれたフリースクールで教師が殺される。鉄格子の嵌った狭い居室で学問を賛美する生徒たちに犯行は不可能。凶器は学園のはるか外にある街路樹の上方にささっていた。群馬県警捜査一課の浜中と夏木は、事件のウラに学園の闇があると考えて捜査を開始する。
2017.2 348p B6 ￥1800 ①978-4-523-26552-8

◆モノクローム・レクイエム　小島正樹著　徳間書店（徳間文庫）
【要旨】ネット上で奇妙な体験談を買い取る「怪談社」という掲示板がある。深夜、江戸川区に住む女子大生が隣家の窓に戦時中の防空頭巾姿の人が火中で苦しむ姿を見た...。奇妙な出来事の背後には不気味な陰が隠れている。その謎を警視庁の特別捜査対策室・菱崎真司が解明する（「火中の亡霊」）。かつ、警視庁の特別捜査対策室五係が「怪談社」が絡む不思議な事件。全五話の本格ミステリ連作短篇。
2017.4 347p A6 ￥720 ①978-4-19-894258-8

◆スリー・アゲーツ　上　―二つの家族　五條瑛著　小学館（小学館文庫）（『スリー・アゲーツ』改題書）
【要旨】偽造紙幣"スーパーK"の運び屋と目される北朝鮮工作員が日本に入国した。来日前、ソウルで激しい銃撃戦のあった工作員・チョンは、現場にメモを残していた。米国国防総省直轄の情報機関に所属する葉山隆に与えられた任務は、その文書の解読と、日本での潜伏先を探ることだった。上司・エディからの命令にしぶしぶ調査を進めていた葉山は、名ブァある日本人女性とその息子の存在に行きあたる。同時期、北朝鮮では対外情報調査部に勤める夫を持つ女性・李光朱と、その娘・春花が、平壌から北へ向かっていた。二人は白頭山を望む国境の町・茂山にたどり着いた。第三回大藪春彦賞受賞作。
2017.7 407p A6 ￥690 ①978-4-09-406431-5

◆スリー・アゲーツ　下　―二つの家族　五條瑛著　小学館（小学館文庫）（『スリー・アゲーツ』改題書）
【要旨】米国国防総省直轄の情報機関に所属する葉山隆は、北朝鮮工作員・チョンの足取りを追ううち、チョンが日本で杉川春子と家庭を持ち、息子をもうけていたと知る。同じ頃、チョンが祖国に残した妻・光朱と娘・春花は、国境を流れる豆満江を越えようとしていた。だが、渡渉の途中に北朝鮮の警備隊に銃撃され、光朱は命を落とす。チョンが二つの家族に抱く愛情はどちらも本物だと確信した葉山は、彼を亡命させる決意を固める。工作員の行為にひそむ、凄絶な悲しみが読む者の胸を打つ。ラストは感涙必至。第三回大藪春彦賞受賞作。
2017.7 346p A6 ￥650 ①978-4-09-406432-2

◆逆転　小杉健治著　集英社（集英社文庫）
【要旨】石出は、殺人の罪を償って13年ぶりに出所。真面目に仕事を始めた矢先、石出の部屋で、祖母の介護担当だった女性が殺される。石出は容疑を否認するが、情況は不利。鶴見弁護士は、彼の無実を信じて調査を開始する。出所直後に山中温泉を訪ねている事実を知り、行動をたどると、意想外の過去の因縁が―。哀切をおびた山中節の世界から連続殺人を解き明かす鶴見弁護士の活躍！書き下ろしミステリー。
2017.4 302p A6 ￥600 ①978-4-08-745574-8

◆決断　小杉健治著　双葉社（双葉文庫）
【要旨】銀座ホステス絞殺事件で、担当検事の江木秀哉は捜査に関しての疑問を呈したものの、彼の話に耳を傾けたのは高須刑事だけだった。くしくも高須は、二十年前、事件の父・秀蔵とともに、迷宮入りとなった殺人事件の捜査にあたっていた。名刑事と謳われた秀蔵は余命半年の診断をうけ、今は病床にある。一見無関係なふたつの事件が絡み合っていく...。父子の深い絆を描いた感動のミステリー！
2017.5 358p A6 ￥657 ①978-4-575-51996-9

◆声なき叫び　小杉健治著　双葉社
【要旨】自転車で蛇行運転をしていた青年が、警察官に絡まれ、取り押さえられているときに死亡した。警察官の暴行を目撃した複数の人間がいるにもかかわらず、県警は正当な職務だと主張するのだった。青年の父親の依頼で木水弁護士が動いたのだが...。
2017.6 286p B6 ￥1600 ①978-4-575-24038-2

◆裁きの扉　小杉健治著　祥伝社（祥伝社文庫）
【要旨】土地取引に絡んで辣腕を揮う弁護士西城昌一は、廃園と土地売却を目論む幼稚園長の代理人として、存続運動を行う教師や父母と対することに。だが、相手側弁護士となったのは、かつての恋人藤枝みずえだった。立ちはだかるみずえの前に廃園計画は暗礁に。そんな折、過去に西城が担当し無罪を勝ち取った事件を追う刑事が姿を現す一方、ひた隠される真相とは？
2017.10 488p A6 ￥800 ①978-4-396-34359-0

◆いくさの底　古処誠二著　KADOKAWA
【要旨】鎮定後のビルマの村に急拵の警備隊として配属された賀川少尉一隊。しかし駐屯当日の夜、何者かの手で少尉に迷いのない一刀が振るわれる。敵性住民の仕業が疑われるなか、徹底してその死は伏され、幾重にも糊塗されてゆく―。善悪の彼岸を跳び越えた殺人者の告白が読む者の心を摑んで離さない、戦争ミステリの金字塔！
2017.8 203p B6 ￥1600 ①978-4-04-106175-6

◆中尉　古処誠二著　KADOKAWA（角川文庫）
【要旨】敗戦間近のビルマ戦線にベスト囲み込みのため派遣された軍医・伊与田中尉。護衛の任に就いたわたしは、風采の上がらぬ怠惰な軍医に苛立ちを隠せずにいた。しかし、駐屯する部落での彼の脱走と中尉の捜索事件が起きるに及んで事情は一変する。誰がスパイと通じていたのか。あの男はいったい何者だったのか―。

◆**因業探偵―新藤礼都の事件簿** 小林泰三著
光文社 （光文社文庫）
【要旨】世の中、間抜けばかり――あんな簡単な事件の真相も見抜けないなんて。自らの才能を生かすべく探偵事務所開設を計画する新藤礼都だが、先立つものが必要だ。資金作りにアルバイトを掛け持ちする中、次々と奇妙な事件に遭遇して…。容赦のない発言と冷徹すぎる推理。抜群の頭脳と最悪の性格を併せ持つ女探偵が縦横無尽に活躍する、異色の連作ミステリー。
2017.6 334p A6 ¥700 ①978-4-334-77467-7

◆**わざわざゾンビを殺す人間なんていない。** 小林泰三著 一迅社
【要旨】全人類がウイルスに侵され、死ねば誰もが活性化遺体になる世界。家畜ゾンビが施設で管理され、野良ゾンビが徘徊する日常のなか、とある細胞活性化研究者が、密室の中で突然ゾンビ化してしまう。彼はいつ死んだのか？どうやってゾンビになったのか？生者と死者の境目はどこだったのか？騒然とする現場にあらわれたのは、謎の探偵・八つ頭瑠璃。彼女とともに、物語は衝撃の真相が待ち受けるラストへと加速していく。世界もキャラクターもトリックも真相も予測不可！極上のゾンビ×ミステリー、開幕。
2017.7 331p B6 ¥1300 ①978-4-7580-4949-8

◆**残業税** 小前亮著 光文社 （光文社文庫）
【要旨】残業をすればするほど取られる税金が増える「時間外労働税」が導入された。残業時間は劇的に減って、社会のありようは変わりつつあった。だが、もっと働かせたい企業も残業したい労働者も多く、サービス残業という「脱税」は絶えないのだが…。根っから真面目な残業税調査官と熱血労働基準監督官が働く人たちのために奮闘する、リアルすぎるお仕事ミステリー！
2017.2 404p A6 ¥720 ①978-4-334-77427-1

◆**残業税―マルザ殺人事件** 小前亮著 光文社 （光文社文庫）
【要旨】新宿労基署の残業税調査官・通称マルザが、北軽井沢の山林で他殺体となって発見された。国税局の職員・大場莉衣に、警察より先に事件の真相を探れという特命が下る。県警、警視庁、国税庁、それぞれの調べが進むうち、ある企業グループの存在が背後に浮かび上がってくるのだが…。働くことの意味を問い、税制の矛盾に鋭く斬りこむ、大好評経済ミステリー第二弾！
2017.8 371p A6 ¥720 ①978-4-334-77511-7

◆**三度目の殺人** 是枝裕和, 佐野晶著 宝島社
（宝島社文庫）
【要旨】「本当のことを教えてくれよ」「そして父になる」の是枝裕和監督作品、真実の小説化。弁護に「真実」は必要ない。そう信じ、勝利するための「法廷戦術」を追求してきた弁護士・重盛。しかし、ある事件の被疑者・三隅は、供述を二転三転させ、重盛を翻弄する。そして次第に明らかになる、三隅と被害者の娘の関係。本当に裁かれるべきは、だれか。心の底から「真実」を求め始める重盛の前に浮かび上がるのは――。
2017.6 239p A6 ¥650 ①978-4-8002-7347-5

◆**インフルエンス** 近藤史恵著 文藝春秋
【要旨】「あのね。よく聞きなさい。昨日、団地で男の人が殺されたの」知っていた。わたしが殺したのだ。母は続けてこう言った。「警察に里子ちゃんが連れて行かれたの」友梨、真帆、里子。いつになったら三人の人生が交差した時、衝撃の真実が見える。傑作長編エンターテインメント。
2017.11 262p B6 ¥1500 ①978-4-16-390758-1

◆**ときどき旅に出るカフェ** 近藤史恵著 双葉社
【要旨】平凡で、この先ドラマティックなことも起こらなさそうな日常。自分で購入した1LDKのリビングとソファで得られる幸福感だけで、憂鬱のベールがかかっている。そんな瑛子が近所で見つけたのは日当たりが良い一軒家のカフェ。店主はかつての同僚・円だった。旅先で出会ったおいしいものを店で出しているという。苺のスープ、ロシア風チーズケーキ、アルムドゥドラー。メニューにあるのは、どれも初めて見るものばかり。瑛子に降りかかる日常の小さな事件そして円の秘密も世界のスイーツをきっかけに少しずつほぐれていく――。読めば心も満たされる"おいしい"連作短編集。
2017.4 273p B6 ¥1500 ①978-4-575-24029-0

◆**赤い密約** 今野敏著 徳間書店 （徳間文庫）
新装版

【要旨】ロシアのテレビ局が襲撃された。偶然居合わせた空手家の仙堂辰雄は、テレビ局の記者から頼み事をされる。これを日本で放映してほしい――渡されたのはビデオテープだった。激しい銃撃戦から脱出した仙堂は、記者が殺されたことを知る。襲撃にはマフィアも絡んでいた。奴らの狙いは――。帰国した仙堂の周辺に暴力の匂いがたちこめる。緊迫する日ロ情勢を舞台に描く、熱烈格闘小説。
2017.8 294p A6 ¥640 ①978-4-19-894246-5

◆**回帰―警視庁強行犯係 樋口顕** 今野敏著 幻冬舎
【要旨】四谷にある大学の門近くで自動車の爆発事故が起こった。死者と怪我人を出したこの爆発は、やがて「爆弾」によるものだったことが判明する。宗教テロが疑われる中、警視庁刑事部捜査一課の樋口顕は情報収集に動き出すが、上司である天童隆一管理官から「かつての部下、因幡が『テロを防ぎたい』と電話をかけてきた」と打ち明けられる。国際テロ組織に入ったとの噂がある因幡からの電話は、今回の爆発と関連しているのか？そんな最中、樋口の娘・照美がバックパッキングで海外に行きたいという。公安が乗り出す大がかりな捜査と家庭の間で奮闘しながら刑事は何を思うのか――『隠蔽捜査』と並ぶ警察小説シリーズ、待望の最新作。
2017.2 372p A6 ¥1600 ①978-4-344-03068-8

◆**継続捜査ゼミ** 今野敏著 講談社 （講談社ノベルス）
【要旨】長年の刑事生活の後、警察学校校長を最後に退官した小早川の再就職先は女子大だった。彼が「刑事政策演習ゼミ」別名「継続捜査ゼミ」で5人の女子大生と挑む課題は、公訴時効が廃止され未解決の殺人等重要事案。最初に選んだのは逃走経路すら不明の15年前の老夫婦殺人事件だった。彼らは法律の壁を超え事件の真相に到達できるのか。異色のチーム警察小説、シリーズ第1弾！
2017.11 262p 18cm ¥900 ①978-4-06-299112-4

◆**孤拳伝 1** 今野敏著 中央公論新社 （中公文庫） （『復讐―孤拳伝1』新装・改題書） 新装版
【要旨】香港の暗黒街九龍城砦でストリートファイトに明け暮れる少年・朝丘剛。独力で形意拳の一つ「崩拳」を身につけた剛は、香港に売られて死んだ母の怨みを晴らすため、日本へ密航を図る。船内での労役に耐え、上陸した少年を待っていたのは、横浜中華街の老人・翠栄徳だった。劉より中国武術の極意「功夫」を学んだ剛は、今、復讐の鬼と化す。入魂の格闘小説、待望の新装版！
2017.7 507p A6 ¥800 ①978-4-12-206427-0

◆**孤拳伝 2** 今野敏著 中央公論新社 （中公文庫） 新装版
【要旨】母の仇を討ち、横浜に戻った朝丘剛は、マリアが消えたことに大きなショックを受ける。無為な日々を送る剛に声をかけたのは、松任組の組員だった。異形の強者が集まる「闇試合」。松任組が仕切る秘密の格闘技興行への誘いに乗った剛は、賭け金の舞う流血の真剣勝負に挑む。勝つために非情に徹し、邪拳の様相を帯びる剛の拳。その前に立ちふさがった男とは！
2017.9 460p A6 ¥760 ①978-4-12-206451-5

◆**孤拳伝 3** 今野敏著 中央公論新社 （中公文庫） 新装版
【要旨】狂犬のように戦いを渇望し、闇試合で並みいる強敵を下して無敗を誇った朝丘剛。だが、恩師にして中国武術の達人・翠栄徳の前になす術なく敗れる。なぜあの小柄な老人に勝てないのか？彼我の功夫にいかなる差があるというのか？西下する列車で剛は考える。伊賀流忍術の使い手、柳生新陰流の剣術家。剛の前に次々と現れる日本の伝統武術を極めた武道家たち。そして、別れ。剛は今どこへ向かおうとするのか？
2017.11 481p A6 ¥780 ①978-4-12-206475-1

◆**自覚―隠蔽捜査 5.5** 今野敏著 新潮社 （新潮文庫）
【要旨】畠山警視は実技を伴うスカイマーシャルの訓練中、壁に直面する。彼女は共に難事件を乗り越えた竜崎伸也に助けを求めた（「訓練」）。関本刑事課長は部下戸高の発砲をめぐり苦悩した。そこで竜崎の発した一言とは（表題作）。貝沼副署長、久米地域課長、伊丹刑事部長。彼らが危機の際に頼りにするのは、信念の警察官僚、大森署署長竜崎伸也だった――。7人の警察官の視点で描く最強スピン・オフ短編集。
2017.5 321p A6 ¥550 ①978-4-10-132161-5

◆**慎治** 今野敏著 中央公論新社 （中公文庫） 新装版; 改版
【要旨】中学生の慎治は、いじめっ子に万引きを強要されて実行してしまう。一方、偶然その現場に出くわした担任の古池は、事情を聞いた後、居場所のない慎治を自宅に招き、とある趣味の世界に誘う。古池との交流や新たな世界との出会いに、徐々に変わっていく慎治。だが、いじめはさらにエスカレート。万引きの後始末は思わぬ事態に発展して…。
2017.5 364p A6 ¥680 ①978-4-12-206404-1

◆**チャンミーグヮー** 今野敏著 集英社 （集英社文庫）
【要旨】明治初期、首里士族である喜屋武家の三男として生まれた朝徳。体の小さな彼は、従兄の本部朝基と相撲をしても負けてばかりだったが、父の教える手に惹かれて鍛錬を重ねた。激変する時代のなか、東京での勉学生活の後に沖縄へ戻った朝徳は更に手の修業を積み、やがてその伝道に力を注いでいく――。平和とは武によって保たれる。琉球が生んだ伝説の唐手家の生き様を描き出す武道小説。
2017.12 290p A6 ¥720 ①978-4-08-745675-2

◆**潮流―東京湾臨海署安積班** 今野敏著 角川春樹事務所 （ハルキ文庫）
【要旨】東京湾臨海署管内で救急搬送の知らせが三件立て続けに入り、同じ毒物で全員が死亡した。彼らにつながりはなく、共通点も見つからない。テロの可能性もある中、犯人らしい人物から臨海署宛に犯行を重ねることを示唆するメールが届いた。強行犯第一係長・安積警部補は過去に臨海署で扱った事件を調べることになり、四年半前に起きた宮間事件に注目するという。拘留中の刑事は、いまだ無罪を主張している。安積は再捜査を始めようとするが…。
2017.5 383p A6 ¥630 ①978-4-7584-4090-5

◆**道標―東京湾臨海署安積班** 今野敏著 角川春樹事務所
【要旨】一人の熱き警察官の軌跡！東京湾臨海署刑事課強行犯第一係、通称「安積班」。そのハンチョウである安積剛志警部補の、警察学校時代から現在の刑事課強行犯第一係長に至るまでの短編集。若かりし頃の安積班メンバーも大活躍！
2017.12 346p B6 ¥1600 ①978-4-7584-1314-5

◆**虎の尾―渋谷署強行犯係** 今野敏著 徳間書店 （徳間文庫）
【要旨】渋谷署強行犯係の刑事・辰巳は、整体院を営む竜門を訪ねた。琉球空手の使い手である竜門に、宮下公園で複数の若者が襲撃された事件について話を聞くためだ。被害者たちは一瞬で関節を外されたにせよ、相当な腕の仕業だと睨んだのだ。初めは興味のなかった竜門だったが、師匠の大城が沖縄から突然上京してきて事情がかわる。恩師は事件に多大な関心を示したのだ。
2017.3 381p A6 ¥690 ①978-4-19-894212-0

◆**変幻** 今野敏著 講談社
【要旨】警視庁捜査一課刑事の宇田川の同期、特殊犯捜査係の女刑事・大石が「しばらく会えなくなる」と言い、音信不通となった。かつて不安にいて辞めさせられた同期の蘇我と同じように…。
2017.6 360p B6 ¥1600 ①978-4-06-220611-2

◆**マル暴甘糟** 今野敏著 実業之日本社 （実業之日本社文庫）
【要旨】甘糟達夫は「俺のこと、なめないでよね」が口ぐせのマル暴刑事だ。ある夜、多摩京連合の構成員が襲殺されたという知らせが入る。コワモテの先輩・郡原虎廠と捜査に加わる甘糟だが、いきなり組事務所に連行されて――!?警察小説史上、もっとも気弱な刑事の活躍に笑って泣ける「マル暴」シリーズ第一弾！「任俠」シリーズでお馴染の阿岐本組の面々も登場！
2017.10 409p A6 ¥694 ①978-4-408-55385-6

◆**寮生――一九七一年、函館。** 今野敏著 集英社 （集英社文庫）
【要旨】1971年春、函館にある憧れの私立高校に入った僕は、親元を離れ寮生活を始める。街の景色、同級生、音楽、出会うもの全てが刺激的だった。期待に胸を膨らませていたが、入学早々、「寮の恒例行事"入魂会"に関わったものは死ぬ」という噂を耳にした。するとそのわずか二日後、寮の二年生が謎の転落死を遂げる。事件と噂の真相を確かめるため、僕たち一年生は探偵団を結成して――。青春学園ミステリー。
2017.6 340p A6 ¥600 ①978-4-08-745592-2

ミステリー・サスペンス・ハードボイルド

◆**連写—TOKAGE特殊遊撃捜査隊** 今野敏著
朝日新聞出版 (朝日文庫)
【要旨】国道246号沿いでバイクを利用した強盗が連続発生、警視庁の覆面捜査チーム「トカゲ」に出動命令がくだる。IT捜査専門の捜査支援分析センターも動員され、「黒ずくめのライダー」を捜すが、杳として糸口が見つからない…。犯人はどこへ消えたのか？
2017.2 377p A6 ¥700 ①978-4-02-264839-6

◆**STプロフェッション—警視庁科学特捜班** 今野敏著 講談社 (講談社文庫)
【要旨】3件の誘拐事件が続けて発生した！被害者たちはすぐに解放されたが、口々に「呪い」をかけられたと証言する。原因不明の高熱を訴える被害者たち。共通点は同じ大学の関係者だが…。常識外の事件に、あの"ST"が動き出す！「呪い」とはなにか？犯人の目的は？大人気シリーズの新たな捜査が始まる。
2017.9 332p A6 ¥660 ①978-4-06-293729-0

◆**LOOP THE LOOP 飽食の館 上**
Kate著 双葉社 (双葉文庫)
【要旨】『望んだ物が何でも手に入る』という不思議な洋館に囚われた高校生・荒川零弥と11人の若い男女。互いを「家族」と呼び合い、毎日を仲良く暮らす彼らだが、そんな平穏な日々は一人の「家族」の死によって終わりを迎える。膨らむ猜疑心。徐々に増えていく犠牲者。犯人は誰なのか、事件の真相は？"究極の飽和状態"が生み出す、惨劇と絆の物語が幕を開ける。三度の舞台化&200万超ダウンロードの人気ミステリー・サスペンス、待望の小説化！
2017.12 383p A6 ¥676 ①978-4-575-52065-1

〔さ行の作家〕

◆**小酒井不木探偵小説選 2** 小酒井不木著,阿部崇編 論創社 (論創ミステリ叢書)
【要旨】"特等訊問"の霧原庄三郎、"醒睡笑"の野々口雄三、"一度死んだ人間"松島龍造。探偵たちよ、ここに集え！昭和初期探偵小説文壇の中心人物としてリーダーシップを発揮した名古屋出身の医学者作家・小酒井不木の探偵小説選第2弾。
2017.11 371p A5 ¥3800 ①978-4-8460-1644-9

◆**五十坂家の百年** 斉木香津著 中央公論新社 (中公文庫)
【要旨】その朝、双子の老姉妹が手に手をとり、崖から飛んだ。疎遠だった子らが葬儀に集い、やがて実家屋敷の床下に隠された四体の遺骨を見つけ出す。これは誰？いつからここに？金貸し一族の淫靡で切ない歴史と、"乙女"のゆがんだ欲望を描き出す、背徳のミステリー。
2017.10 341p A6 ¥640 ①978-4-12-206462-1

◆**サナキの森** 彩藤アザミ著 新潮社 (新潮文庫)
【要旨】祠に隠した鼈甲の帯留めを見つけて欲しい——。売れない小説家のおじいちゃんが残した遺言だった。仕事にも恋にも破れて引きこもり生活を送る二十七歳の莉茉紅は、遺言に従って遠野を訪れ、この地の旧家で起こった八十年前の不可解な猟奇殺人事件を知る。それは祖父が書いた謎の怪奇小説「サナキの森」の「呪いによる殺人」に酷似していて——。第一回新潮ミステリー大賞受賞作。
2017.11 352p A6 ¥590 ①978-4-10-121161-9

◆**サイエンスミステリー 亜澄錬太郎の事件簿 3 忘れ得ぬ想い** 齋藤勝裕著 (新潟)シーアンドアール研究所
【要旨】(1)ミステリー小説を楽しむ！(2)化学的に事件のトリックを検証！(3)使われた化学知識を解説！—3通り楽しめる業界初の化学読本！あなたは、この化学トリックの謎を見抜くことができますか？
2017.9 175p B6 ¥1530 ①978-4-86354-229-7

◆**窓がない部屋のミス・マーシュ—占いユニットで謎解きを** 斎藤千輪著 KADOKAWA (角川文庫)
【要旨】カネなし、男なし、才能なし。29歳のタロット占い師・柏木美月は人生の岐路に立っていた。そんなある日、美月は儚げな美少女・愛莉を助ける。愛莉は見た目とは反対にクールでずばぬけた推理力を持ち、孤独な引きこもりでもあった。彼女を放っておくなくなった美月は、愛莉と組んでユニット「ミス・マーシュ」を結成し、人々の悩みに秘められた謎に挑むが!?ほろりと泣ける第2回角川文庫キャラクター小説大賞・優秀賞受賞作。
2017.4 282p A6 ¥560 ①978-4-04-105260-0

◆**僕と先生** 坂木司著 双葉社 (双葉文庫)
【要旨】こわがりなのに、大学の推理小説研究会に入ってしまった「僕」と、ミステリが好きな中学生の「先生」が、身のまわりで起きるちょっとした「？」を解決していく"二葉と隼人の事件簿"シリーズの第2弾。前作『先生と僕』同様、ふたりの活躍に加え、ミステリガイドとしてみなさんを愉しいミステリの世界へと導く！
2017.6 387p A6 ¥685 ①978-4-575-52008-8

◆**サーチライトと誘蛾灯** 櫻田智也著 東京創元社 (ミステリ・フロンティア)
【要旨】ホームレスを強制退去させた公園の治安を守るため、ボランティアで見回り隊が結成された。ある夜、見回りをしていた吉森は、公園にいた迷惑な客たちを追いだす。ところが翌朝、そのうちのひとりが死体で発見された！事件が気になる吉森に、公園で出会った昆虫好きのとぼけた青年・魞（えり）沢が、真相を解き明かす。観光地化に失敗した高原での密かな計画、街はずれのバーでの何気ないやりとりが金となる悲劇…。事件の構図は、魞（えり）沢の名推理で鮮やかに反転する！第十一回ミステリーズ！新人賞を受賞した表題作を含む全五編。軽快な筆致で贈るミステリ連作集。
2017.11 262p A6 ¥1500 ①978-4-488-01799-6

◆**フェルメールの街** 櫻部由美子著 角川春樹事務所
【要旨】光の魔術師ヨハネス・フェルメールと、微生物学の父アントニー・レーウェンフック。ふたりの天才を結ぶ、大切な約束——。時を超える友情、運命の恋、芸術の父と少女。角川春樹小説賞受賞後第一作、渾身のアートミステリー。
2017.9 294p B6 ¥1400 ①978-4-7584-1310-7

◆**空き店舗（幽霊つき）あります** ささきかつお 幻冬舎 (幻冬舎文庫)
【要旨】築五十年のオンボロビル「スカイカーサ武蔵小金井」には、人なつっこい幽霊の少女・アリサがいる。一階の古本屋店主・達也本店を始めた、亡くなった大事な人への後悔を抱える店子たちは、アリサの「つなぎ」でその人たちとの涙の邂逅を果たす。みんなに愛されるアリサだったが、その「過去」にはある痛ましい事件が…。ほろりと泣けちゃう！
2017.5 258p A6 ¥580 ①978-4-344-42613-9

◆**エトロフ発緊急電** 佐々木譲著 新潮社 (新潮文庫) 改版
【要旨】1941年12月8日、日本海軍機動部隊は真珠湾を奇襲。この攻撃の情報をルーズベルトは事前に入手していたのか!?海軍機動部隊が極秘裡に集結する択捉島に潜入したアメリカ合衆国の日系人スパイ、ケニー・サイトウ。義勇兵として戦ったスペイン戦争で革命に幻滅し、殺し屋となっていた彼が、激烈な諜報戦が繰り広げられる北海の小島に見たものは何だったのか。山本賞受賞の冒険巨編。
2017.4 741p A6 ¥990 ①978-4-10-122312-4

◆**真夏の雷管—道警・大通警察署** 佐々木譲著 角川春樹事務所
【要旨】真夏の札幌で、爆薬材料の窃盗事件。爆弾製造？誰が、何を爆破する？タイムリミット迫る命懸けの捜査！チーム佐伯が警官の覚悟を見せる！大ベストセラー警察小説。
2017.7 349p B6 ¥1500 ①978-4-7584-1307-7

◆**危険領域 所轄魂** 笹本稜平著 徳間書店
【要旨】マンションで転落死と思われる男性の死体が発見された。死亡した男は、大物政治家が絡む贈収賄事件に関与しているメンバーであるという。さらにはその政党の公設第一秘書、私設秘書も変死。自殺として処理するように圧力がかかる中、葛木が極秘裏に捜査を開始すると、思いもよらない黒幕が浮かび上がってきて…。葛木父子の所轄魂が真実を炙り出す！
2017.6 426p B6 ¥1700 ①978-4-19-864416-1

◆**逆流—越境捜査** 笹本稜平著 双葉社 (双葉文庫)
【要旨】警視庁捜査一課特命捜査二係の鷺沼が、十年前の死体遺棄事件を追っている最中に、自宅マンションの外階段で刺された。一命は取り留めた鷺沼に、神奈川県警の宮野が、十二年前に起きた不可解な殺人事件の概要を告げる。新たな仲間とともに捜査を始める鷺沼と宮野。やがて捜査線上にある人物が浮かぶが—。真実のため、組織と犯罪に闘いを挑む刑事たちの熱い姿を描いた「越境捜査」シリーズの第4弾。この巨悪、容易には見逃せない…。
2017.7 550p A6 ¥815 ①978-4-575-52016-3

◆**失踪都市—所轄魂** 笹本稜平著 徳間書店 (徳間文庫)
【要旨】老夫婦が住んでいた空き家で、男女の白骨死体が発見された。行方不明になっていた夫婦の銀行口座からは二千万円が引き出されていることが判明。捜査を進めると、他に高齢者夫婦が三組、行方不明になっていることもわかった。立て続けに起った高齢者失踪事件。しかし、上層部の消極的な姿勢が捜査の邪魔をする！葛木父子の所轄魂に火がついたとき、衝撃の真相が明らかになる！本庁が事件を潰す？リアル警察小説!!「所轄魂」シリーズ第2弾！
2017.5 531p A6 ¥760 ①978-4-19-894231-1

◆**ソロ SOLO** 笹本稜平著 祥伝社
【要旨】あのルートを、たった一人で、しかも名もない日本人が登れるわけがない——アラスカからヒマラヤへ、数々の難壁に初登攀の足跡を残してきた新進気鋭のアルパインクライマー奈良原和志が、そんな周囲の雑音をよそに、初めて目指す8000メートル峰が世界第四位のローツェ、しかも最難関の南壁ルートだった。そこは伝説の登山家トモ・チェセンの"疑惑の登頂"の舞台として、いまも世界の登山界で語り継がれる因縁の壁でもある。心の通い合う仲間に支えられ、いわれない妨害を受けながらも、心の師であるトモの初登頂の真実を証明すべく、和志は自らの限界を超えて世界屈指の壁に立ち向かうが…。
2017.8 433p B6 ¥1800 ①978-4-396-63524-4

◆**卑劣犯—素行調査官** 笹本稜平著 光文社
【要旨】警視庁生活安全部少年育成課の国枝警部補が、夜のランニング中に轢き殺された。轢いたのは、上司である生活安全部長の車だった。その車は事件の二日前に盗難に遭っていたという。国枝が死の直前でかかわっていた児童ポルノサイト摘発の妨害が目的か…!?本郷志たち警務部監察係は内部犯を疑い、調査をはじめるが、事件の裏には思わぬウラが…。
2017.12 437p B6 ¥1700 ①978-4-334-91197-3

◆**分水嶺** 笹本稜平著 祥伝社 (祥伝社文庫)
【要旨】急逝した父の遺志を継ぎ、山岳写真家として生きることを誓う風間健介。冬の大雪山で撮影中、絶滅したはずのオオカミに命を救われたという田沢保と出会う。風間は、田沢が亡き父と交流のあったこと、殺人罪で服役していたことを知るが、極寒の中、田沢と共にオオカミを探すうちに、彼の人間性に惹かれていく。やがて、二人の真摯な魂が奇跡を呼ぶ——。
2017.8 493p A6 ¥800 ①978-4-396-34341-5

◆**ボス・イズ・バック** 笹本稜平著 光文社 (光文社文庫)
【要旨】しがない私立探偵の"おれ"にとって最重要の顧客"山藤組"組長の山虎が、かねない引退して堅気になると言い出した。本当なら事務所が潰れかねない大事だ。だが、案の定その裏には、とんでもない思惑があるようで—。(表題作)ゴリラまがいの悪徳刑事に、金と女に目がない生臭坊主—個性的な面々とのやり取りも楽しい、ユーモラスで痛快な連作ミステリー。
2017.12 278p A6 ¥560 ①978-4-334-77568-1

◆**Ank: a mirroring ape** 佐藤究著 講談社
【要旨】2026年、多数の死者を出した京都暴動。ウィルス、病原菌、化学物質が原因ではない。そしてテロ攻撃の可能性もない。発端となったのは一頭の類人猿。東アフリカからきた「アンク（鏡）」という名のチンパンジーだった—。
2017.8 475p A6 ¥1700 ①978-4-06-220713-3

◆**魔導の矜持—真理の織り手シリーズ 3** 佐藤さくら著 東京創元社 (創元推理文庫)
2017.11 446p A6 ¥1000 ①978-4-488-53704-3

◆**魔導の福音** 佐藤さくら著 東京創元社 (創元推理文庫)
【要旨】王立学院で学んでいたカレンスは、父危篤の知らせを受け、急ぎ故郷へ帰った。五年前、魔物棲みの森に妹を散らしたとき、逃げるように都に向かって以来のことだった。久しぶりの故郷。だが死を前にした父に託されたのは、余りに重い秘密だった。魔導が禁忌とされてきた北の大国エルミーヌを舞台に、偏見や因習と闘い新たな道を切り開く青年の姿を描く、『魔導の系譜』続編。
2017.3 403p A6 ¥960 ①978-4-488-53703-6

◆**君を一人にしないための歌** 佐藤青南著 大和書房 (だいわ文庫)

ミステリー・サスペンス・ハードボイルド

【要旨】中三の夏、全国出場をかけた吹奏楽コンクールで大失敗をした僕はことをきっかけに、ドラム演奏をやめた僕―高校入学から一カ月が過ぎたあるる日。七海という見知らぬ女子生徒に強引に誘われ、バンドを組むことになってしまう。豊富な音楽知識をもつ凛も加入してバンド活動が始まるかと思いきや、ギタリストだけが見つからない！メンバー募集をかけるが、やってくる人は問題児ばかりで、なぜかバンドをすぐにやめてしまう!?いつになったら演奏できるのか？往年のロックの名曲も謎にからむ日常ミステリーの新定番、爆誕！
2017.8 301p A6 ¥680 ①978-4-479-30666-5

◆ストレンジ・シチュエーション 行動心理捜査官・楯岡絵麻　佐藤青南著　宝島社（宝島社文庫）
【要旨】行動心理学を用いて相手の嘘を見破る美人刑事"エンマ様"こと、楯岡絵麻。強盗殺人事件が起こり、事件翌日に署内で拳銃自殺した刑事・宮出が犯人とされたが、同期の綿貫は、真面目で気弱な宮出の犯行を信じられず、独自で探りはじめ…。女子大生の失踪、アイドルの他殺体、歪んだ愛が引き起こす様々な事件を絵麻が捜査するなか、やがて綿貫は宮出の痛切な思いに辿り着く。
2017.3 331p A6 ¥660 ①978-4-8002-6925-6

◆たぶん、出会わなければよかった嘘つきな君に　佐藤青南著、栗俣力也原案　祥伝社（祥伝社文庫）
【要旨】「デートしてみよっか」恋をあきらめていた僕に奈々が言った言葉。それは上司のパワハラに悩みながら資格試験の勉強をしている冴えない僕の毎日を一変させた。奈々への恋心を確信した頃、ある同僚女性から好意を寄せられるようになり、何かが狂い始める。これは恋か罠か、それとも―ときめきと恐怖が交錯する一気読み必至、衝撃の結末が待つどんでん返し純愛ミステリー！書下ろし。
2017.12 281p A6 ¥620 ①978-4-396-34376-7

◆俳優探偵―僕と舞台と輝くあいつ　佐藤友哉著　KADOKAWA　（角川文庫）
【要旨】注目の2.5次元舞台「オメガスマッシュ」初日の幕が上がった。役者同期の水口が主役としてスポットライトを浴びる一方、僕はオーディションに落ちた敗者として客席からあいつを見上げていた。その上演中、キャストの1人が忽然と姿を消してしまう不可解な事件が発生する。僕は消えた役者の行方を追うが、そこには、役者であるがゆえの苦悩と真相が潜んでいて、。舞台に青春を捧げる若者たちの、夢と現実が交錯する3つの事件。
2017.9 291p A6 ¥600 ①978-4-04-106238-8

◆古書カフェすみれ屋と悩める書店員　里見蘭著　大和書房（だいわ文庫）
【要旨】「この本、買っていただけませんか？」「それってつまりーいまわたしが話した本の中に答えがこのなかにあると？」すみれ屋の古書スペースを担当する紙野среди敏がお客様に本を薦めるとき、きっと何かが起こる。初デートの相手のつれない行動の理由も、見つからない問い合わせ本のタイトルも、恋人が別れを告げた原因も、…すべてのヒントと答えは本のなかにある!?日常ミステリー第2弾！大切な一歩を踏み出す誰かを応援する、スウィート＆ビターな4つのミステリー！
2017.3 299p A6 ¥680 ①978-4-479-30644-3

◆淫奪―美脚諜報員喜多川麻衣　沢里裕二著　祥伝社（祥伝社文庫）
【要旨】FIA（総務省消防庁情報局）に凄腕の新戦力が加わった。局長の孫娘にして、英国諜報部仕込みの喜多川麻衣である。麻衣は持ち前の頭脳、美貌そして魅惑的な美脚を駆使し、ヤクザの闇取引の現金を奪うとおぼしき北朝鮮の謀略を突き止める。万全の監視体制を敷く麻衣たちだったが、狡猾に新手の犯罪集団が乱入して…。エロス濃度アップ＆サスペンス感倍増の第二弾！
2017.7 313p A6 ¥630 ①978-4-396-34334-7

◆淫謀――九六六年のパンティ・スキャンダル　沢里裕二著　祥伝社（祥伝社文庫）
【要旨】一九六六年、ビートルズ来日時の武道館。熱狂する二階の客席から降ってきた白いパンティ。二〇一七年、テレビ番組制作会社の女性社員が次々と。鍵は「ビートルズのテープ」。それは五一年の時を経て、日本国の国土を揺るがすものだった。迸るエロスと激しい諜報戦。暗躍する大国の組織にFIAは立ち向かえるのか？芯まで熱いエロス＆サスペンス。
2017.11 292p A6 ¥630 ①978-4-396-34370-5

◆極道刑事（クロデカ）―新宿アンダーワールド　沢里裕二著　実業之日本社（実業之日本社文庫）
【要旨】新宿歌舞伎町のホストクラブから女がさらわれた。ビル一棟を破壊し、女を拉致したのは、「横浜舞闘会」の総長・黒井健人と若頭。しかし、ふたりの本当の目的は、歌舞伎町中華街構想を阻止した、外国マフィアの領土侵略に歯止めをかけることだった―。スペクタクルな展開、度胆を抜くアクション、甘く激しいエロス、明かされる衝撃の真実！渾身の超絶警察小説!!
2017.10 285p A6 ¥593 ①978-4-408-55386-3

◆国家の大穴　永田町特区警察　沢里裕二著　光文社（光文社文庫）
【要旨】裁判官だった高島裕子は、同僚たちとの集団破廉恥行為によって逮捕された。だが、取引を持ちかけられる。無罪放免の条件は!?なんと、参議院議員選挙への立候補！見事、当選した彼女たちにさらなる特命が待っていた。永田町特区警察の議員刑事。警察権の及ばない国会議事堂内、さらには永田町、霞が関の巨悪を炙り出すための秘密組織だった？その標的とは！？
2017.2 301p A6 ¥620 ①978-4-334-77436-3

◆処女刑事（デカ）―横浜セクシーゾーン　沢里裕二著　実業之日本社（実業之日本社文庫）
【要旨】カジノ法案成立により、極道の利権の奪い合いが激しい、セクシーゾーン横浜。外国マフィアも暗躍する。「性活安全課」の真木洋子は、神奈川県警広報課長・古泉今日子の依頼を受け、捜査に乗り出す。元モデル婦警・石黒里美は、女性アイドルグループのコンサートに潜入捜査、極秘情報を入手。風俗嬢100人が集まる花火大会へ―。シリーズ最高のスリルと興奮！
2017.4 292p A6 ¥593 ①978-4-408-55353-5

◆絶倫刑事（デカ）―有頂天作戦　沢里裕二著　徳間書店（徳間文庫）
【要旨】警視庁の定年間際刑事の吹き溜まり、パー課こと捜査八課の津川雪彦警部補は、実は銀座の貴金属店の御曹司で元公安外事の凄腕。桜田門スケベに定年間際のスチャラカやんしいたちに、暴力団絡みの詐欺事案を追う特別任務が下された。ミッションはヤミ金・クレジット偽造団の壊滅。面倒だったら逮捕はしなくてもいいなんて…。著者独壇場の痛快淫乱スラップスティック警察官能第二弾！
2017.6 292p A6 ¥640 ①978-4-19-894338-7

◆密通捜査―警視庁警備九課一係　秋川涼子　沢里裕二著　竹書房（竹書房文庫）
【要旨】女性警察官の中岡裕子が新党の立ち上げを図るが、政界の盟友が襲われ、新党立候補者が拉致される事件が発生。事態を重く見た裕子は、彼女の警護にあたる女性要人専門の警備警察官（通称LSP）の秋川涼子らに犯人追及を命じる。警護から捜査に転じたLSPは、事件の黒幕と思われる団体、企業に身分を偽り潜入し、築地市場移転からカジノ誘致までが絡む陰謀を嗅ぎつける。だが、身体を張って潜入捜査を続ける涼子に、想像を絶する淫らな罠が待ち構えていた…！シリーズ最大の興奮、警察エンターテインメント・エロス、絶好調の最新刊。
2017.5 318p A6 ¥640 ①978-4-8019-1088-1

◆クラン　5　警視庁渋谷南署巡査・butch瀬直助の覚醒　沢村鐵著　中央公論新社（中公文庫）
【要旨】渋谷スクランブル交差点でのテロを防ぎ、事件に関わる警察官大量検挙した「クラン」。しかし、全ての黒幕「神」の魔手は、ついに「クラン」のメンバーへと迫る。次々と消える仲間たち、心に宿る巨悪「神」。絶体絶命の窮地の中、刑事たちに残された秘策とは。最終局面に向け、急加速する戦いを見逃すな。書き下ろしシリーズ第五弾。
2017.7 372p A6 ¥700 ①978-4-12-206426-3

◆ゲームマスター―国立署刑事課　晴山旭・悪夢の夏　沢村鐵著　祥伝社（祥伝社文庫）
【要旨】「世界中の大量殺人の裏には、人を操るゲームマスターという異能者が潜んでいる"警視庁生活安全部の刑事驚尾の話を、国立署の晴山旭は一笑に付した。米軍の銃器横流し事件を単独で追う彼にはあまりに荒唐無稽な話だった。だが、参考人の事情聴取に訪れた高校の校舎から突然、銃声が！階段を駆け上った晴山に凄惨な光景が襲い…。熱血刑事に迫る、最大の危機とは！？
2017.2 348p A6 ¥670 ①978-4-396-34285-2

◆ミッドナイト・サン　沢村鐵著　双葉社（双葉文庫）

【要旨】市民楽団のヴァイオリニスト・宇田川匠は、同じ楽団の涌井朱音と懇意になり、ある夜、19世紀のメキシコで起きた「死者の日」の出来事を語り出した。それは人の精気と能力を奪い、永遠に生きる夜の種族が人間の女に恋をするという信じがたい物語だった。現代の東京と19世紀のメキシコ―交差する二つの物語の結末は、幸せか、破滅か…。魂を揺さぶる幻想ミステリー。
2017.6 276p A6 ¥602 ①978-4-575-52010-1

◆憧れの作家は人間じゃありませんでした　澤村御影著　KADOKAWA　（角川文庫）
【要旨】憧れの作家・御崎禅の担当編集になった瀬名あさひ。その際に言い渡された注意事項は「昼間は連絡するな」「銀製品は身につけるな」という奇妙なもの。実は彼の正体は吸血鬼で、人外の存在が起こした事件について、警察に協力しているというのだ。捜査より新作原稿を書いてもらいたくなるあさひだが、警察から様々な事件が持ち込まれる中、御崎禅がなぜ作家になったのかを知ることになる。第2回角川文庫キャラクター小説大賞"大賞"受賞作。
2017.4 268p A6 ¥560 ①978-4-04-105262-4

◆憧れの作家は人間じゃありませんでした　2　澤村御影著　KADOKAWA　（角川文庫）
【要旨】編集者の瀬名あさひが担当しているのは、覆面作家の御崎禅。その正体は、なんと吸血鬼。人外の存在が関わる事件について、警察に協力している彼のもとへは、今日も奇妙な話が舞い込んでくる。ある日、警視庁異質事件捜査係の夏樹から、死んだ人が化けて出ているという噂話が持ち込まれ、現場の公園へ行ってみると、確かに死んだはずの男性が子供と話をしていた。彼の正体は一体…。番外編「あたしのご主人様のこと」収録。
2017.9 265p A6 ¥560 ①978-4-04-105263-1

◆猫が足りない　沢里凜著　双葉社（双葉文庫）
【要旨】就職活動の傍ら、スポーツクラブに入会した知章。会員の女性たちから、近隣で起きている猫の虐待について調べてほしいと頼まれる。現場を探ってみると、思いもよらぬ事件が。真相究明に一役買ったのは、四元さんという会員の女性だった。その後、猫がらみで騒動を引き起こす彼女に振り回される知章。四元さんが猫に強くこだわる理由は何なのか？知章は無事に就職できるのか？かつてない新たな味わいの巻き込まれ型ミステリー！
2017.10 348p A6 ¥667 ①978-4-575-52038-5

◆騙し絵の牙　塩田武士著、大泉洋写真（モデル）　KADOKAWA
【要旨】大手出版社で雑誌編集長を務める速水。誰もが彼の言動に惹かれてしまう魅力的な男だ。ある夜、上司から廃刊を匂わされたことをきっかけに、彼の異常なほどの"執念"が浮かび上がってきて…。斜陽の一途を辿る出版界で牙を剥いた男が、警察全体にメスを入れる！
2017.8 380p B6 ¥1600 ①978-4-04-068904-3

◆雪の香り　塩田武士著　文藝春秋（文春文庫）
【要旨】学生時代、冬の日に出会った恋人・雪乃。12年前に姿を消した彼女を、いま警察が追っている。新聞記者になった私は密かに調査を開始した。彼女は何をしたのか、なぜ姿を消したのか。京都の四季を背景に描かれる若き日の恋と、隠された秘密をめぐる現在の日々。『罪の声』の著者が贈る純愛ミステリーの傑作！
2017.8 390p A6 ¥840 ①978-4-16-790901-7

◆スマホを落としただけなのに　志駕晃著　宝島社（宝島社文庫）
【要旨】麻美の彼氏の富田がタクシーの中でスマホを落としたことが、すべての始まりだった。拾った男はスマホを返却するが、男の正体は狡猾なハッカー。麻美を気に入った男は、麻美の人間関係を監視し始める。セキュリティを丸裸にされた富田のスマホが、身近な人のSNSを介して麻美を陥れる凶器へと変わっていく。一方、神奈川の山中では身元不明の女性の死体が次々と発見され…。
2017.4 403p A6 ¥650 ①978-4-8002-7066-5

◆十二月八日の幻影　直原冬明著　光文社（光文社文庫）
【要旨】帝国海軍少尉の潮田は、類い希なる記憶力を見込まれ、切れ者の少佐・渡海の指名により特別任に仮配属となる。命じられたのは予想外の任務に反発しながらも、徐々にその重要性を自覚する潮田。そして、たったふたりの

戦いは真珠湾急襲作戦を巡る熾烈な攻防へ突入する！ミステリーとスパイ・サスペンスの融合が見事に結実した第18回日本ミステリー文学大賞新人賞受賞作。
2017.2 382p A6 ¥680 ①978-4-334-77428-8

◆岩棚のにおい 重川治樹著 （調布）アーバンプロ出版センター
【要旨】あやかしの女が全身から発する微光を見てしまった男二人、M社とA社の新聞記者が人生を滅茶滅茶にされる。ひとりは父子家庭の無間地獄に落とされた末に食い殺され、もうひとりは人格が崩壊して痴漢常習者に堕して刑務所へ。赴任地T市・半島で亜遊多扶紫季子と大造准珍人はともにT警察署を担当していたが、わけのわからぬとんでもない事態に巻き込まれる一。A社支局のダンスパーティーで出会った美しい女に二人同時に一目惚れして始まった狂乱の恋。県立高校の国語教師というふれ込みのその美女は、実は大昔からT市・半島に住みつく地霊だった。二人には婚約者がいて結婚間近。人並みの恋愛経験もない二人は、手もなく地霊に翻弄される…。他に、「魔物のナイフ」「闇に哭く魚」の2編を収録。怪奇、幻影、幻影、愛憎、鮮血…。いまよみがえる"泉鏡花"の世界！
2017.3 214p B6 ¥1200 ①978-4-89981-271-5

◆上海殺人人形（ドール） 獅子宮敏彦著 原書房（ミステリー・リーグ）
【要旨】様々な勢力が暗躍する魔都・上海で起こる連続不可解殺人事件。密室状況で殺された被害者のそばに残されたカード…。密室が解かれても、真犯人・上海デスドールをとらえることはない。エキゾチックな不可能趣味満載の連作集。
2017.4 326p B6 ¥1900 ①978-4-562-05399-5

◆検察側の罪人 上 雫井脩介著 文藝春秋（文春文庫）
【要旨】蒲田の老夫婦刺殺事件の容疑者の中に時効事件の重要参考人・松倉の名前を見つけた最上検事は、今度こそ法の裁きを受けさせるべく松倉を追い込んでいく。最上に心酔する若手検事の沖野は厳しい尋問で松倉を締め上げるが、最上の強引なやり方に疑問を抱くようになる。正義のあり方を根本から問う雫井ミステリー最高傑作！
2017.2 362p A6 ¥650 ①978-4-16-790764-6

◆検察側の罪人 下 雫井脩介著 文藝春秋（文春文庫）
【要旨】23年前の時効事件の犯行は自供したが、老夫婦殺人事件については頑として認めない松倉。検察側の判断が逮捕見送りに決しようとする寸前、新たな証拠が発見され松倉は逮捕された。しかし、どうしても松倉の犯行と確信できない沖野は、最上と袂を分かつ決意をする。慟哭のラストが胸を締めつける感動の巨編！
2017.2 306p A6 ¥650 ①978-4-16-790765-3

◆璃子のパワーストーン事件目録 ラピスラズリは謎色に 篠原昌裕著 宝島社（宝島社文庫）
【要旨】パワーストーン雑貨店「ミネラルズ」でアルバイトをしている女子大生・雫石璃子。キャンパス内で不思議な事件に遭遇したとき、彼女は鉱物学の権威で英の士に相談を持ちかける。璃子の通う大学に勤務する准教授にして極度の石オタクだが、鋭い洞察力で鮮やかに謎を解き明かしていく。推理を彩るは、インカローズやアマゾナイト、アクアオーラ、アメジストなど、数々のパワーストーン！
2017.11 283p A6 ¥600 ①978-4-8002-7810-4

◆クズリ―ある殺し屋の伝説 柴田哲孝著 講談社（講談社文庫）（『クズリ』改題書）
【要旨】ハロウィンで賑わう六本木で、ピエロ姿束の男が外国人を射殺する。銃弾の痕から割り出されたのは、四半世紀前に死んでいるはずの凶悪な暗殺者"クズリ"だ。立て続けに起きる射殺事件は誰の仕業なのか？ 伝説の殺し屋が、麻薬と莫大なカネを巡って裏社会を相手に繰り広げる血と涙の極北ハードボイルド。
2017.11 464p A6 ¥840 ①978-4-06-293719-1

◆砂丘の蛙 柴田哲孝著 光文社（光文社文庫）
【要旨】殺人事件を起こした崎津直也が刑期を終えて出所した直後に神戸で殺された。その直後、九年前に崎津を逮捕した片倉康孝も何者かに刺される。崎津から届いた手紙に書かれていた「砂丘の蛙」という謎の言葉に、戸籍には載っていない「妹」の存在。事件の渦中に巻き込まれた片倉は、捜査本部から外されても地道な捜査を続け、神戸、鳥取へと足を運ぶ。傑作推理小説。
2018.1 397p A6 ¥840 ①978-4-334-77587-2

◆下山事件 暗殺者たちの夏 柴田哲孝著 祥伝社（祥伝社文庫）
【要旨】GHQ占領下の昭和二四年、後に"昭和史最大の謎"といわれる事件が起きた。七月五日早朝、下山定則初代国鉄総裁が失踪。翌日未明、線路上で轢死体が発見された「下山事件」。あの時、何が起きたのか…。政財界の大物、日米の諜報員と特務機関員、警察と検察。当時の関係者の動きを小説という形で追及する。ノンフィクションでは描きえない真相に迫った衝撃作！
2017.6 664p A6 ¥920 ①978-4-396-34317-0

◆Dの遺言 柴田哲孝著 祥伝社
【要旨】戦時中、軍需省の要請により立法化され、それに基づき皇室からも供出されたダイヤモンドがあった。その量、32万カラット。戦後は日銀に保管されていたが、その内20万カラットが占領のどさくさの中に消失。GHQのアメリカ軍将校が盗み出したとも、日本の政権運用資金に使われたとも言われていた。東大教授にして歴史作家・浅野迦羅守は、戦後の特務機関・亜細亜産業に勤めていた曾祖父たちから、消えたダイヤの在り処を示す暗号文の遺言書を託された。しかし、捜索を始めるや何者からかの脅迫を受け、やがて敵の襲撃が…。
2017.11 359p A6 ¥1800 ①978-4-396-63535-0

◆WOLF 柴田哲孝著 KADOKAWA（角川文庫）
【要旨】ノンフィクション作家・有賀雄二郎のもとに、林野庁の埼玉環境保全担当から突如連絡が入った。奥秩父の両神山の麓に"山犬"らしき大型動物の群れが発見されたのだ。昔の雄輝と共に現地に向かった有賀は調査を開始。カナダのカレッジでオオカミを学ぶ雄輝は、被害の様子をみてニホンオオカミではないかと仮説を立てる。次々に人を襲い始めた"山犬"に危機感を抱く2人は捕獲作戦に協力、正体に肉薄するが…。
2017.1 485p A6 ¥960 ①978-4-04-105200-6

◆紫のアリス 柴田よしき著 文藝春秋（文春文庫） 新装版
【要旨】人生最悪の日―不倫を清算し、結婚の夢を捨てていた紗季が会社を辞めた日、夜の公園で見たのは男の変死体と「不思議の国のアリス」のウサギ。引っ越したマンションで隣人のお節介に悩む紗季に元不倫相手が自殺したという知らせが。不思議の迷宮で、七重二十重のトリックにがんじがらめの紗季が辿りついたのは…。
2017.4 302p A6 ¥670 ①978-4-16-790809-6

◆ゆきの山荘の惨劇―猫探偵 正太郎登場 柴田よしき著 光文社（光文社文庫）（『柚木野山荘の惨劇』改題書）
【要旨】人里離れた柚木野山荘で作家仲間の結婚披露パーティーが開かれる。飼い猫の正太郎と連れてやってきた桜川ひとみだったが、土砂崩れで山荘は孤立した。そして、事件が起こる！猫探偵正太郎が幼なじみの犬サスケ、美猫のトマシーナとともに真相に迫る。人間の会話を理解する猫探偵正太郎が大活躍するシリーズ第一弾。
2017.6 308p A6 ¥620 ①978-4-334-77484-4

◆猟犬の旗 芝村裕吏著 KADOKAWA
【要旨】日本の誇る情報機関（便宜上「イトウ家」と呼ばれる）、そこには使役される猟犬がいる。外国人にもかかわらず、不当な扱いに猟犬となった男が休暇を取ったその日、日本のまどろみは崩壊した―。関西国際空港に新宿駅、日本の主要都市で続く爆弾テロに銃撃テロ。"外国人の反乱"に、男が動く。猟犬は、どの旗に忠誠を誓うのか！ 現代日本を舞台とした、至極の"スパイ小説"！！
2017.7 243p B6 ¥1500 ①978-4-04-104779-8

◆爪痕―警視庁捜査一課刑事・小々森八郎 島崎佑貴著 中央公論新社（C★NOVELS）
【要旨】麻薬取締官が九州で内偵中の大麻密売情報を、厚労省の若手キャリアが警視庁捜査一課管理官にリークした。同窓のキャリア同士とはいえ、「裏」があると感じた管理官は、迷宮入り事件担当の特命捜査対策室四係刑事・小々森八郎を指名し、別件捜査で現地へ送り込んだのだが。捜査一課最悪の刑事がここに登場！
2017.7 375p A6 ¥680 ①978-4-12-206430-0

◆幻肢 島田雅彦著 文藝春秋（文春文庫）
【要旨】交通事故で記憶喪失に陥った医大生・糸永遥。治療により記憶は回復するが、事故当時の状況だけが思い出せない。不安と鬱屈を発症した遥はTMS（経頭蓋磁気刺激法）を受けるが、その直後に恋人・雅人の幻が現れる。幻の恋人との逢瀬にのめり込む遥にやがて悲劇が！？ 島田雅彦初の映画化作品。
2017.8 446p A6 ¥930 ①978-4-16-790900-0

◆名探偵傑作短篇集 御手洗潔篇 島田荘司著 講談社（講談社文庫）
【要旨】本格ミステリの金字塔『占星術殺人事件』での登場以来、難事件をいくつも解決し、相棒・石岡和己とともに、愛されてきた名探偵・御手洗潔。その選りすぐりの短篇集。御手洗の人間的魅力に溢れた「数字錠」、「SIVAD SELIM」、シリーズ屈指の怪事件「山高帽のイカロス」他、全5篇を収録。
2017.8 573p A6 ¥980 ①978-4-06-293736-8

◆英雄はそこにいる 呪術（シャーマン）探偵ナルコ 島田雅彦著 集英社（集英社文庫）
【要旨】「捜査に協力して欲しい」。警視庁特命捜査対策室の穴見は、迷宮入り事件の糸口を見つけるため、探偵ナルヒコのもとを訪れた。銀座ホステス誘拐、ジャーナリスト連続殺人、歌舞伎町水難。シャーマンの血を引き、ひとの夢に入る力を持つ彼が目をつけた事件の捜査線上に、やがて共通の男が浮かび上がる。一見バラバラに見える事件に隠された真の目的とは。探偵と殺し屋の対決がいま幕を開ける。
2017.2 381p A6 ¥700 ①978-4-08-745544-1

◆虚人の星 島田雅彦著 講談社（講談社文庫）
【要旨】外交官から首相秘書に抜擢された新一は、七つの別人格に住まうスパイでもあった。新一が仕える世襲総理・松平定男は、凡庸な極右との前評判を覆し、米大統領をも黙らせる名演説で世間の度肝を抜く。しかし、彼の内部にも奇妙な変化が現れて…。二重スパイと暴走総理は、日本の破壊を食い止められるのか？ 第70回毎日出版文化賞受賞作
2017.12 362p A6 ¥740 ①978-4-06-293841-9

◆ミュータンス・ミュータント 島谷浩幸著 幻冬舎メディアコンサルティング、幻冬舎 発売
【要旨】夏の盛り、首都圏で不可解な遺体が次々と発見された。その遺体の共通点は、若者・歯がない・死因は心臓発作、というものだった。警視庁は捜査を進めるうち、被害者の部屋のくず入れに高頻度で、あるコンビニが販売しているデザートの包みが捨てられていることを突き止めたが。果たして、この事件は病気なのか、事故なのか。それとも殺人なのか―。思わず歯が疼く。本格歯科ミステリー！
2017.2 326p B6 ¥1200 ①978-4-344-97459-3

◆ギキョウダイ 嶋戸悠祐著 講談社
【要旨】サッカーが好きな少年・六村終夜は、クライメイトの桐菜天晴がサッカーの真の天才であることに気づく。たちまち頭角を現し、日本サッカーを変革、さらにW杯で圧倒的な力を示す晴。純粋な彼を支え続ける終夜。だが突然、破局は訪れた―。純粋な彼を支配するためならば手段を選ばぬ怪物。ぬめりとした悪意、果てしなき絶望。禁断の暗黒系ミステリー！
2017.2 318p B6 ¥680 ①978-4-06-220469-9

◆天穹のテロリズム 嶋中潤著 光文社
【要旨】人類史上最悪の危機、宇宙ステーション爆破!!420トンの巨大な塊が天から降ってくる。爆弾テロ犯の真の企みとは？ 宇宙飛行士は自身して私たちを守るため、勇猛果敢に闘う。宇宙プロジェクトに携わる著者の、壮大で果てしない書下ろしミステリー。
2017.3 387p B6 ¥1700 ①978-4-334-91155-3

◆うそつき、うそつき 清水杜氏彦著 早川書房（ハヤカワ文庫JA）
【要旨】国民管理のために首輪型嘘発見器着用が義務付けられた世界。少年フラノは非合法の首輪除去で日銭を稼ぐ。強盗犯、悲しみを抱える少女、詐欺師など依頼人は様々で危険な日常茶飯事だ。だが彼にはある人のためにどうしても外したい首輪があった。それがフラノを首輪と彼自身の秘密へと導く…愛を乞う少年が辿り着く衝撃の結末とは？ 小説推理新人賞とダブル受賞でデビューした超大型新人による第5回アガサ・クリスティー賞受賞作。
2017.10 474p A6 ¥880 ①978-4-15-031298-5

◆機長の決断―日航機墜落の「真実」 清水保俊著 講談社（講談社文庫）（『グッド・ラック―日本航空123便のコックピットで何が起きたのか』改題書）
【要旨】JALの元フライト・エンジニアが、フライト・レコーダやボイス・レコーダを始めとす

る様々な資料を基に、事故当日のコックピットの様子を徹底的に検証する。果たして、123便に助かる術はなかったのか？事故の原因と過程を推察しつつ、祈りを込めて描いた「もう一つの結末」とは？1985年8月12日を描いた迫真のドキュメントノベル。
2017.7 358p A6 ¥760 ⓘ978-4-06-293720-7

◆サイレント・マイノリティ―難民調査官
下村敦史著　光文社
【要旨】新宿の路地裏で殺されたシリア人の男性。彼の妻は事件以後、未だに行方不明のままだという。フリージャーナリストの山口秋生は彼と交流のあったアルバシール一家の取材中、隣に住むシリア人の親子が東日本入国管理センターに収容されていると知る。一方、東京入国管理局の難民調査官・如月玲奈は、シリアから逃れてきた父と娘に聞き取り調査を行う。難民認定を切実に訴える父に対して娘は、「お父さんは日本に住みたくて嘘の話をしています」と異なる証言をする。どちらかが嘘をついているのか？困惑する玲奈の元に来た山口の取材申し込みから、事態は誘拐・脅迫事件へと発展していく―。乱歩賞作家による、疾風怒涛の最新ポリティカル・ミステリー!!
2017.4 271p B6 ¥1500 ⓘ978-4-334-91161-4

◆サハラの薔薇　下村敦史著　KADOKAWA
【要旨】エジプト発掘調査のハイライト、王家の墓に埋葬されていた石棺の中にあったのは、死後数ヵ月のミイラ状死体だった！そして、考古学者の峰は何者かの襲撃を受ける。危うく難を逃れたかに見えた峰が講演先のパリへ向かう飛行機が砂漠に墜落し、徒歩でオアシスを目指すことになった。同行者は美貌のベリーダンサー・シャリファ、凶暴で残酷なアフマド。何かを思い詰めている技術者の永井、飛行機オタクのエリック、そして謎の呪術師。誰もが謎を抱え、次々と危険なカードを切ってくる―やがて一行は分裂し、巻き込まれた戦闘の中で峰は、永井の過去と真の使命を知る。果たして「サハラの薔薇」とは何なのか。それが未来にもたらすものは？
2017.12 344p B6 ¥1600 ⓘ978-4-04-105747-6

◆生還者　下村敦史著　講談社（講談社文庫）
【要旨】雪崩で死亡した兄の遺品を整理するうち、増田直志はザイルに施された細工に気づく。死因は事故か、それとも―。疑念を抱く中、兄の登山隊に関係する二人の男が生還を果たす。真相を確かめたい増田だったが、二人の証言は正反対のものだった！ヒマラヤを舞台にいくつもの謎が絡み合う傑作山岳ミステリー。
2017.7 379p A6 ¥720 ⓘ978-4-06-293710-8

◆緑の窓口―樹木トラブル解決します　下村敦史著　講談社
【要旨】新設された「緑の窓口」への異動を言い渡された区役所職員の天野優樹が出会ったのは、風変わりな美人"樹木医"だった！樹木トラブルの裏に隠された、人の"想い"を見つけ出す6つの連作ミステリー。
2017.8 312p B6 ¥1550 ⓘ978-4-06-220710-2

◆伽藍堂の殺人―Banach-Tarski Paradox
周木律著　講談社（講談社文庫）
【要旨】謎の宗教団体・BT教団の施設だった二つの館の建つ伽藍島。リーマン予想解決に関わる講演会のためも訪れた、放浪の数学者・十和田只人と天才・善知鳥神、宮司兄妹。その夜、ともに招かれた数学者二人が不可能と思われた"瞬間移動"の犠牲となる。秘められた不穏な物語がさらに動く"堂"シリーズ第四弾。
2017.9 418p A6 ¥800 ⓘ978-4-06-293755-9

◆五覚堂の殺人―Burning Ship　周木律著　講談社（講談社文庫）
【要旨】放浪の数学者、十和田只人は美しき天才、善知鳥神に導かれ第三の館へ。そこで見せられたものは起きたばかりの事件の映像―それは五覚堂に閉じ込められた哲学者・宍田幾郎の一族と警察庁キャリア、宮司司の妹、百合子を襲う連続密室殺人だった！「既に起きた」事件に十和田はどう挑むのか。館＆理系ミステリ第三弾！
2017.3 455p A6 ¥840 ⓘ978-4-06-293623-1

◆災厄　周木律著　KADOKAWA（角川文庫）
【要旨】原因不明の症状により、市町村単位で住民が集団死する事件が発生した。高知県を発端に"災厄"は四国全域に広がり、なおも範囲を拡大していく。一方、政府の対策本部では災厄の原因を巡って厚生労働省と警察庁が対立。ウイルス感染説を主張する厚労省キャリアの斯波。超弩級のスケール感と押し寄せる恐怖！未曾有の危機に立ち向かう、一気読み必至のパニック・サスペンス！
2017.7 378p A6 ¥680 ⓘ978-4-04-105610-3

◆交通事故偽装恐喝事件　上木繁幸著　東京図書出版、リフレ出版発売
【要旨】『交通事故偽装恐喝事件』―女を使った暴力団の卑劣な恐喝事件。冷静で毅然とした態度で対応する正義感が強い楠木弁護士の活躍を描く。『偽装された公正証書遺言書』―兄弟や養子との間の微妙な深層心理、人間模様を描く。『地検特別執行班』―地検の検察事務官が逃走中の被告人を逮捕、収監するまでの様々な活躍を描く。
2017.3 152p A5 ¥1000 ⓘ978-4-86641-034-0

◆壁と孔雀　小路幸也著　早川書房（ハヤカワ文庫JA）
【要旨】警視庁警護課の土壁英朗は35歳になるベテランSP。仕事の負傷で休暇を取り、幼い頃両親の離婚で別れたまま2年前に事故死した母の墓参りに赴く。北海道にある母の実家の町を支配する名家で、今は祖父母と小5の異兄弟が住んでいた。初めて会う弟は、自ら座敷牢に入り、英朗に「僕がお母さんを殺した」と告げる。その言葉の真意は？さらに町では不審な事故が相次ぐ。英朗は忍び寄る危険から弟達を護ろうとするが…。
2017.2 408p A6 ¥840 ⓘ978-4-15-031265-7

◆札幌アンダーソング―間奏曲　小路幸也著　KADOKAWA（角川文庫）
【要旨】「大きな雪堆積場の3つのうちのひとつに男性の死体を埋めた」若手刑事の仲野久が勤める北海道警に謎の手紙が届いた。捜査のため、久は無駄に色男な先輩刑事・根来と、被害者とされる男性の家族に会いに行く。その家の娘に何らかの「背徳の匂い」を感じ取った根来は、天才に変態の専門家である美少年・志村春に相談することに。どうやら事件には犯罪の怪物・山森が絡んでいるようだが…。異色ミステリエンタメ第2弾！
2017.1 268p A6 ¥600 ⓘ978-4-04-105205-1

◆少年探偵　小路幸也著　ポプラ社（ポプラ文庫）
【要旨】世間を騒がせる怪人二十面相の秘密を知り、身を挺して真実を伝えようとした少年と、彼に「力」を授ける謎の紳士。退廃に沈むかつての名探偵が立ち上がり、少年と出会うとき、「少年探偵団」が再び甦る。江戸川乱歩誕生120年オマージュ企画第3弾、ついに文庫化！
2017.5 257p A6 ¥640 ⓘ978-4-591-15486-1

◆スターダストパレード　小路幸也著　講談社（講談社文庫）
【要旨】1年の刑期を終えたその日、オレを迎えに来たのは刑事の鷹原さんだった。不審な死で母を亡くし、言葉を失った5歳の少女・ニノンを匿えと切り出す。なぜオレに？かつて鷹原さんを裏切ったこのオレに？ニノンとオレの切ない逃避行が始まる…。それぞれの想いを乗せた、ハートフル・ミステリー！
2017.7 295p A6 ¥630 ⓘ978-4-06-293702-3

◆駐在日記　小路幸也著　中央公論新社
【要旨】平和な田舎の事件なんて見たくない…と思ってたのに。事件解決のカギは入念な捜査とお節介。駐在さん×元医者の妻がワケありな謎を解き明かす。「東京バンドワゴン」シリーズ著者が初めて描く、連作短編警察小説。
2017.11 239p B6 ¥1500 ⓘ978-4-12-005023-7

◆マイ・ディア・ポリスマン　小路幸也著　祥伝社
【要旨】奈々川市坂見町は東京にほど近い古い町並みが残る町。元警官一課の刑事だった宇田巡は、理由あって「東楽観寺前交番」勤務を命じられて戻ってきたばかり。寺の副住職で、幼なじみの大村行成と話していると、セーラー服姿のかわいい女子高生・楢島あおいがおずおずと近づいてきた。マンガ家志望の彼女は警官を主人公にした作品を描くために、巡の写真を撮らせてほしいという。快くOKした巡だったが、彼女は去ったあと、交番前のベンチにさっきまでなかったはずの財布が。誰も近づいていないのに誰が、なぜ、どうやって？疑問に包まれたまま財布の持ち主を捜し始めた巡は、やがて意外な事実を知ることに…。
2017.7 275p A6 ¥630 ⓘ978-4-396-63522-0

◆冤罪犯　翔田寛著　KADOKAWA
【要旨】平成29年7月、千葉県船橋市の休耕地で、ブルーシートが掛けられた幼女の遺体が発見された。捜査に乗り出した船橋署の香山は、7年前に起きた"田宮事件"と遺体の状況が酷似していることに気づく。"田宮事件"では不可解な経緯から証拠が見つかり、犯人とされた男は冤罪を主張したまま拘置所内で自殺していた。やがて、捜査を進める香山の前で、ふたつの事件をつなぐ新たな証拠が見つかって―。乱歩賞受賞作家、渾身の警察ミステリー。
2017.8 303p B6 ¥1600 ⓘ978-4-04-105867-1

◆人間の顔は食べづらい　白井智之著　KADOKAWA（角川文庫）
【要旨】「お客さんに届くのは"首なし死体"ってわけ」。安全な食料の確保のため、"食用クローン人間"が育てられている日本。クローン施設で働く和志は、育てた人間の首を切り落として発送する業務に就いていた。ある日、首なしで出荷したはずのクローン人間の商品ケースから、生首が発見される事件が起きて―。異形の世界で展開される、ロジカルな推理劇の行方は!?横溝賞史上最大の"問題作"、禁断の文庫化！
2017.8 346p A6 ¥840 ⓘ978-4-04-105613-4

◆竜の道　昇龍篇　白川道著　幻冬舎（幻冬舎文庫）
【要旨】巨額詐欺事件を首謀した竜一は50億の金を残し、ブラジルに潜伏した後、整形手術を施し東京に舞い戻った。一方、官僚となった竜二は、その金を150億もの資産にし、兄を待つ。狙いは、少年期の二人を地獄に陥れた巨大企業を叩き潰すこと。バブル前夜のその夏、金と才覚を生かす兄弟の熾烈な復讐が始まる。著者の絶筆にして、極上エンターテイメント。
2017.4 502p A6 ¥730 ⓘ978-4-344-42592-7

◆計画結婚　白河三兎著　徳間書店
【要旨】新郎新婦をとりまく人々は、戸惑いつつも船上ウエディングに出席するが―。結婚相手には深い秘密があった。予測できないフィナーレが待っている。
2017.2 239p B6 ¥1600 ⓘ978-4-19-864344-7

◆他に好きな人がいるから　白河三兎著　祥伝社
【要旨】彼女は重力を無視するかのように、ふわりと僕の前に降り立った―「屋上へ何をしに来たの？」それが白兎のマスクを被った君との、初めての出逢いだった―。ひりつく痛みと愛おしさが沁み渡る青春恋愛ミステリー。
2017.10 283p A6 ¥800 ⓘ978-4-396-63531-2

◆ゴルゴダの火―龍を見た男たちの地熱開発の物語　白木正四郎著（福岡）花乱社
【要旨】2016年秋、日本でサミットを狙った国際テロが発生した。一標的は原発！日本はあの時、なぜ地熱に舵を切らなかったのか―。世界を震撼させた福島原発事故を経て、なぜ、なおも原発を選ぶのか。阿蘇カルデラの地熱開発に挑む男たちの物語『龍の塔』(1988年刊)から30年―。相次ぐ国際テロ、大規模自然災害、大きく変化する世界情勢を踏まえ、大幅加筆し再編した。
2017.2 503p B6 ¥1800 ⓘ978-4-905327-66-0

◆ぬばたまおろち、しらたまおろち　白鷺あおい著　東京創元社（創元推理文庫）
【要旨】両親を失い、伯父の家に引き取られた綾乃。夏祭りの夜、サーカスから逃げたアナコンダに襲われた彼女は、危ういところを箒に乗った魔女に助けられる。魔女の正体は、村に来ていた女性民俗学者。怪我を負った綾乃は、救い主の母校で治療を受け、そのまま入学することに。だがそこは、妖怪たちや魔女に魔法を学ぶ奇妙な学校だった。第2回創元ファンタジイ新人賞優秀賞受賞作。
2017.9 298p A6 ¥1000 ⓘ978-4-488-58802-1

◆天才株トレーダー・二礼茜　ブラック・ヴィーナス　城山真一著　宝島社（宝島社文庫）（『ブラック・ヴィーナス 投資の女神』加筆修正・改題書）
【要旨】石川県庁の金融調査部で相談員として働く百瀬良太は、会社の経営難に苦しむ兄が、株取引の天才、黒衣神ことニ礼茜に大金を依頼する場に同席した。金と引き換えに依頼人の"もっとも大切なもの"を要求する茜は、対価として良太を助手に指名する。依頼人に応える茜の活躍を見守る良太。彼女を追いかける者の影。やがて二人は、日本と中国の間で起こる、国家レベルの壮絶な経済バトルに巻き込まれていく。
2017.2 447p A6 ¥680 ⓘ978-4-8002-6714-6

◆二礼茜の特命　仕掛ける　城山真一著　宝島社
【要旨】内閣金融局の秘密部門FS2に所属する二礼茜の仕事は、依頼人の"もっとも大切なもの"と引き換えに、経営危機に直面する会社に対して資

ミステリー・サスペンス・ハードボイルド

金作りの協力をすること。バイオ・ベンチャーのエヌメディックは、提携していた大手製薬会社が共同研究から撤退、銀行から融資引き揚げの通告を受け、経営危機に瀕していた。また、インサイダー情報が漏れていた可能性まで噂されている。茜は「インサイダー取引にかかわった人間を特定すること」を条件に、資金作りに着手するが―。
2017.7 377p B6 ¥1380 ①978-4-8002-7419-9

◆**男爵の密偵―帝都宮内省秘録** 真堂樹著 朝日新聞出版 （朝日文庫）
【要旨】不良華族の醜聞が世間を騒がせていた時代。藤笼虎弥太は高級中華料亭の給仕係だが、裏では華族を調査する機関・宮内省秩寮幹部の御麗尾男爵に飼われている密偵だ。石器伯爵家の次期当主・春衡の監視を命じられるが、中国の文化と美食を愛する春衡とともに怪事件に巻き込まれる。
2017.3 248p A6 ¥600 ①978-4-02-264844-0

◆**血** 新堂冬樹著 中央公論新社
【要旨】15歳の女子高生・本庄沙耶の父は自己中心で小狭く、母はまるで父の奴隷だった。その両親が突然家に侵入してきた男に刃物で惨殺された。その上、一人になった沙耶が身を寄せた親戚―10年前に幼い弟を不注意で溺死させた叔父叔母、沙耶をレイプしようとした従兄、それを見て見ぬふりする叔父も次々と死亡する。ネット上では沙耶を励ますスレッドも立つが次第に「疫病神」「死神」と揶揄する声も囁かれる。不可解な死の連鎖の中心に身を置く沙耶。果たして彼女は"悲劇の天使"か"美しき死神"か？ それとも…。
2017.11 435p B6 ¥1850 ①978-4-12-004962-0

◆**痴漢冤罪** 新堂冬樹著 祥伝社
【要旨】都内に事務所を構える弁護士の木塚は、魔性の女子高生桃香らとともに裏稼業に手を染めていた。満員電車の車内で痴漢冤罪をでっち上げ、木塚が介入、何の罪もない男たちから示談金を搾り取るのだ。順調に「加害者」を作り上げるある日、木塚が標的に選んだのは若手ナンバーワン俳優の松岡だった。イメージ作りのために、事務所があえて舞台稽古に電車を使わせていたのだ。映画やドラマ、コマーシャルに引っ張りだこの松岡からなら五千万円は引っ張れるはずだが、罠に嵌めた松岡の事務所の社長・吉原は、闇社会との繋がりも囁かれる曰く付きの男だった。出会うはずのなかった二頭の凶獣が顔を合わせた時、電車という餌場を争う死闘の幕が上がった！
2017.11 450p B6 ¥1850 ①978-4-396-63536-7

◆**相棒はドM刑事（デカ） 3 横浜誘拐紀行** 神埜明美著 集英社 （集英社文庫）
【要旨】横浜港にほど近い港みらい署。短気で手が出やすい女刑事・海月と、その暴力を嬉々として愛けるドMの後輩でイケメン・亘は署の名物コンビ。横浜市内で誘拐事件が発生、二人も捜査に加わるが、犯人は身代金の受渡し場所を次々と変更して警察を翻弄する。指定場所は浜の観光名所ばかりで…？ 表題作ほか、SMクラブでの密室殺人事件など、全三編を収録した「ドM刑事」ミステリー第三弾。
2017.7 487p A6 ¥860 ①978-4-08-745619-6

◆**美しい家** 新野剛志著 講談社 （講談社文庫）
【要旨】妻子と別れ一人で暮らす作家の中谷は、ある夜、コンビニの前で酔った女を助ける。連れて帰った部屋で女が語ったのは幼いころの不可思議な記憶。中谷はその過去を辿ることになる。同じころ一人の青年が幼少期の「恩人」を探し出そうとしていた。孤独な三人が交錯し「家族」の真の意味を模索する傑作ミステリー！
2017.1 481p A6 ¥840 ①978-4-06-293581-4

◆**アンダーカバー―秘密調査** 真保裕一著 小学館 （小学館文庫）
【要旨】若きカリスマ経営者の戸底野智貴は、女と旅行に行った異国の地で、薬物密輸の疑いで逮捕された。会社は破綻し資産は没収される。なぜ自分ははめられたのか？ 事件の真相を探るべく、彼は右腕に姿を変えて調査に乗り出す。一方、イギリスで麻薬捜査をするジャッド・ウォーカーはインターポールへの出向を命じられる。さらに第二の事件が…。日本、イギリス、イタリア、アメリカ。舞台は目まぐるしく動き、浮上してもなかった真相が立ち塞がる。世界スケールで展開するサスペンス巨編。この真相を見抜けるか！
2017.4 549p A6 ¥780 ①978-4-09-406415-5

◆**暗闇のアリア** 真保裕一著 KADOKAWA

【要旨】夫は自殺ではない、殺されたのだ。警察から連絡を受けて、富川真佐子は愕然とした。自殺の状況は完璧だった。でも、絶対に違う。夫は死を選ぶような人ではない。この自殺の背後には、きっと何かある―。真相を探る孤独な闘いが始まった。警視庁では、真佐子から相談を受けた元刑事の井岡が、内密に過去の事件を調査していく。次々と明らかになる不審な自殺…。もし、自殺大国と言われる日本で、多くの「偽装された死」があるとしたら？ついに二人は謎の鍵を握る男の存在にたどりつく。が、彼はすでに異国の地で死んでいた!?闇にうごめく暗殺者は、なぜ生まれたのか？ 国際的スケールで展開する極上エンターテインメント！
2017.7 392p B6 ¥660 ①978-4-04-105700-1

◆**ダブル・フォールト** 真保裕一著 集英社 （集英社文庫）
【要旨】人殺しの弁護は、正義なのか？ 恩人を刺し殺したと自首してきた男。彼は人望ある工場経営者。新米弁護士・本條務は、被告人の弁護を任される。減刑を勝ち取るため、務は被害者の旧悪を調べだすが、法廷で次々と暴く―。「もうやめてっ！」被害者の娘・香菜が叫んだ。務は悩みながらも、事件の真相を探ると予想外な展開が…。人間の陰影を鋭く切り取り、読む者の倫理観を問う、長編ミステリー。
2017.10 416p A6 ¥660 ①978-4-08-745643-1

◆**レオナルドの扉** 真保裕一著 KADOKAWA （角川文庫）
【要旨】腕利きの時計職人ジャンは突如侵攻してきたフランス軍に幼いころ失踪した父のことを話せと脅される。祖父によると父はレオナルド・ダ・ヴィンチが遺した秘密のノートの行方を知るという。仏皇帝ナポレオンは戦争に利用しようとノートを狙っているのだ。謎の修道女に助けられたが彼女にも企みが…。ジャンは知恵と勇気を胸に、隠された数々の仕掛けに挑み、強大な敵に立ち向かう！ 実在の手稿が題材の手に汗握る歴史冒険小説。
2017.11 435p A6 ¥760 ①978-4-04-106059-9

◆**たちあがれ、大仏―へたれ探偵観察日記** 椙本孝思著 幻冬舎 （幻冬舎文庫）
【要旨】対人恐怖症の名探偵（？）・柔井公太郎が、ドS美人心理士の不知火彩音にビシバシ小突かれながら今日もオドオド謎を解く！ でも、持ち込まれるのは「奈良の大仏を立って歩かせて欲しい」「大阪通天閣の像・ビリケン像の耳目を解いて欲しい」など、変な事件ばかり。柔井は持ち前のへたれ目へたれ鼻へたれ耳を駆使して、珍事件を解決できるか？
2017.3 308p A6 ¥650 ①978-4-344-42581-1

◆**名刺ゲーム** 鈴木おさむ著 扶桑社 （扶桑社文庫）
【要旨】神田達也は「クイズ！ミステリースパイ」でようやくヒットを飛ばした遅咲きのテレビプロデューサー。ある夜、帰宅してみると、息子の和也がリビングの壁に磔にされ、傍には見知らぬ男が立っていた。男は6枚の名刺を取り出し、あるゲームに参加するよう神田に命じる。ゲームの名は「The Name」。部屋に招き入れられた5人の男女に、正しい名刺を返すことができればクリアだという。しかしながら、一度でも間違えば和也に取り付けた爆弾のスイッチを押す！ という条件つきの「死のゲーム」！ 独裁者を自認する男の栄光と狂気と闇が招く、驚愕のエンディング―。
2017.11 594p A6 ¥780 ①978-4-594-07792-1

◆**オリエンタル・ゲリラ―警視庁公安J** 鈴峯紅也著 徳間書店 （徳間文庫）
【要旨】エリート公安捜査官・小日向純也の目の前で自爆テロ事件が起きた。犯人はスペイン語と思しき言葉を残すものの、意味は不明。ダイイングメッセージだけを頼りに捜査を開始した純也だったが、要人を狙う第二、第三の自爆テロへと発展してしまう。さらには犯人との繋がりで総理大臣である父の名前が浮上して…。1970年代当時の学生運動による遺恨が、今、日本をかつてない混乱に陥れる！
2017.6 342p A6 ¥780 ①978-4-19-894276-2

◆**キルワーカー―警視庁組対特捜K** 鈴峯紅也著 中央公論新社 （中公文庫）
【要旨】非合法ドラッグ「ティアドロップ」を巡る一連の事件の真相解明に奔走する絆の捜査に、次々と闇社会の刺客が。恋人の尚美にはじまり、教徒だった金田、さらには相棒の探偵・片桐亮介、はたまた成田にいる祖父・典明や幼馴染みの千佳までもが窮地に…。そしていま、傷ついた全ての者の悲しみを身に纏い、絆が悪に立ち向

かう！
2017.7 403p A6 ¥620 ①978-4-12-206390-7

◆**警視庁監察官Q** 鈴峯紅也著 朝日新聞出版 （朝日文庫）
【要旨】人並みの感情を失った代わりに、あらゆる情報を瞬時に記憶する能力を得た監察官・小田垣観月。彼女は二年前のブラックチェイン事件に絡んだ爆弾の行方を追い、証拠物の巨大保管庫"ブルー・ボックス"を探るが、いつしか警察内部に斬り込むことになり…。新シリーズ第一弾！
2017.9 532p A6 ¥740 ①978-4-02-264858-7

◆**ブラックチェイン―警視庁公安J** 鈴峯紅也著 徳間書店 （徳間文庫）
【要旨】中国には困窮に喘ぐ一人っ子政策により戸籍を持たない、この世には存在しないはずの子供"黒孩子"がいる。多くの子は成人になることなく命の火を消すが、一部、兵士として英才教育を施され日本に送り込まれた男たちがいた。組織の名はブラックチェイン。人身・臓器売買、密輸、暗殺と金のために犯罪をおかすシンジケートである。キャリア公安捜査官・小日向純也が巨悪組織壊滅へと乗り出す！
2017.3 551p A6 ¥750 ①978-4-19-894214-4

◆**神の手廻しオルガン** 須賀狗一著 光文社
【要旨】ポーランド人強制収容所囚人の日記に隠された意外な真実とは！ 日本とポーランドで起きた二つの殺人事件。72年前のナチスの闇が、今、甦る。正義の在り方と家族愛の、社会派ミステリー！ 第9回ばらのまち福山ミステリー文学新人賞受賞作。
2017.5 341p B6 ¥1900 ①978-4-334-91169-0

◆**捜査流儀―警視庁剣士** 須藤靖貴著 KADOKAWA （角川文庫）
【要旨】警視庁捜査一課の郷謙治は、刑事でありながら、警視庁剣道部で研鑽を積む剣士。豊島区池袋で3件の連続放火・殺人事件が発生し、郷も捜査に駆り出されることになる。放火現場はいずれも社会保険労務士の関係先所で、焼死したのは労務士の小田原誠だった。相棒の竹入とともに小田原の過去を洗う郷が、小学校時代の「いじめ」に注目するが…。郷の見立ては果たして事件の本線なのか。気鋭の著者が挑む、書き下ろし警察小説。
2017.12 227p A6 ¥560 ①978-4-04-105871-8

◆**花魁さんと書道ガール 2** 瀬那和章著 東京創元社 （創元推理文庫）
【要旨】春風と名乗る花魁の幽霊に取り憑かれた書道一筋の内気な大学生・多摩子。二人で結成した「最強の恋愛アドバイザー」の噂は大学内でますます有名になっていた。そんなある日、思いがけず親友の林檎から「好きなひとが、できました」と打ち明けられる。親友の恋の悩みに、自分自身の恋。そして書道家としての進路に揺れ動く多摩子が最後に選ぶ道は?!恋に迷うすべての人に贈る物語。
2017.1 291p A6 ¥760 ①978-4-488-45012-0

◆**細胞異植** 仙川環著 新潮社 （新潮文庫）
（『流転の細胞』全面改訂 改題）
【要旨】国内二例目の赤ちゃんポストで張り込んでいた新聞記者・長谷部友美が目撃したのは、嬰児を抱いた石葉宏子の姿だった。独身だが信頼していた知人の行動に戸惑う友美。慌てて姿を消した石葉の行方を追ううちに、友美の抱えていた修羅が浮き彫りになってゆく。最後に掴みとった驚愕の真相とは。先端医療は新たなる福音か、人倫を揺さぶる悪魔の誘惑か―。
2017.6 364p A6 ¥590 ①978-4-10-126832-3

◆**暗殺競売（オークション）** 曽根圭介著 KADOKAWA （角川文庫）
【要旨】副業で殺しを請け負う刑事、佐分利吾郎。認知症の殺し屋のアカウントを乗っ取ったホームヘルパーの女。成功率100％、伝説の凄腕殺し屋ジャッカル。闇の「組織」へと肉迫する探偵、君島。暗殺専門サイト"殺し屋.com"をめぐり、窮地に追い込まれてゆく彼らを待ち受けるのは、希望か、破滅か。日本ホラー小説大賞、江戸川乱歩賞、日本推理作家協会賞、史上初の3冠を達成した異才が放つ、奇想天外の殺し屋エンタテインメント！
2017.2 302p A6 ¥680 ①978-4-04-104901-5

◆**黒い波紋** 曽根圭介著 朝日新聞出版
【要旨】元刑事・加瀬将造（38）は、借金取りから逃げ回るロクデナシの日々を送る。ある日、子どもの頃に家を出ていった父親が、孤独死したとの知らせを受ける。加瀬は父親が住んでいたボロアパートを訪ね、金目のものがないかと探

すと、偽名で借りた私書箱の契約書があり、何者かが毎月30万円を送金していることを知る。さらに天井裏には古いVHSのビデオテープが隠されていた。再生した映像に映っていたのは…。
2017.6 222p B6 ¥1500 ①978-4-02-251476-9

〔た行の作家〕

◆鍵師ギドウ 大門剛明著 実業之日本社
（実業之日本社文庫）
【要旨】仕事も住む場所もない孔太は、人生を悲観して飛び降り自殺を図った。通りかかった心晴に助けられ、東京・谷中の鍵屋、野々村十六堂に住み込みで働くことに。最強の錠前を開錠し、警察も秘密裡に追う窃盗犯"鍵師ギドウ"の存在を知った孔太は、師匠・多聞たちとその跡を追う…。鍵師が開けるのは、錠前だけじゃない！渾身の書き下ろしミステリー。
2017.2 365p A6 ¥648 ①978-4-408-55340-5

◆テミスの求刑 大門剛明著 中央公論新社
（中公文庫）
【要旨】手には大型ナイフ、血まみれの着衣。殺人現場付近の監視カメラは敏腕検事・田島の衝撃の姿を捉えていた。絶対的な証拠の前で、彼は無実を訴えたきり口を閉ざす。田島の下で働いていた検察事務官・星飛棗は、真相を明らかにするために彼と法廷で対峙するが…。ドラマ原作にもなった傑作ミステリー。
2017.8 339p A6 ¥700 ①978-4-12-206441-6

◆反撃のスイッチ 大門剛明著 講談社（講談社文庫）
【要旨】大手人材派遣会社社長・原沢は、弱者を社会のゴミ呼ばわりする発言が反感を買っていた。生活困窮者の自立を支援するジョブトレーナーの沖田は就労生たちを金で誘い原沢の娘を誘拐するが、釈放の条件はむしろ原沢を困惑させる。社会の底辺からの掟破りのリベンジは、果たして成功するか？
2017.11 311p A6 ¥650 ①978-4-06-293802-0

◆獄の棘 大門剛明著 KADOKAWA（角川文庫）
【要旨】「赤落ちを始める。みんなドンドン賭けてくれ」有罪判決を受けた被告人が控訴するか否かを賭けの対象にするギャンブル"赤落ち"。腐敗した刑務官たちの姿に戸惑う新米刑務官の良太だったが、賭けに勝つために解き明かされた予想を裏返しに心動かされ…（「赤落ち」）。受刑者との結婚を望む女性、刑務官を挑発するような脱獄計画。不可思議な出来事を解き明かすうち、良太は刑務所の闇に迫っていく。傑作社会派ミステリ。
2017.1 344p A6 ¥760 ①978-4-04-104620-3

◆優しき共犯者 大門剛明著 KADOKAWA（角川文庫）『共同正犯』加筆・修正・改題書）
【要旨】父から継いだ製鎖工場で女社長を務める翔子は、倒産した製鉄所の連帯保証債務を押し付けられ、自己破産の危機に追い込まれていた。翔子に想いを寄せるどろ焼き屋の店主・鳴川は金策に走るが、債権者の長山には相手にもされない。その矢先、長山が死体となって発見された。捜査に乗り出した刑事・池内は、殺人犯の他に死体を移動させた共犯者がいると推理するが―。憶測がすべてを繋ぐ、社会派ミステリの旗手による傑作長編。
2017.4 279p A6 ¥640 ①978-4-04-102169-9

◆ガーディアン 新宿警察署特殊事案対策課 鷹樹烏介著 宝島社（宝島社文庫）
【要旨】最高裁で死刑を宣告された連続殺人犯が、刑の執行後、ベッドの上で静かに蘇生した。男は、新しい名前と身分を与えられ、国のために働くことになった。その仕事とは―警察組織内において『この世ならざる者』が関与する事件、通称『特殊事案』を専門に担当する「姫様」こと当麻奈央のボディーガードだった！国内最大級の小説コンテスト『第5回ネット小説大賞』受賞の異色の警察小説、ここに登場！
2018.1 350p A6 ¥640 ①978-4-8002-7973-6

◆のど自慢殺人事件 高木敦史著 祥伝社（祥伝社文庫）
【要旨】"アイドルを嫁にしたい"役場の杉井は、村の権力者巴山を丸め込み、本気で育てたアイドルのど自慢大会のデビューを果たした。だが大会中、巴山が死体で発見された！事故か殺人か、捜査が進む中、別件で巴山を訪ねてきた東京の刑事は"殺し屋"の犯行を疑う。なぜ殺し屋が村に！？そこには村が隠し続けた禁

忌が…雪深き山村で起こる前代未聞の大事件！
2017.10 383p A6 ¥690 ①978-4-396-34360-6

◆うちの執事に願ったならば 高里椎奈著 KADOKAWA（角川文庫）
【要旨】烏丸家当主を継いで一年以上が過ぎ、執事の衣更えとともに奮闘する花穎。大学が夏休みに入り仕事の傍ら、石漱漢の誘いを受けて彼の地元を訪ねることに。友人宅でお泊まりという人生初めてのイベントに心躍る花穎だが、道中トラブルに巻き込まれてしまい…！？一方で同行を断った衣更月は、主人を守るために取るべき行動の限度について悩んでいた。若き当主と新米執事、不本意コンビが織りなす上流階級ミステリー！
2017.3 229p A6 ¥520 ①978-4-04-105271-6

◆うちの執事に願ったならば 2 高里椎奈著 KADOKAWA（角川文庫）
【要旨】夏休みが明けて、衣更月の静かな反対を押し切って博物館実習に出かけた花穎。ところが訪問先の学芸員から「立場を考えるべきだ」と痛烈な批判をくらってしまう。そんな中、美術館に展示されていた真作が偽物にすり替えられたことに気づき、花穎は真相究明に乗り出すが…。当主として招かれた晩餐会でも毒殺未遂事件に遭遇するなど、公私ともにトラブル続きのせいで若き主従関係にも異変発生！？大人気上流階級ミステリ！
2017.8 229p A6 ¥520 ①978-4-04-105272-3

◆君にまどろむ風の花―薬屋探偵怪奇譚 高里椎奈著 講談社（講談社ノベルス）
【要旨】「深山木薬店」を訪れた「潤」と名乗る依頼人は、七年ぶりに再会した従姉の音平をめぐる奇妙な相談を薬屋探偵に持ちかける。二度と彼女に会えないと思っていた潤は喜びながらも戸惑いを隠せなかったという。音平はもうこの世にいないはず。目の前の人物は誰なのか！？記憶がリセットされたように同じ思い出話を語る「一日を繰り返す死者」の謎に迫るたび、封じられた過去が明かされる。
2017.6 182p 18cm ¥800 ①978-4-06-299097-4

◆雰囲気探偵 鬼鵜航 高里椎奈著 講談社（講談社文庫）
【要旨】意義深そうな眼差しに、冷静な物言い。三つ揃いのスーツを着こなして、泰然と構える佇まいは紛れもなく名探偵だ。雰囲気だけは―。鬼鵜探偵事務所の経理にして相棒の佐々は、彼が謎を解くところを見たことがない。「推理する気はあるのか！？」ヤキモキする佐々を横目に。しかし事件はなぜか鬼鵜の目の前で解決する！
2017.2 305p A6 ¥660 ①978-4-06-293590-6

◆星空を願った狼の―薬屋探偵怪奇譚 高里椎奈著 講談社（講談社文庫）
【要旨】雨降る冬の夜、「深山木薬店」の店主・秋が何者かによってさらわれた。空っぽの部屋に残されていたのは、不可思議な一枚のメモ。『鵜は始まる。十六時間が区切り、災厄は一つ。四つ数えるまでに、交換だ』脅迫文とも思われるこのメッセージが示唆するものとは？リベザルは、秘密を胸に懸命の捜索を開始する。
2017.8 362p A6 ¥720 ①978-4-06-293726-9

◆沖縄コンフィデンシャル ブルードラゴン 高嶋哲夫著 集英社（集英社文庫）
【要旨】那覇市内のレストランで、突然倒れた米兵から、新種の危険ドラッグの陽性反応が。偶然、現場に居合わせた反町、赤堀、ノエルの沖縄県警同期の3人は、捜査に乗り出す。だが、薬物事件は海を越え、東京にも続々と発生。そして、20年前に忽然と姿を消したノエルの父である元海兵隊員が捜査線上に浮上するが…。死をも招く危険ドラッグの全国への蔓延を阻止できるのか。好評の沖縄県警シリーズ！
2017.2 438p A6 ¥740 ①978-4-08-745549-6

◆ハリケーン 高嶋哲夫著 幻冬舎
【要旨】三年前に地元の広島で起きた土砂災害で両親を亡くしている気象庁の予報官・田久保は、地球温暖化などの影響で、益々頻発し大型化する台風の対応に忙殺されていた。私生活で家族を顧みることはほとんどなかったが、認知症を患う義母の介護のため、東京都の多摩ニュータウンにある妻の実家に転居する。直後、史上類を見ない超大型台風が太平洋で発生し、日本に向かった。広島の惨状を胸に刻みながら、進路分析や自治体への避難勧告に奔走する田久保。それでも関東では土砂崩れが次々と発生し、異常は多摩ニュータウンにも及ぶ。自然災害超大国ニッポンだから生まれたサスペンス大作。
2018.1 302p B6 ¥1600 ①978-4-344-03240-8

◆富士山噴火 高嶋哲夫著 集英社（集英社文庫）
【要旨】元陸上自衛隊の新居見は3年前の南海トラフ大地震で妻と息子を失った。生き残った娘とは絶縁状態だ。ある日、この国が経験したこともないような巨大災害―富士山噴火が近いという情報を旧友の記者から得る。大地が震え、大量の噴石が降り注ぐ中、人々を待ち受ける運命とは。新居見は今度こそ、愛する人を救えるのか！？日本壊滅の危機を、そして父と娘の絆の再生を描く感動の災害エンタメ！
2017.6 641p A6 ¥880 ①978-4-08-745594-6

◆神の時空―鎌倉の地龍 高田崇史著 講談社（講談社文庫）
【要旨】由比ヶ浜で、意識不明の重体で発見された女子高生・辻曲摩季の姿が病院から消失。直後の地震で、鶴岡八幡宮の鳥居が倒壊し、さらに、源氏ゆかりの地・修善寺でも異変が発生。尋常ならざる者の影を感じた摩季の兄妹と友人の陽一は、鎌倉の殺戮史を調べはじめる。果たして、事件と怨霊の関係は？新シリーズ開幕！
2017.3 309p A6 ¥640 ①978-4-06-293608-8

◆神の時空（とき）―京の天命 高田崇史著 講談社（講談社ノベルス）
【要旨】松島、天橋立、宮島。日本三景と呼ばれる名勝が次々と倒壊炎上し、篭神社で神職が惨殺されていた。村岡皇らの最大の仕掛けの始まりだった。神々を鎮めるため、辻曲兄妹と関わりのある女性たちが全国の神社に散る。摩季が亡くなり七日目、「死反術」を執り行う期限も迫る。八年前、天橋立で辻曲夫妻を巻き込んだ大事故の真相とは？ これまで日本の怨霊を揺り起こしてきた古田崇史が、怨霊の真実が明かされる。
2017.4 305p 18cm ¥960 ①978-4-06-299092-9

◆神の時空（とき）―倭の水霊 高田崇史著 講談社（講談社文庫）
【要旨】横浜・レンガ倉庫近くで、OLの涙川紗也は、自分のストーカーだった男の刺殺体を発見。その頃、東海地方は、いつ止むとも知れない豪雨に襲われていた。巫女の血を引く辻曲兄妹は、このまったく無関係に思える事象の背後に、古代史上の人物、日本武尊と弟橘媛を巻き込んだ、巨大な陰謀の存在を察知する！
2017.7 323p A6 ¥660 ①978-4-06-293698-9

◆神の時空（とき）―貴船の沢鬼 高田崇史著 講談社（講談社文庫）
【要旨】「縁結び」の神様にして、男を呪う「丑の刻参り」でも有名な、京都・貴船神社。次女・摩季を蘇らすため、清らかな霊水を求めて貴船に向かった辻曲姉妹たちは、ここで、殺るような姿をした犯人による連続殺人事件に遭遇する。事件の真相は？ そして、貴船に祀られた姫の悲しみを晴らすことはできるのか？
2017.11 305p A6 ¥640 ①978-4-06-293791-7

◆神の時空（とき）前紀―女神の功罪 高田崇史著 講談社（講談社ノベルス）
【要旨】アカデミズムの異端児、潮田誠教授の主宰する天橋立へのバスツアーで起こった全員死亡事故の因縁を解き明かす。事故のおよそ二年前、大学関係者が立て続けに、野々しきものに喉元を食い破られて命を落とす。彼らは二人とも同じ研究室に所属していた。助手の永田遼子は教授が密かに追究しているらしい神功皇后について独自に調べるうち、歴史を揺るがしかねない記述をある古典籍にみつける。
2017.9 186p A6 ¥840 ①978-4-06-299099-8

◆鬼門の将軍 高田崇史著 新潮社
【要旨】大手町の将門塚に転がる生首、宇治川に浮かぶ首なし死体。貴船神社の釘づけ死体を発端に、京都と東京で続発する怪事件。京都府警が捜査を進める一方で、事件に関わりを持った萬願寺容子は、博覧強記の大学生・連と将門怨霊伝説の真偽を追って、成田山新勝寺、神田明神へ。歴史の矛盾点から見えてきた、意外きわまりない構図とは？ 将門怨霊伝説の真実と、奇怪な事件の真相を解き明かす論理と驚きの長編歴史ミステリー！
2017.2 231p B6 ¥1300 ①978-4-10-339332-0

◆QED ortus―白山の頻闇 高田崇史著 講談社（講談社ノベルス）
【要旨】棚旗奈々は妹・沙織の新居を訪れるべく、桑原崇と金沢へ来ていた。白山神社の総本宮白山比咩（め）神社を参拝した二人は、殺人事件に遭遇する。手取川で見つかった首なし死体、現場付近で昏倒していた男、現場から走り去った女。すべてがひとつに繋がるとき、白山の謎も明らかに！大学一年生の奈々が浅草を訪れ、

小説

黒猫王子の喫茶店―お客様は猫吉です 高橋由太著 KADOKAWA (角川文庫)
【要旨】就職難にあえぐ崖っぷち女子の胡桃。やっと見つけた職場は美しい西欧風の喫茶店だった。店長はなぜか着物姿の青年。不機嫌そうな美貌に見た目は最の口の悪さ。問題は彼が猫であること!?いわく、猫は人の姿になることができ、彼らを相手にする商売という。胡桃の頭は痛い。だが猫はとても心やさしい生き物で。胡桃の揉め事に関わっては、毎度お人好しぶりを発揮することに。小江戸川越、猫町事件帖始まります!
2017.4 273p A6 ¥560 ①978-4-04-105578-6

黒猫王子の喫茶店―渡る世間は猫ばかり 高橋由太著 KADOKAWA (角川文庫)
【要旨】小江戸川越の外れに、美しい西欧風の喫茶店がある。店長の青年は類まれな美貌ながら、発する言葉は辛辣。なによりも問題なのは、彼の正体が猫であることだった。このおかしな店に勤めることになった胡桃。生真面目ゆえお人好しという損な性格丸出しの彼女は、どうも猫に好かれるらしい。常に頼られることになりしばしば。いつの間にか喫茶店は美青年もとい美猫の集う場所と化している。ほらまた新しい客(猫)がやってきて!
2017.10 275p A6 ¥560 ①978-4-04-106145-9

不良品探偵 滝田務雄著 東京創元社 (創元推理文庫)
【要旨】手遅れ確定のダメ人間、ネジの抜け落ちた規格外の頭脳を太い鉄筋でつなぎとめている男。白鳥一馬の変わり者の先輩・藍須敏武を評する言葉は数あれど、端的に言うならば、「伝説の不良品」だ。普段はしようもないお馬鹿な言動で一騒を振りまわす藍須だが、自らの高校やバイト先でひとたび謎を前にすると謎解きの天才?!ミステリーズ! 新人賞受賞作家による全五篇の連作短篇集。
2017.4 293p A6 ¥720 ①978-4-488-49904-4

ワースト・インプレッション―刑事・理恩と拾得の事件簿 滝田務雄著 双葉社 (双葉文庫)
【要旨】若いのに始末書を乱発している畑山理恩警部。捜査本部長には減らず口を叩いたり、異質な食い意地で騒動を起こしたり、出かけるたびに迷子になったり…。だが推理だけは超一流! 上司をバカ扱いする寒山拾得警部補とともに、タレント歌人の失踪、大学教授の怪死といった4つの難事件に立ち向かう。さくさく読めるコミカル・ポリス・ストーリー!
2017.12 242p A6 ¥583 ①978-4-575-52059-0

だがしょ屋ペーパーバック物語 竹内真著 大和書房 (だいわ文庫)
【要旨】平台には駄菓子、壁の棚にはずらりと古い文庫本。「駄菓子屋と古書店で『だがしょ屋』? 僕がだがしょう。店主のヤマトさんを初めて見かけたのは、ホストクラブをクビになり、無職になってしまったその日のことだった。ダンプカーに立ち向かうほど喧嘩っ早いのに、近隣の誰からも慕われている老婦人と出会った脚本家志望の祥介と女優の卵の鈴も、小さな事件からトラブルにとまどい落ち込みながらも、ヤマトさんの毒舌と駄菓子と本にいつの間にか背中を押されて、カッコよくて爽やかで心が自然と前を向く、ブック+お菓子ミステリー!
2017.7 317p A6 ¥680 ①978-4-479-30662-7

図書室のピーナッツ 竹内真著 双葉社
【要旨】資格を持たない"なんちゃって司書"として直原高校の図書室で働く詩織。サンタクロースは実在するの? 伝説の酒飲み小原庄助の正体は? オザケンの幻の本『うさぎ!』とは? 村上春樹とスヌーピーの関係は? などなど、今日も難問珍問が生徒たちから持ちこまれる。はたして、怠け者のキリギリスは2年目の春を迎えることができるのか!?恋の気配と共に綴られる、ハートフルストーリー第2弾。
2017.3 312p B6 ¥1600 ①978-4-575-24021-4

イリーガル―ソトニ 警視庁公安部外事二課非公然工作員 竹内明著 講談社 (講談社文庫)
【要旨】『マルトク特別協力者 警視庁公安部外事二課ソトニ』加筆・修正・改題書
【要旨】官僚組織の頂点に立つ内閣官房副長官が、孫の運動会の最中、何者かに狙撃される。一方ニューヨークでは、北朝鮮の外交官が突如日本に

亡命を求める。保護するよう密命を受けたのは、元警視庁公安部外事二課の筒見慶太郎だった。圧倒的な捜査能力を誇りながら、スパイ事件捜査の名目で左遷され、海外に飛ばされたいわく付きの刑事だった。が、亡命した北の外交官は、隠れ家で暗殺されてしまう。「日本にいる『亡霊』を守ってくれ」という言葉を残して。謎に挑む筒見の行く手に、北朝鮮の在日工作組織と、戦後、日本政府に抱きこまれたある人物が現れる。果たして亡霊とは何者なのか。政府中枢に潜む、巨大な秘密とは―。
2017.11 388p A6 ¥1000 ①978-4-06-281732-5

スリーパー 浸透工作員 警視庁公安部外事二課ソトニ 竹内明著 講談社
【要旨】学生? 教師? ヤクザ? カメラマン? 警察官? 日本社会に"浸透"した北の工作員が動き出した―。切り札は、北のエリート工作員の"血"の秘密―。警察組織に裏切られた外事二課のエース。追い詰められた公安警察・最後の狂犬。
2017.9 319p B6 ¥1600 ①978-4-06-220818-5

囲碁殺人事件 竹本健治著 講談社 (講談社文庫)
【要旨】山梨で行われた囲碁タイトル戦・第七期棋聖戦第二局二日目、"盤上の鬼"槇野九段が、近くの滝で首無し屍体で発見された。IQ208の天才少年棋士・牧場智久と大脳生理学者・須堂信一郎は事件に挑むが、犯人の魔の手は彼らにも襲いかかる。ゲーム三部作第一弾開幕! 文庫特典：短編「チェス殺人事件」収録。
2017.2 327p A6 ¥680 ①978-4-06-293593-7

かくも水深き不在 竹本健治著 新潮社 (新潮文庫)
【要旨】森に包まれた廃墟の洋館で次々と鬼に変化していく仲間たち。何故か見るだけで激しい恐怖に襲われるCM。想い人のストーカーを追及する男の狂気。元芸人の娘を狙った不可解な誘拐事件。浮かび現われては消える4つの物語は、異能の精神科医・天野の出現により誰も見たことのない局面へと変容していく。全ての謎を看破する超越的論理と幻想の融合で煌めく、めくるめく万華鏡を体感せよ!
2017.4 303p A6 ¥550 ①978-4-10-144603-5

しあわせな死の桜 竹本健治著 講談社
【要旨】『このミス2017』国内編第1位「涙香迷宮」の竹本健治が自選する軽やかにして深遠なミステリの精華12篇。磨き抜かれたことばは鏡となってあなたの悪夢を映し出す。
2017.3 283p B6 ¥2200 ①978-4-06-220388-3

将棋殺人事件 竹本健治著 講談社 (講談社文庫)
【要旨】謎々を拾った者が、次第に心を病み、墓地で死体を掘り返す―六本木界隈で、ある怪談が広まっていた。そんなとき静岡で大地震が発生、土砂崩れの中から二つの屍体が発見される。屍体と怪談との類似点に注目、調査を始めた天才少年棋士・牧場智久が到達する驚愕の真相とは!書下ろし短編「オセロ殺人事件」収録。
2017.3 362p A6 ¥720 ①978-4-06-293616-3

せつないいきもの―牧場智久の雑侵 竹本健治著 光文社 (光文社文庫)
【要旨】武藤類子は明稜寺学園高校の二年生。剣道部のエースにして、学園の有名人だ。自身の才覚もさることながら、彼女は天才囲碁棋士・牧場智久の恋人であり、カリスマ的人気を誇るミュージシャン・速水星斗の妹でもある。そんな彼女が遭遇する三つの不思議な事件を、智久が鮮やかな推理で解き明かしてゆく。ユーモアと魅力的な謎に彩られた連作本格ミステリ!
2017.8 329p A6 ¥620 ①978-4-334-77508-7

トランプ殺人事件 竹本健治著 講談社 (講談社文庫)
【要旨】洋館で行われたトランプゲームの最高峰、コントラクト・ブリッジの最中、女性が鍵のかかった部屋から消失。別の場所で屍体で見つかった。天才少年囲碁棋士・牧場智久らは、誰かに送った暗号を発見、解読にかかるが…。ゲーム三部作完結編は密室&暗号ミステリ! 書下ろし短編「麻雀殺人事件」収録。
2017.4 360p A6 ¥720 ①978-4-06-293633-0

レミングスの夏 竹吉優輔著 講談社 (講談社文庫)
【要旨】集団で移動して、海や川を渡り、新天地を目指すレミング。その名を称した中学2年生の男女5人組が、市長の娘を誘拐する。彼らはなぜ、危険な犯罪に手を染めたのか。スピーディーな展開、納得の結末。江戸

川乱歩賞作家が、多感な若者たちの葛藤と友情を描く、感涙必至のミステリー。
2017.5 409p A6 ¥780 ①978-4-06-293669-9

優しい水 日明恩著 徳間書店
【要旨】両親の離婚を機に母の故郷へと引っ越してきた中学生の石塚洋は、近所の川で捨てられようとしていた熱帯魚を見つけた。洋は魚の引き取り所の存在を知り持ち込もうとするものの魚は全滅してしまう。悲しみにくれる洋だったが、魚を入れていたバケツの水の中に"白いもやもやしたもの"を見つけ「魚を殺した原因かもしれない」と観察を始めた。そして嬉しい近所の犬、仲良くなった大人が魚の水を飲ませることにして…。少年の好奇心によってもたらされた見えざるモノが日本を揺るがす!
2017.3 403p B6 ¥1600 ①978-4-19-864362-1

ディッパーズ 建倉圭介著 光文社 (光文社文庫)
【要旨】『東京コンフィデンス・ゲーム』加筆・改題書
【要旨】母親が買った仏像が二千万円!?不当な借金を背負い、銀行員の職をも失った武史は、亡き父が興したIT企業を相手に、自社買収詐欺を仕掛ける。小心者の詐欺師、酒浸りの女性会計士、いくつもの声色を操る声優、変装の達人、コミュニケーション不全の友人。彼らが、チーム・ディッパーズを結成し、二十億円の略奪を狙う! そして、IT企業には、隠された闇もあった!
2017.4 467p A6 ¥720 ①978-4-334-77454-7

キッチンコロシアム 田中経一著 幻冬舎
【要旨】料理の異種格闘技番組「竈の鉄人」は異例の高視聴率を叩き出す富士テレビきっての人気バラエティである。鉄人・道場六三郎にテーマ食材のオマール海老で闘いを挑むのは、フランスの名門レストランで腕を磨いた注目の若き女性シェフ、河田千春が、彼女の出自にはある秘密が隠されていた。番組作りに魅せられ人生最高の味と数字(視聴率)を求め、さまじい情念を一皿に捧げる料理人らがキッチンコロシアムを舞台に繰り広げる駆け引き、裏切り、陰謀の数々。やがて浮かび上がる家族の物語とは。濃厚な人間ドラマのエキスが凝縮した一冊。
2017.10 252p B6 ¥1500 ①978-4-344-03195-1

生激撮! 田中経一著 幻冬舎 (幻冬舎文庫)
【要旨】警察のガサ入れを実況中継する高視聴率バラエティ『生激撮!』は過激さが反響を呼び、今や新東京テレビの看板番組である。プロデューサー五味剛はある日覚せい剤密売犯の顧客名簿に「局内の大物」の名前を見つける。その後スタッフと暴露される"ヤバイ話"の裏で進む陰謀の正体とは? 欲望と嫉妬が渦巻くテレビ業界を描く怒濤のノンストップ・サスペンス。
2017.10 422p A6 ¥770 ①978-4-344-42656-6

陽気な死体は、ぼくの知らない空を見ていた 田中静人著 宝島社 (宝島社文庫)
【要旨】小学5年生の夏、死者と会話できる大地の前に一人の霊が現れた。彼の名は悟。大地の大好きな幼馴染・空の兄で、悟は父とともに、彼女によって殺された。悟は殺された理由を探るべく、この世に留まったという。それ以降、大地の周囲でさまざまな事件が起こり…。そして、親友との関係に苦しむ妹の姿を目の当たりにした悟は、大地が決して知ることのない、空の哀切な秘密に触れていく。
2017.8 314p A6 ¥630 ①978-4-8002-7560-8

劇団42歳♂ 田中兆子著 双葉社
【目次】年がそろそろ峠を越えたために、いま死ねれば、いま以上の幸せはない、もし私にあなたを動かす力と取り得があるなら、女が悪いことをするのは、男の悪さをも償ったからなんだが、最後の審判までどんな困難があっても耐えぬくのだ
2017.7 226p B6 ¥1400 ①978-4-575-24044-3

筆跡鑑定人・東雲清一郎は、書を書かない。―鎌倉の花は、秘密を抱く 谷春慶著 宝島社 (宝島社文庫)
【要旨】毒舌家で美貌の書道家、東雲清一郎。筆跡鑑定も行う彼は、書を愛しているのに、書を避けている。しかし一客の目を引く見事な書店ポップ、鎌倉の寺社を巡った御朱印帳、祖父が認みたいと望まれた特別な小説、少年が誰にも見せたくなかったメモ―気持ちに嘘はつけても、文字は偽れない。文字に秘められた想いを、清一郎は明らかにしていくが…。古都・鎌倉を舞台に、文字と書、人の想いにまつわる事件を描く大人気ミステリー、第3弾!
2017.6 316p A6 ¥650 ①978-4-8002-7172-3

ミステリー・サスペンス・ハードボイルド

◆囚われの島　谷崎由依著　河出書房新社
【要旨】誰か"罪"を犯したのか？　盲目の調律師に魅入られた新聞記者の由良。二人の記憶は時空を超え、閉ざされた島の秘密に触れる―壮大なスケールで「救い」と「犠牲」を現代に問う待望の長編。
2017.6　286p　B6　¥1600　①978-4-309-02577-3

◆ボンド氏の逆説　G.K.チェスタトン著、南條竹則訳　東京創元社　（創元推理文庫）　新訳版
【要旨】ありえないのに合理的、逆説が導くさかしまの真実。互いの意見が一致したため相手を殺した男、誰もが知っているのに何者かわからない男。「ブラウン神父」の巨匠が創りだしたもう一人の名探偵による八つの謎解き。
2017.10　283　A6　¥820　①978-4-488-11018-5

◆君が見つけた星座―朧藤高校天文部　千澤のり子著　原書房
【要旨】心を閉ざしていたわたしをあなたは天文部に引き入れてくれた。そこで起こった「いくつかの事件」を経験して、わたしは、あたたかな世界のあることをふたたび知ることができた。ずっとこのままでいい。でも、わたしはひとつ、大きな嘘をついていた―。
2017.2　265p　B6　¥1600　①978-4-562-05379-7

◆屋上のテロリスト　知念実希人著　光文社　（光文社文庫）
【要旨】一九四五年八月十五日、ポツダム宣言を受諾しなかった日本はその後、東西に分断された。そして七十数年後の今。「バイトする気ない？」学校の屋上で出会った不思議な少女・沙希の誘いに応え契約を結んだ彰人は、少女の仕組んだ壮大なテロ計画に巻き込まれていく！　鮮やかな展開、待ち受ける衝撃と感動のラスト。世界をひっくり返す、超傑作エンターテインメント！
2017.4　366p　A6　¥620　①978-4-334-77465-3

◆黒猫の小夜曲（セレナーデ）　知念実希人著　光文社　（光文社文庫）
【要旨】黒毛艶やかな猫として、死神クロは地上に降り立った。町に漂う地縛霊たちを救うのだ。記憶喪失の魂、遺した妻に寄り添う夫の魂、殺人犯を追いながら死んだ刑事の魂。クロは地縛霊となった彼らの死の未練を解消すべく奮闘するが、数々の死の背景に、とある製薬会社が影を落としていることに気づいて―。迷える人間たちを癒し導く、感動のハートフルミステリー。
2018.1　406p　A6　¥680　①978-4-334-77598-8

◆螺旋の手術室　知念実希人著　新潮社　（新潮文庫）　（『ブラッドライン』改題書）
【要旨】純正会医科大学附属病院の教授選の候補だった冴木真也准教授が、手術中に不可解な死を遂げた。彼と教授の座を争っていた医師もまた、暴ައされ殺害される。二つの死の繋がりとは。大学を探っていた探偵が遺した謎の言葉を básto、父・真也の死に疑問を感じた裕也は、同じ医師として調査を始めるが…。「完全犯罪」に潜む医師の苦悩を描く、慟哭の医療ミステリー。
2017.10　461p　A6　¥710　①978-4-10-121071-1

◆山手線謎日和　知野みさき著　角川春樹事務所　（ハルキ文庫）
【要旨】小さな出版社の営業として働く折川イズミは、山手線の車内で自社の新刊を熱心に読む男性に気づく。その翌日、五反田駅のホームで歩きスマホの女性が何者かに押され転倒する事件が。怪我人が出たものの、犯人は分からずじまい。目撃したイズミは真相が気になって…。一方、和泉伶史は三十五歳で会社を退職して以来、毎日山手線内で落書きが日課という変わり者。彼もまた、五反田駅の事件に居合わせていた。正義感の強いイズミと、ひねくれ者の和泉。二人が出会う事件の数々―。書き下ろし。
2017.12　237p　A6　¥580　①978-4-7584-4137-7

◆月食館の朝と夜―奇蹟審問官アーサー　柄刀一著　講談社　（講談社ノベルス）
【要旨】「奇蹟」の真偽を判定する奇蹟審問官アーサー・クレメンスは、世界を放浪した陶芸家・萬生こと故・五十幡典膳の館を弟の甲斐と訪れた。翌朝、皆既月食を観測していた萬生の長男・昭が遺体で見つかり、館に招かれた一人も「万物ギャラリー」で刺殺体で発見される。推理の果てに浮かび上がるのは、館の秘密の仕掛けか、神の遊戯か？　アーサーの眼に広がるのは…!?
2017.12　252p　18cm　¥920　①978-4-06-299116-2

◆槐（エンジュ）　月村了衛著　光文社　（光文社文庫）
【要旨】水楢中学校野外活動部の弓原公一らが合宿で訪れた湖畔のキャンプ場で、惨劇は起こった。隠された大金を捜す半グレ集団・関帝連合がキャンプ場を封鎖し、宿泊客を虐殺し始めたのだ。囚われの身となった公一たち。だが絶体絶命の状況下、突然何者かが凶悪集団に反撃を開始した！　誰の闘士と中学生たちが決死の脱出に挑む。今最も旬な著者による戦慄と興奮の物語。
2017.6　400p　A6　¥700　①978-4-334-77478-3

◆機龍警察　自爆条項　完全版　上　月村了衛著　早川書房　（ハヤカワ文庫JA）
【要旨】軍用有人兵器・機甲兵装の密輸事案を捜査する警視庁特捜部は、北アイルランドのテロ組織IRFによるイギリス高官暗殺計画に挑んだ。だが、不可解な捜査中止命令がくだる。首相官邸、警察庁、外務省に加えて中国黒社会との暗闘の果てに、特捜部が契約する"傭兵"ライザ・ラードナー警部の凄絶な過去が浮かび上がる！極限までに進化した、今世紀最高峰の警察小説シリーズ第二作が、大幅に加筆された完全版として登場。
2017.7　380p　A6　¥700　①978-4-15-031285-5

◆機龍警察　自爆条項　完全版　下　月村了衛著　早川書房　（ハヤカワ文庫JA）
【要旨】ライザ・ラードナー、警視庁特捜部付警部にして、元テロリスト。自らの犯した罪ゆえに、彼女は祖国を離れ、永遠の裏切り者となった。英国高官暗殺と同時に彼女の処刑を狙うIRFには"第三の目的"があるという。特捜部の必死の捜査も虚しく、憎悪を越える憎悪が姿を見せる最後の顔。自縄自縛の運命の罠にライザはあえてその身を投じる…過去と現在の怨念が狂おしく交錯する"至近未来"の警察小説第二弾。
2017.7　300p　A6　¥680　①978-4-15-031286-2

◆機龍警察　狼眼殺手　月村了衛著　早川書房　（ハヤカワ・ミステリワールド）
【要旨】経産省とフォン・コーポレーションが進める日中合同プロジェクト『クイアコン』に絡む一大疑惑。特捜部は捜査一課、二課と合同で捜査に着手するが何者かによって関係者が次々と殺されていく。謎の暗殺者に翻弄される警察庁。だが事態はさらに別の様相を呈し始める。追いつめられた沖津特捜部長の下した決断とは―一生々しいまでに今という時代を反映する究極の警察小説シリーズ、激闘と悲哀の第5弾。
2017.9　485p　B6　¥1900　①978-4-15-209709-5

◆追想の探偵　月村了衛著　双葉社
【要旨】消息不明の大物映画人を捜し出し、不可能と思われたインタビューを成功させる―"人捜しの神部"の異名を取る女性編集者・神部実花は、上司からの無理難題、読者からの要望に振り回されつつ、持てるノウハウを駆使して今日も奔走する。だが自らの過去を捨てた人々には、多くの謎と事情が隠されていた。次号の雑誌記事を書くために失われた過去を追う実花の取材は、人々の追想を探る旅でもあった―。
2017.8　308p　B6　¥1500　①978-4-575-24030-6

◆にぎやかな落葉たち　辻真先著　光文社　（光文社文庫）
【要旨】北関東の山間にたつグループホーム「若葉荘」。そこには元天才少女小説家の世話人と、自在に歳を重ねた高齢者たち、車椅子暮らしの元刑事らが暮らす。だが穏やかな日々の中、その冬いちばんの雪の日、密室で発見された射殺死体の出現によって破られる。十七歳の住み込みスタッフ・綾乃は、一癖も二癖もある住人のなかで隠された因縁を解き明かし、真相に迫ることができるのか！
2017.2　401p　A6　¥900　①978-4-334-77424-0

◆義経号、北溟を疾る　辻真先著　徳間書店　（徳間文庫）
【要旨】明治天皇が北海道に行幸し、義経号に乗車する。だが、北海道大開拓使・黒田清隆に恨みをもつ屯田兵が列車妨害を企てていた。探索に放った諜者は謎の死を遂げた。警視総監は元新撰組三番隊長斎藤一こと藤田五郎に探索方を依頼。藤田に続いて入京した清水次郎長の子分、法印大五郎。札幌入りした二人は不平屯田兵の妻が黒田に乱暴され首吊り死体となった事件を探る。書下し長編歴史冒険推理。
2017.6　508p　A6　¥800　①978-4-19-894339-4

◆悪女の品格　辻堂ゆめ著　東京創元社　（ミステリ・フロンティア）
【要旨】光岡めぐみは三人の恋人を器用に転がし貢がせ、贅沢な生活を送っている。ところがこの一週間、監禁や薬品混入事件が次々と狙われるようになり、そして彼女自身の過去の罪を告発する手紙が届く―。めぐみはパーティーで知り合った大学准教授と共に犯人を捜すが…。わたしを狙うのは、誰？東大在学中にデビューを果たした今注目の新鋭が放つ、渾身の長編ミステリ！
2017.7　310p　B6　¥1700　①978-4-488-01796-5

◆あなたのいない記憶　辻堂ゆめ著　宝島社　（宝島社文庫）
【要旨】約十年ぶりに再会した優希と淳之介。旧交を温める二人の会話は、二人の憧れの人物「タケシ」の話になった途端、大きく食い違い始める。タケシをバレーボール選手と信じる淳之介と、絵本の登場人物だという優希。記憶に自信が持てなくなり、戸惑う二人は心理学者の晴川を訪ねるが、どちらの記憶も「虚偽記憶」―他人の"明確な意図で"書き換えられた嘘の記憶だと告げられる。記憶をめぐる、恋愛ミステリー。
2017.11　412p　A6　¥650　①978-4-8002-7757-2

◆かがみの孤城　辻村深月著　ポプラ社
【要旨】どこにも行けず部屋に閉じこもっていたこころの目の前で、ある日突然、鏡が光り始めた。輝く鏡をくぐり抜けた先の世界には、似た境遇の7人が集められていた。9時から17時まで。時間厳守のその城で、胸に秘めた願いを叶えるため、7人は隠された鍵を探す―
2017.5　554p　B6　¥1800　①978-4-591-15332-1

◆東京水爆投下の大悲劇―人類最悪のシナリオ　寺島祐志著　東京図書出版、リフレ出版　発売
【要旨】大都市東京に水爆が投下された。無情の諸外国の侵略が始まる。果たして、日本は国土防衛に成功するのか！緊迫した世界情勢下、たくましく生きる英雄を描く。
2017.2　159p　B6　¥1000　①978-4-86641-013-5

◆誤断　堂場瞬一著　中央公論新社　（中公文庫）
【要旨】長原製薬の広報部員・横田は、副社長から極秘任務を命じられた。相次いで発生した転落死亡事故に、自社製品が関わっている可能性があるという。外資企業と合併交渉中の長原製薬にとって、この時期の不祥事は致命的だ。被害者家族の口を封じるために動く横田は、隠蔽された過去の公害事件にも直面し―。巻末に「玉山鉄二×堂場瞬一対談」を収録。
2017.11　504p　A6　¥820　①978-4-12-206484-3

◆錯迷　堂場瞬一著　小学館
【要旨】順調にキャリアを重ねてきた神奈川県警捜査一課課長補佐の荻原哲郎に突然の異動命令が下された。行き先は鎌倉南署。それも署長としての赴任。異例の昇格人事の裏には事情があった。それは女性前署長の不審死の謎を解くこと。署内の結束は固い、協力者を得られないまま、孤独の秘密捜査を始める荻原。そして忘れ去られた過去の未解決殺人事件との関連が浮上して―。
2017.1　364p　A6　¥1700　①978-4-09-386465-7

◆警察（サツ）回りの夏　堂場瞬一著　集英社　（集英社文庫）
【要旨】母子家庭の幼い姉妹が自宅で殺害される。死体発見時から母親が行方不明の為、母親犯人説が浮上。日本新報甲府支局の南は、本社への栄転を賭け、特ダネを狙って精力的に事件情報を収集。警察のネタ元から犯人の情報を掴み、紙面のトップを飾る記事を書いた。だが、それは大誤報となって…。巧妙な罠に翻弄されながら、新聞記者としての矜持と野心の狭間で真実を追う男の闘い。
2017.5　526p　A6　¥820　①978-4-08-745579-3

◆時限捜査　堂場瞬一著　集英社　（集英社文庫）

ミステリー・サスペンス・ハードボイルド

小説

◆**検証捜査**　堂場瞬一著　角川春樹事務所
【要旨】太陽の塔、USJなど、大阪の名所で連続爆破が発生。府警が混乱する現場に出動するなか、大阪駅で人質を盾にした立て籠もり事件が起こる。犯人は現金10億円と逃走用ヘリを要求。駅を封鎖した管轄署長の島村は、早急な解決を目指すが…。膠着した現場に、東京の神谷刑事から、驚愕の情報が入る。島村は26年来の元刑事から、巧妙に計画された犯罪に挑む！『検証捜査』の魂を継ぐ書き下ろし警察小説。
2017.12 520p A6 ¥820 ①978-4-08-745671-4

◆**絶望の歌を唄え**　堂場瞬一著　角川春樹事務所
【要旨】日本がテロの餌食にされる。刑事という過去と断絶した男が、再び覚醒する。テロによって人生を狂わされた男は、10年の友情にさよならを告げた。究極に切ないハードボイルド・サスペンス！
2017.12 348p B6 ¥1600 ①978-4-7584-1316-9

◆**1934年の地図**　堂場瞬一著　実業之日本社
【要旨】1960年初夏、地理学者・京極勝の面前に、思いがけない人物が現れた。ディック・チャンドラーという、1934年秋、ベーブ・ルースとともに全米野球チームの一員として来日した大リーガーだ。戦争を挟んで途絶えていた絆がよみがえるが、なぜディックは1934年に突然来日したのか―。舞台は東京、横須賀、ボストン、そしてニューヨークへ。激動の時代、人生の地図を手探りで描こうとする男たちの友情と謎を大スケールで描く、歴史エンタメ・サスペンス。
2017.6 365p B6 ¥1700 ①978-4-408-53708-5

◆**奪還の日―刑事の挑戦・一之瀬拓真**　堂場瞬一著　中央公論新社　（中公文庫）
【要旨】強行犯への異動から一年。一之瀬は、新たに強行班へ加わった後輩の春山と共に福島へ出張していた。新橋で発生した強盗殺人事件の指名手配犯が県内で確保され、その身柄を引き取るためだ。楽な任務と思われたが、被疑者を乗せ福島県に向かう途中、護送車が襲撃された。若手刑事の奮闘を描く、書き下ろし警察小説シリーズ。
2017.4 477p A6 ¥860 ①978-4-12-206393-8

◆**内通者**　堂場瞬一著　朝日新聞出版　（朝日文庫）
【要旨】千葉県警捜査二課の結城孝道は、千葉県土木局と建設会社の汚職事件を追っていた。捜査の発端となったのは建設会社の窓際社員による内部告発だった。彼の情報により決定的な証拠もつかみ逮捕直前までいくが…。一方、結城の家族にも不幸が襲う。一体これは偶然なのか。
2017.2 456p A6 ¥760 ①978-4-02-264837-2

◆**ネタ元**　堂場瞬一著　講談社
【要旨】『号外』―1964年。東京オリンピック開会式当日で浮かれる世間をよそに、記者は特ダネを掴んだ―必ず物にしてみせる！『タブー』―1972年。都内ホテルでの女性弁護士殺し事件。犯人は恋人から重大情報を知らされた―このネタ、使っていいのか？『好敵手』―1986年。支局長として新潟に左遷された記者が、長年のライバルと再会―まだ俺は現役だろうか。『ネタ元』―1996年。インターネット黎明期、記者は自分のサイト経由でネタを掴んだ―人に公表して書く、きっと未来はそうなる。『不拡散』―2017年。支局に配属されたルーキー記者は、情報の氾濫に悩んでいる―新聞記者って必要なのか。
2017.7 252p B6 ¥1600 ①978-4-06-220658-7

◆**身代わりの空　上　―警視庁犯罪被害者支援課　4**　堂場瞬一著　講談社　（講談社文庫）
【要旨】富山空港旅客機墜落事故。死者20名、負傷者多数。村野秋生たち被害者支援課も総動員された。遺族のケアに奔走する村野は、一人の身元がわからない死亡者がいると聞かされた。男の身許を調べる村野だが、事態は思わぬ方向へ進んだ。男の名は本井忠介、それは毒殺事件の指名手配犯だった。
2017.8 381p A6 ¥700 ①978-4-06-293723-8

◆**身代わりの空　下　―警視庁犯罪被害者支援課　4**　堂場瞬一著　講談社　（講談社文庫）
【要旨】旅客機事故で死亡した指名手配犯・本井忠介。その嫌疑に振られた村野は、単独で事件を検証した。その捜査中、本井の関係者に新たな死者が出た。連鎖する殺人と15年前に起きた毒殺事件の記憶。錯綜する事件に失踪課・高城賢吾までが、村野に協力するが、闇の果てに浮かび上がる悪とは？
2017.8 379p A6 ¥700 ①978-4-06-293724-5

◆**報い―警視庁追跡捜査係**　堂場瞬一著　角川春樹事務所　（ハルキ文庫）
【要旨】警察に届けられた一冊の日記。そこに記された、過去に起きた強盗致死事件の容疑者として、辰見という男が浮上する。未解決事件を追う追跡捜査係の沖田は宇都宮に急行するも、到着直後、辰見は重傷を負った姿で発見され、死亡してしまう。容疑者特定の矢先の出来事に、沖田と栃木県警は当惑を隠せない。一方、同係の西川は別の事件の資料を読み返し、頭を悩ませていて…。不可解な事態に翻弄される刑事たちは、事件の本筋を手繰り寄せられるのか。書き下ろし警察小説。
2017.12 427p A6 ¥730 ①978-4-7584-4069-1

◆**潜る女―アナザーフェイス　8**　堂場瞬一著　文藝春秋　（文春文庫）
【要旨】知能犯を扱う捜査二課の同期・茂山から、結婚詐欺グループの一員と思しき女・荒川美智留の内偵を依頼された大鷹鉄。美智留は元シンクロ選手でスポーツジムのインストラクター。真面目で魅力的な女性に見えるが、大鷹は得意の演技力で美智留に接近し、事件の裏に潜む複雑な事情に分け入っていく。大人気の警察小説シリーズ第8弾！
2017.3 439p A6 ¥720 ①978-4-16-790803-4

◆**ランニング・ワイルド**　堂場瞬一著　文藝春秋
【要旨】タイムリミットは24時間。最も過酷な「アドベンチャーレース」に参加した機動隊員が、家族を人質に脅迫された。妻子を救い、犯人を追い詰めて、そしてレースに勝利できるのか？警察小説の名手が描く、スポーツサスペンスの最先端。
2017.8 357p B6 ¥1700 ①978-4-16-390695-9

◆**F 霊能捜査官・橘川七海**　塔山郁著　宝島社　（宝島社文庫）
【要旨】捜査一課の敏腕女刑事・橘川七海は、事件で負った重傷による長い昏睡を経て、霊の姿や声を認識できる体質に目覚めた。難航する未解決事案を捜査する「重大事案対策班」の班長となった七海は、捜査者が行方不明のまま犯人が事故死した誘拐事件をはじめ、死者が手がかりを知る事件に立ち向かう。生者と死者の両者を救う、この世でただ一人の刑事が繰り広げる霊感サスペンス。
2017.2 344p A6 ¥630 ①978-4-8002-6759-7

◆**カラヴィンカ**　遠田潤子著　KADOKAWA　（角川文庫）　（『鳴いて血を吐く』加筆修正・改題書）
【要旨】歌謡の妙なる旋律を母音のみで歌う「ヴォカリーズ」の歌声に熱狂的な人気を誇る実果子。彼女の自伝のインタビューの相手として選ばれたのは、多聞を指名したギタリストの青庇多関だった。なぜ実果子は、多聞を指名したのか―2人は幼い頃同じ家で育ち、さらに実果子の夫は、多聞の兄だったからだ。インタビューが進むにつれ、明らかになっていく、おぞましく哀しい出来事。その真実が解き明かされた時、新たな事件が起きる。
2017.10 421p A6 ¥720 ①978-4-04-106168-8

◆**冬雷**　遠田潤子著　東京創元社
【要旨】大阪で鷹匠として働く夏目代助。ある日彼の元に訃報が届く。12年前に行方不明になった幼い義弟・鈴一郎が、日本海沿いの魚ノ宮町の名家・千田家の跡継ぎとして引き取られた。初めての家族、そして、千田家と共に町を守る鷹櫛神社の巫女・真琴という恋人ができ、幸せに暮らしていた。しかし義弟の失踪が原因で、家族に拒絶され、真琴と引き裂かれ、町を出て行くことになったのだ。葬儀に出ようと故郷に戻った代助は、町の人々の冷たい仕打ちに耐えながら、事件の真相を探る…。
2017.4 333p B6 ¥1800 ①978-4-488-02554-0

◆**滑らかな虹　上**　十市社著　東京創元社　（ミステリ・フロンティア）
【要旨】柿埼先生に、手紙を書こうと思う―中学三年になる春、山坂百音は、かつて通っていた小学校の元教員・田児あやめに伝えた。そして百音は、三年半前に起きたできごとについて、五年三組の担任教師だった柿崎に向けて思いを綴ってゆく。すべては、彼の謎めいた提案から始まったのだ。「どうでしょう。今年一年、このクラスのみんなでゲームをしませんか？」『ニンテイ』と名づけられた、柿埼の考案した奇妙なゲームが、子どもたちを大きく左右する事を、このときは誰も予想していなかった―『ゴースト≠ノイズ（リダクション）』で衝撃のデビューを果たした新鋭が贈る、入魂の長編ミステリ。
2017.8 222p B6 ¥1600 ①978-4-488-01797-2

◆**滑らかな虹　下**　十市社著　東京創元社　（ミステリ・フロンティア）
【要旨】五年三組の担任教師・柿崎の提案した『ニンテイ』ゲームはクラスの子どもたちの心を捉え、学校生活に欠かせないレクリエーションとして順調に機能しているようにみえた。引っ込み思案で『ニンテイ』を忌避していた百音も、親友となった香住の励ましを得て、夏休みの自然教室や秋の運動会を乗り越え、クラスメイトとの距離を縮めて徐々に自分の世界を広げてゆく。この穏やかな日々が続くと、みな思っていた。ただ、「彼ら」を除いては。百音は思い返す。最後の「ゲーム」が行われたあと、あの校舎で何が起きたかを。圧倒的な筆力で描ききった渾身の千二百枚。
2017.8 313p B6 ¥1800 ①978-4-488-01798-9

◆**生活安全課0係　エンジェルダスター**　富樫倫太郎著　祥伝社　（祥伝社文庫）
【要旨】新聞記者の笹村に脅迫状が届いた。五年前、笹村は誤ってある女生徒がいじめの加害者ととれる記事を書き、自殺に追いやっていた。当時、彼女の父親に娘が生まれたと凄まれた笹村は、去年女児を授かり復讐を恐れているという。杉並中央署生活安全課「何でも相談室」通称0係の面々は父親の行方を捜すが…。小さな事件から社会の闇を暴く人気シリーズ、待望の新刊！
2017.7 314p A6 ¥630 ①978-4-396-34329-3

◆**SRO 7　ブラックナイト**　富樫倫太郎著　中央公論新社　（中公文庫）
【要旨】新宿の闇金業者殺しの現場から、亀戸で遺体となって発見された少年の指紋が出た。SRO室長・山根新九郎は、法歯学の調査から少年の発育に遅れがあったことを知る。同じ頃、東京拘置所特別病棟に入院している近藤房子が動き出す。担当看護師を殺人鬼へと調教し、ある指令を出した。そのターゲットとは―。
2017.7 545p A6 ¥880 ①978-4-12-206425-6

◆**赤いモスク**　督永忠子著　合同出版
【要旨】二〇〇七年七月三日、パキスタンの首都イスラマバードのラール・マスジッド（赤いモスク）に、イスラーム神学生数千人が立てこもった。イスラーム法の導入を迫る神学生に対し、軍はモスクを包囲。八日間に渡る銃撃戦の後、軍が強行突入。死者は学生側が七五名、軍関係者が一〇名とされたが、天安門事件と同じように闇の中だ。モスク内にあったとされる大量の武器。強行突入は不可避だったと公言した大統領。数々の謎を秘めた「赤いモスク事件」をパキスタン在住の筆者が描いた渾身のセミドキュメント！
2017.11 214p B6 ¥1500 ①978-4-7726-1337-8

◆**木足の猿**　戸南浩平著　光文社
【要旨】侍の時代が終わった。それでも、男は追う、友の仇を。仕込み杖に形見の刀を忍ばせ。英国人連続殺し―その背後に潜む謎！第20回日本ミステリー文学大賞新人賞受賞作。
2017.2 326p B6 ¥1500 ①978-4-334-91150-8

◆**チャップリン暗殺指令**　土橋章宏著　文藝春秋
【要旨】昭和7年（1932年）、青年将校が中心となり、クーデターを画策。純朴な青年・津島新吉は、帝国ホテルに滞在していた喜劇王の暗殺を命じられた。
2017.6 253p B6 ¥1400 ①978-4-16-390669-0

◆**スープ屋しずくの謎解き朝ごはん―想いを伝えるシチュー**　友井羊著　宝島社　（宝島社文庫）
【要旨】シェフ・麻野の日替わりスープが評判のスープ屋「しずく」は、早朝にひっそり営業している。調理器具の購入のため麻野と出掛けた理恵は、店の常連カップルと遭遇。結婚式を控え、仲睦まじく過ごす二人だが、突如彼氏が式を延期したいと願い出る。その原因はゴボウ？亡き妻・静句を思う麻野への、理恵の恋も動き出す！？美味しいスープと謎に溢れた全5話収録。心温まる連作ミステリー。
2017.11 278p A6 ¥650 ①978-4-8002-7765-7

◆**鉄路の牢獄―警視庁鉄道捜査班**　豊田巧著　講談社　（講談社ノベルス）
【要旨】湘南新宿ラインで痴漢事件発生。逃亡直後に死亡した容疑者の遺留品から空薬莢を発見、警視庁鉄道捜査班の刑事たちが捜査を開始する。だが聞き込みの最中、何者かにより襲撃され、さらには駅を狙うテロ予告が警視庁へ入る。真

の狙いも目的地も明かさぬテロリストにとって、首都圏の鉄道利用者すべてが人質。複雑に入り組んだ鉄道網を巧みに使って暗躍する犯罪者に、鉄道マニアのテッパン班長・吾妻警視が情熱と知識で立ち向かう！

2017.10 204p A6 18cm ¥880 ①978-4-06-299107-0

◆死と砂時計　鳥飼否宇著　東京創元社（創元推理文庫）
【要旨】死刑執行前夜に密室で殺された囚人、満月の夜を選んで脱獄を決行した囚人、自ら埋めた死体を掘り返して解体する囚人―世界各国から集められた死刑囚を収容する特殊な監獄で次々に起きる不可思議な犯罪。外界から隔絶された監獄内の事件を、老囚シュルツと助手の青年アランが解き明かす。終末監獄を舞台に奇想と逆説が横溢する渾身の連作長編。第16回本格ミステリ大賞受賞作。

2017.5 350p A6 ¥860 ①978-4-488-49702-6

〔な行の作家〕

◆ゴールデン・ブラッド―GOLDEN BLOOD　内藤了著　幻冬舎（幻冬舎文庫）
【要旨】東京五輪プレマラソンで、自爆テロが発生。現場は新開発の人工血液が輸血に使われ、消防士の向井圭吾も多くの人命を救った。しかし同日、人工血液が開発された病院で圭吾の娘が急死する。医師らの説明に納得いかず死の真相を追い始めた矢先、輸血された患者たちも圭吾の前で次々と変死していく――。胸に迫る、慟哭必至の医療ミステリ。

2017.10 340p A6 ¥650 ①978-4-344-42657-3

◆パンドラ―猟奇犯罪検死官・石上妙子　内藤了著　KADOKAWA（角川ホラー文庫）
【要旨】検死を行う法医学部の大学院生・石上妙子。自殺とされた少女の遺骨の一部が不思議なところから発見された。妙子は違和感を持つが、10代の少女の連続失踪事件のことを、新聞と週刊誌の記事である刑事1年目の厚田厳夫と話した妙子は、英国から招聘された法医昆虫学者のサー・ジョージの力を借り、事件の謎に迫ろうとするが…。『猟奇犯罪捜査班』の死神女史こと石上妙子検死官の過去を描いたスピンオフ作品が登場！

2017.4 323p A6 ¥640 ①978-4-04-104765-1

◆MIX―猟奇犯罪捜査班・藤堂比奈子　内藤了著　KADOKAWA（角川ホラー文庫）
【要旨】湖で発見された、上半身が少女、下半身が魚の謎の遺体。「死神女史」の検死で、身体変異に驚愕する事実が判明していた。そして八王子西署には人事異動の波が訪れていた。比奈子とのやり取りに苦戦しつつ捜査を進める比奈子。「人魚」事件の背後には未解決の児童行方不明事件が関わっているようだ。さらに新たに子供の奇妙な部分遺体が発見される事件が起こる。保身を狙う昆虫科も暗躍し…。大人気警察小説シリーズ第8弾！

2017.7 310p A6 ¥640 ①978-4-04-105265-5

◆出版禁止　長江俊和著　新潮社（新潮文庫）
【要旨】著者・長江俊和が手にしたのは、いわくつきの原稿だった。題名は「カミュの刺客」、執筆者はライターの若橋呉成。内容は、有名ドキュメンタリー作家と心中し、生き残った新藤七緒への独占インタビューだった。死の匂いが立ちこめる世界、心中のすべてを記録したビデオ。不倫の果ての悲劇なのか。なぜ女だけが生還したのか。息を呑む展開、恐るべきどんでん返し。異形の傑作ミステリー。

2017.3 339p A6 ¥590 ①978-4-10-120741-4

◆教場 2　長岡弘樹著　小学館（小学館文庫）
【要旨】必要な人材を育てる前に、不要な人材をはじきだすための篩。それが、警察学校だ。白髪隻眼の鬼教官・風間公親のもとに、初任科第百期短期課程の生徒達が入校してきた。半年間、地獄の試練を次々と乗り越えていかなければ、卒業はできない。罪を犯せば、タイムリミット一週間の「退校宣告」が下される。総代を狙う元医師の桐沢、頑強な刑事志望の仁志川など、生徒たちも曲者揃いだ。そんな中、「警察に恨みがある」という美浦は、異色の存在だった。成績優秀ながら武道が苦手な美浦の抱えている過去とは？ 数々の賞に輝いた前代未聞の警察学校小説、待望の続編！

2017.12 316p A6 ¥640 ①978-4-09-406479-7

◆血縁　長岡弘樹著　集英社
【要旨】誰かに思われることで起きてしまう犯罪。誰かを思うことで救える罪。親しい人を思う感情にこそ、犯罪の"盲点"はある。七つの短編を通して、人生の機微を穿つ、ミステリの新機軸。

2017.3 273p B6 ¥1500 ①978-4-08-771068-7

◆波形の声　長岡弘樹著　徳間書店（徳間文庫）
【要旨】谷村梢は小学校四年生を担任する補助教員だ。「カニは縦にも歩けます！」と理科の授業で実証し、注目されたのは、いじめられっ子・中尾文吾。梢に、スーパーである教師の万引きを目撃したと告げたまま下校。その日、文吾が襲われた。襲われる直前、梢の名前を呼ぶ声を近所の人が聞いていたという。梢に注がれる疑惑の目…。日常の謎が"深い"ミステリーに！ 表題作を含む魅力の七篇！

2017.2 333p A6 ¥650 ①978-4-19-894197-0

◆邪馬台国と黄泉の森―醍醐真司の博覧推理ファイル　長崎尚志著　新潮社（新潮文庫）『黄泉眠る森』改題書
【要旨】創作中に姿を消したホラーの鬼才を捜してほしい。その依頼が全ての始まりだった。邪馬台国最大の謎に挑み、最後の"女密"漫画家を復活させる。映画マニアの少年を救い、忌まわしい過去の断片を陽光のもとにさらす。…傍若無人にして博覧強記、編集者醍醐真司が迫りくる難題を知識と推理で怒涛のように解決してゆく。漫画界のカリスマにしか描けない、唯一無二のミステリ。

2017.10 421p A6 ¥670 ①978-4-10-126852-1

◆ダークナンバー　長沢樹著　早川書房（ハヤカワ・ミステリワールド）（『マイナス・ワン』加筆修正・改題書）
【要旨】警視庁刑事部分析捜査三係の渡瀬敦子は、小金井市、小平市・西東京市連続放火事件を追っていた。監視カメラの情報とプロファイリングから捜査を進めると、発生予測地点を外れていて、周囲の反応は強まっていく。一方、記者復帰を狙う東都放送報道局・版籍デスクの土方玲衣は、中学校時代の同級生である敦子の捜査を局の看板番組『ニュース・X』で取り上げることを思いついた。難事件に挑む女性捜査官、複雑化する現代型犯罪。より注目を集める内容で番組を構成するため、連続放火と同時期に起きた埼玉県の連続路上強盗致死事件を調べ始める。やがて二つの凶悪事件を結ぶわずかな線を見出した玲衣と敦子は、都市に溶け込む意外な犯人像に迫りだす。時を同じくして衆院選の開票日が迫るなか、二人の執念の涯てに、前代未聞の"事件中継"が始まろうとしていた――緊迫の報道×本格警察小説。

2017.3 378p B6 ¥1800 ①978-4-15-209634-0

◆月夜に溺れる　長沢樹著　光文社
【要旨】警察小説にニューヒロインあらわる！ 二児の母親でありながら、横浜、川崎の歓楽街を股にかけ、色と欲にまみれた犯罪者を取り締まる、神奈川県警生活安全部のエース・真下霧生。盛り場で起こる、青少年の絡む事件、謎めいた殺人事件にはらう独特の勘を持つ遊軍のような存在だ。神奈川県警本部の将来を担う二人の警察官を前夫に持つ（それぞれのあいだに子供が一人ずつ）ことが災いして、扱いに困られているのかもしれない。いや、恋愛体質が過ぎるからかも。捜査能力と推理力（と美貌）を駆使して、真犯人を追いつめろ。軽快かつ濃密な本格推理警察小説！

2017.7 322p B6 ¥1700 ①978-4-334-91175-1

◆あなたの恋人、強奪します。―泥棒猫ヒナコの事件簿　永嶋恵美著　徳間書店（徳間文庫）新装版
【要旨】暴力をふるうようになった恋人と別れたい（『泥棒猫貸します』）。人のものを何でも欲しがる女ともだちに取られた恋人、二人を別れさせたい（『九官鳥にご用心』）。さまざまな状況で、つらい目にあっている女たちの目に飛び込んできた「あなたの恋人、友だちのカレシ、強奪して差し上げます」という怪しげな広告。依頼され、男たちを強奪していく"泥棒猫"こと皆実雛子の妙技と活躍を描く六篇。

2017.6 278p A6 ¥640 ①978-4-19-894340-0

◆別れの夜には猫がいる。―泥棒猫ヒナコの事件簿　永嶋恵美著　徳間書店（徳間文庫）新装版
【要旨】恋人を取られた女の元に現れたカレの同級生。彼女から、二人を別れさせる提案をされて――。勤務先の社員がプッツンしてくれないと、クビになる（『肯胸ファイトクラブ』）。元彼との別れ話がこじれてしまい「あなたの恋人、友だちのカレシ、強奪して差し上げます」という広告に飛びついた（『夜啼鳥と青い鳥』）。DV元夫から、子供を取り戻したい（『烏の鳴かぬ夜あれど』）。女たちが抱える問題を"泥棒猫"ことヒナコが見事に解決！

2017.7 283p A6 ¥640 ①978-4-19-894237-3

◆凄腕　永瀬隼介著　文藝春秋
【要旨】圧倒的な実力と覚悟を持つカリスマ刑事・桜井の後を追い、閥抜きと同等わりつつ頭角を現した新人刑事・高木。「刑事にも守るべき家族がある」という組対課刑事・洲本とともに、暴力団幹部が惨殺される事件の謎を追う！――新宿・歌舞伎町を舞台に展開される命がけの麻薬捜査、暴力団幹部殺人事件の真相は――刑事たちの生き様が迫る本格警察エンタテインメント。

2017.5 364p B6 ¥1600 ①978-4-16-390646-1

◆無（ナダ）の夜　永瀬隼介著　中央公論新社（中公文庫）
【要旨】閑古鳥が鳴く新宿のバー兼探偵事務所「あなたのシュガー」。だが、謎の美女が訪れた夜から、龍二と秀之進は政界の怪物に接近することに。その男はカリスマ性と"あるもの"によって日本を覆さんとしていた――。元刑事の探偵コンビ「ダブルシュガー」シリーズ完結篇。文庫書き下ろし。

2017.8 377p A6 ¥740 ①978-4-12-206424-9

◆わたしが殺した男　永瀬隼介著　中央公論新社（中公文庫）
【要旨】中年探偵・佐藤秀之進から「相棒になろうぜ」と勧誘されて新宿のバー兼探偵事務所で働き始めた佐藤龍二は、警視庁キャリア・八木が持ち込んだ依頼から、殺しを愉しむ「悪魔」の周辺を探ることになり――。探偵事務所「ダブルシュガー」最初の事件！

2017.2 373p A6 ¥740 ①978-4-12-206343-3

◆警視庁監察室―ネメシスの微笑　中谷航太郎著　KADOKAWA（角川文庫）
【要旨】警視庁高井戸警察署の警察官・新海真人は、唯一の家族といってもいい妹を事故で喪った。妹の死因には、現場に居合わせた大学生の友人たちに薬物を飲まされた疑いが持たれていた。だが、彼らが罪に問われることはなく、復讐心を疑われた真人は、その時から密かに監察にマークされていうようになる。一方、監察対象の真人にただならぬ関心を寄せるのは、警視庁監察官の秋月雅子。そして、2人の運命を繋ぐ、悪夢のような事件の幕が開く。

2017.10 229p A6 ¥520 ①978-4-04-105246-4

◆巨象再建―出向行員・遠藤龍介　長野慶太著　小学館（小学館文庫）
【要旨】日本初の公営カジノが誕生して半年。カジノに、中毒者の自殺をきっかけに経営難に陥っていた。立て直しに銀行マン・遠藤龍介が呼び出される。出資元でカジノのオペレーション担当のアメリカ企業は、四か月で黒字化しろと言ってきた。カジノを誘致した岸田知事、副知事の子息内山達哉、部下の長岡と改革を進める龍介。内山は大学の同窓、かつて亜津子もカジノ再建に関わっていた。脅迫状や密告、龍介を尾行する謎の「目」を気にしながら、徐々に黒字化に近づいていたのだが、裏で大規模な犯罪が…。二転三転の経済小説！

2017.6 597p A6 ¥810 ①978-4-09-406261-8

◆京都西陣なごみ植物店―「紫式部の白いバラ」の謎　仲町六絵著　PHP研究所（PHP文芸文庫）
【要旨】逆さまに咲くチューリップはありますか？―京都府立植物園の新米職員の神苗桃花は、ある母娘から質問を受ける。戸惑う神苗に助け舟を出したのは、その場に居合わせた「植物の探偵」を名乗る女性。彼女は西陣にある「なごみ植物店」の店員だと言うのだが。蛍が呼んだ草って？ 源氏物語に描かれた薔薇の秘密とは？ 植物にまつわる謎と京都の風物詩が絡み合う、優しい連作ミステリー。

2017.5 253p A6 ¥640 ①978-4-569-76705-5

◆黒蟻―警視庁捜査第一課・蟻塚博史　中村啓著　中央公論新社（中公文庫）
【要旨】警察エリート一家で育ち、優秀な兄と比較されながらも地道に事件に向き合う蟻塚博史。六本木で起こった爆破事件では、元暴力団員の単独犯として捜査が進むのを疑問視し、独自の捜査を続けた結果、カジノ法案可決の裏で暗躍する警備上層部に疑いの目を向ける。中心には警備局長の兄の姿が…。

2017.7 290p A6 ¥640 ①978-4-12-206428-7

◆教団X　中村文則著　集英社（集英社文庫）
【要旨】突然自分の前から姿を消した女性を探し、楢崎が辿り着いたのは、奇妙な老人を中心とし

ミステリー・サスペンス・ハードボイルド

た宗教団体、そして彼らと敵対する、性の解放を謳う謎のカルト教団だった。二人のカリスマの間で蠢く、悦楽と革命への誘惑。四人の男女の運命が絡まり合い、やがて教団は暴走し、この国を根幹から揺さぶり始める。神とは何か。運命とは何か。絶対的な闇とは、光とは何か。著者の最長にして最高傑作。
2017.6 601p A6 ¥800 ①978-4-08-745591-4

◆ゼロ・アワー　中山可穂著　朝日新聞出版
【要旨】殺し屋に家族全員を殺され、ただ一人生き残った少女は復讐を誓う。その男にたどり着くかかりはタンゴとシェイクスピア。東京とブエノスアイレスを舞台に、"ロミオ"と"ハムレット"の壮絶な闘いが幕を開ける。アルゼンチン軍事政権時代の暗黒の歴史を絡めた復讐劇はどこへ向かうのか。タンゴのリズムに乗せて破滅へと突き走る狂気のような疾走感、切なく痛ましい殺し屋としての宿命。美しく、激しく、圧倒的な切なさが胸を撃つ、著者新境地のノワール長篇。
2017.2 322p B6 ¥1800 ①978-4-02-251454-7

◆秋山善吉工務店　中山七里著　光文社
【要旨】ゲーム会社を辞め、引き籠っていた史親の部屋からの出火で家と主を失った秋山家。残された妻の景子、中学生の息子、小学生の太一の三人は、史親の実家「秋山善吉工務店」に世話になることに。慣れない祖父母との新生活は、それぞれのかかえるトラブルで賑やかな日々。一方、警視庁捜査一課の宮藤は、秋山家の火災は放火だったのではないかと、調べ始める。大工の善吉爺ちゃん、大立ち回り！昭和の香り漂うホームドラマミステリー。
2017.3 313p B6 ¥1500 ①978-4-334-91152-2

◆アポロンの嘲笑　中山七里著　集英社（集英社文庫）
【要旨】東日本大震災直後に起きた殺人事件。原発作業員として働いていた被害者と加害者の間に何があったのか？逮捕された容疑者の加瀬は、殺された男の親友だった。ところが彼は余震の混乱に乗じて逃走。福島県石川警察署の仁科は加瀬を、そして彼の生い立ちを追う。やがて、加瀬がある島にたどり着いたことが判明。加瀬の目的は何なのか？浮上する驚愕の事実とは？怒涛の社会派サスペンス！
2017.11 411p A6 ¥700 ①978-4-08-745661-5

◆月光のスティグマ　中山七里著　新潮社（新潮文庫）
【要旨】幼馴染の美人双子、優衣と麻衣。僕達は三人で一つだった。あの夜、どちらかが兄を殺すまでは―。十五年後、特捜検事となった淳平は優衣と再会を果たすが、最恐的な政治家秘書へと羽化した彼女は幾多の疑惑に塗れていた。騙し合いながらも愛欲に溺れる二人が熱砂の国に囚われるとき、あまりにも悲しい真実が明らかになる。運命の雪崩に慟哭する！激愛サバイバル・サスペンス。
2017.7 414p A6 ¥670 ①978-4-10-120961-6

◆翼がなくても　中山七里著　双葉社
【要旨】「何故、選りにも選って自分が。何故、選りにも選って足を」陸上200m走でオリンピックを狙うアスリート・市ノ瀬冴良を悲劇が襲ったのだ。加害者である相楽泰輔は幼馴染みであり、沙良は憎悪とやりきれなさでもがき苦しむ。ところが、泰輔は何者かに殺され、5000万円もの保険金が支払われた。動機を持つ冴良には犯行が不可能に。捜査にあたる警視庁の犬養刑事は苦悩を抱える。事件の陰には悪名高い弁護士の姿がちらつくが―。左足を奪われた女性アスリートふたりが羽ばたけるのか！？どんでん返しの先に涙のラストが待つ切なさあふれる傑作長編ミステリー。
2017.1 308p B6 ¥1600 ①978-4-575-24014-6

◆テミスの剣　中山七里著　文藝春秋（文春文庫）
【要旨】豪雨の夜の不動産業者殺し。強引な取調べで自白した青年は死刑判決を受け、自殺を遂げた。だが5年後、刑事・渡瀬は真犯人がいたことを知る。捜査を図る警察組織の妨害の中、渡瀬はひとり事件を追うが、最後に待ち受ける真相は予想を超えるものだった！どんでん返しの帝王が司法の闇に挑む渾身の驚愕ミステリ。
2017.3 394p A6 ¥700 ①978-4-16-790804-1

◆逃亡刑事　中山七里著　PHP研究所
【要旨】殺人事件の濡れ衣を着せられた警部・高頭冴子。自分の無実を証明すべく目撃者の少年を連れて逃げ続ける彼女に、逆転の目はあるのか！？どんでん返しの帝王が贈る、息もつかせぬノンストップ・ミステリー。
2017.12 326p B6 ¥1700 ①978-4-569-83701-7

◆ドクター・デスの遺産　中山七里著　KADOKAWA
【要旨】安らかな死をもたらす白衣の訪問者は、聖人か、悪魔か。警視庁vs闇の医師＝極限の頭脳戦が幕を開ける。どんでん返しの帝王が放つ、息もつかせぬ警察医療ミステリ！
2017.5 293p B6 ¥1500 ①978-4-04-103997-7

◆どこかでベートーヴェン　中山七里著　宝島社（宝島社文庫）
【要旨】加茂北高校音楽科に転入した岬洋介は、その卓越したピアノ演奏でたちまちクラスの面々を魅了する。しかしその才能は羨望と妬みをも集め、クラスメイトの岩倉にいじめられていた岬は、岩倉が他殺体で見つかったことで殺人の容疑をかけられる。憎悪を一身に浴びせかけられた岬は自らの嫌疑を晴らすため、級友の鷹村とともに"最初の事件"に立ち向かう。その最中、岬のピアニスト人生を左右する悲運が―。
2017.5 436p B6 ¥650 ①978-4-8002-7104-4

◆ネメシスの使者　中山七里著　文藝春秋
【要旨】ギリシャ神話に登場する、義憤の女神「ネメシス」。重大事件を起こした懲役囚の家族が相次いで殺され、犯行現場には「ネメシス」の血文字が残されていた。その正体は、被害者遺族の代弁者か、享楽殺人者か。『テミスの剣』や『贖罪の奏鳴曲』などの渡瀬警部が、犯人を追う。
2017.7 338p B6 ¥1700 ①978-4-16-390685-0

◆ハーメルンの誘拐魔―刑事犬養隼人　中山七里著　KADOKAWA（角川文庫）（『ハーメルンの誘拐魔』改題書）
【要旨】記憶障害を患った15歳の少女、月島香苗が街中で突然と姿を消した。現場には「ハーメルンの笛吹き男」の絵葉書が残されていた。その後少女を狙った誘拐事件が連続して発生、被害者は、子宮頸がんワクチンの副反応による障害を負った者ばかりだった。ワクチン推進派の医師の娘だった。そんな中「笛吹き男」から、計70億円の身代金の要求が警察に届く。少女の命と警察の威信を懸け、孤高の刑事が辿り着いた真相とは―。人気シリーズ第3弾！
2017.11 417p A6 ¥640 ①978-4-04-106357-6

◆嗤う淑女　中山七里著　実業之日本社（実業之日本社文庫）
【要旨】中学時代、いじめと病に絶望した野々宮恭子は従姉妹の蒲生美智留に命を救われる。美貌と明晰な頭脳を持つ彼女へ強烈な憧れを抱いた恭子だが、それが地獄の始まりだった―。名誉、金、性的欲望…美しく成長した美智留は老若男女の欲望を煽り燃やし、運命を次々に狂わせる。連続する悲劇の先に待つものは？史上最恐の悪女ミステリー！
2017.12 418p A6 ¥694 ①978-4-408-55398-6

◆ワルツを踊ろう　中山七里著　幻冬舎
【要旨】20年ぶりに帰郷した了衛を迎えたのは、閉鎖的な村人たちの好奇の目だった。愛するワルツの名曲"美しく青きドナウ"を通じ、荒廃した村を立て直そうとするが、了衛の身辺で、不審な出来事が起こりはじめ…。
2017.9 334p B6 ¥1600 ①978-4-344-03169-2

◆さぎ師たちの空　那須正幹著　ポプラ社（ポプラ文庫）
【要旨】極道あいてにさぎをはたらくなんぞ、きいたこともない。冴えた男「アンポさん」と家出少年・太一が繰りひろげる奇天烈な詐欺事件。脳天国界の仲間たちの夢をかき立てながら、きわどい芝居を打つさぎ師たちに明日はあるか？伝説のピカレスクロマン、ついに文庫化！
2017.8 291p A6 ¥660 ①978-4-591-15503-5

◆ズッコケ中年三人組―43歳のズッコケ事件探偵　那須正幹著　ポプラ社（ポプラ文庫）
【要旨】なんと裁判員に選ばれてしまったハチベエ。担当するのは名高い殺人事件だったが、どうやら事件のキーを握るのは、かつての同級生・榎本由美子？さらに裁判が進むにつれて明らかになる、意外な真相とは？大好評のズッコケ中年三人組シリーズ第四弾！
2017.6 229p A6 ¥660 ①978-4-591-15503-5

◆ゴールデン12（ダズン）　夏樹静子著　文藝春秋（文春文庫）
【要旨】日本のミステリー界の旗手として世界にも名を馳せた著者は、常に完成度の高い作品を世に送り出し続けた。本書は、作家生活25周年を迎えた時、記念として全短篇の中から選りすぐったベスト12篇。作品は著者、文芸評論家の権田萬治氏、実兄で作家の五十嵐均氏によって選ばれた。選考の過程は巻末に鼎談として収録。文庫新装版。
2017.2 478p A6 ¥840 ①978-4-16-790793-8

◆デュアル・ライフ―二重生活　夏樹静子著　徳間書店（徳間文庫）
【要旨】名古屋の建設会社社長・時津逸人は、すい臓ガンの疑いを告げられたとき、これまでの人生を振り返り、若き日の苦い恋の記憶が蘇った。出世のために捨ててしまったかつての恋人に会って償いたい…。女との意外な再会。彼女は時津の記憶をすべて失って、一人で生きていた。二十年の時を経て始まった、二人の二重生活。そして、男の人生が裁かれていく…。傑作長篇サスペンス。
2017.9 477p A6 ¥820 ①978-4-19-894261-8

◆TACネーム アリス 尖閣上空10vs1　夏見正隆著　祥伝社（祥伝社文庫）
【要旨】"尖閣上空で自衛隊のF15が中国民間機を撃墜"中国当局は一方的な情報配信の後、救助を口実に尖閣諸島の実効支配を仕掛けてきた。一方、常念寺総理を乗せた政府専用機が相上空で強力な電波妨害により通信不能に。さらに機体を何者かに占拠される！専用機乗員の舞島ひかるはイーグルパイロットの姉舞に助けを求めるが―リアルな危機と圧巻の航空アクション！
2017.2 707p A6 ¥1000 ①978-4-396-34267-8

◆歯科女探偵　七尾与史著　実業之日本社
【要旨】スタッフ全員が女性の錦織デンタルオフィス。月城こころはもの静かな美人ება医師。医師としての腕はもちろん、長い黒髪とFカップの胸が人気の理由だ。同時に彼女は人々の隠された真実をつかむ術に長けていて、歯科衛生士の高橋郁女とともに、周囲で起こる日常の謎や連続殺人事件に挑む。読めば歯科医療に行きたくなる、歯科医療ミステリーの頂点！
2017.8 373p A6 ¥685 ①978-4-408-55376-4

◆ドS刑事（デカ）―さわらぬ神に祟りなし殺人事件　七尾与史著　幻冬舎
【要旨】雑居ビルで男性の絞殺死体が発見。関係者の証言によると、被害者は"怨霊"に怯えていたという。黒井マヤは、従順な伯比丘・マドM浜田を引き連れて捜査に乗り出すが、黒百合学園の先輩でもある管理官の白金不二子と、捜査方法をめぐって対立。実は不二子は「冤罪」というトラウマを抱えていた。そして、黒井家から恐怖のプロポーズする代官山の運命は―。新キャラクターが続々登場の、シリーズ最新作！
2017.3 322p B6 ¥1400 ①978-4-344-03090-9

◆妄想刑事エニグマの執着　七尾与史著　徳間書店（徳間文庫）
【要旨】警視庁捜査一課の美女刑事、江仁熊氷見子。女の勘を武器に事件を理解しがたい直感力で事件に導く彼女だが、頭の硬いベテラン刑事たちからは半分の嘲笑を受けている日々。相棒で後輩の真山恵介は、戸惑いながらもエニグマに従ううちに、刑事としての尊敬の念、そしてさらには微妙な感情が芽生え、「勘」で事件を解決？？新"勘"覚警察小説待望の文庫化！
2017.2 296p A6 ¥650 ①978-4-19-894198-7

◆天の女王　鳴神響一著　エイチアンドアイ
【要旨】一七世紀、スペイン。新旧の巨大勢力がフランス、イギリス、バチカンを巻き込み陰謀の限りを尽くして繰り広げる権力闘争に、若き日本のサムライ（サムライハポン）とスペインの芸術家たちが"愛"と"誇り"を賭けて立ち向かう。激しくも切ないフラメンコの旋律とともに時空を超え、鳴神響一の千手の手練で今、鮮やかによみがえる歴史ミステリー巨編！
2017.4 396p B6 ¥1800 ①978-4-908110-06-1

◆脳科学捜査官 真田夏希　鳴神響一著　KADOKAWA（角川文庫）
【要旨】神奈川県警初の心理職特別捜査官に選ばれた真田夏希は、知人に紹介された男性に会うため横浜駅付近の飲食店に向かう。婚活に失敗続きの夏希は、織田信和と名乗る男性に、好印象を抱く。だが、そんな甘い雰囲気を激しい爆裂音が打ち消していた。みなとみらい地区で爆発事件が発生したのだ。翌日、捜査本部に招集され、爆発事件の捜査を命じられる夏希。初の事件で戸惑いを覚える夏希の前に現れたのは、意外な相棒だった。
2017.12 346p A6 ¥680 ①978-4-04-106167-1

ミステリー・サスペンス・ハードボイルド

◆**旭日の代紋** 鳴海章著 光文社 （光文社文庫）
【要旨】銃身と銃床を切り落とした猟銃――。使われた凶器から、暴力団組長殺害の容疑者が浮かび上がった。ハン兄弟と呼ばれる二人の中国人。彼らを内偵中、矢頭は相棒者の針尾を失う。警察組織より内偵を察知した矢頭は、孤立無援での復讐を決意する。特殊部隊出身といわれる手練れを相手に、矢頭はひとり立ち向かう！ 川崎工場街の煌めく灯のなか、決死戦の結末は!?
2017.6 366p A6 ¥660 ①978-4-334-77485-1

◆**ゼロと呼ばれた男** 鳴海章著 集英社 （集英社文庫）
【要旨】米ソ冷戦時代。航空自衛隊パイロット那須野治朗は、米軍大佐バーンズから「お前はソ連機を撃墜できるか？」と問われる。陰謀めいたこの沖縄上空での米軍機密演習。那須野が迎え撃つ相手とは。そして彼が零戦を表す「ジーク」という二つ名を得た15年前の出来事とは。四半世紀にわたり読み継がれた名作“ゼロ・シリーズ”第一巻、待望の復刊。今こそ、男を取り戻し、そのG（重力）を体感せよ。
2017.5 277p A6 ¥560 ①978-4-08-745586-1

◆**鎮魂――浅草機動捜査隊** 鳴海章著 実業之日本社 （実業之日本社文庫）
【要旨】通報により駆けつけた女刑事・小町が目にしたのは、裸の女と息絶えた赤子。母親らしき女を覚醒剤離脱の影響で昏睡状態だが、この状況を招いたのは一体…？ 子どもが被害者となる事件を前に、小町は痛ましい過去と自分自身に向き合っていく。一方、定年を目前に控えた辰見は最後の事件に何を思う――。事件と人生が交錯する、書き下ろし警察小説。
2017.2 379p A6 ¥640 ①978-4-408-55331-3

◆**ネオ・ゼロ** 鳴海章著 集英社 （集英社文庫）
【要旨】北朝鮮の原子力施設を爆撃します。協力を願いたい――。米国からの重く困難な極秘要請をうけ、日本の技術者により最新鋭の戦闘機「新・零戦（ネオ・ゼロ）」が開発された。任務を遂行するのは、元自衛官のパイロット、「ソ連機を撃った男」那須野治朗。誰が敵で誰が味方？ 各国の思惑が交錯する空、男は一人飛び立つ。陰謀渦巻くサスペンス、呼吸を忘れる空中戦闘、男と男のドラマ。名作は時代を越える。
2017.11 381p A6 ¥700 ①978-4-08-745662-2

◆**二年半待て** 新津きよみ著 徳間書店 （徳間文庫）
【要旨】婚姻届を出すのは待ってほしい――彼が結婚を決断しない理由は、思いもよらぬものだった（「二年半待て」）。このお味噌汁は、変な味。忘れ物も多いし…まさか。不運が重なりなんとかしないと（「ダブルケア」）。死の目前、はじめて日姑に宛てた祖母の“エンディングノート”からあぶり出される驚きの真実とは（「お片づけ」）。人生の分かれ道を舞台にした、大人のどんでん返しミステリー。
2017.8 269p A6 ¥640 ①978-4-19-894248-9

◆**巨大幽霊マンモス事件** 二階堂黎人著 講談社 （講談社ノベルス）
【要旨】名探偵・二階堂蘭子が挑む幽霊マンモスと2つの密室殺人の謎！
2017.9 334p 18cm ¥1000 ①978-4-06-299103-2

◆**ラン迷宮――二階堂蘭子探偵集** 二階堂黎人著 講談社 （講談社ノベルス）
【要旨】探偵活動を再開した二階堂蘭子の下に、不可解な相談が！ 洋蘭の栽培家・賀来慎児が脅迫されているというのだ。彼の父・レオナは著名な西洋画家だったが、12年前に不審死をとげ、母も服毒自殺していた。慎児が住む「蘭の家」に、事件当時そこに待っていたのは、レオナの3人の元愛人たちだった。トリック満載の傑作中編集！
2017.8 454p A6 ¥840 ①978-4-06-293725-2

◆**粘土の犬――仁木悦子傑作短篇集** 仁木悦子著 中央公論新社 （中公文庫）
【要旨】テレビ画面のギャングが銃の引き金を引いた瞬間、現実の弾丸が老人の胸を撃ち抜いた！（「弾丸は飛び出した」）。アパートの一室で扼殺体が発見される。手がかりは多いものの、容疑者たちには確かなアリバイが…（「みずほ荘殺人事件」）。高度な謎解きを江戸川乱歩も賞賛した女性本格推理作家の先駆け。その傑作群がここに甦る。
2017.11 419p A6 ¥840 ①978-4-12-206476-8

◆**ちょうかい 未犯調査室 1** 仁木英之著 小学館 （小学館文庫）
【要旨】通島武志は、朝の通勤で混み合う地下鉄のなかでかつての部下、枝田千秋に出会った。しかし、それは偶然でもなんでもなかった。由あって一線を退いていたこの元刑事にとっての新天地が、警察庁の外郭団体、犯罪史編纂室であり、千秋はそこの室長を任されていたのだ。東京・吉祥寺の古ぼけたビルの一室に居を構えるこの編纂室に招集された他の人員も皆、一度は辞職願を出した曰くの訳あり揃いの輩たちだ。そして、警察庁情報通信局長の岩崎から、本当の密命を告げられた武志は愕然とする。その任務とは、これから起こる犯罪を未然に防げ！――というものだった――。
2017.4 285p A6 ¥600 ①978-4-09-406407-0

◆**ちょうかい 未犯調査室 2** 仁木英之著 小学館 （小学館文庫）
【要旨】室長の枝田千秋を触媒にした「繭」システムを使って、ネット空間などに溢れるデータのなかから犯罪の兆候を嗅ぎ取り、その抑止を任とする未犯調査室。東陽銀行の支店長を狙った凶悪事件から、謎の集団ポリスの存在に辿り着くことに成功した。だが一方で、警察の本来の職分を逸脱したその活動内容が上層部で問題となり、2か月の活動停止に追い込まれる。さらに追い打ちをかけるように吉祥寺にある調査室のある古いビルに謎の隕石が落ち、全壊してしまう。時を同じくするように、病院に長期入院していた通島武志の妻・沙織が忽然と姿を消した。
2017.4 253p A6 ¥570 ①978-4-09-406408-7

◆**ちょうかい 未犯調査室 3** 仁木英之著 小学館 （小学館文庫）
【要旨】「この子はわたしたちの子よ」品川のタワーマンションを起点にレールガン・テロを試みていた妻・沙織から、通島武志は、千秋に関しての思いも寄らぬ話を聞いてしまう。その後、レールガンの発射を身を挺して止めたことで都内の病院に極秘搬送されていた千秋だったが、ある日、忽然と姿を消してしまった。沙織がポリスに深く関与していることが拭いがたい事実となったことを受けて、武志は一度空中分解しそうになっていた未犯調査室の面々と共に彼女のルーツを辿り直す事を決意する。行方を眩ませた千秋とは？ そして、ポリスとは何だったのか？ 完結篇。
2017.5 297p A6 ¥610 ①978-4-09-406157-4

◆**掟上今日子の裏表紙** 西尾維新著 講談社
【要旨】「犯人は私ですね、間違いなく」事件現場は、ある屋敷の密室――遺体の隣で血まみれの凶器を握りしめて眠っているのを発見されたのはあろうことか、忘却探偵こと掟上今日子だった。しかし逮捕された彼女は、すでに事件の記憶を失っていて…？ 捜査にあたるは「冤罪製造機」の異名をとる強面警部・日志井。忘却探偵の無実を証明できるのか？ 逆転の推理劇、開幕！
2017.4 06-220576-4

◆**欲** 西川三郎著 幻冬舎 （幻冬舎文庫）
【要旨】介護士の彩はある日、余命三ヶ月の末期がんに冒された資産家老人・雄吉の介護に訪れる。雄吉に見初められた彩は、高級マンションの譲渡を条件に男女の関係を結び、残された日々に心身を捧げる。しかし奇跡的に雄吉のがんが消えたことを知った彩は、バッグの中からある物を取り出し――。心の奥に潜む“欲”が交錯する傑作ミステリー。
2017.10 324p A6 ¥650 ①978-4-344-42658-0

◆**罠** 西川三郎著 幻冬舎 （幻冬舎文庫）
【要旨】自動車販売会社で働く石田真人は、社内美魔女の彩・紗衣子と平穏な日々を送っていた。しかし同じタワーマンションに住む玲子と出会い、人生が狂い始める。社長から支店勤務を命じられ、妻の莫大な借金が発覚。さらに本社の不正疑惑をリークしたと疑われ――。果たして石田の周りで何が起こっているのか？ 幾重にも張られた“罠”の目的とは。
2017.10 259p A6 ¥580 ①978-4-344-42659-7

◆**回想のぬいぐるみ警部** 西澤保彦著 東京創元社 （創元推理文庫）
【要旨】殺人現場に遺されていた、パンダの特大ぬいぐるみ入りの段ボール箱。被害者が宅配を頼んでいたものだが、伝票に不審な点が。音無美紀警部が、なぜ購入店から直接送らなかったのか、という疑問をもとに捜査を進めると…。仰天の真相が明らかになる「パンダ、拒んだ。」をはじめ、さらに冴えた推理と美貌で事件関係者を驚かせる音無警部とその部下たちの活躍を描く全五編！
2017.3 279p A6 ¥720 ①978-4-488-43813-5

◆**からくりがたり** 西澤保彦著 幻冬舎 （幻冬舎文庫）
【要旨】高校三年の冬、自殺した青年が遺した日記には女教師との愛欲、妹との同級生との交歓、喫茶店店長との恋愛遊戯が綴られていた。半信半疑の妹がその登場人物に会いにいくと、彼女らは殺人、事故などの異常な事件に遭遇していた。市内で毎年大晦日の夜に起こる女性殺害事件と関連は？ そして、つねに現場に出現し語りかける謎の男（計画横）とは誰か。
2017.10 318p A6 ¥650 ①978-4-344-92660-3

◆**七回死んだ男** 西澤保彦著 講談社 （講談社文庫） 新装版
【要旨】高校時代の久太郎は、同じ1日が繰り返し訪れる「反復落とし穴」に嵌まる特異体質を持つ。資産家の祖父は新年会で後継者を決めると言い出し、親族が揉めに揉める中、何者かに殺害されてしまう。祖父を救うため久太郎はあらゆる手を尽くすが――鮮やかな結末で読書界を驚愕させたSF本格ミステリの金字塔！
2017.9 391p A6 ¥720 ①978-4-06-293766-5

◆**愛と哀しみの信州――十津川警部捜査行** 西村京太郎著 徳間書店
【要旨】信州松本近く、毎年シベリアから飛来する「白鳥の湖」で、首を折られた一羽の白鳥とともに写真家・金子の死体が発見された。一ヵ月後、金子の友人が、東京の自宅で血みどろの死体で発見された。二つの事件に関連が？ 当初は病死と処理された金子の死に疑問を持った十津川は、事件の真相を探るため松本に飛んだ！（「白鳥殺人事件」）他、信州を舞台に描く傑作ミステリー集！
2017.7 381p A6 ¥670 ①978-4-19-894238-0

◆**青森わが愛** 西村京太郎著 KADOKAWA （角川文庫）
【要旨】警視庁の日下刑事は、身分を明かさず書道教室に通っていた。しかし、日下が現職の刑事だと知り、突然態度を変えた美人書道家が気になり、彼女の過去を調べ始める。本籍地は青森で、高校を卒業してから31歳の今日まで、実に8回も引っ越していた。好奇心と行動力を武器に、日下刑事が真実を暴く！（「青森わが愛」）殺害された女性が飼っていた猫が事件解明の鍵となる。（「北の空に殺意が走る」）他、十津川警部が謎に挑む3編収録。
2017.1 301p A6 ¥640 ①978-4-04-104475-9

◆**天草四郎の犯罪** 西村京太郎著 新潮社 （新潮文庫）
【要旨】パトカーに追われた二人組の強盗、四人組の宝石強奪犯、自動車会社社長を襲った男、前総理を襲撃した四人のテロリスト――。たった一本の杖で、次々と暴漢を撃退していく謎の男「天草四郎」。島原キリシタン一揆の英雄と同じ名を名乗る男は一躍、世間の注目を浴びる。「天草四郎」とは、何者なのか。そして、その目的は？ 十津川警部が現代に甦った「英雄」の秘密に挑む、長編ミステリー。
2017.9 252p A6 ¥490 ①978-4-10-128534-4

◆**暗号名は「金沢」――十津川警部「幻の歴史」に挑む** 西村京太郎著 新潮社 （新潮文庫）
【要旨】太平洋戦争の末期、連合国は、敗色濃い日本に降伏を迫るポツダム宣言を発表した。宣言を受け、日本政府中枢が、降伏か徹底抗戦かで真っ二つに割れる中、日本と中立国の間をしきりに飛び交う、謎の暗号「カナザワ」。この暗号の指し示すものはいったい何なのか。敗戦から七十年の時を経て、太平洋戦争と現代日本を繋ぐ、恐るべき謀略に十津川警部が挑む、新機軸の長編歴史トラベルミステリー。
2017.3 251p A6 ¥490 ①978-4-10-128533-7

◆**祖谷（いや）・淡路 殺意の旅――十津川警部シリーズ** 西村京太郎著 中央公論新社 （中公文庫）
【要旨】徳島の秘境・祖谷で、ある女に五百万円を渡してくれ――私立探偵の橋本豊が奇妙な依頼を遂行した翌日、その女が殺された。被害者は東京でとびきりの美女を集めたクラブ“夢園”を経営し、社長や芸能人が会員になっていた。かつての部下・橋本と事件を追う十津川警部は“夢園”で隠しカメラと血痕を発見するが、さらにホステスの全裸死体が！
2017.2 286p A6 ¥640 ①978-4-12-206358-7

◆**上野駅殺人事件** 西村京太郎著 講談社 （講談社文庫）
【要旨】上野駅周辺で、ホームレスを狙った連続殺人事件が発生。死因は青酸中毒死。Kと名乗る男から駅長あてに八千万円を要求する脅迫状

ミステリー・サスペンス・ハードボイルド

小説

が届くが、犯人の輪郭すらつかめない。さらに、東北・上越新幹線の上野駅開業の日、地下三階で爆発が。駅の構造を熟知した犯人と、その動機を、十津川警部の推理が追いつめる！
2017.2 355p A6 ¥720 ①978-4-06-293584-5

◆裏切りの中央本線　西村京太郎著
KADOKAWA
【要旨】警視庁捜査一課の西本刑事が乗車していた急行アルプスから、刺殺体が発見された。気になった西本は松本署に協力して、東京に戻ってからも被害者の和多を調べ続ける。数日後、和多が仕事を依頼していた私立探偵も殺害される。事件を担当した十津川警部は、すぐに両事件を捜査に加えて、事件解決の糸口を探す。（「裏切りの中央本線」）郷里に結婚報告をしに行くと言ったきり、姿を消した矢野みどり。心配した恋人の高見は、彼女の妹と共に行方を追うことに。二人が入った店のテレビで、鬼怒川で女性の遺体が発見されたというニュースが流れる。（「死への旅『奥羽本線』」）貴重な傑作6編が再登場！
2017.2 461p 18cm ¥840 ①978-4-04-105377-5

◆青梅線レポートの謎　西村京太郎著
KADOKAWA
【要旨】奥多摩で「OMレポート、正しくは青梅線レポートを知らないか」と尋ね歩いていた男が刺殺された。被害者の足どりを追って奥多摩へ向かうことになった十津川警部。数﨑前、奥多摩町役場の助役の娘・亜紀も、同じ言葉を口にしていたが、行方不明になっていたことが判明する。十津川は、亜紀の部屋で見つけた30cm 足らずのロボットを警察に持ち帰ったところ、そのロボットの死、奥多摩で発見されたクローンの猿と、謎が謎を呼んでいく…。奥多摩で進行する、巨大な陰謀とは…。十津川警部の前に現れたのは、今までにない最新の敵だった！?
2017.11 222p 18cm ¥840 ①978-4-04-105845-9

◆沖縄から愛をこめて　西村京太郎著
講談社　（講談社文庫）
【要旨】フリーカメラマンの木村敦は、沖縄に貢献したとして藍綬褒章を受章した故緒方秀成の「陸軍中野学校」出身であることに興味を抱く。調査を進めると、太平洋戦争末期、陸軍中野学校出身の専門家42名が実際に沖縄に送り込まれていた。彼らは沖縄で何をしていたのか？沖縄戦の実相を後世に伝える著者渾身作！
2017.10 259p A6 ¥620 ①978-4-06-293774-0

◆消えた乗組員　西村京太郎著　光文社　（光文社文庫　新装版）
【要旨】「魔の海」と怖れられる小笠原諸島沖で、行方を絶っていた大型クルーザーが発見された。船には九名が乗っていたはずだが、船内は無人で荒らされた様子もなかった。用意された九名分の朝食と不気味に切り刻まれた後マスト…。やがてクルーザーを発見したヨットマンたちが、次々と変死をとげていく。海の怪異が絡む事件の謎に挑む傑作海洋ミステリー！
2017.12 461p A6 ¥720 ①978-4-334-77576-6

◆北のロマン 青い森鉄道線　西村京太郎著
徳間書店　（トクマ・ノベルズ）
【要旨】失踪した娘を捜してほしい。母親から依頼を受けた、かつて十津川警部下だった私立探偵の橋本は、池戸彩乃の捜索を始める。勤務先のパソコンに残されていた「411658 1411123」という謎のメモは、本州最北の鉄道駅である下北駅の緯度と経度と判断した橋本は下北に飛び、彩乃の痕跡を追っていくが、やがて恐ろしい、仏ヶ浦を訪れる。一方、東京では彩乃の同僚が殺され、十津川警部が捜査に乗り出した。事件は予測できない展開を見せながら…!?オリジナル著作600冊目にあたる記念作品！
2017.12 221p 18cm ¥860 ①978-4-19-850976-7

◆京都駅殺人事件　西村京太郎著
講談社　（講談社文庫）
【要旨】東京調布で浪人生の死体が見つかった。現場には時限爆弾を作っていた痕跡があり、その部屋の住人で被害者の親友・橋本が行方不明に。やがて、京都駅長に奇妙な脅迫状が届く。「古都の景観を損なう醜怪な京都駅を建て直せ。さもなければ爆破する」犯人は橋本なのか？そして、十津川警部は京都駅を守れるのか？
2017.6 330p A6 ¥720 ①978-4-06-293687-1

◆郷里松島への長き旅路　西村京太郎著
KADOKAWA　（角川文庫）
【要旨】フリーライターの森田は、奥松島の墓地で、一基だけ離れたところに建てられた大きな墓石に目を留める。元々彫られていた文字が削られ、小さく「立川家之墓」と刻まれていた。調べていく

と、太平洋戦争中、特攻隊員として戦地へ赴いた青年のものだと分かる。一方、東京都内で老人の遺体が発見された。十津川警部は、捜査線上に浮かんできた森田と会う。世間から身を隠して生きていた元特攻隊員の老人は、何のために殺されたのか。
2017.9 232p A6 ¥520 ①978-4-04-105832-9

◆現美新幹線殺人事件──十津川警部シリーズ
西村京太郎著　文藝春秋
【要旨】画商の竹田は越後湯沢でスキー中、東京の自宅で妻と娘を何者かに襲われ、殺される。殺人事件の現場からは、渡辺久という新進の画家の絵が盗まれており、その絵はいつの間にか、越後湯沢‐新潟間で開通したばかりの"走る美術館"、現美新幹線に展示されていた…。捜査を進めるうちも、ニューヨークのやり手の画廊が、辺のバックについていることが分かり、十津川警部の部下達はニューヨークに飛ぶ。絵に隠されたもうひとつの過去の秘密とは？
2017.4 210p 18cm ¥900 ①978-4-16-390628-7

◆琴電殺人事件　西村京太郎著　新潮社
【要旨】香川県琴平町に現存する日本最古の芝居小屋、金丸座。年に一度の「こんぴら歌舞伎」に出演する人気役者に、執拗な脅迫が続く。その予告通り、遂に琴電琴平線の車中で起きた毒殺事件。東京の会社社長殺しとの関連は？因習と確執が渦巻く歌舞伎界の謎に、十津川警部が挑む！
2017.10 219p A6 ¥620 ①978-4-10-334432-2

◆札沼線の愛と死 新十津川町を行く　西村京太郎著　実業之日本社　（ジョイ・ノベルス）
【要旨】十津川警部が住む東京・三鷹で銃殺事件が。現場の雪の上には、被害者の男が自分の血で書いたと思われる十字のマークが残されていた。さらに「殺された男は十津川警部に招待状を届けようとした」という女からの電話が。被害者は北海道新十津川町の人物と推理した十津川は現地へ飛ぶ。地元鉄路の廃線が取りざたされている町内では、魔法使いが出るという噂が広がり、見知らぬ者が押し寄せていたが…。
2017.2 204p A6 ¥840 ①978-4-408-50556-5

◆殺人へのミニ・トリップ　西村京太郎著
KADOKAWA　（角川文庫）
【要旨】古賀は、恋人めぐみと伊豆へ向かう車中、最後尾にある展望車で景色を楽しんでいると、カメラを忘れたことに気付く。部屋へ取り戻すと、目の前に知らない女性の死体が現れた。公安官に、被害者の恋人と勘違いされたため、めぐみを交えて、見当ちがいで容疑者として検索の対象で取り調べを受けることに。そこへ、十津川警部から連絡が入る（「殺人へのミニ・トリップ」）。ほか4編を収録した十津川警部シリーズ短編集。
2017.3 327p A6 ¥640 ①978-4-04-104472-8

◆死への招待状　西村京太郎著
KADOKAWA　（角川文庫）
【要旨】松尾探偵事務所に、ある男の将来性を調べて欲しいと調査依頼があった。将来はバラ色と、松尾は調査を終えようとした途端、事態は思わぬ方向へ…（「死への招待状」）。会社役員の木島から、遺書を残して自殺した愛人の死の原因を知りたいと依頼を受けた秋葉は、その愛人の住んでいたマンションを訪れた。調べていくと、彼女には出入りする男があることがわかる（「危険な男」）。社会の裏で活躍する探偵たちの息づかいが感じられる短編6篇。
2017.5 258p A6 ¥560 ①978-4-04-105756-8

◆湘南アイデンティティ　西村京太郎著　双葉社　（双葉文庫）
【要旨】湘南に住む30代の5人のエリート男性に、一夜同棲契約という奇妙な女性、小早川恵が現れた。その後、エリート男性のひとりで、ベンチャー企業の社長である岸川の女性秘書が殺害される。捜査に乗り出した十津川警部のもとに、小早川恵と5人の男たちの関係が書かれた手紙や写真が届く。十津川は、男たちのなかに犯人がいると判断して、捜査の網を絞っていく。
2018.1 347p A6 ¥657 ①978-4-575-52069-9

◆寝台急行「銀河」殺人事件──十津川警部クラシックス　西村京太郎著　文藝春秋　（文春文庫）
【要旨】東京‐大阪間を9時間強で結ぶ寝台急行銀河。そのA寝台で女性の他殺体が見つかった。容疑をかけられたのは、乗り合わせたサラリーマン、井崎。十津川警部の旧友にして、被害者の愛人だった──。潔白を主張する井崎を、十津川は救えるか？今はなき寝台急行を舞台にした傑作が30年の時を経て新装版で登場！
2017.6 298p A6 ¥620 ①978-4-16-790864-5

◆新・東京駅殺人事件　西村京太郎著　光文社　（光文社文庫）
【要旨】修復されて美しく生まれ変わった東京駅と東京ステーションホテル。一人の新人作家がここに滞在し、鉄道ミステリーの構想を練っていた。その部屋から見下ろせるコンコースで、人待ち顔で佇んでいた女性が、深夜に謎の死を遂げる。さらに翌日開かれるコンサート「エキコン」に、爆破するとの脅迫電話が！十津川警部が、続発する事件の裏にある巨大な陰謀を追う！
2017.4 257p A6 ¥520 ①978-4-334-77451-6

◆外房線 60秒の罠　西村京太郎著　集英社　（集英社文庫）
【要旨】井口勲は、二年前に殺された恋人との思い出を胸に南房総の旅に出かけた。安房鴨川で出会った若い女性に、携帯電話のカメラで写真を撮られる。翌日、井口を写した携帯を所持した女性の絞殺体が井の頭公園で発見され、彼に容疑がかかる。捜査班の十津川警部が井口の身辺を探るうち第二の殺人が発生した。巧妙に張り巡らされた復讐のトリックに挑む！風光明媚な房総を舞台に旅情ミステリー。
2017.4 254p A6 ¥500 ①978-4-08-745568-7

◆東京‐金沢69年目の殺人　西村京太郎著
中央公論新社　（中公文庫）　（『東京と金沢の間』改題書）
【要旨】終戦から六十九年目の八月十五日、元海軍航空隊中尉の小暮義男が扼殺された。九十三歳の小暮は北陸新幹線の開業を控える金沢の出身で、妻の死後は東京で暮らしていた。十津川は、小暮が四十年前から「特攻とは何だったのか」を調べていたことを突き止め、特攻で亡くなった若者の心中を思い、殺人事件を追うのだが…。
2017.11 224p A6 ¥580 ①978-4-12-206485-0

◆十津川警部─予土（ローカル）線に殺意が走る
西村京太郎著　祥伝社　（ノン・ノベル）
【要旨】国際的な音楽家やアスリートの興行を打つ「呼び屋」の東海元。彼が次に選んだのは愛媛宇和島の闘牛とスペインの闘牛士の対決だった。イベントはまたも大評判を呼ぶも、巨額の興行資金が回収されたかは不明。興味を抱いたN新聞の記者梶本は十津川警部に接近した。同じ頃、多摩川河川敷で殴殺死体が発見され、十津川率いる捜査本部に東海と事件の関連を示す告発状が届く。やがて、四国の予土線を走る、新幹線そっくりの"鉄道ホビートレイン"に東海が搭乗していたと判明、そして十津川が四国へ飛んだ！
2017.9 192p 18cm ¥840 ①978-4-396-21035-9

◆十津川警部 愛憎の街 東京　西村京太郎著
双葉社　（双葉文庫）
【要旨】帰宅途中の十津川は、女性が車で猫を轢くのを目撃した。翌日、十津川がテレビを見ていると、その女性、デザイナーの林ひろ子が出演していた。そこへ、多摩川で殺人事件が発生したとの報が入り、十津川班が捜査に当たる。被害者は銀座のクラブママ。容疑者として、被害者のスポンサーで不動産会社の社長がおり、アリバイはあった。だが、女性関係を調べると、林ひろ子が浮上した──!!
2017.3 379p A6 ¥676 ①978-4-575-51975-4

◆十津川警部 出雲伝説と木次線　西村京太郎著　実業之日本社　（ジョイ・ノベルス）
【要旨】スサノオノミコトがヤマタノオロチを退治したという古代神話に彩られた島根県奥出雲。旅行作家・高木は、三段スイッチバックで有名なJR木次線を旅行雑誌の取材で訪れるが、駅に置かれたノートに「奥出雲で盛大な花火を打ち上げる」と書かれた意味深なメッセージを見つける。その後、休暇中の亀井刑事親子が乗った木次線の列車がトレインジャックされ、犯人からは耳を疑う要求が──!?
2018.1 211p 18cm ¥840 ①978-4-408-50562-6

◆十津川警部「荒城の月」殺人事件　西村京太郎著　光文社　（光文社文庫）
【要旨】一人の資産家が絞殺されて一千万円が奪われた。その金で「荒城の月」の作曲家・滝廉太郎の幻の原曲楽譜を買うつもりだったらしい。偽物で釣られ、金を奪われて殺されたのか？十津川警部の元を訪れた男の娘は、自らの手で犯人を捜し出そうとしていた。さらに、引退した贋作者が刺殺されて…。十津川が美術界の深い闇に迫る長編ミステリー！
2017.2 314p A6 ¥680 ①978-4-334-77432-5

◆十津川警部 四国お遍路殺人ゲーム　西村京太郎著　徳間書店　（徳間文庫）

ミステリー・サスペンス・ハードボイルド

【要旨】東京・深大寺でテレビ番組のディレクター井上美奈子がお遍路姿の絞殺体で発見された。彼女が企画した"お遍路ゲーム"収録目前の出来事だった。翌日、捜査本部に「四国八十八ヵ所巡りの途中で人が殺される」という謎の電話が！急遽、徳島に飛んだ十津川警部はお遍路姿に変装し、番組収録を見守る。が、新たな殺人事件が発生し、事件は予想外の展開を見せ始めた!?長篇旅情ミステリー。
2017.4 285p A6 ¥640 ①978-4-19-894228-1

◆**十津川警部 修善寺わが愛と死** 西村京太郎著 双葉社 （双葉文庫）
【要旨】元・六国デパート副社長秘書の十文字多恵子が自宅マンションで絞殺された。十津川警部は、多恵子の分不相応な豪華マンションでの暮らしに不審を抱くとともに、多恵子が書いた『修善寺わが愛と死』という小説に興味を持った。その小説は、鎌倉幕府三代の興亡にことよせて、社長が次々交代している六国デパートのお家騒動を描いているようだった。十津川は、事件の背後にうごめく闇を追い始めた。
2017.11 291p A6 ¥611 ①978-4-575-52048-4

◆**十津川警部 仙石線殺人事件** 西村京太郎著 双葉社 （FUTABA NOVELS）
【要旨】青梅の精神科病院で殺人未遂事件が発生した。被害者は入院患者の千石典子。容疑者として浮上した男性が、松島海岸で遺体で発見された。捜査を進めていると、東日本大震災で沈没し、海底から引き揚げられたグズマン元大統領の客室から発見された大量のプラチナ事件と繋がり、十津川警部がそこに潜む闇資金の謎を追う。
2017.5 195p 18cm ¥824 ①978-4-575-00801-2

◆**十津川警部捜査行 伊豆箱根事件簿** 西村京太郎著 実業之日本社 （実業之日本社文庫）
【要旨】箱根強羅のホテルで働く木戸は、箱根登山鉄道の車内で出会った男から奇妙な依頼を受ける。消息不明の妹が登山電車に乗る可能性があるので、見つけたら捕まえてほしいという。手付け金の百万円も受け取った木戸はついにその女を見つけたが、彼女の胸には朱い血が—伊豆と箱根を舞台に十津川警部が難事件に挑む、傑作トラベル・ミステリー集！
2017.6 382p A6 ¥667 ①978-4-408-55363-4

◆**十津川警部捜査行 日本縦断殺意の軌跡** 西村京太郎著 実業之日本社 （実業之日本社文庫）
【要旨】Rレコードで作詞家をしている堀井が北海道・帯広に向かったまま失踪した。その後、同じレコード会社の新人女性演歌歌手の及川くみが自宅のマンションで殺されたが、彼女は東京から帯広へ向かう航空券を持っていた。十津川班の西本・北条両刑事が北海道へ飛ぶが、そこには謎の墓標が…。堀井と及川の接点とは、そして秘められた事件の真相とは!?
2017.2 372p A6 ¥648 ①978-4-408-55342-9

◆**十津川警部 高山本線の秘密** 西村京太郎著 小学館
【要旨】女性カメラマン夏内えりは、故郷である飛騨高山に向かった。高山から足をのばし、世界遺産の白川郷、さらにその奥の無人の村・R村へたどり着いた。太平洋戦争末期、従軍看護婦として満州に渡っていた、えりの祖母夏川勝子が一時帰国し、R村で行方知らずになっていた。今、改めてこの村のことを調べてみようと思って訪れたのだ。一転、東京三鷹で独居老人浅町真治が殺された。現場へ駆けつけた十津川は、驚くべき証言を得た。遡ること七十数年前、浅町の父親である浅町真太郎が唱え、敗色濃い日本軍がとったとされる「永久戦争」のことを知ることとなる。歴史の闇に葬り去られようとしていた悪魔の戦術が、現実によみがえろうとしていたのだ。そして、その要の地が、夏川勝子の孫の夏川えりがたどったR村だったのだ。十津川警部は、二つの事件の背後にうごめく「戦争の亡霊」の行方を追い始めた。
2017.4 186p 18cm ¥830 ①978-4-09-386469-5

◆**十津川警部 秩父SL・三月二十七日の証言（アリバイ）** 西村京太郎著 徳間書店 （徳間文庫）
【要旨】十津川警部は愕然とした！読んでいた週刊誌のエッセイ中に、殺人事件の容疑者のアリバイを証明する記述があったのだ！消費者金融の元社長で資産家の秋山夫妻が殺された、秋山に恨みを抱いていた漫画家の戸川が逮捕された。だが、エッセイを寄稿した旅行ライターは、事件当日、人気の秩父SLの車中で戸川を見かけたという…。裁判が迫るなか、鉄壁のアリバイ

は崩せるのか？
2017.12 269p A6 ¥640 ①978-4-19-894289-2

◆**十津川警部 七十年後の殺人** 西村京太郎著 祥伝社 （祥伝社文庫）
【要旨】"島崎修一郎 過チヲ正シテ死亡" 信州野尻湖畔に建つ石碑の奇妙な銘文は、五十年前の未解決殺人に関わるという。十津川が休暇でこの地を訪れた翌日、何者かが石碑を爆破した。事件を調べる歴史学者の小田切が失踪した。十津川の恩師である小田切は、外国人別荘地の会員だった。二重国籍だった!? 大戦秘話、残された捜査メモ、米国の影…。十津川が歴史の闇を追う！
2017.9 250p A6 ¥590 ①978-4-396-34345-3

◆**十津川警部 八月十四日夜の殺人** 西村京太郎著 実業之日本社 （実業之日本社文庫）
【要旨】都内のホテルで八月十四日の深夜に殺された女性は、伊勢神宮に吟行の旅に出かけていた有名な俳句の会だった。手掛かりも動機も見えない殺人事件は難航を極める。しかし、十年前に「八月十五日の殺人」と呼ばれる事件が起きていたとの情報があり、十津川警部は京都へ。さらに二十年前も「八月十五日の殺人」が…事件の真相には戦争の影が!?
2017.8 326p A6 ¥593 ①978-4-408-55377-1

◆**十津川警部「初恋」** 西村京太郎著 徳間書店 （徳間文庫）
2017.10 342p A6 ¥660 ①978-4-19-894269-4

◆**十津川警部 浜名湖 愛と歴史** 西村京太郎著 双葉社 （双葉文庫）
【要旨】カメラマンの柳下久美子が自宅マンションで殺害された。被害者は、浜名湖にまつわる終戦の日の出来事を取材しており、部屋からは野中誠太郎という人物の名刺が発見された。十津川と亀井は、当時の資料を持っているという野中に会いに浜松に向かった。終戦の日に起きたさまざまな出来事や秘話をきき、十津川警部が70年の時を経て、隠されていた真実を暴く！
2017.7 243p A6 ¥565 ①978-4-575-52014-9

◆**十津川警部 犯人は京阪宇治線に乗った** 西村京太郎著 小学館 （小学館文庫）
【要旨】同棲中の谷村有子と葛西信は、売れない役者同士。ある日有子は偶然、人気女優の新藤美由紀の運転免許証を拾う。新藤の本名が「谷村侑子」なのを見て、免停中の谷村はその免許証で運転し警察に捕まってしまうが、新藤の計らいで、罪に問われることもなく済んだ。プロデューサーの推薦で、谷村と葛西が夫婦役での連続ドラマが出演が決まり、二人はロケ地に向かった。しかし、京阪宇治線沿いでの撮影初日に有子とドラマスタッフが行方不明となり、死体で発見される。そして、東京では国務大臣の白石幸次郎が爆殺される。十津川の捜査中に、さらなる殺害が！
2017.5 242p A6 ¥570 ①978-4-09-406160-4

◆**十津川警部 北陸新幹線「かがやき」の客たち** 西村京太郎著 集英社 （集英社文庫）
【要旨】細野刑事の姪の柳下久子は大学生竹内綾と遠距離恋愛中。北陸新幹線開業日に綾と東京から乗車する計画を立てる。だが、綾は待ち合わせ場所に現れず金沢の彼女のマンションを訪ねるが留守だった。やがて、江戸川で綾らしい女性の溺体が発見されたと連絡が入る。捜査担当の十津川警部は細野の行動に疑念を—。東京、金沢を結ぶ連続殺人に挑む推理行。有名観光地を舞台に描く長編旅情ミステリー。
2017.12 229p A6 ¥480 ①978-08-745677-6

◆**十津川警部 山手線の恋人** 西村京太郎著 講談社 （講談社ノベルス）
【要旨】有楽町の出版社に勤める星野は山手線で見かける美女に憧れ、密かに「山手線の恋人」と呼んでいた。星野は、故人の作品を再刊するために娘を捜す過程で見た顔写真が「山手線の恋人」と似ていることに気づく。一方、田町・品川間の山手線新駅工事現場近辺での脱線や、爆破予告などが続けざまに起き、そこにも彼女の影。そして捜査にあたる十津川警部を嘲笑うかのように、新たな事件が発生！「恋人」の正体は？連続事件の真相とは？
2017.10 176p 18cm ¥800 ①978-4-06-299106-3

◆**十津川警部 雪とタンチョウと釧網本線** 西村京太郎著 集英社
【要旨】小柴敬介は40歳独身の会社員。毎年2月に釧路へ旅行する。今年は、人気の『SL冬の湿原号』に乗り、写真撮影も励んしただが、借りたレンタカーから女性の死体が発見され、容疑

者となる。7年前に恋人のゆみが釧路で行方不明になった時も、容疑をかけられた過去があった。小柴と同級生の十津川警部は、彼の写真を手がかりに捜査を始め、3Dカメラ開発が事件に絡んでいると情報を一。東京、北海道を結ぶ連続殺人に挑む十津川警部の推理行。話題のSLが走る釧網本線を舞台に描く長編旅情ミステリー。
2017.3 200p 18cm ¥820 ①978-4-08-775435-3

◆**日本遺産からの死の便り** 西村京太郎著 徳間書店 （トクマ・ノベルズ）
【要旨】十津川警部の妻・直子は大阪在住の叔母・治子と石川県の和倉温泉に出かけ、海に身を投げる若い女を助けた。東京のOL橋本ゆきは、恋人に死んだ女を追おうとしたのだ。が、直子が目撃した、ゆきの不審な行動…。和倉温泉駅から一人のと鉄道に乗って恋路駅に行き、待合室においてある「思い出ノート」の一ページを破り取って燃やしたのだ！一ヵ月半後、ゆきと婚約しているという資産家の立花順が失踪し、やがて奥多摩から遺体が発見される。「恋と殺意のとの鉄道」他、日本遺産の地を舞台に描かれた傑作集。
2017.7 313p 18cm ¥900 ①978-4-19-850973-6

◆**日本遺産殺人ルート** 西村京太郎著 徳間書店 （トクマ・ノベルズ）
【要旨】十津川班の西本刑事が、少し古風な感じのするOL早川ゆう子に恋をした。箱根への日帰り旅行に出かけることになり、新宿発の小田急ロマンスカーに乗車した。ゆう子の高校時代の友人で車内サービス係として忙しく働く前田千加と偶然再会すると、千加が突如車内から消えたのだ!? 途中下車する駅もない。その夜、千加は調布市内の自宅マンションから他殺体で発見される。死亡推定時刻は、ゆう子が会った数時間後というのだが、どうして帰宅したのかも不明だった…。「行楽特急殺人事件」他、傑作旅情ミステリー集。
2017.11 301p 18cm ¥900 ①978-4-19-850975-0

◆**祭ジャック・京都祇園祭** 西村京太郎著 光文社 （光文社文庫）
【要旨】十津川警部のもとに差出人不明の手紙が届く。京都祇園祭で、ある計画を実行するとの犯行予告だった。一人への挑戦状と受け取った十津川は、亀井刑事と共に京都へ。祇園祭クライマックスの山鉾巡行の日、犯人が、山鉾の一つに爆弾を仕掛けたと宣告してきた！必死で爆弾探しに奔走する十津川たちだが、そこには犯人の恐るべき罠が仕掛けられていた！
2017.7 341p A6 ¥620 ①978-4-334-77499-8

◆**無人駅と殺人と戦争** 西村京太郎著 徳間書店 （徳間文庫）
【要旨】上信電鉄千平駅。下仁田行き始発電車の運転士がホームで俯せに倒れている老人を発見した。背中を数ヵ所刺されており、「ジャッジメント！」と言い残して間もなく死亡した。群馬県警の捜査により、老人は、千平駅の構内を毎日ボランティアで清掃していた小原勝利と判明した。しかし、捜査は暗礁に乗り上げ、警視庁の十津川警部に捜査協力の要請が…。巻末に全著作リストあり。
2017.8 250, 81p A6 ¥660 ①978-4-19-894247-2

◆**欲望の街 東京** 西村京太郎著 双葉社 （双葉文庫）
【要旨】警視庁の仮眠室で、十津川警部の部下である長谷川刑事が拳銃自殺をした。長谷川の妻から遺書を見せられた十津川は、自分の知らない間に部下を追い詰めていたのかと自責の念に駆られる。そんな十津川の姿に、亀井刑事が行動を起こした一。
2017.9 347p A6 ¥657 ①978-4-575-52030-9

◆**リゾートしらかみの犯罪** 西村京太郎著 光文社 （カッパ・ノベルス）
【要旨】十津川班の新米刑事・津村の両親が殺され、容疑が彼に。十津川は津村の無実を信じ、捜査を進める。津村は、11年前、五能線沿線の不老ふ死温泉の殺人現場からから消えた「謎の女」の唯一の目撃者だった。過去と現在の殺人事件の関係を疑う津村に「謎の女」から手紙が！女の誘いで五能線「リゾートしらかみ」に乗った津村を狙う周到な罠？重なる殺人事件の奥には、日本政府を激動させる、策謀と欲望が—十津川の名推理が迫る！
2017.6 209p 18cm ¥820 ①978-4-334-07734-3

◆**臨時特急「京都号」殺人事件** 西村京太郎著 徳間書店 （徳間文庫）
【要旨】新製品キャンペーンのため豪華な展望車とコンパートメントを連結した欧風サロンエク

ミステリー・サスペンス・ハードボイルド

わが愛する土佐くろしお鉄道　西村京太郎著　中央公論新社　（C★NOVELS）

【要旨】東京の大学に通う早川ゆきは、同郷の恋人・原田と高知へ帰省する当日、自室で刺殺され、乗車予定のJR切符は消えていた！原田に疑いがかかる中、十津川と亀井は高知へ飛ぶ。地元の権力者であるゆきの父・秀典に会う。土佐藩の家老的長兄にもつ秀典は、四国を一周する鉄道網を完成させ新幹線開通の夢を持つのと、土佐くろしお鉄道 "ごめん・なはり線" が走る安芸をなぜか嫌悪している。一方傷心旅行する原田の前に謎の女が現れ、4年前には原田の友人が安芸から失踪していた。十津川は、南国土佐の鉄道沿線で何を見るのか!?

2017.2 202p 18cm ¥820 ① 978-4-12-501374-9

バスを待つ男　西村健著　実業之日本社

【要旨】トラベルミステリーの新機軸！無趣味の元刑事がみつけた道楽は、バスの旅。シルバーパスを利用して東京の各地を巡りながら、謎と事件を追う。バス停で何かを待つ男、和菓子屋に通う謎の外国人、殺人犯が逃げた理由、ミステリー作家的死の真相…。解決するのは、家で待つ麗しき妻！？謎解きの面白さと旅の魅力が融合した、大人のための"散歩ミステリー"。ゆっくり味わいたい、心にしみる一作。

2017.2 290p B6 ¥1500 ① 978-4-408-53699-6

彼女の色に届くまで　似鳥鶏著　KADOKAWA

【要旨】画廊の息子で幼い頃から画家を目指している緑川礼（僕）は、期待外れな高校生活を送っていた。友人は筋肉マニアの変わり者一人。美術展の公募にも落選続きで、画家としての一歩も踏み出せず、冴えない毎日だった。そして高校生活も半ばを過ぎた頃、僕は学校の絵画損壊事件の犯人にされそうになる。その窮地を救ってくれたのは、無口で謎めいた同学年の美少女、千坂桜だった。千坂は有名絵画をヒントに事件の真相を解き明かしし、それから僕の日々の生活は一変する。僕は高校・芸大・社会人と、天才的美術センスを持つ千坂と共に、絵画にまつわる事件に巻き込まれていくことになる。二人のもどかしい関係の行方は―？見ていた世界が鮮やかに裏切られる、仕掛けと驚きに満ちたミステリー。

2017.3 310p B6 ¥1500 ① 978-4-04-105213-6

きみのために青く光る　似鳥鶏著　KADOKAWA（角川文庫）　（『青藍病治療マニュアル』改題書）

【要旨】青藍病。それは心の不安に根ざして発症するとされる異能力だ。力が発動すると身体が青く光る共通点以外、能力はバラバラ。たとえば動物から攻撃される能力や、念じるだけで生き物を殺せる能力、はたまた人の死期を悟る能力など―。思わぬ力を手に入れた男女が選ぶ運命とは。もしも不思議な力を手に入れたら、あなたは何のために使いますか？愛おしく切ない青春ファンタジック・ミステリ！

2017.8 334p A6 ¥600 ① 978-4-04-105397-3

世界が終わる街―戦力外捜査官　似鳥鶏著　河出書房新社　（河出文庫）

【要旨】無差別テロを起こし、解散へと追い込まれたカルト教団宇宙神瞠会。教団名を変え穏健派に転じたはずが、一部の信者たちは "エデン" へ行くための聖戦 = 同時多発テロを計画していた！何者かによって命を狙われ続け瑳肌の設楽と海月は、テロ計画を未然に防ぐことができるのか!?

2017.10 355p A6 ¥680 ① 978-4-309-41561-1

ゼロの日に叫ぶ―戦力外捜査官　似鳥鶏著　河出書房新社　（河出文庫）

【要旨】都内の暴力団が白昼、何者かの手で殲滅され、偶然居合わせた刑事2人も重傷を負う事件が発生！警視庁の威信をかけた捜査が進む裏で、東京中をパニックに陥れる計画が静かに動き出していた。ドジを踏んで捜査本部から外され、遊撃班として、別の角度から捜査を始めた海月と設楽。果たして、東京を守ることはできるのか!?

2017.9 411p A6 ¥740 ① 978-4-309-41560-4

破壊者の翼　戦力外捜査官　似鳥鶏著　河出書房新社

【要旨】首都・東京に、最凶の敵 "鷹の王" 降臨!!ボウガンで無差別に襲いかかる殺人ドローンに、凸凹コンビがどう立ち向かうのか！

2017.11 312p B6 ¥1400 ① 978-4-309-02613-8

100億人のヨリコさん　似鳥鶏著　光文社

【要旨】極貧学生寮の寮生たちが世界破滅の危機に挑む！…嘘みたいですが、ホントにそういうお話です。某大学キャンパスの奥の奥、大きな池と農学部演習林に挟まれた未開のエリアにあると噂される "富穣寮"。個性的すぎる学生その他（？）が住むという。緑色のキノコや医療用のアルコールをはじめ、奇妙な食材を取りそろえ、夜な夜な宴会が開かれているという。血まみれの女性が天井や窓の外に出現するという。その女性の名は、ヨリコさんだという。―あくまで噂。しかして、その実態は!?エンタメ史上に残る凶悪ヒロイン、大量出現!?圧倒的な熱量で奇想が暴走する、傑作パニックサスペンス！

2017.8 272p B6 ¥1500 ① 978-4-334-91181-2

モモンガの件はおまかせを　似鳥鶏著　文藝春秋　（文春文庫）

【要旨】フクロモモンガが逃げたと思しき古いアパートの部屋には、ミイラ化した死体が…。いったい誰が何の目的で死体のある部屋でモモンガの世話を？謎の大型生物が山の集落に出現。「怪物」を閉じ込めたという廃屋はもぬけのからに。キリン飼育員・僕（桃本）にツンデレ獣医・鴇先生、アイドル飼育員・七森さん、そしてカルト宗教の人気女性の変態！服部君、オールキャストで大活躍！文庫オリジナル、"楓ヶ丘動物園" ミステリー第4弾！

2017.5 253p A6 ¥620 ① 978-4-16-790846-1

少女キネマ―或は暴想王と屋根裏姫の物語　一肇著　KADOKAWA　（角川文庫）

【要旨】2浪の果てに中堅お坊ちゃん私大に入学した、十倉和成20歳。ある日、彼のボロ下宿の天袋からセーラー服姿の少女が這いおりてきた。少女・さちは5年前から人気の天井裏を住処にしていたという。九州男児の使命感に燃えた十倉はさちを庇護すべく動き出す。そしていつしか、自らの停滞の原因―高校時代の親友であり、映画に憑かれて死んだ男・才象の死の謎に迫っていく。映画と、少女と、青春と。熱狂と暴想が止まらない新ミステリー。

2017.2 430p A6 ¥720 ① 978-4-04-105186-3

郵便配達人　花木瞳子が望み見る　二宮敦人著　TOブックス　（TOブックス）

【要旨】郵便ポストの連続放火事件が発生！郵便探偵の配達員・瞳子は事件解決に乗り出すも、新人・周防からの疑念に戸惑い、普段の調子が出ない…。さらに、良き理解者・水野とも疎遠に…。三角関係に悩む瞳子の決断は!?放火の裏に潜む、謎の焚き火婆と三人の老人の真相とは？それぞれが望み見る願いは交錯し、炎上する旅客機上で今一つになる！怒涛のドンデン返しに涙が止まらない、大人気お仕事ミステリー！

2017.5 301p A6 ¥620 ① 978-4-86472-580-4

デッド・オア・アライブ　楡周平著　光文社

【要旨】日本を代表する総合電機の巨大メーカー・コクデンは、巨額損失に端を発した不正会計の発覚から壊滅的な危機に追い詰められ、高性能の新型電池を使った市場開発のためにEV（電気自動車）の事業の可能性を探る。一方、経営不振にあえぐ軽自動車メーカー・イナズミでも新たな市場を求めて、EV開発へ動き出す。さらに、世界的自動車メーカー・タカバの専務・野中は次世代車として、EVを打ち出すことで社内のイニシアティブをとって動き出したいま、先手を取らねば生き残れない！めまぐるしく変動する市場とテクノロジーの激流の中、企業の生死をかけて戦う男たち！ビジネスの熾烈な世界を知り尽くした著者が活写するビジネス・エンターテインメントの決定版。

2017.11 388p B6 ¥1700 ① 978-4-334-91193-5

ミッション建国　楡周平著　KADOKAWA　（角川文庫）

【要旨】2020年東京オリンピック後、このまま人口が減れば日本は破綻してしまう！33歳にして与党青年局長となった甲斐孝輔は、少子化対策こそ国を救うと考えた。子育て特区や子育て後の社会進出支援などの勉強会を立ち上げたが、党内の重鎮から圧力がかかる。まずは東京から変えようと考えた甲斐は、都知事へ政策を提案した。だが知事から反発され、都知事選立候補の決意を固めるが―。今後の日本があるべき姿を示す、政策提言小説。

2017.4 521p A6 ¥840 ① 978-4-04-105503-8

宿命と真実の炎　貫井徳郎著　幻冬舎

【要旨】幼い日に、警察沙汰で離れ離れになった誠也とレイ。大人になって再会したふたりは、警察への復讐を誓い、その計画を着実に遂行する。一方、事故か他殺か判然としない警察官の連続死に、捜査本部は緊迫する。事件を追う所轄刑事の高城理那は、かつて "名探偵" と呼ばれた西條の存在を気にしていた。スキャンダルで警察を去り、人生が暗転した男。彼だったらどう推理するのか―。

2017.5 483p B6 ¥1800 ① 978-4-344-03108-1

修羅の終わり　上　貫井徳郎著　講談社　（講談社文庫）　新装版

【要旨】連続空番爆破事件に関与する組織を内偵する公安刑事久我、秘密売春組織を単独捜査する西池袋警察刑事鷲尾、新宿路上に倒れ記憶喪失になった青年。三者三様の物語に途方もない暴力と欲望が渦巻く、危険な香り漂う大長編サスペンス。貫井徳郎初期集大成ともいえる傑作ミステリーを、待望の新装版として再刊行！

2017.7 470p A6 ¥860 ① 978-4-06-293704-7

修羅の終わり　下　貫井徳郎著　講談社　（講談社文庫）　新装版

【要旨】謎の少女・小織の一言を手がかりに、失った記憶を探し始める僕。姉はなぜ死んだ？捜査中にレイプを繰り返す悪徳刑事・鷲尾、秘密結社 "夜叉の爪" を追う公安刑事・久我。時代を超えて錯綜し絡み合う三人の修羅は、やがて予想を裏切る驚愕のクライマックスへと登りついていく―。

2017.7 487p A6 ¥860 ① 978-4-06-293705-4

乱反射　上　貫井徳郎著　（新座）埼玉福祉会　（大活字本シリーズ）

2017.6 378p A5 ¥3200 ① 978-4-86596-168-3

乱反射　中　貫井徳郎著　（新座）埼玉福祉会　（大活字本シリーズ）

2017.6 355p A5 ¥3200 ① 978-4-86596-169-0

乱反射　下　貫井徳郎著　（新座）埼玉福祉会　（大活字本シリーズ）

2017.6 377p A5 ¥3200 ① 978-4-86596-170-6

私に似た人　貫井徳郎著　朝日新聞出版　（朝日文庫）

【要旨】小規模なテロが頻発するようになった日本。実行犯たちは実生活では接点がないものの、一様に、冷たい社会に抵抗する "レジスタント" と称していた。テロに翻弄される人々の心象と日常のドラマを精巧に描いたエンターテインメント大作。

2017.6 498p A6 ¥780 ① 978-4-02-264848-8

吉祥寺の探偵　4　沼杣一著　（武蔵野）サニー出版

【要旨】ゲームの理論はそんな単純なものなの？（本当は頭が狂う程難解かも？）コンピュータは二進法だったし…部論は同じ仲間の集まりのはず？そんな難しい理論も吉祥寺探偵事務所にかかればあっという間に解決！理由は簡単！知らないものほど、怖いものはない！殺人無し！憎悪無し！究極の頭脳？探偵団！10個の謎を解き明かす!!ユーモア短編読み切りミステリーワンコイン文庫。

2017.9 247p A6 ¥463 ① 978-4-88219-327-2

アミダサマ　沼田まほかる著　光文社　（光文社文庫）

【要旨】まるで吸い寄せられるように二人の男が訪れた廃品置場。そこにうち捨てられた冷蔵庫の中にいたのは、死にかけた裸の幼女だった。男の一人、住職の浄観はその幼女ミハルを引き取ることになった。だが、彼女が寺に身を寄せてから、集落では凶事が続き、人々の間に邪気が増殖していく―。ミハルとはいったい何者なのか？まほかるワールド全開の、サスペンス長編。

2017.11 366p A6 ¥680 ① 978-4-334-77555-1

プロパガンダゲーム　根本聡一郎著　双葉社　（双葉文庫）

【要旨】「君たちには、この戦争を正しいと思わせてほしい。そのための手段は問わない」大手広告代理店・電火堂の就職試験を勝ちあがった大学生8名。彼らに課された最終選考の課題は、宣伝により仮想国家の国民を戦争へと導けるかどうかを争うゲームだった。勝敗の行方やいかに？最終選考の真の目的とは？電子書籍で話題の問題作を全面改稿して文庫化！

2017.10 343p A6 ¥657 ① 978-4-575-52043-9

◆怪盗グリフィン対ラトウィッジ機関　法月綸太郎著　講談社（講談社文庫）
【要旨】「伝説のSF作家が遺した未発表原稿『多世界の猫』を盗んでほしい。あれは"ストーリー・マシン"によって書かれた贋作なんだ」依頼を引き受けたグリフィンだが、動物愛護団体やCIAも原稿の行方を追っていた。『多世界の猫』には、何が描かれているのか？　SFと新本格ミステリが融合した、前代未聞の快作！
2017.9 369p A6 ¥720 ①978-4-06-293750-4

◆名探偵傑作短篇集　法月綸太郎篇　法月綸太郎著　講談社（講談社文庫）
【要旨】新本格ミステリの牽引者・法月綸太郎が生んだ同名の探偵・法月綸太郎が怪奇に満ちた父・法月警視とともに挑む。その選りすぐりの短篇集。会心の鉄道篇「背信の交点」やオカルト現象の裏側の犯罪劇「世界の神秘を解く男」、日本推理作家協会賞受賞の傑作「都市伝説パズル」他、全6篇を収録。
2017.8 494p A6 ¥920 ①978-4-06-293737-5

◆頼子のために　法月綸太郎著　講談社（講談社文庫）新装版
【要旨】「頼子が死んだ」。十七歳の愛娘を殺された父親は、通り魔事件で片づけようとする警察に疑念を抱き、ひそかに犯人をつきとめて刺殺、自らは死を選ぶ——という手記を残した。しかし、手記を読んだ名探偵法月綸太郎が真相解明に乗り出すと、驚愕の展開が。著者の転機となった記念碑的作品。長く心に残る傑作!!
2017.12 443p A6 ¥800 ①978-4-06-293811-2

📖〔は行の作家〕

◆幻夢の聖域　羽鳥曜著　東京創元社（創元推理文庫）
【要旨】一族にかかった呪いを解き、死神を連れるために幻魔法師を探す旅の薬師見習いミリナ。彼女は父親の形見だという、遠い昔に消えた王国エディムーンの金貨を持っている。宿で働くハーブラギスに、そこに刻まれているのは、幼い頃に出会った忘れ得ぬ女性が持っていた本の紋章と同じであることに。第一回創元ファンタジイ新人賞選考委員特別賞受賞の著者、渾身の第二弾。
2017.8 412p A6 ¥960 ①978-4-488-56303-5

◆暗手　馳星周著　KADOKAWA
【要旨】台湾のプロ野球で八百長に手を染め、罪から逃れるために次々と殺しを重ねた加倉昭。居場所を失い、顔も名前も変えて過去を抹消、逃れ着いたのがサッカーの地イタリアだった——。イタリアの黒社会では、殺し以外の仕事なら何でも請け負い、いつしか"暗手"暗闇からのびてくる手——と呼ばれるようになっていた。そんなある日、サッカー賭博の帝王・王天から、中堅チームに所属する日本人ゴールキーパー・大森怜央に八百長をさせろとの依頼が舞い込む。計画実行に向けて着実に準備を進めていく加倉だったが、大森の写真を目にしてから過去の記憶がよみがえり、計画の歯車が狂い始める…。
2017.4 456p B6 ¥1600 ①978-4-04-103212-1

◆神（カムイ）の涙　馳星周著　実業之日本社
【要旨】北海道東部に位置する平取町。アイヌの木彫り作家・平野敬蔵と中学3年の孫娘・悠の家に、尾崎雅比古と名乗る若い男が訪ねてきた。「弟子にしてください」と懇願。初めは煙たがられていたが、敬蔵から木彫りを教わり、山に入るようになる。しかし、雅比古には誰にも明かせない過去があった。ある日、事件が起こる——。自然を尊んで生きる敬蔵、アイヌから逃げ出したい悠、自らの原点を探す雅比古。故郷とは、家族とは、今を生きることとは…。さまざまな葛藤を抱える現代人に贈る、感動のヒューマンドラマ！
2017.9 409p B6 ¥1600 ①978-4-408-53712-2

◆雪炎　馳星周著　集英社（集英社文庫）
【要旨】東日本大震災から一年。三基の原発が立地する北海道・道南市で市長選挙が始まる。元公安警察官の和泉は、「廃炉」を公約に掲げて立候補した旧友の弁護士・小島を手伝うことに。何百億円もの原発利権に群がり、しがみつく者たちの警察ぐるみの苛烈な選挙妨害に、和泉は公安警察時代の経験で対抗。ついには選挙スタッフが殺され…"現実"を見つめ続ける馳星周の真骨頂、ここにあり！
2017.11 568p A6 ¥860 ①978-4-08-745657-8

◆復活祭　馳星周著　文藝春秋（文春文庫）
【要旨】バブル崩壊ですべてを失った彰洋。あれから10年、彼は敬愛する武干隆とともに再び動き出した。ターゲットはIT産業。関連企業を起こして株式公開し、株価を吊り上げて売り抜ける。だが夢を追うふたりの前に、かつて踏み台にした女たちが立ちはだかる。この狂ったゲームで最後に笑うのは、いったい誰か？
2017.6 499p A6 ¥900 ①978-4-16-790866-9

◆声も出せずに死んだんだ　長谷川也著　KADOKAWA（角川文庫）　［pH］加筆修正・改題書
【要旨】ある日、レオナは"殺された"。彼女の死を嘲笑った世間を戦慄させるため、千裕は計画を練り始める。犯行声明の動画をアップロードし、女子誘拐を決行した千裕は、なぜか彼女と"勝負"をすることに。レオナはいかにして殺されたのか。千裕の計画の真相、そして2人の勝負の行方は——。驚きと切なさに満ちた結末が胸を抉る。第37回横溝正史ミステリ大賞奨励賞受賞作。
2017.11 239p A6 ¥560 ①978-4-04-106183-1

◆アンフェアな国—刑事 雪平夏見　秦建日子著　河出書房新社（河出文庫）
【要旨】外務省職員が犠牲となったひき逃げ事件。ただちに犯人として危険ドラッグ常習者が逮捕される。しかし、新宿署に異動した雪平のもとに「警察が逮捕したのはまったく違う人だ」という目撃者からの電話が…。やがて事件を追う雪平と仲間に悲劇が襲いかかり、真相を暴くため、彼女は海を渡る。ベストセラーシリーズ、最新作！
2017.10 401p A6 ¥680 ①978-4-309-41568-0

◆消えない月　畑野智美著　新潮社
【要旨】出版社に勤務する松原とマッサージ師のさくら、二人は、付き合いはじめ、やがて別れる。それで終わりのはずだった。婚約までした男と女の関係は、はじめから狂っていたのかもしれない。加害者と被害者、ふたつの視点から「ストーカー」に斬り込んだ、残酷にして無垢な衝撃作!!
2017.9 354p B6 ¥1800 ①978-4-10-339482-2

◆横浜大戦争　蜂須賀敬明著　文藝春秋
【要旨】ランドマークタワーの六十八階で、横浜の大神が「横浜大戦争」の幕開けを宣言。大洋ホエールズのユニフォームを着ている保土ケ谷の神を主人公に、戸塚・泉・栄の三姉妹、それぞれ勝手な鶴見や金沢や港南、港北・緑・青葉・都筑の擬似家族、横浜中心部を司る中・西の姉妹などが、横浜の"中心"を決めるべく、くんずほぐれつの戦いを繰りひろげる。舞台は旧ドリームランド、下町埠頭、こどもの国に展開し、驚くべき結末が待っている…。前代未聞にして空前絶後のエンタテイメント長編。
2017.9 340p B6 ¥1800 ①978-4-16-390663-8

◆息子と狩猟に　服部文祥著　新潮社
【要旨】「秘密は自分の口からバレる。しゃべらなければ絶対にわからない」死体を抱えた振り込め詐欺集団のリーダーと、息子を連れて鹿狩りに来たハンターが山中で遭遇した。思いがけない対立の果ての驚愕のラストとは!?　圧倒的なリアリティと息を呑む展開に震える表題作と、最も危険な冬の極限下の出来事を描く「K2」の2篇を収録。常に生死と向き合う登山家であり猟師である著者だからこそ、生命の根源から文章表現で迫り得た渾身の傑作小説。
2017.6 173p B6 ¥1600 ①978-4-10-351021-5

◆深海のアトム　上　服部真澄著　KADOKAWA（角川文庫）
【要旨】東北地方沿岸に広がる陸諸国。漁業を手伝う少年カイは、氷泳の訓練中に海に投げ込まれ行方不明になってしまう。辿り着いた洞窟で、カイは衝撃の光景を目撃する。同じ頃、米国では生物資源研究の権威キタヒロ教授が数十年ぶりに故郷の陸諸国に帰る準備をしていた。ある決意を胸に秘めて。やがて陸諸国で渦巻く巨大な陰謀が明らかになっていく。果たしてすべての黒幕はいったい誰か。壮大な物語がいま幕を開ける。
2017.2 406p A6 ¥840 ①978-4-04-105208-2

◆深海のアトム　下　服部真澄著　KADOKAWA（角川文庫）
【要旨】陸諸国を巡り、人間たちの思惑が次々と交錯していく。豊富な海の資源を狙う者、放置された鉱山の秘密を探る者、原発誘致を企む者…。そんななか、東北地方をかつてない大震災が襲う。すべての計画が覆される甚大な被害。カイは勇気ある行動で救世主になれるか。キタヒロ教授は長年追い求めてきた真相に近づけるか。そして、汚染された国の未来を担う新たな"宝"とは——。圧倒的スケールで描く、超弩級の冒険サスペンス。
2017.2 409p A6 ¥840 ①978-4-04-105560-1

◆惑星カロン—ハルチカシリーズ　初野晴著　KADOKAWA（角川文庫）
【要旨】喧噪の文化祭が終わり3年生が引退、残った1、2年生の新体制を迎えた清水南高校吹奏楽部。上級生となった元気少女の穂村チカと残念美少年の上条ハルタに、またまた新たな難題が!?　チカが試奏する「呪いのフルート」の正体、あやしい人物からメールで届く音声暗号、旧校舎で起きた密室の"鍵開事件"、そして神秘の楽曲「惑星カロン」と人間消失の謎——。笑い、せつなさ、謎もますます増量の青春ミステリ、第5弾！
2017.1 455p A6 ¥720 ①978-4-04-105199-3

◆楽園　花房観音著　中央公論新社（中公文庫）
【要旨】京都の鴨川のほとり、かつて男が女を買いに訪れた地域に建つ、「楽園ハイツ」。住人の間では、夫を亡くした田中みつ子が「最近綺麗になった」という噂でもちきりだった。アパートの中で静かに熟成される欲望、焦り、嫉妬。それが頂点に達した時、事件が起きる——。いま注目の著者による、女の「価値」と「残り時間」の物語。
2017.1 279p A6 ¥620 ①978-4-12-206342-6

◆安楽病棟　帚木蓬生著　集英社（集英社文庫）
【要旨】お地蔵さんの帽子と前垂れを縫い続ける老婆、深夜になると引き出しに排尿する男性、異食症で五百円硬貨が胃に入ったままの女性、気をつけの姿勢で寝る元近衛兵、自分を二十三歳の独身だと思い込む腰の曲がった八十四歳。様々な症状の老人が棲まう痴呆病棟で起きた相次ぐ患者の急死。理想の介護を模索する新任看護婦が気づいた衝撃の事実とは!?　終末期医療の現状を鮮やかに描く傑作ミステリー。
2017.8 607p A6 ¥840 ①978-4-08-745623-3

◆一網打尽—警視庁公安部・青山望　濱嘉之著　文藝春秋（文春文庫）
【要旨】京都・祇園祭の夜に銃声が響いた！　コリアンマフィアと中国マフィアの抗争の背後には、北朝鮮のサイバーテロ、そして仮想通貨強奪計画があった。さらに絡まる半グレと芸能ヤクザの闇を、警視庁公安部のエース青山望が追う！　同期カルテットも結集して最大の敵を「一網打尽」にできるのか？　公安を知りすぎた著者の絶好調シリーズ第10弾。
2017.12 361p A6 ¥730 ①978-4-16-790971-0

◆院内刑事（でか）　濱嘉之著　講談社（講談社プラスアルファ文庫）
【要旨】廣瀬知剛は、政治家も利用する大病院で働く警視庁公安総務課OB。モンスターペイシェント、院内暴力、セクハラ、果ては暴力団関係、薬物反応の出た患者の対応まで、ありとあらゆるトラブルの処理に追われている。ある日、脳梗塞で倒れた財務大臣が運ばれてきた。どうやら何者かに一服盛られたらしい——"院内刑事"の秘密捜査がはじまる！
2017.2 293p A6 ¥630 ①978-4-06-281700-4

◆カルマ真仙教事件　上　濱嘉之著　講談社（講談社文庫）
【要旨】警視庁公安部OBの鷹田は絶句した。カルマ真仙教元信者の死刑囚から、秘かに五億円もの金を預かっている男がいたのだ。死刑囚について口を閉ざす男の余命は三ヵ月。二十年の時を経て、あの時が蘇る。すべての蛮行に終止符を打ったはずだった。自らの捜査経験をもとにした著者渾身の注目作！
2017.6 285p A6 ¥640 ①978-4-06-293691-0

◆カルマ真仙教事件　中　濱嘉之著　講談社（講談社文庫）
【要旨】カルマ真仙教教団施設に対する強制捜査が二日後に迫った朝だった。都内地下鉄車内で毒ガスが撒かれたとの一報に、公安部鷹田は愕然とした。どこから情報が漏れたのか。公安は、防げなかった——。多数の被害者を出した駅で惨状を目の当たりにした鷹田は嗚咽し、固く雪辱を誓うが——。怒涛の警察小説！
2017.8 294p A6 ¥660 ①978-4-06-293745-0

◆カルマ真仙教事件　下　濱嘉之著　講談社（講談社文庫）
【要旨】教団幹部が次々と自白を始め、ついに身を隠していた教祖阿伽川が逮捕された。一方、長官狙撃事件は容疑者が絞れぬまま、迷宮入りが囁かれ始める。度重なる捜査情報の漏洩と内部告発で公安部が揺らぐ中、鷹田はある決断をす

ミステリー・サスペンス・ハードボイルド

る。貸金庫の大金と北朝鮮の関係は。平成最悪のテロ事件を描いた鎮魂の全三巻、完結!!
2017.12 291p A6 ¥660 ①978-4-06-293786-3

◆鉄鎖殺人事件　浜尾四郎著　河出書房新社
（河出文庫）
【要旨】質屋の殺人現場には、破られた西郷隆盛の肖像画が散らばっており、その中の一枚は、被害者の顔を酷似していた…、埃だらけの階段に残された輪形と蠟涙の謎…不可解な死を発端とする事件の真相に迫る名探偵は、元検事・藤枝真太郎。ヴァン・ダイン風の本格派ミステリを追求した著者の、スリルとサスペンスに満ちた最高傑作長篇!
2017.10 440p A6 ¥800 ①978-4-309-41570-3

◆ひまわり探偵局　濱岡稔著　文芸社　(文芸社文庫NEO)
【要旨】「なんか丸い」ほのぼの系の名探偵・陽向万象と、寝ぐせ頭の助手・三吉菊野の「ひまわり探偵局」が繰り広げる、やさしくてちょっと切ない事件の謎解き人情劇。見つけるのは心の鍵、届けるのは人の想い。そして、本に託された真実とは…。ほんわかムード、だけどしっかり本格派! 心温まる連作短編小説。
2017.1 385p A6 ¥640 ①978-4-286-18033-5

◆22年目の告白—私が殺人犯です　浜口倫太郎著　（講談社文庫）
【要旨】編集者・川北未南子の前に突如現れた美青年・曾根崎雅人。彼から預かった原稿は、時効となった連続殺人事件の犯人によるものだった。その残忍な犯行記録『私が殺人犯です』はたちまちベストセラーとなり、曾根崎は熱狂を煽るかのように世間を挑発し続ける。社会の禁忌に挑む小説版『22年目の告白』。
2017.4 333p A6 ¥660 ①978-4-06-293648-4

◆22年目の告白—私が殺人犯です　浜口倫太郎著　講談社
【要旨】帝談社の書籍編集者・川北未南子は苦悩していた。突如現れた美しい青年・曾根崎雅人から預かった原稿は巧みな文章で綴られ、彼女を魅了した。しかし、そこに書かれていたのは22年前に実際に起こった連続絞殺事件、その犯人による告白だったのだ。はたして、この本は出版されるべきなのか。だが—わたしはもう悪魔の虜になっていた…。
2017.4 294p B6 ¥1850 ①978-4-06-220532-0

◆女流棋士は三度殺される　はまだ語録著　宝島社（宝島社文庫）
【要旨】かつて天才少年と呼ばれた松森香丞。とある事件をきっかけにプロ棋士の道を諦めた彼は、高校の将棋部でコーチとして活動している。ひと癖もふた癖もある幽霊部員たちに悩まされながら、文化祭の準備をしていたある日、幼馴染みの少女が血塗れで倒れているのを発見する。彼女を襲った犯人を見つけるため、調査を始めた香丞だったが、彼女の過去と将棋には大きな秘密があるのだった。
2017.4 279p A6 ¥600 ①978-4-8002-6940-9

◆禁忌　浜田文人著　幻冬舎（幻冬舎文庫）
【要旨】元刑事で今は人材派遣会社の調査員として働く星村真一はある日、厄介な交渉役を頼まれた。銀座のクラブへ派遣された女が客とのトラブル側から損害賠償を要求されているという。早速、自殺の真相を探る星村だが、接触したホステスが何者かに射殺され、自身も襲われてしまう。何故、女は非業の死を遂げたのか？人間の欲と愛を炙り出した傑作長篇。
2017.10 438p A6 ¥730 ①978-4-344-42661-0

◆ひたぶる者—麻布署生活安全小栗烈　4　浜田文人著　角川春樹事務所（ハルキ文庫）
【要旨】麻布署生活安全課の小栗烈は、身勝手で破天荒な行動から「万年巡査長」に留まっている孤高の刑事。そんな小栗にある男の身辺調査をするよう上司の森島から指示があった。警察庁出身の都議会議員からの依頼だという。調査の対象とは城之内六三。神戸に本部をおく指定暴力団の組長と関係のある城之内の身辺を探る意図とは!?警察、政治家、やくざ、あらゆる利権や事件が交錯する中、小栗は腹をくくり乗り出す——。大人気シリーズ、ここに完結!!
2017.5 349p A6 ¥670 ①978-4-7584-4093-6

◆闇の水脈—麻布署生活安全小栗烈　3　浜田文人著　角川春樹事務所（ハルキ文庫）
【要旨】麻薬取締官から捜査の協力要請を受けた麻布署生活安全課の小栗烈。不本意ながら引き受けた小栗だったが、捜査内容が知らされず、命じられた任務は、容疑者の張り込みだけだった。そんな中、群馬県館林市の雑木林で女性の絞殺死体が発見された。群馬県警との合同捜査となり、麻布署からは刑事課捜査一係の岩屋雄三が捜査に加わる事になったが、身元が割れた被害者は意外な人物だった。大好評シリーズ第三弾!
2017.1 365p A6 ¥670 ①978-4-7584-4063-9

◆利権—CIRO　3　内閣情報調査室　浜田文人著　光文社（光文社文庫）
【要旨】CIRO—内閣情報調査室の香月希は、総理大臣周辺の金銭疑惑調査を命じられる。疑惑の火元はカジノ議員連盟。香月は過去にカジノ事案を担当した警視庁捜査一課の鹿取信介警部補と接触。そんななかフリーライターの死体が発見される。スクープを追っていたライターの死から浮かんできたカジノを巡る疑惑とは…。六年半ぶりとなる著者渾身のシリーズ第三弾。
2017.8 396p A6 ¥680 ①978-4-334-77509-4

◆政治的に正しい警察小説　葉真中顕著　小学館（小学館文庫）
【要旨】飛ぶ鳥を落とす勢いの新鋭作家・浜名湖安芸は、「ポリティカル・コレクトネス」をコンセプトにした警察小説という"意識高い"依頼を受けた。パワフルでエキセントリックな編集者を相手に、ハマナコは超大作を書き上げる!?（『政治的に正しい警察小説』）大学生の僕は、偶然通りかかったカレー店で思い出の味に再会した。幼いころに生き別れた母の味だ。お店主に「秘密の女神様」そのほか、児童虐待、将棋、冤罪、尊厳死など、多彩なテーマの六編を収録するブラックユーモア・ミステリー集。著者初の文庫オリジナル作!
2017.10 325p A6 ¥680 ①978-4-09-406464-3

◆絶叫　葉真中顕著　光文社（光文社文庫）
【要旨】マンションで孤独死体となって発見された女性の名は、鈴木陽子。刑事の綾乃は彼女の足跡を追うほどにその壮絶な半生を知る。平凡な人生を送るはずが、無縁社会、ブラック企業、そしてより深い闇の世界へ…。辿り着いた先に待ち受ける予測不能の真実とは!?ミステリー、社会派サスペンス、エンタテインメント。小説の魅力を存分に注ぎ込み、さらなる高みに到達した衝撃作!
2017.3 613p A6 ¥920 ①978-4-334-77450-9

◆双蛇密室　早坂吝著　講談社（講談社ノベルス）
【要旨】「援交探偵」上木らいちの「お客様」藍川刑事は「二匹の蛇」の夢を物心付いた時から見続けていた。一歳の頃、自宅で二匹の蛇に襲われたのが由来のようだと藍川が話したところ、らいちはそのエピソードの矛盾点を指摘された。両親が何かを隠している？意を決して実家に向かった藍川は、両親から蛇にまつわる二つの密室事件の告白される。それが「蛇の夢」の真相なのか。らいちも怯む（!?）驚天動地の真相とは？
2017.4 173p 18cm ¥800 ①978-4-06-299094-3

◆ドローン探偵と世界の終わりの館　早坂吝著　文藝春秋
【要旨】本格ミステリーの申し子にして、定石破りの天才が贈る究極のエンターテイメント。
2017.7 263p B6 ¥1200 ①978-4-16-390680-5

◆虹の歯ブラシ—上木らいち発散　早坂吝著　講談社（講談社文庫）
【要旨】援交探偵・上木らいちが住む高級マンションの自室には、曜日ごとに通ってくる固定客用に虹色の歯ブラシが。現場には女性の胸部の死斑変化を記録したカラーコピーが残されていた事件、セックス教団の教祖が密室で殺害された事件、エロい難事件の数々を、らいちがロジックで鮮やかに解き明かす!
2017.9 371p A6 ¥720 ①978-4-06-293751-1

◆○○○○○○○○殺人事件　早坂吝著　講談社（講談社文庫）
【要旨】アウトドアが趣味の公務員・沖らは、仮面の男・黒沼が所有する孤島での、夏休み恒例のオフ会へ。赤毛の女子高生が初参加するなか、孤島に着いた翌日、メンバーの二人が失踪、続いて殺人事件が。さらには意図不明の奇妙な連続し…。果たして犯人は？そしてこの作品のタイトルとは？第50回メフィスト賞受賞作。
2017.4 326p A6 ¥680 ①978-4-06-293627-9

◆分かったって済むなら、名探偵はいらない　林泰広著　光文社
【要旨】居酒屋「ロミオとジュリエット」で、今夜も謎を抱えた酔っ払いが…。心を癒す不思議な魅力のミステリー。
2017.12 357p B6 ¥1600 ①978-4-334-91198-0

◆イノセント・デイズ　早見和真著　新潮社（新潮文庫）
【要旨】田中幸乃、30歳。元恋人の家に放火して妻と1歳の双子を殺めた罪で、彼女は死刑を宣告された。凶行の背景に何があったのか。産科医、義姉、中学時代の親友、元恋人の友人、刑務官ら彼女に関わった人々の追想から浮かび上がる世論の虚妄、そしてあまりにも哀しい真実。幼なじみの弁護士たちが再審を求めて奔走する彼女は…筆舌に尽くせぬ孤独を描ききった慟哭の長篇ミステリ。日本推理作家協会賞受賞。
2017.3 467p A6 ¥710 ①978-4-10-120691-2

◆労働Gメン草薙満　早見俊著　徳間書店（徳間文庫）
【要旨】大手化学メーカーに勤務する村瀬一雄が帰宅途中に服毒自殺した。村瀬の妻から相談を受けた労働基準監督官の草薙満は、村瀬が退社後にアルバイトをしていたことを知り生き止める。アルバイト先を張り込み中、草薙を不審者と勘違いして職務質問してきたのが、ひばりが丘警察署の安城沙也加だった。村瀬の自殺の真相を探るうち、草薙と沙也加はある謎に直面する。"熱血労働Gメン"大活躍！
2017.11 369p A6 ¥680 ①978-4-19-894278-6

◆閉店屋五郎　原宏一著　文藝春秋　（文春文庫）
2017.10 270p A6 ¥720 ①978-4-16-790940-6

◆旧暦屋、始めました—仕立屋・琥珀と着物の迷宮　2　春坂咲月著　早川書房（ハヤカワ文庫JA）
【要旨】親元を離れ、奈良で大学生になった八重。それを追うように天才和裁士・琥珀は近くで着物の店「旧暦屋」を開いた。バイトを引き受けた八重と和の知識豊富な琥珀の元には次々と着物を巡る事件が持ち込まれる—人形に隠されたメッセージや模様柄が語る恋の罠、"旧暦屋にない密"の謎…いつも思いもしない琥珀に心揺れてしまう八重。古都に恋の花は咲くのか？アガサ・クリスティー賞優秀賞受賞作『花を追え』続篇登場。
2017.9 381p A6 ¥780 ①978-4-15-031293-0

◆僕が殺された未来　春畑行成著　宝島社（宝島社文庫）
【要旨】ミスキャンパスの小田美沙希が誘拐された。一方、彼女に思いを寄せていた高木の前に、六十年後の未来からやって来た少女・ハナが現れた。高木と小田美沙希は誘拐犯に殺され、事件は迷宮入りするという。半信半疑ながら、自分たちが殺されるのを防ぐため、高木は調査を開始するが…。未来の捜査資料を駆使して、高木は自らの死亡予定時刻までに犯人を捕らえることができるのか!?
2017.8 350p A6 ¥640 ①978-4-8002-7565-3

◆さらば愛しき魔法使い　東川篤哉著　文藝春秋
【要旨】事件解決に貢献したマリィに「あるもの」をおねだりされ、青くなる小山田刑事。一方、派手に活躍するマリィたちに、オカルト誌「マー」が目をつけた！二人の、そして八王子の未来はどうなる!?魔法使いマリィ、消える—？シリーズ最高潮！ユーモアミステリーシリーズ第35弾。
2017.4 291p B6 ¥1400 ①978-4-16-390627-0

◆純喫茶「一服堂」の四季　東川篤哉著　講談社（講談社文庫）
【要旨】鎌倉にひっそりと佇む喫茶店「一服堂」の美人店主・ヨリ子は極度の人見知り。だが未解決事件の話を聞けば、態度豹変、客へ推理が甘いと毒舌のつるべ打ち。そして並外れた思考力で、密室の「十字架」凄惨死体など四つの殺人の謎に迫る。愛すべきキャラ、笑い、衝撃トリック満載の傑作短編集。
2017.4 339p A6 ¥660 ①978-4-06-293630-9

◆探偵さえいなければ　東川篤哉著　光文社
【要旨】関東随一の犯罪都市と噂される「烏賊の都・烏賊川市」では、連日、奇妙な事件が巻き起こります。時には、私立探偵・鵜飼杜夫が駆けつけられないことも。でも大丈夫。この街では事件もたくさん起こるけど、探偵がたくさんいるのです。ひょっとしたら、探偵がいなければ事件も起こらないのかも…。日本推理作家協会賞にノミネートされた佳編「ゆるキャラはなぜ殺される」など、安定感抜群のユーモアミステリ5篇を収録した傑作集！
2017.6 243p B6 ¥1500 ①978-4-334-91170-6

◆探偵少女アリサの事件簿—今回は泣かずにやってます　東川篤哉著　幻冬舎

◆なんでも屋タチバナ 橘良太 三十路の事件簿 ヘタレ三十路男が難事件に挑む!

【要旨】勤め先のスーパーをクビになり、地元・武蔵新城で『なんでも屋タチバナ』を始めた俺、橘良太。31歳。独身。長所、特になし。特技は寝ること。最近は、隣家の溝ノ口に住む名探偵一家の主・綾羅木孝三郎がお得意様。娘の綾羅木有紗の子守役を仰せつかっている。しかしこの有紗、10歳にして名探偵を気取っており、俺が依頼された事件にことごとく首を突っ込みたがる。そんなある日、孝三郎の代わりに有紗と高橋さん一家の奥多摩バーベキューに付き添っていたら、なんと溺死体に遭遇してしまい…!? 天才美少女探偵&ヘタレ三十路男が難事件に挑む! 大人気シリーズ第二弾。爆笑必至のユーモア・ミステリ。
2017.12 313p B6 ¥1400 ①978-4-344-03224-8

◆魔法使いと刑事たちの夏 東川篤哉著 文藝春秋 (文春文庫)
【要旨】犯人が誰かなんて魔法でわかっちゃうよ? 若手刑事・聡介の家に家政婦として住むのは何と魔法少女。でも魔法で犯人がわかってもそれじゃ逮捕できないし、すぐに「犯人です」なんて言えないし……。ヘタレ刑事・聡介の(意外に)冴えた脳細胞が動き出すのはこれから!? 人気作家が贈る本格ミステリの禁断の融合が生んだ捉破りのユーモア・ミステリ。
2017.5 342p A6 ¥630 ①978-4-16-790842-3

◆虚ろな十字架 東野圭吾著 光文社 (光文社文庫)
【要旨】中原道正・小夜子夫妻は一人娘を殺害した犯人に死刑判決が出た後、離婚した。数年後、今度は小夜子が刺殺されるが、すぐに「犯人」町村が出頭する。中原は、死刑を望む小夜子の両親の相談に乗るうち、彼女が犯罪被害者遺族の立場から死刑廃止反対を訴えていたと知る。一方、町村の娘婿である仁科史也は、離婚して町村たちと縁を切るよう母親から迫られている。
2017.5 367p A6 ¥640 ①978-4-334-77466-0

◆素敵な日本人─東野圭吾短編集 東野圭吾著 光文社
【要旨】たとえば、毎日寝る前に一編。ゆっくり、読んでください。豊饒で多彩な短編ミステリが、日常の倦怠をほぐします。意外性と機知に富み、四季折々の風物を織り込んだ、極上の九編。読書の愉楽を、存分にどうぞ。
2017.4 277p A6 ¥1300 ①978-4-334-91151-5

◆マスカレード・ナイト 東野圭吾著 集英社
【要旨】若い女性が殺害された不可解な事件。警視庁に届いた一通の密告状。犯人は、コルテシア東京のカウントダウンパーティに姿を現す!? あのホテルウーマンと刑事のコンビ、再び。
2017.9 464p B6 ¥1650 ①978-4-08-775438-4

◆さようなら、ギャングランド 東山彰良著 光文社 (光文社文庫)
【要旨】一匹の猫をめぐるトラブルから、ストリートギャング団のヒーツとマングースが抗戦状態に突入。ボスチームのブリッツが調停役を買って出た。ヒーツのナンバー3の八神春清も調停に乗り出したが、マングースのボスがとつぜん銃をぶっ放し始める! かろうじて逃れた春清は、生き残りを懸けた綱渡りの戦いに挑むのか!? 停電状態の暗黒街で始まる大戦争のゆくえは!?
2018.1 347p A6 ¥780 ①978-4-334-77585-8

◆僕が殺した人と僕を殺した人 東山彰良著 文藝春秋
【要旨】1984年。13歳だった。夏休みが終わる2日前、ぼくたちの人生はここから大きく狂いはじめたのだ。少年時代は儚く、切なく、きらめいている。台湾が舞台の青春小説。
2017.5 335p B6 ¥1600 ①978-4-16-390643-0

◆ラム&コーク 東山彰良著 光文社 (光文社文庫)
【要旨】父親の墓石会社で働く新納見は、中国進出をもくろむ父から、中国語学習を命じられる。知人の大学講師、大友翔子の教室に通えというのだ。一方、闇金を営む瀬川公平の下で働く密入国者の林飛と羅偸慈は、瀬川が貯め込んだ隠し金を奪う計画を企てていた。瀬川の孫娘の翔子を狙い、教室へと乗り込むが─。ユーモラスでシニカル。とびきり鮮烈な犯罪小説の傑作!
2017.11 389p A6 ¥740 ①978-4-334-77554-4

◆ワイルド・サイドを歩け 東山彰良著 光文社 (光文社文庫)
【要旨】昼は進学校に通う高校生、夜は男娼の顔を持つ相浦理一は、ひょんなことから台湾産ドラッグ「百歩蛇」を手に入れる。一方、零細暴力団組長の井島勝義は、何者かに「百歩蛇」を奪われ、窮地に陥っていた。理一は悪友二人とともに、ドラッグをストリートギャングに売りつけようと画策するが……。シニカルでユーモラス。アウトロー青春小説の快作!
2017.9 420p A6 ¥740 ①978-4-334-77524-7

◆クリムゾンの疾走─南アルプス山岳救助隊K-9 樋口明雄著 徳間書店
【要旨】シェパードばかりを狙った飼い犬の連続誘拐殺害事件が都内で発生していた。空手大会出場のため上京していた山梨県警南アルプス署の神崎静奈の愛犬バロンまでもが、犯人グループに連れ去られてしまう。「相棒を絶対に取り戻す!」静奈は雨の降りしきる都会を突っ走る。激しいカーチェイス。暗躍する公安捜査員の影。そして事件の裏には驚愕の真実が! 大藪春彦賞作家の書下しアクション。
2018.1 427p A6 ¥700 ①978-4-19-894302-8

◆邪神狩り─ファントム・ゾーン 樋口明雄著 創土社 (クトゥルー・ミュトス・ファイルズ)
【要旨】横浜港近くにある店"CJ'sBAR"。その二階にある"深町探偵事務所"。女探偵・深町彩乃は街のヤクザたちからも一目置かれる存在。彼女は社会のそこかしこに潜伏し、邪神の復活をもくろむ屍鬼たちを狩り出して抹殺する闇のハンターだった。彩乃の相棒は、犬のくせにアル中のウルフドッグ(狼犬)。もうひとり、"CJ'sBAR"で演奏する美貌のピアニスト、黒沢恵理香は、実はマークスマン級の腕を持つスナイパー。彩乃と恵理香は店のマスター、元傭兵であるジャック・シュナイダーの導きで、三年間アラスカでプロから戦闘訓練を受けてきたのだった。その頃、横浜市内各地で怪事件、異常現象が頻発していた。捜査に当たっていた警察官神谷は、ふとしたことで闇のハンターの噂を耳にする。邪神の復活を阻止せんとする「光の発現者」藤木ミチル。街ゆく女性が振り向くばかりの美青年となっていた。彩乃はミチルに近づくが、恐るべき正体を知ることになる。折しも、横浜開港記念祭イベントのために、ひそかに魔の手が迫る。"古きものども"の復活のために、横浜の街が少しずつ魔界へと変貌してゆく…。
2017.2 300p 18cm ¥1000 ①978-4-7988-3040-7

◆ブロッケンの悪魔─南アルプス山岳救助隊K-9 樋口明雄著 角川春樹事務所 (ハルキ文庫)
【要旨】南アルプス北岳に至る三つの林道で崩落事故が発生、一帯は陸の孤島になった。その頃、内閣危機管理センターに集まる閣僚たちの元へ、自衛隊施設からVXガスが盗まれたとの報告がもたらされ、やがて北岳山荘に立てこもるテロリストからの要求が届いた! 大型台風の到来で警察も接近不能。しかしそこには三頭の救助犬と山岳救助隊がいた─。
2017.7 544p A6 ¥920 ①978-4-7584-4105-6

◆魔都 久生十蘭著 東京創元社 (創元推理文庫)
【要旨】『日比谷公園の鶴の噴水が歌を唄うというのですが一体それは真実でしょうか』─昭和九年の大晦日、銀座のバーで交わされた奇妙な噂話が端緒となって、帝都・東京を震撼せしめる一大事件の幕が開く。絢爛と狂騒に彩られた帝都の三十時間を闊達自在な筆致で活写した、小説の魔術師・久生十蘭の長篇探偵小説。初出誌『新青年』の連載を書籍化、新たに校訂を施して贈る決定版。
2017.4 512p A6 ¥1300 ①978-4-488-47111-8

◆刑事たちの夏 上 久間十義著 中央公論新社 (中公文庫)
【要旨】新宿歌舞伎町裏のホテルで大蔵省キャリア官僚が墜落死した。自殺か、他殺か─「特命」で捜査に加わる強行犯6係の松浦洋右は、他殺の証拠を手にする。しかし、大蔵省と取引した組織と断定し、捜査は中止に。組織と対峙し私的な捜査を続ける松浦は、政官財癒着を象徴する陰謀にたどり着くが─。ブームの先駆となった傑作警察小説。
2017.1 357p A6 ¥640 ①978-4-12-206344-0

◆刑事たちの夏 下 久間十義著 中央公論新社 (中公文庫)
【要旨】捜査一課の松浦警部補は、リゾート開発絡みの不正融資を暴くため、墜落死した官僚が残した「白鳥メモ」の行方を追う。盟友の大蔵省検事や元刑事らとともに、利権をむさぼり自分たちに都合のいいように犯罪を隠蔽する巨悪に立ち向かう者たちの葛藤を描く、警察小説の金字塔。
2017.1 351p A6 ¥640 ①978-4-12-206345-7

◆ダブルフェイス 上 ─渋谷署8階特捜本部 久間十義著 中央公論新社 (中公文庫)
【要旨】円山町のラブホテル街で女性の扼殺死体が発見され、渋谷署に特別捜査本部が設置された。警視庁捜査一課の若手刑事・根本恭平は、証券会社に勤める恋人とのデートをキャンセルし、所轄のワケありベテラン刑事とともに聞き込みを始める。被害者は外資系証券会社のキャリアOLであることが判明した。現代の矛盾に鋭く斬り込む、名作警察小説。
2017.6 293p A6 ¥620 ①978-4-12-206415-7

◆ダブルフェイス 下 ─渋谷署8階特捜本部 久間十義著 中央公論新社 (中公文庫)
【要旨】被害者の周辺を調べる特捜本部の面々。根本らは、キャリアOLであった証券会社専務・柳谷の筋と、古株の大月刑事らは、政治家の塚本周辺と中央電力・大橋常務グループの筋を洗ってゆく。やがて、銀行も巻き込んだ「不適切な融資」疑惑が浮上してきて…。被害女性の鎮魂のため刑事たちを描く、渾身の警察小説。
2017.6 284p A6 ¥620 ①978-4-12-206416-4

◆笑う執行人─女検事・秋月さやか 久間十義著 KADOKAWA
【要旨】クラブのVIPルームで撲殺された死体は、鋭利な刃物で鼻がすっぱりと削がれていた。その頃、東京地検特捜部に28歳の若さで配属された秋月さやかは、「無理筋」の仕事に戸惑っていたのだ。大物代議士の不正献金事件の証拠がつかめず、立件が難しくなっていく。にも関わらず捜査を急ぐ特捜部。正義を掲げ秋月は孤立していく。結びつく二つの事件。その背景には巨大な腐敗した組織構造があった。秋月は事件の真相に近づけるのか─。著者渾身の社会派ミステリー。
2017.5 337p B6 ¥1800 ①978-4-04-110725-6

◆ソウルトランサー 菱川さかく著 徳間書店 (徳間文庫)
【要旨】最強の美少女ハッカー"ゴースト"を追い詰めた。しかし逮捕まであと一歩のところで轟音が鳴り響き、気を失って…。目が覚めると「俺」が倒れていた。ガラスに映った俺の姿はゴーストになっていた。─なんと、魂が入れ替わってしまった! 早く原因を突き止めなければ。特別認定犯罪者対策機関「特対」のレドは、魂交換者のゴーストと共に犯罪者の巣くう「迷宮街」へと乗り込む!
2017.2 347p A6 ¥670 ①978-4-19-894200-7

◆死者ノ棘 日野草著 祥伝社 (祥伝社文庫)
【要旨】「そのまま死んでもいいのか」結婚を考えた男に振られ茫然と駅のホームに立ち尽くす理子の前に、謎の男・王緒が現れた。彼は人の死期が視え、他人の肉体を奪い生き延びる術があると続けた。半信半疑の理子だったが、彼氏の顔が頭を過ると歪んだ気持ちが胸中を覆い始め…「(恋の最果て)」。天使か悪魔か─王緒に魅入られた者のみが知る驚愕の真実とは。戦慄のダークミステリー。
2017.6 293p A6 ¥640 ①978-4-396-34324-8

◆そのときまでの守護神 日野草著 徳間書店 (徳間文庫)
【要旨】上野の美術館の前庭にある「地獄の門」の前で、水曜日11時に頼みたい仕事の内容を話すと「泥棒の守護神」が現れるという奇妙な噂が。半信半疑で訪れた、造形作家TOKIWAのマネージャー篠原健。彼女が亡くなり、噂を信じたくなったのだ。「盗んで欲しいのは、あの人の遺体と一緒に棺に納められてしまうもの」。だが何も起こらない。守護神などいない、そう思ったとき何かが手元に落ちて来て─。
2017.2 279p A6 ¥640 ①978-4-19-894201-4

◆BABEL─復讐の贈与者 日野草著 KADOKAWA (角川文庫)
【要旨】「今から起こることは、全部おまえのせいだ」。高校時代の同級生に復讐するため、高層ビルの展望室を占拠し、多数決で殺す人質を決める"命の投票"を始めた男・伏見。彼の計画は、一人の男の登場によって綻び始める…。人それぞれの隠れた弱みを巧みに見抜き、利用し、業務をこなす義波と復讐代行業者"援助者"。だが、彼らにもある組織が忍び寄る─。変幻自在にあなたを惑わす、衝撃ミステリ! 番外編「象の鎖」収録。
2017.7 316p A6 ¥680 ①978-4-04-105843-5

◆TAKER─復讐の贈与者 日野草著 KADOKAWA (角川文庫)
【要旨】出所した藤木は、7年ぶりに会った従妹に彼氏を紹介される。彼の事情深い様子に、藤木は従妹との"秘密"を打ち明けようと決意するが、男は一変して正体を明かした─「僕は義波。復讐の贈与者です」(「アフター・ライフ」)。復

ミステリー・サスペンス・ハードボイルド

警代行業を続ける"援助者"だが、悪事銀行が依頼の裏で暗躍し、メンバーは次々といなくなる。そして義波は、最後に誘われた廃車工場で、ある選択を迫られる―。話題沸騰の連作ミステリ、感動の完結！
2017.11 254p A6 ¥680 ①978-4-04-105865-7

◆**明智小五郎回顧談** 平山雄一著 ホーム社，集英社 発売
【要旨】謎に包まれた出生の秘密、一高・帝大時代の暮らしぶり、乱歩との邂逅、そして二十面相との秘められた関係…名探偵が自らの生い立ちを独白する。
2017.12 342p A6 ¥2200 ①978-4-8342-5316-0

◆**地獄の犬たち** 深町秋生著 KADOKAWA
【要旨】東京のヤクザ組織・東鞘会に所属する兼高昭吾は、弟分の室岡と沖縄に飛び、ターゲットの喜納修三を殺害した。その夜、行きつけた兼高は激しく嘔吐する。実は兼高は警視庁組対部に所属する潜入捜査官だったのだ。後継者問題をめぐり、東鞘会では血で血を洗う抗争が続いており、喜納殺害はその一環だった。兼高の最終任務は東鞘会会長である十朱の殺害。十朱は警察庁を揺るがす、ある"秘密"を握っていた。ボディガード役に抜擢された兼高は、身分が明かされる瞬間にして死が迫る中、十朱への接近を図るが…。
2017.9 436p B6 ¥1600 ①978-4-04-105723-0

◆**死は望むところ** 深町秋生著 実業之日本社（実業之日本社文庫）
【要旨】目をそむけたくなる冷酷な連射…。神奈川県南足柄市の山中に、敏腕女刑事らが殲滅された。急襲したのは「最後の天才極道」率いる武装犯罪組織「栄グループ」。既成暴力団幹部らも抹殺し、警察にも内通者を抱えていた。警視庁特捜隊は彼らを追うが、仲間を殺戮され、復讐を期す。死をも恐れぬ者どもの闘いに、類例なき警察小説の神髄。血まみれの暗黒警察小説！ 2017.10 486p A6 ¥759 ①978-4-408-55388-7

◆**ドッグ・メーカー―警視庁人事一課監察** 黒滝誠治 深町秋生著 新潮社（新潮文庫）
【要旨】黒滝誠治警部補、非合法な手段を辞さず、数々の事件を解決してきた元凄腕刑事。現在は人事一課に所属している。ひと月前、赤坂署の悪徳刑事を内偵中の同僚が何者かに殺害される。黒滝は、希代の"寝業師"白幡警務官長、美しくも苛烈なキャリア相馬美貴の命を受け、捜査を開始する。その行く手は修羅道へと繋がっていた。猛毒を以て巨悪を制す。最も危険な監察が警察小説の新たな扉を開く。
2017.8 616p A6 ¥840 ①978-4-10-120971-5

◆**卑怯者の流儀** 深町秋生著 徳間書店（徳間文庫）
【要旨】警視庁組対四課の米沢英利に「女を捜して欲しい」とヤクザが頼み込んできた。米沢は受け取った札束をポケットに入れ、夜の街へと足を運ぶ。"悪い"捜査官のもとに飛び込んでくる数々の"黒い"依頼。解決のためには、組長を脅し、ソープ・キャバクラに足繁く通い、チンピラを失神させ、仲間である警察官への暴力も厭わない。悪と正義の狭間でたったひとりの捜査がはじまる！
2018.1 324p A6 ¥650 ①978-4-19-894304-2

◆**PO（プロテクションオフィサー）―警視庁組対三課・片桐美波** 深町秋生著 祥伝社（祥伝社文庫）
【要旨】都内でトカレフを使った連続強盗殺傷事件が発生、暴力団関係者三名が死亡した。警視庁組織犯罪対策第三課所属のPO・片桐美波は一命をねらとめた実業家・布施隆正の警護にあたる。被害者の一人は十一年前に謎の大金を手にし、組から足を洗った男だった。美波は布施への猛攻から布施を防護するが、彼は突如自ら姿を消して…。命懸けで対象を守る緊迫の警察小説誕生！
2017.3 379p A6 ¥690 ①978-4-396-34293-7

◆**午前三時のサヨナラゲーム** 深水黎一郎著 ポプラ社
【要旨】これは「野球ファン」を切り口に描かれた「人間」の物語。
2017.4 227p B6 ¥1500 ①978-4-591-15455-7

◆**ストラディヴァリウスを上手に盗む方法** 深水黎一郎著 河出書房新社
【要旨】若き天才女性ヴァイオリニストの凱旋コンサート会場からふと消えた、時価数十億の伝説の名器。突如容疑者と化した1800人の観衆。場内の不満が最高潮に達したとき、チャイコフスキーのメロディーが―真犯人は？ そして犯人が用いた、驚くべき犯行手口とは!?書下ろし表題作はじめ、全ページに美しい旋律が鳴り響く、珠玉の3篇。
2017.5 24p A6 ¥1700 ①978-4-309-02569-8

◆**世界で一つだけの殺し方** 深水黎一郎著 講談社（講談社文庫）
【要旨】10歳の少女が両親と訪れたのは、不思議な現象が次々と起こる街だった。そこで奇怪な殺人事件が。（「不可能アイランドの殺人」）動物園でのピアノ・コンサートの最中に象が暴れ出し、飼育員が死亡した。事故と思われた出来事の、驚くべき真相とは？（「インペリアルと象」）2つの怪事件に「芸術探偵」が挑む！
2017.2 310p A6 ¥660 ①978-4-06-293587-6

◆**信州・奥多摩殺人ライン** 深谷忠記著 光文社（光文社文庫）
【要旨】推理作家の荒木とともに向かった信州・穂高の別荘で、編集者の笹沼美緒は、荒木の妻の絞殺死体を発見する。数日後、奥多摩で若い女性の全裸死体が。二人の女性と関わりのある男が容疑者として浮かぶが…。美緒の恋人・黒江壮は、慶応大学に勤める数学者。端整な顔立ちで、とても無口な名探偵である。寡黙にして、精緻な推理で、壮が導き出した真相とは!?
2017.3 324p A6 ¥670 ①978-4-334-77430-1

◆**我が子を殺した男** 深谷忠記著 光文社（光文社文庫）
【要旨】家庭内暴力に手を焼き、「いずれ私か妻が殺される」と嘆く父親が息子の亮太を殺した―。八年前、事件の捜査に関わった樫村は、自らも妻と息子のことで問題を抱えている。その島内家で、再び殺人事件が―。過去と現在が複雑に絡み、浮かび上がる真相。そして、樫村の苦悩と葛藤が凝縮した「驚き満載！」の短編集。
2017.6 306p A6 ¥620 ①978-4-334-77482-0

◆**Nの悲劇―東京～金沢殺人ライン** 深谷忠記著 光文社（光文社文庫）
【要旨】美緒は、担当する作家の西崎彩から、相談を受けた。"The Judge"と名乗る相手からの不審な手紙。彩には心当たりがないと言う。立川で起こった殺人事件の現場に残された「死刑執行！」と書かれたカード。そして、彩の住む金沢での殺人事件でも同じカードが。二つの事件、そして彩との関わりは!?壮と美緒が炙り出した"The Judge"の正体とは？
2017.12 356p A6 ¥680 ①978-4-334-77573-5

◆**白日の鴉** 福澤徹三著 光文社（光文社文庫）
【要旨】製薬会社のMR・友永孝一は、電車内で見知らぬ男女に痴漢の疑いをかけられ駅から逃走、新人巡査の新田真人と揉める。友永は無実を訴えるが、留置場に収監されてしまう。後日、真人は、ある出来事から友永の無実を確信し、老弁護士・五味陣介に協力を求めるが―。留置場から拘置所、そして法廷へ。仕組まれた冤罪との闘いを徹底的に緻密さで描く異色の警察小説。
2018.1 607p A6 ¥920 ①978-4-334-77553-7

◆**亡者の家** 福澤徹三著 光文社（光文社文庫）新装版
【要旨】消費者金融で働く新米社員・諸星雄太が延滞者を訪ねると、男は行方不明になっていた。家には男の妻と娘が残されていたが、返済は待ってほしいと言うばかりだ。取り立てに通ううち、雄太は奇妙な色気を漂わせるその人妻に惹かれてしまうが―。やがて周囲の人間が、一人、また一人と変死を遂げてゆき。衝撃の結末に凍りつく、一気読み必至の傑作ホラーサスペンス！
2017.8 243p A6 ¥640 ①978-4-334-77513-1

◆**探偵の流儀** 福田栄一著 光文社（光文社文庫）
【要旨】調査中、階段から転落し重傷を負った探偵事務所所長の嶋岡。彼が得た信頼で成り立つ稼業ゆえ、残された所員の間宮と松代、飯田は、事務所存続の危機に直面することになる。そんな折、嶋岡の見舞いに訪れた姪の美奈子は、叔父との間にある覚悟を決める。そして、事故の真相を追う間宮たちは、事務所や企業も絡む黒い疑惑に迫り…。青春小説の旗手が描く若き探偵たちの物語！
2017.2 308p A6 ¥700 ①978-4-334-77431-8

◆**群青のカノン―航空自衛隊航空中央音楽隊ノート 2** 福田和代著 光文社（光文社文庫）
【要旨】航空自衛隊音楽隊でアルトサックスを担当する鳴瀬佳音。陸海空自衛隊合同コンサートに出演するため浜松にやって来た彼女たちは、あるモノをバスに隠してリハーサルへ。ところが、そのバスが駐車場から消えてしまう!?（「希望の空」）そして、腐れ縁の渡会三曹との恋に問題が！ いつもトラブルを呼ぶ佳音が仲間たちと日常の謎を解き明かす、音楽青春ミステリシリーズ！
2018.1 301p A6 ¥600 ①978-4-334-77584-1

◆**薫風のカノン―航空自衛隊航空中央音楽隊ノート 3** 福田和代著 光文社
【要旨】航空自衛隊の音楽隊でアルトサックスを担当する鳴瀬佳音は、ちょっぴりドジで天然だけど、腕前は一流の女性隊員。立川分屯基地内で年に一度行われる競技会にやってきた佳音たちは何とか無事に演奏を終えるも、後輩の真弓は審査員が偽者ではないかと疑問を抱く…。はたしてその正体とは？ なぜかいつも不思議な事件に巻き込まれてしまう佳音と仲間たちが謎を解き明かす！ 音楽隊が奏でる至福の日常ミステリシリーズ、待望の最新作！
2017.4 258p A6 ¥634 ①978-4-334-91159-1

◆**星星（セイセイ）の火** 福田和代著 双葉社（双葉文庫）
【要旨】警視庁保安課の上月は、中国語の通訳捜査官・城とともに違法賭博の摘発に向かう。上月は、拳銃所持などにより逮捕した李の供述から、梁という男を追う。一方の城は、同じく上から「竜生九子」なる中国人組織の存在を聞かされ、独自のネットワークを駆使して組織を探る。捜査は有機的に連動され、と歩調を合わせるように事件の闇も深くなっていく。一日本に生きる中国人の諸相はもちろん、上月と城の私生活も巧みに織り込まれた、これまでにない警察小説。
2017.8 337p A6 ¥676 ①978-4-575-52023-1

◆**星星（セイセイ）の火 2** 福田和代著 双葉社
【要旨】警視庁保安課の上月は、中国人売春組織の摘発から"赤い虎"を知る。中国語の通訳捜査官・城は、池袋で起きた殺人事件から"赤い虎"に迫る。そして、ある男は、"赤い虎"に接触する。警察小説の進化系！
2017.9 337p B6 ¥1600 ①978-4-575-24059-7

◆**ゼロデイ―警視庁公安第五課** 福田和代著 幻冬舎（幻冬舎文庫）
【要旨】警視庁の犯罪情報管理システムが、何者かに破壊される。さらに、同一犯らしき人物から大手企業幹部たちに脅迫状が届く。姿を見せない犯人に捜査が混乱する中、公安部の寒川警部補は新米エリート刑事の丹野と組むことに。自らの足と勘に頼る寒川の捜査方法に、反発する丹野だったが……。世代もキャリアも異なる二人が、巨悪に挑む骨太のミステリー。
2017.10 411p A6 ¥730 ①978-4-344-42662-7

◆**プロメテウス・トラップ** 福田和代著 早川書房（ハヤカワ文庫JA）
【要旨】14年前、天才ハッカーと謳われた"プロメテ"こと能條良明。今は平凡なプログラマとして生きる彼に、謎の男からICチップ解析の依頼が舞い込む。一見簡単に思えたその仕事が、米国を脅かすサイバーテロ組織との闘いへと能條を導いていく。ソーシャル・ハッキング、スーパーコンピュータとのチェス対決、政府機関へのハッキング…半神の名を持つ男が天才オタク米国人青年を相棒に強大な敵に挑む、連作サイバーミステリ。
2017.3 386p A6 ¥780 ①978-4-15-031268-8

◆**S&S探偵事務所 最終兵器は女王様** 福田和代著 祥伝社
【要旨】"第一次世界サイバー戦争"を回避させた功労者のはずの二人―元防衛省サイバー防衛隊の出原しのぶと元警視庁サイバー捜査官のスモモと東條桃花は、起訴こそ免れたものの、違法性を問われ、職場を去るしかなかった。その二人が転職したのはなんとIT探偵。超一流のハッカーとの自負があったものの、持ち込まれるのは浮気調査や迷い犬捜しなど非ITばかり。二人の愛称から「S&S IT探偵事務所」と名付けた事務所だが"エス・アンド・シット"と呼ばれる始末。それでもコツコツ、厄介な案件と格闘するうちに、闇に葬られかけていた二十年前のある重大事件が再び動き出した。
2017.2 297p B6 ¥1600 ①978-4-396-63514-5

◆**加田伶太郎作品集** 福永武彦著 小学館（P+D BOOKS）
【要旨】純文学作家である福永武彦が加田伶太郎のペンネームで発表した「完全犯罪」「失踪事件」「赤い靴」などの探偵小説10編に、随筆「素人探偵誕生記」を併せた異色の一巻。大学助教授で

自ら"安楽椅子探偵"を自認する伊丹英典は、助手・久木進を伴い、意外な分析力、想像力、論理力を駆使して、迷宮入りかと思われた難事件を次々と解決していく。また、船田信名義で書かれた未完のSF作品「地球を遠く離れて」も併録した、福永武彦の意外な一面が垣間見える異色作品集。
2017.5 522p B6 ¥650 ①978-4-09-352301-1

◆撮影現場は止まらせない！―制作部女子・万理の謎解き 藤崎波矢著 KADOKAWA（角川文庫）
【要旨】気鋭の監督・連城の映画撮影現場に「制作部」として参加している万理。制作部とはプロデューサーの下であらゆる雑用をこなす裏方の中の裏方。今日の万理はロケ地の道路使用許可申請のために警察署にやってきた。連城監督の才能には惚れているけど、現場は何かと波乱含みだ。ロケ地候補の古民家を訪れた日、プロデューサーから女優の変更を告げられた連城は監督を降りると言い出し…。次々起こるトラブルを万理は解決できるのか!?
2017.11 229p A6 ¥640 ①978-4-04-106447-4

◆お隣さんが殺し屋さん 藤崎翔著 KADOKAWA （角川文庫）
【要旨】専門学校入学のために田舎から上京した美菜は、隣人に挨拶をする。お隣さんの雄也はどこか陰のある長身の青年で、美菜は好意を抱く。一方、雄也は美菜にある物を見られ動揺する。それは一発の銃弾だった。雄也はそれを使った「仕事」を思い出した。ある弁護士を自宅に葬った。恐るべき出来事を。ある日雄也の今度の仕事場は、美菜が通う専門学校で…。純朴女子学生と危険な殺し屋が交錯する、衝撃的なラストのユーモアミステリ！
2017.11 357p A6 ¥640 ①978-4-04-106148-0

◆恋するおしい刑事 藤崎翔著 ポプラ社（ポプラ文庫）
【要旨】冴えた推理を披露するものの、必ずあと一歩で周囲に手柄を奪われる、しかも神業的な能力を持つ押井刑事。絶望の淵にいる彼を救ったのは、同じ署に配属された美しい後輩女性刑事だった。ただ、彼女の灰田絵奈という名前を聞いて、押井の胸に不吉な予感がよぎる…。
2017.6 361p A6 ¥680 ①978-4-591-15458-8

◆殺意の対談 藤崎翔著 KADOKAWA （角川文庫）「私情対談」加筆・修正・改題書
【要旨】人気作家・山中怜子と、若手女優・井出夏希。新作映画の原作者と主演女優の誌上対談は、表向きは和やかに行われたのだが、笑顔の裏には忌まわしい殺人の過去が…。同様に、ライバル同士のサッカー選手、男女混成の元人気バンド、ホームドラマの出演俳優らが対談で「裏の顔」を暴露する時、恐るべき犯罪の全貌が明らかに!?ほぼ地の文「対談記事＋対談中の人物の心の声」という前代未聞の形式で送る、逆転連発の超絶変化球ミステリ！
2017.4 373p A6 ¥680 ①978-4-04-105596-0

◆影の探偵 藤田宜永著 徳間書店（徳間文庫）新装版
【要旨】美貌の女探偵・唐渡美知子は原宿の自宅マンションで消音器付きの拳銃に狙われた。命拾いした美知子は、過去に関わりのあった、影乃という謎めいた男に護衛を持つ探偵と、事件の真相を追い始める。ほどなく、彼女の事務所を訪れていた女子大生・光成真澄と父親の会社社長が立て続けに殺される…。30年の時を経て執筆された続篇『罠に落ちろ』のシリーズ第1作、藤田ハードボイルドの原点！
2017.8 441p A6 ¥720 ①978-4-19-894249-6

◆喝采 上 藤田宜永著 早川書房（ハヤカワ文庫JA）
【要旨】1972年秋。父親の死とともに新宿歌舞伎町の探偵事務所を受け継いだ浜崎順一郎は、女子大生・栄子から生き別れの母親でパンプ女優と言われた神納絵里香を捜してほしいと依頼される。だが、やっと見つけ出して栄子と会わせる約束を取り付けた矢先、絵里香は何者かに毒殺されてしまった。直後、栄子は姿を消し、第一発見者として容疑者扱いされた浜崎は事件を調べ始めか…。直木賞・吉川賞作家が放つ正統派ハードボイルド！
2017.6 396p A6 ¥740 ①978-4-15-031277-0

◆喝采 下 藤田宜永著 早川書房（ハヤカワ文庫JA）
【要旨】女優毒殺事件を追う浜崎は、友人の記者・古谷野や歌手の福麻里美らの協力を得て、殺された絵里香が映画会社元社長の愛人だったことを知る。元社長は消えた依頼人・栄子とも関係が？

さらに調査を進めるうちに、女優殺しと、探偵だった亡父が調べていた現金輸送車強奪事件との間に奇妙な繋がりを発見した。だがまもなく、浜崎は何者かに襲われ…。ジャズや映画が全盛の70年代を舞台に贈る極上の私立探偵小説。
2017.6 346p A6 ¥740 ①978-4-15-031278-7

◆タフガイ 藤田宜永著 早川書房（ハヤカワ・ミステリーワールド）
【要旨】1974年東京。探偵・浜崎順一郎は事務所近くで身なりのよい少年を保護した。少年を親元に送り届けた浜崎は、彼の父親がかつての悪友で、今や名家の継嗣となった石雄であることを知る。だが、旧交を温める間もなく石雄の義元が殺された。逃亡した容疑者が見つかれば解決と思われたが、なぜか石雄は事件に関わるなと主張し…名家の悲劇と男の友情を描く傑作私立探偵小説。
2017.7 471p B6 ¥2200 ①978-4-15-209700-2

◆罠に落ちろ―影の探偵'87 藤田宜永著 徳間書店
【要旨】私立探偵・影乃は相棒の雪永とともに谷内義光の惨殺死体を発見。ほどなく蔵主グループ会長・蔵主喜一郎の豪邸で、金塊を狙った窃盗団を撃退する。蔵主は影乃の仕事仲間の私立探偵・唐渡美知子に、出向した長男・清太郎の捜索を依頼した。家族の内紛に揺れる蔵主グループには、企業乗っ取りをたくらむ証券仕手筋の奸計が迫っていた…。金と欲の渦巻くバブルに踊る80年代末の東京を舞台に、「影の探偵」が凶悪犯罪を追うハードボイルド・ミステリ！
2017.1 437p B6 ¥1900 ①978-4-19-864322-5

◆全員少年探偵団―みんなの少年探偵団 藤谷治著 ポプラ社 （ポプラ文庫）
【要旨】東京じゅうが濃い霧に覆われたある日の午後、帰宅途中の少年の前に浮かんだ黒い影。霧の中から現れたのは、怪しいこうもりのような灰色の紳士だった。少年に迫る魔の手、呪われた万飾りの謎、美しいバイオリニストの少女。大好評を博した少年探偵団オマージュ作品の文庫化第二弾！
2017.2 251p A6 ¥660 ①978-4-591-15419-9

◆南柯の夢―鬼籍通覧 椹野道流著 講談社（講談社ノベルス）
【要旨】法医学教室の白い解剖台に横たえられていたのは、セーラー服を着た美しい少女だった。少女は浴室で亡骸り、死亡。発見時、彼女の傍らには、親友である美少女が寄り添っていた。翌日、伊月は蔵の片づけを手伝いに行き、「即身仏」と思われた古いミイラの遺体を発見する。死を通して生を語る、法医学教室ミステリーの傑作！
2017.10 221p 18cm ¥880 ①978-4-06-299037-0

◆ローウェル骨董店の事件簿―交霊会とソルジャーベア 椹野道流著 KADOKAWA （角川文庫）
【要旨】第一次大戦直後のロンドン。骨董店の美貌の店主デューイは、戦死した親友の息子・ケイと暮らしている。心配の種は、ケイが学校でいじめを受けていること。けれど本人の希望により、弟で検屍官のデリックと見守るのみ。そんな中、デューイは骨董店の上顧客の頼みで、霊会に出席することに。ある男爵の戦死した息子の霊を呼び出すためだ。しかしウィジャボードを使っての交霊中に男爵が殺されて…。知恵と絆で謎を解く英国ミステリ！
2017.11 219p A6 ¥520 ①978-4-04-106252-4

◆KZ' Deep File 断層の森で見る夢は 藤本ひとみ著 講談社
【要旨】南アルプス、六百年を越える因習の村で、突如、現れた怪事件！インターチェンジに消えた数学の天才は何を見たのか!?迫る集中豪雨の中、少年たちの奔走が始まる!!
2017.11 297p B6 ¥1400 ①978-4-06-220823-9

◆遺産ゲーム 藤原一裕著 KADOKAWA
【要旨】「英大、お前だって天下取りたいって思ってんだろ？」バカはバカだと思ってた兄貴が、実は一番ヤバい奴だった…！狙うは、テレビに映る2億円。完全犯罪は完遂されるのか。原&英次のチンピラコンビ初お目見えの「別荘」含め7編の連作集。
2017.9 174p B6 ¥1350 ①978-4-04-069317-0

◆やさしい悪魔 布施高志著 幻冬舎メディアコンサルティング、幻冬舎 発売
【要旨】売買春は、ほんとうに悪なのか。売春街で育ったひとりの少年の成長から、「売春防止法」の是非を問いかける、社会派エンターテイ

ンメント小説。
2017.11 199p B6 ¥1200 ①978-4-344-91452-0

◆黒薔薇―刑事課強行犯係 神木恭子 二上剛著 講談社（講談社文庫）
【要旨】大阪府警の新人刑事・神木恭子は、担当した殺人事件を、別件で関わった老人の訴えをもとに解決した。だが老人宅から七体もの死体が発見される。それは府警上層部が隠蔽する黒い闇の一部だった。真実を暴こうとする神木だったが、彼女自身もその闇に呑み込まれていく。警察の暗部を元刑事が描く本物の警察小説。
2017.2 459p A6 ¥820 ①978-4-06-293592-0

◆彼女はもどらない 降田天著 宝島社（宝島社文庫）
【要旨】雑誌編集者の楓は、娘の衣装を自作する人気ブロガーに批判的なコメントをしたことから、自身の過去のブログを匿名掲示板で晒され、陰湿なストーカー被害に遭うよう、一方、寝たきりの妻を抱える官僚の棚島は、家庭や職場のストレスを解消するため、ブログで執拗に絡んできた女を破滅に追い込もうとする。ネット上の二人が現実で交叉したとき、驚天動地のどんでん返しが炸裂する。『このミス』大賞シリーズ。
2017.7 328p A6 ¥640 ①978-4-8002-7378-9

◆禁じられたジュリエット 古野まほろ著 講談社
【要旨】「囚人」と「看守」に分けられた女子高生8人。緊張が極限まで達したとき、殺人は行われた。知と論理により解決に挑む本格ミステリ。
2017.3 477p B6 ¥1600 ①978-4-06-299091-2

◆身元不明（ジェーン・ドウ）―特殊殺人対策官 箱崎ひかり 古野まほろ著 講談社（講談社文庫）
【要旨】定年間近の無気力巡査部長・浦安圭吾に、若き異色のキャリア警視・箱崎ひかりとコンビを組む特命が下る。被害者は全身身元不明、さらに身体の一部が取り除かれていた。真逆の二人が捜査を動き始める時、オリンピックで激変した東京湾岸に潜む、国を覆す陰謀の蓋が開く。元警察官僚が喝破するリアル警察小説。
2017.12 425p A6 ¥780 ①978-4-06-293821-1

◆新任刑事 古野まほろ著 新潮社
【要旨】警察官になって六年目。（いちおう）テロ対策部門を志望していた僕は、能力も性格も平凡。なのに、県で一番大きい警察署の署長から突然スカウトされて、「刑事一課強行係」の刑事になった。とにかく、せっかく刑事になったんだ。時効完成のXデーまで三箇月の『あの事件』。国の指名手配犯の女にとっての、じき天国。追いかける警察にとってはもう地獄。運命のその日が来るまで、あきらめるわけにはいかない。あの女を、捕まえてみせる！経験と創造力の奇跡的な融合。元キャリア警察官の著者にしか描けない、未曾有の警察小説！
2017.5 501p B6 ¥2400 ①978-4-10-332744-8

◆セーラー服とシャーロキエンヌ―穴井戸栄子の華麗なる事件簿 古野まほろ著 KADOKAWA （角川文庫）
【要旨】応募条件は獅子座であること―突如学校に掲示された怪しげなバイトの求人。稀音イズミは、奇妙な面接を経て採用される。仕事は不可解な漢字の筆写。なぜ獅子座？求人の真の目的とは？（『獅子座連盟』）。雨中の自転車事故。堤防を転げ落ちる巨大スイカに隠された意外な陰謀とは!?（『赤いルビア』）など、ホームズを素材にした4つの事件に、ドSな女子高生探偵が軽やかに推理。遊び心たっぷりのホームズ・オマージュミステリ！
2017.8 355p A6 ¥580 ①978-4-04-105941-8

◆全日本探偵道コンクール―セーラー服と黙示録 古野まほろ著 KADOKAWA （角川文庫）
【要旨】全日本探偵道コンクール―高校生探偵の日本一を決める『探偵の甲子園』である。そして今年、全国津々浦々から激しい地区予選を勝ち抜いてきたチームには、因縁浅からぬ『聖アリスガワ女学校代表』と『愛知県立勁草館高校代表』であった。奇しくも女生徒3人どうしの直接対決となったこの決勝戦、両校の先鋒は誰か？先鋒戦の舞台とルールは？そのお題は？そしてもちろん一勝者は？晩夏のおんなの戦いが、始まる。
2017.11 491p A6 ¥1080 ①978-4-04-105931-9

◆天帝のみはるかす桜火 古野まほろ著 講談社（講談社ノベルス）

ミステリー・サスペンス・ハードボイルド

古野まほろと峰葉実香が初めてふたりで話したのは、とある夕暮れの教室だった。吹奏楽部員のトランペットが盗まれたと、頼りない同級生に相談される実香。すると彼は、とある容疑者が誰かをまだ明かされないうちに、手紙を一通手渡す。犯人がここに書いてある、といいながら。天帝世界の住人たちが出会う「天帝ゼロ」と、彼らの今を記す「天帝最新」の物語。
2017.12 365p 18cm ¥1400 ①978-4-06-299115-5

◆**症状固定殺人事件** 星浩二著 牧歌舎, 星雲社 発売
【要旨】八王子の戦国の名城・滝山城跡で起こった首吊り事件。自殺か？ 他殺か？ 次々に起こる失踪事件との関連は？ 謎を解く鍵は「症状固定」にあった。謎が謎を呼ぶ星浩二渾身の最新作。
2017.8 217p B6 ¥1000 ①978-4-434-23049-3

◆**代理人（エージェント）** 本城雅人著 実業之日本社
【要旨】金にこだわる姿勢から、メディアに「ゼニバ」と揶揄されるスポーツ代理人・善場圭一だが、腕前はピカイチ。契約選手の全打席・全投球をチェックして球団との交渉は、有利な条件を勝ち取っていく。そんな彼の頭脳は、様々なトラブルを引き寄せる。暴行、女性問題、違法な賭け事etc.…タフでクレバーな男は、いかにして問題を解決するのか!?
2017.11 293p B6 ¥1600 ①978-4-408-53715-3

◆**騎手の誇り** 本城雅人著 新潮社（新潮文庫）『サイレントステップ』改題書
【要旨】十二年前の落馬事故…。その真相を知るために、息子・和輝も騎手となり、かつての父の好敵手で、不動のトップ騎手・平賀と同じ厩舎に入った。父は、本当は平賀に殺されたのではないか…。元競馬担当記者・仁美とともに事故の謎を追う中で、平賀のある秘密に気づかされる。亡き父と息子の絆に涙する、長編ミステリ。
2017.10 344p A6 ¥590 ①978-4-10-121131-2

◆**シューメーカーの足音** 本城雅人著 講談社（講談社文庫）
【要旨】独特の色気を湛えた商品で人気を博し、ロンドンに店を構える靴職人・斎藤良一。強引に事業拡大を進める彼の元に、不気味な修理依頼が舞い込む。それは幽霊の靴なのか？ 十三年前の父の死に、不審を抱く若き靴職人の知略が、斎藤のどす黒い野心の前に立ちはだかる。人間の深淵を描く、異色ダークミステリー！
2017.5 459p A6 ¥880 ①978-4-06-293659-0

◆**誉れ高き勇敢なブルーよ** 本城雅人著 講談社（講談社文庫）
【要旨】惨敗したＷ杯から3年。苦戦する日本代表を立て直すため、新たな監督候補を託された望月は、かつてマスコミのリークで契約に失敗した過去を持つ。サッカー協会、記者、代理人、選手一複雑な思惑が渦巻くなか、タフな交渉を続ける望月だが、妨害の裏には驚くべき黒幕がいた。迫真のスポーツサスペンス！
2017.3 475p A6 ¥880 ①978-4-06-293605-7

◆**ミッドナイト・ジャーナル** 本城雅人著 講談社（講談社文庫）
【要旨】児童誘拐殺害事件で大誤報を打ち、中央新聞社会部を追われ、支局に飛ばされた関口豪太郎。あれから七年。埼玉東部で、小学生の女児を狙った連れ去り未遂事件が発生。二人いたとの証言から、豪太郎の脳裏に"あの時"の疑念がよぎる。終わったはずの事件が再び動き出す。第38回吉川英治文学新人賞受賞作。
2017.12 477p A6 ¥840 ①978-4-06-293810-5

◆**LIFE** 本城雅人著 双葉社（双葉文庫）
【要旨】幼い頃から共にボールを蹴ってきた修平、文雄、靖春の3人の人生は、高校3年のインターハイでのひとつのプレイをきっかけに一転する。―22年後、現役のプロサッカー選手として未だ戦い続ける修平の前に文雄が姿を現し、警察官となった靖春は警戒を強める。文雄はサッカー賭博をシノギにしており、中国の筋との付き合いも噂される捜査対象者だった。修平のキャリアを守るため、文雄を調べ始めた靖春は、やがて、22年前に端を発する殺人事件に辿り着く。逃れられない過去に苦しみながらも、人生に立ち向かう男たちを描く、激情と慟哭のクライムノベル。
2017.8 334p A6 ¥648 ①978-4-575-52022-4

◆**dele ディーリー** 本多孝好著 KADOKAWA
【要旨】『dele.LIFE』の仕事は、誰かが死んだときに始まる。死後、誰にも見られたくないデータを、その人に代わってデジタルデバイスから削除する―それが、この会社の仕事だ。新入りの真柴祐太郎が足を使って裏を取り、所長の坂上圭司がデータを削除する。淡々と依頼を遂行する圭司のスタンスに対し、祐太郎は疑問を感じていた。詐欺の証拠、異性の写真、隠し金―。依頼人の秘密のファイルを覗いてしまった二人は、次々と騒動に巻き込まれる。この世を去る者が消したかった"記録"と、遺された者が抱く"記憶"。秘められた謎と真相、そして込められた想いとは―。"生"と"死"、"記憶"と"記録"をめぐる連作ミステリ。
2017.6 300p B6 ¥1600 ①978-4-04-104903-7

◆**インデックス** 誉田哲也著 光文社（光文社文庫）
【要旨】裏社会の人間が次々と惨殺された「ブルーマーダー事件」。その渦中で暴力団組長・皆藤が行方不明になっていた。組長の妻は、彼も巻き込まれたのではというのだが。（表題作）マンションの一室で男が合成麻薬による不審死を遂げた。近くでは、車と接触事故に遭った女性が、被害届も出さずにその場を立ち去っていた―。（「女の敵」）ほか、姫川玲子が様々な貌を見せる全八編！
2017.8 447p A6 ¥740 ①978-4-334-77506-3

◆**歌舞伎町ダムド** 誉田哲也著 中央公論新社（中公文庫）
【要旨】日本列島を震撼させた「歌舞伎町封鎖事件」から七年。伝説となった犯罪者"ジウ"に自らを重ねる新たな怪物"ダムド"が現れた。吹き荒れる殺戮の嵐、再び動き出す「新世界秩序」の陰謀、新宿署の東弘樹警部補らに迫る魔の手…謎の男と対峙するのは、アナーキーなダークヒーロー"歌舞伎町セブン"！
2017.2 441p A6 ¥740 ①978-4-12-206357-0

◆**ケモノの城** 誉田哲也著 双葉社（双葉文庫）
【要旨】警察は、自ら身柄保護を求めてきた少女を保護した。その後、少女と同じマンションの部屋で暮らしていた女性を傷害容疑で逮捕するが、その女性にも、暴行を受けていたと思われる傷があった。やがて、少女が口を開く。お父さんは、殺されました―。単行本刊行時に大反響を呼んだ問題作がついに文庫化。読者の心をいやおうなく揺さぶる衝撃のミステリー。
2017.5 479p A6 ¥759 ①978-4-575-51995-2

◆**ノーマンズランド** 誉田哲也著 光文社
【要旨】またしても同僚の殉職を経験し、心身に疲労の残る姫川玲子は、葛飾署管内で起こった若い女性の殺人事件捜査本部に。心機一転、捜査に集中する玲子だが、すぐに行き詰まされる。すでに被疑者がすでに別の所轄に逮捕されており、情報が流れてこないのだ。玲子は、あらゆる伝手をたどり、事件の全体像を探りはじめるが。
2017.11 402p B6 ¥1600 ①978-4-334-91192-8

◆**プラージュ** 誉田哲也著 幻冬舎（幻冬舎文庫）
【要旨】仕事も恋愛も上手くいかない冴えないサラリーマンの貴生。気晴らしに出掛けた店で、勧められるままに「覚醒剤を使用し、逮捕される。仕事も友達も住む場所も一瞬にして失った貴生が見つけたのは、「家賃5万円、掃除当番無し、仕切りはカーテンのみ、ただし美味しい食事付き」のシェアハウスだった。だが、住人達はなんだか訳ありげな様子のようで…。
2017.6 452p A6 ¥690 ①978-4-344-42627-6

◆**増山超能力師大戦争** 誉田哲也著 文藝春秋
【要旨】ここは、超能力が事業認定された日本。いまや超能力関連の科学技術は国家レベルの重大機密情報となっている。そんななか、最先端の技術開発に携わっている人物が行方不明に。本人の意志なのか、はたまた海外の産業スパイによる拉致なのか。「面倒くさい」が口癖の一級超能力師・増山圭太郎が調査を開始すると、所員や家族に魔の手が迫る。
2017.6 347p B6 ¥1600 ①978-4-16-390659-1

◆**メンヘラ刑事（デカ）** 本田晴巳著 ディスカヴァー・トゥエンティワン（ディスカヴァー文庫）
【要旨】「将来の夢は、楽な方法で、すぐに死ぬことです」趣味は自殺の研究。自称「メンヘラ」のエリート刑事、梅林寺凛々子と、熱血漢の肉体派、竹山弥生警部補のコンビが活躍する！ カッターナイフを振り回し、消臭スプレーを噴射するリリコ。非常識なリリコの言動に対し、怒鳴り散らす竹山。対立しながらも、神戸で起こる事件を次々と解決し、ふたりの距離は次第に縮まっていく。そんなある日、警察官を狙った暴行事件が勃発し、凶器からリリコの指紋が検出されていた…。その裏には、十年前から続く因縁が隠されていた…。
2017.2 324p A6 ¥800 ①978-4-7993-2048-8

〔ま行の作家〕

◆**散歩する侵略者** 前川知大著 KADOKAWA（角川文庫）
【要旨】海に近い町に住む、真治と鳴海の夫婦。真治は数日間の行方不明の後、まるで別の人格になって帰って来た。素直で穏やかな、でもどこかちぐはぐで話が通じない。不仲だった夫の変化に戸惑う鳴海を置いて、真治は毎日散歩に出かける。町では一家惨殺事件が発生し、奇妙な現象が頻発。取材に訪れたジャーナリストの桜井は、"侵略者"の影を見る―。再演を重ねる人気脚本家、劇作家自ら小説に。黒沢清監督による映画化原作。
2017.7 232p A6 ¥560 ①978-4-04-102630-4

◆**アンタッチャブル―不可触領域** 前川裕著 新潮社
【要旨】鉄壁の防御と貧弱なパンチで「凡戦の帝王」と呼ばれた元プロボクサー。落魄した往年の人気俳優のマネージャー。二人の軌道が交差した時、その足元で暗黒の底が抜けた。ラーメン屋主人夫婦の不自然な失踪、床下からドラム缶から次々に見つかる死体、美少女を取り巻く得体の知れない男たち、迫る捜査。世界は二転三転、酷薄な様相を顕にする。衝撃の長編ノワール・ミステリー。
2017.5 318p B6 ¥1800 ①978-4-10-335193-1

◆**死屍累々の夜** 前川裕著 光文社（光文社文庫）
【要旨】十人の男女を殺害し、六人の女と共に集団自殺を遂げた木裏健三。彼は老舗旅館に取り入ったのち売春宿に変貌させ、一家のみならず無数の人間を絶望に陥れた。過去に大学の助教授でもあった彼が、非道な行為に及ぶ過程には何があったのか!?センセーショナルな「木裏事件」の全貌と共に、謎に満ちた男の内奥に綿密な取材で迫る、圧巻のフェイク・ドキュメンタリー！
2017.12 364p A6 ¥640 ①978-4-334-77558-2

◆**新宿謀略街** 牧村僚著 コスミック出版（コスミック文庫）
【要旨】村井一馬は新宿区役所に勤務する職員だが、それは表の顔。プライベートで探偵めいたことをしている。ある私立高校の屋上から女性教師が墜死した事件の調査を頼まれた村井は、幼馴染みの新都心署飯田沙紀子警部らの助力を得て捜査を開始。だが、学園内では淫らな計画がうごめき、墜死事件の裏には意想外の秘密が…。
2017.8 332p A6 ¥660 ①978-4-7747-1356-4

◆**NO推理、NO探偵？** 柾木政宗著 講談社（講談社ノベルス）
【要旨】私はユウ。女子高生探偵・アイちゃんの助手兼熱烈な応援団だ。けれど、我らがアイドルは推理とかいうしちめんどくさい小話が大好きで飛び道具、掟破り上等の今の本格ミステリ界ではいまいちパッとしない。決めた！ 私がアイちゃんをサポートしてメジャーな名探偵に育て上げる！ そのためには…ねえ。「推理って、別にいらなくないー？」NO推理探偵VS.絶対予測不可能な真犯人、私心に満ちた男の勝敗を賭けた死闘の幕が上がる！
2017.9 239p 18cm ¥880 ①978-4-06-299101-8

◆**三つの悪夢と階段室の女王** 増田忠則著 双葉社
【要旨】行政書士の斉木にかかってきた不穏な電話。男は斉木の娘を誘拐したと告げ、返してほしければ、指定の場所に来るように言う。要求を受け入れ斉木は、誘拐犯が衆人環視のなか、ビルの屋上から飛び降りているのを目撃した。その場で斉木に突きつけられた理不尽な要求とは―？（新人賞受賞作「マグノリア通り、曇り」）ほか、衝撃の短編3編を収録。
2017.5 248p B6 ¥1400 ①978-4-575-24035-1

◆**ひとごろしのうた** 松浦千恵美著 早川書房（ハヤカワ文庫JA）
【要旨】大手レコード会社に勤める元ミリオンセラー・アーティストの大路樹は、「ひとごろしのうた」と題されたデモ音源の歌声と、69年型レスポール・カスタムのギター演奏に魅せられる。「瑠々」というアーティスト名以外、詳細は一切不明のままCDリリースに踏み切った大路だった

ミステリー・サスペンス・ハードボイルド

が、ある日、同曲に影響されたという殺人事件の記事を掲載した週刊誌に掲載されたー―アガサ・クリスティー賞受賞後第1作となる、出色の音楽業界ミステリ。
2017.1 423p A6 ¥880 ①978-4-15-031262-6

◆**ニャン氏の事件簿** 松尾由美著 東京創元社（創元推理文庫）
【要旨】アルバイトをしながら、自分を見つめ直している佐多くんは、あるお屋敷で、突然やってきた一匹の猫とその秘書だという男に出会う。実業家のA・ニャンと紹介されたその猫は、以前お屋敷で起こった変死事件を解き明かす?!…過去にニャーニャー鳴くのを通訳しているようだが本当？次々と不思議な出来事にくり出くわす青年の姿を描いた連作ミステリ。文庫オリジナルだニャ。
2017.2 264p A6 ¥760 ①978-4-488-43908-8

◆**シャーロック・ホームズ対伊藤博文** 松岡圭祐著 講談社（講談社文庫）
【要旨】シャーロック・ホームズが現実の歴史に溶けこんだ。いかに彼は目撃者のいないライヘンバッハの滝の死闘から、モリアーティ教授への正当防衛を立証し、社会復帰したのか。日本で密かに起きた大津事件の謎に挑み、伊藤博文と遭遇する。聖典のあらゆる矛盾が解消され論証される、20世紀以来のホームズ物語。
2017.6 481p A6 ¥830 ①978-4-06-293699-6

◆**水鏡推理 6 クロノスタシス** 松岡圭祐著 講談社（講談社文庫）
【要旨】過労死のリスクを数値化して予防できる画期的新技術が、文科省研究公正推進室による最終評価段階を迎えていた。評価担当者・水鏡瑞希は周囲の反対を押し切り、財務省の若手官僚にまつわる実例を探る。ブラック企業並みの劣悪環境を野放しにする霞が関は変われるのか？文科省官僚も注目する傑作ミステリ。
2017.2 377p A6 ¥680 ①978-4-06-293611-8

◆**ヒトラーの試写室** 松岡圭祐著 KADOKAWA（角川文庫）
【要旨】1937年、22歳の柴田彰は円谷英二の下で日独合作映画『新しき土』の特殊撮影を担当し見事に完成させた。その技術に目をつけたのがナチス宣伝大臣ゲッベルス。映画による人心の掌握と統制を進める彼は、柴田をベルリンに招聘し、タイタニック号の沈没シーン制作を命じる。環境の違いから撮影は苦戦。妻子を想う柴田だったが、ベルリンは戦火に…。意外すぎる歴史秘話に基づく、一気読みと感動必至の傑作エンタメ大作。
2017.12 470p A6 ¥800 ①978-4-04-106685-0

◆**鴎外の婢―松本清張プレミアム・ミステリー** 松本清張著 光文社（光文社文庫）
【要旨】明治・大正期掲載の文豪を研究テーマにしている浜村幸平は、雑誌からの執筆依頼に、森鴎外が九州の小倉時代に雇っていた家政婦のことをテーマにする。現地取材をするうちに見えてきた謎。浜村の前に現れたのは壮大な歴史ミステリに関わる「事件」だった。（表題作）銀行の融資担当者が書道を習い始めると、事件が動き始める。"日常ミステリー"作品『書道教授』も併せて収録。
2017.10 410p A6 ¥700 ①978-4-334-77543-8

◆**象の白い脚** 松本清張著 小学館（P+D BOOKS）
【要旨】時は1969年、ラオスの首都・ビエンチャン。そこでは米国CIAと現地の特権階級とが結託してアンタッチャブルな麻薬取引が行われている、と噂されていた。そのビエンチャンへ単身乗り込み、谷・谷口の目を通し、ેその闇に大胆なペンの戦いを挑む。『日本の黒い霧』ならぬ『インドシナの黒い霧』の実相を松、小説の形式で解明、暴露してみせた松本清張"会心の一作"。
2017.1 386p B6 ¥650 ①978-4-09-352293-9

◆**象の白い脚―松本清張プレミアム・ミステリー** 松本清張著 光文社（光文社文庫プレミアム）
【要旨】取材でラオスの首都ビエンチャンを訪れていた石田伸一が、メコン河畔で死体で見つかった。谷口爾郎は取材と称し、石田の死の真相を調べるべく、ビエンチャンに入る。石田の通訳兼ガイドとして共に行動していた山本実に案内を頼み、死ぬまでの足跡を辿っていくが…。内乱に揺れるラオス国内の混沌とした現状が殺人事件と絡み合い、謎は深まるばかり―。
2017.11 436p A6 ¥740 ①978-4-334-77562-9

◆**弱気の蟲―松本清張プレミアム・ミステリー** 松本清張著 光文社（光文社文庫プレミアム）
【要旨】二十年近く地道にある省の役人を勤めてきた川島留吉は、ふとしたきっかけで役人仲間と麻雀を始める。麻雀が弱い川島は負けが込み続けるが、ある日、川島の官庁に出入りの外郭団体の職員からの目での麻雀に誘われる。そこから川島の地獄の日々が始まった―。（表題作）俳句仲間と野鳥の声を録音しに行った軽井沢での殺人事件を扱った「二つの声」も収録。
2017.9 487p A6 ¥800 ①978-4-334-77529-2

◆**松本泰探偵小説選 3** 松本泰著、横井司編 論創社（論創ミステリ叢書 107）
【要旨】英国モダニズムの洗礼を受けた日本探偵小説の先駆者・松本泰の作品集第3弾！探偵小説デビュー作「濃霧」をはじめとして、大正時代に書かれた長・中編探偵小説六作を収録。探偵小説専門誌を発行し、江戸川乱歩に先んじて犯罪小説や探偵小説の分野で健筆を奮った松本泰の作品が今ここに甦る。入手困難な長編評論『探偵小説論』も全収録！
2017.8 401p A5 ¥3800 ①978-4-8460-1624-1

◆**逆転裁判―時間旅行者の逆転** 円居挽著 早川書房（ハヤカワ文庫JA）
【要旨】2016年10月、新米弁護士・成歩堂龍一のもとに助手の真宵が依頼人・尾根紘優子を連れてくる。彼女は2001年に起きた事件から逃れるため、タイムトラベルしたと主張する。やがて明らかになる、優子が被告とされた15年前の密室殺人事件。25年間無敗の検事・狩魔豪と敏腕弁護士・御剣信が激突したその裁判は、被告逃亡のため判決が凍結されていた。時空を超え、成歩堂が挑む真実とは？『逆転裁判』15周年記念ノヴェライズ。
2017.9 366p A6 ¥700 ①978-4-15-031291-6

◆**京都なぞとき四季報―町を歩いても不思議なバーへ** 円居挽著 KADOKAWA（角川文庫）
【要旨】『クローバー・リーフをもう一杯 今宵、謎解きバー「三号館」へ』修正・改題書
時間や場所を問わず、自大構内で営業を始める「三号館」は、謎を持つ人しかたどり着けないという不思議なバー。妖艶な女マスターは、どんな悩みや謎もすっきり解決してくれるという。四つ葉のクローバータクシー、鴨川の川床、京都水族館、葵祭…街歩きサークルの遠近倫人は、身近で起こった不思議な出来事の謎を「三号館」に持ち込んでみるが…。季節感溢れる古都でのほっこり京都ミステリー。
2017.12 279p A6 ¥600 ①978-4-04-106136-7

◆**その絆は対角線―日曜は憧れの国** 円居挽著 東京創元社（創元推理文庫）
【要旨】四谷のカルチャーセンターで出会った、千鶴、桃、真紀、公子。性格も年齢も異なるけれど、それぞれ悩みを抱える彼女たちは、なぜかいつも講座でささやかな謎に遭遇する。芸術講座の講師たちから聞いた骨董コレクターの不可解な行動、創作講座で絶賛された作者不明の原稿。時にがかり、時に支え合いながら、事件を通して内面を見つめ直し成長する少女たちを描く、青春ミステリ。
2017.10 285 A6 ¥680 ①978-4-488-46012-9

◆**誰が死んでも同じこと** 円居挽著 光文社
【要旨】日本を代表する一大コンツェルンの中枢・河帝商事の創業者一族が相次いで殺された。相続争いと思いきや、被害者は一族の中で頭のいい方ではなかった…。ならば、劣等者を切り捨てようとしているのか？警察庁から派遣されたキャリア捜査官・十富寺迅は、河帝商事の内部事情をよく知る秘書の灰原円に無理矢理協力させる。連続殺人犯の、恐るべき動機とは！？京大ミス研の鬼子（？）が放つ、シニカルでトリッキーな本格ミステリ的御家騒動、開幕！
2017.10 240p B6 ¥1600 ①978-4-334-91190-4

◆**化石少女** 麻耶雄嵩著 徳間書店（徳間文庫）
【要旨】学園の一角にそびえる白壁には、日が傾くと部活に励む生徒らの影が映った。そしてある宵、壁は映し出す、禍々しい陰画を。京都の名門高校に続発する怪事件。挑むは化石オタにして、極めつきの劣等生・神舞まりあ。哀れ、お供にされた一年生弟子と繰り広げる奇天烈推理の数々。いったい事件の解決はどうなってしまうのか？ミステリー界の鬼才がまたまた生み出した、とんでも探偵！
2017.11 394p A6 ¥670 ①978-4-19-894279-3

◆**さよなら神様** 麻耶雄嵩著 文藝春秋（文春文庫）
【要旨】「犯人は〇〇だよ。」クラスメイトの鈴木太郎の情報は絶対に正しい。やつは神様なのだから。事件の残酷さのご託宣を受けつつ、久遠小探偵団は事件の捜査に乗り出すが…。衝撃的な展開と後味の悪さでミステリ界を震撼させ、本格ミステリ大賞に輝いた表題作。他の追随を許さぬ超絶推理の頂点がここに！第15回本格ミステリ大賞受賞。
2017.7 316p A6 ¥690 ①978-4-16-790880-5

◆**雨に泣いてる** 真山仁著 幻冬舎（幻冬舎文庫）
【要旨】2011年3月11日、巨大地震発生。志願し被災地に赴いたベテラン記者・大嶽が遭遇したのは、想像を絶する惨状だった。行方不明の新人記者捜索という特命を受け、記者の誇りと存在意義を賭けた日々が始まる。そんなある日、地元で尊敬されていた男が凶悪事件と関わりがある可能性に気づき…。読む者すべての胸を打ち、揺さぶる衝撃のミステリ！
2017.10 364p A6 ¥600 ①978-4-344-42663-4

◆**ハゲタカ2.5 ハーディ 上** 真山仁著 講談社（講談社文庫）
【要旨】日本を代表するクラシックホテルの日光ミカドホテルは、経営難に陥り世界的リゾートグループのリゾルテ・ドゥ・ビーナス傘下に。創業家の長女、松平貴子は、執行役員になって目標値を達成までミカドを売ることはないと約束しない。一方、謎多い中国の大富豪から救済案の提示が。陰謀の渦巻くなか貴子が闘う！
2017.11 311p A6 ¥640 ①978-4-06-293807-5

◆**ハゲタカ2.5 ハーディ 下** 真山仁著 講談社（講談社文庫）
【要旨】世界的リゾートグループのパリ本社で激しい権力闘争に巻き込まれる松平貴子。中国の富豪・将陽剛と娘の美麗はあらゆる手を尽くして事態を混乱に陥れる。冷酷な買収者・鷲津の影もちらつき、中国内部の暗闘も表面化、物語はさらなる局面へ。ミカドホテルの運命は？『ハゲタカ』から生まれた国境サスペンス劇！
2017.11 349p A6 ¥720 ①978-4-06-293804-4

◆**バラ色の未来** 真山仁著 光文社
【要旨】総理大臣官邸にプラスチックのコインを投げつけていたホームレスは、IRを誘致し町おこしをと立ち上げ、総理の指南役とまで呼ばれていた元名物町長・鈴木一郎だった。日本初のIRは、5年前、土壇場で総理大臣・松田勉のお墨付に持って行かれていた。彼を破滅に追いやった誘致失敗の裏に何があったのか！？東西新聞社の編集局次長・結城洋子は、特別取材班を組み、IRやカジノの問題を徹底的に追及しようとするが―。
2017.2 383p B6 ¥1750 ①978-4-334-91145-4

◆**標的** 真山仁著 文藝春秋
【要旨】任期満了を迎える黛新太総理の後任候補に、四八歳という若さと美貌で国民的人気を誇る、越村みやび厚労大臣が名乗りを上げた。日本初の女性総理誕生が、にわかに現実味を帯びはじめる。そんな中、医療・福祉系投資会社JWFの元CFO片岡司郎が、大臣の疑いでみやびを告発しないと東京地検特捜部に接触する。JWFは越村が推進する社会福祉制度改革のパートナー的存在、楽田恭平の会社だ。特捜検事の冨永真一は片岡の事情聴取を行うことになる。裏には永田町の策謀が潜んでいた―。
2017.6 389p B6 ¥1750 ①978-4-16-390667-6

◆**お引っ越し** 真梨幸子著 KADOKAWA（角川文庫）
【要旨】内見したマンションはおしゃれな街のおしゃれな造り、環境も間取りも条件も申し分ない。ここに決めてしまおうか？けれど、白い壁に小さな穴を見つけたキヨコは、そこからじわじわと"イヤな感じ"が広がっていくのを感じるのだった…。片付かない荷物、届かない段ボール箱、ヤバい引っ越し業者、とんでもない隣人一きっとアナタも身につまされる引っ越しにまつわる6つの恐怖。イヤミスの女王の筆が冴えるサイコミステリ！
2017.11 279p A6 ¥560 ①978-4-04-106165-7

◆**カウントダウン** 真梨幸子著 宝島社
【要旨】余命、半年―。海老名甲希子は「お掃除コンシェルジュ」として活躍する人気エッセイスト、五十歳教授。歩道橋から落ちて救急車で運ばれ、その時の検査がきっかけで癌が見つかる。潔く"死"を受け入れた亜希子は、"有終の美"を飾るべく、梅屋百貨店の外商・薬王寺涼子とともに"終活"に勤しむ。夫を略奪した妹との

ミステリー・サスペンス・ハードボイルド

決着や、"汚部屋"の処分など、過去から突きつけられる数々の課題に直面する。亜希子は"無事に臨終"を迎えることができるのか!?
2017.3 305p B6 ¥1300 ①978-4-8002-6612-5

◆**祝言島** 真梨幸子著 小学館
【要旨】2006年12月1日、東京で3人の人物が殺され、未解決となっている「12月1日連続殺人事件」。大学生のメイは、この事件を追うテレビ番組の制作会社でアルバイトをすることになった。東京オリンピック前夜の1964年、小笠原諸島にある"祝言島"の火山が噴火し、生き残った島民は青山のアパートに避難した。しかし後年、祝言島は"なかったこと"にされ、ネット上では都市伝説に。一方で、祝言島を撮ったドキュメンタリー映画が存在し、ノーカット版には恐ろしい映像が含まれていた。
2017.7 348p B6 ¥1500 ①978-4-09-386475-6

◆**人生相談。** 真梨幸子著 講談社（講談社文庫）
【要旨】父が遺してくれた家に、見知らぬ家族が住み着いた。しかも我が物顔で。「居候の女性が出て行ってくれません」。悩める十六歳のりんが大洋新聞の「よろず相談室」に届いた一通の人生相談。掲載された回答から導かれた予想外の悲劇とは…。遠く離れた誰にでも起こりうる身近な事件が、大きな殺意に繋がっていく。
2017.7 395p A6 ¥720 ①978-4-06-293717-7

◆**消人屋敷の殺人** 深木章子著 新潮社
【要旨】覆面作家の館で次々と人が消える。屋敷に集められた男女、嵐が生み出す巨大密室、不可能な「人間消失」。読者を挑発する、大胆不敵な本格ミステリ！
2017.10 316p B6 ¥1700 ①978-4-10-351231-8

◆**敗者の告白** 深木章子著 KADOKAWA（角川文庫）
【要旨】とある山荘で会社経営者の妻と8歳の息子が転落死した。夫は無実を主張するも、容疑者として拘束される。しかし、関係者の発言が食い違い、事件は思いも寄らない顔を見せはじめる。遺された妻の手記と息子の救援メール。事件前夜に食事をともにした友人夫妻や、生前に妻と関係のあった男たちの証言。容疑者の弁護人・睦木怜が最後に辿り着く、衝撃の真相とは!?関係者の"告白"だけで構成された、衝撃の大逆転ミステリ。
2017.8 395p A6 ¥760 ①978-4-04-105615-8

◆**怪盗の伴走者** 三木笙子著 東京創元社（創元推理文庫）
【要旨】大怪盗ロータスが盗みに失敗した！浅草の高層建築・凌雲閣に飾られた油絵を盗もうとした怪盗は、番人に見つかり絵を置いて逃げたという。一報がもたらされたちょうどその時、高広と礼は安西と再会した。ロータスが起こした一連の事件の主任検事となった安西は往年の昔馴染みであり、かつて共に駆けた時代があった―。決別した二人が今相まみえる。大好評シリーズ第四弾。
2017.9 284p A6 ¥740 ①978-4-488-42114-4

◆**露西亜(ロシア)の時間旅行者―クラーク巴里探偵録 2** 三木笙子著 幻冬舎（幻冬舎文庫）
【要旨】弟を喪った晴彦はパリに戻り、曲芸一座の名番頭・孝介の下で再び働き始めた。頭脳明晰だが想像力の乏しい孝介を得意の料理でなだめ、晶屓筋から持ち込まれた難問題―皇帝が愛したルビーの呪い、時間を旅する予言者の謎、百合の冠と宝の地図―の中に、次第に心を開いていく孝介だったが、ある事件を契機に晴彦を遠ざけるようになり。
2017.1 317p A6 ¥650 ①978-4-344-42566-8

◆**密偵手嶋眞十郎 幻視ロマネスク** 三雲岳斗著 双葉社
【要旨】第一次世界大戦後の日本、防諜組織・内務省保安局六課が設置された。特殊能力を持つ手嶋が、一員として活動していたある日、新聞社に一通の書状が届く。中堅商社・久慈川貿易と軍が癒着しているというのだ。しかし密告者は謎の死を遂げてしまう。手嶋は真相を追うべく動き出すが、千里眼で未来を見ることが出来る娘・志桜との出会いで事態は大きく動き―。ラストまで予想が裏切られ続けるスパイアクション！
2017.3 322p B6 ¥1500 ①978-4-575-24022-1

◆**だからあなたは殺される** 水生大海著 光文社

東京・立川で発生した女子高生モデル殺人事件。昇進を焦る、一心不乱に捜査する刑事の兄と、独自の情報網と行動力で解決しようとする高校生の妹。だが、ふたりを待ち受けていたのは驚愕の結末だった。家族と仕事の在り方を問う、緊迫のサスペンス！
2017.2 307p B6 ¥1600 ①978-4-334-91149-2

◆**ひよっこ社労士のヒナコ** 水生大海著 文藝春秋
【要旨】パワハラ、産休育休、残業代、裁量労働制、労災、解雇、ブラックバイト―新米社労士の朝倉雛子（26歳、恋人なし）が、6つの事件を解決。
2017.11 273p B6 ¥1500 ①978-4-16-390760-4

◆**俺たちはそれを奇跡と呼ぶのかもしれない** 水沢秋生著 光文社
【要旨】眠りから覚めるたびに別人になってしまう。年齢も性別もバラバラ、つながりがあるのかどうかもわからない。そもそも、「俺」はいったい誰なんだ？事態の打開を試みる俺は、「カップル連続惨殺事件」についての週刊誌の記事に猛烈にひきつけられる。俺がこの事件に関係している？事件について捜索し始めた俺は、何者かに襲われて…。傑作ジェットコースター・エンターテインメント!!
2017.6 269p B6 ¥1800 ①978-4-334-91176-8

◆**風神の手** 道尾秀介著 朝日新聞出版
【要旨】彼/彼女らの人生は重なり、つながる。隠された"因果律"の鍵を握るのは、一体誰なのか―章を追うごとに出来事の"意味"が繋がりながら結ばれていく。数十年にわたる歳月をミステリーに結晶化した長編小説。
2018.1 418p B6 ¥1700 ①978-4-02-251514-8

◆**満月の泥枕** 道尾秀介著 毎日新聞出版
【要旨】哀しき人、公園の池に沈めたのは―。娘を失った男、母に捨てられた少女。ろくでもない生活の終わりはいつくる？生の悲哀、人の優しさが沁みわたる、人情ミステリーの傑作！
2017.6 436p B6 ¥1700 ①978-4-620-10830-8

◆**U(ウー)** 皆川博子著 文藝春秋
【要旨】1915年、ドイツ。第一次世界大戦―。イギリスを中心とする連合国に追い詰められたドイツ帝国海軍は、Uボートに捕虜救出作戦を命じた。敵の機雷網や爆雷を潜り抜け、決死の作戦を完遂できるか。英仏海峡を越える任務に命を懸けた兵士たちの矜持。1613年、オスマン帝国。中世ヨーロッパ―。最後の輝きを見せるオスマン帝国で、豪華絢爛な宮廷生活をおくる王に、捕らわれた少年。母国語を奪われ、イスラム教徒へと強制改宗させられながらも、故郷への帰還をあきらめない少年兵の運命。滅びゆくオスマン帝国と、黄昏のドイツ帝国Uボート。"数奇な運命"に翻弄される若者たちの物語。
2017.11 417p B6 ¥2200 ①978-4-16-390759-8

◆**鎖と罠―皆川博子傑作短篇集** 皆川博子著 中央公論新社（中公文庫）
【要旨】湖から屍蠟が上がった―。小さなバーのママと常連客は、そのニュースに激しく動揺する（「水底の祭り」）。十二年前の夏、不注意から起こった悲劇、大人になり再会した二人は狩りに出た（「風狩り人」）。兄のひと言で、封印された暴力の記憶が甦り、初期の傑作を厳選した、文庫オリジナル短篇集。
2017.7 441p A6 ¥820 ①978-4-12-206431-7

◆**豆の上で眠る** 湊かなえ著 新潮社（新潮文庫）
【要旨】小学校一年生の時、結衣子の二歳上の姉・万佑子が失踪した。スーパーに残された帽子、不審な白い車の目撃証言、そして変質者の噂。必死に捜す結衣子たちの前に、二年後、姉を名乗る見知らぬ少女が帰ってきた。喜ぶ家族の中で、しかし自分だけが、大学生になった今も微かな違和感を抱き続けている。―お姉ちゃん、あなたは本物なの？辿り着いた真実に足元から崩れる衝撃の姉妹ミステリー。
2017.7 367p A6 ¥590 ①978-4-10-126772-2

◆**リバース** 湊かなえ著 講談社（講談社文庫）
【要旨】深瀬和久は平凡なサラリーマン。自宅の近所にある"クローバー・コーヒー"に通うことが唯一の楽しみだ。そんな穏やかな生活が、越智美穂子との出会いにより華やぎ始める。ある日、彼女のもとに"深瀬和久は人殺しだ"と書かれた告発文が届く。深瀬は愕然する。遂にあのことを打ち明ける時がきたのか―と。
2017.3 338p A6 ¥640 ①978-4-06-293586-9

◆**悪党(アウトロー)―警視庁組対部分室** 南英男著 祥伝社（祥伝社文庫）
【要旨】「捜査本部が立ち上がる前に、犯人を挙げろ」組対部こと組織犯罪対策部にも面子があった。それも殺しである、そう易々とは、捜査一課に事件は渡せないのだ。そこで敏腕の力丸警部と尾崎警部補に、極秘指令が下される。そんなか、新宿の廃ビルで、首と両手を切断された暴力団の企業舎弟の社長の死体が発見された！果たして犯人は？痛快警察五億円の小説新シリーズ！
2017.3 325p A6 ¥640 ①978-4-396-34295-1

◆**偽装捜査官―警視庁極秘捜査班** 南英男著 徳間書店（徳間文庫）
【要旨】巣鴨の路上でIT企業社長が刺し殺された。目撃者も凶器も発見できず、剣持直樹たち極秘捜査班に白羽の矢が立つ。社長は粉飾決算を繰り返したが、会社は倒産。その前に、起業家仲間、投資会社を始め企業舎弟の闇金業者からも金を借りまくり、個人資産五億円を密かに交際中の元タレントに預けていた。金の臭いを嗅ぎつけたハイエナ達が暗躍する実態が次々と明るみに。
2017.5 342p A6 ¥670 ①978-4-19-894334-9

◆**疑惑接点** 南英男著 祥伝社（祥伝社文庫）
【要旨】フリージャーナリスト九鬼の死体が見つかった。練炭自殺と思われたが、警察は他殺と断定。大学の後輩・八雲健人は、敵を討つべく真相を探り始める。やがて内偵や振り込め詐欺の組織を追っていた九鬼が、悪徳美容整形外科やバスジャック事件の犯人を、個人資産を作って捕まえていた事実を摑んで…。幾つもの凶悪事件が繋ぐ奇妙な接点とは？悪意と欲望が絡みあうノワール小説の傑作。
2017.11 328p A6 ¥650 ①978-4-396-34369-9

◆**組長刑事(デカ)** 南英男著 光文社（光文社文庫）
【要旨】警視庁の捜査一課から捜査三課のスリ係へ左遷された羽賀亮。同僚から"組長刑事"と呼ばれる羽賀は、鳶職人や家屋解体工などを抱える『羽賀組』社長の息子だった。父親の事故死で実質的に四代目となった羽賀は、父の死因に不審を覚え、単独捜査を始める。すると、背後に暴力団同士の熾烈な抗争の陰にある巨大組織の闇が浮かび上がった―。骨太な傑作シリーズ第一弾。
2017.3 384p A6 ¥680 ①978-4-334-77441-7

◆**組長刑事(デカ)―凶份** 南英男著 光文社（光文社文庫）（『組長刑事 悪党殺し』加筆修正・改題書）
【要旨】羽賀亮は『羽賀組』四代目にして警視庁捜査一課の刑事。大物経済マフィアがマンションの一室で殺害され、捜査に乗り出した羽賀だったが、突然自首してきた犯人はなんと『羽賀組』の幹部だった！しかし、要領を得ない証言に、身替り出頭を疑う羽賀。真犯人はいったい―。敵を追い求めて、羽賀は邪淫教団と暴力団へ乗り込む！好調シリーズ第二弾。
2017.4 381p A6 ¥680 ①978-4-334-77456-1

◆**組長刑事(デカ)―跡目** 南英男著 光文社（光文社文庫）（『組長刑事 無頼の血』加筆修正・改題書）
【要旨】羽賀亮は、警視庁捜査一課の刑事でありながら『羽賀組』四代目の顔を持つ"組長刑事"である。上野の雑居ビルのエレベーターで発見された射殺体。被害者は、暴走集団『城戸組』の組長だった。羽賀が捜査に乗り出した矢先、組長の妹・真奈美が現れる。兄を亡くした妹が口にした、城戸組と羽賀組の因縁、そして驚くべき依頼とは―。大波乱のシリーズ第三弾。
2017.5 345p A6 ¥680 ①978-4-334-77471-4

◆**組長刑事(デカ)―叛逆** 南英男著 光文社（光文社文庫）（『組長刑事 反逆の羊』加筆修正・改題書）
【要旨】警視庁捜査一課の刑事でありながら『羽賀組』四代目の顔を持つ羽賀亮。白昼、羽賀組のオフィスが襲撃された。さらに元相棒の刑事も襲撃され重傷を負ったと知り、羽賀は怒りを滲ませる。秘密派遣会社の美人社長殺害事件を捜査するはずだった羽賀は、自分と元相棒の命を狙った人物を追うことになるが、二つの事件は意外な接点で結ばれていく。大ヒットシリーズ第四弾。
2017.6 327p A6 ¥680 ①978-4-334-77483-7

◆**組長刑事(デカ)―不敵** 南英男著 光文社（光文社文庫）（『組長刑事 夜遊びの代償』加筆・修正・改題書）
【要旨】『羽賀組』の四代目組長でありながら、警視庁捜査一課の刑事として事件捜査にあたる羽

賀亮。都内で二十一歳のシングルマザー・朝比奈由衣が殺された。捜査を始めた羽賀の前には、被害者と関係のある三人の容疑者が浮かび上がるが、捜査は難航。そんななか、似た手口で殺された二人目の犠牲者が出る。辿り着いた意外な真犯人とは…。大ヒットシリーズ第五弾。
2017.7 331p A6 ¥680 ①978-4-334-77497-4

◆**組長刑事（デカ）―修羅** 南英男著 光文社（光文社文庫）（『組長刑事 誤認捜査』加筆・修正・改題書）
【要旨】テレビで人気の女性アナウンサー・車苅彩香が殺害された。『羽賀組』の四代目組長ながら、警視庁捜査一課刑事の羽賀亮が捜査にあたったところ、被害者の交友関係から有力な容疑者が浮かぶ。しかし、その男にはアリバイがあり、捜査は行き詰まる。羽賀はついに容疑者の逮捕に踏み切るが、それがとんでもない事態に―。驚愕のラストが待つ大ヒットシリーズ第六弾。
2017.8 363p A6 ¥700 ①978-4-334-77512-4

◆**殺し屋刑事（デカ）―殺戮者** 南英男著 祥伝社（祥伝社文庫）（『殺し屋刑事 殺戮無情』改題書）
【要旨】メガバンク各行の支店長が誘拐され、莫大な身代金を要求される事件が続発していた。新宿署で悪名高き不良刑事、百面鬼竜一は東西銀行の新宿支店長が拉致される現場を目撃。犯人達の様子から、黒幕が大金を握っていると考えた百面鬼は、それを奪うため強請屋の見城豪と、捜査を始める。だが、用心深い敵に直ぐさま反撃され…。壮絶な闘い合い。悪の闘士合い。壮絶な警察アウトロー小説。
2017.2 334p A6 ¥660 ①978-4-396-34287-6

◆**シャッフル** 南英男著 祥伝社（祥伝社文庫）（『リセットロード』改題書）
【要旨】魔が差すときがある。東京・杉並でカレー店を営む保坂忠幸は、金策に訪ねた福岡で、偶然八千五百万円の現金を手にした。保坂の車に強引に乗り込んだ、その男の死体が浮かぶ。保坂は自分の車をライドシェアして故郷に戻るほど金に苦労していた。「警察に届けなければ」だが、誘惑に負けた決断が、彼をとんでもない事件へと導いていく。
2017.5 372p A6 ¥670 ①978-4-396-34312-5

◆**潰し屋** 南英男著 廣済堂出版（廣済堂文庫）
【要旨】深夜の裏通りで、千木木創に抱きついてきた男が頽れて事切れた。深く抉られた刺傷からプロの仕業と見抜いた千木木は、背後に巨悪の臭いを嗅ぎつける。表向きはしがない法律コンサルタントだが、千木木は元東京地検特捜部の検事で、凄腕の『潰し屋』として裏社会に名を売っている。元警視庁捜査一課の日暮、恋人でTV局社会部記者の安奈を情報源に、不法滞在外国人を束ねる卑劣な悪党に挑む！
2017.5 335p A6 ¥667 ①978-4-331-61668-0

◆**特命警部** 南英男著 実業之日本社（実業之日本社文庫）
【要旨】警視庁副総監直属の特命捜査官である畔上拳。職階は警部だが、前例なき検挙率を誇る異端児だ。権威や権力にひざまずくのを最大の恥とし、同僚とも馴れ合わない。だからこそ己の青臭い正義を貫く監察官の八木敏宗にどこか共鳴していた。しかしある日、八木は何者かに惨殺される。畔上は三人の元警官に容疑者を絞り、弔い捜査が始まるが…
2017.2 364p A6 ¥667 ①978-4-408-55343-6

◆**特命警部 札束** 南英男著 実業之日本社（実業之日本社文庫）
【要旨】多摩川の河川敷でホームレスの菅井清貴が鈍器で殺された。医療機関に大金を出資した挙句、回収できずに会社の経営権を失い、家族を捨てた男だった。犯人は元暴力団組長の高島輝。何もかも失った人間を始末した動機とは!?特命警部畔上拳は新聞記者になりきり、被害者周辺から聞き込み捜査を開始した。弱者たちの声なき叫びを聞け！
2017.8 343p A6 ¥667 ①978-4-408-55378-8

◆**特命警部 醜悪** 南英男著 実業之日本社（実業之日本社文庫）
【要旨】犯罪ジャーナリストの野中順司が殺された。彼は二つの未解決事件を追っていた。一つは三人の元受刑者が相次いで殺された事件、もう一つは五件の貴金属強奪事件だった。元受刑者たちは出所後いずれも服役中の片棒を担がされていたらしい。その黒幕に迫った特命捜査官・畔上

上拳に弔い捜査の極秘指令が下った！

◆**特命警部 狙撃** 南英男著 実業之日本社（実業之日本社文庫）
【要旨】新宿駅東口で特命刑事・畔上拳は狙撃された。発射された三発の弾丸は標的を逸れ、通行中の妊婦に命中してしまう。産まれるはずだった子供と妻を同時に喪った悲しみから、夫の森岡謙一に激しく怒れる。不可抗力にはせよ、畔上には拭い去れぬ罪の意識がある。故人の無念は晴らすと決意し、手段を選ばぬ捜査が始まった―怒涛の警察アクション小説！
2017.6 339p A6 ¥667 ①978-4-408-55364-1

◆**二重真相―暴き屋稼業** 南英男著 文芸社（文芸社文庫）
【要旨】「暴き屋」の瀬名渉は、裏家業仲間の氏家から依頼を受けて、深夜の代々木公園で焼死体で発見されたジャーナリスト式場恵と、恋人で、暴力団員風の二人組に拉致された川又等の行方を追った。川又は空手道場主氏家拓也の愛弟子だった。恵は、産業廃棄物処分場の建設を巡る住民運動を取材していて、スクープ映像をものにしていたのだ。産業廃棄物の名を借りた、史上最悪の不法投棄は?!暴き屋の命を懸けた戦いが炸裂する。
2017.8 345p A6 ¥740 ①978-4-286-18974-1

◆**番外警視** 南英男著 コスミック出版（コスミック文庫）（『密殺警視 非情連鎖』加筆・修正・改題書）
【要旨】警視庁の首席監察官が殺害された。警察庁長官の命を受け、全ての巨悪を斬る超法規捜査官『番外警視』となった神保は、警察内部の犯行か、捜査日誌からひとりの容疑者を絞り出す。だがその先、彼を狙う魔の手が…。背後に事件を牛耳る黒幕の存在を察知した神保は罠を仕掛け、敵を誘き出すが…。傑作警察小説。
2017.6 329p A6 ¥670 ①978-4-7747-1340-3

◆**番外警視―強敵** 南英男著 コスミック出版（コスミック文庫）（『密殺警視 偽装標的』加筆・修正・改題書）
【要旨】警視庁の超法規捜査官・神保徹也はある日、街中で拉致されかけていた中国人を救った。頻発する中国人失踪事件と関係があるのか？その数日後、神保はネット上で残酷な盲導犬の公開処刑を目にする。義憤に駆られた神保は犯人制裁のために出動するが、それが中国人拉致の一件と複雑に絡み合っていることを突き止め…。
2017.8 334p A6 ¥660 ①978-4-7747-1357-1

◆**番外警視―変死** 南英男著 コスミック出版（コスミック文庫）（『密殺警視 外道断罪』加筆・修正・改題書）
【要旨】超法規捜査官・神保徹也の孤独を癒す存在である不登校少女の奈穂は、近所の駐車場で死体を発見した。しかし、神保が急行するとその死体は消失。その直後、犯罪心理学者の死体遺棄とルポライターの変死事件が別の場所で起こる。どうやら消えた死体と関連があるらしい。事件を追う神保だが、殺人者の魔手は幼い少女にも！傑作長編警察小説。
2017.10 342p A6 ¥670 ①978-4-7747-1375-5

◆**無頼警部** 南英男著 文芸社（文芸社文庫）（『真相捜査 一匹狼刑事』加筆・修正・改題書）
【要旨】整形外科医、公認会計士、ゲームソフト開発会社の経営者とその妻たちが惨殺された。死体の喉は真一文字に切り裂かれ、傷口には十字架が突き立てられていた。容疑者が何人も捜査線上にあがる中、殺人の快感に取りつかれた者から犯行声明文が届く。さらには自首してくる者まで現われ、捜査は混迷する。各署が手柄総嘗めに火花を散らす中、警視庁捜査一課から代々木署に赴任してきた警部・成瀬隆司が単独捜査を開始する。職場では一匹狼的存在で、変人扱いだが、捜査では異例の成果を上げてきた。ネットを使った知能犯に、無頼警部の勘が迫る！
2017.4 307p A6 ¥700 ①978-4-286-18568-2

◆**暴虐連鎖―潜入刑事** 南英男著 徳間書店（徳間文庫）
【要旨】無銭飲食の少年を助けた警視庁の特捜刑事、久世隼人。少年は日系ブラジル人四世で、失踪したままの裏親友を探しに浜松から上京していた。翌朝、父親の絞殺死体が発見される。静岡県内では父親の親友が轢き逃げに遭い死亡したほか、日系ブラジル人が八人も失踪していた。事件の臭いを感じた久世は浜松に向かう。外国人労働者を食い物にする裏社会の恐るべき実態が次々と明るみに―。長篇サスペンス。
2017.9 333p A6 ¥660 ①978-4-19-894148-2

◆**報復遊戯―警視庁極秘捜査班** 南英男著 徳間書店（徳間文庫）
【要旨】厚労省元官僚の車が、キャバクラ嬢を助手席に乗せたまま陸橋の橋脚に激突した。だが事故には不自然な点が多い。ドアはロックされておらず、アクセルにはコンクリートの擦り痕があった。さらに即死した二人は麻酔注射をされていない。事故死に見せかけて殺害されたに違いない。極秘捜査班の剣持直樹はメンバーと共に調査に乗り出すが、背後に邪悪な黒幕の影がちらつき始める。長篇サスペンス。
2017.3 365p A6 ¥660 ①978-4-19-894216-8

◆**闇処刑―警視庁組対部分室** 南英男著 祥伝社（祥伝社文庫）
【要旨】腐敗した政治家や官僚を爆殺する救国同盟が政財界を震撼させていた。そんな中"暴露屋"と呼ばれる野党国会議員がホテルで絞殺され、なぜかやくざが傍に眠らされていた。捜査一課を出し抜くべく組対部分室の力丸と尾崎のコンビに出動命令が。だが、捜査着手と前後し司法大臣と弁護士の銃殺事件が発生。さらに、二人を尾行する謎の車が…。掟破りの二人が摑んだ真実とは！
2017.7 338p A6 ¥670 ①978-4-396-34332-3

◆**猟奇犯―特捜刑事（デカ）** 南英男著 文芸社（文芸社文庫）（『新宿殺人遊戯特捜刑事』加筆・修正・改題書）
【要旨】新宿・歌舞伎町界隈で不法滞在のタイ人とフィリピン人娼婦が相次いで猟奇的な方法で惨殺された。半年前まで警視庁組織犯罪対策部第四課の凄腕刑事だった剣崎雄大は、コカインの密売人を誤殺したため新宿署交通課に左遷されていた。猟奇事件の捜査の難航に、一計を案じた署長の柿沼は、剣崎に特捜刑事として極秘指令を命じた。捜査の現場に復帰した剣崎は、ひとり猟奇犯を追って、行動を開始した！
2017.6 347p A6 ¥780 ①978-4-286-18391-6

◆**罠の女―警視庁極秘捜査班** 南英男著 徳間書店（徳間文庫）
【要旨】東京地検特捜部の敏腕検事が少女買春の疑いをかけられ停職中に金属バットで撲殺された。検事は三つの事案を内偵中だった。大手ゼネコンによる暴力団への便宜供与。警視庁と警察庁の監察官による不祥事揉み消し。入国管理局幹部による偽装国際結婚詐欺である。極秘捜査班の剣持直樹は、恋人の弁護士を通じて検事夫人から調査を依頼された。罠を仕掛けたのは誰なのか？ 長篇サスペンス。
2017.11 349p A6 ¥670 ①978-4-19-894280-9

◆**誰かが見ている** 宮西真冬著 講談社
【要旨】夫婦にも親子にも恋人にも"裏"がある。女性4人が繰り広げる最悪のサスペンス！ 千夏子…ブログに虚偽の「幸せな育児生活」を書くことが止められない主婦。結子…年下の夫とのセックスレスに悩む。春花…ストレスで過食に走り、恋人との結婚目前に救いを求める保育士。柚季…優しい夫と娘に恵まれ、円満な家庭を築いているように見える主婦。それぞれの思惑が意外な形でリンクする時、絶望と希望の天秤が激しく揺れる。
2017.4 270p B6 ¥1500 ①978-4-06-220470-5

◆**悲嘆の門 上** 宮部みゆき著 新潮社（新潮文庫）
【要旨】インターネット上に溢れる情報の中で、法律に抵触するものや犯罪に結びつくものを監視し、調査するサイバー・パトロール会社「クマー」。大学一年生の三島孝太郎は、先輩の真岐に誘われて、五カ月前からアルバイトを始めたが、ある日、全国で起きる不可解な殺人事件の監視チームに入るよう命じられる。その矢先、同僚の大学生が行方不明になり…。"言葉"と"物語"の根源を問う、圧倒的先大長編。
2017.12 370p A6 ¥670 ①978-4-10-136942-6

◆**悲嘆の門 中** 宮部みゆき著 新潮社（新潮文庫）
【要旨】失踪した同僚の森永を探す三島孝太郎は、西新宿セントラルラウンドビルで元捜査一課の刑事・都築に出会う。だが、そこで二人を待ち受けていたのは、まさに"怪物"と呼ぶべき存在だった…。"狼"を名乗る謎の美少女・森崎友理子との遭遇。クマー社長・山科船介を襲う悲劇。悪意による"物語"が拡散され、汚濁に満ちた闇が日常へと迫る中、正義と復讐に燃える青年は、ある決断を下す。
2017.12 343p A6 ¥630 ①978-4-10-136943-3

◆**悲嘆の門 下** 宮部みゆき著 新潮社（新潮文庫）

ミステリー・サスペンス・ハードボイルド

◆**悲嘆の門(下)** 宮部みゆき著 毎日新聞出版
【要旨】おまえは後悔する―。度重なる守護戦士の忠告に耳を貸さず、連続切断魔の特定に奔走する三島孝太郎。なぜ、惨劇は起きたのか。どうして、憎しみは消えないのか。犯人と関わる中で、彼の心もまた、蝕まれていく。そうした中、妹の友人・園井美香の周囲で積み重なった負の感情が、新たな事件を引き起こす。都築の、ユーリの制止を振り切って、孝太郎が辿りついた場所。"悲嘆の門"が、いま開く。
2017.12 395p A6 ¥670 ①978-4-10-136944-0

◆**捕食** 美輪和音著 東京創元社 (創元推理文庫) (『ハナカマキリの祈り』改稿・改題書)
【要旨】捕食されないように、まぎれてしまったほうがいい。そう言って、憑依されるような不安を抱える真尋の心に猫のようにするりと入り込んできた。真尋は希望を見出すが、ふとした疑念からいづみの過去を辿ると、彼女の周りで何人もの女が失踪していた。やがて真尋はあまりにおぞましい真実に直面する。抜群のページターナーが贈る、戦慄のサスペンス。
2017.8 371p A6 ¥880 ①978-4-488-44813-4

◆**ホテル・カリフォルニアの殺人** 村上暢著 宝島社
【要旨】アメリカのモハーベ砂漠に聳え立つホテル・カリフォルニア。外界から閉ざされたその空間に迷いこんだトミーこと富井圭は、奇妙な殺人事件に巻き込まれる。連夜のパーティーで歌を披露する歌姫の一人が、密室で死体となって発見されたのだ。音楽に関する知識で事件解決に乗り出すトミーだったが、やがて不可思議な状況下で第二の惨劇が…。果たして、繰り返される殺人事件の真相とは?
2017.8 382p A6 ¥680 ①978-4-8002-7561-5

◆**窓から見える最初のもの** 村木美涼著 早川書房
【要旨】心療内科に通う短大生の相沢ふたばは、治療所で大学生の湯本守に出逢う。守をもっと知りたいと思うふたばが、彼に実家を訊くが、彼は「な」行まで答えるとふいに言葉を切り上げる。看護師に守の行方を訊くが、「そんな名前の患者は知らない」との答えが―壁紙販売会社の社長・藤倉一博は、数年探し求めていた幻の油絵、"六本の腕のある女"をようやく見つけ出す。だが、まもなくそれが贋作ではとの可能性が浮上し―不動産業の連城美和子は、喫茶店を始めた長谷部悠次の家の物件を紹介する。だが、かつて喫茶店の店主をしていた悠の父が、三十年も隠していた哀しい出来事を知り―免許の更新に行った御浦川進は、警察から「御浦川進に行方不明者捜索願が出されている」と知らされる。誰が、何のために自分の名を騙って申請をしたというのか? 一ひとつの街で、四つの物語が静かにひそやかに重なり合ってゆき―その先に見えるものとは―鮮やかな色彩の新・日常系ミステリ。第7回アガサ・クリスティー賞大賞受賞作。
2017.11 347p B6 ¥1600 ①978-4-15-209725-5

◆**事件記者・星乃さやかの涙** 村山仁志著 PHP研究所 (PHP文芸文庫)
【要旨】三年前の誕生日に恋人を亡くしているラジオ局の報道記者、星乃さやかはある日、「孫が至急百万円を振り込んでほしいと言っている」と慌てる老婦人に出会う。さやかは当然振り込め詐欺を疑うが、その孫について意外な事実が判明し…。さらに連続放火事件、大麻事件を追うちちに、彼女が行き着いた恐ろしい真実とは。報道記者経験もある現役アナウンサーが紡ぐ、感動の連作ミステリー。
2017.5 283p A6 ¥680 ①978-4-569-76734-5

◆**ツボ押しの達人** 室ген光著 講談社 (講談社文庫)
【要旨】放談社週刊ミライ編集部の望来は、かつて指一本で勇名を馳せた達人を取材に山に入る。人の尊厳を一瞬で奪う筆舌に尽くしがたい凄技を操る達人から、望来は技のすばらしさを受けることに。そこへ編集長刺傷の報が。ヤクザの逆恨みか、それとも…!? 事件解決に乗り出す望来はもう、かつてのひ弱な記者ではなかった?
2017.7 304p A6 ¥630 ①978-4-06-293713-9

◆**憑きもどり** 明利英司著 (武蔵野)さんが出版 (さんが文庫)
【要旨】高校生の長江美里は家庭教師のアルバイトをしていた。ある日、彼女の教え子である原田拓が深夜に刃物で他殺される。現場には不思議な文字が残されていた…。それから次々と起こる通り魔事件、被害者の共通点…。一体誰が? 何の為に? 茜が殺された夜の変、瑞々しい高校生活を脅かす、謎と恐怖の旋律。
2017.3 182p A6 ¥500 ①978-4-88096-701-1

◆**京都寺町三条のホームズ 6.5 ホームズと歩く京都** 望月麻衣著 双葉社 (双葉文庫)
【要旨】大人気シリーズ「京都寺町三条のホームズ」の公式読本が、ついに登場!シリーズに出てきた京都のスポットやグルメを清貴が案内する「舞台案内」、カラー写真でおくるスポット紹介、イラスト付きキャラクター紹介＆誕生秘話、葵の誕生日パーティーの夜を描いた書き下ろし中編小説「バースデーの夜に」など、シリーズの魅力が満載! ファン必携の一冊です。
2017.4 289p A6 ¥630 ①978-4-575-51988-4

◆**京都寺町三条のホームズ 7 贋作師と声なき依頼** 望月麻衣著 双葉社 (双葉文庫)
【要旨】高校三年生になり、大学受験も意識しはじめた葵。不器用ながらも、ゆっくりと距離を縮めていく葵と清貴の前にある日、贋作師の円生が現れた。清貴に『白磁の香合』の鑑定を依頼した円生は、「本物だ」と言う清貴の言葉を否定して去っていく。それからしばらくして、円生は学校帰りの葵の前に現れた。間一髪で清貴が現れ事なきを得たが、その後、清貴は葵に別れを切り出す。二か月後、失意の底にいる葵に店長から電話が入った。「清貴が兵庫から帰ってきたんです」 一大ヒットキャラクター小説第7弾! 2017.4 284p A6 ¥602 ①978-4-575-51987-7

◆**京都寺町三条のホームズ 8 見習い鑑定士の奮闘** 望月麻衣著 双葉社 (双葉文庫)
【要旨】高校を卒業した葵は、念願の京都府立大学に合格した。清貴は京大大学院を卒業した矢先、なんとオーナーの一言で、社会勉強のため清貴は京都の街の外に修業に行くことになった。最初の修業先は、八幡市にある松花堂美術館。大学が休みの日、葵は同級生の香織と一緒に、こっそり修業する様子を見に行くが、そこで思わぬ事件が3人を待っていた!? 一大ヒットキャラクター小説、第8弾!
2017.9 306p A6 ¥620 ①978-4-575-52032-3

◆**わが家は祇園(まち)の拝み屋さん 4 椿の花が落ちるころ** 望月麻衣著 KADOKAWA (角川文庫)
【要旨】京都でお正月を迎えた小春は、吉乃や宗次朗とともに、澪人の実家である賀茂家の新年会に行くことに。そこで小春は今まで見てきた不思議な夢の意味を知り、様々な巡り合わせの上に「今」があることに気付く。また、謎の「祓い屋」が手当てした次第に京の妖を祓っていると耳にし、小春は嫌な予感を覚えていた。祓い屋の正体は不明のまま新学期が始まり、小春はバレンタインに澪人に告白すると決めるが!? 運命の歯車が動き出す第4巻!
2017.1 261p A6 ¥560 ①978-4-04-104983-9

◆**わが家は祇園(まち)の拝み屋さん 5 桜月夜と梅花の夢** 望月麻衣著 KADOKAWA (角川文庫)
【要旨】小春が京都・祇園の祖母宅にやって来てから約1年。ようやく自分の"特殊な力"にも馴染み、前向きに人生を歩み始めた小春だったが、突如自分の力を失ってしまう。想いを寄せていた澪人との関係もぎくしゃくしてしまい、小春は落ち込んでいた。そんな中、モデルをしている澪人の姉・杏奈のスキャンダル報道が流れる。小春たちは事実無根の内容に憤るが、世間の風当たりは強くて…。大人気はんなりミステリ、第5巻!
2017.5 267p A6 ¥560 ①978-4-04-105394-2

◆**わが家は祇園(まち)の拝み屋さん 6 花の知らせと小鈴の落雁** 望月麻衣著 KADOKAWA (角川文庫)
【要旨】高校2年生に進級し、小春を取り巻く環境が少しずつ変化していく中、京都では不穏な事件が続発し始めていた。事態を重く見た澪人は、小春や澪人たちと対策チームを結成し、かつて京都に張りめぐらされた護りの結界を補強しようとする。一方、小春は胸にわだかまる謎の前世を全て知ろうすする。そこには、切なくも真実が秘められていて…。大好評の京都不思議ミステリ、新展開!
2017.9 253p A6 ¥560 ①978-4-04-105395-9

◆**黒猫の回帰あるいは千夜航路** 森晶磨著 早川書房 (ハヤカワ文庫JA)
【要旨】パリで大規模な交通事故が発生。深夜、そのニュースを目にした付き人は、恩師からの思想継承のため渡仏した黒猫の安否が気になっていた。一年前、イタリアで二人の距離が縮まったと感じたのは、勘違いだったのか…落ち着かない気持ちのまま朝を迎えた付き人は、大学院の後輩・戸影からベルカロン美学の教授が失踪したと連絡を受ける。黒猫のことが気になりつつ、付き人は謎を追う―シリーズ第6弾となる連作短篇集。
2017.9 350p A6 ¥740 ①978-4-15-031295-4

◆**心中探偵―蜜約または闇夜の解釈** 森晶磨著 幻冬舎 (幻冬舎文庫)
【要旨】死にたい。でも一人じゃ死ねない―。並外れた美貌と知性を兼ね備えながらも心中を渇望する華影忍が理想の女性と巡り合い、遂には闇夜に服毒心中を敢行。だが翌朝、自分だけ目覚め、死んだ相手は見知らぬ財閥の令嬢に成り代わっていた―シリーズ二作目となる中、忍は盟友の若き大学教授、通称"黒猫"の助けも借りて事件の真相を探り始める。
2017.11 281p A6 ¥600 ①978-4-344-42670-2

◆**M博士の比類なき実験** 森晶磨著 講談社 (講談社文庫) (『COVERED M博士の島』加筆修正・改題書)
【要旨】報酬一千万の全身整形。人生をやり直すため、僕は若き天才美容外科医M博士のいる瀬戸内海の孤島を訪れる。待ち受けていたのは人智を超えた美女たちとの共同生活だったが、術後に博士の首なし死体が見つかり事態は一変する。綿密な思索に満ちた緊迫のホワイダニット・ミステリー。
2017.4 325p A6 ¥660 ①978-4-06-293631-6

◆**サイタ×サイタ EXPLOSIVE** 森博嗣著 講談社 (講談社文庫)
【要旨】匿名の依頼を受け、ある男の尾行を始めたSYアート＆リサーチの小川と真鍋。男は毎日かと思われた頃、ニュースを騒がせている連続爆発事件でアルバイトの永田が遭遇。そして殺人事件が。依頼人は誰か、目的は。爆弾魔との関係は。緊張感に痺れるXシリーズ第五弾!
2017.4 377p A6 ¥720 ①978-4-06-293657-6

◆**女王の百年密室―GOD SAVE THE QUEEN** 森博嗣著 講談社 (講談社文庫)
【要旨】旅の途中で道に迷ったサエバ・ミチルとウォーカロンのロイディは、高い城壁に囲まれた街に辿りつく。高貴な美しさを持つ女王、デボウ・スホの統治の下、百年の間、完全に閉ざされていたその街で殺人が起きる。時は二一二三年、謎と秘密に満ちた壮大な密室を舞台に生と死の迷宮に迫る、伝説の百年シリーズ第一作。
2017.1 597p A6 ¥880 ①978-4-06-293583-8

◆**ダマシ×ダマシ** 森博嗣著 講談社 (講談社ノベルス)
【要旨】「もしかして、ある人に騙されてしまったかもしれないんです」上村恵子は、銀行員の鳥坂大介と結婚したはずだった。求められるまま口座を新設し、預金のすべてを振り込んだ。だが、彼は消えてしまった。預金と共に。鳥坂の捜索依頼を受けたSYアート＆リサーチの小川令子は、彼がほかに二人の女性を結婚していたことをつきとめる。だが、その鳥坂は死体となって発見された。事務所メンバの新たなる局面。Xシリーズ最終話!
2017.5 337p 18cm ¥1000 ①978-4-06-299096-7

◆**ムカシ×ムカシ REMINISCENCE** 森博嗣著 講談社 (講談社文庫)
【要旨】東京近郊に広大な敷地をもつ百目鬼家は大正期の女流作家、百目一葉を世に出した旧家。その息子夫妻が屋敷内で刺殺され、遺品の製理と鑑定を請け負ったSYアート＆リサーチの小川と真鍋、アルバイトの永田が新たな殺人に遭遇する。古い河童の絵と謎めいた文の意味するものは。Xシリーズ、待望の第四弾!
2017.4 377p A6 ¥720 ①978-4-06-293604-0

◆**迷宮百年の睡魔―LABYRINTH IN ARM OF MORPHEUS** 森博嗣著 講談社 (講談社文庫)
【要旨】百年の間、外部に様子が伝えられたことのない宮殿より取材許可を得て、伝説の島を訪れたミチルとウォーカロンのロイディ。一夜にして海に囲まれたと言い伝えられる島には、座標システムも機能しない迷宮の街が広がり、かつて会った女性に酷似した女王が現れる。あらゆる前提を覆す、至高の百年シリーズ第二作!
2017.2 601p A6 ¥880 ①978-4-06-293607-1

◆**一つ屋根の下の探偵たち** 森川智喜著 講談社 (講談社文庫)
【要旨】怠けものの探偵と働きものの探偵、二人の探偵とハウスシェアを始めたライター浅間修

は同居人同士を対決させて捜査についてルポルタージュをさせることに。二人が捜査するのは、奇妙な密室で男が餓死し、その床にはアリの巣のような穴があいていた"アリとキリギリス"事件！果たして勝つのはどちらか!?
2017.9 333p A6 ¥680 ①978-4-06-293759-7

◆**森下雨村探偵小説選 2** 森下雨村著 論創社 (論創ミステリ叢書 110)
【要旨】江戸川乱歩を見出した"日本探偵小説文壇の巨人"森下雨村の代表作「三十九号室の女」、70年ぶりに復刻。誰もが気軽に読める探偵小説の在り方として「軽い文学」を提唱し、超人的な名探偵の登場や難解なトリックの使用を極力控えながら、事件の謎を解くため奮戦する人々の姿を克明に描き続けた森下雨村の探偵小説選第2弾！単行本初収録作品を中心に、大正12年から昭和11年にかけて発表した創作探偵小説を厳選集成。巻末には「森下雨村小説リスト」(湯浅篤志・編)を付す。
2017.12 389p A5 ¥4000 ①978-4-8460-1670-8

◆**悪道―最後の密命** 森村誠一著 講談社
【要旨】われらが生きるは非情の世界。徳川御三家の筆頭格尾州家との決戦、迫る！吉川英治文学賞受賞シリーズ完結編！
2017.9 208p B6 ¥1550 ①978-4-06-220748-5

◆**祈りの証明―3.11の奇跡** 森村誠一著 KADOKAWA (角川文庫)
【要旨】報道カメラマンの長井は、突然東北に旅立ち、東日本大震災に巻き込まれた妻の行方を捜していた。長井は妻が入信していた新興宗教「まほろば教」が、被災地の人々に熱狂的に支持されている様子を目の当たりにする。一方、棟居・牛尾両刑事は、原発職員の相次ぐ不審死を調査するうち、「まほろば教」の暗部に肉薄する。やがて長井が目にした、妻の失踪に隠された衝撃の真実とは!?震災の現実を正面から描いた森村文学の極致。
2017.2 393p A6 ¥720 ①978-4-04-105207-5

◆**美しき幻影―遥かなる墓標のもとに** 森村誠一著 実業之日本社 (実業之日本文庫)
【要旨】大学で旅行研究会に所属している三杉道久は、一年先輩でマドンナ的存在の新村桐子と二人きりで北アルプスを縦走する。だが桐子の祖父は戦時中、徴兵を忌避しアルプスの最奥地・雲ノ平で消息を絶ったという。数年後、急逝した桐子の遺言に自らの使命を見出した道久は再びアルプスへ…作家・森村誠一が平和への祈りを込めて世に問う渾身の書き下ろし長編。
2017.6 216p A6 ¥546 ①978-4-408-55366-5

◆**深海の寓話** 森村誠一著 KADOKAWA
【要旨】元刑事の鯨井義信は、電車内で黒服の男たちに囲まれたOLを共に救ったことをきっかけに、同世代の紳士たちと親交を深める。彼らは戦場カメラマンや新聞記者など、社会の第一線で戦いながらも、己の信念ゆえにその職を退いた者たちだった。現役時代に培った知識とここには、悪辣な政財界の思惑がうごめいていた。武器は経験、自由、そして覚悟。リタイア後の男たちが下す大志は中年の矜持を打ち砕く！巨匠が贈る、圧巻のロマンチック・ミステリー。
2017.6 254p B6 ¥1600 ①978-4-04-105401-7

◆**戦場の聖歌（カンタータ）** 森村誠一著 光文社
【要旨】太平洋戦争開戦前夜、持丸大志は両親の反対を押し切り満州に渡る。柳瀬浜で学ぶうちに四人の仲間と出会い、友情を深める。だが、戦争が彼らの青春の夢と未来を引き裂いた。召集令状七三一部隊に配属された大志は仲間の一人・林国栄と再会を果たすが、悲劇が二人を襲う。世界各地に散った仲間たちもそれぞれの苦難を背負っていた。戦争の非人間性を訴える渾身の長編小説。
2017.11 373p A6 ¥700 ①978-4-334-77561-2

◆**戦友たちの祭典（フェスティバル）** 森村誠一著 中央公論新社
【要旨】穏やかな余生を送る老人の元へ、かつての仲間が現れる。戦友の遺言に導かれ、彼は修羅の巷へ向かうのだった―。太平洋戦争を生き抜いた男たちが集結。無限の夢を抱えて逝った友の無念を晴らす！
2017.2 245p B6 ¥1700 ①978-4-12-004949-1

◆**ただ一人の異性** 森村誠一著 光文社 (光文社文庫)
【要旨】ペット専門の探偵・山中暁は失踪した妻を探して欲しいと、人探しの依頼を受けた。だが、依頼者の本当の目的は妻が連れている猫だった。捜索を始めてほどなく、拘置所の栄養士・山吉麻衣が、当の猫を飼っていることを突き止めたが…。猫が結びつける男女の邂逅と恋は三百年前からの運命か!?さらに猫の存在が暴く権力の邪悪な犯罪とは―傑作長編推理。
2017.2 449p A6 ¥760 ①978-4-334-77423-3

◆**凍土の狩人** 森村誠一著 集英社 (集英社文庫)
【要旨】漆原院長夫妻は、浪人中の息子の性欲処理のため、女性を誘拐する。だが、誘拐した松葉尚子を誤って殺害。スキャンダルを恐れて隠蔽をはかるが、なぜか死体が消えてしまう。一方、尚子の兄・潤一の妻が、多摩川で殺害される。刑事たちは、小さな糸口から二つの事件の繋がりを見つけ真相に迫っていくが…。性、金銭、名誉で心を満たすエリート。大都会の人間たちの激しい欲望と滑稽さを描くミステリー。
2017.4 258p A6 ¥540 ①978-4-08-745569-4

◆**棟居刑事のガラスの密室** 森村誠一著 中央公論新社 (中公文庫) (『ガラスの密室』改題書)
【要旨】親の反対を押し切って上京した七条由香が、死体で発見された。重要参考人として連行されたのは、隣室の住人・北前真司。犯行を自供するも、不審を抱く警視庁捜査一課の棟居弘一良と北前の妹は真犯人を追う。その最中、疑惑の男が服毒死を遂げる。二つの事件は関連しているのか！そして真相は…。
2017.4 299p A6 ¥620 ①978-4-12-206395-2

◆**棟居刑事の推理** 森村誠一著 KADOKAWA (角川文庫) 改版
【要旨】赤坂の高級クラブで日本最大の組織暴力団・三矢組組長が狙撃された。三矢組は直ちに狙撃犯への報復を企て、棟居刑事は一連の事件を追うことになった。一方、多摩川河川敷で1人の青年の死体が発見された。それはかつて棟居が偶然知り合った人物だった。棟居の執念の捜査によって、2つの事件は思わぬ接点を持ち、隠された悲しい真実が露わにされていった。国民的人気シリーズ第3弾！「棟居刑事の占術」併録。
2017.8 259p A6 ¥600 ①978-4-04-105953-1

◆**棟居刑事の東京夜会** 森村誠一著 光文社 (光文社文庫)
【要旨】平凡な人生を切り離し、新しい生き方を探そうとした三人の男が英会話教室で知り合う。そんな中、大物総会屋の死体が代々木の豪華マンションで発見された。痴情のもつれか金品目的か、捜査方針が定まらないうちに、三人のマドンナというべき女性もが被害者となる。人生に波紋を投げかけた事件の解決のため、彼らは棟居ら警察より先に犯人を突き止めようと試みるが…。
2017.9 365p A6 ¥680 ①978-4-334-77528-5

◆**棟居刑事の永遠（とわ）の狩人** 森村誠一著 双葉社 (HUTABA NOVELS)
【要旨】戦場カメラマンの大城は、海外取材中に妻子を惨殺されて生きる気力を失い熱海に隠棲した。ある日、助けを求めてきた少女、千種を保護した縁で、大城は金沢に本部のある救命組織ライフリンクまで彼女を送り届けることに。ライフリンクの活動に共感した大城はしばらく金沢に滞在するが、台風一過の翌朝、能登金剛ヤセの断崖下の海に自殺防止ボランティアの樽井が死体で浮いているのが発見される。一方、警視庁捜査一課の棟居は、捜査本部が縮小した後も大城の妻子が殺害された事件が気になっていた―。
2017.9 365p 18cm ¥880 ①978-4-575-00802-9

◆**棟居刑事の黙示録** 森村誠一著 中央公論新社 (中公文庫)
【要旨】中学生の重光ゆかりは、元暴力団組長の九鬼直正からアドバイスを受け、いじめっ子たちに立ち向かう。数日後、そのうちの一人が丹沢山中で死体となって見つかった。いじめの報復を疑われたのではなかったのか。九鬼は真犯人を追う。一方、政界の黒幕が殺された事件の真相を追う棟居刑事。二つの事件は、次第にひとつに繋がって―。
2017.10 267p A6 ¥620 ①978-4-12-206467-6

◆**誉生の証明** 森村誠一著 双葉社 (双葉文庫)
【要旨】多数の死者をだしたスキーバスのダム転落事故から生還した四人の男女。それぞれ失意の過去を持つ彼らは、これを奇貨として「誉生荘」と名づけた八ヶ岳の山荘で共同生活を始める。事故の犠牲者の妹も加わった五人の生活は順調だったが、ある日、近隣に新興宗教の施設が建設され、突然立ち退きを要求される。さらには、夜間に銃声が聞こえたり、迷彩服を着た正体不明の集団や暴力団の影がちらつき、誉生荘は執拗な嫌がらせにあう。五人は、名誉ある余生を送るための拠点を守るべく敢然と立ち向かう。著者渾身の社会派サスペンス。
2017.4 410p A6 ¥713 ①978-4-575-51984-6

◆**花野に眠る―秋葉図書館の四季** 森谷明子著 東京創元社 (創元推理文庫)
【要旨】野原のまんなかにある秋葉図書館。のどかなこの図書館でも季節はうつろい、新人司書・文子の仕事ぶりも板についてきた。だが相変わらず利用者はあれこれ持ち込み、文子を悩ませる。絵本にお菓子に料理に…とさまざまな謎を、本や先輩司書の力を借りて見事解決を目指すのだけれど。そんななか、お隣の地所から驚くべきものが発見され―。本好きに捧げるやさしい図書館ミステリ。
2017.8 345p A6 ¥800 ①978-4-488-48204-6

◆**解決人** 両角長彦著 光文社
【要旨】トラブルシューター六原が、7つのトラブルをずばっと解決!!斬新な着想と奇抜なストーリーテリングが冴える、切れ味鋭い連作短編集。
2017.1 265p B6 ¥1700 ①978-4-334-91144-7

◆**困った作家たち―編集者桜木由子の事件簿** 両角長彦著 双葉社 (双葉文庫)
【要旨】とある出版社の文芸編集者・桜木由子の担当する作家は問題児ばかり!?最終話を「読者への挑戦」とし連載を終えたミステリー作家のもとに一通の手紙が届く。「この作品は盗作、トリックは―」推理されるはずが言い当てられ真っ青になる作家。事態を収束すべく奔走する桜木だったが…。個性豊かな作家たちが引き起す事件を、桜木と見た目は優男だが腕は確かな探偵の鶴巻が解決していく！6つの短編と5つのショートショートを収録。
2018.1 282p A6 ¥602 ①978-4-575-52074-3

〔や・ら・わ行の作家〕

◆**甘い罠（ハニートラップ）―東京シティ艶ポリス** 八神淳一著 コスミック出版 (コスミック文庫)
【要旨】カジノ利権にかかわる事件が続くなか、警視庁のはぐれ者たちが一堂に会した。そこに現れたのは東京都知事である青山小百合。一連の事件は、都議会のドンが裏で糸を引いている可能性があると彼女は踏み、はぐれ警察官たちに極秘裏に捜査を進めるよう特命を下す。都政最大のスキャンダルに、艶ポリスたちが大活躍！
2017.6 302p A6 ¥650 ①978-4-7747-1339-7

◆**がらくた少女と人喰い煙突** 矢樹純著 河出書房新社 (河出文庫)
【要旨】強迫性貯蔵症という、がらくた集めが生きがいの少女・陶子の前に現れた、心理カウンセラーの桜木。だが彼も「普通ではない衝動」を抱える人間であった。陶子の治療で訪れた狗島で起こる、凄惨な首なし殺人事件。事件の解明とともに明かされる島の哀しい歴史とは。「普通」からはみ出た二人が、隠された島の謎を追う、感動のミステリー!!
2017.9 389p A6 ¥790 ①978-4-309-41563-5

◆**ガーディアン** 薬丸岳著 講談社
【要旨】「ともに楽しい学校生活を築いていきましょう」スマホやSNSが広まり、教師は生徒の悩みを把握しきれない。いじめ、不登校、夜間徘徊―荒れていた中学校は、匿名生徒による自警団「ガーディアン」によって落ち着いた。赴任したばかりの秋葉は単身、学校の謎に迫ろうとする。吉川英治文学新人賞作家の新たな境地!!幾重にも交差する大人と子供の思惑が、忘れられない衝撃を生み出す。
2017.2 280p B6 ¥1500 ①978-4-06-220478-1

◆**誓約** 薬丸岳著 幻冬舎 (幻冬舎文庫)
【要旨】家庭も仕事も順風満帆な日々を過ごしていた向井聡の元に、一通の手紙が届く。「あの男たちは刑務所から出ています」。便箋には、ただそれだけが書かれていた。送り主は誰なのか、その目的とは。ある理由から警察にも家族にも相談できない向井は、姿見せぬ脅迫者と一人立ち向かうが。故郷、家族、犯した罪…。葬ったはずの過去による復讐が、いま始まる。
2017.4 405p A6 ¥650 ①978-4-344-42601-6

◆**コンダクター** 矢月秀作著 河出書房新社
【要旨】ベテラン刑事・野村は少女誘拐事案の捜査を任された。その手口から、当初は営利目的の稚拙な犯行と思われたが、犯人の意外な手口

ミステリー・サスペンス・ハードボイルド

に捜査は難航。それでも、逮捕寸前まで追いつめたのだが、そこで犯人の足跡が忽然と消え。野村の脳裏には、ある事件との因縁が駆け巡る―。愚かな犯罪は、更なる巨悪の序章に過ぎないのか？ 最後に笑うヤツはいったい…!?
2017.12 371p B6 ¥1600 ①978-4-309-02517-9

◆フィードバック　矢月秀作著　徳間書店
（徳間文庫）
【要旨】引きこもりの湊大海は、ある日、口ばかり達者なトラブルメーカー・一色颯太郎と同居することになった。いやいやながら大海が駅へ颯太郎を迎えに行くと、彼はサラリーマンと口論の真っ最中。大勢の前で颯太郎に論破された男は、チンピラを雇い暴力による嫌がらせをしてきた。引きこもりの巨漢と口ばかり達者な青年が暴力に立ち向かう！ 稀代のハードアクション作家・矢月秀作の新境地。
2017.7 343p A6 ¥660 ①978-4-19-894240-3

◆ACT 2 告発者―警視庁特別潜入捜査班
矢月秀作著　講談社　（講談社文庫）
【要旨】医薬品検査組織「日医検」の向井智が失踪した。イチマル製薬のジェネリック医薬品成分の改竄データとともに、その動きを察知した警察は、特別潜入捜査班"UST"を緊急招集する。製薬メーカーとその裏に蠢く巨大な権力と金。特別捜査官たちの命をかけた"非合法"潜入捜査が始まる！
2017.1 322p A6 ¥660 ①978-4-06-293565-4

◆AIO民間刑務所 上　矢月秀作著　中央公論新社 （中公文庫）（『獄の極』改題書）
【要旨】20××年、日本で設立された初の民間刑務所「AIO第一更生所」。そこに新たに若林耕平ら四人が就職した。しかし、そこでは、刑務所の経営者、更生官、更生者、更には設立に関係した議員たちの欲望が渦巻いていた。日本の未来を戦慄的に描く名作、待望の文庫化。
2017.7 308p A6 ¥660 ①978-4-12-206377-8

◆AIO民間刑務所 下　矢月秀作著　中央公論新社 （中公文庫）（『獄の極』改題書）
【要旨】「AIO第一更生所」に勤務する若林耕平は、次第にこの日本社会・民間刑務所の矛盾点に気づいていく。そんな最中、更生者が更生官を殺害する事件が発生。さらに、同僚の仁美にも魔の手が迫る。明らかになる恐るべき更生所の闇の全貌とは!?「もぐら」シリーズの著者が描く近未来アクション＆バイオレンス小説。
2017.7 266p A6 ¥660 ①978-4-12-206378-5

◆顔貌売人―ハッカー探偵鹿敷堂桂馬　柳井政和著　文藝春秋
【要旨】園村幸子は地方から上京し、東京の大学に入ったころ、ブラックバイトに手を染め、騙されてアダルトビデオに出演させられた。卒業後は都内の銀行に就職して、地味な生活を送っていた。ところがある日、高校の同級生から「おまえ、AVに出てないか」というメールが届く。驚いた幸子は、メールにあった「AV女優顔検索」というサイトを見て慄然とした。顔認識の技術と個人情報を紐付けて、過去を暴く恐ろしいシステム。その作者の真の意図とは一体…？ 相談を受けた女社長・矢澤裕美と、クールな一匹狼の技術者、鹿敷堂桂馬は、すぐに行動を開始する。
2017.8 317p B6 ¥1750 ①978-4-16-390697-3

◆消えた弔電　山瀬ひとみ著　幻戯書房
【要旨】絶縁状態にあった末弟の急死により、美しい病妻の若妻が遺されたことを知った家族。肉親に代わって弟の夢を叶えた女であったが、その言動はあまりに不可解だった―書き下ろしリアル・ミステリー。
2017.2 254p B6 ¥1600 ①978-4-86488-124-1

◆横須賀ブロークンアロー 上　山田深夜著　双葉社 （双葉文庫）
【要旨】バス整備士の江井徹は、横須賀の地下壕で拾った旧日本軍の戦闘機の破片が高価で売れ、俄然"お宝探し"に興味を持つ。しかし、江井は知らず知らずのうちに、この工事現場周辺に近づいてしまっていた。米軍・自衛隊の管理区域周辺が騒がしい。正体不明の連中が襲い始める。一方、首相訪問に絡む秘密任務などに、数奇の警察官たちが送ってきた警視庁公安部の石渡秋彦は、江井の行動確認を命じられる。横須賀出身の石渡も、この土地特有の"誇られぬ者"の一人であった―。
2017.5 725p A6 ¥926 ①978-4-575-51998-3

◆横須賀ブロークンアロー 下　山田深夜著　双葉社 （双葉文庫）
【要旨】ブロークンアローとは重大な核兵器事故のことを指す米軍の符牒である。ベトナム戦争中、事故に伴って横須賀に核が運び込まれ、今

も米軍・自衛隊で核を共有しているという驚くべき話を石渡は聞く。その秘密保持に携わる特殊機関が存在することも。命を狙われ続ける江井に、それを守ろうとする勢力も現れ、まさに死力を尽くした戦いが勃発。特異な歴史風土を持つ横須賀に蠢く、驚愕の機密と野望とは？ スリリングかつ痛快な大スペクタクル活劇！
2017.5 693p A6 ¥926 ①978-4-575-51999-0

◆お宝探しが好きすぎて　山田悠介著　文芸社 （文芸社文庫）
【要旨】「オイラ兄ちゃんのためにコドモランドから来たんだ」孝平はあの世とこの世を行き来していた。今日もあの世で、孝平は少年ゼロと「お宝探し」ゲームに興じていた。しかし、お宝は警備員の身体の一部だった!? そして、次にゼロの標的は、現実の世界のおじさんだった。ゼロの魔手は、兄の孝広にも伸びた！ 大好きな兄のため、孝平はゼロに立ち向かった一。そして、雨が降りしきる中、孝平が目にしたものは？
2017.2 162p A6 ¥580 ①978-4-286-18396-1

◆その時までサヨナラ　山田悠介著　河出書房新社 （河出文庫）
【要旨】妻子が列車事故に遭遇した。敏腕編集者の悟は仕事のことしか頭になく、奇跡的に生還した息子を義理の両親に引き渡そうとする。ところが亡き妻の友人・春子の登場で悟の中で何かが変わり始めた。彼女は何者なのか。そして事故現場から見つかった結婚指輪に妻が託した想いとは？ ヒットメーカーが切り拓く愛と絆の感動大作に、スピンオフ「その後の物語」を新規収録した完全版！
2017.7 364p A6 ¥600 ①978-4-309-41541-3

◆ライヴ　山田悠介著　幻冬舎 （幻冬舎文庫）
【要旨】感染すると死に至るウイルスが流行する中、大学生の直人は「未認可の特効薬」の情報をネットで見つけた。病気の母親への絶対的な愛の証として引き換えだった。だが薬は、謎の主催者によるトライアスロンレースの完走と引き換えだった。無数の罠、壊れゆく参加者、命を狙う秘密組織が絶えず襲い来る過酷なレース。それでも愛する人を救うには、走り切るしかない！
2017.5 334p A6 ¥540 ①978-4-344-42628-3

◆Fコース　山田悠介著　KADOKAWA （角川文庫）
【要旨】仮想現実に入り込む新感覚ゲーム・バーチャワールド。高校生の智里は周囲の期待に応える完璧な自分を演じることに疲れ、ゲーム世界にのめり込んでいく。そんな中、同級生の瑠華たちと4人で挑んだ新作『Fコース』。ミッションは深夜の美術館に侵入し、天才画家バッジスの最後の作品を盗み出し脱出すること。罠を回避しながらクリアを目指す智里だが、このミッションには大きな秘密が隠されていて!?
2017.5 173p A6 ¥520 ①978-4-04-104927-3

◆大江戸科学捜査 八丁堀のおゆう 北斎に聞いてみろ　山本巧次著　宝島社 （宝島社文庫）
【要旨】新規オープンする美術館の目玉の一つ、葛飾北斎の肉筆画に偽物疑惑が浮上した。江戸と現代で二重生活を送る元OLの関口優佳＝おゆうは、真偽をはっきりさせるため、江戸で捜査北斎に尋ねることに。しかし、調査を始めた途端、絵の売買にかかわった仲買人が死体で発見された。同心の伝三郎たちから疑惑を持たれながらも、おゆうは現代科学と北斎の娘・阿栄の助けを借り、事件を追いかける。
2017.10 327p A6 ¥600 ①978-4-8002-7683-4

◆開化鐵道探偵　山本巧次著　東京創元社
（ミステリ・フロンティア）
【要旨】明治十二年晩夏。鉄道局技手見習の小野寺乙松は、局長・井上勝の命を受け、元八丁堀同心の草壁賢吾を訪れる。「京都・大津間で鉄道を建設中だが、その逢坂山トンネルの工事現場で不審な事件が続発している。それを調査する探偵として雇いたい」という井上の依頼を伝え、面談の約束を取りつけることに。井上の熱意にほだされ、草壁は引き受けることに。逢坂山へ向かった小野寺たちだったが、現場に到着早々、仮開業間もない最寄り駅から京都に向かった乗客が、転落死を遂げたという報告を受ける。死者は工事関係者だった！ 現場では工事関係者と、鉄道開発により失業した運送業者ら鉄道反対派との対立が深まるばかり。そんな中、更に事件が…。
2017.5 281p B6 ¥1600 ①978-4-488-01794-1

◆僕の光輝く世界　山本弘著　講談社 （講談社文庫）

【要旨】気弱なオタク男子、光輝は進学先の高校でもいじめられ、あげくに橋から突き落とされる。搬送先の病院で絶世の美少女と運命の出会いを遂げて、と思いきや、実は目に失明してしまっていた。美少女は果たして妄想なのか実在なのか…視覚を失った少年が、想像力を駆使して奇妙な謎と格闘する不思議ミステリー。
2017.3 484p A6 ¥860 ①978-4-06-293493-0

◆スマート泥棒　悠木シュン著　双葉社 （双葉文庫）（『スマドロ』加筆修正・改題書）
【要旨】スマート泥棒―略して「スマドロ」。閑静な住宅街で白昼堂々、鮮やかな手口で盗みを働き、世間を騒がしている。ある主婦がスマドロの話題から、自分の半生をどこの誰ともわからない電話の相手に延々と喋り続けるシーンから始まる。新たな語り手が登場する度に、彼女をとりまく複雑な人間関係が見えてくる。パズルのようなミステリーの最終章で待ち受ける真実とは!? 第35回小説推理新人賞を受賞したデビュー作！
2017.6 209p A6 ¥546 ①978-4-575-52009-5

◆背中、押してやろうか？　悠木シュン著　双葉社
【要旨】殺意はなくても人は殺せる。連続する同級生の死は、事故なのか自殺なのか！？ 親友の不登校、そして突然始まった「ぼく」へのいじめ。一体この中学校でなにが起こっているのか…。小説推理新人賞作家が、みずみずしい筆致で描く青春ミステリー。
2017.12 355p B6 ¥1300 ①978-4-575-24076-4

◆あるフィルムの背景―ミステリ短篇傑作選　結城昌治著、日下三蔵編　筑摩書房 （ちくま文庫）
【要旨】検察が押収したわいせつ図画販売罪の証拠品、その中のフィルムの映像に妻と似た女性の姿を見つけた検察官の笹田は独自調査に乗り出すが、たどり着いたのは思いもよらぬ残酷な真相だった（表題作）。普通の人々が歪んだ事件を引き起こす恐ろしさと悲しみを巧みに描き、読者の予想を裏切る意外な結末を鮮やかに提示する。昭和の名手の妙技を堪能できる、文庫オリジナルの短篇傑作選。
2017.11 402p A6 ¥840 ①978-4-480-43476-0

◆公園には誰もいない・密室の惨劇　結城昌治著　小学館　（P+D BOOKS）
【要旨】若き美人シャンソン歌手・伶子が忽然と姿を消した。その行方を追っていた私立探偵・真木が軽井沢の別荘で発見したのは、絞殺された彼女の死体だった。事件の奥に潜む真相を解き明かしに真木は執拗に追及を続ける。友人、家族、仕事仲間へ、次第に浮かび上がる歪んだ人間関係。隠蔽されていた人間の本質を緊迫感みなぎる筆致で描いた本格推理長編「公園には誰もいない」と単行本未収録の小編「密室の惨劇」をカップリング。日本ハードボイルド小説の旗手・結城昌治の豪華二編を収録！
2017.10 341p B6 ¥600 ①978-4-09-352317-2

◆夜這い刑事（でか）　結城武彦著　竹書房 （竹書房文庫）
【要旨】X県警裏崎西署資料室に勤務する逼田亮次は、覇気のない男として有名だった。だがそれは仮の姿であり、実は通常捜査では解明できなかった事件を秘密裡に追う特命刑事であった。逼田の捜査は非合法を辞さないもの、不法侵入術と驚異の性技で関係者の女に夜這いをかけて篭絡し、情報を得ていくものだった。そんな彼に、若いヤクザが不審な自殺を遂げた事件の再調査の命が下る。逼田はヤクザの元情婦に夜這いをかけて新事実を掴み、さらに事件の裏側に巨大な闇が潜んでいるのを嗅ぎつける…！ 異能の刑事誕生、超刺激的な警察官能小説。
2017.9 307p A6 ¥640 ①978-4-8019-1186-4

◆捜査一課殺人班イルマ エクスプロード　結城充考著　祥伝社
【要旨】大学の物理学研究室で発生した爆破事件の現場に急行していた警視庁捜査一課の入間祐希は、同じ管内で発生した大手電気通信企業の超高層ビル立て籠もり事件に行き先を変更した。犯人は元傭兵の斉東克也、手製の武器で武装し五名を惨殺していた。イルマは斉東の攻撃に遭い負傷するが、身柄確保に成功。しかし、イルマは同時に発生した二つの事件の関連を疑う。直後、科学研究所で第二の爆発が。犯人に繋がる唯一の手掛かりは、爆発物の送り状の末尾に記された"ex"という文字のみ。「狼のような」イルマだけが犯人の足跡を嗅ぎ取り、追走を開始する…。
2017.10 298p B6 ¥1600 ①978-4-396-63529-9

ミステリー・サスペンス・ハードボイルド

◆ファイアスターター──捜査一課殺人班イルマ
結城充考著　祥伝社
【要旨】東京湾に浮かぶ新日本瓦斯開発株式会社の天然ガス掘削プラットフォーム"エレファント"。大型台風が迫る夕刻、不審な転落事故が発生し、作業員一名が死亡。暴風域に入る前に単身、現着した警視庁捜査一課殺人班の入間祐希は、事故現場で爆発物の存在を嗅ぎ当てる。施設に残った社員11名に事情聴取を進めようとするが、国家のエネルギー政策を担うプロジェクトを円滑に継続させようとする企業側と衝突。嵐が吹き荒れる中、外部との通信がダウン、さらに作業服を着た不法入国者と思われる謎の男が札束を抱えて爆死した。薬物、拳銃、金─作業員たちの青臭い顔が浮かび上がってきた時、ついに爆弾魔の狂気が暴走を始める…。
2017.5　275p　B6　¥1600　①978-4-396-63517-6

◆ロンリー・プラネット
雄太郎著　ディスカヴァー・トゥエンティワン（ディスカヴァー文庫）
【要旨】社会に息苦しさを感じつづけてきたエンジニア・桑田は、中高年独身者専用の集合住宅「ロンリー・プラネット」に駆り立てられるように入居する。ほしいものは全て手に入り、静かに、ささやかに一人暮らしを謳歌できる─。過去に殺人事件が起こった施設ではあるが、桑田にとって、ロンリー・プラネットの生活はまさに楽園に思えた。そんな中、ロンリー・プラネットで新たな事件が発生する。やがて、桑田はゆるやかに事件へと巻き込まれ、やがて施設内の闇を目の当たりにすることとなる。全国の書店員が選ぶ「本のサナギ賞」優秀賞受賞作！
2017.10　405p　A6　¥800　①978-4-7993-2179-9

◆合理的にあり得ない──上水流涼子の解明
柚月裕子著　講談社
【要旨】「殺し」と「傷害」以外、引き受けます。美貌の元弁護士が、あり得ない依頼に知略をめぐらす鮮烈ミステリー。
2017.2　255p　B6　¥1500　①978-4-06-220445-3

◆孤狼の血
柚月裕子著　KADOKAWA（角川文庫）
【要旨】昭和63年、広島。所轄署の捜査二課に配属された新人の捜査一課員・日岡秀一は、ヤクザとの癒着を噂される刑事・大上とコンビを組むことに。飢えた狼のごとく強引に違法捜査を繰り返す大上に戸惑いながらも、任侠道と信義に篤い男たちに挑んでいく。やがて金融会社社員失踪事件を皮切りに、暴力団同士の抗争が勃発。衝突を食い止めるため、大上が秘かに大胆な秘策を打ち出すが…。正義とは何か。血湧き肉躍る、男たちの闘いがはじまる。
2017.8　460p　A6　¥760　①978-4-04-104954-9

◆パレートの誤算
柚月裕子著　祥伝社（祥伝社文庫）
【要旨】ベテランケースワーカーの山川が殺された。新人職員の牧野聡美は彼のあとを継ぎ、生活保護受給世帯を訪問し支援を行うことに。仕事熱心で人望も厚い山川だったが、訪問先のアパートが燃え、焼け跡から撲殺死体で発見されていた。聡美は、受給者を訪ねるうちに山川がヤクザと不適切な関係を持っていた可能性に気付くが…。生活保護の闇に迫る、渾身の社会派ミステリー。
2017.4　432p　A6　¥730　①978-4-396-34300-2

◆盤上の向日葵
柚月裕子著　中央公論新社
【要旨】埼玉県天木山山中で発見された白骨死体。遺留品の初代菊水月作の名駒を拠りに、叩き上げの刑事・石破と、かつてプロ棋士を志していた新米刑事・佐野のコンビが探し出したのは、それから四か月、二人は厳冬の山形県天童市に降り立つ。向かう先は、将棋界のみならず、日本中から注目を浴びる竜王戦の舞台。世紀の対局の先に待っていた、壮絶な結末とは─!?
2017.8　563p　B6　¥1800　①978-4-12-004999-6

◆仮面の君に告ぐ
横関大著　講談社
【要旨】涌井和沙は、気がつくと病院のベッドにいた。戸惑ううちに、「モリさん、目が覚めたんですね」と看護師から声をかけられる。鏡をのぞいた和沙は驚愕する。そこに映っていたのは赤の他人─森千鶴だった。パニックになった和沙は、恋人の早田慎介を頼ろうとするも、彼は自分に気づいてくれない…胸が押し潰される中、追い打ちをかけるように新たな事実が判明する。一年前、和沙は何者かに殺害されたというのだ。千鶴の弟・潤の力を借り、少しずつ事態を把握していく和沙たちが、世間に住んでいた動きを見せ始め…。カップルに訪れた奇跡の十日間。真相に思わず"震える"再読必至のミステリー！

◆ピエロがいる街
横関大著　講談社
【要旨】比南示はスローガン「会いに行ける市長」を掲げる宍戸市長の秘書だ。しかし兜市は財政難で、市民の小さな願いごとを叶える余裕はない。そんな兜市では、夜になると市民の悩みを解決するピエロが現れる。大学生の稜が「就職、したいです」とピエロに相談すると、稜はピエロの助手に採用される。迷子の犬捜しから、台風、汚職、財政難まで、次々と襲いくる危機に市長とピエロは立ち向かう！
2017.5　254p　B6　¥1500　①978-4-06-220481-1

◆ルパンの娘
横関大著　講談社（講談社文庫）
【要旨】泥棒一家の娘・三雲華は、警察一家の長男・桜庭和馬と素性を隠して交際していた。ある日、華の祖父・巌が頭を潰された遺体で見つかり、華は独自に犯人を捜す。和馬は華に婚約指輪を贈るが、殺人事件を捜査する中で華が伝説のスリ師・巌の孫だと知り悩む。事件の真相と二人の恋の行方は？著者会心の長編ミステリ！
2017.8　473p　A6　¥840　①978-4-06-220479-8

◆PSYCHO-PASS GENESIS 4
吉上亮著、サイコパス製作委員会原作　早川書房（ハヤカワ文庫JA）
【要旨】かつて棄民政策を実施した日本社会への復讐のため、エイブラハム・M・ベッカム率いる「帰望の会」は埼玉、長崎と日本各地でテロを繰り返していく。厚生省麻薬取締局の捜査官・真守滄は、組織から切り捨てられた少女・衣彩茉和とともに、「帰望の会」へと繋がる違法薬物"涅槃"の潜入捜査に従事する。厚生省、東食財団、そして他省庁の思惑が交錯するなか、ついに滄が目にするシビュラシステムの真実とは？シリーズ完結。
2017.1　447p　A6　¥820　①978-4-15-031258-9

◆朽海の城──新東京水上警察
吉川英梨著　講談社（講談社文庫）
【要旨】「そこに、死体が沈んでいる」衝撃的な匿名情報が東京水上警察に届く。ガイシャの頭部には、進水式で使う斧が突き刺さっていた。通報発信元は、焼死体を乗せたまま航行する豪華客船セレナ・オリンピア号船内。絡み合う疑惑を乗せて母港に帰還する豪華客船で、熱血刑事・碇拓真が急行する！文庫書下ろし。「新東京水上警察」シリーズ第3作。
2017.7　385p　A6　¥740　①978-4-06-293715-3

◆警視庁53教場
吉川英梨著　KADOKAWA（角川文庫）
【要旨】警察学校教官・守村が首吊り死体で発見された。捜査一課の五味は、府中署の綾乃とともに捜査に乗り出す。二人は元警察学校時代のクラス（教場）の仲間だった。恋心を抱いた同期、自殺した問題児、旧陸軍学校だった中野校から新設された府中校への移転。当時の出来事が守村の死に関わっているのか？妻を亡くし、忘れ形見の娘と暮らす五味は、かつての仲間たちと調べ始めるが─。警察学校小説シリーズ、堂々の開幕!!
2017.10　395p　A6　¥720　①978-4-04-106057-5

◆十三階の女
吉川英梨著　双葉社
【要旨】警察庁公安秘密組織「十三階」、任務と愛に揺れる刑事・黒江律子。テロリストを愛して、女らしさも武器にして、それでも私は国家を守る。女性作家にしか描けない公安警察小説の最先端！
2017.8　396p　B6　¥1500　①978-4-575-24053-5

◆葬送学者R.I.P.
吉川英梨著　河出書房新社（河出文庫）『葬送学者　鬼木場あまねの事件簿』加筆・訂正・改題書
【要旨】葬送儀礼の研究に人生を捧げる美人大学院生・鬼木場あまね。一方、彼女の指導教官である民族学教授の福蒔は、行き詰まった研究の代わりに、結婚に活路を見出そうと婚活に励んでいた。ある日、あまねの秘密を知った福蒔は、彼女を結婚相手として急に意識するように。そんな中、二人はある殺人事件の葬儀に参加することになり─。
2017.11　261p　A6　¥640　①978-4-309-41569-7

◆氷血─警視庁「女性犯罪」捜査班警部補・原麻希
吉川英梨著　宝島社（宝島社文庫）
【要旨】北海道に帰省していた原麻希は、観光に寄った札幌の公園で、氷漬けとなった女性の遺体を発見する。女性は以前、東京に住んでいた際に、警視庁「女性犯罪」捜査班にストーカー相談に訪れていたことがわかる。捜査を開始した麻希は、警察官を志すきっかけとなった北海道警の瀧正義警部と再会するも、その姿は変わり果てていた─。天才捜査官・原麻希の切ない過去が初めて描かれる、人気シリーズ最新作！
2017.3　349p　A6　¥590　①978-4-8002-6831-0

◆烈渦─新東京水上警察
吉川英梨著　講談社（講談社文庫）
【要旨】東京湾に係留されている「宗谷」の施錠された船室で、腐乱死体が発見された。東京水上警察は警備艇で現場に急行するが、湾岸署との捜査権争いに負け、熱血刑事・碇拓真はいきり立つ。最大級の台風が迫る中、都政に絡む陰謀の存在を掴む証。暴風荒れくるう東京湾で、命がけの闘いが始まる！
2017.1　380p　A6　¥720　①978-4-06-293580-7

◆愛に乱暴　上
吉田修一著　新潮社（新潮文庫）
【要旨】初瀬桃子は結婚八年目の子供のいない主婦。夫・真守の両親が住む母屋の離れで暮らし、週に一度、手作り石鹸教室の講師をしている。そんな折、義父の宗一郎が脳梗塞で倒れた。うろたえる義母・照子の手伝いに忙しくなった桃子に、一本の無言電話がかかる。受話器の向こうで微かに聲が漏れ、あれは夫では？平穏だった桃子の日常は揺らぎ始め、日々綴られる日記にも浮気相手の影がしのびよる。
2018.1　244p　A6　¥490　①978-4-10-128756-0

◆愛に乱暴　下
吉田修一著　新潮社（新潮文庫）
【要旨】不倫を清算できない真守。そんな折、婚家が離れに住まわせていた時枝という女の不遇の生涯を聞く。桃子は、離れの床下に異常な興味が湧き、真守との再婚を望み帰宅を拒む真守に桃子は呆れ、遂に奈央に直談判を試みるが、出産の決意は固く、義母までもが桃子の様子が変だと態度を変えてきた。予期せぬ結末へと疾走する愛のドラマ。
2018.1　234p　A6　¥490　①978-4-10-128757-7

◆鬼を纏う魔女
吉田恭教著　南雲堂
【要旨】渋谷区宮益坂で発生した通り魔事件に巻き込まれた被害者は四人、うち三人は死亡した。ただ一人生き残ったのは、乳房に般若の刺青を刻んだ若く美しい女性だった。しかし、意識不明となって生死の境を彷徨う彼女は身元について何らかの物を所持しておらず、警視庁捜査一課の東條有紀は、被害者の刺青から身元の特定を試みる。そして彫師の情報を得て被害者の戸籍に辿り着いたものの、そこには不可思議な記載があった。
2017.6　371p　B6　¥1800　①978-4-523-26558-0

◆化身の哭く森
吉田恭教著　講談社
【要旨】7年前に消息を絶った祖父の痕跡を探すため、「入らずの山」と呼ばれる地に足を踏み入れた大学生・春日優斗と友人たち。下山後、ほどなくして彼らは次々と死を遂げる。さらには祖父と繋がりのあった探偵も6年前に31歳の若さで亡くなっていた。禁断の地に関わる者たちに訪れる非業の死。これは偶然か。広島と東京で起きる死の連鎖に、元刑事の探偵・横断康平と「鉄仮面」の刑事、警視庁捜査一課の刑事・東條有紀が迫る。怪奇世界と謎解きの妙。奇想の本格ミステリ！
2017.7　332p　B6　¥2000　①978-4-06-220651-8

◆それは経費で落とそう
吉村達也著　集英社（集英社文庫）
【要旨】年上の部下と年下の上司、単身赴任先の浮気、領収書のごまかし、人事異動の内示、お偉いさんとの気づまりな会話─。サラリーマンにとって決して遠いテーマではない日常のテーマ。喜劇と悲劇がつねに紙一重という、綱渡り的会社員生活の日常に潜む、思いもかけない恐怖をリアルに描く。身にしみこまれる笑いのあとに、背筋も凍る戦慄、読みだしたら止まらない興奮の五編。ブラックな会社員ミステリー。
2017.3　231p　A6　¥560　①978-4-08-745554-0

◆隠された牙─森林保護官樋口孝也の事件簿
吉村龍一著　講談社（講談社文庫）
【要旨】競走馬の怪死事件。腹を鋭く引き裂かれた死体を前に、樋口孝也の脳裏には、あの凄惨な「鷹」の悪夢が蘇る。孝也と上司の山崎は捜査に加わるが、表題作「隠された牙」は、北海道日高の森林事務所に持ち込まれる事件と保護官たちの格闘を、五感を刺激する文章で鮮やかに描いたアクション小説の傑作。
2017.5　236p　A6　¥600　①978-4-06-293651-4

◆満願
米澤穂信著　新潮社（新潮文庫）

SF・ホラー・ファンタジー

小説

◆T2T事件――絶海の孤島でなぜ六人は死亡したのか　詠坂雄二著　光文社
【要旨】月島前線企画に持ち込まれた、既解決事件。孤島に渡った六人が全員死体で発見されたが、当人たちによって撮影された、渡島から全員死亡までの克明な録画テープが残っていた。何が起こったかはほぼ明確だ。警察はすでに手を引いている。ところが、依頼人は不満のようだ。真実が映っていなかったのか、あるいは嘘が映されていたのか。目を眩ませる膨大な記録と、悲喜劇的な顛末。事件の背景に浮かび上がる、意外な真相とは!?
2017.7 316p B6 ¥2000 ①978-4-334-91174-4

◆警察庁広域機動隊　六道慧著　徳間書店　（徳間文庫）
【要旨】日本のFBIとなるべく立ち上げられた警察庁広域機動捜査隊ASV特務班。所轄署同士の連携をはかりつつ事件の真相に迫る新組織である。隊を率いる現場のリーダーで、シングルマザーの夏目凛子は、女性が渋谷のスクランブル交差点のど真ん中で死亡する事件に遭わせた。当初は病死かと思われたが、捜査を進めると、女性には昼と夜とでは別の顔があることが判明し…。
2017.3 377p A6 ¥670 ①978-4-19-894217-5

◆警察庁広域機動隊　ダブルチェイサー　六道慧著　徳間書店
【要旨】警察庁広域機動捜査隊ASV特務班、通称・広域機動隊。所轄署との連携を図りつつ、事件の真相に迫る新組織である。ある日、班のリーダー・夏目凛子と相棒の桜木陽介はリフォーム詐欺の捜査をしていた。そこに所轄署に戻れとの一報が入る。それは新たな詐欺事件の召集だった。下町で起こった複数の同時詐欺事件。重要人物の捜査を始めるも、凛子と相棒は真相に辿り着くことができるのか！
2017.9 381p A6 ¥670 ①978-4-19-894263-2

◆警視庁特別取締官　六道慧著　朝日新聞出版　（朝日文庫）
【要旨】ゴミ屋敷での変死事件を捜査する、警視庁特別取締官の星野美咲。生物学者兼獣医の相棒・鷹木晴人が注目したのは一輪の白い花だった。一方で美咲は、被害者の息子夫婦の称わずに微かな違和感を抱く。その二つが結びついた時に現れる、おぞましき犯人像とは。
2017.7 381p A6 ¥680 ①978-4-02-264851-8

◆ブルーブラッド―警視庁特別取締官　六道慧著　朝日新聞出版　（朝日文庫）
【要旨】指定暴力団員の家宅捜索で発見された有毒の絶滅危惧生物。女刑事の星野美咲と、生物学者兼獣医の相棒・鷹木晴人が販売ルートを追う中、事件関係者が相次いで不審な死を遂げる。二人は、遺留品のハンカチに残った未知の血液に着目するが…。書き下ろしシリーズ第二弾！書き下ろし。
2017.12 373p A6 ¥680 ①978-4-02-264871-6

◆女王　上　連城三紀彦著　講談社　（講談社文庫）
【要旨】戦後生まれの自分になぜ、東京大空襲の記憶があるのか。育ての親だった祖父を亡くし、十二才までの記憶もまったくない荻野史郎は、脳裡に現れる異様な光景に苦しみ精神科医の瓜木を訪ねる。奇妙に捩れた史郎の過去。祖父の死の謎。瓜木と史郎、妻の加奈子は真相を探る旅に出るが。ミステリーの巨匠による幻の超大作。
2017.10 357p A6 ¥700 ①978-4-06-293730-6

◆女王　下　連城三紀彦著　講談社　（講談社文庫）
【要旨】古代史研究家であった妻、加奈子から、父の日記を手渡された荻野史郎。父の春生は「自分はまちがいなく南北朝の末期にも生きていた」と記し、また、古代への熱狂の炎のすべてを女王、卑弥呼のことにもとに記録していた。壮大な歴史の渦に呑み込まれた父と息子の軌跡を描く、連城ミステリーの精華。
2017.10 322p A6 ¥660 ①978-4-06-293731-3

◆連城三紀彦レジェンド　2　傑作ミステリー集　連城三紀彦著　講談社　（講談社文庫）
【要旨】逆転に次ぐ逆転、超絶トリック、鮮烈な美しさ。死してなお読者を惹きつけてやまないミステリーの巨匠、連城三紀彦を敬愛する4人が選び抜いた究極の傑作集。『誘拐の連鎖』決定版「ぼくを見つけて」、語りの極致「他人たち」、最後の花葬シリーズ「夜の自画像」など全6編。巻末に綾辻×伊坂×米澤、特別鼎談を収録。
2017.9 308p A6 ¥660 ①978-4-06-293748-1

◆御子柴くんと遠距離バディ　若竹七海著　中央公論新社　（中公文庫）
【要旨】長野県警から警視庁へ出向中の御子柴刑事。おおむね平穏な生活を送っていたものの、暮れも押し詰まってから次々と事件が発生。さらには凶刃に襲われて！　相棒の竹花刑事は異変を察知し、御子柴のもとに駆けつけるが…。御子柴くんの身に危機と大きな変化がおとずれる、スイーツ＆ビターなミステリー第二弾。
2017.12 378p A6 ¥780 ①978-4-12-206492-8

◆偽証―オッドアイ　渡辺裕之著　中央公論新社　（中公文庫）
【要旨】北海道・知床半島で行われていた自衛隊特戦群の訓練中、隊長がヒグマに襲われ死亡。その後、生還した隊員の一人が不審な自殺を遂げた。特戦群出身という異色の経歴を持つ警察官・朝倉は、極秘捜査のため離島勤務から召還される。かつて自身も経験した極限下のサバイバル訓練で何が起きたのか。男たちの血と涙に秘められた真実に迫るシリーズ第2弾。
2017.1 374p A6 ¥640 ①978-4-12-206341-9

◆北のジョーカー―冷たい狂犬　渡辺裕之著　KADOKAWA　（角川文庫）
【要旨】元公安調査官の影山夏樹は新聞の求人広告を見て驚愕した。かつて北朝鮮で命を助けられたフランスの女性看護師と交わした秘密の暗号が掲載されていたのだ。彼女の身に何が？　夏樹は急遽フランスへと飛ぶが、そこには「ジョーカー」と呼ばれる北朝鮮の伝説の諜報員の姿が。やがて、彼女の失踪の裏に国家がおよぼす重大な機密が浮かび上がる…。ふたたび諜報戦に巻き込まれた夏樹の運命は？　緊迫のシリーズ第3弾！
2017.10 317p A6 ¥680 ①978-4-04-106232-6

◆凶悪の序章　上　―新・傭兵代理店　渡辺裕之著　祥伝社　（祥伝社文庫）
【要旨】轟音！　任務前のリベンジャーズが、世界各地で同時に襲撃された。日本では浩志・辰也・宮坂・柊真が、英国のワットは自宅を強襲され、タイの瀬川・黒川は訓練中に罠を。そして、アメリカにいたアンディーは…。浩志たちが探ろうとした、ISのテロリストたちの仕業なのか。だがこれは、そこから始まる"凶悪の序章"でしかなかった―。最強の敵が現れる、怒涛の上巻。
2017.5 267p A6 ¥580 ①978-4-396-34307-1

◆凶悪の序章　下　―新・傭兵代理店　渡辺裕之著　祥伝社　（祥伝社文庫）
【要旨】死んだ仲間の"復讐"のため、リベンジャーズはアメリカへと飛んだ。浩志の妻・森美香とワットの妻・ペダノワも加わり、メリカにアメリカを恐怖のどん底へ落とそうとする敵を捜す。ISのテロリストをアメリカに輸出し、浩志たちを執拗に狙う敵。その目的とは？　そして明らかになる"9・11"をも超える最悪の計画―。アメリカを牛耳る闇の組織ALに、リベンジャーズが挑む。
2017.5 289p A6 ¥580 ①978-4-396-34308-8

◆紅の五星―冷たい狂犬　渡辺裕之著　KADOKAWA　（角川文庫）
【要旨】かつて「冷たい狂犬」と世界から恐れられた元公安調査官の影山夏樹。商用で訪れた東南アジアで空港テロに遭遇した夏樹は、中国の伝説の諜報員として恩師の梁羽から時限的に協力を要請される。「黄色五星」と名乗る謎のテロリストは中国の仕業を装っているらしい。暗闘に否応なく巻き込まれてしまった夏樹は、事件の黒幕に迫るべく広大なフィリピンを奔走するが…。夏樹の国際諜報小説、益々スケールアップの第2弾！
2017.3 398p A6 ¥760 ①978-4-04-105386-7

◆死体島―オッドアイ　渡辺裕之著　中央公論新社
【要旨】鹿児島県・南西諸島の離島「虫が島」沖で、身元不明の死体が6体見つかった。自衛隊員を狙った連続猟奇殺人事件を解決しようとして、伊豆諸島のK島で勤務していた朝倉は、新規の赴任員を装って虫が島へ赴任し真相を探ることに。

ところが上陸したとたんに身ぐるみはがされ、路上に放り出されてしまった―！　自衛隊特戦群出身、最強の捜査官・朝倉の孤闘が始まる！「傭兵代理店」の著者による渾身の警察小説シリーズ第4弾。
2017.2 409p B6 ¥1800 ①978-4-12-004944-6

SF・ホラー・ファンタジー

◆アイアムアヒーローTHE NOVEL　朝井リョウ、中山七里、藤野可織、下村敦史、葉真中顕、佐藤友哉、島本理生著　小学館　（小学館文庫）
【要旨】シリーズ累計八百万部突破大人気コミックス『アイアムアヒーロー』（花沢健吾・著）の映画化を記念して執筆された小説集。豪華執筆陣によるゾンビ小説が待望の文庫化。背筋も凍る恐怖と戦慄の物語が全6編。
2017.4 303p A6 ¥650 ①978-4-09-406405-6

◆暗黒グリム童話集　村田喜代子、長野まゆみ、松浦寿輝、多和田葉子、桐野夏生、村田沙耶香、酒井駒子、田中慎太郎、及川賢治、牧野千穂、宇野亞喜良、ささめやゆき絵　講談社
【要旨】6人の人気作家と人気画家による夢の競演！怖くて美しい、大人のための新・グリム童話集。
2017.3 197p A5 ¥2800 ①978-4-06-220467-5

◆行き先は特異点―年刊日本SF傑作選　大森望、日下三蔵編　東京創元社　（創元SF文庫）
【要旨】2016年に発表されたSF短編の精華を集成。第8回創元SF短編賞受賞作を収録。
2017.7 598p A6 ¥1300 ①978-4-488-73410-7

◆伊藤計劃トリビュート　2　早川書房編集部編　早川書房　（ハヤカワ文庫JA）
【要旨】1970年代カンボジア、クメール・ルージュによる不条理な殺戮の地を論理で生き抜いた少年―第3回SFコンテスト受賞作・小川哲「ゲームの王国」300枚、電子書籍版が話題の草野原々「最後にして最初のアイドル」ほか、黒石迩守、柴田勝家、伏見完、ぼくのりりっくのぼうよみ、の20代以下6作家による不世出の作家に捧げるアンソロジー第2弾。
2017.4 453p A6 ¥900 ①978-4-15-031260-2

◆映画ノベライズ　鋼の錬金術師　新泉司著、荒川弘原作、曽利文彦、宮本武史脚本　スクウェア・エニックス
【要旨】亡き母を生き返らせようと兄弟が犯した錬金術、最大の禁忌「人体錬成」。その代価としてエドは左脚を、アルは身体全部を失った。全てを取り戻すため国家錬金術師となったエドは「賢者の石」を探し求めアルと共に旅に出る。縦横の錬金術師ショウ・タッカー、ハクロ将軍やドクター・マルコーとの出会い、謎多きホムンクルスと繰り広げられる死闘。そして「賢者の石」の真実とは―。実写映画「鋼の錬金術師」をノベライズ！　映画のストーリーを軸とした、もうひとつの物語。
2017.12 302p A6 ¥556 ①978-4-7575-5544-0

◆恐怖箱　禍飯　加藤一編著　竹書房　（竹書房文庫）
【要旨】家族、血族、家に纏わる怖い話―。禍の楔に繋がれてしまった家と家族の実話全30話を収録。
2017.7 223p A6 ¥650 ①978-4-8019-1114-7

◆恐怖箱　常闇百物語　加藤一編著、神沼三平太、高田公太、ねこや堂共著　竹書房　（竹書房文庫）
【要旨】成人すると集落を出なければならぬ村の秘密…「赤紙」、両親を亡くした少女が持っていた重箱の中身…「家族写真」、シェアハウスの怪…「五人目」、とある場所で目撃した火の玉とは…「墜ち火」ほか、非日常を覗く全100話！
2017.8 223p A6 ¥650 ①978-4-8019-1157-4

◆攻殻機動隊小説アンソロジー　円城塔、三雲岳斗、朝霧カフカ、秋田禎信、冲方丁著、士郎正宗原作　講談社
【要旨】5人の作家の本能がささやく新たな"攻殻"世界!!
2017.3 187p B6 ¥1852 ①978-4-06-365018-1

◆誤解するカド―ファーストコンタクトSF傑作選　野﨑まど、大森望編　早川書房　（ハヤカワ文庫JA）
【要旨】突如羽田空港に出現した巨大立方体「カド」。人類はそこから現れた謎の存在に接触を試

SF・ホラー・ファンタジー

みるが―アニメ『正解するカド』の脚本を手掛けた野崎まどと、評論家・大森望が精選したファーストコンタクトSFアンソロジーをお届けする。筒井康隆が描く異星人との交渉役にされた男の物語、ディックのデビュー短篇、小川一水、野崎抱介が本領を発揮した宇宙SF、円城塔、飛浩隆が料理と意識を組み合わせた傑作など全10篇を収録。 2017.4 392p A6 ¥800 978-4-15-031272-5

◆里山奇談　coco,日高トモキチ,玉川数著　KADOKAWA
【要旨】野山を渉猟し、昆虫や動植物をこよなく愛する"生き物屋"が集めた、里山の奇しき物語。 2017.6 203p A6 ¥1400 ①978-4-04-105078-1

◆時間砲計画 完全版　豊田有恒,石津嵐著　復刊ドットコム
【目次】時間砲計画(豊田有恒)、続・時間砲計画(豊田有恒、石津嵐)
2017.7 343p B6 ¥2700 978-4-8354-5501-3

◆瞬殺怪談 斬　平山夢明ほか著　竹書房（竹書房文庫）
【要旨】数行から長くとも見開きに収まる実話怪談。平山夢明をはじめ、我妻俊樹、伊計翼、宇津呂鹿太郎、小田イ輔、黒木あるじ、黒史郎、小原猛、神薫、つくね乱蔵、丸山政也という、気鋭の11名によるすべて書き下ろし！過去最恐の162話を収録。 2017.8 214p A6 ¥650 978-4-8019-1158-1

◆小説 宇宙戦艦ヤマト2202 愛の戦士たち 1　皆川ゆか小説,福井晴敏ストーリー,むらかわみちお挿画,西崎義展原作,宇宙戦艦ヤマト2202製作委員会協力　KADOKAWA
2017.10 501p B6 ¥1500 978-4-04-106208-1

◆小説 宇宙戦艦ヤマト2202 愛の戦士たち 2 殺戮帝国　皆川ゆか小説,福井晴敏ストーリー,西崎義展原作　KADOKAWA
【要旨】圧倒的筆致で描かれる小説版ヤマト第2巻!! 2017.12 501p B6 ¥1500 978-4-04-106209-8

◆小説 BLAME！ 大地の記憶　冲方丁著,弐瓶勉原作・イラスト　講談社
2017.5 200p B6 ¥1200 978-4-06-365024-2

◆正解するマド　乙野四方字著,東映アニメーション原作　早川書房（ハヤカワ文庫JA）
【要旨】野崎まどが脚本を手掛けたテレビアニメ『正解するカド』のノベライズを依頼された作家・乙野四方字は、何を書けばいいのか悩むあまり、精神を病みつつあった。ついにはアニメに登場するキャラクター、ヤハクィザシュニナの幻覚まで見えはじめる。記憶をなくしたというザシュニナが、乙野は一縷の望みをかけて小説の相談をするが…傑作SFアニメから生まれた、もうひとつの『正解』とは？衝撃のスピンアウトノベライズ。
2017.7 250p A6 ¥600 978-4-15-031284-8

◆「超」怖い話 丁　松村進吉編著,深澤夜,原田空共著　竹書房（竹書房文庫）
【要旨】将来を過去形で語る少女の秘密…「ゆいちゃんの夢」、鬱の女性の部屋に現れた怪異の数字…「鬱を数える子供」、山奥に開いた工場に纏わる根深き怪…「廃工場・三部作」ほか、鮮やかな衝撃が脳髄から突き抜き、恐怖が毒のごとく身を駆け巡る珠玉の全31篇！怪に導かれ縁を結んだ三人が遂に集結。
2017.8 223p A6 ¥650 978-4-8019-1156-7

◆デルフィニア戦記 シェラと西離宮の日々―茅田砂胡CDブック　茅田砂胡プロジェクト編　中央公論新社　（付属資料：CD1）
2017.3 56p 18×13cm ¥2800 ①978-4-12-004972-9

◆BLAME！ THE ANTHOLOGY 弐　弐瓶勉原作,九岡望,小川一水,野崎まど,酉島伝法,飛浩隆著　早川書房（ハヤカワ文庫JA）
【要旨】無限に増殖する巨大階層都市を舞台に、探索者・霧945の孤独な旅路を描いたSFコミックの金字塔、弐瓶勉『BLAME！』。九岡望による青い塗料を探す男の奇妙な冒険、小川一水が綴る珪肺生命と検最者の邂逅、野崎まどが明かす都市の片隅で起きた怪事件、酉島伝法が描く"月"を求めた人々の物語、飛浩隆による本篇の二千年後からの歴史のスケッチなど、書き下ろし全5篇を収録。
2017.5 373p A6 ¥840 ①978-4-15-031275-6

◆CYBORG009 CALL OF JUSTICE　牧野修著,石ノ森章太郎原作　KADOKAWA
【要旨】これまで幾度も世界の危機を救ってきたゼロゼロナンバーサイボーグたち。今はテキサスで静かに暮らす彼らのもとへ、ある日女性ジャーナリストのルーシーが訪ねてくる。「人智を超え異能を持ち、太古より人類の歴史を操ってきた『ブレスド』なる集団が存在する」世界の危機を訴える彼女の来訪と共に、突如宇宙から謎の襲撃を受け、新たな戦いの渦へと巻き込まれる009たち。安息の日々はここに終わりを告げた。人は戦いを忘れることはできないのか。人類の未来はどこへ向かうのか。サイボーグ戦士、誰がために戦い抜くのか―!?小説版『CYBORG009 CALL OF JUSTICE』。
2017.2 386p B6 ¥1500 978-4-04-069090-2

◆GODZILLA 怪獣黙示録　大樹連司著,虚淵玄監修　KADOKAWA （角川文庫）
【要旨】ゴジラ―かつて万物の霊長を僭称していた我々は、あの恐るべき怪獣と出会い、戦い、敗れて地球を追われた。当時最前線の兵士だった者、彼らを指揮する将官あるいは政治家、科学者だった者、あるいは一般市民、幼い子供だった者。これはそんな一人一人が語った、抗戦と敗北の記録である。果てしない絶望の日々を、人々はいかに生き抜いたのか？一冊に満ちたアニメ映画版GODZILLAの前史を読み解く唯一無二の小説版！
2017.10 214p B6 ¥560 978-4-04-106181-7

◆ILC/TOHOKU　小川一水,柴田勝家,野尻抱介著　早川書房
【要旨】東北復興と科学振興のため、北上山地の地下への誘致をめざす国際リニアコライダー(ILC)。ILCとは、全長約30kmのトンネル内で電子と陽電子を衝突させてビッグバン状態を再現、宇宙の誕生や素粒子の起源について研究するための巨大加速器である。このILCが建設された近未来を舞台に、小川一水、柴田勝家、野尻抱介の3人のSF作家が、岩手と日本、物理学の新たなビジョンを紡ぐ書き下ろしアンソロジー。
2017.2 248p B6 ¥1500 978-4-15-209673-9

〔あ行の作家〕

◆ドリーム・ライフ―夢の異世界生活 3 愛　山雄町著　TOブックス（Trinitasシリーズ）
【要旨】愛する家族や友達と別れを告げ、シャロンやリディと共に魔術学院の入学試験へと向かうザック。その旅路の途中で新たな仲間と出会い、村の特産品である酒の販路も拡大したり、強力な怪物を魔法で退治するなど、激動の日々を過ごしながらも会場へと到着する。そして試験でザックとシャロンは圧倒的な才能を見せつけ、首席と次席で見事に合格。だが、そこには更に大人たちの政治的暗闘が繰り広げられ、疑心暗鬼に満ちた伏魔殿だった！酒好きのドワーフたちが大暴れする大人気短編「ドワーフライフ～夢の異世界酒生活～」はなんと2本も収録！
2017.3 279p B6 ¥1296 978-4-86472-557-6

◆華舞鬼町おばけ写真館―祖父のカメラとほかほかおにぎり　蒼月海里著　KADOKAWA（角川ホラー文庫）
【要旨】人見知りの激しい久遠寺那由多は大学をサボったある日、祖父の形見のインスタントカメラを、なんとカワウソに盗まれてしまう。仰天しつつどんな隙間にも追いかけるが、辿り着いた先はアヤカシたちが跋扈する別世界、『華舞鬼町』だった。狭間堂と名乗る若い男に助けられた那由多は、祖父のカメラで撮った写真に不思議な風景が写っていたためにカワウソがカメラを盗んだことを知って…。妖しくレトロなほっこり謎とき譚。
2017.8 227p A6 ¥520 978-4-04-105486-4

◆華舞鬼町おばけ写真館―路面電車ともちもち塩大福　蒼月海里著　KADOKAWA（角川ホラー文庫）
【要旨】大学生の那由多は、祖父の形見のカメラに導かれるように、人外が跋扈する別世界『華舞鬼町』に迷い込み、狭間堂と名乗る青年と出会う。祖父のカメラには不思議な力があったのだ。ある日、西新井大師の風鈴祭りに出かけた那由多は、友人と共に異界に迷い込んでしまう…。他にも「渋谷駅で出会った不思議な老人」「桜の名所飛鳥山公園の季節外れの花見の謎」等、大人気、東京の名所で起こし妖しくレトロな謎とき譚。
2017.12 191p A6 ¥520 978-4-04-105487-1

◆幽落町おばけ駄菓子屋―春風吹く水無月堂　蒼月海里著　KADOKAWA（角川ホラー文庫）
【要旨】迷子になった少年が手にする、観覧車が写る古い写真に遺された曾祖父の想い。鷽替え神事で賑わう亀戸辺りに現れた廃線になった都電の未練。故郷印旛沼から龍王の使者が現れた水脈の前に、彼の罪が赦されたので連れ戻しに来たという。それを聞いて慌てる彼方たち。水脈は幽落町からいなくなってしまうのか？大人気シリーズ、ついに最終巻！
2017.4 201p A6 ¥520 ①978-4-04-105484-0

◆幽落町おばけ駄菓子屋 異話 夢四夜　蒼月海里著　KADOKAWA（角川ホラー文庫）
【要旨】優しかった飼い主が亡くなり、保健所に連れて行かれそうになって家から逃げだした、一匹の黒猫。街をさまよい大怪我を負った猫の命を救ったのは"水脈"と名乗る美しい人だった。『幽落町』シリーズの人気キャラクター猫且ジローの、水脈との出会いや新しい家族になっていくまでを描く。他に都築と忍のふたり旅で遭遇した恐怖の一日、水脈がジローや真夜と共に"ある人"を訪ね「華舞鬼町」にやってきた話など、待望の短編集。
2017.10 204p A6 ¥520 ①978-4-04-106049-0

◆綾志別町役場妖怪課―暗闇コサックダンス　青柳碧人著　KADOKAWA（角川文庫）
【要旨】父に憧れ、見習い公務員となった宵原秀也、24歳。北海道綾志別町という小さな町の役場に赴任となったが、配属先は「妖怪課」という怪しげな部署だった。初仕事は、亡き夫が夜な夜な生きて現れるという家の調査で。不思議に思いいつつも、愛する夫を待ち続けるお婆ちゃんに、課の先輩・霧谷は告げる。「旦那さんのそばにいるのは妖怪だ」―耳を疑う秀也、そこは妖怪のトラブルに対応する専門部署だった。謎と妖が交錯するお仕事エンタ、開幕！
2017.8 289p A6 ¥560 ①978-4-04-103488-0

◆綾志別町役場妖怪課―すべては雪の夜のこと　青柳碧人著　KADOKAWA（角川文庫）
【要旨】北海道綾志別町の妖怪課職員となった秀也のもとに、前任地での恋人・ゆいが赴任してきた。仕事と恋の狭間で揺れ動く微妙な距離感の中、立て続けに起こる妖怪騒動。馬の心臓を盗み、壁をすり抜ける妖怪、捨てても帰ってくる人形、伊里莱をつけまわす怪しいフードの男、ゆいを襲う恐怖の赤い実…騒動にかかわる帝政ロシア時代の秘密が明かされるとき、秀也とゆいがんばる別れが…。お仕事&妖怪物語"北国の巻"、解決編。
2017.9 295p A6 ¥560 ①978-4-04-103489-7

◆SF飯: 宇宙港デルタ3の食料事情　鋼大著　早川書房（ハヤカワ文庫JA）
【要旨】時は人類を過保護すぎるほど守ろうとした機械知性"太母"が"涅槃"へと旅立ったあとの時代。中央星域の大商家の若旦那マルスは、人柄はよいもののだまされやすく、勘当されて辺境の宇宙港から流される生活。そんな若旦那を救ったのは、祖父の食堂"このみ屋"を再開させようとがんばる少女だった。食材の不足、単調なメニュー、サイボーグや異星人という奇天烈な客にめげず、創意工夫でお腹と心を満たしていく。
2017.11 383p A6 ¥760 ①978-4-15-031306-7

◆怪談五色 死相　我妻俊樹他著　竹書房（竹書房文庫）
【要旨】最凶メンバーを揃えた「怪談五色」シリーズ第五弾。近所のゴミ屋敷の住人の戯言に耳を傾けたら…「スカジャンの男」、聞いたらそれが"本物の怪談かどうかわかる"人の前で披露した話はいったい…「小料理屋にて」（小田イ輔）、傷心旅行先でついつ買ってしまったスマホに保存されていた…「タイの嫌な動画」（岩井志麻子）、幽体離脱してしまう人が現世に戻るたびに身の回りに起きる不可思議「布団の中の異物」（福澤徹三）、自殺者が遺したものをついついー報いは大きく広がる…「ねこばば」（平山夢明）。五人の手練れが紡ぐ怪異は、あなた方の町の暗闇の中で同時多発、この瞬間も禍々しく蠢き続けている。
2017.12 220p A6 ¥650 ①978-4-8019-1282-3

◆奇々耳草紙 憑き人　我妻俊樹著　竹書房（竹書房文庫）
【要旨】この世の隅で絶えず囁かれる奇怪な話、異様な話、それらに"聞き耳"をたてて一日常の狭間に覗く恐怖をたっぷり53話収録。一家心中の生き残りの男の元に、今もやってくるという両親の霊。その戦慄の理由「心残り」、先祖が戦国武将だという同級生は誕生を持ってくると言った翌日に死んだ。その夜…「大和山実山」、大学に伝わる伝説とそれにまつわる恐るべき独

SF・ホラー・ファンタジー

白「死ぬ地蔵」など。
2017.5 223p A6 ¥650 ①978-4-8019-1070-6

◆猫と竜　アマラ著　宝島社　(宝島社文庫)
【要旨】魔獣が跋扈する森の奥。一匹の火吹き竜が、猫たちと暮らしていた。永きにわたり猫を守り育てる竜を、猫たちは「羽のおじちゃん」と呼び、人間は畏怖と敬意を込めて「猫竜」と呼んだ。竜の庇護を離れた後に、人間と暮らす猫もいる。冒険に憧れる王子と、黒猫の英雄。孤児院の少女に魔法を教える白猫。そして森では、今日も竜が子猫に狩りを教えている。これは、猫と人間の、温かく不思議で、ちょっと切ない物語。
2017.4 376p A6 ¥650 ①978-4-8002-7052-8

◆猫と竜 冒険王子とぐうたら少女　アマラ著　宝島社　(宝島社文庫)（『猫と竜と冒険王子とぐうたら少女』改訂・改題書）
【要旨】森の奥。一匹の竜が、魔法を操る猫たちと暮らしていた。竜は猫を守り育てる。大きくなった猫は縄張りを求めて巣立つのだが、人間と暮らすものもいる。ある王子の世話役になった黒猫は、「冒険」という名の家出に付き合うことに。白猫は偶然出会った孤児院の少女を気に入り、魔法を教えようと企むが…。大きな竜と人間の心温まるファンタジー、待望の続編。
2018.1 329p A6 ¥650 ①978-4-8002-8020-6

◆そして、星へ行く船　新井素子著　出版芸術社　(星へ行く船シリーズ 5)
【要旨】憧れの女性レイディに拉致された、あゆみ。ある仕事を依頼されるが成功すれば一生火星へ帰れないという極端なもので…表題作ほか、後日譚「αだより」、書き下ろし「バタカップの幸福」、新あとがきを併録。バイブルのSFシリーズ。
2017.3 429p A6 ¥1500 ①978-4-88293-495-0

◆もはや宇宙は迷宮の鏡のように―白樹直哉シリーズ完結編　荒巻義雄著　彩流社
【要旨】満84歳の新作書き下ろし。バニヤン著『天路歴程』、ダンテ著『神曲物語』を嗣ぐ、日本初長編書き下ろし死後文学。
2017.8 475, 7p B6 ¥2000 ①978-4-7791-2110-4

◆恐國 百物語　伊計翼著　竹書房　(竹書房文庫)
【要旨】語り部たちの話を書きまとめる、怪談社の書記・伊計翼による「百物語」シリーズファイナル。トンネルでの遭遇した凄美な怪異（第16話）、怪談番組ロケで起きた現象とは（第49話）、捨てることができない手紙の奇跡（第67話）、廃屋の部屋で見つけたのは恐怖の欠片（98話）など一怒濤の九十九話が貴方に常夜の戦慄を体験させる。
2017.6 250p B6 ¥1350 ①978-4-08-704010-4

◆舌の上の君　牟坂晩香著　集英社
【要旨】究極の愛。ひとつになること。それは一食べてもらうこと。料理人の厨王は、異世界に迷いこんでしまった。現地人の少女・アイサに救われたクリヤは、調理の技術を活かし、少しつつ異世界に馴染んでいく。しかしある日、彼女はアイサの恐るべき真実を知ってしまう。彼女は「サカラ」という、至上の美味を宿した人間で、いずれその身を喰われることになっていた。ジャンプホラー小説大賞の最終選考を、その猟奇的な内容と感動のストーリーで紛糾させた問題作!!
2017.6 250p B6 ¥1350 ①978-4-08-704010-4

◆赤いオーロラの街で　伊藤瑞彦著　早川書房　(ハヤカワ文庫JA)
【要旨】東京で仕事に倦んだプログラマー香山秀行は、テレワークの体験で北海道・知床の斜里町を訪れる。その夜、空一面に赤いオーロラが発生。街で停電に見舞われた。これは超巨大な太陽フレアによるもので、全世界の通信・交通網はすべてストップ。完全な復旧には少なくとも数年かかるという一親切にしてくれた北海道の人々のために、自分に何ができるのか？　世界停電という現実に起こりうる危機をめぐる、人と社会の物語。
2017.12 287p A6 ¥640 ①978-4-15-031310-4

◆青い花は未来で眠る　乾ルカ著　KADOKAWA　(角川文庫)（『11月のジュリエット』加筆・修正・改題書）
【要旨】私が生きていること、意味はあるのか一。かつて自分をかばって姉を失った高校2年生の優香は、親しい級友たちの修学旅行の飛行機でハイジャック事件に遭遇する。飛行機は不時着するが、生き残った乗客はわずかに5人。テロ事件の犯人は、見慣れない青い花を身につけた4人の青年だった。謎を秘めた迫りくる彼らと無気力に変わった優香は一。

りはじめる―。少女が未来を切り拓く、鮮烈なSFサスペンス。
2017.8 387p A6 ¥760 ①978-4-04-105868-8

◆機巧のイヴ　乾緑郎著　新潮社　(新潮文庫)
【要旨】天府城に拠り国を支配する大幕府。女人にだけ帝位継承が許された大帝家。二つの巨大な勢力の狭間で揺れる都市・天府の片隅には、人知を超えた技術の結晶、美しき女の姿をした「伊武」が存在していた！　天帝家を揺るがす秘密と、伊武誕生の謎。二つの歯車が回り始め、物語は未曾有の結末へと進むのか。驚異的想像力で築き上げられたSF伝奇小説の新たな歴史的傑作、ここに開幕！
2017.9 382p A6 ¥630 ①978-4-10-120791-9

◆夜会―吸血鬼作品集　井上雅彦編　河出書房新社
【目次】闖入者、ブルー・レディ、凍りつく温室、ノスフェラトゥ、海の蝙蝠、噴水、蜜ραsリサイタル、横切る、帽子の女、鞍、デザート公、碧い夜が明けるまで、夕の外套、太陽の血、祝杯を前にして、パラソル、吸血鬼団、時を超えるも
2017.7 205p 18cm ¥1300 ①978-4-309-02591-9

◆科学調査宇宙船ミラージュ7探訪記―episode episode1　井原道也著　幻冬舎メディアコンサルティング, 幻冬舎 発売
【要旨】目的はハビタブルゾーンの惑星探査、銀河中心方向へいざ出発。23世紀初頭、人口増加に悩む太陽系は、別の恒星系への移住を計画。移住型惑星探査のために各方面に1人乗り科学調査宇宙船ミラージュシリーズが派遣された。その7番船の乗員エムと相棒の量子コンピューターソウのコンビが宇宙を駆け巡る。
2017.3 282p 18cm ¥800 ①978-4-344-91142-0

◆磁極反転の日　伊与原新著　新潮社　(新潮文庫)（『磁極反転』改題書）
【要旨】地球のN極とS極が反転し始めた。大規模地磁気嵐が発生し、東京上空にオーロラが出る中、女性研究者浅田林の耳に奇妙な話が聞こえてくる。異様な寒冷化と降り注ぐ宇宙線に不安が広がる中、女性研究者浅田林の耳に奇妙な話が聞こえてくる。都内の病院から妊婦たちが次々と失踪しているというのだ。謎の団体、脳科学者の闇、不可解な妊婦の死。取材の果て、柊が突き止めた恐るべき真相とは。パニックSFの新たな傑作。
2017.4 615p A6 ¥840 ①978-4-10-120761-2

◆現代百物語 不実　岩井志麻子著　KADOKAWA　(角川ホラー文庫)
【要旨】「自殺した彼女の人生を代わりに生きてます」―滔々と壮絶な体験を語る作家志望の女。傷害事件にまで発展した気まずい不在。芸人が体験した3つの謎と符号する実際の陰惨な話。息を吐くように嘘をつき、偽りに偽りを重ねた不実な人々が、やがて虚妄で邪悪な世界に巻き取られていく…。人の語る「真実」とは、その真贋の証明がどれほど難しいか…。真実と虚偽のあわいに生じた怪異譚を99話収録した現代怪談第9弾！
2017.6 209p A6 ¥560 ①978-4-04-105606-6

◆鹿の王 1　上橋菜穂子著　KADOKAWA　(角川文庫)
【要旨】強大な帝国・東ザル瑠から故郷を守るため、死兵の役目を引き受けた戦士団「独角」。妻と子を病で失い絶望の底にあったヴァンはその頭として戦うが、奴隷に落とされ岩塩鉱に囚われていた。ある夜、不気味な犬の群れが岩塩鉱を襲い、謎の病が発生。生き延びたヴァンは、同じく病から逃れた幼子にユナと名を付けて育てる!? たったふたりだけ生き残った父と子が、未曾有の危機に立ち向かう。壮大な冒険が、いまはじまる―！
2017.6 296p A6 ¥640 ①978-4-04-105489-5

◆鹿の王 2　上橋菜穂子著　KADOKAWA　(角川文庫)
【要旨】謎の病で全滅した岩塩鉱を訪れた若き天才医師師ホッサル。遺体の状況から、二百五十年前に自らの故郷を滅ぼした伝説の疫病「黒狼熱」であることに気づく。征服民には致命的なのに、先住民であるアカファの民は罹らぬ、この謎の病は、神が被らに下した天罰だという噂が流れ始める。古き疫病は、何故蘇ったのか―。治療法が見つからぬ中、ホッサルも黒狼熱に罹りながらも生き残った囚人がいると知り…!?
2017.6 333p A6 ¥640 ①978-4-04-105508-3

◆鹿の王 3　上橋菜穂子著　KADOKAWA　(角川文庫)
【要旨】何者かに攫われたユナを追い、"火馬の民"の集落へ辿り着いたヴァン。彼らは帝国・東平瑠の侵攻によって故郷を追われ、強い哀しみ

と怒りを抱えていた。族長のオーファンから岩塩鉱を襲った犬の秘密と、自身の身体に起こった異変の真相を明かされ、戸惑うヴァンだが…!? 一方、黒狼熱の治療法をもとめ、医術師ホッサルは一人の男の行方を追っていた。病に罹る者と罹らない者、その違いは本当に神の意思なのか―。
2017.7 270p A6 ¥640 ①978-4-04-105509-0

◆鹿の王 4　上橋菜穂子著　KADOKAWA　(角川文庫)
【要旨】岩塩鉱を生き残った男・ヴァンと、ついに対面したホッサル。人はなぜ病み、なぜ治る者と治らぬ者がいるのか一投げかけられた問いに答えようとする中で、ホッサルは黒狼熱の秘密に気づく。その頃仲間を失った"火馬の民"のオーファンは、故郷をとり戻すべく最後の勝負を仕掛けていた。病む者の哀しみを見過ごせなかったヴァンが、愛する者たちが生きる世界のために下した決断とは―!? 上橋菜穂子の傑作長編、堂々完結！
2017.7 350p A6 ¥640 ①978-4-04-105510-6

◆闇塗怪談　営業のK著　竹書房　(竹書房文庫)
【要旨】金沢市に実在するふつうの会社の、ふつうじゃないブログ…YAHOO！ニュースにもなった噂の怪談ブログが本になった！ 営業部所属の著者が勤務先の社長に内緒で、こっそり書き始めたという怪談はなんと350話以上、そのすべてが実話。今回その中から酒落にならない恐怖譚を厳選、これまで封印してきた禁忌譚、最新最恐の書き下ろしとともにひさびしたお届けする。
2017.10 223p A6 ¥650 ①978-4-8019-1223-6

◆妖鬼庵夜話―花闇の来訪者　榎田ユウリ著　KADOKAWA　(角川ホラー文庫)
【要旨】ヒトと僅かに異なる存在、妖人。美貌と毒舌の妖人茶道家・洗足伊織は、「家族」との平穏をなにより愛していた。最近は「小豆とぎ」のマメが、食堂でボランティアを始めるなど心も成長中。そんな中、伊織を慕う甲野が、彼女を連れてきた。「私は"口裂け女"なんです」と嘆く彼女に、伊織は真実を告げる。一方、食堂の関係者が殺され、マメに容疑が。その際に、伊織は不穏な気配を感じ…。シリーズ第6弾、書き下ろし。
2017.7 346p A6 ¥640 ①978-4-04-105699-8

◆屈折する星屑　江波光則著　早川書房　(ハヤカワ文庫JA)
【要旨】太陽系のどこかに浮かぶ廃棄指定済みの円柱型コロニーには、いまだ一定数の住人が暮らしていた。ヘイウッドもここで生まれ育ち、唯一の愉しみ―ホバーバイクで人工太陽に衝突寸前まで接近するチキンレースを繰り返している。将来の展望も生産性もないまま、流されて生きる鬱屈した毎日。だが火星から戦争を嫌って亡命してきた元軍人ジャクリーンとの出会いから、ヘイウッドはどう生きていくのかを模索しはじめる。
2017.3 318p A6 ¥740 ①978-4-15-031267-1

◆ギザ耳ロベールと怪談集 2 餅つき男登場！　江見祥生著　日本図書刊行会, 近代文藝社 発売
【要旨】大命下る！ 餅つき男に、二大巨頭を同盟させよと。王国の運命は？「ギザ耳」と「大鎚」の怒りが炸裂！「弟子取り競争」開始！ 時に怖く、面白く。中世を舞台にした活人劇、第二弾―。
2017.8 412p B6 ¥2000 ①978-4-8231-0953-9

◆盗賊と星の雫―サラファーンの星 3　遠藤文子著　東京創元社　(創元推理文庫)
【要旨】義賊、黒のジョーは、伝説の宝石を盗もうとして、ギルデアに捕らえられてしまう。激しい拷問を受け、地下牢に幽閉された彼を救ったのは、同じ牢に囚われている謎めいた老人だった。ギルデアと連合国の戦が激化するなか、世界中で次々と未曾有の嵐が起こる。ギルデアに対抗すべくアトーリスが開発した兵器の影響だった。王子ランドリアは母国の暴走を止めようと奔走する。
2017.5 423p A6 ¥1000 ①978-4-488-57306-5

◆天盆　王城夕紀著　中央公論新社　(中公文庫)
【要旨】蓋の国を動かすのは、盤戯「天盆」を制した者。人々は立身を目指し研鑚に励むが、長い間、平民から征服者は出ていない。中、貧しい十三人きょうだいの末子・凡天が激戦を勝ち抜ける―少年が歴史に挑むとき、国の運命もまた動き始めた。圧倒的疾走感で描き出す放熱ファンタジー！
2017.9 299p A6 ¥600 ①978-4-12-206429-4

SF・ホラー・ファンタジー

◆百二十歳の少女―古美術商・柊ニーナ　大石 圭著　KADOKAWA　(角川ホラー文庫)
【要旨】「持ち主を死へ誘う人形」。古美術商の柊ニーナは、いわくを知りながらも、パリでビスクドールの最高傑作ブリュ・ジュンを買いつけた。ニーナと同様、本物の少女と見紛う精巧さに魅せられた彼女はブリュを愛しすぎたが、彼らは謎の死を遂げ、ニーナも奇妙な現象に悩まされるようになる。ブリュは何を訴えたいのか―パリで調査を始めたニーナは、やがてあるおぞましい過去に突き当たる。戦慄のスピリチュアル・サスペンス。
2017.8 283p A6 ¥640 ①978-4-04-105842-8

◆魔女と魔王　岡田伸一著　潮出版社
【要旨】これは魔女がした残酷な選択の物語―。あらゆる名称の記憶と引き換えに奇跡を起こす黄金の魔女王。彼女は流産させてしまった恩人の子「迷子の魔王」という存在を救うため、太古と異人が住まう「地獄と餓鬼の国」、血も凍る絶望の未来「科学と禁句の国」、魔女に究極の選択を迫る「夢と感情の墓場の国」。やがて黄金の魔女王は、美しい女性の複製である白銀の魔女とともに、魂を喰らう場所の魔呪王」と呼ぶ―。魔女がした選択、魔呪王の正体とは―。そして物語は、「幻の国、男の国、獣の森」へとつづく…。
2017.12 403p B6 ¥1600 ①978-4-267-02116-9

◆アリスマ王の愛した魔物　小川一水著　早川書房　(ハヤカワ文庫JA)
【要旨】弱小なディメ王国の醜悪な第六王子アリスマは、その類まれな計算能力によって頭角を現していくが―森羅万象を計算し尽くす夢に取り憑かれた狂王を描き、星雲賞を受賞した表題作、英語版アンソロジー初出の宇宙SF「ゴールデンブレッド」、なぜか自律運転車に乗せられる人型ロボット、アサカさんを通して、AIの権利を考察する書き下ろし「リグ・ライト―機械が愛する権利について」ほか全5篇を収録の最新作品集。
2017.12 341p A6 ①978-4-15-031309-8

◆ゲームの国　上　小川哲著　早川書房
【要旨】サロト・サル―後にポル・ポトと呼ばれるクメール・ルージュ首魁の隠し子とされるソリヤ。賃付ロベールフランに生を享けた、天賦の智性を持つ神童のムイタック。皮肉な運命と偶然に導かれたふたりは、軍靴と砲声に震える1975年のカンボジア、バタンバンで出会った。秘密警察、恐怖政治、テロ、強制労働、虐殺―百万人以上の生命を奪ったすべての不条理は、少女と少年を見つめながら進行する…あたかもゲームのように。
2017.8 391p B6 ¥1800 ①978-4-15-209679-1

◆ゲームの国　下　小川哲著　早川書房
【要旨】「君を殺す」―大量殺戮の季節が生んだ、復讐の物語とふたりの訣別から半世紀が経った。政治家となったソリヤは、理想とする"ゲームの王国"を実現すべく権力の頂点を目指す。一方でムイタックは自身の渇望を完遂するため、脳波測定を利用したゲーム"チャンドゥク"の開発を、早熟な少年アルンと共に進めていた。過去の物語に呪縛されながらも、光ある未来を希求して彷徨うソリヤとムイタックが、最後に手にしたものとは…。
2017.8 365p B6 ¥1800 ①978-4-15-209701-9

◆ユートロニカのこちら側　小川哲著　早川書房　(ハヤカワ文庫JA)
【要旨】巨大情報都市という実験都市アガスティアリゾート。その街では個人情報―視覚や聴覚、位置情報等全てを提供して得られる報酬や、平均以上の豊かな生活が保証されている。しかし、誰もが羨む彼岸の理想郷から零れ落ちる人々もいた…。この街で、自由を求め、自由を求める男女が交錯する6つの物語。第3回ハヤカワSFコンテスト"大賞"受賞作、約束された未来の超克を謳うポスト・ディストピア文学。
2017.12 331p A6 ¥840 ①978-4-15-031299-2

◆坊っちゃん忍者幕末見聞録　奥泉光著　河出書房新社　(河出文庫)
【要旨】「坊っちゃん」、幕末に現る！庄内藩で霞流忍術を修行中の松吉は、尊王攘夷思想にかぶれた江戸藩子の悪友・寅太郎に巻き込まれ、風雲急を告げる幕末の京への旅に。坂本龍馬や新撰組や志士たちと出会い、いつの間にか倒幕の争いに巻き込まれ、予の地獄のかなたへ…。奥泉光直木賞「坊っちゃん」トリビュート小説にして、歴史ファンタジーの傑作。
2017.4 367p A6 ¥830 ①978-4-309-41525-3

◆実話コレクション 憑怪談　小田イ輔著　竹書房　(竹書房文庫)
【要旨】妙なことばかり起こる、買ったばかりのマンション。友人のアドバイスを聞いたらそれは治まったけれど…「祀ったもの」、流星群が流れる夜空を父親と見上げていたら突然現れた！「星空と知らせ」、心霊スポットに行ったけれどなぜか入る気がしない。結局友人たちを待つことにしたのだが「肝試しの結末」など。命懸けで怪異を蒐集している小田イ輔、その暗黒に憑りつかれていく！

◆霊感検定―春にして君を離れ　織守きょうや著　講談社　(講談社文庫)
【要旨】最愛の兄を突然失い悲嘆に暮れる弟の携帯に届く、兄たちからのあり得ない着信。霊が視えないのに心霊相談を持ち込む母親の苦悩。人知れず霊に悩む者を心霊現象研究会は秘めやかに救い続ける。霊を信じない同級生の冷たい視線も気に留めぬ、霊感高校生達の一途な行動が感動を呼ぶ青春ホラー。
2017.4 315p A6 ¥640 ①978-4-06-293632-3

〔か行の作家〕

◆たゆたうエマノン　梶尾真治著　徳間書店
【要旨】生命の進化を見守りながら、旅する少女エマノン、三十数億年という時の中を跳び続ける少女ヒカリ。二人の少女は時を超えて約束を守り続ける。"エマノン"最新作。
2017.4 221p B6 ¥1600 ①978-4-19-864382-9

◆つばき、時跳び　梶尾真治著　徳間書店　(徳間文庫)
【要旨】肥後椿が咲き乱れる「百椿庵」と呼ばれる江戸時代からある屋敷には、若い女性の幽霊が出ると噂される。その家で独り暮らすことになった新進小説家の青年井納惇は、ある日、突然出現した着物姿の美少女に魅せられる。「つばき」と名乗る娘は、なんと江戸時代から来たらしい…。熊本を舞台に百四十年という時間を超えて、惹かれ合う二人の未来は？(タイムトラベル・ロマンス)。
2018.1 397p A6 ¥750 ①978-4-19-894299-1

◆デイ・トリッパー　梶尾真治著　キノブックス
【要旨】最愛の夫・大介を結婚後わずか三年半で亡くした香菜子。「大介に会いたい」と願う香菜子の前に現れたのは…？
2017.6 303p B6 ¥1700 ①978-4-908059-74-2

◆京都伏見のあやかし甘味帖―おねだり狐との町屋暮らし　柏てん著　宝島社　(宝島社文庫)
【要旨】ワーカホリックな29歳、れんげ。会社からの唐突な退職勧告を受け帰宅すると、結婚予定の彼氏と見知らぬ女！？「俺がいなくても、れんげは生きていけるだろ？」。そんなことあるか、ボケ!!絶望のれんげは旅立つ、超メジャーだが未踏の地、京都へと。そこで出会ったのは、おっとり系大学生男子とおしゃべりな子狐。黒狐日く「れんげの願いを叶えて、徳を積むのです！」。スルーしたものの、次々と怪異に巻き込まれ…。あやかしと老舗甘味を巡る、不思議な物語、開幕です！
2017.8 285p A6 ¥650 ①978-4-8002-7529-5

◆「忌」怖い話 香典怪談　加藤一著　竹書房　(竹書房文庫)
【要旨】伝説の実話怪談シリーズ「超」怖い話の最古参執筆メンバーにして、現在も四代目編著者として「超」怖い話を牽引する加藤一が手掛けるソロワーク、「忌」怖い話。「超」怖い話シリーズなる抽斗から驚愕の怪が繰り出された。ペットの死に際に見た不思議な怪現象「時計回り」、パソコンの電源を入れるたびに体を這うものとは…「ぞわつく部屋」、出征する息子に持たせたお守りに纏わる戦慄の連続怪談「八咫烏」他、空恐ろしくも滋味深い28話を収録。まだ怖いけれど怪談ではない。恐怖なる何かがここにある…。ぜひご堪能いただきたい。
2017.6 223p A6 ¥650 ①978-4-8019-1091-1

◆王様ゲーム深淵8.02　金沢伸明著　双葉社　(双葉文庫)
【要旨】ある年の8月。日本・韓国・台湾の高校生32名が、国際交流の研修で台湾にある孤島に集まった。研修5日目の夜、生徒たちのスマホに"王様"を名乗る人物から謎のメールが送られてくる。かくして、王様ゲームが始まった！生徒たちの間では、やがて民族間での疑心暗鬼が募り、対立が広がる―大人気サバイバルホラーシリーズ、2冊同時刊行！
2017.2 350p A6 ¥657 ①978-4-575-51970-9

◆王様ゲーム深淵8.08　金沢伸明著　双葉社　(双葉文庫)
【要旨】地獄のメールが届いてから6日。研修で台湾の孤島に集まった32名の日本・韓国・台湾の高校生は、20名にまで減った。新たな命令は、「坂本秋雄は誰か1人を殺せ。従わない場合は恋人の小松崎美佳に罰を与える」。王様は残った20名の中にいるのか！？それとも―エブリスタ発、大人気サバイバルホラーシリーズ、2冊同時刊行！
2017.2 356p A6 ¥657 ①978-4-575-51971-6

◆恐怖箱 醜怪　神沼三平太著　竹書房　(竹書房文庫)
【要旨】人は誰しも醜い闇の一面を有している。妬み、嫉み、怨み、怒り…これら負の感情が煮詰まり死に際の心を占めると、魂は成仏できずに怨霊悪霊となり、呪い祟りといった怪事を引き起こす。これすなわち怪談の誕生である。そして、その怪談を嬉々として聞きたがるのもまた人間の性であり、闇ではあるまいか。怪の惨事が酷ければ酷いほど、我々の心は強く惹かれてしまう。本書は著者がとくに「死臭の濃い」と思われる話ばかりを30話集めた怪奇実話集である。好奇心が命取りとならぬよう心して楽しまれたし。
2017.3 223p A6 ¥650 ①978-4-8019-1007-2

◆ヤキトリ 1 一銭五厘の軌道降下　カルロ・ゼン著　早川書房　(ハヤカワ文庫JA)
【要旨】地球人類が国籍の区別なく全員、商連と呼ばれる異星の民の隷属階級に落とされた未来世界。閉塞した日本から抜け出すため、アキラは募兵官の調理師の誘いで商連の惑星軌道歩兵―通称ヤキトリに志願する。米国人、北欧人、英国人、中国人の4人との実験ユニットK-321に配属されたアキラが直面したのは、作戦遂行時の死亡率が平均70％というヤキトリの現実だった。ウェブ小説の異才による、戦争SF新シリーズ開始！
2017.8 363p A6 ¥680 ①978-4-15-031280-0

◆人狼ゲーム MAD LAND　川上亮著　アミューズメントメディア総合学院AMG出版、竹書房 発売　(竹書房文庫)
【要旨】『皆さんにはこれから人狼ゲームをプレイして頂きます。構成は人狼側：人狼1人。村人側：予言者1人、用心棒1人。その他：狂人7人。毎日二十時に、十人は自分が人狼だと思う相手に投票してください。最も多くの票を集めた住人が死亡します。人狼は零時から二時までの間に部屋を出て、村人の中から1人を選んで殺害してください』―参加者は望みでここに集まった者と、拉致され、参加を強制された者が半分ずつ。さらに、今回の人狼ゲームは"普通"ではない。ここは"狂人村"―村人側は「予言者」と「用心棒」のふたりだけ。それ以外は"人狼"と、その"人狼"を勝たせたい"狂人"たちのみ。私、小池萌に与えられた役職は用心棒。仲間を見つけ、人狼+狂人たちの手から逃げ切ることは出来るのか…？
2017.7 223p A6 ¥650 ①978-4-8019-1142-0

◆自動人形(オートマトン)の城―人工知能の意図理解をめぐる物語　川添愛著　東京大学出版会
【要旨】勉強ぎらいでわがままな11歳の王子。彼の浅はかな言動がきっかけで、邪悪な魔術師により城中の人間が人形に置き換えられてしまった。その絶望的な状況に王子はどう立ち向かうのか。「人工知能」と「人間の言葉」をめぐる新たなストーリー。
2017.12 294p A5 ¥2200 ①978-4-13-063368-0

◆実話怪談 穢死　川奈まり子著　竹書房　(竹書房文庫)
【要旨】狂った叔母が執着する着物に込められた暗く不思議な因縁話―著者が自らの一族に纏わるタブーに斬り込んだ連作怪談「三枚襲」、飼い犬が死んだことから始まる家族全滅の怪「猛犬注意の家」、子供のすすり泣きが聞こえる部屋、先日とある事件が起こって誰もいないはずなのに…「隣の家の少女」など27話収録。怪異が起こるすべての場所には、凄まじい悲惨な死の影が色濃く落とされている。ほら、あなたの足元にも…。
2017.3 223p A6 ¥650 ①978-4-8019-1009-6

◆実話奇譚 呪情　川奈まり子著　竹書房　(竹書房文庫)
【要旨】怪異の起こる土地や物件―それらが記憶する陰惨な過去が隠されている。リンチ

SF・ホラー・ファンタジー

殺人の現場近くに住む人たちに起きた不可解な出来事「見殺しの代償」、事故現場を見に訪れたところ…「しがみつく六人」、著名人の墓を巡るのを趣味とする人が出会った奇妙な男「墓地の掃苔家」、陰惨な事件を記憶する土地にまつわる怪談「欠番の家」など圧巻の61話を収録。
2017.10 221p A6 ¥650 ①978-4-8019-1224-3

◆火星の白蛇伝説―星界伝奇　川又千秋著　中央公論新社　（中公文庫）
【要旨】「蛇不老だ、捕えまッろ！」火星辺境の町で素奈素は荒くれ者から逃げる娘を助けるが…（第一話「火星の白蛇伝説」）。金星に降り立った怪人・達達の目的を突き止めて欲しいとの依頼を受け、素奈素は謎の古代遺跡へと潜入する（第二話「金星『闇歌（ミンガ）城』の秘密」）。スリルとロマンに満ちた幻想SF冒険譚！ 短篇「嵐エンジン開発秘話」を併録。
2017.1 220p A6 ¥680 ①978-4-12-206349-5

◆オーバーロードの街　神林長平著　朝日新聞出版
【要旨】弱者排除主義や社会的怨嗟を動機とした犯罪が多発する、階級制が顕在化した近未来―。日常生活で使用されているパワーローダーによる無差別殺人が発生、鎮圧に向かった警察や軍隊のパワースーツも暴走し互いに殺し合いを始めた…。同時期時多発的にデータ破壊され、電子データが蒸発、金融システムも崩壊した。ついに人類滅亡の予兆なのか？ 人類を破滅に導こうとしている敵は、「地球の意思」そのものなのか？ SF界の第一人者が世に問う黙示録的大長編小説！
2017.9 523p B6 ¥1800 ①978-4-02-251488-2

◆だれの息子でもない　神林長平著　講談社（講談社文庫）
【要旨】二〇二八年市民皆武装立国法により各家庭には携帯型対空ミサイルが配備。そのシステム管理と物放市民のネット内人工人格を消去することが安曇平市役所で働くぼくの仕事だ。出奔した父が他界して十数年。目の前に死んだはずの親父のアバターがネットファントムが現れた。日本SF最高峰作家、講談社文庫初登場！
2017.5 373p A6 ¥740 ①978-4-06-293661-3

◆フォマルハウトの三つの燭台―倭篇　神林長平著
【要旨】人工人格家電の自殺疑惑、非実在キャラクターを殺したと主張する被告人、雇用を迫る対人支援用ロボット。起こりえない事件を解決するため男たちは燭台に火を灯す。それは「真実を映し出す」と語り継がれる、フォマルハウトの三つの燭台。
2017.5 340p B6 ¥1700 ①978-4-06-220575-7

◆クトゥルー短編集 邪神金融街　菊地秀行著　創土社　（クトゥルー・ミュトス・ファイルズ）
【要旨】インスマスを思わせる漁村怪異譚を江戸時代に展開する「切腹」、クトゥルー・ミュトス・ファイルズの記念すべき第一弾『邪神金融道』の原形「サラ金から参りました」、短いが比類なく恐ろしいとひそやかに語られる「出づるもの」、怪獣映画への憧憬にクトゥルーを絡めた「怪獣都市」、加えてラヴクラフトみならず神話の故郷ともいうべきプロヴィデンス訪問記三篇に、描き下ろし短編「賭博場の紳士」がそっと忍び寄る。恐怖のあまり邪神たちも発狂する傑作短編集！
2017.8 267p B6 ¥2500 ①978-4-7988-3044-5

◆ゴルゴダ騎兵団―魔界都市ブルース　菊地秀行著　祥伝社　（ノン・ノベル）
【要旨】"新宿区"の倉庫から、ゴルゴダの丘でイエスを刺した"ロンギヌスの槍"が強奪された。槍の行方、世界を統べる力を封じるのは、神を突いたもう一本"無名兵士の槍"のみ。奪還を目指す"区"に、美貌の魔法使い・秋せつらは、槍を追うバチカンの使者・牧ラジアの依頼で、まず"楯"となり、イエスが纏った"聖衣"の捜索を開始した。その前にロンギヌスの子孫・フロン一族が現れ、"区"も交えた争奪戦が勃発した！"聖衣"はどこに？ 二本の槍は誰の手に？ 神を殺した魔槍は"魔界都市"さえ滅ぼすのか？ 書下ろし最新刊！
2017.5 196p 18cm A6 ¥860 ①978-4-396-21033-5

◆消滅の鎧（アーマー）―ドクター・メフィスト　菊地秀行著　祥伝社　（ノン・ノベル）
【要旨】"人間が泡と化し虚空に消失！？"新宿"で致死率が一〇〇％近い奇病が発生、生還した例では体内に奇怪な鎧が形成されていた。"魔界医師"メフィストの師に、街を来訪中の魔法士ファウストの関与が疑われる疫病は、やがて人類誕生に遡る宿命であることが判明する。世界

に終止符を打ちかねない感染拡大を恐れる諸外国が注視するはアフリカ・ケマグ共和国の美しき女外相ミランダとともに、災厄の打開を求めて"亀裂"の底へ向かうが…。叡知と美貌の白き医師は、師を超え、地球最古の病を封じられるのか？
2017.7 250p 18cm ¥860 ①978-4-396-21034-2

◆魔界都市ブルース 霧幻の章―マン・サーチャー・シリーズ 14　菊地秀行著　祥伝社　（ノン・ノベル）
【要旨】「霧のせいだと思います」依頼人の加奈江は、美貌の人捜し屋秋せつらに告げた。恋人で、将来を嘱望される人工知能開発者の神台省吾が失踪。霧が好きだったという。妖物も異形の溢れる"魔界都市"「新宿」は今、"霧の時"を迎えていた。霧に魅せられその奥へ消える者、帰還する者。やがて、神台を執拗に追う"区外"の男たちを、霧の向こうに巣食うものたちが呑み込んだ！ 前代未聞の霧の侵略から"新宿"を救うべく、せつらはドクター・メフィストを訪ねるが―。（「霧ふかき街」より）超人気シリーズ。
2017.2 240p 18cm ¥860 ①978-4-396-21032-8

◆D‐五人の刺客―吸血鬼ハンター 32　菊地秀行著　朝日新聞出版　（朝日文庫ソノラマセレクション）
【要旨】夏でも雪と氷河に覆われる"北部辺境区"で、Dは戦闘士バレンから「神祖」が残した六つの"道標"を辿れ、と告げられた。道標を手に入れると、貴族にならずとも不死になれるという…。その者を狙う者、これらを護る貴族たちとの闘いに、Dは自ら身を投じていく。"神祖"の秘密とは何か？ 六つの道標の先にあるものとは！？
2017.9 238p A6 ¥740 ①978-4-02-264843-3

◆ダークゾーン 上　貴志祐介著　KADOKAWA　（角川文庫）
【要旨】暗闇の中、赤い駒として目覚めたプロ棋士を目指す塚田は、「青の軍勢」と戦えと突然命じられる。周囲には、やはり怪物と化した恋人や友人たちが、塚田が将となった"赤の軍勢"の駒として転生していた。将棋のようなルールのもと、特殊能力を駆使し、知恵と駆け引きで敵の王将を狙う"赤VS青"、異形同士の七番勝負が始まった。異次元空間で繰り広げられる壮絶な"対局"の行方は？ 衝撃のバトルエンターテインメント開戦。
2017.12 315p A6 ¥640 ①978-4-04-106247-0

◆ダークゾーン 下　貴志祐介著　KADOKAWA　（角川文庫）
【要旨】怪物同士の戦いは、力が倍増する昇格を経て、新たなステージに突入した。希望なき破壊ゲームと化す中、赤軍の王将・塚田は、現実世界でも将棋の敵である、奥本率いる青軍の最終決戦に臨みでゆく。恋人・緋紗子や、奨励会での競争と葛藤、探険部との冒険旅行…去来する現実世界での出来事は、この死闘とどう関係しているのか。そして、なぜ最後の舞台が軍艦島でなければならないのか？ 慟哭の真相が明らかになるや否や。
2017.12 322p A6 ¥640 ①978-4-04-106249-4

◆大怪獣記　北野勇作著　創土社　（クトゥルー・ミュトス・ファイルズ）
【要旨】ある日、作家である私は、見知らぬ映画監督から「映画の小説化」を依頼される。喫茶店で渡された企画書には「大怪獣記」というタイトルが大きく書かれていた。物語の舞台はこの町と周辺、そして、実際の撮影もここで行うということで、協力を仰ぐ商店街の名前や町内会なども記されていた。私の代表作は亀シリーズで、「亀伝」「電気亀伝」「天六亀」。その他に、「メダカマン」「ヒメダカマン」「タニシ氏の生活」「ジャンボタニシ氏の日常」などがある。あんな私の著作を「あなたの作品には、怪獣に対する愛がある。もちろん怪獣そのものは出てこない。でもね、それはあれなんだよ、愛なんだ。愛するが故に出せない」と褒めてくれた。当初映画のノベライズだと聞いたが、そうではなく「映画の小説化」だという。途中までできているシナリオを受取るために連れて行った豆腐屋で、私は恐ろしい体験をする…。
2017.5 291p B6 ¥2500 ①978-4-7988-3042-1

◆皇華走狗伝―星無き少年と宿命の覇王　喜多村やすき著　宝島社　（宝島社文庫）
【要旨】中華平原に名を馳せる強国・禍国。十八年前、"覇王"の宿星を持って生まれた皇子・戦は、柔和な物腰で謀略渦巻く王宮を生き抜いてきた。一同じ時、ある"稀有な才"を持ちながら戸籍を持たぬがゆえ人間扱いされず書庫に引き籠

もる少年・真は突如、皇帝より大任を命じられる。即ち皇子・戦の番犬として尽くし、彼の初陣を勝利で飾る事。昼行灯の皇子と、地位無き少年が出会う時、世を統べる王を目指す戦いが幕を開ける！
2018.1 367p A6 ¥650 ①978-4-8002-8007-7

◆殺戮の天使 2 BLESSING IN DISGUISE　木爾チレン著、真田まこと原作　KADOKAWA
【要旨】動かなくなったザックを引きずって、レイチェルがB2のフロアに降り立つと、そこは大聖堂の中だった。辺りにはパイプオルガンが鳴り響き、廊下には不思議な甘い香りが漂い、壁には、彼女に"懺悔"を迫る文字が浮かび上がってくる。それでもレイは一人、歩きはじめる。ザックの"約束"を果たすために―。そして、大聖堂の最深部でレイは「神父」に出会う。だが、彼の身体から発する甘い香りにレイは幻惑されて…！？少女の罪を裁くため、狂気の魔女裁判が開廷した―大ヒットサイコホラーADV『殺天』ノベライズ第2弾！
2017.4 341p B6 ¥1000 ①978-4-04-734437-2

◆現世怪談―開かずの壺　木原浩勝著　講談社
【要旨】寝室が突然ブラックホールに！？本当に届いた「恐怖新聞」！？念がうずまく三角の家！？「新耳袋」「九十九怪談」著者が新たに蒐集した16の実話怪談！
2017.6 220p B6 ¥1300 ①978-4-06-220613-6

◆九十九怪談 第8夜　木原浩勝著　KADOKAWA　（角川文庫）
【要旨】小泉八雲ゆかりの地・松江で体験・蒐集した怪異の数々。美保関のトンネル出口に現れた真っ白の着物の女、天井全体に浮かび上がる般若札経、ホテルの空室からの注文…。住民が語り継ぐ恐怖体験に震えあがる（松江シリーズ）。自動車修理店のヤードに停まっていた不思議な車。座ってみると…（「ヤード」）。天井や畳の下から聞こえるすすり泣きを止めた、本家に伝わる家宝とは（「家宝」）。選りすぐりの実話怪談全99話。
2017.5 315p A6 ¥640 ①978-4-04-105196-2

◆九十九怪談 第10夜　木原浩勝著　KADOKAWA
【要旨】最後にして最凶の恐怖があなたを襲う。生き延びられるか…。十年の集大成！ 身震いが止まらない実話怪談99本。
2017.5 270p B6 ¥1600 ①978-4-04-105191-7

◆文庫版 現世怪談 2 白刃の盾　木原浩勝著　講談社（講談社文庫）
【要旨】白い筋は刀になって、それを構えた男たちが現れ始めたんです。一少女が高熱を出すと刀を構えた侍たちが現れ出る。殺意を放つ異形の出現に少女は怯える（「白刃の盾」）。この世に、理解を超えた怪しい「何か」がある。「新耳袋」「九十九怪談」の著者が贈る恐怖譚集文庫版。小泉八雲の曾孫、凡氏との対談巻末収録。
2017.7 274p A6 ¥620 ①978-4-06-293694-1

◆光の塔　今日泊亜蘭著　筑摩書房　（ちくま文庫）
【要旨】宇宙軍医官の水原は火星から帰航中に謎の閃光と遭遇する。一方地球では、あらゆる電気が一斉に機能を停止する"絶電現象"が起きていた。ふたつの現象に関連を見出した水原と宇宙省の人々は調査をはじめるが、事態は『光』と称する謎の侵略者による人類への壮絶な攻撃に発展するのだった。緻密な構成と驚異の文学性が融合した登場時から圧倒的な面白さを誇る、日本SFの記念碑的傑作。
2017.4 460p A6 ¥1200 ①978-4-480-43441-8

◆海王星市（ポセイドニア）から来た男／縹渺譚（へをたむ）　今日泊亜蘭著、日下三蔵編　東京創元社　（創元SF文庫）
【要旨】日本SFの黎明期にいちはやく長編『光の塔』を発表し、その後も無尽の博識と自在な語り口で存在感を示した天才作家。奇妙な発想が思いもよらぬ規模の展開を見せる作品群の中でも「縹渺譚」「深森譚」の評価は白眉。片田舎の孤児が思い出の女性との再会を求めさすらう物語は、著者の空前の演出のもと、忘れがたい感動作。代表的な作品集を合刊し、書籍初収録作2編を加えた。
2017.9 669p A6 ¥1500 ①978-4-488-73201-1

◆ホーンテッド・キャンパス―白い椿と落ちにけり　櫛木理宇著　KADOKAWA　（角川ホラー文庫）

【要旨】こよみとの初デートが成功し、思い出しては幸せ気分の大学生、森司。けれどデート以降、こよみと会うと、頭が真っ白になって逃げ出したくなる怪現象が！戸隠っ森司だが、オカ研には新たな依頼が。それは、「悪魔祓い系の映画を観ると、全身の血が沸騰する」という学生から、そのせいで、こよみ達と恐怖映画を観るはめになり…。悪魔、地縛霊、呪い。けれど一番恐ろしいのは、制御できない恋心!? 青春オカルトミステリ第11弾！
2017.3 302p A6 ¥600 ①978-4-04-104447-6

◆ホーンテッド・キャンパス―水無月のひとしずく 櫛木理宇著 KADOKAWA（角川ホラー文庫）
【要旨】「恋人になってもらえませんか」片想いのこよみからの突然の告白に、草食系大学生の森司は思わずフリーズ。先輩の藍に「恋人のふり！」と言われ、我に返る。聞けば、こよみのゼミの男子学生がストーカー化しそうだという。二つ返事で彼氏役を請け負う森司。一方、オカ研の依頼は禍々しさを増していた。事故現場の花夙の怪、脚を這い上る虫の感触、行方不明の中学生。大学生たちの恐くて愛しい日常を描く人気シリーズ第12弾！
2017.10 300p A6 ¥600 ①978-4-04-106149-7

◆クトゥルー短編集 魔界への入口 倉阪鬼一郎著 創土社（クトゥルー・ミュトス・ファイルズ）
【要旨】怪奇幻想小説の鬼才、倉阪鬼一郎初のクトゥルー短編集。デビュー当時の作品から一挙掲載。入手困難となっていた幻の作品も多数収録に加え、書下ろし短編2作品および短歌、俳句、散文詩も掲載。
2017.4 329p B6 ¥2700 ①978-4-7988-3041-4

◆魔界水滸伝 19 栗本薫著 小学館（P+D BOOKS）
【要旨】白い日輪と黒い日輪―。雄介と多一郎の核融合により生じた次元嵐の前に壊滅寸前の打撃を受け、人界と魔界の絆は絶たれてしまう。時間流、次元流の摂理は無と化した。だが、無を越え、断絶された時空に、戦士たちのかすかな息吹があった。やがて彼らは虐殺された少年・涼に出会い、忘れ去られた愛が、神が、彼らの前に出現する―。大河小説の第19弾。第二部「地球聖戦編」の第8作。
2017.1 308p B6 ¥550 ①978-4-09-352292-2

◆魔界水滸伝 20 栗本薫著 小学館（P+D BOOKS）
【要旨】魔界もまた潰え、人間界も壊滅した。再会を果たした七つの者たちの眼下に広がる巨大な海こそ生命の根源・ユゴスだった。「混沌」の海に埋没していく多一郎。やがて突き上げる歓喜を潜め、胎動の如きうねりが訪れる。繰り返されてきた永遠の輪廻、終わりなき生と死の輪舞。七つの者たちは〝永劫〟という途方もない時空間の彼方へと旅立った。大河小説の第20弾、第二部「地球聖戦編」がここに完結する！
2017.2 301p B6 ¥550 ①978-4-09-352294-6

◆実話蒐録集 闇黒怪談 黒史郎著 竹書房（竹書房文庫）
【要旨】黒史郎が蒐集する、日常に穿った人知れぬ怪異の数々。幼い頃拾った十円玉に纏わる暗い思い出「笑う十円」、当たると評判の占いをふざけて試したその凄絶な報い「水鏡占い」、友人の能力を羨んだら起きた悲劇「バトンタッチ」、部屋に置かれていた奇妙なメッセージ「息子への手紙」など45話を収録。奇妙で歪んで怖ろしい―闇は濃い、底が見えぬほど。
2017.6 223p A6 ¥650 ①978-4-8019-1008-9

◆魔黒怪談―実話蒐録集 黒史郎著 竹書房（竹書房文庫）
【要旨】〝黒〟シリーズ最新作。夜中に見た不思議な風、その理由を思うと―「おにいちゃん！」、幼いころの記憶―部屋にいたのは両親ではなく、両親に似せた何か―「親人形」、心霊スポットに向かう途中で仲間の調子がおかしい。声をかけてきたのは…「線香ヤベエ」など、日常のふとした魔の隙間に蠢く怪異の数々。
2017.10 221p A6 ¥650 ①978-4-8019-1225-0

◆怪談実話 終 黒木あるじ著 竹書房（竹書房文庫）
【要旨】黒木あるじの人気シリーズ最新作。いったん区切りをつけるという今作には、いっそうの恐怖と怨念が込められた！肝試しにくるよそ者が引っかかる見えない罠「凶區」、何者かが玄関から入ろうとしている。講じた対策の衝撃の結末「侵入」、有名な都市伝説をめぐる奇妙な

符丁「実話」など35話収録。
2017.6 223p A6 ¥650 ①978-4-8019-1092-8

◆異形のものたち 小池真理子著 KADOKAWA
【要旨】〝この世のものではないもの〟は、いつも隣り合わせでここにいる。大人のための幻想怪奇小説集。
2017.11 244p B6 ¥1400 ①978-4-04-105861-9

◆怪談 小池真理子著 集英社（集英社文庫）
【要旨】大切な人の突然の死。魂だけでもいつも傍にいて欲しいと願う気持ちが、見えない何かを引き寄せるのかもしれない。二十年前、男友達が自死した。彼の想いを素直に入れられなかった若い自分。そして今、恋愛に失敗し、仕事にも行き詰まる私は、様々な想いを抱え彼が最後に泊まった岬のペンションを訪れる―。（「岬へ」）生と死のあわいに漂う不確かな存在を、妖しく描き出す幻想怪奇小説集。
2017.7 291p A6 ¥600 ①978-4-08-745608-0

◆夜は満ちる 小池真理子著 集英社（集英社文庫）
【要旨】「あたしね、今、恋をしてる」不倫相手の妻からの突然の告白だった。秘密の恋の開き役となってしまった私だが、嘘ばかりで抱かれるだけの関係に疲れ、郷里へ戻った。その二年後、彼女の計略が届き通夜に向かうが―。（「やまざくら」）欲望が、情念が生み出す幻影。ふと思い出す情事の気配。鏡の中に映る私ではない私―。エロティックな死臭が漂う切ない異界への招待。幻想怪奇小説集、全七編収録。
2017.8 281p A6 ¥600 ①978-4-08-745624-0

◆大江戸妖怪かわら版 7 大江戸散歩 香月日輪著 講談社（講談社文庫）
【要旨】妖怪都市「大江戸」は、今日も一日天下泰平だ。人狼の同心・百夜の植物帳も、魔人・桜丸に憧れる少女の恋物語も、渡米人の化け猫作家・ポー来日の経緯をも、住人たちの逸話もどこか微笑ましい。ただ一人の人間・雀が、愉快な仲間たちに囲まれて成長を遂げるファンタジー。シリーズ完結となる6つの傑作短編集！
2017.8 282p A6 ¥480 ①978-4-06-293733-7

◆地獄堂霊界通信 7 香月日輪著 講談社（講談社文庫）
【要旨】薬屋・地獄堂でくつろぐてつしたちは、三田村巡査に出くわし腰を抜かす。三田村の背後に血みどろの少女が立っていたのだ。上院町内では女子高生を狙った連続殺人事件が起きたばかり。その少女は二番目の被害者、まり子の霊だった。三田村はどこで霊に取り憑かれてしまったのか。肝試しさながらの〝捜査〟が始まる！
2017.1 293p A6 ¥620 ①978-4-06-293585-2

◆地獄堂霊界通信 8 香月日輪著 講談社（講談社文庫）
【要旨】謎の生命体「幸福」が天界から逃げ出した。てつし・リョーチン・椎名の三人は、術師に導かれ、領地に乗り出す。しかし彼らは「幸福」の幻術にかかり、すべてが満たされた気分になる。その先にあるのは、人類の滅亡だ。妖かしどもと渡り合い、悩み成長してきた少年たちの物語。ついにシリーズ完結。
2017.4 340p A6 ¥660 ①978-4-06-293646-0

◆ファンム・アレース 4 香月日輪著 講談社（講談社文庫）
【要旨】魔女の野望を打ち砕くべく、天使の召喚魔法書を求めて旅をするララと仲間たち。一行の行く手を、魔宮に住む女佞が阻む。ピンチに陥ったララとバビロンだったが、「聖魔の魂」を持つコテジャの霊力で救われた。そんな彼らの前に、またしても不思議な男たちが現れる。決戦前夜の苦闘を描いた人気シリーズ第4作！
2017.3 269p A6 ¥610 ①978-4-06-293618-7

◆ファンム・アレース 5 上 香月日輪著 講談社（講談社文庫）
【要旨】世界征服を企む魔女を倒すため、ララ一行は大陸を北上する。道中足を踏み入れたのは、黒魔術に支配されている「死の街」。そこで囚われの身となったバビロンは、仲間たちの驚異的な能力を目の当たりにした。結束を深めた彼らは、満を持して最終決戦に挑むのだった。愛と勇気を描いた冒険ファンタジー、第5作。
2017.6 179p A6 ¥560 ①978-4-06-293681-1

◆ファンム・アレース 5 下 香月日輪著 講談社（講談社文庫）
【要旨】ついに魔女アイガイアとの決戦の時を迎えた。度重なるピンチを乗り越えてきたララだったが、あと一歩のところで敵を倒す「天使

召喚」に失敗してしまう。いったいなぜ？絶望の淵に突き落とされた彼女に、差し出されたものとは。困難に挫けず、仲間たちの知恵と力を合わせて戦う人気シリーズ、圧巻の結末！
2017.6 187p A6 ¥560 ①978-4-06-293682-8

◆妖怪アパートの幽雅な日常―ラスベガス外伝 香月日輪著 講談社（講談社文庫）
【要旨】古本屋と共に世界旅行に出かけた夕士が、南米を経て北米ラスベガスへと向かう。そこに千晶ら多くの仲間が集い、夢のような日々が始まった。カジノ、グルメ、新年のカウントダウンパーティー。新たな発見を繰り返し、成長していく19歳の夕士の姿と、「妖アパ」主要人物の後日談が収録された、ファン必読の一冊！
2017.5 212p A6 ¥560 ①978-4-06-293670-5

◆拝み屋怪談 来たるべき災禍 郷内心瞳著 KADOKAWA（角川ホラー文庫）
【要旨】虚実の境が見えなくなってしまった時、人にとってあらゆるものが、怪異となり得る危険を孕んでしまう―。現役拝み屋が体験した現世のことにも悪夢とも知れない恐るべき怪異。すべては20年以上前、ある日曜の昼下がりに一人の少女に出逢ったことから始まった。その少女、14歳の桐島加奈江は果たして天使か怪物か、それとも…!? 訪れた災禍を前に恐れ慄く一方で、必死に解決を図ろうとする拝み屋の衝撃実話怪談！
2017.6 349p A6 ¥720 ①978-4-04-105605-9

◆風雲のヤガーグイン・サーガ 141 五代ゆう著, 天狼プロダクション監修 早川書房（ハヤカワ文庫JA）
【要旨】〝新しきミロク〟が密かに勢力拡大をたくらむヤガで、かつて魔道師であった〝ミロクの使徒〟たちのたくらみによって神殿の最下層に追い込まれたブランだが、ソラ・ウィンとヤモギ・シンという二人のミロクの老僧に出会い、その恐るべき法力に接して反撃の糸口をつかむ。さらに思いがけず人間でないものの助力を得ることができたことで、拉致されたフローリーとヨナを救うべくブランの想像を絶する戦いが、ついに始まった！
2017.4 300p A6 ¥660 ①978-4-15-031270-1

◆野心あらためず―日高見国伝 後藤竜二著 光文社
【要旨】八世紀後半、東北地方には蝦夷とよばれる先住民が独自の文化で生活を続けており、そこへ豊かな資源を求めて大和朝廷が侵略を始めていた。東北地方で滅ぼされたアビ一族の生き残りにして鮫狩りの少年アビは、鮫狩りの師匠オンガとともに想い人宇宙の影を求めて故郷へ。そこでアビが見たものは―。戦後児童文学を作り上げてきた著者が遺した感動の大作、初文庫化。
2017.9 312p A6 ¥700 ①978-4-334-77527-8

◆琉球奇譚 キリキザワイの怪 小原猛著 竹書房（竹書房文庫）
【要旨】日常の中に怪異が普通に忍び込んでいる世界―沖縄。人と魔物と怪異が絡み合う沖縄ならではの怪談31話を収録。夜釣りに来た男性があるモノと〝釣りと命の背中には〟、焼き焦げた日本人形を抱いて歩く狂った男の顛末「フリムン」、決して干渉してはいけない、禁を破った者への凄惨な報い「キリキザワイの怪」など、摩訶不思議で昏く極上の琉球怪談ここに登場！
2017.4 223p A6 ¥650 ①978-4-8019-1037-9

◆アメリカの壁 小松左京著 文藝春秋（文春文庫）新装版
【要旨】独立記念日を前にしたある日、アメリカと外界との連絡、交通が突然遮断された!? 40年前にトランプ大統領登場を予言したかの如き表題作に加え、「眠りと旅と夢」「鳩時計」「幽霊屋敷」「おれの死体を探せ」「ハイネックの女」、いずれも未来を的確に見通した六篇を収録。SF界の巨匠の面目躍如たる短編集。
2017.12 370p A6 ¥740 ①978-4-16-790981-9

◆日本SF傑作選 2 小松左京―神への長い道/継ぐのは誰か？ 小松左京著, 日下三蔵編 早川書房（ハヤカワ文庫JA）
【要旨】現代日本SF誕生から60周年を記念して、第一世代作家6人の傑作選を日下三蔵の編集により刊行するシリーズ。第2弾は、日本SFの巨大な父、小松左京。デビュー短篇にして直木賞候補作「地には平和を」、小松自身が最も好きな自作と語る中篇「神への長い道」、そして半世紀前にネットワーク社会の弱点を予見した長篇「継ぐのは誰か？」ほか、人類進化を生涯のテーマとした小松SF傑作中の傑作8篇を収録。
2017.10 766p A6 ¥1500 ①978-4-15-031297-8

SF・ホラー・ファンタジー

◆**復活の日** 小松左京著　早川書房　新版
【要旨】生物化学兵器として開発された MM‐88 菌を搭載した小型機が、冬のアルプス山中に墜落する。やがて春を迎え、爆発的な勢いで世界各地を襲い始めた菌の前に、人類はなすすべもなく滅亡する―南極基地の1万人たらずの者たちを残して。だが、最後の砦である南極までが、超大国の負の遺産である戦略核兵器の脅威にさらされる。果たして、人類という種は生き延びることができるのか。著者の長篇代表作を生頼範義カバーで復刊。
2018.1　379p　B6　¥2300　978-4-15-209738-5

〔さ行の作家〕

◆**はるなつふゆと七福神** 賽助著　ディスカヴァー・トゥエンティワン　（ディスカヴァー文庫）
【要旨】会社をクビになって途方に暮れていた榛名都冬のもとに突然現れたのは、七福神の老人コンビ、福禄寿と寿老人！知名度が低いことを嘆く二柱に、ネットでのPR活動を頼まれた都冬。「…あの二人の名を広めることができたら、私の願い事も叶えて貰えますか？」そうして、都冬と神様たちの可笑しな共同生活が始まった！平凡なニート女子と個性的な神様たちのゆるゆる日常ファンタジー―全国の書店員が選んだ「世に出したい」新作！第1回本のサナギ賞優秀賞受賞作。
2017.2　446p　A6　¥800　978-4-7993-2045-7

◆**拡散忌望** 最東対地著　KADOKAWA（角川ホラー文庫）
【要旨】ある高校の生徒達の噂。"ドロリンチョ@MW779" このアカウントからのツイートには要注意。晒された人は、頭の中身がどろどろに溶けて噴き出すんだって―。その噂は本当だった！晒された先に待つのはおぞましいペナルティ。生徒達は呪いを回避しようとあがく。そしてたどり着いた驚くべき真相とは!? 底なしの闇に引きずり込まれる、読後感の悪さに要注意！でも最後まで読まずにいられない!!
2017.6　311p　A6　¥640　978-4-04-105580-9

◆**ザ・マミー―呪われた砂漠の王女** 坂野徳隆著　小学館（小学館文庫）
【要旨】米軍偵察兵のニック・モートンは、中東空爆後、偶然にも古代エジプト王女・アマネットの墓を発見する。しかしそれは悪の化身となった王女を生き埋めにするための牢獄だった。5000年もの間封印されていた彼の棺を運び出したニックだったが、空輸中におぞましい事故が起こり墜落、同行する元恋人のジェニーだけが奇跡的に脱出に成功する。だが数日後、死んだはずのニックが突然目を覚ます。アマネットが仕掛けた恐るべき復讐劇の始まりだった。ニックはジェニーを救うため、強大なパワーを宿すアマネットに命がけで立ち向かうが―。
2017.7　221p　A6　¥650　978-4-09-406435-3

◆**青春ロボット** 佐久本庸介著　ディスカヴァー・トゥエンティワン　（ディスカヴァー文庫）
【要旨】中学生のなかに紛れ込んだ、人間そっくりの「ロボット」手崎零は人間を幸せにするために、常に最適な行動をとっていた。だが、ある出来事により自身がロボットだと周りに気づかれ、友人たちとの関係が壊れてしまい、高校に編入した零は、ひとりの少女、珊瑚と出会う。彼女と付き合ないながら、ふたたび人間との交流を深めていく零。順調な日々を送るも、卓球の試合当日、突然、気を失ってしまう…。―第1回CRUNCH NOVELS新人賞大賞作家デビュー作！
2017.3　318p　A6　¥800　978-4-7993-2046-4

◆**宇宙軍陸戦隊―地球連邦の興亡** 佐藤大輔著　中央公論新社　（中公文庫）
【要旨】植民惑星リェータに降りた学術調査団からの保護要請を受け、地球連邦は国場大尉率いる宇宙軍陸戦隊を救出に派遣する。だがその惑星では、想像を絶する内戦が繰り広げられていた…。後に連邦首相となる国場の若き日の「血塗られた歴史」の一幕！『地球連邦の興亡1』所収の「救難任務/泥森の罠」を大幅加筆した長篇化。書き下ろし短篇「攻撃目標G」を併録。
2017.5　245p　A6　¥640　978-4-12-206406-5

◆**地球連邦の興亡 3 流血の境界** 佐藤大輔著　中央公論新社　（中公文庫）
【要旨】大戦後の不況に苦しむ惑星リェータでは自由市民同盟が「クローン排除、地球連邦の強圧的な支配からの自由」を掲げ急速に勢力を拡大していた。自治政府が有効な手を打てない中、ついにデモ隊が "平和と流血の境界" を踏み越え、警官隊と衝突。惑星全土をテロリズムが席巻する！SF巨篇、いよいよ佳境!!
2017.1　260p　A6　¥640　978-4-12-206348-8

◆**地球連邦の興亡 4 さらば地球の旗よ** 佐藤大輔著　中央公論新社　（中公文庫）
【要旨】宇宙港に集結したクローン出生市民ら避難民は一六万、包囲する暴徒は一〇〇万。武力行使を禁じられた宇宙軍が盾となり懸命の脱出作戦が続けられるが、自由市民同盟のテロリストが惑星環境維持システムを破壊。ついに "凍れる惑星" は殺戮の大地へと変貌する！ミリタリーSFの金字塔、完結！
2017.3　397p　A6　¥640　978-4-12-206387-7

◆**帝国宇宙軍 1 領宙侵犯** 佐藤大輔著　早川書房　（ハヤカワ文庫JA）
【要旨】地球からの文明疎開船が高次元跳躍に失敗、生存のため放浪の宇宙帝国を建国してから700年余。帝国の護衛艦「ブルーベル」は、隣国のルメレス統一体が領宙権を主張する星系に侵入したとして攻撃を受ける。艦長の戦死により、先任将校の天城真守大尉は的確な判断で艦を無事に帰投させた。予備役編入を希望する天城だったが、各国の複雑な思惑は彼を紛争の最前線へと導いていく。架空戦史の雄による新シリーズ、初巻にして最終巻。
2017.4　236p　A6　¥620　978-4-15-031273-2

◆**妖怪お宿稲荷荘** さとみ桜著　中央公論新社（中公文庫）
【要旨】自分を苦労して育ててくれた姉への恩返しのため、がむしゃらに働き、身体を壊した一蕗。そこに「稲荷荘」から求人葉書が届く。興味本位で赴いた一蕗が見たのは、廃業寸前のおんぼろ旅館。しかも従業員は白狐と猫又…そう、ここは妖怪が運営するお宿だった。茫然とするも、一蕗は偶然、宿泊客（妖怪）の悩み相談を受けることになって？
2017.6　242p　A6　¥620　978-4-12-206418-8

◆**恐怖小説 キリカ** 澤村伊智著　講談社
【要旨】人間が一番怖い―。あなたの日常を侵食する究極のサイコ・サスペンス！ホラー小説の新人賞を獲得し、僕は出版に向けて準備をはじめた。隣にはいつも支えてくれる最愛の妻・キリカ。順風満帆な日々が続くと思われたが、友人の一人が「作家とは人格破綻者である」「作家は不幸であるべき」と一方的な妄想を僕に押し付け、嫌がらせをはじめる。ストーカー行為、誹謗中傷の手紙、部屋に散る不気味な砂。やがて不幸は、僕とキリカのとある「秘密」を暴き出すが―。
2017.1　284p　A6　¥1600　978-4-06-294052-8

◆**ししりばの家** 澤村伊智著　KADOKAWA
【要旨】夫の転勤に伴う東京生活に馴染めずにいた笹倉果歩は、ある日幼馴染の平岩敏明と再会する。彼らの家に招かれ平岩の妻や祖母と交流をしていく中で果歩の心は癒されていくが、平岩家にはおかしなところがあった。さあああという不快な音、部屋に散る不気味な砂。怪異の存在を訴える果歩に対して、平岩は異常はないと断言する。一方、平岩家を監視する一人の男。彼はこの家に関わったせいで、砂が「ザリザリ」といいながら隙を侵蝕する感覚に悩まされていた。果たして本当に、平岩家に怪異は存在するのか―。『ぼぎわんが、来る』『ずうのめ人形』に続く、ノンストップ・ホラー！
2017.6　299p　B6　¥1600　978-4-04-105482-6

◆**埠頭三角暗闇市場** 椎名誠著　講談社（講談社文庫）
【要旨】地震で傾いた巨大ビルと津波で打ち上げられた豪華客船が、埠頭を挟んで支えあう『埠頭三角暗闇市場』。アヤシイ人々とヘンテコな生き物が行き交う一角で、闇医者・北山は悪徳刑事・古島と相関しつつ「生体融合手術」の辣腕を振るう。ベテランの技が光る痛快SF！
2017.11　363p　A6　¥760　978-4-06-293798-6

◆**輪廻の詩人―柿本人麻呂・西行・松尾芭蕉と千年転生** 篠崎紘一著　郁朋社
【要旨】柿本人麻呂・西行法師・松尾芭蕉と生まれ変わり、詩歌の道を究めんと漂泊流転の人生に挑む。カルマ、霊魂、死後の世界の実相に迫るスピリチュアリズム・歴史ロマン小説。
2017.3　382p　B6　¥1600　978-4-87302-640-4

◆**後宮に月は満ちる―金椛国春秋** 篠原悠希著　KADOKAWA（角川文庫）
【要旨】大陸の強国、金椛国。一族が殉死した悲劇の名門・星家の生き残り、遊圭は後宮で女官として勤めることに。薬膳の知識と教養を認められた、美貌の宦官・玄月に全てを知られながらも、手足として働くことになったのだ。今の指命は、皇太后の娘・麗華の健康回復。彼女は引きこもりで厭世的な、かなりの難敵。しかしそれは影向けで、本当の任務は、麗華の母・皇太后の陰謀調査で…。中華後宮ファンタジー第2弾！
2017.6　286p　A6　¥640　978-4-04-105693-6

◆**後宮に日輪は蝕す―金椛国春秋** 篠原悠希著　KADOKAWA（角川文庫）
【要旨】大陸の強国、金椛国。後宮内の陰謀を暴いた遊圭の評判は、宮城内に広まった。しかも皇帝・陽元からは褒美として、妃嬪に加えるとの内示が！しかし女装して女官として勤める遊圭には不可能だし、後宮脱出未遂の無理がたたって療養中だし絶体絶命。そんな中、彼が過ごす養生院で火災が起こる。一体、誰が…。そして陽元と謁見した遊圭は、売り言葉に買い言葉で、とんでもない約束をしてしまい!? 中華ファンタジー、後宮編完結！
2017.11　317p　A6　¥640　978-4-04-105694-3

◆**かわうそ堀怪談見習い** 柴崎友香著　KADOKAWA
【要旨】読みかけていた本が、一ない。思い出さないほうがいい記憶が―よみがえる。別の世界との境目に入り込んでしまったような。見慣れた風景の中にそっと現れる奇妙なものたち、残された気配。怖い日常。芥川賞作家が「誰かが不在の場所」を見つめつつ、怖いものを詰め込んだ怪談集。
2017.2　202p　B6　¥1500　978-4-04-104831-3

◆**恐怖実話 狂葬** 渋川紀秀著　竹書房（竹書房文庫）
【要旨】夜釣りの帰り道、人を撥ねってしまったのだが…「じしゅ、しろ」、ネットで露悪的に私生活を晒す女の企み「生霊に殺されるから」、放課後の家庭科室で閉じ込められてしまった少女。その驚愕の理由「勘違い」、廃病院に自主映画の撮影のために一緒に訪れた彼氏、カメラ越しに彼の奇妙な告白が始まり…「偽病院」など、心霊と人間の闇を刻み出す36話収録。どちらの闇も濃く底知れない。
2017.4　222p　A6　¥650　978-4-8019-0979-3

◆**SING シング** 澁谷正子著　小学館（小学館文庫）
【要旨】経営不振で取り壊し寸前のムーン劇場。支配人のコアラのバスター・ムーンは、劇場の再起をかけた歌のコンテストを開催することに決めた。オーディションの結果、最終候補者は6名にしぼられた。ギャングファミリーを抜けて歌手になりたいジョニー、傷心のパンク少女のアッシ、毎日家事と育児にはわれる専業主婦のロジータ、お金、権力、派手なものが大好きなマイク、ハイテンションなダンサーでシンガーのグンター、そして極度のあがり症のミーナ。笑いあり、涙あり、人生を変えるオーディションが、今、始まる！
2017.3　236p　A6　¥630　978-4-09-406406-3

◆**ぐるりと** 島崎町著　ロクリン社
【要旨】図書室で見つけた不思議な本は、別の世界につながっていた！本をぐるりと回すだけで、怪物のいる暗闇の世界に飛ばされる。小学6年生のシンは、光を失った世界を救うことができるのか。「本を回すと、世界がぐるりと変わる」驚きの回転アクション・ファンタジー！
2017.6　311p　B6　¥1400　978-4-907542-46-7

◆**幻屍症 インビジブル** 周木律著　実業之日本社（実業之日本社文庫）
【要旨】絶海の孤島に建つ孤児院「四水園」で発生した、園生の不可解な転落死。他者の優れた部分が歪んで見える「幻視症」のユタカは、その事件をきっかけとして園内に伝わる「四忌」の噂を追い始めた。解けば願いが叶い、真実に辿り着けない者は死ぬという四つの謎…。相棒のミツルと共に解き明かすほどに、恐るべき悲劇が発生し!? この島を覆う闇の正体とは―？
2017.6　391p　A6　¥648　978-4-408-55360-3

◆**冥の水底 上** 朱川湊人著　講談社（講談社文庫）
【要旨】市原玲人が友人のライター平松光恵に見せられた写真は首から上だけ狼の「狼男」の死体だった。その写真と取材手帳を託し、彼女は忽然と姿を消す。取材手帳に記されていた "マガチ" とは何か？殺人事件の容疑をかけられ、追われることになった玲人は息子をも巻き込んで逃避行を続けていくことに。
2017.11　438p　A6　¥780　978-4-06-293793-1

SF・ホラー・ファンタジー

◆冥の水底 下　朱川湊人著　講談社　(講談社文庫)
【要旨】息子一真と共に、失踪した光恵を探し出そうとする玲人。時は30年近く遡り、山奥で暮らす、ある力を持った"マガチ"の青年シズクは、初恋の少女を追いかけて上京した。彼女をそっと見守りながら、出すことのない手紙を書き続けていく。ふたつの時が交錯し、物語はあまりにも切ないエンディングへ向かって疾走する。
2017.11 444p A6 ¥780 ①978-4-06-293794-8

◆実話ホラー 幻夜の侵入者　匠平著　大和書房　(だいわ文庫)
【要旨】日本唯一の怪談ライブバー"スリラーナイト"のエース怪談師による戦慄の怪談実話集第2弾!「荒れた社宅に書かれた不思議な落書き」「祖母宅の縁側に現れた月に照らされた影」「湖のホテルで体験したエレベーターの怪現象」「売り場に必ず造花を飾っている書店の謎」「怪談ライブの最中に入らない霊」「姫君が経験した、休暇中の恐怖」など、本人が経験し、蒐集した恐怖奇譚の数々が脳裏を抉る。読後あるいは読中、絶対に後ろを振り向いてはいけない!
2017.6 316p A6 ¥700 ①978-4-479-30657-3

◆ID-0 1 Cognosce te ipsum.―汝自身を知れ　菅浩江著,ID-0 Project原作　早川書房　(ハヤカワ文庫JA)
【要旨】オリハルト―空間と意識の転移を可能にする、その特異物質を発見した人類が宇宙に乗り出した遙かな未来。掘削調査中、天使擾乱に遭遇したアカデミーの学生ミクリ・マヤは、エスカベイト社のイドたちに命を救われる。だが彼らは、人格意識をIマシンに遷移させて人体を棄てた永劫変性者だった。そしてイド本人は、過去の記憶さえ持っていないというのだが!? 谷口悟朗×黒田洋介のSFアニメ『ID-0』をノヴェライズ!
2017.6 270p A6 ¥740 ①978-4-15-031282-4

◆ID-0 2 Vive hodie.―今日生きよ　菅浩江著　早川書房　(ハヤカワ文庫JA)
【要旨】谷口悟朗×黒田洋介×サンジゲン。"愚か者"たちに人類の未来は救えるか?
2017.9 299p A6 ¥780 ①978-4-15-031283-1

◆異世界居酒屋「のぶ」三杯目　蝉川夏哉著　宝島社　(宝島社文庫)
【要旨】古都には雪が舞い、年の暮れが近づいていた。厳しい寒さでも、居酒屋「のぶ」は暖かなその店内で美味い酒と料理を振る舞ってくれる。ハンスは衛兵を辞めて「のぶ」で料理人の修業を始めたのだが、父親は気に入らない様子。そんな折、帝国皇帝と東王国の王女摂政宮との間で"お見合い"の話が持ち上がった。しかし皇帝は見合い相手と結婚することに乗り気でなかった。親子仲も恋も揺れる異世界グルメファンタジー、第3弾!
2017.3 357p A6 ¥650 ①978-4-8002-6873-0

◆異世界居酒屋「のぶ」四杯目　蝉川夏哉著　宝島社　(宝島社文庫)
【要旨】春が訪れた古都。昼のランチ営業では「ヒガワリ」の定食を求める声が上がり、いつにも増して店は繁盛していた。ある日、連合王国からやってきた遍歴商人から貰った生臭い大豆だと分かり、さらにその壺から微かに醤油のにおいがした。こちらの世界にも醤油があるかもしれないことに、ハンスの胸は高鳴った。そして夏のある日、海を越えてきた男が「のぶ」の戸を叩く。様々な縁が交錯する異世界グルメファンタジー、第4弾!
2017.11 349p A6 ¥650 ①978-4-8002-7795-4

◆俺たちの戦国―タイムスリップした昭和の高校生　仙石壱мате著、幻冬舎メディアコンサルティング, 幻冬舎 発売
【要旨】寺の山門をくぐるとそこは戦国時代だった。タイムスリップした昭和の高校生がいざなう戦国ファンタジー。
2017.2 198p B6 ¥1200 ①978-4-344-91102-4

〔た行の作家〕

◆図書館の魔女 烏の伝言 (つてこと) 上　高田大介著　講談社　(講談社文庫)
【要旨】道案内の剛力たちに導かれ、山の尾根を行く逃避行の果てに、目指す港町に辿り着いたニザマ高級官僚の姫君と近衛兵の一行。しかし、休息の地と頼ったそこは、売国奴の跋扈する裏切り者の街と化していた。姫は廊に囚われ、兵士たちの多くは命を落とす…。喝
2017.11 419p A6 ¥840 ①978-4-06-106239-5

◆図書館の魔女 烏の伝言 (つてこと) 下　高田大介著　講談社　(講談社文庫)
【要旨】姫を救出せんとする近衛兵と剛力たち。地下に張り巡らされた暗渠に棲む孤児集団の力を借り、廊筋との全面抗争に突入する。一方、剛力衆の中に、まともに喋れない鳥飼いの男がいた。男は一行から離れ、カラスを供に単独行動を始めるが…。果たして姫君の奪還はなるか? 裏切りの売国奴は誰なのか? 傑作再臨!
2017.5 444p A6 ¥780 ①978-4-06-293654-5

◆宇宙軍士官学校―幕間 (インターミッション)　鷹見一幸著　早川書房　(ハヤカワ文庫JA)
【要旨】恒星反応弾が撃ちこまれてから半年後、環境作業用強化スーツを着た平泉声愛は、降り続く豪雨の中、荒れ果てた地表で生き残った生物を必死で探していた…生物回収チームの活躍を描く「遅れてきたノア」をはじめ、休暇中の恵一とロボのエピソード、上層部から卓下されながらも、攻勢偵察部隊の研究を続けるケイローン軍将校の物語など、第1部と第2部をつなぐ全5中短編を収録。シリーズのすべてがわかる「大事典」も掲載!
2017.3 303p A6 ¥680 ①978-4-15-031266-4

◆宇宙軍士官学校―攻勢偵察部隊 (フォース・リーコン) 1　鷹見一幸著　早川書房　(ハヤカワ文庫JA)
【要旨】ケイローン軍の長距離偵察戦闘艦隊に選抜された恵一たち地球軍独立艦隊の20名をはじめとするメンバーは、秘匿された辺境の星系で、奇怪なシルエットを持つ粛清者の旧型戦闘艦に偽装した新造艦の習熟訓練に必死で取り組んでいた。めざすは250万光年離れた粛清者の支配星域、アンドロメダ銀河! 一方、太陽系の特別士官学校では、新たに入学した第二期練習生800名が、きびしい訓練の日々を送っていた…待望の第2部、開幕!
2017.9 271p A6 ¥640 ①978-4-15-031287-9

◆宇宙軍士官学校―攻勢偵察部隊 (フォース・リーコン) 2　鷹見一幸著　早川書房　(ハヤカワ文庫JA)
【要旨】銀河系とアンドロメダ銀河のほぼ中間地点に存在する矮小不規則銀河。そのひとつに建設中の前進基地に、恵一たち長距離偵察戦闘艦隊は転移を行なった。そこで恵一たちが見たのは、中心部に太陽を内包した惑星の公転軌道サイズの巨大な戦闘要塞であった! その基地では最終的な調整と装備を整えた恵一たちに、転移先の座標データが大量に振られようとしていた。さらに長距離偵察戦闘艦隊は、未踏の敵支配星域へと転移するが!? 人類対粛清者の激烈なる死闘を描く壮大なスケールの戦争SF。
2017.12 271p A6 ¥640 ①978-4-15-031305-0

◆ニューロンの迷宮　高見翔著　郁朋社
【要旨】"共感の未来へ"電脳マシン・Betiが動きだす。認知症の被験者だった女性。だが、エラーが生じて脳神経細胞 (ニューロン) が死滅し始める。そして…、あなたは脳の奇跡を目撃する。知見ワールドが描く感動と恐怖の全四部。～世の中には、知るべき過酷な現実がある～。
2017.7 372p B6 ¥1500 ①978-4-87302-643-5

◆変能力者の憂うつ　高見翔著　郁朋社
【要旨】～見えるのに、見えないものが～細胞をも貫く驚異の視力。突然、浮遊する体。その能力は正に進化し、古い男女の日常が狂いだす! あなたは骨格姿の恋人を愛せますか。肉体を越えた極限の愛に、心が震える。変な能力を持った主人公遼介の奇異な体験を描いた全四部。
2017.7 369p B6 ¥1500 ①978-4-87302-642-8

◆クレシェンド　竹本健治著　KADOKAWA (角川文庫)
【要旨】ゲーム会社に勤める矢木沢は、会社の地下で百鬼夜行の幻覚に襲われる。その後何度も同じ現象に陥った矢木沢は、知人の姫、岬の協力を得て原因を調べ出すが、状況は悪化する。どうしても思い出せない母親の顔。震動を伴い聞こえてくる言葉「吾に辱をせよ」。耳にもれず、なった矢木沢は、岬と共に小笠原の無人島に避難する。高天原、葦原中国、根の国古事記に纏わる現象と言葉。言霊が持つ恐怖、その受信回路のメカニズムとは。
2017.11 419p A6 ¥840 ①978-4-04-106239-5

◆恐怖箱 死縁怪談　橘百花著　竹書房　(竹書房文庫)
【要旨】ある土地に建つ郵便局で起きた死の連鎖とその因縁を追いかけた連作「郵便局」、誰もが知る有名企業に掛けられた呪いと一族に纏わる奇怪な話「凶の家」、血の呪縛が空恐ろしい悲劇を招く「伯父の業」ほか、渾身の取材により集められた実話怪談25話。著者が「今回集めてきた話は最怖だと思います」と語るだけある禍々しさだ。前書きはない。一切の無駄を省き、純粋なる恐怖だけをギチギチに詰め込んでお届けする。胃に穴があきそうなこの重さ、ぜひ体感してみてください。
2017.4 223p A6 ¥650 ①978-4-8019-1036-2

◆宇宙探偵ノーグレイ　田中啓文著　河出書房新社　(河出文庫)
【要旨】怪獣惑星で発生した人気怪獣の密室殺人。罪を犯すことが不可能な天国惑星で起きた連続殺人。全住民が脚本のごとき生活をおくる惑星で生じた劇中殺人…極秘に事件を解決するために招かれるは、宇宙探偵ノーグレイ! 名探偵は五度死ぬ? 奇想天外な結末が待つ、宇宙ミステリ作品集。
2017.11 323p A6 ¥740 ①978-4-309-41576-5

◆暗黒神殿―アルスラーン戦記 12　田中芳樹著　光文社　(光文社文庫)
【要旨】ついにペシャワール城に魔軍が襲いかかる! クバードらの善戦もむなしく、魔将軍イルテリシュ率いる数万の魔物たちの猛攻に城は陥落寸前に。そのとき―。一方、客将軍としてミスル国に滞在するヒルメスには、国を乗っ取る千載一遇のチャンスが訪れていた。さらに、王都エクバターナの地底では、蛇王ザッハークの眷属が暗躍する! 激動のシリーズ第十二弾。
2017.5 299p A6 ¥640 ①978-4-334-77470-7

◆タイタニア 4 烈風篇　田中芳樹著　講談社　(講談社文庫)
【要旨】隆盛を極めたタイタニア一族に深刻な亀裂が。次期藩王を狙うイドリスは藩王暗殺未遂事件を機にアリアバート、ジュスランに叛逆宣言。さらには二人を討つべく、一族の怨敵ファン・ヒューリックを自軍へ迎え入れる策に出た。謀略の渦巻く中、ついに戦端が開かれる。本格銀河叙事詩の名作、待望の第4巻。
2017.4 349p A6 ¥660 ①978-4-06-293629-3

◆タイタニア 5 凄風篇　田中芳樹著　講談社　(講談社文庫)
【要旨】二世紀にわたり宇宙を統べてきたタイタニア一族の内乱。アリアバート・ジュスラン連合軍の勝利目前、藩王アジュマーンは和睦の場に刺客を放つ。全宇宙の首都「天の城」を危険に晒す謀計を巡らす藩王の真意とは? 人類の命運を握る者たちの最後の戦いが始まる。後世に伝えたい銀河叙事詩、ついに完結。
2017.5 365p A6 ¥660 ①978-4-06-293656-9

◆天涯無限―アルスラーン戦記 16　田中芳樹著　光文社　(カッパ・ノベルス)
【要旨】中世ペルシアによく似た異世界の英雄物語―。周囲を難敵に包囲され、パルス国は絶体絶命の窮地に追い込まれた。解放王アルスラーンはシンドゥラのラジェンドラ王とのある交渉をジャスワントに委ねる。その頃、パルス国内では、先王アンドラゴラスが生きているという流言が広まり始めていた。新マルヤム国王ギスカールと手を結んだヒルメス、魔将軍イルテリシュに率いられたチュルクら、孔雀姫フィトナを押し立てたミスル軍、そしてついに復活した蛇王ザッハークと魔軍!! パルス軍に打つ手はあるのか? 蛇王ザッハークを討つことができるのか!? 伝説的ベストセラー、堂々完結。
2017.12 217p 18cm ¥840 ①978-4-334-07735-8

◆七都市物語　田中芳樹著　早川書房　(ハヤカワ文庫JA) 新版
【要旨】地軸が90度転倒し、南北両極が赤道地帯に移動する"大転倒"によって、地上の人類は全滅した。億にも月面に難を逃れていた人々は地上に七つの都市を建設し、新たな歴史を繰り広げる。一方、月面都市は新生地球人類が月を攻撃するのを恐れるあまり、地上500メートルを飛ぶ飛行体すべてを攻撃するシステムを設置し、これが稼働状態のまま疫病にまみれ滅び去ってしまう―この奇妙な世界で七都市をめぐる興亡が幕開ける!
2017.11 338p A6 ¥740 ①978-4-15-031302-9

◆蛇王再臨―アルスラーン戦記 13　田中芳樹著　光文社　(光文社文庫)
【要旨】王都へと急ぐ女騎士・エステルら一行が雨で足止めされた町に、魔軍の怪物たちが襲来する。その窮地に現れたのが、ダリューンらパルス精鋭軍だった。ついに並び立つ十六翼将。だが、魔の山デマヴァントの地底では、蛇王ザッ

SF・ホラー・ファンタジー　　　　　　　　　1124　　　　　　　　　BOOK PAGE 2018

ハークが縛めを解かれ、自由の身になろうとしていた。さらに、深傷を負ったエステルの運命は!?衝撃的展開をみせるシリーズ第十三弾!
2017.11 301p A6 ¥640 ①978-4-334-77559-9

◆炎の記憶─田中芳樹初期短篇集成 2　田中芳樹著　東京創元社　（創元SF文庫）
【要旨】稀世の物語作家・田中芳樹の輝かしい軌跡を辿る短篇集成。第2巻は、人知を超える能力を宿した青年・冬木涼平が自らの運命に翻弄される姿を描き『創竜伝』の原点となった三部作を劈頭に、星間戦争のさなか終わりなき戦闘に倦んでいた青年将校が死の影を纏う謎めいた少女と邂逅する「戦場の夜想曲」など11篇を収録。著者の魅力を再発見できる貴重な初期作品群を全2巻で贈る。
2017.9 427p A6 ¥960 ①978-4-488-72522-8

◆緑の草原に…─田中芳樹初期短篇集成 1　田中芳樹著　東京創元社　（創元SF文庫）
【要旨】豊饒な物語世界を紡ぐ作家・田中芳樹。『銀河英雄伝説』『アルスラーン戦記』といった傑作に結実する、原知の煌めきを宿した作品群を発表年代別に全2巻に集成。第1巻は、第3回幻影城新人賞を受賞して作家としての記念すべき出発点となった表題作をはじめ、小惑星航路を行く女性船長の人間模様が交錯する詩情豊かな佳篇「流星航路」など「幻影城」に発表された9篇を収める。
2017.9 387p A6 ¥920 ①978-4-488-72521-1

◆ラインの虜囚　田中芳樹著　講談社　（講談社文庫）
【要旨】時は一八三〇年、冬のパリ。カナダから来た少女コリンヌは父の不名誉を拭うため、「ライン河まで行き、双角獣の塔に幽閉されている人物の正体を調べよ」という老伯爵の難問に挑む。塔の仮面の男は死んだはずのナポレオン!?酔いどれ剣士、カリブの海賊王、若き自称天才作家と共に少女に満ちた冒険の旅へ。
2017.1 290p A6 ¥620 ①978-4-06-293576-0

◆航空宇宙軍史・完全版 4　エリヌス─戒厳令／仮装巡洋艦バシリスク　谷甲州著　早川書房　（ハヤカワ文庫JA）
【要旨】第1次外惑星動乱から20年。降伏後、解体された外惑星連合は、いまだ地下軍事組織として航空宇宙軍への抵抗を続けていた。地球は新政権を樹立すべく天王星系エリヌスにクーデターのため内部下部隊を送り込もうとするが─辺境の宇宙都市をめぐる息詰まる攻防を描いた長篇『エリヌス─戒厳令』航空宇宙軍の創設から、ある仮装巡洋艦の数奇な運命を7篇収録の連作集『仮装巡洋艦バシリスク』を合本した『航空宇宙軍史・完全版』第4弾!
2017.4 711p A6 ¥1400 ①978-4-15-031271-8

◆航空宇宙軍史・完全版 5　終わりなき索敵（全）　谷甲州著　早川書房　（ハヤカワ文庫JA）
【要旨】第1次外惑星動乱終結から11年、太陽系に急接近する人工物体、射手座重力波源（SG）を探査するため、航空宇宙軍は観測艦ユリシーズを派遣する。だがそこで艦長のロックウッド大佐が見たのは、汎銀河連合により滅亡の淵に瀕した人類のヴィジョンだった。同乗する作業体Kは、過去に干渉してユリシーズを救おうとするが─シリーズの集大成である長篇『終わりなき索敵』全篇を収録する『航空宇宙軍史・完全版』第5弾。
2017.4 711p A6 ¥1400 ①978-4-15-031271-8

◆コロンビア・ゼロ─新・航空宇宙軍史　谷甲州著　早川書房　（ハヤカワ文庫JA）
【要旨】圧倒的な軍事力で太陽系を制していた航空宇宙軍と、独立を求めた外惑星連合とが戦った第1次外惑星動乱の終結から40年。太陽系各地では新たな戦乱の予兆が胎動していた。タイタンのザナドウ高地を占拠した退役大佐の思惑、伝説の巡洋艦のサルベージを依頼された男、そして木星大気圏を舞台とする謎の未登録艦─第2次外惑星動乱の開戦までを描く全7篇を収録した、宇宙ハードSFシリーズの金字塔、22年ぶりの最新刊。第36回日本SF大賞受賞作。
2017.6 301p A6 ¥700 ①978-4-15-031288-6

◆星を創る者たち　谷甲州著　河出書房新社　（河出文庫）
【要旨】月の地下交通トンネル、火星の与圧ドーム、水星の射出軌条、木星の浮遊工場…太陽系の開発現場で前例のない事故が起こるとき、最悪の危機を回避するために立ち向かう現場の技術者たち。驚愕のラストが待つ、宇宙土木シリーズ全七編。表題作で第45回星雲賞日本短編部門を受賞。
2017.12 379p A6 ¥880 ①978-4-309-41580-2

◆遠く海より来たりし者　暖あやこ著　新潮社
【要旨】その孤島は古い手記どおりに実在した。不都合な真実を瓦礫の下に埋もれさせたまま。カブトガニの青い血を使用した新薬開発で重大な副作用の発生。その爪痕は、海に囲まれた実験場の破壊されただけでは消滅しなかった。ジレンマとはまさにこのこと。新薬はすでにわが社の主力商品なのだ。社史の不可解な空白の理由を知ったからにはただでは済むまい…。海の力が古い手記を生き残らせたように、海辺の現代生物は人類を進化させるのだろうか……。
2017.3 371p B6 ¥1800 ①978-4-10-350851-9

◆棄種たちの冬　つかいまこと著　早川書房　（ハヤカワ文庫JA）
【要旨】災厄による滅亡を免れるため、人類が演算世界に移住した遠未来。棄てられた物理世界で、サエとシロ、ショータは、暴力で支配する黒の一統の脅威に怯えながら暮らしていた。一方、演算世界に生きるクウは、物理世界を見て倦んでいた。生命が情報となり、死すらコンテンツとして代謝するデータ生命の人生。これで生きていると言えるのかという疑問は、クウをある選択へ向かわせる。現役ゲームデザイナーが問う、生と死の形。
2017.1 299p A6 ¥800 ①978-4-15-031261-9

◆機龍警察 完全版　月村了衛著　早川書房　（ハヤカワ文庫JA）
【要旨】テロや民族紛争の激化に伴い発達した近接戦闘兵器・機甲兵装。新型機"龍機兵"を導入した警視庁特捜部は、その搭乗員として三人の傭兵と契約した。警察組織内で孤立しつつも、彼らは機甲兵装による新しい立場へ任務が─。だが事件の背後には想像を絶する巨大な闇が広がっていた…。日本SF大賞&吉川英治文学新人賞受賞の"至近未来"警察小説シリーズ開幕！　第一作を徹底加筆した完全版。
2017.1 267p A6 ¥740 ①978-4-15-031274-9

◆コルヌトピア　津久井五月著　早川書房
【要旨】二〇八四年、人類が、植物の生理機能を演算に応用する技術"フロラ"を生み出した未来。東京は、二十三区全体を取り囲む環状緑地帯によって世界でも群を抜く計算資源都市となっていた。フロラ開発設計企業の若きエンジニア・砂山淵彦は、多摩川中流で発生したグリーンベルトの事故調査のなかで、天才植物学者・折口鶴と出逢う。首筋につける"角"─ウムヴェルトと呼ばれる装置を介してフロラの情報処理を脳に拡張する淵彦は、鶴との仕事の最中に突如意識を失ってしまう。混濁する意識の中で思い出される、藤袴嗣実という少年と過ごした優しき日々。未来都市に生きる二人の若者たちを通して描かれる、植物と人類の新たな共生のヴィジョンとは？　二五歳の現役東大院生による、第五回ハヤカワSFコンテスト大賞受賞作。
2017.11 189p B6 ¥1500 ①978-4-15-209726-2

◆幻想の未来　筒井康隆著　KADOKAWA　（角川文庫）
【要旨】この苦しみは私一人に起こったものなのか。倒れ伏す私の周囲を、廃墟の幽鬼がとり囲んで歌い踊る。放射能と炭疽熱で破壊された大都会。長い地下生活、地上からの音信は途絶え、食糧が不足し動力が停止した、暗黒の時代がやってきた。第3弾では、いまや現代日本文学の巨匠となった筒井康隆の、「お雑煮天」「東海道戦争」「マグロマル」「ベトナム観光公社」「バブリング創世記」など、1960～70年代にSFマガジンを中心に発表された初期傑作25篇を精選。
2017.8 244p A6 ¥680 ①978-4-04-106132-9

◆日本SF傑作選 1　筒井康隆─マグロマル／トラブル　筒井康隆著、日下三蔵編　早川書房　（ハヤカワ文庫JA）
【要旨】1957年、SF同人誌『宇宙塵』が創刊され、同誌から星新一が作家デビューを果たした。この現代日本SF誕生の年から60周年を記念して、第一世代作家6人の傑作選を日下三蔵の編集により刊行する。第1弾は、いまや現代日本文学の巨匠となった筒井康隆。「お雑煮天」「東海道戦争」「マグロマル」「ベトナム観光公社」「バブリング創世記」など、1960～70年代にSFマガジンを中心に発表された初期傑作25篇を精選。
2017.8 778p A6 ¥1500 ①978-4-15-031289-3

◆スタープレイヤー　恒川光太郎著　KADOKAWA　（角川文庫）
【要旨】路上のくじ引きで一等賞を当てた斉藤夕月。異世界に行くと"スタープレイヤー"に選ばれたと聞かされる。その使い道を考えるうちに目の当たりにするのは、自らの暗い欲望、人の抱える業の深さ、祈りの尊さ…。折しもマキと名乗る別のスタープレイヤーが来訪、国家民族間の思惑や争いに否応なく巻き込まれていくことになり─。RPG的興奮と壮大な神話世界を融合させた未曾有の創世記！
2017.8 399p A6 ¥760 ①978-4-04-105864-0

◆ヘブンメイカー　恒川光太郎著　KADOKAWA　（角川文庫）
【要旨】高校二年生の孝平はバイクで事故にあい、気づくと見知らぬ町にいた。"死者の町"と名付けられた地で、孝平は他の人間とともに探検隊を結成し、町の外に足を踏み出す。一方、自暴自棄になっていた佐伯逸輝は、砂浜で奇妙な男に勧められクジを引くと一見知らぬ地に立ち、"10の願い"を叶えられるスターボードを手にする。佐伯は己の理想の世界を思い描くが…。『スタープレイヤー』に連なる長編ファンタジー第2弾！
2017.10 575p A6 ¥880 ①978-4-04-106164-0

◆無貌の神　恒川光太郎著　KADOKAWA
【要旨】この世ならざる和風情緒が漂う表題作ほか、深山に棲む青天狗の仮面を操作した男が耳にした後日談、死神に魅入られた少女による七十七人殺しの顛末、人語を話す囚われの獣の数奇な運命…。暴力と不条理にまみれた世界にうるせなさを幻想的にあぶり出す、大人のための暗黒童話全六篇！
2017.1 267p B6 ¥1600 ①978-4-04-105269-3

◆聖戦士レッドソワンよ　血の上の教会で安らかに眠れ　寺島裕祐著　東京図書出版、リフレ出版 発売
【要旨】謎の小惑星イルビスが地球に接近。祖国ウクライナのために、美女ロボットセリーヌが人工知能を駆使し立ち上がった。日本初、AIが地球を救う。
2017.7 162p B6 ¥1200 ①978-4-86641-059-3

◆宝石鳥　鵜澤亜紀子著　東京創元社
【要旨】神の遣いである宝石鳥の子孫が治めるシーリャ島。島を訪れた植物学者と恋に落ちた女王は、その身を二つに分け、半身を島に残し、自らは恋人と海を渡った。二人は百年後、島では新たな女王即位の儀式が迫っていた…。不思議な力を持つ仮面の女、女王の魂を引き継ぐ儀式、喪われた半身。第二回創元ファンタジイ新人賞受賞、死と再生の傑作ファンタジィ。
2017.8 381p B6 ¥1900 ①978-4-488-02775-9

◆髑髏の会話─中学生文庫 怪奇　飛田多恵子著　近代文藝社
【要旨】遠い過去から、あなたの心に呼びかける。「命はなぜ大切なの？」幾世代も命をつないで、気の遠くなるような旅路の果てに、今、あなたも私もここにいます。いただいた命をいとおしんで生きてゆかねばなりません。
2017.8 125p B6 ¥1000 ①978-4-7733-8046-0

〔な行の作家〕

◆ゴースト　中島京子著　朝日新聞出版
【要旨】目をこらすと今も見える鬱蒼とした原宿の館に出没する女の子、二〇世紀を生き抜いたミシン、おじいちゃんの繰り返す言葉、廃墟と化した台湾人留学生寮。温かいユーモアに包まれ、思わず涙があふれる7つの幽霊連作集。
2017.8 219p B6 ¥1400 ①978-4-02-251483-7

◆夜見師　中村ふみ著　KADOKAWA　（角川ホラー文庫）
【要旨】"夜見師"─祟り神を始末する者。その存在を知る者は限られている。21歳の五明輝は、正体不明の呪いのせいで余命が3年ほどしかない。妹のために少しでもお金を稼ごうと、破格の金額で舞い込んできた家政夫の依頼を受ける。雇い主を訪ねると、車椅子に乗った青年・多々良が現れた。この屋敷には封じられた多数の祟り神が眠っており、生活できる者は選ばれるとのこと。お金のため、仕事に精を出す輝だったが。
2017.1 282p A6 ¥640 ①978-4-04-105075-0

◆夜見師 2　中村ふみ著　KADOKAWA　（角川ホラー文庫）
【要旨】"夜見師"─祀られている祟り神を始末する者。その存在を知る者は限られている。五明輝は、自身の呪いが解けた後も、封じた祟り神が祀られている多々良の屋敷で、家政夫として働いている。数日休みをもらい、妹の結婚式から帰ってくると、いつも自分がいる場所に、知

SF・ホラー・ファンタジー

らない男子高校生がいた。そこへ、准教授の雪乃が見つけた箱を屋敷に持ち込んできて…自分の居場所が奪われた輝に試練が訪れる。友情と嫉妬が交差する、第2弾。
2017.7 285p A6 ¥640 ①978-4-04-105934-0

◆R帝国　中村文則著　中央公論新社
【要旨】"国家を支配する"党"と、謎の組織"L"が存在するR帝国。戦争が始まり、やがて世界は思わぬ方向へと暴走していく―。
2017.8 367p B6 ¥1600 ①978-4-12-005000-8

◆怪談狩り―市朗百物語 赤い顔　中山市朗著
KADOKAWA　（角川ホラー文庫）
【要旨】怪奇蒐集家・中山市朗が満を持して放つ、本当に怖い話だけを厳選した百物語、第二弾！ 逆さに連なる首の切られたカラスの死骸、お札を貼られた井戸に潜むモノ、誰もいないはずの学校に現れる赤いジャージの少年、深夜の霊園からかかってくる電話…。「霊感はない」と断言する著者が、いわくつきのログハウスで行った怪談会の顛末や自宅で遭遇した怪異も収録。日常の風景がぐらりと揺らぎ、忌まわしいものが忍び寄る―。
2017.1 278p A6 ¥640 ①978-4-04-105215-0

◆怪談狩り―禍々しい家　中山市朗著
KADOKAWA　（角川ホラー文庫）
【要旨】怪奇蒐集家・中山市朗が狩り集めた戦慄の建物怪談。人の気配がない角部屋から聞こえる妙に大きな生活音、引っ越し先で見つけた不気味なビデオテープ、誰もいない子ども部屋で突然鳴りだすおもちゃの音、夜の駐輪場の地面に這うモノ…。「新耳袋」で話題騒然、今もさまざまな憶測を呼ぶ「山の牧場」も、ここでしか読めない後日譚含5話も収録。どの町にもある普通の建物が、異様なものを孕む空間かもしれない。文庫オリジナル。
2017.6 242p A6 ¥600 ①978-4-04-105734-6

◆怪談狩り―四季異聞録　中山市朗著
KADOKAWA　（角川ホラー文庫）
【要旨】「怖い怪談は、夏だけのものではない」と断言する怪異蒐集家・中山市朗が、四季折々の行事や情景を織り交ぜながら綴る怪談集。毎年3月3日の朝に天井からバサリと落ちてくる異様なモノ、真夏のキャンプ場に佇む黒いコートの女、幼い兄弟の前に出現したサンタさんの意外な貌、大晦日前日の夜に神社で行われる奇妙なアルバイト…。家族の団欒や友人との思い出に、じわじわ浸食してくる怪異に戦慄する。書き下ろし2篇を収録。
2017.12 318p A6 ¥680 ①978-4-04-106260-9

◆二階の王　名梁和泉著　KADOKAWA　（角川ホラー文庫）
【要旨】30歳過ぎのひきこもりの兄を抱える妹の苦悩と、世界の命運を握る"悪因"を探索する特殊能力者たちの大闘争が見事に融合する、空前のスケールのスペクタクル・ホラー！ 二階の自室にひきこもる兄に悩む朋子。その頃、元警察官と6人の男女たちが、変死した考古学者の予言を元に"悪因研"を作り調査を始めたところ、メンバーの一人が急死して…。第22回日本ホラー大賞優秀賞受賞作。文庫書き下ろし「屋根裏」も併録。
2017.9 407p A6 ¥760 ①978-4-04-106053-7

◆千夜（ちよ）と一夜（ひとよ）の物語　仁木英之著　文藝春秋
【要旨】帰宅途中に"魔王"を名乗る男に襲われた千夜が助かる手段はただひとつ。「面白い話をすれば殺さないでやる」元気魔の意地にかけて語り始めたのは、姉・一夜が幼少の頃に作ったおとぎ話。だが"お話"は思いもよらぬ悪意を帯びて暴走し、姉妹の過去を甦らせる。アラビアン・ナイト×モダン・ホラー！
2017.8 259p B6 ¥1550 ①978-4-16-390721-5

◆まほろばの王たち　仁木英之著　講談社（講談社文庫）
【要旨】大化の改新から四年。朝廷と山の民の対立が激化し、山には鬼が現れ、山の神は姿を消した。物部の末裔広足は、葛城の騎者・役小角と異変を探る旅に出る。里と山が共に生きる道とは？ 心揺さぶる冒険ファンタジー！
2017.10 321p A6 ¥660 ①978-4-06-293781-8

◆黄泉坂案内人 三条目　仁木英之著
KADOKAWA
【要旨】この世とあの世の狭間で迷える魂を救う仕事をしている、元タクシー運転手の速人と少女・彩葉。速人は「この世」に残してきた妻と

娘のことが気にかかっていた。娘の雪音も、車に変身して現れる「父」のことを待っていて…。面白うてやがて涙ホロリの魂救済ストーリー。
2017.7 231p B6 ¥1300 ①978-4-04-104980-8

◆黄泉坂案内人 少女たちの選挙戦　仁木英之著　KADOKAWA　（角川文庫）（『黄泉坂の娘たち』加筆修正・改題書）
【要旨】この世とあの世の狭間の入日村で迷える魂を救う仕事をしている、少女・彩葉と元タクシー運転手の速人。ある日、新しい村長候補としてやよいという少女が現れた。村の環境の変化にとまどう彩葉たち。死者の魂を送る「黄泉坂」で彼らがたどりついた結論とは？ やよいはなぜこの村に現れたのか？ そして、東北の地で起きた大災害により多くの魂が村を訪れて…。面白うてやがて涙ホロリの魂救済ストーリー、シリーズ第2弾！
2017.6 257p A6 ¥560 ①978-4-04-104984-6

◆聖刻（ワース）―BEYOND　新田祐助著　朝日新聞出版　（朝日文庫ソノラマセレクション）
【要旨】突然の爆発による壊滅から、奇跡の復興を遂げた超近代化都市"聖華街"。そこに設立された聖華女学園には、仮面を使って巨大な人型兵器を操る少女たちが集められていた。その一人、沢村未来は、己の内に宿った黒い力に抗いつつ、仲間と共に運命に挑んでいく―。「聖刻」新シリーズ第1弾！
2017.12 311p A6 ¥700 ①978-4-02-264866-2

◆ハラサキ　野城亮著　KADOKAWA　（角川ホラー文庫）
【要旨】百崎日向には幼少期の記憶がほとんどない。覚えているのは夕陽に照らされる雪景色だけだった。結婚が決まり、腹裂きの都市伝説が残る、故郷の竹之山温泉に向かう電車の中、日向は気を失う。目覚めるとそこは異世界の竹之山駅だった。女性の死体、襲いかかる黒い影、繰り返される残酷な悪夢。失った記憶を取り戻したとき、真の恐怖が日向を襲う―。戦慄のノンストップホラー。第24回日本ホラー小説大賞読者賞受賞作。
2017.10 231p A6 ¥560 ①978-4-04-106155-8

〔は行の作家〕

◆美しの神の伝え―萩尾望都 小説集　萩尾望都著　河出書房新社　（河出文庫）
【要旨】萩尾望都の圧倒的な物語的想像力。77〜80年発表のSF小説11編に加え、貴重な単行本未収録作やマンガ2編も特別掲載。異世界へ導かれる全16編。
2017.8 444p A6 ¥1100 ①978-4-309-41553-6

◆ピアリス　萩尾望都著　河出書房新社
【要旨】ピアリスがぼくのような目にあってませんように。決して決して、ぼくのような目にあってませんように。―「ユーロ カルカーシュの予言者」より。願いに力があるのなら、あたしは一番にこのことを願うわ。ユーロに会えますように。―「ピアリス『9×7』」より。萩尾望都のSF世界。
2017.7 285p B6 ¥1450 ①978-4-309-02595-7

◆明治・妖モダン　畠中恵著　朝日新聞出版　（朝日文庫）
【要旨】「江戸が終わって20年。妖たちがそう簡単にいなくなると思うかい？」 モダン銀座の派出所に勤める巡査・原田と滝の元へは、瞬く間に成長する少女や鎌鼬に襲われた噂など、不思議な厄介ごとばかりが持ち込まれて…！？ ゾクゾク妖怪ファンタジー、第1弾。
2017.7 292p A6 ¥580 ①978-4-02-264838-9

◆鬼の家　花房観音著
【要旨】実業家が若き愛妻のために建てた邸宅。幸せの象徴のような家に、美男と地味な女というい びつな夫婦がやってきたところから、すべてが歪みはじめる。（「桜鬼」）。少年が決して近寄ってはならないと言われていた、禁断の部屋。そこでは、父と友人たちによる忌まわしい"遊戯"が行われていた。（「鬼の子」）。夫により家長として開花しつつある新妻。幸せの中、吹き抜けの玄関ホールにぶらさがって揺れている不気味な人形を見しまう。（「鬼人形」）。闇に蠢く影は異形のものか人間が生み出したものか―。6つの恐怖譚。
2017.9 222p B6 ¥1550 ①978-4-04-105273-0

◆薫風のトゥーレ　林健太郎著　幻冬舎メディアコンサルティング, 幻冬舎 発売

【要旨】捕食者でありながら、生きた動物を殺せないホッキョクギツネのソル。彼は、過酷な世界の中で、狩りをせずに生きることを選んだ。北極の島に住む生き物たちの目線を通じて描く、ファンタジー小説。極北の地にまつわるイラスト付き解説も多数掲載！
2017.8 253p B6 ¥1300 ①978-4-344-91259-5

◆キッド・ザ・ラビット―ナイト・オブ・ザ・ホッピング・デッド　東山彰良著　双葉社（双葉文庫）
【要旨】キッド・ラビットが昏睡から目覚めると辺りには人っ子ひとりというか、兎っ子一匹いなかった。そう、ぼくたちは人間じゃない。兎だ。人間たちはまだ気づいていないけど、兎社会を脅かす大事件が勃発した。死者が甦り生を襲ってむしゃむしゃ喰っているんだ。いまや森は屍兎どもの天下で、この兎史上最悪の事件を終わらせるには、死の山に棲む人喰い熊を狩らなければならないという魔女ラビットのお告げなんだが…いったいなんてこった！『ジョニー・ザ・ラビット』から2年3カ月後の世界を描く、スラップスティック兎ゾンビ小説。
2017.2 318p A6 ¥630 ①978-4-575-51967-9

◆構造素子　樋口恭介著　早川書房
【要旨】エドガー・ロパティンのダニエルは、H・G・ウェルズやジュール・ヴェルヌに私淑する売れないSF作家だった。彼の死後、母ラブレスから渡された未完の草稿のタイトルは『エドガー曰く、世界は』。その物語内で、人工意識の研究者だったダニエルとラブレスは、子をもうけることなく、代わりにオートリックス・ポイント・システムと呼ばれる人工意識、エドガー001を構築した。自己増殖するエドガー001は新たな物語を生み出し、草稿を読み進めるエドガーもまた、父ダニエルとの思い出をそこに重ね書きしていく。SF作家になりきれなかった男の未完の草稿にして、現代SF100年の類い稀なる総括。第5回ハヤカワSFコンテスト大賞受賞作。
2017.11 404p A6 ¥1900 ①978-4-15-209727-9

◆「超」怖い話 ひとり　久田樹生著　竹書房（竹書房文庫）
【要旨】ガチ怖の鬼、直取材にこだわる久田樹生が血の滲む指で拾い集めた最新実話怪談集。マンションの集合ポストに入れられる謎の球体。入れられた家は…「けん玉の球」、父親と二人の息子、不思議なくらい顔が似ている一族には恐るべき因縁があった…「同じ」、隣家のベランダから聞こえるでんでん太鼓のような音。音は発泡スチロールの箱から聞こえるようなのだが…「トロ箱」ほか、ぞくりと寒気の走る恐怖実話28編を収録。
2017.5 223p A6 ¥650 ①978-4-8019-1069-0

◆たとえあなたが骨になっても　菱川さかく著　小説　集英社
【要旨】高校生の朝倉雄一が敬愛する先輩・後光院凛々花は、警察も手を焼く難事件さえ解決する推理力と、圧倒的な美貌の持ち主だった。凛々花の助手として働く雄一の平穏な日々は、凛々花が何者かに殺害された時、唐突に終わりを告げた。だが、白骨死体になっても、凛々花の、謎への執着と推理力は失われなかった。そして、二人の関係も―。第2回ジャンプホラー小説大賞銀賞受賞。
2017.6 246p B6 ¥1350 ①978-4-08-704009-8

◆私のクラスの生徒が、一晩で24人死にました。　日向奈くらら著　KADOKAWA（角川ホラー文庫）
【要旨】二年C組の問題の多さには、呆れますね―教頭の言葉が妙に耳を刺さる。また私のクラスの生徒が行方不明になった。これでもう4人だ。私はその失踪にあの子が関係しているのではないかと恐れている。宮田知江。ある時から急に暗い目をするようになった女生徒。私は彼女の正体を知っている。でもそんなことは、これから始まる惨劇に比べれば些細なこと。なぜなら私は、夜の教室で生徒24人が死ぬ光景を目にすることになるのだから―。
2017.11 311p A6 ¥640 ①978-4-04-106135-0

◆狼の紋章（エンブレム）―ウルフガイ　1　平井和正著　早川書房　（ハヤカワ文庫JA）新版
【要旨】"悪徳学園"と称される東京の一私立中学校に、ある日転校してきた奇妙な少年―驚くべき強靭な肉体を持ちながらも、どこか暗い虚無の影を宿した彼、犬神明の行くところ、次々と怪異な事件が巻き起こる。学園に無乗入るは食う、悪辣きわまりなき非行少年たちとの凄惨な対決！ だが、ナイフで刺され、拳銃に撃たれようとも

"死"を知らぬ彼の正体に、女教師の青鹿晶子が魅せられていくが…伝説のベストセラー"ウルフガイ"第1弾。
2018.1 312p A6 ¥860 ①978-4-15-031311-1

◆狼の怨歌（レクイエム）—ウルフガイ　2　平井和正著　早川書房　（ハヤカワ文庫JA）新版
【要旨】犬神明は生きている!?狼人間の"不死"の秘密をわがものにせんと、アメリカCIA対中国情報部"虎部隊"の、熾烈凄惨な国際諜報戦の幕が切って落とされる。渡米した青鹿晶子は敵の罠に落ちて何処かへ連れ去られ、犬神明は狂気の鬼としたサディスト医者の前にすべての記憶を喪失する。そしてもう一人の狼男、神明の血まみれの活躍は、今や全世界に黒い魔手を伸ばした恐るべき大陰謀の正体を暴いていく。"ウルフガイ"第2弾。
2018.1 408p A6 ¥980 ①978-4-15-031312-8

◆真夜中の檻　平井呈一著　東京創元社　（創元推理文庫）再版
【要旨】本邦ホラー屈指の傑作として名高い「真夜中の檻」。都会の片隅に芽生えた悲しくも不可思議な恋の物語「エイプリル・フール」。怪奇と浪漫の横溢する創作全二篇に、英米の怪奇作家とその作品、さらに幽霊実話を造語訳して語るエッセイを併録。『吸血鬼ドラキュラ』等の名翻訳家、海外怪奇小説紹介の先駆者として知られる平井呈一の全容を明らかにする、ホラー・ファン垂涎の一冊。
2017.9 427p A6 ¥1100 ①978-4-488-58501-3

◆山と村の怖い話　平川陽一著　宝島社　（宝島社文庫）
【要旨】日本の山々や村には、すぐそばに怪異が潜んでいる。そこに生きる人々や、旅行で訪れた人々への取材によって集められた、数々の怪異の記憶を収録。死んでもなお歩き続けた学生の幽霊「鳳凰三山に消えた学生」、姥捨て山の怪事「秘湯の老婆」、死者の着物を水で濡らす村の習わし「水かけ着物」「ぬればれ霊」など、実際に起きた話や伝承をまとめた、75篇の怪奇実話集。
2017.6 283p A6 ¥640 ①978-4-8002-7174-7

◆JKハルは異世界で娼婦になった　平鳥コウ著　早川書房
【要旨】どこにでもいる普通の女子高生・小山ハルは、ある日交通事故に遭い気づいたときには異世界に転移していた。チート能力も授けられず、男しか冒険者にはなれない状況で、ハルは生活のために酒場兼娼館『夜想の青猫亭』で働くことを決意する。だが男尊と女卑がはびこる異世界では理不尽なことも嫌なこともたくさんあって…。同じく現代から転移した同級生・千葉セイジ、娼館で働くシルフィの少女レイラら、ハルを寄せるスモーフとの出会いを経て、異世界に溶け込みはじめたハルを待ち受けていた過酷な運命とは…。ウェブ上に掲載された異色の異世界転生小説の書籍化。
2017.12 334p B6 ¥1300 ①978-4-15-209737-8

◆怪談遺産　平山夢明著　竹書房
【要旨】新たな恐怖伝説がついに始動。目撃せよ！体験せよ！実話怪談ルネサンス。平山夢明完全復活！
2017.5 221p B6 ¥1650 ①978-4-8019-1029-4

◆青の王　廣嶋玲子著　東京創元社
【要旨】砂漠に咲く奇跡の都ナルマーン。王宮の上空では魔をもつ魔族が飛び交い、豊かな水をたたえた池の中には魚や竜の姿をした魔族が泳ぐ。ナルマーンの王は神に選ばれ、魔族を操る力を授けられたのだ…。そんなナルマーンに住む孤児の少年ハルーンが出会ったのは、不思議な塔に閉じ込められたひとりの少女だった。ハルーンは、自分の名前も知らないというその謎めいた少女を助けて塔を脱出する。だが彼らのあとを、魔族が、そしてナルマーン軍が追いかけてきたのだ！
2017.4 318p B6 ¥1800 ①978-4-488-02771-1

◆半妖の子—妖怪の子預かります　4　廣嶋玲子著　東京創元社　（創元推理文庫）
【要旨】梅雨の夜、太鼓屋に養い親の千弥と住む弥助のもとに、客が訪ねてきた。化けいたちの宗鉄と名乗る男は、妖怪の子預かり屋の娘に娘を預けたいという。母親が亡くなり、男手ひとつでは育てていくもならなくなった。女の子の名はみお。お面をつけ、自分の殻に閉じこもってしまっていた。だが、弥助のもとに預けられる子妖怪と接するうちに変化が。お江戸妖怪ファンタジー第四弾。
2017.6 221p A6 ¥700 ①978-4-488-56505-3

◆バイオハザード　ヴェンデッタ　深見真著　KADOKAWA　（角川ホラー文庫）
【要旨】大学教授のレベッカは「死者がよみがえり、凶暴化する」一連の事件の治療薬の開発に成功した。その直後に彼女は国際指名手配犯グレン・アリアスに身柄を拘束されてしまう。アリアスの真の目的がバイオテロだと掴んだ、対バイオテロ部隊所属のクリスと米大統領直轄のエージェント・レオンは、彼の策略の阻止とレベッカの救助のため、NYへと向かう…。血塗られた復讐劇を同作映画脚本の深見真自ら完全ノベライズ！
2017.5 230p A6 ¥560 ①978-4-04-105618-8

◆公正的戦闘規範　藤井太洋著　早川書房　（ハヤカワ文庫JA）
【要旨】2024年、上海の日系ゲーム会社に勤める元軍人の趙公正は、春節休暇で故郷の新疆へと帰る途上、思いもかけない"戦場"と遭遇する—近未来中国のテロ戦争を活写する表題作や、保守と革新に分断されたアメリカを描く「第二内戦」と同一世界観の2篇、デビュー長篇『Gene Mapper』のスピンオフ「コラボレーション」、量子テクノロジーが人類社会を革新する「常夏の夜」など全5篇収録、変化と未来についての作品集。
2017.8 335p A6 ¥740 ①978-4-15-031290-9

◆バチカン奇跡調査官—ゾンビ殺人事件　藤木稟著　KADOKAWA　（角川ホラー文庫）
【要旨】イタリアの森で、男女がゾンビになるという衝撃的な事件が発生した。カラビニエリのアメデオ大尉は、天才少年にして凶悪犯罪者でもあったローレンを頼ることに。ローレンに心酔する心理捜査官のフィオナと共に捜査を開始するが、さらに大量のゾンビが発見された!?（表題作）FBI捜査官のビルが奇妙な誘拐事件に巻き込まれる「チャイナタウン・ラプソディ」、平賀とロベルトの休日の一幕を描く「絵画の描き方」など全4編！
2017.2 295p A6 ¥600 ①978-4-04-104987-7

◆バチカン奇跡調査官—二十七頭の象　藤木稟著　KADOKAWA　（角川ホラー文庫）
【要旨】バチカン美術館にある絵画の前にマリア様が現われて預言するという。平賀とロベルトは、近頃囁かれている噂について調べるよう命じられる。一方ローマ郊外の町では、十字路に描かれた奇妙な紋章の上で連続して変死体が見つかる怪事件が起きていた。カラビニエリのアメデオと心理捜査員のフィオナが事件に挑むが…。交錯する2つの謎はやがて世界を混乱に陥れる。ローレン失踪の真相が明らかに!?新展開の第13弾！
2017.7 393p A6 ¥720 ①978-4-04-104988-4

◆風待町医院　異星人科　藤崎慎吾著　光文社
【要旨】あなたの郷里にもあったかもしれない、謎めいた個人病院。小さな港町を訪れた異星人との交流を、少年の視線で色彩豊かに描いたノスタルジックSF。
2017.6 266p B6 ¥1800 ①978-4-334-91172-0

◆深海大戦　Abyssal Wars—超深海編　藤崎慎吾著　KADOKAWA
【要旨】幽霊潜水艦を巡る攻防の後、独立に揺れる沖縄県では、宗像澄は亡友・磯良幸彦と縁のある人権擁護団体「シギラ」メンバーの風子を訪ねる。しかし前園隆司と名乗る男が率いる謎の武装集団に、彼女はさらわれてしまう。前園は、宗像が探しているシー・ノマッド（海洋漂泊民）集団「オボツカグラ」上層部のブレーンの存在であった。本当に前園は味方なのか…。不安を抱きつつも、那覇で敵対するシー・ノマッド集団「ティアマット」の刺客に宗像が、前園を頼りグアムへ旅立った。それでも執拗に命を狙われるが、安曇レイラの助力も得て危機を逃れた宗像は、「タンガロア」が造られた真の目的を前園から聞かされる。それは、アレソップの向こう側＝カチャウ・ベイディの真実だけでなく、宗像のこの世に生まれた意義をも問うものだった。世界最深部に潜り、この宇宙の境界をも越えようとする宗像…その行動を阻止すべく、ティアマットがハワイ島沖に立ちはだかる。そして宗像を支えるオボツカグラは、宿敵との決戦に挑む。二つの世界が迎えるのは、融合か。人類は、深い海の底で未来に直面する!!
2017.3 389p B6 ¥1900 ①978-4-04-104439-1

◆エクステンションワールド　1　発現　古谷あき里著　ディスカヴァー・トゥエンティワン　（ディスカヴァー文庫）
【要旨】無口な高校生の宮本瞬は謎の組織"SNP研究所"に拉致され、能力者をつくる施術を受けさせられる。超能力を身につけた彼は、何とか研究所から抜け出し、家族と離れ息をひそ

めて暮らしていた。数年後、地下の格闘大会にいた高誠と出会う。高に導かれ雑居ビルの一室に足を踏み入れると、そこには同じように組織で超能力者を抱える仲間たちがいた。そして瞬は妹が組織に監禁されている事実を知る。家族を救うため、瞬と6人の超能力者たちは立ち上がるのだった…。
2017.11 334p A6 ¥800 ①978-4-7993-2196-6

◆臨界シンドローム—不条心理カウンセラー・雪丸十門診療奇談　堀井拓馬著　KADOKAWA　（角川ホラー文庫）
【要旨】月刊怪奇ジャーナル編集部の黒川怜司は「不条心理」を研究する医師・雪丸十門の連載を担当することに。「不条心理」とは「既存のどんな症状の定義からも逸脱した、稀有な心理症例」のこと。クライエントは、左目の視覚がストーカー男に乗っ取られたという女や、自分ではないだれかの人格を自らに完璧に宿してしまう女!?エキセントリックな研究者と彼に振り回される編集者が、特殊な異常心理をめぐる3つの症例を解明する！
2017.9 334p A6 ¥680 ①978-4-04-106065-0

◆水中少女—竜宮電車　堀川アサコ著　徳間書店　（徳間文庫）
【要旨】流行らない遠海神社の神さまは、自分の食い扶持を稼ぐため、人間の格好をして働いている。ある日、他人には見えないはずの神さまを見ることが出来る青年が、高額なお布施で、御利益を得たいと言ってきた。彼の正体は？（「水中少女」）丑の刻参りで人気のある神社の神さまから頼まれたアルバイトは、呪いを解くこと？（「神さまと藁人形」）切なく優しい二篇を収録。書下しヒューマン・ファンタジー。
2017.3 317p A6 ¥640 ①978-4-19-894215-1

◆芳一　堀川アサコ著　講談社　（講談社文庫）
【要旨】亡霊も涙すると評判の琵琶法師・芳一。足利義詮の前で弾き語りを始めるや、尼の霊が出現、義詮が姿を消す。芳一を人質に取られた芳一は、義詮を探すよう命じられるが、事件の裏には日の本を揺るがす「北条文書」の存在があった。いつしか芳一は文書をめぐる陰謀にまきこまれることに。痛快歴史ファンタジー！
2017.12 324p A6 ¥680 ①978-4-06-293824-2

◆竜宮電車　堀川アサコ著　徳間書店　（徳間文庫）
【要旨】出社すると会社が倒産していた。それを恋人に告げたら、出て行ってしまった（「竜宮電車」）。母親の言うことが窮屈だった少年は、ある文字がかりで入った本を読めば願いが叶うと聞き…（「図書館の鬼」）。人気がない神社の神さま。ハローワークで紹介された花屋で働く、訳有り客かがりで…（「フリーター神さま」）。現実に惑う人たちと不思議な力を持つ竜宮電車をめぐる三篇を収録。
2017.2 261p A6 ¥630 ①978-4-19-894202-1

〔ま行の作家〕

◆淵の王　舞城王太郎著　新潮社　（新潮文庫）
【要旨】中島さおりは「影」に憑依していた幼児に襲いかかられる。堀江果歩のマンガには、描いた覚えがない黒髪の女が現れる。中村悟堂が移し住んだ西暁町の家の屋根裏部屋には、闇の穴が黒々と開いている。「俺は君を食べるし、今も食べてるよ」。真っ暗坊主一である眼前にもきっと現れる。日常を侵食する魔、そして狂気。作家・舞城王太郎の集大成、恐ろしくて、切ない、傑作長編。
2017.12 402p A6 ¥670 ①978-4-10-118638-2

◆暗黒百物語　骸　真白圭著　竹書房　（竹書房文庫）
【要旨】日常の中でふと綻び、口を開ける暗黒—それら繋りあわせて綴る九十九話の怪集。友人の祖母の呟き、その驚愕の内容「猿の貯金箱」、道路の上に転がる人の足跡、その行き先で出会ったのは「黄色い」、日を置かず歯の治療にやってくる患者の不気味な症状「はいたでんか」、同僚が酒をやめられない本当の理由とは「まねき猫」、など。残された最後の怪異は—あなたの傍に潜んでいる。
2017.6 222p A6 ¥650 ①978-4-8019-1093-5

◆実話怪事記　腐れ魂　真白圭著　竹書房　（竹書房文庫）

【要旨】真白圭が炙り出す、奇妙に歪んでいてどこまでも昏い怪異の数々。人により脚の数が違うように見えるという。その数が教える恐るべき意味…「零から六の脚の話」、いつも見かけるこの世ならぬ客、ある夜ついつい手を合わせると…「先まわり」、仕事をバリバリこなす女性が手にした見知らぬ口紅。おぞましい欲望が溢れ出る恐怖「口紅」ほか全45話を収録する。怪異を好むあなたの魂も、膿み腐れてもはや救いようもないほど崩れている一かもしれない。
2017.12 223p A6 ¥650 978-4-8019-1283-0

◆玉妖綺譚 2 異界の庭 真園めぐみ著 東京創元社（創元推理文庫）
【要旨】相棒の玉妖くろがねが眠りについて以来、半人前の駆妖師蒼音は十分な仕事ができずにいた。そんな折離波コレクションの王妖で唯一会ったことのない蒼秀に会えるとの知らせが。異界に詳しい蒼秀ならばくろがねを目覚めさせる方法を知っているかもしれないと、期待を胸に蒼秀の持ち主の屋敷を訪ねる。心の傷を隠して事件に挑む彩音は過去を清算し、相棒を取り戻すことができるのか。
2017.2 369p A6 ¥900 978-4-488-56903-7

◆5まで数える 松崎有理著 筑摩書房
【要旨】奇想天外なアイデアで恐怖と科学が結びつく、誰も見たことのない新感覚の理系ホラー誕生。恐怖度、理系度、ともに120％の傑作短篇集。
2017.6 259p A6 ¥1600 978-4-480-80470-9

◆日本SF傑作選 3 眉村卓―下級アイデアマン／還らざる空 眉村卓著、日下三蔵編 早川書房（ハヤカワ文庫JA）
【要旨】現代日本SF第一世代作家6人の傑作選を日下三蔵の編集により刊行するシリーズ。第3弾はアイデアSFの名手、眉村卓。SFコンテスト佳作のデビュー作「下級アイデアマン」、醜い宇宙人をめぐり美醜の基準を問う「わがパキーネ」など「異種生命SF」13篇を第一部に、人間とそっくりなロボットが共存する社会の陥穽「準B級市民」、ジュヴナイル中篇「産業士官候補生」以降、組織と個人の相克を描く「インサイダーSF」9篇を第二部に収録する初期傑作選。
2017.12 782p A6 ¥4-15-031308-1

◆忌物堂鬼談 三津田信三著 講談社（講談社ノベルス）
【要旨】得体の知れぬ何かに脅える中学生の由羽希は、救いを求めひとり遣孤寺を訪れ、住職の天山天空と黒猫に出会う。本堂に置かれた数々の品は、所有するだけで祟られる「忌物」だと聞かされる。寺へ来た理由を尋ねられ、由羽希は答えに詰まる。「分からない…」。記憶をなくした彼女も、実は忌物を持っていて？　すぐには助けられないと言う天空に命じられ、由羽希は毎夜、忌物に纏わる怪異譚に耳を傾けた。謎を解かされる羽目になるのだが…。やがて真の恐怖が彼女自身に襲い来る。
2017.9 211p 18cm A6 ¥860 978-4-06-299104-9

◆凶宅 三津田信三著 KADOKAWA（角川ホラー文庫）
【要旨】山の中腹に建つ家に引っ越してきた、小学4年生の比乃翔太。周りの家がどれも未完成でうち棄てられていることに服な感じを抱くが、暮らし始めて数日後、幼い妹が妙なことを口にする。この山に棲んでいるモノが、部屋に来たというのだ。それ以降、翔太は家の中で真っ黒な影を目撃するように。怪異から逃れるため、過去になにが起きたかを調べ始めた翔太は、前の住人の残した忌まわしい日記を見つけ―。"最凶"の家ホラー。
2017.11 342p A6 ¥680 978-4-04-105611-0

◆どこの家にも怖いものはいる 三津田信三著 中央公論新社（中公文庫）
【要旨】三間坂という編集者と出会い、同じ怪談好きとして意気投合する作家の三津田。その縁で彼の実家の蔵から発見された「家」に関するいくつかの記述を読むことになる。だが、その五つの幽霊屋敷話は、人物、時代、内容などバラバラながら不思議に、奇妙な共通点が…。しかも、この話を読んだ者の「家」には、それが訪れるかもしれないらしい。最凶の「幽霊屋敷」怪談！
2017.6 361p A6 ¥660 978-4-12-206414-0

◆魔邸 三津田信三著 KADOKAWA
【要旨】作家だった実の父と死別し、母親の再婚とともに引っ越しを経験した小学6年生のある日、なじみぶかにいた義父の海外赴任が決まる。移住先が決まるまでのいっときを大好きな叔父と暮らすことになる。しかし、叔父に連れられて訪れたその家は、"神隠し"の伝承がある森に建っていた。その家で過ごす最初の夜、

かが家の中を徘徊している気配を感じると、不気味な出来事が次々と起こり優真に降りかかる。
2017.12 321p B6 ¥1600 978-4-04-105940-1

◆わざと忌み家を建てて棲む 三津田信三著 中央公論新社
【要旨】人死にがあった部屋や家を、一箇所に集めて建て直した"烏合邸"。家主は、そこに棲む人を募集する。さながら、実験室のように…。恐怖の「幽霊屋敷」怪談、再び！
2017.7 353p B6 ¥1600 978-4-12-004992-7

◆神々の告白 三ツ野豊著（札幌）柏艪舎、星雲社 発売
【要旨】アマゾンの奥地に迷い込み、人知れず暮らしてきた部族にその命を救われたイッセイは、この世界の常識を根本から覆す"真実"を聞かされることになる。波動の法則、人間の起源、高次元存在、宇宙の真理、そして未来への希望とは何なのか。人はどこへ向かうべきなのか―その哲学的命題の答となる、まさに神の告白がここに記されている。
2017.10 303p B6 ¥1500 978-4-434-23838-3

◆エクソダス症候群 宮内悠介著 東京創元社（創元SF文庫）
【要旨】10棟からなるその病院は、火星の丘の斜面に、カバラの"生命の樹"を模した配置で建てられていた。さらなる父親がかつて勤務した、火星で唯一の精神病院。地球の大学病院を追われ、生まれ故郷へ帰ってきた青年医師カズキは、この過酷な開拓地の、薬もベッドもスタッフも不足した病院へ着任する。そして彼の帰郷と同時に、隠されていた不穏な歯車が動き出した。俊英の商業長編。
2017.7 317p A6 ¥820 978-4-488-74702-2

◆カブールの園 宮内悠介著 文藝春秋
【要旨】わたしたちの世代の最良の精神はどこにあるのか。日系アメリカ女性のレイ（玲）は、過去への旅に出る。SF界の異才による、リアルな世界の"いま"
2017.1 206p B6 ¥1350 978-4-16-390593-8

◆裏世界ピクニック―ふたりの怪異探検ファイル 宮澤伊織著 早川書房（ハヤカワ文庫JA）
【要旨】仁科鳥子と出逢ったのは「裏側」で"あれ"を目にして死にかけていたときだった―その日を境にくたびれた女子大生・紙越空魚の人生は一変する。「くねくね」や「八尺様」など、実話怪談として語られる危険な存在が出現する、この現実と隣合わせで謎だらけの裏世界。研究とお金稼ぎ、そして大切な人を捜すため、鳥子と空魚は非日常へと足を踏み入れる。気鋭のエンタメSF作家が贈る、女子ふたり怪異探検サバイバル！
2017.2 317p A6 ¥780 978-4-15-031264-0

◆裏世界ピクニック 2 果ての浜辺のリゾートナイト 宮澤伊織著 早川書房（ハヤカワ文庫JA）
【要旨】季節は夏。この現実と隣合わせで謎だらけの裏世界で、女子大生の紙越空魚と仁科鳥子は互いの仲を深めながらも冒険を続けていく。「きさらぎ駅」に迷い込んだ米軍の救出作戦、沖縄リゾートの裏側にある果ての浜辺の夜、猫の忍者に狙われるカラテ使いの後輩女子―そして、裏世界で姿を消した鳥子の大切な人、閏間冴月の謎。新知な怪異そして謎めいた人間模様が交錯する、大好評のネットロア×異世界探検サバイバル、第2弾！ 2017.10 341p A6 ¥780 978-4-15-031301-2

◆蒲生邸事件 上 宮部みゆき著 文藝春秋（文春文庫）新装版
【要旨】一九九四年二月二十六日未明、予備校受験のため上京した浪人生の孝史は宿泊中のホテルで火事に遭遇する。目の前に現れた時間旅行の能力を持つという男と共に何とか現場から逃れるも、気づくとそこにはなぜか雪降りしきる昭和十一年の帝都・東京。ホテルではなく、陸軍大将蒲生憲之の屋敷だった。日本SF大賞受賞の長篇名作。
2017.11 342p A6 ¥680 978-4-16-790957-4

◆蒲生邸事件 下 宮部みゆき著 文藝春秋（文春文庫）新装版
【要旨】二・二六事件の当日、蒲生大将が自宅で拳銃自殺した。だが、殺人の疑いも出てきた。戦争への色濃さを増す戒厳令下の東京にタイムスリップし、事件に巻き込まれた孝史はどうなるのか。再び現代に戻って来られるのか―。大きな歴史の転換点に送り込まれた時、人には何が出来るのかを問う、著者会心の意欲作。
2017.11 425p A6 ¥760 978-4-16-790958-1

◆ブラック・ホールにのまれて 宮本宗明著 牧歌舎、星雲社 発売
【要旨】甦る奇想天外の短編―SF雑誌「奇想天外」の珠玉の短編7篇を著者が自選！社会性のある風刺のある読み物が読者を魅了する。
2017.5 321p B6 ¥1300 978-4-434-23080-6

◆奇奇奇譚編集部―ホラー作家はおばけが怖い 木犀あこ著 KADOKAWA（角川ホラー文庫）
【要旨】霊の見える新人ホラー作家の熊野惣介は、怪奇小説雑誌『奇奇奇譚』の編集者・善知鳥とともに、新作のネタを探していた。心霊スポットを取材するなかで、姿はさまざまだが、同じ不気味な音を発する霊と立て続けに出会う。共通点を調べるうち、ふたりはある人物にたどり着く。霊たちはいったい何を伝えようとしているのか？怖がり作家と最恐編集者のコンビが怪音声の謎に挑む、第24回日本ホラー小説大賞優秀賞受賞作！
2017.9 233p A6 ¥520 978-4-04-106137-4

◆有頂天家族 二代目の帰朝 森見登美彦著 幻冬舎（幻冬舎文庫）
【要旨】狸の名門・下鴨家の矢三郎は、親譲りの無鉄砲で子狸の頃から撃鎧ばかり喰っている。皆が恐れる天狗や人間にもちょっかいばかり。そんなある日、老い詰れた天狗・赤玉先生の跡継ぎ"二代目"が英国より帰朝して、狸界は大困惑。人間の悪食集団「金曜倶楽部」は、恒例の狸鍋の具を探している。しかし、平和な日々はどこへやら…。矢三郎の「阿呆の血」が騒ぐ！
2017.4 539p A6 ¥770 978-4-344-42582-8

〔や・ら・わ行の作家〕

◆クトゥルー短編集 銀の弾丸 山田正紀著 創土社（クトゥルー・ミュトス・ファイルズ）
【要旨】「銀の弾丸」の初出は「小説現代」（1977年4月号）で、和製クトゥルー小説の2作目にあたる日本初の作品となる。―パルテノン神殿でローマ教皇にバテレン能を奉納する―それを阻止すべく「H・P・L協会」が暗躍するSF、ミステリ、アクションと幅広いジャンルで活躍する著者・山田正紀の魅力を凝縮した珠玉のクトゥルー短編集。
2017.12 283p B6 ¥2500 978-4-7988-3045-2

◆ここから先は何もない 山田正紀著 河出書房新社
【要旨】小惑星から発見された、化石人骨「エルヴィス」とは？3億キロの密室殺人。一気読み必至！超弩級エンタテインメント。
2017.6 413p B6 ¥1700 978-4-309-02586-5

◆迷い家 山吹静吽著 KADOKAWA
【要旨】ここは迷い家。妖と霊を隠密に閉じ込める屋敷―。昭和20年。火の雨降る東京から、民話が息づく地・古森塚に疎開した母・冬野心造。しかし、仲のよい妹の真那子が行方不明となる。脱走か、人攫いか、神隠しか―。証言をもとに山に入った心造の前に忽然と現れたのは、見渡す限りの薔の原にたたずむ巨大な屋敷だった。次々襲ってくる妖怪たちをかわしながら、老犬「しっぺい太郎」に導かれ、屋敷内の様々な「霊宝」を使って脱出を図る心造。時代の夜に取り残され、闇の中で一人、焼け爛れた悪夢を見続ける少年の心には、いつしか紅蓮の野望が芽生えはじめて―。第24回日本ホラー小説大賞優秀賞受賞作。
2017.11 405p B6 ¥1500 978-4-04-106160-2

◆プラスチックの恋人 山本弘著 早川書房
【要旨】仮想現実"Virtual Reality"と人工意識"Artificial Consciousness"が実現したセックス用アンドロイド―オルタマシン。その中でも少年や少女の姿形をした未成年型オルタマシンの使用は、日本国内で賛否を問う激論を巻き起こした。フリーライターの長谷部高美は、社会問題となりつつあるマイナー・オルタ利用の実態を取材するため、美しい12歳の少年の姿形をしたオルタマシン、ミーフと出逢う。ヒトはヒトならざるものと愛し合うことができるのか。SF最大の禁忌を描く著者渾身の問題作。
2017.12 349p B6 ¥1800 978-4-15-209736-1

◆吉祥寺よろず怪事請負処 結城光流著 KADOKAWA（角川文庫）
【要旨】吉祥寺のガーデンショップ「栽・SAI」に住み込みの大学生・保。無口な住み込みの庭師・啓介は、保にとって兄のような存在だ。あ

SF・ホラー・ファンタジー

小説

る日保は、大学の先輩から相談を受ける。祖母が大事にしている古い梅の木を伐ろうとすると、次々不吉なことが起こるというのだ。それを解決してくれたのは、なんと啓介。彼は現代に生きるすご腕の陰陽師だったのだー！庭にまつわる不思議な事件、解決します。現代の陰陽師ものがたり開幕！！
2017.4 286p A6 ¥560 ①978-4-04-105497-0

◆吉祥寺よろず怪事請負処━一人待ちの庭 結城光流著 KADOKAWA （角川文庫）
【要旨】吉祥寺のガーデンショップに居候中の大学生・保。兄のような存在である庭師の啓介が、実はすごい実力者でもあると知ったが、それ以上詳しいことを教えてもらえないのが不満の種だ。そんなある日、保と啓介は庭の手入れを依頼され、練馬の一軒家を訪れる。だが突然井戸から黒い煙のようなものが噴き出し『うそ…つき…』という女の声。そしてさらに災いは連鎖していく━!?現代の陰陽師ものがたり、第2弾！ 2017.9 308p A6 ¥600 ①978-4-04-105498-7

◆鳥居の向こうは、知らない世界でした。2 群青の花と、異界の迷い子 友麻碧著 幻冬舎 （幻冬舎文庫）
【要旨】異界に迷い込んだ女子大生の千歳は、薬師・零のもとで働く日々。千歳が弾くピアノは青い光を放ち花を咲かせていた。ある日、鳥居を越えて来たという腹違いの弟・優に会う。『ごめんね、ずっと、言えなかった』と涙を流す優は、昔、自分のせいで千歳がピアノをやめたことを気にしていた。二人の距離は縮まっていく…。
2017.7 341p A6 ¥650 ①978-4-344-42629-0

◆パラダイスイー8 雪舟えま著 新潮社
【要旨】ほんの少し不思議な世界に暮らす心優しい人々の6つの物語。軽やかで幸福に満ちた新感覚SF短篇集。
2017.6 251p B6 ¥1700 ①978-4-10-351121-2

◆キマイラ 18 鬼骨変 夢枕獏著 KADOKAWA （角川文庫）
【要旨】ついにキマイラ化した久鬼麗一。玄造と九十九は血肉を求めて飛翔してきた麗一と南アルプス山麓で対峙する。それを見守る宇名月典善、菊地良二一。敗戦を経て以前より凄みを増した龍王院弘の姿もそこにはあった。一方、大鳳を手中におびきよせようと暗躍するフリードリッヒ・ボック。その企みを阻止しようと立ち上がったのは、あの男だった!?そして、悩める九十九の前に姿を現わしたのは…。風雲急を告げる18巻！ 2017.1 314p A6 ¥800 ①978-4-04-104238-0

◆無責任ギャラクシー☆タイラー 吉岡平著 KADOKAWA
【要旨】あれから数千年。汎銀河共和国も衰退した時代、ゴミ処理の一兵バンジョー・ウエキ・タイラーは、銀河の片隅で自らを「ゴザ168世」と名乗る少女を助ける。ラアルゴン帝国復興にまい進する少女と行動を共にするうちに、銀河の流れを大きく変えてゆくことに━!?話題のアニメを全編書き下ろし＆追加エピソード満載で描く、ファン待望の「宇宙一の無責任男」シリーズ正統続編がここに誕生！
2017.10 275p B6 ¥1200 ①978-4-04-072506-2

◆湖の尼僧 狭霧 葦子東著 （大阪）風詠社、星雲社 発売
【要旨】著者が、高畠専宵の絵「銀鱗」に出会ったとき、伝説は物語となって動き始めた―。近江に残された美しい尼僧と人魚の兄妹の伝説。それは高野山ともつながり、それぞれの地には人魚のミイラや仏像までもが現存している。
2017.1 110p B6 ¥1100 ①978-4-434-22862-9

◆一行怪談 吉田悠軌著 PHP研究所 （PHP文芸文庫）
【要旨】一ページに一つ、一文の物語で構成された怪談小説集。「公園に垂れ下がる色とりどりの鯉のぼりに、一つだけ人間が混じっている。」「寝る時に必ず、洗濯機を回し続けることだけは忘れないよう願いますが、それさえ守られればたいへんお得な物件だと思いますよ」…一瞬で恐怖心を喚起させ、不思議な怖さが込み上げてくる怪談を二百近くおさめる。現実と空想の境目を見失うような、奇妙で恐ろしい世界を味わえる。
2017.7 205p A6 ¥580 ①978-4-569-76736-9

◆吹上奇譚 第1話 ミミとこだち 吉本ばなな著 幻冬舎
【要旨】その街では、死者も生き返る。現実を夢で見る「夢見」。そして屍人を自在に動かす「屍人使い」。二つの能力を私は持っている。吉本ばなながついに描いた渾身の哲学ホラー小説。書き下ろし長編。
2017.10 253p B6 ¥1500 ①978-4-344-03185-2

◆ビースト・ゲート━『獣たちの開拓者』 米村貴裕著 みらいパブリッシング、星雲社 発売
【要旨】人とドラゴン、狼がひとつになって異世界へ挑むファンタジー。超絶エネルギー生命体vs人間、ドラゴン、獣たち。最終決戦!!
2018.1 237p B6 ¥1200 ①978-4-434-24170-3

◆華鬼 梨沙著 講談社 （講談社文庫）
【要旨】鬼と鬼の花嫁。二人を待つのは、試練か、幸せか？ 傑作学園ファンタジー。
2017.9 339p A6 ¥680 ①978-4-06-293637-8

◆華鬼 2 梨沙著 講談社 （講談社文庫）
【要旨】幾度も学園で命を狙われる華鬼の花嫁・朝霧神無は、黒服に導かれ華鬼の生家に幽閉される。しかし鬼たちの嫉妬と憎悪からは逃れられず、強力なクロスボウが神無に向けられる。神無を他の鬼に劣らず贈う華鬼は、己の花嫁の危機を守るのか、見捨てるのか？ ネット発の伝説的傑作ファンタジー、鬼剛の生家編！ 文庫化記念書下ろし「渡瀬日記」収録。
2017.10 358p A6 ¥700 ①978-4-06-293752-8

◆中野ブロードウェイ脱出ゲーム 渡辺浩弐著 KADOKAWA （角川ホラー文庫）
【要旨】退屈した日々をおくる高校生・裕は、はじめて訪れた中野ブロードウェイで不思議な雰囲気をもった美少女アイドル・マイと出会った。だが突如、大きな衝撃がビルを襲う。地震か事故かテロの類か。シャッターで外光も外音も遮断され、電話もネットもつながらない。さらにはビル自体が生き物のような何かに変容し、次々と人間に襲いかかってきて…!?このビル人を「食って」生きている━史上最悪の脱出ゲームが始まる。
2017.11 685p A6 ¥1040 ①978-4-04-102328-0

架空戦記

◆大東亜大戦記 2 激動する世界 羅門祐人、中岡潤一郎著 経済界 （RYU NOVELS）
【要旨】ハワイ奇襲に成功、ミッドウェー海戦でも勝利したことで帝国海軍への国民の期待が高まる。それに対し陸軍首脳部はいらだちを強め、昭和17年7月28日、辻政信の指揮する陸軍部隊が連合艦隊司令長官山本五十六を包囲。政府・海軍・宮中は事前に情報を察知し、最悪の事態を避けることができた―。大東亜戦争の開戦から1年、日本は南方の資源地帯を確保して長期不敗体制を構築。ソロモン海戦では米空母部隊を打ち破り、フィジー、サモアも支配下に収め、豪州作戦の始動へと動き出す！
2017.3 194p 18cm ¥951 ①978-4-7667-3244-3

◆大東亜大戦記 3 第二次ミッドウェー海戦 羅門祐人、中岡潤一郎著 経済界 （RYU NOVELS）
【要旨】日本はハワイ奇襲に成功、ミッドウェー海戦でも勝利する。海軍への期待が高まることに陸軍首脳部はいらだちを強め、昭和17年7月28日、陸軍部隊が連合艦隊司令長官山本五十六を包囲。政府・海軍・宮中は事前に情報を察知し、最悪の事態を避けることができた―。日本は南方の資源地帯を確保して長期不敗体制を構築。フィジー、サモアも支配下に収め、豪州海岸を攻撃して米豪遮断を図る。中国では日本陸軍が国民党に協力して共産党勢力を撃退した。ヨーロッパ戦線の行方も不透明となり、ついにミッドウェーで米軍の反撃が始まる！
2017.11 191p 18cm ¥951 ①978-4-7667-3252-8

〔あ行の作家〕

◆海中要塞（シーフォートレス）撃沈指令━UNICOON 大石英司著 文芸社 （文芸社文庫）
【要旨】混迷を続けるチェチェン。ロシアの大攻勢が本格化しようという矢先、米人核物理学者が行方不明に。究極の大量殺戮兵器・バレットの開発担当者であっただけに、冷戦終了後の世界情勢の緊張は一気に高まった。バレットが使用されれば戦局が逆転しかねない。捜索を命じられたユニコーンはシーデビルとチームSHAD-Wを黒海に差し向けた。その最中、正体不明の七万トンの大型潜水艦・海中要塞がシーデビルに迫る!!緊迫のポリティカル・シミュレーション！
2017.4 286p A6 ¥660 ①978-4-286-18567-5

◆第三次世界大戦 5 大陸反攻 大石英司著 中央公論新社 （C★NOVELS）
【要旨】中国の空母二隻を狙った飽和攻撃はすべて墜とされ、ハワイで米軍の輸送機が撃墜され三〇〇人の兵士が戦死した。開戦以来、日米が初めて味わうこの「挫折」の裏には、中国軍の練度向上、そしてロシアの介入が見えてくる。このような状況下で、アメリカ軍は新たな指揮官を現場に投入した。ハワイで最も高いデレク・キング中将だ。「ハワイ奪還のためには、犠牲を厭わない！」就任早々、兵士たちの目の前でそう言い放つ苛烈な指揮官の下、劣勢な日米はどう巻き返しを図るのか？ 大人気シリーズ、緊迫の第五巻が登場！
2017.3 227p 18cm ¥900 ①978-4-12-501377-0

◆第三次世界大戦 6 香港革命 大石英司著 中央公論新社 （C★NOVELS）
【要旨】香港市民に絶大な人気をもち改革の女神・姚芳芳が帰ってきた！ 民衆が沸き上がる一方、もうひとつのニュースが世界を揺るがす。それは、海南島への自衛隊上陸だ。アメリカが中国を叩くために流したこの「フェイク・ニュース」は、逆に中国軍の闘志に火をつけた。事実を置き去りにし、感情だけでぶつかる米中。それに巻き込まれることになる日本。南シナ海、海南島、ハワイでの戦端が、国の威信をかけて激化する━！ 生き残るのは、誰か？ 一人の女の登場は、世界大戦にどのような影響を与えるのか？ 見逃せないシリーズ第六弾。
2017.8 227p 18cm ¥900 ①978-4-12-501379-4

◆第三次世界大戦 7 沖縄沖航空戦 大石英司著 中央公論新社 （C★NOVELS）
【要旨】「われわれが答えを出さない限り、嘉手納も普天間も全滅する」ハワイで中国の反抗作戦を潰したアメリカ軍だが、ここにきて予想もしていない敵に苦しめられた。それは、雲霞の如き数で押し寄せる数百機の無人攻撃機だ。ロシアが知恵を貸し、中国国内で安価かつ無数に製造できるこのドローンが標的にしたのは、沖縄━。この攻撃が成功した結果、極東のロジや米軍基地が壊滅し、日米はこの戦争で敗北する。電磁パルス攻撃も効かないこの敵の群れに、日米はどう立ち向かうのか？ 緊迫のシリーズ第七弾！
2017.12 225p 18cm ¥900 ①978-4-12-501382-4

◆南沙艦隊殱滅 上 大石英司著 中央公論新社 （中公文庫）
【要旨】中国軍が南沙に建設した滑走路が一晩で消滅した。怒る中国はフィリピン、米軍の関与を疑うが、偶然見つかった当時の映像には驚くべきものが映し出されていた。それは、滑走路を攻撃するある魔物の姿━しかも日本人なら誰もが知る、だが絶対に"存在しない"戦艦だ。調査を命じられた特殊部隊「サイレント・コア」が見たものは？
2017.10 243p A6 ¥600 ①978-4-12-206465-2

◆南沙艦隊殱滅 下 大石英司著 中央公論新社 （中公文庫）
【要旨】南沙に現れ、次々と中国軍を襲撃していた敵艦隊に乗り込んだ"サイレント・コア"司馬三佐たちは、その正体を知る。彼らは、並行世界に存在する━それも、太平洋戦争を回避したことで、経済力と科学技術を数倍発達させた日本からやってきた者たちだったのだ。なぜ、こちらの世界に干渉してきたのか？ 歴史を変えかねないこの戦いの行方は━。
2017.10 244p A6 ¥600 ①978-4-12-206466-9

〔か行の作家〕

◆漂流自衛隊 2 激闘時空大戦 砧大蔵著 コスミック出版 （コスミック文庫） （「漂流自衛隊 戦国・昭和波涛編」改題書） 改装版
【要旨】グアム島沖での対抗演習に向かっていた、戦後日本初の準攻撃型空母「あさま」と米海軍最新鋭の原子力空母「ブッシュ」が、時空の歪みに巻き込まれ、太平洋戦争の天王山マリアナ沖海戦の真っ只中に飛ばされた。同盟国同士の奇妙な縁で、敵味方に分かれて戦うことを余儀なくされる海上自衛隊と米第七艦隊は、小澤中将の第一機動艦隊、スプルーアンス大将の第5艦隊に加担、激戦に突入する。日本艦隊に襲いかかるF/A-18。それを迎え撃つ「あさま」のF-35J。だ

SF・ホラー・ファンタジー

が日米新旧艦隊の熾烈な航空戦は、歴史の修復力によって意外な方向に…。自衛隊が闘う意義を問い続けた人気シリーズ最終幕の新装版。陸上自衛隊が「本能寺の変」に介入する「戦国編」を同時収録。
2018.1 627p A6 ¥926 ①978-4-7747-1402-8

◆**脱原発への道―起こりうる未来のシミュレーション** 荒神原創発著　（大阪）パレード，星雲社 発売
【要旨】中国との間に戦争が起こったとき、日本はどうなるのか――？ 日米安保条約は機能するのか？ 原発を攻撃されたらどうなるのか？ 多くの日本人が不安を覚える問題を多角的にシミュレーション。起こりうる未来を具体的に想定し、我が国の安全保障政策を問う本格小説。
2017.2 162p B6 ¥1000 ①978-4-434-22729-5

〔さ行の作家〕

◆**日米艦隊出撃 3 死闘！ 南シナ海決戦** 齋藤穣著　電波社（ヴィクトリーノベルス）
【要旨】東アジア情勢が混迷を深める中、中国海軍が突如、台湾海峡を封鎖したことから日米と中国は深刻な対立状態に陥る。日米空母機の交戦に続き、米中潜水艦の衝突が勃発。双方の緊張関係は一気に修復不能な状況へと追い込まれていく。牙を剥き出した中国の真の狙いは、台湾危機に乗じて南シナ海に新たな艦隊を常駐させ、実効支配を進めることにあった。さらに人工島に大型船舶が停泊可能な基地を建設中であるとの事実を偵察衛星の情報を元に掴んだ日本両政府は、遂に人工島への先制攻撃を決断する。だが、南シナ海に展開した日米同盟艦隊と米空母打撃群の前には強大な中国海軍の南海艦隊が立ちはだかる。果たして最強の同盟艦隊は中国の野望を打ち砕くことができるのか―。
2017.6 219p 18cm ¥950 ①978-4-86490-098-1

◆**日朝開戦 1 核ミサイル発射宣告** 齋藤穣著　電波社（ヴィクトリーノベルス）
【要旨】挑発行為を繰り返す北朝鮮は長距離弾道ミサイルの発射実験を強行するが失敗。新潟沖で操業中の漁船が落下したミサイルの直撃を受けて沈没する。哨戒任務中の海上自衛隊護衛艦に対しても北朝鮮海軍フリゲート艦が攻撃をしかけてきたことで、日朝関係に緊張が高まる。そんな中、日本への亡命を申し出た北朝鮮高官を暗殺しようと工作員が日本へ送り込まれる。嶋田首相の肝いりで創設された内閣情報局は、日本を標的とした北朝鮮の軍事侵攻作戦計画の存在をつかむが、遂に北朝鮮は主要三都市を狙った核ミサイルの発射を宣言。日本中をパニックに陥れるべくカウントダウンを開始する。果たしてミサイルの発射は阻止されるのか…。核の脅威を迫真の筆致で描く近未来シミュレーションノベル。
2017.3 224p 18cm ¥950 ①978-4-86490-090-4

◆**日朝開戦 2 弾道ミサイル列島襲来！** 齋藤穣著　電波社（ヴィクトリーノベルス）
【要旨】日本列島に突如Jアラートが鳴り響き人々はパニックに陥る。日本の先制攻撃に対する報復として、遂に北朝鮮が日本本土に向けて弾道ミサイルを一斉発射したのだ。飽和攻撃により、迎撃しきれなかった数発のミサイルが海上自衛隊舞鶴基地に落下、日本の領土で甚大な被害が出てしまう。北朝鮮軍は日本国内の混乱に乗じてさらなる戦闘行動に出る。隠岐諸島沖のEEZ内で海洋資源探査船を占拠し、矢継ぎ早に海上の海上部隊を日本海に送り込んだのだ。アメリカ海軍の空母打撃群が急派される中、為替分争を実施すべく立ち上がった日本政府は護衛艦隊を日本海へ出撃させ、北朝鮮軍の艦隊を繰り広げる。今そこにある脅威を緊迫感溢れる筆致で描く近未来シミュレーションノベル。
2017.9 227p 18cm ¥950 ①978-4-86490-114-7

◆**日朝開戦 3 先制攻撃作戦発動！** 齋藤穣著　電波社（ヴィクトリーノベルス）
【要旨】核実験とミサイル発射をエスカレートさせる北朝鮮は、先鋭的な軍事的挑発を続ける。日本国内ではハッカー集団ラザルスを中心としたサイバー攻撃や武装テロが勃発、混乱が巻き起こる。北朝鮮が最終的に狙いとするのは、国際社会にも核保有国と認めさせることだった。大規模なテロ攻撃を阻止した日本は、遂にアメリカと共に先制攻撃を決断する。ヘリコプター搭載護衛艦を擁する海上自衛隊護衛隊群が出撃する一方、アメリカ軍もトマホークによる対地攻撃を開始した。だが、徹底抗戦の構えを崩さない北朝鮮が強力な地上軍を南進させていく…。現実に起こり得る脅威をリアリティ溢れる筆致で描く戦慄の近未来シミュレーションノベルス。
2017.11 226p 18cm ¥950 ①978-4-86490-132-1

◆**征途** 佐藤大輔著　中央公論新社　愛蔵版
【要旨】戦艦"大和"は超大型護衛艦"やまと"へ 分断国家となった日本の運命は!?
2017.9 733p B6 ¥3800 ①978-4-12-005006-0

◆**朝鮮半島暴発 1 悪夢の北朝鮮Xデー** 子竜螢著　電波社（ヴィクトリーノベルス）
【要旨】北朝鮮による核開発および弾道ミサイル発射実験によって米朝関係が悪化する中、朝鮮人民軍の少将だった男が脱出した。からくも38度線を越えた男から、弾道ミサイルの照準に関する衝撃的な軍事機密が明かされる。その矢先、北朝鮮は韓国の延坪島を砲撃する。ついにレッドラインを越えた北朝鮮に、アメリカは軍事行動の開始を決定。日本、アメリカ、中国、ロシア、韓国、北朝鮮の思惑が渦巻く朝鮮半島は、いままさに開戦の危機に直面する!!いまおこり得る近未来シミュレーション。はたして朝鮮半島は全面戦争に突入してしまうのか？
2017.2 210p 18cm ¥950 ①978-4-86490-126-0

◆**日中決戦 3 中国軍を殲滅す** 子竜螢著　電波社（ヴィクトリーノベルス）
【要旨】中国軍による艦砲射撃によって、新港埠頭から一時後退を余儀なくされたレンジャー第一中隊と10式戦車部隊。湾内から多数の中国軍輸送艦隊が迫ってきたそのとき、日本の潜水艦『みちしお』の魚雷攻撃によって輸送艦二隻が撃沈される。一方、石垣航空基地のレーダーが、沖縄本島をめざす多くの中国戦闘機をとらえると、宮古島一蔵基地司令は宮古空港に緊急避難した戦闘機隊に迎撃を命令する。日本と自衛隊の総攻撃が本格化する中、ようやく那覇埠頭沖に到着した護衛艦隊は、輸送船にハープーン攻撃を仕掛けるのだった。シリーズ最終巻、戦場と化した沖縄を日本は中国軍から奪還できるのか？
2017.2 211p 18cm ¥950 ①978-4-86490-086-7

◆**日本北朝鮮戦争** 子竜螢著　コスミック出版（コスミック文庫）改装版
【要旨】日韓が領有権を争う日本海の竹島上空で、航空自衛隊小松基地のRF4E偵察機が撃墜される。竹島に上陸しようとする北朝鮮の工作船から、突然の攻撃を受けたのだ。小松基地からはF15が緊急発進、北朝鮮の上陸部隊に対し容赦ないミサイル攻撃に踏み切る。期せずして勃発した紛争だったが、北朝鮮は日本に対し宣戦布告。日朝は本格的な戦争状態へ突入してしまう。だがそのとき、日本国内では、旧軍軍極右結社の流れを汲む自衛隊護衛隊のグループが武装蜂起し、首相以下全閣僚の身柄を拘束。専守防衛の軛から放たれた自衛隊の、熾烈な戦いへの道を突き進むのだが…。もはやフィクションではない、超現実的シミュレーション小説の傑作。
2017.3 619p A6 ¥926 ①978-4-7747-1315-1

〔た行の作家〕

◆**朝鮮半島 侵攻指令** 高貫布士著　コスミック出版
【要旨】金正日の時代から、北朝鮮で秘密裏に進められてきた核爆弾・中距離弾道弾開発。人民軍が強行した発射実験において、次第に明らかになってきた実態に、日本政府は憂慮していた。ミサイル開発費を捻出すべく、武器輸出・麻薬密輸などの非合法取引に手を染め、日本国内の闇社会や拉致問題にも深く関わる北朝鮮に対し、日本政府は経済制裁を加えるとともに、武器開発を停滞させる奇策を講じることを決意する。して10年、金正日の後継者となった正恩は、米本土を射程に収めるICBMによって対米嚇しを行った。恐れていた暴走に、日米中はついに動きだす。日米はBMDシステムでミサイル迎撃体制を完備。そして中国は、北朝鮮指導部を崩壊させるべく謀略を巡らせ始めた。
2017.11 527p A6 ¥926 ①978-4-7747-1384-7

◆**戦略爆撃阻止―覇者の戦塵1945** 谷甲州著　中央公論新社（C★NOVELS）
【要旨】第三〇二航空隊の夜間戦闘機「極光」は駿河湾にてB29と交戦。日中の高高度という不利な条件下ながら、空中雷撃による敵機の撃退に成功した。一方、日本軍海兵隊司令部に中華民国政府高官・閻烈山将軍が接触を求めてくる。日本の存亡に関わる重要機密を知るという彼の目的とは？ 聚光基地を進発した艦上偵察機「彩雲改」が偵察。戦略爆撃を狙う米艦隊の偵察に踏み切

るが、そこに新たな敵影が…。押し寄せる米軍から、本土を防衛することはできるのか。戦局はいよいよ佳境へと迫る！
2017.10 208p 18cm ¥900 ①978-4-12-501376-3

〔な行の作家〕

◆**激闘太平洋1942 2 錯綜する世界** 中岡潤一郎著　電波社（ヴィクトリーノベルス）
【要旨】1943（昭和18）年、最後の元老と呼ばれる原敬は、イラクのホテルの一室でイギリス首相チャーチルと極秘会談を行う。アメリカ、ソ連と欧州の独英をどのように進め、ドイツをいかに降伏に追い込むかの話し合いであったが、原の第一声は、ソ連が対日参戦をどう考えているかをチャーチルに問うものだった。ソ連はドイツとの戦争が終わり次第、日本に宣戦布告するという。太平洋戦線を長期戦に持ち込みたい日本としては、ソ連の宣戦布告をなんとしても阻止する必要がある。日米英ソ、四か国の思惑が渦巻く太平洋戦線で、日本の存亡を懸けた原敬の最後の戦略が始動する。
2017.2 210p 18cm ¥950 ①978-4-86490-085-0

◆**激闘太平洋1942 3 満州、最後の決戦** 中岡潤一郎著　電波社（ヴィクトリーノベルス）
【要旨】世界を巻き込んだ欧州大戦と太平洋戦争が終焉し、5年が経過した1950（昭和25）年、山本五十六内務大臣は外務省職員からの報告を無言で受けていた。世界が平和を取り戻しつつあった矢先、各地で騒動を起こしているソ連のスターリンが露骨な野心を見せ、満州共和国に進軍したのだ。満州に侵入したソ連軍は、領土の大半を占領していた中華民国と戦争状態に陥る。しかし戦後、日本の主導で設立された国際連合の安全保障理事会が紛争調停のため軍の派遣を決定。国境に赤い丹東に日本連合軍が上陸し、満州奪還作戦が始動する。はたして日本は満州侵略というソ連の暴挙を阻止できるのか!?
2017.8 206p 18cm ¥950 ①978-4-86490-110-9

◆**日本有事「鎮西2019」作戦発動！** 中村ケイジ著　経済界（RYU NOVELS）
【要旨】日米海軍等に発見されることなく日本海に侵入、潜航し、日本海軍の水上艦を撃沈せよ―中国海軍東海艦隊の潜水艦に命令が下された。尖閣諸島に中国海軍の艦艇と武装漁船と思しき船団が大挙して接近。さらに九州の北・西・南の広い海域で中国海軍の潜水艦が探知された。通報を受けた日本政府は、ついに「すべての中国艦を我が国領海外へと排除せよ」と、初の防衛出動命令を発する…。2019年6月、尖閣諸島、宮古島等への軍事攻撃を受け、陸海空自衛隊を統合運用する「鎮西作戦」が発動された！
2017.6 210p 18cm ¥1000 ①978-4-7667-3247-4

◆**日本有事「鉄の蜂作戦2020」** 中村ケイジ著　経済界（RYU NOVELS）
【要旨】尖閣諸島に中国海軍の艦艇が接近、九州沖の広い海域でも中国海軍の潜水艦が探知された。ついに日本政府は初の防衛出動命令を発する。2019年6月、尖閣諸島、宮古島、石垣島等への軍事攻撃を受け、陸海空自衛隊を統合運用する「鎮西作戦」が発動。日中間の武力衝突へと発展し、尖閣、東シナ海、さらには日本海までその舞台は広がる。陸海空三自衛隊と警察機動隊等の奮戦により、多大な被害を出しながらも日本の領土領空領海を守ることに成功した。そして2020年、硫黄島沖で哨戒機が正体不明の潜水艦を探知、日本の防衛に再び危機が迫る…。
2017.12 199p 18cm ¥1000 ①978-4-7667-3253-5

◆**決戦！ 日本海上空 下 スクランブル** 夏見正隆著　徳間書店（徳間文庫）
【要旨】米空軍の美人中尉・エリスがF22で旅客機の背後に異常接近！ しかも機関砲で照準を合わせた。同僚を殺したテロリスト〈牙〉を撃墜するために強行した訓練だったが、一般人を巻き込めば大惨事となる。日米合同演習中のこの暴挙をF15で制止したのは、航空自衛隊・鏡黒羽一。天才女子パイロットが共闘するテロ作戦。ベトナムで差別に喘ぐライダイハン（混血児）、韓国軍慰安施設を巡り、極秘裏に空戦が始まる。
2017.10 742p A6 ¥920 ①978-4-19-894268-7

◆**超武装自衛隊** 野島好夫著　コスミック出版（コスミック・シミュレーション文庫）改装版
【要旨】後継者問題で内紛に陥っていた北朝鮮が、国力回復を狙って日本各地にテロを決行し、ミサイルによる原発攻撃をしかけてきた！ 海空自

SF・ホラー・ファンタジー

衛隊、海上保安庁は緊急出撃。日本は北朝鮮との開戦を決意する。国産戦闘機F-2《バイパー・ゼロ》を放ち、新鋭戦闘隊と連携作戦を敢行する自衛隊。その先制攻撃が功を奏し、日本は優位に休戦条約を結ぶ。だが、世界各地が未曾有の地震、豪雨などの天変地異に襲われ、各国の指導者たちは自国の利益と再建を求めて、戦意を高揚させていた。とくに亡国の岐路に立たされたロシアと中国は、その野望の牙をアジアの盟主となった日本に向ける！再びの「日清・日露戦争」は、世界全体を巻き込む果てしなき大戦へと動きだした。
2017.7 639p A6 ¥926 ①978-4-7747-1351-9

〔は行の作家〕

◆異邦戦艦、鋼鉄の凱歌—マレー沖の激闘！
林譲治著 経済界（RYU NOVELS）
【要旨】タイのバンコク近くにある中村造船所に、マレー作戦開始の一報が届く。警備員服から日本軍の軍服に着替えた陸戦隊員が、戦艦ターチンと戦艦メークロンの出航準備にかかる。戦艦はタイ王国からの依頼を受け、日本海軍が建造した船体をタイに売却後、1941年に中村造船所で完成された戦艦であった…。陸戦隊はマレー半島侵攻と同時に2戦艦を確保し、造船所を出て南シナ海に向かう。そこに、イギリス海軍の巡洋艦と駆逐艦が合流したという緊急電が入る。数奇な運命をたどる2戦艦の戦いが、ここに始まる！
2017.2 183p 18cm ¥1000 ①978-4-7667-3243-6

◆異邦戦艦、鋼鉄の凱歌 2 ポートモレスビー作戦！ 林譲治著 経済界（RYU NOVELS）
【要旨】戦艦ターチンと戦艦メークロンは、タイ王国の依頼を受けて日本海軍が建造した船体をタイに売却後、バンコクの中村造船所で完成された。その2戦艦に日本海軍陸戦隊が乗り込み、マレー半島侵攻と同時に造船所を出て南シナ海に向かう。2戦艦はイギリス海軍Z艦隊を発見し、巡洋戦艦レパルスを撃沈。そして、小説戦隊も戦艦プリンス・オブ・ウェールズへの撃沈に成功した。両艦はタイから日本政府に売却され、ターチンは戦艦丹後に、メークロンは戦艦相模に改称され、日本海軍へ編入された…。
2017.5 183p 18cm ¥1000 ①978-4-7667-3246-7

◆異邦戦艦、鋼鉄の凱歌 3 ソロモン決戦！ 林譲治著 経済界（RYU NOVELS）
【要旨】戦艦ターチンと戦艦メークロンは、タイ王国の依頼と同時に日本海軍が建造。マレー半島侵攻と同時に2戦艦には日本海軍陸戦隊が乗り込み、イギリスZ艦隊と交戦、レパルスとプリンス・オブ・ウェールズを撃沈。その後、両艦は日本政府に売却され、ターチンは戦艦丹後に、メークロンは戦艦相模に改称され、日本海軍へ編入された。米豪遮断を目論む丹後と相模の活躍もあり、珊瑚海戦で空母ヨークタウンを沈め、ポートモレスビーも完全制圧する。しかし、老朽商船を改造した米空母の反撃により戦闘は激化していく…。
2017.9 186p 18cm ¥1000 ①978-4-7667-3250-4

◆戦艦大和 破魔弾！ 林譲治著 創土社
（クトゥルー・ミュトス・ファイルズ）
【要旨】クトゥルー復活を阻止！歴史の闇に隠された太平洋戦争の真実。
2017.6 283p 18cm ¥1000 ①978-4-7988-3043-8

◆帝国海軍イージス戦隊 1 鉄壁の超速射砲、炸裂！ 林譲治著 電波社（ヴィクトリーノベルス）
【要旨】昭和16年、日米の建艦競争が激しくなる中、海軍は八五〇〇トン級軽巡洋艦の新造を決定した。基盤となる船体を空母と共通化することで重巡にも使用でき、さらに飛行甲板を施せば改造空母にもなるのだった。昭和17年5月から、九八式一五センチ砲「超速射砲」を装備した阿賀野型軽巡四隻が建造された。同年6月、ミッドウェー海戦で空母四隻を失った日本海軍は、防空艦として阿賀野型軽四隻による第一〇戦隊を編成したのだった。ソロモン諸島とのガダルカナル島の争奪戦が勃発。ラバウルを訪れていた阿賀野型四隻は、急ぎ第八艦隊と共に米軍部隊の撃滅に向かう。初陣となる第一〇戦隊は、米海軍の攻撃を阻止できるのか!!
2017.10 186p 18cm ¥950 ①978-4-86490-120-8

◆南太平洋大決戦 2 豪州攻略作戦！ 林譲治著 電波社（ヴィクトリーノベルス）
【要旨】昭和17年6月23日、オーストラリア南方海域に、一万トンクラスの大型貨物船が姿を現した。オーストラリアへの重要物資を運んでいると踏んだ特設巡洋艦赤城丸の艦長は襲撃を試みる。同年7月、日本陸軍は独立第一戦車中隊と独立第二戦車中隊、さらには整備中隊と独立自動車中隊を編入した支隊を改編し、クックタウン、そしてケアンズ攻略を目指す。一方、空母飛龍と空母隼鷹、就役したばかりの空母飛鷹を編入させた、山口多聞少将率いる第二航空戦隊は、ポートモレスビー奇襲のため、ニューギニア島を一気に南下するのであった。
2017.4 183p 18cm ¥950 ①978-4-86490-094-2

◆南太平洋大決戦 3 ダーウィン沖激突！ 林譲治著 電波社（ヴィクトリーノベルス）
【要旨】昭和17年8月、第三相模丸は、チモール島のクーパンからダーウィンへ向かっていた。上空哨戒や哨戒艇による警戒は行われていたが、護衛艦艇などはつけない独航船だった。そんな第三相模丸が突然、二発の魚雷を受けて沈没してしまう。一方、豪州侵攻作戦を進めていた日本海軍は、戦艦ノースカロライナ率いる船団と遭遇。第一次攻撃隊が敵船団に壊滅的な打撃を与え、さらに第二次攻撃隊が戦艦ノースカロライナへの攻撃を開始する。対空火器ボーフォース四〇ミリ機銃の猛射に一機、また一機の艦爆が機体から煙を吐きながらも戦艦に迫っていくのだが…。シリーズ完結！日本軍の豪州侵攻作戦の行方は！
2017.7 187p 18cm ¥950 ①978-4-86490-103-1

◆獅子の鉄槌 1 ガダルカナル攻防戦 原俊雄著 電波社（ヴィクトリーノベルス）
【要旨】連合艦隊司令長官の女房役である参謀長に腰を据えよう。山本五十六は熟考していた。航空戦を理解し、勇猛果敢な男—理想の人物がいた。山口多聞である。山本は、第二航空戦隊司令官として戦果を挙げていた山口を参謀長に迎えた。日本はミッドウェイ海戦で手痛い敗戦を喫するが、山口は米軍の次なる目標がガダルカナル島であることを知り、しめた！と膝を叩いた。米軍機動部隊を探しまわる必要がなくなったからである。ハワイ作戦敗のため、米空母の撃滅を目論む山口は、意外にも戦艦運用の重要性を主張。今まさに、戦艦同士による大砲撃戦が、勃発しようとしていた！
2017.3 204p 18cm ¥950 ①978-4-86490-091-1

◆獅子の鉄槌 2 ハワイへの切符 原俊雄著 電波社（ヴィクトリーノベルス）
【要旨】「タモン・ヤマグチ、恐るべし！」—中部太平洋艦隊司令官に就任したスプルーアンス中将は、山本五十六連合艦隊司令長官の女房役に戦慄した。戦艦「大和」「武蔵」の四六センチ砲でソロモン海戦を制し、その勝利を見届けた山口参謀長が、米豪遮断作戦の堅持を隠れ蓑とし、照準をハワイに定めてきたからである。迎え撃つスプルーアンスは、六隻の高速空母を就役させ、戦艦五隻を有する第五二任務部隊を派遣、上陸船団の攻撃に向かう。山口多聞VSスプルーアンスの知恵比べは、どちらに軍配が上がるか！再度、両巨大戦艦が出撃する「ハワイ沖海戦」—ついに、日米の国の後世を賭けた決戦が生起する！
2017.6 217p 18cm ¥950 ①978-4-86490-099-7

◆新生・帝国海空軍 1 必勝！対米電撃戦 原俊雄著 電波社（ヴィクトリーノベルス）
【要旨】これは三次元（空間）と二次元（海面）の戦い、次元の違う戦いを米軍に見せつけてやる—一軍令部次長の高橋三吉中将は、対米戦は、空母大国・日本VS戦艦大国・米国という構図で伏見宮博恭王は心を動かし、巨大戦艦二隻の建造中止にうなずいた。帝国海軍は、昭和八年から八年間かけて、世界に類を見ない"海空軍"への脱皮をはかり、決定版空母「慶鶴」を始め空母の大量建造と、艦上機の本格的な折りたたみ翼化を推進する。そして、昭和一六年一二月の開戦劈頭、連合艦隊司令長官の山本五十六大将は、八四〇機もの空母艦戦機をたずさえて、ハワイ海域へと一気に軍を進めるのだった！
2017.9 207p 18cm ¥950 ①978-4-86490-111-6

◆新生・帝国海空軍 2 集結！米英機動部隊 原俊雄著 電波社（ヴィクトリーノベルス）
【要旨】「日本軍の空母はいったい何隻いるんだ…!?」—米海軍が畏れ戦くには理由があった。ハワイ沖での緒戦以降、大量の艦載機を擁する帝国海軍は、その他の各地でも大戦果。サンゴ海でも、中型空母「飛鷹」「隼鷹」が翔鶴型空母に匹敵する活躍をみせていたのだ。しかし主戦場のアメリカ西海岸沖では、チェスター・W・ニミッツ大将、フランク・J・フレッチャー中将の粘り強い指揮により、帝国海軍・主力機動部隊（空母9隻）が予想外の苦戦を強いられる。ルーズベルト大統領を動かして主力空母8隻を揃えたニミッツ大将は、ついに米英両海軍による「連合空母艦隊」を結成！パナマ近海において日本軍・主力空母の"待ち伏せ"に成功する!!
2017.12 201p 18cm ¥950 ①978-4-86490-127-7

◆イージス戦艦「大和」 上 遙士伸著 コスミック出版（コスミック文庫） 改装版
【要旨】連合艦隊の雄、戦艦『大和』と、海上自衛隊のイージス護衛艦『こんごう』が、時空軸のうねりに巻きこまれ、それぞれ六十年あまりを隔てた別世界に交差する如く時間移動してしまった。二〇〇七年、米国のアジア侵攻に端を発した第二次太平洋戦争はこれまで守勢に回っていた日中韓台連合軍は一大反攻作戦を敢行し、イージス・システムとミサイルを装備した戦艦『大和』が、空母『ハリー・S・トルーマン』に襲いかかった。一方、太平洋戦争では、トラック沖で連合艦隊と米太平洋艦隊が激突し、『こんごう』の対艦ミサイルが敵戦艦に次々と命中炸裂していく…。隔たった時空上に展開する二つの太平洋戦争で激突する巨大戦艦たちの宿命対決、その壮絶な運命の行方は!?
2017.1 415p A6 ¥770 ①978-4-7747-1301-4

◆イージス戦艦「大和」 下 遙士伸著 コスミック出版（コスミック文庫） 改装版
【要旨】戦艦『大和』とイージス艦『こんごう』。それぞれ六十有余年を隔てた異なる時代に招喚された艨艟が挑む二つの太平洋戦争は今、佳境へと突入した。一九四四年十月、悲壮な覚悟でレイテ決戦に向かった『こんごう』のイージス防空網で米機動部隊の大空襲を迎え撃ち、対艦ミサイルの噴爆をレイテの夜空に閃かせた。一方、米軍の渡洋攻撃を迎え撃つアジア連合軍は中韓台が撃破され、日本本土近海で最終決戦となだれこんだ。ジェット戦闘機のマッハの衝撃が大気を引き裂き、『大和』と『ミズーリ』の主砲の咆哮に洋上が鳴動。血と油でどす黒く染まった戦場には、いまや日米宿命対決の決着がつこうとしていた。太平洋戦争と超現代が錯綜する戦記長編の完結編！
2017.1 430p A6 ¥770 ①978-4-7747-1302-1

◆孤高の日章旗—独立独歩の途 遙士伸著 経済界（RYU NOVELS）
【要旨】ワシントン軍縮条約の成立を日本を反米英、親独にする。しかし、日独伊三国同盟はドイツ総統ヒトラーの拒絶により泡と消える。欧州大戦はアジアにも影響を及ぼし、日本海外進出に活路を求めたが、日本の伸張を望まないアメリカはハル・ノートをつきつけて、開戦か全面的な権益放棄かを迫る。ソ連艦隊は太平洋への進出を目論み、イギリス艦隊は日ソの接近を警戒して日本に圧力をかける。追い詰められた先に日章旗が翻る未来はあるのか？日本は他国に侵略しない、他国の侵略を許さない。独立と尊厳を懸けた日本の孤独な戦いが、ここに始まる！
2017.2 201p 18cm ¥1000 ①978-4-7667-3242-9

◆孤高の日章旗 2 北日本海海戦！ 遙士伸著 経済界（RYU NOVELS）
【要旨】ハル・ノートを突きつけて、開戦か全面的な権益放棄かを迫るアメリカに対し、日本はハル・ノートを受諾。対米戦敗北と属国化を免れた。日本はしばらく平和な時を過ごすが、ソ連は太平洋への進出を目論み、宗谷海峡で一触即発の危機を迎える。さらに日ソの接近を警戒するイギリスは、トラック環礁で戦艦大和以下の連合艦隊に対して投降と艦艇の接収を迫る。要求に従わない連合艦隊に英艦隊は砲撃を開始するが、旗艦に甚大な被害を受けた英艦隊は退却するが、危機は去った。1943年8月、アメリカとソ連がついに開戦。複雑に入り乱れる世界情勢は日本を翻弄し、大いなる決断を迫る。
2017.7 209p 18cm ¥1000 ①978-4-7667-3245-0

◆孤高の日章旗 3 欧州遠征！ 遙士伸著 経済界（RYU NOVELS）
【要旨】日本はハル・ノートを受諾して対米戦敗北と属国化を免れるが、宗谷海峡でソ連と一触即発の危機を迎える。さらに日ソの接近を警戒するイギリス艦隊が連合艦隊に砲撃を開始するが、その撃退に成功した。1943年8月、アメリカとソ連が開戦し、世界情勢は混迷を深める。日本太平洋艦隊が千島列島を襲うが、連合艦隊は艦隊を活用した航空戦が行われる。その直後、ソ連太平洋艦隊が出撃、ソ連陸軍も北樺太に侵攻し、樺太全土がソ連の手に落ちた。米ソは互いに戦闘を続けながら、日本本土に迫る…。敵味方めまぐるしく入れ替わった世界大戦、つい

に最終局面を迎える！シリーズ完結！書下ろし長編仮想戦史。
2017.10 202p 18cm ¥1000 ①978-4-7667-3251-1

〔ま行の作家〕

◆**艦魂戦記―もうひとつの日本海軍史**　三好幹也著　イカロス出版　（AXIS LABEL）
【要旨】軍事や兵器、とりわけ艦船に強い愛着をもつ高校生の有馬勇はある日突然、謎の光に飲み込まれ、気が付くと見知らぬ軍艦に乗っていた。困惑する勇に告げられたその艦の名は戦艦「初瀬」。しかも때は日露戦争さ中、明治37年5月14日、まさに史実で「初瀬」が触雷沈没する一日前だった。これに気づいた勇は艦を救うため立ち上がるが、そんな彼の前に、自らを軍艦の魂を宿した「艦魂」と称する少女が現れる。そして日露の戦場は、勇の介入により史実より10年も早く登場した戦車や軍用飛行機によって、その様相は一変させるのだった。100年の時を超えて明治日本にタイムスリップしたミリタリーマニアの主人公が、「艦魂」と呼ばれる少女たちと共に、後世の知識を駆使して歴史改変に挑む、ウェブ小説発の異色仮想戦記が遂に出撃！
2017.5 241p 18cm ¥1000 ①978-4-8022-0367-8

◆**新編 日本中国戦争 怒濤の世紀 第11部 中国崩壊**　森詠著　文芸社　（文芸社文庫）
【要旨】民主台湾政府の独立以来、中国各地で一層分裂が進み、分離独立戦争が激化した。新疆ウイグル自治区やチベット、内蒙古の独立運動は燃え上がった。ついで、満州共和国、華南共和国は、民主台湾政府と三国軍事同盟を結び、アメリカと日本への軍事支援を要請する。アメリカは中国分離独立派支援のため軍介入を決断、軍事同盟日本へも共同参戦を要請する。日本政府は日本へは兵を二度と送らないという禁を破り、自衛隊の派遣を決断するのだが…。衝撃の近未来軍事サスペンス。
2017.2 444p A6 ¥900 ①978-4-286-18393-0

◆**新編 日本中国戦争 怒濤の世紀 第12部 戦争か平和か**　森詠著　文芸社　（文芸社文庫）
【要旨】中国は、民主台湾やチベットが分離独立し、さらに満洲共和国、華南共和国が独立、北京や上海などでの民主化闘争も激化して、内から自壊への道を辿りはじめた。追い詰められた中国共産党北京中央は水面下での和平への道を模索する一方、最過激派の中国軍事指導部は最後のあがきとして、対日核ミサイル攻撃に踏みきろうとする…。はたして、日本は、こうした絶体絶命の危機を乗り切ることが出来るのか？　近未来軍事サスペンス、衝撃の最終回！
2017.4 359p A6 ¥800 ①978-4-286-18564-4

〔や・ら・わ行の作家〕

◆**旭日、遥かなり 4**　横山信義著　中央公論新社　（C★NOVELS）
【要旨】連合艦隊はマーシャル沖の海戦に勝利。加えてフィリピンの制圧を果たし、南方作戦を完了した。日本は損傷艦の修理、搭乗員の補充を行い戦力の回復を図る。その最中、戦艦「大和」の慣熟訓練が終了した。連合艦隊長官・山本五十六は、世界最大戦艦の戦力を背景に、米国との早期講和を狙うが…。一方、欧州では新たな動きが始まっていた。ロシアの要衝・スターリングラードを占領し、ドイツ軍も最重要拠点である不凍港・ムルマンスクを落とす一大な危機に直面する。風雲急を告げる世界情勢の中、ウェーク島に米爆撃機"ドーントレス"の影が迫る―！
2017.2 247p 18cm ¥900 ①978-4-12-501375-6

◆**旭日、遥かなり 5**　横山信義著　中央公論新社　（C★NOVELS）
【要旨】連合艦隊はギルバート沖の海戦にて、タラワ環礁を米太平洋艦隊に奪われる。日本軍は同海域の米艦隊に夜襲を仕掛けるも、敵上陸部隊の撃破には失敗。ギルバート諸島はすべて、米国の手に落ちてしまった。一方、欧州戦線では、ドイツ軍の猛攻でソ連の要衝・スターリングラードが陥落。それを機に、連邦内の各国が分離・独立の動きを見せ始めた。欧州情勢が緊迫する中、連合艦隊はギルバート諸島奪回作戦を始動する。メジュロ環礁沖に進撃する「大和」「武蔵」の前に米新鋭戦艦「サウス・ダコタ」「インディアナ」が立ちはだかる！
2017.6 245p 18cm ¥900 ①978-4-12-501380-0

◆**旭日、遥かなり 6**　横山信義著　中央公論新社　（C★NOVELS）
【要旨】戦艦「大和」の活躍により、連合艦隊はメジュロ沖海戦に勝利。さらに海戦の隙を縫い、「武蔵」がタラワ環礁に大打撃を与えることに成功した。両国にらみ合いが続く中、突如クェゼリン沖に米新鋭空母エセックス級が出現。ルオット島を襲う新型戦闘機F6F"ヘルキャット"の驚異的な性能に、日本軍は空中戦における零戦優位の時代が終わったことを悟る。米国との圧倒的戦力差に対するため、山口多聞中将は軍令部にある作戦を提言する―。中部太平洋をめぐる、最後の決戦が幕を開ける！
2017.8 252p 18cm ¥900 ①978-4-12-501381-7

◆**旭日、遥かなり 7**　横山信義著　中央公論新社　（C★NOVELS）
【要旨】連合艦隊はマーシャル諸島を放棄し、トラック環礁へ後退。空母「加賀」「瑞鳳」を失う痛手を負うが、米国との戦力差を埋める時間を稼ぐという作戦目的を達成した。一方、欧州戦線ではソ連の崩壊が間近に迫る。しかし、ソ連領における利害関係が対立し、四国同盟に不協和音が生じる。ユーラシア大陸が混沌に包まれるなか、米・英の大艦隊が日本の最重要拠点となったトラックに来襲。皇国の命運は、旧式戦艦である「伊勢」「山城」の二隻に託された―。シリーズはいよいよ佳境へ！
2017.12 250p 18cm ¥900 ①978-4-12-501383-1

◆**修羅の八八艦隊―日本海大血戦！**　吉田親司著　経済界　（RYU NOVELS）
【要旨】八八艦隊計画を進める日本は未曾有の経済危機に直面。日本海軍は熟慮の末、「陸奥」のブラジルへの売却を決定。それ以降、欧米各国にも重大な影響を与え始めたのだ…。昭和15年10月、東京オリンピック開催中に3隻の米空母を飛び立った編隊が羽田空港を奇襲し、つづいて横須賀軍港も空爆。日米は東京湾を炎の海に変える東京海戦に突入した。日本は空海一体で米太平洋艦隊を迎え撃ち、米戦艦4隻の撃破に成功、アメリカの野望を粉砕する。しかし、戦艦4隻を撃沈破されて支那艦隊を作る。戦力の再建を図る日本に北から新たなる脅威が迫る！
2018.1 201p 18cm ¥1000 ①978-4-7667-3254-2

◆**真世界大戦**　吉田親司著　コスミック出版（長編戦記シミュレーション・ノベル）
【要旨】太平洋戦争の終結から70年。全世界の化石燃料が枯渇する中、日本は石油の利権を一手に握っていた。対米戦に勝利した日本は、ハワイとカリフォルニアを併合し、経済的な覇者として世界に君臨していた。復讐に燃える敗戦国アメリカは、戦艦〈大和〉を強奪した米連邦軍と、州を破った陸軍戦闘師団がカリフォルニアに侵攻。対する日本も、サンディエゴから西海岸駐留艦隊の原子力空母〈赤城〉〈天城〉が、真珠湾から超戦艦〈蝦夷〉と機動部隊が出撃、さらに忍者戦闘機〈心神2〉が発進する。或いは原子力戦艦〈ミニットマン〉撃破から〈大和〉の奪還。太平洋の覇権を賭けて、ここに第二次日米戦が勃発した。究極戦艦〈蝦夷〉の五六センチ砲が吼える序幕『超世界大戦』を併収。
2017.9 627p A6 ¥926 ①978-4-7747-1367-0

◆**東京湾大血戦―幻の東京オリンピック**　吉田親司著　経済界　（RYU NOVELS）
【要旨】長崎港を離れる天城型戦艦の三番艦・高雄のマストには星条旗が掲げられていた。巡洋艦レキシントンとサラトガに守られて米西海岸を目指す艦はコロンビアと名を変え、アメリカに売却されたのだった…。1939年9月、ドイツの電撃戦により始まった欧州大戦は翌年2月には停戦となり、世界は平和な時代を迎えようとしていた。そしてその年の10月、東京ではアジア初のオリンピックが開幕する。しかし、その祭典を粉砕するべく米国の極秘作戦が始動。日本が招致した米戦艦ディスカバリーが羽田空港に砲撃を行う！
2017.7 201p 18cm ¥1000 ①978-4-7667-3248-1

◆**異史・新生日本軍 2―運命の分岐点！**　羅門祐人著　経済界　（RYU NOVELS）
【要旨】太平洋戦争に敗れた日本にGHQによる軍政が敷かれ、帝国陸海軍も消滅した。第二次世界大戦後、ソ連主導の共産主義が台頭し始め、1950年6月25日、北朝鮮軍が南進を開始。新生日本は「在日米軍予備隊」を組織し、国連軍の一員として朝鮮戦争に参戦する。釜山を包囲した北朝鮮軍は、国連軍の反攻上陸作戦により中朝国境の鴨緑江まで押し込まれた。その時、100万もの中国軍人民志願軍が投入され、国連軍は総退却を迫られる。同じ頃、米大統領トルーマンが凶弾に倒れ、副大統領が臨時大統領に昇格した…。

極東の半島で勃発した内戦は、世界規模の大戦争へと発展するのか!?
2017.8 205p 18cm ¥1000 ①978-4-7667-3249-8

◆**世界最終大戦 4 反撃開始！**　羅門祐人著　電波社　（ヴィクトリーノベルス）
【要旨】ナチスロシアを日本海の戦いで殲滅させた大日本帝国海軍は朝鮮半島侵攻を進めていた。そしてアメリカは、北アメリカ大陸でナチスメキシコを制圧したことで、第一・第二段階のカントリーロード作戦が成就し、自由連合の聖域にすることに成功する。しかし、ヒトラーは中東地域にドイツ正規軍を投入し、圧倒的な軍事力で勢力拡大に手を緩めることはなかった。一気に攻勢をかけたい自由連合軍も中東に軍を進めるが、戦火はアフリカ北部にまで広がり、ナチス連邦の猛攻を食い止めることができない。世界中で繰り広げられる自由連合とナチス連邦の戦いの行方は？　ヒトラーの真の目的は？　二手に分かれた列強諸国が史上最大級の戦いに挑む！
2017.12 211p 18cm ¥950 ①978-4-86490-134-5

ヤング・アダルト小説

◆**アイ★チュウ―Fan×Fun×Gift 2**　pero著、リベル・エンタテインメント原作・監修　KADOKAWA　（ビーズログ文庫アリス）
【要旨】主役争奪オーディションより上位に選ばれた、ArSの輝と楽の高校生時代、Twinkle Bellの遊園地の思い出、RE：BERSERKのエヴァが記した澪と蛮の戦闘記録、ArSの根暗マン・アキヲが女性恐怖症になった理由、POP'N STARの心の男の娘としての活動記録など、アイドルの卵『アイチュウ』たちの秘話5編を収録！イラストもすべて公式イラストレーターによる描き下ろし!!ファン必携の1冊が再び降臨。2017.4 213p A6 ¥650 ①978-4-04-734400-6

◆**青鬼 断章編**　noprops原作、黒田研二著　PHP研究所
【要旨】人気フリーゲーム「青鬼」公式ノベル。まさかの番外編!!
2017.3 251p B6 ¥1000 ①978-4-569-83280-7

◆**青の祓魔師（エクソシスト）―スパイ・ゲーム**　加藤和恵、矢島綾著　集英社　（JUMP j BOOKS）
【要旨】スパイ。諜報活動を行うものの総称。敵の情報をいち早く手に入れ、状況を有利に導く者。手段は、問わない―。志摩廉造はいかにしてスパイになったのか、その酷薄非情な訓練の実態に迫る…!!表題作「スパイ・ゲーム」はじめ、5本の小説でしか読めない公式マル秘エピソードを収録!大人気小説シリーズ第4弾!!
2017.3 206p 18cm ¥650 ①978-4-08-703414-1

◆**アトリエエクスボード―ロロナと師匠と時空を超えた錬金術士たち**　コーエーテクモゲームス原作、関宜盛小説　キルタイムコミュニケーション　（レベルアップノベルズ）
【要旨】アーランド王国の一角にある古ぼけたアトリエで今日もせっせと調合に勤しんでいたロロナのもとに、どこか未来から弟子のトトリがやってきた!?半信半疑で話を聞くと、なんと違う時間軸のアストリッドたちがロロナを求めてこの世界へと押し寄せてくるという。アストリッドたちの野望を阻止するため、本当のアストリッドやトトリ、そしてさらに未来からのメルルとともに錬金術を駆使して立ち向かうことに！
2017.3 291p B6 ¥1200 ①978-4-7992-1003-1

◆**アルスマグナThe Beginning―コンスタンティンを捜せ！**　石倉リサ著、上原朋子原案、九瓏ノ主学園生徒会監修　KADOKAWA　（ビーズログ文庫アリス）
【要旨】私立九瓏ノ主学園。ダンス部に所属するアキラ、奏、ウィト、タッキ、顧問のケントの5人は学園祭のライブに向け練習に励んでいた。だが学園祭当日、タッキといつも一緒のうさぎのぬいぐるみ、コンスタンティンが行方不明に！コンスタンティンを捜して5人は学園内を駆け巡るも、それぞれの行く先でトラブル発生!?迫る開演時間。焦る5人。一匹、5人と1匹は揃うのか？　彼らの魅力たっぷり！結成秘話にも迫る、初の公式ノベライズ登場！
2017.3 214p A6 ¥650 ①978-4-04-734522-5

◆**ウォーター&ビスケットのテーマ 1 コンビニを巡る戦争**　河野裕、河端ジュン一著　KADOKAWA　（角川スニーカー文庫）

ヤング・アダルト小説

小説

【要旨】「ヒーローになるつもりですか?」「違う。僕はお姫様になりたい」闘うより、護られたい―臆病であることを誇る高校生・香519歩と幼なじみの秋桜栞が迷い込んだ先は、8月からはじまる街「架見崎」だった。ここを訪れた人々は任意の特殊能力を与えられ、乏しい物資を巡る戦争を繰り広げていた。だが、ふたりが希望した能力は戦闘の役に立たないもので…。生存戦略に反則はない。ルールブックの穴をつく、臆病者の戦いが始まる。
2017.9 383p A6 ¥660 978-4-04-106030-8

◆打ち上げ花火、下から見るか? 横から見るか? 岩井俊二原作、大根仁著 KADOKAWA (角川スニーカー文庫)
【要旨】夏の花火大会の日、中学1年生の典道は密かに想いを寄せる同級生のなずなから「かけおち」に誘われる。しかし、なずなの母親が現れ「かけおち」は失敗。二人は離れ離れになってしまう。「もしも、あの時オレが―」典道が強く願うと、不思議な力でもう一度同じ日がやり直されて!?何度も繰り返す1日の中で、心を通わせていく典道となずな。やがて待ち受ける二人の運命の結末は―。イラスト満載で贈る、恋の奇跡の物語。
2017.8 253p A6 ¥620 978-4-04-106033-9

◆映画ノベライズ 銀魂 空知英秋原作、福田雄一脚本、田中創小説 集英社 (JUMP j BOOKS)
【要旨】幕末の江戸、鎖国を解放したのは黒船ではなく、エイリアンと宇宙船だった! 今や地球人と宇宙からやってきた天人が共に暮らす、将軍おひざ元の江戸・かぶき町。そこで、なんでも屋「万事屋」を営む銀時は、従業員の新八や居候の怪力美少女・神楽といつものようにダラダラした午後を過ごしていた。だが、ほんやり観ていたTV番組のニュースで、カブトムシがけっこういい値段で売れるらしく、一攫千金できることを知り、てんやわんやの大騒動に。そんないつもの日常の中、影でうごめく「人斬り似蔵」の異名を持つ浪人・岡田似蔵と、かつて銀時と共に攘夷志士として救国のために戦った高杉晋助。今一世一代の大バトルが始まろうとしていた―!!
2017.7 222p 18cm ¥650 978-4-08-703422-6

◆映画ノベライズ 斉木楠雄のΨ難 麻生周一原作、福田雄一脚本、宮本深礼小説 集英社 (JUMP j BOOKS)
【要旨】超能力者の高校生・斉木楠雄。彼の願いは―「普通に生きたい」。しかし、変わり者な美女や超能力でも気配が読めないバカなど、ワケありのクラスメイトたちにからかまれる。やっかいな恋と友情、そして超能力が吹き荒れる文化祭で、まさかの地球滅亡の危機!?
2017.10 208p 18cm ¥650 978-4-08-703433-2

◆映画ノベライズ ジョジョの奇妙な冒険 ダイヤモンドは砕けない 第1章 荒木飛呂彦原作、浜崎達也小説、江良至脚本 集英社 (JUMP j BOOKS)
【要旨】美しい海沿いの町、杜王町で起こり始めた奇妙な事件の数々…。高校生・東方仗助は町を守るために「スタンド」と呼ばれる特殊能力を使って、事件解決に立ち上がる! 奇妙なサスペンス・エンターテインメントを小説化!!
2017.9 202p 18cm ¥650 978-4-08-703423-3

◆映画ノベライズ 先生!、、、好きになってもいいですか? 岡本千紘著、河原和音原作 集英社 (集英社オレンジ文庫)
【要旨】島田響はごく平凡な高校二年生。ある日、親友の千尋ちゃんから頼まれたラブレターを、間違えて世界史の先生・伊藤の下駄箱に入れてしまい、責任をとって取り戻すことに。この一件から、恋を知らなかった響の運命は動き出す。口ベタだけど生徒思いな伊藤に、響の心は初めての感情を覚えて…? 累計570万部を越える名作少女マンガ原作の映画、完全ノベライズ!
2017.9 189p A6 ¥500 978-4-08-680149-2

◆映画ノベライズ 帝一の國 古屋兎丸原作、久麻當郎小説、いずみ吉紘脚本 集英社 (JUMP j BOOKS)
【要旨】超名門・海帝高校に首席入学を果たした赤場帝一。彼の夢は「総理大臣になって、自分の国を作る」こと。そのためには、生徒会長になることが絶対条件。野望への一歩を踏み出した彼を待っていたものは、究極の格付けバトルロイヤル!! 『生徒会選挙』が幕を開ける!!『ジャンプSQ.』掲載の番外編漫画63ページも収録!!
2017.5 190p 18cm ¥800 978-4-08-703417-2

◆英雄伝説 空の軌跡 3 王都燎乱 日本ファルコム原作、はせがわみやび著 フィールドワイ、メディアパル 発売 (ファルコムBOOKS)
【要旨】旅の過程で遊撃士として成長を続けるエステルだが、その一方で義理の弟ヨシュアが次第に気になる存在へと変わってゆく。揺れる心を抱えて、エステルは、父の行方と導力器の正体を探るべく、天才導力学者ラッセル博士を擁する工房都市ツァイスへと向かうのだが…。
2017.8 347p B6 ¥1400 978-4-8021-3067-7

◆エヴァンゲリオンANIMA 1 山下いくと企画・著、カラー原作、柏原康雄企画・編 KADOKAWA
【要旨】それは碇シンジによって「人類補完計画」が阻止された世界…かつての特務機関ネルフは「ネルフJPN」に再編され、総司令・葛城ミサトの下で17歳になったチルドレン達が使徒の再来へと備えていた。だが、全地球使徒探査殲滅ネットワークを担う"四人"の綾波レイの一人、No.カルトが突然の暴走。それを阻止しようとしたシンジは、初号機もろともにガンマ線レーザーで撃ち抜かれて消失する…。TVアニメ第24話から分岐したもう一つの『エヴァンゲリオン』の可能性の物語、十年の時を経てここに甦る。
2017.11 283p B6 ¥1400 978-4-04-893372-8

◆エヴァンゲリオンANIMA 2 山下いくと企画・著、カラー原作、柏原康雄企画・編 KADOKAWA
【要旨】世界の終わりを告げるかのように月面に出現した"黒の巨人"アルマロスが放ったロンギヌスの槍によって"締め上げられ"、未曾有の天変地異に晒される地球。そんな混乱の中、スーパーエヴァンゲリオンとシンジの前に立ちはだかったのは、「委員長」洞木ヒカリが駆る白いエヴァ弐号機「エヴァEURO2」だった。様々な勢力の思惑が入り乱れる中、シンジと綾波、異変の原因を探るため月へと赴いたアスカ、ゼーレの足跡を探る加持とケンスケ、綾波No.カトルに連れ去られるミサトが辿り着いた先とは? TVアニメ第24話から分岐したもう一つの『エヴァンゲリオン』の可能性の物語、十年の時を経てここに甦る。
2017.11 323p B6 ¥1400 978-4-04-893456-5

◆織田信奈の野望 姫武将録 ファンタジア文庫編集部編、春日みかげ原作 KADOKAWA (富士見ファンタジア文庫)
【要旨】美少女化した有名武将たちが戦乱の世を駆ける、パラレル戦国ラブコメ絵巻「織田信奈の野望」のファンブックが登場! シリーズを作り上げてきた春日みかげ、みやま零、深井涼介が初めて語る、各キャラクターのメイキング秘話の数々や作品の軌跡、総勢209キャラの武将能力値を徹底掲載! さらには、信奈や両川姉妹など姫武将たちの未公開設定イラストも多数掲載! そして、「もし、良晴が最初に出会ったのが信奈ではなく、別のヒロインだったら…」ファン待望のIFルート小説も完全収録! 織田信奈の天下布武を見届けるため、ファン必携の1冊!
2017.5 329p A6 ¥680 978-4-04-072309-9

◆オルタンシア・サーガ―蒼の騎士団 セガゲームス、f4samurai原作、和智正喜著 KADOKAWA (富士見ドラゴンブック)
【要旨】カメリア公国・ルギスの反乱と国王殺害。その直後に伝承に謳われた魔物が姿を現し、オルタンシア王国は動乱の時代へと突入した。若くしてオーベル家を継いだアルフレッドは、若者のマリウスと共に王国を守る戦いへと身を投じていく。後に語り継がれる神明の王女、そしてマゴニア伝承…若き英雄たちが彩る運命の物語(サーガ)の幕が、今上がる―! セガゲームス×f4samuraiの大人気スマホアプリが、待望の公式ノベライズとなって登場!!
2017.3 318p A6 ¥720 978-4-04-072104-0

◆拡張少女系トライナリー―サマープリズム コーエーテクモゲームス、東映アニメーション原作、柄本和昭著 KADOKAWA (ファミ通文庫)
【要旨】謎の現象フェノメノンを収束させる力を持つ少女たち「トライナリー」。晴れてメンバーとなった逢瀬つばめは、神楽との間に壁を感じていた。そんな彼女にみやびからパジャマパーティーを提案されて―「初めての女子会」。つばめに対してどうしてもつんな態度をとってしまうガブリエラ。そんな自分を省みて、意を決しつつデートに誘ってみたけれど―『映画館ハプニング』ほか、戦う少女たちの日常を描く話

題のRPGノベライズ、登場!
2017.5 255p A6 ¥660 978-4-04-734453-2

◆家畜人ヤプーAgain 伊藤ヒロ、満月照子著、沼正三原作 鉄人社
【要旨】瀬able麟は高校二年の春、肉体が腐り精神異常を来す不治の病『ω熱』を発症。全ての元凶である両親を殺害し、幼馴染の同級生・木下くららの命をも奪うが、それらを手助けする新興宗教団体に裏切られ、薬液の入ったドラム缶に沈められてしまう。ふたたび目が覚めると、そこは『イース』と♀機のはるか遠い未来の世界だった。日本人は『ヤプー』という"人間以下の家畜"に使役させられ、リンもまた女性に性転換後、ポーリーン・ジャンセンお嬢さまの飼う"雌犬"として第二の人生を送ることになるのだ…。某大手出版社から、あまりに過激な内容ゆえ、「とても出版できない」と拒否された問題作、ついに登場!
2017.6 223p B6 ¥1300 978-4-86537-089-8

◆神ならざる者に捧ぐ鎮魂歌―ソード・ワールド2.0リプレイドラゴンスレイヤーズ 3 北沢慶、グループSNE著 KADOKAWA (富士見ドラゴンブック)
【要旨】蛮王を討ち、平穏が訪れた筈のザルツ各地に数多の不死者が侵攻を始めた。相次ぐ"守りの剣"の破壊により、止まらぬ不死の軍勢。古代の英雄が告げる世界の危機に、英雄たちは三度一集わなん!?戦地へ駆けつけた野心の皇帝と夢見の姫が出会ったのは、2人の蛮族。一人は小国を守護するケンタウロスの超越者、もう一人は邪眼を操るバジリスクの"求道者"!!能力値を高め魔物としての限界を超えた蛮族・求道者を加え、超高レベルセッションは次のステージへ!
2017.8 373p A6 ¥700 978-4-04-072359-4

◆ガールズ&パンツァー劇場版 下 鈴木貴昭著、ガールズ&パンツァー劇場版製作委員会原作 KADOKAWA
【要旨】戦車を使った武道―「戦車道」が大和撫子のたしなみとされている世界。第63回戦車道全高校生大会優勝記念のエキシビジョンマッチののち、再度の廃校の決定と、学園艦からの退去命令を受けた大洗女子学園。だがそんな中、会長の働きにより、廃校を免れる最後のチャンスを得る。それは、大学選抜チームとの試合に勝利することが条件で…? 圧倒的な戦力差に、大洗女子学園は立ち向かう―! 全六章にわたる最終章上映も決定した超人気アニメ『ガールズ&パンツァー』シリーズ劇場版、激動の下巻が登場!
2017.2 323p B6 ¥1400 978-4-04-068781-0

◆消えゆく街の異界譚(モノガタリ)―ソード・ワールド2.0リプレイ ウィアードテイルズ 北沢慶監修、こあらだまり著 KADOKAWA (富士見ドラゴン・ブック)
【要旨】願いを叶える超常の存在"魔神"の次なるターゲットは墓守レインの願い―「一人で死にたくない」の発動だ。その願いを叶えるために魔神は策謀を巡らし、レインたちは否応なく事件へと巻き込まれていく。一方"増殖都市"ネスカザラでは、誕生三百年を祝う祭りの準備に追われていた。だが盛り上がりと呼応するように、魔神による不可解な事件もまたその数を増やしていく。ネスカザラ誕生の秘密とは。街を包む赤い霧の真実とは。そしてレインの願いの結末は―。
2017.2 321p A6 ¥660 978-4-04-072357-0

◆キャプテン 君は何かができる ちばあきお原作、山田明小説 学研プラス (部活系空色ノベルズ)
【要旨】野球の名門・青葉学院から、無名の墨谷二中に、転校生がやってきた。彼の名は、谷口タカオ。ところが、期待された谷口の実力は…。
2017.3 338p B6 ¥1300 978-4-05-204596-7

◆キャプテン 答えより大事なもの ちばあきお原作、山田明小説 学研プラス (部活系空色ノベルズ)
【要旨】墨谷二中野球部のキャプテンを継いだ丸井は、打倒・青葉を目指し、猛練習を開始する。しかし、キャプテン交代騒動、選手起用をめぐる退部問題など、さまざまな事件が発生して…。甦る感動、等身大の青春! 傑作野球マンガの小説版。
2017.6 308p B6 ¥1300 978-4-05-204646-9

◆ギルティウィッチーズ―ブラッドムーンサプリメント 桜葉星菜、冒険企画局著、齋藤高吉監修 新紀元社 (Role & Roll Books)
【要旨】やってみたかったことがある。それは、本当は絶対にやっちゃいけないこと。「それをす

るのは、あなたの自由」囁きかけるは、魔女の声。従ってしまえば、滅んでしまうのは、あなたの世界のすべて。だから、あなたは武器を取る。ありったけの、覚悟をもって。とにかくこの、甘く、血や肉は吹き飛ばない。代わりにあるのは、甘くコーティングされた、かわいいなにか。終わらない戦いに足を踏み入れたら、あとは怒りを以て、武器を振り下ろすだけ。サイコロを振っていくだけで、誰でも手軽に物語を遊べちゃう「サイコロ・フィクション」シリーズ『ホラーアクションRPGブラッドムーン』にサプリメントが登場。今度は人々の"背徳"を狙う「魔女」！『ブラッドムーン』をちょっぴり薄暗くガーリーな色に染める、リプレイと追加ルールが収録されています。
2017.9 255p 18cm ¥1700 ①978-4-7753-1545-3

◆グリムノーツ—運命に抗いし者たち SOW著, スクウェア・エニックス原作・監修 KADOKAWA （ビーズログ文庫アリス）
【要旨】"混沌の巫女"カーリーが行方不明になった！彼女を探し様々な想区を奔走するロキだったが、その頃サードにはある男と出会い—！「ある『魔法使い』の少しばかり厄介な一日」。さらに！新主人公・サードが登場したゲーム内イベント「怪盗紳士を継ぎし者」をサード側の視点で描く「終わった物語の"物語"」も掲載！ゲームだけでは知れない真実がここに！
2017.5 279p A6 ¥650 ①978-4-04-734601-7

◆劇場版 黒子のバスケ LAST GAME 藤巻忠俊, 平林佐和子著 集英社 （JUMP j BOOKS）
【要旨】「キセキ」のドリームチーム誕生！黒子たちが2年生となり、夏が終わるころ、世界最強のストリートバスケチーム「Jabberwock」が来日した。対戦チームを圧倒的な実力でねじ伏せ、傍若無人に振舞う彼らに対し、誠凛の「影」と「光」、そして「キセキの世代」が再結集する!?
2017.3 226p 18cm ¥700 ①978-4-08-703416-5

◆劇場版総集編ハイキュー!!"コンセプトの戦い" 古舘春一, 吉成郁子著 集英社 （JUMP j BOOKS）（付属資料：しおり1）
【要旨】春高予選決勝で青葉城西を下した強豪・牛島若利を擁する絶対王者、白鳥沢に挑む烏野。圧倒的な攻撃力の前に、なんとか食らいついていく日向たち。そんな中、プレッシャーをかけ続けてきた月島のブロックが反撃への糸口となり…!?
2017.9 224p 18cm ¥700 ①978-4-08-703428-8

◆劇場版総集編 ハイキュー!!"才能とセンス" 古舘春一, 吉成郁子著 集英社 （JUMP j BOOKS）（付属資料：しおり）
【要旨】春高予選決勝で青葉城西との再戦を迎えた烏野高校排球部。日向と影山の進化した変人速攻などで猛攻をしかける中、大王様・及川の精確なトスワーク&サーブ、さらに秘密兵器・京谷の強烈なスパイクにより徐々に劣勢となり…!?
2017.9 220p 18cm ¥700 ①978-4-08-703427-1

◆血界戦線—グッド・アズ・グッド・マン 内藤泰弘, 秋田禎信著 集英社 （JUMP j BOOKS）
【要旨】僕が普通になるにはどうしたらいい？堕落王フェムトは悩んでいた。その憐憫がもたらした結果が、HLを混沌の底へとたたき落とし—ライブラの語られざる物語、再びノベライズ!!
2017.10 200p A6 ¥640 ①978-4-08-703431-8

◆恋テロ—真夜中に読みたい20人のトキメク物語 天沢夏月, 霧友正規, 宮木あや子, 富士見L文庫編集部編 KADOKAWA （富士見L文庫）
【要旨】油野池鈴子、31歳。ちなみに処女。現在3クール目に突入した人気特撮シリーズ「ワンワン戦隊犬フィブ」にどハマリ中、お気に入りのレッドに似た職場の同僚・岡島のことが気になるようになって—？（「犬っぽくなかったです」）隣の席のクラスメイト、職場の上司、マンネリ気味の恋人、長年連れ添った夫婦—。いろんな「恋」を集めました。人気作家の書き下ろしも収録した、頁をめくるごとに「好き」が溢れる20人の恋物語。
2017.12 332p A6 ¥640 ①978-4-04-072536-9

◆甲鉄城のカバネリ—追憶の邑 笠岡淳平著, 甲鉄城のカバネリ原作 マッグガーデン （マッグガーデン・ノベルズ）

つまり一なにもかもが足りなかったのだ。不死の怪物"カバネ"の融合群体"黒煙り"を討ち滅ぼし"八代駅"をはじめとした駿城"甲鉄城"は、物資の不足に悩んでいた。このままでは"倭文駅"にたどり着く前に食糧が尽きてしまう…。そんなとき、八代駅で乗り込んだ避難民の少女から、十年前にカバネに襲われた"弥津村"の情報がもたらされる。そこには食糧や資材が多量に残っていると噂されているが、探しに行ったものは誰一人戻ってこなかったという。物資が残っている可能性に賭け、弥津村へ向かおうとする甲鉄城。しかしカバネリの少女"無名"はそれに反対して一生駒と逞生、侍、菖蒲と鰊、巣坂と侑那、吉備土と四方川家の侍衆—これは八代駅から倭文駅へ向かう途中で彼らが遭遇した、追憶の物語。テレビアニメ『甲鉄城のカバネリ』公式外伝小説第2弾！
2017.2 349p B6 ¥1300 ①978-4-8000-0656-1

◆告白予行練習 イジワルな出会い Honey Works原案, 香坂茉里著 KADOKAWA （角川ビーンズ文庫）
【要旨】桜丘高校のチャラ男、シバケンこと柴崎健。恋愛は楽しんだもの勝ち、とテキトーに日々を過ごしていた。中学時代から気になっていた高見沢アリサに、ノリで近づくつもりが、彼女は突然「何演じてるの？きっとそれじゃつまんないよ」と言い放つ。その言葉に、心揺さぶられる健。全くふり向いてくれないアリサとのキョリを縮めようと、本気になんてならないはずが、気づけば…!?片想い×恋愛友情を描く、Honey-Worksの超人気シリーズ第8弾！
2017.11 236p A6 ¥580 ①978-4-04-106118-3

◆告白予行練習 ハートの主張 HoneyWorks原案, 香坂茉里著 KADOKAWA （角川ビーンズ文庫）
【要旨】中学ではクラスから浮かず友達をつくる、と意気込む高見沢アリサ。けれど、女子グループになじめず、言葉を交わすのは後ろの席の榎本虎太郎くらい。教室に居場所がない者同士で三浦加恋を近くに感じるが、仲間外れは怖かった。悩むアリサを、虎太郎の悪友・柴崎健は気にかけている。「嫌ってばかりじゃつまんない」自分らしく、と踏み出すアリサを待ち受けるのは!?片想い×恋愛友情を描く、Honey-Worksの超人気シリーズ第7弾！
2017.10 240p A6 ¥580 ①978-4-04-106113-8

◆こどもつかい 牧野修著, ブラジリィー・アン・山田, 清水崇脚本 講談社 （講談社タイガ）
【要旨】新人記者の駿也は、我が子を傷つけていた母親の不審死事件を取材する過程で「トミーの呪い」という都市伝説を知る。こどもが失踪してから3日後に、家族などの近しい大人が謎の死を遂げるというのだ。こどもたちの間に流布する奇妙な歌を手がかりに調査を進める駿也だが、弥津の尚美が呪いの標的にされてしまう。死の運命から逃れるため奔走する二人の前に漆黒のマントを纏う男の影が—。
2017.5 279p A6 ¥690 ①978-4-06-294070-2

◆この素晴らしい世界に祝福を！エクストラ あの愚か者にも脚光を！2 遠いハーレムの向こうに 昼熊著 KADOKAWA （角川スニーカー文庫）
【要旨】「なぁダスト、抽選で当たったんだけどコレいるか？」カズマからアルカンレティアでの宿泊券を贈られたダストは、タダで温泉街に行けると歓喜し意気揚々と旅に出る？混浴への期待に胸を膨らませるが、道中散々な目に遭いー人寂しく入浴していると思わぬ出来事が？「あ、あの。迷惑でなければ、ご一緒してもいいですかー」何故か積極的なゆんゆんとのちょっHなトラブルが満載!?紅魔族の優等生が、冒険者の男心を揺さ乱す！
2017.12 249p A6 ¥600 ①978-4-04-105817-6

◆この素晴らしい世界に祝福を！エクストラ あの愚か者にも脚光を！素晴らしきかな、名脇役 暁なつめ原作, 昼熊著 KADOKAWA （角川スニーカー文庫）
【要旨】「金も騒ぎもけりゃ、女もいねぇ！」駆け出し冒険者の街・アクセルを（自称）取り仕切るゴンピラ冒険者のダストは金欠であった。新米冒険者カズマ一行が着々と名を上げる中、ダストはマッチポンプ詐欺に盗品売買、貴族令嬢に貢がせようと画策する等、今日もアクセルの街で金策に励む！そんな中、旦那と慕う大悪魔バニルより「面白い未来が訪れる」と不吉な予言を告げられて!?ダスト視点で綴るちょっとHな外伝が新装始動！
2017.8 286p A6 ¥600 ①978-4-04-105816-9

◆5分間で心にしみるストーリー エブリスタ編 河出書房新社 （5分シリーズ）
【要旨】短く、深い。二万作超から選ばれた、思わず考えさせられる短編集。
2017.7 197p B6 ¥980 ①978-4-309-61216-4

◆5分後に後味の悪いラスト エブリスタ編 河出書房新社 （5分シリーズ）
【要旨】最悪なのに、クセになる。20000作超から選ばれた、思わず目をふさぎたくなる短編集。
2017.7 214p B6 ¥980 ①978-4-309-61215-7

◆5分後に感動のラスト エブリスタ編 河出書房新社 （5分シリーズ）
【要旨】ページをめくればすぐ涙。二万作超から選ばれた、心揺さぶる短編集。
2017.7 211p B6 ¥980 ①978-4-309-61214-0

◆5分後に驚愕のどんでん返し エブリスタ編 河出書房新社 （5分シリーズ）
【要旨】小説投稿サイト「エブリスタ」が主催する短編小説賞「三行から参加できる超・妄想コンテスト」入賞作品から、さらに選りすぐりのものを集め、加筆・修正。20000作超から選ばれた「まさか！」の体験12作。
2017.4 191p B6 ¥980 ①978-4-309-61212-6

◆5分後に禁断のラスト エブリスタ編 河出書房新社 （5分シリーズ）
【要旨】それは、開けてはいけない扉。2万作の中から選ばれた、止められないからこそ読みたくなる、珠玉の短編8作収録。
2017.10 181p B6 ¥980 ①978-4-309-61217-1

◆5分後に恋の結末—友情と恋愛を両立させる3つのルール 橘つばさ, 桃戸ハル著, かとうれい絵 学研プラス
【要旨】スカッとする一言！キュンとする青春！ビリッとする恋の教訓！そして全編、意外な結末。全24篇の読み切り連作。
2018.1 355p B6 ¥1000 ①978-4-05-204764-0

◆5分後に戦慄のラスト エブリスタ編 河出書房新社 （5分シリーズ）
【要旨】小説投稿サイト「エブリスタ」が主催する短編小説賞「三行から参加できる超・妄想コンテスト」入賞作品から、さらに選りすぐりのものを集め、加筆・修正。20000作超から選ばれた怒濤の恐怖体験11作。
2017.4 209p B6 ¥980 ①978-4-309-61213-3

◆5分後に涙のラスト エブリスタ編 河出書房新社 （5分シリーズ）
【要旨】小説投稿サイト「エブリスタ」が主催する短編小説賞「三行から参加できる超・妄想コンテスト」入賞作品から、さらに選りすぐりのものを集め、加筆・修正。20000作超から選ばれた最高の感動短編8作。
2017.4 211p B6 ¥980 ①978-4-309-61211-9

◆最強オオカミくんのとなり。 春川こばと, 岬, 美那, 花子, 七星ドミノ著 KADOKAWA （魔法のiらんど文庫）
【要旨】『ワケあり生徒会！』をはじめ、『お女ヤン!!』『桜龍』の大人気キャラたちも登場！とびきり悪いヤツらに溺愛されて!?人気作家大集結、キケン度No.1の究極の不良ラブストーリー。
2017.11 252p A6 ¥690 ①978-4-04-893533-3

◆サンリオ男子—俺たちの冬休み 静月遠火著, サンリオ原作・監修 KADOKAWA （メディアワークス文庫）
【要旨】学年も性格も違うイケメン5人の共通点は、"サンリオのキャラクターが好き"な事。ある日、北海道で旅館を営む俊介の叔父さんから「従業員の殆どがぎっくり腰になってしまった！」とSOSが届いた事を切っ掛けに全員で冬の北海道にお手伝いに行く事に。美しい雪景色を楽しみつつ、慣れない仕事に奮闘するサンリオ男子達だったが、宿泊客の荷物が無くなるという事件が発生し一!?サンリオ男子達の煌めく青春の1ページがここに。
2017.12 207p A6 ¥610 ①978-4-04-893579-1

◆サンリオ男子—好きと嫌いのアシンメトリー 後白河安寿著, サンリオ原作・著作・監修 集英社 （コバルト文庫）
【要旨】西宮諒、高校一年生。砂糖菓子みたいな容貌と人見知りのせいであまり友達がいない。でも、大切な仲間はいる。三年の誠一郎、二年の康太、祐、俊介。全員サンリオキャラクター好きなサンリオ男子だ。一年のみ参加するスキー

ヤング・アダルト小説

◆小説 アシガール せひらあやみ著 集英社 (集英社オレンジ文庫)
【要旨】速川唯、16歳。何にもやる気がない、恋愛には全く興味がないふうつうな女子高生では。誰よりも足が速いことを抜かしては。何の目標もなく、なんとなく過ごしていたある日、弟の尊がつくったタイムマシンでうっかり戦国の世へ一。そこで出会った若君こと、羽木九八郎忠清様との運命的な恋に落ちて、人類史上初の足軽女子高生が誕生した一！
2017.9 250p A6 ¥550 ①978-4-08-680150-8

◆小説明日のナージャ―16歳の旅立ち 金春智子著,東堂いづみ原作 講談社 (講談社キャラクター文庫)
【要旨】もうすぐナージャは、16歳。長い旅を終え、夢にまでみた母コレットとの再会を果たし、ウィーンで楽しい日々を送る。誕生日には、盛大なお祝いの舞踏会も開かれる。ナージャはとても幸せだった。しかし、そんなナージャの胸の中にはもう一つの思いがあった。私だけがこんなに幸せでいいはずがない。アップルフィールドで一緒だった仲間たちは…。運命の女性ナージャは、大きな決心をした一。
2017.9 281p A6 ¥680 ①978-4-06-314881-3

◆小説 ヴァニシング・スターライト 2 Sound Horizon原作, 時田とおる著, 有坂あこイラスト KADOKAWA
【要旨】プロデューサーとして信頼していたRevoが姿を消した。Revoという大きな存在がいない中で、ノエルはVANISHING STARLIGHT デビュー記念イベントを成功させるため奮闘する。そんな中、以前組んでいたバンドメンバーをノエルが暴行したという噂が流れ、一転して窮地に立たされてしまい…!? 何の為に歌い、何の為に走ってきたのか。ノエルとRevo、二人の男の邂逅の果てにあるものとは…？「君に頼みがある――ミュージシャンとしての君に」片翼を失った夜鷹は今、再びその命を燃やす!! Sound Horizonが放つ燦然たる物語音楽、第二幕！
2017.6 298p B6 ¥1200 ①978-4-04-105183-2

◆小説おそ松さん タテ松 赤塚不二夫原作, 石原宙小説 集英社 (JUMP j BOOKS)
(付属資料:シール)
【要旨】楽しければそれでよし！今日も6つ子はクソニート満喫中！怪しい店の常連になったおそ松、「めちゃくちゃ褒めてくれる屋」、カラ松、我慢の限界で5人に物申す！「解散」、チョロ松が足先に童貞卒業!?「童貞卒来い」、一松がDJ戦国時代の覇者となる!?「DJ★Ichimatsu」、異世界で王様になった十四松の「日曜日の国」、「婚獣」と遭遇したトド松の「披露宴」ほか全8編を収録。
2017.11 212p 18cm ¥800 ①978-4-08-703437-0

◆小説 仮面ライダーゴースト―未来への記憶 福田卓郎著, 石ノ森章太郎原作 講談社 (講談社キャラクター文庫)
【要旨】眼魔世界の創世、アドニスとダントンの確執、そして百年戦争の混乱に乗じて幼いマコトとカノンを連れ出すゴーダイの想いを描く第一章。若き天空寺龍の過酷な運命、眼魔世界から迫る魔の手、そして最後の変身をする第二章。ダントンによって改造を施されたクロエを救おうとするタケル、決断の第三章。全三章からなる『仮面ライダーゴースト』の過去と現在、そして未来を描く大巨編。
2017.11 366p A6 ¥690 ①978-4-06-314880-6

◆小説 千本桜 1 黒うさP, WhiteFlame原案, 一斗まる著 KADOKAWA (角川ビーンズ文庫)
【要旨】家族と花見を楽しんでいた14歳の少女・初音未来は、千本桜と呼ばれる桜の森に迷い込んで意識を失ってしまう。目を覚ました彼女がいたのは別の世界、大正一〇〇年の帝都桜京だ。やがて未来は帝都を守護する神憑特殊桜小隊に入隊し、隊長である青音海斗をはじめ鏡音鈴と錬、紅音鳴子らとともに妖異・影憑と命懸けで戦うことに！黒うさPの国民的ボカロ曲「千本桜」の小説版に、加筆修正とイラスト描き下ろしにてここに新生!!
2018.1 284p A6 ¥600 ①978-4-04-106282-1

◆小説ふたりはプリキュア マックスハート 井上亜樹子著, 東堂いづみ原作 講談社 (講談社キャラクター文庫)

【要旨】美墨なぎさはラクロス部の新キャプテン、雪城ほのかは科学部の新部長として、活動的な日常をすごしている。ただ、九条ひかりはタコカフェを手伝いながらも、いまだ自分の存在に確信をもてなかった。そんな3人の周辺で、ものが増えたり消えたりする不思議な現象が起きる…。書きおろし小説シリーズ第7弾！
2017.10 269p A6 ¥620 ①978-4-06-314882-4

◆小説 魔法使いの嫁 金糸篇 ヤマザキコレ監修 マッグガーデン (マッグガーデン・ノベルズ)
【要旨】金の糸にて編まれるは、記憶。『魔法使いの嫁』の世界を拡げる、珠玉の競作集。
2017.9 415p B6 ¥1300 ①978-4-8000-0690-5

◆小説 魔法使いの嫁 銀糸篇 ヤマザキコレ監修 マッグガーデン (マッグガーデン・ノベルズ)
【要旨】銀の糸にて編まれるは、感情。『魔法使いの嫁』の世界を拡げる、珠玉の競作集。
2017.10 447p B6 ¥1300 ①978-4-8000-0692-9

◆小説ReLIFE 1 武井彩著, 夜宵草原作 リンダパブリッシャーズ, 徳間書店 発売
【要旨】誰しも痛みを抱えている。厄介なのがその痛みは他人には伝わらないこと―。新卒で入った会社を3ヶ月で退社。現在27歳無職、彼女なしの海崎新太。就活も失敗続きのある日、リライフ研究開発サポート課・夜明了と名乗る人物が目の前に現れる。彼は海崎を社会復帰のための実験プログラム「リライフ」へと誘い、一錠のカプセルを渡す。翌朝、鏡の前にいたのは若返った海崎の姿があった。そして、1年間限定の高校生活を送ることに―。マンガ・ノベルサービス「comico」連載人気作品の夜宵草原作『ReLIFE』をノベライズ化。
2017.3 287p A6 ¥590 ①978-4-19-905218-7

◆青春カフェテリア Sweet - Novels 雨宮うり原作・イラスト, 河合ゆうみ著 KADOKAWA
【要旨】ぜったい、ぜったいに、恋がしたくなる。WEB発の大人気・恋愛コミック原作とリンクする、甘さたっぷりの短編小説集！
2017.10 259p A6 ¥580 ①978-4-04-105973-9

◆戦刻ナイトブラッド―上杉の陣 掌中之珠 『戦刻ナイトブラッド』プロジェクト原作, 三津留ゆう著 KADOKAWA (角川ビーンズ文庫)
【要旨】ある日突然、吸血鬼や人狼などの"月牙族"も暮らす異世界・神牙に連れてこられた「私」。困っていた所を助けてくれたのは上杉謙信だった。彼の率いる上杉軍にお世話になることになった「私」は、上杉領内に幽霊が出るという噂を謙信たちと調べることになって!? 異世界の武将が「私」に夢中になる人気アプリゲーム『戦刻ナイトブラッド』、上杉軍の知られざる一面をお届けするオリジナルストーリーで、初のノベライズ！
2017.10 218p A6 ¥580 ①978-4-04-106035-3

◆双星の陰陽師―士牙繚闘 助野嘉昭, 田中創著 集英社 (JUMP j BOOKS)
【要旨】陰陽師たちの住まう島、土御門島に入った天若清澄の娘・音海繭。繭は島に到着後、天若家の新当主として苦難の日々を過ごしていた。ろくろ首舞台『御前試合』を目指し、修行に励む彼女の側には、十二天将・朱雀の斑鳩士門の姿が!? 士門と繭、ふたりの絆を"繋ぐ"物語が解禁！
2017.3 210p 18cm ¥650 ①978-4-08-703415-8

◆チェインクロニクル・カラーレス 3 色無き青年、摑む光 重信康著, セガ原作 星海社, 講談社 発売 (星海社FICTIONS)
【要旨】世界の運命を賭けた最終決戦、黒の王が君臨せし王都を目指せ！種族を超え、ユグド大陸連合軍が結集しかけたその時、シュザ率いる九領の鬼たちが蜂起。報復に燃えるエイレネスまでもが義勇軍を組織する。止まらない黒化病、連合軍内部から生まれる不和、そして目覚める新たな魔神・シセラー定められた終焉へのカウントダウンが、今始まる！黒の王、そして『クロニクル』が告げる世界の真実。深き絶望により魔神と化したシセラを救うため、フィーナと主人公がおくる最期の光とは―。セガが贈る正統派RPG『チェインクロニクル』、初の公式ノベライズ。「渾沌」から「輪廻」に至るもうひとつの「絆の物語」、ここに完結！
2017.2 229p B6 ¥1400 ①978-4-06-139961-7

◆厨病激発ボーイ―青春症候群 れるりり原案, 藤並みなと著 KADOKAWA (角川ビーンズ文庫)
【要旨】高校二年生になった厨病ボーイズはますます絶好調！瑞姫は野田や高橋、九十九、と同じクラスだけど、担任の名雪先生が少し気になって…？そんなある日、ヒーロー部を名乗るゴスロリの一年生・莉夢が現れた！中村を引き抜きに来たという彼女の『魔王部』と部の存続をかけて戦うことに!?特別番外編「ヒーロー志望＆黒幕気取り」も収録。関連動画再生数1億回超えのれるりりワールド、青春大暴走の新章突入!!
2018.1 219p A6 ¥580 ①978-4-04-105625-7

◆厨病激発ボーイ 4 れるりり原案, 藤並みなと著 KADOKAWA (角川ビーンズ文庫)
【要旨】京都にある姉妹校と親善のため、チーム対抗クイズ大会が開催されることに。厨病ボーイズはヒーロー部として参戦が決まり、いつも以上に大はしゃぎ！しかし対戦先の生徒会長・天照寺から「俺が勝ったら、今後一切瑞姫に近づくな」と勝負を持ちかけられてしまう。自分が「能力者」であることがバレているのかもしれない…と不安に思う瑞姫だけど!? 関連動画再生数1億回を超えるれるりり渾身の楽曲、白熱の第4弾!!
2017.3 219p A6 ¥580 ①978-4-04-104566-4

◆厨病激発ボーイ 5 れるりり原案, 藤並みなと著 KADOKAWA (角川ビーンズ文庫)
【要旨】交歓祭も終わり、相変わらずこじらせまくりの厨病ボーイズ。だが、瑞姫がフランスの父の元へ引っ越すことになってしまい…ヒーロー部が解散の危機!?「ヒーロー部よ、永遠の別れ」、野田のおばあちゃんから宝の地図が届く「おばあちゃんメモリアル」、ホワイトデーをめぐって厨と九十九が勝負する「0とZの間」など、関連動画再生数1億回を超えるれるりり渾身の楽曲、愛すべき厨病ボーイズそれぞれが主役の第5弾！
2017.8 241p A6 ¥580 ①978-4-04-105624-0

◆超・少年探偵団NEO 大宮一仁脚本, 田中啓文小説 ポプラ社
【要旨】7代目・怪人二十面相のしかける"人類総怪人化計画"を阻止せよ！100年後の近未来東京をかけめぐる、新たな「少年探偵団」の冒険とは―。大好評アニメを「日本推理作家協会賞」作家・田中啓文が小説化。ここでしか読めない、もう一つの"NEO"をご堪能あれ！
2017.1 261p B6 ¥1200 ①978-4-591-15341-3

◆帝都探偵奇譚 東京少年D団 明智小五郎ノ帰還 江戸川乱歩原作, 本兌有, 杉ライカ, ブラッドハード・ボンド, フィリップ・ニンジャ・モーゼズ著 PHP研究所
【要旨】蒸気と狂気と暗雲に包まれた、一九二〇年の帝都東京！怪人二十面相の挑戦を受けた資本主義の獅子・羽柴壮太郎は、かのアルセーヌ・ルパンにすら勝利した伝説の名探偵・明智小五郎を呼び寄せた。しかし姿を現したのは明智ではなく、恐るべき美貌と眩しいばかりの知性を輝かせる妖しき天才美少年・小林芳雄であった。「僕の知能指数は平常時の明智先生の2倍です。ご存じないかもしれませんが、探偵の能力とは、カラテ段位のような知能指数であるものなのです」猟奇！闇の近代日本を舞台に、爆発寸前のアドレナリンと知能指数が火花を散らし、七つ道具が閃き交う！狂気に次ぐ狂気！変装に次ぐ変装！カラテに次ぐカラテ、帝都の蒸気と闇の中に垣間見る、峰知性と復讐の炎！嗚呼！誰もがその名を知りながら真実の直視を避けてきた暗黒少年探偵奇譚、今ここに開幕！
2017.2 365p B6 ¥1200 ①978-4-569-83251-5

◆ディバインゲート―王と悪戯な幕間劇(インタールード) 佐々木禎子著, ガンホー・オンライン・エンターテイメント原作 KADOKAWA (ビーズログ文庫アリス)
【要旨】アニメでは描かれなかったスピンオフストーリーが登場！クリスマスイブ。執務室で職務をこなすアーサーの元を訪れ、騎士たちが誕生日を祝う。愛情を込めた食事を、尊敬を込めた贈り物を、そして一切のごとき眼差しを。円卓の騎士の想い、そしてアーサーの心の内が描かれる「アーサー王と円卓の騎士」他、チョコを巡ってアカネたちが奔走する「バレンタイン特訓！」、あの惨劇の日の裏側を描く「蒼のクリスマスAnother」を掲載。
2017.3 221p A6 ¥650 ①978-4-04-734402-0

◆溺愛BEST 映画館, ゆーり, シグレ, 明日央, 一ノ瀬亜子著 KADOKAWA (魔法のiらんど文庫)

ヤング・アダルト小説

【要旨】人気作家が大集合。5つの甘ラブストーリー。名門高校の特性・佳乃と、謎だらけの教師・倭の甘いラブ。映画館書き下ろしストーリー。彼の目的はエッチだと疑った心がとった作戦は！ 明日央のほんわか甘いラブストーリー。不良でイケメン、喧嘩も強い杜くんと優等生・綾の恋はシグレが描く初ラブストーリー。幼なじみからやっと彼カノになった香織と愁。戸惑う2人を描く大人気ゆーりの幼なじみラブ。図書館で会う敷島さんとのささやかな秘密の時間。彼に惹かれている晴香だったけど…。一ノ瀬亜子デビュー作!?
　　　　　2017.10 255p A6 ¥670 ①978-4-04-893493-0

◆デスクトップアーミー ラプンツェルの魔塔　手島史詞著, メガハウス原案　実業之日本社　(Jノベルライト)
【要旨】ハーメルン・ウイルスによるD-phoneの暴走、「ハーメルンの笛吹き妖精事件」から数日。マナたちはD・Aシステムの暴走を止めるため、隣町の千祢宜市へと出発する。道中、線路から雨を得ようと旅を続けるマナたちは野犬や野鳥など数々の脅威を「長靴」小隊としてのチームワークで乗り越えるが、千祢宜市ではハイ・ミレニアの率いるドラグーンのミレニアの軍勢が、行く手を阻むべく待ち構えていた―。メガハウスの展開する人気フィギュア『デスクトップアーミー』の公式ノベライズ第3弾。人類がこつ然と姿を消した"修正の1秒"の謎に迫るメカ少女たちの友情物語。
　　　　　2017.12 287p B6 ¥1300 ①978-4-408-53719-1

◆鉄道ダンシ　鉄道ダンシ製作委員会, 衣傘かのん著　創藝社
【要旨】3.11の大地震で大きな打撃を受けることとなってしまった三陸鉄道。鉄道だけでなく三陸全体が大変な状況にある中、将来の三陸鉄道と三陸の復興の力になりたいと、2012年4月1日に2人の社員が入社した。実家が漁業の家が趣味の「恋し浜レン」と実家が酪農家で乳製品やワインが好きな「田野畑ユウ」だ。それぞれ恋し浜駅と田野畑駅で駅業や営業、三陸復興にかかわる業務を担当することから三陸鉄道の職員としての業務を開始する。忙しい日々を過ごす2人だが、ある日「恋と窪ジュン」が三陸鉄道に研修に来ることになり…。三陸鉄道の「鉄道ダンシ」がライトノベルに！
　　　　　2017.8 235p B6 ¥1200 ①978-4-88144-233-3

◆囚われのパルマーノベルアンソロジー　ビーズログ文庫アリス編集部編　KADOKAWA
【要旨】豪華執筆陣が思い思いに描く、ハルトとアオイと過ごす島でのひと時…会いたくなったり、差し入れに喜んだり、触れたくなったり、暗号を解いたり。記憶を失くし、収容された青年―彼らの"ifの世界"を描く、珠玉の短編集。
　　　　　2017.6 188p B6 ¥1000 ①978-4-04-734711-3

◆謎の館へようこそ 黒―新本格30周年記念アンソロジー　文芸第三出版部編　講談社　(講談社タイガ)
【要旨】「館」の謎は終わらない―。館に魅せられた作家たちが書き下ろし、色とりどりのミステリの未来！ 最先端を行く作家たちが紡ぎ出す6つの謎。
　　　　　2017.10 404p A6 ¥810 ①978-4-06-294094-8

◆謎の館へようこそ 白―新本格30周年記念アンソロジー　文芸第三出版部編　講談社　(講談社タイガ)
【要旨】テーマは「館」、ただひとつ。今をときめくミステリ作家たちが提示する「新本格の精神」がここにある。
　　　　　2017.9 398p A6 ¥810 ①978-4-06-294088-7

◆涙の先で君に会いたい　美嘉, べあ姫, ナナセ, 椿ハナ, 結城モカ著　KADOKAWA　(魔法のiらんど文庫)
【要旨】付き合って1年の水穂と蒼。大好きな蒼とクラスが分かれたことで嫉妬ばかりするようになって…。喧嘩ばかりのハルと亜紀。大学進学を機に、遠距離になるハルと亜紀。そのサヨナラのはじまりをはじめようと決意する。家に帰りたくない亜矢は、独り暮らしをする七宮の家で過ごすけれどある日、七宮がいなくなって…。大学生の環と付き合っている若葉。忙しい環との時間が取れず、不安だらけの中、残酷な運命が2人を待っていた。夏休みに訪れる田舎で響に会うのが楽しみな美青。だけどある夏の日を境に響に会えなくなってしまい…。大人気作家が夢の競演！ 究極に切ないラブストーリー。
　　　　　2017.12 250p A6 ¥690 ①978-4-04-893531-9

◆ナユタン星からのアーカイヴ　ナユタン星人原作　PHP研究所
【要旨】宇宙の果てからやってきた(!?)ナユタン星人の人気ボカロ楽曲をアンソロジー形式でノベライズ！
　　　　　2017.9 375p B6 ¥1400 ①978-4-569-83661-4

◆ニーア オートマタ 長イ話　映島巡著, ヨコオタロウ監修　スクウェア・エニックス　(GAME NOVELS)
【要旨】著者：映島巡、監修：ヨコオタロウで贈るPS4ゲーム『NieR:Automata(ニーア オートマタ)』の長編ノベライズ。ゲーム本編裏側のエピソードを語りながら、各キャラクターの知られざる心情を浮きぼりにする！
　　　　　2017.8 318p B6 ¥933 ①978-4-7575-5436-8

◆ニーア オートマタ 短イ話　映島巡著・監修　スクウェア・エニックス　(GAME NOVELS)
【要旨】アンドロイドが人類の栄光を夢見る遙か昔から、魔法実験兵器は転がり続ける。著者：映島巡＆ヨコオタロウ、監修：ヨコオタロウで再び贈る、『プレイステーション4』ゲーム『NieR:Automata(ニアオートマタ)』の中・短編小説集。新規書き下ろし中編2編を含む"短イ話"の結晶体！
　　　　　2017.10 318p 19cm ¥933 ①978-4-7575-5494-8

◆猫だまりの日々―猫小説アンソロジー　谷瑞恵, 椹野道流, 真堂樹, 梨沙, 一穂ミチ著　集英社　(集英社オレンジ文庫)
【要旨】仕事を失った青年の願いを叶えるべく、彼を訪ねてきた猫。かつて飼っていた猫に会えるという噂のある、ちょっと不思議なホテル。猫飼い放題の町で出会った彼と彼女の恋。猫が集まる縁結びの神社で起きた、恋と友情にまつわる出来事。死後に猫となり、妻に飼われることになった男―。人気作家が描く、どこかにある、かもしれない猫と誰かの日々。全五編を収録。
　　　　　2017.12 214p A6 ¥530 ①978-4-08-680167-6

◆乃木若葉は勇者である 下　タカヒロ企画原案・シリーズ構成, 朱白あおい著, BUNBUNイラスト　KADOKAWA
【要旨】日本の四国を舞台に、神に選ばれし6人の少女が戦い抜いた人類滅亡の叙事詩―ここに完結。物語は次代の勇者たちへと引き継がれる！ TVアニメ『結城友奈は勇者である』をはじめとするヒット作品を幅広い分野で多数手がける人気シナリオライター・タカヒロ氏と、実力派作家・朱白あおい氏のタッグが送るライトノベル。特別書きおろし番外編「託されたバトン」収録！
　　　　　2017.3 256p B6 ¥900 ①978-4-04-892857-1

◆ノーブルウィッチーズ 6 第506統合戦闘航空団 疑心！　島田フミカネ, Projekt World Witches原作, 南房秀久著　KADOKAWA　(角川スニーカー文庫)
【要旨】ロマーニャから無事帰投した那佳であったが、輸送機より降下した謎の少女に強襲された！ 那佳の安全と引き替えに王党派へ従う事を選択した506JFWであったが、それは国内において共和派の標的となることを意味していた。各勢力の陰謀、そしてネウロイの猛襲に対しロザリー、ハインリーケはそれぞれの高貴なる闘いへと赴く―。ちょっぴり守銭奴な魔女が、混沌渦めくガリアで人質に!?異色の部隊、疑心と陰謀が交錯する第6弾！
　　　　　2017.5 235p A6 ¥620 ①978-4-04-105176-4

◆ノーブルウィッチーズ 6 第506統合戦闘航空団疑心！―オリジナルドラマCD付き同梱版　島田フミカネ, Projekt World Witches原作, 南房秀久著　KADOKAWA　(角川スニーカー文庫)　(付属資料：CD1)
【要旨】ロマーニャから無事帰投した那佳であったが、輸送機より降下した謎の少女に強襲された！ 那佳の安全と引き替えに王党派へ従う事を選択した506JFWであったが、それは国内において共和派の標的となることを意味していた。各勢力の陰謀、そしてネウロイの猛襲に対しロザリー、ハインリーケはそれぞれの高貴なる闘いへと赴く―。ちょっぴり守銭奴な魔女が、混沌渦めくガリアで人質に!?異色の部隊、疑心と陰謀が交錯する第6弾！
　　　　　2017.5 235p A6 ¥620 ①978-4-04-105177-1

◆ノーブルウィッチーズ 7 第506統合戦闘航空団 反撃！　島田フミカネ, Projekt World Witches原作, 南房秀久著　KADOKAWA　(角川スニーカー文庫)
【要旨】パリに招かれマスコミから歓迎を受けていたロザリーはド・ゴール将軍の愛娘が軟禁されている事を知らされる。何とか救出を試みようとするも、魔女が王党派の動きに関与すれば506存続に関わる―。隊がじりじりと軍部に追い詰められていく中、更にはガリア全土を脅かすネウロイすら襲来し!?「最高に高貴で、最高に馬鹿げたことをやろう、全員で！」ノブレス・オブリージュを体現する部隊、506JFWの反撃がはじまる！
　　　　　2017.11 237p A6 ¥640 ①978-4-04-105662-2

◆ノーブルウィッチーズ 7 第506統合戦闘航空団 反撃！ プレミアム特装版　島田フミカネ, Projekt World Witches原作, 南房秀久著　KADOKAWA　(角川スニーカー文庫)　(付属資料：CD1, 別冊1)
【要旨】パリに招かれマスコミから歓迎を受けていたロザリーはド・ゴール将軍の愛娘が軟禁されている事を知らされる。何とか救出を試みようとするも、魔女が王党派の動きに関与すれば506存続に関わる―。隊がじりじりと軍部に追い詰められていく中、更にはガリア全土を脅かすネウロイすら襲来し!?「最高に高貴で、最高に馬鹿げたことをやろう、全員で！」ノブレス・オブリージュを体現する部隊、506JFWの反撃がはじまる！ オリジナルドラマCD＋小冊子付属のプレミアム特装版。
　　　　　2017.11 237p A6 ¥3200 ①978-4-04-105661-5

◆ハイキュー!!ショーセツバン!! 8 ゆく年くる年　古舘春一, 星希代子著　集英社　(JUMP j BOOKS)
【要旨】春高バレー本番に向け、年末年始は練習＆合宿に励む出場校のメンバーたち。そんな中、クリスマス、大晦日、初詣など、高校生にとって大事なイベントが目白押しで…。春高前に見せた彼らの意外な素顔とは！？
　　　　　2017.5 196p 18cm ¥650 ①978-4-08-703418-9

◆覇界王―ガオガイガー対ベターマン 上巻　竹田裕一郎著, 米たにヨシトモ監修, 矢立肇原作　新紀元社　(モーニングスターブックス)
【要旨】西暦二〇一〇年、太陽系存亡の危機から地球を護り抜いた勇者たちの帰還を待ち望む地球人類は、木星の超エネルギー"ザ・パワー"の開発計画、プロジェクトZを始動する。時は流れて西暦二〇一六年。新生勇者王ガオガイゴーのパイロットとして戒道幾巳は木星へと旅立った。そこで待ち受けていた人類の脅威"覇界王"とは！？
　　　　　2017.6 347p B6 ¥1500 ①978-4-7753-1504-0

◆バトルガールハイスクール PART.1 Believe　コロプラ原作・監修, 八奈川景晶著　KADOKAWA　(富士見ファンタジア文庫)
【要旨】神樹ヶ峰女学園―ここでは謎の侵略者"イロウス"の手から地球を取り戻すために戦い続ける"星守"と呼ばれる少女たちが、日夜「特訓」をしながら学園生活を謳歌していた。キャンプに行ったり、海で遊んだり、お団子を食べたりするなかで、チームワークのなんたるかを学ぶ星守たち。しかし、戦場と化した地球に降り立った星月みきは、イロウスを"友達"と呼ぶ少女・サドネと出会う。サドネが抱える孤独と寂しさに気づいたみきは、彼女を救いたいと願うのだが―？ 大切な場所と、大好きな友達を守るために、想いを強さに変えて―星守たちの「たたかい」の序曲が響く！！
　　　　　2017.6 284p A6 ¥600 ①978-4-04-072172-9

◆バトルガールハイスクール PART2 Deep-Connect　コロプラ原作・監修, 八奈川景晶著　KADOKAWA　(富士見ファンタジア文庫)
【要旨】地球奪還作戦を成功させた神樹ヶ峰学園の星守たちは、新たな仲間サドネも加わり、地球上で平穏な日々を過ごしていた。しかし、少女連続失踪事件が発生！ 星守たちはいまだ地球上に現れるイロウスとの関係を調べていた。そこで現れたのは人の形をした"新型イロウス"!?戸惑う星守たちのピンチを圧倒的な戦闘力で救ったのは、星守ではない二人の少女、花音と詩穂だった―しかも、ふたりの正体は大人気高校生アイドル*f で―!? 花音と詩穂の秘密とは？ 新型イロウスはいかにして生まれたのか？ 星守たちよ、試練を超えて咲き誇れ!!
　　　　　2017.8 334p A6 ¥600 ①978-4-04-072173-6

◆ひとりじめマイヒーロー―大人も子供も上手にできない　きのこましゅ。著, ありいめめこ原作・イラスト・監修　一迅社　(gateau novels)

ヤング・アダルト小説

【要旨】「大人も子供も上手にできない。」ヘタレヤンキーの勢多カズキは、不良高校教師・コースケさんの生徒であり舎弟。けれど憧れのコースケさんの言葉に、態度に振り回されて、なんだかその関係だけでは止まれなくなってしまいそうで…絶対恋愛待ったなし!!泣いて笑ってきゅんとなる大人気作品『ひとりじめマイヒーロー』が、ついにノベルで登場。
2017.10 239p B6 ¥960 ①978-4-7580-4990-0

◆**火ノ丸相撲 四十八手 2** 川田, 久麻當郎著 集英社 (JUMP j BOOKS)
【要旨】大相撲の世界へ挑戦するため、高校中退を決意した火ノ丸。仲間たちとの「送別相撲」も終え、高校生活最終日を迎える中、小関たちはとある「サプライズ」を準備していた!?他、千比呂や佑真の過去話も収録!!
2017.11 210p 18cm ¥650 ①978-4-08-703436-3

◆**ひるなかの流星—映画ノベライズ** ひずき優著, やまもり三香原作 集英社 (集英社オレンジ文庫)
【要旨】田舎育ちで恋を知らない女子高生・与謝野すずめは、上京初日に迷子になった彼女を助けてくれた担任教師の獅子尾に、生まれて初めて恋をする。一方で、クラスで隣の席に座る「女子が苦手」なはずの馬村からは告白をされて。ピュアな三角関係の行方は、果たしてどうなる!?すずめの初恋、究極の選択は…!?累計250万部の大人気コミックス原作の映画、完全ノベライズ!
2017.2 190p A6 ¥640 ①978-4-08-680122-5

◆**フォルティッシモ 6** ウダジョイラスト, 藤谷燈子シナリオ, 叶瀬あつこ企画・原案 KADOKAWA (シルフコミックス)
【要旨】朝倉風斗が帰国して、六人体制となったforttè。グループとしてはもちろん、メンバーそれぞれが得意分野を活かすことで、活躍の場を広げていた。そんな中、森嶋永遠だけは伸び悩んでいるようで…。永遠の悩みに寄り添おうと懸命になる友達・藤咲ふたば。そんな彼女に、かつて想いを寄せた赤星瑛一郎が急接近してくる—。
2017.3 155p B6 ¥600 ①978-4-04-892775-8

◆**ブラッククローバー 騎士団の書** 田畠裕基, ジョニー音田著 集英社 (JUMP j BOOKS)
【要旨】魔法帝の命により、一堂に集められた魔法騎士団長たち。ユリウス不在で始まった「火花散る地獄の宴会!?」他、魔法騎士団集結のエピソードほか、ラックとマグナの魔宮攻略や、「金色の夜明け」に体験入団したアスタの活躍など、魔法騎士団員たちの語られざる物語を描く小説版!!
2017.10 270p 18cm ¥650 ①978-4-08-703429-5

◆**フラワーナイトガール—エピソードコレクション 2** 月本一, 田口仙年堂, 川添枯美, 水無瀬さんご, 葵龍之介, 是鐘リュウジ著 KADOKAWA (ファミ通文庫)
【要旨】サンゴバナが戦う理由を見出すまでを描く、月本一『さんさんサンゴと海賊少女』のほか、田口仙年堂『アカシア隊が届けます!』、川添枯美『血線りの月花が見る夢は』、水無瀬さんご『花騎士のつぼみの憂鬱』、葵龍之介『笑顔の魔法』、是鐘リュウジ『ヒメ様、ベルに挑戦を願う』の全六編を収録したゲーム公式シナリオライター陣による珠玉のエピソード集第二弾!ゴシックメイドバージョンのベルゲニアが加入するシリアルコード付き!
2017.2 313p A6 ¥740 ①978-4-04-734493-8

◆**プリースト! プリースト!!—ソード・ワールド2.0リプレイ** 清松みゆき, グループSNE著 KADOKAWA (富士見ドラゴンブック)
【要旨】「集いの国」リオスの首都ラステート。活気溢れる自由と商業の街にうごめく陰謀。孤児の消失事件に、邪教の聖印、原因不明の流行病。その全てに残された、邪教の聖印。街を騒がし悪に立ち向かうのは歴戦の英雄ではなくプリースト!!「オレは太陽の子!ティダンマン!」新種族「センティアン」率いるプリーストPCたちが、太陽の神が交差する怪事件に挑む!更に、プリーストPCをもっと楽しめる特殊ルールも!『ラクシアゴッドブック』を遊び尽くすリプレイ、開幕!
2017.7 318p A6 ¥620 ①978-4-04-072362-4

◆**ブレイブウィッチーズPrequel 2 オラーシャの幻影—オリジナルドラマCD付き同梱版** 島田フミカネ, Projekt World Witches原作, 築地俊彦著 KADOKAWA (角川スニーカー文庫) (付属資料:CD1)

【要旨】1943年某日—、結成からしばらく経った501、502、503統合戦闘航空団の各司令がスオムスに集まり、合同会議が開催されることになった。私、グンドゥラ・ラルも、『先生』『伯爵』と共に赴く予定だ。人達に疑問を感じるか?ふふふ、私が入手した極秘情報によると、どうやらミーナが護衛にハルトマンとバルクホルンを連れてくるらしいのだ。『伯爵』はハルトマンに数々の遊びを教えた女。我が隊への引き抜き工作にはうってつけ…おっと失礼、これは機密事項だったな。まぁ、私の華麗なる立ち回り、楽しみにしていてくれたまえ。
2017.6 298p A6 ¥2200 ①978-4-04-105679-0

◆**ブレイブウィッチーズPrequel 2 オラーシャの幻影** 島田フミカネ, Projekt World Witches原作, 築地俊彦著 KADOKAWA (角川スニーカー文庫)
【要旨】精鋭部隊として発足した第502統合戦闘航空団のガリア、扶桑より招集された新たなウィッチが合流する。機が熟したと判断したラルは総力を挙げての侵攻作戦の準備に入るが、ニパがかつてない不調に陥り、ラドガ湖畔に墜落してしまう。絶体絶命の危機にアウローラ・E・ユーティライネン始めとするユニット回収部隊が立ちあげて!?大反響『ブレイブウィッチーズ』前日譚、待望の第二幕。"ツイてないカタイネン"、冬天の戦場を翔る!!
2017.6 298p A6 ¥640 ①978-4-04-104731-6

◆**ブレイブウィッチーズPrequel 3 オラーシャの遠雷** 築地俊彦著, 島田フミカネ, Projekt World Witches原作 KADOKAWA (角川スニーカー文庫)
【要旨】1944年春—オラーシャ北部防衛の為、502にスオムス義勇独立飛行中隊との共同作戦が立案される。いらん子中隊戦闘隊長・追水ハルカ中尉の度重なるセクハラ(?)発言に振り回される502であったが、初となる共同作戦の決行に向け部隊の士気は高まっていくのであった。そんな中、突如出現した上羽ネウロイに強襲された502のウィッチ達は継戦不能な状況へ追い詰められてしまう。かつてない仲間の危機に勇猛なる伯爵が下した決断とは!?
2018.1 270p A6 ¥640 ①978-4-04-106360-6

◆**フレームアームズ・ガール—可愛いってどういうこと?** コトブキヤ原作, 手島史詞著 KADOKAWA (ファミ通文庫)
【要旨】小さな人型自律メカ『フレームアームズ・ガール』。そのひとり轟雷はマスターの少女・あおが言う『可愛い』が理解できず悩んでいた。そんなある日、あおの友人・武希子が様々な武器や装甲を持って遊びに来てくれた。だが轟雷が一番気になったのはあおが自作したという『リボン』。それはただの飾りなどあたしに轟雷の胸を温かくする。—その気持ちが思わぬ冒険の始まりだった!大人気アニメを彩る珠玉のノベライズ登場!
2017.4 255p A6 ¥640 ①978-4-04-734583-6

◆**僕がモンスターになった日** れるりり原案, 時田とおる著 KADOKAWA (角川ビーンズ文庫)
【要旨】人気ゲーム『Lv99』の不思議なうわさ—レベル99になると、何かが起きる。平凡な高校生の嬉野疾斗が奇妙な場所で目を覚ますと、幼なじみの護、クラスの美少女・つかさ、生徒会長の悠盛、お調子者の功嗣の姿が。共通点は『Lv99』でレベルアップしたこと。そこで疾斗達はゲームと同じモンスターに襲われ、この世界の魔王を倒すまでは外に出られないと知り!?関連動画再生数5億を超える、れるりりの新たな楽曲がついに小説化!
2017.10 269p A6 ¥600 ①978-4-04-106115-2

◆**僕とキミの15センチ—ショートストーリーズ** 井上堅二ほか著 KADOKAWA (ファミ通文庫)
【要旨】それは、明日起こるかもしれない、あなたの『if』の物語—。『僕とキミの15センチ』をテーマに、総勢二〇名の作家が参加した珠玉のショートストーリー集。Web小説投稿サイト『カクヨム』に掲載された作品に、『バカとテストと召喚獣』の井上堅二と『"文学少女"シリーズ』の野村美月、そして『東雲侑子シリーズ』の森橋ビンゴによる『あのородоゃ×僕とキミの15センチ』のスペシャル書き下ろしショートストーリーを加えた全二〇篇収録!
2017.4 760p A6 ¥760 ①978-4-04-734747-2

◆**僕のヒーローアカデミア 雄英白書 2 林間合宿:裏面** 堀越耕平, 誉司アンリ著 集英社 (JUMP j BOOKS)

【要旨】雄英高校、夏の恒例行事『林間合宿』。『個性』を伸ばすことが主目的の合宿中、授業では見られなかったおまえたちの"素顔"をのぞけたのは収穫だったな。以上、小説でも合理的にいくぞ! "Plus Ultra"!!
2017.2 200p A6 ¥650 ①978-4-08-703413-4

◆**マギカロギアリプレイ 哲学戦線** 河嶋陶一朗, 冒険企画局著 新紀元社 (Role & Roll Books)
【要旨】世界の命運を握るとされる七冊の魔道書『七震』。天才を自称する新米魔法使い・鳳円るふはは、『七震』回収の因子を持つ『七鍵士』の第一候補として選ばれた。彼女は魔道書喰らいの夢魔・魔喰線や神殺しの外典・ポルチスター=ヴィルヘルミナ=ニーチェなどを仲間に迎え、恐るべき図書館の中心部、哲学書架へと向かう。しかし、それを阻止せんと立ちふさがる"書籍卿"たち。魔法使い、禁書、書籍卿三つどもえの魔道書争奪戦が始まる!
2017.2 255p 18cm ¥1600 ①978-4-7753-1184-4

◆**魔剣少女は眠らない!—ソード・ワールド2.0リプレイ Sweetsおかわり 上** 藤澤さなえ, グループSNE著 KADOKAWA (富士見ドラゴンブック)
【要旨】おかしな魔剣騒動から3年の月日が経ち、再び集まったソフィー一行。だがそれは、ラクシアを揺るがす新たな魔剣騒ぎの始まりだった。『北で待っています』と救世主を呼ぶ謎の夢、さらには魔剣を素手で破壊する謎の少女が現れて—。妖精を手にする魔剣などを破壊してしまうことになったソフィたちは、過去の因縁に挑む。藤澤さなえが描く、驚きと笑いに満ちたリプレイがさらにパワーアップして開演!スイートな冒険をたっぷりとお届けする!
2017.7 315p A6 ¥640 ①978-4-04-072360-0

◆**魔剣少女は眠らない!—ソード・ワールド2.0リプレイ Sweetsおかわり 下** 藤澤さなえ, グループSNE著 KADOKAWA (富士見ドラゴンブック)
【要旨】とんでもない魔剣たちを巡る冒険もついに最終回!下着泥棒を願う魔剣など相変わらずおかしな魔剣が騒動を引き起こしていく中、それら魔剣騒動の原因となる蛮族・ウォーグルード2世や『腐れウサギ』の情報を得たソフィたち。一連の騒動と前作からの因縁に決着をつけるべく、ソフィたちは最終決戦へと挑む!だが、悪党たちの魔手は魔剣少女・ナカビトにも迫っていた。名手・藤澤さなえが送る、笑いと感動がたっぷりと詰まったスイートなリプレイをご賞味あれ!
2017.11 317p A6 ¥700 ①978-4-04-072361-7

◆**導かれし田舎者たち—ソード・ワールド2.0リプレイ** 河端ジュン一, グループSNE著 KADOKAWA (富士見ドラゴンブック)
【要旨】主人公ムーブ&苦悩の決断を迫る『秘宝』が、冒険を加速する!ド田舎出身の初級者4人は、秘宝に導かれて帝国の首都たる大都市・ルキスラで巡り合う。『この牛骨かぶっていっていいかな?』『もう、あのモンスター剣でもいい?』常識知らずで血の滲み過ぎる冒険者たちを迎えるのは、新鋭GM河端ジュン一によるギミック満載のシナリオとレベル詐欺のモンスターだった!プレイヤーやGMの心情を交え、SW2.0がよくわかる新リプレイシリーズ、堂々スタート!!
2017.8 317p A6 ¥660 ①978-4-04-072450-8

◆**導かれし田舎者たち 2 —ソード・ワールド2.0リプレイ** 河端ジュン一, グループSNE著 KADOKAWA (富士見ドラゴンブック)
【要旨】新たな『秘宝』に導かれて、さらなる冒険が始まる!現れたのは緑のローブを身にまとった謎の美少女と、これまでの人々との繋がりを元にそれぞれの故郷を舞台にした4つのクエスト。謎解きと試練を経てついに大いなる存在とも邂逅するが、4人はどこまでも身の丈に合った冒険に挑む田舎者たちだった!ジズの母親やエレクシアのかつての想い人まで登場し、より賑やかに描かれるクライマックス。導かれし田舎者たちの冒険の物語も続いていく—!
2017.12 333p A6 ¥740 ①978-4-04-072552-9

◆**名作転生 1 悪役リメンバー** 北野勇作, 粟生こずえ, 小松原宏子, 森奈津子, 小島永青, こざきゆう, シライシユウコ著 学研プラス
【要旨】メロスはまだひとり倒れている。しかも着ていたものをほとんど剥ぎとられ、下着のトランクス一枚にされている。『メロス、がんばれ!』語りなおされ、生まれ変わる、古今東西の物語— 2017.6 204p B6 ¥950 ①978-4-05-204638-4

◆**名作転生 2 脇役ロマンス** 小島水青, 小松原宏子, 北野永作, こざきゆう, 森奈津子, 粟生こずえ, シライシユウコ 文　学研プラス
【要旨】シンデレラの姉が悩んでいなかったなんて、一体だれが断言できる？　語りなおされ、生まれ変わる、古今東西の物語─
2017.6 196p B6 ¥950 ①978-4-05-204639-1

◆**めがみめぐり─ツクモと聖地と七柱のめがみ** カプコン原作, 榷木高彰著　KADOKAWA （ファミ通文庫）
【要旨】交通系ICカードに宿った新米ツクモガミの"ツクモ"。彼女の願いは、太陽のように人々を照らす立派な"めがみ"になること。修行の旅が続く中、ツクモと共に各地を巡る"大めがみ"アマテラスを祀る聖地・伊勢神宮を訪れたツクモは思い立ちました。「ヌシ様、アマテラス様。ワタシも聖地が欲しいです！」かくして、ツクモの聖地を探す旅を始めた一行でしたが─。話題のおしゃべりコミュニケーションゲーム『めがみめぐり』に公式ノベライズが登場!!
2017.3 251p A6 ¥660 ①978-4-04-734547-8

◆**飯テロ─真夜中に読めない20人の美味しい物語** 名取佐和子, 日向夏, 上田しおさなえ, 富士見L文庫編集部著　KADOKAWA （富士見L文庫）
【要旨】戦前から続く寄席「八百万亭」の屋根裏には、寄席わらしのフクちゃんが棲み着いている。入門2年目の萬福亭晴坊は、すぐのおさんどん係。フクちゃんのリクエストに応え、今日も腕を振るうのだけれど─。（「寄席わらしの晩ごはん」名取佐和子）忘れられない味の記憶、心が凍る夜も出る特別なスイーツ、噂のお店の裏メニュー、皆で奪い合って食べるおやつ─。人気作家の書き下ろしも収録した、読めば読むほどお腹が空いてくる20人の食物語。
2017.12 318p A6 ¥640 ①978-4-04-072535-4

◆**モンスターストライク ザ・ワールド** XFLAGスタジオ原作, 鍋島焼太郎著　宝島社
【要旨】『モンスト』初のノベル化!!4人の主人公が織り成す4つのストーリー!!
2017.10 254p B6 ¥1000 ①978-4-8002-7685-8

◆**夜廻** 日本一ソフトウェア原作, 保坂歩著　PHP研究所
【要旨】日本一ソフトウェアより2015年10月29日に発売されたPlayStationRVita用ゲームソフト。消えた愛犬・ポロと姉を探すため、昼とは全く違う顔を持つ「不気味な夜の町」を探索する少女が主人公の夜道探索アクションゲーム。夜道に現れる数多の「恐ろしいもの」「彷徨うもの」から逃げながら、大切なものを探し続ける少女の姿、そして身近な闇夜を舞台とした世界観が多くのゲームファンから愛され、雑誌『電撃PlayStation』にて「電撃PSアワード2015」インディーゲーム部門では第1位を受賞する等、話題を集めています。小説版では、少女視点のエピソードに加え、ゲームでは描かれなかった『姉』の物語が明かされます。
2017.9 271p B6 ¥1300 ①978-4-569-83156-5

◆**竜伯爵は没落しました！─ソード・ワールド2.0リプレイ** 秋田みやび, グループSNE著　KADOKAWA （富士見ドラゴンブック）
【要旨】ここは蛮族が治める地"紫эмの国"ディルフラム。ドレイク伯爵家ヴァルテックの跡取り息子・ロランはちょっと頼りないが、有能な人族奴隷たちの助けもあり、領の平和と繁栄は保たれていた。時が経てばロランも立派なドレイクになるはず、と思っていたら─「なんと！　領主があやすぎる父の代行に!?」当主交代前には近隣領の策略か。伯爵家は没落必至!?秋田みやびが描く新リプレイは、蛮族を舞台にしたハートフル＆デッドリーで、いざ開幕！
2017.1 311p A6 ¥620 ①978-4-04-072175-0

◆**竜伯爵は没落しました！ 2 ─ソード・ワールド2.0リプレイ** 秋田みやび, グループSNE著　KADOKAWA （富士見ドラゴンブック）
【要旨】平和で革新的なドレイク伯爵家ヴァルテックの跡取り息子・ロランに襲いかかる事件、事件、事件！　頼れる父が急逝の上、母は行方不明。領の乗っ取りを企む蛮族を撃退し、相続の決意を固めたところで、なんとロラン本人が死亡！　半分ゾンビ状態で生きてはいるが、この先、どうすればヴァルテック領を守っていけるのか!?＆ロランが復活するのか!?蛮族領リプレイは、第2巻でも次々と予想外の出来事が！　これ以上は没落しないと思ってた？
2017.5 302p A6 ¥640 ①978-4-04-072176-7

◆**竜伯爵は没落しました！ 3 ─ソード・ワールド2.0リプレイ** 秋田みやび, グループSNE著　KADOKAWA （富士見ドラゴンブック）
【要旨】ドレイク伯爵家ヴァルテックの没落から始まった、蛮族領を股にかけた冒険劇もいよいよクライマックス！　バジリスク領での大暴れの末、魔剣を直せる鍛冶師クララを味方に引き入れた一行。早速ロランを復活させようとするも、ある重要なことを忘れていて─!?そして遂に明らかになる事件の真相。ロラン＆領地復活のため、散り散りになった領民たちの力を結集し、領地奪還作戦に挑む！　蛮族領リプレイ、怒涛の最終決戦へ！　もう、没落してるなんて言わせない！
2017.10 315p A6 ¥660 ①978-4-04-072217-7

◆**ロストロイヤル 2 アバタールハイ** うらべ壱鉄, 冒険企画局著　新紀元社 （Role & Roll Books）
【要旨】陸路を往く幼き主君ウェンレイに先んじるかのごとく、魔族たちは船を用いてエルフェンオース南方へ上陸した。魔王の分身も共に足を踏み入れたという報が広がると共に、大地はやつれ、人心は熱病を患ったように冷静さを失っていった。そんな中、『流星の騎士』ステラの故郷の町ラグダナを訪れる一行。街は魔族と裏切り者の噂で持ちきりだった。混乱と怨恨の渦巻く中、ウェンレイは、いかなる決断を下すのか。その運命やいかに…？　幻想的な世界を舞台に、若き王とそれに仕える騎士たちの旅をロマンティックファンタジーRPGに待望の続刊登場！　新たな戦闘データ「特殊型」やGM用エネミーデータ「魔王」など、追加ルールを収録！　君主たちの旅を深める「地域特性」などのワールド設定も充実！　ますます冒険が楽しくなる一冊だ！
2017.3 255p 18cm ¥1600 ①978-4-7753-1492-0

◆**笑わない少女と異形のサーカス** SEEC原作, 狐塚冬里著　PHP研究所
【要旨】異形の彼らと過ごす日常は、切なくて、温かい。儚くも妖しいダークファンタジーゲームが待望の公式ノベル化。
2017.9 299p B6 ¥1300 ①978-4-569-83553-2

◆**1bit Heart** △○□×原案・イラスト, 髙良万由著　KADOKAWA
【要旨】ある日突然ミサネと名乗る謎の少女が現れたのは、ひきこもりの少年ナナシのベッドの上。"天才的な才能"を持っているはずなのに引きこもっているナナシに彼女が提案したのは「友達を作る」ことだった。街の中で人に話しかけ、ナナシと友達になれそうな人を探して歩く2人。しかし、ようやく友達が出来そうになった矢先、街の住人達の中で知らぬウイルスが蔓延し始めー!?ミサネが抱く秘密、ハッカーと名乗る集団の謎、そして彼らを操る黒幕の正体とは…!?ニコニコ自作ゲームフェスの6賞受賞記念！
2017.11 242p B6 ¥1000 ①978-4-04-106368-2

◆**BLEACH─Can't Fear Your Own World 1** 久保帯人, 成田良悟著　集英社 （JUMP j BOOKS）
【要旨】霊王護神大戦は終結した。しかし世界は、未だ戦いの火種がくすぶり続けている。四大貴族の一角・綱弥代家の新当主・時灘による"霊王"を巡る目論みを震源として、三界にわたる新たな闘争が始まろうとしていた。その戦いの鍵を握るのは、九番隊隊長・桧佐木修兵。死神の矜持を持って彼は征く…!!
2017.11 287p B6 ¥1300 ①978-4-08-703424-0

◆**BLOOD#** 藤咲淳一著, Production I.G・Aniplex原作　マッグガーデン （マッグガーデン・ノベルズ）
【要旨】ディーヴァが産んだ姉妹─音無響と奏は、引き取られた宮城カイのもとで大きく成長を遂げ、高校生となっていた。現在は沖縄を離れ、東京にある米軍基地がほど近い町でカイとともに暮らすふたり。将来の進路を悩むなど、普通の学生として平穏な日々を過ごしていた。しかし、響のクラスに青い目を持つ転校生が編入してきたり、奏がバンドを始めようと一念発起したりと、ふたりの静かだった日常に変化が起きる…。
2017.3 287p B6 ¥1300 ①978-4-8000-0657-8

◆**BORUTO ボルト─NARUTO NEXT GENERATIONS─ NOVEL 1 青天を翔る新たな木の葉たち！** 岸本斉史, 池本幹雄, 小太刀右京原作, 重信康小説　集英社 （JUMP j BOOKS）
【要旨】七代目火影うずまきナルトが治める木ノ葉隠れの里。その息子ボルトは父を越える忍になるべく忍者学校に入学！　だが、シカダイたちの学校生活に何者かの影が忍び寄り…!?
2017.5 256p 18cm ¥650 ①978-4-08-703419-6

◆**BORUTO・ボルト─NARUTO NEXT GENERATIONS NOVEL 2 影からの呼び声！** 岸本斉史, 池本幹雄, 小太刀右京原作, 重信康小説　集英社 （JUMP j BOOKS）
【要旨】忍者学校のクラスメイト、サラダ、チョウチョウ、スミレがストーカーに狙われた!?一方、里でも謎の影によって人々が暴走！　ボルトは母ヒナタの家系である日向家を訪ね、事件解決に乗り出す！　影の正体は！？
2017.7 254p 18cm ¥650 ①978-4-08-703421-9

◆**BORUTO ボルト─NARUTO NEXT GENERATIONS NOVEL 3 忍の夜を照らす者！** 岸本斉史, 池本幹雄, 小太刀右京原作, 重信康小説　集英社 （JUMP j BOOKS）
【要旨】木ノ葉の里を脅かすゴースト事件…ついに犯人の正体が判明!?新たな瞳の力を得たボルトは、里で強欲口寄せ獣・敵と対峙する！　委員長覧スミレの過去も明らかに!!新たな忍世代が木ノ葉の闇を解き放つ!!
2017.9 256p 18cm ¥650 ①978-4-08-703426-4

◆**BORUTO ボルト─NARUTO NEXT GENERATIONS NOVEL 4 修学旅行血風録！** 岸本斉史, 池本幹雄, 小太刀右京原作, 三輪清宗小説　集英社 （JUMP j BOOKS）
【要旨】サラダたちアカデミー生が霧隠れの里に向けて修学旅行へ出発！　だが、かつての"血霧の里"を取り戻そうとする革命家・千柿屍澄真が新・霧隠れ七人衆とともに戦争を企てる…!!写輪眼VS忍刀の激闘の行方は！？火影を目指す新世代のーつの物語。
2017.8 264p 18cm ¥660 ①978-4-08-703435-6

◆**BORUTO ボルト─NARUTO NEXT GENERATIONS NOVEL 5 忍者学校最後の日！** 岸本斉史, 池本幹雄, 小太刀右京原作, 重信康小説　集英社 （JUMP j BOOKS）
【要旨】忍者学校卒業を迎えるボルトたち…その裏で起こる事件！　カカシとシノの下忍試験ドタバタ奮闘記、猪鹿蝶祝いのスキヤキ、ダブルのイワベエ頼ってじ、ミツキの子猫文集、そしてボルト最後のいたずらとは？　TVアニメ下忍試験編の裏側＆卒業式のオリジナルストーリーを5編収録！
2018.1 198p 18cm ¥650 ①978-4-08-703442-4

◆**Chaos;Child─Children's Revive** MAGES.Chiyo st.inc原作, 梅原英司著　講談社 （講談社ラノベ文庫）
【要旨】2015年秋。東京・渋谷を震撼させていた連続猟奇殺人事件「ニュージェネレーションの狂気の再来」は、宮代拓留という少年の逮捕をもって収束したが、様々な後遺症を孕みつつ渋谷の街を蝕んでいた。山添うき。香月華。有村雛松。久野里澪。南沢泉理。尾上世莉架。事件の最中に拓留と共に過ごした彼女たちは、事件から半年が過ぎた今、何を思い、そして何を見出したのか─。衝撃の展開と結末で話題をよんだ名作『Chaos;Child』の「その後」を、原作シナリオライター・梅原英司が描きだす完全新作がここに登場！
2017.3 305p A6 ¥680 ①978-4-06-381584-9

◆**Dies irae─Song to the Witch** 藤井三打著, 正田崇原作・監修　KADOKAWA
【要旨】ルサルカ、ベアトリス、リザを迎え撃つ難敵は、アメリカ大陸で最も美しく最も凶悪な魔女─彼女の名はマリリン・モンロー。しかし、本当の敵はその背後に巧妙に隠されていた…!!2017年秋TVアニメ放送決定、大人気ゲーム「Dies irae」公式ノベル第2弾！
2017.6 193p B6 ¥1200 ①978-4-04-893204-2

◆**JORGE JOESTAR** 舞城王太郎著, 荒木飛呂彦原作　集英社 （JUMP j BOOKS）究極新装版
【要旨】ジョナサン亡き後、カナリア諸島で母エリナと暮らす少年ジョージ・ジョースター。リサリサと愛を誓い、成長してパイロットとなり、世界大戦の空を駆る。一方、時は昭和初期、福井県西暁町の少年探偵ジョージ・ジョースターが杜王町へ向かう！　二人のジョージの"運命"とは…！？作家・舞城王太郎が渾身のJOJO愛を込めた"舞

ヤング・アダルト小説

ジョジョ"が究極新装版となって降臨！ 何が起こるかわからない、これぞ"奇妙な冒険"！
2017.12 891p 18×12cm ¥1400 ①978-4-08-703441-7

◆Margikarman ItoA　ゆうやけ原作，高崎とおる，狭山葵著　KADOKAWA
【要旨】季節外れのセミが鳴く春のある日、高校生の幸丞は、突如現れた女神に自分が死んだことを告げられる。死後の世界へと旅立つ前の「狭間の世界」に取り残された幸丞には、自分でも忘れている未練があるという。同じように「狭間の世界」を漂う友人の葉・葵生と謎の青年・蔵之助とともに、生者の世界とを行き来しながら自分たちの未練を見つけ出そうとした矢先、自分の死をも闇に呑み込まれて永遠にさまようことに。死と向き合い苦悩する幸丞。死別した幼馴染の愛海と再会した彼は、自分の未練を見い出し、そして現実の世界から飛び立てるのか!?名作フリーゲームがついに小説化！
2017.3 379p B6 ¥1100 ①978-4-04-734516-4

◆ONE PIECE novel 麦わらストーリーズ　尾田栄一郎，大崎知仁著　集英社（JUMP j BOOKS）
【要旨】ONE PIECE magazine 人気連載、待望の書籍化！「普通の日」から見た麦わらの一味のある姿。笑いあり涙ありの初小説短編集！麦わらの一味を楽しみ尽くす珠玉の9編。
2017.11 206p 18cm ¥650 ①978-4-08-703434-9

◆ROCKMAN X THE NOVEL—IRREGULARS REPORT　岩本佳浩ストーリー協力・イラスト，轟つばさ著，CAMCOM原作　PHP研究所
【要旨】西暦21××年。人類と進化したロボット「レプリロイド」が共存する平和な世界で、突如、史上最強のレプリロイド「シグマ」が平和を脅かす「イレギュラー」と化し、人類への反乱を宣言した。犯罪者を取り締まる警察組織「イレギュラーハンター」に所属する「エックス」は、特A級ハンター「ゼロ」と共に、シグマ率いる反乱軍に立ち向かう事を決意する。イレギュラーとは何か？英雄「ロックマン」とは？「おれは、イレギュラーハンターだから」伝説は「禁断の地」からはじまった…。
2017.2 271p A6 ¥1500 ①978-4-569-83254-8

◆Rock'n Role 5　ファイナル・ショウダウン—ソード・ワールド2.0リプレイ　ベーテ・有理・黒崎，グループSNE著　KADOKAWA（富士見ドラゴンブック）
【要旨】So here it is our friends, the grand finale！「不死の宝珠」を追う冒険も佳境だ。命を懸けたギャンブル、仲間の命をも奪いかねない残酷な選択、そして蘇りし強敵=カオスに満ちた俺好みのダンジョン・ステージで、パーティをもてなしてやるぜ！「いい顔してるじゃねえか、ベーテさんよ！」TRPGは楽しまなきゃな！レンドリフトキャンペーンのラストファーナイル、全身全霊のステージで俺たちの魂を届けるぜ！Let's Rock'n Role！
2017.4 268p A6 ¥700 ①978-4-04-072049-4

〔あ行の作家〕

◆暇人、魔王の姿で異世界へ—時々チートなぶらり旅 4　藍敦著　KADOKAWA（ファミ通文庫）
【要旨】カイヴォンとリュエのぶらり旅にレイスが加わり、田園都市アキダルへと向かう三人。七星解放によって活気づいたかつてのこの地の名物は、なんと温泉！美女二人に囲まれて旅の疲れを癒すカイヴォンだったが、そんな彼の前にセカンダリア大陸の"解放者"一行が現れる—。女の子にしか見えない少年レンと、女騎士と老魔導師の、どこか憎めない一行の動向を探るためにカイヴォンは正体を隠して彼らの旅に加わるのだが…。大好評シリーズ、第4巻!!
2017.2 318p A6 ¥610 ①978-4-04-734497-6

◆暇人、魔王の姿で異世界へ 時々チートなぶらり旅 5　藍敦著　KADOKAWA（ファミ通文庫）
【要旨】"解放者"ナオ一行と別れ、田園都市アギダルを去るカイヴォンたち。これからも共に歩んでいく為、レイスの憂いを絶とうと心に決めたカイヴォン。魔族至上主義を掲げる街、アルヴィースに足を踏み入れた。街に入ってすぐさま三者三様に行動を開始するリュエ、レイス、カイヴォン。長年にわたりレイ

スを苦しめた元凶、魔王を称するアーカム、奴を滅し、全てを奪い返すために…！魔王を称する世界を蹂躙する自由気ままなぶらり旅、第五巻!!
2017.7 319p A6 ¥610 ①978-4-04-734681-9

◆愛していると言ってくれ！—孤独な王と意地っ張り王妃の攻防戦 1　藍井恵著　パラダイム（ディアノベルス）
【要旨】男勝りで責任感が強い性格の王女オデット。結婚=国政という考えのせいで恋愛については未経験なことばかり。そんな彼女が大国の王レオナルドに嫁ぐことに。軍人王と称えられる彼はオデットにとってはどこかいけ好かない奴で…。「私は気軽に、愛しているなんて言葉を使いたくないんだ」愛が理解できない破天荒な王妃と、彼女の愛を求め続ける王のロイヤルラブコメ、開始!!
2017.1 285p B6 ¥1200 ①978-4-8015-2401-9

◆ぼくの日常が変態に侵食されてパンデミック!?　相上おかき著　KADOKAWA（富士見ファンタジア文庫）
【要旨】夏休み×静かな夜×学校のプール。素敵な何かが起こりそうなシチュで、ぼくが出会ったのは少女の幽霊だった！もしかして中二病的な能力の覚醒？大興奮の非日常が始まる!?『はわぁぁ、水の中でしゅのキモっぃぃですぅ…』…言い忘れてたけど、ぼくの周りには厄介なヤツが多い。「私は男湯に入れるぞ。無毛だからな！」自称天才のロリ生徒会長とか、「幼馴染だから一緒にお風呂に入っても許されるのよ」巨乳ナイフマニアの幼馴染とか。ついには、水中○○好きな幽霊少女とか…変態で変態で変態な日常が始まるぜチクショー！
2017.4 301p A6 ¥600 ①978-4-04-072270-2

◆座卓と草鞋と桜の枝と　会川いち著　アルファポリス，星雲社 発売（アルファポリス文庫）
【要旨】真面目で融通がきかない検地方小役人、江藤仁三郎。小役人の家の出で、容姿も平凡な小夜。見合いで出会った二人の日常は、淡々としていて、けれど確かな互いの絆がそこにある—ただただ真面目で朴訥とした夫婦のやりとり。飾らない言葉の端々に滲む互いへの想い。涙が溢れる感動時代小説。
2017.3 236p A6 ¥600 ①978-4-434-22983-1

◆湯屋の怪異とカラクリ奇譚 2　会川いち著　KADOKAWA（メディアワークス文庫）
【要旨】いつも気持ちのいい湯とたくさんの不思議にあふれている、東の都の妖怪が営む湯屋。その湯屋の奉公人、佐吉はカラクリ技師になるため、長らく引きこもりだった伽藍堂に弟子入りをしていた。そんなある時現れた老カラクリ技師の半月堂。佐吉の長屋に居候することになったその老人はとぼけた風態だが腕は確かに伽藍堂や湯屋の主、白闇とも繋がりがあるようで—？人と妖怪が織りなすおかしくてあたたかで不思議な物語。
2017.4 228p A6 ¥590 ①978-4-04-892890-8

◆君と星の話をしよう—降格天文館とオリオン座の少年　相川真著　集英社（集英社オレンジ文庫）
【要旨】顔の傷が原因で周囲と馴染めず、高校を中退した直哉は、不思議な青年と出会う。「君の顔にはオリオンがいるんだよ」傷をそんな言葉で褒めた青年・蒼史は、小学生の妹・桜月と天文館を営んでいる。成り行きで天文館に通ううちに、親とのわだかまりや将来の不安がほどけていく。が、蒼史の友人だという「コガネ」の存在が、蒼史の過去に深く関わっていそうで…。
2017.3 292p A6 ¥600 ①978-4-08-680124-9

◆恋は忘れた頃にやってくる　藍川せりか著　アルファポリス，星雲社 発売（エタニティブックスRouge）
【要旨】過去の恋愛のせいで、イケメンにトラウマがある琴美。彼女は、お酒に酔ったはずみでうっかり社内一のイケメン上司と一夜をともにしてしまった！彼がすぐに転勤するのをいいことに、そのままにしていたのだけれど…なんと二年後に再会！彼は仕事でもプライベートでもさらに一層強引に迫ってくる。イケメン信用できないわ！というのに情熱的なアプローチにほだされそうで!?臆病女子とゴーイン系上司のコミカル・ラブ！
2017.10 290p A6 ¥1200 ①978-4-434-23899-4

◆厄災王女と不運を愛する騎士の二律背反（アンビヴァレント）　藍川竜樹著　集英社（コバルト文庫）

【要旨】魔具とは、魔力ある者が持つと人知を超える力を発揮する魔導の道具。周囲に厄災をまねく力を持つ魔具・"厄災の女王"の主人に選ばれた王女クラウディアは、厄災を最小限に抑えるためひとり離塔で暮らしていた。だが、強大な力を持つ魔具"覇王の扉"が王国に現れることが判明。クラウディアは父王の命令で王国を隔離するために、幼馴染みの騎士ユリウスと共に魔具探しの旅に出ることに…!?
2017.8 270p A6 ¥590 ①978-4-08-608048-4

◆錬金術師と異端審問官はあいいれない　藍川竜樹著　集英社（コバルト文庫）
【要旨】異端審問官のジルベールは猟奇事件に関わっていると噂される悪名高き貴族、ヴォワール辺境伯レオンを生け贄を用いて黒魔術を行ったかどで告発する。法に守られた貴族を裁く絶好の機会だと勇むジルベールだが、異端であるかどうかを客観的に判断する錬金術師のマリーは、現時点では、証拠が足りないと追加調査を行うことを進言する。融通の利かないマリーと共に再調査に向かうジルベールだが？KY令嬢と平民出エリートが猟奇的事件に挑む！凸凹コンビの錬金ミステリー！
2017.10 251p A6 ¥610 ①978-4-08-608051-4

◆ドラどら王子の新婚旅行　愛坂タカト著　講談社（講談社ラノベ文庫）
【要旨】5人の美少女花嫁と結婚した"ドラゴン乗りのどら王子"クラルト。新婚旅行を控えてウキウキの6人だが、花嫁たちそれぞれの出身国から、今回のハーレム旅行について説明を求める書状が舞い込んだ！戦争にも発展しかねない王国の危機に、釈明のために飛び立つ新婚夫婦婦婦婦婦！待ち受けるのは、コワモテ無敵の剣豪、半裸の魔剣魔女、超絶ブリッ子王女様、そして、すっぽんぽんの幼女？挨拶回りの中、クラルト達は世界が長年抱えてきた争いの火種に直面する。大陸をまとめる次期国王夫妻妻妻妻妻の器が試される時、彼らが導き出した結論は—？怒涛の冒険＆ヒロイン増量で楽しさ大幅パワーアップ！オールレンジ・ハーレムラブコメ第2弾！
2017.6 322p A6 ¥640 ①978-4-06-381603-7

◆ドラどら王子の花嫁選び　愛坂タカト著　講談社（講談社ラノベ文庫）
【要旨】放浪の旅から王都に帰還した"ドラゴン乗りのどら王子"クラルト。戴冠を控えた彼に、周辺各国からの縁談が殺到する。結婚を嫌がるクラルトだが、「花嫁育成学科」が設立され、勝ち残った者と結婚させられることに。どうせやるなら面白く！妻のけから育成学科の教師と審判を買って出たクラルトの前に、かわいさハンパない花嫁候補が参上する。積極痴女味いとこ、獣系グラマー美女、黒髪ポニテ剣豪、ツルペタ金髪王女、褐色爆乳元気娘。5人の美少女がゲイゲイ迫る！さらに面玄クールメイドと健気ロリ妹も加わって大騒ぎだ！ドラどら王子は誰を選ぶ!?ヒロイン全員俺のもの！難易度ゼロのオールレンジ・ハーレムラブコメ、ここに開幕!!
2017.3 323p A6 ¥640 ①978-4-06-381577-1

◆ようこそ哲学メイド喫茶ソファンディへ　逢坂千紘著　星海社，講談社 発売（星海社FICTIONS）
【要旨】ストア系メイド喫茶ソファンディーここは、メイドが哲学するメイド喫茶。高二の春休み初日、ふたり暮らしの母親に夜逃げされた茅場史乃が住み込みで働き始めたのは、そんな奇妙な喫茶店だった！目にぐるしくも胸躍る新生活を送る史乃。しかし、充実した日々の裏には、いつまでも拭えない不安があって—。
2017.4 216p B6 ¥1350 ①978-4-06-139966-2

◆異世界の海原を乙女は走る　相坂桃花著　アルファポリス，星雲社 発売（レジーナブックス）
【要旨】ある日、気がつくと異世界にトリップしていたナツキ。なんとそこは、男しかいない海賊船の中！すぐには元の世界に戻れないと知った彼女は己の身を守るため、男装して海賊になることに！！ところが、意地の悪ーい先輩海賊に目をつけられ何かということ「女っぽい」とつっかかられてしまい…ナツキは、女性であることを隠したまま無事、日本に戻れるのか!?異世界海洋アドベンチャー、開幕！
2017.6 287p B6 ¥1200 ①978-4-434-23341-8

◆公爵様の最愛なる悪役花嫁—旦那様の溺愛から逃げられません　藍里まめ著　スターツ出版（ベリーズ文庫）
【要旨】孤児院で育ったクレアは、美貌を武器に貴族に貢がせ子供たちのために薬を買う日々。

ヤング・アダルト小説

ある日、視察に訪れた公爵・ジェイルを誘惑するも、彼にはすべてお見通し。ある取引をもちかけられ、彼の花嫁候補となることに!?持ち前のズル賢さでライバル令嬢を蹴散らし、公爵様の寵姫を演じるが…「今宵も存分に、可愛がってやる」と色気たっぷりに迫られ、彼の狂おしいほどの愛にほだされて!?
2018.1 393p A6 ¥650 ①978-4-8137-0384-6

◆男装した伯爵令嬢ですが、大公殿下にプロポーズされました　藍里まめ著　スターツ出版　（ベリーズ文庫）
【要旨】伯爵家のお転婆令嬢・ステファニーは、臆病な双子の兄の代わりに、城に住み込みの奉公へ行くことに。男装し、意気揚々と城入りした彼女を待っていたのは、超イケメン大公殿下!?天真爛漫なステファニーを気に入っていたずらに距離を詰めてくる殿下に、ステファニーの胸は高鳴るばかり。ところがある日、殿下に裸を見られた上にバレてしまう。殿下を騙した罰は、まさかの溺愛で!?
2017.6 381p A6 ¥640 ①978-4-8137-0270-2

◆肉食系御曹司の餌食になりました　藍里まめ著　スターツ出版　（ベリーズ文庫）
【要旨】地味OLの亜弓は、勤務先のイケメン御曹司・麻宮が苦手。人望も実力もある高嶺の花なのに、なぜか亜弓ばかり構ってくるからだ。ある日、亜弓は会社に内緒の"副業"をしている場面を麻宮に見られてしまう。そして麻宮がその日から豹変！甘い言葉を囁いたり情熱的なキスをしてきたり。彼の真意がわからない亜弓は翻弄されっぱなしで…!?
2017.8 333p A6 ¥630 ①978-4-8137-0296-2

◆副社長は束縛ダーリン　藍里まめ著　スターツ出版　（ベリーズ文庫）
【要旨】普通のOL・朱梨は、敏腕副社長の雪平と付き合っている。身分不相応の恋だと悩む朱梨の不安を打ち消すように、雪平は大人の愛で心も身体も満たしてくれていた。ところがある日、同僚男性と歩いていることを目撃され雪平は豹変！「どこにも行かないように縛っていい？」強引に同居生活が始まり、彼の保護欲りはエスカレート。最初は戸惑うも、気づけば彼の独占愛に溺れていき…。
2017.11 373p A6 ¥640 ①978-4-8137-0347-1

◆モテ系同期と偽装恋愛!?　藍里まめ著　スターツ出版　（ベリーズ文庫）
【要旨】男性が苦手なOLの紗姫は、あえて"高飛車女"を演じて男性を遠ざけている。ある日、同じ部署のエースであるイケメン同期、横山にそのことを知られ、「男除けのために、俺が"仮の彼氏"になってやるよ」と突然のニセ恋人宣言！以来、イジワルだった彼が、紗姫への"恋愛指導"として、ドキドキさせながら優しく抱きしめてきたり。戸惑いつつもドキドキしてしまうのは、怖いから？それとも…？
2017.2 341p A6 ¥630 ①978-4-8137-0206-1

◆世界のまんなかで笑うキミへ　相沢ちせ著　スターツ出版　（スターツ出版文庫）
【要旨】高2の美術部員・理央は、絵画コンクールで賞を逃して以来、スランプに陥っている。ある日、学年の人気者・颯の存在を知り、二人は絵を通して距離を縮める。颯がもうすぐ転校することを知った理央は、彼がここにいたことを残すため、彼のいる風景を描いていくが、一向に抜けないスランプと、颯といることで愛え抱く違和感に悩む。そんな折、ふと、颯と数年前に会っていた記憶が甦って…。颯の秘密が明らかになるラストは感涙必至！
2017.5 277p A6 ¥560 ①978-4-8137-0261-0

◆俺たちは異世界に行ったらまず真っ先に物理法則を確認する　2　藍月要著　KADOKAWA　（ファミ通文庫）
【要旨】ザザと一緒に新たな街ウルテラを訪れた幹人たち。そこではギルドの頂点を決める"大精霊祭"を前に活気づいていた。初めて見る精霊魔法に興味津々の一同、さらに大会のルールを聞いて驚愕する。前衛の精霊使いと後衛の補助役のタッグ戦――「これってなんかロボコンみたいじゃねえ!?超楽しそう!!」どうにかして出場するために動き出す幹人たちだったが…。精霊魔法も分析、解析！ますます盛り上がる高専生たちの普通じゃない超英雄譚、第2弾！
2017.5 313p A6 ¥610 ①978-4-04-734638-3

◆俺たちは異世界に行ったらまず真っ先に物理法則を確認する　3　藍月要著　KADOKAWA　（ファミ通文庫）
【要旨】「位置がわかんねえならGPSみたいなシステム作っちゃいましょ！」大精霊祭での活躍が注目されたギルド・オオヤマコウセンの面々は、国王から魔導具の祖ジーリンの情報と引き換えに"自動生成ダンジョン"の攻略を依頼される。その魔窟は、地形を変え続けることで難攻不落だと言われていたが…。そして幹人と彼に積極的なザザ、それに焦る魅依、三人の関係の行方は――？さらに加速する高専生たちの普通じゃない超英雄譚、第3弾！
2017.11 313p A6 ¥660 ①978-4-04-734855-4

◆ヒーローお兄ちゃんとラスボス妹　抜剣！セイケンザー　逢空万太著　SBクリエイティブ　（GA文庫）
【要旨】高校生の少年、鶴来奏斗は、海外留学から戻ってきた双子の妹、湊と一緒に訪れた地元の催しで「聖剣」を引き抜き、謎の騎士団「ブラッドテンプル」を呼び出してしまう。驚く奏斗をよそに、彼らを従えて野望に燃える湊。大事な妹の暴走を止めようとする兄に、悪の大首領になるはずの妹は、いつの間にか開発していた「ヒーローに変身するアイテム」を授けてきて――!?自由奔放な妹と個性的な敵たちに囲まれつつも、ヒーローと悪役しい戦いが始まる！地域密着型変身ヒーローコメディ、このあとすぐ！
2017.4 321p A6 ¥660 ①978-4-7973-9073-5

◆サイメシスの迷宮――完璧な死体　アイダサキ著　講談社　（講談社タイガ）
【要旨】警視庁特異犯罪分析班に異動した神尾文孝は、協調性ゼロだが優秀なプロファイラー・羽吹允とコンビを組む。羽吹には壮絶な過去があり、経験したものすべてを忘れることができない超記憶症候群を発症していた。配属初日に発生した事件の死体は、銀色の繭に包まれた美しいともいえるものだった。そして犯人の異常性を感じる。羽吹は「これは始まりだ」と第二、第三の事件を予見する。
2017.9 248p A6 ¥660 ①978-4-06-294084-9

◆精霊の乙女ルベト――白面郎哀歌　相田美紅著　講談社　（講談社X文庫――ホワイトハート）
【要旨】大巫女の娘として生まれ、精霊に捧げる歌や踊りを叩きこまれてきたルベト。年に一度の地霊祭の夜、最愛の人・ニグレットを神の化身「瑞祥君」として大国・尚に揚われ、ルベトは彼を救うため、東へ旅立った。歌と踊りを活かし、王宮付の芸人となったルベトは、「瑞祥たる方」の前で哀しき王子の愛を祈る「白面郎哀歌」を披露する機会が訪れる。だがその役を狙うは、ルベト一人ではなかった。WH新人賞受賞作！
2017.9 254p A6 ¥630 ①978-4-06-286961-4

◆豚公爵に転生したから、今度は君に好きと言いたい　合田拍子著　KADOKAWA　（富士見ファンタジア文庫）
【要旨】大人気アニメ『シューヤ・マリオネット』には、嫌われ者が存在する。魔法学園に通うオープニング公爵家三男こと豚公爵だ。そんな悪役に転生してしまった俺は、このままではバッドエンド直行!?…だけど熟知したアニメ知識と、『全属性の魔法使い』なんていう無双能力を駆使すれば、学園の人気者になって、運命も変わるハズ！そして、アニメの中では成し遂げられなかった豚公爵のささやかな願い――「おはようございます、スロウ様！」減ぼされし大国のお姫様へ。君に相応しい男になって、告白してやるんだ。
2017.2 301p A6 ¥600 ①978-4-04-072228-3

◆豚公爵に転生したから、今度は君に好きと言いたい　3　合田拍子著　KADOKAWA　（富士見ファンタジア文庫）
【要旨】「ダリスの女王の盾、栄誉の騎士になる…この俺が？」ノーフェイスの一件により悪評からうって変わり、一目置かれはじめたスロウの活躍を聞きつけた王室から守護騎士選定試験の参加要請が!?早速学園を発つことになったのだが…「あれしきのことで良い気にならないでくださる？」ある理由から、選定試験に共に向かうことになったアリシアとスロウの二人。その先で出会ったのは、将来この国を最大の危機に陥れる『裏切りの騎士』だった!?アリシアを利用しようとするセピスに、すべてを知るスロウは対立し…。婚約者を守るため、豚公爵は大いなる動乱の中を駆けぬける！
2017.4 302p A6 ¥600 ①978-4-04-072236-8

◆豚公爵に転生したから、今度は君に好きと言いたい　3　合田拍子著　KADOKAWA　（富士見ファンタジア文庫）
【要旨】ダリス次期女王、カリーナ・リトル・ダリスの来訪に学園が沸く中、件の活躍から、その世話役を引き受けることになったスロウ。授業中に休み時間も奔放な彼女につきっきりで――「スロウ君、私と一緒に迷宮に潜らない？」国に絶大な力をもたらすドラゴンの幼体の発見。学園にきた本当の理由を明かしたカリーナ姫と迷宮探索に向かうのだが…。一方、スロウのいない学園に伝説の黒魔セクメトが襲来する。強大なモンスターを前に、学園は大混乱に陥り…「シャーロット、俺はもう二度と君を失わないと決めたんだ！」学園、そしてシャーロットの危機にスロウは間に合うのか!?
2017.8 298p A6 ¥600 ①978-4-04-072421-8

◆豚公爵に転生したから、今度は君に好きと言いたい　4　合田拍子著　KADOKAWA　（富士見ファンタジア文庫）
【要旨】龍殺しの恩賞のため、王城へと迎えられたスロウは、ドストル帝国の軍人・ルーニーがヒュージャックに出現したと聞で驚愕する。――『シューヤ・マリオネット』第一クールの始まり。魔物が占拠する南方を足掛かりに戦争をしかけるルーニーを討伐するために、スロウは早速オークに変身！ヒュージャックへと潜入するのだが……、そして「私こんな格好なんてイヤよ！」ピクシーに変身したシャーロットとは大喧嘩！そして――「お礼に、この村に銅像を立てるブヒー！」訪れたオークの村では、すっかりスロウが英雄と崇められるようになり!?果たして、豚公爵は最悪のアニメ展開を阻止できるのか!?
2017.12 276p A6 ¥600 ①978-4-04-072422-5

◆しつけ屋美月の事件手帖――その飼い主、取扱い注意!?　戸戸結衣著　マイナビ出版　（ファン文庫）
【要旨】問題は家庭内にアリ!?ワンコからトラブル、見抜きます！「しつけは犬のためならず」。『愛犬しつけ教室STELLA』にドッグトレーナーとして勤務する天野美月は、誰よりも犬を愛す親バカならぬ犬バカだ。ビーグル犬・スピカと共に暮らしている。今日も教室にやって来るのは、おデブなラブラドール、捨て犬疑惑のチワワ、老いた柴犬、そしていなくなったトイプードルを探す飼い主…。でも、犬よりも問題なのは人間だった!?その悩み、しつけ屋が解決します！
2017.2 269p A6 ¥647 ①978-4-8399-6185-5

◆デスマーチからはじまる異世界狂想曲　10　愛七ひろ著　KADOKAWA　（カドカワBOOKS）
【要旨】ついに迷宮都市に到着したサトゥー達。早速探索者登録を行い、意気揚々と迷宮に突入！迷宮内に別荘を作って安全快適に探索を楽しみ始める。また、迷宮の外にも拠点を作り、貴族達と交流して順調に人脈を増やしていくが…。しかし過ぎた時に、路地裏に座り込む浮浪児や、街に立ちこめる瘴気、太守代理の不穏な行動など、迷宮都市セリビーラの抱える問題が目に付いてきて――!?ほのぼの異世界観光記第十巻、いよいよ迷宮都市編開幕!!
2017.8 383p B6 ¥1200 ①978-4-04-072257-3

◆デスマーチからはじまる異世界狂想曲　11　愛七ひろ著　KADOKAWA　（カドカワBOOKS）
【要旨】迷宮都市で仲間たちのレベル上げをするついでに、迷魔王を捕まえたり、浮浪児救済のための養護院の設立をはじめたりと、着々とセリビーラの都市改革を進めていくサトゥー。だが捕らえた迷魔王ルダマンから、迷宮の中で今も行われている魔人薬の密造の秘密を明かされ、また緑貴族ポプテマがいよいよ怪しい動きを見せはじめ…。そしてさらに、事件の陰に魔族の存在が見え隠れし――!?ほのぼの異世界観光記第十一巻、迷宮都市の決戦が始まる！
2017.8 377p B6 ¥1200 ①978-4-04-072405-8

◆デスマーチからはじまる異世界狂想曲　12　愛七ひろ著　KADOKAWA　（カドカワBOOKS）
【要旨】迷宮都市に巣食っていた上級魔族を突き止め、撃破したサトゥー。諸悪の根源がいなくなり、街が平穏と活気を取り戻す中で、ようやく当初の目的だった迷宮攻略に本腰を入れはじめる。『階層の主』の打倒に燃える仲間達だったが、前哨戦の『区画の主』との戦いで、危なっかしい戦いをしてしまい、不安を感じるサトゥー。そこでサトゥーが提案したのは、エルフの里でアーゼ達とともに特訓をすることで――!?ほのぼの異世界観光記第十二巻、今度は仲間達を超強化！
2017.12 383p B6 ¥1200 ①978-4-04-072409-6

◆デスマーチからはじまる異世界狂想曲　Ex（エクストラ）　愛七ひろ著　KADOKAWA　（カドカワBOOKS）

【要旨】『デスマ』の魅力がギュッと詰まった書き下ろし満載の一冊！ shri 先生のキャラクターデザインを含む、27ページのフルカラーキャラクター資料！ あやめぐむ先生、兎塚エイジ先生、輝竜司先生、戸部淑先生によるフルカラーゲストイラスト！ 過去の特典SSを再収録！ さらに幻のSS3本を初公開！ 書き下ろし短編『リザの古馴染み』『アリサ王女の異世界奮闘記』を100ページ超の大ボリュームで収録！
2018.1 255p B6 ¥1200 ⓘ978-4-04-072576-5

◆ネクストライフ　11　相野仁著　主婦の友社　（ヒーロー文庫）
【要旨】ついにアウラニースと並ぶ三大魔王の一角・大魔王アシュタロスが復活する。魔王の復活が活発化していたのは、ターリアント大陸ばかりではなかった。アシュタロスはその圧倒的な力で大陸の諸勢力を壊滅させ、新たな帝国を築き「暗黒時代」を再現しようとしていた。一方ファーミア大陸では、鬼と人とが共存するラーカ国に、魔王ヴァプラが降り立つ。鬼達に求められ、近隣の国に起きている不可解な状況を調べるうち、別の魔王にたどり着くのだが…。助かる道を求めて旅立ったラーカ国王は、流れ着いた先でマリウス達と出会う。暴虐な魔王達を止めることはできるのだろうか—。
2017.4 286p A6 ¥600 ⓘ978-4-07-424208-5

◆ネクストライフ　12　相野仁著　主婦の友社　（ヒーロー文庫）
【要旨】復活した大魔王を倒しても課題はまだ山積みだ。交易の問題があり、雇用の問題がある。マリウスを女王の婚約者として御披露目する必要もある。そんな中、彼はわずかな休息を与えられた。つかの間の休息をアネット達と過ごしたマリウスは、魔演祭の開催をアステリアに提案する事になる。娯楽になり、雇用を生み、経済の活性化も期待でき、国力回復を周辺に示す事もできるからだ。そしてマリウスも大衆にその力を見せる事になった。国内の主要貴族、民衆、大陸各国の首脳が集結し、ついにマリウスの力が披露される。
2017.9 367p A6 ¥620 ⓘ978-4-07-427342-3

◆ネクストライフ　13　相野仁著　主婦の友社　（ヒーロー文庫）
【要旨】アステリアとマリウスの結婚。それはホルディア王国の慶事であり、マリウス達にとっても一つの区切りだった。新婚旅行の提案が出るが、そこで意外な事実が判明する。アステリアは遊興に疎かったのだ。せっかくの機会だし、アステリアに民の暮らしを見せ、人々の楽しみについて教えようと思いつく。マリウス達が行く先で見たのは、彼が守った人々の日常、アステリアがこれから守っていくべきものだった。人々のささやかな日常こそ、得がたき宝なのだと彼らは改めて認識する。
2017.12 302p A6 ¥610 ⓘ978-4-07-428620-1

◆一年前の君に、一年後の君と。　相原あきら著　KADOKAWA　（メディアワークス文庫）
【要旨】大切な彼女を事故で亡くし、絶望する臨床心理士の浅賀。ある日、彼のもとに「一年後の君と」という件名で紅葉の写真付きメールが届く。それは一年前の日付からだった。もしかしたら死んだ彼女からのメールではと考える浅賀だが、メールの差出人は「ark（アルケー）」と名乗る入院中の女子高生だった。そんな見知らぬ少女と不思議なやりとりをすることになった浅賀は、少女の明るさに傷ついた心が少しずつ癒されていく。だが、ある日、真実を知る日がやってきて…。顔の見えない相手だからこそ話せることがある。心に傷を負った青年と少女が紡ぐ感動の物語。書き下ろし。
2017.3 249p A6 ¥590 ⓘ978-4-04-892841-0

◆アヤカシ絵師の奇妙な日常　相原罫著　KADOKAWA　（メディアワークス文庫）
【要旨】憧れだった美大に通うことになる白川実乃里。しかし実際に大学生活を送るうち、理想とはかけ離れた現実を知り、彼女は落胆する。教師からの厳しい指摘、友人の才能への劣等感—次第に自分の夢に対して迷いが生じてくる…。そんなある日、彼女は大学近くにある池で、不思議な青年と出会う。学内で「妖怪画家」と噂される彼の名は、一色真澄。その本業は、人間との共存が難しくなったアヤカシたちの悩みを解決することだというのだが—!?
2017.9 320p A6 ¥630 ⓘ978-4-04-893410-7

◆幸運なバカたちが学園を回す　1　豪運ザコとカワイイ幼馴染　藍藤遊著　KADOKAWA　（MF文庫J）
【要旨】矢内総流はかなり特異な運の持ち主だ。たとえば、ソシャゲでお気に入りのキャラが欲しくてガチャを回せば、まったく興味の欠片もないSSRを引いてしまうような、いわゆる“要らない幸運を引く”体質だった。そんな、人とは違う妙ちくりんな幸運を持った総流が—すべてが“運”で決まる学園に入学してしまった！ 時間割、食堂のメニュー、席替え、試験…学生生活に欠かせない、ありとあらゆるものが運試しによって決まるというとんでもない学園。そんな学園で総流は、小学校以来の幼馴染と再会する。…が、総流にとっては、それすらも“要らない幸運”だった!?これは、全然嬉しくない幸運を持つ少年と、愉快な仲間の物語。
2017.9 263p A6 ¥580 ⓘ978-4-04-069350-7

◆レンズの向こうのひだまりと世界　あいみ著　KADOKAWA　（魔法のiらんど文庫）
【要旨】せつなくて胸キュンが止まらない初恋ラブストーリー。高1の木下桃の夢は、フォトグラファーになること。撮影に向かった公園で同じ学校の川島先輩に一目ぼれ。写真コンテストの作品モデルになってほしいと頼み、仲良くなろうと必死に頑張る。撮影を兼ねて一緒におでかけしたり、苦手な勉強を教えてもらったり、どんどん仲良くなる2人。でもそんなとき、先輩には片想いしている人がいると知る。しかも、先輩からその人を忘れるために桃を利用しているだけだと言われてしまい…。
2017.3 211p A6 ¥570 ⓘ978-4-04-892825-0

◆お前だけは無理。　*あいら*著　スターツ出版　（ケータイ小説文庫—野いちご）
【要旨】離ればなれになった幼なじみの和哉をおいかけて、同じ高校に入学した雪。イケメンで生徒会長の和哉は、学校でも大人気。そんな彼と再会するも、「お前だけは無理」と冷たく拒否されてしまう。落ち込む雪だが、危ない目にあうとさりげなく助けてくれる和哉。雪に冷たくあたるのには、秘密があるようで…。一途すぎるふたりのじれったいピュアラブ！
2017.12 383p A6 ¥590 ⓘ978-4-8137-0369-3

◆クールな彼とルームシェア　*あいら*著　スターツ出版　（ケータイ小説文庫—野いちご）
【要旨】天然で男子が苦手な高1のつぼみは、母の再婚相手の家で暮らすことになるが、なんと再婚相手の息子は学校の王子・舜だった!!クールだけど優しくて過保護な舜。チカンから守ってもらったり、料理をほめてもらったりと、つぼみは舜と距離を縮めていくけど、人気者のコウタ先輩からも迫られて…？ 大人気作家*あいら*が贈る、甘々同居ラブ!!書籍限定の番外編付き。
2017.1 301p A6 ¥570 ⓘ978-4-8137-0196-5

◆聖王国の笑わないヒロイン　1　青生恵著　主婦の友社　（ヒーロー文庫）
【要旨】王国魔法騎士団の女騎士ニア・エウクレストは、その美しさとは裏腹に、女である自分を封じて生きていた。そんなニアは、立ち寄った魔法具店で男に声をかけられる。「あんた、エルティニアだろ!?」。それは、五年前に死亡したとされる少女の名前。悲劇の美姫と謳われた伯爵令嬢エルティニアは過去を捨て、今や女騎士ニアとして生きていた。その男アルンバートは自らを転生者だと主張し、エルティニアこそ前世で見た物語の「ヒロイン」だと告げる。信じがたい話に半信半疑の日々を過ごすのだが、ある日、魔法騎士団に視察に訪れたクレイグ王子が誘拐されてしまう。ニアは独断で王子奪還へ向けて動こうとするのだが—。
2017.10 383p A6 ¥600 ⓘ978-4-07-427394-2

◆ゲーマーズ！　7　ゲーマーズと口づけデッドエンド　葵せきな著　KADOKAWA　（富士見ファンタジア文庫）
【要旨】「いやー最近は人気すぎてまいるよねー。忙しいわー。肩こるわー」当初のぼっち設定はどこへやら、近頃じゃリア充街道まっしぐらの男、雨野景太。そんな彼の伸びきった鼻は…しかし地獄の修学旅行にて、根元から折られることに。そんな絶望の最中でも、千秋との新たな関係のため旅行中に天道と話をつけたい雨野。しかし、自称『察しの良い女』天道花憐はなぜかそれを許さない！「天道さん、大事な話が—」「売店見てきますね」「あの、僕とチアキは—」「やってきましたっ！ ゲーマーの聖地、秋葉原！」「ちょ、天道さん!?」ゲーマー達の崩壊（!?）へ向かう錯綜系修学旅行スタート！
2017.3 302p A6 ¥600 ⓘ978-4-04-070971-0

◆ゲーマーズ！　8　星ノ守心春と逆転バックアタック　葵せきな著　KADOKAWA　（富士見ファンタジア文庫）
【要旨】修学旅行を経て、新たな関係へと踏み出した二組の恋人達。心機一転、爽やかなラブコメ路線に転向したいところだが—（も、もう“カノジョ”じゃなくて“元カノ”なのよ、私！）（雨野君、もう一度だけ、交際申し込んでくれないかしら）グズグズと引きずりまくる、安定のポンコツヒロイン。その隙を突いてここぞとばかりに動き出す、恋する乙女達。「だって自分…ケータとこうして過ごす日常、手放したく、ないですし」「今この時もセンパイを連れ込める暗がりを探してますからね」混沌とした状況の中、近づくクリスマス。そして聖夜—ある恋に「作られた奇跡」が、舞い降りる。
2017.7 283p A6 ¥600 ⓘ978-4-04-072369-3

◆ゲーマーズ！　DLC　葵せきな著　KADOKAWA　（富士見ファンタジア文庫）
【要旨】実況スタイルは堅実。それ以外は特に目立った特徴もなく、かといってアイドル的な人気実況者になりたい訳でもない、大学生ゲーム実況者、霧夜歩。動画再生数の伸び悩み解決のため自分に足りない『可愛げ』を持った相方を捜していたのだが…。「うわぁ！ やばい、自分で自分の爆弾に閉じ込められたぁ！」下手の横好き高校生—雨野景太という驚くほど適任な相方に遭遇。『自分たちが実況者として出演している』ことがバレないよう収録を繰り返すが…カノジョ持ちの雨野と自宅で二人っきり。とある秘密を持つ霧夜は、この状況が非常にマズイと気づいて!?すれ違い錯綜青春ラブコメ拡張版スタート！
2017.9 269p A6 ¥600 ⓘ978-4-04-072372-3

◆恋する女騎士に、獅子の不意打ち　青井千寿著　Jパブリッシング　（フェアリーキス）
【要旨】ある事情から女を捨てて、騎士として生きていたイルマ。そんな彼女に賭けを申し込んだのは、ちょっと俺様な王弟殿下。彼は言う—「俺が勝ったらお前は一日ドレス姿になれ」。その日から始まった王弟殿下の求愛。優しいエスコートに温かな贈り物、そして甘いキス。ずっと友人だち自分に言い聞かせていたのに…幼き日の初恋を揺り動かされたイルマは、やがて彼の腕の中で女として目覚めていって—。激しくも甘いヒストリカルロマンス！
2017.5 301p B6 ¥1200 ⓘ978-4-908757-86-0

◆恋のABCお届けします　青井千寿著　アルファポリス，星雲社 発売　（エタニティ文庫）
【要旨】中城多美子、30歳。在宅ワークをしている彼女の楽しみは、いつも配送に来るイケメン宅配男子から荷物を受け取ること。ただ顔を合わせるだけで幸せだったのに、多美子のとんでもない言い間違いから彼とエッチをすることになってしまった！ 優しくたくましく、そしてとってもミダラな彼にたっぷりととろかされた多美子は、しばし彼と甘～い日々を送ることに。だけど彼には何やら秘密があるらしく—？ ぽちゃ女子と野獣男子との、とびきりエッチな物語！ 文庫だけの書き下ろし番外編も収録！
2017.9 341p A6 ¥640 ⓘ978-4-434-23705-8

◆あやかし恋手紙—不思議な社務所の代筆屋さん　蒼井紬希著　TOブックス　（TO文庫）
【要旨】その手紙が二人を繋いだ—失業と失恋でお先真っ暗の元OL・碧梨は、亡き祖母からの謎の手紙に導かれ、新潟の寂れた神社を訪れる。そこで出逢ったのは、口の悪い美形の妖狐・琥珀。弱みを握られた碧梨が、同居の傍ら手伝うことになったのは、妖怪と人を結ぶ不思議な手紙の「代筆」だった。手紙が解き明かす、秘められた因縁とは？ 二人の同居生活の行方は？ 手紙の起こす奇跡に涙する、甘くて切ない恋物語！
2018.1 329p A6 ¥700 ⓘ978-4-86472-653-5

◆あかつき球団事務所へようこそ　青井夏海著　ポプラ社　（ポプラ文庫）
【要旨】会社が倒産し、やさぐれていた美咲が転がり込んだのは「あかつき球団事務所」。オーバー50で構成される異色の女子草野球軍団だった。宿代として、しぶしぶ練習を手伝うはめになるが、それぞれの事情や想いを知るうちに、閉じ込めていた自分の“夢”に向き合い始める…。
2018.1 379p A6 ¥700 ⓘ978-4-591-15710-7

◆喫茶アデルの癒やしのレシピ　葵居ゆゆ著　KADOKAWA　（富士見L文庫）
【要旨】病気の祖母に頼まれ神楽坂の菓子店「アデル」を訪れた茅由が出会ったのは、店主を名乗る傍若無人で失礼な男・輝。がっかりする茅由に彼は、信じられない言葉を告げる。「魔女の最も大切な能力は、人の悩みを聞く力だ」なんと輝は、薬菓子と呼ばれるお菓子で人の心を癒やす“魔女”。でも壊滅的にお菓子作りが下手なせいで、店は潰れる寸前だという。祖母のため、

◆喫茶ルパンで秘密の会議　蒼井蘭子著　三交社　（SKYHIGH文庫）
【要旨】藤岡珠美は祖父の喫茶店「ルパン」を継ぐため、昼は製菓学校に通い、帰宅後は店でアルバイトをしている。店に入り浸る『先生』こと小説家の高峰昴にからかわれながらも修業しているある日、近所の時計店が強盗に襲われた、その翌日には珠美の親友・佳代の家に空き巣が入ったと聞く。佳代の家から盗まれたものが、彼女の祖母の宝物ではあるが特に価値はないオルゴールだと聞いた先生は佳代の家に行ってみたいと言い出す。渋々付き合う珠美だったが事件は意外な謎に繋がっていき—。小説家が解き明かす時を超えた恋と謎。
2017.12 254p A6 ¥600 ①978-4-04-072511-6

◆これは経費で落ちません！　2　—経理部の森若さん　青木祐子著　集英社　（集英社オレンジ文庫）
【要旨】経理部の森若沙名子、27歳。多くの領収書を処理する沙名子には、社内のいろいろな人間関係が見えてくる。周囲に与えた影響この上とは期待せず、されど、精神的にも経済的にもイーブンでいることを大切にする沙名子は、他人の面倒ごとには関わりたくないのだけど、時には巻き込まれることも。ブランド服、コーヒーメーカー、長期出張…それは本当に必要なものですか？
2017.4 251p A6 ¥550 ①978-4-08-680128-7

◆これは経費で落ちません！　3　経理部の森若さん　青木祐子著　集英社　（集英社オレンジ文庫）
【要旨】森若沙名子、28歳。経理一筋6年目。仕事とプライベートはきっちり分けたいと思っている。そんな沙名子に、広報課の室田千晶が相談があると言ってきた。千晶は化粧品会社から転職してきた契約社員で、容姿が持てない子だ。千晶が来てからは、ショールームも飾り付けられ来客も増えた。しかし彼女は、社内で浮いている。一部女子社員からは嫌われてさえいて…？
2017.4 250p A6 ¥550 ①978-4-08-680151-5

◆黒鷹公の姉上　青el千草著　アルファポリス、星雲社　発売　（レジーナブックス）
【要旨】黒目黒髪が王族にのみ顕れる異世界で必要なのは演技力!?夢に出てきた彼の腕に捕まり、異世界トリップしてしまったあかり。落ちた先で兵士に囲まれ大ピンチ！おまけに危機を救ってくれた麗美形の青年は、なぜかあかりを「姉上」と呼んで—!?
2017.4 291p B6 ¥1200 ①978-4-434-23134-6

◆黒鷹公の姉上　2　青蔵千草著　アルファポリス、星雲社　発売　（レジーナブックス）
【要旨】ひょんなことから異世界トリップしてしまった滝川あかり。エスガラント国の第二王子、オーベルに保護された彼女は、王位継承を「姉」のフリをして後押しする代わりに日本に帰る方法を探してもらう契約を交わす。王を選定する議会の日まで、あと少し。忙しくも充実した日々の中、二人は徐々に絆を深めていく。そんなある日、敵対中の王妃が仮装舞踏会を開くことを知った彼は、向こうの内情を探るべく、反対する彼女の目を盗んで舞踏会への潜入を試みるが—!?愛と陰謀のロマンティック・ファンタジー！
2017.10 291p B6 ¥1200 ①978-4-434-23803-1

◆獣医さんのお仕事in異世界　9　蒼空チョコ著　アルファポリス、星雲社　発売
【要旨】ある日突然異世界に召喚され、世界を救ってほしいと頼まれた獣医師の風見心悟。帝都で事件を解決した直後、息つく暇もなく魔物娘に攫われてしまった！戸惑いつつもわけを聞くと、彼女が住む樹海で起こっているエルフと魔物の争いを収めてほしいのだとか。そういうことなら一肌脱ごうと風見は仲裁役を買って出たのだけど…いざ動き出してみると思いもよらぬ緊急事態に発展してしまい—!?獣医師・風見が、いま、樹海の平和を守る！
2017.2 299p B6 ¥1200 ①978-4-434-23019-6

◆獣医さんのお仕事in異世界　10　蒼空チョコ著　アルファポリス、星雲社　発売
【要旨】ある日突然異世界に召喚され、世界を救ってほしいと頼まれた獣医師の風見心悟。樹

海でトラブルを解決し、風見一行は本拠地の街に帰還する。すると、隣国の女帝が大軍を率いて街の目前に迫っていた！そんな大混乱の中、仲間のリズが女帝の命令に従いだす。思わぬ裏切り行為に風見はショックを受けるが、リズの様子を見る限り、何か事情がありそうだ。戸惑いつつも状況を探る風見に対し、女帝は難題を突きつける。それは、リズを助けたければ隣国を悩ませる謎の病を解決しろというもので—!?獣医師・風見が、いま、世界を救う！
2017.9 299p B6 ¥1200 ①978-4-434-23806-2

◆地底アパートのアンドロイドは巨大ロボットの夢を見るか　蒼月海里著　ポプラ社　（ポプラ文庫ピュアフル）
【要旨】ゲームのしすぎで家を追い出された大学生・葛城一葉が住むのは、悪魔やアンドロイドや錬金術師などが住み、地下にどんどん深くなる珍しい異次元アパート「馬鐘荘」。ある日一葉は、笑顔がきらめく好青年と知り合う。エクサと名乗り、一葉の大学に来た留学生だという彼は、馬鐘荘に住みたいと希望するが、彼は実は未来から来たアンドロイドなのだった。兵器を搭載している彼の目的とは—？ 人気シリーズ第3弾！
2018.1 209p A6 ¥570 ①978-4-591-15695-7

◆夜と会う。—放課後の僕と廃墟の死神　蒼月海里著　新潮社　（新潮文庫nex）
【要旨】親に抑圧されて育った無気力な高校生・有森澪音は、喫茶店カグヤのマスター・小野寺豪から奇妙な忠告を受けた晩、"夜"と呼ばれる異形が跋扈する廃墟に迷い込んでしまう。そこで澪音は、自分を一方的に知る謎の少年・イザヨイに導かれ、悩みを抱える人のトラウマが具現化した "夜" をなりゆきで退治することになるのだが—。楽しくて、ちょっぴり切ない青春異界綺譚、ここに開幕。
2017.8 285p A6 ¥570 ①978-4-10-180101-8

◆押しかけ犬耳奴隷が、ニートな大英雄のお世話をするようです。　1　青猫草々著　オーバーラップ　（オーバーラップ文庫）
【要旨】「あのときの奴隷です！名前はマイヤ、歳は12、今日からだんな様にお仕えするですね！」「…メイドを募集した覚えはねえんだがな」戦うことをやめ自堕落に生きる英雄リーンのもとに訪れたのは、自身を『ゴミクズ』だと信じ込む獣人の奴隷少女マイヤ。命を助けられたお礼にメイドとして仕えさせてほしいというマイヤに、リーンは仕方なく受け入れる。こうして始まった新たな生活は、戸惑いだらけでちぐはぐ…。その中で二人は成長し、それぞれが抱えた心の傷を癒やしていくのだが…？
2017.7 350p A6 ¥690 ①978-4-86554-238-7

◆繰り返されるタイムリープの果てに、きみの瞳に映る人は　青葉優一著　KADOKAWA　（メディアワークス文庫）
【要旨】「あなたは運命の人じゃなかった」順風満帆かと思われた慶介と亜子の関係。しかし亜子は突然に別れを告げた。驚きと悲しみに打ちひしがれた慶介に、タイムリープというチャンスが与えられる。時を遡った慶介は、別れの原因となった行動を次々と改めていく。その先に待つのは幸せか、それとも—。繰り返されるタイムリープの先で、慶介と亜子、二人が辿り着く真相と結末とは？感動うずまくファンタジー・ラブストーリー。
2017.3 326p A6 ¥630 ①978-4-04-892830-4

◆君の嘘と、やさしい死神　青谷真未著　ポプラ社　（ポプラ文庫ピュアフル）
【要旨】通り雨が過ぎて虹が出た昼休み、高校二年の百瀬大輔は同学年の美園玲と運命的に出会う。美少女なのにクラスメイトとどこか距離を置いているクールな玲に、なぜか百瀬はなつかれる。幼少期のトラウマで「嫌だ」と言えない性格も手伝って、百瀬は強引に文化祭の準備を手伝わされる羽目となり「ある作戦」を実行するため奔走するうちも、二人の気持ちは近づいていく。そんな時、逃れられない過酷な出来事が二人を襲う。感動、切なさ、歓喜、悲哀、そして愛しさ…温かな涙が溢れる、究極の恋愛小説。
2017.11 270p A6 ¥640 ①978-4-591-15659-9

◆天使の3P！　×9　蒼山サグ著　KADOKAWA　（電撃文庫）
【要旨】『ロウきゅーぶ！』コンビで贈る、ロリ＆ポップなシンフォニー！新しい学年や時期を迎え、さらに彼女たちが成長するステップになる第9章！
2017.3 255p A6 ¥570 ①978-4-04-892746-8

◆天使の3P！　×10　蒼山サグ著　KADOKAWA　（電撃文庫）
【要旨】念願のライブハウスでのお披露目に向けて動き出した潤たち。東京で活動している経験値の高い小学生ガールズバンドからのお誘いで競演することになったのだけど、まだまだ課題は山積みで—。「わにゃあ。太もももパンパンです…」「響ったら、そんなに気に入ったの？」「はむ、ぶらじゃーのつけ方、教えて」さらに霧夢たちもライブ参加を表明。「別に、いいわよ。一度くらいなら…」「はわわわ…情事！憧れの情事！」「成長、していました。私だって」。そしてなぜかパフォーマンス力をあげるため、潤や霧夢たちを含めた全員が水着バトルに発展し—!?様々な練習や試練（？）を乗り越え、また一つ成長していく第10幕！
2017.7 239p A6 ¥570 ①978-4-04-893229-5

◆俺の言うこと聞けよ。—イジワルな彼と秘密の同居　青山そらら著　スターツ出版　（ケータイ小説文庫—野いちご）
【要旨】学年一のモテ男子・琉衣の家で、2カ月間の同居生活をすることになった亜里沙。パン屋の娘である亜里沙は、パン作りを学ぶためにやってきたのだけど、無愛想で超俺様な琉衣に「弁当を作れ」「朝、俺を起こせ」と命令ばかりされてしまう。はじめは怖かったものの、ふたりっきりでデートをすることになり、学校では見えなかった意外な一面を知って…？
2017.3 351p A6 ¥570 ①978-4-8137-0224-5

◆フラワーショップガールの恋愛事情　青山萌著　三交社　（エブリスタWOMAN）
【要旨】花屋Eiry 日本橋店で働く22歳の深田胡桃は、店長に長年想いを寄せていたが、告白できずにいた。そんなある日、ルーナレナ製薬のMR・須賀廉斗が予約していた花束を受け取りに来る。初めは優斗に興味を示さなかった胡桃だったが、何度か来店する優斗と次第に距離を縮めていく。そして親友の南田おおに誘われた合コンで再会したことをきっかけに、優斗から猛アプローチを受ける。
2017.7 297p A6 ¥630 ①978-4-87919-285-1

◆国境線の魔術師—休暇願を出したら、激務の職場に飛ばされた　青山有峰著　宝島社
【要旨】王国騎士団所属のマクシミリアン・マクスウェルは、師匠の遺言を実行するために二年間の長期休暇を申請した。しかし、王国には特務部隊の切り札である彼を二年間も休ませている余裕はなく、その申請は通らなかった。その上、マクスウェルには表向きは休暇という形での密命が下されてしまう。仕方なく潜入任務を始めたが、様々な困難が待ち受けていて…。師匠の遺言とは一体何なのか、マクスウェルは無事に密命を果たせるのか。特務騎士の冒険活劇、ここに開幕！
2017.12 319p B6 ¥1200 ①978-4-8002-7886-9

◆救わなきゃダメですか？異世界　5　青山有峰著　ポニーキャニオン　（ぽにきゃんBOOKS）
【要旨】異世界へと転移した青年・ミチナガ。彼が指揮する部隊「チェックメイト」は、巧みな戦術・圧倒的な火力により大きな戦果をもたらし続け、さらに軍内での自由を獲得していく。一方で、彼らをこの異世界に投じた張本人の女神さまが、彼らの身勝手な行動にしびれを切らして下したある決断とは…？それぞれの想いと秘密が徐々に紐解かれる。運命に手を伸ばす、変革の第5巻！日本最大級のノベルコンテスト第3回なろうコン大賞金賞作品。
2017.5 337p A6 ¥650 ①978-4-86529-260-2

◆竹中半兵衛の生存戦略—戦国の世を操る「茶室」の中の英雄たち　青山有峰著　リンダパブリッシャーズ、泰文堂　発売　（レッドライジングブックス）
【要旨】現代のサラリーマンが酔って寝て起きたら、そこは戦国時代！そして自分は天才軍師、竹中半兵衛に!?そんな半兵衛の前に、突然現れたノートPCと「茶室」と呼ばれるチャットルーム。「茶室」には、同じように武将になってしまった同じく現代日本人たちが！半兵衛は彼らと互いに知恵を出し合い、戦乱の世を生き抜く策を練っていく。
2017.3 319p B6 ¥1200 ①978-4-8030-1020-6

◆暗殺者である俺のステータスが勇者よりも明らかに強いのだが　1　赤井まつり著　オーバーラップ　（オーバーラップ文庫）
【要旨】存在感の薄い高校生・織田晶は、ある日突然クラスメイトともに異世界に召喚される。召喚によりクラス全員にチート能力が付与され、晶もファンタジー小説で定番の暗殺者の力を手に入れた—までは想定していたが、問題はただ

ヤング・アダルト小説

小説

の暗殺者である晶のステータスがクラスメイトの勇者を軽々と凌駕していることで!?さらに暗殺者のスキルで異世界召喚を主導した国王の陰謀を暴いた晶は、冤罪にしてしまう。逃げ込んだ先は前人未到の迷宮深層。国王への復讐を誓う晶はさらなる力を求めて迷宮を突き進み、エルフの神子アメリアと出会う―。暗殺者の少年が神子の少女と最強を掴む異世界ファンタジー、開幕！
2017.11 318p A6 ¥650 ①978-4-86554-280-6

◆吸血鬼の誕生祝　赤川次郎著　集英社　（集英社オレンジ文庫）
【要旨】正統な吸血鬼であるフォン・クロロックとその娘のエリカは、ある日、住宅街で少年に助けを求められる。現場では、窓からソファが飛び出す大惨事!!全体の事情を聴くと祖父が大暴れしているという。常人離れした力で暴れた祖父はそのまま行方不明になり…。表題作の他、『吸血鬼は化け猫がお好き』『明日はわが身と吸血鬼』の2編を収録した大ヒットシリーズ最新作！
2017.7 189p A6 ¥500 ①978-4-08-680139-3

◆出会ってひと突きで絶頂除霊！　赤城大空著　小学館　（ガガガ文庫）
【要旨】―絶頂除霊。それは突いた相手を生者死者問わず絶頂させ、もののついでみたいに天昇させる猥雑能力。絶頂除霊などという呪われた能力を宿した少年・古屋晴久は、同じような呪いの眼―淫魔眼を持つ少女・宗谷美咲に出会ってしまう。その眼によって弱みを握られた晴久は、半ば強制的に退魔学園上最低最悪のチームを組むことに。初めてのまともなお仕事なのに、怪異『乳避け少女』との大活躍。今宵も街には嬌声が響きまくる。それも乱れもなく、昇天の証明。ポンコツ退魔師たちが卑猥な能力で大活躍？ちょっぴりエッチな退魔活劇!!
2017.10 295p A6 ¥593 ①978-4-09-451654-8

◆Sound 君に捧げる恋のカノン　朱里コウ著　KADOKAWA　（角川ビーンズ文庫）
【要旨】ステージの上で歌うキミの声に、一瞬で恋をした。クリスマスイブ、花音が出会ったのはカリスマバンドRAISEのボーカル、キョウ。彼を追いかけて同じ高校に進学し、ついに運命の再会。なんと新曲のMVでキョウの彼女役を演じることに!?「俺はプロになるまで彼女を作るつもりはない」そう、私は彼女"役"にだけこの片想い、とめられない！期間限定カレノの関係はどうなるの？胸キュン音楽ラブストーリー！
2018.1 253p A6 ¥580 ①978-4-04-106460-3

◆武に身を捧げて百と余年。エルフでやり直す武者修行　10　赤石赫々著　KADOKAWA　（富士見ファンタジア文庫）
【要旨】大幽石の力を取り込み最強の存在となったガルト。絶体絶命の状況下で、世界はゼツロの犠牲によって一ヶ月の猶予を得る。決戦に備え『明鏡止水』の強化――すなわち、心の清算のためにミラフィへと帰郷したスラヴァ達。懐かしい旧友たちと言葉と拳で語り合い…そして、避けては通れぬ事情一族。旅の中でスラヴァが出した確固たる答え、「ずっと傍に居たいと思うぎが即来たー。私は彼女を愛している」ーそのの相手には!?ただ純粋に力と技を鍛え、この世で真の"最強"を目指してきたエルフの少年は、仲間を、武の誇りを、世界を、そして最愛の女性を守るため、史上最強の敵との最終決戦に挑む！
2017.2 260p A6 ¥620 ①978-4-04-070933-8

◆何も、覚えていませんが　あかし瑞穂著　アルファポリス、星雲社　発売　（エタニティブックス）
【要旨】突然、記憶喪失になっていた未香。そんな彼女の前に現れたのは、セレブでイケメンの自称・婚約者の涼也だった！行く宛てのない未香は彼の別荘で療養することに。だが、彼からは淫らな悪戯ばかり。「最後まではしない」って、どこまではするつもりなの!?迫ってくる涼也に戸惑いながらも、心の中でスラヴァは惹かれていく未香。けれど、自分は釣り合わないと悩む彼女は、どうやって彼と知り合ったのか、記憶を取り戻そうとする。そんなある日、彼女の過去を知っている人に会うことになって…!?
2017.8 290p B6 ¥1200 ①978-4-434-23696-9

◆姫君は王子のフリをする　あかし瑞穂著　アルファポリス、星雲社　発売　（エタニティブックスRouge）
【要旨】高階真琴は図書館に勤める司書。社長令嬢という身分を隠し、長年の夢を叶えて働いていた。ところがある日、事故で怪我をした双子の兄の身代わりで、家業であるアパレル会社の専務を務めることに。兄に瓜二つな顔と女性にしては高い身長、変装は完璧！と思っていたら、取引先のイケメン社長に、あっという間に正体を見抜かれてしまう。有名デザイナーでもある彼は、真挚にある取引を持ちかけてきた。「秘密にする代わりに、デザインのモデルになってほしい」戸惑いながらも、兄のためにそれを受け入れる。そして、二人きりになる度に仕掛けられる甘いイタズラに心もカラダも蕩かされていく…!?
2017.1 299p B6 ¥1200 ①978-4-434-22925-1

◆GMが異世界にログインしました。　04　暁月著　マイクロマガジン社　（GC NOVELS）
【要旨】地龍ヨルムンガルドを襲った異変を調べるため獣王国へと向かうマサキ。その道中、新たな出会いと事件の数々を経験する中で、マサキと秋葉の関係に変化が…？そして、たどり着いた獣王国では、遙か太古から続く妄執と、それに付け込む邪悪な陰謀がマサキ達を待ち受ける。これまでになかった強敵との戦いの中で、マサキが持つGM権限が、今、解き放たれる！あらゆるゲームが交差する異種バトルファンタジー、今ここに完結！
2017.11 339p B6 ¥1000 ①978-4-89637-662-3

◆僕の地味な人生がクズ兄貴のせいでエロコメディになっている。　2　赤月カケヤ著　小学館　（ガガガ文庫）
【要旨】地味で根暗な性格のため陰険な教師生活をおくっていた村埜良二の日常は、伝説のヤクザで実兄である兄の霊に取り憑かれたことで、エロくてハチャメチャなものへと一変した。そんなある日、学内でも有数の美少女、茜空優杞の秘密を知ったことで、恋愛レベル幼稚園児並みの良二にまさかの恋愛相談が!?一人を好きという気持ちは自分の思い通りにはならない。悲しい想い、切ない想い、記憶喪失の先に生まれる真実の愛とは？感動を呼ぶ、エロすぎ注意のクズコメディ第2弾！
2017.3 305p A6 ¥611 ①978-4-09-451666-1

◆幻想戦線　暁一翔著　集英社　（ダッシュエックス文庫）
【要旨】武力闘争が続発し、各国が軍備強化に奔走する世界で、人類は進化を遂げる。"命の固形化"。他者から命を奪い取り、時には己の命を兵器に変える能力を持つ者が現れた。その一人であるハイトは兵士養成機関で歴代最高成績を修めた『首席兵』。彼は戦争ですべてを奪われ、その復讐のため戦争国家への雇用を望んでいた。だが、兵士競売で世界最強軍事国家・マグナギアのツミビに競り勝ち、ハイトを落札したのは、非戦争国家・トラキアの女性国王・シンク。彼女はハイトを軍隊ではなく自衛力として迎えたいと告げる。戦わず、護る。二人の決意が新たな兵器を、戦争を、世界を変える！傑作王道ファンタジー開幕!!集英社ライトノベル新人賞特別賞受賞作。
2017.9 338p A6 ¥630 ①978-4-08-631204-2

◆最弱無敗の神装機竜《バハムート》　12　明月千里著　SBクリエイティブ　（GA文庫）
【要旨】「―これは独り言。私は裏切り者の一族と話す口は持っていない」ソフィスの離反により遺跡攻略が佳境を迎える中、学園には七日後に迫る聖夜祭の準備に盛り上がっていた。束の間の待機を余儀なくされた日常で、少女達との絆を深めるルクス。一方、『七竜騎聖』隊長マギアルカは罠を仕掛け、アイリを奪取せんと聖夜祭に現れたソフィスを捕縛する。ルクスは、聖夜祭までにソフィスを説得する猶予を与えられる。頑なソフィスに歩み寄るルクスだが、同時に残された『月』に恋する看守生活に戸惑いつつ、頑なソフィスに歩み寄るルクスだが、同時に残された『月』に秘する不穏な影が現れる！王道と覇道が交錯する"最強"の学園ファンタジーバトル第12弾!!
2017.4 333p A6 ¥620 ①978-4-7973-8811-4

◆最弱無敗の神装機竜《バハムート》　13　明月千里著　SBクリエイティブ　（GA文庫）
【要旨】『大聖域』の攻略を目前に世界連合を離反し、宣戦布告した『創造主』。囚われのルクスたち『七竜騎聖』を人質に、各国の代表たちは誘い寄せられ、総力戦の狼煙を待つ。救出のためにリーシャたちは廃都に駆けつける一方、『創造主』たちはルクスに『大聖域』攻略の協力を求める裏取引を持ちかけてくる。ルクスは逃走の突破口と第二皇女の真意を探るため『創造主』に従いパートナーとなりつつ、少女が秘めた救世の道に、非道実行が持ち受ける！王道と覇道が交錯する"最強"の学園ファンタジーバトル第13弾！
2017.9 317p A6 ¥610 ①978-4-7973-9156-5

◆最弱無敗の神装機竜《バハムート》　14　明月千里著　SBクリエイティブ　（GA文庫）
【要旨】「僕に抑えきれるのか、あの男を」激闘の余韻も冷めやらぬ中、ルクスたちは砦で束の間の休息を得ていた。決戦前の宴を戦友たちと過ごす傍ら、ルクスは五年前の革命の記憶と異なる、過去の夢を見ていた。そして、各陣営の策謀が入り混じる中、ついに『大聖域』の深層階が出現！『創造主』と世界連合それぞれの部隊は『大聖域』入手の試練へと挑みつつ、激しい戦いの火花を散らす！宿敵シングレンと共闘し、同時に彼を討伐する密命を授かったルクスは、失われし過去の真相と『大聖域』に隠された秘密の核心へ近づき、避けえぬ因縁の決戦へ挑むが―。王道と覇道が交錯する"最強"の学園ファンタジーバトル、第14弾！
2017.12 333p A6 ¥630 ①978-4-7973-9157-2

◆コミュ難の俺が、交渉スキルに全振りして転生した結果　3　朱月十話著　KADOKAWA　（ファミ通文庫）
【要旨】秘薬エリクシールでレミリアとソニアの命を救ったヒロトは、冒険者ギルドでクエスト『荷馬車の護衛』を仲間と一緒に受けることに。クエストの最中、山賊に襲われている別の馬車を助け出したヒロトの前に現れたのはジェネガン国の第三王女クシエだった！彼女がゲールド公爵に命を狙われていることを聞いたヒロトは、仲間と離れ一人、彼女をイシュア神殿まで護衛することに。超過激で鬼畜な異世界ファンタジー第3弾、登場！
2017.1 318p A6 ¥630 ①978-4-04-734450-1

◆コミュ難の俺が、交渉スキルに全振りして転生した結果　4　朱月十話著　KADOKAWA　（ファミ通文庫）
【要旨】"魔王リリム"に生命力を吸われ、身体が十四歳まで成長したヒロト。急激な変化に皆が戸惑いを隠せない中、ヒロトは公王陛下に招聘され王宮を訪れることに。すると玉座に座っていたのは、公王陛下ではなくフィリイネスの母で守護騎士ディアストラ・シュトレーゼだった!!あまりに異様な状況に驚いていると、突然ディアストラが鎧を脱ぎ「おまえと子作りしたい」と押し倒してきた―。超過激で鬼畜な異世界ファンタジー第4弾、登場！
2017.5 319p A6 ¥650 ①978-4-04-734634-5

◆正しい異能の教育者ーワケあり異能少女たちは最強の俺と卒業を目指す　朱月十話著　講談社　（講談社ラノベ文庫）
【要旨】かつて、最強の特殊能力者として覚醒した少年がいた。彼は人類を守るために命をかけて戦い、世界の果てまで力尽きた。それから―。特殊能力者の教育機関、神ヶ峰学園。卓越した能力を持つ記憶喪失の少年・五条優介は、学生でありながら教師でもある『指導学生』として着任した。担当する生徒は能力の制御ができない、落第寸前のワケありな美少女ばかり。さらには彼女たちと同居することになり、ハプニング続出!!「俺はみんなと一緒に、この学園を卒業する！」優介は体当たりの指導で彼女たちの心を開いていく！だが強力な『叛逆者』の猛威に、学園崩壊の危機!?優介は少女たちを守り、導くことができるのか!?アンリミテッド学園異能アクション!!
2017.3 261p A6 ¥620 ①978-4-06-381590-0

◆魔王討伐したあと、目立ちたくないのでギルドマスターになった　朱月十話著　KADOKAWA　（富士見ファンタジア文庫）
【要旨】SSSランクの規格外の力をもった奇跡の五人の一人、ディック・シルバーは魔王討伐後、ギルドマスターになった。「この卑しい牝犬に、どうか厳しいお躾をいただきたく…」隙ありと籠絡しようとメイドとして転がり込んできた討伐したはずの魔王を従え、ディックが経営するギルド『銀の水瓶亭』。ここには他のギルドでは相談できない依頼を抱えた王女など特殊なお客や、ディックに密かな想いを寄せるかつての仲間たちが訪れる。自分が目立たないように依頼を受けるディックだが、なぜか依頼者の女性たちから次々気になれてしまう!?強すぎる元英雄のギルド依頼解決ファンタジー！
2017.7 333p A6 ¥600 ①978-4-04-072336-5

◆魔王討伐したあと、目立ちたくないのでギルドマスターになった　2　朱月十話著　KADOKAWA　（富士見ファンタジア文庫）
【要旨】平和を求め『銀の水瓶亭』を経営するディックの元に、前ギルドマスターのセレナから不穏な依頼が持ち込まれる。「ご主人様には、もう事件の全貌が見えているのだな…！」

ヤング・アダルト小説

ヴェルレーヌの言葉通り、隠された謎を解明し、自分を頼る美少女やギルドマスター姉妹を助けていくディック。しかし、王都のギルド全てを揺るがす大事件の黒幕は、どうやらディックの過去を知る宿命の女性であるらしく!?「いつか私が望んだ時に、私をちゃんと殺すんだよ。」Web上で屈指の人気を誇るヤンデレヒロイン登場! 目立ちたくない英雄の過去が急襲かれる―!
2017.10 347p A6 ¥620 ①978-4-04-072337-2

◆この素晴らしい世界に祝福を! 11 大魔法使いの妹 暁なつめ著 KADOKAWA （角川スニーカー文庫）
【要旨】無事アイリスの護衛任務をやり遂げたカズマは王宮で贅沢三昧の日々。見かねた王宮の側近に追い出され、屋敷に戻ってみると、めぐみんの妹・こめっこが訪れていた。しばらく同居させることにしたカズマたちは、こめっこを冒険者ギルドへ。「姉ちゃんがこの街の冒険者はすごいんだって言ってたよ!」という無邪気な発言にのせられ、面倒なクエストを引き受けることに。おだて上手な小悪魔がアクセル中を惑わす!?妹スペシャル!!
2017.5 279p A6 ¥600 ①978-4-04-104993-8

◆この素晴らしい世界に祝福を! 12 女騎士のララバイ 暁なつめ著 KADOKAWA （角川スニーカー文庫）
【要旨】ダクネスを「ママ」と呼ぶ謎の少女の出現に一同騒然…。事情を聞けば、ダクネスのいとこで、彼女を母のように慕って遊びにきたのだという。一方ダクネスは貴族の仕事に精を出すべく、高額所得冒険者の税金狩り立てを開始。まんまと捕まったカズマは、ひとつの手枷でダクネスと繋がれ、一晩を共にすることに。その夜、ダクネスから「お前はさ、めぐみんの事が好きなのか?」と問われ―。女騎士の意地と涙、決意の嵐が吹き荒れる!
2017.8 267p A6 ¥600 ①978-4-04-104994-5

◆この素晴らしい世界に祝福を! 13 リッチーへの挑戦状 暁なつめ著 KADOKAWA （角川スニーカー文庫）
【要旨】「ストーカーが現れました!」―逃げ惑う朝帰りをかましたウィズが、バニルやカズマに相談を持ちかけていた。相手はウィズのことなら何でも知っている!と豪語しており、会って話がしたいと手紙まで送ってきた。対して「襲撃してやる」と、珍しく盛るバニル。その言葉で気持ちに整理がついたのか、ウィズは会うことを決心するのだが…。当日、闇夜に照れくさそうに話す彼女の姿が!?ストーカーに恋? 大いなる勘違いが始まる!
2017.12 246p A6 ¥600 ①978-4-04-106109-1

◆戦闘員、派遣します! 暁なつめ著 KADOKAWA （角川スニーカー文庫）
【要旨】世界征服を目前にし、更なる侵略地への先兵として派遣された戦闘員六号の行動に『秘密結社キサラギ』の幹部達は頭を悩ませていた。侵略先の神事の言葉は『おちんち◯祭』と変更するなど、数々のクズ発言。さらには自らの評価が低いと主張、賃上げを要求する始末。しかし、人類と怨しき種族が今までに魔王軍を名乗る同業者に滅ぼされると伝えられ―。「世界に悪の組織は2つもいらねぇんだよ!」現代兵器を駆使し、新世界進撃がはじまる!!
2017.11 350p A6 ¥640 ①978-4-04-106110-7

◆今日から俺はロリのヒモ! 3 暁雪著 KADOKAWA （MF文庫J）
【要旨】超お金持ちの美少女小学生3人（と巨္メイド）に囲まれ、贅沢三昧の生活を送る俺、天堂ハル。もちろん漫画を描き上げた折（これから も描くとは言ってない）、俺をヒモにしてくれた二条藤花が「駆け落ちしてください!」と言い出した。女子小学生と駆け落ちとかさすがに事案ではなかろうか…? でも藤花が楽しければいいよね! なんだかんだあったが、旅を続ける俺に試練が訪れる…「一先生、わたしにSMを教えてください!」と藤花がおっしゃったのだ。女子小学生に大人の階段をのぼらせるのでは!?危険水域突入! 前代未聞、甘すぎる至高のロリヒモ生活!
2017.3 261p A6 ¥580 ①978-4-04-069150-3

◆今日から俺はロリのヒモ! 5 暁雪著 KADOKAWA （MF文庫J）
【要旨】世界一の勝ち組と言っても過言ではない、ロリのヒモこと俺、天堂ハル。国家権力も打倒し、もうこの幸せな生活を妨げるものなど何にもないと思っていた…のに! 藤花たちとスキンシップしてたら、俺の専属メイド、麻耶さん

がブチ切れたんだ…。そりゃあ、ロリのおっぱい（偽）を揉むなら流石に俺もどうかと思ったけどさ。そんなわけで、しばらく美少女小学生とのスキンシップを自重します! これは辛い…耐えられるのかな俺。まぁ、漫画の取材ということにすれば、だいたいのことは問題ないよね! 目の前にある幸せを噛み締めていたい! 崇高なるロリヒモ生活!
2017.12 263p A6 ¥580 ①978-4-04-069679-9

◆ザ・ビデオ・ゲーム・ウィズ・ノーネーム 赤野工作著 KADOKAWA
【要旨】小説投稿サイト「カクヨム」にて空前の人気を誇る、空想ゲームレビュー小説が書籍となって登場。レビューによって描かれる"未来の世界のレトロゲーム"の追体験が、読者をまだ見ぬ懐かしい世界へと誘う。「カクヨム」連載分の第1回～第21回に、雑記。そして書籍版のみの架空年表を収録。
2017.6 479p B6 ¥1200 ①978-4-04-072347-1

◆下僕ハーレムにチェックメイトです! 赤福大和著 講談社 （講談社ラノベ文庫）
【要旨】エルフ、獣耳娘、聖女、女騎士、女神、サキュバス、お姫さま…。異世界の女の子に憧れを抱くゲーマーのリクは、ある日、女神ナンナにより異世界アースガルムに召喚され、世界を救うよう頼まれた。それを成し遂げれば、異世界の女の子すべてがリクの下僕になる大魔術を発動してくれると言うのだ。そしてリクはついに伝説の七人目の英雄となり、魔王軍を追い詰めるが、一歩で魔王に逃げられてしまう。逃げた魔王を探すには世界は広すぎる。ショックで引きこもるリク。そこへ英雄の一人、エルフのフローラが現れた。彼女はナンナに自分をリク専用の下僕にしてくれるよう頼んだという。リクは無事に魔王を討ち果たし、異世界の美少女たちの下僕にできるのか―!?
2017.5 256p A6 ¥620 ①978-4-06-381601-3

◆下僕ハーレムにチェックメイトです! 2 赤福大和著 講談社 （講談社ラノベ文庫）
【要旨】軍事国家として栄える魔術大国ルーンセイズで起きた、住民の大規模誘拐事件。勇者リクたちは女神ナンナからの依頼を受け、姿を消した魔王の手がかりを求めて、ルーンセイズに調査に入る。かつてともに魔王と戦った七英雄のひとりイシスとともに、フローラちゃらいちゃしつつ、潜入調査を行うリク。しかし、イシス自身も最近調子が良くないらしく、女王ネフェルデルにもぐらかされてしまい、調査はうまくいかない。やがて、女王の側近である宰相が怪しいと目を付けたリクたち。どうやら彼には魔族が憑依しているようだが、さらにその裏で何者かが糸を引いていて…? 赤福大和×むつみまさとが贈る下僕ハーレムファンタジー第二弾!
2017.11 228p A6 ¥620 ①978-4-06-381633-4

◆僕の文芸部にビッチがいるなんてありえない。 9 赤福大和著 講談社 （講談社ラノベ文庫）
【要旨】「時は満ちたわ。さあ、戦争を始めましょうか?」屋敷に集まった愛羽たちに、そう耕介が結婚の事実を伝えた伊吹。真意を隠せない少女たちに、伊吹は猶予を与えるかのように告げる。自らが身を引く条件。それは、彼女たちが耕介に告白して想いを伝えること。しかし一方で、耕介がそれを受け入れず、告白に失敗した際は一度ときり耕介に近づかないこと。期限は期末テスト最終日まで。天袖、シャルテ、紫月、そして愛羽。最後のチャンスと、突きつけられたリミットに、彼女たちは何を想い、どう振る舞うのか―!?「だって育野は、私の大切な…」ビッチ×オタクの学園ラブコメ、緊迫の第九弾!
2017.6 229p A6 ¥620 ①978-4-06-381608-2

◆僕の文芸部にビッチがいるなんてありえない。 10 赤福大和著 講談社 （講談社ラノベ文庫）
【要旨】耕介は伊吹と別れて愛羽と付き合い、代わりに伊吹の秘書として一生勤め上げる―伊吹が耕介に持ちかけた、そんなハーレム計画。耕介は迷いながらも、二人のどちらも不幸にしないで済むなるその提案に乗ることにする。そして耕介は愛羽に気持ちを伝えるが、急に別れたという二人を怪しみ、愛羽は告白を信じはくれない。想いが本当であることを信じてもらうため、愛羽の母親に頼んで、彼女との同棲を認めてもらう耕介。戸惑う愛羽だったが、同棲の中で耕介の真摯な様子を見て、次第にその態度を変えていく。疑似恋愛から始まった恋の物語は、ついに愛を迎えるのか…。ビッチ×オタクの学園ラブコメ、感動のフィナーレ!
2017.9 274p A6 ¥620 ①978-4-06-381627-3

◆チアーズ! 赤松中学著 KADOKAWA （MF文庫J）
【要旨】チアガールなんか、賑やかしのコスプレだと思ってた。様々なスポーツ選手を育成する体育学校・南高校2年の浅羽舞桜は、ある朝見かけたチアガールたちの姿に憧れを抱く。チアがスポーツでもある事に気づき、競技チアでの優勝を夢見る舞桜だが…南高チア部『チアーズ』は廃部寸前の弱小チームだった。部を再建しようと、かつて優秀なチア選手だった同級生の川澄千愛を勧誘するものの「あたしチア嫌いなの」と断られてしまう。千愛にはチアを憎むようになった壮絶な過去があり…? 大人気シリーズ『緋弾のアリア』コンビが贈る青春活劇、開幕!
2017.9 256p A6 ¥580 ①978-4-04-069398-9

◆緋弾のアリア 25 羅馬の軍神星（イル・マルテ・ディ・ローマ） 赤松中学著 KADOKAWA （MF文庫J）
【要旨】東京武偵高校、そこは武力を行使する探偵一通称『武偵』を育成する特殊な学校。強襲科の超エリートでSランクの最強武偵・アリアのパートナーに選ばれてしまった（普段は）ただの一般人・遠山キンジ。"可能を不可能にする女"ネモこと『N』は、敵を分断と戦乱の暗黒時代に戻そうと企み、その魔手は既に人類を蝕みつつある。ネモとNのリーダー・モリアーティ教授の戦力において、シャーロック、ベレッタは骸を込め、キンジは未来を取り戻すためアリアと永遠の都ローマに立つ! 大スケールアクション＆ラブコメディー第25弾!
2017.4 325p A6 ¥580 ①978-4-04-069183-1

◆緋弾のアリア 26 闇穿つ大蛇（アナコンダ） 赤松中学著 KADOKAWA （MF文庫J）
【要旨】東京武偵高校、そこは武力を行使する探偵一通称『武偵』を育成する特殊な学校。強襲科の超エリートでSランクの最強武偵・アリアのパートナーに選ばれてしまった（普段は）ただの一般人・遠山キンジ。武偵高を退学させられ帯銃許可を失う彼に降りかかった一『武偵』には法の抜け穴があった。武偵企業を設立し、社長になれば武偵免許が保持できるのだ。遠山武偵事務所』を開業したキンジは、社員となった役立たずの中空知美咲と2人、プロ武偵の業界に渦巻く金と暴力の嵐に立ち向かう。ビジネスの世界でも不可能を可能にすべく奮闘するキンジだったが、そこに『N』の美しくも危険な刺客が迫り…? 大スケールアクション＆ラブコメディー第26弾!
2017.9 325p A6 ¥580 ①978-4-04-069397-2

◆三つの塔の物語 3 赤司トナ著 オーバーラップ （オーバーラップ文庫）
【要旨】イサラにかけられた呪いを解くため「塔」を攻略するフーズたちは、ランダムに発生する特殊フロアの一つ、強制参加型のバトルフロアに迷い込んでしまう。パーティは規格外の魔物に苦戦を強いられる。窮地を脱するため、イサラはある『切り札』の使用を決意する。だがその『切り札』は呪いに蝕まれたイサラの身体にさらに負担をかけるもので―。そして、封印されていた最上級魔壊神が復活。再封印に必要な存在であるイサラは、魔族から狙われることになる。フーズはイサラを守り切ることができるのか? そして彼女を呪いから解放することができるのか…!?
2017.1 462p A6 ¥830 ①978-4-86554-190-8

◆王宮書庫のご意見番 安芸とわこ著 アルファポリス、星雲社 発売 （レジーナブックス）
【要旨】瞬間記憶能力を持つ平民少女カグミ。実家で平和に暮らしていた彼女は、ある日一年間の王宮勤めを命じられてしまう。しかも、出仕してみれば王宮内の陰謀に巻き込まれ、腹黒王子に目をつけられた! カグミは自分の身を守るためにも、王子と陰謀を阻止することになって…
2017.5 298p B6 ¥1200 ①978-4-434-23232-9

◆王太子様の子を産むためには 秋風からこ著 アルファポリス、星雲社 発売 （レジーナブックス）
【要旨】お城で働くメイドのアレットは、王太子のリオネルに密かに憧れている。彼女はある晩、媚薬を飲まされ我を忘れたリオネルと、一夜を共にしてしまった。彼とはそれきりの関係だと思っていたのに、ひと月後、アレットの妊娠が判明! 一方リオネルは、あの夜の相手をずっと探していたらしく、アレットの妊娠を知ると、子供の父親になりたいと言ってくれた。リオネル

小説

ヤング・アダルト小説

との身分差に悩みながらも、彼のそばで子供を産むことを決意したアレット。すると平凡で地味な暮らしから一転、お妃様のような生活が始まってしまう―!?
2017.11 359p A6 ¥670 ①978-4-434-23904-5

◆**いい加減な夜食　4**　秋川滝美著　アルファポリス、星雲社 発売　（アルファポリス文庫）
【要旨】新たなメンバーも増え、ますます賑やかになった原島邸。総裁・俊紀の妻にして、元夜食係の佳乃も充実した日々を送っていた。そんなある日、原島邸に飲酒運転の車が突っ込む事故が発生。それをきっかけに、佳乃は飲酒運転による事故を減らせないかと考える。ちょうど高校の同級生が政治家となって飲酒運転撲滅を提唱していることを知り、同窓会でその彼と再会。だが、なんと彼から告白されて!?一方、俊紀のもとにも不穏な女性の存在がちらつき…。
2017.3 359p A6 ¥670 ①978-4-434-22982-4

◆**居酒屋ぼったくり　7**　秋川滝美著　アルファポリス、星雲社 発売
【要旨】東京下町にひっそりとある、居酒屋「ぼったくり」。名に似合わず安くて旨い酒と美味しい料理、そして今時珍しい義理人情がある―旨いものと人々のふれあいを描いた短編連作小説、待望の第7巻！　全国の銘酒情報、簡単なつまみの作り方も満載！！
2017.3 277p A6 ¥1200 ①978-4-434-23055-4

◆**居酒屋ぼったくり　8**　秋川滝美著　アルファポリス、星雲社 発売
【要旨】東京下町にひっそりとある、居酒屋「ぼったくり」。名に似合わず安くて旨い酒と美味しい料理、そして今時珍しい義理人情がある―。旨いものと人々のふれあいを描いた短編連作小説、待望の第8巻！　全国の銘酒情報、簡単なつまみの作り方も満載！2018年春TVドラマ化決定!!
2017.10 287p A6 ¥1200 ①978-4-434-23874-1

◆**マギクラフト・マイスター　11**　秋ぎつね著　KADOKAWA　（MFブックス）
【要旨】仁はエルザとの結婚後、何かとショウロ皇国のため、ひいては世界のために技術提供や監修にあたる。女皇帝専用の円形翼飛翔機の製作と献上、注文殺到の侍女ゴーレムに眼鏡の製作、カイナ村の開発と、相変わらず多忙を極める。だがそれとは別に、エルザと礼子との日常を、自分なりに過ごしていくのだった。しばらくして、仁と調査隊がまとめた遺跡の解析結果を世界が共有したころ、第五師から『情報収集する謎の自動人形』の報告が入った。敵か味方かわからぬまま調査を進めると、立て続けに異変は起こる。突如、各地に巨大な洞窟が口を開き、そこから現れた金属製の怪物による襲撃が発生したのだという。各国が対応策に追われるなか、ついに仁の蓬莱島軍団が日の目を浴びることとなるのだが…。はたして異変の正体とは!?仁が世界的な存在に変わっていく！　何から何まで規模拡大中の第十一幕！
2017.3 282p B6 ¥1200 ①978-4-04-069138-1

◆**マギクラフト・マイスター　12**　秋ぎつね著　KADOKAWA　（MFブックス）
【要旨】星の管理を任された者たちの攻防、そして和解を経て、再び平穏を手にした仁とこの星の人類。だがこの時の傷跡は大きく、広大な地を支援し復興させる仁。石鹸を製作して衛生管理体を強化させたり、モノ作りもかかせないなど、色々に多忙を重ねる。そんな中、愛妻エルザが体調不良になり、仁の心労は増すばかり。だが心配したのも束の間、原因が口を確かめていけへと形を変えるのであった…。現代知識と魔法の融合によって宇宙進出に乗り出した仁と、そこで巻き起こる最大の危機！　エルザと、世界を救おうと立ち上がる仁の、未知への挑戦が始まる！
2017.7 282p B6 ¥1200 ①978-4-04-069356-9

◆**マギクラフト・マイスター　13**　秋ぎつね著　KADOKAWA　（MFブックス）
【要旨】仁の帰還から三年の月日が流れた。復興の進みは早く、人々の顔に笑みが戻ってきている。仕事の合間に訪れるカイナ村では、すっかり大きくなったユウとミオが仁を癒していく。こんな日常を、自らの力で手にした仁は、これ以上ない充実した時間を過ごすのだった。そして、この大災害を機に、一つにまとまろうと世界も動き始める。その第一歩として、謎に包まれていたレナード王国との交渉が行われることとなり、第一次使節団に選ばれた仁とその仲間を待ち受けるものとは！ 何ｃ自重しない魔法工学師の漫遊記、いよいよ大詰め！
2017.11 284p B6 ¥1200 ①978-4-04-069591-4

◆**夏空のモノローグ**　秋月鈴音著　一二三書房（オトメイトノベル）
【要旨】PlayStation 2、PlayStation Portable、そして現在はスマートフォンでも楽しめる"泣ける"名作『夏空のモノローグ』が、ファン待望のオリジナル小説となって登場!!7月29日―土岐島高等学校科学部のメンバーは、部室に集まり、いつものように賑やかに親交を深めていた。そんな時ひとり遅れていたカガハルが颯爽と登場し、ある企画を提案する。「星に願いを！　ロマンティック☆ミルキーウェイ―科学部にな的ばか祭り」単に、葵の浴衣姿を見たかったカガハルの作戦だったのだが、結果的に実施することになり、願いを七夕に託すことに…。科学部メンバーの願いはかなえられるのか!?原作ディレクター・一ジョー監修の元、ゲームでは語られなかったエピソードが堪能できる、夏空ファン必読の書
2017.7 247p B6 ¥1300 ①978-4-89199-460-0

◆**ぼんくら陰陽師の鬼嫁　2**　秋田みやび著　KADOKAWA　（富士見L文庫）
【要旨】野崎芹は陰陽師・北御門皇臥と契約結婚をしている。彼の式神が見えたことで見初められたが、生活上の利害の一致から決断したのだ。だが、かつての時代の公務員たる陰陽師一家の家計は厳しかった！　それも皇臥が怪奇な事件が苦手なほんくら陰陽師だからだ。そこで芹はプロの嫁として、持ち前の機転と旦那使役スキルで依頼を解決する。すると今度は姑から、結婚のお披露目をしろと厳しい指令が。前門の霊、後門の姑を退魔お仕事嫁語、待望の第二弾！
2017.4 315p A6 ¥620 ①978-4-04-072193-4

◆**ぼんくら陰陽師の鬼嫁　3**　秋田みやび著　KADOKAWA
【要旨】ぼんくら陰陽師・北御門皇臥のプロ嫁として、今日も厳しい家計をやりくりする野崎芹。そんな中、次の嫁のお披露目をしろと叔父の武人がやって来る。無骨な武人は、姑・史緒佳と相性がよろしくないようで、門前からバチバチと火花を散らしい嫁の応酬！　いつもは敵の史緒佳だが、今回ばかりは一時休戦、最強嫁姑タッグ成立！？ その本用意しているいわくつきの白無垢が北御門家にさらなる混乱を招く！　旦那使役スキルもますます上がる、退魔お仕事嫁物語、第三弾！
2017.12 314p A6 ¥620 ①978-4-04-072194-1

◆**魔術士オーフェンはぐれ旅―キエサルヒマの終端**　秋田禎信著　TOブックス　（TO文庫）
【要旨】結界の消滅から一年。修業を終えた少女・クリーオウは秘めた想いを胸に荒野へと旅立つ。指名手配中の"魔王"を追うため―。一方、混乱を極めるキエサルヒマ大陸では、貴族連盟と魔術師同盟の二大勢力が激しく対立を深めていた。秩序が崩壊する中、魔王オーフェンは一人、未開の地を見つめる。はぐれ魔術師の願いはただ一つ。変化と戦い、かつ拒絶しない。終端のその先へ！　第二部と第四部を繋ぐ新天地への序曲。
2017.9 252p A6 ¥650 ①978-4-86472-612-2

◆**魔術士オーフェンはぐれ旅―約束の地で**　秋田禎信著　TOブックス　（TO文庫）
【要旨】"俺には使命があった―"新大陸への旅立ちから二年。魔術士オーフェンは魔術学校の校長と、三姉妹の父として慌しい毎日を送っていた。ある時、彼の同窓の息子にして"牙の塔"の秀才マヨールと、妹・ベイジットがキエサルヒマの視察にやって来る。その邂逅で暴かれる現実―魔術師派との対立、神人種族、魔王派の存在が、大陸を激動の渦に巻き込んでいく…。時の重みと新世代の台頭が交錯する第四部序章「魔王の娘の師匠」も収録。
2017.10 285p A6 ¥650 ①978-4-86472-613-9

◆**魔術士オーフェンはぐれ旅―原大陸開戦**　秋田禎信著　TOブックス　（TO文庫）
【要旨】「ぼくは、昔のこの人と同じことをしてるんだな」三年ぶりに原大陸を訪れたマヨールは、魔王オーフェンと再会を果たす。そこで知る、大陸の緊迫した情勢―魔術士隊は狂化しと戦い、彼らに反発する勢力の指導者"死の教師"カーロッタが暴進していた。行方不明の妹・ベイジットを探す目的もあり、マヨールは"牙の塔"の面々と独自に調査を開始するが…。事態はそれぞれの想定を遙かに上回る、見えない絶望的な状況の中、はぐれ魔術士たちの死闘が幕を開ける！中編「魔術戦士の師弟」収録。

2017.11 351p A6 ¥680 ①978-4-86472-628-3

◆**魔術士オーフェンはぐれ旅―解放者の戦場**　秋田禎信著　TOブックス　（TO文庫）
【要旨】カーロッタ率いる自由革命闘士の襲撃は、戦術騎士団を崩壊させた。責任を問われたオーフェンを市議会は拘束。残されたマジクとフィンランディ姉妹は、魔術士たちは治安維持に奔走するが、キエサルヒマより遥かに巨大な要塞船が予想以上の脅威となる。一方、妹・ベイジットを探すマヨールが辿り着いた開拓村では、"ヴァンパイア"が統治していた…。混乱極まる原大陸の覇権争いは全面戦争へ突入する！　中編「と、魔王は考える」収録。
2017.12 380p A6 ¥700 ①978-4-86472-639-9

◆**魔術士オーフェンはぐれ旅―魔術学校攻防**　秋田禎信著　TOブックス　（TO文庫）
【要旨】「革命だよ」"リベレーター"の襲来により、原大陸は永き平穏を失った。反魔術士の勢力が拡大する中、"戦術騎士団"に魔術学校に追い詰められた。旅を続けるマヨールはエドやラチェットと合流するが、新たな刺客が出現。大規模な戦闘が勃発してしまう。誰も救いを求める混沌の中、帰還する魔王オーフェン。はぐれ魔術士たちの逆襲が始まるのだけど、革命を目指すベイジットには容赦のない現実が襲いかかる…。中編「エド・サンクタムの生活」収録。
2018.1 345p A6 ¥730 ①978-4-86472-641-2

◆**崖っぷちから始める世界寿命の延ばし方 Step2 英雄エルフちゃんが二人の弟子を育てます！**　秋月煌介著　KADOKAWA　（MF文庫J）
【要旨】先代英雄ヒューイの死から五年後、世界は変わらずに"黙示録の獣"の脅威に晒され滅亡への一途を辿っていた。襲撃してきた現実英雄のフィオは継承を行うためにウェズリー、キリエという二人の弟子を取るのだが「二人とも、もっと仲良くできませんか？」「こいつの言葉遣いが汚いのが悪いんです」「このガキがつっかかるのが悪いっ」なんだかんだでどうにかこうにか、各地を旅しながらも世界の滅亡を食い止めていた。ある日、英雄の力の全てが記されている遺物"ゲオルギアの魔術書"の判明した手がかりを頼りに捜索に向かった一行だったが、フィオはかねてから弟子の二人に隠しているその一一。終末世界を巡る、儚く切ない英雄継承譚、希望を繋ぐ為の第二巻！
2017.1 295p A6 ¥580 ①978-4-04-069007-0

◆**崖っぷちから始める世界寿命の延ばし方 Step3 偽りの英雄が英雄エルフちゃんを守ります！**　秋月煌介著　KADOKAWA　（MF文庫J）
【要旨】人と獣の激闘は続いていた。未だ意識を取り戻さない英雄、フィオに代わって偽りの希望となった弟子のウェズリーはキリエ達と共に奔走するが"黙示録の獣"の圧倒的な成長力に為す術なく蹂躙されていた。獣の進化により、突如、出現した大樹の振り撒く瘴気の影響で、人類滅亡までに残されたリミットは僅か三日間に。憔悴していくウェズリーのため、ソーニャは決戦に向けてある行動を開始する。みんなが、眠り続けているフィオを想う。「わたしがいなくなるのは、辛くて残酷な世界だから。そこがどんなに辛くても、ヒューイット様が守った世界だから」「その身に刻め、獣。おまえたちの憎悪なんかに屈しない、人間の力だ」―世界が英雄の目覚めを待っている。
2017.4 290p A6 ¥580 ①978-4-04-069281-4

◆**キリングメンバー―遥か彼方と冬の音**　秋月陽澄著　KADOKAWA　（電撃文庫）
【要旨】ある朝、学校の理科準備室で桜井夏希が殺された。当日学校を休んでいた藤枝吉は、友人の山崎悦斗から事件の話を聞き、不謹慎ながら興味を抱きはじめる。刑事である山本観月と柴田旭は捜査に乗り出し、被害者の父である桜井秋園もまた独自に犯人特定を急いでいた。事件が起きても日常は進む。現は休日に近藤此方と遊び、恋人である久保詩織と下校する。しかし、そこで観月に声を掛けられたから事態は急転する。次々と不審死を遂げる学校関係者。連続殺人犯と連続誘拐犯。六年前に起きた凄惨な事件とその被害者。全てに関わる一人の人間。これは、謎を解き、犯人を暴く物語ではない。
2017.5 319p A6 ¥630 ①978-4-04-892885-4

◆**イノシシ令嬢と不憫な魔王―目指せ、婚約破棄！**　秋杜フユ著　集英社　（コバルト文庫）
【要旨】クロエは侯爵令嬢でありながら、おしとやかとは正反対の性格。宰相である祖父の後押

しを受け、女騎士の道を邁進中。だが、そんな彼女に縁談が!? 相手は、悪政で国民を苦しめた前王を廃し、新王となったアルセニオス。クロエは反発するものの、命を狙われている彼女を守るためのかりそめの婚約だと言われて納得する。使命感に燃えるクロエと、猪突猛進な彼女に翻弄されるアルセニオスは…?
2017.5 251p A6 ¥590 ①978-4-08-608036-1

◆虚弱王女と口下手な薬師―告白が日課ですが、何か。 秋杜フユ著 集英社 (コバルト文庫)
【要旨】生まれつき病弱なルルディ国の王女アティナ。療養の地であるフィニカの町の領主として、気さくな領民たちと明るく暮らしていた。そして、亡き父が自分のためにアレサンドリ神国から呼んだ薬師ルイスへの恋心を自覚してから、いつ死んでも悔いが残らぬよう、日々告白しては玉砕をくり返していた。そんな中、食糧危機を発端に国を揺るがす事件が起こり…?健気な七転八倒ラブロマンス!
2017.2 236p A6 ¥590 ①978-4-08-608027-9

◆変装令嬢と家出騎士―縁談が断れなくてツライです。 秋杜フユ著 集英社 (コバルト文庫)
【要旨】隣国ヴォワールとの国境を預かるベルトラン家に王家からの縁談が舞い込む。相手は神国王の従弟フェリクス。だが、見合いをする予定の双子の姉イライアが駆け落ちしてしまう! イライアの苛立ちや心配、代わりに見合いをすることへの不安―変装して別の人間になりきるのがストレス解消法のローレナは、甘い日々を少年に変装して街へ繰り出す。ローレナはそこで謎めいた騎士と出会い…?
2017.9 285p A6 ¥600 ①978-4-08-608050-7

◆黒の魔術士と最期の彼女 秋野真珠著 KADOKAWA (ビーズログ文庫)
【要旨】人の記憶を覗くことができる力を持つ魔術士ルオを暗殺するべく雇われた少女ララ。ところが、いざ彼を傷つけようとするも―一目で彼に心を奪われてしまう。一方のルオも、愛らしいララの姿に一目ぼれ!!好きな子になら命を狙ってもいいし、彼女なんだから後を付けたって構わないよね。どこかで二人は甘い日々を送るが、妄執な愛は純愛に変わる―のか!?
2017.6 286p A6 ¥640 ①978-4-04-734481-5

◆プレイ・オブ・カラー―君に好きと伝えたい 秋野史著 KADOKAWA (魔法のiらんど文庫)
【要旨】君といるだけで世界が特別な色に変わる。『幸せを君に』秋野史の最新作! 恋歴ゼロ。自他ともに認める不完全燃焼女子高生のみちる。親友の真澄やコタローからかわれながら迎えた高2の夏日。とつぜん、みちるは恋に落ちてしまった! それは、橘拓未くん。誰もが一目置く美少年で…。果敢に接近を試みるなかで、知ってしまった彼のヒミツ。廃部寸前の映画研究部に所属する彼には、なにやら顧問の先生と"秘密の関係"にあるようで…??
2017.3 255p A6 ¥590 ①978-4-04-892827-4

◆永遠の愛をキミに誓うよ。 秋原アン著 KADOKAWA (魔法のiらんど文庫)
【要旨】高2の弥生が通う高校に、イケメンの転校生・柊木くんがやってきた。初恋の幼馴染と似ている彼に次第に心惹かれ始める弥生。同じ委員会で点検係になった2人は、日々を共に過ごす内に急接近。花火大会の日、付き合う事を決意する。しかし、幸せの絶頂のさなか、弥生は貧血で倒れ、病院に運ばれてしまう。そこで告げられた病名は命に関わるものだった。難病によって翻弄される2人の姿に号泣必至のラブストーリー!
2017.4 253p A6 ¥590 ①978-4-04-892710-9

◆漂海のレクキール 秋目人著 小学館 (ガガガ文庫)
【要旨】聖石家が治める唯一の陸地・リエスを除くほとんどが水没してしまった世界。リエスを追われた人々が『船団国家』を形成し、大海原での生活を続けていた。ある日の不法船集会で、『不沈』の異名を持つ船乗り・カーシュが出会ったのは、リエスで起きた政変を命からがら逃げのびた聖王家の末娘・サリューだった。場違いな様子のサリューを気にかけたカーシュは、彼女からある取引を持ちかけられることになる。「わたしを、この海図が示す場所に連れていって」。―自由を求め、海を漂い、最果てに想いを馳せる海洋戦記ファンタジー出航!
2017.5 327p A6 ¥611 ①978-4-09-451680-7

◆オネェ系男子攻略法 2 アキユウ著 KADOKAWA (魔法のiらんど文庫)
【要旨】晴れてオネェの七瀬と付き合う事になった七美。でも、一向に手を出してこない七瀬に対してやきもきする日々を送っていた。そんな中、社員旅行で不安をあおる"事件"が起こってしまう。更に追い打ちをかける様に、二人の付き合いを認めないと七美の父親が仕掛けた"新たな婚約者"が登場して―!?そのせいで、早くもすれ違い生活を送る二人に訪れた大ピンチ。「…七瀬、私達…友達に戻ろう」―ナナコンビ、解散!?!?!? 第9回魔法のiらんど大賞"銀賞"受賞作、待望の第2巻!!
2017.1 252p A6 ¥670 ①978-4-04-892709-3

◆お坊様と恋愛のススメ アキユウ著 KADOKAWA (魔法のiらんど文庫)
【要旨】小春は、由緒正しきお寺の眉目秀麗な副住職、翡翠様に片思い中。何度もアタックするが、翡翠様はあくまでも穏やかに、微笑みをたたえて毒を吐く。「先ずはもう少し、女性磨きをされた方が良いでしょうね」九十七回目の玉砕を迎えた時、どうしても翡翠様の特別にないたい小春は「百回告白してダメだったら諦めよう」と覚悟を決め、残りの三回を成功させる為に奮闘する。でも、現実はなかなか上手くいかなくて―。毒舌お坊様×キャリアウーマンの恋はどうなる!?
2017.5 234p A6 ¥570 ①978-4-04-892963-9

◆運命の彼は、キミですか? 秋吉理帆著 KADOKAWA (角川ビーンズ文庫)
【要旨】あこがれの綾城学園の入学式の日、貧血で倒れた千代。記憶の中にある助けてくれた手の形と、芸術コースの証の青いネクタイを手がかりに"運命の王子様"を探すけれど、見つけた彼、楠瀬晴は普通科の生徒。晴に近づきたくて、文化祭で展示するぼくのモデルを頼んだ千代は、彼の悲しい過去を知って…!? 本当の君を知って、きっともっと好きになる。切ない泣きキュンラブ!
2017.12 253p A6 ¥580 ①978-4-04-106372-9

◆悪ノ大罪 master of the heavenly yard 悪ノP(mothy)著 PHP研究所
【要旨】運命から歩み悲しき双子から始まった壮大な物語が今、幕を閉じる―累計125万部突破の『悪ノ娘』『悪ノ大罪』シリーズついに完結!!
2017.12 302p B6 ¥1200 ①978-4-569-83640-9

◆ネメシスの銃口―悪ノ大罪 悪ノP(mothy)著 PHP研究所
【要旨】崩壊目前の世界。精神科医であるレヴィア=バリーゾールのもとに、とある人物がネメシス=スドウを連れて訪ねてくる。呆然自失で会話もままならない彼女の過去を知るため、レヴィアは特殊能力「転身」を使い、ネメシスの人生を追体験することになって…。大罪シリーズ第七弾のテーマは「憤怒」。罪の悪魔と契約した女性の壮絶な人生が描かれる―悪ノPノベルシリーズ最新作!
2017.3 281p B6 ¥1200 ①978-4-569-83577-8

◆されど罪人は竜と踊る 19 灰雪の蹉跌 浅井ラボ著 小学館 (ガガガ文庫)
【要旨】死闘の果てに、ガユスとギギナのアシュレイ・ブフ&ソレル呪式士事務所は、ついにエリダナの守護者である七門に就任した。大手となった彼らの前に、不可解な死の真相。富豪マーコート家の幼女が九歳になると殺しに現れる黒い霧の呪い。復讐者ハンハウトが暴くのは、人の欲望と邪悪が悲劇と惨禍を引き起こし、連鎖を拡大していくという事実。そして、事務所内部に潜む内通者「猫日」との対決が迫る。魔女ニドヴォルグがもたらした"宙界の瞳"の謎に、彼らはいかなる決断を下すのか。
2017.2 482p B6 ¥741 ①978-4-09-451659-3

◆されど罪人は竜と踊る 20 三千万の美しき残骸 浅井ラボ著 小学館 (ガガガ文庫)
【要旨】"宙界の瞳"を求める旅を続けるガユスとギギナは、ルゲニア共和国に到着。英雄たちによって独裁政権が倒れ、新政府の投票を行う国家で"宙界の瞳"を廻る探索行が開始される。ルゲニアの新元首の席を求めて、かつての革命の英雄たちが争いあい、惨禍を生む。一方、ネデンシア人民共和国では謎の流星が落下。流星は形を持った厄災へと姿を変え、国家を未曾有の危機に陥れる。その頃、エリダナでは七門同士の陰惨な戦いが開始されていた―。ウコウト大陸各地で同時進行する物語、崩壊への序曲。人々の選択はどこへ向かうのか。
2017.9 739p A6 ¥917 ①978-4-09-451698-2

◆道‐MEN―北海道を喰いに来た乙女 アサウラ著 集英社 (ダッシュエックス文庫)
【要旨】20××年、北海道は独立国家となり日本との断交政策を実施。そんなある時、日本の工作員と思しき少女・早乙女めろんが捕縛される。北海道特殊機密部隊『道MEN』が対応に当たることになったのだが、彼女は自分の目的は破壊工作でも情報操作でもなく、ただ北の美食を堪能するために来たと言い張るのだった。道MENを率いる斉藤岳之助はしかし苦しむ彼女の喰い倒れの旅をエスコートすることになるのだが、その最中、道内に潜伏していた千葉県の工作員から謎の襲撃を受ける。さらに無数の思惑が絡み合い、最強と謳われる群馬の工作員までもが活動を開始する…。北海道喰いまくりながらのアクション超大作、堂々始動!!
2017.6 355p A6 ¥640 ①978-4-08-631190-8

◆僕はリア充絶対爆発させるマン 浅岡旭著 KADOKAWA (富士見ファンタジア文庫)
【要旨】この社会では、モテ度を数値化した『恋愛適性』によって人生が決まる。適性が高い者はリア充養成学校『告立校』に進学し、低い者は非リア専用の『独立校』へ強制送還される。初の適性0点を出したリア充に憧れる少年・遙は、リア充から迫害を受けるなか、突如として『リア充を爆発させる能力』を発現する!「あの独身術…アンタ非リアの天才ネ」困惑するそんな彼に目を付けたのは反リア充組織の少女・姫奈。勢いのまま彼女と共にリア充のフリしてリア充破壊活動に挑むことに!?そんな中、本好きの男性や見た目甘辛ビタークール(中身腹黒)の青年が織りなす甘々&すれ違いラブ。非リアヒロインと贈る異能青春ラブコメ、大爆誕!
2017.11 286p A6 ¥640 ①978-4-04-072522-2

◆初めての人になってくれませんか? 浅葱著 一迅社 (メリッサ文庫)
【要旨】「ねぇ、私のはじめての人になってくれませんか?」結婚前に性交渉をしていないと魅力がないとみなされ、離縁される可能性もある国に住む、内気な少女リルア。初めて見合い前に男性と関係を持つため、図書館で働く上司で、想いをよせる伯爵の弟アルベルトに処女をもらってくださいとお願いする。けれど、なぜか彼からたくさんの『初めて』を教えこまれることになって―!?本好きの男性×見た目は甘辛ビタークール(中身腹黒)の青年が織りなす甘々&すれ違いラブ。
2017.2 367p A6 ¥648 ①978-4-7580-4908-5

◆イジワル社長は溺愛旦那様!? あさぎ千夜春著 スターツ出版 (ベリーズ文庫)
【要旨】マーケティング会社の社長・湊の秘書をしている夕妃。湊は仕事で敏腕、さらに容姿端麗という極上の男。女子社員にモテモテでも女の噂ひとつないが、会社では絶対に内緒だけど、実は夕妃と湊は夫婦! 仕事では厳しい湊も、プライベートでは夕妃を溢れさせるほど溺愛する。甘い新婚生活を送る夕妃と湊だけど、ふたりの結婚にはある秘密があって…? 文庫でしか読めない書き下ろし番外編付き!
2017.10 377p A6 ¥640 ①978-4-8137-0329-7

◆御曹司による贅沢な溺愛―純真秘書の正しい甘やかされ方 あさぎ千夜春著 スターツ出版 (ベリーズ文庫)
【要旨】失恋をきっかけに上京した美月は、老舗寝具メーカーの副社長・雪成の秘書になる。ある日、元カレの婚約を知ってショックを受けていると、雪成が「俺がうんと甘やかして、その傷を忘れさせてやる」と言って熱く抱きしめてきて―!?さらに、強引に彼のマンションへと連れられ、その言葉通り甘やかされる美月。昼も夜も徹底的に愛でられ、ボロボロだった美月の心は次第にとろけていき…。文庫でしか読めない書き下ろし番外編付き!
2018.1 351p A6 ¥640 ①978-4-8137-0379-2

◆逆境シンデレラ―御曹司の強引な求愛 あさぎ千夜春著 スターツ出版 (ベリーズ文庫)
【要旨】エール化粧品で清掃係として働く沙耶は"軽薄な女好き"と噂のイケメン御曹司・基が苦手。ワケあって行った彼の誕生日パーティで、強引にキスをされてしまう。しかも、軽薄なはずの基がその日から溺愛モードに!!毎日呼びよせられてデートに誘われる沙耶。基の本気の思いを知り、揺れながらも身分違いの恋に一線を引く沙耶だが、基は「君のすべてが愛しい」と一途に愛を伝えてきて…!
2017.3 301p A6 ¥620 ①978-4-8137-0218-4

◆寵妃花伝―傲慢な皇帝陛下は新妻中毒 あさぎ千夜春著 スターツ出版 (ベリーズ文庫)

ヤング・アダルト小説

【要旨】純真無垢な藍香は、ひょんなことから皇帝陛下の"形だけの妃"として無理やり後宮に入れてこられてしまう。迎えた初夜、陛下の愛のない傲慢な振る舞いに、ウブな藍香はまさかの大失態!? それでも、妃として誠心誠意仕える健気な藍香のすべてが欲しくなった陛下は、独占欲剥き出しに、溺愛猛攻をスタート! 新妻を愛しすぎた陛下の新婚生活は、想像以上に甘くて…。 2017.9 351p A6 ¥640 ①978-4-8137-0319-8

◆初めましてこんにちは、離婚してください
あさぎ千夜春著　スターツ出版　(ベリーズ文庫)

【要旨】家のために若くして政略結婚させられた莉央。相手は、容姿端麗だけど冷徹なIT界の帝王・高嶺。互いに顔も知らないまま十年が経ち、莉央はついに"夫"に離婚を突きつける。けれど高嶺は離婚を拒否し、まさかの溺愛モード全開に豹変!? 莉央を強引に自分のマンションに同居させ、「お前が欲しい」と熱っぽく愛を囁いてくる。愛のない結婚のはずなのに溺愛される毎日に戸惑う莉央だけど…!? 2017.6 337p A6 ¥630 ①978-4-8137-0264-1

◆百貨店トワイライト―おしゃべりシェパードと内緒の話
あさぎ千夜春著　三交社　(スカイハイ文庫)

【要旨】冷めた女子高生の白藤鈴蘭は、春にしゃべるシェパード・マダムと知り合い、街一番の富豪の三日月家で犬の散歩係兼、御曹司・紫檀の朗読係として雇われる。ある日、鈴蘭はクラスメイトの姫蘇子に夏休み限定で百貨店のアルバイトに誘われる。それを紫檀に話すと、仕事のかけもちが大変だろうと、三日月邸に居候を許される。遭遇した百貨店での"謎"を紫檀に話すうち、鈴蘭は紫檀に初恋の相手がいることを知る。それ以来、気持ちがすっきりしない鈴蘭を更に混乱させる出来事が起きて—。 2017.7 301p A6 ¥680 ①978-4-87919-199-1

◆宝石王子と五つの謎―おしゃべりシェパードと内緒の話
あさぎ千夜春著　三交社　(SKYHIGH文庫)

【要旨】白藤鈴蘭は他人に頼らず生きてきた冷めた女子高生。マダム風にしゃべるシェパード犬と知り合ったことから、街一番の豪邸・三日月家に朗読兼犬の散歩係として雇われる。マダムと呼んでいるシェパードは実は当主である紫檀の母親が生まれ変わった姿だった。10年間屋敷の外に出ていない紫檀の友人になってほしいとマダムに頼まれるが、話すきっかけすら掴めず悩む鈴蘭。だがある日、学校で英語教師が不機嫌だった理由が謎だと話すと、紫檀は「謎」という言葉に興味を示してくれて—。 2017.9 309p A6 ¥700 ①978-4-87919-191-5

◆男装王女の華麗なる輿入れ
朝前みちる著　KADOKAWA　(ビーズログ文庫)

【要旨】「ちょいと隣国に嫁いできやれ」「お任せください!」―母である女王の軽い一言に即答したリュカリスは、星王国の"無能力"な王女。……ただし、国を一、二を争う立派な男装騎士! そんな結婚相手を見るからに、お相手の帝国皇太子、天才と噂のアルトゥールが星王国に滞在することに! 張り切って迎えるリュカリスだが、アルトゥールの言動はな～んか引っかかる!? 2017.4 255p A6 ¥620 ①978-4-04-734435-8

◆男装王女の久遠なる輿入れ
朝前みちる著　KADOKAWA　(ビーズログ文庫)

【要旨】天然発言を繰り返す男装王女リュカリスに翻弄され、そろそろ心臓がもたない皇太子アルトゥール。婚礼式も間近という時、星王国第一王子ゼノンが訪れる。帝国嫌いな彼はリュカリスに「期限内に帝国人に受け入れられなければ、婚約を白紙に戻す」と無茶な要求を突きつけてきて!? 全国民を敵に回す大団円なるか―勘違い輿入れラブコメ堂々完結!! 2017.11 284p A6 ¥680 ①978-4-04-734648-2

◆男装王女の波瀾なる輿入れ
朝前みちる著　KADOKAWA　(ビーズログ文庫)

【要旨】国のため婚約した無能力な王女リュカリスと、天才皇太子のアルトゥール。相変わらず国内の女子からモテモテの男装騎士であるリュカリスに呆れつつも、アルトゥールは自分の中に帝国に戻るアルトゥールが星王国に中滞在期間も終わり受けるのにと、全員個性的な皇族一家で!? 2017.5 252p A6 ¥620 ①978-4-04-734647-5

◆ギルドレ 2 滅亡都市　朝霧カフカ著　講談社　(講談社BOX)

【要旨】記憶喪失の少年、神代カイル―かつて世界を救った"世界最弱の救世主"。彼の下に届いたミッションは、ある日突然滅びた研究都市SOLCにただ一人とり残された生存者の少女を救出せよ、というものだった。人類の最新兵器"リンケージ・ドローン"を操る仲間と共に訪れた廃墟で、カイルはかつての滅亡の真相に直面する。そして都市にはもうひとつの謎が隠されていた。そこはかつて『救世主が死んだ場所』だったのだ―世界の謎が加速していく待望のシリーズ第2弾! 2017.2 283p B6 ¥1000 ①978-4-06-283899-3

◆小さな魔女と野良犬騎士 2
麻倉英理也著　主婦の友社　(ヒーロー文庫)

【要旨】奇妙な共同生活を始めた野良犬騎士アルトと小さな魔女ロザリン。大人と子供とはいえ二人が同じ部屋で暮らすのには問題がある。かざはな亭の風紀を守る為、またはカトレアの嫉妬心をこれ以上暮らせないため、アルトは新たな住まいとロリコン疑惑からの脱却を求めて、低気圧通りの顔役で冒険者ギルドの頭取を頼ることにした。しかし、これが不運にもアルトの今後を左右する厄の種となってしまうのだった。新しい住居を提供する条件として、アルトは頭取からある頼み事を依頼されるのだが—。 2017.5 351p A6 ¥620 ①978-4-07-424668-7

◆小さな魔女と野良犬騎士 3
麻倉英理也著　主婦の友社　(ヒーロー文庫)

【要旨】野望の少女フランチェスカ＝フランシー。貴族派の筆頭として王族派と対立する影の実力者が、その野望と野心を剥き出しにする時がやってきた。太陽祭を午後に控え、賑やかさを増す王都の裏側でひっそりと謀略が侵食していく。強力な魔術兵装『久遠院』を使用して、水晶宮を破壊し国家神である水神リューリカが眠る寝所へ足を踏み入れようと企むフランチェスカ。しかし、それを阻止せんとエンフィール王国騎士団最強にして美しき戦乙女、英雄シリウス＝Mーアーレンが立ち上がるのだった。 2017.12 334p A6 ¥620 ①978-4-07-428672-0

◆放課後音楽室
麻沢奏著　スターツ出版　(スターツ出版文庫)

【要旨】幼い頃から勉強はトップクラス、ピアノのコンクールでは何度も入賞を果たすなど"絶対優等生"であり続ける高2の理穂子。彼女は、間もなく取り壊しになる旧音楽室で、コンクールに向けピアノの練習を始めることにした。そこへ現れたのが、謎の転校生・相良。自由でしなやかな感性を持つ彼に、自分の旋律を「表面的」と酷評されるも、以来、理穂子の中で何かが変わっていく―。相良が抱える切ない過去、恋が生まれる瑞々しい日々に胸が熱くなる。 2017.10 271p A6 ¥560 ①978-4-8137-0345-7

◆放課後図書室
麻沢奏著　スターツ出版　(スターツ出版文庫)

【要旨】君への想いを素直に伝えられたら、どんなに救われるだろう―。無口でおとなしい早瀬は、高2になると、無表情で掴みどころのない早瀬と図書委員になる。実はふたりは同じ中学校で「付き合って」いた関係。しかし、これが言葉すら交わしたことのない間柄だったが、果分は密かに早瀬に想いを寄せていて…。ふたりきりの放課後の図書室、そこは静けさの中、切ない恋心が溢れだす場所。恋することの喜びを全身で、感涙必至の物語。 2017.3 287p A6 ¥570 ①978-4-8137-0232-0

◆86―エイティシックス　安里アサト著　KADOKAWA　(電撃文庫)

【要旨】サンマグノリア共和国。そこは日々、隣国である「帝国」の無人兵器"レギオン"による侵略を受けていた。しかしその攻撃に対して、共和国側も同型兵器の開発に成功し、辛うじて犠牲を出すことなく、その脅威を退けていたのだった。そう一表向きは。共和国全85区の外。"存在しない第86区"。そこでは「エイティシックス」の烙印を押された少年少女たちが日夜"有人の無人機"として戦い続けていた―。死地に向かう者たちを率いる少年・シンと、遙か彼方から、特殊通信で彼らの指揮を執る"指揮管制官"となった少女・レーナ。二人の激しくも悲しい戦いと、新しい物語が始まる―! 第23回電撃小説大賞"大賞"の栄冠に輝いた傑作、堂々発売! 2017.2 340p A6 ¥630 ①978-4-04-892666-9

◆86―エイティシックス Ep.2 ラン・スルー・ザ・バトルフロント 上　安里アサト著　KADOKAWA　(電撃文庫)

【要旨】共和国の指揮官・レーナとの非業の別れの後、隣国ギアーデ連邦へとたどり着いたシンたち"エイティシックス"の面々は保護され、一時の平穏を得る。彼の下に届いた連邦軍に志願し、再び地獄の最前線へと立った彼らは、シンの"能力"によって予見された"レギオン"の大攻勢に向けて戦い続ける。そしてその傍らには、彼らよりさらに若い、年端もいかぬ少女である、新たな仲間である「フレデリカ・ローゼンフォルト」の姿もあった。彼らはなぜ戦うのか。そして迫りくる"レギオン"の脅威を退ける術とは―? 第23回電撃小説大賞"大賞"受賞作第2弾! シンとレーナの別れから、奇跡の邂逅へと至るまでの物語を描く"ギアーデ連邦編"前編! "死神は、居るべき場所へと呼ばれる" 2017.7 275p A6 ¥590 ①978-4-04-893232-5

◆86―エイティシックス Ep.3 ラン・スルー・ザ・バトルフロント 下　安里アサト著　KADOKAWA　(電撃文庫)

【要旨】敵"レギオン"の電磁加速砲による数百キロ彼方からの攻撃は、シンのいたギアーデ連邦軍の前線に壊滅的被害を与え、レーナが残るサンマグノリア共和国の最終防衛線を吹き飛ばす。進退極まったギアーデ連邦軍は、1つの結論を出す。それはシンたち「エイティシックス」の面々を"槍の穂先"として、電磁加速砲搭載型"レギオン"の懐へ一敵陣のど真ん中に突撃させるという、もはや作戦とは言えないものだった。だがその渦中にあって、シンは深い苦しみの中にあった。「兄」を倒し、共和国からも解放されたはず。それなのに、待望Ep.3"ギアーデ連邦編"後編。なぜ戦う、"死神"。何のために。誰のために。 2017.12 345p A6 ¥650 ①978-4-04-893397-1

◆異世界とチートな農園主 4　浅野明著　アルファポリス、星雲社 発売

【要旨】元・引きこもりの私、三船鈴音がVRMMOゲーム「楽しもう! セカンドライフ・オンライン」と似た世界にプレイキャラのリンとしてトリップしてから五年以上経った。ある日、知り合いの誘いで、ロウス皇国のメーティル地方に行くことになった。そこでは、イタチョーなる人物がオンセン宿を経営し、米を使った料理を提供している。これはどことなく同郷のニオイがしますな! 早速イタチョーに会いに行って、農園で育てるお米の苗をゲット! ……と思ったんだけど。苗を分けてもらえるという村に行ってみたら、なぜか村が丸々消えていた。やっと日本人のソウルフードが手に入ると思ったのに! お米のために全力で解決せねば! 食べ物の恨み(?)は怖いのだ! ……え? そりゃあ、村人の命優先デスヨ? 2017.1 292p B6 ¥1200 ①978-4-434-22942-8

◆異世界とチートな農園主 5　浅野明著　アルファポリス、星雲社 発売

【要旨】元・引きこもりの私、三船鈴音がVRMMOゲーム「楽しもう! セカンドライフ・オンライン」と似た世界にプレイキャラのリンとしてトリップしてから五年以上経った。いまや、農園はかなり充実している。知り合いの伝手で研究学園に見学に行ったおかげで、魚やタコ…じゃなかった、クラーケンの養殖・飼育を始めることができたし、牧場にもヘビ以外の動物が増えた。…ちょっと凶暴だが。ともあれ、もうじき作物も収穫時期を迎える。そこはひとつ、盛大に収穫祭を開こう! 皆を招待して、収穫体験会に美味しい料理を堪能してもらおう! 大丈夫だって。うちの農園には魔物っぽいものもいるけど…コワクナイヨ? 2017.6 296p B6 ¥1200 ①978-4-434-23513-9

◆光と闇の旅人 3 決戦のとき　あさのあつこ著　ポプラ社　(ポプラ文庫ピュアフル)

【要旨】引っ込み思案で少し泣き虫な少女・結祈の住む東湖市で、相次ぐ不審な行方不明事件。被害者の背後を探ると、ある病院と医師の存在が浮かび上がってきた。時を同じくして、結祈の双子の弟・香楽に異変が起きて―。人は、自らの中に燃え上がる「憎しみ」をどこへ向かわせればいいのか。固い絆で結ばれた姉弟と、太陽の娘たち。金銀の太刀が指し示すは…。独特の世界に引きこまれるファンが続出! あさのあつこの傑作青春文学、待望の完結篇。 2017.3 269p A6 ¥640 ①978-4-591-15408-3

◆X-01エックスゼロワン 2　あさのあつこ著　講談社　(YA! ENTERTAINMENT)

【要旨】少女ラタは、父親の死後、滅亡の危機に瀕する永依国クシカ将軍の養子となり、「破壊神」の名にふさわしい能力を示す。N県稗南町には由宇という少女がいた。父親が「らた」「えっくすぜろわん」と言い残して急死する

と、黒ずくめの男たちが稗南町を急襲した。運命に翻弄されるラタと由宇。2人の行く先に待っているのは?『バッテリー』『NO.6』のあさのあつこが壮大なスケールで描く戦争と平和の物語。
2017.9 172p B6 ¥950 ①978-4-06-269512-1

◆東京レイヴンズ 15 ShamaniC DawN あざの耕平著 KADOKAWA（富士見ファンタジア文庫）
【要旨】幾瀬、幾年の彼方で会おう—遙かなる呪いを抱いて、夏目の魂は転生した。後の世に伝説と語られる陰陽師・土御門夜光、その傍らに控える式神にして幼馴染の少女・飛车丸として。時は昭和14年、夜光が陰陽道宗家の家督を継いである春の日。運命の分岐点に彼が訪れる。「ぼくは相馬佐片。貴方と同じ陰陽師の道を歩む者です」人知れず呪術の未来を憂いていた夜光と、大戦前夜という情勢において陰陽道の再興を狙う佐月。二人の出会いがもたらすものは、呪術界の夜明けと、そして—。時を超えた魂がいま、すべての始まりを綴きはじめる。
2017.9 406p A6 ¥640 ①978-4-04-070526-2

◆異世界ギルドの英雄師弟（ベルセルク）2 あさのハジメ著 講談社（講談社ラノベ文庫）
【要旨】すべての魔獣の頂点に君臨する竜—七罪竜の一角、"憤怒"のバハムートを斃したカイル。その功績による名誉勲章の授与式のため王都に向かった彼は、アルカザディアの第二王女フィリアと出会う。そうしてフィリアはカイルに、手に入れれば世界を制することができると謳われた魔石武装『少年王の遺産』の入手クエストを依頼してきた。どうやらその遺産がある地・シャングリラは七罪竜"嫉妬"のリヴァイアサンの縄張りのため、カイルの力が必要らしい。そしてカイルはタチアナやリリス、それに"三剣人"の一人にして親衛騎士団団長のエリカとともにシャングリラに向かうが…!?あさのハジメ×せんむが贈る、異世界最強師弟ファンタジー第二弾!
2017.6 267p A6 ¥620 ①978-4-06-381586-3

◆異世界ギルドの英雄師弟（ベルセルク）3 あさのハジメ著 講談社（講談社ラノベ文庫）
【要旨】七罪竜リヴァイアサンを倒したカイルたちは、最強の魔石武装"少年王の遺産"のひとつ、大剣スカーレットをフィリア女王に届けるため王都へと向かった。だが、カイルたちの前でフィリアは自らも転生者であることを明かし、"遺産"もろともにカイルたちを掌中に収めようと、仲間のカノンやファウストともに襲いかかってくる。なんとかカノンを連れて王都を脱出したカイルたちは、フィリアに先んじてもう一つの"遺産"を手に入れとする。だが、"遺産"の眠る地は、異世界ヒュドラの支配下にあった。さらに、同じカイルの妹として、タチアナとカノンは互いにライバル視しており…!?あさのハジメ×せんむが贈る、異世界最強師弟ファンタジー第三弾!
2017.6 250p A6 ¥620 ①978-4-06-381616-7

◆編集さんとJK作家の正しいつきあい方 あさのハジメ著 KADOKAWA（富士見ファンタジア文庫）
【要旨】青春よりもバイト優先の高校生ラノベ編集者、冴原吹雪。彼の下宿先『なつめ荘』は変人作家の集まるパラダイス。禁制の小妹愛や姪様に憧れるダブルコンストーカー、百合嘔吟、関西系ドイツ人、ミシェル・メッサーシュミト。そして、断トツにおかしいのは…「冴原吹雪は私のご主人様です」いっぱいご奉仕します」作中ヒロインになりきってしまえる、ツンデモ執筆スタイルの竜園寺美沙。担当以上の関係を求めてくる美沙だが…吹雪の編集脳はますます凍結する!「もう限界です、ご主人様。さあ、脱ぎ脱ぎしましょうね?」「どらデレ!」2巻の執筆のため（という体で）、あいかわらずヒロインになりきるというトンデモ執筆スタイルを続けていた美沙だが「えっ、ちょ、マジ?あんた…ミサなの?」同居人作家のミシェルに秘密がバレて、自分もヒロインを演じると言い出してしまう。美少女二人から猛

アプローチを受けるというテンプレラブコメ展開に、生粋の編集脳な吹雪が燃えないはずもなく!?編集×作家の純情（?）同棲ラブコメ!
2017.7 251p A6 ¥640 ①978-4-04-072198-9

◆嫁エルフ。—前世と来世の幼なじみから同時にコクられる俺 あさのハジメ著 KADOKAWA（MF文庫J）
【要旨】異世界を救った功績を評価され、転生者見習いたちの教師になることになった、俺。生徒は現世で死に別れした真面目で優等生な幼なじみ・千雨と、「ハイネはあなたの嫁です!」とデレデレしてくるエルフの女神・ハイネ。すべてが真逆の二人だが…「千雨さんはハイネの前世の姿なのだと思います」って、マジ?つまり、二人は同一人物ってこと?そんな中、千雨までも俺に告白してきた!「わたし、このアホ女神だけには負けたくない!」って、おまえらは同一人物なんですけど!?前世と来世の幼なじみによる正妻戦争の中、俺の仕事は千雨を駄女神なハイネに転生させることで—!?『まよチキ!』タッグが贈る、ダブルヒロイン異世界ラブコメ!
2017.7 263p A6 ¥580 ①978-4-04-069077-3

◆嫁エルフ。2 前世と来世の幼なじみをデレさせることになった俺 あさのハジメ著 KADOKAWA（MF文庫J）
【要旨】異世界への転生者見習いたちの教師をしている俺は、おかしな生徒たちであるハイネ、千雨、ジルベットの言動に朝から頭を悩ませている。ジルベットは全裸でベッドに潜り込んでくるわ、ハイネは呪いの（?）人形を押しつけてくるわ、千雨は昔の俺の秘密をわざで収集がつかないでいた。そんな折、管理官兼俺の上司であるニーナが俺たちに告げた。「ハイネ・タウゼントが遺した魔導書が見つかった」と。俺は、千雨の転生先かもしれない、ハイネの過去を探るため、魔導書から与えられたミッションは、一緒に入った3人の生徒たちをデレさせることで!?「まよチキ!」タッグが贈る、ダブルヒロイン異世界ラブコメ第二幕!
2017.7 263p A6 ¥580 ①978-4-04-069280-7

◆カカノムモノ 浅葉なつ著 新潮社（新潮文庫nex）
【要旨】ケガレを呑むことでしかその男は生きられない。坂口麻美は悪夢を見ていた。何者かに追われ殺されかける夢を見る。使えない後輩に、人を馬鹿にする同僚、偽らない肉親。不愉快なものに囲まれる日常に疲れすぎているせいだろうか?「いいえ。それはあなたの罪です」突如現れた美貌の青年・浪崎碧はそう告げた。—時に人を追い詰めすて心の闇を暴き解決する「カカノムモノ」とは。まったく新しい癒やしと救済の物語、ここに誕生。
2017.5 311p A6 ¥590 ①978-4-10-180095-0

◆神様の御用人 7 浅葉なつ著 KADOKAWA（メディアワークス文庫）
【要旨】朝を迎えるごとに記憶を失ってしまう月読命。彼の御用人は、こんな自分を支えてくれる実直・須佐之男命への贈り物を探して欲しいというものだった。いつも通り行動を起こす良彦だったが、それはやがて予期せぬ方向へと同行を導くことになりが…。一方、穂乃香はとある女子生徒と「月」をきっかけに距離を縮め、次第に彼女の心に寄り添っていく。記紀に伝えられることなく葬られた神々の秘密が今、月光に晒される—。
2017.8 321p A6 ¥630 ①978-4-04-893327-8

◆嘘恋シーズン—‼天王寺学園男子寮のヒミツ あさば深雪著 KADOKAWA（角川ビーンズ文庫）
【要旨】地味な私・テマリのヒミツはSNSでキラキラ女子を演じていること。全寮制の天王寺学園でホンモノのJKになるはずが、「僕の身代わりをしてほしいんだ」弱みをにぎられて理事長の息子・春臣（♂）として入学することに。学年首席の光雲、モデルの水木、武道一筋な冬馬とともに、学園の期待の新入生4人組『SS』の一員となりきれるの?しかも同室の夏臣とはなぜか急接近して—!?キケンだらけの男子寮ライフ、スタート!
2017.8 255p A6 ¥580 ①978-4-04-105972-2

◆スキル喰らいの英雄譚—成長チートで誰よりも強くなる 浅葉ルウイ著 ホビージャパン（HJ文庫）
【要旨】夢と希望が詰まった"ガルデニア七迷宮"の一角を攻略した英雄に憧れ、冒険都市へとやってきた新米冒険者の少年ハレ。ステータスは貧弱だが、魔物のスキルを喰らい、自らの力でる超レアスキルを所持する彼は、迷宮探索の帰

り道、子猫を連れた美少女の危機を救う。少女の名前はヒナ。誰にも頼れず、ひとりぼっちだと言う彼女と友達になったハレを待ち受けるものは!?強く一途な彼女と、たったひとつのスキルを武器に最強へと駆け上がる成長チート英雄譚、開幕!
2017.2 297p A6 ¥638 ①978-4-7986-1380-2

◆スキル喰らいの英雄譚 2 砂の迷宮で仲間とともに強くなる 浅葉ルウイ著 ホビージャパン（HJ文庫）
【要旨】過酷な運命を背負っていた美少女ヒナをこの手で救い、冒険者として急成長を遂げた少年ハレ。代償としてその身に宿した呪いを解く手がかりを求め、彼が次に向かった先は、砂塵の王国にある七大迷宮のひとつ"大金字塔"だった!そこでハレは情報を集めつつ、上級職へのレベルアップを目指し修行に励んでいたが、単独活動に限界を感じていた。そんな中、ハレは支援職ながら単独で迷宮に潜る冒険者の美少女メリルと出会い、彼女とともに大手ギルドの入団試験を受けることに!?
2017.6 329p A6 ¥638 ①978-4-7986-1459-5

◆青春デバッガーと恋する妄想♯拡散中 旭蓑雄著 KADOKAWA（電撃文庫）
【要旨】二次萌え至上主義の歩夢がアキバ特区で偶然出くわしたのは、スクールカースト最上位のいけ好かないクラスメイト、衣更木アマタ。一昔風オタクを蔑む彼女が、何故コテコテゴリゴリの萌えARゲームに夢中になっている?まさかついつ一昨日か。歩夢がアマタに近づいた時、特区を埋め尽くすAR空間に重篤な異変が発生。それは、隠れオタとして自分を偽り続けていたアマタの、心に秘めた想いを具現化したものだった。さらに腹黒ロリっ子の瑠璃や金髪たわわなコスプレ女のノエルと、歩夢を取り巻くオタコミュニティのバイト仲間までもが、次々とAR異変を発生させで…?時には傷つき、時には傷つけながら。ちょっぴり歪んだオタクな青春が始まる。
2017.11 339p A6 ¥630 ①978-4-04-893463-3

◆霞村四丁目の郵便屋さん 朝比奈希夜著 スターツ出版（スターツ出版文庫）
【要旨】もしもあの日、好きと伝えていれば…。最愛の幼馴染・遙と死別した瑛太は、想いを伝えられなかった後悔を抱え続けていた。そこに現れた"天国の郵便屋"を名乗る少女・みやびは、瑛太に届くはずのない"遙からの手紙"を渡す。「もう自分のために生きて」—そこに綴られた遙の想いに泣き崩れる瑛太。ずっと伝えたかった"好き"という気持ちを会って伝えたいとみやびに頼むが、そのためには"ある大切なもの"を失わなければならなかった…。
2017.4 293p A6 ¥570 ①978-4-8137-0245-0

◆ずっとずっと、キミとあの夏をおぼえてて 朝比奈希夜著 スターツ出版
【要旨】弱小野球部に入部した幼なじみの大河を応援するために、マネージャーになった菜。幼い頃の約束を守るため頑張る大河だが、弱小校ゆえ試合にすら出られない現実にうちのめされ、やる気をなくしていた。そんな時、菜は強豪校のエース・真田に告白される。菜は一度は断るものの、大河に「マネージャーを辞めろ」と言われ、ショックをうける…。甲子園というふたりの夢は、かなえられるのか？一途な想いに涙する、青春恋愛小説！
2017.7 371p B6 ¥1200 ①978-4-8137-9012-9

◆転生王子はダラけたい 2 朝比奈和著 アルファポリス、星雲社 発売
【要旨】異世界の小国の王子フィル・グレスハートとして転生した俺は、今世こそダラけて過ごしたい！…と思っていた。けれど、事あることにトラブルに巻き込まれ、いつのまにか一躍有名人に。なので、海を越えた他国の学校に平民として入学し、のんびり学生生活を送ることにした。個性的な同級生たちと、学生寮で、これからの生活が楽しみだな—なんて考えていたら、突然、先輩方から「歓迎会」のお誘いが。今は新入生全員が揃っているわけじゃないのに、「歓迎会」を開くって？なんか、嫌な予感しかしないんだけど。俺、平穏な学生生活を送れる…よね？
2017.4 289p B6 ¥1200 ①978-4-434-23242-8

◆転生王子はダラけたい 3 朝比奈和著 アルファポリス、星雲社 発売
【要旨】級友や召喚獣とのんびり気楽に過ごすつもりが…桁違いの素質と前世知識で学校生活波乱の予感!?ダラけ王子の異世界のほほん召喚ファンタジー第3弾！
2017.9 296p B6 ¥1200 ①978-4-434-23818-5

ヤング・アダルト小説

小説

◆転生王子はダラけたい 4　朝比奈和著　アルファポリス,星雲社 発売
【要旨】異世界の小国王子フィル・グレスハートとして転生した俺は、今世こそダラけて暮らそうと決意。他国の学校に身分を隠して入学し、のんびり過ごすことにした。…なのに、何かとトラブルが起きて、どうも目立ってしまっている気がする。ある日、生徒総長が新クラブを送っていたある日、俺は所属するクラブをどうするか悩んでいた。そういえば、生徒総長が新クラブを創るらしく、その活動内容は俺に任せるって言ってたっけ。よし！じゃあ、動物もふもふしながらゴロゴロしながら色々と鉱石を研究する自由なクラブ『モフモフ・鉱石研究クラブ』略して『モフ研』を立ち上げます！これで俺の理想の生活が手に入る！…はず。
2017.12 288p B6 ¥1200 ①978-4-434-24127-7

◆魔法使いにはさせませんよ！　朝日乃ケイ著　SBクリエイティブ　（GA文庫）
【要旨】人類を脅かす"侵略獣"に対抗できる「魔法使い」。純潔を守り通した男子のみが覚醒できるというが、魔法使い候補生である鞘波黒刃は、いま"侵略獣"をも上回る脅威に直面していた。それは1人の「魔法少女」、白咲なレな。自他ともに認める美少女である彼女は、なぜだか薄いネグリジェをまとって黒刃に「逆夜這い」をしかけてくるのだった。ともに"侵略獣"と戦う立場でありながら、なぜか魔法使いの将来の芽を摘み取ろうとする彼女！人類が存亡の危機に瀕する中で繰り広げられるハチミツトラップ活劇！
2017.10 295p A6 ¥610 ①978-4-7973-9366-6

◆ラストレター　浅海ユウ著　スターツ出版（スターツ出版文庫）
【要旨】孤独なつむぎにとって、同級生のハルキだけが心許せる存在だった。病を思い入院中の彼は、弱さを見せずいつも笑顔でつむぎの心を明るく照らした。しかし彼は突然、療養のためつむぎの前から姿を消してしまう。それ以来、毎月彼から手紙が届くようになり、その手紙だけが二人の心を繋いでいると、つむぎは信じていた。「一緒に生きる」と約束した彼の言葉を支えに、迎えた23歳の誕生日ーー彼から届いた最後の手紙には驚きの真実が綴られていたーー。
2017.4 333p A6 ¥590 ①978-4-8137-0246-7

◆姫咲アテナは実在しない。　麻宮楓著　KADOKAWA（電撃文庫）
【要旨】放課後、さびれた廃墟にいきなり現れたちょっと露出度が高めの美少女。なぜか僕の頭に姫咲アテナという名前が浮かぶ。「あ、あたし、異世界で勇者やってたんです。…いきなりこんなこと言われても、信じてもらえないですよね」「いや、信じるよ。だって君は、僕が考えたキャラクターなんだから」「…はい？」「聞かなくても分かるだろう？僕の頭の中で起きてることなんだし」「いえ、わたしは実在する人間ですっ」「そんなわけない。だって、現実の世界に君みたいにかわいい子がいるわけないじゃない」「…えっ」そう。これは全て自分の妄想の出来事で、彼女は本当は実在していないんだ…。
2017.2 231p A6 ¥570 ①978-4-04-892672-0

◆神童セフィリアの下剋上プログラム　足高たかみ著　TOブックス
【要旨】辺境の村娘セフィリア（0歳）の前世は、日本の超絶ブラック企業で過労死したOLプログラマーだった。同じ轍は踏ずに、楽してお金を稼ぎたい…。そんな強固な信念を胸に、彼女は前世の知識から魔法を編み出すことに成功。エリート級の魔術師として軍にスカウトされた。だが、楽な後方支援を希望したはずが、何故か最前線に配置されてしまう羽目に…！絶対に働きたくない幼女がおくる、不可避の下剋上ファンタジー！
2017.9 296p B6 ¥1296 ①978-4-86472-605-4

◆ひきこもりの弟だった　葦舟ナツ著　KADOKAWA（メディアワークス文庫）
【要旨】『質問が三つあります。彼女はいますか？煙草は吸いますか？　最後にあなたは？』突然見知らぬ女にそう問いかけられた雪の日。僕は、その女、大野千草と夫婦になった。互いを何も知らない僕らは、三つの質問だけで、まるで白昼夢のような千草との生活に、僕に過去を追憶させていく一大嫌いな母、唯一僕に優しかった親友、そして僕の人生を壊した「ひきこもり」の兄と過ごした、あの日々。これは、誰も愛せなくなった弟と出会い、"愛"を知る物語だ。
2017.3 345p A6 ¥650 ①978-4-04-892705-5

◆性少年とプラトニック少女　明日央著　KADOKAWA（魔法のiらんど文庫）
【要旨】「声、こらえないと聞かれちゃうよ」昼下がりの保健室、彼氏と体の関係は許したくない高校2年生、麻由の耳に届いたのは、同じ学年の永田とセフレの淫靡シーンだった。別の目な不思議な魅力を放つ彼は、体の関係でしか女の子を信じられないらしい。「すごい抱きたい」…迫ってくる永田に惹かれながらも、踏み切れない麻由。繰り返しの拒絶も気にしていない風な永田だったけど、彼には恋に本気になれないある心の傷があった。
2017.7 281p A6 ¥630 ①978-4-04-893221-9

◆ライオットグラスパーー異世界でスキル盗ってます 7　飛鳥けい著　KADOKAWA（MFブックス）
【要旨】若き皇帝からの依頼を契機に、帝国に巣食う暗部から狙われることとなったセイジたち。今回彼らに接触を図ってきたのは、謎の能力を持つ美女・ヘラだった。人質を取り、皇帝の依頼から手を引くことを求めるヘラに対し、セイジたちは帝都からの撤退を迫られる。一方、故郷へと戻ったレンは、謎に満ちたヘラの能力を解き明かすヒントをつかむ。過去の真実を知ってしまい、その身に危機が訪れる。仲間のため、セイジはついに彼女との対決を決意するが、ヘラ攻略の方法はセイジにとってあまりに危険すぎるものだった―。立ちはだかる最強の敵に、セイジは仲間と共に立ち向かう！100%の自分を目指すセイジの物語は、ついに感動のフィナーレへ！
2017.12 319p B6 ¥1300 ①978-4-04-068643-1

◆桜花傾国物語　東美子著　講談社（講談社X文庫－ホワイトハート）
【要旨】その日、藤原家に縁ある星敷に生まれたのは、珠のような姫君。花房と名づけられ、都の陰陽師たちが「傾国の女性」と予言し、抹殺しようとした存在だった。両親は花房を守るために性別を偽り、男として育てることを決心する。一方、誕生したのが甥だと信じて疑わない藤原道長は、見目麗しく賢く成長した花房を溺愛し、我が子のように連れまわすが…。栄華と陰謀が入り乱れる、百花繚乱の平安絵巻！
2017.9 269p A6 ¥660 ①978-4-06-286953-9

◆桜花傾国物語―月下の親王　東美子著　講談社（講談社X文庫－ホワイトハート）
【要旨】ときは平安、一条帝の御代。姫として生きれば国を傾けてしまう運命をもつ花房は、伯父の藤原道長にも性別を男と偽ったまま、宮廷へ出仕している。見目よく家柄も極上の婿がねに周囲は色めき立つが、花房が女であることをごく一部の者たちはヒヤヒヤしていた。そんなある日、長く宇治に隠棲していた先帝の弟君・光輝親王が何故か花房に近づいてきて…！？百花繚乱の平安絵巻、風雲急を告げる第二弾！！
2017.12 251p A6 ¥660 ①978-4-06-286973-7

◆天使と悪魔の契約結婚　東万里央著　アルファポリス,星雲社 発売（レジーナブックス）
【要旨】家族に疎まれ、婚約者に裏切られた、子爵令嬢のセラフィナ。彼女は家を離れ、遠い町で平穏に暮らしていた。ある日、実家の手の者に見つかってしまう…！セラフィナを助けてくれたのは、突然現れた公爵・グリフィンだった。彼は、「契約結婚を申し込むために君を探していた」と言う。セラフィナは、二年間の契約が終わったら再び自由に暮らすことを条件に、結婚を受け入れることに。こうして公爵夫人生活の中で、彼の誕生日をお祝いしたり、新婚旅行に付き合ったりして、彼の優しくて誠実な人柄を知っていく。気がつくと、セラフィナはグリフィンを男性として意識するようになり…
2017.12 295p B6 ¥1200 ①978-4-434-24008-0

◆エイルン・ラストコードー架空世界より戦場へ 6　東龍乃助著　KADOKAWA（MF文庫J）
【要旨】TVアニメの世界から現れたエイルン＝バザットが『ドール・ワルツ・レクイエム』の主人公ジン・ナガトに殺害されてしまう！雷鳥失脚で氷室義塾は実質的に解体、規格外十番は世界列強に売られ散り散り、目前の勝利は子どもたちの手から零れ落ちた。ジンはクイーン狩りを行い、次々と世界各国と同盟を結んでいく。「俺はエイルンみたいな悠長なことはしない…無駄はない方がいいのさ。命も！」のような中、真紅の戦騎装でヘキサの実験施設や非合法武装組織を潰して回る謎のテロリストが出現する。果たして彼の正体は！？爆発する爽快感！とにかく熱くて、火傷する、新世代ロボットライトノベル。シリーズ"最泣き"の最新刊で第二部開始！
2017.4 323p A6 ¥580 ①978-4-04-069180-0

◆エイルン・ラストコードー架空世界より戦場へ 7　東龍乃助著　KADOKAWA（MF文庫J）
【要旨】エイルン亡き後、欧州経済の疲弊と食糧生産の限界という問題を受けて、国際連合はマリスの群生地である元アイスランドであった地、MIO2目標への総攻撃を決定する。史上二回目の反攻作戦の名はオペレーション・リミットブレイク。『大太龍』『クイーンエリザベス』『バルゴティアーズ』そして『デストブルム』という単機で面制圧が可能な四機のネイバーを同時投入し、四方から総攻撃。絶対種"キング"を撃滅し、マリス群生地を制圧する大規模作戦のこと。エイルンだけでなく多くの仲間を喪ったセレン。生還確率1%未満の作戦へ、彼女はある期待を胸に、一人進撃を開始する。少女の願いは戦場に奇跡を呼ぶのか!?新世代ロボットライトノベル第7弾！
2017.10 327p A6 ¥580 ①978-4-04-069505-1

◆オーク先生のJKハーレムにようこそ！　東亮太著　KADOKAWA（角川スニーカー文庫）
【要旨】訳あって異世界のレグド女学園で教師になった俺は、外見をオークにされたせいで生徒たちから変質者扱い。しかし容姿を気にしない俺は、生徒の攻撃も事件も究極魔法で完璧に対応する！それでも魔界や風俗街での経験から異世界の教師も大変だー。オークなのに完璧教師×美少女異種族JKたちのハーレム学園ラブコメディ、始業！
2017.12 301p A6 ¥620 ①978-4-04-106473-3

◆堀川さんはがんばらない―恋は矢のごとし　あずまの章著　KADOKAWA（角川ビーンズ文庫）
【要旨】のんびりマイペースな高校1年生、堀川伊与。人助けで入った弓道部で弓を作って売りの面白さに目覚め、部活にも慣れてきた秋。厳しいけれど、誰よりも熱心に取り組む鈴木先輩が好きと気づく。でも弓道バカな先輩は、伊与をただの後輩としてしか見ていない。そんな時、伊与と同じ中学出身の同級生・水戸から突然告白される。とまどう伊与を見た先輩は、なぜか急に態度を変えてきて！？「お前は別だから―」甘酸っぱい部活ストーリー・第2巻！
2017.6 233p A6 ¥600 ①978-4-04-104722-4

◆水沢文具店―あなただけの物語つづります　安澄加奈著　ポプラ社（ポプラ文庫ピュアフル）
【要旨】明日町こんぺいとう商店街にある小さな文具店「水沢文具店」の入り口には、「ペンとノートをお買い上げの方、ご要望があれば話を書きます。オーダーメイドストーリー」という張り紙がはってある。店主が自分のためだけに書いてくれる物語を読むと、悩みが解決するという噂があって。今日も学校教師の栞が店を訪れた。無愛想でどこか謎めいた店主の青年・龍臣が迎えた。想いが込められた文房具が織りなす、前に一歩進む力をくれるハートフル・ストーリー。
2017.3 255p A6 ¥660 ①978-4-591-15413-7

◆月が導く異世界道中 11　あずみ圭著　アルファポリス,星雲社 発売
【要旨】最近変な夢を見る、深澄真です。元竜の巴、元蜘蛛の澪、元死霊の識、三人の従者に支えられて、今日も異世界で頑張っています。変異種騒ぎや魔族の襲撃による大混乱も収束して、ようやく復興が軌道に乗りつつある今日この頃。僕は王国やら帝国やらのお偉いさんから呼び出しを受けて、商会の代表として挨拶回りに奔走しています。ついでに上位者の方々からなんか頼まれちゃって、もう大変！そんな中、兼ねてから話があった魔族の招待を受けることを決意した僕は、ヒューマン未踏の地、魔族領の奥深くに足を踏み入れる。噂に聞く魔王といよいよご対面…なのですが、なんか凄い歓迎ムード！？ただの商人相手に、ちょっと大袈裟じゃありませんか？はてさて、どうなる事やら…。
2017.3 279p B6 ¥1200 ①978-4-434-23157-5

◆月が導く異世界道中 12　あずみ圭著　アルファポリス,星雲社 発売
【要旨】商会の代表としてあちこち駆け回っている深澄真です。僕は今、元蜘蛛の澪、元死霊の識を連れて、遙か北方の魔族領を訪れています。身分がただの商人にすぎない僕ですが、魔王様が直々に歓待してくれて大困惑。連日の宴で僕の精神的疲労はマックスです。おま

ヤング・アダルト小説

けに、親善試合に出てくれだなんて…。正直、ちょっと面倒くさい。でも、本当に良くしてもらっているのでここは受けるのが筋だよね？ そんな魔将の親善試合の会場に反魔王勢力の刺客が乱入。捨て身の襲撃も虚しく無事鎮圧…と思いきや、なんと彼らにはとんでもない切り札が。夜空を貫く黄金の光とともに、魔族の都市に甚大な被害をもたらす「災厄」が迫る。このままだとどれほどの犠牲者が出るか分からないし…仕方ない、僕らもひと肌脱ぎますか。澪、詩、悪いけどちょっと手伝って。
2017.7 279p B6 ¥1200 ①978-4-434-23597-9

◆月が導く異世界道中　13　あずみ圭著　アルファポリス, 星雲社 発売
【要旨】時々ロッツガルド学園で臨時講師をやっている深澄真。魔族領への外遊から戻ってようやく一息つけるかと思ったら、亜空もロッツガルドも大忙し。そんな中、久々に顔を出した学園で僕を待ち受けていたのは、部屋いっぱいに溜まった大量の書類。…え、これ全部見なきゃいけないんですか!?なんでも、僕の講義に参加希望者が殺到して受講枠を争っているとか。本当は講義の回数を減らす相談をしようと思っていたのに、事務局の人に泣きつかれてそれどころの騒ぎじゃない。亜空では移住希望者の選定や騒がしいけど影が薄い妖精族の尻拭いもあるし、僕はパンク寸前！
2017.11 281p B6 ¥1200 ①978-4-434-24023-2

◆オレ、NO力者につき！　阿智太郎著　KADOKAWA　(電撃文庫)
【要旨】人類のほとんどが、なんらかの特殊能力を持つようになった現代。神様からの贈り物という意味を込めて、この能力は『ギフト』と呼ばれている。当然、オレのまわりの人たちも、みんな『ギフト』を持っている。ただ一人の例外、そう、オレを除いて…。昔はこの現実に悩んだこともあったけど、今は別になんとも思ってないよ。だけど、いるんだな、そんなオレに憐れみの同情をする連中が。たとえば、オレが通う青葉高校の生徒会長とかね。だからオレは証明してやらなきゃならない、自らのチカラで。『ギフト』のない異質な人間のオレでも、オレらしく学校生活を楽しめるんだってね。みんなもこんなオレを応援してくれよな。
2017.5 306p A6 ¥610 ①978-4-04-892889-2

◆放課後、ずっと君のそばで。　あちゃみ著　スターツ出版　(野いちご文庫)
【要旨】高3で吹奏楽部のトランペットパートの莉子は、サッカー部で幼なじみのコウにずっと片想いをしている。ふたりは小さな頃から、それぞれ全国大会に出場するのが夢だ。しかし、莉子は家庭の事情から練習に集中できずにいた。コウに励まされ、再び頑張ろうと決意する莉子。でも、そんな時、コウが練習中にケガをしてしまう。莉子はコウを支えようとするけど、すれ違ってしまって…！ 甘くて切ない青春ラブに涙!!
2017.10 315p A6 ¥600 ①978-4-8137-0342-6

◆最強の職業は勇者でも賢者でもなく鑑定士(仮)らしいですよ！　あてきち著　アルファポリス, 星雲社 発売
【要旨】友人達と一緒に、突如異世界に召喚された男子高校生ヒビキ。しかし一人だけ、広い草原に放り出されてしまう！ しかも与えられた力は『鑑定』をはじめ、明らかに戦闘には向かない地味スキルばかり。右も左からも草原を脱出したヒビキは、エマリアという美しいエルフと出会い、そこで初めて地味スキルの真価を知ることになるのだった…！ ギルドで冒険者になったり、人助けをしたり、お金稼ぎのクエストに挑戦したり、新しい仲間と過ごす一癖最強スキルを駆使した「鑑定士(仮)」の冒険が、いま始まる！
2017.3 297p B6 ¥1200 ①978-4-434-23014-1

◆最強の職業は勇者でも賢者でもなく鑑定士(仮)らしいですよ？　3　あてきち著　アルファポリス, 星雲社 発売
【要旨】賢者が住むという地底都市を目指し、初めてダンジョンに足を踏み入れたヒビキ。主神からのサポートが制限される悪環境に戸惑いつつも、自らのスキルを鍛え、仲間と協力し、少しずつ攻略を進めていく。しかし、そんな一行を悪意の罠が待ち受けていた！ 探索の果てに見つけた黒い宝石を手にした途端、ヒビキだけが見知らぬ階層に飛ばされてしまう。危険だらけのダンジョンにただ一人。ソロで行動するハメになったヒビキが、仲間と再び合流するために奮闘する！
2018.1 297p B6 ¥1200 ①978-4-434-24118-5

◆異世界転生―君との再会まで長いこと長いこと　4　アニッキーブラザー著　アルファポリス, 星雲社 発売
【要旨】俺、朝倉リューマは修学旅行でクラスごと事故に遭い、ヴェルト・ジーハとして人間・亜人・魔族が争う異世界に転生した。元クラスメートで恩人の神乃美奈を探すべく旅に出た俺は、偶然たどり着いた天空大陸で七大魔王を撃退。天空族の皇女エルジェラとその子供であるコスモスを仲間に迎えた。あらためて、神乃を探しに出発しようとした矢先ー軽快な音楽が流れ出すとともに太陽が鏡みたいになり…ウサギの着ぐるみを着た謎のキャラクターが映って、歌と踊りを披露しはじめたんだ。唖然として見ていたら、そいつは世界に向けて人類最大国家『アークライン帝国』を滅ぼすとか言いやがった！ ふざけんな、帝国には俺の幼馴染みであるエルファーシア王国の姫一アイツもいるんじゃねえか！ そりゃ黙って見ていられるわけがねー！ よっしゃ、行くぞお前ら！ 最後の喧嘩だ！
2017.6 271p B6 ¥1200 ①978-4-434-23510-8

◆俺だけ帰れるクラス転移　3　アネコユサギ著　KADOKAWA　(MFブックス)
【要旨】王都にはびこる異世界人排斥派の妨害を退けた幸成だ。レベル上げに勤しむ幸成が新たな能力に目覚めたころ、魔王出現の急報が届き—。数十年周期で起きるという大活性化は地表に溢れ出た地脈の力は、世界の人々に禍福のいずれをもたらすのか。そして加護を与えるきっかけとなる森にすべての謎が収束する中で、幸成はある少女の記憶を幻視する。!?原初の地である災いの森にすべての謎が収束する中で、幸成はある少女の記憶を幻視する。!?原初の連鎖を乗り越えて、全員無事に日本へ帰れる日は訪れるのか!? クラス転移の真実がついに明かされる！ サバイバルファンタジー第三弾!!
2017.2 322p B6 ¥1300 ①978-4-04-069052-0

◆盾の勇者の成り上がり　16　アネコユサギ著　KADOKAWA　(MFブックス)
【要旨】七星勇者に会うためフォーブレイを訪れた尚文は、鞭の勇者タクトと対峙する。人を見下した態度をとる彼は、鳳凰戦で尚文が亡くなる原因を作った人物だった。尚文は怒りのままに戦おうとするが、固有の武器だと思われていた盾すらも彼に奪われてしまう。防御力の低下により重傷を負った尚文は、意識を失い、不思議な世界を彷徨う。そこで彼を待っていたのは、心強い味方だった。しかしそこでも厄介事を背負うはめになった尚文は!? 「本当、面倒な物を背負い過ぎたな…だけど、悪い気分じゃない」異世界成り上がりファンタジー第十六弾、ここに登場!!
2017.1 321p B6 ¥1200 ①978-4-04-069051-3

◆盾の勇者の成り上がり　17　アネコユサギ著　KADOKAWA　(MFブックス)
【要旨】エスノバルトから助けを求められた尚文は、絆の世界へ向かうことにした。尚文は、無事にラフタリアと合流を果たし、ラルク達とも久しぶりの再会をするのだった。彼らの話によると、この世界では波の尖兵と思われる敵が勇者達を倒し、好きなように振舞っているという。悲劇の被害を救う為に、そして波の黒幕の正体を暴くためにも敵に向こう側へ急ぐ尚文達。しかし、相手の仲間には複数の見知った顔が混じっていて…。「復讐ぐらい手を貸すぞ！ 嘘吐きや裏切り者は大嫌いだからな」裏切り者の暴挙を許すな!! 異世界成り上がりファンタジー第十七弾、ここに登場!!
2017.3 323p B6 ¥1200 ①978-4-04-069190-9

◆盾の勇者の成り上がり　18　アネコユサギ著　KADOKAWA　(MFブックス)
【要旨】絆の世界で勇者の眷属器を手に入れた尚文。その眷属器には『食事をすると能力を上げる事ができる』という特性があった。強くなるため、ひたすら食べ続ける尚文だったが、食べられる量には限りがある。少ない量でぐんと強くなれる食材を求めて、有名な料理人がいるという町へ向かう一行。ところが、仲間たちのささいな一言から、尚文はその料理人と勝負をすることになってしまう。「正々堂々なんてものはこの場にはない。いかに卑劣で狡猾に動いた方が勝利するかって事だ」仲間から絶賛される料理の腕は、見知らぬ土地でも発揮されるのか!?異世界成り上がりファンタジー第十八弾、ここに登場!!
2017.7 321p B6 ¥1200 ①978-4-04-069354-5

◆槍の勇者のやり直し　1　アネコユサギ著　KADOKAWA　(MFブックス)
【要旨】槍の勇者として異世界に召喚された北村元康は、フィロリアルしか愛せない残念な男。戦いの最中、瀕死の重傷を負うことになった彼は、召喚された時と全く同じ状況で目を覚ました。なんと、所持していた槍に『時間遡行』の力があったのだ。能力値は高いままに、元康は再び戦うことを決意する。フィロリアルの中でも特に愛している、フィーロの笑顔を見るために。強くてニューゲーム!? 異世界やり直しファンタジー、満を持して開幕!!
2017.9 319p B6 ¥1200 ①978-4-04-069502-0

◆槍の勇者のやり直し　2　アネコユサギ著　KADOKAWA　(MFブックス)
【要旨】時間遡行の能力を手に入れた槍の勇者の元康は、自分を励ましていた愛する少女フィーロの願いを叶えるため、時間をループしながら過去に経験したことをやり直し世界平和を目指していく。そのためには、まずループ条件の要である尚文の安全が必須。メルロマルクでは尚文の安全を保てないと考えた元康は、シルトヴェルトを訪れることに。ところが、シルトヴェルトでも想定外の災難が降りかかっていて!? この事態を切り抜けるために考えた尚文の案、それは元康にとって非常に耐え難いものだったのだが…。「この元康、何があろうとも作戦を成功させますぞ」槍の勇者による、異世界やり直しファンタジー第二弾、いざ開幕!!
2017.11 315p B6 ¥1200 ①978-4-04-069588-4

◆緑の雫　2　あひる著　一迅社　(メリッサ文庫)
【要旨】異世界に突然放り出され「魔女」に拾われた、元エステティシャンのアンナ。植物の成長を促し、効果を高める能力を持つ「魔女」の力は、ひとりの女性に美と自信を与え、国王の正妃の座を射止めさせる。騎士・エミルとも心を通じ合わせ、結ばれたアンナだったが、彼女を引き裂く不穏な陰謀が蠢いていた―緑の魔女が紡ぐ、愛と癒しのラブファンタジー、第2弾！
2017.3 303p A6 ¥680 ①978-4-7580-4919-1

◆勇者召喚されたけど自分だけがハズレ勇者で魔法もスキルもないハードモードだった　アファー著　リンダパブリッシャーズ, 泰文堂 発売　(レッドライジングブックス)
【要旨】平凡な高校生陣内陽一は、ある日同級生達と異世界に勇者として召喚された。同級生たちが勇者として貴族や王女様に歓迎される中、陣内はひとりだけ「ゆうしゃ」だった!? 使えない、税金の無駄遣いと陰口を叩かれ、城を追い出されるようにして出た陣内は、奴隷の狼人少女ラティと出会う―。魔法もスキルも何もない「ゆうしゃ陣内」のハードモードな冒険が始まる！
2017.4 300p B6 ¥1200 ①978-4-8030-1029-9

◆パドルの子　虻川枕著　ポプラ社
【要旨】中学2年生の水野耕太郎は、ある昼休み、旧校舎の屋上一面に広がる水たまりを見つける。そこで大胆に美しくバタフライで泳いでいたのは、学校一有名の水泳部の水原だった。公衆伝話のおつり、海の巨大な水源、水を降らす飛行船、校庭の巨大水樹…いつしか水原と二人、ある瞬間、水原が見せた涙の理由を探した水野は、思いもよらない真実に気づいてしまい—。ポプラ社小説新人賞受賞作。
2017.7 277p B6 ¥1400 ①978-4-591-15528-8

◆白翼のポラリス　阿部藍樹著　講談社　(講談社ラノベ文庫)
【要旨】どこまでも続く空と海。はるか昔に陸地のほとんどを失った蒼き世界、ノア。人々は、いくつかの巨大な船に都市国家を作り、わずかな資源を争って暮らしていた。飛行機乗りの少年・シエルは、そんな"船国"を行き来し、荷物を運ぶ"スワロー"。愛機は父の遺した白い水上機"ポラリス"。空を飛ぶことにしか生きる意味を見出せず、他人との関わりに虚しさを感じていた彼は、ある日無人島に流れ着いた少女・ステラを助ける。素性も目的も、何も語らない彼女の依頼で、シエルはステラを乗せて飛び立つこと。その先には、世界の危機と巨大な陰謀が待ち受けていた—。紺碧を裂いて白翼が駆ける。空みたいに美しい、戦闘機ファンタジー。第6回講談社ラノベ文庫新人賞佳作受賞作！
2017.3 323p A6 ¥640 ①978-4-06-381578-8

◆鎌倉香房メモリーズ　5　阿部暁子著　集英社　(集英社オレンジ文庫)
【要旨】雪柊と気持ちを通わせた香乃は、これから築いていく関係に戸惑うばかり。さらに弥の父親への葛藤、香乃の自分の力に対する思いなど、課題は山積みだけど、花月香房は今日も営業中。贈り物の香木、行方不明の仏像、送り先不明のひな人形、源氏香図で書かれた暗号など、香りにまつわる謎が次々持ち込まれて…。

ヤング・アダルト小説

2017.3 333p A6 ¥620 ①978-4-08-680123-2

◆**どこよりも遠い場所にいる君へ** 阿部暁子著 集英社 （集英社オレンジ文庫）
【要旨】ある秘密を抱えた月ヶ瀬利希は、知り合いのいない環境を求め離島の采岐島高校に進学する。采岐島には「神隠しの入り江」と呼ばれる場所があり、夏の初め、和希は神隠しの入り江で少女が倒れているのを発見する。病院で意識をとり戻した少女の名は七緒、16歳。そして、身元不明。七緒が口々にぶやいた「1974年」という言葉は？ 感動のボーイ・ミーツ・ガール！
2017.10 317p A6 ¥600 ①978-4-08-680154-6

◆**強くてニューサーガ 8** 阿部正行著 アルファポリス、星雲社 発売
【要旨】滅びの運命を変えるため、前世の記憶と実力を駆使してついにまごうことなき英雄となった魔法剣士カイル。同時に、平穏の終わりは静かに迫っていた。刻一刻と近づく戦いの日に備えて全人族をまとめるべく、カイルはまずエルフとドワーフの仲違いを解消することに。案の定、両種族からは無理難題を言い渡されて体よく追い払われるが、それもカイルの覚悟と未来知識チートの前では無意味も同然だった。そして同時に、カイルは一石二鳥どころか三鳥も四鳥も得られる絶好の秘策を見つけた。それは効率第一で道義にもとる手段なものの、未来のためなら嘘も上等、とばかりに手練手管を尽くした計画は進んでいく。全てはあの恐るべき日の再来を防ぐために—かくして、人族の運命を左右する史上かつてない悪巧みが始まる。
2017.4 281p B6 ¥1200 ①978-4-434-23126-1

◆**強くてニューサーガ 9** 阿部正行著 アルファポリス、星雲社 発売
【要旨】滅びの運命を変えるため、前世の記憶と実力を駆使して全人族の共闘協定を成立させた英雄カイル。一方、別行動中のセラン達のもとには、想定外の凶報が伝えられていた。融和政策を進めていた現魔王ルイーザが、黒翼の魔族に敗れて捕われた、という。しかもそれには、謎のドラゴンが助力したらしい。カイルを置いて急ぎ魔族領へと向かった一行は、不倶戴天であるはずの魔族との協力という未知の展開に面食らいつつ、魔王奪還作戦を始動するのだった。果たして、因縁ふかき腕前の二刀流いの魔族や幾度も衝突してきた因縁深き強敵ターグ、さらには最古のドラゴンが待ち受ける魔王城を攻略することはできるのか—ついに見えた新しい未来への道。最強最悪の罠を踏み越えた先で、絶望と希望を分かつ運命の火蓋が切られる。
2017.11 277p B6 ¥1200 ①978-4-434-23910-6

◆**俺の家が魔力スポットだった件 4 住んでいるだけで世界最強** あまうい白一著 集英社 （ダッシュエックス文庫）
【要旨】巨大な竜王の落下を楽々止めて街を救った俺は、街で開催するという祭りを楽しみにしていた。そんな中、祭りの準備と運営に追われるディアネイアのもとに、第一王女とその近衛の竜王が訪れる。なんでも王都防衛の要である四大精霊が逃げ出したとのことだ。そして、その精霊たちは祭りを開催しているこの街にいるらしい。ディアネイアたちは四苦八苦しながら精霊を集めだすが、だが精霊の力は予想外の暴走をして、祭りで賑わう街を滅亡のピンチに陥れてしまう。しかしその後の街ではひょんなことから魔力を更に強めた俺が、祭りを楽しんでいる異世界であり得ない!?最強の魔力で全てを救う無敵の異世界マイホーム生活、第4巻!!
2017.1 263p A6 ¥600 ①978-4-08-631170-0

◆**俺の家が魔力スポットだった件 5 住んでいるだけで世界最強** あまうい白一著 集英社 （ダッシュエックス文庫）
【要旨】プロシアで起きた問題を解決し、お祭りも終わりをむかえた後、俺はいつものようにのんびり過ごしていた。魔王たちと地下に発生した新たなダンジョンをピクニック感覚で攻略したり、手に入れた新素材でゴーレムを作成して実験したり、毎日を強くなりながら楽しんでいた。だがある日、ディアネイアと共に謎の少女が現れる。どうやら少女は有名なアイドルであるらしいのだが、訪れた街に水害などの災厄をもたらす、厄病神と言われる身分でもある。しかもその正体はヘスティアと同じ魔王だというが…!?疫病神アイドルの歌が巻き起こす騒動の行方は!?魔神の自宅警備員がおくる、無敵で素敵で、悠々自適な異世界スローライフ、超安定の第5巻!!
2017.5 277p A6 ¥600 ①978-4-08-631184-7

◆**自称！平凡魔族の英雄ライフ—B級魔族なのにチートダンジョンを作ってしまった結果** あまうい白一著 講談社 （Kラノベブックス）
【要旨】魔族が通う学園のクラス分け試験で四百階層の魔王級ダンジョンを作成してしまった青年クロノ。「クロノ君。君は一体何者なんだ!!」「俺はただの田舎の平凡魔族なんですが…」。竜が飛び交い伝説のモンスターがうろつき、凶悪魔法が日常的に使われている魔境で育った彼は、自分の常識がずれていることに気づいていない！魔力も身体能力も桁外れ、素手でドラゴンすら殴り倒せるクロノは、すぐさま学園中の注目的になる。「君は海を越えた英雄だ、国の救世主になれる器だ！」「俺は普通に友人を作って楽しく学べればいいんですが…」平凡魔族が送る、無敵の英雄スクールライフ開幕!!
2017.6 259p B6 ¥1200 ①978-4-06-365023-5

◆**自称！平凡魔族の英雄ライフ 2 —B級魔族なのにチートダンジョンを作ってしまった結果** あまうい白一著 講談社 （Kラノベブックス）
【要旨】ど田舎育ちの世界最強都会も魔王のダンジョンも楽しむ！人外魔窟のド田舎で育った自称凡人な青年クロノは、都会の魔王城で学生生活を楽しんでいた。超難易度のダンジョンをお宝を見つけて欲しいという依頼が来ても楽勝でクリアし、クラスメイトとも友情を更に深めて、そんな彼の生活は益々充実していく。そんなある日、事故で隷属化してしまった吸血鬼の姫の父親が、彼を捨うた。「娘を愛しすぎている吸血鬼の王との大バトルになる可能性が浮上して—!?「あ、でも、クロノさんとお父様がけ戦っても恐らくクロノさんが勝つと思われますが…」「うん。まあ、クロノだもんね。魔王の私から見ても、大丈夫そうな気がしてるよ！」「いや、俺は王様と戦う気とか無いんだけど!?」仲間も増えてどんどん賑やかになっていく、自称平凡な英雄の、最強無敵なファンタジーライフ、第二弾！
2017.9 286p B6 ¥1200 ①978-4-06-365042-6

◆**生産職を極め過ぎたら伝説の武器が俺の嫁になりました** あまうい白一著 KADOKAWA （ファミ通文庫）
【要旨】MMORPG『アームドエッダ』の運営チームに所属していた俺は、ある日ふと目覚めると見知らぬ世界で赤髪の少女に介抱されていた。しかも、俺の姿と能力はゲームのデバッグキャラの鍛冶師ラグナ・スミスのもの。さらに目の前にいる少女レインは、俺がゲームで鍛え上げた伝説の武器「レーヴァテイン」だという！彼女と共に暮らすことになった俺は世界の謎を探り始めるのだが…!?はじめての武器を嫁にする！伝説育成ファンタジー登場!!
2017.12 252p A6 ¥580 ①978-4-04-734920-9

◆**ドッペル転生—鑑定＆コピー能力で目立たず着々と最強に** あまうい白一著 リンダパブリッシャーズ、泰文堂 発売 （レッドライジングブックス）
【要旨】一介の市民であった青年グレイ。だが彼は勇者として冒険に赴き、魔王との戦いで相打ちを果たした。彼の人生はそこで終わるはずだった。しかし今際の際、ふとこぼした愚痴により、グレイは魔王の力により何故か「ドッペルゲンガー」として転生することに!!想像もしなかった出来事に戸惑う中、彼は新たな出会いそして昔の仲間との再開をすることになる。果たしてグレイの第二の人生は!?最強で回りだした奇妙な輪廻の物語、ここに爆誕!!
2017.8 255p B6 ¥1200 ①978-4-8030-1093-0

◆**ログインボーナスでスキルアップ—寝て起きて成り上がる 3** あまうい白一著 SBクリエイティブ （GAノベル）
【要旨】嫁を名乗る魔導師の少女・ソラスや仲間とともに、地方都市で楽しく暮らしていたコウタ。転生の時手に入れたログインボーナスのおかげで、日々強力な魔法を獲得し、いつの間にか途轍もない戦力を持つようになっていた。様々な魔法を覚えては使いこなしていくコウタはついに人類の敵である魔神まで倒してしまえるようになる。そんな彼のことを周囲が放っておくはずもなく、コウタはさらに名声を博していくが…!?一新たな日常の中でもスキルも大充実してお贈りする、寝て起きるだけで成り上がる物語、第3弾！
2017.6 255p B6 ¥1200 ①978-4-7973-9094-0

◆**アサシンズプライド 5 暗殺教師と深淵饗宴** 天城ケイ著 KADOKAWA （富士見ファンタジア文庫）
【要旨】「ねえ、クー。ちょっとあたしと結婚してくれないかな？」ロゼッティのクーファへの電撃的な求婚以来、恋人のように振る舞う二人に気が気でないメリダ。折しも、ロゼッティの故郷フランドールへと実地研修に赴くことになるのだが、そこは海に閉ざされた夜界もほど近い、地底都市。メリダたちの来訪とともに、血塗られた秘密が解き放たれたかのように、次々と惨劇が起こる。「ロゼッティ—死んだ」ついに毒牙はロゼッティにまで伸び、犯人の容姿をかけられたクーファは消え…。「お嬢さま。これからあなたの記憶を凍結します」深謀の街で、暗殺教師は少女の眼差しから背を向ける—。
2017.2 329p A6 ¥620 ①978-4-04-072227-6

◆**アサシンズプライド 6 暗殺教師と夜界航路** 天城ケイ著 KADOKAWA （富士見ファンタジア文庫）
【要旨】「せんせには、このローションを塗っていただこうかしら」夏休み。クーファは、三大公爵家の当主たちとその令嬢と共に海にいた。少女たちの水着姿がまぶしきプライベートビーチ。だがその先は、夜界。そして公爵たちの真の目的地は、夜界からの侵攻を防ぐために設けられた『城』だった。「休暇は終いじゃ。フランドールに未曾有の危機が迫っておる」現在、何者かによって占拠されている城の奪還—それが身分階級の頂点に立つ者たちが勢揃いで挑む、最難関任務。その裏で、メリダとクーファには『革新派』のことをミュールやセルジュに問いただすという課題もあり…。
2017.6 348p A6 ¥620 ①978-4-04-072230-6

◆**アサシンズプライド 7 暗殺教師と葉火剣舞祭** 天城ケイ著 KADOKAWA （富士見ファンタジア文庫）
【要旨】「彼女の暗殺係として、そして家庭教師として一この決定に異議はあるか？」クーファ＝ヴァンピールに「ない」メリダ暗殺決定の命が下された。依頼主、驚きでもメリダの祖父は、聖騎士でない孫娘のこれ以上の活躍を望まない。自身の暗殺計画など知る由もないながら、家庭教師の憂い掛かりなメリダは、武連の祭典・鋼鉄宮博覧会でミュールから勝負を挑まれる。しかもそれは「忘れない」。勝った方がクーファをまと—」想い人の口づけを賭けた勝負で…。逃えぬ死の刃が迫るとき、暗殺教師と、存在価値を否定された少女は、この世界にいかなる矜持を示すのか。
2017.10 272p A6 ¥620 ①978-4-04-072484-3

◆**クラウン・オブ・リザードマン—少年は人の身を捨て復讐を誓う** 雨木シュウスケ著 KADOKAWA （富士見ファンタジア文庫）
【要旨】たかがゲームかもしれない。だけど少年にとってそこは間違いなく現実だった。VR-MMO『C.R.O.W.N.』のβテストにて伝説的プレイヤーだった少年は、仲間だった人、アルテナの裏切りにより、全てを失いアカウントを凍結されてしまう。『君は人の身を捨てなければならない』少年は、謎のメールによって再びゲーム世界に舞い戻る。人ではなく敵である魔軍のリザードマン・レウスとして。プレイヤー唯一のリザードキャラとなったレウスの圧倒的な活躍は人と魔物、両軍から特別扱いをされていく。英雄となった少女を前に、魔物となった少年が導き出す答えとは。MMOリベンジバトルファンタジー。
2017.4 334p A6 ¥600 ①978-4-04-072275-7

◆**クラウン・オブ・リザードマン 2 電子の人々は盤外の夢を見る** 雨木シュウスケ著 KADOKAWA （富士見ファンタジア文庫）
【要旨】アルテナの移籍をかけたノイジー義勇騎士団とのダンジョン攻略レースの最中、レウスたちはユイオンを狙う組織の罠によって、ダンジョンに閉じ込められてしまう。人質となったアルテナたちの命を救うため、レウスとユイオンは『C.R.O.W.N.』の中枢部・情報の迷宮に潜入する。しかしそこは触れただけで侵入者を即死させるエネミーの大群がいる超高難度ダンジョンだった。限られた時間の中—ユイオンは人工知能として、大きな選択を迫られる！
2017.10 265p A6 ¥640 ①978-4-04-072276-4

◆**黒騎士さんは働きたくない 2** 雨木シュウスケ著 集英社 （ダッシュエックス文庫）
【要旨】「だりぃ～～」獣人街でヒキニート生活を送る元・黒騎士クロウは、ジェダに嫌々行かされた大森林へのおつかいで、かつての部下シャリリンと再会する。美少女ゾンビであるシャリリンとクロウの親密な様子を、犬鳴亭の女性陣は驚くが…？レイニアの幸せを願うがゆえに暴走するルーミィは、次なる計画のためにクロウへ夜這いを!?そしてレイニアは、誤って食べた

◆黒騎士さんは働きたくない 3 雨木シュウスケ著 集英社 (ダッシュエックス文庫)
【要旨】獣人街で絶賛ヒキニート生活中の元・黒騎士クロウは、ある日アシュリーにビンタを食らう。どうやら大事な約束をすっぽかしたらしい。さらにそこへかつての部下、四魔将のイングリッドが現れる。暗殺を得意とする彼女もまた、クロウが守らない約束があり、それを理由に殺しに来たのだという。クロウに本気になれと迫るイングリッド。そんな中、バスティアが持ってきた猿退治の仕事に嫌々ながら向かうクロウたち。ミアルは鼻息荒く闇商人へ復讐を企てるが、イングリッドが次々と絡んできて…!?『約束なんて知ったことか、なぜならおれはクズだからな』最強騎士のスローライフ・ファンタジー、本気でだらける第3巻!
2017.8 278p A6 ¥600 ①978-4-08-631197-7

◆魔女と魔城のサバトマリナ 雨木シュウスケ著 講談社 (講談社ラノベ文庫)
【要旨】「おれ、綾姉のことが好きだから!」遼平がある日、友人の姉・綾音に告白したとき、世界は変わった―。遼平の胸を貫く、綾音の手から伸びた刃。加えて次に彼が目にしたのは、制服姿の綾音と、眼前に立つ巨大な化け物だった。実は、綾音は魔女であり、遼平は彼女を守るシュヴァリエとして、近代魔女同士の決闘―サバトマリナを戦い抜くことになったのだ。ひとまず戦いを終えた遼平は、綾音とともに学園に通うことになる。だが、魔女やサバトマリナといった存在以外にも、世界へのいろいろな違和感が襲いくる遼平。そして、まるで覚めない夢のようなこの世界に遼平を閉じこめているのは、綾音以外に考えられず…!?
2017.3 263p A6 ¥600 ①978-4-06-381594-8

◆エルフの魔法剣士に転生した俺の無双ハーレムルート 1 天草白著 竹書房 (ヴァリアントノベルズ)
【要旨】女運マックス・精力絶倫・そして最強の魔法剣士というチート能力を女神から授かり、少年エルフのアレンとして異世界転生を果たした俺。伝説の剣に導かれ、美少女パーティに加わった俺は、甘美なハーレムへの道を駆け上がり始める―! 清純な女僧侶ミーナに純潔を捧げられ、女戦士マリーの巨乳を味わい、凄艶女剣士クローディアから快楽のお礼を受ける無双のエッチ冒険譚、ここに開幕!
2017.11 305p B6 ¥1100 ①978-4-8019-1274-8

◆俺色に染めるぼっちエリートのしつけ方 あまさきみりと著 KADOKAWA (角川スニーカー文庫)
【要旨】第21回スニーカー大賞"特別賞"受賞作! 学年一のイケメン紳士と名高い俺―末雲叩には秘密があった。本当の俺は、自分の彼女を性的にいじめるのが大好きな"紳士andサディスト"=SADSだったんだ!! つい先日もSADS衝動を炸裂させ、彼女にふられた俺。そんなある夜、俺はエロゲ好きの小学生(?)レナトに出会う。ひきこもりのレナトの夢はコスプレで夏コミ参加!? よし、俺流の甘くて厳しい"しつけ"でその夢を叶えてやる!!
2017.2 285p A6 ¥600 ①978-4-04-105292-1

◆渋谷のロリはだいたいトモダチ 1 ノーゴスキュア・ノーライフ あまさきみりと著 KADOKAWA (角川スニーカー文庫)
【要旨】いま渋谷は幼女の火薬庫となっている―! 女子小学生に人気のゲーム「ゴスキュア」で渋谷1位の俺。高校デビューで一度は封印したはずだけど…「わたしを弟子にして下さい!」美少女小学生・依黎の師匠になっちゃった!?「ゴスキュア」で渋谷幼女の頂点を狙う暮架楓(8歳)を懲らしめるため、渋谷×原宿JSたちとの濃密な特訓が始まる! でも勘違いするなよ? 俺はロリが好きなわけじゃない―ロリしか友達がいないんだ!!
2017.12 284p A6 ¥600 ①978-4-04-106471-9

◆ジャンキージャンクガンズ―鉄想機讃 天酒之瓢著 KADOKAWA (カドカワBOOKS)
【要旨】悪漢を倒せば財布を抜く! 移動手段に困しばゴロツキのロボを奪う! 金に汚い少年魔術師にしてロボ遣い―その名はアレクサンドラ・ウィットフォード。賞金稼ぎのヴィンセントは超巨大ヒュドラ狩りの相棒に型破り過ぎる彼女に振り回されまくる! けれど、荒稼ぎだけが目的ではないようで…。「私の全財産をかけて、お前を殺す」最強最凶女魔術師の非常識な冒険がはじまる!
2017.2 415p B6 ¥1200 ①978-4-04-072190-3

◆ナイツ&マジック 7 天酒之瓢著 主婦の友社 (ヒーロー文庫)
【要旨】ボキューズ大森海へと乗り出したフレメヴィーラ王国飛空船団は、未知なる魔獣との遭遇により撤退を余儀なくされた。エルとイカルガは皆を護るべく奮戦し、無事に船団を逃がすも森へと墜ちてしまう。追いかけてきたアディも一緒に、二人は森の迷子となった。彼らを待ち受けていたのは予想だにしない出会い―「巨人族」との遭遇であった。巨人氏族同士の争い。昔きものの大敵、穢れの獣。そして陰で蠢く小鬼族なる者たち―。巻き起こる戦いがエルとアディを呑み込んでゆく。孤立無援の二人は、いかしあきらめましょうとはならない。「ここで幻晶騎士、作り上げます」生み出されるは驚天動地の異形の機体。争いの只中へと向けて飛翔す!
2017.6 383p A6 ¥620 ①978-4-07-424154-5

◆ナイツ&マジック 8 天酒之瓢著 主婦の友社 (ヒーロー文庫)
【要旨】穢れの獣による襲撃から飛空船団を護り、ボキューズ大森海に墜ちたエルネスティとアデルトルート。森に暮らす巨人族―カエルレウス氏族と出会った彼らはやがて、巨人族の間で起こる戦いの流れに巻き込まれていった。一方の銀鳳騎士団は飛空船団を再編成、森の奥深くを目指して進む。騎士団長を捜す彼らの行動はまた他にさまざまな影響を及ぼしてゆき、ついに巨人族の最大氏族であるルーベル氏族が動き出すに至った。圧倒的な力を持ち、さらに穢れの獣を引き連れたルーベル氏族の暴虐に立ち向かうため、エルたちを各氏族を糾合し、諸氏族連合軍の立ち上げを計画した。
2017.10 350p A6 ¥610 ①978-4-07-427900-5

◆時をめぐる少女 天沢夏月著 KADOKAWA (メディアワークス文庫)
【要旨】並木道の奥にある小さな広場では、未来や過去の自分に逢えるらしい―。その日、九歳の葉子の前に現れたのは、恋人と婚約したばかりという将来の自分自身。母親との衝突、繰り返す転校、上手くいかない就活、そして不安が押し寄せる結婚。いつも悩んでは涙をこぼしてばかり。だけど、そうしてめぐっていく時間の先に、「私」は幸せを手に入れたのだろうか? それぞれの時代、五月の憂鬱な一日。過去と未来が入り交じるこの特別な場所で、私はいつかの私と出会う。
2017.5 254p A6 ¥590 ①978-4-04-892960-8

◆八月の終わりは、きっと世界の終わりに似ている。 天沢夏月著 KADOKAWA (メディアワークス文庫)
【要旨】恋人の過去と繋がる一冊の交換日記。本当にお前が、この先一生好きになることなんて、ないだろうなとさえ思った。言葉や仕草の一つ一つ、ちょっとした表情の変化、笑い声、髪から香る石鹸のにおい―思い出すだけで息が苦しくなる。まるで肺の中に、炭酸でも入っているみたいに。―透子。高校二年の夏。心臓の病が原因でなくなった彼女のことを、未だ引きずっていた成吾。あれから四年。交換日記の空白に綴られていく新しい返事。それは見間違えようもなく、透子の文字だった。
2017.1 259p A6 ¥590 ①978-4-04-892677-5

◆DOUBLES!!―ダブルス 4th Set 天沢夏月著 KADOKAWA (メディアワークス文庫)
【要旨】先輩たちにとっての引退試合となる都立戦。そこでの重い敗北を引きずってきた、駆たちの夏が始まる。そんな中迎えた秋。悔しさを抱えたままがむしゃらに練習に挑む藤ヶ丘高校テニス部だったが、部内にはどこか陰惨な空気が漂っていた。部長の立場に悩み、部員たちと衝突する駆。自身の無力をかみしめる直也。そして空回りする三人に言葉をかけられず悶々とする涼。フジコーテニス部、まさかの崩壊危機!?
2017.9 255p A6 ¥590 ①978-4-04-893407-7

◆DOUBLES!!―ダブルス Final Set 天沢夏月著 KADOKAWA (メディアワークス文庫)
【要旨】二年の冬、腕に大怪我を負った駆。練習から遠ざかり心は沈み、一度は退部を考えながらも、テニスがしたいという想いだけは消えなかった。やっぱりテニスがしたい。あの夏のコートで、もう一度ボールを打ちたい、と。そしてエースである琢磨は、自らのテニスを研ぎ澄ませながら、駆の復帰を信じていた。出逢ったころは犬猿の仲。何度も喧嘩して、ぶつかりあってきた。だけどいつの間にか、欠かせない相棒になっていた二人。泣いても笑っても、これが最後のダブルス!
2017.11 344p A6 ¥650 ①978-4-04-893468-8

◆異世界でカフェを開店しました。 1 甘沢林檎著 アルファポリス,星雲社発売 (レジーナ文庫)
【要旨】突然、ごはんのマズ～い異世界にトリップしてしまった理沙。もう耐えられない! 食文化を発展させるべく、私、カフェを開店しました! 噂はたちまち広まり、カフェは大評判に! 素敵な仲間に囲まれて異世界ライフを満喫していた矢先、王宮からの遣いの者が。「王宮の専属料理人に指南をしてもらえないですか?」いつの間にか、理沙の作る料理は王国中に知れ渡っていた!?異世界で繰り広げられるクッキングファンタジー。大人気シリーズが待望の文庫化! 文庫だけの書き下ろし番外編も収録!
2017.3 362p A6 ¥640 ①978-4-434-22999-2

◆異世界でカフェを開店しました。 2 甘沢林檎著 アルファポリス,星雲社発売 (レジーナ文庫)
【要旨】異世界に地球のおいしい料理を広めるためカフェを開店したリサ。お店は日々大繁盛。そんな彼女のもとに、「国立学院の料理科設立に協力してほしい」という依頼が舞い込んできた。でも、今はカフェの仕事だけで手一杯。受けるべきかと悩んでいたら、次に舞い込んできたのは、なんと王太子との縁談話! 突然悩み事が増えて、眠れない日々を送るリサ。そんな彼女を、イケメン店員のジークが心配していて…。大人気クッキングファンタジー、待望の文庫第二巻! 文庫だけの書き下ろし番外編も収録!
2017.6 343p A6 ¥640 ①978-4-434-23305-0

◆異世界でカフェを開店しました。 3 甘沢林檎著 アルファポリス,星雲社発売 (レジーナ文庫)
【要旨】ごはんのマズ～い異世界で地球の料理を広めるため、カフェを開店したリサ。年に一度の花祭りが近づいたある日、彼女はこの世界に屋台がないことを知る。がっかりしていた矢先、ならば自分がやってしまおうと出店を決意。さらに料理科の生徒たちも参加してくることに。だが、使う予定の食材が入手できなくなったり、忙しさからジークとの仲がこじれたりとトラブルが続出しー? 日本のお祭りグルメで恩返し!大人気クッキングファンタジー、待望の文庫第3巻! 文庫だけの書き下ろし番外編も収録!
2017.9 343p A6 ¥640 ①978-4-434-23706-5

◆異世界でカフェを開店しました。 4 甘沢林檎著 アルファポリス,星雲社発売 (レジーナ文庫)
【要旨】ごはんのマズ～い異世界に、カフェを開店して早4年。元OLの店長リサは、カフェメンバーと共に慰安旅行に出かける。リサたちが泊まることになった宿は、海が近くて料理もおいしい上に、とても親切。それなのに、なぜか他にお客さんの姿がない…。聞けば何やら、とある貴族に営業妨害されているのだとか。見かねたリサは、近くの海水浴場から客を呼び込むために、海の家をやってはどうかと提案し―? 大人気クッキング・ファンタジー第4巻、文庫だけの書き下ろし番外編も収録!
2017.12 350p A6 ¥640 ①978-4-434-23973-1

◆異世界でカフェを開店しました。 10 甘沢林檎著 アルファポリス,星雲社発売 (レジーナブックス)
【要旨】ごはんのマズ～い異世界にカフェを開店したリサ。エドガー王太子の結婚式が近づき、お相手のメルディアルフ姫がやってくる。未来の王妃として人脈を広げたいという彼女のため、リサは日本でおなじみの食材を使った特別なお茶会を開くことに。一方、カフェ二号店の店長アランは王太子夫妻の好物を使った特別メニューを作ろうと意気込むけれど―? 料理もトラブルも盛りだくさん!?大人気クッキング・ファンタジー、待望の第十巻!
2017.8 275p B6 ¥1200 ①978-4-434-23588-7

◆農業男子とマドモアゼルーイチゴと恋の実らせ方 甘沢林檎著 KADOKAWA (富士見L文庫)
【要旨】男も職もなく、30歳を迎えた恵里菜。そんな彼女の目に飛び込んできた長野県への婚活

ヤング・アダルト小説

バスツアー。旅行気分で申し込むと、素朴な男性陣に一人イケメン農業男子が！ 恵里奈はイケメン優真との会話を弾ませようと頑張るが…「農業っていいですよね。スローライフって感じで」……農業舐めてんの？」「おとなしく都会にいたら？」という言葉に怒りはやまず、半月後、恵里奈は長野へ舞い戻っていた。そう。農業で見返してやるために—！ 30歳から始める手探り恋と農業ライフ！
2017.10 254p A6 ¥620 ①978-4-04-072471-3

◆**優しい嘘で、キミにサヨナラ。** 天瀬ふゆ著 スターツ出版 （ケータイ小説文庫－野いちご）
【要旨】高2の莉子は、幼なじみの悠里と付き合って2年目。やさしかった彼が、突然ほかの女の子と浮気しはじめた。ショックをうけるが、別れを切り出されるのが怖い莉子は何も言えない。そんな時、莉子は偶然中学時代にフラれた元彼、広斗と再会する。広斗は悠里の浮気の理由を知っているようだが…。優しい嘘と一途な想いが交錯する、ピュアラブストーリー！
2017.2 345p A6 ¥590 ①978-4-8137-0211-5

◆**剣の求婚 1** 天都しずる著 アルファポリス, 星雲社 発売 （レジーナ文庫）
【要旨】普通の生活を何より愛する武器屋の娘フェイシア。そんな彼女のもとに求婚者が現れた。相手は魔王を討伐した勇者様…ではなく、彼の剣!? 勇者が差し出したのは、伝説の魔剣イブリース。するとなんと魔剣がしゃべり出した！「ようやくお前に会えた！ この時をどれだけ待ちわびたことか」。魔剣はフェイシアに向かって、愛の言葉に卑猥な言葉を織り交ぜながら、強引に結婚を迫る魔剣。しかも求婚を断らなければ、世界が危機に陥ると言われて—？ 文庫だけの書き下ろし番外編も収録！
2017.8 366p A6 ¥640 ①978-4-434-23572-6

◆**剣の求婚 2** 天都しずる著 アルファポリス, 星雲社 発売 （レジーナ文庫）
【要旨】普通の生活を何より愛する武器屋の娘フェイシア。しゃべる魔剣イブリースに恋され、しぶしぶ婚約して以来、彼と一緒に魔族討伐の旅をしている。そんなある日、王命で隣国エメリナへ向かったフェイシアは、千年前に魔王を倒した聖女の子孫エルカの護衛につくことに。するとエルカがなんと、男装のイブリースに一目惚れしてしまう！ さらには聖女の武器である聖剣エクスカリバーも、イブリースを気に入ってしまい—？ 魔剣をめぐって恋のバトルが勃発!? 文庫だけの書き下ろし番外編も収録！
2017.9 360p A6 ¥640 ①978-4-434-23707-2

◆**異世界堂のミア—お持ち帰りは亜人メイドですか？** 天那光汰著 宝島社
【要旨】猫族の亜人のメイドであるミアは、新しい奉公先となる屋敷へ向かっていた。町外れに佇むその屋敷は、主人のせいで「偏屈屋敷」と呼ばれていた。日く、ふらりと外出して来て瞬く間に財を成した天才。しかし人付き合いを嫌い姿を見せないのだ。緊張しながら門を潜りご主人が出会った主人、偏也には、予想を超える変人だった！ 最悪の初対面ながらもメイドとして働くことになったミアに、偏也は屋敷を案内した後、ある部屋に「絶対入るな」と言いつけた。不思議に思いながら働くミアがある日、偏也にその部屋へ招かれる。ぽつんと置かれた大きな鏡を通り抜けるよう言われ、恐る恐る足を踏み出すと…次の瞬間、ミアは異世界「チキュウ」へ来ていたのだった！「小説家になろう」発・風変わりな日常系ほのぼのコメディ！
2017.7 317p A6 ¥1200 ①978-4-8002-7280-5

◆**緋天のアスカ—異世界の少女に最強武具与えた結果 3** 天都光汰著 フロンティアワークス （ノクスノベルス）
【要旨】勇者として、人気、実力ともに認められていくアスカと、興味はないと言いつつも自身のランキング上昇に内心喜ぶ悠斗。このままの勇者生活が続くと思いきや、たまたま同席することとなった世界国家会議にて、魔界の均衡が崩れたという情報が開示される。人類優勢となるこの機に、一気に畳み込まんとする三大国家のひとつブリュナレグ皇国。だが、人類は優勢なはずなのに。魔族の均衡が崩れた、という情報に齟齬があったのだ。魔族優勢、現実はそう告げていた。そして、人と魔族との戦争を前に、アスカはひとり静かに決意を固めるのだった…。今の生活に安定を感じる少年と、今の自分に不器用で気丈な少女による成り上がり英雄譚、激闘の第三弾！
2017.6 281p B6 ¥1200 ①978-4-86657-020-4

◆**ラスボスの向こう側** 天音のわる著 宝島社
【要旨】観察好きの少年が異世界転生した先は、"邪神"アシュタール。ラスボスにあたる"魔王"が倒されたあとに君臨する、圧倒的最強の裏ボスである。人類がやってきたら、その存在と恐怖を知らしめてやろうと、世界中を観察して過ごすこと1000年—「おい！ なんで誰もこねーんだよ！ こっちは裏ボスだぞ！」退屈しきったところに、とうとう勇者たちが現れた。女性ばかりのパーティを早速返り討ちにしようとするが…。「なにこいつ。クッソ弱くね？」最強の"邪神"の弱点は女性だった!? 予想外の弱点のせいで勇者たちに敗れた邪神は、弱点克服のため、人間の学園に通うことにするのだった。
2017.2 292p B6 ¥1200 ①978-4-8002-6597-5

◆**ラスボスの向こう側—ドラマCD付き特装版** 天音のわる著 宝島社 （付属資料：CD1）
【要旨】観察好きの少年が異世界転生した先は、"邪神"アシュタール。ラスボスにあたる"魔王"が倒されたあとに君臨する、圧倒的最強の裏ボスである。人類がやってきたら、その存在と恐怖を知らしめてやろうと、世界中を観察して過ごすこと1000年—「おい！ なんで誰もこねーんだよ！ こっちは裏ボスだぞ！」退屈しきったところに、とうとう勇者たちが現れた。女性ばかりのパーティを早速返り討ちにしようとするが…。「なにこいつ。クッソ弱くね？」最強の"邪神"の弱点は女性だった!? 予想外の弱点のせいで勇者たちに敗れた邪神は、弱点克服のため、人間の学園に通うことにするのだった。
2017.2 290p B6 ¥1800 ①978-4-8002-6599-9

◆**君と四度目の学園祭** 天音マサキ著 KADOKAWA （角川スニーカー文庫）
【要旨】高2の秋。俺、刻谷結羽太は幼馴染の久遠が学園祭までに「好きな人に告白する」という噂を耳にする。一番近かった女の子が遠くへいってしまう焦燥。クラスの演劇練習にも全く身が入らない。ようやく自分も彼女へ想いを伝える決意はしたものの、久遠の様子はおかしい。「ねえ、結羽太。明日ね。また告白するよ。今日は決意が鈍っちゃったから。また明日」そして学園祭当日、俺は取り返しの付かないことをしてしまって—。
2017.6 286p A6 ¥600 ①978-4-04-105682-0

◆**平浦ファミリズム** 遍柳一著 小学館 （ガガガ文庫）
【要旨】五年前、ベンチャー企業の社長である母を亡くした平浦一慶。残されたのは、喧嘩っ早いトランスジェンダーの姉、オタクで引き籠りの妹、コミュ障でフリーターの父だった。かくいう一慶も、高校にもろくに通わず、母譲りの技術者としての才能を活かし、一人アプリ開発に精を出す日々を送っている。穏やかな家庭での日常。退屈な学校生活。そんな現状を良しとしていた一慶だったが、たったひとつの事件をきっかけにして、事態は徐々に、彼の望まぬ方へと向かっていくこととなる…。第11回小学館ライトノベル大賞ガガガ大賞受賞作品。
2017.4 374p A6 ¥667 ①978-4-09-451689-0

◆**透明人間の異常な愛情—ニュクス事件ファイル** 天祢涼著 講談社 （講談社タイガ）
【要旨】空քへナイフが出現し個人を襲う。だが、それを握る者の姿はない。地方都市で起きた奇怪な事件を追う、銀髪の美少女探偵・音宮美夜。黒い噂のある研究所へ潜入調査を始めた彼女を待ち受けていたのは、音や声が視える美夜の特殊能力「共感覚」を封じる罠、脱出不可能な密室、そして所員を容赦なく殺害していく透明人間だった!! 美夜の命に執着する姿なき敵を見つける方法はあるのか？
2017.11 252p A6 ¥690 ①978-4-06-294097-9

◆**僕と死神（ボディガード）の赤い罪** 天野頌子著 講談社 （講談社タイガ）
【要旨】海堂凛のもとに届いた不吉な知らせ—。それは生かさず殺さず眠らせたまま幽閉していたはずの、海堂グループ総帥である祖父・右近の誘拐事件だった。凛が一番恐れている右近がふたたび目覚めれば、間違いなく自分は報復として口封じに抹殺される。緊急事態に備え新しく採用したボディガード「限界を超えた男」の驚くべき正体、そして堅牢な研究所から右近を連れ去った人物とは!?
2017.6 250p A6 ¥660 ①978-4-06-294076-4

◆**十歳の最強魔導師 1** 天乃聖樹著 主婦の友社 （ヒーロー文庫）
【要旨】十歳の少女フェリスは、魔石鉱山で働く奴隷。毎日の仕事は過酷で、身なりも貧しかったが、決して笑顔を絶やさなかった。あるとき、魔石鉱山が正体不明の魔術師たちに破壊され、フェリスは一人だけ生き残る。逃げ出した先で出会ったのは、アリシアという名の美しいお嬢様。怪しい連中に誘拐されそうになっているアリシアを、フェリスは無我夢中で救出する。その御礼にアリシアの屋敷に招待されたフェリスは、そこで魔法の才能を見出されて一。笑顔も魔力も最強の十歳の少女が贈る、ほのぼの魔法学園ストーリー。
2017.4 303p A6 ¥590 ①978-4-07-424160-6

◆**十歳の最強魔導師 2** 天乃聖樹著 主婦の友社 （ヒーロー文庫）
【要旨】十歳の少女フェリスとその仲間たちは、全力で魔法学校ライフを楽しんでいた。仲間の一人であるアリシアは、魔術の実技の成績が伸び悩んでいた。アリシアを誘ってテテルと三人で実技の特訓をすることに。一方、グーデンベルト家とラインツリッヒ家の確執から、アリシアに激しいライバル意識を燃やすジャネット。フェリスは、アリシアとジャネットが仲良くなれればもっと楽しい学校生活になるだろうと考えてある方法を提案する。そんなある日、不穏な影が忍び寄ってくる。魔法の素質がある人間を狙った誘拐事件が起きたのだー。
2017.6 303p A6 ¥600 ①978-4-07-426041-6

◆**十歳の最強魔導師 3** 天乃聖樹著 主婦の友社 （ヒーロー文庫）
【要旨】少女たちが待ちに待っていたバカンスがやって来た！ 初めての海、初めての水着、初めての別荘。たくさんの刺激に胸をどきどきさせるフェリス。魔法学校での鍛錬の日々から離れ、陽光きらめくリゾートの休暇を満喫する。ジャネットからの水泳コーチだって、魔石鉱山時代の経験を活かした砂遊びだって、甘酸っぱいいちご狩りだって、フェリスはいつでも全身全霊。灼けた砂を踏みしめ、無邪気な水着姿を踊らせる。フェリスに夢中なジャネット、見守るアリシア、マイペースなテテル。そんな彼女たちが楽しむ海に、またしても事件が起きてしまう。
2017.12 302p A6 ¥600 ①978-4-07-428689-8

◆**猫耳少女と世界最強の魔法国家を作ります** 天野ハザマ著 アルファポリス, 星雲社 発売
【要旨】世界を滅ぼして回る最悪の存在「魔王」。それに対抗するには高度に魔法を発達させた文明を築くしかない。そう神に説かれて転生したウィルザードは、極端な虚弱体質という弱点と引き換えにあらゆる魔法を創り出す力を持っていた。山中で猫獣人の少女—アーニャを救ったウィルザードは、彼女を王に立てて魔王に対抗しうる魔法国家の建設に乗り出した。しかし彼らは、真の王のみが抜けるという「選定の剣」を巡って近隣を力と恐怖で支配する蛮王と対立してしまう。ウィルザードは山中に村落を築き、人間に虐げられていた獣人達をアーニャのもとに結集。彼らに魔法の力と逆転の秘策を授けて強大な蛮王の軍勢との決戦に臨むのだった。
2017 277p B6 ¥1200 ①978-4-434-23822-2

◆**勇者に滅ぼされるだけの簡単なお仕事です 10** 天野ハザマ著 アルファポリス, 星雲社 発売
【要旨】命の神によって「勇者に滅ぼされる」運命を回避するため、人類との和平政策を進める魔王ヴェルムドール。彼は「人道的支援」と称して人類国の内乱に間接的に介入していた。長かった内乱がようやく終結したとき、これまで魔王と命の神のやや、地上世界の出来事に不干渉を決め込んでいた他の神々が動き出し、ヴェルムドール達の前に現れる。そして勇者の正体を明かされ、世界の現状を知ったヴェルムドール。さらには魔王の創造主であり、世界に絶大な影響を及ぼす魔神までもの参加に、神々の間に緊張が走った。勇者と、そして命の神と対峙したヴェルムドールは自身の運命にどう決着をつけるのか—
2017.2 286p B6 ¥1200 ①978-4-434-23035-6

◆**本日はコンビニ日和。** 雨野マサキ著 KADOKAWA （メディアワークス文庫）
【要旨】大好きなすみればあちゃんが、1年前に死んだ—。純平が住む小さな町・虹色町には、何でも揃うコンビニがある。お店を営んでいたのは、町の人気者だった祖母すみればあちゃん。そんなばあちゃんの遺言は、18歳の純平をコンビニオーナーにするというものだった。自信のないままオーナーになった純平だが、個性豊かなスタッフやお客に囲まれ働くうち、すみればあちゃんの想いを知ることになり…。切なくて温かいこもれびの物語。
2017.12 282p A6 ¥610 ①978-4-04-893599-9

◆十年後の僕らはまだ物語の終わりを知らない　尼野ゆたか著　KADOKAWA（富士見L文庫）
【要旨】母校で司書を務める孝平は追い詰められていた。図書室だよりに載せたとある本の書評が大炎上。廃刊の危機が迫っていたのだ。そこへ旧知の作家・香耶が学校を訪れ、なんと図書室だよりへ物語の執筆を買って出るという。「初恋の女の子も小説を書いていたんです」孝平が学生時代の想い出を口にするたび、香耶との間に甘酸っぱい空気が漂う。どこか懐かしさを纏った彼女の孝平は徐々に惹かれ始めて始める。図書室だよりに隠された切なさが、きっと温かな涙に変わる。奇跡の巡りあいが綴られた青春恋愛物語。
　　　　　　　2017.11 313p A6 ¥620 ①978-4-04-072508-6

◆ハナシマさん　2　天宮伊佐音　小学館（ガガガ文庫）
【要旨】韻雅町を震撼させた猟奇殺人事件から半年、新たに起こった女子高生失踪事件。警察が捜査に乗り出すも、消息を絶った女子高生、草薙勾玉は偏屈者として有名で、その奇縁さから同級生に友人と呼べるような相手はおらず、参考になる証言もなし。捜査が暗礁に乗り上げるなか、勾玉の後輩で交流があった桜井流璃を警察の捜査に協力することに。やがてたどり着いた唯一の手がかりは「異世界に行ける方法」にまつわる都市伝説の噂だった―。第10回小学館ライトノベル大賞・ガガガ賞受賞のフォークロアミステリー第2弾！
　　　　　　　2017.1 294p A6 ¥593 ①978-4-09-451656-2

◆転生勇者の成り上がり　1　堕ちた英雄
雨宮和希著　オーバーラップ（オーバーラップ文庫）
【要旨】勇者アキラ―人々のため聖剣を振るい戦った彼は、突如として女神の加護を失い周囲の失望の中で命を落とした。そして時は流れ―「堕ちた英雄」と呼ばれたアキラの記憶が、貴族の少年レイの中で蘇る。自分が何故転生したのかはわからない。しかしレイは、今度こそ聖剣のような借りではない自分自身の力を磨き上げ、本物の強さを手に入れて英雄となることを誓うのだった。新たな人生で得た家族や親友と共に、剣闘と実戦を重ねていくレイ。そんな彼に、前世からの因縁が立ちはだかり…!?これは力を失った勇者が真の最強へと成り上がり、全てを守り抜く英雄譚―。
　　　　　　　2017.6 350p A6 ¥690 ①978-4-86554-232-5

◆転生勇者の成り上がり　2　受け継ぐ遺志
雨宮和希著　オーバーラップ（オーバーラップ文庫）
【要旨】エルフの里を巡る戦いから一年―。15歳となったレイはついに冒険者試験に挑むことになり、修行に出ていた幼馴染アルスと約束通り再会を果たすのだった。そんなレイの目の前に現れたのは、冒険者養成学園の主席だという少女・セーラ。試験を前にセーラやその級友達と交流を深めるレイだったが、迎えた冒険者試験には恐ろしい陰謀が蠢いていた。試験会場となった迷宮の奥底で、受験者を襲撃する悪意。人の闇がもたらした禁忌の研究と少女の悲痛な覚悟に触れ、レイが辿り着く真実とは…!?これは真の最強を目指す少年が、運命に囚われた少女を救い出す英雄譚―。
　　　　　　　2017.10 347p A6 ¥690 ①978-4-86554-271-4

◆ハズレ奇術師の英雄譚　1　雨宮和希著　双葉社（モンスター文庫）
【要旨】100人の日本人が女神を名乗る存在に異世界へと呼び出される。転移させられた彼らは、前の世界には決してありえない、特殊な能力を得ることになる。皆がそれぞれ有用といわれる戦闘系の力を得ていく中、神谷士道だけが、「奇術師」という非戦闘系の残念な能力を授かることに―。ハズレの烙印を押された男が強者としてのし上がっていく「小説家になろう」発、異世界成り上がりファンタジー。
　　　　　　　2017.5 284p A6 ¥593 ①978-4-575-75132-1

◆ハズレ奇術師の英雄譚　2　雨宮和希著　双葉社（モンスター文庫）
【要旨】異世界へと呼び出され特別な能力を授けられた神谷士道。さすがすごいチート持ちになれるのかと思いきや、手にしたのは「奇術師」という非戦闘系のハズレ能力だった。残念無念な感じでスタートした異世界生活だったが、師匠の古賀玄海と出会ったことで、ハズレながらも次第にその能力を駆使して強くなっていく。そんな士道の前にかつて世界を滅亡させた伝説上の人物が現れて…。ハズレの烙印を押された男が強者として成り上がっていく「小説家になろう」発、異世界成り上がりファンタジー。
　　　　　　　2017.10 279p A6 ¥593 ①978-4-575-75159-8

◆異世界のオトコ、拾いました　雨宮茉莉著　アルファポリス，星雲社　発売（レジーナブックス）
【要旨】異世界から迷い込んだという騎士を保護した優奈。その一件で、彼の世界に二人でトリップしてしまう！裕福な騎士が衣食住を全て与えてくれるけれど、何もせずにいるのは優奈の性に合わなくて…日本でバイトした知識をもとに、バーを開いて自立します‼︎お仕事女子と堅物騎士の攻防戦スタート！
　　　　　　　2017.6 298p B6 ¥1200 ①978-4-434-23343-2

◆お願いだから、転生先は選ばせてください‼︎　雨宮茉莉著　Jパブリッシング（フェアリーキス）
【要旨】黒猫姿の異世界管理人ギイによって、嫌われ者の高慢ちき令嬢エスメラルダに人生の強制転生をさせられた翠。婚約者である国王シリルにも毛嫌いされて落ち込む翠に、ギイは猫変身できる能力を与えてくれた。猫姿の時は、彼女は王宮の女となって彼女と決意し、身になりたいというのは、異世界の意地と根性で自分らしく生きてやると決意した翠だが…頑張る彼女の姿を見て、シリルが急接近してきて!?
　　　　　　　2017.5 300p A6 ¥1200 ①978-4-908757-85-3

◆婚約破棄されたので王宮の裏ボス目指します！　雨宮れん著　アルファポリス，星雲社　発売（レジーナブックス）
【要旨】異世界の子爵令嬢に転生したものの、突然、婚約破棄されてしまったエミーリア。それを幸いと、王宮の女官になろうと決意した！早速、準備を始めたけれど、父親は大反対。どうしても、女官になりたいというのなら『地味でぽっちゃりな従姉妹を王太子妃の座につけるくらいの手腕を見せなさい』と言われてしまい―
　　　　　　　2017.5 289p B6 ¥1200 ①978-4-434-23230-5

◆婚約破棄されたので王宮の裏ボス目指します！　2　雨宮れん著　アルファポリス，星雲社　発売（レジーナブックス）
【要旨】婚約破棄をきっかけに、王宮の裏ボス―女官長を目指しているエミーリア。父の出した課題を乗り越え、晴れて女官となった彼女を待っていたのは隣国のお姫さまのお世話だった。ちょっとワケありの彼女のせいで、エミーリアはまたしても騒動に巻き込まれ。おまけに、第二王子のキースは相変わらず周りをウロウロと。以前にもまして、エミーリアをかまってくる。彼女の周辺はますます騒がしくなり―!?
　　　　　　　2017.12 279p B6 ¥1200 ①978-4-434-24109-3

◆ダンジョンを経営しています　ベルウッドダンジョン株式会社西方支部繁盛記　アマラ著　宝島社
【要旨】中小企業「ベルウッドダンジョン株式会社」の次男坊ジェイクは、大学の「ダンジョンマスター学科」を晴れて卒業。しばらくは気楽に父と兄を手伝う予定だったが、父は思わぬ言葉で出迎えた。「新領地でダンジョンマスター（責任者）が―」本来は兄が行くのだが、のっぴきならない事情があるようで。連れて行けるのは「腕は最高、性格は最低」の連中ばかり。意識高め外資風味ダークエルフ、黒歴史収集が趣味のクズ獣人、超肉食系インテリオネエドワーフ。こいつらを引き連れて、新人ダンジョンマスターは、無事にダンジョン経営できるのか…!?
　　　　　　　2017.12 332p B6 ¥1200 ①978-4-8002-7895-1

◆地方騎士ハンスの受難　1　アマラ著　アルファポリス，星雲社　発売（アルファライト文庫）
【要旨】辺境の田舎町に左遷されて来た元凄腕騎士団長ハンスは、平和で牧歌的な日々を送っていた。ところがある日、突然現れた奇妙なニホンジン達により、平穏な村が壊されてしまう。そんな折、街を侵略しようと画策する敵国兵の噂が届いた。やむ無く彼は、日本人達の力を借りて最強自警団の結成を決断する！ネットで大人気！異世界ほのぼの駐在所ファンタジー、待望の文庫化！
　　　　　　　2017.5 321p A6 ¥610 ①978-4-434-23191-9

◆地方騎士ハンスの受難　2　アマラ著　アルファポリス，星雲社　発売（アルファライト文庫）
【要旨】ある日、元凄腕騎士のハンスと日本人達は、天然の温泉を探そうと盛り上がる。さっそくケンイチ一行が魔獣達に温泉探しを命ずるも、なかなか温泉は見つからない。諦めかけていた彼らだったが、ふと出かけた森の湖畔で湯煙が上る洞窟を発見！ところがその奥には、たくさんの魔物の影が―!?ネットで大人気！異世界ほのぼの駐在所ファンタジー、文庫化第2弾！
　　　　　　　2017.9 313p A6 ¥610 ①978-4-434-23644-0

◆地方騎士ハンスの受難　7　アマラ著　アルファポリス，星雲社　発売
【要旨】隣国の空中要塞との死闘を制した辺境駐在官ハンスとチートな日本人達。彼らは捕らえた空中要塞の指揮官から、異世界最大の勢力を誇る宗教団の教主がハンス達を懐柔すべく密かに動き出しているという情報を掴んだ。この事実を知ったハンスは、厄介な問題に頭を抱えつつも、チート日本人達の手を借りて、教会の拠点がある王都に乗り込むことを決意する。辺境の地から華やかな王都へ行けるとあって、異世界ホストクラブで豪遊したり、異世界競馬に乱入したりと、肝心の諜報活動そっちのけで、ノリノリ気分で観光を満喫していた。そんなことがありながらも、ついにハンスと日本人達は先制攻撃を仕掛けるため、教会の拠点に突入を開始する―!?
　　　　　　　2017.3 271p B6 ¥1200 ①978-4-434-23017-2

◆余命六ヶ月延長してもらったから、ここからは私の時間です　上　編乃肌著　新紀元社（モーニングスターブックス）
【要旨】『魔法』と呼ばれる特殊な力を持つ者だけが入れる高校で、憂鬱な毎日を送る落ちこぼれの野花三葉は、ある日の放課後、何者かに階段から突き落とされ、命を落としてしまう。「もっと好きに生きればよかった」―後悔する三葉の前に白猫の姿をした天使が現れ、あと六ヶ月だけ時間をくれるのだが。かくして、三葉は六ヶ月の"余命"を手に入れるのだが!?第1回「モーニングスター大賞」受賞作！
　　　　　　　2017.10 319p B6 ¥1200 ①978-4-7753-1514-9

◆余命六ヶ月延長してもらったから、ここからは私の時間です　下　編乃肌著　新紀元社（モーニングスターブックス）
【要旨】階段から落ちて死んでしまったものの、猫の姿をした天使シラタマに余命六ヶ月を与えられた三葉は、悔いのないよう充実した毎日を送っていた。気がかりなのは、自分を階段から突き落とした犯人は誰なのかということ。文化祭の準備を奔走するなか、とうとう三葉は犯人の手掛かりを掴むが、三葉の"時間"も残り僅かで…。ついに涙と感動のクライマックス！第1回「モーニングスター大賞」受賞作。
　　　　　　　2017.10 319p B6 ¥1200 ①978-4-7753-1515-6

◆花屋「ゆめゆめ」で花香る思い出を　編乃肌著　マイナビ出版（マイナビ出版ファン文庫）
【要旨】自転車のチェーンが外れて花屋「ゆめゆめ」の店先に頭から突っ込んでしまった蕾が、それをきっかけに秘密の力を持ってしまって―。そんな蕾が、フローラル王子と呼ばれる店員の咲人と、魔王と呼ばれる店長の葉介と一緒に、花屋「ゆめゆめ」でバイトしながら、お客様のトラブルや事件を、花を使って解決します！少し不思議でちょっと泣ける、読めば必ずほっこりとした気持ちになれる物語です。
　　　　　　　2017.8 245p A6 ¥1200 ①978-4-8399-6401-6

◆花屋「ゆめゆめ」で不思議な花束を　編乃肌著　マイナビ出版（ファン文庫）
【要旨】お花屋さんを舞台にお悩み解決！ほっこりお仕事小説！乗っていた自転車のチェーンが外れた蕾は、花屋の店先に並べられた花に、盛大に頭から突っ込んでしまう。それ以来、蕾は蕾しか言えない、秘密の力を持ってしまう。そんな蕾が、天然王子な店員の咲人と強面店長の葉介と一緒に、花屋「ゆめゆめ」で働きながら、様々なお客さんと花を相手に、謎や事件を解決します！少し不思議でちょっと泣ける、優しい気持ちになれる物語です。「第2回お仕事小説コン」特別賞受賞作。
　　　　　　　2017.3 259p A6 ¥647 ①978-4-8399-6197-8

◆アストロノーツは魔法を使う　天羽伊吹清著　KADOKAWA（電撃文庫）
【要旨】人類が宇宙へ進出して幾星霜。数多の困難に直面しながら、それらを乗り越える力となったのが"魔法"の力だ。通常、ごく一部の女性のみが持つとされる魔法の才能を導き、宇宙開発を担う人材"宇宙魔法士"を育成する教育機関"アリストテレス"。そこへ向かう軌道エレベーターの中で異星幻獣の襲撃を受け瀕死となった早霧零は、英雄と称される宇宙魔法士ギア・リ

ヤング・アダルト小説

ボルヴァと邂逅する。戦いで致命傷を負ったギアが魔法で救えるのはどちらか一人―結果、英雄を犠牲に助けられた零は、史上9人目の男性の宇宙魔法士として覚醒する―!!
2017.5 372p A6 ¥650 ①978-4-04-892904-2

◆**魔法少女のスカウトマン** 天羽伊吹清著
KADOKAWA （電撃文庫）
【要旨】魔法少女―それは人の心を喰らう怪物『ソウルイーター』と戦い、人々を守る正義の味方。だが近年、アニメや小説にかかった風評被害のせいで魔法少女業界は深刻な人材不足に頭を悩ませていた！この事態に、黒羊のマスコット―もと凄腕のスカウトマン ジェイジェイが立ちあがる！適性を持った乙女を探し出し、誤解を解いて契約を交わせ!!ん？ ソウルイーターを倒すためには、魔法少女の恥じらう心を限界以上に喰わせる必要がある―つまり魔法少女が恥ずかしい思いをしなければならない？ そんなささやかな秘密は伏せたまま、今日もいざ往け魔法少女のスカウトマン!!
2017.12 363p A6 ¥670 ①978-4-04-893524-1

◆**命の後で咲いた花** 綾崎隼著
KADOKAWA （メディアワークス文庫）
【要旨】私は命をかけて貴方のものになる。晴れて第一志望の教育学部に入学した榛名小夜子の大学生活は、苦労の連続だった。そんな日々の中、彼女はとある邦地な年上の同級生に恋をする。突き放すような優しさを持つ彼に、次第に惹かれていくなずだったが…。たとえば彼女が死んでも、きっとその花は咲くだろう。絶望的な愛情の狭間で、命をかけて彼女は彼のものになる。著者の傑作『書き下ろし後日譚』を収録した、待望の文庫化。愛と死を告げる、新時代の恋愛ミステリー。
2017.1 339p A6 ¥650 ①978-4-04-892598-3

◆**異世界拷問姫 3** 綾里けいし著
KADOKAWA （MF文庫J）
【要旨】激闘の末、ヴラドの旧友にして『大王』フィオーレを撃破するも、代償は大きかった。ヒナの離脱、権人の『皇帝』との契約、そして―王都壊滅による風評被害のせい。その報を受け、王都に向かった権人とエリザベトが目にしたのは、残る三体の悪魔『君主』『大君主』『王』の契約者が融合し、猛威を振るう惨状だった。「希望など抱くだけ無駄だ。絶望のみを信じよ―そして、それを砕くために足掻け」綾里けいし×鵜飼沙樹で贈る異世界ダークファンタジーの最高峰、無限惨劇の第三弾。
2017.2 293p A6 ¥620 ①978-4-04-068774-2

◆**異世界拷問姫 4** 綾里けいし著
KADOKAWA （MF文庫J）
【要旨】「余が貴様を速やかに殺してやるからな」14階級の悪魔と契約者討伐を終えたエリザベト、『皇帝』の契約者―全人類の敵となった権人との命令が下される。一方、逃亡生活を続けていた権人とヒナの下に、予期せぬ来訪者獣人が訪れる。「人類の敵を、賓客としてお迎えする」何者かにより同胞を虐殺されていた彼らは、事件解決のため権人に助力を求めていた。早速向かった獣人の領域で惨状を確認しヒナ「俺はこの犯人を知っている。―間違いなく、悪魔の仕業だ」だが、14の悪魔は既に殺し尽くしたはずで…？綾里けいし×鵜飼沙樹で贈る異世界ダークファンタジー第四弾。分かたれし二人の道が交わる時、残酷なる世界の真実が姿を現す―
2017.6 287p A6 ¥620 ①978-4-04-069283-8

◆**異世界拷問姫 5** 綾里けいし著
KADOKAWA （MF文庫J）
【要旨】もう一人の『拷問姫』ジャンヌ・ド・レに誘われ、地下墓所で世界の真実に直面した権人たちは、彼女が語る救世に協力することを決める。十四の悪魔で始まり終結を迎えるはずの物語はここにきて残酷さを増し、全ての者に苛烈な選択を迫り出す。綾里けいし×鵜飼沙樹で贈る今最も熱い異世界ダークファンタジー第五弾。悲劇を糧に進み続ける世界の中で、権人はエリザベトはヒナはジャンヌはイザベラは―そして肉屋はいかなる道を選び取るのか。
2017.10 291p A6 ¥580 ①978-4-04-069507-5

◆**幻獣調査員 2** 綾里けいし著
KADOKAWA （ファミ通文庫）
【要旨】伝説の悪竜に襲われた村娘。その御伽話にも似た事態の真相とは―。かつて海豹乙女を嫁にしたという男が、幻と人と幻獣の結婚の先にあったのは…。第一種危険幻獣の中でも伝説級に該当する生物ヒュドラ。行く手を全て赤く染め、不死の体を持つヒュドラを倒すには幻獣、即ち『火の王』の炎が必要だという。フェリ達は王都が保護していた『勇者』を連れて『火の王』

の元に赴くことになり―。人と幻獣の関わりが生む残酷で優しい幻想幻獣譚、第二集！
2017.6 286p A6 ¥690 ①978-4-04-734678-9

◆**辣腕上司の甘やかな恋罠** 綾瀬麻結著 ア
アルファポリス, 星雲社 発売 （エタニティブックス）
【要旨】IT企業で秘書として働く、32歳の藍子。同僚たちが次々と素敵な男性と結婚を決めていくなか、彼女はすでにお局状態だった。でも、それは自らが望んだこと。かつて恋人からひどく傷つけられた経験ゆえに、心に壁を作って、男性に頼らず生きる道を選んでいたのだ。そんな藍子がある日、若き天才・黒瀬の専属秘書に抜擢された。頭脳明晰で、外見も素敵な黒瀬の彼が、何故か藍子に執着し始める。どうやら、藍子の心にかかった鍵を開けたいという欲求にかられたようで…恋枯れOLと凄腕ハッカーの、駆け引きラブストーリー！
2017.5 292p B6 ¥1200 ①978-4-434-23339-5

◆**LOVE GIFT―不純愛誓約を謀られまして** 綾瀬麻結著 アルファポリス, 星雲社 発売 （エタニティブックスRouge）
【要旨】25歳の地味女子・香純の仕事は、図書館司書。けれど、元カレによって背負わされた借金返済のために、副業一頓まれた人物を演じる仕事もやっていた。ある時香純は、とある男女の仲を壊す役を引き受ける。その仕事で一依頼者を間違えた!?なんと、誤って別の男女の仲を壊してしまったのだ。焦る香純に、被害者の男性・秀明は自分の婚約者のフリをしろ！と。それで償いになるならと、香純はその要求を呑んだ。しかし"婚約者のフリ"のはずが、秀明が次第妖しく迫られて―!?
2017.6 292p B6 ¥1200 ①978-4-434-24103-1

◆**ご旅行はあの世まで？―死神は上野にいる** 彩本和希著 集英社 （集英社オレンジ文庫）
【要旨】就活生（絶望的に苦戦中…）の青年・楓は、小学生を助けようとして川で溺れる。意識を失った楓は、蝉時雨の響く謎の場所で「死神」を名乗る男・刑部と出会う。意識を取り戻した時、楓の手元に残されていたのは、刑部の名刺と『最高の終末を！』と染め抜かれた眼鏡拭き…。上野で刑部と再会した楓は「死神、やってみる気ない？」というとんでもない誘いを受けて―!?
2017.2 262p A6 ¥590 ①978-4-08-680120-1

◆**いつかすべてを忘れても、きみだけはずっと消えないで。** 逢倉愛著 スターツ出版 （ケータイ小説文庫―野いちご）
【要旨】中3の実咲はある日、物忘れが激しくなるなどの違和感を覚えるようになる。おかしいと思い病院に行くと、診断結果は約1年後にはすべての記憶をなくしてしまう、原因不明の記憶障害だった。心咲は絶望し、さらに彼氏にもフラれてしまう。心咲は心を閉ざすけど、高校で優しい春斗に出会い、惹かれあっていくと。でも、心咲は春斗のためを思い、身を引く覚悟を―
2017.8 231p A6 ¥540 ①978-4-8137-0306-8

◆**ほんとのキミを、おしえてよ。** あよな著 スターツ出版 （ケータイ小説文庫―野いちご）
【要旨】有紗のクラスメイトの五十嵐くんは、通称王子様。爽やかでイケメンで優しくて面白い、完璧素敵男子だ。有紗は弱点を見つけようと近付くが、どんなに意地悪しても、しつこく構っても、五十嵐君は余裕の笑顔。でも、知れば知るほど彼に惹かれていくありさま。そんな時、五十嵐君の元カノにばったり遭遇する。いつもとちがう様子の彼に有紗は…
2017.10 313p A6 ¥590 ①978-4-8137-0336-5

◆**GOD―囚われの姫** 新井夕花著
KADOKAWA （魔法のiらんど文庫）
【要旨】「俺のところに来るか」中学1年生で親に捨てられた姫は、ある男に拾われる。これほど美しく冷酷な顔を持つ、極道"神破会"若頭・鷹斗だった。―絶対的に支配する鷹斗のもとで暮らしはじめて5年。鳥かごに閉じ込められたような日々の中、激しくなっていく束縛に怯えていた。そんな先、なにひとつ思い通りもしなかった鷹斗の弟、最凶暴走チーム"GOD"総長を務める利人が手を挙げ向きはじめた。一人の少女を懸け、最凶の男たちの戦いがはじまる―
2017.2 255p A6 ¥590 ①978-4-04-892712-3

◆**最強の司令官は楽をして暮らしたい―安楽椅子隊長イツツジ** あらいりゅうじ著
KADOKAWA （NOVEL ZERO）
【要旨】世界的な超好景気で地球全体がお気楽ムードに包まれる時代に、平和を満喫する日本。し

かし、平和の裏では各国間の諜報合戦は過激化していた。熾烈な情報戦に対応するべく、日本政府は秘密裏に対テロ・スパイのスペシャルタスクフォースを結成。華やかな日本の平和を密かに守るのは、美女だらけのスペシャルチーム！…ただし、チームを率いるのは、割り当てられた高額な部隊予算を湯水のような趣味に浪費する、本気を出せば最強だけども指示しか出さない、それでいておいしいとこだけは持っていく三十路手前の男だった。
2017.7 252p A6 ¥680 ①978-4-04-256055-5

◆**異世界Cマート繁盛記 5** 新木伸著 集英社 （ダッシュエックス文庫）
【要旨】今日もCマートはニコニコ笑顔で営業中。インスタント・ラーメンが大ブーム！肉味がします!!おっぷ！異世界の人たちは、なんと、ぱんつはいてなかった！ぱんつ輸入で超無双!!すくすく成長中のエナは少女マンガに夢中で、店主もたじたじ？異世界でもクリスマスにキングのお正月、サンタに餅つき！年越し蕎麦！現代世界のイベントが大人気!!みんなで楽しんじゃおう！オークのお客さんもCマートを訪れ、常連が増えてますます楽しい異世界スローライフ！だけど店主にピンチが訪れる!?美津希大明神～っ!!いつもニコニコ笑顔で楽しい異世界スローライフ、第5巻!!
2017.2 262p A6 ¥600 ①978-4-08-631163-2

◆**異世界Cマート繁盛記 6** 新木伸著 集英社 （ダッシュエックス文庫）
【要旨】仲間も増えて今日もCマートは賑やかに楽しく大営業中！コピー用紙で作った紙ヒコーキが大ブーム!!砂時計でキングの仲間が大コーフン!!竹トンボを作って飛ばしてた、オークのお姉さんが大はしゃぎ!?エルフの魔法（？）でエナが大きくなっちゃった!?美少女JKになったエナに、店主ドキドキ!?そしたら今度は店主がちっちゃくなっちゃった!!五歳児の店主とエナは仲良くあそんで楽しそう！異世界のおまつりを派手に楽しくしちゃおう!?ヤキソバにフランクフルトに綿菓子、かき氷にラムネに金魚すくいに射的すくい釣りも!!みんなで縁日の屋台を出して大盛り上がり！大人気異世界スローライフ、待望の第6巻！
2017.10 258p A6 ¥600 ①978-4-08-631207-3

◆**英雄教室 7** 新木伸著 集英社 （ダッシュエックス文庫）
【要旨】ローズウッド学園は今日も平和！天才科学者イライザの発明で、アーネストとルナリアが融合!?ついに超生物をも越える最強戦士の誕生か!?仮象で普通人の身体能力に落とされたブレイド。念願の普通生物になって、喜び勇んで皆にマジパンチ、マジキック！そうした楽しい日常の陰で、人知れず悩みを抱えるイェシカ。学園一の自由人で、いつも明るい彼女には、誰にも言えない大きな秘密があった。「超生物を暗殺せよ」―"組織"からの指令を前にしてイェシカの取った行動は…？王国壊滅の危機も、大事なトモダチの悩みも、全部まとめて解決しちゃうぜ！元勇者の日常は、今日も穏やかに絶好調！超ヒット学園ファンタジー第7巻!!
2017.1 308p A6 ¥600 ①978-4-08-631166-3

◆**英雄教室 7 ―オーディオドラマダウンロードシリアルコード付き限定版** 新木伸著 集英社 （ダッシュエックス文庫）（付属資料：別冊1）
【要旨】ローズウッド学園は今日も平和！天才科学者イライザの発明で、アーネストとルナリアが融合!?ついに超生物をも越える最強戦士の誕生か!?仮象で普通人の身体能力に落とされたブレイド。念願の普通生物になって、喜び勇んで皆にマジパンチ、マジキック！そうした楽しい日常の陰で、人知れず悩みを抱えるイェシカ。学園一の自由人で、いつも明るい彼女には、誰にも言えない大きな秘密があった。「超生物を暗殺せよ」―"組織"からの指令を前にしてイェシカの取った行動は…？王国壊滅の危機も、大事なトモダチの悩みも、全部まとめて解決しちゃうぜ！元勇者の日常は、今日も穏やかに絶好調！超ヒット学園ファンタジー第7巻!!
2017.1 308p A6 ¥1200 ①978-4-08-631153-3

◆**英雄教室 8** 新木伸著 集英社 （ダッシュエックス文庫）
【要旨】ローズウッド学園の仲間は今日もすくすく成長中！アイン＆ツヴァイの霊烏姉弟が、人間になっちゃった!?元気すぎるパワーで女帝もたじたじ！夏！海！南の島にバカンスにやって来た生徒たち。そこでブレイドとクレアの仲が急接近!?帰ってきた現代学園！アーネストが

幼馴染でソフィが転校生!?仮想世界で繰り広げられる英雄教室「日常学園ver.」のゆくえは!?反目しあう生徒と王都防衛隊の両方に国王から指令が下される!? 逃げ出した厄介なモンスターを討伐せよ!今回の"実戦的訓練"は犬猿の仲の防衛隊と共同作戦!?しかも能力コピーするモンスターとか!?反則なんですけどー!?冒険&青春マシマシの第8巻!
2017.5 341p A6 ¥630 ①978-4-08-631185-4

◆**英雄教室 9** 新木伸著 集英社 (ダッシュエックス文庫)
【要旨】ローズウッド学園の仲間は今日も青春まっさかり!不遇のイケメン槍使いレナードをみんなでビルドアップ!?イケメンだから、生まれて初めてアルバイトに挑戦!果たして超生物は無事お金を稼ぐことができるのか!?念願の修学旅行に出発!豪華飛空艇の旅に浮かれる生徒たちだったが、国王の用意したプランはとんでもないもので!?灼熱・極寒・超重力の極限環境目白押し!英雄学校の修学旅行は超規格外!アーネストが結婚!?他国の王子がアーネストを見初めて大胆アプローチ!?どうするブレイド!?超ヒット学園ファンタジー第9巻!
2017.9 279p A6 ¥600 ①978-4-08-631203-5

◆**自重しない元勇者の強くて楽しいニューゲーム 2** 新木伸著 集英社 (ダッシュエックス文庫)
【要旨】2周目勇者というデタラメな強さを持ちながら、今度は好き勝手に生きることを決めた俺。ラストダンジョンには遠足気分で出かけ、二人の娘たちをパワーレベリング。山賊に襲われたら実地の"教材"として活用して、娘たちの皆殺し練習。"食べ放題"のお店ではドラゴンの丸焼きまでぺろぺろっと食欲無尽。夜のオアシスでは、謎の美女にいきなり慕われて、出会って3分で即ハ(以下略)。モンスターに捕らわれていた女冒険者ご一行を助けて、惚れられて、新たな下僕も見事にゲット!自重しない元勇者は、たまには善で、たまには悪で、極限環境目白押し!娘たちと冒険中!超人気の自由系ファンタジー!第2弾!
2017.3 308p A6 ¥600 ①978-4-08-631178-6

◆**自重しない元勇者の強くて楽しいニューゲーム 3** 新木伸著 集英社 (ダッシュエックス文庫)
【要旨】元勇者として自分が救った世界を旅する俺は、今日も気ままに過ごしている。馬車を牽く馬が実は美しい姫だった!?呪いを解いて新たな娘を見事にゲット!悪魔もラミアも利用して三人娘をいつものパワーレベリング。ついにクラスチェンジ&進化の瞬間、来る!?え、モーリンが突然の里帰り宣言。「世界樹の枝」と呼ばれる場所には、なんと小さいモーリンが!?俺子供作ったっけ!?コモーリンの登場でますます賑やかに!次なる目的地へ行くために船を求めて武闘賞品の魔法船で渡る先にはどんな冒険が!?自由すぎる元勇者の2周目ファンタジー、絶好調の第3弾!
2017.7 325p A6 ¥620 ①978-4-08-631192-2

◆**自重しない元勇者の強くて楽しいニューゲーム 4** 新木伸著 集英社 (ダッシュエックス文庫)
【要旨】武闘大会の優勝賞品で船を手に入れた俺は、娘たちと共に優雅な船旅を楽しんでいた。宝の地図に導かれ上陸した島には魔法の泉を発見!船の密航者を泉に蹴り込んだら、なんと美女に変化!?新たな美女とも、もちろん即ハ(以下略)。人魚の支配海域ではなんと人魚を釣り上げていた!?美人な人魚もおいしく頂き(!?)、オリオンの自由な旅はモリモリと続く。海賊のボスが実は女!?と聞いて、海賊狩りに勤しむ。一騎打ちで討ち倒し、その後、押し倒す!女海賊と人魚の王女を「俺の女」にしたのはいいが、二つの勢力は「困った問題」を抱えていて!?破天荒すぎる元勇者の痛快2周目ファンタジー、絶好調の第4巻!
2017.12 293p A6 ¥600 ①978-4-08-631213-4

◆**押しかけ軍師と獅子の戦乙女 2** 在原竹広著 ホビージャパン (HJ文庫)
【要旨】かねてより諜報を強化する必要性を感じていたクロウは、ソンブラという、諜報組織出身の少女を雇用することに。着々と陣容を整えつつあるクロウだが、彼の下に、敵国アッザザールがエルトレス王国への大侵攻を開始したという情報が飛び込んできた。立ち向かうのは、エルトレス王国の複数騎士団。国の存亡をかけた、大規模な防衛戦争が幕をあげる!!クロウは諜報という新たな武器を得て、如何にして大国の侵略を防ぐのか―。
2017.4 303p A6 ¥638 ①978-4-7986-1431-1

◆**お隣さんは小さな魔法使い** 有間カオル著 KADOKAWA
【要旨】もしも、あなたが困っていて、助けを必要としているのなら、窓や玄関、門など目立つところに銀色のリボンを結んでおくといい。優しい魔法使いが助けてくれるかもしれないから―。黒い髪に黒い瞳。けれど肌は真っ白で、唇は珊瑚色。まつげが長く、鼻が高い…まさに人形のような顔立ちの少女、シャルロット。オンボロアパートに住む冴えない大学生の隣室に引っ越してきた、「魔法使い見習い」と名乗る彼女を巡る、ちょっと不思議で心温まる物語。
2017.7 277p B6 ¥1200 ①978-4-04-892994-3

◆**モンスター・ファクトリー――左遷騎士が始める魔物牧場物語** アロハ座長著 KADOKAWA (富士見ファンタジア文庫)
【要旨】全ての人種が生まれるとともに神から"加護"を授かる世界。"頑健"の才を持つ王国騎士コータス・リバティンは戦闘に不向きな加護という理由で、辺境の牧場町に左遷されてしまう。しかし、そこで出会ったのは「それは、とっても牧場向きな"加護"じゃないですか!」魔物牧場の娘・レスカ。同意することになった彼女と暮らす生活は驚きに満ちていて―水を浄化するピュアスライムへの水汲み、歩くキノコの収穫。夜は、具材たっぷりのモンスター料理。頑丈だけが取り柄だった男が、少女に、そしてこの辺境の町で居場所を作り、認められていくことになる―そんなセカンド魔物牧場ライフは、はじまります。
2017.9 309p A6 ¥600 ①978-4-04-072489-8

◆**モンスター・ファクトリー 2 左遷騎士と幻の真竜族** アロハ座長著 KADOKAWA (富士見ファンタジア文庫)
【要旨】魔物牧場の町にやってきてはや1ヶ月。左遷騎士コータス・リバティンは、魔物牧場の生活に慣れてきたある日、落ちてきた流れ星から"暗竜の卵"を発見する。なりゆきから、卵を預かることになったコータスとレスカは、親が迎えにくるまでの間、炎熱石の寝床をつくったり、近くの温泉にいったりと、大事に温めながら子育てをすることに。時を同じくして異世界から迷い込んだ少女の面倒を見ることになり、周りには家族と呼ぶべき存在が増えていき―「こうして、私とコータスさんが、ふ、夫婦!?」こうして大変なドラゴンの子育てが、はじまるのです。
2017.11 286p A6 ¥600 ①978-4-04-072487-4

◆**Only Sense Online 11 ―オンリーセンス・オンライン** アロハ座長著 KADOKAWA (富士見ファンタジア文庫)
【要旨】"センス"と呼ばれる能力を組み合わせ"唯一"の強さを目指すVRMMORPG―「オンリーセンス・オンライン」に初見の巫女服コスプレなど、年越しを楽しむユンたちが開きつけたのは正月アップデートによるセンス拡張クエスト!11番目のセンス解放による、大幅なステータスUPを求めて、早速挑戦するのだが…待ちうけていたのは、11番目の苦しすぎる試練ばかりで!後衛での戦い方が通用せずヘコむ中、次々襲いかかるボスにパーティーは危機に陥り―「ユンちゃん、前に出ないで」サポートに徹してきたユン、いま前線に踏み出すとき―!!
2017.1 284p A6 ¥600 ①978-4-04-070890-4

◆**Only Sense Online 12 ―オンリーセンス・オンライン** アロハ座長著 KADOKAWA (富士見ファンタジア文庫)
【要旨】"センス"と呼ばれる能力を組み合わせ"唯一"の強さを目指すVRMMORPG―「オンリーセンス・オンライン」正月休みも終わり、システムの仕様も馴染んできたOSO。ユンの提案で、新年アップデートによる追加クエストに同行するユンは、荒野エリアで"謎のアイテム"を発見!鑑定の結果、「カラクリ魔導人形」の復活にかかわる古代文明のオーパーツで!?人形作成や素材の調達に対し、関連センスの"彫金"、"調合"の高レベル帯への成長で、ユンは生産職としてさらなる力を発揮し…!新たな仲間を手にすると、ユンは荒野を駆けめぐる!
2017.5 286p A6 ¥600 ①978-4-04-072300-6

◆**Only Sense Online 13 ―オンリーセンス・オンライン** アロハ座長著 KADOKAWA (富士見ファンタジア文庫)
【要旨】"センス"と呼ばれる能力を組み合わせ"唯一"の強さを目指すVRMMORPG―「オンリーセンス・オンライン」OSO最大手ギルド"ヤオヨロズ"から、GVGの開催が宣言された。生産職には無縁さ、ユンは油断していたのだが…"戦闘職以外が活躍できるって訳ではないたい"生産職全体の新しい可能性を提示するため、GVGに参戦することになったユンは準備に奔走し…たどり着いたのは、最高の賞金首・フレインから教わる対人戦のコツに!?「えっと、正々堂々の精神とかは…?」「ねぇよ。そんなもん」拠点防衛やアイテム準備、勝利の鍵はユンの手に!?
2017.9 284p A6 ¥600 ①978-4-04-072301-3

◆**Only Sense Online白銀の女神(ミューズ) 3 オンリーセンス・オンライン** アロハ座長著 KADOKAWA (富士見ファンタジア文庫)
【要旨】"センス"と呼ばれる能力を組み合わせ"唯一"の強さを目指すVRMMORPG―「オンリーセンス・オンライン」前人未到の超高難易度ダンジョン"パンデモニウムの迷宮"に挑むことになったミュウパーティーは、その仕掛けによって対象となる熟練救世主が集結、される前までに、ダンジョンの最奥へと進んでいく。「負け続けたから、今回の挑戦に繋げることができた」数々のクエストを通じ、一致団結して試練を乗り越えてきたミュウたちの思いはひとつ。"失った"仲間たちの希望を背負い、ミュウは最終決戦に挑む!OSOサイド"アサルト"ストーリー。―それは"白銀の女神"誕生の物語。
2017.11 261p A6 ¥600 ①978-4-04-072523-9

◆**聖剣使いの禁呪詠唱(ワールドブレイク) 19** あわむら赤光著 SBクリエイティブ (GA文庫)
【要旨】「我が総戦力を以って亜鐘学園へ侵攻。捕獲対象は一嵐城サツキ」日本支部長・駿河安東が発した一言が亜鐘学園に波乱を呼ぶ。日本各地から名だたる熟練救世主が集結、並み居る才能たちを蹂躙せんと無慈悲な総攻撃が仕掛けられる。その中にはあの邪仙・貝利の姿も…「竜を殺すとは、こういうこと」諸葉を殺すためだけに研ぎすませた千の罠の前に、果たして勝機は!?さらにサツキと諸葉の前世を知る者たちも現れ、亜鐘学園は完全消滅へのカウントダウンを刻み始める。これは、守るための戦い―。正義の意味を問う超王道学園ソード&ソーサリィ、壮絶なる第19弾!!
2017.2 284p A6 ¥630 ①978-4-7973-8970-8

◆**聖剣使いの禁呪詠唱(ワールドブレイク) 20** あわむら赤光著 SBクリエイティブ (GA文庫)
【要旨】完全崩壊にむかう亜鐘学園で、諸葉は六翼会議の首魁"炎王"熾織亮と再びの対峙を果たす。かつて学園で並ぶ者なき英雄として活躍し、諸葉以前にシニアに達した"もう一人の少年"。誰よりも冷静でありながら、誰よりも燃えさかる魂を宿した若き戦士は、いかにして悪魔になり果てたのか?ついに灰村諸葉を前に練り上げた必勝策が狡智な牙をむく…。むかいあう最強諸葉VS超最強!燃やせ。凍てよ。天地にせめぎあう炎と氷。在りし日の悔恨をくべ、竜をも呑みこむ火があもえがる!!語られざる物語が明らかとなる、学園ソード&ソーサリィ第20弾!! 2017.6 347p A6 ¥630 ①978-4-7973-9181-7

◆**聖剣使いの禁呪詠唱(ワールドブレイク) 21** あわむら赤光著 SBクリエイティブ (GA文庫)
【要旨】駿河安東の軍勢に、熾織亮一党の思惑も絡み、終わりの来ない波状攻撃は、諸葉たちを確実に疲労させていた。亜鐘学園は崩壊し、仲間たちは次々と戦闘離脱を強いられた。なお立ちはだかるは"ランクS"というセンスを素体とする、最強空前の魔神級。ついに秘密のヴェールを脱いだ、"不可視"田中太郎。そして、駿河安東までもが自ら出陣する。廃墟となった亜鐘学園を渦中に、総力戦の様相を呈する。諸葉が、エドワードが、シャルルが、剥き出しの全力を振り絞り、少女たちが負けじと練る。さらには、遙か遠き約束を守るため、"彼女"が現れて―。そは、第三の伝説のプロローグ。学園ソード&ソーサリィ、第21弾!!
2017.10 277p A6 ¥600 ①978-4-7973-9383-5

◆**我が驍勇にふるえよ天地 4 アレクシス帝国興隆記** あわむら赤光著 SBクリエイティブ (GA文庫)
【要旨】ベルエンス平野にて宿敵アドモフ帝国の軍勢を退けたレオナート。だが、恐るべき智将レイヴァーンの悪魔的な計略は、彼らに少なからぬ代償を支払わせた。時はクロード暦二一二年。新年の風はレオナートの城下へと新たな

ヤング・アダルト小説

る傑物を運ぶ。吸血皇子の"伝説伝承"に魅せられた頼もしい仲間を得て、機は熟す――約束の故郷・アレクシス州リント奪還作戦、始動！「一征くぞ」言葉にレオナートが応える――魔法がなくても胸が躍る！痛快にして本格なるファンタジー戦記、権謀術数飛び交う怒濤の第4弾！
2017.4 333p A6 ¥620 ①978-4-7973-9182-4

◆我が驍勇にふるえよ天地 5 アレクシス帝国興隆記 あわむら赤光著 SBクリエイティブ（GA文庫）
【要旨】レイヴァーンの策により壊滅間際まで追い詰められたアレクシス軍。恐れしかレオナートは奪還した故郷リントを早くも発ち、戦況を打破する豪胆な一手へ向けて走りだしていた。それは知謀シェーラが示す電撃作戦。不利が有利へ一途にかわり、敗走が大戦果への活路となる！興奮必至のリント攻防戦、最佳境に――！！「急げ、次へ行く」闇を往く百騎の死神、今宵、我らの英雄譚は終わらない――終局まで読み切り、最善手を打ち続けるレイヴァーンの作り上げた、盤面すべてを覆せ！魔法がないから盛り上がる、痛快・本格ファンタジー戦記。両軍雌雄を決する第5弾！！
2017.8 349p A6 ¥620 ①978-4-7973-9330-9

◆我が驍勇にふるえよ天地 6 アレクシス帝国興隆記 あわむら赤光著 SBクリエイティブ（GA文庫）
【要旨】「貴軍に共闘を要請したい。謝礼はアドモフ一国、御身に差し上げる」悲願のリント奪還を成したレオナートの下に怨敵レイヴァーンがもたらした衝撃の共同提案。元帥皇女軍と名を改めたレイヴァーンは祖国を裏切りレオに助力を乞う。信念を貫こうとする彼の覚悟を知り、レオはこの最も憎むべき敵を迎え入れた。行く手にはレイヴァーン帝国の大軍団。新皇帝ウィランが待ち受ける首都を目指し、レオと敵他を突き進む――。いざ、アドモフ本土攻略へ！因縁を超えて手を取った宿敵同士の同盟が最強の戦術を凌駕する！！痛快にして本格なるファンタジー戦記、激震の第6弾！！
2017.12 339p A6 ¥630 ①978-4-7973-9388-0

◆悪役令嬢は、庶民に嫁ぎたい!! 杏亭リコ著 KADOKAWA（カドカワBOOKS）
【要旨】転生したら、やり込んでいた乙女ゲームの悪役令嬢だった――はい、全力回避！むしろ大好きだった庶民男子、ウルくんとくっ付きましたけれどいかが？こうして私の崇高な戦いが始まったわけだけど――？注目を浴びて、謎に破滅フラグが倍増しているような…。破天荒すぎる悪役令嬢は、一途に苦烈な求婚で、没落シナリオを書き換えることが出来るのか――！？
2018.1 318p B6 ¥1200 ①978-4-04-072500-0

◆今日が最後の人類（ヒト）だとしても 2 庵田定夏著 KADOKAWA（ファミ通文庫）
【要旨】人類が滅びた世界で暮らすニンゲン、ユージ。教育を任されたサーシャとエミリ、リンの実力は、周囲が知らしめ平穏な生活を送っている。はずが、そのことが原因で今や共和国が二つの勢力に分断されている！ランク制度の可否を問う騒動に巻き込まれ、困惑するユージ。そんな時、ニンゲンの仲間から一通の手紙が届く――『その都市を自分たちだけで築らそう』。無限の可能性を持つ彼らに待っているのは、絶望か幸福か。異文化交流ファンタジー第二幕。
2017.6 312p A6 ¥690 ①978-4-04-734498-3

◆猫と透さん、拾いました――彼らはソファで謎を解く 安東あや著 KADOKAWA（メディアワークス文庫）
【要旨】美哉は恋人と別れ、仕事を失い、失意のどん底にいた。痛みを紛らわそうと飲みに行き、酔った帰りに猫と青年をうっかり拾ってしまう。紆余曲折あって、美貌の青年、透と賢い白猫アガサの奇妙な同居生活が始まる。透とアガサは美哉の日々の悩みやトラブルを次々に解決していく。まるで安楽椅子探偵のように解決していって。そして謎だけでなく、心もほぐしていく関係が、一心に染みる美哉だったが――。心に染みる日常ミステリ。
2017.5 283p A6 ¥610 ①978-4-04-892954-7

◆ゆめみの駅 遺失物係 安東みきえ著 ポプラ社（ポプラ文庫ピュアフル）
【要旨】越してきた田舎の町で、中学校に馴染めずにいた少女は、ひょんなことからゆめみの駅にある遺失物係にたどり着く。そこには誰かが忘れた「おはなし」が世界中から届けられ、「遺失物語帳」に収められた不思議な場所だった。

1156

た。係の人から一日一話ずつ物語を読み聞かせてもらいながら、自分が失くしてしまった物語を探すのだが――。痛みを抱える人にそっと寄りそってくれる、切なくもやさしい物語。
2017.9 200p A6 ¥600 ①978-4-591-15569-1

◆空に響くは竜の歌声――暁の空翔ける竜王 飯田実樹著 リブレ
【要旨】フェイワンと龍聖の亡き後、新たな竜王として目覚めた二人の息子シィンワン。彼のもとに召喚されたのは、素直で一生懸命な高校生のリューセー（王妃）。二人は互いに惹かれ愛し合う。しかし、シィンワンの龍聖は偉大な先代リューセーと自分を比較して自信を無くしてしまう――!?若き竜王と伴侶の運命の恋。出産・子育て、そして、エルマーン王国に忍び寄る不吉な影…！継がれゆく竜王の系譜、家族の物語。タンレンとシュレイの恋を描く「森閑たる情炎」も書き下ろし。
2017.2 381p B6 ¥1300 ①978-4-7997-3238-0

◆空に響くは竜の歌声――黎明の空舞う紅の竜王 飯田実樹著 リブレ
【要旨】初代竜王ホンロンワンは自分に命の糧「魂精」を与え、子供を孕んでくれる人間を探し続けていた。ついに魂精の欠乏で衰弱した時、ホンロンワンは一度だけ抱かれる少年・龍成と出会う。そして竜という獣（ケモノ）だった彼は愛することを知り、子が産まれる喜びを感じ、家族となっていく――。竜族たちが人の心や知恵を学び、国を造り、守るべき民と出会う、エルマーン建国の物語。
2017.8 382p B6 ¥1300 ①978-4-7997-3447-6

◆伊織さんと彼女 伊織著, けーしんイラスト 一迅社
【要旨】「私との毎日に飽きることなんてないよ」男前彼女と過ごす日々は…壁ドン！顎クイ！胸キュン！が詰まってる！とっておき！約10編の甘～い書き下ろしエピソードも収録。
2017.12 74p 19×15cm ¥850 ①978-4-7580-0969-0

◆お忍びスローライフを送りたい元英雄、家庭教師はじめました 伊垣久大著 KADOKAWA（カドカワBOOKS）
【要旨】英雄だったセバルトは突如300年未来の世界で目覚めて愕然とした。ちょっとした魔物を倒せば最強冒険者扱いで、自身が極めた高度な魔法は何も伝承されていないらしい――。じゃあ、過去は隠して、のんびり暮らそう！家庭教師として弟子にチート技を教えて戦いは任せて、魔法具を使って快適な隠れ家造り、古代の調味料で絶品料理――。最高に快適な「お忍びスローライフ」を満喫するのだ！
2018.1 303p B6 ¥1200 ①978-4-04-072581-9

◆寄生してレベル上げたんだが、育ちすぎたかもしれない 2 伊垣久大著 KADOKAWA（カドカワBOOKS）
【要旨】"相互寄生"で人を鍛え、自らも強くなれるスキルを持つエイジ。街には一緒に冒険した仲間が増え、自分のスキルの種類数やレベルも伸びまくる日々。そんなある日、謎のスキル"伝説召喚"で、ルーが地上に呼び出されてしまう。でも本人にも魔界の地に戻る方法はわからないらしい――。「ま、いっか」と居候する女神と、なんやかんや大増量で贈る極楽人助け冒険譚第二弾！
2017.2 308p B6 ¥1200 ①978-4-04-072187-3

◆寄生してレベル上げたんだが、育ちすぎたかもしれない 3 伊垣久大著 KADOKAWA（カドカワBOOKS）
【要旨】闘技場での活躍もあってすっかり有名になったエイジ。今度は"寄生"で手に入れた魔法を使いこなすため、魔道学校へ通うことに。知識も身につくし、凄い寄生相手がいるはず。だが、そこへアンデッドのテロリストが乗り込んできた！難なく制圧するも、逃げていったリーダーが小悪魔的可愛さの美少女だって。偶然再会して事情を聞くと、学校強襲は別の凶悪・強大な不死者が原因らしく――？アンデッドだって助けちゃうす極楽人助け冒険譚第三弾！
2017.6 291p B6 ¥1200 ①978-4-04-072326-6

◆寄生してレベル上げたんだが、育ちすぎたかもしれない 4 伊垣久大著 KADOKAWA（カドカワBOOKS）
【要旨】旅の次なる目的地を、アリーの故郷に定めたエイジ。栄えてはいるがのんびりした街で、寄生相手はいるのか？だが、寄生できるスキルをGETしたため、ユニークスキルを着々と増やすことに。そんなある

BOOK PAGE 2018

日、モンスター討伐の依頼が舞い込んだ。街で続く謎の天変地異が原因でモンスターが大量発生したのだという。それには何やら巨人の伝説が関係しているらしい――。更にスケールアップする元ニートの人助け冒険譚第四弾！
2017.10 285p B6 ¥1200 ①978-4-04-072497-3

◆いつかきみに七月の雪を見せてあげる 五十嵐雄策著 KADOKAWA（メディアワークス文庫）
【要旨】いつかきみに、七月の雪を見せてあげる。あの日、彼女は青く光る海を見ながら、僕にそう約束してくれた。あの人を、死なせたくなかった。だからわたしは『願い』をかけることにした。たとえそのために、何を代償にしようとも。『願い』を遺した彼女とそれを探す僕。死別した彼女の想い出から三年ぶりに鎌倉に帰郷した僕は、七月の雪に託された、彼女の『願い』の奇跡と巡り遭うことになる――。
2017.10 239p A6 ¥590 ①978-4-04-893467-1

◆終わる世界の片隅で、また君に恋をする 五十嵐雄策著 KADOKAWA（電撃文庫）
【要旨】それは、いつからだったろう。この世界に奇妙な現象が起こり始めた。人が、その名前も、周囲の人たちとの関係も、そしてその存在すらも、全てを忘れ去られてしまう。忘れられて、誰の記憶からも消えてしまうのだ――忘却病。いつしかその現象は、そんな名前で呼ばれるようになった。全ての人が全ての人を忘れたとき、それが世界の終わりになるのだろうか…。それに抗うかのように、僕は保健室登校の桜良先輩と一緒に、忘却病に罹った人の最後の望みを叶える『忘却病相談部』を始めることになった。忘れられていくクラスメイトたちとの交流の中で、やがて僕はこの現象に隠された真実に迫ることになるが――。
2017.5 295p A6 ¥630 ①978-4-04-892903-5

◆ひとり旅の神様 五十嵐雄策著 KADOKAWA（メディアワークス文庫）
【要旨】神崎結子・OL。ひとり暮らし、彼氏なし。ここかしこととっっっいて…。上司からは小言の連続、後輩はいまいち頼りない。そんな日常からの逃避行でたどり着いたのは、都心からは遠くに近い、鎌倉。そこで結子は、言葉を話す不思議な猫・ニャン太と出会う。自分を"旅を司る神"と名乗るその猫から頼まれたのは、日本の各地に住まう猫神様に文を届けること。どこか懐かしい土地へのひとり旅は、新たな発見の連続で――。日本の景色と食を巡る、心に優しいひとり旅の物語。
2017.1 257p A6 ¥590 ①978-4-04-892674-4

◆ひとり旅の神様 2 五十嵐雄策著 KADOKAWA（メディアワークス文庫）
【要旨】鎌倉で出会った、言葉を話す不思議な猫・ニャン太。自分を"旅を司る神"と名乗るその猫と一緒に、駆け出し編集者の神崎結子は取材も兼ねて西へ東へ旅の日々。箱根の強羅温泉では老舗旅館のリニューアルに知恵を絞り、宇治を巡る旅では修学旅行を思い出し、神在月の出雲で歴史を辿る――。そしてそれぞれの土地で出会った人々とのふれあいに、結子自身のこころもほっこり癒されていく――。日本の景色と食を巡る、心に優しいひとり旅の物語。
2017.7 273p A6 ¥610 ①978-4-04-893287-5

◆黒の創造召喚師 8 幾威空著 アルファポリス, 星雲社 発売
【要旨】神様により不慮の死を遂げさせられたごく普通の高校生、佐伯継那。彼は魔法とモンスターの脅威に満ちた異世界へと転生し、七つに分けられた強大な魔書を集めるべく、オリジナルの魔物を召喚する能力を与えられる。王からの依頼に成功させ褒美として、ツグナは竜の居場所についての情報を手に入れた。これこそが、魔法理論の真実を解き明かすための最初の鍵となるのだった。そうして訪れたイシュヴァリの街には、古くから伝わる伝説があった。近づいてはいけない島―禁忌に触れれば恐るべき災いが訪れるという秘所を目指す一行。しかしそこに、宿敵・七煌教会の精鋭が迫っていた―無比の力を持つ新たな召喚師の出現により、最強召喚師に最大の苦難が訪れる！
2017.5 274p B6 ¥1200 ①978-4-434-23236-7

◆黒の創造召喚師 9 幾威空著 アルファポリス, 星雲社 発売
【要旨】神様により不慮の死を遂げさせられたごく普通の高校生、佐伯継那。彼は魔法とモンスターの脅威に満ちた異世界へと転生し、七つに分けられた強大な魔書を集めるべく、オリジナルの魔物を召喚する能力を与えられる。泡瀑

◆竜・アングレイトとの邂逅から三年―竜の試練を乗り越え、その証たる逆鱗を揃えたツグナは、アングレイトから"黒き竜"の存在を告げられる。始祖竜・アイオゲートと呼ばれるその竜こそ、"黒"を忌み嫌う魔法理論の真実を知るのだという。長年求め続けた答えを得るため、ツグナは逆鱗より作製した魔法道具の導きにつられて、アイオゲートの住む天空の島へと足を運ぶ。ところが、そこで語られた真実はツグナの覚悟以上に残酷なものだった―ついに明らかになった過酷なる運命を、竜に認められし最強召喚師が切り開く！
2017.10 270p B6 ¥1200 ①978-4-434-23779-9

◆妃は陛下の幸せを望む 池中織奈著 アルファポリス, 星雲社 発売 （レジーナブックス）
【要旨】国王陛下にずっと片思いしている侯爵令嬢のレナ。彼女はこの度、妃の一人として後宮に入ることに。大好きな陛下のお幸せのため、自分にできることはなんでもしようと意気込んでいたのだけれど…後宮は陰謀渦巻く女の戦場だった。どうやら正妃の座を巡っていざこざが起き、陛下の悩みの種になっているらしい。そこでレナは、政務で忙しい陛下に代わり、荒れた後宮を立て直すことにして―？ ひたむき令嬢が突っ走る、痛快恋愛（？）ファンタジー！
2017.6 271p B6 ¥1200 ①978-4-434-23344-9

◆妃は陛下の幸せを望む 2 池中織奈著 アルファポリス, 星雲社 発売 （レジーナブックス）
【要旨】国王陛下の妃の一人として、後宮に入った侯爵令嬢のレナ。正妃の座をめぐって争いが絶えない後宮で、彼女は陛下に相応しい妃を正妃にしようと奮闘している。レナの行動を最初は怪しく思っていた陛下も、近頃は彼女に好意的な様子。そんな中、レナの周囲で不穏な出来事が…腹心の侍女が行方不明になってしまったのだ！ レナは必死で彼女を探すけれど、行方は一向につかめない。さらにはレナ自身のもとに、凄腕の刺客が送り込まれてきて―陛下の正妃選びとレナの運命はどうなる！？ ひたむき令嬢の痛快恋愛（？）ファンタジー、堂々完結！
2017.10 276p B6 ¥1200 ①978-4-434-23804-8

◆転生少女は自由に生きる。 池中織奈著 アルファポリス 発売 （レジーナ文庫）
【要旨】とある乙女ゲームそっくりな世界に転生したルビアナ。ゲームでは悪役で家族仲も最悪だったけれど、現実では弟妹とも仲良く、平和に暮らしていた。そんなある日、ゲームのヒロイン・メルトが転入してくる。現実世界をゲームのままにしようと暴走するメルトに、平和だった学園はメチャクチャに！ ルビアナは、良き理解者の生徒会長フィルや同じ転生者の後輩ヴィーと力を合わせ、彼女の暴走を止めようと立ち上がり―？ ちょっと不思議な乙女ファンタジー。文庫だけの書き下ろし番外編も収録！
2017.5 343p A6 ¥640 ①978-4-434-23205-3

◆紅茶館くじら亭ダイアリー―シナモン・ジンジャーは雪解けの香り 伊佐良紫築著 KADOKAWA （富士見L文庫）
【要旨】雪の降る函館旧市街。進学を控えていた彩がやって来た彩は、かつて母が結婚直前に訪れたという紅茶館『くじら亭』の扉を開けた。暖かな店内には、若いマスターの怜二と猫のマシュウ。彩はやに、人の心が"香り"となって自身の体質と、そのせいで起こった人間関係の辛さを打ち明ける。そんな彼女に、怜二は一杯の紅茶と、先代譲りの言葉を送るのだった。「これは親友の言葉だがね―」やがて彩は『くじら亭』で働き、お客のささやかな悩みに寄り添っていく…。不器用だけれど優しい人々の、居場所を見つける物語。
2017.2 286p A6 ¥620 ①978-4-04-072160-6

◆先生とそのお布団 石川博品著 小学館 （ガガガ文庫）
【要旨】これは石川布団という作家と、人語を解する"先生"と呼ばれる不思議な猫とがつむぎ合う苦悩と歓喜の日々。企画のボツ、原稿へのダメ出し、打ち切り、他社への持ち込みetc…。布団はさまざまな挫折と障害に直面しながら、それでも小説を書き続ける。時に読者に励まされ、時に仲間に叱咤され、素直に、愚直に、丁寧に、ときにくじけて"先生"に優しく厳しく叱咤激励されながら―。売れないライトノベル作家と"先生"とが紡ぎ合う、己が望む"何か"にまだ辿り着かぬ人たちへのエール。優しく、そして豊かな執筆譚。
2017.11 293p A6 ¥593 ①978-4-09-451710-1

◆少年Nのいない世界 02 石川宏千花著 講談社 （講談社タイガ）

◆少年Nのいない世界 03 石川宏千花著 講談社 （講談社タイガ）
【要旨】"都市伝説"を信じて猫殺し事件を企てた同級生、和久田悦史が行きたかったこの場所は、「現実」よりも過酷な世界だった。あの日から5年、言葉も通じない土地に飛ばされた長谷川歩巳は、過酷な労働を強いられ心を殺して生きる毎日に慣れはじめていた。しかしかつての級友、魚住二葉との再会で笑顔とともに閉じ込めていた記憶が溢れ出す。二葉が語る、世界の秘密を紐解く人物の存在とは？
2017.5 240p A6 ¥660 ①978-4-06-294059-7

◆少年Nのいない世界 03 石川宏千花著 講談社 （講談社タイガ）
【要旨】"ここではないどこか"へいきたい。和久田悦史の自分勝手な願いの巻き添えとなり、地球とはまったく違う異世界に散り散りに飛ばされてしまった少年少女。言葉も通じない過酷な漂流生活を乗り越え再会した奇跡も束の間、自分たちを誘拐しようと企む集団に狙われることに…。目的もわからず正体も不明の犯人に警戒する中、行方がわからなかったはずの和久田の関与が浮上してきて…。
2017.11 252p A6 ¥690 ①978-4-06-294098-6

◆少年Nの長い長い旅 02 石川宏千花著 講談社 （YA！ ENTERTAINMENT）
【要旨】都市伝説は現実となり、五島野依は幼なじみの糸川音色とともに、古代遺跡のような、白く細い街、オルネに飛ばされてしまう。おぞましく奪われかねない過酷な儀式から音色を救うため、野依は音色とかりそめの結婚をする。そうして得られた平穏な日々は、ある者の出現によってあっという間に崩れさる。新感覚ファンタジー第2巻！
2017.1 240p B6 ¥950 ①978-4-06-269509-1

◆少年Nの長い長い旅 03 石川宏千花著, 岩本ゼロゴ画 講談社 （YA！ ENTERTAINMENT）
【要旨】"猫殺し13きっぷ"によって異世界へ飛ばされてから約2年―14歳となった五島野依は、（ム）総合保管業を営む『お安くしてます』の従業員として働きながら、同じくこの世界に飛ばされたかつてのクラスメイト6人の行方を探しつづけていた。生命居住可能領域にある惑星が複数存在しているこの世界で、仲間と再会し、もとの世界にもどることはできるのか。急展開を見せる新感覚ファンタジー第3巻！
2017.7 237p B6 ¥950 ①978-4-06-269511-4

◆神様のごちそう 石田空著 マイナビ出版 （マイナビ出版ファン文庫）
【要旨】「夏目食堂」の娘・梨花は、近所の神社でお腹を空かせた男を助けたことで「神禽の料理番」に任命され、神隠しに遭う。行き着いたのは「神域」といわれる神様の世界。突然のことで混乱する梨花の前に現れたのは、美しい神様・御先様だった―。御先様に「美味い」と言わせるべく、愛らしい付喪神たちと共に奮闘する梨花。徐々に神域の謎や御先様の悲しい過去も明らかになっていく。
2017.8 269p A6 ¥647 ①978-4-8399-6403-0

◆サヨナラ坂の美容院 石田空著 マイナビ出版 （ファン文庫）
【要旨】「失恋した女の子は、タダで髪を切ってくれる美容院があるんだよ！」そんな噂を聞いた女子高生・葵は、お小遣いがピンチのため美容院『クール・ブリゼ』を訪れ、嘘をつく。が、店長の美容師・港に見抜かれ、おまけに美容師の卵・蛍にまで怒られションボリ帰ろうとする矢先に事件が起きてきて―。ちょっと、ちょっぴり甘い青春ストーリー。「第2回お仕事小説コン」特別賞受賞作。
2017.8 235p A6 ¥647 ①978-4-8399-6149-7

◆おこぼれ姫と円卓の騎士―反撃の号令 石田リンネ著 KADOKAWA （ビーズログ文庫）
【要旨】白魔の山脈を越え、無事イルストラ国に辿り着いたレティーツィア。長兄フリードヘルムに対抗するには、まずこの国の協力を得なければならない。"未来の女王"としての威厳をたもちつつ、交渉の席につく。一方、レティの騎士達もそれぞれに作戦を決行！ しかし、軍師ゼノンの方が一枚上手で！？ レティとデュークの恋の行方も気になるクライマックス目前第16弾！
2017.2 251p A6 ¥600 ①978-4-04-734480-8

◆おこぼれ姫と円卓の騎士―新王の婚姻 石田リンネ著 KADOKAWA （ビーズログ文庫）
【要旨】将来自分が女王になることを"知って"いたレティーツィア。だけど、いつ、どんな理由でその日が来るかは知らなかった。王の素質を備えたフリートヘルムを王座に担ぎ上げるため、軍師ゼノンが引き起こしたクーデターへの反撃の準備は整った。争いが続けば必ず犠牲が出ることを心に刻み、レティは己の元に集った王の専属騎士と王都奪還を目指す！一圧巻の最終巻！
2017.7 318p A6 ¥640 ①978-4-04-734646-8

◆茉莉花官吏伝―皇帝の恋心、花知らず 石田リンネ著 KADOKAWA （ビーズログ文庫）
【要旨】後宮の女官の茉莉花は「物覚えがいい」というちょっとした特技がある。そんな彼女は、名家の子息のお見合い練習相手を引き受けることに。しかしその場ではしてみたかったという皇帝・珀陽で！？ しかも茉莉花の特技を気に入った珀陽は「とりあえず科挙試験に合格してきて」と言い出し…！？皇帝に見初められた少女の中華版シンデレラストーリー！
2017.7 287p A6 ¥620 ①978-4-04-734704-5

◆茉莉花官吏伝 2 百年、五霞を俟つ 石田リンネ著 KADOKAWA （ビーズログ文庫）
【要旨】白楼国の若き有能な皇帝・珀陽に才能を見出され、科挙試験を二番の好成績で合格し新米官吏となった茉莉花。ところが珀陽は、一番ではなかったことになぜか不満を漏らし「早く手柄を立ててね」と、またも無茶を告げる。そこへ、赤奉国の皇帝・暁月が目的もわからぬまま訪問。傲岸不遜ですぐ暴れる暁月は、己の世話役を女性官吏にしろと言い出して…！？
2017.12 255p A6 ¥600 ①978-4-04-734705-2

◆秘書課のオキテ 石田累著 アルファポリス, 星雲社 発売 （エタニティ文庫）
【要旨】高校生の頃、王子様みたいなイケメンと超イヤミな男の二人組に偶然助けられた香恋。その王子様に憧れて、五年後、彼のいる会社に努力の末に就職する。志望の秘書課に配属されて浮かれていた香恋だが、なんと上司は、あの超イヤミ男！？口が悪くて、鬼のように厳しい彼。だけど、さりげなく香恋を気遣い、フォローもしてくれる。そんな時に見せる彼の笑顔は、何故かとても優しくて―？ 課内恋愛禁止の秘書課で巻き起こる、胸きゅんオフィスラブ！ 文庫だけの書き下ろし番外編も収録！
2017.8 383p A6 ¥640 ①978-4-434-23568-9

◆始まりの魔法使い 1 名前の時代 石之宮カント著 KADOKAWA （富士見ファンタジア文庫）
【要旨】かつて神話の時代に、ひとりの魔術師がいました。彼は、"先生"と呼ばれ、言葉と文化を伝え、魔法を教えました。そんな彼を人々はこう呼びました。―始まりの魔法使い、と。そんな大寝な存在ではないのだが―「だから火を吹かないで！」「ごめんごめん。私にとってはただの息だからさ」竜として転生した"私"は、エルフの少女・ニナとともに、この世界の魔法の理を解き明かすべく、魔法学校を建てることにした。そこで"私"は、初めての人間の生徒・アイと運命の出会いを果たした…。これは、永き時を生きる竜の魔法使いが、魔術や、国や、歴史を創りあげる、ファンタジークロニクル。
2017.5 347p A6 ¥600 ①978-4-04-072296-2

◆始まりの魔法使い 2 言葉の時代 石之宮カント著 KADOKAWA （富士見ファンタジア文庫）
【要旨】竜歴509年。将来の食糧危機を見据え、"私"は新たに農耕と牧畜を始めることを決めた。とはいえ、異世界の動植物に知見がない"私"は、その方法を他種族から学ぶべく、人魚や半人半狼、蜥蜴人の留学生を迎えることに。言葉も、価値観も異なる生徒たちとの授業は困難の連続だった！ そして、"私"が留学生を集めたもう一つの理由、それは魔法学校を有名にすることだった。いつか、"彼女"がこの場所に迷わずに戻れるように。―「でも、今はいいじゃない」剣師の一族の少女・ユウキの赤い瞳が真っ直ぐに"私"を映し出す。これは、すべての"始まり"を創った竜の魔法使いの物語。
2017.9 349p A6 ¥640 ①978-4-04-072297-9

◆エール!!―栄冠は君に輝く 石原ひな子著 KADOKAWA （富士見L文庫）
【要旨】千葉県の野球強豪校、西陵学園。リトルリーグの頃からエースナンバーを背負っていた勝利は、高校でもエースとしてチームを引っ張っていた。―半年前までは。故障で野球が続けられなくなり、部も辞め、幼馴染みで主将の武蔵とも険悪のまま3年に進級した勝利。そんな彼の目に飛び込んできたのは、埃を被った深紅の応援旗だった。野球をやれなくなり勝利は応援団長として甲子園を目指そうとするが、武蔵はそれを野球との決別と感じてしまい―。この夏は、

ヤング・アダルト小説　1158　BOOK PAGE 2018

一度きり。全力投球の青春物語。
2017.8 250p A6 ¥600 ①978-4-04-072396-9

◆堕天の狗神 SLASHDOG 1 ハイスクールD×D Universe　石踏一榮著
KADOKAWA　（富士見ファンタジア文庫）
【要旨】高校生・幾瀬鳶雄の日常は一変した。事故で行方不明になった同級生たち。鳶雄を襲う「ウツセミ」という化物。命を奪われる寸前、鳶雄を助けたのは夏梅と名乗る美少女で―「私たちと手を組まない？あなたの幼馴染を救うために」彼女が渡したタマゴから、全てを切り裂く最強の子匂・刃を手に入れた鳶雄は、美少女魔法使いのラヴィニア、中二病な少年・ヴァーリなど個性的な仲間たちと、ウツセミたちへの戦いへと身を投じていく。自らが失くしたものを取り戻すために。兵藤一誠が悪魔に転生する数年前。「刃狗」チームのリーダー・幾瀬鳶雄の始まりを描く「ハイスクールD×D」前日譚。
2017.11 349p A6 ¥620 ①978-4-04-072458-4

◆ハイスクールD×D DX.4 生徒会とレヴィアタン　石踏一榮著　KADOKAWA　（富士見ファンタジア文庫）
【要旨】「マジカ～ル☆レヴィアた～ん！始まるのよ～っ！」666退治に行ったレヴィアタンさまに代わって、あのソーナ前生徒会長が2代目『マジカル☆レヴィアたん』になった!?そんな彼女が率いるチームと俺、兵藤一誠は、「アザゼル杯」で激突することに！現生徒会長のゼノヴィアは大張り切りだし、俺もソーナ先輩と戦うのは楽しみだけど、それよりも…俺が再戦を熱望する親友・刃と、今度こそ決着をつけてやる！本編では描かれなかった本気のバトル、最初から最後まで熱さ爆発、今回は完全書き下ろしでお届けします！
2017.7 300p A6 ¥600 ①978-4-04-072377-8

◆ハイスクールD×D 23 一球技大会のジョーカー　石踏一榮著　KADOKAWA　（富士見ファンタジア文庫）
【要旨】「あ、あなた…たまにはお背中、流させてくださいっ」朱乃さん、プロポーズしたからって、いきなりお風呂で体を洗いっこは刺激が強すぎます！（照）将来を誓い合ったリアスと朱乃ともラブラブ、レイヴェルたちが昼も夜も支えてくれて上級悪魔の仕事も絶好調な新学期だけど…心配なのはアーシア亡。オカ研の新部長として不安を抱えているらしい。アーシア、お前の凄さは俺が一番知っている。次のアザゼル杯、「D×D」リーダーのデュリオ戦。俺が傍にいるから、アーシアの成長を見せてやろうぜ！新学年突入の学園ラブコメバトルファンタジー、熱さ加速中！
2017.3 364p A6 ¥620 ①978-4-04-070963-5

◆ハイスクールD×D 24 校外学習のグリムリリーナ　石踏一榮著　KADOKAWA　（富士見ファンタジア文庫）
【要旨】リアスチームVSヴァーリチーム。アザゼル杯の次戦はા目の熱いカードだけど、兵藤家では問題が起こってて…「赤龍帝ちん、私がオイルを全身で塗ってあげにゃ～ん！」「黒歌姉さま、イッセー先輩の横取りはルール違反です！」試合に向けて、対決ムードが加速する小猫ちゃんと黒歌姉妹。少しは仲良くなってきたけど、これじゃ俺が耐えられないっ！そんなとき、死神に小猫ちゃんが襲撃された!?そんな自分の弱さを克服するため、2人はお互いの家族なんだから、絶対に邪魔させないっ！俺と仲間たちのピンチに、俺の新おっぱい技が炸裂する!?
2017.11 330p A6 ¥620 ①978-4-04-072378-5

◆パンツあたためますか？　石山雄規著
KADOKAWA　（角川スニーカー文庫）
【要旨】ある日俺が家に帰ると、見知らぬ美少女がパンツを握りしていた―俺のパンツを。「あたしは、別に怪しい者ではないんです！」「じゃあなんで俺の家でパンツ漁ってんだよ！」北原真央と名乗る彼女との出会い以降、憧れの桃花先輩からデートに誘われたり、初恋の人・伊麻と再会したり。暴天極まる俺の青春に光が差し始めた…いや、なんていつも傍にいるのは真央、お前なんだ。第22回スニーカー大賞"優秀賞"受賞作！
2017.8 283p A6 ¥600 ①978-4-04-106026-1

◆パンツあたためますか？ 2　石山雄規著
KADOKAWA　（角川スニーカー文庫）
【要旨】相変わらず怠惰なダメ学生・久瀬。別れた真央から手紙を密かな楽しみに、低調平穏な青春を謳歌していた…はずが、バイトの無口な後輩はなぜか自分にだけデレて、サークルの同級生とは妙になぜか二人きりになり、隣室に越してきた少女はやたら部屋に上がり込んでからも遠回しなクリスマスデートの誘いが。イブの夜、全方位から襲い来る告白フラグを前に、久瀬が選ぶ運命の相手とは？
2018.1 282p A6 ¥620 ①978-4-04-106367-5

◆重力アルケミック　柞刈湯葉著　星海社、講談社 発売　（星海社FICTIONS）
【要旨】重力を司る"重素"の採掘によって膨張に歯止めがかからなくなった地球。東京↔大阪間がついに5000キロを突破した2013年—。会津若松市に生まれ育った湯川航は幼少期からの「遠くに行きたい」という思いに突き動かされ、遠路はるばる上京して大塚大学理工学部に入学する。斜陽の学問分野である重素工学科で非生産的な日常を送る湯川だったが、アルバイト先の古書店で一冊の本と出会ったことから、彼の大学生活は大きく変わってゆく。「飛行機理論」—かつて神様だった人類は5000キロを突破した。平凡な大学生の、無謀な挑戦が始まった！湯川が思い描く「飛行機」は空を飛べるのか？そして、湯川は遠くに行くことができるのか？話題騒然『横浜駅SF』の新人・柞刈湯葉が放つ、青春SFの新たな金字塔。
2017.2 281p B6 ¥1300 ①978-4-06-139959-4

◆横浜駅SF 全国版　柞刈湯葉著
KADOKAWA　（カドカワBOOKS）
【要旨】「横浜駅が急速に膨張している」と報告を受けたエキナカ在住医師・青目先生は、その原因が駅下層にある火山の噴火兆候ではないかと推測する。駅崩壊に備えるため山頂に向かった青目先生は、そこで廃業された少女を見つけ…？「横浜駅が無位に増殖して日本を覆う！」という斬新な世界観で繰り広げられる大活劇、待望のシリーズ二巻堂々発売！『京都』『群馬』『熊本』『岩手』を舞台に、"横浜駅"に翻弄される者達の生きざまがリアルに描かれる！
2017.8 262p B6 ¥1200 ①978-4-04-072365-5

◆イジワル御曹司のギャップに参ってます！
伊月ジュイ著　スターツ出版　（ベリーズ文庫）
【要旨】広告会社で働くOLの光子は、イケメン御曹司だけど冷徹な氷川が苦手。でもある日、雨に濡れたところを氷川に助けられ、そのまま彼の部屋で一夜をともにすることに。ふたりきりになると優しい素顔を見せてきて、甘い言葉を囁く氷川。仕事中には想像できない溺愛っぷりに光子は戸惑ってしまう。さらに、いきなりキスされて「お前のすべてが欲しい」と独占欲たっぷりに迫られちゃって…!?
2017.8 339p A6 ¥630 ①978-4-8137-0297-9

◆最強魔法師の隠遁計画 1　イズシロ著　ホビージャパン　（HJ文庫）
【要旨】魔物が跋扈する世界。若き天才魔法師のアルス・レーギンは、最前線で常に命をかけて戦ってきた。やがて彼は軍役を満了し、16歳という若さで退役を申し出る。だが、そんな彼を国が手放せるはずもない。アルスは10万人いる魔法師の頂点に君臨する一桁ナンバー、「シングル魔法師」なのだから。紆余曲折の末、彼は交換条件として、身分を隠しつつ一般生徒として魔法学院に通い、後任を育成することに。すべては、平穏な隠遁生活を勝ち取るために！美少女集団に頭を痛めつつ、影で魔物討伐をもこなすアルスの英雄譚が、今始まる！
2017.3 366p A6 ¥638 ①978-4-7986-1396-5

◆最強魔法師の隠遁計画 2　イズシロ著　ホビージャパン　（HJ文庫）
【要旨】世界最高峰の「現役1位」たる天才魔法師、アルス・レーギン。念願のマジョン学院に入学して数か月、ついに「外界」での課外授業が始まった。だが、想像を絶する魔物の脅威と想定外の事態に、現場は大混乱。テスフィアに危機が迫る中、理事長から秘密裏に依頼を受けていたアルスは、現役1位たる正体を隠しつつ、事態収拾に乗り出すことに。一方で、テスフィアの親友・アリスの過去をめぐり、新たな敵影も不気味に蠢き始めて…？新ヒロイン・フェリネラも加わって、最強魔法師の英雄譚がさらに輝く、大人気学園ファンタジー第二弾！
2017.5 398p A6 ¥667 ①978-4-7986-1446-5

◆最強魔法師の隠遁計画 3　イズシロ著　ホビージャパン　（HJ文庫）
【要旨】アリスの過去に関わる重要人物、狂気の科学者となったグドマ・バーホング。かつて非道な研究に手を染めた彼が、沈黙を破り、自ら作り出した俺儡─ドールズたちを率い、アルスと世界に牙を剥く！学院が大混乱に包まれる中、過去と対峙するアリスが出した答えは！グドマ抹殺に動くアルス＆ロキ、そしてテスフィアの想いは…テスフィアを闇から救えるのか！書籍オリジナルキャラ・メリッサも関わり、ついにアルファに潜む影との戦いが始まる…！「小説家になろう」発の超人気学園ファンタジー、激動必至の第三巻！
2017.8 399p A6 ¥667 ①978-4-7986-1505-9

◆最強魔法師の隠遁計画 4　イズシロ著　ホビージャパン　（HJ文庫）
【要旨】「親善魔法大会」開催前夜、新たなる任務がアルスの元に!?取り戻した平穏も束の間、今度はテスフィアに激動の時が持ち上がる。そんな中、アルスは学院に突然訪れた、ある人物＆奇妙な襲撃者と対峙することに。さらに「7カ国元首会談」をめぐり、アルファの美しき元首・シセルニアまでもがアルスに接近してくる。急遽、彼女の護衛を務めることになったアルスは、訪れた会談の舞台で、各国元首およびその護衛役のシングル魔法師らと対面。だがその場には各国のパワーバランスによる、不穏な気配が漂っていて…!?「親善魔法大会」開催を控え、波乱の予感が加速する！
2017.12 430p A6 ¥667 ①978-4-7986-1565-3

◆異世界トリップしたその場で食べられちゃいました　五十鈴スミレ著　KADOKAWA
（ビーズログ文庫）
【要旨】普通の大学生だった私、水上桜。お風呂場でつまずいて、イケメン軍人さんのベッドの上に異世界トリップしちゃいました！そこでうっかりおいしくいただかれてしまいまして（比喩だよ！）、誤解が解けたのは翌朝のこと。保護してもらえることになったんだけど、皆は飢えた狼ばっかりで!?これは私と頑固な隊長さんの恋のお話─かもしれない。
2017.9 286p A6 ¥640 ①978-4-04-734801-1

◆俺の死亡フラグが留まるところを知らない 4　泉野　宝島社
【要旨】「どうして俺が"主人公"の仲間集めをしてやらなければならないんだ！」ゲーム『Brave Hearts』の世界に転生し、作中屈指の嫌われキャラ、ハロルドとして生きる主人公は、ゲームの展開を再現しながら、自分の死の運命から逃れるべく奔走している。"ラスボス"ユストゥスの下で力を蓄え、ゲームの"主人公"ライナーの成長を見守ってきた。そしてとうとうライナーの旅立ちのとき。しかしゲームではライナーの仲間となるはずだったコレット、エリカ、リーファ、フランシス、ヒューゴが、ライナーと出会わず、あるいは行動を共にせず、"主人公"パーティが成立しそうにない。ハロルドは闇に紛れ、彼らを団結させるべく策を巡らすのだった…。
2017.3 255p A6 ¥670 ①978-4-8002-6767-2

◆きみと繰り返す、あの夏の世界　和泉あや著　スターツ出版　（スターツ出版文庫）
【要旨】夏休み最後の日、真夕の前から想いを寄せる先輩・水樹が突然姿を消す。誰に尋ねても不思議と水樹の存在すら憶えておらず、スマホからも彼の記録はすべて消えていた。信じられない気持ちのまま翌朝目覚めると、夏休み初日─水樹が消える前に時間が戻っていた。"同じ夏"をやり直すことになった真夕が、水樹を失う運命を変えるためにしたことは…『今』を全力で生きるふたり。彼らの強い想いが起こす奇跡に心揺さぶられる一。
2017.7 297p A6 ¥570 ①978-4-8137-0293-1

◆スイート・ルーム・シェア─御曹司と溺甘同居　和泉あや著　スターツ出版　（ベリーズ文庫）
【要旨】広告会社勤務の美織はある事件をきっかけに、NY帰りの御曹司・玲司の高級マンションに突然同居することに。美織をかくまう交換条件として、ほぼ初対面の玲司から「俺の婚約者になれ」と命令され、財界人も集うパーティで突然の婚約宣言。期限付き同居のはずが「好きだ。お前が欲しい」と熱い瞳で迫られ続けて、クールな表情がみるみる甘く溶けていく玲司の姿に、美織の胸は高鳴る一方で…！?文庫でしか読めない書き下ろし番外編付き！
2017.11 349p A6 ¥630 ①978-4-8137-0348-8

◆初恋ナミダ。　和泉あや著　スターツ出版
（ケータイ小説文庫-野いちご）
【要旨】忙しい両親と病弱な妹をもつ高校生の遥。ある日転校するところを、怖くてクール、だけどイケメンで人気の数学教師・椎名先生に助けてもらう。誰にも見せない想いに気づいてくれる先生に、惹かれていく遥。やっと心を通わせたと思ったが、先生は姿を消してしまう。実は、

先生の余命はわずかだったのだ。悲しみの結末に涙が止まらない切ない恋物語。
2017.1 263p A6 ¥550 ①978-4-8137-0199-6

◆不機嫌な騎士は、運命の伴侶　唯純楽著
一迅社　（メリッサ）
【要旨】結婚式目前で婚約破棄されてしまったヒカリ。突き返した婚約指輪の代わりとばかりに、道で拾った指輪を嵌めた途端…見知らぬ世界で男を押し倒していた!!「つべこべ言わず、とっとアレを持って来いっ!」命令口調の騎士、ジークフリートにムカつくヒカリだが、歪みの鍵と呼ばれる剣を手にしたことで、なぜか世界の鍵を握ることに―!?婚約破棄直後に異世界転移!?不機嫌な騎士と繰り広げる、異世界ラブファンタジー!!
2017.11 501p B6 ¥1500 ①978-4-7580-9002-5

◆スープ屋かまくら来客簿―あやかしに効く春野菜の夕焼け色スープ　和泉桂著
KADOKAWA　（富士見L文庫）
【要旨】「スープ屋かまくら」は、鎌倉野菜を使った週替わりのスープのみという、北鎌倉にある小さなお店。イケメンだがコミュ障の琳がスープをつくり、人当たりのいい乾が給仕をする。イケメン兄弟のスープ屋とSNSでも赤丸急上昇中だが、じつは兄弟にはスープ屋の他にもうひとつ仕事があった。それは「鎌倉のあやかしお世話係」。不思議なモノたちが今も生まれる鎌倉で、傷ついた彼らをスープで癒やしたり、時には荒ぶる彼を鎮めたり。兄弟を頼り、今日も店にあやかしたちが訪れる。
2017.4 283p A6 ¥620 ①978-4-04-072249-8

◆Re:ステージ!　2　和泉つばすイラスト、team yoree.著　KADOKAWA
【要旨】プリズムステージ東京都予選を順調に勝ち上がるKiRaRe。だが、オルタンシア、ステラマリスといった強力なライバルユニットが彼女たちを待ち受ける!はたして、KiRaReは、東京都予選を勝ち抜きプリズムステージ本選に進むことができるのだろうか?
2017.1 235p B6 ¥1300 ①978-4-04-105085-9

◆黒猫シャーロック―緋色の肉球　和泉式紫著
KADOKAWA　（メディアワークス文庫）
【要旨】大学生になって、アパート「Bコーポ」二〇一号室で一人暮らしをはじめた僕は、入学式の日、彼と出会った。パイプのように曲がったシッポをもつ、真っ黒な毛並みの猫。孤高を愛し、クラシック音楽に浸り、ときどきコカイン（マタタビ）もたしなむ彼こそ、天才的な観察眼と推理力で難事件を解決する猫の探偵シャーロック。これは、そんな猫の彼と人間の僕が、まるでホームズとワトソンのような絶妙なコンビネーションで奇妙な謎に挑む、風変わりなミステリーだ。
2017.7 301p A6 ¥610 ①978-4-04-893288-2

◆Only with Your Heart―烈炎の騎士と最果ての恋人　泉野ジュール著　Jパブリッシング　（フェアリーキス）
【要旨】異界の地にいる愛しい恋人、ルクロフの元に再び帰ってきた千鶴。しかし隔てていた長い月日が二人を臆病にさせていた。この地では14年もの時間が過ぎていたのだ。「何人の男に抱かれた?どれだけの数の男がその唇に触れたら?」再会に胸を熱くする千鶴にルクロフは冷たく言い放ち、食るような口づけで己を彼女に刻む。溢れるほどに熱く、震えるほどに切ない二人の距離。愛し方を違えたこの二人の行き着く先は!?愛と運命のラブファンタジー!
2017.2 299p B6 ¥1200 ①978-4-908757-60-0

◆淡海乃海 水面が揺れる時―三英傑に嫌われた"無"の男、朽木基綱の逆襲　イスラーフィール著　TOブックス
【要旨】一五五〇年。足利将軍家が三好家に追放され、室町幕府の崩壊が始まった歴史の年。近江にある小領地・朽木にわずか二歳にして当主へ就任した少年がいた。その名は朽木基綱。実は歴史好きな現代日本人の生まれ変わり。天下布武に想いを馳せる彼の前には、財政難、人材不足、狡猾な他国や数々の試練が襲いかかる。だが、歴史を知る基綱は屈しない。圧倒的な知識と交渉術、豪胆さを武器に乱世を駆け抜けていくのだった。史実に埋もれた、稀代の軍略家が日本史を塗り替える！信長、秀吉、家康の三英傑を敵に回した唯一人の戦国武将・朽木基綱の生涯を、大胆に描く大河ドラマ誕生！書き下ろし外伝×2本収録！
2017.12 311p B6 ¥1500 ①978-4-86472-627-6

◆最強の魔狼は静かに暮らしたい―転生したらフェンリルだった件　伊瀬ネキセ著　集英社
（ダッシュエックス文庫）
【要旨】ゲームが友達の陰キャラ高校生灰上甲斐は、修学旅行のバス事故であっさり死んだ…はずだったが、女神によって異世界に転生、最強の魔物「フェンリル狼」として生きることに！最強の力を活かして何にも縛られず報われそうな人（犬）生のはじまり…と思いきや、駄女神のせいでトラブル続出！さらに最強という力に転生して迷惑をかけるクラスメイトを止める仕事に駆り出される!?平穏に静かに暮らしたい最強魔狼のリアル犬系異世界ライフ、ここに開幕！
2017.7 259p A6 ¥600 ①978-4-08-631194-6

◆春華とりかえ抄―榮国物語　一石月下著
KADOKAWA　（富士見L文庫）
【要旨】榮国地方の貧乏官僚の家に生まれた双子の春蘭と春雷。姉の春蘭は金勘定にシビアなしっかり者に育ち、気弱な弟の春雷は刺繍を得意とする立派な淑女に育っていた。そんな二人なので、性別を間違えられることもしばしば。「姉は絶世の美女、弟は利発な有望株」という誤った噂は皇帝の耳にも届き、春蘭の後宮入りが決まってしまう。そして春雷も科挙を受けると独り立ちを勧められ…。追い詰められた二人は、人生を入れ替わることを決意して!?賢い姉と美しい弟による、国を巻き込む男女とりかえ年代記。
2017.9 318p A6 ¥620 ①978-4-04-072447-8

◆男装令嬢とドM執事の無謀なる帝国攻略
一石月下著　KADOKAWA　（カドカワBOOKS）
【要旨】アレクシア・ローゼンバーグは行き倒れかけていた。名誉ある家柄でありながら、反逆者の汚名を着せられ八年。再興を目指すも協力者は皆無で、諦めかけたその時―。「あなたの執事、レナス・エーベルハルトでございます。さあ、どうぞ存分にお叱りください！」変な奴が現れた。ドMな執事は、再興を目指すなら男として生きるべしと言う。「お前の趣味なら！」と思わなくもないが。変態執事の力と兄の名を借りて、いざ帝国攻略!!
2017.9 316p B6 ¥1200 ①978-4-04-072444-7

◆デーモンルーラー―定時に帰りたい男のやりすぎレベリング　一江左かさね著
KADOKAWA　（カドカワBOOKS）
【要旨】わびしい生活を送る独身公務員の五条（35）のもとへ、突如可憐な従魔"神楽"がスマホから現れた。共に魔物を狩れば、引き換えに結構な額の報奨金が手に入るというのだ！最初は恐る恐るだった五条だが、おっさん特有の無駄知識と手段を選ばぬ行動力が炸裂し、瞬く間に最強プレイヤーに！いじらしい使い魔と同棲し、美少女JKに頼られ、一流企業の社長に認められ―といいこと尽くしの副業"魔物狩り"。今日も仕事帰りの五条のやりたい放題は止まらない!!!
2017.9 262p A6 ¥580 ①978-4-04-072402-7

◆国王陛下の大迷惑な求婚　市尾彩音著　アルファポリス、星雲社 発売　（レジーナ文庫）
【要旨】異世界トリップ後、あるお城の台所で下働きをしている元OLの舞花。百均の包丁を手にせっせと野菜の皮を剥く日々だったが、何故か若き国王陛下に見初められてしまった！しかもこの国王、王族に伝わる「救世の力」とやらで、恋敵は空に飛ばすわ、舞花限定・千里眼＆テレパシーを駆使してまで目覚めなさい、朝だ全開やで！と起こしてくる。冗談じゃない！と全力で断るも、彼の耳には届かなくって!?ちょっと（？）変わった溺愛ラブストーリー！文庫だけの書き下ろし番外編も収録！
2017.10 379p A6 ¥640 ①978-4-434-23789-8

◆身売りしたので偽りの婚約者をすることになりました　市尾彩音著　Jパブリッシング　（フェアリーキス）
【要旨】借金のカタに身売りするも雇用契約という形で、伯爵子息マーカスが経営する会社で働くことになったシャーロット。その上マーカスの婚約者のふりをするよう命じられて!?仕事も貞淑な婚約者のふりも生真面目につとめるシャーロットと、複雑な身売りの事情を知り彼女を愛しく思い始めたマーカス。周囲からの圧力を押しのけながら、冷やかされまくりの不器用な二人の恋。マーカスの恋心がモリモリ育っていく中、シャーロットが誘拐される事件が起こって…!?
2017.10 314p B6 ¥1200 ①978-4-86669-032-2

◆隠れオタな俺氏はなぜヤンキー知識で異世界無双できるのか？　一条景明著
KADOKAWA　（電撃文庫）
【要旨】受験失敗⇒底辺学校入学⇒生き残るためエセヤンキー（隠れオタ）となる⇒異世界へ召喚されて祝・卒ヤン←いまここ。巨乳エルフの姫騎士に能力を見せ付けるべく、異世界無双の予定だったが、聞いてくれ、ありのまま話すぜ…「この異世界はヤンキーだったんだ」、気合発動、「喧嘩上等」が呪文ってどんなことも設定だよ！しかも異世界召喚あるあるの俺tueeeもない。つうか、俺氏の能力低すぎ！こうなったら、エセヤン時代に身につけたハッタリとオタ知識で、成り上がってみせる!!
2017.9 299p A6 ¥610 ①978-4-04-893341-4

◆ウルトラハッピーディストピアジャパン―人工知能ハビタのやさしい侵略　一田和樹著
星海社、講談社 発売　（星海社FICTIONS）
【要旨】人工知能型クラウドサービス「ハビタ」によって、人間関係はより円滑に、便利に、豊かになった一2019年の東京。「私だけLINEが届かない…!?」ハビタへの小さな違和感が、世界革命の始まりだった!!スマホ時代を生きる私たちのサイバーAI監視社会エンターテイメント。
2017.9 274p B6 ¥1350 ①978-4-06-139973-0

◆三千世界の英雄王（レイザー）　3　女帝と剣帝　壱日千次著　KADOKAWA　（MF文庫J）
【要旨】世界中の異能者が最強を目指す、バトルトーナメント「暗黒星教」。「当世無双の天才」ながら「最弱の悪役」という役割を与えられた剣士・刀夜は、迫り来る常軌を逸した強敵（変態）たちを次々と葬り、学内予選を勝ち上げる。世界変革の力を宿すブルの異能アウローラを狙う組織の陰謀も光王院と共に壊滅させ、いよいよ姉・氷華が待つ準決勝までに到達した。しかし、一方で、この世界のルールが、自らの望む「厨二」だけではなく、「変態」＝強者という構図になってしまっていると気づいてしまった学園長・血鶴は、さらなる常軌を逸した企てを画策。刀夜に決戦の時が近づいている。こんな変態見たことない!?最も熱くて笑える学園バトルラブコメ、第3弾！
2017.3 262p A6 ¥580 ①978-4-04-069152-7

◆バブみネーター　壱日千次著
KADOKAWA　（MF文庫J）
【要旨】あるきっかけで二年下の義母・綾音と義姉・雛と同居することになった高校生・一徹。神童と呼ばれた彼だったが、今やすっかり二人に甘えまくる『バブみライフ』に浸り切っていた。ところが、彼の前に現れた自称・未来人の少女ララから、驚愕の事実を告げられる。なんと彼の義母と義姉は、世界の救世主となる一徹を堕落させるためGODという組織が未来から送り込んだ人造人間『バブみボット』だというのだ。一徹は未来を救うため、義母と義姉が繰り出す極上のバブみの力を決意するが…。時代が産み落とした究極の「バブコメ」が産声を上げる！
2017.9 262p A6 ¥580 ①978-4-04-069454-2

◆魔法塾―生涯777連敗の魔術師だった私がニート講師のおかげで飛躍できました。　壱日千次著　KADOKAWA　（MF文庫J）
【要旨】魔法大国・日本のトップ魔術師に史上最年少で成り上がった天才・鳴神皇一郎。だが、仲間の裏切りに遭い、ニートに転落。そこへ亡き恩師の娘・結が「私が経営する魔法塾・黎明館の講師になって」と頼んできた。承諾した皇一郎だったが、やって来る塾生は、生涯全敗の魔法騎士・ベアトリクス、禁忌の術で死霊軍団の結成を夢見るお嬢様・美蓉、ヤンキー魔法高校で屋根裏登校がモテる謎の少女・つぼみ…と落ちこぼれや変態ばかり。「安心しろ。俺がこの塾を『母校より母校』と思える場所にしてみせるから！」天才と呼ばれた元ニートによる、カリスマ講師としての破天荒な指導が始まった…笑いと感動を巻き起こす、はみだし魔術師たちの痛快魔法塾コメディ！
2017.10 285p A6 ¥580 ①978-4-04-069510-5

◆寵姫志願!?ワケあって腹黒皇子に買われたら、溺愛されました　一ノ瀬千景著　スターツ出版　（ベリーズ文庫）
【要旨】姉の代わりに娼館へと身売りされたリディアは、天真爛漫なお転婆娘。「目指すは皇帝陛下の寵姫よ」と大きな野望を抱く彼女に、騎士団長のレオンから指名が入る。リディアが身請けを志願すると、彼は意味深な笑みを浮かべあっさり承諾。ところが、彼はある"密約"を持ちかけてくる。不意を食らい、イジワルで甘い彼に抗えないリディアを待っていたのは、思いもよらぬ溺愛で!?
2017.4 A6 ¥620 ①978-4-8137-0285-6

◆錬金術師は終わらぬ夢をみる―ゆがみの王国のセラフィーヌ　一原みう著　集英社　（コバルト文庫）

ヤング・アダルト小説

セラフィーヌはいつも繰り返し同じ夢を見る。一つ目はヴェルサイユ宮殿の夢、二つ目は雪山で逃亡している夢、三つ目はR女子修道院の夢…そしてある朝目覚めると、そこには美貌の錬金術師・カリオストロ伯爵と助手のアレクサンドルがいた。セラフィーヌは記憶を失っており、自分が何者なのか分からぬまま伯爵の手伝いを始めるのだが、次第に錬金術師的な才覚を発揮するようになって…!?
2017.7 301p A6 ¥660 ①978-4-08-608043-9

◆私の愛しいモーツァルト―悪妻コンスタンツェの告白(アリア) 一原みう著 集英社 (集英社オレンジ文庫)
【要旨】35歳の若さでこの世を去った天才音楽家・モーツァルト。病死とも毒殺とも言われ、埋葬場所も分からないまま、その死の真相は深い闇に包まれている。多くの人の思惑によりねじまげられたモーツァルトの死を「悪妻」と呼ばれた妻コンスタンツェの視点から見つめなおす。18世紀に燦然と輝いた天才音楽家と、一途に彼を愛した妻の純愛、そして二人だけの王国とは!? 愚かで愛しく、素晴らしき天才の生涯。
2017.11 301p A6 ¥610 ①978-4-08-680159-1

◆Last Rain―その涙があがったら 一宮梨華著 KADOKAWA (魔法のiらんど文庫)
【要旨】内気な高校生の芹は雨の日の夜、野良猫の親子を前に佇むミステリアスな同級生・鳴海君とばったり出会う。色白の肌に、つり目が猫のような目。何故かクラスでは誰とも交流しない彼と、その日を境に奇妙な関係が始まった。―この気持ちに名前があるとしたら、それはなんと呼ぶのだろう。少しずつ鳴海君に心奪われる芹だったが、彼の心には忘れられない人がいて…。これは、私と彼の30日間の恋のお話―。
2017.9 239p A6 ¥690 ①978-4-04-893417-6

◆転生前から狙われてますっ!! 一花カナウ著 アルファポリス, 星雲社 発売 (レジーナブックス)
【要旨】身分・教養・財産と三拍子揃った美少女なのに、なぜか結婚できない伯爵令嬢のレネレット。適齢期ギリギリの今年中になんとか決着をつけたいと婚活に励んでいたある日、一人の男性に出会ったことで前世の記憶を思い出してしまう。なんとその記憶によれば、なんと自分の正体はレネレットが転生するたびに結婚の邪魔をしてくる粘着系ストーカー! 今世こそは妨害を振り切り幸せな結婚をしたいと奮闘する彼女だけれど、その背後では常に彼の影がちらついていて―!? 絶対結婚したい伯爵令嬢VS絶対邪魔したい神父の人生を賭けた恋愛バトル、ここに開幕!
2017.12 286p B6 ¥1200 ①978-4-434-24108-6

◆不眠症騎士と抱き枕令嬢 一花カナウ著 アルファポリス, 星雲社 発売 (レジーナブックス)
【要旨】男性恐怖症でめったに屋敷の外に出ないため、「引き篭もり令嬢」と呼ばれているレティーシャ。彼女はある日、『不眠の騎士』と呼ばれるほど仕事熱心な騎士・セオフィラスと出逢う。二人で話しているうちに、彼が不眠症を患っていることにレティーシャも触れると眠れることが判明。そのせいで、なぜかレティーシャは男性とのお付き合いの仕方を教えてもらうことになってしまう。しかも、セオフィラスが她邸に滞在することになってしまう。何度も抱きしめられ、どきどきする日々を送るうちにレティーシャに芽生える、淡い恋心。けれども、彼には忘れられない恋人がいるらしく―
2017.2 282p B6 ¥1200 ①978-4-434-22928-2

◆暴食のベルセルク―俺だけレベルという概念を突破する 1 一色一凛著 マイクロマガジン社 (GCノベルズ)
【要旨】スキルの優劣が絶対の世界で、城の門番であるフェイトは最底辺の生活をしていた。なにせフェイトの持つスキル"暴食"は、腹が減るだけでろくに役に立たない能力だったからだ。だが彼が、城に侵入した賊を偶然にも仕留めたことで世界は一変する。そう、フェイトが持つスキル"暴食"は、殺した相手から、スキル・能力を奪い取るという、とんでもない力を秘めていたのだ。こうして地べたに這いつくばるだけだったフェイトの運命は、静かに、そして急速に動き始めるのだった―。
2017.12 323p B6 ¥1200 ①978-4-89637-672-2

◆浄天眼謎とき異聞録 下 ―明治つれづれ推理(ミステリー) 一色美雨季著 マイナビ出版 (ファン文庫) (『浄天眼のお世話係』加筆・修正 改題)
【要旨】明治時代、東京・浅草に住む摩訶不思議な"浄天眼"の力を持つ、戯作家・魚目亭燕石は

隠居生活を送りたいのに、その世話役である由之助ともに事件に巻き込まれてばかり。今回も連続強盗殺人「辻の桐生」事件の解決のため、ある作戦を決行しようと家から引っ張り出されてしまった。そしてついに事件は最終局面を迎え…。紐解かれる過去に思わず涙が伝う「第2回お仕事小説コン」グランプリ受賞作、完結編!
2017.1 257p A6 ¥630 ①978-4-8399-6145-9

◆アーティファクトコレクター 5 ―異世界と転生とお宝と 一星著 アルファポリス, 星雲社 発売
【要旨】子供を庇って死んだ平凡なサラリーマン松平善(ゼン)は、転生して異世界の住人となった。彼は勉強の超神の加護により、様々なスキルをマスター。いつしか比類なき強さを誇る戦士に成長していた。簒奪された王位を取り戻さんとする友人エリアスの挙兵に協力するゼンは、兵糧攻めや敵方貴族の当主暗殺など、非情な手段で敵軍の集結を妨害する。彼の暗躍によって、当初圧倒的に不利な状況だったエリアスの軍は、次第に敵との兵力差を埋めていった。快進撃を続ける彼らは、要塞フォルバーグを落とし、ついに王都への進軍を開始する。しかし、王城で待ち受ける偽王アーネストにはゼン達が知らない手段で反撃に備えていた。奪われた王位を取り戻す為の最後の戦いが、今始まる!
2017.8 277p B6 ¥1200 ①978-4-434-23156-8

◆王族に転生したから暴力を使ってでも専制政治を守り抜く! 井戸正善著 講談社 (Kラノベブックス)
【要旨】傭兵として死に、異世界で王族に転生したヴェルナー。だが、次男である以上王にはなれない。しかし、兄である長男こそ自尊心ばかりが高い無能。父王も有能とは言い難い。邪魔者を排し権力奪取のために必要なことなら、暴力だろうと何でもしようとためらいはない! プラスチック爆弾を自由に生み出すという能力を得て、ヴェルナーは野望を加速させる―!
2017.8 323p B6 ¥1200 ①978-4-06-365037-2

◆呼び出された殺戮者 6 井戸正善著 ホビージャパン (HJ NOVELS)
【要旨】情報を頼りに魔族の住むという森の奥へと足を進める一二三だが、そこで長年魔族を封じてきた種族、エルフと接触する。魔法の好意として、森と生きて長い間停滞を続けていた彼らに、交渉と戦闘の末変化を植え付ける一二三。そしてエルフの森を抜けて魔族の領域へと到達した彼は、そこで待ち受けている死力を尽くした戦いに心を躍らせる―!!
2017.6 389p B6 ¥1200 ①978-4-7986-1385-7

◆呼び出された殺戮者 7 井戸正善著 ホビージャパン (HJ NOVELS)
【要旨】荒廃する魔族、エルフ、魔人との接触を済ませて、フォカロルへと戻ってきた一二三。そのタイミングで、ホーラント王が崩御。各国の好戦派が動き出し再び戦乱の気配が漂ってきた。そして、国内の反女王反一二三派の勝手な行動に業を煮やした女王・イメラリアが、ついに前線へと赴くことに―!? 大人気異世界ダークファンタジー第7巻!!
2017.6 389p B6 ¥1200 ①978-4-7986-1468-7

◆後宮香妃物語―龍の皇太子とめぐる恋 伊集たつき著 KADOKAWA (角川ビーンズ文庫)
【要旨】香を作る香士が貴ばれる神瑞国。下町に住む凛莉は、調香の腕を買われ、皇太子・煌翔の後宮に入ることに。でも、彼女の目的は寵姫になることではなく、父が失敗したとされる伝説の秘宝香を調合し、その汚名をそそぐこと。決意を新たにするが、彼は意外なことを言い出して!? 女性では香士になれない国を舞台に、一人の少女が己の信じる力で運命と恋を切り拓いて行く。中華後宮ストーリー!
2017.5 253p A6 ¥580 ①978-4-04-105522-9

◆後宮香妃物語―二人の皇太子と真実の想い 伊集たつき著 KADOKAWA (角川ビーンズ文庫)
【要旨】神瑞国皇太子・煌翔の後宮「麗華宮」で、四妃選定の会が開かれることに。秘宝香の調合のためにも、煌翔から受けたある依頼のためにも、四妃入りを目指す凛莉。そんな時、隣国の皇太子・聖雷が麗華宮を訪れ、「君に会いに来た」と、凛莉に微笑む。会の準備に聖雷の来訪で困惑する凛莉に追い打ちをかけるように、煌翔の態度が冷たくなって!? 錯綜する二人の皇太子の想いを香の力でほぐす、中華後宮ストーリー!
2017.9 253p A6 ¥600 ①978-4-04-105523-6

◆(この世界はもう俺が救って富と権力を手に入れたし、女騎士や女魔王と城で楽しく暮らしてるから、俺以外の勇者は)もう異世界に来ないでください。 伊藤ヒロ著 KADOKAWA (MF文庫J)
【要旨】"間" "地平"に新たな異世界勇者が現れました "答"今すぐ地球に追い返せ! 死闘の末、異世界を救った俺はこれからの人生を勝手気ままに謳歌しようとしていた。だが、何故かその後も地球からの転生勇者がここ"地平"にわんさか涌いてきやがる。ふざけるな! この世界は俺のものだ! 女聖騎士も魔王の少女も、エルフも獣人も、一般人も、この世界にある全てのものは、絶対誰にも渡さない! ニート? チート? 居酒屋? 自衛隊? 誰が敵でも関係ねぇ! 他の勇者が絶対俺が地球に追い返す! 知恵と勇気とハッタリであらゆる異世界勇者を追い返す、ドタバタファンタジー開幕!
2017.3 263p A6 ¥580 ①978-4-04-069148-0

◆マヨの王―某大手マヨネーズ会社社員の孫と女騎士、異世界で "密売王"となる 伊藤ヒロ著 集英社 (ダッシュエックス文庫)
【要旨】「マヨネーズのように白い心であれ」亡き祖母の教えを守り、真面目に生きてきた弦木恭一郎だったが、ある日痴漢の冤罪をかけられて、それまで築き上げてきた信頼や自負心を失ってしまう。絶望した妹のふたばと共に、街を歩いていると、突如現れた謎の光に包まれ、二人は異世界へと転生した。だが、そこで二人を助けてくれた優しい騎士と少女さえ、貴族たちによる非道な迫害や貧困に悩んでいた。世界は、正しい者が苦しむ絶望の牢獄だった。そんな姿を見た恭一郎は、自ら悪に堕ちて彼女たちを救うことを決意する―このこの世界では禁断の調味料とされるマヨネーズの力で!! 前代未聞の異世界転生ピカレスクロマン、ここに開幕! 「小説家になろう」人気連載書籍化!
2017.11 320p A6 ¥580 ①978-4-08-631214-1

◆君の素顔に恋してる 伊東悠香著 アルファポリス, 星雲社 発売 (エタニティブックス Rouge)
【要旨】過去の手痛い失恋を機に、すっぴんコンプレックスとなった優羽。それ以来、メイクで完全武装し、恋人も作らず仕事に邁進する日々を過ごしてきたのだけれど…ある日突然、勤め先が倒産してしまった! 慌てて派遣の仕事を見つけたものの、問題が一つ。派遣先である大企業の副社長が、かつての失恋相手・蓮だったのだ。どうやら彼は、優羽のことを覚えていないようだ。優羽も素知らぬふりを続けていたところ、ひょんなことから彼と大接近する出来事があって―気がつけば、副社長サマの寵愛生活がスタート!? 心も体もコンプレックスも溶かす、あま〜いときめきラブ!
2017.8 283p B6 ¥1200 ①978-4-434-24102-4

◆今日から、あやかし町長です。 2 糸森環著 KADOKAWA (富士見L文庫)
【要旨】「人とあやかしの共存は、むずかしいかもしれんなぁ」―野坂・百重の言葉に、七生は聞いていた。人とあやかしの共存計画が進む龍神町。そんな中、あやかしが人を襲いそうになる事件が起き、異種族間がぎくしゃくし始め…!? 確かに、と、人ながらあやかしたちの長になった七生は思う。友情の示し方や恋の仕方なんか、人と違って驚いたりする。でも、みんながいいやつだってことも知っている。だから、ここをおまえたちの故郷にするまで、諦めない。新米あやかし町長、今日も人とあやかしの調停役をがんばり中!!
2017.4 281p A6 ¥600 ①978-4-04-072289-4

◆恋と悪魔と黙示録―恋咲く世界の永遠なる書 糸森環著 一迅社 (一迅社文庫アイリス)
【要旨】人と獣の姿を持つ神魔アガルと契約をし、彼の恋人となったレジナ。人間と悪魔が争う中、"最古の王女"である自分の運命を受け入れたレジナは、魔王マグラシスと対峙する。全ての欠片が揃い明かされる世界の真実。レジナが望んだ未来―そしてその先に待っていたものとは? 一途な魔王と乙女が織りなす大人気悪魔召喚ラブ★第九弾!
2017.8 318p A6 ¥638 ①978-4-7580-4959-7

◆時めきたるは、月の竜王―竜宮輝夜記 糸森環著 KADOKAWA (角川ビーンズ文庫)
【要旨】神竜が禍神から国を護る『右記ノ国』。竜の姿で猛り、人の姿ではこの上なく美しい神竜の世話係は、栄誉だが過酷で、人々は選ばれる

ことに怯えている。だが、新しく召し上げられた紗良は違った。彼女は黒竜・由衣王ら四竜の側にはべり、彼らの悲しみや不器用な気遣い—その心を知り、ава願いを抱く。「つむじ曲がりな心優しい竜の君、あなたのそばで、生きたい」運命の少女と孤独な竜が織りなす、和風ファンタジー恋絵巻!!

2017.10 254p A6 ¥600 ①978-4-04-106116-9

◆令嬢鑑定士と画廊の悪魔—永遠の恋を描く者たち　糸森環著　KADOKAWA　（角川ビーンズ文庫）

【要旨】「ジョンと一緒に引きこもらなければ、私の心を殺すに等しい」「…自分が何を言っているかわかっていないでしょう」悪魔のジョンが前契約者殺しの容疑で、教会に拘束された。今の契約者・リズは容疑を晴らすため、真犯人の悪魔が棲む絵画を追うことに。ジョンは処刑されない。私の悪魔だもの—事件を通し、彼女は"自分がジョンをどう思っているか"自覚していき…!?鈍感令嬢と毒舌悪魔のラブファンタジー。

2017.4 254p A6 ¥600 ①978-4-04-104568-8

◆通常攻撃が全体攻撃で二回攻撃のお母さんは好きですか?　井中だちま著　KADOKAWA　（富士見ファンタジア文庫）

【要旨】「これからお母さんと一緒にたくさん冒険しましょうね」「あり得ないだろ…」ゲーム世界に転送された高校生、大好真人だが、なぜか真人を溺愛する母親の真々子も付いてきて!?ギルドでは「彼女になるかも知れない子たちなんだから」と真人の選んだ仲間をお母さん面接したり、暗い洞窟で光ったり、休憩中にモンスターを眠らせたり、全体攻撃で二回攻撃の聖剣で無双したりと息子の真人を呆れさせる大活躍!?賢者にも残念な美少女ワイズに、旅商人で癒し役のポータも加わり、救うのは世界の危機ではなく親子の絆。第29回ファンタジア大賞"大賞"受賞の新感覚母親同伴冒険コメディ。

2017.1 316p A6 ¥600 ①978-4-04-072203-0

◆通常攻撃が全体攻撃で二回攻撃のお母さんは好きですか?　2　井中だちま著　KADOKAWA　（富士見ファンタジア文庫）

【要旨】「見てマー君！」「…あぁさ」「言うなよ。泣いてくるだろ」ゲーム世界に付いてきた母親の真々子が強すぎて、自分たちの存在意義を見失いそうになった真人たちは、強化アイテムが手に入るという学園の試験運用クエストを受けることに。学園で出会った癒術師のメディに心ときめかせる真人だった。「ちょっと着てみようかと思って。どう？似合うかしら」やっぱり真々子も付いてきて!?セーラー服で授業参加したり、プールでスクール水着を披露したり、男子から告白されたり、学園祭のミスコンにも出場して大活躍!?さらには勇者の座を抱えていて!?母娘同伴冒険コメディ学園編！

2017.4 327p A6 ¥600 ①978-4-04-072204-7

◆通常攻撃が全体攻撃で二回攻撃のお母さんは好きですか?　3　井中だちま著　KADOKAWA　（富士見ファンタジア文庫）

【要旨】母親の上を行く強さを手に入れ、俺TUEEEEEの物語を始めようとした真人は「攻撃された方は、どんな願いでも一つ叶えられます！」という噂の新築タワーダンジョンを攻略することになるのだが！「私は反抗組織リベーレ四天王の一人、"母逆のアマンテ"よ」真人たちの攻略を邪魔する敵が現れー。立ち上げてギルドを襲うアマンテの刺客に、メイド姿の真々子はお母さん特製チャーミーぽんぽんでおもてなし!?アマンテとの直接対決は「マー君のシャツを誰よりも白く洗い上げるのは私よ！」洗濯勝負!?思い子は真々子の手から放たれる「めっ！」ビームで叱っちゃいます！

2017.8 316p A6 ¥600 ①978-4-04-072426-3

◆セーブ＆ロードのできる宿屋さん　3　—カンスト転生者が宿屋で新人育成を始めたようです　稲荷竜著　集英社　（ダッシュエックス文庫）

【要旨】昔々あるところに。「輝く灰色の狐団」という、クランがありましたヨミが綴る、宿屋主人アレクの秘められた過去とは。"聖剣"を求めて宿屋を訪れた刀剣鍛冶のコリー。アレクの持つ折れた聖剣の修理には、超高難度ダンジョンの攻略が不可欠だが。意を決してコリーは修行を受けることにしたのだが…？剣闘員という違法な興行で命の危険にさらされている仲間を助けたいと語るコリーの奴隷のオッタ。アレクのもとで修行をしながら仲間を解放するための金を稼ぐアレクだが、彼女を待ち受けていたのは残酷な真実だった！セーブ＆ロードを繰り返して超レベルアップ！宿屋主人とお客の壮絶修行

ファンタジー第3巻!!

2017.3 403p A6 ¥680 ①978-4-08-631175-5

◆セーブ＆ロードのできる宿屋さん　4　—カンスト転生者が宿屋で新人育成を始めたようです　稲荷竜著　集英社　（ダッシュエックス文庫）

【要旨】あのアレクの妻でもあるヨミが体調を崩した!?誰もが最初「嘘だ」と思いパニックになるなか、宿屋のお客一同、協力して事態の収拾にあたるが…!?長年追い求めていた「輝き」とついに再会したアレク。「輝き」は五百年前の英雄譚を語り出す。登場するは、偉大なる英雄たち。だが『輝き』が語る真実の中で、英雄は決して英雄ではなく、英雄は決して幸福であったのだからなかった…。「不死の英雄殺し」のため、アレクの修行を受けることにした『月光』。五百年にわたり抱き続けた彼女の願いは叶うのか、それとも、その前に彼女の心が壊れてしまうのか！宿屋主人とお客の壮絶修行ファンタジー、第4巻!!

2017.8 374p A6 ¥670 ①978-4-08-631198-4

◆よみがえった勇者はGYU-DONを食べ続ける　稲荷竜著　集英社　（ダッシュエックスノベル）

【要旨】先の大戦で大活躍をした勇者。死の間際、彼が願ったことは「毎日腹いっぱい食事をしたい」だった。目が覚めた勇者の前に現れたのは、エプロンを着けた女神と謎の食べ物—GYU-DON。柔らかくトロトロに煮込まれた牛肉に、噛めばサクッと、軽やかな音を立ててちぎれるタマネギ。それらを包み込む不思議な食感の白米。—おどろくほど、うまい。異世界の料理に勇者は大満足するが、そこに魔王の娘やマンドラゴラ屋など、魔王軍が討たれたことで孤児になった子供たちが次々訪ねてきて…え？同居人が増えるとメニュー増えるの？生卵に野菜サラダにみそ汁？定食じゃんそれ。子供たちと勇者と女神がおいしいものをお腹いっぱい食べる、幸せMAXのほっこり食事小説、開幕です。

2017.12 290p B6 ¥1200 ①978-4-08-704012-8

◆蒼戟の疾走者（ストラトランナー）—落ちこぼれ騎士の逆転戦略　犬亥著　KADOKAWA　（電撃文庫）

【要旨】エアレース—それは、国の誇りをかけた騎士たちの空の決闘場。三年前の中央レースを最後に忽然と姿を消した天才騎士、リーロイ・ダーヴィッツ。彼は今、多額の借金により地方のレースで八百長ギリギリのレースを積み上げていく日々を過ごしている。「—リーロイ・ダーヴィッツって名前、覚えておいて！」彼の才能を信じながらも、商売の為リーロイを利用するマフィアの娘・ジゼル。「ボクが負けるわけがないだろ！」かつてのリーロイと同じ目をした新人騎士・ジゼル。彼らが最大の強敵に挑むとき、大空の舞台に奇跡が起きるー！

2017.5 328p A6 ¥630 ①978-4-04-892883-0

◆ブライト・プリズン—学園に忍び寄る影　犬飼のの著　講談社　（講談社X文庫—ホワイトハート）

【要旨】華やかな文化祭が催された王鱗学園では、薔を含めた最眉生一組に恐ろしい災厄が降りかかろうとしていた。陰神子の存在を疑う教祖が、立会人の前での公開凌辱により龍神を降ろす「肉体審判」の儀式を、最眉生一組の三人に対して行うと宣言したのだ。常盤に対し敵愾心を燃やしている素祖候補ナンバー2の葵の策略にしても、常盤が打つ手は次々に潰される。苦難が続く中で、ますます離れがたい想いを深めてゆく常盤と薔は—。

2017.4 255p A6 ¥660 ①978-4-06-286941-6

◆ブライト・プリズン—学園の王に捧げる愛　犬飼のの著　講談社　（講談社X文庫—ホワイトハート）

【要旨】愛する薔を誰にも渡さず守るため…そして腐敗した教団を改革するために、教相順教を決意した常盤。その悲壮な選択を受け入れた薔は、重過ぎるプレッシャーに倒れてしまう。薔の身を案じた常盤は最善の策を求めて悩むが、一方で学園のキング・楓推は悲況に陥っていた。楓牙のために塀の外の世界に出たがる薔は常盤は説得するが、薔の勢いは止まらず…！濃密な愛が絡み合う、全寮制学園ファンタジー・ボーイズラブノベル。

2017.11 287p A6 ¥690 ①978-4-06-286967-6

◆払暁—男装魔術師と金の騎士　戌島百花著　KADOKAWA

【要旨】高校生のときに異世界に召還されて、生きるために魔術師となった遙。戦場で自ら死を望んだ騎士をしかり飛ばし、自分の命を削って

治療魔法を施し倒れる。目覚めた遙を訪れたのは、戦場で助けた美貌の騎士だった。騎士は遙が賭に勝利した証と言い、強引に主従の契約を結んでくるが…!?

2017.12 255p B6 ¥1200 ①978-4-04-734911-7

◆神様、私を消さないで　いぬじゅん著　スターツ出版　（ケータイ小説文庫—野いちご）

【要旨】中2の結愛は父とともに永神村に引っ越してきた。結愛は同じく転校生の大和と、永神神社の秋祭りに参加するための儀式をやることになるが、クラスメイトの広代がふたりに儀式をやめるように忠告する。不気味な儀式に不安を覚えた結愛と大和は、いろいろ調べるうちに、恐ろしい秘密を知って…？予想外の結末に戦慄!!

2017.10 243p A6 ¥550 ①978-4-8137-0340-2

◆三月の雪は、きみの嘘　いぬじゅん著　スターツ出版　（スターツ出版文庫）

【要旨】自分の気持ちを伝えるのが苦手な文香は嘘をついて本当の自分をごまかしてばかりいた。するとクラスメイトの拓海に「嘘ばっかりついて疲れない？」と、なぜか嘘を見破られてしまう。口数が少なく不思議な雰囲気を纏う拓海に文香はどこか見覚えがあった。彼と接するうち、自分は嘘をつく原因が過去のある記憶と関係していると知る。しかし、それを思い出すことは拓海との別れを意味していた…。ラスト、拓海が仕掛けた"優しい嘘"に涙が込み上げる。

2017.5 347p A6 ¥600 ①978-4-8137-0263-4

◆奈良まちはじまり朝ごはん　いぬじゅん著　スターツ出版　（スターツ出版文庫）

【要旨】奈良の「ならまち」のはずれにある、昼でも夜でも朝ごはんを出す小さな店。無愛想な店主・雄也の店で提供するため、メニューは存在しない。朝ごはんを「新しい一日のはじまり」と位置づける雄也が、それぞれの人生の岐路に立つ人々を応援する"はじまりの朝ごはん"を作る。—出社初日に会社が倒産し無職になった詩織は、ふらっと雄也の店を訪れる。雄也の朝ごはんを食べると、なぜか心が温かく満ちされ涙が溢れた。その店で働くことになった詩織のならまちでの新しい一日が始まる。

2017.9 373p A6 ¥620 ①978-4-8137-0326-6

◆異世界食堂　4　犬塚惇平著　主婦の友社　（ヒーロー文庫）

【要旨】家族を持ったことのない、遠い異世界からやってきた女。家族を失い遠い大陸から戻ってきた男。終戦間もない混沌の時代に二人は出会った。女ができた仕事はただ一つ。魔王を狩ることのみ。男ができる仕事はただ一つ。料理を作ることのみ。やがて女と男は店を持ち、家族を作り、そして異世界の客を招く。かくて始まりし『異世界食堂』。毎週土曜日にだけ開くこの店は、絶品の料理で、多くの客をもてなす。『洋食のねこや』、創業五十年。『異世界食堂』、開店三十年。今日も、チリンチリンと扉が開く。

2017.7 286p A6 ¥600 ①978-4-07-426242-7

◆蒼穹のアルトシエル　犬魔人著　KADOKAWA　（角川スニーカー文庫）

【要旨】ここは閉鎖された階層都市。遺跡での資源回収を生業とする探索者ヘイエの、無味乾燥な鈍色の日々は、天蓋から堕ちてきた"彼女"によって終焉を迎える。「この階層世界の果てに、あるんだ！無限の蒼穹が！」アルトシエルと名乗る機械蜘蛛に導かれ、冒険者として隔絶された次階層を目指すヘイエに、都市を統べる"企業連"が立ち塞がる！これは生きるために探索者だった少年が、夢を見て冒険者となった少年の、旅立ちの物語。

2017.7 316p A6 ¥620 ①978-4-04-105285-3

◆蒼穹のアルトシエル　2　犬魔人著　KADOKAWA　（角川スニーカー文庫）

【要旨】廃棄階層第二〇二五層—そこに広がっていたのは、雨に沈んだ水底の都市"塔京"。蒼穹を目指すヘイエとアルトシエルは、探索のさなか孤独な少女・ミウと出会う。打ち解けたのも束の間、階層に跋扈する魚人族に囚われたミウを奪還するため、ヘイエは三人の強大な"武人"との死闘に挑む！その時明らかになる真実が、階層の、そして"冒険者"ヘイエの過去へ繋がっていくー。魂を震わす冒険バトルファンタジー、壮烈の第二弾！

2017.9 268p A6 ¥640 ①978-4-04-105286-0

◆ワンワン物語—金持ちの犬にしてとは言ったが、フェンリルにしろとは言ってねえ！　犬魔人著　KADOKAWA　（角川スニーカー文庫）

【要旨】過労で死んだロウタの願いは、もう働かなくていい金持ちの犬への転生だった。その

ヤング・アダルト小説

願いは慈悲深い女神によって見事かなえられる。優しい飼い主のお嬢様、美味しいご飯に昼寝し放題の幸せな毎日。しかし、ある日気づいてしまう。「大きな体、鋭い牙、厳つい顔……これ犬じゃなくて狼だ!?」ロウタは全力で犬のフリをするも、女神の行きすぎサービスはそれどころではなかった。狼は狼でも、伝説の魔狼王フェンリルに転生していたのだ!
2017.11 286p A6 ¥600 ①978-4-04-106273-9

◆**やがて恋するヴィヴィ・レイン 2** 犬村小六著 小学館 (ガガガ文庫)
【要旨】近衛連隊を追われたルカは放浪の末、旧友ジェミニとの再会を果たす。昔の借りを返すためジェミニの庭園下に入ったルカだが、ガルメンディア帝国においてジェミニらと共に帝国最強の独立混成連隊として勇名を馳せていた。ルカの編み出した新戦術は三次に亘る「ドル・ドラム戦役」においてその威力を発揮し、帝国軍総司令官ヴラドレン皇太子はルカに作戦会議への参加を特例で許可する。だが一方で、皇帝の血を引くジェミニは皇太子を排除すべく暗躍を開始、ルカは皇位継承者を巡る闘争へと巻き込まれることになってしまった…。魅力的なキャラクターたちが織りなす一大軍事戦記。さらに加速する恋と会戦の物語!
2017.1 331p A6 ¥630 ①978-09-451657-9

◆**やがて恋するヴィヴィ・レイン 3** 犬村小六著 小学館 (ガガガ文庫)
【要旨】ウルキオラ暴動から三年。神聖リヴァノヴァ帝国においてルカはジェミニらと共に帝国最強の独立混成連隊として勇名を馳せていた。ルカの編み出した新戦術は三次に亘る「ドル・ドラム戦役」においてその威力を発揮し、帝国軍総司令官ヴラドレン皇太子はルカに作戦会議への参加を特例で許可する。だが一方で、皇帝の血を引くジェミニは皇太子を排除すべく暗殺を開始、ルカは皇位継承者を巡る闘争へと巻き込まれることになってしまった…。魅力的なキャラクターたちが織りなす一大軍事戦記。さらにさらに加速する恋と会戦の物語!!
2017.5 260p A6 ¥574 ①978-09-451681-4

◆**やがて恋するヴィヴィ・レイン 4** 犬村小六著 小学館 (ガガガ文庫)
【要旨】ガルメンディア王国に戻ったルカはファニアとの約束を果たすため暗躍を開始。テラノーラ戦役、ウルキオラ暴動、ドル・ドラム戦役で傑出した戦果をあげたことにより、ルカは民衆からの絶大な支持を得て反体制勢力の中心人物へとのしあがっていく。一方のファニアもまた、王政に身を捧げる覚悟を決め、ルカに蜂起を思いとどまらせようと煩悶していた。ふたりの思いはすれ違ったまま王国はついに革命のときを迎える―。「民に君臨し、民を搾取し、民のために我が身を捧げ、これがわたしの誇りです」。風雲急を告げる恋と会戦の物語、第四巻。
2017.9 290p A6 ¥593 ①978-09-451701-9

◆**元構造解析研究者の異世界冒険譚** 犬社護著 アルファポリス、星雲社 発売
【要旨】製薬会社で構造解析研究者だった持木薫は、魔法のある異世界ガーランドに、公爵令嬢シャーロット・エルブランとして生まれ変わった。転生の際、女神様から『構造解析』と『構造編集』という仕事にちなんだスキルをもらった彼女。なにげなくもらったこの二つのスキルだが、想像以上にチートだった。なにせ、『構造解析』であらゆるものの詳細なステータスが見れ、『構造編集』でそのステータスを自由に変更できるのだ。この二つのスキルと前世の知識により、シャーロットは意図せずして異世界を変えてしまう―ネットで大人気の異世界大改変ファンタジー、待望の書籍化!
2017.9 296p B6 ¥1200 ①978-4-434-23782-9

◆**探偵が早すぎる 上** 井上真偽著 講談社 (講談社タイガ)
【要旨】父の死により莫大な遺産を相続した女子高生の一華。その遺産を狙い、一族は彼女を事故に見せかけ殺害しようと試みる。一華が唯一信頼する使用人の橋田は、命を救うためにある人物を雇った。それは事件が起こる前にトリックを看破、犯人(未遂)を特定してしまう究極の探偵！完全犯罪かと思われた計画はなぜ露顕したのか!?史上最速で事件を解決、探偵が「人を殺させない」ミステリ誕生！
2017.5 278p A6 ¥690 ①978-4-06-294071-9

◆**君を愛するために** 井上美珠著 アルファポリス、星雲社 発売 (エタニティブックス)
【要旨】日立星南は普通の会社で働くごく平凡なOL。大好きなイケメン俳優に日々癒やされながら、現実の恋愛はまったく無縁の生活を送っていた。そんなある日、彼女の日常にとんでもない奇跡が起こる。憧れていたイケメン俳優―音成怜思に声をかけられたのだ。しかも彼は、出会ったばかりの星南を好きだと言って、甘く強引なアプローチをしてきた！こんな夢みたいな現実があるわけない！そう思いつつ、彼とお付き合いを始めた星南だけど…恋愛初心者には蕩けるような溺愛はハードルが高すぎる!?突然始まったイケメン俳優と平凡OLの恋はドラマ以上に情熱的でロマンチック！
2017.8 286p B6 ¥1200 ①978-4-434-23694-5

◆**君のために僕がいる 1** 井上美珠著 アルファポリス、星雲社 発売 (エタニティ文庫)
【要旨】大学病院に勤める女医の万里緒。結婚適齢期を迎えた彼女は、叔母の勧めで度々お見合いするはめになり、徐々に倦み疲れしていた。その憂さ晴らしに、馴染みの居酒屋で独り酒をしていたら、自分と同じ病院に赴任してきたドクターだという。なんだか妙な縁を感じていたら一後日、お見合い相手として再会！しかも、万里緒の飾らない姿に惚れたと猛烈に求婚してきた!?オヤジ系ヒロインに舞い込んだ、極上の結婚ストーリー！文庫だけの書き下ろし番外編も収録。
2017.2 323p A6 ¥640 ①978-4-434-22888-9

◆**君のために僕がいる 2** 井上美珠著 アルファポリス、星雲社 発売 (エタニティ文庫)
【要旨】女医の万里緒は、叔母の勧めのお見合いで出会った、イケメン外科医・千歳とスピード結婚した。交際期間0から始めた関係は、溺れるほど情熱的で刺激的！素敵な旦那様とのハネムーンに大満足の万里緒だったが、迎えた新婚生活は東京と北海道の遠距離別居状態で…。自分で決めたことにはいえ、毎日仕事で忙殺される一方にいるのもままならない日々。そんな時、千歳から東京に戻って一緒に生活しようと告げられた万里緒は！？不器用なドクター同士の濃密ラブストーリー！文庫だけの書き下ろし番外編も収録！
2017.3 343p A6 ¥640 ①978-4-434-22996-1

◆**君のために僕がいる 3** 井上美珠著 アルファポリス、星雲社 発売 (エタニティ文庫)
【要旨】イケメン外科医の千歳と結婚した、女医の万里緒。紆余曲折の末、ようやく千歳と東京で暮らし始めた万里緒は、忙しい仕事の中、ラブラブな新婚生活を満喫していた。そんなある日、突然彼から研修で二ヶ月間もアメリカに行くと告げられる！さらには、本当に好きでした結婚が、周囲には愛のない政略結婚と思われていることを知って…。寂しさも不安も、二人でいれば乗り越えられる？お見合い結婚から始まった恋の、最高のエンディング！その後の二人がわかる、文庫だけの書き下ろし番外編も収録！
2017.4 357p A6 ¥640 ①978-4-434-23119-3

◆**さよならのための七日間―夜桜荘幽霊帳** 井上悠宇著 KADOKAWA (富士見L文庫)
【要旨】"夜桜荘にいらっしゃい"―高校生の春馬の元に届いた一通の手紙。差出人は先月に亡くなった姉の夜桜荘のアパートで、春馬は幽霊として暮らしていた姉と再会する。だが一すこぶる真っすぐだった姉は、死後の裁判で"嘘を吐いた罪"で裁かれているという。困惑する春馬に、薄緑は葉子の無実を証明するための閻魔帳作りを持ちかけてきて…？もう一度大切な人に会えたなら。死者と生者の心を繋ぐ感動の物語。
2017.4 254p A6 ¥580 ①978-4-04-072214-6

◆**女王のポーカー―ダイヤのエースはそこにあるのか** 雉子裕介著 新潮社 (新潮文庫nex) (『スクールポーカーウォーズ』改題書)
【要旨】無敗の王者・明治撲克倶楽部を倒すべく、学校一の嫌われ者から犯罪者まで、クセ者揃いのポーカーチームが結成された。約2ヶ月後に迫る超短期決戦に向け、浦原甚助らメンバーは、女王・江頭妙子に秘中秘の地獄のポーカー特訓を課される。飛び交う情報、戦術論、汗、ぶどう糖…すべては王の首を獲るために。頭脳スポーツ青春小説、ここに大開幕！
2017.3 349p A6 ¥630 ①978-4-10-180091-2

◆**スクールポーカーウォーズ 3** 雉子裕介著, 平沢下戸絵 集英社 (JUMP j BOOKS)
【要旨】裏金300万円を賭けて、騙し合いが始まる!!東本郷中学校のポーカーサークル、通称モンスターズが市内対抗戦に出場！「ギャンブルはしない」かつてそう宣言した江頭妙子隊長が、出場校全員の前で現金300万円をベットする!?実利が大きな分…それはあまりにもリスキー、しかし祈りにも似た賭けだった…！卑怯者、データ主義者、不良ヒッキー、人喰い鬼、天才少女が大暴れ！中学生たちの馬鹿馬鹿しくも計算高い悪巧み、成功なるか!?クールにクレイジーにストレンジなプレイで全校まとめてぶっつぶせ!!
2017.6 227p B6 ¥1200 ①978-4-08-703420-2

◆**僕を導く、カーナビな幽霊(かのじょ)** 伊原柊人著 KADOKAWA (メディアワークス文庫)
【要旨】離婚の危機を迎えていた菱見悠人は、気分を一新しようと一人旅を決意。中古車を購入し、その車で気ままな旅行に出かける。しかし、その車のナビには女性の幽霊が取り憑いていて―「私、殺されたの。犯人を一緒に捜してくれない？」と懇願され…。ひょんなことから始まった、お人好しの青年と明るい幽霊との珍道中。はたしてその旅の結末は？軽妙なタッチで描かれるライトミステリーにして、感涙必至のヒューマンストーリー。
2017.5 326p A6 ¥630 ①978-4-04-892958-5

◆**スノウラビット** 伊吹契著 星海社, 講談社 発売 (星海社FICTIONS)
【要旨】時に1950年、占領軍統治下の東京―。職務にて台東区千束町を訪れた警察吏員・伊瀬嗣は、いつの間にか時空を跳躍し、1650年の江戸吉原に足を踏み入れていた…。徳川家光治世下の吉原で、すんでのところで美しき遊女・白笛に救われる。しかし、窮地を脱して間もなく、白笛と出会ったわずか数ヶ月後、吉原からの足抜けに失敗し、命を落とす」という残酷な歴史だった。歴史を改変し、白笛を救うことを試みた顕嗣の前に、江戸吉原での拳銃殺人事件が立ちふさがる。歴史を改変し、白笛を救うことはできるのか？そして、顕嗣はなぜタイム・リープに巻き込まれたのか…？戦後東京と江戸吉原―300年を往還して綴られる、大切な恋の物語。
2017.10 355p B6 ¥1500 ①978-4-06-510576-4

◆**年下寮母(おかーさん)に甘えていいですよ？** 今慈ムジナ著 小学館 (ガガガ文庫)
【要旨】僕は四ノ宮優斗。高校生にしては立派な大人だ。ある日出会ったのは、中学生にしか見えない年下寮母の九段下である。あれよあれよと、彼女の学生寮に住むことになったのだが―。「これからは私があなたのおかーさんです♪」え！「おかーさん」呼びを強要してくる。しかもそれだけじゃない。「おかーさんの胸で甘えてくださいね？」…だから、自立した大人は年下の女の子に甘えたりしないんだって！頼るから帰ってきてくれる僕の平穏な生活！甘やかしたがり年下寮母と人生お疲れ高校生が織りなす新感覚ラブコメ爆誕！
2017.11 276p A6 ¥593 ①978-4-09-451707-1

◆**カチコミかけたら異世界でした―最強勇者パーティーは任侠一家!?** イマーム著 SBクリエイティブ (GA文庫)
【要旨】カチコミの最中だった獣太たち閃極組の一行は、女神アステアによって異世界へと召喚されてしまう。元の世界へ帰せとキレる獣太だったが、ポンコツ女神さまは勇者召喚で力を使い果たしてしまっていた。「うぇ…、ごめんなさい。魔王を倒してくれれば私の力も復活します」そう聞いた獣太ら一行は、さっそく魔王討伐に乗り出すのだった。魔族に対しては凶暴＆残忍で容赦ないが、蹂躙される民衆を救い、人々を鼓舞して闘争心をむき出し、魔王軍も泣いて逃げ出す極道一家の異世界ファンタジー冒険譚。ここに開幕！
2017.7 293p A6 ¥610 ①978-4-7973-9312-5

◆**嘘つきみーくんと壊れたまーちゃん 11 ××の彼方は愛** 入間人間著 KADOKAWA (電撃文庫)
【要旨】これは終わったの物語。夢と人生を食いつぶされたそれからのお話。「みーくん」と「まーちゃん」のその後と彼らの子供たちの運命―。
2017.6 243p A6 ¥570 ①978-4-04-892948-6

◆**きっと彼女は神様なんかじゃない** 入間人間著 KADOKAWA (メディアワークス文庫)
【要旨】『人は水の中でも、空の向こうでも息苦しくて生きられない。大地を愛せ』それが現在に至るまで受け継がれた部族の教え。だけどわたしは海を愛した。集落の嫌われ者なわたしは生け贄となって、海の底に沈む神の岩へ向かう。そこで出会ったのは、長い眠りから覚めたばかりの自称神様だった。「私はあなたと旅に出たい。ずっと遠くに行きたい。この世界で、生きていたい」独りぼっちの少女と、無知な神様の少女

の、ガール・ミーツ・ガール、ストーリー。

◆少女妄想中。　入間人間著　KADOKAWA
（メディアワークス文庫）
【要旨】いつも背中を追いかけていた、あの人への『憧れ』。夢の中で一緒に過ごした、海辺でのあの子との『友情』。傷つけてしまった人に、伝えられていない内緒の『想い』。私の好きな人は、私以外の人も好きなのだろうか。たくさんの人と物の中で、その女の子を好きになっただけ。自分の気持ちが恋なのかどうか、分からないし、確かめることもできない。そんなもどかしい想いを描く、少女たちの可憐な物語。

2017.12 299p A6 ¥610 ①978-4-04-892757-4

◆もうひとつの命　入間人間著
KADOKAWA（メディアワークス文庫）
【要旨】あの頃の僕らはまだたくさんの高いものに世界を囲まれて、息苦しさを覚えていた。自由に走り回っているようで、ふと気づくと自分がどこにも行けないような気がして焦り、苛立ち、空を仰いでいた。僕らが『魔女』に出会ったのは、そんなときだった。あれから数年、自殺したはずの親友が突如地を返った。思い返すのは、例の魔女のこと。あの場に居合わせた僕ら六人は、どうやら命をひとつ分だけ持っているらしい。一度だけ復活できる。なら命ひとつ犠牲にして、僕らに何が成し遂げられるだろう。

2017.12 267p A6 ¥610 ①978-4-04-893608-8

◆キラプリおじさんと幼女先輩　岩沢藍著
KADOKAWA　（電撃文庫）
【要旨】女児向けアイドルアーケードゲーム「キラプリ」に情熱を注ぐ、高校生・黒崎翔吾。親子連れに白い目を向けられながらも、彼が努力の末に勝ち取った地元トッププランカーの座は、突如現れた小学生・新島千鶴に奪われてしまう。「俺の庭を荒らしやがって」「なにか文句ある？」田舎のスーパーのゲームコーナーに設置された、一台の「キラプリ」筐体のプレイ権を賭けて対立する翔吾と千鶴。そんな二人に最大の試練が。今度のイベントは「おともだち」が鍵を握る…!?クリスマス限定アイテムを巡って巻き起こる俺と幼女先輩の激レアラブコメ！第23回電撃小説大賞『銀賞』受賞作!!

2017.3 315p A6 ¥630 ①978-4-04-892670-6

◆キラプリおじさんと幼女先輩2　岩沢藍著　KADOKAWA　（電撃文庫）
【要旨】「今日こそ勝つ…てねぇぇぇ！」「私のコーデを勉強してあげる、2位」女児向けアーケードゲーム「キラプリ」に情熱を注ぐ高校生・黒崎翔吾と小学生の新島千鶴。そんな二人の前に凄腕のキラプリプレイヤーあらわる!?「アタシはめちゃカワ★JSアイドル美咲丘戸華！」翔吾にますますロリコン疑惑が掛けられる中、全国のアミューズメント施設と連動した、「キラプリ」初の大型イベントが開催！翔吾はこのイベントを利用して、千鶴に友達を作ってあげようと奔走するのだが…。夢いっぱいの遊園地を舞台に、もどかしくも熱い物語が再び！

2017.8 315p A6 ¥630 ①978-4-04-893273-8

◆キラプリおじさんと幼女先輩3　岩沢藍著　KADOKAWA　（電撃文庫）
【要旨】「今日から二人で、共同生活をしてもらいます♪」プレイヤーの頂点を決める全国キラプリ大会の地区予選がいよいよ開幕！希望に胸を膨らませて博多の予選会場に臨んだ翔吾と千鶴。しかし、二人の前に九州最強の幼女先輩が立ちはだかる！翔吾と千鶴は「協力モード」ペア枠での出場に望みをかけるが、プライドが邪魔してか噛み合わず…。そんな二人を見かねた「おくわくちゃん」の店員、會田さんの導きで、アイドル養成所で同棲生活をすることに!?さらに千鶴の口から衝撃の告白が！二人は最大の試練を乗り越えることが出来るのか—？

2017.12 323p A6 ¥690 ①978-4-04-893522-7

◆アイドル稼業、はじめました！　岩関昂道著　KADOKAWA　（電撃文庫）
【要旨】おれが好きになった女の子、瀬戸あおいは、映画やドラマで大活躍している人気若手女優だ。くりっとした大きな瞳、小ぶりで高い鼻、桜色で艶やかな唇、雪のように白い肌。そして絹のように柔らかい長髪。そう、彼女は完璧なんだ。彼女に会うために、おれは芸能界に入る。立派な俳優になって、あの娘の前に立ち、プロポーズする。そう決めたんだ。…なのに、なぜおれは女子アイドルグループの一員としてミニスカートをはきこなし踊っているんだ？女性アイドルとして活躍するクソ真面目な少年を描く、ガール(？)・ミーツ・ガール、ストーリー！！

2017.4 335p A6 ¥630 ①978-4-04-892823-6

◆手のひらの恋と世界の王の娘たち　2　岩田洋季著　KADOKAWA　（電撃文庫）
【要旨】美哉、激震!?学園で開かれる、羊子主宰の舞踏会に、彼女の父である"第二世界の王"がやってくる。「第六回H&M会総略会議開始でーわーっ」2人のラブを猛アピールして、親公認カップルにすべく、全力でハッスルするH&M会だったが、なぜか羊子派と美哉派とで内部分裂してしまい—。万が一にも帝太子の逆鱗に触れ、美哉が学園を「クビ」になったら一大事！ということで、2人の将来のためにも、美哉は羊子の部屋を出ることを決意する。入学以来、初となる別居生活。愛情成分激減でヨロヨロ状態の羊子をよそに、美哉は他の王の娘たちの部屋にお泊まりすることになって…!?

2017.7 279p A6 ¥610 ①978-4-04-893246-2

◆トカゲといっしょ　1　岩舘野良猫著　双葉社　（モンスター文庫）
【要旨】就職活動中に異世界に転生した間繁は、偶然拾った卵から生まれたトカゲの「バジル」と一心同体となり、言葉も通じない世界で孤独なサバイバル生活を続けていた。ようやく意思疎通のできる生き物が現れたかと思いきや、それは人間の女性やエルフを誘拐し凌辱する犬header人の集団で…。トカゲと一緒にモンスターに立ち向かう！「小説家になろう」発、大人気ダークファンタジー、第一弾！

2017.11 303p A6 ¥611 ①978-4-575-75164-2

◆御曹司さまの言いなりなんてっ！　岩長咲耶著　スターツ出版　（ベリーズ文庫）
【要旨】27歳の成実は、大企業の面接で御曹司の直哉に即採用されてしまう。そのまま彼のプロジェクトに加えられると「俺のそばを離れるな」と、謎の発言があって…!?以来、彼はイジワルにからかいながらも甘い言葉を囁き、社員の前では「俺の大事な人」と公言！しかも何やら時々何かを言いたげに熱い眼差しを向けてくる。一体どうして!?実は翻弄されるけど、二人には直哉だけが知る甘い秘密があって…。

2017.6 361p A6 ¥640 ①978-4-8137-0266-5

◆魔導少女に転生した俺の双剣が有能すぎる　2　岩波零著　KADOKAWA　（MF文庫J）
【要旨】異世界に転生した勇翔は、魔導少女になった双剣とともに魔法学校に入学し、魔法闘技大会の学校代表になった。このまま勝ち進んで世界一になれば、自分を殺した仇と再戦できる！ところが一回戦の相手がモーリエ魔法女学校のライラという人魚に決まると、海を前にした陽奈と月華は「あたしたち錆びちゃうかも！」と心配しだす。さらに勇翔は、ライラの姉で仇の妹でもあるレイナから弟子入りをせがまれて—「私を奴隷のように扱ってかまいませんから、一緒にあのクソ兄貴を殺しましょう！」海で水着でも喜んでばかりはいられない、異世界魔法学園ライフ第2弾！

2017.7 263p A6 ¥580 ①978-4-04-069149-1

◆魔導少女に転生した俺の双剣が有能すぎる　3　岩波零著　KADOKAWA　（MF文庫J）
【要旨】異世界に転生した勇翔は、魔導少女になった双剣とともに魔法学校の代表として魔闘会を勝ち進む。次に対戦する学校は、火山の真上に浮かびイグニフェール魔法学院。その火山にある温泉には様々な魔法的効能があると聞き、みんなで調べて回るが、性別が入れ替わる服が消滅したり変なことが次々起きて大騒ぎになる。そんなとき、勇翔を訪ねてきた男が「オレも"人体生成"が使える」と言い出して、陽奈と月華の正体がバレるかもしれない状況に!?混浴だからって喜んでばかりはいられない、異世界魔法学園ライフ第3弾！

2017.7 263p A6 ¥580 ①978-4-04-069344-6

◆ポーション、わが身を助ける　4　岩船晶著　主婦の友社　（ヒーロー文庫）
【要旨】バロウの手がかりを求め、ロレンツィを訪ねてシッカへ向かったカエデとカルデノ。だが、ロレンツィにバロウの心当たりはなかった。気落ちするカエデだったが、偶然訪ねてきた兄弟子リタチスタにより、バロウの情報を得る。リタチスタに協力してもらいながら手がかりを調べたが、バロウの姿はなかった。バロウが残した覚え書きにリタチスタは疑問を持った。リタチスタが知るバロウの研究と覚え書きの内容に差異があった。一方でカエデ達はカフカへ。だが、国を渡るためには自分の魔力を使った旅券が必要だった。カエデに旅券は存在しない。旅券を手に入れるための条件とは…!?

2017.9 286p A6 ¥600 ①978-4-07-427365-2

◆中目黒リバーエッジハウス—ワケありだらけのシェアオフィス はじまりの春　岩本薫著　集英社　（集英社オレンジ文庫）
【要旨】青森から上京した哲太は憧れのクリエイター職に就いたが、ブラックぶりに追い詰められ、好きな女性に醜態をさらし一限界を迎えてドロップアウト。人生に行き詰まり、クリエイターを目指そうとがむしゃらに次の夢を探すうちに、中目黒のシェアオフィスに辿り着く。そこでインテリアデザイナーの杏や料理研究家の千奈美と組み、カフェをプロデュースすることに…!?

2017.3 270p A6 ¥590 ①978-4-08-680126-3

◆エディター！—編集ガールの取材手帖　上倉えり著　KADOKAWA　（富士見L文庫）
【要旨】アイドルのゴシップに、未解決の通り魔事件—伝説的なスクープを連発してきた『週刊永冬』編集部。そこに配属された新米社員の上原岬を待っていたのは、過酷でゲスな激務だった！腹黒上司の広瀬とともに、夜な夜な有名人のプライベートを追いかける毎日。グラビアのモザイク処理にダメ出しされまくり、メンヘラ作家をなだめすかして、徹夜校正を課せられる作業……。さらには、アイドルグループHDB48の特大スキャンダルが編集部に暗雲をもたらして—!?辛くてもがんばる編集ガールの、なりふりかまわぬお仕事小説！富士見ラノベ文芸大賞金賞受賞作。

2017.7 275p A6 ¥600 ①978-4-04-072355-6

◆新妹魔王の契約者（テスタメント）　10　上栖綴人著　KADOKAWA　（角川スニーカー文庫）
【要旨】「行こう。あの人を—斯波さんを止めに」それは、この世界で静かに始まった絶望へのカウントダウン—。勇者の一族が生み出した禁忌の存在、斯波恭一。『四神』を奪い去った斯波の計画とは、勇者の一族の『闇』を炙り出し、人間界・魔界・神界のバランスをも崩すものだった。斯波の後を追う刃更達の行く手を阻む『四神』。そして想像を遙かに上回る斯波の力の前に打つ手を見出せず—。東京全土を巻き込んだ大決戦が幕を開ける!!

2017.2 367p A6 ¥660 ①978-4-04-103748-5

◆新妹魔王の契約者（テスタメント）　11　上栖綴人著　KADOKAWA　（角川スニーカー文庫）
【要旨】最後まで結ばれる事で至った主従の誓約と、五行の相生を経て、再び斯波恭一との戦いに臨む刃更達。しかし、待ち受ける斯波もまた『四神』や『黄龍』の他にも、更なる存在を呼び出しており、全てを懸けた激突が最終局面を迎えてもなお、不気味に笑い続ける—。激しい死闘が繰り広げられる中、未来を見据えた刃更が下す最後の決断とは—!?

2017.11 435p A6 ¥700 ①978-4-04-105173-3

◆探偵太宰治　上野歩著　文芸社　（文芸社文庫NEO）
【要旨】"あわいの館"を訪れた津島修治（太宰治）は、次々と行方不明事件を解決するが、同時に自分の中の大切な何かを失っていく。それでも、周囲の期待に応えようと奔走する修治だったが、期待するだけに問題ばかりが起こる。心機一転、作家としての成功を目論み、難事件の解決に乗り出すが……。繰り返し立ちながら人々を惹きつける太宰の魅力とは何か。探偵として行動する中で、人間・太宰治の真の魅力に迫る異色の青春物語。

2017.7 324p A6 ¥640 ①978-4-286-18675-7

◆うちの聖女さまは腹黒すぎるだろ。　上野遊著　KADOKAWA　（電撃文庫）
【要旨】落ちこぼれ騎士志望のカイが採用されたのは、辺境の国ブラウファルト聖王国。代々清らかな聖女が治めるこの地で、「聖女様の騎士になれる！」と心踊るカイ。しかしそこで待ち受けていたのは天使、中身は悪魔な『ブラック聖女』のフローラ姫だった！「お前の仕事は金儲けだ。余の小遣いを稼げ！」フローラの命令で金策に走るカイだが、特産品を作るため飛竜を狩って字を取れだとか、温泉を探して観光地を作れだとか、無茶振りの嵐。姫様ラブなメイドのリーリャも厄介で、果たしてカイは念願の騎士になれるのか!?ブラック聖女と半熟騎士の、おしごとファンタジー開幕！

2017.12 311p A6 ¥630 ①978-4-04-893515-9

◆たのしい傭兵団　1　上宮将徳著　主婦の友社　（プライムノベルス）
【要旨】「傭兵」。その勇ましい呼称とは裏腹に、この時代において最底辺とされる職業である。世界最高峰の教育機関である王立大学院の学生、ウィラード・シャマリ。将来の高級官僚、宰相

ヤング・アダルト小説

◆**たのしい傭兵団 2** 上倉将徳著　主婦の友社（プライムノベルス）
【要旨】いくつもの仕事をやり遂げ、山猫傭兵団の事務長として認められたウィラード。しかし王立大学院に戻るのは遠い未来の話で、先の任務の影響は隣国パンジャリーを二分する事態にまで発展していた。プロンダート殿下の配下、リリアレットが貝殻亭を訪れてきた。「戦いはすぐそこに迫っている」。軍資金とともに、山猫傭兵団は王太子陣営への参陣とビムラの傭兵の取りまとめが要請される。団長の安請け合いから丸投げされた仕事をこなし、ようやく漕ぎつけた出発前の壮行会。用意されたご馳走に沸き立つ団員たち。そこに侯爵家の三男坊を名乗る珍客、ディデューンが現れた。
2017.7 319p B6 ¥990 ①978-4-07-423700-5

◆**たのしい傭兵団** 上倉将徳著　主婦の友社（プライムノベルス）
【要旨】隣国パンジャリーの内戦によって大きな功績を挙げたウィラード。その才能は山猫傭兵団の内部より、むしろ外でこそ評価されつつあった。かつての強敵、火神傭兵団が引き抜きを企て、女傭兵ミュアネスが派遣されてきた。彼女の存在はモテない団員たちの嫉妬を煽り、ウィラードの団内での立場を悪くさせていた。戦争の影響はビムラの町にも波及し、負け組についた傭兵団の多くが解散の危機に瀕していた。傭兵たちが所属先を失うことを憂慮した傭兵ギルドのソムデンは、山猫傭兵団に対して新入団員の受け入れを要請する。「ウィラードさん、あなたの今、自分で思っている以上に重要人物ですよ」。
2017.10 303p B6 ¥1100 ①978-4-07-426006-5

◆**喫茶『猫の木』の日常。―猫マスターと初恋レモネード** 植原翠著　マイナビ出版（ファン文庫）
【要旨】静岡県の海辺、あさぎ町には世にも不思議なレトロ喫茶店『猫の木』がある。なんと店主・片倉が猫のかぶり物を被っているのだ。転勤でこの町にやってきた、恋愛オクテ女子・有清夏梅はそこの常連だが、あるとき マスターに猫断ちを提案し…？ 一風変わったマスター×悩める OL×リアル猫・ニャー介が繰り広げる、優しい街の癒し系、ほっこりライフ。小説投稿サイト「エブリスタ」の大人気作、待望のシリーズ化。
2017.4 251p A6 ¥647 ①978-4-8399-6319-4

◆**喫茶『猫の木』の秘密。―猫マスターの思い出アップルパイ** 植原翠著　マイナビ出版（ファン文庫）
【要旨】静岡県の海辺、あさぎ町にある喫茶店『猫の木』。そこには一風変わった風変わりなマスターがいる。恋愛不精の OL・夏梅は、二年間通い続ける常連だが、彼の素顔はいまだ知らない。そんなある日、久々に彼が猫を抱いて欲しいと店を訪れる―。猫頭マスターと夏梅のジレジレ恋がいよいよ動き出す!? そして、猫のかぶり物に隠された秘密とは!? 大人気シリーズついに完結。
2017.9 265p A6 ¥647 ①978-4-8399-6447-4

◆**クマのあたりまえ** 魚住直子著　ポプラ社（ポプラ文庫ピュアフル）
【要旨】「死んだように生きるのは、意味がないと思ったんだ」というクマの子「生きる」とはを主人公に「生きること」を考えさせる動物たちを主人公に、不器用で、けなげで、一生懸命生きている動物たちを主人公に「生きること」を考えさせる九つの物語。やさしい語り口とあたたかな目線で、そっと寄り添い、心にひとすじの風を通してくれるような作品集。文庫書き下ろし「たいそう立派なリス」、「聞いてくれますか」の二編を新たに収録。
2017.4 173p A6 ¥580 ①978-4-591-15570-7

◆**フェンリルの鎖 1** うかれ猫著　ホビージャパン（HJ文庫）
【要旨】様々な奇跡を起こすことができる『神々の遺産』を求めて旅をしている少年・カッピ。立ち寄ったエムール王国で彼が手に入れたのは、エムール王国のお姫様・エフだった！ 高値で売り飛ばそうとエフを保護して、共に旅をすることになったカッピだったが、旅を続けていく

うちに世間を知り成長していくエフとの間には絆が育まれていく。少年の野望と、世間知らずなお姫様の凸凹な二人が『神々の遺産』を巡って冒険する、王道バトルファンタジーここに開幕！！
2017.5 287p A6 ¥619 ①978-4-7986-1433-5

◆**最新のゲームは凄すぎだろ 6** 浮世草子著　主婦の友社（ヒーロー文庫）
【要旨】人の魂を生贄にし、世界の理を捻じ曲げる秘術を悪用している魔物たち。そのことを知ったケイオスは秘術の発動を阻むため教会と協力する。魔物の脅威に対して、同盟を結んだ三国は連合軍を結成し、新たに設けられた駐屯地で魔物の侵攻を防ぎ、北にある魔物の拠点を突き止めるため探索部隊を派遣した。ケイオスは駐屯地で周辺の魔物の討伐を行っているが大規模な魔物の侵攻の兆候はなく一時の平和が訪れていた。そんな中ケイオスはアレクシアがヴァイクセル帝国の皇帝ヴィクトルと結婚する噂が流れていることを耳にする。自分の想いに悩むケイオス。悩んだ末に彼が出した答えとは。大人気異世界ファンタジーついに完結！
2017.10 350p A6 ¥620 ①978-4-07-427916-6

◆**再臨勇者の復讐譚―勇者やめて元魔王と組みます 3** 斧咲うさぎ著　双葉社（モンスター文庫）
【要旨】かつての仲間に復讐するため元魔王の少女・エルフィスザークとともに復讐の旅を始めた元勇者の天月伊織。彼は信じていた仲間達に殺された記憶に苦しめられながら、自分を裏切った相手を地獄へ落としていく。次の復讐対象は、狡猾な鬼族のディオニス。だが、本来の力を取り戻しきれていない2人は絶体絶命の危機に陥り、エルフィはディオニスに取引を持ちかけられる。「どちらと組むのが利口なのか、君に教え込んであげるよ」。伊織は再び裏切られるのか。「小説家になろう」発、大人気復讐ファンタジー第三弾！ 書き下ろし短編では、伊織と出会う直前のエルフィの過去が明かされる!!
2017.4 279p A6 ¥593 ①978-4-575-75130-7

◆**再臨勇者の復讐譚―勇者やめて元魔王と組みます 4** 斧咲うさぎ著　双葉社（モンスター文庫）
【要旨】「―ボクは災いを呼んじゃうからさ」。次なる復讐対象を追って、聖都シュメルツを訪れた伊織とエルフィ。偶然出会ったはずの謎の少女は、自らを「災いを呼ぶ存在」だと告げた。すぐに聖都を立ち去った方がいいという少女の警告を無視し、復讐対象である錬金術師夫婦を狙う二人だが、新たに「英雄アマツ」の亡霊が現れ―!? クズに復讐してスッキリすることで話題の、「小説家になろう」発大人気復讐ファンタジー第四弾！
2017.9 382p A6 ¥667 ①978-4-575-75156-7

◆**死にたがりビバップ―Take The Curry Train！** うさぎやすぼん著　KADOKAWA（角川スニーカー文庫）
【要旨】第22回スニーカー大賞「特別賞」受賞作！「生きる意味がない」と嘆く完璧主義者は、納得いく死に場所を求め寝台特急ボンディ♪に乗車する。もはや余生を謳歌する、穏やかな旅になる―はずだった。酔いどれの旧友、メイドに扮した麻薬捜査官、ギャングの可憐な跡取り娘、爆弾をまとう元恋人…旅は道連れ、ギャングも乗り込み銃弾飛び交うバカ騒ぎが突入する!?不器用な自殺志願者たちの奏でる、熱烈な群像劇を召し上がれ。
2017.8 297p A6 ¥620 ①978-4-04-106029-2

◆**田舎のホームセンター男の自由な異世界生活 1** うさぴょん著　KADOKAWA（MF ブックス）
【要旨】独身彼女なし36歳のとあるホームセンター職員のマサルは、ある日、神様同士の賭けのせいで異世界に飛ばされてしまう。が女神さまから付与されたのは生産スキルと肉体強化のみ。異世界でDIYしながら、マサルの自由な異世界生活が始まる！ 異世界の楽しさが詰まった、モノづくりファンタジー開幕！
2017.10 307p B6 ¥1200 ①978-4-04-069466-5

◆**頬にサヨナラのキスを 1** 宇佐美月明著　パラダイム（レジーナブックス）
【要旨】実の妹に婚約者を奪われた侯爵令嬢のレオノーラは、妹の婚約者だったアルウィンと代わりに結婚する。彼の中に妹への想いが残っていると感じたレオノーラは、それぞれの未来を守るため、アルウィンのもとを去る決意をする。「愛していただけなのに…こんなわたし、貴方に見せたくない」聡明で美しい侯爵令

嬢と本心を明かせない公爵子息のドラマチックラブストーリー第一弾！
2017.4 286p B6 ¥1200 ①978-4-8015-2406-4

◆**岡本くんの愛し方** 宇佐南美恋夢著　スターツ出版（ケータイ小説文庫―野いちご）
【要旨】高校生のすずは、親の都合で知り合いの家に居候することに。家を訪ねると、そこにいたのは同級生の岡本くんだった！ 意地悪で毒舌な岡本くんにとまどいつつも、少しずつふたりの距離は近づいていく。ある日、サッカー部の園田先輩に告白されたすず。そのことを知った岡本くんはなぜか不機嫌で…。ドキドキの同居生活、どうなる？ 文庫だけの番外編つき！
2017.8 297p A6 ¥1200 ①978-4-8137-0304-4

◆**なんか、妹の部屋にダンジョンが出来たんですが 1** 薄味メロン著　アース・スターエンターテイメント、泰文堂発売（アース・スターノベル）
【要旨】「みにゃぁーーーー!!!!」突如、家じゅうに響きわたる妹・美雪の大絶叫。いつの間にか地下に続く穴、そして、大切な人（妹）を守るためにはモンスターハントにいくっきゃない！ 妹を守る兄の前に飛び出すのはスライム？ ゾンビ？ ドラゴン？ それとも…!? 魔物を狩りに異界に降り立つ兄と妹の青春アドヴェンチャー・ストーリー。
2017.8 297p A6 ¥1200 ①978-4-8030-1085-5

◆**訳あり悪役令嬢は、婚約破棄後の人生を自由に生きる** 卯月みつび著　アルファポリス、星雲社発売（レジーナブックス）
【要旨】とある理由により、王子との婚約解消を目指してあれこれ画策していた公爵令嬢レティシア。そんな努力が実を結び、王子から見事（？）婚約破棄を言い渡された直後…なんと国王が倒れてしまった！ その拍子に蘇ったのは、看護師として働いていた前世の記憶。レティシアはかつての知識をフル動員して国王の命を救ったのだった。婚約破棄と国王救命で国中の人々の中心となった彼女だけど、今世ではゆっくりまったり過ごすべく、田舎暮らしをスタート。大好きなお酒を飲みながら、のんびり過ごしていたところ、どういうわけか、次から次へと事件が舞い込みはじめて―のんべんくだりが世の中は夢じゃ!? ものぐさ令嬢、自由と怠惰を求めて奔走中！
2017.12 292p B6 ¥1200 ①978-4-434-24009-6

◆**正しいセカイの終わらせ方―黒衣の剣士、東京に現る** 兎月山羊著　KADOKAWA（電撃文庫）
【要旨】「最高機密の情報が誰かの手によってハッキングされ、この学校に流された」私立聖果高校の全生徒＆職員が体育館に集められた中、多くの刑事を従えて、雛森キョウコは驚くべき真実を語る。「まもなく地球の文明は消滅する。これが世間に知られればパニックだ。だから君を生かしておくわけにはいかない」語り終えた雛森の合図で、短機関銃による斉射が始まった。閉鎖された体育館はたちまち地獄へと変わっていく。その中で、高校一年の赤咲カナミは、髑髏の面をかぶった男を目にする―。世界の終末に現れた男は果たして悪魔か、救世主か？
2017.6 340p A6 ¥630 ①978-4-04-892946-2

◆**がんばりすぎなあなたにご褒美を！―堕落勇者は頑張らない** 兎月竜之介著　KADOKAWA（MF文庫J）
【要旨】「勇者なんてやめだ！ 俺は自由だっ！」魔王を倒した俺、ウィルは、『模範的英雄』としての窮屈な生活が嫌になって、大勢の人の前でこう叫んで逃げ出した。途中、山道で倒れた俺を助けてくれた少女・アイリスにせがまれて、彼女のパパと一緒にのんびり暮らすことにしたんだが…なんと、アイリスに「働くの禁止！ がんばるの禁止！」と言われてしまった！ さて、俺は一体なにをして過ごせばいいんだろう。頑張らないように頑張れば良いのか？…まぁ、今まで頑張りすぎてたし休んでも良いか。そうだな、たとえ世界が滅びても、俺は二度と頑張らないぞ！
2017.7 263p A6 ¥580 ①978-4-04-069349-1

◆**歌姫島（ディーヴァアイランド）の支配人候補** 兎月竜之介著　KADOKAWA（NOVEL ZERO）
【要旨】高級劇場に所属し、その美貌と才能で世界中の男を魅了する歌姫。彼女たちを管理するマネージャー・野崎拡哉は、自身の担当するトップ・ディーヴァ、ユキに相応しい男になるべく、日夜仕事に邁進していた。そんな彼の元に、ある日「自分をトップ・ディーヴァにしろ」と訴

える美少女・スカーレットが現れる。強い意志を宿したスカーレットの瞳に触発された忠哉は、彼女をトップ・ディーヴァに育てるため担当として名乗りを上げ、さらに自身も高級劇場の支配人を目指すと宣言する。そのために、自身の担当する3人のディーヴァ、"処女雪"ユキ、"猫晴石"マオマオ、"月下美人"ハルカの問題を解決するべく行動を起こすのだが——。世界一の歌姫と歌姫見習いの美少女。二人を支える支配人候補の物語。
2017.4 353p A6 ¥680 ①978-4-04-256053-1

◆21グラムの恋　太秦あを著　三交社（スカイハイ文庫）
【要旨】宮下凪月、高校二年生。楽しい毎日を送っているある日、親友と憧れの先輩の弓道の試合を観に行った凪月は、黒ずくめの美青年に目を奪われるが、誰かはわからなかった。だが文化祭の日、凪月は意識を失い、急遽入院し、そこで絶望的な病名を告げられる。苦しむ凪月だが、誰も入れないはずの病室で青年に再会する。彼はトワといい、自身を「死の間際に見える存在」だと言った。凪月は迫る命の期限を感じながらも、どんな時も優しく受け入れてくれるトワに次第に惹かれていく。
2017.6 301p A6 ¥680 ①978-4-87919-197-7

◆異世界は幸せ（テンプレ）に満ち溢れている　2　羽智遊紀著　TOブックス
【要旨】牛人討伐の功績を讃えられ町の英雄騎士となった亮二は、ポーションを作ったり、スイーツ革命を起こしてみたり、新キャラであるお姫様のハートを射止めたりなど、異世界もののテンプレイベントをこなすのに大忙し！ しかも豪華な屋敷まで進呈されて、ヒロインたちがメイドとしてついてくるというお約束ぶり。美少女達のメイド姿にいは心躍った亮二は、ありあまる財産で超セレブやプロポーズを連発して、世間を騒がせていくのだった。一今回も亮二がノリと勢いで異世界をフリーダムに駆け巡る！ 書き下ろし短編も収録！
2017.5 243p B6 ¥1296 ①978-4-86472-566-8

◆異世界は幸せ（テンプレ）に満ち溢れている　3　羽智遊紀著　TOブックス
【要旨】カレナリエンとメルタのダブル嫁取りに成功し、人生バラ色の亮二。本当は領主の命令で王立魔術学院に入学するべく、旅立つことに。道中次々とトラブルに巻き込まれるも、圧倒的チート能力で即解決！ あまりの規格外ぶりに国の有力者たちのスカウト合戦は激化し、亮二はいつの間にか国内の政治的均衡を破壊していた！ だが、そんなことなどお構いなしに、彼は異世界の学園生活をエンジョイしていく！ ツッコミ担当キャラ・マルコのアオハルな過去を紐解く短編も収録！
2017.12 335p B6 ¥1296 ①978-4-86472-630-6

◆異世界チート魔術師（マジシャン）　6　内田健著　主婦の友社（ヒーロー文庫）
【要旨】エリステイン魔法王国の国王と王弟が争った内乱から三か月が過ぎた。太一たちは、冒険者らしい日々を送っていた。盗賊退治、魔物の討伐、そして旅。太一たちは観光目的でガルゲン帝国を目指して旅立つ。途中で立ち寄ったエリステイン第二の都市シーヤックで出会った宿屋を経営する夫妻は、とある商人から嫌がらせを受けているという。夫妻の人柄に惚れ込んだ太一たちは夫妻を助けることになったのだが——。
2017.7 350p A6 ¥620 ①978-4-07-426236-6

◆異世界チート魔術師（マジシャン）　7　内田健著　主婦の友社（ヒーロー文庫）
【要旨】観光目的で入国したガルゲン帝国。目指すは帝都ガルゲナ。旅路の最後の休息地として立ち寄ったファムテームで、太一たちは四人のエルフに出会う。エルフたちは、この地で頻発する地震を止めるためにやってきて、太一たちにその手助けをしてほしいと依頼をしてきた。地震の原因とは、なんと—。
2018.1 382p A6 ¥640 ①978-4-07-429080-2

◆機甲狩竜（パンツァーヤクト）のファンタジア　2　内田弘樹著　KADOKAWA（富士見ファンタジア文庫）
【要旨】旧文明の遺物『V号戦車パンター』で人類の天敵『竜』を撃つ『機甲狩竜師』を目指すトウヤたちに下された新たな任務。それは森に棲むエルフたちと協力し、王魔種バハムートが棲む未踏の遺跡『雲海の塔』の調査だった。任務のさなか、未知の戦車を操るエルフたちと出会い、バハムートの謎に触れる中、一人の少女の巡まわしき過去が呼び起こされていく。「どうして、あたしを殺してくれなかったの…！」と徐々に明らかになっていく世界の真実と、変

わりゆくトウヤと少女たちの絆。戦況は新たな局面へと突入していく！
2017.2 334p A6 ¥620 ①978-4-04-070998-7

◆機甲狩竜（パンツァーヤクト）のファンタジア　3　内田弘樹著　KADOKAWA（富士見ファンタジア文庫）
【要旨】『雲海の塔』の激闘を経て、より強固な絆を得た5号戦車パンターの乗員たち。それと同時に、女騎士・シェルツェをはじめとする少女たちは、トウヤへの好意を自覚しはじめていた。そんな彼女たちの前に、シェルツェのライバル（自称）のアンリが、新戦車『ケーニヒス・ティーガー』と共に立ちはだかる。その一方で、モンスターの大軍が王都に向けて進攻中との情報も入ってきて——。絆と戦術で戦車を駆る少女たちの機甲幻想譚、決戦の時は今！
2017.6 307p A6 ¥660 ①978-4-04-072331-0

◆侍女に求婚はご法度です！　内野月化著　アルファポリス、星雲社　発売　（レジーナ文庫）
【要旨】失恋を引きずりながらも懸命に働く、王宮の侍女クレア。王太子や侍女仲間をするその側近たちに囲まれ、穏やかで楽しい毎日を過ごしていた一はずだった。王太子フレドリックから突然プロポーズされてしまう！ 断固拒否するクレアだったが、彼の真っ直ぐで不器用なアプローチに心を惹かれていく。しかしそんななか、「王太子にこれ以上近づくな」と警告する人物が現れて——？ 個性的な面々が繰り広げる不思議な恋愛ファンタジー！ 文庫だけの書き下ろし番外編も収録！
2017.7 379p A6 ¥640 ①978-4-434-23487-3

◆あんたなんかと付き合えるわけないじゃん！ ムリ！ ムリ！ 大好き！　内堀優一著　ホビージャパン（HJ文庫）
【要旨】高校入学から数ヶ月。大貫悟郎はその日、長いこと片思いをしていた幼なじみの美少女・杉崎小春に告白した。「小春！好きだ！俺と付き合ってはくれないだろうか！？」「いや、無理ですから」この一言であえなく玉砕！ さらに小春は何を思ったのか悟郎に、「悟郎、あんた彼女作りなさいよ」とムチャぶってきて!? 両思いなのに付き合えない!? 一途過ぎる少年と本当は彼のことが大好きな彼女の、どうしようもない青春大暴走ラブコメ開幕！
2017.9 291p A6 ¥638 ①978-4-7986-1520-2

◆新宿コネクティブ　1　内堀優一著　ホビージャパン（HJ文庫）
【要旨】新宿に複数存在する、おかしな都市伝説。その中のひとつである "依頼遂行率100％の何でも屋" に下宿している男子高校生・佐蛹慶介は、今日も家主である蔵原平三郎とともに、新宿で起こる数々の事件解決に奔走していた。とびきり優秀かつ超個性的な新宿の面々に囲まれるが、平凡を自称する慶介。だが、新宿に住む者は皆、口を揃えて言う。一本当に凄いのは、慶介なのだと。人脈の力で人も事件も世界も回す、新宿系エンタメミステリー！
2017.5 286p A6 ¥619 ①978-4-7986-1447-2

◆新宿コネクティブ　2　内堀優一著　ホビージャパン（HJ文庫）
【要旨】新宿の都市伝説にも数えられる "依頼遂行率100％の何でも屋" に下宿＆アルバイトする男子高校生・慶介。美少女アイドルのスキャンダル揉み消しから、新宿の地下鉄に夜な夜な出るという幽霊の捜索まで、今日も慶介のところには様々な依頼が舞い込んでいた。そんな中、慶介は夜の新宿を歩くランドセルを背負った外国人の少女・シャーリィと知り合いになるが——。人脈無双な新宿系エンタメミステリー、激動の第2幕！
2017.10 297p A6 ¥638 ①978-4-7986-1504-2

◆勇者は、奴隷の君は笑え、と言った　内堀優一著　KADOKAWA（NOVEL ZERO）
【要旨】『笑え、おかしくなくても笑えばそのうちおもしろくなってくる』一とある山村で村人たちから奴隷のような扱いを受ける少年ヴィスは、村はずれに住むやたらと明るい男グレンにずっとそう言われ続けてきた。やがて、長き眠りから魔の復活が迫った頃、とある事件からヴィスはグレンがかつて世界を救った勇者だと知る。そして二人は村を出て、世界を周る旅に出発。魔法使いの少女ニーニとの出会い、初めての大きな街、暁森人の住む森でのこと一勇者と旅した時間のすべてが、大切な何かを失った少年を、ひとりの "勇者" に変えていく。これぞ、必読の "男泣きファンタジー" ！
2017.3 353p A6 ¥680 ①978-4-04-256041-8

◆業焰の大魔導士—まだファイアーボールしか使えない魔法使いだけど異世界最強　鬱沢色素著　講談社ラノベ文庫
【要旨】異世界転生の際に最強の魔法使いとなることを望んだ少年ユアン。だが、実際に彼が得た才能は、あらゆる魔法を使いこなす能力一ではなく、ファイアーボールしか使えないものだった！ そんな彼がふとしたきっかけで、故郷の田舎を出て王都の魔法学園に通うことになる。だが、学園長エステラによれば、どうやら彼のファイアーボールはまだ限界を見せていないらしい。そして彼はやがて、ファイアーボールひとつで魔王さえ軽々と倒すような圧倒的な才能を示して、クラスメイトの王女セシリアたちを虜にしていき…!?「今のは禁忌魔法ではない。ファイアーボールだ」ファイアーボールしか使えない少年の無双譚がここに幕を開ける！
2017.12 270p A6 ¥600 ①978-4-06-381637-2

◆俺の立ち位置はココじゃない！　宇津田晴著　小学館（ガガガ文庫）
【要旨】かわいらしい顔と低めの身長が愛らしい少年・須永公平。高校に入り、高校デビューを目論んでいた。ところがどっこい、受かった先の高校で、いかにも王子なイケメン女子・新海光瑠にであってしまう。勝手を彼女をライバル扱いする公平だったが、その彼女もまた、かわいいと思われたいのに王子扱いされてきた、可哀想な過去があり…？ カッコイイ男になりたい「姫系男子」と、可愛い女の子になりたい「王子系女子」。二人の報われない少年少女が織りなす、立場入れ替わり系残念学園ラブコメ!!
2017.11 276p A6 ¥593 ①978-4-09-451708-8

◆いつか恋になる　宇奈月香著　一迅社（メリッサ）
【要旨】男性が苦手な会社員・木下菜は、学生時代の先輩・古賀豊と九年ぶりに再会する。菜はかつて古賀に恋をしていたが、古賀のある言葉で心に傷を負い、男性への恐怖を抱くまでになっていた。反面、菜への思いを募らせ続けていた古賀は、再会に驚く菜を見知らぬ部屋に拘束すると言う。一本当に苦いのは、慶介なのだと。深く、歪んだ愛で身体と心を食っていく。美しく猟奇的な男に囚われる偏執系アブノーマルラブ。
2017.5 333p B6 ¥1200 ①978-4-7580-4945-0

◆天鏡のアルデラミン　12 —ねじ巻き精霊戦記　宇野朴人著　KADOKAWA（電撃文庫）
【要旨】カトヴァーナ帝国、キオカ共和国、そしてラ・サイア・アルデラミンによる三国会談が、いよいよ開幕した。キオカの執政官アリオ・キャクレイや、ラ・サイア・アルデラミンのイエナーシィ・ラプテスマ教皇といった一筋縄でいかない面々に、一見場違いとも思える科学者アナライ・カーンが加わることで、会談は思わぬ方向へと転がっていく。その中で、同行士のイクタとジャンは、まるで子供のように純粋に自分の意見をぶつけあい、激しく火花を散らすのだった——。これまで語られることのなかった世界の謎が、ついに明らかになる衝撃の12巻!!
2017.7 331p A6 ¥630 ①978-4-04-893219-6

◆天鏡のアルデラミン　13 —ねじ巻き精霊戦記　宇野朴人著　KADOKAWA（電撃文庫）
【要旨】ポルミニュエとの結婚が決まり、テトジリチ家とユルグス家の間で起こった悶着に頭を抱えるマシュー。長きにわたった治療が終わり、兵として復帰するハロ。父や兄と共に、新たに心を奪い立たせるトルウェイ。准将という地位に困惑しながらのサザルーフ。独特のやり方でトリスナイ宰相との距離を縮めるヴァッキェ。帝国国民議会を開き、新たな政治を打ち立てようとする女帝シャミーユ。そして、そんな彼ら彼女らを温かく見守りながら、いよいよ動き出すイクタ。カトヴァーナ帝国を正しい未来へと導くために、いよいよ動き出すイクタ。キオカ共和国との決戦を前にした静かな日々は、まもなく終わりを迎える—。
2017.12 235p A6 ¥640 ①978-4-04-893517-3

◆ブラック・メリーゴーランド　叩花かなり著　KADOKAWA（魔法のiらんど文庫）
【要旨】「あんたは18歳の誕生日の夜、橋から飛び降りて死ぬ」ティーン誌の人気モデルをしているしおりは、付き合う彼氏までもを両親から与えられ、がんじがらめの生活に絶望していた。そして、小さな頃、道端の占い師で言われた言葉を信じ、間近に迫った18歳の誕生日までの日々をカウントダウンしていた。そんな時、しおりの心を見透かすような不思議な男・ひばりと出会った。自分にはない "自由" を感じ、危険な匂いを

ヤング・アダルト小説

覚えながらも次第に惹かれていく―。
2017.12 287p A6 ¥690 ①978-4-04-893573-9

◆テスタメントシュピーゲル 3 下　冲方丁著　KADOKAWA　（角川スニーカー文庫）
【要旨】「あたし達は大丈夫だ！真っ直ぐに行くぞ！」涼月の咆哮を合図に、憲兵大隊＋公安高機動隊の特甲児童達は戦火の街・ミリオポリスを駆け抜ける。都市を壊滅の危機に陥れた主犯格＋特甲猟兵達をひとり残らず倒すべく、善きつながりの感覚とともに最終決戦に臨む少女達。やがて迎える終極で、それぞれの背負った力別にも決着のときが訪れる―。6人の機械化少女と、ともに戦った数多の戦士達の物語、ついに感動のフィナーレ!!
2017.7 501p A6 ¥880 ①978-4-04-105181-8

◆天竜川高校竜競部！　郁乃匠著　マイクロマガジン社
【要旨】何かとヘタレな今村心は、高校入学を機にやりたいことを見つけたいと新入生歓迎会に臨む。そこで見たのは「竜競部」のド迫力バイクスタント。バイクに興味を持った心は恐る恐る部の門を叩き、大人びた雰囲気のある美人部長、癒師京子に出会う。京子のバイク熱に巻き込まれるように入部した心と幼なじみの英子。レースエリートの斉藤も加わり、四人で7時間耐久レースに挑むことになるが…始まったのは150万円の部費集めだった!?廃部寸前の竜競部に集まった4人。それぞれの成長を描く物語。
2017.11 351p A6 ¥694 ①978-4-89637-660-9

◆破賢の魔術師 2　うめきうめ著　アルファポリス、星雲社 発売
【要旨】異世界に召喚され、「はけん」なる職業の宣託を受けた元派遣社員の俺―出家旅人。半ば諦め気味に異世界ライフをスタートした俺だったけど、「破賢魔法」というネタみたいな魔法と、偶然出会った賢者ツララのおかげで魔物狩りもサクサク捗り、思いのほか強くなってしまった。…結果、若干目立ちすぎて困ってるけど、討伐報酬で懐も潤ったある日、仲間の一人である戦士ハジクを連れだって、俺は兼ねてから行きたかった異世界カジノを訪れた。試しに打ったパチンコ（的な遊び）で勝利し、元手を十倍に増やしてウハウハしていると、職業「にいと」の少女にカードゲームを挑まれる。ルールは簡単だし問題なさそう。けど、いざゲームを始めてみたら、なんだろうこの違和感…それになんかよく分からないまま賭け金が吊り上がっていくんですけど…この流れ、もしかして俺、カモにされてる？青天井レースに焦る俺と、何やらに怪しげな輩の視線が…。
2017.3 285p B6 ¥1200 ①978-4-434-23137-7

◆破賢の魔術師　うめきうめ著　アルファポリス、星雲社 発売
【要旨】異世界に召喚され、「はけん」なる職業の宣託を受けた元派遣社員の俺―出家旅人。さんざんな目に遭ったカジノ騒動も落ち着き、俺と相棒の賢者ツララは、冒険者として狩りに勤しむ生活に戻っていた。ある日、俺の宿泊する常宿の隣部屋に、かつてダンジョンで遭遇した着物美女ナユ・ハナヤさんが引っ越してきた。曰く、あえて俺の隣部屋に越してきたらしいが、う～ん、俺、彼女になんかしただろうか…かつて天才賢者として名を馳せ、今はお花屋さんという謎の経歴を持つナユさん。一体なぜ、彼女は俺に接触してきたのだろうか。当然、なんか裏があるんでしょうけど…うん、波乱の予感しかない…。
2017.10 297p B6 ¥1200 ①978-4-434-23808-6

◆上倉家のあやかし同居人　見習い鍵守と、ふしぎの蔵のつくも神　梅谷百著　KADOKAWA　（メディアワークス文庫）
【要旨】上倉家の蔵にある様々な付喪神の過去を紐解きながら、その依頼を引き受ける「鍵守」となった結花。新学期が始まり、宏光や環のおかげで転校先の高校にもなんとか馴染んできた。何の部活に入るか悩む結花の前に現れたのは、フルートの付喪神・レイ。誰に対しても冷たいレイにはどうも深い傷があるよう？そして、ついに着物の付喪神・蘇芳の過去、上倉家の成り立ちが明らかに！さらに、相棒・宏光との関係にも進展の兆しが―？
2017.4 281p A6 ¥630 ①978-4-04-892888-5

◆妖怪のご縁結びます。お見合い寺天泣堂　梅谷百著　KADOKAWA　（メディアワークス文庫）
【要旨】人々から恐れられ、あがめられていた妖怪も時は平成、絶滅の危機に瀕していた―。由

緒ある寺の末息子・恵留はある日、父のぎっくり腰で寺が代々請け負っている妖怪の結婚相談を代理で務めることとなる。とはいえ妖怪に関して全く無知で、補佐役の妖怪・白澤のシロにも呆れられる始末。そこで、同じ大学の美人な変わり者・軽井沢小町に助っ人を依頼する。奥手の天狗、強面のデブ猫妖怪、束縛の激しい雪女……一筋縄ではいかない彼らの縁結びはいったいどうなる!?
2017.10 289p A6 ¥610 ①978-4-04-893460-2

◆神殺しの英雄と七つの誓約（エルメンヒルデ） 7　ウメ種著　オーバーラップ　（オーバーラップノベルス）
【要旨】『神殺しの英雄』山田蓮司は、深い因縁を持つ魔王・シェルファを激昂させ、生まれた神・ソルネアと、蓮司の相棒であり神を殺す武器でもあるエルメンヒルデを奪われてしまう。彼女達を取り戻すため、蓮司は十二人の英雄達、そして旅の仲間達に、長く隠していたエルの死を告白し、助けを求めるが―。一方、蓮司を待つシェルファは、ソルネアとエルメンヒルデを吸収した新たなる『神殺し』の巨大なドラゴンを造り、蓮司との再戦を渇望していた。かつてない難敵を前に、はたして蓮司は二人を救うことができるのか―？「俺は、エルメンヒルデと一緒にいる！」と言い張り続ける男の紡ぐ英雄譚、堂々の最終章！書き下ろし番外編「十三人と仲間達の平穏」を収録。
2017.11 368p A6 ¥1200 ①978-4-86554-210-3

◆南条翔は其の狐の如く 1　梅野歩著　主婦の友社　（プライムノベルス）
【要旨】十歳で両親を亡くして以来、幼馴染達に支えられてきた南条翔は、ある日、頻繁に約束を破る幼馴染達が家でけたことをある。すると山中のあばら家で見たこともない、おぞましい化け物を退治する、幼馴染達を目の当たりにした。彼らの家族同然と思っていたが、実の知らない姿がそこにはあった。彼らの秘密を知った同じ日。翔は、この世のものとは思えない、美しい銀色の狐と出会う。あばら家に侵入してきた迷い狐は、くくり罠に捕まり、怪我を負っていた。狐を救った翔は狐から聞かれず、その夜を一緒に過ごすこととなるのだが―。
2017.6 302p B6 ¥990 ①978-4-07-423717-3

◆もういない君が猫になって　梅原満知子著　リンダパブリッシャーズ、徳間書店 発売
【要旨】猫にもてることが取り柄の逢沢聡史。29歳にして念願の猫専門ペットショップをオープンするが、この店でとんでもないことが起きてしまった。なんと店の猫が、亡くなった人の魂を宿し、人間の言葉を話し始めたのだ―！我が子の命の誕生とともに、最愛の妻の命を失った中村淳平、31歳。失意の底にいた彼が、まるで運命に引き寄せられるように、そのペットショップを訪れる。すると、ケージの中の美しい猫が言った。「会わせて。え。お命がけで愛した娘に。」―（「12月のロシアンブルー」）。別れも言えず引き裂かれ、苦しみもがく人たちに、小さな猫がほんの少しだけ時間をくれる、優しい奇跡の物語。
2017.6 267p A6 ¥590 ①978-4-19-905220-0

◆ゾンビのあふれた世界で俺だけが襲われない 3　裏地ろくろ著　フロンティアワークス　（ノクスノベルス）
【要旨】避難先の市役所で、食糧調達班のメンバーや医師牧浦と繋がりを持った武村。冬場の寒さでゾンビの活動が鈍ってる中、新たな避難場へ移転すべく準備を始めるが、その最中、市役所で暴動が発生。同時に知性あるゾンビにも侵入され、大量のゾンビの襲撃に遭ってしまう。"ゾンビから無視される俺"チート発動するが、武村は、避難民を逃がすべく動き始める。だが、"チートの通じない"知性あるゾンビに襲われ、感染してしまう。助けを求める人々、襲い来るゾンビ達。混沌とした状況の中、彼の命がけで護った娘を失っていく。その視線の先には、必死に駆け寄ってくる少女、深月の姿があった。迫りくる脅威を排し、新たな避難先に辿り着けるのか!?大人気シリーズの第三弾！市役所編、遂にクライマックス！
2017.3 298p B6 ¥1200 ①978-4-86134-986-7

◆ラブパニックは隣から　有淡汐良著　アルファポリス、星雲社 発売　（エタニティブックスRouge）
【要旨】真面目すぎて恋ができない舟。結婚に憧れはあるものの、彼氏なんていない。そんなある日彼女は、停電中のマンションでとある男性に助けられた。暗くて顔はわからなかったが、

の、どうやら同じマンションの住人らしい。彼にトキメキを感じた舟は、その男性を探し始める。その途中、ひょんなことから大嫌いな同僚が隣に住んでいると知り…!?
2017.6 282p B6 ¥1200 ①978-4-434-23493-4

◆わたしがヒロインになる方法　有淡汐良著　アルファポリス、星雲社 発売　（エタニティ文庫）
【要旨】地味系OLの若葉は社内で「お母さん」と呼ばれ、恋愛からは干され気味。そんな彼女をさりげなく気にかけてくれるのは、仕事は完璧で社内人気も高いイケメン上司の御影。彼の優しさを好意だと勘違いしてはいけない。そう心に誓う若葉だが、ある日御影にお持ち帰りされたことで二人の関係が急展開！熱愛モード炸裂な彼に、若葉は翻弄されまくり。さらにベッドの中では、恋愛初心者の若葉に一切加減しないで!?脇役女子に訪れた濃密ラブストーリー！文庫だけの書き下ろし番外編も収録。
2017.9 381p A6 ¥640 ①978-4-434-23704-1

◆赫光（あか）の護法枢機卿（カルディナーレ）　嬉野秋彦著　KADOKAWA　（ファミ通文庫）
【要旨】悪神を倒せる唯一の神の武器を授けられ、めでたく護法枢機卿となったアルゾラ。だが初陣を無事に切り抜けた彼女に与えられた聖務は、奥入れの最中に行方不明となった法王の妹君の救出。人の心を解さない超合理主義の失礼な少年だった！過激にも思える彼の発言にヒヤヒヤするアルゾラだったが、実は彼は最強の護衛と言われる"黒の巡礼者"で―。神に愛を捧げる枢機卿たちの苛烈なファンタジーアクション！
2017.8 317p A6 ¥640 ①978-4-04-734782-3

◆赫光（あか）の護法枢機卿（カルディナーレ） 2　嬉野秋彦著　KADOKAWA　（ファミ通文庫）
【要旨】順調に聖務をこなすアルゾラに、また極秘聖務が与えられた。それは小国レンドシャールへの潜入捜査。アルゾラが破壊した背中に奇妙な武器を突き出した手負いの大型マラークに、レンドシャールが関わっているというのだ。しかも相棒はまたもキュリアロス。体よく彼の手綱役をさせられているのではと勘ぐるアルゾラ。しかし潜入当日、いきなり兵士に捕まり不穏な施設に連れていかれてしまい―!?神に愛を捧げる枢機卿たちのファンタジーアクション第2弾！
2017.11 319p A6 ¥640 ①978-4-04-734890-5

◆いつかのレクイエム case.1　少女陰陽師とサウル王の箱　嬉野秋彦著　SBクリエイティブ　（GA文庫）
【要旨】西洋・東洋の魔術師たちが闇に潜みながら生きる現代。女子高生と陰陽師の二重生活をしているなりは、同業で「魔女術」使いレイジと共に行方不明になった父の遺した探偵事務所を経営していた。同業の女性魔術師、史鳳が受けた「箱を探して欲しい」という依頼に協力するひよりだったが、簡単だと思われた箱探しは、時を同じくして発生していた連続殺人事件とも繋がり、事態は思わぬ展開を見せることに―!?半人前とベテランのコンビが紡ぐウィザーズファンタジー、開幕！
2017.11 307p A6 ¥610 ①978-4-7973-9331-6

◆魔術師たちの就職戦線 2　嬉野秋彦著　KADOKAWA　（ファミ通文庫）
【要旨】年二回行われるクラス対抗戦が近づき、代表者三名の選出で揉める二年朱雀組。実力的には自分とミオ、マルコがふさわしいと主張するカオリだが、嫌がるマルコと監督・山崎の推薦で三人目はユキナリに決定！さらにマルコの提案で、ユキナリはカオリと組んでランクマ特訓をすることに。実力者集団"不動連"の思惑も錯綜するイベントで盛り上がるその頃、学園都市に謎の少女が姿を現し、不穏な気配が不動宿高専を包み始めるなど…。新世代学園異能バトル、第2弾登場！
2017.2 315p A6 ¥710 ①978-4-04-734543-0

◆異人街シネマの料理人 3　嬉野君著　新書館　（WINGS NOVEL）
【要旨】冬基とカイの不和は決定的に。もはや対決は避けられないのか？舞台は日本を離れ、ヨーロッパ、そして中華アジアへ。美味しいご飯と名画と謎。シネマティック・ミステリー緊迫の第3巻!!
2017.10 287p B6 ¥1600 ①978-4-403-22118-7

◆ちょっとゲームで学園の覇権とってくる　うれま庄司著　KADOKAWA　（富士見ファンタジア文庫）

【要旨】七峰高校―古今東西あらゆるゲームと最新鋭の設備が揃ったこの学園は、ゲームの腕ですべてが決する弱肉強食の世界。転入早々、退学を賭けて勝負を挑まれた御殿院大刀。相手は個人ランキング1位に君臨する姫宮遊衣…なのだが、優刀は彼女に勝利する。彼の正体は、数々の大会で殿堂入りする、伝説のゲーマー。そして―「ユイ、もう1回対戦しようぜ」三度の飯よりゲームが好きなゲーム狂だった!「借りを返すために仕方ないからね」!?美少女たちとのゲーム生活&学園成り上がり、PLAY START!!
2017.8 314p A6 ¥600 ①978-4-04-072418-8

◆縫い上げ！脱がして？着せかえる!!―彼女が高校デビューに失敗して引きこもりと化したので、俺が青春(ファッション)をコーディネートすることに。 うわみくるま著
KADOKAWA （電撃文庫）
【要旨】だからまず服を脱げ！何、意味がわからない？じゃあ順を追って説明しよう！知ってのとおり俺、小野友永はかわいい女の子にかわいい服をあつらえるのが生きがいの紳士だ。今までは妹のみちるを着せ替えさせて遊んでたが、あろうことかつい先日の高校進学を機に「お兄ちゃんの服は着ない」宣言されてしまった!!そこに現れたのが、キメキメすぎる学校デビューで高校デビューに失敗した凛雀鳴、お前だ！これはもう、鳴の青春を俺が面倒みてやれというお告げに違いない。
2017.3 259p A6 ¥570 ①978-4-04-892741-3

◆支配者 上 映画館著 KADOKAWA （魔法のいらんど文庫）
【要旨】沖田家の長女は、陰で国を支配する旧家、京極家に嫁ぐことが決められている。次女の雫は姉を陰で支えるためだけの存在として育てられてきた。しかし、神と呼ばれる男、京極家当主の玲が選んだのは妹の雫。突然のことに訳がわからないまま、雫は嫁ぐことになってしまう。家のしきたりに戸惑いながらも、甘く激しく愛してくれる玲に、雫もまた想いを寄せていく。だけど新しい生活の中で、雫の心は次第に壊れていって―。
2017.6 389p A6 ¥770 ①978-4-04-893228-8

◆支配者 下 映画館著 KADOKAWA （魔法のいらんど文庫）
【要旨】傷付き、心を病んでしまった雫に突きつけられたのは、義の狗カミの変だった。酷寒の凄絶な真実を前にして、雫の孤独を知った雫は、全力で玲を愛し護ることをともにする決意をする。しかし玲の地位を狙う一族の策略、京極家のスキャンダルを暴こうとする記者の悪意から、次々と雫を襲い―。雫を取り巻く圧倒的な存在とともに、雫は残酷で甘い愛に囚われていく―。
2017.8 351p A6 ¥770 ①978-4-04-893234-9

◆two 上 映画館著 KADOKAWA （魔法のiらんど文庫）
【要旨】僕たちは2人で大人になっていく大人気、映画館のラブワールド全開!王子と呼ばれている郁が通う高校に、彼女のいろはが入学してきた。誰もはばかることなく一緒にいて、固い絆で結ばれている2人。いろはは、郁に思いを抱いていた女子たちから嫉妬され、嫌がらせを受けていた。そしてある日、郁への想いを諦めきれない女子に呼び出され、リンチに遭い、負傷してしまう。いろはを傷つけられた郁の報復は、やがて周囲の人間たちを巻き込み―。独特の愛を描く大長編、ついにスタート!!
2017.1 283p A6 ¥630 ①978-4-04-892706-2

◆two 中 映画館著 KADOKAWA （魔法のiらんど文庫）
【要旨】いろはリンチ事件の関係者、女子バスケ部と柚希を空き教室に集めた郁。どこまでも事件をあやふやに収めようとする小原原先生、罪悪感のないいろは、敵対心を剥き出しにする絵理たちに、郁が突きつけた条件は退部。やがて校内に流れたにたたの噂を耳にしたいろはは、柚希といろはの関係に焔の頭・柊羽に、いろはが拉致されてしまい―!?
2017.2 270p A6 ¥610 ①978-4-04-892707-9

◆two 下 映画館著 KADOKAWA （魔法のiらんど文庫）
【要旨】歩んでいくのは、2人だけの道―映画館が描く衝撃の高校生ラブ、熱い感動を呼ぶ最終巻!!リンチ事件が解決しないながらも、罪悪感のない学校生活を送っていたいろは。しかし、執拗に郁が何かをしたのではと疑っていた柚希といろはの噂を耳にしたいろはは、いろはたち

は冷たく突き放す。そして郁の暗躍で事件の真相が発覚。関係者たちは処分され、平穏が戻ってきたはずだった。しかし、幼い頃から2人の心に深い傷を負わされた人物が、いろはの前に現れる。修学旅行中にそれを知った郁は、いろはを全力で守ろうとしたが…。2人の愛が行きつく先にあるものは―。
2017.3 267p A6 ¥650 ①978-4-04-892708-6

◆君のみそ汁の為なら、僕は億だって稼げるかもしれない えいちだ著 KADOKAWA （電撃文庫）
【要旨】貧乏学生の翔が通う金成学園では株式制度が導入され、生徒達が自分で部費などを稼いでいる。"ホープ"はそんな学園の中で流通する通貨であり、金額に相当する願いを叶える不思議な力がある。ある日、ひょんな事から大好きな夢路さんに"16歳の誕生日を迎えたら結婚する"という願いが1億ホープでかけられている事を知り―。タイムリミットである夢路さんの誕生日までおよそ半年。ホープでかけられた願いは同額のホープで打ち消す事が出来る。翔なけなしの学費100万ホープを元手に1億ホープ稼ぐ戦いが、今始まる！
2018.1 265p A6 ¥610 ①978-4-04-893581-4

◆すまん、資金ブーストよりチートなスキル持ってる奴おる？ 2 えきさいたー著 集英社 （ダッシュエックス文庫）
【要旨】『獲得資金アップ（大）』のスキルを持って異世界に転生したシュウト。強装備の力と持ち前のしたたかさで順調に依頼をこなし、念願のCランク冒険者になったシュウトは、新たに雇った獣人のホクトとミミと共に、安住の地を求めて世界を旅する。のどかな田舎町では冒険者たちに仕事を斡旋し、宝石鉱山の町では冒険者をまとめあげ巨大ゴーレムを打ち倒し、魔術師の町では人魔しに協力する。望まずとも頼まれ事件に巻き込まれるが、シュウトはあくまでマイペース。利益優先でたくましく生き抜いていく。世界中を巡り、金を稼いで自由に自分らしく生きよう！新感覚ロードムービー風ファンタジー、待望の第2巻！
2017.2 388p A6 ¥660 ①978-4-08-631172-4

◆すまん、資金ブーストよりチートなスキル持ってる奴おる？ 3 えきさいたー著 集英社 （ダッシュエックス文庫）
【要旨】安住の地を求めて獣人嫁たちと旅を続けるシュウトが立ち寄ったのは、学問の街ウィタ。そこで王立図書館司書の地位をめぐる事件に巻き込まれたシュウトは、目的の魔導書を手に入れるために選挙に立候補!?うなる資金力で裏にうずまく陰謀を打ち砕け！次なる目的地は大教会で有名な町リステリア。教会にいた酔っぱらい聖女"巨乳"のアリッサウィルク、こは大陸きっての酒造りの名所らしい。上質な酒造りに必要な地下水の浄化を頼まれたシュウトたちは、アンデッドであふれる地下の大迷宮を攻略することに!?新たに猫の獣人嫁も仲間に加えて、超強力新装備でシュウトの快進撃は止まらない！異世界ロードムービーファンタジー第3巻！
2017.6 391p A6 ¥650 ①978-4-08-631187-8

◆すまん、資金ブーストよりチートなスキル持ってる奴おる？ 4 えきさいたー著 集英社 （ダッシュエックス文庫）
【要旨】安住の地を求めて獣人嫁たちと旅を続けるシュウトが立ち寄ったのは、農業都市フォルホン。そこではなんとイッカクという角の生えた馬によるレースが開催されていた！性格に問題のある引退寸前のイッカクの馬主になったシュウトは、とある秘策でレースに波乱を巻き起こし!?さらに眠らない町不正オートベルグにたどり着いたシュウトは、あるオークションで新たな獣人を落札する！リルハと名乗る年少女はとんでもない特技があった!!獲得資金UP（大）のスキルだけで成り上がる異世界二周目ライフ、ついに社交デビューも果たして安住の地、発見か!?大人気ロードムービー風ファンタジー、安定安心の第4巻!!
2017.10 282p A6 ¥610 ①978-4-08-631209-7

◆とんでもスキルで異世界放浪メシ 2 羽根つき餃子×幻の竜 江口連著 オーバーラップ （オーバーラップノベルス）
【要旨】「勇者召喚」に巻き込まれ、現代日本から剣と魔法の異世界へとやってきたサラリーマン、ムコーダこと向田剛志。現代日本の商品を取り寄せる固有スキル「ネットスーパー」だけが頼りのムコーダが、彼が作る料理目当てで伝説の魔獣フェンリルのフェルが従魔に！さらにスライムの子供スイも加わって、ゆったりのんびりの旅を続けていた。ときには冒険者として

町を危機から颯爽と（？）救い、ときには商人として奥様方のハートをつかんでいく（？）ムコーダ。そんな旅の途中で、新たな仲間との出会いが…。一方、相も変わらず神界からムコーダへこっそりとお供えを要求する風の女神ニンリルだったが、彼女の抜け駆けがとうとう他の女神の知るところに…。さらにはニンリルの同僚たちがムコーダの「ネットスーパー」を黙って見逃すはずもなく…!?「小説家になろう」年間1位のとんでも異世界冒険譚、堂々の第2巻！
2017.3 351p B6 ¥1200 ①978-4-86554-204-2

◆とんでもスキルで異世界放浪メシ 3 ビーフシチュー×未踏の迷宮 江口連著 オーバーラップ （オーバーラップノベルス）
【要旨】「勇者召喚」に巻き込まれ、現代日本から異世界へとやってきたムコーダ。従魔のフェルやスイとのんびり旅する中、お供え狙いの新たな女神たちからまた加護を授かったり、ピクシードラゴンのドラちゃんがやっぱり料理目当てで従魔になったり、ムコーダ一行はますます強力になっていく。そんな、とんでもない状態になっても相変わらずヘタレなムコーダが、フェルたちに押し切られる形でとうとうダンジョン都市ドランに行くことに。ぶしょうダンジョンに挑むことに。残念なギルドマスターに絡まれたり、強烈な男神たちにお酒を強請られたりし、奮発して大型コンロを購入したりしながら、ムコーダはダンジョン攻略に向けて入念な準備（料理の作り置き）を重ねる。そしていよいよ、準備万端でダンジョンに挑むムコーダ一行。果たしてダンジョンはこの規格外な連中を相手にどこまで善戦できるのか…!?「小説家になろう」2億5千万PV超のとんでも異世界冒険譚、あれよあれよと第3巻！
2017.7 317p B6 ¥1200 ①978-4-86554-239-4

◆とんでもスキルで異世界放浪メシ 4 バーベキュー×神々の祝福 江口連著 オーバーラップ （オーバーラップノベルス）
【要旨】「勇者召喚」に巻き込まれ、現代日本から異世界へとやってきたサラリーマン、ムコーダ。彼は従魔のフェル、スイ、ドラちゃんと共に旅を続ける中、ダンジョン都市ドランを訪れる。そして従魔たちに押し切られる形で、渋谷ダンジョンへ挑むことに…。ビビりっぱなしのムコーダだったけど、強力なモンスターをさらに強力な従魔たちが蹴散らしていき、見事ダンジョン攻略を達成する。しかしムコーダにもっとレベルを上げさせようと無理強いする神もいるようで…「小説家になろう」3億PV超のとんでも異世界冒険譚、ゆったりまったり第4巻！
2017.12 318p B6 ¥1200 ①978-4-86554-296-7

◆境域のアルスマグナ 2 盾の死神と博士の絡新婦（アラクネ） 絵灯太郎著 KADOKAWA （MF文庫J）
【要旨】"水葬の王" 鳴海滝徳と乙姫に勝利し、"王"としての第一歩を踏み出した怜生。多忙な日々を送る彼の元に、一文字卿から送り込まれた護衛は、この世で最も嫌いな女性―武芸の師、切花白羽だった。彼女に常時護衛されながら、編入した神霊学部で"王"としての基礎を学び、学友達と過ごし、束の間の安息を満喫する怜生。しかし、敵もまた既に街の内側に…。そして、「私の名はレオ―レオ・フランケンシュタインだ」最強・最速・極悪の三拍子揃った凄絶despair覚の狂宴、恐怖と悲哀が綴る第二幕。輝く覇道を歩む者と、悪辣な外道を強いられた者。二人の「レオ」が激突する―！
2017.3 327p A6 ¥580 ①978-4-04-069145-9

◆境域のアルスマグナ 3 紅蓮の王と幽明境の君（ファントムロープ） 絵灯太郎著 KADOKAWA （MF文庫J）
【要旨】"継ぎ接ぎ公爵" レオ・フランケンシュタインを退けた怜生。を期に連盟は、妖精人の国を建立する計画を本格始動させる。一方、"青の医術師団" が世界的な糾弾の対象となり、その騒動を衝いて人造人間（ホムンクルス）の少女たちが脱走を果たす。彼女たち、イロハ、ニイナ、サクヤは自分たちの夢を叶えるため "緋の龍王" に戦いを挑むのだが―。さらに、既にこの地に存在しないはずの人物までもが、怜生の前に姿を現す。誰もが夢を憧れを願いを抱き相対する黄金巨樹の上、怜生と花蓮は理想郷に至るのか!?超絶過激な魔王の狂宴、再び誓いの言葉を交わす第三幕！
2017.8 295p A6 ¥580 ①978-4-04-069346-0

◆妖怪博士―私立探偵明智小五郎 江戸川乱歩著 新潮社 （新潮文庫nex）
【要旨】ある春の夕暮、曲角に奇妙な印を書き残す老人が向う先には一軒の洋館。そこに捕わ

れていたのは、手足を縛られた美少女だった。彼女を救うため屋敷に潜入した少年探偵団員、相川泰二は帰還後、原因不明の奇行に走り、三人の仲間は行方不明に。疑うべきは彼らばかりが狙われるのか。事件は天才・明智に託されたが、謎の探偵・殿村弘三の参戦により、団員は新たな渦に巻き込まれていく。

2017.3 252p A6 ¥460 ①978-4-10-180092-9

◆**暗極の星に道を問え**　エドワード・スミス著　KADOKAWA　（電撃文庫）
【要旨】人々の期待を背負って、強大なる魔王を討ち果たした少年トウカは、勇者として華々しく国に凱旋した。しかし、彼に報いるべき王家は非情にも裏切り、かつて勇者と呼ばれたこの地は、ひとりの勇者が死んだ。宇宙に漂う巨大な竜殻で形成された惑星。そこに生まれ、数奇なる運命に導かれる、かつて勇者と呼ばれた少年の物語。復讐の刃とともに厳しく荒れ果てた地を彷徨う彼の行く手に、希望という名の光明は差すのだろうか――。いま、禁断の叙事詩が紐解かれる――。

2017.2 307p A6 ¥610 ①978-4-04-892545-7

◆**お前（ら）ホントに異世界好きだよな――彼女の幼馴染は自称メインヒロイン**　エドワード・スミス著　KADOKAWA　（電撃文庫）
【要旨】異世界なんて、現実にあるわけないだろ。フィクションだよ、フィクション。幼馴染の亜希奈はアニメやラノベが趣味で異世界ラブしてようだが、まったく俺には理解できないわ!!しかしある日、現実とは思えない場所、異世界と呼ぶしかない空間に足を踏み入れる。これはもう、「実在した! 現実だ!」と考えるしかないだろう――。世界神会議により「異世界へ転移して戻ろうとしない者を帰還させてほしい」と依頼された俺は、神々の代行者として、亜希奈とともに様々な異世界へ出向くことになる。現実主義者の俺が、異世界の平和を守ることになろうとは……!

2017.11 302p A6 ¥610 ①978-4-04-893458-9

◆**異世界コンビニ　1**　榎木ユウ著　アルファポリス、星雲社　発売　（アルファポリス文庫）
【要旨】大学時代から近所のコンビニで働いている、23歳の奏楽。今日も元気にお仕事中のはずが、なんと異世界の店舗に異動になってしまった!?と言っても勤務形態は変わらず、実家からの通勤もOK、加えて時給がぐんと上がることを知り、働き続けることに。そんな異世界コンビニにやって来るお客様は、王子や騎士など、ファンタジーの王道キャラばかり。次第に彼らと仲良くなっていく奏楽だったが、勇者が来店して状況が変わりはじめ―。

2017.1 331p A6 ¥640 ①978-4-434-22745-5

◆**異世界コンビニ　2**　榎木ユウ著　アルファポリス、星雲社　発売　（アルファポリス文庫）
【要旨】異世界ブルナシアのコンビニで働く、23歳の奏楽。人気のない森の中から神殿の駅前に店舗が移転し、お客も増えて忙しくなる。新たな店員も加わって、彼女の周囲は一気に賑やかになった。そんなある日、ひょんなことから奏楽が店長に抜擢されてしまった!?店長業務に必死に勉強する彼女だったが、一癖も二癖もあるお客様と店員をまとめるのは大変!？加えて、勇者ケンタの縁談話、熱血護衛騎士の暴走、元巫女の来店とトラブルも相次いで―？

2017.2 328p A6 ¥640 ①978-4-434-22892-6

◆**異世界コンビニ　3**　榎木ユウ著　アルファポリス、星雲社　発売　（アルファポリス文庫）
【要旨】異世界ブルナシアのコンビニで働く、23歳の奏楽。最近の仕事は大変だけど、恋人とも異世界人とも仲良くしている。このまま全てが順調に―のはずが、突然、本社の取締役から異世界コンビニを閉店すると告げられてしまう。そのうえ、奏楽の恋人と公爵令嬢のお見合い話が浮上!?仕事でもプライベートにも大変な岐路に立たされる、大切なものを守るため、彼女が選んだ道とは―？ 異色のお仕事ファンタジー、感動の最終巻！

2017.3 330p A6 ¥640 ①978-4-434-22985-5

◆**俺が好きなのは妹だけど妹じゃない　3**　恵比須清司著　KADOKAWA　（富士見ファンタジア文庫）
【要旨】「もし私達が負けたら永遠野誓はラノベ作家を引退します！」同人誌即売会の会場で、有名同人作家の神坂姉妹から自分の書いた小説を「キモい」と否定された涼花はブチ切れて、同人誌対決をすることに!?負ければ引退って、こんな作戦会議のため、アヘ顔Wピース先生の自宅を訪れた俺と涼花だが…、み、見

いでください…！ こ、こんなはしたない…！」妹に何させるんですか!?困り果てた俺に涼花が提案してきたシナリオは『お兄ちゃんと文化祭でイチャイチャデート』！ 涼花の母校の文化祭で、俺と涼花の恋人デートが始まる!?お前、生徒会長で有名人なのに大丈夫なのか？

2017.4 315p A6 ¥600 ①978-4-04-072271-9

◆**俺が好きなのは妹だけど妹じゃない　4**　恵比須清司著　KADOKAWA　（富士見ファンタジア文庫）
【要旨】「本物の妹が偽物の妹に負けるわけがありません!!」家出してきた人気声優の桜が、俺の家で暮らすことに!?本当の妹にしてほしいと俺に言い寄る桜に、対抗意識を燃やすます涼花。「お、お兄ちゃんの背中って、意外と大きいですね…」、スク水で風呂に乱入するのはやりすぎだから！でもいずれの俺は、妹とのこんなイチャイチャが必要なんだ。妹のキャラ改変をしようとするアニメ監督を説得するために、俺が真の妹好きになるしかないんだからな！「どの妹に一番萌えたか、厳正な審査をお願いしますよ！」だからって舞とWピース先生まで妹になるとか、キャパオーバーだよチクショウ！

2017.8 318p A6 ¥600 ①978-4-04-072272-6

◆**俺が好きなのは妹だけど妹じゃない　5**　恵比須清司著　KADOKAWA　（富士見ファンタジア文庫）
【要旨】「わ、私をお兄ちゃんのラノベのヒロインにしてください！」ヒロインを可愛く書けずラノベ新人賞で落選した俺に、涼花が提案する解決策は理想のヒロイン探し。確かに俺好みのヒロインなら魅力的に描けるかもって、お前がキャラになりきって再現するの!?いくらなんでもその巨乳は盛りすぎだから！そして涼花のキャラチェンジはクリスマス旅行でも続き、スキーや温泉での取材に舞台を変えて「お仕置きしないといけませんよ？」小悪魔涼花が「いっぱい甘えていいんですよ？」ダダ甘涼花のアプローチは、ブレーキ故障の大暴走に!?恥ずかしさでオーバーヒートするまでやるなよなお前！

2017.12 317p A6 ¥600 ①978-4-04-072557-4

◆**自殺するには向かない季節**　海老名龍人著　講談社　（講談社ラノベ文庫）
【要旨】高校生の永瀬は、ある朝同じクラスの生徒が列車に飛び込むところに遭遇してしまう。なぜ死を選ぶのか、理由を考えるが答えは出ない。そんな永瀬は、友人の深井から蝶を羽ばたかないという言葉とともにあるカプセルを渡される。それはとても小さなタイムマシンであり、バタフライ効果の根源に作用するという。半信半疑ながら夜にカプセルを飲んだ永瀬が目覚めると二週間以上も過去に戻っていた！ そして永瀬は、雨宮と雨の朝に出会う。会話の流れで、彼女の希望を知っていることがばれた永瀬は、願望の実現・自殺の方法を調べることを手伝うことになり―！ 青春を鮮烈な筆致で描く、第6回講談社ラノベ文庫新人賞〝大賞″受賞作が登場！

2017.5 229p A6 ¥600 ①978-4-06-381596-2

◆**悪辣執事のなげやり人生　2**　江本マシメサ著　アルファポリス、星雲社　発売　（レジーナブックス）
【要旨】複雑なお家事情のある伯爵家で、女だてらに執事を勤める、田舎令嬢のアルベルタ。自身の素性を知りつつ、ややながでありたい。そんな中、主人一家に変化の兆しが！ 癖のある国際でアルベルタに信頼を寄せ、日那様との結婚話が持ち上がることに。あれこれ悩んだ彼女だったが、ついに一大決心！―しようとしたところで、思わぬ事件が巻き起こってしまい―大胆不敵な女執事、なげやり人生に終止符を打つ!?異色のラブファンタジー、華麗なる最終章！

2017.2 295p B6 ¥1200 ①978-4-434-22926-8

◆**エノク第二部隊の遠征ごはん　1**　江本マシメサ著　マイクロマガジン社　（GC NOVELS）
【要旨】「美しき森の妖精」フォレ・エルフに生まれたものの、貧乏・不器量・無魔力という三重苦で苦しむ少女メル・リスリス。可愛い妹たちをせめて貧乏から救い出したいと、王国騎士団エノクに就職することに。四人しかメンバーがいない第二遠征部隊に衛生兵として配属された彼女がそこで見たものは―石のように硬いパン、噛み切れない謎の干し肉だけ!?こんな食事は許せない！ 遠征先でも美味しいごはんを食べるため、森の妖精の知恵を武器にリスリス衛生兵の戦いが、今始まる。

2017.9 338p B6 ¥1000 ①978-4-89637-647-0

◆**エノク第二部隊の遠征ごはん　2**　江本マシメサ著　マイクロマガジン社　（GC NOVELS）
【要旨】今日も今日とてさまざまな任務に精を出す、エノク第二遠征部隊。そんな彼らにある日、南の島で行方不明になってしまったという希少な幻獣鷹獅子（グリフォン）の子どもを保護せよとの命令が下った。初めての船旅、初めて見る南国の食材たちに胸を躍らせるメルは偶然にも鷹獅子の子どもを救助することに成功する。しかし鷹獅子から想像以上に懐かれてしまったことから、事態は予想もしなかった方向へ…？

2017.12 307p B6 ¥1000 ①978-4-89637-680-7

◆**タイガの森の狩り暮らし―契約夫婦の東欧ごはん**　江本マシメサ著　主婦と生活社　（PASH！ブックス）
【要旨】絶世の美女にして凄腕の狩人オリガ。貴族の血を引きながらも下町のパン職人だった少年ミハイル。雪深い針葉樹林（タイガ）の森で出会った二人は、互いの利益のために契約結婚をすることに。妻は狩猟で肉と毛皮を得て、夫は家を守り料理を作って妻の帰りを待つ。互いに足りないものを補い、時にすれ違いながらも絆を深め…そして今日も美味しい東欧ごはんに舌鼓。大自然の厳しさと恵みが育む心温かな生活、静かな愛。新規書き下ろし短編も収録！

2017.12 342p B6 ¥1200 ①978-4-391-15127-5

◆**薬草園で喫茶店を開きます！**　江本マシメサ著　アルファポリス、星雲社　発売　（レジーナブックス）
【要旨】子供の頃の夢を叶え、菓子職人として働く伊藤優奈。ところが突然現れた女神の力により、彼女は異世界トリップしてしまう。そこで出会ったのは、ひとり薬草園で暮らす、猫娘人のおばあちゃん。彼女は以前、人気の喫茶店「猫耳亭」を営業していたが、夫の死後、体力の限界を感じて店をたたんだのだという。自分を拾ってくれたおばあちゃんのため、そして「お菓子で人を笑顔にしたい」という自分の夢を叶えるため、優奈はお店を引き継ぐことを決意する。けれど店の名物「フワフワパンケーキ」に必要不可欠な蜂蜜は、現在入手困難で…!?ほのぼのスローライフ・ファンタジー！

2017.8 299p B6 ¥1200 ①978-4-434-23584-9

◆**令嬢エリザベスの華麗なる身代わり生活**　江本マシメサ著　（ビーズログ文庫）
【要旨】田舎貴族のエリザベスは、王都を散策中突然美形の男に連れ去られた。彼の妹―公爵令嬢エリザベスと間違われて。聞けば妹とは姿がそっくりで、名前まで一緒だという。駆け落ちした妹の身代わりをしてほしい、と腹黒そうな兄シルヴェスターに頼みこまれたエリザベスは、困窮する実家の援助をしてもらう代わりに、堅物な婚約者ユーインとの婚約パーティーに臨むが!?

2017.9 286p A6 ¥640 ①978-4-04-734803-5

◆**麗人賢者の薬屋さん**　江本マシメサ著　宝島社
【要旨】魔導学園を飛び級で卒業した天才、リンゼイ・アイスコレッタ。「賢者」の称号を持つ彼女は同級生のレクサクと婚約していたが、レクサクはリンゼイへの妬みから、魔法薬研究を差し止める策略を練っていた！ 激怒し、結婚式から逃げ出したリンゼイ。追っ手や予算の心配をせずに魔法薬を思う存分研究していたリンゼイが出した結論は、「遠く離れた異国のセレディンティアで薬屋を開く」。逃げる途中で出会った謎の全身鎧男は、セレディンティア出身で護衛を引き受けてくれるという。彼は、何やらリンゼイに思い入れがあるようで…？ 相棒の猫妖精、謎の全身鎧男、歩く怪植物など濃い仲間とのドタバタファンタジー、開幕！

2017.11 313p B6 ¥1200 ①978-4-8002-7843-2

◆**少年はキスで魔法をコピーする―第十三独立魔女小隊の軌跡**　円城寺正市著　リンダパブリッシャーズ、泰文堂　発売　（レッドライジングブックス）
【要旨】すべての女性が魔力を宿し魔法を操れる国で、魔力を持って生まれた男の子。だが、彼は魔法が使えなかったため、無価値という意味のヴァンと名付けられ、家族からぞんざいな扱いを受ける…。十五歳になり軍に入隊したヴァンは、炎の魔法を扱う少女・エステルと偶然にも唇同士が触れ合い、彼女の魔法をコピー!!彼はキスした相手の魔法を会得する力を持っていた!!これは、無価値とされた少年による、「キスからはじまる」成り上がり英雄譚。

2017.8 303p B6 ¥1200 ①978-4-8030-1092-3

ヤング・アダルト小説

◆週末陰陽師―とある保険営業のお祓い日報
遠藤遼著 三交社 (スカイハイ文庫)
【要旨】小笠原真備はお人よしな性格が災いし、中々成績を上げられない生命保険の営業マン。だがその正体は、武蔵野を中心に人知れず悪霊調伏をする稀代の天才陰陽師だった。平日の営業訪問で霊的に問題がある家を見つけ、週末には姉弟子の御子神ゆかりと共に悪霊調伏をしている。ある日の飛び込み営業中、真備は豪邸に住む清楚な女子大生・二条桜子と出会う。保険に興味を持った桜子は真備の話を熱心に聞き、訪問先の紹介までしてくれるのだが、どれも悪霊絡みの「週末案件」な家ばかりで─!?
2017.4 317p A6 ¥700 ①978-4-87919-193-9

◆週末陰陽師―とある保険営業の来世サポート
遠藤遼著 三交社 (スカイハイ文庫)
【要旨】小笠原真備はお人よしな性格のせいで中々成績が上がらない生命保険の営業マン。だがその正体は武蔵野を中心に人知れず悪霊調伏をする、稀代の天才陰陽師だった。真備は上司・前橋のマネージャー査定が危うしと聞き、気合を入れて営業に励む。早速、真備は以前、生霊化から救った桜子の紹介で、保険を見直したいという平山家を訪れる。保険契約についてはスムーズに話が進んだが、ある霊能者の話題になった途端、桜子が体調を崩す。実は平山夫人は邪霊に取り憑かれかけていて―!?
2017.9 343p A6 ¥720 ①978-4-87919-215-8

◆ユリア・カエサルの決断 1 ガリア戦記
遠藤遼著 オーバーラップ (オーバーラップ文庫)
【要旨】好きな時代は古代ローマ、尊敬する偉人はローマの英雄ユリウス・カエサル─そんなローマ好きの高校生・糸原聖也はある日、月の女神を名乗る美女に異世界へと転送される。そこは古代ローマそっくりの世界。セイヤは憧れのカエサルに出会えたが…異世界のカエサルはユリアという名の金髪美少女だった!?セイヤはユリアは女好きで借金まみれの問題児!?セイヤはユリアが計画する公共事業やイベント開催の資金を借りに行くことに─!?少女の夢が世界を変える異世界英雄ファンタジー、堂々開幕!
2017.4 318p A6 ¥650 ①978-4-86554-211-0

◆温泉むすめ―神さまだけどアイドルはじめます! エンバウンド著 KADOKAWA
【要旨】「温泉むすめ」―それは日本各地の温泉地にいる、見た目は人を者のような女の子のこと。草津温泉の温泉むすめである高校生の草津結衣奈は、地元温泉にふさわしい神さまになろうと努力している半人前。そんな中、草津温泉に突如異変が起きてしまい、結衣奈たちは地元活性化のためにある決断を下す─かくして、始まった!?「温泉」で「神さま」で「アイドル」!人気コンテンツ「温泉むすめ」─その始まりを告げる物語がここに開湯!
2017.12 255p B6 ¥1200 ①978-4-04-072545-1

◆算数で読み解く異世界魔法 扇屋悠幸 TOブックス
【要旨】落ちこぼれフリーターのタカハが転生したのは魔法の詠唱に数字を用いる世界だった!彼は転移特典「対訳」の力でその魔法言語を瞬時に理解し、持ち前の数学知識を駆使した大魔法使いを目指す。一が、その大問題は転生先の家族にあった!頑固な父親、のんびり屋の姉と築く生活は、喧嘩ばかりで修行もままならず。おまけに、タカハの前には昔の因縁を持った宿敵まで出現。異世界では最強の魔法使いとして成り上がるはずだったのに…。家族の絆と自身の誇りを胸に、今、避けて通れない戦いが始まる!完璧な計算を越えた想いが紡ぐスイートホーム・ファンタジー!web版から大幅改稿でボリュームアップ!書き下ろし短編も収録!
2017.3 317p B6 ¥1296 ①978-4-86472-558-3

◆算数で読み解く異世界魔法 2 扇屋悠幸 TOブックス
【要旨】宿敵・鈴木との戦いから早六年。タカハは遂に国一番の魔法使いとなり、険悪だった家族とも少しずつ距離を縮めていた。その折、単独で戦う彼の前に、王国一の力を誇る騎士ペアが現れ、無理矢理護衛役に就任する。これが後に伝説として語られる黄金ペアの始まりだった!あらゆる敵を振りまくって連戦連勝、史上最強の二人に敵はなし!―誰もがそう思った先日、タカハの姉・ラフィアが鈴木に連れ去られ、強敵を前に苦戦を強いられてしまう二人。けれ

ども彼らは、限界突破の切り札でお姉ちゃん奪還作戦に挑むのだった!秘めたる想いを解き放つスイートホーム・ファンタジー第二弾!書き下ろし短編も収録!
2017.9 271p B6 ¥1296 ①978-4-86472-607-8

◆魔法薬剤師が二番弟子を愛でる理由─専属お食事係に任命されました 逢坂なつめ著 KADOKAWA (カドカワBOOKS)
【要旨】リリアナは絶望していた。命にかえても"知られてはいけない秘密"が、やんごとなきお貴族様にバレてしまったのだ。その貴族・プライル様から、王城への召喚命令がくだる。逃亡は不可能。死刑か解剖かと恐怖しながら登城したリリアナに突きつけられた言葉は─「弟子二号、お前は今日からここの食事係だ」……って、なに!?弟子ってこと!?生き残るカギは、胃袋を掴むこと!?偏屈貴族とワケあり庶民の前途多難な身分差ラブコメディ、開幕!
2017.12 275p B6 ¥1200 ①978-4-04-072499-7

◆オーダーは探偵に―セピア色の謎解きはビスケットと忘れじの記憶 近江泉美著 KADOKAWA (メディアワークス文庫)
【要旨】解けない謎はない『エメラルドの探偵』が唯一未解決とする『事件』は、上倉悠貴が片時も手放さない『古い携帯電話』にまだ残るものだった。ずっと手がかりのないまま時間だけが過ぎゆく中、ついに悠貴は『事件』解決の糸口を掴む。しかしその利那、彼は犯人により窮地に追い込まれてしまう…。悠貴と因縁を持つ聖も独自に『事件』を探る中、ついに美久にも、犯人の脅威が及ぶ…!!過去の謎がついに解明される!待望の解決編、登場!
2017.5 335p A6 ¥670 ①978-4-04-892842-7

◆オーダーは探偵に コーヒーに溶けるセピア色の謎解き 近江泉美著 KADOKAWA (メディアワークス文庫)
【要旨】ドSな高校生探偵・上倉悠貴。解けない謎はないと噂される完全無欠な彼には、秘められた過去があった。常に懐にあり、手放すことのない契約切れの『古い携帯電話』。中には、とある少女からの留守番電話メッセージが録音されている。何年経ってもその内容を消去できずに。上倉悠貴が唯一抱える痛恨の未解決事件だった。そして現在、彼は再びその事件に対峙する。全てをなげうって推理に挑む悠貴を見た美久は、何故か胸がちくりと痛むのを感じ…。最強のドS探偵唯一の未解決事件一!?登場!
2017.3 335p A6 ¥650 ①978-4-04-892838-0

◆グリムノーツ 大泉貴著 SBクリエイティブ (GAノベル)
【要旨】僕らは生まれたときから、一冊の本が与えられる。生きる意味、運命、それらすべてが記された戯曲―『運命の書』。その『運命の書』に従い、僕らは生まれてから死ぬまで、『運命の書』に記された役を演じ続ける。それがこの世界のひとびとの生き方。だからさ、教えて欲しいんだ。空白の頁しかない『運命の書』を与えられた人間は、いったいどんな運命を演じて生きていけばいいのだろう?
2017.5 368p B6 ¥1300 ①978-4-7973-9082-7

◆異世界は思ったよりも俺に優しい? 2 大川雅臣著 TOブックス
【要旨】異世界に降り立って、約二ヶ月。新米冒険者アキトは仲間達と共に、令嬢リゼットの待つリザナン東部都市へと急ぐ。当然、道中には厳しい戦いが待ち受けている─かと思いきや、賑やかなイベントばかりが数々と発生!夜市でのショッピングや綺麗なお姉さんとハンティング、更には新メンバーの奴隷少女と歓迎会を開催!広がる世界と深まる友情に心暖まるほんのりサバイバル・ファンタジー第2章!彼らの旅は思ったよりも楽しい…のかもしれない?書き下ろし番外編も収録!
2017.6 271p A6 ¥1296 ①978-4-86472-579-8

◆異世界は思ったよりも俺に優しい? 3 大川雅臣著 TOブックス
【要旨】異世界に降り立って、約二ヶ月。新米冒険者アキトと仲間たちは、令嬢リゼットの待つリザナン東部都市を目の前にする。一刻も早く彼女に会いたいと願うアキトに、またしても過酷な戦いが待ち受ける…と思いきや、驚きのハプニング(?)が続出!パーティの少女たちと一日デートや親友リデルの陥落、リゼットと感動の再会を果たすはずが、まさかの行方不明!?果たしてアキトは彼女と再会出来るのだろうか?広がる世界と深まる友情に心暖まるほんのりサバイバル・ファンタジー第3章!冒険は驚愕と感動のフィナーレへ!やっぱり異世界

は思ったよりも面白い…かも?書き下ろし番外編収録!
2018.2 263p B6 ¥1296 ①978-4-86472-654-2

◆十二騎士団の反逆軍師 (リヴェンジャー) ─デュシア・クロニクル 大黒尚人著 KADOKAWA (富士見ファンタジア文庫)
【要旨】西方大陸最強のグラニヤ帝国"黒天騎士団"がひとりシオンは、母国に裏切られ家族を壊された。復讐に燃える少年は「武」に勝る「知」の力を得て、軍師アートルム卿の名を継ぎ強大な帝国に復讐を誓う!そして現在、東部のエルザイム王国は、帝国の脅威に晒されていた。抗戦か、講和か。国論は二つに割れ、王国は内乱の危機にある。抗戦派の旗印ローゼリア王女に仕える女騎士セレインは、海辺に流れ着いたシオンを介抱する。シオンは正体を隠したまま彼女と行動を共にするのだが、この出会いが後に大陸史を塗り替える「デュシア大戦」の幕開けとなるとはまだ知る由もなかった─いま、逆襲の戦記が幕開く!!
2017.10 359p A6 ¥600 ①978-4-04-072412-6

◆貴族のお坊ちゃんだけど、世界平和のために勇者のヒロインを奪います 3 大沢雅紀著 アルファポリス, 星雲社 発売
【要旨】美少女RPGゲーム「き築く幸せな未来」。通称「き築=キチク」ゲーム。その名の通り鬼畜展開を含んだこのゲームは、世界の未来を予見して作られたゲームだった。キチクゲームの悪役お坊ちゃんリトネに転生した元銀行員のニート青年。持ち前の知恵と機転と腹黒さ(?)で運命のヒロインのほとんどを仲間にした彼だったが、最後に残されたのは、彼が最も恋したあの超難関ヒロインだった…魔皇帝復活のタイムリミットが迫り、ヒロイン全てを奪うというリトネの計画が失敗するまえに、突如として、勇者が急接近してくる。相容れぬ二人は、共闘することができるのか、それとも…。金融知識、現代の不要品召喚能力を武器に、滅びの運命を回避する!悪役お坊ちゃんの異世界救済ファンタジー第3弾!
2017.1 296p B6 ¥1200 ①978-4-434-22918-3

◆貴族のお坊ちゃんだけど、世界平和のために勇者のヒロインを奪います 4 大沢雅紀著 アルファポリス, 星雲社 発売
【要旨】竜王の修業を経て、竜者として覚醒したリトネ。一方、勇者一行は暴虐の限りを尽くし、王国は崩壊への一途を辿る。星の未来を懸けた二人の戦いが今、始まる!悪役お坊ちゃんの異世界救済ファンタジー!
2017.8 290p B6 ¥1200 ①978-4-434-23682-2

◆反逆の勇者と道具袋 3 大沢雅紀著 アルファポリス, 星雲社 発売 (アルファライト文庫)
【要旨】勇者シンイチは、人間と魔族が共存する平和な世界を実現するため、各国と親交を深めていた。それを快く思わない「天使」達は、道具袋を無効化できる強力な武器を使い、シンイチの持つ称号「魔族千体殺し」の異名を冒険者までが襲ってきたため、道具袋を封じられたシンイチを窮地に追い込まれるのか―!?ネットで大人気の異世界リベンジファンタジー、第3弾!
2017.2 327p A6 ¥610 ①978-4-434-22883-4

◆反逆の勇者と道具袋 4 大沢雅紀著 アルファポリス, 星雲社 発売 (アルファライト文庫)
【要旨】発展を続けるヒノモト国を訪れた、フリージア皇国の第三王女メルト。かつて勇者シンイチを魔王の生贄に差し出した彼女は、またも牙を剥き、なんとシンイチを現代日本に強制転移させてしまう。途方に暮れるシンイチだったが、再会した家族の助けもあり、異世界の力を結集して、最弱勇者が反撃を開始する!ネットで大人気の異世界リベンジファンタジー、文庫化第4弾!
2017.4 305p A6 ¥610 ①978-4-434-23116-2

◆ひとくいマンイーター 大澤めぐみ著 KADOKAWA (角川スニーカー文庫)
【要旨】「あ、目が覚めたんだ」見知らぬ天井。咽せるような血の臭い。「こんな場所で何してたの?」思い出せない。「ここはどこだ」少女は倒れている。「とにかく気を付けなよ、人食いマンに」巷で噂の美少女専門の連続殺人鬼「攫われて殺されてバラバラにされて食べられちゃうんだよー」そうだ、わたしはそいつを必ず見つけて「この子まで殺さないといけないんだ」サワメグとアズの出会いを語る「おにぎりスタッパー」前日譚。
2017.3 287p A6 ¥620 ①978-4-04-105284-6

ヤング・アダルト小説

◆6番線に春は来る。そして今日、君はいなくなる。　大澤めぐみ著　KADOKAWA
（角川スニーカー文庫）
【要旨】やりたいことが見つからず、漠然と都会で夢見る優等生の香衣。サッカー部のエースで香衣の彼氏のはずの隆生。香衣に一目惚れする学内唯一の不良・龍輝。ある秘密を隠ながら、香衣の親友を演じるセリカ。4人が互いに抱く、劣等感。憧れ。恋心。後悔。あの駅でふいはすれ違い、一度きりの高校生活はとどまることなく進んでいく。「どうしてすべて手遅れになってからでないと、本当のことも言えないんだろう？」これは、交錯する別れの物語。
2017.11 319p A6 ¥620 ①978-4-04-106272-2

◆オークブリッジ邸の笑わない貴婦人　3
奥様と最後のダンス　太田紫織著　新潮社
（新潮文庫nex）
【要旨】北海道東川町のお屋敷で営まれる十九世紀英国式の生活。この特別な日日にも終わりが近づく中、メイドのアイリーンこと派遣家政婦の鈴佳は、奥様が望む舞踏会の実現に奔走する。しかしそれは思いがけず、町でくすぶる不穏の兆しへ。頼みの綱の執事のユーリさんはどこか様子が変で…。庭の侵入者、秘密のダンス、奥様が遺した最後の謎。お屋敷の歯車達が輝かす「本物」の時間の締めくくり。
2017.8 381p A6 ¥670 ①978-4-10-180106-3

◆真夜中のパン屋さん─午前5時の朝告鳥　大沼紀子著　ポプラ社（ポプラ文庫）
【要旨】真夜中に開店する不思議なパン屋「ブランジェリークレバヤシ」。あれから五年の歳月が経ち、暮林や弘基にも様々な変化の波が訪れていた。それは常連客である斑目やソフィアたちにとっても同様だった。そしてもちろん、希実にとっても…。「まよパン」シリーズ、ついに完結!!
2017.6 381p A6 ¥700 ①978-4-591-15482-3

◆織田家の長男に生まれました　大沼田伊勢彦著　宝島社
【要旨】気が付いたら戦国時代にいた。正確に言えば、自分が元々現代で生きていた記憶を思い出した。色々調べるうちに、自分が織田家の息子であることがわかる。まさかの織田信長か…!?と思ったけれど、長男でも家督を継ぐ権利のない庶子─織田信広なのだった。戦国の世を生き延び、そして弟妹たちを守るため、信広の闘いが始まる。
2017.12 313p B6 ¥1200 ①978-4-8002-7890-6

◆異世界銭湯─松の湯へようこそ　大場鳩太郎著　アース・スターエンターテイメント、泰文堂 発売（アース・スターノベル）
【要旨】ここは、東京都葛飾区にある古き良き銭湯。この銭湯には、エルフやドワーフ、ハーフリングに魔術師、スライムまで、あらゆる異世界人が癒しを求めて、時に悩みを抱えてまってくる!?切り盛りするのは、若旦那とクールビューティな番頭さん。（正体不明）。異世界最強の二人にかかればどんな難問もほっこり解決!!しかし、そんな松の湯に異世界最悪の敵が忍び寄り…。心も身体もほっこり＆爽快になる異色の異世界エンターテイメント作品が登場！
2017.8 361p B6 ¥1200 ①978-4-8030-1095-4

◆スイーツ刑事─ウェディングケーキ殺人事件　大平しおり著　KADOKAWA（メディアワークス文庫）
【要旨】どうしてもスイーツから逃れられない刑事がいる。普段はスイーツを貪るだけのダメ人間だけど、糖分を摂れば難事件をも解決するスイーツ狂いのキャリア刑事・慶貴。そんな一人は、学生時代に進路で悩み深夜のケーキ屋でドカ食いしていて補導され、慶貴に「警官になりなさい」と諭された本当に刑事になってしまった和菓子屋の娘・佐束杏子。そんな運命的な「あんこ」と「ケーキ」が再会したのは、ウェディングケーキの中にパティシエの死体が隠されていたスイーツフェスの事件で!?
2017.5 321p A6 ¥630 ①978-4-04-892956-1

◆ソード・オラトリア　8　─ダンジョンに出会いを求めるのは間違っているだろうか外伝
大森藤ノ著　SBクリエイティブ　（GA文庫）
【要旨】「言ってたろ、雑魚は足手纏いだってな」ベート・ローガ。「ロキ・ファミリア」の中でも過度ながら実力主義を謳う一匹狼。人造迷宮撤退を受けて死者にさえ嘲笑を向ける彼は派閥から孤立するが…「いたぁー！ベート・ローガ！」突如アマゾネスの少女レナから猛烈な求愛による見し崩しの同居生活が始まってしまう！戸惑うベートだったが、彼女との交流が『牙』にまつわる記憶を喚起させ、己の過去と向き合うことになる。一方、その裏で静かに暗躍する死神の眷族の足音。仲間を奪った凶刃が今、再びベートのもとに迫ろうとしていた─。これは、もう一つの眷族の物語。「剣姫の神聖譚」─
2017.4 310p A6 ¥620 ①978-4-7973-9234-0

◆ソード・オラトリア　9　─ダンジョンに出会いを求めるのは間違っているだろうか外伝
大森藤ノ著　SBクリエイティブ　（GA文庫）
【要旨】王国軍出兵。ベートの活躍によりアマゾネス狩りの事件を収束させたのも束の間、都市外からの侵略者の迎撃に乗り出す "ロキ・ファミリア"。強過ぎる冒険者達によって万の軍勢が蹴散らされていく中、ひょんなことから発せられた少女の問いが、リヴェリアの記憶の扉を叩く。「昔のアイズさんの話、聞かせて頂けないでしょうか？」。それは、当時『人形姫』と謳われていた少女の秘話。追憶の欠片はハイエルフの想いを過去に飛ばし、一方で竜信仰の村に辿り着いた少女もまた在りし日の情景を追想する─。
2017.6 319p A6 ¥620 ①978-4-7973-9281-4

◆ダンジョンに出会いを求めるのは間違っているだろうか　12　大森藤ノ著　SBクリエイティブ　（GA文庫）
【要旨】そして、少年は再び走り出す。好敵手との死闘を経て成長を遂げたベル。昇格、神会、称号。人々や神々、オラリオ中の注目を集める中、彼のもとにもたらされた一通の書状だった。「強制任務…『遠征』？」ベル・クラネルは『資格』を得た、更なる冒険に臨む─。ギルドより届いた指令がベルを新たな舞台へと導く。迷宮攻略のために発足した『派閥連盟』。これまで戦ってきた仲間達とともに、新たな階層、新たなモンスター、そして新たな『未知』に挑む。新章開幕、下層域『新世界』へと突入する迷宮譚十二弾！
2017.5 349p A6 ¥640 ①978-4-7973-9280-7

◆ダンジョンに出会いを求めるのは間違っているだろうか　ファミリアクロニクル episodeリュー　大森藤ノ著　SBクリエイティブ　（GA文庫）
【要旨】それは神の眷族が紡ぐ歴史の欠片─。「アンナ・クレーズです」大賭博場の人間です」腕利きの元冒険者リューが働く『豊穣の女主人』でも旨な騒動が起こる。とある夫婦の一人娘がさらわれたことを知り、正義の名のもとに調査を開始するリュー。その先に彼女が辿り着いたのは迷宮都市の治外法権、大賭博場。人の欲望が渦巻く黄金の都で "疾風" の轟きが炸裂する！「お前達、声を出しな！こは笑って飯を食べてもらう場所さ！」そして少女達が酒場に集う始まりの物語も収録！ダンまちの世界を補完するクロニクル・シリーズ第一弾、始動！
2017.3 329p B6 ¥1200 ①978-4-7973-9080-3

◆世直し暗黒神の奔走─人間好きすぎて人間に転生した　2　岡沢六十四著　ホビージャパン（HJ NOVELS）
【要旨】世界創世の暗黒神が人に転生した姿である、クロミヤ＝ハイネ。彼は光の美少女勇者・カレンにひと目惚れされ、ついに光騎士に昇格。さらに光の女神ヨリシロにも想いを寄せられ、光の勇者ミラクも加わって大忙しの中、なんと3人目の光の美少女勇者・シルティスが現れた!?彼女は、水の勇者である傍らアイドル業もこなす、ちょっとユニークな女の子って…？今度は暗黒神が、水の都で勇者をプロデュース!?狡猾な水の神をぶちのめせ!!「小説家になろう」発痛快・神話冒険譚第二弾！
2017.4 319p B6 ¥1200 ①978-4-7986-1440-3

◆望まぬ不死の冒険者　1　丘野優著　オーバーラップ（オーバーラップノベルス）
【要旨】おちこぼれ銅級冒険者のレントは、「龍」と遭遇し、喰われた。そして、レントは "目覚め" る。なぜか最弱モンスター「スケルトン」の姿で。魔物の『存在進化』で、レントは人間に近い「グール」を目指すが─!?遥かなる神銀級を目指し、不死者レントの『冒険』がいま、始まりを告げる！
2017.10 317p B6 ¥1200 ①978-4-86554-240-0

◆望まぬ不死の冒険者　2　丘野優著　オーバーラップ（オーバーラップノベルス）
【要旨】『存在進化』により、骨人、屍食鬼を経て屍鬼となったレント。冒険者組合で知り合った富豪とともに、銅級冒険者への昇格をねらう。さらに孤児院の依頼を受け、怪物タラスクの生息地へ向かうレントだった─。不死者レントの冒険譚、第2弾！
2017.12 313p B6 ¥1200 ①978-4-86554-292-9

◆平兵士は過去を夢見る　1　丘野優著　アルファポリス、星雲社 発売（アルファライト文庫）
【要旨】魔王討伐軍の平兵士ジョン・セリアスは、ついに勇者が魔王を倒すところを見届けた…と思いきや、敵の残党に刺されて意識を失ってしまう。そして目を覚ますと、なぜか滅びたはずの生まれ故郷に!?ジョンは、前世で得た戦いの技術と知識を駆使し、あの悲劇の運命を変えていくことを決意する─ネットで大人気！一兵卒のタイムトリップ逆襲ファンタジー、待望の文庫化！
2017.12 311p A6 ¥610 ①978-4-434-23957-1

◆平兵士は過去を夢見る　8　丘野優著　アルファポリス、星雲社 発売（アルファライト文庫）
【要旨】勇者の魔王討伐を見届けた直後に敵の残党に刺されて意識を失い、なぜか過去へと戻った平兵士ジョン・セリアス。王都から魔族を退けた後、魔王討伐軍の副官となったジョンは、来るべき決戦に備えて着々と準備を進めていた。そんな折、神都エルランより勇者が選定されたという報が届く。ジョンは早速エルランに向かったが、そこで面会した勇者モルスは聖剣を扱うことができず、勇者として完成されていなかった。人類の希望である「勇者」の存在が揺らぎ、ジョンの目指す未来に暗雲が立ちこめる─
2017.5 282p B6 ¥1200 ①978-4-434-23366-1

◆蘇りの魔王　6　丘野優著　オーバーラップ（オーバーラップノベルス）
【要旨】古代竜を諌め、王都に平和を取り戻したルル。友人たちと憩いのひとときを得た後、異変調査のためログスエラ山脈へと出発する。道中立ち寄った小さな村でルルを待ち受ける、驚愕の出会いとは─!?魔王による王道転生ファンタジー、第6巻。
2017.3 287p B6 ¥1200 ①978-4-86554-203-5

◆異世界修学旅行　5　岡本タクヤ著　小学館（ガガガ文庫）
【要旨】高校の修学旅行中、突如中世ファンタジー風異世界に飛ばされた浩介たちは、王女プリシラとともに修学旅行を続けながらクラスメートを捜していた。次なる目的地は、オーク、コボルト、フェアリーとの交易で栄えた城壁都市。だが一行が辿り着いた時、三種族は突然千年の慣例を破られ、交易をやめると言いはじめた。城壁都市の窮状を救うため、浩介たちが三種族との調停に乗り出すと、案の定そこにはクラスメートたちが待ち構えていた─。異世界で奮闘しまくる修学旅行生たちの異文化コミュニケーションコメディ、第五弾！
2017.3 307p A6 ¥611 ①978-4-09-451661-6

◆異世界修学旅行　6　岡本タクヤ著　小学館（ガガガ文庫）
【要旨】修学旅行の最中に突如飛ばされてしまった異世界で、王女プリシラと共にクラスメートを捜しながら修学旅行を続ける沢木浩介たち二年一組。次なる目的地は、主たる魔王を失い、聖徒会の支配のもと新たな文化の発信地となっている魔王城。だが魔王城へ入ったはずが、浩介の前には制服姿のプリシラが開催されようとしている母校の姿が…!?日本と異世界が、現在と過去が交錯する幻の中で、浩介はついに生徒会長・若王子暁と再会する。異世界で日本を想う修学旅行生たちの異文化コミュニケーションコメディ、第六弾！
2017.8 290p A6 ¥593 ①978-4-09-451691-3

◆何度でも永遠　岡本千紘著　集英社（集英社オレンジ文庫）
【要旨】優秀な姉や美人な妹と違い、地味な女子高生・環。唯一普通と違うのは実家が神社で、大叔母の養女になること。祭りの日、御祭神の妻になる儀式を行ったあと、環は不思議な夢を見る。目覚めた環の前に現れたのは、夢に出てきた方そっくりな青年。彼こそ御祭神・浦彦で、環は彼の妻の魂を持つという。夢で見た過去や、まっすぐな想いを継ぎ澄ました浦彦に戸惑う環だが…？何者でもない私の神様との恋の記憶。
2017.11 229p A6 ¥540 ①978-4-08-680161-4

◆おそれミミズク─あるいは彼岸の渡し綱　オキシタケヒコ著　講談社（講談社タイガ）
【要旨】「ひさしゃ、ミミズク」今日も座敷わらの暗がりでツナは微笑む。山中の屋敷に住まう下半身不随の女の子が、ぼくの秘密の友達。彼女と会うには奇妙な条件があった。「怖い話」を聞かせるというその求めに応じるため、ぼくはもう十年、怪談蒐集に励んでいるのだが…。ツ

ナとほ␣ぼ、夢と現、彼岸と此岸が恐怖によって繋がるとき、驚天動地のビジョンが何もかもを変容させる―。
2017.2 325p A6 ¥1200 ①978-4-06-294060-3

◆筺底のエルピス 5 迷い子たちの一歩
オキシタケヒコ著 小学館（ガガガ文庫）
【要旨】殺戮因果連鎖憑依体―。遥か古より『鬼』や『悪魔』と呼ばれてきた人類絶滅のプログラム。そんな仇敵に立ち向かうべき狩人たちは、長い歴史の末路に不毛な衝突を繰り返していた。最悪の厄災を生み出す種子となる、白鬼を巡る抗争こそ辛くも終結するも、新たなる鬼の脅威と、時を渡る旅によりこの世にふたり存在することになった乾叶を渦の中心として、傷つき、道を見失っていた狩人たちの運命は大きく動き出す。人類の存亡をかけた、影なる戦士たちの一大叙事詩。その新たな章の開幕となる、再起と転換の第5弾。
2017.8 486p A6 ¥741 ①978-4-09-451695-1

◆神様の願いごと 沖田円著 スターツ出版（スターツ出版文庫）
【要旨】夢もなく将来への希望もない高2の七槻千世。ある日の学校帰り、雨宿りに足を踏み入れた神社で、千世は人並外れた美しい男と出会う。彼の名は常葉。この神社の神様だという。無気力に毎日を生きる千世に、常葉は「夢が見つかるまで、この神社の仕事を手伝うこと」を命じる。その日を境に人々の喜びや悲しみに触れていく千世は、やがて人生で大切なものを手にするが、一方で別れが待っていて「国の終わり」に思いもよらぬ未来が待っていた―。沖田円が描く、最高に心温まる物語。
2017.3 353p A6 ¥610 ①978-4-8137-0231-3

◆きみに届け。はじまりの歌 沖田円著 スターツ出版（スターツ出版文庫）
【要旨】進学校で部員6人のボランティア部に属する高2のカンナは、ある日、残り3ヶ月で廃部という告知を受ける。活動の最後に地元名物・七夕まつりのステージに立とうとバンドを結成する6人。昔からカンナの歌声の魅力を知る幼馴染のロクは、カンナにボーカルとオリジナル曲の制作を任せる。高揚するは、仕事が好きな少年・真夏が現れ、昂は成り行きで真夏の天文部の部員に。爽やかに過ごす日々の中、昂が真夏に寄せる特別な想いの陰には、過去に隠されたある出来事があった―。涙！ 絶望の中で見つけた、ひとつの光。強く美しい魂の再生物語を。
2017.7 265p A6 ¥550 ①978-4-8137-0294-8

◆真夜中プリズム 沖田円著 スターツ出版（スターツ出版文庫）
【要旨】かつて、陸上部でエーススプリンターとして自信と輝きに満ち溢れていた高2の昂。だが、ある事故により、走り続ける夢は無残にも断たれてしまう。失意のどん底を味わうことになった昂の前に、ある日、星が好きな少年・真夏が現れ、昂は成り行きで真夏の天文部の部員に。爽やかに過ごす日々の中、昂が真夏に寄せる特別な想いの陰には、過去に隠されたある出来事があった―。涙！ 絶望の中で見つけた、ひとつの光。強く美しい魂の再生物語を。
2017.7 265p A6 ¥550 ①978-4-8137-0294-8

◆オオカミさんとハッピーエンドのあとのおはなし 沖田雅著 KADOKAWA（電撃文庫）
【要旨】おおかみさんたちが帰ってきた！ 亮士くん、りんごさんをはじめとして愉快な仲間たちが勢揃い！ 何せ、あんな人たちまでちゃっかり出演しているくらいですから、ドタバタにならないわけにはいかない―ゴ、ゴホン。とにかく素敵な仲間たちでおくる、みんなのその後の物語。御伽銀行が絡んだバレンタインのドタバタだったり、衝撃の変化を遂げた亮士「さん」＆おおかみさんのその後、さらにあの人のアレやコレ、本当にいったいどうなることやらな完結巻！ 御伽銀行メンバーには勿論、猫さんや懐中ちゃん先輩たちも活躍しちゃう…らしい！？ そんなこんなで本当に完結しますからっ！
2017.4 340p A6 ¥630 ①978-4-04-869268-7

◆その若き皇帝は雇われ皇妃を溺愛する 2
奥透湖著 Jパブリッシング（フェアリーキス）
【要旨】7歳年下の皇帝アルフレートに溺愛されながら、朝晩のキスと抱擁を報酬として"雇用"されている皇妃シュザンナ。彼女が懐任したという知らせを、行儀見習いのザビーネの耳にも入る。養父である伯爵からアルフレートを奪うよう命じられていたザビーネは、いよいよ邪魔な彼女に捨てられてしまうと不安を覚えるが…。互いに甘えて甘やかす契約のもと愛し合う皇帝と皇

妃。養父と別れ、異国の地へ旅立つ少女。揺るがない愛がそれぞれの運命を切り開く！
2017.3 317p B6 ¥1200 ①978-4-908757-70-9

◆王立辺境警備隊にがお絵屋へようこそ！ 1 小津カヲル著 アルファポリス、星雲社 発売（レジーナ文庫）
【要旨】ある日、マンホールの穴に落ちてしまった美大生のカズハ。その穴の先は、なんと異世界につながっていた！？ 見知らぬ景色に大混乱のカズハを保護してくれたのは、王立辺境警備隊ノエリア支部の隊長さん。彼によると、どうやらもう元の世界に戻れないらしい。どんより落ちこむカズハだけど、生きていくには働かねばならない。そこで、得意の絵で生計を立てるべく、にがお絵屋をオープン！ また、カズハの絵は時々騒ぎを起こし、街のトラブル解決の糸口にもなり―！？ 文庫だけの書き下ろし番外編も収録！
2017.5 375p A6 ¥640 ①978-4-434-23121-6

◆王立辺境警備隊にがお絵屋へようこそ！ 2 小津カヲル著 アルファポリス、星雲社 発売（レジーナ文庫）
【要旨】トリップ先の異世界で、にがお絵屋をはじめたカズハ。彼女の絵は不思議な力で時々動き出し、街のトラブル解決に繋がることも。だがその力が原因で、カズハはこの世界での保護者であるアルベリック隊長と王都へ行くことに。いくつかの街に立ち寄りながらの旅は新鮮そのもの。そしていよいよ王都に着き、アルベリックの家族と楽しく過ごしていると、絵がまたも動き出し「国のピンチ」を告げてきた。隣国とのトラブル回避に向け、カズハはあることを提案し―？ 文庫だけの書き下ろし番外編も収録！
2017.5 375p A6 ¥640 ①978-4-434-23204-6

◆希望のクライノート―魔法戦士は異世界限定ガチャを回す オスカる著 宝島社
【要旨】ソーシャルゲームのガチャにハマり、生活を顧みず、給料のすべてに注ぎ込む青年リュウ。生活を顧みず、給料のすべてに注ぎ込む彼の前に、ある日ガチャ神と名乗る少女が降臨する。彼は願いを叶えてくれるというガチャ神に、リュウは「異世界に行って人生をやり直したい」と告げる。剣と魔法の世界「ユグドラシル」に転移したリュウは、ガチャ神から授かった「レアガチャ」スキルを駆使して様々なアイテムを手に入れ、冒険者としてデビューするのだった―。
2017.2 319p B6 ¥1200 ①978-4-8002-6717-7

◆恋衣花草紙―白淚の姫の物語 小田菜摘著 KADOKAWA（ビーズログ文庫）
【要旨】父・関白の強引な政略により、すでに三人の后妃がいる帝・篤迪のもとに入内することになった朱子。しかし帝は、藤壺中宮・郁子をことのほか寵愛しており、十三歳と年若い朱子のことは友のように接していた。初めは朱子もそれでいいと思っていたが、篤迪の清廉な人柄に次第に惹かれていき…！？「きちんと妻として扱われたい」女の想いが交錯する。宮廷恋絵巻第二弾！
2017.8 255p A6 ¥650 ①978-4-04-734751-9

◆恋衣花草紙―山吹の姫の物語 小田菜摘著 KADOKAWA（ビーズログ文庫）
【要旨】倍の年齢差がある帝に、幼くして入内した真子。帝の第二皇子・迪里とは、同い年なこともあり幼馴染だ。そんな折、帝が急逝。真子はわずか十二歳で寡婦となってしまう。それから数年後。式部卿である迪里に支えてもらい、つましく生計を立てていた真子は、期せずして迪里と逢瀬を合わせることに！？ 成長した姿に互いに心を奪われるが、その逢瀬が宮中で噂となり…！？
2017.4 253p A6 ¥600 ①978-4-04-734650-7

◆珠華杏林医治伝―乙女の大志は未来を癒す 小田菜摘著 集英社（コバルト文庫）
【要旨】医師の父親亡きため、医院を守っている珠里。医学の知識はあっても女性は医師免許がとれず、診療することができない。そんな珠里のもとに皇帝の使者が現れ、むりやり後宮に連れていかれてしまう。体調不良の皇太后が男性医師に体を見せることを拒否しているため、女性の珠里に白羽の矢が立ったらしい。皇太后に同情した珠里は病の原因を見つけようと奔走するが…！？ 中華後宮ミステリー！！
2017.12 280p A6 ¥640 ①978-4-08-608059-0

◆異世界取り違え王妃 小田マキ著 アルファポリス、星雲社（アルファポリス文庫）
【要旨】日本人とイギリス人のハーフだが、外見は純日本人の女性エリ。就活がうまくいかず悩んでいたある日、虹色の大蛇に異世界に召喚されてしまった。そこで出会ったのは、超美形の国王候補デュカリアル。大蛇によるとエリは手違い

で地球に生まれてしまったが、本来は彼の運命の相手―王妃候補だという。しかも彼が即位するためには、二人が力を合わせる必要があるらしい。それを聞いたデュカリアルは、嫌がるエリを一カ月以内に口説き落とすと宣言し―！？ 文庫だけの書き下ろし番外編も収録。
2017.8 359p A6 ¥640 ①978-4-434-23571-9

◆ファーランドの聖女 小田マキ著 アルファポリス、星雲社 発売（レジーナブックス）
【要旨】生まれつき「水呪」にかかった王女アムリット。強力な水の力を暴走させないよう、お札まみれの奇怪な姿で塔に引き篭っている。そんな彼女に、砂漠の国ヴェンダドから縁談が！ 原因不明の水不足に悩むサージ王が、アムリットの力を欲しているらしい。弟王子の強い勧めで渋々嫁いだアムリットは、ヴェンダドには熱烈に歓迎する。けれど今回の結婚の裏には、いくつもの陰謀が隠されているようで―？
2017.8 289p B6 ¥1200 ①978-4-434-23501-6

◆ファーランドの聖女 2 小田マキ著 アルファポリス、星雲社 発売（レジーナブックス）
【要旨】「水呪」と呼ばれる強力な水の力を買われ、砂漠の国に無理やり嫁がされたアムリット。だが政略結婚の裏に隠された陰謀を暴くうち、夫のサージと互いに惹かれ合うように。そんな二人の前に、死んだはずのサージの母リーザが現れた！ 彼女こそ聖泉ファーランドを毒魚に変え、水不足や流行病を引き起こした張本人。その身勝手な動機を知って皆が唖然とする中、更には彼女の悪行が原因でアムリットが水の精霊に体を乗っ取られてしまい―！？ 思わぬ強敵の登場に、夫婦の絆が試される！？ 奇想天外ラブファンタジー、ドキドキの最終巻！
2017.12 288p B6 ¥1200 ①978-4-434-24005-8

◆おれの料理が異世界を救う！ 3 英雄の再来として世界を守ります 越野文比古著 KADOKAWA（MF文庫J）
【要旨】何よりも「食」が尊ばれる異世界"ガストルシェル"に召喚された高校生・恭太郎。超絶の料理知識と腕前で、瞬く間に『英雄の再来』と呼ばれるようになった彼は、この世界を料理で牛耳ろうとする『饗樂衆』の料理人たちを華麗に撃破し、最早向かうところ敵なし。そんな彼の前に、さらなる『饗樂衆』からの刺客が現れたのだ、見た目ロリ少女の竜族カミラ。恭太郎に対決を挑むものの緊張感のない彼女にも、その頃、『饗樂衆』の一員として恭太郎の父神楽坂愼太郎が暗躍。そして、世界に厄災をもたらす最悪の人物の復活が！ しかし、事態は風雲急を告げていた。今回も絶頂場面大充実！ 本格絶頂異世界料理ファンタジー、波乱の第3弾！
2017.2 261p A6 ¥580 ①978-4-04-069082-7

◆異世界に召喚されてハケンの聖女になりました 乙川れい著 KADOKAWA（ビーズログ文庫）
【要旨】松宮沙絵里は地味で平凡な派遣社員（24歳）。通勤中発作で倒れてしまい、気がついたら目の前には大魔道士を名乗る彼は突然「我が愛しの聖女よ！ 私と結婚してください！」と求婚してきて？ そんな派遣業務やったことないんですけど！？ とりあえず、聖女としての仕事を探します―！ 異世界で送る波瀾万丈だらけの派遣聖女ライフ！！
2017.8 252p A6 ¥600 ①978-4-04-734749-6

◆絶対に働きたくないダンジョンマスターが惰眠をむさぼるまで 4 鬼影スパナ著 オーバーラップ（オーバーラップ文庫）
【要旨】"働かない生活"のためダンジョン経営を続ける俺、増田桂馬はこのたびダンジョンを中心にできた村の村長になりました。一って、なんでだよ！？ こういうこと面倒ごとは村の連中に押し付けて―と思ったら、超強い謎のモンスターがダンジョンに居座りだしていて…一。俺がどうにかしなきゃいけないやつじゃん…。そのうち、ダンジョンコア絶対破壊するマンな聖女様が乗り込んできたと思ったら俺を巡ってロクコと対立！？ どうして面倒な奴ばかり集まってくるんだ…。"働かない"生活のための俺流ダンジョンストーリー第4巻！「モンスターカスタマー」を追い出し、俺は安眠を取り戻す！
2017.2 319p A6 ¥650 ①978-4-86554-195-3

◆絶対に働きたくないダンジョンマスターが惰眠をむさぼるまで 5 鬼影スパナ著 オーバーラップ（オーバーラップ文庫）
【要旨】"働かない生活"のためのダンジョン経営を始めて1年。春だなぁ…なんて思って

ヤング・アダルト小説

いたら、三つ巴のダンジョンバトルをすることになった!?ダンジョンコアの集会で何があったんだよ…。え、しかも保護者のコアとチームで?ロクコの保護者ってつまりハクさんじゃん!最近のロクコとのフラグ的に、できればお断りしたくー。「というわけだから、よろしくね?ケーマさん」「アッハイ」これはダンジョンバトルの前に俺の命がヤバいのでは…!?「働かない」ためにて睡眠は作りも永眠もしないための俺流ダンジョンストーリー第5弾!

2017.6 318p A6 ¥650 ①978-4-86554-231-8

◆**絶対に働きたくないダンジョンマスターが惰眠をむさぼるまで 6** 鬼影スパナ著
オーバーラップ　（オーバーラップ文庫）
【要旨】"働かない生活"を目指してダンジョン経営を続ける俺、増田桂馬ですが、ひょんなことから新たな宗教「オフトン教」を興して教祖になりました! それでは、オヤスミナサイ―(祈りの言葉)。…え、ダメ? 睡眠が祈りになるつて教えにすれば居眠り放題かと思ったのに、どんどん信者が増えて教祖は忙しいしサキュバスは乗り込んでくるし。そのうえ、他に存在するはずのない「オフトン教のシスター」が訪ねてきて、しかもニクと因縁があるよと!?「働かない」ための俺流ダンジョンストーリー第6弾! おまえが誰であろうと、俺の抱き枕は絶対に渡さない!!

2017.11 319p A6 ¥650 ①978-4-86554-284-4

◆**群青の竜騎士 1** 尾野灯著　主婦の友社
（ヒーロー文庫）
【要旨】テルミア空軍所属の結城文洋は、三都同盟との交戦中に、戦場には不釣り合いな少女と邂逅する。その場は撤退し、日を改めて三都同盟と相見えたとき、伝説の青竜フルメンの裁きにより戦局は崩壊。戦争は星選祭が終わるまで一時休戦となる。近くの領地に戻された文洋が自宅に戻ると、待っていたのは戦場で出会った少女レオナだった。飛行船から投げ出されたところを、アパートの大家ローラが保護したのだという。レオナは実家を取り潰そうとする貴族の策略で戦場に駆り出されていた。実家に残された弟を救出したいと願うレオナに、文洋とローラは協力することに決めるのだが。

2017.11 366p A6 ¥620 ①978-4-07-428241-8

◆**氷竜王と六花の姫**　小野はるか著
KADOKAWA　（角川ビーンズ文庫）
【要旨】万年氷の地・オーバーラント。ツェルト族のユーリアは凍てつく領土を守るため、王都から治めに来たヴァルディール王子に打ち首覚悟で物申す。しかし、なぜか王子のお目付け役に任命され、寵姫の噂まで立ってしまう。それを聞きつけた対立氏族がユーリアに危害をあわせにする中、王子の暗殺未遂事件が起こって…!?「会いに来たぞ。私の寵姫」氷竜王の化身と恐れられ、王を望まれた王子と己の命を懸けた姫。宿命に抗う二人の革命ロマンス!

2017.6 254p A6 ¥600 ①978-4-04-105690-5

◆**氷竜王と六花の姫―雪ふる夜の祈り**　小野はるか著　KADOKAWA　（角川ビーンズ文庫）
【要旨】初雪のオーバーラント。貧しいツェルト族のユーリアは初の女性高官となるも、常に命を狙われる第二王子・ヴァルディールの寵姫と誤解される日々。年に一度の祭事「巡幸礼」のため、二人はお忍びの視察へ向かうが、訪れた村では謎の病が流行しており、さらに王子暗殺を企んだ犯人が浮上して…!?「おねしは、私に生きる意味をくれる」氷竜王の再来として、王を望まれた王子と己の命を懸けた姫。大波乱の革命ロマンス、待望の続刊!

2017.12 254p A6 ¥600 ①978-4-04-105692-9

◆**転生乙女は恋なんかしない―三角関係ご遠慮します!!**　小野上明夜著　一迅社　（一迅社文庫アイリス）
【要旨】尊敬する上官に捨てられ、好きになった王子に振られ…前世で散々な目にあい、今世は静かに暮らそうと決意した異能の少女フルール。俺様上官の転生者・ナイトレイの「お前が欲しい」攻撃にもめげず、森にひきこもっていた彼女の前に現れたのは、王子の転生者ナイトレイに心酔していた美女・ライラック。恋をしたくない異能少女と不器用な俺様上官の転生ラブファンタジー。

2017.4 254p A6 ¥619 ①978-4-7580-4927-6

◆**境界迷宮と異界の魔術師 7**　小野崎えいじ著　オーバーラップ　（オーバーラップノベルス）
【要旨】数々の強力な上位魔人を退けてきたテオドールは、ついにその存在を「化け物」と評され、魔人達の最大の障害と目されるに至る。一方、シーラも同じく両親の仇を討ったテオドール達には、更なる戦力の増強を目指し、本格的に炎熱城砦の攻略に乗り出すのであった。しかしその途中、テオドールは王城の北の塔へ呼び出される。そこで見たものは、いつもの勝気な表情から一変、人形のように生気のない様子の王女・ローズマリーの姿。どうやら彼女の魂は、罠の仕掛けられた古文書に囚われてしまったらしい。ローズマリーを救うため、テオドールは単身古文書の世界へ乗り込むが…!?転生×魔法バトルファンタジー第7弾! 書き下ろし番外編収録。

2017.2 287p B6 ¥1200 ①978-4-86554-198-4

◆**境界迷宮と異界の魔術師 8**　小野崎えいじ著　オーバーラップ　（オーバーラップノベルス）
【要旨】高位魔人・蝕姫アルヴェリンデを撃破し、ジルボルト侯爵と高位精霊テフラを助けたテオドール。テオドールへの礼として火山の精霊テフラは儀式場を生み出した。豊富で良質な湯を前に、テオドールはタームウィルズを温泉街にすることを試みる。現代知識を活かした前例のない温泉施設を建設する中、ヘルフリー王子が来訪。テオドールに相談があるのだが、その内容は姉であるローズマリーにも予想外のもので…!? 施設完成後、ステファニア姫の護衛として、テオドールは母の故郷である魔法王国シルヴァトリアへ。王太子ザディアの忠実な部下、仮面の魔法騎士・ベネディクトと遭遇。魔人との関係を問うべく戦いを求めるが、拒絶され戦闘になる。戦いの最中に落ちたベネディクトの仮面、その下に隠されていた真実とは。書き下ろし番外編「仮面の魔法騎士」も収録。転生×魔法バトルファンタジー、第8弾!

2017.6 318p B6 ¥1200 ①978-4-86554-228-8

◆**境界迷宮と異界の魔術師 9**　小野崎えいじ著　オーバーラップ　（オーバーラップノベルス）
【要旨】アシュレイの実兄エリオットをザディアの魔手より解き放ったテオドールは、母・リサの故郷であるシルヴァトリア王都・ヴィネスドーラへと向かう。そこで彼は知ることになる、かつて魔人と戦った魔術師「古き血統」のこと。そしてリサもそれに名を連ね、「封印の巫女」と呼ばれていたことを。そんな中、テオドールの前にザディアスが姿を現す。かつてリサを陥れ、今その謀略でもってシルヴァトリアを我が物にしようとするザディアス。テオドールは、遠い異国の地において戦いに身を投じる。シルヴァトリア王国のため、そして母に代わって仇敵を討つために。一方ザディアスは、自身の野望成就のため、半人半竜の異形の姿となりテオドールに襲いかかるのだった。転生×魔法バトルファンタジー、第9弾!

2017.9 316p B6 ¥1200 ①978-4-86554-260-8

◆**僕はまだ、君の名前を呼んでいない―lost your name**　小野崎まち著　マイナビ出版（ファン文庫）
【要旨】大学を卒業し、就職することなく何となくラノベ作家になった久太と、マンガ家になった漆。久太の母・涼花と3人で奇妙な「同居」生活を送っている。2人は恋人同士ではなく、親友とも違った関係だった。彼らを結びつけているのは、久太たちの冬に起きたある事件だった―。気がつくと自然に泣いていた作品『サムウェア・ノットヒア』に連なる物語ではあるが、完全に独立した作品として、あなたに喪失と再生の物語を捧げる。

2017.6 317p A6 ¥647 ①978-4-8399-6367-5

◆**異世界でダークエルフ嫁とゆるく営む暗黒大陸開拓記**　斧名田マニマニ著　集英社　（ダッシュエックス文庫）
【要旨】主人公が異世界に転生して勇者になり、六〇〇年が経った頃―「世界を救うのは、もう飽きた。俺はスローライフで、第二の人生を謳歌したい」願いは聞き入れられ、暗黒大陸を領土として譲り受けた。そこは凶暴な魔物の巣窟だったが、各種スキルレベルがカンストしている元勇者には、ばったばったと余裕の無双。道中救ったダークエルフの姫が嫁(自称)としてくっついてくるのも受け入れて、未知の大陸を自分好みに開拓していく。気がつけば、いつしか元勇者のまわりには、彼を崇拝する魔物たちが集まっていた。ダークエルフ嫁と魔物たち、そして元勇者の開拓記は続く―元勇者ののんびり気ままな自給自足ライフ♪

2017.11 274p A6 ¥600 ①978-4-08-631216-5

◆**最強聖騎士のチート無し現代生活 1 姫君はイタズラな副会長**　小幡京人著　オーバーラップ　（オーバーラップ文庫）
【要旨】「俺の名は『ユウキ・グレン・オーガス』! ラバールの聖騎士である!」宿敵との決戦の末、奈落へと堕ちた聖騎士ユウキ。彼が目覚めるとそこは、見慣れぬ建物が並ぶ異形の街―現代日本だった! 警官に補導されたり妹に魔剣を折られたりしたユウキは、いろいろと勘違いしたまま高校に通うことに。鎧を着れず通学したり異世界での旅の思い出を語ったりと、周囲から重度の中二病認定されながら学園生活を送るユウキ。しかしそんな彼のぶれない聖騎士っぷりが、悩みを抱える少女達の心を救っていき…!?これは、異世界の聖騎士さんが囚われの姫の涙を止める物語…かな?

2017.4 287p A6 ¥630 ①978-4-86554-189-2

◆**最強聖騎士のチート無し現代生活 2 魔王はポンコツな転校生**　小幡京人著　オーバーラップ　（オーバーラップ文庫）
【要旨】デート中のユウキとイリスの前に現れた、魔王を名乗る謎の少女。魔剣を奪還しようと付き纏う彼女とユウキの激闘(?)により、学園と家はさらなる混沌に叩き落とされる。一方で、ユウキと仲の良い中二病仲間にしか見えない魔王ちゃんの登場は、ユウキを巡る恋模様(?)にも影響を及ぼし始め…! そして始まる聖騎士と魔王の最終決戦! 舞台は一体育祭の棒倒し!!

2017.9 255p A6 ¥590 ①978-4-86554-257-8

◆**レイロアの司祭さま―はぐれ司祭のコツコツ冒険譚**　朧丸著　小学館　（ガガガブックス）
【要旨】冒険者が集う街・迷宮都市レイロア。司祭のノエルは、あまりにも遅い成長速度のせいで固定パーティを組めず、便利屋稼業を続けていた。しかし、徐々に彼のまわりには個性豊かな仲間が集まり始めてきて―。はぐれ司祭のノエルと愉快な仲間たちが送る、せちがらくもどこか楽しい冒険活劇、はじまり! 書き下ろし短編『レイニィブルー』収録!

2017.7 309p B6 ¥1200 ①978-4-09-461102-1

◆**レイロアの司祭さま―はぐれ司祭のコツコツ冒険譚 2**　朧丸著　小学館　（ガガガブックス）
【要旨】冒険者が集う街・迷宮都市レイロア。司祭のノエルは、あまりにも遅い成長速度のせいで相変わらず固定パーティを組めずにいた。冬が近づくレイロアの街も慌ただしく、ノエルは便利屋稼業を続けながら依頼をこなす日々。街にダンジョンに温泉まで。今日もその日限りのパーティとの冒険が不思議な縁を繋いでいく。せちがらくもどこか楽しい冒険活劇第二幕、はじまり! はじまり!

2017.11 341p B6 ¥1200 ①978-4-09-461106-9

◆**霧ノ宮先輩は謎が解けない 2**　御守いちる著　講談社　（講談社ラノベ文庫）
【要旨】僕たちの日下部秀一の一つ上の先輩、霧ノ宮才華。彼女は大の事件好きで、事件とあらば現場に赴き推理をしたがる。しかしその推理は的外れで、解決する事件も解決しない。それでも霧ノ宮先輩は今日もひたすら我が道を行く。春休みになったばかりのある朝、霧ノ宮先輩に呼び出されると、今度は名門のお嬢様学校に行くと言い出した。まだ事件も起きていないのに一と思ったら、霧ノ宮先輩はお嬢様が自由にできる家の力を使用し、男子禁制の秘密の花園へと僕をいざなう。魅惑のお嬢様学校と事件なんて、関係がないはずなのに。事件と謎を求めて―霧ノ宮先輩は、きっと今日も、謎が解けない。

2017.12 254p A6 ¥620 ①978-4-06-381641-9

◆**霧ノ宮先輩は謎が解けない**　御守いちる著　講談社　（講談社ラノベ文庫）
【要旨】突然起こる謎に包まれた事件、そこに颯爽と現れ、華麗な推理を披露し解決する―それこそまさに、名探偵。まるでその名探偵のように振る舞う少女、霧ノ宮才華は、僕・日下部秀一の一つ上の先輩だ。しかも家が日本主力財閥の一つだとか、つまりお嬢様である。本来ならば噛みついも平民学生が近づけるような人でない。それなのに、なぜか僕は先輩の助手にされている。事件現場へ赴き、積極的に首を突っ込んでいく名探偵スタイル。それに僕が辟易としている中、ついに本物の殺人事件が起こる一!!「深き闇の中を彷徨い立ち、この私が白日の下に暴いてみせよう」先輩の推理が閃き、瞬く間に事件の謎が一解けたのである。

2017.9 303p A6 ¥620 ①978-4-06-381614-3

◆**竜騎士のお気に入り―侍女はただいま兼務中**　織川あさぎ著　一迅社　（一迅社文庫アイリス）

◆【要旨】「私を、助けてくれないか？」16歳の誕生日を機に、城外で働くことを決めた王城の侍女見習いメリッサ。それは後々、正式な王城の侍女になって、憧れの竜騎士隊長ヒューバードと大好きな竜達の傍で働くためだった。ところが突然、隊長が退役すると知ってしまって!?目標を失ったメリッサは、困惑していたけれど、ある日、隊長から意外なお願いをされて――。竜の集まる辺境伯領の領主になった隊長のお役に立てるのなら、大好きなメリッサと恋人役、お引き受けいたします！堅物騎士と竜好き侍女のラブファンタジー。
2017.2 286p A6 ¥638 ①978-4-7580-4906-1

◆竜騎士のお気に入り 2 侍女はねがいを実現中 織川あさぎ著 一迅社 (一迅社文庫アイリス)
【要旨】王城の侍女見習いから竜が集まる辺境伯家の侍女になったメリッサ。彼女は辺境伯領の領主となった元竜騎士隊長ヒューバードの恋人になっても、相変わらず侍女の仕事と大好きな竜達のお世話に精をだしていた。そんなある日、竜達に気に入られているメリッサを利用して、王宮へ召還しようとしているという不穏な知らせが届いて―。大好きなヒューバード様と竜達と引き離されるのなら、ご遠慮申し上げます！堅物騎士と竜好き侍女のラブファンタジー第2弾!!
2017.6 286p A6 ¥638 ①978-4-7580-4961-0

◆竜騎士のお気に入り 3 侍女はしばらく帰省中 織川あさぎ著 一迅社 (一迅社文庫アイリス)
【要旨】王城の侍女見習いから竜が集まる辺境伯領の侍女になったメリッサ。彼女は辺境伯領の主となった元竜騎士隊長ヒューバードの婚約者として扱われるようになったものの、国には認められていなかった。そこで、彼と正式に婚約するため、王都へ旅立つことに。両親へ挨拶をすませ、国に婚約を認めてもらうだけの帰省。それだけのはずが、思わぬ事態に巻き込まれて―。どんなことが起ころうとも、ずっとヒューバード様と竜達と一緒に過ごすために、頑張らせていただきます！堅物騎士と竜好き侍女のラブファンタジー第3弾!!
2017.12 270p A6 ¥638 ①978-4-7580-9007-0

◆先生、原稿まだですか！―新米編集者、ベストセラーを作る 織川制吾著 集英社 (集英社オレンジ文庫)
【要旨】念願かなって百万書房に編集として入社した平摘菜。あこがれの作家の担当を任される喜びもつかの間、その人は大ヒットのデビュー作以降筆を止めてしまっていた!?さらにはベテラン作家の新作を担当するよ。「売れる本とは？」という難題にぶつかって―。戦う新米編集・平摘菜、100万部目指して今日も編集業に奔走中！読めば元気になる、文芸業界お仕事小説。
2017.5 253p A6 ¥560 ①978-4-08-680134-8

◆モンスター娘のお医者さん 3 折口良乃著 集英社 (ダッシュエックス文庫)
【要旨】季節はめぐるも医師グレンの人外診察は通常運転。ラミア族のサーフェの治療で口に指を突っ込んで噛ませたり、スキュラ族のクトゥリフ師匠には触手攻めされたり…。そんなある日、メロウ水路街の記念式典で議会代表となるドラゴン娘のスカディが倒れる事件が発生。原因不明の腫瘍が心臓にできており、一刻を争う状況だがその治療は困難を極める。医療用の特別な道具をサイクロプス族の卑屈少女メメに依頼し、さらには意外な人物を外科医として抜擢。かくして竜の街、リンド・ヴルムを揺るがす世紀のドラゴン大手術が始まる―。最強タッグがフェチ感満載で贈る"モン娘"診察奮闘記、第3弾!!
2017.6 323p A6 ¥620 ①978-4-08-631188-5

◆死霊術教師と異界召喚(ユグドラシル) 陵次飛行者著 KADOKAWA (富士見ファンタジア文庫)
【要旨】死者を蘇らせ、使役する魔法学問・死霊術。悪名高い・聖オルフェ学院に死霊術の教師として赴任したトラン・スピンタートは、授業初日から窮地に立たされていた。生徒に素顔を知られないよう、仮面で素顔を隠し、恐怖で以て威圧した結果―「あなたは二ダブの留年生でしたね！」その過去を知る優等生・ビーヒモスから、教師失格の烙印を押されてしまう!?だが、世界を揺るがす大事件が起きた時、「お前の守るうとした世界を、もう一度守るために…力を貸せ！」ト ラン、生徒を救うべく、世界を守護する伝説の竜を放ち繰り広げる異種園学園ファンタジー。
2017.6 318p A6 ¥600 ①978-4-04-072382-2

◆我にチートを 3 温泉卵著 ホビージャパン (HJ NOVELS)
【要旨】竜神草を求めて入ったダンジョンで、不思議な空間に迷い込んだサブロウ。そこは決して入ることが出来ないはずの精霊たちの森だった。ダンジョン攻略中に、身の丈に合わない莫大な経験値を手に入れてしまったサブロウは、時の流れがきわめて遅いその世界で、様々な精霊の美女たちと修行をすることになり―。
2017.7 249p B6 ¥1200 ①978-4-7986-1492-2

◆俺をこんなに好きにさせて、どうしたいわけ？ acomaru著 スターツ出版 (ケータイ小説文庫・野いちご)
【要旨】女子校に通う高2の美夜は、ボーイッシュな見た目で女子にモテモテ。だけど、ある日いきなり学校が共学に!?後ろの席になったのは、イジワルな黒王子・矢野。ひょんなことから学園祭のイケメンコンテストで対決することになり、美夜は勝つため、変装して矢野に近づくけど…？イジワルなのに甘い、黒王子のギャップにドキドキ！甘々ラブコメディ。
2017.1 365p A6 ¥590 ①978-4-8137-0198-9

◆ハチミツみたいな恋じゃなくても。 Aki著 スターツ出版 (野いちご文庫)
【要旨】高3の花音は他校に通う初恋の人に再会。でも彼には彼女がいた。どうしても忘れられない花音は、彼の親友の圭太に「俺と付き合えば、いつでも会いに来れるよ」と言われ、付き合っているふりをすることに。意地悪だけど意外と優しい圭太には、ありのままの自分を見せられて、なんだか居心地がいい。そして実は花音のことが昔から好きだったという圭太に、「絶対好きにさせる」と宣言されて…？
2017.9 293p A6 ¥590 ①978-4-8137-0325-9

◆キミ色の片想い。 AKuBiy著 KADOKAWA (魔法のiらんど文庫)
【要旨】翠夏、結子、いのる、剣士は幼なじみ4人組。高校生になっても、ドSな剣士からいつも面倒を押しつけられる翠夏は、夏休み、代わりに海の家でバイトするハメに。でも、そこには憧れの鬼堂先輩がいた―。いつも見てるだけだった、片想いの彼との急接近。海辺で、ちょっぴり大人の夜を知った夏。翠夏につられるように、結子、いのる、剣士それぞれの秘めていた恋も、動きだした。
2017.8 236p A6 ¥650 ①978-4-04-893357-5

◆オール1から始まる勇者 2 alzon著 リンダパブリッシャーズ, 泰文堂 発売 (レッドライジングブックス)
【要旨】高校生である今浪勇人は、「精霊の使い」として異世界に召喚された。だが何者かの策略によって、ステータス値はなんと「オール1」になってしまっていた！彼は、冒険の中で知り合った貴族の息子カレッタからの依頼を受けて学園の騎士学科に編入することに。異質な力を秘めた少女アーフィや、旅役者をしながら復讐の機会をうかがう少女ファリカと共に、学園での授業やイベントの日々を過ごす勇人。そして迷宮都市に潜む邪悪と対決する！
2017.8 B6 ¥1200 ①978-4-8030-1022-0

◆プロローグは刺激的に ayane著 KADOKAWA (B's-LOG presents)
【要旨】編集者になる夢を見て上京した28歳のまひるは、希望の職に就けず派遣先のスーパーで細々と働く日々。ある日、まほぼ頭に無精ひげ、着流しに下駄という明らかに不審な男にうっかり生朋をとられてしまう!!すると「ずっと気になっていた」「ずっと好きだった」と、この怪しい男が、まさに猛烈アプローチされることに。でも、ときめく言葉を言われているはずなのに、なんだか様子が変なんですけど？？「問題ない。俺は作家、只野直人だ」問題大アリ！どうやら男は、「恋愛」小説を書くためにまひるが必要だったようで…!?偏屈作家と地味な派遣女子の、ドラマのように"刺激的な恋"が始まる―。ビーズログ文庫×「」カクヨム恋愛小説大賞特別賞受賞作！
2017.11 319p B6 ¥1200 ①978-4-04-734871-4

◆異世界料理道 10 EDA著 ホビージャパン (HJ NOVELS)
【要旨】新メニューに「肉じゃが」登場！絶好調異世界料理ファンタジー、第10巻!!
2017.3 284p B6 ¥1200 ①978-4-7986-1413-7

◆異世界料理道 11 EDA著 ホビージャパン (HJ NOVELS)
【要旨】偽森騒動事件の真相を追いながらも、新メニューを開発しつつ屋台を続けるアスタ。膠着状態が続くと思われたその時、アスタは何者

かにさらわれ、気が付くととある屋敷の一室で目を覚ます―。
2017.6 331p B6 ¥1200 ①978-4-7986-1469-4

◆異世界料理道 12 EDA著 ホビージャパン (HJ NOVELS)
【要旨】リフレイアの元から助け出されたアスタは、戻ってきた日常の中で、森辺の民だけではなくジェノスの人々との絆も実感する。そして、サイクレウスとの会談を数日後に控えながら、屋台を再開させるアスタだったが、ドンダ=ルウから会談前夜の晩餐を任されることになり―。
2017.11 310p B6 ¥1200 ①978-4-7986-1533-2

◆ストライキングガール！ EDA著 KADOKAWA (カドカワBOOKS)
【要旨】田舎の荒っぽい空手道場に生まれたせいで、喧嘩三昧の散々な毎日を送ってきたレオナ。そんな生活とはオサラバし、華やかな高校生活を！と東京の全寮制校に転入した彼女だったが、奇妙なクラスメイトに目を付けられ、半強制的に連れて行かれた先は…なぜか格闘ジム！平穏を求める彼女の願いも空しく、ジムに入門することになってしまい、さらには覆面をして試合出場まで。喧嘩負けナシの女子高生は、格闘技界のトップを獲れるか!?
2017.4 286p B6 ¥1200 ①978-4-04-072156-9

〔か行の作家〕

◆詐騎士外伝 薬草魔女のレシピ 3 かいとーこ著 アルファポリス,星雲社 発売 (レジーナ文庫)
【要旨】美味しい料理で美容と健康を叶える"薬草魔女"エルファ。職場のレストランも、個別に依頼される食事指導も好調な毎日。さらに彼女に求愛するナジカとの仲も徐々に近づいて―？そんな折、彼女はナジカや同僚達と女騎士ルゼの故郷へ行くことに。けれどそこにいたのは、浮気したエルファの元婚約者アロイスだった！おまけに、先日彼女を誘拐した傀儡術師カイルまで登場。これは単なる偶然か、それとも何かの罠か？恋も魔物の陰謀も急展開!?文庫だけの書き下ろし番外編も収録！
2017.10 397p A6 ¥640 ①978-4-434-23790-4

◆妖精王のもとでおとぎ話のヒロインにされそうです かいとーこ著 Jパブリッシング (フェアリーキス)
【要旨】老皇帝に嫁ぐ途中、妖精の森へと攫われて『絶世の美女』なんてあり得ない噂を広められた小国の王女イーズ。それもこれも根性の悪い妖精王のせい！怒った皇帝は森に攻めてくるし、助けに来た美貌の皇子ターリスとは仲良く一緒に捕獲される始末。おまけに仲良くなった皇子ともやたら壮大なシナリオに加担させられて―？登場人物は凡庸な姫君に不憫な皇子、演出は性悪妖精王と、破壊が趣味の天使様!?偽装まみれの甘く綺麗な"おとぎ話"、ついに開幕！
2017.3 318p B6 ¥1200 ①978-4-908757-68-6

◆妖精王のもとでおとぎ話のヒロインにされそうです 2 かいとーこ著 Jパブリッシング (フェアリーキス)
【要旨】妖精王の企みで『黄金の林檎を守る絶世の美女』に仕立てられた小国の王女イーズ。彼女の隣にいる乙女皇帝の皇子・タリスとは仲良く暮らしているけれど、なぜか距離感があって…。一方のタリスも彼女の奥手さゆえに一歩踏み出せず。おまけに絵本作家兼魔術師と名乗る軽そうな男がイーズに近づいてくるから、イライラも最高潮！だけど彼女と妖精達のちょっかいで二人の関係はようやく進展…と思いきや何故かそれが国を巻き込む大騒動に発展してしまい!?
2017.8 310p B6 ¥1200 ①978-4-86669-014-8

◆やはり雨は嘘をつかない―こうもり先輩と雨女 皆藤黒助著 講談社 (講談社タイガ)
【要旨】私の誕生日の前日、おじいちゃんは危篤に陥った。肌身離さず持っていた写真は、私の生まれた日に撮影された心霊写真めいたものだった。しかも「五色の雨の降る朝に」という謎の書き込みも。かわいがられた記憶はないけれど、写真に込められたおじいちゃんの想いを知りたくて、雨の日にしか登校していない雨月先輩に相談を持ちかけた。これは私が雨を好きになるまでの物語。
2017.6 269p A6 ¥690 ①978-4-06-294073-3

◆"Infinite Dendrogram"―インフィニット・デンドログラム― 3 超級激突 海道左近著 ホビージャパン (HJ文庫)

ヤング・アダルト小説

【要旨】決闘都市ギデオンの闘技場で開催されるイベント「超級激突」。人知を超えた能力を持つ"超級"同士のバトルを間近で見ることができるこの大祭に向けて、町中がお祭り騒ぎとなっていた。アルター王国決闘ランキング1位"無限連鎖"フィガロVS.黄河帝国決闘ランキング2位"応龍"迅羽。知り合いであるフィガロの応援もあり、闘技場へと足を運んでいたレイたちだが、この大祭の水面下ではある企みが進行していて—。超人気VR-MMOファンジー、大興奮の第3巻!

2017.4 365p A6 ¥648 ①978-4-7986-1432-8

◆"Infinite Dendrogram"-インフィニット・デンドログラム- 4 フランクリンのゲーム 海道左近著 ホビージャパン (HJ文庫)

【要旨】ギデオンで行われた"超級激突"。その決着の瞬間に現れた白衣の男・"大教授"フランクリンは、アルター王国をも揺るがすゲームの開始を宣言した。町中に溢れだした大量のモンスター、闘技場に閉じ込められた上級プレイヤーたち。王国滅亡に王手のかかったこの状況を打開すべく、プレイヤーたちは国を、誇りを護るために動き出す。レイ、マリー、ルークたちはそれぞれの戦場で、フランクリンの配置した強敵と激突する—!!超人気VRMMOファンジー、圧倒的熱量の第4巻!!

2017.7 314p A6 ¥638 ①978-4-7986-1478-6

◆"Infinite Dendrogram"-インフィニット・デンドログラム- 5 可能性を繋ぐ者達 海道左近著 ホビージャパン (HJ文庫)

【要旨】王国に仕掛けられたテロは、レイたちルーキーの活躍によって鎮静化しつつあった。しかし、"勝つ"ためには手段をえらばないフランクリンによる最後の切り札が発動し、大量のモンスターが王国へと進撃を開始する。限られた人数、閉じ込められた上級マスターたち。再び王国が危機に陥ったその時—あの男がついに動き出す!!

2017.10 297p A6 ¥638 ①978-4-7986-1551-6

◆巻き込まれて異世界転移する奴は、大抵 海東方舟著 宝島社

【要旨】四人の勇者に巻き込まれて異世界転移した高校生・小鳥遊強斎。美少女奴隷のミーシャ(狼耳)、レイア(狐耳)、ルナ(超絶美人)と魔王キャルビス(ツンデレ)を配下に収めて、向かうは最難関ダンジョン「コトリアソビ」。このダンジョンは強斎が作ったはずなのだが、なぜか知らない仕掛けが増えていたのだ。ダンジョンを調べる強斎の前に舞い降りたのは、謎の天使だった! 一方、勇者たちは新たな力、「聖騎士化」、「竜化」、「天使化」を手に入れた。その強大な力で魔界へ乗り込んだ勇者たちの前に立ちはだかったのは、他でもない、捜し求めていた勇者の姿だった!!

2017.2 287p B6 ¥1200 ①978-4-8002-6630-9

◆機巧少女(マシンドール)は傷つかない 16 下 Facing "Machine doll 2" 海冬レイジ著 KADOKAWA (MF文庫J)

【要旨】機巧魔術—それは魔術回路を内蔵する自動人形と、人形使いにより操られる魔術。神性機巧、誕生。定められた必然のごとく、予見通りに事はなされた。人類は"次の人類"を創造した…が、それは天地開闢以来、最強最悪の脅威となった。人智を超えた存在に対し、人に過ぎない魔術師たちには抗う術がない。しかし、"彼"はあきらめない。天体壊滅を食い止めるべく、"愚者"たる者の叡智が光る! 長き旅路の果て、数多の試練のその先に、少年が見出した解答一雷真が、ロキが、縁が、縁が見つけた答えとは? シンフォニック学園バトルアクション、完結。

2017.7 262p A6 ¥580 ①978-4-04-069287-6

◆大国チートなら異世界征服も楽勝ですよ? —替え玉皇帝になったので美少女嫁も豊富です。 櫂末高彰著 KADOKAWA (MF文庫J)

【要旨】平凡な高校生・日和常信が目覚めると、異世界で替え玉皇帝にされてしまっていた。従属魔法により自由を奪われるーかと思いきや、召喚主である帝国の姫・パオラが良い子だったため、主従関係が逆転してしまう。自由の身となった常信は、帝国内を見て回るのだが「この国なのすべてだ!!」「領土は大陸の四割以上を占め、人口や資産は他国全ての千倍を誇り、これまで滅ぼした国は優に万を超える。—そう。このグロリア帝国は圧倒的に広く、すべてが皇帝=常信のものなのだ! その上、パオラだけでなく、エルフの姫、獣人娘、姫騎士も愛妾にと志願してきてしまい…!?これぞまさに異世界の皇帝ライフが今始まる!

2017.2 324p A6 ¥580 ①978-4-04-069078-0

◆大国チートなら異世界征服も楽勝ですよ? 2 —英雄嫁を増やすのも皇帝の大事な仕事です。 櫂末高彰著 KADOKAWA (MF文庫J)

【要旨】グロリア帝国の替え玉皇帝として、圧倒的物量を武器に連合軍を退けた常信だったが、目の下の悩みは迫り来る四人の嫁だった。「むーっ。みんな、へーかの嫁だけど、わたしが一番なの!」「正妻として、陛下に一番愛していただくのは私でなければなりませんわ」それはさておき、帝国の捕虜となった姫・ロザリンド「風の姫」に救出に残る「七勇神姫」の五人が立ち上がり—!?「彼女を虜囚とし、あんなことやこんなことや、あまつさえそんなことまで…?一国の姫だぞ!?一国の姫、まさかそんなことまでするだなんて…!この、一国の皇帝よ!」(やってねぇよ!)妄想激しい彼女たちを追い返すため、常信はまたも物量無双を繰り広げることに!?

2017.6 322p A6 ¥580 ①978-4-04-069338-5

◆大国チートなら異世界征服も楽勝ですよ? 3 —豊富な嫁の力があれば神の試練も余裕です。 櫂末高彰著 KADOKAWA (MF文庫J)

【要旨】グロリア帝国の替え玉皇帝として、大陸に誇る英雄「七勇神姫」をもってして常信の下に次なる嫁が!「鬼畜破廉恥外道皇帝、私と結婚しなさい」。そうして、私があんたの歪んだ性癖を全て受け止めてあげましょう。あんなことやこんなこと、そ、そんなことだって、させてあげなくもないわよっ…。た、ただし」突然やってきて常信に結婚を迫る慈愛の女神・クォーレ。さらには大陸の大神・クォーリーも登場し、クォーレとの結婚を認めるための試練(無理難題)を課してくるのだが…? 帝国の物量は神をも凌ぎ? !あらゆる問題を物量で押し潰す、爽快にして痛快なる皇帝ファンジー!

2017.10 325p A6 ¥580 ①978-4-04-069508-2

◆俺たちは空気が読めない 2 孤独(ボッチ)な彼女の嫁ぎ方 鏡銀鉢著 KADOKAWA (MF文庫J)

【要旨】私立銀鉢高校二年生・小日向刀彦は相変わらず空気が読めない。リア充の魔の手から莉子を救い、絆を深めたボランティア部の面々に舞い込まれた新たな依頼は、学園祭で担任の結婚式を行うことだった。やる気満々の残念美少女たちに、莉子の胃痛は止まらない。中二病患者・作家やチョロイン後輩・高橋たちも巻き込んで、式の準備を進めるのだが、残念ポッチたちの介入によりあらゆるイベントがおかしな方向に!?一方、聖良にお見合いの話がきてしまい—?「ねぇ、刀彦—ワタシみたいに、偉そうで本音ばかり言っちゃう娘は、イヤ?」学園祭も結婚もまとめてぶち壊せ! 自由気ままなボッチたちによる学園破壊系ラブコメディ第二弾、登場!

2017.10 282p A6 ¥580 ①978-4-04-069083-4

◆LOSER—犯罪心理学者の不埒な執着 鏡コノエ著 講談社 (講談社X文庫—ホワイトハート)

【要旨】類い稀な美貌と圧倒的なカリスマ性で、絶大な人気を集める犯罪心理学者・林田は、三年前に突然行方不明になった恋人・志水と再会する。記憶を失い、ボロ雑巾のようになっていた志水は、頑なに林田を拒絶するが、厄介な事件に巻き込まれていた。志水への想いと仕事柄、否応なしに事件に関わることになった林田が、志水がとある能力を持っている事実に気がつく—!? ミステリアス・ラブロマンス登場!

2017.8 271p A6 ¥690 ①978-4-06-286955-3

◆終わりのセラフ—瀬グレン、19歳の世界再誕(リザレクション) 1 鏡貴也著 講談社 (講談社ラノベ文庫)

【要旨】一瀬グレンは罪を犯した。決して許されない禁忌—人間の蘇生。死んでしまった仲間を、家族を生き返らせるために発動された実験—"終わりのセラフ"により、人類の繁栄は一度、終焉を迎えた。生き残るのは鬼と、子供だけ。人口は十分の一以下となり、化け物が跋扈し、吸血鬼による人間狩りが行われる世界でも、それでも、生き残った人間たちは、希望を胸に世界の再生を目指す。許されざる罪を胸に抱えながらもグレンもまた一歩を踏み出すのだが—! 大人気の「終わりのセラフ」新シリーズが登場!

2017.12 268p A6 ¥600 ①978-4-06-381636-5

◆大伝説の勇者の伝説 17 団子娘の出す答え 鏡貴也著 KADOKAWA (富士見ファンタジア文庫)

【要旨】「未来眼」の力で視た未来は、すべて十年後に世界が滅亡する絶望の結末だった。その未来を唯一狂わせる方法。それはライナが渇望しながら目を背け続けていたこと—自分が愛されてよい存在だと信じることだった。そしてライナは決意する。誰よりも長くそばにいて、共に旅をして、背中を預けて闘い、かつての窮地を乗り越えてきたフェリスに告白することを。「俺はおまえが欲しい。俺は独りじゃもう、無理なんだ」ライナの人生を賭けた言葉に、フェリスの答えは!?愛を手に入れ残酷な世界に抗う、ファンタジー・イノヴェーション!

2017.10 254p A6 ¥600 ①978-4-04-070768-6

◆高1ですが異世界で城主はじめました 11 鏡裕之著 ホビージャパン (HJ文庫)

【要旨】ヒロトが治めるサラブリア州の隣のノブレシア州で、ミイラ族の娘を狙った卑劣な犯罪が発生する。犯人は高貴な血筋の者らしく、ミイラ族たちは泣き寝入りしかできない。ノブレシアに住むミイラ族の娘・リチアは善政を布くヒロトの噂を聞いてミイラ族の救済を直訴するが、他の州の内政にヒロトは介入できないという法の壁が立ちはだかる。ミイラ族を救うため、ヒロトがある策を思い立つが—。異世界成り上がりストーリー、ヒロトの活躍は新たなステージへ!

2017.5 382p A6 ¥657 ①978-4-7986-1445-8

◆高1ですが異世界で城主はじめました 12 鏡裕之著 ホビージャパン (HJ文庫)

【要旨】ミイラ族からの圧倒的な信頼を集めたためにヒュブリデ王国の貴族たちに危険視され、王都へ召喚された辺境伯ヒロト。反ヒロト派の貴族たちはヒロトを陥れ、失脚させようと悪だくみを巡らせるが、そのために選ばれたのは国王に寵愛される姫・オルフィーナだった。やがてヒロトは最高法院で審問を受けることが決まり—。異世界成り上がり物語、陰謀だらけの王都でヒロトはどう動く!?

2017.9 390p A6 ¥657 ①978-4-7986-1549-3

◆最強パーティは残念ラブコメで全滅する!? —恋愛至上の冒険生活 鏡遊著 KADOKAWA (富士見ファンタジア文庫)

【要旨】最強の冒険者パーティ"紅い戦団"を率いる少年・ナギは、全てのスキルを極めた"グランドマスター"。そんな彼の唯一の弱点は「このクエストをクリアするんだ!…今度こそフィオに告白するんだ!」冒険ほったらかしで仲間の魔法使いの方・フィオに夢中になること!?フィオの方も「今日はいっぱいナギ君と話しちゃって」と、実は両想いなんだけど、思春期全開の二人は想いを言い出せない状況。ボスバトル中ですら、回復薬を渡そうと手が触れただけで「「…あっ」」—即ラブコメ時空に突入しちゃって!?ボスそっちのけで贈る、思春期こじらせファンタジーラブコメ!

2017.8 318p A6 ¥600 ①978-4-04-072373-0

◆最強パーティは残念ラブコメで全滅する!? 2 恋と水着の冒険天国 鏡遊著 KADOKAWA (富士見ファンタジア文庫)

【要旨】2つ目のグランドクエスト攻略を目指す最強パーティ"紅い戦団"を待ち受けていたのはまさかの水着イベント!?戦いの舞台は南方の行楽地・アティシャ。パーティ仲間は冒険そっちのけで海で遊んでいるし、バトルが始まっても肌の露出のせいで集中できず、思春期戦士には超ハードな状況で…。更に、ボス攻略に失敗し、無人島でサバイバル生活を送ることになったナギとフィオは、一緒に料理したりお風呂に入ったりと一気に距離を縮めることに成功し—「フィオ、俺は君のことが—」最強パーティの二人の恋模様、ボスほったらかしで急展開!?

2017.11 302p A6 ¥640 ①978-4-04-072383-9

◆セックス・ファンタジー 鏡遊著 KADOKAWA (NOVEL ZERO)

【要旨】「異性を誘惑し意のままに操る能力」を持つ度を超した女好きの青年シードは、世界に「愛」と「性」を伝えることを生きがいに大陸各地を放浪していた。そんな彼の次の目標は、かつて世界を破滅へと追い込んだ魔神の力を宿した衣、魔衣をまとう美少女・魔衣姫。アティナ王国国王代理を務める姫君アリーシャだった。彼女とHするため、王国内に潜入したシードだが、なんと姫様の方から「わたしを堕としてほしい」と持ちかけられ!?

2017.11 294p A6 ¥680 ①978-4-04-256056-2

◆ゴブリンスレイヤー 4 蝸牛くも著 SBクリエイティブ （GA文庫）
【要旨】「ゴブリンよりも、よほど危険だ。だが魔神どもとは比べるべくもない」国王署名入りの依頼「悪魔の塔」の討伐に重戦士、槍使い、ゴブリンスレイヤーの三人が挑む―。「ね、ぶらぶらしよっか」ゴブリンスレイヤーのいない休日、牛飼娘は女神官と街を散策する―。「見てなさい。私が世界の一つ二つ、救ってあげるから！」妖精弓手は冒険者のいない日、受付嬢の提案で、聖騎士を演じる―。「森人と一緒に冒険に行けよ？」種族を超えた共闘、これは彼と出会う前の三人の冒険である。辺境の街で紡がれる、十の物語。
2017.1 289p A6 ¥600 ①978-4-7973-8955-5

◆ゴブリンスレイヤー 5 蝸牛くも著 SBクリエイティブ （GA文庫）
【要旨】ゴブリン退治から消息を絶った令嬢剣士を探して欲しい―剣の乙女の依頼を受けて、北方の雪山に向かうゴブリンスレイヤーたち一行。しかし、襲撃される寒村、謎の礼拝堂、今回のゴブリンの群れに違和感を覚えるゴブリンスレイヤー。「…学習した、だと？」仲間の痛手を越えて洞窟探索を終えた一行は、あるものを見つける。「外なる、智慧の神。覚知神の」何者かに統率されたゴブリンの巣食う古代の砦にゴブリンスレイヤーたちが挑む！蝸牛くも×神奈月昇が贈るダークファンタジー第5弾！
2017.5 311p A6 ¥610 ①978-4-7973-9158-9

◆ゴブリンスレイヤー 6 ―ドラマCD付き限定特装版 蝸牛くも著 SBクリエイティブ （GA文庫） （付属資料：CD）
【要旨】新たな冒険者希望者の集まる春。ゴブリン退治だけを希望する魔術師の少年が受付嬢を困らせていた。一方、辺境の街から少し離れた場所に、冒険者訓練場が建設中。そこには、かつて村があったのだと、ゴブリンスレイヤーは知っていた。「ゴブリンぶっ殺すんだ！」少年魔術師たちも一党を組むことになったゴブリンスレイヤーたちの跋扈する陵墓へと向かう。蝸牛くも×神奈月昇が贈るダークファンタジー第6弾！ドラマCD『今日は良い日（グッデイ・トゥデイ）』付き限定特装版。
2017.9 369p A6 ¥2400 ①978-4-7973-9160-2

◆ゴブリンスレイヤー 6 蝸牛くも著 SBクリエイティブ （GA文庫）
【要旨】新たな冒険者希望者の集まる春。ゴブリン退治だけを希望する魔術師の少年が受付嬢を困らせていた。一方、辺境の街から少し離れた場所に、冒険者訓練場が建設中。そこには、かつて村があったのだと、ゴブリンスレイヤーは知っていた。少年魔術師たちも一党を組むことになったゴブリンスレイヤーたちはゴブリンの跋扈する陵墓へと向かう。蝸牛くも×神奈月昇が贈るダークファンタジー第6弾！
2017.9 369p A6 ¥640 ①978-4-7973-9159-6

◆死にかけて全部思い出しました!! 2 家具付著 アルファポリス、星雲社 発売 （レジーナブックス）
【要旨】怪物に襲われて死にかけたところで、乙女ゲームの悪役に転生したと気付いたバーティミウス。そこで謎の男イリアスに助けられて以来、今までにはなかった出来事が次々と起こる。そんなある日、彼女たちの乗った船が海賊に襲われてしまう！奴隷として捕らわれたバーティミウスは、海賊の首領ニィジー・ジンに助けられる。そしてひょんなことから、彼らの船で働く事になってしまい―!?死ぬはずだった悪役王女の奮闘記、波乱の第二巻！
2017.3 299p B6 ¥1200 ①978-4-434-23026-4

◆死にかけて全部思い出しました!! 3 家具付著 アルファポリス、星雲社 発売 （レジーナブックス）
【要旨】乙女ゲームの悪役に転生したバーティミウス。旅先から城に戻って彼女は無実の罪で国外追放されてしまう！そして砂漠をさまよっていたところ、隊商に発見されて命拾いするが―ゲームでも見たことのある激レアな攻略対象が出現!?死ぬはずだった悪役王女の奮闘記、急展開の第三巻！
2017.7 299p B6 ¥1200 ①978-4-434-23500-9

◆死にかけて全部思い出しました!! 4 家具付著 アルファポリス、星雲社 発売 （レジーナブックス）
【要旨】乙女ゲームの悪役王女に転生し、無実の罪で国外追放されたバーティミウス。元護衛のイリアスが「七つの力」と呼ばれる危険な力を探していると知った彼女は、それを止めるべく祖国バスチアへ旅立つ。すると、そこでは姉妹

クリスティアーナと従兄テオドーロが王位継承権をかけて戦っていた！姉姫を助けようとするバーティミウスだが、テオドーロから驚くべき事実を聞かされる。なんとクリスティアーナが王位につけば、恐ろしい魔神が復活するという予言があるそうで―!?死ぬはずだった悪役王女の奮闘記、衝撃の最新刊！
2017.12 299p B6 ¥1200 ①978-4-434-24007-2

◆公爵令嬢は騎士団長（62）の幼妻 3 筧千里著 KADOKAWA （カドカワBOOKS）
【要旨】騎士団での講師のお仕事にも、お弁当を持って通い妻をするのにも慣れてきましたが、私はいつ"お友達"から昇格できるのでしょう？…なんて思っていたら、騎士様とヴィルヘルム様が私を巡って決闘することに!?となれば、必ず勝って私をお嫁にすると言ってくださったので…まぁ！しかしそれは束の間の喜びでした。突然の戦争勃発の知らせに。ヴィルヘルム様も軍を率いて戦地に赴いてしまい…。どうか、無事に戻って私をあなたの妻にしてくださいませ！
2017.2 281p B6 ¥1300 ①978-4-04-072188-0

◆武姫の後宮物語 3 筧千里著 KADOKAWA （カドカワBOOKS）
【要旨】後宮の姫たち（弟子）を味方につけ、着実に正妃の座に近づくヘレナ。皇太后に気に入られ、皇帝の妹一わがまま盛りのアンジェリカの教育を任されることに。何を思ったか、アンジェリカに1ヶ月の兵訓練を行うと言い出す！さらに、引退していたはずの月天姫・シャルロッテが訓練場に現れ、ヘレナは怪しみつつも参加を許可するのだが…。あの娘もこの娘も全員脳筋に！軍さながらの過酷な新兵訓練で、後宮の悪を成敗…できるか!?
2017.4 316p B6 ¥1300 ①978-4-04-072256-6

◆臨時社長秘書は今日も巻き込まれてます！ 佳乃弥生著 スターツ出版 （ベリーズ文庫）
【要旨】臨時の社長秘書になった地味OLの美和。敏腕社長の隼人は俺様なイケメン御曹司で、恋愛未経験の美和の反応を面白がって迫ったり、デートに連れ回したり、甘いキスをささやいたり…。さらには言い寄ってくる女除けのため"俺の恋人を演じろ"と命令まで!?仕方なく隼人に恋人のフリをする美和だったが、イジワルで強引な隼人に翻弄されつつも、彼が時折見せる純粋さや優しさに胸が高鳴って…。
2017.3 393p A6 ¥650 ①978-4-8137-0221-4

◆異世界が嫌いでもエルフの神様になれますか？―Disファンタジー・ディスコード 囲恭之介著 KADOKAWA （電撃文庫）
【要旨】SF好きでファンタジーが嫌いな高校一年生・寒原兵悟。そんな彼が、サービス終了したはずのアーケードロボットゲームでアクセスした先はなんとひとつのファンタジー世界!?兵悟の前に現れたのは亜麻色の髪をしたエルフ族のビューティをはじめとするエルフ族と、彼らを脅かすリリパット族。エルフたちが信奉する唯一神デウス・エクスマキナになりましたドゥス・エクスマキナを駆り、兵悟はファンタジー世界で無双する一方、嫌いなはずのファンタジーの住人であるビューティに次第に惹かれていく―？一人の高校生がファンタジー世界を救う異世界物語、登場！
2017.10 327p A6 ¥630 ①978-4-04-893400-8

◆ヴァンパイア/ロード 2 君臨するは、終焉の賢王 葛西伸哉著 ホビージャパン （HJ文庫）
【要旨】最後の王となるという決意のもと、貴婦人が率いる"貴族派"へと宣戦布告をし、本格的に吸血鬼の殲滅に乗り出した黎。リーリャ、美紘、京香の献身的なバックアップを受け、彼は着実に自らの勢力を拡大していく。そんな黎を一日でも早く抹殺したい"貴族派"は、秘密裏にBDというコードネームの恐るべき計画を進めていた!!果たして、黎は一万年を生きる美しき吸血鬼の魔の手を掻い潜り、チェックメイトを宣言する事が出来るのか!?
2017.2 253p A6 ¥619 ①978-4-7986-1377-2

◆知識チートVS時間ループ 葛西伸哉著 ホビージャパン （HJ文庫）
【要旨】その日、二人の日本人が異世界に召喚された。一人は清楚で可憐な姫君から救世主と慕われ、現代知識や情報を手に入れ引き出す"知識チート"を得た大学生・陣之内和斗。一人はダークエルフの美女が率いる魔族のはぐれ部隊に拾われ、死ぬたびにその直前に戻る"時間ループ"で目覚めた少年・風早朝。知識と発想力で姫や仲間たちの為に力を振るう和斗に対し、何度も自らの死を経験し、最善を選ぼうと必死の朗一人類VS魔族による大戦が激化する異世界で、勝利を掴

ものはどちらか!?規格外の能力同士が激突する異世界ファンタジー。
2017.12 295p A6 ¥619 ①978-4-7986-1586-8

●THE NEW GATE 09. 天下五剣 風波しのぎ著 アルファポリス、星雲社 発売
【要旨】VRMMO - RPG「THE NEW GATE」内で、突如500年後の「現実」に飛ばされてしまった最古参プレイヤー・シン。天下五剣の一人、三日月宗近の誘いに応じ再び霊峰フジを訪れたシンは、そこで行方不明となった仲間の捜索を依頼される。気配を頼りに向かったフジの隠しダンジョン、そして北方の特殊ダンジョンでは、瘴気に侵され強大化したモンスターが牙を研いでいた―。かつて同時に伝説を残し、魂を有する天下の名剣たちを窮地から救うべく、オンラインゲーム最強プレイヤーが地下迷宮に突入する！
2017.4 290p B6 ¥1200 ①978-4-434-23123-0

◆悪の女王の軌跡 2 風見くのえ著 アルファポリス、星雲社 発売 （レジーナ文庫）
【要旨】ある日突然、異世界のワガママ女王と入れかわってしまった大学生の茉莉。彼女は女王として生きる決意をして、崩壊寸前の国を建て直すべく、仲間達と動き出した。しかし復興の兆しが見えはじめた矢先、隣国との関係が悪化。さらに宣戦布告され、茉莉は国民を守るべく、自ら出陣することを決めた。地球で学んだ知識をもとに様々な策をめぐらすうち、女王と入れかわった謎にも近づいていきー？愛の軌跡の真実を描くミラクルファンタジー、完結編！文庫の書き下ろし番外編も収録！
2017.3 384p A6 ¥640 ①978-4-434-22783-7

◆異世界キッチンからこんにちは 風見くのえ著 アルファポリス、星雲社 発売 （レジーナブックス）
【要旨】ある日突然、異世界にトリップしてしまったカレン。思いがけず召喚魔法を使えるようになり、さっそく使ってみたところ―現れたのは、個性豊かなイケメン聖獣たち!?まともな『ご飯』を食べさせていないという彼らに、なりゆきで初お弁当を振る舞ったら大好評！そのお弁当は、次第に他の人にも広まっていき…異世界初のお弁当屋さん、はじめます！
2017.2 290p B6 ¥1200 ①978-4-434-22927-5

◆異世界キッチンからこんにちは 2 風見くのえ著 アルファポリス、星雲社 発売 （レジーナブックス）
【要旨】トリップ先の異世界で、イケメン召喚獣たちと一緒にお弁当屋さんをはじめたカレン。彼女たちの影響で、王都ではお弁当が大人気！さらにお弁当のよさを広めることにしたのだけど…ひょんなことから、人間界に危険を及ぼす魔獣の企みに巻き込まれてしまいー！ほのぼのお料理ファンタジー、ついに完結編！
2017.8 286p B6 ¥1200 ①978-4-434-23587-0

◆英雄の忘れ形見 1 風見祐輝著 主婦の友社 （ヒーロー文庫）
【要旨】人里離れた山奥に一人暮らすアルベルタ。旅に出た父親の帰りを待ちながら修行の日々を過ごすが、身寄りで暮らせど父親は戻らなかった。そしてアルベルタが15歳を迎える直前、父親の死を知る。『僕は父ちゃんみたいな冒険者になる』との決意を胸にアルベルタは山奥での生活に終止符を打ち、冒険者になるため世界に飛び出す。世界を旅し、たくさんの仲間、友達を作ることを目標にするのだった。しかしアルベルタは知らなかった。ずっと山奥で修行をしていたから。己が規格外の強さであることを。期待に胸膨らませて街へと向かう途中、ハーフエルフの少女と出会い、運命が加速していくのだが…。
2017.6 334p A6 ¥590 ①978-4-07-425998-4

◆英雄の忘れ形見 2 風見祐輝著 主婦の友社 （ヒーロー文庫）
【要旨】アルベルタは冒険者としての仕事をしながらハーフエルフの少女・サティエラの母親の手掛かりを探していた。そんな中、レーベンの街は不穏な空気に包まれていた。街の経済の低迷、不良冒険者の怪しい動き。そしてアルベルタを狙う不良冒険者達。アルベルタは持ち前の規格外の力で、悪から逃れる。だが、その力の強大さを危惧する者達により、アルベルタの父親の真実を聞かされることになるのだった。父親の本当の姿とは？そして、サティエラの母親の行方は？
2017.11 367p A6 ¥620 ①978-4-07-428212-8

◆放課後は、異世界喫茶でコーヒーを 風見鶏著 KADOKAWA （富士見ファンタジア文庫）

ヤング・アダルト小説

◆放課後は、異世界喫茶でコーヒーを
風見鶏著　KADOKAWA　（富士見ファンタジア文庫）
【要旨】魔法の息吹がかかったアイテムや食物が産出される「迷宮」。これを中心に栄える迷宮都市の外れに佇む一軒の喫茶店では、この異世界で唯一コーヒーが飲める。現代からやってきた高校生店主ユウが切り盛りするこの店に、コーヒーの芳しい香りにつられて、今日も喫茶店グルメを求めるエルフたちや、冒険者たち、そして街の有力者たちまでが "常連" として足を運ぶ。近所にある魔術学院に通う少女リナリアもそのひとり。まだ、コーヒーは甘くしないと飲めないけど、ユウがいるこの店の雰囲気がお気に入り。でも、ライバルの女の子たちは他にもいて？ 恋のスパイスが効いたおいしい物語を異世界喫茶からお届け。
2017.6 283p A6 ¥600 ①978-4-04-072310-5

◆放課後は、異世界喫茶でコーヒーを　2
風見鶏著　KADOKAWA　（富士見ファンタジア文庫）
【要旨】ここは、この異世界でただひとつのコーヒーが飲める場所。現代からやってきた元高校生ユウが切り盛りする喫茶店だ。アイスコーヒーやパンケーキ、照り焼きバーガー、親子丼ならぬ親子パン等など新メニュー開発はもちろん、お客さんの話をカウンター越しに聞いてあげるのも喫茶店のマスターの仕事。女の子にモテたい。一生だらけて生きたい。ずっと愛しのあの子にそばにいたい…立派なお兄ちゃんになりたい…この世界の住人たちにも様々な「夢」がある。そして、毎朝のようにカフェ・オ・レを飲みにきあったリナリアちゃんに… ？ とびきりの料理と飲み物で、今日も異世界喫茶は賑わいます。
2017.12 293p A6 ¥600 ①978-4-04-072311-2

◆奇跡の還る場所―霊媒探偵アーネスト　風森章羽著　講談社　（講談社タイガ）
【要旨】「十年前、白バラが咲く英国庭園で『リーベル』という名の美女に出会った」叔父の思い出話を胸に英国へ留学した青年・佐貴。当のアルグライト伯爵家を訪れるも、そんな女性は存在しないと一蹴され、敷地内で起きた庭師殺人事件の容疑者にされてしまう。佐貴の無実を信じてくれたのは、伯爵家の跡取り息子にも拘わらず自由を奪われた美少年、アーネストだけで―？
2017.9 297p A6 ¥720 ①978-4-06-294087-0

◆夜の瞳・霊媒探偵アーネスト　風森章羽著　講談社　（講談社タイガ）
【要旨】三年間眠ったままの婚約者を目覚めさせてほしい。困り果てた女性からの依頼。恋人が倒れた時、傍らには持ち主を不幸にすると噂される人形があった。制作者は、アーネストの生家、アルグライト家の異端児にして非業の死を遂げた人形師、ジェラール・アンティーニ。事件は人形の呪いのせいなのか？ 死者が遺した想いを読み解き、生者の心を救い出す「霊媒探偵」シリーズ最新作！
2017.3 271p A6 ¥690 ①978-4-06-294064-1

◆好きだと言って、ご主人様　加地アヤメ著　アルファポリス, 星雲社 発売　（エタニティブックス）
【要旨】昼は工場勤務、夜は副業の清掃バイトに勤しむ葛沙彩、二十歳。色恋とは無縁の極貧生活を送っていたある日、勤務先が倒産し家賃の支払いもままならない状況に…そのうえ副業中に、うっかり高価な壺を割って大ピンチ！そんな彼女に救いの手を差し伸べたのは、大企業のイケメン御曹司・神野征一郎だった。彼は壺を弁償する代わりに、住み込みの仕事をしないかと提案してくる。破格の条件に、思わず飛びつく沙彩だけど、なんとその仕事は彼の婚約者を演じるというもので─婚約者(仮)へのスキンシップが、日増しに甘く加速する!?俺様御曹司と貧乏女子の、契約から始まる最高の格差ラブ！
2017.11 297p B6 ¥1200 ①978-4-434-24003-4

◆僧侶さまの恋わずらい　加地アヤメ著　アルファポリス, 星雲社 発売　（エタニティブックスRouge）
【要旨】平凡な日常をこよなく愛する二十九歳の葛原花乃。友人が続々と結婚・出産していく中、焦りも願望もまるで皆無な、のんびり独身生活を送っていた。ところがある日、いきなり美貌の僧侶に求婚されたのだ。どんなに美形でも、出会ったばかりで結婚なんて無理!!びっくりしつつ即座に花乃が下したのは、麗しい笑みを浮かべる彼に対する「お断り」の一言だった。それどころか、近付くことすら避けようとする花乃に、彼は引くどころか、強引なアプローチが始まって一途すぎる溺愛は限度を知らず!?色気ダダ漏れ僧侶ののんび

り娘の煩悩全開！ キュートなラブストーリー！
2017.3 297p B6 ¥1200 ①978-4-434-23129-2

◆天地無用！ GXP 15 簾座編―真・天地無用！ 魎皇鬼外伝　梶島正樹著　KADOKAWA　（富士見ファンタジア文庫）
【要旨】霧恋たちとの結婚式の真っ最中に強引に連れ去られた西南。向かった先は人型兵器"機甲騎"が跋扈する簾座連合の宙域だった！ 簾座でも伝説となっているZINVの所有者としてVIP待遇で迎えられたものの、銀河連盟に配慮した政治的アレコレもあって、やっぱり西南のやることは「確率の偏り」を利用した海賊退治なわけで。ところが任務のために編成された艦隊メンバーは、エルフにオーガにドリアードまで、ファンタジーの住人の特徴をもっていて―!?ついに新章突入！ 巨大ロボット戦にファンタジー世界(？)での冒険から、西南の未知なる活躍が始まる!!
2017.5 473p A6 ¥660 ①978-4-04-072269-6

◆詩葉さんは別(ワカレ)ノ詩を詠みはじめる　樫田レオ著　KADOKAWA　（ファミ通文庫）
【要旨】大切な想いや言葉が形となった "迷い言" が視える藍川啓人は、数年前の事故で亡くした幼馴染、高森閑香の "迷い言" に出会う。事故の時、助けられず後悔していた啓人は、彼女の本当の想いを知ることができる "伝え人"、権ヶ枝詩葉の元へ連れて行くことに。そして詩葉の力を借りて、閑香が伝えられなかった最期の言葉を聞こうとするが―。大切な人への想いを巡る、切なくて暖かく、そして少しほろ苦い感動の青春ストーリー！
2017.8 272p A6 ¥600 ①978-4-04-734742-7

◆僕の知らないラブコメ　樫本燕著　KADOKAWA　（MF文庫J）
【要旨】みんなは近いうちに逃げ出したくなるような嫌なことってある？ あるよね、きっと。明日になっちゃえばいいのにって思うようなそんな嫌な日。僕、芦屋優太はそんな時間を早送りできる能力を手に入れたんだ。これでもう勉強や揉め事、全ての嫌な時間から逃げることができる。やったね！ そうして早送りしながら日々を過ごしてたら知らないうちに彼女が出来ていた！ しかも相手はあのクラスの問題児、柳戸希衣香って？ 僕は怯えながらも付き合い始めたんだけど、意外にも柳戸はすごく優しくて、そしてとても可愛くて…。どうして柳戸はこんな僕を好きになってくれたんだ…？ え、このラブコメ、僕だけが知らないの？ 第13回MF文庫J新人賞最優秀賞受賞作！
2017.11 294p A6 ¥580 ①978-4-04-069554-9

◆皇太后のお化粧係―ふたりを結ぶ相思の花　柏てん著　KADOKAWA　（角川ビーンズ文庫）
【要旨】中華風の異世界・榮国にトリップして4年、皇帝・黒曜の求愛をどうにかかわしつつ女官として働く鈴音。お妻、子美という頼もしい仲間も増え順調に見えた矢先、後宮生活のために住まう皇太后のもとで突然反乱が！ 暗躍する黒幕・雨露、混乱に陥る後宮…。鎮圧のため軍を率いる黒曜の姿に、鈴音の中である想いが生まれる―「俺のお嫁になる覚悟はできたのか？」黒曜の求婚に鈴音が出した答えとは一堂々の完結巻！
2017.4 219p A6 ¥600 ①978-4-04-105172-6

◆このたび王の守護獣お世話係になりました　柏てん著　一迅社　（一迅社文庫アイリス）
【要旨】勤めていた屋敷を濡れ衣からクビになったシリカ。職を失い途方にくれていたところ、公爵の猫を助けたことがきっかけで、王太子の守護獣お世話係に任命されることに…。王城では王太子アゲートに冷たい態度をとられ、子犬のような姿をした守護獣の悲しい瞬間を涙されてしまい―!?「仕事は欲しいけれど、聖獣様のお世話係なんて大役、私に務まるはずないです！」王太子と聖獣は難攻不落？ 気弱少女と王太子&守護獣のお仕事ラブ★
2017.10 254p A6 ¥638 ①978-4-7580-4986-3

◆女王陛下と呼ばないで　柏てん著　KADOKAWA　（角川ビーンズ文庫）
【要旨】名君が治めると有名なリンドール王国。国王の孫娘の私・フランチェスカはチェス大好きなひきこもり。しかし祖父が急逝、遺言で女王候補に指名されて!?パニックの私の前に現れたのは、王様候補の公爵子達―華やかで俺様なスチュワート、頭脳派のシアン、騎士団長のアーヴィン。彼らの中から、ひきこもり姫の決死の求婚？ WEB発・ひきこもり姫の決死の求婚

抵抗の行方は!?
2017.9 238p A6 ¥600 ①978-4-04-106041-4

◆織田信奈の野望　全国版　17　春日みかげ著　KADOKAWA　（富士見ファンタジア文庫）
【要旨】弟・信澄の死。心折れた信奈に迫る東軍。過去最大の窮地でも諦めない良晴の下に、予想外の援軍が現れる！ そして―「先輩。死の瞬間まで忘れません。十兵衛は…報われました」毛利軍が迫るなか、信奈を殺す自らの結末を知った光秀が、選び取った未来。それは「運命」に抗う最大の鍵へと変わる。「起死回生の手はあるわ。織田家の窮地が『嘘』ではないからこそ、東軍を釣りあげることはできる！」絶対的に不利な戦況も、歴史という名の「運命」も英雄・織田信奈ならば覆すことができる。良晴はそう信じている。激戦続く、関ヶ原。織田家の反撃は、ここから始まる！
2017.1 396p A6 ¥660 ①978-4-04-072171-2

◆織田信奈の野望　全国版　18　春日みかげ著　KADOKAWA　（富士見ファンタジア文庫）
【要旨】最初は一人で抱えていた、荒唐無稽な夢だった。夢が潰されかけたとき、良晴が現れた。夢に危機が訪れたときは、光秀が支えた。歴史上、あるはずのなかった3人の絆が、信奈の夢「天下布武」を実現させようとしていた。そして―「『運命』はやはり、この私に同行を強いて命じているのでしょう。私は、もう逃げません。吉姉さま、決戦の時です！」ついに開戦の時。戦国時代の真の覇者に、信奈たちの、関ヶ原の「最後の試練」が立ちはだかる！ 戦いが終わったとき、良晴は叶うか、潰えるか。全ての戦いは、この瞬間のためにあった。ここに一天下人が決まる！
2017.5 379p A6 ¥660 ①978-4-04-072304-4

◆織田信奈の野望　全国版　19　春日みかげ著　KADOKAWA　（富士見ファンタジア文庫）
【要旨】関ヶ原の合戦は終結し、信奈の天下布武がついに実現！ 東軍・西軍に分かれ争っていた姫武将たちも戦後処理のため、清洲城に集まり、ひとときの平和を楽しんでいた。しかし、その裏では…良晴との結婚を巡る、もう一つの戦いが勃発!?良晴を独占するため念願の祝言を急ぐ信奈に対し、小早川隆景・上杉謙信・島津家久などなど…良晴に想いを寄せる各地方の姫武将の家臣たちは「個室同盟」を結び、大集成のため、密会・拘束・抜け駆け…陰謀と策略を巡らせる!?天下は信奈のものになっても、良晴だけは譲れない！ 恋のバトルの花咲く「清洲会議」が今ここに始まる！？
2017.9 367p A6 ¥640 ①978-4-04-072306-8

◆天と地と姫と　3　川中島 龍虎の邂逅　織田信奈の野望　全国版　春日みかげ著　KADOKAWA　（富士見ファンタジア文庫）
【要旨】母や妹、仲間たちを失いつつも、北信濃を統べる村上義清を倒し、信濃平定を成した武田晴信。しかし、取り逃がした村上義清が亡命した先は…長尾景虎のいる、越後の国だった。北信濃を巡り、ついに激突する晴信と景虎。そんな時、単独で戦場を見渡せる山へ視察に出た晴信は、一人の少女と出会う。「こ、こんにちは、綺麗な人」「そ、あたしの名前は「しんけん」っていうの」晴信も、信信と出会った少女―長尾景虎も、まだ知らない。この運命の地・川中島で心を通わせ、親友になった自分たちが、生涯にわたって立ちはだかる『宿敵』同士だということに―。
2017.2 333p A6 ¥620 ①978-4-04-072170-5

◆天と地と姫と　4　龍の上洛 信奈の上洛　織田信奈の野望　全国版　春日みかげ著　KADOKAWA　（富士見ファンタジア文庫）
【要旨】「運命」が渦巻く川中島の地で、武田晴信と激突することとなった長尾景虎。そんな彼女に、ついに上洛話が持ち上がる。宇佐美、直江と共に向かった京で、彼女たちが出会ったのは…三好長慶に仕える妖艶姫武将・松永久秀。そして、公家の身ながら武士に憧れ、野望に燃える関白・近衛前久だった。一方、時を同じく尾張を出て、王の座を激しく争い、この地を制した、かぶき者集団が現れる。「果てしなく続くヒノ本の大乱は、わたしが終わらせる。望むのは―今は「天下」のみ！」ついに、あのうつけ姫武将が歴史の舞台に上がってくる！
2017.6 361p A6 ¥640 ①978-4-04-072333-4

◆天と地と姫と　5　流星光底 川中島の伝説―織田信奈の野望　全国版　春日みかげ著　KADOKAWA　（富士見ファンタジア文庫）
【要旨】織田信奈、桶狭間にて三万の今川軍を撃破。さらに、義元が生存し、織田軍に降るという常識を超えた事実。各地を駆け巡ったその報

は、武田家に、上杉家に、幕府に衝撃を与えた。天命を動かす何者かが、日ノ本へと介入しようとしていた―そして、この事件をきっかけに、歴史は動き出す。信玄から「今こそ天下を目指すとき。駿河を奪うぞ！」謙信から「わたしは信玄の野望を砕き、戦乱を止める！」最後の決着をつけるため、再び彼女たちは川中島に集う。互いの志を誰よりも憎み、互いの存在を誰よりも愛した2人の戦いと邂逅の物語、ここに終幕！
2017.10 392p A6 ¥680 ①978-4-04-072334-1

◆ユリシーズ 0 ジャンヌ・ダルクと姫騎士団長殺し 春日みかげ著 集英社 （ダッシュエックス文庫）
【要旨】百年戦争の最中、馬上槍試合を間近に控えたパリの騎士養成学校で、シャトー修道姫騎士団団長が殺された！ 死体の周りには、なぜか盃で象られた五芒星の紋様が…。何者かの陰謀を感じたモンモランシは、錬金術の知識を駆使し、その謎に迫ろうとする。その一方、モンモランシとは別に調査を進めていたリッシュモンに正体不明の追跡者が…。表題作をはじめ、ドレミ村での戦いとまだ妖精たちの交流とモンモランシたちの学園生活、そしてフランス軍に壊滅的な被害をもたらしたアザンクールの戦いの真相など、本編の前日譚を含む四編を収録。混迷の百年戦争を描き尽くす歴史戦記+能力バトル+伝奇ファンタジーの三位一体巨編、シリーズ初の短編集!!
2017.10 330p A6 ¥630 ①978-4-08-631210-3

◆キスの格言 春日部こみと著 アルファポリス, 星雲社 発売 （エタニティ文庫）
【要旨】あるパーティーで、キザな実業家に言い寄られたジュエリーデザイナーの愛理。初対面にもかかわらず強引な彼を、愛理は思わず叩いてしまう。数日後、新たに依頼された仕事に張り切って出向くと、なんとあの時の男が！ 彼・望月悠基が、その仕事の依頼主だったのだ。最悪の再会にうんざりする愛理に、彼は「仮初めの恋人」でもいいとまたも強引に迫ってきて！？心に傷を持つジュエリーデザイナーとイケメン実業家の甘く切ないラブストーリー！ 文庫だけの書き下ろし番外編も収録！
2017.6 326p A6 ¥640 ①978-4-434-23302-9

◆女神様も恋をする 春日部こみと著 アルファポリス, 星雲社 発売 （エタニティブックスRouge）
【要旨】営業部でバリバリ働く麗華は、周囲から一目置かれる、「女神」と呼ばれている。そんな彼女も、恋する上司の前ではただの乙女―彼としゃべるたびに顔を赤くし、言葉を詰まらせてしまう。なかなか彼との距離が縮まらない中、ある一夜を越えてから二人の関係に変化が…！？「あたしは魔法使い？」でもいいとまたも強引に迫ってきて！？心に傷を持つジュエリーデザイナーとイケメン実業家の甘く切ないラブストーリー！ 文庫だけの書き下ろし番外編も収録！
2017.9 278p B6 ¥1200 ①978-4-434-23799-7

◆美少女作家と目指すミリオンセラァァァァァァァァッ!! 春日部タケル著 KADOKAWA （角川スニーカー文庫）
【要旨】文芸編集者になるはずが、なぜかラノベ編集部に配属された黒川清純。作家の下ネタ電話にいつも涙目の先輩、会社に寝泊まりしてケンカ三昧の副編集長、失踪中の編集長……。さらに担当の打ち切り崖っぷち作家は「書きたいものが分からないのです」とスランプで、頼みの天才JK作家は「まだ降りてきてないんです」って、いつまで待てばいいんだよ!!誰か俺と一緒に最高の物語を創ってくれ！
2017.7 287p A6 ¥600 ①978-4-04-105961-6

◆美少女作家と目指すミリオンセラァァァァァァァァッ!! 2 春日部タケル著 KADOKAWA （角川スニーカー文庫）
【要旨】遂に傑作ラブコメを完成させた天花だが、顔が赤い＆妙な質問ばかりで様子がおかしい。一方、新作執筆中のひよこは「何かが足りない気がする」とスランプに戻ってしまう。悩める清純の元には、眼鏡でえっちな有名作家（パンツはいてない）や超売れっ子絵師（優しい×可愛い×メ切守る＝天使）が現れて、リアルの方がいつのまにかラブコメ状態に!?
2017.11 318p A6 ¥640 ①978-4-04-105965-4

◆機巧銃と魔導書（グリモワール） かずきふみ著 SBクリエイティブ （GA文庫）
【要旨】キョウヤが追うのは異世界から転移してきた異能者たち。せっかくの異能を安っぽい悪事に使う輩が後を絶たず、キョウヤ他対異能の特別組織「クラウ・ソラス」の面々は、そんなささやかな事件を追って日々を送っていた。ところがある日、奇妙な殺人が起こる。二人セットの被害者。改変していく現実。次第に異能が絡んだ案件であり、これに異能マニアである新米のフィヨルは大奮起。銃と魔導書を手に不可解な事件の裏側にある「真相」へと迫るキョウヤとフィヨル。その顔末やいかに？

◆乙女ゲーム世界で主人公相手にスパイをやっています 4 香月みと著 アルファポリス, 星雲社 発売 （アルファポリス文庫）
【要旨】ここは、ある乙女ゲームの世界。攻略対象の一人が従兄である詩織は、彼女がヒロインに対されないよう、彼女を日々スパイしている。ゲームのエンディングとなるクリスマスが近くある日、一部の攻略対象の様子がおかしくなり、突然ヒロインに迫りはじめて!?しかも、このままではすべての攻略対象がおかしくなり、逆ハーレムエンドを迎えてしまうとか…この現状を打破すべく、詩織は最後の任務に挑む！
2017.1 331p A6 ¥640 ①978-4-434-22744-8

◆本好きの下剋上―司書になるためには手段を選んでいられません 第3部 領主の養女 3 香月美夜著 TOブックス
【要旨】冬の気配が近付く中、神殿長のローゼマインは城と神殿を行き来するし、慌しい毎日を送っていた。社交界での交流に、洗礼式や奉納式等への参加。識字率の向上を目指した、貴族院入学前の事前の指導、さらには成績不振な護衛騎士の教育まで、一年前とは比較にならないほど忙しい。貴族間でも神殿内でも影響力は高まっていく。一方で、グーテンベルクの職人と印刷機の改良に挑んだり、城で絵本を販売したり、ローゼマインの内なる魔力もますます強力に！周囲の注目を集める中、騎士団と共に冬の主の討伐を行い、香の祈念式で口伝の素材を採集するのだった。戦いと幻想の冬を越えて、「エーレンフェストの聖女」の第三幕となるビブリア・ファンタジー激闘の章！ 大増書き下ろし番外編2本+椎名優描き下ろし「四コマ漫画」収録！
2017.4 353p B6 ¥1200 ①978-4-86472-562-0

◆本好きの下剋上―司書になるためには手段を選んでいられません 第3部 領主の養女 4 香月美夜著 TOブックス
【要旨】春は恋が芽生える季節！ ローゼマインの側近や専属達が何だか色めき立って、衣装を作ったり、お披露目したりと上機嫌で華やかな様子。神殿の工房では新しい印刷機もついに完成し、本作りは広がりを見せていく。絵本に、楽譜、騎士物語等、様々な本を本棚に並べてみたり。今後の領地内における印刷業の拡大を見据え、まずは製紙業を広げることに。ローゼマイン一行は紙の作り方を教えたり、新素材の研究をするため、イルクナーへ向かう。少しずつローゼマインを取り巻く環境が改善される中、現領主の姉が来訪したことで、エーレンフェストには不穏な空気が流れ始めるのだった。第三部完結へ向けて貴族達の想いが交錯する、ビブリア・ファンタジー転変の章！ 大増書き下ろし番外編2本+椎名優描き下ろし「四コマ漫画」収録！
2017.7 381p B6 ¥1200 ①978-4-86472-586-6

◆本好きの下剋上―司書になるためには手段を選んでいられません 第4部 貴族院の自称図書委員 1 香月美夜著 TOブックス
【要旨】約二年間の眠りから目覚めたローゼマイン。周囲の変化は大きく、浦島太郎状態に不安がいっぱい。けれど、休む間もなく、貴族になるための学校「貴族院」へ入学する。そこは魔力の扱いや魔術具の調合を教えられ、領主候補生は領主として領地を治めるための魔術を学ぶ場。個性的な教師や他領の子供達と一緒に寮生活をしながら、成長を目指す一方で、院内には大型図書館があるとわかって大変。王族も領主候補生もほぼ眼中になく、ローゼマインは図書館を読むために突き進むのだった！ 本を読むためには手段を選んでいられません！ 学園を舞台に繰り広げる、ビブリア・ファンタジー新章開幕！ 書き下ろしSS×2本、お馴染み椎名優描き下ろし「四コマ漫画」、「第2回人気キャラクター投票結果」収録！ このライトノベルがすごい！2018（単行本・ノベルズ部門）第1位。
2018.1 419p B6 ¥1200 ①978-4-86472-634-4

◆本好きの下剋上―司書になるためには手段を選んでいられません 第3部 領主の養女 5 香月美夜著 TOブックス
【要旨】一年ぶりにリュエルの実を採集することに成功したローゼマインは、神官長と共に薬作りに励む。これで健康な普通の女の子になれる……はずの。その喜びか、活動は今まで以上に精力的なものに。本を読める環境作りのために製紙業や口伝に力を入れるため、神殿長としては収穫祭の直轄地を回る。おまけに初めての妹までできて…。心高まる第三部クライマックス！ 第四部への2年間を描く短編集に、書き下ろしSS×2本、お馴染み椎名優描き下ろし「四コマ漫画」収録！
2017.10 395p B6 ¥1200 ①978-4-86472-600-9

◆灰かぶりの賢者 1 アーカイドの剣聖 夏月涼著 オーバーラップ （オーバーラップ文庫）
【要旨】アルフ・レアヴァースは「賢者」である。仲間の"六英傑"と魔王討伐を誓ってから三百年、アルフは異空間で魔法の研究に没頭した。再び世界に舞い戻り、魔物に襲われるエルフの少女シェリルを救ったアルフは、彼女に眠る膨大な魔力と英雄の素質を見抜く。シェリルを弟子に取り、世界の実情を教わり果てたことを知り…!?『灰かぶりの賢者』―それは三百年後の世界が、最上の智慧と魔法の髄を知るアルフに贈る誉望。いま仲間との誓いを果たすため、世界を救う旅が始まる！
2017.3 311p A6 ¥650 ①978-4-86554-201-1

◆灰かぶりの賢者 2 聖女の願い 夏月涼著 オーバーラップ （オーバーラップ文庫）
【要旨】アルフ・レイヴァースは「賢者」である。アーカイド王国の危機を救ったアルフは、騒乱の最中に得た聖剣の封印を解くべく、エルフのシェリルと半魔族のヘロイーズを連れてドワーフの国フェルド皇国の首都に立ち寄ったアルフは、三百年前に魔王討伐の戦いにまつわる不穏な噂を耳にする。真相を確かめるべく、今代の『聖女』がいるという至最奥の巨大な教会へ侵入。しかし待ち受けていた狂信者たちにより、魔力を阻害される"魔導師殺しの空間"に囚われてしまい…!?『賢者』アルフの魔導と未知の神理が相剋する魔王討伐後の英雄譚、第二幕！
2017.8 281p A6 ¥650 ①978-4-86554-235-6

◆転生しました、脳筋聖女です 香月航著 アルファポリス, 星雲社 発売 （レジーナブックス）
【要旨】アクション系乙女ゲームの主人公に転生したアンジェラ。けれど二人いる主人公のうち、前世で使った女騎士タイプではなく聖女タイプのほうだった!?回復魔法や強化魔法は得意だけれど、物理攻撃は大の苦手…せっかく転生したのに、武器で戦えないじゃっまらない。そこで脳筋なアンジェラは考えた。一強化魔法を自分にかければいいじゃない！それからというもの、幼馴染で攻略対象のジュードを巻き込み、魔法の勉強と筋トレに励む日々。やがて世界に危機が訪れ、アンジェラは立ち上がる。攻略対象たちとの恋愛…ではなく、戦場で暴れるのに！ ルール無用の痛快転生ファンタジー、ここに開幕！
2017.12 287p B6 ¥1200 ①978-4-434-24106-2

◆にわか令嬢は王太子殿下の雇われ婚約者 香月航著 一迅社 （一迅社文庫アイリス）
【要旨】行儀見習いとして王宮へ赴いたのに、気づけばお掃除女中になっていた貧乏伯爵家の令嬢リネット。彼女は、女を寄せ付けないと評判の王太子殿下アイザックが通りがかった朝も、いつものように掃除をしていたのだけれど…。落とした書類を届けたことで、大変なことに巻き込まれてしまって!?殿下に近付く女性はもれなく倒れちゃうって、どういうことですか！それに、触れても平気だったらってだけで、婚約者として雇うなんて本気なの!?ワケあり王太子殿下と貧乏令嬢の王宮ラブコメディ！
2017.7 286p A6 ¥638 ①978-4-7580-4960-3

◆Re：これが異世界のお約束です！ 鹿角フェフ著 ポニーキャニオン （ぽにきゃんBOOKS）
【要旨】小説家になろうで連載されていた『異世界あるあるコメディ』が、昨今のさらなる異世界ブームに乗っかり全編書き下ろしで復活!!今流行りの『異世界のお約束』を楽しく学べる一作です！
2017.9 317p B6 ¥1200 ①978-4-86529-272-5

◆花屋の倅と寺息子―高爪統吾と心霊スポット 葛来奈都著 三交社 （スカイハイ文庫）
【要旨】ドSとビビリの友情の危機!?第二弾登場！ ビビリな花屋の息子・高爪統吾とS な寺の息子・柄沢悟は霊が視えるという共通点を持つ友人同士。ある日統吾たちは、思いつめた様子の軽音

ヤング・アダルト小説

サークルの先輩から相談を受ける。それは仲間たちと面白半分で無理心中があった屋敷に行って以来、恐ろしい夢を見るというものだった。悟の話は激怒し、「肝試しなんかして霊を怒らせた奴をお前は助けるのか」と統吾に問いづく。それに悲しげに種園を見つめる女性の正体を知るため、三人は住職である悟の父・一世に話を聞く。すると一世は、統吾に霊視してみるよう勧めてきた。その結果、その女性が悟の故郷の滝峰村に葬られていることがわかった。早速三人は滝峰村へ向かうが、そこにはさらなる出来事が待っていた―!!全7編収録!
2017.3 359p A6 ¥720 ①978-4-87919-188-5

◆花屋の倅と寺息子―柄沢悟と滝峰村の逢魔時
葛来奈都著　三交社　（スカイハイ文庫）
【要旨】ビビりな花屋の息子・高爪統吾とドSな寺の息子・柄沢悟は霊が視えるという共通点を持つ友人同士。大学二年生に進級した統吾たちは、友人の種岡に女性の霊が憑いていることに気づく。ただ悲しげに種岡を見つめる女性の正体を知るため、三人は住職である悟の父・一世に話を聞く。すると一世は、統吾に霊視してみるよう勧めてきた。その結果、その女性が悟の故郷の滝峰村に葬られていることがわかった。早速三人は滝峰村へ向かうが、そこにはさらなる出来事が待っていた―!!全7編収録!
2017.8 351p A6 ¥720 ①978-4-87919-200-4

◆零の記憶―瞬く星と見えない絆
風島ゆう著
三交社　（スカイハイ文庫）
【要旨】如月零は眼鏡を外すと過去の記憶が見える女子高生だ。二年に進級しても相変わらずクラスで浮いたままだが、遙にワンダーフォーゲル部に誘われた零は担任教師の鈴宮つき先輩71もいるナイトハイクに参加する。その翌日、山で合流予定だった遙の弟の陵が行方不明になって、零は遙と一貫、もてワンゲル部顧問の相島志郎と共に山に探しに行くこととなった。陵を探すために眼鏡を外した零が見たのは異様な記憶だった。更にその山で相良の友人の変死体が見つかり―。
2017.6 379p A6 ¥740 ①978-4-87919-196-0

◆イックーさん
華早漏曇著　KADOKAWA
（角川スニーカー文庫）
【要旨】今は昔、夢漏町幕府の頃、さる山寺にイックーさんという、たいそうイキセマヘな小坊主がおったそうな。ある夏の夕暮れ時、声をかけられて「ンッ!?」軽くイッてしまったイックーさんは、小坊主たちから和尚さまが隠している蜜の入った壺の話を聞く。蜜ツボ…。勘違いをしたイックーさんは、壺捜しに挑むが…。「カクヨム」で異彩を放つ超絶倫下ネタコメディ！で、ちゃう？
2017.4 238p A6 ¥600 ①978-4-04-105408-6

◆結界師への転生 1　片岡直太郎著　双葉社
（モンスター文庫）
【要旨】目が覚めると、久保たもつ（34歳）は結界スキルを持つ奴隷（6歳）として異世界に転生していた。そして、奴隷市で売れ残り、殺処分されるところだったが、侯爵家に拾われ専属の結界師として育てられることに。毎日地獄の特訓をこなし、日々精強さを増す結界スキルを開花させていく。そんなある日、森に出かけていた彼のもとに王国軍の使者が現れる。なんと、軍が反乱を起こして王国を占拠し、侯爵家の人々を人質にとったと告げられて…!?「小説家になろう」発、大人気異世界ファンタジー！
2017.9 297p A6 ¥611 ①978-4-575-75152-9

◆ペテン師は静かに眠りたい 1　片里鴎著
主婦の友社　（プライムノベルス）
【要旨】灰崎正義、25歳。いかがわしいコンサルティング会社に勤め、人から「ペテン師」と呼ばわりされている。静かに眠ることのできる安らかな日々を望んでいた。だが、その生活は唐突に終わりを迎える。仕事上の恨みを買い、刺されたのだ。正義は気付くと異世界の荒野にいた。今度こそ、ここで平穏な日々を過ごすと願いながら辿り着いたのは、二つの大国に挟まれ戦争に怯える小国ノライの町、トリヨラ。掃き溜めのようなスラム街で異邦人の「セイギ」として第二の人生を始めるが、アクシデントが重なり、その地方の有力者から命を狙われる羽目になってしまう。これまで培ってきた交渉術を駆使し、危機を脱しようともがくセイギだったが―。
2017.4 335p B6 ¥900 ①978-4-07-423083-9

◆ペテン師は静かに眠りたい 2　片里鴎著
主婦の友社　（プライムノベルス）
【要旨】異世界で人助けをおこなうことになったセイギこと灰崎正義、25歳。小国ノライの辺境の町、トリヨラで異邦人として暮らしていたが、トラブルに見舞われても、交渉スキルを駆使して何とか乗り切る。「ペテン師」と呼ばわりされていた彼が、ようやく平穏に暮らせたと安堵していた

だが、トラブル解決と引き換えにセイギは小国ノライの義勇軍の代表となる。また悪いことに、巨大帝国アインラードとノライの戦争が始まってしまった。絶望的な戦力差での戦争を、ノライ将軍である「赤目」ことドラッヘの指揮の下、セイギは義勇軍代表として戦争に参加することになるのだが―!?
2017.10 335p B6 ¥1200 ①978-4-07-427603-5

◆再召喚された勇者は一般人として生きていく？―エルフの国の水晶姫　かたなかじ著
宝島社
【要旨】かつて異世界で勇者だった蒼太は、クラスメイトの勇者召喚に巻き込まれ、以前自分のいた千年後の世界に再召喚される。勇者でないことを理由に一人、城を離れて冒険者として依頼をこなす中、千年前の旅の仲間の妹で、エルフの国の第四王女ディーナリウスが魔水晶に封印されていることを知った蒼太は、彼女に会うためエルフの国へ向かう。魔水晶に封印されたディーナリウスのところまで辿り着いた蒼太の前に立ちはだかったのは、三つ首のヒュドラだった。なんとかディーナリウスを助け出し、封印を解いた蒼太だったが、彼女から「伝承」とは異なる千年前の魔物討伐の真相を聞かされて…。記憶の謎を追い求める冒険ファンタジー、物語が動き出す、再会と驚愕の第2弾！ディーナリウスの思い出でトゥーラの街の女子会を描いた新作短編も収録!!!
2017.2 287p B6 ¥1200 ①978-4-8002-6555-5

◆再召喚された勇者は一般人として生きていく？―獣人の国の狂戦士　かたなかじ著　宝島社
【要旨】かつて異世界で勇者だった蒼太は、クラスメイトの勇者召喚に巻き込まれ、以前自分のいた千年後の世界に再召喚される。勇者でないことを理由に一人、城を離れて冒険者として旅を始めた蒼太は、エルフの国で千年前の旅の仲間の妹であるディーナリウスを封印から解放した。旅を続ける蒼太とディーナリウスは、次の目的地である獣人国に無事に辿り着くが、蒼太が獣人国の王との賭けで武闘大会に参加することになってしまう…。記憶の謎を追い求める冒険ファンタジー、激闘の第3弾！
2017.7 287p B6 ¥1200 ①978-4-8002-7252-2

◆猫伯爵の憂鬱―紅茶係はもふもふがお好き
かたやま和華著　集英社　（コバルト文庫）
【要旨】「人の姿をした猫、なのか。猫の姿をした人、なのか。そんなに大事なことかしら？」"猫の町"と異名を持つ港町ミストルで毎日、猫達と戯れて幸せな日々を過ごす猫大好き娘のパティ。しかし、父の死をきっかけに、猫人間と噂され、町の人々から恐れられる猫伯爵の許で紅茶係をすることに!!伯爵が住む猫の目城に出仕したパティの前に現れたのは、やはり、もふもふの黒猫人間で…!?
2017.2 221p A6 ¥540 ①978-4-08-608028-6

◆縛りプレイ英雄記―奇跡の起きない聖女様
語部マサユキ著　KADOKAWA　（角川スニーカー文庫）
【要旨】凶悪すぎる見た目以外はフツーの高校生・仁王院陣は、不幸な事故の末なぜか異世界へ。ひとまず小鬼に襲われていた美少女を助けたところ、シスターらしい彼女は傷の治療をしようと言う。ついに魔法の登場かとファンタジー世界に今さら感動する陣だったが、彼女はその舌でそっと陣を舐めようと―「いや、舐めるってのは医療行為として間違ってるから！」回復魔法が使えない淫聖聖女とふたりきり、先行き不安な冒険が始まる！
2017.3 284p A6 ¥600 ①978-4-04-105178-8

◆縛りプレイ英雄記 2　剣が振れない聖騎士さま　語部マサユキ著　KADOKAWA
（角川スニーカー文庫）
【要旨】回復魔法なき世界に転生した高校生・陣。天然すぎる元聖女マリーにくも癒やされる旅が始まる―はずが、はぐれていた騎士イリスと合流で早くも別れの危機!?マリーの護衛役として、陣への警戒心を全く解かないイリス。彼女と共に"石化"の怪物・メデューサに挑むが…「この剣、重すぎるぞ。使えんのか？」「う、るさい、敵に心配される謂れはない!!」ポンコツ女騎士加入で、ますます不安な異世界放浪コメディ第2弾！
2017.7 279p A6 ¥640 ①978-4-04-105180-1

◆ジェネシスオンライン―異世界で廃レベリング 2　ガチャ空著　KADOKAWA（MFブックス）
【要旨】新作ネットゲーム『ジェネシスオンライン』のβテスト版をインストールすると、いつ

のまにかジェネシスの世界に召喚されていた佐藤空（＝ソラ）。たまたま召喚されたネットゲーム仲間と合流したソラは、ダークエルフに襲撃されている村の防衛戦に参加し、無事にこれをクリアする。防衛クエストの指揮を経て成長したソラは、他の仲間を探すため、王都を目指し旅立った。宿敵のオークロードを討伐したドラゴンに遭遇しながら、ようやく王都にたどり着いたソラたちは、異世界での拠点とすべく念願のチームハウスを購入するのだが―。「ここが俺達の新しい家になるのか」ネットゲーマーも必読の異世界ファンタジー小説第二幕は、複数パーティーでのダンジョン攻略や有名チームからの勧誘、ドラゴンの暴走など、今回もネトゲあるある満載！
2017.3 323p B6 ¥1200 ①978-4-04-069139-8

◆ジェネシスオンライン―異世界で廃レベリング 3　ガチャ空著　KADOKAWA（MFブックス）
【要旨】いつのまにかMMORPG『ジェネシスオンライン』と似た異世界に召喚されていた佐藤空（＝ソラ）。かつてのネットゲーム仲間たちと新世界・ジェネシスで合流したソラは、自分のチームを立ち上げて、王都でチームハウスを購入した。クエストをこなしつつ、ソラたちがジェネシスでの生活に慣れ始めたころ、プレイヤーの間に奇妙な噂が流れる。いわく、レイド級のボスは、倒されると、すべての願いが叶うアイテム・キーストーンをドロップするという。消滅した仲間の復活や元の世界への帰還など、ジェネシス攻略への手がかりを得たソラたちは、かつて王都を破壊した白亜神・バイロンへと挑むのだが―。ネットゲーマーも必読の異世界ファンタジー小説第三幕は、いよいよ最強のドラゴン討伐に挑戦！今回もネトゲあるある満載！
2017.8 321p B6 ¥1300 ①978-4-04-069405-4

◆時空魔法で異世界と地球を行ったり来たり 2　かつ著　双葉社　（モンスター文庫）
【要旨】ある日突然、異世界に召喚され、好きな場所を行き来できる"時空魔法"を手に入れたSEの丸山誠司は、囚われの姫・エレナを魔法によって救出。エレナ姫と意気投合した妹のアヤと共に、異世界でパンケーキを作ったり地球も札幌で味噌バターラーメンをすすったりもしながら、新たな魔法を身につけていく。ところが、異世界と地球を行ったり来たりしながらまったり過ごす3人の前に、あやしいオークの集団が現れて…？「小説家になろう」発、新感覚ファンタジー第二幕。
2017.3 317p A6 ¥630 ①978-4-575-75126-0

◆時空魔法で異世界と地球を行ったり来たり 3　かつ著　双葉社　（モンスター文庫）
【要旨】ついに国王と魔族の全面勃発!?時空魔法を操るうちに、ドレアドス王国と魔族の対立の裏で、オークの軍団が暗躍していることに気づく誠司（30歳・童貞SE）。ドレアドス王国の王女エレナと貴族令嬢リルラと共に、大量のオークに狙われたイケプオーの村へ…。曲者だらけの魔法使い部隊やワケありの魔王も加わって、戦況はますます混迷!果たして誠司は戦争を回避できるのか!?「小説家になろう」発、大人気ファンタジー第三弾！
2017.9 271p A6 ¥583 ①978-4-575-75157-4

◆ニートだけどハロワにいったら異世界につれてかれた 8　桂かすが著　KADOKAWA（MFブックス）
【要旨】剣闘士大会はサティの優勝で幕を閉じた。闘技場内に用意された打ち上げ会場で注目の的になるサティと、よかれと思って出した助け舟で注目を浴びてしまい信憑の増えるマサル。そんな中、話があると軍曹に呼び出されたマサルは、帝国のプルムダール砦への物資の輸送を依頼されるとともに、ヒラギス奪還作戦への協力を求められた。しばし悩むマサルだが、ヒラギス奪還作戦に参加せよという神託が下り、一も二もなく協力を表明するのであった。新たなパーティメンバーにフランチェスカを迎え、目指すは帝都辺境！シラーとウィルの急成長に、増える後援者！益々スケールアップの帝国編開幕！
2017.4 313p B6 ¥1200 ①978-4-04-069192-3

◆寺嫁さんのおもてなし―和カフェであやかし癒やします　華藤えれな著　KADOKAWA
（富士見L文庫）
【要旨】前世からの因縁で突然あやかしになった真白。パニックになりながらも相母の遺言をヒントにあやかしお助け寺に駆け込んだ。だが人間に戻れず、困った真白に僧侶・龍成は"嫁の

ヤング・アダルト小説

◆ふり"を条件に寺で暮らすことを提案する。大酒飲みで優しい極楽坊主の龍成、人を慕うあやかしに囲まれた寺嫁暮らし。ある時、傷ついた存在を癒やすことで人間に戻ろうと気付いた真白は、特技のスイーツ作りで和カフェを開くことを思いつくが―?居場所を失った者が流れ着くお寺の、かりそめの寺嫁がおもてなしする真白は―?
2017.1 270p A6 ¥620 ①978-4-04-072397-6

◆銀座浪漫通り 四月一日亭(わたぬきてい)の思い出ごはん 加藤元著 ポプラ社 (ポプラ文庫ピュアフル)
【要旨】あの日、ぼくははじめてあやめさんを食事に誘った。銀座の裏通りにある小洒落た建物の「四月一日亭」へ…。オムレツにカツレツ、特別な日に食べるホワイトライス…。誰かと一緒に食べる料理は、じんわり心に沁みてくる。大正末期、日本が自由で穏やかだった時代。ひたむきに生きる人々が集う、美味しい西洋料理店で一期一会の人情ごはんをどうぞ。読むと思わず泣けてくる、気鋭の作家が描く連作短編集。
2018.1 268p A6 ¥660 ①978-4-591-15709-1

◆魔術学園領域の拳王(バーサーカー)―黒焔姫秘約 下等妙人著 KADOKAWA (富士見ファンタジア文庫)
【要旨】自身の魂を武器に戦う現代の魔術師。その学園に通う立華紫闇は、異能もロクに使えないX級品だった。しかし、学園最強の美少女・黒銅焔との出会いが、彼の力を開花させる―「ついてきな、キミを最強にしてやる」魔術ではなく体術を極め、実践に特化した"黒銅流"。弟子入りした紫闇は、焔と家族同然の生活を送り、劇的な進化を遂げる!「いい加減殺す気でやってくれよ」―魔術師の頂点を目指す戦いの中、半ば可覚悟で戦う敵に挑発。格上相手に下克上を続ける紫闇の姿は、周りの度肝を抜いていき!?最強の少女と成り上がる、超弩級学園バトルアクション!
2017.1 330p A6 ¥600 ①978-4-04-072202-3

◆魔術学園領域の拳王(バーサーカー) 2 傲慢姫招来 下等妙人著 KADOKAWA (富士見ファンタジア文庫)
【要旨】「喜びなさい!今日からあなたと一緒に住んであげるわッ!」夏期龍祭で優勝した紫闇の元に現れたのは、同級生で好敵手のクリス・ネバーエンドだった。能無しの格印を押され、実家の政略結婚に利用されそうになった彼女、実家から逃げてきたのだ。「魔術師の頂点に立つだなんて下らない夢、さっさと諦めなさい」優秀な妹に負け続けてきた姉。日英親善試合の勝負で決着をつけることになった二人だが、このままでは、クリスの負けは、火を見るより明らかで―覆され、うなだれる少女を前に紫闇は―「俺の弟子になれ、クリス」少女を最強に育て上げる、超弩級学園バトルアクション!
2017.5 343p A6 ¥620 ①978-4-04-072205-4

◆魔術学園領域の拳王(バーサーカー) 3 暴虐王覚醒 下等妙人著 KADOKAWA (富士見ファンタジア文庫)
【要旨】国内最大のビッグイベント、全領戦。その出場権を賭けた戦いに向け、ロードワークに勤しむ紫闇が出会ったのは一人の少女だった。彼女に兄はない。強さを求めていくうちに、彼は彼女の元を去っていってしまい―そして紫闇は迷う。「強くなるために何かを捨てることは、間違っているのか?」紫闇たち龍帝学園代表は、順調に勝ち進み、決勝の相手となったのは、関東領最凶と名高き"黒冥喚学園"。そのエース、"九月院瞬崩"。そう一彼には妹がいた。「俺は必ず勝つ。そうすれば、きっと、また元々の関係に戻れるはずだ」強者の格印へと至る、超弩級学園バトルアクション!
2017.10 331p A6 ¥620 ①978-4-04-072462-4

◆外国人医師と私の契約結婚 華藤りえ著 アルファポリス、星雲社 発売 (エタニティブックスRouge)
【要旨】医学部の研究室で教授秘書として働く絵麻。そんなある日、彼女はずっと片思いしていた医師が異国の第二王子だと知る。驚く絵麻へ、彼はある目的のために偽りの婚約者となるよう強要してきて…!?本気を誘う甘く激しい愛撫に、叶わぬ恋が花開く―魅惑のドラマチック・ラブストーリー!
2017.9 284p B6 ¥1200 ①978-4-434-23797-3

◆ネネコさんの動物写真館 角野栄子著 ポプラ社 (ポプラ文庫ピュアフル)
【要旨】「きみって無添加手づくり石けんみたい」と恋人にふられてしまったネネコさんは、亡くなった母親がのこした下町の動物写真館で働く二十九歳。自分の飼うキリンを撮ってほしいという子ども、おそろいの髪型で記念撮影するおばあちゃんと孫と犬、血圧を下げるために"ときめく写真"を依頼する会社など、訪れる様々なお客さんと、ネネコさんの物語。著者の生まれた下町の思い出を綴った書き下ろしエッセイ「私の深川」収録。
2017.5 174p A6 ¥580 ①978-4-591-15469-4

◆製造人間は頭が固い 上遠野浩平著 早川書房 (ハヤカワ文庫JA)
【要旨】人間を生物兵器・合成人間に造り変える力を持つ"製造人間"ウトセラ・ムビョウ。彼を説得してその能力を有効活用させようとした人々を、ウトセラは独自のロジックで翻弄していく―"無能人間"の少年コノハ・ヒノオに始まる双極人間/最強人間/交換人間との邂逅、そして奇妙な論理で導かれる結末とは…"ブギーポップ"シリーズの裏側を明かす、異能力者たちによる新対話集。書き下ろし「奇蹟人間は気が滅入る」収録。
2017.6 284p A6 ¥620 ①978-4-15-031279-4

◆不可抗力のラビット・ラン―ブギーポップ・ダウトフル 上遠野浩平著 KADOKAWA (電撃文庫)
【要旨】街から少年少女が消える"計画"を巡って、九連内朱巳と羽原健太郎、二人の天才が対立する。互いの姿を相手に見せない息詰まる頭脳戦の果てに待つのは、しかし彼らの想像も及ばぬ混沌と虚無の産物"ラビット・ラン"だった。何ものにも躊躇わず、一切の反省を持たない無邪気な悪意が拡散し、世界が抵抗不能の破滅に汚染されていくのを彼女らは止めることができるのか…!
2017.7 253p A6 ¥570 ①978-4-04-893233-2

◆闇の皇太子―愛からはじまる内幕話 金沢有倖著 KADOKAWA (ビーズログ文庫アリス)
【要旨】藤王、一位、閻魔大王がオモテに襲来で嫁姑戦争勃発!?自分の花嫁候補を式神たちが(好き勝手に)ご提案!?さらに晴明の婚約者話ふたたび!?彷徨いこんでしまった後宮で后が現してしまった、世にもオソロシイ噂話とは??兄さん大好きブラコンヤンデレ弟、言の主張!他、闇星ファンに贈る、愛いっぱいの短編を収録。
2017.3 250p A6 ¥680 ①978-4-04-734524-9

◆異世界で観光大使はじめました。 1 転生先は主人公の叔母です 奏白いずも著 フロンティアワークス (アリアンローズ)
【要旨】エルレンテ王国第一王女ロゼは、姪のアイリーシャと対面した瞬間この世界がプレイした乙女ゲームの舞台だったことを知る。問題はゲームの内容、コンセプトが"すべてを失った貴女が掴み取る愛"で、亡国の姫がヒロイン。名前に容姿も可愛い姪っ子と完全一致…つまりエルレンテ王国は破滅に瀕してます!ひそかに戦慄するロゼが、攻略対象のノアとのデート中に突然ひらめいたのは「この王国を花の溢れる観光地として発展させる方法を回避させる」こと!?前世の知識を巧みに活かして観光ツアーや名物スイーツ、カボチャ祭り(?)を大計画!一風変わった異世界ガイド・ファンタジー!
2018.1 311p B6 ¥1200 ①978-4-86657-030-3

◆軽い気持ちで替え玉になったらとんでもない夫がついてきた。 1 秦多悠香著 アルファポリス、星雲社 発売 (レジーナ文庫)
【要旨】その日暮らしの生活をしている花売り娘のリーはある日、彼女とそっくりな顔をした女性に"替え玉"になってほしいと頼まれた。二つ返事で引き受け、連れて行かれたのは豪華なお屋敷だ。おいしい食事、ふかふかの布団、お風呂にも入れる裕福な暮らし。しかし、問題がひとつ。それは、旦那様の愛情がうっとうしいくらい重いこと!なんとか素性がバレないように、侍女のスパルタ淑女教育もはじまるが―?どん底娘の一発逆転シンデレラファンタジー!!文庫だけの書き下ろし番外編も収録!
2017.2 371p A6 ¥640 ①978-4-434-22890-2

◆軽い気持ちで替え玉になったらとんでもない夫がついてきた。 2 秦多悠香著 アルファポリス、星雲社 発売 (レジーナ文庫)
【要旨】領主の奥様の"替え玉"になった、貧乏娘のリー。おいしっぱいの食事に、ふかふかの布団で眠りにつける生活に大満足。さらに、奥様を溺愛する旦那様のみんなに優しくされ、幸せに暮らしていた。だけど、旦那様に優しくされればされるほど、騙していることが心苦しくなってくる。そんなある日、本物の奥様が戻ってきたと聞いたリーは、お屋敷を出ようと決意して―!?どん底娘の一発逆転シンデレラファンタジー!!文庫だけの書き下ろし番外編も収録!

レラファンタジー、完結編!!文庫だけの書き下ろし番外編も収録!
2017.3 368p A6 ¥640 ①978-4-434-22998-5

◆ブラック企業に勤めております。―その線を越えてはならぬ 要はる著 集英社 (集英社オレンジ文庫)
【要旨】イラストレーターの夢破れ、こっそり地元へ戻った夏実。なんとか就職した先はクセモノ社員ばかりのブラック企業・B社K支店。毎朝会う「青い自転車の君」を心の支えに奮闘する日々だ。そんなある日、人手不足のK支店に、他支店から早乙女が助っ人としてやってくる。木村主任とともに、新支店の支店長候補と噂される男だ。そのせいか、なぜだか二人は張り合い…!?
2017.5 250p A6 ¥550 ①978-4-08-680132-4

◆ブラック企業に勤めております。―仁義なき営業対決 要はる著 集英社 (集英社オレンジ文庫)
【要旨】川原が去り、中杉支店長のもと新体制となったK支店。今まで、川原とは違うタイプの厄介者である中杉や、相変わらずの面々に振り回される毎日。そんな中、K支店を拠点として、市制八十周年記念のシティガイドを制作することに。複数の支店が参加する大きなプロジェクトだ。各支店から集められたのは、選りすぐりのクセモノたち。夏実のストレスは溜まる一方で…?
2017.10 268p A6 ¥550 ①978-4-08-680152-2

◆青薔薇姫のやりなおし革命記 柩呂紅著 主婦と生活社 (PASH!ブックス)
【要旨】歴史ある誇り高きハイルランド王国の、建国を祝う王祭の夜。王妃アリシアは城に乗り込んできた革命軍に胸を貫かれ、命を落としたーはずだった。王女アリシアは10歳のある日、突然「革命の夜」の記憶を取り戻し、自分が"やりなおしの生"を生きていることに気付く。混乱するアリシアを待ち受けていたのは、前世で自分を亡き者にされた謎の美青年・クロヴィスとの再会だった―。運命のいたずらで"やりなおしの生"をあたえられた王女が、滅びの未来を変えるという、革命首謀者あらため王女付き補佐官・クロヴィスと共に立ち上がる!
2017.12 293p B6 ¥1200 ①978-4-391-15091-9

◆トカゲなわたし かなん著 アルファポリス、星雲社 発売 (レジーナ文庫)
【要旨】「絶世の美少女」と名高いノエリア18歳。たくさんの殿方から求婚され、王子の妃候補にまで選ばれたものの…ここはトカゲ族しかいない異世界!前世で女子大生だった彼女は、なんとトカゲ人間に転生してしまったのだ。右を見ても左を見ても、トカゲのみ。まさかのハードモードな開幕に嘆くノエリアだが、なす術もなく王宮生活が始まった。だがある日、絶滅したといわれていたトカゲ人間の少年と出会い、新たな展開が…?ちょっと異色の転生ファンタジー!文庫だけの書き下ろし番外編も収録!
2017.6 368p A6 ¥640 ①978-4-434-23307-4

◆Re:Monster8.5 金斬児狐著 アルファポリス、星雲社 発売
【要旨】最弱ゴブリンとして異世界に転生し、ついには金剛夜叉鬼神・現神種にまで進化したオバ朗。その敵となるか、たまたま味方となるか、生きとし生ける全ての者は今、選択を迫られる―若き女狩人ラン・ベルは、"狩猟の勇者"たる師匠から課された試練に挑んでいた。その先に、思いも寄らない戦いが待ち構えているとも知らずに―オバ朗との"聖戦"において切り札となる"神器"を、彼女はいかにして獲得したのか?「弓天直下"ラン・ベルの過去"」最強黒鬼の進撃に呑み込まれる世界に生きる人々を描いた、その物語―それぞれの選択の果てに、運命の時が迫る!
2017.3 275p B6 ¥1200 ①978-4-434-23011-0

◆Re:Monster 9 金斬児狐著 アルファポリス、星雲社 発売
【要旨】最弱ゴブリンとして異世界に転生し、喰えば喰うほど強くなる"吸喰能力"で金剛夜叉鬼神・現神種にまで進化したオバ朗。"世界の宿敵"となった俺ことオバ朗。そんな俺を討つため、"英雄""勇者""獣王""魔帝"といった錚々たる顔ぶれが決戦の場である"鬼哭神火山"に駆けつけた。流石は"神"に選ばれた存在というべき数々の無敵者を、こちらも全力全容で迎え撃つ。互いに"大神"の加護を持つ、俺と敵軍の大ボス"救世主"の常識外な能力が威勢を振るう中、突如として誰も予想せざる史上最高級の超越存在まで参戦。世界崩壊を招く寸前だった死闘は、

ヤング・アダルト小説

ついに限界領域へと突入する―古今東西、あらゆる時代と場所の最強達を糧にして、どこまでも成り上がってやる！
2017.8 273p B6 ¥1200 ①978-4-434-23608-2

◆神様、縁の売買はじめました。　叶田キズ著　三交社　スカイハイ文庫
【要旨】「『縁』、買っていかないかい？」アガミと名乗る自称「縁結びの神様」に声を掛けられた高校1年生の下宮信也。それは『自分に不要な縁を売り、望む人との縁を買う』という話だった。過去の出来事ありか、人との縁を信じられない信也は断ろうとする。そこに縁結びの噂を聞いた信也の幼馴染・夕紘結と、同級生の白峰ルイが現れる。白峰は友人である安平との縁を売り、憧れの先輩との縁を買ってしまう。信也はアガミに、縁について知る為、白峰と先輩の縁の行方を報告する仕事を任されるのだが―
2017.5 357p A6 ¥720 ①978-4-87919-195-3

◆地味子の"別れ!?"大作戦!!　花音莉亜著　スターツ出版　(ケータイ小説文庫一野いちご)
【要旨】高2の陽菜子は地味子だけど、イケメンの俊久と付き合うことに。でも、じつは罰ゲームで、それを知った陽菜子は傷つくけど、俊久と並ぶイケメンの拓真が「あいつを見返してみないか？」と陽菜子に提案。脱・地味子作戦が動き出す。くじけそうになるたびに励ましてくれる拓真に惹かれていくけど、陽菜子は自分の気持ちがわからなくて…？　地味子×一途なチャラ男の甘々ラブ。
2017.11 241p A6 ¥550 ①978-4-8137-0354-9

◆スパダリ副社長の溺愛がとまりません！　花音莉亜著　スターツ出版　(ベリーズ文庫)
【要旨】設計事務所で働く実和子は、大企業グループの御曹司で若くして副社長の亮平と、仕事を通じて知り合う。容姿端麗で仕事にはタイプな彼に惹かれながらも、住む世界が違うと距離を置いていた実和子だったが、亮平からの告白で恋人同士に。「こんな恋にのめり込むのは初めてだ」と情熱的に愛されて幸せな日々を送っていた実和子。だけど、亮平に政略結婚の話があると知って…!?
2017.8 315p A6 ¥650 ①978-4-8137-0313-6

◆アンリミテッド・レベル　1　鏑木カヅキ著　主婦の友社　(プライムノベルス)
【要旨】17歳の日下部虎次が乗っていた飛行機が墜落。目を覚ますと、機内に一人取り残されていた。外に出た虎次は、事故から生き延びたのに、崩れてきた飛行機の翼に潰されて死んでしまう一歩に思えた。だが、虎次は機内で目を覚ます。それは死して生き返る能力、リスポーンによるものだった。非現実的な状況に混乱しながらも再び外に出るが、今度は異形の存在、魔物に殺されてしまう。またも機内で生き返った虎次は、ここが異世界であり、自分に異能が宿ったことを理解したのだった―。
2017.2 287p B6 ¥900 ①978-4-07-422824-9

◆アンリミテッド・レベル　2　鏑木カヅキ著　主婦の友社　(プライムノベルス)
【要旨】皇帝の魔の手から逃れた日下部虎次と仲間達は、辺見朱夏の案内で、亜人である猫ネコ族の集落にたどり着いた。長であるバーバラの厚意で、しばらく集落で過ごすことに。やがて、元皇女であるサラ・サラディーン・エシュトが周囲との軋轢が大きくなっていた。やるべきことをせず居丈高なサラに対して誰もが不満を抱き、特に結城八重には爆発寸前。危ない所に、一行は変装魔術の使える一族と行動を共にする。追われる身となった虎次達は、変装しなければならないのだが。他の日本人達を捜すため、日本に戻る手段を探すために、商業都市リーンガムへ向かうのだが―
2017.6 318p B6 ¥990 ①978-4-07-423114-0

◆アンリミテッド・レベル　3　鏑木カヅキ著　主婦の友社　(プライムノベルス)
【要旨】ドラゴン討伐を終えた日下部虎次。新たに仲間になった剣崎円花と共に、オーガス勇国の中心地レメルへと上陸する。到着後、虎次達は図書館での調査班と街中での情報収集班に分かれて行動する。普段は冷静沈着な円花だったが、蔵書の山を見ると目の色が変わる。あまりの変貌ぶりに驚きと呆れを抑えきれない虎次と莉佐。やがて虎次、一行にオーガス勇国の城にいるという情報が入る。そんな中、レメアルのオーガス城では、勇王の演説が始まる。それはオーガス全域において催される勇王祭の開催演説だった。虎次達には関係のないまま、その時までは。勇王ロメルの傍らに、

る日本人が立っていたのだ―。
2017.8 335p B6 ¥1200 ①978-4-07-424734-9

◆最強をこじらせたレベルカンスト剣聖女ベアトリーチェの弱点　4　その名は『ぶーぶー』　鎌池和馬著　KADOKAWA　(電撃文庫)
【要旨】隠れ家を引き払い行方を眩ました謎多き"賢者"に、一旦は勝利を収めるも、再戦で勝利目指すぶーぶーとベアトリーチェ。グランズニール山中で鍛錬メニューをこなすぶーぶー。一方ベアトリーチェは、ステータスUPの"バフ"を付けることができる、街で人気のお店を訪れていた。しかし、出入り口で迎えてくれたのは、可愛らしいふりのウェイトレス服を身に纏った"賢者"で!?"ロイヤルエルフ"のシビュラも笑顔で接客していたりして、これが本当にあんな死闘を繰り広げたのと同じ人物なのか。大人気な胸の話なんかも振ってくる"賢者"の目的とは一体。まさか金欠でバイトしてんじゃないか、あの"賢者"！
2017.3 323p A6 ¥630 ①978-4-04-892742-0

◆最強をこじらせたレベルカンスト剣聖女ベアトリーチェの弱点　5　その名は『ぶーぶー』　鎌池和馬著　KADOKAWA　(電撃文庫)
【要旨】少女型兵器アビスによって、ぶーぶーの持つ"兵輝"から"イベリコオーク"達の魂を救う方法に希望が見えたベアトリーチェ。しかし、鍵を握る"冥府"は彼女達の想像を絶する脅威だった！半分腐り落ちた巨大海洋生物のような"冥府"から、甦る"アンデッドの軍勢が迫り来る。"ブレイクニュース"総動員でも食い止められない状況に、人間達は異世界からも離脱することに。しかし"冥府"の軍勢が地球へ侵攻する可能性が高まり、政府や軍部から身柄を狙われるベアトリーチェは、ぶーぶー達と"冥府"を攻略するため、グランズニールへと再び舞い戻る！
2017.8 345p A6 ¥650 ①978-4-04-893278-3

◆新約　とある魔術の禁書目録(インデックス)　18　鎌池和馬著　KADOKAWA　(電撃文庫)
【要旨】学園都市の支配者に狙われた土御門元春と府蘭。上条当麻の部屋に転がり込んだ二人が、最終手段として学園都市からの脱出を試みる。しかし、緑色の手術衣を着た男は彼らを決して逃さない。その毒牙、魔術の"業"による攻撃で土御門の妹・舞夏が侵されてゆく。事態を打破するため、上条と土御門は、学園都市統括理事長の本拠『窓のないビル』突入を決意した。待ち受けていたのは、支配者の精神を象徴するかの如き巨大な虚無の空間。ついに、幕は開く。これより始まるのは、アレイスター＝クロウリーの物語である。
2017.5 332p A6 ¥630 ①978-4-04-892893-9

◆新約　とある魔術の禁書目録(インデックス)　19　鎌池和馬著　KADOKAWA　(電撃文庫)
【要旨】目を覚ますと頭の先から足の裏までびっちり特殊なスーツに覆われて脱げない浜面。何かしらの犯罪に巻き込まれ街中どころか一方通行(アクセラレータ)まで敵に回した彼は途中、新たな厄介ごとを背負う。それは道端に捨てられた大きな封筒。その手首にはしから始まる六文字が刻まれていて！果たして馬面なヤンキー浜面はミニスカサンタで巨乳な恋人滝壺理江に気付いてもらえるか。一方その頃上条は窮地。何気に知らんから究極美少女と化した滅法大人気ないアレイスターから逆セクハラをお見舞いされている。相手は宿敵だが究極なる美少女、どうするツンツン頭！
2017.10 376p A6 ¥630 ①978-4-04-893405-3

◆ヘヴィーオブジェクト　北欧禁猟区シンデレラストーリー　鎌池和馬著　KADOKAWA　(電撃文庫)
【要旨】「アイスガールより各機。脱出する」仲間を庇って北欧禁猟区に墜落した12歳のエースパイロット、マリーディ。四大勢力入り乱れての泥沼と化した戦地に一人取り残され救援を求める彼女は、地対空ミサイルを無効化するための高精度レーダー破壊工作に挑む。「はひ待って待って待ってくださいいい!?私を守って下さいよう」道中で遭遇したのは『資本企業』の内勤兵士のナンシー。まるで役に立たない眼鏡巨乳な彼女に懇願されて、しぶしぶ同行を許可したマリーディだったが…。軍用端末から緊急連絡は告げる。「マリーディ＝ホワイトウィッチを第一級現場戦争犯罪者の容疑で敵性登録する」と―。これは罠か、陰謀か。

近未来アクション、北欧禁猟区編！
2017.4 332p A6 ¥630 ①978-4-04-892835-9

◆ヘヴィーオブジェクト　最も賢明な思考放棄　鎌池和馬著　KADOKAWA　(電撃文庫)
【要旨】やあみなさん、ドSの貧乳はお好きかい。それが金髪年下天才美少女将校ならどうかな？　砂浜に座礁した『情報同盟』の巡洋戦艦。国際条約のあれこれで救助活動をしたいクウェンサーの前に現れたのは、神童計画『マティーニシリーズ』が一人、レイス＝マティーニ＝ベルモットスプレー。なんと今回は特例中の特例、レイスの指揮の下、敵国である『情報同盟』最新鋭の戦車艦と合同作戦を展開するとのお達し。オブジェクトが闊歩するマングローブの亜熱帯を、生身でビシバシ練り歩いてきっ！…どうやらどこの勢力も上司が超ドSなのは普遍的事実らしい。さあ幕開けだ、レイスたんの時代が！　今回もドヒドい目に遭うぞ近未来アクション！
2017.9 442p A6 ¥710 ①978-4-04-893331-5

◆未踏召喚://ブラッドサイン　7　鎌池和馬著　KADOKAWA　(電撃文庫)
【要旨】神を超える存在にして、最悪最強の未踏級『白き女王』。現世における全知全能の支配者である彼女は、召喚儀礼や被召喚物…規定級、神格級、『大三角』含む未踏級の全てを駆使しても、滅ぼすことはできないはずだ。しかし城山恭介は為さねばならない。一ならば。滅ぼせないなら逆に、創るまでだ。『白き女王』を完膚なきまで滅ぼす、新しい『法則』を!!鍵を握るのは、冥乃河葵。最古の人造依代である彼女が抱える叡智を紐解けば、新しいルールで創り上げたオリジナルの未踏級を降臨させる触媒に手が届く。復讐鬼ピヨコアールに対抗するため、葵と接見するため、冥乃河神社へと足を運ぶ。そこで敵として立ちはだかったのは、恭介が過去救ったはずの依代の少女で…!?
2017.6 390p A6 ¥670 ①978-4-04-892951-6

◆アウトサイド・アカデミア!!―"留年組"は最強なので、チートな教師と卒業します　神秋昌史著　KADOKAWA　(角川スニーカー文庫)
【要旨】異能力免許取得機関として名高い塔心学園高校一の、留年組を受け持つことになった元詐欺師・刻白鳳介。"実力点"こそピカイチだが"倫理点"が壊滅的で卒業を阻む彼女たちに鳳介が教えるのは、「倫理なんて丸暗記」という詐欺でしかない合理的なものだった！「"窃盗犯"への罰ですか…指を折る、程度でしょうか！」真っ直ぐな瞳で答える"留年組"を、異能と"詐欺"で不正しく導く学園バトルエンターテイメント、開講！
2017.9 319p A6 ¥620 ①978-4-04-106108-4

◆龍と狐のジャイアント・キリング　2　空飛ぶ機兵の大胆な墜とし方　神秋昌史著　ホビージャパン　(HJ文庫)
【要旨】龍一郎の指揮のもと、狐貂を筆頭とした神霊種たちの活躍により、敗戦寸前から一転、息を吹き返した日ノ本共和国。一方、この事態を重く見た帝国側は、ついに数々の戦果を上げてきた最強の切り札を関東戦線へと送り込む。これに対抗すべく龍一郎は、カラス天狗たちの隠れ里を訪れるのだが、そこに居たのは峰葉忠と名乗る美少女ただ一人だけで!?―騎当千の力を持つ神霊種たちを導き、巨大鋼鉄機兵を撃滅する激熱必至のファンタジー戦記、第二幕!!
2017.2 303p A6 ¥638 ①978-4-7986-1378-9

◆少女手帖　紙上ユキ著　集英社　(集英社オレンジ文庫)
【要旨】女子高生の小野ひなたは、グループの中で平穏に生きていくことに全力を傾けている。ある日、ひなたは、憧れの同級生・結城さんに誘われて、グループの約束をドタキャンしてしまう。そのことがきっかけでグループから無視されるようになってしまったひなたは、必ずしも悩みながらも自分の居場所を探していく…。女の子たちの生き方を模索する少し苦しい青春ストーリー。
2017.9 279p A6 ¥590 ①978-4-08-680147-8

◆律儀なひと　上生ミカ著　リンダパブリッシャーズ、徳間書店 発売
【要旨】ヨシばあちゃんが死んだ。…はずだった。昨日家族と共に見送ったはずのヨシばあちゃんが、なぜか今、俺（貴雅）の部屋にいる。姿は見えないが間違いなくヨシばあちゃんの声だ。あの世へ旅立つ四十九日を迎えるまでの間に、この世への未練を断ち切るのだとヨシばあちゃんは言うけれど、それなら孫の俺のところじゃなくて子ども達（俺の母親や伯父達）のところに行くだ

ろ、普通。こうしてばあちゃんの魂と俺との同居生活が始まったが、嫌な予感は的中する。気になっている薫ちゃんのことや、会社の同僚たちの相談ごとにまでくちばしを出すヨシばあちゃんに、俺は今日も振り回されて……。明日も元気になるハートフル小説。

◆かみこい！　2　ずっとずっととれません
火坂坂猫著　SBクリエイティブ　（GA文庫）
【要旨】蒼媛襲来（？）の騒動がようやく落ち着いたその頃に、またもや結婚の選択肢を突き付けられる旭。神樹焔を名乗るその少女は神殺し一族の本家の娘であり、神と神殺しが結ばれるという許されざる婚姻をぶち壊す為にやってきたのだ！…しかし標的である蒼媛は全くお構いなし！「旭、お口あーんだぞ、なのだぞ？」「う、ぐぐ…やります、蒼媛乃大神」進展しない状況に苛立ちを覚える焔は、旭の一族の血を発現させて、文字通り蒼媛の神殺しを目論む！神vs許嫁、熱き恋の戦い再び！この恋の行方は…神のみぞ知る！？神様フィアンセ降臨ラブコメディ！
　2017.7 305p A6 ¥620 ①978-4-7973-9199-2

◆最下位職から最強まで成り上がる一地道な努力はチートでした　上谷圭吾著　小学館　（ガガガブックス）
【要旨】冴えない日々を送り、与えられた天職は最下位職である『低級魔道士』でしかなかった少年・ルーク。しかし、ある事件をきっかけに彼を取り巻く環境は大きく変化しはじめる。それは「包囲殲滅陣」という軍事史上に燦然と輝く陣形を編み出し、戦史にその名を刻まれることになる彼のほんの始まりに過ぎなかった。これは"最下位職"から"天才軍師"へと成り上がっていく少年の物語である。
　2017.5 323p B6 ¥1200 ①978-4-09-461100-7

◆最下位職から最強まで成り上がる　2　一地道な努力はチートでした　上谷圭吾著　小学館　（ガガガブックス）
【要旨】天職は最下位職の『低級魔道士』だが、軍師としての天才的な視点と恐るべき成長速度を備えた少年、ルーク。祖国ウェルリアの陰謀により、彼は冥府の迷宮へと流れ出されてしまう。その後彼の持つ圧倒的才覚と剣神ロイの助けにより無事迷宮を脱出。かつての敵国ユメリアと名乗る謎の少女が姿を現すのだが…。"最下位職"から"天才軍師"へと成り上がっていく少年の栄光の物語。「小説家になろう」発超話題の王道ファンタジー！
　2017.8 273p B6 ¥1200 ①978-4-09-461104-5

◆かりゆしブルー・ブルー・空と神様の八月
カミツキレイニー著　KADOKAWA　（角川スニーカー文庫）
【要旨】「人間の上でもなく、下でもなく。私たちのすぐそばにいるもの。それが沖縄の神々さ」怪異を祓うため神々の住む島・白結木島を訪れた春、前に現れたのは、地元の少女、空。天真爛漫で島想い、どこまでもフリーダムな彼女に呆れる春秋だったが、空は神様との縁を切ることで怪異を祓う「花人」の後継者春秋秋を訪れた理由はそのためだった。未熟ながらも、島の人々とともに怪異解決に挑む少年少女の、沖縄青春ファンタジー！
　2017.6 317p A6 ¥620 ①978-4-04-105677-6

◆軍師／詐欺師は紙一重　神野オキナ著　講談社　（講談社ラノベ文庫）
【要旨】父親が亡くなり家を失うことになった語利カタル。最後に住み慣れた家の中で見つけた謎の抜け道を通るとーファンタジー世界のような場所に出た。そこにやってきたのはドワーフとミノタウロス！さらに竜を駆る少女までやって来る。戸惑うカタルに少女は言う。「お前、軍師の血族な。ならさっさと来い、女王陛下と国難がお待ちだ」と。連れて行かれた先で戻ったのはこの国は危機を迎えるとて「軍師の館」が現れ、そして驚いたことに、詐欺師だと言われていたカタルの祖父こそがこの世界では軍師だったらしい！カタルは決意する、祖父の後を継いで軍師として活躍することを！祖父の残した詐欺の道具と知略で国の危機を救えるか！？
　2017.3 343p A6 ¥660 ①978-4-06-381561-0

◆軍師／詐欺師は紙一重　2　神野オキナ著　講談社　（講談社ラノベ文庫）
【要旨】隣国スウェニカの侵略を智略と詐術で食い止めた、セリナスに伝わる伝説の軍師の孫・カタル。祖父・リュウゾウの健在もアピールしばらくは落ち着くかと思われた。だが、もう一つの隣国・マンタロムの動きが怪しい。野盗集団を装い襲撃を繰り返すのだ。試すかのような動きにうんざりしながらも対応を続けるが、カタル自身を直接狙ってくる刺客まで現れる。ラウラが身代わりに負傷するに至り、いよいよ本格的な対処を検討する中でマンタロム王から親書が届く。カタルの軍師としての才を確かめるべく、演習をさせろと書かれていて―！？智恵と謀略が冴え渡るシリーズ第2弾！
　2017.9 390p A6 ¥700 ①978-4-06-381623-5

◆EXMOD—思春期ノ能力者　神野オキナ著　小学館　（ガガガ文庫）
【要旨】高校一年生の真之斗は、ある朝、姉弟同然に育ってきた双子の姉妹・世衣と亜世砂とともに凄惨な電車事故に巻き込まれた。三か月後、補助器具なしでは歩けなかった亜世砂は脚力を、姉の世衣は失われていた絶対音感を取り戻す。人間が持ち得る能力の限界を遥かに超えたものとして。同じころ、北海道・国道337号線で、原因不明の大事故が発生。そこには真之斗たちの事故現場でも目撃された「白いコートの少年」の姿があった…。超能力に目覚めた少年少女たちの戸惑いと葛藤、そして戦いを描く青春SF長編！
　2017.1 355p A6 ¥630 ①978-4-09-451652-4

◆EXMOD　2　黒ノ追撃者　神野オキナ著　小学館　（ガガガ文庫）
【要旨】海ほたるを舞台にした「F」こと山崎四郎との戦いの中、世衣から愛を告白された真之斗はそれを受け入れた。亜世砂は二人のことを祝福しつつも、真之斗への想いを吹っ切れずにいた…。一方、「F」の事件以降、暴走するEXMODたちが増加。「黄昏」機関のクラタの要請で、真之斗たち三人は彼らを捕獲する仕事を請け負っていた。そんな折、実体資料として真之斗たちを欲するアメリカ政府は、彼らを強奪するために強力な特殊部隊「アイヴァンホー」を日本に送り込む。少年少女たちの過酷な戦いを描く青春SF第2弾！
　2017.5 353p A6 ¥630 ①978-4-09-451678-4

◆Just Because！　鴨志田一著　KADOKAWA　（メディアワークス文庫）
【要旨】「あいつを好きな君の横顔が、たまらなく綺麗だったから一」中学時代に福岡へ転校した瑛太は、高校生活残り3ヵ月という時期に、再び父の転勤のため地元・鎌倉へ戻ることになる。転入した高校には、かつて淡い恋心を抱いていた美緒と、美緒がいまも心を寄せる陽斗の姿が。瑛太にとって中学時代の野球仲間である陽斗は、ある女子に「告白しろよ！」と言い出して…。受験、卒業、恋一高校生たちのきらめきと揺らぎを描き出す青春群像劇。アニメ『Just Because！』原作小説。
　2017.11 313p A6 ¥630 ①978-4-04-893384-1

◆この手の中を、守りたい　1　異世界で宿屋始めました　カヤ著　フロンティアワークス　（アリアンローズ）
【要旨】両親を相次いで亡くし、独りぼっちになってしまったアーシュ。現代日本で生きた記憶があるものの、幼いゆえにそれを活かせず7歳で孤児になってしまう。そんな中ギルド長の紹介で、同じく孤児の仲間たちと一緒に暮らすことに。そこで仲間たちとの金銭感覚の違いに気づく。「今度こそ、私の知識を活かしてみせる！」自炊に貯金。朝食・ランチの販売から宿屋経営へ！せっかくの魔法世界、楽しんで利用しなければ損じゃない？仲間の知識と魔法を組み合わせ、私の小さな手でもこの世界は変えられる！転生少女アーシュと仲間たちの、ほのぼの成長ファンタジー第1巻！
　2017.7 315p B6 ¥1200 ①978-4-86657-023-5

◆この手の中を、守りたい　2　今度はカフェへいらっしゃい　カヤ著　フロンティアワークス　（アリアンローズ）
【要旨】孤児になり、前世の知識を活かして周囲の仲間たちの意識改革を始めたアーシュ。主婦の知恵と魔法を使って、自炊に貯金、ランチ販売から宿屋の経営も順調！10歳になり、冒険者のパーティーに加わり、王都の学院で学業にも励み始め、どんどん世界が広がっていく。そんな中、仲間たちと一緒にカフェ「子羊亭」の経営も始めることに決めー!?転生少女アーシュと仲間たちの、ほのぼの成長ファンタジー第2巻！
　2017.10 309p B6 ¥1200 ①978-4-86657-041-9

◆聖女二人の異世界ぶらり旅　カヤ著　KADOKAWA　（カドカワBOOKS）
【要旨】仲良しOL、真紀と千春。二人してフラれた記念にヤケ酒していたら、いきなり異世界に召喚されたー！？やけに歓迎ムードの獣人とエルフに囲まれ、告げられた召喚の理由。二人は『聖女』であり、彼女たちが穢れのある土地に行くだけで、その地は浄化されるという。……それってつてさり、各地を観光して回ればいいってことだ!?ご当地のお酒に美味しい料理、そして温泉！大人女子二人の、ハプニング満載な異世界ぶらり旅がはじまる！
　2018.1 301p B6 ¥1200 ①978-4-04-072498-0

◆愛されるのもお仕事ですかっ!?　栢野すばる著　アルファポリス,星雲社発売　（エタニティ文庫）
【要旨】社内恋愛中の恋人に手ひどく振られた華は、ショックから立ち直るため夢だったアメリカ留学を決めた。ところが留学斡旋会社が倒産し、お金を持ち逃げされてしまう。職なし・家なし・お金なしの人生どん底の華。そんなそれを知った憧れの先輩・外山が、彼の家で住み込みの家政婦をしないかと提案してきた。不安はあるが、お世話になる以上はしっかり働こうと誓う華に、仕事に厳しいはずの彼はなぜか激甘で!?生真面目OLと不器用な彼の甘い主従関係!?文庫だけの書き下ろし番外編も収録。
　2017.10 358p A6 ¥640 ①978-4-434-23787-4

◆Sweet Secret　栢野すばる著　アルファポリス,星雲社　発売　（エタニティブックス Rouge）
【要旨】古河詩織は、由緒正しい家柄のお嬢様。政略結婚ではあるものの、子供の頃から婚約していた許嫁にプロポーズされ、もうすぐ入籍も控えている。ところが詩織には一つ大きな問題を抱えていた。ーそれは彼女の職業が、実は「官能小説家」だということ。家族にも内緒にしているのに、彼にバレたらきっと婚約破棄されてしまう！焦った詩織はなんとか秘密を隠し通そうと決意する。ところが、不審な行動を続ける彼女の姿に、彼は詩織の浮気を疑い始め…!?隠したい彼女×彼女の全てを知りたい彼の恋愛攻防戦スタート！
　2017.5 290p B6 ¥1200 ①978-4-434-23336-4

◆転生少女の履歴書　4　唐澤和希著　主婦の友社　（ヒーロー文庫）
【要旨】リョウが学園に入学して、早くも4年が過ぎた。友人も多くでき、商人としても成功しつつ、順風満帆な日々。ある日、大雨の影響で、結界が壊されるという結果が報告される。結界から出てきた魔物達が、リョウ達が過ごす学園を襲う。避難場所である講堂に向かい、他の生徒や先生と合流すると、シャルロットがいないことに気づく。リョウ、アラン、リッツ、カテリーナ、サロメの5人は、シャルロットを救うために魔物がいる講堂の外へ出ることを決意するのだが…。
　2017.6 382p A6 ¥620 ①978-4-07-424645-8

◆転生少女の履歴書　5　唐澤和希著　主婦の友社　（ヒーロー文庫）
【要旨】王国全土で結界が破られたことで、リョウや学園の生徒たちはそれぞれの領地を守るために学園から旅立つ。その道中で魔物に襲われ、治癒魔法が使えるリョウがその都度魔物を撃退していく。しかし、魔物が出るたびに無茶な戦いをするリョウに、コウキは疑問を覚える。何か隠し事があるのではないかとリョウに問うコウキ。王家が隠しているかもしれない魔法の秘密を知ってしまったリョウ。そのことで押しつぶされそうになっていた心の内を、リョウはコウキに打ち明けるのだった。
　2017.10 383p A6 ¥630 ①978-4-07-427945-6

◆くずクマさんとハチミツJK　2　鳥川さいか著　KADOKAWA　（MF文庫J）
【要旨】興奮するクマだらけの高校生・阿部久真はハチミツの汗をかく少女・天海桜と出会い、互いの秘密を守るために協力関係を結んだ。季節も夏になり、1日中桜と過ごしてはハチミツをいただく「最高のハチミツライフ」を満喫していたのだが、久真の生き別れた妹・九舞の登場により平穏な日常は崩れ去る。「愛しています、お兄さまぁ！」クマの里で暮らしていた九舞のおかしな行動に振り回される中、久真たちの関係を目撃した少女・酒見圭登に呼び出されー「実はアタシ、サケ人間なんだ」「…へ？」泳ぐとサケ（人魚）になるという圭登に頼まれ、二週間後の水泳大会までに体質の克服をすることに!?妹クマに人魚が襲来！私欲まみれのほんわかラブコメ第二弾！
　2017.5 263p A6 ¥580 ①978-4-04-069238-8

◆くずクマさんとハチミツJK　3　鳥川さいか著　KADOKAWA
【要旨】二学期になり、久真の通う日夏高校では文化祭に向けて盛り上がりをみせ始める。桜を

ヤング・アダルト小説

庇って文化祭実行委員になってしまった久真は会議や準備に大忙し。久磨とはすれ違いばかりで「最高のハチミツライフ」は遠のくばかり。そんな中、委員会で出会った金髪の美少女リー・シェンリューにクマの本能が騒ぎ出し—「(乙女趣味なところが)可愛いなって思って」「なっ!か、かわいいでしゅって…!!」。笹の髪を持つシェンリューの出現で久真と桜の関係にも変化が…クマかパンダか白クマか、久真をめぐる熾烈な餌付け合戦が勃発!?トラブルだらけの文化祭は果たして成功させられるのか？私欲みれのほんわかラブコメ、蜜より甘い第三弾!
2017.5 260p A6 ¥580 ①978-4-04-069555-6

◆氷使いは栄光の夢を見る　烏丸鳥丸著　リンダパブリッシャーズ,泰文堂　発売　(レッドライジングブックス)
【要旨】強さを求め氷属性最強となった主人公のジエロ。強さを極めた先に何も無いことに気づき虚無感に苛まれたジエロは、自分を討伐しに来た親友に封印されることにした。そして、400年後に目覚めた時、自らの属性でもあった氷属性が衰退し、まともな使い手が居ない事に驚愕する。自分を封印した人間の子孫に学園に通わないかと提案されたジエロは、状況を把握するため、そしてもしかしたら自分の虚無感を埋められるのではないかと淡い希望を抱き、受諾した。自称常識人のジエロによるドタバタ王道風ファンタジーが今始まる！
2017.5 270p B6 ¥1200 ①978-4-8030-1045-9

◆ヴぁんぷちゃんとゾンビくん―吸血姫は恋したい　空依空人著　KADOKAWA　(角川スニーカー文庫)
【要旨】魅了の魔眼を持つせいで、心を通わせる相手がつくれない吸血鬼の少女・ルーミア。だからこそ、対等な"恋"に憧れていた。少女漫画の続きを買いに日本へとやってきたルーミアは、そこで心を持たない不死者の青年・ゾンビと出会う。思い通りにならない相手に、感じたことのない苛立ちと嬉しさを覚えるが、ゾンビには何やら秘密があって!?人外ゆえに自分について悩むリアリアルな美少女吸血鬼のラブコメディ♪第1回カクヨムWeb小説コンテスト特別賞受賞作。
2017.12 286p A6 ¥600 ①978-4-04-105825-1

◆奴隷商人しか選択肢がないですよ？―ハーレム？なにそれおいしいの？　1　カラユミ著　オーバーラップ　(オーバーラップノベルス)
【要旨】15歳となり、称号を得ながら職業学校に入学した少年ゼオリス。普通の称号を得て目立たず暮らせねば―なんて考えていたゼオリスだったけど、得た称号は"勇者""魔帝""大賢者"というバレたら目立つどころじゃないものがズラリ。そこで残った称号の一つは一番最低の嫌われ者、"奴隷商人"!!自身の称号から一つを選び、その職について学ばなければ、泣く泣く"奴隷商人"を選択するゼオリスだったが…？最強の"奴隷商人"が女の子達に振り回されて大活躍!?"小説家になろう"発のドタバタ女難冒険譚、開幕!!
2017.8 279p B6 ¥1200 ①978-4-86554-250-9

◆奴隷商人しか選択肢がないですよ？―ハーレム？なにそれおいしいの？　2　カラユミ著　オーバーラップ　(オーバーラップノベルス)
【要旨】泣く泣く"奴隷商人"となり、ただただ目立たないようにと、過ごすゼオリス。だが彼のもとには今日も今日とてトラブルの火種が舞い込み続ける。違法集団からのエルフの奴隷奪還!?魔族国家ガルーダ王国の大軍を足止め!?そして、まさか当分叶いそうにない、魔王登場!?ゼオリスの願いは、まだ当分叶いそうにない。新ヒロイン登場で加速する、"小説家になろう"発のドタバタ女難冒険譚、第2幕!!
2017.12 285p B6 ¥1200 ①978-4-86554-294-3

◆異世界ならニートが働くと思った？　5　エルフの姫に丸投げして他国で好き放題します。　刈野ミカタ著　KADOKAWA　(MF文庫J)
【要旨】異世界召喚された"英雄"たちが覇を競う"万象の楽園"。エルフの姫に呼び出された天才ニート詐術師・崩喰レイジは、全種族の"英雄"が集った"英雄"闘議中に皆の前から姿を消した。生死不明のレイジを捜すティファリシア達。一方、レイジは「いやーマジ会心の出来だ、そのコスプレ衣装」「こ、こんな…下着姿…!」"新天地"で誰にも邪魔されない最高の堕落環境ニートとして求めなかった嘘だろ？"解放軍"を丸投げして、余裕の新ニート生活!?最強ニートがどこまでも働かない英雄

譚、新機軸の第五弾！
2017.5 262p A6 ¥580 ①978-4-04-069284-5

◆異世界ならニートが働くと思った？　6　エルフの姫が仲間になったので世界平和を目指しましょう。　刈野ミカタ著　KADOKAWA　(MF文庫J)
【要旨】異世界召喚された"英雄"たちが覇を競う"万象の楽園"。エルフの姫に呼び出された天才ニート詐術師・崩喰レイジは、"竜闘族"の姫で驚くべき相手と対面する。現"森霊族""誓約者"オフィリアの姉にしてティファリシアの母、クレアリシア。死んだはずの彼女が語るのは―「温泉が好きなの〜」あまりにもどうでもよすぎる趣味の話に「異世界の夢は、誰もが納得のいく―あらゆる意味での"恒久平和"なの」いつかの彼女が願った遠い夢は、時を超えて娘に受け継がれる。天才ニートがどこまでも働かなかった英雄譚、それはやがて世界の真実に辿り着く。刮目の第六弾！
2017.4 294p A6 ¥580 ①978-4-04-069559-4

◆魔力ゼロの俺には、魔法剣姫最強の学園を支配できない…と思った？　3　刈野ミカタ著　KADOKAWA　(MF文庫J)
【要旨】"神霊魔剣"を操る貴族の乙女のみが通うグランディスレイン魔法学園。そこに入学した魔力ゼロにして唯一の男・ユーベルはハーレム―"王國"を拡大させ、ついには学園最大姫閥"桜花夜会"の主・アンリエットまで落としたかと思いきや、彼女にいきなり刺されてしまう。かろうじて目を覚ますも、今度は学園一三血族を超えた最強の"姫王"リン・スメラギに誘拐されてしまい―「ではさっそく子種をよこしてください」「ちなみに、俺はそのあとどうなりますか？」「処分します」「処分以外なんでも使う元王子の規格外英雄譚、衝撃の第三弾！
2017.4 263p A6 ¥580 ①978-4-04-069177-0

◆魔力ゼロの俺には、魔法剣姫最強の学園を支配できない…と思った？　4　刈野ミカタ著　KADOKAWA　(MF文庫J)
【要旨】"神霊魔剣"を操る貴族の乙女のみが通うグランディスレイン魔法学園。そこに入学した魔力ゼロにして唯一の男・ユーベルは、"魔王"ソルブラッドとその支配下にある"一三血族"と対峙する。暴かれる"魔王"の正体、"一三血族"の呪われし秘密、そして「キミたちが知っている世界は、本当の世界の一部にすぎない」突如現れた謎の美少女・エリカシリカ。彼女は自らをユーベルの妹と称し世界の真実を語るが―「そんなことより、リリアとエリカの"妹決戦"。何故かそこにティリも参戦して…!?魔法以外なんでも使う元王子の規格外英雄譚、急展開すぎる第四弾！
2017.11 294p A6 ¥580 ①978-4-04-069506-8

◆魔法の国の魔弾　4　狩真健著　双葉社　(Mノベルス)
【要旨】今までの戦いの功績により、王都騎士団団長のリカルドから、ベルカニア連合国に住官することを依頼された狩人は早速、査察官の護衛の任務を請け負うことに。港湾都市・フィンケルシュタインに到着した狩人たちであったが、その街はただならぬ空気に支配されており―。
2017.3 284p B6 ¥1200 ①978-4-575-24020-7

◆約束の国　4　カルロ・ゼン著　星海社、講談社　発売　FICTIONS)
【要旨】"戦友"の最小限度の犠牲を経て、ヒルトリア共産党を手中に収めたダーヴィドとトルバカイン。国政の抜本的改革を断行し、順調な滑り出しを始めたかに見えた新政権だが、二人を待ち受けていたのはあまりにも残酷な"真実"だった―。未来に待ち受ける内戦を回避し、ヒルトリアを救うことができるのか―。カルロ・ゼンが贈る"共産主義英雄譚"完結。
2017.1 357p B6 ¥1500 ①978-4-06-139957-0

◆幼女戦記　8　In omnia paratus　カルロ・ゼン著、篠月しのぶ画　KADOKAWA
【要旨】連邦資源地帯への大規模攻勢作戦『アンドロメダ』。無謀を説いていたゼートゥーア中将は参謀本部から東部への"栄転"に至る。先細りの連絡線、破られし寸前の古い結束、そして長大な側面の曝露。要するに、誰もがオムツを忘れていた。ともかくして、ゼートゥーア中将はレルゲン戦闘団に特命を下す。指揮官たるターニャに命じられるのは退却の許されない籠城戦。

勝たねばならない。人材、食糧、砲弾、すべてが不足するが勝利依存症の帝国では戦争を止められない。老人(愛国者)の覚悟、幼女(バケモノ)の保身。
2017.6 429p B6 ¥1000 ①978-4-04-734655-0

◆幼女戦記　9　Omnes una manet nox　カルロ・ゼン著　KADOKAWA
【要旨】幼女(バケモノ)さえ抜け出せぬ混沌。出口のない戦争は激化の一途をたどる。
2018.1 469p B6 ¥1000 ①978-4-04-734877-6

◆終末なにしてますか？忙しいですか？救ってもらっていいですか？♯EX　枯野瑛著　KADOKAWA　(角川スニーカー文庫)
【要旨】春の陽だまりの中、幼い少女妖精・ラキシュは"聖剣"セニオリスを抱え夢想する一。それは500年前の出来事。正勇者リーリア14歳、準勇者ヴィレム15歳。人類を星神の脅威から救う兄妹弟子の日常は、なかなかにデタラメで色鮮やかで…。それは少しだけ前の出来事。死にゆく定めの成体妖精兵クトリと、第二位呪器技官ヴィレム。想い慕われる一分一秒とを、忘れ得ぬ二人の夢となる。「終末なにしてますか～？」第一部、外伝。
2017.2 248p A6 ¥600 ①978-4-04-105179-5

◆終末なにしてますか？もう一度だけ、会えますか？　♯04　枯野瑛著　KADOKAWA　(角川スニーカー文庫)
【要旨】「フェオドール。わたし、やっと決めたよ。―きみの、邪魔をしてやる」妖精兵ティアートと堕鬼種の対峙は、ラキシュの振るう"聖剣"セニオリスの一撃で決まった。手負いの堕鬼種が目指すのは―かつての廃都、コリナディルーチェ市。バロニー=マキシー位憲兵武官の計らいで彼の地へと向かったティアットは、朱髪の先輩妖精兵と邂逅を果たす。一方その頃、妖精倉庫の管理者喰人鬼もまた、旧き知人を訪ねてその地を訪れていた—。
2017.4 282p A6 ¥600 ①978-4-04-104657-9

◆終末なにしてますか？もう一度だけ、会えますか？　♯05　枯野瑛著　KADOKAWA　(角川スニーカー文庫)
【要旨】遺跡兵装モウルネンの真実を知るべく、護翼軍司令本部に忍び込んだ元四位武官フェオドール。彼の前に立ちはだかったのは、かつての妖精兵ノフト・カロ・オラシオンだった。昏倒して目覚めない堕鬼種たちを前に、自分の存在がある限り、彼は永遠に救われないのだと知るラキシュ。「わかってるんでしょう？あなたがそばにいるだけで、あの子は死に近づいていく」別れを告げた妖精兵の思考を埋めるのは数多の言葉の断片一あの夜の記憶。
2017.10 281p A6 ¥600 ①978-4-04-104658-6

◆傭兵団の料理番　3　川井昂著　主婦の友社　(ヒーロー文庫)
【要旨】戦争で勝利したガングレイブ傭兵団。戦勝祝いの宴の席で料理の実力を示したシュリは、ニュービスト王家の姫、テビス・ニュービストから手を取たいと誘われる。誘いを断ったシュリたちは、次の町へ向かう準備を始めるが、なぜか必要な物を買いができず、店では門前払いされる事態まで起こる。ガングレイブは傭兵団の内部に裏切り者がいることを察知し、行動を開始する。シュリの尾行と護衛をするオルトロスが見たのは、信じたくない現実だった。裏切り者を特定し、動き出すガングレイブたちだが、オルトロスの心は晴れない。シュリはそんなオルトロスを励ますために、料理を振る舞う—。
2017.6 414p A6 ¥620 ①978-4-07-425969-4

◆傭兵団の料理番　4　川井昂著　主婦の友社　(ヒーロー文庫)
【要旨】ニュービストでの騒動を終わらせたシュリたちガングレイブ傭兵団は、来たる冬へ向け、別の町で春まで過ごすことにした。到着した町で休息を取る傭兵団は、地元領主から戦の依頼をする。ガングレイブは気乗りしなかったものの、戦の規模と報奨金の提示され、冬越えに支障はないと依頼を受けた。しかし、これが後に大きな後悔となる。条件になかった領主の息子の指揮、領主の無視、罵詈、デタラメな戦略で戦況は悪化し、ついには敵の得意な山中へ迂ぐこまれて追いをれとなる。相手の絶え間ない奇襲と強襲。しかも領主の息子が勝手に戦線を離脱。ガングレイブ傭兵団は戦場に取り残されてしまうのだが。
2017.11 383p A6 ¥620 ①978-4-07-428198-5

◆ガーディアンズ・ガーディアン　2　三書の秘密と失われた一族　河上朔著　新書館

ヤング・アダルト小説

【要旨】黄昏の書をイースメリアに持ち込んではならない。三書が揃うとき、この国は滅びる——!?異界の国シテで、大好きな"ランバートル"と神書の隠された過去を知ったヒース！女子が頑張る、書を巡るビブリオ・ファンタジー第二弾！！
2017.5 283p B6 ¥1600 ①978-4-403-22112-5

◆ガーディアンズ・ガーディアン 3 終わりを綴る者と想い繋ぐ者たち 河上朔著
新書館
【要旨】"ランバートル"は誰かを呪う書なんかじゃない。誰かを守るために生まれたものだ——。神の書の呪いを解く"鍵"を見出したヒース。そして三書の解放は約束されたのか…？女子が頑張る、書を巡るビブリオ・ファンタジー最終巻！！
2017.12 287p B6 ¥1600 ①978-4-403-22120-0

◆ナースコール！こちら蓮田市リハビリテーション病院 川上途行著 ポプラ社（ポプラ文庫）
【要旨】埼玉県のリハビリテーション病院で働く玲子はやる気に欠ける看護師2年目。新しく赴任してきた若い医師小塚太一に、「リハビリってどんな意味？」と問いかけられて答えられず。医師と療法士と看護師と患者、チーム医療の中で成長していく玲子。爽やかで新しい医療小説！
2017.4 A6 ¥680 ①978-4-591-15497-7

◆境界線上のホライゾン 10 上 ー
GENESISシリーズ 川上稔著
KADOKAWA （電撃文庫）
【要旨】「創世計画を止める。そして末世を救う」トーリ達の説得は届かず、信長は本能寺の変を断行。彼女の解説した創世計画に対し、世界各国はその計画を否定した武蔵と、是認する羽柴勢のどちらにつくのか選択を迫られていた。そんな中、遂に始まる武蔵と羽柴勢の直接対決。大返しからの歴史再現として戦闘を仕掛ける羽柴勢に対して、正統が取れる選択とは！本能寺の変の後、秀吉不在の羽柴勢とキャッキャウフ（物理）の追撃戦！？出るか僕らの新第七艦隊。さあ動き出しそこヨー！！クライマックスに向け加速する、大人気学園戦国ファンタジー第十話、開幕！！
2017.10 785p A6 ¥910 ①978-4-04-893403-9

◆境界線上のホライゾン 10 中 ー
GENESISシリーズ 川上稔著
KADOKAWA （電撃文庫）
【要旨】「僕達は、貴女達の子として、貴女達は止めねばならない」羽柴十本槍の片桐・且元がトーリ達に告げた衝撃の事実。トーリ達は未来において失敗し敗北し、世界は滅びに向かう…。滅びを"事実"として知る未来からの否定、そして思いがけず訪れた親子の面会に、一転して劣勢に追い込まれる武蔵。そして遂に示す羽柴の"切り札"。武蔵vs羽柴、因縁の対決第2ラウンド！白熱する追撃戦の行方は——？様々な事実が明かされ、ますます目が離せない大人気学園戦国ファンタジー第十話、中編！！
2017.12 913p A6 ¥1010 ①978-4-04-893520-3

◆境界線上のホライゾン ガールズトーク 縁と花—GENESISシリーズ 川上稔著
KADOKAWA （電撃文庫）
【要旨】武蔵が英国の傭兵として代理参戦し、存在を世界に知らしめたアルマダ海戦。その終戦後、補修のためにIZUMOへと向かった武蔵は、理由不明の着港拒否を受けてしまう。「三征西班牙や六護式仏蘭西の陰謀だ！」陰謀論キタァー！立花夫妻、英国女王の姉メアリの武蔵移住がホットな中、武蔵はある重要人物の来訪を受けていた。「極東のあり方を決める腹踊はあるか？」戦争しないよ、がまだ発覚してなかったい時代。その中で、教皇総長も手を焼いたという人物の突然の訪問に、トーリ達はどう対応するのか！好評のGTシリーズ第三弾！今回は点蔵の未来嫁メアリ絡みの事件を、またもや梅組女衆が捏造回想で解決だ！！
2017.7 385p A6 ¥650 ①978-4-04-893237-0

◆激突のヘクセンナハト 4 ー
OBSTACLEシリーズ 川上稔著
KADOKAWA （電撃文庫）
【要旨】並み居るライバル達との激戦の末、魔女の最高フレームであるジオフレームを展開させ"黒の魔女"への挑戦権を勝ち取った各務・鏡と堀之内・満ペア。そして、いよいよ月に封印された"黒の魔女"との最終決戦ヘクセンナハトの実行日が決定し、二人は来たるべき決戦の日に向け準備を整えていた。この世界の創造主であり厄災の元凶"黒の魔女"の再戦。各務にとっては絶対に負けられない戦い。「さ

すまん！さすまんだよ！」ノベル＆コミック同時展開で贈る号外のクロスメディア企画、ついに完結！コミック版とは異なる展開に刮目せよ！
2017.4 409p A6 ¥690 ①978-4-04-892828-1

◆編集長殺し 川岸殴魚著 小学館（ガガガ文庫）
【要旨】私、川田桃子。ギギギ文庫一年目の新人編集者です！カバーデザインに悩む今日この頃、編集長にデザイン案を見せにいったのですが…「なにこのヤ〇チャみたいな戦闘力のカバーは。干されたいの？」…ボロクソです！！編集長は、見た目はたいへん可愛らしい幼女なのですが、中身は骨の髄まで真っ黒なドSロリなのです。こんなときは頼りになる先輩たちに相談するしかありません。「とりあえず、あんたがモデルになりなよ」「体操服がいいと思うんよ」って、なんですかっ！？女子だらけのお仕事がんばりラノベ、ここに校了です！
2017.12 263p A6 ¥574 ①978-4-09-451714-9

◆勇者と勇者と勇者と勇者 5 川岸殴魚著 小学館（ガガガ文庫）
【要旨】再びルディたちの前に現れたロリ賢者ソニア。コーボ勇者の地下に拡がるダンジョンを調べ出すが—「おい、バカ賢者。最近、誰かの目線を猛烈に感じるんだが…」「あー、協会の人の監視だね…。ソニア、協会に目つけられてるからねー」ソニアに巻きこまれ勇者協会と敵対してしまうルディたち。いい感じに口利きしてもらうはずが、逆に干されてしまった！どうやら勇者協会は、魔王復活にまつわるソニアの研究を止めたいらしい。激安アパートに秘められた業界激震の真実とは…！？せちがらい系勇者列伝第5巻、ここに堂々暴露！
2017.7 263p A6 ¥574 ①978-4-09-451686-9

◆魔弾の王と戦姫（ヴァナディース） 16 川口士著 KADOKAWA （MF文庫J）
【要旨】ルスラン王子の復活と、国王ヴィクトールの死によって不穏な空気に覆われているジスタート。王子の側近として隠然たる権力を持ち始めたヴァレンティナは自らの野望を果たすため、ついに動き出し、その大鎌をソフィーへと向けた。他方でフィグネリアの双刃がリーザを追い始めるなど、戦姫同士の対立は決定的なものになる。混沌たる情勢の中で、ティグルは自らの立場を鮮明にし、大切なものたちを守るべく、激しい争いの渦中に身を投じる。争乱の陰で、魔物たちに代わって地上にあの女神を降臨させようとするガヌロンの姿があった…。未曾有の危機のなか、英雄となった若者を待ち受ける運命とは。大ヒットの最強美少女ファンタジー戦記の最高峰、第16弾！
2017.1 291p A6 ¥680 ①978-4-04-069014-8

◆魔弾の王と戦姫（ヴァナディース） 17 川口士著 KADOKAWA （MF文庫J）
【要旨】エレンとフィグネリアはそれぞれ軍を率いて相対した。雪の降る戦場で、傭兵時代の因縁を終わらせるために、また戦姫としての誇りを賭けて、二人は戦うが、エレンを助けようとリムは思いがけない行動をとる。一方、ティグルはガヌロンと決着をつけるべく、単身で王都を抜け出して荒野を行く。魔物たちによって恐ろしい変貌を遂げつつある世界で、それともティル＝ナ＝ファが地上に降臨してしまうのか。そして、ジスタート王宮の全てを掌握にあと一歩というところまで迫ったヴァレンティナに対抗するため、ソフィーを始めとする戦姫たちの行動とは？大ヒット最強美少女ファンタジー戦記の最高峰、第17弾！
2017.7 323p A6 ¥680 ①978-4-04-069348-4

◆魔弾の王と戦姫（ヴァナディース） 18 川口士著 KADOKAWA （MF文庫J）
【要旨】ティル＝ナ＝ファを喰らったガヌロンを、ティグルたちは死闘の末に倒した。だが、その代償としてエレンたちの竜具は力を失った。王都にいなかったヴァレンティナのみが竜具を保持し、ティグルは彼女の凶刃の餌食となる。玉座まであと一歩というところに迫ったヴァレンティナと戦うべく、ティグルは残された戦姫たちと連合軍を結成。ジスタート史上最悪の混乱を鎮めるべく、周囲の後押しも受けて、ついに王となることを決意する。国の枠を超えて、仲間たちの想いを背負って挑む決戦。辺境の小貴族からはじまった弓使いの若者は「魔弾の王」の新たなる伝説を打ち立てることができるのか。大ヒット最強美少女ファンタジー戦記、堂々完結の第18弾！
2017.11 320p A6 ¥580 ①978-4-04-069455-9

◆幽霊屋敷のアイツ 川口雅幸著 アルファポリス, 星雲社 発売

【要旨】夏休み、里帰りした田舎で肝だめしをしていた小学五年生の燈馬。その最中、幽霊屋敷にある古井戸の脇で女の子を見かけ、ふとしたはずみで一緒に井戸の中へと落ちてしまう。気がつくと、そこは地元の病院だった。そして、燈馬は田舎には行っておらず、ここ何日もずっと入院していた。その後の出来事はもっと不思議、燈馬は身のまわりの物事が記憶と食い違うという、不思議な感覚に捉われはじめてしまう。一年後、再び田舎にやってきた燈馬の前に、あの女の子がまた現れて…失われた大切なものを取り戻すため、燈馬の勇気が新たに輝きはじまる—歩み続ける勇気を描いた夏の感動ファンタジー。
2017.7 337p A5 ¥1600 ①978-4-434-23607-5

◆僕の町のいたずら好きなチビ妖怪たち 翡翠ヒスイ著 KADOKAWA （メディアワークス文庫）
【要旨】入学したばかりの大学に通うため、橋口健護は十五年ぶりに故郷へと戻る。美しい自然に恵まれた小さな田舎。かつてそこで彼は祖母とともに暮らし、毎日のように妖怪たちと遊んでいた。そう。彼は生来、妖怪を見ることができる体質だったのだ。懐かしい土地で新生活をはじめる健護だったが、町のアチコチで妖怪の子供が生まれるのを目にするようになって。穏やかに暮らすはずが、元気でヤンチャなチビ妖怪たちに翻弄され、彼の毎日は徐々に賑やかになっていく。じんわりと心に染みる物語。
2017.3 283p A6 ¥610 ①978-4-04-892822-9

◆語り部は悪魔と本を編む 川添枯美著 KADOKAWA （ファミ通文庫）
【要旨】拾い上げ作家（デビュー未確約）の中村雄一は、理想に限りなく近い女性の絵美瑠と出会い、交際することになる。しかしある日、絵美瑠が新たな新しい担当編集者であることが発覚！！二人は動揺するも雄一のデビューに向けて、恋人としてだけでなく、作家と編集者として頑張っていこうと誓い合うが、二人の前にはデビューを阻む悪魔のような編集長が立ちはだかる！二人の夢の行方は—！？今"一番応援したい"出版業界の恋と戦い！
2017.9 278p A6 ¥600 ①978-4-04-734851-6

◆終末ノ再生者（リアクター） 2 インスタント・ファミリア 河端ジュン一著 KADOKAWA （富士見ファンタジア文庫）
【要旨】荒れ果てた、未来の地球。救世主として召喚された元高校生の千潮有斗は、彼を目覚めさせた少女カノンと共に、かつて世界を滅ぼした存在"天使"の再降臨阻止は成し遂げた。訪れる束の間の平穏。ユウトたちは都市をあげてのイベント"錬魔祭"に参加することに。そんな中「おうちを、さがしているの」とユウトに懐く、幼い迷子の少女テオと出会った。時を同じくして、不可解な動向を見せるようになるカノン。やがてテオを狙うかのように"死人還り事件"が勃発し…！？「…あなたを裏切ってごめんね、ユウト」今一度、未来をかけて。救世主が手を差し伸べるのは—？
2017.3 347p A6 ¥680 ①978-4-04-072090-6

◆アクセル・ワールド 22 絶焔の太陽神 川原礫著 KADOKAWA （電撃文庫）
【要旨】黒のレギオン"ネガ・ネビュラス"VS白のレギオン"オシラトリ・ユニヴァース"。無制限フィールドにおける戦いは熾烈を極めた。白のレギオンと"加速研究会"の繋がりを突き止めるべく、全勢力を以てして挑んだ黒のレギオンだったが、結果としては、手がかりを得ることが出来ずハルユキの敗北に終わる。しかし、一枚のリプレイカードが土壇場で起死回生のプランを示す。そして開かれる、第四回"七王会議"。ショコラ・パペッターの録画映像を根拠に、白のレギオンを問い詰めんと会議の場に向かうハルユキたちだが、その途上、敵であるはずの人物からの謎のコンタクトがあり—！？真相究明に向かう、次世代青春エンタテイメント！！
2017.11 275p A6 ¥610 ①978-4-04-893465-7

◆絶対ナル孤独者（アイソレータ） 4 刺撃者 The Stinger 川原礫著
KADOKAWA （電撃文庫）
【要旨】敵組織"ルビーアイ"最強の能力者"液化者"の罠に嵌まりながらも、絶対絶命の危機から脱出したミノル。しかしその代償として、"屈折者"小村スウは瀕死の重傷を負ってしまう。"孤独者"のコードネームを冠するミノルは、以前は"みんなの記憶から消えてしまいたい"という願望を持っていたが、スウとの共闘、同級生・箕

ヤング・アダルト小説

輪朋美との再会や、母親代わりの義姉・典江との交流にしても、この世の中に自分が存在する意味を見出し、スウの回復を祈るのだった。しかし、そんなミノルの心の変化を他所に、世界は待ってはくれない。メンバーを欠く"特課"に危険な影が忍び寄る。"刺撃者"―。正体不明、目的不明の敵に、ミノルとユミコが挑む。
2017.5 289p A6 ¥610 ①978-4-04-892894-6

◆ソードアート・オンライン 19 ムーン・クレイドル 川原礫著 KADOKAWA （電撃文庫）
【要旨】アンダーワールドは、三百年に及ぶ争乱の果てに、ついに一つになった。どこからともなく現れた、たった一人の"ベクタの迷い子"が暗黒の神を倒し、この世界に平和をもたらしたのだ。しかし、そんな人界の中枢、白亜の塔"セントラル・カセドラル"にて―。"整合騎士見習い"に昇進したロニエ・アラベルは、人界の最高意志決定者"代表剣士"キリトから、衝撃的な言葉を耳にする。「―いずれもう一度戦争が起きる"アンダーワールド大戦"のその後を描く"アリシゼーション編"最後を飾るエピソード！
2017.2 265p A6 ¥590 ①978-4-04-892668-3

◆ソードアート・オンライン 20 ムーン・クレイドル 川原礫著 KADOKAWA （電撃文庫）
【要旨】山ゴブリン族オロイによる、人界人ヤゼン老人の殺害、"禁忌目録"と"力の掟"によって縛られたアンダーワールドの住人には、決して起こすことのできない事件が発生した。それは、人界と暗黒界に再び戦乱を引き起こさんとする"真犯人"の謀略だった。真相を探るキリトも、暗黒界軍の総司令官イスカーンの助力を得るも、すんでのところで犯人とおぼしき"黒ローブの男"に逃げられてしまう。調査が難航する中、アスナは殺害現場である宿場で"過去視術"の詠唱を試す。すると意外な映像が浮かび上がり、整合騎士見習いのロニエとティーゼに"真犯人"の毒牙が迫る―！ "ムーン・クレイドル"編、完結！
2017.9 349p A6 ¥650 ①978-4-04-893283-7

◆レイズ・オン・ファンタジー―ギャンブラーは異世界を謳歌する 河本ほむら著,武野光協力 KADOKAWA （富士見ファンタジア文庫）
【要旨】『互いの全てを賭け魂を削り合うようなギャンブルがしたい』 自らの渇望を満たせぬまま、闇に葬られた高校生、鵜印勝。そんな彼が更生の女神の逆鱗に触れ転生させられたのは、なんとバカな女神のせいで人生がギャンブルで左右される異世界で…!?賭博の王さえもが決まるその地で勝が出会ったのは、人界継承権を持つ彼女の代打ちとなることにより、理想の勝負の場を手に入れる勝は、人生でひとつ下の領界を操る超越者たちを打ち負かしていく―！「ありがとな。人生で一番おもしろいギャンブルだった」練り上げた技術と戦略で異世界を無双する、新時代のギャンブルバトル、ベット開始！
2017.5 310p A6 ¥650 ①978-4-04-072520-8

◆異世界支配のスキルテイカー 6 ゼロから始める奴隷ハーレム 柑橘ゆすら著 講談社 （講談社ラノベ文庫）
【要旨】最凶の刺客、近衛愛業との戦いが終わり、ホッと息を吐いたのも束の間、悠斗を待ち受けていたのは"彗星世代"と呼ばれる腕利き冒険者たちの手荒い洗礼だった。新たなる戦いの中で己の力不足を痛感した悠斗は、エルフの里でハード＆ハーレムな修行の日々を送ることに!?小説家になろう発！超人気ファンタジー、原点回帰の第6巻！
2017.5 228p A6 ¥600 ①978-4-06-381509-1

◆異世界支配のスキルテイカー 7 ゼロから始める奴隷ハーレム 柑橘ゆすら著 講談社 （講談社ラノベ文庫）
【要旨】腕利きの冒険者集団"彗星世代"を退けた悠斗は、悠々自適な平穏な日々を過ごしていた。とある日のこと。先輩冒険者ラッセンに誘われて、ローナス平原に向かった悠斗は、そこで何者かによって使役されたドラゴンに遭遇する！この事件はエクスペインの街に渦巻く巨大な陰謀の一端に過ぎなかった！ 小説家になろう発！ 超人気ファンタジー、頂きへ駆ける第7巻！
2017.9 227p A6 ¥600 ①978-4-06-381626-6

◆異世界モンスターブリーダー 4 ―チートはあるけど、のんびり育成しています 柑橘ゆすら著 SBクリエイティブ （GAノベル）
【要旨】竜王女との戦いで1億コルもの大金を手に入れた俺は、ごくごく普通の高校生、カゼハヤ・

ソータは、相変わらず異世界アーテルハイドで自由な生活を謳歌していた。そんなアーテルハイドは夏真っ盛り。すっかり暑さにやられたソータは海に避暑に行くことに決定。水着姿のアフロディーテやキャロライナたちと海を満喫したあと、クラーケン退治に挑戦したり、亀モンスターを助けたりしながらご機嫌だった俺たちは、お礼に招かれた人魚城で、まさかの童貞喪失のピンチを迎えることになってしまい…!?
2017.3 239p B6 ¥1200 ①978-7973-9003-2

◆異世界モンスターブリーダー 5 ―チートはあるけど、のんびり育成しています 柑橘ゆすら著 SBクリエイティブ （GAノベル）
【要旨】なんとか無事童貞喪失のピンチを乗り越えた(?)、ごくごく普通の高校生カゼハヤ・ソータ。バブみがある人魚姫・レミスまでゲットして、相変わらず異世界アーテルハイドで自由な生活を謳歌していたソータの下に、ついに魔王復活の報がもたらされた！…が。小説家になろう発！大人気モンスター育成ファンタジー第5弾！
2017.7 229p B6 ¥600 ①978-4-7973-9288-3

◆最強の種族が人間だった件 3 ロリ吸血鬼とのイチャラブ同居生活 柑橘ゆすら著 集英社 （ダッシュエックス文庫）
【要旨】人間が最強の種族である異世界"アーテルフィア"に召喚された平凡なサラリーマンの俺。無敵の人間パワーで襲ってきた魔族を倒した俺は、吸血鬼のカノンを新しく仲間に加えて、イチャラブな毎日を過ごしていた。リアの提案で「人間軍」の総師となった俺は、森にいる他種族を配下に加えたり、邪竜を退治して近くの村と同盟を結んだり、順調にアジトの防備を固めていた。だが、拡大を続ける人間に対抗するために、ついに王都から騎士団が派遣されることに！人間最大のピンチ到来!?ダークエルフも女騎士もロリ吸血鬼も全ては人間の思うがまま！究極のストレスフリー異世界ライフ、絶好調の第3巻！
2017.2 230p A6 ¥600 ①978-4-08-631173-1

◆最強の種族が人間だった件 4 エルフ嫁と始める新婚ライフ 柑橘ゆすら著 集英社 （ダッシュエックス文庫）
【要旨】人間討伐軍を退け、新たにダークエルフのセラを仲間にした俺は、アジトで漫画を作ってみたり、リアたちと世界旅行に出かけてみたりと悠々自適に暮らしていた。だが、敵の魔族グレイスの計略により、かつてすべての人族を滅ぼした古代兵器・邪神ラグナロクが復活してしまう!!グレイスとラグナロクの手により王都も陥落。俺はリアたちと一緒に助けに向かうが、人間である以上ラグナロクには絶対に勝てないと言われていて…最強の種族・人間大ピンチ!?エルフもスライムも女騎士もロリ吸血鬼もゴーレムもダークエルフも、全ては人間の思うがまま！無敵の力ですべてを救う最強スローライフ、波乱を告げる第4巻！
2017.7 222p A6 ¥600 ①978-4-08-631196-0

◆友食い教室 柑橘ゆすら著,沢瀬ゆうイラスト 集英社 （JUMP j BOOKS）
【要旨】桜坂高校1-Aの生徒たちの携帯に届いた1通のメール。それは『友食いゲーム』と呼ばれる恐怖のゲームへの招待状だった。生き残る条件は、友達の身体を食べること―。戦慄のカニバリズム学園ホラー、開幕!!
2017.8 288p A6 ¥600 ①978-4-08-703439-4

◆魔王様、リトライ！ 1 神埼黒音著 双葉社 （モンスター文庫）
【要旨】どこにでもいる社会人、大野晶は自身が運営するゲーム内の「魔王」と呼ばれるキャラにログインしたまま異世界へと飛ばされてしまう。そこで出会った外見が不自由な女の子と旅をし始めるが、圧倒的な力を持つ魔王の周囲が放っておくわけがなかった。魔王を討伐しようとする国や町から現れ、一行は行く先々で騒動を巻き起こす。見た目は魔王、中身は一般人の勘違い系面白ファンタジー！ 「小説家になろう」発、ネット小説大賞受賞作！ 書籍版書き下ろし番外編「追憶、或いは接触、埋葬された世界」
2017.7 335p A6 ¥639 ①978-4-575-75141-3

◆魔王様、リトライ！ 2 神埼黒音著 双葉社 （モンスター文庫）
【要旨】サタニストたちの撃退に成功した魔王は、三聖女の長女・ホワイトに謁見。彼女にも盛大に勘違いされて恐れられることになったが、本人はそんなことも露知らずアフルの村の開発に乗り出す。野戦病院には温泉旅館を、異世界に不釣り合いな施設を作り出し、異世界から召喚した側近

の田原に監督を一任。村は驚異的なスピードで発展していく。「小説家になろう」発、見た目は魔王、中身は一般人の勘違い系ファンタジー第二弾！ 書籍版書き下ろし、マダムのとある1日を描いた番外編と大野晶の過去編の2本立てで、合わせて50ページ以上収録！
2017.11 292p A6 ¥602 ①978-4-575-75166-6

◆奥様はバージンなボディーガード 神埼たわ著 オークラ出版 （エバーロマンス）
【要旨】勤め先が倒産した夏実は、就職情報誌を買いにいった書店で高校の先輩と偶然にも再会する。警備会社の代表になっていた先輩から住み込みのボディーガードの仕事を紹介されて、報酬の高額さに目がくらんだ無職の彼女は、人気ミステリー作家のボディーガードを引き受けることになった。その先輩には、警護する以外にも女性ボディーガードを雇いたい理由があった。彼には妻の振りをする女性が必要で!?
2017.8 272p B6 ¥1111 ①978-4-7755-2685-9

◆トップスターのノーマルな恋人 神埼たわ著 アルファポリス,星雲社 発売 （エタニティ文庫）
【要旨】恋愛に臆病な亮子は、年齢＝彼氏いない歴を更新中。でも今は雑誌編集者という仕事にやり甲斐を感じ、充実した日々を送っていた。そんなある日、トップスター城ノ内翔への密着取材を担当することに。マスコミ嫌いでオレ様な翔に振り回されつつも、彼の優しさに触れるたび惹かれていく亮子。だがある日、大勢の報道陣の前で彼にキスをされ、関係が一変!?まさかのスキャンダルに巻き込まれて？マジメ編集者とオレ様俳優のドラマチックラブストーリー！文庫だけの書き下ろし番外編も収録！
2017.8 320p A6 ¥640 ①978-4-434-23569-6

◆王人 5 神田哲也著 アルファポリス,星雲社 発売
【要旨】不遇の人生を送った青年・田中智行は、触れた相手を覚醒させる「他者強化能力」を授かりアラン・ファー・レイナルとして異世界に転生した。バウーラの街を魔物の襲撃から救い、王都への帰路についたアラン達。その道中で、アランの支援していた獣人たちの王都脱出が計画よりも早く決行されてしまったことを知る。しかも、脱出のみならず、暴徒化している獣人もいるらしい。予期せぬ出来事に衝撃を受けるアランは、獣人の指導者に面会。しかし彼は人間への復讐を口にし、人質を盾にアランに王都を抑えるよう要請した。やむなく従いつつ、事態解決の糸口を探るアランだったが、そこに獣人が邪神の力で甦らせた六つの獣王が立ちはだかる！
2017.3 292p B6 ¥1200 ①978-4-434-23141-4

◆王人 6 神田哲也著 アルファポリス,星雲社 発売
【要旨】不遇の人生を送った青年・田中智行は、他者の能力覚醒や魂の浄化ができる光の力を授かりアラン・ファー・レイナルとして異世界に転生した。獣人の暴動で混乱に陥っていた王都が少しずつ落ち着きを取り戻し、アランは故郷のレイナル領に戻ることになった。その頃、レイナル領の周辺では亜人が人間を襲うという事件が続発。その原因究明と調査に乗り出したアランだったが、やがてレイナル領に巨大な獣が森や大地を破壊しながら迫っているという報が届く。亜人や獣の異常な動きに邪神の影を感じつつ、アランは故郷を守るため巨獣に立ち向かう！
2017.10 296p B6 ¥1200 ①978-4-434-23922-9

◆お点前頂戴いたします―泡沫亭あやかし茶の湯 神田夏生著 KADOKAWA （メディアワークス文庫）
【要旨】とある高校茶道部の部室である泡沫亭にはたびたびあやかし達が訪れるが、部長の湯季は彼らに対しても普通にお茶を点ててもてなしていた。極端なビビリ体質である新人部員・三軒は、そんな茶道部での活動を通じて茶の心を学びつつ、自ずとあやかし達と心の交流も深めていく。厳つい鬼がお茶を学ぼうとする意外な動機のおはなし、ある日突然に部室へ来なくなった部員と狐の少女とのちょっと切ないおはなしなど、"一期一会"をテーマにしたほわりと温かなストーリー。
2017.6 216p A6 ¥630 ①978-4-04-893526-5

◆リトルテイマー 3 神無月紅著 KADOKAWA （カドカワBOOKS）
【要旨】冒険者に襲われ、モンスターを手懐け、貴族を助けたりしながら若々と英雄への道を目指すアース。そんな彼の耳に、町の近くでゴブリ

ンの大群が目撃されたという情報が入った。大規模な討伐隊が組まれ、アースとポロも安全な視察部隊の一員として討伐に参加するが、高ランク冒険者でさえ敵わない敵にいつのまにやら追い詰められ、絶体絶命!!全滅するかと思われたこの大討伐。死を目前にしたアースの能力が、起死回生のチャンスに賭ける…め!?

2017.5 284p B6 ¥1200 ①978-4-04-072293-1

◆レジェンド 8 神無月紅著 KADOKAWA
（カドカワBOOKS）
【要旨】ベスティア帝国との戦争が始まり、特別任務を与えられたレイとセト。圧倒的な力をもつレイたちに加え、エンシェントドラゴンの力を得て覚醒したエレーナによって、敵は一網打尽にされるはずだった。だが窮地に陥ったベスティア帝国は、人間とモンスターの融合体「魔獣兵」を投入した。敵の猛反撃で形勢は一気に覆され、そのうえ敵の指揮官とエレーナが一騎打ちに…!?レイたちはこの戦争を勝利に導けるか—!!

2017.9 319p B6 ¥1200 ①978-4-04-072223-8

◆レジェンド 9 神無月紅著 KADOKAWA
（カドカワBOOKS）
【要旨】ベスティア帝国との戦争で"深紅"という異名をつけられたレイ。ギルムに戻った後は、正体不明のモンスターが暴れているという情報を聞き、未知の魔石を求めて、休む間もなく貿易の中心となる港街・エモシオンへ向かった。賞金首モンスター・レムレース。それは海中に身を隠しながら船や街を襲っていた。一方的な攻撃を繰り返す強敵に、レイとセトはどう挑むのか—!?バトルにグルメに大忙しの異世界気ままグルメ旅!

2017.9 318p B6 ¥1200 ①978-4-04-072224-5

◆レジェンド 10 神無月紅著
KADOKAWA（カドカワBOOKS）
【要旨】賞金首モンスターを討伐しギルムに凱旋したレイたちは、ランクB冒険者への昇格試験を受けることになる。その内容は貴族の護衛だった。レイの担当は、国王家の公爵令嬢・マルカ。護衛任務ならばと余裕に思っていたが、試験は護衛だけに終わらず…？ 難関の礼儀作法に、予想もされていなかった裏取引、そして上流階級の口に合う食事の提供…生粋の武闘派だったレイは貴族を満足させ、無事に試験合格できるのか—!?

2018.1 318p B6 ¥1200 ①978-4-04-072578-9

◆ぼくたちのリメイク—十年前に戻ってクリエイターになろう！ 木緒なち著
KADOKAWA（MF文庫J）
【要旨】僕、橋場恭也はしがないゲームディレクター。会社は倒産、企画もとん挫して実家に帰ることになる。輝かしいクリエイターの活躍を横目にふて寝して目覚めると、なぜか十年前の大学入学時から戻っていて!?落ちこぼれの芸大生になっていた憧れの芸大ライフ、さらにはシェアハウスで男女四人の共同生活と突如、バラ色の毎日に！ここから僕の人生をやり直すんだ—後の超有名クリエイター（の卵）と共に送る新生活がいま始まる！と、意気揚々と始めてみたもののそんなにうまくいかないみたいで…。

2017.3 294p A6 ¥580 ①978-4-04-069142-8

◆ぼくたちのリメイク 2 十年前に戻って本気になれるものを見つけよう！ 木緒なち著 KADOKAWA（MF文庫J）
【要旨】僕、橋場恭也はある日、意識だけが十年前に戻って憧れの芸大生に！後の超有名クリエイターと言われる仲間たちと今日も彼らと一緒に課題の制作や学園祭の準備に奔走中。河瀬川英子らも合流したチームきたやま（仮）の作品は上手会で高い評価だったが観客の反応は悪く、周囲には役者だったナナコが足を引っ張ったと言われてしまう。追い打ちをかけるように加納先生や英子に役者への志を問われ心を閉ざしてしまうナナコ。未来からやってきた恭也がナナコの才能を開花させるために考え付いた秘策とは—！「頑張るのはナナコだよ。でも…頑張るためのことなら僕は何だってする」いま何かを頑張っているあなたの為にある青春リメイクストーリー、飛躍の第2巻！

2017.9 296p A6 ¥580 ①978-4-04-069339-2

◆ぼくたちのリメイク 3 共通ルート終了のお知らせ 木緒なち著 KADOKAWA（MF文庫J）
【要旨】同居人同回生の貫之を退学させないため同人ノベルゲーム制作をすることになったチームきたやま。そして奇しくも十年後の自分

と向き合うことになった僕、橋場恭也。ケーコさんの協力を得ながら、制作の立場として未来の有名クリエイターたちの指揮を取ることに。僕は未来で何度も見てきた。才能あふれる人たちが、何かしらの理由で去っていくのを。今回ばかりは絶対に失敗しない。突然の訪問者、貫之の婚約者も交え、ゲーム制作を進めていくうちに少しずつ、僕らの関係も変わっていって—。いま何かを頑張っているあなたの為にある青春リメイクストーリー、分岐点の第3巻。

2017.11 261p A6 ¥580 ①978-4-04-069553-2

◆さよなら、涙—また君に会いたくて 稀音りく著 スターツ出版（ケータイ小説文庫—野いちご）
【要旨】アキという名前の男の子に偶然助けてもらった美春。だんだん彼に惹かれていくが、彼の過去の秘密が原因で冷たくされてしまう。そんな中、親友の望の片想いの相手がアキだとわかる。罪悪感をもちながらも美春は彼への想いを止められなくて…。次々と襲う絶望の中で、最後に美春とアキがだした答えは…。切なすぎる「さよなら」の意味とは？ 涙の感動作。

2017.8 341p A6 ¥590 ①978-4-8137-0305-1

◆フリーライフ—異世界何でも屋奮闘記 気がつけば毛玉著 KADOKAWA（角川スニーカー文庫）
【要旨】異世界暮らし3年めの佐山貴大は、何でも屋"フリーライフ"のぐーたら店主。でも本当は、神すら倒せる世界最強レベルの実力者だった！怠け者だけど困っている人をほっとけない貴大は、悪い権力者を懲らしめたり、伝説級のモンスターから街を救ったりと大活躍。本当は目立ちたくないのに、個性的な女の子たちから次々と興味を持たれちゃって!?大幅加筆＆新章追加で完成度120％！ 異世界スローライフの金字塔が文庫化!!

2017.7 286p A6 ¥600 ①978-4-04-105821-3

◆フリーライフ—異世界何でも屋奮闘記 2 気がつけば毛玉著 KADOKAWA（角川スニーカー文庫）
【要旨】季節は冬。何でも屋"フリーライフ"には、今日もカオルとクルミア、フランソワにアルティなど、おなじみのメンバーが勢揃い。あったかコタツでほっこり、時にはガールズトークで大盛り上がり。そんな中、仕事第一のおしゃれメイド・ユミエルは、貴大への接し方を反省し一転、ご奉仕メイドに大変身！でも盛大に勘違いして、何故かセクシー衣装で貴大を誘惑しだして!?妄想まっしぐらの答えは…。今年最後のおしゃれフリーライフを目前に控え、今日も"フリーライフ"は大にぎわい!!

2017.10 302p A6 ¥620 ①978-4-04-105822-0

◆平安あや恋語—彩玄と徒花の君 岐川新著 KADOKAWA（角川ビーンズ文庫）
【要旨】時は平安。十二単の色合わせが得意な百合は、念願叶って女房として出仕する事に。お仕えする東宮妃は超ワガママで、フランソワにアルティ、共に仕える三位局に憧れて奮闘する日々。ところがその正体は、今をときめくオレ様公達の龍臣で、しかも悪女の東宮も共謀していた…!?「俺たちに協力するよな？」強引に迫られた百合の宮中生活と恋の行方は…!?ふたりの秘密はとりかえばや。彩なる衣を巡る、新たな"平安恋"ものがたり！

2017.4 247p A6 ¥600 ①978-4-04-106119-0

◆巫女華伝—恋の舞とまほろばの君 岐川新著 KADOKAWA（角川ビーンズ文庫）
【要旨】「ねぇ—オレなこと、お嫁さんにしてくれ？」神さまの遣いの巫女として国を守る瑠璃。しかし幼い頃に母親を病気で亡くし、神さまの遣いの薬学に励んでいた。ある日、大倭王朝の見目麗しい皇子・紫苑が国を訪れる。視察でやって来たはずが数日後、一目惚れだと求婚してきて!?けれども、瑠璃には既に一族の定めで決められ、結婚を誓った幼馴染がいた—。巫女と皇子の禁断の恋を巡る、和風ラブ・ファンタジー！

2017.2 247p A6 ¥580 ①978-4-04-105280-8

◆巫女華伝—恋し君と永遠の契り 岐川新著 KADOKAWA（角川ビーンズ文庫）
【要旨】神さまの遣いの巫女として国を守る瑠璃。王朝の皇子である紫苑の突然の求婚に驚くも、皆に愛される彼に惹かれていく。しかし、掟が定める瑠璃の婚約者は、翡翠の提案で弓の一戦"神の誓約"により結婚相手を決める事に。勝負が始まった時、瑠璃と紫苑しか知らないはずの"伝説の秘薬"の存在を聞きつけた何者かに瑠璃が人質としてさらわれて!?隠された真実と勝負の行方は一巫女と皇子、禁断の恋を巡る和風ファンタジー！

2017.7 243p A6 ¥620 ①978-4-04-105282-2

◆おいしい逃走（ツアー）！ 東京発京都行—謎の箱と、SA（サービスエリア）グルメ食べ歩き 桔梗楓著 マイナビ出版（ファン文庫）
【要旨】実在ご当地グルメ満載、ドタバタ旅行ミステリー！ ツアーコンダクター・松川利美をあるきっかけで東京から京都へ謎の箱を届けることに。上司の常盤真吾と車に乗り込むけれど、なぜか狙われ追われる羽目になって…。おいしいグルメを食べつつドライブしながら逃げまくり!?「第2回お仕事小説コン」優秀賞受賞！ スピード感溢れる弾丸トラベルミステリー。カバーイラストは『いつかティファニーで朝食を』などを手掛ける漫画家・マキヒロチ氏。

2017.3 275p A6 ¥647 ①978-4-8399-6147-3

◆東京「物ノ怪」訪問録—河童の懸場帖 桔梗楓著 マイナビ出版（ファン文庫）
【要旨】配置薬販売のニワトコ薬局No.1販売員の河野遥河は、容姿端麗、物腰柔らかで女性社員から大人気。だが大きな秘密がある。それは真の姿が「河童」だということ。河野の顧客はクーラーで冷え症になった雪女や、ゲームにハマりドライアイになった山姥など、現代病に悩む「物の怪」。河野は彼らに薬を届ける傍ら、悩みを聞いているのだが、口々に語られるのは人間との切ない過去で—。現代日本、あやかし事情。

2017.10 281p A6 ¥647 ①978-4-8399-6484-9

◆はにとらマリッジ 桔梗楓著 アルファポリス、星雲社 発売（エタニティブックスRouge）
【要旨】仕事一筋で、恋愛とは無縁の日々を送る美沙。けれどある日、実家の町工場が倒産のピンチに陥ってしまう。実家を救う術は、ただ一つ…とある企業の御曹司から機密情報を聞き出し、それを取り引き先に提供すること。かくして美沙は、イケメン御曹司・誠にハニートラップを仕掛けることになったのだが—恋愛経験ゼロの彼女の誘惑は、迷走気味。一方、誠はそんな美沙を意外にも気に入ったらしく、甘くとろける笑顔でぐいぐい迫ってくる。ちょっと際どい彼の熱烈アプローチに、美沙は任務どころではなくなってしまい!?

2017.10 297p B6 ¥1200 ①978-4-434-23897-0

◆FROM BLACK—ドS極道の甘い執愛 桔梗楓著 アルファポリス、星雲社 発売（エタニティブックスRouge）
【要旨】ブラック企業に勤務している、OLの里衣。満身創痍な毎日を送っていた彼女は、ある日、社用車で接触事故を起こしてしまった！ おまけに相手は、どう見ても堅気には見えない男。とても払えそうにない慰謝料を請求され、途方に暮れる里衣に、男はある提案を持ちかける。それは、彼の会社で働きつつ、彼の「趣味」に付き合えというもの。やむにやまれず引き受けることにした彼女だが—趣味が何なのか、どういうこと!?困惑する里衣などお構いなしに、男は彼女の身体をみだらに開発しようとして—

2017.4 294p B6 ¥1200 ①978-4-434-23224-4

◆FROM BLACK 2 ドS極道の過激な溺愛 桔梗楓著 アルファポリス、星雲社 発売（エタニティブックスRouge）
【要旨】インテリヤクザの葉月と、愛を確かめ合った里衣。甘くて淫ら（かつハード）な蜜月生活を送っていたのだけれど—ある日、法要のために訪れた故郷で、衝撃の事実が発覚!?それは里衣だけでなく、葉月にも関わることで…アブノーマルな濃厚ラブストーリー、感動のフィナーレ！

2017.6 292p B6 ¥1200 ①978-4-434-23495-8

◆君が涙を忘れる日まで。 菊川あすか著 スターツ出版（スターツ出版文庫）
【要旨】夜明けの街。高2の奈々はなぜか制服姿のまま、クラスメイト・幸野といた。そして奈々は幸野に告げる。これから思い出たちにさよならを告げる旅に付き合ってほしいと—。大切な幼馴染み・香乃との優しい日々の中、奈々は同じバスケ部の男子に恋をした。だが、皮肉なことに、彼は香乃と付き合うことに。奈々は恋と友情の狭間で葛藤し、ついに…。幸野との旅は、ひとつの恋の終焉でありながら、続けられた驚愕の真実が浮き彫りになる旅でもあった…。

2017.5 239p A6 ¥540 ①978-4-8137-0262-7

◆そして君に最後の願いを。 菊川あすか著 スターツ出版（スターツ出版文庫）
【要旨】山と緑に包まれた小さな町に暮らすあかり。高校卒業を目前に、幼馴染みたちとの思い出作りのため、町の神社でキャンプをする。卒業後は小説家への夢を抱きつつ東京の大学へ進学するあかりは、この町に残る颯太に密かな恋心を

ヤング・アダルト小説

◆召喚されすぎた最強勇者の再召喚（リユニオン）
菊池九五著　集英社　（ダッシュエックス文庫）
【要旨】かつて勇者として召喚された俺は、世界を救い帰還した。二度とない経験と思っていたが、それはあっさり訪れる。そう、何度も―。幾度となく召喚され強くなった俺は、いっそ運命を受け入れ旅行気分で楽しむことを決めた。そして再び喚ばれた俺は、自分史上最高の美少女召喚師・セリナと出会う。今回も淡々と異世界を攻略するも元の世界に戻る気配がないのでひとまず適当に過ごすことにした。かつての敵をペットに、国の勇者を弟子にしつつ、異世界を満喫する俺。セリナとの日々が楽しくて、いっそ帰らなくても良いかなと思い始めてたりする。俺が、喚ばれた世界から初めて帰りたくなくなった召喚師の感動の物語がここに始まる!!
2017.9 241p A6 ¥540 ①978-4-8137-0328-0

◆レジェンド・オブ・イシュリーン　5　木根楽著　一二三書房　（サーガフォレスト）
【要旨】ウラム公爵領攻防戦においてトラスベリア王国グレイグ公の軍勢に勝利したグラミア軍。グラミア快進撃の報せが周辺国に轟く中、ナル＝次の一手としてグラミアの支配体制の強化と周辺国家からの侵略への対抗策を展開する。グラミア東部国境の異民族問題には、ハンニバル公が、旧アラゴラ王国の統治強化にはアルウィン公がそれぞれ対応する中、東部都市国家連合のオルビアンでは、グラミア軍、帝国軍の諜報戦が激化し、グラミアとの開戦と世論が動き始めていた…。
2017.6 403p B6 ¥1200 ①978-4-89199-435-8

◆悪役令嬢としてヒロインと婚約者をくっつけようと思うのですが、うまくいきません。　梱莎著　KADOKAWA　（ビーズログ文庫アリス）
【要旨】前世で途中まで読んでいた恋愛小説の悪役令嬢・祀莉に転生したけど一なんて素敵なことでしょう！だって小説の続きが見られるんですもの！続きを見るために、悪役令嬢としてヒロインと婚約者をくっつけてみせます!!さあ、私とは婚約破棄してください！そう思っていたのですが、なぜか婚約者はヒロインとのチャンスを無駄にして私にばかり構ってきます。しかもヒロインも気にしていない様子で…。いったいどうなっているんです!?
2017.9 253p A6 ¥620 ①978-4-04-734753-3

◆勇者ですが異世界でエルフ嫁とピザ店始めます　城崎火也著　集英社　（ダッシュエックス文庫）
【要旨】ピザ店のデリバリーバイクに撥ねられこの世を去った俺は、妙に事務的な女神に3種類の勇者としてスキル転生先を指定される。戸惑っている間に他の選択肢が消え、俺はよりにもよってピザで世界を救うハイカロリー勇者としてエルフの国に転生することに！ピザの力を得た俺が、やせ細った彼らに美味しいピザを振る舞うと、みんなみるみるうちに活気にあふれ、笑顔になっていく！こうして俺は、懐いてくる食欲魔人領主の娘・リリアとともにまったりとピザ店を始めることになった。エルフにまじえ槍体型のハンスや、美しい若き女王・エレオノーラなど個性的な面々と出会い、ハイカロリー勇者がゆるっと活躍！
2017.1 259p A6 ¥600 ①978-4-08-631169-4

◆博多豚骨ラーメンズ　6　木崎ちあき著　KADOKAWA　（メディアワークス文庫）
【要旨】麻薬を巡る闇組織の抗争に沸く博多に、メキシコから凶悪な麻薬カルテルが上陸！狙われた博多には、かつてのメキシコ史上最悪の麻薬戦争が甦ろうとしていた。その頃、小さな諍いで仲違いしていた馬場と林にも、別々の依頼が舞い込む。仲直りできないまま、馬場、林、そして二人を援護する榎田も、多国籍のスパイが入り乱れる麻薬抗争に敵味方が巻き込まれていく。壮絶な打ち合いで浮かびあがる"ベラクルスの処刑人"。そんな中、ついに仲間の一人が囚われ―。
2017.3 315p A6 ¥670 ①978-4-04-892832-8

◆博多豚骨ラーメンズ　8　木崎ちあき著　KADOKAWA　（メディアワークス文庫）
【要旨】博多で連続する昏睡強盗事件と馬場の失踪を追ううち、林と榎田は13年前に起きた惨殺事件に辿りつく。そこには、かつて馬場を襲った、ある壮絶な過去が隠されていた。はからずも馬場の過去を知った林の前に、重傷を負った馬場が現れー。馬場に迫る絶体絶命の危機に、事件の真相を探っていく林たち。一方、病院で意識を取り戻した馬場は、再び姿をくらませるー。博多最強の殺し屋の危機に、裏稼業の男たちが立ち上がる！
2017.12 243p A6 ¥590 ①978-4-04-893589-0

◆ガシュアード王国にこにこ商店街　3　喜咲冬子著　アルファポリス、星雲社　発売
【要旨】突然、異世界の極貧の神殿にトリップしたOLの桜子。トリップ先の、食べるものもろくにない状況に焦った桜子は、「にこにこ商店街」を立ち上げた。商店街は着実に広がり、やがて街に活気が戻る。異世界での生活は安定したと思いきや、残された問題は、日本への帰還のみ。どうやら、異世界トリップには"塔"という謎の存在が関係しているらしい。日本に帰るため、桜子は王子シュルムトの婚約者となり、"塔"での秘められた儀式に臨む決意をする。異世界活性化ファンタジー、完結編！
2017.4 299p B6 ¥1200 ①978-4-434-23136-0

◆黎明国花伝―茅舟の王女　喜咲冬子著　KADOKAWA　（富士見L文庫）
【要旨】黎明国女王位の正統なる継承者が山越国にありースウェンが女王に即位して一ヶ月半、不穏な密書が朱晩宮を揺るがす。正統なる継承者が朱晩宮にいるーその"もうひとりの王女"の正体とは…？混乱の中、諸国を統率する重圧に悩むスウェンの傍で、またキナンもまた自らの内に潜む昏い本性に苦しんでいた。真相を突き止めるべく動きだしたスウェンだが、それは女王の血脈をめぐる隠された真実が…。できることならどうか、幸せに生きてほしいー花の疵と予知の力を背負う王女たちの運命を描くグランドロマン、続編登場！
2017.2 270p A6 ¥580 ①978-4-04-072087-6

◆黎明国花伝―曙光の双姫　喜咲冬子著　KADOKAWA　（富士見L文庫）
【要旨】スウェンが黎明国女王に即位して8年。時代は姉妹が荒野を駆け抜けた動乱期から、妹ルシェの一人娘・イーリアと、その姉として育てられた前十娘・エジカが生きる再生期へと移り変わりつつある。初代女王を思わせる鮮やかな花の疵と、幼いながら叔父のキナンを超える星読の才能を持つイーリア。その傍らでエジカは、自らが冥府を招いた前女王の娘で、血を引くことに悩んでいる。新しい時代に生きる二人の王女が歩む、自らの人生とは…？祈りと共に国を統べる娘たちの大河ロマン、完結。
2017.8 269p A6 ¥640 ①978-4-04-072401-0

◆山本五十六の決断　如月真弘著　KADOKAWA　（富士見ファンタジア文庫）
【要旨】目の前に現れたのは戦艦大和。頭上に飛ぶのは九六式艦上戦闘機。高校生・源葉洋平は修学旅行中、第二次大戦時代に酷似した世界に飛ばされた。そこで、彼が出会ったのは「おめでとう、君はこの大和に乗艦した初めての男の人だよ」伝説の名将・山本五十六ではなく、五十子と名乗る女の子!?小柄で不思議な天才大佐や、血の気は多いけど可愛い一面もある色などなど美少女だらけの艦で過ごし、洋平は次第に一目置かれていく洋平。そんな彼を五十子は特務秘書に指名して…!?洋平は敗北の運命を覆し、彼女たちを救えるのか!?現代高校生と美少女提督の軍事系ラブコメ戦記、開戦！
2017.10 317p A6 ¥680 ①978-4-04-072384-6

◆リセット　10　如月ゆずら著　アルファポリス、星雲社　発売　（レジーナブックス）
【要旨】身体を蝕む禁呪により、リュシオンに刻一刻と迫る死ーそれを解呪するため、国境リカールへ向かったルーナは、周囲の協力を得ながら術者を発見して…？だがその途中、何者かに襲われた村の人だと、「異国の地でも人助け!?ハートフル転生ファンタジー、第10巻！
2017.4 286p B6 ¥1200 ①978-4-434-23132-2

◆リセット　11　如月ゆずら著　アルファポリス、星雲社　発売　（レジーナブックス）
【要旨】魔法語ではなく、自身の魔力で魔法を制御するという新たな力を得たリュシオン。しかし、禁呪使いはまだ彼の身体に残ったまま―引き続き禁呪使いを捕らえるべく、ルーナはリカール王国の兵士や部族たちと共に犯人を追う。だが、敵の仕掛けた罠に嵌まり、次々と操られる人間が出てきてしまいールーナの異国の旅はまだ終わらない！大人気のハートフル転生ファンタジー、緊迫の第十一巻！
2017.12 281p B6 ¥1200 ①978-4-434-24006-5

◆Eje(c)t　貴志川裕貴著　KADOKAWA　（カドカワBOOKS）
【要旨】脳と直結するナノマシンにより、現実さながらのVRゲームが実現した世界。青年・クロセは少女型A.I.「コーディ」の導きにより、ゲームワールドのヒーロー「排出者」となった。使命は、ゲーム廃人達の強制的な「排出」。その手段は、命を賭した「ゲーム」での勝利。格闘、恋愛、FPS―多彩なゲームジャンルを舞台に、「排出者」クロセの戦いが始まる！現実と仮想が交錯する第1回カクヨムWeb小説コンテスト特別賞受賞作、待望の書籍化！
2017.3 411p B6 ¥1300 ①978-4-04-072218-4

◆あやかし姫は愛されたい　1　氷の姫と目醒めた英雄　岸根紅華著　オーバーラップ　（オーバーラップ文庫）
【要旨】人と妖怪の共存を目指す"共学"校・紫苑学園。両陣営のエリートが集まるこの学園へ転入してきた一見可愛な少年・彰人には2つの秘密があった。一つは彼が永い眠りから目覚めた人妖大戦の英雄であること。そしてもう一つは、喪われし最強の力"神鬼の血"をその身に宿していること。この秘密が明らかになった時ー学園の女の子による過激な愛人争奪戦がスタート!?一方で、彰人は彼を水漬けにして長い眠りにつかせていた雪女・氷華と再会を果たす。しかし彼女が、彰人に触れられただけでエッチな声を出しちゃうくらいビンカンで…!?抑えられない愛と情欲が紡ぐ、戦いの物語がここに開幕―!!
2017.5 270p A6 ¥630 ①978-4-86554-216-5

◆あやかし姫は愛されたい　2　凶運の魔女　岸根紅華著　オーバーラップ　（オーバーラップ文庫）
【要旨】永き眠りから目覚めた人妖大戦の英雄・彰人と、彼のために平和な世界を作ろうとした雪女の少女・氷華。未知の敵"魔物"の襲撃をしのいだ2人は、平穏な学園生活へと戻っていた。命がけの共闘を経て2人の仲は進展したけれど、彰人と接する機会が増えたことで氷華の発情も頻発に。発散を手伝う彰人は、生殺しに悶々とするルクを送っていた。一方そんな2人の様子に、彰人への恋心を抱く優衣の胸中は複雑。その心の隙間を突くように、優衣の中に隠されていた"封印"に綻びが生じ始め…？新たな任務は子作り旅行！情欲渦巻く戦いの物語、待望の第2巻が登場！
2017.12 287p A6 ¥630 ①978-4-86554-291-2

◆月の砂漠の略奪花嫁　貴嶋啓著　講談社　（講談社X文庫―ホワイトハート）
【要旨】横暴な義兄に虐げられながらも母のために窮屈な生活に耐えてきたラティティアは、国王の甥に嫁ぐよう命じられる。夢見た自由への道を、花嫁衣裳を身にまとい、贅を尽くした献上品と共に望まぬ婚礼に向かう。だが、花嫁行列は突如襲撃を受け、彼女の前に鷹を操る謎の男が立ちはだかる。どこか気高さを感じさせる鋭い眼差しの男、アーディドは、戸惑うラティティアを強引に抱いていく―。
2017.6 237p A6 ¥660 ①978-4-06-286947-8

◆異世界召喚は二度目です　4　岸本和葉著　双葉社　（モンスター文庫）
【要旨】もう一人の勇者であり、前世からのライバルでもあった冬真を倒した主人公・須騎雪ことと勇者・セツ。だが、冬真を慕うガイアの暴走はとまらず、封印されしまうのはついに長き眠りより目を覚ます。創造神"クレアシル"一次元すら異なる神の降臨に、セツたちは絶望する!!「小説家になろう」発、痛快バトルファンタジー第4弾。書き下ろし番外編「魔王の恋路」も収録。
2017.2 247p A6 ¥574 ①978-4-575-75121-5

◆異世界召喚は二度目です　5　岸本和葉著　双葉社　（モンスター文庫）
【要旨】長き眠りより目覚めた創造神"クレアシル"は、人間の罪をも裁くために創りだした七聖剣を、セツたちに差し向ける。創造神とセツたちによる世界を賭けた戦いがついに始まるー。「小説家になろう」発、痛快バトルファンタジー完結巻。書き下ろし番外編「死神の休日」も収録。
2017.8 255p A6 ¥583 ①978-4-575-75149-9

◆二度目の勇者は復讐の道を嗤い歩むー亡夢の魔術師　3　木塚ネロ著　KADOKAWA　（MFブックス）
【要旨】パーティー全員の裏切りで、殺された記憶を持ったまま異世界で二度目の人生を受けた海人は、獣人少女のミナリスと共に学術都市「エルミア」に着く。そこには標的である魔術師ユーミスが暮らしていた。ユーミスは魔道具開発の

ためならば手段を選ばず、妹のシュリアを悪魔に売り渡すほどの自己中心的で、名誉欲の強い人間だった。姉に使い捨てにされたシュリアの危機を救った海人は、彼女を復讐の道に誘い込む。「なぁ、シュリア。俺と一緒に復讐しないか？」ミナリスと新たな協力者シュリアと共に海人は、憎きユーミスを追い詰めていく。相手のプライドを踏み潰してから命を削り取る、壮絶な異世界復讐ファンタジー第三弾！
2017.6 321p B6 ¥1200 ①978-4-04-069273-9

◆二度目の勇者は復讐の道を嗤い歩む―欲沈みの商人 4 木塚ネロ著 KADOKAWA（MFブックス）
【要旨】二度目の異世界で復讐の旅をする海人は、獣人少女のミナリスとダークエルフのシュリアという二人の共犯者と共に、国際貿易都市『ダートラス』へ到着する。そこは一度目の時に裏切られた商人グロンドが、商会会頭として大きな権力を握っている街だった。彼は金のためなら殺人もする、手段を選ばない強欲な商人で、街の人々を支配していた。グロンド商会にはフェグナーとノノリックという残酷な殺人鬼たちがいて、ボディーガードも兼ねている。海人たちは手始めに彼らを罠にはめて、グロンドを孤立させる。追い詰められて街から逃げ出したグロンドの前に、嘲笑を湛えながら現れた海人は、作っておいた穴の奥底に強欲な悪党を突き落として、死exhibit苦しい拷問執行を開始する。「おれが、踊って踊って踊って、一絶望の底で、乱れ死ね！」金の亡者に対して心まで折って命を奪い取る、壮絶な異世界復讐ファンタジー第四弾！
2017.10 323p B6 ¥1200 ①978-4-04-069500-6

◆異世界で透明人間―俺が最高の騎士になって君を守る！ 3 木田かたつむり著 アルファポリス、星雲社 発売
【要旨】人気ゲーム『ガールズ&ハンター』の史上サイテーの悪役、ジャック・スノウに転生した俺。いやがらせで処刑されるっというヤケクチャな原作展開は回避できたはずなのに、俺の命を狙う刺客が次々と湧いてくるのはどういうわけ!?片っ端から捕まえて情報を吐かせてみると、前から俺を妨害しまくっていたある宗教団体の存在が浮上してきた。どうやら王国の権力闘争を利用したりして、本気で俺の破滅を狙ってるらしい。ちょっと安心した。この世界では俺しか知らないはずのゲームの設定を熟知してる奴がいるっぽいんだよ…。そんなわけでただでさえピンチな状況なのに、狂暴で有名な最凶最悪の皇女フィリーナが俺に勝負を挑んできたって？！いやいやいや、いくらなんでも今回ヤバすぎるだろ!!異世界で透明化能力を得た俺が、処刑エンドを回避するべく大奮闘！透明人間のドタバタ騎士ファンタジー、第三弾！
2017.2 297p B6 ¥1200 ①978-4-434-23016-5

◆異世界で透明人間―俺が最高の騎士になって君を守る！ 4 木田かたつむり著 アルファポリス、星雲社 発売
【要旨】母親、宰相家、帝国、魔王四天王と、次から次へと俺の幸せを阻む敵が出現。ヒロイン・セシリアを娶る最高のハッピーエンド目指して、嫌われ者ジャック、最後の大奮闘！透明人間のドタバタ騎士ファンタジー、ついに完結！
2017.8 288p B6 ¥1200 ①978-4-434-23686-0

◆探偵日誌は未来を記す―西新宿瀬良探偵事務所の秘密 希多美咲著 集英社（集英社オレンジ文庫）
【要旨】従兄弟の戒成と探偵をしていた兄が遺した"探偵日誌"。大学生の皓紀は兄の代わりに西新宿にある探偵事務所の手伝いを始める。ある日、皓紀は事務所に舞い込んできた依頼が遺している"探偵日誌"に書かれていた内容と酷似していることに気づく。断片的に書かれた日誌を手掛かりに、舞い込む依頼を次々に解決していく皓紀。しかし"探偵日誌"には隠された重大な秘密が…!?
2017.8 280p A6 ¥620 ①978-4-08-680146-1

◆続・ヒーローズ(株(かぶしきがいしゃ))!!! 北川恵海著 KADOKAWA（メディアワークス文庫）
【要旨】「ヒーローになりたいお手伝いします！」が売り文句のヒーローズ(株)。いろいろ不思議なこの会社の中で、修司は周りの社員に比べて"普通"であることに悩みつつも、仕事に奮闘する毎日を送っていた。ある日事務所に訪れた依頼人を、修司の顔を見るなり泣き出してしまい…。夢を抱いて、働き、生きる人間や同僚たち、それぞれの人生が交差して生まれる絆の物語。読んだ後はきっと、自分にも他人にもエールを送りたくなる、待望のシリーズ第二弾！
2017.4 345p A6 ¥650 ①978-4-04-892882-3

◆身代わり陛下の大変な半年 北野ふゆ著 一迅社（メリッサ）
【要旨】『精霊の取替え子』と恐れられ両親に捨てられたルーシャは、"夢見の才能"を見いだされ、流浪の民・ソヴェリィの長に育てられた。その能力を開花させるには、十八になったら処女を捨てなければならない。覚悟を決めて高級娼館を訪れたルーシャだが、現れた身分ありげな美貌の男に拉致されて!?一見佳様な宰相陛下×身代わり女王の、体から始まるファンタジー・ラブロマンス！
2017.12 319p B6 ¥1200 ①978-4-7580-9013-1

◆狼社長の溺愛から逃げられません！ たみまゆ著 スターツ出版（ベリーズ文庫）
【要旨】美月は映画会社で働く新人OL。仕事中、ひとりで落ち込んでいると、"鬼"と恐れられるスゴ腕イケメン社長・黒瀬に見つかる。叱責されるかと思いきや、優しく慰められ「お前は無防備すぎる」と突然のキス…！それ以来、二人きりになると社長が豹変!?魅惑的な色気で迫られたり、高級ホテルのデートに連れ出されたり、強引でイジワルに甘すぎる溺愛の連続。美月はすっかり溺れそうで…。
2017.10 349p A6 ¥600 ①978-4-8137-0330-3

◆ダンガンロンパ霧切 5 北山猛邦著 星海社、講談社 発売 （星海社FICTIONS）
【要旨】探偵であり続けることは、けっして楽ではない。むしろ苦悩ばかりで、失うものばかりだ―難攻不落の「密室十二宮」、ついに陥落！探偵たちの屍と裏切りを乗り越えた先に待つ、衝撃の真実―最強の探偵が仕掛ける最終試験を霧切響子と五月雨結は突破できるのか！？原作ゲーム『ダンガンロンパ』のシナリオライター・小高和剛からの直々の指名を受け、「物理の北山」こと本格ミステリーの旗手・北山猛邦が描く超高校級の霧切響子の過去。これぞ"本格×ダンガンロンパ"！
2017.3 251p B6 ¥1300 ①978-4-06-139960-0

◆精霊幻想記 7 夜明けの輪舞曲 北山結莉著 ホビージャパン（HJ文庫）
【要旨】レイスが操る魔物の大群に襲われていたリーゼロッテたちの一団を発見し、その戦闘へと加勢したリオ。圧倒的な力でもって次々と魔物を屠ってみせた彼に対し、その場に居た誰もが強い興味と関心を示す。さらにリオも更なる勇者召喚の情報を求め、貴族たる彼らと友好的な関係を築こうと動き出すが―「どうだ？ 俺はお前にとって、お望みの人間だったか」「――ああ、ずっと探していた」その過程でリオは、追い続けてきた憎き女王との邂逅を果たすが――。
2017.4 382p A6 ¥657 ①978-4-7986-1429-8

◆精霊幻想記 8 追憶の彼方 北山結莉著 ホビージャパン（HJ文庫）
【要旨】奇しくも追い掛けてきた宿敵と死闘を繰り広げることとなった大都市アマンドにて、遂に美春たちが捜す人物のひとり・皇沙月の情報を入手したリオ。折りよくリーゼロッテら貴族から、今までの功績に対する褒美の内容を求められていたリオは、勇者として召喚されたらしい沙月が出席するという夜会への参加を褒美として要求し、美春たちの待つ精霊の里へと帰還を果たす。一方、夢を通してリオが春人なのではないかという疑念を抱いた美春は、悩んだ末にとある人物へと話を持ち掛けるが――。
2017.9 347p A6 ¥638 ①978-4-7986-1516-5

◆精霊幻想記 9 月下の勇者 北山結莉著 ホビージャパン（HJ文庫）
【要旨】転生者であることを打ち明けてくれたリーゼロッテの協力の下、夜会の前に皇沙月の謁見機会を得たリオと美春。準備を整え、夜会の開催地たる王都ガルトゥークへ赴いたリオたちは、遂に捜し求めていた沙月との邂逅を果たす。再会を心の底から喜び合う美春と沙月に対して、リオは今後の行動方針について話を切り出すが――「私は…ハルトさんと一緒にいないと思っています!」様々な想いが交錯する"夜会編"、ここに開幕!!
2018.1 398p A6 ¥657 ①978-4-7986-1606-3

◆ようこそ実力至上主義の教室へ 5 衣笠彰梧著 KADOKAWA（MF文庫J）
【要旨】長い夏休みを終えたDクラスを待ち受けていたのは体育祭。だが、高度育成高等学校の行事が生半可なものであるはずもない。全学年が赤と白の二組に分かれ勝敗を競う体育祭で、DクラスはAクラスと共にB&Cクラス連合と戦うられ、順位ごとにポイントを得られるという。ここまで足を引っ張る存在だった須藤が一躍Dクラスの切り札となり、運動自慢達が腕を鳴らす。一方、自分のやり方を変えず周囲と軋轢を生む堀北。その隙をCクラスの首魁たる龍園と影に潜む裏切り者がルーシャを見逃さない!?大人気クリエイターコンビが贈る、新たな学園黙示録第5弾!?究極の実力勝負の体育祭が始まる。
2017.1 327p A6 ¥580 ①978-4-04-069017-9

◆ようこそ実力至上主義の教室へ 6 衣笠彰梧著 KADOKAWA（MF文庫J）
【要旨】体育祭も終わり肌寒くなりつつある10月中旬。生徒会の新旧交代が行われ、生徒会長の座は堀北学から2年の南雲雅に引き継がれた。新時代の到来を感じさせる中、僕はクラスメイトの佐藤麻耶に人気のない渡り廊下に連れて来られる。「綾小路くんって誰か付き合ってる人とかいるわけ？ そ、その、電話番号交換してよ!?」向けられたのは半ば告白寸前の言葉。体育祭での活躍の結果、綾小路に対する注目度は大きく上昇、周囲に大きな変化が訪れていた。そして到来する特別試験・期末テスト。例年退学者を出さずにペーパーシャッフルという複雑な試験にDクラスはどう活路を見出すのか。大人気クリエイターコンビが贈る、新たな学園黙示録第6弾!!
2017.5 327p A6 ¥580 ①978-4-04-069231-9

◆ようこそ実力至上主義の教室へ 7 衣笠彰梧著 KADOKAWA（MF文庫J）
【要旨】2学期も終了間近の12月半ば、Dクラスを裏から操る存在Xの特定のため、Cクラス龍園の執拗な調査が開始された。高円寺までもが疑いの対象となり、ターゲットが絞られる中、つい に龍園の手は軽井沢恵に迫り…。そのような状況で清隆は唐突に茶柱先生に呼び止められる。珍しく弱気な表情の茶柱が案内した先にいたのは一「既に退学届は用意させてある。校長とも話がついている。後はおまえがイエスと言えばそれで終わりだ」「あんたの命令が絶対だったのはホワイトルームの中での話だろ。あの部屋はもうない。命令を聞く必要もない」退学を迫る清隆の眼前、綾小路に対する理事長から、秘められた高度育成高等学校のシステムが語られる―!? 2017.10 325p A6 ¥580 ①978-4-04-069458-0

◆ネトゲの嫁は女の子じゃないと思った？ Lv.13 聴猫芝居著 KADOKAWA（電撃文庫）
【要旨】おいお前ら、真グンマー(※レイドボス)倒そうぜ！という誘いに乗って、レイドボス戦へと馳せ参じたアレイキャッツの面々。ああ、それなのに…。黒の魔術師：さあ向かうとしようか パッツ：なんだお前が仕切ってんだよ セッテ：なーかーよーくーしーてー！早くも友情破綻の予感！そして案の定、リーダー不在で迷走してしまうレイドPT。それを見かねて指揮官に就任したのはなんとセッテさん!?一方リアルでも、マスターの独断と偏見で秋山さんが（知らぬうちに）次期生徒会長候補として立候補させられていることになり一段少女・アコの加勢は吉と出るか、凶と出るか…!?残念で楽しい日常＝ネトゲライフ、トップをねらう第13弾！
2017.2 319p A6 ¥600 ①978-4-04-892664-5

◆ネトゲの嫁は女の子じゃないと思った？ Lv.14 聴猫芝居著 KADOKAWA（電撃文庫）
【要旨】残念！ついに知られてしまいました！残念美少女・アコの存在が―よりにもよって、英騎のお母さんに！そして案の定「今度連れてきなさいな」と言われてしまった英騎。西村家の全権を掌握するお母さんを前に英騎は無力だった。なんとかアコをまともな彼女に偽装するために特訓を始めるネトゲ部だが、ハードルはあまりに高く険しくて…果たしてアコはお義母さん面接を乗り越えることができるのか？それともやっぱり危ない子扱い？ アレイキャッツ結成二周年記念オフ会だって結婚記念日だってあるのに、いったいどうしたら…!?残念で楽しい日常＝ネトゲライフ、三者面談の第14弾！
2017.6 349p A6 ¥650 ①978-4-04-892952-3

◆ネトゲの嫁は女の子じゃないと思った？ Lv.15 聴猫芝居著 KADOKAWA（電撃文庫）
【要旨】残念美少女・アコたちネトゲ部(二年生組)に修学旅行の季節がやってきた！そこで英騎が抱いた野望は―「修学旅行でアコとファーストキスをしたい！」そうだ。こないだのだって満足にやらなかった。こないだのはノーカン！最高のキスでアコのファーストキスの想い出を上書きしてやる！そんな修学旅行に襲いかかるのは期間限

ヤング・アダルト小説

定の周回クエスト。旅行中にこっそりネトゲをするための条件は『修学旅行を最高に楽しむ』こと!?真のファーストキス達成へ向けて、ネトゲとリアルを同時クリアするための挑戦が始まる…!残念で楽しい日常≒ネトゲライフ、大願成就!?の第15弾!
2017.10 337p A6 ¥630 ①978-4-04-893401-5

◆運命の乙女は狂王に奪われる　木野美森著
アルファポリス,星雲社 発売　(レジーナ文庫)
【要旨】敵国の王の暗殺に失敗した弟を庇い、囚われの身となった伯爵令嬢のリリー。そんな彼女に、王の側近が取り引きを持ちかけてきた。それは、彼を無事に帰らせるかわりに、リリーがその王に侍ること!彼曰く、王が狂王となったのは呪いが原因で、それを解けるのは「運命の乙女」に違いないと言い出した!弟を守るため、軍服を着て王に仕えることにしたリリー。さらに、じゃじゃ馬ぶりを発揮する彼女に次第に王も惹かれていき─!?文庫だけの書き下ろし番外編も収録!
2017.3 381p A6 ¥640 ①978-4-434-22997-8

◆サキュバスに転生したのでミルクをしぼります　1　木野裕喜著　双葉社　(モンスター文庫)
【要旨】男をめくるめく快楽へと導く淫魔サキュバス。不慮の事故により命を落とした蓬莱利一は転生支援課の勘違いによりサキュバスに転生させられてしまう。しかも、サキュバスが生きていくためには、男性の精液をしぼり取り、食らわなければならないという。そんなことは死んでもできないと断固拒否する利一。すると支援課の職員は、精液の代わりとなる食材として、牛乳があることを利一に伝えるのだが─。牛乳だけが頼み!?元オトコのサキュバスが、命懸けで牛を飼育する!?それならやって「小説家になろう」発の異世界ミルクファンタジー。
2017.8 311p A6 ¥620 ①978-4-575-75147-5

◆サキュバスに転生したのでミルクをしぼります　2　木野裕喜著　双葉社　(モンスター文庫)
【要旨】サキュバスであることを隠し、酒場「オーバブ」の看板娘としてはたらくリーチはメイロの街にも馴染み始めていた。そんな「オーバブ」に、嫌われ者の領主・カストルールが訪れる。どうやらリーチが魔物ではないかと怪しんでおり、それをダシに「オーバブ」を潰そうとしているようで─。元オトコのサキュバスが贈る異世界ミルクファンタジー第二弾!
2017.12 295p A6 ¥602 ①978-4-575-75177-2

◆素材採取家の異世界旅行記　木乃子増緒著
アルファポリス,星雲社 発売
【要旨】普通って何が悪い!と逆ギレするくらい、清々しいほど普通な俺、神城タケル。だけどほんの少し、ほんの少しだけ、非日常に憧れていた…その程度のはずだったのに!いきなり死んだことにされて、剣と魔法の異世界に転生!?チートな身体能力・魔力を与えられ、「異能」とかいう不思議な力までもらっちゃった。なんぞこの力、レアな素材がめちゃくちゃ発見できて、金目のモノが丸わかりだぞ。可愛くて強い子ドラゴンの相棒までできたし、やっぱり止まんねえ!よーし、せっかくやってきた異世界、楽しみ尽くしてやりますか!チート異能『探査』『調査』を駆使して異世界のヘンテコ素材を探して、採って、売りさばく!素材採取家の異世界のほほん大旅行、いざ出発!
2017.1 294p B6 ¥1200 ①978-4-434-22917-6

◆素材採取家の異世界旅行記　2　木乃子増緒著　アルファポリス,星雲社 発売
【要旨】いきなり死んだことにされて、異世界に転生させられた俺、神城タケル。手にした能力『探査』『調査』がとっても優秀なおかげで、素材採取家としてなんとかやれてるわけです。ある日、妙なエルフに逢っちゃった。見た目は絶世の美女だけど、中身がオッサンっていう、残念なやつ。でも、目的地は同じドワーフの鉱山だし、一緒に旅をすることにしちゃった。この残念エルフ、よく腹をすかす!でも、俺のモットーは、同行者にメシの不便はさせない、だ!異世界はちょっと変だけど、食べたら魅惑素材は山のようにあるし!異世界のヘンテコ素材を採って、料理して、食べまくる!素材採取家の異世界グルメ(?)旅行、出発─!
2017.5 297p B6 ¥1200 ①978-4-434-23326-5

◆素材採取家の異世界旅行記　3　木乃子増緒著　アルファポリス,星雲社 発売
【要旨】俺の名前は、神城タケル。異世界に転生して、薬草とか野草とか、あとうんことか採取してる愉快な素材採取家さんだよ!久しぶりにベルカイムに戻ってきたら、うわあ、めんどうなヤツに絡まれた。俺と同じ採取家らしいんだけど、俺が客奪ったやら盗品納めてるやらなんちゃらなことを言ってくるわけ。で、仕舞いには「素材採取で勝負!」だって?そんな展開、超面倒くさがりの俺が受け容れられないじゃん、って…あらよ、町の皆さん大盛り上がり。あれよあれよという間に、ギルド主催で採取バトルが開催されることに。それならやってやろうじゃない。ランクFとはいえ俺も素材採取家の端くれ。俺なりのこだわりでやつを見せてやる!異世界のヘンテコ素材を探して、採って、競い合う!採取家の意地とプライドを懸けた、さあ勝負!
2017.9 297p B6 ¥1200 ①978-4-434-23777-5

◆夜のあなたは違う顔─隠された姫と冷淡な皇帝　木下杏著　パラダイム　(ディアノベルス)
【要旨】小国の王女として生まれたリアナ。賊に助けてもらったことをきっかけに、大国の皇帝ヴィルフリートに恋をしてしまう。側妃の立場として迎えられた彼女に突きつけられたのは、「お前を愛することはない」という彼の言葉だった。言葉とは裏腹に、大事なものを扱うように優しく触れる彼に、リアナは好意をおぼえていく…。「本当に、私でいいのでしょうか」生真面目な小国の王女と冷淡な大国の皇帝の優しく紡がれるラブストーリー!!
2017.10 275p B6 ¥1200 ①978-4-8015-2409-5

◆フロンティアダイアリー─元貴族の異世界辺境生活日記　鬼ノ城ミヤ著　一二三書房　(サーガフォレスト)
【要旨】広大なるパルマ王国の首都・王都パルマの大貴族、グリード家次男サファナ・グリード。権力を振りかざし、やりたい放題の家族とは違い、魔法学園の教師として真面目に働き、勇敢な青年だが、庶民から法外な税を取り立てる傲慢な父親に意見したことで怒りをかい、学園どころか王国、辺境都市からも追い出されてしまう。魔法学校の同僚・エルフのエルデナと、森の奥で廃屋になった誰もいない宿場町行った先は、森の奥で廃屋になった誰もいない宿場町だった…。元貴族の青年が、「仲間たち」と巻き起こす心温まる辺境生活記!「小説家になろう」発第5回ネット小説大賞受賞作。
2017.10 305p B6 ¥1200 ①978-4-89199-462-4

◆Lv2からチートだった元勇者候補のまったり異世界ライフ　鬼ノ城ミヤ著　オーバーラップ　(オーバーラップノベルス)
【要旨】異世界に勇者候補として召喚され、レベル2からチートになったフリオと、伴侶のリースや、友人のバリロッサたちと共に日々の暮らしを謳歌していた。製作した武器や魔法具を売るために街を訪れたフリオたちは、街中にある雑貨屋が閉店しているのを見つけ、ある夢を持つ。一方、フリオの足取りが掴めないことにしびれを切らし、自身で捜索を始めた魔王ゴウルは、ついにフリオと再会する。─そして、バリロッサとも。再会を喜ぶフリオたちだったが、弟・ユイガードの謀反の報せを受け、急遽城へ戻ることに。人族に侵攻せず、たびたび使い走り繰り出すゴウルに対し、自身こそが真の魔王と謳うユイガード。真の魔王は果たしてどちらなのか。決闘の儀が始まるかと思われたその時、ゴウルは「うむ、よくわかった。ワシは魔王を引退しよう」魔王もスローライフ、チートだけどまったりな異世界ライフ。第2巻!
2017.4 315p B6 ¥1200 ①978-4-86554-208-0

◆Lv2からチートだった元勇者候補のまったり異世界ライフ　鬼ノ城ミヤ著　オーバーラップ　(オーバーラップノベルス)
【要旨】フリオが立ち上げたフリース雑貨店の名声は、姫女王からの困難な依頼を軽々こなすことで、瞬く間に各地へと広がっていた。そんなある日、フリオは行き倒れていた女性・ワインを救出する。空腹の彼女に肉を譲り渡したところ、ワイバーンであることが発覚。恩義を感じたワインは、フリオたちに同行することを宣言!居候の増えたフリオ家に舞い込んだ姫女王からの新たな依頼は、カルゴーシ海岸への救援を要請するもので…!?「小説家になろう」発、チートだけどまったりな異世界ライフ。第3巻!
2017.8 314p B6 ¥1200 ①978-4-86554-248-6

◆龍の狂愛、Dr.の策略　樹生かなめ著　講談社　(講談社X文庫─ホワイトハート)
【要旨】僕はヤクザのお嫁さんじゃないー!?美貌の内科医・氷川諒一の目下の悩みは、最愛の恋人眞鍋組の若き組長・橘高清和と楊一族の抗争を止められないことだ。どうあっても戦いを避けることができないと悟った時、氷川はバナナの皮で滑ってしまう!?たとえ清和くんと別れることになっても、殺し合うよりはい…。そう思った氷川は禁断の策を選ぶことに!!驚異のバナナ・パニック。
2017.8 247p A6 ¥660 ①978-4-06-286957-7

◆龍の不動、Dr.の涅槃　樹生かなめ著　講談社　(講談社X文庫─ホワイトハート)
【要旨】「橘高清和は僕のものです」白百合とも称される美貌の内科医・氷川諒一は怒りに震えながら、聖地・高野山を訪れた!それもこれもすべては、恋人で眞鍋組組長の橘高清和が氷川の信頼を裏切ったせいだった!静かに修行生活に励むはずが、氷川を東京に連れ戻すべく追ってきた眞鍋組組員に、清和を誘惑する香港マフィアの美女まで現れて…!?
2017.2 238p A6 ¥630 ①978-4-06-286936-2

◆そのオーク、前世(もと)ヤクザにて　3　機村械人著　SBクリエイティブ　(GA文庫)
【要旨】「さぁ、決着をつけましょう」遂に、その本性を露わにしたベロニカの手により、イーヴァが奪われてしまう!倒れ行く仲間達と、レイガスの敗北。動揺するヴィオラに、事件の収束のため王都より派遣された、二人のスカイ・エルフが立ちはだかる。一方、意識を失ったレイガスの脳裏に蘇るのは、彼がかつて誓ったはずの少女の姿だった─。「立ち上がりなさい、りゅーへー」迫り来る終幕の時。その果てに、男が手にしたものとは─。第8回GA文庫大賞『優秀賞』、喪失と救済の第三巻。戦え、オーク。守るべきものを守るために!
2017.4 333p A6 ¥620 ①978-4-7973-9173-2

◆そのオーク、前世(もと)ヤクザにて　4　機村械人著　SBクリエイティブ　(GA文庫)
【要旨】失意のレイガス─彼の心の傷は"天翼"の団員達の優しさによって、確実に癒されていった。そんな中、王都から訪れた"金牛の騎士団"幹部より、レイガスとヴィオラ達に、極秘の任務が下される。それは、今王都で話題になっている"絶対に勝てるカジノ"を調査せよ、という不可思議なものだった。任務に奔走する二人の前に、数奇な運命が立ちはだかる。そして、レイガスは、失っていた彼自身の"もう一つの過去"と対峙することへ。第8回GA文庫大賞『優秀賞』、決別と再会の第四巻。
2017.9 247p A6 ¥600 ①978-4-7973-9434-4

◆いつかの恋にきっと似ている　木村咲著　スターツ出版　(スターツ出版文庫)
【要旨】フラワーショップの店長を務める傍ら、ワケありの恋をする真希。その店のアルバイトで、初恋に戸惑う絵美。夫に愛人がいると知っている妊娠中の麻里子。3人のタイプの違う女性がそれぞれに揺れ動きながら、恋に身を砕き、時に愛の喜びに包まれ、自分だけの幸せの花を咲かせようともがく。一悩みながらも懸命に恋と向き合う姿に元気づけられる、共感必至のラブストーリー。
2017.10 253p A6 ¥540 ①978-4-8137-0343-3

◆僕の知らない、いつかの君へ　木村咲著　スターツ出版　(スターツ出版文庫)
【要旨】アクアリウムが趣味の高2・小嶋慶太は、「ミキ」という名前を使い女性のフリをしてブログを綴る日々。そんな中、「ナナ」という人物とのブログ上のやり取りが楽しくなりつつあった。だが、あることをきっかけに慶太は、同じクラスの壺井菜々子こそが「ナナ」ではないかと疑い始める。慶太と菜々子の関係が進展するにつれ、「ナナ」はブログで「ミキ」に恋愛相談をするようになり、疑惑は確信へ。真実は秘密を明かそうと決意するが、その先には予想外の展開が─。第2回スターツ出版文庫大賞にて、恋愛部門賞受賞作。
2017.12 249p A6 ¥540 ①978-4-8137-0378-5

◆暗黒騎士を脱がさないで　5　♯エリー♯いもとけんび♯枕びしょびしょ罪　木村心一著　KADOKAWA　(富士見ファンタジア文庫)
【要旨】故郷・帝国の王の殺害容疑をかけられた暗黒騎士さん(ヒロイン)。攻め入る帝国の暗黒騎士(敵)の軍勢に対抗して、啓治たちは複製した暗黒騎士さんの鎧を着込み、大量発生させた暗黒騎士に(?)なりすます作戦を実行することに─。エリーとノイエが鎧を交換し、暗黒騎士が暗黒騎士の面接をしたりと、ドタバタ敵味方の暗黒騎士が入り乱れる大混戦の

ヤング・アダルト小説

◆ゲーム・プレイング・ロール ver.1 村娘。をヒロインにプロデュース 木村心一著 KADOKAWA （角川スニーカー文庫）
【要旨】ここはゲームの中の世界。『イベントプランナー』のマナトは、セクハラ体質がたたって"村"を転々とする生活を送っていた。決意新たに辿り着いた「エンドール村」には、個性豊かな村人が一たったの3人。その場で村長に任命されてしまったマナトは、プレイヤーをもてなすため、ギャルゲーにRPGにとイベントを仕掛けるが…？ 村娘をヒロインへと導き、破綻寸前の村をバズらせろ!!
2017.2 269p A6 ¥640 ①978-4-04-072196-5

◆ゲーム・プレイング・ロール ver.2 妹が邪神になりまして。 木村心一著 KADOKAWA （角川スニーカー文庫）
【要旨】マナトの妹・まどかがエンドール村で働き始めてはや1週間—平々凡々なマナトと違い、まどかの剣術・錬成術は一級品、ロボット操縦もお手のもの。一方なぜかユートピアでの仕事が気になるご様子で。そんないつもとちょっと違う村に、ご機嫌イベントの仕事が舞い込んできたのだが…ある"ウラ事情"からまどかがボス＝『邪神』を演じることになり、あげく『邪神スーツ』の力で暴走してしまー！？
2017.10 271p A6 ¥600 ①978-4-04-105660-8

◆本気の悪役令嬢！ きゃる著 アルファポリス、星雲社 発売 （レジーナブックス）
【要旨】侯爵令嬢であるブランカには、前世の記憶がある。その記憶によると、この世界は乙女ゲームで彼女はヒロインの恋を邪魔する悪役令嬢だ。転生前、このゲームが大好きだったブランカは『ヒロイン・マリエッタと攻略対象の素敵ないちゃらぶシーンをぜひ目の前で見たい！』と、悪役令嬢の役割を果たすべく奮闘。けれど、ヒロインも攻略対象もなぜか自分にベッタリで、シナリオ通りに動かない。ヒロインがバッドエンドを迎えると、国が滅んでしまうかもしれないのに!?焦るブランカだけれど、彼女自身も攻略対象の一人を好きになってしまって—。
2017.10 294p B6 ¥1200 ①978-4-434-23802-4

◆悪の組織の求人広告 喜友名トト著 KADOKAWA （NOVEL ZERO）
【要旨】「世界征服を目指す悪の組織です！明るく元気な職場が、あなたのヤル気を待ってます！」時は二十二世紀。"大多数"の人々が幸福な暮らしを送る、今より少しだけ先の未来。ニート青年・小森寧人はある日、不可思議なWEBサイトを発見する。それは、世界的な大企業である、悪の組織『メタリカ』の求人広告だった。難関と言われる面接を奇跡的に突破した彼だったが、配属されたのは庶務課一つまり、ザコキャラ。戦闘員となってしまうのであった。そして、彼はこの世界の正義たるもの、白銀の騎士・ディラーと対峙する。理不尽に統率された世界で、寧人は組織で出会った上司や同期の女の子、ライバルと共に世界を変える戦いに挑み始める。これは自らの信念と理想に従った、普通の青年の叛逆の物語である。
2017.4 251p A6 ¥680 ①978-4-04-256043-2

◆悪の組織の求人広告 2 喜友名トト著 KADOKAWA （NOVEL ZERO）
【要旨】悪の組織『メタリカ』に就職した小森寧人。彼は初めての部下、ツルギ・新名・アニスと共に沖縄へと赴任する。激戦を繰り広げる精霊戦士・ラモーンと謎の海底生物サンタナ！？勢力による三つ巴の戦い。それこそ沖縄が『特地』と呼ばれる所以だった。状況を打開するために、寧人が仕組んだ"最悪"の奇策とは一体!?さらに、北海道の『選抜戦闘員訓練センター』に教官として赴任した後、アメリカの悪の組織『クリムゾン』へと出向する寧人。普通の青年であった彼は、少しずつだが着実に"悪"の頂点へと達しつつある。そんな彼にアニスの父でもあり、クリムゾンのボスであるミスタービッグは、一つの問いかけをする。悪と正義、それぞれの信念が交錯する。これはひとりの青年の叛逆の物語である。
2017.3 451p A6 ¥680 ①978-4-04-256044-9

◆黒豹注意報 6 純情OLタンポポの決意 京みやこ著 アルファポリス、星雲社 発売 （エタニティブックス）
【要旨】社長付き秘書兼SPの和馬とユウカが付き合い始めて四ヶ月。相変わらず、彼の愛情が暴走気味で困ることはあるものの、お互いの両親に挨拶へ行ったりと交際は順調そのもの。そんな中、幸せで楽しい日々を過ごしていたある時、警護中の彼が怪我をして、病院に運ばれてしまう知らせが！大急ぎで病院に駆けつけたユウカが目にしたのは一記憶喪失で自分のことを忘れてしまった恋人の姿。彼はユウカにも他人行儀で、いつものようなスキンシップはできない。それでも毎日お見舞いに行く彼女だけど和馬の記憶が戻らず、だんだん辛くなってきて…ほのぼのカップルに最大の試練が訪れる、波乱の第六弾。
2017.8 279p B6 ¥1200 ①978-4-434-23693-8

◆戦国小町苦労譚 5 宇佐山の死闘と信長の危機 夾竹桃著 アース・スターエンターテイメント、泰文堂 発売 （アース・スターノベル）
【要旨】1570年、夏一オウギワシ、シェパード、孔雀、ターキッシュアンゴラ、ゾウガメまで仲間いを勝ち抜くも、損失の激しかった信長軍は三好三人衆との戦いに苦戦を強いられていた。それでも後方支援に徹していた静子は、ついに自ら矢を番えてゲリラ戦を展開！ますます目が離せない、大人気和風ファンタジー注目の第6巻!!
2017.4 279p B6 ¥1200 ①978-4-8030-1037-4

◆戦国小町苦労譚 6 崩落、背徳の延暦寺 夾竹桃著 アース・スターエンターテイメント、アース・スターノベル 発売
【要旨】1571（元亀2）年正月一宇佐山城で死闘を繰り広げた翌年。戦力として森可成を失うなど、信長の損失は著しかった。一方、軍内のパワーバランスにも変化の兆しが見える中、静子は鏡、磁石、六分儀、測距儀、機械式の海洋クロノメーター、日時計コンパス、スターリングエンジンの開発を今年の目標に据える。加えて、ウルフドッグ交配や、カカオ栽培まで！一方、激化してゆく包囲網に本気を見せることになった静子軍の取った策とは！？巻を追うごとが目が離せなくなる戦国ファンタジー、待望の第6巻!!
2017.9 342p B6 ¥1200 ①978-4-8030-1110-4

◆戦国小町苦労譚 7 胎動、武田信玄 夾竹桃著 アース・スターエンターテイメント、泰文堂 発売 （アース・スターノベル）
【要旨】年が明けて、1572（元亀3）年。平和なお正月を持て余すお市のファミリーとソリ遊びに興じる一方で、何やら算段をしている静子。はりはり鍋にピザパーティ、マグロ祭りの開催に続き、マンゴーまで収穫？しかも鶴姫が出産！捕鯨の管理やスクリュー船、高炉のお披露目を控えるも、いよいよ奇妙丸の初陣まで決まり一織田徳川の連合軍VS戦国最強の武田軍。信長と静子、全てをかけた三方ヶ原の戦いが今始まる！
2017.12 269p B6 ¥1200 ①978-4-8030-1141-8

◆天才・逢木恭平のキカイな推理 京本喬介著 KADOKAWA （メディアワークス文庫）
【要旨】天才科学者、大富豪、人間世界遺産…などと呼ばれる実業家・逢木恭平は、どこかズレていて、周囲から苦笑されることもしばしば。そんな彼がある日金の力でモノを言わせ、警視庁上層部を買収し、興味を惹かれた難事件に首をつっこんでいく。相棒は、逢木自身が作ったアンドロイド"アノン"と、有能な女刑事・今井千春。次々と事件を鮮やかに解決していく彼らだが、逢木の真の目的は別のところに一。思わずツッコミを入れたくなる軽妙なライトミステリー！
2017.2 277p A6 ¥610 ①978-4-04-892748-2

◆左遷も悪くない 4 霧島まるは著 アルファポリス、星雲社 発売 （アルファライト文庫）
【要旨】左遷先の田舎で、新妻レーナと共に穏やかな生活を送る優秀な軍人ウリセス。結婚一周年を控えた幸せな二人だったが、入隊希望のじゃじゃ馬娘の登場を皮切りに、次々と面倒事が降りかかる。極めつけに一度帝都からやってきた監査役が、ウリセスを敵視する貴族の息がかかった曲者で？大急ぎで病院に駆けつけた、文庫化第4弾！
2017.1 305p A6 ¥610 ①978-4-434-22790-5

◆左遷も悪くない 5 霧島まるは著 アルファポリス、星雲社 発売 （アルファライト文庫）
【要旨】左遷先の田舎で、新妻レーナとの間にわが子を授かったウリセス。しかし彼のもとに隣国との停戦記念式典への招集状が届き、身重の妻を置いて家を離れざるを得なくなる。その裏には、優秀すぎるウリセスを疎む軍上層部と、宿敵たる隣国の将軍の思惑が渦巻いていた一。ネットで大人気！寡黙な鬼軍人＆不器用新妻の癒し系日常ファンタジー、ついに完結！
2017.3 309p A6 ¥610 ①978-4-434-22974-9

◆消えていく君の言葉を探してる。 霧友正規著 KADOKAWA （富士見L文庫）
【要旨】少年には幼馴染みの少女がいた。彼女は物語を読むのが大好きで、少年はそんな少女に読ませる小説を書くようになった。中学、高校と共に成長していく二人一博арс歌帆。だが歌帆は、やがて"言葉"を失う症状に見舞われる。それは彼女から博孝の物語を奪うことを意味していた。次第に会話もままならなくなり、弱っていく歌帆。博孝は、彼女が言葉を取り戻すと信じて、物語を書き続ける。一言葉が消えたその先で、想いを伝える本当の物語が始まる。心震える、感動のラブストーリー。
2017.8 296p A6 ¥620 ①978-4-04-072400-3

◆だからお兄ちゃんと呼ぶなって！ 2 桐山なると著 KADOKAWA （ファミ通文庫）
【要旨】今日も今日とて新妻のように尽くしてくれるかわいい妹、萌々。しかし『モモノ信ジルナ』という不穏なメモが気になり、アキは萌々の記憶を取り戻そうと真咲に話を聞こうとするアキだが、なんと真咲はアイドル「世界一可愛くなりたい」の研究生!?アキと真咲の仲を妬く萌々との三角関係に委員長こと八葉さんも加わって大騒ぎの四人。その先、萌々に繋がれた…記憶と絆を辿るドメスティックラブコメ第2巻！
2017.3 276p A6 ¥710 ①978-4-04-734544-7

◆俺様モデルは恋をご所望 久石ケイ著 オークラ出版 （エバーロマンス）
【要旨】就職活動中の千桜都は、道端で具合の悪くなった妊婦を助けた。モデル事務所のマネージャーだというその女性からバイトの話を持ちかけられ、受けることにした。仕事内容は、人気モデル、聖の付き人だ。担当モデルとの恋愛は厳禁だけれど、男性と付き合いたいと思ったことがないし、我侭で俺様なモデル相手に恋愛なんてありえない。それなのに、子供っぽく、寂しがりやらしい聖に振り回されているうちに一？
2017.4 297p A6 ¥1111 ①978-4-7755-2635-4

◆翠玉姫演義 2 戦場の天女 柊平ハルモ著 KADOKAWA （富士見L文庫）
【要旨】国を一つのお店と考えて、最も利益を出すには一。持ち前の商才と度胸で、"極南"を海賊の頭目・烈英の領地として国に認めさせた"翠玉姫"こと香月。だが民に捨てられた辺境の地は、得体のしれない宗教勢力と盗賊がひしめく無法地帯と化していた！待ち焦がれた土地を前に上陸すらできない海賊集団が苛立ちが募り一触即発。三つ巴の騒乱を前に、香月のソロバンは何を弾き出す？ どう切り抜ける!?実家に売られた上に海賊に攫われた商家の令嬢・香月の、人生逆転ファンタジー待望の第2弾!!
2017.10 238p A6 ¥580 ①978-4-04-072251-1

◆クロス・コネクト一あるいは垂水夕凪の入れ替わり完全ゲーム攻略 久追遥希著 KADOKAWA （MF文庫J）
【要旨】陰キャで人間嫌い、だがかつて開催された『伝説の裏ゲーム』を全世界で唯一クリアした少年・垂水夕凪。平凡な高校生になった彼だったが、あるきっかけから『100人の凄腕プレイヤーが「姫」を殺す』新たな裏ゲームに強制的に招待された一「姫」として。しかも本来のゲーム内の「姫」である電脳神姫・春風は、夕凪と身体を入れ替えて現実世界へ。次々とトンデモな出来事を起こし、夕凪の人生を激変させていく。そしてゲーム内の『姫』の死＝春風の死だと知った夕凪は、『約束された敗北』を覆すため、一つのミスも許されない究極のゲームクリアに挑む。「俺たちはこれから、このゲームを完膚なきまでに攻略する」。『入れ替わり』から始まる超本格ゲーム一「俺たちはこれから、このゲームを完膚なきまでに攻略する」。
2017.12 292p A6 ¥580 ①978-4-04-069612-6

◆ニアデッドNo.7 九岡望著 KADOKAWA （電撃文庫）
【要旨】目覚めた少年は、何者でもなかった。"再葬開始"の合図と共に、いつの間にか持っていた火の粉を纏う刃を振るい、異形の命を屠るのみ。"境界者No.7"ー赤鉄。それが、彼に新たに与えられた名だった。なぜ自分は戦うのか一。No.6である美しき少女・紫造と共に、訳のわからぬまま死闘に身を投じる赤鉄は、やがてある事実

ヤング・アダルト小説　1190　BOOK PAGE 2018

にたどり着く。No.7の称号を持つ "先代" がいたこと、そして自分がその人物に殺された、No.7を "継承" したことを…。第18回電撃小説大賞 "大賞" 受賞作『エスケヱプ・スピヰド』のコンビで贈る、現代ダークファンタジー開幕！
2017.4 319p A6 ¥630 ①978-4-04-892840-3

◆**勇者、辞めます―次の職場は魔王城**　クオンタム著　KADOKAWA　（カドカワBOOKS）
【要旨】人間に敗れ、再起を賭する魔王軍に加わったのは、かつての勇者レオだった。強すぎるために人間の国から追放された彼は、正体を隠して魔王軍に入ると、人手不足で台所事情、ボロボロの魔王城さえも、ボッチだった冒険者生活で身につけたスキルであっという間に立て直していく！またたく間に新たな幹部軍に上り詰めるレオだが、彼の狙いは魔王軍再生だけではなく、世界全体の "立て直し" で―!?役目を終えた引退勇者の最後のひと仕事、始まります！
2017.12 318p B6 ¥1200 ①978-4-04-072540-6

◆**戦女神（ヴァルキュリア）の聖蜜**　草薙アキ著　講談社　（講談社ラノベ文庫）
【要旨】高校生の片柳烙那は、帰り道で何者かに襲われた。目を覚ました彼の眼前には、セクシーで美しい女性の姿が。その美貌に思わずプロポーズしてしまう烙那。オーディンと名乗った彼女によれば、"神々の黄昏" と呼ばれる最終戦争に幕を引く者 "終末の王" であり、それによる世界の崩壊を防げば、烙那は終末のものになってくれるという。絶世の美女たる彼女を嫁にするため、烙那は "終末の王" の力を我が物にし、最強の力を得ると決意するが。だが、"終末の王" の力の暴走を防ぐためには、オーディンは戦女神フレイヤの胸から出る "聖蜜" を摂取する必要があるらしく…!?おっぱいを吸って世界を救え!?エロティック学園バトルアクション！
2017.6 262p A6 ¥600 ①978-4-06-381609-9

◆**戦女神（ヴァルキュリア）の聖蜜 2**　草薙アキ著　講談社　（講談社ラノベ文庫）
【要旨】片柳烙那は戦女神フレイヤの乳房から聖蜜を吸うことにより、自らの内に眠る "終末の王" の力を支配下に置き、世界を企む集団 "滅国の使徒" の一角ウトガルザを退けた。日常を取り戻した彼は、フレイヤや彼女の王であるオーディンと共にクラスメイトの姫乃たちと、騒がしくも楽しく、かつちょっとスケベな日々を送っていた。そして、さらに彼女たちを守るための力をつけるべく、烙那は新たな戦女神・ファヴニルも加えて、無人島に鍛錬に出かける。水着姿の女性陣たちとともに、オーディンとフレイヤの聖蜜の飲み比べなど、刺激的な鍛錬を行う烙那。だが、彼のもとには新たな敵が忍び寄り…？エロティック学園バトルアクション第二弾！
2017.6 252p A6 ¥620 ①978-4-06-381638-9

◆**最弱魔王の成り上がり―集いし最強の魔族**　草薙アキ著　KADOKAWA　（ファミ通文庫）
【要旨】かつて魔王リガルに命を救われ、魔剣を授かった青年と同郷のリヴァという修練で強大な力を得た彼はリガルが命を落とし、領地が他の魔王勢に侵略されたとの噂を耳にする。だが、彼の死を信じることができない彼は、生き残ったリガルの娘フレイヤの居城デモンズファー城を目指すことに。その道中、彼は生き残ったリガルの娘フレイヤに出会う。ひ弱で大人しい彼女を最強の魔王に育て上げることがリガルへ借りを返すことだと信じ、助力を申し出るのだが!?魔王少女育成ファンタジー!!
2017.11 284p A6 ¥600 ①978-4-04-734902-5

◆**デスゲームから始めるMMOスローライフ 2　押しかけドワーフ嫁と作る究極のグルメ**　草薙アキ著　KADOKAWA　（富士見ファンタジア文庫）
【要旨】理想の家も完成して、自称・嫁キャラのココたちと同居スローライフを始めた俺、パーティーマッチングの案内が到来。よし…ここは『最高の料理』を作って、新メンバー勧誘だ。"DIY" で農具は用意できるし、レア食材を集めて料理に挑戦！でも、そんな矢先にデスゲームの首謀者『ゼロ』の正体はココだと言い張るドワーフ娘・タマネが現れて、あげく…!?「―ミナトくん。ふつつか者だけど、わたしと結婚しよう！」俺をココから引き離すため、裸エプロン装備で料理したり、クエスト中に抱きついて、嫁キャラ宣言！！嫉妬したココも負けずと激しくなるし、なんでこんな修羅場展開に!?
2017.4 285p A6 ¥600 ①978-4-04-072141-5

◆**デスゲームから始めるMMOスローライフ 3　キャンプin美少女NPCだらけの島**　草薙アキ著　KADOKAWA　（富士見ファンタジア文庫）
【要旨】綺麗な海に囲まれ、壮大な星空が広がる隠れフィールド「マゾス島」。この存在を知ったココやタマネたちはキャンプしたいと大騒ぎ！"DIY" でテントを作って、ヒノカの爆索でBBQや花火の準備して上陸！海と山で思いっきり遊びつくすぜ！「ちょっとミナト、オイル塗りなさいよ」「一緒にビーチバレーして遊ぼう？」「寝袋は私と合わせて1つでいいですよね？」女の子たちの水着姿に囲まれ、お泊まり旅行もいいんだ…って時に、突然俺たちを襲撃してきた美少女NPC住民たち!?「この島に立ち入った男は、我らの『婚約者』になる決まりよ！」強制ハーレム状態に陥された俺のキャンプ生活やいかに!?
2017.8 270p A6 ¥640 ①978-4-04-072413-3

◆**デスゲームから始めるMMOスローライフ 4　浮遊島を目指してコスプレ衣装作り**　草薙アキ著　KADOKAWA　（富士見ファンタジア文庫）
【要旨】黄金の街―「エルドラ」で、「ゴールド王のお願い」というイベントに参加することになった俺たち。しかしそれは、告白シチュ限定の演劇大会だった！衣装作りやセット作りまで採点対象と聞いて、まずはみんなで衣装のための素材集めに挑戦だ！舞台セットも "DIY" で作れるし、準備は万端！そして迎えた本番当日。「お兄ちゃん、大好き♪」「わたし…先輩のことが好きだから…」―ランドセル姿や体操服姿などコスプレ衣装に身を包んだシーナたちの相手役には、全員、俺!さらに、嫉妬したココが乱入するな舞台は大荒れ！優勝賞品の飛空艇で蒼穹を目指せ！嵐を呼ぶ演劇クエスト開幕！
2017.11 265p A6 ¥660 ①978-4-04-072414-0

◆**勇者の出番ねぇからっ!!―異世界転生するけど俺は脇役だと言われました**　草薙刃菱　リンダパブリッシャーズ，泰文堂　発売　（レッドライジングブックス）
【要旨】戦場に倒れた兵士が転生した先は「勇者を待つ創造神」がいる、剣と魔法のファンタジーな異世界だった。異世界、転生ときたのに「勇者じゃない!?」。もっというに、「勇者が召喚されるまでのツナギ役」。そんな主人公クリスが持っているのは、前世で培った銃火器に関する知識と戦闘術。それに加えて「お取り寄せ」なる特殊能力まで!?魔法どころか現代兵器まで飛び交う痛快ファンタジー！
2017.4 335p B6 ¥1200 ①978-4-8030-1031-2

◆**異世界戸建て精霊つき**　草野瀬津璃著　アルファポリス，星雲社　発売　（レジーナブックス）
【要旨】タケノコ狩りの途中で異世界にトリップしてしまった沙菜。右も左も分からない森を彷徨い歩いた彼女は、そこで朽ち果てた洋館を見つけた。中に入ると、身体が半透明の幽霊のような男の子が突然、「僕の魔術師になって」と頼み込んできた。どうやら彼は精霊で、魔術師と契約したいらしい。その願いを叶え彼を成長させれば、元の世界に帰してくれると言う。沙菜が恐る恐る契約すると、洋館がいきなり綺麗な小屋に変わった。なんと、精霊と洋館は連動していて、小屋になってしまった家に力を注ぎ、レベルアップさせることで彼も成長するのだそうだ。こうして、家のレベル上げに奮闘する沙菜だったが、やがて、何だか訳有りの男性まで拾ってしまい!?
2017.3 287p B6 ¥1200 ①978-4-434-23028-8

◆**エクスタス・オンライン 03　アダルトモードと課金の狭間でポエムを叫ぶ魔王**　久慈マサムネ著　KADOKAWA　（角川スニーカー文庫）
【要旨】降誕した修正プログラムの正体は、廃棄された古の魔王サタンだった。サタンは朝霧に死の呪いをかけ、インフェルナを奪っては絶体絶命のヘルシャフト（堂巡）は朝霧を連れて脱出、二人きりの逃避行が始まった！なんとか朝霧を助けたいヘルシャフトは、朝霧の全身に呪術防御ローションを塗りたくるが、かえって恨みを買ってしまう!?刻々と近づく朝霧の命の期限。ヘルシャフトはサタンを倒し、朝霧を救えるか―!?
2017.6 333p A6 ¥640 ①978-4-04-105290-7

◆**エクスタス・オンライン 04　ぼっち魔王とチート神は偽りの友情を結ぶ**　久慈マサムネ著　KADOKAWA　（角川スニーカー文庫）
【要旨】堂巡の前に現れたオルゼリア教の司祭、その正体は行方不明のクラスメート・赤上壮彬だった。エグゾディア・エクソダスの秘密を知るに上に、とんでもないチート能力を持つ赤上は、堂巡に2Aギルドへの裏切りを持ちかける！新たな敵の出現に焦る堂巡＝ヘルシャフト。そんな中、朝霧や零石、哀川さんとの親密度はますます上がり、ついに―!?絶賛の声多数！！いま最も注目すべき圧倒的人気のエクスタシーVRMMO、新章突入!!
2017.10 303p A6 ¥620 ①978-4-04-105291-4

◆**魔装学園H×H（ハイブリッド・ハート）10**　久慈マサムネ著　KADOKAWA　（角川スニーカー文庫）
【要旨】戦闘力とランキングが全てを決めるオーディンの世界。やっとオーディンへの挑戦権を得た愛音だったが、最強の槍グングニルは愛音の体を無情にも貫き!?一方、そうと知らない傷無は愛音の救出を急ぐ。しかし、姫川やグレイスの秘めた想いを知り、傷無の心は激しく揺れる。最強の機械神との決戦を前に、変わり始める仲間や家族との絆。皆の想いが交錯する中、史上最強のコアをインストールする、空前の任務が始まろうとしていた！
2017.2 286p A6 ¥600 ①978-4-04-104712-5

◆**魔装学園H×H（ハイブリッド・ハート）11**　久慈マサムネ著　KADOKAWA　（角川スニーカー文庫）
【要旨】「ここはみんな仲良しアタラクシア学園！」真面目で恥ずかしがり屋のシルヴィアは、体育倉庫で甘いおねだり!?愛音たちは楽しい温泉旅行でシルヴィアのぷにぷにお肌を堪能！おませな妹グレイスは大好きなお兄ちゃんに秘密のアピール！そしてまたまた小さくなった傷無を、優しい姫川お姉ちゃんがたくさん可愛がってくれて―。お待ちかね、サービスたっぷりの日常編が登場！読みたかった本当の「魔装学園」がここにある！！
2017.6 315p A6 ¥620 ①978-4-04-104713-2

◆**魔装学園H×H（ハイブリッド・ハート）12**　久慈マサムネ著　KADOKAWA　（角川スニーカー文庫）
【要旨】究極の装甲『ゼクロス』をまとい、戦場に降り立った怜翔。果たして、その圧倒的な力は不死身のオーディンを破れるのか!?一方、傷無には最強にして究極の機械神タナトスを倒す、新たな任務が課せられる。それは総勢25名とのハーレム・ハイブリッド!?視界すべてが美少女たちで埋め尽くされるなか、2日間にわたる過去最大級のミッションがいま始まる！大切な仲間と家族―それぞれの想いを胸に、物語は最終局面へ。
2017.11 269p A6 ¥600 ①978-4-04-105518-2

◆**君のいる世界**　櫛野ゆい著　講談社　（講談社X文庫―ホワイトハート）
【要旨】サッカー部のエースだった涼介は、怪我のため競技生活を諦めなくてはならなくなる。傷心の涼介をマネージャーに誘ったのは部長でゴールキーパーの龍だった。いつしか涼介の心に淡い恋心が芽生えるが、その想いを胸の奥に閉じ込めるしかなかった。高校三年の夏休み、龍は涼介の目の前で事故により急逝する。龍の死を受け入れられない涼介は、龍の運命を変えるためタイムリープを繰り返す。
2017.7 285p A6 ¥690 ①978-4-06-286951-5

◆**モノクローム・サイダー―あの日の君とレトロゲームへ**　鯨武長之介著　KADOKAWA
【要旨】「恐怖の大王がやってくる」はずの1999年初夏。平凡なゲームオタクの高校生である僕は、いつも通り教室でネオジオポケットカラーの "サムスピ" や "KOF" のプレイにふけっていたが、「たまには屋上にでも行こうか」とふと思う。そこで出会ったのはワンダースワンを携えたシルヴィアーナ似の女子生徒。実は彼女は "GUNPEY" のマスターだった。カクヨム「エッセイ・実話・実用作品コンテスト」受賞作。
2017.2 218p B6 ¥1100 ①978-4-04-601836-6

◆**転生担当女神が100人いたのでチートスキル100個貰えた**　九頭七尾著　SBクリエイティブ　（GAノベル）
【要旨】交通事故で死んだ少年・カルナの前に現れたのは、転生を担当する女神だった。大喜びのカルナは、転生特典のチートスキルを一つ選び、異世界へと旅立つ―はずが、なぜか別の女神が現れて!?首を傾げていると、彼女からもチートスキルを貰い、今度こそ異世界へ―は行けず、また別の女神が―！都合100回。選べるチートスキルを全て貰った彼は最強になって入れ、カルナは、ガイドスキル「案内（ナビゲーション）・極」のナビ子さんを伴って、憧れの「剣と魔法

ヤング・アダルト小説

「のファンタジー世界」を遊び尽くすことにしたのだが―。スキルで「お取り寄せ」も自由自在!? 書き下ろし短編『チートスキル "楽園市場"』収録。
2017.10 287p B6 ¥1200 ①978-4-7973-9398-9

◆無気力探偵 2 赤い紐連続殺人事件 楠谷佑著 マイナビ出版 (ファン文庫)
【要旨】高校2年生の霧島智鶴はどんな事件でも解決できる天才だが、最大の欠点は究極に無気力なこと。夏休みをだらだらと過ごす彼のもとに、刑事の熱海や同級生の揚羽、後輩の柚季が次々と難題を持ち込む。つながりのありそうな二件の殺人事件、豪邸に届いた怪盗からの予告状、ある作家の謎の自殺、さらには赤い紐を使った連続殺人…。智鶴に敵愾心を持つエリート警部・上諏訪と対立しつつ、しぶしぶ事件解決に挑むが―?
2017.12 365p A6 ¥647 ①978-4-8399-6187-9

◆ハーシェリク 3 転生王子と白虹の賢者 楠のびる著 双葉社 (Mノベルス)
【要旨】早川涼子がグレイシス王国の第七王子ハーシェリクに転生して七年近くが経とうとしていた。相変わらず運動神経なし、魔力なしと、王族の中では残念だが、いつまでも大人しい王子でいるわけにはいかなかった。ハーシェリクは前世の某世直し時代劇の如く行動を開始した。薬事件に関与したと思われる教会も怪しい動きを始め―。
2017.2 351p B6 ¥1200 ①978-4-575-24017-7

◆ハーシェリク 4 転生王子と光の英雄 楠のびる著 双葉社 (Mノベルス)
【要旨】オタクな事務員・早川涼子がグレイシス王国第七王子・ハーシェリクに転生し、七歳となった春、帝国軍が侵攻してきたことが王都を揺るがす。それと同時にハーシェリクの懐柔にも暗殺にも失敗した大臣の次の魔の手がハーシェリクと仲間たちに忍び寄り―。
2017.8 325p B6 ¥1200 ①978-4-575-24055-9

◆俺と蛙さんの異世界放浪記 4 くずもち著 アルファポリス、星雲社 発売 (アルファライト文庫)
【要旨】チートな魔力を持つタローは、相棒である蛙姿(元人間)の魔法使いカワズさん、妖精のトンボを引き連れ、最近誕生したらしい魔王様を一目見ようと魔王城を訪れた。そこで彼らを待ち受けていたのは、魔王城秘義の四天王達―。強欲達者でわいしい性格の妖精をダシに使ったタローの秘計が発動する!! ネットで大人気! 異世界ぶらり脱力系ファンタジー、文庫化第4弾!
2017.3 319p A6 ¥610 ①978-4-434-22975-6

◆俺と蛙さんの異世界放浪記 5 くずもち著 アルファポリス、星雲社 発売 (アルファライト文庫)
【要旨】ある日、チート級の魔力を持つタローのもとに、魔王討伐を目指す謎の勇者パーティーが協力を求めてきた。一向に首を縦に振らない太郎を見かねた勇者達が提案してきたのはなんと決闘! しかも、あろうことかちゃっかり太郎の相棒のマオちゃんが参戦!? 果たして太郎は、この厄介事を上手く切り抜けられるのか!? ネットで大人気! 異世界ぶらり脱力系ファンタジー、文庫化第5弾!
2017.5 332p A6 ¥610 ①978-4-434-23193-3

◆俺と蛙さんの異世界放浪記 6 くずもち著 アルファポリス、星雲社 発売 (アルファライト文庫)
【要旨】最近、我が家のある妖精郷周辺が何やら騒がしいため、調査を開始したタロー。異変の原因が神聖アルザリアという国の教皇であることを突き止めた彼は、カワズさん共にお仕置きへ向かったのだが―。今まで封印してきたタローの800万の魔力がついに解禁!? 最強魔王ここにあり! ネットで大人気! 異世界ぶらり脱力系ファンタジー、文庫化第6弾!
2017.7 337p A6 ¥610 ①978-4-434-23465-1

◆俺と蛙さんの異世界放浪記 7 くずもち著 アルファポリス、星雲社 発売 (アルファライト文庫)
【要旨】妖精郷の女王様より、変わり者のエルフ族長の接待を押し付けられたタロー。ダークエルフ衛門のナイトさんとクマ衛門両端のはずだったが、族長の思いつきに振り回され、なぜか人間の食堂の手伝いをすることに。しかも最近の秘密クーエルさんとナイトさんの間には険悪な空気が流れていて―。ネットで大人気! 異世界ぶらり脱力系ファンタジー、文庫化第7弾!
2017.9 307p A6 ¥610 ①978-4-434-23643-3

◆新・俺と蛙さんの異世界放浪記 2 くずもち著 アルファポリス、星雲社 発売
【要旨】蛙姿の、みょうちくりんな魔法使い、カワズさんによって異世界に召喚されてきた俺、紅野太郎。この世界が抱えているとある難題に気づいてしまった俺は、趣味と実益と、ロマンの追求(?)を兼ねて、大規模プロジェクトに乗り出したわけ。その名も…ダンジョン造り! いつもは行き当たりばったりな俺ですけど、この企画に関しては、ちょう慎重に。リハーサルなんてのもやってみたし、ダンジョンに最適な場所も見つけたんだが…突如として、立地トラブル発生!? こんなとき頼りになるのはやっぱり、セーラー戦士こと、マガリ! 今回なぜか男装してイケメンモードの彼女が、俺の窮地を救ってくれる(…は?)。
2017.4 296p B6 ¥1200 ①978-4-434-23233-6

◆新・俺と蛙さんの異世界放浪記 3 くずもち著 アルファポリス、星雲社 発売
【要旨】蛙姿の魔法使い、カワズさんによって異世界に召喚されてきた俺、紅野太郎。なんだかんだで、異世界ライフを満喫してます。ある日、妖精郷に緊急事態の指令が鳴り響く! 何事かと思えば、フェアリーという、ピクシーにそっくりな妖精が、紛れ込んできたらしい。フェアリーは、100年に一度の妖精のお祭りの準備が行われているので招待状を持ってきたとのこと。だけど、そのお祭りがめちゃくちゃ仲の悪い二つの種族の技比べのようなものだって。すると、ピクシーの女王様が俺に詰め寄り―勝つために、アレの封印を解いてくれと言い出した。
2017.10 291p B6 ¥1200 ①978-4-434-23927-4

◆数学女子が転生したら、次期公爵に愛されすぎてピンチです! 葛餅衛著 竹書房 (ムーンドロップス)
【要旨】「もう逃げられないよ」。幼い頃、公爵家に保護され、公爵一家と仲良く大切にされてきた記憶喪失の少女マリア。なかでも2歳年上の公爵家の嫡男レオンの愛情は半端ではなかった。やがてマリアは「ここは乙女ゲームの世界で、自分は転生してきた数学科の大学生だ」ということに気づき、レオンはゲームのヒロインと結ばれて欲しいと願うのだが…。第一回ムーンドロップスコンテスト優秀賞受賞作。
2017.6 311p B6 ¥1200 ①978-4-8019-1243-4

◆ずっと一緒にいられますように。 楠本Family著 KADOKAWA
【要旨】あなたに出会えて、本当によかった。高校野球・夏の県大会でピッチャーと出会い、幼いころから読み続けた漫画の主人公と同じ名前。運命的なものを感じる里歩だったが、ついに夏祭りで会うことになり―。ミックスチャンネルで大人気のカップルがつづる、ふたりの恋のストーリー。
2017.3 187p B6 ¥1000 ①978-4-04-601947-9

◆親しい君との見知らぬ記憶 久遠侑著 KADOKAWA (ファミ通文庫)
【要旨】夢の中で見知らぬ少女と出会い、共に過ごすようになっていた幸成は、ある日、初めて訪れた場所に既視感を覚え、そこで夢の中の少女・優羽子と出会う。そして何と彼女もまた夢で幸成と出会っていたと言う。それから二人はその現象を確かめるために、一緒に出かけるようになり、やがて恋に落ちる。しかし全てが順調に思えたある日、突然優羽子が倒れ、意識不明の状態に陥ってしまい―。同じ夢を共有する二人の、ある奇跡を辿る物語。
2017.12 312p A6 ¥640 ①978-4-04-734957-5

◆迷宮のキャンバス 国沢裕著 マイナビ出版 (ファン文庫)
【要旨】女子大生の香純は、雑貨店で手に入れた一枚の犬の絵をきっかけに、ちょっと怪しげな男に声をかけられる。渡された名刺には「絵画バイヤー」という肩書きが。これまで興味はあっても知識はなかった絵画の世界で、いくつかの小さな事件に巻き込まれる香純。怪しげだったが実は頼りになる絵画バイヤーの高科と、生意気な近所の男子高校生の聡と、絵画にまつわる事件やトラブルを解決します。
2017.7 285p A6 ¥647 ①978-4-8399-6387-3

◆リワールド・フロンティア 2 最弱にして最強の支援術式使い(エンハンサー) 国広仙戯著 TOブックス
【要旨】浮遊都市から延びる月の塔―今日も戦うラトとハヌの所属する「蒼き紅炎の騎士団」から除名宣告された上に、新メンバー募集の面接でさえグラマラス美少女(18歳)が「ラト様、私を、買って下さい」などと言い出す。おまけに、テロが勃発して街が崩壊!? それでも永遠のぼっち・ラトは誓う。「何があろうと、絶対に仲間を見捨てない!」風呂敷広げて胸も高鳴るダンジョン・ファンタジー第2章! 今、発動するメンバー補完計画!? 新エピソード「激闘の観覧者」を特別収録!
2017.5 363p B6 ¥1296 ①978-4-86472-567-5

◆リワールド・フロンティア 3 最弱にして最強の支援術式使い(エンハンサー) 国広仙戯著 TOブックス
【要旨】「これは一戦争よ」浮遊都市に緊急避難警報が鳴り響く。テロリスト集団『ヴォルクリング・サーカス』が二十万以上のSBを率いて浮遊都市を襲来した! ようやく本音を語ったハンドラー・ロゼと打ち解けていた部下たち『BVJ』に、一転して緊迫感が漂う。父親の仇を討つため走り出すロゼ。巨万のSBを迎え撃つハヌ。都市を守るため、奔走するヴィリーとカレル。臆病な自分と決別するラト。そして、歪な笑みを浮かべる怨敵ヴィルス。物語史上、最大の危機に機械仕掛けの巨人たちも大暴れ!! 仲間たちと共に―ひとりぼっちじゃない最終決戦が今始まる! 書き下ろし短編も収録!
2017.11 351p B6 ¥1296 ①978-4-86472-618-4

◆嫌われ者始めました 3 転生リーマンの領地運営物語 くま太郎著 KADOKAWA (ファミ通文庫)
【要旨】ついに自領の自治権を獲得したジョージ。これで悠々自適の貴族生活…とはやっぱりならず、中学校の派閥抗争に貴族の少年たちが楽しめる複合商業施設造りと、相変わらず頭を悩ます日々が。そんな中、ある奴隷商から勧められた商品に隣国フェルゼン帝国の貴族令嬢を見つけてしまい…これは戦争モノの国際問題! 貴族令嬢を密かに国外へ返すことでジョージは戦争回避を狙うのだが―黒幕は意外な人物に!? 運命を覆すため、嫌われ者の戦いは続く!
2017.4 318p A6 ¥740 ①978-4-04-734582-9

◆くまクマ熊ベアー 6 くまなの著 主婦と生活社 (PASH! ブックス)
【要旨】貴族のエレローラさんに頼まれ、クマっ娘ユナは王都の学生たちの護衛任務を引き受けることに。学生たちは、クマをなめっぱなしで、どんどん猛進していき、ついには歯が立たない凶悪な魔物が現れちゃって…! クリモニアでは2軒目のレストランの出店準備も始まるよ。ご存じクマっ娘ユナの冒険譚、第6弾!!
2017.4 321p B6 ¥1200 ①978-4-391-14947-0

◆くまクマ熊ベアー 7 くまなの著 主婦と生活社 (PASH! ブックス)
【要旨】黒虎の解体にはミスリルナイフがいるらしい。でも鉱山にはゴーレムがいて、世はミスリル不足!? ユナはフィナをエレローラの元に残し、討伐に向かう。クマパンチでゴーレムを倒し、早くフィナを迎えに行かなくちゃね! クリモニアの街では、イチゴのショートケーキも再臨。冒険もスイーツ作りも順調で、ユナの異世界生活はますます充実するのだ。
2017.8 321p B6 ¥1200 ①978-4-391-14948-7

◆くまクマ熊ベアー 8 くまなの著 主婦と生活社 (PASH! ブックス)
【要旨】王都に行く途中に出会った貴族の少女ミサからある日突然届いた誕生パーティーの招待状。貴族のパーティーとかめんどくさくて行きたくない。だけどミサの気持ちを考えると行くしかないかと、ユナ&フィナ&ノアとクリフが向かった街では、なんと領主が2人いて、しかもなんだか両家の雲行きが怪しい感じ。ユナは、またもや事件に巻き込まれる!? 噂のクマっ娘(こ)ユナの異世界冒険活劇、第8弾!
2018.1 343p B6 ¥1200 ①978-4-391-14949-4

◆佐伯さんと、ひとつ屋根の下―I'll have Sherbet! 1 九曜著 KADOKAWA (ファミ通文庫)
【要旨】高校二年生の春、ひとり暮らしを始めるはずだった僕こと弓月恭嗣は、何の冗談か不動産屋の手違いで、ひとつ年下の佐伯貴理華さんなる女の子と同居するはめになってしまった。やたらと距離を縮めてきたがる彼女に、ささやかな抵抗を続ける僕だったが、なんと彼女も同じ高校! 学校でも家でも彼女に振り回される日々が始まって―。常に冷静な弓月くんと、とびきりの美少女なのにすごくHな佐伯さんが繰り広げる同棲&学園ラブ・コメディ、開幕です。
2017.8 318p A6 ¥660 ①978-4-04-734499-0

◆佐伯さんと、ひとつ屋根の下―I'll have Sherbet! 2 九曜著 KADOKAWA (ファミ通文庫)

ヤング・アダルト小説

【要旨】ゴールデンウィークも明け、僕こと弓月恭嗣と、ひとつ年下の佐伯さんとの同居生活は幸運なことに(一部を除いて)誰にも知られることなく続いていた。学校では、内容なく距離を詰めてくる佐伯さんと、僕の動向に目を光らせる雀さんへの対応に追われる日々だったが、ここにきて何故か宝龍さんが佐伯さんを挑発しはじめて…。常に冷静な弓月くんと、とびきりの美少女なのにちょっとHな佐伯さんが繰り広げる同棲&学園ラブ・コメディ、第二幕。
2017.5 382p A6 ¥690 ①978-4-04-734637-6

◆佐伯さんと、ひとつ屋根の下—I'll have Sherbet！ 3 九曜著 KADOKAWA
(ファミ通文庫)
【要旨】四ヶ月ぶりに帰省したり、桜井さんの提案で佐伯さんと一緒にプールに行ったりと、僕こと弓月恭嗣と彼女の同居生活は夏休みも順調と言えた。そして、九月。二学期に入った水の森高校では、一ヶ月後に開催される学園祭の準備がさっそくはじまりだした。一年も折り返し地点。大きなイベントを控え、何かが起こりそうな気配が…。常に冷静な弓月くんと、とびきりの美少女なのにちょっとHな佐伯さんが繰り広げる同棲&学園ラブ・コメディ、第三幕。
2017.10 318p A6 ¥670 ①978-4-04-734857-8

◆侍女ですが恋されなければ窮地です 2
倉下青音 一迅社 (一迅社文庫アイリス)
【要旨】大切な姫様の幸せを邪魔する者は許さない！ 公爵の身代わりを務め、傭兵隊長ジルヴィーノとの政略結婚阻止に成功した侍女マリアダ。ところがマリアダ自身が気に入られ、彼の婚約者として傭兵の住む館に迎えられることに。傭兵隊長の妻なんて無理！ と求婚に抵抗していたある日、姫に新たな婚姻話が。姫のためにマリアダは再び身代わり&今度はジルヴィーノと恋人の演技までするハメに!?侍女と敏腕傭兵隊長の身代わりラブ第2弾★
2017.4 286p A6 ¥638 ①978-4-7580-4926-9

◆臆病なカナリア 倉多楽著 アルファポリス、星雲社 発売 (エタニティ文庫)
【要旨】Hの時に喘ぎ声を出せない。それが原因で元彼と別れた愛菜。思いつめた彼女はある日、自分に自信を持つため、会社で「遊び人」と噂の湖西と一夜限りの関係を結ぶ。喘ぎ声は出せなかったが、彼はめくるめく快感を与えてくれた。だがその後、愛菜が人違いをしていたことが発覚。何と彼は「湖西」でも「遊び人」でもなかったのだ！ 動揺する愛菜に、再会した彼は甘く強引に迫ってきて—？ 彼の愛撫に、コンプレックスも甘く溶け始める!?文庫だけの書き下ろし番外編も収録！
2017.5 337p A6 ¥640 ①978-4-434-23201-5

◆魅惑のハニー・ボイス 倉多楽著 アルファポリス、星雲社 発売 (エタニティブックスRouge)
【要旨】製菓会社のマーケティング部で働く塚口真帆。社会人2年目の彼女はラジオで新商品をPRする役目に抜擢されてしまった！ しかも、その番組のパーソナリティは、彼女を虜にする美声で大人気の志波幸弥。高校時代、彼のラジオを愛聴していた真帆は、ドキドキしながら収録へ向かう。そんな彼女の前に現れた幸弥は、スタイル抜群の超イケメン！ さらには出会ったばかりの真帆に、彼はなぜかフェロモンボイスで甘い言葉を囁いている。戸惑う彼女に、彼のアプローチは猛加速して—
2017.2 289p B6 ¥1200 ①978-4-434-23023-3

◆怖がりの新妻は竜王に、永く優しく愛されました。 椋本梨戸音 竹書房 (ムーンドロップス)
【要旨】「やっと見つけた」。自分に亡き母の面影を重ねる父のために、社交界デビューをせず、ひっそりと暮らしてきた男爵家の箱入り娘ローゼ16歳。たまたま出かけた「竜の花嫁探し」のパーティーで、彼女は竜族の王ヴァルに求愛される。竜が愛する人は生涯にただ一人。ローゼにまっすぐな愛情を捧げるヴァルの想いの深さに打たれたローゼだったが、父は結婚に大反対。ローゼ自身も心にある問題があって…。
2017.12 287p B6 ¥1200 ①978-4-8019-1316-5

◆青春注意報！ くらゆいあゆ著 KADOKAWA (角川ビーンズ文庫)
【要旨】高校1年生の菜子は、気になる人、一澤くん。テニス部で女子にも人気の一澤くん。見てるだけで幸せだったのに、ある日突然一澤くんに「お前、何様のつもりだ」と言われてしまう。なんのことかわからないし、告白もしていないのに失恋するなんて！ 一澤くんの親友の宮内くんや、菜子の双子の姉・亜子も絡んできて、「スキ！」と「キライ！」が行ったり来たり。この恋、どうなっちゃうの？ すれちがい恋愛ストーリー！
2017.2 266p A6 ¥580 ①978-4-04-105011-8

◆世界、それはすべて君のせい くらゆいあゆ著 集英社 (集英社オレンジ文庫)
【要旨】大学の映画サークル「EDGE」で監督を担当する貴希。その日、同じ語学クラスで性格が悪いお嬢様・村瀬真希が「EDGE」入部を希望してくる。断ろうとする貴希だが、真来の様子が今までと違う。しかも彼女が書いた脚本で貴希は映画を撮ることになり…。ある日突然変わった君と恋に落ちて…。駆け抜ける僕たちの行方は…!?切ない青春フィルムグラフィティ。
2017.4 266p A6 ¥580 ①978-4-08-680130-0

◆タナカの異世界成り上がり 2 ぐり著 ホビージャパン (HJ NOVELS)
【要旨】プリン王国から放逐された後、お供のスケナとカクさんを連れて各国を漫遊するおっさん・タナカ。戦争のど真ん中に召喚された彼は、その異常なステータスを使ってモンスター軍を壊滅させる。結果的に救うことになった同盟軍の美女・タイサと交流を持つことに。いろいろ運がなかった上に調子に乗りがちな小物、タナカの冒険譚についにヒロインが現れたのだろうか—。
2017.6 269p B6 ¥1200 ①978-4-7986-1386-4

◆タナカの異世界成り上がり 3 ぐり著 ホビージャパン (HJ NOVELS)
【要旨】力を手に入れ更なる身の安全を図るべく、化け物が住むと言われる封印の地を訪れたタナカ一行。そこで伝説の魔女の力を受けつぎ、世界を救う為へと誘われータナカたちを、世界にその姿を現わしていた。タナカの命運には関係ないが、一世一代の大勝負が彼を待ち受ける!!大人気異世界おっさんファンタジー第3巻！
2017.12 254p B6 ¥1200 ①978-4-7986-1596-7

◆村人Aはお布団スキルで世界を救う—快眠するたび勇者に近づく物語 クリスタルな洋介著 TOブックス
【要旨】ここは、とある世界。15歳となり成人した者はスキルの鑑定を受ける習わしがある。平凡な村人ノレムは、その儀式で「お布団」という微妙なスキルがあると鑑定されてしまう。案の定、同年代の少年たちからは嘲笑の嵐。だがこれは、召喚した超高級お布団で眠るとレベルが次々と爆上げしていくという、とてつもない能力だった！ そして強さを手に入れたノレムは、かつて生き別れたという妹を捜す旅に出るため—。快眠パワーで全てを凌駕する、バトルファンタジー開幕！
2017.12 308p B6 ¥1296 ①978-4-86472-626-9

◆瑠璃花舞姫録—召しませ、舞姫っ！— くりたかのこ著 KADOKAWA (ビーズログ文庫)
【要旨】偉大な龍神・瑠璃龍が守護する歳国。道官としては落ちこぼれだけど、剣舞の名手の少女・月英は、とある事情から半狀の青年道士・景将と主従契約を結び、彼に守護されることに。「独りでは寝られませんか、ご主人様？」美形で無駄に色気を振りまく景将は、下僕のはずなのに、どちらが主か分からない言動で月英を振り回して!?下剋上中華ラブコメ！
2017.12 287p A6 ¥620 ①978-4-04-734905-6

◆あなたにぴったりの靴 くるひなた著 Jパブリッシング (フェアリーキス)
【要旨】信じた人に傷つけられ、都を追われた靴職人の少女・パール。田舎に帰る途すがら彼女の危機を助けてくれたのは、なんと見目麗しき魔王様！ 実は足に秘密を持つ彼はパール作の靴を大層気に入り、店で開いた靴屋にもたびたび訪ねてきて!?「靴の履き心地が悪くなったのなんとか致せ！「うむ、大儀であるぞ、靴屋」、尊大な物言いが、指が、唇が、やがて優しくパールの心の傷を癒していき…。靴屋娘とちょっぴり天然な魔王様のほのぼの溺愛ファンタジー！
2017.11 305p B6 ¥1200 ①978-4-86669-041-4

◆箱入り魔女様のおかげさま くるひなた著 アルファポリス、星雲社 発売 (レジーナ文庫)
【要旨】伝説の魔女の再来として外界と接触なく育てられたエリカ。ある日、若き国王が魔女の家にやって来た。彼の話では、500年も確執が続く王家と魔女の関係を改善するらしい。その席で、魔女としての力を証明するために魔法を披露することになったエリカだが、男性に免疫がない彼女は緊張して国王にとんでもない魔法をかけてしまった！ この失敗がエリカと国王の距離を縮めていき—!?数々の災いが国を襲うとき、二人の力が試される!!文庫だけの書き下ろし番外編も収録！
2017.2 382p A6 ¥640 ①978-4-434-22889-6

◆妖精ホテルの接客係 くるひなた著 アルファポリス、星雲社 発売 (レジーナブックス)
【要旨】妖精がとりしきる不思議なホテルで接客係をしている少女ライラ。自分以外の従業員はすべて妖精という状況の中、彼女は淡々とした毎日を送っていた。そんなある日、妖精を信じていないという青年客として現れたことで、ライラの世界は変わり始めて—。
2017.6 293p B6 ¥1200 ①978-4-434-23342-5

◆マイ・フェア・ハニー 来栖ゆき著 アルファポリス、星雲社 発売 (エタニティ文庫)
【要旨】OLの律花は、同居中の超・過保護な兄によって、あらゆる恋路を邪魔されてきた。そんな中、兄の海外転勤が決まる。ようやく自由な恋愛ができると思いきや、隣の部屋に新たなお目付け役として兄の親友が引っ越してきた！ イケメンで優しい彼だけど、朝から晩まで監視されるのはうんざり…。そのうえ彼はスキンシップが妙に多い。腰に手を回され、耳元で囁かれたり、さらには甘い言葉で迫ってこられたら、毎日ドキドキしっぱなしで—。文庫だけの書き下ろし番外編も収録！
2017.12 352p A6 ¥640 ①978-4-434-23972-4

◆お妃様は寄生中！ クレイン著 Jパブリッシング (フェアリーキス)
【要旨】ヒキニートだった繭は、異世界トリップした先で99番目の妃として後宮に放り込まれてしまう。100日に一度めぐってくる伽さえクリアすれば、おいしい食事にお昼寝のある生活って、もしかして天国？ このままひっそり埋没妃を目指したい繭だったが、なぜか美貌の王アルダハルの寵愛を受けてしまう。優しいアルダハルに、次第に心惹かれていく繭。しかし二人のイチャコラ生活も束の間、国を揺るがす大事件に巻き込まれてしまって…!?
2017.8 327p B6 ¥1200 ①978-4-86669-015-5

◆強引社長といきなり政略結婚!? 紅カオル著 スターツ出版 (ベリーズ文庫)
【要旨】喫茶店でアルバイト中の汐里は、店を訪れた大手リゾート企業社長のイケメン・一成に突然求婚される。さらに経営難の汐里の父の会社を再建すると宣言され、「妻になる女だ。必ず俺に惚れさせる」と日夜の猛烈アプローチ。戸惑う汐里も、いつしか彼への想いが溢れ出す。結ばれたふたりの幸せに満ちた日々が一転、汐里に別の御曹司との縁談が持ち上がり—。政略結婚から始まる溺愛の行方は!?文庫でしか読めない書き下ろし番外編付き。
2018.1 317p A6 ¥620 ①978-4-8137-0380-8

◆溺愛副社長と社外限定!?ヒミツ恋愛 紅カオル著 スターツ出版 (ベリーズ文庫)
【要旨】高級ホテルグループで働く28歳の美緒奈は女子力ゼロの地味OL。友人から強引にすすめられ、フルメイク&ドレス姿でセレブ船上パーティに参加すると、偶然自分の会社の副社長・京介に出会ってしまう。咄嗟に「ナオミ」と名乗り、素性も偽って美緒奈は、会うたびに京介から愛されるけど、素直に受け入れることができない。だけど美緒奈もも、彼への想いがごまかせないほど膨らんでいって…!?
2017.8 347p A6 ¥630 ①978-4-8137-0298-6

◆冷徹社長が溺愛キス!? 紅カオル著 スターツ出版 (ベリーズ文庫)
【要旨】IT企業で働く奈知は、研修先でとあるトラブルに遭遇してしまう。救ってくれたのはなんと、「冷徹」と恐れられる副社長の速水！ それを機に、雲の上の存在だった彼に急接近した奈知は、速水の優しさや無邪気な一面に触れ、どんどん惹かれていく。だが彼には、恋人と噂される美人専務の存在が…。諦めようとしたある日、奈知は速水から「試したいことがある」と突然宣言されて…!?
2017.3 325p A6 ¥630 ①978-4-8137-0220-7

◆復讐を誓った白猫は竜王の膝の上で惰眠をむさぼる 2 クレハ著 フロンティアワークス (アリアンローズ)
【要旨】ワガママ幼馴染あさひに巻き込まれて異世界に召喚されてしまった森川瑠璃。様々なトラブルに遭いながらも、精霊にも愛される魔力をもつ"愛し子"として竜王国に住むことになる。文化の違いに戸惑うこともあったが、アルバイトやお茶会など、自分を振り回す者のいない生活

楽しんでいた。そんな中、瑠璃を追放したナダーシャ国との戦争が本格化する。ナダーシャ国の旗頭として戦争に参加していたあさひと久々の再会を果たした瑠璃。相変わらず自分勝手なあさひの態度に、瑠璃の怒りはとうとう爆発する。「魔法があっても、けもみみの人間がいても、ここはオレの世界なんか必要ない現実よ！」幼馴染の依存を断ち切ることはできるのか！精霊と魔法の王道異世界ファンタジー第二弾、はやくも登場!!

2017.2 287p B6 ¥1200 ①978-4-86134-968-3

◆復讐を誓った白猫は竜王の膝の上で惰眠をむさぼる 3 クレハ著 フロンティアワークス （アリアンローズ）
【要旨】ナダーシャとの争いが決着し、竜王国の愛し子として平穏な日々を送っていた森川瑠璃。愛し子襲撃事件をきっかけに、セルランダと獣王国の愛し子を竜王国で保護することになる。しかし、ワガママ娘とアゼルダと、頑固で強気なセレスティンを同時に受け入れたことで、竜王国の面々は頭を抱えることに。なんとか関係を取り持とうとする瑠璃だったが、ついには愛し子を狙う魔の手が竜王国にも忍び寄ってきて…!?今回の試練は災厄続き!?精霊と魔法の王道異世界ファンタジー第三弾、登場!!

2017.7 303p B6 ¥1200 ①978-4-86657-024-2

◆復讐を誓った白猫は竜王の膝の上で惰眠をむさぼる 4 クレハ著 フロンティアワークス （アリアンローズ）
【要旨】神光教と偽死神が引き起こした愛し子襲撃事件をなんとか切り抜けた森川瑠璃。その際に半壊した城の改修作業を行う間、瑠璃はヨシュアとユアンと共に獣王国にお世話になることになる。噂を頼りに神光教の手掛かりを集める一行だったが、そのアジトの情報には今一歩届かないでいた。そんな時、火の最高位精霊が神光教を排除してほしいと獣王アルマンのもとへとやってくる。願ってもない助けを得た瑠璃だが彼はとんでもない自己中男で…!?「鬼い！悪魔あ！この俺様めぇええ！」例に漏れず今回も困ったちゃんに振り回される、瑠璃の運命やいかに…!?恋・温泉・火の精霊と、とにかくアツい獣王国編!?精霊と魔法の王道異世界ファンタジー第四弾、登場!!

2017.12 317p B6 ¥1200 ①978-4-86657-069-3

◆相棒ゴブリンとまったり遊ぶVRMMO 黒井へい著 アルファポリス, 星雲社
【要旨】俺、伊佐原公太は新作VRMMO"ユグドラシル・ミリオン"のクローズドβテスターに当選し、サービス開始を今か今かと待っていた。開始時刻と同時にログインして、ヴンダーというアバターを作成。ジョブは…唯一無二になりたいならサマナーがおすすめだ。じゃあそれに決定だ。相棒召喚獣はレアゴブリンを引く。お前の名前はゴビーだ！よろしくな！俺にとって大事なのは、とにかく楽しみ尽くすこと。効率より人とは違うプレイを目指すのが俺の主義だ。早速魔法と戦ってみるぞ。行け、ゴビー！って、スライムと一対一で負けるとか、コブリン弱すぎい！でもそれがいい！試行錯誤の楽しみがあるからな。その後、クエストで薬草採取や魚釣りをしてみると、なぜかゴビーばかりが次々と獲得。ついて、実は最強？何はともあれ、俺たちの冒険は始まったばかり。さーて、今日は何して遊ぶかな！

2017.9 297p B6 ¥1200 ①978-4-434-23819-2

◆ヤンキーは異世界で精霊に愛されます。 4 黒井へい著 アルファポリス, 星雲社 発売
【要旨】俺ぁ真内零。神とかいうメガネの兄ちゃんに、異世界っつーとこに転生させられた。精霊達が増えすぎたせいで世界に溢れた魔力を、何者かが吸って利用しようとしてるらしい。火の大精霊が良くねぇことが起こるって言うから、竜のディーラを仲間に加えてその「何者か」を探そうとしたんだが…ある日、急に空が暗くなって、魔王とかいう奴の声が聞こえてきた。は？世界を滅ぼすだと！ふざけんなっ そういうのはゲームの中だけにしとけってんだ。しかも、チビ共が生んだ魔力を利用してるのはこいつだと。魔王をぶっとばせば、ディーラがその力を得て世界の魔力を調整できるっつー話だ。世界も平和になるし、チビ共の問題も解決。いいじゃねぇか。待ってろよ、魔王、俺が根性叩き直してやらぁ！

2017.12 286p B6 ¥1200 ①978-4-434-23034-9

◆治癒魔法の間違った使い方―戦場を駆ける回復要員 4 くろかた著 KADOKAWA （MFブックス）

【要旨】魔王軍の脅威に対抗すべく、魔導都市ルクヴィスと共闘の約束をウサトたち一行。ウサトはともに異世界にやってきたスズキ、カズキとルクヴィスで別れ、アマコ、ブルリン、そして護衛の騎士アルクと次なる目的地へ向かう。その道中、助けを求める少女の悲鳴を聞き駆け付けると、ゾンビの群れが少女を取り囲んでいた。ゾンビを蹴散らしたウサトに、ネアと名乗った少女は懇願する。「村を、私達を…助けてください！」ウサトは、"人の命を救う"救命団の信念の下にその依頼を引き受けるが、ネアの住む村を襲う脅威にはさらなる理由があった…！人気シリーズ待望の第四巻、またもやウサトが厄介事に巻き込まれる!!

2017.1 289p B6 ¥1200 ①978-4-04-069054-4

◆治癒魔法の間違った使い方―戦場を駆ける回復要員 5 くろかた著 KADOKAWA （MFブックス）
【要旨】書状渡しの旅の道中、ゾンビに襲われていた少女・ネアを助けたウサトたち。だが、それはネアが巧妙に仕組んだ罠だった!!ネクロマンサーと吸血鬼、二種族の血を引くネアの能力で、一時は護衛の騎士・アルクが敵の手中に落ちてしまうが、ウサトは相手にやさしい無慈悲な攻撃「治癒投げ」で仲間を取り戻すことに成功する。しかし、ネアはかつて最高位精霊が神光教に倒された古の魔物・邪竜を復活させウサトに反撃を試みる。かつてない強敵にウサトはどう立ち向かうのか？戦いの結末、追い詰められたネアはとんでもない行動に出るのだった―。お待ちかねのシリーズ第五巻、なんと今回は我らが救命団団長・ローズの過去にスポットを当てた初の特大書き下ろしも収録。"治癒魔法の間違った使い方"をさらに掘り下げます!!

2017.4 285p B6 ¥1200 ①978-4-04-069191-6

◆治癒魔法の間違った使い方―戦場を駆ける回復要員 6 くろかた著 KADOKAWA （MFブックス）
【要旨】次の目的地であるサマリアールへ入ったウサトたちだったが、街中でアマコとネアが突如行方不明に。ウサトは仲間を心配しつつも、まずは書状を渡すため王に会いに行くが、そこでとんでもない事件の情報を提示されてしまう。超個性派パーティーが織りなすギャグ＆バトル、ついに第6巻！仲間と力を合わせて囚われの姫君を救い出せ!!

2017.9 300p B6 ¥1200 ①978-4-04-069498-6

◆そして少女は悪女の体を手に入れる 1 黒川天理著 主婦の友社 （プライムノベル）
【要旨】生まれつき病弱で、病院の外の世界を知らずに亡くなってしまった少女。お迎えを待っていたが、現れた天使に、予定外の自殺があってあの世へ連れていけないと言われる。そこで天使は告げる。「この子の体、欲しくない？」自殺した女の子は篠塚愛花。傲慢でわがままで、友達もいなく家族からも嫌われている"悪女"だったという。周囲の環境はそのままだが、それでもいいのなら体をあげると言われ、少女は即答する。「健康な体であれば言うことなしです！」斯くして、少女は篠塚愛花の体で人生をやり直すことになったのだが―。

2017.3 351p B6 ¥900 ①978-4-07-422853-9

◆お守り屋なのに、私の運が悪すぎて騎士に護衛されてます。 黒湖クロコ著 一迅社 （一迅社文庫アイリス）
【要旨】ご利益があると評判のお守り屋を経営している少女エレナの運は、壮絶に悪い。だから、先日知り合いだった青年騎士ルイから紹介された、とある高貴なご令嬢から依頼を受けた直後に、矢が飛んできたり、馬車に轢かれそうになっても、いつもなことだと思っていたのに…。えっ、今回は運が悪いんじゃなくて、依頼のせいで命を狙われてるの？だからってなんで、私が騎士に護衛されないといけないの？いろいろあり得ないほど運が悪すぎる凶星少女と護衛騎士のラブコメディ！

2017.3 286p A6 ¥638 ①978-4-7580-4915-3

◆レア・クラスチェンジ！ 4 魔物使いちゃんとレア従魔の異世界ゆる旅 黒杉くろん著 TOブックス
【要旨】異世界転移者で魔物使いの少女レナと従魔一行は、精霊祭を間近に控えるラチェリを訪れ、美しい景色や美味しい食事を満喫中！その折、呪いにかかったモンスターたちを発見し、再会した元王子のルーカと調査に乗り出すが、産土神である幻の精霊までが毒牙にかかっていたと判明。解決に燃えるレナたちを待っていたのは凶悪なドラゴン＆謎の呪術師だった！冒険者たちの力も借りて、シリーズ史上空前の

総力戦にボルテージも最高潮！…だが、ゆる～いテンションも相変わらず!?最強の敵を前にいざ、主従揃って進化せよ！もふもふ全開のコミカル・ファンタジー第4弾！書き下ろし番外編×2本収録！

2017.7 311p B6 ¥1296 ①978-4-86472-587-3

◆レア・クラスチェンジ！ 5 魔物使いちゃんとレア従魔の異世界ゆる旅 黒杉くろん著 TOブックス
【要旨】ジーニアレス大陸へ繋がる大海原。魔物使いの少女レナとその一行は大海原を目指して、航海に飛び出した。その道中は―従魔の「夢吐き」スキルで日本グルメを満喫したり、手に入れた新作衣装（無料！）でコスプレ三昧とパーティー感いっぱい！「最愛の従魔たちをいっそう可愛くしたい！」と願うばかりのレナに対し、突如海の王者エンペラー・クラーケンが襲来。船は沈没の危機に直面する。果たして、一行は無事に陸地へ辿り着けるのだろうか？一方その頃、ガララージュレ王国では、青の女王たちが着々と（？）戦力拡大へ動き出しており……。過去最多のコスチュームでお届けする、疾風怒濤のコミカル・ファンタジー第5弾！書き下ろし番外編も収録！

2018.1 310p B6 ¥1296 ①978-4-86472-636-8

◆次期社長と甘キュン!?お試し結婚 黒乃梓著 スターツ出版 （ベリーズ文庫）
【要旨】祖父同士の約束でお見合いすることになったOLの晶子。相手は社長の孫・直人で、彼は女性社員憧れのイケメン。そんな直人から「すぐにでも結婚したい」と迫られ、半ば強引にお試し同居がスタート！「お前を絶対に手放さない」と優しく迫る直人でたりドキドキするキスをしたりと、地味で恋愛ほぼ未経験の晶子は戸惑うものの、彼が自分だけに見せる甘い素顔を知るたびにどんどん惹かれていき…!?文庫でしか読めない書き下ろし番外編付き。

2017.10 387p A6 ¥650 ①978-4-8137-0332-7

◆異世界転生戦記―チートなスキルをもらい生きて行く 黒羽都著 徳間書店
【要旨】平凡なサラリーマンだった「俺」は交通事故に遭い、異世界に人と龍族のハーフの赤ん坊・クロウとして転生する。しかも魔法やら武器錬成やら、とんでもなくチートな能力付きで！だがこの世界、種族間の対立が昔からやたら激しく…。争いを嫌う女神セラは世界の調停者にすべく「俺」を転生させたらしい。かくして5歳になった「俺」は世の中を知るため旅に出るが？ひたすらチートな主人公が世界を変える、新感覚冒険ファンタジー！

2017.12 303p B6 ¥1200 ①978-4-19-864542-7

◆石神様の仰ることは 黒辺あゆみ著 KADOKAWA （ビーズログ文庫アリス）
【要旨】神社の娘である石守楓は、「石」の声が聞こえる体質の持ち主。入学早々、真面目で近寄りがたい風紀委員長・本郷要に目を付けられてしまったーと思ったら、胸元でたぶったに、コイツと石の声が聞こえてきた!?異の心と彼の持つ石の声の深い結びつきに頭困らしいけど…人格が違いすぎ!! ギャップに振り回され、さらにはW音声の秘密にも巻き込まれる楓だが…!?

2017.2 253p A6 ¥734 ①978-4-04-734483-5

◆宰相閣下とパンダと私 1 黒辺あゆみ著 アルファポリス, 星雲社 発売 （レジーナ文庫）
【要旨】亡き父の借金に苦しむ女子高生アヤ。彼女はある日、借金取りから逃走中、謎の声に導かれて異世界の森へ飛んでしまった！混乱するアヤの前に現れたのは翼の生えた、白とピンクのパンダ。自分に懐くパンダをお供に街まで来たものの…何故か近寄っただけで噴水が壊れてしまい、その罪で捕まってしまった！身柄の損害賠償を請求され、異世界に来てまで借金を負う事態に。その返済のため、仕方なく宰相閣下の下で働くことになったのだけど―!?文庫だけの書き下ろし番外編も収録！

2017.10 370p A6 ¥640 ①978-4-434-23791-1

◆錬金術師も楽しやかな？ 黒辺あゆみ著 アルファポリス, 星雲社 発売 （レジーナブックス）
【要旨】日本でのんきに過ごしているフリーターの花。そんな彼女はある日、乗っていた自転車ごと異世界の草原に放り出されてしまう。その犯人とある神によれば、異世界生活開始にあたり、描いたものが実体化するペンをサービスするとのこと…しかし、壊滅的に絵が下手そうな花にこんなサービスはありがた迷惑！しかも、この力を怪しい勇者たちに狙われて―!?

2017.9 298p B6 ¥1200 ①978-4-434-23701-0

ヤング・アダルト小説

◆俺が聖女たちを奴隷にしながら魔王を目指す話 1　黒水蛇著　一二三書房　(オルギスノベル)
【要旨】舞台は、「精気(マナ)」と呼ばれる力に満ち、神族、人間、精霊、魔族が生きる異世界。その世界では、強き者こそが世界を支配するべきだとする魔族が、他の種族とで敵対し争いを続けていた。「弱き者に生きる価値はない」、そんな方針の魔族に弱者として育った一人の男リューシュが、ついに魔族から人界に追放されることになった。これは、彼が竜の少女との出会いをきっかけに、聖女たちを奴隷にしながら快楽の魔王を目指す物語である。
2017.2　265p　B6　¥1200　①978-4-89199-424-2

◆俺が聖女たちを奴隷にしながら魔王を目指す話 2　黒水蛇著　一二三書房　(オルギスノベル)
【要旨】魔界から人界に送り込まれた魔族、リューシュ。彼は力の弱い低級魔族だったため、そのまま力尽きて死ぬかと思われたが、運良く神族のルシアや彼女を救おうとして現れたリティアちゃん達を捕らえることに成功する。しかし、訪れた村で、かつて魔界でリューシュを虐め、眷属にしようとした幼馴染で吸血鬼の娘紅に襲われてしまう。大量の吸血をされた者を引き連れた吸血鬼に、リューシュたちは対抗できるのか？大人気シリーズ第二弾登場!
2017.6　271p　B6　¥1200　①978-4-89199-442-6

◆魔眼のご主人様。　黒森白兎著　TOブックス
【要旨】広大な森の彼方を青年は見つめている。その傍らに付き従う美少女たち―主人公は異世界転生者のシンリ。凶悪な魔物がはびこる「冥府の森」で師匠によって鍛えられ、いつしかその森の王となった。そんな彼が左目に宿すのは「七つの大罪」の名を冠した「魔眼」。シンリは全ての魔眼を開眼する条件を探すべく、ついに森を出て新たな旅立ちへ！妖しく輝く、その瞳の前に敵はなし！強すぎて戸惑う漆黒の王(でも好青年！)が仲間たちと共に歩む王道ハーレム・ピカレスク・ファンタジー開幕!!
2017.5　303p　B6　¥1296　①978-4-86472-568-2

◆魔眼のご主人様。2　黒森白兎著　TOブックス
【要旨】師匠との思い出が詰まった魔境、冥府の森を旅立ったシンリとその仲間たち。旅の道中、滞在するセイナン市の街で彼らは女の剣士と恐れられた伝説のエルフと出会う。一方その頃、街へは災害の化身・暴虐の豚皇帝がかつてない規模の大軍勢を率いて密かに迫りつつあった。王国全土にかかる重大な脅威に対して、ギルドマスターのエレナは規格外の実力を秘めたシンリたちにその命運を託す。果たして彼らは、未曾有の危機から人々を救うことが出来るのか？妖しき漆黒の王VS紅の女帝VS暴虐の豚皇帝、史上最悪の激突を制するのは誰だ!?最強の瞳に敵なし！ハーレム・ピカレスク・ファンタジー第2弾!書き下ろし番外編も収録！
2017.10　271p　B6　¥1296　①978-4-86472-610-8

◆悪い勇者、このダンジョンは小人用なんだ 1　鎚凡洸一著　オーバーラップ　(オーバーラップノベルス)
【要旨】フィギュアを愛でて暮らすアラフォーで引きこもりのおっさん万川光河が、「転生スターター」というゲームのプレイ中に突然死亡。目覚めると、ゲームキャラの小人族のダンジョンマスター『フーマ』の姿に転生してい!?ゲームのような強キャラで生き残るべくダンジョン運営を始めるが、人間の1/6サイズしかない小人族は「地雷種族」と言われるほど弱かった。しかしフーマには異世界転生を仕組んだ神による（らしい「バグ」で得たチート能力があり!?スローライフを目指すおっさんのダンジョン運営記が開幕！
2017.10　316p　B6　¥1200　①978-4-86554-268-4

◆散華行ブルース―炎の蜃気楼(ミラージュ)昭和編　桑原水菜著　集英社　(コバルト文庫)
【要旨】直江と美奈子の間になにが起きたのか―。惨劇がもたらしたものを晴家は査てしまった。そして知ってしまった。景虎たち三人の間でもつれた糸は、ますます複雑に絡まっていく。一方、長秀と勝長が根切法の壇潰しに奔走しているかの織田との攻防は一進一退を繰り返し、景虎の体調は悪化の一途を辿っていく。そんな中、信長が動いた。「炎の蜃気楼」本編へと繋がる物語、いよいよ環結!
2018.1　302p　A6　¥600　①978-4-08-608060-6

◆涅槃月ブルース―炎の蜃気楼(ミラージュ)昭和編　桑原水菜著　集英社　(コバルト文庫)
【要旨】ぼろぼろの肉体と"力"の暴走―景虎は不安を抱えながらも、織田がらみの疑獄事件を調べる記者・滝川らの協力もあり、徹底抗戦を貫いていた。一方、景虎に「美奈子を守れ！」と命じられた直江は、彼女とともに息が詰まるばかりの逃避行を続け、ようやく阿蘇へ落ち着いた。束の間の平穏だが、自由も安らぎもなく、直江は不毛な自問自答をくり返す。そんな中、意外な相手が美奈子を狙う―。
2017.8　255p　A6　¥580　①978-4-08-608045-3

◆異世界転生の冒険者 2　ケンイチ著　マッグガーデン　(マッグガーデン・ノベルズ)
【要旨】ナミリスと別れてたどり着いた街は、公爵領内の"グンジョー市"。あれから3年、15歳になったテンマは更にパワーアップし、ギルドの冒険者として難易度の高い依頼を次々とこなしていた。ギルドから一目置かれ、女の子からも慕われるテンマ。愛犬であるシロウマルやスラリンにも囲まれ、のんびりと異世界でのスローライフを満喫している。ある日、そんな彼を妬む冒険者たちが現れて因縁をつけてくるのだが…。騎士団、貴族も巻き込まれたテンマの新しい冒険と戦いが始まる―!
2017.10　262p　B6　¥1200　①978-4-8000-0718-6

◆効率厨魔導師、第二の人生で魔導を極める 7　謙虚なサークル著　アルファポリス,星雲社 発売
【要旨】ワシはゼフ＝アインシュタイン。効率的に魔導を極めるため、記憶を維持したまま少年時代に戻った魔導師。派遣魔導師グレインとの戦いで瀕死の状態になったワシは、左腕を失ったものの、仲間達のおかげで目覚めることができた。鈍った身体を鍛えていたある日、以前に見たこともない黒い未知の魔物に遭遇。倒してみると、経験値効率がいい!?嫌な予感がするな。そんな折、魔導師協会からその黒い魔物の調査依頼をされた。場所は東の大陸―ワシの故郷、ナナミの町がある場所だ。早速ナナミの町に向かったが、町に近づくにつれ、黒い魔物が増えていく。くそっ、ワシの故郷は、母さんは…！皆、町まで一気に駆け抜けるぞ!
2017.3　296p　B6　¥1200　①978-4-434-23140-7

◆効率厨魔導師、第二の人生で魔導を極める 8　謙虚なサークル著　アルファポリス,星雲社 発売
【要旨】ワシはゼフ＝アインシュタイン。効率的に魔導を極めるため、記憶を維持したまま少年時代に戻った魔導師。故郷であるナナミの町を黒い魔物の襲撃から救ったワシは、首都プロレに戻った。しかし一息ついたのも束の間、首都にも黒い魔物が出現。何とか騒動を収拾すると、礼として魔導師協会から五天魔の称号を賭けた号奪戦に挑む権利をもらう。そして迎えた号奪戦当日。ワシは、歴代最強と名高い緋の五天魔パートラムと対峙した。流石、質の強さも桁違いだ。くっくっく、昂ってきたぞ。前世を含めワシの全てを懸けて、最強魔導師の称号を勝ち取ってやろうではないか!?
2017.7　297p　B6　¥1200　①978-4-434-23609-9

◆槍使いと、黒猫。1　健康著　ホビージャパン　(HJ NOVELS)
【要旨】ある日突然、ダークファンタジー風異世界に飛ばされた無職青年・シュウヤ。だが彼は異世界冒険ライフを楽しむべく、自らキャラクターメイキングを行い、光と魔の力を合わせ持つ強力な新種族に転生。サバイバル生活の中、スケベでド変態のパイタリティで、豪勇無双の槍使いへと成長する。やがてシュウヤは、契約を結んだ黒猫にして最強の神獣・ロロを相棒に、美女とスリルを求めて旅立つ！「一人と一匹」が壮大な幻想世界をめぐる、冒険の旅を通じて成長していくファンタジック・アクション！
2017.2　310p　B6　¥1200　①978-4-7986-1384-0

◆槍使いと、黒猫。2　健康著　ホビージャパン　(HJ NOVELS)
【要旨】自らキャラクターメイキングを行い異世界の新種族へ転生し、無双の槍使いとなったシュウヤ。相棒の黒猫風の神獣・ロロとともに気ままな旅を楽しむうち、彼は異世界で初めての大都市「城塞都市ヘカトレイル」に足を踏み入れる。シュウヤはそこで、新たな異世界美女・エルフ騎士のキッシュと仲良くなったり、ギルドに登録して美人冒険者・クナと戦い、魔迷宮へ挑んだりと、冒険者生活をたっぷり満喫中！「小説家になろう」で3,000万PV突破の人気アクションファンタジー、第二弾!
2017.5　319p　B6　¥1200　①978-4-7986-1453-6

◆槍使いと、黒猫。3　健康著　ホビージャパン　(HJ NOVELS)
【要旨】自らキャラクターメイキングを行い、異世界最強種族の槍使いとなった元無職青年・シュウヤと、黒猫風神獣・ロロの気ままな冒険者ライフを描く人気シリーズ第三弾！闇ギルドとの戦いを経て、いよいよ魔竜王討伐に挑むシュウヤ。かつて魔界王に故郷を滅ぼされたエルフ騎士のキッシュ、美しき獣人戦士サラたちと力を合わせ、巨大なものに立ち向かう！重厚な世界観と大迫力のバトル、キュートなロロとセクシーなヒロインたちの魅力で大人気！血湧き肉躍るアクションファンタジー大作、今巻も激闘開始！
2017.8　319p　B6　¥1200　①978-4-7986-1510-3

◆槍使いと、黒猫。4　健康著　ホビージャパン　(HJ NOVELS)
【要旨】無双の槍使い・シュウヤと黒猫型神獣・ロロのコンビは、ついに待望の新装備をゲット！その力を駆使して薄幸の少女ルビアを助けた後、彼らは魔鋼都市ホルカーバムを目指すことに。シュウヤはその途中、魔導人形ウォーガノフを操るミスティ、謎めいた女冒険者フランらと出会うが…？書籍版ならではの新ヒロイン・ミラも登場し、一人と一匹の大冒険がさらにスケールアップの第四巻！
2017.11　367p　B6　¥1200　①978-4-7986-1570-7

◆圧倒的ガチャ運で異世界を成り上がる！2　ケンノジ著　SBクリエイティブ　(GAノベル)
【要旨】事故死したジンタが転生したのは、なんと剣と魔法のファンタジー世界だった。そして、転生した直後、この世界においては本来「99」が最大のはずの運の数値が、なんとジンタだけ「999999」になっていることが判明する。抜群の運の数値でガチャを回して「神話級の最強兵器」を手に入れたジンタは、一緒に転生することになった女神リーファやエルフの嫁クイナ、火竜の娘ひーちゃんたちと楽しい異世界ライフを送るが、今回はついにガチャ屋の店員さんまで景品に…!?女騎士さんにオオカミ少女、果ては変態領主まで登場してガチャで大盛り上がり。ステータス999999の圧倒的ガチャ運のジンタとゆかいな仲間たちの超余裕な異世界スローライフストーリー、第2弾!!
2017.2　323p　B6　¥1200　①978-4-7973-9002-5

◆圧倒的ガチャ運で異世界を成り上がる！3　ケンノジ著　SBクリエイティブ　(GAノベル)
【要旨】転生した際に、異世界最強(!!)の運の数値と圧倒的な「ガチャ運」を得たジンタは、女神リーファやエルフの嫁クイナ、火竜の娘ひーちゃんと一緒に森の魔物を平定したり、時に悪い領主を折檻したり、さらにはガチャ屋の店員さんを景品に当てたりしながら、異世界で毎日楽しい生活を送っていた。そんなジンタたちに新たに舞い込んできたのは、とある島の「魔女」の調査依頼。その魔女が魔神戦争時代からずっとジンタが使い、かつて勇者が使っていたと言われる魔焰剣についての手掛かりを得られるかも？ということでその島へ向かうことに…!?今回も、勇者と呼ばれる女の子に素敵な魔女に使い魔さん(肌色多め！)、楽しい海水浴に「オトナのガチャ」まで登場してお送りする、ジンタとゆかいな仲間たちの超余裕な異世界スローライフストーリー、第3弾!
2017.6　325p　B6　¥1200　①978-4-7973-9287-6

◆チート薬師(くすし)のスローライフ―異世界に作ろうドラッグストア　ケンノジ著　リンダパブリッシャーズ,泰文堂 発売　(レッドライジングブックス)
【要旨】社畜として日々働くだけの男、桐尾礼治。今日もうつろな目で会社に向かって歩いていたら、いつの間にか異世界の森にいた。ああ、これが異世界転生か。持っているスキルは「鑑定、創薬」の2種類。あれ？たいしたことないな。でもいっか。そう考えていたけど、思った以上にチートなスキルだということが判明。もう社畜として働くなんてまっぴらごめん。悠々自適なスローライフを送ろうと決意し、ドラッグストアをオープンさせた。そこに、くるのはゲイのエルフなどひとくせもふたくせもあるお客ばかり。異世界のドラッグストアを舞台にしたスローライフの物語。
2017.2　283p　B6　¥1200　①978-4-8030-1005-3

◆チート薬師(くすし)のスローライフ 2―異世界に作ろうドラッグストア　ケンノジ著　リンダパブリッシャーズ,泰文堂 発売　(レッドライジングブックス)

◆異世界転生を果たし、社畜生活とおさらばした桐尾礼治。悠々自適のスローライフを送るべく、「鑑定、創薬」スキルを活かして、ドラッグストアをオープン。作った薬はどれも大好評。モフモフな人狼っ子と巨乳の幽霊娘と一緒に、今日も今日とてのんびり店主ライフを満喫中。お店にくるのは中二病を患わった魔王など、個性的なお客さんばかり。しかも、魔王はここで働きたいと言い始めて…。異世界のドラッグストアを舞台にした、スローライフ物語第2弾！
2017.6 301p B6 ¥1200 ①978-4-8030-1059-6

◆ぎゅっとしててね？　小粋著　スターツ出版　（ケータイ小説文庫・野いちご）
【要旨】天然小悪魔系美少女の芙祐は、じつは初キスもまだの女子高生。同じクラスのクールなイケメン・弥生に思いを寄せられているなんて、まったく気づいていない。そんな中、帰国子女のモテ男・慶太と付き合いはじめ、芙祐は恋のドキドキを知って…。だけど、心の片隅にはいつも弥生がいて…。2人の男子の間で揺れ動きながら本当の恋を見つけていく主人公を描いた、究極の胸キュンストーリー！
2017.9 405p A6 ¥600 ①978-4-8137-0303-7

◆フォーリナーの過ち 1　ご隠居さま著　一二三書房　（オルギスノベル）
【要旨】貧乏青年の笠原サトル。たった一人の肉親、妹のありすとクリスマス限定デザートバイキングを楽しもうとしたその瞬間、不思議な場所に飛ばされてしまう。そこは魔術が存在し、魔物の召喚の魔術がすでに異世界。禁断の召喚の魔術がサトルを呼び出したのは、「不死の王」を名乗る謎の美少女レイア。なぜかサトルはこの世でも屈指の存在であるはずのレイアをも遥かに超える膨大な魔力を秘めていて―紆余曲折を経てそれが元の世界に帰るすべがないと知ったサトルはなんとしても妹のもとに帰ろうと、レイアとともに旅を始める。
2017.8 241p B6 ¥1200 ①978-4-89199-426-6

◆大正箱娘―怪人カシオペイヤ　紅玉いづき著　講談社（講談社タイガ）
【要旨】時は大正。巷に流行る新薬あり。万病に効くとされるその薬の名は―「箱ང」。新米新聞記者の英田紺が、箱娘と呼ばれる少女・うららと調査に乗り出す。一方、病に冒された伯爵の館に怪人・カシオペイヤから予告状が届く！館では陰惨な殺人事件も発生し、現場に居合わせた紺は、禁秘の箱を開く「秘密」を握る箱娘の正体を知ることに。怪人が狙う帝京に隠された謎とは!?
2017.3 237p A6 ¥660 ①978-4-06-294063-4

◆元最強の剣士は、異世界魔法に憧れる 1　紅月シン著　マイクロマガジン社（GCノベルズ）
【要旨】剣を極めし男は、最強の存在である龍神との戦いの果てに、その生涯を終えた。死の間際、彼の内に去来したのは「魔法を使ってみたい」という憧れ。その想いに、死闘を繰り広げた龍神は応えた。そう、魔法のある世界への転生という形で―。だが、その世界で彼―ソーマは無能の烙印を押されてしまうのだった。かくして、かつて最強の剣士と呼ばれ、剣神と謳われるに至った少年は、人知れずその身に力を宿しながらも、かつての憧れを目指すのであった。
2017.10 370p B6 ¥1200 ①978-4-89637-654-8

◆だれがエルフのお嫁さま？ 2　上月司著　KADOKAWA （電撃文庫）
【要旨】男エルフの僕を「おとこ」にするためにはじまった、三人のお嫁さんの共同生活。稀代の天才といわれるエルフのティアから魔法の個人レッスンを受けたり、食人鬼のゼナとちょっとお姉さんなイツミの料理対決に巻き込まれたり、一日にかけもちで三人とデートをしたり…。そんな毎日を送るうちに、だんだんみんなのほんとのさびしさが見えてきて、無理やりの共同生活が、少し楽しくなってきた気がしないでもなく。それでもあいかわらず、予期せぬエッチな出来事はおこったりして…。そんなこんなで、いつか僕と、誰かを好きになってくれるのかなあ。
2017.9 224p A6 ¥550 ①978-4-04-893334-6

◆霊感少女は箱の中 2　甲田学人著　KADOKAWA （電撃文庫）
【要旨】少女失踪の心霊事件以降、ロザリア・サークルの代表・守屋美央が主催する「交霊会」の手伝いになった榊瞳依。偶然、同じ学校に通うテニス部所属の的場茜から心霊相談が舞い込む―それは「一人交霊会」を機に、友人の一人が変わってしまった親友・吉野美南奈の調査だった。美南奈の横顔に無数の目鼻が浮かび上がった写真。彼女を取り巻く友人たちに次々と起こる不可解な現象。そして調査をしていくうちにみえてきた美南奈に取り憑く首つりの霊…。全ての謎を追っていくうちに、明らかになっていく哀しい真実とは―。
2017.8 311p A6 ¥640 ①978-4-04-893080-6

◆スピンガール！―海浜千葉高校競技ポールダンス部　神戸遥真著　KADOKAWA （メディアワークス文庫）
【要旨】『一人でだって、輝ける』中学時代のトラウマから、人と関わることが苦手な高一の少女・舞。なんとかステージに立つことを夢見て、競技ポールダンス部設立を目指す舞だったが、周囲は猛反対。部設立を認可する条件として、「大会入賞」を言い渡されてしまう。しかも、過去に暴力沙汰を起こし停学していた問題児の先輩・郁斗とダブルスを組むことになり―!? 自分を好きになれない少女と少年たちの熱い青春成長ストーリー、開幕！
2017.9 333p A6 ¥630 ①978-4-04-892895-3

◆わたしはさくら。一捏造恋愛バラエティ、収録中　光明寺祭人著　マイナビ出版（マイナビ出版ファン文庫）
【要旨】『第2回お仕事小説コン』優秀賞受賞！恋愛バラエティ番組『田舎へ嫁GO！』は、地方在住男子と都会のOLを集め、幸田ディレクターのもと収録を開始。出演者たちはカップル成立を目指すが、そこには桜子は「普通の女の子」として潜入することになり―。悪徳ディレクターが仕掛ける謎と陰謀を暴き、「幸せ」を摑むことはできるのか!? 何がホンモノで何がニセモノか最後まで目が離せない、スピード感溢れるミステリー。
2017.1 275p A6 ¥647 ①978-4-8399-6146-6

◆ワールドオーダー 4　河和時久著　主婦の友社（ヒーロー文庫）
【要旨】学園祭での一連の騒動も終わり、2年生へと進級するキッド達。新たにリグザール王国の王女であり、レオンの妹であるアンジュとレアの姉、セレスが学院へと入学し、キッドの周りはますます賑やかになっていく。そんな中、武闘大会で見事に優勝を果たしたキッドは、魔道具創造者を目指す男、アルシムと協力し謎の発明をしていく。その結果、商人となった元盟友のマルシャンと共に商売していくこととなる。そんなある日、精霊祭に招待されたキッドは、アンジュ王女の護衛を頼まれた彼は、レオン王子とその直属の部下達と共にイスピリト王国へと旅立つことに…。
2017.9 303p A6 ¥600 ①978-4-07-427388-1

◆レディローズは平民になりたい 2　こおりあめ著　KADOKAWA （角川ビーンズ文庫）
【要旨】次々と襲い(つ)くる『救国のレディローズ』攻略キャラ達とのラブフラグをへし折り続け、名実ともに平民確定までこぎつけた私、フェリシア・スワローズ改めフィー・クロウ。だけど一難去ってまた一難、私を王妃にしたい"誰か"の思惑からは逃げられない…!? しかも元許婚のお兄様からは「私と結婚すればいい」って、それラブフラグですよね!? 完璧令嬢のお嬢様ルート大脱出劇は一件落着…するのか？
2017.4 255p A6 ¥600 ①978-4-04-105014-9

◆風呂場女神　小声奏著　アルファポリス，星雲社 発売　（レジーナ文庫）
【要旨】三度の飯より風呂を愛する平凡OLの泉。今日もバスタイムを楽しんでいたら、浴室の窓が夜なぜか外の林に繋がってしまった!? 窓の外に現れたのは、荒野で遭難中という男。乞われるままに水を一杯あげると、男はお礼にと耳飾りを渡し、去ってしまった。今のは何?? と混乱する泉をよそに、その後もたびたび窓の外には摩訶不思議な男が現れる。頼まれるまま物々交換を繰り返すうちに、泉は彼らと深く関わることになり一？ ちょっと不思議な湯けむりファンタジー。書き下ろし番外編も収録！
2017.4 378p A6 ¥640 ①978-4-434-23122-3

◆タイムシフト―君と見た海、君がいた空　午後12時の男著　集英社（ダッシュエックス文庫）
【要旨】始まりは、あの夏休みの最終日。道に迷っていた七稀レキは、民家の庭木によじ登り、猫を助けようとしていた少女、八崎リノを見かけた。のんびり屋のレキ。天真爛漫で、ちょっと食坊助さんで、手のかかる妹のようなリノ。偶然にも同じ家で居候することになった二人。親友のユウキとアザミも仲間に加わり、商店街で遊びに行ったり、季節外れの海水浴も楽しんで。そんな日々を重ね、そして二人は、ごくごく自然に恋に落ちた。だけど、この世界は大きな不

具合"を抱えていて―それは遙か遠く、ある世界の片隅で紡がれた、甘く切ないボーイミーツガール。
2017.10 371p A6 ¥640 ①978-4-08-631212-7

◆腐女子な妹ですみません　九重木春著　KADOKAWA （ビーズログ文庫アリス）
【要旨】モグラ系腐女子の悠子にできたのは、イケメン＆リア充な義理の兄！ オタバレ死守！とディフェンスに徹する悠子だが―尋問やストーカーの絶えない日々に、オタ活を我慢していた悠子がついに爆発！ さすがの兄も、これでようやく落ち着くかと思いきや…まさかの超シスコン兄、爆誕!? 溺愛系兄と腐女子妹の攻防生活が、始まる！
2017.4 253p A6 ¥620 ①978-4-04-734599-7

◆腐女子な妹ですみません 2　九重木春著　KADOKAWA （ビーズログ文庫アリス）
【要旨】リア充な義理の兄・和泉に激しく気に入られた腐女子の妹・悠子。オタバレを死守しつつ高校生活をなるも、依然兄愛は酷くなる一方！ そんなある日、悠子は学校で1冊のノートを拾う。そこには「飛人×穂積」のイラストが…ってその落とし物の持ち主は腐男子だった！ 男女は違えど腐った者同士。自然と仲良くなる二人に…シスコン兄の嫉妬、炸裂!? 溺愛系兄と腐女子妹の攻防生活、第2ラウンド突入！
2017.8 222p A6 ¥660 ①978-4-04-734754-0

◆いじわる令嬢のゆゆしき事情―眠り姫の婚約　九江桜著　KADOKAWA （角川ビーンズ文庫）
【要旨】義妹と第二王子の婚約騒動が落ち着いて程なく、イザベラは病弱な王女ティアノローゼ姫主催のお茶会に招待される。緊張の中なんとか乗り切ったものの、お茶会直後に姫が病に倒れて「いじわる令嬢が呪いをかけた」なんて不名誉な噂が！ 周囲の誤解を解くべくイザベラも見舞いに訪れたことに。しかしそこで、幼馴染みのフリッツが姫の婚約者候補だと知ってしまい…？ 世話好き"悪役"令嬢に、最強の恋のライバル出現!?
2017.5 237p A6 ¥580 ①978-4-04-104725-5

◆恋がさね平安絵巻―東宮ふる思い出の橘　九江桜著　KADOKAWA （角川ビーンズ文庫）
【要旨】「前東宮妃の生まれ変わりを現東宮の妃とする」今上の勅令により集められた四人の東宮妃候補。その一人である夏花にとって、東宮は幼馴染みであり、将来を誓い合った初恋の相手だ。想いが叶うとの喜びも束の間、内裏で対面した東宮はまったくの別人だった。穏やかに微笑む姿に疑心を抱き、本物の捜索を決意する夏花だが、東宮には「ここから去れ」と冷たく突き放されて―!? 重ねた恋模様が織り成す平安絵巻開幕！
2018.1 247p A6 ¥600 ①978-4-04-106458-0

◆異世界嫁ごはん―最強の専業主夫に転職しました！ 1　九重七六八著　オーバーラップ（オーバーラップノベルス）
【要旨】板前修業の旅の中、ある事件に巻き込まれて異世界に転生してしまった青年・伊達二徹。伯爵家の長男・ルウイとして生まれたのはいいけれど、王家のお家騒動に巻き込まれて実家が没落してしまう。そんな窮地を命からがら落ち延びて紆余曲折あった結果―幼馴染と結婚して"専業主夫"やってます！ 異世界のお嫁さんニコールは、外でバリバリ働く軍人さん。普段はお堅い役柄だけど、二徹の愛と料理の前には甘やかで可愛い"ニコちゃん"に!?今日もお仕事で疲れて帰ってきたお嫁さんを癒すため、二徹は腕によりをかけて至高の飯を振る舞う中。さらには、お嫁さんの仕事の相談に乗ったり、街中のトラブルを解決したり、浮気の予防策を防いだり(!?)と、"専業主夫"は大活躍！ 美味しいご飯にイチャラブ新婚生活と、ダブルで"ごちそうさま"な異世界"専業主夫"ファンタジー、アツアツのまま召し上がれ。
2017.11 317p B6 ¥1200 ①978-4-86554-287-5

◆キャラクターメイキングで異世界転生！―銀のエルフと緋鬼と　九重響鬼著　宝島社
【要旨】修学旅行中の事故で命を落とし、怪しげな"神様"によって異世界で新たな人生を手に入れた少年少女たち。新城響四郎"アポロ"は、おしゃべりな妖精・アルとともに、離れ離れになった幼馴染みの少女を探し出すために、そして神の"試練"に挑戦するため、命を救ったエルフの少女・リンとパーティを組み、冒険者として活動を始める。そんなある日、彼は憧れるダークエルフの少女・ベクトラと出会う。曰く、自分の旅の目的を果たすために、アポロとともに

ヤング・アダルト小説

いることが必要なのだと…。軽妙、軽薄、けれどシビアな異世界冒険生活、第2弾!!
2017.5 318p B6 ¥1200 ①978-4-8002-7075-7

◆**暗殺姫は籠の中** 小桜けい著 アルファポリス、星雲社 発売 （レジーナ文庫）
【要旨】全身に毒を宿す「毒姫」として育てられた、ビアンカ。ある日、彼女は隣国の若き王ヴェルナーの暗殺を命じられた。ところが正体がばれてしまい、任務は失敗！慌てて自害しようとしたビアンカだったが、なぜかヴェルナーに止められてしまう。その上、彼はビアンカに解毒治療を施してくれると言い出した。ビアンカは、彼の真意がわからず戸惑うばかり。けれど、優しくて温かいヴェルナーにどんどん惹かれていき―？胸キュン必至の溺愛ストーリー、文庫だけの書き下ろし番外編も収録！
2017.12 360p A6 ¥640 ①978-4-434-23975-5

◆**飼い主様は騎士隊長** 小桜けい著 Jパブリッシング （フェアリーキス）
【要旨】魔法の研究以外、生活能力ゼロな城付き魔法使いのリーベスは、騎士隊長のオルランドの手を煩わせてばかり。彼に褒められたい一心で研究に励むリーベスは、「リーベスの飼い主」と呼ばれるほど彼女から目が離せないオルランドーそんな二人の関係に、狂い始めて！？初めて開くオルランドの感情は嫉妬心。「お前を誰にも渡すものか！」ますます可愛くなるリーベスの姿は、想いを募らすオルランドの焦りを煽って…。
2017.6 307p A6 ¥1200 ①978-4-908757-95-2

◆**ディーナの旦那さま** 小桜けい著 Jパブリッシング （フェアリーキス）
【要旨】美しい孤高の吸血鬼、カミルのもとで小間使いとして働くディーナは、彼に片思いをしていた。吸血鬼は人間のような伴侶を持たず、愛も知らない。それでも時折見せるカミルの優しい気遣いに、ディーナの胸はときめくそんな中、ディーナに想いを寄せている人狼が現れることで、二人の関係に変化が…。「お前は俺のものだ。誰にも触れさせない」初めて聞くカミルの独占欲。そんな中、ディーナが誘拐される事件が起こって！？
2017.12 335p B6 ¥1200 ①978-4-86669-049-0

◆**熱砂の凶王と眠りたくない王妃さま** 小桜けい著 アルファポリス、星雲社 発売 （レジーナブックス）
【要旨】「熱砂の凶王」と呼ばれる若き王の後宮に入れられた、気弱な女王ナリーファ。彼女には眠る際にとんでもない悪癖があった。これが彼に知られたら殺されてしまうかも…！と怯える彼女は王を寝物語で寝かしつけ、どうにか初めての夜を乗り切る。ところがそれをきっかけに、王は毎晩ナリーファを訪れるようになって―！？
2017.7 286p B6 ¥1200 ①978-4-434-23499-6

◆**あざみ野高校女子送球部！** 小瀬木麻美著 ポプラ社 （ポプラ文庫ピュアフル）
【要旨】中学時代の苦い経験から、もう二度とチーム競技はやらないと心に誓っていた端野凛。しかし高校入学後、つい本気で臨んだ体力測定で、ハンドボール投げの女子学校記録を叩き出してしまう。噂を聞きつけたハンドボール部顧問・成瀬はなんとか凛をチームに引き入れようと画策、成瀬の思惑どおり、凛はハンドボールを始めることに。ハンドボールに魅せられチームメイトたちと奮闘しながら成長する高校生たちの姿を鮮やかに描く青春スポーツ小説。
2017.5 286p A6 ¥680 ①978-4-591-15459-5

◆**調香師レオナール・ヴェイユの優雅な日常** 小瀬木麻美著 ポプラ社 （ポプラ文庫ピュアフル）
【要旨】天才調香師レオナール・ヴェイユは、若くして世界的大ヒットとなる香水を開発した一流調香師。独特の感覚を持ち続けては作れない斬新な香水を生み出してきた。世界的なヒットを飛ばしたあと依頼者のためだけの香りを生み出すプライベート調香師となった謎多き彼に、気に入られた月見里瑞希はレオナールのアシスタントのような存在となり…。ゼロから築く気ままなレオナールと一生懸命な瑞希のコンビが愛おしい、優美な物語。
2017.11 285p A6 ¥660 ①978-4-591-15663-6

◆**マクロスΔ（デルタ） 2. ウィンダミア空中騎士団** 小太刀右京著 講談社 （講談社ラノベ文庫）
【要旨】西暦2067年、人間が我を失い凶暴化する奇病「ヴァールシンドローム」が猛威を振るう銀河辺境の地。それに対抗する手段として結成された戦術音楽ユニット「ワルキューレ」は症状を歌で鎮めるため、星々を駆けめぐりライブ活動を展開していた。ウィンダミア出身のフレイアは、母星を敵にまわしたことにより敵味方から裏切り者、スパイ、といった誹りを受ける。一方ハヤテたちΔ小隊は、ウィンダミアの動きを探るべく惑星ヴォルドールに潜入する。しかしヴォルドールにそびえ立つ遺跡の中で、ハヤテたちはウィンダミア空中騎士団に捕らえられてしまう。
2017.3 288p A6 ¥640 ①978-4-06-381566-5

◆**ダンジョンはいいぞ！** 狐谷まどか著 TOブックス
【要旨】とある世界の片隅で暮らす男セイジは記憶が無く、さらに魔力も体力も仕事さえも無い究極の落ちこぼれ。ある日、知り合いの少女の勧めで冒険者を目指すことに。だが現実は甘くなく、訓練学校では荷物持ちという屈辱的な職業にされてしまう。それでも気の合う仲間たちとパーティーを組み、苦楽を共にしながら、セイジはダンジョンの凶悪なモンスターに立ち向かっていく！いざ、炎の道を突き進め！一攫千金を夢見る男の、ダンジョン攻略ファンタジー！書き下ろし短編も収録!!
2017.10 380p B6 ¥1296 ①978-4-86472-614-6

◆**鎌倉ごちそう迷路** 五嶋りっか著 スターツ出版 （スターツ出版文庫）
【要旨】いつか特別な存在になりたいと思っていた―。鎌倉でひとり暮らしを始めて3年、デザイン会社を半ばリストラ状態で退職した竹林潤香、26歳のおひとりさま女子。無職の自由時間を使って鎌倉の町を散策してみるが、まだ何者にもなれていない中途半端な自分に嫌気が差す、実家の母の干渉や友人の活躍にも心乱される日々…。そんな彼女を救ったのは古民家カフェ「かまくら大仏」で、そこに出入りする謎の料理人・鎌田倉頼一略して「鎌倉」さんだった。
2017.7 261p A6 ¥550 ①978-4-8137-0295-5

◆**好きなんだからしょうがないだろ？** 言ノ葉リン著 スターツ出版 （ケータイ小説文庫・野いちご）
【要旨】遠くの高校を受験し、入学と同時にひとり暮らしを始めた私は、幼なじみの三瀬、だけど、ある日出来事をきっかけに距離をおいた幼なじみの玲央が、隣の部屋に引っ越してきてしまった！しかも彼はどうやら同じ高校に通っているらしい。昔抱いていた恋心を封印し、玲央を避けようとするけれど、彼はどんどん近づいてきて…。固く決めたのに、このドキドキは…なに!?
2017.4 305p A6 ¥590 ①978-4-8137-0239-9

◆**クラスのギャルとゲーム実況 part.1** 琴平稜著 KADOKAWA （富士見ファンタジア文庫）
【要旨】「はじめまして、フローラです。今日は、えーと、何だっけ、これ…。ああ、『マインクラフト』やっていきまーす！」ギャル集団の中でも一際きらきらと華やかな彼女、駒形花の真実…それは、実況界の中でも知らないものはない有名ゲーム実況者!?あの日から俺はこいつを凄腕ゲーマーへ、そして俺を「で、いつの俺を有名実況者にしてくれるんだ？」「…え？」「完全に忘れてんじゃねーよ！」二人で騒ぎあいながら家でゲームをする日々に、どんどん集まってくる残念美少女ゲーマーたち!?これは俺の部屋がダメゲーマーたちに支配され、自堕落な生活を送るリアルゲーム実況だ！
2017.4 315p A6 ¥600 ①978-4-04-072277-1

◆**クラスのギャルとゲーム実況 part.2** 琴平稜著 KADOKAWA （富士見ファンタジア文庫）
【要旨】紆余曲折を経てゲーム実況者集団『ぷーけ』を結成した俺達は、今日も今日とて我が家でゲーム三昧で―「やだ、あたし、この昆虫採集のが怖い…」「オレのなつやすみ」で昆虫を集め続ける花であったり、「一回死ぬごとに、私が主の手を舐めるというのはどうでしょうか」『ウィキッド・ソウル』でおかしな要求をするカズキであったり、「気にくわねー～なら直接文句言いにこい！住所は―」ネット生放送中に釣られたゆえが煽りすぎて…「特定した」ここ俺ん家ですけど!?チーム実況や縛りプレイで再生数を稼ぎつつ、ついには実況ランキング1位にもなっちゃって！？本当にこんなんでいいの!?
2017.8 317p A6 ¥660 ①978-4-04-072267-2

◆**アラフォー賢者の異世界生活日記 2** 寿安清著 KADOKAWA （MFブック）
【要旨】剣と魔法がある世界に突如として転生した、大迫聡ことゼロス・マーリン。魔法を上手く使うことができなかった公爵家の娘・セレスティーナと、更生し始めるその兄・ツヴェイトの家庭教師となったゼロスは、彼らに実力をつけるべく、危険な魔物が溢れるファーフラン大深森地帯へ再び足を運ぶ。いろんな意味で"危険"な魔物たちと遭遇する三人と騎士団一行。気付けば、皆一様にレベルを高め、最強になっていくのだった。サバイバルと背中合わせの訓練を終えたゼロスたちは、道中盗賊に捕らわれた人々を救う。その中には現世のゲーム内で見覚えがあるアイテムを装備する少女がいたのだが―。「もしかして、同郷の方ですかねぇ？」平穏な日々は訪れるのか!?おっさんによる異世界生活日記、第二弾!!
2017.2 323p B6 ¥1200 ①978-4-04-069086-5

◆**アラフォー賢者の異世界生活日記 3** 寿安清著 KADOKAWA （MFブックス）
【要旨】約束の二ヶ月間が過ぎ、ソリステア公爵家の娘・セレスティーナとその兄・ツヴェイトの専任家庭教師を終えたゼロス。彼は異世界に来た時と同じ"無職"状態に戻ってしまった。そんな中、ハンパ土木工業のナグリから土木作業の手伝いを頼まれ―。無職！魔導錬成！マイホーム！そしてなにより、TKG！冴えないおっさん大活躍の異世界生活日記、第三弾!!
2017.4 321p B6 ¥1200 ①978-4-04-069188-6

◆**アラフォー賢者の異世界生活日記 5** 寿安清著 KADOKAWA （MFブックス）
【要旨】魔法学院の実戦訓練開始から三日目、ツヴェイトが暗殺者に襲われ事態は急展開！護衛そっちのけで探掘作業に没頭していたゼロスは後手に回り、慌ててバイクを走らせ現場を目指す!!おっさんvs暗殺者の行方は！？
2017.11 319p B6 ¥1200 ①978-4-04-069589-1

◆**ゼロから始める魔法の書 9 ―ゼロの傭兵上―** 虎走かける著 KADOKAWA （電撃文庫）
【要旨】"禁書館"で下した悪魔"万里を掌握せし千眼の哨"の力で道の先を警戒し、北のノックス大聖堂へとたどり着いたゼロと教会騎士団一行。悪魔と天才魔女のおかげで行軍は順調に進み、隊長のジェマをはじめ、騎士隊のゼロたちへの意識は変わりつつあった。ノックス大聖堂の主教様へのお目通りにジェマが向かう間、傭兵たちは混乱を招かぬよう街の外で待機することに。しかし、血相を変えて戻ってきたジェマが告げたのは、救うべき"代行様"に関する真実だった。つかの間の平穏を楽しむ傭兵に、魔女であることを思い悩んでいたゼロが告げたのは―。
2017.4 235p A6 ¥570 ①978-4-04-892824-3

◆**ゼロから始める魔法の書 10 ゼロの傭兵下―** 虎走かける著 KADOKAWA （電撃文庫）
【要旨】ゼロとの離別により心身共に傷を負った傭兵。自由の利かない身体に苦しむ姿に仲間達は手を差し伸べるが、傭兵はそれを拒絶し、ゼロを追いかけようとする。命を投げ出すような傭兵の行為に激昂する神父だが、その揺るぎない決意に根負けし、傭兵を町から正式に追放する旨を申し出てしまう。館長の助言に従い、"泥闇の魔女"と敵対する悪魔達の力を借りる決断を下した傭兵だが、悪魔と勝ち目のない交戦をする絶望的な事態に。しかしそれこそが、館長の狙いだった。ゼロと傭兵が旅の果てに知る、世界の真実とは―。
2017.8 241p A6 ¥570 ①978-4-04-893274-5

◆**ゼロから始める魔法の書 11 獣と魔女の村づくり** 虎走かける著 KADOKAWA （電撃文庫）
【要旨】北の祭壇での困難を乗り越え、獣堕ちと魔女が人間と共存するため、故郷の村で念願の酒場を開いた傭兵。村に一軒しかない酒場には、村人達と、占い師として暮らすゼロの姿があった。廃村となっていた故郷の立て直しは順調に進むかと思われたが、傭兵の酒場で村人達が頭を悩ませていたのは、冬に向けての食糧確保だった。魔女と獣堕ちが暮らしている村ならではの解決策を考える二人は、ゼロが占い、傭兵が獲物を狩ることで解決しようとするのだが―。ゼロと傭兵の新生活の物語に加えて、「電撃文庫MAGAZINE」や、ウェブに掲載されたレアな短編3作も収録したお得な特別編！
2017.12 271p A6 ¥590 ①978-4-04-893521-0

◆**ノラと皇女と野良猫ハート** 小林健太郎著、はと原作 一迅社
【要旨】桜舞う季節。地上へと降り立った冥界の皇女パトリシア・オブ・エンドは、桜ヶ淵学園に通う学生の反田ノラと出会う。地上の生気に苦

しんでいたところをノラに助けられたパトリシアに興味津々。「全ての命に死をもたらす」ためにやってきたはずが、ノラに初めての恋をしてしまう。そしてノラはパトリシアの魔力で、彼女と一生を添い遂げる使者・眷属としてネコの姿に変わり、幼なじみの黒木未知や同居人の夕莉シャチ、さらにパトリシアの姉妹も巻き込んで、にぎやかな非日常が始まって…!?テレビアニメ化も実現した「泣きながら笑える」ノベルゲームが初のノベライズ！原作者・はとの完全監修で贈る、"メインヒロイン視点"の新たな『ノラとと』ストーリーが幕を開ける！
2017.7 285p B6 ¥1200 ①978-4-7580-4962-7

◆ReBirth 2 上位世界から下位世界へ
小林誉著　アルファポリス，星雲社 発売
【要旨】上位世界（地球）から下位世界―剣と魔法が支配するアーカディア世界に転生した青年エストは、成長率が異常に高まる特殊スキルを武器に冒険者となった。アルゴス帝国にて、突如巻き込まれた皇位継承争いに決着をつけたエスト一行。強力な新装備を求め、次はドワーフの国バックスを訪れる。必要な素材を入手すべく「竜の墓場」に来てみると、そこには凶悪なドラゴンゾンビをはじめ、多くの竜が侵入者を狩ろうと待ち構えていた…。予想外の強敵による苦戦を強いられる最強魔剣士と仲間達―死闘の果てに、大いなる使命が明かされる！
2017.3 299p B6 ¥1200 ①978-4-434-23013-4

◆ReBirth 3 上位世界から下位世界へ
小林誉著　アルファポリス，星雲社 発売
【要旨】上位世界（地球）から下位世界―剣と魔法が支配するアーカディア世界に転生した青年エストは、竜族の女性より邪神封印の装備を探す使命を与えられた。装備を巡る戦いにひとまず勝利し、初めての領地を得たエスト一行。自作ダンジョンでの村おこしを計画するなど、自治める土地を着実に発展させていく。領地経営と並行して冒険も続け、仲間と共に獣人の国を訪れると、なんとそこでは邪神封印の盾が闘技会の副賞とされていた！参加したエストを待ち受けるは、仲間のクレアを奪わんとする卑劣な獣人、筋肉隆々の虎男、覆面の実力者…強敵ぞろいの闘技会が幕を開ける！
2017.7 299p B6 ¥1200 ①978-4-434-23518-4

◆ReBirth 4 上位世界から下位世界へ
小林誉著　アルファポリス，星雲社 発売
【要旨】上位世界（地球）から下位世界―剣と魔法が支配するアーカディア世界に転生した青年エストは、仲間の妹を捜し島国ファータを訪れた。探索の末に再会した妹は、他国に占領されたファータを解放するための戦いを続けており、エスト一行もその手助けをすることになった。まずは海からの敵援軍を遮断しようと考えたエストは、海を支配する伝説の海竜を味方にすべく交渉を開始する。一度は協力を拒まれるも、エストの接待観光が功を奏し、孤独を感じていた海竜の信頼を見事に獲得。ファータを孤立化させることに成功した。そして作戦は次の段階―圧倒的多数が守る敵本拠地の攻略戦に移る。そこでエストが考え出したのは、この世界にはない戦国時代の奇策だった！
2017.10 299p B6 ¥1200 ①978-4-434-23921-2

◆雨宿りの星たちへ　小春りん著　スターツ出版（スターツ出版文庫）
【要旨】進路が決まらず悩む美雨は、学校の屋上でひとり「未来が見えたらな…」とつぶやく。すると「未来を見てあげる」と声がして振り返ると、転校生の雨宮悠先輩が立っていた。彼は美雨の未来を「7日後に死ぬ運命」と予言する。彼は未来を見ることができるが、その未来を変えてしまうと自身の命を失うという代償があった。ふたりは、彼を死なせず美雨の未来を変えられる方法を見つけるが、その先には予想を超えた運命が待ち受けていた――未来に踏みだす救いのラストは、感涙必至！
2017.10 273p A6 ¥560 ①978-4-8137-0344-0

◆イジワル上司に焦らされてます　小春りん著　スターツ出版（ベリーズ文庫）
【要旨】蘭は、仕事一筋で恋とは無縁。オフィスの隣の席は、イケメンで色っぽい極上の男だけど、なぜかあたしにだけイジワルな上司・不破。6年もよき上司と部下の関係だったのに、蘭が取引先の男性に口説かれたのを機に、「男としてお前が欲しいんだ」と急接近！独占欲たっぷりに甘く迫られて翻弄されっぱなしの蘭。ついに深夜のオフィスで「いい子で待ってたご褒美をやるよ」と突然キスされて…！？
2017.4 325p A6 ¥630 ①978-4-8137-0233-7

◆騎士団長は若奥様限定!?溺愛至上主義　小春りん著　スターツ出版（ベリーズ文庫）
【要旨】王女・ビアンカの元に突如舞い込んできた、強国の王子との政略結婚。素性もよくわからないまま、輿入れしたビアンカを待っていたのは、王子のイメージとは程遠い勇ましい軍人・ルーカスだった。王立騎士団長を務める彼は、冷酷無情と恐れられる絶対的存在。とは、始まったのは身も心も蕩ける新婚ライフ!?強引に迫りだす旦那様で、ウブな新妻をどこまでも甘やかす旦那様で…。
2017.11 361p A6 ¥640 ①978-4-8137-0352-5

◆この夢がさめても、君のことが好きで、好きで。　小春りん著　スターツ出版
【要旨】鎌倉の高校に通う七海は、あることが原因で、人前で大好きなピアノが弾けなくなった。高校に入学してから、誰も寄りつかない「第三音楽室」でこっそりピアノを弾くことが日課。しかし、いつの間にか現れた"ユイ"と名乗る男子に、「君のピアノ、好きだよ」と言われ、彼のためにピアノを弾くことに。それ以来、"第三音楽室"はふたりにとって大切な場所になる。だけど、ユイは切なすぎる秘密を抱えていた―。
2017.5 343p B6 ¥1200 ①978-4-8137-9010-5

◆転生者の私に挑みでくる無謀で有望な少女の話 1　小東のら著　主婦の友社（ヒーロー文庫）
【要旨】アーニャは成績はトップクラスで学校の注目の的であり、将来有望な少女である。しかし彼女にはどうしても敵わないライバルがいた。幼馴染のジークである。彼とアーニャは7歳のときの学習塾からの付き合いだ。冬の寒い日に入塾していたジークをアーニャは冷たくあしらうが、テストで自分より良い点数を取られ、悔しがって大声をあげる。それからというもの、アーニャはジークに何度も勝負を挑みようになる。待ち伏せをしたり、追い回したり、睨んだり、宣戦布告したり。そうやって彼女と彼は長い時間を一緒に過ごすようになるのだが…。
2017.12 319p A6 ¥590 ①978-4-07-428258-6

◆いじわるに癒やして　小日向江麻著　アルファポリス，星雲社 発売（エタニティ文庫）
【要旨】化粧品会社で働く莉々は、最近仕事が上手くいかずに参っていた。そのうえ天敵の同期、柳原渉とも比較されて落ち込む日々。ところがある日、当の渉が、仕事に役立つ資料を貸してやると言ってきた。抵抗を感じつつも彼の自宅に向かうと、なぜかそこで渉からリフレクソロジーをされることに―。初めはイヤイヤだったものの、彼のテクニックは抜群！いつしか莉々のカラダは、すっかりほぐされてしまう。だけどその後、渉はさらに甘く迫ってきて…!?文庫だけの書き下ろし番外編も収録！
2017.8 344p A6 ¥640 ①978-4-434-23570-2

◆ヤンデレ王子の甘い誘惑　小日向江麻著　アルファポリス，星雲社 発売（エタニティブックスRouge）
【要旨】25歳の平凡OL、吉森凪には、非凡な男友達がいる。イケメンモデル兼俳優の、浅野理人だ。ある日凪は"演技にリアリティを持たせたいから"と、理人にプライベートで妻のフリをするよう頼まれる。あくまで"フリ"だし、それで友人の助けになるならいいかと、凪はその提案を受け入れた。だけど一両親への挨拶に、同棲に、さらには毎晩の濃厚な夫婦生活!?「こんなの"フリ"の範疇超えすぎでしょ!!」ヤンデレ王子との、ねっとり危険なラブストーリー！
2017.10 284p B6 ¥1200 ①978-4-434-23900-7

◆クールな伯爵様と箱入り令嬢の麗しき新婚生活　小日向史煌著　スターツ出版（ベリーズ文庫）
【要旨】貴族令嬢のエリーゼは、アレックス伯爵と政略結婚することに。とある事情を抱えているため、アレックスは毎晩同じベッドで寝てくれるものの、彼女を完全無視して指一本触れてこない。ところが事件に巻き込まれたエリーゼを、彼が身体を張って庇ったことで、ふたりの距離は急接近！愛のない結婚だったのに、気づけばクールな旦那様の愛を一身に浴びる"溺甘ライフ"が始まって!?文庫でしか読めない書き下ろし番外編付き。小説投稿サイト小説家になろう＆マカロン文庫ラブファンタジー大賞優秀賞受賞作。
2017.10 357p A6 ¥640 ①978-4-8137-0334-1

◆一鬼夜行 鬼姫と流れる星々　小松エメル著　ポプラ社（ポプラ文庫ピュアフル）
【要旨】妖怪をも恐れさせる閻魔顔の若商人・喜蔵の営む古道具屋「荻ノ屋」で、小鬼の小春が妖怪相談処を開いてから早ふた月。近ごろよく家をあける妹の小春が恋をしているらしいと聞き、喜蔵は気が気ではない。そこに現れたのは、小春の宿敵で、深雪とある「契約」を交わした裏山の天狗だった。天下一の天狗を決める争いに巻き込まれた荻ノ屋の面々の運命や、いかに？大人気の明治人情妖怪譚！
2017.11 314p A6 ¥660 ①978-4-591-15527-1

◆七番目の姫神は語らない―光の聖女と千年王国の謎　小湊悠貴著　集英社（コバルト文庫）
【要旨】女王の姪であり、「十三番目の女神」に仕える神乙女のセレナ。ある事情で国外で細々と暮らしていたセレナは、不思議な力によって四百年前の世界へと飛ばされてしまった。その世界で最初に出会ったのは公爵家当主の青年ライゼルだった。ライゼルと親しくなっていくうちに、セレナはライゼルの父親が謎の死を遂げており、女王が関係していることなどを聞かされ…？　壮大なファンタジーロマンス！
2017.6 265p A6 ¥630 ①978-4-08-608041-5

◆ゆきうさぎのお品書き―熱々おでんと雪見酒　小湊悠貴著　集英社（集英社オレンジ文庫）
【要旨】小料理屋「ゆきうさぎ」でアルバイトをしている大学生の碧。秋のある日、店に訪れた女性客と店主の大樹が何かを話していた。女性は大樹の弟、瑞樹の奥さんだという。わざわざ店を訪れてきたことには理由がありそうだが、話したくないようで？"おいしい"シリーズ第3弾！思い出のおでん、恋を応援する練り切り、心をときほぐすおやき…などをご用意しています。
2017.1 252p A6 ¥550 ①978-4-08-680116-4

◆ゆきうさぎのお品書き―祝い膳には天ぷらを　小湊悠貴著　集英社（集英社オレンジ文庫）
【要旨】昼間のパート募集を始めた小料理屋「ゆきうさぎ」。応募してきたのは、夫と別居し、ひとり息子と実家に身を寄せているというわけありの主婦で…？大樹に憧れる少女の出現により、碧との関係にもついに変化が…!?母思いの少年を励ます親子丼、仲良し女子高生が食べる味噌グラタン、働くおひとりさまにエールを送るビーフシチューなどなど、ご用意しています！
2017.12 251p A6 ¥550 ①978-4-08-680164-5

◆ジュンのための6つの小曲　古谷田奈月著　新潮社（新潮文庫nex）
【要旨】学校中でアホジュンと見下される少年ジュン。密かに作曲家を志す同級生トク。学校ではない、特別な世界で二人を繋げたのは、至上の音色を持つトクのギター"エイプリル"だった。穏やかな日々の最中降りかかる暴力。反発したトクは完璧な曲を書き、ジュンに歌わせることで雪辱を果たそうとするが―。眩い色彩、瑞々しい旋律。音楽に愛された二人の日々に胸焦がす、祝祭的青春小説。
2017.10 293p A6 ¥590 ①978-4-10-180107-0

◆おかしな転生 6 糖衣菓子は争いの元　古流望著　TOブックス
【要旨】春の終わり、人も資源も着々と豊かになってきたモルテールン領。領主の息子ペイスが指揮する砂糖づくりも二年目に突入し、自らの野望《お菓子の国》へ向けて一層の熱が入っていた。そんなある日、ペイスの婚約者リコリスの実家フバーレク家が東部との戦争に負けて敗走中との知らせが届く。友軍の危機を救うため、モルテールン軍よ、出陣せよ！だが、十万の敵軍に対し、モルテールン軍は二百！更にはペイスの父カセロールと従士長シイツが戦闘不能の重傷に陥る。圧倒的な戦力差を前にいたずらこそが企てる逆転の秘策とは？甘く激しいスイーツ・ファンタジー第6弾!!大幅書き下ろし新章を収録！
2017.4 269p B6 ¥1296 ①978-4-86472-563-7

◆おかしな転生 7 婚約破棄には焼き菓子を　古流望著　TOブックス
【要旨】逆転の秘策でフバーレク辺境伯を救い、見事隣国から勝利を収めたモルテールン領。ようやくお菓子作りに精を出せると意気込む領主の息子ペイスを待っていたのは怒涛の戦後現実だった！婚約者リコリスの父が殉職し、利権を狙う東部派閥の貴族たちが次々と現れる。リコリスとの婚約破棄が計画され、二人の恋路は無情にも引き裂かれようとしていた。そんな中、ペイスは側室の座をかけてレーテシュ伯と料理対決を催すことに。少女への愛をかけた一世一代のプロポーズ大作戦へ挑む！恋の季節に彩られてますます甘く激しいスイーツ・ファンタジー第7弾！大幅書き下ろし新章も収録！
2017.8 313p B6 ¥1296 ①978-4-86472-596-5

ヤング・アダルト小説

◆おかしな転生 8 幸せを呼ぶスイーツ
古流望著 TOブックス
【要旨】季節も変わり、夏真っ盛り。モルテールン領は父カセロールが国軍の隊長を務めることになったため、息子ペイスが領主代行となった。新領主のミッションは上級貴族へ宛てる新作お菓子の開発。ペイスは大好きなお菓子作りの進展に目を輝かせていた。だが、妻リコリスの姉の婚家カドレチェク家への襲撃事件が発生し、事態は急展開を迎える！王都に現れる不穏な物売り、聖国からの工作員も出没し、更にはペイスが母アニエス共々、拉致されてしまう！だがこれは、国内外を巻き込む大戦の始まりに過ぎなかった―。甘く激しいスイーツ・ファンタジー第5弾！書き下ろし新章「好敵手は魔法使い」も収録！
2018.1 271p B6 ¥1296 ①978-4-86472-637-5

◆水の理 2 古流望著 （北社）林檎プロモーション （FREEDOM NOVEL）
2017.8 279p B6 ¥1111 ①978-4-906878-60-4

◆最強ゴーレムの召喚士―異世界の剣士を仲間にしました。 こる著 一迅社 （一迅社文庫アイリス）
【要旨】意思を持ち、伸縮自在で戦闘能力も高い希有なゴーレムを使役する、国勤めの召喚士アイリレイナ。ある日、休日返上の過重労働のせいで倒れてしまった彼女は、ゴーレムがもぎ取ってきてくれた長期休暇中、田舎でのんびりすることに。ところが、散歩中に赤ちゃんを拾ったことで状況は一変！拾った赤ちゃんは三日で青年姿になったうえ、異世界から来たと言いだしてー。帰る家のない彼を放りだしたりなんてしないわ！過保護なゴーレムが嫌がる中、異世界人と暮らすことにしたお人好し召喚士の召喚ラブコメディ！
2017.10 286p A6 ¥638 ①978-4-7580-4987-0

◆フラワーナイトガール―騎士学校にオナモミ王女の革命を！ 是鐘リュウジ著 KADOKAWA （ファミ通文庫）
【要旨】リリィウラド王家第六王女でありながら花騎士の力を持つオナモミには野望があった―。それは王族と元老院の古い体質を変えること！そのために彼女はシャクヤクをはじめとした協力者たちと共に、儀礼としきたりを重んじるあまり、実践的とはいえない教育が憂慮されるエレンベルグ騎士学校に潜入し、内部から改革を試みるのだった。しかし、オナモミの作戦はどれも過激なものばかりで…！？王女オナモミが加入するシリアルコード付き！
2017.2 285p A6 ¥680 ①978-4-04-734492-1

◆フラワーナイトガール―ハバネロ隊長と六花の芸術交流祭 是鐘リュウジ著 KADOKAWA （ファミ通文庫）
【要旨】芸術を愛する花騎士カルセオラリア、リシアンサス、ユリ、サフランの四人は飛行船の事故に巻き込まれ、ロータスレイクに不時着してしまう。そこで物語、芸術を愛する憲兵隊長ハバネロに出会い、すぐに意気投合する彼女達。しかし、ハバネロは周囲や芸術に否定的な親友ジョロキアを気にして趣味を隠していたところ、そのことをジョロキアに知られてしまい、二人の友情に亀裂が入ることに！？
2017.6 285p A6 ¥680 ①978-4-04-734683-3

◆フラワーナイトガール―ヤクノヒナホシと嵐を呼ぶボートレース 是鐘リュウジ著 KADOKAWA （ファミ通文庫）
【要旨】ブロッサムヒル北東部の港湾都市ヨーテホルク。この街でアプリコットとヤクノヒナホシの二人がボートレースに心躍らせていた。異常気象の影響で採れすぎたキノコを使い、「万能薬」の完成に一歩近づいたアプリコットはレースの優勝賞品である「大海の輝石」を使えば、薬が完成するのでは―と、ヤクノヒナホシと共にレース優勝を目指しているのだった。彼女たちの激闘の行方やいかに！？キノコとレースを愛する花騎士ヤクノヒナホシのシリアルコード付き！
2017.10 286p A6 ¥680 ①978-4-04-734854-7

◆ゼロの戦術師 紺野天龍著 KADOKAWA （電撃文庫）
【要旨】突然人類に発現した異能の力「刻印」によって、才能の優劣が決まる世界。特級戦術師ウィアドのエルヴィンは、軍学校の落ちこぼれ生徒。そんな彼がある日、十年に一人と言われる特殊な才能を持つ幼なじみのアーデルハイトと共に極秘任務に就くことになり、旅先で新雪のように輝く白い髪をもつ不思議な少女ネージュと出会う。この二人の出会いが世界の

歯車を動かし、戦乱の世に変革をもたらすことは、誰も予想していなかった一。数奇な巡り合わせから新たな歴史を刻んでいく少年少女たちを描く、魅惑の正統派戦記ファンタジー、開幕！
2018.1 327p A6 ¥630 ①978-4-04-893582-1

◆最強魔王様の日本グルメ 北の美味いもの巡り kimimaro著 宝島社
【要旨】魔界を治める"魔王"は仕事に飽き、魔界の食事に飽きていた。そんなとき手に入れた、異世界に転移できる秘宝。それを使って現代日本に転移した魔王は、日本のグルメ食べ歩きの旅に出るのだった。庶民派グルメを堪能した魔王は、続いて地方ならではのご当地グルメを探し始める。物産展から目をつけたのは北海道。魚介類も肉もスイーツも、美味しいもの満載の北海道珍道中、はじまりはじまりー。
2017.5 254p B6 ¥1200 ①978-4-8002-7077-1

◆最弱骨少女は進化したい！ 1 強くなれるならゾンビだってかじる！ kimimaro著 アース・スターエンターテイメント, 泰文堂 発売 （アース・スターノベル）
【要旨】シース・アルバランは16歳、ピチピチの女冒険者。物怖じしない大胆さと自慢のHカップを武器に、メキメキ活躍の場を広げていくはずだったが、ある陰謀に巻き込まれ、谷底に落下。そして気付くと…骨少女になっていた！？憤懣やるかたないシースだったが、これを契機に相手への復讐を糧に、モンスターとして進化することを目標に掲げる。魔力を貯めるべく、ネズミに芋虫、ゴブリンまでを美味しくいただこうと躍起になるシースだったが、スケルトンをモンスターの中でも最弱だって！？底抜けにポジティブな彼女！？の進化に目が離せない、骨少女の成長ストーリー。
2017.8 329p B6 ¥1200 ①978-4-8030-1001-5

◆リアルでガチな天才が異世界に転生しても天才魔法使いになって元娼婦嫁とイチャイチャする話。 kmsr著 KADOKAWA （カドカワBOOKS）
【要旨】世界の管理者にスカウトされ、異世界に転生したラルフ。チートスキルが与えられなかった彼の唯一の武器は、前世から備わっていた優れた頭脳―「天才」であることだけ。持ち前の頭脳を活かし、隙間に言葉を習得、魔法が独占する魔法を修め、さらに魔法改造。最強の魔法士に成り上がる。最高の嫁ソフィアも手に入れ、転生ライフを満喫するラルフだが、ある日侵攻してきた魔王との交渉を任されて―！？手段は選ばないダーティーな天才の覇道が、幕を開ける！第2回カクヨムWeb小説コンテスト異世界ファンタジー部門特別賞受賞作！
2017.8 343p B6 ¥1200 ①978-4-04-072577-2

◆規格外れの英雄に育てられた、常識外れの魔法剣士 1 kt60著 双葉社 （モンスター文庫）
【要旨】カルト教団から少女を救おうとして殺されてしまった高校生は、異世界へと転生し、ある老人に拾われる。ところがその老人がただ者ではなかった。ただ者ではないどころか、常識などまったく通じない系の「英雄」だった!!この物語は、幸か不幸か、加減を知らない英雄に育てられ、とてつもない力を身に着けてしまった転生者レインのお話。―やがて少年は成長し、ハーレムライフを謳歌する！『物理さんで無双してたらモテモテになりました』kt60が贈る、ラブ&エッチ規格外れファンタジー！
2017.2 284p A6 ¥593 ①978-4-575-75120-8

◆規格外れの英雄に育てられた、常識外れの魔法剣士 2 kt60著 双葉社 （モンスター文庫）
【要旨】ムッツリ魔法師・リリーナの勧めでレイボルト魔法学園へと行くことになったレインとマリナ。入学早々、身分の高い三公のミーユにいろんな意味で「恥」をかかせたレインは学園の貴族子弟から目をつけられ、彼らと決闘するハメに。ところが彼らの決闘は、本人同士が戦うのではなく、自分の選んだ奴隷同士を戦わせるというルールで。幸か不幸か、加減を知らない英雄に育てられた転生者レインが繰り広げる、とってもラブでエッチな規格外れファンタジー!!
2017.8 313p A6 ¥630 ①978-4-575-75142-0

◆規格外れの英雄に育てられた、常識外れの魔法剣士 3 kt60著 双葉社 （モンスター文庫）
【要旨】規格外れの英雄である父に育てられた主人公レイン、ねんごろになった貴族のボク娘・ミーユから「ボク…できちゃった」と衝撃

の告白を受ける。だがそこは規格外れに育てられたレイン、大して動揺もせず事実を受け入れようとするのだったが、名門貴族であるミーユの両親は…。とんでもない異世界の転生者レインが奮闘する、とってもラブでエッチな規格外れファンタジー!!
2017.12 246p A6 ¥574 ①978-4-575-75172-7

◆食べるだけでレベルアップ！―駄女神といっしょに異世界無双 kt60著 KADOKAWA （富士見ファンタジア文庫）
【要旨】「ホントに異世界だな、これ」「アタシを養いなさい！」女神ローラの唯一の信者として、異世界へと召喚された少年ケーマ。彼に与えられたのは、食べたものの経験値・スキルをそのまま獲得できちゃうチートスキルだった！狩った魔物や異世界ならではのグルメを堪能するケーマの美味しい日々は、「ふえええ～！」巨乳だけが取り柄の駄女神をイジったり、「ご恩は、一生忘れませんっ!!」助けたウサ耳娘に懐かれたり、なぜか美味しい思いも特盛りで!?そして気づけば、凶悪な魔物すら鼻歌交じりで蹴散らせるレベルになっていて…。美味しく食べて国士無双な、異世界食べ歩きファンタジー！
2017.3 315p A6 ¥600 ①978-4-04-072229-0

◆地球丸ごと異世界転生 2 一無敵のオレが、最弱だったスライムの子を最強にする kt60著 SBクリエイティブ （GA文庫）
【要旨】『『浮遊城』を調査、可能なら破壊して欲しい』転生者の少年レイクは最強種族の少女スーラをパートナーに得て今日も修行に励んでいた。そんな彼らの住む王国で、突如正体不明のモンスターが襲撃する事件が発生する。時を同じくして、謎の『浮遊城』が出現し、レイク達もこの城の調査に協力することに。空からの侵入には、一騎当千と言われる天馬騎士団の協力が必要なのだが、自称・レイクの下僕のキャロルは騎士団のエースである少女と衝突してしまー！？『理不尽な天才』の今回も最強種族のパートナーは謎の『浮遊城』で何を目にするのか。ハーレムファンタジー怒涛の第二弾、登場！
2017.3 315p A6 ¥600 ①978-4-7973-9072-8

◆物理さんで無双してたらモテモテになりました 8 kt60著 双葉社 （モンスター文庫）
【要旨】3つの心臓を持ち、次元を移動する能力を持つ強敵・ルシフェールが現れた。かつて何百人もの命をもってしても倒せなかった相手に、犠牲を最小限にとどめるため、セシリアは自らが「爆兵」になるという捨て身の作戦を提案する。セシリアを見捨てられないラクトは当然却下するのだが、その決断の先に待っていた結末とは―。とってもシリアス&とってもえっちい「小説家になろう」発、大人気異世界ラブエッチ冒険譚、堂々の完結巻！
2017.4 348p A6 ¥648 ①978-4-575-75131-4

〔さ行の作家〕

◆柊くんは私のことが好きらしい 沙絢著 スターツ出版 （野いちご文庫）
【要旨】クラスメイトの13くらい、地味な陽鞠は、クラスの人気者・柊くんにいきなり告白される。陽鞠は返事を保留にするけど、柊くんは「文化祭一緒に回ろう」と誘ったり、陽鞠を妬む女子から守ったりと、いつでも優しい。そんな柊くんにドキドキしつつも、陽鞠は自信のなさから「ごめんなさい」と告げてしまう。それでも「あきらめないよ」と言う柊くんに対して、陽鞠は勇気がだんだんわいてきて…？不器用なふたりのピュア恋に泣きキュン!!
2017.12 341p A6 ¥600 ①978-4-8137-0374-7

◆王太子妃殿下の離宮改造計画 4 斎木リコ著 アルファポリス, 星雲社 発売 （レジーナブックス）
【要旨】複雑な事情があって異世界で政略結婚をしたものの、夫によってボロ離宮に追放された杏奈。彼女はそれをまったく気にせず、魔導と科学を利用した新しい離宮改造生活を送っていた。しかし、魔導に反対する教会や貴族達との駆け引きなどには、ちょっぴりお疲れ気味…しかも、そんな中、ひっそりと想いを寄せている護衛隊長の出自にまつわる謎を知ってしまー―DIYファンタジー第四巻！
2017.4 296p A6 ¥630 ①978-4-434-23133-9

◆王太子妃殿下の離宮改造計画 5 斎木リコ著 アルファポリス, 星雲社 発売 （レジーナブックス）

【要旨】杏奈は、日本人の母と異世界人の父を持つ元女子大生。複雑な事情があって異世界の王太子と結婚した彼女だけどボロ離宮に追い出され、その改造に勤しんでいた。そんな離宮改造も終了間近のある日、彼女のもとへ突然、故国の皇太子である従兄弟と、弟がやって来る。慌てて人に対応していたところ、明らかに様子がおかしい夫が急に殴りこんできた！彼をなんとか取り押さえて調べた結果、危険な薬を盛られたらしいことが発覚。杏奈の周囲は、いっそうきな臭くなり始める…しかも、この状況の中、杏奈の想い人である護衛隊隊長が遠い異国の地に行かざるを得なくなって―！？ネットで大人気の痛快ファンタジー第五巻！
2017.8 298p B6 ¥1200 ①978-4-434-23585-6

◆王太子妃殿下の離宮改造計画 6 斎木リコ アルファポリス, 星雲社 発売 （レジーナブックス）
【要旨】とある事情で異世界で政略結婚をしたものの、夫にボロ離宮に追放された杏奈。そんなことおかまいなしに魔導と科学で離宮改造していた彼女だが、訳あって外遊に出る事に。その先で、彼女は恋する相手の意外な出自を知る。また、廃嫡の危機にある夫にも知らせ―！？大人気の痛快ファンタジー、クライマックス間近の第六巻！
2017.12 299p B6 ¥1200 ①978-4-434-24107-9

◆秘め事は雨の中 西條六花著 アルファポリス, 星雲社 発売 （エタニティ文庫）
【要旨】5年間つきあっていた彼氏にひどい振られ方をした杏子。雨の中、傘も差さずに呆然と立ち尽くしていると、バスでたまに見かける男性に声をかけられた。彼は杏子を心配し、自分のマンションへと連れていき、タオルや服を貸してくれる。その優しさに戸惑い、親切にしてくれる理由を聞くと、彼は以前から杏子に好意があったと告げてきた。男性不信に陥っていた杏子は彼を信じることも、上手くかわすこともできず、雨の日限定で逢うことを了解し―。文庫だけの書き下ろし番外編も収録。
2017.10 365p A6 ¥640 ①978-4-434-23788-1

◆夜明けのキスと蜜色の恋 西條六花著 オークラ出版 （エバーロマンス）
【要旨】七歳下の周からアプローチを受け続ける千冬は、いつも余裕の態度で彼の好意をかわす。一定のラインよりこちら側に彼を踏み込ませずにいるのだ。自分にはつきあうつもりはない、もあきらめてほしいと、周に伝えなければならないのはわかってる。千冬の辛い過去が心の枷となり、誰とも恋人になる気はないからだ。でも、今の二人の距離感が心地よくて、恋人未満の周との関係を手放したくないと思い―。
2017.4 288p B6 ¥1111 ①978-4-7755-2649-1

◆罪人教室―破獄試験 埴田要介著 集英社
【要旨】犯罪者予備軍の学園VS国家権力!!逮捕されたクラスメートを奪還せよ!!！
2017.2 256p B6 ¥1200 ①978-4-08-704008-1

◆クロの戦記 3 サイトウアユム著 オーバーラップ （オーバーラップノベルス）
【要旨】帝国暦三一年六月。現代日本からの転移者にして帝国貴族クロフォード家の養子であるクロウへの新たな任務、それは南辺境との国境を争う蛮族の討伐だった。南辺境は義父クロードが切り開いた土地であり、クロウたちはカドモス砦に駐屯。つかの間の里帰りに、クロウは家族や仲間たちとの穏やかな時を過ごすのだが、そして任務に就いたクロウはまず兵士たちの環境を改善していく。続いて蛮族の偵察に向かうが、その最中に囚われの身となってしまう。蛮族ルー族の虜囚として彼女たちと生活するクロウの中で、平和的解決の可能性を見出す。しかしルー族からの強い信頼を得るためには星からの挑まねばならない「死の試練」があり―！？大切な人達との絆が紡ぐ、成り上がりの異世界戦記、第3巻！
2017.1 284p B6 ¥1200 ①978-4-86554-181-6

◆エレメンタル・カウンセラー―ひよっこ星守りと精霊科医 西塔鼎著 KADOKAWA （電撃文庫）
【要旨】私の名前は、ナニカ。この世界の自然の管理者たる『精霊』たちと対話し、ときに荒ぶる彼らを鎮めることを生業とする『星守り』の巫女です。…ただし、駆け出しですが。精霊を蝕む病気、『精霊病』に冒された彼らを鎮めるため旅をする私の前に現れたのは―奇妙な白い長衣を着た変なおじさん―男の人。星守り以外には届かないはずの精霊さまの言葉を聞き、さらに荒ぶる精霊さまに『こころの病気』と『診察』して、自分が治すと言い放ったこの自称"医者"。この人との出会いから、私の旅はほんとうの意味で始まりました。―これは、『こころ』で『こころ』を癒やす旅路の物語。
2018.1 335p A6 ¥630 ①978-4-04-893580-7

◆ディメンタルマン 2 ロイドのカルテ サイトウケンジ著, さとうけいいち原作 KADOKAWA （NOVEL ZERO）
【要旨】心に潜み負の感情を増幅させるウイルス=ディメンタル。発症した者は、人間性を失い、やがて怪物と化す人類の脅威。これに対抗できるのは「ディメンタルマン」だけである。トキオ・ロイドとキリアン・ロイドは発症者を治療する「ドクター」のディメンタルマン。そんな二人に新たな診察依頼が舞い込む。それはシンプルな治療で終わるはずの事例だった―。「お前が…最後の…消すべきものだ、キリアン」トキオとキリアン、対峙する二人。意志を持つディメンタルが張り巡らせた策謀とは？ そして二人の戦いの結末は？ 新たなるメンタルダイブヒーローアクションが、いま始まる！
2018.1 190p B6 ¥680 ①978-4-04-072570-3

◆トリニティセブン 7人の魔書使い The Novel―聖なる巫女（ホーリーメイデン）と八番目の書庫（エルダーアーカイブ） サイトウケンジ著 KADOKAWA （ドラゴンコミックスエイジ）
【要旨】南の島へ遺跡調査に訪れたアラタとトリニティセブンたちは、遺跡の最深部で記憶を失った謎の少女と出会う。セレスと名乗りアリンや聖に似た少女と共に、束の間のバカンスを楽しむアラタたちだが、突如として世界が停止し、伝説の魔神『ノルニルの巨人』が現れ！巨人の力を得た『黄昏図書館』に囚われた仲間たちを救うため、アラタとセレスが下した決断とは―！？
2018.1 315p A6 ¥750 ①978-4-04-893514-2

◆昔勇者で今は骨 佐伯庸介著 KADOKAWA （電撃文庫）
【要旨】世界を滅ぼす魔王との、最後の戦い。どうしても負けられぬその戦いで瀕死の重症を負い、使う手段・死霊術までも使って戦いきって…アルヴィスはスケルトンになっちゃった！？それから三年後。魔王討伐後の処理を仲間へ丸投げした勇者改めスケルトン・アルは、ニート生活をエンジョイしていたのだが…『い・つ・ま・で・遊び惚けとんじゃアルヴィース！』―世界が彼を放っておくはずもなく。魔王が倒された後の世界で、それでも助けを求めている人はいる。骨になっても心は勇者！ コツコツ世界を救っちゃう（※骨だけに）、お気楽異世界ファンタジー！
2017.12 315p A6 ¥630 ①978-4-04-893514-2

◆最強魔法使いの弟子（予定）は諦めが悪いです 佐伯さん著 主婦と生活社 （PASH！ブックス）
【要旨】決めた！ 私、魔法使いになる!!生まれつき『不思議な力』があったソフィは、12歳のときに街に来た凄腕魔法使いオスカーに猛アタックを開始する。「弟子にして下さい師匠！」「勝手に師匠にするな！」。断られてもすげなくされても…、諦めません！ 弟子になるまでは!!押しかけ弟子と不器用師匠の凸凹ラブコメディ。
2017.7 311p B6 ¥1200 ①978-4-391-15031-5

◆旦那様は魔術馬鹿（ワーカーホリック） 2 奇跡を導く燦光花 佐伯さん著 一迅社 （アイリスNEO）
【要旨】魔術にしか興味のなかった美しき旦那様・ロルフも心も通わせ、幸せな日々を送っていた、引っ込み思案な奥様エルネスタ。だが、彼女はある日突然、何者かにさらわれてしまい―！？糖度大増量の後日談も収録した人気作第2弾！ほのぼのいちゃラブ新婚ファンタジーがパワーアップして登場。
2017.7 303p B6 ¥1200 ①978-4-7580-4967-2

◆もう一つの物語―転生したので次こそは幸せな人生を掴んでみせましょう 上 佐伯さん著 主婦と生活社 （PASH！ブックス）
【要旨】大好評のうちに完結した、転生ハイスペック侯爵令嬢リズの恋と魔法の物語『転生したので次こそは幸せな人生を掴んでみせましょう』。著者本人によるスピンオフ!!もう一つの『転生したので』開幕。二人の甘～い恋、トキメキよ、もう一度。ツンデレ天才魔導士・セシルとのifストーリーを書籍化!!
2017.9 327p B6 ¥1200 ①978-4-391-15026-1

◆もう一つの物語―転生したので次こそは幸せな人生を掴んでみせましょう 下 佐伯さん著 主婦と生活社 （PASH！ブックス）
【要旨】ついに思いが通じ合った侯爵令嬢リズと公爵魔導師セシル。セシル君には父親、そして弟との確執があるけど、愛の力で乗り越えてみせましょうとも！ 甘々デレデレ、ラブラブ度最高潮の二人の未来。転生ハイスペック令嬢とツンデレ天才魔導師の恋、『転生したので』は今再び大団円を迎える！ 幸福度1000％の番外編も多数収録。
2017.6 311p B6 ¥1200 ①978-4-391-15027-8

◆ラノベ作家になりたくて震える。 嵯峨伊緒著 KADOKAWA （電撃文庫）
【要旨】ラノベ作家志望の高校生・冬野藍介はある日、自分の作品が何者かに盗作され、新人賞を受賞したことを知る。ショックを受ける藍介にクラスメイトの元天才子役・鮎原睡蓮はこう打ち明ける。「実はね、この作者はね、わたし、なの」「……はい？」「お願い。二巻を書くのを手伝って！」「……は？」睡蓮の言葉に混乱し、怒りを爆発させる藍介であったが、結局睡蓮のムチャ振りを渋々引き受けることになり…。そして徐々に距離を縮めるふたり。しかしその先に、本当の衝撃が藍介を待ち受けているのであった…!?
2017.9 259p A6 ¥570 ①978-4-04-893337-7

◆生意気なモーニングKiss 坂井志緒著 三交社 （エブリスタWOMAN）
【要旨】27歳の須山希美は、"律進ゼミナール"の塾講師。会社から破格の待遇で異動を命じられ、出世と喜んだのも束の間、行った先は廃校寸前の不採算校、橘校だった。不当な人事異動を会社に訴えに行った希美だったが、半年間で橘校の黒字化が出来なければ希美は解雇、橘校のバイト講師・光浦康宏は大学卒業後、律進ゼミナールに入社しなければならない取り決めをしてしまう。
2017.6 345p A6 ¥640 ①978-4-87919-283-7

◆ジャナ研の憂鬱な事件簿 酒井田寛太郎著 小学館 （ガガガ文庫）
【要旨】海新高校ジャーナリズム研究会（通称「ジャナ研」）に所属している、工藤啓介は、性格は少々難アリだが頭が抜群にキレる工藤啓介は、中学時代にあるトラウマを背負っていたために他人とはあえて距離を置くような高校生活を送っている。そして学内でも評判の美人でありお嬢様である純真な先輩・白鳥真冬と出会うことにより、学内外で起こる様々な事件を頼もしい友人らと一緒に解決していくことで、少しずつだが啓介の環境が変わっていくのだが―。第11回小学館ライトノベル大賞・優秀賞受賞作品!!
2017.5 309p A6 ¥611 ①978-4-09-451679-1

◆ジャナ研の憂鬱な事件簿 2 酒井田寛太郎著 小学館 （ガガガ文庫）
【要旨】海新高校ジャーナリズム研究会のメンバーに今回も難題がふりかかってくる。軽音部の歌姫を付け狙うストーカーを撃退するため、ライブ会場に送り込まれた啓介たち。警備体制は完璧だったはずなのに、ストーカーはひそかにライブ会場へ侵入していた…彼は一体どうやって鉄壁の警備をかいくぐった？ そして会場内に残された真冬たちの安否は？ 人質をとってナイフ振り回すストーカー相手に、啓介の知略と推理が冴える―。「耳なし芳一の夜」、青春の光と影と謎をめぐる、「耳なし芳一の夜」ほか三つの短編を収録。
2017.10 342p A6 ¥630 ①978-4-09-451703-3

◆青春絶対つぶすマンな俺に救いはいらない。 境田吉孝著 小学館 （ガガガ文庫）
【要旨】ゲスでクズな負け犬高校生・狭山明人と、狭山と犬猿の仲である無気力女子・小野寺薫。放課後に呼び出しをうけた二人は、中等部の電波少女・藤崎小夜子と出会うが…「私は明人と薫をお助けする正義のボランティアなのです。頑張る方向なのです」アレな彼女にドン引きしながらも、狭山たちは藤崎が室長をつとめる特別生徒相談室の活動に巻き込まれていく。…俺たちは、負けに負けが積み重ねてきた青春の敗者だ。だからって、救いがほしいわけじゃねえ。ダメ人間オールスターでおくる"痛"青春ラブコメ、ここに堂々開幕！
2017.4 351p A6 ¥630 ①978-4-09-451581-7

◆ビューティフル・ソウル―終わる世界に響く唄 坂上秋ես著 講談社 （講談社ラノベ文庫）
【要旨】―世界は終わってしまった。容赦なく終わってしまった。完璧に完全に徹頭徹尾終わってしまった。不自然に不可避に不可逆に終わっ

ヤング・アダルト小説

てしまった。絶対に圧倒的にどうしようもなく終わってしまった。世界を世界と呼ぶ必要がなくなるほどに、終わってしまった。一それでも僕らはこの場所で、何かを信じてもがいている。一惨めで弱くて矮小な、どこにでもいる"人間"として。これは、こんなにも優しくない世界に残された、誇りと希望の物語—

2017.8 327p A6 ¥640 ①978-4-06-381620-4

◆**モノクロの君に恋をする** 坂上秋成著 新潮社 （新潮文庫nex）

【要旨】四月、俺の未来は薔薇色に見えた。浪人覚悟で受験した大学に合格、そこには面倒見のいい先輩と、あわよくば恋人がいて、大好きな漫画の話もできる、充実の日々があるはずだった。だが、漫画サークル「パラディーゾ」に入った俺を待っていたのは、奇人・変人の先輩たちとの日々。違う。待ってくれ。それに俺が気になるあの女の子は…。漫画への熱き想いを描く、切なく甘い青春小説。

2017.7 334p A6 ¥590 ①978-4-10-180099-8

◆**無糖バニラ—苦くて甘い幼なじみ** 榊あおい著 スターツ出版 （ケータイ小説文庫—野いちご）

【要旨】高1のこのはは隣のケーキ屋「パティスリーVanilla」の息子・翼と幼なじみ。翼はかっこよくてモテるけど、クールで女子にはつれないとは仲がよかったのに、1年前、寝ていた時にキスされて以来、距離ができていた。翼にそんなことを聞けずにいる中、翼の友達の小鳩に告白される。戸惑い、さらに翼の気持ちがわからずモヤモヤするこのはだけど…？ クールな幼なじみと切甘ラブ!!

2017.9 309p A6 ¥590 ①978-4-8137-0321-1

◆**アウトブレイク・カンパニー萌える侵略者 17** 榊一郎著 講談社 （講談社ラノベ文庫）

【要旨】富士樹海に出現した謎の穴で通じた異世界、慎一が日本政府からオタク伝道師として派遣された神聖エルダント帝国があるファンタジー世界は、実は遙か遠い未来世界である事が分かった。しかも、肝心の穴は不安定化し始めていて、もしかすると現代日本との行き来が出来なくなる可能性も出てきた。そうなれば、派遣された人々は時間的な孤児になってしまう。慎一たちは、異世界から去るように指示される。だが、慎一の心は今や異世界側にあり、簡単に出来る決断は出来ない。そんな悩める慎一に、さらに現代日本と異世界を巻き込む巨大なリスクが襲いかかる。それは『ファイナル・カウントダウン』って、なにそれ？

2017.3 326p A6 ¥640 ①978-4-06-381591-7

◆**アウトブレイク・カンパニー 萌える侵略者 18** 榊一郎著 講談社 （講談社ラノベ文庫）

【要旨】謎の「穴」で日本とつながったファンタジー世界『神聖エルダント帝国』。その日本だけの秘密だった異世界は、空母の時空間転移という大騒動の結果、米国にも知られてしまった。押し寄せる本格武装の米軍に、日本とエルダントは困惑するばかり。さらに、いまや異世界と日本との絆も絶たれようとしている。"アミュテック"のメンバーも日本への帰還を要請され、慎一の心情も揺れている。そんななか、なんとしても異世界の超技術を得ようと米軍海兵隊が超法規的強攻策に打って出た。狙われたのは、なんとペトラルカ！ マジ世界最高峰の武力集団に対して、慎一たちは最後の抵抗を試みる。その最後の向こうに何が待ち受けているのか？ 大人気シリーズ、いよいよクライマックス!!

2017.8 305p A6 ¥640 ①978-4-06-381611-2

◆**神曲奏界ポリフォニカ エイディング・クリムゾン—クリムゾンシリーズ 7** 榊一郎著 SBクリエイティブ （GAノベル）

【要旨】奏曲曲による精霊の争乱を鎮圧したフォロンとコーティカルテ。だが、連絡橋が破壊されたメガ・フロート—ホライズン—は完全に孤立していた。しかも奏曲家たちは悪天候の中、崩壊を始めていた。一方、ポケットと行動をともにしていたリュネアは、彼の精霊に対する振る舞いに疑問を抱き、カーマインへの気持ちが本物かどうかを自らのカーマインへの気持ちが本物かどうか疑問を抱き、カーマインの秘密へと迫ることになる。隔壁が降り、移動もままならなくなったホライズンの中で繰り広げられる人と精霊—似て非なるものの葛藤と軋轢。精霊を恐れ、排除しようとする人々と、良き隣人として受け入れようとする人々。彼らの思いの行方は...！ 脱出はなるのか！ クリムゾンシリーズ第7弾！

2017.4 469p B6 ¥1300 ①978-4-7973-9239-5

◆**神曲奏界ポリフォニカ ジェラス・クリムゾン—クリムゾンシリーズ 6** 榊一郎著 SBクリエイティブ （GAノベル）

【要旨】クガノ・リュネア。トルバス神曲学院の生徒でありながら、精霊嫌いを公言する孤独な女生徒。そんな彼女にフォロンは自分と通じる影を見る。そしてリュネアにつきまとう、血の様に赤い鬣を持つ馬型の精霊の存在。さらに街でささやかれる奏曲曲の噂…。この三つが結びついたとき、コーティカルテとフォロンは過去の因縁と、隠された企みに遭遇する！ クリムゾンシリーズ待望の6巻!!

2017.2 409p B6 ¥1300 ①978-4-7973-9055-1

◆**神曲奏界ポリフォニカチェイシング・クリムゾン—クリムゾンシリーズ 8** 榊一郎著 SBクリエイティブ （GAノベル）

【要旨】ある平和な昼の時間。ツゲ神曲楽士派遣事務所でその事件は起こった。コーティカルテがおかしなことを言い出したのだ。だが、その言動の裏には、コーティカルテの深いふかぁ～～い思惑があったりなかったり…!?「ツンデレなんかもう旧いんです！ きっとフォロン先輩が好きなのは…」どころから読んでも楽しめる珠玉の短編6本が入ったクリムゾンシリーズ第8弾！

2017.7 284p B6 ¥1300 ①978-4-7973-9240-1

◆**神曲奏界ポリフォニカ ノスタルジック・クリムゾン—クリムゾンシリーズ 9** 榊一郎著 SBクリエイティブ （GAノベル）

【要旨】「…永かったな…。喜んで良いのか、むしろ嘆くべきか…」ある日、一言とだけ言ってフォロンの前から姿を消したコーティカルテ。彼女の失踪に意気消沈するフォロンと、それを心配するツゲ神曲楽士事務所の面々。そんな中、何事もなかったように、可愛らしい紅の幼児と共にコーティカルテが戻ってきた。「フォロン、いつだったか約束したな。いつかお前の子を産むと」「…え？ あの？」「おとさん！」一方、多発する誘拐事件が世間を騒がせていた…。果たして紅の幼児の正体は？ そして事件の真相は!? クリムゾンシリーズ第9弾！

2017.9 349p B6 ¥1300 ①978-4-7973-9241-8

◆**神曲奏界ポリフォニカ ルックバック・クリムゾン—クリムゾンシリーズ 10** 榊一郎著 SBクリエイティブ （GAノベル）

【要旨】フラメルを「フォロンの子で自分が生んだ」とコーティカルテが言ったことを契機に、ペルセルテは自らの恋心を意識し始めていた。一方、メニス帝国では、精霊関係の事件の急増から、反精霊の動きが加速され始めていた…。そんな中、フォロンとコーティカルテは、ディエスに追われている少女と出会う。少女の正体は？ そして、フォロンを巡る恋の行方は!? クリムゾンシリーズ第10弾！

2017.11 271p B6 ¥1300 ①978-4-7973-9242-5

◆**永き聖戦の後に 2 スケイプ・ゴート** 榊一郎著 KADOKAWA （角川スニーカー文庫）

【要旨】魔族との大戦争が終わって七年。魔物は人類に飼われ、魔力源として利用されていた—。魔王を討伐した英雄の生き残りであるジンゴと、都市の議会からも魔族からも追われる少女・メイベル。魔王の亡霊に頼まれて、メイベルを匿うジンゴの前に現れたのは、歌姫にして訓練された強力な勇者、"ミスリル・チップス"の少女3人だった！ 囚われの身となったメイベルを待ち受ける一匹!? 本格マジックパンク・ファンタジー第2弾！

2017.9 379p A6 ¥660 ①978-4-04-105142-9

◆**パラミリタリ・カンパニー—萌える侵略者 1** 榊一郎著 講談社 （講談社ラノベ文庫）

【要旨】『地球は、狙われている』遙かなる太古より地球は数々の生命体に狙われていた。地球を守るための組織"サキモリ"は、今、司令官不在という未曾有の危機に陥っていた…。主人公・阿倍野晴克は何のへんてつもない高校生、いや強いて挙げれば貧乏だろうか。「普通」というものに憧れていた、普通すぎる高校生だった。しかし突如現れた自称・姉によって晴克は拉致されてしまう。しかもその上、謎の組織までが彼を拉致して驚天動地の拉致合戦。どうやら地球を守る運命は、この極貧高校生に託されたようなのだ！ 宇宙怪獣、ナントカ星人etc…。とんでもない侵略者から地球を守れ！

2017.5 337p A6 ¥660 ①978-4-06-381593-1

◆**パラミリタリ・カンパニー—萌える侵略者 2** 榊一郎著 講談社 （講談社ラノベ文庫）

【要旨】阿倍野晴克は平凡に憧れる非凡な高校生。かつては父親の作った借金に追われる日々を送っていたが、今はなんと、宇宙からの侵略者から地球を護る秘密組織"サキモリ"の司令官にされてしまっている。今日も授業中に呼び出され、防衛任務に就くという"平凡"日常を送っている。今度で2867回目の襲撃してきた侵略者も、地球衛星軌道上にいる謎の絶対守護神マシンがあっさりと撃滅してしまった高みにみえたが、宇宙船の破片が狭奇杜市に、現在は使用していない陸上競技場に落下。そして、そこに急成長する巨大な桜に似た樹木が現れた。この意表を突いた侵略に翻弄される"サキモリ"のメンバーは。晴克は市街壊滅の危機を救う事が出来るのか!?

2017.9 361p A6 ¥680 ①978-4-06-381613-6

◆**パラミリタリ・カンパニー—萌える侵略者 3** 榊一郎著 講談社 （講談社ラノベ文庫）

【要旨】宇宙からの侵略者から地球を守る絶対的な"マシン"。だが、ついにその絶対防壁が突破されてしまう。いつもの作戦では対処できない特殊な侵略に、いつの間にか、狭奇杜市以外の全世界が侵略完了されてしまっていたのだ。地球を護る秘密組織"サキモリ"の司令官にして、平凡に憧れる非凡な高校生の阿倍野晴克も、肝心の司令室にも入れないまま。天王寺美緒やシンディア達、晴克の仲間や敵の様な友人達が力を合わせて世界の存続を賭けての最後の戦いに挑む！ そして、明らかになる"マシン"の正体、"サキモリ"の起源。侵略者と晴克との間に繰り広げられる息詰まる"平凡"対決!! 果たして世界は救われるのか!?

2017.12 339p A6 ¥680 ①978-4-06-381635-8

◆**スクールジャック＝ガンスモーク** 坂下脅著 小学館 （ガガガ文庫）

【要旨】二足歩行兵器—機巧外骨格。先の戦争を通して性能を存分に示したその兵器運用の舞台裏では、決して消し去ることのできない遺恨が生まれていた。その確執の火薬庫は、搭乗者育成学校を襲うテロとなって爆発する。整備士として学園を訪れていた黒宮凛児。学内でトップクラスの操縦技術を持つ花枝連理。運命的な因果に絡め取られた二人の手に、生徒たちの命運が託される。戦争という悲劇が生んだ、機巧外骨格の名誉と汚名。その真相を受け容れる時、凛児は再び希望の光を掴みみる。第11回小学館ライトノベル大賞優秀賞受賞作。

2017.6 311p A6 ¥611 ①978-4-09-451684-5

◆**フェアリーテイルは突然に** 咲香田衣織著 三交社 （エブリスタWOMAN）

【要旨】立脇倫子は婚約者の事業の失敗と結婚が破断となり失意に暮れる。そんなとき倫子に"K"なる謎の人物が接触してきた。Kいわく婚約者だけでなく倫子の父親をも上石食品の社長だという。その悪行を暴くためにミッションを与えられた倫子は、義憤よりもむしろ過去と決別するためにそれを受け入れて勤務先を退職し、家政婦として上石家に潜入する。そこで出会った両極な性格の息子ふたりに翻弄されながらも、次第に倫子は…。

2017.4 281p A6 ¥630 ①978-4-87919-282-0

◆**悪魔のような公爵一家 2** 逆又物著 TOブックス

【要旨】アゾリアス王国の影の支配者（？）ラクトス一家。彼らは今日も国民生活に突き動かす！ …なんてことはなく長男ジェイクの婚約を控えますます愉快で賑やかなお昼を過ごしていた。一方ラクトス一家の国家転覆罪を許さず王子アルトは着々と捜査を進め遂に決定的な証拠を掴んでいた！ 彼らは本当に悪なのか？ 今、世紀を揺るがす世紀の裁判が開始される！ 次々と明らかになる真実を前にほのぼの一家の明日はいかに？ 戦慄のお茶会にお見合い・毒物混入計画、幼女誘拐事件など貴方を地獄に誘う恐怖（!?）のエピソード満載！ 国家の存亡を賭けた（!?）勘違いファンタジー激動の第2章！ 書き下ろし短編×2収録。

2017.6 270p B6 ¥1296 ①978-4-86472-578-1

◆**異世界攻略（クリア）のゲームマスター** 坂本一馬著 ホビージャパン （HJ文庫）

【要旨】ゲーム好きの少年・木下浩太が召喚された異世界は、彼がさんざん遊び倒したゲーム「クロノ・ギア戦記」とそっくりな世界だった。そこで「イヴ」という少女と出会い、異世界人をゲーム同様に自由に操る能力「絶対命令権」を手に入れた浩太が、彼の部下になったのは仲間から落ちこぼれ扱いされる少女・シャロンだった。自分に自信が持てないシャロンを励ましながら、

浩太はゲームの腕と絶対命令権を武器に英雄への道を勝ち進む。絶対無敗の天才ゲーマーの活躍を描く異世界戦記、いざゲームスタート！
2017.5 330p A6 ¥638 ①978-4-7986-1448-9

◆ダンジョンシーカー 1　サカモト666著
アルファポリス, 星雲社 発売　（アルファライト文庫）
【要旨】高校生の武田順平はある日、「神」の気まぐれから異世界へと召喚され、凶悪な迷宮に生贄として突き落とされてしまった。生還率ゼロの怪物の迷宮内で、死を覚悟した順平だったが、そこで起死回生の奇跡を開く。迷宮踏破への活路を見出した最弱ダンジョンシーカーが、裏切り者達への復讐を開始した―。ネットで大人気！絶体絶命からの這い上がりファンタジー、待望の文庫化！
2017.12 312p A6 ¥610 ①978-4-434-23958-8

◆ダンジョンシーカー 5　サカモト666著
アルファポリス, 星雲社 発売
【要旨】ステータス向上のため、狭間の迷宮を一時的に離脱したスキルハンター武田順平。冒険者選抜試験を無事クリアした彼は、試験で共闘した坂口亜里美の故郷に会うべく、この異世界における姉妹の故郷へ向かう。ところが、村に辿り着いた彼らが見たのは、野盗に襲われた直後と思しき凄惨な光景だった…生き残った村人の証言により、なずなが野盗に襲われたと知った順平は、索敵スキルを駆使して彼らの後を追跡する。やがて森深くに拠点を見つけると、瞬く間にこれを制圧し、無事なずなを取り戻すことに成功した。男達に襲われかけていたなずな。聞けば、彼女を助けたのは、野盗の頭目の情婦である一人の女性だったそうで…。そしてその女は一順平を裏切った張本人、竜宮紀子だった。最大の標的との思わぬ接触。激情を滾らせた順平が、復讐の機を窺う―
2017.3 275p B6 ¥1200 ①978-4-434-23138-4

◆ダンジョンシーカー 6　サカモト666著
アルファポリス, 星雲社 発売
【要旨】ステータス向上のため、狭間の迷宮を一時的に離脱したスキルハンター武田順平。魔物に襲われ瀕死となった相棒の坂口亜里美を救うため、順平は洞窟に眠るレアアイテムの獲得を急いでいた。ところがその間、かつての裏切り者の主犯格、木戸翔太の手により、亜美は見るも無残な最期を遂げる。激情に駆られた順平は、幼馴染である竜宮紀子の助けもあり木戸をついに殺害。ところが紀子もまた、その戦闘で重傷を負ってしまうのだった…かくして、復讐を遂げた順平は、木戸から奪った―"死に籠り"のスキルで迷宮攻略の糸口を得、亜美の残した"なずな"の一人を連れ、いよいよ彼の地に舞い戻る。そして、ついに辿り着いた迷宮最深部。そこで順平達は、驚くべき光景を目にする―
2017.11 274p B6 ¥1200 ①978-4-434-23924-3

◆円満に婚約を破談させるための、私と彼の共同作業　さき著　一迅社　（アイリスNEO）
【要旨】幼馴染でいつも一緒のリーズリットとハインリヒ。公爵家の子息令嬢で、社交界でも噂の美男美女のカップルーそんな二人には重大な問題があった。それは互いに好みの異性ではないということ！二人は協力して円満に婚約破談させることを決意するけれど…⁉大人気婚約破談ラブコメ、WEB掲載作を加筆修正&書き下ろし長編を加え新書化！第6回アイリス恋愛F大賞大賞受賞作‼
2017.11 319p A6 ¥1200 ①978-4-7580-9006-3

◆お飾り聖女は前線で戦いたい　さき著　KADOKAWA　（角川ビーンズ文庫）
【要旨】絶大な力を持つトルステア家の聖女・キャスリーン。万能魔力の子息令嬢で、社交界でも噂の美男美女のカップルーそんな二人には重大な問題があった。それは互いに好みの異性ではないということ！二人は協力して円満に婚約破談させることを決意するけれど…⁉大人気婚約破談ラブコメ、WEB掲載作を加筆修正&書き下ろし長編を加え新書化！第6回アイリス恋愛F大賞大賞受賞作‼
2017.11 284p A6 ¥620 ①978-4-04-106289-0

◆重装令嬢モアネット　さき著　KADOKAWA　（角川ビーンズ文庫）
【要旨】「お前みたいな醜い女と結婚するもんか！」幼い頃の婚約者の言葉がトラウマとなり、全身に鎧をまとった令嬢・モアネット。年頃になっても一人（一匹）で暮らしていた。そんな時、元婚約者の王子とその護衛騎士・パーシヴァルがやって来る。なんでも、王子が不幸に見舞

れ過ぎており、原因はモアネットの呪いだと告げられて…⁉「素顔は見せません！」「この鉄塊が！」心は乙女の鉄塊が魅せる、究極のラブ・コメディ。
2017.3 284p A6 ¥600 ①978-4-04-105413-0

◆重装令嬢モアネット―鎧から抜け出した花嫁　さき著　KADOKAWA　（角川ビーンズ文庫）
【要旨】アイディラ家の令嬢・モアネット。王子の呪いを解く為、美麗騎士・パーシヴァルと王宮に辿り着く。しかし味方に裏切られさらに呪われていたのは鎧をまとったモアネット自身だった⁉そんな中「貴女のことが好きなんだ」とプロポーズを受けるも「まさかパーシヴァルさん、鎧好き⁉」と信じられない。素直で向き合う事ができずにいたモアネット、想いが通じる時に出した答えは⁉こじらせた恋が動き出す、前代未聞の令嬢物語！
2017.8 269p A6 ¥620 ①978-4-04-105414-7

◆もしも剣と魔法の世界に日本の神社が出現したら 4　先山芝太郎著　アルファポリス, 星雲社 発売
【要旨】自宅の神社ごと、ファンタジー世界―エルナト王国の王都ナスルに転移してしまった見習い神主の藤重爽悟。元の世界へ帰る方法を探す中、彼は持ち前の正義感から、エルナト王国や、世界に広く勢力を持つアルティス正教会の暗部に関わることとなる一叛乱を鎮圧し、女王となったヴィクトリアのもとに、王国内でドラゴンが人々を襲っているという報告がもたらされる。そのドラゴンの討伐には、爽悟も駆り出されることになった。数々の"悪魔"を退治したがゆえに、彼も中身はただの人がいない。正面からぶつかってドラゴンに勝てるわけがない。そこで、爽悟はある策を実行に移した―ネットで話題沸騰！異世界神社ファンタジー、第4章！
2017.6 297p B6 ¥1200 ①978-4-434-23507-8

◆もしも剣と魔法の世界に日本の神社が出現したら 5　先山芝太郎著　アルファポリス, 星雲社 発売
【要旨】自宅の神社ごと、ファンタジー世界―エルナト王国の王都ナスルに転移してしまった見習い神主の藤重爽悟。元の世界へ帰る方法を探す中、彼は持ち前の正義感から、エルナト王国や、世界に広く勢力を持つアルティス聖教会の暗部に関わることとなる―とうとうエルナト王国とアルティス聖教会の全面戦争が始まった。軍と軍が激しく衝突する中、爽悟と女王ヴィクトリアは、教皇と直接和平交渉をするため、数万の兵を率いて乗り込んだ。だが、そんな二人の前に、教皇を利用して人類を滅ぼそうとする"七大悪魔"、ルシファーが立ちはだかる―ネットで話題沸騰！異世界神社ファンタジー、ここに完結！
2017.11 288p B6 ¥1200 ①978-4-434-24013-3

◆俺んちに来た女騎士と田舎暮らしすることになった件　裂田著　宝島社
【要旨】佐伯蒐輔は日本の田舎の先祖代々の土地で農業を営む男性だ。そんな彼の家に甲冑をまとった金髪美少女のクリスがやってきて、一晩泊めてくれと言い出した。最初はそういう「設定」なんだろうと思っていたが、設定どころか彼女は本当に異世界の女騎士のようで…。異世界と日本の田舎では、食べ物から地球常識まで、日常生活の何もかもに違いがいっぱい！新作短編「たった二人のBBQ」も収録！
2017.8 289p B6 ¥1200 ①978-4-8002-7580-6

◆カット&ペーストでこの世界を生きていく　咲夜著　ツギクル, SBクリエイティブ 発売　（ツギクルブックス）
【要旨】成人を迎えると神様からスキルと呼ばれる技能を得られる世界。15歳を迎えて成人したマインは、「カット&ペースト」と「鑑定・全」という2つのスキルを授かった。一見使い物にならないと思えた「カット&ペースト」が、使い方しだいで無敵のスキルになることが判明。チートすぎるスキルを周りに隠しながら生活することに苦悩していくマイン。そこへ突然王女様がやって来て、事態はあらぬ方向に進んでいく。スキル「カット&ペースト」で成し遂げる英雄伝説、いま開幕！
2017.6 299p B6 ¥1200 ①978-4-7973-9201-2

◆カット&ペーストでこの世界を生きていく 2　咲夜著　ツギクル, SBクリエイティブ 発売　（ツギクルブックス）
【要旨】シルフィードとアイシャとの結婚が決まったマイン。よき理解者を得たことで平穏な日々を送っていたマインだが、そこへ王家と平

民との結婚に不満を持つ貴族が現れる。強引に狩りの勝負を挑まれたマインは、狩り場である神霊の森で神獣と出会い、その後の運命が急変していく―。カット&ペーストのスキルを駆使して成り上がる異世界ファンタジー。
2018.1 285p B6 ¥1200 ①978-4-7973-9488-7

◆アマモの森のご飯屋さん　桜あげは著　アルファポリス, 星雲社 発売　（レジーナブックス）
【要旨】ファンタジー世界の精霊に転生した少女ミナイ。彼女の精霊としての能力はなんと「料理」！精霊は人間と契約しなければいけないのに「料理」の能力では役に立たないし、契約主がいない。仕方なくひっそり暮らそうとするミナイだが、なぜか出会った人に、次々と手料理をご馳走することに！やがて、彼女の料理に感動した人たちに食堂を開いてくれと頼まれて―。
2017.4 281p B6 ¥1200 ①978-4-434-23135-3

◆交換ウソ日記　櫻いいよ著　スターツ出版　（スターツ出版文庫）
【要旨】好きだ―。高2の希美は、移動教室の机の中で、1つの書かれた手紙を見つける。送り主は、学校で人気の瀬戸山くんだった。同学年だけどクラスも違うふたり。希美は彼を知っているが、彼が希美のことを知っている可能性は限りなく低いはずだ。イタズラかなと戸惑いつつも、返事を靴箱に入れた希美。その日から、ふたりの交換日記が始まるが、事態は思いもよらぬ展開を辿っていって…。予想外の結末は圧巻！感動の涙が止まらない！
2017.8 355p A6 ¥610 ①978-4-8137-0311-2

◆飛びたがりのバタフライ　櫻いいよ著　スターツ出版　（スターツ出版文庫）
【要旨】父の暴力による支配、母の過干渉…家族という呪縛、それはまるで檻のよう。―そんな窮屈な世界で息をしつづけながら生きる高2の蓮。ある日、蓮のもとに現れた、転入生・観月は、壮絶な過去によって人生を狂わされていた。直感的に引き寄せられるふたり。だが、観月の過去をえぐる悪い噂が流れ始めると、周りの人間関係が加速度的に崩れ、ついにふたりは逃避行へ動き出す。その果てに自由への道はあるのか…。想定外のラストに、感極まって涙する！
2017.1 350p A6 ¥610 ①978-4-8137-0202-3

◆イジワル副社長の溺愛にタジタジです　佐倉伊織著　スターツ出版　（ベリーズ文庫）
【要旨】化粧品会社の副社長・慶太郎は、仕事の才能はもちろん、男の色気も年齢も兼ね備えた超イケメン御曹司。仕事に対しては真摯なのに、秘書のすみれには甘い言葉や態度で迫まり、それは毎日平静を装うのに必死！そんなある日、「お前は俺を狂わせる」と真剣な眼差しで見つめられ、キスをされてしまう。これも冗談なのか⁉それとも…本気⁉真意がわからぬまま、すみれは彼に翻弄されて…⁉
2017.7 269p A6 ¥640 ①978-4-8137-0282-5

◆御曹司と溺愛付き⁉ハラハラ同居　佐倉伊織著　スターツ出版　（ベリーズ文庫）
【要旨】アルバイト中のカフェで投資顧問会社のエリート・一木と出会った英莉。ひょんなことから彼のアシスタントに採用され、成り行きから居候することに…！恋愛経験ゼロの英莉は、イケメンとの同居に戸惑いまくり！「少しは男に慣れようか」と耳元で囁かれ、恋愛レッスンがスタート！一木は仕事では厳しいくせに自宅だと思わせぶりに溺愛してきて…。ハラハラ続きのラブの行方、一体どうなる⁉
2017.9 379p A6 ¥640 ①978-4-8137-0315-0

◆溺甘スイートルーム―ホテル御曹司の独占愛　佐倉伊織著　スターツ出版　（ベリーズ文庫）
【要旨】高級ホテルのハウスキーパー・澪は、客室で出会った次期社長の大成に「ひとときだけ、俺と恋に落ちてよ」と偽婚約者役でパーティ出席を命じられる。さらに「澪をもう離さない」とまさかの溺愛同居がスタート！海外ホテルとの事業提携に飛び回る一方、客室でも気でもあきりきれずと独占欲たっぷりな大成の姿に、澪は心を奪われていく。その甘い日々に突然、澪を蹴落とそうとする銀行令嬢が登場し⁉文庫でしか読めない書き下ろし番外編付き。
2018.1 381p A6 ¥640 ①978-4-8137-0381-5

◆秘書室室長がグイグイ迫ってきます！　佐倉伊織著　スターツ出版　（ベリーズ文庫）
【要旨】悠里は、イケメンだけど仕事に厳しい"冷徹"室長・伊吹のもとで働く新米秘書。ある日、頑張りすぎて倒れたところを、かけつけた伊吹に優しく看病されて動揺しまくり！しかも告白までされてしまい、「必ずお前を惚れさせ

ヤング・アダルト小説

る」といきなりの陥落宣言…!?それ以来、甘い言葉や態度で迫られたり、豪華なデートに連れ出されたり、仕事中の姿からは想像がつかないほどの溺愛っぷりが…!?
2017.4 333p A6 ¥630 ①978-4-8137-0235-1

◆冷酷王太子はじゃじゃ馬な花嫁を手なずけたい 佐倉伊織著 スターツ出版 (ベリーズ文庫)
【要旨】大国の王太子・シャルヴェと政略結婚することになったリリアーヌ。お転婆な彼女は、精悍で美しいが冷酷非道と噂される王太子に「恋をしに参りました」と宣言。型破りな姫を気に入ったシャルヴェといえば、冷酷どころか妻にイジワルし、時に過保護なほどに熱い寵愛を受けてしまう。免疫のないリリアーヌは調子が狂いっぱなしだけど、優しく慈悲深い彼の企業に、本当の恋心を抱き…!?文庫でしか読めない書き下ろし番外編付き!
2017.5 367p A6 ¥640 ①978-4-8137-0253-5

◆オタサーの姫と恋ができるわけがない。3 佐倉唄著 KADOKAWA (富士見ファンタジア文庫)
【要旨】文化祭までの間、お試しで百合姫とお付き合いをすることになってしまった心路。百合姫といったらそりゃもうデレデレで「ヒメが作ってきたお弁当、一緒に食べよ～」「あはっ、膝枕してあげる。おいでおいで?」と、オタサーの姫の名に恥じぬ猛攻撃を繰り出してる。一方ニジゲンでは、文化祭へ向けて「オタク喫茶」を準備中なんだけど、文化祭近しを知った継未との関係は微妙な雰囲気に。耐えかねた継未が手にしたのは「退部届」!?百合姫か、継未か。ニジゲン存続か。サークルクラッシュの危機に直面した心路は、文化祭デートでまさかの決断を下す!
2017.1 333p A6 ¥620 ①978-4-04-072164-4

◆オタサーの姫と恋ができるわけがない。4 佐倉唄著 KADOKAWA (富士見ファンタジア文庫)
【要旨】12月24日。恋人達の聖なる夜。心路と継未はリア充の臨界点「クリスマスデート」の約束を結ぶ。「もっと強く」「手離っちゃって」「あたしがあたしの意思で、抱きついてるんだから」と、甘々な継未との時間を楽しんだ心路だが、胸の奥には自分を慕い続ける百合姫の存在がつっかえていた。踏み切りがつかないまま迎えた年末の冬コミ。百合姫は今まで以上にアピールを強めるわ、継未も負けじと心路の泊まる部屋で迫ってくるわで、ニジゲンの恋模様は更にヒートアップしていす!「特別」な百合姫か、「大切」な継未か。一年を締めくくるラストイベントで、オタクの恋に決着をつけろ!
2017.5 302p A6 ¥660 ①978-4-04-072295-5

◆野良猫は愛に溺れる 桜木理著 アルファポリス, 星雲社 発売 (エタニティブックスRouge)
【要旨】大学時代に事故で両親を亡くした環は、サークルの先輩である鷹藤に救われる。大企業の御曹司である彼が、環を自分の家に住まわせ、生活費や学費など、すべての面倒をみてくれたのだ。彼のもとで暮らし、無事大学も卒業することができた環。鷹藤に恩を感じ、そして彼を愛していることを自覚しつつも、環はあえて彼と別れる道を選んだ。「鷹藤の傍に、自分のような存在はふさわしくない」と。一あれから、三年。会社で残業していた環の前に、突然鷹藤が現れる。不意打ちの再会に混乱する環に、鷹藤は「お前、俺の愛人になれ」という、不埒すぎる命令を告げてきて…。
2017.4 284p B6 ¥1200 ①978-4-434-23222-0

◆あなたの健康を損なうおそれがあります 作楽シン著 KADOKAWA (NOVEL ZERO)
【要旨】俺は宮田博敏、33歳、独身。ある日最悪な合コンから帰宅してタバコを吸っていたところ、『タバコの煙を爆発させる能力』に目覚めてしまい、アパートのトイレを破壊してしまう。その後、どこからともなく現れたスカウトマンに誘われるまま、仕事の評判も、待遇も最高なブラック企業を退職し、能力で人助けをする『フェノミナンリサーチ』に転職することに。充実した福利厚生、満額払われる残業手当など、信じられないほどの好待遇。しかし、甘い話には裏がある。なんと仕事のパートナーとして紹介された相手は、先日の合コンでひたすら高い酒を飲んでいた残念美女で—?
2018.1 259p A6 ¥680 ①978-4-04-256071-5

◆せんせーのおよめさんになりたいおんなのこはみーんな16さいだよっ? さくらいたろう著 KADOKAWA (MF文庫J)
【要旨】教師を目指す徳田院学園高等部二年の六浦利孝は、一族から優秀な教育者を輩出する徳田院家当主であり義父でもある大五郎から一族入りの条件として試練を課される。しかし利孝の目の前に現れた自称許嫁候補の女の子たち、水無瀬みんく、鳴海ルナ、入江梨恵、辻葛紫の4人はどう見ても小学生。そして…「この中に1人だけいる合法ロリを見つけるように」だって?いま、史上最高難度のロリアンルーレットがはじまる!学園カリキュラムで初等部6年1組の教育実習についた利孝が天才幼女たちと戯れる今年度新人賞作品、徹頭徹尾ハピネス&キュートに登場!
2017.11 263p A6 ¥580 ①978-4-04-069552-5

◆70年分の夏を君に捧ぐ 櫻井千姫著 スターツ出版 (スターツ出版文庫)
【要旨】2015年、夏。東京に住む高2の百合香は、真夜中に不思議な体験をする。0時ちょうどに見ず知らずの少女と謎の空間ですれ違ったのだ。そして、目覚めるとそこは1945年。百合香の心は、なぜか終戦直前の広島に住む少女・千寿の身体に入りこんでいた。一方、千寿の魂も現代日本に飛ばされ、70年後の世界に戸惑うばかり。以来毎晩入れ替わるふたりが、やがて、運命の「あの日」が訪れる。ラスト、時を超えた真実の愛と絆に、心揺さぶられ、涙が止まらない!
2017.11 448p A6 ¥670 ①978-4-8137-0359-4

◆スケッチブック 桜川ハル著 スターツ出版 (野いちご文庫)
【要旨】ひとみしりの高校生の千春は、渡り廊下である男の子にぶつかってしまう。彼が気になった千春は、こっそり見つめるのが日課になっていた。2年生になり、新しい友達に紹介されたのは、あの男の子・シィ君。ひそかに彼を思いながらも告白できない千春は、誰にも内緒で彼の絵を描いていた。ある日、スケッチブックを本人に見られてしまい…。高校3年間の甘く切ない恋を描いた物語。
2017.4 451p A6 ¥640 ①978-4-8137-0243-6

◆ガルディナ王国興国記 2 桜木海斗著 主婦の友社 (ヒーロー文庫)
【要旨】ノースシンシア大陸に、最強の種族、ドラグニルとして新たに生まれ変わった男、レオン・クライネルト。彼は大陸で差別と迫害の対象となっている獣人や亜人をまとめ上げ、彼らの国を築き上げた。街では、人材の育成、街の拡張、組織の編成など、レオンをはじめ多くの人々が慣れぬ仕事に忙殺され続けていた。そんな中、レオンが次に目指したのは北の大地、「ヴィルヘルム帝国」。そこは女帝、リュドミラ・スラミフィ・ヴィルヘルムが治める大陸随一の強国。亜人達を集めるため、一人で北へと向かったレオン。だが、そこで予想外の動きを耳にするのだった。
2017.6 319p A6 ¥600 ①978-4-07-425975-5

◆いばら姫に最初のキスを 桜木小鳥著 アルファポリス, 星雲社 発売 (エタニティ文庫Rouge)
【要旨】老舗呉服店の箱入り娘・雛子。両親と兄の鉄壁の過保護下で、24歳になっても男性と満足に話すことさえない日々を送っていた。そんな雛子に運命の出会いが訪れた!友人の結婚式に参列した雛子、酔っ払いにからまれていたところを、銀髪碧眼の素敵な男性に救われたのだ。と一目惚れした彼にもう一度会いたい!そう思っていると、またしても雛子のピンチに偶然彼が現れて!?恋に奥手なお嬢様とハーフな元軍人の、キュートで甘々なラブストーリー!文庫だけの書き下ろし番外編も収録!
2017.5 346p A6 ¥640 ①978-4-434-23202-2

◆完璧彼氏と完璧な恋の進め方 桜木小鳥著 アルファポリス, 星雲社 発売 (エタニティブックスRouge)
【要旨】食品会社で働く27歳の史香。平凡な地味女な彼女は、恋愛運も最悪で…いつしか史香は、恋を諦め仕事に生きることを決意していた。ところが、そんな史香にアプローチしてくる素敵男性が!見た目も性格も、仕事の評判も、どこをとっても完璧で、欠点のない彼。でも、そんな男性が自分に近寄ってくるなんてありえない。なにか裏があるのでは…疑心暗鬼に陥る史香だけど、彼は思いっきり本気のようで?
2017.3 298p B6 ¥1200 ①978-4-434-23130-8

◆異世界建国記 桜木桜著 KADOKAWA (ファミ通文庫)
【要旨】異世界に転生した少年アルムス。森を彷徨っていると神獣グリフォンが現れ、強引に住処に連れていかれてしまう。さらに「三年以内に独り立ちしろ」と一方的に告げるグリフォン。仕方なくアルムスは、前世の知識と経験を活かして作物を育てたり、隣国の国王や大臣と交渉したり、住処にいる子供達と一緒に村を作り始めるのだが、その一方で発展したアルムスの村を手に入れようと侵略を開始する国が現れ…!!のちに『神帝』と呼ばれる男の英雄譚、開幕!!
2017.8 317p A6 ¥640 ①978-4-04-734743-4

◆異世界建国記 2 桜木桜著 KADOKAWA (ファミ通文庫)
【要旨】ロサイス王の国からアス領を与えられ、さらに王の実弟ライルの養子になったアルムス。アルムスはロサイス王の国の王位を継承するため、王の愛娘であるユリアと結婚することを決意する。その問題に決着をつけるため、村の隣にあるディベル領から発生した難民問題が交戦へと発展してしまう。アルムスはディベル領の領主リガルから『神明決闘』を申し込まれるのだが…!?のちに『神帝』と呼ばれる男の英雄譚、第二弾が登場!
2017.12 307p A6 ¥640 ①978-4-04-734917-9

◆スティール!!—最凶の人造魔術士(ラストナンバー)と最強の魔術回収屋(クリアーズ) 桜咲良著 KADOKAWA (電撃文庫)
【要旨】七十年も続いた魔術大戦は、数え切れない魔術士を巻き込みながら、世界中の街を破壊しつくしたが、"公魔十七家"と"奪還同盟"の双方の和平交渉によって、一応の終結をみた。それから六年。世界に拡散した強力な魔術を回収すべく、各地を旅する凸凹コンビがいた。ユトとサラサ。天真爛漫で陽気なサラサが攻撃担当、静かで人見知りなユトがサポート担当として、危険な任務に従事している。そんな最強(?)な彼ら"クリアーズ"の奔放な活躍を描く。
2017.3 293p A6 ¥640 ①978-4-04-892749-9

◆ご褒美は甘い蜜の味 桜瀬ひな著 三交社 (エブリスタWOMAN)
【要旨】26歳の穂積真由は、いつも誰かの"一番目"になれない自分の恋愛に落胆し、失恋の傷を仕事に打ち込むことで癒そうとしていた。そんなある日、新しい上司・藤堂彬が真由の部署に転任。その厳しい仕事ぶりに、あまり関わりを持ちたくないと思った真由だったが、時折見せる優しい顔に次第に惹かれていく。しかし、藤堂の左薬指に指輪がはめられていることに気がついてしまう。
2017.8 317p A6 ¥630 ①978-4-87919-286-8

◆青年のための読書クラブ 桜庭一樹著 新潮社 (新潮文庫nex)
【要旨】東京、山の手に広々とした敷地を誇る名門女学校「聖マリアナ学園」。清楚でたおやかな少女たちが通う学園しかし、謎と浪漫に満ちていた。転入生・烏丸紅子がその中性的な美貌で皆を虜にした恋愛事件。西の官邸・生徒会と東の官邸・演劇部の存在。そして、教師に没収された私物を取り戻すブーゲンビリアの君…。事件の背後で活躍した「読書倶楽部」部員たちの、華々しくも可憐な物語。
2017.5 235p A6 ¥520 ①978-4-10-180096-7

◆ふつつかな新妻ですが。—記憶喪失でも溺愛されてます!? 佐々千尋著 アルファポリス, 星雲社 発売 (エタニティブックス)
【要旨】転倒したはずみに、記憶の一部を失った花奈。意識を取り戻した彼女は、勤め先の上司と自分がつい最近夫婦となったことを知り、仰天する。戸惑いを隠せない花奈だけど、旦那様は変わらない愛情で彼女を包み込み、溺愛状態。花奈も、そんな彼にふたたび想いを寄せるようになっていく。そうして、時に甘く、時に激しく翻弄されながらも幸せな日々を送るある日…記憶喪失になる前に二人で書いたと思しき離婚届を発見してしまい—!?この結婚にはウラがある?訳アリ夫婦のちょっとエッチな新婚事情。
2017.7 286p B6 ¥1200 ①978-4-434-23583-2

◆不埒な社長のゆゆしき溺愛 佐々千尋著 アルファポリス, 星雲社 発売 (エタニティ文庫)
【要旨】可愛い外見に反し男勝りな性格の夕葵は、振られてばかり。そんな彼女を見かねた父親が、名家の跡取りとの見合いを強引に設定してきた。どうせ気に入られないだろうと、とりあえず会ってみたら、何故か彼は最初から夕葵にベタ惚れ状態!しかもひょんなことから彼のお屋敷に居候することになってしまった。「夕葵が許可するまでは手は出さない」と約束してくれた彼なのに、毎日過剰なスキンシップが待っていて!?イケメン社長の濃密愛が炸裂!文庫だけの書き下ろし

下ろし番外編も収録！

◆リビティウム皇国のブタクサ姫 4 佐崎一路著 新紀元社
【要旨】醜く愚鈍な「ブタクサ姫」の過去を捨て、魔女レジーナの弟子として生きることを決めたジル。姉弟子の家で暮らしはじめたジルは、帝位継承権を持つルークの恋人役を演じ（？）たり、喫茶店を経営したり、妖精族と交流したり、森の魔物と戦ったりと、結構忙しい日々を過ごしている。行方をくらましたレジーナからの、皇立学園に留学せよとの伝言を受けたジルは、さっそく学園がある央都シレントに向かうことに。道中、自分を知っているらしい少年司祭と出会うが、そこに豚鬼の群れが現れて…。「小説家になろう」で話題の人気作、シリーズ書籍化第4弾！
2017.4 321p B6 ¥1200 ①978-4-7753-1490-6

◆女神の勇者を倒すゲスな方法―「おお勇者よ！死なないとは鬱陶しい」笹木さくま著 KADOKAWA （ファミ通文庫）
【要旨】「勇者共をどうにかしてくれ！」いきなり剣と魔法の世界に召喚された外山真一に召喚主の"蒼の魔王"は土下座で頼み込んできた。魔王に可愛い娘のために、美味しい食料を求め人間界に来たのだが、人類に危害を加える気はないらしい。なのに殺しても蘇える勇者達に毎日襲撃され困っていたのだ。せっかく異世界に来たんだし、と勇者撃退ぐらいはゲスな策略は魔族すらドン引きするものばかりで―!!魔王の参謀となった少年の勇者攻略譚、登場！
2017.1 316p A6 ¥610 978-4-04-734451-8

◆女神の勇者を倒すゲスな方法 2 「返事がない、ただの聖女のようだ」笹木さくま著 KADOKAWA （ファミ通文庫）
【要旨】勇者を撃退した平和な日々であった、真一は魔族たちと畑作りを進めていた。その時―魔王を狙って放たれた最級の光魔法『聖光奔流』。城ごと壊滅させる攻撃を放った相手は、新たな勇者"聖女"！さっそく攻略に乗り出すが、神官戦士に囲まれ真一の甘言には耳を貸さない聖女はまさしく難攻不落。そこで真一は魔王の娘リノに協力を要請するのだが…。魔王はゲスな手段でアイドルプロデュース!?大人気の異世界勇者攻略譚、第2弾！
2017.5 286p A6 ¥610 978-4-04-734679-6

◆女神の勇者を倒すゲスな方法 3 「ボク、悪い邪神じゃないよ」笹木さくま著 KADOKAWA （ファミ通文庫）
【要旨】「女神教の大神殿に攻撃を仕掛ける」真一は宣言した。最強の魔法使い"聖女"まで魔王城の住人となり、人間側の理解者も得られた。真一が攻め時と、セレスと共に聖都に乗りこんだ真一は四大枢機卿の一角、聖母卿に狙いを定め攻略を開始する。聖女たちが平和に暮らせる世界まであと少しに迫ったその時、女神の祝福を得たあの男が一万の勇者の大群を率いて復活しようとしていた―。ゲス参謀vs女神教、最終決戦!?大人気の異世界勇者攻略譚、第三弾！
2017.9 286p A6 ¥630 978-4-04-734741-6

◆おきらく女魔導士とメイド人形の開拓記―私は楽して生きたいの！佐々木さざめき著 ツギクル、SBクリエイティブ 発売 （ツギクルブックス）
【要旨】大好きだった芸術が戦争によってなくなってきたことに嫌気がさした女魔導士は、時間凍結魔法によって戦争後の世界に行くことを決意。2000年後に目覚めてみると、周りは未開の地になっていた。生体ゴーレムのメイド人形と原始生活を始める女魔導士。やがて村人との出会いによって、女魔導士の立場は一変していく。芸術に囲まれたスローライフを求める女魔導士の夢は、果たして叶うのか―。女魔導士の開拓記、いま開幕！
2017.9 317p B6 ¥1200 978-4-7973-9233-3

◆神さまSHOPでチートの香り 2 佐々木さざめき著 ポニーキャニオン （ぽにきゃんBOOKS）
【要旨】ブラック企業で働いていたアキラは事故で死亡したが神の力で異世界で復活する。その時に与えられた、現代・品物・購入出来るというチート能力に身に着けすぎた調理技術によってドワーフや筋肉マッチョなエルフ、大商会の美少女たちを魅了していく。だがそんな彼を良く思わない者たちの手により投獄されてしまう。まさに処刑寸前なし！その時、残された者たちが取った行動は!?「小説家になろう」第4回ネット小説大賞受賞作品。
2017.6 448p B6 ¥1200 ①978-4-86529-266-4

◆パンデミックで俺は英雄になった 1 佐々木篠著 一二三書房 （オルギスノベル）
【要旨】普通のサラリーマン的場和矢（28）は、インフルエンザにかかり2週間自宅から出ずに静養していた。しかしその間、世の中ではとんでもないことが起きていた。ウイルスの突然変異か細菌兵器か原因は不明だが、人類のほとんどがゾンビ化していたのだ。なにも知らずに出社しようとして初めて気付いた人類の敗北に戸惑うものの、食糧確保のために外に出ていた学生グループと合流し、拠点のショッピングモールになんとか潜り込む。そんな学生グループも、助けを求めて拠点のショッピングモールを出て行くという。一人の少女を残して…。
2017.2 263p B6 ¥1200 ①978-4-89199-425-9

◆パンデミックで俺は英雄になった 2 佐々木篠著 一二三書房 （オルギスノベル）
【要旨】ヘリで無事救出され自衛隊基地に滞在することとなった弓であったが、早くも和矢に会うために基地を脱出することを考えていた。そんな中、基地内で年齢不詳の少女、楓と出会う。弓は楓が現状に不満を抱いていると思い、一緒に基地を出ようと提案する。一方、葛西家を出て自衛隊基地を目指していた光太、彩、静代、未美の四人は、偵察していた工場の入口で銃声を聞く。中に生きた人がいると思い、慎重に進んでいくと、そこには弓に銃を突きつける誠の姿があった！
2017.7 289p B6 ¥1200 ①978-4-89199-443-3

◆キミと僕の最後の戦場、あるいは世界が始まる聖戦 細音啓著 KADOKAWA （富士見ファンタジア文庫）
【要旨】高度な科学力を有する帝国と、「魔女の国」と畏怖されるネビュリス皇庁。永く続く二国の戦場で、少年と少女は出会う。史上最年少で帝国の最高戦力となった剣士・イスカ。皇庁最強とうたわれる氷の魔女姫―アリスリーゼ。「わたしを捕えられれば、キミの夢も叶うかもしれないわ」「そっちこそ僕を倒せれば、君の世界統一の前進になる」宿敵として殺し合う二人。しかし、少年は少女の美しさと高潔さに心奪われ、少女は少年の強さと生き方に惹かれていく。共に歩むことは許されず、互いを倒す以外に道はなくとも―。敵対する少年少女が世界を革新するヒロイックファンタジー！
2017.6 318p A6 ¥600 ①978-4-04-072307-5

◆キミと僕の最後の戦場、あるいは世界が始まる聖戦 2 細音啓著 KADOKAWA （富士見ファンタジア文庫）
【要旨】帝国とネビュリス皇庁が争う戦場で、運命の邂逅を果たした帝国最強の剣士イスカと皇庁の魔女姫アリスリーゼ。「こんな騒がしいカジノに、アリスがいるわけないのよ」「大当たりなんだとして、彼女に会えなきゃ意味がないのよ」互いに夢を求め、すぐ近くにいながらも、二人は偶然か必然か、すれ違いを続けていた。しかし、敵対する少年少女の運命は戦場でこそ交わる。星脈噴出泉一この永き戦争の元凶を巡る任務に参戦することになった二人。その戦場には、決着を求める彼らの高潔な想いだけでなく、帝国・皇庁それぞれの陰謀が渦巻いていて―。
2017.7 315p A6 ¥600 ①978-4-04-072308-2

◆キミと僕の最後の戦場、あるいは世界が始まる聖戦 3 細音啓著 KADOKAWA （富士見ファンタジア文庫）
【要旨】皇庁潜入という特務に、隊長の魔女化。問題が山積する中、さらに望まぬアクシデントかイスカはアリスリーゼの皇庁の監獄都市へ連行されることになってしまう。「キミの本音を知りたいだけ」「僕からも大事な話がある」イスカを逃がさぬ自身と手錠で繋ぐアリス。密着状態で少女の素顔を垣間見るイスカ。しかし二人の時間は、打ち砕かれる。皇庁最凶の大罪人、『超越の魔人』の脱獄によって。時を同じく、特務と部下奪還のため監獄へ潜入したイスカも決意を固めていた。「できるよ、今のオレなら魔女だもん」陰謀の火薬庫と化した監獄都市を舞台に、戦線は激化する！
2017.12 331p A6 ¥620 ①978-4-04-072518-5

◆世界の終わりの世界録（アンコール） 9 絶望の始祖 細音啓著 KADOKAWA （MF文庫J）
【要旨】伝説の英勇エルラインが遺した至宝「世界録」。その在り処の衝突から世界が終わり始めた時代―海底神殿の探索と激闘の末、ついに神性都市の入り口にたどり着いたレンたち。だが、思わぬトラブルから秘境の砂漠地帯に飛ばされてしまい、その矢先に天使や悪魔を捕らえた水晶の監獄の存在を知る。いまだ消息の掴めないフィアもそこにいると推測した一行は、残る仲間の手がかりを求めて探査に乗り出す。一方、シオンやエリエス、ゼルブライトや沈黙機関といった面々は神性都市へ。「一人ではあるまい？お前も精霊も」。終極に向かう追走曲を超え、偽英勇は、かけがえのない仲間と決戦に赴く―いま、最も王道を行くファンタジー、集結と決戦の第9弾！
2017.1 326p A6 ¥580 ①978-4-04-069012-4

◆世界の終わりの世界録（アンコール） 10 再来の英勇 細音啓著 KADOKAWA （MF文庫J）
【要旨】伝説の英勇エルラインが遺した至宝「世界録」。その在り処の衝突から世界が終わり始めた時代―神性都市に突入したレンを待ち受けていたのは、最悪の力を持つ三起源との対決。そのうち一体を辛うじて退けたものの、残る二体がレンと別行動をとる仲間たちに襲いかかる。それでも、自らが成すべき世界の災厄『真精』の打倒のために都市の中枢部に進むレン。「本当は、お前にもう少し旅をさせたかった…こんな戦いの旅じゃなく。目的地なんか決めずに、世界のどこまでも思うまま歩いていくだけの旅を…」。仲間たちの想いを胸に、偽英勇は破滅の終曲を迎える世界を救いだせるのか―いま、最も王道を行くファンタジー、第10弾！再来の伝説はここにある！
2017.5 321p A6 ¥580 ①978-4-04-069237-1

◆なぜ僕の世界を誰も覚えていないのか？―運命の剣 細音啓著 KADOKAWA （MF文庫J）
【要旨】「なんで誰も、本当の世界を覚えていないんだ…！」地上の覇権を争う五種族の大戦で、英雄シド率いる人類の勝利に終わった時代。だがその世界は、少年カイの目の前で突如として「上書き」された。英雄シドの不在により人間が五種族大戦に敗れた光景ここでは竜や悪魔が地上を支配し、さらにカイは全ての人間から忘れられた存在になっていた。だが神秘の少女リンネと出会い、カイはこの書き換えられた運命を打ち破ることを決意。英雄なき世界で、英雄の剣と武技を継承し、君臨する強大な敵種族に戦いを挑む。世界から忘れられた少年が「真の世界を取り戻す」ファンタジー超大作、開幕！
2017.5 291p A6 ¥580 ①978-4-04-069351-4

◆なぜ僕の世界を誰も覚えていないのか？ 2 堕天の翼 細音啓著 KADOKAWA （MF文庫J）
【要旨】世界は人類が五種族大戦に敗れた歴史へと「上書き」された。強大な異種族に支配された地上でただ一人、人間が勝利した世界を知る少年カイは、全ての人間から忘れられた存在になりながらも、英雄シドの剣と武技を継承し「真の世界を取り戻す」ことを決意。運命の少女リンネと共に悪魔の英雄ヴァネッサをうち破り、人類を悪魔族から解放することに成功。さらに霊光の騎士ジャンヌと共に、蛮神族の領土イオ連邦へ。天使やエルフ、ドワーフたちの支配地でカイが見たものは、蛮神族の英雄・主天アルフレイヤの豹変だった。「主天様は…変わってしまわれた。すべてはあの時から…」早くも大ヒット！圧倒的反響を巻き起こすファンタジー超大作、第2弾！
2017.10 322p A6 ¥580 ①978-4-04-069509-9

◆ほま高登山部ダイアリー 細音啓著 小学館 （ガガガ文庫）
【要旨】登山に青春をささげるあまり、恋愛を知らずにいる少女たち。そんな女の子に恋した少年は、高校入学を機に彼女に「好きだ！」と告白を。しかし悲しくも「登山が好きだ」と勘違いされ、未知の登山部へと勧誘されることに!?そこで味わう、初めての知識や経験の数々。彼は少女と過ごせる一緒の時間が嬉しいだけでなく、いま、ここでしか味わえない、先輩や仲間との青春の良さも感じたりして―。山に恋するあまり恋愛感性ゼロの山ガールに、果たして少年の想いは届くのか!?青春の坂道を駆け上がれ！！登山部ラブコメ―合目！！
2017.2 294p A6 ¥593 978-4-09-451645-6

◆ワールドエネミー―不死者の少女と不殺の王 細音啓著 KADOKAWA （NOVEL ZERO）
【要旨】世界中に吸血鬼や屍鬼、魔獣などの強大な怪物がはびこる時代―人類は世界の敵たる12体のアークエネミーとの全面衝突を繰り広げ、その命運は一人の男に託された。ノア・イースヴェルト―史上最凶の「世界の敵」吸血鬼エルザ

ヤング・アダルト小説

◆ワールドエネミー 2 不死殺しの王と王殺しの獣　細音啓著　KADOKAWA
(NOVEL ZERO)
世界中に吸血鬼や屍鬼、魔獣などの強大な怪物がはびこる時代—人類は世界の敵たるアークエネミーとの全面衝突を繰り広げ、その命運は最強ハンター、ノア・イーストヴェルトに託された。元シスター・シルヴィを料理係に迎えたノアは、とある村の周辺で発生する屍鬼の騒動が大敵の仕業だと目星をつける。過去にヴィクトリア19世が治める王国での事件から因縁にある奇妙な気配を持つ大敵、獣の魔物御に持つ大敵の予言を手がかりに現地に赴いたノアたち。待ち受けるは、「王殺しの獣」の異名を持つ大敵=ヴァラヴォルフ・S。これは、数百年間にわたり人間を騙し続ける最悪の人狼と最強のハンターの死闘の記録。異例の反響を起こす世界最強のハンター・アクション、第2弾!
2017.8 320p A6 ¥700 ①978-4-04-256057-9

◆神さまの百貨店—たそがれ外商部が御用承ります。　佐々原史緒著　KADOKAWA(富士見L文庫)
【要旨】服部美苑は横浜の老舗百貨店に勤めるデパート・ガール。接客が好きで楽しく仕事だけど、ある時を境に神様らしき幻覚を見てしまう。やがて下った辞令の異動先は銀座本店の"特別"外商部。そこは本当にいた神様を、お客様としてもてなす部署だった! 毒舌な先輩の泰原や狸面条、百貨店の神様タケハルさまと、部署の仲間も曲者揃い。彼らと共にてんやわんやでお客様の応対を伺ううちに、美苑は訪れる神様たちにも悩みがあることを知って…? 神様だってお客様! 想いを伝える商品の取り揃え、承ります。
2017.3 227p A6 ¥640 ①978-4-04-072215-3

◆神名ではじめる異世界攻略てい こうよ—屍を越えていこうよ　佐々原史緒著　KADOKAWA
(ファミ通文庫)
【要旨】平和だった高校が、ある日突然謎の霧に包まれる。竜崎時雨人は、取り残された憧れの先輩を心配するあまり校内に突入するが、そこはモンスターが跋扈する異世界の迷宮となっていた! 早速襲われピンチに陥る時雨人。しかし彼の放った攻撃が驚異的な力を発揮する。そう、この迷宮では、そのものの持つ名前によって様々な力が付与されるのだ。竜と英雄、二つの最強の力を得た彼は迷宮攻略に乗り出すのだが—。死と裏切りに満ちたサバイバル・ファンタジー登場!
2017.11 251p A6 ¥580 ①978-4-04-734904-9

◆クラスが異世界召喚されたなか俺だけ残ったんですが 1　サザンテラス著　双葉社
(モンスター文庫)
【要旨】教室に突如現れた神からの依頼で、クラス全員強制的に異世界へ召喚された!…はずが、隣の席で寝ていた神谷夜兎は魔法陣の中に入ることなく、スキルだけ授かったまま異世界に留まることになった。ほとぼりが冷め高校生になり、平穏な日々を過ごそうとするが、学校がテロリストに占拠された上、異世界からモンスターが現れたりと夜兎の住む街で次々に騒動が起こっていき—。無気力少年が世界を救う?「小説家になろう」発、大人気ファンタジー!
2017.10 293p A6 ¥602 ①978-4-575-75158-1

◆異世界を制御魔法で切り開け! 1　佐竹アキノリ著　アルファポリス,星雲社 発売
(アルファライト文庫)
【要旨】ある日、没落貴族の四男エヴァン・ダグラスはふと思い出した。前世の自分は、地球で制御工学を学ぶ大学生だったことを—彼はこの知識を生かして、魔力ベクトルを操る超絶技巧「制御魔法」を修得する。やがて彼は、危険な魔物達が跳梁跋扈する剣と魔法の世界で、冒険者として身を立てていく。ネットで大人気! 運命制御系ファンタジー、待望の文庫化!
2017.4 307p A6 ¥610 ①978-4-434-23114-8

◆異世界を制御魔法で切り開け! 2　佐竹アキノリ著　アルファポリス,星雲社 発売
(アルファライト文庫)
【要旨】没落貴族の四男エヴァン・ダグラスは、制御魔法の技術に磨きをかける一方、獣人の美少女セラフィナと共に冒険者として成長を重ねていった。ある日二人は、ふとした縁で助けた水の精から謎の予言を与えられる。彼らはそれに導かれ、神秘の水脈を統べる"盟主"の身に起きた異変に立ち向かうことになるのだった—。ネットで大人気! 運命制御系ファンタジー、第2弾!
2017.6 315p A6 ¥610 ①978-4-434-23290-9

◆異世界を制御魔法で切り開け! 3　佐竹アキノリ著　アルファポリス,星雲社 発売
(アルファライト文庫)
【要旨】エルフとドワーフが共存する国へやってきた没落貴族の四男エヴァン・ダグラスと狐耳少女のセラフィナは、突如発生した謀反に巻き込まれ、鉱山の奥深くに囚われてしまう。そんな絶体絶命のピンチにも、エヴァンは破格の制御魔法を駆使して、脱出作戦を練り上げていく。だがそれは、大いなる試練の始まりに過ぎなかった—。ネットで大人気! 運命制御系ファンタジー、第3弾!
2017.10 337p A6 ¥610 ①978-4-434-23754-6

◆異世界を制御魔法で切り開け! 4　佐竹アキノリ著　アルファポリス,星雲社 発売
(アルファライト文庫)
【要旨】冒険者生活に区切りを付け、生まれ故郷に戻ってきたエヴァンとセラフィナ。しかし平穏な日々もつかの間、突如発生した盟主の襲来によって、再び旅に出ることを決意するのだった。行く先々で強大な力を持つ盟主たちとの死闘を乗り越え、やがて二人は全ての真実を知る神代の魔像のもとへと辿り着く。ネットで大人気! 運命制御系ファンタジー、第4弾!
2017.12 339p A6 ¥610 ①978-4-434-24014-0

◆異世界に行ったら魔物使いになりました! 2　佐竹アキノリ著　アルファポリス,星雲社 発売
【要旨】気がつくと異世界にいた俺、シン・カミヤ。魔物を従える「主従契約」と合成・進化させる「魔物合成」の二つのスキルを駆使し、魔物使いとして旅の生活を送っていた。ある日、高級食材と美女の噂につられて山までやってきた俺と仲間の魔物たちは、オークに襲われていた狐耳の美少女を救助し、彼の隠れ里に案内されることになる。どうやら先ほどのオークは、里を襲おうとする群れの尖兵らしい。相次ぐ襲撃によって、やっかり疲弊しきっている狐たち。その様子を目の当たりにした俺は、オークとの戦いを決意するのだった—個性派魔物もパワーアップ!? 山へ谷へと異世界を駆け巡る魔物育成系冒険ファンタジー、第2弾!
2017.1 281p B6 ¥1200 ①978-4-434-22936-7

◆異世界に行ったら魔物使いになりました! 3　佐竹アキノリ著　アルファポリス,星雲社 発売
【要旨】気がつくと異世界にいた俺、シン・カミヤ。魔物を従える「主従契約」と合成・進化させる「魔物合成」の二つのスキルを駆使し、魔物使いとして旅の生活を送っていた。先日発見した古文書を調べるため、俺と魔物たちは一路、遺跡研究都市へ。偶然も手伝って解読した結果、どうやら、この世界の秘密を解き明かす鍵となるのは「旧世界」にまつわるものらしい。更なる手がかりを求め、東の国へ向かった俺たちは、途中、機械都市での新たな出会いや、雪山での激しい戦いと成長を経て、ついに目的地へと辿り着く。そこで俺たちの目に飛び込んできたのは、何故か江戸風の街並みと、見るからに和風な妖怪の姿だった—斬新刀も仲間入り! 異世界の果てまで駆け抜ける魔物育成系冒険ファンタジー、第3弾!
2017.6 295p B6 ¥1200 ①978-4-434-23372-2

◆異世界に行ったら魔物使いになりました! 4　佐竹アキノリ著　アルファポリス,星雲社 発売
【要旨】「主従契約」と「魔物合成」の二つのスキルを駆使し、魔物使いとして異世界を旅していた俺、シン・カミヤ。仲間の魔物たちとともに、"旧世界"と"千年前の魔物使い"の謎を追い、東の果てにある妖怪の国へ来ていた。謎を紐解く手がかりを求め御前試合に出場した俺たちは見事勝ち抜き、将軍との謁見を果たす。千年前の魔物使いの情報を彼らから告げられたのは、旧世界との戦いが間近に迫っているという事実だった。戦いに敗れれば、世界は滅んでしまう。大切な仲間を守るため、俺は千年前の魔物使いの記憶と力を継承することを決意する—敵は天に浮かぶ旧世界にあり!? お髭かせ魔物を引き連れた魔物育成系冒険ファンタジー、最終章!
2017.9 296p B6 ¥1200 ①978-4-434-23702-7

◆逆成長チートで世界最強 1　佐竹アキノリ著　主婦の友社　(ヒーロー文庫)
【要旨】魔物がはびこり、農民ですら鍬を手に戦わねばならなくなった時代。15才になると女神と契約し、特別な加護—スキルと職業を得るとされていた。孤児の少年フォンシエは、魔物の襲撃を受けて燃える都市で逃げ惑っていた。大人たちはすでに逃げ出し、辺りにいるのは魔物ばかり。幼い彼は、大人は誰も助けてはくれないのだと恨みながらも、ただ生き延びるために足を動かすので精一杯であった。やがてフォンシエは安全な場所に潜んだところで、狐の獣人である少女フィーリティアを見つける。フィーリティアが魔物に襲われるのを見たフォンシエは、恐怖心との葛藤の末、敵へと挑みかかるのだが—。
2017.5 335p A6 ¥590 ①978-4-07-424697-7

◆逆成長チートで世界最強 2　佐竹アキノリ著　主婦の友社　(ヒーロー文庫)
【要旨】村人の少年フォンシエは、勇者の少女フィーリティアとともに、東の間の平穏な生活を送っていた。フォンシエが活動を再開すべく魔物の駆除に出かけると奇妙な魔物に遭遇する。死んだはずの魔物が動いているのだ。そんな折、フィーリティアがかつて住んでいた都市アルマトの復興を行おうと考えていたことを持ち掛けられる。そこはフォンシエにとっても故郷であり、彼もいつかは同じ行動をしようと思っていたところだ。幼い頃、同じようにアルマトで襲撃にあったアーツたちも平和な都市の未来を思い描きながら、戦いに参加することを決める。だが、そこでも死した魔物が動くという異常事態に遭遇するのだった—。
2017.8 319p A6 ¥600 ①978-4-07-426934-1

◆逆成長チートで世界最強 3　佐竹アキノリ著　主婦の友社　(ヒーロー文庫)
【要旨】村人の少年フォンシエは、カヤラ領を乗っ取っていた死霊の魔王を打ち倒し、幼馴染みの勇者の少女フィーリティアと平穏な日々を過ごしていた。ある日、カヤラ領の北では魔物がたくさん出るという噂があると、兵団に所属するアーツから伝えられる。自分の活躍の場もあるかもしれない、とフォンシエは仲間のシーナやミルカとともに向かう。相変わらずの賑やかな日々の中で、フォンシエにも悩みもあった。村人だから、と共同体に加入するのを避けていたため、明確な役割も存在せず、自分にできることはなんなのか、考えずにはいられなかった。力を手に入れつつあるとはいえ、村人は勇者にはなれないのだった。
2017.8 318p A6 ¥610 ①978-4-07-429105-2

◆中年冒険者の魔物メシ　佐竹アキノリ著　リンダパブリッシャーズ,泰文堂 発売　(レッドライジングブックス)
【要旨】「魔物食い」と呼ばれる中年冒険者ディナード。彼は人々に害をなす魔物たちを退治しては、それを調理して食べることを生業としていた。そんな彼が、何故か妖狐の親子(と、ついでにゴブリン一匹)を保護することになり、しかもそれが原因で魔王を探して食べる旅に発展し…? 襲い来る魔物はすべて食材!? グルテロ必至、異世界にて巻き起こる異色のモンスタークッキングファンタジーここに開幕!!
2017.8 255p B6 ¥1200 ①978-4-8030-1094-7

◆転生魔術師の英雄譚 2　佐竹アキノリ著　主婦の友社　(ヒーロー文庫)
【要旨】貴族の末っ子ヴィレム・シャレットは、古代の大魔術師レムの記憶を引き継ぎ、その才能を生かして魔術師として研鑽を積んでいた。ある日、領主である父から騎士に叙任され、都市を治めることとなった。やがてヴィレムはシャレット家を長年荒らしていた顔割れ族を打ち倒し、暗躍していた魔術師の陰謀を打ち砕くことに成功する。その後も騎士として順調に活動するのだが、彼が治める都市の北のルーデンス領では争いが絶えず起こっており、難民を巡ってその領との問題が激化しつつあった。そんな中、ヴィレムは父からの要請を受けて、ドラゴンに襲われた都市に向かうことになるのだが—。
2017.3 318p A6 ¥600 ①978-4-07-423670-1

◆転生魔術師の英雄譚 3　佐竹アキノリ著　主婦の友社　(ヒーロー文庫)
【要旨】貴族の末っ子ヴィレムは、古代の大魔術師レムの記憶を引き継ぎ、その才能を生かし魔術師として研鑽を積んでいた。ルーデンス領を巡る動乱を収めて領主となった彼は、さらなる発展を目指して、北のアバネシー領との交易を進めていく。発展の兆しが見えてきた折、ルー

◆転生魔術師の英雄譚　4　佐竹アキノリ著
主婦の友社　（ヒーロー文庫）
【要旨】ルーデンス領の領主となったヴィレム・シャレットは、領内のみならず、諸外国との対応を迫られていた。暗躍し続けてきた敵の魔術師は、直接的に攻撃してくるだけでなく、隣国デュフォー帝国との関係でも影を見せるようになってきている。一方で、黒幕は一向に姿を見せなかった。なかなか尻尾を摑ませない相手に翻弄されるヴィレム。そんなある時、帝国と交戦中である南方の土地に、敵の魔術師の姿が見られたという連絡が入る。翻弄される一方のヴィレムにとって先手を打つことができる好機。今度こそ尻尾を摑んでみせるとヴィレムは密偵を送り出すのだが—。
2017.12 303p A6 ¥620 ①978-4-07-428650-8

◆魔物と始める村づくり！　やる気なし魔導師の開拓記　佐竹アキノリ著　リンダパブリッシャーズ、泰文堂 発売　（レッドライジングブックス）
【要旨】狐人の王が統治するコーヤン国で、やる気なし魔導師と名高い、若き宮廷魔導師のヴェイセル。そんな彼に未開の辺境の開拓命令が届く。つまり、いきなりの左遷だった。国王に引き留められつつも、狐耳の王女様リーシャと一緒に、渋々辺境の土地へ向かうヴェイセル。そこで、魔法の才能を活かし、魔物たちと一緒に村を作り始める。ゆるかわな魔物たちや、可愛い狐耳っ娘たちと一緒の、ゆったりまったり開拓記が始まる！
2017.4 285p B6 ¥1200 ①978-4-8030-1028-2

◆絶対捕まってやらない　左鳥永著　一迅社
（メリッサ）
【要旨】突然異世界にトリップした結音と友人の咲。そんな二人を助けてくれたのは、咲はジェレンに寵愛されるが、結音は監禁され、まるで罪人扱い!!腹に据えかね王宮から逃げ出した結音は、自称勇者のドSで絶倫なハギと出会い、その日暮らしの旅に出る。……って、「小説家になろう」人気作！？波乱の異世界逃亡生活、スタート！？
2017.12 319p A6 ¥1200 ①978-4-7580-9012-4

◆鳥かごの大神官さまと侯爵令嬢　佐槻奏多著　一迅社　（一迅社文庫アイリス）
【要旨】ある日突然、王子との婚約内定が取り消しになってしまった侯爵令嬢のレイラディーナ。ただでさえ落ち込んでいたのに、追い打ちをかけるようにいわれない非難を浴びて、新たな婚約も望めなくなってしまった。人生に絶望していた彼女だったけれど…。大神官アージェスに爽さを一変！？素敵すぎる超絶美形な大神官様の傍にいたい！そのためには聖女を目指すしかないわ！「小説家になろう」人気作！恋に落ちた面食い令嬢の神殿ラブコメディが、大幅加筆修正＆書き下ろし短編つきで書籍化!!
2017.5 286p A6 ¥638 ①978-4-7580-4928-3

◆私は敵になりません！　5　佐槻奏多著
主婦と生活社　（PASH！ブックス）
【要旨】ファルジア王太子レジナルド（レジー）の死の運命に抗うため魔術師になったキアラ。隣国ルアインに占領され国王も殺されてしまうファルジア王国を奪還すべく、反撃の狼煙を上げる。キアラも魔術師としてその力を奮い、レジー達はルアイン軍を次々と撃破していった。そして、ルアインとその同盟国マルスハイが集結する北のトリスフィード伯爵領へと辿り着く。しかしそこには昔キアラがかつて政略結婚させられそうになった因縁の相手、クレディアス子爵の姿が—。窮地のキアラを救った騎士カインからレジナルド国王ミサークにより重傷を負う。その命を救うべく、キアラは自らの身を差し出し…。愛の告白、そして秘密を握る人物との再会—物語はついに佳境へ！
2017.3 345p B6 ¥1200 ①978-4-391-14997-5

◆私は敵になりません！　6　佐槻奏多著
主婦と生活社　（PASH！ブックス）
【要旨】ゲームによく似た世界に転生した少女キアラは、悪役として殺されてしまう運命にあった。そんな未来を覆すため、キアラは魔術師となり、戦場に身を投じることを決意。ルアイン王国軍と、その同盟国サレハルド王国軍と戦う。

一度は捕虜になるものの、レジーによる救出作戦が成功。その時レジーに告白されたキアラは、自分もレジーのことを好きだと気づく。そしてレジーは、魔術師や魔獣を擁するルアイン軍に勝つため、自身も魔術を操る方法を手に入れた。快進撃を続けるキアラ達は、ついに王都へ。それからキアラはファルジア王妃マリアンネが秘策とともに待ち構えていた。三国を巻き込んだ戦いの結末は？キアラとレジーは生き抜き、結ばれることはできるのか…？シリーズ完結!!
2017.9 304p B6 ¥1200 ①978-4-391-15013-1

◆さよならレター　皐月コハル著　スターツ出版　（スターツ出版文庫）
【要旨】ある日、高2のソウのゲタ箱に一通の手紙が入っていた。差出人は学校イチ可愛いと言われる同級生のルウコだった。それから二人の秘密の文通が始まる。文通を重ねるうち、実は彼女が難病で余命わずかだと知ってしまう。ルウコは「もしも自分が死んだら、ある約束を果たして欲しい」とソウに頼む。その約束には彼女が手紙を書いた本当の意味が隠されていた…。一生と死の狭間で未来を諦めず生きるふたりの純愛物語。
2017.11 261p A6 ¥550 ①978-4-8137-0361-7

◆剣と炎のディアスフェルド　2　佐藤ケイ著
KADOKAWA　（電撃文庫）
【要旨】イアンマッドの王となったレオームは、超大国アルキランの脅威に対抗するためディアスフェルド統一という大事業に乗り出す。対するは大小六十も乱立する国と、いずれも最強なる王と騎士たち。籠城、野戦、攻城、一騎打ち。せめぎ合う謀略と知略。戦いに次ぐ戦いの中、レオームたちの目の前に、最大にして最強の覇王が絶望的な壁として立ちはだかる。王として立つとはどういう事か。ディアスフェルドを統一するとはどういう事か。何のために戦うのか。戦いの果てに何を得て、何を失うのか。若きレオーム王の覚悟が今、試される！
2017.2 512p A6 ¥750 ①978-4-04-892609-6

◆剣と炎のディアスフェルド　3　佐藤ケイ著
KADOKAWA　（電撃文庫）
【要旨】蛮夷皇デイロークの護衛として、はるか東方の国境紛争地へ赴くことになったディアスフェルドの騎士ルスタット。大小さまざま長い旅路の途上、盗賊に悪魔太守に異端の狂信者らが次々と襲い来る。それらを蹴散らし、まだぬ異国の文化や古い伝承を巡る進むうちも、ルスタットは暗い洞窟のその奥で、アルキランの隠された神秘の根源に触れる。いにしえの英雄、失われた聖なる剣。そして古きアルキランの伝説は、若き異国の騎士スタットと共に甦る！新たなる英雄の旅は、もうすでに始まっている！
2017.11 529p A6 ¥830 ①978-4-04-893498-5

◆黒き魔眼のストレンジャー—精霊の導きと覚醒するブラッドオーブ　佐藤清十郎著　宝島社
【要旨】初心者の迷宮を無事にクリアし、E級冒険者へと昇格した仁。そんな彼へ、ギルドマスターのゼストから直々に初仕事が依頼される。森人族の長へ手紙を届けるため、危険なザッハルカ大森林の奥地へと進む仁とリザ、アルドラの3人。数々の障害を乗り越え、森人族の元に辿り着いた彼らは、ベイルに大いなる危機が迫っていることを知るのだった…。剣と魔法の王道ファンタジー、快心の第2巻！第4回ネット小説大賞受賞作シリーズ。
2017.8 286p B6 ¥1000 ①978-4-8002-7509-7

◆オイディプスの檻—犯罪心理分析班　佐藤青南著　KADOKAWA　（富士見L文庫）
【要旨】高級住宅地で女子高生失踪事件が発生。営利誘拐が疑われる中、眉目秀麗で頭脳明晰、なのにコミュニケーションが全く取れていないプロファイラー・土岐田は、不明女性の顔立ちから過去の失踪事件との関連を疑い、独自捜査を始める。プロファイラーの介入など望んでいない現場とは当然対立し、相棒の刑事・八木小春は土岐田が怒らせないよう頭を下げて回るはめに。だが—その中で意外な事実が発覚した。女子高生は何に巻き込まれたのか？誰にも知られずいない天才・土岐田と普通の感性の小春が迫る失踪事件の真相は!?
2017.3 286p A6 ¥660 ①978-4-04-072192-7

◆エルフと戦車と僕の毎日　2　我が祖国の名は　下　佐藤大輔著　KADOKAWA　（カドカワBOOKS）
【要旨】ラガニア陸軍は勝手に敗走。少しも勝った気がしないユタカは、敵軍が捨てていった武器や弾薬で補給作業を指示し次の戦備に動

き出した。しかし、武器の弾薬の補給は思うようにいかず、要の戦車も未だ砲台がつかない状況であった。そんな不安要素を山ほど抱え奔走するユタカのもとへ、エルフ軍が『ケルタンのお気楽樹園』でエスカナ正規軍と戦闘に入ったとの知らせが届く！ただのミリオタ高校生・島田ユタカの本当の戦いが始まる。
2017.5 226p B6 ¥1600 ①978-4-04-072254-2

◆魔人執行官（デモーニック・マーシャル）　2　リベル・エンジェル　佐島勤著　KADOKAWA　（電撃文庫）
【要旨】一人は天使でもなければ獣でもない。男は、闘う者としての矜持を捨てなかった。青年はあくまで、己が最強であることを示そうと欲した。紫の翼を背負わされた少年は、何の為に力を与えられたのかすら分からぬまま、戦いの渦中に放り込まれた。天使になれず、獣になることを拒んだ少年は、運命に翻弄されるままフォーシアと戦い、NEOと戦う。始まりの夜に出会った「星の少女」の記憶で、己の心を「人」につなぎ止めながら。
2017.4 300p A6 ¥610 ①978-4-04-892829-8

◆魔人執行官（デモーニック・マーシャル）　3　スピリチュアル・エッセンス　佐島勤著　KADOKAWA　（電撃文庫）
【要旨】世界中で大量殺戮が連発。その災禍を引き起こした『天使』は、『人』を喰らい自らの糧としていた。『天使』の変化を察知した『魔人』と『反逆の天使』は、それぞれ守るべきもののために行動を始める。『少女』は悩む。自らが『天使』と力を持つものの、戦いに敗れ、『天使』の餌食となり『魔人』との絆が途切れてしまうのではないかと。『賢者』の分析により、『魔人』と『天使』の驚くべき関係性が明らかになる中、新たなる事件が…。葛藤を抱えつつも『少女』は『魔人』と共に天使討伐へと向かう！
2017.10 310p A6 ¥630 ①978-4-04-893406-0

◆魔法科高校の劣等生　21　動乱の序章編　上　佐島勤著　KADOKAWA　（電撃文庫）
【要旨】二〇九七年四月。南米大陸で戦略級魔法『シンクロライナー・フュージョン』が使用された。それを契機に、世界に吹き荒れる動乱の嵐が、日本にも押し寄せようとしている。翌月。国立魔法大学付属第一高校三年生に進級した達也と深雪の元に、十文字家当主・十文字克人からの招待状が届く。十師族、師補十八家の若手を集めて、自分たちを敵視する風潮に魔法師としてどう対処すべきかを話し合う為の会議に二人を招待する正式な書状。それが達也を、更なる波乱の日々へといざなう。
2017.2 302p A6 ¥610 ①978-4-04-892669-0

◆魔法科高校の劣等生　22　動乱の序章編　下　佐島勤著　KADOKAWA　（電撃文庫）
【要旨】二〇九七年四月。横浜で行われた、十師族及び師補十八家の後継者たちを集めた会議での達也の振る舞いは、他家との軋轢を生む。"全ては深雪を守るため"の達也の判断を支持する真夜。同時に他家への警鐘を鳴らすのも一特に、十文字家と十山家への警戒を強めるのだった。そんな時を同じくして、十師族『三矢家』の少女、三矢詩奈が行方不明に!?彼女を捜索する矢車侍郎と第一高校のメンバーたち。その裏には国防陸軍所属の遠山つかさの暗躍の影があった—。"人間"と魔法師の共存。魔法師に集まる人々の懐疑心が、他家の状況を一変させ、そして動乱の渦へと巻きこんでいく。
2017.6 301p A6 ¥610 ①978-4-04-892949-3

◆魔法科高校の劣等生　23　孤立編　佐島勤著　KADOKAWA　（電撃文庫）
【要旨】二〇九七年四月末。戦略級魔法の使用はブラジルだけにとどまらず、ギニア湾岸にて大亜連合により戦略級魔法『霹靂塔』が使用された。魔法が戦火を拡大し世界を包んでいく。魔法への逆風が強まる中、魔法の平和的利用として、USNAの研究者であるエドワード・クラークからの『ディオーネー計画』という壮大な宇宙開発プロジェクトが提案される。そして、選ばれた人員の中にはトーラス・シルバーの名前が。これをきっかけに達也がトーラス・シルバーであることが白日の下にさらされてしまうのだった—。達也と深雪に新たな試練の時が訪れる。
2017.8 288p A6 ¥610 ①978-4-04-893281-3

◆異端の神具遣い—俺たちはパワーワードで異世界を革命する　佐藤了吾著　KADOKAWA　（ファミ通文庫）
【要旨】放課後、三人の女子と一緒に見知らぬ世界に飛ばされてしまった佐嶋駿介。そこは神に

ヤング・アダルト小説

祈りの言葉を捧げることで魔法が発動できる異世界だった！ 規定に沿って魔法を使う現地の住人に対し、スポーツ万能な菜々子、文学少女の萌絵、ギャルの清花は、見た目からは想像できない趣味を活かして強力な詠唱術を生み出していく。一方、あまり役に立てない俊介には他人には絶対に知られたくないある秘密があって…!?ルール無用の異世界革命ファンタジー開幕!!
2017.1 318p A6 ¥610 ①978-4-04-734502-7

◆**異端の神言遣い 2 俺たちはパワーワードで異世界を革命する** 佐藤了著
KADOKAWA （ファミ通文庫）
【要旨】「異端者」として追われる駿介たちが次に向かったのは、獣人が治める街ボルスモル。種族の壁なく旅人を受け入れてくれるその土地で、駿介は「異端者」と呼ばれる黒猫の獣人ミアと出会う。周囲から嫌われており、常に怯えた表情でいる彼女に救いの手を差し伸べる駿介だったが…「お兄ちゃんって、呼んでもいいですか？」その日から急激に懐かれてしまい!?一方街では、子供が行方不明になる事件が多発するようになっていた―。異世界革命ファンタジー第2巻!!
2017.7 285p A6 ¥730 ①978-4-04-734720-5

◆**嘘つき戦姫、迷宮をゆく 1** 佐藤真登著
主婦の友社 （ヒーロー文庫）
【要旨】決闘で敗北し、実家を追い出されてしまった貴族の令嬢リルドール は、周囲を見返すため冒険者として成り上がろうことを決意する。街で出会った少女コロネルとともに迷宮へ挑むも、過酷な現実に心が折れかける。だがそのとき、自分が持っている「武器」に気がつく。艶めく髪は女の命、ドリルロールは美の結晶。女の誇りが詰まったこの髪に、貫けぬものなどありはしない。少女が自分の「嘘」を「真実」へと変える覚悟を決めたとき、縦ロールは最強の武器として変化し、無敵の輝きを放つ。―これは、ただの小娘だった少女が英雄になるまでの熱血冒険ストーリー。
2017.9 383p A6 ¥590 ①978-4-07-427402-4

◆**嘘つき戦姫、迷宮をゆく 2** 佐藤真登著
主婦の友社 （ヒーロー文庫）
【要旨】迷宮三十三階層。第六層、冒険者の試練となる六本首の魔物ヒュドラーに、謎の男により人知れず蹂躙されていた。最後に斬り飛ばされた首は人間の少女の形を取り、やがて少女―ムドラは目を覚ます。ムドラはわずかに残されし記憶を頼りに、迷宮を彷徨い始める。一方リルドールは、コロネル、ヒィーコとともに順調に迷宮を攻略していた。縦ロールを動かす魔法を使いこなして敵を薙ぎ倒していくうち、道中でムドラと出会う。服はボロボロ、そしてコロネルに抱きつくように駆け寄ってきたムドラを見て、悪意に襲われたに違いないと、三人は正義感に燃えるのだが―。
2018.1 318p A6 ¥610 ①978-4-07-429111-3

◆**ダンガンロンパ十神 下 十神の名にかけて** 佐藤友哉著 星海社、講談社 発売 （星海社FICTIONS）
【要旨】ついに姿を現した「十神一族最大最悪の事件」の犯人・十神和夜！ 超高校級の御曹司・十神白夜は、世界保健機関政府病対策委員会実行部隊隊長となった彼に「絶望病」蔓延の諸悪の根源として逮捕されてしまう。移送のさなか語られる謎の「聖人計画」と「聖書計画」。そして、血の抗争の果てでついに明かされる「件」の正体…！「いい、世界征服だったぞ」佐藤友哉×しまどりる×ダンガンロンパ堂々完結！
2017.2 243p B6 ¥1300 ①978-4-06-139953-2

◆**たとえばラストダンジョン前の村の少年が序盤の街で暮らすような物語** サトウとシオ著 SBクリエイティブ （GA文庫）
【要旨】村人誰もが反対するなか、軍人になる夢を捨てきれず王都へと旅立った少年ロイド。しかし村で一番弱い男と言われる彼を含め、村人は誰一人として知らなかったのだ。自分たちの村が、高レベル冒険者でも恐れる『ラストダンジョン手前の人外魔境』なんて呼ばれている真実を。そこで育ったロイドは…身体能力ばつぐん、古代魔法も使え、家事のスキルもパーフェクト!!これは、無自覚に無敵を体現している少年が『本当の強さ』に目覚める勇気と出会いの物語―。
2017.2 313p A6 ¥610 ①978-4-7973-9029-2

◆**たとえばラストダンジョン前の村の少年が序盤の街で暮らすような物語 2** サトウとシオ著 SBクリエイティブ （GA文庫）
【要旨】「僕も魔法を覚えてみたいんです！」相変わらず自分を弱いと信じて疑わないロイドは、魔術大会にむけて特訓にはげんでいた。だが、初級魔法のつもりが軍部騒然の大火力!?「まて、詠唱失敗であの威力だと!?」全属性・災害レベルの彼がひとりでは、大会優勝まちがいなし！ところが、ゴミ拾いのついでにロイドが伝説の聖剣を抜いてしまったことをきっかけに、魔術大会も何もかもない大波乱の魔物をむかえ…一誰かのためになら、僕はもっと強くなれる。勇気と出会いと勘違いで綴られる、ド田舎村人最強すぎる無自覚最強ファンタジー、第2弾！
2017.6 283p A6 ¥600 ①978-4-7973-9266-1

◆**たとえばラストダンジョン前の村の少年が序盤の街で暮らすような物語 3** サトウとシオ著 SBクリエイティブ （GA文庫）
【要旨】人外魔境のコンロン村からやってきた純朴な少年ロイド、今度は豪華ホテルで住み込みアルバイトに!?驚異の身体能力でホテル中をピカピカ＆料理の下ごしらえもばっちりな仕事ぶりにスタッフ一同騒然！ アルカ仕込みの「マル秘マッサージ」でホテルの評判はうなぎ登り！さらに地方貴族のお嬢様のご訪問で前代未聞、お見合いの代役までさせられてしまい…？ 万能ぶりが留まることを知らないロイドが今回も大活躍!! 湖畔のホテルを舞台に繰り広げられる、勇気と出会いと勘違い満載の無自覚最強ファンタジー、第3弾！
2017.9 305p A6 ¥610 ①978-4-7973-9385-9

◆**コンプレックスの行き先は** 里崎雅希著 アルファポリス、星雲社 発売 （エタニティ文庫）
【要旨】ぽっちゃり体形がコンプレックスのOL、葉月。恋とは無縁でも、それなりに幸せだから問題ない。そう思っていたある日、取引先の営業マンを見てびっくり。なんと彼は中学の同級生・木田だった！ 誰もが見惚れるようなイケメンに変貌した木田。だが彼は、かつて葉月のコンプレックスを強烈に刺激した相手。動揺する葉月に対し、彼はなぜだか猛アプローチをしてきて!?恋をあきらめきったばっちゃりOLとイケメン同級生の激甘ラブストーリー！ 文庫だけの書き下ろし番外編も収録！
2017.5 349p A6 ¥640 ①978-4-434-23200-8

◆**今はただ、抱きしめて** 里美いち著 三交社 （エブリスタWOMAN）
【要旨】月岡百々子はイベントプランナーとして働く27歳。高校時代から付き合って9年になる宮瀬透と同棲しているが、仕事が忙しくすれ違う日々を送っている。内心は寂しくても、透との思い出を胸に気丈に振る舞う百々子だったが、ある日、家のリビングで透が女性に抱きつかれているのを見てしまう。透から事情を聞いた百々子は彼を信じようと決意するが、女性はことあるごとに透を呼び出し―。
2017.9 291p A6 ¥630 ①978-4-87919-287-5

◆**明治あやかし新聞―惰眠な記者の裏稼業** さとみ桜著 KADOKAWA （メディアワークス文庫）
【要旨】日がな一日サロンで惰眠を貪る日陽新聞社の記者、久馬。そんな彼も好奇心が疼けば記事を書く。傍に用意するのは、怪談奇談に妖怪本。彼が書く記事は全て妖怪にまつわるものなのだ。ある春の日、少女が新聞社へ乗り込んできた。彼女の名は香澄。久馬の記事が原因で、友人が奉公先を追い出されたという。冷たい対応の久馬に代わり香澄に声を掛けたのは、妖美な男・艶煙。曰く、むしろ妖怪記事は人助けになっており、友人は貞操の危機を免れたのだというが!?ぞわっとして、ほろりと出来る。惰眠な記者のあやかし謎解き譚。
2017.3 334p A6 ¥630 ①978-4-04-892676-8

◆**明治あやかし新聞 2 惰眠な記者の裏稼業** さとみ桜著 KADOKAWA （メディアワークス文庫）
【要旨】日がな一日サロンで惰眠を貪る日陽新聞社の記者・久馬と、役者崩れの妖美な男・艶煙。とある新聞社が切っ掛けで知り合った香澄は、彼らが行っている"妖怪記事によって人助けをする"という裏稼業を手伝う事となった。しかし、真実を知る兄の主計は彼らと行動を共にする事を快く思っておらず「仕事を辞めろ」と言い、さらには世間との見合いの席を設けてしまい―!?香澄の恋も動き出す、大人気明治あやかし物語第二弾！「産女の怪」「のっぺらぼうの怪」「河童の怪」三編を収録。
2017.9 281p A6 ¥610 ①978-4-04-893409-1

◆**そのボイス、有料ですか？ 2** さなだはつね著 KADOKAWA （MFC comicoシリーズ）
【要旨】理想のイケメンボイスの持ち主・和玖に告白するも、見事にフラれてしまった声フェチ女子の鈴奈。その上、和玖の親戚だというお嬢様・麻里子が現れ、和玖のことを諦めろと言い出して!?「わっくんには、もっとふさわしい方がおります！」一方、風邪で倒れた和玖を看病することになった鈴奈は思わぬ"本音"を聞いてしまい…??ライバル登場で(?)二人の恋も急加速！"声春"ラブ第2弾！
2017.6 184p B6 ¥700 ①978-4-04-734675-8

◆**おかえりシェア** 佐野しなの著
KADOKAWA （メディアワークス文庫）
【要旨】新鮮みのない毎日。人生の不感症。アラサーOLの道子は、退屈な日々を過ごしていた。ときめきを求めていたある日、家に帰ると、部屋の壁に「穴」が!?そこから覗いていたのは隣人のイケメン男子手近くん。穴をあけたお詫びとして、彼が引っ越すまでの1週間、毎日顔を合わせて会話することを提案する彼。『あいさつ、おしゃべり、一緒にごはん』三つのルールでつながる不思議なシェア生活がはじまって―？ 期間限定ときめきラブコメ！
2017.10 201p A6 ¥550 ①978-4-04-893476-3

◆**刑事と怪物―ヴィクトリア朝エンブリオ** 佐野しなの著 KADOKAWA （メディアワークス文庫）
【要旨】堅物で熱血漢な新人刑事アッシュと、他人の心の音を聞く力を持ったよぼよぼのジジ。正反対ながらも二人は、良き相棒として街で起こる奇妙な事件を解決していく。ある日、詐欺師に騙されたアッシュが失職の危機に陥ってしまう。汚名返上のため二人は、不思議な歌声を使い悪事を働くと噂の、歌姫メアリーを探ることにするが―。今宵の謎は、一瞬で大人になる少女、生きる返る死体に感謝される殺人鬼―。19世紀ロンドンを舞台に、凸凹探偵コンビの事件簿、開演。
2017.8 334p A6 ¥690 ①978-4-04-893321-6

◆**君は月夜に光り輝く** 佐野徹夜著
KADOKAWA （メディアワークス文庫）
【要旨】大切な人の死から、どこか投げやりに生きてる僕。高校生になった僕のクラスには、「発光病」で入院したまま卒業する少女がいた。月の光を浴びると体が淡く光ることからそう呼ばれ、死期が近づくほどその光は強くなるらしい。彼女の名前は、渡良瀬まみず。余命わずかな彼女に、死ぬまでにしたいことがあると知り…「それ、僕に手伝わせてくれないですか？」「本当に？」この約束から、止まっていた僕の時間が再び動きはじめた。今を生きるすべての人に届けたい最高のラブストーリー。
2017.2 315p A6 ¥630 ①978-4-04-892675-1

◆**この世界にiをこめて** 佐野徹夜著
KADOKAWA （メディアワークス文庫）
【要旨】生きづらさを抱え、退屈な高校生活を送る僕に、ある日届いた1通のメール。"現実に期待なんかしてるから駄目なんだよ"でも、それは届くはずのないメール。送り主は吉野紫苑。彼女は、屈折した僕の唯一の女友達で、半年前に死んでしまった天才小説家だった。あり得ないはずのメールのやりとりから、僕は失った時間を取り戻していく。やがて、遺された吉野の最後の言葉に辿りついた時、そこには衝撃の結末が待っていた―。
2017.10 299p A6 ¥630 ①978-4-04-893414-5

◆**カミサマ探偵のおしながき 二の膳** 佐原菜月著 KADOKAWA （メディアワークス文庫）
【要旨】美味しいお酒を一献振る舞えば、どんな難事件も解決してくれる。居酒屋「とりい」に居着く元カミサマの自称探偵コトハと、そんな彼女に迷惑かけられっぱなしの店主・雄里。年末営業も大掃除も終わり、あとは静かに酒を飲み交わしながら年越しを迎えるはずだったが…。大晦日の朝に店を訪れたのは、雄里の大学生時代の友人。そんな彼がコトハに依頼したのは「宝探し」という突飛な依頼だった。凸凹コンビが織りなす、季節の料理と日常の謎をどうぞ。
2017.6 269p A6 ¥630 ①978-4-04-892959-2

◆**勘違い妻は騎士隊長に愛される。** 更紗著
アルファポリス、星雲社 発売 （レジーナブックス）
【要旨】麗しい騎士隊長様のもとへ、政略結婚で嫁入りした伯爵令嬢のレオノーラ。しかし、旦那様は手を出してこないし、会話すらもない毎日…。政略結婚なんてこんなものなのかしら、と諦めつつ世間体のために、猫を被り退屈な日々を送っていた。そんなある日、旦那様の元恋人だという美女が現れる。彼女に別れるよう迫られたレオノーラは、じゃあ離婚して人生やり直しま

ヤング・アダルト小説

す！と嬉々として旦那様に離縁をもちかけた。ところが、彼は激怒して離縁を拒否！しかも、ずっとレオノーラを想っていたのだと言い出し―!?暴走する令嬢と不器用な騎士の、すれ違いラブファンタジー！
2017.11 292p B6 ¥1200 ①978-4-434-23902-1

◆過保護な幼なじみ　沢井澪羽著　アルファポリス、星雲社 発売　（エタニティ文庫）
【要旨】イケメン歯科医である年上の幼なじみ・元樹から、日々過剰に世話を焼かれている瑠璃子。長年、甘やかされる生活を続けていたが、もう24歳なんだからと、"お兄ちゃん"である彼からの自立を決意する。だけど瑠璃子に言い寄る男性が現れた。「今こそ、お兄ちゃんから離れるチャンス！」そう思った瑠璃子だったが、元樹は大激怒！「今まで俺の時間を奪ってきた責任を取れ」と、優しかった彼がなんとカラダを要求してきて―！狡猾歯科医のエロ甘禁断愛！文庫だけの書き下ろし番外編も収録！
2017.2 351p A6 ¥640 ①978-4-434-22886-5

◆たったひとつの冴えた殺りかた　三条ツバメ著　ホビージャパン　（HJ文庫）
【要旨】異能力が売買され、個人が圧倒的な戦闘力を持つ時代。強力な特殊能力が高額で取引されるなか、代金の支払いを滞納する者を追うための「債権回収機構」が組織され、活動していた。機構の凄腕エージェントであり、情け容赦無さで名高いノーマンらはマフィアが支配する町パリオスにて任務を続けていた。イメージを、相棒でありボスであるアイビスと共に異能回収に向かったノーマンだが、待ち受けていたのはマフィアの抗争だった。圧倒的なパワーで無慈悲に敵をなぎ倒す異能バトルアクション登場！
2017.7 252p A6 ¥619 ①978-4-7986-1481-6

◆トリア・ルーセントが人間になるまで　三田千恵著　KADOKAWA　（ファミ通文庫）
【要旨】病に伏した父を治す秘薬を手に入れるため、兄の特命によりサルバドールに運んだジンドランの第二王子ランス。そこに現れたのは、抜けるような白い肌と銀色の髪、深く青い瞳を持つ美しい少女トリア・ルーセントだった。自らを「薬」と名乗る彼女とともに王都マキシムを目指すランスだが、トリアの護衛であるロサに「トリアに恋をさせて欲しい」と懇願され―!?その身に救済を宿した少女トリアと小国の王子が辿る、ドラマチックファンタジー開幕。
2017.4 350p A6 ¥640 ①978-4-04-734633-8

◆リンドウにさよならを　三田千恵著　KADOKAWA　（ファミ通文庫）
【要旨】想いを寄せていた少女、襟仁遙人の代わりに死んでしまったらしい神田幸久。二年後、自由かつ退屈な日々を過ごすで地縛霊として目覚めた彼は、クラスでいじめに遭う穂積美咲にだけ存在を気づかれ、友達になることに。一緒に過ごす中で、美咲の愛らしさを知った幸久は、イメチェンを勧め彼女を孤独から解放しようと試みる。少しずつ変わり始める美咲の境遇。やがて、幸久が学校に留まる真実に結びついていく―。必然の出会いが紡ぐ、学園青春ストーリー。
2017.4 1277p A6 ¥690 ①978-4-04-734496-9

◆ジンカン―宮内庁神祇鑑定人・九鬼隅一郎　三田誠著　講談社　（講談社タイガ）
【要旨】呪いを招く特殊文化財を専門とする、神祇鑑定人・九鬼隅一郎。就職活動に失敗した夏芽の運命は、彼と出会ったことで、大きく変化してしまった。魔術に傾倒した詩人・イェイツの日本刀、キプロスの死の女神像、豊臣秀吉が愛した月の小面。実在する神祇に触れ、怪奇な謎を解くうち、勇作自身の秘密も引きずり出されていく。呪いと骨董と人の想い。相棒が導き出す結末は―！
2017.12 280p A6 ¥690 ①978-4-06-294102-0

◆婚約者が悪役で困ってます　2　婚前旅行記　散茶著　一迅社　（アイリスNEO）
【要旨】ゲーム世界にモブとして転生し、美形だが冷徹な悪役・ベルンハルトの婚約者になってしまったリジーア。破滅回避のための『ベルン死んだふり作戦』も無事成功し、穏やかに結婚までの暮らしを楽しんでいた二人のもとに、ベルンを慕う令嬢（縦ロール）がやってきて―？
2017.12 1200p A6 ¥1200 ①978-4-7580-9015-5

◆銀河中心点―アルマゲスト宙域　三度笠著　KADOKAWA　（カドカワBOOKS）
【要旨】ゲムリード航海術科学校359期生ダン・グレイウッド。一刻も早く軍に入り、星間戦争の犠牲者となった家族の仇を討つという目標を掲げ、彼は卒業試験である航海訓練に臨むこと

になる。しかし、彼が割り当てられたのは元軍艦「クイジーナ2」―"訓練生潰し"と日く付きの船だった!?この訓練で実績を残せば前線勤務も叶うだろうと意気込むダンだが、航海中、原因不明の事故で未知の座標に飛ばされてしまい…。無事に航海訓練を終えられるか!?
2017.3 318p B6 ¥1200 ①978-4-04-072220-7

◆異世界道楽に飽きたら　三文鳥札矢著　主婦の友社　（プライムノベルス）
【要旨】普段は仕事に追われ、余裕のない日々を送る、三十男。仕事も一段落し、久しぶりの連休に、特別な趣味―道楽を見つけようとする。「例えば、旅なんていいよな」という願いが通じたかのように、男は帰宅途中、地球と異なる世界に迷い込んでしまう。そこは、レベル、魔法、スキルといった特殊なルールが存在する、不思議な世界。そこで男は、労せずして大きな力を手に入れてしまう。素晴らしい力を得た男は迷わず、道楽を探す旅に出るのだった。
2017.7 335p B6 ¥990 ①978-4-07-424728-8

◆いでおろーぐ！　6　椎田十三著　KADOKAWA　（電撃文庫）
【要旨】「遊園地―それは恋愛至上主義の結晶とでもいうべき最悪の施設なのだ！」反恋愛主義青年同盟部はぞのアウェイの遊園地で調査行動を開始するが…？「この列車のアトラクションは絶対に怪しいよ」（神明さん）、「子供向け遊具というのは隠れ蓑かも知れません」（瀬ヶ崎）、「薄暗い室内でおさわり…」（西堀）、「スピードが速い施設に乗りたいのでは」（天沼）、「ティ、ティーカップなんかいいんじゃないかな」（領家）。さらに女史の策略により高砂は10年後の未来へ、そして何故か異世界に転生!?話題の反恋愛活動記録、第6弾登場！
2017.4 265p A6 ¥610 ①978-4-04-892744-4

◆とあるおっさんのVRMMO活動記　12　椎名ほわほわ著　アルファポリス、星雲社 発売
【要旨】新型VRMMO「ワンモア・フリーライフ・オンライン」の世界で、「アース」という名の青年として自由気ままに活動するフツーのゲーム好き会社員・田中大地（38歳/独身）。盾のかわりになぜか最大四刀流が可能（？）となるハチャメチャ仕様の新装備を携えて、アースは久々に妖精国を訪れる。PTメンバーとバラバラにされてしまう一方、「死んでも死なない」などなどの新ダンジョン誕生の噂が届く。不運も幸運に変えてドリームチーム結成！冴えないおっさん、VR-MMOファンタジーで今日も我が道を行く！
2017.5 288p B6 ¥1200 ①978-4-434-23235-0

◆とあるおっさんのVRMMO活動記　13　椎名ほわほわ著　アルファポリス、星雲社 発売
【要旨】新型VRMMO「ワンモア・フリーライフ・オンライン」の世界で、「アース」という名の青年として自由気ままに活動するフツーのゲーム好き会社員・田中大地（38歳/独身）。から人々を助ける"義賊頭"であるアースは、新エリア・獣人連合が開放されると同時にすぐさま馬を走らせた。情報によると、南街で良からぬ企みを進めているという。彼を待っていた部下の小人たちは、ついに明らかになった陰謀の詳細を告げる…そしてその陰謀が防ぐべく、影に生きる者達が結集しつつあるらしい―街の平和を守るため、影の隠密同盟を結成！冴えないおっさん、VR-MMOファンタジーでこっそり我が道を行く！
2017.9 288p B6 ¥1200 ①978-4-434-23774-4

◆とあるおっさんのVRMMO活動記　14　椎名ほわほわ著　アルファポリス、星雲社 発売
【要旨】新型VRMMO「ワンモア・フリーライフ・オンライン」の世界で、「アース」という名の青年として自由気ままに活動するフツーのゲーム好き会社員・田中大地（38歳/独身）。獣人連合の危機を救って肩の荷が下りた彼は、いよいよ新たなダンジョンに挑むことに。しかしその前提で実力不足を実感し、今一度自分の腕を鍛え直そうと決意するのだった。ところが、特訓で愛用の細剣を振るううち、不思議な違和感を覚え始めてしまう。その正体を知るべく、妖しい占い師の元を訪れたアースは、そこで驚愕の事実を知る―超絶レアドロップを巡って大騒動が勃発！冴えないおっさん、VRMM-Oファンタジーで今日も我が道を行く！
2017.12 295p B6 ¥1200 ①978-4-434-24119-2

◆あやかし双子のお医者さん　2　付喪神と千羽鶴の願い　椎名蓮月著　KADOKAWA　（富士見L文庫）

【要旨】消えた弟を探すため、不思議な事件を扱うという双子・晴と嵐を訪ねた莉莉。弟と再会するなかで、彼女は事件の原因が傷ついた"あやかし"だと知り、そんな存在を癒す『お医者さん』として双子に弟子入りすることになる。弟子として莉莉が双子やあやかしのことを知っていく、季節は秋。彼女の学校では文化祭の準備で俄にやかしくなっていた。莉莉もまたクラス展示の調査のために、街の図書館へと訪れるのだが、そこで彼女は本から文字が消えていくという奇妙な出来事に遭遇し…？
2017.3 249p A6 ¥600 ①978-4-04-072122-4

◆あやかし双子のお医者さん　3　烏天狗と押しかけ弟子　椎名蓮月著　KADOKAWA　（富士見L文庫）
【要旨】あやかしのお医者さんである双子・晴と嵐に弟子入りした莉莉。彼らとともに傷ついたあやかしを癒すなかで、弱い者を放ってはおけない二人の人柄を知っていく。年明け、莉莉は出会った助けを求める男の子。彼は弱りきった白いカラスを抱きしめ、救ってくれと懇願していた。カラスはあやかしで、今は力なく死さえ覚悟していた。双子と莉莉が診ていくと、実は人間からの呪いのためと分かる。そして呪いの影響は、あやかしと深い縁を結んだ男の子にまで及びはじめていて…？
2017.6 285p A6 ¥620 ①978-4-04-072290-0

◆あやかし双子のお医者さん　4　妖刀と孤独な術者　椎名蓮月著　KADOKAWA　（富士見L文庫）
【要旨】あやかしのお医者さんである双子・晴と嵐、弟子の莉莉。彼女は双子とともに傷ついたあやかしを癒していき、弱い者を放っておけない二人の人柄を知っていった。進級する春、莉莉は古物展示会の手伝いで妖刀の付喪神・兼光と出会う。彼は人の役に立ちたいと願いながらも、昔、殺生を望まぬ持ち主に封印されていた刀だった。兼光はあやかしがみえる莉莉に、自分を役立てて欲しいと願う。しかしそのとき、突然知らぬ術者が現れて兼光を攻撃する。あやかしは全て消えるべき有害な存在だと断定する術者に、莉莉は―？
2017.10 278p A6 ¥620 ①978-4-04-072476-8

◆ひよっこ家族の朝ごはん―お父さんとアサリのうどん　汐見舜一著　KADOKAWA　（富士見L文庫）
【要旨】バイト暮らしのしがない小説家の皐月が、毎朝慣れない朝食づくりを頑張るのには、理由がある。兄が遺したちょっとおしゃまな一人娘ミチルと一緒に暮らすようになったから。朝食を一緒に食べると約束したから。しかし、皐月は兄が死んだことをいまだにミチルに伝えられないでいた。ミチルを悲しませたくない気持ちから、皐月は思わず好き嫌いを克服したら兄が帰ってくると嘘をついてしまう。納豆トースト、にんじんケーキ、きのこたっぷりカレー…。朝ごはんをめぐる、半熟家族物語。
2017.5 286p A6 ¥620 ①978-4-04-072288-7

◆夜が明けたら、いちばんに君に会いにいく　汐見夏衛著　スターツ出版
【要旨】ある事情から優等生を演じている茜。そんな茜を見抜くように、隣の席の青磁から「嫌いだ」とはっきり言われショックをうける。自由奔放な彼を嫌っていた茜だけど、孤独と窮屈さでどうしようもなくなっていた自分を救ってくれたのは、青磁だった。青磁の隣で過ごす時間は、茜の気持ちをゆっくりと溶かしていき…。野いちご大賞大賞受賞作！
2017.6 359p B6 ¥1200 ①978-4-8137-9011-2

◆後宮で、女の戦いはじめました。―なんちゃってシンデレラ王都迷宮城　汐邑雛著　KADOKAWA　（ビーズログ文庫）
【要旨】グラディス四世が逝去し、王太子ナディルの正式な王位継承が決まった。これまで幼さを理由に公の場に出ることのなかったアルティリエは、妻として夫ナディルの隣に立つために、いよいよ社交界デビューすることに。ところが舞踏会には、幼なじみであるアルティリエに取って代わろうとする貴族や側妃候補がいて…!?転生幼妻（中身は33歳）の餌付け計画、新章スタート!!
2017.9 286p A6 ¥620 ①978-4-04-734708-3

◆下町で、看板娘はじめました。―なんちゃってシンデレラ王都迷宮城　汐邑雛著　KADOKAWA　（ビーズログ文庫）
【要旨】命を狙われたアルティリエが逃げ出した先は、なんと王宮の外！しかも一日中駆け回っ

た無理がたたり、熱を出して倒れてしまう。次に目を覚ましたらそこは一下町の孤児院だった!? 建国祭までには王宮に戻らないといけないのに、屋台で売るお菓子を作ってほしいと子供達に頼まれてしまい…!? 元お菓子職人が愛する夫の傍に帰るため、下町で本領発揮しちゃいます!!
2017.10 222p A6 ¥600 ①978-4-04-734709-0

◆なんちゃってシンデレラ、はじめました。——なんちゃってシンデレラ王宮陰謀編 汐邑雛著 KADOKAWA （ビーズログ文庫）
【要旨】夫ナディルの遠征中、アルティリエの侍女リリアが攫われた! 一連の事件の鍵を握る人物からの呼び出しだと悟ったアルティリエは、自作の菓子と「夫の手紙」、「絶対出るな」と言われた王太子宮を抜け出すことに。そんな彼女の前に現れた驚きの人物とは—!? アルティリエ出生の秘密も明らかに!? 元お菓子職人転生妻の餌付け計画第一章クライマックス!
2017.4 311p A6 ¥640 ①978-4-04-734561-4

◆アマデウスの残り灯—無欲の不死者と退屈な悪神 志賀龍亮著 オーバーラップ （オーバーラップ文庫）
【要旨】栄華を極めた旧世界が崩壊し、ゆるやかに滅亡する世界。不死の心臓を所有する少年カインは神を名乗る少女ヨグと果てない旅をする—ヨグに貶されながら。「無償の人助けなんど、この廃れた時世では最高に愚かな行為だって解ってんのか？」「仕方ないけど、僕の旅はそれが目的なんだから」どこかで誰かの力になろうと、カインは今日も旅を続ける。さまざまな街を訪れ、人と出会い、ときに助けの手を差し伸べるが…。これは"人助けしたい不死者カインと"暇つぶし"する悪神ヨグのディストピア・ジャーニー。そして2人は世界の終末に生きる人間の真実を見る—。
2017.12 319p A6 ¥640 ①978-4-86554-290-5

◆うちの姉ちゃんが最恐の貧乏神なのは問題だろうか 鹿島うさぎ著 KADOKAWA （電撃文庫）
【要旨】俺は神春紫苑。学校では万年ビリで、超貧乏人。なぜそこまで貧乏かというと、自称「俺の姉」の貧乏神・福乃が取り憑いているから。福乃は見た目は幼女みたいなんだが、激おこになると、しょんべん漏らすほど怖い。マジだぞ…。そんな俺たちは福寿荘というアパートの202号室の"押し入れ"に住んでいる。押し入れだから、家賃2000円なんだ。ある日、その202号室に、御園樹愛里沙と百合沙という双子の姉妹が引っ越してきた。俺は他人と関わりたくないんだが、彼女たちが胸くそ悪い事件に巻き込まれてしまって…。しかたねえな。なあ福乃、いっちょあいつらを助けてやるか。
2018.1 287p A6 ¥610 ①978-4-04-893518-0

◆異世界に飛ばされたおっさんは何処へ行く？ シ・ガレット著 アルファポリス, 星雲社 発売
【要旨】気づくと、ちょっぴり危険な異世界に飛ばされていた心優しきおっさん・タクマ（35歳）。その世界を管理する女神によると、次元の切れ目に落ちただけで、召喚されたわけでも転生したわけでもないらしい。しかし、地球に帰ることはできないとのこと…諦めのいい彼はすんなりと運命を受け入れ、異世界で生きることを決意。女神により付与された、地球の商品を購入できる『異世界商店』で、バイクを買ったり、本格的なキャンプ道具を揃えたりと、自由気ままな異世界ライフを愉しみつつ、瀕死のところを助けたら懐いてくれた子狼のヴァイス、愛くるしい孤児たち、そんな可愛い存在たちに囲まれて、心優しきおっさんは今日も圧倒的な力で？ おっさんが異世界を満喫する、ほのぼの冒険ファンタジー、開幕！
2017.7 291p A6 ¥1200 ①978-4-434-23594-8

◆異世界に飛ばされたおっさんは何処へ行く？ 2 シ・ガレット著 アルファポリス, 星雲社 発売
【要旨】気づくと、ちょっぴり危険な異世界ヴェルドミールに飛ばされていた普通のおっさん、タクマ（35歳）。貴族に喧嘩を売られたり、孤児院を立て直したり、いろいろな厄介事に巻き込まれながらも、彼はマイペースに旅を続けていた。ゴブリンの大群に遭遇するという絶体絶命の危機に見舞われたが、なんと新たな町にたどり着いた彼は、この世で女神ヴェルドより「召喚術」を使うという絶対無二の助言であった。現代では廃れてしまったというその術が、膨大な魔力を対価についにタクマの「∞」の魔力を消費して、新たな仲間が召喚される！ 光の中より現れたそれは—あまりにも可愛すぎる聖獣だった!? おっさんが異世界を満喫する、ほのぼの冒険ファンタジー、第2弾！
2017.10 285p B6 ¥1200 ①978-4-434-23912-0

◆今更です‼ しき著 一迅社 （メリッサ文庫）
【要旨】高級妓楼で芸妓として活躍するカゲツ。実は彼女は異世界トリップした日本人！ どうやら陽王の運命の恋人である『月姫』と呼ばれる存在らしい。ところが王宮まで会いにいったら門前払い。そして放置されること10年。一客として妓楼にやってきた青年ホムラのせいで、王太子妃候補として王太子争奪戦に参戦することになってしまい!?「今更、嫁には絶対になりませんから!!」10年の歳月を経て、運命の恋が今動き始める…!?
2017.4 319p A6 ¥648 ①978-4-7580-4933-7

◆自称悪役令嬢な婚約者の観察記録。 しき著 アルファポリス, 星雲社 発売 （レジーナブックス）
【要旨】平和で刺激のない日々を送る、王太子のセシル。そんなある日、侯爵令嬢パーティアと婚約したところ、突然おかしなことを言われてしまう。「セシル殿下！ 私は悪役令嬢なのです!!」…パーティア曰く、ここは『乙女ゲーム』の世界で、彼女はセシルとヒロインの仲を引き裂く悪役なのだという。一流の悪の華を目指して突っ走る彼女は、退屈なセシルの日々に次々と騒動を巻き起こし始めて—!?
2017.5 284p B6 ¥1200 ①978-4-434-23231-2

◆自称悪役令嬢な婚約者の観察記録。 2 しき著 アルファポリス, 星雲社 発売
【要旨】「悪役令嬢」を自称するパーティアと婚約した、王太子セシル。婚約者のおバカな言動を観察して楽しんでいたのだが、最近、なぜか彼女がセシルを避け始めた。パーティア曰く、いざ別れる時に辛くならないよう、セシルと距離を置きたいのだとか。その気持ちを知ったセシルは、彼女を捕獲するためにあることを計画して—？
2017.9 288p B6 ¥1200 ①978-4-434-23697-6

◆わたしは吸血鬼様の非常食 しきみ彰著 一迅社 （アイリスNEO）
【要旨】メイドのジレットは今日も自分磨きを怠らない。なぜなら主人である吸血鬼・クロードに美味しく自分を食べてもらいたいから。奴隷商人からジレットを助け出してくれた、美しく敬愛すべき吸血鬼様。優しいご主人様には『自分を食べてするのはやめなさい』と言われてしまったけれど、いつか食べてもらう日のために、健康的でみずみずしくいなくては。メイドを大切にしたい吸血鬼と勘違いメイドのラブファンタジー、書き下ろしエピソードを多数収録して書籍化！ 第6回アイリス恋愛F大賞銀賞受賞作!!
2017.8 284p B6 ¥1200 ①978-4-7580-4976-4

◆キノの旅 21 —the Beautiful World 時雨沢恵一著 KADOKAWA （電撃文庫）
【要旨】ずしりと重い音と共に城門が開ききって、キノがエルメスを押していくと、彼等が喋っているのが分かった。その声が聞こえてきた。「情報通りか！ たった今入国しました！ 若いモトラド乗りで、モトラドは銀色タンクの渋い一台！ 革鞄には年季が窺えて、旅の過酷さを如実に物語っている！」彼等は喋っていた。キノとエルメスにも聞こえるくらいハッキリとした大声で。しかし、それは隣にいる人間に向けてのではなく、全員が視線をキノ達に向けたままで—。（「有名になれる国」）他全13話収録。
2017.10 235p A6 ¥590 ①978-4-04-893399-5

◆ソードアート・オンラインオルタナティブ ガンゲイル・オンライン 6 ワン・サマー・デイ 時雨沢恵一著 KADOKAWA （電撃文庫）
【要旨】第三回スクワッド・ジャムの死闘から約一ヶ月。全国各地に散るSJプレイヤーに、ある一通のメールが届く。それは、歴代大会の上位入賞チームのみが参加できるという新ゲーム、"20260816テストプレイ"への招待状だった。GGOの運営会社"ザスカー"からの依頼で開催される、SJとは全く趣旨の異なるゲーム。そのミッションとは、最新AI搭載の敵NPCが守る"拠点"を攻略するというものでーー。SHINCと交わした再戦の約束のため、消極的だったレンも参加を決意したレン。彼女が目の当たりにするNPCの脅威は！ 時雨沢恵一＆黒星紅白が贈る"もう一つのソードアート・オンライン"第6弾!! 2017.3 348p A6 ¥650 ①978-4-04-892745-1

◆Occultic; Nine—オカルティック・ナイン 3 志倉千代丸著 オーバーラップ （オーバーラップ文庫）
【要旨】橋上教授の惨殺事件と、井の頭公園での集団自殺。二つの事件が騒然となる中、悠太はニュースで発表された死亡者リストの中から自分の名前を発見してしまう。何かの間違いと笑い飛ばすが、キリキリバサラのメンバー達の名前も次々と発見され、事態は思わぬ方向に…？ と推理を始める。ダイイングメッセージCODEの暗号、コトリバコと謎の少年、そしてニゴロ事件…。やがて悠太達は事件の真相が教授の研究と関係しているのでは？ と推理を始める。女子高生のFBIサイコメトラー捜査官・鬼崎すなも現れ、事件は核心へと近づいていく…。
2017.9 348p A6 ¥690 ①978-4-86554-112-0

◆鈴蘭学園物語 1 シグレ著 KADOKAWA （魔法のiらんど文庫）
【要旨】15歳でたった一人の肉親を失い、天涯孤独となった誠。そんな誠が入学したのは奨学制度が充実した、全寮制の名門・鈴蘭学園。THEセレブしかいない学園は超・豪華絢爛！ 期待と不安を胸に、誠が入寮したのは、まさかの男子寮!! しかも「お前うぜぇ」ルームメイトは超ワイルドな一匹狼（♂）で…!? 純粋的な王様、微笑みのプリンス、金髪ヤンキーetc…クセのある十人十色のイケメン軍団に囲まれた誠の、ドキドキな学園生活が始まった！ 第10回魔法のiらんど大賞"大賞"受賞作！ セレブでイケメン☆優雅でゴージャス×ここは鈴蘭・禁断の男子寮！
2017.7 303p A6 ¥650 ①978-4-04-893226-4

◆旦那様の頭が獣なのはどうも私のせいらしい 2 紫月恵里著 一迅社 （一迅社文庫アイリス）
【要旨】負の感情を持つ人の頭が獣に変化して見えるローゼマリー姫の旦那様は、獅子の頭を持つ大国の王子クラウディオ。幼い日にローゼマリーに魔力を奪われたことで異形の姿となった彼をもとに戻すため、ローゼマリーたちは海を望む聖地へと向かうことに。ところが、聖地では不穏な事件が起きていて—!? 魔力を返すまでの偽りの夫婦だったのに、なんだか私、最近おかしいみたいです…。獣頭の王子と引きこもり姫の異形×新婚ラブ第2弾！
2017.3 302p A6 ¥638 ①978-4-7580-4914-6

◆デビルな社長と密着24時 七福さゆり著 アルファポリス, 星雲社 発売 （エタニティブックス）
【要旨】アニメやゲームキャラのコスプレが趣味の一花。そんな彼女の前にある日、大好きなゲームのキャラに激似だけど滅茶苦茶失礼なイケメンが現れた。その人物は、有名アパレル会社の社長兼デザイナー・円城寺晶。彼は、一花の体を舐めるように眺めたあとで、「十人並みの容姿と凡人体型、お前こそ俺の理想のトルソーだ」と、暴言を放つ。さらには、新作デザインが固まるまで自分の家に住み込んで作った服を着て見せてほしいと切り出してきた。一花は憤慨しながらも、やむにやまれぬ理由で断れず渋々承諾したところ—!? 素肌を滑る、彼の長い指にドキッ。なんで裸でしょう!? ヲタク女子とドS社長の過激で甘い契約同居生活。
2017.11 273p B6 ¥1200 ①978-4-434-24004-1

◆誘惑コンプレックス 七福さゆり著 アルファポリス, 星雲社 発売 （エタニティ文庫）
【要旨】とある事情から、本来の性格を偽ってオヤジキャラを演じている莉々花。おかげで人と深く関われず、男性とのお付き合い経験もナシ。そんなある日、彼女は勤め先の社長と二人きりで呑みに行くことに。初めは緊張していた莉々花だけれど、次第に趣味の話で意気投合しているうちに、素の自分をさらけ出し、深酒もしてしまう。そして翌朝目覚めたら…そこはホテルで、隣には社長の姿が！ しかも次の日からなぜか、怒濤の溺愛攻撃が始まって!?恋愛経験ゼロのOLと策士な社長のラブ攻防戦！ 文庫だけの書き下ろし番外編も収録！
2018.1 357p A6 ¥640 ①978-4-434-24074-4

◆俺が大統領になればこの国、楽勝で栄える—アラフォーひきこもりからの大統領戦記 至道流星著 KADOKAWA （NOVEL ZERO）
【要旨】20年以上引きこもりニートとして社会で一切の功績を残さなかった不破・不動天馬。そんな男の元にとうとうその時はやって来た。ネット上で披露した知性が注目を集めた彼は大国に拉致されてしまったのだ。「俺を手駒にしたいのならば、大統領の椅子を用意しろ」どこまでも傲

慢な天馬も周囲は呆れながらも本当に弱小国の大統領の座を用意。特技は最悪。性格は最悪。誰もがその能力に疑問を持つ絶望的逆境。だがそれは、歴戦のつわもの「神」を自称してきた男が現代世界に爪痕を残すほんの序章に過ぎなかった。本気を出してないだけの全ての人に贈るアラフォー引きこもりからの超痛快現代建国戦記！
2017.10 322p A6 ¥680 ①978-4-04-256058-6

◆勇者の武器屋経営 1 至道流星著 星海社、講談社 発売 （星海社FICTIONS）
【要旨】絶大な経済的権力を持った「魔境銀行頭取」たる魔王の差押により、返済しようもない莫大な負債を抱えた武器屋「ドリームアームズ」の経営者になってしまった勇者とその仲間たち！ まずは経営の王道に則って、既存事業の強化と新規事業への果敢な進出で事態の打開を図る勇者たちだったが、武器屋経営は、魔物退治よりはるかに難しくて—!? 読めば武力ではなく経営力で世界を救いたくなる！ これぞ勇者の "転職" 冒険譚、第2弾！
2017.5 300p B6 ¥1400 ①978-4-06-139969-3

◆勇者の武器屋経営 2 至道流星著 星海社、講談社 発売 （星海社FICTIONS）
【要旨】絶大な経済的権力を持った魔境銀行頭取たる魔王の差押により、負債まみれとなった勇者一行。武器屋の経営や、新たにはじめた冒険者派遣事業で借金返済に光明を見出した矢先、ドリームアームズが奇襲され炎上！ 店や商品が燃え、世界最大級の組織である冒険者ギルドとの対立が世間に明らかになる中、勇者はピンチをチャンスに変えるべく、仲間の反対を押し切って "新聞事業" に乗り出す！ 一方、商売敵である冒険者ギルドとは、"第一回国際オリンピア祭典" と題して、勇者一行VS冒険者ギルドの精鋭によるパーティ戦で決着をつけることになるが…!? 読めば武力ではなく経営力で世界を救いたくなる！ 勇者の "転職" 冒険譚、第2弾！
2017.9 293p B6 ¥1400 ①978-4-06-510401-9

◆勇者の武器屋経営 3 至道流星著 星海社、講談社 発売 （星海社FICTIONS）
【要旨】武器屋の販売と新聞の発行で飛ぶ鳥を落とす勢いで拡大する勇者の武器屋。新たな事業を模索していたところに、隣国ネイビス共和国で経済危機が起こっているという知らせが舞い込んだ。海運貿易の重要な拠点であるネイビス共和国を立て直すために、勇者は臨時ダ官となって外交交渉に乗り出す！ しかし、それはこの星のパワーバランスを崩すことに他ならず、勇者は、人間界、魔界、天界をも巻き込む抗争の引き金を引くことに…!? 読めば武力ではなく経営力で世界を救いたくなる！ 勇者の "転職" 冒険譚、完結！
2017.11 372p B6 ¥1500 ①978-4-06-510766-9

◆女神なんてお断りですっ。 4 紫南著
アルファポリス、星雲社 発売 （レジーナブックス）
【要旨】前世で革命を起こし、命を落としたティアは、「女神の力」を得て同じ世界に転生した。神からは世直しを期待されているものの、夢だった冒険者生活を気ままに楽しんでいる。そんな彼女のもとに、なんと魔王から相談の手紙が！ 聞けば、魔族の管理下にあるドラゴンの群れが不可思議な行動を起こしているという。喜んで調査に協力する事にしたけれど…その美貌で男も女も虜にしてしまう魔王、さすがのティアもたじたじで!? 魔王に迫られ、天然タラシな魔王との共闘!?大人気痛快ファンタジー、トラブルだらけの第四巻！
2017.2 296p B6 ¥1200 ①978-4-434-22929-9

◆女神なんてお断りですっ。 5 紫南著
アルファポリス、星雲社 発売 （レジーナブックス）
【要旨】10歳になり、王都の学園に入ったティアは、そこで竜人族の血を引く少女アデルと出会う。アデルは先祖返りのウロコが原因で、クラスメイトたちから差別されていて―最強の新一年生ティアが「女神の力」で人族至上主義の学園に嵐を起こす!?
2017.5 297p B6 ¥1200 ①978-4-434-23228-2

◆女神なんてお断りですっ。 6 紫南著
アルファポリス、星雲社 発売 （レジーナブックス）
【要旨】転生時に授かった「女神の力」をフル活用し、夢だった冒険者生活を楽しむティア。そんなある日、国王と大貴族・ドーパン侯爵が盗賊と魔獣に襲われているのを発見！ ティアは仲間と共に彼らを救出するが、ドーパン侯爵はまるで冒険者を馬鹿にしたような態度をとってくる。頭にきたティアは侯爵に宣戦布告するも、その直後、謎の組織『神の王国』がドーパン侯爵領を狙っている事が判明し―！ 小さな女神がムカつく奴らを両成敗!?大人気痛快ファンタジー、絶好調の第六巻！
2017.11 298p B6 ¥1200 ①978-4-434-23901-4

◆あのねこのまちのねこのまち 壱 紫野一歩著 講談社 （講談社ラノベ文庫）
【要旨】駅では電車が素通りし、地図にあるのに辿り着けない町、夕霧町。びっしりと生えた大根が道を塞ぎ、地蔵が抜け道を教えてくれる町には、一匹の猫がいた。ポルターガイスト現象に悩む高校生・墨染幸一は、たまたま夕霧駅に降り立ち、相談屋を営む少女・フミと出会う。彼女の店にはいつのまにかフシギな相談が。影が消えたり、角が生えたり…。「私は何でも解決出来るからね」と笑うフミに振り回され、幸一もおなじ町を駆け回る！ ヒトもアヤカシも恋も呪いもハッピーエンドにするために!! しかし、やがて幸一は知る。のんきに茶をすする彼女の、あくびに隠れた哀しい祈りを―。とっても愉快でちょっぴり切ない、脱力系お悩み解決ファンタジー！
2017.8 294p A6 ¥620 ①978-4-06-381612-9

◆あのねこのまちのねこのまち 弐 紫野一歩著 講談社 （講談社ラノベ文庫）
【要旨】クリーニング屋も飲食店も誰もいない、注文した品がいつの間にか出て来る町、夕霧町。そこで相談屋を営む猫又の少女・フミとそれを手伝う隣町の高校生・墨染幸一。二人の "空猫屋" には、今日も不思議な依頼が舞い込んでくる。年間約五千件の交通事故を起こしてしまうという妖怪・繊維の捕獲を依頼された空猫屋。危険な依頼であろうと、相変わらず呑気なフミに、振り回される幸一—。どたばた捕獲に成功し、二人はホッと一息吐くのだった。やがてこの事件に、逃がれられない現実を突きつけられる事など知らずに—。トイレの花子さんVS猪突猛進女子高生、幸一＆ミニ天狗の大奮闘など、おかしな話もいっぱい！ 脱力系お悩み解決ファンタジー第二弾！
2017.11 294p A6 ¥640 ①978-4-06-381625-9

◆聖樹の国の禁呪使い 8 篠崎芳著 オーバーラップ （オーバーラップ文庫）
【要旨】聖武祭に集う侵略者に対抗するべく門を守るキュリエは、世界の王を名乗るスコルバンガーと対峙する。術式魔装を展開し抵抗するも、全く太刀打ちできず窮地に追いやられてしまう。異変に気づき救援に向かうクロヒコだったが…!? クロヒコ達が侵略者と激戦を繰り広げる一方で、聖武祭も最高潮に達しようとしていた。共に勝ち残ったアイラとセシリーに立ちはだかる、学園の "最強" ドリストスと "無敗" クーデルカ。互いの力を懸けた戦いの果てに、栄光を掴みし優勝者は…!? 聖武祭編クライマックス！ 異世界バトルファンタジー、第8巻！
2017.11 350p A6 ¥690 ①978-4-86554-179-3

◆聖樹の国の禁呪使い 9 篠崎芳著 オーバーラップ （オーバーラップ文庫）
【要旨】聖武祭が終わり、クロヒコの暑期休暇も終わりを迎えようとしていた。セシリーとの約束でアークライト家に宿泊したクロヒコは、新たな禁呪を得られる可能性のある "特級聖遺跡" の攻略計画を語り、着実に準備を進めていく。マキナの計らいで聖樹への調見を果たしたクロヒコは、「学園の聖遺跡攻略の最高記録を更新する」ことを条件に、"特級聖遺跡" の攻略を認められる。条件を達成するべくキュリエとともに新たな仲間を探し始めるが、人選に難航し…!?「あの男には絶対、勝たなくてはならないんです」"特級聖遺跡" 編開幕！ 異世界バトルファンタジー、第9巻！
2017.11 345p A6 ¥690 ①978-4-86554-282-0

◆レディ・ヴィクトリア―ロンドン日本人村事件 篠田真由美著 講談社 （講談社タイガ）
【要旨】ミカドの持ち物だったと騙る「翡翠の香炉」詐欺。日本人村の火災と焼け跡から発見された死体。そして記憶喪失の日本人青年。日本趣味が人気を集めるロンドンで起きた日本に関連する三つの事件にレディ・シーモアとチーム・ヴィクトリアの面々が挑む。ヴィクトリア朝のロンドンを舞台に天真爛漫なレディと怜悧な男装の麗人、やんちゃな奉公人たちが活躍する極上の冒険物語。
2017.3 313p A6 ¥720 ①978-4-06-294058-0

◆ヴァチカン図書館の裏蔵書 篠原美季著
新潮社 （新潮文庫nex）
【要旨】ローマ大学に留学中の玄須聖人は、教授の依頼でヴァチカン秘密記録保管所を訪れ、企画展に向けて幻の資料を探すことに。その頃、ドイツやオーストリアでヴァチカン秘密の存在がちらつくなか、疑惑の目は教皇庁にも向けられる。図書館の膨大な蔵書に謎を解く鍵があると調べ始める聖人と神父のマリク。だが、事件の真相は意外なところに…。
2017.9 269p A6 ¥550 ①978-4-10-180105-6

◆琥珀のRiddle 4 博物学者と時の石 篠原美季著 新書館 （ウィングス・ノヴェル）
【要旨】リドルに隠された、ある重大な謎を探るディアボロ・ヴァントラス。彼を護るメルヴィン（大魔法使いマーリン）とウーリー卿（大天使ミカエル）は…？ ヴィクトリアン・オカルト・ファンタジー第4弾!!
2017.11 252p B6 ¥1600 ①978-4-403-22119-4

◆百年の秘密―欧州妖異譚 16 篠原美季著 講談社 （講談社X文庫―ホワイトハート）
【要旨】セント・ラファエロ時代のユウリの友人、アルフレッド・ロウ。美少年の上に占い師を祖母に持ち、本人もタロットが得意な彼は、祖母が相続した遺産の手続きをする際、ユウリに同行を求めた。遺産には「隠された問題」があり「カップの従者」が必要になるというのだ。シモンに紹介してもらった弁護士と共に南仏に遺された家を訪ねた二人。ユウリはそこで不思議な形の指輪を手にし、パリにあるもう一つの遺産の存在を知る。
2017.9 254p A6 ¥630 ①978-4-06-286962-1

◆万華鏡位相 - Devil's Scope―欧州妖異譚 15 篠原美季著 講談社 （講談社X文庫―ホワイトハート）
【要旨】シモンの双子の妹たちが、ユウリへの贈り物にとネットオークションで落札した万華鏡。覗き窓の周りにラテン語で「百の目が見る」と刻まれたそれは、実は盗品だった。女性遍歴からアンジェリュという "青髭公" と呼ばれる男・ニューサム伯爵は、アシュレイに盗まれた万華鏡捜しを依頼。シモンの許にもアンジェリュという男が来た。ユウリの前にも若い男が万華鏡を求めて来た。三人の男が執着する万華鏡に隠された秘密とは？
2017.3 251p A6 ¥630 ①978-4-06-286940-9

◆幽冥食堂「あおやぎ亭」の交遊録 篠原美季著 講談社 （講談社X文庫―ホワイトハート）
【要旨】西早稲田の路地裏。枝垂れ柳に隠れるようにひっそり佇む食堂「あおやぎ亭」。営業時間は日の出から日の入りまで。おぼんざい風の料理を出す店の主人は、端正な顔立ちをしたどこか古風な感じのする男だった。半井結人は幼い頃の体験から「死者の魂」が見えるようになり、その力を持て余していた。だが「あおやぎ亭」の店主との出会いを機に、自分に秘められた力の意味と活かす方法を知ることに。新シリーズ開幕！
2017.7 243p A6 ¥660 ①978-4-06-286954-6

◆龍の眠る石―欧州妖異譚 17 篠原美季著 講談社 （講談社X文庫―ホワイトハート）
【要旨】ロンドン、ヒースロー空港の上空で目撃された龍。東洋風の蛇に似た姿のそれは、ユウリたちの母校・セント・ラファエロの上空でも生徒たちに目撃された。その後、降りくる雨。総長となったアーチボルト・シリトーは「フォーダム城」の異変を察知し、ユウリに事態の正常化を依頼。ユウリは母校を訪問する。その頃ロンドンでは、シモンの弟・アンリが行方不明に。ユウリは謎を解き、アンリを救えるか。
2017.11 253p A6 ¥630 ①978-4-06-286974-4

◆異世界おもてなしご飯―聖女召喚と黄金プリン 忍丸著 KADOKAWA （カドカワBOOKS）
【要旨】両親を亡くしてから、妹と愛犬と仲良く暮らしてきた茜。彼女はある日、『聖女』であるらしい妹の巻き添えをくらい、異世界に召喚されてしまった。しかも、家ごと。そのうえ…「おねえちゃんのプリンとご飯が食べられないなんて嫌々！」という妹のわがままによって、異世界で料理をするはめに!? 王子に騎士団長、山の主に妖精まで、茜の家には次々と珍客（トラブル付き）がやってくる。あったか手料理でおもてなしして、みんなをお腹いっぱい＆笑顔にしちゃいます！
2017.9 316p B6 ¥1200 ①978-4-04-072442-3

◆ゴーストケース―心霊科学捜査官 柴田勝家著 講談社 （講談社タイガ）

ヤング・アダルト小説

【要旨】地下アイドル・奏歌のCDが誘発する、ファンの連続自殺事件。CDに潜む科学的な解明に挑むのは、陰陽師にして心霊科学捜査官の御陵清太郎と警視庁捜査零課の刑事・音名井高潔のバディ。奏歌は自殺したアイドルに祟られているという。事件の鍵となる、人間が死後に発する精神毒素"怨素"をずっと捜していたノエルの光と影に直面した御陵と音名井が導き出す「呪いの構造」とは⁉

2017.1 300p A6 ¥720 ①978-4-06-294056-6

◆**公爵夫妻の幸福な結末** 芝原歌織著 講談社 (講談社X文庫—ホワイトハート)
【要旨】公爵のリュシアンと契約結婚したノエル。最初はお互いの利害が一致しただけの仮面夫婦だったけれど、ようやく相思相愛に―と思ったのもつかの間、ずっと捜していたノエルの実の父親が国王だと判明して、事態は更にややこしいことに⁉立場激変のノエルとリュシアンと引き離されてしまって…。運命に翻弄されるふたりはハッピーエンドを迎えられるのか?心ときめくシリーズ第三弾!

2017.11 247p A6 ¥660 ①978-4-06-286964-5

◆**公爵夫妻の不器用な愛情** 芝原歌織著 講談社 (講談社X文庫—ホワイトハート)
【要旨】女嫌いのひきこもり公爵・リュシアンと契約結婚したノエルは、宮廷画家になるために男のふりを続けるが、ちなみにリュシアンには「安眠用の抱き枕」程度の扱いをされるだけの、徹底した仮面夫婦だ。夫公認で「公爵夫人ノエリア」と「その双子の弟の画家ノエル」という一人二役生活を送っていた彼女の元に、ある日、行方不明だった父親の情報が舞い込んで…。急転直下のシリーズ第二弾!

2017.6 233p A6 ¥660 ①978-4-06-286944-7

◆**公爵夫妻の面倒な事情** 芝原歌織著 講談社 (講談社X文庫—ホワイトハート)
【要旨】ノエルは画家見習いの少女。宮廷画家だったという父を捜すため、自分も宮廷画家になるのが夢だ。でもそれは叶わないなら花形職業…。性別詐称は厳罰を受けると知りつつも、ノエルは男の姿で宮廷画家を目指すが、仕事先で出会ったひきこもり公爵リュシアンに、女であることがバレてしまう! そこで秘密を守るとの引き替えに「公爵夫人」、仮面夫婦生活を送るという条件で…⁉

2017.2 251p A6 ¥630 ①978-4-06-286932-4

◆**黒剣(くろがね)のクロニカ 02** 芝村裕吏著 星海社, 講談社 発売 (星海社FICTIONS)
【要旨】遙か昔—高度な文明を誇ったアトランティス大陸が海没したのち、遺民たちが多島海に散らばり、幾多の都市国家を形成していた時代。黒剣家の三男・フランは、母剣市・コフのヤニア市で、母剣市・コフによる二度の侵攻を防ぎ、父と長兄・トウメスの打倒に成功した。しかし、その直後、コフでは残された次兄のオウメスが権力を掌握し、フランのかつての親友・ウラミを側近に起用する。みたび戦争が起きることを予見するフランだが、二度の戦いを経て、ヤニアには和睦ムードが漂っていた。そして、迎撃の準備が整わぬなか、ヤニアは"惨劇の日"を迎えることとなった…。果たしてフランの叡智は、局面を打開できるのか? 超巨弾ファンタジー、危急存亡の第二幕!

2017.3 223p B6 ¥1300 ①978-4-06-139963-1

◆**黒剣(くろがね)のクロニカ 03** 芝村裕吏著 星海社, 講談社 発売 (星海社FICTIONS)
【要旨】遙か昔—高度な文明を誇ったアトランティス大陸が海没したのち、遺民たちが多島海に散らばり、幾多の都市国家を形成していた時代。黒剣家の三男・フランは、母剣市コフに亡命して、二度にわたるコフの侵攻を防ぎ、父フィタロスと長兄トウメスを討つことに成功した。しかし、フランの亡命も、父フィタロスと長兄トウメスの打倒も、すべては次兄オウメスの策略だった。コフを掌握し、貴族制を解体したオウメスは大量の骸骨兵を放ち、"惨劇の日"と呼ばれる夜、ヤニアは脆くも陥落した。他都市を併呑し、多島海を覆う領域国家形成を目論むオウメスの、からくもヤニアを脱出したフランと異形の娘たちは、起死回生の反撃を試みる…。『マージナル・オペレーション』『永凍土のカナン』のタッグが贈る、超巨弾ファンタジー、ついに完結!

2017.9 251p B6 ¥1350 ①978-4-06-510302-9

◆**マージナル・オペレーション改 02** 芝村裕吏著 星海社, 講談社 発売 (星海社FICTIONS)

【要旨】人民解放軍の将軍・新的の依頼を受け、ジブリールをともなって中国に入ったアラタを迎え入れたのは、"シベリア共和国"の監視役・パウローだった。つい先日まで刃を交えていた"敵国"中国と、血の因縁を持つシベリア共和国—両国の庇護と監視を受けつつ、ジブリールと疑似新婚生活を始めつつ北京で学校通いを開始するアラタ。しかし、北朝鮮情勢の一層の緊迫化とアラタの才能をめぐり、中国とシベリア共和国の間には意見の相違が生まれていく―。少年兵、情報技術の高度化、そしてドローン―元ニートが立つ"未来の戦場"に立つ―! 芝村裕吏×しずまよしのりが贈る大ヒットシリーズ、絶好調の新章第二幕!

2017.6 225p B6 ¥1250 ①978-4-06-139971-6

◆**マージナル・オペレーション改 03** 芝村裕吏著 星海社, 講談社 発売 (星海社FICTIONS)
【要旨】中国とシベリア共和国―庇護者であったはずの両国の意見は相違し、アラタは窮地に追い込まれることとなった。やむなく人質を取り、ジブリールを伴って北京郊外へと赴いたアラタは、かつて自らが捨てたはずの母国・日本の大使館へと駆け出した。日本の諜報機関に属する"イトウさん"は日本の国益のため、アラタの持つ機密情報―中国の北朝鮮侵攻計画を、本国・日本に伝えようとするかしかし時すでに遅く、大使館は厳重な包囲の下にあった。通信は全て途絶し、武器らしい武器もない。アラタの指揮のみ。やがて、不気味な静寂の中、敵部隊の大使館突入が開始されようとしていた―。必ずや、生きて密林に戻る―。芝村裕吏×しずまよしのりが贈る大ヒットシリーズ新章、四面楚歌の第三弾!

2017.12 217p B6 ¥1250 ①978-4-06-511003-4

◆**不死探偵事務所** 織田理理著 新書館
【要旨】魔の法の才能ゼロ、取り柄は顔の良さだけのシモン。初仕事で、自称探偵のアンブローズ・ネロ殺しを請け負うが、あっけなく返り討ちに遭う。ネロには不死の噂があり…? 天使と悪魔のトワイライト・ファンタジー!

2017.4 308p B6 ¥1500 ①978-4-403-22111-8

◆**ありえない青と、終わらない春** 清水苺苗著 講談社 (講談社ラノベ文庫)
【要旨】桜舞う四月、石崎海が出会ったひと、前田きらら…いつもクラスの中心で、華やかなもののすべてに包まれているかのような少女の美少女。しかし彼女には "秘密" と "柵" と "婚約者" がいた―偶然にきららと一緒にいるようになった海は、彼女が秘密を打ち明けようとする一「私は決死の覚悟で、この時間に戻ってきたの…」戸惑いつつも彼女の真の願いを理解したその時、海はきららを好きになっていた…叶わないことを知りながら、人生で初めて、大好きなひとのために全力を尽くそうとする海。ありえない青空の下、終わらない春が始まった。鮮やかな季節を瑞々しい感性で描く青春譚登場!

2017.6 304p A6 ¥640 ①978-4-06-381598-6

◆**こんな僕(クズ)が荒川さんに告白(コク)ろうなんて、おこがましくてできません。** 清水苺苗著 講談社 (講談社ラノベ文庫)
【要旨】浅井悠馬。好きな言葉はサービスシーン、嫌いな言葉は協調性。成績優秀だがクズを自認する彼は偶然、文化祭でのクラス演劇主役に選ばれる。拒否ろうとする彼をクラスの中心に君臨する美少女、荒川南に説得され―「俺みたいなクズに、クラスの中心で輝くキラキラ主人公の気持ちがわかるわけないだろ」「じゃああんたをスクールカースト頂点に立つ男にしてあげる、だから…」劇の練習を通じて唯一ちゃんと自分と行動し始めた悠馬。次第に唯の見た目と全然違う純真さとひたむきさ、そして抱える秘密を知り、ピュアじゃないから、輝くときはぼえゆく光る。素直じゃないから、本当の気持ちを知っている―ダメな青春を "再定義" する覚醒クズキャラ青春コメディ!

2017.9 327p A6 ¥640 ①978-4-06-381621-1

◆**緋紗子さんには、9つの秘密がある** 清水晴木著 講談社 (講談社タイガ)
【要旨】学級委員長を押し付けられ、家では両親が離婚の危機。さらには幼なじみへの恋心も封印。自分を出せない性格に悩みが募る高校2年生・由宇にとって「私と誰も仲良くしないでください」とクラスに見かけた転校生・緋紗子さんとの出会いは衝撃だった。物怖じしない凛とした彼女に憧れを抱く由宇。だが偶然、緋紗子さんの体の重大な秘密を知ってしまい、ふた

りの関係は思わぬ方向へ―。

2017.5 285p A6 ¥690 ①978-4-06-294077-1

◆**精霊使いの剣舞 (ブレイドダンス)—精霊舞踏祭 (エレメンタル・フエスタ)** 志瑞祐著 KADOKAWA (MF文庫J)
【要旨】教導院時代のカミトとレスティアの関係、そして、あの姉妹の当時の関係も描かれる『帝都の精霊大祭』。体調を崩したカミトのために、剣精霊エストが生まれてはじめての看病で巻き起こるドタバタ騒動『エスト、看病する』。ある決心を決めたフィアナが、まさかの秘密のアルバイトを始める『お姫様のアルバイト』。そして、チーム・スカーレットのみんながまさかのアイドルデビュー(⁉)でステージに立つ、書き下ろし短編『精霊舞踏祭』。ほか、クレアとリンスレットの過去や、壮絶なるお嬢様たちの闇鍋合戦、チーム力アップのための強化合宿の様子など、盛り沢山。カミトたちの日常の姿が描かれる大ヒットエレメンタル・ファンタジー学院編、堂々の登場!

2017.10 261p A6 ¥580 ①978-4-04-069345-3

◆**精霊使いの剣舞 (ブレイドダンス) 16 魔王凱旋** 志瑞祐著 KADOKAWA (MF文庫J)
【要旨】ついに記憶を取り戻したレスティアと共に、最強の精霊使いにして、かつての師である"黄昏の魔女"グレイワースを討ち倒したカミト。その夜、竜王の君臨するドラクニアの城で、レスティアはあの日の真実を語る。それは彼女の存在の根源にまつわる秘密だった―。一方、"竜の峰" での修行を終えたクレアたちは、新たな力を手に、カミトたちと合流する。その後 "教国" の王女、サラディア・カーンを救うため、カミト、レスティア、クレア、エストの4人は、レオシェーラ派の勢力が集う都市 "モルデス" へ向かう―待て、だが、そこでカミトを待ち受けていたのは、ルビアの意外な言葉だった―。「お前が"魔王"になれ、カゼハヤ・カミト」覇道を征く大人気エレメンタル・ファンタジー、激動の第16弾!

2017.2 287p A6 ¥580 ①978-4-04-068343-0

◆**ドロップ‼ 3 一香りの令嬢物語** 紫水ゆきこ著 フロンティアワークス (アリアンローズ)
【要旨】パメラディア家の長男・サイラスから突然の依頼を受け、彼の婚約者であるクリスティーナと王都へ繰り出すことになったコーデリア。クリスティーナの希望で、コーデリアは王都の仕立て屋でドレスを見て回るが、どうやら彼女の目的ショッピングではない様子。「よかった、本物だったわ―」聞けば、クリスティーナの故郷でしか生産されない幻の絹『フローラ・シルク』の偽物が王都に出回っているらしく、クリスティーナが偽物を追う本当の理由に心を動かされたコーデリアは、彼女に協力を申し出る。しかし偽シルク事件の裏には、予想外の組織が関係していた―⁉待望の第三巻、今回も "香りの令嬢" が大活躍!

2017.5 299p B6 ¥1200 ①978-4-86134-997-3

◆**ドロップ‼ 4 香りの令嬢物語** 紫水ゆきこ著 フロンティアワークス (アリアンローズ)
【要旨】王都の偽フローラ・シルク事件を無事解決に導いたコーデリアは、以前ジルと約束していた "緑の魔女" にようやく会いに行くことができた。緑の魔女が持つ豊富な知識にコーデリアの研究欲もますます盛んになっていくが、魔女と話しているうちにコーデリアは一つの違和感に気付く。「先生のお顔、どこかで見たような―」それが思い出せないまま、コーデリアは魔女の誘いで王都から離れた村の貧院院へ通うこととなるが、ある日魔女のもとに怪しい人物が村へ訪れたことにより、事態は風雲急を告げることに―⁉期待の第四巻、今回も "香りの令嬢" の活躍から目が離せない。

2017.9 299p B6 ¥1200 ①978-4-86657-038-9

◆**神様の子守はじめました。 5** 霜月りつ著 コスミック出版 (コスミック文庫α)
【要旨】就活に失敗し、神社に神頼みをしにいった羽鳥梓が四神の卵を預かり、子供たちが生まれてから、早いもので五ヶ月。四神の子たちのほのぼのな感動体験もしたし、死にそうな目にもあった。神子たちを育てるのは普通の人間である梓にとっては大変なことだったが水精の翡翠と火精の紅玉がいつも力を貸してくれるのでなんとかなっていた。今なおさおり、翡翠の故郷のお社が土砂崩れの危険に迫られていると知り―⁉

2017.3 279p A6 ¥650 ①978-4-7747-1310-6

◆**神様の子守はじめました。 6** 霜月りつ著 コスミック出版 (コスミック文庫α)

◆神様の子守はじめました。 7　霜月りつ著
コスミック出版（コスミック文庫α）
【要旨】普通の人間である羽鳥梓はアマテラスから国の四方を守る四神の子供たちを預かり、毎日小さな不思議体験をしながら子供たちと一緒に楽しい日々を送っていた。子供たちも個々に自分たちなりの世界を作り出し、性格もはっきりし始めている。白花は迷い猫を探しに猫の集会に参加しようとしたり、蒼矢は友だちを助けるために魔縁と戦おうとしたり…。思いがけない出来事の連続で羽鳥梓はますます四神から目が離せない!!
2017.7　285p　A6　¥650　①978-4-7747-1346-5

◆神様の子守はじめました。 7　霜月りつ著
コスミック出版（コスミック文庫α）
【要旨】アマテラスから預かった四神の子供たちは日々成長し、普通の人間である羽鳥梓は思いがけないトラブルに巻き込まれながら愛情深く子供たちを育てていた。ある夏の日のこと。梓と子供たちは、おなじみの神社へカブトムシをとりに、はりきって出かけていった。不思議なことに子供たちにベタ甘な水の精・翡翠は珍しく居残りで…。なんと2時間サスペンス大好きな翡翠は、ご近所の高島さんと組んであやしげな噂のあるアパートの住人を偵察にいくことになっていたのだ!!
2017.11　286p　A6　¥650　①978-4-7747-1379-3

◆エス・エクソシスト　霜月セイ著
KADOKAWA（角川スニーカー文庫）
【要旨】女子高生・瑠璃崎蒼音は、人間に取り憑いた"悪魔"を祓う正真正銘のエクソシスト―！しかしその祓の仕方は、恫喝（？）、蹴る（？）、殴る（？）と何ともドS。「悪魔ごときが蒼音様に楯突いてんじゃないわよ、歯抜くわよ」暴言収まらない彼女どころか下僕もといアシスタントの一色弘青は日々悪魔が引き起こす謎の究明に奔走していた。そんな彼らに奇妙な投石事件の依頼が舞い込んできて!?第21回スニーカー大賞"特別賞"受賞作!
2017.2　284p　A6　¥600　①978-4-04-105287-7

◆普通のおっさんだけど、神さまからもらった能力で異世界を旅してくる。疲れたら転移魔法で自宅に帰る。 3　霜月緋色著　ホビージャパン（HJ NOVELS）
【要旨】普通のおっさんサラリーマンでありながら、こちらと異世界を往復するはめになったマサキは、モンスター退治の途中で奴隷商人に囚われたエルフの姉妹と知り合う。奴隷商人が姉妹を救おうとするマサキが気に入らず、相手もしたたかで姉妹の解放を餌にマサキを陥れようと企む。マサキは奴隷商人の悪事を暴くため魔法を使って大金をゲットし、それを元手に現代のチートアイテムを購入。その結果オフロード車やドローンに続いて、ついに異世界に「パワーショベル」が持ち込まれることに―。
2017.4　299p　B6　¥1200　①978-4-7986-1438-0

◆普通のおっさんだけど、神さまからもらった能力で異世界を旅してくる。疲れたら転移魔法で自宅に帰る。 4　霜月緋色著　ホビージャパン（HJ NOVELS）
【要旨】会社のエラい人の悩みを異世界魔法で解決し、ご褒美に長期休暇をもらったマサキ。いっぽうロザリィのもとには海賊退治に向かい、決着がつき次第戻ってきてとマサキと入れ違いになる。おまけに先日仲良くなったばかりのフェニックスが少女の姿で現れ、マサキに頼みごとをしてくる。絶海の孤島に眠る「あるモノ」を探す手伝いをして欲しい、というフェニックスの魔法にも動かされ、マサキは、買ったばかりのプレジャーボートに乗って海賊の待つ海へと向かう！
2017.9　317p　B6　¥1200　①978-4-7986-1534-9

◆なぜ、勉強オタクが異能戦でもトップを独走できるのか？　霜野おつかい著　SBクリエイティブ（GA文庫）
【要旨】「教えてやろう。勉強は最強だ！」異能に目覚めた「覚者」が集まる学園でただ一人、ひたむきに勉強に打ち込む男がいる。その名は神堂サト。戦闘力至上主義のこの学園ではまったく評価されない「学業」を極めた学斗は…正に連戦連勝！ゴム手袋で雷撃を防止し、数学知識でテロ組織をも壊滅!!「って、そんなわけでしょ!?」勉学知識をちょっぴり過剰に活かせる謎の能力「智の利」を使って、あらゆる魔法も超能力もクールに凌駕していく―。勉強オタクがなんになるの？誰もが抱いたことのある疑問をねじ伏せる、知識欲王子の痛快下剋上ゲーム、証明開始!!
2017.5　293p　A6　¥610　①978-4-7973-9180-0

◆なぜ、勉強オタクが異能戦でもトップを独走できるのか？ 2　霜野おつかい著　SBクリエイティブ（GA文庫）
【要旨】公認英雄統括局を突如襲った爆破事件。すべての覚者を挑発する不敵な宣戦布告に、現役の公認英雄たちが本気で動きだす。そして一重要参考人として身柄を拘束された学斗。だが相変わらずの勉強バカぶりは留まることを知らず…「逮捕も貴重な社会勉強だ！あと犯人の謎ならもう解いているけど!?」一方、事件後、ひどく気落ちしている胡久里。その落ち込み方は式典の失敗が理由ではないようで。可愛い妹分の苦悩には学斗の特別授業がとっておきの解法を示す！常識外れの勉強オタクが全てをねじ伏せる学園異能の進行形第2弾!!
2017.9　285p　A6　¥600　①978-4-7973-9382-8

◆元勇者、印税生活はじめました。―担当編集はかつての宿敵　霜野おつかい著　SBクリエイティブ（GA文庫）
【要旨】異世界の危機をその手で救った少年、刃桐創一。勇者の使命を終え、現代日本に帰った彼が最初にやったことは―異世界での冒険を知らずそのままライトノベルに書いちゃった！実体験ならではのリアリティが絶賛され、即デビュー＆人気作家の仲間入り。だが貴重な経験ストックをわずか三巻分で使い尽くし「うおおお、続きが書けねぇ～！」迫る納期！重すぎるファンの期待！さらに担当編集は―「お前、倒したはずの破壊神だろ!?」ネタを破壊しまくるかつての魔王登場に、自らの印税生活(!?)最盛期だけど締め切りには完敗する元勇者の実録切り売りストーリー！
2017.6　325p　A6　¥620　①978-4-7973-9179-4

◆キネマ探偵カレイドミステリー　斜線堂有紀著　KADOKAWA（メディアワークス文庫）
【要旨】「休学中の秀才・嗄井戸高久を大学に連れ戻せ」留年の危機に瀕するダメ学生・奈緒崎は、教授から救済措置として提示された難題に挑んでいた。しかし、カフェと劇場と居酒屋の聖地・下北沢の家にひきこもり、映画鑑賞に没頭する彼の前に為すすべもなく。そんな中起こった映画館「パラダイス座」をめぐる火事騒動と完璧なアリバイを持つ容疑者―。ところが、嗄井戸さん家から一歩たりとも出ることなく、圧倒的な映画知識でそれを崩してみせー。
2017.2　269p　A6　¥610　①978-4-04-892704-8

◆キネマ探偵カレイドミステリー―再演奇縁のアンコール　斜線堂有紀著　KADOKAWA（メディアワークス文庫）
【要旨】火事で家が燃え、嗄井戸が住む銀塩荘の一階に引っ越した奈緒崎は、嗄井戸の部屋に入り浸る日々を過ごしていた。夏休みが終わり、大学に赴いた奈緒崎は同級生にかけられている『スタンド・バイ・ミー』窃盗容疑を晴らすため、嗄井戸のもとへ向かうのだが。実力派女優の家に残されたピンク色の足跡、中古ビデオ屋の査定中に潜む謎…圧倒的な映画知識で不可解な事件を解決させる引きこもりの秀才・嗄井戸。その謎解きの中には彼自身の過去が隠されていー?!
2017.8　277p　A6　¥610　①978-4-04-893328-5

◆左利きだったから異世界に連れて行かれた 5　十一屋翠著　KADOKAWA（カドカワBOOKS）
【要旨】クラフタの留守中に領地が襲われ、アルマが誘拐された！ミヤは負傷し、町は壊滅状態。さらに王都も襲撃を受け、何と魔法が封じられてしまったという…。王都を包囲するバギャン達と手を組み超技術の武装を手に入れた敵国の大軍。地を埋め尽くすゴーレムの群れと強力な魔導具を相手に、クラフタの奇襲が炸裂する！戦いの中、次第に明らかになる真の敵。クラフタは、全ての秘密が眠るという古代エルフの森に向かうが…!?
2017.3　297p　B6　¥1200　①978-4-04-072152-1

◆勇者のその後―地球に帰れなくなったので自分の為に異世界を住み良くしました　十一屋翠著　アルファポリス、星雲社 発売
【要旨】異世界を恐怖に陥れる魔王を打倒すべく地球より召喚された勇者こと俺、トウヤ。辛く苦しい戦いの果てに魔王を倒し、これでようやく故郷に戻れると思っていたんだが…ちょっ、帰れなくなっただって!?それも、俺が強くなりすぎたからという理不尽な理由で！困ったなーとぶらぶらしてたんだが、俺は急に俺が目をそらしていた重大な事実と向き合う事に。町は依然として荒廃したまま、人々は疲弊したままなのさ。そっか…魔王を倒しただけじゃ、本当の意味で救ったことにならないらしい。だってー、他にやる事もないし、俺の現代知識で、異世界を復興してやるか！エンディング後に始まる、勇者のその後の物語。"2周目勇者"の異世界

復興ファンタジー、開幕！
2017.6　297p　B6　¥1200　①978-4-434-23511-5

◆勇者のその後 2　地球に帰れなくなったので自分の為に異世界を住み良くしました　十一屋翠著　アルファポリス、星雲社 発売
【要旨】強くなりすぎたという理不尽な理由で、地球に帰れなくなった勇者、トウヤ。魔王になれば地球に戻れると知った彼は、すぐにそれを承諾する。ところがその決断は、可愛いケモッ娘達を巻き込んで、異世界を揺るがす大騒動に発展してしまうのだった…。
2017.11　288p　B6　¥1200　①978-4-434-23984-7

◆LOST 失覚探偵 中　周木律著　講談社（講談社タイガ）
【要旨】「失覚の病」、それは謎を解くと五感のひとつを失う、不治の病。病魔に冒された美貌の名探偵・六元と、助手の三田村は、荒廃した戦後の東京で、同人に擬された二つの殺人事件を解決した。直後、立て続けに、足跡なき開放空間での圧死一修羅の事件、凶器のない密室の爆死一餓鬼の事件が！探偵の尊厳を奪い、すべてを操る黒幕は!?失われる探偵の物語、加速する第二章！
2017.1　264p　A6　¥690　①978-4-06-294057-3

◆LOST 失覚探偵 下　周木律著　講談社（講談社タイガ）
【要旨】密室での死刑囚の焼死にはじまる連続殺人事件は、仏教の六道に擬されていた。探偵・六元は地獄界、天界、修羅界、餓鬼界の四つの事件を解決するが、自らの感覚を消失。残るは赤の視覚と聴覚のみだった。探偵を嘲笑うかのように、同人の花嫁が殺され、姿を消す六元。黒幕との直接対決の中、六元の推理が反転し続ける真実に挑む。最後の感覚を失った探偵の運命はー！？
2017.4　271p　A6　¥690　①978-4-06-294068-9

◆ギルティ・アームズ 3　新たなる螺旋　秋堂カオル著　SBクリエイティブ（GA文庫）
【要旨】「新螺は未来をどう生きたいのだ？」モノリスの影響で体が武器化する新螺と、彼を案じるアルル。二人の行く末は因縁のネオシアンに引き裂かれー因幡兎亮は攫われてしまう。彼女の正体は"水晶天使"トート。その力こそ、超古代文明を復活させる建鍵であった！目覚めていく仲間たちと、迎える時代の節目。場違いな者たちは己が居場所を守るため、最終決戦に挑む！「やっとわかったんだ…この腕の、価値が！」戦い続けた少年がその腕で掴んだ答えとはー？超古代×現代の武力が激突するヒロイックアクション、堂々完結！
2017.1　336p　A6　¥640　①978-4-7973-8506-9

◆キャスター探偵―金曜23時20分の男　愁堂れな著　集英社（集英社オレンジ文庫）
【要旨】毎週金曜日23時20分に始まるニュース番組「イブニング・スクープ」の顔である愛優一郎はただのキャスターではない。甘いマスクでTV前の女性たちを骨抜きにするのみではなく、時上がりの彼はその取材力と推理力で社会の闇を華麗に斬る「キャスター探偵」でもあるのだ。ラブとあらば愛はいつでも東奔西走する。同居人で新人推理小説家の竹之内を振り回しながら…。
2017.2　218p　A6　¥550　①978-4-08-680121-8

◆キャスター探偵 愛優一郎の友情　愁堂れな著　集英社（集英社オレンジ文庫）
【要旨】金曜深夜に始まるニュース番組「イブニング・スクープ」を心待ちにする女性たちの目当ては、キャスターの愛優一郎。甘いマスクの裏に鋭い推理力を秘めたこの男、ただのキャスターではない。彼は世に蔓延る悪を熱く華麗に斬る「キャスター探偵」なのだ。そんなある日、5年ぶりに新作を出すことになったベストセラー作家・陽向ゆきなが愛の番組に出演するのだが!?
2017.8　206p　A6　¥550　①978-4-08-680144-7

◆彼と私の不完全なカンケイ　柊乃著　スターツ出版（ケータイ小説文庫―野いちご）
【要旨】高2の瑠子は、クールでイケメン、だけど遊び人な尚仁の幼なじみ。尚仁は彼女がいるのに、忘れっぽい瑠子の世話を焼き、一緒に帰るなど、なんだかんだ優しい。思わせぶりな尚仁の態度に、瑠子は彼がいるのにドキドキさせられるけど、尚仁の本当の気持ちがわからず、すれ違ってしまって…？素直になれないふたりの焦れきゅんラブ!!書籍限定エピソード2編収録!!
2017.1　299p　A6　¥570　①978-4-8137-0197-2

◆山下くんがテキトーすぎて。　柊乃著　スターツ出版（ケータイ小説文庫―野いちご）

ヤング・アダルト小説　1212　BOOK PAGE 2018

【要旨】高校生の愛音は、意地悪でテキトーだけどカッコいい山下くんにひと目ボレ。しかし、山下くんに女として見てもらえないと、あきらめようとしていた。が、パシッたり、構ったりする山下くんの思わせぶりな態度に愛音はドキドキ。そんな中、爽やかイケメンの大倉くんからも迫られる。だが、山下くんには秘密があることを知って…。愛音の恋はどうなる!?
2017.6 325p A6 ¥590 ①978-4-8137-0272-6

◆境界探偵モンストルム　2　十文字青著
KADOKAWA　(NOVEL ZERO)
【要旨】狭間ナルキヤは探偵である。人捜しや行動調査といった一般的な業務も請け負うが、専門は「境界の住民」にまつわる変わり種の事件だ。ある日、同業者の花賀瑠璃がナルキヤにあつらえ向きの仕事を持ちかけてきた。消えたラミアの捜索。報酬はなんと三千万円。ただし、依頼を達成しなければ一文にもならない。それでも一縷の望みを抱いてラミアを捜すナルキヤ。ところが、見つかるのはなぜか人間の生首ばかり。これってもしかして、連続殺人事件じゃないのか？現実と幻想が交錯する東京で、最低で最高な連中の愉快な物語が幕を開ける。
2017.1 322p A6 ¥800 ①978-4-04-256033-3

◆灰と幻想のグリムガル　level.10　ラブソングは届かない　十文字青著　オーバーラップ　(オーバーラップ文庫)
【要旨】ある義勇兵が深い傷を負い、山中で一人その後の終焉を迎えつつあった。死の間際、彼は思い出す。元いた世界の残滓を。そして、疑問を抱く。一この"グリムガル"という世界とはなんなのか？と。一方、千の峡谷を抜けオルタナを目指し東へ進んでいたハルヒロたちは、道中の森で、巨大な猿のようなモンスター・ゴォレラたちの襲撃を受けていた。レッドバックというリーダーに率いられたゴォレラの群れに苦戦を強いられる。辛うじて追撃を振り払い、逃げ込んだのはオークの出来損ないが隠れ住む村だった…。彼は知っている。この世界で"明日"が当たり前には訪れないということを。
2017.3 286p A6 ¥630 ①978-4-86554-202-8

◆灰と幻想のグリムガル　level.11　あの時それぞれの道で夢を見た　十文字青著
オーバーラップ　(オーバーラップ文庫)
【要旨】一やらなきゃいけないことを。やるんだ。今は。歯を食いしばり、両足を踏ん張り、ゴォレラたちの襲撃に再び向き合うハルヒロ。彼は、使命で自分を奮い立たせ、"彼女"の死という現実から目を背けようとしていた。そして、彼もまた背負った後悔と絶望を前にした時、謎の男・ジェシーが囁く。「方法ならある。一つだけ」。一方、フォルガンを脱退したランタは、世legs役であったカサギな姉御に必死に逃げていた。千の峡谷で、いつ終わるともしれぬ逃避行。体力と精神が限界に達しようとした時、ランタの脳裏に去来したものとは…？新たな運命が廻り始める11巻！
2017.7 255p A6 ¥630 ①978-4-86554-234-9

◆愛すべき『蟲』と迷宮での日常　3　熟練紳士著　アルファポリス、星雲社 発売
【要旨】凄腕『蟲』使いのレイアは、大貴族となった今も、冒険者として迷宮に潜る日々を楽しんでいる。だが、そんな彼の命を狙う人間が存在した。それは、私腹を肥やすレイアの元上官の騎士や、族を乗っ取ろうとするギルドの幹部たち。彼らの身勝手な野望の達成に、レイアが邪魔だというのだ。そのため、罠や暗殺など様々な手を仕掛ける。だが、蟲の魔法は彼らの想像を超えて強かった。拷問、洗脳、力押しと、レイアはあらゆる手段を用いて、悪党どもを返り討ちにしていく一大人気ダンジョン冒険ファンタジー待望の第3弾！
2017.3 279p B6 ¥1200 ①978-4-434-23146-9

◆愛すべき『蟲』と迷宮での日常　4　熟練紳士著　アルファポリス、星雲社 発売
【要旨】冒険者育成機関の臨時講師、ギルドのクソ生意気な新人職員への研修、そして小国の乗っ取りを企む美人エルフの調査—余計な犠牲者を大量発生させつつ、凄腕『蟲』使いレイア・アーネスト・ヴォルドーは、あらゆる依頼を完璧にこなす！間違った正義感と誤解で、周囲に災厄を撒き散らす！ダンジョン冒険ファンタジー第4弾！
2017.9 278p B6 ¥1200 ①978-4-434-23783-6

◆資格の神様　十階堂一系著　KADOKAWA
(電撃文庫)
【要旨】「つまらない人間の針木一天くん」そんな烙印を押され、幕を開けた僕の高校生活。変わりたいと願うも、なかなか行動に移せずにいた僕にある日「君はどう変わりたい？」「"資格の神様"を名乗る妖しい美女・桐の司と出会った。彼女の突然の問いに何も答えを見つけられずにいた僕に神様が示してくれたのは"資格"という道で!?彼女の教えを頼りに入った資格部だったが、破天荒を体現した資格部部長・チクマリ先輩に、なぜか僕にだけ冷たい対応を見せる幼馴染みの天野さんと、なんだか僕が進む道は前途多難…!?これは何もない僕が変わっていく資格と青春の物語だ。
2017.5 263p A6 ¥590 ①978-4-04-892836-6

◆弓と剣　2　淳A著　TOブックス
【要旨】「六頭殺しの若」伝説から早一年。異例のスピード出世で小隊長となったサダ。大貴族の坊ちゃんヘルセス(無自覚わがまま)をはじめ、個性派揃いの部下たちに頭を悩まされて大忙し！しかしヘルセスに特務部隊を結成、王女の下へ急ぐ。事態は一刻を争う中、果たして彼らは間に合うのか？今ここに三人の結束が成否をわける、第二の伝説が幕を開ける！熱い絆と決死の想いに胸を打たれる本格ハイファンタジー第二巻！書き下ろし番外編収録！
2017.7 271p B6 ¥1296 ①978-4-86472-588-0

◆我が偽りの名の下に集え、星々　庄司卓著
KADOKAWA　(ファミ通文庫)
【要旨】百名公子が覇権を賭けて争う時代に、突如現れた皇子ミロ。行方不明だったはずの彼は妹と婚約者を伴い、貴族と資産家の子息のために創設された帝国学園に入学する。一見権力と貧富の格差渦巻く帝国の縮図と化していたが、その様々な問題を、剛胆な策略と得体の知れないスペシャリスト達と共に解決してゆくミロ。しかしカリスマも才気も備えたその皇子ミロは、実は偽者だった―!!友の意志を継ぎ皇子となった少年の入れ替わり英雄譚、開幕！
2017.3 318p A6 ¥620 ①978-4-04-734639-0

◆女王様、狂犬騎士団を用意しましたので死ぬ気で躾をお願いします　帰初心著
KADOKAWA
【要旨】行き倒れ寸前の10歳の少女リーゼロッテと愛犬ダシバの前に突如現れた、見目麗しい金髪のイケメンと屈強な黒服の軍人たち。なんとリーゼは彼らの国の王族の最後の生き残りで、恐るべき嗅覚でその所在を突き止めたのだという。彼女が連れていかれたのは、軍人と犬の姿をした「犬人」たちのケンネル王国だった。イケメン宰相や精悍な軍人公爵や美少年護衛やナイスミドルな騎士団員たちが「新しいご主人様」の元に押し寄せますが、みんな中身は「わんこ」！ご主人様の「愛」を巡って決闘どころか他国の侵略までする始末。でもそれもこれもすべては「ご主人様」に褒めてほしいから!?そんな折、リーゼの愛する駄犬ダシバが何者かに誘拐される。はたしてリーゼは暴走しがちなわんこたちをきちんと躾け、犬人たちの女王様になれるのか!?
2017.1 335p B6 ¥1200 ①978-4-04-734459-4

◆女王様、狂犬騎士団を用意しましたので死ぬ気で躾をお願いします　2　帰初心著
KADOKAWA
【要旨】女王様に忠誠を誓うイケメンわんこ騎士団たち、暴走しがちなせいで外交や内政に大トラブルを招く。若干10歳の女王様が彼らの躾に奮闘する、わんわんハーレムコメディ!!
2017.8 285p B6 ¥1200 ①978-4-04-734795-3

◆農民関連のスキルばっか上げてたら何故か強くなった。　しょぼんぬ著　双葉社
(モンスター文庫)
【要旨】超一流の農民として生きるため、農民関連のスキルに磨きをかけていた青年アル・ウェインは、ついに最後の農民スキルレベルをもMAXにする。そして農民スキルを極めたその時から、なぜか彼の生活は農民とは別の方向に激変していくことに…。最強農民がひょんなことから農民以外の方向へと人生を歩み出す冒険ファンタジー第一弾。
2017.4 261p A6 ¥583 ①978-4-575-75127-7

◆農民関連のスキルばっか上げてたら何故か強くなった。　2　しょぼんぬ著　双葉社
(モンスター文庫)
【要旨】アルたちの住むメイギスに頻繁に魔物たちが攻めてくるようになったのも、その度に魔物を撃退するものの、魔物に攻められやすいという悪評は瞬く間に広まり、街は大混乱。そんな時にアンティスブルグという国がメイギスに救いの手を差し伸べる。友好の証として、王女ファルと相手国の王子との婚姻話が進むのだったが—。魔民に取らなかった少年が、まさか別方向へと人生を歩み出す、最強農民ファンタジー!!
2017.9 258p A6 ¥583 ①978-4-575-75155-0

◆異世界ギルド飯—暗黒邪龍とカツカレー　白石新著　SBクリエイティブ　(GA文庫)
【要旨】異世界にある冒険者ギルドの地下。そこには、絶品料理を出すと評判の定食屋が、突如出現するらしい—。魔王を鎮めるカレー、皇帝の決定を覆す肉料理、魔法師が驚く酒の肴、若き英雄を導く賄い、乙女の純愛を叶えるデザートなど、お客が口にするのは不可思議な料理ばかり…。現代日本の調理技術を持つ店主が、築地市場より直送!?リアル異世界食堂で作る一皿で、チートキャラたちの味覚と心を虜にする!?WEB小説投稿サイトで連載中!!日本食文化の偉大さを教えてくれる、心温まる系スローライフ料理無双譚。追加シナリオも添えて、いま開店！
2017.9 315p A6 ¥610 ①978-4-7973-9327-9

◆村人ですが何か？　2　白石新著　マイクロマガジン社　(GC NOVELS)
【要旨】邪龍アマンダをぶっちぎりの強さで倒したリュート。そんなリュートや勇者コーデリアとの実力の差を感じ、落ち込むリリス。彼女はリュートと共に歩むため、強なる決意を胸に港町ターレスを訪れる。その頃コーデリアは"神託の聖剣"の試練のため、同じ町に滞在していた。そして双方がそれぞれの目的のために「陽炎の塔」を目指すのだった—。
2017.3 363p B6 ¥1000 ①978-4-89637-617-3

◆村人ですが何か？　3　白石新著　マイクロマガジン社　(GC NOVELS)
2017.7 355p B6 ¥1000 ①978-4-89637-641-8

◆村人ですが何か？　4　白石新著　マイクロマガジン社　(GC NOVELS)
【要旨】Aランクの肩書きを手に入れるため冒険者稼業へと身を投じることにしたリュートは、道で倒れていた獣耳の少女リスを拾い、なりゆきで行動を共にすることに。リリスと共に疑似家族のような関係でわいわいやりつつ、着実に功績を残していくリュート。一方勇者であるコーデリアは『カンサイレンゴウ』という、リュートと同じ転生者が団長を務める騎士団への所属を命じられる。だがそこは、聖騎士団とは名ばかりの、略奪、陵辱なんでもありの無法地帯—邪教の殲滅に特化した非公式部隊であった。まざまざと現実を突きつけられるコーデリアはやがて…。
2018.1 299p B6 ¥1000 ①978-4-89637-688-3

◆魔女の旅々　4　白石定規著　SBクリエイティブ　(GAノベル)
【要旨】あるところに旅する魔女がいました。名前はイレイナ。まだ見ぬ景色、偶然のめぐり逢わせを求め、ひたすらに旅を続けます。今回出会うのは、ポンコツな女スパイ、懐かしい黒髪の少女、毒林檎を食べた女性、名探偵、美食家と読書家、自称・美少女歴史家、水没した街の魔法使い、飛竜、氷の街の怪物、「薔薇の魔女」。そして、眠るごとに全ての記憶を失う、謎の少女アムネシア。イレイナは、この少女が目指す「ある国」まで同行する事になります。
2017.7 309p B6 ¥1200 ①978-4-7973-9286-9

◆魔女の旅々　5　白石定規著　SBクリエイティブ　(GAノベル)
【要旨】あるところに一人の魔女がいました。名前はイレイナ。幼少の頃に読んだ「ある本」の影響で、長い旅を続けています。今回出会うのは、大きな鳥籠に住まう魔女、冷酷な王女と大怪盗、星屑の髪の少女と夜闇の髪の少女、「風車の都」の王女と女騎士、「信仰の都」から旅立つ姉妹、未来を見通す謎の予言者、そして、敬愛する師匠と悲しかい黒髪の少女たち。新たな邂逅もあれば、懐かしい面々との再会も…。飽きもせずに、奇妙な事件に首を突っ込んで、厄介な人々との出会いと別れを楽しむのです。「私も大好きですよ。—皆さんのこと」イレイナが綴る不思議な旅日記、まだまだ先は続きます。
2017.11 302p B6 ¥1200 ①978-4-7973-9399-6

◆リリエールと祈りの国　白石定規著　SBクリエイティブ　(GA文庫)
【要旨】マクミリアは、空腹で行き倒れたところを謎多き少女リリエールに助けられ、彼女の下で働くことに。なんとリリエールは厄介な祈りを解除する「戒祈屋」の主人だった。カジノを荒らす灰の魔女、怪盗紳士、仮面少女、夢魔の

偏愛、前王女の隠し子捜し。戒祈屋の助手として、マクミリアの奔走する日々が始まる!?ここは領域都市。捧げられた祈りを原動力にする不思議な大聖堂の影響で滅びつつある国を、楽しくテキトーに支える少女達の物語、始動!!
2017.3 285p A6 ¥600 ①978-4-7973-9068-1

◆探し物は恋なんです　白石まみ著　リンダパブリッシャーズ, 徳間書店 発売
【要旨】彼氏いない歴＝年齢のOL、直美29歳。仕事も家庭も手に入れたいと願う、陽子30歳。お嫁さんになりたい歴女、麻衣27歳。自分とお金しか信じない女、聡子33歳。女子会好きの現代っ子、愛21歳。仕事に疲れてしまった、千草37歳。どこにだっている、ごく普通の私。普通に恋がしたいのに、なんで恋人がいないの？いったいどこに、私の「恋」はあるの？今を生きる女性たちの声が連作短編になりました！
2017.1 318p A6 ¥690 ①978-4-19-905215-6

◆世界の終わりに問う讃歌　白樺みひゃえる著　小学館（ガガガ文庫）
【要旨】魔導が衰退し、代わる科学技術が発達した世界。「ヴィルトハイムファミリー」の構成員である拷問官ブルクハルトに与えられた任務。それは、肉体的苦痛によって莫大な魔力を生み出す少女を痛めつけること―。魔導師から直接魔力を抽出する「次世代型発魔炉」の開発プロジェクトのメンバーとなったブルクハルトは、罪なき少女を痛めつけなければならない事に苦悩しながらも最良の手段を模索していた。第11回小学館ライトノベル大賞審査員特別賞受賞作。凄惨な拷問描写が物議を醸したバイオレンス・ノワール!!
2017.7 357p A6 ¥630 ①978-4-09-451687-6

◆勇者召喚が似合わない僕らのクラス　白神怜司著　KADOKAWA（カドカワBOOKS）
【要旨】異世界に勇者として召喚された主人公・悠とクラスメイト達。だが、彼らの職は「勇者」ではなく「学生」「裁縫職人」などの職でスキルも変、悠に至っては「傍観者」というスキルが「スルー」!?おかげで、経験値をスルーしてしまう！レベルが1で止まってしまう！「レベル1の僕とラスボス級の魔族が真っ向勝負？　あはは、無茶だ」。使えるもの使って戦うに決まってるじゃない」酷いキャスティングミスの勇者たちの英雄譚、はじまる！
2017.6 310p B6 ¥1200 ①978-4-04-072323-5

◆勇者召喚が似合わない僕らのクラス　2　白神怜司著　KADOKAWA（カドカワBOOKS）
【要旨】レベルが全く上がらないことから、神の同情で叡智を授かり―なんと、知の精霊を生み出してしまった悠。その膨大な知識で対魔族用のアイテム職人を目指すことに。「僕はね…魔族へ徹底的に嫌がらせをする事にしたんだ」病の母を救うため、人族少女を助けたりしつつも、アイテム制作に没頭した悠は、いきなり伝説級の魔道具を作ってしまう！だが、この迷宮都市では、勇者一行、その中でもエキドナを倒した悠を狙う魔族の陰謀が渦巻いていて―!?
2017.10 251p B6 ¥1300 ①978-4-04-072478-2

◆契約結婚はじめました。―椿屋敷の偽夫婦　白川紺子著　集英社（集英社オレンジ文庫）
【要旨】寿町四丁目にある、通称「椿屋敷」。そこに住む柊一は、若くして隠居暮らしをしているため、若隠居と呼ばれている。そんな彼のもとに嫁いできた、十九歳の香澄。しかしそこには秘密があった。ふたりは利害の一致から夫婦を装う、偽装夫婦なのだ―。町の相談役である柊一のもとには、いろいろ近所から相談が持ち込まれる―。「家」が語る、わけありな人々の物語。
2017.5 280p A6 ¥570 ①978-4-08-680131-7

◆契約結婚はじめました。―椿屋敷の偽夫婦　2　白川紺子著　集英社（集英社オレンジ文庫）
【要旨】「椿屋敷」と呼ばれる一軒家に住む香澄と柊一は、仲のいい新婚夫婦だ。しかし、二人はワケあって結婚した偽装夫婦でもあった。ある日、柊一の選んだ相手と見合いをさせたかった美幸だが、香澄との結婚には一切の反対もしなかった。何か思惑があると言う人もいて…椿屋敷で嫁姑問題が勃発、か…!?築六十余年の古屋敷が語る、ふんわりご近所事件簿。
2017.11 280p A6 ¥570 ①978-4-08-680156-0

◆下鴨アンティーク―暁の恋　白川紺子著　集英社（集英社オレンジ文庫）
【要旨】京都、下鴨―。慧に告白してから、関係がぎくしゃくしてしまっている鹿乃。そんな彼女は、知人に若い男性を紹介される。佐伯稜一というその青年は、実は蔵の着物の関係者で、大伯母の椿柄の振袖について訊きたいのだという。該当する着物を蔵から出してきた鹿乃だったが、描かれた椿すらも落花してしまい…？　そして鹿乃と慧、ふたりの関係の行方は―？アンティーク・ミステリー第6弾！
2017.6 295p A6 ¥590 ①978-4-08-680136-2

◆下鴨アンティーク―白鳥と紫式部　白川紺子著　集英社（集英社オレンジ文庫）
【要旨】蔵に眠る"いわくつき"の着物の管理を祖母から引き継いだ鹿乃。その着物も、とうとう最後の一枚に―。「桜の園」と名付けられた着物は、書き置きを残して失踪した野々宮家の女性のものらしい。彼女の足跡を追ううち、祖母が「叔母さんは、山で神隠しに遭うたんや」と言っていたと知る。神隠しの真相と、鹿乃と慧、そして良鷹、それぞれが未来に受け継ぐものとは―。
2017.12 287p A6 ¥570 ①978-4-08-680163-8

◆ブライディ家の押しかけ花婿　白川紺子著　集英社（コバルト文庫）
【要旨】マリー・ブライディは伯爵令嬢でありながら、社交界にも出ず、魔法石の研究に没頭している17歳。ある日、酔っぱらった父が「おまえの花婿を拾ってきてやったぞ」と、ひとりの青年をつれてくる。デューイという青年は、なんとこの国の王子だった。デューイはマリーに求婚するが、独身主義のマリーは結婚する気などまったくない。だが、デューイは花婿として家に居座ってしまい―？
2017.5 298p A6 ¥600 ①978-4-08-608038-5

◆偽彼氏と別れる20の方法　白河奈美著　一迅社（メリッサ）
【要旨】「少しの間だけ、俺の恋人になってほしい」大学職員として働く藤城更紗は、学長の息子である高倉優二から三ヵ月限定の恋人役を頼まれる。冷たそうな印象だったのに、彼はすごく優しくて。でも付き合ってないのに、なんで私はキスしてるの？　嫌われ始めた更紗は、契約終了となる前に、彼にきわれて離れようとするけれど…!?ハイスペック御曹司×平凡な大学職員のあべこべ溺愛ラブ！
2017.12 399p B6 ¥1450 ①978-4-7580-9016-2

◆ありふれた職業で世界最強　6　白米良著　オーバーラップ（オーバーラップ文庫）
【要旨】"メルジーネ海底遺跡"を攻略し、七大迷宮のひとつ"ハルツィナ樹海"を目指すハジメたちは、街道でハイリヒ王国王女リリアーナと再会し、驚愕の報せを受ける。一変心したハジメを信じ、教え、導いた愛子の誘拐。「取り敢えず、先生を助けに行かねぇとな」ハジメは選ぶ。切り捨てず、見捨てず、救う事を選ぶ。向かうは聖教教会の総本山"神山"。異端者認定を受けた"奈落の化け物"と、"神の使徒"が激突する―！互いの信念を凌駕するのは果たして。"最強"異世界ファンタジー、第6巻！
2017.5 378p A6 ¥720 ①978-4-86554-219-6

◆ありふれた職業で世界最強　7　白米良著　オーバーラップ（オーバーラップ文庫）
【要旨】神山の脅威を終え、リリアーナたちを伴い飛空艇"フェルニル"で帝都を目指すハジメ一行。そこに同行する光輝は思い悩んでいた。ハジメは強いのに、力を"正しく"使わないのか、と。その道中、帝国兵と戦うハウリア族と出会ったハジメが訪れる、魔人族と帝国兵に侵攻を受けたフェアベルゲンの現状を知ることに。ヘルシャー帝国に向かったハジメは、"彼ら"の計画を知り―!「上等ってこった。じゃあ、そろそろパーティーの時間だ」カウントゼロで奴らが動き出す。"最強"異世界ファンタジー、第7巻！
2017.12 381p A6 ¥720 ①978-4-86554-265-3

◆ありふれた職業で世界最強　零　1　白米良著　オーバーラップ（オーバーラップ文庫）
【要旨】"負け犬"の三流錬成師オスカー・オルクスは、今日も孤児院のための生活費を稼ぎつつ、平穏な日々を過ごしていた。そんなオスカーの工房を"天災"ミレディ・ライセンが訪れる。神に抗う旅の仲間を求めるミレディは、オスカーの非凡な才能を見抜き、旅の勧誘に来たのだという。誘惑を断るオスカーだったが、ミレディは勧誘をやめようとせず。その矢先、見守る孤児院が襲撃され!?「稀代の錬成師・私と一緒に、世界を変えてみない？」これは"ハジメ"に至る零の系譜を―『ありふれた職業で世界最強』外伝がここに幕を開ける！
2017.12 412p A6 ¥690 ①978-4-86554-267-7

◆白の皇国物語　11　白沢戌亥著　アルファポリス, 星雲社 発売（アルファライト文庫）
【要旨】騎士学校での決闘騒動から一段落し、摂政レクティファールは自らの婚約者であり、蒼龍公の孫娘であるフェリスの両親の救出に向けて動き出した。フェリスの両親は、帝国の秘密研究施設にて人体実験の対象となっていたのだ。だがこの作戦、救出困難と判断された場合は、捕らわれたふたりを殺害するという非情なものだった―。ネットで大人気の異世界英雄ファンタジー、第11弾！
2017.2 327p A6 ¥610 ①978-4-434-22882-7

◆白の皇国物語　12　白沢戌亥著　アルファポリス, 星雲社 発売（アルファライト文庫）
【要旨】ケルプ、シヴェイラ夫妻の救出作戦のさなか、当のシヴェイラが理性を失い、龍の姿となって暴走する。摂政レクティファールは一騎討ちで彼女を制圧するが、夫妻の命は今まさに尽きようとしていた。レクティファールは二人の命を救うため、五人の龍姫と皇剣の力を借り、神の領域とも言える「生命の創造」に挑む―。ネットで大人気の異世界英雄ファンタジー、第12弾！
2017.7 305p A6 ¥610 ①978-4-434-23466-8

◆白の皇国物語　18　白沢戌亥著　アルファポリス, 星雲社 発売
【要旨】敵は元皇王！新旧皇王対決！この戦いの真意とは!?神獣"イペイラボス"によって呼び出されたひとりの女性。それは、行方不明となっていた第三代皇王エリザベーティだった。彼女は、自らが生きている理由も、ここにいる事情も語らないまま、現在の"皇剣"継承者レクティファールに襲いかかる―。
2017.2 269p B6 ¥1200 ①978-4-434-23032-5

◆白の皇国物語　19　白沢戌亥著　アルファポリス, 星雲社 発売
【要旨】次期白龍公エーリケの婚約者、リンが誘拐された。"アルバンライツ騎士団"を統べる大公の隠し子だった彼女は、大公位を狙う自身の叔父によって拉致されたのだ。摂政レクティファールは早速奪還に乗り出すが、そこには、この事件を機に皇国と騎士団の未来を大きく変えるという政治的意図もあり一計を駆使して国と民を守れ！未来の安寧を求めて、虚々実々の交渉が始まる！
2017.8 294p A6 ¥620 ①978-4-434-23716-4

◆煌翼の姫君―男装令嬢と獅子の騎士団　白洲梓著　集英社（コバルト文庫）
【要旨】公爵家の娘ヴィクトリアには秘密があった。父親が公爵ではなく、平民出身の英雄と言われるヴィレガー将軍なのだ。ヴィクトリアが幼い頃に遠征へと出た将軍が戻ってきたのは、彼女が17歳になってからだった。憧れ続けた本当の父親に認めてもらいたいヴィクトリアだったが、結婚を強要されそうになってしまう。失意の中、結婚を強要されそうになったヴィクトリアは、男装して士官学校に入学し!?
2017.9 301p A6 ¥620 ①978-4-08-608044-6

◆りゅうおうのおしごと！　5　白鳥士郎著　SBクリエイティブ（GA文庫）
【要旨】遂に始まった八一の初防衛戦。挑戦者として現れた最強の名人と戦うべく夏の島を訪れた八一だったが…なぜか弟子に師匠までついて来てる!?一門旅行!?おまけに銀子と夜の街でデート!?そんなんで勝ってるのか!?あいと天衣、そして桂香のマイナビ本戦も始まり、戦いに次ぐ戦いの日々。恋も傷つき、終わり果て、将棋で繋がった絆も将棋のせいでバラバラにゆらぐ。…だが、「もう離さない。二度と」一番大切なものを得た八一、傷ついた竜は再び飛翔する―!!将棋という名の奇跡に最後の審判が下される、激闘の第5巻！
2017.2 305p A6 ¥630 ①978-4-7973-9009-4

◆りゅうおうのおしごと！　6　白鳥士郎著　SBクリエイティブ（GA文庫）
【要旨】竜王防衛を果たし、史上最年少で九段に昇った八一。二人の弟子も女流棋士になれて順風満帆…と思いきや、新年早々問題発生!?不眠症やな夢に悩まされ、初詣で怪しげなおみくじを引き、初JS研では小学生全員に告白され、弟子の棋士室デビューは大失敗。おまけにあいはロリコンを殺す服を着て研修会を作ろうとは！殺す気か!!そんな中、銀子は奨励会三段になるための大一番を迎え…が新キャラも大量に登場！熱を急上昇で新章突入の第6巻!!新時代の将棋の歴史は、ここから始まる。
2017.7 349p A6 ¥650 ①978-4-7973-9189-3

ヤング・アダルト小説

◆ギャルスレイヤーだけどギャルしかいない世界に来たからギャルサーの王子になることにした　白乃友孝　ホビージャパン　（HJ文庫）
【要旨】伝説的カリスマギャルを姉に持つ奈々倉瑠衣。姉への複雑な思いはいつしか怒りに変わり、漆黒の『ギャルスレイヤー』として渋谷・原宿に降臨するようになる。ある日、願いが通じたのか突然渋谷・原宿が滅亡した…。1台のプリクラ機を残して。ギャルの聖地化すべく三号玉の花火を持ち、原宿に立つギャルスレイヤー。しかし誤って自分に発射してしまい瑠衣は命を落としてしまう。その後転生するべく目覚めたのは、ギャルしかいない異世界『サヴァンギャルド』だった。
2017.3 350p A6 ¥638 ①978-4-7986-1397-0

◆逢いたい夜は、涙星に君を想うから。　白いゆき著　スターツ出版　（ケータイ小説文庫―野いちご）
【要旨】過去のいじめや両親の離婚で心を閉ざし、幸せになることを諦めていた凛は、高校生になっても1人ぼっちで過ごしていた。修学旅行の夜、人気者の橘くんと距離が近づき惹かれあうものの、家庭の事情により離れ離れになってしまう。彼を想い続ける凛だけど、つらい出来事により声までも失ってしまう。悲しい運命に引き裂かれ、すれ違い続けるふたりの、一途な初恋の行方は――。
2017.12 325p A6 ¥590 ①978-4-8137-0372-3

◆涙空　上　―雨上がりにキスをして。　白いゆき著　スターツ出版　（ケータイ小説文庫―野いちご）
【要旨】高校1年生の椎香は、半年前に突然別れた元カレ・勇人のことを忘れられずにいた。そんな椎香の前に現われたのは、学校イチの人気者・渉。椎香は渉の前では素直に泣くことも笑うこともでき、いつしか渉に惹かれている自分に気付く。しかし、勇人が別れを切り出した本当の理由が明らかになって…。悲しくも温かい物語に、涙が止まらない!!
2017.3 229p A6 ¥530 ①978-4-8137-0225-2

◆涙空　下　―雨上がりにキスをして。　白いゆき著　スターツ出版　（ケータイ小説文庫―野いちご）
【要旨】突然姿を消した渉を想う自分の気持ちに気づいた椎香。勇人と別れ、渉へ想いを伝えに行く。しかしそこで知ったのは、渉がかかえるつらい過去。支え合い、愛し合って生きていくことを決意したふたりに、渉が過去に関係を持っていたという女の子が現れる。さらに、椎香に悲しい現実が襲いかかり…。悲しみのあとで、ふたりが見たものとは――？
2017.3 229p A6 ¥530 ①978-4-8137-0226-9

◆身代わりの薔薇は褐色の狼に愛でられる　3　白ヶ音雪著　一迅社　（メリッサ文庫）
【要旨】イヴリルの悪鬼と恐れられる強面の将軍・ヴァン。彼の元に、身代わりの花嫁として嫁いだ可憐な少女・ローゼ。互いを慈しみあうふたりだが互いに隠したままだった過去と真実。それでも幸せであたたかだった日々。しかし過酷な運命は、愛し合うふたりを容赦なく引き裂く。可憐な花嫁と強面の将軍が紡ぐ、年の差すれ違いラブストーリー、緊迫の第3弾！
2017.3 287p A6 ¥648 ①978-4-7580-4920-7

◆身代わりの薔薇は褐色の狼に愛でられる　4　白ヶ音雪著　一迅社　（メリッサ文庫）
【要旨】イヴリルの悪鬼と恐れられる強面の将軍・ヴァン。彼の元に、身代わりの花嫁として嫁いだ可憐な少女・ローゼ。ついに判明した、意外な人物による裏切りと復讐の計画。罠にかかり、引き裂かれてしまった二人は、再び出会い、愛し合うことができるのか―年の差すれ違いラブストーリー、愛と感動の完結巻！
2017.9 301p A6 ¥648 ①978-4-7580-4980-1

◆お前みたいなヒロインがいてたまるか！　4　白猫著　フロンティアワークス　（アリアンローズ）
【要旨】ついに運命の高等部へと進学した椿。入学早々ダブルヒロインの片割れ・夏目透子と恭介が接触するも、椿の好感度がもの凄い勢いで上がっていくという何故かおかしな方向へ。どうしてこうなったと頭を抱えながらも、椿は悲願であった二人の恋の成就に向けて奮闘する日々を送っていた。一方で、恭介の事を諦めきれない美緒の暴走が未だ続く中、なぜかレオンが留学してきて!?乙女ゲーム「恋花」の悪役令嬢に転生してしまった椿、ヒロイン達が繰り広げ

る恋の最終決戦、ついに決着!!
2017.11 349p B6 ¥1400 ①978-4-86657-062-4

◆契約妻と伯爵家　2　白柳いちか著　一迅社　（メリッサ文庫）
【要旨】異世界に迷い込んだ日本人・神崎菫は「ヴィオレッタ」と名乗り、ビジネスの経験を生かして女性実業家に。没落気味の伯爵家の建て直しを頼まれ、伯爵家跡継ぎ・ヒュージの妻として契約結婚した。ダメ男だった夫・ヒュージも、教育の甲斐あって（？）成長し、おまけに惚れられて…!?そんな折、日本からこの世界に迷い込んだという一人の青年が現れる―。波瀾の契約結婚ストーリー第2弾！
2017.3 399p A6 ¥648 ①978-4-7580-4907-8

◆無法の弁護人　3　もう一人の悪魔　師走トオル著　KADOKAWA　（NOVEL ZERO）
【要旨】映像証拠が残るという絶望的な状況すら裁判の場で覆した"悪魔の弁護人"こと阿武隈。そんな彼と自らの力不足ゆえ、事件解決のためにコンビを組まざるを得なかった本多は、親戚の伯父・酒井から妙齢の美女・榊原からの相談を持ちかけられる。ストーカーに悩まされている彼女を救うために、警察への被害届提出を手伝うなどして、一件落着かと思われた矢先、事態は急転。伯父からまったく予想だにしない連絡が入る。事件解決のため、再び阿武隈と手を組んだ本多を待っていたのは、次々と明らかになっていく事件。複雑にこじれた事件の被告人を、無罪へと導くことはできるのか？究極の法廷劇、第3弾！
2017.4 246p A6 ¥700 ①978-4-04-256048-7

◆ネタキャラ仮プレイのつもりが異世界召喚　1　迷い人は女性の敵に認定されました　シンギョウガク著　一二三書房　（オルギスノベル）
【要旨】失業中で暇を持てあましていた元サラリーマン堀内健人（35）。本当は就活をしないといけないのだが「大人の休日」を取り、「ハンターライフ」という枯れたネトゲを始めることにした。そこでネタ半分に画面の指示通りキャラを作りゲームを始めたところ、なんと異世界へ召喚されてしまう。そこはゲームのような不思議な世界。しかも、そこで作ったキャラのため、戦闘ジョブ：なし、一般ジョブ：なし、戦闘スキル：なし、とひ弱なキャラとなっていた。補正スキルを駆使して、堀内健人ことケントはこの世界で生き延びることができるだろうか？
2017.3 311p B6 ¥1200 ①978-4-89199-423-5

◆ネタキャラ仮プレイのつもりが異世界召喚　2　迷い人は女性の敵に認定されました　シンギョウガク著　一二三書房　（オルギスノベル）
【要旨】やっと職をゲットしたケント。そこで自分で金を稼ぎミリィ達にプレゼントの一つも買ってやりたいと考えるも、ミリィが就職に難色を示し難航。就活に対して少し焦っていたところ、ハンターギルドの教官から依頼を受けないかと誘いがあり、フェリィとともに初めての依頼を受けることに。一方ミリィは、ケントの危うい立場を知り、猟団を結成してケントを護ることを決意。新たなメンバーのスカウトを開始することに。しかも、なぜかケントが身体検査を担当することに…。大人気シリーズ第二弾登場！
2017.5 303p B6 ¥1200 ①978-4-89199-441-9

◆Re：ビルド!!―生産チート持ちだけど、まったり異世界生活を満喫します　シンギョウガク著　ツギクル、SBクリエイティブ発売　（ツギクルブックス）
【要旨】新人社員だった主人公の村上創は、開拓系ゲーム「クリエイト・ワールド」のプレイ中に突如死亡。気がつくと、ゲームと同じ世界に転生していた。あらゆるものを作成できる「ビルダー」という能力（職業）を駆使して開拓を進め、ヒロインとゆるーいイチャラブ生活を満喫する創。リア充生活を楽しむ創だが、そこに「クリエイト・ワールド」の世界を破壊しようと企む魔王の影が迫る。
2017.8 317p B6 ¥1200 ①978-4-7973-9486-3

◆校舎五階の天才たち　神宮司いずみ著　講談社　（講談社タイガ）
【要旨】高校三年生・来光福音のもとへ届いた、自殺した同級生からの手紙。彼は「東高三人の天才」の一人で、見た目も人格も完璧な男の子。「僕を殺した犯人を見つけてほしい。犯人は東高の人間です」と書かれた遺書に導かれ、福音は「人の心が読める女」と呼ばれるもう一人の天才・沙耶夏と事件を調べる。なぜ非凡な少年は凡人の少女に想いを託したのか？せつない謎解きが

始まる。
2017.9 316p A6 ¥720 ①978-4-06-294089-4

◆異世界転移したのでチートを生かして魔法剣士やることにする　4　進行諸島著　マイクロマガジン社　（GC NOVELS）
【要旨】前線都市ブロケンを魔物から奪還したカエデ達は、その復興作業に勤しんでいた。そんな折、奪還時の戦闘で役に立ったポーションが不足している事を知る。相程回復のポーションを世界に普及させるため、原材料である薬草を栽培しようと計画を立てるカエデ達。人に迷惑が掛からないよう離島を栽培場所として選んだのだが、その場所の近くにカエデ達を付け狙う組織が潜伏しているようで――。
2017.3 298p B6 ¥1000 ①978-4-89637-616-6

◆異世界転移したのでチートを生かして魔法剣士やることにする　5　進行諸島著　マイクロマガジン社　（GC NOVELS）
【要旨】『新世代の篝火』のアジトで幹部ゲイナーを退けたカエデ一行は、残された資料から彼らの目的が、古代文明の力を使い世界を破滅させる事だと知る。その事態を重く見た冒険者ギルドは早急に対処すべきと、カエデを主軸としたある秘策を行うこととなるのだが…。大人気シリーズ、遂に完結！己の限界を超え、チートの先へ辿り着け！
2017.8 306p B6 ¥1000 ①978-4-89637-645-6

◆失格紋の最強賢者―世界最強の賢者が更に強くなるために転生しました　進行諸島著　SBクリエイティブ　（GAノベル）
【要旨】とある世界に、魔法戦闘を極め"賢者"とまで称された者がいた。最強の戦術を求め、世界に存在するあらゆる魔法、戦術を研究し尽くした彼は、『自分に刻まれた紋章は魔法戦闘に向かない』という現実に直面する。そこで彼は、自らの魂を封じて未来に転生。『魔法戦闘に最適な紋章』を持つ少年マティアスに生まれ変わることに成功した。「―よし！当たりだ!!」ようやく手に入れられた『魔法戦闘に最適な紋章』。だが、未来でその紋章は「失格紋」扱いされていた!!『魔法戦闘に最適な紋章』を「失格紋」扱いする、低レベルな魔法理論が跋扈する世界。「失格紋」を持つマティアスが、「栄光紋」を持つ少女ルリイや「常魔紋」の持ち主アルマと出会い、入学した王立第二学園でかつて"賢者"と呼ばれていた実力を続々発揮していく――!!
2017.5 299p B6 ¥1200 ①978-4-7973-9236-4

◆失格紋の最強賢者　2　―世界最強の賢者が更に強くなるために転生しました　進行諸島著　SBクリエイティブ　（GAノベル）
【要旨】―かつてその世界において"賢者"とまで称されながらも、『魔法戦闘に最適な紋章』を求めて未来に転生したマティアス。結果として無事に念願の紋章を手に入れられたまではよかったが、未来においてその紋章はなぜか「失格紋」と呼ばれ、蔑みの対象になっていた。そればかりか、時代が進んだにも拘わらず、魔法理論も退化してしまっていた。低レベルな魔法理論が跋扈する未来の世界。魔法戦闘に最適な紋章が「失格紋」扱いされ、魔法理論さえも退化させられていた陰に、魔族の陰謀を感じ取ったマティアスは、王立第二学園のクラスメイトで「栄光紋」を持つ少女・ルリイや、「常魔紋」の持ち主アルマとともに、王様やドラゴンまでも巻き込んで、魔族を倒していく―!!
2017.8 303p B6 ¥1200 ①978-4-7973-9328-6

◆失格紋の最強賢者　3　―世界最強の賢者が更に強くなるために転生しました　進行諸島著　SBクリエイティブ　（GAノベル）
【要旨】かつてその世界で"賢者"とまで称されながらも、『魔法戦闘に最適な紋章』を求めて未来へと転生したマティアス。マティアスは幸運にも、一度目の転生で最強の紋章を手に入れるが、なぜか未来でその紋章は「失格紋」と呼ばれ、蔑みの対象になっていた。マティアスの紋章が「失格紋」扱いされ、魔法理論さえ退化させられていた陰に魔族の陰謀を感じ取ったマティアス。選び抜かれた生徒の集う学園や、王国魔法対策を司る魔法師団にまで魔族が潜入していたことが露見して、事態は最大級!!マティアスは国王まで巻き込みながら、栄光紋を持つ少女・ルリイや、常魔紋の持ち主アルマ、ドラゴンの少女イリスを伴い、襲来する魔族を打ち倒していく―!!
2017.12 289p B6 ¥1200 ①978-4-7973-9438-2

◆カゲロウデイズ　8　―summer time reload　じん（自然の敵P）著　KADOKAWA　（KCG文庫）

【要旨】立ちはだかる敵を前に、次々倒れていくメカクシ団のメンバーたち。アザミが敵の動きを止めている隙をついて、残るメンバーが、封じ込めるためのひとつの作戦をたてる。しかしそれは自分たちの命を引き換えにするものだった。苦悩する彼女らを前に敵が再び動き出す。そして下されたこの決断とは!?2011年に初公開されていた動画から始まり、爆発的な人気を得てアニメやコミックにも幅広く展開中の「カゲロウプロジェクト」。複雑なストーリー展開をマルチでクリエイトする「じん」本人が手がけるノベライズ、ついに最終巻! 少年少女よ、その「目」を開け!
2017.12 244p A6 ¥630 ①978-4-04-734622-2

◆島津戦記 1 新城カズマ著 新潮社 （新潮文庫nex）
【要旨】時は戦国黎明期、大航海時代。火縄銃・銀・宣教師…世界につながるは薩摩の海には、後の大乱の光輝かがやくものたちが蠢いていた。島津宗家の四兄弟が、祖父・日新斎から受け継いだ「海内統一」「天下静謐」の大願。その鍵は、失われた明の巨大艦船の技術にある。史実を基に、奇才が圧倒的な想像力で物語を展開。歴史小説の新時代の到来を告げるかつて無い戦国巨編が、いま始まる。
2017.8 227p A6 ¥520 ①978-4-10-180102-5

◆島津戦記 2 新城カズマ著 新潮社 （新潮文庫nex）
【要旨】長い夢を見ていた─。合戦に次ぐ合戦、流血の果てに、島津家の大願「天下静謐」も絶え果てようとしていた。島津宗家三男義久は、それでも見果てぬ夢を見ていた。島津・織田・明智・浅井・延暦寺─あらゆる策謀が交錯する戦国の世で、歳久は、兄の島津義弘を殺す決意を静かに固めていたのだった。島津義弘の九州統一の端緒を切り開いた「木崎原の戦い」を描く、圧倒的大河浪漫第二幕。
2017.12 313p A6 ¥590 ①978-4-10-180112-4

◆聖剣、解体しちゃいました 心裡著 アース・スターエンターテイメント、泰文堂 発売 （アース・スターノベル）
【要旨】勇者にゆかりのあるワーガルの街で鍛冶屋をかまえていた俺、トウキ。そんな人生の幸を歩んでいた俺が、ある日偶然森で拾ったのが、伝説の聖剣・エクスカリバーだった。好奇心が抑えきれずに聖剣解体しちゃったけど、気がついたら鍛冶屋のレベル爆上げで…ぴーゆうこと?!フライパンで作った日用品から、ヤカンにトングにフライパンが最強の武器って、なんで?!魔王討伐すら試し切り?!型破りの最強の鍛冶屋、ついに誕生!!
2017.12 365p B6 ¥1200 ①978-4-8030-1144-9

◆ゲート・オブ・アミティリシア・オンライン 2 翠玉融著 マッグガーデン （マッグガーデン・ノベルズ）
【要旨】狩野拳児こと"フィスト"がMMORPG『ゲート・オブ・アミティリシア・オンライン』を始めて、ログイン四二回目のある日。「アインファスト闘技祭」の開催を知り、副賞である「高級食材詰め合わせ」に釣られたフィストは、出場を決意する。ところが、大会開催直前に魔族の軍勢が街に押し寄せてくる緊急事態が発生。ガンヒルトやツキカゲ、人気ギルド「シルバーブレード」の面々も参戦し、魔族との戦いは大波乱に! 新たな仲間や相棒の"クイン"も加わり、フィストの周りはさらに賑やかさを増す。食べ歩きも忘れないフィストとクインのマイペースな冒険が始まる─。
2017.11 278p B6 ¥1200 ①978-4-8000-0719-3

◆いずみ写真館の想い出ポートレイト 周防ツカサ著 KADOKAWA （メディアワークス文庫）
【要旨】祖父が遺した「いずみ写真館」を継ぐこととなった駆け出しのカメラマン、透。彼には不思議な力があった。"裸眼でファインダーを覗くと過去の写真を撮ることができる"─。扱いを間違えれば、とても危険なその力を、人好しの透は人助けのために、少しずつ使うことに決めた。無くしたものを探すために。疑惑の真相を調べるために。消えた少女を見つけるために。写し出された人々の笑顔と、時には涙に触れながら、彼はシャッターを切り続ける。
2017.9 293p A6 ¥620 ①978-4-04-893412-1

◆幼女さまとゼロ級守護者さま すかぢ著 SBクリエイティブ （GA文庫）
【要旨】ネテスハイム公・雨宮透華は「切り札」たる守護者を召喚して告げた。「雨宮羽玖。雨宮の娘を守って欲しい。」忌まわしき天球儀ゲーム

から」「十三血流」─その眷属たちは名だたる能力使いであり、世界史を裏から操っていた。が、その均衡を揺るがしかねない存在が羽玖であり、彼女は「不死」にさえなりうる希有な能力"節制"に覚醒する予兆を見せていた。十三血流がさらなる力を得るべく眷属を送り込む「天球儀の迷宮」。能力者たちは閉鎖空間において誰かが羽玖を亡き者にしようと狙い、誰かが羽玖を守護する切り札となる。各家の思惑が交錯する中、その趨勢を決する迷宮探索が幕を開けた─。
2017.12 355p A6 ¥640 ①978-4-7973-9365-1

◆蓮見律子の推理交響楽 比翼のバルカローレ 杉井光著 講談社 （講談社タイガ）
【要旨】大学を留年し、ブログで小銭を稼ぎ引きこもり生活を送る葉山理久央。天才作曲家・蓮見律子の前に引きずり出された葉山は作詞を依頼される。彼女に紡げない「詩情」を彼の文章から読み取ったという。迷いながら引き受けるもある日、若き演奏家の本城湊人と知り合い、名門音楽一家を巡る奇妙な事件に遭遇する。謎が聞こえるかと思えば見えないと豪語する律子の調査に巻き込まれるが。
2017.12 300p A6 ¥720 ①978-4-06-294083-2

◆叛逆せよ! 英雄、転じて邪神騎士 杉原智則著 KADOKAWA （電撃文庫）
【要旨】邪神カダッシュをこの世に降誕させ、全土統一をもくろんだランドールド王国。しかしその野望は達成寸前で六人の英雄によって阻まれた。戦後、現状を探るべくランドールに赴いた英雄の一人"竜戦士"ギュネイ。そこで彼が目にしたのは、戦勝国による容赦ない略奪、狼藉によって荒廃する国土と苦しむ民衆の姿だった。見かねて手助けしたギュネイは、うっかり救世主として名を馳せてしまう。意外としたたかなランドールの姫や、かつて刃を交えた仇敵と正体を隠しながら共闘するのも一苦労、そして対する敵は以前は目下だった最強の戦友だ? 英雄による邪神王国復興物語、開幕!
2017.7 333p A6 ¥630 ①978-4-04-893213-4

◆俺と彼女の恋を超能力が邪魔している。 助供珠樹著 小学館 （ガガガ文庫）
【要旨】女子とのラッキースケベなどとは完全無縁な男子校に通う伊藤大治郎に、性欲を持て余していた。ある日の夜、ひとりの少女と運命的な出会いを果たした大治郎は、なんだかその子という感じに!? じつは彼女─氷島小春は、世間から隔絶された研究施設で暮らす超能力者であり、強大な念動力の持ち主だった。夜な夜な施設を抜け出し、大治郎とのデートを重ねる小春だったが、ピュアな彼女は、彼のスケベな加速度を受け入れられずに……。ボーイ・ミーツ・サイキックガールな超能力青春ラブコメ発動!
2017.4 279p A6 ¥593 ①978-4-09-451669-2

◆平手久秀の戦国日記 2 スコッティ著 ホビージャパン （HJ NOVELS）
【要旨】織田信長の「通訳」となった平手久秀の功績で、順調に領土を拡大し続ける織田家。しかし織田家と同盟を結ぶ徳川家に、武田信玄の騎馬軍団が襲いかかる。戦国最強とも呼ばれる武田軍を撃退するため、徳川領に向かう平手久秀。必死で武田対策を練る平手陣営を訪れたのが、意外な協力者だった─。山県昌景・馬場信春らの名将を敵に回し、平手久秀が取った秘策とは? 2017.5 277p B6 ¥1200 ①978-4-7986-1450-2

◆勇者だけど歌唱スキルがゼロなせいで修羅場続きになっている 須貞正太郎著 KADOKAWA （角川スニーカー文庫）
【要旨】歌唱スキル─それは剣も魔法もレベルMAXな勇者・アラン唯一の欠点。空間が愛されるこの国では、誰かを救えば空間に連れて行かれ、お嬢様が魔法少女が女騎士が、こぞってアランの"はじめて"を奪いにくる修羅場な毎日で!? 持ち前のスキルで迫りくる修羅場をかいくぐれ! 万能勇者（歌声以外）の、受難のハーレムライフが始まる!!
2018.1 284p A6 ¥600 ①978-4-04-106474-0

◆異世界落語 3 朱雀新吾著、柳家喬太郎落語監修 主婦の友社 （ヒーロー文庫）
【要旨】手違いで異世界に召喚された現代の噺家、楽々亭一福。世界が変わり、世界が変わっても彼のやる事は変わらない。高座に上がり、異世界落語を披露する日々。そんな中、世界に様々な変化が起こり始める。その状況を察知して、いよいよ落語の調査に乗り出したサイトピア宮廷、大臣秘書官のマビピ。城下町に潜伏し、陰で暗躍する魔族の間者、マドルフィ。更に、政略結婚から逃れてきたエルフの姫君、アナスタシア

人種や立場の違う様々な者達の思惑が交錯し─物語は動き始める。
2017.8 399p A6 ¥640 ①978-4-07-426911-2

◆異世界で料理人を命じられたオレが女王陛下の軍師に成り上がる! 2皿め すずきあきら著 ホビージャパン （HJ NOVELS）
【要旨】リュギアスの王女アイオリアの専属料理人兼軍師となった笹錦楠太郎は、次の敵である海軍国・フィレンツアの偵察に向かう。潜入した先で下半身がヘビの姿を持つ敵将ハイドラの食事風景を偶然みかけた衝太郎だが、彼女と戦うよりも味方にしたいと考え、ある「勝負料理」をたずさえて交渉を申し出る。いっぽう、アイオリアの元には西方の大国から親書が届く。とある"揉め事"の解決のため衝太郎の力を借りたいというのだが、待っていたのは好き嫌い激しい娘に手を焼く妖艶な女王様や…? メシの力で敵に勝つ異世界グルメ戦記、待望の第2巻!
2017.12 362p B6 ¥1200 ①978-4-7986-1595-0

◆兵器擬人化異世界で補給車のオレがメカ美少女にMMD（モテてモテてどうしたらいい）! すずきあきら著 イカロス出版 （MC☆あくしずBOOKS）
【要旨】修学旅行中に旅客機事故に遭い、落下していくところを、航空機の翼やエンジンを身に着けた少女に救助された高校生・中島防人。少女は防人に「零式艦上戦闘機二一型」と名乗る。何とそこは、少女の心と体を持つ兵器たちが暮らす世界だった! なぜか補給と修理の能力を持つ防人を、兵器少女たちが放っておくはずもなく─!?兵器少女たちと共に暮らし共に戦う、ひと味ちがう異世界ストーリー!
2017.8 369p B6 ¥1278 ①978-4-8022-0401-9

◆AMNESIA MARRY IKKI & KENT編 鈴木あつみ著、アイディアファクトリー、デザインファクトリー監修 一二三書房 （オトメイトノベル）
【要旨】大人気ゲーム『AMNESIA』のノベライズ。『IKKI』『KENT』それぞれの新たな視点で描かれる今の甘い生活!
2017.5 292p B6 ¥1300 ①978-4-89199-444-0

◆真・異界残侠伝─ひときり包丁 鈴木参著 小学館 （ガガガブックス）
【要旨】異界カントレイアへ迷い込んだ中年男、九条尽一ツクシは、言葉すら通じない異界の街を彷徨い歩くうち、瀕死の老剣士と出会い、その死に際にひと振りの刀を託される。それは恐るべき業を宿す魔刀だった。悠里、アルバトロスとの邂逅によって危機的状況を脱したツクシだったが、二人からの冒険者団への誘いを拒絶し、断固として日本へ帰ることを主張する。己の意地を通すべく、ツクシは魔刀を携え、帰還の手掛かりを求めて「異形の巣」と呼ばれるダンジョンに挑む! 酒にだらしないロクでなし剣士の異世界ダークファンタジー!!
2017.8 357p B6 ¥1200 ①978-4-09-461103-8

◆貴方がわたしを好きになる自信はありませんが、わたしが貴方を好きになる自信はあります 鈴木大輔著 集英社 （ダッシュエックス文庫）
【要旨】神谷誠一郎、二十八歳。職業は猟犬─吸血鬼を狩る者。ある夜、彼のもとにひとりの少女がやってきた。綾瀬真央、十四歳。世界で唯ひとりの『生まれつきの吸血鬼』。とある恩人の縁を頼ってきた彼女を誠一郎は受け入れ、ふたりは同居生活を始めるのだが…いつしか彼らは、吸血鬼の謎をめぐる思わぬ事件に巻き込まれていく。年の差十四歳、狩る者と狩られる者の危険な恋物語。
2017.12 213p A6 ¥600 ①978-4-08-631219-6

◆文句の付けようがないラブコメ 7 鈴木大輔著 集英社 （ダッシュエックス文庫）
【要旨】幾千幾万の輪廻を超え、ユウキとセカイは真のエンディングにたどり着いた。高校生だった彼らはいつしか大人になり、酒盛りしたり就活したり、周囲の反対を押し切って同棲してみたり。裁定者として絶対的な役割を担ってきたハルコ・クルミ・オチヨの三人もまた、新たな人生を謳歌し始めている。バッドエンドの連続だったこれまでの不条理を笑い飛ばすかのように、彼らは「普通のしあわせ」を当たり前に過ごしていく。これは、たった五人でセカイと世界を救うべく戦ってきた勇者たちに贈る、最初で最後で最高の「文句の付けようがないラブコメ」。
2017.12 215p A6 ¥600 ①978-4-08-631220-2

◆ヤカラブ─あの日、君がくれたリリックに 鈴木有李著 リイド社

ヤング・アダルト小説　1216　BOOK PAGE 2018

【要旨】裏切りと逮捕、窓から飛び降りた夜…。ラッパーを愛した女子高生の激しく切ないラブストーリー。ラスト、涙が奇跡に変わるヤカラブ最終章!!

2017.12 189p B6 ¥1000 ①978-4-8458-5173-7

◆オカルトギア・オーバードライブ　涼暮皐著　KADOKAWA　（NOVEL ZERO）
【要旨】盤状都市クロノスエンドで困っている人々を助ける日々を送るユッカ・ラーティカイネン。ある日、彼の元にルナと名乗る少女が訪ねてくる。彼女は地下組織の一員で、自分の個人的な依頼を受けて欲しい、という。テロの片棒を担ぐ気はない、と断るユッカ。しかし、彼女な気は、それ以前の記憶が無い―を聞いてしまったことで、仕方なく彼女を手伝うことに。ところが、彼女の過去を探す中で、"時計塔"に所属する最強の能力者たちが二人の行く手に立ちはだかり―!?

2017.5 321p A6 ¥680 ①978-4-04-256052-4

◆やりなおし英雄の教育日誌　涼暮皐著　ホビージャパン　（HJ文庫）
【要旨】魔界からの侵略を受けている世界。主人公・アキは仲間たちと共に魔族との決戦に挑むが、力及ばず敗北し、世界は滅んでしまった。魔女の協力を得て過去へ戻ったアキは、バッドエンドを迎えてしまった未来を変えるため、過去の自分たちの教師となり、より良い方向へ導くことを決意する。かつての仲間を救うため、再び世界を救うためのアキの戦いが今始まる!!「―かかって来やがれ三流。教師に勝てると思うなよ」。

2017.9 398p A6 ¥657 ①978-4-7986-1521-9

◆やりなおし英雄の教育日誌 2　涼暮皐著　ホビージャパン　（HJ文庫）
【要旨】アキの指導により、効率的にその実力を向上させていく救世科の面々。そこに突如現れた転入生リューリは、アキの知る未来にはいないはずの救世衆だった。しかし、彼女はアキを知っているらしく彼のことを『パパ』と呼んでくる。混乱するアキをよそに、早々にクラスに馴染むリューリ。しかしある日、教え子の一人・イフリアが突如昏睡状態に陥り―。失敗した未来を覆す、元英雄によるバトルファンタジー第2巻!!

2017.4 268p A6 ¥619 ①978-4-7986-1607-0

◆ワキヤくんの主役理論　涼暮皐著　KADOKAWA　（MF文庫J）
【要旨】青春を最大限楽しむためのメソッド"主役理論"を掲げ、夢の一人暮らしを勝ち取った俺・吾喜屋未那。隣に住む少女・友利叶も一人暮らしで、クラスメイトでバイト先も風味嗜好も全てが同じ…なのに俺と真逆の"脇役哲学"を掲げる、決して相容れない天敵だった！そんな叶の口喧嘩の果て、同時に部屋の壁を蹴破してしまい、何故か同棲する羽目に。そして俺たちは、やはり同時に考えた―これは戦争だ、と。俺の"主役理論"と叶の"脇役哲学"、どちらが正しいかこの同棲で白黒つけようか！

2017.8 263p A6 ¥580 ①978-4-04-069347-7

◆ワキヤくんの主役理論 2　涼暮皐著　KADOKAWA　（MF文庫J）
【要旨】青春公園での一件の後、俺はこれまで通り、青春を目一杯楽しんでいた。学校で勝司たちと他愛も無い話をしたり、駅前にやたら良い雰囲気のおでん屋台を見つけて、店主の少女・赤垣此香と友人になってみたり。―しかし、日常は唐突に破られた。「我喜屋先輩は姉が好みではありませんか？」突如やってきた、叶の弟・望くん。彼の目的が全く解らないまま、何故か目の前でさなからデートを申込される。さなも何か思うところがあるようで…？ 主役男と脇役女によるおかしな青春勝負、第2弾！今回はさなが主役…！？

2017.12 293p A6 ¥580 ①978-4-04-069556-3

◆宝くじで40億当たったんだけど異世界に移住する 7　すずの木くろ著　双葉社　（モンスター文庫）
【要旨】「苦情？ バルベールから？」年越しの宴の興奮も覚めやらぬ中、カズラとジルコニアは領主ナルソンから隣国バルベールに関する報告を受けていた。曰く、バルベールの国境沿いの村が1つ、彼らに破壊されたらしい。バルベールはこの襲撃をアルカディア人の仕業と決めつけ、賠償金を請求してきたのだ。休戦協定の中、かつてない緊張をみせる両国。しかしカズラの胸には、すっきりしないものがずまいでいた。「小説家になろう」発、異世界救世ファンタジー待望の第七弾。

2017.8 335p A6 ¥639 ①978-4-575-75148-2

◆さよならの神様　鈴森丹子著　KADOKAWA　（メディアワークス文庫）
【要旨】理不尽な上司からクビを宣告され、神尾祈里の心は折れていた。故郷を離れて数年、両親と新婚の兄夫婦が暮らす実家に自分の居場所は無く、両想いだと思っていた男にも連絡を絶たれ、慣れないこの地で相談できる人はいない。…でも猫ならいた。ふと拾った捨て猫四匹。そこに紛れていた狸が、人の言葉を喋ったかと思えば自分は神様だと言い出して…？？「おかえり。随分痛い目にあったようだな」"なんでも話せる相手がいる" 温かさをお届けいたします。

2017.6 289p A6 ¥610 ①978-4-04-893222-6

◆ただいまの神様　鈴森丹子著　KADOKAWA　（メディアワークス文庫）
【要旨】中神結は悩んでいた。いつも自分を助けてくれる神様のような存在の姉に、彼氏ができたらしいのだ。しかし相手はいかにもダメそうなチャラ男。大事な姉を傷つけずに守るには、一体全体どうすれば？ 新天地に越したばかりの身では、相談できる人もいない。…でも狸ならいた。荷物に紛れていたこの狸、なんと人の言葉を喋りだし、おまけに自分は神様だと言い出して…？？『神である以上、悩める人あらば放ってはおけぬな』"なんでも話せる相手がいる" 温かさをお届けいたします。

2017.1 315p A6 ¥630 ①978-4-04-892600-3

◆リアルチートオンライン 1　すてふ著　新紀元社　（モーニングスターブックス）
【要旨】現実での能力がダイレクトに反映される異色のVRMMOゲーム"IEO"こと"イノセント・アース・オンライン"。特殊部隊出身の父親から戦闘に関する英才教育を施された、普通とはほど遠い高校生・藤堂総一郎は、せめてゲームの世界で"普通の青春"を満喫するために、"IEO"のプレイを開始。親友の伸二や同じ学校の可愛い女子、翠や葵とともに楽しいゲームライフを送るはずが、現実ですらチート級の身体能力を有している総一郎は、無意識のうちに本領を発揮。かくしてリアルチートな少年による伝説の無双物語が開幕した―!!第5回「ネット小説大賞」受賞作。

2018.1 322p B6 ¥1200 ①978-4-7753-1540-8

◆賭博師は祈らない　周藤蓮著　KADOKAWA　（電撃文庫）
【要旨】十八世紀末、ロンドン。賭場での失敗から、手に余る大金を得てしまった若き賭博師ラザルスが、仕方なく購入させられたのは、奴隷の少女だった。喉を焼かれ声を失い、感情を失い、どんな扱いを受けようが決して逆らうことなく、主人の性的な欲求を満たすためだけに調教された少女リーラ。そんなリーラを放り出すわけにはいかず、ラザルスは教育を施しながら彼女をメイドとして雇うことに。慣れない触れ合いに戸惑いながらも、二人は次第に想い通わせていく。…やがて訪れるのは、二人を引き裂く悲劇。そして男は奴隷の少女を護るため、一世一代のギャンブルに挑む。第23回電撃小説大賞・金賞受賞作。

2017.3 339p A6 ¥630 ①978-4-04-892665-2

◆賭博師は祈らない 2　周藤蓮著　KADOKAWA　（電撃文庫）
【要旨】奴隷の少女リーラの救出劇から一週間。賭場を負かし一人の女を守った代償はしかし大きかった。「負けない、勝たない」をモットーにしていたラザルスは賭場に出向くこともできなくなり、帝都を旅立つことを決める。それは、少しずつ心を育み始めたリーラを連れての道楽旅行になるはずだった…。道中立ち寄った村でラザルスを待ち受けていたのは、さる事情で窮地にある地主の娘エディスからの突然の求婚だった。一方、リーラは二人のやりとりを覗いてしまい、自分はラザルスにとって不要なのではないかと想い悩み始める。「奴隷」である彼女が出した結論とは―。自分たちの想いを受け、やがてラザルスは危険なギャンブルに打って出る。

2017.8 355p A6 ¥650 ①978-4-04-893275-2

◆賭博師は祈らない 3　周藤蓮著　KADOKAWA　（電撃文庫）
【要旨】ノーマンズランドでの負傷も癒え、ようやく当初の目的地バースにやってきたラザルスとリーラ。村から付いてきた地主のエディスとメイドのフィリーも道連れに、気侭で怠慢な観光を洒落込むつもりだったが、一つ誤算があった。温泉とギャンブルが名物のこの街で目下勃発しているのは、賭博を司る儀長と副儀長による熾烈な権力争い。バースへの道中で出会った知人には忠告を受けるも、時すでに遅し。温泉から宿に戻ってきた部屋には戦争の

形跡。そして一人横たわる血まみれの少女。面倒事の匂いに膵臓としながらもラザルスは彼女を保護する。それは、陰謀張り巡らされたバースにおける長い戦いの幕開けであった。

2018.1 403p A6 ¥690 ①978-4-04-893587-6

◆クール・エール 1　砂押司著　主婦の友社　（プライムノベルス）
【要旨】妹と母を失い、殺伐とした生活を送っていた中畑蒼馬。ある朝、蒼馬は魔法と精霊の存在する異世界の村に召喚されてしまう。「雨をやませるために、水の大精霊の生贄になってほしい」。理不尽な願いと暴力を受けて湖に沈められた蒼馬は水の大精霊アイザンと出会う。そこで、行方不明となった妹も生贄として召喚され、殺されていたことを知る。蒼馬の人生を壊してしまった贖罪として、アイザンに永遠の力を捧げることを決める。蒼馬は「水を支配する能力」をもって復讐を果たし、召喚魔法をこの世界から消し去ることを決意。そして、記憶喪失の超高位魔導士『ソーマ』として生きるのだが―。

2017.3 302p B6 ¥900 ①978-4-07-422860-7

◆クール・エール 2　砂押司著　主婦の友社　（プライムノベルス）
【要旨】生贄として召喚された異世界で、最強の水属性魔導士となったソーマ。アリスのあたたかさとアイザンの贖罪に救われ、水の大精霊として生きることを決意する。「戦争をなくし、不幸な子供たちを救いたい」。そんなアリスの夢を知ったソーマはアリスを愛し、世界を制することでその夢を叶えることを約束する。それは、「この世界から召喚魔法を消し去る」というソーマの目的を達成するためでもあった。アリスもソーマの冷たさの中にあるあたたかさ、そして強さの中の危うさに気がつく。ソーマの哀しさを救いたい…。互いに愛し合い、誓い合うソーマとアリスは、その夢のために新たなる人生を歩み出すのだが―。

2017.12 287p B6 ¥1200 ①978-4-07-428086-5

◆強引社長の不器用な溺愛　砂川雨路著　スターツ出版　（ベリーズ文庫）
【要旨】圧倒的なカリスマ性で周囲を惹きつける強引社長・東弥と、秘書の絹は、なんでも言い合える兄妹のような関係だ。ところがある夜「おまえ、恋愛経験ゼロだろ」と東弥にからかわれた勢いで、見栄を張って経験豊富な女を演じてしまった。「それなら俺と試してみろよ」と彼に突然キスされて…！東弥を恋愛対象と見ていなかったはずなのに、それ以来、戸惑いつつも彼に惹かれるのを止められず…!?

2017.6 349p A6 ¥630 ①978-4-8137-0267-2

◆僕らの空は群青色　砂川雨路著　スターツ出版　（スターツ出版文庫）
【要旨】大学1年の白井恒は、図書館で遠坂渡と出会い、なかば強引に友だちになる。だが、不思議な影をまとう渡が本当は何者なのかは、謎に包まれたままだった。ある日恒は、渡には彼のせいで3年も意識が戻らずきりの義妹がいることを知る。罪の意識を頑なに抱く渡は、恒に出会って光差す中にひと歩み始めるが、それも束の間、予期せぬ悲劇が彼を襲って一。渡が背負った罪悪感、祈り、愛、悲しみとはいったい―。スターツ出版文庫大賞にて優秀賞受賞。

2017.2 223p A6 ¥530 ①978-4-8137-0214-6

◆エリート上司の甘い誘惑　砂原雑音著　スターツ出版　（ベリーズ文庫）
【要旨】OLのミカは元彼の結婚式のあと、ヤケ酒で酔い潰れ、誰かと甘く忘れられないキスを交わしてしまう。翌朝、若きイケメン部長・藤堂から「昨日大丈夫だったか？」と聞かれ、なんだか意味深…。以来、彼が食事に誘ってきたり、精度満点に壁ドンしてきたり急接近！次第に藤堂に惹かれつつも、キスの相手のことも気になって仕方がない。あの時キスしてきたのは、部長だった…？

2017.9 323p A6 ¥630 ①978-4-8137-0316-7

◆あなたのベッドであたためて―恋する救命救急医　春原いずみ著　講談社　（講談社X文庫―ホワイトハート）
【要旨】恋人同士として甘やかな日々を送っていた、救命救急医の晶と、カフェ＆バー『le cocon』のマスター・藤枝。新任の研修医・堂上の指導医である晶だが、自分よりも年上で有能な医師らしい態度の堂上に気圧され、嫉妬すら覚えてしまう。孤独な想いに苦しむ晶は、何も聞かずに優しく気遣ってくれる藤枝に、甘え癒やされながらも、なんとか踏ん張ろうとするが、些細なことから重大な医療ミスを犯してしまい―!?

2017.4 285p A6 ¥690 ①978-4-06-286945-4

ヤング・アダルト小説

◆おっさん、聖剣を抜く。 1 スローライフからそして伝説へ スフレ著 アース・スターエンタテイメント，泰文堂 発売 （アース・スターノベル）
【要旨】ある日、森の中、おっさんが聖剣を引っこ抜いた。すると、突然現れた最上級精霊のカティが、「勇者様！ 眠っていた勇者じゃありません！」と叫ぶ。いつの間に勇者なんかになったの!?「仲間を集め魔王討伐の旅に出るのが、選ばれし者の定め」……ってオイ、言っているそばから聖剣で木を切って薪にするなよ!!このやる気のないフツーのおっさんに未来を任せて大丈夫!?
2017.4 276p B6 ¥1200 978-4-89199-427-3

◆転生隠者はほくそ笑む 1 住須譲治著 一二三書房（オルギスノベル）
【要旨】大地神ガイアスによって、俺はVRMM-ORPG「ヴァルキュリア・クロニクル」の世界に飛ばされた。しかし、キャラのアバターは「ヴァルキュリア・クロニクル」ではなく、ダンジョン育成RPG「ダンジョン・シード」で作成したキャラクターだった。どうやら俺は、現実世界で死んでしまい、周囲しまくっていた「ダンジョン・シード」で作ったダンジョンのデータとともにこの世界に転生したらしい。元の世界で火葬されているから、気にいった女キャラは俺の情婦にする！ そして、ダンジョン造って気楽な（爛れた）性……もとい生活を送ってやる！
2017.4 276p B6 ¥1200 978-4-89199-427-3

◆転生隠者はほくそ笑む 2 住須譲治著 一二三書房（オルギスノベル）
【要旨】ダンジョン作成が一段落したカノン。一旦ウェストシュバーンの屋敷に戻ったところ、アルタリル辺境伯のリックからドルテア部族国への使者になってほしいとの依頼があった。さっそくドルテア部族国の平定に向かうカノン。一方そのころ、エルサリス王国では、ユビタリス聖教の法王からリックを討伐せよとの命令が下る。事を知ったリックはついに、エルサリス王国からの独立を決断する。さっそく工作のためにエルサリス王国に潜入するカノン達。しかしリーナは天使に憑依され、アリシアも光妖精の肉体侵食が進んでいた。
2017.12 275p B6 ¥1200 978-4-89199-463-1

◆アラフォー営業マン、異世界に起つ！ 一女神パワーで人生二度目の成り上がり 澄守彩著 講談社（Kラノベブックス）
【要旨】鬼瓦正蔵はある日女神と出会い、うだつの上がらなかった人生から一転、一度目の成り上がりを果たした。妻と三人の娘に囲まれ、念願の恋愛遍歴を手に入れた41歳の春、思いがけない事態に巻き込まれる。突如として家ごと異世界に転移してしまったのだ。生活のため、零細の冒険者ギルドを街で一番に押し上げるとは……日本で培った営業スキルや妻と×××（自主規制）して得たチート能力（物理）を駆使し、エルフや獣人、貴族たちをも巻き込んで、正蔵は人生二度目の成り上がりを開始するっ！
2017.9 314p B6 ¥1200 978-4-06-365040-2

◆アラフォー営業マン、異世界に起つ！ 2 女神パワーで人生二度目の成り上がり 澄守彩著 講談社（Kラノベブックス）
【要旨】鬼瓦正蔵は現代日本で女神と出会い、営業マンとして一度目の成り上がりを果たす。女神な妻と三人の可愛い娘たちとの幸せな日々。その後みんなとある一家丸ごと異世界転移してしまうが、零細の冒険者ギルドを街で一番に引き上げることに成功した。時期は夏。夏といえば海。家族や同僚と海水浴を楽しむ正蔵だったが、いつしか彼は「国家」という大きなうねりに飲みこまれる。巨大水竜の襲来、王家の子育て問題、果ては軍事帝国の陰謀と難題が押し寄せる中、しかし持ち前の営業スキルとチート能力（物理）で、正蔵はさらなる高みへと昇っていく！
2017.12 259p B6 ¥1200 978-4-06-365048-8

◆俺の『鑑定』スキルがチートすぎて―伝説の勇者を読み"盗り"最強へ 澄守彩著 講談社（Kラノベブックス）
【要旨】天涯孤独の少年メル・ライルートが、15歳になって授かった固有スキルは人智の情報を読み取る『鑑定』スキル。しかも幻のランク"S"をも超える、存在しないはずの規格外ランク"EX"だった！ しかし『鑑定』は人の情報をも読み取れるため、身を隠したい犯罪者に狙われる危険があった。さっそく命を狙われる立場にひるむにしろ、追われる立場に!?エルフの少女とともに逃亡生活を余儀なくされる彼はしかし、チート能力を駆使して困難をあっさり乗り越えていき…。"神の眼"を手にした少年は、伝説の勇者の能力を読み"盗って"、最強へと駆け上がる！
2017.6 299p B6 ¥1200 978-4-06-365028-0

◆俺の『鑑定』スキルがチートすぎて―伝説の勇者を読み"盗り"最強へ 2 澄守彩著 講談社（Kラノベブックス）
【要旨】規格外の固有スキル『鑑定』ランクEXを授かったメル・ライルートは、当代の勇者となって、世界を滅ぼさんとする悪竜の打倒を決意した。エルフの少女シルフィーナの故郷に到着したメル一行は、エルフの女王から悪竜に与する妖精の存在を知らされる。その正体を突き止めるべく、メルたちは妖精の国へと赴くのだが…妖精王が妙なきりんな試練を強要したり、さらには悪竜が直接攻撃をしかけてきたりと―。それでも新たな仲間を得ながら、今日も"神の眼"であらゆるモノを読み"盗って"、立ちふさがる困難を打ち砕く！
2017.6 299p B6 ¥1200 978-4-06-365043-3

◆クラスでバカにされてるオタクなぼくが、気づいたら不良たちから崇拝されててガクブル 諏訪錦著 アルファポリス，星雲社 発売（アルファポリス文庫）（『線引屋―ガクブル×青春×グラフィティ』改題書）
【要旨】クラスカースト最下位のオタク、間久辺比佐志。ある日、ガード下にスプレーで落書きをしたのがきっかけで、正体不明の落書き犯として有名になり、不良集団に目を付けられてしまう。怒り狂う彼らに捕まった間久辺は、身の安全と引き換えに、とある"頼みごと"をされる。その"頼みごと"とは、再びスプレーアート・グラフィティを描くことだった―。オタク×青春×グラフィティ!?新感覚青春群像劇、開幕！
2017.6 301p A6 ¥640 978-4-434-23514-6

◆クラスでバカにされてるオタクなぼくが、気づいたら不良たちから崇拝されててガクブル 2 諏訪錦著 アルファポリス，星雲社 発売（アルファポリス文庫）
【要旨】クラスカースト最下位の冴えないオタク、間久辺比佐志。ある日彼は、かつて自分を不良から救ってくれた"最強の喧嘩屋"アカサビが、一○○人規模の不良集団に狙われていることを知る。いまのぼくがあるのはアカサビさんのおかげ―そう考えた間久辺は、深夜の街を奔走する。カリスマグラフィティライター"線引屋"としての才能を武器に、"友人"を救うために―。ぼっちオタク、再び非日常へ!?新感覚青春像劇、第2弾！
2017.10 297p A6 ¥640 978-4-434-23780-5

◆線引屋―ガクブル×青春×グラフィティ 諏訪錦著 アルファポリス，星雲社 発売
【要旨】ぼく、間久辺比佐志はある日、新作の深夜アニメに触発されて、その舞台そっくりな近所のガード下へと足を運んでみた。いわゆる聖地巡礼だね。そこでアニメに出てくる魔法陣をスプレーで描いていたら、不良に絡まれちゃいました。とにかく逃げだし、駆け込んだ公園で、自称・正義の味方に助けてもらったんだけど、翌日のウェブ記事によると、落書きをした人が不良チームを潰したことになってるって…。それってぼくのことじゃないか？ そういえば学校帰り、ぼくの天使こと加須浦さんがギャルの石神さんと、そんな話をしてたような。「正体不明のライター、悪を討つ」だけか。なんだか照れちゃうよ――って、そんなこと言ってる場合じゃない気がするんだけど。案の定不良に捕まり、彼らのためにグラフィティを描くハメになったぼく。いったいこの先どうなるんだ!?とりあえずアニメ見てもいいですか？
2017.2 286p A6 ¥1200 978-4-434-23037-0

◆辺境貴族は理想のスローライフを求める セイ著 宝島社
【要旨】サラリーマンの木村竜太は、トラックに轢かれて死んでしまった。死後の世界で出会った「アジ」と換える神が言うには、俺は異世界に転生するらしい。どんな世界が開くと、「凶暴な魔物がいて、戦争が起きていて、文化レベルは地球の中世程度じゃ！」…あれ、結構大変なんじゃ。落ち込む竜太を見てか、使える魔法と転生先を好きに選ばせてくれるという「のんびり暮らしたいです」。そう願う竜太が転生したのは、辺境貴族ノムストロ家の三男。ノムストル家は、一族全員が「国家指定人物」扱いの超天才揃い＆トラブルメーカー一族だった！ 俺、本当にスローライフできるのか…？
2017.9 286p A6 ¥1200 978-4-8002-7657-5

◆身代わり伯爵と終幕の続き 清家未森著 KADOKAWA（角川ビーンズ文庫）
【要旨】大公夫妻に第三子誕生！…そのとき何が起きたのか？（「身代わり伯爵と終幕の続き」）、変人揃いの女官見習いたちが、若手騎士との集団お見合いを実施!?（「令嬢たちのお見合い大作戦」）、華麗なる恋愛遍歴を持つ第五伯爵ビ・ジャック。ついに彼に恋の女神が振り向くのか―？（「身代わり伯爵と忘れじの恋の約束」）他、リシャルトとフレドの出会いを描いた非売品小冊子掲載の中編も収録！ 幸せいっぱいの短編集!!
2017.5 312p A6 ¥600 978-4-04-105281-5

◆ハッピー・レボリューション 星葵なつめ著 KADOKAWA（メディアワークス文庫）
【要旨】流され体質のOL夢子は、ゆるーい部署での生活に満足し、仕事も恋もお留守気味。気づけば20代最後の日を目前にしていた。そんな帰り道、夢子は電車の窓に映る自らの顔がオッサン女子化していることを察知し、戦慄。慌てて仕事に恋に自分磨きを始める。後輩男子・大喜然のアドバイス（という名の横やり）にもめげず奮闘する夢子だが、空回りの連続。折れそうな夢子の人生に起きた『革命』とは!?ハッピー成分100%ラブコメ！
2017.3 331p A6 ¥630 978-4-04-892839-7

◆モンスターハンター―クロスソウル 西野吾郎著 KADOKAWA（ファミ通文庫）
【要旨】龍歴院のハンターになるためベルナ村を訪れたソニア。しかしすでに募集は締め切られ、文無しになった彼女は空腹のあまり倒れてしまった。そんなソニアを助けたのは移動レストラン龍ネコ亭の従業員セイジ。感謝はしつつもハンターとしての未熟さを彼に指摘され、怒るソニアだったが、何故か一緒にドスマッカォ狩猟に挑むことになってしまう。だがセイジは口喧しいだけでなく、ハンターとしてかなりの腕の持ち主で―。大人気ゲームのノベライズ新作登場！
2017.1 253p A6 ¥640 978-4-04-734491-4

◆モンスターハンター―クロスソウル 2 西野吾郎著 KADOKAWA（ファミ通文庫）
【要旨】モンスターへの恐怖を克服したものの、狩りの立ち回りで悩むソニア。一方セイジもジャンゴ不在の狩猟で失敗が続き、指導力不足を痛感していた。そんな時、龍歴院の飛行船がリオレイアと接触し、研究者が古代林で負傷したという報せが飛び込んできた。駆けつけたセイジ達の前に現れたのは斬竜ディノバルド！ 自らをハンターとして成長直前にさせ込んだ因縁の相手を前に、セイジは再び「狂犬」を思わせる猛攻を見せるのだが―。己の限界を超えてゆく第2巻！
2017.5 250p A6 ¥740 978-4-04-734635-2

◆死にやすい公爵令嬢 2 エーリカ・アウレリアと天使の玄室 瀬尾照春著 双葉社（Mノベルス）
【要旨】悪役公爵令嬢に転生したエーリカ・アウレリアは、悪霊にとりつかれた公爵令嬢・アンに殺されてしまうという第一の死亡フラグを無事に回避する。次に待ち受ける死亡フラグは、王子オーギュストの幻獣に喰われてしまうというもの。次のフラグを回避するために降臨祭にぎわう王都を訪れたエーリカは、天使と見まごうばかりの美少年と遭遇し―
2017.12 355p B6 ¥1200 978-4-575-24075-7

◆いつかのクリスマスの日、きみは時の果てに消えて 瀬尾つかさ著 KADOKAWA（ファミ通文庫）
【要旨】大災厄の日、悠太は不思議生物ニムエに命を救われた。高校生になった悠太は、そのニムエをきっかけにクラスで人気者の少女、恵と仲良くなる。ニムエが二体揃うと過去に戻れる事に気づいたふたりは、大災厄を回避し、亡くなった恵の幼馴染みを助けるため、過去を改変する。しかし改変後、銀髪の少女が現れて告げる。「恵は亡くなった」…。今度は恵を助けるため、悠太と恵と奮闘を始めた悠太に、残酷な選択肢が突きつけられるが―！
2017.11 250p A6 ¥580 978-4-04-734889-9

◆サイバーアーツ 01 真紅の虚獣 瀬尾つかさ著 KADOKAWA（角川スニーカー文庫）
【要旨】"V2ウェア"の普及により、どこでもVR空間にダイブできる時代。現実でも仮想空間でも存在しないかのように扱われる、樫尾ナジムの孤独な日常は、クラス一の才媛かつアングラ

ヤング・アダルト小説

な辣腕ハッカー・高嶺レンが彼を認識したことで、波乱の一日へと収斂する。生物型ウイルス"ゼノ"の襲撃、銃弾飛び交うテロリズム―ナジムの"V2ウェア"に隠された"機密"を巡り、現実と仮想空間を跨ぐスリルと興奮のボーイミーツガールが始まる!!
2017.3 310p A6 ¥620 ①978-4-04-105406-2

◆**ニートの少女（17）に時給650円でレベル上げさせているオンライン** 瀬尾つかさ著 KADOKAWA （角川スニーカー文庫）
【要旨】MMOを愛するサラリーマン・石破真一（27）の部屋には、ニートの少女・瑞葉水那（17）が居候している。金髪美少女JKと同棲、といえば聞こえはいいが、「お腹空いた」と起こしにくるし、風呂上がりにタオル一枚でうろつくし、ネトゲのレベル上げバイトはサボるし…社畜ゲーマーがネトゲに社会復帰に、ダメかわいい少女を育成する!?
2017.12 286p A6 ¥600 ①978-4-04-106363-7

◆**ワールド・イズ・コンティニュー 2** 瀬尾つかさ著 KADOKAWA （富士見ファンタジア文庫）
【要旨】「死んでも蘇る」を繰り返し、レベル100に到達した浩史とハイシェン。しかし、姉が待つ地に辿りつくには最強の旅団を作ることが必要だった！敵陣を穿つアタッカー、絶対的タンク、広範囲への制圧力。必要なピースを探す浩史だが、やっと見つけた一対多のスペシャリスト、シリンはどうやらハイシェンと相性が…？浩史にべったりなハイシェンに、シリンの存在を知り。おまけに、素直でなかった風羽根も少しずつ積極的になってきて…!?浩史は旅団をまとめ上げることができるか。攻略は新しいステージへ!?
2017.6 314p A6 ¥660 ①978-4-04-072073-9

◆**異世界で幼女化したので養女になったり書記官になったりします** 瀬尾優梨著 アルファポリス、星雲社 発売 （レジーナブックス）
【要旨】大学へ行く途中、うっかり穴に落ちた水瀬玲奈。そのまま異世界へトリップしうえに、なぜか身体まで小学生程度に若返ってしまった！懐いてくれた精霊たちに心癒されつつも先行きは不安…と思っていたら、ひょんなことから貴族の養女として拾われることに。そこで国の機密情報を扱う要職、「書記官」の存在を知った玲奈は、元の世界に戻るため、超難関と名高い試験に挑むことを決意して―!?前向き女子のお仕事奮闘ファンタジー！
2017.2 277p B6 ¥1200 ①978-4-434-22930-5

◆**異世界で幼女化したので養女になったり書記官になったりします 2** 瀬尾優梨著 アルファポリス、星雲社 発売 （レジーナブックス）
【要旨】異世界トリップと同時に、なぜか身体が小学生並みに若返ってしまった水瀬玲奈。様々な事件に巻き込まれつつも、国の機密情報を扱う重職、「書記官」として充実した日々を送っている。そんな玲奈の前に、ある日女神様が現れた！「この世界を救ってほしい」という彼女は、玲奈に謎の指輪を手渡して―！新キャラぞくぞく登場の第2巻！
2017.5 288p B6 ¥1200 ①978-4-434-23229-9

◆**異世界で幼女化したので養女になったり書記官になったりします 3** 瀬尾優梨著 アルファポリス、星雲社 発売 （レジーナブックス）
【要旨】異世界トリップと同時に、なぜか身体が小学生並みに若返ってしまった水瀬玲奈。女神様にもらった指輪で一時的に元の姿に戻れるようになったものの、地球へ帰るためには、この世界を救う必要があるらしい。そんなある日、玲奈は不思議な夢地の夢を見る。何か意味があるのではと思った彼女は、その場所が実在することを信じて調査を開始するが―あっちもこっちもトラブル続出!?風雲急を告げる第3巻！
2017.7 299p B6 ¥1200 ①978-4-434-23502-3

◆**異世界で幼女化したので養女になったり書記官になったりします 4** 瀬尾優梨著 アルファポリス、星雲社 発売 （レジーナブックス）
【要旨】異世界トリップと同時に、なぜか身体が小学生並みに若返ってしまった水瀬玲奈。女神様にもらった指輪で一時的に元の姿に戻れるようになったものの、地球へ帰るためには、この世界を救う必要がある。3つの姿を駆使して手がかりを探す玲奈の中、隣国エスターニャで悪の精霊の被害が多発していると知った玲奈は、討伐隊への参加を決意する。ところが、周囲の反対を押し切って辿り着いたエスターニャ

には何やらきな臭い事情があるようで―!?前向き女子のお仕事奮闘ファンタジー、手に汗握る第四幕！
2017.11 299p B6 ¥1200 ①978-4-434-23905-2

◆**おやつカフェでひとやすみ―しあわせの座敷わらし** 瀬王みかる著 集英社 （集英社オレンジ文庫）
【要旨】鎌倉にほど近い、丘の上の住宅街に、歳の離れた三兄弟が営む古民家カフェがひっそり建っていた。「そのカフェで座敷わらしを見ると、幸せになれる」そんな噂に、帆南は店を訪れた。祖父母の借金を返すために意に染まない結婚を決めたものの、将来は不安でいっぱいで。そんな帆南の前に現れたのは!?淡っと心を癒してくれる、ほっこりあやかし物語。
2017.3 249p A6 ¥550 ①978-4-08-680125-6

◆**おやつカフェでひとやすみ―死に神とショコラタルト** 瀬王みかる著 集英社 （集英社オレンジ文庫）
【要旨】鎌倉、江ノ電の駅からほど近い丘の上に、三兄弟が営むカフェがある。「そのカフェで座敷わらしを見ると、幸せになれる」との噂を聞いて、多くの客が訪れる。初恋の人を探しに来た老婦人や、父を慕う引きこもりの少年―そんな中、黒いコートを着た男が現れた。男は死に神を名乗り、三年前の事故で死んでいるはずだった三男の綾人を迎えに来たと言うのだが…!?
2017.10 229p A6 ¥550 ①978-4-08-680153-9

◆**箱庭の息吹姫―ひねくれ魔術師に祝福のキスを。** 瀬川月菜著 一迅社 （一迅社文庫アイリス）
【要旨】触れるものから植物を芽吹かせる、奇跡の力を持つ"リンデンの巫女"ルーイ。彼女は奇跡の力のせいで誰とも触れられることがないという事実に気づいてしまった！人と触れ合いたい。そう願うルーイは、『世界を滅ぼす』魔術師アンドゥルラスに助けてもらおうと聖域を抜け出したけれど…。出会った彼にすぐさま、帰れと言われてしまって!?魔術師ラスだけが頼りなのです！報酬としてどんな薬草や毒草でも育てますので、即お断りなんてしないでください！
2017.8 286p A6 ¥638 ①978-4-7580-4970-2

◆**怪奇編集部『トワイライト』 2** 瀬川貴次著 集英社 （集英社オレンジ文庫）
【要旨】UMAから都市伝説、UFOまで何でも扱うオカルト雑誌『トワイライト』編集部でアルバイトをする大学生・駿の実家は神社だ。そのせいか（？）駿は超常現象に巻き込まれやすい。取材を兼ねた社員旅行に同行すれば奇妙な旅館に泊まるはめになったり、自意識過剰な能力者の逆恨みのとばっちりを受けたり。怖いけど怖くない！新感覚まったりオカルト事件簿、第2弾！
2017.11 207p A6 ¥540 ①978-4-08-680157-7

◆**百鬼一歌―月下の死美女** 瀬川貴次著 講談社 （講談社タイガ）
【要旨】歌人の家に生まれ、和歌のことにしか興味が持てない貴公子・希累は、武士が台頭してきた動乱の世でもお構いなし。詩作のためなら、物騒な平安京でも枯れずまず吟行していた夜、花に囲まれた月下の死美女を発見する。そして連続する不可解な事件―御所での変死。都を揺るがす鵼（ぬえ）の呪い。怪異譚を探し集める謎の少女・陽羽と出会った希累は、凸凹コンビで幽玄な謎を解く！
2017.8 246p A6 ¥660 ①978-4-06-294085-6

◆**悪役転生だけどどうしてこうなった。 2** 関村イムヤ著 フロンティアワークス （アリアンローズ）
【要旨】カミル、お前は何処にいる？悪辣で知られたカルディア子爵家の末娘として生まれたエリザは、呪われた血族の宿命を断ち切るために僅か二歳で一家毒殺する。唯一の生き残りとして領主を継ぎ、軍を率いて戦場に立つが、カミル・ノヴァックというかけがえのない存在を失い、修復不可能な傷を心に負ってしまう。新たな側近として白羽の矢が立てられたのは、女装のラトカ―かつて反逆罪で囚われの身となった少年。エリザはラトカとの因縁に向き合うことで、カミルへの想いを断ち切ろうとするのだが……一体どうしてこうなった!?アリアンローズ異色作第二巻。男装麗人が贈る乙女ゲー転生物語。今回も大幅改稿＆書き下ろしエピソード満載でお送りする。
2017.3 316p B6 ¥1200 ①978-4-86134-984-3

◆**宮廷音楽家になったら王子に溺愛されました 1** 雪花りつ著 パラダイム （ディアノベルス）
【要旨】子爵家令嬢に転生したシーラは高い行動力と歌唱力が自慢！自分の歌を認めてくれるパトロンを探すため、貴族でありながら音楽家として宮廷に入ることに。早速専属の歌姫として求められるシーラだったが、その相手はなんと女性関係に奔放な事で有名な王子様で…。「あんな女っったらして、平気でキスをしてくる王子の専属になんてなりたくない！」前向きで純粋な転生歌姫と身勝手だけど優しい王子様の幸せいっぱいなラブストーリー、開幕!!
2017.1 278p B6 ¥1200 ①978-4-8015-2402-6

◆**徒花の館―キリング・ゲーム** 雪月花著 KADOKAWA
【要旨】原作者自ら描き下ろし！実況再生数300万超!!話題のフリーゲーム、待望のノベライズ。
2017.5 367p B6 ¥1200 ①978-4-04-734591-1

◆**異世界ですが魔物栽培しています。 2** 雪月花著 KADOKAWA （ファミ通文庫）
【要旨】衣食住のすべてが魔物で成り立っているファンタジーな世界。そこで世にも珍しい魔物栽培スキルを手にしたキョウは、六大勇者に選ばれ、生命の樹を育てる大役を任されてしまった。そんな折、生命の樹の種を持つ帝王勇者ロスタムに会うため海を渡るのだが…到着して早々に捕らえられ、治療効果のある魔物を育てるまで国から出さないと脅迫される。勇者、農夫、助けて！波乱の異世界栽培ファンタジー、大好評第2巻！
2017.6 318p A6 ¥610 ①978-4-04-734682-6

◆**異世界ですが魔物栽培しています。 3** 雪月花著 KADOKAWA （ファミ通文庫）
【要旨】次なる世界樹の種を求めてホド大陸にいる勇者ザッハークを訪ねたキョウ達だったが、面会もできない牢屋に入れられてしまう。ザッハークは何故か全ての魔物を駆逐しようとしているという。しかし、そんなキョウを助けてくれたのは赤い髪の少女ルビィとイースの兄アンスール！レジスタンスのリーダーだというアンスールは、勇者を倒すために魔物を栽培して欲しいと頼むのだが―。世界を揺るがす波乱の異世界魔物栽培ファンタジー努済の第3弾！
2017.10 317p A6 ¥630 ①978-4-04-734856-1

◆**ミス・アンダーソンの安穏なる日々―小さな魔族の騎士執事** 世津路章著 KADOKAWA （電撃文庫）
【要旨】魔族と人間が永く争い続ける世界―誇り高き騎士執事の血統に連なる魔族の少年アーティは、主からある任務を受ける。それは人間界に潜入し"魔族殺し"の二つ名で畏怖される人類最強の女傭兵アンナ＝L・アンダーソンを"抹殺"すること―だったのだが、ひよっこな彼は呆気なく生け捕りに…。見逃すための交換条件としてアンダーソンが提示したのは、"身の回りのお世話"だった!?美味しい料理の用意、お部屋のお掃除、挙句の果てにベッドの上では抱き枕…クッジョクな日々の中、果たしてアーティは任務を無事遂行できるのか!?「では頑張って、わたくしを殺してくださいませね」ぐ―たら最強女傭兵VS少年羊執事。おねショタファンタジー、ここに開幕！
2017.7 337p A6 ¥630 ①978-4-04-893215-8

◆**俺だけ入れる隠しダンジョン―こっそり鍛えて世界最強** 瀬戸メグル著 講談社 （Kラノベブックス）
【要旨】稀少な魔物や世にも珍しいアイテムが大量に隠されている、伝説の場所―隠しダンジョン。就職口を失った貧乏貴族の三男・ノルは、幸運にもその隠しダンジョンの入り口を開いてしまった。そこでノルは、スキルの創作・付与・編集が行えるスキルを得る。さらに、そのスキルを使うためには、「美味しい食事をとる」「魅力的な異性との性的行為をする」などでポイントを貯めることが必要で…？「俺だけ入れる隠しダンジョン。こっそり鍛えて世界最強！」大人気ファンタジー、書き下ろしエピソードを加えて待望の書籍化！
2017.8 306p B6 ¥1200 ①978-4-06-365038-9

◆**俺だけ入れる隠しダンジョン 2 ―こっそり鍛えて世界最強** 瀬戸メグル著 講談社 （Kラノベブックス）
【要旨】稀少な魔物や世にも珍しいアイテムが大量に隠されている、伝説の場所―隠しダンジョン。そこでお宝やスキルを手に入れることに成功したノルは、スキル使用に必要なLPを貯めるためにイチャイチャしたり、学校の試験に向けてがんばったりと、充実した日々を送っていた。

◆隠しスキルで異世界無双 1　瀬戸メグル著
主婦の友社　（ヒーロー文庫）
【要旨】高校三年生の無堂信人はある日突然、クラスメイトと共に異世界へ召喚された。信人たちを召喚したのは、異世界でも戦争好きで有名な国の王だった。ゲームのような『ステータス』や『スキル』が存在する世界で、勇者として招かれた信人達は、召喚の際に誰もが強力なスキルをいくつも付与されていた。だが、信人に与えられた力は『ペナルティ0』というクズスキルのみ。そのあまりの使えなさにしたら、クラスメイトはおろか王族にまでバカにされてしまうが、与えられた力を信じて信人は努力し続ける。その結果、実は『ペナルティ0』は有用なものだと判明する。それは、最強の『隠しスキル』を習得するために必要な稀有なスキルだった。
2017.4 303p A6 ¥590 ①978-4-07-424177-4

◆巨乳天使ミコピヨン！　瀬戸メグル著　講談社　（講談社ラノベ文庫）
【要旨】俺こと工藤亮馬は、刃物を持った口裂け女にある日突然襲われた。振り下ろされる刃にもうダメかと思ったそのとき、一翼の生えた金髪巨乳の美少女だった！ミコピヨンと名乗った彼女は、実は天使で、先ほどの口裂け女のような人間に取り憑く悪魔を退治するためにやってきたらしい。そしてミコピヨンが力を発揮するためには人間の契約者が必要なことで、俺は彼女と契約し同居することになる。しかし、悪魔退治の能力を得る方法は「契約相手に乳首分けをしてもらう」「異性と熱い抱擁をかわす」「美少女に罵られる」など、一風変わったものばかりで…!?巨乳天使とドキドキ同居生活!?サービス満点の学園ラブコメ！
2017.5 245p A6 ¥620 ①978-4-06-381600-6

◆邪竜転生―異世界行っても俺は俺 5　瀬戸メグル著　アルファポリス、星雲社 発売
【要旨】日本でダメリーマンやってた俺が転生したのは、邪竜とかいう、異世界最強の存在。俺としては、毎日ぐうたらしてたいんだが、そうはさせてくれねーみたいな。というのも、この国が抱える問題はマジで山積み。王都を恐怖に陥れたスケベな吸血鬼は、なんとか撃破できたものの、隣国はけんか吹っかけてくるっていうし、なによりヤバイのが一悪獣。そいつは、かつて邪竜でさえ倒せずやむを得ず封印したという化け物なんだが、その封印が不安定らしいんだわ。あ、そういうわけで、ちゃんと見張っておけよ……って、何者かが封印ぶっ壊そうとしてるって？おまけに、神とか別の邪竜とか、超強敵の影もちらほら…もはや人型じゃ、俺一人で対応できねえ。じつは、竜の姿に戻るための秘薬のレシピを手に入れてんだ。ささっと材料集めて、完全体になってやんぜ！
2017.5 296p B6 ¥1200 ①978-4-434-23327-2

◆邪竜転生―異世界行っても俺は俺 6　瀬戸メグル著　アルファポリス、星雲社 発売
【要旨】勇者も魔王も、神さえも圧倒する、異世界最強の邪竜に転生した俺、ジャー。十神やら、同じく邪竜やら、異世界の平穏を乱すやつらを倒したので今度こそぐうたらライフを満喫できる―と思ったんだが、ん？何やら仲間たちが騒いでやがる。詳しく聞いてみると、北西大陸にあるレアなお宝が欲しいらしい。他のメンバーも乗り気だったし、観光気分で北西大陸に行ってみるか、厄介な邪竜が国を支配してるわ、目当てのお宝は攻略者ゼロの超難関迷宮に隠されてるわ、罠がいてえ。面倒事だらけだが、引き返すのも癪。偶然出会った、訳ありっぽい大剣使いの美少女サラもなんか協力してくれるようだし！超難度ダンジョンを完全攻略して、お宝ゲットしてやんよ！
2017.12 296p B6 ¥1200 ①978-4-434-24124-6

◆復讐スキル「死者喰い」と「時間操作」で勇者パーティーを全滅させます　瀬戸メグル著　SBクリエイティブ　（GAノベル）
【要旨】「てめえら全員、ぶっ殺してやる―」平凡な村人だったリュークはある日、理不尽に恋人のミーナを殺されてしまう。相手は正義の存在だったはずの勇者パーティ4人。愛と無念を負い、死に瀕していたリュークに、声をかける存在がいた。『少年よ…生を望むか…』「生きたい…生きて…あいつらに…復讐がしたい…」敵は勇者、女賢者、竜騎士、聖神官の4人。対するは「殺害した相手の力を奪うスキル」「自身の能力を代償に時を戻すスキル」を得た復讐の鬼。勇者以外の悪人も成敗してさらなる力を獲得しつつ、リュークはまず聖神官ジャルドの本拠地へと歩き出す。絶対的強者に対し、知略とスキルを駆使して挑む、一世一代の復讐劇が幕を開ける！
2017.6 369p B6 ¥1200 ①978-4-7973-9283-8

◆復讐スキル「死者喰い」と「時間操作」で勇者パーティーを全滅させます 2　瀬戸メグル著　SBクリエイティブ　（GAノベル）
【要旨】最愛の恋人を勇者パーティ4人に殺害され、自身も死の淵から蘇ったリューク。1人目の標的である聖神官ドルトムの住む街だった。相手は単騎でも強大な力を持ち、更に伝説級の竜を従えているため打倒するのは極めて困難。どうやって復讐するかを考えていたリュークは、自分と同じように家族を奪われた子供の竜、アルと出会う。『死者の力を喰らうスキル』『時を戻すスキル』に加え、志を同じくする協力者を得たリュークは、竜騎士への復讐を果たせるのか。絶対的強者に挑む復讐劇、第二の幕がいま上がる！
2017.10 345p B6 ¥1200 ①978-4-7973-9440-5

◆冒険者クビにされたので、嫌がらせで隣にスイーツ店ぶっ建ててみる 1　瀬戸メグル著　アース・スターエンターテイメント、泰文堂 発売　（アース・スターノベル）
【要旨】最弱冒険者と美少女女子高生がリベンジを誓う、仁義なき甘～い戦い！大人気500万PVの痛快リベンジ＆スイーツグルメ・ストーリー!!
2017.7 299p B6 ¥1200 ①978-4-8030-1083-1

◆今日も君は、約束の旅に出る　瀬那和章著　講談社
【要旨】女優志望の国木アオ。日の目を見ずに10年が過ぎ、夢を諦めようかと部屋で途方に暮れる中、いそぐ彼女の目の前に一人の男が現れて…。
2017.8 269p B6 ¥1400 ①978-4-06-220620-4

◆終末の魔女ですけどお兄ちゃんに二回も恋をするのはおかしいですか？　妹尾尻尾著　集英社　（ダッシュエックス文庫）
【要旨】昴は人類最強の歩兵としてかつて従軍していたが、いろいろあって今はふつうの男子高校生。ある日、四攻・紅裳が魔力が枯渇して禁断症状…"欲情"が出た状態で昴のもとへ降ってきた。あの日交わした彼との"約束"を果たすため、人類の敵と己の理性に力の限り立ち向かう！限界ぎりぎりエロティックアクション！第5回集英社ライトノベル新人賞"特別賞"受賞作!!
2017.11 322p A6 ¥610 ①978-4-08-631211-0

◆ディヴィジョン・マニューバ―英雄転生　妹尾尻尾著　講談社　（講談社ラノベ文庫）
【要旨】人を襲う人類の天敵・ジェイヴが現れて十数年。人類の領域は狭くなりながらも、なんとか抗戦を保っていた。戦闘兵器ディヴィジョン・マニューバが、ジェイヴへの対抗手段として有効だったからだ。最低レベルの魔力―ディヴィジョン1でありながら、魔装騎士を目指すために学園、上弦魔装学園へと入学した桶川九遠。だが九遠は最低魔力でも起動できる特注の機体を操り、入学早々に行われる模擬戦で9人抜きを成し遂げる。そんな九遠の前に現れたのは、学園最強の戦士にして最高レベル―ディヴィジョン5の少女、鈴鹿花火。接戦を繰り広げる二人の心は通じ合い、花火のチームへと誘われる九遠。だが、花火には、過去の因縁があり―！第6回講談社ラノベ文庫新人賞"優秀賞"受賞作！
2017.3 332p A6 ¥640 ①978-4-06-381595-5

◆ディヴィジョン・マニューバ 英雄双星―セカンド・ドラグ・ライド　妹尾尻尾著　講談社　（講談社ラノベ文庫）
【要旨】最高レベルの魔力を持った英雄の生まれ変わりである桶川九遠は、最低レベルの魔力しか持たないながらも、七星剣武を駆使し、上弦魔装学園最強の戦士にして先輩であり相棒の少女、鈴鹿花火と共に人類の天敵ジェイヴを生み出すゲートをと、その中に潜む女王を倒すことに成功する。平穏が訪れたかに思えたが、九遠を「前世でのお兄ちゃん」と呼ぶ少女、十香・ニュルブルクが現れる！気が気でない花火に対して、前世という単語に心当たりのありまくる九遠の態度に、花火は不安になってしまう。そんな状況でジェイヴとの戦闘において二人の迷いから連携が乱れてしまうのだが―！新人賞受賞の新作のハイスピードラブコメバトル、疾風怒涛の第2弾！
2017.12 320p A6 ¥660 ①978-4-06-381631-0

◆第七異世界のラダッシュ村 2　蟬川夏哉著
星海社、講談社 発売　（星海社FICTIONS）
【要旨】人類が宇宙ではなく、異世界に進出を開始してから半世紀…。接続事故により、未知の第七異世界に放り出された海野啓太郎たち人は、史上初めての異世界人との接触を果たし、南楼王国の辺境で村作りを開始した。異世界の言語を学び、異世界の土でトマトを育て、異世界の魚を釣る…。そうして、"ラダッシュ村"の建設が軌道に乗りはじめた頃、村にほど近い遺跡―南楼王国の旧王都をめぐり、国姓姫・メイをリーダーとする調査隊が派遣されることになった。調査隊に同行することになった啓太郎たちは、遺跡の地下で信じられないものを目にしていた。育ちはじめたかりのラダッシュ村にも、危機が迫りつつあった…。俺たちの村の、明日はどっちだ!?
2017.7 230p B6 ¥1200 ①978-4-06-139972-3

◆わたし、恋愛再開します。　芹澤ノエル著　三交社　（エブリスタWOMAN）
【要旨】永里樹は、高校生時代に交際していた朝日涼にひどいフラれ方をしたせいで、以来、恋愛に臆病になっている。月日は流れ、30歳になった樹は仕事で忙殺される日々。男へのどんよつきが治らない樹は、ある日5歳年下の同僚、霧島冬汰と深酒をし、酔った勢いで一線を越えてしまった。それを境に樹は霧島のことを意識するようになるが、朝日から過去の別れのいきさつを聞かされ、もう一度やりなおしたいと告白される―。
2017.5 299p A6 ¥630 ①978-4-87919-284-4

◆まるで人だな、ルーシー　零真似著　KADOKAWA　（角川スニーカー文庫）
【要旨】第21回スニーカー大賞"優秀賞"受賞作！「代償は、悲しみだけど？」「ああ。そいつは僕にいらないものだ」「そっか！」景色を己の身に纏った少女・スクランブルはうれしそうに笑う、小さく握りしめた拳で御剣乃音の腹を抉る。人身御供となった御剣の願いを叶える神代タイム1分間の代償は"打算""キスのうまさ""愛情"etc.人の感情を糧にして、エキセントリックボックスはヒトに近づく…。最終選考会騒然の異色作！
2017.2 279p A6 ¥600 ①978-4-04-105288-4

◆まるで人だな、ルーシー 2　零真似著　KADOKAWA　（角川スニーカー文庫）
【要旨】「おまえはなにもしてないだろ？」「うぅん。"私たち"がしたんだよ」御剣の問いに、その少女・スクランブルは感情豊かに応える。少女の姿に似するBOXへ代償を捧げ、1分間の願いを叶える人身御供。御剣、氷室に続く3人目は、その能力を使わない高校生の美術部員・鶴見凛。世間から評価されない彼女の絵から、欠落したはずの"好き"という感情を想起し、御剣は戸惑うが―。業界騒然、超撃の零真似ワールド、第2巻。
2017.5 342p A6 ¥660 ①978-4-04-105289-1

◆異世界でスキルを解体したらチートな嫁が増殖しました 3　概念交差のストラクチャー　千月さかき著　KADOKAWA　（カドカワBOOKS）
【要旨】のんびり羽根を伸ばすため温泉地へ向かっていたナギ一行。だが途上、アンデッドに襲われていた幼女・イリスを成り行きで助けてしまう。聞けば領主の娘として、領内の要務を任されているらしい。だが、建設的な提言をしても親に却下され、彼女を守るべき兵士たちは日々可愛げに言う事を聞かず。そんなイリスに魔物の再襲撃が！気丈に振る舞っていたが辛うじていた彼女をナギは結局放ってはおけーーっ！？名ばかり管理職ロリを救え！好評ハーレム道中記第3巻！
2017.5 301p B6 ¥1200 ①978-4-04-072327-3

◆異世界でスキルを解体したらチートな嫁が増殖しました 4　概念交差のストラクチャー　千月さかき著　KADOKAWA　（カドカワBOOKS）
【要旨】レティシアから貰った別荘へと遂にたどり着き、初めてこの世界での"みんなの居場所"を手に入れたナギ一行。海竜の祭に沸く街を楽しみたいところだが、背後では巫女・イリスを狙う邪悪な企みも進行していた。偶然再会したエルフの冒険者少女・ラフィリアも合流し、一行は二手に分かれることに。だがその先には更なる困難、"海竜の試練"が待ち受けている―…。はたしてナギはかつて巫女を救った伝説の勇者の再来となれるのか!?
2017.9 319p B6 ¥1200 ①978-4-04-072445-4

ヤング・アダルト小説

◆異世界でスキルを解体したらチートな嫁が増殖しました 5 概念交差のストラクチャー
千月さかき著 KADOKAWA (カドカワBOOKS)
【要旨】保養地についたナギは嫁たち全員に「有給休暇」を宣言。お仕事禁止ののんびりした観光が始まった。そんな楽しい旅行中、ナギは数百年前に死の眠りについたはずの天竜の化身からメッセージを受け取ってしまう。何やらラフィリアにかけられた呪いが関連しているようだが…。謎を解こうと"どんな固い絆のパーティも同士討ちさせる"という魔の谷を訪れた一行を待ち受けていたのは、竜の墓所の守護者とワールドアイテム『天竜の卵』だった―!
2018.1 302p B6 ¥1200 ①978-4-04-072582-6

◆この想い、君に伝えたい
善生茉由佳著 スターツ出版 (ケータイ小説文庫・野いちご)
【要旨】中2の奈々美は、クラスの人気者の佐野くんに憧れを抱いているけれど、その気持ちを誰にも言えないでいた。ある日、奈々美の兄が佐野くんを家に連れてきて、ふたりは急接近!ドキドキしながらも楽しい時間を過ごしていたけれど、運命はとても残酷で…。佐野くんが抱える悲しい真実と、ふたりを引き裂く突然の死。すれ違うふたりの想いに、涙が止まらない!
2017.10 349p A6 ¥590 ①978-4-8137-0338-9

◆塔の管理をしてみよう 5
早秋著 新紀元社 (MORNING STAR BOOKS)
【要旨】女神アスラの力を借りて、異世界アースガルドで新たな人生をスタートさせた功助は、誰も制覇していなかったセントラル大陸中央の塔を攻略。順調に仲間も増やし (美女率高し)、塔の管理者として充実した毎日を送っているうちに、気付けばアースガルド初の現人神に!大陸に残る6つの塔の全制覇にも成功した功助、アースガルドの女神たちも興味津々に!?創意と工夫の異世界シムストーリー第5巻。
2017.3 321p B6 ¥1200 ①978-4-7753-1479-1

◆塔の管理をしてみよう 6
早秋著 新紀元社 (モーニングスターブックス)
【要旨】女神たちの力を借りて、異世界アースガルドで新しい人生をスタートさせた功助。制覇していなかったセントラル大陸中央の塔を攻略したあとは、気の合う仲間 (美女率高し) も増え、塔の管理も (略) 順風満帆。気が付けば、アースガルド初の現人神になっていた!大陸内に残るすべての塔の制覇も果たした功助だったが、新米現人神にはまだまだ、わからないことがたくさんあって…。そのうえ、他大陸の勢力になにやら怪しげな動きを察知し、陰謀の嵐が吹き荒れる!?創意と工夫の異世界シムストーリー第6巻。
2017.6 321p B6 ¥1200 ①978-4-7753-1518-7

◆強引なカレの甘い束縛
惣領莉沙著 スターツ出版 (ベリーズ文庫)
【要旨】七瀬は同期入社のエリート・陽太に片思いをしていたが、6年目のある日、彼から「ずっと好きだった」と思わぬ告白を受ける。想いが通じ合った途端、「ようやく俺のものになった。もう我慢しない」と陽太が豹変!ところ構わず甘い愛情や態度で溺愛されて、七瀬は戸惑いながらも最高に幸せな日々を送る。しかし陽太には近々転勤の予定が…。ワケあって今の場所を離れられない七瀬は…!?
2017.2 361p A6 ¥640 ①978-4-8137-0205-4

◆寵愛婚―華麗なる王太子殿下は今日も新妻への独占欲が隠せない
惣領莉沙著 スターツ出版 (ベリーズ文庫)
【要旨】小国の姫・セレナは、隣国の精悍で美しい王子・テオに恋をしているが、彼はセレナの姉と婚姻が予定されていた。しかし、なぜか婚姻直前に契約変更。なんとテオと結婚できることに…!驚くセレナをよそに、テオは「ようやく俺のものだ」と、式も焦れったいとばかりに激しく求めてきて―。口を動かすテオ一筋の、溺愛に胸キュンが止まらない、極上ノンストップ・ラブファンタジー!
2017.6 395p A6 ¥650 ①978-4-8137-0302-0

◆異世界迷宮でハーレムを 7
蘇我捨恥著 主婦の友社 (ヒーロー文庫)
【要旨】迷宮で盗賊に襲われ、返り討ちにしたミチオたちは、盗賊の持ちかけた賄賂を受けとり、懸賞金を得ることが可能になった。しかし、ハルツ公爵領において冒険者のふりをしていたのでミチオだけが換金できない。どうしようかと悩んでいると、ハルツ公爵と盗賊の情報を入手し、ミチオに警戒を呼びかけてきた。

危険な盗賊が増えて困った公爵領では、盗賊の仲間討ちを誘おうと懸賞金の支払い時に受取人のチェックをやめることにした。これなら、バレずに換金できると、ミチオは盗賊のインテリジェンスカードを持ち込むのだが―。
2017.3 286p A6 ¥600 ①978-4-07-423657-2

◆異世界迷宮でハーレムを 8
蘇我捨恥著 主婦の友社 (ヒーロー文庫)
【要旨】ロクサーヌに因縁をつけてきた女性とその一族を決闘で返り討ちにしたミチオたち。その決闘がハルツ公爵騎士団長のゴスター立ち会いの下で行われたため、ミチオはハルツ公爵に正体を知られてしまうのを恐れることになる。一方で、決闘に敗れ有力な戦士を失った親族一家から流出した装備品を手に入れるなど、ミチオたちはパーティーの装備を拡充していった。寝室用のエプロンも作らせたが、手持ちの金は減ってしまい、ミチオは近づくオークション向けて迷宮探索を金策重視に振り替える。そして、万全の態勢でオークションに臨んだミチオは、新たな奴隷を落札する―。
2017.12 318p A6 ¥620 ①978-4-07-428637-9

◆想世のイシュタル
曽我部浩人著 講談社 (講談社ラノベ文庫)
【要旨】居残り指令も華麗にスルーし今日も今日とて家路を急ぐミサキとジン。目的地は圧倒的な人気を誇る大規模仮想現実RPG"アルマゲドン"内。片や生産系のスキルを究めたジンに対し、ミサキはグラマラスな女性アバターを駆使し、ゲーム内最弱種"人間"の達を使いこなす者でもあった。共にゲーム内有名人でもある二人はある日、ゲームマスターのひとり、レオに不思議な言葉を投げかけられる。「向こうの世界で会おう」突然ホワイトアウトしたゲーム世界、ミサキがたどりついたのは"ただの"異世界、それとも…!?荒涼たる原野を行く二人が出会ったある人物、そして隠蔽された地球の真実とは!?新たな世界の神をめざす幻想空間創世譚登場!
2017.3 308p A6 ¥640 ①978-4-06-381588-7

◆フレイム王国興亡記 6
疎陀陽著 オーバーラップ (オーバーラップ文庫)
【要旨】周囲の期待に応えられず、逃げ出すようにフレイム王国からの召集に応じた浩太は、シオンに連れられて"ホテル・ラルキア"を訪れる。待っていたのは、シオンの旧友―クラウス、ベロア、エリーゼとの出会い。彼らから相談を受けた浩太は経営危機に瀕するホテルの実情を知り、協力を約束する。着々と迫る経営会議。立ちはだかるは、老舗ホテルグループの金看板を背負う会長と幹部たち。いよいよ仲間が追い詰められたとき、浩太は反撃の狼煙を上げる!普通の『銀行員』浩太が奮闘する異世界エコノミックファンタジー、第六幕。そして浩太の過去を知る"ラルキアの聖女"が、ついに動き出す―!書き下ろし番外編「彼女が聖女になったワケ」収録!
2017.1 413p A6 ¥780 ①978-4-86554-193-9

◆剣と魔法と裁判所
蘇之一行著 KADOKAWA (電撃文庫)
【要旨】「それでも僕はやってない!」法廷に響く悲痛な声。満員ダンジョン内の痴漢疑惑で捕まった冒険者の話。武器をSM道具と偽っての脱税疑惑や、腕利き冒険者によるパワハラなど、ガイナース王国裁判所で扱われる訴訟事件は様々だ。ダンジョンを出れば、剣士も賢者もただの人。王国を統べるのは法律つまり、剣と魔法の世界で唯一無双のジョブは"弁護士"である。そんな国で無敵と名高いキールが、脅迫・捏造は当たり前の悪徳弁護士だ。ある日、彼の噂を聞きつけてきたのは、心優しい魔法使いの少女アイリ。恩師を救いたいという彼女は、法外な依頼料の代わりにタダ働きする契約を結ばされ―!?
2017.4 345p A6 ¥650 ①978-4-04-892816-8

◆剣と魔法と裁判所 2
蘇之一行著 KADOKAWA (電撃文庫)
【要旨】魔法学校に通う優等生アイリは、拳を握り締め燃えていた。いつの日にか、極悪弁護士キールを倒すことを夢見て―。だが、今は握られているのは雑巾。アイリは相も変わらずキールの許で、タダ働きさせられているのだった―。アイリの働く法律事務所のキールに、次の依頼主は、キールによって殺された人々の仇討ちだ。冒険者がモンスターを倒すことが当たり前のこの世界で、キールが導き出す常識破りの奇想天外な解決策とは―!?詭弁を弄し勝利を勝ち取る無敗の弁護士と、心優しき魔法少女が織りなす痛快リーガルファンタ

ジー。
2017.11 249p A6 ¥650 ①978-4-04-893499-2

◆暇人同盟―友達いらない同盟 2
薗生凪著 講談社 (講談社ラノベ文庫)
【要旨】夏休み。友達がいない新藤大輔は、暇をもてあましている。スベテの助言から友達がいらない同士で同盟を組んでいる澄田に連絡をすると、とっても暇しているらしい。結果として澄田と城ヶ崎が遊ぶらしく大輔も呼ばれる。3人が集まり話題に上がったのは、普通の友達同士はいったいどういうことをするのか、ということ。結果、それぞれが思いついたことをやってみることに。プリを撮り、プールに行ったりと、なんだか普通の友達っぽい3人だが、頻繁に城ヶ崎につきまとう男―ショウタが現れる。城ヶ崎によると、人の紹介で会うから変に気に入られているらしい。その態度で気に入らない大輔は、ショウタに対峙して―!?
2017.6 262p A6 ¥640 ①978-4-06-381605-1

◆私、さらわれちゃいましたっ!
苑水真芽著 アルファポリス, 星雲社 発売 (エタニティ文庫)
【要旨】伯父夫婦の定食屋で働く寿々は、とある心優しい常連の男性に淡い恋心を抱いていた。だがある日お店の借金のため、親子ほど年の離れた男性と結婚前提の見合いをすることに。落ち込む寿々だったが、見合い当日、スーツ姿の超イケメンが彼女をさらいにやってきた!見合い相手に対し、「倍の金額を出す」と大金を出した彼はなんと、憧れの常連さん!?しかも寿々は、その日彼の家で薦められて…!?あっさらばな彼に、心も身体もかき乱されて!?文庫だけの書き下ろし番外編も収録!
2017.7 365p A6 ¥640 ①978-4-434-23484-2

◆Raven Emperor 1
蒼空∞著 KADOKAWA (魔法のiらんど文庫)
【要旨】病気がちな母から離れ、伯母の許に預けられた暁は奴隷のように扱われ、窮屈な毎日を送っていた。高校を卒業した日。伯母の策略で、望まない結婚をさせられそうになった暁は、相棒のバイクで街から逃げる。全てを捨てて辿り着いたのは悪名高い西の街―それは、闇の帝王"Raven Emperor"が支配する街だった。絶対的支配者・紅葉と出会った暁は、その強く美しい男から「お前を俺のものにする、必ず」と言われて―。2015年間総合ランキング第2位!読者を熱狂させた、超大作不良ラブがついに!
2017.5 278p A6 ¥690 ①978-4-04-892965-3

◆Raven Emperor 2
蒼空∞著 KADOKAWA (魔法のいらんど文庫)
【要旨】悪名高い西の街に逃げ込み、闇の帝王・紅葉と出会った暁。紅葉の放つ圧倒的なオーラに危険を感じながらも、どこか惹かれはじめている自分に気づかない振りをしていた。"紅葉には決められた婚約者がいる"そう踏みとどまる暁に「お前が欲しい」、紅葉はどんどん近づいてくる。一方で、暁の大好きな祖母が危篤状態に。一人で町に戻るのは危険だと踏んだ紅葉達に護衛されながら故郷へ向かうと―案の定、暁を捕まえようと画策する不良チーム"蛇鬼"が待ち受けていて―。
2017.6 277p A6 ¥690 ①978-4-04-892966-0

◆あやかし寝具店―あなたの夢解き、致します
空高志著 三交社 (スカイハイ文庫)
【要旨】玉沢茜は美人だが極度のドジで、すぐバイトをクビになってしまう女子大生。今日もバイトをクビになり神保町を歩いていると「寝具店・白河夜船」という貼り紙を見つける。寝るだけでお金を稼げる茜が気分転換で入ってみると、イケメンだけど奇妙な店主・夜市八彦がいた。成り行きで「枕として眠るだけ」のバイトをすることになる茜だが、ある日バイト中に目を覚ますと枕の下に謎の物体が!?茜は夜市を問い詰めると、人は夢というエネルギーを食べる生き物だと白状され―。
2017.10 298p A6 ¥680 ①978-4-87919-216-5

◆僕のスライムは世界最強―捕食チートで超成長しちゃいます
空水城著 アルファポリス, 星雲社 発売
【要旨】冒険者を目指す少年ルゥは、生涯の相棒となる従魔を授かる『召喚の儀』を受けた。しかし、彼が召喚したのは戦闘に不向きな最弱のFランクモンスター『スライム』。一度は夢を諦めかけたルゥだったが、すぐに名付けたこの相棒が不思議なスキル"捕食"を持っていることに気づく。これは他のモンスターの魔石を食べることでスキルを得ることができるというも

の。つまりライムは最低ランクながら無限の可能性を秘めた特別なスライムだった。そんな中、村長に乞われて村の武術大会に出場したルゥは、強力なBランクモンスター『ゴーレム』を操るガキ大将との試合に臨む。誰もが圧倒的に格上であるゴーレムの勝利を疑わない中、ルゥは森の魔物を倒して得たスキルでイチかバチかの勝負に打って出る！
2017.9 292p B6 ¥1200 ①978-4-434-23821-5

◆僕のスライムは世界最強—捕食チートで超成長しちゃいます 2 空水城著 アルファポリス、星雲社 発売
【要旨】"捕食"スキルを持つ特別なスライムのライムを従魔にする駆け出し冒険者の少年ルゥは、同じスライムテイマーの少女クロリアとパーティーを結成した。ある日彼らは、ギルドから直々に「野生モンスターのレベル変動事件」に関する依頼を受ける。さっそく調査のためにテイマーが集う街「テイマーズストリート」へ向かった彼らは、そこで意外な事実を知る。モンスターのレベル変動は、危険な副作用を持つアイテムの実験により何者かが意図的に起こしていたのだ。その晩、暴走した自分の従魔に襲われているルゥと遭遇したルゥは、街中で実験が行われたことを確信。非道な組織の存在を暴くべく犯人の追跡を決意する！
2017.12 293p B6 ¥1200 ①978-4-434-24122-2

◆ぼっちは回復役に打って出ました—異世界を乱す暗黒ヒール 4 空水城著 アルファポリス、星雲社 発売
【要旨】憎しみの心で効果が反転し、相手にダメージを与える「闇の回復魔法」を使うぼっちの少年、杖本優人。気弱な魔法少女ノアとともにダンジョン攻略の旅を続ける彼は、第四迷宮都市フィーアを訪れた。「迷宮の狂戦士」なる男に荒らされすっかり寂れきっていたこの街で、優人は意外なクラスメイトたちと再会する。彼らから告げられた狂戦士の正体—それは、優人をクラスから追い出した因縁の相手、遠藤だった。優人たちは遠藤の凶行を止めるため、彼が潜む地下迷宮に挑む！
2017.7 277p B6 ¥1200 ①978-4-434-23249-7

◆ぼっちは回復役に打って出ました—異世界を乱す暗黒ヒール 5 空水城著 アルファポリス、星雲社 発売
【要旨】憎しみの心で発動すると相手にダメージを与える「闇ヒール」の能力を持った少年、杖本優人。彼が相ров魔法少女ノアとともに念願の迷宮攻略を達成したその日の夜、世界は大地震に見舞われた。八つの地下迷宮が攻略され、魔王が出現したと知った彼らは、勇者として行動するクラスメイトとともに魔王が待つ最終迷宮へと急行する！
2017.8 292p B6 ¥1200 ①978-4-434-23724-9

◆乙女ゲーム六周目、オートモードが切れました。 1 空谷玲奈著 フロンティアワークス （アリアンローズ）
【要旨】気が付けばそこは、乙女ゲームの世界でした。家柄容姿は最高なのに性格最悪、乙女ゲームのヒロインがハッピーエンドでもバッドエンドでも破滅まっしぐら、の悪役令嬢「マリアベル・テンペスト」になっていた。しかも何故だが意志は有るのに行動出来ない、完全オートモード。五周に渡る悪役令嬢としての破滅エンドに諦めきって始まる六周目は、なぜだかオートモードが切れていた!?破滅の元となる超ハイスペックな攻略対象たちとのフラグを回避し、平穏な生活を手に入れるため、マリアベルの奮闘が始まる！前世の記憶と五周に渡るオートモードでの経験を活かして奮闘する、乙女ゲーム転生ファンタジー。書き下ろし番外編も加えて待望の書籍化！
2017.5 284p B6 ¥1200 ①978-4-86134-998-0

◆乙女ゲーム六周目、オートモードが切れました。 2 空谷玲奈著 フロンティアワークス （アリアンローズ）
【要旨】乙女ゲームの世界で悪役令嬢の「マリアベル・テンペスト」となっていた主人公。意思はあるのに行動出来ない、完全オートモードの五周に渡る破滅エンドを経て、なぜか行動の自由を手に入れた。破滅へのフラグを回避するべく、奮闘するマリアベルはついに乙女ゲームの舞台であり、攻略対象たちが一同に会する「アヴァントール魔法学園」へ入学した。悪役令嬢であるマリアベルにとって、乙女ゲームの攻略対象はあらゆる不幸のフラグ創造主。しかしついに、最後に残った五人目の攻略対象となかなか会えず困ってしまう。でも席が隣！行動の自由を手にしたマリアベルが過去のオートモード破滅エンドを

経験を活かして奮闘する、乙女ゲーム転生ファンタジー第二弾！
2018.1 285p B6 ¥1200 ①978-4-86657-076-1

◆婚約破棄（すて）られ悪役令嬢は流浪の王の寵愛を求める 空飛ぶひよこ著 一迅社 （一迅社文庫アイリス）
【要旨】皇子と婚約していた宰相の娘アレクサンドラ。彼女は皇子と恋に落ちた平民の少女に嫌がらせを繰り返していたが、婚約を破棄されてあげく、罰として隣国の王へと嫁がされてしまうことに！こうなったら、王の寵妃になって見返してやると思っていたけれど…。私の相手って、世界最凶の生物ドラゴンとともに常に国中を旅している「流浪の王」なの！?王宮に滅多に帰ってこない王の寵愛を得るためには、私が彼についていくしかないじゃない！過酷な旅に挑戦する無茶な王妃とドラゴン。至上主義な王の新婚ラブファンタジー。
2017.9 302p A6 ¥638 ①978-4-7580-4979-5

◆異世界クエストは放課後に！—クールな先輩がオレの前だけ笑顔になるようです 空埜一樹著 ホビージャパン （HJ文庫）
【要旨】津守風也は夜の繁華街から、異世界を日帰りで冒険する熟練剣士！ある出来事から、彼は高校の先輩である美少女・御子戸千紘に冒険のイロハを教えることに。すると、普段はクールで近寄りがたい千紘が、風也の前でだけ明るい素の表情を見せてきて！?地球と異世界、ラブコメと冒険、二人はその両方を行き来する!!新感覚放課後ファンタジー、開幕!!
2017.12 281p A6 ¥619 ①978-4-7986-1585-1

◆英雄世界の英雄譚（オリジナル） 空埜一樹著 集英社 （ダッシュエックス文庫）
【要旨】魔法使いグレンは、一〇〇年前、"聖女"リディアを助けた謎多き魔法使い"白銀の英雄"に憧れていた。だが髪の色が同じだけで、その実力は天地ほどの差があった。ある日、巨大な地震に襲われたグレンは、見知らぬ世界で気がつくと、同年代の少女が率いる一団と出会う。解放軍のリーダーであるその少女の名はリディア。グレンは一〇〇年前に転生していたのだ。建国記に書かれているリディアとの違いに驚きつつも行動を共にするグレン。さらに、いるはずの"白銀の英雄"は見当たらない。そしてリディアを懸命に補佐し始めるグレンの前へ、転生してきた幼馴染みのジークが現れ—伝説を旅する王道英雄譚、堂々開幕！
2017.8 279p A6 ¥600 ①978-4-08-631200-4

◆勤労魔導士が、かわいい嫁と暮らしたら？—「はい、しあわせです！」 空埜一樹著 ホビージャパン （HJ文庫）
【要旨】仕事が好き過ぎて恋愛とは無縁の生活を送ってきた勤労魔導士の青年ジェイク。そんな彼のお嫁さんになると訪ねてきたのは、八歳も年下の小柄で華奢な美少女リルカだった!!明るく朗らかな性格と完璧すぎる家事能力。その上、ジェイクのことを心から想う健気さも持ち合わせた超ハイスペック嫁であるリルカとの暮らしによって、仕事一筋だったジェイクの日常はより楽しく、より優しく、より温かなものへと変わっていく—。一緒にいるだけで幸せな二人の、ほんわか新婚ファンタジー！
2017.11 277p A6 ¥619 ①978-4-7986-1567-7

◆鑑定使いの冒険者 1 空野進著 主婦の友社 （ヒーロー文庫）
【要旨】その人が持つ才能をスキルとして表示される世界。十五歳の時に自身のスキルを調べた結果、"鑑定"のスキルしか持たないことがわかったハクトール。しかし、彼が持っていた能力はただの鑑定ではなく、他の人より詳しく調べられる"詳細鑑定"であった。そのことに気づいたとき、一度は諦めた冒険者になる決意をする。そして、初めてダンジョンへ入ろうとしたときに、パーティーを組むことを拒否されていた少女シャルロッテと出会う。しかし詳細鑑定能力を持つハクトールはシャルロッテが持つ魔法の才能を見抜き、二人はダンジョンへと潜ることになった。「小説家になろう」大人気ファンタジー。
2017.10 286p A6 ¥590 ①978-4-07-427951-7

◆鑑定能力で調合師になります 6 空野進著 主婦の友社 （ヒーロー文庫）
【要旨】王国にお店を構えたツカサのもとに一人の青年がやってきた。石化という症状に冒され、体すら動かすことができない。彼を救う素材を手に入れるため、ツカサは石化の原因となる町の近くまで向かう。そこは、不穏な空気が漂っていた。その場に留まるのも危険なので引き返

してくるツカサ。また、別の場所では目に見えない精霊やユニコーン、ドラゴンに遭遇してしまう様々なトラブルに見舞われてしまうのだが…。
2017.4 302p A6 ¥600 ①978-4-07-424214-6

◆鑑定能力で調合師になります 7 空野進著 主婦の友社 （ヒーロー文庫）
【要旨】ライザー・マルティネスが引き起こした操魔病の事件を解決したツカサ。あるとき、鑑定結果の一部が表示されない男に出会う。不思議には思ったものの影響のない範囲なので気にせずにその場から離れた。そして魔法store戻ってきた彼に国王様からの依頼が舞い込んでくる。内容は石化に悩まされているミッドノースの村の調査であった。成功報酬を約束させてのツカサは改めてミッドノースの村について考える。石化は魔力が影響する…魔力の多い人がかかりやすい病気であった。そこで魔力の少ない者を探し出すのだが…。
2017.9 286p A6 ¥600 ①978-4-07-427359-1

◆没落予定なので、鍛冶職人を目指す 4 CK著 KADOKAWA （カドカワBOOKS）
【要旨】ゲーム『幻想学園』の世界に転生した俺、クルリ・ヘラン。長期欠席分の補習も乗り越え、ようやく平穏な学園生活が—と思ったら、アイリスの様子がおかしいとアーク王子から相談が…。彼女を元気づけるため、内緒で体育祭に家族を招待しようと企むけれど、当日、異常事態が発生!!「ルーファ王子に会いたくて夜も眠れないから、地獄より参上よっ」と化け物が現れーって、変態じゃなくて王子を狙う刺客!?俺達は体育祭を乗り切れるのか!?
2017.4 271p B6 ¥1200 ①978-4-04-072258-0

◆没落予定なので、鍛冶職人を目指す 5 CK著 KADOKAWA （カドカワBOOKS）
【要旨】ゲーム『幻想学園』の世界に転生した俺、クルリ・ヘラン。ラーサーに誘われ、冬季休暇にアイリスと王都へ遊びに行ったのだが、次から次へとトラブル発生！アイリスと魔物狩りに行って新たな力に目覚めちゃったり、変なおっさんと知り合いになったり、仮面舞踏会に参加して喧嘩に巻き込まれたり、エリザとの仲も急接近し、いざ告白—と思いきや、その裏では怪しげな陰謀が動き始めていた。否応無しに巻き込まれる俺に、ついに没落フラグが…!?
2017.8 279p B6 ¥1200 ①978-4-04-072404-1

◆没落予定なので、鍛冶職人を目指す 6 CK著 KADOKAWA （カドカワBOOKS）
【要旨】ゲーム『幻想学園』の世界へ転生した、クルリ・ヘラン。無実の罪をあらぬ疑いをかけられた彼だったが、ひょんなことからボスに成り上がり、なぜか監獄の支配者に—!?一方そのころ、王都ではエリザが行方不明となり、さらに、クルリの故郷であるヘラン領では、温泉が次々と干上がるという謎の事態が発生していた！本人の知らぬ間に続々と起こるトラブル。クルリに、史上最大の危機が迫る—！
2017.12 250p B6 ¥1200 ①978-4-04-072541-3

◆あなたに捧げる赤い薔薇 jupiter著 一迅社 （アイリスNEO）
【要旨】我儘で高飛車な女だと社交界で嫌われるローゼンシュタイン伯爵夫人オフィーリア。しかし、それは夫が愛する人と結ばれるため、わざと嫌われ者を演じる偽りの姿だった。愚かな妻として愛想をつかされ離縁されることを望む彼女を、伯爵は頑なに手放そうとはしなくて…!?愛する男のために己を犠牲にしようとする女のすれ違いラブ。WEB掲載作に書き下ろしを加え書籍化！
2017.2 319p B6 ¥1200 ①978-4-7580-4913-9

◆あなたに捧げる赤い薔薇 2 青い薔薇を乞う jupiter著 一迅社 （アイリスNEO）
【要旨】悪妻として噂されていたローゼンシュタイン伯爵夫人、オフィーリア。夫オルフェウスが愛する人と結ばれるため悪妻を演じていたはずが、彼が愛していたのはオフィーリア自身だった。誤解も解け、オルフェウスと共に歩み始めた彼女の前に夫を慕う女性が現れて—!?美貌の伯爵と新妻のすれ違う謎のロマンス続編。書き下ろし長編＆夫視点で語られる出会いから現在までの物語を収録した書籍化！
2017.10 317p B6 ¥1200 ①978-4-7580-4995-5

◆異世界転移バーテンダーのカクテルポーション 3 score著 KADOKAWA （MFブックス）
【要旨】なぜか異世界に転移してしまった若きバーテンダー・夕霧絵は、店を襲った獣人・ベルガモの妹、コルシカを『カクテル』の力で救

ヤング・アダルト小説

◆俺様王子とKissから始めます。　SEA著
スターツ出版　（ケータイ小説文庫・野いちご）
【要旨】莉乙は同じクラスのイケメンで俺様王子の翼に片思い中。自分の存在をアピールするため翼を呼び出した莉乙は、勢いあまって自分からキス！さらに、告白までしてしまう。これをきっかけに莉乙は翼に弱みを握られ振り回されるようになるけど、2人は少しずつ距離を縮めていく。だけど、翼には幼い頃から一途に想い続けてきた幼なじみがいて…。キスから始まる恋の行方は!?
2017.7　317p　A6　¥590　①978-4-8137-0289-4

◆365日、君をずっと好きうかう。　SELEN著
スターツ出版　（野いちご文庫）
【要旨】「大切に想ってる。想像するより、ずっと―」高2の花は見知らぬチャラいイケメン・蓮に弱みを握られ、言いなりになることを約束させられてしまう。さらに、「俺、未来から来たんだよ」と信じられないことを告げられて!?意地悪だけど優しい蓮に惹かれていく花。しかし、蓮の命令には悲しい秘密があった―。蓮がタイムリープした理由とは？ラストは号泣のうるきゅんラブ!!
2017.3　363p　A6　¥590　①978-4-8137-0229-0

◆3年B組ネクロマンサー先生　SOW著　SBクリエイティブ　（GA文庫）
【要旨】「お前らを人類滅亡の使徒にする！」暗黒式魔導師クトゥーは、ある理由から閑寂ちし、人類を滅ぼされる、魔族が通う学園で教鞭をとることに。しかし、担当クラスは人類文化に憧れ、心優しい低級魔族ばかり。クトゥーは破天荒な授業や、切ない体験を語り矯正しようとするが、逆に生徒の才能を伸ばしてゆく!?そんな中、精霊魔導師ガルディナが軍隊を率いて学園に侵攻してくる。狙いは勇者PTを裏切ったクトゥーの粛清。その行き着先たちは―これは、後世「闇統べる者」と讃えられし伝説の教師の記録である。
2017.11　261p　A6　¥600　①978-4-7973-9326-2

◆戦うパン屋と機械じかけの看板娘（オートマトンウエイトレス）　7　SOW著　ホビージャパン　（HJ文庫）
【要旨】新章突入！過去の亡霊と決別する。スヴェンの前に広がったのは、強盗犯が立てこもるトップカーブロートの姿だった。立てこもり自体はルート（と、突入したスヴェン）によって無事解決したものの、これは最悪の自体はルートにも始まりとなるのだった。「善意」の市民団体による抗議活動で客は減少、証人として出頭した裁判所では、ルートが戦時中に行なった作戦が槍玉にされさらに、死んだルートが思いこんでいたマリーでも姿を現し、ルートは再び過去の亡霊に悩まされることに…。パン屋を諦めかけた相棒にスヴェンがとった行動とは！
2017.4　295p　A6　¥638　①978-4-7986-1458-8

◆ホテル ギガントキャッスルへようこそ　SOW著　集英社　（ダッシュエックス文庫）
【要旨】幼き日に命を救ってくれた皇国の騎士に憧れる少女・コロナは自分も騎士になるべく修行に励み、ついに騎士見習いとなる。だが、それが認められた翌日に大軍縮令が施行。もしあっさり職を失うも、気がつけばかつて最強とされた巨人砦で働くことになった。しかし、そこは大商業都市の創設となるホテル・ギガントキャッスルへと様変わりしていて。そこには、オークだとかオーガだとかドラゴンだとか、ありとあらゆる種族のお客様が訪れ、膨大な数で、そして時に厄介なリクエストがあった。それを一切拒まず応じる「最強のホテルマン」レイアとの出会いがコロナを変えることに!!すべてのお客様へ最高のおもてなしをするホテルの物語ここに!!
2017.3　303p　A6　¥600　①978-4-08-631177-9

◆異世界駅舎の喫茶店―小さな魔女と記憶のタルト　Swind著　宝島社

【要旨】異世界にある鉄道の終着駅、ハーパータウン駅の名物は喫茶店『ツバメ』。ここでしか食べられない絶品料理を求めて今日も駅舎は大繁盛、マスターのタクミと看板娘のニャーチは大忙し。このお店の料理の魅力は、美味しいだけじゃない。『ツバメ』の料理は、大切な思い出と繋がっているのです。仲良し掃除屋の二人組が、故郷の味を巡って「赤いスープ」と「透明なスープ」で大喧嘩！?国の本部からハーパータウン駅に派遣されてきた生意気な新人は、おばあちゃんが作るサツマイモとカボチャの料理が苦手な様子。収穫祭でニャーチが出会った身寄りのない幼い少女には、お母さんが昔作ってくれた大切な記憶の味があるようで…。今日も『ツバメ』は、新しい出会いと大切な思い出を作ります。
2017.6　333p　B6　¥1200　①978-4-8002-7278-2

📖〔た行の作家〕

◆生前SEやってた俺は異世界で…　大樹寺ひばごん著　アルファポリス、星雲社 発売
【要旨】過労死を経て異世界に転生した、元システムエンジニアの俺、ロディ。片田舎で小麦農家を営む両親のもと元気にすくすく成長して、いよいよ学校に通い始める運命となりました！せっかくの異世界、ついに魔術を学べるとワクテカしていた訳だが…なんと、適性検査で才能ゼロと判明。ナンテコッタ…しかし失意のどん底にいたのも束の間のこと。偶然手に入れた謎の本を解読していくと、前世のプログラミング知識が使えるようになる"魔術陣"という希望の光が見つかったのだ。そして更に、前世のプログラミング知識が魔術陣完成の鍵らしく…これ、イケんじゃん？才能ゼロでもゆっくりまったり生きていくエンジニアリングファンタジー、ここに開幕！
2017.3　281p　B6　¥1200　①978-4-434-23012-7

◆生前SEやってた俺は異世界で…　2　大樹寺ひばごん著　アルファポリス、星雲社 発売
【要旨】過労死を経て異世界に転生した、元システムエンジニアの俺、ロディ。生前のプログラミング知識のおかげで車も電気もないド田舎の村に文明の灯、ともしちゃってます！試作した洗濯機の人気は上々で、今度は村人皆が使える"洗濯槽"を設置することが正式決定。村を挙げての大作業を指揮しちゃうし、俺ってばホント働き者だよね…ついでに、学校の教育環境を整え、余暇の過ごし方を面白くするオモチャを提供していたら―どこで嗅ぎつけたのか謎の商人がやってきて、曰く「うちら、商いしません？」ロディフィフィ…商売の話をしようじゃないか？才能ゼロでもゆっくりまったり生きていくエンジニアリングファンタジー第二弾！
2017.6　293p　B6　¥1200　①978-4-434-23334-0

◆生前SEやってた俺は異世界で…　3　大樹寺ひばごん著　アルファポリス、星雲社 発売
【要旨】生前のプログラミング知識を魔術陣に生かし、ド田舎で快適イノベーションを絶賛巻き起こし中の俺。前世より忙しいような楽しい毎日を過ごすうち、大豊作に感謝感謝の秋がやってくる。職歴こそパワー！のエンジニアリングファンタジー第三弾！
2017.9　286p　B6　¥1200　①978-4-434-23685-3

◆生前SEやってた俺は異世界で…　4　大樹寺ひばごん著　アルファポリス、星雲社 発売
【要旨】過労死を経て異世界に転生した、元システムエンジニアの俺、ロディ。生前の知識のおかげでド田舎生活も大いにアップデートしちゃってます。そんな村で、今年も冬がやってきた。農村ゆえに、例年は静か～に過ごす時期なのだが…こんな時代だからこそ、更なる快適アイテムのニーズがあるってもんじゃないでしょうか。そして、ついに生活自体を一変させる革新的システムが誕生。その影響はうちの村のみならず近隣の村々にも及び…見える、俺にも明るい未来が見えるぞー！「冬来たりなば春遠からじ」ってことで、皆様のご多幸を祈ってレッツらパーリィー！才能ゼロでもゆっくりまったり生きていくエンジニアリングファンタジー、完結!!
2017.12　276p　B6　¥1200　①978-4-434-23983-0

◆そのガーゴイルは地上でも危険です―コカトリスと最強ガーゴイルの騒動記　大地の怒り　宝島社　（付属資料：カード）
【要旨】1500年間の魔王の精神支配から解放されたガーゴイルのアルベル。自由を手に入れた彼は、世界を旅するうちに、ゴブリンの村を守ったり、酔っ払った最強の一角・真龍と戦いまわったり、各地で様々な騒動を巻き起こすことに。なんとか目指していた街にたどり着き、傭兵ギルドに登録したアルベルは、リザードマンたちと一緒にコカトリスの卵の殻を集める依頼を受ける。しかし、強力な魔物を連れて帰ってしまい、街は大混乱。新たな騒動を巻き起こす！翼を失くしても魔王より強い、最強の魔物によるドタバタコメディ第2弾！
2017.5　319p　B6　¥1200　①978-4-8002-7119-8

◆HP9999999999の最強なる覇王様　ダイヤモンド著　TOブックス
【要旨】金も女も権力も全て独占し、異世界悪魔の頂点に君臨する覇王ユート！その前世はなんと日本の心優しい男子高校生だった！到底庶民の心では想像出来ない覇王の力など自らに扱えず、ある日ユートはうっかり5万もの人間を殲滅してしまう。だが、罪悪感にさいなまれた末に、世界一の最強パワーで人助け・町中でのアルバイト・極悪天使の成敗などを次々とこなし、「良い覇王様」になるためのイメージアップ戦略を遂行していくのだった！最強最悪の覇王が悪を滅ぼし正義を示す、ドタバタ殲滅コメディ！
2017.8　389p　B6　¥1296　①978-4-86472-592-7

◆HP9999999999の最強なる覇王様　2　ダイヤモンド著　TOブックス
【要旨】前世はバンピーな高校生、現在は異世界悪魔のラスボスである覇王ユート。その強大な力を恐れた天使たちは、事もあろうに本来守るべき人間の敵を生贄にして、凶悪な幻獣を召喚しようとしていた！外道の所業により地上の人々や部下の悪魔たちが翻弄されるのを見て、業を煮やしたユートは正義を示すべく立ちあがる。標的は、天使軍を司る幹部「七星天使」。覇王様の正義の想いと圧倒的暴力が、醜き野望を粉砕する!!書き下ろし短編も収録!!
2018.2　305p　B6　¥1296　①978-4-86472-655-9

◆輪廻剣聖―持ち手を探して奴隷少女とゆく異世界の旅　多宇部貞人著　集英社　（ダッシュエックス文庫）
【要旨】刑事だった主人公は、暴漢に拉致かけた少女を見つけ、正義感から助けようとして死ぬ。この世に正義なんかなかった…と、すっかりやさぐれながら、気がつくと神々の世界にいて、剣になっていた。"邪神に支配されてしまった世界"を救うべく、最強の剣として異世界に送られることになる。神々のカギを与えられ聖剣となった主人公は、真の持ち手を探して、荒廃した異世界を旅している。邪神の生贄にされそうだったところを助けた、奴隷の少女をお供に。人間に対してひたすら懐疑的な聖剣と、自己犠牲で性善説な奴隷少女のまったり珍道中。
2017.9　279p　A6　¥600　①978-4-08-631205-9

◆七星のスバル　5　田尾典丈著　小学館　（ガガガ文庫）
【要旨】ダンスパーティーから一夜が明け。現実では、希が失踪してしまい大騒ぎになっていた。ログから手がかりを捜す陽翔たちを、「リユニオン」上空に浮かぶ巨大な城を発見する。常識外れの無論センスによる創造物…だが、希を捜す"スバル"一行の前に現れたのは、"グノーシス"の使徒たちだった。「消えなさい、スバルの星々。夢幻の闇のなかへ―」而して、激闘のさなか。旭姫に悪夢が忍び寄る…。"スバル"と"グノーシス"、遂に正面衝突へ！革新的青春オンライン、慟哭ひびく第5弾！
2017.3　286p　A6　¥593　①978-4-09-451663-0

◆七星のスバル　6　田尾典丈著　小学館　（ガガガ文庫）
【要旨】旭姫を奪われ、失意の底にしずむ陽翔たち。バラバラになりかけた"スバル"をつないだのは、意外な人物の言葉だった。そして語られるエリシアの来歴と、最後の封印石が残されているという事実。まだ、終わってはいない。かすかな希望を胸に、"スバル"はついに立ち上がる。そんな陽翔たちを見つめるエリシアは、どこか寂しそうで…？一方、同じく封印石の存在に気付いた"グノーシス"は最強の剣を差し向ける。幼なじみたちの未来を懸けた戦いは、いよいよ最終局面へ。革新的青春オンライン、叛逆怒涛の第6弾!!
2017.9　293p　A6　¥593　①978-4-09-451699-9

◆中古でも恋がしたい！　9　田尾典丈著　SBクリエイティブ　（GA文庫）
【要旨】古ая子との微妙で不思議な関係に戸惑う清一。恋愛経験が少なすぎて、自分の感情がなんなのか分からなくて、モヤモヤと悩むことが多くなった。そんな中、高校生活最大イベント"修学旅行・京都編"発生だと!!清一は答えを出すた

め、古都子と二人だけで、一緒に遊んだ『戦百』の聖地巡礼をしようと誘うが—。主人公・爆走中の清一は、古都子への感情に答えを出せるのか。そして、二人の関係はどうなる!?修学旅行あるあるイベント満載の『実は一途な純情乙女?』系ラブコメ、はんなり切ない第9弾!!
2017.3 275p A6 ¥600 ①978-4-7973-8992-0

◆中古でも恋がしたい! 10 田尾典丈著
SBクリエイティブ (GA文庫)
【要旨】優佳と清一が二人でお忍びデートだと?そんなのアリかぁぁぁぁ!!波乱続きの修学旅行は"奈良編"に進み、清一を数多の試練が襲う!?そんななか、清一は古都子と仲直りを兼ね、2度目の別行動に出かけるが、古都子は切ない表情のまま。『戦百』の聖地巡礼が出来なかった心残りを清一に心配するが、古都子は儚く笑って否定するだけで…。旅行の終わり間際、古都子の本心に気付いた清一が驚きの暴挙に出る—『実は一途な純情乙女?』系ラブコメ、清一が主人公しちゃう第10弾!!
2017.6 269p A6 ¥600 ①978-4-7973-9155-8

◆中古でも恋がしたい! 11 田尾典丈著
SBクリエイティブ (GA文庫)
【要旨】「だったら、チョコでも食べてろ!」修学旅行から戻った清一を待っていたのは、聖美手製のバレンタインチョコによる、過激な試食テロ!?「仲直りしろ。可及的速やかに!!」古都子たちは、清一と聖美の不仲を見かねて、関係改善の協力を約束。清一も聖美の本心を探るがため、"昔に戻れないの…?"天女は、本来の本心を聞き出すための賭けにのり、イメチェンし清一を誘惑!負けじと古都子と優佳も奮闘するが—。断片情報から聖美の本心を突き止めた清一は…「兄としての威厳を見せてやろう」妹・幼馴染ルートも開放され、『実は一途な純情乙女?』系ラブコメ、清一がMAXに主人公する第11弾!!
2017.12 269p A6 ¥600 ①978-4-7973-9419-1

◆プロデュース・オンライン—棒声優はネトゲで変わりたい。 田尾典丈著
KADOKAWA (富士見ファンタジア文庫)
【要旨】いかに"キャラをうまく演じるか"によって得られる恩恵が変わるVRMMORPG—"エモーショナルオンライン"。エンジョイ勢の主役、長尾蒼影はゲーム上で声優の宇佐美朱音を"演技指導"している。なぜ指導が必要かというと…「わ、私のスペル補正倍率って…」「0.9倍だね」「下がってるううぅ～!?」スペル詠唱もまともにできない棒声優だから!しかも、はやく一人前になりたい彼女はリアルでも、ゲームでも熱心で。私は誘技指導力を上げたくて、学校でも恥ずかしい姿を見てください!」激情型MMOラブコメ開演!!
2017.2 282p A6 ¥600 ①978-4-04-072166-8

◆『金の星亭』繁盛記—異世界の宿屋に転生しました 高井うしお著 KADOKAWA (カドカワBOOKS)
【要旨】三十路の中堅会社員・川嶋幸司は残業後の帰り道、異世界に転生した—宿屋『金の星亭』の長男ルカとして。しかし、宿はボロに、飯マズ、立地微妙で、さらには店主(父)が怖い。売りは安さだけという最悪の状況だった!家族と生活を守るため、ルカは日本人ならではの工夫と、おもてなし術を武器にした宿大改造計画をはじめるが、異世界の珍客に悪戦苦闘!サラリーマン根性で、つぶれかけの宿を立て直せるか—!
2017.12 238p B6 ¥1200 ①978-4-04-072538-4

◆薔薇王院可憐のサロン事件簿—愛がとまらないの巻 高岡ミズミ著 講談社 (講談社X文庫—ホワイトハート)
【要旨】「僕、宇堂さんが好き。大好きなんです」日本でも無敵の富豪・薔薇王院家の末っ子として生まれた可憐は、両親と四人の兄から溺愛されてる。天使の容姿に穢れを知らない心の持ち主だ。その可憐にはある思いが募りつつある。それは、年上の恋人・宇堂将敬と家族になりたい。いつか結婚したい!というものだ。宇堂との結婚を目指す可憐に家族は反対、宇堂もいい顔をしなくて!?
2017.2 235p A6 ¥630 ①978-4-06-286937-9

◆152センチ62キロの恋人 1 高倉碧依著
アルファポリス、星雲社 発売 (エタニティ文庫)
【要旨】ぽっちゃり体形がゆえに、幼い頃から周囲にからかわれてきたOLの美奈。これまで男性に「女」として扱ってもらったこともない。そ

んな美奈を初めて「女の子」扱いしてくれたのは、社内人気ナンバー1の立花逸人。美奈は彼に好意を抱きつつも、諦めていたのだけれど…。ある日、ひょんなことから立花にベッドイン!しかもそれ以降、立花は美奈を溺愛してきて!?ぽっちゃり女子に訪れた、エリート&ちょっぴり変態っぽい溺愛独占愛!!文庫だけの書き下ろし番外編も収録!
2017.12 360p A6 ¥640 ①978-4-434-23971-7

◆152センチ62キロの恋人 2 高倉碧依著
アルファポリス、星雲社 発売 (エタニティ文庫)
【要旨】社内人気ナンバー1の立花逸人から猛アプローチを受け、晴れて彼と恋人同士になったぽっちゃりOLの美奈。濃厚すぎるエッチはちょっと大変だけれど、全力で愛情を伝えてくれる逸人のおかげで幸せな毎日を過ごしていた。けれど、逸人に想いを寄せる女性社員たちの反発はいまだ激しく、美奈はしょっちゅう「身の程を知れ、別れろ」と詰め寄られる。しかも、美奈の兄が、ふたりの交際に猛反対して—!?エリートイケメン部長ぽっちゃり女子の溺愛執着ラブ!!文庫だけの書き下ろし番外編も収録!
2018.1 339p A6 ¥640 ①978-4-434-24073-7

◆復活魔王はお見通し? 2 高崎三吉著
主婦の友社 (ヒーロー文庫)
【要旨】魔王の生まれ変わりであるガーラス。世界征服を夢見て、自らの力の源である負の感情を求め、勇者学園での暗躍を目論んでいた。だがガーラスの前にはなぜか美少女達が次々と立ちはだかり、負の感情を遠ざけ魔王の再起を邪魔し続ける。ガーラスが次なる獲物として選んだ相手は、規律に厳しい風紀委員長・ゾーラだった。他の少女達と異なり、正面から怒りの感情をぶつけてくるゾーラを新たな負の感情の供給源として利用しようとしたのだが。だがガーラスの前には思いがけず、魔王軍の末裔で人を操る能力を持つ、淫魔が姿を見せるのだった—。
2017.4 334p A6 ¥620 ①978-4-07-424190-3

◆復活魔王はお見通し? 3 高崎三吉著
主婦の友社 (ヒーロー文庫)
【要旨】魔王の生まれ変わりであるガーラスは、世界征服を目論み、人間の負の感情を源とする暗黒魔術を極めようとしていた。しかし負の感情を求める彼の前には、なぜか正反対の好意ばかりを向けてくる美少女たちが、呼んでもいないのに次から次へと立ちはだかる。魔力を得られずに苦悩する毎日を送るガーラスの元に、どういうわけか「男らしくなりたい」と弟子入りを希望して、一見すると並外れた『美少年』であるムーアが押しかけてくる。ムーアがかつて魔王軍を裏切った一族の末裔である事を知ったガーラスは弟子入りを認めるが、その真意はムーアを陥れて目のめし、新たな負の感情の供給源にすることだった。
2017.9 318p A6 ¥640 ①978-4-07-427371-3

◆幻想風紀委員会—物語のゆがみ、取り締まり 高里椎奈著 KADOKAWA (ビーズログ文庫アリス)
【要旨】新月の夜。高校へ忘れ物を取りに戻った火野弥嵩は、突然足かたに『足』に襲われる?逃げる弥嵩の前に「幻想風紀委員会」と名乗る二人、陽気な倉岡と生真面目な稲葉が現れた。彼らは怪異を起こすほど歪んでしまった『物語』と現実の境界を正すのが役割だという。『足』の正体を探るべく、二人に協力することになった弥嵩だが…!?
2017.8 252p A6 ¥640 ①978-4-04-730972-2

◆エリート上司の過保護な独占愛 高田ちさき著 スターツ出版 (ベリーズ文庫)
【要旨】繊維専門商社のアシスタント・紗衣は、将来の取締役候補であるイケメン課長・裕貴に3年間片思いしていたが、ある日彼をきっかけに彼が豹変し、思わぬ告白を受ける。「もう、いい上司は止めてオオカミになるから」一度この宣言通り、優しさを脱ぎ捨てた彼から色気たっぷりの視線や仕草で迫られ、翻弄される紗衣はドキドキが止まらない。しかし突然、思いがけないライバルが出現し…!?
2017.8 347p A6 ¥640 ①978-4-8137-0331-0

◆クールなCEOと社内政略結婚!? 高田ちさき著 スターツ出版 (ベリーズ文庫)
【要旨】アパレル企業で働くあさ美は、投資家の父のさしがねで、自分の会社の社長・孝文とお見合いすることに。彼はやり手のイケメンだけど、あさ美にとっては毒舌な鬼社長。冗談じゃない!と身を引くが、強引に結婚まで進んでしまう。いざ同居が始まると、孝文は意外と優しくて紳士的。だけど気を許すと「早く夫婦の自

覚を持てよ」とイジワルに迫ってくるから、あさ美は四六時中、翻弄されて…!?
2017.3 381p A6 ¥640 ①978-4-8137-0219-1

◆皇太子の愛妾は城を出る 小鳥遊郁著
アルファポリス、星雲社 発売
【要旨】二年前、皇太子の愛妾になった男爵令嬢カスリーン。それ以来、侍女からの悪質ないじめに耐え続けていたのだけれど、皇太子が正妃を迎えることになりカスリーンは彼との別れを決意。こっそり城を出て、旅をはじめたところ—思いがけないトラブルに次々巻き込まれて!?
2017.9 277p B6 ¥1200 ①978-4-434-23700-3

◆百均で異世界スローライフ 1 小鳥遊郁著
フロンティアワークス (アリアンローズ)
【要旨】平凡な学生の倉田ナナミは、異世界の女神様によってファンタジー世界に召喚されてしまう。戸惑うナナミに、女神様は一つの能力を与えた。その能力の名はなんと「百均」…現代日本の百円均一ストアから品物を呼び寄せる能力だった。求めていた能力や魔法を貰えなかったナナミは残念だが、彼女の呼び出す百均の商品が異世界の人々を魅了し大ヒットを連発する。とんとん拍子で自分のお店を持つことになったナナミは、さまざまな百均アイテムを呼び出して異世界の人々との交流を深めていく。現代日本の百均アイテムが異世界に幸せを呼ぶ、異色のスローライフ繁盛記!
2017.4 279p B6 ¥1200 ①978-4-86134-988-1

◆百均で異世界スローライフ 2 小鳥遊郁著
フロンティアワークス (アリアンローズ)
【要旨】日本の百均ストアの商品を召喚する能力「百均」を使って異世界でお店を開いたナナミ。ナナミが呼び出した物珍しくも使いやすい百均アイテムの数々は異世界の人々を魅了し、大繁盛中。ナナミに恩義を感じる侯爵家御曹司のクリや彼女と同じ世界からの転移者である勇者タケル、獣人の少年クリリなど、すてきな常連さんたちに amazingly支えられ、今日も大忙し。人助けだと思って開店したマジックショップナナミ2号店も大好評♪しかし安心したのも束の間、ナナミの前に新たなお仕事が舞い込んでくる!?異世界の人々を元気にする百均アイテムと平凡な女の子が織りなす、お店屋さんストーリー!
2017.9 284p B6 ¥1200 ①978-4-86657-040-2

◆魔力の使えない魔術師 4 高梨ひかる著
主婦の友社 (ヒーロー文庫)
【要旨】前世の友人であり、ダイチの父親でもある魔王とも邂逅を果たしたユリス。魔王からこの世界の理と自分の前世に関する過去の因縁を聞いたユリスは、魔王を求められるまま倒すべきであるのかどうかを迷っていた。だが、魔王打倒を求める神子や神殿の者は次々とやってくる。その中にはルルリアもいた。仲間であるはずのルルリアが神殿の者と一緒に来た本意は？神殿の求める勇者とは？本当に倒すべき相手は魔王？真実を解明するために、魔力の使えない魔術師は、仲間たちとともに、世界を救う最後の決戦に挑む—。
2017.12 303p A6 ¥600 ①978-4-07-428666-9

◆太陽に捧ぐラストボール 上 高橋あこ著
スターツ出版 (スターツ出版文庫)
【要旨】人を見て"眩しい"と思ったのは、翠に会った時が初めてだった—。高校野球部のエースをめざす響也は太陽みたいな存在に。「補欠!あたしを甲子園に連れていけ!」底抜けに元気な彼女には、悩みなくて、見えた。ところがある日、翠が突然倒れ、脳の病を患っていると知る。翠はその眩しい笑顔の裏に弱さを隠していたのだった。響也は翠のために必ずエースになって甲子園へ連れていくと誓うが…。一途な想いが心に響く感動作。
2017.6 349p A6 ¥600 ①978-4-8137-0277-1

◆太陽に捧ぐラストボール 下 高橋あこ著
スターツ出版 (スターツ出版文庫)
【要旨】エースになり甲子園を翠に病と闘いながらも、懸命に応援し続けた響也。練習で会えない日々もふたりの夢のためなら耐えられた。しかし甲子園行きをかけた試合の前日、突然、翠の容態が急変する。「あたし、補欠の彼女でよかった。生きててよかった…」そう言う翠のそばにずっといたいと、響也は試合出場をあきらめようとするのだったが—。互いを想い合う強い気持ちと、野球部の絆、全力で駆ける一瞬の命の輝きが胸を打つ、大号泣の完結編!
2017.6 283p A6 ¥560 ①978-4-8137-0278-8

ヤング・アダルト小説

◆村人転生 最強のスローライフ 5　タカハシあん著　双葉社　(Mノベルス)
【要旨】伝説の魔王、村に現る!?村に張っていた結界が破られたと思ったら、何やら後ろに大男が！話を聞いたら、カイナという名で転生らしい。と言っても、魔王と体と心を入れ換えられたようで、その魔力はとてつもないものだった―。仲良くなり、義兄弟の契りを交わしたたちの例の計画にさらに多くの人たちを巻き込んでいく!!書き下ろし番外編『最強兄妹の狩竜記』『ドウ・ゲン・マボガ十六世コノガ』を収録！
2017.3 331p B6 ¥1200 ①978-4-575-24019-1

◆村人転生 最強のスローライフ 6　タカハシあん著　双葉社　(Mノベルス)
【要旨】コルゼウム皇国の藩主・ドウ・ゲン・マボガ十六世コノガが出奔し、オレの助けを求めてやってきた。その他にもおしゃれを極める貴族の令嬢や何やら裏のありそうなエルフの賢者、そして勇者ちゃんまで村を訪れ―。何度も言いますが、オレはただの村人です！
2017.8 349p B6 ¥1200 ①978-4-575-24045-0

◆村人転生 最強のスローライフ 7　タカハシあん著　双葉社　(Mノベルス)
【要旨】オカンがザンバリーのおっちゃんと結婚し、家長の責任から解放されたオレは、タケルの訓練もかねてバリアルの街へ旅立つことにした。道中、黒狼に襲われている一行を助けたところ、あまり領主夫人で―。書き下ろし番外編『ドリームチーム集結！』を収録！
2017.12 347p B6 ¥1200 ①978-4-575-24077-1

◆機械仕掛けのデイブレイク―Episode Aika　高橋びすい著　講談社　(講談社ラノベ文庫)
【要旨】十年前の世界同時大災害で家族を失った少年・大橋タカヤは、ある日突然、機械仕掛けの化物と遭遇する。そこに現れた二人の少女が化物と戦闘を開始するが、二人ともピンチに陥ってしまう。そのときタカヤの力が覚醒し、化物を撃退した。戦闘後、タカヤは超国家機関アルカディアにより、大災害が実は人類に反旗を翻したAIによる世界同時侵略だったと知らされる。そして二人の少女は愛華と美帆という名で、虚数兵器デイブレイクを用いて機械仕掛けの悪魔・メカニクスと戦う、世界に八人しか存在しないエースだと知り、戦うことを決意するタカヤ。だが、最初の命令は、愛華と美帆と三人で一緒に暮らすことで―!?
2017.6 284p A6 ¥620 ①978-4-06-381610-5

◆機械仕掛けのデイブレイク 2 Decide the Destiny　高橋びすい著　講談社　(講談社ラノベ文庫)
【要旨】人類滅亡の危機アビス・インシデントから約半月。虚数兵器デイブレイクを用いて事件を解決したタカヤは、同じデイブレイクの使いの愛華や美帆、姉の汐葉たちとともに、表向きは普通の高校生として暮らしていた。だがふたたび、機械仕掛けの悪魔メカニクスによる予期せぬ襲来が起きる。武器を取って戦うタカヤたち。しかし、タカヤはメカニクスの自爆に巻き込まれてしまう。そしてタカヤが目覚めたのは一十年前の東京だった。そこでタカヤはオリジナルの愛華と出会う。彼の知っている愛華とは違った表情を見せる彼女に、振り回されるタカヤ。だが、彼女が死亡することになっている、メカニクスによる第一次侵略まで、残された時間はあと三日で―。
2017.12 238p A6 ¥620 ①978-4-06-381640-2

◆緋色の玉座　高橋祐一著　KADOKAWA（角川スニーカー文庫）
【要旨】かつての栄光を失い、虚栄と退廃に堕ちた6世紀の東ローマ帝国。国の危機を憂う生真面目な騎士ベリスが出会ったのは、世の全てに退屈する型破りな書記官ブロックスだった。正反対な性格ながらも互いの才覚を認め合う二人は、東より迫るペルシャ軍との最前線アルメニアへ。敗色濃厚な戦況下で、ブロックスの奇策が、若きペルシャの雄ホスローを迎え撃つ！帝国復興のため激動の時代を駆け抜けた、稀代の名将と天才軍師の戦記物語。
2017.5 319p A6 ¥620 ①978-4-04-105683-7

◆緋色の玉座 2　高橋祐一著　KADOKAWA（角川スニーカー文庫）
【要旨】ペルシャとの国境・ダラス城塞。司令官として軍を率いるベリスは、対峙する女将軍ベローズの圧倒的強さに苦戦していた。しかも彼女はシアの生き別れた姉とわかり―。そのころ帝国では打倒ユスティンを掲げた反乱が発生し、混乱に陥っていた。援軍叶わず苦しい戦況のなか、ブロックスは対する王位簒奪という解決策を提案する一波乱動の時代を制し、王座をその手にするのは誰か。本格戦記ファンタジー、波乱の第2幕。
2017.9 285p A6 ¥640 ①978-4-04-105684-4

◆アラフォー社畜のゴーレムマスター 1　高見梁川著　双葉社　（モンスター文庫）
【要旨】「残業代、なにそれ美味しいの？」。スマホの定額使い放題がごとく酷使され続けたアラフォー社畜・松田毅は過労死した。せめて生まれ変わったら、ホワイトな会社で穏やかに過ごしたいという思いを抱いて―。死後の世界で、松田は神様にファンタジー世界への転生を告げられる。土魔法のチートをもらい、最強のゴーレム魔法が使えるエルフに転生した松田は、今度こそ念願だったホワイトな生活を手に入れられるのか!?人間不信の元社畜が、従順な"知性ある秘宝"である終末の杖・ディアナと無邪気なワンコ少女と繰り広げる、人生やり直し英雄譚開幕！
2017.5 333p A6 ¥639 ①978-4-575-75137-6

◆アラフォー社畜のゴーレムマスター 2　高見梁川著　双葉社　（モンスター文庫）
【要旨】過労死したアラフォー社畜の松田毅は、最強のゴーレム魔法が使えるエルフに転生した。異世界においても、ブラック企業勤務によって魔き上げられた人間不信に苦しむ松田は、従順な終末の杖・ディアナを魔法の人間に練成するために、ドワーフの名工・ドルロイに弟子入りした松田だが、ゴーレムマスターがまさかの「幼女マスター」に転職!?元・社畜は果たしてホワイトな生活を手に入れられるのか。目が離せない、人生やり直し英雄ファンタジー第2弾！書き下ろし『お酒は楽しく飲みましょう（社畜を除く）』収録。
2017.11 350p A6 ¥648 ①978-4-575-75167-3

◆アルマディアノス英雄伝 3　高見梁川著　アルファポリス, 星雲社 発売
【要旨】最強の魔導士ベルンスト・ゲオルグ・フォン・アルマディアノスが転生した異世界の青年―クラッツ・ハンス・アルマディアノス。彼は神にも等しい才能を確かに受け継いでいたが、魔導と接することなく育ったため、あり余る才能を筋力に全振りした「最強の脳筋」となってしまう！アースガルド帝国との戦闘に勝利した報酬として、クラッツはイェルムガンド王国から新たな領土を与えられる。しかし彼の領土は数十年前に起きた妖魔の大侵攻以来、破壊と殺戮の恐怖と常に隣り合わせという日くつきの場所だった―。魅惑的な妖魔の貴族を屈服させ、荒廃した領地を再生すべく、クラッツの超筋肉とベルンストの超知識が本領を発揮する！
2017.2 291p B6 ¥1200 ①978-4-434-22920-6

◆アルマディアノス英雄伝 4　高見梁川著　アルファポリス, 星雲社 発売
【要旨】最強の魔導士ベルンスト・ゲオルグ・フォン・アルマディアノスが転生した異世界の青年―クラッツ・ハンス・アルマディアノス。彼は神にも等しい才能を確かに受け継いでいたが、魔導と接することなく育ったため、あり余る才能を筋力に全振りした「最強の脳筋」となってしまう！イェルムガンド王国内で発生した謀反の鎮圧を命じられたクラッツは、そこでアースガルド帝国の誇る美将軍スクルデと相対する。時を同じくして帝国最強の武人ギュンターによる侵攻も始まり、王国の運命はクラッツの筋肉に託されることとなった…。強大な魔導装騎兵を駆る精鋭相手に、ここまで敵無しの「一人軍団」クラッツでも驚く激戦が繰り広げられる！
2017.7 286p B6 ¥1200 ①978-4-434-23517-7

◆アルマディアノス英雄伝 5　高見梁川著　アルファポリス, 星雲社 発売
【要旨】覇権帝国vs脳筋&美女軍団vs魔王！最強の座を争う三つ巴の頂上決戦―筋肉が神を超える！大人気シリーズ「異世界転生騒動記」の著者による異世界無双ファンタジー最終章！
2017.10 287p B6 ¥1200 ①978-4-434-23778-2

◆異世界転生騒動記 10　高見梁川著　アルファポリス, 星雲社 発売
【要旨】異世界マウリシア王国に生まれた貴族の少年、バルド・コルネリアス。なんとその身体の中には、バルドとしての自我に加え、守銭奴戦国武将・岡左内と、ケモ耳大好きなオタク高校生・岡雅晴の魂が共存していた―。終わりなき内乱で疲弊したトリストヴィーの解放を目指すバルド。それを為すため、港湾都市マルベリーに各国の援軍が集結した。味方艦隊が公国海軍の本拠地を強襲するなど制海権を掌握していく一方、公国貴族による領民虐殺の報を受けたバルドも急ぎ進軍を開始する。陸路で待ち受けるは、質量ともに圧倒的な敵の連合軍。バルドは少数精鋭の獣人族を引き連れ、常勝無敵の敵将を討ち取るべく七倍の敵に夜襲を仕掛ける！
2017.7 238p A6 ¥1200 ①978-4-434-23331-9

◆異世界転生騒動記 11　高見梁川著　アルファポリス, 星雲社 発売
【要旨】異世界マウリシア王国に生まれた貴族の少年、バルド・コルネリアス。なんとその身体の中には、バルドとしての自我に加え、守銭奴戦国武将・岡左内と、ケモ耳大好きなオタク高校生・岡雅晴の魂が共存していた―。トリストヴィーの支配権を巡るパワーバランスがバルド陣営有利へと傾き、長きにわたる内戦もいよいよ最終局面を迎えつつある。兵力に勝る公国軍の相次ぐ敗北に、動揺を隠せない公国貴族たち。さらに動乱の黒幕ヴァレリーの策謀によって、庶民の公国への反感は日増しに高まり、公太子の暗殺事件までもが発生する。内部から崩壊を始めた公国に対し、好機と見て全戦力で出陣するバルド連合軍―未来を懸けた決戦が始まろうとしている！
2017.11 294p B6 ¥1200 ①978-4-434-23923-6

◆千剣の魔術師と呼ばれた剣士―最強の傭兵は禁忌の双子と過去を追う　高光晶著　KADOKAWA（角川スニーカー文庫）
【要旨】いまだかつて歴史に記されたことのない魔術、「剣魔術」の使い手アルディス。彼が傭兵として請け負った仕事の帰り道に見つけたのは、この世界で"忌み子"とされる"双子"の少女達だった。衰弱した彼女達を置い、密かに養い始めたアルディスが彼女達の為に引き受けたのは、街道に現れた謎の美女を連れてくること―。しかしその女は、アルディスと同じ『無詠唱魔法』の使い手で…!?幾多の剣で己の道を切り開く、最強傭兵譚、開幕!!
2017.12 303p A6 ¥620 ①978-4-04-106465-8

◆彼女と俺とみんなの放送 2　高峰自由著　KADOKAWA　（電撃文庫）
【要旨】ネット生放送に情熱を燃やす天然少女・千遙が、親父さんの危機から救ってくれてしばし。相変わらず危なっかしい彼女を助けつつ放送を続けていたある日、とある生主から千遙に「会いたい」と連絡が入った。その生主は―なんと生主時代の俺の妹分。やばい…引退した俺はもう彼女に会うことはできないけれど―。でも千遙の、ネットで繋がった初めての放送仲間に、俺の都合で会わせないというわけには―。結局一緒に会いに行くことにしたんだけど…お、俺のこと言うなよ千遙！絶対だぞ！…フリじゃねーよ！
2017.2 253p A6 ¥590 ①978-4-04-892671-3

◆あの、一緒に戦争（ブカツ）しませんか？　高村透著　KADOKAWA　（電撃文庫）
【要旨】普通の女子高生というのは、絶滅してしまったのかもしれない。部活動として、都道府県で戦争をする―そんな戦争学部に所属する女子高生たちの熱くコミカルな青春!!
2017.6 313p A6 ¥630 ①978-4-04-892945-5

◆花木荘のひとびと　高森美由紀著　集英社　（集英社オレンジ文庫）
【要旨】盛岡市北上川沿いにある小さなアパート花木荘。そこに住む人々は少し不器用な人間ばかり。心の隙間を買い物で埋めるOL、時計修理に没頭し、うまく人間関係を築けない青年、高いプライドが邪魔をして、客と喧嘩する美容師。そんな彼らが管理人のトミと触れ合う中で少しずつ心が開いていく。つい、泣いて、ちょっと癒やされるハートウォーミングストーリー。2017年ノベル大賞大賞受賞作。
2017.12 301p A6 ¥690 ①978-4-08-680166-9

◆百錬の覇王と聖約の戦乙女（ヴァルキュリア）13　鷹山誠一著　ホビージャパン　（HJ文庫）
【要旨】敵将ファグラヴェールの"戦を告げる角笛"を正面から打ち破り、ついに"鋼"討伐軍の戦線を崩壊させた勇斗。戦を告げる閧の声が鳴り響く中、しかし彼は手を緩めることはなかった。「疲れてるところ悪いが、すぐさま追撃にかかってくれ」潰走中とはいえ三万の軍勢を有する討伐軍が立ち直る前に敵将の首級を挙げるべく、ジークルーネを筆頭とした"鋼"の精鋭たちが再び戦場を征く少年の異世界ファンタジー戦記、追撃の第13巻！
2017.7 238p A6 ¥619 ①978-4-7986-1476-2

ヤング・アダルト小説

◆百錬の覇王と聖約の戦乙女（ヴァルキュリア）14　鷹山誠一著　ホビージャパン（HJ文庫）
【要旨】"鋼"討伐軍を打ち倒し、ハールバルズに心を不審にされたリーファを無事助け出した勇斗は、兵の疲労も顧みず、すぐさま軍を神都グラズヘイムへと進める。リーファと婚姻を結び、神帝の地位を得る。それはユグドラシルの崩壊を見据えた勇斗にとって、どうしても必要なことだったのだ。しかし神都では、未だ野望を諦めきれない男が待ち受けていて――覇を征く異世界ファンタジー戦記、衝撃の第十四巻!!
2017.11 237p A6 ¥619　978-4-7986-1562-2

◆家政婦ですがなにか？―蔵元・和泉家のお手伝い日誌　高山ちあき著　集英社（集英社オレンジ文庫）
【要旨】短大卒業後、母の遺言で蔵元・和泉家の家政婦として働くことになったみやび。それには、父を捜す目的もあった。天涯孤独となったみやびは父を知らない。母の形見である"鳳"の一升瓶が、父を知る唯一の手がかり。そして、"鳳"の蔵元は和泉酒造であり、母もかつて和泉家で働いていたのだ。初出勤の日、みやびを迎えるのは…。クセモノばかりの四兄弟で…！？
2017.8 234p A6 ¥560　978-4-08-680145-4

◆異世界薬局　4　高山理図著　KADOKAWA（MFブックス）
【要旨】自身の持つ現代薬学知識と、秘宝「薬神杖」の力をフルに使って、白血病に侵された兄のパレを死の淵から救い出すことに成功したファルマ。薬をとりあげたパレッと共に、帝国医薬大学校で使用する教科書を執筆するファルマは、自分の知識が異世界に根付く息吹を感じ始めていた。そんな中、毎日のように薬局に顔を出していた神官長サロモンの姿が見えない事を不審に思ったファルマは、彼が神殿の総本山「神聖国」に幽閉されている事実を知る。サロモンを救出すべく向かった「神聖国」で、ファルマは大秘宝として祀られていた前世の大学職員証を手に入れたが、もはやそれはただのカードではなく…！？
2017.3 284p B6 ¥1200　978-4-04-069088-9

◆異世界薬局　5　高山理図著　KADOKAWA（MFブックス）
【要旨】大秘宝と化していた前世の職員証が示した扉には、ファルマの前世・薬谷完治が最期を迎えることとなった大学の研究室へとつながっていた。この世界が夢などではなく、全く別の世界へと転生してしまった現実を突き付けられたファルマは、現世で新たに生まれてきた"人との繋がり"を思い出し、この世界で人々のために生きていく決意を新たにするのだった。そして迎えた帝国医薬大学校の新学期。ファルマも自身の持つ現代薬学知識を伝えるため学部長兼教授として教壇に立つこととなる。巷で話題の異世界薬局店主、そして大帝の命を救った宮廷薬師として全ての学生が彼に好意を寄せるわけではなかった。事実、一人の学生がファルマの元を訪れ、こう告げる。「退学申請の受理をお願いしたく、まいりました―」
2017.8 305p B6 ¥1200　978-4-04-069409-2

◆腐男子先生!!!!!　瀧ことは著　KADOKAWA（ビーズログ文庫アリス）
【要旨】ごく普段の腐女子・早乙女朱葉のスペースに同人誌を買いに来たのは、ごく普通の腐男子・桐生和人。ただひとつ、二人とも違ったのは、二人は高校の教え子と教師だったのです――！イケメン生物教師の真の姿がまさかの腐男子で、パッと見冴えないメガネ男子かつ同じ沼の猿…だと!?そう、彼は一教え子を神（絵師）と讃えるイケメン腐男子先生と、とある腐女子の物語。こんな先生教えられたい!?共感しすぎのオタクラブコメ登場!!!!
2017.6 255p A6 ¥620　978-4-04-065414-6

◆イジワルな旦那様とかりそめ新婚生活　滝井みらん著　スターツ出版（ベリーズ文庫）
【要旨】政略結婚するはずの姉が式当日に逃げし、その場しのぎで花嫁のフリをすることになった桜子。式を終えてホッとするも、新郎である超一流ホテルのイケメン御曹司・刹那に「一ヶ月以内に姉が戻らなければ君が嫁になれ」と不敵な笑みで迫られる。そして、そのまま彼の高級マンションに強制連行!?身体も心も、優しく抱きしめられたりキスされたり…予想外に甘い同居生活の行方は？
2017.6 397p A6 ¥650　978-4-8137-0268-9

◆異世界の果てで開拓ごはん！一座敷わらしと目指す快適スローライフ　滝口流著　KADOKAWA（カドカワBOOKS）
【要旨】ニートだったため、父に辺境村へ飛ばされてしまった主人公。だが、その村は貧しい上、とにかくメシが不味かった！それは困ると、屋敷で入手した「召喚の書」で、不思議な力を持つモンスター娘達を召喚し、村の改革を決意する。「みんなで美味しいものをいっぱい食べたい！」井戸の再生、土壌改革に害獣駆除…困った時は、彼女らの力を借りつつ、一からのごはん作りに励むが!?メシマズから始まる開拓スローライフ、ここに開幕！
2017.11 334p B6 ¥1200　978-4-04-072480-5

◆非オタの彼女が俺の持ってるエロゲに興味津々なんだが…　4　滝沢慧著　KADOKAWA（富士見ファンタジア文庫）
【要旨】俺と水崎萌香のエロゲ関係が、彼女の妹・涼香にバレた!?マジギレで監視する彼女に認めてもらうには、関係終了!?こうなりゃ萌香と2人で涼香を攻略するしかない！「涼香、エロゲは素晴らしいものよ？」「姉さん、そこまで調教されて!?いや、むしろ催眠!?日のハイライトも消えた!?」…今、すごく親近感ある言葉が聞こえたような!?「こんなやらしいゲーム、信じられません！ところで、このファンディスク持ってます？」ま、まさかこの子、オタ！「小田桐くん、いえ、お兄ちゃん。私もあなたの妹になる！」って逆に水崎さんが攻略された!?間違いだらけ妹攻略戦開始!?
2017.1 298p A6 ¥600　978-4-04-072029-6

◆非オタの彼女が俺の持ってるエロゲに興味津々なんだが…　5　滝沢慧著　KADOKAWA（富士見ファンタジア文庫）
【要旨】クリスマス。数多くのリア充たちが爆発しろと命じられる、恋人たちの一大イベント直前に、水崎さんを怒らせてしまった！こうなったら、エロゲ知識で仲直りを…「別に小田桐くんとは話したくないんだからね！」まさかのツンデレ発動で、役に立たない!?さらには…「姉さんなんて即堕ち2コマ余裕！」『オペレーションNTR』発動です！」涼香ちゃんには、仲直り作戦と称して抱きつかれたり、メイド服で迫られたり、寝取られかけ…がまさかがヤンデレ化して、状況は最悪に！2人きりで雪のなかでデートしたり、サンタコスで枕元に来てくれたり…そんな夢のクリスマスは実現するのか!?
2017.5 284p A6 ¥600　978-4-04-072299-3

◆非オタの彼女が俺の持ってるエロゲに興味津々なんだが…　6　滝沢慧著　KADOKAWA（富士見ファンタジア文庫）
【要旨】「私、『ふゆこみ』に行ってみたい」そう言い出した萌香と一緒に、やってきたのは冬の有明！「爆発しろ」という周囲の視線に耐えつつ、姉・一葉のサークルに遊びに行くと…萌香にコスプレ売り子をしてと欲しいって!?「一真くん。私のコスプレ、選んでくれない？」まさかの合法的着せ替えチャンス到来！好きなエロゲヒロインの衣装を使って、コーディネートした結果、冬コミで話題のレイヤーになった萌香。しかし、新聞部員にスクープされてしまい…懇願されて、コスプレイベントに出演することに!?よし、ここは俺がプロデュースして…って、萌香の身体の採寸から俺がやるの!?
2017.9 316p A6 ¥600　978-4-04-072302-0

◆今宵は誰と、キスをする　滝沢美空著　三交社（エブリスタWOMAN）
【要旨】人事部で働く28歳の種付彩は6歳年下の幼なじみ・海老名眞と成り行きで一線を越えてしまう。弟のように思っていた眞からの過ちを後悔する彩だったが、眞からはずっと好きだったと告白され、クリスマスまでの期間限定で恋人として過ごし、自分の恋愛対象として見られるか判断してほしいと懇願される。その一方、同じ会社の同期でもあり、元恋人の甲本敢太からも彩は復縁を迫られて…。
2017.2 253p A6 ¥620　978-4-87919-280-6

◆冷徹副社長と甘やかし同棲生活　滝沢美空著　スターツ出版（ベリーズ文庫）
【要旨】OLの美緒はワケあって借金取りに追われていたところ、憧れの副社長・椿に助けられる。お礼をしたいと申し出ると「うちで住み込みで働いて」と命じられ、まさかの同居生活がスタート！会社では鬼と呼ばれるほど厳しい彼が、家では蕩けるほど優しくなって、ときめきの連続ですっかり新婚気分の美緒だったが、ある日、彼がお見合いするという話を聞いてしまい…？文庫でしか読めない書き下ろし番外編付き！
2018.1 307p A6 ¥620　978-4-8137-0382-2

◆異世界取材記―ライトノベルができるまで　田口仙年堂著　KADOKAWA（富士見ファンタジア文庫）
【要旨】中堅ラノベ作家の俺は、編集からのオーダーである「無双とハーレム」を体験するため、KADOKAWAが用意したルートを使って異世界へ取材にやってきた。ガイドの獣人アミューさんと、そして、「魔法理論」を勉強するため、わざわざ異世界転移してきたらしいラノベ作家志望のJKと、いざ取材旅行へ出発！だが、孤高無双の勇者は中二病こじらせた二刀流の少年だし、ハーレム三昧の魔王の正体は後輩の売れっ子ラノベ作家!?この取材、どう転ぶかわかる…（編集）先生、宣伝足りねーよ!!こうだろ→しがないラノベ作家が取材がラノベ界を救う!?虚構と現実が交錯するサクセスファンタジア開幕!!
2017.3 315p A6 ¥600　978-4-04-072231-3

◆譽められて神軍　2　富士帝国への道　竹井10日著　講談社（講談社ラノベ文庫）
【要旨】とある事件により、一夜にしてファンタジー世界へと変貌した現代日本―割拠する勢力のひとつ、軍事国家・新宿市国の推将、御神楽零は"譽めて信ばす能力"を駆使することで、誰もが一目置く存在となった。零率いる御神楽旅団の遠征中、「新宿市国にて叛乱発生」の報が届く。姉・ゼネットを伴い市国へ戻った零は、叛乱の首魁捕縛のため街道を開始。向かうは「茨城」―エルフの住まう深い森にて零と千歳、萌ら魔導士と魔導師達が出会った「古代エルフの遺跡」の秘密が、皆を苛烈な（そのうえババみとダダ甘に満ちた）運命へと誘う。戦い続くなか日本ファンタジー化の秘密に近づく零の前に、新たな敵も現れて…竹井10日が放つ独創的ファンタジー戦記第2巻！
2017.8 310p A6 ¥640　978-4-06-381587-0

◆譽められて神軍　3　尾張名古屋は零で持つ　竹井10日著　講談社（講談社ラノベ文庫）
【要旨】一夜にしてファンタジー世界へと変貌した現代日本―各地に様々な勢力が割拠するなか、新宿市国軍中将・御神楽零は"譽めて伸ばす能力"を駆使して連戦連勝。着実に権力中枢へと昇りつつあった。そして近隣の有力国家"富士帝国"の宣戦布告を受け、零率いる新宿市国軍は雷帝こと十四代しおり子率いる富士帝国軍と交戦開始。激しい攻防を経て零としおり子は相討ちとなり富士山火口へと消えた…だが直後零が目覚めた場所は、よく知る現代日本の"舞姫道場"だった。高校生として旧知の仲間に再会した零は、世界の危機を回避するため、密かに動き出す。やがて事態は急転直下、竹井10日が放つ独創ファンタジー戦記第3巻！
2017.12 289p A6 ¥660　978-4-06-381630-3

◆魔導GPXウィザード・フォーミュラ　竹井10日著　KADOKAWA（角川スニーカー文庫）
【要旨】世界中の魔導騎士達を運転手とした超高速マシンによるレースの祭典"WFグランプリ"。魔王を討伐した元英雄アーティスは、ある理由からこのレースにドライバーとして参加することになった。相棒であるナビゲーターのセナリィとコックピットに乗り込んでアーティスは彼女の爆乳を揉み…「はぁぁぁぁん！…い、…いっちゃ…！」そう、WFとは、ドライバーとナビゲーターが密着しHな気分になるほどスピードが増すマシンだった！
2017.4 294p A6 ¥620　978-4-04-105515-1

◆魔導GPXウィザード・フォーミュラ　02　竹井10日著　KADOKAWA（角川スニーカー文庫）
【要旨】優勝後、自分が原因で勝てないと悩むセナリィは、あることを理由にシートを明け渡す。戸惑うチーム。そして来るパートナーは―「だっに…おにいちゃんっっっ！」アーティスの実妹!?妹たちが放つ圧倒的な魔力に周囲は沸くも、やはりアーティスの心境は複雑で…。そんな中、前年度チャンプやWF最大巨乳っ娘も参戦し、レース展開はさらに激化する！心も胸も激しく乱れる、超高速の第2巻!!
2017.3 335p A6 ¥640　978-4-04-105516-8

◆おいしいベランダ。―3月の桜を待つテーブル　竹岡葉月著　KADOKAWA（富士見L文庫）
【要旨】栗坂まもりは、イケメンでベランダ菜園オタクの亜潟葉二とお隣住まいの恋人どうし。付き合ってはじめての12月。クリスマスに年越しにとイベント盛りだくさんのシーズンがやってきた！ベランダ野菜を使った葉二のおいしい

ヤング・アダルト小説　1226　BOOK PAGE 2018

◆おいしいベランダ。一午後4時の留守番フルーツティー　竹岡葉月著　KADOKAWA（富士見L文庫）
【要旨】栗坂まもりは、イケメンだけれどベランダ菜園オタクの亜潟葉二の恋人でお隣さん。夏を前にベランダ菜園の失敗から散財したまもり、運良く古書店のバイトに採用された！と喜んでいたら、同僚は昨年まもりを好きだと告白していた佐倉井くん…!? さらには葉二が偶然、二人が一緒に働いている姿を目にしてしまう。「佐倉井も一緒に働いているのな。なんで隠すわけ」と言い出した葉二に、まもりはケンカになってしまい——？ 本作に登場するベランダ菜園＆クッキングは、すべて著者自身の実践・実食に基づく。
2017.11 284p A6 ¥600 ①978-4-04-072509-3

◆放課後、君はさくらのなかで　竹岡葉月著　集英社（集英社オレンジ文庫）
【要旨】通勤途中で事故に遭った市ノ瀬桜。目覚めると、魂だけが女子高生の体に乗り移っていた。そのまま女子高生になる羽目になった桜は、担任の鹿山宇に事情を打ち明け、咲氏の魂を探すことに。実は鹿山は、桜の高校時代の同級生だった。クラスで孤立していたらしい咲氏の内面を探るうちに、鹿山と過ごした高校三年の夏の記憶が蘇り…。青春ミステリー。
2017.9 279p A6 ¥590 ①978-4-08-680148-5

◆風町通信　竹下文子著　ポプラ社（ポプラ文庫ピュアフル）
【要旨】「どちらまで？」「じゃ、風町、まで」その町へ行くのに特別な切符や旅券はいらない。その町へは電車に乗っても行けるし、歩いても行けるだろう。その町は、いったいどこにあるのだろう。「風町」と呼ばれる架空の町でひっそりと紡がれる、ちょっと不思議で心地よい日々。「風町から」「風町まで」の二部構成で三十一の短編を収録。心がほぐれる束の間のファンタジー！
2017.9 171p A6 ¥580 ①978-4-591-15571-4

◆カンピオーネ！ 21 最後の戦い　丈月城著　集英社（ダッシュエックス文庫）
【要旨】カンピオーネ7人によるバトルロイヤルは辛くも護堂の勝利で幕を閉じた。だが息つく間もなく、別時空から帰還したハヌマーン＆ラクシュマナが立ちふさがり、エリカたちを追い詰めてしまう！ 一方、アストラル界にて女神パンドラから神殺し生誕の秘密について真実を知った護堂は、ローマとの決戦を前に、パンドラとある「取引」をするのだった。ついに決戦をむかえる護堂と最後の王ラーマ。熾烈を極める戦いの中、護堂は予想できない行動に出る…!? 神と神殺しをめぐる世界の真相がすべて明らかになる時、最後のカンピオーネ・護堂は"運命"のその先をつかめるのか…!? 超人気ファンタジー、ついに決着!!
2017.11 289p A6 ¥600 ①978-4-08-631215-8

◆クロニクル・レギオン 6 覇権のゆくえ　丈月城著　集英社（ダッシュエックス文庫）
【要旨】照姫と平将門の暴走により混乱を極める皇都東京。ついに全ての騎力を取り戻した征継は、志緒理と共に反撃の機をうかがっていた。が京都遠征より突如折り返したローマ帝国の将軍・衛青が皇都を制圧、女皇を従え実権を握ってしまう！ 一方、水面下で征継たちと協力関係にある大英帝国軍は、関西方面で総大将・カエサルとの決戦に挑む。だが、ローマが新たに召喚した正体不明の英雄"ネモ"により、リチャード獅子心王が倒されてしまい…!? 志緒理は起死回生を賭け、江戸城址に眠る聖獣・大国主を復活させ、新たな力とすることを試みるが…!? 復活せし英雄たちの過去と現在がクロスする極大戦!! 第6巻!
2017.5 324p A6 ¥60 ①978-4-08-631183-0

◆クロニクル・レギオン 7 過去と未来と　丈月城著　集英社（ダッシュエックス文庫）
【要旨】女皇照姫と平将門の反乱を抑えつつ、ついに皇都の覇者となった征継と志緒理。衛青も協力して陣営を整えていたが、ついにカエサルが皇都へ向けて出撃。数千騎のレギオンが迫るなか、潜んでいたカエサルによる奇襲で皇都は大混乱に陥ってしまう！ 衛青、大英帝国エドワード黒王子率いる軍勢…

激突するなか、総大将である征継はローマの切り札、神箭ロンギヌスで導かれる前世の因縁。かつての盟友との決戦に征継のとった行動は…!? さらに、まだローマ軍には謎多き英雄・黒雄、ブルートゥスが残されていた…。過去と未来、英雄たちのすべての因果が激突する第7巻!!
2017.7 311p A6 ¥620 ①978-4-08-631195-3

◆神域のカンピオーネス―トロイア戦争　丈月城著　集英社（ダッシュエックス文庫）
【要旨】日本最高峰の陰陽師にして神の生まれ変わりを名乗る美少女・鳥羽梨於奈は怒っていた。新たに彼女の「ご主人さま」となった少年六波羅蓮がめぐる神話の世界と繋がり、災厄をもたらす異空間『サンクチュアリ』蓮と梨於奈に課せられたミッションは、神話の筋書きを変え、異世界への門を閉じることだった。だが、蓮は魔術界でも最も権威ある結社"カンピオーネス"に所属しながら、何の力も使えない"素人"だった…!?「必ず神話の筋書きを変えろ、必要なら―神さえも殺せ」神々の王ゼウス、女神アテナ、英雄アキレウス…神々と英雄が入り乱れる世界で、神域への挑戦が今はじまる！
2017.12 327p A6 ¥620 ①978-4-08-631222-6

◆響け！ユーフォニアム 北宇治高校吹奏楽部、波乱の第二楽章 前編　武田綾乃著　宝島社（宝島社文庫）
【要旨】新年度を迎えた北宇治高校吹奏楽部。二年生となった久美子は、一年生の指導係に任命される。低音パートには、ユーフォニアム希望を含む4人。希望者がいたことにほっとする久美子だったが、低音の新入部員たちはひと筋縄ではいかないようで…。新しい体制となった北宇治吹奏部は、はたして無事コンクールを迎えることができるのか!? アニメも大人気の青春エンタメ小説、新章スタート！
2017.9 387p A6 ¥630 ①978-4-8002-7489-2

◆響け！ユーフォニアム 北宇治高校吹奏楽部、波乱の第二楽章 後編　武田綾乃著　宝島社（宝島社文庫）
【要旨】一年生部員たちもようやく部活に慣れ、コンクールに向けた練習もいよいよ本格的になってきた北宇治高校吹奏楽部。しかし麗奈は、オーボエのみぞれとの今日の出来に不満を感じていた。二人で音大を目指すというみぞれと希美だったが、その関係が演奏に影響を及ぼしているのだろうか。また、一年生の小日向夢は、実力者でありながらソロを吹くことを嫌がっている…。アニメも大人気の吹奏エンタメ、新章完結編。
2017.8 353p A6 ¥630 ①978-4-8002-7491-5

◆暗黒のゼーヴェノア 1　竹田裕一郎著,藤藤英一,サテライト原作　マイクロマガジン社（ブックブラスト）
2017.10 307p B6 ¥1480 ①978-4-89637-649-4

◆六畳間の侵略者!? 25　健速著　ホビージャパン（HJ文庫）
【要旨】魔法の多用により倒れてしまった晴海。敵が本格的に青騎士の排除に乗り出す中でシグナルティンが使えないという緊急事態に、孝太郎たちは苦闘を強いられる。そんなタイミングで、エゥレクシスから突如会談を申し込まれ提案を受けた孝太郎は、大きな決断を下すことに。フォルトーゼを守るために"青騎士"孝太郎がとった起死回生の一手とは!? 時を越えた"意志"が蘇る"黄金の姫と青き騎士編"第四弾!!
2017.3 330p A6 ¥638 ①978-4-7986-1394-9

◆六畳間の侵略者!? 26　健速著　ホビージャパン（HJ文庫）
【要旨】エゥレクシスを破り、エルファリアの皇権も回復した新生フォルトーゼ正規軍は、ついにマクラーテンとの決戦に臨む。シグナルティン、サグラティンを失いながらも、多くの"仲間"に支えられて奮戦する孝太郎。しかし、暴走したヴァンダリオンの操る凶悪な兵器群が、圧倒的な力で宇宙を蹂躙せんと迫る！ 果てなき激闘の末、フォルトーゼに訪れるものとは…!? 剣に込められた思いと輝きが未来を切り拓く！"黄金の姫と青き騎士編"ついに最終章!!
2017.7 284p A6 ¥619 ①978-4-7986-1477-9

◆六畳間の侵略者!? 27　健速著　ホビージャパン（HJ文庫）
【要旨】フォルトーゼでの大事件を乗り越えた孝太郎たち。ということで今回は久々のゆったりした日常をお届け！ 義体を使うナナの心身リハビリ大作戦、ぬいぐるみサイズになったアルゥナイアの

温泉旅行、そして、町内大食い大会に全員参加で奮闘するエピソードetc.、孝太郎と少女たちが送る楽しい日々の一幕を収録！ さらに、地球へ戻った孝太郎たちを待ち受けていたのは、学生としての危機だった…!? 大ボリュームの描き下ろし中編を加えて「へらくれす」第3弾が登場！
2017.11 287p A6 ¥619 ①978-4-7986-1563-9

◆おまえのすべてが燃え上がる　竹宮ゆゆこ著　新潮社（新潮文庫nex）
【要旨】樺島信濃は、逃げていた。誰から？ 包丁を持った女から。なぜ？ 愛人であることがバレたから。逃げて、逃げて、逃げて。今はスポーツジムのアルバイト。けれど、給料では生活費すら賄えず、貢がれたブランド品を売って、なんとか暮らす二十六歳の日々。これではダメだ。わかっている。でも。そんなある日、弟が元恋人とやってきて……。愛とは。家族とは。切なさ極まる長編小説。
2017.6 301p A6 ¥590 ①978-4-10-180097-4

◆次期社長の甘い求婚　田崎くるみ著　スターツ出版（ベリーズ文庫）
【要旨】OLの美月はワケあって"御曹司"が大嫌い。でも社長の息子で社内人気No.1のイケメン、恭介に「君に興味が湧いた。本気でいくから覚悟して」と甘く宣言されはじめて…!? 強引にデートに連れ出されたりお姫様抱っこされたり、高級ホテルのスイートルームに泊まらせてくれたりと溺愛プロポーズされまくり！ 様子は嫌だったけど軽そうに見えて実は一途で優しい彼に次第にキュンキュンし始めて…。
2017.8 365p A6 ¥640 ①978-4-8137-0300-6

◆全力片想い　田崎くるみ著　スターツ出版（野いちご文庫）
【要旨】萌は中学の頃から片想い中の柳瀬に、萌の親友の光莉が好きだと相談される。告白することもできず、自分の気持ちにフタをして彼を応援することにした萌。そんな萌を以前から苦手だった柳瀬の親友・笹沼に見抜かれ、ウザすぎると言われてしまう。ショックをうける萌だが、笹沼も自分と同じ状況だと知って…。切なすぎる片想いに共感の涙。三月のパンタシアノベライズコンテスト大賞受賞作！
2017.3 273p A6 ¥560 ①978-4-8137-0228-3

◆ツンデレ社長の甘い求愛　田崎くるみ著　スターツ出版（ベリーズ文庫）
【要旨】しっかり者OLのかすみは、敏腕だけど厳しくて怖いイケメン御曹司の社長、今井と意見を衝突させながらも、仕事を張り合う日々。そんな中、今井に「お前みたいな生意気な部下、嫌いじゃない」と至近距離で甘い笑みを向けられ…。以来、不意打ちで優しい言葉をくれたり、意外な顔を見せる彼に、ドキドキし始めるかすみ。ある日、酔った彼を介抱していたところ、突然、強く抱きしめられて…!? 文庫でしか読めない書き下ろし番外編付き！
2017.4 287p A6 ¥619 ①978-4-8137-0252-8

◆先生とわたしのお弁当―二人の秘密と放課後レシピ　田代裕彦著　KADOKAWA（富士見L文庫）
【要旨】「先生にお弁当作ってもらってるとか知られるわけにいかない！」親の入院をきっかけに壊滅的な食生活を送ることになってしまった女子高生の筏石ちせ。そんな彼女を見かねて、学校の先生がお弁当を作ってくれることに。その小匣先生は料理を作るのが好きなのか、なぜかお弁当は絶品。喜びもつかの間、ちせがお弁当を自作したと言ったことが思いがけないトラブルに。さらにある日突然掘り起こしてしまう―。お弁当箱の中には謎と秘密と愛情が詰まっている。お弁当が紡ぐ青春ミステリー。
2017.3 321p A6 ¥604 ①978-4-04-072216-0

◆魔界帰りの劣等能力者　たすろう著　リンダパブリッシャーズ，泰文堂 発売（レッドライジングブックス）
【要旨】異能を受け継ぐ最強の霊剣師の家系に生まれた主人公・堂杜祐人だったが、霊力の行使ができなくなり修行をすることに。修行を続けるうち、天賦の才能をみせはじめ、霊力と魔力の同時行使という強力な力を振るうことができるようになる。しかし、力の反動は全ての人から忘却されるという過酷なものだった―。修行を終えた祐人は、蓬莱院吉林高校に入学する。ここで幼馴染の茉莉や友人の一悟、静香と高校生活をスタートさせるが…？ 現代異能力ファンタジー、ここに開幕！
2017.5 335p B6 ¥1200 ①978-4-8030-1043-5

◆俺のチートは神をも軽く凌駕する　黄昏時著　宝島社

【要旨】朝野耀は高校の入学式当日に、クラスごと異世界に召喚されてしまう。そこで耀たちは"勇者"として歓待され、魔王を討伐してほしいと依頼されるのだが…。どんな能力でも作り出せる"スキルの種"により、神をも凌駕する能力を手に入れた耀と仲間たちによる、異世界での冒険がはじまる―第5回「ネット小説大賞」受賞作!

2017.12 286p B6 ¥1200 ①978-4-8002-7903-3

◆月とうさぎのフォークロア。 St.2 はかなき双月、かくて月食めうさぎ。 徒埜けんしん著 SBクリエイティブ (GA文庫)
【要旨】「―あにさま!!」父の跡を継ぎ月夜見一家の総長となった朔のところにやってきたのは、可憐な女の子のような少年・優月。修行のため優月を鍛える朔を見て、未来の朔の子育ての予行演習だと目尻を下げる直参たち。だが、束の間の平穏にエスカレート!! 「発情犬!」「歩くわいせつ物!!」「ロリコン!」「犯罪者!」「えっ、そのぃ光源氏?!」月欠けた夜一血に塗れた神々が白き神人を紅く濃く染める、第8回GA文庫大賞"奨励賞"受賞作。

2017.4 294p A6 ¥600 ①978-4-7973-9090-2

◆月とうさぎのフォークロア。 St.3 天てらす月、其は夜にかがやくしろうさぎ。 徒埜けんしん著 SBクリエイティブ (GA文庫)
【要旨】「伊岐くん。あ、あの。わたしね? ずっと伊岐くんのことがー」故あって海にやってきた。春や鈴の水着攻撃から逃れ白が柏木と話をしていると、突如飛来した銛が彼女の背後に突き刺さった。「…鮫がいた。あぶなかった」やってきた白が銛を抜く。同時に柏木の水着がはらりと舞い落ちた。銛が水着の背中の紐を切ったのだ。「おっぱいみえてる―!!」広い海に冬の無気な声が響く。女同士の戦いが苛烈を増すなか、天月一家では朔が襲撃を受けて重傷を負い、事態は風雲急を告げる。月欠けた夜一血に塗れた神々が白き神人を紅く濃く染める、第8回GA文庫大賞"奨励賞"受賞作。

2017.10 309p A6 ¥610 ①978-4-7973-9437-5

◆私の知らない色―イケメン女子の恋愛処方箋 橘いろか著 三交社 (エブリスタWOMAN)
【要旨】杉浦美尋は中堅デザイン会社で働く28歳。飄々とした同僚の眞辺隼人に「オヤジ」とからかわれながらも、毎日仕事に打ち込んでいる。美尋は自身の女子力の低下を気にしつつも、とある思いから恋愛に踏み込めずにいた。そんなある日、下手広告会社から美尋と眞辺を指名して仕事の依頼が舞い込む。依頼者の倉田涼平は紳士的な男性で、美尋は久々に恋の予感を感じるが、眞辺は気になるようで―!?

2017.10 285p A6 ¥630 ①978-4-87919-288-2

◆俺の幼なじみは宇宙人に侵略されている 橘九位者 講談社 (講談社ラノベ文庫)
【要旨】幼なじみの二ノ宮桐子は人が引いてしまうほどの超オカルトマニアだ。オカルト研究部部長の彼女が変なことをおっぱじめないよう、結城小次郎は桐子を監視しつつ、なんとかして普通の女子高生になって欲しいと考えている。しかし、桐子がオカルト好きになった原因を知る小次郎にとって、それは至難の業だった。もう一人の部員である藤原之迹も幼少期の記憶をなくしているという謎多き人物。三人だけのささやかなメンバーだが、部室には怪しい蔵書と奇妙なオブジェと魔女(?)の薬草…いかにも出て来そうなホラー感満載のオカルト研究部に、彼女の相談を引き受けたことにより、オカ研と小次郎の運命は一変するのだった。

2017.5 293p A6 ¥640 ①978-4-06-381604-4

◆デート・ア・ライブ 16 狂三リフレイン 橘公司著 KADOKAWA (富士見ファンタジア文庫)
【要旨】「―わたくしと士道さん、相手をデレさせた方の勝ち…というのはいかがでしょう?」来禅高校に復学し、五河士道の前に再び現れた最悪の精霊、時崎狂三。狂三の霊力を封印したい士道。士道が封印してきた精霊の霊力を欲する狂三。二月一四日のバレンタインデーに向けて、互いのすべてを懸けた二度目の戦争が始まる!「今度は…俺がおまえを、救う番だッ…!」少女はなぜ最悪の精霊と呼ばれるようになったのか―。世界の運命をひとりで背負い、かつてデレさせられなかった精霊を今度こそ、デートして、デ

レさせろ!?

2017.3 343p A6 ¥600 ①978-4-04-070928-4

◆デート・ア・ライブ 17 狂三ラグナロク 橘公司著 KADOKAWA (富士見ファンタジア文庫)
【要旨】自身を犠牲にして五河士道を死の運命から救うため、幾度も世界をやり直す最悪の精霊と呼ばれる少女―時崎狂三。彼女の本当の想いに触れた士道は、精霊たちに真実を告げる。最悪の未来を回避するため、そして世界の運命をひとりで背負う狂三を救うために、同じくウェストコットのDEMの総力を結集させ、士道を殺すために動き出す。最強の魔術師エレンとアルテミシア。大量の"バンダースナッチ"に加え疑似精霊の"ニベルコル"という圧倒的戦力差の中。「―さあ、始めようか"ニベルコル"。俺とおまえの、戦争の時間だ」ターゲットの士道は最前線に現れて―!?

2017.8 334p A6 ¥600 ①978-4-04-070929-1

◆デート・ア・ライブ アンコール 7 橘公司著 KADOKAWA (富士見ファンタジア文庫)
【要旨】十香に苦手意識をもつ六喰が、十香と大食い対決!? 琴里の通う中学校に四糸乃と七罪が体験入学!? バレンタインのチョコを巡って狂三四天王が狂三にまさかの反乱!? 喧嘩した耶倶矢と夕弦は一日限定で入れ替わって過ごすことに!? 可愛い少女のために美九、二亜、折紙が怪盗サイド!「大丈夫ですか、レディ」「お名前を伺っても…よろしいですか?」さらにアラサーガールのタマちゃん先生が、令音を誘って参加した婚活パーティーで、ついに運命の相手と巡り合う!? さあ一少女たちだけの日常を始めましょう。

2017.12 349p A6 ¥600 ①978-4-04-072564-2

◆お見合い結婚を回避する方法 橘志摩著 オークラ出版 (エバーロマンス)
【要旨】厳格な父から見合い結婚を強制された果穂は、逃れたいあまり「お腹に子供がいる」と嘘をついた。一か月以内に相手の男に会わせろと言われ、彼氏のいない果穂は困ってしまう。そんな時、果穂の喧嘩相手で女嫌いの桔平が、本当は女嫌いではなく、女性が苦手なのだということがわかった。それを克服する手伝いをする代わりに、一日彼氏として父に会ってもらうという取り引きをしたけれど―。

2017.2 271p B6 ¥1111 ①978-4-7755-2634-7

◆純朴OL、ただいま恋愛指南中! 橘志摩著 アルファポリス, 星雲社 発売 (エタニティブックス)
【要旨】小さな会社でデザイナーとして働く小毬。彼女は、雨の日に車で見かけるような素敵な男性に憧れていた。彼を見つめる時間を原動力として仕事に励む毎日、ある日、新規クライアントの会社に赴くことに。すると、その会社の社長があの電車の彼だった! その上、彼も小毬のことを見ていたという。恋する彼女に、その人はなぜか「女心がわからない自分に恋愛を教えて」と頼んでくる。恋愛経験の乏しい小毬は困惑したもののうまく断れず、恋愛指南役を引き受けてしまった。こうなったらやれるだけやろうと一生懸命がんばるが、彼女は次第に彼に惹かれているよう。次第に小毬は、彼に惹かれていく気持ちを止められなくなって―!?

2017.8 259p B6 ¥1200 ①978-4-434-23695-2

◆二度目のキスまで十五年 橘志摩著 オークラ出版 (エバーロマンス)
【要旨】智花は、勇気を出して告白し、振られた相手に「小学生の頃、図書委員だったのなったの?」と聞かれて気がついた。彼は小学校の同級生で委員会仲間、そして、ファーストキスの相手でもある悠吾だったのだ。智花の告白をあっさり断ったくせに、悠吾はひんぱんに遊びに誘ってくる。振られた相手になぜ声をかけるのかわからず、智花は嬉しい半面、自分が都合のいい女に思えてしまい―。

2017.8 256p B6 ¥1111 ①978-4-7755-2686-6

◆狼侯爵と愛の霊薬―夫婦円満は別居から!? 橘千秋著 KADOKAWA (ビーズログ文庫)
【要旨】過去の出逢いを知り、契約だけの関係からラブラブ夫婦へと激変した"狼侯爵"ウィリアムと"ものぐさ姫"ロザリンド。そこへ狼侯爵そっくりな男の子を連れた美女が現れた! 旦那様の隠し子!? ショックを受けたロザリンドが屋敷を飛び出し狼侯爵は大慌て。一方、女王に勧められ学院に戻ったロザリンドは、やけに気障な男に出逢い?

2017.5 255p A6 ¥630 ①978-4-04-734602-4

◆侯爵令嬢は手駒を演じる 3 橘千秋著 フロンティアワークス (アリアンローズ)
【要旨】『完璧な淑女』ジュリアンナは隣国の暗部を探る王命を受け、『鬼畜腹黒王子』エドワードらと共にサモルタ王国へと向かう。「…この国、かなりおかしいのですわ」サモルタはジュリアンナと同じ紫の瞳を"神眼"と崇拝する王国。王妃・リスターシャは片目の神眼が理由で、王位継承争いの渦中に居た。彼女の不遇に胸を痛めたジュリアンナは、隣国幹部達の謀略へと立ち向かう!! そしてもう一人、存在しないはずの王位継承者が! 彼の姿はリスターシャとそっくりで―。今度の冷嬢は隣国の王子の手駒を演じる!?

2017.6 281p B6 ¥1200 ①978-4-86657-017-4

◆侯爵令嬢は手駒を演じる 4 橘千秋著 フロンティアワークス (アリアンローズ)
【要旨】ディアギレフ帝国が自国へ侵攻したという報を聞き、隣国から帰還した『完璧な淑女』ジュリアンナを待ち受けていたのは、『鬼畜腹黒王子』エドワードからの婚約破棄だった。「わたしを弄んだことを後悔させてやる!」手のひら返しに憤るジュリアンナだったが、彼が敵地である帝国へ赴こうとしていることを知り、自分も同行すると決意する。二人は帝国内でのクーデターを目論む反乱分子『革命政府』との協力を試みるのだが―演技派令嬢ファンタジー、堂々完結!「わたしは守られるだけの女じゃないわ。貴方と歩む未来のために戦ってみせましょう」。

2017.10 312p B6 ¥1200 ①978-4-86657-050-1

◆新婚夫婦で恋愛はじめます 立花実咲著 オークラ出版 (エバーロマンス)
【要旨】元恋人の結婚式に出席した美織は、式場で幼なじみの颯真に会った。彼もまた、元婚約者の式に出ていたらしい。やりきれない気持ちで美織は颯真と飲みにいき、酔った勢いで一線を越えてしまった。小学生の頃から十八年の付き合いで、互いを異性として意識したことは一度もなかったはずだ。そんな長年の親友関係を壊してショックを受ける美織に、颯真は思いがけない提案をして…。

2017.6 276p B6 ¥1111 ①978-4-7755-2666-8

◆聖女の魔力は万能です 橘由華著 KADOKAWA (カドカワBOOKS)
【要旨】どこにでもいる、ちょっと仕事中毒な20代OL・セイに、残業終わりに異世界召喚されて―。でも、急に喚びだした挙げ句、人の顔見て「こんなん聖女じゃない」ってまさかの放置プレイ!? 王宮を飛び出し、聖女の肩書きを隠して研究所で働き始めたセイは、ポーション作りにも化粧品作りに、常識外れの魔法で皆の"お願い事"を叶えるうち、どんどん"聖女疑惑"が大きくなってしまい…。聖女とバレずに夢の異世界スローライフを満喫出来るか!?

2017.2 270p B6 ¥1200 ①978-4-04-072185-9

◆聖女の魔力は万能です 2 橘由華著 KADOKAWA (カドカワBOOKS)
【要旨】度重なる活躍で聖女疑惑を掛けられてしまったセイ。なんとかバレずに済んだけれど、監視付きの王宮で、本格的に魔法の使い手になっていることに。さらには、スパルタ講師のお眼鏡に適いすぎて、実戦訓練に連れて行かれることに…。「貴女には傷一つ付けさせません。私が守ります」ってそれ、"研究に必要な貴女には"って意味ですよね!? 安心安全簡単な魔法なんて、ヤバいフラグが立ちまくっている実戦訓練がそのまま終わるはずもなく…!?

2017.9 268p B6 ¥1200 ①978-4-04-072366-2

◆甘すぎる求愛の断り方 橘柚葉著 アルファポリス, 星雲社 発売 (エタニティブックスRouge)
【要旨】OLの遙の好みは、爽やか眼鏡男子。しかし過去、彼らに酷い目にあわされてきたため、今は恋も眼鏡男子もお断り! と頑なになっている。そんな彼女はある日、性懲りなく無理矢理コンに連れ出され、完璧な眼鏡男子のお医者様と出会う。ちょっとキドキする遙だけれど、眼鏡男子はやっぱり無理! そこでスムーズにお断りするため、彼の好みの真逆のタイプを演じることに。ところが、彼は何故か進みを気に入り、甘く過激に迫ってきた! 戸惑いつつも、次第に彼に惹かれていく遙。自分らしくないこの演技中の自分だと悩み―強気女子と策士なカレの、恋の攻防戦スタート!?

2017.1 284p B6 ¥1200 ①978-4-434-22924-4

◆異世界人の手引き書 3 たっくるん著 KADOKAWA (カドカワBOOKS)
【要旨】俺(32歳サラリーマン)は営業で培った話術と秘めたるチート能力で、ヤンデレお嬢様

ヤング・アダルト小説

◆ミリオン・クラウン 1 竜ノ湖太郎著
KADOKAWA （角川スニーカー文庫）
【要旨】新暦307年、世は人類退廃の時代。東京開拓部隊の茅原那姫は、この星を支配する環境制御塔で発見された青年・東雲一真と出会う。しかし記憶なし、常識なし、経歴不詳な一真に振り回されて!?やがて全ての秘密が明かされた時、一真の隠された力が解き放たれ、彼の運命をかけた人類最強戦力の闘いが始まる！巨軀の怪物、天を貫く塔、十二の王冠種一人智を超えた勢力に挑むミリオンクラウンとは!?人類再演の物語、此処に開幕!!
2017.10 319p A6 ¥620 ①978-4-04-105962-3

◆ラストエンブリオ 4 王の帰還 竜ノ湖太郎著 KADOKAWA （角川スニーカー文庫）
【要旨】いよいよアトランティス大陸に到着した焔たち。白夜王と黒ウサギによって新たなゲームルールが説明されるが、彩鳥はかつての甲斐なさに不安を隠せなかった。一方、廃滅者パラシュラーマとの死闘の果てに、十六夜は再び箱庭に帰還する。どうにか焔と合流する十六夜だったが、そこに"ウロボロス"の刺客が現れ!?やがて衝撃の事実。焔と十六夜の運命が決する時、再び"絶対悪"の御旗が揺れる！
2017.4 267p A6 ¥600 ①978-4-04-104715-6

◆友人キャラは大変ですか？ 2 伊達康著
小学館 （ガガガ文庫）
【要旨】俺の名は小林一郎。本物の主人公・火乃森龍牙の親友だ。龍牙の衝撃の真実を知ったことで色々あったもので、それでも俺の友人ポジションは安泰なはずだった。こいつが現れるまでは…「旦那はいいな。俺も龍牙たんとイチャイチャしたいなぁ」「どんな魔神だ！お前はラスボスとしての矜持を持て！」しかもこの魔神トウテツ、俺とそっくりの外見をしていやがったのだ。これはラスボスとして、きっちり龍牙に倒してもらうしかない。小林一郎、再び友人キャラに回帰するのだ!!ー名助演ラブコメ第2幕、「魔神と友達!?」編開演！
2017.4 263p A6 ¥593 ①978-4-09-451675-3

◆友人キャラは大変ですか？ 3 伊達康著
小学館 （ガガガ文庫）
【要旨】唐突に持ち上がった蒼ヶ崎さんの縁談。相手の子は月見里朝雄一通称「アーサー王」。でかい剣術道場の跡取りらしいが、こっちは世界を救うヒロインと三巨頭の一角、全くもって釣り合わない。だというのにこの野郎、ゲストキャラのくせに調子こきやがって…。メインキャラへの無礼千万、お天道さんが許してもこの小林一郎が許さねぇ！サイドストーリーは突然に、大人気助演ラブコメ第3弾！
2017.8 277p A6 ¥593 ①978-4-09-451696-8

◆ダンボールに捨てられていたのはスライムでした 1 伊達祐一著 主婦の友社 （ヒーロー文庫）
【要旨】列車は空を飛び、車は魔法で動く。そこは科学と魔法が融合した世界。一人の大学生が、一人の少女を救おうとあがいていた。大学生の名は植木信一。「魔装具」を作る職人だ。信はその魔装具を使って寝たきりの友人を救おうとしていた。ただ、子供の頃から何年も研究を続けているが、成果は出ない。植物状態の友人は、どんどん容態が悪化していく。このままだと、何もできずに死なせてしまう。病院で新型の魔装具を試すが、うまくいかない日々だ。今日もだめかとため息をついて、アルバイトを終えて家に帰る時、信はダンボールが捨てられているのを見つけた。その中に入っていたのは緑色のスライムだったー。
2017.12 302p A6 ¥590 ①978-4-07-428235-7

◆神話伝説の英雄の異世界譚 7 奉著
オーバーラップ （オーバーラップ文庫）
【要旨】"軍神"の死の知らせがグランツ大帝国を駆け巡り、民は嘆き、世界は震えた。比呂を喪ったリズ達の心の傷もまた深く、しかし六つ国との戦が彼女たちに悲しみに暮れることを許さなかった。一方、六つ国軍は取り逃がした"軍神"への対処を巡って2つに割れ、弟を殺されたルカは憎悪のままに虐殺を開始する。六つ国が侵攻を再開し、対応に追われる帝国のもとに一人救援に現れたのは、レベリング王国女王クラウディア。そして彼女の傍らには仮面の男一"黒辰王"の姿があった。"軍神"を喪った世界は、新たな局面を迎える。震撼の第7巻、開幕…！
2017.2 315p A6 ¥650 ①978-4-86554-197-7

◆神話伝説の英雄の異世界譚 8 奉著
オーバーラップ （オーバーラップ文庫）
【要旨】比呂とリズ、2人の道が分かたれてから2年の月日が流れた。皇帝や"軍神"を喪った傷は根深く、権勢に綻びを見せ始めるグランツ大帝国。その中枢では、強く、美しく成長したリズが、ローザ達に支えられながら力を振るっていた。そしてリズは南方からの要請を受け、隣国であるシュタイセン共和国へと足を進めるのだった。群雄割拠の大陸を舞台に、リズの「王道」と比呂の「覇道」が絡み合い、新たな時代を紡ぎ出す！怒濤の第8巻、開…！
2017.7 317p A6 ¥650 ①978-4-86554-237-0

◆用務員さんは勇者じゃありませんので 7 棚花尋平著 KADOKAWA （MFブックス）
【要旨】砂漠で生き砂漠で死ぬのも悪くない、そう思い始めていた蔵人の前に、勇者たちを乗せた船が現れる。そこにはイライダやヨビ、アカリの姿もあり、蔵人は勇者たちとの対面を決断する。謝罪や無関心、敵意とさまざまな反応を示し、時に蔵人と衝突するも、勇者たちは目的の地へと向かい砂漠をあとにする。一方イライダは、自身の母親を捜しに来たのだという。義理を果たすべく協力する蔵人。その後、勇者たちにその存在が露見してしまったことから、東端に最も近いオアシスの街に居を移すこととなる。ところが、そこにもやはり勇者の影が。そして果てることのない部族間の抗争。砂漠で生きていくことを決めた蔵人の戦いは続く…。
2017.5 283p B6 ¥1200 ①978-4-04-069240-1

◆用務員さんは勇者じゃありませんので 8 棚花尋平著 KADOKAWA （MFブックス）
【要旨】アルワラ族が引き起こした東サウランの内乱からおよそ二年。国際会議の場に乗り込んだ蔵人たちの前に興亡国であるヤオヨロズで用務員として働くこととなった。そして蔵人は誰憚ることなく生きるために、すべてを清算すべく事実の審判に臨む。一方で、蔵人を権力争いに利用せんとするアルバウムとヤオヨロズ国内の勢力、先の内乱でリサを亡くしたコースケの真意の探求、さらにはかつての教え子を案じて暗ぼしかけたタジマなどの思いのせいで、蔵人の身辺は刃таる剣呑さを増していく。混沌の新興国ヤオヨロズを舞台に、支配蔵人という男の物語がここに完結する！
2017.8 283p B6 ¥1300 ①978-4-04-069407-8

◆出遅れテイマーのその日ぐらし 棚架ユウ著 リンダパブリッシャーズ、泰文堂 発売 （レッドライジングブックス）
【要旨】モンスターを操り敵を倒すテイマー職で超人気VRMMO「LJO」をはじめた主人公・ユト。最初に仲間になったノームのオルトとともに、さぁ冒険の旅へ!!…のはずが、なぜか畑で作物を育てて町では ゴミ拾いの日々に。いったいどうしてこうなった!?可愛いモンスターと繰り広げるハートフル且つ一風変わった従魔ストーリー、ここに開幕！
2017.2 286p B6 ¥1200 ①978-4-8030-1006-0

◆転生したら剣でした 3 棚架ユウ著 マイクロマガジン社 （GC NOVELS）
【要旨】ダンジョン都市ウルムットを目指す師匠とフランは、港町ダーズに立ち寄った。宿を探しながら町を探索していると、シードランという島国が王の代替わりから混乱しているとの噂を聞く。さらに、攫った子供を敵国へ密輸している組織に襲われるフラン達。あっさりと返り討ちにするも、他に攫われた子供達がいることを知った二人は、助けようとアジトに乗り込んでいく。そこで囚われていたある双子が師匠とフランを血塗られた動乱へと巻き込む種とも知らず…。
2017.7 375p B6 ¥1000 ①978-4-89637-639-5

◆転生したら剣でした 4 棚架ユウ著 マイクロマガジン社 （GC NOVELS）
【要旨】シードラン王国を後にした師匠とフランは、当初の予定通り月宴祭が行われるというバルボラに迫り着く。祭り前ということもあり、賑わいを見せる町並みを堪能しようと観光をはじめる二人は、料理ギルドを発見するのだった。師匠の作ったカレーが世界一と言い張るフランは、それを認めない料理ギルドの審査員を見返すべく、様々な料理が出品される料理コンテストに参加することに…。しかし、その料理コンテストの裏ではシュタイセン共和国の新たな陰謀を盛り上げて、ある組織の陰謀が渦巻いているのだった…。
2017.11 407p B6 ¥1000 ①978-4-89637-670-8

◆追伸 ソラゴトに微笑んだ君へ 田辺屋敷著 KADOKAWA （富士見ファンタジア文庫）
【要旨】二学期初日。空虚な日々を送っていた俺、篠山マサキは混乱した。慣れた様子で教室へ突然現れたのは、俺の記憶にだけ存在しない少女。しかも、優等生と評判のお前ときたら、猫被ってるわ、仮面恋人を演じるハメになるわ、もう散々だった。だけどお前は、俺にお手製の弁当を作ってくれた。一緒に登下校をしてくれた。誰にでも奇妙な関係だけど、そんな毎日を何よりも楽しんでる俺がいた。でも、気づいたんだ。出会うけがないお前との時間は、結局絵空事に過ぎないと。だから俺は一風間ハルカを消すことにした。第29回ファンタジア大賞"金賞+審査員特別賞"受賞作。
2017.1 298p A6 ¥660 ①978-4-04-072207-8

◆追伸 ソラゴトに微笑んだ君へ 2 田辺屋敷著 KADOKAWA （富士見ファンタジア文庫）
【要旨】木々が紅く染まりゆく季節。俺、篠山マサキは風間ハルカと真の出会いを果たした。平穏な時間を取り戻したと思ったのも束の間、ある日から俺の携帯に奇妙なメールが届き始める。「あの男、私にこんな恥ずかしい格好を一」「マサキが風呂場のことを忘れますように」身に覚えのない文章が届いた後、確かに俺はハルカにエロい和服を着せて文化祭を盛り上げて、幼馴染みの入浴姿を目撃した。まるで、メールが未来を予知しているかのように…。今度のハルカの次はメールだったのか？ 更に、俺の昔の野球仲間で、今のハルカと同じ学校に通っているという少女が現れてー。キミとの時間を紡ぐ青春譚。
2017.5 268p A6 ¥620 ①978-4-04-072195-8

◆追伸 ソラゴトに微笑んだ君へ 3 田辺屋敷著 KADOKAWA （富士見ファンタジア文庫）
【要旨】街にクリスマスソングが響く季節。ユミたちの問題を解決した俺は、また普通の日常に戻る、そう思っていた。なのになぜ、お前が俺の学校にいる？ なぜ俺との記憶を喪っている？ いや、もしかなぜ、ハルカの本性が消失しているんだ？ 初の事態に俺は、解決の糸口を探す為、驚くほど優しいハルカへの接近を試み、一緒にテスト勉強もし、クリスマスパーティーの準備をしたりと、暖かさと違和感を覚える毎日を過ごしていた。だが、クリスマスが来て、今のハルカからありえない筈の言葉を投げかけられー「篠山くんが『篠山マサキ』だったんだね」こいつ、とびきり面倒な現象に巻き込まれたらしい。
2017.11 281p A6 ¥660 ①978-4-04-072454-6

◆嫌われエースの数奇な恋路 田辺ユウ著 KADOKAWA （電撃文庫）
【要旨】五〇人である。昨年の甲子園予選で決勝戦まで残った結果、北条商高校の女子マネ志望者は爆発的に増加した。その決勝戦敗北のA級戦犯にして今は男子マネとなった押井敦奇、通称「嫌われエース」は五〇人全員を門前払いしようとするが、一人だけ残った唯一独身が、蓮尾凛。ぱっと見は深窓のお嬢さんな美少女ながら、強気だが不遇で唯我独尊。そしてどうやら過去になにか因縁があるらしく、やたらと数奇に絡んでくる。そんな凛と一緒に、数奇はチームを甲子園に導くべく奮闘することになるのだが!?ラブコメしながら青春してます！笑いと感動のさわやかストーリー！
2017.9 333p A6 ¥630 ①978-4-04-893335-3

◆爆発まで残り5分となりました 棚谷あか乃著 スターツ出版 （ケータイ小説文庫―野いちご）
【要旨】卒業式前日、3年生の夏伐のまわりでおかしな出来事が立て続けに起きた。不安なまま迎えた卒業式当日、夏伐たちは「教室をひとつずつ爆発する」という恐ろしいアナウンスを聞く。さらに目の前で先生が死に、パニックになる生徒たち。幼なじみの悠真と爆発から逃げ続ける夏伐だが…。命がけのゲームは、今はじまる！
2017.6 413p A6 ¥600 ①978-4-8137-0275-7

◆異人館画廊―失われた絵と学園の秘密 谷瑞恵著 集英社 （集英社オレンジ文庫）
【要旨】自殺未遂した少女、消えた絵―。鈴蘭学園美術部で起こった複数の事件には、図像術に

つながる何かが感じられる。そんななか鈴子の提案で、千世は生徒の一人を装って、学園の潜入調査を決行することになって…!?矛盾する少女たちの証言に翻弄されながらも、千世と透磨は、事件と…呪われた絵画「ユディト」の謎を追う。話題の美術ミステリー、第五弾!!
2017.12 293p A6 ¥660 ①978-4-08-680162-1

◆鎌倉おやつ処の死に神　3　谷崎泉著
KADOKAWA（富士見L文庫）
【要旨】鎌倉山の片隅でひっそりと作家生活を送る湊柚琉は、今年も妹・和花と謎多き同居人の犀川さんの3人で母の墓参りに向かった。柚琉は人から人へと命を移す能力を持つ。29年前、生まれたばかりで死にかけた妹に母の命までを移した。その結果、母は死んだ。あの時柚琉が和花に移した命は、あと何年残っているだろうか。不安を抱えていたある日、柚琉が帰宅すると和花が倒れていた─。静かな生活が変わろうとしていた。命をめぐる現代ファンタジー、ついに最終章！
2017.8 302p A6 ¥660 ①978-4-04-072162-0

◆ひきこもり作家と同居します。　谷崎泉著
KADOKAWA（富士見L文庫）
【要旨】研究一筋の羽月あかりは母の急逝でお金に困っていた。そんな時、祖母の遺産があることを知る。これで大学院を辞めずに済むと喜んだのも束の間、遺産とは見知らぬ作家の冬臣がひきこもる家だった。ひきこもり冬臣は一歩も外に出ようとしない。あかりは家を売って生活費にしたい。せめて自分が住んで家賃を浮かせたい。困り果てたあかりだったが、お互いの共通点と冬臣の意外な一面に気付き、口走った「一緒に住むのはどうです!?」利害の一致から始まる、不器用でバカマジメな二人の優しい共同生活ストーリー。
2017.8 292p A6 ¥640 ①978-4-04-072395-2

◆眠り王子の抱き枕　玉紀直著　アルファポリス，星雲社 発売（エタニティブックス）
【要旨】大手寝具メーカーの企画開発部に所属する夢乃は、大切なプレゼンを前に、とんでもない事態に陥っていた。なんと、突然アパートの管理人から退去勧告されたのだ！ありのことを会社の仮眠室で頭を抱えていると、イケメン副社長とばったり遭遇。実は昨日、夜にただならぬやり取りがあったばかり。つい動揺する夢乃だが、次の瞬間ベッドに押し倒されていて!?熱烈に迫ってくる副社長は、夢乃の状況を知るや否や、破格の好条件でルームシェアを提案してくる。その見返りは、自分が「抱き枕」になることで？　強すぎる欲望に翻弄されて、息もできない―ワケアリ副社長と家なしOLの、魅惑のベッドライフ！
2017.5 292p B6 ¥1200 ①978-4-434-23337-1

◆八万遠（やまと）　田牧大和著　新潮社（新潮文庫）
【要旨】王は、二人いらない─。上王の統べる地、八万遠。建国より千年、二人の少年が出逢う。一人は本州の雪州嫡男・源一郎。今一人は雪深き墨州長男・甲之介。やがて二人は治める主となった時、運命の歯車が血の匂いを纏って回り出す。妻子と冬臣に恵まれ、善き治世を布く源一郎と、弟を殺し父を幽閉して、領主となった甲之介。人を結ぶものは友情か、それとも。流転の偽史物語。
2018.1 377p A6 ¥670 ①978-4-10-180115-5

◆NPCと暮らそう！　2　惰眠著　フロンティアワークス（ノクスノベルス）
【要旨】運営の罠にはまりVRRPG「Dive to the Fantasy」からログアウト出来なくなった元サラリーマンのハジメ。しかし気に入ったNPC（女の子）達と暮らしているが運営はクエストを強制的に受注させるべく、ハジメと同じでいるNPCのエローラをさらう。転職を利かせ無救出に成功するが、そのせいで望んでもいない国王にさせられてしまった。多忙にはなりつつも再びNPC達に囲まれた平穏な日々が戻り、ハジメは幸せな暮らしを送る。しかし、その裏では運営が新たな罠を準備していた。オフラインだったこの世界にハジメ以外のプレイヤーを送り込もうと画策していたのだ。NPCを守る為ハジメの知識を駆使し、悪の運営と対峙する異世界ハーレムストーリー！待望の第二弾！
2017.5 313p B6 ¥1200 ①978-4-86657-008-2

◆リアル世界にダンジョンが出来た―復讐の乙女と最凶の刃　ダンジョンマスター著　宝島社
【要旨】新たに仲間（弟子？）となった澪を加え、より下層へと向かう拓也たち。そんな彼らの行く手に、これまで以上に強力な敵が立ちはだかる！　苦戦を強いられるなか、拓也は呪われし最凶の武器「夕闇」と「暁闇」を手にする。最凶の武器と智慧を使い、ダンジョン攻略を進める先に待ち受けるものとは…？　いよいよ5階層。物語は核心へ向かって動き出す！
2017.6 315p B6 ¥1200 ①978-4-8002-7146-4

◆使徒戦記─ことなかれ貴族と薔薇姫の英雄譚　1　タンパ著　双葉社（モンスター文庫）
【要旨】「使徒」と呼ばれる神秘の者たちがいる。およそ彼らは優れた能力を持ち、あるものは優秀な将軍であり、あるものは一騎当千の猛者であった。エリアール大陸の中央部を領土とする、アルシオン王国の王都。転生して貴族ユウヤ・クロスフォードは少年中に、美しい少女・エルトリーシャとの出会い、そして別れを経験する。そして月日は流れ、二人が運命の再会を果たした場所には血と臓腑の匂いが立ち込める戦場。成長した彼女は、「白光の薔薇姫」と呼ばれ、名高き常勝不敗の名将となっていた!!「小説家になろう」発異世界バトルファンタジー！書き下ろし「再verの予感」を収録。
2017.11 359p A6 ¥648 ①978-4-575-75168-0

◆使徒戦記─ことなかれ貴族と薔薇姫の英雄譚　2　タンパ著　双葉社（Mノベルス）
【要旨】戦場での再会を果たした、アルシオン王国のユウヤ・クロスフォードと、レグルス王国の使徒にして、「白光の薔薇姫」の名を持つエルトリーシャ・ロードハイム。は、マグドリアの侵攻を受けるアルシオンの救援へと向かう。ユウヤは交戦中のアルシオン軍と何とか合流し、そこにはまたしても、あの黒き巨敵の姿が─。異世界の大陸・エリアールを舞台に、「使徒」と呼ばれる神秘の者たちをめぐる戦いを描くファンタジー戦記第二弾!!
2017.5 303p B6 ¥1200 ①978-4-575-24036-8

◆残念公主のなりきり仙人録─敏腕家令に監視されてますが、皇宮事情はお任せください！　チサトアキラ著　KADOKAWA（ビーズログ文庫）
【要旨】皇族直系の公主ながら、気楽な立場で暮らしている陽琳。彼女が熱く打ち込んでいるのは…奇怪にして謎めいた術を使うと言われる、伝説上の偉人─仙人になるための仙人活動＝センカツ！　そんな「仙人オタク」の陽琳が、いつも傍にいて温かく（？）見守ってくれる美形の完璧家令・紫髪とともに、因縁渦巻く皇宮で、とんでもないものを掘り出しちゃって─!?残念趣味の残念主人公登場!!新たな大賞奨励賞受賞作!!
2017.3 255p A6 ¥600 ①978-4-04-734564-5

◆天久鷹央の推理カルテ　5　神秘のセラピスト　知念実希人著　新潮社（新潮文庫nex）
【要旨】白血病が再発し、骨髄移植でしか助かる見込みがない少女・羽村里奈。だが、複数回に及ぶ化学療法を経ても病気が完治しなかったことで医療不信に陥った彼女の母親は、移植を拒否し、左手に聖痕を持つ預言者の言葉に縋るようになってしまう─。少女を救えるのは、医療か、奇蹟か。神秘的な現象を引き起こす"病気"の正体とは。天医会総合病院の天才女医・天久鷹央が奇蹟の解明に挑む。
2017.3 310p A6 ¥590 ①978-4-10-180090-5

◆甦る殺人者─天久鷹央の事件カルテ　知念実希人著　新潮社（新潮文庫nex）
【要旨】都内近郊で若い女性が次々と首を絞められ、惨殺された。警察は現場に残された血痕のDNA鑑定を行い、容疑者を割り出すが、それは四年前に死んだ男だった─。止まない殺人劇。メディアに送りつけられる犯行声明文。これは死者の復活か。あるいは、真犯人がいるのか。天医会総合病院の天才女医・天久鷹央は事件の裏に潜む"病"を解き明かすべく、シリアルキラーに"診断"を下す。殺人鬼は、何者なのか。戦慄の医療ミステリー！
2017.11 297p A6 ¥590 ①978-4-10-180109-4

◆変奏神話群　剣国斬花のソーサリーライム　千羽十訊著　SBクリエイティブ（GA文庫）
【要旨】終末より十二年、世界の半分は異世界に侵蝕されていた─。侵蝕現象「イクリプス」によって現れるドラゴン等の幻想種に対抗するため、魔術士連合、傭兵社団、装備ギルドが表舞台に姿を現す。その魔術によって伝説を再現する武具、再現武装が、敵への対抗手段となっていた。大戦時の英雄である混成部隊に倣い、設立された戦術学院"高天原"。そこに現れた魔眼を持つ少年、桜河泰示郎。魔術士連合の切り札の少女、フィロンツァと彼の出会いが、最も新しい伝説となるのか─。「…もう仕舞いだ、殺しにかからせてもらう」英霊の武器で神話を超えだ、王道バトルアクション！
2017.11 335p A6 ¥630 ①978-4-7973-9152-7

◆『家無し』『職無し』な独身貴族から、異世界にてキレイ系奴隷を侍らせるセレブになりました。　ちびすけ著　一迅社（メリッサ）
【要旨】家も職も失した渚桜は、突然異世界トリップしてチート能力をゲット！　そこで出会った、日常のお世話から夜の事まで万能な超絶美麗エルフや有翼人といったもふもふ獣人達に囲まれて、セレブライフを満喫します!!大好きなもふもふを愛でながら、愛される主として成長していくサクセスストーリー。
2017.5 303p B6 ¥1200 ①978-4-7580-4948-1

◆百々（もも）とお狐の見習い巫女生活　千冬著　三交社（スカイハイ文庫）
【要旨】加賀百々は一見、神社でアルバイトをしている普通の女子高生だが、実は人々と神を繋ぐ「在巫女」見習いだ。実家を出て稲荷の神使・香佑焔と修行に励んでいる。ある日、百々は同級生から相談された怪事件を初めて解決すると、ほっとする間もなく、現当主で実の曾祖母でもある一子に本家に呼ばれ、「今後なにかあったら頼るように」と生活安全課の東雲天空を紹介される。寡黙で無骨な東雲に戸惑う百々だが、下宿先で送ってもらった先、近くの神社から不穏な気配を感じ、二人で向かうと─。
2017.9 359p A6 ¥720 ①978-4-87919-214-1

◆どうやら私の身体は完全無敵のようですね　1　ちゃつふさ著　マイクロマガジン社（GC NOVELS）
【要旨】幼くしてこの世を去った病弱な少女が願ったのは─どんなモノにも絶対負けない身体。そんな想いが聞き届けられたのか、異世界に転生した彼女は、攻撃力から防御力、魔力に至るまで、あらゆる能力値がMAXという完全な肉体を手に入れていた。…っていや、そういうことじゃないから！　私は普通の人生がいいのと、加減をしらない神様のはからいに困惑する少女は、公爵令嬢メアリィ・レガリアとして第二の人生を目立たず過ごすため明後日の方向に奮闘する！　第5回ネット小説大賞受賞作品。
2017.5 303p B6 ¥1200 ①978-4-89637-648-7

◆どうやら私の身体は完全無敵のようですね　2　ちゃつふさ著　マイクロマガジン社（GC NOVELS）
【要旨】目立たず地味にをモットーとは裏腹に、学園中で注目の的となってしまったメアリィは、少しでも静かに過ごせる場所をもとめて旧校舎の一室を借りることを思いつく。だが旧校舎は幽霊が出るとの噂もあり、利用禁止となっていた。どうやらその幽霊の背後には親バカで武闘派の自分の父親も関わっているらしい。自分の穏やかな生活のために、幽霊の真相を暴くべく調査を開始するメアリィだったが…。
2017.12 418p B6 ¥1200 ①978-4-89637-681-4

◆自由（邪）神官、異世界でニワカに布教する。　中文字著　小学館（ガガガブックス）
【要旨】仮想現実大規模多人数オンラインゲーム『フロイドワールド・オンライン』をプレイ中、俺は突如現れた謎のクエストをこなしたところ、体はゲームキャラクターのまま、見知らぬ場所へと飛ばされてしまう。そこは一神教が支配する異世界だった。俺は"自由神の戦司教"トランジェとして、自由神の教えを広めるべく行動を開始しよう。ただ、自らの享楽のために。─人を欺き、殺しも厭わず。善行悪行なんでもありの異世界ダークファンタジー!!
2017.6 294p B6 ¥1200 ①978-4-09-461101-4

◆転生吸血鬼さんはお昼寝がしたい　3　ちょきんぎょ。著　アース・スターエンターテイメント，泰文堂 発売（アース・スターノベル）
【要旨】どこか日本に似た"共和国"へとやってきた銀髪の吸血鬼・アルジェと狐系獣人少女・クズハ。彼女たちが招かれたのは、美女と美少女いっぱいの喫茶店。お菓子に軽食にお茶と雰囲気の良い喫茶店だが、メンバーは共和国の上層部とも関わりがあるようで!?トラブルに巻き込まれた村を救うため、アルジェたちは蜂蜜色の村へと出かけることに。そこには"生きている災害"、伝説級の吸血姫・エルシィの罠が!?　2017.1 268p B6 ¥1200 ①978-4-8030-0987-3

◆転生吸血鬼さんはお昼寝がしたい　4　ちょきんぎょ。著　アース・スターエンターテ

ヤング・アダルト小説

イメント，泰文堂 発売 （アース・スターノベル）
【要旨】最強の敵エルシィを、からくも退けたアルジェたち。一同はダークエルフお嬢様のリシェルを故郷に送り届けるため、旅路を始める。そして訪れた世界の中心・シリル大金庫で、アルジェが出会った少女は!?剣と魔法の異世界に転生し、「三食昼寝おやつ付きで養ってくれる生活」を求めつつもどんどん出会った人を幸せにしてゆくアルジェ。ダークエルフの相手は今回も手強そう!?己の存在を問いかける、第4巻です！もう一つの魅力『歳々年々、年々歳々』も収録！
2017.5 274p B6 ¥1200 978-4-8030-1053-4

◆転生吸血鬼さんはお昼寝がしたい 5
ちょきんぎょ．著 アース・スターエンターテイメント，泰文堂 発売 （アース・スターノベル）
【要旨】世界の中心、シリル大金庫を救ったアルジェたち。ダークエルフお嬢様・リシェルを故郷に送り届けるための旅路はトラブルいっぱい！海の女王様に船ごと深海に引きこまれたり、新たな大陸で敵を購入する人一行に。ついには鬼族との全面戦争が!?アルジェ、クズハ、フェルノート、そして、今も気持ちよくお昼寝できる世界のため、吸血鬼さんは新大陸でも人々を救います！
2017.11 289p B6 ¥1200 978-4-8030-1130-2

◆それは団長、あなたです。 1 ちろりん著
パラダイム （ディアノベルス）
【要旨】真面目さが取り柄の堅物役人リンジーは、優しくて皆に慕われている、騎士団長ユーリに、密かに憧れを抱いていた。かげながら頑張っているといっも励ましてくれる彼。自分に自信のないリンジーは素直になれずにいたのだが…。「…私は恋愛とか、不得手ですから」素直になれない努力家レディと包容力のあるスーパー騎士団長の優しい優しいラブストーリー、開幕!!
2017.2 284p B6 ¥1200 978-4-8015-2403-3

◆ガチャを回して仲間を増やす最強の美少女軍団を作り上げろ 2 ちんくるり著 マイクロマガジン社 （GC NOVELS）
【要旨】冒険者ランクもCランクになり、迷宮探索に向かった大倉たち。そこでパーティの力不足を感じ、戦力強化をすることに。そんな時タイミングよく告知されたSSR確定33連ピックアップガチャ！狙うは"神官"であるUR：シスハ・アルヴィ。運良くお目当てのユニットを引き当て、いざ召喚─
2017.4 336p B6 ¥1000 978-4-89637-625-8

◆ガチャを回して仲間を増やす最強の美少女軍団を作り上げろ 3 ちんくるり著 マイクロマガジン社 （GCノベルズ）
【要旨】ゴブリン大討伐を達成し、かねてより検討していた自宅を購入する大倉一行。やっと自室が出来て喜んでいたのも束の間、スマホに届いたのは、現代世界で多くの人々を阿鼻叫喚に陥れた禁断のコンプリートガチャ報酬という告知だった。異世界へ来る要因となったUR：ルーナ・ヴァラドがコンプリート報酬ということで、地獄の魔石集めを開始するのだった。
2017.10 330p B6 ¥1000 978-4-89637-652-4

◆銃皇無尽のファフニール 13 スターダスト・クライ ツカサ著 講談社 （講談社ラノベ文庫）
【要旨】イリスに弓を引き、偽物の篠宮都とともに去っていった深月。騎士団長ユーリたち彼女を止めるため、悠たちは彼女を追う。向かうのは、かつてアトランティス大陸があった場所に残る、最後の不可知領域。だが、そこはサード・ドラゴン"真滅"のラグナロックの霧に包まれていた。その中に姿を消した深月を追って、悠はリーザたちとともに突入するが、そこで彼らが見たものは…!?「もう…深月さんは本当に─いつも一人で勝手に悩んで、突っ走るんですから…危なっかしくて仕方がありませんよ！」冷たい闇の中で、叫んだ言葉を光に変える。霧の彼方に消えた彼女に届くように─。アンリミテッド学園バトルアクション第十三弾！
2017.2 260p A6 ¥600 978-4-06-381582-5

◆銃皇無尽のファフニール 14 レインボウ・ピース ツカサ著 講談社 （講談社ラノベ文庫）
【要旨】世界を闇に呑み込まんとする第九災厄─"終焉"のアンゴルモア。悠たちはノインの光で対抗するも、あと一歩のところでイリスが倒れてしまう。ヴリトラによれば、その力は星の寿命を縮めるほどのものであり、光源たるイリスは消

滅してしまうかもしれない。悠たちは世界中の人々に呼びかけることで、彼女の負担軽減をはかる。そして決戦前夜。イリスの提案で、皆で遊ぶことにする悠たち。「こういう毎日がこの先もずっと続いていくんだって…そう信じたいの。皆にも信じて欲しかったの。だからいつもみたいに…」涙と共にはじけた笑顔。そして悠たちの輝きに彩られた、虹色の欠片たちで─。アンリミテッド学園バトルアクション第十四弾！
2017.6 246p A6 ¥600 978-4-06-381607-5

◆銃皇無尽のファフニール 15 アンリミテッド・シャイン ツカサ著 講談社 （講談社ラノベ文庫）
【要旨】全ての生命を否定し、他世界そのものを喰らう闇と化した怪物─アンゴルモア。悠たちの前に現れたその姿は、リヴァイアサン、バジリスク、フレスベルグといった、これまで彼らが倒してきた敵を取り込んだものだった。学園長シャルロットの鼓舞による全人類からの支えを受けて、アンゴルモアを迎え撃つイリスたちブリュンヒルデ教室のメンバー。死の化身たる巨竜に挑む少女たちの姿は、まるで神話の戦乙女のごとく、何よりも凛々しく、そして美しく─。「絶対に─おかえりを言わせてね、モノノベ」穏やかな日々にたどり着くために、今、この時を駆け抜けて─！アンリミテッド学園バトルアクション、堂々の本編クライマックス！
2017.11 258p A6 ¥600 978-4-06-381624-2

◆サトコのパン屋、異世界へ行く 1 塚本悠真著 主婦の友社 （プライムノベルス）
【要旨】「私たちはね…異世界に、トリップしたんだよ」実家のパン屋ごと異世界にトリップしたサトコ、16歳。「大きな地震のたびに先祖代々トリップしてるよ」と母に聞かされ、大混乱！戸惑うサトコをよそに、15年ぶりの営業にお店は満員御礼の大繁盛。ある日、配達先のお城でサトコは一人の美しい姫君・コズマ姫と出会う。"王の中の王"への興入れをひかえたコズマ姫は、悪い魔法で子どもの姿に変えられてしまっていた。天下泰平のためのこの縁組、実現させないわけにはいかない。相手は悪の大魔法使い、このままでは姫の身が危ないと遠方に避難することになるが─。「一緒に来てほしいのじゃサトコどの！旅先でもサトコの焼いたパンが食べたい！」
2017.6 335p B6 ¥990 978-4-07-423108-9

◆サトコのパン屋、異世界へ行く 2 塚本悠真著 主婦の友社 （プライムノベルス）
【要旨】ファタルに到着したサトコたち。先代様の"狩りの城"での、新しい生活が始まった。厨房にでんと鎮座するのは、おじいちゃんの立派な石窯だ。生地を手で捏ね、薪を燃やして、サトコとコズマ姫は石窯でパン作りに挑戦する。一方、近衛士たちは旅で負った傷がまだ癒えない。とくにアルゴは重傷で昏睡状態、コズマ姫は一睡もせずにつきっきり。様子を見に行ったサトコは、そこで姫の本音を聞いてしまう。「エードの姫に生まれたことが─一番の不始末じゃ！」やがて回復したアルゴが目覚めるも、つきそったシュマ姫は姿を消してしまう。腹を立てたコズマ姫は魔法で姿を隠してしまうのだが─。
2017.9 335p B6 ¥1100 978-4-07-424740-0

◆サトコのパン屋、異世界へ行く 3 塚本悠真著 主婦の友社 （プライムノベルス）
【要旨】おじいちゃんの石窯の向こうはブーランジェリー松尾のオーブンの中だった。鬼の操る暗闇の獣らしき、サトコは母、そしてマーロウと再会する。皆の安否が気になって仕方ないサトコを母はたしなめる。だからといって、このままになんかできやしない。サトコが向かった先、塞の巻山には、ぐれたコズマ姫と、大魔法使いハーロウがいた。マーロウの実兄であり、姫を子どもに変えた"悪の魔法使い"。見守るサトコの前で『あの日の夜』の出来事が語られる。ハーロウが姫に魔法をかけたその理由、そして解くための鍵。敵か味方か判然としない魔法使いに、コズマ姫は要求をつきつけるのだが─。
2017.12 366p B6 ¥1400 978-4-07-428092-6

◆アビス・コーリング─元廃課金ゲーマーが最低最悪のソシャゲ異世界に召喚されたら 槻影著 KADOKAWA （ファミ通文庫）
【要旨】気がつくと僕は、ランダムで召喚される『眷族』を使って冒険するソーシャルゲーム『アビス・コーリング』に酷似した世界にいた。最悪の集金システムと呼ばれ、数百万のユーザー達をどん底に叩き落とした末、法整備により運営が終了した最低最悪のゲームに似たこの世

界で、僕はかつてプレイヤーだった頃にやり残した事を成し遂げるため、再び召喚士として立ち上がる！欲と打算とちっぽけな誇り─廃課金ゲーマーの性が燃え上がる冒険賛歌、開幕!!
2017.12 282p B6 ¥1200 978-4-04-734924-7

◆誰にでもできる影から助ける魔王討伐 2
槻影著 KADOKAWA
【要旨】チート級の力を持つ聖勇者と、国に選出された魔導師と剣士。レベルが低すぎて、先行き不安な一行を裏から助ける僧侶アレスは、頭を抱えていた。「なんでここを選んだし…」訪れたユーティス大墳墓で、アンデッドに怯える聖勇者。神敵を恐れる勇者など、存在してはいけない。しかし、そんな情けない聖勇者の姿を、最も見られてはいけない、ある人物が現れて─!?あらゆる神敵を殺戮する殲滅鬼、グレゴリオ・レギンズ。最低最悪の男、登場。
2017.3 364p B6 ¥1200 978-4-04-734546-1

◆誰にでもできる影から助ける魔王討伐 3
槻影著 KADOKAWA
【要旨】勇者一行の歩みが止まる事はない。何故ならそれこそが聖勇者としての証明なのだから。魔王クラノスを討伐するため召喚された聖勇者・藤堂直継とその仲間たち─魔導師リミス、剣士アリア、氷樹小竜のグレシャのパーティー一行は、さらなるレベルアップを図るため新たなるフィールドに足を踏み入れた。今回も「魔導人形の谷"ゴーレム・バレー"」にアレスの嘆きが木霊する。ああああああああああ、なぜ俺は…ステファンなんて呼んでしまったんだああああ」ステファン・ベロニニ。新たなるサポートメンバーにして高位の白魔導師。しかし彼女を知る者は言うことなら自らを慰める彼女は致命的の「ドジっ子」だと…。あらゆる予測と期待を超越する最凶最悪の現象、それがステファン。魔王の影も蠢く渓谷で、アレスは今回も仕事を遂行できるのか…！これは、ハイ・プリーストであるアレスが、聖勇者を英雄に導くまでの物語。書籍版書き下ろしエピソード『ステファン☆おーばーあっぱー』も収録！
2017.9 314p B6 ¥1200 978-4-04-734783-0

◆王子様に外堀埋められて元の世界に帰れません 月神サキ著 Jパブリッシング （フェアリーキス）
【要旨】異世界に聖女として召喚されたレイナは、美しい王子クリスに恋をしてしまう。彼には婚約者がいるから好きになっちゃダメ…わかっているのに思いは募るばかり。戻る前にせめて彼との思い出を作りたいと、クリスと一夜を共にしてしまうが─「捕まえた…私だけの君。もう絶対に逃がさない」レイナを手に入れるため水面下で着々と策を講じていたのは、クリス!?優しく甘い殿下は愛する人のこととなると一変、悪魔にもなれる策士な王子だった！
2017.4 297p B6 ¥1200 978-4-908757-76-1

◆王太子妃になんてなりたくない!! 3 月神サキ著 一迅社 （メリッサ文庫）
【要旨】一夫多妻の王族になんて絶対に嫁ぎたくない！と思いつつも、王太子に絡め取られ、正妃の魔術刻印"王華"を与えられたリディは、フリードが好きだと自覚のないまま、正妃になる覚悟を固めていく。戦地へと向かったフリードと会えない日々が続く中、リディは呪いに冒されて瀕死の暗殺者・カインを助けることに。運命が交錯する大人気ラブロマンス・新展開の第3弾！
2017.5 415p A6 ¥648 978-4-7580-4942-9

◆王太子妃になんてなりたくない!! 4 月神サキ著 一迅社 （メリッサ文庫）
【要旨】一夫多妻の王族になんて絶対に嫁ぎたくない！と思いつつも、紆余曲折を経て王太子フリードと婚約したリディ。そんな中、休暇中の隣国、サハージャの王太子・マクシミリアンが婚約を祝いにやってきて、なんとリディに狙いを定めた!?運命が交錯する大人気ラブロマンス・第4弾！
2017.8 415p A6 ¥648 978-4-7580-4971-9

◆王太子妃になんてなりたくない!! 6 月神サキ著 一迅社 （メリッサ）
【要旨】リディとフリードがお忍びで初デート！イチャラブなふたりは王都の街に変装して繰り出すも、トラブルメーカーの公爵令嬢＆完全無欠の王太子が街を歩けば平和なデートで終わるはずもなく─？スリリング・ラブロマンス、大増量書き下ろしでおくる、人気シリーズ第6巻！
2017.5 399p B6 ¥1200 978-4-7580-4944-3

ヤング・アダルト小説

◆転生侯爵令嬢はS系教師に恋をする。 1
月神サキ著 Jパブリッシング （フェアリーキス）
【要旨】王位魔法学園に入学したエステルは驚愕した。目の前にあの大好きだった小説の美形ドSキャラ、レアンドロがいる！魔法学園の臨時教師の彼は、氷のように冷たくイジワルで授業も厳しい。恋心を秘めながらも熱心に彼の個人レッスンを受けるエステルだったが…「あなたは私が好き。となると、あなたは私のものだ。違いますか？」クールな教師がみせる、独占欲と甘いキス。魔法学園で繰り広げられるドキドキラブコメ・ファンタジー！
2017.9 325p B6 ¥1200 ①978-4-86669-023-0

◆転生侯爵令嬢はS系教師に恋をする。 2
月神サキ著 Jパブリッシング （フェアリーキス）
【要旨】憧れのレアンドロと婚約したけれど、魔法学園内でイチャコラ禁止令が出てしまったエステル。なのに、彼は隙あらばエステルに迫ってきて…。意地悪な言葉とは裏腹の甘いキスに、胸のドキドキが止まらない！そんな中、エステルの命を狙ったかのような不可解な事件が多発。愛するエステルを守るため、冷たい怒りを爆発させるレアンドロが遂に動き出す作戦とは!?
2018.1 304p B6 ¥1200 ①978-4-86669-058-2

◆天界に裏切られた最強勇者は、魔王と○○した。 1 月島秀一著 アース・スターエンターテイメント、泰文堂 発売 （アース・スターノベル）
【要旨】際限ない仕事に疲弊した勇者の怒りが大爆発！仕えていた天界軍から魔王軍に寝返った!!「さてさて、魔王様に盾突く愚かものはどいつだ？」「あ、悪魔ね、あなた…」「魔王も絶句する勇者の鬼畜な攻撃にたじたじの神官長がとった最終手段とは!?最弱魔王軍with超強い勇者vs極悪な天界軍、勝つのは、どっちだ!?
2017.6 303p B6 ¥1200 ①978-4-8030-1066-4

◆10年越しの恋煩い 月城うさぎ著 アルファポリス、星雲社 発売 （エタニティブックス）
【要旨】大手レコード会社に勤務する優花に、海外有名アーティストとの仕事が舞い込んできた。その契約のため、ニューヨークを訪れる優花。そこで彼女の前に現れたのは一高校時代にやむを得ない事情から別れを告げた男性、大輝だった。契約先の副社長となっていた彼は、企画実現の条件として「俺のものになれ」と優花に命じる。それは、かつて大輝を振った優花への報復だけど、優花は昔から今までずっと、彼に惹かれていて…。
2017.7 297p B6 ¥1200 ①978-4-434-23582-5

◆魔王の器 1 月野文人著 KADOKAWA
【要旨】貴族に生まれながら、劣等生として不遇の日々を送っていた少年・カムイ。自ら死を望む彼の眼前に現れたのは一漆黒の剣を携えた妖艶な魔族だった。元・魔王領"ノルトエンデ"を統治する貴族からの誘い。のちに"四柱臣"と称される皇院の仲間たちとの誓い。"黄金の世代"と称される皇国学院生たちとの出逢い。「腐敗する皇国に改革を」一運命はカムイを、覇道へと導いていく。
2017.1 466p B6 ¥1200 ①978-4-04-734460-0

◆魔王の器 2 月野文人著 KADOKAWA
【要旨】新入生失踪、貧民街炎上事件から始まり、学院は仮初めの平穏を取り戻していた。魔道士団長の娘・マリー率いる魔法研究会一そしてカムイたちを除いて。「合同演習合宿」でカムイを陥れる、マリーの罠。迫る"死"の足音に響く怒号と悲鳴。"1000の魔物"と激突する、生徒たちに残された未来。「死を恐れずに立ち向かう道を」一秘めたるカムイの実力が、今、解き放たれる。
2017.4 473p B6 ¥1200 ①978-4-04-734593-5

◆使用人探偵シズカ—横濱異人館殺人事件 月原渉著 新潮社 （新潮文庫nex）
【要旨】嵐に閉された異人館が、「名残の会」と称する奇妙な宴が始まった。館の主は謎めいた絵を所蔵する氷神公一。招かれたのは画家に縁のある6人の男女一。次々と殺されていく招待客たち。絵の下層には、なぜか死んだ者が描かれていた。絵られた姿もそのままに。絵は死を予言しているのか。絵画見立てデスゲームの真相とは。使用人探偵ツユリシズカの推理が冴える本格ミステリ。
2017.10 284p A6 ¥550 ①978-4-10-180108-7

◆未来日記—スクール・ナイトメア 月森みるく著 KADOKAWA （魔法のiらんど文庫）
【要旨】杏奈は転校先の図書室で1冊のノートを見つける。それは何も書かれていない、真っ黒なノートだった。どこか不気味な雰囲気を持つそのノートに、誰かのものか分からない書き込みが記されるようになる。そこにはクラスメイトの死が予言されていた…。やがて杏奈のクラスで起こる惨劇の数々。そのノートは、書き記されたことが必ず現実になるという、予言の日記だった—。"銀賞"受賞で話題の衝撃ホラーが大幅改稿のうえ、2編収録！…この未来、見届けてみる—？
2017.7 215p A6 ¥590 ①978-4-04-893223-3

◆えっ？ 平凡ですよ?? 8 月雪はな著 アルファポリス、星雲社 発売 （レジーナブックス）
【要旨】元・日本人のマメ知識を封印し、地味で目立たない暮らしを望む転生少女リリアナ。だけど教会から来たお偉い様に、聖城と呼ばれる地で聖女になれと言われてしまい—陰謀渦巻く聖城で新たな事件の予感！さらには宿敵とも再会して…？
2017.4 285p B6 ¥1200 ①978-4-434-23131-5

◆えっ？ 平凡ですよ?? 9 月雪はな著 アルファポリス、星雲社 発売 （レジーナブックス）
【要旨】自国の王太子と思いを通わせ、正式に婚約したリリアナ。結婚式の準備もはじまり、忙しくも幸せな日々を送っていたのだけれど—気方の祖父が、なぜか結婚に大反対!?おまけに、リリアナが不義の末に生まれた子だと言い出した。他家の貴族を巻き込み、果てには王家にも喧嘩を売って、祖父はリリアナの結婚を阻もうとする。それに対抗すべく、リリアナも行動開始！すると、結婚阻止に隠された祖父の別の意図が見えはじめて—クライマックスに向けて猛加速!?転生少女のほのぼのファンタジー、衝撃の第九幕！
2017.10 285p B6 ¥1200 ①978-4-434-23805-5

◆お菓子職人の成り上がり—天才パティシエの領地経営 月夜涙著 双葉社 （Mノベルス）
【要旨】貧乏貴族の家に産まれたクルト。彼の前世は天才菓子職人。クルトは長として未開の領地を開拓しながら、世界一の菓子職人を目指す一。選定の儀を経て、見事次期当主の座を勝ち取ったクルト。大貴族フェルナンデ辺境伯の信頼も勝ち取り、辺境伯の娘ファルノとも婚約発表され、クルトはさらなる領地の発展を決意する。さっそく、クルトは辺境伯に依頼された公爵家に贈る「見たこともないない菓子作り」に挑むのだが…。「小説家になろう」発スローライフファンタジー待望の第二弾。
2017.7 297p B6 ¥1200 ①978-4-575-24016-0

◆お菓子職人の成り上がり—天才パティシエの領地経営 3 月夜涙著 双葉社 （Mノベルス）
【要旨】精霊の里を悩ました感染症を特製のシルクレープで見事完治させたクルト。里の特産品である絶品の果物も得ることができた。しかし、帰郷したクルトを待ちうけていたのは、大貴族レナリー公爵からの無理難題だった。竜車に乗って足をかけ、公爵家の晩餐会を取り仕切る!?甘いお菓子で異世界の人々を魅了する「小説家になろう」発スローライフファンタジー、待望の第三弾！
2017.7 253p B6 ¥1200 ①978-4-575-24040-5

◆お菓子職人の成り上がり—天才パティシエの領地経営 4 月夜涙著 双葉社 （Mノベルス）
【要旨】四大貴族の食事会を終え、アルノルト領にもどってきたクルト。レナリール公爵にお墨付きをもらい、エクラパの街に念願の菓子店を構えることに。さらに、初代からの悲願であった男爵から伯爵への昇格も決まり、順風満帆に。だが、今度は王家から無理難題が—!?「小説家になろう」発スローライフファンタジー、第四弾！行列は出来る番外編「菓子店Arnoldとクレームとカステラ」も収録!!
2017.12 269p B6 ¥1200 ①978-4-575-24069-6

◆俺の部屋ごと異世界へ！ ネットとAmozonの力で無双する 1 月夜涙著 双葉社 （モンスター文庫）
【要旨】元社畜のニート、霧野ユウ。ある日彼は異世界の女神に「どうか異世界をお救いください」と頼まれる。しかし、電気も水道もインターネットもない異世界での生活に耐えられるはずがなく、ユウは女神の願いを即座に断った。すると女神は、ならばネット込みのライフライン完備のまま、彼の部屋ごと異世界へ転移させると提案してきた。その上、ネット通販大手のAmozonも利用可能だというのだが—。異世界で動画を配信し、お金を稼ぎ、ネット通販で買えるものだけを使って異世界サバイバル!?ネット住民の知恵と通販の力で無双する、異世界ファンタジー!!
2017.3 291p A6 ¥602 ①978-4-575-75123-9

◆俺の部屋ごと異世界へ！ ネットとAmozonの力で無双する 2 月夜涙著 双葉社 （モンスター文庫）
【要旨】ライフライン完備の快適な自室ごと異世界へ召喚された元社畜のニート、霧野ユウ。ユウはAmozon（ネット通販）で買った物が異世界まで届くというチート能力を駆使し、自身を襲った魔族を見事撃破した。だが、そんな彼を悩ませる問題があった。それは買い物をするための日本円が、ほとんど残っていないことだった。そこでユウは巨乳エルフのエフィルを使い、より刺激的な動画を作成し、お金を稼ごうとするのだが…。ネット通販で買えるものだけで異世界をサバイバルする大人気ファンタジー作品、待望の第二弾!!
2017.7 263p A6 ¥583 ①978-4-575-75143-7

◆俺の部屋ごと異世界へ！ ネットとAmozonの力で無双する 3 月夜涙著 双葉社 （モンスター文庫）
【要旨】ライフライン完備の快適な自室ごと異世界へ召喚された元社畜のニート、霧野ユウ。Amozonチートを駆使し、巨大人食いイナゴを殲滅したユウは、その功績を称えられ、王から直々に城へ招かれる。さっそく、城がある王都を目指す一行だったが、ユウはエルフのエフィルからの告白にどう返事をするべきかで頭を悩ませ続けていた。ネット通販で買えるものだけで異世界をサバイバルする大人気ファンタジー作品、ついに完結！
2017.12 293p A6 ¥602 ①978-4-575-75173-4

◆回復術士のやり直し—即死魔法とスキルコピーの超越ヒール 月夜涙著 KADOKAWA （角川スニーカー文庫）
【要旨】「こんな使えないのが仲間だと思うと虫唾がはしりますわね」回復術士は一人で何もできない。そんな無力な存在だからと勇者や魔術師に利用され、奪われ続けた少年・ケヤル。しかしある日、回復を極めた先に彼は気付き、世界そのものを再構築し四年前からやり直すことを決意する。「これで世界は俺の思い通りになる…、さぁ、復讐の始まりだ！」Webで話題を集めた衝撃の問題作—陵辱シーン大幅増量で禁断の書籍化！
2017.7 316p A6 ¥620 ①978-4-04-105680-6

◆回復術士のやり直し 2 即死魔法とスキルコピーの超越ヒール 月夜涙著 KADOKAWA （角川スニーカー文庫）
【要旨】「一緒に旅をするんだから仲良くなっておいた方がいいと思うんだ。フレイアもセツナを可愛がってくれ」「3人でなんて恥ずかしいっ。見ないで！」襲撃を退けたケヤルガはHな旅の道中を楽しみながらも着々と復讐の準備を整えていた。当代ジオラル王国最強戦力、剣聖クレハ・クライレットが回復術士討伐に動き出す。「色々利用出来る女だ。たっぷり可愛がってやるわ—」最強の回復術士は如何にして剣聖を制するのか!?
2017.12 298p A6 ¥620 ①978-4-04-105681-3

◆スライム転生。大賢者が養女エルフに抱きしめられてます 1 月夜涙著 オーバーラップ （オーバーラップノベルス）
【要旨】稀代の英雄であり、数々の偉業を成し遂げた"大賢者"マリン・エンライト。不治の病に侵された彼は、愛する養女達に看取られながら永い眠りについた—はずだった。しかしマリンは死の間際に、自ら生み出した"無限に進化し続けるスライム"へと魂を移すことに成功。新たな肉体への転生を果たす。そして生前の名声に囚われることのない、新たな生を満喫しようと考えていたのだが…。ひょんなことから、養女（三女）にして"魔術"を継がせた弟子であるエルフ、オルフェの使い魔に。"スラちゃん"と名付けられ、養女エルフに抱きしめられる娘達を見守る日々が始まるのだった。だけど義父を喪った悲しみには、数々の試練が待ち受けていて…？「悪い虫」から娘達を守り、"進化"を重ねて人間へ！「小説家になろう」で大人気のスライム転生譚、堂々開幕！
2017.10 287p B6 ¥1200 ①978-4-86554-270-7

◆チート魔術で運命をねじ伏せる 4 月夜涙著 双葉社 （モンスター文庫）

ヤング・アダルト小説

◆チート魔術で運命をねじ伏せる　5　月夜 涙著　双葉社　（モンスター文庫）
【要旨】魔剣クヴァル・ベステとの精神世界での対決を経て、アンネが"第二段階解放"を会得するなど、さらなるレベルアップを果たしたソージ率いるチーム"魔剣の尻尾"。しかし、ここで足踏みはしていられない、一行は過酷な地下迷宮での特訓を決意する。そんな中、ソージはエルシエの長、シリルから呼び出しを受ける。そして、謎の敵・神聖薔薇騎士団の正体と、彼らがクーナを狙う本当の理由を知ることになるのだが―。「小説家になろう」発、バトルマジックファンタジー待望の第五弾!!
2017.2 261p A6 ¥583 978-4-575-75150-5

◆チート魔術で運命をねじ伏せる　6　月夜 涙著　双葉社　（モンスター文庫）
【要旨】エルシエにて、クーナを守るため神聖薔薇騎士団と戦い、見事勝利をおさめたソージ率いるチーム"魔剣の尻尾"。大幅なレベルアップも果たし、ソージ、クーナ、アンネの三人は懐かしき学び舎、ヴェルグランデ騎士学校へと戻ってきた。しかし、帰ってきて早々、謎多き先輩であるユウリがちょっかいをかけてくる。さらに、世界の"破滅"、その始まりがすぐそばまできていると告げるのだが―。神出鬼没、目的不明のトリックスター、ユウリの正体とは!?「小説家になろう」発、バトルマジックファンタジー待望の第六弾!!
2017.12 279p A6 ¥593 978-4-575-75178-9

◆魔王様の街づくり！　2　最強のダンジョンは近代都市　月夜涙著　SBクリエイティブ　（GAノベル）
【要旨】数多の魔王が独自のダンジョンを築いている異界。"創造"の魔王プロケルは"風"の魔王ストラスを撃破し、新旧の魔王たちから大きな注目を集めていた。戦いによって配下の魔物たちも成長し、思い描いた理想を実現していくプロケル。仲間の協力も得て大きくなったアヴァロンには、規格外の特産品が数多く揃い、瞬く間に訪れた人間たちにも評判になっている。だが、プロケルを危険視する魔王もまた動き始める。正攻法では挑んでこない相手に対し、プロケルたちも次の戦いに向けた備えを充実させる。これは味方には優しく敵対するものには冷酷な、変わり者魔王の物語。
2017.4 273p B6 ¥1200 978-4-7973-9238-8

◆魔王様の街づくり！　3　最強のダンジョンは近代都市　月夜涙著　SBクリエイティブ　（GAノベル）
【要旨】数多の魔王が独自のダンジョンを築いている異界。順調に街づくりを進めていた"創造"の魔王プロケルためだが、同盟を組んだ"粘"、"邪"、"鋼"の属性を持つ3人の魔王から宣戦布告をされてしまう。時間制限付きで数的に不利な戦いを強いられるプロケルは、配下の魔物たちにそれぞれの切り札を用意させ、部隊を3つに分けて戦いに挑む。"創造"の能力を駆使し、最高の魔物たちの力を借りて不利な状況から逆転を狙うプロケルの新たなる伝説が始まろうとしていた。これは味方には優しく敵対するものには冷酷な、変わり者魔王の物語。
2017.9 231p B6 ¥1200 978-4-7973-9213-2

◆ワールドエンド・ハイランド―世界樹の街の支配人になって没落領地を救う　つくも三太著　KADOKAWA　（MF文庫J）
【要旨】異世界に召喚された高校生・榊喜一は、召喚主の美少女・アイシャの願いによれば没落寸前の領地を救うことに。だが倒すべき相手は魔物でもなく、財政赤字!?地図が埋まり、人工的なダンジョン"戯迷宮"へ挑む冒険だけが娯楽となった世界で領地の再建に挑むのだが―立地は最悪、人ナシ・金ナシ・目玉ナシ。そしてアイシャが創る"戯迷宮"は難易度最悪で―「また負けたね！こんな殺人"戯迷宮"だから冒険者が来ないんだよ！」「そんなぁ！面白いですよ、もっと奥まで！」それでも、父の残したこの土地を守りたいと願うアイシャのため、

喜一は現代知識を尽くしてダメダメ領地復興に挑む―！異世界テーマパーク創造録、開幕！
2017.4 263p A6 ¥580 978-4-04-069144-2

◆宝石商リチャード氏の謎鑑定―導きのラピスラズリ　辻村七子著　集英社　（集英社オレンジ文庫）
【要旨】銀座の店「エトランジェ」を閉め、正義の前から姿を消してしまったリチャード。新たな店主として現れたリチャードの師匠、シャウルから情報を得た正義はイギリスへと向かう。リチャードの失踪の原因となった何かがある国へ。旅の途上、リチャードの親族と名乗る男ジェフリーが正義に近づいてきて？美しき宝石商を苦しめる過去の因縁と、"正義の味方"の決断は！？
2017.2 302p A6 ¥590 978-4-08-680119-5

◆宝石商リチャード氏の謎鑑定―祝福のペリドット　辻村七子著　集英社　（集英社オレンジ文庫）
【要旨】イギリスから帰国した正義とリチャード。正義は大学3年生となり、周囲ではそろそろ就職活動が本格化し始めていた。そんなある日、銀座の「エトランジェ」を常連客の乙村が訪れた。乙村は、片想いしていた女性からもらったという桜色のカメオをリチャードと正義に見せる。そして、そのカメオの謎を解いてみないか、と言い出して？ ジュエル・ミステリー第5弾！
2017.8 302p A6 ¥590 978-4-08-680143-0

◆転生太閤記―現代知識で戦国の世を無双する　桶狭彷徨著　KADOKAWA　（カドカワBOOKS）
【要旨】1560年―各地で剣術を学んだ秀一は、桶狭間の戦いの為に前に織田信長のもとへと戻った。戦国の傾奇者・前田慶次郎も仲間にし、劣勢の信長軍に知恵を託した秀一。天下統一への足がかりとするため今川義元の首を狙うが、この行動によって、歴史が少しずつ変わってしまい―？ 彼の武器は前世からの歴史の知識のみ！ 桶狭間の戦い、川中島の戦い。名だたる戦で勝利を掴み、戦国時代の歴史が塗り上がれる―！
2017.6 306p B6 ¥1300 978-4-04-072324-2

◆ネット小説家になろうクロニクル　2　青雲編　津田彷徨著　星海社、講談社 発売　（星海社FICTIONS）
【要旨】ネット小説投稿サイト"Become the Novelist"―通称"ベコノベ"と出会い、その奥深い創作の世界にのめり込んでいった高校生・黒木昴。二作目となる『転生英雄放浪記』の書籍化が決まり、漫画家を目指す美少女・由那も原作を務めた作品で新人賞を受賞する。ところが、順風満帆に思われた矢先、ネット小説家の存在をよく知らない編集者と、彼が由那の元パートナーとして用意した人気漫画原作者・蓮が昴の前にたちはだかる！ ベコノベを舞台に行われるコンテストに、統計データと戦略を駆使して挑み、漫画原作権を掴み取れ―！ 読めばネット小説の世界がわかる！ 小説が書きたくなる！！
2017.2 375p B6 ¥1450 978-4-06-139962-4

◆ネット小説家になろうクロニクル　3　奔流編　津田彷徨著　星海社、講談社 発売　（星海社FICTIONS）
【要旨】ネット小説投稿サイト"Become the Novelist"―通称"ベコノベ"と出会い、その奥深い創作の世界にのめり込んでいった高校生・黒木昴。商業デビュー作『転生英雄放浪記』が発売し、いよいよ漫画原作へと足を踏み入れた昴を待ち構えていたのは、"一巻打ち切り"という非情な現実と、ランキング上位を独占するための"相互評価グループ"の存在だった。不正を退け、プロの世界でリベンジを果たすため、昴はひとつの秘策に出る―それこそが、"オープンシェアードワールド"の実現だった―！ 書く楽しさを分け合ってムーブメントを巻き起こし、ネット小説の頂点へとふたたび駆け上がれ―！ 読めばネット小説の世界がわかる！ 小説が書きたくなる！！
2017.5 379p B6 ¥1500 978-4-06-139967-9

◆人なき世界を、魔女と京都へ。　津田夕也著　KADOKAWA　（ファミ通文庫）
【要旨】ぼくが授業中のうたた寝から目を覚ますと、教室が空っぽになっていた。教室だけじゃない、街にも家にも誰もいない。世界から人間が消えた…と思いきや、ひとりだけ―土道花織が残っていた。いつも不機嫌に眼光鋭く、周りの命令ばかりしていた彼女の名は、「魔女」。そんな土道さんによると、世界を元に戻すためには京都へ行く必要があるらしい。こうして、理屈無で意地っ張りで、とびきり可愛い"魔女"とぼくとの短い旅が始まった。
2017.12 252p A6 ¥620 978-4-04-734921-6

◆クソゲー・オンライン（仮）　3　「このクソゲーが現実だと私だけが知っている」　つっちせ八十八著　KADOKAWA　（MF文庫J）
【要旨】世界初にして世界最悪のVRMMO"ソード＆マジック・オンライン"には恐るべき秘密が隠されている。この仮想世界はゲームなどではない、現実なのだ―とバグの所為で生まれてしまったササラキとアズラエルの娘・キサラが主張している。「キサラが生まれた世界はクソゲーなんかじゃないのです！ みんな邪悪なる運営に騙されているのです！」もちろん誰も信じないが、運営が邪悪であることには全員が同意した。「じゃあ運営VSプレイヤーのイベントを開催して盛り上げましょう」「悪魔だね僕たち」どうしようもないクソゲー世界に生まれた少女たち、と、クソゲー世界のゲームマスターは、わかりあうことができるのだろうか―VRクソゲー運営ラブコメ、第三弾。
2017.3 257p A6 ¥580 978-4-04-069075-9

◆この勇者が俺TUEEEくせに慎重すぎる　土日月著　KADOKAWA　（カドカワBOOKS）
【要旨】超ハードモードな世界の救済を担当することになった駄女神リスタ。チート級ステータスを持つ勇者・聖哉の召喚に成功するが、彼はあまりにも慎重で―？「鎧を三つ貰おう。着る用。スペア。そしてスペアが無くなった時のスペア乙」異常なストック癖に留まらず、レベルMAXになるまで自主トレし、スライム相手に全力で挑むほど心深かった！ そんな勇者と彼に振り回されるくな女神の冒険譚、開幕！
2017.2 295p B6 ¥1200 978-4-04-072184-2

◆この勇者が俺TUEEEくせに慎重すぎる　2　土日月著　KADOKAWA　（カドカワBOOKS）
【要旨】難易度MAXな世界を救済することになった、駄女神リスタとチートステータスに慎重な勇者・聖哉。新たな敵は高速で飛ぶ巨大蠅、攻撃が通らない死神―これまで以上にハードな怪物だった！「この相手は万全を期して取っておきたかったのだが…」神界に籠もって強力なチートスキルを習得した上、聖哉の力を抑えていた無数のリミッターを外して挑むが―？ 新たな強敵に魔王への切れ札―慎重な勇者の奥義、解禁！？
2017.6 309p B6 ¥1200 978-4-04-072322-8

◆この勇者が俺TUEEEくせに慎重すぎる　3　土日月著　KADOKAWA　（カドカワBOOKS）
【要旨】以前、救済し損ねた世界を再び救うことになった勇者・聖哉。だが、そこは荒れ果てて、ウルトラハード―モブ敵が他世界の四天王級な世界だった。そんな中、慎重な聖哉は呪いを受け、向こう見ずな勇者になってしまった！ どうにか呪いを解かすべく聖哉は『魔法戦士』から『愉快な笛吹き』に転職してーんよと、そのまま、死闘の末倒した戦帝軍の中ボスが待ち構える敵陣に乗り込むことに―！ そこへ魔王すら凌ぐ攻撃力のラスボス級の敵まで現れて！？
2017.11 334p B6 ¥1200 978-4-04-072496-6

◆もしも高度に発達したフルダイブRPGが現実よりもクソゲーだったら　土日月著　KADOKAWA　（NOVEL ZERO）
【要旨】冴えない営業・結城宏が入手したフルダイブRPG「極クエスト」。作り込まれた世界描写、自然なNPCの挙動、膨大な五感フィードバック、すべてが一級の出来映えだった。そう、クリアするのが不可能なほどの超絶エクストリーム難易度を誇る極まったクソゲー、ということ以外は。なぜか攻略に熱心なゲームショップ店員の如月レオナとともに、この極クソゲーを攻略せよ！
2018.1 286p A6 ¥680 978-4-04-256066-1

◆信長の弟―織田信行として生きて候　1　ツマビラカズジ著　マイクロマガジン社　（GC NOVELS）
【要旨】オフィスで空残業をしていたはずの山田太郎（32）は、ふと気がつくと何故か馬の上に乗っていた。突然あの有名な織田信長の弟、信行に憑依（？）してしまったのだ。清洲城へ信長の見舞いに行く途中だと言う。間違いなく暗殺ルート―やってきた途端からハードモードまっしぐらである。戦国の世で信行として生き残る為、現代知識を駆使して奔走する―！
2017.6 347p B6 ¥1000 978-4-89637-634-0

◆信長の弟―織田信行として生きて候　2　ツマビラカズジ著　マイクロマガジン社　（GC NOVELS）

ヤング・アダルト小説

【要旨】信長亡き後、織田家の家督を継いだ信行は尾張国へ侵略を開始している今川義元の存在に頭を悩ませていた。大軍勢を有する今川軍に対し、少数の兵しか備えない織田軍。圧倒的な戦力差を前に、信行はある策を用いようとして、来たるべき戦への足掛かりにしようとするのだが…。史実より強大な今川義元とか、どーすればいいんだよ!?

2017.11 306p B6 ¥1000 ①978-4-89637-664-7

◆他のヤツ見てんなよ　つゆ子著　スターツ出版　（ケータイ小説文庫―野いちご）
【要旨】高2の弥生は恋愛に消極的な女の子。実は隣の席のクール男子・久隆君に恋をしているけれど、親友にさえも打ち明けられないでいる。ある日の放課後、弥生は誰もいない教室で久隆君の席に座り、彼の名前を呟いた。するとそこへ本人が登場！ 焦った弥生は、野球部にいる好きな男子を見ていたと嘘をついてしまい…！？ 無愛想だけど甘い彼とピュア女子の焦れ恋にドキドキ！

2017.2 299p A6 ¥570 ①978-4-8137-0210-8

◆冒険者高専冒険科 女冒険者のLEVEL UPをじっくり見守る俺の話 1　つやぐち2号著　アース・スターエンターテイメント、泰文堂 発売　（アース・スターノベル）
【要旨】時は西暦20XX年。荒廃した地球に突如現れたダンジョン。失われた資源を求めて、人類は正体不明のダンジョン攻略へと乗り出した。冒険者養成のため作られた学校―冒険者高専1年生の一之瀬ミナトは、レベル最弱ながら「ダンジョン踏破」にかける熱意は最強。なぜなら、女冒険者のLEVEL UPがには秘密が…!?

2017.4 379p B6 ¥1200 ①978-4-8030-1038-1

◆閻魔大王のレストラン　つるみ犬丸著　KADOKAWA　（メディアワークス文庫）
【要旨】―あの世とこの世の狭間にあるレストラン『紫苑』。そこは食事に未練を残したまま、世を去る人が訪れる不思議なレストラン。髭面のギャルソンが出迎え、コックの閻魔が奇跡の味わいで死出の旅路を彩ってくれる優しい場所。「これより天へ昇る味わいで、あなたの別れを祝福致します」最後の食事はなんですか、あなたをどなたと召し上がりますか？ もちろんお代はいただきません、その代わりに―。

2017.8 315p A6 ¥630 ①978-4-04-893336-0

◆誰かその状況を説明してください！ 8 契約から始まったふたりのその後　徒然花著　フロンティアワークス　（アリアンローズ）
【要旨】超名門貴族・フィサリス公爵家当主・サーシスにヴィオラが嫁いで早一年。ミモザ＆ベリスの間に赤ちゃんが誕生し、お屋敷の中は一気ににぎやかに。結婚当初はそんなこと考えもしていなかったのに、ヴィオラの胸にも「自分の子供がたらなあ」という気持ちが湧いて!?そんな中、旧知のアルゲンテア家より別荘の新築記念パーティーのお知らせが。お代わりの席で起こるヴィオラ・アイ盗難事件が夫婦の間に新たな変化を連れてくる!?大人気契約結婚コメディ第八巻がいよいよ登場！ ふたりの娘・レティが生まれるまでのエピソードをお届けします！

2017.10 286p B6 ¥1200 ①978-4-86657-052-5

◆さよなら西郷先輩　出口きぬごし著　KADOKAWA　（メディアワークス文庫）
【要旨】もし西郷隆盛が現代の高校生だったとしたら―。県立薩摩工業高校を舞台に、朴訥で男気のある西郷隆盛、黒縁眼鏡の優等生・大久保利通、学校を支配する島津斉彬といった学生たちが、新しい時代を渇望し、自分たちの夢を追いかける姿を、軽快かつ感動的に描いていく。激動の幕末を駆け抜けた男の波瀾万丈な半生を、ときに笑い、ときに涙ぐみながら、しっかりと擬似体験できる、現代版・西郷隆盛物語。偉人・西郷隆盛の意外な魅力に、あなたも気づくはず！！

2017.12 289p A6 ¥610 ①978-4-04-893574-6

◆天華百剣 乱　出口きぬごし著　KADOKAWA　（電撃文庫）
【要旨】ときは、戦乱と刀の時代を終結し、新しく幕が上がった「銘治時代」。政府直轄の特殊機関「御華見節」の一員で、巫剣使いとして修行中の少年・小次郎は、名剣の乙女"巫剣"の三十二式軍刀甲とともに、平和を掻き乱す災害付きとも言うべき旅を続けていた。五虎退貞宗、水心子正秀、青木兼元など、強く可愛く健気な"巫剣"たちと出会いながら成長していく小次郎と甲の前に、残酷非道な敵軍・阿修羅丸一派が立ちはだかることになり―。

2018.1 345p A6 ¥650 ①978-4-04-893575-3

◆デスクトップアーミー ハーメルンの笛吹き妖精　手島史詞著, メガハウス原案　実業之日本社　（Jノベルライト）
【要旨】原子時計の時刻と天文時の時刻のズレを修正する"うるう秒"が挿入された瞬間、こつ然と人類が世界から消えてしまった近未来。人影の絶えた街では完全自立型情報端末としてヒトを補佐していたA.I.Doll-phone、通称D-phoneが、新たな世界の主としての"生活"を送っていた。そのD-phoneの中でも最弱のレベル1だったマナは、仲間のサリサ、リンと"長靴"小隊を組み、謎めいた流浪のD-phone、フィーネの力を借りて街のトップランカー"ガルム"小隊を打ち破る。いっぽう、マナの住む街の隣に位置する千栃宜市では大規模なD-phone同士の戦闘が勃発。D-phoneの2大勢力、センチネル・グローリーとドラグーンの雌雄は決したと思われたが…。メガハウスが展開中の人気フィギュア『デスクトップアーミー』の公式ノベライズの第2弾。ヒトのいない世界を生きるメカ少女たちの友情物語。

2017.3 323p B6 ¥1200 ①978-4-408-41457-7

◆ナベリウス封印美術館の蒐集士（コレクター）　手島史詞著　SBクリエイティブ　（GAノベル）
【要旨】「関わった者は破滅します。例外なくです」―そういったものなのです！―アーティファクトは超常の力を秘め、様々な異能を発動する「魔術師が作った美術品」。この危険な美術品を専門に展示するという『ナベリウス封印美術館』。導かれるようにこの館の蒐集士となった青年ヴォルフと少女ジブリルは、アーティファクトを回収するため、不思議な騒動や怪事件に挑んでゆく。「天使を閉じ込めた鳥籠」「生者を虐にする棺」「観る者を溺死させる絵画」「死者を操る仮面」「殺人鬼の妖刀」「茨の棘」…アーティファクトが二人を待ちうける―。

2017.1 389p B6 ¥1200 ①978-4-7973-8932-6

◆ナベリウス封印美術館の蒐集士（コレクター） 2　手島史詞著　SBクリエイティブ　（GAノベル）
【要旨】「ヴォルフさんは、また誰かを愛したりできるんですか？」「ジブリルこそ、そういう相手はいなかったのか？」…謎の魔術師集団「グシャラボラス工房」のクロウリーとの対決を経て、ヴォルフとジブリルは絆を強めていった。そして、アーティファクト回収の日々を送る2人に転機が訪れる。―とある田舎にある屋敷を訪れ、幽霊現象を起す原因を突き止めてほしい、と言うのはかつてジブリルが暮らした、魔術の修行した屋敷だった。怪しげな依頼に危機感を募らせながらも調査を進めるヴォルフとジブリルの前に、倒れたはずのクロウリーが現れた。「くかかかかか、ミルシエル嬢の仇討ちか！もう諦めたのかね？」「魔導書」「幽霊船」「象牙天球」「サーカスの帳」「隠された肖像画」新たなアーティファクトが2人を破滅へと誘う。「自分の肖像画を取り戻したいんです。わたしの体も元に戻るかもしれませんと…」

2017.4 318p B6 ¥1300 ①978-4-7973-9197-8

◆僕の珈琲店には小さな魔法使いが居候している　手島史詞著　KADOKAWA　（ファミ通文庫）
【要旨】浪人生になってしまった九条篤志。バイト先の珈琲店でおいしい珈琲を淹れることに腐心する日々の中、気がかりがある。それは店の片隅で平日の昼間からランドセルを傍らに珈琲を飲む亜理寿のこと。そんなある日、魔法使いを自称するその少女から篤志はある悩みを打ち明けられ―「人を殺してほしいようなことをするのでした。断ると今度はわたしが殺されてしまいそうで、少しだけ困っています」。これは小さな魔法使いと若い珈琲係が紡ぐ奇跡の物語。

2017.7 312p A6 ¥640 ①978-4-04-734718-2

◆魔王の俺が奴隷エルフを嫁にしたんだが、どう愛でればいい？ 1　手島史詞著　ホビージャパン　（HJ文庫）
【要旨】悪の魔術師として人々に恐れられているザガン。不器用で口の悪い彼は、今日も魔術の研究をしながら領内の賊をぶちのめしていた。そんな彼が闇オークションで見つけたのは、絶世の美しさを持った白い奴隷エルフの少女・ネフィ。彼女を一目惚れたザガンは全財産をはたいてネフィを購入するが、口下手な彼はネフィにどう接していいかわからない。かくして、愛の伝え方がわからない魔術師と、主人を慕いながら訴え方がわからない奴隷、不器用なふたりの共同生活が始まる。

2017.2 335p A6 ¥638 ①978-4-7986-1381-9

◆魔王の俺が奴隷エルフを嫁にしたんだが、どう愛でればいい？ 2　手島史詞著　ホビージャパン　（HJ文庫）
【要旨】相変わらず、居城に引きこもりながらも不器用な共同生活を続けているザガンとネフィ。そんな彼らのもとに、新人魔王の力を奪うべく、全身を鎧で覆った魔術師が襲撃してくる。いつものように撃退したザガンだったが、鎧の中から出てきたのは竜の少女・フォルだった。一方教会では、新たな魔王の出現に対し、竜を殺したこともあるという逸話を持つ聖騎士が赴任してくる。果たして不器用魔王ザガンと奴隷のエルフは、にぎやかになった周辺にめげずに距離を縮めることができるのか!?

2017.6 303p A6 ¥638 ①978-4-7986-1460-1

◆魔王の俺が奴隷エルフを嫁にしたんだが、どう愛でればいい？ 3　手島史詞著　ホビージャパン　（HJ文庫）
【要旨】執事と娘が増え、賑やかになったザガンの居城。相変わらず不器用ながらも距離を縮めるザガンとネフィが住む町が襲われるという事件が起こる。襲ってきたのは一肌の色の違うネフィに良く似た少女だった！ その事件の直後、ザガン宛てに店にいる船の一人から船上で行われる"夜会"への招待状が届く。城のメンバーにはその船上パーティーへ、ネフィと奴隷のエルフは、にぎやかになった周辺にめげずに赴くが―。無愛想魔王と箱入りエルフが贈る大人気ラブコメファンタジー、豪華絢爛な第三巻！

2017.9 300p A6 ¥638 ①978-4-7986-1517-2

◆魔王の俺が奴隷エルフを嫁にしたんだが、どう愛でればいい？ 4　手島史詞著　ホビージャパン　（HJ文庫）
【要旨】ハイエルフについて調べるため、ネフィの故郷へ向かうザガンたち。彼らはそこで、時間を歪ませる結界に捕えられてしまう。さらに―最愛の嫁であるネフィが幼女になってしまった!?甘えん坊になってしまったネフィは今までに見たことがないほど可愛い。が、愛しい少女をこのままにしておくわけにもいかない。ザガンたちは、ネフィに幼女化の呪いをかけた犯人を見つけ出すのか―。無愛想魔王と箱入りエルフが贈る大人気ラブコメファンタジー、絶好調の第四巻！

2017.12 293p A6 ¥638 ①978-4-7986-1584-4

◆魔王の娘を嫁に田舎暮らしを始めたが、幸せになってはダメらしい。　手島史詞著　SBクリエイティブ　（GAノベル）
【要旨】魔王軍の騎士のカズキは、魔王の娘アストリッドのコミュ障を治すため、二人で田舎暮らしすることに。カズキは護衛に徹するが、アストリッドは新生活にノリノリ。かいがいしく世話を焼き、可愛い仕草でカズキを無自覚に誘惑!?過ちを犯せば平然と、理性はもう限界に―。そんななか、カズキの宿敵、勇者と神官が現れる。所構わずイチャつく二人のバカップル振りにあてられ、アストリッドの行動は大胆に―。カズキ！ 絶対に結ばれてはいけない（？）、二人暮らしを死守せよ!!

2017.10 301p A6 ¥610 ①978-4-7973-9337-8

◆竜と魔法の空戦記―はぐれ魔導技師と穴あき紫電改　手島史詞著　マイクロマガジン社　（GC NOVELS）
【要旨】パイロットに憧れながら飛行場で働く整備官の青年バーンは、ある日、銀色の竜に追われる戦闘機"紫電改"で飛んで来た魔導技師ナハティを助ける。感謝の言葉を述べるナハティにバーンは頭上を飛び去った銀竜の美しさに興奮し、自分もあんな風に飛びたいと熱弁するが、そこでナハティより思いもしない提案を受ける―。竜に魅せられた青年とはぐれ魔導技師、異世界の空を戦闘機と竜が飛び交うエアレース・ラブストーリー。

2017.6 313p B6 ¥1200 ①978-4-89637-635-7

◆魔法医師（メディサン・ドゥ・マージ）の診療記録 5　手代木正太郎著　小学館　（ガガガ文庫）
【要旨】「俺は、悪魔で…この世を滅ぼすのか…」ガマエの新たなる真相を求めるべく、ガマエ研究者であるゲルハルト・コッホの元を訪れたクリマエとヴィクター。そんな二人の前に、ヴィクターを「黙示録の悪魔」と称して付け狙う殺戮者たちが現れる。魔法医師を名乗る彼らだが、彼らの駆使する魔法医術はクリマエですら知らぬものであった。彼らは、ヴィクターの何を知っているのか？ 魔法医師が乱れる孤島で、ヴィクターの命を巡って凄惨な死闘が幕開く。この戦いの「鍵」となるのは誰なのか。魔法医学の未

ヤング・アダルト小説

来を覗く、第5集。
2017.4 343p A6 ¥630 ⓘ978-4-09-451673-9

◆**魔法医師(メディサン・ドゥ・マージ)の診療記録 6** 千代木正太郎著 小学館 (ガガガ文庫)
【要旨】ガマエ研究者たちを巡るクリミアとヴィクターの旅は、魔境"魔魅の大苗床"と呼ばれる密林へと向かっていた。此度結成された探検隊と共に、最奥地に眠ると言われる大量のガマエを求める二人。だがその道中は激しい試練の連続である。次々と仲間たちを失いながらも辿り着いたエルフの里にて、彼らは世界の成り立ち、"黙示録の悪魔"、そしてガマエについての真実を知る。だがそれはクリミア、ヴィクターに降りかかる、最大の試練への予兆でしかなかった。魔法医学の根底を揺らがす第6集。
2017.10 373p A6 ¥667 ⓘ978-4-09-451706-4

◆**VRMMOでサモナー始めました** テトメト著 TOブックス
【要旨】友人に誘われて、大人気ネットゲーム「FWO(ファンタジー・ワールド・オンライン)」で遊ぶことにした少年ユウ。彼は職業を決める際にうっかり地雷職と言われるサモナーを選んでしまう。だが、生来かわいいものが大好きな彼はそんなことに気にもせず、ウサギやフクロウなどかわいい獣を続々召喚！もふもふ成分を心底堪能したり、かわいい装備を集めたりして、自分なりの楽しみ方を究めていく。かわいいものにしか目が無い召喚士がおくる、もふもふ冒険ファンタジー開幕！書き下ろし短編も収録！

◆**放課後の厄災魔女(ディザスタウィッチ)—ちやほやされたい先生の嫌われ生活** てにをは著 KADOKAWA (NOVEL ZERO)
【要旨】人々に感謝され、頼りにされたくて高校教師となった青年・助。ある日彼は、災いをもたらす魔女・レクラハによる事故に巻き込まれ、何故か彼女の身体を手に入れてしまった。そして中身は自分一人のまま、2つの身体を行き来して学校教師と魔女の二重生活をおくることに！と喜ぶが一転、レクラハの身体は"人々から恐れ嫌われる"ことが魔力の源だった！自分の望みとは相反する、矛盾した状況に頭を抱える助。そこへ、異世界から次々とレクラハを追って魔女たちがやってきて…？好かれ嫌われ大忙しな学園魔女コメディ、開幕！
2017.6 326p A6 ¥680 ⓘ978-4-04-256054-8

◆**ビオレタ** 寺地はるな著 ポプラ社 (ポプラ文庫)
【要旨】婚約者から突然別れを告げられた田中妙は、ひょんなことから雑貨屋「ビオレタ」で働くことになる。そこには「棺桶」なる美しい箱を売る、少々風変わりな店だった…。人生を自分の足で歩くことの豊かさをユーモラスに描き出す、心にしみる物語。
2017.4 291p A6 ¥660 ⓘ978-4-591-15435-9

◆**アリの巣ダンジョンへようこそ！ 2** テラン著 双葉社 (モンスター文庫)
【要旨】ダンたちは、進化したアリたちの力で、Aランクパーティーの『緋色の牙』を含む、ダンジョン攻略部隊を全滅させることに成功した。だが、平穏な時は長くは続かない。炎魔王がフィリオーネたちの故郷・妖精の里を襲ったのだ。涙を流すフィリオーネの姿を見て、ダンはダンジョンの力を使って炎竜王を撃退することを決意する。アリたちだけでドラゴンを倒すことはできるのか!?—「小説家になろう」発、大人気ダンジョン運営ファンタジー第二弾！WEB版から大幅加筆修正！
2017.5 311p A6 ¥620 ⓘ978-4-575-75133-8

◆**濁った瞳のリリアンヌ** 天界著 新紀元社 (MORNING STAR BOOKS)
【要旨】楽しみにしていた異世界転生ラノベを徹夜で読み、眠い目をこすりながら車で出勤したはずが、真っ暗闇の中で目覚めた自分。体は思うように動かないし、まわりの言葉も理解できないし、なにより濁った白いもやしか見えない。これはいったい…と思っていたら、なんと異世界の赤ん坊に転生していた！成人男性だった自分の新しい名前はリリアンヌ。そう、今生は女の子。しかも不治の病"濁った瞳"のせいで生涯全盲だという。けど、どうやら自分の目は魔力の眼が見えるらしい!?ドヤ顔妖精クティを相棒に、文字と魔力のお勉強！「小説家になろう」発、(中身30男な)愛され幼女のゆるふわライフ。
2017.5 321p B6 ¥1200 ⓘ978-4-7753-1502-6

◆**濁った瞳のリリアンヌ 2** 天界著 新紀元社 (MORNING STAR BOOKS)
【要旨】定期報告を終えたクレスティルトが、世界の隣の森から帰ってきた！大好きなドヤ顔妖精様と久しぶりの再会を喜び合うリリアンヌ。けれどそこには、クレスティルトのほかにもうひとり小さな妖精がいた。白衣を纏うその妖精の名前はサーニーン。魔術研究所で所長を務める彼女は、幼馴染みのクレスティルトから魔力を使って筆談する幼女の話を聞き、リリアンヌに会いにきたのだという。魔術によって視力に代わる力を得られるかもしれないと知ったリリアンヌは、サーニーンの特別授業を受けることに…。素敵装備(ケモノミミ)の専属メイドたち&魔眼の専属つがい狼・レキも登場。愛され幼女(？)のゆるふわライフ第2弾。
2017.12 321p B6 ¥1200 ⓘ978-4-7753-1564-4

◆**ふろんてぃあーず バケツさんの細かめな開拓記** リンダパブリッシャーズ、泰文堂 発売 (レッドライジングブックス)
【要旨】世界初のVRMMORPG『ふろんてぃあーず』そんな『剣と魔法の世界』のゲームの世界に、ひとりの少女がログインした。刺繍とき絵とか、細かいことが大好き。戦闘はからきし苦手。そんな彼女のユーザーネームはバケツさん。トレードマークの「バケツヘルム」を引っ提げて、バケツさんは今日も剣と魔法の世界でひたすら生産する！
2017.5 287p B6 ¥1200 ⓘ978-4-8030-1044-2

◆**天球の星使い きみの祈りを守る歌** 天川栄人著 KADOKAWA (角川ビーンズ文庫)
【要旨】生まれた時から自分に宿る星の力を使う"星導士"が頂点に立つ世界、星の原。星をもたない少女・アステラを傍で守ってくれていたのは、謎の男・ロキ。でも彼の本当の目的も正体も、アステラには分からないまま。彼が突然だけでは嫌と一人立ちを決意し、星導士の集う"学院"に足を踏み入れたとき、アステラの世界は変わり始めた—。「この子さえいれば、俺はもう何も要らない」星に導かれて、運命の恋が始まる—！
2017.2 255p A6 ¥580 ⓘ978-4-04-105622-6

◆**クズと天使の二周目生活(セカンドライフ)** 天津向著 小学館 (ガガガ文庫)
【要旨】俺、雪枝桃也は三十歳の構成作家。先輩作家や知り合いから仕事をもらって食いつないでいる。同期はアイドルと結婚。かつての仕事仲間はそれぞれ栄達を重ねていくなか、一人まったく売れていない。誰が悪いんだ？頑張りすぎたあいつらか？頑張っていない俺なのか？そんなあるとき、俺は工事現場の落下事故に巻き込まれ命を落とすが、それは天使のミスだった!?救済措置で過去に戻れる？それなんてチートですか？お笑い芸人、天津向がおくる勝ち組への再起を懸けた人生やり直しコメディ！
2017.10 263p A6 ¥574 ⓘ978-4-09-451702-6

◆**四度目は嫌な死属性魔術師 2** デンスケ著 一二三書房 (サーガフォレスト)
【要旨】莫大な魔力と死属性魔法を駆使し、ゴブリンキングを倒しグールの集落の英雄となったヴァンダルーは、ザディリスの元で無属性魔法を習得すべく集落で生活していた。ザディリスの老化問題、集落の少子化問題などに取り組みながらも穏やかな時間を過ごすヴァンダル—達。だが、その頃グールの集落を壊滅させるべく、ノーブルオークのブゴガンが率いるオーク軍団が迫っていた。
2017.5 311p B6 ¥1200 ⓘ978-4-89199-433-4

◆**君に叶わぬ恋をしている** 道具小路著 KADOKAWA (富士見L文庫)
【要旨】八年前の自分の誕生日、突然の事故で妻のあかりを亡くした伊吹。今でもその死が信じられず、あかりに会いたいと望む伊吹の前に、一匹の黒猫が現れる。「奥に、奥さんに会いたいかい」「夢でも、嘘でも、幽霊でもいい」「そこまで言うなら、会わせてやろうか。幽霊に！」人と話すことが出来るその不思議な黒猫は、バーテンダーの伊吹に、自分を感動させるような酒を作ってもらうのを対価に、悩める人に言い—。「あなたにも、もう一度会いたい人はいませんか？」
2017.1 269p A6 ¥600 ⓘ978-4-04-072129-3

◆**賢者の転生実験 4** 東国不動著 アルファポリス、星雲社 発売
【要旨】オルレアン魔導学院に通うレオ達のもとに帝国軍進軍の報が入った。第一級魔法犯罪者オルドルフに関係する者として妹オリアの身柄を要求する帝国軍。味方は寡兵、頼みの防壁も超巨大剣を自在に操る魔将の攻撃で破壊された。危機的状況を打破するために、レオは敵陣深く潜入し、敵将との一騎打ちに賭ける。究極アーティファクト開発ファンタジー第4巻!!
2017.3 278p B6 ¥1200 ⓘ978-4-434-23039-4

◆**ゼロ能力者の英雄伝説—最強スキルはセーブ&ロード** 東国不動著 TOブックス
【要旨】ここは剣と魔法の世界・イヴァ。18歳になった彼は女神からスキルを授かることが出来る。騎士を夢見る少年ジンは、「セーブ」と「ロード」というスキルを授かるが、誰も詳細を知らず、周りから無能の烙印を押されてしまう。だが、ジンだけはとある事情で「日本のRPG」を知っていて、この能力のとてつもない有用性に気付いていた。それから彼はギャンブル・交渉・試験・バトルなど、様々な場面でやり直しを戦略的に繰り返し、成功を重ねていくのだった。—今、壮大なる英雄伝説が幕を開ける！
2017.11 318p B6 ¥1296 ⓘ978-4-86472-621-4

◆**僕の部屋がダンジョンの休憩所になってしまった件** 東国不動著 ツギクル、SBクリエイティブ 発売 (ツギクルブックス)
【要旨】東京の立川市の格安物件に引っ越した鈴木トオル。マンションのあまりの安さに幽霊でも出るのかと思いきや、なんとダンジョンとつながっていた！ゲーマーのトオルは、ディスカウントストアで購入した日本のアイテムでダンジョンの探索を始める。ダンジョンで助けた誇り高い金髪の女騎士、トオルをご主人様と慕う白スライム、孤独なエルフの女魔法使い。彼女たちはダンジョン内にある快適な部屋の魅力にもうメロメロ！トオルは日本のアイテムを使ったモンスター狩りを計画。徐々にレベルを上げて、スキルを獲得していき—。
2017.2 287p B6 ¥1200 ⓘ978-4-7973-8789-6

◆**僕の部屋がダンジョンの休憩所になってしまった件 2** 東国不動著 ツギクル、SBクリエイティブ 発売 (ツギクルブックス)
【要旨】東京の立川市の格安物件に引っ越した鈴木トオル。マンションのあまりの安さに幽霊でも出るのかと思いきや、なんとダンジョンとつながっていた！ゲーマーのトオルは、ディスカウントストアで購入した日本のアイテムでダンジョンの探索を始める。ダンジョンで助けた誇り高い金髪の女騎士、トオルをご主人様と慕う白スライム、孤独なエルフの女魔法使い。彼女たちはダンジョン内にある快適な部屋の魅力にもうメロメロ！トオルは日本のアイテムを使ったモンスター狩りを計画。徐々にレベルを上げて、スキルを獲得していき—。
2017.6 301p B6 ¥1200 ⓘ978-4-7973-9202-9

◆**僕の部屋がダンジョンの休憩所になってしまった件 3** 東国不動著 ツギクル、SBクリエイティブ 発売 (ツギクルブックス)
【要旨】地上の神殿でテレパシー言語を取得したトオルは、リア、ディート、ミリィ、シズクと共に再び探索中の江波さんの探索を開始する。順調に進んでいたトオルー行だが、突如オークの集団に遭遇。絶体絶命のピンチを救ってくれたのは、メスのオークだった！「異世界×日本」+「冒険×日常」の超やりたい放題新感覚ファンタジー小説、待望の第三弾！
2017.11 329p B6 ¥1200 ⓘ978-4-7973-9484-9

◆**ビアンカ・オーバーステップ 上** 筒城灯士郎著 星海社、講談社 発売 (星海社FICTIONS)
【要旨】文学界の巨匠・筒井康隆が書き上げた唯一のライトノベル作品、『ビアンカ・オーバースタディ』。その"正統なる続篇"を引っさげ、筒井が認めた破格の新人・筒城灯士郎の才気がついにヴェールを脱ぐ！天体観測の最中に突然消失してしまった好奇心旺盛な超絶美少女・ビアンカ北町。妹・ロッサ北町は愛する姉を見つけ出すため、時空を超えた冒険を始める！星海社FICTIONS新人賞受賞の超弩級SF、上下巻同時刊行！
2017.3 321p B6 ¥1350 ⓘ978-4-06-139964-8

◆**ビアンカ・オーバーステップ 下** 筒城灯士郎著 星海社、講談社 発売 (星海社FICTIONS)
【要旨】世界から姿を消した姉・ビアンカを見つけるため、時空を翔けめぐる追跡を続ける妹・ロッサ北町。ビアンカはどこへ消失したのか、"ウブメ効果"とは何なのか。そして"最未来人"とは誰なのか—。文学界の巨匠・筒井康隆が書き上げた唯一のライトノベル『ビアンカ・オーバースタディ』。その"正統なる続篇"に挑んだ新人・筒城灯士郎の筆致は、ジャンルの垣根を超えた箱へ—！星海社FICTIONS新人賞受賞の超弩級SF、上下巻同時刊行！
2017.3 270p B6 ¥1350 ⓘ978-4-06-139965-5

◆勇者召喚に巻き込まれたけど、異世界は平和でした 1 灯台著 新紀元社 （モーニングスターブックス）
【要旨】大学からの帰り道、3人の高校生と一緒に勇者召喚に巻き込まれた快人は、次の瞬間、異世界にいた。これはもしや魔王と戦う展開か!?そんなことを思う快人だったが、魔王は1000年前に倒されており、勇者は単なる祭りの主役だった。もとの世界へ帰れるのは1年後。それまで平和な異世界でのんびり過ごすことになった快人は、買い物に出かけた街で魔族の少女クロムエイナと出会う。以来、夜になると快人の部屋にやってくるクロムエイナ。その正体は…？「小説家になろう」発、「モーニングスター大賞」大賞受賞作!!
2017.6 321p B6 ¥1200 ①978-4-7753-1503-3

◆勇者召喚に巻き込まれたけど、異世界は平和でした 2 灯台著 新紀元社 （モーニングスターブックス）
【要旨】謎の女神シロの正体はやはり…？ 着ぐるみ少女に麗しき死王ほか、新キャラクターも続々登場！ 大学生の快人が勇者召喚に巻き込まれ、平和な異世界へやってきて2週間ほどが過ぎた。魔族のクロムエイナにほのかな恋心を抱くようになった快人だが、いまのところふたりの関係に大きな変化はない。そんなある日、快人は女神のリリアや万能メイドのアインとともに神殿を訪ねる。ところが到着早々、アインと時の女神が喧嘩を始めて!?「モーニングスター大賞」大賞受賞作、待望の第2巻!!
2017.11 317p B6 ¥1200 ①978-4-7753-1549-1

◆魔王と落ちて来た娘 饕餮著 一迅社 （メリッサ文庫）
【要旨】茜は仕事と家を失いかけた日に、突然異世界トリップしてしまう。目を覚ますとそこは魔族が暮らす世界だった。どうやら空から落ちて来たところを魔王ヴェルメリオに助けられたらしい。ところがこの世界では落とし物を自分のものにできるというルールがあり、彼は「おまえはもう、俺の妃だ」と言い出した！ そんな事簡単には認められるわけはない!!と抵抗を試みるけれど…!?濃密な異世界トリップ・ラブファンタジー！
2017.5 285p A6 ¥648 ①978-4-7580-4943-6

◆魔法女子学園の助っ人教師 東導号著 ホビージャパン （HJ NOVELS）
【要旨】数千年に一人の才能を持ち、人族にも拘わらずエルフの長に育てられた天才魔法使い、ルウ・ブランデル。全属性の魔法を使いこなし、大精霊・魔族すら自由自在に従える彼は、気ままな旅の途中、美しき貴族令嬢・フランを救う。すっかり惚れ込んだフランのアインの願いで、ルウは彼女が校長代理を務める「魔法女子学園」に赴任することに。かくしてフランとの恋を軸にした、可憐な女生徒たちをも巻き込んだ、最強魔法使いの教師生活がスタートする！
2017.4 335p B6 ¥1200 ①978-4-7986-1436-6

◆魔法女子学園の助っ人教師 2 東導号著 ホビージャパン （HJ NOVELS）
【要旨】至高の天才魔法使いでありながら、魔法女子学園の新人教師となったルウ。ルウを軽んじていた生徒たちも、その人柄と実力を知り次第に彼を慕うように。一方、ルウにプライドを傷つけられたうえ入れ込んだ生徒会長のジゼルが、親友ナディアと組み、ルウ、フランとモンスター討伐勝負をする事に。しかし当日、ナディアの秘密が原因で、思わぬ事態が引き起こされてしまう。その時、ジゼル達の命を救うべく、ルウが秘めたる力を発揮。二人の勇気ある行動は、少女ふたりの心を変えていく…？
2017.8 351p B6 ¥1200 ①978-4-7986-1511-0

◆婚約破棄系悪役令嬢に転生したので、保身に走りました。 3 灯乃著 アルファポリス、星雲社 発売 （レジーナブックス）
【要旨】前世で読んでいた少女漫画の世界に、悪役として転生したクリステル。ところが、ひょんなことから悪役回避に成功！ それからは、人外イケメン達に翻弄されたり、婚約者の王太子ウォルターとの恋に悩んだりと忙しくも充実した日々を送っていた。そんなある日、何者かが王宮を襲撃する事件が起き、クリステル達は対応に追われることに。さらには彼女の前に、凶暴な人外イケメンが出現!?前代未聞の脅威に立ち向かう先で、クリステルを待っていた結末とは―？ ネットで話題の転生ファンタジー、ついに完結！
2017.8 293p B6 ¥1200 ①978-4-434-23586-6

◆一目で、恋に落ちました 灯乃著 アルファポリス、星雲社 発売 （レジーナ文庫）
【要旨】親の決めた婚約者との仲を深めるため、地道な努力を続ける侯爵令嬢リュシーナ。けれどある日、婚約者の浮気現場に遭遇！ しかもその相手はリュシーナの友人だった。婚約者に捨てられた女の末路は暗く、リュシーナには悲しい未来予想図ばかりが浮かぶ…そんな彼女を助けてくれたのは、偶然居合わせた騎士ハーシェス。一目でリュシーナに心奪われたという彼は、すぐさま彼女に結婚を申し込んできて!?人生最悪の日に、素敵な男性との新たな恋の予感!?文庫だけの書き下ろし番外編も収録！
2017.7 372p A6 ¥640 ①978-4-434-23486-6

◆ポンコツ王太子と結婚破棄したら、一途な騎士に溺愛されました 灯乃著 スターツ出版 （ベリーズ文庫）
【要旨】人質まがいの政略結婚で、隣国へ嫁ぐ公爵令嬢ユフィーナ。夫となった王太子は愛妾にゾッコンで、ユフィーナの存在を完全無視。劣悪な環境でも持ち前の明るさで乗り切ってきたけれど、もう我慢の限界！ 王宮から逃げ出した彼女を待っていたのは、ずっと恋焦がれてきた最愛の騎士・ジークウェル。彼からの待ちわびた熱烈求婚＆溺愛に、胸の奥に閉じ込めていた恋心が溢れだして！
2017.8 309p A6 ¥620 ①978-4-8137-0301-3

◆アルゲートオンライン―侍が参る異世界道中 7 桐野紡著 アルファポリス、星雲社 発売
【要旨】VRMMO『アルゲートオンライン』の世界に、侍のリキオーとして転生してきた高校生・稜威高志。獣人族とヒト族の覇権争いに巻き込まれながらも、命からがら切り抜けた彼と仲間たちは、心を接触するという使命を果たすべく、広大なシルバニア大陸を南下し続けていく。ようやく辿り着いたのは、現代地球のような高度な文明を持った、謎の海洋国家エルマアド。そこには、この世界に五体いる真竜族最後の一体、竜金公が住んでいるという…。さっそく探索を進める彼らだったが、突如として水竜のイェニーにより呼び出され、新たな使命を課されてしまう。過去へ飛び、さらなる力を手にして来いというもの。しかし転移した彼らの前に、あらゆる攻撃が効かぬ妖怪「九尾の狐」が立ちはだかった。リキオーは、この超難敵を倒すために必要な装備「破邪の鎧」を手にすべく、無謀な試練に挑む！ ネットでも大人気！ 異色のサムライ転生ファンタジー第七章！
2017.3 266p B6 ¥1200 ①978-4-434-23139-1

◆アルゲートオンライン―侍が参る異世界道中 8 桐野紡著 アルファポリス、星雲社 発売
【要旨】絶対的存在「御遣い」VSチート侍＆幻狼コンビ。時を超えた壮絶バトルがいま始まる！ 異色のサムライ転生ファンタジー、第八章！
2017.8 280p B6 ¥1200 ①978-4-434-23595-5

◆史上最高のラブ・リベンジ 冬野まゆ著 アルファポリス、星雲社 発売 （エタニティブックスRouge）
【要旨】結婚を約束した彼との幸せな未来を夢見る絵梨。ところが、ようやく迎えた婚約披露の日―彼の隣で笑っていたのは何故か自分の後輩だった。人生最高の瞬間が一転、どん底まで突き落とされてしまう。理不尽に貶められた最悪な日々を送る中、絵梨に思いがけない転機が訪れる。なんと顔見知りのイケメン一雅翔から、二股男たちへの"復讐"を提案されたのだ！ 戸惑う絵梨だったが、気付けばデートへ連れ出され甘く強引に本来の美しさを引き出されていく。恋も復讐も、豪華に楽しく徹底的に！ 極上イケメンと失恋女子のときめきハッピーロマンス!!
2017.12 294p B6 ¥1200 ①978-4-434-24101-7

◆寝ても覚めても恋の罠!? 冬野まゆ著 アルファポリス、星雲社 発売 （エタニティブックスRouge）
【要旨】なに不自由なく暮らしてきた社長令嬢の鈴香。大企業の御曹司・雅洸と婚約もしていて、順風満帆な人生…のはずが、なんと突然、父の会社が倒産してしまった！ これを機に自分の甘さに気付いた鈴香は、自立を決意して婚約を破棄。それから何年か・堅実な生活を送っていた鈴香のもとに、海外勤務をしていた雅洸が戻ってくる。「婚約破棄を覚えているか」と、超強引に迫ってきて！ 昔みたいに子ども扱いするかと思えば、蕩けるような大人のキスもしてくる。押しかけ御曹司の極甘アプローチに、鈴香はたじたじで―!?
2017.1 280p B6 ¥1200 ①978-4-434-22923-7

◆秘書見習いの溺愛事情 冬野まゆ著 アルファポリス、星雲社 発売 （エタニティ文庫）
【要旨】下町で煎餅屋を営む祖父母に育てられた向日葵。彼女は高校時代に、本屋でハプニング的に唇を触れ合わせてしまった素敵なビジネスマンに恋をしていた。それから十四年。何故か、彼・庄野院楓（ゆき）賢が社長を務めることになり秘書見習いとして働くことに。仕事は完璧なうえ、優しい上司。と思いきや、楓（ゆき）賢は事あるごとに甘くイジワルに向日葵を翻弄してくる!?下町娘と大企業御曹司の溺愛ラブストーリー！ 文庫だけの書き下ろし番外編も収録！
2017.6 353p A6 ¥640 ①978-4-434-23303-6

◆迷宮と精霊の王国 4 塔ノ沢渓一著 アルファポリス、星雲社 発売
【要旨】不幸続きの日々を送っていた男、一葉楓は、三十五歳の誕生日を目前に死んでしまった。だが、神様のはからいで、少し若返った状態で異世界に転生。ひょんなことから、ハーフエルフの美少女アメリアと出会い、いつの間にやらエレストリア王国の貴族となっていた。あるときカエデは、仲間とともに魔物に包囲されている西の砦へ救援に向かう。彼でさえ苦戦する行軍を続け、一行はどうにか砦にたどり着く。あとはひたすら魔物を討伐するだけ…と思いきや、魔物の大量発生の原因となった悪魔が復活を遂げていた。圧倒的な力を持つこの悪魔に立ち向かえるのは、カエデしかいなかった。この戦いに負けると、人類は滅びる。ついにカエデ最後の大勝負の幕が上がった―Webで大人気の金稼ぎダンジョンファンタジー、堂々の完結!!
2017.1 278p B6 ¥1200 ①978-4-434-22934-3

◆図書迷宮 十字静著 KADOKAWA （MF文庫J）
【要旨】あなたは思い出さなければなりません。心的外傷の奥に潜む父の仇を探し出し、奪われた名誉と失った魔法を取り戻すのです。吸血鬼の真祖の少女、アルテリアと共に。そのために図書館都市を訪れ、ありとあらゆる本が存在する図書迷宮に足を踏み入れたのですから。あなたには一つの大きな障害があります。あなたの記憶は八時間しか保ちません。ですが、方法はあります。確かにあるのです。足掻いてください、あなたが人間足りうるために。全ての記憶を取り返すために。第十回MF文庫Jライトノベル新人賞、三次選考通過の問題作、ついに刊行―。
2017.10 503p A6 ¥780 ①978-4-04-068344-7

◆起きたら20年後なんですけど！悪役令嬢のその後のその後 1 遠野九重著 フロンティアワークス （アリアンローズ）
【要旨】毒殺されかけたのをきっかけに、前世の記憶を思い出したフィオリア。ここは乙女ゲーム世界で私はライバル令嬢!?噂に聞いた魔法で九死に一生を得たものの、次に目覚めたら20年後。しかも当時のままの姿だった！ ゲームのエンディングどころか、スタッフロールも通り過ぎた今、祖国は傾き中。原因はゲームヒロインと、かつてのチート令嬢!?彼女は今。愛する彼女を、フィオリア毒殺未遂の黒幕!?彼女達に借りを返し、国を立て直すことにしたフィオリアだけど―!?『『暴風の女帝』と呼ばれた私を止められるならば、止めてみせなさい！』誰よりもイケメンなお嬢様が送る、異世界転生ファンタジー開幕！
2017.12 300p B6 ¥1200 ①978-4-86657-074-7

◆紅蓮の幻夢使い（ファンタジアマスター）―金色の文字使い（ワードマスター）野望の軌跡編 十本スイ著 KADOKAWA （富士見ファンタジア文庫）
【要旨】"魔国・ハーオス"の城を離れ、亡き母との約束であり、彼女の"野望"―人間、魔人、獣人、すべての者が笑顔で過ごせる世界を作るために孤独な旅を続けうりリアン。しかし、種族間の差別は根強く、何も変わらない世界に心が折れそうになっていた。そんな時、「これは運命です！」「はいです！」シウヤやシャモエなど異端で個性的な存在と出会って―！これは、リリィンが、"ぼっち高校生"・丘村日色と出会うずっと昔の物語。赤バラの魔女・リリィンが、"仲間"と出会う旅の軌跡。ウイの父・クゼルとリリィンとの出会いや日色と仲間たちの日常など、書き下ろし満載の短編集、開幕！
2017.6 328p A6 ¥620 ①978-4-04-072298-6

◆金色の文字使い（ワードマスター） 10 勇者四人に巻き込まれたユニークチート 十本スイ著 KADOKAWA （富士見ファンタジア文庫）
【要旨】『獣人族』と『魔人族』による運命の決闘を終え、"魔国・ハーオス"へと帰国した日色た

ヤング・アダルト小説

ちは、突如現れた黄色いサルに似た精霊・テンに導かれ、精霊の住処―スピリットフォレストに赴く。新たな力を求める日色は、そこで"精霊契約"なるものの存在を知り―!?時を同じくして、"始まりの樹・アラゴルン"の枯渇という被害を受けた"獣王国・パシオン"にも、"人間国・ヴィクトリアス"にも、"マタル・デウス"の魔の手が忍び寄る！ついに、先代魔王・アヴォロスが、世界征服に向けて動き出す！「マタル・デウスの暗躍」編、突入！
2017.3 350p A6 ¥620 ①978-4-04-070961-1

◆金色の文字使い(ワードマスター) 11
―勇者四人に巻き込まれたユニークチート
十本スイ著　KADOKAWA (富士見ファンタジア文庫)
【要旨】先代魔王・アヴォロスが「人間国」を乗っ取った事で、世界戦争のカウントダウンが始まる。その恒、「魔人族」と「獣人族」の不可侵同盟を結ばせる事に成功した日色は、"文字魔法"が効かないアヴォロスとの戦いに備え、魔法に頼らない力の"太赤繝"の修行を開始する。時を同じくして、「人間国」の王城を辛くも脱出した国王代行・ジュドムは、過去と未来を知る謎の女性・マルキスの助言で「魔王直属護衛隊」のテッケイルと合流し、日色たちのいる「魔国」を目指す―！一方、魔王が呼ばれた浮遊城の魔国の魔神族召喚された3種族が集結する―イデア戦争編、開戦！
2017.10 315p A6 ¥600 ①978-4-04-072340-2

◆金色の文字使い(ワードマスター) 12
―勇者四人に巻き込まれたユニークチート
十本スイ著　KADOKAWA (富士見ファンタジア文庫)
【要旨】アクウィナスの裏切りによりミュアとミミルが誘拐された。魔王軍最強の将軍・アクウィナスがアヴォロス側に寝返ったことで動揺が広がる中、イヴェアムはこの戦争に勝利するべく、連合軍の指揮を執ることを決意する。アヴォロス、ミュアたちの奪還を託された日色は、アヴォロスの居る浮遊城への潜入を画策する中、なんとこの世界に伝わる英雄譚"ティンクルヴァイクルの冒険"の隠された真実を知り!?ついに始まる全面戦争。各地で"マタル・デウス"の因縁の対決が繰り広げられる中、「本気なんだな」「ああ、嘘偽りなく」―日色とアクウィナスもまた、最強をかけて激突する！「魔神復活編」、胎動！
2017.12 391p A6 ¥660 ①978-4-04-072341-9

◆創炎のヒストリア 2　神託少女の創世録(ビブリオン)　十本スイ著　KADOKAWA (MF文庫J)
【要旨】学園を襲撃した鬼を退けた功績を買われ、"学園守護会"の一員として試験的になったソージ・アルカーナ。ある日、同じクラスにやってきた転入生の姿に、彼は驚愕する。なんと、前世で幼馴染だった少女に瓜二つだったのだ。少女との接触を図ろうとするソージの為に、二人の浮遊城を教える、なんとあのやきもち妬きのお嬢様だった。少年執事とお嬢様の間に生まれた感情とは!?そして、鬼の再来により学園は再び危機を迎える。―幼馴染と赤裸々なお嬢様に挟まれて、転生執事はこのピンチをどう切り抜けていくのか!!
2017.1 249p A6 ¥580 ①978-4-04-067949-5

◆ロード・オブ・リリイト―最強スキル"魔眼"で始める反英雄譚　十本スイ著　KADOKAWA (富士見ファンタジア文庫)
【要旨】「お前の中には強大な力が眠っている。革命の灯を、お前は灯せるか」―その時、少年は差し伸ばされた手を掴み選んだ。革命の道を。それが神へも背いた"大罪"の道だとしても。自らを"勝利の民"と呼ぶ帝国に支配された世界。転生者の少年・アヴィスはその眼に映るすべてを支配し、意のままに書き換える絶対不可避の力があった。かつてこの世界を破滅に導いた"七つの大罪"の一人"傲慢"の継承者である少年は、育ての親との約束のため、彼を溺愛するハーフエルフの美少女・アルティアと共に新国家をあすべく反旗を翻す―！これは、反逆の英雄譚。伝説が再び、始まろうとしていた。
2017.12 375p A6 ¥660 ①978-4-04-072562-8

◆聖剣が人間に転生してみたら、勇者に偏愛されて困っています。　富樫聖夜著
KADOKAWA (ビーズログ文庫)
【要旨】聖剣エクセルティーアの生まれ変わりであるルティアは、ギルドで働く普通の女の子。ある日、元の持ち主・勇者アシュルドがギルドにやってきた！実はエクセルティーアは、魔王との戦いで折れ、聖剣としての役目を終えていたのだ。なのに彼は、未だ手元に置いた

風呂に入る時も寝る時も大事に抱いて…。私が転生した姿だとバレたら、この溺愛どうなるの!?
2017.6 286p A6 ¥640 ①978-4-04-734670-3

◆聖剣が人間に転生してみたら、勇者に偏愛されて困っています。　2　富樫聖夜著
KADOKAWA (ビーズログ文庫)
【要旨】聖剣エクセルティーアをこよなく愛する勇者アシュルドに、その聖剣の生まれ変わりだとバレたルティア。さぞ溺愛される―と思いきや、関心はやっぱり聖剣本体!!複雑な心境のルティアへかつての仲間は「生身の女の子の良さを分からせたらいい」と助言(？)をする。しかし折入久カシュシーの使者がやってくるが、その人物は、女装が趣味の放蕩王子で…!?
2017.12 251p A6 ¥620 ①978-4-04-734870-7

◆4番目の許婚候補 番外編　富樫聖夜著 アルファポリス, 星雲社 発売 (エタニティ文庫)
【要旨】庶民なOLのまなみは、上司で御曹司の彰人とラブラブ婚約中。ある日、会社でガールズトークをしていたら、先輩社員の明美が思わぬ質問をしてきた。「課長のアレってどうなの？」―課長のアレってまさか？ふたりの夜の生活について過激な質問が炸裂し、タジタジになってしまったまなみだが、さらにそれを彰人本人に聞かれてしまい…!?傍聴するだけではたまらなく甘い時間を描いた大人気シリーズ番外編！文庫だけの書き下ろし番外編も収録！
2017.2 319p A6 ¥630 ①978-4-04-892661-4

◆おことばですが、魔法医さま。―異世界の医療は問題が多すぎて、メスを入れざるを得ませんでした　時田唯著　KADOKAWA (電撃文庫)
【要旨】優秀な医学生の伊坂練次郎が召喚された世界。そこは回復魔法が正統な医療として発展した異世界だった。魔法医の少女コーディィなる魔法治療を目にした伊坂は、それが内科的な病気にあまり効果がないことに気づく。ならば！最新医療と現代知識を活かして病に苦しむ人たちを診て回るが、それを知ったコーディィがやってきてブンスカ怒りだし―??「魔法こそ唯一絶対の医療なんです！あなたの言うカガク？なんて認められません！」自らの医療技術に絶対の自信をもつ少女と、現代医療に全幅の信頼を置く青年。二人の出会いが異世界医療に衝撃を刻む!!
2017.2 319p A6 ¥630 ①978-4-04-892661-4

◆おことばですが、魔法医さま。 2　異世界の魔法は強力すぎて、現代医療に取り入れざるを得ませんでした　時田唯著　KADOKAWA (電撃文庫)
【要旨】魔法医療だけが発達した異世界に召喚された、優秀な医学生の伊坂練次郎。魔法だけでは治せない患者を持ち前の知識と技術で助けてあげたりと、この世界に現代医療を持ち込み大活躍していた伊坂は今、魔法医コーディィ、錬金術師リアとともに隣国へ向かう船の中にいた。武国グリムヒルの国王が病に臨し、医療の助けを必要としている―そう知らせを受け、砂の海を行く一行。しかしグリムヒルは社会にはびこる悪魔の獣ネズミの攻撃を受けていて―!?現代科学医学×異世界魔法医療で贈る、異世界医療革命譚、第二弾!!
2017.9 285p A6 ¥610 ①978-4-04-893329-2

◆おとぎの森の幼女姫　時野つばき著　白好出版, 星雲社 発売 (ホワイトブックス)
【要旨】王位を纂奪しようとした野望卿ジークフリートは、ついには従兄を殺すという暴挙に出る。しかし、正統な王位継承者となるためには、姫である幼き姫、ララ姫との婚姻が必要。姫を捕らえようとする野望卿の追っ手を退けるために、王国の騎士達は一人また一人と数を減らしていく。最後に残った騎士とは「茨のギデオン」ギデオン・ゾーン。ギデオンは汲っ手を振り切るため、魔物どもが棲むといわれている禁断の森へと入っていった。そこを進むギデオンとララ姫が出会ったのは、紅い鱗のドラゴン。騎士とドラゴンは不倶戴天の敵。魔を進むギデオンとラ姫は不倶戴天の敵。疲れ果てている騎士は、姫を守るために剣の柄に手をかけた。国王夫妻を亡き者にし、国中を暴政で混乱に陥れる野望卿。不倶戴天の敵であるはずの騎士とドラゴンは、不本意ながらも手を取り合う。幼き姫を守るために―それだけで。
2017.4 279p B6 ¥1200 ①978-4-434-23164-3

◆異世界でアイテムコレクター 3　時野洋輔著　新紀元社 (MORNING STAR BOOKS)
【要旨】魔王の娘によって異世界に召喚され、人間が住む町ラビスシティと迷宮内の魔王城

を行き来しながら、アイテムの創造とコレクションに励むコーマ。思いがけない1日女子体験をしたり、殺人料理大会を目撃したり、町を襲う危機に立ち向かったり―コーマの日常は騒がしすぎる!?「小説家になろう」発、「ネット小説大賞」受賞作第3弾！
2017.5 321p B6 ¥1200 ①978-4-7753-1496-8

◆異世界でアイテムコレクター 4　時野洋輔著　新紀元社 (モーニングスターブックス)
【要旨】大魔王ルシファーの力を継ぎ、異世界に散らばる七十二財宝を収集しながら、魔王城で賑やかに暮らすコーマ。そんななか、依頼を受けたコーマと勇者クリスはリーリウム王国へ。変態百合女王との危険な対面のあと、王国に向かうが、そこには緑の牢獄に捕らわれた謎の少女が―!?「小説家になろう」発、「ネット小説大賞」受賞作、スライムまみれの第4弾！
2017.8 321p B6 ¥1200 ①978-4-7753-1534-7

◆異世界でアイテムコレクター 5　時野洋輔著　新紀元社 (モーニングスターブックス)
【要旨】異世界に散らばる七十二財宝を収集しながら、大魔王の娘ルシルとともに魔王城で暮らすコーマ。もとは男子高校生のコーマ。すべての魔物の王」と呼ばれるゴブリン王の誕生を阻止する激しい勇者の強制任務を発動するため、仲間を守ると決めたコーマは、人間と対立することになり…。コーマが再び竜化する!?「小説家になろう」発、「ネット小説大賞」受賞作、第5巻。真実を知るときがきた―!!
2018.1 321p B6 ¥1200 ①978-4-7753-1566-8

◆お魚から人外転生の出世魚物語―ブラックバスからいつかブラックドラゴンへ！　時野洋輔著　リンダパブリッシャーズ, 泰文堂 発売 (レッドライジングブックス)
【要旨】ふと気が付けば水の中。主人公は日本人から異世界転生して、"ブラックバス"になっていた。しかも突然現れた神様(自称)から「褒美をあげるから進化してブラックドラゴンになってね」と言われる始末。努力してお魚からの進化を続ける少年、運命的に出会った少女・ノーチェ。彼女と再会するため、ご褒美を「人にしてもらう」と決意し、今日も進化に邁進する！
2017.6 303p B6 ¥1200 ①978-4-8030-1057-2

◆ガチャにゆだねる異世界廃人生活　時野洋輔著　KADOKAWA (富士見ファンタジア文庫)
【要旨】ソシャゲガチャをこよなく愛する俺、来宮廻はスキルやアイテムが当たるガチャ能力を手に、異世界への転生を果たす。レアアイテムでの悠々自適ライフを期待していたんだけど、出るのは「たこ焼き1ヶ月分」や「土下座スキル」みたいなハズレばっかりで―。こんなの異世界で役に立つワケないだろぉ!!しかも「町まで案内しなさい！お金は払うからお願いします！」迷子のポンコツ盗賊少女と出会ったことから、伝説の魔物退治やら、次々と面倒事に巻き込まれて!?―でも信じてる。いつかSSRで理想の生活が出来るってな。ガチャ運任せの異世界物語、回転開始！
2017.2 299p A6 ¥660 ①978-4-04-072225-2

◆ガチャにゆだねる異世界廃人生活 2　時野洋輔著　KADOKAWA (富士見ファンタジア文庫)
【要旨】「突然押しかけてすみません」ガチャを愛する俺、来宮廻を転生させた女神、セリーア様が地上に現れた！彼女の依頼で俺達のパーティは古代遺跡を調査することになったんだけど…近くの湖で水着(ガチャで出た)着て遊んでるだけじゃねえか！まともに調査を始めたと思ったら、かつての盗賊仲間と再会したエミナがパーティを脱退しようとしたり、遺跡の呪いが解けて最強の邪神が復活したり、とんでもない状況に!?…フフフ。大ピンチが連発しているが、確率が収束する今こそSSRの登場フラグ！奇跡の激レアで全部の問題解決(多分)！ガチャ運任せの異世界コメディ、絶賛回転中！
2017.6 309p A6 ¥660 ①978-4-04-072232-0

◆成長チートでなんでもできるようになったが、無職だけは辞められないようです 2　時野洋輔著　新紀元社 (MORNING STAR BOOKS)
【要旨】就活連敗中の楠一之丞・20歳。いつものように面接会場に向かっていたある日、暴れ馬の群れに巻き込まれて死んでしまう。ところが10億人にひとりの大チャンスで異世界に転移。女神から400倍のスピードで成長する能力も授かり、一之丞は「イチノジョウ」の名前で無職の

まま異世界生活を始める。迷宮の町フロアランスで、白狼族の奴隷少女ハルワタートに出会ったイチノジョウは、手に入れたスキルと職業を駆使して迷宮を攻略。成長チートを胸に、次なる冒険の旅に出ることに！「小説家になろう」開催「ネット小説大賞」金賞受賞作、シリーズ第2巻！
2017.1 311p B6 ¥1200 ①978-4-7753-1467-8

◆成長チートでなんでもできるようになったが、無職だけは辞められないようです 3
時野洋輔著　新紀元社
【要旨】異世界アザワルドに転移した無職の青年、楠一之丞（イチノジョウ）。白狼族の少女ハルワタートと、元誘惑士のキャロルとともに、職業：無職のまま、さまざまな職業のスキルを駆使して旅を続けていた。新たな町で、イチノジョウと同じく、もとは日本人だという仮面少女やイケメン聖騎士とも出会い、なぜか禁断の薄い本も入手！？だが、意外な罠もイチノジョウを待ち受けていた―。「小説家になろう」開催「ネット小説大賞」金賞受賞作、シリーズ第3巻！
2017.6 313p B6 ¥1200 ①978-4-7753-1497-5

◆成長チートでなんでもできるようになったが、無職だけは辞められないようです 4
時野洋輔著　新紀元社（モーニングスターブックス）
【要旨】異世界アザワルドに転移した無職の青年、楠一之丞（イチノジョウ）。白狼族の少女ハルワタートと元誘惑士のキャロルのふたりに加え、もとは日本人の仮面少女マリーナという新たな仲間も得て、イチノジョウの旅は続く。次に向かった町で、イチノジョウたちは魔物の群れと対峙することに。その背後にはある存在が―。「小説家になろう」開催「ネット小説大賞」金賞受賞作、シリーズ第4巻！
2017.10 319p B6 ¥1200 ①978-4-7753-1542-2

◆そのスライム、ボスモンスターにつき注意　最低スライムのダンジョン経営物語 1
時野洋輔著　双葉社（モンスター文庫）
【要旨】ダンジョン学園を主席で卒業した少女・シエル。ダンジョンを作るため、満を持してボスモンスターを召喚した彼女だったが、現れたのは単なる「スライム」だった！？この物語は人間の言葉をしゃべるスライム・タードが、不幸なダンジョンフェアリーととともに本格的なダンジョン経営に乗り出すサクセスストーリーである！！
2017.12 249p A6 ¥583 ①978-4-575-75176-5

◆ちどり亭にようこそ 2　―夏の終わりのおくりもの
十三湊著　KADOKAWA（メディアワークス文庫）
【要旨】いつも元気な店主・花柚が、小学生のとき以来だという風邪をひいて、寝込んでしまう。急きょピンチヒッターを頼むことになり、彼女が声をかけたのは、西陣で人気店を営んでいる松園というおじさん。幼い頃から花柚を知っているという彼は、ひときわ美味しい料理を生み出す、個性的な人だった―。待望の第2巻！
2017.4 286p A6 ¥610 ①978-4-04-892884-7

◆現実主義勇者の王国再建記 3　どぜう丸著
オーバーラップ（オーバーラップ文庫）
【要旨】アミドニア公国への『征伐』を果たし、一連の戦後処理に入った暫定国王のソーマは、次なる一手である『プロジェクト・ローレライ』を始動させる。それは王音放送を使用した娯楽番組。国民を楽しませるだけに思えたその番組は、占領下にあるアミドニア公国首都『ヴァン』でも放送されていた。放送を行ったソーマの真意とは―！？さらにジュナとトモエと共にヴァンで休暇を取ったソーマは、グラン・ケイオス帝国女皇の妹ジャンヌ・ユーフォリアと遭遇―。理想を掲げた聖女のジャンヌに、ソーマはどのような"交渉"を持ちかけるのか―！？革新的な異世界内政ファンタジー、第3巻！
2017.2 319p A6 ¥650 ①978-4-86554-191-5

◆現実主義勇者の王国再建記 4　どぜう丸著
オーバーラップ（オーバーラップ文庫）
【要旨】アミドニア公国との戦争を終えた暫定国王ソーマの下に予期せぬ一報が届く。それは敵対国であった公国全土からの併合要請。内乱が起こり、さらに他国からの侵攻もあった公国は、対抗するためにエルフリーデン王国の力を必要としていた。併合を認めたソーマは、公国を守り抜いた立役者を表彰すべくヴァンに召喚する。が、山積みにされた献上品のなかに公国の妹姫ロロアが姿を現し――「ソーマはんさぁ、うちのこと、欲しいん？　それとも欲しくないん？」ロロアから突然の求婚を受けたソーマは、いかな

る裁断を下すのか…！？ますます人気加速中の革新的な異世界内政ファンタジー、第4巻！
2017.6 319p A6 ¥650 ①978-4-86554-226-4

◆現実主義勇者の王国再建記 5　どぜう丸著
オーバーラップ（オーバーラップ文庫）
【要旨】新たな国家「フリードニア王国」が誕生し、新国王となったソーマ。教育番組の放送など国民の啓蒙を着々と進めるなか、ソーマは国防軍総大将に就任したエクセルが統治する水上都市ラグーンシティを訪れる。そこで待っていたのは、かつてソーマに敗れた元空軍大将カストール。突然の訪問を訝しむカストールに対し、ソーマは国防軍の極秘プロジェクトを明かし―！？「お前は一体ぜんたい何を造り上げたんだ…！？」想像を超える光景に絶句したカストールへ、ソーマが下す王命とは！？物語は次なるステージへ！革新的な異世界内政ファンタジー、第5巻！
2017.10 319p A6 ¥650 ①978-4-86554-272-1

◆不屈の勇士は聖女を守りて　戸津秋太著
アルファポリス、星雲社　発売
【要旨】ある日突然、異世界の森の中で目を覚ました高校二年生の篠原悠真。一体何が起きた？なんて考える間もなくゴブリンに襲撃された悠真は、深手を負って意識を失ってしまう。そんな彼を介抱したのは、聖女と謳われる類稀なる聖職者シャルナだった。心優しきシャルナに救われた悠真は、この孤独な異世界を、冒険者として生きていくことに決めた。剣の才もなければ加護持ちでもない。だからあくまでも命の安全を第一に考え、危険のない薬草採取の依頼ばかりをこなしていた。そんなある時、冒険者ギルドに火急の報せが届く。街外れで大量のゴブリンが発生し、シャルナが滞在する村に進撃しているというのだ。普段悠真を臆病者呼ばわりする冒険者たちがこぞって尻込みする中、悠真はたった一人、シャルナ救出に立ち上がる。敵は六十体超。聖女を守るため、無才の青年が無謀な戦いに挑む―
2017.5 297p B6 ¥1200 ①978-4-434-23346-3

◆不屈の勇士は聖女を守りて 2　戸津秋太著
アルファポリス、星雲社　発売
【要旨】異世界で冒険者として生活を始めた矢先、ゴブリン大群戦で命を落としかけた篠原悠真。瀕死状態だった彼を救ったのは、内から湧き出る超常の力だった。その力は一体何だったのか―その秘密の鍵を握るという神殿の巫女を訪ね、悠真は王都へと旅立つことを決断する。時を同じくして、王都に建つ神殿にて、教祖の下に神から一つの神託が下された。それは、破滅の邪神が世界を滅亡させるという預言。そしてその救いとなるのは、異界からやってきた青年、すなわち悠真しかいないというものだった。思いもよらぬ形で世界の命運を託されることになった悠真。その理不尽さに猛烈な怒りを覚えるものの、かつて彼を救ってくれた聖女シャルナや、親しくなった人々のことを思い、意を決して邪神討伐に立ち上がる。そして始まる対邪神戦―悠真の中に眠る神の力が目覚めた時、戦場で奇跡が起こる。
2017.10 287p B6 ¥1200 ①978-4-434-23807-9

◆ハウリングソウル 1　流星と少女　凸川凹著　マイクロマガジン社（ブックブラスト）
【要旨】関東地方の、とある小さな海辺の町で生活する高校2年生、壬生吼介は今日も家計の平和維持活動に精を出す一方。ビルの解体、大型資材の搬入、はては外宇宙から襲来する侵略獣の殲滅…まで。学校では大人しく目立たない日々を送る吼介は地球防衛機構"獣の檻"の依頼で出動する巨大ロボ"ギガント・ギア"のパイロットだったのだ！　過去の"とある事件"から他人との距離を置いて生活する吼介が、ハイテンションな2歳年上の幼馴染、羽鳥静花も巻き込んだ非凡な日常が動き始める―。
2017.9 323p B6 ¥1480 ①978-4-89637-655-5

◆ご主人様の指先はいつも甘い蜜で濡れている　ととりとわ著　アルファポリス、星雲社　発売（エタニティブックス）
【要旨】家事代行会社に勤める、26歳の菜のか。社長命令で新規顧客のお宅を訪問したところ―突然、超イケメン男性から書斎で壁ドン！？混乱する菜のかに、星見と名乗った彼は、月100万円払うから3か月間住み込みで家政婦をやるよう迫ってきた。しかも、対外的には"妻"として振る舞うこと、という条件までつけて。怪しすぎる仕事を断ろうとした菜のかだけれど、星見に強引に押し切られてしまい―妖艶セレブと平凡家政婦の、よこしま・ペット契約。
2017.11 291p B6 ¥1200 ①978-4-434-24010-2

◆転職の神殿を開きました 4　土鍋着　双葉社（モンスター文庫）
【要旨】カナメとクルメはクルシス神殿長・プロメに呼び出され、一枚の書状を渡される。何事かと不安な気持ちの二人が目にした内容―それは、なんとパーティーへの誘いだった！！一気に気が抜けるカナメたちだったが、パーティー会場では恐るべき計画が練られていて…。ジョブチェンジ能力を持つ主人公が繰り広げる、「小説家になろう」発異世界職業ファンタジー！？
2017.7 293p A6 ¥602 ①978-4-575-75145-1

◆転職の神殿を開きました 5　土鍋着　双葉社（モンスター文庫）
【要旨】神殿長に呼ばれたカナメは「神殿を開きたい気持ちに変わりはないか」と問われる。「転職の神殿」を新たに作りたいカナメの答えは、イエス。そして、その神殿を建てる候補地となったのは、奇しくもカナメが異世界召喚された場所「ルノール村」だった。懐かしい気持ちで現地へと旅立った一行だったが…ジョブチェンジ能力を持つ主人公が繰り広げる、異世界職業＆バトルファンタジー！！
2017.12 334p A6 ¥639 ①978-4-575-75175-8

◆放課後ヒロインプロジェクト！　藤並みなと著　KADOKAWA（角川ビーンズ文庫）
【要旨】高一の相原ゆずは、少女漫画のヒロインに憧れるも女子力0！　ある日、クラスメートの一ノ瀬慧が、大好きな少女漫画家・芹野井ちさとだと知ったゆずは、特訓してと頼むが―引き気味の慧に言われた最初の課題は『学園の王子様・柏木篤臣にラブレターを書いてぶつかれ』！？その後も次々と課題に取り組むゆずだが、"プロデューサー"慧にも何やら悩みがあるようで…？　超前向き女子とクール（？）な漫画家男子の、胸きゅんコメディ！
2017.9 255p A6 ¥580 ①978-4-04-106040-7

◆ふむ、どうやら私は嫌われトリップをしたようだ　東雉雨紗霧著　マッグガーデン（マッグガーデン・ノベルズ）
【要旨】過労で死んだ女医の"私"は、『君と永久に』という乙女ゲームの世界に一般生徒として転生した。折角だからと、早速ヒロインである羽崎明と仲良くしようと試みたけれど、どうやらコイツは"私"が気に入らないらしく…。ある日"私"は羽崎明に濡れ衣を着せられ学校中の悪者にされてしまう！キレた"私"は、ある計画を立てる。この物語は"私"の、ヒロインとその取り巻きに対する復讐劇である。
2017.6 273p B6 ¥1200 ①978-4-8000-0679-0

◆スーパーカブ　トネ・コーケン著　KADOKAWA（角川スニーカー文庫）
【要旨】山梨の高校に通う女の子、小熊。両親も友達も趣味もない、何もない日々を送る彼女は、中古のスーパーカブを手に入れる。初めてのバイク通学。ガス欠。寄り道。それだけのことでちょっと冒険をした気分。仄かな変化に満足する小熊だが、同級生の礼子にふと話しかけられる―「わたしもバイクで通学してるんだ。見る？」1台のスーパーカブが仲良しの彼女の世界を小さく輝かせる。ひとりぼっちの女の子と世界で最も優れたバイクが紡ぐ、日常と友情。
2017.5 285p A6 ¥600 ①978-4-04-105663-9

◆スーパーカブ 2　トネ・コーケン著　KADOKAWA（角川スニーカー文庫）
【要旨】両親も友達も趣味もない、何もない日々を過ごしていた小熊が、スーパーカブを買って数か月。季節は変わり、南アルプスの麓に吹く風は日に日に冷たくなっていく。かじかむ指。かかりにくくなるエンジン。肺が遠くへ向かう風。雪の積もった道路―同じくバイク乗りの礼子と共に、試練の季節へ挑む小熊。カブとの出会いで少しずつ変わる彼女のことが、同級生の恵庭椎は気になっていて…。少女たちとバイクの、厳しくも楽しい冬が始まる。
2017.10 254p A6 ¥620 ①978-4-04-105960-9

◆アンチスキル・ゲーミフィケーション 2　不機嫌なエルフはグリフィンと飛ぶ夢を見る　土橋真二郎著　KADOKAWA（MF文庫J）
【要旨】異世界召喚された薙野は、街の様々な問題を解決し、闇エルフの襲撃をも退けて「攻略サイト」としてその地位を確かなものにしていた。しかし、今度は巷に溢れる冒険者の就職難や他都市へ向かう街道整備などの問題を見事に解決する。「仲間に聞くと、人間の男は黙っていてくれると教わった。でも、ご主人は耳がいいとか可愛いとか妙なことを口走って、ちょっ

ヤング・アダルト小説

と怖くなった」「確かにナギ様は、そういうところがありますからねえ」助けたケモ耳娘に子作りを求められ、フレアには呆れられた。今度は水着も（ぽろり）あるよ！ 異世界改革ファンタジー、待望の第二弾！
2017.3 262p A6 ¥580 ①978-4-04-069147-3

◆処刑タロット　土橋真二郎著
KADOKAWA　（電撃文庫）
【要旨】クリア率98％のVR脱出ゲームを、ただひとり"真のバッドエンド"で迎えた高校生の鳴海恭平。その腕前をゲームの制作者である片桐渚に見込まれた鳴海は、死のリスクがあるという裏の脱出ゲーム"サドンデス"に招待される。鳴海はある人物を探し続けていたゲームに身を晒し続ける"死にたがり"のクラスメイト・梨々花。しかしゲームの中で再会を果たした彼女は、"処刑タロット"と呼ばれるカードの呪いに囚われていた！ 梨々花を救うためには、危険なゲームをクリアし、できる限り"処刑タロット"を集めるしかない。だがゲームには、他にも様々な事情でカードを手にした少女たちが参加していて…！？
2017.11 300p A6 ¥610 ①978-4-04-893462-6

◆AIに負けた夏　土橋真二郎著
KADOKAWA　（メディアワークス文庫）
【要旨】成功率百パーセントの恋愛があります――。失恋に落ち込む大学生、秋山明はAIによる恋愛シミュレーションを受ける。その相手は実在する女性のデータをインプットしたアンドロイドだった。「――私には何かしてしまった赤い糸をつなぐためにここに来ました」というシステムのバグで"消失"したという秋山の運命の相手に関するデータ。彼女の行方を探すために始められた擬似デートをきっかけに、複雑に絡まった赤い糸が紐解かれていく。ひと夏の恋愛ミステリー。
2017.7 278p A6 ¥610 ①978-4-04-892962-2

◆RE; SET─学園シミュレーション─１万4327度目のボクは、１度目のキミに恋をする。　土橋真二郎著　KADOKAWA　（富士見ファンタジア文庫）
【要旨】「完全なる仮想世界を作った時点で、世界は偽物になる」学校は詳細に再現されていた。床や壁の質感も生徒たちの姿も、そして匂いも感じた。科学情報部には、とある"天才"の残した、学校のすべてを予測できる法則が人知れず存在した――。7月。simの独占によって、高校生活を謳歌していた今野遼太郎は、仮想世界の中で殺される……。幼馴染、親校生のギャル、後輩のスポーツ少女…数々の恨みをかう今野が、死の運命を回避する方法はただ一つ――彼女らの好感度を上げること!? 死の時間は1学期最終日。現在を繰り返し彼女たちの攻略ルートを構築せよ。その日、彼女は死なずに済むか──
2017.3 282p A6 ¥600 ①978-4-04-072268-9

◆俺、「城」を育てる―可愛いあの子は無敵の要塞になりたいようです　富哉とみあ著
KADOKAWA　（ファミ通文庫）
【要旨】D級冒険者のトーマは、瀕死のところを謎の幼女イェタに助けられるが、彼女は人間に住む小さな精霊だった！ しかも彼女に魔物を捧げたり、城を改修したり、豪華な施設を配置したりできるらしい。「立派なお城になりたい！」イェタの望みを聞き、一緒に暮らすことになったトーマは、城をパワーアップすべく奮闘しながら彼女との仲を深めていく。そして「やったーっ！ お城また強くなったー！」可愛いあの子（城）まったり育成生活、始まります♪
2017.9 286p A6 ¥600 ①978-4-04-734779-3

◆魔法使いの願いごと　友井羊著 講談社
（講談社タイガ）
【要旨】私の瞳には、なにも映らない。お母さんのタルトは美味しいし、家の裏にある森はいい匂いがする。ひだまりは暖かい。でもいつか、皆が夢見るように語る、美しいものを見てみたかった。――草原で出会った魔法使い・ヒトが私にくれたのは、「綺麗なものだけが見える」不思議な目だった。これは、失われてしまった綺麗なものをもう一度見つけられる、やさしさと友情のお話――。
2017.8 220p A6 ¥630 ①978-4-06-294086-3

◆ジャバウォック　2　真田冥忍帖　友野詳著　KADOKAWA　（NOVEL ZERO）
【要旨】魔界化した戦国の世が終わって十年。最強級の戦闘能力をもつことになった"生きている兵"真田大介は、秀頼との約束を果たすため、亡き主君の妻・阿梅と彼女を慕う忍・暗とともに莫大な豊臣の黄金脈を巡る奇怪な戦いに巻き込まれていた。世界中の悪の力を宿した"十幽鬼"、真田本家のために策動する真田信之夫妻、魔界戦国復活を阻止すべく動く"謎のタイムパトロール隊員" 四冥目――人智を超えた怪奇現象が複雑な戦いにそれぞれの思惑が入り乱れていく頃、誰もが怖れていた魔王の復活により、事態は急展開を迎えるのだった。超スケール伝奇アクション、第二弾！
2017.4 291p A6 ¥750 ①978-4-04-256051-7

◆ぽんしゅGO！─僕らの巫女とほろ酔い列車旅　豊田巧著　集英社　（ダッシュエックス文庫）
【要旨】人気ユーチューバーを目指し上京した俺・山田大翔のもとに、ある日、巫女姿の美少女・美雨が訪れる。どうやら母の使者である彼女により半ば強制的に福井県大野市にある実家の酒蔵に手伝いをさせられる。そこへ同居人でラノベ作家の若木蓮を引き連れ、列車旅が始まる！ しかし、楽しい旅も束の間、俺は実家に戻ってすぐ親父と口論をする羽目に。ひとまず気分転換をしに向かった先で皆で乾杯をすると、そこに新たな美女が現れる!!実は彼女たちの正体は日本酒に宿る酒精巫女であり、呼び出した主人の願いを二つ叶えてくれるらしい!!だが、それには杉玉に酒力を溜める必要があるらしく…。俺と巫女たちのほろ酔い必至な列車旅が、今、始まる!!
2017.12 294p A6 ¥600 ①978-4-08-631221-9

◆RAIL WARS！ 14 ─日本國有鉄道公安隊　豊田巧著　実業之日本社　（Jノベルライト文庫）
【要旨】一生安泰国鉄人生を夢見る平凡な高校生の俺、高山直人。鉄道公安隊の「学生鉄道OJT」研修はじまるも何と10カ月！！ 新型車両の試験区間、九頭竜湖前から北濃までの警備を警四メンバーが任された!? 「何してんだよ!?桜井」「その制服はなんだ？」そこにはアメリカにいるはずの桜井が銃を手に現れて…。チーム警四に最大級の危機が襲う！ 高山は乗り越えることが出来るのか――。國鉄が分割民営化されなかったもうひとつの日本を舞台に、夢の鉄道パラダイス・エンタテインメント！ 秘密と陰謀が錯綜する次なるステージへ。前方よし！ 出発進行!!
2017.12 311p A6 ¥639 ①978-4-408-55401-3

◆異世界の魔法言語がどう見ても日本語だった件 森の妖魔と転生魔導師　トラ子猫著 宝島社
【要旨】日本に住んでいた大学生は少年・ジェラルドとして異世界に転生することとなった。魔法言語を唱えることによって魔導が使えるその世界で、ジェラルドだけが魔導を使い放題！ 家族や村のみんなを守る力を得るため、旅に出て冒険者となったジェラルド。ギルド長からの依頼で獣人族の少女・メイファンを鍛えることになったジェラルド。時折暗い表情を見せる彼女は、どうやら上級冒険者・ガントと因縁があるようで…。そんな中、ダンジョン内部攻撃の効かない妖魔が現れてしまい、ジェラルドとガントが討伐に駆り出される…。日本語がペラペラというチートな能力を駆使して異世界を無双する冒険ファンタジー、第2弾！
2017.8 287p B6 ¥1200 ①978-4-8002-6783-2

◆魔法？ そんなことより筋肉だ！ 1 どらねこ著　KADOKAWA　（MFブックス）
【要旨】――ああ、俺に魔法は効かないんだ。鍛えたからな。体の半分を森の奥深くで過ごしている青年ユーリ。鍛え抜かれたその筋骨隆々のボディで、今日も彼は狩りに勤しむ。そんなある日、魔法を仕留めた彼の前に、美麗だが性格的にちょっぴりがっかりなエルフの少女フィーリアが現れる。森から抜け出す手助けを求められるユーリ。だが彼は、修行のために森に入ったはいいが、出たことはなく…のっけから意味合わないこの筋肉ダルマとがっかりエルフの冒険の扉は、こうして開かれていくのだった。そしてフィーリア目撃することになる。ユーリの使う「筋肉魔法」のデタラメな技の数々を――。
2017.6 279p B6 ¥1200 ①978-4-04-069275-3

◆魔法？ そんなことより筋肉だ！ 2 どらねこ著　KADOKAWA　（MFブックス）
【要旨】魔闘大会で優勝した筋肉の権化ユーリと、ナルシストを地で行くエルフのフィーリア。そんな意味最強の凸凹コンビにピンチが訪れるのだ。懸命に捜すユーリの活躍で無事救出されたが、フィーリアは己の未熟さを知り、生まれ育った森に帰ると言いだす。強くなるために、里から飛び出す原因となった自身の力の片割れを取りにいくのだが、早々に大きな壁にぶち当たってしまう。そう、迷子となった二人の出会いが意味するとおり、里の場所がわからないのだ。最強の凸凹コンビ再び！ フィーリアの過去と故郷を舞台に波乱の予感！
2017.9 282p B6 ¥1200 ①978-4-04-069463-4

◆魔法？ そんなことより筋肉だ！ 3 どらねこ著　KADOKAWA　（MFブックス）
【要旨】筋肉とがっかりエルフの冒険は続く。いつものように依頼をこなし、その報告のためギルドを訪れた際、その事件は起こった。身長145センチ程度の赤髪ツインテールなSランク美少女冒険者(13)とユーリが入れ違いにぶつかり、決闘騒ぎに発展したのだ。相手は「炎姫」アシュリー。二つ名がつくほどの実力者。だがユーリはそのこに喜び、勇んで戦い勝利する。その後、決闘を通じてフィーリアにひどく懐いたアシュリーは、自分の故郷の村で行われる祭りにユーリとフィーリアを招待した。しかし村に到着するや否や、空からロリロリと名乗る魔人が現れる。さらに、村では何やら物騒なことも起きているようで――!?
2017.12 314p B6 ¥1300 ①978-4-04-069597-6

◆ハードボイルド・スクールデイズ─織原ミツキと田中マンキー　鳥иidad著
KADOKAWA　（NOVEL ZERO）
【要旨】小学校を卒業して中学生になった幼なじみのミツキは、すぐにセックスを覚えた。覚えたというか、生活の一部にセックスを取り入れてしまった。実の父と四つ上の兄と寝て、自らを定めたルールに則り、ちゃんと月１でやってやりなさい。もちろん童貞で毛も生えていなかった僕マンキーは、それを聞いて「なんだそりゃっ？」成績優秀で容姿端麗、誰にも支配されず男と寝るミツキと、幼なじみの童貞マンキーのワイルドな青春。
2017.12 288p A6 ¥680 ①978-4-04-256074-6

◆マメシバ頼りの魔獣使役者（モンスターセプター）ライフ　2　俺の相棒が学園祭の超人気スターになりまして　鳥村居子著
KADOKAWA　（ファミ通文庫）
【要旨】「学園祭をしよう！」学園長の宣言により、封印されていた学園祭の開催が決定した。美魔術コンテストに屋台にと、初めてのイベントに浮き足立つ生徒たち。キャニーシャさんの希望で、リュウも寮の仲間と屋台を出すことに。そんな時、楽しいイベントの裏である企みが進行中だとダーグナーさんから相談を受けてしまった！ それはかつて学園祭を中止に追い込んだ忌まわしい事件と関係しているらしく――最強の魔獣マメシバとおくる異世界学園ライフ第二巻！
2017.8 252p A6 ¥730 ①978-4-04-734744-1

◆世界最強の後衛─迷宮国の新人探索者　とーわ著　KADOKAWA　（カドカワBOOKS）
【要旨】元社会人のアリヒトが転生先で就いたのは、正体不明の職業「後衛」。だがそれは、攻撃＆防御支援、回復もこなせる万能の職業だった！ そんなアリヒトの元には、転生前の美人上司（年下）、ミステリアスな亜人の傀儡少女、そしてワケありの高レベル美少女剣士と個性的な女性メンバーが次々と集いはじめる。さらに『後衛』には、相手の後ろにいるだけで好感度を上昇させる能力があることが判明し―!? 最強の見守り系支援職の冒険譚、開幕！
2017.11 341p B6 ¥1200 ①978-4-04-072503-1

◆怪談彼女─黒川夢乃 6　永遠月心悟著, ミウラタダヒロイラスト　集英社　（JUMP j BOOKS）
【要旨】俺、斉藤槍牙にもまとわりついてきた黒川夢乃。彼女の呪いを解くために俺は死力を尽くしたがいまだ解法は見つからない。タイムリミットが近づく、最後の夏。オレと黒川が選んだのは、「駆け落ち」だった…。大団円の最終巻!!!!
2017.10 333p B6 ¥1500 ①978-4-08-703430-1

◆可愛い彼は付喪神さま　chi・co著　ブライト出版　（リリ文庫）
【要旨】実家で木彫りの熊を見つけた湊。自分が昔、大事にしていたようだけれど記憶にない。でも、枕元に着物の男が現れて!?「湊のおかげで実体化できた」木彫りの熊の付喪神を名乗る彼は熊五郎というらしい。過剰なほどの愛情を注いでくる彼に絆されていくが、偶然手に入れたテディベアの付喪神「クマちゃん」にも気に入られ大騒ぎ！ 天然イケメン熊五郎と、あざと可愛いクマちゃんに

ヤング・アダルト小説

取り合いされる賑やか&ほのぼの同居ライフ。
2017.5 270p A6 ¥639 ①978-4-86123-719-5

◆うちの娘の為ならば、俺はもしかしたら魔王も倒せるかもしれない。 6 CHIROLU著 ホビージャパン （HJ NOVELS）
【要旨】容赦なく魔王たちを屠り続けた結果、予想外の事態はあったものの、無事にラティナをこの手に取り戻すことが出来た白金の勇者デイル。問題解決と同時に、勇者としての威厳が完全に抜け落ちた彼は、ラティナの傍を動こうとせず、離れていた時間を埋めるように、周囲が呆れるのも無視してイチャイチャ三昧の日々を満喫していた。一方、自分の選択により多くの犠牲者が出たことを悔やむラティナの前に現れた、意外な人物とは―？ ラティナの両親が紡ぐ、切なくも温かな珠玉の前日譚も完全収録の、大人気アットホームファンタジー、第6幕！
2017.8 359p B6 ¥1200 ①978-4-7986-1501-1

◆オークの騎士 2 darnylee著 ポニーキャニオン （ぽにきゃんBOOKS）
【要旨】巨人カリギュラの討伐に成功したオークの騎士ソロンと冒険者たち。しかし安息の日は長く続かなかった。闇雲騎士団"薄墨のボッツ"の教え子、"悪霊のファウケ"がソロンに決闘を申し込む。刺客の手が伸びたことを危惧し、コメディア最南端の町レカレリアを出発するブリシラ一行。辿り着いたのはマリオンの生まれた故郷"ホーローン大森海"。ブランドン帝国軍を抜け、ようやくたどり着いたライカン族の村の近くで、マリオンが"冷たい病"にかかってしまう。家族同然の愛しむ少女のため、騎士は再び苛烈な戦いを投じるのであった。
2017.4 319p B6 ¥1200 ①978-4-86529-258-9

◆ライブダンジョン！ 2 神竜人のギルド長 dy冷凍著 KADOKAWA （カドカワBOOKS）
【要旨】ゲーマーの誇りをかけて異世界でPTを作り上げた努。だが偽の報道で卑怯者扱いされ、エイミーは逮捕されてしまう。実力を示し汚名を返上しようにも人が行かない……。そんな努の元に、新たな探索者がPTに乗り始めたのは、なんとギルド長だった！努の課題は2つ。魅力的だけど性格を極めるダメギルド長と、彼女にたじたじなガルムとの間で無事PTリーダーを務めること。そして、ギルドですら持てあました、強大すぎる神竜人の力を完璧に活かしきることだった…！
2017.4 302p B6 ¥1200 ①978-4-04-072259-7

◆ライブダンジョン！ 3 姫と廃人 dy冷凍著 KADOKAWA （カドカワBOOKS）
【要旨】ギルド長が一時加入した即席パーティで全世界に力を見せつけたツトムるは、やっと"幸運者"の汚名を払拭した。だが、更なるヒーローの地位回復を目指すため、自らの戦略を他ギルドにも広めていくことに。中でも、すべての探索者が注目するような最強ギルドたちをこそ納得させたい。彼らの中から指導を受けられるヒーラー候補者があらわれる。集まったのは、どいつもこいつも異様に自信がなかったり、指導をまるで開かなかったりの問題児たちばかりで…！？
2017.8 264p B6 ¥1300 ①978-4-04-072408-9

◆畑にスライムが湧くんだが、どうやら異界とつながっているみたいです tera著 アルファポリス, 星雲社 発売
【要旨】ブラック企業を辞めて、故郷である東京奥多摩へ帰ってきた俺、向ヶ丘ユヅル。祖父母の残したタと畑を管理することになったので、畑の様子を見に行くと……。ちょ、スライムが湧いてる!? それも、一匹や二匹ってレベルじゃねーぞ！ 畑を埋め尽くす大量のスライムを農機具でなんとか駆逐した翌朝、なぜか一匹のスライムが枕元にいて、俺に懐いてきた。よく見ると可愛いし、スラ子と名づけて飼うことにしたら、今度は美人女騎士が湧いた!? 結局、女騎士も一緒に住むことになり、俺の家はどんどんカオス空間に……。俺は田舎でのんびり探索するだけなのに、来る日も来る日も、畑に異世界から魔物や人が湧いてくるんだぞ！
2017.10 295p B6 ¥1200 ①978-4-434-23928-1

◆GSO グローイング・スキル・オンライン tera著 ツギクル, SBクリエイティブ 発売 （ツギクルブックス）
【要旨】最新のVRMMOゲーム「グローイング・スキル・オンライン」に誘われた初心者ゲーマーのローレント。キャラ設定で美しい魔法使いを選択しながら、何故か前衛職スキルを取得してしまう。属性とスキルのバランスの悪さに苦労していると、とある魔法使いからテレポート系のレアスキルを伝授される。異色の魔法使いプレイヤー

として一躍有名になったローレントは、次々にやってくるトラブルをレアスキルと武術の駆使して乗り越えていく。一方、フィールドの開拓に行き詰まったプレイヤーたちは、この問題を解決するヒントを得るのだが…。魔法×武術の新感覚ゲーム実況、ここに開幕！ ツギクル小説大賞大賞&ファン投票賞W受賞作。
2017.8 299p B6 ¥1200 ①978-4-7973-9229-6

◆衝撃は防御しつつ返すのが当然です―転生令嬢の身を守る異世界ライフ術 TO~KU著 ホビージャパン （HJ NOVELS）
【要旨】剣と魔法の異世界で、辺境伯爵令嬢として転生した少女レミーナ。世界中を自由に旅する冒険家になりたい彼女は、前世の知識や経験を活かしながら、勉強や魔法の鍛錬に精を出し、特に魔道具作りの才能を如何なく存分に発揮しまくっていた。そんな中、レミーナの住むマルナ領で"魔物暴走"と呼ばれる大災害が発生！ 領地や領民に甚大な被害をもたらしたその事件をきっかけに、レミーナとその家族は国家の腐敗に気づいて……！「小説家になろう」発、大人気転生×痛快ファンタジー！！
2017.7 280p B6 ¥1200 ①978-4-7986-1489-2

◆今夜、きみの手に触れさせて tomo4著 スターツ出版 （野いちご文庫）
【要旨】おとなしくてまじめなタイプの青依は、親友から紹介したい人がいると言われ、それが同じクラスの矢代他太だと聞いてびっくり。彼は最近学校にきていなくて、派手な子たちと仲がいい、青依とはまるで別世界の人。でも無愛想だけど実は優しい一面を知り、青依はだんだん惹かれていく。ふたりの想いは通じるけれど、純太の抱えるある事情により、すれ違ってしまい…。純粋で不器用、切なくてキュンとする、初恋の物語。
2017.11 343p A6 ¥600 ①978-4-8137-0358-7

〔な行の作家〕

◆イジメ返し 恐怖の復讐劇 なぁな著 スターツ出版 （ケータイ小説文庫―野いちご）
【要旨】優亜は妹をイジメによる自殺で亡くし、今もその悲しみから抜け出せずにいる。そのため、クラス内のイジメを見過ごすことができず、助けようとするが、優亜自身がイジメの標的になってしまう。優亜への仕打ちはどんどんひどくなるけれど、担任は見て見ぬフリ、親友も不登校になってしまう。孤立に絶望した優亜に、隣のクラスのカンナが「イジメ返し」を提案され…？
2017.12 319p A6 ¥590 ①978-4-8137-0373-0

◆トモダチ崩壊教室 なぁな著 スターツ出版 （ケータイ小説文庫―野いちご）
【要旨】クラスには女王がいて、見えない階層が確実に存在している。地味子な高2の咲良は、中学で女王にイジメられた経験から、二度と同じ目に遭いたくないと思っていた。親友の美琴とクラスが離れたことをきっかけに、クラスの上位を目指し、嘘や裏切りで周りを蹴落としていくが…？ イジメの連鎖、嫉妬が渦巻くクラスの運命は!? 大人気作家なぁなが贈る絶叫ホラー第2弾!!
2017.3 353p A6 ¥590 ①978-4-8137-0227-6

◆異世界のんびり農家 01 内藤騎之介著 KADOKAWA
【要旨】異世界で掘って伐って耕して…自由気ままな農家生活！ スローライフ・農業ファンタジー、ここに開幕。
2017.10 417p B6 ¥1200 ①978-4-04-734848-6

◆首洗い滝―よろず建物因縁帳 内藤了著 講談社 （講談社タイガ）
【要旨】クライマーの滑落事故が発生。現場は地図にない山奥の滝の下で、近づく者に死をもたらすと言われる「首洗い滝」だった。広告代理店勤務の高沢春菜は、生前からの奇妙な証言を聞く。事故の瞬間、滝から女の顔が浮かび上がり、泣き声のような子守歌が聞こえたという。滝壺より顔面を抜き取られた犠牲者の見立てられた時、哀しき業を祓うため因縁物件専門の曳き屋・仙龍が立つ。
2017.6 244p A6 ¥660 ①978-4-06-294074-0

◆侍女が嘘をつく童話（メルヒェン）―野苺の侍女の観察録 長尾彩子著 集英社 （コバルト文庫）
【要旨】優秀な聖騎士を輩出する家に生まれたミカエラ。侍女として王宮に出仕していたが、剣術の腕を見こまれ、アドリアン王子の身辺警護を任されることに。カレンデュラの森を治めるアドリアンは、"闇の星痕"が肌に浮かぶとい

う不吉の王子。傲慢で冷徹な性格のうえ、不気味な仮面をつけているらしい。とある事情から、ミカエラは男装で王子の警護をすることになるが…。
2017.11 302p A6 ¥620 ①978-4-08-608054-5

◆聖女が魔を抱く童話（メルヒェン）―葡萄の聖女の料理帖 長尾彩子著 集英社 （コバルト文庫）
【要旨】改邪聖省の紅一点・祓魔師アデリナの特技は料理。葡萄酒を飲ませたり、魔除けの薬草や聖水を使った料理を食べさせることで身の内から魔を祓うのだ。そんなアデリナは国王の命を受け、落命したが息を吹き返したため"異例の忌み子"と呼ばれる王子エルヴィンを祓魔すべく、城の料理番として潜入する。しかし、エルヴィンに目的を見抜かれた挙句、意地悪されたり騙されたりする毎日で…？
2017.3 286p A6 ¥590 ①978-4-08-608031-6

◆花嫁が囚われる童話（メルヒェン）―桜桃の花嫁の契約書 長尾彩子著 集英社 （コバルト文庫）
【要旨】生まれつき病弱な王女リースヒェンは魔女と同じ髪色と目の色のため、父王から疎まれていた。そして、異母弟が原因不明の病に倒れると「忌み子」と認定され、王太子を呪った咎で処刑が決まる。だが、主治医かつ婚約者のエレンフリートが迎えに来る。いつも優しかった彼は「貴女の『粛清権』を買った」と冷たく微笑み、彼女を辺境の城へ連れ去るが…？ 呪いと香りが誘う倒錯ラブ。「童話」シリーズ最新刊！
2017.7 270p A6 ¥590 ①978-4-08-608042-2

◆異世界で魔王の花嫁（未定）になりました。 長岡マキ子著 KADOKAWA （ビーズログ文庫）
【要旨】弓月絵瑠奈、34歳独身。仕事一筋で病に倒れ―なんと異世界で18歳の少女エルナに転生！ エルナは魔物が跋扈するこの世界を救う存在らしいのだが、なぜか魔王の嫁という超展開。「お前は俺にとって厄介な花嫁だ」と嫌みでみたものの、魔王はエルナを妃として認めない。こちらだってお断りよ！ と思ったらこの旦那様、何やら秘密があるようで…！？
2017.11 254p A6 ¥620 ①978-4-04-734865-3

◆魔王は服の着方がわからない 長岡マキ子著, MB企画協力・監修 KADOKAWA （富士見ファンタジア文庫）
【要旨】オタク文化にハマった俺、魔王・真野央大は理想の嫁と出会うため、オタクの聖地・日本の高校へやってきた！ 早速同級生の白石乃音さんに一目惚れし、勝負服（超クールな魔王マントだ）を着てアタックしようとしたら同級生の藍野瑛美が水を差してきた！ え、俺の服ってそんなにダサい？「仕方ないわね。うちに来て」流れで藍野とファッションを学ぶことになるけど、アドバイスのおかげで念願の白石さんとのデートも決まって―。魔王でオタクな俺でも、おしゃれをすれば恋ができる…のか？
2017.10 280p A6 ¥600 ①978-4-04-072486-7

◆キモイマン 中沢健著 小学館 （ガガガ文庫）
【要旨】"キモ男"と呼ばれ同級生たちにいじめられているオレ、高寺一郎にとっての癒やしは毎朝の通学電車で会う他校の女子高生・小宮美織を観察すること。ある日オレは、小学生の女の子が同級生に万引きを強要されている現場に遭遇。なけなしの勇気を振り絞って助けたその女の子聖は、熱い尊敬のまなざしでオレを見つめながら言った。「一郎にいちゃん、正義の超人ジャスティさーに変身して！」。この瞬間から、惨めで最高にカッコ悪いオレの戦いの日々が始まったんだ！『初恋芸人』の著者が描く、青春リアルヒーローストーリー！
2017.1 260p A6 ¥574 ①978-4-09-451653-1

◆キモイマン 2 中沢健著 小学館 （ガガガ文庫）
【要旨】あれから8年―。東京でしがない特撮ライターとして日銭を稼ぐオレ、高寺一郎はかつて"キモイマン"であったことが人生最大の栄光となりつつある。そんなある日、大学進学のため上京してきた聖と再会したオレは、美しく成長した彼女に息を呑む。今も変わらず「一郎にいちゃん」と親しみを込めて呼んでくれる聖に淡い期待を抱いてしまう…。と、そのとき、オレと聖の前にアイツが現れた。世間を騒がせ

ている謎の人物"ベーグロス"―正真正銘のヒーローだった。あの等身大以下のヒーローが帰ってきた！ 波乱の社会人編！
2017.6 278p A6 ¥593 ①978-4-09-451682-1

◆さようなら竜生、こんにちは人生 8 永島ひろあき著 アルファポリス，星雲社 発売
【要旨】最強最古の神竜の魂を持つ辺境の村人ドランは、使い魔になった半人半竜の美少女と共にガロア魔法学院に通っていた。休暇中、故郷の村に帰省した彼らは、ウッドエルフの友人達に招かれて深き森の中央にある都を訪れる。世界樹ユグドラシルを中心に栄える緑の都は、祝祭の日を前に大いに活気づいていた。森の住民達と交流し未知なる文化を堪能するドラン達。だが、そんな中突如次元の壁を超えてやってきた高位悪魔によって世界樹が奪われてしまった。美しき世界樹を我が物にせんとする不粋な悪魔を追ってドランは自ら魔界に乗り込む！
2017.1 284p B6 ¥1200 ①978-4-434-22954-1

◆さようなら竜生、こんにちは人生 9 永島ひろあき著 アルファポリス，星雲社 発売
【要旨】最強最古の神竜の魂を持つ辺境の村人ドランは、魔法学院の夏季休暇を故郷のベルン村で過ごしていた。そんなドランのもとに、彼を慕うバンパイアの元女王、ドラミナがベルン村に向かっているとの報せが届く。しかし、彼女は魔導結社オーバージーンの放った刺客に襲われてしまった。後の禍根を断つべく魔導結社の壊滅を決意。組織を率いる大魔導との決戦に臨む。だが、待ち受けていた大魔導の手に、かつて古神竜の心臓を貫いた聖剣ドラゴンスレイヤーを手にしていた！数奇な運命に導かれ、最強竜と人類最強の魔法使いが激突する！
2017.5 280p B6 ¥1200 ①978-4-434-23376-0

◆さようなら竜生、こんにちは人生 10 永島ひろあき著 アルファポリス，星雲社 発売
【要旨】最強最後の神竜の魂を持つ辺境の村人ドランは、魔法学院の夏季休暇を故郷のベルン村で過ごしていた。いつものある日、彼のもとに神の眷属、下級神らが押しかけ、神の遣いが訪れる。古神竜の魂を持つドランの信仰を得て自らの力を高めようという打算から、その後も次々と神の眷属、下級神らが押しかけ、遂には、戦神、大邪神、大地母神といった最高神格が降臨する事態に発展する。そんなどさの時、村に警鐘が鳴り響いた。村を蹂躙せんと北方から迫るのは、その数五千にも及ぶゴブリンの大軍。しかしドランと村人を撃退し、王国から得られる多額の報奨金で貧しい村の財政を潤す為に一肌を脱ぐ。かくして、神々を味方につけたベルンの村人と、憐れなゴブリンとの決戦の火蓋が切られた。
2017.8 272p B6 ¥1200 ①978-4-434-23723-2

◆さようなら竜生、こんにちは人生 11 永島ひろあき著 アルファポリス，星雲社 発売
【要旨】最強最古の神竜の魂を持つ辺境の村人ドランは、波乱に満ちた夏季休暇を終え、二人の婚約者を連れてガロア魔法学校に戻った。級友達と再会したドランは、王国の魔法学院の頂点を決める年に一度の祭典「競魔祭」の本戦に向けて最後の特訓に取り組む。そして、いよいよ本戦当日。各校代表が顔を揃えるなか、ドラン達に不遜な態度で挑発を繰り返す少年がいた。西の天才と称されるエクス。昨年の競魔祭でガロア代表のネルネスクすら破った実力者である。一触即発の空気の中、彼の内なる才能を見抜いたドランは、少年の驕りを打ち砕き、道を示すべく、己が力を見せつける。
2017.11 279p B6 ¥1200 ①978-4-434-24022-5

◆悪役令嬢なのでラスボスを飼ってみました
永瀬さらさ著 KADOKAWA （角川ビーンズ文庫）
【要旨】婚約破棄され前世の記憶が甦り、乙女ゲーム世界へ転生したことを自覚した令嬢アイリーン。でも前世の記憶は不完全で、破滅フラグが立ったのに、回避方法がわからない。確実なのは、全ての破滅フラグの原因が、ラスボスの魔王クロードだということ。「ではクロード様をわたくしのものにすれば花ないのよね？」かくして魔王の愛を得るために、求婚したり、魔物を助けたり、起業したり…悪役令嬢が狙う、一発逆転ハッピーエンド！
2017.9 254p A6 ¥600 ①978-4-04-106036-0

◆嘘つき恋人セレナーデドイツェン宮廷楽団譜 永瀬さらさ著 KADOKAWA （角川ビーンズ文庫）
【要旨】「私は、アルベルトに流される女の子にもバイオリニストにもなりたくない」―第三楽団員選抜で、アルベルトはミレアを選ばない。しかし天才指揮者リアムは、ミレアを対コンマス指名した。最終選考はアルベルトとリアム、二人の指揮者の楽団が同じ曲を演奏し、観客投票というもの。リアムの誘いを受けたミレアは、アルベルトにある勝負を持ちかけた！？二人は"本当の恋人"になれるのか、想いを奏でるラブ・ストーリー！
2017.7 253p A6 ¥620 ①978-4-04-105000-2

◆数字で救う！弱小国家―電卓で戦争する方法を求めよ。ただし敵は剣と火薬で武装しているものとする。 長田信織著 KADOKAWA（電撃文庫）
【要旨】小国ファヴェールの王女・ソアラは悩んでいた。隣国との緊張が高まり、戦争の気配がちらつき始めた今、国力が低い自国を守るにはどうすればよいか。父王は病に倒れ、頼みの綱の家臣たちも、前時代的な「戦いの栄誉」ばかりを重視し、国を守る具体策を誰も持たないまま。このままファヴェールは滅ぶのか…。しかし、そんな時、彼女の前にある人物が現れた。"ナオキ"―後の歴史に"魔術師"の異名を残したる青年が扱う"数字"の理論と思考は、ソアラが求めた「国を救うための力」だった…！異能ナシ、戦闘力ナシ、頼れるのは2人の頭脳だけ…！理系青年と、敏腕王女が「戦争」という強敵に挑む『異世界数学戦記』、ここに登場！
2017.8 308p A6 ¥610 ①978-4-04-893271-4

◆瀬川くんはゲームだけしていたい。 2
中谷栄太著 SBクリエイティブ（GA文庫）
【要旨】「『人間性』を査定します！」突然やってきた従郎・琴音によって、世一のゲーム三昧の日々は終わりを告げた。彼がまともな生活を送っているかを琴音が住み込みでチェックし、問題があればそのまま一緒に暮らして監視すると言うのだ。査定開始直後から順調にマイナスポイントを増やしてしまった世一は女子陣の協力を仰いで解決を図るものの、事態は金持ちお嬢様ルリリの実家を巻き込んで予想外の方向に！「今晩、お泊まりさせてください」家出してきたルリリと一晩を過ごし、高難易度なリアルクエスト発生！？トラブル続きの世一のリアルライフは一体どうなる！？ゲーマー系日常ラブコメ第二弾！
2017.4 331p A6 ¥630 ①978-4-7973-9092-6

◆Re：ゼロから始める異世界生活 12 長月達平著 KADOKAWA （MF文庫J）
【要旨】繰り返すたび、記憶と異なる展開を見せる『聖域』―四度目の機会を得たその場所で、スバルはついにあってはならない存在、『嫉妬の魔女』との邂逅を果たす。影に呑まれる集落、霊域であるはずのガーフィールの助力、実験場と呼ばれた『聖域』そして、白い終景を迎える世界でスバルの覚悟を嘲笑う魔人。希望に裏切られ、真実に絶望し、それでも未来を諦められないスバルは愛する魔女との再会を求めて墓所へ臨む。そこでスバルは、『ありえべからざる今』と対面した。「一緒に、立って、立ってくださいましたか？ スバルくん」大人気Web小説、期待と裏切りの第十二幕。―置き去りにした世界の、声を聞け。
2017.3 323p A6 ¥580 ①978-4-04-069143-5

◆Re：ゼロから始める異世界生活 13 長月達平著 KADOKAWA （MF文庫J）
【要旨】予期せぬ形で第二の『試練』と向き合わされ、地獄のその先の光景を知ったナツキ・スバル。己の罪を知り、救いを叱きる魔女の本性に裏切られ、打ちのめされたスバルを取り囲むのは大罪の名を冠する六人の魔女と、それらを滅ぼした大罪の魔女だった。激昂と衝撃の果てに、救いたいものを救えないナツキ・スバルの心は摩耗する。だが、どん底に突き落とされたスバルの下へ、一人の少女から最後の希望が差し伸べられる。希望は硬い拳となって、諦める必要などなかったスバルを叩き起こしてくれて―。「一賭けをしよう。俺とお前の、願いをチップに」大人気Web小説、愛情交錯の第十三幕。―今、鳴り響く、泣きたくなる再起の音。
2017.6 323p A6 ¥580 ①978-4-04-069285-2

◆Re：ゼロから始める異世界生活 14 長月達平著 KADOKAWA （MF文庫J）
【要旨】『聖域』の解放を拒むガーフィールとの決着、それは袋小路にあった二人の運命の打開であり、次なる戦いの始まりを告げる狼煙でもあった。墓所の『試練』で、心の奥深くに封じられた自分の過去と対面するエミリア。彼女の無事を信じて待つスバルたちに、リューズの複製体の一人、シーマもまた過去を『聖域』の成り立ちを語り始める。エミリアと『聖域』、奇しくも同時に蘇る二つの過去。それはエミリアに決意を促し、ナツキ・スバルが救われなければならない、一人の少女の『後悔』へ至る物語で―。「ベアトリス様。―甘いもの、食べないでくださいね」大人気Web小説、後悔と許しの第十四幕。―愛おしい貴女に、今、別れの親愛を。
2017.9 323p A6 ¥580 ①978-4-04-069459-7

◆Re：ゼロから始める異世界生活 15 長月達平著 KADOKAWA （MF文庫J）
【要旨】咆哮の轟くロズワール邸で、ついに激突するエルザとガーフィール。頼れる援軍に仇敵を任せ、スバルはようやくベアトリスと、待ち望んだ再会の場面へと到達する。時を同じくして、『試練』に臨むエミリアは自らの『ありべからざる今』と相対し、本来ならばありえなかった幸福なる世界で、魔女の描く祝福に包まれる。魔人と鬼と精霊が、商人と村娘と半獣が、そして恐るべき魔獣が入り乱れるループの中で、バラバラだった仲間たちが今、一丸となって進むべき未来を切り開く―。「俺の名前はナツキ・スバル。エミリア。―君だけの、騎士」大人気Web小説、四章終結の第十五幕。―今、月、出鱈目なステップを、君と。
2017.12 323p A6 ¥580 ①978-4-04-069611-9

◆Re：ゼロから始める異世界生活短編集 3
長月達平著 KADOKAWA （MF文庫J）
【要旨】「わたくしもご一緒してよろしいかしら？ ―ナツキ・シュバルツと申します」ナツキ・スバルの過ごした平凡な日常の延長戦！ロズワール邸を訪れる流浪の天才料理人を迎える『マイ・フェア・パックレディ』。魔獣騒動の事件の裏側で、一人の少女の心が揺れ動く『ベトラの見た世界』。屋敷の機能を維持するレムの忙しく、幸福な時間『レムの極々平凡で幸せな一日』。それら屋敷の日々に加えて、王選候補者たちの知られざる時間に迫った『カララギガール・ミーツ・キャッツ』と『陽光、水面を照らして―』の、WEB未掲載の5本のお話を収録した短編集！ゼロから始める楽しい異世界生活、ここに再び！
2017.12 323p A6 ¥580 ①978-4-04-069609-6

◆花冠の王国の花嫌い姫―縁を結ぶゼラニウム 長月遥著 KADOKAWA（ビーズログ文庫）
【要旨】大砂漠帝国の侵攻を見事に止めたフローレンスとイスカ。二人は思いを伝えあい、ついに結婚のお披露目を…と思ってた矢先。和平の条件として、フローレンスを嫁がせろと皇帝が言ってきた！二人に反論の余地もなく、フローレンスは覚悟を決め、イスカに「一年で皇帝と離縁する」と約束。イスカとしては、ただ待つこともできず、帝国に潜入しようと考え！？花粉症姫、婚約解消!!打算から始まった結婚生活第四弾！
2017.3 253p A6 ¥620 ①978-4-04-734520-1

◆花冠の王国の花嫌い姫―クロサンドラの聖人 長月遥著 KADOKAWA（ビーズログ文庫）
【要旨】大砂漠帝国皇帝の実兄による謀反が発覚！名義上まだ皇帝の妻であるフローレンスは、病弱設定(＠花粉アレルギー)を口実に、護衛役のイスカと兄の領地へ保養に行かされることに。折しもその日はイスカの誕生日。帝国のお家事情に巻き込まれながらも二人は束の間の一時を楽しむ。だがそこに、故国エスカ・トロネアを陥れたい正教会の人間が取引を持ちかけてきて！？
2017.7 255p A6 ¥630 ①978-4-04-734706-9

◆花冠の王国の花嫌い姫―祝福の赤薔薇 長月遥著 KADOKAWA（ビーズログ文庫）
【要旨】ようやく元のさやに収まったフローレンスとイスカ。あとは挙式を迎えるだけだが、式場には花が必須！粗相はしない（涙）と対策を練る一方、ラハ・ラドマを軽視する正教会の聖王が挙式に参加。兄セリスも参列することから、おそらくは命を狙われるだろうと予測するが…！？花粉症姫一世一代の晴れ舞台で、くしゃみと陰謀が巻き起こる！？涙と鼻水の奮闘活劇最終巻！
2017.10 255p A6 ¥650 ①978-4-04-734707-6

◆鳳姫演義―救国はお見合いから！？ 中臣悠月著 KADOKAWA（角川ビーンズ文庫）
【要旨】歴史ある弱小国、花国公主・鳳姫こと紅蘭は、密かに想いを寄せる宰相・伯龍から、お見合いをすると宣告される。軍事大国・童国の後宮入りを断るため、有力な婿をとるのが一番だというのだ。王族の義務と、恋心に揺れる紅蘭。一方、伯龍も彼女に朴せない秘密を抱え、迷っていた。そんな中、悩み抜いた紅蘭は、宴の席で婿候補達に"ある策略"をしかけて―！？国の命運

ヤング・アダルト小説

◆欠けゆく都市の機械月姫（ムーンドール）
永菜葉一著　KADOKAWA　（角川スニーカー文庫）
【要旨】アニメとラノベを愛する少年・桜井拓人は、「未来に行ったことがある」と囁く変人科学者の実験に付き合い事故に遭う。目覚めると目の前には絶世の美女と青き地球が。「ここは廃棄された月面都市ムーンダリアです」どうやら「月」に未来転生したらしい。エレクトラと名乗る彼女は、人間への性的奉仕を目的に作られたアンドロイドだった。現代へ戻る方法を探す矢先、拓人は自分に「ある任務」が課せられていることを知って…。
2017.7 262p A6 ¥600 ①978-4-04-105818-3

◆もう異世界に懲りたので破壊して少女だけ救いたい
永菜葉一著　KADOKAWA　（角川スニーカー文庫）
【要旨】異世界召喚された高校生ユウヤは、お客様気分も束の間、魔術が使えず、魔導学院で落ちこぼれる。やさぐれて寮費も滞納し、学院長命で世界を救ってくれという『天使の聖女』を捜すことに。が天使候補のお嬢様は重度の中二病で!?意外に意気投合するユウヤだったが、やがて彼女を救う方法が彼女の殺害だと知り…!?悪知恵と策略で魔術を破り、腐った世界をぶち壊せ! 落ちこぼれ召喚者の異世界・破壊録!
2017.11 285p A6 ¥600 ①978-4-04-106469-6

◆康太の異世界ごはん 2
中野在太著　主婦の友社　（ヒーロー文庫）
【要旨】若き居酒屋店主、紺屋康太が異世界の住民に受け入れられてからしばし時が流れた。ある日、異世界の星座に興味をもった康太は、星座について教えてもらおうと、集落の外れに住む異邦の老ドワーフ、鉄じいさんのもとを訪ねた。だが、老ドワーフは康太をすげなく追い返した。鉄じいさんは、他人と関わり合いになるのを避けつづけてきた。そのせいで、鉄を操る凄腕の魔法師でありながら、ひとびとに疎まれている。鉄じいさんの昔語りとも思わぬやさしさに触れた康太は、喜んでもらいたい一心で、勝手に饗宴を請け負った。鉄じいさんの故郷の料理を再現するため、康太はまたも異世界の里山を走り回るのだった。
2017.3 366p A6 ¥600 ①978-4-07-423692-3

◆康太の異世界ごはん 3
中野在太著　主婦の友社　（ヒーロー文庫）
【要旨】異世界の穏やかな午後。踏輔家給地での日々を重ねる康太を訪ね、懐かしい客がやって来た。超先進国ヘカトンケイルの貿易商人ミリシア・ネイデル、超輔家給地にやって来て数分の康太にクレーム対応を迫った女性である。彼女に連れられて来たのは、『ビーダーとネイデル、クエリアの会社』の代表人を名乗る少女、ビスフィ・ビーダー嬢だった。商売のためこの地にやって来たのだと語るビスフィとミリシアは、榛家の家に転がり込んだ。ややこしいことになりそうだと予感する康太だが、案の定、ビスフィはたちまち踏輔家給地のひとびとに疎んじられてしまうのだった。
2017.11 335p A6 ¥600 ①978-4-07-428206-7

◆バイトリーダーがはじめる異世界ファミレス無双—姫騎士と魔王の娘で繁盛するまで帰れません
長野聖樹著　集英社　（ダッシュエックス文庫）
【要旨】日々、ファミレスでバイトリーダーとして活躍中の山崎達也。しかし、就職活動は、なんと99連敗中。さすがに心が折れかけていた、突如光に包まれて一気がつけば、異世界でファミレスを開店することになっていた!?彼を召喚したのは人族の英雄、姫騎士・フォルトゥナと、魔王の娘にして王女・サータナ。達也をリーダーにして、世界平和のための『ふぁみれす同盟』がはじまる!!0からの開店準備にバイト経験をフル活用!!ふとした提案がきっかけで、山岳の民や妖精族など全種族の食文化を交流させちゃいます!? その、スタッフも大絶賛のハンバーグに行列は確実!? バイトリーダーがプロデュースする超人気ファミレス、開店!!
2017.5 342p A6 ¥640 ①978-4-08-631186-1

◆異端なる尋問官の事件調書 file.01 虐殺と誘惑の果て
永野水貴著　KADOKAWA　（NOVEL ZERO）
【要旨】少年時代、稀代の尋問官にして最悪の犯罪者たちを相手に「壊され」、長じて最凶となった青年・サイモン。天才にして規格外の尋問官として名を馳せた彼は、ある日"惑乱の民"

と呼ばれる美貌と魅力を備えた二人の少女・アイカとテリアの尋問を担当することになる。彼女たちは愛玩奴隷として様々な主人の下を渡り歩いており、その主人たちがことごとく領民を虐殺するという奇怪な事件が連続しているのだが…。
2017.3 387p A6 ¥680 ①978-4-04-256050-0

◆引きこもり英雄と神獣剣姫の隷属契約—ふたりぼっちの叛逆譚
永野水貴著　KADOKAWA　（MF文庫J）
【要旨】山奥に引きこもっていた少年・白火の下へ"神獣の末裔"たるソウガの姫・グウィンが訪れる。彼女は滅亡の危機に瀕した国を救うために、様々な褒美を提案して助力を請うが白火はことごとく拒絶してしまう。だが—「ソウガの一族に協力し、この地よりカースの魔の手を完全に退けることができたなら一妻を好きにしてよい。貴殿の奴隷にしようが、素材にしようが、煮ようが焼こうが構わぬ」彼女自身を対価に契約は成立。敵国の圧倒的兵力に対して白火は"変幻流転"—超常の力を持つ武具を創る力を用いて対抗し、一人で戦局を打開していくのだが—? 必敗必死を逆転し、新たなる王道を斬り拓く大スケール無双戦記ファンタジー、ここに開幕！
2017.4 295p A6 ¥580 ①978-4-04-069236-4

◆引きこもり英雄と神獣剣姫の隷属契約 2 白の追想と沈黙帝の刃
永野水貴著　KADOKAWA　（MF文庫J）
【要旨】"ディセンド"皇国の"十二刃"の一人、オースを倒し、滅亡の危機に瀕したソウガを救った少年・白火。英雄となった彼は、自身の力"変幻流転"を上手く使えなくなったことに悩んでいた。ある日、次なる皇国の襲来に備えるため、ソウガの姫たるグウィンらは豊富な資源を持つ"獣の末裔"タルバとの同盟を計画する。彼らとの交渉は難航したが、タルバの技術に惚れ込んだ白火が自らの技能を示したことで信頼を勝ち取ることに成功する。だが、その帰り道、突如として矢の嵐が降り注ぐ。それは第四刃"射手"のセレネの強襲で、白火は彼女に連れ去られてしまい—? たった一つの力が絶望の運命を打開する！ 新たなる無双戦記ファンタジー、待望の第二弾！
2017.9 290p A6 ¥580 ①978-4-04-069462-7

◆カンナのカンナ 間違いで召喚された俺の偽勇者伝説（ヒロイックサーガ）
ナカノムラアヤスケ著　宝島社
【要旨】主人公キャラの親友を差し置いて異世界に召喚されてしまった男子高校生カンナは、「無能」を理由に処分されそうになるも、銀髪エルフの女性騎士レアルの手を借りて城からの脱出に成功する。元の世界へ戻る手段を探す旅の途中で、黒熊族のクロエを仲間に加え、なんとか最初の目的地であるディアガル帝国に辿り着くカンナ。そこで冒険者となり、着々と依頼をこなす中、ただ荷物を届けるだけの簡単な依頼をきっかけに、国を揺るがす大きな騒動に巻き込まれることになり…。神の記した「運命」に抗う少年の英雄譚第2弾。第4回ネット小説大賞受賞作・最新刊！
2017.7 335p B6 ¥1200 ①978-4-8002-7308-6

◆あやかしとおばんざい—ふたごの京都妖怪ごはん日記 2
仲町六絵著　KADOKAWA　（メディアワークス文庫）
【要旨】京都で暮らす大学生・直史とその妹・まどかのお役目は、あやかしを語り、命を与える「語り手」。あやかしたちのお礼の品は、おいしい海の幸・山の幸。間を取り持つのは、うさぎに変化する神獣・ククリ猫。みんなで京都を囲む日々が始まってから早くも半年。謎めいた「からくさ図書館」の館長さん、助手の醍子と上官の安倍晴明。不思議な出会いを経た直史は、自分の進むべき道に巡り合い—。悠久の古都・京都で語られる、時を超越ファンタジー。
2017.2 283p A6 ¥650 ①978-4-04-892679-9

◆おとなりの晴明さん—陰陽師は左京区にいる
仲町六絵著　KADOKAWA　（メディアワークス文庫）
【要旨】一家で京都に引っ越してきた女子高生・桃花。隣に住んでいたのは、琥珀の髪と瞳をもつ青年・晴明さんだった。不思議な術で桃花の猫を助けてくれた晴明さんの正体は歴史に名を残す陰陽師・安倍晴明その人。桃花と晴明さんの前に現れるのは、優しい鬼や京都の街を残す平安京サル会議、美の御利益を授ける女神様。晴明さんは、いつも憂鬱そうな顔で、いつも軽やかに不思議な世界の住人たちの願いを叶えていく。悠久の古都・京都で紡ぐ、優しいあやかしファンタジー。
2017.10 295p A6 ¥570 ①978-4-04-893464-0

◆奈良町ひとり陰陽師
仲町六絵著　KADOKAWA　（メディアワークス文庫）
【要旨】古都・奈良にあって、歴史的な趣きを残した町家が立ち並ぶ「奈良町」。奈良町の一角に「くずぼ子店」の息子・シノブは、奈良ではもう最後となる、由緒正しい陰陽師だった。シノブが取り仕切るのは、奈良町で起こる不思議の一切。祭りの夜を待つ青衣の女人、ご機嫌ななめな女神様、走る大黒様まであらわれる奈良町で、猫又の墨香や幼馴染のゆかりに見守られながら、シノブは今日も不思議を解きほぐす—歴史薫る古都から贈る、優しいあやかしファンタジー。
2017.6 269p A6 ¥590 ①978-4-04-893230-1

◆トリック・トリップ・バケーション—Trick Trip Vacation—虹の館の殺人パーティ
中村あき著　星海社、講談社 発売　（星海社FICTIONS）
【要旨】現代本格の雄、文月遼臣のデビュー三十周年記念パーティーの愛読者代表として招待された「僕」こと"中村あき"と、元探偵でクラスメイトの鋸り門子。絶海の孤島に集められた気鋭のミステリ作家と僕たちは、前代未聞の密室殺人に挑戦することになって—!? 星海社FICTIONS新人賞から飛び出した、文句なしの本格ミステリここにあり！
2017.11 325p B6 ¥1500 ①978-4-06-510552-8

◆ラスト・ロスト・ジュブナイル・Last Lost Juvenile—交錯のパラレルワールド
中村あき著　星海社、講談社 発売　（星海社FICTIONS）
【要旨】自主制作映画の撮影中、不慮の事故で廃校に生き埋めにされてしまった「僕」こと"中村あき"と、山中で遭遇した名探偵・鋸り門子。暗闇の中の連続密室殺人、地図にない村での誘拐監禁、そして謎の「ミカエリ様」を崇め奉る村人たち—。分断された二人を次々に襲う謎がひとつに繋がるとき、恐るべき真実が明らかになる!!
2017.12 313p B6 ¥1500 ①978-4-06-510556-6

◆だから論理少女は嘘をつく
中村一也著　自由国民社
【要旨】残念な高校生たちは、どうなってしまうのか。あの『不思議の国のアリス』がこんなに絡んでくるなんて！ 頭が良くなるライトノベル。
2017.10 317p B6 ¥1400 ①978-4-426-12287-4

◆無欲の聖女 3
中村颯希著　主婦の友社　（ヒーロー文庫）
【要旨】ハーラルトの禍から一か月。ヴァイツは雪解けの季節に向かおうとしていたが、下町を中心に、水不足の兆しがたいへん見えはじめていた。しかしレオはそれに気付くこともなく、学院脱出をたくらんだり、雪花祭での荒稼ぎをもくろんだり、水の召喚陣を使った陣ビジネスを構想したりと、金銭欲にまみれた日々を送っていた。そんな中、学院に、後任導師として聖騎士・グスタフがやってくる。男らしい容貌と強力な精霊力で、学院中の人気を集めるグスタフだったが、彼女はレオノーラに対し冷ややかな感情を抱いていた。真に無欲の聖女か、それとも偽善の悪女か。グスタフはレオノーラを厳しく糾弾するのだが—。
2017.7 415p A6 ¥640 ①978-4-07-425981-6

◆無欲の聖女 4
中村颯希著　主婦の友社　（ヒーロー文庫）
【要旨】「湖の貴婦人」によって、精霊の湖に辿り着いたレオノーラとビアンカ。神聖な森を踏み荒らした学生に怒りを抱いていると思ったビアンカはなんとか詫びて、湖の貴婦人の怒りをときとする。古代エランド語が得意ではないビアンカは、レオノーラに通訳を頼み、湖の貴婦人に慈悲を乞う。しかし守銭奴レオノーラは、この機会に陣ビジネスの契約を取り付けようと思っていた。ビアンカの謝罪を超解釈し、勝手に取り引きを持ちかけるレオノーラ。対する湖の精霊は「湖の洗礼」と称し、二人を再び水に呑み込んでしまうのだが—。
2018.1 350p A6 ¥640 ①978-4-07-429097-0

◆魔法使いの婚約者 4 碧き海に魔女は泣く
中村朱里著　一迅社　（アイリスNEO）
【要旨】美しき王宮筆頭魔法使い・エギディルズとその妻フィリミナに依頼されたのは、リゾートアイランドで発見された魔術遺跡の調査だった。ハネムーンを兼ねた、幸せいっぱいの調査旅行。…のはずが、島には元魔法使いを忌避する不穏な伝承があるようで—。そんな中、調査を続けたエディは、遺跡の魔法で子供になっ

ヤング・アダルト小説

てしまって…!?「小説家になろう」でも大人気シリーズ、書籍完全書き下ろしの第4巻!!
2017.3 303p B6 ¥1200 ①978-4-7580-4924-5

◆魔法使いの婚約者 5 異国より来たる鏡写しの君 中村朱里著 一迅社 (アイリスNEO)
【要旨】「お目にかかれて光栄です、兄さん!」魔王討伐から一周年に湧く王都。王宮筆頭魔法使いで最強の旦那様・エギエディルズの元に現れたのは、葡萄酒色の髪以外は瓜二つの美しい青年だった。隣国からやってきた、エディの弟だという彼を、フィリミナ達は預かることになってしまい…?「小説家になろう」でも大人気シリーズ、書籍完全書き下ろしの第5巻!!
2017.10 285p B6 ¥1200 ①978-4-7580-4996-2

◆杖と林檎の秘密結婚―新婚夫婦のおいしい一皿 仲村つばき著 KADOKAWA (ビーズログ文庫)
【要旨】ナラル伯爵家に棲む英雄神・ハーキュリーに、薬酒と魂の食物を捧げるため、当主オーガストしか秘密結婚したアップル。夫に美味しい料理をふるまい新婚らしい二人だが…まだ正式な夫婦ではなく、オーガストは拗ねるばかり。改めてアップルの父に挨拶するため実家に行くと、なんと父が決めたアップルの婚約者という男が!!アップルの許が己のライバルだと知った彼は猛アタックを始め!?
2017.4 246p A6 ¥650 ①978-4-04-734603-1

◆ひみつの小説家の偽装結婚―恋の始まりは遺言状!? 仲村つばき著 集英社 (コバルト文庫)
【要旨】覆面小説家のセシリアは、没落貴族の両親から逃れるために後見人の騎士ヒースと名目上の結婚をしていた。ヒースが亡くなり、遺言でヒースの部下クラウスと再婚させられる羽目に。その上次の小説大賞を取らなければ契約を切られる危機に陥る。が、最初は喧嘩腰だったクラウスが己がセシリアの小説のファンだとわかり、彼女への気持ちは次第に…。にせもの夫婦の間に芽生えた、本物の恋。文学少女と堅物騎士のラブロマンス!
2017.10 237p A6 ¥650 ①978-4-08-608052-1

◆明日から本気出す人たち 中村一著 KADOKAWA (メディアワークス文庫)
【要旨】売れない地味なIT系ホワイト企業の契約社員、引きこもりの大学生、借金を恋人に隠す中間管理職―「あなた、あまり幸せそうではありませんね」彼らの前に現れたのは、未来予報士と名乗る黒ずくめの怪しい男。彼は独自の観測によるちょっとうさんくさい未来予報をもとに、依頼者の心を少しだけ動かして、新たな一歩を踏み出すための道しるべを示します。今日とは少し違う明日にしたいあなたに贈る物語。
2017.7 285p A6 ¥610 ①978-4-04-893291-2

◆暴血覚醒〈ブライト・ブラッド〉 中村ヒロ著 SBクリエイティブ (GA文庫)
【要旨】「血刑!」「血槍!」「そんな小学生の教科書に載ってる血魔法が通用すると思って?」池田弥彦は、血液を自由自在に操る力"血魔法"を学ぶエリート一貫校、赤百合学園の男子一年生。日本で初めて男にも門戸が開かれたこの女の園に、勇んでくる池田と男子生徒たちだったが、ここは一「男子の皆さん、これから三年間、女子の奴隷になって貰いますわ」「力こそが絶対」の魔窟だった!?学生主席で男子嫌いの池園率いる女子たちが仕掛ける幾多の横暴。池田は孤立していた少女・如月灯花と共に一大反抗戦を挑むのだが―!?熱き血潮が弾け飛ぶ、血まみれの青春学園異能バトル、開幕!
2017.5 317p A6 ¥620 ①978-4-7973-9178-7

◆暴血覚醒〈ブライト・ブラッド〉2 中村ヒロ著 SBクリエイティブ (GA文庫)
【要旨】藤堂が転校して一か月が過ぎたある日、池田たちの学校では、生徒会長・冬樹未来が失踪している。女子寮で起こった下着盗難事件の犯人を捜している、といきり立つ彼女に言われるままに、池田が己のロッカーを空けると、下着が入っていて!?こうして始まる学園裁判。仲間を巻き込み粉料する法廷闘争が、やがて下級生VS上級生の"血魔法"バトルへと拡大していくのだが―。熱き血潮が弾け飛ぶ、血まみれの青春学園異能バトル、第2弾!
2017.9 257p A6 ¥610 ①978-4-7973-9445-0

◆砂の城 風の姫 中村ふみ著 講談社 (講談社X文庫―ホワイトハート)
【要旨】天下四国―それは、天から授かりし四つの国。かつては徐国の王様だった、今やり風来坊の飛牙は、天令の那翰を連れ、代々女

王が治める燕国へ。そこで偶然、家出中の名跡姫・甜湘と知り合い、なりゆきで甜湘に、子を産ませるための制度上の夫のこと。しかも飛牙の知らないという胤ふたりが、すでに不審死を遂げているらしく…。胸躍るシリーズ第二弾!
2017.7 283p A6 ¥660 ①978-4-06-286952-2

◆月の都 海の果て 中村ふみ著 講談社 (講談社X文庫―ホワイトハート)
【要旨】天下四国は、天が王を定める東西南北の四つの国。南に位置する「徐」の元王族・飛牙は、天に帰れなくなった天令の那翰を連れて東の国「越」へ。正王后の立場にある自らの大叔母を頼っての入国だったが、現在の王家は瀕死の王のもと、同い年の王子二人が王位争いの真っ最中で、飛牙はまんまと巻き込まれてしまう。さらに折しく「屍蛾」と呼ばれる暗魅の大発生が重なり、越は未曾有の危機を迎えていた…。シリーズ第三弾!
2017.11 281p A6 ¥690 ①978-4-06-286970-6

◆天空の翼 地上の星 中村ふみ著 講談社 (講談社X文庫―ホワイトハート)
【要旨】天下四国―この世は、峻険なる山々に囲まれた四つの国に分かれている。南の王国「徐」の王太子・寿白は、革命の混乱のさなかに王の証「王玉」を得たが、徐国は倒れ、寿白も体内に王玉を留めたまま逃亡する。それから十年。かって輝くほど聡明な少年王だった男は、飛牙と名乗るすれっからしに成り果てていた。天令の那翰は、飛牙の知らない天へ返すという…。極上の中華風ファンタジー、開幕!
2017.4 285p A6 ¥660 ①978-4-06-286943-0

◆恋の一品めしあがれ。 なかゆんきなこ著 アルファポリス、星雲社 発売 (エタニティブックス)
【要旨】五年前に元彼と喧嘩別れして以来、恋には無縁となっている小料理屋の若女将、朋美。恋愛願望がないわけではないけれど、仕事に理解がある相手はなかなかなく…。ある日、朋美は常連客の社長、康孝から相談を受ける。なんでも彼は訳あって甥を預かったが、上手くいっていないらしい。悩む彼のため、朋美は特製料理で二人の橋渡しをする。その試みは大成功! 以来、彼女は康孝のもとに足しげく通い一緒にごはんを食べる仲に。こうして康孝と交流を深めるうちに、朋美は優しく大人な彼に恋心を抱き始める。ところが、ひょんなことから彼に縁談があると知って―
2017.7 289p B6 ¥1200 ①978-4-434-23581-8

◆ひよくれんり 1 なかゆんきなこ著 アルファポリス、星雲社 発売 (エタニティ文庫)
【要旨】三十路を前に、オタク街道をひた走る独身貴族女子の千鶴。ある日、そんな彼女を見兼ねた母親が、勝手にお見合いを決めてしまう。しぶしぶ出向いたそこで出会ったのは、イケメン高校教師の正宗さん。恋愛経験ゼロの千鶴だけど、二人は出会った瞬間からまるで以心伝心しているかのように息がぴったり。そしてなんと出会から三ヶ月で、あれよあれよという間にゴールインしてしまった! 初めてづくしの新婚生活甘くてとっても濃密で!?大人気シリーズ文庫第1巻!! 文庫だけの書き下ろし番外編も収録!
2017.9 324p A6 ¥640 ①978-4-434-23703-4

◆ひよくれんり 2 なかゆんきなこ著 アルファポリス、星雲社 発売 (エタニティ文庫)
【要旨】お見合いで知り合ったイケメン高校教師の正宗とめでたく結婚した千鶴。男性とはまるで縁がなかった人生が一変、愛する人とのラブラブな日々を過ごしていた。けれど千鶴には、彼に言えない秘密が…。なんと、奥様は腐女子だったのです!!愛する正宗さんにバレたら離婚されてしまうかもと、心苦しいけれど隠し続ける日々。しかしついに、彼にバレてしまう時が!?夫婦っていうのはお互いの全てを知らなくちゃいけないの? 大人気シリーズ文庫第2巻!!文庫だけの書き下ろし番外編も収録!
2017.10 326p A6 ¥640 ①978-4-434-23786-7

◆ひよくれんり 4 なかゆんきなこ著 アルファポリス、星雲社 発売 (エタニティ文庫)
【要旨】イケメン高校教師の正宗さんとお見合い結婚して、もうすぐ1年が経つ千鶴。新婚生活を振り返ってみると、いつだって正宗さんは自分を支えてくれた。彼となら、これから起こるどんな人生の大事も乗り越えられる―。そう実感した彼女に、ふたりの子どもを授かるという、待望の妊娠発覚!喜びに涙する千鶴だったが、はじめてのマタニティライ

フは予想以上に大変で…!?ゆる～く甘～いふたりが大奮闘? 波乱の第四章。文庫だけの書き下ろし番外編も収録!
2017.12 346p A6 ¥640 ①978-4-434-23970-0

◆ひよくれんり 5 なかゆんきなこ著 アルファポリス、星雲社 発売 (エタニティ文庫)
【要旨】子どもが生まれて五年。家族に囲まれ、幸せな日々を送っている千鶴。けれど、彼女にはある悩みがあって…。「私、こんなでいいのかな…」。夫の正宗さんは弓道部の顧問になり、忙しくも充実した毎日を過ごしているし、息子の優月も幼稚園生活を楽しんでいる。それに比べて自分は、家事をこなすだけ。そんなある日、千鶴は知り合いからパートをしないかと誘われる。人の役に立ちたい、と思った彼女は正宗さんに相談するけれど…。大人気シリーズ文庫第5巻!!文庫だけの書き下ろし番外編も収録!
2018.1 343p A6 ¥640 ①978-4-434-24072-0

◆最近はあやかしだって高校に行くんです。―普通ですが何か? 流星香著 KADOKAWA (ビーズログ文庫アリス)
【要旨】超進学校の普通科に合格した、何でも平凡な田中真。入学式当日、小柄な沖津究美とぶつかり慌てて謝るが…。頭には獣耳が!?実は究美は、人間界の「普通」を学びに来た九尾の狐だった! 一瞬で消えたそれを見間違いと納得させ、友達になる二人。その後もなぜか、真には「普通じゃない」生徒ばかりが集まってくる!そして普通科をよく思わない特進科の存在一真は「普通」に卒業できるのか!?
2017.4 222p A6 ¥620 ①978-4-04-734563-8

◆Frontier World―召喚士として活動中 3 ながワサビ64著 KADOKAWA (ファミ通文庫)
【要旨】『Frontier World』始まって以来の大型イベント"トーナメント"がついに開催! レベルは低いもののダリア並の物理攻撃力をもつ新召喚獣アルデも加わり、ダイキの準備も万端。だが港さん達とともに挑んだ団体戦では、因縁のマイヤ様親衛隊と衝突! さらにアルデと出場した混合戦ではトッププレイヤー大兵器と一戦交えることになり…。闘いだけでなく、屋台満喫も忘れない、召喚獣たちと過ごす、熱く賑やかなほのぼのVR-MMOファンタジー第三弾!
2017.6 297p A6 ¥730 ①978-4-04-734494-5

◆俺の青春を生け贄に、彼女の前髪をオープン 風木エコ著 KADOKAWA (富士見ファンタジア文庫)
【要旨】8年ぶりに帰国した俺の幼馴染みサリュは超絶可愛い。金髪ハーフでオッドアイ。しかも、口癖は「タロ様のお嫁さんになるです!」で、風呂も一緒に入ってくるほど俺のことが大好き。そんな完璧美少女にドキドキしてたら、実はコイツには大きな欠点があって―。「人に目を見られるくらいなら死んだ方がマシですう…」イエス! 超絶コミュ難になってました!!サリュを助けるために俺は『動画配信で美少女生主として君臨して自信をつける』という、画期的な方法を編み出す。雑談にコスプレ、ゲーム実況、疑似デート…全部放送して人目に慣れさせろ! 見せびらかし系青春ラブコメ、スタート!!
2017.1 297p A6 ¥600 ①978-4-04-072199-6

◆俺の青春を生け贄に、彼女の前髪をオープン 2 風木エコ著 KADOKAWA (富士見ファンタジア文庫)
【要旨】相変わらずのコミュ難で、まだまだ俺にべったりなサリュ。それでも、今度の林間学校で友達作りを頑張れば学園のアイドルに近づける(はず)。というわけで林間学校編スタート!!…と意気込んでいた先先、サリュの知名度UPを阻止しようと山本月先輩が急接近。学園のトップアイドルがなんで? と思ってたら、外面は良くても性格がアレなことが判明して一。水着コンテストにBBQ、肝試し。サリュを守りながらも定番イベントでの配信をこなす俺だけど、先輩の更なる秘密に巻き込まれ、「タロ様、何で先輩と一緒にいるんですかぁ? しかも裸でッ」!見せびらかし系青春ラブコメ、夏の修羅場突入!?
2017.5 266p A6 ¥620 ①978-4-04-072200-9

◆俺の青春を生け贄に、彼女の前髪をオープン 3 風木エコ著 KADOKAWA (富士見ファンタジア文庫)
【要旨】「私が太郎と付き合える可能性もあるんだよね」2nd幼馴染み・桜の告白。夏祭りを境に俺たちの関係性は変化一「サ、サリュのタロ様ですう! ベタベタしすぎですう!」一せっかくの、1st幼馴染み・サリュの猛烈アピールとの板挟みで俺はキャパオーバー。え? へ、ヘタレ

じゃねーし!!そんな状況で、サリュのコミュ難改善のビッグチャンス・文化祭が近づく。幼馴染み二人への返答、サリュのプロデュース…高校生活で一番の大勝負だ、ウジウジしてらんねぇ!!と気合いを入れ直してたら、サリュが帰国宣言するってどういうこと!?見せびらかし系青春ラブコメ、約束を果たすのは今！
2017.10 269p A6 ¥660 ①978-4-04-072457-7

◆鍛冶師ですが何か！ 7　泣き虫黒鬼著
アルファポリス、星雲社　発売
【要旨】幻の金属が存在し、精霊の闊歩する異世界で念願の鍛冶師になった津田騰廣。彼は仲間とともに、鍛冶の盛んな甲竜街を目指して旅に出た。途中、翼竜衛を去ったダークエルフのリリスがいる豊樹の郷へ立ち寄る予定に。そんな豊樹の郷では、今まさに異変が起きていた。ハイエルフの陰謀によって"穢呪の病"という土壌病が蔓延し、人の住めない地へと代わってしまったのだ。しかもリリスは、その病を鎮めるために人身御供になろうとしており一大人気異世界生産系ファンタジー、第七弾！
2017.12 276p B6 ¥1200 ①978-4-434-24120-8

◆神さまのビオトープ　凪良ゆう著　講談社（講談社タイガ）
【要旨】うる波は、事故死した夫「鹿野くん」の幽霊と一緒に暮らしている。夫の存在は秘密にしていたが、大学の後輩で恋人どうしの佐々と千花に知られてしまう。うる波が事実を打ち明けて程なく佐々は不審な死を遂げる。遺された千花が秘匿するある事情とは？　機械の親友を持つ少年、小さな子どもを一途に愛する青年など、密やかな愛情がこぼれ落ちる瞬間をとらえた四編の救済の物語。
2017.6 301p A6 ¥720 ①978-4-06-294067-2

◆ななしのワーズワード 4　転移者たちの弁証法—Packdog's Paradox　奈久遠希（北杜）林檎プロモーション
【要旨】アルカンエイクに応え、ワーズワード排除の同意を組んだ五人のエネミーズ。世界の敵の敵となったワーズワードは未だその事実を知らない。法国へ向かう旅の途中、シャルの故郷に立ち寄ったワーズワード一行は法国騎士団を迎えた。その直後ニアヴのもとにルーヴァ・アラナクアからの緊急救援要請が入った。遠く離れた力ナクア治里で起こった異変が次なる騒動を引き起こす!?突如現れた少女が引き起こすパニックに振り回されるワーズワード。彼女は一体何者なのか。そして、一件目ậされた村で行われた料理対決の勝敗の行方は・・・「小説家になろう」800万PVを越える人気ファンタジー第四弾！ ワーズワードの冒険は続く。
2017.8 239p B6 ¥1111 ①978-4-906878-61-1

◆雷帝のメイド　なこはる著　アース・スターエンターテイメント、泰文堂　発売　（アース・スターノベル）
【要旨】帝国最強の力を持つ"五帝"から弱小貴族家のメイドに転職したナナキ。メイドのメイドマスターメイドを目指して神をも倒す最強の力を主のために存分に揮う日々。神速のアクション&クセになる暁雲テンポ、コメディ満載に描かれる、ドヤ顔&ピース=カワイイ！傑作ファンタジー。気鋭の新人作家・なこはる×大人気イラストレーター・ヤスダスズヒトのタッグで送る最高のメイドストーリー、アース・スターノベルに誕生！
2017.9 326p B6 ¥1200 ①978-4-8030-1112-8

◆神様の居酒屋お伊勢　梨木れいあ著　スターツ出版　（スターツ出版文庫）
【要旨】就活に難航中の莉子は、就職祈願に伊勢を訪れる。参拝も終わり門前町を歩いていると、呼び寄せられるように路地裏の店に辿り着く。「居酒屋お伊勢」と書かれた暖簾をくぐると、店内には金髪の店主・松之助以外に客は誰もいない。しかし、酒をひと口呑んだ途端、莉子の目に映った光景は店を埋め尽くす神様たちの大宴会だった!?神様が見える力を宿す酒を呑んだ莉子は、松之助と付喪神の看板猫・ニャ吉、お掃除神のキュキュ丸と共に、疲れた神様が集う居酒屋で働くことになって…。
2017.6 330p A6 ¥630 ①978-4-8137-0376-1

◆晴ヶ丘高校洗濯部！　梨木れいあ著　スターツ出版　（スターツ出版文庫）
【要旨】『一緒に青春しませんか？』一人と関わるのが苦手な高1の葵は、掲示板に見慣れない"洗濯部"の勧誘を見つけ入部する。そこにいたのは、熱血な部長・司と、訳あり黒髪美人・紫苑、無口無愛想美少年・真央という癖もの揃いメンバー。最初は戸惑う葵だが、"心の洗

濯"をされ、徐々に明るくなっていく。その矢先、葵は洗濯部に隠された秘密を知ってしまい―。第1回スターツ出版文庫大賞優秀賞受賞作！
2017.1 333p A6 ¥590 ①978-4-8137-0201-6

◆魔王、配信中!?　南篠豊著　講談社（講談社ラノベ文庫）
【要旨】勇者の家系である日下家に居候している引きこもりリア充こと、元魔王イスティ。協力して作ったMMD動画が300万アクセスを叩きだし、力を取り戻すも勇者パワーにあっさりと屈してしまう。そんな彼女の前に、最近流行りの◯ーチューバーネットアイドル、『魔法少女レインボーキャット』が現れる。自らの存在価値に悩んでいたイスティは、キャットを目の敵にしているままに日下家を飛び出してしまう―。一方日下家では、勇真と友人の少女・奏多の仲がアレな感じになったり、妹・雪凪が初めてのイラスト仕事に悩んでしまったり―！仲良く動画を作ったあの頃には、戻れない!?ハイテンションラブコメ、次は◯ーチューブに進出の第2弾！
2017.11 279p A6 ¥640 ①978-4-06-381632-7

◆魔物使いのもふもふ師弟生活 2　無嶋樹了著　ホビージャパン　（HJ文庫）
【要旨】訳有り美少女アレサを正式に弟子として迎え、亜人の少女ルリも含めての三人生活も順調な魔物使いの青年シンラ。もふもふ魔物たちに囲まれて楽しく暮らす彼らのもとにある日、セシリアから謎だらけの手紙が届く。どうやら田舎町で魔物絡みの事件が起こっていると推測したシンラたちは、さっそく現地へと向かい、魔物"月光白虎"が騒動の元だと突き止めるが―「お前は…！」「あら、シンラちゃん？」その現場でクールな女&おネェな護衛騎士と鉢合わせ!?
2017.6 239p A6 ¥619 ①978-4-7986-1461-8

◆キズナキス　梨屋アリエ著　静山社
【要旨】もしも、他人の心が覗けたら、不安はなくなるだろうか。もしも、心を完全に閉ざすことができたら、他人に傷つけられることもなくなるだろうか。もしも、称賛に値する才能があれば、孤独なんて感じなくなるだろうか。この物語に描かれているのは、もうひとつの現実世界。
2017.11 399p B6 ¥1400 ①978-4-86389-398-6

◆千尋くん、千尋くん　智智。著　スターツ出版　（野いちご文庫）
【要旨】高1のあるみは、同い年の千尋くんと付き合いはじめたばかり。クールでマイペースな千尋くんの一見冷たい言動に、あるみは彼女の自信をなくしがち。だけど、ふたりきりになるとでてくる甘いセリフにキュンとさせられては、彼への想いをさらに強くする。ある日、千尋くんがなにかに悩んでいることに気づく。辛そうな彼のために、あるみがした決断とは…。カップルの強い絆に、泣きキュン！
2017.6 309p A6 ¥600 ①978-4-8137-0260-3

◆時めぐりは、幼馴染み騎士と一緒に　ナツ著　Jパブリッシング　（フェアリーキス）
【要旨】婚約破棄が発端となって、王位継承をめぐる陰謀に巻き込まれてしまった王女アビゲイル。苦難の最中、アビゲイルを支えてくれるのは、小さな頃からずっとそばで守ってくれた幼馴染みの騎士、ジェレミーだ。彼への恋心に気づくと同時に、「オレはアビーが好きだ。もう絶対に離さない」と熱い愛と共に告げられ、彼との将来を胸に誓う。時を巻き戻すという古代の護りの石を貫き、未来を変える、アビゲイルの反撃が始まる！
2018.1 305p B6 ¥1200 ①978-4-86669-059-9

◆傍観者の恋　ナツ著　Jパブリッシング　（フェアリーキス）
【要旨】レイチェルは、病弱な大親友アリシアの傍にいるために、そして何より片思いをしている彼女の弟、ノアと別れたくないために、ノアかりそめの結婚を持ちかける。ノアが姉、アリシアに密かに想いを寄せていることを知りながら、やむなく次第にノアの愛情に満ちた言葉と態度にレイチェルの心は激しく揺れはじめ…「君は俺の妻だ」「俺がずっと好きだろう？」「俺の一番大事な人だ」想いを隠して嘘をつき、すれ違う。両片思いの契約結婚の行方は!?
2017.4 316p B6 ¥1200 ①978-4-908757-75-4

◆リセアネ姫と亡国の侍女　ナツ著　Jパブリッシング　（フェアリーキス）
【要旨】国を滅ぼされた皇女パトリシアと、彼女を助けた隣国の王太子クロード。結ばれない運命のもと深く愛し合う二人に、クロードの妹リセアネはヤキモキしている。大国の皇帝グレアムに嫁ぐことになったリセアネは、二人の恋が実る、14才年の差のグレアムと

の結びを願い出るが…「全てがうまく運んだ暁には貴女をもらおう」割り切った政略結婚だが、聡明で頑張り屋なリセアネを愛しく思い始めていた彼の言葉に、リセアネの胸は高鳴って!?
2017.9 341p A6 ¥1200 ①978-4-86669-022-3

◆Eクラス冒険者は果てなき騎士の夢を見る—「先生、ステータス画面が読めないんだけど」　夏柏楽緒著　KADOKAWA　（ファミ通文庫）
【要旨】"ステータス"—それは神が与え才能を示す唯一の指標である。この世界ではそれが人生のあらゆる場面で重視され、一生つきまとう。騎士団に入ることを夢見る青年ライは、認識できないステータスを持つことでまともな職にも就けず、万年Eクラスの冒険者に甘んじていた。しかし、その剣筋は並の冒険者には視認できないほど疾く、高レベルの魔物をも瞬殺する実力を持っていて―。定められた運命に抗う、落ちこぼれ冒険者の英雄ファンタジー、開幕！
2017.10 286p A6 ¥620 ①978-4-04-734853-0

◆黒狼と赤い薔薇—辺境伯の求愛　夏井由依著　二見書房　（ハニー文庫）
【要旨】白は忠誠と敬愛、赤は求愛—。騎士の催事で白薔薇を捧げられる王女たちを羨望の眼差しで見つめていたシデェ。そんな彼女に異例中の異例ともいえる赤薔薇を捧げてきたのは、黒狼の二つ名を持つアラルーフェ辺境伯ルディク。しかし、胸躍らせる十三歳の少女に告げられた若き辺境伯の言葉は自身には一生つきまとう。五年後の再会は辺境伯の花嫁選びの場。並み居る王女たちを差し置いて選ばれたのは!?
2017.5 283p A6 ¥686 ①978-4-576-17052-7

◆雨あがりの印刷所　夏川鳴海著　KADOKAWA　（メディアワークス文庫）
【要旨】仕事で大きな失敗をし、故郷の岐阜に戻ってきた元印刷会社勤務の青年・光。就職活動をしながら、兄の営む喫茶店で時間を潰す毎日だ。ある日、光は妻の誕生日に詩集をもう一度贈りたいという男性客と出会う。思い出の詩集を復活させるため、光は倒産した印刷所を訪れ、一文字一文字を手作業で作る、昔ながらの活版印刷を始めるが―。和菓子屋を救う伝統技法を使った手紙、世界に一冊だけの写真集。光の作る印刷物が、人の心を繋ぐ三つの物語。 2017.6 309p A6 ¥630 ①978-4-04-893214-1

◆食いしん坊エルフ 5　なっとうごはん著　TOブックス
【要旨】グランドゴーレムマスターズ本戦がついに開幕！次々と襲い来るライバルたちを前に、白エルフ聖女エルティナ（中身おっさん）は仲間たちと共に果敢に立ち向かうが、次第にオモチャ競技に巧妙に隠された、世界をも揺るがす巨大な悪の陰謀へと巻き込まれていく。その鬼畜で外道な所業に、グルメモンスターの正義の心は熱く燃え盛る！いざ、ラストバトルへ！一義を見てせざるは勇無きなり。素晴らしきグルメの日々に喝采を。書き下ろし短編も収録！
2017.3 303p B6 ¥1296 ①978-4-86472-555-2

◆ギルドのチートな受付嬢 5　夏にコタツ著　双葉社　（モンスター文庫）
【要旨】使徒との騒動が片付いたある日のこと。イリアとハクは、街の外を進む馬車の中にいた。石畳から顔を覗かせる草花や、なだらかな丘陵。初めて街を出たハクは、美しい景色の数々に目を輝かせていた。そんなハクはイリアに、初めて街を出た時のことを尋ねる。楽しい思い出話を期待したハク。しかし、イリアの答えは予想外のもので―。生まれ故郷であるエルフの里で、かつてイリアが目にした壮絶な真実、そして待ち受ける、切なすぎる別れとは―。「小説家になろう」発の大人気シリーズ、待望の新ストーリー！
2017.4 310p A6 ¥630 ①978-4-575-75128-4

◆ギルドのチートな受付嬢 6　夏にコタツ著　双葉社　（モンスター文庫）
【要旨】竜神の子・ハクの飛行練習も兼ねて、イリアは大海原の上を飛ぶ。目指すは、白き砂浜と透明な海に囲まれた人魚の島。到着するやいなや、人魚たちの大歓迎を受ける二人。そしてイリアは、かつて旅をともにした、セイレンと再会する。歓迎の宴の中、セイレンはイリアとの思い出を語っていくのだが―。最後の受付嬢が出会ったのは、美しき人魚とツンデレお嬢様!?「小説家になろう」発の大人気シリーズ、待望の第六弾！
2017.11 250p A6 ¥583 ①978-4-575-75169-7

◆暴走令嬢の恋する騎士団生活　夏野ちより著　KADOKAWA　（ビーズログ文庫）

ヤング・アダルト小説

【要旨】伯爵令嬢アシュリーは、憧れの騎士クライヴに人生を注ぐと決めていた。だが、別の男との婚約が成立。どうしてもクライヴを諦められないアシュリーは「後悔の吐いた水と同じ距離まで近づきたい…」と嘆願までの一年間、男装して騎士団に潜り込むことに！「あなたのシャツを洗濯した水を、僕に飲ませたらダメ！！」「寄るな変態！」暴走令嬢の明日はどっちだ!? 2017.6 255p A6 ¥620 ①978-4-04-734669-7

◆**君を探して** 葉つは著 スターツ出版（野いちご文庫）
【要旨】『オレが誰かわかる？ いつもお前のことを見ているよ』高2の深月のもとに届いた、知らないアドレスからのメール。差出人は同じ学校に通うらしい "オレ"。つらいことがあると、彼はいつも話を聞いてくれた。次第に彼からのメールにドキドキするようになる深月だけど、距離が近づいたと思ったのもつかの間、メールはだんだん減っていって…。いつも見守ってくれたのは君だったんだね―。 "オレ" の正体に、泣きキュン！
2017.6 407p A6 ¥610 ①978-4-8137-0276-4

◆**ガーリー・エアフォース 8** 夏海公司著 KADOKAWA （電撃文庫）
【要旨】アンフィジカルレイヤーで目の当たりにした出来事により、ザイの正体とグリペンの理不尽な変化を知った慧。彼女を解放するために、慧はこれ以上の戦いと、世界を救うことを拒否してしまう。そんな中、新ドーターの運用試験を行っていたイギリスのベンベキュラ基地が、ザイの戦略兵器により突如消滅。そしてザイの次なる攻撃目標は一小松!!? 防戦にあたる独飛の面々が、慧とグリペンの不在による苦戦を強いられる。はたして慧の取る選択は―？ 巻末には那覇基地の守護神、グリペンの活躍を描く短編も収録した、美少女×戦闘機ストーリー、グリペンの運命に立ち向かう第8弾！
2017.11 259p A6 ¥610 ①978-4-04-893479-4

◆**兼業作家、八乙女累は充実している** 夏海公司著 KADOKAWA （メディアワークス文庫）
【要旨】突然の婚約破棄に昇進取り消し。完璧な人生を送っていたはずの大手通信会社営業職、八乙女累は人生のどん底に沈んでいた。そんな彼女に、小説新人賞受賞の吉報が！ 夢の作家生活がスタート！？ と思いきや、待ち受けていたのはイケメン鬼編集の手厳しいダメ出しに、恋人との本業タスク、そして容赦なく迫りくる締切だった…。覆面ベストセラー作家、親友の助言ももらいながら、どうにかOLと作家業の両立を目指す累だったが!?兼業作家の泣き笑いを描く業界お仕事小説！
2017.5 277p A6 ¥590 ①978-4-04-892955-4

◆**なれる！ SE 16 2年目でわかる？ SE入門** 夏海公司著 KADOKAWA （電撃文庫）
【要旨】工兵、次郎丸、梅林VS立華、藤崎の対決となった総合商社二社のインフラ統合案件は、暗躍するスピリティア、貝咲の介入もあり、業界全体を巻き込む事態に。国内の主要なIT企業を押えられ、勝機を進める術を失った工兵が目を向けたのは…まさかのあの人物!? 一方、工兵の総務部での異動話も待ったなしの状況に。スルガシステムの未来と、立華のいるSE部を守ること、そして自身のエンジニアとしてのキャリアに悩む工兵の選ぶ道とは―。萌えるSE残酷物語、感動のシリーズ本編完結編！
2017.8 227p A6 ¥570 ①978-4-04-893276-9

◆**異世界王子の年上シンデレラ** 夏目みや著 アルファポリス, 星雲社 発売 （レジーナブックス）
【要旨】突然、異世界に召喚されてしまった平凡女子の里香。彼女はなんと王子の花嫁になるため召喚されたのだとか。しかし、お相手の王子はまだ11歳！？これじゃ結婚できるわけがないし、早く帰して！と主張する里香だけど、王子は一心に自分を慕っている。しかも自分は孤独な身の上で、頼りたい人は一人しかいないだけ…。そこで彼女は、異世界に残り、姉のような気持ちで王子の成長を見守ることに。そうしてちょっと楽しい新婚（？）生活を送っていた里香だが、事故で元の世界に戻ってしまった―。別れた王子を心配しながらも憂鬱な日々を過ごすこと四ヶ月、ひょんなことから、里香は再び異世界に飛ぶことに！…そして再会した王子は、劇的な成長を遂げていて―!?
2017.3 299p B6 ¥1200 ①978-4-434-23030-1

◆**王と月 1** 夏目みや著 アルファポリス, 星雲社 発売 （レジーナ文庫）
【要旨】星を見に行く途中、突然異世界トリップしてしまった真理。気が付くと、なんと美貌の王の胸の中にいた！ さらに、気丈に振る舞う真理の態度を面白がっているのになぜか王に気に入られ、後宮で暮らすことに。そんなある日、王の年下の叔父ユーリスに誘われ、真理は後宮を抜け出して街散策を堪能する。しかし、それを王に知られ、怒りをかってしまう。その日を境に、王に避けられていると感じ、もやもやした気持ちを抱える真理。このままではいけないと、話し合いを決意した矢先、今度はとんでもない事件に巻き込まれてしまい―!?文庫だけの書き下ろし番外編も収録！
2017.4 365p A6 ¥640 ①978-4-434-23120-9

◆**王と月 2** 夏目みや著 アルファポリス, 星雲社 発売 （レジーナ文庫）
【要旨】突然、美貌王の胸の中に異世界トリップした真理。反抗的な態度を取っているのになぜか王に気に入られ、後宮で暮らすことに。そんなある日、王の年下の叔父ユーリスに誘われ、真理は後宮を抜け出して街散策を堪能するが、それを王に知られ、怒りをかってしまう。その日を境に、王に避けられていると感じ、もやもやした気持ちを抱える真理。このままではいけないと、話し合いを決意した矢先、今度はとんでもない事件に巻き込まれてしまい―!?文庫だけの書き下ろし番外編も収録！
2017.5 362p A6 ¥640 ①978-4-434-23203-9

◆**王と月 3** 夏目みや著 アルファポリス, 星雲社 発売 （レジーナ文庫）
【要旨】異世界トリップし、若き魅惑の王の後宮で暮らす真理。当初は自分をからかう王に反発していた彼女だが、不器用ながかに見える彼の優しさに触れるたび、少しずつ惹かれていく。けれど、お互いに素直になれないせいで、二人の関係はどこか曖昧なまま。そんなある日、王の生誕祭が開催される。その最中、モヤモヤしている真理に追い討ちをかけるように、王が後宮の解散を宣言。別れの前に彼と向き合おうとうやく決意した真理だったが、その矢先に誘拐されてしまい―!?文庫だけの書き下ろし番外編も収録！
2017.6 368p A6 ¥640 ①978-4-434-23306-7

◆**にわか婚約者は幼なじみを落としたい** 夏目みや著 Jパブリッシング （フェアリーキス）
【要旨】片思いしている幼なじみのクラウドと恋人同士の振りをすることになったアレット。これを機会にクラウドと両思いに！ と意気込むアレットに、彼は本物らしく見せるために恋人のレッスンを提案してきて…もしやドキドキして挙動不審なのをからかっているのでは！？応援してくれる侍女連盟や、ポエム連発のプレイボーイ、"特技、嘘泣き" なマウンティング女子が入り乱れて、波乱含みのアレットの恋。からかわれの関係、絶対本物にするんだから！『婚約破棄が目標です！』スピンオフ作品。
2017.11 321p B6 ¥1200 ①978-4-86669-042-1

◆**無名の最強魔法師** なつめ猫著 小学館 （ガガガブックス）
【要旨】主人公・ユウマは物心ついた時、生まれた時とは違う知識を持っていた。彼は理の違う世界の知識から、想像力で様々な事象を「造り変える」ことができる魔法を編み出す。のだが、特にこれといった目的もないユウマは子どもたちに勉強を教えたり、露天風呂を作ったり、いたって平穏な生活を送っていた。しかし、「魔王の転生者の子どもがいる」との予言で、ユウマの村は隣国のウラヌス十字軍の侵攻を受けることになり―。世界の理を越える魔法と知識で、妹と幼馴染みを、世界を救う??チート＆テキトー魔法師の無自覚冒険譚！
2017.12 290p B6 ¥1200 ①978-4-09-461107-6

◆**あの頃、きみと陽だまりで** 夏雪なつめ著 スターツ出版 （スターツ出版文庫）
【要旨】いじめが原因で不登校になったなぎさは、車にひかれかけた猫を助けたことから飼主の新太と出会う。お札に1つ願いを叶えてくれるという彼に「ここから連れ出して」と言う。その日から海辺の古民家で彼と猫との不思議な同居生活が始まった。人見知りのなぎさでも、海と太陽みたいな温かさに触れて生きる希望を取り戻していくなぎさ。しかし、新太からある悲しい真実を告げられ、切ない別れが迫っていることを知る―。優しい言葉がじんわりと心に沁みて、涙が止まらない。
2017.2 253p A6 ¥540 ①978-4-8137-0213-9

◆**旦那様と契約結婚!?―イケメン御曹司に拾われました** 夏雪なつめ著 スターツ出版 （ベリーズ文庫）
【要旨】杏瑠は食べることが大好きな "大食い" OL。突然失業してしまい、転職活動もうまくいかず空腹で座り込んでいると、イケメンのホテルオーナー・立花に救われる。「いい仕事を紹介してやるよ」と乗せられるまま契約書にサインをすると、なんとそれは立花との婚姻届けで…!? イジワルな旦那様との新婚生活は、形だけのはずなのに、優しくされたり迫られたり、朝から晩まで翻弄されっぱなし！
2017.4 325p A6 ¥630 ①978-4-8137-0234-4

◆**異世界温泉に転生した俺の効能がとんでもすぎる―アンタの中が気持ちいいわけじゃないんですけど!?** 七鳥未奏著 KADOKAWA （MF文庫J）
【要旨】温泉好き高校生・草津熱美は、地方の温泉に向かう途中で死んでしまい、異世界の温泉に転生してしまう！ 戸惑う彼の前に、エルフ冒険者・レティシア、巨乳の神官・クム、小さな村長・チーケといった美少女たちが次々と現れ、温泉（熱美）の常連となる。彼女たちを虜にしたのは、熱美の特殊な "効能" だった。体力魔力の即時回復や一時上昇、状態異常回復などの効果が、入るだけであるというからみんな大歓喜！ そんな可愛い女の子たちが、熱美の中へ入れば当然、「硬度が上昇しました」「水質変化し、牛乳風呂になります」―って待って！ 硬くなって白く濁るとか、それはダメだぞ！…ところが大人気の熱美温泉に次々とトラブルが起きて…？
2017.2 262p A6 ¥580 ①978-4-04-069011-7

◆**異世界温泉に転生した俺の効能がとんでもすぎる 2 湯船の中でならバレません…よね？** 七鳥未奏著 KADOKAWA （MF文庫J）
【要旨】異世界の温泉に転生した草津熱美は、彼にハマって常連となった女の子たちとともに立ち塞がるトラブルを乗り越え、地元の大人気温泉へと成長した。そしてレティシアの妹・リザとドラゴン娘・ミィを熱美温泉の新たな従業員として迎え、すずめす客入りがすごいお忙しい賑やかになる。そんなある日、近くの街で熱美に似た温泉が湧いたという噂が。疑いながらもレティシアたちが調査に向かうと―なんとそこは温泉偽装をして客を集めている銭湯だった！「勝負しようじゃないか。このセントーとお前たち温泉、どちらが本物なのか」異世界温泉VS異世界銭湯ここに勃発―って、すっかりお宝に見た忙しい生き物なの!?前代未聞の異世界温泉ライフ第二弾、ここに湧き出る！
2017.6 262p A6 ¥580 ①978-4-04-069278-4

◆**最愛キャラ（死亡フラグ付）の嫁になれたので命かけて守ります** 七里瑠美著 Jパブリッシング （フェアリーキス）
【要旨】ある日小国の公主・蘭珠は、この世界が前世で愛読していたラノベの世界だと気づく。そして自身の婚約者が最愛キャラ・景炎皇子であることも…。何て美味しいシチュエーション！ だけど彼はいずれ若くして非業の死を遂げる運命に…。そうはさせない！ たとえラノベの筋が変わるとしても守ってみせる―。決意した蘭珠は間諜組織を結成し、嫁いだ後も密かに暗躍。けれど有能、かつ新妻をすっかりお気に召し入った景炎の目を盗んで動くのは思いのほか大変で―？
2017.12 319p B6 ¥1200 ①978-4-86669-048-3

◆**調教師は魔物に囲まれて生きていきます。** 七篠龍著 アース・スターエンターテインメント, 泰文堂 発売 （アース・スターノベル）
【要旨】適性を持っていた『調教師』（見習い）となり、乳牛たちの面倒を見ながら日々をなんとなく過ごしていた青年リュウ。そんな平凡な生活をする中、罠にかかった一匹の狼を森の中で見つけ、あろうことか傷を治し逃がしてしまう。その狼、実は伝説の魔獣『フェンリル』で…「リュウ、今からあなたは私のものよ。異論は認めない」…はい？ とても気に入られてしまったリュウは、有無を言わさずフェンリルたちの住処まで連れ去られる。今までの生活に（強制的に）別れを告げさせられる形で、調教師リュウの冒険が始まる…!!…即死しないよ！ 本編のその後を描く書き下ろし短編『平穏の中で』も収録!!
2017.11 282p B6 ¥1200 ①978-4-8030-1131-9

◆**うちの居候が世界を掌握している！ 16** 七条剛著 SBクリエイティブ （GA文庫）
【要旨】はるばる宇宙から地球を目指して飛来する巨大な彗星。それは父の遺したレンズが世代を越えて真哉に解決を託した、最大最後の難問だった。ワケあって居候生活をしながら、真哉は居候生活と世界を救う大役を一度に担うことになるのだが…「できないことなんて何もないよ。

ここには、家族がいるのだから」趣味も性格も才能もバラバラだけど青哉を慕う気持ちで結ばれた最高の仲間と共に、星に挑む時が来た！って社長！こんな時なのにどうして受験勉強もしてるんですか！？これは、孤独だった少年年社長が築いた、小さく、温かいとある家族の物語。やっぱり愉快なシリーズ第16弾、感動とその先の未来へ!!
2017.2 223p A6 ¥610 ①978-4-7973-8967-8

◆レーゼンシア帝国繁栄紀—通りすがりの賢帝 七条剛著 SBクリエイティブ（GA文庫）
【要旨】「気に入ったわ。今日からあなた、この国の皇帝になりなさい」苦学生シュウはとあるアルバイトに合格し、美しき少女リリーとの契約を交わす。その内容とは、レーゼンシア神聖帝国の皇帝となって彼女の代わりに国を掌握すること!?そして始まる夢の皇帝生活。権力も武力も思いのまま。国の難題を次々解決するシュウの見事な賢帝ぶりに臣下も騒然。さらに並みいるお姫様から婚約者を選び放題だが…「いやだから、俺は偽者なんだよ!?」「がんばって。バレたら極刑よ？」これは、知で一国を繁栄へと導いた『本物より気高き偽皇帝』の物語。痛快、国家掌握ファンタジー開幕!!
2017.4 315p A6 ¥610 ①978-4-7973-9174-9

◆レーゼンシア帝国繁栄紀 2 人形姫に微笑みを 七条剛著 SBクリエイティブ（GA文庫）
【要旨】「陛下、約束通り、ファムをどこかへ連れていってほしい」皇帝の影武者シュウはイーシア王国からの婚約者候補ファムと二人きりで城下町へ。見るもの全てに目を輝かせるファムだったが、無防備な彼女を見つめる不審な視線に、シュウは警戒感を高める。そんなシュウを嘲笑うようにもたらされるファム王女誘拐の予告。シュウは怪しげな影を追う中でイーシア王国の歴史に翻弄された"人形姫"の意外な真実を知る…。疾走のデートコースでは、皇帝の権力を鮮やかにふるえ！気高き偽皇帝の国家繁栄ファンタジー、知と優しさの第2弾!!
2017.8 295p A6 ¥610 ①978-4-7973-9291-3

◆ひとりぼっちのソユーズ—君と月に恋、ときどき猫のお話 七瀬夏扉著 KADOKAWA（富士見L文庫）
【要旨】幼いころに出会った外国の女の子ユーリヤ。彼女は僕にとって特別な女の子で、小さな世界の女王だった。彼女は僕を「スプートニク」と呼び、二人で月を見上げて、国境のない静かな世界に憧れてた。そんな僕たちも、少しずつ大人になっていく。彼女が気づいた違うこと。そして彼女の抱える病が、宇宙への夢を許されていることに。だから、あの月の綺麗な夜—僕は思ったんだ。僕が君を月に連れて行くんだって。もう君を、ひとりぼっちにしないために。
2017.12 284p A6 ¥600 ①978-4-04-072537-6

◆ケーキ王子の名推理（スペシャリテ）2 七月隆文著 新潮社（新潮文庫nex）
【要旨】ケーキを愛する女子高生・未羽は、世界一のパティシエである青山から店のケーキバイキングに招待された。夢の時間が始まったそのとき、外国人の美女が乱入。彼女は青山とただならぬ因縁があるらしく—!?未羽の新しい友達、颯人のリベンジをかけたコンクール、そして青山の秘められた過去が明らかに。恋も悩みもお菓子の知識で鮮やか解決。未羽と颯人の青春スペシャリテ2弾。
2017.4 226p A6 ¥520 ①978-4-10-180093-6

◆美人上司とダンジョンに潜るのは残業ですか？ 七菜なな著 KADOKAWA（NOVEL ZERO）
【要旨】とある企業の会社員・牧野祐介は、上司・黒木姫乃（26）から業務後の呼び出しを受ける。巨乳の黒髪ロング美人である黒木主任と、まさかの社外デート！などということはなく、それはダンジョンアタックへの同行命令だった!?だが、仕事では「鬼の黒木」と呼ばれるエースなのに、どういうわけかダンジョン内では超絶へっぽこで…「これは、営業よりたいへんなことになったぞ…」牧野は黒木を一流のハンターに育成し、ダンジョンでのサービス残業から脱出できるのか!?職場とダンジョンでは立場が変わる、お仕事系ダンジョンファンタジー2弾。
2017.9 321p A6 ¥620 ①978-4-04-256060-9

◆美人上司とダンジョンに潜るのは残業ですか？ 2 七菜なな著 KADOKAWA（NOVEL ZERO）
【要旨】いまいち冴えない営業職の牧野祐介と、才女にして美しな女上司・黒木姫乃（26）との秘密、それはノー残業デーで行われる"ふたりきりのダンジョンアタック"だった。ダンジョンではへっぽこな黒木とのダンジョンアタックにも楽しさを覚え始めていた牧野に、かつてのパーティーメンバー・小池寧々からプロハンターへの誘いが届く。「そんなド素人の指導してる器じゃないだろ、お前は」不向きな仕事を続けるか、それとも新たな仕事を選ぶのか？答えの出ない牧野に黒木主任がかけた言葉とは—えっ、これがふたりの最後のダンジョンアタック!?
2017.12 290p A6 ¥680 ①978-4-04-256070-8

◆死神令嬢と死にたがりの魔法使い 七海ちよ著 KADOKAWA（ビーズログ文庫）
【要旨】三回婚約して、婚約者全員に不幸が訪れる令嬢クゼル。付いたあだ名は「死神令嬢」。四度目の縁談は御年三百歳の伝説の魔法使い！嫁いだクゼルを待っていたのは、頑固に死のうとする不老不死の美しい魔法使いだった。「せっかく今なら死ねる気がするのに！」「死にたいなら離縁して！」庶民派お嬢様と偏屈な魔法使いが贈る、優しさ溢れるおとぎ話！
2017.11 223p A6 ¥600 ①978-4-04-734866-0

◆捨てられ勇者は帰宅中—隠しスキルで異世界を駆け抜ける ななめ44° 著 TOブックス
【要旨】ある日、高校のクラスメイトの少年2人が異世界の神様によって同時に召喚された。1人は勇者として大歓迎を受けたが、もう1人は姫直々に無能の誹りを受けゴミの様に捨てられた。だが、捨てられた方の少年・優人には、常人に見ることができない強力なステータスが隠されており、実は彼こそが真の勇者だった！とは言え今更姫に協力する気も起きない優人は、ステータスにあった隠しスキルを活かして、元の世界に戻る方法を探していくことに。一姫に捨てられた勇者がおくる、怒りの撤退ファンタジー！
2017.8 349p B6 ¥1296 ①978-4-86472-593-4

◆星繋ぐ巫女のフォークロア—人狼×討伐のメソッド 2 斜守モル著 KADOKAWA（MF文庫J）
【要旨】人狼討伐に全てを懸ける男・吉田射織。肩書は東京人狼討伐庁長官補佐、あだ名はサイボーグ、嫌いな物は馬鹿と無能と人でなし、欠点は致命的な方向音痴。出張中に遭難した山奥で、射織は幼い少女と出会う。少女の名は、秋宮アイカ。純真無垢な少女の故郷"神代村"は、美しくのどかな理郷。しかし村には秘密があった…。死者にまつわる奇妙な風習、肉を模した赤い餅、村に伝わる絶版雑誌、眼球扱いの映画ヒロイン、秘密を暴いた記者の失踪—バラバラのピースは、解けて砕けて交錯し、やては大きなうねりを起こしていく。この村には悲劇か奇跡か幻か。星々煌めく七夕の夜—全てが"繋がる"。
2017.5 327p A6 ¥580 ①978-4-04-069232-6

◆悪魔くんとナイショで同居しています *菜乃花*著 スターツ出版（ケータイ小説文庫—野いちご）
【要旨】平凡な高校生の奏は、ある夜、クラスメイトが悪魔を召喚しているのを目撃する。翌朝、登校すると、教室のクラスに超イケメンが転校してきた。彼の正体は実は悪魔のアーラで、それを知る奏は「正体をバラしたら殺す」と脅されてしまう。それから毎日、放課後に奏の部屋に押しかけてきては朝まで居座り、学校では付き合っているフリまでさせられて…？

◆その者。のちに… 03 ナハアト著 アース・スターエンターテイメント、泰文堂 発売（アース・スターノベル）
【要旨】ハオスの友達の頼みを受け獣人国の内乱を解決した最強の俺・ワズ。さらに囚われた獣人たちを救出するために南西の国へ。その道中で出会ったのは、2年前に別れた妹・カガネ！「私もお兄ちゃんの奥さんになります！」って、そんなことってアリなの？ 超急展開の大ヒットシリーズ第3弾!!!
2017.1 350p B6 ¥1200 ①978-4-8030-0986-6

◆その者。のちに… 04 ナハアト著 アース・スターエンターテイメント、泰文堂 発売（アース・スターノベル）
【要旨】別れたはずの幼馴染み・アリアと再開した最強の俺・ワズ。聖女となった彼女は勇者とともに魔王の討伐に成功し、勇者の妻に迎えられたはずだったのだが…。そんなアリアの口から飛び出した驚愕の事実。そして故郷・イスコア王国に危機が迫る！ハーレムもど〜んと拡大して第4弾!!
2017.4 386p A5 ¥1200 ①978-4-8030-1036-7

◆その者。のちに… 05 ナハアト著 アース・スターエンターテイメント、泰文堂 発売（アース・スターノベル）
【要旨】口先だけの勇者（偽）もぶっ飛ばしてイスコア王国の危機を救った最強の俺・ワズ。だがシロが封印を解いたため邪神が復活。ハーレムのメンバーの土地にも魔物が迫る！最大、最悪のピンチにワズ、どうする!?最凶の敵とぶつかる第1部最終巻!!そして…。
2017.7 385p B6 ¥1200 ①978-4-8030-1082-4

◆その者。のちに… 06 別世界・四大魔王編 上 ナハアト著 アース・スターエンターテイメント、泰文堂 発売（アース・スターノベル）
【要旨】みんなの協力で邪神を倒し結婚式まで7日となった最強の俺・ワズ。ところがいきなり別世界へ転移。そこは四大魔王に滅ぼされる寸前だった！たった1週間で魔王を4人も!!つぶせるか？ワズ!!
2017.10 367p B6 ¥1200 ①978-4-8030-1122-7

◆宝石吐きのおんなのこ 6 旅立ちを告げる手紙 なみあと著 ポニーキャニオン（ぽにきゃんBOOKS）
【要旨】大陸東部の穏やかな街、リアフィアット市。そんな街の片隅に、店員二名の小さな宝石店があった。—『スプートニク宝石店（ジュエリー・スプートニク）』。ある日、「宝石を吐き出す」少女クリューと、宝石店店主スプートニクのもとに一通の手紙が届く。送り主は、宝石商会会長・クルーロル。内容はクリューへの「エルキュール宝石学校・体験学校」の入学案内だった。遠く離れた地・大陸統都ヴィーアルトン市での体験学校に参加することを決める。一方、リアフィアット市に残ったスプートニクには、ある異変が起きていた。その変化に戸惑っていた折、彼にとっては非常に好ましくない客が来る。クリューとスプートニク。出会ってから初めて離れ離れになる二人、彼らの胸に芽生えるものとは…。宝石に愛された少女の、甘くて淡い、ファンタジー新章開幕。
2017.6 265p A6 ¥650 ①978-4-86529-264-0

◆いづれ神話の放課後戦争（ラグナロク）6 魔眼の王と女神覚醒 なめこ印著 KADOKAWA（富士見ファンタジア文庫）
【要旨】七つの神話の力を手にした生徒たちによる神話代理戦争一放課後、孤島の学園で、異端の少年は神々への戦いを誓う。ブリュンヒルデからの突然の告白に戸惑う雷火。そして、最後のデートで、シャルロッテもまた溢れる恋心を抑えられない。「貴方が好き。きっと明日生き残って、また一緒に海に来よう」交わした約束、復讐を越えた未来を胸に、雷火は神々に挑む！しかし、残す代表神アポロンの姿はなく、立ちはだかったのは、管理者であるはずの天華だった一。彼女から語られる十年前の真実と、神話代理戦争の隠された目的とは？ 全てをかけて抗うこの戦いが新たな局面を迎える『ラグナロク篇』始動!!
2017.4 347p A6 ¥620 ①978-4-04-072265-8

◆いづれ神話の放課後戦争（ラグナロク）7 魔眼の王と堕天聖女 なめこ印著 KADOKAWA（富士見ファンタジア文庫）
【要旨】第三次神話代理戦争は終結した。だが、その手から零れ落ちた妹・天華の本当の笑顔を取り戻すため、雷火の戦いはまだ終わらない。シャロと正式に付き合うことになった雷火（もちろん周りの女の子たちにも内緒で！）、平和はほんの束の間だった。神界からの使者・ケルト神話のアリアンロッドは、神々の襲撃を警告する。再び神話戦争が始まろうとすれば、人類は必ず滅ぼされる—"神界"、"聖餐管理機構"そして雷火の古巣"教会"、主な勢力がいま一堂に会する!!七つの神話の戦いは新たな次元へ『ラグナロク篇』始動!!
2017.8 281p A6 ¥600 ①978-4-04-072266-5

◆いづれ神話の放課後戦争（ラグナロク）8 魔眼の王と天涯魔境 なめこ印著 KADOKAWA（富士見ファンタジア文庫）
【要旨】第二次神話大戦は目前に迫っている。天華率いる『新生神話同盟』は世界を蹂躙しながら、『唯一神』の権能をその手にするため、教会の本拠地バチカンへ侵攻を開始する。一方、雷火たちも、この状況を終結させるため、妹を救うため、バチカンへと進軍を開始する！突入前夜、シャロとブリュンヒルデは、雷火への思いを遂げるために契りを結ぶのだが一立ちふ

さがるは、教会の最強戦力・七大天使。そして、新生神話同盟の主神級の神々だった!!いま新たな神話が刻まれる。聖なる街を舞台に、世界の未来を摑み取れ!!
2017.12 313p A6 ¥640 ①978-4-04-072559-8

◆ギルドは本日も平和なり 2 ナヤカ著 KADOKAWA (ファミ通文庫)
【要旨】幹部会議でギルド改革案を承認させることができたテプト。その後、彼は受付の増員や冒険者の『依頼義務化』も実現させるため、慌ただしい日を送っていた。そんなある日、テプトは二人の『ランク外侵入者』が現れたと報せを受け、すぐさまダンジョンに潜る事に。二十層に辿り着くと、そこにはダンジョンマスターと名乗る白髪の少年が!!テプトは少年から二人の居場所を聞き出すのだが…。異世界ファンタジー奮闘記、第二弾!!
2017.4 247p A6 ¥740 ①978-4-04-734581-2

◆Fate/strange Fake 4 成田良悟著 KADOKAWA (電撃文庫)
【要旨】十三柱の英霊達が揃った瞬間から始まった『七日間限定』の聖杯戦争。スノーフィールドは一見して平穏のまま二日目の朝を迎えた。だが街が静かに、しかし確実に蝕まれていた。全てを見通すクラス『ウォッチャー』を召喚した兵士の青年は、狂信者の『アサシン』と対峙し、そしてさらにもう一組の乱入者を迎える。神を憎む英霊の前には『女神』を名乗る女が現れ、機械仕掛けの『バーサーカー』による猛威が魔術工房に吹き荒れる。己の正体を求める『殺人鬼』は時計塔の麒麟児とともに、一人のか弱き少女を救うための強者へと挑む。連鎖する衝突、日常への浸食。新たな局面を迎えた各陣営の思惑はいかに。
2017.4 299p A6 ¥630 ①978-4-04-892756-7

◆竜の専属紅茶師 鳴澤うた著 アルファポリス、星雲社 発売 (レジーナ文庫)
【要旨】彼氏に最悪の振られ方をした茉莉花。失意のどん底に陥り、こうなったら、どこか遠くで大好きな紅茶に囲まれて生きてやる！と息巻いていたら…なんと異世界にトリップしてしまった！元の世界に戻れる日まで、この世界を楽しむことにした茉莉花だが、一つ大きな不満が。それは、紅茶の味がとっても微妙なこと！そこで紅茶の本当の美味しさを知ってほしいと奮闘をはじめるのだけれど、なかなか前途多難で―？ほのぼの異世界ファンタジー開幕！文庫だけの書き下ろし番外編も収録！
2017.1 381p A6 ¥640 ①978-4-434-22781-3

◆意地悪同期にさらわれました！ 鳴瀬菜々子著 スターツ出版 (ベリーズ文庫)
【要旨】インテリアデザイナーの秋穂と、社内人気No.1のモテ男で仕事も完璧な同期・東吾はライバル関係。ドSで俺様な東吾の実力を、秋穂はこっそり認めつつもケンカばかり。でもある日、お互い苦手な行事からのアプローチを阻止するため、恋人同士のフリをすることに。あくまで"フリ"のはずなのに、社内で彼が秋穂に熱いキス！「俺に意地で…」と意地悪に微笑む彼に、秋穂の心は激しく乱され…!?
2017.7 389p A6 ¥650 ①978-4-8137-0284-9

◆エリート医師の溺愛処方箋 鳴瀬菜々子著 スターツ出版 (ベリーズ文庫)
【要旨】新米看護師の瑠花は、医師の彼氏に二股されて破局。医師とはもう付き合うまいと、ヤケ酒を飲んでいたバーで超イケメン・千尋と意気投合する。けれど彼はアメリカ帰りのエリート医師で、瑠花が勤める病院の後継者だった！瑠花は千尋を避けようとするが、天才的な救命手腕を披露する彼から「出会った瞬間、俺は君を愛するような気がした」と情熱的に愛を囁かれる毎日が続き…!?
2017.2 357p A6 ¥640 ①978-4-8137-0207-8

◆曖昧なままに 成巳京著 一迅社 (メリッサ)
【要旨】バツイチの洋人は、出会い系サイトで可愛らしい女性の愛美と知り合う。「『付き合おう』とか言われたら無理」最初にそう言われたため、二人の関係は曖昧なまま。だけど、かつめないで魅惑的な態度をみせる愛美に、惹かれていく気持ちも止められなくて…。それは狂気か、それとも純愛か―謎が謎を呼ぶ展開から目が離せない、ミステリアス・ラブ！第3回官能小説コンテスト"特別審査員賞"受賞作!!
2017.11 387p B6 ¥650 ①978-4-7580-9004-9

◆チートあるけどまったり暮らしたい—のんびり魔道具作ってみたいのに なんじゃもんじゃ著 宝島社

【要旨】コンビニ強盗に襲われたのをきっかけに、異世界の貴族・クリストフとして転生した主人公。魔法が存在する世界で、彼が一番ハマったのは…魔道具作りだった！転生時に身についた、高すぎるチート能力もあるから安泰なはずだけど、体は病弱な少年のまま。おまけに貴族という立場ゆえに、政争に巻き込まれたりと危険もいっぱい。笑いあり、バトルあり、学園ありの魔道具開発ファンタジー。「第5回ネット小説大賞」金賞受賞作！
2017.9 284p B6 ¥1200 ①978-4-8002-7670-4

◆VRMMOの支援職人―トッププレイヤーの仕掛人 二階堂風都著 宝島社
【要旨】家事のバイトに忙しい日々を送っている男子高校生の亘は、行動派の幼馴染の未祐と一緒に大人気VRMMO「トレイルブレイザー」、通称TBを始めた。職業選択で、すぐに騎士を選んでやる気満々だった未祐に対し、「じゃ、俺は後衛やるから。神官？これな」と前に出る彼女をサポートできる神官を選んだ亘。敵に突撃しては撃沈する未祐をすぐに蘇生し、指示を出せるその職業は、まさに彼の天職だった！ブラコンの義妹、残念イケメンの同級生とパーティを組んでゲームを楽しむ二人。しかし、イベントでトップクラスの成績を叩き出して「勇者」と呼ばれるようになった彼女に対し、亘は妙なあだ名で呼ばれるようになった。神官が支援に指揮に大活躍!!猪突猛進の女騎士と、しっかり者の神官が織り成す大人気VRMMOファンタジー開幕！応募総数7165作品！日本最大級の小説コンテスト第5回ネット小説大賞受賞作！新作短編も収録！
2017.12 314p B6 ¥1200 ①978-4-8002-7813-5

◆帰ってきた元勇者 8 ニシ著 ポニーキャニオン (ぽにきゃんBOOKS)
【要旨】新婚旅行から帰ってきたハルトたちは普段通りのいちゃいちゃした日常を送り始めた。そんな中、突如アリアの街への飛来物がやって来たことで事が動く。「魔王を倒して帰ってきた時、結婚して下さい」などと安易な死亡フラグを立てつつ、ハルトは勇者と共に魔王城へと向かう。襲いかかる魔物たち。そして最後の魔王軍四天王が姿を現した。果たして勇者たちは世界に平和をもたらせるのか―。いやそんなまじめな話、ハルトはエトナさんに無事結婚できるのか!!？可愛い女の子にあんなことやこんなこと、思春期男子の夢が詰まったハーレムラブコメ第八巻。
2017.4 289p A6 ¥650 ①978-4-86529-263-3

◆帰ってきた元勇者 9 ニシ著 ポニーキャニオン (ぽにきゃんBOOKS)
【要旨】見事、魔王を倒した勇者たち。結局のところ、ハルト自身は魔王を一目もみていないものの、魔王城まで一緒に行った功績を讃えられ王都へ招集される事に。そして魔王討伐にわき、お祭り騒ぎの王都までやってきたハルトたちだったが、そこは王族のみならず教会の偉い人々が隣国の違い人が集まるというハルトが最も遠慮したい魔窟と化していた。そんな中、せっかくの英雄状態でケチをつけない為にリティナはハルトに史上最大の無理難題をつきつける。その無理難題に頭を悩ませるハルトは封印されていた力を解放する。しかし、そんなハルトに容赦なく次なる問題も襲いかかる…！果たしてハルトはいつもどおりのいちゃいちゃライフを満喫できるのか!?
2017.9 257p A6 ¥650 ①978-4-86529-278-7

◆魔拳のデイドリーマー 1 西和尚著 アルファポリス、星雲社 発売 (アルファライト文庫)
【要旨】異世界に転生した青年ミナト。気づけば幼児となり、夢魔の母親に育てられていた！魔法にも戦闘術にも優れた母親に鍛えられ、ミナトは見知らぬ世界へ旅立つ。ところが、ワープした先は魔物だらけのダンジョン。群がる敵を薙ぎ倒し、窮地の少女を救う―ミナトの最強魔拳技が地下迷宮で炸裂する！転生から始まる異世界バトルファンタジー、待望の文庫化！
2017.8 297p A6 ¥610 ①978-4-434-23589-4

◆魔拳のデイドリーマー 2 西和尚著 アルファポリス、星雲社 発売 (アルファライト文庫)
【要旨】異世界に転生した青年ミナト。最強魔拳技をマスターし、独り立ちしたまではよかったが、いきなり強敵に遭遇したり、ギルドマスターや大商会のトップに絡まれたりと、波乱万丈の展開が続く。そんな中、ギルドの依頼を受けてみれば、相次いでトラブルに巻き込まれ、今度は大量の魔物と戦うハメに―。転生から始まる異世界バトルファンタジー、文庫化第2弾！
2017.10 309p A6 ¥610 ①978-4-434-23753-9

◆魔拳のデイドリーマー 10 西和尚著 アルファポリス、星雲社 発売
【要旨】剣と魔法の異世界に転生し、強力な魔拳技を武器に冒険者となった僕ことミナト。ネスティア王国の依頼を受け、絶海の火山島「サンネスタ島」へ探検に向かった僕やエルク達は、そこで他国の調査団と鉢合わせする。さらに、無人島と聞いていたのに謎の集団が暮らす痕跡が見つかるわ、裏社会の巨大組織まで介入してくるわ。なんか、かなりきな臭いんですけど!?多くの実力者が一堂に会し、一触即発の空気に支配された孤島。嫌な予感は的中し突如戦端が開かれ、僕らはかつてない強敵との戦いに巻き込まれてしまう―。
2017.5 281p B6 ¥1200 ①978-4-434-23220-6

◆魔拳のデイドリーマー 11 西和尚著 アルファポリス、星雲社 発売
【要旨】剣と魔法の異世界に転移し、強力な魔拳技を武器に冒険者となった僕ことミナト。水の都「ブルーベル」で出会ったとある国の王子様からの神頼み中、突如、謎の超古代神殿に転送されてしまいました。出口を求めて進むも、危険なモンスターに囲まれ、悪戦苦闘している僕らの前に突然、母さんが!?すると母さんはかつての仲間達を集め始めて…今ここに一迷宮攻略のため伝説のチーム『女楼蜘蛛』が再結成！
2017.7 291p B6 ¥1200 ①978-4-434-23610-5

◆魔拳のデイドリーマー 12 西和尚著 アルファポリス、星雲社 発売
【要旨】剣と魔法の異世界に転生し、強力な魔拳技を武器に冒険者となった僕ことミナト。ただ今、久しぶりに再会した母さんを連れて、僕の近況報告すべく、旗艦『オルトヘイム号』船内の探索ツアー真っ最中！しかし、メインイベントはこの後。そう、母さんの模擬戦である！じゃあ、試合開始…って、ちょっと母さん、髪の毛を串刺しとか変幻自在の光刃を出すとか、相変わらず無茶苦茶すぎない?!さらには最終奥義を伝授すべく…。…あれ、今、一体何が起こったの!?
2017.11 279p B6 ¥1200 ①978-4-434-24021-8

◆イジワル御曹司に愛されています 西ナナヲ著 スターツ出版 (ベリーズ文庫)
【要旨】取引先の営業マンとして寿の会社に現れた、エリート御曹司・都筑。彼は偶然にも高校の同級生。地味子だった寿は、大企業の御曹司で学校一目立っていた"勝ち組"の都筑が大の苦手だった。そんな都筑が、まるで別人のような豹変ぶり!?「会えて嬉しい」と思わせるような言葉で甘く囁いてきたり、ピンチの時には男らしく守ってくれる彼に、寿は翻弄されちゃって…!?第6回ベリーズ文庫大賞大賞受賞作！
2017.5 371p A6 ¥640 ①978-4-8137-0248-1

◆イジワル同期とスイートライフ 西ナナヲ著 スターツ出版 (ベリーズ文庫)
【要旨】メーカー勤務の乃梨子は、海外営業部のエースで社内人気No.1の久住と酔った勢いで一夜を共にしてしまう。一夜限りのアクシデントとして忘れるつもりが、久住に強引に押し切られる形で「お互いに本物の恋人ができるまで」の"契約恋愛"がスタート！恋心などはずなのに、普段冷たい彼からは想像もつかない程優しく大事にしてくれる久住に、乃梨子は本当に恋してしまって…!?
2017.2 387p A6 ¥640 ①978-4-8137-0204-7

◆クールな御曹司と愛され政略結婚 西ナナヲ著 スターツ出版 (ベリーズ文庫)
【要旨】映像会社で働く唯子は、親の独断でいきなり政略結婚することに。その相手は…幼馴染であり、とある理由でバージンを捧げたイケメン御曹司の灯だった。今さら愛なんて生まれるはずがないと思っていたのにキスしてきて、その先をねだるように甘く迫る彼。「お前の旦那になる男は、俺以外いない」—まさかの愛されまくりな新婚生活に、唯子は朝から晩までドキドキキスさせられっぱなしで…!?
2017.9 357p A6 ¥640 ①978-4-8137-0317-4

◆気高き国王の過保護な愛執 西ナナヲ著 スターツ出版 (ベリーズ文庫)
【要旨】王女の家庭教師に任命された聡明な貴族令嬢のフレデリカは、ある日国王陛下にお会い謁見することに。ところが、王として現れたのは一年前にとある事情で突然姿を消してしまった初恋

の人・ルビオだった！空白の歳月を埋めるように、甘く強引に求められ、深い愛を教えられるフレデリカ。最初は戸惑いつつも、ルビオの止まらない独占欲に溺れていき…!?極上ラブファンタジー。
2018.1 373p A6 ¥640 ①978-4-8137-0385-3

◆**私の好きなひと** 西ナナヲ著　スターツ出版（スターツ出版文庫）
【要旨】彼はどこまでも優しく、危うい人一。大学1年生のみずほは、とらえどころのない不思議な雰囲気をまとう『B先輩』に出会う。人目を引く存在でありながら、彼の本名を知る者はいない。みずほは、彼に初めての恋を教わっていく。しかし、みずほが知っていた彼の顔は、ほんの一部でしかなかった。ラスト、明らかになる彼が背負う驚くべき秘密とは…。初めて知った好きなひとの温もり、痛み、もどかしさ―すべてが鮮烈に心に残る、特別な恋愛小説。
2017.8 357p A6 ¥610 ①978-4-8137-0310-5

◆**忍物語** 西尾維新著　講談社（講談社BOX）
【要旨】"たまには縁もゆかりもない女子を助けてみるのも乙だろう" 直江津高校の女子生徒が、相次いで失踪する事件が発生した。ミイラ化した状態で発見された少女達の首筋には、特徴的な傷痕があって…。大学一年生になった阿良々木暦は、犯人を突き止めるべく走り出す！ "物語" シリーズモンスターシーズン、開幕！
2017.7 293p B6 ¥1300 ①978-4-06-283902-0

◆**十二大戦** 西尾維新小説,中村光イラスト　集英社（JUMP j BOOKS）
【要旨】十二年に一度行われる、十二支の名を冠した戦士達の戦い一その名は「十二大戦」。その死闘に勝利した者は、どんな願いでもたったひとつだけ叶えることができる。殺し殺される戦士達の物語。
2017.10 250p B6 ¥1000 ①978-4-08-703432-5

◆**十二大戦対十二大戦** 西尾維新小説,中村光イラスト　集英社（JUMP j BOOKS）
【要旨】十二年に一度行われる、十二支の名を冠した戦士達の戦い一その名は「十二大戦」。だが、第十二回大会は十二星座の戦犯に狙われていた。戦士と戦犯の、苛烈にして壮絶な殺し合いが幕を開ける―!!
2017.12 226p B6 ¥1000 ①978-4-08-703440-0

◆**人類最強のときめき** 西尾維新著　講談社（講談社ノベルス）
【要旨】人類最強の請負人・哀川潤。長瀞とろみの依頼で乗り込んだのは、生まれたての火山島。哀川潤が生存競争を挑むのは一植物!?『戯言』から芽吹いて、『人間』以上に伸びやかな、『最強』のスペクタクル！彼女の "今" が試される。"最強" シリーズ、第三弾！
2017.4 181p 18cm A6 ¥820 ①978-4-06-299093-6

◆**美少年椅子** 西尾維新著　講談社（講談社タイガ）
【要旨】生徒会長選挙に敗北し、姿を消した沢野禁止郎。彼の正体を探る美少年探偵団だが、足取りは摑めない。一方、新生徒会は美少年探偵団を非公認組織として危険視し、壊滅計画をたてる。探偵団存続のためには、人気バカ校の生徒会長にして遊び人・札槻嘘の力は不可欠と判断した瞳島眉美は、単身、敵陣に赴くことを決意して―！美観とペテンが一騎打ち、美少年シリーズ第七作！団長みずから謎解きに奔走！スペシャルショートストーリーも収録。
2017.10 197p A6 ¥630 ①978-4-06-294095-5

◆**結物語** 西尾維新著　講談社（講談社BOX）
【要旨】怪異譚となる前の "風説" を取り締まる直江津署風説課で働きはじめた警察官・阿良々木暦。町を離れた、ひたぎと翼。二十三歳になった三人が選ぶ道と、暦が最後に伝える想いとは…？知れば知るほど、知らないことが増えていく―これぞ現代の怪異！
2017.1 215p B6 ¥1200 ①978-4-06-283900-6

◆**D坂の美少年** 西尾維新著　講談社（講談社タイガ）
【要旨】美少年探偵団副団長にして指輪学園生徒会長・咲口持夫。彼の卒業の折り、新生徒会長を決める選挙が開催された。しかし、最有力候補と目されていた少女がひき逃げ事件に遭い、締め付けが強まりかねない。ついに美少年探偵団は事件を解明し、仲間を救うため計画をたてて…!?探偵団創設の "美談のオドル" も登場！美少年シリーズ第六作！
2017.3 205p A6 ¥630 ①978-4-06-294065-8

◆**悪の2代目になんてなりません！** 西台もか著　KADOKAWA（ビーズログ文庫アリス）
【要旨】蔵園伊吹には秘密がある。将来公務員になって安定した生活を送るため、生徒会役員として日々努力する彼女が抱える秘密、それは―実家が "悪の組織" であるということ。"悪の組織" の2代目首領ジ・イヴルとして君臨させるため、数々の陰謀を巻き起こす従業員の幹部達。しかし伊吹に想いを寄せる生徒会長・英人にも、人には言えない秘密があって…？ "悪の組織" の2代目（仮）と「正義のヒーロー」の、禁断のすれ違いラブコメ！
2017.9 253p A6 ¥620 ①978-4-04-734805-9

◆**座敷童子の代理人 5** 仁科裕貴著　KADOKAWA（メディアワークス文庫）
【要旨】年の瀬迫る頃、迷家荘が大ピンチに！自慢の温泉が出なくなってしまったのだ。原因を探る司貴だが、相談相手の座敷童子や河童たちの姿が見えなくなってしまい…!?時同じくして司貴の夢に現れたハクタクと名乗る奇妙な存在。彼女の言葉から、この問題には迷家荘の前身 "マヨイガ" が関係することを知るが、意外な妖怪たちも現れ、次第に事件は遠野全体を巻き込む大問題へと発展していく。妖怪との絆、九尾の謎、試練、そして恋愛―数々の問題に司貴はどう応えるのか!?
2017.6 315p A6 ¥630 ①978-4-04-893236-3

◆**恋愛予報―三角カンケイ警報・発令中！―** 西本紘奈著　KADOKAWA（角川ビーンズ文庫）
【要旨】高校1年生の天野ヒカリは、幼なじみの日吉祐生に片思い中。文化祭の花火を一緒に見たくて告白を決意した。が、突然 "三角関係警報発令中！" とブザーが鳴り響いた！それは、恋愛運がヒカリだけに見えちゃう『恋愛予報』。何とか警報を消そうとするヒカリだが、祐生と仲のいい転校生・星星桜に「あのひとの、恋人になりたい」と言われてしまって…!? "幼なじみ" は "彼女" になれませんか？恋のトキメキ前線接近中！満開ラブストーリー。
2017.7 252p A6 ¥580 ①978-4-04-105830-5

◆**彼に殺されたあたしの体** 西羽咲花月著　スターツ出版（ケータイ小説文庫・野いちご）
【要旨】あたしにとって楽しい日々を送る一見普通の女子高生だった。ところが、あることをきっかけに平凡な毎日が一転する。気づけばあたしの体を埋める彼氏を身動きせずジッと見ていたのだった。そして今は、虫がうごめく真っ暗な土の中で、誰かがあたしを見つけてくれるのを待っていたの。なぜ、こんなことになったの？恐ろしくて切ない新感覚ホラー！
2017.4 266p A6 ¥560 ①978-4-8137-0242-9

◆**自殺カタログ** 西羽咲花月著　スターツ出版（ケータイ小説文庫・野いちご）
【要旨】同級生からのイジメに耐えかね、自殺を図ろうとした芽ろの芽衣。しかし、突然現れた謎の男に、たくさんの自殺方法が書かれた "自殺カタログ" を手渡され思いとどまる。芽衣と親友の理央は、このカタログを使えば自殺を見せかけて人を殺せる。つまり、イジメのメンバーに復讐できると気づいたのだ。徐々に自殺カタログに取りつかれていく2人。カタログに隠された秘密、復讐ゲームの結末は!?
2017.8 309p A6 ¥590 ①978-4-8137-0307-5

◆**ダンジョンの魔王は最弱!? 6** 日曜著　新紀元社（MORNING STAR BOOKS）
【要旨】"魔王の血涙" と呼ばれる荒野を神様から任され、巨大な迷宮を造ることになった元は日本人の魔王キアス。素性を隠し武器商人として働きながら、領地の管理に忙しいキアスに、ある日、仲間になった第4魔王の娘レライエの突然の別れが訪れる。どこかに、キアスの敵対勢力はあるのではと画策しているやつがいる。キアスは魔大陸にも真大陸にも影響を及ぼしている、見えない敵を探ろうとする!!「小説家になろう」発、「なろうコン大賞（現・ネット小説大賞）」受賞作、第6巻！
2017.4 322p B6 ¥1200 ①978-4-7753-1488-3

◆**ダンジョンの魔王は最弱!? 7** 日曜著　新紀元社（モーニングスターブックス）
【要旨】"魔王の血涙" と呼ばれる荒野に巨大な迷宮を造り、人間が住む真大陸、魔族が暮らす魔大陸を分断した（元は日本人の）魔王キアス。武器商人になったり、魔族の領地を管理したり、勇者を助けたりと、真大陸と魔大陸を行き来しつつの忙しい毎日を過ごすキアスは、レライエ不在の2ヶ月間も、祭りにデートに戦争にとフル回転で活躍したようで!?「小説家になろう」発、「なろうコン大賞（現・ネット小説大賞）」受賞作、第7巻！
2017.8 321p B6 ¥1200 ①978-4-7753-1520-0

◆**ダンジョンの魔王は最弱!? 8** 日曜著　新紀元社（モーニングスターブックス）
【要旨】人間たちが住む真大陸の中部にあるガナッシュ公国との戦争を、僅か数十分で収束させた魔王キアス。講和の条件である周辺国との断交を、一国まるごと "物理的" に持ち上げることで成し、諸国から、さらにその下に最凶最悪のダンジョンを造り上げる！そして、一人の天才少女と出会ったキアスが、ついに魔法発動―!?「小説家になろう」発、「なろうコン大賞（現・ネット小説大賞）」受賞作、第8巻！
2017.12 310p B6 ¥1200 ①978-4-7753-1556-9

◆**この終末、ぼくらは100日だけの恋をする** 似鳥航一著　KADOKAWA（メディアワークス文庫）
【要旨】高校二年の僕が一目惚れした女の子。僕とは正反対の、物静かで不思議な魅力をもつ彼女への告白は、あっさり断られた。はずだった。卒業から一年とすこし後。目の前に突然現れた彼女は、それがまるで運命であるかのようにこう告げる。「100日間だけ、いっしょに住みませんか？」二人きりで始まった共同生活。時を重ねるほどに近づく距離。しかし彼女は大きな意味を知っていて―。"100日" に隠された意味を知ったとき、切ない恋が動き始める。
2017.12 281p A6 ¥610 ①978-4-04-893583-8

◆**東京バルがゆく―不思議な相棒と美味しさの秘密** 似鳥航一著　KADOKAWA（メディアワークス文庫）
【要旨】大都会東京の片隅に、ふと気まぐれに姿をあらわす移動式のスペイン風カフェ兼居酒屋 "ウツツノバル"。とある理由で大手メーカーを脱サラした店主は、手間暇かけた料理と美味しいお酒の数々で、眠らない街の胃袋を満たしている。そして、思いがけず客が持ち寄る不思議な相談に、店主と風変わりな相棒は、ちょっとしたおせっかいと、気の利いた "逸品" で応えようとするのだった―。ささやかな出会いの物語。
2017.5 281p A6 ¥670 ①978-4-04-892957-8

◆**村人Aと帝国第七特殊連隊（ドラゴンバピー） 1 ヒュドラ殺し** 二村ケイト著　オーバーラップ（オーバーラップ文庫）
【要旨】"テンセイ者" が変革をもたらし、凡人の村人が銃で魔物を討伐するセカイ。"最弱" の兵士・アヤセは、見事吸血鬼の少女・レミと出会ったアヤセは、見事吸血鬼討伐を果たす。そして、"怪物" ヒュドラ出現の報を受けたアヤセは帝国第七特殊連隊―通称『ドラゴンバピー』の編成を命じられ…!?"勇者" カエデ、"衛生兵" レミ…アヤセはとるにたらない仲間と共に、セカイの平和を目指す。非英雄による英雄譚『村人A』が『怪物』を倒す。これは、そういうファンタジーである。
2017.12 312p A6 ¥650 ①978-4-86554-289-9

◆**ワールド・ティーチャー―異世界式教育エージェント 5** ネコ光一著　オーバーラップ（オーバーラップ文庫）
【要旨】エリュシオン学園を無事卒業したシリウスたちは、見聞を広げるため旅に出ることを決意。その旅の矢先、銀狼族に神の御使いと崇められる白い巨大な狼 "百狼" と出会う。圧倒的な存在感を放つ獣は、シリウスと同様この世界に転生した存在であった。さらに元いた白き狼ホクトと共に旅をすることになった一行は、かつて従者だったディーとノエルと再会を果たす。彼らが営む食堂には、娘・ノワールの姿があった。異世界育成ミッション第5幕―弟子の成長は新たなステージに。
2017.3 382p A6 ¥720 ①978-4-86554-200-4

◆**ワールド・ティーチャー―異世界式教育エージェント 6** ネコ光一著　オーバーラップ（オーバーラップ文庫）
【要旨】シリウスたちの旅の次なる目的地は、エミリアとレウスの故郷があるアドロード大陸。銀狼族が住む村の場所を突き止めた一行は、村でエミリアとレウスの祖父である村長と再会を果たす。だが、ガーヴは孫との再会に喜んでいる様子もなく、さらに孫たちの主人たるシリウスに勝負を挑んできて―!?その白き狼とレウスの故郷があった場所へと向かった彼らは、故郷を滅ぼした魔物であり、姉弟の両親を殺し

ヤング・アダルト小説　1248　BOOK PAGE 2018

た宿敵・ダイナローディアと遭遇する。そして、戦いの渦中で、シリウスはエミリアにかつてない言葉をぶつけた――!! 「二度と…俺の弟子を名乗るな」 一方、宿では新世界教育ミッション、シリウスの、宿命の第6章。書き下ろし番外編「覚悟と恋心」「銀狼族の英雄たち」。
2017.7 350p A6 ¥690 ①978-4-86554-233-2

◆ワールド・ティーチャー――異世界式教育エージェント　7　ネコ光一著　オーバーラップ　（オーバーラップ文庫）
【要旨】エルフの森から逃げてきたフィアが長い年月を経て、シリウスと再会を果たす。フィアを加えた一行は、『冒険者の都』と呼ばれる街・ガラフに到着。そこでは世界中の猛者が集い、武を競う『闘武祭』が開催されようとしていた。強敵と戦える祭りにいち早くレウスは参戦を決意、シリウスも賞金目的で参戦することを決めた。「俺はレウスを殺す気で戦う」、強敵との戦いを経て成長するレウスに対し、シリウスはこれまで見せたことのない本気を出すことを決めた。一方、宿ではシリウスに好意を寄せるフィアとエミリアとリース、三人の乙女たちの戦いも勃発し――『闘武祭』で巻き起こる男と女のバトルの行方は…!?
2017.11 350p A6 ¥690 ①978-4-86554-281-3

◆最強呪族転生――チート魔術師のスローライフ　3　そして伝説へ　猫子著　アース・スターエンターテイメント，泰文堂　発売　（アース・スターノベル）
【要旨】生まれ育った集落を出て都会の街で冒険者になった俺。得意の魔術を使っての冒険者活動は順調だったが、新人の活躍を良く思わない他の冒険者に目をつけられてしまった。しかし、ゆくゆくは集落へ戻るつもりでそれまでの生活費さえ稼げれば良かった俺は、魔物討伐の手柄を譲るかわりに換金だけ頼む形で俺に目をつけてきた冒険者を逆に利用することに。この目立つことなく平和に過ごせるならそれでよし！…と思っていたが、荒くれ者の冒険者を手懐けするのは骨が折れる。ついには王族が冒険者に目をとめ、引くに引けない事態に発展してしま――!?書き下ろしエピソード2本収録！
2017.6 346p B6 ¥1200 ①978-4-8030-1068-8

◆最強呪族転生――チート魔術師のスローライフ　4　ファージ領の改革　猫子著　アース・スターエンターテイメント，泰文堂　発売　（アース・スターノベル）
【要旨】生まれ育った集落を出て都会の街で冒険者になった俺。無断で集落を出た俺を連れ戻そうとする追手の噂を耳にし、彼らに捕まらないためにも辺境の田舎領地で身を隠すことに。閉鎖的だという噂の領地では、巨大な三つ首ドラゴンをはじめとする魔獣トラブル、干ばつ、怪しい宗教団体の台頭など大量の問題を抱えていた。こんなに問題ばかりで、この領地どうなってんの？　でも、この問題を全部解決したら領主の後ろ盾を得られるかも。そうなったら、いろいろな魔術実験もできるな…。よし、決めた！　この領地内で起こっている問題、ぜーんぶ俺が解決してみせますよっ！
2017.11 389p A6 ¥1200 ①978-4-8030-1132-6

◆転生したらドラゴンの卵だった――最強以外目指さねぇ　4　猫子著　アース・スターエンターテイメント，泰文堂　発売　（アース・スターノベル）
【要旨】砂漠で保護した獣人の少女ニーナを街へ送り届けるために旅を続ける俺だったが、その途中、俺と同じ「イルシア」の名前を持つ竜と遭遇。どうやら厄病竜である俺を討伐しに来たらしいのだが、そいつはとても"勇者"とは呼べない大変非道な人間だった。しかし、勇者の称号を持つゆえに力だけは圧倒的で、俺はまったく歯が立たずにやられてしまった。でも、勇者は新しい遊びを思いついたかのように俺からニーナを奪い去った4日後に街へ来ると言い残して。だけど、どうしてもニーナを助けたい。一体俺に何ができるんだ…？　そうだ、俺だ、レベルを上げて進化すれば、きっと勇者にだって勝てる――!!書き下ろしストーリー「とある騎士団長の後日談」、「とある少女のもっと遙かなる旅路」の2本を収録！
2017.2 359p B6 ¥1200 ①978-4-8030-0998-9

◆転生したらドラゴンの卵だった――最強以外目指さねぇ　5　猫子著　アース・スターエンターテイメント，泰文堂　発売　（アース・スターノベル）
【要旨】砂漠を去って近隣の森へと住処を移すことにした俺。この森には"リトヴェアル族"という危険な民族が住んでいるらしいので、警戒しながら進んでいくと、モンスターと交戦中の男女に出くわした。『念話』が使える巫女らしき女性と話してみると噂ほど怖い民族でもなさそうで一安心。…と思ったら、もう一人の男が突然嗚咽を上げながら泣きだした。「竜神様が、我らに愛想を尽かして去って行かれたのではないかと…俺は…！」えっ？　いや、俺はここに来るのは初めてってつーの、もしかして人違いないかも、違い!?でも…こうやって人間にちやほやされると嬉しいものだな…こんな生活も悪くないかも？　俺、竜神をはじめちゃおっかな～♪
2017.10 355p B6 ¥619 ①978-4-8030-1123-4

◆魔術破りのリベンジ・マギア　1　極東術士の学園攻略　子子子子子子子著　ホビージャパン　（HJ文庫）
【要旨】二十世紀初頭――めざましい科学技術の発展の裏で、人類は確固たる魔術文明を築き上げていた。世界のパワーバランスすら左右する"魔術師"を育成する機関「セイレム魔女学園」。ここで起きた怪事件解決のため、凄腕術士・土御門晴栄が米国の地に立つ！「あらゆる状況を想定し戦術を千変万化させていく――これが、陰陽師の戦い方だ」北欧神話・死霊術・吸血鬼、様々な魔術体系を東洋魔術でブッ飛ばせ！ハイエンド魔術バトルアクション、ここに開幕!!
2017.6 334p A6 ¥638 ①978-4-7986-1463-2

◆魔術破りのリベンジ・マギア　2　偽りの花嫁と神々の偽槍　子子子子子子子著　ホビージャパン　（HJ文庫）
【要旨】魔女学園で起きた事件のほとぼりも冷めきらぬ頃、突如フランセスの元に彼女の弟が訪れ、政略結婚の決定を告げてきた。晴栄との出会いを経て己の意志で歩み始めたフランは、この縁談を破棄すべく魔術の本場・欧州は独逸の啓明学園に向かう。その隣に彼女の人生を変えた"恩人"たる陰陽師の姿が！「僕はお前が運命に抗い続ける限り、この手を伸ばすと約束した」レヴァナイト、ブリューナクなどの術装を相手に、変幻自在の陰陽術で立ち向かえ！ハイエンド魔術バトルアクション第二弾！
2017.9 346p A6 ¥638 ①978-4-7986-1518-9

◆魔術破りのリベンジ・マギア　3　はぐれ陰陽師の越境魔術　子子子子子子子著　ホビージャパン　（HJ文庫）
【要旨】ドイツから戻る晴栄のもとに、学園長と陰陽寮から共同の依頼が舞い込む。愛蘭の暁星学園で起きた殺人事件の容疑者として陰陽師が捕らえられているのだ。その真相究明に向かうというのだ。嫌な予感を覚えつつも、囚われた少女と対面する晴栄の前に、「なんまであんたがここにいるのよ!?土御門、晴栄ァーッ！」そこにいたのは幼少期の晴栄と因縁深い少女、蘆屋露華だった！陰陽術×アブラメリン術式、ハイブリッド魔術を使う幼馴染を救い出せ！ハイエンド魔術バトルアクション第三弾！
2018.1 333p A6 ¥638 ①978-4-7986-1604-9

◆アイテムチートな奴隷ハーレム建国記　4　猫又ぬこ著　ホビージャパン　（HJ文庫）
【要旨】異世界アストラルで最もレアな魔札を賭けたクエストの開催が決まり、竜胆翔真は嫁たちを連れて開催地にある別荘へと向かう。開催前に嫁たちとデートに出かける翔真は、世間知らずなマーメイドの女王ミモザに懐かれたをきっかけに、翔真の祖父のことを知る飛電門の女王リリーと出会う。そして奴隷ハーレムを飛躍的に発展させるため新たな嫁候補と親しくなっていく翔真の姿を、エルフの女王カトレアが悔しげに監視しており――異世界チート英雄譚、第4巻！
2017.3 264p A6 ¥619 ①978-4-7986-1395-6

◆アイテムチートな奴隷ハーレム建国記　5　猫又ぬこ著　ホビージャパン　（HJ文庫）
【要旨】異世界アストラルの命運をかけた竜胆翔真とキルシュの決戦の日が近づくなか、かんじんの翔真は余裕を面持ちで嫁たちにちやほやされるばかり。翔真に勝利してもらい、自分の肉体を取り戻したいアイリスは心配顔だが、キルシュが世界を滅ぼそうとする理由は、実はそのアイリスにあった!?異世界チート英雄譚、ついにアイリスとキルシュ、そしてミリアの因縁が明かされる！
2017.8 248p A6 ¥619 ①978-4-7986-1503-5

◆魔王さまと行く！　ワンランク上の異世界ツアー!!　2　猫又ぬこ著　ホビージャパン　（HJ文庫）
【要旨】旅好きな魔王・結城颯馬が主催する魔界ツアーを心から楽しむ女魔王たちは、颯馬と行く新たな旅を心待ちにしていた。さらに今回から、ソレイユとパルフェという2人の女騎士が新メンバーとして参加。魔界ツアーに最初から大興奮するソレイユとは違って警戒心をむき出しにするパルフェだったが、颯馬のまったく自重しない「おもてなし」に骨抜きにされていく。さらにダイエット中だったはずのミュンデとティエラのお腹も、颯馬がくり出す海の幸や山の幸で満たされていく――。
2017.2 268p A6 ¥619 ①978-4-7986-1379-6

◆魔王さまと行く！　ワンランク上の異世界ツアー!!　3　猫又ぬこ著　ホビージャパン　（HJ文庫）
【要旨】旅好き魔王の結城颯馬が主催する魔界ツアーに新たに加わることになった元・異端審問官のキャロルとヴェール、そして女騎士クラベルとロザリア。メンバーが増えたことでますます盛り上がりを見せる魔界ツアーだったが、颯馬のことが好きすぎるクラベルと、女騎士ミュンデを神のごとく崇めるロザリアの暴走で旅は崩壊寸前！しかし颯馬が企画した「ものづくり体験ツアー」を楽しみ、おいしい料理を満喫するうちに、旅の仲間の関係性は意外な方向に転がっていき――。
2017.7 262p A6 ¥619 ①978-4-7986-1479-3

◆魔王さまと行く！　ワンランク上の異世界ツアー!!　4　猫又ぬこ著　ホビージャパン　（HJ文庫）
【要旨】旅の楽しさを知り尽くした魔王・結城颯馬が主催する魔界ツアー。今回おとずれた水の都では、脂ののったうなぎのセイロ蒸しやぷるぷるの水まんじゅうといった美味しいメニューが目白押し！　新たに参加した二人の女騎士・シャルルとアンジュも旅の楽しさに大満足…と思ったらシャルルの魔界訪問には隠された目的が!?長らく対立していた魔界と人間界の壁を崩す衝撃の事実が、いま明らかに!!
2017.11 255p A6 ¥619 ①978-4-7986-1566-0

◆こんこん、いなり不動産　猫屋ちゃき著　マイナビ出版　（ファン文庫）
【要旨】OL・亜子が、先輩からの嫌がらせに耐えられず落ち込んでいるところ、キツネ顔の男、『井成不動産』の社長・井成幸吉に声をかけられる。ご縁に導かれ、下町の稲荷神社近くの店で働き始めるが、ペット可の物件を求める人面犬や古民家リノベに奮闘するシェアハウス仲間の雪女達、そして『出る』物件を探す人間など、一風変わった客達からの要望はメチャクチャで!?「第2回お仕事小説コン」特別受賞作！
2017.4 297p A6 ¥619 ①978-4-8399-6148-0

◆剣士を目指して入学したのに魔法適性9999なんですけど!?　2　年中麦茶太郎著　SBクリエイティブ　（GAノベル）
【要旨】わずか9歳で冒険者学校に合格した剣士志望の少女ローラ。しかし入学早々、教師全員をはるかに凌ぐ驚異の魔法適性9999が発覚し、魔法使いとしての道を歩みはじめることに。戦士科の友達、魔法科の友達、両方に恵まれたローラは魔法もまんざらではないと思いはじめー。ところが大の魔法嫌いであるパパの強い反対で、まさかの退学危機に！　大好きなシャーロットとアンナと一緒に実家へむかい、パパと本気でがっつりあう極限の進路相談が勃発!!そしてすっかり手つかずだった、伝説の神獣の赤ちゃんを育てて観察日記をつけるという暴挙に…!?大人気900万PV突破な最強幼女の大冒険！
2017.1 250p B6 ¥1200 ①978-4-7973-9032-2

◆剣士を目指して入学したのに魔法適性9999なんですけど!?　3　年中麦茶太郎著　SBクリエイティブ　（GAノベル）
【要旨】冒険者学校での生活にも馴れ、世界最強の魔法使いとして楽しい日々を送るローラ。そんな中、なぜか親友のアンナが放課後になるとみんなとは別行動をとるように。その理由を探るなかで、ローラは彼女の意外な一面を知り、友として立ち上がることを決意する。「大好きなオムライスを冒瀆する借金取りさんは許しません！」親友の未来を守るため、ニワトリさんのために、9歳の静かな怒りが爆発！　一方、大賢者主催の一年生むけ特別課題「くすぐり地獄ハイキング」もスタート！　重すぎるハンデを課せられたまま進む過酷な試練の果てに、大賢者との直接対決の権利を勝ち取るのは誰だ!?最強幼女の痛快ファンタジー第3弾！
2017.5 261p B6 ¥1200 ①978-4-7973-9177-0

◆剣士を目指して入学したのに魔法適性9999なんですけど!?　4　年中麦茶太郎著　SBクリエイティブ　（GAノベル）

ヤング・アダルト小説

◆【要旨】大賢者カルロッテ・ギルドレアの特別授業を乗り越え、名実ともに世界最強(一歩手前)の魔法使いとして学園生活を謳歌するローラ。親しい仲間との絆も深まり、全ての島がエース天堂雷輝が大変しいことばかり！ シャーロットたちと街に買い物へ出かけたその先でローラが目にした見慣れないお店とは──「ラーメン？ オムレツより美味しいのでしょうか？」さらに王都をゆるがす吸血鬼伝説が広まり、大好きなエミリア先生が大変なことに！ 遂に実現、ローラ&大賢者の超最強タッグで不可能を覆せ!!絶大人気の1800万PV突破な無敵幼女の最新ファンタジー第4弾!!
2017.9 259p B6 ¥1200 ①978-4-7973-9345-3

◆脱サラした元勇者は手加減をやめてチート能力で金儲けすることにしました 年中麦茶太郎著 SBクリエイティブ (GA文庫)
【要旨】「大したことじゃない。会社を辞めることにしたんだ」全ての島が空に浮かぶ魔導一と科学の街。総合商社の若きエース天堂雷輝が出世の道を捨て自主退社した。独立後オリハルコン採掘に着手しロイヤルレベルの資金を掌握。更に吸血鬼の王国に夜を永劫展開する闇色幻灯機と、それを維持するインフラを建設…雷輝は次々とビッグビジネスを成立させていく。やがて覇権国家『神聖帝国』に敵対視され一。だが彼は恐れなどない。なぜなら彼こそは、かつて史上最強の男と呼ばれた元勇者なのだから！ 世界一の強者が手加減なしで突き進む、感動のサクセスストーリー!!
2017.12 279p A6 ¥600 ①978-4-7973-9387-3

◆魔王の娘は世界最強だけどヒキニート！─廃教会に引きこもってたら女神様として信仰されました 年中麦茶太郎著 SBクリエイティブ (GAノベル)
【要旨】大魔王が造り出した世界最強の生物兵器アイリス＝クライシス。だが大魔王は知らなかった─アイリスが筋金入りの引きこもりニート気質だということを！ ところが引きこもり生活を続けていたら、いつの間にか女神様として信仰されちゃって!?「いやいや、私は大魔王の娘なんだってば！」溢れるほどの魔力がもとで、スライムに懐かれたりドラゴン親子に決闘を挑まれたり、村人がだんだん増えちゃったりして、はたして夢の「働かない生活」は守れるのか？ 最強魔族なのに村人から可愛がられすぎて、怠惰な無敵のアットホームコメディ開幕!!
2017.11 249p B6 ¥1200 ①978-4-7973-9415-3

◆勇者と賢者の酒蔵 2合目 ─酒造りの天才が異世界で日本酒を造ってガンガン駆け上がる 年中麦茶太郎著 ホビージャパン (HJ NOVELS)
【要旨】異世界に召喚されて早三年。最初の二年で魔王を倒した後、異世界には存在しない日本酒造りを開始した勇者ツカサと賢者ハルカ。一年で酒好きの女神陛下も絶賛するほどの日本酒を造りあげた二人だが、まだまだ満足のいく出来ではない。かくして二人は次なる日本酒─それも「純米大吟醸」を造り上げるべく、その作業に欠かせない精米機の調達に奔走！ 結果、二人は金属加工に長けたドワーフ族のもとを訪れるが、交渉は一筋縄ではいかず…!? 美味しさ超グレードアップの異世界×日本酒造りファンタジー、第2弾！
2017.5 279p B6 ¥1200 ①978-4-7986-1452-6

◆バビロン 3 終 野崎まど著 講談社 (講談社タイガ)
【要旨】日本の"新域"で発令された、自死の権利を認める「自殺法」。その静かな熱波は世界中に伝播した。新法に追随する都市が次々に出現し、揺れる本邦で、各国首脳が生と死について語り合うG7が開催される！ 人類の命運を握る会議に忍び寄る"最悪の世"曲世の影。彼女の前に正崎が立ちはだかるとき、世界の終わりを告げる銃声が響く。超才が描く予測不可能な未来。
2017.11 344p A6 ¥780 ①978-4-06-294072-6

◆セブンスブレイブ 2 チート？NO！もっといいモノさ！ 乃塚一翔著 アルファポリス、星雲社 発売 (アルファライト文庫)
【要旨】主人公・戌伏夜行は、魔物だらけのダンジョンで追い詰められ、ついに真の力「月狼」に目覚めた。窮地を脱した夜行は仲間の待つ帝都を目指し、その友ロゼッカの町に立寄るが。しかしそこで待ち受けていたのは、夜の町を血に染める殺人鬼ジョーンズに、凄腕の仮面剣士クリスタだった─！ 夜行に大人気！ 7人の個性派勇者が繰り広げる異世界冒険譚、文庫化第2弾！ 2017.2 305p A6 ¥610 ①978-4-434-22881-0

◆セブンスブレイブ 3 ─チート？NO！もっといいモノさ！ 乃塚一翔著 アルファポリス、星雲社 発売 (アルファライト文庫)
【要旨】戌伏夜行が真の力「月狼」に目覚めたことで、ついに同胞たちが勢揃いした帝国決戦部隊「セブンスターズ」。魔族軍侵攻の報を受け巨橋ゴリアテに移動した7人が対峙したのは、津波のように押し寄せる敵の大軍勢だった。いよいよ初陣の時を迎えた夜行達は、初撃で周囲の予想を遙かに超える大戦果を挙げていく。7人の個性派勇者が繰り広げる異世界冒険譚、文庫化第3巻！
2017.6 309p A6 ¥610 ①978-4-434-23291-6

◆セブンスブレイブ 4 チート？NO！もっといいモノさ！ 乃塚一翔著 アルファポリス、星雲社 発売 (アルファライト文庫)
【要旨】エルフ秘伝の妙薬を探す旅から戻った戌伏夜行は、突如現れた仮面の剣士によって心臓を剣で貫かれてしまう。一度は力尽きたかに見えた夜行。しかし夜を迎えると同時に「月狼」の力が制御不能となり、仲間人と化して暴走を始める。夜行の命を救うべく、仲間達による決死の戦いが始まった─！ 7人の個性派勇者が繰り広げる異世界冒険譚、文庫化第4巻！
2017.8 291p A6 ¥610 ①978-4-434-23598-6

◆セブンスブレイブ 5 チート？NO！もっといいモノさ！ 乃塚一翔著 アルファポリス、星雲社 発売 (アルファライト文庫)
【要旨】烏合山へ小旅行に向かった帝国決戦部隊「セブンスターズ」は、魔族の奇襲を受けてしまう。敵部隊には、鬼、ダークエルフ、獣人といった魔族の精鋭だけでなく、夜行達と同じく日本から召喚された高校生、さらには操り人形と化した仲間の姿さえあった…。圧倒的不利な状況を前に、夜行達7人は反撃の狼煙を上げる─！ 7人の個性派勇者が繰り広げる異世界冒険譚、堂々完結！
2017.10 305p A6 ¥610 ①978-4-434-23811-6

◆最悪探偵 望公太著 KADOKAWA (NOVEL ZERO)
【要旨】一筋縄ではいかない探偵ばかりが集う「昭和探偵事務所」。そこで働き始めた早乙女桃色はひょんなことから殺人事件に巻き込まれてしまう。「私、第一発見者ですよ!?ミステリーだったら一番怪しい奴がなんと私ですよ!?」桃色に助けを求められた所長の南陽。彼はどこまでも最悪な探偵だった─。
2017.2 315p A6 ¥680 ①978-4-04-256042-5

◆最強喰いの(ジャイアントキリング)ダークヒーロー 3 望公太著 SBクリエイティブ (GA文庫)
【要旨】学内トーナメントを制し、宣言通り無敗のままで関東大会出場権を得た双士郎たち。来るべき大会を一月後にひかえ「チームアギト」は日夜トレーニングに励む。しかし、学園最悪の問題児である双士郎にも平穏な日々は訪れない。学内の人間関係にはじまり、芸能界、闇社会、果てはテロリストまでもが彼らの未来を破壊すべく襲いかかる。さらに聖海学園が総力をあげて阿木双士郎を潰そうと動きはじめ…そして、遂に明らかになる檸檬子の秘められた過去。いつか共犯関係の裏にある、二人の真実とは！勝利を貪欲に求める悪党が突きつける、究極カタルシス第3弾!!
2017.2 243p A6 ¥600 ①978-4-7973-8969-2

◆ラノベのプロ！ 2 初речной実売1100部の打ち切り作家 望公太著 KADOKAWA (富士見ファンタジア文庫)
【要旨】「俺と、結婚してくれ」アシスタントで幼馴染みの結麻に、長年の秘めたる想いを告白した神陽太。もう二度とただの幼馴染み同士には戻れない。陽太の踏み出した一歩は二人の関係を決定的に変えていく。慣れない関係の気恥ずかしさに悶える陽太だが…─一方で"業界の不条理さ"から後輩・小太郎を救う特訓を始めて!?残業なしで多忙を極める、ラノベ作家青春ラブコメ！
2017.6 301p A6 ¥640 ①978-4-04-072136-1

◆棘道の英獣譚 野々上大三郎著 集英社 (ダッシュエックス文庫)
【要旨】仲間に見捨てられ、森で意識を取り戻したライザー・ゲフォンを待っていたのは、樹木と化した左腕だった。世界を飲み込まんと拡大する自然災害「棘の森」は、あらゆるものを黒い樹木に変えていく。深黒と絶望の下、木漏れ日の中で出会った"眠りの魔女"に命を救われ、襲いくる獣との闘い方を教わるライザー。次第に彼は、人間離れした能力に目覚めていった。そして、"森の主たる竜"と"眠りの魔女"の時代を越えた因果を知ったとき、彼は結末へと向かい、立ち上がる。愛する少女と世界の命運を背負い、戦う、小さな獣の英雄譚一。第3回集英社ライトノベル新人賞"特別賞"受賞作品！
2017.3 263p A6 ¥600 ①978-4-08-631176-2

◆生き残り錬金術師は街で静かに暮らしたい 01 のの原兎太著 KADOKAWA
【要旨】エンダルジア王国は「魔の森」のスタンピードによって滅亡した。若き女錬金術師の少女・マリエラは「仮死の魔法陣」の力で難を逃れたものの、ちょっとした"うっかり"で眠り続けてしまい、目覚めたのは200年後。そこは錬金術師が死に絶え、ポーションが高級品と化した別世界だった。街で唯一の錬金術師になってしまった少女・マリエラの願い。それは、のんびり楽しく、街で静かに暮らすこと。ほのぼのスローライフ・ファンタジー、ここに開幕！
2017.9 379p A6 ¥1200 ①978-4-04-734849-3

◆生き残り錬金術師は街で静かに暮らしたい 02 のの原兎太著 KADOKAWA
【要旨】200年後の世界で、人知れずポーションを作り始める錬金術師の少女・マリエラと暮らし、徐々に本来の自分を取り戻していく奴隷の青年・ジークムント。「迷宮都市」の人々との出会いを通じて、のんびりと穏やかな生活を営む二人。一その裏で街に少しずつ、しかし確実に変化が訪れていることを、知る由もなく。迷宮攻略に向けて進軍する「迷宮討伐軍」の悲願。失われた錬金術師の存在に気付き始めた『黒鉄輸送隊』の面々。正体不明のAランク冒険者『雷帝エルシー』の襲来一。そして、200年の時に隠された、錬金術師の秘密とは!?
2017.12 437p B6 ¥1200 ①978-4-04-734954-4

◆鳩子さんとあやかし暮らし 野梨原花南著 KADOKAWA (富士見L文庫)
【要旨】恋と仕事に疲れ果て、他界した祖母の家がある東北を訪れた会社員の鳩子さん。だが、その家には謎の青年が棲みついていた。あやかしの相談所であるというこの家で、青年・阿壱は世話役を務めていたらしい。ふらふらしているうちになぜか突然会社が倒産、住んでいた家は火事で全焼。後戻りが出来なくなった鳩子さんに、阿壱は「ここで相談役をやればいい」と持ちかける。だが、この家には他にも秘密があって…？「バケモノのあんたが、愛しいと、人間を言ってくれるなら─」人とあやかしの心温まる交流譚。
2017.6 218p A6 ¥580 ①978-4-04-072163-7

◆チートだけど宿屋はじめました。 1 nyonnyon著 双葉社 (モンスター文庫)
【要旨】小さいけれど、料理の味とサービスが王都で評判の宿「竜亭の食木」。若き女将のカーラ・グライスは、実は現代日本から転生してきた元・男性だった…！ カーラの料理の虜になり、毎日食事をしに来る国王のカイルや、やり手のギルド受付嬢・リリルなど、カーラの宿は今日も大忙し！「小説家になろう」発、大人気お仕事ファンタジー！
2017.10 263p A6 ¥583 ①978-4-575-75162-8

〔は行の作家〕

◆時をかける社畜 灰音憲二著 KADOKAWA (富士見L文庫)
【要旨】三十路手前の恵太はブラック企業に勤める会社員。濁りきった日々をルーティンをこなして、曜日の区別もつかない毎日を送る。今日も上司に叱られて、顧客からは責められた。昨日も似たような一日で、一昨日も…もしかして明日も？ そして恵太は気づいてしまう。本当に平日がループしていることに！ このままでは永遠に終わりが来ないことに！ 終わらない仕事に恵太が絶望したその時、かつて激務の末に命を落としたはずの、頼れる同僚の真士が現れて─。読んだ後スカッとできてグッとくる。今日を働く人のための物語。
2017.7 286p A6 ¥620 ①978-4-04-072358-7

◆星屑リスタート 灰芭まれ著 KADOKAWA (魔法のiらんど文庫)
【要旨】小さな頃に観た映画のヒーローに憧れて、人を助けるヒーローを夢見る高2の桜。たった一人の映画監賞部で頑張っていたけど、部員を増

ヤング・アダルト小説

小説

員できなければ廃部というピンチに！男子生徒に絡まれているところをたまたま助けてくれた、イケメンで人気者の暮葉先輩を強引に勧誘したものの、謎だらけの先輩は感情をなくしたようだった。先輩の心からの笑顔が見たい！と決意した桜は一。
2017.11 283p A6 ¥690 ①978-4-04-893530-2

◆骸骨騎士様、只今異世界へお出掛け中　6
秤猿鬼著　オーバーラップ　(オーバーラップノベルス)
【要旨】圧倒的な力を人助けに役立ててきた骸骨騎士のアーク。拠点の社からエルフ族の里に戻ったアークは、精霊獣のポンタ、ダークエルフの美女戦士アリアン、獣耳忍者少女チヨメに、疾駆竜の紫電を加え、チヨメの兄弟子サスケの真意を探るべく「ヒルク教団」へお出掛けすることになる。同じ方面に向かうエルフ族の船に便乗したアークであったが一無愛想なエルフと一触即発！船室で仲間の着替えシーンに遭遇！！海岸では上陸拒否一！？と、波乱含みの船旅に。なんとか上陸できたアークたちは、道中で蜘蛛の化け物に襲われる馬車に遭遇。人外じみた力で化け物を倒し、ノーザン王国第一王女・リイルを助け出す。そしてアークは、不死者の軍勢から王都を救ってほしいとリイルに依頼され…！？「天騎士の本領を見せてやろうぞ！！」国王との謁見で、不死者に対してアークの秘められたスキルが発動する一！最強の骸骨騎士による"無自覚"世直し異世界ファンタジー第六弾、混迷の世界を股にかけ参上！
2017.4 315p B6 ¥1200 ①978-4-86554-209-7

◆骸骨騎士様、只今異世界へお出掛け中　7
秤猿鬼著　オーバーラップ　(オーバーラップノベルス)
【要旨】ついに「天騎士」の力を解き放った骸骨騎士のアーク。ノーザン王国の王都を襲撃する不死者の大軍勢を葬り、精霊獣のポンタ、ダークエルフの美女戦士アリアン、獣耳忍者少女チヨメ、そしてアークには待望の救援を依頼したノーザン王国第一王女・リイルと再び合流する。残りの不死者を掃討することになったアークは王都内部へ突入！！迫る化け物を瞬殺！？国王との邂逅一！と、ノーザン王国に降りかかる未曾有の危機を収拾していく。そして一方で、王都に滞在していたヒルク教の枢機卿バルルモ。体に纏わりつく死臭と穢れを見抜かれたバルルモは、徐々にいる感情に変貌を遂げ、アークと繋がりかかる。しかしアークは「天騎士」のスキルを行使した反動に苛まれており…！？最強の骸骨騎士による"無自覚"世直し異世界ファンタジー第七弾、一虚一実の大陸に新風を吹き込むべく参上！！
2017.8 313p B6 ¥1200 ①978-4-86554-249-3

◆クール上司の甘すぎ捕獲宣言！
葉崎あかり著　スターツ出版　(ベリーズ文庫)
【要旨】神社の石段を踏み外し、転落したOLの香奈は超絶イケメンにキャッチされ、無傷でセーフ。助けてくれた彼が眼鏡を外したクールな敏腕部長、小野原と発覚！しかも「前から好きだった。君のすべてをもらうから」と甘く大胆不敵に告白され、"お試し交際"することに。いつも無表情で冷たそうなのに溺愛モード全開で迫ってくる彼に、香奈はドキドキし始めて…。このまま身も心も捕獲されちゃうの？
2017.11 355p A6 ¥640 ①978-4-8137-0349-5

◆年上幼なじみの若奥様になりました
葉嶋ナノハ著　アルファポリス、星雲社 発売　(エタニティブックスRouge)
【要旨】大学四年生の蒼恋は、十歳年上の幼なじみ・晃弘にずっと片思いしている。何度か告白したものの、振られ続けていた蒼恋、ひょんなことからプロポーズされた！聞けば、蒼恋が子どもするからこれまで我慢していたという。蒼恋はすぐに了承し、新婚生活がスタートした！優しい彼に甘やかされるのは嬉しいけれど、頼りっぱなしの自分に不安を感じてしまう。彼を支えられる奥さんにならなければ！そう決意した蒼恋は彼に内緒で、資格試験の勉強に励むことに。しかし、それが晃弘に誤解を与えてしまい一！？ほんわかハッピー・マリッジ・ストーリー！
2017.4 293p B6 ¥1200 ①978-4-434-23223-7

◆花嫁修業はご遠慮します
葉嶋ナノハ著　アルファポリス、星雲社 発売　(エタニティブックスRouge)
【要旨】会ったこともない男性と結婚してくれと遺言で祖母に頼まれた一葉。いくら最愛の祖母の願いでも無理だし、両親もいまだに乗り気になっている。彼らに促され、仕方なくその男性の家を訪ねると、婚約者というのは、苦手な鬼上司・克だった！なんと彼は、一葉と結婚する気があるらしい。克の巧妙な口車にのせられ、彼の家での花嫁修業を承諾させられてしまう一葉はしぶしぶ同居生活をスタートするが、会社ではいつも厳しい克が家の中では甘～く迫ってきて一！？
2017.12 296p B6 ¥1200 ①978-4-434-24100-0

◆図書館は、いつも静かに騒がしい　端島凛著　三交社　(スカイハイ文庫)
【要旨】就職活動で挫折し、半年間ひきこもっていた23歳の菅原麻衣。偶然見つけた区立詩鳥図書館の求人に応募したところ、あっさりと採用される。いざ出勤してみると、本を手放したくないと泣きじゃくる女性や何でもミステリーにしたがる男性、妙な歌を自作するおはなし会が得意な主婦など、同僚は変人ばかり。これまで図書館に興味がなかった麻衣は周囲の情熱に後ろめたい思いをしながらも、仕事を通じて来館する人々と触れ合ううちに自分の気持ちが変わっていくのを感じ一。
2017.7 277p A6 ¥680 ①978-4-87919-198-4

◆あぶない魔王のお気に入り一神様、話が違います！　葉月クロル著　Jパブリッシング　(フェアリーキス)
【要旨】二十歳の誕生日に異世界に召喚されてしまったルイ。神様からハッピーな楽チンウハウハ生活を保証…されたハズが、超絶美形の魔界の王ジルに捕われてしまう。今度はその「対象外のちんくしゃ」とルイを呼ぶはが、傲慢で俺様なジルだったが…「人間の娘のくせに魔王たるわたしの心をかき乱すとは一！」ドヤ顔で不器用な愛を告げるジルは、若干きもい気かつ暴走気味！？世界の危機が迫る中、始まりすぎる溺愛の"救国の魔王"とルイ。二人の恋の行方は！？
2017.6 331p B6 ¥1200 ①978-4-908757-96-9

◆異世界トリップの脇役だった件　葉月クロル著　Jパブリッシング　(フェアリーキス)
【要旨】異世界トリップに巻き込まれたわたしは、騎士カインロットさんの護衛を受けることに。見た目はクールな彼だけど一。「ミチルのことは俺が守るからな。俺のことはお兄ちゃんと呼んでいいぞ？」過保護すぎるほど甘やかしで恥ずかしいくらい。移動はお姫様抱っこ、座る時はカインロットさんの膝の上。そんなお兄ちゃん騎士と偽装結婚することになってしまって！？「くっ！俺の嫁が可愛すぎてもはや凶器！」お兄ちゃんの溺愛が止まりません！？
2017.10 326p B6 ¥1200 ①978-4-906605-033-9

◆25%の恋　葉月星夜著　KADOKAWA　(魔法のiらんど文庫)
【要旨】大学を卒業して地元の銀行に就職した桃は、慣れない仕事に苦戦しながら毎日必死に頑張っている。そんなある日の朝、駅の階段からあわや転落しそうに。とっさの出来事に困惑してしまった桃だけど、目を見張るほど整った顔立ちをした男性が抱き留めて助けてくれた。こんな運命的な出会いをしたら普通はときめくけれど、今は恋より仕事！「25ってところか」…でも、謎の言葉を残して立ち去った彼と、ひょんな事から再会して一？
2017.10 265p A6 ¥690 ①978-4-04-893461-9

◆副社長とふたり暮らし＝甘育される日々
葉月りゅう著　スターツ出版　(ベリーズ文庫)
【要旨】惣菜屋で働く瑞香は、副業でバイトをしなければいけないほど貧乏なうえ、地味で恋愛経験もゼロ。ところがある日バイト先で出会ったイケメン副社長・朔也に突然デートに連れ出され、オシャレなドレスを着せられディナーをプレゼントされ夢心地に。更に不測の事態が発生し、彼の高級マンションで期間限定で同居することに！「ずっと俺のところにいればいい」と抱きしめられ、溺愛される日々はドキドキの連続で…！
2017.8 379p A6 ¥640 ①978-4-8137-0299-3

◆シマイチ古道具商一春夏冬(あきない)人情ものがたり　蓮見恭子著　新潮社　(新潮文庫nex)
【要旨】茶碗、豆皿、丸ちゃぶ台。ここは想いが集う場所一生活を立て直すため、大阪・堺市にある夫の実家「島市古道具商」へ引越し、義父・市蔵と同居することになった透子。14年間、社会に出ていなかった透子は、慣れない店暮らしに失敗ばかり。でも、古道具や集う客の想いに触れて、透子もいつしか人生を見つめ直し始め一。どこか欠けた人たちの瑕を、丸ごと受け入れてくれる場所。古い町家で紡がれる、モノと想いの人情物語。
2017.4 289p A6 ¥590 ①978-4-10-180094-3

◆アイレスの死書　1　蓮見景夏著　オーバーラップ　(オーバーラップ文庫)
【要旨】世界最大の情報機関『大図書館』には『死書』を扱う『史書記』がいる。彼らの使命は、無作為に人に取り憑き、過去の事件を再現させる霊物『死書』の回収。新人史書記レイン・ジークは、正式に史書記の認可を受ける儀式『神授式』へ参列するためシュレイの街を訪れていた。街を訪れた史書記は、レインを含め七人。親交を深めようとした矢先、『Ｄ・Ｃ・アドラー』と名乗る人物から、史書記を標的とする連続殺人予告が七人の死書に浮かび上がる。第一の殺人が起きたのち、容疑者となったのはレインに一！？これは死書の再現か、意志のある殺人か。一すべてを暴け。そして「この七日間の真相は？」。
2017.4 319p A6 ¥650 ①978-4-86554-212-7

◆ストライクフォール　2　長谷敏司著　小学館　(ガガガ文庫)
【要旨】史上、類を見ない"ルール違反"。運営は協議の結果、雄星を二軍練習場へと送り込む。前代未聞のスキャンダルを起こした異邦人に、選手たちはさすがに冷たかった。二軍監督、ユウキ・ブラパッキーは雄星に告げる。「みんな、パワーの時代が怖いのさ。おまえはストライクフォールの次の時代そのものだからな」…新たな出会いと確執、そして"戦争"と"競技"の狭間で。雄星は、ストライクフォールともう一度向き合うために。兄弟の憧れを、答えをこの手に"摑む"ために。SF界の俊英が放つ疾走スペースグラフィティ、待望の第2弾！！
2017.3 285p A6 ¥593 ①978-4-09-451664-7

◆ストライクフォール　3　長谷敏司著　小学館　(ガガガ文庫)
【要旨】シーズンオフを迎え、雄星はシルバーハンズの一軍強化キャンプに参加を許される。憧れの存在たちに厳しい言葉で叱咤される日々。が、決して隔意だけではない"一軍の矜持"に触れ、雄星はプロとしての生き様をその身で学んでいく。そんななか、紅白戦でリーダー機をつとめたアデレーは、第一リーダー機のケイトリンが姿を消してしまい…？一方、波乱の新シーズンが幕を開けようとしていた一。"王の御手"を持つ黒騎士もついに復活！？ますます熱く加速するスペースグラフィティ、騒然の第3弾！
2017.11 385p A6 ¥667 ①978-4-09-451704-0

◆サイコさんの噂　長谷川馨著　アルファポリス、星雲社 発売
【要旨】ネットを中心に話題になっている都市伝説"サイコさん"。簡単に試せる、よく当たる占い一そんな噂の裏では、"呪い"の存在がまことしやかに囁かれていた。その"呪い"に巻き込まれた友人を助けるため都市伝説の調査に乗り出した高校生・真瀬宙夜は、自らの住む加賀町に古くから伝わる因習にたどり着く。都市伝説と因習が交わると、恐怖が思わぬ形で姿を現わす一アルファポリス第9回ホラー小説大賞大賞受賞作！
2017.3 349p A6 ¥1300 ①978-4-434-23150-6

◆少女クロノクル。一GIRL'S CHRONO-CLE　ハセガワケイスケ著　KADOKAWA　(電撃文庫)
【要旨】少女は「なにか」を求めていた。家族からのあったかい「愛情」を求める少女。まわりと自分を比べて「劣等感」に悩む少女。親友の「友情」に悩む少女。過去の「挫折」に悩み、今ももがき続ける少女。どんな時、どんな年代でも少女はちょっとしたことで悩み、傷つき、そして大きく成長するもの。そのきっかけには大切な「出会い」があり、その傍らにはランドセルや想はゆめる。少女たちの「想い」をめぐる、これは、少女たちの"想い"をめぐる物語。
2017.7 377p A6 ¥670 ①978-4-04-893231-8

◆グランブルーファンタジー　7　Cygames原作・イラスト、はせがわみやび著　KADOKAWA　(ファミ通文庫)
【要旨】船大工の島"ガロンゾ"で騎空艇グランサイファーの修理を依頼し、島を観光することにしたグラン達は、ノアと名乗る謎の少年に声をかけられる。エルステ帝国の宰相フリーシアとポンメル大尉も姿を現し、ノアを捕縛してしまうに！！さすがグラン達はノアを助け出すが一帝国兵に変装し戦艦に潜り込むのだが一。大人気王道ファンタジーゲーム『グランブルーファンタジー』、第七巻も豪華シリアルコード付き！！
2017.3 255p A6 ¥680 ①978-4-04-734541-6

◆グランブルーファンタジー　8　はせがわみやび著　KADOKAWA　(ファミ通文庫)

連れられて "秩序の騎空団" リーシャとモニカに連れられて "アマルティア島" を訪れたグラン達は、すぐさま黒騎士のいる牢屋に向かう。するとそこにいたのは人の形を貶められた女性だった!! さらにオイゲンと黒騎士が親子であるという驚愕の事実も知らされ、困惑するグラン達。そんな中、モニカに黒騎士を帝国から守って欲しいと半ば強引に頼まれてしまい―!?大人気王道ファンタジーゲーム『グランブルーファンタジー』、第八巻もシリアルコード付きで登場!!
2017.6 249p A6 ¥680 ①978-4-04-734677-2

◆グランブルーファンタジー 9 はせがわみやび著, Cygames原作 KADOKAWA（ファミ通文庫）
【要旨】オルキスを追って "ルーマシー群島" を訪れたグラン達は、帝国兵を引き連れたフリーシアに囲まれてしまう!! 魔晶の力で星晶獣 "リヴァイアサン" "ミスラ" を召喚した彼女に捕まりそうになるグラン達だったが、どうにか切り抜ける。危機を脱し、安堵するのも束の間、ルリアの森に残った強い力を感じると言う。果たして島の最深部に向かった彼らを待つものは一。大人気王道ファンタジーゲーム『グランブルーファンタジー』、第九巻もシリアルコード付き!!
2017.10 279p A6 ¥680 ①978-4-04-734852-3

◆おにんぎょうさまがた 長谷川夕著 集英社（集英社オレンジ文庫）
【要旨】それは、私が小学校二年生のある日のこと。同じ学園に通う香奈枝ちゃんが、お姫さまみたいな人形を持ってきた。金色の巻き毛に、青いガラス目。丸みを帯びた桜色の頬に、控えめな微笑み―えもいわれぬ美しさを持つ彼女の名前は "ミーナ"。そんな彼女との出会いが、すべての始まりだった......。五体の人形にまつわる、美しくも哀しいノスタルジック・ホラー。
2017.1 285p A6 ¥570 ①978-4-08-680117-1

◆狼と香辛料 19 Spring Log 2 支倉凍砂著 KADOKAWA（電撃文庫）
【要旨】賢狼ホロと元行商人ロレンスが営む湯屋 "狼と香辛料亭"。幸せと笑いがわき出ると言われる湯屋を舞台に描かれる、旅の続きの物語、第2弾が登場! コルはミューリに求婚されてしまい、湯屋は慢性的な人手不足に。ロレンスは大势の客が訪れる繁忙期に向け、スヴェルネルの騒動で出会った女性・セリムを新たに雇うことにする。実は彼女、ホロと同じ狼の化身なのだ。新参者のセリムの前では、女将としても狼の化身としても威厳を保ちたいホロだったが、なにやら浮かない様子で一。電撃文庫MAGAZINEに掲載され好評を博した短編3本に加え、書き下ろし中編「狼と香辛料の記憶」を収録!
2017.5 263p A6 ¥590 ①978-4-04-892891-5

◆狼と羊皮紙 2 ―新説 狼と香辛料 支倉凍砂著 KADOKAWA（電撃文庫）
【要旨】港町アティフでの聖書騒動を乗り越えた、青年コルと賢狼の娘・ミューリ。恋心を告げて開き直ったミューリから、コルは猛烈に求婚される日々を送っていた。そんな中、ハイランド王子から次なる任務の依頼が。今後の教会勢力との戦いでは、ウィンフィール王国と大陸との海峡制圧が重要になってくる。そのため、王国の北の群島に住む海賊たちを、仲間にすべきかどうか調べてきて欲しいというのだ。新たな冒険に胸を躍らせるミューリだったが、不安の色を隠せない。なぜなら海賊たちには、"黒聖母" 信仰という異端の嫌疑がかけられているのだ。海賊の住む神秘の島への旅が始まる!
2017.3 355p A6 ¥650 ①978-4-04-892754-3

◆狼と羊皮紙 3 ―新説 狼と香辛料 支倉凍砂著 KADOKAWA（電撃文庫）
【要旨】聖職者志望の青年コルの旅の連れは、「お嫁さんにしてほしい」と迫ってくる賢狼の娘ミューリ。海賊の島から二人は、嵐に巻き込まれウィンフィール王国の港町デザレフにたどり着く。教会が機能していないその町で、"薄明の枢機卿" と呼ばれ、まるで救世主のような扱いを受けることに。そしてコルはミューリの求愛に向きあうべく、自らを「兄様」と呼ぶことを禁じ、関係を変化させようとするのだった......。そんなコルたちの前に、イレニアと名乗る商人の娘が現れる。彼女はなんと羊の化身であり、"ある大きな計画" に協力してほしいと持ちかけてきて―!
2017.9 325p A6 ¥630 ①978-4-04-893338-4

◆最強賢者の子育て日記―うちの娘が世界一かわいい件について 羽田遼亮著 KADOKAWA（カドカワBOOKS）
【要旨】人里を離れ、研究に明け暮れる千年賢者―カイト。彼はある日、禁忌とされている人工生命体の創造に成功してしまう。生まれたての赤ん坊を抱いた彼の心に、初めての感情が駆け巡り…「やばい、この娘かわいい！」かくしてなしの一般常識をかき集め、愛娘を立派な "普通の子" に育てあげることを決意するが…？父娘2人（＋機械メイド）の、ほのぼの＆ハラハラ子育て旅行が、今ははじまる!!
2017.7 314p B6 ¥1200 ①978-4-04-072407-2

◆最強賢者の子育て日記―うちの娘が世界一かわいい件について 2 羽田遼亮著 KADOKAWA（カドカワBOOKS）
【要旨】学院を襲った敵を撃退し、給料泥棒から一躍、人気講師になった千年賢者カイト。そんな彼に「愛娘にボーイフレンドが出来た」という、けしからん情報が舞い込む。しかし、その「男友達」は、どこからどう見ても "女の子" で…？ 命を狙われているワケありな「男友達」イスマイールを救うため、学院を出た彼らだったが…イスマを狙う敵に、カイトの正体を知る錬金術師の登場、ホムンクルス製造のレシピをめぐる遺跡探検！ 波乱の親子旅がスタート―!?
2018.1 288p B6 ¥1200 ①978-4-04-072579-6

◆魔王軍最強の魔術師は人間だった 2 羽田遼亮著 双葉社（モンスター文庫）
【要旨】魔王軍最強の「不死旅団」を率いるアイクは、軍団長・セフィーロから南方にあるゼノビアという都市へ行くよう命じられる。目的はゼノビアが盟主を務める「通商連合」との交易。アイクは怪しまれないようサティと共に人間の姿で目的地へと向かうが、その道中、盗賊に襲われるある女性と遭遇する―。人間なのに、なぜか魔王軍幹部として働く主人公が奮闘する、「小説家になろう」発、大人気魔界転生ファンタジー。
2017.3 319p A6 ¥630 ①978-4-575-75125-3

◆魔王軍最強の魔術師は人間だった 3 羽田遼亮著 双葉社（モンスター文庫）
【要旨】ファルス国の赤竜騎士団を撃破した功績により、魔王軍第八軍団長に昇進したアイクのところに、ドワーフの元国王・ギュンターがやってくる。聞けば、大陸の中であるエルフ族の王から、魔王軍との間を取り持ってほしいという内容の書状が届いたという。エルフが魔王軍に近づく目的は？ そしてアイクが出した答えとは―。なぜか魔王軍幹部として働く主人公（人間）が活躍する、「小説家になろう」発、大人気魔界転生ファンタジー。
2017.7 307p A6 ¥630 ①978-4-575-75144-4

◆魔王軍最強の魔術師は人間だった 4 羽田遼亮著 双葉社（モンスター文庫）
【要旨】宰相のクーデターにより、ローザリア国王の座を奪われたトリスタン三世。王を再び擁立するための策として、通商連合の首都とも言うべきゼノビアへ行くことを決意する。だがその矢先にアイクの前に現れたのは、傷を負った通商連合の盟主・オクターブ家の執事だった。婚約者（自称）であるユリア嬢の危機を告げられたアイクは、伝統の大海蛇と対決することになり―!? なぜか魔王軍の軍団長に昇進してしまった主人公（人間）の、「小説家になろう」発、大人気魔界転生ファンタジー。
2017.12 317p A6 ¥630 ①978-4-575-75174-1

◆京都あやかし絵師の癒し帖 八谷紬著 スターツ出版（スターツ出版文庫）
【要旨】物語の舞台は京都。芸術大学に入学した如月紫桔は、孤高のオーラを放つ同じ学部の三日月紫紘と、学内の大階段でぶつかり怪我をしてしまう。このことがきっかけで、椿は紫紘の屋敷へ案内され、彼の代わりにある大切な役割を任される。それは妖たちの肖像画を描くこと―つまり、彼らの "なりたい姿" を描き、不思議な力でその願いを叶えてあげること…。妖たちの心の救済、友情、絆、それらすべてを瑞々しく描いた最高の感涙小説。全4話収録。
2017.6 296p A6 ¥570 ①978-4-8137-0279-5

◆異世界で孤児院を開いたけど、なぜか誰一人巣立とうとしない件 初枝れんげ著 TOブックス
【要旨】異世界でチート能力を覚醒させた高校生・マサツグが任されたのは一オンボロ孤児院の経営！ おまけに借金地獄で、集まるのは頼りにならない美少女ばかり。今、はぐれ者たちの居場所を賭けた戦いが幕を開ける！ これは最強の孤児院長「マサツグ様」の壮大かつ華麗な英雄伝である。はぐれ者たちの居場所を賭けた、波乱のネバーランド・ハーレムファンタジー、開院！ 書き下ろし番外編も収録!!
2017.9 319p B6 ¥1296 ①978-4-86472-604-7

◆引きこもりだった男の異世界アサシン生活 服部正蔵著 TOブックス
【要旨】ネトゲ廃人の悠馬（25歳）は、ある日交通事故を切っ掛けに異世界転移してしまう。その際に神様から "気配遮断" というスキルを授かった彼は、気配を殺してそーっと近付き、獰猛なモンスターや犯罪者を次々と暗殺していて爆上げ！ 冒険者ギルドでは "首狩りのユーマ" という二つ名で賞賛され、次第に守りたい人もできて、充実した異世界ライフを送っていた。だが、そんな彼の安息は長く続くことは無かった―。一気配を殺して敵も殺す悪即斬ファンタジー開幕！「小説家になろう」発！ 書き下ろし短編も収録!!
2017.7 397p B6 ¥1296 ①978-4-86472-584-2

◆引きこもりだった男の異世界アサシン生活 2 服部正蔵著 TOブックス
【要旨】オークキングやサイクロプスを殲滅し、街に平和を取り戻したユーマ。レベル上げも宿屋の娘サリーとの仲も順調で、充実した日々が続いていた。そんなある日、友人のリサが鉱石を採取しに山へ行くことになり、ギルドを介して護衛の指名依頼をしてくる。大切な友人は自分が必ず守ってやる―！ そう誓った二人は共に山に向かい、そこに巣食う凶悪な魔物と対峙することに―。男の誓いと矜持を胸にその少女、守り抜けアサシン！ 「小説家になろう」発！ 書き下ろし短編も収録!!
2017.11 335p B6 ¥1296 ①978-4-86472-619-1

◆ドラゴン嫁はかまってほしい 2 初美陽一著 KADOKAWA（富士見ファンタジア文庫）
【要旨】人間と魔物の間に出来た唯一の人間男子―それがオレ、結城勇海。亜人娘ならではの問題を解決する "亜人ちゃん救世委員" になったオレは、どの学校にもあるもの。そう、七不思議。「イサミと手を繋いで学校を回るなんて、何だか楽しいなっ」「ここ、怖くないんすわよ！…て置いてかないで!?」正反対の反応を見せるドラゴンの娘エイミ、ゾンビ娘のアンと一緒に夜の学校でデート…もとい調査を始めるが。保健室のベッドでおっぱいの海に溺れたり、エイミにキスを迫られたり…と、数々の試練と混乱が待ち受けていて!?
2017.2 267p A6 ¥600 ①978-4-04-072096-8

◆ドラゴン嫁はかまってほしい 3 初美陽一著 KADOKAWA（富士見ファンタジア文庫）
【要旨】人間と魔物の混血である亜人の少女だけが通う我が校に、学園祭の季節がやってきた。学園唯一の人間男子であるオレ、結城勇海と問題児クラスは、メイド喫茶と演劇をやることに。実行委員として張り切るスライム娘・来夢を、オレも "亜人ちゃん救世委員" として、しっかりサポートしなきゃならんだけど。演劇の内容はメイド喫茶もハプニング続出。さらに一人同界から遊びに来たとあるゲストと亜人ちゃんたちの間で、ご奉仕対決が始まって!?
2017.6 267p A6 ¥640 ①978-4-04-072328-0

◆ドラゴン嫁はかまってほしい 4 初美陽一著 KADOKAWA（富士見ファンタジア文庫）
【要旨】人間社会への研修旅行に赴くことになった問題児クラス＆オレ、結城勇海。遊園地、温泉、オレの先祖である "救世主" の伝説の地を巡ることになったんだけど、ホテルでは誰がオレと同室かでじゃんけん大会。温泉ではクラス全員と混浴することに!? 極めつけに一興奮した皆が大暴走って、全員オレが "吸精" すんの!? 可愛くて問題児な亜人嫁たちとの旅は、波乱の連続。でも、とびっきりの思い出がつくれる予感だけは間違いないよな。
2017.10 264p A6 ¥660 ①978-4-04-072332-7

◆アリクイのいんぼう―家守とミルクセーキと三文じゃない判 鳩見すた著 KADOKAWA（メディアワークス文庫）
【要旨】「人がハンコを作る時には事情がありま―」そう語るのは喫茶店にして印章店という「有久井印房」の店主。しかしその姿はどう見ても白いアリクイで、なおかつ少々ふっくら気味。そんな店長をサポートするのは、ウェイトレスの宇佐ちゃんと、キザなカピバラのかびおくん。「ハンコを作ってください！」あれ、なんでシロクマが？ 訪れ驚くお客さんに「ぼくはアリク

ヤング・アダルト小説

◆**アリクイのいんぼう―運命の人と秋季限定フルーツパフェと割印** 鳩見すた著
KADOKAWA （メディアワークス文庫）
【要旨】ミナミコアリクイの店主が営む『有久井印房』さん。訪れたのは反抗期真っ只中の御朱印ガール、虫歯のない運命の人を探す歯科衛生士、日陰を抜けだしウェイウェイしたい浪人生か、タイプライターで小説を書くハト。アリクイさんはおいしい食事で彼らをもてなし、以前の縁を知るように、そっとハンコを差し伸べる。不思議なお店で静かに始まる、縁とハンコの物語。
2017.12 285p A6 ¥540 ①978-4-04-893577-7

◆**占い師 琴葉野彩華は占わない** 鳩見すた著
KADOKAWA
【要旨】占い師なのに占わない？ でも、怠惰な魔女の予言は必ず依頼人を満足させている。ぱっと見優雅で妖艶で、その実、自堕落、廃課金。元探偵の琴葉野彩華が依頼人自身も気づいていない問題を華麗に解決！
2017.2 303p B6 ¥1200 ①978-4-04-892633-1

◆**医療魔術師は、もう限界です！** はな著
KADOKAWA （富士見ファンタジア文庫）
【要旨】大国に挟まれ戦乱が絶えない小国ノーザルの診療所には、今日も多くの患者が列を作る。天才医療魔術師ジークは睡眠を削り、体力も限界、それでも治療の手を休めることはない！「嘘でもいいぞ！？」「仕方ないって、私たちの魔法がしますから元気出して」美人助手オータムたちの優しい支えもあって、患者は笑顔で帰って行く。その笑顔が、ジークを何度も奮い立たせる―「先生、近くで大きな戦乱があって、1000人追加です！！」「…もう限界です！」診療所も戦場！？癒したい系ファンタジーラブコメ開幕！！
2017.2 331p A6 ¥600 ①978-4-04-072238-2

◆**…結論。ぼくはきみが、大切でたまらない。** 花魚クジョー著 文芸社 （文芸社文庫NEO）
『届かなかったラヴレター小説版とっかかりん』加筆・修正・改題書
【要旨】二人があの小6の夏以来会っていないが、マリンから届く手紙は、啓介の心の支えになっている。高校生になった啓介は、マリンのことが気になりはじめるが、どうしてもマリンのことが頭から離れない。そんな優柔不断な啓介に、ついに転機が訪れる…。家族や友だちとの距離感、異性に対する想い。10代ならではの複雑な心の機微を描いた青春ストーリー。甘くて、ほろ苦い。そして、さわやかな読後感。
2017.4 285p A6 ¥540 ①978-4-286-18674-0

◆**BLゲームの主人公の弟であることに気がつきました** 花果唯著 KADOKAWA （ビーズログ文庫アリス）
【要旨】男子高校生・天地央は気がついた。ここが前世の自分＝腐女子が愛したBLゲームのクリア後の世界で、いまは主人公の弟に転生したことに！ 兄の情事を覗けると喜ぶも、失恋した攻略キャラ達のその後も気になる！ 彼らの新しい恋（ただし兄に限る）を見守ることこそが我が使命！ と燃える央…だが気づけばクーデレな新キャラ相手にイベント発生？？生BLを拝めるご褒美ポジが一転、メインキャラに昇格！？
2017.5 255p A6 ¥620 ①978-4-04-734600-0

◆**異世界監獄/楽園化計画―絶対無罪で指名手配犯の俺と"属性：人食い"のハンニバルガール** 繰けいか著 集英社 （ダッシュエックス文庫）
【要旨】「あたしね、運命の人の味がどんなものかなあって気になってきたの。いただきます！」記憶喪失で尚且つ"史上最悪の指名手配犯"とされた俺は目覚めていきなり"人を食らう罪"をもつナギサと名乗る美少女に食べられてしまった…物理的に。ここは俺の罪状に基づいた偉人・大罪人の魂を憑依させる異能力『アニマウェア』が実装された異世界監獄"ハンニバル・レクター"。"宮本武蔵""ジャンヌ・ダルク"などの魂を憑依させた囚人たちと友達になりながら俺は記憶を取り戻しつつあった、突如監獄の運営が始まり、全種族級裁判化計画が始動。"史上最悪の指名手配犯"に隠された真実が明らかとなった時、俺がとった行動とは！？
2017.4 343p A6 ¥630 ①978-4-08-631180-9

◆**オレの恩返し―ハイスペック村づくり 2** ハーナ殿下著 アース・スターエンターテイメント、泰文堂 発売 （アース・スターノベル）
【要旨】アウトドアが唯一の趣味であるヤマトは、慣れ親しんだはずの里山登山中に突然、異世界に転移してしまう。一宿一飯のお礼に、滅亡寸前の貧村を救うべく奮闘し一れて1年。現地知識とアウトドア技術を駆使した結果、ウルド村は復興の兆しを見せていた。交易を再開すべく、交易都市オルンへ繰り出すヤマトたち。活気あふれる街の様子に興奮する一行をよそに、オルンに魔手を伸ばす隣国の陰謀を感じたヤマトは…。オルンの太守の娘イシスに、謎の遊び人風情の青年ラック、隣国の女騎士シルドリアと、新しい仲間が続々参入し全開！ 数々の危機が待ち受ける、期待の第2巻の登場!!
2017.3 335p B6 ¥1200 ①978-4-8030-1024-4

◆**オレの恩返し―ハイスペック村づくり 3** ハーナ殿下著 アース・スターエンターテイメント、泰文堂 発売 （アース・スターノベル）
【要旨】異世界転移後、施された一宿一飯のお礼に貧村を救おう！ と奮闘し—3年目の春。ウルド村は復興し、活力を取り戻しつつあった。安堵感に包まれる村を尻目に、「迫りくる危機」に対処しようと旅の準備を粛々と進めるヤマト。帝都を恐怖に陥れた霊魔管理者の手掛かりをつかむため、それに感じたリーシャ、シルドリアらが放っておくはずもなく一手掛かりを得るには、聖都にいるロマネス教至高の存在"聖女"と面会しなければならないが、一国の主でも聖女と面会するのは難しい。ヤマトが頼ったのは、まさかの人物？ そしてやってくる決着の時、事態は予想もしない方向に！？待望の完結巻！！
2017.7 369p B6 ¥1200 ①978-4-8030-1081-7

◆**婚約者は、私の妹に恋をする** はなぶさ著 KADOKAWA
【要旨】私の可愛い妹を見つめる、私の婚約者。出逢った瞬間恋に落ちていく二人を見たとき、私は既視感に襲われた。ああ、またか。どうしての人生でも、婚約者は私の妹に恋をした。私はその光景を、ただ成す術もなく見つめるだけだろう。―どうして、私だけが同じ時を繰り返すのだろう。抗いきれぬ運命。巡る時の中で、それでも私は彼女を好きになる――。
2017.6 279p B6 ¥1200 ①978-4-04-734559-1

◆**婚約者は、私の妹に恋をする 2** はなぶさ著 KADOKAWA
【要旨】私はいつまで、こんなところにいるのだろう？ その問いに答えはないまま、私は今日も、婚約者と妹が惹かれあう姿を見つめる。ある日、一人中庭で昼食をとっているところに、見知らぬ男性が現れた。「ねぇ、想い合う二人を引き裂くのはどんな気分？」今までとは違う登場人物、覚えのない展開。そうして運命の輪は回りだす。これまでとは、少しずつ違う方向へ――。
2017.12 310p B6 ¥1200 ①978-4-04-734908-7

◆**駆除人 3 東方見聞篇** 花黒子著 KADOKAWA （MFブックス）
【要旨】土の勇者の住む村ノームフィールドをあとにしたコムロカンパニー一行。港町フロウラで次なる勇者の情報を得た彼らは、東の大陸を目指し出航する。道すがら群島を巡る彼らの元に、気付けば仕事の依頼が集まってくるのだった。そして、大きな港町イーストエンドにたどり着かんとする時、漂流していた船と謎の遺体を拾ったことにより、牢に閉じ込められてしまうのだが―!? WEB版では無かった新章を大量加筆！ 夜光虫に囲まれた島サーズディに到着したナオキは、商業ギルドによるサンゴの乱獲を危惧するネクロマンサーの老婆・ミナチと出会う。サンゴを守る秘策はクジラの骨!? 大海原へ旅立った駆除人が見たものとは如何に!?大好評の異世界日常ものの第三弾！
2017.1 323p B6 ¥1200 ①978-4-04-069053-7

◆**駆除人 4 水の精霊篇** 花黒子著 KADOKAWA （MFブックス）
【要旨】水の勇者を駆除するため、東の大陸・グレートプレーンズに上陸したコムロカンパニー一行。一年に一度大雨で冠水する町モラレスに辿り着き、さっそく情報収集を開始するが、そこに住む人々は全員、男性は水の勇者、女性は水の精霊を自称していた！「ルールがわからん！」調査が暗礁に乗り上げたとき、ナオキたちは亡命した考古学者のレミと出会う。さらに、彼女の母親である養魚場復興を復興させることに、養魚場復興計画は国の女王までも巻き込んで、なぜか水の精霊をクビにする大規模な計画へと発展するのだった。ナオキたちは水の精霊をクビにすることを決意する！ 国民全員水の勇者である理由とは？ 大好評の異世界日常もの、待望の第四弾！
2017.5 323p B6 ¥1200 ①978-4-04-069226-5

◆**駆除人 5 南半球篇** 花黒子著 KADOKAWA （MFブックス）
【要旨】南半球を訪れたナオキ一行は、大量のスライムや突然生えてきた世界樹が魔素を吸って人々の生活を脅かしていることを知る。ナオキたちはわずかな魔素を拡散させると奮闘するが…!?
2017.9 317p B6 ¥1200 ①978-4-04-069465-8

◆**駆除人 6 火の国の商人篇** 花黒子著 KADOKAWA （MFブックス）
【要旨】南半球に魔素を拡散させ、北半球に戻ってきたコムロカンパニーだが、ひと息つく暇もなく火の国との侵略戦争に巻き込まれてしまう。一度は戦争に関わらないと決めたナオキたちだが、仲間の故郷が奪われる危機を目の当たりにして、その決意は揺らぐ。ナオキは火の国の軍のトップである火の勇者駆除人とともに、戦争の終結を早めるためサポートすることを決意し、火の国を訪れたネを始める。「駆除業者としては、戦争を長引かせたくないよな」新しい文化との出会い、盟友との別れ、さらに、懐かしいキャラも再登場！ 盛りだくさんの異世界お仕事ファンタジー第六弾！
2017.12 322p B6 ¥1200 ①978-4-04-069600-3

◆**可愛ければ変態でも好きになってくれますか？** 花間燈著 KADOKAWA （MF文庫J）
【要旨】俺、桐生慧輝はある日、差出人不明で自分宛てのラブレターを見つけた！ その場の状況から差出人の可能性がある人物は所属している書道部の関係者たちの巨乳で美しい先輩、素直な子犬っぽい後輩、距離感の近い同級生、兄想いの妹（はありえないか）の内の誰かということに。正直、誰に転んでも良いことしかない！ けれど意気揚々と中を確認しようとしたら、そのラブレターにはなぜか女の子のパンツが添えられていて…。ま、まぁそんなことはどうでもいいよね。とにかく差出人をこの四人の中から見つけ出さなければ！ 待ってろ、未来の俺の彼女!! そして後日、俺はあの日のぬか喜びを後悔することになる―。
2017.1 263p A6 ¥580 ①978-4-04-069008-7

◆**可愛ければ変態でも好きになってくれますか？ 2** 花間燈著 KADOKAWA （MF文庫J）
【要旨】パンツと共に下駄箱に入れられていたラブレターの差出人を探そうと決めたその日に、突如湧いてきたS、ドM、腐女子…身近な人間が変態だらけであったことが発覚してしまったその日から、俺の平和な日常は一変した。…けれど俺はまだあきらめない！ だって俺のシンデレラはまだどこにいるんだから…！ 今日もパンツを落としたシンデレラの正体を探して…え、ちょっと待って、まだ湧いてくるの？ ロリっ子の恋愛相談に生徒会副会長乱入、さらに毎日がヒートアップ！ 新感覚の変態湧いてくる系ラブコメ、疾風怒濤の第二巻！
2017.5 263p A6 ¥580 ①978-4-04-069279-1

◆**可愛ければ変態でも好きになってくれますか？ 3** 花間燈著 KADOKAWA （MF文庫J）
【要旨】夏だ！ 水着だ！ 変態だ―!?様子がおかしい紗雪先輩をどうにかしたり唯花に弱みを握られたりと、いつものように変態な日々を送っているうちに、学生が一年で一番待ちわびている夏休みがいよいよ到来！ 思い思いの夏休みなイベントを過ごす書道部の面々。とあるきっかけで優待券を手に入れ、皆で隣町のプールに遊びに行くことに。悉謎のメディアミックス展開も始まった新感覚の変態湧いてくる系ラブコメ、まだまだ勢いが止まらない第三巻！
2017.9 263p A6 ¥580 ①978-4-04-069457-3

◆**薔薇の乙女は神に祝福される** 花夜光著 講談社 （講談社X文庫―ホワイトハート）
【要旨】"薔薇騎士"である莉杏は"不死者"を倒すため、奇跡を起こす聖杯のかけらを探し続けていた。残りはふたつ。ひとつは莉杏自身の中にある。もうひとつを求め、莉杏たちはバチカンへ向かう。"不死者"になった遼、莉杏を巡って仲違いしてしまった昴とフレッド。不安が増すなか、"守護者"を失う予知を見て!?薔薇の乙女、最後の闘いの結末は―。
2017.6 317p A6 ¥720 ①978-4-06-286949-2

ヤング・アダルト小説

◆薔薇の乙女は秘密の扉を開ける　花夜光著
講談社　（講談社X文庫―ホワイトハート）
【要旨】闘いのため大切な仲間を失い、"守護者"の昴と気持ちがすれ違い落ち込む莉杏は、父ブルーノに誘われマルタへ行く。幼い頃過ごした屋敷で暮らすうちに失っていた記憶が蘇ってくる。ある夜、突然現れた謎の存在のピエロから聖杯のかけらはドイツにあると言われた!?強い絆で結ばれ、無条件で惹かれ合う"薔薇騎士"と"守護者"。だけ敢えて、唯一の"薔薇騎士"を選んだこと一"守護者"は証を失うかもしれず…。
2017.3 249p A6 ¥630 ①978-4-06-286935-5

◆狼彼氏×天然彼女　ぱにぃ著　スターツ出版
（ケータイ小説文庫―野いちご）　新装版
【要旨】可愛いけど天然系の実紅は全寮制の高校に入学し、美少女しか入れない「レディクラ」候補に選ばれる。しかも王子様系イケメンの舜と同じクラスで、寮は隣の部屋だった!!舜は実紅の前でだけ狼キャラになり、実紅に迫る。舜が気になるけど、実紅は自分の気持ちに気づかなくて…？　累計20万部突破の大人気作の新装版!!舜の妹・凛の短編エピソードも収録!!舜や実紅も登場♪ 2017.5 340p A6 ¥590 ①978-4-8137-0255-9

◆続・狼彼氏×天然彼女　ぱにぃ著　スターツ出版　（ケータイ小説文庫―野いちご）　新装版
【要旨】美少女しか入れない「レディクラ」に選ばれるくらい可愛い実紅と、天然な実紅と狼の仮面をかぶった狼系男子の舜とめでたく付き合うことに。甘々な日々を過ごすが、ライバルが出現するなどお互いの気持ちがわかっていて違ってしまうことも多くて…？　累計20万部突破の大人気シリーズ第2弾!!前作に引き続き、この本限定の番外編も収録!!伝説の甘々同居ラブ、完結!! 2017.8 433p A6 ¥620 ①978-4-8137-0312-9

◆フェアリーテイル・クロニクル―空気読まない異世界ライフ　13　埴輪星人著
KADOKAWA　（MFブックス）
【要旨】遭難や無人島生活といったトラブルに巻き込まれたものの、究極のモノづくりと持ち前のマイペースさで、これを切り抜けた宏と春菜。二人だけのシチュエーションだったことで、変にテンションが上がっていた春菜だったが、結局恋愛方面での進展はなく、相変わらず微妙な距離感のまま。そんなとき、神の神・ダルジャンより"神器の名を得るにふさわしい物を作れ"との指示を受けた彼らは、素材を集めるべく各地の隠しダンジョン巡りを開始する。そんな中、人形ダンジョンを訪れた宏達は、そこで大きな драма を背負い前に手ぬぐいをぶら下げた、ファンタジーのイメージとは程遠い風貌のヴァンパイアと出会う…。実は急激に悪化していた世界情勢。今回も巻き込まれることになるアズマ工房の面々は、この状況にどう立ち向かう!? 巻末には番外編『チョコレート事件関係者のその後』を収録。
2017.2 318p B6 ¥1200 ①978-4-04-069089-6

◆フェアリーテイル・クロニクル―空気読まない異世界ライフ　14　埴輪星人著
KADOKAWA　（MFブックス）
【要旨】隠れ里で知り合ったヴァンパイアのヘンドリックとアンジェリカと共に人形ダンジョンの攻略を進めていた宏達は、ファム達の誕生日の準備をするために攻略を一時中断し、ウルスに帰還した。そこで彼らは、レイオットからウォルディス王国のリーファ王女を紹介される。ウォルディスの内情とリーファの置かれている状況を知る。そして有事の際は王女を守ってほしいと頼まれることに。用事を終え人形ダンジョンの攻略を再開した宏達は、ようやく隠しダンジョンの入口を発見。ついにボス部屋へとたどり着くのだが、アンジェリカのそのボスの慌てぶりやいなや、みるみる表情が変わり…!?世界編もいよいよクライマックスに突入し、舞台はファンタジー世界ならではの幻獣が多数棲息しているという大国・マルクトへ。人知れず進んでいた異変に対処するべく、珍しく冒険ミッション多めの日々を過ごすことになる宏達の行く先は、はたして!?
2017.5 320p B6 ¥1200 ①978-4-04-069224-1

◆フェアリーテイル・クロニクル―空気読まない異世界ライフ　15　埴輪星人著
KADOKAWA　（MFブックス）
【要旨】マルクトの宰相であるゼファー閣下から、幻獣がらみの異変が国内で散発しているのでその調査と解決に手を貸してほしいと依頼された宏達。一行は早速、手始めとしてユニコーンの森へと向かった。そこでは、黒く変色し正気を失ったユニコーン達が悪事を働いていたが、宏達による浄化や地脈の調整といった地道な作業は、事態は収束していくのだ。こうしてユニコーンの森の問題が解決し、次の現場へ向かうべく準備をしていたところへ、転移してきたアンジェリカが宏に助けを求めてきて…。ついに物語は邪神編へと突入！邪神教団の動きも本格化し、いくつもの大国を巻き込んだ争いへと発展していく。そんな中でもモノづくり精神を忘れない、マイペースなアズマ工房の活躍をとくと見よ!!
2017.8 315p B6 ¥1200 ①978-4-04-069408-5

◆フェアリーテイル・クロニクル―空気読まない異世界ライフ　16　埴輪星人著
KADOKAWA　（MFブックス）
【要旨】冥界神・ザナフェルの復活や神の城の築城といった大業を成し遂げた宏達。一方、邪神教団に掌握されたウォルディスがモンスター軍を率いて近隣国へ侵攻を開始。この事態に、アズマ工房はどう立ち向かうのか!?常に型破りのモノづくり異世界ファンタジー。
2017.12 320p B6 ¥1200 ①978-4-04-069598-3

◆もう一度、日曜日の君へ　羽根川牧人著
KADOKAWA　（富士見L文庫）
【要旨】5月28日、日曜日。弁天島にかかる橋の上で不思議な克己の綿星に触れてから、僕と綿星は同じ5月28日を繰り返している。これは僕の望みだ。「今日」が続く限り、莉央の命が消えることはない。病院を抜け出して二人でどこへ出かけても、誰に迷惑をかけることはない。僕たちは永遠に同じ時間を繰り返す度、僕の中から莉央との思い出は消えていき…。これは「繰り返し」の代償なのか？　それとも―。人の願いを叶える綿星が見せた、恋人達の奇跡の物語。
2017.7 317p A6 ¥620 ①978-4-04-072356-3

◆男装令嬢とふぞろいの主たち　羽倉せい著　KADOKAWA　（角川ビーンズ文庫）
【要旨】芸術の才を持つ者を重用するデイランド王国。貧乏令嬢のジルは、家のため男として働くことを決心する。王都・銀玉宮でのお仕事は、天才芸術家と名高い4人の貴公子たちのお世話係。気難しくて不器用な主たちに振り回されつつ、"幻想の守護者"の異名を持つ女嫌いの天才画家・ライナスと急接近!?「僕の恋人になってくれないか」甘い言葉に男の"はず"のジルは大混乱！　任期は1年、男装令嬢の波乱のおつとめ生活、開幕！
2017.11 253p A6 ¥600 ①978-4-04-106284-5

◆流星茶房物語―月下の龍と恋を誓う　羽倉せい著　KADOKAWA　（角川ビーンズ文庫）
【要旨】獅国王・豪粋との宴で皇帝・煌慶のピンチを救った新米茶師の楓花。しかし楓花を気に入った豪粋は、楓花を獅国に寄こせと圧力をかけてきて!?断るためには、未だ空位の宮廷茶師になるしかない―！　楓花は煌慶の叔父・斐周が嫉む茶師・孤空と宮廷茶師の座をかけ勝負することになる…。「俺は未来永劫、あなたを手放すつもりはない―」孤独な皇帝と茶師の中華風ラブ・ファンタジー、激動の続編！
2017.2 245p A6 ¥600 ①978-4-04-104436-0

◆桜色のレプリカ　1　翅田大介著　ホビージャパン　（HJ文庫）
【要旨】六方カザネはこの「学校」の文学教師である。ある日、理事長の二階堂イツキに呼び出され奇妙な依頼を受ける。積極的にカザネに迫って来る自称・淫乱ピンクの三十刈アイラ、マンガやアニメ的なお約束好きの四十田ユキ、委員長ながら小説好きの百合原ハルカ、無口で小説好きの百合原ハルカ、無口で小説好きの五十嵐ヒビキ、無口で小説好きの女生徒たちに囲まれるカザネが受けた依頼、その驚くべき内容とは―？
2017.8 253p A6 ¥619 ①978-4-7986-1506-6

◆桜色のレプリカ　2　翅田大介著　ホビージャパン　（HJ文庫）
【要旨】理事長の理不尽な依頼に嫌気が差しつつあったカザネが、校内に1本だけあるという桜の木の下でついに「本当のヒロイン」を見つける。嫌々ながらの捜索だったが、真ヒロインの大胆な告白を受け、ハートのど真ん中を射抜かれてしまうカザネ。しかし他のヒロインたちも黙っちゃいない。ヒロイン捜索学園ラブコメは怒濤の展開へ―。
2017.8 269p A6 ¥619 ①978-4-7986-1507-3

◆エスケープ・シープ・ランド　馬場翁著
KADOKAWA　（カドカワBOOKS）
【要旨】「どちらかが死ねばもう一人も一緒に死にますー」虐待を受けた彼女と、孤独を愛する高校生・大吾。昏睡から覚めた彼を待っていたのは、遊園地を舞台にした謎のゲームだった。着ぐるみの狼が火器で男女を黒焦げにするのを、大吾はこれが命を賭けた勝負だと実感する。勝利条件は見知らぬ異性を相棒に、生きて7日目を迎えること。他人を信じられない大吾は、果たして生き残れるのか？『蜘蛛ですが、なにか？』コンビが贈る最凶デスゲーム開幕！
2017.3 303p B6 ¥1200 ①978-4-04-072222-1

◆蜘蛛ですが、なにか？　5　馬場翁著
KADOKAWA　（カドカワBOOKS）
【要旨】とうとう出逢ってしまった、同じクラスの転生者。しかも吸血鬼でチートな貴族の娘！妬ましい！だが、彼女が盗賊に襲われるのを見過ごせず、「私」はつい助けてしまう。子供の救助に、気紛れで村人を治癒したことが重なり、街では神と勘違いされ始めた。とりま捧げ物の食べ物は美味しいぜ！「私」に誘惑を企む賊を懲らしめたことで、この世界の第三勢力"エルフ"の逆鱗に触れてしまい…。「私」も次なる進化形態へと突入して物語はネクストステージへ！
2017.2 331p B6 ¥1200 ①978-4-04-072186-6

◆蜘蛛ですが、なにか？　6　馬場翁著
KADOKAWA　（カドカワBOOKS）
【要旨】遂にアラクネになった「私」は魔王と吸血姫らと旅へ。怪しすぎる人外PTも、時にはこっそり人里に下り、宿で食事を…って「私」だけ仲間外れ!?いくら何でも見た目ヤバイ？いいもん、地上の魔物は美味しいから、泣かない…。一方「私」と袂を分かった分体たち。彼女らのもとを訪れた人類最強の魔法使いは、常識外れの特訓を目撃する。強化された分体たちのとある「計画」がスタートする時、「私」の旅路は人類の岐路と交差する―！
2017.6 333p B6 ¥1200 ①978-4-04-072325-9

◆蜘蛛ですが、なにか？　7　馬場翁著
KADOKAWA　（カドカワBOOKS）
【要旨】「私」一行は途上で突然、蟻のモンスターに襲われるため、当然うとうと戦う事態に。だが、衝撃で古代の無人殺戮兵器群を目覚めさせてしまう！大量のロボや戦車って反則だろ!!ががそこに、魔族の眷属、神言教、ポティマスが集結。星が丸ごと壊れる危険があるから、全員で団結して戦うのだ！?そして昨日まで憎みあっていた連中が手を組み始まったのは、もはや戦争と呼ぶしかない大戦闘で…。ついに本体の兵器殲滅は「私」が担当ってマジ!?
2017.10 323p B6 ¥1200 ①978-4-04-072482-9

◆わたしの魔術コンサルタント　2　虹のはじまり　羽場楽人著　KADOKAWA　（電撃文庫）
【要旨】東京の片隅の薄汚れた古い雑居ビルで魔術が使えない魔術士・黒瀬秀春は、相変わらず魔術に苦しむ人々に救いの手を差し伸べる魔術コンサルタントを営む日々。そして事務所に居候していた朝倉ヒナコは永聖魔術学院への入学を果たし、秀春はそれを見守る。けれども入学早々、ヒナコの存在は魔術学院に波紋を広げ、魔術士の名家・皇葡遊と対決することになり―。四年前に起きた魔術による大規模魔術消失事件「消失した正午」の真実、そして秀春の過去を知る美女・逢夏との出会い。秀春は様々な思いを抱えて、更なる一歩へと歩み出す。
2017.9 336p A6 ¥600 ①978-4-04-893320-9

◆勇者に期待した僕がバカでした　3　ハマカズシ著　小学館　（ガガガ文庫）
【要旨】新たな勇者戦がはじまっていた。そこでエルブランコはとんでもないスキャンダルに巻き込まれる。それを発端にゴルディアス軍は解散に追い込まれることに。―スキャンダルの本当の意味。勇者協会と人間という闇が生んだ汚い手段。エルブランコは矮小な自分を見つめ直し、再び立ち上がる。それでゴルディアス軍が元に戻りはしないことを知りながら…。働くなんて辛いこと。それでも過ごした時間は確かに自分が歩いた道。だから、これまでを否定なんてしなくていい。あらゆる理不尽をはねのけろ！ファンタジー社畜コメディ完結編。
2017.3 293p A6 ¥593 ①978-4-09-451667-8

◆青の騎士（ブルーナイト）ベルゼルガ物語　上　はままきのり著　朝日新聞出版　（朝日文庫ソノラマセレクション）
【要旨】アストラギウス銀河を二つに割った百年戦争が終結し、ボトムズ最低の野郎どもと呼ばれたA・T乗りたちは、A・Tを戦わせるバトリングという賭け試合に生計の道を求めていた。俺、ケイン・マクドガルもその一人だ。だが、俺が青の騎士ベルゼルガを駆る目的はただひとつ、シャ・バックを惨殺した"黒き炎"を捜

ヤング・アダルト小説

しだし、倒すこと…。名作アニメ『装甲騎兵ボトムズ』のインサイド・ストーリーが奇跡の復活！幡池裕行氏の挿画も完全収録!!
2017.6 248p A6 ¥740 ①978-4-02-264849-5

◆青の騎士（ブルーナイト）ベルゼルガ物語　下　はままさのり著　朝日新聞出版　（朝日文庫ソノラマセレクション）
【要旨】アグの街でやっと対決の機会を得た"黒炎"は、底知れぬパワーと威圧感を有していた。復讐の念に身を焦がしながらも金縛りにあって動けない俺に、軍警のA・Tどもが襲いかかる。辛うじて救出されたものの、ベルゼルガは手ひどい打撃を蒙り、重傷を負った俺が知ったのは、"黒き炎"を操るクリス・カーツと異星結社の恐るべき正体だった。名作アニメ『装甲騎兵ボトムズ』のインサイド・ストーリーがついに復活！幡池裕行氏の挿画も完全収録!!
2017.6 311p A6 ¥840 ①978-4-02-264850-1

◆青の騎士（ブルーナイト）ベルゼルガ物語　絶叫の騎士　はままさのり著　朝日新聞出版　（朝日文庫ソノラマセレクション）
【要旨】大戦再開を機に両陣営の人類を根絶やしにし、一型装甲の人類が生み出す新人類にアストラギウス銀河を支配させる―ロリンザーの手で進められている、この恐るべき『メルキア騎士団計画』に対抗するために、ケインは軍基地を次々と爆破していった。だが、孤独な戦いを続けるケインの前に、究極兵器レグジオネーサに搭乗するK'が立ち塞がる…。名作アニメ『装甲騎兵ボトムズ』のインサイド・ストーリーが復活！幡池裕行氏の挿画も完全収録!!
2017.8 342p A6 ¥860 ①978-4-02-264857-0

◆青の騎士（ブルーナイト）ベルゼルガ物語　『K'』　はままさのり著　朝日新聞出版　（朝日文庫ソノラマセレクション）
【要旨】アストラギウス歴7215年。2年の停戦の後、ギルガメス、バララント両星域軍は、再び戦火を交えようとしていた。ギルガメスの首星メルキアでは再徴兵が開始され、これに反対する勢力の鎮圧には、実戦テストを兼ねた新型A・Tが投入された。そのひとつ、桁外れのパワーと、青の騎士に対する異常な反応とで周囲を驚かせたW-1には、人類の運命を左右する恐るべき秘密が隠されていた。名作アニメ『装甲騎兵ボトムズ』のインサイド・ストーリーが復活！幡池裕行氏の挿画も完全収録!!
2017.8 254p A6 ¥740 ①978-4-02-264856-3

◆世界最強になった俺―最強ですけどなにか？　浜咲たゆ著　ホビージャパン　（HJ NOVELS）
【要旨】伝説の天空人の力を受け継ぐ少年・レイフォン。だが彼は目立つことなく、地上で普通の人間として暮らしていた。そんなある日、彼はこの世の神様たちと出会い、超テキトーな理由から「世界最強」の力を与えられることに。ただでさえ天空人の血を引く彼が、さらに力を授けられて、その後、美人だけど気が強い幼なじみ・アシュリー、魔族の妖艶な美少女・ミリベアス、訳ありの王女マリベルらが加わって、レイフォン一行の世界を巡る最高・最強の旅が始まる！
2017.10 302p B6 ¥1200 ①978-4-7986-1559-2

◆続かないと思っていた恋だけど、今日もあなたはそばにいます　はまだFamily ゆうり著　KADOKAWA
【要旨】片想い1年半、中3で実り、はじめての彼とファミリーとなるまでのリアルストーリー。
2017.7 191p B6 ¥1050 ①978-4-04-602103-8

◆ことづて屋―寄りそう人　濱野京子著　ポプラ社　（ポプラ文庫ピュアフル）
【要旨】山門津多恵が、「ことづて屋」として、頭に聞こえてくる死者からの伝言を指定された相手に届けるようになってから2年半が過ぎた。いつも助けてくれる貴介は、津多恵の最大の理解者となっており、感謝しつつも、つき合いまで申し訳ない気持ちも。ある時、届ける相手の居場所がわからず、なんとか探してたどりついてみると、それは思いもかけない人物で…。二人が新しい一歩を踏み出す、感動のシリーズ第3巻！
2017.3 280p A6 ¥660 ①978-4-591-15411-3

◆レストラン・タブリエの幸せマリアージュ―シャルドネと涙のオマールエビ　浜野稚子著　マイナビ出版　（ファン文庫）　（『恋するタブリエ』加筆・修正・改題書）
【要旨】神戸にある小さなフランス料理店「レストラン・タブリエ」で働く、明るくやさしと

た性格のソムリエの頼子と、おとなしくて真面目な料理人の美奈。性格が真逆の二人は、話したことがほとんどない。仕事にプライドも愛着も持っているけれど、三十歳目前に将来について悩む二人が、とあることから仲良くなり、一緒に暮らすようになる…。読むと元気になれる、女子ふたりの仕事と恋と友情の物語！
2017.7 291p A6 ¥647 ①978-4-8399-6392-7

◆ルーントルーパーズ―自衛隊漂流戦記　1　浜松春日著　アルファポリス, 星雲社 発売　（アルファライト文庫）
【要旨】イージス艦"いぶき"を旗艦とする自衛隊の艦隊は、国連軍へ参加するために日本を出航した。しかし、航海の途中で艦隊ごと異世界へと飛ばされてしまう。その世界で自衛隊が身を寄せた国ため、元の世界へ戻る手段がない自衛隊は、否応なく戦乱に巻き込まれていく…。ネットで大人気！異世界自衛隊ファンタジー、待望の文庫化！
2017.1 326p A6 ¥610 ①978-4-434-22789-9

◆ルーントルーパーズ―自衛隊漂流戦記　2　浜松春日著　アルファポリス, 星雲社 発売　（アルファライト文庫）
【要旨】国軍の撃退に成功した自衛隊だったが、マリーズア南海連合王国の人々からは、冷たい視線を向けられてしまう。そんな中、街で情報収集を始めた陸自の久世啓幸に、突如出現したゴーレムが襲いかかった―。一方、イージス艦"いぶき"は、人々に存在を受け入れてもらうべく、邪龍退治を行うことに！ネットで大人気！異世界自衛隊ファンタジー、文庫化第2弾！
2017.3 348p A6 ¥610 ①978-4-434-22973-2

◆ルーントルーパーズ―自衛隊漂流戦記　3　浜松春日著　アルファポリス, 星雲社 発売　（アルファライト文庫）
【要旨】王都では、召喚獣が現れ街を破壊する事件が頻発し、自衛隊の面々が対応に当たった。おかげで、最初は疑心暗鬼だった街の人々も、やがて自衛隊に信頼を置くようになっていく。そんな状況をよく思わない光母教の神官の一人が、召喚獣事件の犯人であるダークエルフを餌にし、自衛隊に卑劣な罠を仕掛けた―。ネットで大人気！異世界自衛隊ファンタジー、文庫化第3弾！
2017.5 337p A6 ¥610 ①978-4-434-23192-6

◆ルーントルーパーズ―自衛隊漂流戦記　4　浜松春日著　アルファポリス, 星雲社 発売　（アルファライト文庫）
【要旨】ダークエルフ―ビクティの求めに応じ、三千人の少数民族を救うこととなった自衛隊。その作戦は、陸自の部隊が帝国兵と戦いながら時間を稼いでいる間に、海自の輸送艦が帝国領土から人々を運び出すというものだった。弾薬も人員も限りがある自衛隊は、帝国兵の猛攻に少しずつ押されていく…。ネットで大人気！異世界自衛隊ファンタジー、文庫化第4弾！
2017.7 349p A6 ¥610 ①978-4-434-23464-4

◆ルーントルーパーズ―自衛隊漂流戦記　5　浜松春日著　アルファポリス, 星雲社 発売　（アルファライト文庫）
【要旨】発見した原油の精製の問題を解決するため、久世達は"深淵の森"にいる大賢者のもとへ向かった。その道中、偶然立ち寄った都市国家アルナイルで、奴隷剣闘士団の面々と知り合う。彼らは次の一戦に勝てば自由の身になれるが、そこにはアルナイル最高評議会長の無惨な罠が待ち受けていた―。ネットで大人気！異世界自衛隊ファンタジー、文庫化第5弾！
2017.9 349p A6 ¥610 ①978-4-434-23642-6

◆ルーントルーパーズ―自衛隊漂流戦記　10　浜松春日著　アルファポリス, 星雲社 発売
【要旨】フィルボルグ帝国の皇帝を討つため、異世界混成部隊は、最強戦闘ヘリの援護を受けながら帝都中枢で決死の潜入作戦を展開していた。そんな折、難攻不落の皇城の門を打ち破られ、ついにイージス艦"いぶき"に残された最後のトマホークが発射された。狙いを定め城門に命中。鉄壁の守りを突破した久世啓幸率いる精鋭達が、次々と城内へ雪崩れ込む中、一進一退の攻防の末、帝国が誇る強敵・階位将軍達との戦いに、からくも勝利を得た彼ら。ようやく皇帝が抱える王座の謎が浮上する。だがそこに、世界を破滅に導く"最凶兵器"が隠匿されていることを知る者は、誰もいないのだった―。自衛隊の兵力投入！世界規模で異世界消滅の危機！？最終決戦は泥沼の大混戦へ！
2017.12 295p B6 ¥1200 ①978-4-434-24110-9

◆カンスト勇者の超魔教導（オーバーレイズ）―将来有望な魔王と姫を弟子にしてみた　はむばね著　ホビージャパン　（HJ文庫）
【要旨】慎重すぎて異世界で三百年もの修行の末、デタラメすぎる強さを身に付けてしまった召喚勇者キリ。彼はとある目的から「魔王の娘」た天真爛漫少女・エイムを弟子にし、超絶育成することに。そこに訳あって美剣姫・メイも加わって、「どんな魔物もワンパン！」の、最強師弟の無双旅が始まる！食事を美味しするためだけに第二百階以上の超高等魔法を使ったり、誰もが恐れる巨大な魔物を瞬殺したり、やりたい放題の師弟コンビが大暴走！一行で唯一の常識人・メイのツッコミも追いつかない、破天荒な旅の行く末は!? HJ文庫大賞「銀賞」受賞作！
2017.10 297p A6 ¥619 ①978-4-7986-1552-3

◆世界最強の人見知りと魔物が消えそうな黄昏迷宮　1.　冒険者世界も不景気です　葉村哲著　KADOKAWA　（MF文庫J）
【要旨】迷宮の魔物を狩り、資源を得ることで発展した『冒険者の国』ローゼンガルド帝国。しかし、安価で手軽な蘇生魔法の開発、Lvに応じた適切な狩り案内。効率的な迷宮攻略は冒険者を激増させ、魔物を激減させた。魔物が枯渇すれば経済的破綻は必死の中、この危機に1人の新米騎士と3人の人間的にはダメすぎる天才が集められた！「ほんとうに、このPT、なんで、こんなひとばっかりなんですかああああ！」新米騎士・ティルムは、冒険者ギルド、商人組合、神殿連盟を主な一方で"人としては問題しかない3人の天才達をまとめあげ『人工迷宮計画』を成立させることができるのか？これは世界の危機に立ち向かうPTの、ダンジョンと日常の物語である。
2017.5 263p A6 ¥580 ①978-4-04-069288-3

◆世界最強の人見知りと魔物が消えそうな黄昏迷宮　2.　冒険者のお仕事も色々です　葉村哲著　KADOKAWA　（MF文庫J）
【要旨】迷宮の魔物を狩り、資源を得ることで発展してきたローゼンガルド帝国。しかし行き過ぎた迷宮開発が迷宮の枯渇を招き魔物が激減。この危機に、一人の新米騎士と3人の（注：性格に問題しかない）天才冒険者が集められ『人工迷宮計画』を開始する。PT『セージ☆ハーレム』が今回捕獲する魔物は、王国の被服事情を一手に担う、象の大きさの羊『花咲く羊』、軍隊のように統率された動きで冒険者を襲う『野菜騎士』、迷宮のスケベ馬こと『一角馬』、爪、牙、骨、毛皮全てが鋼鉄のような優秀な武器素材となる『鋼鉄熊』。果たしてセージ達は無事魔物達を捕獲できるのか。そして唐変木なセージの身の回りに変化が…!?ダンジョンと日常の物語第二弾！
2017.8 263p A6 ¥580 ①978-4-04-069392-7

◆VRMMO学園で楽しい魔改造のススメ―最弱ジョブで最強ダメージ出してみた　ハヤケン著　ホビージャパン　（HJ文庫）
【要旨】ゲーム大好き少年・高代蓮の趣味は、世間的に評価の低い不遇職や残念スキルを魔改造し、輝かせることである!!そんな蓮は、中学からのネトゲ友達の強引な誘いを受け、VR-MMOゲームを授業に取り入れた特別な高校へと入学！息をするようにゲーム内で最弱の呼び声高い職業「紋章術師」を選んだ蓮が、その職業を最強火力へと魔改造し始めるが―「え、アキラって女の子だったのかよ!?」「そうだよ？」実は美少女のネトゲ友達と一緒に最強ゲームライフ、開始！
2017.6 325p A6 ¥638 ①978-4-7986-1462-5

◆VRMMO学園で楽しい魔改造のススメ　2　最弱ジョブで最強ダメージ出してみた　ハヤケン著　ホビージャパン　（HJ文庫）
【要旨】中学からのネトゲ友達・あきらを筆頭に、3人の美少女たちと入学早々に自分たちだけのギルドを結成した蓮。時を同じくして、彼は別のゲームでのネトゲ友達、学園での先輩・山村雪乃であると知る。対人戦をこよなく愛する雪乃の誘いで、蓮とあきらは彼女がマスターを務めるギルド『神秘の武技』が主催するバトルトーナメントに選手として出場することになるが―強敵との連戦でも、蓮の快進撃は止まらない!!
2017.10 287p A6 ¥619 ①978-4-7986-1550-9

◆VRMMO学園で楽しい魔改造のススメ　3　最弱ジョブで最強ダメージ出してみた　ハヤケン著　ホビージャパン　（HJ文庫）
【要旨】4人で立ち上げたギルド"悪魔の仕業"のアイテムショップも、オープン早々大繁盛とな

り、名実共に絶好調な蓮たち。そんな中、客として訪れていたNPCのお姫様が誘拐される限定クエストが発生！ すぐに事件解決へと動く蓮たちだが、途中で意外な人物がパーティーに臨時加入!?さらにギルド対抗の英雄育成イベントでは、最弱NPCをあえて選び、ここぞとばかりに魔改造を施すと怨嗟し、それでも勝負を挑んだ理由は!?Wソード×ダンサーによる華麗なバトルも必見、大人気VRMM-Oバトルファンタジー第3巻！
2018.1 271p A6 ¥619 ①978-4-7986-1605-6

◆ヒマワリ：unUtopial World 4 林トモアキ著 KADOKAWA （角川スニーカー文庫）
【要旨】川村ヒデオに捕らわれたヒマワリへ、4年振りの邂逅を果たしたミサキ・カグヤの口から衝撃の事実が語られる―。「嘘です…、そんなのっ…！」泣きじゃくるヒマワリが知った真実とは果たして如何なるものだったのか？ 世界が間違っていると怨嗟し、それでも勝負を挑んだ理由とは!?ミサキ・カグヤとヒマワリの運命が重なる時、世界は新たな色に塗り替えられる。シリーズ最高潮―驚愕の急展開!!
2017.5 270p A6 ¥600 ①978-4-04-105517-5

◆ヒマワリ：unUtopial World 5 林トモアキ著 KADOKAWA （角川スニーカー文庫）
【要旨】本戦進出を決め勢いに乗るヒマワリとミサキ・カグヤのペアであったが、そこに桐原士郎、木島アリスを従えた魔殺商会総帥・名護屋河鈴蘭が立ちはだかる。「あはははははっ!!さあ野郎ども狩りの時間だぁッ!!」隔離空間都市の債務者達を巻き込んだサバイバルゲームを仕掛けられたヒマワリは、「前大会を知る男」川村ヒデオと共闘し生き残りの道を探るのだが!?「夢を統べる権利」を賭けた闘い―第二回聖魔杯、本戦がついに開幕！
2017.11 328p A6 ¥640 ①978-4-04-105511-4

◆ディリュージョン社の提供でお送りします はやみねかおる著 講談社 （講談社タイガ）
【要旨】物語を現実世界で体験できる新しいエンターテインメント「メタブック」を提供する会社―ディリュージョン社で働く新人エディターの森永美月と、天才作家と名高い手塚和志。突如舞い込んだ「不可能犯罪小説を体験したい」という厄介な依頼に、完璧な台本と舞台を用意する二人。しかし怪しい手紙や殺意ある事件、と不測の事態が続き…。リアル殺人鬼が登場人物の中にいる!?
2017.4 287p A6 ¥720 ①978-4-06-294069-6

◆その最強、神の依頼で異世界へ 1 速峰淳著 主婦の友社 （ヒーロー文庫）
【要旨】幼い頃に両親を亡くし、施設で育ってきた櫻井春澄。実の祖父のように慕う師範に武術を教わりて育った。現実世界では武術を極め、仮想世界のゲームでも最大レベルまで自身のキャラクターを高めてしまう程、強さを身につける。ある日、突如現れた魔法陣に抵抗出来ず吸い込まれる春澄。異世界への召喚途中、世界の管理者と名乗る神のような存在に引き止められ、とある依頼をされる。他人のことが気掛かりだった春澄は非常に悩みつつも、他人に興味の無かった春澄が、異世界で仲間を見つけ、感情の変化に戸惑いつつも、ゆっくりと他人を受け入れていく物語である。
2017.4 367p A6 ¥590 ①978-4-07-424183-5

◆その最強、神の依頼で異世界へ 2 速峰淳著 主婦の友社 （ヒーロー文庫）
【要旨】ユキの群れ探しが一旦解決した春澄達はメランジュ王国へと戻って来ていた。やがて、春澄はバルジの依頼を受ける事に。バルジの古い友人が治める地に沼があり、そこに正体不明の魔物が居るというのだ。何人もの人間が犠牲になっており、手に負えぁまが居なかため、魔物を倒すよう頼まれたのだった。その沼がある辺境へと向かった春澄達は、領主の館以前出会ったサティヴァとフィルス兄妹に偶然再会する。どうやら今回の依頼は兄、サティヴァの方にも関係のある依頼内容のようだ。春澄達は依頼を達成するため、サティヴァはトラウマを克服するため、共に沼へと出発する事になるのだった。
2017.11 334p A6 ¥610 ①978-4-07-428229-6

◆はぐれ魔導教士の無限英雄方程式（アンリミテッド）―たった二人の門下生 原雷火著 KADOKAWA （ファミ通文庫）
【要旨】王立魔導研究所を追われ魔導士育成機関に拾われたカイは、その後名門白魔導士家の令嬢リリィと、魔法も性格も超攻撃的な黒魔導士ローザという超問題児を押しつけられてしまった！ 間に合わせ教士の門下とはいえ反発する少女達だが、カイが白と黒、両方の高ランク魔法を使えると知り態度が一変。教える気がないと言い出した。しかもカイは、白黒だけでなく、新たな魔法系統をも扱える規格外の魔導士で―!?世界を革新する魔導ファンタジー！
2017.2 253p A6 ¥570 ①978-4-04-734495-2

◆はぐれ魔導教士の無限英雄方程式（アンリミテッド）2 世界から彼女が消える日 原雷火著 KADOKAWA （ファミ通文庫）
【要旨】学園に迫る大量の異形種を退けたカイは、その代償として魔法力の大半を失っていた。そのためリリィとローザの指導もまともに行えず、二人からも心配されてしまう始末。そんな時、古巣である王立魔導研究所から出向要請がもたらされる。異形種に破られた防衛システム修正の報酬は、魔法力の復活。だがそこで待ちうけていたのは、カイの命を狙う策謀と、ローザの体を蝕む脅威の真実だった―！ 世界を革新する新魔導ファンタジー第2弾！
2017.7 286p A6 ¥740 ①978-4-04-734719-9

◆異世界の王女様に勇者として召喚されたけど、願いを断ったら投獄されました。 はらくろ著 リンダパブリッシャーズ，泰文堂発売 （レッドライジングブックス）
【要旨】人見知りの大学生篠崎伊織は、勇者として異世界に召喚された。そこで、腹黒い王女様の自分と国を救って欲しいというお願いを丁重にお断りしたら、牢屋に放り込まれてしまう。勇者の力でその日のうちに脱獄した伊織は、逃げる途中でセレンとミラという姉妹に助けられる。帰り方も異世界で何をするべきかもわからない伊織は、迷いながらも異世界で生きていくことを決める。
2017.2 271p B6 ¥1200 ①978-4-8030-1004-6

◆なんて素敵な政略結婚 春井菜緒著 アルファポリス，星雲社 発売 （エタニティブックスRouge）
【要旨】社長令嬢の桜は、結婚に夢も理想も抱かず生きてきた。父の決めた相手と政略結婚する、と幼い頃から心得ていたのだ。そして二十四歳になった時、桜は大企業の御曹司のもとへ嫁ぐ。愛はなくても、穏やかな生活を送ろう、そう望んでいた彼女だけど、旦那様は、日常生活もままならないほど超無口な人物だった！ それでもばばらく、彼女はけとやかに耐え忍ぶ桜。しかし、ついに堪忍袋の緒が切れて―「もう無理！ 絶対に喋らせてやるから覚悟しとけよ!!」こうして桜が、コミュニケーションを取るべく奮闘し始めると旦那様には優しくて饒舌な一面があると発覚!?辛辣だったり、熱く深じく桜をせめることもあり…二面性の塊のような彼に、新妻は混乱するばかりで？
2017.10 299p B6 ¥1200 ①978-4-434-23898-7

◆後宮樂華伝―血染めの花嫁は妙なる謎を奏で はるおかりの著 集英社 （コバルト文庫）
【要旨】三年前の春、帝の従弟で武人の高元炯は、紫の衣をひるがえして舞う後宮の宮妓・幽彩媚に一目惚れした。以来彼女のことが忘れられずにいたが、恋愛に奥手な元炯は心の中で彼女を想うことしかできない。しかし蛮族の制圧で武勇を馳せた元炯は、褒美として皇帝から彩媚を下賜されることになり、二人は結婚することになる。元炯の想いは実ったかに見えたが、実は彩媚は大の武人嫌いで…？
2017.6 302p A6 ¥610 ①978-4-08-608040-8

◆後宮幻華伝―奇奇怪怪なる花嫁は謎めく機巧を踊らす はるおかりの著 集英社 （コバルト文庫）
【要旨】12人の妃を一度に娶った凱傑帝国の崇成帝・高遠宵は、すべての花嫁を出自に関係なく同じ位に拝命し、床を一緒にした者から順に位を上げていくと宣言した。そのため、花嫁たちは皇帝の気を惹こうと必死に競い始めるのだが、ただ一人、科学好きの令嬢・緋燕には全くその気が起きない。緋燕が後宮に入ったそもそもの理由、それは「貴重な科学の本が読めること」、そして「復讐」にあって…!?
2017.10 302p A6 ¥610 ①978-4-08-608030-9

◆後宮刷華伝―ひもとく花嫁は依依恋恋たる謎を梓に鏤む はるおかりの著 集英社 （コバルト文庫）
【要旨】幼い頃、母が皇族殺しという大罪を犯し、自身も母に斬りつけられたため、心身に深い傷を負った高秀麒は、崇成帝の皇子でありな
がら "ごくつぶしの六皇子" として日陰を生きてきた。そんな秀麒のもとに、皇太子の花嫁候補・念玉兎が花嫁になりたいと名乗り出てきた。秀麒に一目惚れしたというのが表向きの理由だったが、本当の理由は密かに国のために本の刊行の仕事を続けたかったためで!?この上なく本を愛する出版姫×人知れず物語を綴るごくつぶし皇子。中華後宮ミステリー！
2017.10 302p A6 ¥610 ①978-4-08-608053-8

◆聖・ワケあり生徒会！ 1 春川こばと著 KADOKAWA （魔法のiらんど文庫）
【要旨】エリート進学校の卯女と、泣く子も黙る不良校・美鷹。相反する2校が姉妹校になったことで、2校のトップに君臨するスーパー生徒会が結成された。超天才肌の麗をはじめ、圧倒的王子様の七音、博愛主義者の巧など、とにかくイケメンだけどくせ者ぞろい。そんなヤツらに入学早々、目をつけられた高1の彰。「俺の姫はお前しかいない」生徒会トップに君臨する会長・麗から一目ぼれされちゃった!?生徒会メンバーから逃げ回る日々の中、美鷹高で大事件が勃発して―!?
2017.7 228p A6 ¥590 ①978-4-04-893245-5

◆聖・ワケあり生徒会！ 2 春川こばと著 KADOKAWA （魔法のiらんど文庫）
【要旨】生徒会トップの麗から「姫」に任命された彰。麗の恋人になる気もない彰は、自分を姫にする条件として麗とゲームをすることに。だけど…諦めさせるはずが、本気で立ち向かってくる麗。ついにしびれを切らした彰は、思わず麗にキスしちゃった！ 想いがなきゃ、キスなんて火がついてしまったんだ！? そんな中、何者かに命を狙われた美鷹高理事長・瞳。意識不明のまま、眠りつづける瞳の前に再び犯人が現れて…。
2017.11 228p A6 ¥650 ①978-4-04-893534-0

◆ワケあり生徒会！ NEXT 10 春川こばと著 KADOKAWA （魔法のiらんど文庫）
【要旨】連続暴行事件の犯人は、生徒会メンバーの契だった。大切な妹を殺した犯人への復讐に生きる契。彼の苦しみを知った種は契を支えようと決意し、新旧生徒会総出で事件の捜査を開始。期限は1週間…ついに陽平が犯人を突きとめる。「ここで、お別れだね」そう言い残して去った契の運命は―。笑って、怒って、泣いて過ごした3年間。それぞれの想いを胸に、いよいよ卒業式を迎える。New ヒーローズ＆お嬢さまが退屈をぶっ飛ばす!!HAPPY逆ハー学園ラブ。2ndシーズン、いよいよ大完結！
2017.1 239p A6 ¥630 ①978-4-04-892711-6

◆千年越しのシンデレラ 春川紗和著 KADOKAWA （魔法のiらんど文庫）
【要旨】10歳で天涯孤独となった紫花は、大富豪の桐谷家に引き取られた。それ以来、8つ上の桐谷家の御曹司・光綺と暮らしている。過保護なくらい溺愛してくれる光綺との生活は誰にも内緒。そんな紫花のたった一つの願いは、ずっと光綺の傍にいること。恋人でも、本当の兄妹でもない、曖昧な関係。だけど、このまま変わらない幸せが続いていきますように…そう思っていた矢先、光綺に想いを寄せる綺麗な女性が現れたことで2人の関係が崩れだし―。
2017.5 285p A6 ¥610 ①978-4-04-892964-6

◆冷徹なカレは溺甘オオカミ 春川メル著 スターツ出版 （ベリーズ文庫）
【要旨】OLの柊華は一見派手に見えるけど、実は恋愛経験ゼロの28歳。この秘密を、同僚の無表情でクールなイケメン・印南に知られ、勢いでバージンを捧げてしまった…！ 一夜だけの関係と割り切っていたけれど、「ふたりは付き合っている」と会社で噂が立ち、そのまま恋人を演じることに。それ以来、偽装カレからはずの印南から、甘く強引に迫られ、柊華のトキメキは一気に加速してしまい…!?
2017.7 389p A6 ¥610 ①978-4-8137-0281-8

◆半透明のラブレター 春田モカ著 スターツ出版 （スターツ出版文庫）
【要旨】「俺は、人の心が読めるんだ」―。高校生のサエは、クラスメイトの日向から、ある日、衝撃的な告白を受ける。休み時間はおろか、授業中でさえも寝ていることが多いのに頭脳明晰という天才・日向に、サエは淡い憧れを抱いていた。ふとしたことで日向と親しく言葉を交わすようになり、知らされた思いがけない事実に戸惑いつつも、彼と共に歩き出すサエ。だが、その先には、切なくて儚くて、想像を遙かに超えた "ある運命" が待ち受けていた―。
2017.9 340p A6 ¥600 ①978-4-8137-0327-3

ヤング・アダルト小説

◆叫びたいのは、大好きな君への想いだけ。
晴虹著　スターツ出版　（ケータイ小説文庫─野いちご）
【要旨】転校先で出会った美少女・優夜にひとめぼれした冬樹。彼女は過去の事件により、声が出なくなっていた。だんだん冬樹に心を許していく優夜の前に、双子の妹が現れる。冬樹に近づく妹を見て、様子がおかしい優夜。実は優夜がかかわったいじめが原因で、妹は自殺未遂を起こしていたのだ。衝動的に飛び降りようとする優夜を冬樹は追うが…。
2017.9 299p A6 ¥580 978-4-8137-0322-8

◆だから俺と、付き合ってください。
晴虹著　スターツ出版　（野いちご文庫）
【要旨】綾乃はサッカー部で学校の有名人・修二先輩と付き合っているけど、そっけなくされて、つらい日々が続いていた。ある日、モテるけど、人懐っこくてどこか憎めない清瀬が書いたラブレターを拾ってしまう。それをきっかけに、恋愛相談しあうようになる。清瀬のまっすぐな想いに、気持ちを揺さぶられる綾乃。好きな人がいる清瀬が気になりはじめるけど─？　ラスト、手紙の秘密に泣きキュン!!書籍限定番外編「ラブレターの続き」収録！
2017.4 286p A6 ¥590 978-4-8137-0244-3

◆涙があふれるその前に、君と空をゆびさして。
晴虹著　スターツ出版　（ケータイ小説文庫─野いちご）
【要旨】咲夜は幼い頃、心臓病を抱える幼なじみの麗矢が好きだった。しかし、麗矢が手術前夜、咲夜は母親の再婚で町を去ることになり、離れ離れに。新しい家庭は義理の父の暴力により崩壊し、母は咲夜をかばって亡くなった。ボロボロになった15歳の咲夜は再び町に戻り、麗矢と再会するが、彼は彼女がいた。切ない想いに苦しむ咲夜だけど、じつは麗矢の病気は完治していなくて…？
2017.6 309p A6 ¥590 978-4-8137-0273-3

◆クールなお医者様のギャップに溶けてます
春海あずみ著　スターツ出版　（ベリーズ文庫）
【要旨】亜樹が務める病院にエリート医師がやってきた。それはなんと、研修時代に意見が衝突した超クールで仕事に厳しい神野院先生！彼は気まずく避けるけれど、彼の素顔や仕事ぶりに、少しずつ惹かれていく。ある日、休憩中の先生に書類を届けると「いい香りがする」と突然抱きしめられて…!?冷徹で意地悪だと思っていたのに、独占欲たっぷりに溺愛されて、亜樹の心はもう陥落寸前…！
2017.6 323p A6 ¥630 978-4-8137-0265-8

◆とどけるひと─別れの手紙の郵便屋さん
半田畔著　KADOKAWA　（富士見L文庫）
【要旨】彼氏にメールで別れを告げられ、同時に職場からも解雇された佐々羅すず。失意のうちに実家に戻った彼女は、母の勧めかた郵便局で働くことに。うらぶれた地元の退屈な仕事こそ見つかったものの、家族より配属されたのは「さよなら郵送課」という聞きなれない部署。そこは「別れの手紙」を届ける、一風変わった仕事場だった。倦怠期の男女、長く連れ添った老夫婦。そして親子。すずが届ける手紙と言葉が、別れと向き合う人々の心を解きほぐしていく。別れは辛いだけじゃない。想いを届ける人たちの感動の物語。
2017.8 269p A6 ¥600 978-4-04-072399-0

◆底辺剣士は神獣（むすめ）と暮らす─家族で挑む迷宮攻略
番棚葵著　KADOKAWA　（MF文庫J）
【要旨】迷宮都市に暮らす少年剣士・アードは、自身に宿る「悪運」の祝福により碌な冒険が出来ずにいた。ある日、罠にかかり傷つけられた先で3人の少女を拾う。彼女たちは古代文明に作られた「神獣」で─刷り込みによって父親認定されてしまった！幼なじみのリウナを加え、家族となったアードたち。だが、昼は子育てとバイトに追われ、迷宮攻略に使えるのは、寝る前だけの2時間だけ!?それでも娘たちは迷宮に挑むのだが─、一緒についてくる？装備作成は任せろ？ダンジョンで起きることが予知できる？チートな娘たちの力を借り、底辺剣士は史上最速の冒険者となり、荒稼ぎしていく！ギルドな家族で過ごすのんびり迷宮都市ライフ、開幕！
2017.1 295p A6 ¥580 978-4-04-069010-0

◆底辺剣士は神獣（むすめ）と暮らす　2　家族で過ごす冒険者学院
番棚葵著　KADOKAWA　（MF文庫J）
【要旨】娘たちと強敵を打ち倒し、街の英雄となったアード一家。しかし、有名になったためを碌にバイトが出来ず家計がピンチに!?そんな時彼に持ち込まれた新たな仕事は、「冒険者学院」の教師だった！娘たちも通うことを条件に低学年クラスを受け持つアードだったが、早々に低レベル英雄である事がばれ、生徒たちからの信用はゼロ！それでも娘たちの教育のため、何より友達を作ってやるために、幼馴染のリウナや他の教師の協力も得てクラスをまとめ上げていく。他にもフェニに剣を教えたり、ユニとデートしたり、ナーとプールに入ったりと、娘たちとの学院生活は大充実！可愛い娘とのんびり過ごすファンタジーライフ第二弾、続きます。
2017.8 295p A6 ¥580 978-4-04-069184-8

◆底辺剣士は神獣（むすめ）と暮らす　3　家族で始めるペット飼育
番棚葵著　KADOKAWA　（MF文庫J）
【要旨】アード一家の活躍により、黄泉の世界から無事生還したレイズ冒険者学院の生徒たち。娘たちも彼らとの交流によって様々なことを学び、晴れて学院を卒業した。友達もできて、ちょっと成長した3人だったが、依然として試練の達成額は違いまま。そこでアードは、娘たちのため、多くの危険と財宝が眠る「危険階層」へ下りることを決意する。だがそこでアード一家が見つけたのは─ふわふわで丸っこい、幻獣サイファーの子どもだった。娘たちはその子に『ピコ』と名付け、家で育てることに！みんなピコにメロメロで、アードは少し寂しい…？　可愛い娘たちにも可愛いペットも一緒！家族みんなで徴笑ましく過ごす、まったり迷宮攻略ライフ第三弾、続きます。
2017.8 293p A6 ¥580 978-4-04-069393-4

◆ゴブリンサバイバー　1　坂東太郎著　オーバーラップ　（オーバーラップノベルス）
【要旨】ある男がふと目ざめると、そこには見知らぬ景色が広がり、そして全身が見慣れぬ緑色の異形。その姿はどうみても緑色の小鬼「ゴブリン」─「名前も覚えてねぇが、オレは人間だぁぁぁぁぁぁ!!」いきなり出くわした人間の冒険者から命からがら逃げ延びたその男は、ゴブリンである事を受け入れ『ゴブリオ』と名乗り、生きていくことに。人間の言葉も分からない！ハードモードのゴブリンライフ！ゴブリンに転生してしまった男がニンゲン語のスキルを覚え、七転八倒する大ハイテンションファンタジー開幕！「そりゃ、死ぬゴブ…ってゴブリンだもの…」書籍版にはヒロイン・シニオンのエピソードを新規収録！
2017.5 319p B6 ¥1200 978-4-86554-220-2

◆ゴブリンサバイバー　2　坂東太郎著　オーバーラップ　（オーバーラップノベルス）
【要旨】目ざめるとゴブリンに転生していたゴブリオは仲間を守るために死んだ…はずだったが、死んでもコンティニューできる能力持ちだったことも判明した。「これチートじゃね？でニンゲン目指すゴブ！」ニンゲン語のスキルを覚え、オークのオクデラと神官のシニオンと行動を共にすることになったゴブリオは、人間的な生活を求めて「果ての森」を出奔。リザードマンやサハギンなどの亜人族に寛容な漁村"ベシェール"に身を寄せることに。やがて"冒険者"になり、積極的に同族のゴブリンを討伐していく依頼をこなしていくゴブリオたち。狙い通り人間からの信頼も得られはじめた矢先、森で圧倒的な強者であるボスオーガと遭遇してしまい─!?元・人間の転生ゴブリン、"ED"持ちのオーク、対人恐怖症のニンゲンで結成したパーティ"ストレンジャーズ"の運命は!?七転八倒ゴブリン奮闘記、第二幕！
2017.6 319p B6 ¥1200 978-4-86554-227-1

◆ゴブリンサバイバー　3　坂東太郎著　オーバーラップ　（オーバーラップノベルス）
【要旨】ゴブリンに転生した元・人間のゴブリオは、漁村"ベシェール"から避難する住人の護衛についた。大氾濫で発生した5000匹ものモンスターが目前に迫っている。大切な人を守るため、ゴブリオと"ストレンジャーズ"の仲間たちは戦場へ赴く決断を下す─「シニオン、この前見せたゴブ。俺は死んでも復活するって」仲間を背に敵と対峙したゴブリオは、乱戦の末に死に果てる。「死んでもコンティニューできる」能力で生き返り、新たな力を得て逆襲開始！しかし最強の敵ボスオーガが立ちはだかり─！ヒロイン主観の新規エピソードが書き下ろし収録！
2017.10 310p B6 ¥1200 978-4-86554-259-2

◆10年ごしの引きニートを辞めて外出したら　3　異世界でエルフに会いました　坂東太郎著　オーバーラップ　（オーバーラップ文庫）
【要旨】10年ぶりに家から出たと思ったら異世界で暮らすことになった北条雄二は慌てていた。現代日本で繋がっていた電気・ガス・水道・ネットが使えなくなり、家の敷地を囲っていた謎バリアも消失していたのだ。ライフラインが断絶し、モンスターへの備えもない。シビアな異世界サバイバルが問答無用でスタートしたのである。そんなとき手を差し伸べてくれたのは、開拓地の仲間たち。みんなで協力し、なんとかして快適環境を取り戻したユージたちは、情報を求めてエルフの美少女リーゼと青年ハルに会う。エルフの力と知恵を借りてひとまずの危機を脱するも、さらなる悲報を告げられたユージたちは…!?
2017.2 311p A6 ¥650 978-4-86554-196-0

◆10年ごしの引きニートを辞めて外出したら　4　異世界の現実は厳しいようです
坂東太郎著　オーバーラップ　（オーバーラップ文庫）
【要旨】10年ぶりに家から出た北条雄二は、家の敷地を守る謎バリアを強化するために王都へと旅立った。仲間とともに道中で襲撃してきた盗賊団を討伐し、順調に旅を続けるユージ。そしてたどり着いた王都で、謎バリア強化の鍵を握る貴族と会うことになるのだが─貴族はなんとアリスの生き別れの祖父だった。アリスの祖父の協力を得たユージたちは屋敷に招待され、慣れない貴族の暮らしぶりに戸惑いながらも謎バリア強化の実験を開始する。ところが誰もが予知しなかった実験の結果に困惑することに。どうやら謎バリアの秘密を解き明かすことが、異世界から日本へ還る力がかりになるようで!?@ホームコメディ、第五幕！
2017.6 313p A6 ¥650 978-4-86554-225-7

◆10年ごしの引きニートを辞めて外出したら　5　自宅ごと異世界から転移する？
坂東太郎著　オーバーラップ　（オーバーラップ文庫）
【要旨】10年ぶりに家から出た北条雄二は、王都への旅を経て異世界から日本へ還る手がかりを得た。旅で知り合った仲間や日本にいるネット掲示板住人の力を借り、帰還に向けた実験は着々と進む。本当に還れるかもしれないと従妹のヨーコは喜ぶが─方、ユージはひとり考えていた。団長に言って造った開拓地の仲間たちを異世界に残し、還ってしまっていいのかと。「ユージ兄…私わかんないよ！なんで残るって！」その悩みを知ったヨーコの本音に、元引きニートのユージはうまく答えられずにいた。そして季節は巡り、ユージとヨーコは決断する─!?
2017.10 281p A6 ¥630 978-4-86554-273-8

◆君との恋は、画面の中で　半透めい著
オーバーラップ　（オーバーラップ文庫）
【要旨】僕─上村優弥には「タカネさん」という女友達がいる。「JK」を自称しているタカネさんだけど、実際のところは女の子かどうかもわからない。なぜなら「彼女」との繋がりはSNSだけだから。でもそれでいいんだ。タカネさんと話していると楽しいし、何より「ネットはネット、リアルはリアル」なのだから。少なくとも、僕はそう思っていた。そう、信じ込んでいた。だけど、僕は「彼女」と出会ってしまった。高宮さん─タカネさんのリアル。僕に告白してくれた女の子。僕が振った女の子。だって僕が好きなのは「タカネさん」なのだから。そして僕は─タカネさんに告白する。現役大学生の著者が高校時代に綴った、等身大のSNSラブストーリー。
2017.9 317p A6 ¥650 978-4-86554-258-5

◆装幀室のおしごと。一本の表情つくりませんか？　範乃秋晴著　KADOKAWA　（メディアワークス文庫）
【要旨】この本にはどんな表紙が似合うだろう？　紙の種類は、帯の有無は、中身の文字組みはどうしよう？　こうして試行錯誤を繰り返して、時には編集や作家と熾烈に火花を散らしながらも、その本だけのぴったりなデザイン"本の表情"を生み出すのが『装幀家』の役割だ。それを信条に出版社の装幀室で働く木河わらべは、その男の言葉が信じられなかった。「本の内容には目を通さない主義だ。中身を読む奴が読むまいが、売り上げが変わるとでも思っているのか？」。
2017.2 307p A6 ¥630 978-4-04-892751-2

◆いばらの姫は目覚めを望まない　柊あまる著　アルファポリス, 星雲社 発売　（エタニティブックスRouge）

【要旨】医療機器メーカーの総務課に勤める、原田ひなた二十四歳。とにかく目立たず日々を過ごしたい彼女は長い前髪と堅苦しいメガネで地味な姿に"擬態"している。しかしある時、秘書室のエリート社員・颯介に素顔を見られることがバレてしまった！さらに不運は続くもので、彼の部下になるような異動辞令が出る。すると颯介は、擬態をやめて秘書にふさわしい格好をしろと言いだした。これで、平穏無事な堅実ライフもおしまい…と、失意のひなた。そんな彼女をさらに混乱させるように颯介は、上司以上の距離感で身も心も高ぶらせて―？恋に臆病な擬態系地味子が、大人な彼に甘やかされ尽す。 2017.1 299p B6 ¥1200 ①978-4-434-22922-0

◆もし明日が見えなくなっても切ないほどにキミを想う。 柊湊著 スターツ出版 （ケータイ小説文庫―野いちご）
【要旨】片目の視力を失い、家族もいなくて孤独な雪那は、毎日たった綺麗な景色を探していきていた。そんなある日、暴走族総長の慧斗と出会い、姫になるよう言われる。彼の家で暮らすことになった雪那は、無愛想だけど優しい慧斗に愛され、初めて幸せを知る。しかし、雪那の目はもうすぐ何ひとつ見えなくなることがわかっていて…。運命に翻弄される少女の切なすぎる恋に涙が止まらない！ 2017.6 323p A6 ¥590 ①978-4-8137-0274-0

◆天才外科医が異世界で闇医者を始めました。 4 柊むう著 双葉社 （モンスター文庫）
【要旨】ミュージクルを発った薫とアリシアは、偶然出会ったビスタ島の領主ダルクに頼まれし、しばらくの間、島の治療師を務めることとなった。しかし、ダルクは近くの街を治せる貴族たちに目をつけられ、嫌がらせを受けていた。さらに亜人たちの間に謎の病気が流行り始めるのだ―。「小説家になろう」発、異世界医療ファンタジー。 2017.5 399p A6 ¥667 ①978-4-575-75136-9

◆天才外科医が異世界で闇医者を始めました。 5 柊むう著 双葉社 （モンスター文庫）
【要旨】ファルグリッドとファルシスに蔓延した病をエクリクスの七賢人であるダニエアスとともに治療した薫。しかし、薫に興味を持った十賢人の一人・ガイナスが、薫を自分のギルドへ指名手配にしてしまった。冤罪だから問題ないと一笑に付す薫は、アリシアとともに温泉の街・ニーグリルを訪れるが―。「小説家になろう」発、異世界医療ファンタジー。 2017.10 359p A6 ¥648 ①978-4-575-75161-1

◆おっさんのリメイク冒険日記―オートキャンプから始まる異世界満喫ライフ 緋色優蓉著 ツギクル、SBクリエイティブ 発売 （ツギクルブックス）
【要旨】人生に疲れ切った中年主人公は、気分転換に訪れたオートキャンプ先で突如異世界に転移。そこで授かった本体スキルによって20代の肉体を手に入れた元おっさんはアルフォンスと名乗り、異世界で二度目の人生をやり直すことにする。現代から持ち込んだアイテムとチートなスキルを駆使し、冒険者としての実力をつけていくアルフォンス。やがて王家のルーツに日本人（転移者）が関係していることが発覚し、この世界の謎が少しずつ解明していく。異世界転移の始まり、おっさんの第二の人生。 2017.7 301p B6 ¥1200 ①978-4-7973-9200-5

◆おっさんのリメイク冒険日記 2 ―オートキャンプから始まる異世界満喫ライフ 緋色優蓉著 ツギクル、SBクリエイティブ 発売 （ツギクルブックス）
【要旨】ついにSランク冒険者として貴族の仲間入りしたアルフォンスは、亜人の仲間たちを集めてケモミミ幼稚園を設立。日々増えていくケモミミたちに、癒される日々を過ごす。いっぽう、アントニオがAクラス試験を受けるために開催地の帝国へ。陰ながらアントニオをフォローするアルフォンスが、帝国で見つけた玩具に、稀人の匂いを感じとる―。帝国でも大暴れする昭和のおっさんは誰にも止められない！ 2017.11 296p B6 ¥1200 ①978-4-7973-9485-6

◆俺の異世界姉妹が自重しない！ 2 緋色の雨著 双葉社 （モンスター文庫）
【要旨】伯爵家の次男として異世界へ転生した、雨宮裕弥ことリオン・グランシェス。グランシェス家の暴挙により絶体絶命のピンチに陥ったリオンとアリスティアの活躍もあり、その難局を乗り越えた。騒動の終結後、グランシェス家再興のため、内政会議をひらくリオン。生産力の低下、口減らしに売られる領内の子供たち、炎上した屋敷の修復等々、問題は山積みだった。そこでリオンは、改善の一手として、領内に学校を作ることを提案するのだが―。「小説家になろう」発、幸せを求める少年と自重しない異世界姉妹の物語、待望の第二弾！ 2017.5 333p A6 ¥639 ①978-4-575-75139-0

◆俺の異世界姉妹が自重しない！ 3 緋色の雨著 双葉社 （モンスター文庫）
【要旨】クレアリディルとグランプ侯爵の婚約解消に成功し、さらに、正式にグランシェス家の当主となり伯爵となったリオン。そして新学期を迎え、かねてから考えていたアリスティアの学園に通わせる計画を実行。しかし、アリスティアの強い意向でなんと一緒に通うことになる。そんなある中、入学早々、新入生のリズから伝説の木の下に呼び出され、力を貸してほしいと助けを求められるのだ―。「小説家になろう」発、自重しない異世界姉妹の物語、待望の第三弾！ 2017.12 323p A6 ¥630 ①978-4-575-75171-0

◆転生不幸 4 異世界孤児は成り上がる 日生著 フロンティアワークス （アリアンローズ）
【要旨】病が蔓延した辺境の地での功績が、国から認められ始めたエメ。魔道具などが人々に幸せをもたらすけになればと奮闘する日々を送るなか、ついに王都へ恩人・ジゼルを呼び寄せることに。念願だった姉妹で営む薬屋の開店作業に追われる中、オープン前に何故か王女がお忍びで来店。それが国をも巻き込む大波乱へ!!さらに、息つく暇もなく姉・リディルの結婚話で持ち上がり―!?自由気ままに生きる少女の成長ストーリー。第4巻は異世界幸福編。 2018.1 351p B6 ¥1400 ①978-4-86657-075-4

◆キミは一人じゃないじゃん、と僕の中の一人が言った 比嘉智康著 KADOKAWA （ファミ通文庫）
【要旨】「また多重人格ごっこして、くれないかな？」高校で再会を果たした一色華の実は、一色慈（僕）、θ郎、キイロの三人がかりで生きているチーム市川櫻介にそう告げる。そして、華の実は昔考えたスイレンの夢を叶えていきたいと言う。僕達以外の誰かに、囚徒として扱われる不思議な感覚の中で、僕は自然と華の実を気になっていった。でも、知らなかったんだ。君がどんな思いで、その提案をしていたなんて…。不器用な彼女の、純度100%の恋愛ストーリー。 2017.8 287p A6 ¥600 ①978-4-04-734746-5

◆いきなりクレイジー・ラブ 桧垣森輪著 アルファポリス、星雲社 発売 （エタニティブックスRouge）
【要旨】本郷真純は、建設会社でバリバリ働くお局様。仕事は順調ながら、恋とは無縁の日々を過ごし、図らずも、清らかなまま三十路を迎えようとしていた。そんな矢先、仕事が大きなチャンスが巡ってくる。社運を賭けたコンペに、営業部のエース・如月達貴と一緒に携わることになったのだ。こうしてプロジェクトは始動したのだが―。真純と達貴ことから彼と、ベッドを共にしてしまった！とはいえこれは、一夜の過ち―そう割り切ろうと提案したのに責任を取ると迫られ、深夜のオフィスや自宅など所構わず容赦なく、過激なアプローチ攻撃を受けて!?腹黒王子様が仕掛けた甘く危険な恋物語。 2017.3 289p B6 ¥1200 ①978-4-434-23128-5

◆デート・ア・バレット―デート・ア・ライブフラグメント 東出祐一郎著、橘公司原案・監修 KADOKAWA （富士見ファンタジア文庫）
【要旨】「…わたしに名前はありません。空っぽです。貴方のお名前は？」「わたくしの名前は、時崎狂三と申しますわ」隣界と呼ばれる場所で目覚めた記憶喪失の少女エンプティは、時崎狂三と出逢う。隣界には準精霊と呼ばれる少女たちがいた。殺し合うために集まった一〇人の少女たち。そしてイレギュラーの空っぽの少女。「わたしは狂三さんの連れで囮…囮ですか!?」「ああ、囮が嫌ならデコイでも」「同じ意味じゃないですか！」これは語られるはずのなかった時崎狂三の物語。さあ―私たちの新たな戦争を始めましょう。 2017.3 340p A6 ¥1200 ①978-4-04-072239-9

◆デート・ア・バレット 2 ―デート・ア・ライブフラグメント 東出祐一郎著、橘公司原案・監修 KADOKAWA （富士見ファンタジア文庫）
【要旨】「この領域で我を通したい、と言うのであれば―アイドルになって頂きたい！」「意味が、わかりませんわぁぁぁぁぁ!?」第九領域に辿り着いた時崎狂三が、支配者の絆王院瑞葉から突き付けられた次の領域の条件は―アイドルになること!?「わたし、こう見えても割と凄腕プロデューサーここでやってたんですってば」緋衣響―ひびP指導の下、AAランクアイドルデビューを目指すことになった狂三だが道は厳しく…。「狂三さんがなるべきアイドルは"ケイオス"です」「まあ、混沌とは、どのような？」「イロモノです」「誰がドS中二耳年増乙女ですの」さあ―私たちの戦争を始めましょう。 2017.8 297p A6 ¥600 ①978-4-04-072240-5

◆幻獣王の心臓―四界を統べる瞳 氷川一歩著 講談社 （講談社X文庫―ホワイトハート）
【要旨】高校生の西園寺颯介の家には現在、変幻自在の幻獣獣王白虎が、「琥珀」の名を与えられ、飼い猫のように居座っている。実は颯介と琥珀は十年前に端を発するややこしい経緯から、ひとつの心臓をふたりが共有する関係で、互いに不本意ながら魔物退治の相棒となってしまったのだった。颯介が宿す特別な"眼"の力に惹かれた妖たちの影が、ついに最愛の妹・奏のもとへも忍び寄ってきて…。急転直下のシリーズ第二弾！ 2017.3 251p A6 ¥630 ①978-4-06-286938-6

◆幻獣王の心臓―常闇を照らす光 氷川一歩著 講談社 （講談社X文庫―ホワイトハート）
【要旨】高校が夏休みを迎えたというのに、西園寺颯介の心は晴れない。それというのも颯介の持つ"シンガン"―神眼、真眼、審眼と呼ばれる特別な力のために、周囲がゴタついているからだ。自宅には颯介と心臓を共有する西方守護の白虎・琥珀が相棒面で居座っているし、"シンガン"に惹かれた青龍や朱雀、玄武までもがちょっかいをかけてくる。その影響は、颯介最愛の妹・奏にも及んでいて…。シリーズ第三弾！ 2017.8 254p A6 ¥630 ①978-4-06-286956-0

◆モンスターのご主人様 9 日暮眠都著 双葉社 （モンスター文庫）
【要旨】竜淵の里での過去の勇者の悲劇を知り、自分たちの存在を受け入れてくれる場所を作ることを決意した孝弘は、新たな仲間・ロビィとともにディオスピロの街へと戻った。すると、宿の前でばったりシランの伯母・リアに出くわす。リアはくしくもモンスターの被害に遭っており、その陳情のために街へと出て来たところだった。孝弘はその討伐を引き受けて開拓村を訪ねたが、そこでシランが異変をきたし…!?―「小説家になろう」発、異世界ファンタジー待望の第九弾！書き下ろしパートを多数収録！ 2017.5 263p A6 ¥583 ①978-4-575-75135-2

◆モンスターのご主人様 10 日暮眠都著 双葉社 （モンスター文庫）
【要旨】極度の魔力不足で、グールになった身体を維持できなくなっていたシランは、その事実をひた隠しにしてきた。それを知った孝弘は、魔力供給の手段として彼女に自身の血を飲ませ、無理を続けてきた少女を救う。無事問題を解決した一行は、ついにシランの故郷に辿り着く。しかし、そこで目にしたのは村人を襲う聖堂騎士の姿だった。孝弘たちは、人々を守るべく剣を取る―「小説家になろう」発、異世界ファンタジー待望の第十弾！シラン視点の書き下ろし番外編「少女初心者」も収録！ 2017.9 296p A6 ¥602 ①978-4-575-75154-3

◆女王は花婿を買う 火崎勇著 講談社 （講談社X文庫―ホワイトハート）
【要旨】突如、王位を継ぐことになったクリスティアは、王座を狙う求婚者たちを退けるために、街で出会った黒衣の傭兵・ベルクと形だけの恋人として契約を結ぶ。ところが、恋人同士の芝居の練習と称して、ベルクはクリスティアをからかうようにことあるごとにキスをしてくる。その無礼な態度に腹が立たないばかりか、ついときめいてしまうクリスティア。互いを深く求めながら、結ばれることは許されない愛の行方は―!? 2017.8 251p A6 ¥690 ①978-4-06-286958-4

◆陛下と殿方と公爵令嬢 火崎勇著 講談社 （講談社X文庫―ホワイトハート）
【要旨】亡き母の友人であった皇太后に招かれ、王妃候補として王城に上がることになった公爵令嬢エレオノーラ。けれど、夫となるはずの若き国王・グリンネルは、美しい男の愛人たちを堂々と連れ歩く「愛人王」だった。女性など歯牙にもかけぬ傲慢な態度に怒りつつも、皇太后に真心こめて仕えるエレオノーラだったが、ある晩寝室にやって来たグリンネルに強引に身体

を奪われそうになって…。彼の真意は!?
2017.4 248p A6 ¥690 ①978-4-06-286946-1

◆呪術師は勇者になれない 菱影代理著 リンダパブリッシャーズ、泰文堂 発売 (レッドライジングブックス)
【要旨】突如として謎のダンジョンへ散り散りに放り出された白嶺学園二年七組の生徒達は、神が与える加護『天戦』の力を手に、脱出を目指す…けれど、僕の天戦『呪術師』には、一切戦う力がなかった。チートなし。覚醒なし。どうすんの、コレ、詰んでない? 襲い来る凶暴な魔物。極限のサバイバル。そして、限られた脱出枠。愛と友情、奇妙な協力。嘘と欲望、悪意の敵対。果たして、僕らの選択は…
2017.5 315p B6 ¥1200 ①978-4-8030-1046-6

◆ギャンブル・ウィッチ・キングダム 2 菱川さかく著 SBクリエイティブ (GA文庫)
【要旨】正体不明の『六ツ星賭博師』の情報を得るため、名家の子女カミュラに賭博戦を挑んだウィルたち。勝負は予想外の方向に進み、なぜか全員が脱衣をする羽目になってしまう!? だが苦労して見つけ出した『六ツ星賭博師』こそは、かつてリゼットの実家を騙し倒して崩壊させた因縁の賭博師だった!! 大切な思い出を嘲笑とともに否定された『馬鹿正直』リゼットは、『運に見放された者』ウィルとともにかつてない強敵に挑む。圧巻の賭博ファンタジー第二弾!
2017.5 235p A6 ¥630 ①978-4-7973-9089-6

◆転生王女は今日も旗(フラグ)を叩き折る 3 ビス著 フロンティアワークス (アリアンローズ)
【要旨】そう、ローゼは転生者。せっかくレオン様と結ばれるために頑張ってきたのに、父様から言い渡されたのは、政略結婚フラグ! もちろん、ハイ、ソウデスかと頷くわけない。隣国輿入れルート回避の条件、それは、父様にとって必要な人材だと認めさせること。ハードルが高い目標だけど、今できることを全力でやるしかない! 功績を上げるため、まず目指すはフランメ王国! でも、せっかく決意を改めたのに、協力者になってくれたレオン様との行動はNGに。仕方なくシリウスお兄ちゃんと兄妹として向かう事になったけど、一緒の船に乗るのは、ミハイルのお姉さんとオネエさん(!?)、それに加えワガママ令嬢が同行したりと、何やら怪しい気配が…!? お待たせしました、大人気シリーズ第三弾! 転生王女に最大の危機が訪れる!?
2017.4 319p B6 ¥1200 ①978-4-86134-996-6

◆造られしイノチとキレイなセカイ 3 緋月薙著 ホビージャパン (HJ文庫)
【要旨】日蝕によって一時的に魔物が増えてしまう"厄災の日"を乗り切ったカリアス一家。その際に発覚したリーゼの謎の力や、アリアの記憶に残る旧文明の真相に迫るため、一同は遺跡の探索することに。だが、精霊術や闇聖術を使う子供たちに加え、国有数の力を持つ保護者のおかげでダンジョン探索が気付けばピクニックに!? そして、探索をきっかけに、最後の一歩が縮まりきらなかった"おとうさん"と"おかあさん"の関係にもついに進展が…?
2017.4 335p A6 ¥638 ①978-4-7986-1430-4

◆造られしイノチとキレイなセカイ 4 緋月薙著 ホビージャパン (HJ文庫)
【要旨】遺跡探索でイリスやリーゼの素性が明らかになり、その特異性から隣国の代表、ランカ・ユグドリウスと会うことになった一同。新たな出会いによって今まで以上にカップル増量の気配がする中、リミッターの外れたカリアス&フィアナも、新参者に負けじとイチャイチャを見せつけ、ついにその関係は行き着くところまで…!? 可愛きも、強大な能力もまさに"神クラス"の娘たちと一緒に、規格外の家族が贈る"お祝いムード"の第4巻!
2017.9 348p A6 ¥648 ①978-4-7986-1519-6

◆そして、アリスはいなくなった ひずき優著 集英社 (集英社オレンジ文庫)
【要旨】新聞部の響子は、IT教室のパソコンに隠されていた、伝説のネットアイドル・アリスの未発表動画を見つける。ある目的のため、文化祭で彼女の正体を暴くべく動き出す、四人の同級生――文化祭実行委員の歩、アリスだと噂されたことのあるのりみ、歩の彼女・梨緒、歩に暴力沙汰を起こした弾――の複雑な関係と、アリスへの関わりに気づく響子だが…?
2017.5 235p A6 ¥550 ①978-4-08-680133-1

◆腹へり姫の受難――王子様、食べていいですか? ひずき優著 集英社 (コバルト文庫)
【要旨】サルシッチャ王国のティシエナ姫は、生まれたときに受けた呪いのせいで、食べても食べてもお腹がいっぱいにならない。ティシエナ姫も懸命に我慢するけれど、食材調達のために国庫は逼迫。亡国の王子で、今は近衛隊長のアルフィアスが、大量の食料を安く調達したり、食材を節約しつつ食べでのあるレシピを研究したりと日々奔走中。そんなある日、二人の前に呪いの主である魔女が現れて…!?
2017.4 250p A6 ¥590 ①978-4-08-608034-7

◆世界樹の上に村を作ってみませんか 1 氷純著 KADOKAWA (MFブックス)
【要旨】建築デベロッパー・高楠天音は大規模な開発事業計画の話をまとめる大手柄を立てる。だが、その帰り道に何気なく自動販売機に立ち寄ったところで異物混入事件に遭遇。無情にも彼の意識は閉ざされ、そのまま短い人生に幕を下ろすことに。それから十五年。彼は天空にそびえる"世界樹"で生きるエルフとして新たな人生を送っていた。世界樹。つまりこの世界では、巨大な木の枝に作られた街や村では人々は生活していた。雲下ノ層、雲中ノ層、雲上ノ層、三層に分かれた天空へと伸びる幹。そして、その三層を貫くように高層化した複合都市"摩天楼"がこの世界にはあった。アマネは前世からの夢を抱き、自分の原風景を建造するため新たな一歩を踏み出し始める。『読みかけ転生領主の改革』の氷純が贈る、天空世界の建築物語開幕!
2017.2 323p B6 ¥1200 ①978-4-04-069085-8

◆世界樹の上に村を作ってみませんか 2 氷純著 KADOKAWA (MFブックス)
【要旨】摩天楼――それは、この世界そのものである"世界樹"を貫くように存在する、超高層化した巨大な都市である。世界樹の枝にある小さな村でひっそりと暮らしていたアマネは、前世で都市開発に携わっていた経験を活かして、いずれは自分の作りたかった摩天楼を作りたいと思っていた。建築家資格取得試験に歴代最年少である二十歳で合格し、リシェイやメルミーといった仲間たちと一緒に建築の仕事をこなしながら、着実に夢に近づいているアマネ。地道ながら胸躍る努力により僅かながら資金を得た彼は、かねてより目標にしていたゼロからの村興しに着手。いよいよ摩天楼作りへの足掛かりとなる第一歩を踏み出す! 待望の異世界都市開発物語第二弾♪ 一筋縄ではいかない村作りの行方は、はたして?
2017.6 321p B6 ¥1200 ①978-4-04-069272-2

◆世界樹の上に村を作ってみませんか 3 氷純著 KADOKAWA (MFブックス)
【要旨】世界樹北側の枝にアマネが興した小さな村・タカクス。リシェイやメルミー、そして村人たちの熱意と努力によって開拓は順調に進み、気がつけばタカクスは、誕生から八年という驚くべきスピードで村から町へと昇格する程に成長していた。その後も移住や合併により人口は順調に増え続け、さらには熱源管理官の資格を持ったテテンの加入、治療院や教会といった施設拡充と、成長目覚ましいタカクス町。リシェイとメルミーの二人を妻に迎え入れたアマネは、気持ちを新たに超高層都市・摩天楼化を目指すのだが、未曾有の脅威がタカクスに忍び寄り…!? 異色の異世界都市開発物語、いよいよ最終章に突入! 順風満帆だったタカクスに突如降りかかる最悪の危機。この事態にアマネ市長が取った行動とは!?
2017.10 321p B6 ¥1300 ①978-4-04-069499-3

◆皇帝陛下の愛され絵師――その筆は奇跡を招く 日高砂羽著 集英社 (コバルト文庫)
【要旨】皇帝が代替わりするごとに宮廷絵師も代替わりする永華国。絵が得意な彩霞は、ある目的のため、絵師の選考会へ参加する。そこで新帝候補となった弥君と出会い、彼の専属絵師に選ばれる。彼が皇帝になれば彩霞も絵師として最高の地位を得る。しかし、「若すぎる」と反対され、まずは官秘絵師になるための課題を加え、高みを目指すことに。そんな中、帝位継承を巡る陰謀に巻き込まれていく彩霞だったが…?
2017.4 286p A6 ¥600 ①978-4-08-608038-A

◆せきゆちゃん(嫁) 氷高悠著 KADOKAWA (富士見ファンタジア文庫)
【要旨】「熱いです……! 私、燃えてきましたっ!」心も身体も引火しやすい少女、せきゆちゃんは油天国『ユデン』出身の油天使。廃油にされそうな彼女を救うために、せきゆちゃんと結婚した水並灯也は、彼女から出る無限の石油で石油王としての勝ち組人生を滑り出して――!?「灯也おお話にしてますっ!」突然高校に流入してきた「あんまり、見ないでください…」お風呂を油田にして恥じらったり「これを塗ってくださいっ!」石油バディにサンオイルをおねだりしたり、かわいい化石燃料との新婚生活は、幸せもイチャイチャもハイオク満タンです! 火気厳禁な嫁と掘り出す、オイルショックラブコメディ!
2017.5 285p A6 ¥600 ①978-4-04-072329-7

◆黒の星辰使い――世界最強の魔法使いの弟子 5 左リュウ著 KADOKAWA (MFブックス)
【要旨】世界最強の魔法使いソフィアの弟子であるソウジは、魔王を倒せる星春魔法の力を手に入れた。一方、魔王はより強大な力を手に入れるために、五人の巫女たちを取り込もうとする。その巫女たちの中にはフェリスとルナも含まれていて、必死に抵抗するソウジたち。だが進化した魔王の圧倒的な力の前にソウジは完全敗北、師匠のソフィアと同じように魔法を奪われ星春魔法による変身もできなくなってしまう。魔法が使えなくなり力も失った彼を奮い立たせたのは、師匠・みんなの仲間の支えだった。フェリが残した星遺物を起死回生の切り札としたソウジ。彼は師匠の力を魔王から奪い返すために、愛するフェリスを取り戻すために、最終決戦の場である魔王城へ乗り込む!「俺に力を貸してくれ。魔王を倒すため、みんなの世界を守ることのできる力を!」魔法使い&魔法少女たちの魔法×変身のバトルファンタジー、感動の第五弾!!
2017.7 305p B6 ¥1300 ①978-4-04-069403-0

◆異世界魔法は遅れてる! 8 樋辻臥命著 オーバーラップ (オーバーラップ文庫)
【要旨】ネルフェリア帝国へ侵攻する魔族軍を退けた、現代日本の魔術師・八鍵水明。因縁の敵との邂逅を経た水明は、ついに親友の遮那黎二に現代魔術師であることを打ち明ける。驚く黎二と一旦別れ、帝都に戻った水明を待っていたのは水着でプール!? 英気を養った水明は、アステル王国ハドリアス公爵邸で囚われの勇者エリオットの救出へ向かう。魔術で密かに公爵邸へ潜入し、事件の真実を暴くべく立ち回るが、その果てに思わぬ人物――異世界最高の剣士「七剣」の第一位と対峙することになり…!? 異世界魔法と現代魔術の交錯する異世界ファンタジー、端緒を拓く第8巻!
2017.8 310p A6 ¥650 ①978-4-86554-218-9

◆そして黄昏の終末世界 (トワイライト) 1 樋辻臥命著 オーバーラップ (オーバーラップ文庫)
【要旨】一終わりは、すでに約束されている。人類は予言された終末に抗うため、人知れずその要因『刻の黄昏』と、内部に現れる魔人『ペイガン』と戦ってきた。そんなことが世界の裏側で繰り返されるなか、日本の高校生・東雲冬夜は突如異変に巻き込まれ、刻の黄昏へ迷い込んでしまう。刻の黄昏でペイガンに襲われた冬夜は、終末と戦う少女・如月御姫に助けられ、事なきを得る。翌日、冬夜が御姫から異変について説明を受けていると、再び刻の黄昏が発生。御姫はペイガンを倒しに飛び出すが、なぜか一介の高校生である冬夜の手に、普通の人間が持ちえないはずの超常の武器・サクラメントが握られていて…?
2017.2 350p A6 ¥690 ①978-4-86554-194-6

◆ロクでなし魔術講師と禁忌教典 (アカシックレコード) 8 羊太郎著 KADOKAWA (富士見ファンタジア文庫)
【要旨】成績不振による退学を回避するため、聖リリィ魔術女学院へ短期留学することになったリィエル。システィーナもルミアも同行し、さらには男子禁制の楽園でお嬢様を手玉に取ろうと、グレンも女に変身し、臨時講師として赴任することに!? そんなさなか、お嬢様グループ同士の抗争で!? 「あれー??ボクが想像してたのと全ッ然ちがーう!」女学院という名の鳥篭。先の見えない人生にくすぶる彼女たちは破天荒なロクでなしの姿に触れて――「断言してやる。俺なんかお前達を変えて――「断言してやる」グレンの講義が、箱庭の少女達の運命の鎖を引きちぎる!
2017.3 365p A6 ¥620 ①978-4-04-070976-5

◆ロクでなし魔術講師と禁忌教典 (アカシックレコード) 9 羊太郎著 KADOKAWA (富士見ファンタジア文庫)
【要旨】先の戦いから行方をくらましていた宿敵、ジャティス=ロウファン。彼の策略により、ルミアが誘拐され、さらにはフェジテ市庁舎爆破テロの容疑者として、グレンは指名手配を受けてしまい…「先生! 私も先生の力になりたいんです…!」相棒として誓いを新たに成長するシスティーナ。彼女の助力のもと、事件解決にあたるべく、グレンはフェジテの街を駆け回るの

ヤング・アダルト小説

◆ロクでなし魔術講師と禁忌教典(アカシックレコード) 10 羊太郎著 KADOKAWA (富士見ファンタジア文庫)
【要旨】現世への復活を果たした魔人・アセロ=イエロによる、フェジテ崩壊の術式—"メギドの火"。その発動を防ぐべく、グレンたちは、学院、そして宮廷魔導士団の総力を結集する。「やつを倒す可能性のある手段は…ある」グレンのワイルドカード。その切り札を使用するために、グレンはもう一度、血に染まった過去の自分と向き合うことに。「ここに居ちゃいけないんだって…皆に甘えていて」そして、その出自が周囲に知れわたり、身を犠牲に戦うことを決意したルミアの前には、もうひとりの自分が現れ…世界が破滅に向かう時、二人は自身の罪と過去に対峙する!
2017.11 349p A6 ¥600 ①978-4-04-072419-5

◆ロクでなし魔術講師と追想日誌(メモリーレコード) 羊太郎著 KADOKAWA (富士見ファンタジア文庫)
【要旨】アルザーノ帝国魔術学院には、ロクでなしに振りまわされる三人の美少女たちがいた。彼女たちの名は、システィーナ・ルミア・リィエル。そんな彼女たちの日常は波乱がいっぱいで!?記憶喪失になったシスティーナが、不覚にもグレンに懐いてしまったり。学院へ通うルミアは、変装する何者かにストーカーされたり。アルバイト生活を始めたリィエルは、お金をピンハネされたり、一人で、ロクでなしな学園の日々。「僕は、…皆を守れる強い力が欲しいのに…ッ!」ついに明かされる"愚者の世界"誕生秘話。ロクでなしになる前のグレンの学生時代を描く、書き下ろしエピソードも収録!
2017.4 314p A6 ¥600 ①978-4-04-072226-9

◆サークルクラッシャーのあの娘、ぼくが既読スルー決めたらどんな顔するだろう 2 秀章著 KADOKAWA (角川スニーカー文庫)
【要旨】"軍資に一番近い旅団"を混乱の渦に陥れた傾国の美女・クリスティーナ。旅団を離れた彼女を放そうと探す主人公・ユーリたちは、その道中で"閃刃の剣聖"ルシオンの婚約相手にしてアインブルクの王女であるサフィに出会う。幼いながらも才気溢れる彼女は、ルシオンにベた惚れながらもなぜか結婚スルーされている状態で…。婚姻の機運が盛り上がる中、思わぬ形で再登場するクリスティーナ。国王をも惑わせる"バブみ"とは…!?
2017.4 254p A6 ¥620 ①978-4-04-105004-0

◆さくらとともに舞う ひなた華月著 講談社 (講談社ラノベ文庫)
【要旨】人々を殺め苦しめる荒魂魂が、大和の国に頻発するようになった。その荒魂魂に母を殺された明石めぐるは、剪定士をめざし鴛鴦学院に入学。剪定士とはパートナーになる舞姫が放つ"花力"を借りて荒魂魂と戦う剣士のこと。学院では剪定士・舞姫を目指す候補生達が厳しい特訓を受けていた。入学初日、めぐるは舞姫候補生の桜みらいとの10年振りの再会を果たす。しかし、彼女は四大流派の跡継ぎ娘、庶民のめぐるがパートナーになることなど簡単に認めて貰えるはずもなく。実力で認めて貰おうと日々特訓に没頭するも、ある郊外学習で荒魂魂と遭遇してしまう。それをきっかけにみらいの秘密が明らかに！京の町は次第に闇の中へと引きずり込まれていく。
2017.9 295p A6 ¥620 ①978-4-06-381629-7

◆漆黒の闇に、偽りの華を ひなたさくら著 スターツ出版 (ケータイ小説文庫一野いちご)
【要旨】生き別れの弟を助けるために、暴走族・煌龍に潜入した茉弘。そこで出会ったのは、普段は優しいイケメンだけど、ケンカは反発するものの、彼や仲間に家族のように接され、茉弘は心を開いていく。しかし、茉弘が煌龍の敵である鷹牙から来たということがバレてしまう。さらに鷹牙に監禁されてしまい…。
2017.4 511p A6 ¥640 ①978-4-8137-0238-2

◆異世界で保父さんになったら獣人王から求愛されてしまった件 雛宮さゆら著 シーラボ、三交社 発売 (ラルーナ文庫)
【要旨】登山中に足を滑らせてしまった保育士の蓮。ところが、ぽすんと落ちた先は一銀色の被毛をもつ大きな豹のような生きものの膝の上！そこは獣族と人頭の人々が暮らす雪獣国。蓮はなんと、王、黒緋の上に落ちてしまったのだ。「黒の月、緋の日に現れ人間の子が王の花嫁となる」というわけのわからない予言に困惑しつつも蓮は、黒緋が育てているやんちゃでちょっぴり生意気な四人の子供たちの乳母になることに…!?
2017.9 285p A6 ¥700 ①978-4-87919-997-3

◆カラフルノート—久我デザイン事務所の春嵐 日野祐希著 三交社 (スカイハイ文庫)
【要旨】ある春の日、装丁家として働く久我誠一郎のもとに葛城紀奈と名乗る女子高生が現れる。彼女の腕には誠一郎が初めて表紙を描いた本が抱かれており、彼女は誠一郎に絵を教えてほしいと頼み込む。二年前の事件で装画家を辞めた誠一郎は最初は断ったが、礼奈に圧され、装丁家の弟子として迎え入れる。次第に明るくしっかりした礼奈がいる生活に慣れていくが、礼奈になぜ装画家を辞めたのかと尋ねられた誠一郎が苦い思い出を話すと、礼奈はあることを決意し—
2017.5 283p A6 ¥680 ①978-4-87919-194-6

◆ダンジョン村のパン屋さん—ダンジョン村道行き編 丁謡著 KADOKAWA (カドカワBOOKS)
【要旨】元日本人の記憶を持ちつつ、異世界のパン屋さんの一人娘に転生したアマーリエ。前世の知識と今生のスキルで幸せな食生活を追求…しすぎたせいで、悪人に目を付けられ、安全のため辺境のダンジョン村に避難させられることに！だがその村に向かう道すがらでさえ、新食材で美味な食事を作って村興しをしちゃったり、やらかしまくる彼女。はたして無事にダンジョン村にたどり着き、自分のパン屋を開けるのか—!?
2017.3 314p B6 ¥1200 ①978-4-04-072364-8

◆ダンジョン村のパン屋さん 2 パン屋開店編 丁謡著 KADOKAWA (カドカワBOOKS)
【要旨】元日本人の記憶を持ちつつ、異世界のパン屋さんの一人娘に転生したアマーリエ。美味しいものを求めてやらかしまくった結果、辺境のダンジョン村に匿われることになった彼女は、紆余曲折の旅の末、ようやく村へと辿り着いた。だが慣れない早々、アマーリエのうっかりで、隣国の皇帝を呼び寄せてしまい大騒動に!?そうでなくても開店準備中のところは山積み、さらにダンジョン村新食材も発見して…果たして、パン屋開店までこぎ着けられるのか!?
2018.1 315p B6 ¥1200 ①978-4-04-072580-2

◆25日のシンデレラ 響かほり著 アルファポリス、星雲社 発売 (エタニティ文庫)
【要旨】32歳のクリスマスイヴ。九条友倒里は15年付き合ってきた恋人・久保愛に別れを告げた。これまでろくに「好き」とも言わず、仕事や身内を優先させてきたオレ様無視。もういい加減に彼への想いを断ち切り、新しい人生を生きようと。そう思った友倒里だが、ある事件をきっかけに彼の真意を知り、その愛の深さを思い知る。誤解が解けた二人は、15年のすれ違いの分だけ、互いも激しく求め合い!?不器用な二人の最高に幸せなラブストーリー！文庫だけの書き下ろし番外編も収録！
2017.4 328p A6 ¥640 ①978-4-434-23118-6

◆黒鋼の英雄王機ヴァナルガンド—巨大勇者、異世界に降り立つ ひびき遊著 KADOKAWA (MF文庫J)
【要旨】大企業の青年社長・神代楽徒とその一行は、彼が戯れとしてその財力と最新科学を駆使して作った超巨大バイク"フェンリル"とともに、見知らぬ世界"散華の七大地"に召喚されてしまう。彼らを召喚したのは、ドジッ子魔人少女・シャルノワル。彼女は自らの配下として召喚したつもりだったが、言葉が通じず対話もままならないため、楽徒は魔人や魔獣の討伐のために喚ばれたのだと勘違い。そこへ魔獣が現れ一楽徒は、超巨大バイク"フェンリル"を巨大ロボット"ヴァナルガンド"に変形。その圧倒的な質量とパワーで粉砕したのだ。これは異世界に蔓延る魔人や魔獣と戦う巨大変形ロボット"ヴァナルガンド"を操る楽徒と、魔人少女シャルノワルの物語。
2017.8 292p A6 ¥580 ①978-4-04-069394-1

◆千年戦争アイギス—月下の花嫁 7 ひびき遊著 KADOKAWA (ファミ通文庫)
【要旨】竜人族との和解に成功した王子一行は無事に地上へと帰還した。そして、シビラ率いる北の大国軍の本体と合流した王国軍はついに王都へ向かうことに—。久々の王都はすっかり荒れ果ててしまっていたが、生き残った者たちが必死の抵抗を続けていた！彼らと共に王城へと攻め込む王子だったが、因縁の相手である暗黒騎士、トコヨ達が立ちはだかる!!王子は強敵を打ち倒し、王城を奪還することができるのか!?カグヤの姉トコヨのシリアルコード付き!!
2017.1 310p A6 ¥700 ①978-4-04-734452-5

◆異世界混浴物語 5 激動の海底温泉 日々花長春著 オーバーラップ (オーバーラップ文庫)
【要旨】「ハルノハアズカッテイルタスケタクバミズノミヤコマデクルガイイ」そろそろお風呂の城を超えてきたギフト『無限バスルーム』で、数々のピンチを乗り越えてきた北条冬夜。水の女神から東雲春乃の異変を告げられた一行は、海底都市『水の都』に向けて大海を往く。難敵との遭遇を切り抜け、無事にたどり着いた彼等にもたらされる衝撃の知らせ。さらに冬夜は、かつて春乃と交わした皆で混浴する約束を果たそうと迫られて—!?異世界混浴ファンタジー第五弾は、肌色増量の南海編!!
2017.7 284p B6 ¥630 ①978-4-86554-236-3

◆悠久の愚者アズリーの、賢者のすゝめ 5 壱弐参著 アース・スターエンターテイメント、泰文堂 発売 (アース・スターノベル)
【要旨】聖戦士ボーラ=ポチ+アズリー？ 始まりの地へ戻った途端、超巨大な魔法陣が発動しどこかに飛ばされてしまったアズリーとポチ。遙か昔に絶滅したはずのモンスターとの戦いで、冒険者に名前を聞かれ、咄嗟に「ボーラ」という偽名を使うが、それは聖戦士ジョルノとリーリアで、なんとそこは5000年以上前の世界だった！「伝説の聖戦士のひとり(？)」になってしまったポチとアズリーだったが、この世界の平均レベルは高く、ランクSのアズリーでも足手まといにしかならないのが現実だった。限定突破目指し、二人の新たな修行がはじまる。まさか「過去編」スタート！
2017.1 387p B6 ¥1200 ①978-4-8030-0979-8

◆悠久の愚者アズリーの、賢者のすゝめ 6 壱弐参著 アース・スターエンターテイメント、泰文堂 発売 (アース・スターノベル)
【要旨】魔法士アズリーが5000年以上過去に飛ばされて、数ヶ月一。自身の修行も兼ねて、弟子の少年少女の指導を「コツコツ積み重ねる」日々が続いていた。ひょんなことから、なぜか孔雀の卵から生まれた紫死鳥(天獣)や、これもなぜか面倒をみることになった未来の聖帝様(赤ちゃん)と東の国「トウエッド」が過ぎった現在の時間軸では十二士会に不穏な動きが…そして非常事態発生。
2017.5 303p B6 ¥1200 ①978-4-8030-1052-7

◆悠久の愚者アズリーの、賢者のすゝめ 7 壱弐参著 アース・スターエンターテイメント、泰文堂 発売 (アース・スターノベル)
【要旨】5000歳超えの魔法士アズリーが、5000年以上過去に飛ばされて、かれこれ一年…トウエッドに到着した一行は巫女たちに会い、ダメ称号消しに成功。お鍋を堪能したり、忍びの者と戦っているうちに、「聖戦士候補」の称号を得たアズリー。そしてなぜか「使い魔杯」に出場する流れに。今度は聖都レガリアへ—「使い魔杯」めざし奮闘するポチだったが、そこへ魔王軍の襲撃が！「聖戦士候補」アズリーとポチの奮闘の結果やいかに？
2017.11 382p B6 ¥1200 ①978-4-8030-1129-6

◆トラックに轢かれたのに異世界転生できないと言われたから、美少女と働くことにした。 日富美信吾著 講談社 (講談社ラノベ文庫)
【要旨】もしも、己が望むような「異世界転生」ができるとしたら—？ 前世の記憶を保持しつつ、チート能力持ちの俺TUEEEE勇者として、悪をなぎ倒す無双人生！または魔王として、生意気な勇者たちを圧倒的な力でもって打ちのめす人生！それとも可愛い女の子をはべらせ、ハーレムを築く人生!?—ならばぜひともお願いしたい！そんな思いを密かに抱く高校生の志郎は、本当に死んでしまっていた。しかもトラックに轢かれて。このフラグ、期待せずにいられず!!そんな彼の前に現れた、エルフにも見える美少女フィリア。彼女は志郎に告げる。「あなたは転生できないの」…え、うそでしょ？志郎の転生(できない)ライフがいま始まる…?
2017.2 331p A6 ¥650 ①978-4-06-381579-5

ヤング・アダルト小説　1260　BOOK PAGE 2018

◆幼い女神（アマテラス）はかく語りき　暇奈椿著　講談社　（講談社ラノベ文庫）
【要旨】現代の日本、燈京—アメリカから訪れたインタビュアーを前に、幼い女神はかく語る。「それじゃあ、彼の話をしましょうか」時は古代、空白の四世紀—未だ神話が綴られる神秘と幻想の時代。この国のはじまりのはじまりの"士"の話。—邪馬台の侵略、異国の神々、異形のモノノケ、"化外"の民。真人と常夜。ただの人間だった少年と、無力な神様だった少女との出会いが、最新にして最古の誓約を結び奉る—!!『アニメ化された大人気シリーズ《クロックワーク・プラネット》の暇奈椿が紡ぐ、過去と現在が交錯する新たなる創世ファンタジー！
2017.5　420p　A6　¥750　①978-4-06-381602-0

◆異世界でもふもふなでなでするためにがんばってます。　3　向日葵著　双葉社　（Mノベルス）
【要旨】ゴブリンに加え、コボルトたちもシアナ計画に引き込むことに成功したネフェルティマ。兄のラルフリードと王太子ヴィルヘルトとともに次に訪れたのは、魔物の目撃情報が増えているジグ村。三人は目撃情報が寄せられた海に向かったが、それぞれが目にした魔物の姿かたちが違っていて!?大人気、異世界もふなでファンタジー待望の第三弾!!書き下ろし番外編「森鬼、初めてのサファリパーク♪」を収録！
2017.9　301p　B6　¥1200　①978-4-575-24037-5

◆異世界でもふもふなでなでするためにがんばってます。　4　向日葵著　双葉社　（Mノベルス）
【要旨】ジグ村から王都に帰ってきたネフェルティマたち一行。森鬼も無事家族の一員として迎え入れられた。問題のシアナ計画も、大工組合と宿屋組合の協力が決まったり、魔術研究所の調査が入ったりと、ついに本格的に動き始め、周囲のみんなはとっても忙しそう。ひとり時間を持て余していたネフェルティマは、王宮の竜舎にいる赤ちゃん竜を見に行ったり…。もふもふなでなでが止まらない、大人気異世界もふもふファンタジー第4弾！
2017.12　281p　B6　¥1200　①978-4-575-24074-0

◆君のいいところ、1つしか思いつかない。　氷室螢結著　スターツ出版　（野いちご文庫）
【要旨】高2の紗月は冷たい雰囲気で近寄りがたい蓮に片想いする。しかし、蓮には好きな人がいるとわかっていても、想いを断ち切れない紗月。そんな中、チャラくて有名な晴に蓮への片想いを見抜かれ、さらに大学生に絡まれているところを助けられたことから、距離が縮まっていく。"顔"しかいいところがないと思っていた晴の優しさに戸惑う紗月は…？　連鎖する片想い、それぞれの想いが交差するラストに涙!!
2017.7　241p　A6　¥560　①978-4-8137-0292-4

◆32回、好きって言うよ。　氷室螢結著　スターツ出版　（野いちご文庫）
【要旨】高2の茉桜は3年の翼先輩にひと目惚れして以来、1年以上片想いをしていた。クールでイケメン、完璧な先輩だけど、どんな子でも容赦なくフるとこで有名。でも、茉桜はあきらめずに「好き」と、何度も伝える。そのたびに、知らなかった先輩の優しさや意地悪なところ、可愛さを知って、距離を縮めていく。想いも大きくなるけれど、転機が訪れる。先輩の元カノが現れて…？　ふたりのピュア恋に泣きキュン!!
2017.11　360p　A6　¥600　①978-4-8137-0357-0

◆君が教えてくれたのは、たくさんの奇跡でした。　姫street.著　スターツ出版　（ケータイ小説文庫・野いちご）
【要旨】喉を手術し声が出せなくなった高2の杏奈は、運命を呪い、家族を憎みながら生きていた。そんなある日、金髪の少年・雅と出会い、彼の家においてもらうことに。居場所のなかった雅に惹かれていく杏奈だけど、彼は重い過去を抱えていて…。病気、過去に縛られながらも寄り添う二人に降り積もる、たくさんの奇跡に涙が止まらない！　文庫限定オリジナルストーリー収録。
2017.2　328p　A6　¥580　①978-4-8137-0212-2

◆お弁当代行屋さんの届けもの　妃川螢著　KADOKAWA　（富士見L文庫）
【要旨】フレンチシェフとして活躍した石窮眞琴が始めた"お弁当代行屋"には、ワケアリの依頼がやってくる。今度のオーダーは事故で母を失って以来、どんなお弁当も食べられなくなってしまった5歳の透のお弁当。聡志は血のつながらない甥の陽仁とともに、依頼人のレシピを探り、味付けから盛り付けまで、お母さんのお弁当を再現するのだが…。「お弁当を届けにいくしかない」幼い透が望んだ、本当のこととは—？　心を温かく満たしてくれる、3編のお弁当の物語。
2017.1　251p　A6　¥580　①978-4-04-072448-5

◆謎解き茶房で朝食を　妃川螢著　KADOKAWA　（富士見L文庫）
【要旨】東京のオフィス街で静かに営業する蓮心茶房のオススメは、店主がお客に合わせてブレンドするお茶とお粥のセット。会社員の曄子が蓮心茶房を見つけたのは、信頼していた上司が突然退職した時。仕事を引き継いだプレッシャーで眠れないまま夜を明かしたある早朝だった。何も言わないでほしい、店主の悩みはお見通しのよう。おそるおそるドアを開けた曄子をにやかに迎え、お茶をブレンドすると…。1杯のお茶が、すべての疲れた社会人をおいしく温める。癒やしのグルメ・ミステリー。
2017.1　245p　A6　¥580　①978-4-04-072128-6

◆賢者の剣　4　陽山純樹著　主婦の友社　（ヒーロー文庫）
【要旨】魔王打倒を目指すルオン達は、新たな仲間としてゲーム主人公のオルディアを加え、旅を続ける。その折、精霊の頂点に立つ三体の神霊の一人、水王アズアが魔王城に寝返った—と同じ神霊であるガルクから聞かされる。果たしてそれは真実なのか。疑問に思いながらルオンは次なる目的地である四大精霊界のウンディーネのすみかに向かう。そこでルオンはウンディーネ族長アマリアの口からアズアは確かに魔族がダクライドとつながりがあると知らされる。ルオンはアズアの真意を調べ、ダクライドを倒そうと決心するのだが…。
2017.3　367p　A6　¥620　①978-4-07-423686-2

◆賢者の剣　5　陽山純樹著　主婦の友社　（ヒーロー文庫）
【要旨】ルオン達はジイルダイン王国の戦いを勝利して終えた。これで魔王軍幹部である五大魔族のうち三体を撃破し、神霊である水王アズアの協力を得ることもできた。『エルダーズ・ソード』のゲームシナリオとの歪みは生じていないが、魔王軍の冒険を止めるための新たな準備が始まった。そうした中、神霊一不死鳥フェウスから依頼が舞い込んだ。内容は自身の眷属が保有していたアーティファクトが人間に奪われ、取り返すため破壊してほしいというもの。奪った人物がナテリーア王国の第二王子ゼクエス。彼はルオンの仲間であるソフィアとリーゼの友人であり、またジイルダイン王国の騒動における関係者だった。
2017.3　335p　A6　¥620　①978-4-07-423687-9

◆カロリーは引いてください！—学食ガールと満腹男子　日向夏著　KADOKAWA　（富士見L文庫）
【要旨】朝生くんは大学の人気者。学業優秀、スポーツ万能。悩み事にも優しく応える。まさに完璧ただ一つ、その体重を除いて。「朝食できたよ、朝生くん」「足りません（キリッ）」同大学の学食で働く楓は、朝生くんの母に頼まれ、彼がおデブでも美味しく工夫した料理を喜んでくれるけれど、ごちそうを報酬に、度々お悩み解決をお願いされ…。オーダーは彼のダイエット!?まかない女子とハイスペックふっくら男子の献立奮闘記！
2017.6　302p　A6　¥620　①978-4-04-072286-3

◆胸騒ぎのオフィス　日向唯稀著　アルファポリス、星雲社　発売　（エタニティ文庫）
【要旨】老舗デパート・銀座桜屋で派遣OLとして働く29歳の夏目杏奈。百貨店をあげての一大イベントを目前に控え、勤務する宝飾部門の企画販売で大忙しの日々。そんななか、杏奈の派遣業務契約がデパートの社内規約に反していたことが発覚する。退職を決意した彼女だが、なぜか上司の嶋崎が許してくれない。しかもそのことをきっかけに、エリートな彼から怒涛のアプローチが…!?　高級デパートで繰り広げられる胸キュン・ラブストーリー！　文庫だけの書き下ろし番外編も収録！
2017.3　342p　A6　¥640　①978-4-434-22994-7

◆人狼への転生、魔王の副官　6　帝国の大乱　漂月著　アース・スターエンターテイメント、泰文堂　発売　（アース・スターノベル）
【要旨】俺たち魔王軍が北の帝国でエレオラと対峙している最中、ついに現皇帝が崩御。それを皮切りに、それぞれの派閥が動き始めていく。順当にいけば帝位継承権1位である。皇帝の息子が後を継ぐはずだが、なんと同時期に継承権2位のドニエスク公が暗殺される。ドニエスク家側は、アシュレイが帝位を奪われることを恐れて暗殺したと睨んで挙兵。アシュレイ側も対抗するが、士気が高く統率のとれたドニエスク軍に圧倒されていく。この戦い、一体どちらに"義"があるのか—？　めまぐるしく変わる戦況、そして、ヴァイトたちの行動から目が離せない第6巻！　大幅加筆&書き下ろしストーリー「吹雪の大公」を収録!!
2017.4　421p　B6　¥1200　①978-4-8030-1034-3

◆人狼への転生、魔王の副官　7　英雄の凱旋　漂月著　アース・スターエンターテイメント、泰文堂　発売　（アース・スターノベル）
【要旨】帝位争いのなかで起きた「ドニエスクの乱」が鎮圧されてからしばらく、俺は北ロルムンドの名家の当主ボリシェヴィキ公と会っていた。ボリシェヴィキ公といえば、ドニエスク家の最大の後ろ盾だったにも関わらず先の乱で真っ先にエレオラ軍に投降してドニエスク家を裏切った人間。そんな彼は、今度はエレオラ側とアシュレイ側の両方に声をかけているようだ。こいつ一体…何をするつもりなんだ？　そんな中、新皇帝のための政略の姉ディリエの縁談が持ち上がる。相手はなんと、ボリシェヴィキ公。そして、新皇帝のための戴冠式の後、ディリエは貴族たちの前で言い放つ—「私ディリエは、ボリシェヴィキ公シャリエ殿と婚約いたしました」ロルムンドの政情に、特大級の爆弾が落ちる…！　ロルムンド編、最後の敵が登場！　帝位は一体、誰の手に!?　大幅加筆&書き下ろしストーリー「剣奴の勇者」を収録!!
2017.8　372p　B6　¥1200　①978-4-8030-1096-1

◆人狼への転生、魔王の副官　8　東国奔走　漂月著　アース・スターエンターテイメント、泰文堂　発売　（アース・スターノベル）
【要旨】ロルムンドから戻ってしばらくしたある日、俺を訪ねて来た女性がひとり。フミノと名乗るその女性は、前世で見たことのあるような日本風の巫女服を纏う"ワの国"の使者だった。どうやら彼女は"神世人"を探すためにミラルディアを訪れ、俺にたどり着いたようだ。話からして、おそらく"神世人"なる存在は俺がそれに類似する存在のことだろう。フミノは俺が何者かを探っているようだが、答えには決してたどりつけない。なぜなら…俺にも、自分が何者なのかわからないからな。お互いに本当のことを隠しつつも、国家間の交易を進めることに。もしかしたらこの旅で"神世人"の秘密—俺がこの世界に転生した理由が見つかるかもしれない。大幅加筆&書き下ろしストーリー「星空よりも遠く」「孤独の群れ」の2本を収録！
2017.12　331p　B6　¥1200　①978-4-8030-1140-1

◆月刊　人外妄想図鑑"巨人族（グラン・オム）"　2　ひよこマッチ著　一迅社　（メリッサ文庫）
【要旨】2メートルを越える巨人族の男・ジェアンは、ある日、運命の女性—異世界トリップしてきたOL・桜と出会う。しかし巨人族には、女性から話しかけられても答えてはいけないという掟が。すれ違いや誤解、さまざまな障害を乗り越え、ふたりの関係は密如一ジェアン視点で描かれる、異世界コミュニケーション・ラブファンタジー第2弾！
2017.4　315p　A6　¥648　①978-4-7580-4932-0

◆アラフォーおっさん異世界へ!!でも時々実家に帰ります　平尾正和著　KADOKAWA　（カドカワBOOKS）
【要旨】1通のスパムメールがきっかけで、突然異世界に放り込まれてしまった実家暮らしの独身男、大下敏樹（40）。大した武器もないままモンスターに遭遇し、まさか初っ端から死亡フラグ!?しかし彼は、自分が自由に実家に戻れるスキルを持っていることに気づき…。危なくなったら、100均グッズが欲しくなったら、実家のご飯が食べたくなったら、即帰宅！　これぞ、アラフォーおっさん流！　自由気ままな欲張り異世界旅が始まる！
2017.10　349p　B6　¥1200　①978-4-04-072481-2

◆妹さえいればいい。　7　平坂読著　小学館　（ガガガ文庫）　（付属資料：CD1）　ドラマCD付き限定特装版
【要旨】ついに付き合うことになった羽島伊月と可児那由多。恋も仕事も充実して、ますますリア充真っ盛りな2人。そんな2人の交際をきっかけに、羽島千尋、白川京、不破春斗、何故か大野アシュリーの心境にも変化が訪れるのだった。そして、春斗を慕う新人作家（巨乳）・相生初も熱いアプローチを受ける。近づいてくるクリス

マスの足音。変わりゆくもの、変わらないもの。大人気青春ラブコメ群像劇、待望の第7弾！あのツンデレ妹も登場するドラマCD付き特装版で堂々登場！
2017.5 256p A6 ¥1833 ①978-4-09-451676-0

◆妹さえいればいい。 7　平坂読著　小学館
（ガガガ文庫）
【要旨】ついに付き合うことになった羽島伊月と可児那由多。恋も仕事も充実して、ますますリア充真っ盛りとなる2人。そんな2人の交際をきっかけに、羽島千尋、白川京、不破春斗、それから何故か大野アシュリーの心境にも変化が訪れるのだった。千尋の前には新たなライバルが出現し、春斗は彼を慕う新人作家（巨乳）・相生凧に熱いアプローチを受ける。近づいてくるクリスマスの足音。変わりゆくもの、変わらないもの。大人気青春ラブコメ群像劇、待望の第7弾！作家や税理士や女子大生たちの、新たな物語が幕を開ける！
2017.5 256p A6 ¥574 ①978-4-09-451677-7

◆妹さえいればいい。 8　平坂読著　小学館
（ガガガ文庫）
【要旨】年が明け、『妹のすべて』のアニメ化発表が着々と近づいていたある日、なにげなくエゴサーチをしていた伊月が見つけたのは「妹すべ、アニメ化決定！」という新刊の画像付きツイートだった。その画像の出所はなんとギフト出版の公式サイトで、なんとハッコンは私の思いを失ったGF文庫編集部が放つ、起死回生の一手とは⋯!?伊月や土岐が中心になった村へお礼参りだ！」神さま勇者の傲慢不遜な冒険、再びいき、千尋の心にも大きな変化が訪れて──。動き続ける青春ラブコメ群像劇、待望の第8弾登場!!
2017.9 224p A6 ¥556 ①978-4-09-451697-5

◆いらないスキル買い取ります　1　昼熊著
オーバーラップ　（オーバーラップノベルス）
【要旨】神に与えられた能力『スキル』を誰もが所有する世界。人々はスキルによりさまざまな恩恵を受けたが、なかには役立たずのスキルや、持ち主を不幸にするスキルもあった。そうした不要なスキルを買い取り、売ることができる世に珍しいスキル『売買』で商売する青年が。行商人として世界を巡る青年は、彼を知る客からこう呼ばれている。一廃スキル回収屋。どんなスキルも使い方次第で何かの役に立つ。客から不要なスキルを買い取り、それを欲しがる他の客に売り歩くのが『廃スキル回収屋』の商売であった。「廃スキル回収屋」とスキルに悩む人々が織りなす不思議な物語。
2017.12 317p B6 ¥1200 ①978-4-86554-293-6

◆自動販売機に生まれ変わった俺は迷宮を彷徨う　3　昼熊著　KADOKAWA（角川スニーカー文庫）
【要旨】迷路階層の主を退け、異世界で着々と名声を築いていく自動販売機─ハッコン。そんな彼のもとには今日も続々と新たな依頼が。地図の制作やモンスターハント、更には大食い大会の景品に!?「これで今日一日、ハッコンは私のものっすよ！」自販機の独占使用権を得たのは底無しの胃袋を持つ少女・シュイ。暴食の限りを尽くす彼女に、全ての食料を食い尽くされてしまうのか─？自動販売機に転生した男の異世界無双ライフ第3弾!!
2017.6 270p A6 ¥640 ①978-4-04-105174-0

◆魔王になったら領地が無人島だった　3
昼寝する亡霊著　マイクロマガジン社　（GC NOVELS）
【要旨】島民達の開拓を進めるカームは安定した生活資材が集まらない状態から、不安を感じていた。そんなある日、一隻の商船が近づいてくる。船員達と一触即発になるも、カームの機転により、人間と生活資材の取引を進めることができた。安心するカームと島民達。だが、それはあるトラブルも運び込んでいたのだった⋯。
2017.6 384p B6 ¥1000 ①978-4-89637-633-1

◆旧魔王VS.異世界魔王！世界のすべては我輩のものだ！　疲労困憊著　リンダパブリッシャーズ,泰文堂 発売　（レッドライジングブックス）
【要旨】かつて世界を征服していた悪しき混沌の魔王ユーシア。一万年の時を経て5人の神による封印から復活を果たし再起をはかるが、勇者と呼ばれ慕われていたようだった。自分を勇者と勘違いする聖女アンナ、勇者と呼び込むアンナユーシアは呆れるが、世界にはこんな言い伝えがあった。「聖女が認める者こそ、真の勇者なり」。これは古き魔王と現代の聖女による、奇妙な世界征服物語。
2017.11 271p B6 ¥1200 ①978-4-8030-1074-9

◆勇者のふりも楽じゃない　2　理由？俺が神だから　疲労困憊著　SBクリエイティブ（GAノベル）
【要旨】日本での布教に失敗した八百万の神であるケイカ（蛍河比古命）は異世界アレクシルドで勇者試験に合格して名実共に勇者となった。これからは勇者ケイカとして活躍しながら、信者を獲得するために動いていく。勇武神としても崇めてもらえるように。そんなとき、勇者試験で知り合ったレオからの祈りが届く。レオの妹が咎人として捕まり、港町の祭りで生贄にされるらしい。知らない仲じゃなし、助けてやろうと決意する。すると副勇者ラビニーニャが付いてくると言い出した⋯。また神の子ラビシアがよくわからない。レベル表記はあるのに、敵をいくら倒してもレベルが上がらない。レベルアップの方法は？ 港町では水着で泳ぐにも一苦労。「でもその前に、俺たちを追い掛け回したあの村へお礼参りだ！」神さま勇者の傲慢不遜な冒険、再び！
2017.3 316p B6 ¥1200 ①978-4-7973-9081-0

◆Re：CREATORS NAKED 2　広江礼威著　小学館（サンデーGXコミックススペシャル）
【要旨】『BLACK LAGOON』の広江礼威が『Fate/zero』の虚淵玄とタッグを組み話題となったTVアニメーション『Re：CREATORS』─そのシナリオの元になった原作テキストには、TVシリーズの構成上、削ぎ落とされたシーンや台詞が存在する。それらをありのままに収録した本書は、キャラクターたちの心情を多面的に補完するだけでなく、作品のテーマをさらに深く理解する上で、『Re：CREATORS』必読の書といえる!!
2017.10 351p B6 ¥1000 ①978-4-09-179236-5

◆リア充にもオタクにもなれない俺の青春
弘前龍129著　KADOKAWA（電撃文庫）
【要旨】一条冬子。オタク女子。3ヶ月ごとに「嫁」が変わるタイプの絵師。口には出さないけど、俺は密かに「イナゴさん」と呼んでいる。上井恵久。リア充女子。カラオケでタンバリン叩いてた人。こっちも口には出さないけど、俺は密かに「ウェーイさん」と呼んでいる。クラスこそ一緒だけど、イナゴさんも、ウェーイさんも、俺とは別世界の住人だ。きっと深いかかわりを持つことなく終わるんだろう⋯⋯そう思っていた。あの夜、あの公園で、あんな秘密を知ってしまうまでは。オタクがメジャーになりすぎた時代に、何にもなれない「俺」たちに贈る、新・青春ラノベ開幕！
2017.9 321p A6 ¥630 ①978-4-04-865953-6

◆魔導師は平凡を望む　17　広瀬煉著　フロンティアワークス（アリアンローズ）
【要旨】ゼブレストに遊びに来ていたミヅキは、ルドルフから話を持ちかけられる。民間人から、生きている人間のように動くアンデッドについて報告があったという。オカルト好きの心をくすぐられたミヅキは魔王殿下の許可を得、黒騎士達と共に調査を始めることに。そこに現れたのは、死んだはずのゼブレストの先王、ルドルフの父のアンデッドだった。ゼブレストの悪しき歴史を物語るかの如き先王(骨)を土に還すべく、ミヅキが新たに仲間に加えた「英霊騎士団」とは⋯!?「負け犬の遠吠えこそ苦労さん！」さっそく視界から消えやがれ、人型カルシウム！」全編完全書き下ろし!!断罪の魔導師の異世界ファンタジー第十七弾、ここに登場！
2017.2 318p B6 ¥1200 ①978-4-86134-967-6

◆魔導師は平凡を望む　18　広瀬煉著　フロンティアワークス（アリアンローズ）
【要旨】ゼブレストのアンデッド騒ぎを無事に解決したミヅキ。イルフェナに戻った彼女は、北の大国ガニアから来たという彼女の謁見に同席することになる。なんとも怪しい言動の商人だったが、その正体はなんと魔術師だった!?彼の魔術から魔王殿下を庇ったミヅキは、いきなりガニアに転移させられてしまう。しかも、着地したのは、ガニアの第三王子コンラッゼの膝の上だった。怒れる魔導師は、魔王様を危険にさらされた元凶に報復することができるのか⋯!?「敵を完膚なきまでに叩きのめし、表舞台から追い落とすまで！」ミヅキお得意の論破バトル勃発!!新章突入の魔導師の爽快・異世界ファンタジー、第十八弾！
2017.5 304p B6 ¥1200 ①978-4-86134-999-7

◆魔導師は平凡を望む　19　広瀬煉著　フロンティアワークス（アリアンローズ）
【要旨】魔王様を庇って、北の大国ガニアに飛ばされてしまったミヅキ。誘拐を企てた王弟一派に怒りを覚えた彼女は、同じく憤るシュアンゼと共謀し、王弟を追い落とすことを画策する。手始めに、今回の騒動についてしたためた手紙を各国に配布しておいたミヅキは、各上層部からお墨付きを得ることに成功。イルフェナから派遣された強力な助っ人の力も借りて、異世界人の魔導師が、ガニア国内の問題に切り込んでいく!!「生き地獄を味わいたい方は、是非チャレンジしてくださいね！」魔導師お得意の誘拐作戦、開始!!断罪の魔導師の爽快・異世界ファンタジー、第十九弾！
2017.8 309p B6 ¥1200 ①978-4-86657-031-0

◆あまのじゃくな氷室さん─好感度100%から始める毒舌女子の落としかた　広ノ祥人著　KADOKAWA（MF文庫J）
【要旨】完全無欠な優等生だが、高圧的で性格はキツく毒舌ばかりの生徒会長・氷室涼葉。そんな彼女に想いを寄せる副会長・田島愛斗は、ある日彼女の言葉の裏に隠された"本当の気持ち"が聞こえるようになっていた！そんな涼葉の本音─それはなんと、あの辛辣でキツい態度や毒舌の何もかもが建前で、本当の彼女は愛斗にべた惚れだったのだ！解答付きの恋愛ならハッピーエンドなんて楽勝だよね！ということでさっそく告白をしたものの⋯断られちゃった!?MF文庫Jが贈る、答えがわかっているのにすれ違っちゃう捻れ系青春ラブコメ開幕！
2017.12 263p A6 ¥580 ①978-4-04-069615-7

◆スタイリッシュ武器屋　1　弘松涼著　主婦の友社　（ヒーロー文庫）
【要旨】ひのきの棒。それは最低最弱の武器の固有名詞である。この物語はそんなひのきの棒をこよなく愛し、これが史上最強の武器であると豪語する武器商人と、それを元に集まる迷える冒険者達の愛と感動の秘話である。武器商人の名は伊藤。彼はほんの些細な仕草から相手の本質を見抜く目を持っている。話は一流の戦士を目指す赤毛の少女の視点から始まる。彼女の名はヴァルナ。片田舎の農村で生まれ育った少女ヴァルナは、立派な戦士になることを夢見て、世界最大の交易都市アイゼンバルに旅立つ。だが、少女は夢破れ、路上生活を強いられるほどに落ちぶれてしまう。行き場を失ったヴァルナが向かった先は、伊藤の武器屋だった─。
2017.6 366p A6 ¥590 ①978-4-07-424674-8

◆スタイリッシュ武器屋　2　弘松涼著　主婦の友社　（ヒーロー文庫）
【要旨】意外な一面を見せたカトリーヌ。あれほど意地悪ばかりしていた少女は、本当はノエルのことを⋯。だがカトリーヌの人生は、闇の覇王となって君臨する父親によって大きく狂わされていく。この世界で幸せを掴む唯一の方法は悪しかない。そう教え込まれていく。一方ノエルは母親に認められるために試練の旅を始める。彼女が手にするのはひのきの棒。それは攻撃力たった1の、世間でいうところの無いよりマシなガラクタ。されどノエルは、その小さな手にひのきの棒を握りしめ、強大な試練へと挑むのだった。
2017.10 383p A6 ¥640 ①978-4-07-426271-7

◆野生のラスボスが現れた！　4　炎頭著
アース・スターエンターテインメント,泰文堂 発売　（アース・スターノベル）
【要旨】伝説の女傑ルファス（♀）として旅を続ける俺（♂）は、仲間の十二星天を回収したり、この世界を脅かす魔神族を殴りに行ったり、忙しくも賑やかな日々を送っている。そんなある日、獣人の国で"狩猟祭"が開催されると聞いた俺は新しく十二星天に仲間入りした『乙女』のウィルゴを参加させることに。ほかの仲間に気後れする彼女に自信を持ってほしいという気持ちから参加を勧めたのだが、なんと狩猟祭には勇者一行も参加していた。そして、上位者だけに明かされた"エリクサー"の存在と、それを霊峰から回収する任務の依頼。どんな病も癒すといわれる伝説の霊薬は一体誰の手に!?書き下ろしストーリー「フェクダは冒険者に進化したい」収録。
2017.4 330p B6 ¥1200 ①978-4-8030-1035-0

◆野生のラスボスが現れた！　5　炎頭著
アース・スターエンターテインメント,泰文堂 発売　（アース・スターノベル）
【要旨】伝説の女傑ルファス（♀）として旅を続ける俺（♂）は亜人たちを焚き付けて何かしようとしている十二星天『獅子』のレオンの噂を聞き亜人の国へと向かう。一方、勇者はレオンに協力している『射手』サジタリウスの真意を探

ヤング・アダルト小説

るべくケンタウロスの里へ向かってもらうことにした。俺はその道中で七英雄の一人、ベネトナシュと再会。ルファスと再び戦うためだけに200年間待ち続けたというベネトナシュの想いを叶えるべく俺は十二星天と分かれ、一人で吸血鬼の国へと向かう。「待ち侘びたぞ、この時を…この時だけは、私はずっと待ち続けていたっきみ、闘争めようか！」覇位を巡る女姫戦、十二星天『牡羊』vs『獅子』、勇者一行vs亜人連合一目が離せないバトル満載の第5巻!!書き下ろしストーリー「竜王が勝負を仕掛けてきた」収録。　2017.9 318p B6 ¥1200 ①978-4-8030-1111-1

◆**野生のラスボスが現れた！　6**　炎頭著
アース・スターエンターテイメント, 泰文堂発売　（アース・スターノベル）
【要旨】伝説の女傑ルファス（♀）として旅を続ける俺（♂）は覇位十二星天『双子』に斗判れている妖精姫ポルクスと合流するために妖精郷アルフヘイムへと向かっていた。一方、アルフヘイムにはポルクスを訪ねてきた先客がいた。魔王の息子テラと魔神族七曜のルーナ、魔神族の本質を知った2人は役割を放棄できる"アバター"の情報をポルクスから聞き出そうとしていた。しかし、テラたちの裏切りに気付いた創世神アロヴィナスはポルクスの身体を乗っ取り、テラたちを消そうとする。その場に遭遇した俺はテラたちに加勢することに。女神は英霊の帰還で『七英雄』と呼ばれた勇者たちを復活させる。約200年前にルファスとともに旅をし、そして…ルファスを討ったかつての仲間たち。彼等が再び現世へと戻り、その剣先をルファスへと向ける一！　2017.12 285p B6 ¥1200 ①978-4-8030-1142-5

◆**異世界チート開拓記　1**　ファースト著　双葉社　（モンスター文庫）
【要旨】ニート生活の不摂生がたたって俺は突然死し、目が覚めると魔法の存在する異世界に転生していた。辺境の村の領主の息子として生まれた俺は、美しい母親、巨乳のメイド兼乳母、血の繋がらない美人姉たちに囲まれて、第二の人生を謳歌する。赤ちゃんの頃から鍛えていたおかげで得た絶大な魔力量と、現代知識を駆使して、異世界での開拓&冒険は進んでいくが…!?―「小説家になろう」発、大人気異世界転生ファンタジー！文庫版書き下ろしパート「チートな大規模農場」を収録！　2017.7 323p A6 ¥630 ①978-4-575-75146-8

◆**異世界チート開拓記　2**　ファースト著　双葉社　（モンスター文庫）
【要旨】超古代遺跡を探索中、一人、天空浮遊都市へと強制的に転移させられることになったエニードは、そこで人間の美少女にしか見えない魔動人形たちと出会い、彼女たちの主人となる。身の回りの世話をしてくれる人形たちのお陰で、楽園にいるかのような日々を過ごすことになるエニードは家族のもとへ帰るという意思も捨て切れなかった。果たして元いた世界へ戻れるのか？―「小説家になろう」発、大人気異世界転生ファンタジー2巻が早くも文庫化!!　2017.10 278p A6 ¥593 ①978-4-575-75163-5

◆**異世界チート開拓記　5**　ファースト著　双葉社　（Mノベルス）
【要旨】イーズ帝国の魔導兵団を撃退して1年、メリアはついに内外に独立を宣言した。だが、合衆国となったメリアを次々に困難が襲う。イーズ帝国の大軍勢による侵攻、さらに魔術師のマリーンによって封印されていた巨大女神像の直撃…。再びメリアがピンチに陥るが、そのタイミングで機神シィルが目覚める。物語がめぐるしく展開する最終巻。エニードによる「開拓」の向かう先は!?―「小説家になろう」発、大人気異世界救世ファンタジーがついに完結！　2017.4 189p B6 ¥1000 ①978-4-575-24015-3

◆**神眼の勇者　6**　ファースト著　双葉社　（モンスター文庫）
【要旨】闘美祭の準決勝で、マコトはエリスリア相手に勝利を収めた。だが、その直後、古代英雄マルタクレスが大会に乱入してきて戦うことに。最初は互角の戦いを繰り広げるが、マコトはより強力な武器を手に入れる魔大陸へと渡ることを決意した―「小説家になろう」発、大人気異世界ヒーローファンタジー第六弾！　2017.3 274p A6 ¥593 ①978-4-575-75124-6

◆**神眼の勇者　7**　ファースト著　双葉社　（モンスター文庫）

【要旨】破壊神イディスの力を借りたマコトは、強敵マルタクレスを倒し、ミリアを救出することに成功した。だが、安堵したのも束の間、エリスリアの故国ミレイブルク公国から、公王レイが暗殺されていて、ミリアを攻め込んできたとの知らせが入る。ピンチに陥った公国を救うため、マコトたちはミレイブルクに向かった。帝国の内戦を丸太で無双する!!―「小説家になろう」発、大人気異世界ヒーローファンタジー第七弾！　2017.11 273p A6 ¥593 ①978-4-575-75165-9

◆**ぼっち転生記　5**　ファースト著　双葉社　（モンスター文庫）
【要旨】殺されたアルをなんとか復活させたアッシュは意識不明状態を彷徨うことになった。約2か月後、側近奴隷たちの手厚い介護のおかげで目覚めることができたが、そんな束の間、冥界山脈からケルベロスたちがエターナル帝国へと攻め入ろうとしていた。一方、奴隷としてアッシュに買われた同郷出身のサラは、帝国での豊かな生活に感謝しつつもアッシュが父の仇ではないかと疑念を抱き―「小説家になろう」発、大人気異世界冒険ファンタジー第五弾！　2017.8 267p A6 ¥583 ①978-4-575-75134-5

◆**ぼっち転生記　6**　ファースト著　双葉社　（モンスター文庫）
【要旨】アッシュが約2年間ものあいだ行方不明になっていたことで、エターナル帝国では問題が山積みになっていた。アッシュという強力な存在がいなくなったことで、リザードマンをはじめ周辺部族たちが反旗を翻したのだ。帝国に戻ったアッシュは、磨きをかけた精霊術を武器に、敵対した他種族を降伏させて各種牧場の立て直しに奔走する―「小説家になろう」発、大人気異世界冒険ファンタジー第六弾！　2017.12 264p A6 ¥583 ①978-4-575-75179-6

◆**酷幻想をアイテムチートで生き抜く　5**
風来山著　マイクロマガジン社　（GC NOVELS）
【要旨】予想される帝国との決戦を前に、ルイーズの頼みで『試練の白塔』にやってきたタケル一行。目的は塔にあるとされるオリハルコンの剣を手に入れること。一方の塔のあるランクト公国の公女である突撃暴走姫のエレオノラを軽くあしらい、試練に挑むタケルであったが、そこには一筋縄ではいかない罠が待ち構えていた―。やることやっちゃう系ハーレムに進化した、生産チートファンタジー第五弾!!!!　2017.5 289p B6 ¥1000 ①978-4-89637-623-4

◆**酷幻想をアイテムチートで生き抜く　6**
風来山著　マイクロマガジン社　（GCノベルズ）
【要旨】シレジエ王国とゲルマニア帝国の戦端が開かれた。ついに女王ルイへと即位したシルエットの下、帝国との決戦に臨むタケルは短期決着を狙い、戦場で皇太子フリードへ一騎打ちを挑む。死力を尽くして激突する2人の英雄。その戦いの行方は？　そして帝国軍との圧倒的な戦力差をアイテムチートで覆せるのか？　物語は今、クライマックスを迎える!!さらに、謎に包まれていたタケルの異世界転移と酷幻想（リアルファンタジー）の始まりを描くエピソード「酷現実を生き抜く」も収録！　2017.12 283p B6 ¥1000 ①978-4-89637-668-5

◆**ジェノサイド・リアリティー―異世界迷宮を最強チートで勝ち抜く**　風来山著　SBクリエイティブ　（GA文庫）
【要旨】突然教室ごと異世界ダンジョンに転移したワタルを待っていたのは、極端に命の価値が軽い世界だった。厭暗い松明の灯りの先、剣先からどす黒い血が滴って激突する上級ゴブリンに刺された男子生徒が絶叫しながら床を転げ回っていた。一方、ワタルはこのダンジョンがかつて攻略した「ジェノサイド・リアリティー」というゲームに酷似していることに気づく。ワタルは以前得た知識をフル活用して強敵と戦い、NPCのウサギ娘と出会ったり、ひりつくような命のやりとりを楽しみながら、深く深く潜っていく。知識チートで異世界を勝ち抜ける、ダンジョン"最強"ファンタジー!!　2017.7 371p A6 ¥640 ①978-4-7973-9237-1

◆**帰宅途中で嫁と娘ができたんだけど、ドラゴンだった。**　1　不確定ワオン著　オーバーラップ　（オーバーラップノベルス）
【要旨】「助けてください…！　私の子供がさらわれたんです…！」ある日突然の少女・アオイノウンにそう助けを求められたのは、風待薫平17歳、もちろん独身。わけもわからないまま、

誘拐犯のトレジャーハンターから奪い返した風呂敷の中から出てきたのは、アオイノウンはドラゴンの少女だったのだ。さらに薫平が触れたことで、2つの卵が突如孵化し、玉のような2匹のドラゴンの赤ちゃんを身ごもってしまう。「良かったねーパパが抱っこしてくれて…」冷静になろう冷静に。私たちはスカイドラゴン！　そして2匹は私の赤ちゃん。パパはあなたです！」風待薫平17歳、突然既婚？　2児のパパ？　冷静なんてとても渡英する。薫平とドラゴンの嫁、そしてドラゴンの娘たちとの平凡で平凡じゃない毎日が、今ここから始まる！　2017.11 316p B6 ¥1200 ①978-4-86554-285-1

◆**英国幻視の少年たち　4**　ウィール・オブ・フォーチュン　深沢仁著　ポプラ社　（ポプラ文庫ピュアフル）
【要旨】「幽霊が見える」中学生の鞠子は、ある老女との出会いをきっかけにイギリスへの憧れを募らせて、二十歳でとうとう渡英する。妖精を探した果てに見つけたのはグレンという名の青年。二人の運命は大きく変わる―。ほか、英国特別幻想取締報告書の幹部ハイド氏のパートナーであり、浮世離れした美貌を持つエルフ・エドワードの過去、幼少期のエドワードたちの関係なども描かれ、少しずつ謎が解き明かされてゆく人気シリーズ第4弾！　2017.3 317p A6 ¥660 ①978-4-591-15412-0

◆**英国幻視の少年たち　5**　ブラッド・オーヴァ・ウォーター　深沢仁著　ポプラ社　（ポプラ文庫ピュアフル）
【要旨】ロンドンで「ゴーストの死神」をめぐる事件に巻き込まれて以来、報告局の上層部からも注目される存在となったカイ。エドから本部への引っ越しを提案されるが、一度ウィッツベリーに戻って検討することになった。ランスとの言い争い、つきまとう悪夢、タガード兄弟からの届け物、不審な訪問者―。さまざまなことを経てカイが出した答えとは？　番外短編「メイトランの夏」を収録した、シリーズ第5弾！　2017.7 253p A6 ¥640 ①978-4-591-15498-4

◆**青の聖騎士伝説―LEGEND OF THE BLUE PALADIN**　深沢美潮著　KADOKAWA　（電撃文庫）
【要旨】これは、『フォーチュン・クエスト』シリーズの戦士クレイ・S・アンダーソンの曾祖父であり、勇者デュアン・サークとも共に戦った"伝説の青の聖騎士"―クレイ・ジュダ・アンダーソンの冒険譚。伝説の名剣シドを手にするきっかけとなった、悲しく痛ましい物語（「サラスの章」）、トラップの曽祖父でもある終生の友ランドとの出会い（「ランドの章」）、若き日の恋の思い出（「ミルダの章」）…単行本に収録されたこれら三つの章に、『新フォーチュン・クエスト』本編でも語られた、美しいエルフ・ロスマリノとの冒険のエピソード「ロスマリノの章」を書き下ろし収録。15年の時を経て蘇る、ファン待望の文庫版!!　2017.7 246p A6 ¥590 ①978-4-04-893284-4

◆**青の聖騎士伝説　2　LAMENTATION OF THE EVIL SORCERER**　深沢美潮著　KADOKAWA　（電撃文庫）
【要旨】これは、『新フォーチュン・クエスト』シリーズの戦士クレイと、彼の曾祖父であり勇者デュアン・サークとも共に戦った伝説の青の聖騎士クレイ・ジュダ・アンダーソン―ふたりのクレイが手にすることのなる、名剣シドをめぐる物語。剣の創り手への決意の旅立ち、若き日の魔法使いセヴァランを巻き込んだ策謀、そしてすべての元凶・魔道士グラシェラの秘められた過去に触れるクレイ・ジュダ・サーク兄弟からの本単行本に収録された三編に加え、『新フォーチュン・クエスト』本編にも登場したグリーンドラゴンのジェームラウとクレイ・ジュダの運命的な出会いのエピソード「ジェームラウの章」を書き下ろし収録。待望の文庫版、第二巻!!　2017.8 289p A6 ¥630 ①978-4-04-893286-8

◆**新フォーチュン・クエスト2　9　エルフたちの逐巡**　深沢美潮著　KADOKAWA　（電撃文庫）
【要旨】アビス海にあるというエルフの里「白城島」へと向かったパステルたち。白城島の「エルフの里通行証」管理人のグリエルマには会えたけど、島への上陸許可が下りずに二、三日はかかるらしい。その先、行方不明になっていた『蒼の樹冠』のエルフの里通行証管理人ジャック・チボットを発見！　ジャックのほか、何人ものエルフが原因不明の病気にかかっていて、この病気を治すにはアビス海の海域「妖海」に生息する「プチモニ」が必要なのだという。パステルたちはプチモニをゲットするため

に妖海へと漕ぎだした!!そんなこんなの事態を解決しつつ、ようやく白城島への上陸許可を得た一行。今度こそ、ルーィミィの家族の手がかりは得られるのか!?
2017.12 222p A6 ¥570 ①978-4-04-893404-6

◆ガールズシンフォニー――少女交響詩 深見真著 KADOKAWA (ファミ通文庫)
【要旨】音楽に宿る超常の力を巡り、科学技術階級「文明ギルド」と音楽を愛する演奏家、音精が集う「音楽院」が対立する世界ハルモニア。ある日、戦火から逃れることができた落ちこぼれ指揮者ベルタはヴィエンナ音楽院の理事長代理メンデルスゾーンに拾われると、いきなりコンバット・オーケストラの指揮官として、少女たちと共に前線に送られることに一!? ベルタの芸術を守る戦いが今始まる！軍ფ師の音精ウージェが加入するシリアルコード付き！
2017.8 250p A6 ¥680 ①978-4-04-734717-5

◆神獣(わたし)たちと一緒なら世界最強イケちゃいますよ？ 福山陽士著 KADOKAWA (富士見ファンタジア文庫)
【要旨】多様な職業の冒険者が覇を競う世界『セント・エスピリ』。少年・ディオスは、なぜか女性しかなれないはずの「神獣使い」に選ばれる。半信半疑で召喚を試みると――「よろしくね、ご主人様！」「ついてきて男！？」4人の美女の神獣少女が現れた!?チートな力を持つ神獣たちは、初めての男神獣に興味津々で、ディオスと仲良くなるため一緒にデートしたり、お風呂に入ったり、更にはちょっぴりHな行為を要求してきて――！？「私のこと…好きにしていいからっ」ツヨカワな彼女たちとの絆を深めて、世界最強を決する異種武闘大会の優勝を目指す! 神獣ちゃんと歩むイチャラブ冒険譚、開幕です！
2017.7 249p A6 ¥600 ①978-4-04-072368-6

◆神獣(わたし)たちと一緒なら世界最強イケちゃいますよ？ 2 福山陽士著 KADOKAWA (富士見ファンタジア文庫)
【要旨】見事強敵を撃退した、世界唯一の男の神獣使いディオスと神獣たちは、次の事前大会の開催地バハル・シエロを訪れていた。「海辺の楽園」とも称されるリゾートで、ひとときの休息を楽しんでいたディオスたちだったが――ビーチの熱気でタカまった神獣たちがいつも以上に迫ってきちゃって！？平和な時間も束の間、レイナが何者かに誘拐される事態が発生。残った仲間と共に、イチャイチャタイムを壊す卑劣な敵を懲らしめ！神獣ちゃんとのイチャラブ冒険譚、水着回です！
2017.11 293p A6 ¥600 ①978-4-04-072376-1

◆魔剣師の魔剣による魔剣のためのハーレムライフ 2 伏(龍)著 新紀元社 (モーニングスターブックス)
【要旨】特殊な武器と意思を交わし鍛えることができる「魔剣師」としての新たな人生を始めたソウジロウ(富士宮総司狼)は、侍祭システィナと刀娘の蛍や桜とともに、塔の階層ボスとして出現した階層主を打ち倒した。レイトークの街を救った功績を領主から称えられ、報奨金を得たソウジロウたちは、平穏な暮らしを求めて新居の購入を考える。物件を検討するなかで見つけた格安の屋敷には、ある特典が付いていた!?第4回「ネット小説大賞」受賞作、待望の第2巻！
2017.8 306p B6 ¥1200 ①978-4-7753-1489-0

◆パチモンアプリでハーレムを作ろう 袋熊著 リンダパブリッシャーズ, 泰文堂 発売 (レッドライジングブックス)
【要旨】オタクの大学生・大町誠也が偶然にもインストールしてしまった、ゲットした女の子とエッチができるアプリ!?半信半疑ながらもアプリの指示に従うと、女の子をゲットして脱童貞！JK・JD・OLなど、様々な美女とエッチし放題のイチャラブ生活が送れる！誠也は、好みの女の子をゲットしようとするが、かわいい子ほど捕獲の難易度が高くて…。はたして誠也は理想のハーレムを築けるか！？
2017.10 302p B6 ¥1200 ①978-4-8030-1078-7

◆魔欠落者の収納魔法――フェンリルが住み着きました 富士とまと著 双葉社 (Mノベルス)
【要旨】誰もが六つの魔法を使える世界。五体六法満足に生まれなかった者は「魔欠落者」として蔑まれていた。収納魔法しか使えないエイルは父親に売られる。しかも、唯一使える収納魔法さえ、収納力が大きいだけで状態維持や時間停止効果のない出来損ない品のため、売られた先の店も追い出されてしまう。そんなエイルは、魔欠落者の少年ルークと出会い「魔欠

落者が幸せに暮らせる場所」を探し始め――。第5回ネット小説大賞受賞作。
2017.11 348p B6 ¥1200 ①978-4-575-24064-1

◆オタクガール、悪役令嬢に転生する。 富士ゆゆ著 KADOKAWA (ビーズログ文庫アリス)
【要旨】オタク暦15年、BL一筋に生きてきた腐女子が「脱！悪役令嬢」を目指して大奮闘!?最後の記憶はイベントのアフター――なのに、目の前の鏡に映っている縦ロール女は誰っ!?戸川芭琉が転生したのは、超人気乙女ゲーム「私立学園花乱舞」の悪役令嬢。高校3年間の破滅フラグを回避せよ！……って言われても、このゲーム全然知らないよ!?だって私、乙女ゲーだったんだから――!!攻略キャラの知識は無いけど、兄と幼なじみのCVが生前の推しカプと同じっぽいので妄想だけは捗るー！！
2017.2 279p A6 ¥620 ①978-4-04-734482-2

◆クラウは食べることにした 藤井論理著 KADOKAWA (角川スニーカー文庫)
【要旨】第22回スニーカー大賞"特別賞"受賞作！庭先の巨大な竹から現れたのは、文化侵略兵器を名乗る銀髪の小女・クラウ。日本の文化力を吸いつくし、高天原に送るのが目的らしい――「も、もうダメぇ…変身しちゃうよぅ…」料理を食べては他国に送り、蓄えた文化力で変身するし、あげく香辛料でハイになり。そんな食い意地MAX侵略者の俺、匠香介の家で、料理と文化と地球の明日を巡る同居生活が始まるのだった！
2017.8 315p A6 ¥620 ①978-4-04-106028-5

◆ラブノート――俺だけが知っているヒロインルートの攻略法 藤井論理著 KADOKAWA (角川スニーカー文庫)
【要旨】高校デビューに失敗した光成に、突如モテ期が訪れた！『急に積極的になる幼なじみ』『登校中、金髪の転校生と激突』『図書室で美少女に手を握られる』しかしその出会いは、ネット小説『ラブノート』のあらすじ通りの展開で！?戸惑う光成もお構いなしに『ラブノート』は次々更新されされ、やってくるズレた『ラブコメ展開』！しかもその作者は、ヒロイン達の中にいる！?予測不可能な悶絶ラブコメ！
2018.1 286p A6 ¥600 ①978-4-04-106529-7

◆今からあなたを脅迫します――透明な殺人者 藤石波矢著 講談社 (講談社タイガ)
【要旨】「三分間だけ、付き合って？」。目の前に置かれたのは、砂時計。怪しいナンパ師・スナオと私は、公園の隅れにある自転車の謎を追うちちに、闇金業者と対決することに。ところが、悪党が不可解な事故死を遂げ、その現場で目撃された人物というは――って、これ、脅迫屋の千川さんだ！殺しはしないはずの悪人・脅迫屋の凶行を止めようとする私の前で、彼はさらなる殺人を！？
2017.8 251p A6 ¥660 ①978-4-06-294081-8

◆今からあなたを脅迫します――白と黒の交差点 藤石波矢著 講談社 (講談社タイガ)
【要旨】「わ、私は脅迫屋の仲間ではありません！」。ごく普通の女子大生……のはず。なのに、ひょんなことから脅迫屋・千川、無愛想な泥棒・目黒、ギャルハッカー・栃乙女たちと知り合い、彼らの悪事を止めるため奔走することに。結婚詐欺の罠、親友を脅迫してほしい脚本家、千川が追う組織へとつながる男。事件に首を突っ込むむちに、お人よしお嬢様は身辺トラブルへと引き込まれ!?シリーズ最新刊。連続ドラマ化！
2017.10 297p A6 ¥720 ①978-4-06-294092-4

◆ポンコツ勇者の下剋上 藤川恵蔵著 KADOKAWA (MF文庫J)
【要旨】王立士官学校の卒業を間近に控えたクロウ。ある日彼は、選ばれし勇者にしか扱えない神剣一聖光剣エクスキャリバーの声を聞いてしまう！声の主である聖光剣の精霊・ホリーが言うには、世界を滅ぼす魔王が復活するため、一刻も早く勇者を探して聖光剣を渡さないといけないらしい。クロウは、剣を勇者に届けるというお手軽なお仕事で世界を救う立役者になれるなら快諾し、勇者を探す旅に出た。ところが問題児のクロウと、性格がハチャメチャなホリーの2人で旅は前途多難！さらに見つけた勇者は、なんと奴隷の幼女で――!?一体どうやって連れて帰ろう…？「あの子の主を、私を使ってぶった切れば良いんじゃないですか？」「良くねぇよ！」。
2017.12 263p A6 ¥580 ①978-4-04-069616-4

◆最底辺からニューゲーム！――あえて奴隷になって異世界を実力だけで駆け上がります 藤木わしろ著 ホビージャパン (HJ文庫)
【要旨】日本人の青年タクミは、生まれ育った環境に恵まれ過ぎていたため、自分の本当の実力を知る機会を得られずにこの世を去った。その未練から異世界転生の資格を得た彼は、これ幸いと異世界に対して"実力だけが評価される過酷な世界への転生"を要求！優しい環境もチート能力もすべて断り、無事、非力な奴隷の子どもに転生したタクミは、牢屋の中で奴隷の子どもたちを相手に情報収集を開始！さらにエルフと獣人の奴隷美少女を支配下に加え、あっという間に奴隷商人へと出世していく――!?
2017.7 267p A6 ¥619 ①978-4-7986-1480-9

◆最底辺からニューゲーム！ 2 奴隷商人は次に地位と名誉と無垢な少女を手に入れます 藤木わしろ著 ホビージャパン (HJ文庫)
【要旨】奴隷の立場から一転、「お人好しの奴隷商人」として出世街道を爆走中のタクミ。そんな彼の功績により、下層階級の商会だった"鈴蘭"は、国家公認の四大商会の一角にまで上り詰めていた！しかしその程度では当然満足などしないタクミは、新たな事業と人脈作りに勤しむべく、王家主催の立食会へと参加するが――「籠の中の鳥は…自由に啼くことすら許されないのです」奴隷のように扱われる大司教の少女リーゼと出会ったことで、タクミは世界の常識をぶち壊し、彼女を救うことさえ決意する!!奴隷転生からの痛快ファンタジー、出世しまくりの第2弾！
2017.11 267p A6 ¥619 ①978-4-7986-1564-6

◆王家の裁縫師レリン――春呼ぶ出逢いと糸の花 藤咲実佳著 KADOKAWA (角川ビーンズ文庫)
【要旨】フランチェスカ王国を統べる女王の服を仕立てる者は国最高位"王宮裁縫師"の称号を与えられる――幼い頃に両親と生き別れるも天才的な刺繍の腕を持つレリン。女学校では、全校生徒が"王子様"と憧れる騎士フォルスと出会い、彼の支えで王宮裁縫師に挑むことに。そんな時、王女編みの噂が流れ事件が…!?「あなたには、夢がありますか」少女は縫い裁つ力で運命を切り開く。第15回小説大賞、優秀賞&読者賞W受賞作。
2017.11 255p A6 ¥600 ①978-4-04-106288-3

◆アトム ザ・ビギニング――僕オモウ故ニ僕アリ 藤咲淳一著 小学館 (ガガガ文庫)
【要旨】原因不明の大災害に見舞われた近未来の日本。国立練馬大学で、日夜ロボット研究に明け暮れる若き日の天馬博士とお茶の水博士。大学構内に不穏な空気が漂うなか、天馬たちは、とある人捜しの依頼を引き受けることになるが…。重機の暴走、学生集団によるナナケン占拠、そして、舞台は温泉郷へ――！「月刊ヒーローズ」連載のゆうきまさみ×カサハラテツロー が新解釈で描いた"鉄腕アトム"誕生前夜の物語を、TVアニメのシリーズ構成を手掛ける藤咲淳一がオリジナルストーリーでノベライズ！
2017.4 239p A6 ¥574 ①978-4-09-451668-5

◆火星ゾンビ 藤咲淳一著 マイクロマガジン社 (ブックプラスト)
【要旨】「…なにが、起きたの？」闇の中、閉ざされてきた少女の声は震えていた。ぽっと小さな光が灯り、その顔が浮かび上がる。不安の色が浮かんだ音無カノンの顔だった。高田馬場駅前にあるレジャービル・ビッグボックス2階にある女子トイレの個室のひとつでカノンが一息ついた瞬間、足元を突き上げるような揺れとともにやってきたのは、闇と静けさ。あれは地震だったのだろうか。停電が起きたにしては静かすぎる。
2017.8 297p B6 ¥1480 ①978-4-89637-650-0

◆王太子様は無自覚!?溺愛症候群なんです ふじさわさほ著 スターツ出版 (ベリーズ文庫)
【要旨】大国の王太子と政略結婚することになった王女ラナは、嫁入り早々、敵国の刺客に誘拐されてしまう。そのピンチを華麗に助けてくれたのは、なんと婚約者であるエドワード。キュンと胸がときめくも、自由奔放なラナと強引なエドワードはケンカばかり。ところが、あることをきっかけにふたりの仲は急接近!?「お前は俺のものだ」ついに閉じ込めて離さない彼の独占愛に、ラナは溺れていき…。
2017.2 313p A6 ¥620 ①978-4-8137-0203-0

◆即死チートが最強すぎて、異世界のやつらがまるで相手にならないんですが。 2

ヤング・アダルト小説

小説

藤孝剛志著　アース・スターエンターテイメント, 泰文堂 発売　（アース・スターノベル）
【要旨】クラスメイトと共に突然異世界に召喚された高遠夜霧と壇ノ浦千佳は、"ギフト"と呼ばれる能力を授けられるも捨て置かれたのだが、実は夜霧は元々特異な"即死能力"を持っていて、日本政府はおろか世界中から監視される存在だったのだ!!力に溺れた者たちが、二人を無能力者と侮り、次々に理不尽な要求を突き付けてくるが、夜霧はそのことごとくを即死能力で葬っていく。
2017.2 361p B6 ¥1200 ①978-4-8030-1000-8

◆即死チートが最強すぎて、異世界のやつらがまるで相手にならないんですが。3
藤孝剛志著　アース・スターエンターテイメント, 泰文堂 発売　（アース・スターノベル）
【要旨】突然召喚された異世界で、クラスメイトから足手まといと切り捨てられた、高遠夜霧と壇ノ浦千佳。自分が目的を持って合流すべく王都を目指す二人の前に、次々に行く手を阻むものが現れる。夜霧はそれを全て隠していた"即死能力"で排除していくが、その過程で、この世界の最大脅威の一つだった魔神すら葬り去ってしまう。図らずもこの世界のパワーバランスを崩してしまった二人が、"賢者"や"聖王"といったこの世界の中枢を成す存在と、深く関わっていくことになる。
2017.4 318p B6 ¥1200 ①978-4-8030-1084-8

◆ガーリッシュ　藤谷郁著　アルファポリス, 星雲社 発売　（エタニティ文庫）
【要旨】純情OLの亜衣は、旅行先で素敵な男性・翔哉と出会う。優しい彼に惹かれる亜衣。そんななか、彼が大切にしていたネックレスを紛失してしまう。自分が原因だと落ち込む亜衣は、そのお詫びとして彼の仕事を手伝うことに。詳細は聞かされないままだが…なんと彼は、女性向けエッチ系漫画の超売れっ子漫画家だった！エッチな話題が大の苦手な亜衣。だが、彼のためなら何でもすると覚悟を決めて!?純情OLと人気漫画家の妖しいラブ攻防戦！文庫だけの書き下ろし番外編も収録！
2017.7 355p A6 ¥640 ①978-4-434-23485-9

◆時をかける眼鏡―華燭の典と妖精の涙　樫野道流著　集英社　（集英社オレンジ文庫）
【要旨】かつての宗主国アングルから、国王の同意がなければジョアンとヴィクトリアの結婚を認めないとの通告が入った。ロデリックは、キャスリーンお披露目の舞踏会にアングル特使を招待し、その席で言質をとろうと一計を案じる。が、自分の立場にアングル特使を怒らせてしまい、窮地に立たされた一同。謝罪の代わりに伝説の宝物「妖精の涙」を差し出すように言われ、医学生遊馬が、幻の宝物を求めた先で見たものは…。古の謎を"現代法医学"で解き明かす、タイムスリップ・ミステリー!!

◆真夜中の本屋戦争　2　藤春都著　白好出版, 星雲社 発売　（ホワイトブックス）
【要旨】書店アルバイトの渡鍋渉は年度末の返本作業をしていた。そこには見知った姿も。「貴様、わしにいったい何をする?」複雑な気持ちで信長さんたちを返本すると正社員の竹河紫野。そして、別れがあれば出会いも。「あたし、狐だよ。本が好きなの」そう言って微笑む新任妖怪店長の九十九玉緒。「いいんでしょうか…」「本が好きならいいんじゃないでしょうか」頭をかかえる渉とにこやかな紫野。だが、頭をかかえるのはそれだけではなかった。「わしらを一度や二度の返本で滅ぼせると思うなよ！」「信長さんたち、また入荷してるよ」狭い店内に帰ってきたいつもの全メンバーたち。渉と紫野の恋も絡んでドタバタ騒ぎ。エキナカ書店は今日も"通常営業"！
2017.9 254p B6 ¥1200 ①978-4-434-23709-6

◆文字魔法×印刷技術で起こす異世界革命　藤春都著　ホビージャパン　（HJ文庫）
【要旨】印刷屋の跡取り息子で、三度の飯より印刷が好きな青年・坂上宗一郎は、ある日女の子の声に呼ばれ異世界へ召喚される。彼を召喚した少女・アイリによると、この世界では文字が禁忌とされ、字の魔法を受け継ぐアイリの一族は迫害されているという。「本も読めないなんて世界を変えて！」そんな願いを叶えるため宗一郎が考えたのは、アイリが描いたえっちイラストを世界に載せて世界中にバラ撒くこと!?街の片隅に置かれたエロ本で世界を変える、異世界情報革命ファンタジー、開幕！
2017.4 262p A6 ¥619 ①978-4-7986-1346-8

◆事故物件幽怪班　森羅殿へようこそ―逢魔ヶ刻のささやき　伏見咲希著　講談社　（講談社X文庫―ホワイトハート）
【要旨】各務コーポレーション不動産部のフシギ部署―通称「森羅殿」には、今日も同社が管理する事故物件の除霊依頼が舞い込んでくる。森羅殿きっての知性派メガネ男子・坂城桂はは、出入りの花屋の店員で、除霊作業の強力な助っ人でもある連蓮之介の圧倒的な霊能力に驚く日々だが、どうやらこの連、大きな秘密を抱えている様子で…？生霊の怨念も死霊の未練もまとめて祓う、痛快オカルトミステリ！
2017.4 220p A6 ¥600 ①978-4-06-286942-3

◆エロマンガ先生　9　紗霧の新婚生活　伏見つかさ著　KADOKAWA　（電撃文庫）
【要旨】「初めて出逢うずっと前から…あなたのことが好きでした」お互いの過去を打ち明け合い、ようやく心を通じ合わせたマサムネと紗霧。二人は子供の名前を考えたり、初デートをしたり初々しいやり取りをする。そんな和泉兄妹に、エルフとムラマサが言ったこととは!?先輩作家の草稿から、酔った過ぎて危険なメッセージを誤射してしまったことを相談されたマサムネと国光。彼女たちが知れたい人物とは？獅童国光渾身の新作小説の内容とは？ 叔母の京香に紗霧との新たな関係を報告したマサムネ。だが京香の反応は意外なもので…。そして和泉兄妹に京香がずっと隠してきた"秘密"が明かされる！
2017.6 245p A6 ¥570 ①978-4-04-892950-9

◆僕と君だけに聖夜は来ない　藤宮カズキ著　KADOKAWA　（角川スニーカー文庫）
【要旨】12月24日の夜。高校生の理一は、片想いの相手・なつみと結ばれる。しかし喜ぶ間もなく目の前で彼女は命を落とし、気づけば2日前に戻っていて…。「好き」をトリガーに時間が巻き戻ることを知った理一。今度こそ彼女の告白を回避しようとするが、どう足掻いてもなつみは告白し、死んでしまう。そして彼女の告白を防ぐため、策を練る理一。「好きだよ、理一。君が好き」クリスマスイブに閉じ込められた理一は、繰り返す悲劇を越え、未来を手に出来るのか。
2018.1 286p A6 ¥600 ①978-4-04-106366-8

◆ゲーム脳な召喚師―育成チートで天下無双　フジヤマ著　SBクリエイティブ　（GA文庫）
【要旨】異世界"無限育成論"を解禁致します。能力をステータス画面にてご確認ください」全ての人間が魔獣を召喚し、使役する異世界。ゲームのやり過ぎで過労死した少年、ユウヤは理由も不明なまま異世界で目を覚まし、親切な少女の助けも得て召喚の儀式に参加する。しかしスローライフを目指す彼は、チートじみたスキルを獲得し、同時に最強の神獣王を呼び出してしまう。ところが、肝心のパートナーは強制的にレベルダウンされており―!?「ゲーム大好き主人公」＋「工夫次第で無限に強くなるチート」で、天下無双の大活躍！WEB小説でも人気のモンスターバトルストーリー、スタート！
2017.7 281p A6 ¥600 ①978-4-7973-8999-9

◆ノウ無し転生王の双界制覇（ブラックアーツ）　藤原健市著　集英社　（ダッシュエックス文庫）
【要旨】黒級練は、魔法先進国日本初の超一級魔法使いになれると期待された魔法の神童だった。しかし魔法の本場ブリタリア王国の姫をテロから守った代償に、ノウと呼ばれる魔力をほとんど失い、魔法を学ぶ資格も奪われた。それでも独学で魔法の勉強を続けていた練は突然、国立魔法術学院高等部の入学を許可される。ノウ無しが今さら何を学びに来たと来下される練だが、決闘を挑んできたエリート生徒を、わずか「1」しかない魔力で返り討ち。そこに練がかつて命を救った姫が現れ、跪いて告げる。「貴方に、娶られにまいりました」魔力空っぽでも超絶魔法技巧の俺TUEEE、異世界交流開始！
①978-4-08-631182-3

◆乙女ゲームの世界でヒロインの姉としてフラグを折っています。　藤原惟光著　KADOKAWA　（ビーズログ文庫アリス）
【要旨】妹は前世でハマり込んでいた乙女ゲームの最推しヒロイン。そして私は姉の真梨香に転生した！でも、このゲームの攻略キャラはヤンデレ王子や傲慢パパなどろくな男がいない!!そんな"残念男"達のルートに突入すれば、可愛い妹は辛い思いをしてしまう。ならば、攻略キャラとのフラグを折ってしまえ！そうして、攻略キャラ全員の様子を窺えるポジション＝生徒会に潜入したヒロインは、なんだかゲームの設定とは違うような…!?
2017.7 250p A6 ¥620 ①978-4-04-734731-1

◆ドラゴンは寂しいと死んじゃいます―レベッカたんのにいたんは人類最強の傭兵　1
藤原ゴンザレス著　アース・スターエンターテイメント, 泰文堂 発売　（アース・スターノベル）
【要旨】"不死身の傭兵"として戦場で恐れられるアッシュは、実は争いを好まず、お菓子作りを愛するマイペースでピュアな17歳の男の子！そんな彼はケガを理由に傭兵を辞め、スローライフを送ろうと田舎の村で土地と古いお屋敷を手に入れた。古いお屋敷でのんびり生活をはじめたアッシュだったが、ある日、羽が折れたドラゴンの子供"レベッカ"を保護することに。その出会いをきっかけに、アッシュのもとには個性豊かなメンバーが集まって奇妙な共同生活へと発展!?彼は知らず知らずのうちに、自身のルーツを辿る新たな冒険へと歩みを進めるのであった。
2017.1 355p B6 ¥1200 ①978-4-8030-0985-9

◆ドラゴンは寂しいと死んじゃいます―レベッカたんのにいたんは人類最強の傭兵　2
藤原ゴンザレス著　アース・スターエンターテイメント, 泰文堂 発売　（アース・スターノベル）
【要旨】街でケーキ屋さんを開店した元傭兵の青年アッシュは、ドラゴンの子供レベッカたちとともに賑やかで楽しいスローライフを送っていた。ところが、街が何やら騒がしくなってきたと思ったらこちらの迷惑も考えずに自分勝手な要求ばかりを提示してくる。しかも、交渉が決裂したと思ったら今度はアッシュを亡き者にしようと刺客まで送ってきて、さあ大変！そのんびり暮らしたいだけなのに…の！そして一皇帝直轄の重要施設に、突然の空からの襲撃！施設を粉々に崩壊させる飛来物、それは、まさかのアッシュ!?皇帝の刺客との戦い＆明かされるアッシュ出生の秘密！怒涛の展開から目が離せない第2巻！書き下ろしストーリー収録!!
2017.5 341p B6 ¥1200 ①978-4-8030-1051-0

◆ドラゴンは寂しいと死んじゃいます―レベッカたんのにいたんは人類最強の傭兵　3
藤原ゴンザレス著　アース・スターエンターテイメント, 泰文堂 発売　（アース・スターノベル）
【要旨】農家兼ケーキ屋さんとして街で活躍する元傭兵の青年アッシュは、レベッカを始めとするドラゴンの子供たちや自分を理解してくれる仲間たち、初めてできた"彼女"のアイリーンとともに楽しいスローライフを送っていた。そんななか、王都で大人気の舞台女優クローディアが街へやってきた。街を気に入ったクローディアはアッシュを巻き込みこの街で自分の復活公演をやるつもりらしい。いくらクローディアが有名人でも、辺境のこの街に集まる物好きなんて…って、えぇー!?クローディアの舞台復活＆彼女の秘蔵っ子の噂は瞬く間に王都を駆け巡り、彼女のファンが押し寄せる。かつてない光景にてんやわんやだけど、俺一舞台俳優デビューしちゃいますっ!!
2017.12 349p B6 ¥1200 ①978-4-8030-1124-1

◆ファイナルファンタジー14 きみの傷とぼくらの絆―ON（THE NOVEL）LINE
藤原祐著　KADOKAWA　（電撃文庫）
【要旨】従姉に強引な勧誘を受けて始めたオンラインゲーム『ファイナルファンタジー14』で、僕はひとりの冒険者と出会う。彼女は可愛らしい猫耳の少女であり、親切で魅力的な性格であり、けれどゲームの外では一療養所のベッドでノートパソコンを抱える、体に深く沈んだ目をした女の子だった。リアルから始まりゲームへも影を落とす彼女の傷と、ゲームから始まってリアルへと繋がっていく僕らの絆。彼女がゲームの中で見せてくれた笑顔は決して嘘なんかじゃない。だから後は灰色の病室で、彼女の背を押そうと思う―エオルゼアで彼女が、僕の背を押してくれたように。
2017.6 324p A6 ¥650 ①978-4-04-869448-3

◆転生したらスライムだった件　10　伏瀬著　マイクロマガジン社　（GC NOVELS）
2017.4 399p B6 ¥1000 ①978-4-89637-630-2

◆転生したらスライムだった件　11　伏瀬著　マイクロマガジン社　（GC NOVELS）
【要旨】勇者が目覚めると共に、運命の歯車が動き出す―。魔王ルミナスとの約束である音楽会を開催するため、神聖法皇国ルベリオスを訪れることになったリムルたち。進む音楽会の準備―

だが、その裏側ではリムル、そしてルミナスをも巻き込む物騒な陰謀が張り巡らされていた。はたして音楽会は無事に開催されるのか!?
2017.12 403p B6 ¥1000 ①978-4-89637-678-4

◆勇者のパーティで、僕だけ二軍!? 布施瓢章著 KADOKAWA（富士見ファンタジア文庫）
【要旨】魔王討伐における人類の希望=勇者。そんな勇者が率いる最強パーティに、炊事・洗濯さらには買い出しを極めた選ばれし雑用がいた。彼の名はロキ。パーティで唯一の二軍である！「僕は雑用をするためにパーティに入ったわけじゃない！」女遊びに二日酔いとクズすぎる勇者に、くじけそうになりながらも剣を夢見て剣の特訓を続けるロキ。そんなある日、自称・天才美少女魔法使いのルミナの二軍落ちをきっかけとして、一軍の座をめぐる闇討ち上等なパーティ内戦争が勃発し―!?この物語は、ほっちな二軍の少年がメンバーたちの信用を勝ち取り、クズ勇者への下克上を目指す冒険譚である！
2017.2 331p A6 ¥600 ①978-4-04-072233-7

◆勇者のパーティで、僕だけ二軍!? 2 布施瓢章著 KADOKAWA（富士見ファンタジア文庫）
【要旨】クズ勇者が、酒・女遊びに続き、ギャンブルにまで手を出した事で、資金難に陥った勇者パーティ。「一万ゴールドを稼いだやつから、一軍にしてやる」勇者の一声で、またしても一軍の座をかけた"お金稼ぎ"という名のパーティ内戦争が勃発してしまう。一軍登用を目指すロキは、冒険者ギルドに登録するも、「迷い犬の捜索」しか受けられず悪戦苦闘。アビゲイルもまた、「お触りNG」なせいで、バニーガールの仕事を解雇されてしまい、うまく稼ぐ事ができなくて…!?この物語は、二軍（雑用担当）の少年と男性が頼れるギャル戦闘員とショタ似合う僧侶がお金を稼ぎ、一軍登用を目指す冒険譚である！
2017.5 284p A6 ¥600 ①978-4-04-072525-9

◆ようこそ！ジョナサン 異世界ダンジョン地下1階店へ 船橋由高著 講談社（講談社ラノベ文庫）
【要旨】ジョナサン異世界ダンジョン地下1階店。ここは日本と異世界をつなぐ地下迷宮、冒険者や異世界の住人たちの憩いのファミリーレストラン。今日も主人公の渉くんは、一クセもふたクセもある文字通りモンスター客たちの注文とりに、おおわらわ。そんなある日、白い制服に身を包んだ魔法使いの少女・レイスがこのジョナサンを訪れる。すっかり彼女に気に入られた渉くんだったが、彼女にはある「呪い」がかけられており、その鍵を探してこのジョナサンでアルバイトをしていたのだ。レイスは喜んで呪いを解く鍵を探してくれると言うが、レイスにやられたリザードマンがお店に乱入して―！異世界ファミレス1号店に、今日もモンスターたちが大繁盛!! 2017.6 274p A6 ¥620 ①978-4-06-381592-4

◆悪役令嬢は隣国の王太子に溺愛される 2 ぶにちゃん著 KADOKAWA（ビーズログ文庫）
【要旨】乙女ゲームの悪役令嬢に転生してしまったけれど、隣国の王太子アクアスティードの熱烈な求愛を受け婚約したティアラローズ。隣国で花嫁修業をすることになったのだが、そこは転生前にプレイできなかったゲーム続編の舞台。そしてアクアスティードはメイン攻略対象!! 当然ヒロインもいるはず。なのに、悪役令嬢な私が森の妖精王にまで気に入られたみたい―？
2017.4 250p A6 ¥600 ①978-4-04-734479-2

◆悪役令嬢は隣国の王太子に溺愛される 3 ぶにちゃん著 KADOKAWA（ビーズログ文庫）
【要旨】乙女ゲームの悪役令嬢に転生してしまったものの、隣国の超高スペック王太子・アクアスティードに溺愛され婚約したティアラローズ。なんとか正ヒロインルートを回避し、幸せいっぱいな新婚生活…のはずが、なぜか森の妖精王から嫌がらせを受けるはめに。さらにアクアスティードが惚れ薬を飲まされてしまう!!そんな、ゲームはまだ終わっていなかったのー!?
2017.6 254p A6 ¥600 ①978-4-04-734671-0

◆悪役令嬢は隣国の王太子に溺愛される 4 ぶにちゃん著 KADOKAWA（ビーズログ文庫）
【要旨】隣国の王太子アクアスティードの妻として溺愛される悪役令嬢・ティアラローズ。ひょんなことからゲームの「隠しステージ」があることを知り、内緒で探索に行くことに。そこで出会った怪しい男―レヴィはティアラローズが

"悪役令嬢"であることを知っていた！もしかして同じ転生者なのか！しかも彼が仕える公爵令嬢はアクアスティードの元婚約者のようで…？
2017.10 253p A6 ¥620 ①978-4-04-734799-1

◆ガラスの靴には、ネズミがくわえて持ち去りました。ぷにちゃん著 Jパブリッシング（フェアリーキス）
【要旨】シンデレラの物語に転生したリラを支えてくれるのは、優しいネズミのナキア。でも王子様との出会いを喜んでくれるはずのナキアはなんだか不機嫌。ある日、ナキアと同じ瞳の色をした美しい青年がリラの前に現れて―「俺のこと、本当にわからない？ 答えないとキスしちゃうよ」いつもそばにいて友達だと思っていたネズミは、実はリラに一目惚れした魔法使いの弟子だったのだ！ ナキアの言葉に胸が高鳴ってしまうリラの恋の行方は…!?
2017.3 299p B6 ¥1200 ①978-4-908757-69-3

◆緑王の盾と真冬の国 2 ぷにちゃん著 KADOKAWA（カドカワBOOKS）
【要旨】盾に転生した私。実は真冬の国に春を呼ぶすっごい宝物だった(らしい)のは良いのだが、その力をうっかり反射して欠けさせてしまったのだ！力を取り戻すため、パートナーの王子アークと、その騎士リンと旅に出た私だが、その先で出会ったのは一双剣の精霊!?しかも何か緑王の秘密を知っているらしく…。そして訪れる、それぞれの決断の時。私は、ずっとずっとアークの側にいて、アークを守るよ！
2017.3 287p B6 ¥1300 ①978-4-04-072219-1

◆私、魔王。―なぜか勇者に溺愛されています。ぷにちゃん著 主婦と生活社（PASH！ブックス）
【要旨】王命により、仲間とともに魔王討伐へと向かった勇者オリヴェル。あっさりと倒した魔王の正体は見目麗しき美少女セシリアで、なんとオリヴェルはヒトメボレ（しかも初恋）！思わず自宅へお持ち帰りして、ひたすらに、狂おしいほどに甘やかす。しかし周囲がそんなことを許すはずもなく、勇者は今日も国軍と言い争いを繰り広げる。当のセシリアは、残念ながらなぜかオリヴェルの思いに1ミリも気付くことはなく―。思い込みとすれ違いの共同生活の果てに、勇者の愛が魔王に届く日は来るのだろうか!?
2017.8 296p B6 ¥1200 ①978-4-391-15011-7

◆異世界冷蔵庫 文月ゆうり著 アルファポリス, 星雲社 発売
【要旨】実家で一人暮らし中の女子高生、香澄。自由な快適生活のはずが、冷蔵庫から食材が消える、という怪事件に見舞われてしまう。その食材ドロボウの正体は異世界の騎士サマで…!?冷蔵庫越しの異世界交流、スタート！
2017.9 292p B6 ¥1200 ①978-4-434-23699-0

◆これは余が余の為に頑張る物語である 4 文月ゆうり著 アルファポリス, 星雲社 発売（レジーナ文庫）
【要旨】大好きなルル様から、もう会わないと言われてしまった"余"ことリリアンナ。打ちのめされた彼女を救ったのは、大好きな友だちと家族だった。みんなに支えられていると実感したリリアンナは元気を取り戻す。その矢先、友人のロロくんが行方不明に！いても立ってもいられず探しに出るが、逆は思いもよらない人物に捕まっていて！救出できず、逆に窮地に追いこまれた彼女の前に現れたのはー！異世界転生・赤子サマ物語、ついに完結！文庫だけの書き下ろし番外編も収録！
2017.1 354p A6 ¥640 ①978-4-434-22782-0

◆聖女様の宝石箱（ジュエリーボックス）―ダイヤモンドではじめる異世界改革 文野あかね著 KADOKAWA（角川ビーンズ文庫）
【要旨】ジュエリーブランドの総務課で働く理沙は読書が趣味。ある日目覚めると、寝る前に読んだ『ルシアン王国物語』の世界にトリップしていた。しかも、王国を救った女聖女の化身と崇められて大ピンチ！宰相の陰謀で滅亡する王国の運命を変えようとする理沙の前に、物語に登場したはずの"王国の王子・リカルド"が。「君は嘘が下手だね」謎だらけの彼の甘い求愛の真意とは？聖女・理沙の前途多難な改革が、今、幕を開ける！
2017.12 238p A6 ¥600 ①978-4-04-106370-5

◆ワーズワースの秘薬―愛を捧げる光の庭園 文野あかね著 KADOKAWA（角川ビーンズ文庫）
【要旨】太陽の下では生きられない吸血鬼・ユージンの願いを叶えるため、吸血鬼を人間に戻す

秘薬の材料である"銀の薔薇"を育てるアメリア。だが突然その蕾は枯れ始めてしまい―！？薔薇を咲かせるため奔走するアメリアとユージンの前に、秘薬の真実と、人間に戻りたい吸血鬼・ディオンの罠が迫る―！「太陽の下で、君の隣を歩くことが夢だったんだ」吸血鬼との切ない恋の行方は―感動の完結巻！
2017.4 242p A6 ¥600 ①978-4-04-104653-1

◆シャドウ・ガール 1 文野さと著 アルファポリス, 星雲社 発売（レジーナ文庫）
【要旨】「女王になる気はございませんか？」。ある日突然、女王陛下の影武者を頼まれた駆け出し女優のリシェル。あまりの大役に悩んだが、女王陛下の病状を聞き、人助けになるのならと受けることに。だが、庶民が女王になるのは並大抵のことじゃない！王族としての教養はもちろん、国の内情や隣国の動向、おまけに女王陛下の所作まで、覚えることは盛りだくさん。おまけに傍にいるコワモテ護衛官は何だかとっても意地悪で―？新米女優の王宮奮闘記！文庫だけの書き下ろし番外編も収録！
2017.7 387p A6 ¥640 ①978-4-434-23488-0

◆シャドウ・ガール 2 文野さと著 アルファポリス, 星雲社 発売（レジーナ文庫）
【要旨】女王陛下の影武者をすることになった駆け出し女優のリシェル。ようやく王宮での生活にも慣れだしたある日、賓客を招いた夜会に出席することになった。するとそこで、見目麗しい隣国の王子様が強引に迫ってきた。女王として毅然とふるまうリシェルだが、いつもは厳しい態度の護衛騎士アレクシオンが予期せぬ行動に！彼の言動の真意はわからない―!?恋に事件に波乱含みの第二幕、ついに開幕！文庫だけの書き下ろし番外編も収録！
2017.8 367p A6 ¥640 ①978-4-434-23573-3

◆シャドウ・ガール 3 文野さと著 アルファポリス, 星雲社 発売（レジーナ文庫）
【要旨】女王陛下の影武者をしている駆け出し女優のリシェル。女王の復帰も近づいてきたこの頃、彼女が気になっているのは護衛騎士アレクシオンの存在。一緒に時間を寄せているのは女王だし、そもそも伯爵の彼と下町育ちの自分とでは身分が違う―そんな恋心を持てあます日々を過ごしていた。そんな折、リシェルは最後の任務で情勢の不安定な国を訪問する。熱烈歓迎を受けるなか、再び命を狙われた彼女を守ったのは!?ドキドキの最終幕！文庫だけの書き下ろし番外編も収録！
2017.9 379p A6 ¥640 ①978-4-434-23708-9

◆司書子さんとタンテイ―木苺はわたしと犬のもの 冬木洋子著 マイナビ出版（ファン文庫）
【要旨】小さな市立図書館の児童室に勤める司書子は、プライベートでは泣き虫で人見知り。ある日"司書子さん"と馴れ馴れしく蕗子を呼ぶ、"タンテイ"こと、反田とともに、児童室で泣いていた女の子の髪飾りを探すことになるが―。「本を開けばどこにだって行ける、でも現実の世界はわたしには広すぎる―」不器用な本の国の住人が、なけなしの勇気を出してくれる気配がいっぱい。なけなしの勇気を胸に歩きはじめるハートウォーミング物語。
2017.11 243p A6 ¥647 ①978-4-8399-6472-6

◆霞が関で昼食を ふゆの仁子著 講談社（講談社X文庫―ホワイトハート）
【要旨】自他ともに認める食い道楽の財務省官僚・立花は、新部署に配属希望の若手・樟の面談を任された。事実上、立花のための新部署『危機対策準備室』に、引く手あまたの樟が、なぜあえて希望するのか疑問に思う。だが現れたのは、昼食時、立花の通う店の先々でよく出会う青年だった。驚く立花に、樟は彼の母校である名門中学から後輩だったこと。その時から立花を想い、ずっと追い続けてきたのだと熱く告げー
2017.7 233p A6 ¥600 ①978-4-06-286948-5

◆霞が関で昼食を―恋愛初心者の憂鬱な日曜 ふゆの仁子著 講談社（講談社X文庫―ホワイトハート）
【要旨】ずっと自分を追いかけてきたと公言する後輩・樟の想いを受け入れた財務省官僚の立花。一緒に暮らすことにしたはずが、なぜか樟は一向に引っ越しをしてくる気配がない。その上、キス以上のことを仕掛けてくるわけでもなく、自分から誘うことのない立花は内心鬱々としてしまう。好奇心丸出しの親友・武本の強引な助言によりホテルのバーに誘うが、樟は素っ気なく、立花は逆に苛立ちさえ感じてしまい―。
2017.11 217p A6 ¥660 ①978-4-06-286969-0

ヤング・アダルト小説　　　　　　　　　　　　1266　　　　　　　　　　　　BOOK PAGE 2018

◆異世界はスマートフォンとともに。 8
冬原パトラ著　ホビージャパン　（HJ NOVELS）
【要旨】雪もちらつき始め、少しずつ冬の気配の迫るブリュンヒルド公国。冬夜たちは、スケートなど冬ならではの楽しみを満喫して過ごしていた。そこに、バビロンの遺跡が見つかったとの報を受け、冬夜たちは魔王国へと向かうことに。魔王国にてバビロンの遺跡「図書館」を見つけた彼らだが、そこにはフレイズの重大な情報が収められていた——!!大人気異世界ほのぼのファンタジー第8巻!
2017.3 311p B6 ¥1200 ①978-4-7986-1415-1

◆異世界はスマートフォンとともに。 9
冬原パトラ著　ホビージャパン　（HJ NOVELS）
【要旨】フレイズが出現する予兆を察知した冬夜たちは、ロードメア連邦へと向かうことに。そこには、ロードメアが独自に作り上げた対フレイズ用の切り札が用意されていた。予測通りフレイズが出現し、対抗する冬夜たち。そして、その中でついに人型のフレイズが姿を現し——!!大人気異世界ほのぼのファンタジー第9巻!
2017.6 328p B6 ¥1200 ①978-4-7986-1471-7

◆異世界はスマートフォンとともに。 10
冬原パトラ著　ホビージャパン　（HJ NOVELS）
【要旨】春を迎えたブリュンヒルド公国。各国の王たちが集まる花見の最中に桜の記憶がついに蘇る。それは魔王が治める魔王国ゼノアスでの波乱の幕開けだった。そして、ついに最後のバビロンの遺跡を発見した冬夜は、そこである意味起こしてはいけないあの人を復活させることに——大人気異世界ほのぼのファンタジー第10巻!
2017.9 333p B6 ¥1200 ①978-4-7986-1532-5

◆異世界はスマートフォンとともに。 11
冬原パトラ著　ホビージャパン　（HJ NOVELS）
【要旨】ブリュンヒルド公国の人口も増えてきたため、騎士団人員の拡充に迫られた冬夜たちは、大規模な騎士登用試験を行うことに。バビロン博士の復活で対フレイズの準備も加速度的に進んでいく。次の専用フレームギアを持つものは誰か—!?大人気異世界ほのぼのファンタジー第11巻!
2017.12 331p B6 ¥1200 ①978-4-7986-1597-4

◆全部同じで全部違う。　ぷゆぷゆ著
KADOKAWA　（魔法のいらんど文庫）
【要旨】双子の姉妹、祐と百合は同じ高校に通う1年生。自分が1番でないと気に入らない百合の策略で、祐は親からも同級生からもイジメを受けていた。次のNo.2の暴走族・白銀の秘密を知った祐は「祐にいじめられている」と嘘をつき、白銀は祐をイジメの標的とした。しかし祐の本当の姿は、暴走族・漆黒の総長で九条組若頭・遙の補佐であり、彼女だった。憎み合う2人の心が、周囲を巻き込んで望まぬ抗争へと膨れあがっていく。
2017.9 255p A6 ¥690 ①978-4-04-893415-2

◆ヒュプノスゲーム　鰤牙著　KADOKAWA　（カドカワBOOKS）
【要旨】夢魔—人の心に取り憑き夢を見せ、その魂を食らう存在。そんな"人類の敵"に対抗するために設立された組織・ヒュプノスに、ひとりのエクソシストが所属していた。世界でただ三人しか例のないレベルの夢魔と契約し支配する彼ー凌ノ井鷹哉は、女性型夢魔"悪食"を相棒に、任務のため奔走する日々を送っていたのだが—。正体不明の秘密を持つ謎の少女と邂逅したとき、彼の運命は大きく動き出す!
2017.4 345p B6 ¥1200 ①978-4-04-072131-6

◆君と綴った約束ノート　古河樹著
KADOKAWA　（富士見L文庫）
【要旨】大学受験に失敗した春先、亮介は初恋の人、奈緒と再会した。図書館で一緒に勉強するうちに、惹かれ合い恋人同士になった二人。そのとき彼女から持ちかけられたのは、古ぼけた一冊のノートで交換日記をすることだった。「これは書いた約束が本当になる〝願いが叶うノート〟なんだよ」やがて亮介は知る。そのふしぎなノートを持っていた奈緒の切ない願いを。彼女が儚い、桜の花のような存在であることを。運命が繋いだ二人を描く、ひとときの恋愛物語。二人が出会った"桜"と"フツーの紅葉 ラブストーリー"。
2017.9 246p A6 ¥580 ①978-4-04-072449-2

◆異世界転生に感謝を　5　古河正次著
KADOKAWA
【要旨】依頼を通じて、着実に力を伸ばしていくフィーレンダンクの一行。王都で過ごす、新たな出逢いの日々。それらはジンに、異世界・テッラで生きる覚悟を迫る。孤独に身を震わせる"転生者"の血を引く少女の叫び。羨望の眼差しを傾ける"貴族"の新米冒険者の想い。そして仲間たちの"告白"に、ジンは今一度、自身の気持ちに問いかける。
2017.2 423p B6 ¥1200 ①978-4-04-734518-8

◆異世界転生に感謝を　6　古河正次著
KADOKAWA
【要旨】迷宮踏破に挑むフィーレンダンクの一行。強さを増す魔獣と立ちはだかる階層主。隠された迷宮の秘密、そして過去の転生者の願い—。アリアたちの"想い"に、ジンは"新たな覚悟"を導き出す。リエンツに集う"仲間たち"が、ジンに"さらなる力"をもたらす。紡がれた絆を力に換え、冒険者たちはリエンツを襲う"最大の脅威"に立ち向かう!!
2017.9 471p B6 ¥1200 ①978-4-04-734846-2

◆社畜の品格　古木和真著　KADOKAWA
（富士見L文庫）
【要旨】神川光一、社会人三年目。今日から憂鬱な新年度が始まる。大宮駅前に建つ「きさらぎ銀行さいたま支店」でも、人事異動が発令された。神川の新しい指導役になったのは、気に入らない上司にビンタをかましながらも、最年少昇進を果たしたエリート支店出身の美女・本庄明日葉。「数字だけが全てじゃないわ」と、破天荒な仕事振りで理想論を体現していく彼女に振り回されるうちに、神川は自分の内にくすぶっていた思いに気付きー。本気の仕事って、なんですか? 悩めるあなたに贈る、青春物語。
2017.8 302p A6 ¥620 ①978-4-04-072398-3

◆臨床真実士（ヴェリティエ）ユイカの論理　―ABX殺人事件　古野まほろ著　講談社
（講談社タイガ）
【要旨】言葉の真偽と虚実を判別する瞳を持つ臨床真実士、本多唯花の元に届いた挑戦状。差出人ABXの予告通り、赤坂で頭文字Aを持つ少年が殺される。連続殺人を勝負に見立てて、ABXは唯花を挑発する。一週間後、第二の殺人が起こり頭文字Bの女性が被害者となる。現場に残された、犯人の署名ともいえる遺留品の意味は? ABXの仕掛けに隠された嘘を、唯花の論理が解き明かす。
2017.1 377p A6 ¥750 ①978-4-06-294055-9

◆おんみょう紅茶屋らぶさん—式神のいるお店で、おかわりをどうぞ　古野まほろ著　KADOKAWA　（メディアワークス文庫）
【要旨】家族、親友、恋する人—人との悩みは人生のスパイス。刺激が強すぎて、とてもつらいとき。吉祥寺を訪れてみませんか。もしそこで、不思議な霧の街角に迷いこんだら。あたたかな空気に満ちた、その紅茶屋に出会えたなら。店主はきっと、優しい微笑みであなたを迎えてくれるはずです。つらい気持ちを抱えたあなたに、とびきり素敵な魔法の紅茶を淹れてくれるはず—。『おんみょう紅茶屋らぶさん』で、陰陽師が淹れる運命の一杯、いかがですか?
2017.1 364p A6 ¥650 ①978-4-04-892678-2

◆R.E.D.警察庁特殊防犯対策官室　古野まほろ著　新潮社　（新潮文庫nex）
【要旨】東京オリンピックの後、急激に治安が悪化した首都。大量の難民の発生と過激派の台頭とともに、万全の警備計画を察知し、未然に鎮圧すべく、総理直轄・女性6名の特殊捜査班、通称「R.E.D.」が警察庁に設立された。謎のテロリスト"勿忘草"と女性たちは、副総理と警視総監が絡む政官業巨大疑獄の影を捉える。元警察庁キャリアの著者が描くリアル。警察小説の新機軸がここに誕生。
2017.9 349p B6 ¥630 ①978-4-10-180104-9

◆ある日、爆弾がおちてきて　古橋秀之著
KADOKAWA　（メディアワークス文庫）新装版
【要旨】「私、爆弾なんです」ある日、空から降ってきた高校時代に気になっていたクラスの女の子とそっくりな自称"新型爆弾"で—。映像化もされた表題作をはじめ、「記憶が退行する風邪に罹った幼なじみ」、「蘇った死者」「図書館に棲む小さな神様」など、"すこしフシギな女の子"と"フツーの紅葉 ボーイ・ミーツ・ガール短編集"。奇才・古橋秀之がおくる不朽の名作が、書き下ろし短編を加え、10年の時を超えて復刊!
2017.4 319p A6 ¥630 ①978-4-04-892886-1

◆死を見る僕と、明日死ぬ君の事件録　古宮九時著　KADOKAWA　（メディアワークス文庫）
【要旨】平凡な僕が唯一他の人と違うこと。それは人の死を予告する幻影を見る力があることだ。僕が幻影—"彼ら"について知っていることは3つ。1、"彼ら"はやがて訪れる自らの死の瞬間を、何度も繰り返し続けている。2、"彼ら"の姿が濃くなるほど、死の瞬間は近い。3、"彼ら"は死の運命から絶対に逃れられない。—これは全てを諦めていた「僕」が、死の未来を背負う『君』と出会い、運命に抗うため奔走する物語だ。
2017.11 297p A6 ¥610 ①978-4-04-893525-8

◆イケメン理系の溺愛方程式　古野一花著
アルファポリス、星雲社 発売　（エタニティブックス）
【要旨】お風呂をこよなく愛する二十五歳の中森葵。彼女は大好きな入浴剤を製造する会社に勤務して、忙しくてもやりがいのある仕事に満足している。そんなある日、葵は会社で初対面の男性研究員からいきなりプロポーズされる。しかもその相手は、おそろしく美貌の社内の有名人! かつての苦い経験から目立つことを極端に嫌う葵は、面倒事はゴメンとばかりに即座に断り逃げ出した。ところが彼は、あの手この手で更に甘く熱烈なアプローチで葵を翻弄してくる。そんな中、二人は遺伝子レベルで最高の相性だと断言され、戸惑いつつも彼に惹かれる気持ちに抗えず—イケメン理系と擬態地味OLの、求婚から始まるラブ攻防戦!
2017.9 298p B6 ¥1200 ①978-4-434-23580-1

◆聖者無双—サラリーマン、異世界で生き残るために歩む道　2　ブロッコリーライオン著　マイクロマガジン社　（GC NOVELS）
【要旨】悪徳治癒士の陰謀で、表向きは教会本部へと栄転することになったルシエル。そこで、教会の地下に隠された怪しげなダンジョンの攻略を命じられる。治癒士のくせに、軽く脳筋きみなルシエルは、自身を鍛えるために修業がてらに攻略を開始する。しかもそのダンジョンが、何かのシミュレーションだと勘違いしたまま、命がけの特攻をしかける。だがそこには隠された秘密があって…。第4回ネット小説大賞金賞の話題作、待望の第2巻!
2017.2 365p B6 ¥1000 ①978-4-89637-613-5

◆聖者無双—サラリーマン、異世界で生き残るために歩む道　3　ブロッコリーライオン著　マイクロマガジン社　（GC NOVELS）
【要旨】治癒士が強くて何が悪い! フィジカル系聖者の世直しが、ついに始まる!!
2017.7 292p B6 ¥1000 ①978-4-89637-640-1

◆レベルリセッター—クリスと迷宮の秘密　1
ブロッコリーライオン著　一二三書房　（サーガフォレスト）
【要旨】魔力が渦巻く"魔力溜まり"と呼ばれる場所に欲望が注がれる事によって生まれる『迷宮』—そこには多くの財宝と同時に、財宝を守るかのように数多の魔物が生み出される。そんな迷宮が存在する街ファスリードで、5歳にして1人で生きていく事になったクリス。突如目覚めた、何でも回収する事が出来るスキル"シークレットスペース"を使い得たゴミ回収の仕事の対価として最低限の食事をする事ができるようになったクリスが、心温かな大人達の助力はありながらも自分の力で生きていく為にお金を稼ぐべく、魔物が現れる迷宮へと足を踏み入れていく…。もうひとつのスキル"エクスチェンジ"とは? そして不思議な夢が意味するものとは…?
2017.4 324p B6 ¥1200 ①978-4-89199-430-3

◆レベルリセッター—クリスと迷宮の秘密　2
ブロッコリーライオン著　一二三書房　（サーガフォレスト）
【要旨】多くの財宝が眠ると言われる迷宮が存在する街ファスリードで、1人で生きていく事になった少年クリスだったが、自身に突如目覚めた特殊なスキル"シークレットスペース"と"エクスチェンジ"、ゴリリーをはじめとした周囲の優しい大人達の助力により、日々を過ごしていた。そんな生活も2年を過ぎ、親友のフェルナートが騎士学校へ通う為に街を出て行く中、クリスもゴロリーとエリザの元で冒険者になるための準備を始める。
2017.9 261p B6 ¥1200 ①978-4-89199-459-4

◆田中—年齢イコール彼女いない歴の魔法使い
4　ぶんころり著　マイクロマガジン社　（GC NOVELS）

【要旨】田中が意図せず男爵となった一方、ソフィアは打ち首になろうとしていた…。アラフォー・ブサメン・変態紳士、これが田中男爵だ。
2017.2 403p B6 ¥1000 ①978-4-89637-612-8

◆田中～年齢イコール彼女いない歴の魔法使い 5 ぶんころり著 マイクロマガジン社（GC NOVELS）
【要旨】偶然に発見した転送装置によって、暗黒大陸へと飛ばされた田中。どうにも戻ることはできないらしい。来てしまったものはしょうがないと、元々小説では採取に来る予定だった、若返りの薬の素材であるグリーンシルフの羽を採取することに。だがそこは、この世界で最も凶悪なモンスターが生息する地。さしもの田中といえど容易くは――やっぱりファイアーボールは最強でした。さらには、褐色ロリケルヴの登場で、俄然田中のアソコも燃え上がる!!
2017.8 386p B6 ¥1000 ①978-4-89637-644-9

◆田中～年齢イコール彼女いない歴の魔法使い 6 ぶんころり著 マイクロマガジン社（GC ノベルズ）
【要旨】姫ビッチゾフィーとの婚約未遂、エステルの記憶喪失など、全てをかなぐり捨てて、田中は一路学園都市へ。何故かそこでライフポーションの研究を巡り、これまた何故かやってきたエステルとの間で争いが勃発。学園都市の生徒であるJCを手伝う形で、研究発表勝負をすることになった。降って湧いてきたJCとの交流に胸躍らせる田中だったが、その裏では不穏な空気が流れていた…。
2017.12 402p B6 ¥1000 ①978-4-89637-669-2

◆突然ですが、お兄ちゃんと結婚しますッ! ―そうか、布団なら敷いてあるぞ。 堺流通留著 KADOKAWA（MF文庫J）
【要旨】この小説は、妹ラブコメである。実妹は兄さんが好きで、義妹はお兄ちゃんが好き、似妹（妹的存在（年上））も兄が好きで、当然お兄ちゃんもみんなが大好き。ついでに妹ハーレムもお互いが大好き。そんな4人は一つ屋根の下（同じマンション）で仲良く楽しく暮らしており、幸福な日々がずっと続くと思っていた――も「好きです、兄さん」「彗、…好き」「好きだよ、お兄。兄さとしてではなく…」「お兄ちゃ…」急転直下の超展開!?俺は一体どの妹を選べば良いんだ!?いや、選ばねぇよ妹ハーレムは俺が守る!
2017.3 263p A6 ¥580 ①978-4-04-069146-6

◆突然ですが、お兄ちゃんと結婚しますッ! 3 わかった、とりあえずみそ汁を作ってくれ。 堺流通留著 KADOKAWA（MF文庫J）
【要旨】この小説は、お兄ちゃんが妹たち（実妹、義妹、似妹）と楽しく仲良く暮らすれば妹ラブコメであるが、そこに外妹種と異妹も加わって彗の妹ハーレムはさらに拡大!?一年間妹たちの誘惑に耐え続けた彗、永遠の妹ハーレムを実現できる彗。だが夏休みを迎えた妹たちは、ビーチや肝試し、あらゆるシチュエーションで彗を誘惑して…!?「さっきからわたしのこと、意識してるでしょ？」「そ、そんなことねーし！」彗の理性はもはや限界!?そして…「お前の親父さんに挨拶したいんだけど」妹ハーレムにまさかの進展!?王道妹ラブコメ、怒涛の第三弾開幕!!
2017.10 259p A6 ¥580 ①978-4-04-069558-7

◆スピリット・マイグレーション 3 ロー天気著 アルファポリス、星雲社 発売（アルファライト文庫）
【要旨】ゴーレムと少年という二つの身体を手に入れたコウは、敵国の侵略に対抗すべく、仲間の待つ戦地へ向かおうとしていた。ところが彼の乗った飛行船は攻撃を受けて墜落し、敵の美女将軍に捕らえられてしまう。しかしそこでコウは、とある謎の青年と対面。するとその後に、予想外の大きな変化が――。ネットで大人気！憑依系主人公による異世界大冒険、文庫化第3弾！
2017.1 283p A6 ¥610 ①978-4-434-22788-2

◆スピリット・マイグレーション 4 ロー天気著 アルファポリス、星雲社 発売（アルファライト文庫）
【要旨】反乱組織に潜入し、真の目的を解明したコウが凱旋したのと同じ頃。空には不気味なオーラを放つ二つの星が現れ、その影響で、恐るべき力を持つ「魔王」が出現。異次元を超えて集った「異界の魔術師」都築樹耶と、「災厄の邪神」田神悠介と共に、魔王討伐作戦に挑む―。ネットで大人気！憑依系主人公による異世界大冒険、文庫化第4弾！
2017.4 335p A6 ¥610 ①978-4-434-23115-5

◆スピリット・マイグレーション 5 ロー天気著 アルファポリス、星雲社 発売（アルファライト文庫）
【要旨】魔王討伐を果たしたコウと京矢は、ついに地球世界へ戻る手立てを発見する。その頃、ナッハトーム帝国では宿敵グランダール王国との融和政策が進められていた。しかし現皇帝は徹底抗戦を宣言。皇帝の真意を知ったコウは、憑依能力と地球世界の科学力を用い、異世界を未来に導く大作戦を開始する――。ネットで大人気！憑依能力主人公による異世界大冒険、文庫化第5弾！
2017.6 283p A6 ¥610 ①978-4-434-23292-3

◆スピリット・マイグレーション 6 ロー天気著 アルファポリス、星雲社 発売（アルファライト文庫）
【要旨】帝国の政変を収束させたコウは、魔導船団に加わり、新たな大陸へ旅立った。しかし、船の故障と悪天候に見舞われ、近くの島へ着陸することに。そこで発見した神秘の遺跡で出会った謎の美少女ロボットから、コウは遺跡の呪縛を明かされる。彼女を解き放つべく、今、時空を超えた「魂の移動」が発動する！ネットで大人気！憑依系主人公による異世界大冒険、堂々完結！
2017.8 287p A6 ¥610 ①978-4-434-23590-0

◆クールな上司とトキメキ新婚!?ライフ 北条歩来著 スターツ出版（ベリーズ文庫）
【要旨】25歳で男性経験なしの地味OLの衣。失恋して仕事が手につかないでいたら、それを見兼ねた敏腕イケメン部長・千堂から「俺の家で暮らせ」と強引に同居することに。仕事が軌道に乗るまでの擬似恋人生活なのに、ふたりきりになると抱きしめられたり、甘い独占欲を見せてくる千堂に、会社でも家でも翻弄されっぱなし！社内恋愛禁止だけど、惹かれていくのを止められなくて…!?
2017.7 357p A6 ¥640 ①978-4-8137-0280-1

◆美しき獣の愛に囚われて 北條三日月著 講談社（講談社X文庫－ホワイトハート）
【要旨】幼い頃、王子さまのような美しい婚約者に恋をした伯爵令嬢シェリル。だが当の婚約者・セオドアは、家柄だけが自慢で心ない冷たい心の持ち主だった。それから12年後、久しぶりに再会したセオドアを見てシェリルは驚く。いかにも情熱的な唇を奪った彼は、あのセオドアとは別人としか思えない。愛してくれなかった「本物」のセオドアと、シェリルを激しく求めてくる「偽者」の彼とのあいだで心は揺れて…!?
2017.3 255p A6 ¥690 ①978-4-06-286950-8

◆華姫は二度愛される 北條三日月著 講談社（講談社X文庫－ホワイトハート）
【要旨】新たな羽稲国皇帝・飛龍の熱望から、半ば強引に後宮に召された先皇太后・蘭華。早逝した先々帝の后であり、若き未亡人として孤独な生活を送っていた蘭華は、年下の飛龍に夜ごと激しく求められ、彼女を実の姉同様に愛した先々帝が与えることのなかった甘い悦楽の境地を知る。飛龍への愛と、敬愛していた先々帝への罪悪感との狭間で揺れる蘭華は、皇宮内の噂によってさらに心が乱されて…。
2017.3 254p A6 ¥690 ①978-4-06-286939-3

◆てのひら開拓村で異世界建国記―増えてく嫁たちとのんびり無人島ライフ 星崎崑著 KADOKAWA（MF文庫J）
【要旨】異世界に転生した少年・カイは生まれた時から邪神に呪われており教会の掟によって魔物だらけの孤島に捨てられてしまう。絶体絶命の状況に陥ったカイ――。助けが来ないこの島で生き延びることはできるのか!?と思いきや、なぜか島に住んでいる少女・アビスと共に暮らすことに。カイも邪神の祝福によって『てのひら開拓村』というスキルを持っていて、箱庭内の村で自由に物を作り出したり、貰った種から戦士（二頭身）や魔法少女（狐耳）が生えてきたり、気付けば楽々サバイバルに！さらに島流しにあった少女や亡国の姫と女騎士を救ったりしてるうちに、あれ、いつの間にか国を作ることに！？どこでも生産＆交易能力で、異世界のんびり建国記！
2017.6 263p A6 ¥580 ①978-4-04-069282-1

◆てのひら開拓村で異世界建国記 2 増えてく嫁たちとのんびり無人島ライフ 星崎崑著 KADOKAWA（MF文庫J）
【要旨】孤島で自分たちの国を作ることになったカイ。国を失った姫、ユーリや女騎士のサラを仲間に加え、さらなる技術向上と島民の安定した暮らしを求めて今日も奮闘中！粘土を見つけて陶器の開発、『てのひら開拓村』内に小麦粉を加えて主食レベルのアップ、と徐々に豊かな生活に。そんななか、島民の間で風邪が蔓延している薬が必要に。こうなったら船を作って別大陸と交易だ！と嫁たちと共に大海に飛び出したカイたち。辿り着いた国で出会った人々とのつながりから生産＆交易能力、自分だけのスキル『てのひら開拓村』を駆使して楽々攻略!?異世界のんびり建国記、第2弾！
2017.10 262p A6 ¥580 ①978-4-04-069503-7

◆三毛猫カフェ トリコロール 星月渉著 三交社（スカイハイ文庫）
【要旨】姫路の高校に通う夏梅虎羽は、なぜか口笛で猫を呼べる。三毛猫だけの猫カフェ『トリコロール』を手伝う幼馴染の三宅華鈴に、猫が脱走するたびに駆り出されている。ある日虎羽は部活の先輩の黒川に、猫カフェ店主で華鈴の祖母である花枝に相談したことがあるのだと聞く。実は三宅家の女性には不思議な力が備わっていて、その力でアドバイスをすることがあるのだ。話を聞いた華鈴が黒川にあるキーワードを伝えると――。猫と癒しのつまった、感動の物語。
2017.4 287p A6 ¥680 ①978-4-87919-192-2

◆フラッグオブレガリア―青天剣麗の姫と銀雷の機卞 星散花燃著 KADOKAWA（電撃文庫）
【要旨】隣国との激戦が続く、古都クシュールリンド。各地から集まった兵士と、人型古代兵器"対竜単騎"がひしめき合う。この地に、激励に赴いた戦姫アルトーネは、姫と共に戦いの中で親友を失くした一人の少年と出会った。名をイナヅチという彼は、姫に対し不服とも無念とも吐露する。その夜、姫のために祝宴が開かれるのだが、賑わいに紛れて、シンミルドという女系一族の姿も…。彼女たちの目的は、古都で発掘された特別な"対竜単騎"を奪取し、姫の命を奪うこと。姫に凶刃が迫る中、突如銀雷を放つ対竜単騎が現れ、窮地を救う。その巨人の中から現れたのは、先刻の少年の面影を持つ銀髪の少女だった。
2017.6 308p A6 ¥610 ①978-4-04-892761-1

◆LV999の村人 4 星月子猫著 KADOKAWA
【要旨】人類の多くが滅び、モンスターと異種族が跋扈（ばっこ）する新世界"アース"。そのアースを裏で支配している"見えざる敵"との戦い。世界の謎に迫る村人・鏡たちと、その影で秘めるメーノウの覚悟。そして今、世界の命運をかけた戦いの火蓋が切って落とされる!!
2017.5 368p B6 ¥1200 ①978-4-04-734666-6

◆LV999の村人 5 星月子猫著 KADOKAWA
【要旨】村人・鏡は湧き上がる復讐心に葛藤していた。仲間を失い、守れるものは一つもなかった。それでも、ただ前に進むしかない。来栖を与うために。アリスを守るために。世界を救うために。一行はフォルティニア王国を管理する、北の大地ロシアへと向かう!!
2017.9 386p B6 ¥1200 ①978-4-04-734847-9

◆さらわれ花嫁―愛と恋と陰謀に巻き込まれました 星野あたる著 スターツ出版（ベリーズ文庫）
【要旨】ドジッ娘のレイラは、領主の娘の身代わりとして、不穏な噂が漂う王太子の元へ嫁ぐことに。ところが道中、隣国の騎士・サジに馬車を乗っ取られてしまう。「お前に拒否権はない」と言われ、強引に城へ同行させられるレイラ。なんとか入城するも、王宮での生活は危険がいっぱいで…!?いつもはイジワルだけど優しく華麗に守ってくれる彼に、身も心も虜になり…。
2017.6 381p A6 ¥640 ①978-4-8137-0269-6

◆悪役令嬢の取り巻きやめようと思います 1 星窓ぽんきち著 フロンティアワークス（アリアンローズ）
【要旨】「あ、これって乙女ゲームのオープニングだ」お茶会に乱入してきた少女がきっかけで、前世の記憶が蘇ったコゼット。だけど、私はゲーム内では悪役令嬢の名もなき取り巻きB。ままいきとヒロインの踏み台になるだけ!?お先真っ暗な未来は回避したい！舞台開始までには、あと六年。まずは、ぷよぷよとした身体をどうにかしなければ…。スリッパにハイヒール、前世の知識を利用してダイエット！誰かの踏み台になるのはまっぴら。ゲームではチュートリアルでも、私には一度しかない人生だ！一風変わった乙女ゲーム世界で送る、バッドエンド回避物語、ここに開幕――！
2017.3 318p B6 ¥1200 ①978-4-86134-983-6

ヤング・アダルト小説

◆悪役令嬢の取り巻きやめようと思います 2　星窓ぽんきち著　フロンティアワークス（アリアンローズ）
【要旨】乙女ゲームの、悪役令嬢の名もなき取り巻きBに転生したコゼット。ヒロインの踏み台にされるなんてまっぴら！ダイエットを皮切りに商会を起ち上げ、前世の知識で日々商品開発！！ゲームの舞台の学園に入学してからも、攻略対象たちと悪役令嬢レミーエ様とは、仲の良い幼馴染のまま。だけど、ゲームヒロイン『アンジェ』の暴走は日に日に増していく。アンジェはゲームを知っている転生者？そして彼女の背景に見え隠れする王宮の暗部。ゲームルートは外れてもコゼットの悩みはつきなくて!?一風変わった乙女ゲームファンタジー第二弾、はやく登場！
2017.6　298p　B6　¥1200　①978-4-86657-016-7

◆悪役令嬢の取り巻きやめようと思います 3　星窓ぽんきち著　フロンティアワークス（アリアンローズ）
【要旨】乙女ゲームの、悪役令嬢の名もなき取り巻きBに転生したコゼット。平穏な学園生活が始まったものの、クーデター事件にてゲームのルートは強制終了。ホッとしたのも束の間、一騎打ち勝負を行うことに！テーマは、狩猟会でのファッション対決。本来の『コゼット・エーデルワイス』と今の『私』は同じであって同じでない。意図的に避けていた王妃レースだけれど、私の辞書に、敗北という文字はないわ！一風変わった乙女ゲームファンタジー、待望の第三弾登場！
2017.11　284p　B6　¥1200　①978-4-86657-060-0

◆カロン・ファンタジア『オフ』ライン 4 ―絆の万糸で織る結び　穂積潜著　SBクリエイティブ（GAノベル）
【要旨】『私は生きとし生ける者の創造主。傷つけることは不可能であり、抵抗は無意味です』多くの犠牲を伴った旅の果て、ついに移動要塞の最深部に辿り着いた大和たち。ところがそこで待ち受けていた神―カロンは、あらゆる攻撃が効かない無敵の存在で!?かわり傷一つ付けることすら叶わないカロンに追い詰められて、全てを滅ぼす光 "最後の審判" を前にした大和は、一つの決断をする。「そうだ！進化なる裁縫士！武器が壊れようが！アイテムが尽きようが！スキルが封じられようが！HPが0になろうがその時まで！ゲームは終わらねえ！」全ては七里を取り戻すため。今こそ打ち砕け―『カロン・ファンタジア』を!!
2017.3　291p　B6　¥1300　①978-4-7973-9031-5

◆エルフ・インフレーション 5　細川晃著　主婦の友社（ヒーロー文庫）
【要旨】レベル2400兆に到達したウルクナル。仲間達と共にガダルニアの首都へ向かう。彼らは賢者メルカルと会談し、ほぼの世界の真実を知る。会談を終えた一行のもとに、トートス王国から緊急事態の連絡が入る。奇怪な生物が浮遊し、無数の小型生物を体内から放出していたのだ。それらは「宇宙植物」と呼ばれる外宇宙の存在であり、人類の敵であった。宇宙植物は惑星アルカディア全土に下降し、破壊の限りを尽くす。都市が消え、国が滅び、数多くの命が突風に煽られた桜花のように散っていく。壮絶な防衛戦の末に、人類は滅亡の瀬戸際に立たされる。彼らの選択した道とは一体!?
2017.8　383p　A6　¥640　①978-4-07-426928-0

◆地味子の秘密―天然地味子×イジワル王子～VS黒羽の大妖怪　牡丹杏著　スターツ出版（ケータイ小説文庫―野いちご）　新装版
【要旨】メガネの冴えない地味子の杏樹は、学園の妖怪達を退治する陰陽師。霊力があることを誰にも秘密にしていたけど、学園の王子・陸にバレてしまう。陸は秘密を守るかわり「俺の言うことを聞け」なんて甘〜く命令してきて、慌てる杏樹。そんな中、親友の柚利が妖怪にさらわれ、杏樹は助けにいくが…。大ヒット人気作が新装版として登場！
2017.12　441p　A6　¥620　①978-4-8137-0370-9

◆委員長は××（ちょめちょめ）がお好き　穂兎ここあ著　KADOKAWA（ビーズログ文庫アリス）
【要旨】高2の春。ゲーム廃人が故に転校を余儀なくされた渚は、新しい学校も適当に過ごし、ゲーム生活（in家）を謳歌するはずだが！「美しすぎる」一転校初日に生徒たちの憧れ、風紀委員長の時雨から告白された！って、どんなご褒美ゲーム展開ですか！？ときめいたのも束の間。この美しくも厳しい風紀委員長は、とんでもない性癖の持ち主で…!?変態風紀委員長×

引きこもりJKの好きをこじらせた青春ラブコメスタート！
2017.9　255p　A6　¥620　①978-4-04-734806-6

◆デュアルライフ―昼は勇者パーティ、夜は魔王軍　ぽっぽ著　リンダパブリッシャーズ、泰文堂 発売（レッドライジングブックス）
【要旨】人と魔族のハーフであるファルサは、昼と夜では、全く別の顔を持っている。昼は、甘えん坊の勇者、おっとり系の聖女、凛々しい女騎士と一緒に旅をする、魔法使いのファルサ。夜は、関西弁の孤児の魔王様、ツンデレ竜人娘と一緒に働く、四天王のミラージュ。いつ周りにバレてしまうか冷や冷やしながら、ファルサは四天王の「二重生活」を続けていたのだが―。
2017.3　300p　B6　¥1200　①978-4-8030-1021-3

◆ウォルテニア戦記 6　保利亮太著　ホビージャパン（HJ NOVELS）
【要旨】男爵としてウォルテニア半島を与えられ、さらなる勢力拡大を図る御子柴亮真は、彼を利用しようとするザルツベルグ伯爵の弱点を突いた取引をもちかけ、最大限の支援を引き出すことで奴隷たちを率いてウォルテニア半島の制圧に乗り出す亮真だが、そこでは意外な出会いが彼を待っていた―。異世界に召喚された男の覇道を描く人気ファンタジー戦記、第6巻！
2017.3　255p　B6　¥1200　①978-4-7986-1414-4

◆ウォルテニア戦記 7　保利亮太著　ホビージャパン（HJ NOVELS）
【要旨】御子柴亮真のもとで発展を始めたウォルテニア半島。しかし西方大陸で新たな戦争が始まり、亮真は主君であるルピス女王から軍隊の派遣を命じられる。なんのメリットも無いような任務に、鍛え上げた奴隷たちを率いて参加するも亮真。その胸には、半島の地の利を活かして莫大な儲けをする秘策があった。いっぽう人間を避けて半島の秘境でひっそりと暮らす亜人たちは、亮真と接触を持とうとするが…。戦いの先を読み、亮真が放った次の一手とは!?
2017.7　237p　B6　¥1200　①978-4-7986-1490-8

◆ウォルテニア戦記 8　保利亮太著　ホビージャパン（HJ NOVELS）
【要旨】終わりが見えないままの、オルトメア帝国軍と三王国連合軍の戦い。この戦いの真の勝者となるべく駒を進める御子柴亮真は、自分のあるじであるローゼリア以外の同盟国ともつながりを持ち始める。時を同じくして、北方の大国エルネスグーラが旗色を明らかにしないまま軍勢を動かし始めたため、亮真はこれを好機と見てエルネスグーラに接触を試みるが…。王国、帝国、亜人たち。すべての視線が亮真に注がれる！
2017.11　263p　B6　¥1200　①978-4-7986-1568-4

◆100回泣いても変わらないので恋することにした。　堀川アサコ著　新潮社（新潮文庫nex）
【要旨】地方都市のしがない学芸員として働く手島沙良は、仕事の最中で体長15センチの謎の小さなおじさんを発見する。彼の名は横原伝之丞。孤独な人間にしか見えない彼を連れ帰り、なりゆきでその願いを叶えるハメになった沙良だが、街に伝わる河童伝説が蘇ったり、あげく殺人事件発生？彼女の平凡な日常は、今、涙とともに変わり始める。
2017.7　299p　A6　¥590　①978-4-10-180100-1

◆明かせぬ正体―乞食に堕とされた最強の糸使い　ポルカ著　一二三書房（サーガフォレスト）
【要旨】ログアウト不能によりゲーム世界に囚われたのは、最弱の身に堕ちた元最強の糸使いカミュ。力を取り戻した男は、屈辱の日々に復讐を誓う！第4回ネット小説大賞受賞作!!
2017.2　363p　B6　¥1200　①978-4-89199-409-9

◆明かせぬ正体―乞食に堕とされた最強の糸使い 2　ポルカ著　一二三書房（サーガフォレスト）
【要旨】剣と魔法の世界を舞台にしたVRMMO『ザ・ディスティニー』。ゲーム世界で最弱化した姿のまま囚われてしまった最強の糸使いカミュは、呪いのアイテムを使うことで元の力を取り戻すことに成功する。最弱化した時に自身を貶めた者たちへ、アルマデルとして正体を隠しながら復讐することを決意したカミュ。決闘場という特殊な空間を使うことでの復讐を果たし、次なる復讐対象であるリンデルの行方

を追っていた…。
2017.9　359p　B6　¥1200　①978-4-89199-436-5

◆転生召喚士はメンタルが弱いんです。　本田紬著　幻冬舎コミックス、幻冬舎 発売
【要旨】とある異世界にて。レイクサイド領を統べる貴族の跡取りでボンクラ少年ハルキは、16歳になったある日、前世の記憶を思い出す。一念発起して魔法の腕を磨こうと決意したハルキだが、いずれの魔法の才能にも恵まれていないことが判明。唯一人並みだったのは、使い勝手が悪くて敬遠されがちの「召喚魔法」だったが…？これより語られるのは、「紅竜」のふたつ名で知られる不世出の大召喚ハルキ・レイクサイドの英雄譚である。
2017.2　351p　B6　¥1200　①978-4-344-83927-4

◆君とソースと僕の恋　本田晴巳著　スターツ出版（スターツ出版文庫）
【要旨】美大生の宇野正直は、大学の近くのコンビニでバイトをしている。そこには、毎日なぜか「ソース」だけを買っていく美人がいた。いつしか正直は彼女に恋心を抱き、密かに "ソースさん" と呼ぶようになる。あることがきっかけで、彼女と急接近し、自らの想いを告白した正直。彼女は想いを受け入れてくれたが、「ソース」を買っていた記憶はなかった。なぜ…？隠された真実が次第に明かされていく中、本当の愛を求めてさまよう2つの心。その先にあるものはいったい…!?
2017.4　288p　A6　¥570　①978-4-8137-0247-4

◆朝起きたらダンジョンが出現していた日常について　ポンポコ狸著　リンダパブリッシャーズ、泰文堂 発売（レッドライジングブックス）
【要旨】混乱する政府、熱狂する民衆、そして利権獲得に動く企業たち。様々な思惑が渦巻く中、高校生・九重大樹は自分の部屋にダンジョンを発見！みんなに内緒でレベル上げをする日々だったが、ある日クラスメイトに誘われて近場のダンジョンへ行くことに。ダンジョンを無双するかと思いきや、意外な出来事が待ち受けていて…？圧倒的なリアリティで描くダンジョン冒険譚、ここに開幕！
2017.7　319p　B6　¥1200　①978-4-8030-1075-6

◆ポーション頼みで生き延びます！　FUNA著　講談社（Kラノベブックス）
【要旨】長瀬香は、世界のゆがみを調整する管理者の失敗により、肉体を失ってしまう。しかも、元の世界に戻ることはできず、より文明の遅れた異世界へと転生することしかできないという。そんなところに放り出されてはたまらないと香が要求したのは『私が思った通りの効果のある薬品を、自由に生み出す能力』とアイテムボックスと言語理解能力と少し若返った身体を手に入れた15歳の少女カオル、生み出した薬品―ポーションを使って安定した生活を目指します！
2017.6　275p　B6　¥1200　①978-4-06-365022-8

◆ポーション頼みで生き延びます！ 2　FUNA著　講談社（Kラノベブックス）
【要旨】ポーションを生み出すチート能力を貰い、異世界で生活することになったカオル。意図に反して様々な事件に巻き込まれ、最終的にはこの世界の女神・セレスティーヌの友人、ということまで明らかになっていてしまう！それでも、目立たないようにしていた（つもりの）カオルだが、やはりチート能力であるポーションを巡る、国同士の思惑がうごめき始める。さらには「女神の友人」カオルを巡る陰謀が―!?平穏に目立たずに生活したいのだが！カオルの安穏はいつ訪れるのか！ポーションも大活躍する第2弾！
2017.10　331p　B6　¥1200　①978-4-06-365044-0

◆老後に備えて異世界で8万枚の金貨を貯めます　FUNA著　講談社（Kラノベブックス）
【要旨】山野光波は、ある日崖から転落し中世ヨーロッパ程度の文明レベルである異世界へと転移してしまう。しかし、狼との死闘を経て地球との行き来ができることを知った光波は、2つの世界を行き来して生きることを決意する。その理由は老後の安泰のため！貨幣価値と老後資金を計算すると、必要な資金は金貨8万枚。異世界の文明が歪まない程度に（でも自分が楽できるなら自重はしない！）、いろいろなものを持ち込んでお金儲けに邁進します！それでも怪しまれたら一転移しちゃえば大丈夫？
2017.6　271p　B6　¥1200　①978-4-06-365027-3

ヤング・アダルト小説

◆老後に備えて異世界で8万枚の金貨を貯めます 2　FUNA著　講談社　（Kラノベブックス）
【要旨】異世界への転移能力を身につけ、店を開き順調に顧客を開拓するミツハ。ある日、お店にやってきた少女を攫おうとする怪しい男を発見し、拳銃型スタンガンを使って撃退する！「お前、何モンだぁ」「我は雷の姫巫女である。刃向かう者は容赦せぬ！」格好つけて言ってみたセリフを聞かれてその少女の正体はーまさか王女様！逃げようとするミツハに王女様から声がかかる。「お待ち下さい、姫巫女様。是非、城へ」ってやってげそうな人ですよね！王様と対面することになった雑貨屋の店主ミツハの運命は！？
2017.11 291p B6 ¥1200 ①978-4-06-365045-7

◆私、能力は平均値でって言ったよね！ 4　FUNA著　アース・スターエンタテイメント，泰文堂 発売（アース・スターノベル）
【要旨】現代の女子高生から転生し、剣と魔法の異世界でハンターとなった自称・普通の女の子マイル。彼女たち少女4人のパーティ"赤き誓い"に、突然の依頼が飛び込んできた！その裏には、娘を思う父親の切ない願いが込められていて…全力で依頼へと挑むマイルたち"赤き誓い"の少女たち。人間を超える力を持つ獣人達との戦いの行方は!?そして、ついに伝説級の最強が動き出す！"世界最強"vs"自称・普通の女の子"の戦い！ユーモアも加筆も大増量！そして、シリーズ史上最大のクライマックス！
2017.3 295p B6 ¥1200 ①978-4-8030-1025-1

◆私、能力は平均値でって言ったよね！ 5　FUNA著　アース・スターエンタテイメント，泰文堂 発売（アース・スターノベル）
【要旨】現代の女子高生から転生し、剣と魔法の異世界でハンターとなったマイル。彼女は、神様の勘違いで通常の6800倍という最強の魔法使いになってしまった。そのマイルたち少女4人の新人パーティ『赤き誓い』は古竜との激戦にも勝利し、ついに世界を巡る旅に出る！その最初の行き先は、マイルの祖国!?トラブルの予感がする中、マイルは懐かしのマルセラたち『ワンダースリー』と再会。感激するマイルだが、そこで『赤き誓い』と『ワンダースリー』が激突する！書き下ろしストーリー2章も収録し、出逢いと感動がいっぱいです！
2017.6 335p B6 ¥1200 ①978-4-8030-1065-7

◆私、能力は平均値でって言ったよね！ 6　FUNA著　アース・スターエンタテイメント，泰文堂 発売（アース・スターノベル）
【要旨】異世界に転生した少女マイルは、神様の勘違いで通常の6800倍という最強の魔法使いとなってしまった。彼女たち少女4人の新人パーティ『赤き誓い』は、古竜との激戦、ワイバーン事件の解決など、日々に大活躍を続けていた。その『赤き誓い』の前に、強大な力を持った魔族が立ちはだかる。かろうじて一対一の4連戦に持ち込んで、少女たちと魔族戦士の戦いが始まる！そして明らかとなる、この異世界の秘密！普通の少女を目指すマイルの明日は!?
2017.10 337p B6 ¥1200 ①978-4-8030-1121-0

◆ロル 上 ハッカーズ・デスゲーム　Physics Point著　KADOKAWA（角川スニーカー文庫）
【要旨】"皆さんには、殺人コンピュータウイルス"ロル"を使って殺し合いをしてもらいます"電子の光が街を満たし、暗闘が排除されたはずの世界。天才ハッカーたちが目覚めたのは、指先も見えないほど真っ黒な地下施設だった。唐突にゲーム開始が告げられるなか、巻き込まれた普通の高校生・HN"ばくしょう"は幼なじみの少女ジュンと再会する。怯える彼女を救おうとゲーム離脱を決めた"ばくしょう"だが、最初の犠牲者にジュンが選ばれて!?
2017.6 357p A6 ¥640 ①978-4-04-105823-7

◆ロル 下 テクノハザード・トリガー　Physics Point著　KADOKAWA（角川スニーカー文庫）
【要旨】殺人コンピュータウイルス"ロル"によるデスゲームも最終段階へ。殺すことを躊躇わない青年"ネコ"と善人の青年"ハチコー"は、生存者として対峙する。解り合えるはずのない相手。それでも二人で敵を殲し、共に死線を越えてきた。しかし決別は、突然に訪れるー「俺と殺しあえよ、ネコ」。明かされる"ハチコー"の秘密と、ゲームの真の目的。積み重なった死と生の果てに、各地で未来を、覆せない世界に抗う感動の完結篇。
2017.6 332p A6 ¥640 ①978-4-04-105824-4

◆王太子殿下は囚われ姫を愛したくてたまらない　pinori著　スターツ出版（ベリーズ文庫）
【要旨】平民の血を引く王女・クレアは、他の王族から疎まれ城の塔に幽閉されていた。ある日、王宮は隣国の奇襲にあい、クレアは謎のイケメン騎士・シオンにさらわれ、隣国の城に軟禁されてしまう。捕虜なのに、なぜか大事に扱われ甘く迫ってくる彼に翻弄されてばかり。しかも、騎士だと思っていた彼の正体は、実は王太子だった!?殿下のご寵愛はますます加速していき…。
2017.7 333p A6 ¥630 ①978-4-8137-0286-3

◆強引男子のイジワルで甘い独占欲　pinori著　スターツ出版（ベリーズ文庫）
【要旨】失恋したOLのちとせは社内人気No.1のイケメン、眞木に泣いているところを見られてしまう。クールで誰にもなびかないと噂の眞木から「お前の泣き顔、可愛いな」と言われて戸惑うけれど、以来、彼は会社でランチをともにする関係に。強引に食事やデートに誘ってきたり、俺様ながらも、さりげなく優しい彼は、唯一弱みを見せられる相手。ある日、一緒に行った映画館で突然キスされて…!?
2017.3 365p A6 ¥640 ①978-4-8137-0222-1

〔ま行の作家〕

◆朝から晩まで!?国王陛下の甘い束縛命令　真彩-mahya-著　スターツ出版（ベリーズ文庫）
【要旨】敵国の王エドガーとの政略結婚が決まった王女ミリィ。そこで母から下されたのは、エドガー暗殺指令！いざ敵国へ乗り込むも、彼の圧倒的な美しさに思わず目を奪われる。そして、人前では優雅に振る舞うのに、ふたりきりだとイジワルに甘く迫ってくるエドガーから、気づけば情熱的に愛される極甘な日々。独占欲をストレートにぶつけてくる彼に、ミリィも惹かれていくのを止められず…!?
2017.11 387p A6 ¥630 ①978-4-8137-0351-8

◆異世界に来たみたいだけど如何すれば良いのだろう 2　舞著　マイクロマガジン社（GC NOVELS）
【要旨】異世界での生活を再スタートさせたアキヒロは、冒険者稼業と平行して領地開拓の下準備を始めたアキヒロ。現代の知識を活用し、画期的な都市開発案を打ち出していくアキヒロ。一方、冒険者稼業の方は、関西弁のエルフ「チャット」をはじめ、お嬢様な斥候「ティアナ」、凄腕な鍛治師のドワーフ「ドル」などが加入し、7名という大所帯になっていた。連携を軸としたスキルアップもちゃくちゃくとこなして、全ては順風満帆にいくようにみえた先天、冒険者ギルドから面倒ごとに各地で呼びつけられたアキヒロに…。書き下ろし短編も収録！
2017.4 457p B6 ¥1000 ①978-4-89637-624-1

◆異世界に来たみたいだけど如何すれば良いのだろう 3　舞著　マイクロマガジン社（GC NOVELS）
【要旨】アキヒロの異世界生活は忙しくも順調にすぎていた。自分が受領する領地を経営するための準備。仲間達との冒険者活動。さらには拾ってきた子狼「タロ」のお世話など、やることは山積みだ。そんな中、戦略的かつ、製鉄技術を有する疑惑さえ考えられる異常なオークたちを新たに対処するため、早速動き出すのだが…。
2017.11 458p B6 ¥1000 ①978-4-89637-663-0

◆二度目の地球で街づくり一開拓者はお爺ちゃん 1　舞著　アース・スターエンタテイメント，泰文堂 発売（アース・スターノベル）
【要旨】30歳若返って英霊として甦りました！癒しの魔法使い・アルトによって召喚され異世界で大軍と戦うことになってしまったアキ（元・後期高齢者、なぜかチート力は強）ドローンやサバゲーの装備まで呼び出して戦場に行く男に勝利の女神は微笑むのか？
2017.3 289p A6 ¥630 ①978-4-8030-1109-8

◆異世界で創造の料理人してます　舞風慎著　アルファポリス，星雲社 発売
【要旨】ある日、自分の部屋のベッドで寝ていたはずの若き料理人・不動慎が目を覚ますと、そこは異世界の森の中だった。偶然出会った冒険者兼料理人のスズヤに街のギルドまで連れてきてもらった彼は、自らに無限の魔力と、地球から好きなものを持ってこられる魔法が備わっていることを知る。そしてスズヤの料理を食べて異世界食材に感動し、この世界でも料理人として生きていくことを決意するのだった。早速地球から自分の店を丸ごと持ってきてめでたく新装開店にこぎつけるが、最初のお客様である兵士の注文は…シンプルにして奥深い「ステーキ」！見慣れぬ店構えに警戒する彼の胃袋を、異世界食材とマル秘レシピの組み合わせで満足させることはできるのかー異世界で新装開店、満員御礼！生唾ごっくん食力ファンタジー、開幕！
2017.7 281p B6 ¥1200 ①978-4-434-23519-1

◆異世界で創造の料理人してます 2　舞風慎著　アルファポリス，星雲社 発売
【要旨】気がつくとなぜか剣と魔法の世界にいた、若き料理人・不動慎。彼は無限の魔力と、地球から好きなものを持ってこられる魔法を駆使し、異世界でも料理人として生活していた。従業員も増えて大繁盛の日々の中、シンは以前作った「モンフルヨーグルト」に続く、異世界食材を使ったメニューを作ろうと思い立つ。あいにく店の休業日に、仲間と共に凶暴なモンスターたちが生息する南の森へと足を運ぶのだった。皆の力を合わせた冒険の末に、お目当てのモンスターの討伐に成功したシンだったが、扱ったことのない食材に悪戦苦闘。それでも、異世界料理の知識を総動員して完成させた異世界ならではの一皿とはー絶品料理でどんな強敵も骨抜きに!?生唾ごっくん食力ファンタジー、第2弾！
2017.10 281p B6 ¥1200 ①978-4-434-23918-2

◆異世界で創造の料理人してます 3　舞風慎著　アルファポリス，星雲社 発売
【要旨】気がつくとなぜか剣と魔法の世界にいた、若き料理人・不動慎。彼は無限の魔力と、地球から好きなものを持ってこられる魔法を駆使し、異世界でも料理人として生活していた。料理の街で大成功を収めたシンは、まだ見ぬ味との出会いを求めて旅に出る。そうして最初に訪れた村が食料難であることを知り、食事を提供するという依頼を受けて、しばらく村に滞在することになるのだった。せっかくだからと、モンスター肉を使った異世界ならではのレシピを教えてもらい、それに地球の食材を足して完成を考えるシン。地球食材で異世界の料理を作るという異色のコラボレーションは、果たしてどんな味を生み出すのかー異世界に迷い込んだ料理人、旅立ちの時！生唾ごっくん食力ファンタジー、完結！
2017.12 277p B6 ¥1200 ①978-4-434-24128-4

◆虚ろな暗殺者（アサシン）と究極の世界人形　舞阪洸著　KADOKAWA（ファミ通文庫）
【要旨】自堕落な遊び人だが、凄腕の暗殺者でもある青年ユグノー。二体の魔法人形を使う彼の暗殺の成功率は九割九分九厘を超える。いくら、裏家業で金を稼ぎ、贅沢をしようとも彼は満たされなかった。そんなある日、彼が引き受けた超高額な依頼のターゲットは一騎当千の巨大人形を操るファガラウシュ王国の王女パルミラ！ユグノーはこの依頼をきっかけに大きな野望に巻き込まれてしまー!?魔法人形使いたちが繰り広げるバトルファンタジー開幕！
2017.6 315p A6 ¥620 ①978-4-04-734676-5

◆落ちてきた龍王（ナーガ）と滅びゆく魔女の国 11　舞阪洸著　KADOKAWA（MF文庫J）
【要旨】負傷によるアイスの戦線離脱という痛手は被ったが、数的不利を覆して、半島都市国家連合軍との初戦を制したナーガ率いる魔女国・カサンドラ王国連合。勝利の勢いに乗ったまま半島制圧を達成したいナーガは、都市国家諸国に立ち直る暇を与えぬよう、各都市を次々に陥落させる策を取ることに。ハインドラー族とスレイマーヤー族の魔女に主要都市の管理を任せ、ナーガは魔女国・カサンドラ王国連合軍を率いて各都市に向けて進軍する。一方、カサンドラ国王の命を受けた銀将レオ・オルグヤがついに行動に出て一!?大ヒット戦乱ファンタジー、死中求活の第11弾！
2017.3 295p A6 ¥580 ①978-4-04-069080-3

◆落ちてきた龍王（ナーガ）と滅びゆく魔女の国 12　舞阪洸著　KADOKAWA（MF文庫J）
【要旨】山道を越えてルルドルプの街を目指していたナーガたちは、砦を目前にして、背後から野盗の襲撃を受けた。加えて、セレナの天眼により、前方からも砦を目指して進軍しているルルドルプの兵達が迫っていることがわかり、完全に退路を断たれてしまう。前門の虎、後門の狼の状況下でナーガが取った行動は、起死回生の一手

ヤング・アダルト小説　1270　BOOK PAGE 2018

となるか—!?その頃半島では、カサンドラ四世が「打倒魔女」を掲げ、都市国家ニーガへの叛逆を迫っていた。魔女と人とが共存する理想の世界を目指すのか、ナーガが半島を手に取り戻すのか。ナーガとカサンドラ四世の双方に大恩のあるリガそもまた、己の道を決める時が近づき—。大ヒット戦乱ファンタジー、空前絶後の第12弾！
2017.10　261p　A6　¥580　①978-4-04-069292-0

◆東京廃区の戦女三師団〈トリスケリオン〉　2　舞阪洸著　KADOKAWA　（富士見ファンタジア文庫）
【要旨】触れることで魔力を増幅させる、向山春日の能力「魔技補助」。欲望橋小隊の女子との体の相性によって、彼の能力は覚醒し、小隊全滅の危機を免れたが…。金髪巨乳ないか次なる指令は、春日と淀屋橋小隊の同居実験!?女子たちの部屋に男が1人寝泊まりして、何も起きないはずが、「最高のタイミングでドアを開けてしまいましたね、僕」「いいから出てけ！」着替え中にも、お風呂にも、狙ってなのか偶然なのか、ハプニングの連続！春日と女子たちの距離が縮まっていくなか、S級魔妖の群れ、そしてそれを超える脅威の存在が迫っていた!?
2017.2　315p　A6　¥620　①978-4-04-072032-6

◆東京廃区の戦女三師団〈トリスケリオン〉　3　舞阪洸著　KADOKAWA　（富士見ファンタジア文庫）
【要旨】S級を超えるSS級に匹敵し、魔技補助への抵抗力も持つ魔妖が襲来!?淀屋橋小隊だけでは戦えない事態を打開するため、ハーフ美少女・武庫川琴座などと他小隊女子たちと、新たな戦力アップのため秘密の特別訓練スタート！通常戦闘服に加えて、多彩なコスチュームで繰り広げられる訓練。琴座たちとの距離も縮まり、新たな連携戦術も誕生？女子たちに囲まれて、魔妖の群れに決戦を挑む向山春日は、彼女たちの最強の魔技を引き出し、今度こそ勝利に導けるか!?
2017.7　316p　A6　¥660　①978-4-04-072335-8

◆食い詰め傭兵の幻想奇譚　1　まいん著　ホビージャパン　（HJ NOVELS）
【要旨】世話になっていた傭兵団が壊滅した。生き残ったロレンは命からがら逃げ出した先の街で生計を立てるため、冒険者になるという道を選択する。だが知り合いもなく、懐具合も寂しいロレンではろくな依頼も受けられそうにない。そんな逆境に陥れたロレンに声をかけてきたのは、一つの冒険者パーティで—。これは、初心冒険者に転職することになった、凄腕の元傭兵の冒険譚である。
2017.3　321p　B6　¥1200　①978-4-7986-1416-8

◆食い詰め傭兵の幻想奇譚　2　まいん著　ホビージャパン　（HJ NOVELS）
【要旨】借金を返す必要性から、パーティを組むことになった元傭兵ロレンと神官ラピス。とりあえず地盤に実績を重ねべく、薬草摘みの依頼を受けたロレン達は、その帰り道に行き倒れていた少女・シェーナを保護することに。訳ありそうなシェーナを家まで護衛するクエストを受けたロレンたちだったが、その道中、周りの冒険者たちに不審死が多発して—。これは、新米冒険者に転職することになった、凄腕の元傭兵の冒険譚である—。
2017.6　322p　B6　¥1200　①978-4-7986-1470-0

◆食い詰め傭兵の幻想奇譚　3　まいん著　ホビージャパン　（HJ NOVELS）
【要旨】探していたラピスの身体に手がかりがあるという情報を掴んだロレンとラピスは、冒険者養成学校の卒業試験同行依頼を引き受けることになった。卒業生だというクラース達と再会し、学校へと赴いたロレン達は、学生パーティと目的の迷宮へと潜りはじめる。しかし、そこに待っていたのはモンスターなど出現しない不気味な迷宮で…これは、新米冒険者に転職することになった、凄腕の元傭兵の冒険譚である—。
2017.9　316p　B6　¥1200　①978-4-7986-1531-8

◆食い詰め傭兵の幻想奇譚　4　まいん著　ホビージャパン　（HJ NOVELS）
【要旨】依頼の失敗が続き気落ちするロレンを気遣って、ラピスは倒した魔を報告すれば完了になる討伐依頼を勧める。そして道中穏やかに済ませばずもなく、案の定盗賊団に出会ってしまうロレンたち。盗賊団から助け出したエルフの少年からはまた面倒事の匂いがしていて—。これは、新米暴徒者に転職することになった、凄腕の元傭兵の冒険譚である—。
2017.12　299p　B6　¥1200　①978-4-7986-1594-3

◆二度目の人生を異世界で　14　まいん著　ホビージャパン　（HJ NOVELS）
【要旨】エミルを回収することに成功したレンヤ達は、魔族領からの脱出を試みる。その方法とは、レンヤの魔力をあにかせたとんでもないものだった！このまま脱出してなるものかと、魔王陣営も魔術による妨害や、転生者の追手を差し向けてくる。果たして、無事に魔族領を脱出することが出来るのか—。絶好調やりたい放題異世界冒険譚、全力執筆の14巻！
2017.1　278p　B6　¥1200　①978-4-7986-1368-0

◆二度目の人生を異世界で　15　まいん著　ホビージャパン　（HJ NOVELS）
【要旨】魔王に対しての対策本部として認定されたクリンゲ。そこには、行方不明の龍人族を除く勇者たちが一堂に会していた。個人主義の勇者たちの連携を強化するために戦闘訓練が開始されるが、勇者複数相手に訓練をつけられる人物など限られていて…。果たして勇者たちはレンヤのしごきに耐えることが出来るのか—絶好調やりたい放題異世界冒険譚、勇者絶体絶命(!?)な15巻！
2017.3　341p　B6　¥1200　①978-4-7986-1412-0

◆二度目の人生を異世界で　16　まいん著　ホビージャパン　（HJ NOVELS）
【要旨】龍人族を救出し、クリンゲに戻ってきたレンヤたち一行は、戦時体制ながらも日常を取り戻していった。街を空けていた間にたまった書類仕事に忙殺されかかっていたレンヤだが、対魔王の準備が整いつつあることから、最後のけじめとして結婚の話が浮上して—。ついに年貢の納め時!?やりたい放題異世界冒険譚、ヒロインズ待望の16巻!!
2017.6　285p　B6　¥1200　①978-4-7986-1467-0

◆二度目の人生を異世界で　17　まいん著　ホビージャパン　（HJ NOVELS）
【要旨】カレンの乱入により魔王城突入用の戦艦を壊されてしまった蓮弥達は、修理の間に訓練の度合いを深めることとなった。そんな中蓮弥は幼女神様から、改めて世界の崩壊を止めて欲しいとの依頼を受ける。やがて修理を終えた戦艦は、魔王討伐の遠征軍を乗せクリンゲの地下工場から魔王城へと向けて発進するのであるが…。やりたい放題異世界冒険譚、はるばる来たぞ17巻！
2017.10　297p　B6　¥1200　①978-4-7986-1556-1

◆鬱金の暁闇　30　一破妖の剣⑥　前田珠子著　集英社　（コバルト文庫）
【要旨】「皇」の資格をかけたラエスリールと燦華の戦いが、遂に決着。泥闇の檻から解放された燦華にラスは決意の言葉を吐く。魔性と人間が共生する世界を創造するために、自分が「皇」の座に就くことを。死力を尽くす両者。戦いの行方は？ラスの願いは叶うのか？そして、戦いの果てのラスを闇主はどう受け止める？世紀を超えるスーパー・ファンタジー『破妖の剣』、堂々たる完結！
2017.3　190p　A6　¥540　①978-4-08-608029-3

◆天明の月一破妖の剣外伝　前田珠子著　集英社　（コバルト文庫）
【要旨】世界の「皇」たる者の座をかけた死闘の末、ラエスリールは新たな女皇として、世界を統べることに。しかしその創造する世界を取り巻く情況は決して安定と呼べる代物ではなかった。魔性と人間の共生を誓うラスだが、その道のりは果てしなく遠く…。かつて創造主の存在の謎を解き明かすべく、再びラスのもとから消え去った闇主…？新時代を迎えるはずが、暁以前に未だ混迷の時が支配する—。
2017.6　183p　A6　¥540　①978-4-08-608039-2

◆天明の月　2　一破妖の剣外伝　前田珠子著　集英社　（コバルト文庫）
【要旨】覇権をかけた戦いに敗れ、女皇の座をラエスリールに譲った燦華。緋焰姫と乱華と共に世界を巡ることに。時にいがみ合いながらも次第に打ち解け、一つの調和を生み出していく。世界に腐食をまき散らし、喰らい尽くす存在である穢禍。その欠片が残存する村・イズウェルにしばし滞在することになった三人。イズウェルの穢禍を祓い当たりにし、その変化に驚きを禁じ得ない燦華に起こる事件とは？
2017.9　183p　A6　¥540　①978-4-08-608049-1

◆天明の月　3　一破妖の剣外伝　前田珠子著　集英社　（コバルト文庫）
【要旨】新たなる世界の創立と安寧をラエスリールに託し、その実現に成功した闇主。世界には恒久平和があるはずだった。しかし、彼の脳裏にはある懸念がよぎっていた。かつて創造主が存在していた上位者たちの世界。創造主をも滅ぼした泥闇という「負の結晶」がその世界から圧力を持ち始めていた。彼は決意する。生命をかけて「負の結晶」を阻止することを。『破妖の剣』全シリーズ、堂々完結。
2017.12　190p　A6　¥540　①978-4-08-608057-6

◆月とライカと吸血姫　2　牧野圭祐著　小学館　（ガガガ文庫）
【要旨】『ノスフェラトゥ計画』の一件を評価されたレフは、実験体の吸血鬼イリナを監視する任務から解かれ、晴れて宇宙飛行士候補生に復帰。「人類史上初の宇宙飛行士」の座をかけた選抜試験に挑み、ライバル達と鎬を削る。一方、イリナに不穏な空気が忍び寄る。「実験体は用済みだろう。廃棄処分を」事実、話が違うという彼女の運命は—。宇宙開発の黎明期であり、最前線。様々な思惑に翻弄されながらも、一心懸命で遥か宇宙を志すふたりがいた。宇宙に焦がれた青年と吸血鬼の少女が紡ぐ、宙と青春のコスモノーツグラフィティ第二幕。
2017.4　327p　A6　¥611　①978-4-09-451672-2

◆ダイテス領攻防記　8　牧原のどか著　アルファポリス，星雲社 発売　（レジーナブックス）
【要旨】不穏な勢力・帝国に対抗すべく、奇策を講じたミリアーナ。その準備を着々と進めていたある日、小国シャナで王族の暗殺未遂事件が発生！事件解明も兼ねて、ダイテスの敏腕探偵が送り込まれることになって一新たな転生腐女子も登場し、凶犯夫婦はますます大忙し。
2017.6　291p　A6　¥1200　①978-4-434-23340-1

◆俺様同僚は婚約者　槇原まき著　アルファポリス，星雲社 発売
【要旨】母親に強引にお見合いを設定された、29歳の百合子。しぶしぶ行ったそこで、彼女はライバル同僚の佐藤に会う。なんと彼がお見合い相手だと言うのだ。佐藤との恋愛なんて考えたこともなかった百合子だったけど、彼が強引に話を進めて一巧みな野獣とツンデレ女子の、えろあま・ラブストーリー！
2017.6　286p　A6　¥540　①978-4-434-23492-7

◆黒猫彼氏　槇原まき著　アルファポリス，星雲社 発売　（エタニティ文庫）
【要旨】猫大好きな23歳の小町は、彼氏いない歴＝年齢を更新中。ある日、友人の付き添いで行った占いの館で、「前世で縁のあった人と現世でも結ばれる」と告げられた。すると、その後訪れた猫カフェで、素敵な男性との出会いが！後日、再会した彼・柴崎は小町に猫友達になってほしいと頼んできた。優しい彼にどんどん惹かれていく小町。柴崎が運命の人だったら…。ある日、親から強制されたお見合いで、新たな出会いがあり。ちょっと不思議な恋物語。文庫だけの書き下ろし番外編も収録！
2017.6　348p　A6　¥640　①978-4-434-23304-3

◆シャンプと視線の先で—夢解き美容師、葉原日陰　枕みゐる太著　KADOKAWA　（メディアワークス文庫）
【要旨】表参道の裏路地にある、隠れ家的な美容室の『夢やうつつ』。そこで働く葉原日陰は、鏡越しにお客さんと目を合わせられないほど内向的だが、かつてはトップモデルのヘアメイクも担当したことがある腕前。さらに、裏オプションの彼のシャンプは「夢シャン」と呼ばれ、シャンプの最中にお客の悩みが夢となって視えるらしい。お客さんの悩みを解決するとともに、最高のヘアスタイルを生み出す日陰のもとには、悩みを抱えたお客さんが、今日も後を絶たない。書き下ろし。
2017.6　275p　A6　¥610　①978-4-04-893218-9

◆のんびりVRMMO記　6　まぐろ猫＠恢猫著　アルファポリス，星雲社 発売
【要旨】双子の妹達から保護者役をお願いされ、最新のVRMMOゲーム『REAL&MAKE』をプレイすることになった青年ツグミ。王都ローゼンブルグに活動の拠点を移したツグミ達は、豪華なお城の見学ツアーに参加したり、地下ダンジョンで魔法石を採掘したりと、マイペースに冒険を続けていく！待ちに待った双子の友達と遊べる日。一行は走り回る(!?)のだが、あまりの素早さに大苦戦してしまう。諦めずに知恵を絞り、ペット達と協力して新たな策を考え出すツグミ—作戦の成否やいかに！
2017.5　281p　B6　¥1200　①978-4-434-23219-0

◆隅でいいです。構わないでくださいよ。　3　まこ著　フロンティアワークス　（アリアンローズ）

【要旨】男女逆転・吉原モドキの乙女ゲーム世界で悪役キャラに転生していた私。いまさら気づいたものの、このままいくと破滅エンド!?あんなに仲の良かった愛理ちゃんも変わってしまい、モヤモヤするけどシナリオ通りの悪役なんてお断り！こうなったら愛理ちゃんに協力して、皆で幸せになってやろうじゃないか！……だけどまぁなの、一体愛理ちゃんは誰が好きなのぉー！清水兄ィさまや凪風は何かを知っているようだし、書籍だけの豪華書き下ろしが満載。話題の逆転吉原ファンタジー待望の第三幕！
2017.9 287p B6 ¥1200 ①978-4-86657-039-6

◆隅でいいです。構わないでくださいよ。2 まこ著 フロンティアワークス（アリアンローズ）
【要旨】男女逆転・吉原モドキの世界に転生した私。天月妓楼の楼主に拾われて野菊という名を与えられ、遊男の兄ィさま達に可愛がられながら、なぜだか自分も女だけど遊男として生きることに。16歳のとき、乙女ゲームの悪役キャラに転生したと気づいたものの破滅エンドは回避したい！そして受難の日々が始まれるの。さりげな〜く皆を遠ざけることは出来ないものか。でも、知らない間にゲームの強制力！？避けても避けても、何だかヒロインキャラの愛理ちゃんと皆のラブシーンに遭遇するんですけど！？1巻即重版の話題作！逆転吉原で送る乙女ゲー転生ファンタジー、第二幕が開演です！
2017.4 310p B6 ¥1200 ①978-4-86134-987-4

◆死にかけ探偵と殺せない殺し屋 真坂マサル著 KADOKAWA（メディアワークス文庫）
【要旨】生真面目すぎる殺し屋・御堂禅は、ある日自分を殺し損ねた標的―素行不良な私立探偵・東馬京に取り憑かれてしまった。生霊となった京は、暇にあかせて禅へ舞い込む依頼に次々と口を挟んでいく。実力派俳優の依頼した殺しに秘められた謎、暴力団の裏切りもする秘密一件、顔の見えない依頼者が請う連続殺人犯殺し……いつの間にか京の推理に触発されて、禅の殺しは奇妙に脱線していく。名探偵の推理が、殺伐とした依頼の裏に隠れた真実を、生真面目すぎる殺し屋の心を解き明かす。名探偵が殺し屋で遊ぶ、ライトミステリ。
2017.11 343p A6 ¥650 ①978-4-04-893528-9

◆魔法密売人―極道、異世界を破滅へと導く 真坂マサル著 KADOKAWA（電撃文庫）
【要旨】"エルフ"の少女に乞われ異世界へ高飛びした元極道・成嶋千潮。しかしそこで彼が出会ったのは、気высの	ファンタジーとはほど遠い、血で血を洗う絶望的な世界だった。虐殺された"エルフ"たちが、命と引き換えに守った秘密―それは、服用した者から「魔法」を引き出す薬＝魔薬。「俺が、幻想（ファンタジー）を終わらせてやる」たった二人残された"エルフ"の姉妹と契約を結んだ千潮。そして最も危険な男は血と硝煙を纏い、残酷な異世界を切り裂いて、やがて破滅へと導いていく―。異世界×極道。最凶の組み合わせで紡ぐ異世界ダークファンタジー、幕開。
2017.2 347p A6 ¥650 ①978-4-04-892660-7

◆イジワル副社長と秘密のロマンス 真崎奈南著 スターツ出版（ベリーズ文庫）
【要旨】アパレル会社で働く千花は、ずっと会えずにいた初恋の彼、樹と10年ぶりに再会する。容姿端麗の極上の男になっていた樹から「もう一度恋愛したい」と甘く迫られ、彼の素性をよく知らないまま恋人同士に。だけど以来、多忙な樹とは会えないまま、千花は紅葉の書室に異動に。そこへ次期副社長として現れたのが樹って…！？パーフェクトな彼との秘密のオフィスデートが始まる！文庫でしか読めない書き下ろし番外編付き！
2017.11 341p A6 ¥630 ①978-4-8137-0346-4

◆猛獣彼女 愛咲メル著 KADOKAWA（魔法のiらんど文庫）
【要旨】エマは高校2年生。小さな頃にママに捨てられ、叔母夫婦に引き取られた。叔父から虐待を受けていたエマは、その記憶を上書きしたくて、援交なんてしてしまった。ある日、痴漢にあったエマを助けてくれたのは、紅蓮の翔也。エマが体でお礼をしようとすると、「自分を大切にしろ」と太陽みたいな笑顔でたしなめてくれた。すっかり心を奪われてしまったエマは、翔ちゃんにグイグイ迫るけど、純情ヤンキーの彼はなかなか振り向いてくれなくて…。
2017.10 317p A6 ¥690 ①978-4-04-893459-6

◆棺の魔王（コフィン・ディファイラー）3 真島文吉著 主婦の友社（ヒーロー文庫）
【要旨】決戦の時が来た。スノーバ帝国最大の切り札である『神』の庇護を失ったスノーバ人達に襲いかかる魔物の群、巨大なラヤケルスの兵器。時を同じくしてコフィン王国王女ルキナもまた、王国の残存兵力を率いて王都の奪還・防衛に動く。魔の者の王と人の王、コフィンの死せる者と生ける者とが、ともに侵略国スノーバに最後の刃をつきつけていく。そこでユーク将軍が下した決断とは!?そして、魔王ダストは!?
2017.5 335p A6 ¥620 ①978-4-07-424651-9

◆棺の魔王（コフィン・ディファイラー）4 真島文吉著 主婦の友社（ヒーロー文庫）
【要旨】魔王ダストの最後の魔術が発動した。光と共に最後の攻撃を敢行するコフィン軍、セバルカ軍、あまたの亡者達生者達に、魔王ラヤケルスの遺物。世界を燃やした暴虐の神が、勇者ヒルノアが遺した最悪の巨竜が、やがてその姿を崩され、地に倒れかけた時ー。マリエラの体内から、一抹の災いの種、呪いが、音もなく芽吹いた。魔の力の反動、魔術に手を染めた者に必ず訪れる『報い』が、終局に近づいた戦場に新たな禍々しい色を添える。一変する戦況、敵と味方が入れ替わり、恐ろしく絶対的な脅威が君臨する。持てる戦力を限界まで振りしぼってきた人類の前に立ちはだかる、最後の敵とはー。
2017.12 334p A6 ¥620 ①978-4-07-428643-0

◆誰でもなれる！ラノベ主人公ーオマエそれ大阪でも同じこと言えんの？ 真代屋秀晃著 KADOKAWA（電撃文庫）
【要旨】やれやれ系ラノベ主人公に憧れ、「異能バトルが起きたらなあ」と夢想する平凡な高校生・恭介。大阪の高校に転校してきた彼がオタ街・日本橋で出会ったのは、ダメ親の借金を完済して魔術神社からの足抜けを願う魔術師の少女、"ポンパシのワルキューレ"の異名を持つデスコア系アイドル、異世界転生者を自称するポンコツ美女、家出中の病弱薄幸な幼女らして、世界一の"世界一の悪魔"だった！騒動の始まりは恭介が日本橋でゲットした一冊のレア同人誌。思わぬ幸運にはしゃぐ恭介だったが、それをきっかけに身の回りでリアル異能バトルが勃発したことには全く彼は気付かない…。オタクでオカルトな大阪日本橋の日常系魔術群像ストーリー、ゆるっと開幕！
2017.10 345p A6 ¥650 ①978-4-04-893277-6

◆転職アサシンさん、闇ギルドへようこそ！3 真代屋秀晃著 KADOKAWA（電撃文庫）
【要旨】正義の心を持ちながらも「暴虐」の二つが定着してしまったユウト。いまや闇ギルド『ジーザス・スプラッタ』はエアノイト最凶と悪名が知れ渡っていた。そんな冒険者の街に間諜任務で派遣された隠密の少女デステリア。ユウトたちも身の振り取り巻くドラを図るが、彼女が目撃したのはやはり"闇ギルドの名"にふさわしい蛮行ばかりで…。さらに打倒魔王軍を掲げた高名な勇者一行が訪れて、街はお祭り騒ぎに。ユウトたちもある意味で接触を図るが、ベルシーヌが考案したとんでもない接待で現場は混乱の極みに包まれる！やがて魔族と勇者を巻き込んだ全面抗争にも発展!?ポンコツギルドが巻き起こす、暗黒ジョブ系コメディ第三弾！
2017.7 347p A6 ¥630 ①978-4-04-893212-7

◆運命の赤い糸を、繋ぐ。 ―あやかし恋愛奇譚 増田みりん著 一迅社（アイリスNEO）
【要旨】公爵令嬢の環は、運命の赤い糸を視ることが出来る。決してバレてはいけない能力だったのに、よりにもよって魔の怪に知られてしまった！そこで護衛を兼ねて、皇太子の弟で軍人の帷と婚約し、同居することになって!?「これからは僕が君を守る。だから、安心するといい」恋愛相談には物の怪がつきもの？ 恋の花咲き誇る和風あやかしファンタジー開幕！第6回アイリス恋愛大賞銀賞受賞作!!
2017.11 303p B6 ¥1200 ①978-4-7580-9005-6

◆私がヒロインだけど、その役は譲ります 増田みりん著 KADOKAWA（ビーズログ文庫アリス）
【要旨】ヒロインと恋に落ちるはずの、学園の王子・東條昂。幼なじみである昂のことが好きな
ライバルキャラ・美咲。美咲のことが好きだけど、諦めたほうがいいと思っていた蓮見。そして、少女漫画のヒロイン・凛花に転生した私はー「大っ嫌い」なヒロインみたいな恋愛はしたくない!!こうなったら昂とのフラグを回避して、美咲様と昂をくっつけよう…と思ったら、なぜか蓮見に協力しろと脅される！しかもいつの間にか漫画と同じ状況になっていて!?
2017.8 253p A6 ¥620 ①978-4-04-734752-6

◆マイダスタッチ 3 ―内閣府超常経済犯罪対策課 ますもとたくや著 小学館（ガガガ文庫）
【要旨】マイダスタッチと呼ばれる経済異能。これを利用した犯罪対策組織エイプスの元に、日本に初めて建設されたカジノへの潜入捜査指令が下る。アジア最大規模のカジノに集まる世界中の観光客。その陰では「能力者」によるカジノでの不正が横行していた。カジノを荒らす能力者たちは、これまでの能力者たちと異なり、イカサマを駆使する知能犯。そして捜査を進める中で浮き彫りになる「ジャンケット」の存在。捜査で得られた真実の先に、エイプスは最大の因縁ともいえる存在に対面する。マネークライムシリーズ、堂々クライマックス!!
2017.9 229p A6 ¥556 ①978-4-09-451700-2

◆遺伝子コンプレックス 舛本つたな著 主婦の友社（プライムノベルス）
【要旨】『遺伝子最適化』が合法化された世界。遺伝子操作を受けた子供は全員美しく、賢く、丈夫で、あらゆる才能を持っていた。そんなご時世、最適化されていない子供の布津野光人は、解雇されて無職になってしまう。三十歳、無職、独身。公園で自分にくれていたところ、この世のものとは思えないほど美しい少年少女と出会う。聡明な少年ロク、どこか不思議な少女ナナ。よく似たカタチの二人は何者かに追われていた。助けを求められた布津野はなんとなく自宅に匿うのだが、次第に最適化された子供の人身売買の事件に巻き込まれていく。
2017.7 366p B6 ¥1200 ①978-4-07-424585-7

◆メルヘン・メドヘン 松智洋, StoryWorks著 集英社（ダッシュエックス文庫）
【要旨】鍵村葉月は物語をこよなく愛する、妄想過多な正統派ぼっち少女。新しい家族との関係もうまくいかず、物語の絆にばかり入り込む日々を送っていた。そんなある日の放課後、葉月は土御門静との、図書館の書架から不思議な学園へと迷い込む。そこは世界中のありとある物語から生まれる魔法の本「原書」に選ばれた少女＝メドヘンたちが学ぶ魔法学園だった。そして葉月も『シンデレラ』の原書に選ばれたのだと告げられる。本物の魔法使いになるため静と"お友達"になるため葉月の魔法学園生活がはじまる。―物語と少女たちの願いが紡ぐ、新たな魔法少女ファンタジー、開幕！
2017.2 327p A6 ¥600 ①978-4-08-631171-7

◆メルヘン・メドヘン 2 松智洋, StoryWorks著 集英社（ダッシュエックス文庫）
【要旨】メドヘンとしての一歩を踏み出し、静とお友達になれた葉月だが、魔法使いとしての実力も、静との絆もまだまだ。一方は、ヘクセンナハト次戦のために、熱海での合宿を提案する。そこは結界で覆われた常夏の海だった。魔法使いだけの楽園で早速特訓を始める葉月たちが、噂を聞きつけた各校のメドヘンたちも集まり大騒ぎになってしまう。さらに合宿から戻った葉月の前に熱海の山で出会った謎の小動物が現れる。ブンちゃんと名付けたその動物には「原書」といにしえな匂いがあった。その扱いをめぐって意見が対立する葉月と静。大好きなのに、すれ違う2人。―物語と少女たちの想いが迸る魔法少女ファンタジー、第2巻！
2017.7 327p A6 ¥600 ①978-4-08-631193-9

◆メルヘン・メドヘン 3 松智洋, StoryWorks著 集英社（ダッシュエックス文庫）
【要旨】いよいよヘクセンナハト第二夜・アメリカ校戦を控える葉月たち。ケガで離脱していた日野さちも復帰し、日本校にはようやく万全の態勢を整えることができた。そんなある日、葉月は偶然、東京観光へ繰り出すアメリカ校のキャメロン、ルーシー、ドリューに出会う。オタクな彼女たちに案内を頼まれた葉月は、共通の趣味で盛り上がり、親交を深めることに。一方、アメリカ校のリーダー、リンは密かに暗躍していた。そして第二夜の開催直前、静に十三人委員会からの召喚命令が下り、葉月の前から姿を消してしまう。今度は、葉月が静を助けたい。静が

ヤング・アダルト小説

新たな物語を紡ぐとき。―少女たちの願いが錯綜する魔法少女ファンタジー、第3幕！
2017.12 327p A6 ¥620 ①978-4-08-631218-9

◆彼女を愛した遺伝子 松尾佑一著 新潮社 （新潮文庫nex）
【要旨】これまで恋愛と無縁に生きてきた、遺伝子研究者の柴山と松永。ある日、柴山は女子学生と恋に落ち、それを知った松永は、研究室から失踪した。松永は恋愛など「愛は遺伝子が決定する」という自らの理論を証明すべく、柴山に人体実験を企む。一方、自らもまた、結ばれる確率が0と判定された女性に、どうしようもなく心惹かれて…。愛と理論の狭間で苦悩する、純真でせつない“理系”恋愛小説。
2017.11 234p A6 ¥520 ①978-4-10-180110-0

◆不老少女と魔法教授 2 松西義人著 SBクリエイティブ （GAノベル）
【要旨】宿敵デルモゾールを倒すため、研究に明け暮れる魔法教授コルク。苦悩の末編み出した最強の結界魔法『イノセンス』は、デルモゾールと共にレイチェル学長をも殺しかねない諸刃の剣。一人悩むコルク。そんな折―「…すきです」「む？」『イノセンス』実験中にメイドのミエから突然愛の告白（？）を受けてしまうコルク。当然それを知ったレイチェル学長は大慌て。「コルク教授は…ミエさんとどうにかなっちゃえないのです！」嫉妬するレイチェルをよそに、魔法騎士アレンとの再共闘、人間三人組＋学長が向かってくる作戦、そしてアレンの恋人・カリナからの「妊娠した」という仰天の告白は、ますますコルクを追い詰めていく…。段々とばらばらになっていく三人組＋学長が向かったのは、華麗な温泉保養地！？コルクは再び皆と協力し、デルモゾールを倒せるのか…結界魔法を巡る少し不思議な物語、全てが語られる第2弾！
2017.6 267p B6 ¥1300 ①978-4-7973-9191-6

◆ケダモノと王女の不本意なキス 松村亜紀著 KADOKAWA （ビーズログ文庫）
【要旨】ライオール国の王女リーデリアは、ある日謎の青年に魔力を喰い尽くされて死ぬ魔法をかけられてしまった！生きるためには闇魔法士アルヴァンに、キスで魔力を送り込めらなければならない。というか、この男、ケモ耳生えてるんですけど…！？「死にたくなけりゃ、黙って俺にキスされときゃいいんだよ」一生懸命生きてきただけなのに、なんで私がこんな目に―！！えんため大賞特別賞受賞作！
2017.3 255p A6 ¥600 ①978-4-04-734521-8

◆無能と呼ばれた俺、4つの力を得る 1 松村道彦著 オーバーラップ （オーバーラップノベルス）
【要旨】“無能”―それは“魔法”を使えない、侮蔑の対象にして悪意の捌け口。天涯孤独の青年・ロードもまた“無能”であり、自ら死を選ぼうとしていた。しかし古の王・クラウンと魔族の少女・レヴィに救われ、ロードは自身に宿る強力な魔法“生命魔法”を知る。ロードはクラウンからレヴィと数多の“伝説の武具”を託され、新たな道を歩き始めるのだった。ロードの目的は、何者かに植え付けられた人々の“無能”への悪意を断ち、人々を理解し合うことで…？ かつて“無能”と呼ばれた青年が世界を相手取る、赦しと救済の英雄譚が今始まる―！
2017.10 319p B6 ¥1200 ①978-4-86554-269-1

◆1パーセントの教室 松村涼哉著 KADOKAWA （電撃文庫）
【要旨】「恋をしました、キミに―」平凡男子高校生の雨ケ崎誠也に突如訪れた非日常。それは、クラスの美少女からの、愛の告白だった。彼女の名前は日比野明日香。校内でも一際目立つ、超絶美少女だ。だが、彼女には、そばにいる人間を悉く不幸にする“死神”という黒い噂が流れど、それは完全な間違い。なぜなら、彼女は他人を不幸にするのではなく、これから破滅する人間を好きになってしまう、のだから。死の女神に見初められた雨ケ崎が破滅する可能性は、99％。絶望する雨ケ崎に、「悲劇を回避する術はある」と日比野は静かに告げてきて―絶体絶命の青春がはじまった！
2017.12 249p A6 ¥570 ①978-4-04-893492-3

◆銀河連合日本 4 松本保羽著 星海社、講談社 発売 （星海社FICTIONS）
【要旨】二〇一云年―日本国上空に、巨大宇宙船が飛来した。信任捧呈式に着任した先の外国の特命全権大使が天皇陛下に対して行う、その相手国が史上初の“異人星人

国家”であることにより、世界中が注目する歴史的儀式に進化した。ティエルクマスカ排除を目論み捧呈式へのテロを仕掛ける反異人星人組織『ガーグ』に対し、柏木たち日本・ティエルクマスカ合同特殊組織『メルヴェン』は防衛戦闘を開始する―!!異星人国家と共闘し、“新たなる敵”に勝利せよ!!
2017.2 327p B6 ¥1400 ①978-4-06-139958-7

◆銀河連合日本 5 松本保羽著 星海社、講談社 発売 （星海社FICTIONS）
【要旨】二〇一云年―日本国上空に、巨大宇宙船が飛来した。歴史的儀式となった信任状捧呈式を、反異星人組織『ガーグ』のテロから防衛した柏木とフェルフェリア。作戦を終え、束の間の休息を楽しむフェルだったが異星人国家本国より急遽帰還命令が下される。異星人国家本国を見た柏木は、“日本国特派大使”そしてフェルの“婚約者”としてティエルクマスカへ赴くことを決意する！人類史上初、五〇〇〇万光年先の銀河の旅へ―『銀河連合日本』“宇宙編”開幕!!
2017.6 345p B6 ¥1350 ①978-4-06-139970-9

◆銀河連合日本 6 松本保羽著 星海社、講談社 発売 （星海社FICTIONS）
【要旨】五〇〇〇万光年先の銀河の旅を経て、人類として初めて異星人国家の地を踏んだ柏木は、“日本国特派大使”そしてフェルフェリアの“婚約者”としてティエルクマスカ要人と順調に交流を深め、日・ティ首脳会談を実現させる。その場で明かされたのは、両国の歴史の根幹を揺るがす“衝撃の事実”だった―!!いよいよ舞台は物語の核心へ―『銀河連合日本』“宇宙編”第2幕!!
2017.10 349p B6 ¥1350 ①978-4-06-510404-0

◆魔術監獄のマリアンヌ 松山剛著 KADOKAWA
【要旨】これは“魔術”が忌避され、呪いとされる時代の出来事―。魔術師たちの監獄である『ヴァッセルヘルム大監獄』に着任した若き刑法官マリアンヌに、国から衝撃の勅命が下った。それは数年前、魔術師たちの反乱を扇動して捕らえられた男ギロチンとともに、未だ逃亡を続ける反乱の首謀者レメディオスを捕縛せよというものだった。反乱軍と王国軍の戦いで故郷と両親を失ったマリアンヌと、口論を重ねながらも旅を続ける。水と油の二人は、マリアンヌはかつての魔術師たちの反乱に隠された“真実”に少しずつ近づいていく―
2017.12 327p A6 ¥630 ①978-4-04-893523-4

◆指輪の選んだ婚約者 2 恋する騎士と戸惑いの豊穣祭 茉雪ゆえ著 一迅社 （アイリスNEO）
【要旨】“氷の貴公子”と名高い、美貌の近衛騎士・フェリクスが投げた指輪で縁を結ばれた、刺繍好きの伯爵令嬢アウローラ。初めての恋に戸惑いながら、豊穣祭の衣装準備に追われていたある日、彼女を狙う不審な団体がいるとの情報が！ アウローラは婚約者であるフェリクスに護衛してもらうため、同じ屋敷に住むことになって…!?全編書き下ろしの第2弾!!
2017.5 271p B6 ¥1200 ①978-4-7580-4947-4

◆指輪の選んだ婚約者 3 花嫁修業と騎士の最愛 茉雪ゆえ著 一迅社 （アイリスNEO）
【要旨】再びの社交シーズン。刺繍好きの伯爵令嬢アウローラは、指輪で結ばれた美貌の近衛騎士・フェリクスとの逢瀬を楽しみに王都に向かっていた。ところが、彼に会えた喜びもつかの間、侯爵家の次期奥様としてアウローラは王宮で花嫁修行をすることになってしまい…!?
2017.12 287p B6 ¥1200 ①978-4-7580-9014-8

◆君と夏と、約束と。 麻中郷矢著 SBクリエイティブ （GA文庫）
【要旨】「葉月、なのか…？」「うん…そうだよ」7年前に行方不明になっていた彼女は突如として現れた。消え去った当時のままの14歳の姿で―。かたや大学生になっていたヒナタ。同級生だったはずの二人に生じた7年のズレ。齢の差があっても気持ちを通わせ合う二人だ。お互いが覚えている「昔の記憶」には、なぜか微妙な違いがあり…。ふとヒナタの心に疑問が浮かぶ。目の前にいるのは、本当にかつて一緒に時間を過ごした彼女なのか？ それは葉月も、また同じだった。彼女はおびえた目でヒナタに問いかけていた。「あなたは…誰、なの？」。
2017.10 260p A6 ¥600 ①978-4-7973-9364-4

◆晴安寺流便利屋帳―天上天下、兄は独尊！の巻 真中みずほ著 ポプラ社 （ポプラ文庫ピュアフル）

【要旨】自他共に認める地味で平凡な女子高生・安住美空は、自他共に認める非凡なる美形の兄、貴海が、実家・晴安寺で開業した便利屋稼業を手伝っている。二月のある日、寺を訪れたのは、兄嫁の亡くなった母の親友。実家ではなく美空に頼みたいという彼女の依頼ごととは…？ 不器用ながらも依頼人や案件に真剣に向き合う兄と、それをさりげなく見守る兄、次第に周囲の人々をも巻き込んでいく、じんわり優しいシリーズ第2弾。
2018.1 282p A6 ¥660 ①978-4-591-15708-4

◆和雑貨うなる堂の友戯帳 真鍋卓著 KADOKAWA （富士見L文庫）
【要旨】飛騨高山の片隅で、今日も閑古鳥が鳴く和雑貨屋『うなる堂』。なぜか不幸を引き寄せてしまう少女・愛乃は、今度ついに全国の親戚中をたらい回しにされた挙句『うなる堂』へと引き取られた。店を営むのはぐーたら陰陽師のまつりと、謎多き青年のうなる・うなみ。そして訪れる客はお騒がせなあやかしだらけ！ どうも店で扱うレトロ玩具には、不思議な力があるらしい。愛乃はダメ大人な二人を従え、あやかし事件を“おもちゃ”で解決することになり…!? ちぐはぐな新米家族三人組の、ほっこりあやかしホームコメディ。
2017.6 318p A6 ¥620 ①978-4-04-072287-0

◆魔力融資が返済できない魔導師はぜったい絶対服従ですよ？ じゃあ、可愛がってくださいね？ 真野真央著 KADOKAWA （MF文庫J）
【要旨】たりない魔力を融資します―。魔力量は規格外なのに魔法が使えない融資屋のヒカゼは、着いたばかりの魔法大国アリアウェルの創国祭で少女のスリに遭う。追い詰めると彼女はアミカと名乗り、逆にヒカゼに助けを求めてきた!? これは、商機（ニヤリ）！ 早速ヒカゼは、神魔導師を自称するくせに絶対魔力量の少ないアミカを顧客第一号として大量の魔力を融資するのだが―。なにこの不良魔導師、パンツまで差し押さえたのに開き直りやがった！「私このまま大丈夫いいんじゃないかな？」「…おまえプライドはないのか？」ヒカゼと不良債務者どもの破廉恥＆波乱の日々が幕を開く！
2017.10 295p A6 ¥620 ①978-4-04-069511-2

◆だから、俺にしとけよ。 まは。著 スターツ出版 （ケータイ小説文庫―野いちご）
【要旨】高校生の伊都は、遊び人で幼なじみの京にずっと片思いをしている。ある日、校内で京と女子が仲良くしているところを見て、涙ぐんでしまう。しかも、その様子をチャラいけど人気者の入谷に目撃され、突然キスされてしまった！ 強引だけど優しい入谷を意識しはじめる伊都だけど…。チャラ系一途男子とクールな幼なじみの間で揺れる、この恋の結末は？
2017.5 287p A6 ¥580 ①978-4-8137-0256-6

◆陶都物語―赤き炎の中に まふまふ著 ホビージャパン （HJ NOVELS）
【要旨】現代の日本で小さな製陶会社を経営していたオレ（32歳）は、経営不振のストレスから職場で倒れ、転末のてスーッと一。美濃国（岐阜県）に生まれ、「草太」という名前で2度目の人生を始めたオレは、子どものころから自重をかなぐり捨てて、おのれの未来を切り開くべく動き出す。のちに美濃焼の一大産地となる多治見の地で草太が活躍するには、現代技術による焼物チート、貧窮にあえぐ実家の建て直し計画だった！ 子どもの体に現代のセラミックス技術を備える「神童」の活躍を描いた幕末転生ストーリー！
2017.5 405p A6 ¥1300 ①978-4-7986-1437-3

◆絶対彼女作らせるガール！ まほろ勇太著 KADOKAWA （MF文庫J）
【要旨】この学園には必勝の女神がいる―。白星絵馬の手のひらに願い事を書くと叶う、そんなジンクスといつも笑顔な人柄で学園でも人気のクラスの太陽・絵馬を尻目に、目立たず冴えない自称幽霊の大地は生徒会長。憧れの生徒会長・獅子神玲花の雑務のためだ。が、ある日大地が偶然絵馬の『とある秘密』に触れたことで、絵馬が大地の恋愛を全力応援すると宣言！ さらに絵馬を信奉する学園トップ美少女の猪熊みりあと鷹見エレナまでも巻き込んで大地のモテ改革を開始!! 大地の学園生活は瞬く間に一変していき―!?第13回新人賞“優秀賞”の正統派青春ラブコメ、爽快に登場！
2017.11 263p A6 ¥580 ①978-4-04-069551-8

◆うさみみ少女はオレの嫁!? 間宮夏生著 KADOKAWA （電撃文庫）

ヤング・アダルト小説

【要旨】YOUは何しに月面へ？―UFOにひかれたら、そこは月の上だった。どうやらオレを(はねとばして)さらったのは「月の民」第一王女の輝夜という宇宙人らしい。その破天荒なお姫様は、なんと"うさみみ姿の美少女"だった。地球ラブな輝夜は、可愛いけどかなりズレてて…。政略結婚から逃れるためにニセ夫婦になって同棲しろと言う。しかもウソだとバレたら死刑らしい…。何コレ強制力すごいんですけど。異文化交流の域こえてるんですけど―!?平安京みたいな"月の都"を舞台に女王(冷徹)や輝夜の婚候補(超人)とドタバタしちゃうんだって…オレどうなるの!?
2017.11 317p A6 ¥630 ①978-4-04-893477-0

◆混沌都市(ギガロポリス)の泥棒屋(バンディット) 間宮真琴著 集英社 (ダッシュエックス文庫)
【要旨】混沌都市(ギガロポリス)―魔物と妖精が跋扈し、魔法と超常科学が共存する超A級の巨大都市。その街に住む少年「クロ」は、かつて"白猫"と呼ばれ、生ける伝説と謳われた天才泥棒だった。そんなクロに、亡き父親について調査を依頼してきたのが、お人好しで破天荒なお嬢様「マリア」。彼女は、泥棒屋九謹会へと誘う奇妙な招待状をクロに手渡す。過去を探すマリアと、大切な人を救えなかった忌まわしき過去に怯えるクロ。そしてそんな二人を時に妖艶に時に温かく愛する、好色家の最強エルフ「サーシャ」。複雑に絡まり合う三人の想いを飲み込んで、不吉な晩餐会が幕を開ける―。新人賞受賞のちょいエロダークファンタジー爆誕!!
2017.4 620 320p A6 ¥631 ①978-4-08-631174-8

◆私はご都合主義な解決担当の女王である まめちょろ著 KADOKAWA (ビーズログ文庫)
【要旨】大好きなBL小説の世界に転生した元女子高生の王女オクタヴィア。小説の主人公である兄とその恋人の再会を間近で見られるのはいいんだけど、二人は男同士。となると、お世継ぎ問題は!?まさか私に政略結婚して子供を差し出せなきゃいけないよね!?そんなご都合主義のキャラにはなりたくない!こうなったら、自分で結婚相手を見つけて絶対幸せになってやるーッ!!
2017.10 254p A6 ¥600 ①978-4-04-106408-4

◆自称魔王にさらわれました―聖属性の私がいないと勇者が病んじゃうって、それホントですか？ 真弓りの著 KADOKAWA (角川ビーズ文庫)
【要旨】あたし、ミリアは勇者リッツの幼なじみで、魔王討伐隊で役に立っていない、属性だけレアな"聖"の魔導師。ひそかに片想いしていたリッツが王女様と婚約目前で、失意のどん底な時、突然現れた超絶美形の自称"魔王"にさらわれて大ピンチ！かと思いきや、なぜか「愛しい娘」扱い！しかも、勇者はあたしと離れたことで闇堕ち気味…!?「ミリアを返せ!」「罪な人だ。私に妬いてほしいのか？」WEB発・カギは"半魔"の三角関係!?
2017.8 252p A6 ¥600 ①978-4-04-105970-8

◆自称魔王にさらわれました―聖属性の私がいないと勇者が病んじゃうって、それホントですか？ 2 真弓りの著 (角川ビーズ文庫)
【要旨】あたし、ミリアは自称"魔王"のヴェルティ様にさらわれた聖属性の魔導師。幼なじみで勇者のリッツの助けを待ちつつ、自力で逃げようと奮闘する中、囚われている魔王城に隠された秘密を知ってしまう！"半魔"ゆえ、あたしといると人に近づくヴェルティ様から、離れて染まるリッツ。「もう離れないでくれ!」「私とともに、年月を歩んではくれまいか」選べ、勇者か、魔王か―って、恋の本命は!?大人気WEB発・"半魔"の三角関係!?
2018.1 254p A6 ¥620 ①978-4-04-105971-5

◆黒の召喚士 3 魔獣の軍勢 迷井豆腐著 オーバーラップ (オーバーラップ文庫)
【要旨】異世界からの転生者にして戦闘狂の召喚士"ケルヴィン"。冒険者として異例の活躍を続ける彼のもとへ、ついに女神メルフィーナが体を得て帰還する。そして女神の加護を得たことで、なんと勇者召喚が可能に！しかも召喚した新米勇者リオンが義妹に!?まさか手の届く存在となるケルヴィンたちに届く、S級冒険者昇格試験の報せ。試験内容はエルフの集落を襲うモンスターの討伐だったが、事件の裏側には軍国トライセンの陰謀が蠢いていて―!?黒衣のバトルジャンキーが仲間と共に軍事国家の野望を打ち砕く、爽快バトルファンタジー第3幕!!
2017.1 319p A6 ¥650 ①978-4-86554-192-2

◆黒の召喚士 4 無垢なる氷姫 迷井豆腐著 オーバーラップ (オーバーラップ文庫)
【要旨】異世界からの転生者にして戦闘狂の召喚士"ケルヴィン"。晴れてS級冒険者への昇格が決まったケルヴィンのために用意された宴。それは、「氷姫」の二つ名を持つS級冒険者シルヴィアとの1対1の模擬試合だった。真の強者との戦いに向け、ケルヴィンは心躍らせながらも鍛練を重ねる。一方、そんなケルヴィンのために高ランクの食材を手に入れようとダンジョンへ向かったセラ達。そこで待ち受けていたのは、あまりに衝撃的すぎる出会いだった!?黒衣のバトルジャンキーが仲間と共に世界へとその名を上げる、爽快バトルファンタジー第4幕!!
2017.5 315p A6 ¥650 ①978-4-86554-217-2

◆黒の召喚士 5 目覚めし魔王 迷井豆腐著 オーバーラップ (オーバーラップ文庫)
【要旨】異世界からの転生者にして戦闘狂の召喚士"ケルヴィン"。彼がS級冒険者となって間もなく、東大陸各国への宣戦布告と共に軍国トライセンが各地への侵攻を開始した。静謐街バーズに迫るのは、トライセンの第1王子にして将軍のアズグラッドが率いる"竜騎兵団"。強力な古竜を擁する大軍を国境線で"足止め"することになったケルヴィン達なのだが、当然それで満足するはずもなく…。一方トライセンでは、魔法騎士団の団長となったトリスタンが暗躍。その恐るべき策謀は、国を憂う王女シュトラにも襲いかかり…!?黒衣の"死神"が仲間と共に魔王と激突する、爽快バトルファンタジー第5幕!!
2017.8 383p A6 ¥720 ①978-4-86554-251-6

◆翼になりたい まりあ著 KADOKAWA (魔法のiらんど文庫)
【要旨】「ありがとう、ばいばい」という言葉を残して、聖は翼の前から姿を消した。数年後、落ちこぼれ高校の2年になった潤は、キケンな香りを纏う潤と出会う。翼を気に入った潤は、一途に思いをぶつけてくるが、実は聖と繋がりがある人物だった。別れの傷が癒えていない翼は、かたくなに潤を避ける。しかし、ついに聖と再会するとき―!!かつてと同じように気持ちをぶつけてくる聖と、一途に翼を想う潤。動き始めたトライアングルの先には、思いもよらない悲しい運命が待っていた。
2017.6 239p A6 ¥570 ①978-4-04-893220-2

◆異界の姫巫女はパティシエール まりの著 アルファポリス, 星雲社 発売 (レジーナブックス)
【要旨】パティシエールを目指して製菓学校に通っているエミ。けれどある日、憧れのパティシエの実演会へ行く途中、いきなり異世界にトリップしてしまった!?さらには、獣に襲われそうになって絶対絶命のピンチ！一とそこで彼女を助けてくれたのは、イケメンの騎士様だった。そのお礼にお菓子を作ったところ、彼は大喜び！おいしいお菓子の評判は、瞬く間に広がっていったのだが…ひょんなことから、そのお菓子に不思議な力が宿っていると判明。それを食べると、異世界の人たちを困らせる"悪霊"を浄化させることができるのだ！気付くとエミは、「浄化の姫巫女」として祭り上げられてしまい―!?
2017.3 294p B6 ¥1200 ①978-4-434-23029-5

◆恋人の秘密探ってみました―フェロモン探偵またもや受難の日々 丸木文華著 講談社 (講談社X文庫―ホワイトハート)
【要旨】どんな男もたちまち虜にしてしまう、魔性の色気を持つ探偵の映。彼をこんな体質にした元凶の男が最近行方知れずというもの、映の愛弟子がおかしい。番犬並みの鋭さを持つ助手の雪也が、それを見逃すはずはない。完璧なイケメンにしか映しない眼中にない雪也は、すべてを暴露しようと、毎夜激しくマウントしてくる。しかし、映は決して過去を明かさない。独占欲の膨れ上がった雪也は、とうとう因縁の男と会うことになるが―!?
2017.11 249p A6 ¥620 ①978-4-06-286968-3

◆小説家・裏雅の気ままな探偵稼業 丸木文華著 集英社 (集英社オレンジ文庫)
【要旨】売れない小説家・裏雅が「真珠姫」と呼び、ひそかに観察を続けているのは、彼を「雅兄様」と慕う伯爵令嬢の茉莉子。一見おっとりとして可愛らしい茉莉子だが、雅は彼女の秘められた特性に興味を禁じ得ない。茉莉子はある日、「本来の小説のほうはさっぱりだが推理力には定評のある」雅のもとに、女学校で噂になっている不思議な「幽霊」の話を持ち込んで来るのだが…？
2017.11 232p A6 ¥550 ①978-4-08-680160-7

◆僕の装備は最強だけど自由過ぎる 丸瀬浩玄著 アルファポリス, 星雲社 発売
【要旨】鉱山で働く平凡な少年クラウドは、ある時次元の歪みに呑まれ、S級迷宮に転移してしまう。そこで出てくるモンスターたちの平均レベルは三百を超えるのに、クラウドのレベルはたったの四。そんな大ピンチの状況の中、偶然見つけたのが伝説の装備品三種―剣、腕輪、盾だった。彼らは、強力な特殊能力を持つ上に、人の姿にもなれる。彼らの力を借りれば、ダンジョンからの脱出にも希望が出てくる一方で、伝説の装備品をレベル四の凡人がそう簡単に使いこなせるわけもなく―ネットで大人気の激レアアイテムファンタジー、ここに開幕！
2017.3 288p B6 ¥1200 ①978-4-434-23145-2

◆僕の装備は最強だけど自由過ぎる 2 丸瀬浩玄著 アルファポリス, 星雲社 発売
【要旨】あるとき偶然、人の姿にもなれるSSSランクの装備品―剣、腕輪、盾、弓の持ち主になった平凡な少年クラウド。レベルもたった四しかなかった彼だが、伝説の装備たちに無理やり特訓をさせられ、見事魔法として一流と呼ぶほどの実力をつけるにいたった。しかし装備たちにとって、クラウドはまだまだ未熟者らしい。新たに『鎧』も仲間に加え、地獄のレベル上げはさらにエスカレートする。そして遂に邪神が復活するらしく、急遽その対策までをすることになり―激レアアイテムファンタジー、待望の第二巻！
2017.6 269p B6 ¥1200 ①978-4-434-23506-1

◆僕の装備は最強だけど自由過ぎる 3 丸瀬浩玄著 アルファポリス, 星雲社 発売
【要旨】あるとき偶然、人の姿にもなれるSSSランクの装備品―剣、腕輪、盾、弓、鎧の持ち主になった平凡な少年クラウド。彼は、装備品たちに鍛えられていくうちに、人類最強の戦士として邪神と戦うまでに至る。しかし、邪神は倒せなかった。かろうじて封印はしたものの、それも長くはもちそうにない。再戦のために、クラウドは苦しい試練を経て半神人となり、大幅なレベルアップに成功する。これで一安心…と思ったのもつかの間、彼の前に女神ファラリスが現れた。なんでも、半神人の力を十全に使うには、やっぱり特訓が必要らしい。しかも、女神とマンツーマンで―激レアアイテムファンタジー、堂々完結！
2017.11 272p B6 ¥1200 ①978-4-434-24012-6

◆冴えない彼女(ヒロイン)の育てかた 12 丸戸史明著 KADOKAWA (富士見ファンタジア文庫)
【要旨】悩みに悩みぬいたメインシナリオ『叶巡璃ルート』に解決の糸口を見つけ、一番の功労者で「blessing software」のメインヒロイン担当の加藤恵と誕生日デートの約束をした俺だったが…。「悪い、実はそっち行けない」「…」「聞こえてるよね～？ 俺の言ったこと、認識してるよね～？」あろうことかデート当日にドタキャンし、向かった場所は一病室だった。そこである人物から聞かされた話を受け、俺は大きな決断をすることに。そしてその結果、「わたし、やっぱり、あなたの、メインヒロインに、なれないよ」一気にメインヒロインの攻略難易度は跳ね上がってしまい！
2017.3 249p A6 ¥600 ①978-4-04-072077-7

◆冴えない彼女(ヒロイン)の育てかた 13 丸戸史明著 KADOKAWA (富士見ファンタジア文庫)
【要旨】「俺…恵が好きだ！三次元のお前が好きだ！」『転』のイベントを乗り越え「blessing software」の新作ゲームも完成までラストスパートを迎えた俺は、恵へ一大決心の告白をした。「お前を、胸がキュンキュンするようなメインヒロインにしてやる！」桜舞い散るあの坂道での運命の出会いからすべては始まった。いくつもの困難にぶつかりながらも、一緒に夢を追いかけてくれた仲間たちがいたからこそ、向き合えた想い。「わたしは、あなたが言う、メインヒロインに、なれたかな？」もうお前は、冴えない彼女なんかじゃない、胸がキュンキュンするメインヒロインだ！冴えない彼女との恋物語、完結！
2017.10 256p A6 ¥600 ①978-4-04-072339-6

◆冴えない彼女(ヒロイン)の育てかた Girls Side 3 丸戸史明著 KADOKAWA (富士見ファンタジア文庫)
【要旨】誰もが求めていなかった"転"のイベント。停滞するサークル副代表、加藤恵の前に新生「blessing software」の少女たちが現れる。そして倫也と同じように、恵もまた大きな決断をすることに。なぜ少女は、オタクで、自分勝手

ヤング・アダルト小説

な少年と一緒にいることを選んだのか。フラットで感情表現が適当と言われていた少女がいない。ここにいるのは、メインヒロインの座を決して譲らない冴えない彼女一。サークル代表不在の裏側を描く、少女たちのギャルゲー制作。
2017.6 250p A6 ¥600 ①978-4-04-072338-9

◆**フェイクフレンズ―悪女な親友と私の初恋**
丸野智著 KADOKAWA （魔法のiらんど文庫）
【要旨】有羽は真面目で地味な女子高生。バイトをしながら特待生で高校に通っている。そんな有羽が好きなのは、中学生時代に知り合った学校の人気者、真名瀬くん。でも、幼なじみのお金持ちな美人女王様恵麻も彼を狙っている。過去のある弱みを握られている有羽は恵麻に逆らえず、どんどん親密になる2人を見て苦しい毎日を送っていた。ところが、ある日突然、真名瀬くんからキスされて…!?ハラハラドキドキのスリリングラブストーリー！
2017.4 233p A6 ¥600 ①978-4-04-892880-9

◆**皿の上の聖騎士（パラデイン） 3　A Tale of Armour**　三浦勇雄著
KADOKAWA （NOVEL ZERO）
【要旨】レーヴァテインと並ぶ大国デュランダル。悠久の歴史を持つ古の国家は老王の死を機に東西に分裂していた。時同じく東西二大の霊獣が空中戦を勃発。アイザックは繰り返される激戦下で瓦礫の重なる中間都市に辿り着いて早々、強大な霊獣たちと渡り合う少女を「霊獣使い」と誤解されてしまう一。継続変転する神話、第三章。
2017.2 257p A6 ¥700 ①978-4-04-256047-0

◆**政と源**　三浦しをん著　集英社（集英社オレンジ文庫）
【要旨】東京都墨田区Y町。つまみ簪職人・源二郎の弟子である徹平の様子がおかしい。どうやら、不良仲間に強請られたらしい。それを知った源二郎は、誘われた自国とともにひと肌脱ぐことにするが一。当年とって七十三歳の国政と源二郎は、正反対の性格ながら、なぜか良いコンビ。水路のある下町を舞台に老人パワーを炸裂させるふたりの、痛快で心温まる人情譚！
2017.6 291p A6 ¥590 ①978-4-08-680135-5

◆**ヴァルハラの晩ご飯 4　イノシシとイノシシモドキの包み焼き（パピヨット）**　三鏡一敏著　KADOKAWA （電撃文庫）
【要旨】イノシシのセイです！今回はロキと一緒にフェンリルを縛る強力な紐・グレイプニルを外すためのヒントを求めて、いろんなところをあっちこっち旅して、とってもグッタリ…。そんな殺伐とした日々を過ごすボクの目の前に、ヴァルキューレ姉妹の6女・ヘルムヴィーゲさまが！「ブラジャーくじ」ってなんですか！？すっごく楽しそうな響きなんですけど！やりましょう！ぜひやりましょう…！ん、どうしたのロキ？なんでそんな悲しい顔をしてるの…？ボクの力の正体は？ホント…!?第22回電撃小説大賞"金賞"受賞作!!『やわらか神話』ファンタジー第4弾！
2017.2 299p A6 ¥610 ①978-4-04-892662-1

◆**ヴァルハラの晩ご飯 5　ドラゴンと神殺しの主菜（メーンディッシュ）**　三鏡一敏著　KADOKAWA （電撃文庫）
【要旨】イノシシのセイです！前回、ついにボクの秘密が明らかになりました。ボクは…見るものの所有欲をかきたて、手にしたものを死に至らしめるという呪いの指輪"アンドヴァラナウト"でした。幸いにも、呪いが発現する兆候はみられないんだけど、でも…。いや、いや！ネガティブになっても仕方ない！ボクは、元気だ、たとえ死んでも生き返れるのが取り柄だな！もうすぐ神界の美少女で、アイドルでもあるフレイヤさまがいらっしゃるし、凹んじゃいられないぞー…と！あれ、でもブリュンヒルデさまが最近ボクを見るとき、少し複雑な表情をされているけど…どういうことだろう？寂しいような、つらいような…？『やわらか神話』ファンタジー最終章！
2017.6 295p A6 ¥610 ①978-4-04-892947-9

◆**殺人鬼探偵の捏造美学**　御影瑛路著　講談社（講談社タイガ）
【要旨】水鉋清廉。天才精神科医にして、美学に満ちた殺人鬼・マスカレード。海岸沿いで発見された怪死体にはマスカレードに殺されたような痕跡が。新米刑事の百合は紹介された協力者と捜査を開始するが、その人物はあろうことか水鉋だった！父親、婚約者、恋人の証言が食い違う謎めいた被害者・麗奈を、当の水鉋と調べる百合。だが、死んだはずの麗奈の目撃証言が

であらわれ…!?
2017.11 299p A6 ¥720 ①978-4-06-294096-2

◆**腹黒エリートが甘くてズルいんです**　実花子著　スターツ出版　（ベリーズ文庫）
【要旨】30歳彼氏ナシ、仕事もマンネリ。人生停滞期のOLの莉緒は、誘われた合コンで学生時代に好きだった酒井と再会する。しかも彼はあの頃よりもかっこよく、一流企業の超エリートに変貌を遂げていた。ついに運命が!?と、ときめくも、結婚願望を聞かれたあげく「俺が結婚させてやる」と突然の婚活サポート宣言!?付き合うたびに恋人みたく甘い意地悪をしてくる彼。翻弄されっぱなしの莉緒は…？文庫でしか読めない書き下ろし番外編付き！
2017.5 325p A6 ¥630 ①978-4-8137-0251-1

◆**女騎士これくしょん―ガチャで出た女騎士と同居することになった。**　三門鉄狼著　講談社（講談社ラノベ文庫）
【要旨】ソーシャルゲーム『女騎士これくしょん』。その人気キャラクター"雷光の女騎士ココア"がーオレの目の前に現れた。こちらの世界に召喚される前の記憶が思い出せないらしいが、ポテチに喜んだり、サイダーに驚いたりと、見た感じはいたって普通の女の子。さらにオレのもとに、豪炎の女騎士アルティアや、清流の女騎士ライラといった、女騎士にしか登場しなかった、第三の女騎士が現れる。みんなオレの家に居着いてしまったが、まさかの女騎士との同居生活だ。だがそれと同時に、ゲーム内にしか存在しないはずのモンスターが、こちらの世界にも出現するようになった。どうやら、現実と女騎士これ、ふたつの世界の境界が曖昧になっているようで…？
2017.9 261p A6 ¥600 ①978-4-06-381622-8

◆**ギャルこん 2！　ギャルと合コンに参加することになった。**　三門鉄狼著　講談社（講談社ラノベ文庫）
【要旨】「あたしと一緒に、合コンに参加してほしいデース」そんな乃のお願いにより、オレは人生初の合コンに参加することになった。ギャルが苦手なオレにとっては気が乗らないのが正直なところだが、真乃の頼みとあらば仕方ない。だが、いざ会場に向かってみると、そこに現れたのはオレの知っている乃の姿ではなく、肌が黒くなってギャル度は高めだが、態度は逆に淑やかになっているという、明らかに様子がおかしい乃…いや、乃の偽物だった。首をかしげるオレだが、一方で、果音の様子もまたおかしい。オレを騙してホテルに連れ込んだと思うと、そのままオレを押し倒してきて…!?純情ギャル＆真面目少女との新婚生活ラブコメ第二弾！
2017.2 259p A6 ¥620 ①978-4-06-381585-6

◆**魔術王と聖剣姫の規格外英雄譚**　三門鉄狼著　SBクリエイティブ　（GA文庫）
【要旨】人類を襲う魔物に対抗する魔装使いの養成機関"七芒学園"に通うフレイヤは、魔装の具現化すらできず、退学寸前の状態だった。だが魔装の研究者である過去の功績から"魔術王"とも呼ばれる少年、アレクは"無才剣姫"と侮られていたフレイヤが秘めていた力を見抜き、彼女の成長を促していく。懐疑的なフレイヤに対し、アレクは的確な助言を授けつつも、常人には扱えない"原初の機動魔装"を授けつつて最強の魔装使い"無才"と呼ばれた剣姫の枷を壊し、最強へと導く。常識外の大活躍満載のバトルファンタジー、ここに開幕！
2017.7 298p A6 ¥610 ①978-4-7973-9289-0

◆**魔術王と聖剣姫の規格外英雄譚 2**　三門鉄狼著　SBクリエイティブ　（GA文庫）
【要旨】「お父様が、国に一エルフィリアに戻ってこいって」魔装使いたちが人類を襲う魔物を撃退している世界。無才とされていたフレイヤは、"魔術王"と呼ばれた少年アレクによって自身の力を引き出し、学園でもトップクラスの実力を身につけていた。そんなフレイヤの元に父から、アレクを連れて帰郷を促す手紙が届く。休暇も兼ねてフレイヤの生まれた故郷エルフィリアへと旅立つ二人だったが、そこでは人類を脅かす陰謀が進行していて―!?最強の魔術王と聖剣の姫による規格外の快進撃がますます加速する！　二人の活躍からますます目が離せない、バトル第二弾!!
2017.11 275p A6 ¥600 ①978-4-7973-9408-5

◆**ビブリア古書堂の事件手帖 7　―栞子さんと果てない舞台**　三上延著　KADOKAWA （メディアワークス文庫）
【要旨】ビブリア古書堂に迫る影。太宰治自家用の『晩年』をめぐり、取り引きに訪れた老獪な

道具商の男。彼はある一冊の古書を残していく。奇妙な縁に導かれ、対峙することになった劇作家ウィリアム・シェイクスピアの古書と謎多き仕掛け。青年店員と美しき女店主は、彼女の祖父によって張り巡らされていた罠へと誘われるのだった…。人から人へと受け継がれる古書と、脈々と続く家族の縁。その物語に幕引きのときがおとずれる。
2017.2 341p A6 ¥650 ①978-4-04-892640-9

◆**滅びゆく世界を救うために必要な俺以外の主人公の数を求めよ 2**　みかみてれん著　KADOKAWA （角川スニーカー文庫）
【要旨】「どうやら、同じ日を繰り返したみたいなんだ」リルキ達とテスケーラの街へ辿り着いた俺は、何者かに術をかけられ時間軸をループし続けることになってしまった。冗談じゃないな、早く"メーソン"を見つけなきゃいけないのに！おまけに、ループの引き金となった殺人事件を調べる過程で、針猫団という自治組織に絡まれまたもピンチ。けれど俺は針猫団のクライという少年に会い、ひと目で分かってしまった。彼がもう一人の主人公なのだと。
2017.3 309p A6 ¥640 ①978-4-04-105131-3

◆**マジメな妹萌えブタが英雄でモテて神対応されるファンタジア**　みかみてれん著　KADOKAWA （角川スニーカー文庫）
【要旨】俺、蓮城蒼太が訪れた異世界とやらは、少し変わっていた。体重120キロの俺は、国が吹き飛ぶほどのパワーを発揮。秒速で英雄に…!?さらに、そんな俺のお世話をしてくれる、俺の好みを押さえた女の子（妹）たちも現れ!?
2017.11 297p A6 ¥620 ①978-4-04-106274-6

◆**異世界釣り暮らし**　三上康明著　集英社（Dノベル）
【要旨】三度の飯より釣り好きの隼人は、釣りの帰りに暴走トラックの荷台から飛び出してきた冷凍マグロに直撃され気を失ってしまう。次に目を覚ました隼人は、釣り大会にいた。そこでは、皆が思い思いに釣りをしているのだが釣れるのは雑魚ばかり。見かねて釣りを始めると、最新ルアーもあってか、バカスカ釣れる釣り無双！ついには、"魔アジ"まで釣り上げてしまい大騒ぎに！どうやら、この世界では魚が重宝され、中でも"魔魚"は非常に貴重で、とにかく"釣れる"者が優遇され力を持つらしい。しかし、隼人はそんなことは気にせず釣りに夢中で、魔魚は皆に振る舞い、村人も美女も王族の心までも射止めてしまう!!「釣れる」ことが最強とされる異世界で、釣り好き男の無双が始まる！「小説家になろう」発、異世界ファンタジー！
2017.10 303p A6 ¥1200 ①978-4-08-704011-1

◆**逆転召喚 3　裏設定まで知り尽くした異世界に学校ごと召喚されて**　三河ごーすと著　集英社（ダッシュエックス文庫）
【要旨】精霊の国"ガーデン"との頭脳バトルに勝利した湊たち一行は、魔物の国"ZOO"で束の間の平和な日々を送っていた。そんなある日、轟音とともに悪魔の国"セメタリー"の守護神である黒死龍が訪れる。麻梨果のクー・フーリンの紋章による圧倒的な力で組み伏せ、突然の訪問のわけを聞いただしたところ、黒死龍の目的は「栞里を交渉材料に使うこと」。どうやら栞里・彩束伊織が会長を務める生徒会が"セメタリー"で不審な企みをしているようで…。知り尽くした裏設定から大きく逸れ始めた世界に、湊はどう立ち向かうのか。大人気！人生逆転物語、第3弾登場!!
2017.11 271p A6 ¥600 ①978-4-08-631168-7

◆**自称Fランクのお兄さまがゲームで評価される学園の頂点に君臨するそうですよ？**　三河ごーすと著　KADOKAWA （MF文庫J）
【要旨】学業、運動、家柄、あらゆる分野のエリートだけを集めた日本最高峰の名門校・獅子王学園。だがその実態は、ゲームの結果ですべてが評価される弱肉強食の学園だった。絶対的な強者一獅子のみが生き残れる修羅の世界だった。裏世界のゲームで常勝無敗の伝説を残しながらも、面倒のない普通の人生を歩みたい主人公・砕城紅蓮は、入学試験で手を抜き、目論見通り最低位のFランクに認定される。しかし心を必要とする血の繋がった妹・砕城可憐と再会し、事態は急変。そして学園の「悪意」が可憐を襲った。紅蓮は真の実力を発揮する。（自称）Fランクの紅蓮が並み居る強敵を屈服させる、学園ゲーム系頭脳バトル開幕！
2017.4 327p A6 ¥580 ①978-4-04-069178-7

◆**自称Fランクのお兄さまがゲームで評価される学園の頂点に君臨するそうですよ？**

ヤング・アダルト小説

◆2　三河ごーすと著　KADOKAWA（MF文庫J）
【要旨】ゲームの結果ですべてが評価される弱肉強食の学園・獅子王学園。面倒のない日常を過ごしたい砕城紅蓮は、Sランクの生徒会役員を倒して得たポイントを妹の可憐に譲渡し、最低位のFランクを維持していた。だが、生徒会長・白王子透夜の『生徒会選輓』開幕宣言により事態はまたも激変。学園全てを巻き込んだゲームが始まっていき──。「教えてやる。あんたらが選び半分で望んでいた一戦争の怖ろしさを」愛する妹との絆を断ち切ろうとする卑劣な罠を前に、圧倒的な天才の力が稀代のクズ男を奮い起す！　今、最も熱い学園ゲーム系頭脳バトル、伝説再来の第二弾!!
2017.8　295p　A6　¥580　①978-4-04-069396-5

◆ようこそ自由で平和な魔王の城へ！一人は、クズになれる　三河ごーすと著　講談社（講談社ラノベ文庫）
【要旨】「人間だろうと、魔王だろうと、女の口説き方は一緒だな!!」志埜聖人は修羅場生産工場とも呼ぶべき希代のクズ男である。異世界に転生した彼は、魔王のおっぱいに釣られて人類を裏切り、魔王軍で悠々自適に暮らすことに。全人類最凶のお花畑系魔王・ティアマト。社畜堕天使・田中。アヘアへ回復魔導官・プラチナ。悩める無職巨人・ツニート。こんな布陣で人類討伐計画など進むはずもなく、彼らは今日も平和な日常を繰り広げる─。しかしそこへ、聖人の前世の恋人（自称）であるヤンデレ勇者が現れる。彼女は「一途に想い続ける限り圧倒的に成長できる」チートスキルを持っており…？　史上最低の新感覚異世界日常コメディ、始まります。
2017.6　284p　A6　¥620　①978-4-06-381618-1

◆レンタルJK犬見さん。　三河ごーすと著　KADOKAWA（電撃文庫）
【要旨】レンタルビデオ店TSURUYAで働く柴崎涼介は─「お仕事の相談なんですけど、わたしと付き合ってください！」新人バイトの犬見美咲から告白される。彼女は、成績優秀、運動神経抜群の完璧美少女。だけど、映画オンチだった！「柴崎さんが映画好きしか愛せないというなら、映画を好きになってみせます！　だから、一人前の店員になれるように、わたしを調教してください！」一途にカワイイ後輩からの（病的な）アプローチをかわしながら、柴崎は仕事を教えることができるのか！？　「もう付き合っちゃえよ」と言いたくなる、ステップアップお仕事（ラブ？）コメディ、始まる。
2017.7　255p　A6　¥570　①978-4-04-893247-9

◆マジックユーザー──TRPGで育てた魔法使いは異世界でも最強だった。　三河宗平著　幻冬舎コミックス、幻冬舎 発売
【要旨】TRPG『ダンジョン&ブレイブス』のヘビーゲーマーだった男（42歳・独身）が、最強レベルの魔法使いキャラクター「ジオ・マルギルス」として、暗鬼に侵略されつつある異世界セディア大陸に転生する。大商人の娘・モーラや魔術師ギルドの幹部・クローラ、ベテラン冒険者・セダムと出会い、大魔法使いとしての魔力をTRPGプレイヤーとしての知識を手にしたジオは、人類の存亡をかけた戦乱へと巻き込まれていく…。
2017.3　339p　B6　¥1200　①978-4-344-83959-5

◆マジックユーザー　2　TRPGで育てた魔法使いは異世界でも最強だった。　三河宗平著　幻冬舎コミックス、幻冬舎 発売
【要旨】TRPG『ダンジョン&ブレイブス』のヘビーゲーマーだった主人公が、最強レベルの魔法使いキャラクター「ジオ・マルギルス」として、暗鬼に侵略されつつある異世界セディア大陸に転生する。大魔法使いとしての魔力とTRPGプレイヤーとしての知識を手にした彼は、ジーテイアス城主となった。順調に城主としての務めを果たすジオだったが、ジオを人類の敵「暗鬼」一派と疑う戦války や"ドワーフとの交渉"など、問題は山積み。更にひょんなことから関わってしまった"貴族令嬢の事件"といった面倒事に巻き込まれていき…!?　おっさん魔法使いがなんかんだで無双する、異世界TRPGファンタジー第二弾！
2017.10　310p　B6　¥1200　①978-4-344-84088-1

◆一華後宮料理帖　第3品　三川みり著　KADOKAWA（角川ビーンズ文庫）
【要旨】百年もの間ほぼ鎮圧状態だった西沙国と、崑国の国交樹立話が持ち上がった。理美は過酷な交渉でため気味の皇帝・祥飛の心身を癒やすため、専属のお夜食係に任命される。名誉ある役目だが朱西と一緒に意気込む理美だが

時間は徐々に少なくなっていく。一方、理美への恋心を自覚した朱西は自分の気持ちを封印しようとするが…？　この恋は、忘れないといけない夢だった─。3人のせつない想いが交錯する、第3弾!!
2017.3　246p　A6　¥580　①978-4-04-105169-6

◆一華後宮料理帖　第4品　三川みり著　KADOKAWA（角川ビーンズ文庫）
【要旨】互いの想いを封じた理美と朱西。さらに皇帝・祥飛に「皇后になって欲しい」と言われ、理美は落ち着かない毎日を過ごしていた。そんなある日、元気がない五龍のため、神気に満ちた旧都・汜因に滞在することに。そこで見つけた鏡をきっかけに、不思議な現象が起り始める。臥せってしまった祥飛に料理を作りながら、原因を調べた理美は、朱西の秘密を知ってしまい…!?　大切な居場所を守るため、決断の時が迫る第4弾!!
2017.10　268p　A6　¥620　①978-4-04-105170-2

◆一華後宮料理帖　第5品　三川みり著　KADOKAWA（角川ビーンズ文庫）
【要旨】朱西の秘密を知り、彼を守るため皇后となる道を選んだ理美。料理を作る余裕もないまま、立后式に向け皇后教育が始まるが、講師となったのはその朱西だった。一生抱き続けると決めた胸の痛みを隠して慎ましやかに過ごす2人。しかし皇帝・祥飛の元に、和国人の皇后内定に反対する意見書が届けられる。宮廷の利権を盾にちはだかる中、3人の恋は思いがけない方向に動き出し─!?　たったひとつの"嘘"から運命が激動する第5弾!!
2017.10　255p　A6　¥600　①978-4-04-106038-4

◆もってけ屋敷と僕の読書日記　三川みり著　新潮社（新潮文庫nex）
【要旨】風光明媚な尾道に暮らす中学生の鈴川有季は、ある日、奇妙な自動販売機を発見。100円玉を投入すると、大量の本と、その後ろから老人が現れた。本に埋もれた屋敷を終活整理する目的で始めたらしい。しかし、「どんな本だって、救われたり感動する奴はいる」と熱弁する彼の言葉に有季の人生が動き出す─少年と本をこよなく愛する老人との出会いを通して描く友情と恋と家族の物語。
2017.12　294p　A6　¥590　①978-4-10-180111-7

◆甘く優しい世界で生きるには　8　深木著　KADOKAWA（MFブックス）
【要旨】旅に出たドイルは傭兵団に助力を乞うため、フォルトレイスへ向かうが、黒蛇は王家のお抱えだった。身分を隠し行動しているドイルは、国の上層部に己の存在を察してもらうため、母と同じ銀の髪に変装して奮闘する。そんな中、エルフの少女リエスと出会い、彼女が追っている里から持ち去った犯人にマリスたちの存在を感じ取ったドイルは、彼女に手を貸す。リエスの協力により入城したドイルは黒蛇と対面し、そこで頭領たちから、竜の国フォルトレイスへ向けて進軍しようとしていることを知らされるのであった…。聖木の行方と失踪事件、その背景にゼノスの影!?　ドイル、リエスと共にさらなる手がかりを求め旅を続ける！
2017.7　280p　B6　¥1200　①978-4-04-069140-4

◆月世界紳士録　三木笙子著　集英社（集英社オレンジ文庫）
【要旨】宇宙技術振興推進株式会社─通称STeP。待肯亮雄の異動先は「竹取班」と呼ばれ、月にまつわる民話や伝承などを扱う部署だ。同僚は桂靖久という青年ひとり。その日、竹取班を訪れた宗像という男は、ある蒐集家から寄贈され保管中の古い洋燈「朧月夜」を譲ってくれと言った。『朧月夜』には、嘘をつくと火が消える、という謂れがあり？　恋が醒める特殊素材ストール、月の女神めぐり植物図鑑など、月に憑かれた者たちの幻想譚。
2017.6　286p　A6　¥590　①978-4-08-680138-6

◆甘くてキケンな主従関係　三季貴夜著　アルファポリス，星雲社 発売（エタニティ文庫）
【要旨】掃除大好きのハウスキーパー小野明。彼女の新たな職場は素敵な洋館。ご主人様の名は真城忍一、悲恋小説を得意とするカリスマ作家。きっと貴婦人のような女性だわ─なんて思っていたら、真城忍一は可愛く若い男だった！　見惚れるほどのイケメンだけど、口も態度も悪い。おまけに傍若無人、散らかし魔！　なのに、なんと彼と一つ屋根の下で過ごすうち、身も心も彼に翻弄されるようになり─。男と女、散らかし魔と片付け魔のスイートラブバトル開幕！　文庫だけの書き下ろし番外編も収録！
2017.3　337p　A6　¥640　①978-4-434-22995-4

◆くじ引き特賞：無双ハーレム権　4　三木なずな著　SBクリエイティブ（GA文庫）
【要旨】「わたし達を女王にしてください。ふたりとも、女王に!!」「面白い。いいだろう。ふたり纏めて女王にしてやる！！」前人未開となる、ふたりの女王を同時に一国の玉座に据えるために。平民の美人姉妹を、今まさに蛮王に踏躙されようとする王国・シラクーザの女王にするために。くじ引きで更なるスキルを手に入れたカケルは、彼を慕う美しい姫や鍛え抜かれた女奴隷たちを従えて、時に豪商さえも動かしながら、掠奪された大地を奪還、777倍の力で国も女も手に入れる─!!WEB小説投稿サイト発の大人気チートハーレムストーリー、書き下ろしも収録して贈る怒涛の第4弾！
2017.2　301p　A6　¥610　①978-4-7973-9001-8

◆くじ引き特賞：無双ハーレム権　5　三木なずな著　SBクリエイティブ（GA文庫）
【要旨】「い、いきなり何をするんだ!?」突然カケルにキスをされたイリスが頬を真っ赤に染め上げて問い詰める。「わたしがアイギナ王国一、言わば別の男に嫁ぐ身なのだぞ」消え入りそうな声は、本人の意思でないことを明確に示していた。当然、カケルはそれをぶっ潰す！　破談で強国メルクーリとアイギナを同時に敵に回すことになろうとも、エレノアの想定を遥かに超えて進化した777倍の力でねじ伏せる!!「何度も言わせるな。おれが止めてやると言っただろう？」WEB小説投稿サイト発の大人気チートハーレムストーリー、細腕の美女・豪商デルフィナの過去も明かされる、破竹と期待の第5弾！
2017.5　311p　A6　¥610　①978-4-7973-9251-7

◆くじ引き特賞：無双ハーレム権　6　三木なずな著　SBクリエイティブ（GA文庫）
【要旨】「次の戦場は？　彼が先刻のように美しく戦える場所はどこ!?」アイギナ王国の王女・セレーネが目をキラキラ輝かせながら訊ねた。身分を隠して潜入したアイギナで、とんでもなく凡愚か部下に暴虐の限りを尽くす王女セレーネに気に入られたカケル。だが、セレーネは自愛自得のクーデターで失脚しかける。傲慢な我侭姫セレーネ。それでも彼女に"いい女"の可能性を見たカケルは、777倍の力で窮地を救い、魔剣を抜いて、宮殿の万を超す敵を片っ端から容赦なく斬り捨てる!!そしてさらに強大になった力は魔剣エレノアを幼児退行させてしまい!?WEB小説投稿サイト発の大人気チートハーレムストーリー第6弾！
2017.8　311p　A6　¥610　①978-4-7973-9329-3

◆くじ引き特賞：無双ハーレム権　7　三木なずな著　SBクリエイティブ（GA文庫）
【要旨】カケルやカケルの女たちの力で、すっかり改心して素直になったアイギナ王国の王女・セレーネは、心を入れ替えたことで再び彼女を支えるようになった兵たちを導きながら、魔剣クシラを手に、ついに国を乗っ取ったテリトリオスに迫る！　一方、セレーネを助けたことで、特別なくじを引くチケットを得たカケルは、賞品として"素敵な冒険ペアチケット"を手に入れる。早速使ってみたカケルだったが、なんとかつて魔剣エレノアが大暴れしていた時代に飛ばされてしまうことに!?最悪故に孤独な過去のエレノアを描いた書き下ろし短編も収録して贈る、WEB小説投稿サイト発大人気チートハーレムストーリー第7弾！
2017.12　357p　A6　¥610　①978-4-7973-9359-0

◆進め！たかめ少女　高雄ソライロデイズ。　三木なずな著　SBクリエイティブ（GA文庫）
【要旨】台湾第二の街・高雄を走る地下鉄高雄メトロからは、今日も「たかめ少女」と呼ばれる4人の少女のにぎやかで楽しげな声が聞こえてくる。駅員のシャオチョンと、運転士のエミリア、エンジニアのジェアーに、カスタマーサービス員のナナ。そんな彼女たちの目標は「高雄メトロをもっと盛り上げる」こと。今のみんなで台湾グルメを楽しんだり、観光名所やデートスポットを巡ってみたり、駅でライブをしてみたり!?台湾で爆発的な人気を誇る「たかめ少女」をGA文庫がノベライズ。彼女たちのゆるふわな日常を、高雄の街の魅力と一緒にお届けする！
2017.6　317p　A6　¥680　①978-4-7973-8446-8

◆チートを作れるのは俺だけ─無能力だけど世界最強　三木なずな著　TOブックス
【要旨】「あたし、奴隷の1人もサマえないの甲斐性なしは趣味じゃないの」幼馴染への告白をあっさり瞬殺された少年ハードは、傷心を癒すべく美少女奴隷を買うことにした。だが、奴隷に

ヤング・アダルト小説

するために薬指に指輪をはめた瞬間、何と彼女のチート能力が覚醒！　その後も何故か奴隷にした女の子が次々とチート持ちになっていき、いつしかハードは最強美少女軍団を指揮する天下無双の冒険者へと成り上がっていた。チート小説の鬼才・三木なずながおくる、ハーレム冒険ファンタジー！
2017.11 327p B6 ¥1296 ①978-4-86472-620-7

◆チートを作れるのは俺だけ―無能力だけど世界最強　2　三木なずな著　TOブックス
【要旨】次から次へと美少女奴隷を獲得しい、その度にチート能力を与えていくハード。彼のご主人様としての美学に妥協という言葉は無く、新たなる奴隷の獲得も随所に力を入れていた。そんな折、国王に頼まれて隣国の大統領に親書を渡しに行くことに。だが、そこはなんと「奴隷解放宣言」が公布された国だった！　奴隷好きにとっては耐えがたい…そう思いつつ入国すると、ちょうど次期大統領を決めるための総選挙中らしく、町中は立候補したアイドルたちで溢れていた！…え、どういうこと!?
2018.2 287p B6 ¥1296 ①978-4-86472-657-3

◆なんでも一つだけかなう願いに「回数を無限にして」とお願いした結果　三木なずな著　リンダパブリッシャーズ、泰文堂発売
（レッドライジングブックス）
【要旨】不慮の事故で上司と同僚と共に命を落としてしまった、普通のサラリーマン・桐生遙人。「本来死ねはずじゃなかったから」と、女神様に別の世界で生き返らせてもらえるうえに、なんでも一つだけ願いをかなえてもらえることに―!!上司と同僚がそれぞれ願いをかなえてもらっている中、遙人が願ったのは「願いを無限にしてくれ」というとんでもない願いだった!?すべてを望む通りに手に入れられる男が、世界を少しずつ優しく変えていく物語…！
2017.4 285p B6 ¥1296 ①978-4-8030-1030-5

◆ニューゲームにチートはいらない！　三木なずな著　SBクリエイティブ　（GA文庫）
【要旨】70年の不遇の人生を送ってきたルーカス。人生の最後に童貞だけでも捨てようと、人気の娼婦と最高の一夜を過ごし、その後命を落とした。最高の体験をしたことで、却って未練が残り、死の間際にもう一度人生をやり直したいと強く願ったルーカス。その結果彼は70年分の経験値を持ったまま、20歳の身体に生まれ変わることに成功する！　力を持って若返ったルーカスは、伝説の精霊を倒し、最高の美女を腕に抱き、かつてできなかったことを次々実現させていく。70年の地道な努力を経て辿り着いた二度目の人生は、チートがなくても自由気ままに生きられる最強のものだった―!!webで大人気の「二度目の人生物語」!!
2017.8 281p A6 ¥600 ①978-4-7973-9235-7

◆ニューゲームにチートはいらない！　2　三木なずな著　SBクリエイティブ　（GA文庫）
【要旨】人生最後の日に最高の娼婦を抱いたことで、70年分の経験値を持ったまま20歳の身体に生まれ変わることに成功したルーカス。力を持って若返ることができたルーカスは伝説の精霊ヘリンを倒し、美女ビアンカを従え、二度目の人生を自由気ままに生きようとするが、突然、姫騎士から国家反逆罪の嫌疑を掛けられることに―!?70歳のままであれば逮捕・投獄は免れなかったルーカスが、生まれ変わったルーカスは、当然姫騎士を退け、そればかりか自分を捕縛しようとした姫騎士を助けて、最終的には姫騎士を手に入れる―!!チートなしでも最強！　webで大人気の「二度目の人生物語」!!
2017.12 253p A6 ¥600 ①978-4-7973-9439-9

◆マンガを読めるおれが世界最強　4　嫁達と過ごす気ままな生活　三木なずな著　SBクリエイティブ　（GAノベル）
【要旨】魔導書を読めば魔法が覚えられる異世界に転生したルシオ。その世界の魔導書の内容とは―なんと「マンガ」だった！　あらゆる魔導書（マンガ）を読み解いて世界最強の大魔導士になったルシオは、ついに魔王の娘さんをお嫁さんに迎えた。かわいい4人のお嫁さんに、イヌ耳少女のココとネコミミ少女のマミ。今回も彼女たちと一緒に、花粉症を撃退（？）したり、野球をしたり、お絵かきをしたり、さらにはおじいさん＆国王とハロウィンを楽しんだり、時にメイドさんの着替えを覗いての危険を感じたりと、にぎやかで楽しい毎日を過ごすことに―!!Web投稿サイト発の、大人気異世界スローライフ系「マンガ」ストーリー、第4弾!!
2017.3 245p B6 ¥1200 ①978-4-7973-9093-3

◆レベル1だけどユニークスキルで最強です　三木なずな著　講談社　（Kラノベブックス）
【要旨】ブラック企業勤めに疲れ切った佐藤亮太は、気がつくと異世界に転移していた。だが、せっかく異世界に来たというのに最大レベルが1のまま。どれだけ頑張ってもレベルが上がらない…はずだった。だが、亮太には特殊能力が備わっていた。食べ物など、全てがダンジョンのモンスターを倒してドロップするこの世界で、ドロップ確率が全てSランクというチートなユニークスキルが！　スキルを使って能力を上げまくり、レベル1のまま最強に！
2017.9 349p B6 ¥1200 ①978-4-06-365039-6

◆レベル1だけどユニークスキルで最強です　2　三木なずな著　講談社　（Kラノベブックス）
【要旨】食べ物など、全てのものがダンジョンモンスターからドロップされる世界に転移した佐藤亮太。レベルは1だがすべてのドロップステータスがSというユニークスキルを持っていた亮太は、スキルをフル活用しドロップアイテムで稼いでいる。そんなある日、亮太の住むテルルダンジョンの長に呼び出される。隣市との境界にできた新しいダンジョンの権利を巡る対決を手伝うことになるのだが―。ドロップステータスSの本領発揮！　小説家になろう日間・週間・月間・四半期以上の話題作、第2弾が登場！
2017.12 339p B6 ¥1200 ①978-4-06-365047-1

◆進化の実―知らないうちに勝ち組人生　6　美紅著　双葉社　（モンスター文庫）
【要旨】いよいよ本格的に魔法学園での教師生活がスタートした誠一。しかし、誠一が受け持つFクラスは、ひと癖もふた癖もある問題児たちばかり。その上、彼らは魔法が使えないという、ハンデを抱え、学園内で最弱の劣等生扱いされていた。そこで誠一は手始めに、杜撰なチート能力で彼らに魔法を習得させようとするが―。校内対抗戦で、最底辺が下剋上を巻き起こす!?陰謀うずまく魔法学園を舞台にした、大人気シリーズ待望の第6弾!!
2017.5 254p A6 ¥583 ①978-4-575-75140-6

◆進化の実―知らないうちに勝ち組人生　7　美紅著　双葉社　（モンスター文庫）
【要旨】魔法学園での校内対抗戦の最中、ついに牙を向いた魔神教団。誠一は持ち前のチート能力を使って敵を無力化するも、最後の抵抗として放たれた魔法により、黄泉の世界へと送られてしまう。突然訪れた、誠一の死。しかし、残されたサリアたちは「誠一なら大丈夫」と、誠一が生きて帰ってくることを信じて疑わなかった。一方、黄泉の世界へと送られた誠一は、生き返るため、なぜか悪霊の王を倒すことになり―。チートは死んでも治らない!?大人気シリーズ、待望の第7弾!!
2017.12 295p A6 ¥583 ①978-4-575-75180-2

◆平凡なる皇帝　1　三国司著　一二三書房
（サーガフォレスト）
【要旨】とある地方領主の元で下女として働く、ごくごく平凡な少女ハル。亡くなった母の形見である指輪を落としてしまい落ち込んでいたある日、領主仕えの魔術師であるカミラが形見をつけているのを気付き返してほしいと懇願するが、泥棒扱いされた事に怒るカミラと、カミラを寵愛する領主に取り合ってもらえない。本当の指輪の持ち主であるハルを疎ましく思うカミラは、ハルが森でドラゴンを匿っている事を知り、それを理由に森でハルを殺しようとするのだが、そこに巨大な魔獣が現れハル達に襲いかかる。絶対絶命のその時、現れた黒い軍服を着た男が告げる言葉が、平凡な少女の日々を一変させる…。
2017.8 291p B6 ¥1200 ①978-4-89199-432-7

◆平凡なる皇帝　2　三国司著　一二三書房
（サーガフォレスト）
【要旨】平凡な人生を送っていたはずの少女ハルの前に現れたドラニアス帝国の竜騎士クロナギ。クロナギからドラニアス帝国の唯一の帝位継承者であることを告げられたハルは、突然訪れた人生の転機を受け入れることができずにいたが、皇帝になるためではなくジジリアの森で出会った小竜のラッチを助けたいという目的のためにドラニアスを目指すこととなる。クロナギの邪魔を執拗に追ってきた三人の竜騎士との出会い、トチェックアーへの魔獣討伐する一行はラマーンへと向かっていくのだが、道中ハルが風邪で倒れてしまう！…未発表エピソード収録！
2017.10 295p B6 ¥1200 ①978-4-89199-464-8

◆ストライク・ザ・ブラッド　17　折れた聖槍　三雲岳斗著　KADOKAWA　（電撃文庫）
【要旨】新学期。無事に進級した古城たちは、絃神海の領主の仕事からも解放されてか、めずらしく平穏な日々を過ごしていた。しかし絃神島に突如現れた未確認の魔獣との戦闘で、琥珀と優乃が重傷を負う。魔獣退治の専門家である太史局の紀崎霧葉は、琥珀たちの敵討ちに燃える雫梨に共闘を持ちかけるのだが…。一方そのころ獅子王機関は日本政府の意向を受けて、第四真祖の新しい監視役の準備を始めていた。自分が解任されるかもしれないと聞かされて、動揺を隠しきれない雪菜。そんな雪菜の前に現れたのは、彼女と瓜二つの容姿を持つ謎の少女だった！　世界最強の吸血鬼が、常夏の人工島で繰り広げる学園アクションファンタジー、待望の第十七弾！
2017.6 347p A6 ¥650 ①978-4-04-892953-0

◆ストライク・ザ・ブラッド　18　真説・ヴァルキュリアの王国　三雲岳斗著　KADOKAWA　（電撃文庫）
【要旨】王女ラ・フォリアからアルディギア王国に招待された古城と雪菜。あまり旅行に乗り気ではなかった古城だが、叶瀨夏音が同行すると聞かされて、渋々と招待に応じることを決める。宮廷内に夏音の存在を快く思わない勢力があり、彼らから夏音を護ってほしいというのが、ラ・フォリアの真の依頼なのだ。折しもアルディギアでは戦王領域との平和条約締結記念式典が予定されており、条約に反対する勢力によるテロも懸念されていた。そんな中、アルディギアの王宮が謎の魔獣に襲撃され、戦王領域を巻き込んだ大規模テロ計画が動き出す。そして古城たちは、否応なくその渦中に巻き込まれていくのだった。
2017.11 380p A6 ¥670 ①978-4-04-893398-8

◆ストライク・ザ・ブラッドAPPEND　1　人形師の遺産　三雲岳斗著　KADOKAWA
（電撃文庫）
【要旨】絃神島の存亡をかけた殲教師オイスタッハとの死闘を経て、古城に命を救われた眷獣共生型人工生命実験体アスタルテ。しかしアスタルテが手に入れた第四真祖の魔力を狙って、彼女の生みの親である人形師ザカリーが動き出す。人形師の最高傑作である殺人人形スワニルダの脅威が迫る中、古城には、吸血鬼風邪に感染して寝込んでいた。こぞとばかりに張り切って彼を看病する雪菜だが…！　一方、獅子王機関の指示で独自に人形師の足取りを追っていた紗矢華は、研究所の跡地で予想外の強敵と遭遇する！　シリーズ初の番外編。四つの短篇が紡ぐもう一つの「聖者の右腕」の物語。
2018.1 249p A6 ¥570 ①978-4-04-893578-4

◆あらゆる手段を尽くしてトッププレイヤーになりたい、他人のカネで。そうだ、盗賊しよう。　1　三毛乱二郎著　KADOKAWA
（MFブックス）
【要旨】残業続きの日々で、ブラック企業勤めに疲れていた一ノ瀬真也。ゲームクリアの賞金は七億円！　さらに実況動画の作成で、広告料も入ってくる。彼は、そんな夢のようなVRMMO『クロスストーリーズオンライン』上の、定員百人の狭き門にダメ元で応募し、テストプレイヤーに選ばれた！　真也のゲーム内での職業は『盗賊』。彼は盗賊のスキルを使い他人のカネで装備を整え、ゲームを楽しんでいく。しかも真也はツンデレ娘、お嬢様な錬金術師、純真無垢なプレイヤー仲間の少女たち、魅力的なヒロインたちと仲良くなってスキルアップ！　だがそんな彼の前に、花粉症を持ち掛ける怪しいプレイヤーが現れ―!?「トッププレイヤーになって、左団扇で暮らしてやる！」会社も辞めて覚悟を決めた。大人な駆け引き満載の、成り上がりストーリー開幕！
2017.8 286p B6 ¥1200 ①978-4-04-069410-8

◆あらゆる手段を尽くしてトッププレイヤーになりたい、他人のカネで。そうだ、盗賊しよう。　2　三毛乱二郎著　KADOKAWA
（MFブックス）
【要旨】日村との騒動が終息し、いよいよゲーム『クロスストーリーズオンライン』での実況動画をアップし始めた真也。広告料を手にし、彼の動画の人気は不動のものに。そのうえ真也は、悪事を視聴者に公開しても告発されない環境を作り出し、同業のライバルたちを蹴落とすことにも成功。重要キャラクターとのつながりもできた。そんな真也の行動に不満を持つプレイヤー達も増える中、彼はゲームを進めるため、またトッププレイヤーとして過ごすため、カティやリー

ヤング・アダルト小説

サに別れを告げ、次の街を目指していく。メンバーは秀介、ルリハに加え、日村と共謀していた乗鞍も同行することに！そうしたきな臭い旅路を楽しむ真也の元へ、カティから緊急連絡が入り―。「他のプレイヤーからの妬み」強ってそれが、トッププレイヤーとしての役目だろ」新たな敵に対して描く真也の戦略とは!?大人な戦い駆け引き満載の、成り上がりストーリー第二弾！
2017.11 287p B6 ¥1300 ①978-4-04-069590-7

◆ひきこもり姫を歌わせたいっ！　水坂不適合著　小学館　（ガガガ文庫）
【要旨】超絶歌下手男子・蒼山礼人。ロックバンドの甲子園での優勝を目指す彼が出会ったのは、魔法のひきこもり姫・灯坂遙奈だった。過去のトラウマから周囲との交流を避ける彼女に、礼人は諦めずに声をかけ続ける。「灯坂が歌ってくれたら、絶対すげぇライブができるー俺はさ、人間はなりたいものになれるって思うんだ」。第11回小学館ライトノベル大賞でガガガ賞を受賞！何者でもない少年少女たちが叫ぶ、不器用だけどまっすぐな青春ロックバンドストーリー開演!!第11回小学館ライトノベル大賞ガガガ賞受賞作。
2017.7 325p A6 ¥611 ①978-4-09-451688-3

◆旅籠屋あのこの一あなたの「想い」届けます。　岬著　KADOKAWA　（メディアワークス文庫）
【要旨】霧の街・釧路の幣舞橋をこえた少し先に、その宿はある。紺と白、二色の暖簾がゆれる古民家風の「旅籠屋あのこの」。この宿のモットーは「どんな客人も、来るもの拒まず」で、死者も生者も訪れる、「あの世」と「この世」を結ぶ宿だった。ひょんなことでここの新米従業員となった丸子のもとに、なにやら「ワケ有り」の客人がやってきて！料理番の南郷、神出鬼没な宿の主・紫鶴といった変わり者と、不思議なお客が集う宿で、今日も素敵なドラマが始まります。
2017.11 283p A6 ¥630 ①978-4-04-893529-6

◆ウィザーデイング・ゲーム　岬かつみ著　KADOKAWA　（角川スニーカー文庫）
【要旨】新世代ARゲーム『ブレイドワールド』が実装されたAR遊戯都市。そこに暮らす無職王アーサーは、上位ランキングを独占する最強ギルド"円卓の暇人"の団長にして不動の1位に君臨していた。しかし"魔法使い"の力を探す少女アーリアと出会い、アーサーと円卓の仲間たちはAR-CANAの力に目覚め!?現実を侵食する拡張現実の"魔法使い"による、オーバーテクノロジー魔法バトル!!
2017.3 281p A6 ¥620 ①978-4-04-105527-4

◆セブンキャストのひきこもり魔術王 4　岬かつみ著　KADOKAWA　（富士見ファンタジア文庫）
【要旨】「やっほーブラン。きょうはねー、お泊りセットよういしてきたの！」ブランの快適なひきこもり生活は風前の灯火だ。合鍵を手に入れてうきうきのデュセルが毎日遊びに来てしまって、騒がしい現状に耐え切れなくなったブランは…まさかの家出!?しかし、潜伏先として選んだのは、ブランの住む豪華客船!?一方、主の代わりに『七詠唱』を操作し始めたデュセルは、思いがけず、ブランの幼馴染・副会長の知られざる秘密ー十年前の魔術実験の真相に近づいてしまう。そして、この真相が、来る魔術遠征合宿で世界を滅ぼす災厄を目覚めさせー。学園戦力総出動、七大教授と共に史上最大の魔術災厄に挑め!!
2017.4 317p A6 ¥620 ①978-4-04-072135-4

◆セブンキャストのひきこもり魔術王 5　岬かつみ著　KADOKAWA　（富士見ファンタジア文庫）
【要旨】次期生徒会長候補にブランとアンジェが急浮上!?盛り上がりをみせるウエノ学園に、スティーヴンが来校し、衝撃発言を繰り出した！「ーどうやら俺は貴様の叔父らしい」ブランの父は、神歌教団の神使だった？彼は、十年前のアルテナで何を狙っていたのか？一方、いま魔術世界は魔獣の大発生により混迷の最中にあった。解決の鍵を握るブランの我流魔術式『分身鋳造』!?七十年前の大異変の元凶『新世界創造』の全魔力を分身にも封じ込めるため、儀式に乗り出すブラン。だが"地獄の門"が再び開かれたとき、破滅の魔法が目覚めー魔術世界創造の真実が明かされる！七詠唱、最後の戦い!!
2017.9 349p A6 ¥680 ①978-4-04-072416-4

◆陰キャになりたい陽乃森さん Step1　岬鷺宮著　KADOKAWA　（電撃文庫）

【要旨】陰キャと陽キャー俺たちに課せられた、透明なる上下関係。お互い理解し合うことはできないし、そばにいても生まれるのは不幸だけ。だから俺は思っていたんだ。陰キャと陽キャは、別々に暮らすべきだと。なんなら、学校やら自治体レベルで、隔離して生きていくべきだと。なのにーそんな俺らが集う謎の「陰キャ部」。陰キャだけの安息の地に、彼女はやってきた。陽キャ中の陽キャ、リア充中のリア充、陽乃森さん。しかも、彼女は言いだした。「わたしに陰キャを教えてよ！」なんて言いだしーいえ、ちょ、本気!?自分が言ってることの意味わかってる!?わかり合えない俺たちの、異文化激突青春ラブコメ！
2017.10 299p A6 ¥610 ①978-4-04-893402-2

◆陰キャになりたい陽乃森さん Step2　岬鷺宮著　KADOKAWA　（電撃文庫）
【要旨】陰キャと陽キャの歩く道は交わらないーそれをある意味覆した、陽キャ中の陽キャ、陽乃森さんの変貌事件。それからしばらくして…今度は陰キャ安息の地であるはずの「陰キャ部」に陽キャ化希望の波が到来していた。無理して陰キャになろうとすることは、自分を否定することになる…そんなポリシーで協力を拒否した俺に対抗して、陽乃森理瀬は強力すぎる仲間を呼び寄せた!?何やってんだあいつ！変わらないもの、変えたいもの、変わってほしいもの、それでも変わらないものー想いが交錯する俺たちの、異文化激突青春ラブコメ！
2018.1 267p A6 ¥610 ①978-4-04-893610-1

◆読者（ぼく）と主人公（かのじょ）と二人のこれから　岬鷺宮著　KADOKAWA　（電撃文庫）
【要旨】この物語さえあれば、他に何もいらない。この小説「十四歳」と、その中に確かに息づく主人公、トキコがいれば。だが、彼女は俺の前に現れた。灰色の毎日の始まりになるはずだった、新学年のホームルーム。黒板の前に立った彼女こそは、俺が手にした物語の中にいたはずの「トキコ」だった。物語の中にいる「トキコ」と、目の前にいる「柊narrowの」あいだで、奇妙に絡まってゆく想い。出会うはずのなかった読者と主人公の物語。その結末に、あるものはー。
2017.4 305p A6 ¥610 ①978-4-04-892603-4

◆僕らが明日に踏み出す方法　岬鷺宮著　KADOKAWA　（メディアワークス文庫）
【要旨】「納得できるまで、今日をやりなおせたらって。そう思ったことは、ないですか？」ピアノコンクールを一週間後に控えた少年・中瀬と、同じく一週間後に告白の返事を待たせている少女・山田。ふたりはある日、同じ一日をループしている自分に気づく。次の日へと進むための条件は「『最善の一日』と思える一日を過ごす」こと。目の前にいるキミの、本当の願いはどこ？わたし達が出逢った理由はー？廻る毎日で二人が見つける「明日に踏み出す一日」。
2017.6 307p A6 ¥630 ①978-4-04-892961-5

◆ハンドレッド 13　ノブレス・オブリージュ　箕崎准著　SBクリエイティブ　（GA文庫）
【要旨】「わたしは負けないわ。あなたたちを倒して、復讐ーソウ！フクシュウ！」「教皇の様子が何かおかしいー!?」「時空転移装置」により、愛する者への帰還と人類への復讐を果たそうとするセリヴィア。しかし過度にエナジーを取り込んだ結果、全身を巡るヴァリアントウイルスが"暴走"を起こし、事態はより混迷してしまう！この絶望的状況に打ち破るのはー「如月ハヤト、あなたです。ただー」「ーやります。これが俺のやるべき"持つべき者の義務"ですから」セリヴィア戦決着の時！"究極"のメカバトルアクション、第十三弾！
2017.5 262p A6 ¥610 ①978-4-7973-9279-1

◆ハンドレッド 14　セーブ・ザ・ユニバース　箕崎准著　SBクリエイティブ　（GA文庫）
【要旨】「お願いします。ノートルダム人をーいえ、この宇宙を救うために、みなさんの力を貸してください」ハヤトの帰還を助け、共に地球へとやってきたノートルダム人の科学者イリナ。彼女が語る、サベージの製造拠点"惑星X"の脅威と、彼女の星の現状に、クレアは一大計画「セーブ・ザ・ユニバース」の遂行を決意する！だが、その準備の最中ー。「僕はまた、ハヤトと離れないになるなんて、絶対にいやだ」ハヤトへの想い打ち明けるエミリア。彼女の涙にハヤトはー!?"究極"のメカバトルアクション、第十四弾！
2017.12 266p A6 ¥600 ①978-4-7973-9525-9

◆熊撃権左ー明治陸軍兵士の異世界討伐記録　三島千廣著　小学館　（ガガガブックス）
【要旨】日露戦争従軍中、マタギの兵士・権左は上官を庇い瀕死の重傷を負ってしまう。もはやこれまでと悟った権左が目を覚ますと、そこは魔獣たちの棲息する異世界だった。そんな異郷の地で、権左はリュチカという狼の耳と尻尾を持つ少女を助け、彼女の家で世話になる。その矢先、人を喰らう怪物熊が近隣の村を襲ったとの報せが届くのだが…。新感覚異世界狩猟ファンタジー堂々開幕‼
2017.10 291p B6 ¥1200 ①978-4-09-461105-2

◆ゲス勇者のダンジョンハーレム 1　三島千廣著　双葉社　（モンスター文庫）
【要旨】異世界に召喚された大学生・蔵人は、転移早々、王の娘を襲ったという濡れ衣を着せられ、投獄されてしまう。毎日毎日、獄卒長の陰険なイジメを受けていたところに、美しい半獣人の女奴隷が現れて…。男に生まれたからには、美女とお宝を目指す異世界冒険ダークファンタジー。番外編「蔵人の異世界グルメ」も収録。
2017.8 355p A6 ¥648 ①978-4-575-75151-2

◆ゲス勇者のダンジョンハーレム 2　三島千廣著　双葉社　（「ダンジョン＋ハーレム＋マスター(2)」加筆・修正・改題書）
【要旨】ロムレス王国の刺客に襲われ、瀕死の状態になったクランドは、ドロテアという美女のエルフに助けられる。しばらく、彼女が暮らす隠れ里で休息をすることになった。だが、クランドが街へ買い出しに出ている隙に、武装した男たちの集団に彼女が襲われてしまう。その集団の中には、なぜかドロテアの許嫁の姿がー!?「小説家になろう」発、ゲス勇者の異世界ダークファンタジー第二弾。本編に80頁越えの大幅書き下ろし中編「人魚編」を収録！
2017.12 333p A6 ¥639 ①978-4-575-75181-9

◆シロクマ転生 1　森の守護神になったぞ伝説　三島千廣著　ホビージャパン　（HJ NOVELS）
【要旨】久間田熊吉は、大好きな山登りの途中で谷へと滑落したはずが、気づけばシロクマになって異世界の深い森の中で目を覚ました。人族に追われて森へと逃げ込んできたウェアウルフの姉妹たちを保護した彼は、その強靭なシロクマの肉体と、前世でつちかったサバイバルの知識を駆使して、危険な森での生活をどんどん快適にしていくー。
2017.1 301p B6 ¥1200 ①978-4-7986-1369-7

◆シロクマ転生 2　森の守護神になったぞ伝説　三島千廣著　ホビージャパン　（HJ NOVELS）
【要旨】狼獣人のルルティナたちの森暮らしも安定してきたクマキチは、いつもの狩りに出かけたところで小さな魔女・リコッタと出会う。家まで送り届けたことでその母・ロビオラとも知り合い、あらたなご近所さんとの交流を深めるクマキチだったが、森にはロビオラたちへの追手が迫っていてー。大人気異世界シロクマファンタジー待望の第二巻！
2017.7 295p B6 ¥1200 ①978-4-7986-1491-5

◆シロクマ転生 3　森の守護神になったぞ伝説　三島千廣著　ホビージャパン　（HJ NOVELS）
【要旨】森に平穏が戻り、狩りをしながら家の住み心地を向上させていくクマキチとルルティナたち。いつものように川に釣りに行くクマキチだが、そこには見慣れないモノが流れ着いていた。その物体とは、遭難したクマの獣人・エルム族のロミスケ。狩りの途中に遭難したという彼が、村まで送り届けることになるのだが…。大人気シロクマファンタジー第三巻！
2017.11 313p B6 ¥1200 ①978-4-7986-1558-5

◆東京ダンジョンマスターー社畜勇者(28)は休めない　三島千廣著　KADOKAWA　（ファミ通文庫）
【要旨】かつて異世界を救った勇者の上総も、現代に戻った今は一人の企業戦士。今日も残業を終えて帰宅すると、そこに現れたのは、異世界の仲間である王女リリアーヌとメイドのクリスだった。彼女らを六畳一間の自宅で養うことになった上総は、その後秋葉原駅で出会ったJK巫女の紅に弱みを握られ、彼女と巨乳人妻に己と異世界の魔物が跋扈するダンジョンに足を踏み入れることになるー。サラリーマンと愉快な

ヤング・アダルト小説

仲間たちのダンジョン攻略、開始！

◆酔いどれジラルド―かつての英雄と押しかけ嫁　三島千廣著　KADOKAWA　（NOVEL ZERO）
【要旨】ロレムス王国の騎士ジラルドは、先の戦争で大きな武勲を上げ、将軍職と長城防衛という名誉を賜る。だが、その実質は僻地への島流しであった。政争に敗れ、戦いもなくなり七年過ぎ、ジラルドは酒だけが相棒という立派なダメ人間となっていた。だが、そんなジラルドに大きな転機が訪れる。「私はユリーシャ。今日からあなたの妻になる者だ」強引なユリーシャに戸惑うものの、彼女の助言に従い、体を鍛え直すうち、気概を取り戻していくジラルド。だが、世は再び戦乱の気配が増し―。かつての英雄が、本当の英雄になる!?「再生」の王道ファンタジー英雄譚、いま開幕する！
2018.1 254p A6 ¥680 ①978-4-04-256067-8

◆セブンス　4　三嶋与夢著　主婦の友社（ヒーロー文庫）
【要旨】アラムサースは学園が支配している学術都市。金さえ出せば、知識や技術を得られるアラムサースで自分を鍛える冒険者も少なくない。そんな学術都市に活動拠点を移したライエル一行は、知識や技術を得ることの他に、仲間を集めたいという大きな目的があった。アラムサースは地下迷宮を支配しており、冒険者にとっては稼げる上に自分を鍛えられる。ただ、地下迷宮に入るためには、学園の許可も必要。仲間が少なく、実績もないライエルたちに許可は出ない。ライエルはなんとか地下迷宮に入る手立てを考えるのだが―。
2017.10 351p A6 ¥600 ①978-4-07-423663-3

◆セブンス　5　三嶋与夢著　主婦の友社（ヒーロー文庫）
【要旨】新たに仲間を加えたライエル一行。どんな場面でも活躍する優秀なミランダ。古代人が作り出したメイドロボであるオートマトンのポヨポヨ。魔眼という凄い能力を持ったシャノン。この三人がいればアラムサースで大活躍も可能な、筈だったのだが―。ライエルの一番になりたいと公言したミランダは、パーティーの人間関係を壊してしまう。ポヨポヨはノウェムの事を女狐と呼んで敵対心をあらわにする。魔眼を持っているが、ソレを活かしきれない上にライエルを「ヒモ野郎」と罵るシャノン。新しい仲間を加え、新たなパーティーで大活躍するはずが、連携も取れなくなりボロボロになってしまう。歴代当主たちからの課題は達成できるか！
2017.10 351p A6 ¥620 ①978-4-07-427922-7

◆静かにしてますよ？　水清まり著　主婦と生活社　（PASH！ブックス）
【要旨】異世界転生時に無敵の結界と治癒能力をもたらした少女リーナ。その力を使い魔王と死闘を繰り広げ…なんてことは一切せずに、生活水準の向上に投資。未開の村でトイレに銭湯、果ては鉄道まで導入し、ここで静かに快適生活なのに、隣の村が放っておかれてしまい！　私、静かにしてますよ？　万能生物スライムちゃんを従えて、幼馴染みカイの重すぎる愛を一身に受け、かつ戦う時は元気です。ハイスペック転生少女の文明開化コメディ!!
2017.2 327p B6 ¥1200 ①978-4-391-14978-4

◆あやかし会社の社長にされそう。　水沢あきと著　KADOKAWA　（メディアワークス文庫）
【要旨】ブラック企業から逃げ出したOL・萩原優奈が父親の薦めにより再就職した先は―なんと「顔が見えない」のをいいことに、ヘンな妖怪たちが働く電話応対会社だった！　雪女や牛鬼、天狗、カッパやらがヘッドセットを装着して電話応対―そんな光景が広がる「九十九コールセンター」。センター長の妖狐・稲野さん（ちょっと格好いい）曰くここは優奈の父が創った会社で、ぜひ次期社長になってほしいということで―って、ええっ!?　突然飛び出した社長話、どうするどうなる!?
2017.10 357p A6 ¥650 ①978-4-04-893413-8

◆天使のスタートアップ　水沢あきと著　星海社、講談社 発売　（星海社FICTIONS）
【要旨】「…このままだと、リミットは今月末だ」24歳のITベンチャー経営者林田泰典は破滅の淵にいた。会社の資金は底をつき、月末の倒産は避けられそうもない。そんな彼のもとを、ひとりの少女が訪ねる。「2000万円なら、すぐにご用意できます」不意に現れた少女投資家の登場によって息を吹き返したフェーズアップ社だったが、そこへ、ネット炎上・敵対的買収・提携拒

お家騒動と次々に困難が襲いかかる。果たして彼らはこの小さな投資家の期待に応え、見事再建を果たすことができるのか…!?ビジネス小説の旗手が描く、本格創業エンタテインメント開幕！
2017.6 258p B6 ¥1300 ①978-4-06-139968-6

◆俺、ツインテールになります。　4.5　水沢夢著　小学館　（ガガガ文庫）
【要旨】トゥアールと愛香のじゃれ合いは日々激化し、トゥアールは愛香に対抗するためにツインテイルズ基地に凄まじい改造を施していく。それらを迎撃しながらも、たまには自分に害のない発明品を作ってもらえないかと思った愛香は、望んだ夢を見ることができる機械を開発してもらうことで、愛香とトゥアールの"禁断の愛"を描き、長らく幻となっていた問題作がついに解禁！文庫未収録となっていたTVアニメシリーズの特典小説を「俺ツイ」4巻と5巻を繋ぐエピソードとして再構成。さらに、カオスな書き下ろしも加えた珠玉の外伝！
2017.3 310p A6 ¥611 ①978-4-09-451662-3

◆俺、ツインテールになります。　13　水沢夢著　小学館　（ガガガ文庫）
【要旨】戦女神ヴァルキリアギルディの能力"死して尚変態"で、これまでに倒したエレメリアたちが完全再生！積み重ねてきた全ての戦いをリセットされたツインテイルズ。彼らの終わりなき悪夢が始まった。だが、この重大な局面で、ツインテイルを失う危機に直面した愛香は、激しい恐怖心に支配されてしまう。総二の優しささえ、今の彼女には不安でしかなかった…。次々に危機に瀕していく、ツインテイルズ！そして、宿敵ドラグギルディと相見える総二！今再び、ツインテイル頂上決戦の幕が上がる！！
2017.8 358p A6 ¥630 ①978-4-09-451692-0

◆俺、ツインテールになります。　14　水沢夢著　小学館　（ガガガ文庫）
【要旨】アルティメギルの侵攻も一時的に落ち着き、大晦日に初詣にと、平和な冬休みを満喫する総二たち。一方、暗躍による暴走が度を超し始めたマーメイドギルディ、敗戦続く神の一剣！組織の混乱に、いよいよアルティメギル首領がその全ての神秘の力を脱ぐ!?そして、もう一人のテイルギアの戦士・結翼唯乃が総二たちの前に現れる。有耶無耶になっていたテイルレッドの決着を望む唯乃に対し、総二は何かとして彼女と仲間になろうかと考えを巡らせる。果たして総二の思いは、頑なな唯乃の心を揺り動かせるのか!?
2017.12 310p A6 ¥611 ①978-4-09-451711-8

◆ふぉーくーるあふたー　4　水沢夢著　小学館　（ガガガ文庫）
【要旨】強すぎる地球の守護者レイアーソルの噂は今や宇宙中に知れ渡り、カラミティーサタンちと契約して地球征服を企もうとする悪の組織もぱったりと途絶えてしまった。この機に、今後の展開を話し合った陽奈たちは、原点に立ち返りおもちゃの販促に作るべく番組CMを作ることに。だがそこへ、悪の魔星少女たちの度重なる失態に業を煮やした"黒幕"が降臨。ヒーロー番組の"制作"において最大級の力を持つ、その恐るべき存在とは―!?今明かされる、魔星少女の驚愕の真実。陽奈、そして遙は、大いなる決断を迫られる！
2017.3 326p A6 ¥611 ①978-4-09-451665-4

◆家出青年、猫ホストになる　水島忍著　集英社　（集英社オレンジ文庫）
【要旨】入社前に就職先が倒産した渚。ひとまずバイトに励んでいたが、「どうせお前が就職できるのはうちの会社だけ」なんて言うだけ。ある夜、すさんだ気持ちで家出した渚は、神社で猫ホストと出会う。入れ替わりを願ったところ、翌朝、渚たちは本当に入れ替わってしまう。チャー（中身は渚）を探しにきた男・上小路に拾われる渚（中身はチャー）だが!?
2017.1 202p A6 ¥540 ①978-4-08-680118-8

◆身代わり姫は腹黒王子に寵愛される　水島忍著　講談社　（講談社X文庫―ホワイトハート）
【要旨】王女の身代わりとして、隣国に嫁ぐことになった田舎娘のリアーナ。お相手は、絶世の美男子だけど歪んだ性格の国王ヴィンセント。「夫婦は、毎晩愛し合うんだよ」巧みな愛撫で一晩中喘がされ、リアーナはその甘い快楽と彼の熱い執着に溺れていく。しかし、彼を騙していることに罪悪感を感じ始めていたある日、とうとう偽者だとばれて…！身分を超えた溺愛の新婚ロマンス！
2017.2 249p A6 ¥690 ①978-4-06-286934-8

◆魔王城のシェフ―黒竜のローストからはじまる異世界グルメ伝　水城水城著　KADOKAWA　（ファミ通文庫）
【要旨】黒竜を倒したことで魔王ルイーナに捕まった流浪の料理人シイガ。そこに届いた彼の作る「黒竜のロースト」を気に入った魔王は言い放つ「我のものになれ料理人！」こうして断っても死、不味いものを作っても死、という制約なしの魔王のために料理を作る日々が始まった！さらにシイガは魔王に反発する魔族を次々に料理で篭絡する一方、勇者とも共闘するほどの仲になってしまい―。戦力でも料理でも魔王軍最強となった料理人によるグルメファンタジー、開幕！
2017.4 281p A6 ¥590 ①978-4-04-734636-9

◆魔王城のシェフ　2　魔神のグルメバーガーで制する美食の闘宴　水城水城著　KADOKAWA　（ファミ通文庫）
【要旨】シイガが魔王ルイーナを料理によって手懐け、安寧を得た魔王城。そこに届いたのは、一通の招待状。各国の代表が腕を競う"国際料理コンクール"の審査員にルイーナが選ばれたのだ。特別枠として大会に参加するシイガに闘志を燃えるが、実は大会の裏では、絶大な力を誇る魔王を美食で懐柔し、自国の戦力にせんとする各国の謀略がうごめいていた！そしてルイーナを超える最大の敵の正体は―!?最強の料理人によるグルメファンタジー、激変の第2弾！
2017.9 285p A6 ¥620 ①978-4-04-734780-9

◆魔王城のシェフ　3　神龍のラーメンで応えるグルメ女神の究極注文（ラスト・オーダー）　水城水城著　KADOKAWA　（ファミ通文庫）
【要旨】新しい住人、シイガの師匠ロカを迎えた魔王城は、今日も鼻腔をくすぐる料理の香りで溢れていた。そんなある日の夜、シイガは夢の中で出会った女神クリエから、"究極の食材"が待つダンジョンの存在を知らされる。やる気満々のシイガと、ロカ、グレイス、そして魔王ルイーナの最強パーティーは、早速その魔窟を易々と攻略していくが、到達した「5001 女神」という表札の掛かった部屋で彼らが目にしたものは…!?世界と料理の謎に迫る、緊張の第3巻！
2017.12 286p A6 ¥740 ①978-4-04-734923-0

◆二周目の僕は君と恋をする　瑞智士記著　KADOKAWA　（ファミ通文庫）
【要旨】高校三年の夏、常磐茉莉は消失した。生まれてはじめて、好きになった女の子だった。そんなつらい現実を受け入れられないまま二十歳の誕生日を迎えた日、なぜか二年前の春に二十歳がもどっていた。当たり前に彼女と会える幸せをかみ締めながら、デート、告白と、一度目とは確実に違う日々を送るのだが…。タイムリミットは夏。なぜ彼女は消えたのか、予感していたのか。僕はもう二度と彼女を失いたくないんだ―。時を越えた二人の奇跡のラブストーリー。
2017.7 284p A6 ¥600 ①978-4-04-734721-2

◆夢幻戦舞曲　瑞智士記著　KADOKAWA　（MF文庫J）
【要旨】西暦2020年、東京オリンピック目前の日本。経済特区である海上都市オリュンポスに、天使、龍、鵺、人狼、巨人、天狐、夢魔、ゴブリン…幻棲種と呼ばれる人外種が集結しつつあった。彼らの目的は、勝てば東京の統治権を得られる『幻神大戦』。一方、謎の研究施設で目覚めた月見里大雅は、過去の記憶を全て失っていた。2年前に交通事故で死亡した大雅は、日本政府と御薪製薬の合同プロジェクト"夢幻計画"により、人工吸血鬼として復活させられたうえ、多くの謎に包まれた彼は、大雅は史上最強の幻棲種の圧倒的な力を秘めながら、人類種の代表として参戦することになる。地球上に存在する、全ての知的生命権によるバトル・ロイヤル開幕！
2017.8 323p A6 ¥580 ①978-4-04-069335-4

◆夢幻戦舞曲　2　瑞智士記著　KADOKAWA　（MF文庫J）
【要旨】天使、龍、鵺、人狼、天狐、夢魔、ゴブリン…幻棲種と呼ばれる人外種による東京争奪戦、『幻神大戦』。在日米軍との開会式を襲撃するも、月見里大雅の体内で吸血鬼ヴラディスラウス・ドラクリヤが覚醒。他の参戦者たちとともに第五空母打撃群を鎧袖一触、全滅させてしまう。ヴラドの圧倒的な戦闘力を目の当たりにした日本政府は、警戒心を抱くが―!?そして開幕早々、夢魔とゴブリン部隊が激突する一方、鵺族代表・赤石堊舜嶽も行動を開始。狙うは、御薪学園内で大雅と交戦した後、一目惚れした天使。その正体がリンデではないかと疑う赤石堊は、卑劣な罠を仕掛けー!?地球上に存在する、

全ての知的生命種によるバトル・ロイヤル第二弾！ 2017.12 257p A6 ¥580 ①978-4-04-069610-2

◆偽る神のスナイパー 3 水野昴著 小学館
（ガガガ文庫）
【要旨】死者が蘇り、生者を襲う。再来したレヴナントにもたらされたのは、果てしなく続く殺戮と絶望だった。そしてついに吹芽が立ちはだかる。円燦華─吹芽の母親であり、イシャの先代ユーザー。かつて世界に混乱を招いたブシュケを撃墜した稀代の狙撃手。彼女はでもがレヴナント！？少年たちは、世界を救うための一撃を、己の大切な者に向けることができるのか─！ スコープが切り取るこの世界の中で、彼らは最後の答えを掴み取る！アーミーアクションシリーズ決着の刻。
2017.2 320p A6 ¥611 ①978-4-09-451658-6

◆アカシックリコード 水野良著
KADOKAWA （NOVEL ZERO）
【要旨】本好きの高校生・片倉彰文は、大切な何かが記憶から失われているのではないか、という感覚に襲われる。そんなある日、少年は突如、友人の甲斐浩太郎と共に小説投稿サイト「悪魔の書架」の中へと召喚された。現在、"悪魔の書架"が管理する物語の一部が"紙魚"と呼ばれる存在に蝕まれ、世界記憶からも失われようとしているらしい。少年は全ての物語を救うため、記憶ごと失われてしまった"大切な存在"を取り戻すため─悪魔と契約し、"想像"を"創造"にする能力を手にする。巨匠・水野良が贈る─新時代を切り開く、ビブリオニア・現代ファンタジー！
2017.6 275p A6 ¥680 ①978-4-04-256038-8

◆グランクレスト戦記 9 決戦の刻（とき）
水野良著 KADOKAWA （富士見ファンタジア文庫）
【要旨】テオの説得によって覚醒し、芸術的な采配で勝利を収めた連合国主アレクシス。同盟の勢いを止め、愛するマリーネを救うために戦乱の中に身をおいた彼に迫るのは、ノルドの君主エーリクだった。海洋王とも謳われる猛者に対し、アレクシスは圧倒的に不利なはずの海上での戦いを選ぶ！？成功か、条約、同盟、連合の激突。その先には皇帝聖印誕生への道が開かれると誰もが予感していた。しかし「三勢力が鼎立する今の状況は、本当の敵を利するだけだ」秩序に満ちた世を望まない者たちが暗躍を始めている─大河ファンタジー、最大の決戦にして新たな展開を迎える！
2017.10 261p A6 ¥600 ①978-4-04-070887-4

◆婚約破棄の次は偽装婚約。さて、その次は…。 2 瑞本千紗著 フロンティアワークス （アリアンローズ）
【要旨】貴族至上主義の従兄と婚約を破棄したアナベルは、王都での公爵との偽装婚約に応じる。婚約披露の場で、五百年に一人といわれる上級魔法使いであることも公表したアナベルは、あっという間に貴族界の話題の中心になるのだった。様々な思惑がうごめく中、アナベルは市井で魔法屋を営む相母を手伝いながら、婚約者を支えにも貴族令嬢との縁を深めていくのだが─。「私の魔法は、誰の指図も受けません！」偽装婚約の次の次は…？なんと王宮魔法使いの長官が公爵様の刺客に！？貴族が織りなす虚飾の世界に勧善懲悪で楔を穿つ。スッキリ系の異世界ファンタジー第三弾、華麗に開幕！
2017.6 315p B6 ¥1200 ①978-4-86657-025-9

◆婚約破棄の次は偽装婚約。さて、その次は…。 3 瑞本千紗著 フロンティアワークス （アリアンローズ）
【要旨】婚約破棄と共に受けた死の呪いから救ってくれた公爵と偽装婚約をしたアナベル。筆頭公爵家当主に婚約者ができたことに加え、五百年に一度しか生まれない上級魔法使いだったこともあり、貴族界はさらなる波乱を呼んだ！セインの命を狙った王宮魔法使い長官を懲らしめたアナベルだが、長官の支配から解放され、新しく長官になった王宮魔法使いから衝撃の情報がもたらされる。それはベリル王国の威信すらも揺るがしかねない事態で…！？勧善懲悪が癖になるスッキリ系異世界ファンタジー、貴族たちの野心が蠢く波乱の第三幕が開幕！
2017.12 317p B6 ¥1200 ①978-4-86657-073-0

◆エリート外科医の一途な求愛 水守恵瑠著
スターツ出版 （ベリーズ文庫）
【要旨】心臓外科医局の医療秘書をしている葉月は、「イケメンって"イケメン"と呼ばれるだけあって極上のエリート心臓外科医・各務からの度重なる誘いも受け流していた。だけど、葉月のト

ラウマを知った各務から、「俺なら不安な思いは絶対にさせない。四六時中愛してやる」と甘く囁かれて、情熱的なアプローチがスタート！イケメンなんてまるで興味がないのに、彼の独占欲剥き出しの溺愛に翻弄されて…！？
2017.11 353p A6 ¥640 ①978-4-8137-0350-1

◆ホテル王と偽りマリアージュ 水守恵瑠著
スターツ出版 （ベリーズ文庫）
【要旨】経理部の地味OL・椿は、ホテル王のイケメン御曹司・一哉と結婚し、誰もがうらやむ現代のシンデレラに！けれど、それは愛のない期間限定の契約結婚だった。人前でだけ愛情たっぷりの夫婦を演じるふたり。初めは反抗心しかなかった椿だけど、ふとした拍子に「君は俺の嫁だろ」と独占欲を見せる一哉にドキドキ。契約外の恋心を抱いてしまう…。一年後には文庫でしか読めない書き下ろし番外編付き。
2017.5 331p A6 ¥630 ①978-4-8137-0249-8

◆双翼の王獣騎士団─狼王子と氷の貴公子 瑞山いつき著 一迅社 （一迅社文庫アイリス）
【要旨】地味顔だし、特別何かが優れているわけじゃない。王都へ行った義兄のジークは自分のせいで帰ってこない…。と悩みをつのらせていた辺境伯公女エリカはある日、街に出現した魔物のせいで窮地に陥ってしまった。そのとき、颯爽と現れた王獣騎士団が救ってくれたのだけど…。団長のラルフ王子がなんでもないかに絡んでくるし！？でも、兄様が副官になってしまうのかか、苦手な王子のそばだろうと、騎士団に入って取り戻してみせるわ！男だらけの騎士団で未来を拓く、地味系乙女のラブファンタジー。
2017.5 286p A6 ¥638 ①978-4-7580-4939-9

◆闇ギルドのマスターは今日も微笑む 溝上良著 TOブックス
【要旨】とある異世界の王国エヴァンでは、犯罪組織・闇ギルドが人々を脅かしていた。その一つ「救世の軍勢」を束ねる男、通称マスターは意外にも一人暮無害な小市民だった！？にもかかわらず、ギルドメンバーの少女たちが、とある計画を開始したことで彼の人生は一変！仲間たちとの平和な日々を願っていただけのはずが、何故か世界の覇者へと道が切り拓かれていくのだった─。「小説になろう」発、心優しいマスターと残念な（？）少女たちの覇道を描く、「望まぬ世界征服系」勘違いファンタジー！書き下ろし番外編も収録！
2018.2 295p B6 ¥1296 ①978-4-86472-656-6

◆万国菓子舗 お気に召すまま─花冠のケーキと季節外れのサンタクロース 溝口智子著 マイナビ出版 （ファン文庫）
【要旨】夏の日に出会ったサンタクロースと、彼が作った色とりどりの花冠のケーキ─運命を変えるお菓子を、あなたにお届けして。博多の老舗和洋菓子屋「お気に召すまま」は、今日も店主・荘介と接客係・久美の二人で営業中。ある日、店の先代で荘介の祖父が遺した1冊のレシピノートが見つかる。ノートにはある秘密が隠されていて…？過去から現代へと受け継がれる、心温まるお菓子のストーリー。
2017.11 273p A6 ¥647 ①978-4-8399-6345-3

◆万国菓子舗 お気に召すまま─遠い約束と蜜月のウェディングケーキ 溝口智子著 マイナビ出版 （ファン文庫）
【要旨】注文されたお菓子はなんでも作る博多の"和洋"菓子店「お気に召すまま」はサボり癖のある店主・荘介とアルバイト・久美のコンビで今日も仲よく営業中。ある日、店主を「パパ」と呼ぶ少女とその母親が来店、久美は初めて感じるモヤモヤをもてあます（『クリスマスにはまだ早い』）。少しずつ変わりはじめる荘介＆久美の関係から目が離せない！小説家になろう発第1回お仕事系コングランプリ受賞、「読書メーター」読みたい本ランキング（月間）第1位。大人気の菓子店シリーズ、ますます美味しい第四弾！
2017.12 317p A6 ¥647 ①978-4-8399-6483-2

◆俺、冒険者！─無双スキルは平面魔法 1 みそたくあん著 KADOKAWA （MFブックス）
【要旨】大晦日の夜に一人の社畜CGデザイナーが心筋梗塞でこの世を去る。そして彼が再び目覚めたそこは、パソコンどころか電気すらない異世界だった。爆速早々、魔法を使えることを知った転生者のビート。彼は前世で使い慣れた3DCGのような面魔法を「平面魔法」と呼び、人生イージーモードと喜んだものの、この世界の魔法使いは希少な存在だと知る。過去の社畜経

験から誰にも強要されることの無い自由に憧れ、秘密にすることを選ぶも、ある日村に壊滅の危険が迫る。このまま魔法が使えることを黙っているか、打ち明けるか悩んだビートは─？自重なんて言葉は10歳でどこかへいってしまった少年の、自由気ままな冒険譚が今始まる！
2017.5 306p A6 ¥1200 ①978-4-04-069227-2

◆俺、冒険者！─無双スキルは平面魔法 2 みそたくあん著 KADOKAWA （MFブックス）
【要旨】前世で使い慣れたCGのように、自在に造形ができる"平面魔法"を使いこなし、ついに駆け出し冒険者になったビート。彼は元侯爵令嬢のクリステラと共に街からの指名依頼も無事にクリア！馬車に冷蔵庫からカメラビューと、実用品からお遊び品まで平面魔法で作り出しながら、クリステラや草原狼の子供と共に冒険者の街『ドルトン』を訪れる。自由に生きるには力が要る。力が無くては自由を守り切れない。だけどガンガン依頼をこなすためには、人数が足りない。冒険者ギルドのランクを上げて爵位を取りたいと考えるようになったビートは、ドルトンで新しい仲間を探すことを決め─。美少女だらけのパーティ結成！？元社畜デザイナーの異世界造形ファンタジー第二弾！
2017.9 319p A6 ¥1200 ①978-4-04-069406-1

◆超人高校生たちは異世界でも余裕で生き抜くようです！ 5 海空りく著 SBクリエイティブ （GA文庫）
【要旨】エルム共和国を成立させ、通貨の発行によってその基盤を確かなものとした超人高校生たち。だが、異世界の人々に国を委譲するための選挙をあろうとした矢先、亡国"ヤマト"の皇女カグヤが現れた。エルムの基本理念『万民平等』をタテに、帝国に苦しめられている自分たちへの援助を求めてきたのだ。司は旧ヤマト領の扱いについて帝国への介入を始めようとするが「俺はその方針には反対だ」勝人が地球への帰還を優先するため、帝国元帥ネウロとの敵対を避けるべきだと言い出し、超人高校生たちの間に不協和音が流れ始める！激動の異世界革命物語第5弾!!
2017.6 223p A6 ¥600 ①978-4-7973-9278-4

◆超人高校生たちは異世界でも余裕で生き抜くようです！ 6 海空りく著 SBクリエイティブ （GA文庫）
【要旨】帝国統治下のヤマト自治領に調査のため乗り込んだ司たちは、住人の幸せそうな様子に驚かされる。しかも監査官ジェイドと自治領主マヨイの歓待の最中、リノより林檎に司への告白チャンス到来！？どこまでも平穏なヤマトでの外遊。しかし、その裏に潜む暗い情念はヤマト全土に確実に影を落としていた。一方エルム共和国では総選挙が開始。ヤマト自治領に対する方針を巡り、テトラ率いる"原則派"とユーノ率いる"改革派"が繰り広げる選挙戦は必要以上に過熱し、留守を預かるゴッド晩に困難な選択を迫ることに！激動の異世界革命物語第6弾!!
2017.12 333p A6 ¥620 ①978-4-7973-9526-6

◆落第騎士の英雄譚（キャバルリィ） 11 海空りく著 SBクリエイティブ （GA文庫）
【要旨】「守ってみせるわ。後ろ指つかせたりしないんだから！」紆余曲折を経つつもステラの故郷ヴァーミリオン皇国の人々に受け入れられた一輝は、隣国クレーデルラントとの「代表戦」選抜として準備を進めていた。そんな中、クレーデルラント側からの招待により、一輝はステラやその姉ルナと共に隣国へと向かうことになる。そこで待っていたのは国をあげての盛大な歓待。だが背後にはステラに異常な執着を示す"傀儡王"オル＝ゴールの、想像を絶する悪意が蠢動しはじめていた。すべての人を救うため、一輝とステラ二人の極限を超える戦いが始まる！
2017.1 285p A6 ¥600 ①978-4-7973-8943-2

◆落第騎士の英雄譚（キャバルリィ） 12 海空りく著 SBクリエイティブ （GA文庫）
【要旨】「挑んでくるわ。アタシが知る限り最も強い剣士に─」ルナアイズの宣言によってクレーデルラントとの戦争は、代表戦によって雌雄を決することになった。だが、代表メンバーに選ばれたステラは"魔人"たちとの戦いを前に、自分の力不足を痛感していた。そんな彼女が、限られた時間の中で新たな強さを身につけるため選んだのは、世界最強の剣士"比翼"のエーデルワイスに挑戦し自らの限界を超えること！近づくことさえもできない圧倒的な力量差を見せつけられたステラは、それでも必死の覚悟で食い下がるが、それは想像を超えるほどに過酷な試

ヤング・アダルト小説

練の始まりにすぎなかった！
2017.4 337p A6 ¥630 ①978-4-7973-9198-5

◆落第騎士の英雄譚（キャバルリィ） 13
海空りく著 SBクリエイティブ （GA文庫）
【要旨】決戦の刻、来たる―。"魔人"饕餮との熾烈な戦いを経て、そしてニ国の国民を救うため、"覚醒"を遂げたネクターさんとアールくんも生まれました♪でも、今度の敵は上位魔物の大量発生!?ドラゴンさんの新たな大活躍がスタート！『『カフェ』であいしヘようこそ！』『魔族様、入浴を楽しむ』書き下ろし2作品を収録！
2017.6 397p B6 ¥1200 ①978-4-8030-1064-0

◆ドラゴンさんは友達が欲しい！ 4 東和国編
道草家守著 アース・スターエンターテイメント，泰文堂 発売 （アース・スターノベル）
【要旨】ぼっち女子大生から、ぼっち万歳最強種族のドラゴン様に転生してしまった"わたし"、友達欲しいのも、ずいぶん昔。今では、友人にも旦那様にも恵まれて充実した毎日です♪そんな幸せいっぱいのドラゴンさんに新たな動乱が…。しかも、謎の動静"触"に対抗すべく東和国へ向かう彼女たちに非常事態が発生！東和の帝や上位魔族、高位の巫女たちの狙いとは!?幸せになるドラゴンさんが、世界の謎に迫る！人気シリーズ第4弾！
2017.11 445p B6 ¥1200 ①978-4-8030-1128-9

◆幼馴染の山吹さん 道草よもぎ著
KADOKAWA （電撃文庫）
【要旨】「ねぇ、あかりちゃん。ぼく、やくそくするよ」それは幼い頃に幼馴染の山吹灯里と交わした約束。けれども、今ではきっと青葉喜一郎しか覚えていない約束。それから時は流れ、二人は次第に疎遠となり気付けば高校生になっていた。地味な喜一郎とは違い、誰からも認める美人になった灯里だったが―『今から我様は呪いを受ける』突然ふりかかった"青春の呪い"によって、彼女の存在は徐々に消えていき!?呪いを解くためには二人で数々の青春＝試練をこなすこと!?再び動き出した二人の時間。一度しかない高校生活を、少年少女が全力で走り抜ける青春ラブコメディ。
2017.10 315p A6 ¥630 ①978-4-04-893396-4

◆勇者様のお師匠さん 7 三丘洋著
KADOKAWA
【要旨】継がれる"剣匠"ミトの遺志。集う仲間たちの覚悟。広がる帝国の戦火。復讐に燃えるジェイドの憎悪。動き出す"皇帝"アレクセイと、"人ならざるもの"の影。レムルシル全土を巻き込んだ戦争の終末へ。そして"勇者"レティシアと、"お師匠様"ウィンの願いは。「俺は、レティと初めて会ったあの日から、ずっと…」あの日描いた夢の向こうへ。"落ちこぼれお師匠様"の英雄譚、感動のフィナーレ！
2017.4 347p B6 ¥1200 ①978-4-04-734556-0

◆CEOと理想の結婚―スイートルームで新妻契約 御堂志生著 メディアソフト，三交社 発売 （ガブリエラ文庫プラス）
【要旨】来ява美冬は闇金に連れていかれた母を救うため、苦渋の末、解雇された勤務先のホテルの新CEO、京極建に勧められていた愛人契約を受け入れる。ベッドで美冬を卑猥な言葉で責める彼女が未経験だと知ると優しくなって。「君の躰はまるで私のためにあつらえたようだな」情熱的な建の愛撫で快楽に溺れる美冬。建は「妻にするために買ったんだ」と明かすも結婚に愛情は必要ないと言う。彼に惹かれつつも戸惑いの勝る美冬は!?
2017.3 285p A6 ¥639 ①978-4-87919-356-8

◆僕の諭吉おじさん 見鳥望著 主婦の友社 （プライムノベルズ）
【要旨】小学二年生の陽太は、母親から唐突に一万円を渡される。「好きなもの買っていいわよ」困惑と高揚。大金を手にした陽太は一つの結論を出す―。時は流れ、陽太はとある事件によって、逃れられない呪縛を引きずり生きていた。葛藤しながらも、彼の抱える闇と向き合おうとした同級生の春樹。事件をきっかけに無気力となった陽太を見守り続ける祖父の雄二。そして、偶然に入ったパン屋で出会った陽という女性。彼らの存在が、歯車を思わぬ方向に動かし始めた。闇の中で長らく蹲っていた陽太の胸に、光差す出会いによって、陽太は再び過去と向き合う決心をする。すべての引き金となった、諭吉おじさんの過去と。
2017.3 254p B6 ¥1400 ①978-4-87-422876-8

◆らすぼす魔女は堅物従者と戯れる 1 緑名紺著 フロンティアワークス （アリアンローズ）
【要旨】アニメの"らすぼす"に転生してしまった魔女のソニア。彼女は自分が悪しき魔女として討たれる未来を知っていた。そんな物語から

の離脱を望んだソニアは、破滅へのきっかけである王子との婚約破棄を受け入れることに。その代償として前世でお気に入りだった騎士・ヴィルを従者として手に入れることに成功した。本来刺し違える役目を背負っていたヴィルと故郷で平穏に暮らすことを望むソニアだけれど、ヴィルは彼女を悪い魔女だと決めつけ反発するばかり…!?奇妙な運命に抗う"らすぼす魔女"の快進撃がスタート！
2018.1 309p B6 ¥1200 ①978-4-86657-077-8

◆桜龍―孤独な龍編 上 美那著
KADOKAWA （魔法のiらんど文庫）
【要旨】信頼し合っていた仁から、何の説明もなく突き放された紅。朱雀の協力で白虎メンバーを助けたことで、裏切ったと誤解され、白虎からもクラスからも孤立してしまう。しかも白虎の新しい姫には、可愛い女の子が!!彼女の存在がさらに紅を孤独へと追い込む。独りぼっちていた紅のもとに現れたのは、かつての仲間、紅龍のメンバー達。感動の再会を果たした彼らだったけど、桜龍の過去を語る人物が現れて―!?
2017.8 218p A6 ¥610 ①978-4-04-893358-2

◆桜龍―嵐の序章編 下 美那著
KADOKAWA （魔法のiらんど文庫）
【要旨】白虎にいなくならない、あたしがいる限り…。仲間を守るため、紅、さく裂!!同盟チーム・舞蝶に紅を託した仁達は、高遠との抗争に向かっていた。しかし、連絡がなくなる事を約束していた日は過ぎる。待ちきれず溜まり場に向かった紅を待っていたのは、誰もいない部屋。仁達の危機を察した紅は、助けに行くことに！朱雀・羽島の思わぬ協力のもと、怪我をしてボロボロになった彼女を見つけ、一人、一人救っていった。抗争は終局。さらに絆を強くした紅達だったが、平和はつかの間。街で女の子と歩く仁を見かけて―!?
2017.1 219p A6 ¥630 ①978-4-04-892599-0

◆桜龍―孤独な龍編 下 美那著
KADOKAWA （魔法のiらんど文庫）
【要旨】「取りに返しに来い」白虎の溜まり場で、紅を守る宣言をした臣と龍。紅の部屋に戻ると、熱が引いた紅が待っていた。回復した紅は、男装して紅龍の面子達と街に出かけたけど、喧嘩を吹っかけられた女の子に誘われたった。落ち着かないながらも楽しいひと時を過ごす。そんな頃、桜龍の過去を白虎に話してほしいと紅に頼まれた臣は、再び白虎の溜まり場へ。しかしそこに待っていたのは、抗争中の彼らだった。臣は、敵の一人から正体をバラされてしまい―。
2017.10 221p A6 ¥630 ①978-4-04-893494-7

◆魔王ですが起床したら城が消えていました。 みなかみしょう著 アース・スターエンターテイメント，泰文堂 発売 （アース・スターノベル）
【要旨】正式な手順を省き、魔王を継いで500余年。「北の魔王」と呼ばれるバーツは目覚めてすぐ異変に気づいた。苦楽を共にしてきた配下、居城を共にしてきたし、魔王軍にまつわる一切が消えていたのだ！星柄のパジャマを着た自分だけを残して…どうやら魔王軍をクビになったらしいバーツは、古い友人である神世エルフのフィンディのもとを訪ねる。フィンディはかねがね気になっていた"世界の異変"の原因を調べるため、バーツは、"配下にお別れを告げたい"一心で、一緒に旅に出ることに。神に次ぐ存在、神世エルフと元魔王の、無敵過ぎてゆるい旅の始まり始まり―
2017.3 289p B6 ¥1200 ①978-4-8030-1023-7

◆美の奇人たち―森之宮芸大前アパートの攻防 美奈川護著 KADOKAWA （メディアワークス文庫）
【要旨】『目指せ、不労所得！』祖父からアパートを一棟もらえることになった女性・朱里。しかし、芸大前にあるそのアパートは、卒業しても開花せず、くすぶり続ける芸術家崩れどもの巣窟だった。引きこもりの写真家、親の脛かじりのオペラ歌手、借金まみれの陶芸家―。孤独死した父親が売れない画家であり、芸術家による印象がない朱里は、リフォームのためにも彼らの追い出しを決意する。が―。朱里は気付いていく。彼らの中に、決して揺るがぬ"魂"があることを。
2017.8 358p A6 ¥650 ①978-4-04-893330-8

◆梔子のなみだ 水無月著 主婦と生活社 （PASH！ブックス）
【要旨】ヴェルムンド王国第一王女・イルミナ。国中の愛情は全て妹のリリアナに注がれてきた

小説

1280　　BOOK PAGE 2018

練の始まりにすぎなかった！
2017.4 337p A6 ¥630 ①978-4-7973-9198-5

◆三田一族の意地を見よ―転生戦国武将の奔走記 5 三田弾正著 KADOKAWA （MFブックス）
【要旨】京都での政治工作を終え、北條家の拠点である小田原へと帰還した三田康秀。長らく会っていなかった妻たちや、初めて出会う我が子とゆっくり楽しく過ごしたい…と思う東の間、彼の帰りを待ちわびていた家族たちによる歓待と、新しい発明品の製作作りで、早くも過労死寸前に!?騒々しいながらも充実した日々を送る康秀であったが、彼の尽力により勢力を増していく北條家に対し、各地の群雄は警戒心を強め新兵器を使って立ち向かう仲間たちと共に駆け抜ける！転生戦国武将の活躍をとくと見よ！
2017.6 320p B6 ¥1200 ①978-4-04-069141-1

◆復讐完遂者の人生二周目異世界譚 2 御鷹穂積著 マイクロマガジン社 （GCノベルズ）
【要旨】黒の英雄として活動を始めた黒野幸助は、暁の英雄ライクの穴埋めとして高難度ダンジョンの攻略に励んでいた。そんな矢先、妹トワが英雄殺しの濡れ衣で捕縛されてしまう。英雄同士の殺し合いという不名誉を一刻でも早く試したい国は、英雄性を与える方向に思惑をシフトさせるため、幸助を処刑人にするのだった―。
2017.5 402p B6 ¥1000 ①978-4-89637-631-9

◆復讐完遂者の人生二周目異世界譚 3 御鷹穂積著 マイクロマガジン社 （GCノベルズ）
【要旨】リガルの意志を引き継ぎ、国を守る英雄として民から注目され始めた幸助は、侵略行為を続けている国アークスバオナに対応すべく、各国の英雄を集めた『英雄会議』に参加することになる。一癖も二癖もある英雄たちをなんとか纏め上げ、行動を開始しようとしたそのとき、不穏な知らせが幸助の元に飛び込んでくるのだった…。
2017.10 283p B6 ¥1000 ①978-4-89637-653-1

◆復讐完遂者の人生二周目異世界譚 4 御鷹穂積著 マイクロマガジン社 （GCノベルズ）
【要旨】白の英雄クウィンの裏切りを機に、ダルトラ城へと襲撃してきたアークスバオナの英雄達。黒野幸助はクウィンの行動に困惑しつつも、その迎撃に向かうのだが―。自分を殺した者を前に恐怖するトワ。そして前世の自分を知る者から刃を向けられるオーレリア。各所で激しい戦いが行われる中、遂に黒野の英雄は自身の英雄と対峙する。その秘めた想いを理解しながら―。人々を幸せにするため奮闘する異世界英雄ファンタジー、完結！
2017.12 402p B6 ¥1000 ①978-4-89637-671-5

◆神薙少女は普通でいたい 1 道草家守著 アース・スターエンターテイメント，泰文堂 発売 （アース・スターノベル）
【要旨】退魔師の家系なのに普通の生活に憧れる依夜。しかし最強式神・ナギの主人になったため、幽世から現れた妖魔や禍霊と闘うはめに！それもなぜだかコスプレチックな格好で…!?ちょっと恥ずかしい格好で平和を守ります!!
2017.2 306p B6 ¥1200 ①978-4-8030-0999-6

◆ドラゴンさんは友達が欲しい！ 3 魔石編 道草家守著 アース・スターエンターテイメント，泰文堂 発売 （アース・スターノベル）
【要旨】ぼっち女子大生の"わたし"は、ぼっちを克服すべく新歓コンパに行く途中、なぜか異

ため、孤独の中で成長した。イルミナは自分が必要とされる居場所を掴み取るべく、国を繁栄に導く女王となることを目指す。理解者も増え、全ては順調に進むと思われたが…。
2017.6 294p B6 ¥1200 ①978-4-391-15030-8

◆**異世界ゆるり紀行―子育てしながら冒険者します** 水無月静琉著 アルファポリス, 星雲社発売
【要旨】風の神シルフィリールのミスによって命を落とし、異世界に転生した茅野巧。様々なスキルを授かり異世界に送られたが、そこは魔物が蠢く危険度Aランクの森の中だった。その森の中で、タクミは双子と思われる幼い男女の子供を発見する。危険な森に放置するわけにはいかず、彼は二人にアレン、エレナと名づけて保護することにした。道中、魔物に遭遇するも、タクミが攻撃する前にアレンとエレナの跳び蹴りや踏落としが炸裂。その後も、二人は格闘術で楽々魔物を倒していった。そんな不思議な双子を可愛がりつつ、街に辿り着いたタクミは生計を立てるため、冒険者ギルドに登録。アレンとエレナの成長を見守りながらの、のんびり冒険者生活がスタートする!
2017.4 284p B6 ¥1200 ①978-4-434-23243-5

◆**異世界ゆるり紀行―子育てしながら冒険者します 2** 水無月静琉著 アルファポリス, 星雲社 発売
【要旨】風の神シルフィリールのミスによって命を落とし、異世界に転生したタクミ。森の中で双子のアレンとエレナを保護した彼は、冒険者として生活を始めた。港街に向かう途中、子供達に海を見せようと思い浜辺に立ち寄ったタクミは、人魚のミレーナと出会う。聞けば、人魚の里で問題が起きているため、タクミに助けを求めに来たらしい。タクミたちはミレーナに連れられて海底にある人魚の里に向かい、問題をさくっと解決。お礼として歓待を受け、そこに滞在することになった。初めての海の風景に、アレンとエレナは興味津々。海底散歩や海の迷宮攻略など、タクミたちは海の世界を楽しみ尽くす!
2017.8 289p B6 ¥1200 ①978-4-434-23689-1

◆**異世界ゆるり紀行―子育てしながら冒険者します 3** 水無月静琉著 アルファポリス, 星雲社 発売
【要旨】風の神シルフィリールのミスによって命を落とし、異世界に転生したタクミ。森の中で双子のアレンとエレナを保護した彼は、冒険者として生活を始めた。迷宮に関する報告をするため、港街ベイリーにある領主家を訪れたタクミたち。そこで彼らを出迎えた領主は、以前、シーリンの町で世話になった騎士の兄だった。しばらく領主家に滞在することになったタクミは、ある日、昼食としてカレーを作る。すると、香りに釣られて人々が集まり、気づけば領主家の面々が勢ぞろい。タクミはアレン、エレナにもお手伝いを頼み、特製カレーを作って皆に振る舞うと、みんな気に入った領主から、ある提案をされた―。
2017.12 289p B6 ¥1200 ①978-4-434-24126-0

◆**悪逆騎士団 2 そのエルフ、凶暴につき** 水瀬葉月著 KADOKAWA (電撃文庫)
【要旨】世間から忌避されるダークエルフにして、ゼルディバッツ紋章国の中枢にも関わる貴人。それこそが悪逆騎士団の長・アリシアの正体。やんごとなき身分にありながらその立場を隠し、アリシアは今日も今日とて暴力と悪徳を振りまきながらも、蛮都の治安を守り続けていた。そんな鬼畜エルフ・アリシアが率いる悪逆騎士団の目にふれないのは、森の魔獣退治。目的は魔獣の被害に苦しめられる善良な冒険者たちを救うため…ではなく、魔獣を売って金儲け。そんな中、森を探索中のコルが遭遇したのは、謎の全裸幼女だった…?さらに蛮都では非合法な手法で勢力を伸ばす新組織が出現。宣戦布告を受けた悪逆騎士団が迎え撃つ!
2017.5 337p A6 ¥630 ①978-4-04-892881-6

◆**最強の鑑定士って誰のこと?―満腹ごはんで異世界生活** 港瀬つかさ著 KADOKAWA (カドカワBOOKS)
【要旨】突然、異世界転移した男子高校生の釘宮悠利。ダンジョンで迷子になった所を"真紅の山猫"の冒険者達に保護される。転移した際に鑑定系の最強技能"神の瞳"を得ていたが、そんなことはお構いなし。元々の料理の腕や細かい作業が好きということが高じてアジトの料理担当に収まり、周囲の人々の胃袋を掴んだり、異世界にもないモノを生産したりとチート能力の無駄使いオンパレード!色々やらかしては怒られつつも、まったり異世界ライフをエンジョイ中!!
2017.7 270p B6 ¥1200 ①978-4-04-072403-4

◆**最強の鑑定士って誰のこと? 2 満腹ごはんで異世界生活** 港瀬つかさ著 KADOKAWA (カドカワBOOKS)
【要旨】突然、異世界へ転移した男子高校生の釘宮悠利。冒険者のアジトで、料理を作りながらスローライフな毎日を満喫中!独特な佇まいと美貌を持った調香師のオネェさんと仲良くなったり、謎のハイスペック魔法道具・錬金釜で規格外の回復薬や調味料を作ったり。「お前今度は何やらかした!」とアジトのリーダー・アリーに怒られつつも、料理のために妥協はしません!新メニューも加わりますます餌付けされていく冒険者達と悠利の、まったり飯テロ小説第二弾。
2017.10 286p B6 ¥1200 ①978-4-04-072501-7

◆**どうやら乙女ゲームの攻略対象に転生したらしい** みなみ著 マッグガーデン (マッグガーデン・ノベルズ)
【要旨】俺はひょんなことから乙女ゲームの世界に、攻略対象となる男性キャラ"カイル"として転生した。ヒロイン?アレはスルーする、全力で。俺としては、"悪役令嬢"として登場するライバルキャラの方が、よっぽど好感が持てるんだけど…。ヒロインとのイベントを無視した、カイルと悪役令嬢との恋を描く異世界恋愛ファンタジー。
2017.2 289p B6 ¥1200 ①978-4-8000-0649-3

◆**質屋からすのワケアリ帳簿―シンデレラと死を呼ぶ靴** 南潔著 マイナビ出版 (ファン文庫)
【要旨】1階で客から物を買い取り、2階では客に情報を売る『質屋からす』。店主・烏島康士は、高価な物より人の不幸や欲望にまみれたワケアリの品ばかりを集め、店員の目黒千里も彼がある能力ごと"買い取り"大切なコレクションにしている。あるとき、質草に、哀しみを秘めた赤いかたわれ靴が届けられる。靴に宿った記憶を読み解く大人気ダークミステリー『質屋からすのワケアリ帳簿』シリーズ、待望の新作書き下ろし!
2017.5 285p A6 ¥647 ①978-4-8399-6190-9

◆**黄昏古書店の家政婦さん―春夏秋冬下町恋話** 南潔著 マイナビ出版 (ファン文庫)
【要旨】あの古書店はいずれになる『山下古書店』。新米家政婦・宵子の努力により、廃墟同然だった店にも最近はちらほら客が入る。一人前を目指して今日も立ち働く宵子でいるのは、男やもめで無精者の店主・一生との間に秘密があり―。意地っ張りでおせっかい、そしてとびきり一途な宵子と、年の分だけ臆病になった一生が、昭和下町を舞台に繰り広げる、懐かしくてちょっぴり切ない年の差純情恋物語。
2017.12 259p A6 ¥647 ①978-4-8399-6346-0

◆**できそこないの魔獣錬磨師(モンスタートレーナー) 7** 見波タクミ著 KADOKAWA (富士見ファンタジア文庫)
【要旨】魔獣錬磨師育成学園『ベギオム』に通うスライムトレーナーのレインは相棒のベムベムと共に最強を目指し、錬磨に励む!国際大会の予選を何とか突破したレインチームは、強豪揃いの本戦に突入。初戦の相手はギンジ率いるムサイの国だが…チームの命運を任されたのは、闘い嫌いのアリカで!?白熱する大会の水面下で、カメラ細胞の力を世界へ誇示するため、動き出すデュラハン使いのジェバ。冷酷な殺意がレインたちに迫る。「悠長だな、もう全員死ね」「お前よりも先に女たちが死ぬぞ」「て…、テメェェェェェェエェッ!」最強の一撃と死神の怨嗟が激突する魔獣バトルファンタジー!
2017.5 295p A6 ¥620 ①978-4-04-072165-1

◆**できそこないの魔獣錬磨師(モンスタートレーナー) スライム・クロニクル** 見波タクミ著 KADOKAWA (富士見ファンタジア文庫)
【要旨】魔獣錬磨師育成学園『ベギオム』中等部3年のスライムトレーナー、レインは相棒のベムベムと共に最強を目指し、錬磨に励む!が、連戦連敗の結果、学年最下位で退学の危機に。二人は、単位補填のために他校との合同訓練に参加。不死鳥使いの少女キリを始めとした個性的なチームメイトたちと、飼育―洞窟探検・雪国での護衛任務など様々なミッションに取り組みながら、スライムに秘められた"必勝法"に気づいていく。そして…「キリー手え挙げるぞ!」「私ね。本当にレインが―」自称恋人には秘密の過去の恋愛経験も!?最強コンビのルー

ツを紐解き、躍進の軌跡をここに記す!!
2017.1 339p A6 ¥640 ①978-4-04-072206-1

◆**お世話になっております。陰陽課です 4** 峰守ひろかず著 KADOKAWA (メディアワークス文庫)
【要旨】雪化粧に覆われた冬の京都。忙しい春明に代わり、祈理は陰陽課の公務を初めて一人で行うことになる。春明に一人前と認められたようでうれしい祈理は、張り切って現場に向かう。しかしそこで呪詛の封印が解け、絶体絶命のピンチに陥ることに。そんな祈理を救ったのは、春明の元主である大陰陽師・安倍晴明で―!?新米公務員×不良陰陽師の妖怪お助け物語、第4巻は京都の平和を揺るがす大事件が発生!?祈理の公務員生活一年目、クライマックスです!
2017.9 299p A6 ¥610 ①978-4-04-893408-4

◆**こぐちさんと僕のビブリアファイト部活動日誌―ビブリア古書堂の事件手帖スピンオフ** 峰守ひろかず著 KADOKAWA (電撃文庫)
【要旨】鎌倉のとある高校には、豊富な蔵書がありながら、利用者が少なく廃止寸前の旧図書室があった。図書部に在籍する、並外れてる作品世界に没頭しちゃう小動物系な卯城野こぐち。彼女はその体質から、落ち着いて読書できるのが旧図書室だけだった。そんな旧図書室とこぐちを助けるため、秘密の趣味は朗読配信中と中二病な読書執筆の前河響平が立ち上がる。生徒会長に掛け合うと、旧図書室維持のために、生徒同士で書評バトルを行う「ビブリアファイト」に挑むことになり。お披露目のビブリアファイトでは、実在の名作を多数紹介。原作小説の栞さんも登場する、本好き少女と恋する少年を描く、青春の1ページ。
2017.3 307p A6 ¥610 ①978-4-04-892755-0

◆**絶対城先輩の妖怪学講座 10** 峰守ひろかず著 KADOKAWA (メディアワークス文庫)
【要旨】『白澤』に襲撃された狐からの情報を受け、警戒を強める絶対城たち。その中で迎えた夏休み。つきあって初めての長期休みにもかかわらず、礼音は一人、牧場で短期のアルバイトに励んでいた。優しい夫妻の牧場を気にする礼音だが、いるはずのない子供の影を見てしまう。小心者を感じつつ、休日に近くの川で水浴びをしていると、そこには礼音を心配した絶対城の姿が。二人は夫妻の発言に疑いを持ち始めー？「予言」が纏わる妖怪たちの謎に迫る第10巻!
2017.8 303p A6 ¥630 ①978-4-04-893292-9

◆**六道先生の原稿は順調に遅れています** 峰守ひろかず著 KADOKAWA (富士見L文庫)
【要旨】中堅出版社に勤める文芸編集者の滝川詠見は、なかなか原稿が上がらないことに定評のあるベテラン作家・六道琮(そう)馬の担当することに。さっそく詠見は六道のもとへ挨拶(と催促)に向かうのだが、初老だと思っていた先生はなんと憂いを帯びた見目麗しい男子で、しかも街に潜む怪奇を喰って創作をする妖怪だと知ってしまう。あまり驚く詠見だが、妖怪だろうと相手は作家。原稿をもらうため、取材代わりの怪奇事件に首を突っ込むことになり…?編集女子と妖怪作家のコンビが綴る、不思議×出版お仕事物語!
2017.7 269p A6 ¥580 ①978-4-04-072357-0

◆**茜色の記憶** みのりfrom三月のパンタシア著 スターツ出版 (スターツ出版文庫)
【要旨】海辺の街に住む、17歳のくるみは幼馴染の凪に恋していた。ある日宛先不明の手紙が届いたことをきっかけに、凪には手紙に宿る"記憶を読む"特殊能力があると知る。しかしその能力には、他人の記憶を読むたびに凪自身の大切な記憶を失うという代償があった。くるみは凪の記憶を取り戻してあげたいと願うが、そのためには凪の中にあるくるみの記憶を消さなければならなかった…。記憶が繋ぐ、強い絆と愛に涙する感動作!
2017.8 297p A6 ¥570 ①978-4-8137-0309-9

◆**星の涙** みのりfrom三月のパンタシア著 スターツ出版 (スターツ出版文庫)
【要旨】感情表現が苦手な高２の理緒は、友達といてもどこか孤独を感じていた。唯一、インスタグラムが自分を表現できる居場所だった。ある日、屈託のない笑顔のクラスメイト・颯太に写真を見られ、なぜか彼と急接近する。最初は素の自分を出せずにいた理緒だが、彼の飾らない性格に心を開き、自分の気持ちに素直になろうと思い始める。しかし颯太にはふたりの出会いにまつわるある秘密が隠されていた…。彼

ヤング・アダルト小説

◆星の涙―君だけに伝えたい　みのり from 三月のパンタシア著　スターツ出版（ケータイ小説文庫―野いちご）
【要旨】友達となじめない高校生の理緒は、明るくて可愛い親友のえれなにコンプレックスを持っていた。体育祭をきっかけにクラスの人気者颯太と仲良くなる理緒は、彼に惹かれていく。そんな時、えれなが颯太を好きだと知り、さらにふたりが両思いだという噂を耳にする。えれなを応援すると言ってしまった理緒は…。リアルに描かれた苦い恋心に共感の涙！
2017.5 327p A6 ¥610 ①978-4-8137-0259-7

◆俺様副社長のとろ甘な業務命令　未華空央著　スターツ出版（ベリーズ文庫）
【要旨】外資系化粧品会社で働く佑月は仕事に一生懸命な25歳。ある日飲み会で泥酔してしまい、翌朝目を覚ますと…そこはアメリカからやってきたエリート副社長・高宮の家だった。昨晩何があったか教えるかわりに「これから俺が呼び出したら、すぐに飛んでこい」と横暴な命令をされ、反発する佑月。だけど、"業務命令"だと迫られ、頷くまで帰してもらえず、しかたなく承諾することになって…!?
2017.9 343p A6 ¥630 ①978-4-8137-0314-3

◆再演世界の英雄大戦（ネクストエンドロール）―神殺しの錬金術師と背徳の聖処女　三原みつき著　KADOKAWA（富士見ファンタジア文庫）
【要旨】神々に支配された世界。パラケルススの魂を宿す背徳者・ライルは学園の教師のくせに、神の教えを全否定する外れ者。禁忌とされる錬金術を平然と使い、生徒達からの評判も最低だが―自らと同じ"英雄魂"を宿す少女のために教鞭を執る。「あなたの背徳の力を、私たちに授けて欲しいのです！」ジャンヌ・ダルクの魂を宿し神への反逆を望む少女クレール。さらに、ナポレオン・アレキサンダー・ニュートン…英雄魂を宿す少女達を救う方法はただ一つ、「今日は錬金術の秘訣、ラブコメの授業だ！」英雄のトラウマを解消、デレさせろ！英雄譚のその先を紡ぐ、救済と覚醒の物語！
2017.11 333p A6 ¥600 ①978-4-04-072516-1

◆魔技科の剣士と召喚魔王（ヴァシレウス）13　三原みつき著　KADOKAWA（MF文庫J）
【要旨】決戦の地・アトランティスで巻き起こる魔法先進国精銳同士の戦いは、その場限りの結託と裏切りの連続で苛烈を極めていく。さらに突如乱入した春香は日本神話の準主神サノオの"簒奪の力"で溥が白為に天命の龍の力を奪い、一樹の前に立ちふさがる―！そんな乱戦の狭間にロキの影を垣間見た一樹は、宿営地での再会の"絆"をハードコアに深めていく。血と色香の充満するエリート同士の混戦の裏にナイアラーゴ子の策謀を嗅ぎとり…!?剣×魔法の壮大なデュアルスクールバトル、死線とともに絶頂を超える第13弾!!
2017.1 319p A6 ¥580 ①978-4-04-069016-2

◆魔技科の剣士と召喚魔王（ヴァシレウス）14　三原みつき著　KADOKAWA（MF文庫J）
【要旨】アトランティス島で快進撃を続ける一樹の眼前に、レジーナとナイアーラトテップが融合、魔王となって顕現する―!!対する一樹に、レメはソロモン王の威光を授けた。「ゴールなんてありはしないさ。そしておまえは、すでに伝統の神話なんかじゃない。おまえ而前にあらかじめ決められたゴールなんてないんだ！」ついに神話戦争の業火を灯した究極神・ヴァシレウス・ヴァシレオーンとの最終決戦に臨む王・一樹。美桜、輝夜たち龍姫魔法使いとを旧本騎士団、のみならず国王たちまでもの愛を一身に受け、剣×魔法の壮大なデュアルスクールバトル、いま、完全無欠の決着の刻!!
2017.8 323p A6 ¥580 ①978-4-04-069343-9

◆幾つかの夜、幾つもの朝　美森萌著　三交社（エブリスタWOMAN）
【要旨】建築会社で働く29歳の麻倉涼香はクリスマスに恋人にフラれてしまう。ショックをひきずる涼香はバーで上京したばかりで泥酔し、助けてくれた男性と一夜を過ごす。男性とは翌朝に別れたが、後日通りかかった画廊に、涙を流す自分の姿の油絵が飾られていたのを見つけ、作家はあの夜の男性・三浦史だった。涼香が絵を描いてくれる頼むと、その代わり絵のモデルになってほしいと言われ―!?

◆学戦都市アスタリスク 12　刹鬼再応　三屋咲ゆう著　KADOKAWA（MF文庫J）
【要旨】綺凛と二人きりで天霧家に帰省し、彼女のおかげで少し父親と向き合うことができた綾斗。そして父の一言で決心し、"大博士"ヒルダに姉・遥の目覚めを依頼し…ついに遥が長き眠りから目覚めた。感動の再会による姉弟の語らいもそこに、遥の過去に何があったのか、彼女の口から語られていく。一方、金枝篇同盟の面々も、遥の復活を受けて徐々に動き出し始めていたが…その目覚めた遥を想いながら追憶に―過去に埋もれた"朱莉"との日々に、心を浸した。"王竜星武祭"直前、物語は大きく動き出し―！最高峰の学園バトルエンタ、過去を解き放つ第12弾！
2017.8 253p A6 ¥580 ①978-4-04-069337-8

◆学戦都市アスタリスク外伝―クインヴェールの翼 2　三屋咲ゆう著　KADOKAWA（MF文庫J）
【要旨】水上学園都市"六花"一通称アスタリスクにおいて唯一の女子校クインヴェール女学園に所属する美奈兎たちチーム・赫也は、突然いなくなった仲間であるクロエを探し求め、クインヴェール女学園理事長のペトラに会う。そこでもらされたのは「クロエ・フロックハートのことはもう忘れなさい」というペトラの言葉だった。途方に暮れていた美奈兎の前に、クインヴェール女学園の年席列一位である稀代の歌姫、シルヴィア・リューネハイムが現れー？彼女の導きにより、クロエを取り戻すために美奈兎たちは「クインヴェール最強チーム」に挑むことに！最高峰の学園バトルエンタ、夢を追う少女たちの物語第二弾開幕！
2017.3 263p A6 ¥580 ①978-4-04-068771-1

◆異世界詐欺師のなんちゃって経営術（コンサルティング）4　宮地拓海著　KADOKAWA（角川スニーカー文庫）
【要旨】元詐欺師のスキルをフル活用し、食堂を軌道に乗せはじめたヤシロ。いつも通りバイオツカイデーウェイシ、と、順調に店の認知度を高めていた矢先、雨が降り始める。大雨による不作・物価高騰に苦しむ領民と、彼らを追い詰める行商ギルドの非道さを見たヤシロは一「あくまで自分のためだ」そう宣言し、行商ギルドに勝負を挑む！しかし狡猾な行商ギルドのアシストは"精霊の審判"でジネットをカエルにすると脅迫して…!?
2017.3 262p A6 ¥620 ①978-4-04-104845-0

◆緑土なす―黄金の王と杖と灰色狼　みやしろちうこ著　リブレ
【要旨】山奥で野人のように暮らしていた"足弱"は、初めて上京した都で、今世王レシェイヌの庶子の"兄上さま"だと発見され、宮廷に保護される。国土に緑をもたらす奇跡の力を持つ王族の血族により、今や生き残っているのは今世王ただひとりだった。今世王は死にかけていた今世王は足弱に夢中ですがりつき、愛を捧げる。王族血の家臣一族「灰色狼」もまた、足弱に尽くそうとする。自分が王族だとは信じられず、ついに宮殿をあとにしようとするが…。
2017.3 388p B6 ¥1300 ①978-4-7997-3268-7

◆緑土なす―きみ抱きて大地に還る　みやしろちうこ著　リブレ
【要旨】王族に死をもたらす"王室病"にかかった今世王レシェイヌ。王族血の家臣一族「灰色狼」は足弱も王室病に感染することを怖れ、無理やり隔離する。「看病したい」と足弱がどんなに抗っても、今世王・灰色狼の意志は揺るがなかった。だが、今世王の病を知って、ラセイヌの支配に野心を燃やす男がいた。大臣カゴノオ家の長子アルゲは卑劣な手口で、灰色狼たちの手から足弱を拉致する。足弱を想い病と闘う今世王、監禁された灰色狼、足弱を賭けて王族を救おうとする灰色狼の運命は!?WEB発BLノベル屈指の傑作、ここに完結！
2017.3 383p B6 ¥1300 ①978-4-7997-3293-9

◆まほろしメゾンの大家さん―あやかし新生活、始めました。　宮田光著　KADOKAWA（富士見L文庫）
【要旨】不思議な力を持つ大叔父の結婚を機に、古いメゾンの大家を任された春樹。初めての一人暮らしに意気揚々と引き受けたのだが…。庭の池に住む頭のない人魚姫、人探しを密使している掛け軸。さらに、マスクを外さない女の子や怪しげな物ばかり集める古物商など、ひと癖

もふた癖もある店子達に振り回され、大家生活は一筋縄ではいかなさそう。そんな中、春樹はまほろしの住人に出会う。それはかつて別れたあの人で―？夢もうつつとまぼろしの狭間に建つメゾン。新米大家とあやかし店子が織りなす心温まる日々。
2017.6 313p A6 ¥640 ①978-4-04-072346-4

◆忘却のアイズオルガン　宮野美嘉著　小学館（ガガガ文庫）
【要旨】悪魔が人類の隣人であった時代。『悪魔喰い』の魔術師・ダヤンは、己が屍人形としてしまった少女・アリアを生き返らせるため、記憶を失った彼女と悪魔退治の旅を続けていた。旅の中で訪れた新たな街。住民たちは生気を失ったような様子で、病院を訪れる患者が後を絶たないらしい。さらに、巷では行商人の間にまつわる奇妙な噂が囁かれていた。そこに悪魔の匂いをかぎつけた二人は調査を開始するが…。悪魔をその身に封ずる魔術師と、寄る辺なき世界に惑う屍人形の旅。これなるは忘却の果てに垣間見る、魂と契約の物語。
2017.8 289p A6 ¥593 ①978-4-09-451694-4

◆忘却のアイズオルガン 2　宮野美嘉著　小学館（ガガガ文庫）
【要旨】悪魔が人類の隣人であった時代。ダヤンは、自身が屍人形としてしまった少女・アリアを生き返らせるため、記憶を失った彼女と悪魔退治の旅を続けていた。訪れたのは教会の厳しい戒律により、魔術師である親が処刑され、孤児となった子供が"悪魔の子"と罵られる歪な街。街の教会では奇妙な毒が蔓延する事件が続き、いっそう魔術師に対する目は厳しい。そんな中、ダヤンたちは北国最強と謳われる異端審問官に目を付けられてしまうのだ―。悪魔喰いの魔術師と契約する屍人形の旅。忘却の狭間に惑う、魂と契約の物語第二集。
2017.12 289p A6 ¥593 ①978-4-09-451713-2

◆小暮写眞館 3　カモメの名前　宮部みゆき著　新潮社（新潮文庫nex）
【要旨】顔馴染みになった不動産屋の社長から渡された一枚の写真。そこに写る不格好なぬいぐるみを「カモメ」と断言する少年は、不登校の小学生だった。クラスの人気者で、成績優秀の彼は、ある日突然、学校に行かなくなった。その原因と「カモメ」はどう関係するのか―。相談を受けた花菱英一は、関係者に話を聞く中で、ある映画にそっと思いを馳せる。家族の絆に思いを馳せる、心震わす物語。
2017.2 260p A6 ¥520 ①978-4-10-180087-5

◆小暮写眞館 4　鉄路の春　宮部みゆき著　新潮社（新潮文庫nex）
【要旨】花菱英一の父親が家出した。理由を問う息子に対し、祖父危篤のため、縁を切った大船の実家に行くかどうか母親と喧嘩をした、と弁明する秀夫。夜風を浴びながら、二人は大事と断絶する契機となった七年前の出来事、妹・風子の死について語り合う。そうした中、今度は亘本順子の抱える過去と問題が明らかに―。青春。恋愛。家族。あらゆる世代の胸を打つ感動の物語。
2017.2 305p A6 ¥550 ①978-4-10-180088-2

◆乙女なでしこ恋手帖―字のない恋文　深山くのえ著　小学館（ルルル文庫）
【要旨】公家華族の娘として生まれながら平民の家で育ち、借金の形として貸金業「大つき屋」の長男・要と結婚した十六歳の千鶴。無愛想ながら優しい要に見守られ、一度は辞めた女学校にも戻れて幸せ―のはずが、何者かにより悪評を広められてしまい、友人達ともぎくしゃくしてしまう。そんな時、千鶴は自分の着物の袂に恋文が投げ入れられているに気づき!?政略結婚から始まる大正浪漫の恋物語、ルルル文庫に登場！
2017.3 254p A6 ¥600 ①978-4-09-452327-0

◆乙女なでしこ恋手帖―三世を越えて　深山くのえ著　小学館（ルルル文庫）
【要旨】公家華族の娘として生まれながら平民の家で育ち、借金の形として貸金業「大つき屋」の長男・要と結婚した十六歳の千鶴。紆余曲折を経て絆を深め、幸せな日々をおくっていた矢先、友人の小夜と要の友人・幹弥が意識しあっていることを知り、要の絵が飾られている藤美屋でさりげなく二人を引き合わせようとする。ところがそこで要の前に再会してしまう!?大正浪漫の恋物語、千鶴の熱い想いがあふれ出る新刊！
2017.11 254p A6 ¥600 ①978-4-09-452328-7

◆通学鞄―君と僕の部屋　みゆ著　集英社（コバルト文庫）

ヤング・アダルト小説

◆**あたしのイジワル彼氏様** みゅうな★著 スターツ出版 （ケータイ小説文庫―野いちご）
【要旨】高2の千幕の初カレは、イケメンでモテモテの恭哉。だけど彼は、千幕がいても他の女の子と仲よくしたり、何かとイジワルしてくる超俺様彼氏だった！本当に付き合っているのか不安になる千幕だけど、恭哉はたまにとびきり甘くなって…!?最強俺様イジワル彼氏に振り回されっぱなしのドキドキラブ文庫限定の番外編もたっぷり収録！
2017.12 197p A6 ¥560 ①978-4-08-608058-3

◆**召喚獣ですがご主人様がきびしいです** みゅうみゅう著 宝島社
【要旨】目が覚めたら森の中、そのうえ真っ白なふもふな赤ちゃん狼になっていた。ワケのわからない状況に戸惑っていると、突然光に包まれて！…目の前に全身真っ黒の男の人（とっても綺麗！）がいて、見ているだけで冷たい眼差し…。どうやら私は魔獣に転生したようで、この黒い人が私のご主人様みたい。きびしくされて冷たいけれど、本当は優しい（たぶん）ご主人様が私は大好き。ずっと一緒にいたい！でもそれには『契約』を結ばなくちゃいけないようで…え、人間型をとれないと契約できないの？とりあえず特訓!?でも私、赤ちゃん狼なんでそんなの無理ですご主人様！ちょ、ご飯抜きとか言わないで―！「小説家になろう」発第4回ネット小説大賞受賞作！
2017.2 312p B6 ¥1200 ①978-4-8002-6758-0

◆**日向くんを本気にさせるには。** みゅーな**著 スターツ出版 （ケータイ小説文庫―野いちご）
【要旨】「僕は絶対、本気になったりしないから」―高2の雫は、無気力系イケメンの日向くんが好き。特定の彼女を作らない日向くんだけど、雫のことを特別扱いしたり、何かとドキドキさせてくる。少しは日向くんに近づけているのかな―なんて思っていたとき、ある女の子を愛おしそうに眺める日向くんの姿を見てしまい落ち込む雫。日向くんには、本気にならない理由があるようで…？
2017.10 303p A6 ¥590 ①978-4-8137-0337-2

◆**騎士の俺が魔王の孫娘の世話をするのはおかしいだろ！** 冥司ツガサ著 新紀元社
【要旨】人間は魔物と戦い、負けた。騎士団長ユーク・アーサルムの降伏によって。騎士団を去ったユークは騎士学校の教師になる。教師生活を始めてから数日、魔物の巣窟であり生徒の訓練場にもなっているダンジョンに、想定外の強さのモンスターが出現したとの報せが入った。ユークがダンジョンに向かうと、そこには驚くほど幼い少女が。アリーニャと名乗る彼女は先代魔王の孫娘であるという。ユークは腕を見込まれ彼女の指導をすることに―！過去の弱さを乗り越える学園アクションファンタジー。
2017.5 294p B6 ¥926 ①978-4-7753-1505-7

◆**生まれ変わったら第二王子とか中途半端だし面倒くさい** みりぐらむ著 主婦と生活社 （PASH！ブックス）
【要旨】セリーヌ王国第二王子ジルクス、5歳。突如前世の記憶が蘇り、結婚間近の27歳女子だったことを思い出す。
2017.12 329p B6 ¥1200 ①978-4-391-15090-2

◆**七色バス** 眠空著 KADOKAWA （魔法のiらんど文庫）
【要旨】高校に入学したばかりの瑠柄めぐるは、通学バスの中でかっこいい上級生を見かけ、気になり始める。だけどある雨の日、高3の姉・未来が彼と一緒にいるところを見かけ、彼氏の鵜乃森晴哉だとあっさり紹介され…。さらに皮肉にもそれからというもの、謎の大失恋!?ショックで城を飛び出し一人旅を始めた理世だけど、謎の女性との出会いによって行き先も沈んだ気持ちも変わり始めて。ちょっと不思議な女子旅ファンタジー、文庫だけの書き下ろし番外編も収録！
2017.12 348p A6 ¥640 ①978-4-434-23974-8

◆**男装騎士、ただいま王女も兼任中！** 六つ花えいこ著 アルファポリス，星雲社 発売 （レジーナブックス）
【要旨】祖父ゆずりの脳筋で、男勝りなエレノア。王女ベアトリーチェの美しさに魅せられた彼女は、男のふりをして王女の近衛騎士となった。そんなある日、ベアトリーチェが近隣国の王子とお見合いをすることに。だが、彼女は不思議な鏡でエレノアと体を入れ替え、城から逃亡してしまった！やむをえず代役を務めることにしたエレノアだけど、なぜか王子には気に入られてしまー―？偽者王女と曲者王子のドタバタ恋愛ファンタジー！
2017.10 298p B6 ¥1200 ①978-4-434-23801-7

◆**無属性魔法の救世主〈メサイア〉 3** 武藤健太著 主婦の友社 （ヒーロー文庫）
【要旨】王都で解放軍と戦ったアスラ。「コロナの秘宝」の道しるべを頼りにダンジョン「クシャトリア」に向かう。そこで黒装束の少女に出会ってしまうのだった。彼女の「強くしてやる」という言葉を頼りに、アスラはダンジョンを進む。すべては強くなってフォンタリウス家を見返すため、そしてレオナルドが解放軍に入った理由を探るため。目指すダンジョンの最下層に、アスラの求める力と秘宝はあるのだろうか…。
2017.7 366p A6 ¥680 ①978-4-07-426265-6

◆**強くてニューゲーム！ 3 とある人気実況プレイヤーのVRMMO奮闘記** 邑上主水著 アルファポリス，星雲社 発売
【要旨】VRMMORPG「ドラゴンズクロンヌ」で、最強と名高い「アラン」。そして、一からやり直してクラスメイトとパーティを組んでいる「エドガー」。目立たない男子高校生「江戸川蘭」は、この二つのキャラを使い分け、日々ゲームを楽しんでいたのだが、そのせいで修羅場が訪れる。―No.1チームを決める大会の開催が告知されて、蘭たち「放課後DC部」も、ダメ元でエントリーする。しかし蘭はひとつ問題があった。スポンサーの要請により、アランでも参加しなければ。友情と仕事、どちらを優先させるべきか。結局、決心がつかないまま、大会は始まってしまう―ネットで大人気のVRMMO冒険ファンタジー、待望の第3弾！
2017.1 298p B6 ¥1200 ①978-4-434-22933-6

◆**強くてニューゲーム！ 4 とある人気実況プレイヤーのVRMMO奮闘記** 邑上主水著 アルファポリス，星雲社 発売
【要旨】VRMMORPG「ドラゴンズクロンヌ」でNo.1チームを決める大会に、見事本選グループトーナメント出場を果たした放課後DC部。だが、エドガーに笑顔はない。彼は、かつての敗北を恨みにジキルに狙われていたのだ。「エドガーがアランであるとばらされたくなければ、自分と戦って一人で戦い抜け」と。アランという多くの観客がいる中で復讐を果たそうとするジキルの要求に、エドガーは屈してしまう。チーム戦で一人で戦おうとする彼に、当然仲間の目は徐々に厳しくなる。しかし、それでも彼は戦うのをやめない。ジキルへの勝利こそが、自分と仲間たちの関係を守れると信じたから―ネットで大人気のVRMMO冒険ファンタジー、ついに完結！
2017.4 272p B6 ¥1200 ①978-4-434-23221-3

◆**異世界魔王と召喚少女の奴隷魔術 7** むらさきゆきや著 講談社 （講談社ラノベ文庫）
【要旨】レムの中に残る魔王の魂を消す儀式魔術が、ダークエルフに伝わっているという。個人的な問題だからと一人で向かおうとする彼女に、ディアヴロは同行を提案してくれる。もちろんレムが心配だからだ。（ゲームの設定の『ダークエルフは爆乳』は関係ないですから…）しかし、ダークエルフたちは過去の惨劇ゆえ、他種族に敵対心を持っていた。弓を向けられ、ディアヴロは怒りを覚悟する。「貴様らの恨み辛みなど知ったことではない。我に従うがいい！」一方、シェラは王女としてエルフの男性と結婚させられることに!?極大魔術でエルフの王国を転覆させる!?やがて世界を震撼させる魔王（演技）が絶対的な強さで突き進む冒険譚、第七章！
2017.3 361p A6 ¥660 ①978-4-06-381589-4

◆**異世界魔王と召喚少女の奴隷魔術 8** むらさきゆきや著 講談社 （講談社ラノベ文庫）
【要旨】ついにエルフ王となり、王妃シェラとの初夜がいろいろあって―ディアヴロたちはファルトラ市へ帰還する。エデルがたのバイト先を訪れたり、街を騒がす組織と対峙したり、クルムを洗ってやったり―!?しばしの休息のあと、一行は魔王領にある北の山を目指す。今のままでは大魔王モディナラームには勝てない、と考えたディアヴロは、さらなるレベルアップのた

【要旨】高1のとき、陸上部の本城にひとめぼれして以来、こっそり片思い中の小町。高3ではじめて彼と同じクラスになった。放課後ドーナツを食べにいったり、花火を見たり…。距離が近づくたびに、好きな気持ちはどんどんふくらんでいく。しかし、彼には過去の事故がきっかけで結婚を約束していた幼なじみが…。これだけ泣いても傷ついても、消えない思い。この切なすぎる恋の結末は…？
2017.10 309p A6 ¥600 ①978-4-8137-0341-9

◆**お任せ！数学屋さん 3** 向井湘吾著 ポプラ社 （ポプラ文庫）
【要旨】「僕は数学さんに、一つ嘘を吐いている―」中学三年の夏休み。ソフトボール部の引退試合に現れたのは、アメリカから一時帰国した神之内由と、謎の女子中学生だった。遙との距離。すべての謎が明らかになる、大人気青春数学小説、完結編！
2017.11 309p A6 ¥600 ①978-4-591-15658-2

◆**算額タイムトンネル** 向井湘吾著 講談社 （講談社タイガ）
【要旨】天才数学少女の真鍋波瑠が手にした神社に眠る絵馬―江戸時代の数学「和算」を学ぶ者たちが神様に奉納した"算額"に、暗号めいた落書きが魔法のごとく浮かび上がる。波瑠と巫女探偵の千明はこれを和算の定理だと解読するも、次々と新たな数式が消えては現れる。謎の出題者の「算法」で"算法"をめぐる往復書簡が続くうち、奇妙な算額が幕末に繋がるタイムトンネルだと気付き…。
2017.12 334p A6 ¥750 ①978-4-06-294100-6

◆**ショダチ！―藤沢神明高校でこぼこ剣士会** 向井湘吾著 ポプラ社 （ポプラ文庫）（『かまえ！ぼくたち剣士会』加筆・修正・改題書）
【要旨】パズルが好きな貧弱高校生・慧一が、隻腕の剣士・龍心に連れていかれたのは「でこぼこ剣士会」なる剣道同好会。それぞれに事情を抱える個性派揃いのメンバーの中で、慧一は「本当の強さ」に向き合っていく。剣士たちのまっすぐな想いが胸を打つ、青春スポーツ小説！
2017.4 357p A6 ¥680 ①978-4-591-15456-4

◆**俺のペットは聖女さま 4** ムク文鳥著 TOブックス
【要旨】神宮戦士としても魔獣狩りとしても大きく成長した辰巳。隣にはいつもチーコがいて、恋も仕事も大忙しの毎日を送っていた。そんな折、国をあげて新年を祝うお祭りが開催されることになり、2人はサヴァヴィ教団の催し物の手伝いに駆り出される。だがそこで、悪戯好きの好々爺ジュゼッペが、とある企画を耳打ちし―。そして辰巳はチーコを喜ばせるために、国民たちを巻き込んで一世一代のサプライズを仕込むのであった。―愛する想いと勇気と度胸、そしてフルに働かせ、辰巳はチーコに問い掛ける！ついに辰巳がプロポーズ!?書き下ろし短編は2本も収録！
2017.3 255p B6 ¥1296 ①978-4-86472-556-9

◆**大学デビューに失敗したぼっち、魔境に生息す。** 睦月著 TOブックス
【要旨】平和な現代日本にある日突然、ゴブリンやオークなどの異世界の魔物が大量転移！その影響で孤独な大学生レンは魔力が覚醒し、何と自力でファンタジーな生物を生み出すことに成功！近所の人も次々と捕食される中、彼は対抗策として魔物の天敵を錬成していく。そして、いつしか彼の自宅周辺は深い森と謎の非人外魔境へと変貌していた！―魔法で生態系を支配する、現代サバイバルファンタジー開幕！書き下ろし短編も収録！
2017.10 247p B6 ¥1296 ①978-4-86472-611-5

◆**世界を救った姫巫女さま** 六つ花えいこ著 アルファポリス，星雲社 発売 （レジーナ文庫）
【要旨】ある日突然、異世界トリップしてしまった中学生の理швを。彼女には浄化の力があるらしく、護衛達を従え、崩壊寸前の世界を救う旅に出ることに。そして七年後―世界を救った理世は「姫巫女様」と称され、護衛を務めた騎士といずれ結婚！のはずが…なんと、まさかの大失恋!?ショックで城を飛び出し一人旅を始めた理世だけど、謎の女性との出会いによって行き先も沈んだ気持ちも変わり始めて。ちょっと不思議な女子旅ファンタジー、文庫だけの書き下ろし番外編も収録！
2017.12 348p A6 ¥640 ①978-4-434-23974-8

◆**男装騎士、ただいま王女も兼任中！** 六つ花えいこ著 アルファポリス，星雲社 発売 （レジーナブックス）

ヤング・アダルト小説

め、剣聖を頼るのだった。「剣聖よ、この俺に剣術を指南するがよい！」「そ、そんな居丈高に言われたの、初めて…です」打倒大魔王のため、剣の道までも極めるぞ！やがて世界を震撼させる魔王（演技）が絶対的な強さで突き進む冒険譚、第八幕！
2017.8 290p A6 ¥640 ①978-4-06-381619-8

◆14歳とイラストレーター 2 むらさきゆきや著 KADOKAWA （MF文庫J）
【要旨】「もうこのまま描けなくなっちゃうんじゃないかと、泥沼に沈んだ気分になるんだ」ラノベ挿絵などを手掛けるプロ・イラストレーター京橋悠斗は、若くして高く評価されているが、悩みもくこともある。描けないときもある。友人でラノベ作家の小倉が気分転換に誘ってくる。「温泉に行こう！ 東京から遠いとこ！」どうやら担当と揉めたらしい。家に来ていた14歳コスプレイヤーの乃ノ香まで連れて長崎は雲仙へ。家族風呂!?混浴!?そのころ、ナスさんは悠斗の近所へ引っ越したり、ハラミは見た者が悲鳴をあげるほどみっともないグッズを作って問題を起こしたりしていた。希望と現実、そして欲望に振り回される、イラストレーターのガチな日常の第2弾！
2017.3 231p A6 ¥580 ①978-4-04-069151-0

◆14歳とイラストレーター 3 むらさきゆきや著 KADOKAWA （MF文庫J）
【要旨】「イラストレーターにとってラノベは、成功してもデカイが確率の低い仕事なんだよ」大手レーベルから依頼を受けたイラストレーターの京橋悠斗だが、姉の京橋彩華が「その仕事、お姉ちゃんがすることになったから」と言いだす。友人の倉から、ブラコンである姉が弟の仕事を横取りするなんて、と裏を疑う。知人の編集者が語る噂とは!?美人イラストレーターのナスさんは友人から「ユウトが好きなの？」と問われ、おおいに狼狽える。悩める14歳の乃木乃ノ香は姉への気持ちを自覚することに。絶好調の神絵師ハラミが作業ネット生配信に大挑戦！ 脱げども脱げても着ている服を!?希望と現実、そして欲望に振り回される、イラストレーターのガチな日常の第3弾！
2017.7 262p A6 ¥580 ①978-4-04-069352-1

◆14歳とイラストレーター 4 むらさきゆきや著 KADOKAWA （MF文庫J）
【要旨】「…イラストレーターって、みんなラノベが好きなんですか？」悠斗が姉の京橋彩華と競っていた頃へ。小倉まりいの新作イラストレーターとして、ネットで人気の絵師「白砂」が抜擢される。祝福する仲間たちに、「べつに商業が初めてってわけじゃないし？ ふつうでしょ」と余裕を見せていた彼女だったが、コミケでボツにされて困惑する。コミケで悠斗を訊ねてきたものの…。一方、つい口を滑らせてしまったナスは、乃ノ香をキッカケに悠斗へ心の内を語りはじめ。乃ノ香は学校で男子から「作業配信に映っていた」と告げられ、悠斗との関係がついに―!? 希望と現実、そして欲望に振り回される、イラストレーターのガチな日常の第4弾！
2017.11 257p A6 ¥580 ①978-4-04-069557-0

◆千年戦争アイギス―白の帝国編 2 むらさきゆきや著 KADOKAWA （ファミ通文庫）
【要旨】宰相の謀略か、強靱な古代炎竜と対峙するもアダマスの神器の力もあって勝利した皇帝。しかし、帝都に戻った彼に休む間もなく新たな試練が降りかかる。魔神が帝国領内に出現するとの予測が立ったという！ 急遽の部隊に魔術師が必要になった皇帝は、才能ある者を求めて士官学校を訪れるのだが―！『千年戦争アイギス』におけるライバル「白の帝国」を描く公式小説、第2弾！ 帝国風呂使いハルカのシリアルコード付きで登場!!
2017.3 240p A6 ¥680 ①978-4-04-734539-3

◆千年戦争アイギス―白の帝国編 3 むらさきゆきや著 KADOKAWA （ファミ通文庫）
【要旨】からくも魔神の脅威を撃退した帝国軍。しかし、魔神の次なる侵攻が予想される都市は二つあり、両方を守るのは困難だった。元帥レオラの策により、女神アイギスの加護を受ける王子の助力を引き出し、一方の都市を任せることに。レオラは対魔神の切り札として、モンスターブレイカーの少女を連れてくるのだが―!? 『千年戦争アイギス』におけるライバル「白の帝国」を描く公式小説、第3弾！ 帝国封剣剣士フォルテのシリアルコード付き!!
2017.9 250p A6 ¥680 ①978-4-04-734745-8

◆覇剣の皇姫アルティーナ 12 むらさきゆきや著 KADOKAWA （ファミ通文庫）
【要旨】ラトレイユにより謀殺されたと思われていたレジスが、帝都に戻り、政治面で暗躍していた。同時にアルティーナが軍を率いて帝都に現れる。緊迫した状況を招きつつ、ついに再会するレジスとアルティーナ。だが、無事を喜ぶ暇もなく新皇帝の即位を目にする二人。そして、ラトレイユは近隣諸国へ宣戦を布告し、アルティーナたちは、劣勢の続く南方戦線へと派兵されることに！ 覇剣の皇姫と読書狂の青年が織り成す覇道戦記ファンタジー第十二弾！
2017.4 247p A6 ¥570 ①978-4-04-734542-3

◆お仕事中、迷子の俺サマ拾いました！―フォルテックの獣使い 沢沢侑李著 KADOKAWA （ビーズログ文庫）
【要旨】ギルドで働くアイナは、一度歩いた道は忘れない特技の持ち主。ある日の仕事帰り、不思議な獣の導きで行き倒れている男を発見！ 冒険者なのに絶望的方向音痴（笑）の彼からガイドを頼まれたけれど、礼儀正しい割にさっきから態度デカくないですか!?しかもなぜか気に入られたようで、やたら距離が近いんですけど!?こうなったら彼を（色んな意味で）鍛え直します!!
2017.1 255p A6 ¥620 ①978-4-04-734401-3

◆ラグナロク―オーディンの遺産 3 村田栞著 新書館
【要旨】巨人族がラグナロクを起こそうとしている。神族の転生である亮、フレイ、ヴァルの三人は、今度こそ仲間を人類を守るため、巨人族と対決するが―!?
2017.3 223p B6 ¥1500 ①978-4-403-22110-1

◆Sランクの少年冒険者―最強闇使いが依頼を受けて学園へ 村人Z著 アルファポリス、星雲社 発売
【要旨】名門貴族に生まれながら魔法適性がないとして勘当された少年、ヒスイ。しかし彼は、一般に認知されていない「闇属性」の魔法の使い手だった。十年後、冒険者ギルド最強のSランクまで上りつめていたヒスイのもとにある依頼が舞い込んだ。一貴族子弟らが通う学園に潜む裏組織のメンバーを捕縛せよ。洗脳などの卑劣な手段を用いて国家の中枢に根を張る危険な組織、ギルティアス。彼らは学園を人材調達の場にしていたのだ。依頼を受け、学生として学園に潜入したヒスイ。そこでは、十年前に別れた妹シリアと思わぬ再会を果たす。彼女にもギルティアスの魔の手が伸びていることを知ったヒスイは、妹を救うために行動を開始する。
2017.2 293p B6 ¥1200 ①978-4-434-23040-0

◆Sランクの少年冒険者―最強闇使いが依頼を受けて学園へ 村人Z著 アルファポリス、星雲社 発売
【要旨】冒険者ギルド最強のSランクに君臨し、闇属性魔法を使う異端の少年、ヒスイ。彼は、病の母を救うために秘薬を求める少女の依頼を受け、エルフの里の武術大会に参加する。しかし、大会に沸く里には危険な組織の魔の手が迫っていた。何者かによる破壊工作の痕跡を発見したヒスイは、陰謀を阻止するべく、独自に調査を開始する。
2017.7 273p B6 ¥1200 ①978-4-434-23596-2

◆Sランクの少年冒険者―最強闇使いが依頼を受けて学園へ 村人Z著 アルファポリス、星雲社 発売
【要旨】冒険者ギルド最強のSランクに君臨し、闇属性魔法を使う異端の少年、ヒスイ。冒険者育成学校に臨時講師として派遣された彼は、授業で使うダンジョンの異変を察知し、封鎖を進言する。果たして、ヒスイが危惧したとおり、裏組織ギルティアスがこのダンジョンが生み出す魔物を利用して街を襲うという暴挙に出た。この動きに対し、冒険者ギルドは総帥リゴリア自ら出陣して総力戦を展開する。しかし、ギルティアスの真の狙いはヒスイだった。魔神復活を目論むその魔の手は彼の目前まで迫っていた。十年越しの消えざる因縁がついに決着の時を迎える！
2017.12 277p B6 ¥1200 ①978-4-434-24121-5

◆はるかな空の東 村山早紀著 ポプラ社 （ポプラ文庫ピュアフル）
【要旨】幼い頃の記憶がない少女ナルは、最近なぜか夢を見る。闇に浮かぶ三つの月、古城に幽閉された自分とよく似た長い髪の少女。あなたはいったい、だれ？ 予兆にみちびかれ、魔術師や吟遊詩人らが生きる異世界へ旅立ったナルを待っていたのは、伝え語りに隠された真実と未来にまたたまたる願いだった。"千年の歌姫"の宿命になった少女の、切なくも壮絶な戦いを描いた村山作品の原点。最終章を新たに書下ろし、ついに文庫化。
2017.5 391p A6 ¥720 ①978-4-591-15465-6

◆せっかくチートを貰って異世界に転移したんだから、好きなように生きてみたい 1 ムンムン著 マイクロマガジン社 （GCノベルズ）
【要旨】建設現場の監督を務めていた三十路サラリーマン、佐藤太郎は不慮の事故から命を落としてしまうのだが、神と思われる存在から治癒魔法とポーション作製というチート能力を貰い、異世界に転移するのだった。チート能力を駆使して、金銭的余裕が出た先は彼はタウロと名を変え、異世界の歓楽街へと繰り出していく。それは異世界に伝わる新たな伝説の幕開け、なのかもしれない…。性戦勃発！ 異世界の大人な社交場で激戦を繰り広げる紳士淑女専門の異世界ファンタジー。
2017.12 440p B6 ¥1000 ①978-4-89637-673-9

◆せっかくチートを貰って異世界に転移したんだから、好きなように生きてみたい 2 ムンムン著 マイクロマガジン社 （GC NOVELS）
【要旨】相変わらずの娼館通いは留まるところを知らず、次々と様々な娼婦に淫靡な施術を施していくタウロ。体調の悪い娼婦の治療も同時に行っていたことから、『ドクタースライム』という二つ名で騒がれるようになっているのだった。治療を行っていることから「ドクター」はすぐに理解出来る。だが「スライム」という部分に疑問を抱いたタウロは、娼婦に理由を尋ねるのだった。
2017.12 304p B6 ¥1000 ①978-4-89637-683-8

◆軍オタが魔法世界に転生したら、現代兵器で軍隊ハーレムを作っちゃいました!? 10 明鏡シスイ著 KADOKAWA （富士見ファンタジア文庫）
【要旨】ダン・ゲート・ブラッドとの激戦を制し、この世界と魔王にまつわる真実を知ったPEACEMAKER。しかしその直後、ノワールの総力を挙げての奇襲により、リュートが拉致されてしまう！「行かせない！ リュートくんを返して！」救出に走る団員たちだったが、ノワール幹部の姉妹がそのゆく手を阻んで―。リュートは姿の見えない暗殺者と、クリスは影を自在に操る隠密と、シアはあらゆる毒や毒を極めた漢者と対峙し、リースの前にはついに再会した実の姉、ララが立ちはだかる！ 難攻不落の障壁を打ち破るのは、現代兵器と練り上げた戦術、何よりも仲間への想いの力。全力全開で臨むVSノワール、開戦！
2017.4 318p A6 ¥600 ①978-4-04-072262-7

◆軍オタが魔法世界に転生したら、現代兵器で軍隊ハーレムを作っちゃいました!? 11 明鏡シスイ著 KADOKAWA （富士見ファンタジア文庫）
【要旨】最古の軍団始原の団長であり、万を超える魔物を創造・使役する魔術師S級アルトリウス。信条の違いから彼と対立、全滅の危機に陥ったPEACEMAKERを救ったのは、「リュート君、そんな悲しそうな顔をしないで」力なき身でアルトリウスに勇敢に立ち向かい、虜となることで時間を稼いだエルの献身で―「この借りは絶対に返してやる！」世界最強の軍団、魔術師の頂点を撃ち破るために、リュートは禁断の兵器の開発に着手する。それはこの世界の戦の定石を、完璧なきまでに破壊するものだった！ 大切な恩師と、軍団の誇りを賭けた雪辱戦。世界の歴史を変えるこの戦場に、PEACEMAKERの砲音が鳴り響く！
2017.8 310p A6 ¥600 ①978-4-04-072263-4

◆軍オタが魔法世界に転生したら、現代兵器で軍隊ハーレムを作っちゃいました!? 12 明鏡シスイ著 KADOKAWA （富士見ファンタジア文庫）
【要旨】最強の軍団に完全勝利し、並び立つ者のなき存在となったPEACEMAKER。だが奪還した平穏な日々は長くは続かず…「―これから僕は、復讐を始めたいと思います」リュートと前世からの因縁を持つランスが、世界から魔力を消失させた。人々が未曽有の混乱に陥る中、さらにランスはリュートの仲間・恩人に禁忌の魔物を差し向ける！ 大切な人たちを救うには魔力を掌握し神と化したランスを一刻も早く討伐するしかない。現代兵器という無二の力を有するリュートの肩に、世界の命運は託された！「ランス…ここがオレ達とオマエの死に場所だ！」この聖戦で「軍オタ」は伝説となる―！
2017.12 316p A6 ¥620 ①978-4-04-072264-1

◆俺のこと、好きでしょ？ ＊メル＊著 スターツ出版 （ケータイ小説文庫―野いちご）
【要旨】人に頼まれると嫌と言えない、お人好しの美月。その性格のせいで、女子にいじめられ

そうになったところを、イケメンだけどクラスの一匹オオカミの有馬に助けられた。美月の不器用な性格をそっけないながらもわかってくれる有馬に惹かれていくが、彼は幼なじみの先輩に片思い中。そんな中、先輩が留学すると聞き、美月は有馬を応援しようとするが…。
2017.3 317p B6 ¥580 ①978-4-8137-0223-8

◆十鬼の絆―関ヶ原奇譚　茂木あや著　一二三書房　(オトメイトノベル)
【要旨】時は戦国。権力者・豊臣秀吉の死後、天下を掌握しようと武将たちが動き出していた。乱の世に暗雲立ち込める頃、十家の鬼の頭領が属する『十鬼衆』は、その代表である八瀬姫からの召集を受け、こう告げられる。「もし、関わりと関係を持っている者がいるなら、即刻、関わりを絶ちなさい」その翌日、八瀬姫は何者かに襲われ目を覚まさなくなってしまう。十鬼衆の一員であり、八瀬姫の護衛を務める涼森雪奈は姫の命を守るため、そして鬼と人間の関わりを絶つため、人の世へ旅立つこととなる。
2017.4 303p B6 ¥1300 ①978-4-89199-438-9

◆竜操者は静かに暮らしたい　茂木鈴王著　リンダパブリッシャーズ、泰文堂 発売　(レッドライジングブックス)
【要旨】竜国に住む少年レオンは、昼間はパン屋の息子、夜は暗殺者な二重生活を続けていた。そんなある日、竜に選ばれて、『竜操者』になることが決まってしまう！竜国の花形職業である『竜操者』。選ばれたが最後、必ずならねばならない『竜操者』。「ああ、そんなことよりパンが焼きてぇ…」レオンはパン屋になる夢を諦められず、しぶしぶ竜の学院へ向かうのだが―。
2017.5 334p B6 ¥1200 ①978-4-8030-1058-9

◆老いた剣聖は若返り、そして騎士養成学校の教官となる　1　文字書男著　マイクロマガジン社　(GC NOVELS)
【要旨】人里離れた山奥で暮らす伝説の剣聖アラン＝スミシィは、ある国の使者ネネから戦争勃発を防ぐための抑止力となる兵士を育てて欲しいと依頼を受けた。アランが活躍していたのは既に七十年も前の話。老いを理由に一度は断るも、ある持ち秘術により、その体は全盛期同様、まで若返る。若返ったことで、依頼を引き受ける気になったアランは、ジョンと名を変え、騎士養成学校の教官となるのだが―。
2017.7 330p B6 ¥1000 ①978-4-89637-642-5

◆終焉のコドク　百舌巌著　主婦の友社　(プライムノベルス)
【要旨】某国で致死性ウイルスのパンデミックが起こり、やがては引き籠りの青年、栗橋友康の住む街にまで広まった。患者は無制限に増え続け、街は廃墟であふれていく。しかし、悪夢はそれで終わりではなかった。ウイルスで亡くなったはずの遺体が突如動き出し、人間に噛みつき始めたのだ。強靭な力を持ち、無差別に人を襲うゾンビは「不死者」と呼ばれるようになる。街では避難場所や食料の奪い合いが始まり、生き残りをかけたサバイバルへと変容した。友康は隣家に住んでいる中学生の少女、日下部空海とともに、安全な場所を目指して避難することを決める。襲い来る不死者を掃除のラバーカップでなぎ払い、息を殺して路地裏を駆け抜ける。明日を生き延びるために、二人は知恵と工夫と日用品で闘い続けていく―。
2017.2 287p A6 ¥900 ①978-4-07-422830-0

◆フラワード―弔い専花、お届けします。　百舌涼一著　ディスカヴァー・トゥエンティワン　(ディスカヴァー文庫)
【要旨】大好きな祖母の跡、大嫌いな母を亡くした継実は、無口すぎてどこでも働けず、生活に困っていた。そんなある日、喋らなくても会話ができる「自称魔女」の琴花たま子に出会う。彼女が店主の花屋でアルバイトを始めた継実だが、そこはただの花屋ではなく、「葬式専門」の花屋。しかも、花言葉を「言霊」として込めた特別な花を届ける、花言霊屋だった。第2回本のサナギ賞大賞作家の新作!!
2017.7 359p A6 ¥800 ①978-4-7993-2123-2

◆真面目系クズくんと、真面目にクズやってるクズちゃんのクズ活　持崎湯葉著　講談社　(講談社ラノベ文庫)
【要旨】『真面目系クズ』―真面目そうに見えながら、実態は怠惰で実はしく、現実に足らない存在。八つ悠菜を表現する一番ふさわしい言葉。クラスで下に見られも必要以上に注目されない、そんな立ち位置に満足していたが、ある行為クラスメイトに貰った手作りクッキーをウサギの餌にしているところを―黒内人花に見ら
れてしまう！性格の悪さは折り紙付きの黒内に呼び出され「…なにさせる気だよ」「クズ活」「なんだそれ」「クズになるための活動、の略だね」「…なんでそんなことを？」「育成してみたかったのさ、クズを。私の手で、どこに出しても恥ずかしくないクズを」前代未聞、クズを目指す活動―クズ活、スタート！
2017.9 299p A6 ¥630 ①978-4-06-381628-0

◆骨の髄まで異世界をしゃぶるのが鈴木なのよー!!　望月充っ著　集英社　(ダッシュエックス文庫)
【要旨】あれ山田じゃん。何か神っぽい奴に異世界召喚されかかってるじゃん。なになに？山田が魔王を倒す勇者？おーい山田！面白そうな話してんな。オレが代わりに異世界行ってやるから授業のノート取っとけよ。…あぁん？勇者になりたいから嫌だぁ？勧誘して魔王暗殺の訓練積ませた少年兵を『勇者』と呼ぶって、それテロリストの手口じゃん！お前ほんっだから騙されてんだよ！おい大神、賢いオレが魔王と和平交渉して（しかるのちに異世界を支配して）やるから連れて行け！ん？お前誰だ？一味違った異世界ものを探してる読者？仕方ない、一緒に来いよ。でも格っこいアイテムとかは全部タダのね!!　2017.8 294p A6 ¥600 ①978-4-08-631201-1

◆溺あま御曹司は甘ふわ女子にご執心　望月いく著　スターツ出版　(ベリーズ文庫)
【要旨】ぽっちゃり女子の陽芽は、説明会で会ったカリスマ次期社長・富士崎に一目ぼれ。一念発起しダイエットに成功、同じ会社に就職を果たす。しかし「ある女性に片思いをしている」と打ち明けられ、陽芽は意気消沈。ところがなぜか富士崎は、陽芽を抱きしめたり、甘い言葉を囁いたり、特別扱いばかり。規格外の溺愛に翻弄されっぱなしのある日、2人きりのオフィスで突然キスされてしまい…!?
2017.10 331p A6 ¥630 ①978-4-8137-0333-4

◆毎年、記憶を失う彼女の救いかた　望月拓海著　講談社　(講談社タイガ)
【要旨】私は1年しか生きられない。毎年、私の記憶は両親の事故死直後に戻ってしまう。空白の3年を抱えた私の前に現れた見知らぬ小説家は、ある賭けを持ちかける。「1ヵ月デートして、僕の正体がわかれなば千の勝ち。わからなければ僕の勝ち」。事故以来、他人に心を閉ざしていたけれど、デートを重ねるうち彼の優しさに惹かれていく―。この恋の秘密に、あなたは必ず涙する。
2017.12 319p A6 ¥720 ①978-4-06-294093-1

◆救世の背信者　2　望月唯一著　講談社　(講談社ラノベ文庫)
【要旨】人類の天敵である星喰いが湯水のごとく湧き出る日、それが芽深市を襲ってから、既に二ヵ月ばかりが経った。傷は深かったものの、復興は順調に進んでおり、芽深市は以前にも増して多くの錬金術師が集まる錬金術の最前線になっていた。そして、夏へと移り変わりつつある季節の中。かつて最高峰の錬金術師一達人として活躍していた三森慧は、今は相変わらず、教師として弟子の悠里や同僚のましろ達と騒がしい日常を送っていた。そんなある日、慧とましろは何者かによる襲撃を受ける。彼らの前で形を成していく黒い泥。それがとった姿は、ましろと寸分違わぬ顔立ちで―。凸凹師弟が綴る学園異能バトルアクション第二弾！
2017.6 227p A6 ¥600 ①978-4-06-381606-8

◆双子喫茶と悪魔の料理書　望月唯一著　講談社　(講談社ラノベ文庫)
【要旨】「だって、篝はずっと誰かのために料理をしてきたでしょう？」二年前。幼馴染みの少女・葉月から、なにげなくかけられた言葉。きっとあの時、ただの幼馴染みは、初恋の少女に変わった―。そして現在。想いを伝えられぬまま、葉月とその双子の妹・水希とともに、彼女たちの実家の喫茶店でバイトをしていた。そんなある日、水希が持ち出した古本から一幼女が出てきた。彼女は願いを叶える妖精キキと名乗り、強引に俺の縁を結びつける。だが、キキが俺の縁を結んだのは、葉月ではなく水希の方で…と、切なさと。喫茶店が舞台の感動ストーリー！
2017.6 261p A6 ¥620 ①978-4-06-381615-0

◆双子喫茶と悪魔の料理書　2　望月唯一著　講談社　(講談社ラノベ文庫)
【要旨】この世界から消えかけていた水希を取り戻してから、約一ヵ月。俺は水希やその双子の姉の葉月たちとともに、忙しくも平和な日常を送っていた。だが、ある夏の日に一事件がふたたび発生する。「あー、ちょっと子
供の頃に戻れたらいいのに」そんな何気ない言葉とともに、まばゆい光の中から現れたのは―小学生ぐらいまで若返った葉月の姿。どうやら一ヵ月前の事件と同様、『悪魔の料理書』の力が発動し、子供に戻りたいという彼女の願いを叶えてしまったらしい。はたして俺たちはその願いを越えて、葉月を元の姿に戻せるのか…!?二度戻らない夏。二度は戻れない夏―。喫茶店が舞台の感動ストーリー第二弾！
2017.11 239p A6 ¥620 ①978-4-06-381634-1

◆文系女子に淫らな恋は早すぎる　望月とうこ著　アルファポリス、星雲社 発売　(エタニティブックス)
【要旨】これまで一度も恋人ができたことのない、書店員のあかり。ある日彼女は、万引き犯とトラブルになったところを超人気作家の入嶋東に助けられる。それをきっかけに、イケメンな彼とお近づきに!?さらには次回作の恋愛小説の参考にするため、擬似恋人になってほしいと頼まれる。助けてくれたお礼に引き受けた彼女だけれど、入嶋は初デートから溺愛モード発動！手加減ない容赦の過激なスキンシップで、恋愛経験のないあかりはドキドキしっぱなしで―小説よりもあまーいエロきゅんラブストーリー！
2017.3 282p B6 ¥1200 ①978-4-434-23127-8

◆漆黒鴉学園　7　望月べに著　アルファポリス、星雲社 発売
【要旨】大好きな乙女ゲーム世界に、脇役として生まれ変わっていると気付いた宮崎音恋。恋するイケメンモンスター達のアプローチを華麗（？）にスルーしてきた彼女だけれど一鳴天狗・黒巣への恋心を遂に自覚！自身の誕生日に想いのすべてを伝え、彼からの告白に応えるつもりでいた。それなのに、またまた事件が連発!!狼人間の抗争に巻き込まれ、果てには最強ハンターにも狙われて…最終決戦を乗り越え、脇役が選ばれし未来やいかに!?禁断の学園ラブストーリー、感動の最終幕！
2017.3 301p B6 ¥1200 ①978-4-434-23018-9

◆オッサン(36)がアイドルになる話　もちだもちこ著　主婦と生活社　(PASH！ブックス)
【要旨】大崎ミロク、36歳、身長190cm、体重120kg―。少年時代はいじめられっ子。社会人になってリストラ。絶望して引きこもっていたけれど、動画サイトにハマったのをきっかけに脱引きこもり。ジム通いと一人カラオケで激ヤセ＆超イケメンに変身するも、本人にその自覚なし。手違いでアップしてしまったダンス動画で世間を騒がせ、ピンチヒッターで行ったモデルの仕事ではスタッフを悩ます。ミロクの活躍をとどまることを知らず、ついには大物プロデューサーの目に留まる。モデル事務所の社長(41)と、同じジムに通う元ホスト(40)を巻き込み、三人のオッサンはなんとアイドルユニットとしてデビューすることに!?巡り会いし三人の中年が、芸能界に新たな歴史を刻む！
2017.7 337p B6 ¥1200 ①978-4-391-15012-4

◆オッサン(36)がアイドルになる話　2　もちだもちこ著　主婦と生活社　(PASH！ブックス)
【要旨】大崎弥勒、36歳、体重120kg＆ヒキニート。動画サイトにはまったのをきっかけに、激ヤセ＆超イケメンに変身すると、大物プロデューサーに見初められ、芸能事務所の社長・与一(41)と、同じジムに通う元ホスト・司樹(40)を巻き込み、アラフォーアイドルユニット『344』としてデビューすることに。デビュー曲も好調で、初の冠ラジオにCM出演にも、オッサンアイドルは着実に日本を席巻中！仕事・友情・恋愛…3人の中年は第二の青春を謳歌する!!
2017.11 351p B6 ¥1200 ①978-4-391-15121-3

◆必中の投擲士―石ころ投げて聖女様助けたった！　1　餅っころっけ著　新紀元社　(MORNING STAR BOOKS)
【要旨】小さな村の牧場の次男坊キリクは、幼い頃から遊びとして石ころを投げ続けていたおかげで、いまでは狙った標的を外すことなどありえないほどの"必中"の腕前の持ち主。あるとき、森のなかで野盗に襲われていた美少女神官のイリスを助けたキリクは、その投擲術を見込まれ、実は大陸に広く普及しているセントミル教の聖女だというイリスの護衛として、大教会がある首都アルガドへ一緒に旅をすることに。道中、奴隷の少女シュリを不遇から救いだし、勇者志望のアッシュを仲間に加え、一路アルガドを目指すが、そこでは暗い陰謀が彼らを待ち受けていた―!!
2017.6 316p B6 ¥1200 ①978-4-7753-1498-2

ヤング・アダルト小説

◆オリンポスの郵便ポスト　藻野多摩夫著
KADOKAWA　（電撃文庫）
【要旨】火星へ人類が本格的な入植を始めてから二百年。この星でいつからか言い伝えられている、ある都市伝説がある。オリンポスの郵便ポスト。太陽系最大の火山、オリンポス山の天辺にあるというその郵便ポストに投函された手紙は、神様がどこへでも、誰にでも届けてくれるという。一そう、たとえ天国へでも。度重なる災害と内戦によって都市が寸断され、赤土に覆われたこの星で長距離郵便配達員として働く少女・エリスは、機械の身体を持つ人造人類・クロをオリンポスの郵便ポストまで届ける仕事を依頼される。火星で最も天国に近い場所と呼ばれるその地を目指し、8,635kmに及ぶ二人の長い旅路が始まる－。
2017.3 317p A6 ¥630 978-4-04-892663-8

◆オリンポスの郵便ポスト　2　ハロー・メッセンジャー　藻野多摩夫著
KADOKAWA　（電撃文庫）
【要旨】「地球人類は火星を見捨ててはいません。我々は皆さんを助けに来ました」オリンポス山の麓に不時着した謎の宇宙船に乗っていたのは、地球の全権大使を名乗る少女・メッセだった。八十年ぶりに再開される地球と火星の交信のため、エリスは彼女を火星の首都・エリシウムへと送り届けることになる。目的地に至るまで、過去の戦争で汚染された死の渓谷"ルクス・グラーベン"を渡る二人の危機を救ったのは、クロの面影のあるレイバーだった。「お願い！クロ！目を覚まして！」そして死の渓谷に隠された施設でエリスたちが彼女が見たのは－。
2017.7 331p A6 ¥630 978-4-04-893217-2

◆終奏のリフレイン　物草純平著
KADOKAWA　（電撃文庫）
【要旨】「重力子」を操る特殊なオルゴール技術と、その粋である「歌唱人形」が一般化し、ついに「電気離れ」を果たした世界。"機械しか愛せない"壊れた少年技師・タスクがある日、出会ったのは－。「わたしは、ガラテア・シスターズNo.7／リフレイン。けれど、貴方のお『嫁』です」歌唱人形技術、その始まりとなったオーパーツそのものだと主張する、美しき歌唱人形リフレイン。彼女を巡って事態は動き出す。追う者、追われる者、そして、恋を知る者ー。"機械なしか愛せない"少年と"人間に近づきすぎた"少女型人形。ヒトでなしの人間と、モノでなしの人形の織りなす恋が、世界を変えてゆくー！？世界の歯車が音を奏でる、旋律のギアハート・ファンタジア登場！
2017.3 371p A6 ¥650 978-4-04-892752-9

◆マリエル・クララックの婚約　桃春花著
一迅社　（アイリスNEO）
【要旨】婚約者とその周りにひそかに萌える令嬢の物語。WEB掲載作を加筆修正＆書き下ろしを加え書籍化!!第4回アイリス恋愛F大賞銀賞受賞作!! 2017.3 319p B6 ¥1200 978-4-7580-4925-2

◆あの日失くした星空に、君を映して。　桃風紫苑著　スターツ出版　（ケータイ小説文庫－野いちご）
【要旨】クラスメイトに嫌がらせをされて階段から落ち、右目を失った高2の鏡華。辛い記憶から逃げるように引っ越した田舎で、同い年の少年・深影と出会う。右目のことが言えずに苦しみながらも、鏡華は深影の明るさと優しさに惹かれていく。深影への気持ちが恋だと気付くけれど、彼もまた、ある過去を乗り越えられずにもがいて…？心に傷を負うふたりの恋の結末に涙!!
2017.11 365p A6 ¥590 978-4-8137-0355-6

◆キミの隣で恋をおしえて　ももしろ著　スターツ出版　（ケータイ小説文庫－野いちご）
【要旨】彼氏のいない歴16年の知枝里はある日、超イケメンの無気力系男子・安堂が人気者の美坂先生と付き合っていることを知ってしまう。知枝里は安堂の弱みを握るはずが逆に握られ、安堂の命令をなんでも聞くハメに。クールで意地悪だけど、本当はさみしがりやで優しい安堂にはじめて本当の恋をする知枝里。しかし、安堂は美坂先生を忘れられなくて…。甘くて切ない恋に胸きゅん＆涙!!
2017.2 397p A6 ¥590 978-4-8137-0209-2

◆王宮メロ甘戯曲　国王陛下は独占欲の塊です　桃城猫緒著　スターツ出版　（ベリーズ文庫）
【要旨】両親を亡くした子爵令嬢・リリアンが祖父とひっそりと暮らす古い城に、王族がやって来る。無理やり城へと連行された彼女の前に現れたのは、幼なじみのギルバート。彼はなんとこの国の王になっていた！？逞しく大人の色気を放り撒く彼は、国王の権力をま大限駆使して命令ひとつでリリアンを思うがまま。彼からの執拗な溺愛に抗えず、いつしか独占愛に溺れてしまい…。文庫でしか読めない書き下ろし番外編付き！
2017.10 319p A6 ¥630 978-4-8137-0335-8

◆カタブツ皇帝陛下は新妻への過保護がとまらない　桃城猫緒著　スターツ出版　（ベリーズ文庫）
【要旨】公爵令嬢のモニカは、内気で大人しい深窓の姫君。18歳になったある日、絶対的権力者である皇帝・リュディガーから突然求婚される。迎えた新婚初夜、彼の美貌と威厳に怯るモニカは、緊張のあまり失敗してしまう。そんなモニカを優しく甘やかす皇帝は、本当はとんでもなく一途な愛妻家だった！？彼の過保護すぎる独占愛に戸惑うモニカだが、実は幼い頃に不慮の事故で記憶を失っていて…。
2017.5 313p A6 ¥620 978-4-8137-0254-2

◆オール・ジョブ・ザ・ワールド　百瀬祐一郎著　KADOKAWA　（富士見ファンタジア文庫）
【要旨】転職を繰り返すことで強くなる世界、ルードワルド。にもかかわらず、初めて転職できない最底辺の職業である"遊び人"となってしまった15歳の少年ホールデン。積み上げたステータスも急激に下がり、得たのは無意識に女の子を口説いてしまう"女殺し"という役に立たないスキルだけ。それでもなんとか就職した先は、絶世の美少女であり王女でもある"魔術剣士"メグ、すぐに婚姻を迫ってくる巨乳"裁判官"ティア、イケメン"勇者"のサリーという上級職に就いたメンバーと共に、依頼を達成すべく今日も働く。何にもなれない"遊び人"こそが最強なんだぞ、って言ってみたい。
2017.9 329p A6 ¥600 ①978-4-04-072431-7

◆紅の死神は眠り姫の寝起きに悩まされる　もり著　主婦と生活社　（PASH!ブックス）
【要旨】強大な軍事力を持つエアーラス帝国と同盟を結ぶため、政略結婚することになった姫、リリスことアマリリス。「目指せ、押しかけ女房！」の精神で嫁いだけれど、夫・皇太子ジェスアルドは、人々から恐れられる"紅の死神"と恐れられ、リリスのことも冷たくあしらう。しかし！そんなことでめげるリリスじゃない！このままお飾りの妃として、キスも知らないで生きていくのは絶対にいや!!だけど実はリリス、国家機密級の秘密をもつ一無愛想皇太子ジェスアルドと、不思議な力を持つ眠り姫リリスの押せ押し王宮スイートラブロマンス！
2018.1 341p A6 ¥680 ①978-4-391-15028-5

◆猫かぶり姫と天上の音楽　2　もり著　Jパブリッシング　（フェアリーキス）
【要旨】世界を救う使命を受けて異世界に飛ばされた花は、魔帝ルークに溺愛される毎日。音楽による癒しの力で彼を支えようと奮闘する花だが、ルークと敵対するセルショナード王国に誘拐されてしまう。花を我が物にしようとする王太子マックス、戦争を止めさせたいと花を匿う不遇の王子ドロ、花は双方から正起に！と求められて！？花を取り戻そうとするルークの想いは－「俺にはハナが必要なんだ。誰にも渡さない」二人の絆が大きな奇跡を呼ぶ！
2017.6 348p B6 ¥1200 ①978-4-908757-97-6

◆かぜまち美術館の謎便り　森晶麿著　新潮社　（新潮文庫nex）
【要旨】天才学芸員の佐久間と娘のかえでが越してきた香瀬町では、いま奇妙な事件が起きていた。その当時、一人の少年画家が亡くなり一人の郵便局員が失踪していた。事件の謎を解く鍵は、少年が描いたピカソらを模した絵画。絵に込められた画家の想いを読み解けば、この町の止まった時間が動き出す！－アガサ・クリスティー賞作家の絵画ミステリー！
2017.6 335p A6 ¥590 ①978-4-10-180098-1

◆僕が恋したカフカな彼女　森晶麿著
KADOKAWA　（富士見L文庫）
【要旨】深海楓は架able風香に恋文を渡し、それは見事に振られた。「あなたの手紙には誤字が四十二、脱字が三十六、語の選択の誤りが七十八もあるわ」彼女は大変な読書家だった。食い下がる楓に、風香は一言。「なら－カフカにおなりなさい」彼女の敬愛するフランツ・カフカを目指し小説を書き始めた楓のもとに、風香から持ち込まれる不可解な依頼。「姉が突然消えてしまった」「姉が芋虫になった」そんな馬鹿な。しかし風香は冷静に鋭い観察眼でヒントをくれる。ヒントは常に、カフカにあり－？
2017.1 285p A6 ¥620 ①978-4-04-072161-3

◆青白く輝く月を見たか？　森博嗣著　講談社　（講談社タイガ）
【要旨】オーロラ。北極基地に設置され、基地の閉鎖後、忘れられたスーパー・コンピュータ。彼女は海底五千メートルで稼働し続けた。データを集積し、思考を重ね、そしていまジレンマにも陥っていた。放置しておけば暴走の可能性もあるとして、オーロラの停止を依頼されるハギリだが、オーロラとは接触することも出来ない。孤独な人工知能が描く夢とは。知性が満載する萌芽の物語。
2017.6 276p A6 ¥690 ①978-4-06-294075-7

◆ペガサスの解は虚栄か？　―Did Pegasus Answer the Vanity？　森博嗣著　講談社　（講談社タイガ）
【要旨】クローン。国際法により禁止されている無性生殖による複製人間。研究者のハギリは、ペガサスというスーパー・コンピュータからパリの博覧会から逃亡したウォーカロンには、クローンを産む擬似母胎機能が搭載されていたのではないかという情報を得た。彼女を捜しにインドへ赴いたハギリは、自分の三人めの子供について不審を抱く資産家と出会う。知性が喝破する虚構の物語。
2017.10 285p A6 ¥720 ①978-4-06-294090-0

◆私たちは生きているのか？　―Are We Under the Biofeedback？　森博嗣著　講談社　（講談社タイガ）
【要旨】富の谷。「行ったが最後、誰も戻ってこない」と言われ、警察も立ち入らない閉ざされた場所。そこにフランスの博覧会から脱走したウォーカロンたちが潜んでいるという情報を得たハギリは、ウグイ、アネバネと共にアフリカ南端にあるその地を訪問する。富の谷にある巨大な岩を穿って造られた地下都市で、ハギリらは"人の命のあり方"を体験する。知性が提示する実在の物語。
2017.2 269p A6 ¥690 ①978-4-06-294061-0

◆佐々木探偵事務所には、猫又の斑さんがいる　杜奏みなや著　KADOKAWA　（メディアワークス文庫）
【要旨】吾輩は「猫又」である。名前はまだ無い…わけではない。拾ってくれた主人、探偵事務所の所長・佐々木駿介からもらった大切な名がある。表の顔は飼い猫、裏の顔は物の怪を見張るエリート猫又「観怪」。それが吾輩の正体なわけだが、こっそり人の姿に化け「旧鼠」ココノと共に主人が引き受けた依頼を解決したくなってしまうのだ…。何故かはさっぱりわからぬが。ーこれは、猫又「斑さん」が探偵業を手伝い、不器用で優しすぎる主人を幸せにする、恩返しのための物語である。
2017.8 341p A6 ¥650 ①978-4-04-893527-2

◆廻る素敵な隣人。　杜奏みなや著
KADOKAWA　（メディアワークス文庫）
【要旨】「ありがとうね、ヒーローくん」幼い頃に助けた女の子が忘れられず、ヒーローに憧れるわかりやすい男・金森将輔。でも、大人になった彼の現実は回転寿司店「まんぷく」で働くダメな副店長だった。横暴な店長にビビり、毎日毎日仕事漬けの社畜サラリーマン。ある日、そんな彼が部下のミスで謝罪に向かった先は一アパートのお隣さん！？「ほんまにありがとうね、金森さん」一気さくで超美人の素敵な隣人と知り合った将輔は「また誰かのヒーローになれるかもしれない」とダメな自分を変えようとする。わかりやすくて不器用な男の純情する逆転劇が始まる。
2017.1 257p A6 ¥590 ①978-4-04-892681-2

◆バベルノトウ―名探偵三途川理vs赤毛そして天使　森川智喜著　講談社　（講談社タイガ）
【要旨】地上に舞い降りて楽しく遊びすぎてしまった3人の天使達。天界に帰る力が溜まるまで身を隠すべく、彼女達が人間にもたらしたのは「言語混乱」という災厄だった！この世で誰も使っていない言語しか、話すことも理解することもできなくなった元起業家・椿を助けるために呼ばれたのは、輝く瞳に赤毛の高校生探偵・緋山然と、彼女をライバル視する極悪探偵・三途川理で…！？
2017.5 258p A6 ¥690 ①978-4-06-294066-5

◆招福招来　福を招くと聞きまして。　森川秀樹著　KADOKAWA　（富士見L文庫）
【要旨】売れっ子作家だった祖父・延宇が亡くなった。祖父に憧れて作家になったものの、デ

ビュー作以降一作も書けていない祥太郎は、祖父の仕事場を相続することに。京都の山間に建つ立派な日本家屋の仕事場を訪れると…「僕は縁起物の神である。おぬしは延呂宇の跡を継ぎ、儂と招福活動をするのだ」彼は死んだ兄一縁起物と人を結んで福を呼ぶ、京都福招き奮闘記。
2017.2 286p A6 ¥620 ①978-4-04-072191-0

◆恋人に捨てられたので、皇子様に逆告白しました 森崎朝香著 一迅社（一迅社文庫アイリス）
【要旨】恋人にふられたショックから、海辺で偶然出会った美青年に「私と付き合え」と告白したシーナ。即お断りされたのに、シーナの通う神学校で彼と再会！彼は死んだ叔母の結晶である"宝石"を食べて生きる高貴な存在一海皇一門の青年だった。弱みを握られたシーナは、人々の暮らしに興味を持った彼に引きずり回されることになって…!?人外の青年と振られ少女の、逆告白からはじまる宝石ラブファンタジー！
2017.6 302p A6 ¥638 ①978-4-7580-4951-1

◆敏腕秘書の不埒な教育 森崎結月著 オークラ出版（プリズム文庫）
【要旨】大企業社長の三男悠真は、父親の会社で働きつつ、彼の地位目当ての女性と適当に付き合うような生活をしていた。あるとき突然、父の秘書である新見によりマンションの一室に連れていかれた。新事業の責任者に任命され、監視役の新見と同居することになったというのだ。以前から密かに新見のことが好きな悠真は、想いに気づかれたくなくて逃げようとしたけれど…。
2017.4 266p A6 ¥639 ①978-4-7755-2647-7

◆赤ペン精霊の神剣ゼミでクラス最強の魔法剣士になれました 森田季節著 リンダパブリッシャーズ、泰文堂 発売（レッドライジングブックス）
【要旨】普通、いや、いわゆるへたれの高校二年生、島津時介。ある日の授業中、クラスごと異世界に転移されてしまう。そこで待ち受けていたのは、「魔法」「剣術」などの授業。異世界にいっても勉強か～!!でも、このままへたれのままじゃ終われない！そう、ありました、異世界にもアカマル満点「神剣ゼミ」が!!不思議な赤ペンから届いた興味を持った彼に引きずり回される先生、もとい精霊アーシァの指導のもとでがんがん勉学に励んで、目指すは異世界最強の魔法剣士に！やればできるが合言葉。異世界勉学ストーリー!!
2017.1 285p A6 ¥638 ①978-4-8030-0992-7

◆異世界お好み焼きチェーン一大阪のオバチャン、美少女剣士に転生して、お好み焼き布教! 森田季節著 アース・スターエンターテイメント、泰文堂 発売（アース・スターノベル）
【要旨】ハルナは大阪府大阪市出身で今も大阪在住の、文句なしの大阪のオバチャンだった一。しかし、天王寺で不慮の事故で死んでしまい、女神に"異世界でお好み焼きを布教する"という使命を託され、最強の美少女剣士として異世界に転生させられてしまう。そして、"困っている人がいたらとりあえず手を差し伸べる"のが信条のハルナは、「ダンジョンで死んでいく人間を減らしたい」と、ダンジョン中層に店を開くことになる。後にお好み焼き、タコ焼き、うどん、餃子と一大外食産業チェーンとなる『ハルちゃん』グループの快進撃は、ここから始まった。『大阪のオバチャン、鯨と戦う』を収録！
2017.6 319p B6 ¥1200 ①978-4-8030-1067-1

◆織田信長という謎の職業が魔法剣士よりチートだったので、王国を作ることにしました 森田季節著 SBクリエイティブ（GAノベル）
【要旨】「この職業は、覇王として振る舞えば振る舞うほど、俺の力を強化する一！」という神託によって職業が与えられた聖獅子王国。ところが、弱小領主の弟であるアルスロッドが与えられた職業は一なんと"オダノブナガ"！「剣士"や"パン職人"といったよくある職業とは全く異なる、職業そのものも定かではない謎の職業。だがそれは、異世界の覇王・織田信長の経験を共有し、しかも戦でも自身や軍隊を強化できるチート職業だった！覇道を運命づけられた少年が圧倒的な力と軍略で成り上がる！
2017.7 301p B6 ¥1200 ①978-4-7973-9299-9

◆織田信長という謎の職業が魔法剣士よりチートだったので、王国を作ることにしました 2 森田季節著 SBクリエイティブ（GAノベル）
【要旨】「陛下。いよいよ王になるべき時が近づいてきました」常識で打ち破る電撃作戦にて、広大な綾流原を攻め落とし一大勢力となったアルスロッド。職業"オダノブナガ"によるチートはもちろん、新たに"アケチミツヒデ"の職業を持つ女・ケララを加え、ますます精強となった家臣団を持つ彼を阻むものは最早なく、前王の遺児・ハッセに「大義名分」に王都上洛への侵攻を開始する!!信長の想定を上回る成果で急成長を続け、皆を引き込むアルスロッド。だが彼は、一つの問題を抱えていて一。「明智光秀を職業にしている女を信じるなんて、前王」職業"センノリキュウ"や"タケダシンゲン"も登場!?異世界チート覇王伝、第2巻!!本書だけの書き下ろし短編「フルールの水遊び」も収録！
2017.11 313p B6 ¥1200 ①978-4-7973-9397-2

◆スライム倒して300年、知らないうちにレベルMAXになってました 森田季節著 SBクリエイティブ（GAノベル）
【要旨】現世で過労死した反省から、不老不死の魔女になって、スライムを300年続けてたら、いつの間にかレベル99=世界最強になってしまった。生活費を稼ぐためにこつこつ倒してたスライムの経験値が蓄積しすぎたみたいです…。そんな噂はすぐに広まり、興味本位の冒険者や、決闘を挑みにくる人まで押し掛けてくるのですが一。冒険に出たことないのに最強…って、どうなる私のスローライフ!?
2017.1 281p B6 ¥1200 ①978-4-7973-9044-5

◆スライム倒して300年、知らないうちにレベルMAXになってました 2 森田季節著 SBクリエイティブ（GAノベル）
【要旨】300年スライムを倒し続けていたら、いつのまにか世界最強になってました。スローライフを楽しみにしたいところですが…、エルフのハルカラが経営する工場で幽霊騒動？収まったと思ったら今度は違法操業とかで逮捕されちゃうし！さらには私の活躍(？)が魔族に評価されて魔王の城へご招待!?ーって、今回もトラブルの予感しかしません！それでも私は負けずにスローライフを目指すからね!!
2017.4 285p B6 ¥1200 ①978-4-7973-9176-3

◆スライム倒して300年、知らないうちにレベルMAXになってました 3 森田季節著 SBクリエイティブ（GAノベル）
【要旨】300年スライムを倒し続けていたら、いつのまにか家族がふえてました。そろそろスローライフは諦めて、家族との平和な日常を楽しもう、と思ったのですが一。そんな！ファルファがスライムの姿から戻れなくなっちゃった(でも可愛い)！何とか解決したと思ったら、今度は私を騙る魔女が登場!国中が大騒ぎに(目立つのは困ります！)ー「高原の家」はいつも賑やかトラブルが絶えません！けれど継続は力と、今度こそ平和な日常をつかんでみせるよ!!
2017.7 279p B6 ¥1200 ①978-4-7973-9295-1

◆スライム倒して300年、知らないうちにレベルMAXになってました 4 森田季節著 SBクリエイティブ（GAノベル）
【要旨】300年スライムを倒し続けていたら、いつのまにか一子供になって!?ハルカラが焼いた毒きのこをうっかり食べてしまいです…(蒼白)おかげで家族は目の色変えて私をあやそうとする始末(やめて一！)ベルセブブと魔王の城に行ったら、今度はペコラに捕まってしまい(もうだいでもして…)、なんとか戻ったと思ったら、今度は村に来ていた変な吟遊詩人と出会ったり、娘二人が世界精霊会議という謎の会議に招待されたりー!?巻き込まれ体質だからって、私はスローライフを諦めないんだからね!!
2017.10 299p B6 ¥1200 ①978-4-7973-9296-8

◆伊達エルフ政宗 3 森田季節著 SBクリエイティブ（GA文庫）
【要旨】「次は、西国だ」伊達政宗の掲げた東北大同盟は上杉謙信、武田信玄の参画によって実現した。しかし、西国は織田信長の部下である羽柴秀吉の力を得るにより、攻めたてられていた。西国の協力を得るため、毛利と長宗我部の元に行くことを提案する真田勇十。それは信長の影響下から逃れるため、海路一村上水軍を頼り、瀬戸内を経由するため、という案だった。そして広島で勇士は、勇者、足利義昭と邂逅する。一方で伊達の家中では女の戦いも勃発!?「幸村様と夫婦にさせてください」森田季節×光姫満太郎

が贈る異世界転生×戦国ファンタジー第3弾！
2017.2 257p A6 ¥600 ①978-4-7973-9017-9

◆伊達エルフ政宗 4 森田季節著 SBクリエイティブ（GA文庫）
【要旨】「細川政元様が…サタン方の松永久秀に殺されました」サタン方である織田信長に唯一対抗できるイヅナ法を持っていると思われていた政元が殺されてしまい窮地に陥る真田勇十。しかし、伊達政宗は不敵に笑う。「我々は上洛するだけだ！」打倒サタンの旗印に、東国、西国から京に向かう大名たち。柴田、徳川、羽柴、明智との信長陣営。戦国最大となる決戦が行われようとしていた一。そして、京に入る政宗のもとに、敵が集結する拠点の情報が入る。「敵は本能寺にあり！」森田季節×光姫満太郎が贈る異世界転生×戦国ファンタジー第4弾！
2017.8 283p A6 ¥610 ①978-4-7973-9018-6

◆チートな飼い猫のおかげで楽々レベルアップ。さらに獣人にして、いちゃらぶします。 2 森田季節著 SBクリエイティブ（GAノベル）
【要旨】「それじゃ、今から私たちが記録を更新していくわよ」Aランク冒険者への就任騒動も一段ついたある日、ケイジたちは前人未踏だったダンジョン深層への攻略に動き出した。ダンジョン内に湧いた温泉では、ミーシャがネコ耳をぴくぴく動かして興味津々。隠されていたお宝の山を発見したら、元盗賊のレナがしっぽをぴんと立たせて大喜び。チートな力を持ったミーシャはもちろん十分以上にレベルアップを果たしたケイジやレナも次々に階層を攻略していくのだが一。
2017.5 325p B6 ¥1200 ①978-4-7973-9175-6

◆物理的に孤立している俺の高校生活 森田季節著 小学館（ガガガ文庫）
【要旨】この俺、波久礼業平は悲しいけどマジで友達がいない。周囲の人間の体力を奪う異能力のせいで。クラスでも物理的に孤立してて、まさにスクールカースト範囲外！いや、理不尽すぎるだろこの立ち位置！ 高スペックなのに毒舌のせいで友達ができない、通称「氷の姫」高鷲えんじゅ。こいつが友達を作る「同盟」を結んできたけど、ぼっちが集まっても建設的な意見なんて出せないよなーとか言って何もしない！残念系異能力者たちが全力で友達づくりだけに奮闘する青春未満ラブコメ、スタート！
2017.2 291p A6 ¥593 ①978-4-09-451660-9

◆物理的に孤立している俺の高校生活 2 森田季節著 小学館（ガガガ文庫）
【要旨】俺、波久礼業平にはマジで友達がいないこともない。自慢じゃないけどつい最近友達ができた。でも、ドレイン能力は健在で、相変わらずクラスというか学校規模で物理的に孤立している。悲しい。そんな夏休み目前の時期に転校生・汐ノ宮嵐爽がやってきた。さっそく高鷲が「友達候補」として狙いを定めるんだけど、やっぱり彼女も残念能力者らしい。夏休み中に犬猿の仲で幼馴染のエリアスと仲直りしたりだ!?どうなるんだ残念系異能力たちの夏休み!!残念系異能力者たちだって夏休みを満喫する(？)青春未満ラブコメ第2弾！
2017.6 278p A6 ¥593 ①978-4-09-451685-2

◆物理的に孤立している俺の高校生活 3 森田季節著 小学館（ガガガ文庫）
【要旨】俺、波久礼業平には友達がいない―わけでもない。夏休みを人研メンバーと過ごし、なんとなく成長した気さえしていた。でも「ドレイン」のせいで、クラスで物理的に孤立している事実は変わらない。せつない。2学期が始まってすぐ、俺と高鷲は売り言葉に買い言葉で「どちらが先に自力で友達を作れるか」勝負をすることに。まあ、高鷲に負けるわけないし、文化祭イベントがあれば楽勝だろう…あれ、友達ってどうやって作るんだ!?残念系異能力者たちが文化祭を謳歌する(？)青春未満ラブコメ第3弾！
2017.10 295p A6 ¥593 ①978-4-09-451705-7

◆若者の黒魔法離れが深刻ですが、就職してみたら待遇いいし、社長も使い魔もかわいくて最高です！ 森田季節著 集英社（ダッシュエックス文庫）
【要旨】魔法学校に通う青年フランツは、卒業間近にもかかわらず就職が決まっていなかった。フランツはダメ学で、白魔法と違って「キモイ・キタナイ・キケン」の3K魔法業界と言われ、若者に全然人気のない黒魔法の会社を受

ヤング・アダルト小説

けてみた。すると、その会社は若者でも快適に働けるように、職場環境を改善しまくっていた。しかも、フランツと黒魔法の相性がよく、いきなり上級使い魔のサキュバスまで召喚できてしまう！ 就職できない彼をバカにしていた同級生をやり返しつつ、天使のような犬耳娘の社長に認められ、優しいエルフの先輩と一緒にドラゴンスケルトンに乗って出張へ！ かわいい使い魔も一緒に、ゆるく楽しい社会人生活が始まります。
2017.6 311p A6 ¥610 ①978-4-08-631189-2

◆若者の黒魔法離れが深刻ですが、就職してみたら待遇いいし、社長も使い魔もかわいくて最高です！ 2　森田季節著　集英社（ダッシュエックス文庫）
【要旨】今日もフランツはネクログラント黒魔法社で楽しく働いている。使い魔であるサキュバス・セルリアがお見合いをすることに！？望まぬお見合いを阻止するために休暇を使って魔界に乗り込んで大騒ぎ！ 男爵としてもらった領地は限界集落だった！！フランツは領主として町の過疎化を食い止め、新しい産業を興せるか！？黒魔法業界のヘンテコ研修で新おなじみのチョロイン登場！？帰省した地元で女子社員全員がバカンスしたり、フランツの社会人生活はゆるく楽しく進行中。犬耳社長も頼れる先輩も、妹系使い魔もサキュバス使い魔も、沼トロールも研修仲間もみんな笑顔の超カオス☆お仕事ファンタジー、話題沸騰の第2巻！！「小説家になろう」ランキング日間週間第1位！ 書下ろしオマケ盛り盛り。
2017.9 311p A6 ¥610 ①978-4-08-631206-6

◆狼領主のお嬢様　守野伊音著　KADOKAWA（カドカワBOOKS）
【要旨】悪逆領主の娘として処刑された記憶を持ち、前世と同じ場所・ライウス領に転生した少女・シャーリー。現在この地を治めるカイドは、前領主の悪事を暴き断罪した立役者であり、シャーリーの前世の「偽りの恋人」で一仇だった。貴族の令嬢になるはずのシャーリーが、カイドの館のメイドになった方、運命は再び動き出す。15年前の過ちと嘘、ライウス領を狙う陰謀、そして「ライウスの徒花」の真実…。全てを巻き込み、転生しても続く「偽りの恋」の行方は―。
2017.8 231p B6 ¥1200 ①978-4-04-106015-5

◆狼領主のお嬢様　2　守野伊音著　KADOKAWA（カドカワBOOKS）
【要旨】転生してから15年間、この生は罰の続きと、自分を戒めていた。けれど、シャーリーとして死を意識し、思い知る。私は、彼が好きで、カイドと生きたいと一願ってしまった。「お嬢様」の婚約者の転生者だったティム、ダリリ領主・ジョブリンの陰謀で、毒殺されたはずの狼領主・カイドは生きていた。前世の記憶を持つ今世を生きる愛おしいカイドへの愛に、カイドの前でシャーリーもろとも濁流に身を投げ…！？前世からの「偽りの恋」。誰もがその真実に向き合う物語。
2017.11 239p B6 ¥1200 ①978-4-04-106016-2

◆神様は少々私に手厳しい　1　守野伊音著　主婦の友社（プライムノベルス）
【要旨】戦時中のグラース国に転移した須山一樹は、年下の少年、ルーナ・ホーネットと恋に落ちた。しかし、長かった戦争が終わった夜、気がつくと日本に帰っていた。それから十カ月後、何の因果か、カズキは再び異世界にいた。だがそこは、敵対関係にあったブルドゥス国の王都。しかも、自分が消えた夜から十年が経過していた。行き場のないカズキは、偶然出会った少女リリィが経営する娼館で下働きとして過ごすことになる。二度目の異世界生活に慣れてきた頃、カズキはこの十年で名が知れ渡った「黒曜」という存在を知る。それは、終戦の夜に消えた異世界人の自分が、終戦の女神だと担ぎ上げられたものだった―。
2017.2 318p A6 ¥900 ①978-4-07-422818-8

◆神様は少々私に手厳しい　2　守野伊音著　主婦の友社（プライムノベルス）
【要旨】十年ぶりに降り立った異世界で無事にルーナと再会できたカズキ。だが、黒曜という肩書の為に命を狙われてしまう。身の安全を守るため、アリスローク・アードルゲの家にかくまわれ、彼の女家族達と楽しい時間を過ごすことに。娼館を離れたものと同じ集団がアードルゲを襲う。戦争によって大切な人を失い続けてきたアードルゲにある、故人を偲ぶ唯一の絵を守れなかったわけにはいかないと、アードルゲは自ら囮となって屋敷を飛び出した。捕らわれた先で地下室に閉じ込められたカズキは、謎の青年ゼフェカに出会う。彼はカズキの「いつまでここにいればいいのか？」という質問に「時代

が終わるまで」と答えるのだった―。
2017.4 319p B6 ¥910 ①978-4-07-423090-7

◆神様は少々私に手厳しい　3　守野伊音著　主婦の友社（プライムノベルス）
【要旨】ゼフェカの企みにより、十年の蟠りが噴出したグラース国とブルドゥス国。軍士の大規模な離反が現実となってしまった中、カズキは偽黒スヤマの侍女としてお茶会に付き添っていた。ゼフェカがそばを離れたこの好機に、少しでもスヤマから情報を得ようと、イヴァルとヒューハトと共におしゃべりに花を咲かせてスヤマの動揺を誘う。そんな中、会場内に一人の男が現れ、カズキに同行を願い出る。知らない男に警戒するカズキだが、男の正体を知って一気に警戒を解く。男は問う。「異世界人の目から見て、この国はどう見えるか」と。カズキは、その質問にこう答えた―。
2017.8 299p B6 ¥990 ①978-4-07-424757-8

◆淋しき王は天を堕とす―千年の、或ル師弟　守野伊音著　KADOKAWA（角川ビーンズ文庫）
【要旨】天人の"師匠"は、敵対する人間の王・ルタに殺された。彼女の願いは、愛してしまったルタの幸せ。しかし千年後、人間・アセビに転生した"師匠"が見たのは、神話として語られた孤独に生きるルタだった。すでに恋して、種族が、世界が、誤解が、邪魔をして"相手を幸せにできない"が空回る想い。共に生きることが叶わないなら―変えるべきは世界か。第15回ビーンズ小説大賞優秀賞受賞、魂に刻まれた恋物語。
2017.12 286p A6 ¥600 ①978-4-04-106285-2

◆常夜ノ国ノ天照　諸口正巳著　KADOKAWA
【要旨】隻眼の女子高生、火野坂暁が迷い込んだのは、真っ暗な異世界だった。窮地を救ってくれた英国紳士のミニ・クーパーと「良い飴屋」と名乗る男が率いるヒガシ町の男達と共に、自分の命を執拗に狙うニシ町と戦うことになった暁。決して明けぬ夜空の下に渦巻くのは、「ニシ町」の男達の欲望、「ヒガシ町」の男達の哀しみ、そして途方もない―「絶望」の数々。そして、この国で唯一の女―「天照」の本当の役割を教えられた時、彼女はある決断をする―。
2017.12 454p B6 ¥1400 ①978-4-04-734433-4

◆被虐のノエル　Movement 1　vow revenge　諸口正巳著, カナヲ原作・イラスト　KADOKAWA
【要旨】ノエル・チェルクウェッティは、つねに、いつも一番でなければならない。名家の娘として将来を嘱望されピアノコンクールに挑みたものの、友人ジリアンに負け優勝を逸したノエル。失意のノエルは市長バロウズに唆され、人生を変えたくば、と、悪魔を召喚する。「大悪魔カロン。召喚の儀に応じ参上した」願いを聞き届けて手と手を奪われて初めて、ノエルは市長に騙されたと気づく。そして漆黒の大悪魔カロンもまた、バロウズに騙され利用されたことに憤慨していた。「たすけて」絶望の淵で死に行くノエルの"第二の願い"を聞き入れたカロンは、ノエルにバロウズへの復讐を持ちかける。半信半疑ながらもカロンとともにバロウズに立ち向かい始めたノエルは、友人を害され自らも傷つき、ついに真実を知り―最後まで戦う決意をする。"被虐のノエル"の名を持つ、"ただの魔女"として。すべては復讐のために。大人気伝奇アドベンチャーゲーム小説化第一弾！
2017.5 287p B6 ¥1000 ①978-4-04-734651-2

◆空戦魔導士候補生の教官　12　諸星悠著　KADOKAWA（富士見ファンタジア文庫）
【要旨】"魔甲蟲"という脅威によって地上を奪われ、天空の浮遊都市に人類が住まう世界。人類は魔力をもって"魔甲蟲"に対抗するウィザード―空戦魔導士を生み出していた。"ゲート"攻略作戦がいよいよ始まり、ミソラたちは人類の切り札となるカナタを別々に戦うことに。カナタと一緒に戦いたい。隣を飛びたい。そんなミソラの脳裏に浮かぶのは、カナタと抱き合うユーリの姿―。自身の気持ちにけじめをつけようと、ミソラはある提案をする―。「ユーリさん、あたしと真剣勝負してもらえませんか？」裏切り者と落ちこぼれ少女たちの学園バトルファンタジー！
2017.3 238p A6 ¥600 ①978-4-04-070968-0

◆空戦魔導士候補生の教官　13　諸星悠著　KADOKAWA（富士見ファンタジア文庫）
【要旨】最初は一人だった。裏切り者と呼ばれ、そして出会った僕は、まだ未熟な彼女たちを。教官として過ごすうち、次々と仲間が増え、そして

―「ここから先には一歩も進ませないわ…っ！」いまは誰もがカナタのためにやってきた。最終決戦を迎え、カナタは、魔甲蟲の王・ゼスの圧倒的なチカラに苦戦する。開放すれば、皆の記憶から存在を消されてしまう"絶力"。人類の未来を護るため、カナタは全てを捨てる決断を下し―。「んっ、言わなかったか？ お前に見せつけるためだよ。―この世界の空士が持つ不屈の闘志ってやつをな」裏切り者と落ちこぼれ少女たちの学園バトルファンタジー！
2017.7 248p A6 ¥600 ①978-4-04-072380-8

◆空戦魔導士候補生の教官　14　諸星悠著　KADOKAWA（富士見ファンタジア文庫）
【要旨】「なんだね、キミたち？ そんなにわたしをじろじろ見て？」風邪で倒れてしまったミソラが超絶天才に！？―「桁外れのニューパーソナリティー」「じつはピヨちゃんは算数ができるんです！」小隊の予算増額のために、レクティがペットコンテストに出場！？―「仲良し揃いのペットコンテスト」。「わたしの作品（妄想）と同じ展開になるなんて…っ！？」妄想を書き殴ったユーリの小説家デビュー！―「赤裸々なアノニマスライター」。そして―カナタと、記憶を失ったミソラたちとの再会を描く本編のアフターストーリーを収録。これは、E601小隊の成長と活躍を綴った活動記録―。
2017.7 285p A6 ¥600 ①978-4-04-072381-5

◆やりなおし転生　俺の異世界冒険譚　makuro著　アース・スターエンターテイメント, 泰文堂 発売（アース・スターノベル）
【要旨】いじめられっ子だった俺が神様（なぜか美少女）のおかげで一流貴族の息子に大変身！ 謎の美女剣士＆元冒険者の手ほどきで俺のレベルは激上がり！！異世界で大活躍する俺の物語。
2017.12 372p B6 ¥1200 ①978-4-8030-1143-2

◆僕は君の何が欲しいのだろう―恋のレシピは海を渡って　Michiko Riko Nosé著　金園社
【要旨】シェフを夢見てNYにやってきたマリッサ。そこで出会った船会社の御曹司ヨーガンは、マリッサの才能に惚れ込み豪華客船のシェフに抜擢しようとするが…。ニューヨーク、プーケット、カリブ海―レシピに隠された真実が海を渡って奇跡を起こす。
2017.4 195p 18cm ¥920 ①978-4-321-66701-2

◆僕は何度でも君と恋に落ちる―オペラピンクの記憶　Michiko Riko Nosé著　金園社
【要旨】メイクアップアーティストになる夢を叶えるため、サンフランシスコにやってきた明子。アパートの貸主であるソンミンは、大好きだった父と同じ油絵の匂いがした。ソンミンは、明子を父探しにつき合わせるが…。マスターピース"名画"に隠された父の秘密。ふたりが辿り着いた真実とは。
2017.4 171p 18cm ¥920 ①978-4-321-66702-9

◆ずっと、キミが好きでした。　miNato著　スターツ出版（ケータイ小説文庫―野いちご）
【要旨】中3のしずくは幼なじみの怜音が好き。左耳が聴こえない怜音だけど、優しい彼といる時間がしずくは大好きだった。卒業直前のある日、怜音から思いがけず告白されて喜ぶしずく。でも、翌日から怜音は学校を休むように。すれちがったまま迎えた卒業式、返事をしようとしたしずくを、怜音は涙ながらに「ごめん」と拒絶、そのままふたりは離れ離れに…。
2017.1 357p A6 ¥590 ①978-4-8137-0200-9

◆早く俺を、好きになれ。　miNato著　スターツ出版（ケータイ小説文庫―野いちご）
【要旨】高2の咲彩は同じクラスの武宮君が好き。彼女がいると知りながらも諦めることができず、切ない片想いをしていた咲彩だけど、ある日、隣の席の虎ちゃんから告白されて驚く。バスケ部エースの虎ちゃんは、見た目はチャラいけど意外とマジメ。昔から仲のいい友達で、全然意識なんてしてないと思っていたから、戸惑いを隠せず、ぎくしゃくするようになってしまい…。
2017.8 381p A6 ¥590 ①978-4-8137-0308-2

◆また、キミに逢えたなら。　miNato著　スターツ出版（ケータイ小説文庫―野いちご）
【要旨】高1の夏休み、肺炎で入院した莉乃は、病院で同じ年の美少年・真白に出会う。重い病気を抱え、すべてをあきらめていた真白だったが、莉乃と出会い、励まされたことで、徐々に「生きたい」と思いはじめる。そんな彼に想いを伝えようとした莉乃は、いつか真白の病気が治ったら想いを伝えようと心に決めるのだけれど、一方で…。切なすぎる恋に大号泣！ 究極の純愛物語。
2017.11 345p A6 ¥590 ①978-4-8137-0356-3

◆もしも願いが叶うなら、もう一度だけきみに逢いたくて。 miNato著 スターツ出版
【要旨】夏休みのある日、高校生の那知は目覚めると病院にいた。事故に遭い、その後遺症で記憶を失ってしまった那知は、近所の公園で同い年の遙希に出会う。どこか懐かしい想いを抱いた那知は、彼との過去を夢に見るようになり、二人は昔、付き合っていたと知る。もう一度彼に惹かれていく那知だが、夢の中で繰り返される彼との過去の映像に、次第に不安が膨らんでいき…。そして那知が知ったのは、悲しすぎる真実だった。胸が締めつけられるラストに、涙が溢れだす感動作!
2017.10 323p B6 ¥1200 ①978-4-8137-9013-6

◆奪う者奪われる者 7 mino著
KADOKAWA (ファミ通文庫)
【要旨】都市カマーからユウが創った国に移住したニーナ、レナ、マリファ。彼女達はそこで先に移住していた獣人族、堕落族、魔落族から島を案内されたり宴を開催されたりと盛大な歓迎を受ける。そんなユウ達が憩いの時間を過ごす一方、屋敷の留守を頼まれたジョゼフの元に第十三死徒と名乗る孤面のナナシが現れる。そのまま苛烈な戦いへと雪崩れ込む二人だったが、その戦いの最中、教主と呼ばれる孤人族も現れー。大人気異世界逆転譚、待望の第七巻登場!!
2017.2 254p A6 ¥570 ①978-4-04-734501-0

◆奪う者奪われる者 8 mino著
KADOKAWA (ファミ通文庫)
【要旨】自ら建国した国を『ネームレス王国』と名付け憩いの時を過ごすユウ、ニーナ、レナ、マリファ。しかし時を同じくして、聖国ジャーダルクの教国六divisオリヴィエから世界樹とドライアードの存在を聞いたマリンマ王国が、魔導船三隻と最強騎士団三千の兵という軍勢をもって自国への侵略を始める。その動きに気づいたユウはマリンマ王国の進撃を食い止めようと一人で魔導船の元に向かうのだが—!?大人気異世界逆転譚、待望の第八巻登場!!
2017.7 254p A6 ¥570 ①978-4-04-734716-8

◆奪う者奪われる者 9 mino著
KADOKAWA (ファミ通文庫)
【要旨】ユウは『ネームレス王国』の国力を高めるため、各国の商人と交渉したり、戦争に備えニーナ、レナ、マリファを訓練したりと多忙な日々を送っていた。そんな中、獣人族、堕落族、魔落族の長が『『ネームレス王国』を抜け、軍を設立したい』と言い出す。その要求に対し、従魔のクロを軍の大将に据える条件を突きつけるユウだったが、三種族との交渉は決裂し、敵対関係になってしまう。『ネームレス王国』内部崩壊の危機!?大人気異世界逆転譚、第9巻登場!!
2017.12 342p A6 ¥630 ①978-4-04-734918-6

〔や・ら・わ行の作家〕

◆ペチカはぼうぼう猫はまんまる やえがしなおこ著 ポプラ社 (ポプラ文庫ピュアフル)
【要旨】たいくつな雪の日、ひとりのお茶の時間。ねむたい夜にはおはなしをどうぞ。「ペチカはぼうぼう猫はまんまる おなべの豆は、ぱちんとはじけた」こんなことばのしっぽをたどっていたら、ふしぎな物語が始まります。「猫と犬と馬が泉をさがす旅に出た話」「青い羽のある島と古い鏡の話」「悪魔とわたりあった若者の話」など五篇を収録。読み終わると少し世界が違って見える、珠玉の短篇集。
2017.9 141p A6 ¥560 ①978-4-591-15572-1

◆異世界でチート無双してハーレム作りたいのに強すぎてみんな怖がるんですけど 八神鏡著 幻冬舎コミックス、幻冬舎 発売
【要旨】非モテ代表であった俺こと、加賀見太陽は異世界に転生してすぐにモテようと張りきる。神様からもらったスキルを使って、魔族を駆逐し、炎魔たちを倒してひたすら強いアピール。女の子たちからの「素敵!抱いて!」コールを期待した俺だったが、なんと強すぎてドン引きされることに!土下座する王女、滅びゆく魔獣、侮蔑の視線を向けるメイドや奴隷化するエルフ…どうしてこうなった!?17歳非モテ男子の異世界無双ファンタジー!!
2017.4 333p B6 ¥1200 ①978-4-344-83982-3

◆勇者だけど、魔王から世界を半分もらって裏切ることにした 八神鏡著 リンダパブリッシャーズ、泰文堂 発売 (レッドライジングブックス)
【要旨】怠惰な仲間にビッチな姫様、腐った人間たちにこき使われる日々にうんざりしながらも、何とか魔界を統べる魔王(幼女)との最終決戦を迎えた勇者。だが、魔王に世界を半分やるから自分のもとに来いと言われてしまう。実は魔王、勇者に好意を寄せていたのである。「—俺、魔王だけど人間を裏切り、魔界で魔王とイチャイチャする生活を始めるが!?勇者と魔王の禁断(?)の恋を描いたラブ・ファンタジー。
2017.7 303p B6 ¥1200 ①978-4-8030-1076-3

◆弱キャラ友崎くん Lv.3 屋久ユウキ著
小学館 (ガガガ文庫)
【要旨】怒涛の一学期が終わり、夏休み。薄々予想はしていたが、日南は俺に"休み"を与える気は一切ないらしい。「まあ簡単に説明すると、優鈴と中村をくっつけようって合宿なのよ」…BBQからの川遊びからの男女お泊まり。リア充を絵に描いたようなイベントだなと思う。問題はただひとつ。そこに俺も参加するということの圧倒的違和感。さらに菊池さんとのデートが実現、日南からは『この夏のうちに付き合うこと』を命じられー?俺の夏休み、どうなっちゃうの!?弱キャラが挑む人生攻略ラブコメ第3弾!
2017.6 359p A6 ¥630 ①978-4-09-451655-5

◆弱キャラ友崎くん Lv.4 屋久ユウキ著
小学館 (ガガガ文庫)
【要旨】人生で一番濃密だった夏休みが終わり、2学期。俺と日南は少しだけ関係性を変えながらも、それでも一緒に人生攻略を続けている。さて、2学期はじめのイベント、球技大会。日南から出された新たな課題は「やる気のない紺野エリカにやる気を出させること」。紺野エリカといえば、あの旧科学室で啖呵を切って以来、まともに言葉も交わしていない。だってこわいし。俺はクラス内の観察を通して、紺野エリカに通用する「武器」を探すが—? ボス戦再び!?大ブレイク中の人生攻略ラブコメ、待望の第4弾!
2017.6 ¥630 ①978-4-09-451683-8

◆弱キャラ友崎くん Lv.5 屋久ユウキ著
小学館 (ガガガ文庫)
【要旨】教室での一件を受けて、まさかの師弟関係と相成った俺とたまちゃん。表情、姿勢、喋り方。俺は師匠として、自分が「リア充」になるために重ねてきた努力とノウハウを、たまちゃんに伝えていて—。一方、日南は日南で、裏でなにやら動いていて—。相反する考え方で問題に向き合う俺たちは、やっぱり協力ができるのか。「大切な目的のためなら、自分を曲げるのも辞さない」こと。この戦い方はきっと、俺が誰かに教えてもらいたかったことのなのだ。このライトノベルがすごい! 2017新作ベスト3! 新作ラノベ総選挙2017第2位!—大人気人生攻略ラブコメ、待望の第5弾!
2017.11 341p A6 ¥630 ①978-4-09-451709-5

◆悪役令嬢に転生したけどごはんがおいしくて幸せです! 矢ір あやせ著 宝島社
【要旨】朝食のおいしいスープをきっかけに、私は突然前世の記憶を取り戻した。私の前世は乙女ゲームが大好きなOL。そして今の私は、大富豪のお嬢様。名前は広瀬院江梨子っていうんだけど、この名前、前世のどこかで見たことあるのよねー…あ! 広瀬院江梨子って、前世で大好きだった乙女ゲームの悪役じゃない!! しかも、主人公をいじめまくって最後には没落する噛ませ犬。どうしよう、私、乙女ゲームの悪役令嬢に転生しちゃったの!? でも、今はそれどころじゃない…だって、あっちからおいしそうな香りがするんですもの! ゲームの悪役令嬢に転生したOLが高級グルメから庶民メシまで食べ尽くす食欲系コメディ、開幕!「小説家になろう」発第4回ネット小説大賞受賞作! 特別収録=書きおろし短編「スーパーアジフライ」付き!
2017.4 367p B6 ¥1200 ①978-4-8002-7074-0

◆繕い屋一月のチーズとお菓子の家 矢崎存美著 講談社 (講談社タイガ)
【要旨】夢を行き交い傷付いた「心の傷」を美味しい食事にかえて癒やしてくれる不思議な料理人・平峰花。リストラを宣告されたサラリーマンがうなされる「月」に追いかけられる夢も、家族を失った孤独な女性が毎夜見る吹雪の中で立ち尽くす悲しみも、花の手によって月のチーズやキノコのステーキにみるみるかわっていく。消えない過去は食べて「消化」することで救われる。心温まる連作短編集。
2017.12 239p A6 ¥660 ①978-4-06-294104-4

◆王都の学園に強制連行された最強のドラゴンライダーは超が付くほど田舎者 八茶橋らっく著 KADOKAWA (カドカワBOOKS)
【要旨】破格の力を持ちながら、山奥で元姫の竜と暮らす青年シムル。だが、王宮の騎士隊を助けたことで、生活が一変する。実力を見込まれた彼は、王都にある竜騎士のエリート育成校へ強制的に編入させられてしまったのだ! そんな彼は大貴族の陰謀を潰したり、生身で育成校の竜を蹴散らすほど規格外だったが—ブリンすら知らない超田舎者で!?「ねぇ、この黄色いの何ていうんだ? うまいな!」常識知らずの最強の田舎者が、竜騎士育成校に嵐を呼ぶ!
2017.10 275p B6 ¥1200 ①978-4-04-072479-9

◆私は言祝の神子らしい ※ただし監禁中 矢島汐音著 アルファポリス、星雲社 発売 (レジーナブックス)
【要旨】突然異世界トリップかと思ったら、早々に悪者に監禁されてしまった奏宮巴。彼女は、この世界に来て何故か身に付けた、願いを叶えるという "言祝の力" を悪用されている。平穏大好きな彼女にとって、この状況は苦痛以外の何ものでもない。「お願い、私を助けて」そんな気持ちで祈り続けていたら、助けに来てくれたのは、何と超絶男前の騎士団長! しかも、巴に一目惚れしたとプロポーズまでされてしまう。驚きつつも、彼に一目惚れした巴は、喜んでその申し出を受けることにした。だが、神同様に崇められる立場となった彼女には、神知らぬ困難が待ち受けていて—。
2017.3 299p B6 ¥1200 ①978-4-434-23027-1

◆私は言祝の神子らしい 2 ※ただし休暇中 矢島汐音著 アルファポリス、星雲社 発売
【要旨】突然異世界トリップしたら、なぜか "言祝の神子" と崇められる存在になっていた奏宮巴。神子の力を狙う悪徳貴族に監禁されていた彼女は、ある日超絶男前の騎士団長、イサークに救われる。お互いに一目惚れした二人は、紆余曲折を経て、めでたく結婚! 新婚旅行も兼ねて、イサークの故郷トモエへと向かうのだったが、そこには意外な事件が待ち受けていて—!?
2017.9 296p B6 ¥1200 ①978-4-434-23698-3

◆転生貴族の異世界冒険録—自重を知らない神々の使徒 夜州著 一二三書房 (サーガフォレスト)
【要旨】通り魔から幼馴染の妹をかばって死んでしまった椎名和也は、カイン・フォン・シルフォードという貴族の三男として剣と魔法の世界に転生した。夢にまで見たファンタジー世界に胸を躍らせるカイン。この世界では五歳になると洗礼を受け、神々の加護を受ける慣習があり、五歳の誕生日を迎えたその日、カインも洗礼を受けることに。だが、そこで与えられたのは多大過ぎる神々の加護と、規格外とも呼べるステータスだった。自身の力を隠そうと努力するカインだったが…。冒険者を目指す少年はトジな少年が、自重を知らない神々と王国上層部や女性たちに振り回されながらも成長していく、心温まる異世界ファンタジー!「小説家になろう」発第5回ネット小説大賞期間中受賞作。
2017.6 328p B6 ¥1200 ①978-4-89199-434-1

◆転生貴族の異世界冒険録 2 自重を知らない神々の使徒 夜州著 一二三書房 (サーガフォレスト)
【要旨】貴族として転生した世界で、自重を知らない神々から多大なる加護と規格外のステータスを授かってしまったカイン。平穏な生活を送りたいカインは、能力を隠そうと努力するのだが、国王への謁見へと向かう道中、オークの群れに襲撃されていた王女と公爵令嬢を守った功績により、10歳にして叙爵。更には助けた王女が婚約者になるなど、最早"平穏"とは呼べない日々を過ごしていた。そんな中、冒険者登録が可能になる12歳の誕生日を迎えたカインは、早速冒険者ギルドへと向かうのだが…。自重知らずな冒険者&学園ライフが始まる!
2017.11 299p B6 ¥1200 ①978-4-89199-465-5

◆悪役令嬢は、ドラゴンとは踊らない やしろ慧著 一迅社 (アイリスNEO)
【要旨】気がつけば崖から転落寸前の大ピンチ! 痛みで混乱する私を救ってくれたのは、大好きなゲームキャラに似た少年とドラゴンだった。え? 私、ひょっとしてゲーム世界の、不運で報われないと評判の旧王家の姫君レミリア(=悪役令嬢)に生まれ変わっている—!?「辞めよう悪役。諦めよう初恋。立て直そう実家」を合言葉に、破滅の運命を回避してみせます!!絶対絶命からはじまる、公爵令嬢のドラゴンファンタジー! 第5回アイリス恋愛F大賞銀賞受賞作!! WEB掲載

ヤング・アダルト小説　1290　BOOK PAGE 2018

作を加筆修正＆書下ろしを加え書籍化!!
2017.7 303p B6 ¥1200 ①978-4-7580-4957-3

◆悪役令嬢は、ドラゴンとは踊らない　2
やしろ慧著　一迅社　（アイリスNEO）
【要旨】ゲーム世界の、不運で報われない旧王家の姫君レミリアに生まれ変わった私。破滅を回避するべく努力した結果、周囲との関係も良好で、私だけのかわいいドラゴンも仲間に迎え幸せを満喫中！一のはずが、社交界デビューを控えたある日、西国から意外な人物が使者として訪れて一!?絶対絶命をいきぬけ、公爵令嬢のドラゴンファンタジー。WEB掲載作とは別ルートの書籍オリジナル版に短編を収録して登場!!第5回アイリス恋愛F大賞銀賞受賞作続編!!
2018.1 319p B6 ¥1200 ①978-4-7580-9026-1

◆バーサス・フェアリーテイル―バッドエンドな運命のヒロインを救い出せ　八街歩著
KADOKAWA　（富士見ファンタジア文庫）
【要旨】語り継がれし伝承・伝説の世界から突如現れた異世界人たち。彼らは二つに分かれた。『運命侵触者』は人類世界の破滅を、『運命保全者』は人類との共生を願っていた。現代兵器を凌駕する〝物語〟の力をもって、彼らは人知れず戦争を始めた―。空我山ソーシは、妹を救うため、人工島にそびえる轟岳館学園に入学する。そこで彼は、幻想的な衣装に身を包み、刀を携えたショルモモカと出会う。偶然にも妹と同じ名をもつ彼女は、この世界に現れたばかりの『保全者』で―「モモカ…懐かしい響きがする。ワタシを知っているの？」定められた悲劇の運命を改変して、少女を、世界を救い出せ!!　2017.7 314p A6 ¥600 ①978-4-04-072374-7

◆バーサス・フェアリーテイル　2　バッドエンドな運命のヒロインを救い出せ　八街歩著　KADOKAWA　（富士見ファンタジア文庫）
【要旨】轟岳館学園は夏休み。一般生徒が帰省するなか、ソーシとモモカや灯萌、亞彌衆たち『運命保全者』たちには、特別合宿が言い渡された。瀬戸内海に浮かぶ夏の楽園島で、キャンプして、ビーチで遊んで、はじめての水着にドキドキ…とはしゃぎまくる少女たち。だが、桜衣はソーシに極秘の司令を出していた。"保全者"の中にいるはずのスパイを探せ？…この島に、また悲劇が訪れようとしていた。繰り返される戦闘、戦闘、戦闘。悲劇的にループする記憶のなか、ソーシは、衝撃的な事実を目の当たりにするのだが―彼女の物語を終わらせて、世界に定められた運命の少女を救え!!
2017.12 281p A6 ¥640 ①978-4-04-072375-4

◆異世界転移したよ!　4　八田若忠著　アルファポリス,星雲社 発売
【要旨】交渉友達で死んだ俺・大道寺凱は「サラミ出し放題」や「土魔法」などの地味～なスキルとともに異世界に転生した。エンガルの町でドワーフの三姉妹と結婚し、なぜか「エンガルの魔王」と呼ばれる生活を始めた俺。同じく地球から転移してきた聖女リンダも町に住みつき、ドタバタな日々を送っていた。そんなある日、いつものようにこき使われて…もとい仕事に精を出していると、嫁さん達が新婚旅行に行きたいと騒ぎ始める。そんな慣習はこの世界にはないはず、と思ったらどうやら聖女リンダが、余計なことを吹き込んでくれたらしい。断固拒否！と言いたいところだが、嫁さんに説得（物理）された結果、おとなしくついていくことに……って一人ずつ行かなきゃいけないの!?キケンな異世界を三回も旅するとか、勘弁してください！斜め上行くギャグ＆チート生産ファンタジー、遂に完結！
2017.3 286p B6 ¥1200 ①978-4-434-23151-3

◆墓守は意外とやることが多い　1　やとぎ著　一二三書房　（サーガフォレスト）
【要旨】アレンティス＝アインベルク、17歳―職業「墓守」。アインベルク家は代々ローエンベルク国営墓地の管理を任されている男爵家であり、現当主のアレンは、墓守として毎晩国営墓地の見回りを行っていた。ここではローエンベルク国営墓地では、夜な夜なアンデッドが自然発生し、彼らを駆逐するのが彼の日課であった。そんなある日、いつも通り見回りをしていたアレンの前に吸血鬼の男女が現れる…。
2017.7 387p B6 ¥1200 ①978-4-89199-437-2

◆墓守は意外とやることが多い　2　やとぎ著　一二三書房　（サーガフォレスト）
【要旨】凶悪なアンデッドが夜な夜な自然発生するローエンベルク国営墓地の墓守アレン。ヴ

ンパイアの国の公爵令嬢フィアーネとの見回りを除き、これまで毎晩一人でアンデッドの駆除を行っていたアレンだったが、先祖との約束を果たしに来たレミアと、謎を解く為にアレンの元を訪れたフィリシアの2人が管理人として加わったおかげで、家を継いで以来初めての休暇をとることができた。そんなある日、王族主催の夜会が行われる。権力に興味のないアレンは早々に帰ろうとするのだが、そこではアレンの想像を超えた大きな陰謀が渦巻いていた。
2017.12 315p B6 ¥1200 ①978-4-89199-469-3

◆ゲートSEASON2 自衛隊　彼の海にて、斯く戦えり　1　抜錨編　柳内たくみ著　アルファポリス,星雲社 発売
【要旨】オタク自衛官伊丹耀司二等陸尉（現一等陸尉）の活躍により、日本と異世界（特地）とを結ぶ『門』は無事、再開通を果たした。国際社会における『門』独占の優位性を保持したい日本政府は、自衛隊を動員して特地住民との更なる穏当な関係性を築くべく引き続き政治や地勢の調査に注力する。海上自衛隊の江田島五郎一等海佐、そして彼の部下であり元妻腕料理人の徳島伸二等海曹の二人も、調査任務を帯びて特地の各国を回っていた。そんなある時、江田島と徳島に対し、特地碧海に列なる諸島で拉致された米国籍ジャーナリストの奪還に関わる特命が令された。さっそく二人はおやじ型潜水艦『きたしお』に乗り込み、異世界の海に船出する。だが、碧海周辺は列島諸国と海賊とが群雄割拠する混乱の渦中にあった―。
2017.10 292p B6 ¥1200 ①978-4-434-23616-7

◆妹＝絶滅したのです　2　八奈川景晶著　KADOKAWA　（富士見ファンタジア文庫）
【要旨】世界で『お兄ちゃん』はたったひとり。だが、人々に考えれば、お兄ちゃんのいる『妹』も世界最後の希少存在一ということで、妹は狙われてしまったのです。伊織はこのところ、帰り道に怪しげな視線を感じていた。これを聞いた瀬里は、彼女を保護するため勇巳の高校に強制入学させてしまう!?美術の時間も、体育の時間もお兄ちゃんとずーっと一緒。破格の妹力を持つ伊織に感化されて、久遠・瀬里・テレサの甘えもさらに過激に!?ところが、久遠だけはなぜか勇巳にうまく甘えられなくなっていて一?『妹』という希少価値が平穏な日常と恋心の邪魔をする!?
2017.1 245p A6 ¥640 ①978-4-04-072031-9

◆ハンドシェイカー　八薙玉造著　KADOKAWA　（MF文庫J）
【要旨】ハンドシェイカー―手を繋ぐことで生まれる武器『ニムロデ』をもって、戦う者達。機械いじりが得意な高校生・タヅナは、ある修理依頼を受け、大学の研究室を訪れた。そこでタヅナは、ベッドで眠り続けるっていう少女・コヨリと出会う。何かに導かれるようにコヨリの指に触れたタヅナは、ある啓示を受け、気づけば異質な世界〝ジグラート〟に案内されていた。その刹那、タヅナとコヨリは何者かの襲撃に遭いー!?神にまみえんと数多のハンドシェイカーが、タヅナとコヨリの前に立ちふさがる。それぞれの「願い」をかけて…。大好評放送中のTVアニメが脚本＆キャラクターデザイン・総作画監督の公式コンビによって待望の小説化！護れ、この手で。
2017.1 257p A6 ¥580 ①978-4-04-068490-1

◆ハンドシェイカー　2　八薙玉造著,GoHands原案, GoHands×Frontier Works×KADOKAWA原作　KADOKAWA　（MF文庫J）
【要旨】ハンドシェイカー―手を繋ぐことで生まれる武器『ニムロデ』をもって、戦う者達。二組のハンドシェイカーを退け、絆を深めつつあるタヅナとコヨリ。だが、そんな二人の前に立ちはだかったのは謎の生徒会長・リリとその弟・マサルだった！続けざまに襲い来るハンドシェイカー、コヨリの過去を知る男・ナガオカの出現。翻弄されながらも、二人は手と手を重ねて、試練に挑む。「一緒だから…繋がっているから、大丈夫」脚本＆キャラクターデザイン・総作画監督の黄金コンビによる、大人気オリジナルTVアニメ、公式小説第二弾！護れ、この手で。
2017.4 323p A6 ¥580 ①978-4-04-069181-7

◆魔法使いは終わらない―傭兵団ミストルティン　七人の魔法使い　八薙玉造著　集英社　（ダッシュエックス文庫）
【要旨】「魔法使いは終わっている」戦場の花形、魔法使いの支配で栄華を極めた帝国は、銃によ

る集団戦術の台頭で崩壊した。亡国の姫にして〝殲光〟の魔法使いリオノーラは追われながらも民のための戦いを続ける。その中で彼女は傭兵シャノンと出会う。数名の魔法使いの姿に、リオは希望を見出す。最強の魔法使いリオと、魔法による戦術を熟知したシャノン。二人は互いの望みのために手を結び、幾千幾万の軍勢に挑む。一騎当千の魔法使いが繰り広げる復讐と逆襲の魔法戦記が火蓋を切る！「我が名はリオノーラ・シゲル・ハートフォード！いざ、魔技を交えん！」
2017.4 304p A6 ¥610 ①978-4-08-631181-6

◆噂屋ワタルくん―学校の怪談と傍若無人な観察者（カウンセラー）　柳田狐狗狸著　KADOKAWA　（メディアワークス文庫）
【要旨】自分の知っている噂話と引き換えに、校内で流れている噂話の真相を教えてくれるという文目沢高校の怪談〝ワタルくん〟。羽水、風間、藤咲の訳アリ女子高生3人組は〝ワタルくん〟に接触を試みるが、彼女たちを待っていたのは「お前たち、俺の下僕になれ」―傍若無人なイケメンカウンセラーだった!?都市伝説や学校の怪談にまつわる噂話の真相を調査するというスクールカウンセラー渡邊先生。そんな彼に〝弱み〟を握られた3人は『ベッドの下の男』等の噂の真相を調査することに!?型破りなカウンセラーと〝噂〟を巡る奇妙な物語。
2017.4 365p A6 ¥650 ①978-4-04-892887-8

◆最果てのパラディン　4　灯火の港の群像　柳野かなた著　オーバーラップ　（オーバーラップ文庫）
【要旨】〝鉄錆山脈〟での死闘と、帰還の後。ウィルを待ちうけていたのは、めでたしめでたしの幸福な日々でなく、おそるべき更なる脅威でもなく…なんてことはない、ただの日常の日々だった。頼れる戦友、剣士レイストフとの友誼と法師。吟遊詩人ビィと、雪積もる魔法の森での冒険。あるいはいにしえの、無敵の巨人との戦い。そして、灯火の神との祈りと対話。これは聖騎士の綴る、ひと夏の日々の記録。
2017.9 314p A6 ¥670 ①978-4-86554-256-1

◆英雄なき世界にラスボスたちを　柳実冬貴著　KADOKAWA　（MF文庫J）
【要旨】『異能の王』と怖れられながらも、とある世界を滅ぼし損ねて死んだラスボス・アキト。だが、彼は謎の八畳間で目を覚ました。そこには闇堕ちした勇者やエイリアンなど様々な世界の『訳アリ』ラスボスが6人も集結していた。「皆さんにはこれから世界を救ってもらいます」。ラスボス更生担当官の美少女ヒマワリにそう告げられ、元の世界での復活を条件に、異世界を救うハメになったラスボスたち。だが、最強最悪の問題児軍団はワガママ放題＆やりたい放題で、本来救うべき異世界を一瞬で破滅の危機に追い込んでしまう―涙目のヒマワリをよそに、アキトだけが提示できるラスボスらしい世界の救い方とは!?前代未聞！極悪非道の異世界救済バトルアクション！
2017.1 327p A6 ¥580 ①978-4-04-069013-1

◆英雄なき世界にラスボスたちを　2　柳実冬貴著　KADOKAWA　（MF文庫J）
【要旨】ラスボス軍団は暴走したものの、『異能の王』アキトの主導で一つの世界を救うことに成功した。そんな状況を経て派遣されたのは、復活が迫る巨大な怪物に対抗し、学園でパワードスーツを纏う生徒たちが教育を受ける世界。だが、生徒たちは学園の名誉を懸けた対人戦バトルに夢中で、怪物と戦えるとは思えない体たらく。さらに怪物の復活する前にこの世界を去らなければならない事実も発覚する。完全に詰んだと諦めて暮らすアキトだったが、生徒の中に英雄候補の少女を発見。アキトは教官として、彼女を英雄に育てることを決意。こうして、ラスボスによる前代未聞の英雄教育が始まったのだが―極悪非道の異世界救済バトルアクション第2弾！
2017.2 292p A6 ¥580 ①978-4-04-069235-7

◆皇女の騎士―壊れた世界と姫君の楽園　やのゆい著　KADOKAWA　（ファミ通文庫）
【要旨】蛮族との戦の功績により、竜王国の騎士隊長へと成り上がった竜騎士アルス。将来を約束されていた彼だったが、ある日、空から飛来した謎の巨大軍船を皇女が駆る姿を目にし、流浪の身となってしまう。すべてを失ったアルスが唯一求めるのは、祖国や友を奪った皇女ハルノミヤの首。しかしその復讐の旅の最中、敵国の娘サファイアと出会い、なぜか旅館経営を手伝うことになり―。仕える国を失ったエリー

ヤング・アダルト小説

◆服従のキスは足にして　山内詠詩著　アルファポリス, 星雲社 発売　(エタニティ文庫)
【要旨】28歳の誕生日直前に、恋人に振られてしまった雑貨屋店長の香織。さらに親友たちの相次ぐ結婚報告に追い討ちをかけられた人生最悪の夜、いかにもエリート風な男性にナンパされた。自暴自棄になっていた香織は、その誘いに乗る。だが体目当てと思いきや、彼が求めてきたのは肉体関係ではなくまさかの"主従関係"だった！最初は戸惑う香織だったが、彼の奉仕に次第に心も身体も翻弄され…!?妖しい契約から始まる濃密ラブストーリー。文庫だけの書き下ろし番外編も収録。
2017.4　355p　A6　¥640　①978-4-434-23117-9

◆デボネア・リアル・エステート　3　傭兵は勇者となり、地上げ屋たちは浮遊城を堕とす。　山貝エビス著　SBクリエイティブ　(GA文庫)
【要旨】"完全な勝利者"。それは数年前に突如現れ、旗揚げ時より連戦無敗という超有名傭兵団だ。なぜ彼らが地上げ屋家業を始めたのか!?新興チームにお株を奪われた形のデボネア達のお伽噺と思われていた"原初の鎮守精霊"の話を聞き及び、俄然攻略モードになったデボネア達が、果たして―。強敵地上げチーム、得物ゲットなるか!?　2017.2　293p　A6　¥610　①978-4-7973-8998-2

◆デーモンロード・ニュービー―VRMMO 世界の生産職魔王　山和平著　SBクリエイティブ　(GA文庫)
【要旨】『『アキカ』様は十魔王の一人に選ばれた』―ゲーマーの妹リオの帰還を待っていたのは、次世代VRMMO『ダブルワールド・オーバークロス』をプレイし始めたアキカを待っていたのは。ゲーム内で10人しか選ばれない『魔王』になったというアナウンスだった。趣味の園芸をゲーム内でも満喫するはずのアキカだったが、一般プレイヤーに狙われる立場となり、慣れないながらも鍛冶や建築などの生産職メインの魔王としてゲームを進めていく。一方、妹のリオはトッププレイヤーとして打倒魔王の目標に燃えていて―!?GA文庫大賞"優秀賞"受賞作。仲間と共にゲームスタート！
2017.8　315p　A6　¥610　①978-4-7973-9282-1

◆ぜったい転職したいんです!!—バニーガールは賢者を目指す　山川進詩著　SBクリエイティブ　(GA文庫)
【要旨】賢者になりたいバニーガールの遊び人。アンデッドになりたいと宣言する死霊術士の幼女。土魔法が得意なのに炎魔法に憧れる、園芸が趣味な魔道士。残念なヒロインたちの、ファンタジー転職活動ラブコメ、スタート！
2017.2　253p　A6　¥600　①978-4-7973-9030-8

◆ぜったい転職したいんです!!　2　ネクロマンサーはアンデッドに憧れる？　山川進詩著　SBクリエイティブ　(GA文庫)
【要旨】かつて転職を極めた冒険者、アサヒは「賢者志望の遊び人」であるマキナ、「土魔道士」のメリッサ、「死霊術士」のククルの三人に転職指導を行っている。そんな彼女らの元に、アサヒの嫁を自称する聖騎士のリベルタが襲来してくる。無理矢理アサヒを連れていかれないようにするため、三人はリベルタに対し explain を挑みつつ、その間に仲良くなって説得しようと動き出す。その一方、転職の元にも何やら不審な訪問者がやってきて一転職を目指してひた走るヒロインたちに囲まれるファンタジーラブコメ、第二弾ますます賑やかに!?
2017.7　281p　A6　¥600　①978-4-7973-9183-1

◆天保院京花の葬送―フューネラル・マーチ　山口幸三郎著　KADOKAWA　(メディアワークス文庫)
【要旨】天保院京花には、俗に言う「第六感」が備わっている。でも実際は、人よりちょっとが目がおかしくて、耳が変で、鼻が異常で、舌が特殊で、肌が異様なだけ。廃墟の洋館で起きた殺人事件。現場に集まったのは、霊媒女子高生の京花、トラブルメーカーな元女装少年の人理。不良担当の熱血刑事・竜弥、そして、麗しきナルシスト霊能者の行李。喪服を纏った女子高生・京花が、おかしな奴らと「謎」に挑むとき、事件は意外な結末を迎える―！
2017.1　329p　A6　¥630　①978-4-04-892680-5

◆猫曰く、エスパー課長は役に立たない。　山口幸三郎著　KADOKAWA　(メディアワークス文庫)
【要旨】小生は猫であります。名前はらっきょ。主人の千川兆介は、心妻家のしがないサラリーマン。だがお待ち頂きたい。小生の鼻がひくひく動く。どうやら主人には、傷に触れるのもある過去が分かるという"超能力"なるものがあるようで。はて、これは？食い逃げ事件に非行少年、OLの恋愛相談。主人が語る表のライバル登場編、ニコルのお見合い編ほか、カタリナたちの日々や意外な人物にもスポットをあてた過去編も収録。大人気×破滅回避コメディ第5弾は、コミック大増量で掲載！
2017.6　282p　A6　¥638　①978-4-7580-4950-4

◆ゼロの使い魔　22　ゼロの神話　ヤマグチノボル著　KADOKAWA　(MF文庫J)
【要旨】ハルケギニアを滅亡の危機から救うため、ついに"聖地"に辿り着いた才人たち。だが、教皇の開いた"ゲート"の先に映し出されたのは、才人の故郷…地球の姿だった。ルイズの唱える"生命"を使い、地球を奪還することこそがハルケギニアを救う唯一の方法だと語る教皇。「そんなこと、させてたまるか！」才人は抵抗しようと剣を取るが、"リーヴスラシル"のルーンに命を触れられ、意識を失ってしまう…。才人に残された時間はわずか。だが、才人を救うたった一つの方法があると教えられたルイズは…。ルイズと才人の最後の物語が、いまここに始まる―。恋と冒険の異世界ドラマティックラブコメ、堂々の完結！
2017.2　332p　A6　¥580　①978-4-04-069084-1

◆ゼロの使い魔　Memorial BOOK　ヤマグチノボル著　KADOKAWA　(MF文庫J)
【要旨】13年の時を経て、感動の大団円で幕を閉じた『ゼロの使い魔』シリーズ。ヤマグチノボル先生がアニメDVDの特典や月刊コミックアライブのふろくなどで書きおろした、合計200ページを超える短編を全て収録した幻の短編集が登場。収録内容は…ルイズとアンリエッタ、幼少期のとある一日(「八年前」より)、ルイズが"ゼロ"と呼ばれるきっかけとなった物語(「ゼロのルイズの誕生」より)、など全13編！ さらに兎塚エイジ先生による、初期のキャラデザも多数収録。そして巻末には、ヤマグチノボル先生によって遺された『ゼロの使い魔』21、22巻のプロットも掲載。『ゼロの使い魔』の最後を彩るメモリアルブックをあなたへ。
2017.6　332p　A6　¥580　①978-4-04-069233-3

◆死にかけ陛下の権謀恋愛術　山咲黒著　KADOKAWA　(ビーズログ文庫)
【要旨】売れない舞台役者のレネの部屋に、突如現れた得体の知れない男。鋭い光を持つ瞳に読めない表情。只者とは思えない…が、男を突き飛ばそうとした手がすり抜ける!?そう、男は"苛烈王"と呼ばれ、先日逝去したこの国の王―ヴィリオだったのだ！「僕を生き返らせてほしい」と乞う。言葉が分からず了承した待宵はそのせいでとんでもないことに巻き込まれて!?
2017.5　247p　A6　¥580　①978-4-04-734562-1

◆呪われた伯爵と月愛づる姫君―おとぎ話の魔女　山咲黒著　KADOKAWA　(ビーズログ文庫)
【要旨】大内の前日、大納言の姫・待宵が目覚めるとそこは知らない世界だった。「憧れ続けた月に来てしまったの？」と喜ぶ待宵だが、目の前に現れたのは金髪の鬼!?…ではなく、れっきとした人間、ジーン＝バイロン伯爵。待宵を保護したジーンは彼女に「俺の○○になってほしい」と乞う。言葉が分からず了承した待宵はそのせいでとんでもないことに巻き込まれて!?
2017.12　287p　A6　¥640　①978-4-04-734907-0

◆異世界で竜が許嫁です　山崎里佳著　KADOKAWA　(角川ビーンズ文庫)
【要旨】赤いあめを食べ、異世界にとんだ高校生の星野エミ。そこは、オレ様貴公子ルイス(本性は竜)と出会うが、実はエミが飲みこんだのは彼の力の源で、二人は離れられなくなっていた！ルイスの力を奪った犯人捜しを始めるものの、彼の周りは敵だらけ。しかも、種族ちがいの二人が一緒にいられる方法は一「おまえは俺の許嫁だろう？」って、まさかの強制婚約…!?問題だらけの異世界トリップ・ラブ！
2017.6　253p　A6　¥600　①978-4-04-105689-9

◆異世界で竜が許嫁です　2　山崎里佳著　KADOKAWA　(角川ビーンズ文庫)
【要旨】竜族のオレ様貴公子・ルイスに、今度は"召喚"され、異世界にとんだ高校生の星野エミ。彼に力を与える能力を見込まれ、またもや「許嫁」のふりをすることに。けれど、領主の座をめぐるユージとの一騎打ちを控えたルイスに大問題が。エミを意識しすぎて、触れ合うことができない一力がもらえない！無理に克服しようとしたところ、ライバル登場!?強制婚約からはじまる純粋ラブ…!?大人気・異世界トリップ！
2017.12　255p　A6　¥600　①978-4-04-105691-2

◆椅子を作る人　山路こいし著　新紀元社　(モーニングスターブックス)
【要旨】イギリスの小さな町で起きた痛ましい轢き逃げ事件。幼い命を奪ったその事件をきっかけに、家具店店主チェス・ボールドウィンの、連続殺人犯"サセックスの椅子職人"を追う元FBI捜査官との間に生まれる奇妙な友情。そして、その結末とは…。
2017.8　275p　B6　¥1200　①978-4-7753-1516-3

◆憧れの魔法少女の正体が男でした。　山田絢著　KADOKAWA　(ビーズログ文庫アリス)
【要旨】「笑顔は、私たちの力になるの！」昔、魔法少女・ドリーミィ・スターに命を救われた加奈。憧れの彼女が無期限休業して絶望するも、ドリーミィ・スター主催「新人発掘オーディション」のニュースを見て狂喜乱舞！見事合格した加奈だったが、「鳥海星司…魔法少女、ドリーミィ・スターだ」一目の前にはなぜか男性が!?彼女(彼)の元で、加奈の修業はどうなるのか…!?
2017.1　252p　A6　¥620　①978-4-04-734399-3

◆第三王子は発光ブツにつき、直視注意！　山田桐子著　一迅社　(一迅社文庫アイリス)
【要旨】人のオーラが見える貧乏伯爵令嬢のリナ。彼女はある日、第三王子ジルベルトの婚約者を決める夜会に強制的に参加させられることに。場違いだし、王子をちらっと見たらさっさと帰ろうと決意した矢先…。なんですって、オーラが眩しすぎて目がつぶれる!?絶対に関わりたくないっーと思った翌日、どうして挨拶すらしていない私が王子の婚約者候補になっているんですか!?オーラが見える貧乏伯爵令嬢と(オーラが)眩しすぎる王子の王宮ラブコメディが短編つきで書籍化！
2017.9　318p　A6　¥638　①978-4-7580-4978-8

◆トカゲ主夫。―星喰いドラゴンと地球ごはん　山田まる著　アース・スターエンターテイメント, 泰文堂 発売　(アース・スターノベル)
【要旨】強大すぎるソレは、封じられた孤独な牢獄世界を喰らいつくし、己の腹を満たすために、さらなる異界へ飛ぶ！そこで出会ったのは、マイペース極まりない一人暮らし女子で―史上最強のドラゴンが、なぜか抱っこされる大きなトカゲさんに!?世間知らずなドラゴンと、インド派で癒し系の20代女子。全ての大人読者に読んで欲しい！美味しくて優しいドキドキふれあいストーリー!!
2017.8　433p　B6　¥1200　①978-4-8030-1097-8

◆美食の聖女様　2　山梨ネコ著　アルファポリス, 星雲社 発売　(レジーナブックス)
【要旨】ご飯がまず〜い異世界にトリップしてしまったナノ。どうにか魔物を美味しく食べる方法を見つけたものの、今度は怖〜い神族に目をつけられてしまう。自分たちに仕えろと迫られ、ユージンと引き離されそうになって…!?
2017.7　295p　B6　¥1200　①978-4-434-23498-9

◆テイルズオブベルセリア　上　山本カズヨシ著　KADOKAWA　(電撃文庫)
【要旨】術を使うものたちを率いて、対魔士に使役されてきた少年聖隷―彼は名前も与えられず"聖隷二号"と呼ばれてきた。感情を封じられ、主の命令に従うこと以外の生き方を知らない聖隷二号は、復讐に燃えるベルベットとの出会いをきっかけに"ライフィセット"の名前を与えられ、本来持っていた意思を目覚めさせてい

く…。見知らぬ世界をめぐる旅の中で、少年が選んだ答えとは？ 大人気RPG『テイルズオブベルセリア』の物語を、ライフィセットの視点で描く感動巨編上巻!!
2017.3 234p A6 ¥630 ①978-4-04-892673-7

◆テイルズ オブ ベルセリア 下　山本カズヨシ著　KADOKAWA　（電撃文庫）
【要旨】ライフィセットとベルベットは、新たに対魔士のエレノアを仲間に加え、導師アルトリウスを討つための旅を続けていく。その中でベルベットは、自身が成そうとしている復讐の真実を知り、絶望に打ちひしがれてしまう…。それでも自分はベルベットの助けになりたい—！長き旅路の果てに、ライフィセット自身が導き出した"理"は世界に何をもたらすのか!?大人気RPG『テイルズオブベルセリア』の物語を、ライフィセットの視点で描いた感動巨編、堂々の完結!!　2017.4 282p A6 ¥660 ①978-4-04-892843-4

◆ダイブ！—潜水系（イルカ）公務員は謎だらけ　山本賀代著　マイナビ出版　（ファン文庫）
【要旨】悩めるOLが出会うのは、国防を担う国家公務員！ 神戸の大企業に勤める里佳子は、今後の人生に悩んでいた。結婚も選択肢のひとつと婚活をするが、うまくいかずにうんざりしていた頃、広島・呉を母港とする、恋愛経験ゼロの年下の海上自衛官、それも潜水艦乗りの剛史と出会う。突然連絡が取れなくなったり、海に潜ってしまえばいつ帰港するかも教えてもらえない、秘密の多い剛史との出会いによって、里佳子の人生は大きく変わっていく…？

◆ダイブ！ 波乗りリストランテ　山本賀代著　マイナビ出版　（ファン文庫）
【要旨】呉市で護衛艦の調理を担当する海上自衛官の利信は、パッとしない艦内の食事、とくに海軍カレーに思い悩んでいた。改善が必要なメニューと、調理員同士の微妙な人間関係に苦悩するなか、レストラン・オーナーの友理恵と出会う。同じ料理を愛する者どうし友理恵に悩みを聞いてもらいつつ、開催が決まった「呉海自カレーグランプリ」で、艦の名誉をかけた勝負に挑むことに！
2017.9 269p A6 ¥647 ①978-4-8399-6448-1

◆君の知らない方程式—BISビブリオバトル部　山本弘著　東京創元社
秋学期が始まり、"校内コスプレ大会"ワンダー・ウィークで盛り上がる美心国際学園（BIS）。ビブリオバトル部も、地区大会出場者を決めるバトルに向けて、日々の活動に力を入れていた。一方、空をめぐって対立することになった武人と銀は、周囲の秘密の"決闘"で決着をつけようとしていた。しかし、空は…。本格的ビブリオバトル青春小説シリーズ。

◆幽霊なんて怖くない—BISビブリオバトル部 2　山本弘著　東京創元社　（創元SF文庫）
【要旨】夏休みを迎えた美心国際学園（BIS）ビブリオバトル部は、造り酒屋を営む武人の家で夏合宿を開催する。夜、武人の両親や祖母を招待して行われるビブリオバトルのテーマは"恐怖"。部員たちはロウソク一本の明かりのなか、それぞれ得意ジャンルを生かしてとっておきの怖い本を披露するが、投票段階に入ろうとした時、不思議な出来事が…。本格的ビブリオバトル青春小説シリーズ第二弾！
2017.2 349p A6 ¥900 ①978-4-488-73706-1

◆御伽噺を翔ける魔女　山本風碧著　KADOKAWA　（ビーズログ文庫アリス）
【要旨】古い童話本を壊してしまったユウキは、構成もバラバラな上、人物だけがモノクロという欠損だらけの世界に飛ばされた!!ここを"誰もが知る童話"に修復しなければ、戻れないという。手がかりを探すユウキは、やけに口の悪いお姫様・クリスと出会い…？ 本嫌いの少女は物語の正体を解き明かし、正しい結末に導くことができるのか—？
2017.1 254p A6 ¥620 ①978-4-04-734403-7

◆ただし、イケメンに限るッッ!!　山本風碧著　KADOKAWA
【要旨】幸せな結婚を夢見るOLのミサ。もちろん相手は高学歴、高収入のイケメン御曹司に限るッ！ そんな打算だらけの"本性"を隠し、恋活を頑張ったけれど…今日も重いにフラれた。思わずヤケ酒をし、酔い潰れてしまう。翌朝、目を覚ますとそこはホテルの一室で!?しかも隣には裸のフツメン・ウエハラが!!私がこんなフツメンと恋するわけがない！ 私の輝く未来は

どうなるの？ 告訴から始まるラブコメ！ ビーズログ文庫×カクヨム恋愛小説大賞奨励賞受賞作！
2017.12 251p B6 ¥1200 ①978-4-04-734909-4

◆エプロン男子—今晩、出張シェフがうかがいます　山本瑤著　集英社　（集英社オレンジ文庫）
【要旨】激務続きの仕事はうまくいかず、恋にもこっぴどくフラれたデザイナーの夏芽。心身ともにボロボロ状態の彼女は、顧客の女性作家からあるサービスを教えられる。それはイケメンシェフが自宅に来て料理を作ってくれるというものだった。半信半疑に思いつつも連絡をする彼女の前に、背の高い短髪の男がエコバッグ片手に、夏芽のワンルームマンションに訪れ…!?　2017.4 206p A6 ¥540 ①978-4-08-680129-4

◆エプロン男子 2nd 今晩、出張シェフがうかがいます　山本瑤著　集英社　（集英社オレンジ文庫）
【要旨】自分の本当の気持ちにいまいち踏み込めない千鶴。職場に中で妄想好きな芽衣子。容姿端麗で仕事ができる自分に疲れた砂羽。離ればなれになる娘との最後のごはんを最高のものにしたい翔子。それぞれの理由で「エデン」に電話してきた迷える女たちのもとに、出張シェフが向かう。すべてはお客様の笑顔のために。美味しくてじんわり泣ける4皿…！
2017.11 250p A6 ¥570 ①978-4-08-680158-4

◆飛べない鍵姫と解けない飛行士—その箱、開けるべからず　山本瑤著　集英社　（コバルト文庫）
【要旨】天才錠前師のトマス・ウルスに育てられたマージは、鍵も機械が大好きな、いっぷう変わった女の子。トマス亡きあと、錠前店をひとりで切り盛りしていたマージの元にある日、鉄道王としても成功しているアンブローズ伯爵家の若き当主・アレックスが訪れる。「ある金庫を開けてほしいから、身ひとつで伯爵家に来てくれ」という依頼を断ろうとしたマージに、アレックスは破格の報酬を約束し…!?
2017.8 234p A6 ¥570 ①978-4-08-608032-3

◆※妹を可愛がるのも大切なお仕事です。
弥生志郎著　KADOKAWA　（MF文庫J）
【要旨】巳月紘には、こいつのためなら死んでもいいと思える妹・唯々羽がいる。朝は二人でご飯を食べて仕事と学校に向かう。どんな残業地獄でも、笑顔の唯々羽の「おかえり」の一言に救われ、早く帰れた夜にはその髪を梳いたりする。巳月兄妹には誰にも言えない秘密があった。実は唯々羽は（売れない）ラノベ作家で、紘はその担当編集なのだ！「このままでは、編集者さんが行きつかれかもしれないから。わたしはおにいちゃんじゃなきゃ、やなの」妹を売れっ子作家にするために、紘は今日も唯々羽を膝に乗せて執筆を手伝う。時には頭を撫でて褒めてやり、一緒のお風呂で癒やし癒される…でも、唯々羽が書くのは迷走したトンデモ小説ばかりで…!?
2017.7 327p A6 ¥580 ①978-4-04-069342-2

◆Q.もしかして、異世界を救った英雄さんですか？—A.違います、ただのパシリです。
弥生志郎著　KADOKAWA　（MF文庫J）
【要旨】織原識は（嫌々ながらも）異世界の危機を救った英雄にして今は引きこもりの少年である。現代へ戻った識は殺伐バトルの過去をぶん投げ、高校でのリア充生活、そんな青春を謳歌していたー！、そんな学園ライフをぶち壊したのは落ちこぼれの女神だった！「ねー、識さま。パシるついでにもう一度異世界救ってきてほしいよー」「一応聞くけど、お前女神だよな？」さらに英雄としての強さを求め、別世界から数多のエルフまでもがやってきてしまい…「識、私と共に戦場を駆けてくれ」「あ、そういうのに合ってます」「シキ、アーシェと子作りしよ！」「ぐ…同じく合って、る！」「ハーレムもあるよ！」「…だから、俺はもう異世界に行きたくねぇんだよっ！」。
2017.2 327p A6 ¥580 ①978-4-04-069342-2

◆Q.もしかして、異世界を救った英雄さんですか？ 2 A.それは、ずっと昔の話です。　弥生志郎著　KADOKAWA　（MF文庫J）
【要旨】かつて異世界の危機を救った英雄にして元引きこもりの少年・織原識が望むものはただ一つーごく普通の青春である。だが、そんな識を三人の残念系異世界娘—へっぽこ女神フィーナ、女騎士シオン、エルフのアーシェらが自分たちが元いた世界へと誘い続けていた。そんなある日、ある決意を秘めた識は彼女たち

との旅行を計画する。生まれて初めての、美少女たちとの旅行になるはずが！ 新婚旅行のファンタジーラブコメ第二弾！ 浴衣に水着にBBQ！ さらには全国各地の魔物討伐付きの豪華旅行が今、始まるー！
2017.9 293p A6 ¥580 ①978-4-04-069340-8

◆虫かぶり姫 2 花守り虫と祈りを捧げる使者　由唯著　一迅社　（アイリスNEO）
【要旨】クリストファー王子の名ばかりの婚約者だと思い込んでいた本好きの侯爵令嬢エリアーナ。彼女の長年の誤解が解け、やっと「王子の本当の婚約者」だと自覚したある日、王子の名代として狩猟祭に参加することに！ エリアーナは王子のために頑張ろうと誓うもエルフ王子不在の狩猟祭にはさまざまな思惑が渦巻いているようで!?大幅に加筆修正したWEB掲載作品「花守り虫」や「浮気虫」に加え、書き下ろし短編を収録した、本好き令嬢のラブファンタジー待望の第2弾が登場！
2017.2 255p B6 ¥1200 ①978-4-7580-4912-2

◆虫かぶり姫 3 蝶々たちの踊る聖夜の祝宴　由唯著　一迅社　（アイリスNEO）
【要旨】クリストファー王子の婚約者である本好きの侯爵令嬢エリアーナ。彼女は迫りくる聖夜の祝宴のため、慣れないお茶会や苦手なドレス選びなどに時間を取られ、満足に本が読めない日々を過ごしていた。そんなある日、王家に嫁ぐ覚悟や、側室問題などを聞かされたエリアーナは、不安でいっぱいいっぱいに！ そのせいで、王子にとんでもないことをしてしまって!?WEB掲載作品「お邪魔虫」に加え、書き下ろし短編を収録した本好きの令嬢のラブファンタジー、第3弾が登場！
2017.8 253p B6 ¥1200 ①978-4-7580-4975-7

◆いつか、このどうしようもない想いが消えるまで。　ゆいっと著　スターツ出版　（ケータイ小説文庫—野いちご）
【要旨】高2の美優は、サッカー部の律と付き合ってもうすぐ1年。ある日、教室で部活寄りの律を待っていると、同じクラスだった迂気がたかい雰囲気の黒崎に「あんたの彼氏、浮気してるよ」と言われ、有無を言わせずキスされてしまう。事実に驚き、傷つきながらも、彼氏以外とキスしてしまった罪悪感に苦しむ美優。しかし、黒崎も悲しい秘密を抱えていることを知って—。三月のパンタシアノベライズコンテスト優秀賞受賞、号泣の切恋!?
2017.4 377p A6 ¥590 ①978-4-8137-0240-5

◆きみに、好きと言える日まで。　ゆいっと著　スターツ出版　（ケータイ小説文庫—野いちご）
【要旨】校庭でハイジャンプを跳んでいた顔もわからない男子にひとめぼれした、まひろ。彼がクラスメイトの耀太であることが発覚し、お互いに意識しはじめるが、彼は過去のトラウマからハイジャンプを辞めてしまう。まひろの一途な想いに打たれた耀太は再び跳びはじめるが、大会当日に事故にあってしまい…。すれ違いの切なさに号泣の感動作！
2017.7 337p A6 ¥590 ①978-4-8137-0290-0

◆恋結び—キミのいる世界に生まれて　ゆいっと著　スターツ出版　（ケータイ小説文庫—野いちご）
【要旨】高1の美紘は、血の繋がらない兄弟の翔平と理人と暮らしている。不器用ながらも優しい兄・翔平のことが好きだけれど、許されない恋だと気持ちを押し殺していた。やがて、兄妹弟3人の実践にまつわる哀しい真実が明らかに。本当のことを知っても、翔平への想いは消えない…。切なすぎる片想いの結末は—？ 第8回日本ケータイ小説大賞・特別賞受賞作が待望の書籍化!!　2017.9 387p A6 ¥590 ①978-4-8137-0323-5

◆それはきっと、君に恋をする奇跡。　ゆいっと著　スターツ出版　（野いちご文庫）
【要旨】高1の陽菜は両想いだと思っていた初恋の人にふられ、なかなか立ち直れずにいた。悲しみから抜け出せない陽菜に、何かとかまってくるあいつも明るくて学校一のモテ男な蒼。時におかしく、時に真剣に元気づけてくれる蒼に、陽菜はいつのまにか特別な感情を抱いていた。けれど蒼には、ある重大な"秘密"が。しかもそれは、陽菜の初恋相手と関係しているー。ふたりの切ない恋と、辛すぎる真実に大号泣!!
2017.12 393p A6 ¥600 ①978-4-8137-0375-4

◆ミコシバさん 柴犬のお嫁さん、はじめます。　結都せと著　KADOKAWA　（ビーズログ文庫アリス）

【要旨】この度あなたには、ミコシバ様と結婚していただくことになりました。おめでとうございます。だらしない父親のせいで苦しい生活をしていた里穂の元に、謎の執事がやってきた。どうやら『ミコシバさん』とは、犬守市の大地主で大富豪らしい。そんな相手からの突然の求婚に驚きつつも、バラ色の人生を夢見て里穂は後先考えずにOKするが…相手はまさかの"柴犬"!?喋る柴犬と女子高生のほのぼの新婚生活スタート!!
2017.3 285p A6 ¥640 ①978-4-04-734523-2

◆恋に落ちたコンシェルジュ　有允ひろみ著　アルファポリス、星雲社 発売　（エタニティブックスRouge）
【要旨】彩乃がコンシェルジュとして働くホテルに、世界的に有名なライター、桜庭雄一が泊まりにきた。ベストセラー旅行記の作者である彼は、ホテルにとって大切な客。だけど…彼は、とんでもないプレイボーイだった！初対面で彩乃を口説き、キスまで仕掛けてくる雄一。"なにこのセクハラ男!!"彼には極力近づかないと、彩乃は決意する。…なぜか彩乃が、彼一筋の専属コンシェルジュを担当する羽目に！仕事だと言って、彼から彩乃に告げられる数々のリクエスト。…それはだんだんアブナイ内容になっていて…!?
2017.2 297p B6 ¥1200 ①978-4-434-23022-6

◆総務部の丸山さん、イケメン社長に溺愛される　有允ひろみ著　アルファポリス、星雲社 発売　（エタニティブックスRouge）
【要旨】アパレル企業の総務部で働く丸山里美は、何故か昔から、存在感がとても希薄。あまりの目立たなさから"総務部の幽霊さん"とあだ名されるほどだった。そんな里美が、華やかなルックスの社長、健吾に突然目をつけられる。「おいしいスイーツに飽きて、たまには庶民の味を口にしたくなったのね」自分の位置づけをそう解釈し、里美は束の間の夢だけで、彼と付き合うことにした。けれど、健吾のほうは、本気も本気。里美にドna着してきて…!?
2017.9 298p B6 ¥1200 ①978-4-434-23800-0

◆この胸いっぱいの好きを、永遠に忘れないから。　夕雪＊著　スターツ出版　（ケータイ小説文庫・野いちご）
【要旨】高校に入学した緋沙は、ある指輪をきっかけに生徒会長の優也先輩と仲よくなり、優しい先輩に恋をする。少しずつ距離が近づき、文化祭で緋沙は先輩にキスをされるけど、それを境に先輩は学校を休むようになってしまう。そして、先輩が記憶を失っていく病気であると知り…。切なすぎる運命に翻弄されながらも懸命に生きる主人公を描いた、感動のラブストーリー！
2017.10 277p A6 ¥570 ①978-4-8137-0339-6

◆毎週木曜日　柚木あい著　三交社　（エブリスタWOMAN）
【要旨】医薬品の卸会社に勤める27歳の千葉梓は、メーカーの営業として自社を訪れる同じ大学出身の後輩、杉浦瑞希と六年間、誰にも言えない関係を続けている。友人関係に陥る前から杉浦に想いを寄せていた梓だが、彼の本心がわからないまま、今の関係が壊れるのを恐れて気持ちを伝えられないでいた。そんな折、彼は同じ部署の後輩・西野結菜が杉浦に好意を抱いていることを知り、距離を縮めていくふたりを見て焦燥感に駆られる―。
2017.3 281p A6 ¥630 ①978-4-87919-281-3

◆本一冊で事足りる異世界流浪物語　7　結城絡繰著　アルファポリス、星雲社 発売
【要旨】本好きを理由に、理不尽にも異世界に転生させられた高校生・陵陽。彼に与えられた使命は、"神製の本"を探すという使命と、万物を具現化できる"無限召喚本"だった。ミササギは新ゴーレム・パラノイアの能力を駆使し、因縁深き隣国を崩壊させた。しかし、その直後に魔法陣に捕らわれ、地下牢獄に幽閉されてしまう。彼を拉致したのは、すべてをベールに包まれた犯罪組織―不死の血統団。幹部から執拗に拷問を受け続けていたものの、折を見て脱出した彼は血統団員を皆殺しにすべく反転攻勢に打って出る。しかしそんなミササギの前に、およそ犯罪組織のトップには似つかわしくない儚げな人物が現れた。彼女より明かされた"偽神"という謎の存在の秘密を探るため、ミササギは最悪の危険に身を投じていく。剣と魔法のファンタジー世界を本一冊で無双する！本好き青年の異世界バトルファンタジー第七章！
2017.2 280p B6 ¥1200 ①978-4-434-23015-8

◆本一冊で事足りる異世界流浪物語　8　結城絡繰著　アルファポリス、星雲社 発売
【要旨】読書家ということで、なぜか異世界に転生させられた高校生・陵陽。彼に与えられたのは、"神製の本"を探すという使命と、万物を具現化できる"無限召喚本"だった。突如現れてきた謎の組織・不死の血統団を撃退したミササギは、そのボス"偽神"の能力を受け継ぎ、組織の新たなるボスとして君臨、さらには偽神そのものとなった。続けて彼は、偽神の抱える呪いを解くべく、帝都地下最奥に潜むもう一人の偽神の殺害計画を進める。が、時を同じくして、偽神討伐を掲げる帝国軍がミササギを殺害するため進攻を開始するのだった。帝都地下を舞台に、ミササギ率いる不死の血統団、もう一人の偽神勢力、そして異世界最強戦力"勇者"を有する帝国軍が激突、意味の見境さえなくした壮絶な争いの中、ついにミササギが自分が殺すべき真のラスボスと邂逅する！剣と魔法のファンタジー世界を本一冊で無双する！本好き青年の異世界バトルファンタジー、堂々完結！
2017.6 289p B6 ¥1200 ①978-4-434-23512-2

◆強引上司と過保護な社内恋愛!?　悠木にこら著　スターツ出版　（ベリーズ文庫）
【要旨】恋愛ご無沙汰OLの泉は、社内一人気の敏腕イケメン上司、檜山さんから強引に仕事を振られ、翻弄される毎日。ある日、飲み会で酔った檜山を介抱するため、成り行きで彼を自宅に泊めることに。ところが翌朝、目を覚ました檜山に突然キスされて!?ただのハプニングだと思い込むけれど、彼は、こっそり手を当ててきたり抱きしめてきたりと、甘くイジワルに迫ってくる彼に、ドキドキし始めて…？

◆巻き込まれ異世界召喚記　1　結城ヒロ著　KADOKAWA　（MF文庫J）
【要旨】気が付くと、そこは異世界だった。バス事故にあった優斗・修・卓也・和泉は、勇者としての召喚に巻き込まれた友人として異世界で生活をすることになる。元の世界への執着もないオタクの四人は、剣と魔法が実在する世界でそこそこ楽しく過ごしていく。美少女家庭教師との恋愛や異世界ならではの学校行事、友達と過ごす放課後など充実した毎日を送る四人だが、さらにはある秘密が次々と判明していく…。穏やかな日常からは想像も出来無いような事に…!?学園青春バトルファンタジー、巻き込まれ型異世界召喚物語が始まる!!
2017.3 259p A6 ¥580 ①978-4-04-069056-8

◆巻き込まれ異世界召喚記　2　結城ヒロ著　KADOKAWA　（MF文庫J）
【要旨】異世界での学園生活に慣れ始めた、優斗・修・卓也・和泉。龍神の赤子・マリカは、優斗とフィオナのもとに来たことで、これまでとはちょっと違う、『家族』との生活が始まろうとしていた。そして、季節は夏!!四人と仲間たちは、一泊二日で旅行へ行くことに。川釣りや海水浴を楽しんだ四人は、いままでの生活では味わえなかったような青春を謳歌する。しかし、楽しい時間の合間にもいくつものトラブルが発生して…!?Webで話題の異世界青春バトルファンタジー、待望の第二弾!!
2017.6 259p A6 ¥580 ①978-4-04-069399-6

◆少年陰陽師―こたえぬ背（そびら）に哭き叫べ　結城光流著　KADOKAWA　（角川ビーンズ文庫）
【要旨】こない未来の、夢。なかった過去の、夢。溺れたくなるほど、幸せな―。黄泉の風を呼ぶ敵は心を惑わせ、気を奪い、夢にひそむ。彼は藤花のいる都だけでなく、伊勢の斎たちにも及び!?一方、重傷を負った螢のもとに留まる昌浩だが、神威者の異形が何者かに壊されてしまう。菅生の郷に迫る異形のものたちを退けるため、向かった先に立ちはだかるのは…"大好きな兄だったはずの、成親―！"厳霊編"第2弾！
2017.4 234p A6 ¥580 ①978-4-04-105412-3

◆少年陰陽師―けがれの汀で恋い慕え　結城光流著　KADOKAWA　（角川ビーンズ文庫）
【要旨】やんぬるかな―国の中に押し寄せる木枯れと死の連鎖。伊勢だけでなく愛宕にまで及ぼされた、十二神将たちの力は限界を迎えつつある。そして都に戻った昌浩と紅蓮が直面する残酷な宿命。「お前の後継。残る寿命は、一」しかし昌浩は、再会した藤花の涙に戦う覚悟を決めるために…ついに辿りついた智舗衆の本当の目的、それは最後の呪言を為すためだった！"厳霊編"第3弾！
2017.10 255p A6 ¥600 ①978-4-04-105626-4

◆少年陰陽師　現代編・近くば寄って目にも見よ　結城光流著　KADOKAWA　（角川ビーンズ文庫）
【要旨】時は現代。安倍晴明やその孫たちと同じ名と性質を持ち、十二神将を供にして陰陽師を生業とする者たちがいて。今も京都に棲む妖たちが遭遇した、安倍晴明を名乗る禍つものの正体は、!?（『久方ぶりの再会』）成親の想いに高淤の神に会うため、紅蓮と東京を発った昌浩の京都めぐりの顛末は「遠からぬものは音に聞け」）など、再録＆大量書き下ろしで一冊に！現代に生きるもうひとりの"少年陰陽師"の物語が幕を開ける！
2017.11 254p A6 ¥600 ①978-4-04-105627-1

◆これが最後の恋だから　結祈みのり著　アルファポリス、星雲社 発売　（エタニティブックスRouge）
【要旨】地元の銀行で働く恵里菜は、仕事も身だしなみもばっちりのデキる女子。…を演出している、元・地味子。子どもの頃から完璧な姉と比べられてきた彼女は、恋人にフラれたことをきっかけに、華麗な転身を遂げたのだ。そんなある日、恵里菜の前に元恋人が現れる。二度と好きになるもんかと思っていたのに、情熱的に迫られるうち、だんだん心が絆されてきて…。執着系男子×意地っ張り女子の過去から始まるラブストーリー。
2017.3 299p B6 ¥1200 ①978-4-434-23020-2

◆初恋・ビフォーアフター　結祈みのり著　アルファポリス、星雲社 発売　（エタニティブックス）
【要旨】実家の会社が倒産し、極貧生活を送る龍宮凛。落ちぶれて心を入れ替えた彼女は、短期の仕事を転々としながら就職活動に勤しんでいた。そんなある日、彼女はついに大企業の正社員として採用される。ところがそこの新社長は、なんとかつての使用人だった。おまけに彼は、凛にとって忘れられない初恋の人。気持ちが空回りして辛く当たってしまった過去をいつかあ謝りたいと思っていたのだ。しかし再会した彼は、そんな凛に当てつけるように彼女を自分専属の使用人として同居させると言い出して…!?没落令嬢×イケメン社長の立場逆転ラブストーリー！
2017.11 299p B6 ¥1200 ①978-4-434-24011-9

◆異世界でハンター始めました。―獲物はおいしくいただきます　2　ゆうきりん著　KADOKAWA　（ファミ通文庫）
【要旨】突然出現し、辺りのすべてを飲み込んで消える謎の大災厄"マンタダルウェヴ"。森耳族の娘ルイドナは幼馴染の半獣の少女シナノと共に、この大災厄の正体を探るため旅に出る。各族の代表と合流すべく街を目指す彼女たちだが、道中で巨大な獣ラバトに襲われてしまう。しかしその時、シナノの首輪飾りの鈴が奇妙な音を立て、伝説の狩人マタギこと、現代ハンターの雅彦が姿を現し…!?狩ったら食べるファンタジー異世界狩猟＆グルメライフ第2弾!!
2017.6 249p A6 ¥690 ①978-4-04-734680-2

◆迷宮料理人ナギの冒険　2　消えた13区と新たなるレシピ　ゆうきりん著　KADOKAWA　（電撃文庫）
【要旨】巨大なダンジョンへまるごと崩落した街・フライドエンド。最も下層へと落ちながら、辛くも人々が多く残る主街区へと生還した料理人の息子・ナギとその仲間たちに、ある依頼が舞い込んだ。魔法遺いたちの術によって連絡が絶たれていた街の生き残り区画の一つ、「13区」との交信が途絶えたのだ。13区の状況を確かめ、生存者を救出すること―。これを達成すれば公式に冒険者資格が下りるとあって、ナギは張り切ってその任務に挑む。体制を整え、剣士ガロームに率いる熟練の冒険者パーティとともに、再び迷宮サバイバルへと挑むナギたち。13区に一体何が起こったのか？果たしてその真相は―!?
2017.8 267p A6 ¥590 ①978-4-04-893272-1

◆(仮)花嫁のやんごとなき事情―未来へ続く協奏曲（コンチェルト）　夕鷺かのう著　KADOKAWA　（ビーズログ文庫）
【要旨】"仮花嫁"の人気キャラクターたちのその後を描いたスペシャル短編集！フェルとクロウのご結婚記念すべき出会い…あの殺伐初夜をやり直し!?だけど勘違いフェルがとんでもない騒動を巻き起こす!!さらに、クロウの兄ジルフォード帝"崩御"の裏に隠された真相が明らかに!?貧乏庶民はやがて皇妃となり、夫婦の絆は永遠に続く―涙と笑いのファン必読の1冊です。
2017.2 249p A6 ¥600 ①978-4-04-734328-3

ヤング・アダルト小説

◆**俺の彼女と幼なじみが修羅場すぎる 13**
裕時悠示著　SBクリエイティブ　（GA文庫）
【要旨】それは彼と四人の少女たちがたどるかもしれない可能性の物語―。千和と付き合うことにした鋭太に対し、真涼はヤンデレと化す…。ヒメと婚約した鋭太は、愛衣に訴えられる。戦いは法廷で!?桃から生まれた鋭太は、修羅場じるしの肉団子を持って銀と金の鬼のいる鬼ヶ島に向かう!?自演乙は部活動として、恋愛相談を生徒がやることに。ヒメの魔術により、過去に飛んだ自演乙のメンバーは中2病時代の鋭太と出会う。少年鋭太の籠絡に動く少女たちの中、高校生の鋭太は中学時代の千和の元へと走る―。裕時悠示×ろるおが贈る、甘修羅ラブコメ第13弾！
2017.9　285p　A6　￥600　978-4-7973-9153-4

◆**29とJK　3　社畜のいやしはJK**
裕時悠示著　SBクリエイティブ　（GA文庫）
【要旨】先輩の妹さんって、すごく可愛いんですね。29歳社畜、檜羽鋭二。後輩の渡良瀬が仕事上司に対し、先輩はヤンデレと化す…。ヒメと婚約した鋭太は、愛衣に訴えられる。「妹」というのは交際中のJK・花恋のことだった！花恋を妹として、会社の草野球に呼ぶハメになる檜羽だが、そこに元カノ（真）もやってきて…!?そして正月。檜羽は帰省して同窓会に出席する。目的は、昔の親友と会うため。11年ぶりの再会となるそれで、元カノ・沙樹と花恋の出会いにより、それは奇妙な方向へ進む。語られし檜羽の少年時代。沙樹と、真と、三人で駆け抜けた胸躍る冒険とほろ苦い挫折。この再会は、今の檜羽と花恋に何をもたらす―？"禁断の"年の差ラブコメ第3弾！！
2017.9　275p　A6　￥600　978-4-7973-9151-0

◆**捨てられた勇者は魔王となりて死に戻る　1**
悠島蘭著　双葉社　（モンスター文庫）
【要旨】凄惨ないじめを受けていた桂木大地は、ある日突然クラスメイトと異世界に召喚された。心機一転、勇者としての活躍を試みる大地。だが、異世界でも役立たずだったため、囮として捨てられ、死んでしまった。しかしなぜか、無傷のまま目を覚ます。彼が得た能力は『復讐の怨者』。それは、死ぬたびに生き返り、大きくパワーアップするという特殊な力だった！大地は最強の力を手に、自分を生贄にしたクラスメイトへの復讐のために立ち上がる―小説家になろう発！大人気死に戻りファンタジー第一巻！
2017.12　303p　A6　￥611　978-4-575-75170-3

◆**ああ勇者、君の苦しむ顔が見たいんだ　3**
ユウシャ・アイウエオン著　ポニーキャニオン　（ぽにきゃんBOOKS）
【要旨】星屑の策略により屈辱を負わされた元いじめっ子の勇者・鳳崎は復讐のためレベル上げの旅に出た。そんな彼に成り代わり勇者代行の任についた星屑は市民たちの人気取りに奔走する。勇者業の合い間にはロリっ子たちとの楽しい日々を送りつつ、来るべき勇者との再戦に備えて、魔大陸でのレベル上げにも精を出す日々。そして遂時を持して迎えた決戦の日。自分の計略どおりに踊る鳳崎、ついに最期の時が訪れようとしたやが、思いもかけぬ事態が…！「なろコン」金賞作品、壮大な復讐劇を描ききり、ついに完結！！
2017.5　305p　A6　￥650　978-4-86529-222-0

◆**粉雪**　ユウチャン著　スターツ出版　（ケータイ小説文庫-野いちご）　新装版
【要旨】千里はめったに心を開かない、ちょっと冷めた女子高生。親にも愛されず、孤独な日々を送っていた。ある雨の日、千里は笑顔の優しい隼人と出会う。お互いの悲しみを埋めるように惹かれ合うけれど、千里は隼人に言えない或る事情を抱えていた。すべてを犠牲にして、千里は隼人と生きる決意をするが、ふたりを待っていたのは…。実話を基にした衝撃の感動作に大号泣！
2017.12　367p　A6　￥590　978-4-8137-0371-6

◆**浅草鬼嫁日記　3　あやかし夫婦は、もう一度恋をする。**
友麻碧著　KADOKAWA　（富士見L文庫）
【要旨】かつて鬼の姫"茨木童子"だった前世の記憶を持つ女子高生、茨木真紀。彼女と同じく元あやかしの天酒馨や継見由理彦を巻き込み、あやかし仕直し＆やり直しの人生を謳歌中！そんな三人の前に現れたのは、前世の宿敵"安倍晴明"の生まれ変わり、叶冬夜だった。叶は真紀たちがお互い前世にまつわる重大な嘘をついていると暴いて、三人の関係を壊しにかかる。叶の言葉に真紀と馨はギクシャクしたまま、修学旅行で京都を訪れて…？宿縁の地で明かされる前世の真実。鬼嫁夫婦の恋物語はここからはじまる。
2017.11　348p　A6　￥640　978-4-04-072474-4

◆**あやかしお宿に新米入ります。―かくりよの宿飯　6**
友麻碧著　KADOKAWA　（富士見L文庫）
【要旨】あやかしの棲まう"隠世"の老舗宿「天神屋」に秋が訪れる―。ライバル宿「折尾屋」に攫われていた葵は、困難の末に完成した料理で、南の地の呪いを晴らした。凱旋する彼女を待っていたのは、「天神屋」の仲間との温かくも大忙しの毎日！新作お土産を考えたり、秋祭りの準備を進めながら、食事処「夕がお」を再開していく。そんな時、葵は大旦那様から果樹園デートに誘われた。いつものお誘いと変わらないが、「折尾屋」での一件を経た葵は、大旦那様のことをもっと知りたいと思う自分に気づいて…？
2017.5　315p　A6　￥620　978-4-04-072252-8

◆**あやかしお宿の勝負めし出します。―かくりよの宿飯　7**
友麻碧著　KADOKAWA　（富士見L文庫）
【要旨】あやかしの営む老舗宿・天神屋で食事処を切り盛りする葵。秋祭りでの営業も盛況のうちに終わり、隠世の中心・妖都へお出張のお土産様を見送った。ところがその帰りを待つ葵たちの前に、天神屋を目の敵にする大物あやかし・雷獣が現れて、不吉な宣言をした。鬼神の大旦那はもう戻らない、この雷獣が新たな大旦那となるのだ、と。―天神屋史上最大の危機！銀次たち従業員は団結して動き出す。そして葵も大旦那様を捜すため、妖都へ向かう宙船ツアーの屋台で料理を振る舞うことになり…？
2017.11　317p　A6　￥620　978-4-04-072472-0

◆**あやかし夫婦は青春を謳歌する。―浅草鬼嫁日記　2**
友麻碧著　KADOKAWA　（富士見L文庫）
【要旨】人とあやかしが共に棲まう町、浅草。鬼の姫"茨木童子"だった前世の記憶を持つ茨木真紀は、持ち前の面倒見の良さから、あやかしたちの起こす厄介ごとを解決する日々を送っている。先日も鎌倉妖怪とのいざこざを調停し、ますます人（？）望を集めていた。そんな真紀も普段は女子高生。夏は花火大会に山遊び、学園祭とイベントが目白押し。こなしていくスキルは"絶対防御"。かつての夫で元"酒呑童子"の同級生・天酒馨たちも巻き込んで、やんちゃに人生を謳歌する時を謳歌する！だがそこへ、彼女の前世を知った陰陽局の面々も現れて…！
2017.5　343p　A6　￥640　978-4-04-072253-5

◆**痛いのは嫌なので防御力に極振りしたいと思います。**
夕蜜柑著　KADOKAWA　（カドカワBOOKS）
【要旨】ゲームなどの知識に乏しく、ステータスポイントを全て防御力に振ってしまったメイプル。動きも鈍く、魔法も使えず、拳切の手段はすらどつき回される始末。あれ、でも全然痛くない…っていうか、ダメージゼロ？極振りの結果、得られたスキルは"絶対防御"。さらには一撃必殺のカウンタースキルまで取得してー！あらゆる攻撃を無効化し、致死毒スキルで蹂躙していく『移動要塞型』新人、自らの異常に気づくことなく、出陣！
2017.5　251p　B6　￥1200　978-4-04-072441-6

◆**痛いのは嫌なので防御力に極振りしたいと思います。　2**
夕蜜柑著　KADOKAWA　（カドカワBOOKS）
【要旨】第一回バトルロイヤルイベントでノーダメージ二〇〇〇人斬りを達成し、一夜にして有名プレイヤーの仲間入りを果たした『最硬』の新人メイプル。今回は相棒のサリーとともに、レア装備を求めて第二回宝探しイベントに参加！プレイヤーキラーを返り討ちにし、勝てない設定のボスだって楽々蹂躙、さらにはレアスキル同士を悪魔合体させて、ついにメイプルは『浮遊要塞』化―!?伝説が生まれる一週間が、幕を開ける！
2017.12　332p　B6　￥1200　978-4-04-072443-0

◆**この涙が枯れるまで**　ゆき著　スターツ出版　（ケータイ小説文庫-野いちご）　新装版
【要旨】高校の入学式の日に出会った優と百合。互いに一目惚れをしたふたりは付き合いはじめるが、百合の彼女の存在が原因で別れてしまう。その後、新たな恋を見つけた優と百合だが、どうしても忘れられず、ヨリを戻すことに。しかし、幸せが訪れるはずのふたりに、衝撃の「運命」が待ち受けていて…。揺れ動く優の切ない恋心を描いたピュアラブストーリー。
2017.5　405p　A6　￥640　978-4-8137-0258-0

◆**待ち合わせは理科室で**　油木萊著　KADOKAWA　（角川ビーンズ文庫）
【要旨】恋に縁がなく、毎日がつまらない高2の理緒。生徒には大人気の理科教師・榎本先生にしかられてばかりだけど、苦手な理科の授業中に、机で"K"という男子の落書きを見つけて以来、彼とのやり取りが楽しみになる理緒。そんな中、文化祭での告白イベントをめぐり、大嫌いなはずだった榎本先生とのキョリが急接近して!?はじめての恋、切なさに涙あふれる胸キュン！
2018.1　253p　A6　￥580　978-4-04-106462-7

◆**夜空ノ一振り　2**　雪崎ハルカ著　講談社　（講談社ラノベ文庫）
【要旨】憧れの剣士になれた黒野刀禍だが、それは精霊・夜空の力でしかないと自覚していた。ある時、彼の目の前で新型の妖怪"ネクラ"が同僚の姫野を異世界へと連れ去る。剣士達にとって仲間の犠牲は日常茶飯事、という様子に刀禍は違和感を抱き、なんとしても"ネクラ"を倒すと強く誓うのだった。だが再び"ネクラ"の犠牲者が出る。なんと今度は刀禍の相棒、夜空一。相棒を失い絶望する刀禍は、別の精霊と再契約など考えられず葛藤する。そんな彼を煽るように"ネクラ"は姫野の姿をなす。なぜ姫野の姿なのか、妖怪たちの真の目的とは!?幼馴染みの音桜、旧友の勇美、そして先輩剣士の隼人と共に妖怪討伐へと向かう！！
2017.3　293p　A6　￥640　978-4-06-381597-9

◆**愛原そよぎのなやみごと一時を止める能力者にどうやったら勝てると思う？**　雪瀬ひうろ著　KADOKAWA　（ファミ通文庫）
【要旨】「時を止める能力者にどうやったら勝てると思う？」僕が好意を寄せるクラスメイト、愛原そよぎの"なやみごと"は僕の想像を遙かに超える独特なものだった。本気とも冗談ともつかないその相談に真剣にアドバイスを送り、彼女のなやみはどうやら解決したようだった。僕たちの関係も進展したかに思えたのだけど、この相談がきっかけで僕は彼女のとんでもない"秘密"に近づいてしまったようで!?僕と彼女の非日常系おやなみ相談日常ラブコメ開幕！
2017.3　316p　A6　￥610　978-4-04-734545-4

◆**Bの戦場　2　さいたま新都心ブライダル課の機略**
ゆきた志旗著　集英社　（集英社オレンジ文庫）
【要旨】"絶世のブス"ながら、ウェディングプランナーとしてお客様の幸せのために頑張るわたし、北條香澄は、自称"意識の高いB専"久世課長に斜め上な求婚をされ困り果てていた。そんな時、中途採用の財前さんの教育係を任される。美人で自尊心の高い財前さんと仕事のやり方で対立する中、二人で担当したお客様が「結婚式の費用が払えない」と言いだして…!?ウェディング業界のお仕事コメディ第2弾！
2017.6　280p　A6　￥570　978-4-08-680137-9

◆**Bの戦場　3　さいたま新都心ブライダル課の果断**
ゆきた志旗著　集英社　（集英社オレンジ文庫）
【要旨】"絶世のブス"ながらウェディングプランナーとして活躍するわたし、北條香澄は、フラワーショップに"わたし並みにブス"な城ノ宮さんが配属されたことに思いがけず動揺していた。"意識の高いB専"久世課長の目に彼女はどう映るのか…。そんな時、城ノ宮さんが先輩プランナーの玲子さんを陥れようとしたのを知ってしまい!?笑って泣ける痛快お仕事小説！
2017.12　280p　A6　￥570　978-4-08-680165-2

◆**必勝ダンジョン運営方法　6**　雪だるま著　双葉社　（モンスター文庫）
【要旨】ユキと結ばれて、見事、勇者として覚醒したリーアが加わり、ウィードのメンバーは魔王城の攻略に着手する。といっても、それはユキが描いた筋書き通りの茶番劇の始まりに過ぎなかった。魔王討伐に続いて新大陸への進駐、さらには次々に嫁たちの妊娠が発覚!?―「小説家になろう」発、大ヒット迷宮運営ファンタジー第六弾！書き下ろし番外編では、ユキとザーギによる新大陸の魔力に関する研究模様が描かれる。
2017.4　367p　A6　￥657　978-4-575-75129-1

◆**必勝ダンジョン運営方法　7**　雪だるま著　双葉社　（モンスター文庫）
【要旨】妊娠組は留守を任せ、ユキたちは魔力枯渇の原因を調査するために新大陸へと向かった。調査は順調に、いかんせん、亜人たちを支配下に置くジルバ帝国と敵対することに。マーリィ率いるジルバ帝国軍を圧倒的戦力で撃退するが、彼女たちが持つ「魔剣」が、どうも魔力枯渇問題と関係ある様子。新大陸と魔剣をめぐる、ユキたち

の冒険が始まった—「小説家になろう」発、大ヒット迷宮運営ファンタジー第七弾！書き下ろし番外編「魔剣とアイス」を収録！
2017.9 294p A6 ¥602 ①978-4-575-75153-6

◆愛され上手は程遠い!? 雪兎ざっく著 アルファポリス、星雲社 発売 （エタニティブックスRouge）
【要旨】学生時代の苦い経験から、男性が極度に苦手なOLの夕香。そんな彼女に、ハイスペックなイケメンが突然熱烈アプローチ!?最初は冗談だと思っていたのだけど、彼はどうやら本気のよう。甘く過激な言葉で口説かれ、際どいスキンシップで迫られ、気づけば彼のペースで翻弄されて—？ WEB小説「自意識過剰」を大幅加筆して書籍化！
2017.6 297p B6 ¥1200 ①978-4-434-23494-1

◆勘違いからマリアージュ 雪兎ざっく著 アルファポリス、星雲社 発売 （エタニティブックスRouge）
【要旨】長年憧れていた上司の大輔に、寿退社すると誤解されてしまった天音。本当の退職理由は全然違うのに、瞬く間に噂は広まり訂正できないまま最終日を迎えてしまう。その日の送別会でも、さんざん祝福された天音はヤケになり、記憶をなくすまでトコトン呑んだ。そして翌朝目覚めたら、なんとそこは大輔のベッド!?訳がわからず慌てる天音だけど、彼は強い口調でこう言う。「俺が守ってやる。好きでもない相手と結婚する必要なんかない」彼の告白のような台詞を嚙みしめ、一瞬は舞い上がるもののまた別の、しかも大いなる勘違いをしてしまった天音！ 始まりは勘違い。でも、この恋は本物！ 逆転サヨナラハッピーエンドストーリー。
2017.9 274p B6 ¥1200 ①978-4-434-23798-0

◆プリンの田中さんはケダモノ。 雪兎ざっく著 アルファポリス、星雲社 発売 （エタニティブックスRouge）
【要旨】人の名前を覚えるのが極度に苦手なOLの千尋。彼女は突然、部署異動を命じられ、危機的状況に陥っていた。ただでさえ名前を覚えられないのに、異動先の同僚たちはろくに自己紹介してくれず、話しかけようとしても忙しいせいか冷たい。…そんな中で悪戦苦闘していた、一人の社員から救いの手が！ 彼は千尋の悩みを理解し、きちんと自己紹介するとともに大好物のプリンをくれたのである。そして千尋は彼を『プリンの田中さん』と、しっかり記憶したのだった。以来、彼は千尋を気にかけ、度々お菓子をくれるように。しかしある時、いつもは紳士的な彼の態度が豹変!?今度は千尋が、美味しく頂かれてしまい—？
2017.4 296p B6 ¥1200 ①978-4-434-23225-1

◆Eランクの薬師 雪兎ざっく著 アルファポリス、星雲社 発売 （レジーナブックス）
【要旨】薬師のキャルは、冒険者の中でも最弱のEランク。仲間のために、日々、独自の薬を調合していたのだけれど…ある日、役立たずだと言われてパーティを追放されてしまった！ 帰郷するにもお金が足りず、ジリ貧生活を余儀なくされる。そんな中、彼女が街で出会ったのは、死にかけている冒険者のカイド。治療を施して自作の回復薬を渡したところ、彼はその薬を大絶賛！ そのままなりゆきで一緒に旅をすることになり—道中、キャルの知られざる（？）チートが大開花!?最弱薬師と最強冒険者のほのぼのファンタジー、開幕！
2017.12 289p B6 ¥1200 ①978-4-434-24105-5

◆レアリア 2 運命の石 前篇 雪乃紗衣著 新潮社 （新潮文庫nex）
【要旨】白の妃キラの罠によって、行方不明となった皇子アリル。突然の悲報に傷つき、戸惑いながらも、彼を探すレメディア。皇帝陛下のお披露目が迫り、異様な魔力に包まれた帝都ストラディカから弾きだされた二人は、帝国の過去を渡り歩く中で、帰るべき場所を探す—。他方、もう一人の皇子ラムザは、過酷な生活の中でも己を見失わず、未来へと踏み出す。大河ファンタジー、策謀の第3弾。
2018.1 267p A6 ¥550 ①978-4-10-180113-1

◆レアリア 3 運命の石 後篇 雪乃紗衣著 新潮社 （新潮文庫nex）
【要旨】旅路を経て、皇子アリルが下した決断。たった一つの想いを貫き通すため、彼は歩みを止めなかった。恐怖省ヴァルデミアスも、白の妃も、死神ギィも、彼を止めることはできなかった。すべては、この日、この時のために。明かされるロジェの秘密と、十三年前の真実。そして遂に、皇帝選の披露目の日が来る—。オ

レンディアと十三翼将のグランゼリア戦を描く中篇「碧落」を収録。
2018.1 379p A6 ¥670 ①978-4-10-180114-8

◆家電彼氏 雪見下ナチ著 KADOKAWA （ビーズログ文庫アリス）
【要旨】大学入学を機に、一人暮らしを始めた塔子。家具も家電を揃えて、ほんの少し寂しさも感じつつ。だが、そんな感傷を吹き飛ばしたのは—やたらと怒鳴りかけてくる objeto重計!?しかも続々と、テレビやブルーレイ、電子レンジ、スマホに掃除機まで喋りだして…これ、電器機能とかそういうのじゃない!!電器屋さんは「最近の家電は進化してるんです」って言うけれど、うちの家電たち、喋りすぎですっ!!!!
2017.2 287p A6 ¥660 ①978-4-04-734484-6

◆我輩さまと私 雪之著 一迅社 （アイリスNEO）
【要旨】魔導学園に通うおちこぼれクラスの弥代子が見つけたのは、学園の頂点である黒の級長が使役する魔獣—の抜け殻だった。魔獣の秘密を知った弥代子は無理やり雑用係に任命されてしまう。「貴様は我輩の物だ、小娘」私はただ、平和に平穏に学園生活をしたいだけなのに…。魔導学園に君臨する"我輩さま"とおちこぼれの私の、波乱に満ちた学園ラブファンタジー。第5回アイリス恋愛F大賞銀賞受賞作!!
2017.5 303p B6 ¥1200 ①978-4-7580-4946-7

◆召喚軍師のデスゲーム 3 —異世界で、ヒロイン王女を無視して女騎士にキスした俺は！雪華慧太著 アルファポリス、星雲社 発売
【要旨】敵軍の名将の誘いに乗り、大図書館ヴェリタスを訪れた天軍師ハルヒコと美貌の女騎士達。彼らはそこで、絶大な力を持つ"真実の塔の守護者"と激しい死闘を演じることになる。絶体絶命のピンチを迎える中、ハルヒコ達の窮地を救ったのは、なんと幼い頃に自分と母を捨て去った実の父親—春宮龍音だった。思いも寄らぬ因縁の再会に、ハルヒコは動揺を隠せぬまま、やむ無く父との共闘を決意するが—。一方その頃、帝都の地下神殿では、正体不明のエルフの男が恐ろしい野望を叶えるため、神の国に通ずるという『門』を開こうと不気味な儀式の最終段階に入っていた。遥かな時を経て、太古の昔に滅びた竜族の秘密と、千年前に起きた神殺しのエルフの真実が重なり合った時、全ての謎が解き明かされる！
2017.6 273p B6 ¥1200 ①978-4-434-23328-9

◆成長チートになったので、生産職も極めます！ 雪華慧太著 アルファポリス、星雲社 発売
【要旨】高校の合格通知を手にした結城川英志は喜びを嚙み締めたのも束の間、不運な事故で命を落としてしまった。転生の光に呑み込まれる寸前、エイジはひょんなことから女神メルフィを救う。そのお礼として、「習得速度アップ」をはじめとした様々なチート能力を授かり、異世界エデーフォに転生した。生計を立てるために冒険者となったエイジは、女神から貰った能力のおかげで、多種多様なジョブやスキルを次々に習得。そんなある日、鍛冶師のスキル"武器の知識"は戦闘時にも効果があると知り、早速試してみることにした。そして戦いの中で、エイジが窮地に陥った時一手にした剣が光輝き、驚くべき力が発揮された！
2017.11 282p B6 ¥1200 ①978-4-434-24015-7

◆紅霞後宮物語 第5幕 雪村花菜著 KADOKAWA （富士見L文庫）
【要旨】湖西の騒動は収まったものの、事後処理に追われる文林。隣国も怪しい動きを見せるなど、悩みは尽きない。そんな疲れを癒してくれるのは、帳簿と不本意ながら小玉…と思ったら、「娘子の貞節に問題あり」!?突如降り掛かった小玉の不義疑惑。紅霞宮を巻き込み蠢く陰謀—文林にないがしろにされた司馬淑妃の父親・司馬尚書の謀略か。それとも…。推移を冷静に見つめる小玉は、ある夜文林のもとを訪れる。そして二人の関係にも変化が—。それぞれが出した答えとは!?
2017.2 254p A6 ¥600 ①978-4-04-070938-3

◆紅霞後宮物語 第6幕 雪村花菜著 KADOKAWA （富士見L文庫）
【要旨】康国との戦を決意した文林。行軍元帥に選ばれたのは、班将軍だった。「皇后を」と始まりの声は上がった。皇后に少なからず安堵する文林と、小玉に手柄をあげさせたい反面、死地に向かわせることに躊躇いを感じている自分に気付いてしまう。一方の小玉は、文林に対して感じた溝が埋められず、複雑な心を持て余し

ていた。さらに開戦を契機に、朝廷では皇太子問題が議論されている。長男の風か、小玉を養母に持つ三男の鴻か。皇后としての小玉を守るため、文林は決断を下す—！
2017.6 236p A6 ¥580 ①978-4-04-072345-7

◆紅霞後宮物語 第零幕 2 運命の胎動 雪村花菜著 KADOKAWA （富士見L文庫）
【要旨】軍人として生きる覚悟を決めた小玉は異例の速さで昇進し、二十歳にして校尉となっていた。相変わらず男運はないものの、明慧を筆頭に仲間や上官にも恵まれ、職務に邁進していた。そんな小玉のもとに、新しい部下が配属される。眉目秀麗にして武科挙に合格した英才。叩き上げの自分と真逆ないで三歳年下の美しい男・周文林を見た瞬間、小玉は思った。「絶対そりが合わないー」その予感通り、文林は小玉はなにかと衝突を繰り返して…？ 小玉と文林、出逢いの物語。
2017.9 254p A6 ¥600 ①978-4-04-072446-1

◆乙女な騎士の萌えある受難 悠月彩香著 アルファポリス、星雲社 発売 （ノーチェ）
【要旨】とある事情から、男として騎士になった伯爵令嬢ルディアス。女人禁制の騎士団に入ったものの、すべては敬愛するキリアドール陛下に仕えるため。乙女な心を隠しながら、彼女は天使のような陛下に悶える日々に満足していた。そんなある日、仕事で陛下の部屋へ向かうと、突然彼に押し倒されてしまった。しかも、ルディアスが女だと気づいているらしく、陛下は、黙っている代わりに夜のお相手をしろと言う。愛しの陛下の傍にいるためにも、騎士は辞めたくない—その一心で、ルディアスは交換条件に応じることに。そうして彼女は、仕事中も休暇中も陛下の陛下から執拗に翻弄されることになり…!?
2017.2 298p A6 ¥610 ①978-4-434-23024-0

◆学園交渉人—法条真誠の華麗なる逆転劇 柚本悠斗著 SBクリエイティブ （GA文庫）
【要旨】七千人が通い、生徒の自治によって運営される白楊中央学園には華々しい実績の裏に、ある掟が存在した。それは「校則を破らない」こと。一見当然のこのルールは学園の特殊性から、法律のような実効力を持っている。そんな学園でたった唯一、法条真誠という男だけが法外な報酬と引き換えに、校則すらもねじ曲げて依頼人の問題を解決していた。とある事情で法条に借金をしてしまった少女、花咲葉織は彼の助手を務めるうちに、法条の真意と学園の不自然な構造に気づいていく。かくれんぼが有能な主人公と、猪突猛進なヒロインによる、驚愕の学園逆転劇、ここにスタート！
2017.7 315p A6 ¥610 ①978-4-7973-9290-6

◆フレンチ女子マドレーヌさんの下町ふしぎ物語 由似文著 KADOKAWA （メディアワークス文庫）
【要旨】私の名前はマドレーヌ。フランスの田舎町から和裁を学ぶために日本にやってきました！ 日本に来て驚いたのは、夜でも町が明るくて安全で、コンビニでも電車は時間通り、カフェの店員さんのサービスも最高！ ひとつだけ残念なのは、着物を着ている人がほとんどいないことです。ある日、古民家でルームシェアをしている華ちゃんから、フィナンシェの美味しい商店街の洋菓子店に誘われたのですが…そこには、フランス生まれの私には想像もつかないドラマが待っていたのです。
2017.9 279p A6 ¥610 ①978-4-04-893411-4

◆王国へ続く道 4 湯水快著 ホビージャパン （HJ NOVELS）
【要旨】アークランドからの定期的なちょっかいは、ゴルドニアの王がある事にようとによって本格的な戦争へとその姿を変える。人数も練度も劣りながらも、快進を続けるエイギル。そして彼は、二正面作戦を強いられるにあたって、千五百人の重装騎兵を一人で押しとどめることに—。やがて覇王となる若き英雄譚！ WEB発超王道戦記ファンタジー第4弾!!
2017.4 349p B6 ¥1200 ①978-4-7986-1439-7

◆IS"インフィニット・ストラトス" 11 弓弦イズル著 オーバーラップ （オーバーラップ文庫）
【要旨】イギリスで開発され、衛星軌道上に存在する対IS用高エネルギー収束砲術兵器『エクスカリバー』。亡国機業の攻撃によりその制御下に置かれた『エクスカリバー』だったが、突如として暴走、軌道を離れはじめた。一方、クリスマス・イブが誕生日のセシリアは、とある理由から一夏とテーマパークを楽しんでいた。そこに降り注ぐ『エクスカリバー』からのレーザー攻撃—。さらに、BT3号機をまとった

ヤング・アダルト小説

チェルシーが現れ、セシリアを挑発する。そして代表候補生一同は特命を受け『エクスカリバー』破壊作戦を開始、一夏は成層圏へ向かうが…。 2017.5 218p A6 ¥590 ①978-4-86554-213-4

◆**鬼社長のお気に入り!?** 夢野美紗紗 スターツ出版（ベリーズ文庫）
【要旨】ワケあって会社を辞めたデザイナーの愛理。偶然知り合った爽やかイケメンに「うちの会社を受けたら？」と勧誘され、面接に行くと…彼こそが社長で超一流カリスマデザイナーの八神だった! 当初も採用した途端、優しかった八神が意地悪く豹変!?鬼のような彼にこき使われる日々だけど、時折抱きしめられたりキスされたりと甘さも盛りだくさんで!? 次第に胸を高鳴らせる愛理の恋の行方は…？ 2017.7 381p A6 ¥640 ①978-4-8137-0283-2

◆**スパイス料理を、異世界バルで!!** 遊森謠子著 アルファポリス、星雲社 発売（レジーナブックス）
【要旨】買い物途中に熱中症で倒れたコノミ。気づくと、見知らぬ森の中にいた。おまけに目の前にはしゃべる子山羊! その子山羊に案内されるまま向かったのは、異世界の港町にあるパル『ガヤガヤ亭』。そこでいきなり、店長である青年に料理人になってと頼まれてしまった!?たくさんの人に手料理を喜んでもらえば元の世界に帰れることを知ったコノミは、彼の頼みを引き受けることに。得意のスパイス料理を、と思ったけれどこの世界にはほとんどスパイスがなくて— 2017.11 290p B6 ¥1200 ①978-4-434-23903-8

◆**ひざまずく騎士に、彼女は冷たい** 遊森謠子著 Jパブリッシング（フェアリーキス）
【要旨】突然異世界に堕とされ、辛い境遇に放り込まれた女子高生・上原思英。心ならずも その原因となった騎士オルセードが彼女を救い出したものの、彼女の心はすでに凍り付いていた。そのためシオンを館に引き取り、己の地位を捨ててまで償おうとするオルセードの不器用な優しさを受け入れられなくて…。冷たく拒絶するシオンの氷の心、けれどその下では不思議な感情が揺らぎ始め—。異世界トリップゆえの苦しみを、乗り越えるための彼女の答えとは？ 2017.2 302p B6 ¥1200 ①978-4-908757-61-7

◆**令嬢アスティの幻想質屋** 遊森謠子著 アルファポリス、星雲社 発売（レジーナ文庫）
【要旨】父の冤罪事件が原因で没落令嬢となってしまったアスティ。わずかばかりの財産を元手に執事・メイドと始めたのは、何と質屋だった! 利子は安く、人情には厚い。そんな質屋には、おかしな品が持ち込まれることもたびたび。空妙妙き掃除ブラシに、精霊仕掛けの調度品に。さらに倉庫へ続く扉には陽気な幽霊まで棲んでいて—。不思議な品が巻き起こす騒動に今日もアスティは四苦八苦。精霊の棲む国で紡がれるワーキングファンタジー! 文庫だけの書き下ろし番外編も収録。 2017.2 386p A6 ¥640 ①978-4-434-22891-9

◆**君を好きにならない方法** ゆーり著 KADOKAWA（魔法のiらんど文庫）
【要旨】OLのわたしに突然言い渡されたのは、父の会社のための政略結婚!!? しかも相手は、高校生の時にひどいフラれ方をした元カレの千歳だった。お見合いをした直後に、いきなり同居をさせられて!?「結婚するんだから、何されてもいいだろ」甘く迫ってくる千歳との夜に、初音のドキドキは止まらない。だけど昔の記憶が邪魔をして、なかなか素直になれなくて…。そんな時、千歳に新たな小悪魔なライバルが—!? 「千歳、抱きたかった」480万人がドキドキしたゆーりのNo.1大人気作!!待望の文庫化。 2017.2 287p A6 ¥640 ①978-4-04-892747-5

◆**大嫌い。** ゆーり著 KADOKAWA（魔法のiらんど文庫）
【要旨】しずくと俊哉は、家が隣り同士の幼なじみ。高2になって大好きな俊哉と同じクラスになったしずく。だけど中学生の時に、「嫌いになった。近寄るな」と言われ、俊哉から避けられていた。目も合わせてくれない俊哉だけど、忘れられなくて—。ある日、俊哉に彼女ができたという噂を聞いたしずくは、確かめるために俊哉の家を訪ねるが…俊哉は突然キスをされて!?「これ以上近づくな」冷たく言うキミは世界一の嘘つきでした—大人気ゆーりの幼なじみラブ。 2017.9 221p A6 ¥650 ①978-4-04-893416-9

◆**アラビアン・プロポーズ—獅子王の花嫁** ゆりの菜櫻著 講談社（講談社X文庫—ホワイトハート）
【要旨】イギリスの名門ヴィザール校に転入してきた絶世の美形王子シャディール。優等生で寮長の慧は、この傲慢な男に求愛され、取引から体の関係を持つことに。しかし、気位の高い慧とシャディールの恋の駆け引きは、卒業と同時に終わりを迎えた。六年後—。仕事でシャディールの国を訪れた慧は、突然、彼の宮殿に囚われてしまう。危険な色香を漂わせる彼に、もう逃がさない、と昼も夜も溺愛されて!? 2017.11 251p A6 ¥660 ①978-4-06-286972-0

◆**愛しき花嫁に運命の花束を** ゆりの菜櫻著 二見書房（ハニー文庫）
【要旨】飢饉に見舞われた紅の国の王女ナターシャは、援助を申し出てきた蒼の国へ花嫁候補という名目の人質として赴くことに。婚姻の相手は幼い頃愛を誓いあった第二王子ランドルフ。呪われた国の姫として蒼の国の人々から冷たい仕打ちを受けるナターシャだが、ランドルフは昔と変わらぬ真摯な瞳で愛を誓い、激しくも甘やかな官能で身も心も満たしてくれる。しかし、両国の関係は悪化し、ランドルフは兄王子の陰謀で戦地へ送られることになり…。 2017.7 248p A6 ¥676 ①978-4-576-17087-9

◆**竜の棲み処—君に至る道しるべ** 宵著 ブライト出版
【要旨】「竜と人」という種族の違いを乗り越え、蜜月期間中のタキアと「竜の番人」ルサカ。けれど二人で思う存分仲良くする「恋の季節」の到来直前、タキアの新たな番人を志願する美しい少年が現れ、気まずい雰囲気に。さらにルサカの美貌に魅せられたよそ者の竜が、タキアに決闘を申し込んできて!?タキアの兄リーンと、二人の仲に納得していないルサカの保護者ライアネルもそれぞれの思惑を見せる。竜×人ほのぼのふしだら新婚ライフ第二弾。 2017.7 410p A6 ¥722 ①978-4-86123-721-8

◆**外れたみんなの頭のネジ 4** 洋介犬著 アース・スターエンターテイメント、泰文堂 発売（アース・スターコミックス）
【要旨】七尾ミサキは、最愛の姉がなぜ自ら死を選んだのか、そして二年前の六月十三日に、何があったのか、狂気に満ちた館で真実を探ろうとする。それを解明するために、悪魔・ベベりんの魔力に頼るのだが、つまりそれは、自ら悪夢へ更に足を踏み入ることを意味するのであった…。サイコ&マッドネスコミック、やまない狂気の領域に陥る第4巻!! 2017.11 198p B6 ¥600 ①978-4-8030-1125-8

◆**死神と善悪の輪舞曲（ロンド）** 横田アサヒ著 三交社（スカイハイ文庫）
【要旨】平凡・堅実を信条とする大学生の佐東利雄が、「魂回収係」と名乗る人外の志川渡に気に入られ、無理矢理殺人事件の探偵まがいのことをさせられている。ある日、友人の高梁健斗からボランティアに誘われた利雄は、探偵をするくらいなら同級生の檜原千佳とともに参加する。だが、そこでも殺人事件が起きてしまい、さらには高梁が容疑者にされてしまう。高梁を助けるため、利雄は志川の力を借りることになるのか、その殺人には隠された真実が潜んでいた…。 2017.12 365p A6 ¥720 ①978-4-87919-218-9

◆**ぼくは異世界で付与魔法と召喚魔法を天秤にかける 9** 横塚司著 双葉社（モンスター文庫）
【要旨】最後の四天王・亡霊王ディアスネグスと戦闘を始める賀谷和久と仲間たち。だがその最中、一行はまたしてもどこかへと飛ばされてしまう。転移してしまった先、そこは東京だった!?四天王に魔王、そして謎の少女・カヤも登場し、怒涛の大展開を迎える「小説家になろう」大人気サバイバルファンタジー完結編!!書き下ろし番外編「結婚式」「黒釣急行」も収録。 2017.4 275p A6 ¥575 ①978-4-575-75138-3

◆**俺は魔王で思春期男子!** 横山采紅著 集英社（ダッシュエックス文庫）
【要旨】勇者とかいう野蛮人に倒されたふりをして魔王生活をやめてきた俺は人間界・人間社会の勉強をして不毛な争いがこれ以上起こらないように…ああ! リアルJK! スカート短くていいねっ! 通い始めた学校で、俺を倒した勇者パーティのやつらにあれは驚いたし、自分についてくる生意気な女の子がいたりするけど、友達もできたしJKと戯れたり不良を懲らしめたり巨乳の女教師と戯れたり…、たまに魔王最強の力がバレそうになっても、俺は憧れてた"ふつう"の高校生活を絶賛エンジョイ中! 自由すぎて横暴な元魔王の規格外学園コメディ開幕!!小説投稿サイト「E★エブリスタ」第1位作品!! 2017.11 288p A6 ¥590 ①978-4-08-631167-0

◆**賢者の孫 6 英姿颯爽の神使降誕** 吉岡剛著 KADOKAWA（ファミ通文庫）
【要旨】無事に三国会談が終わりアールスハイド王国に帰ってきたシン達アルティメット・マジシャンズ。魔人との戦争に備えるため世界各国が戦力増強を図る中、シン達も合同訓練や魔物狩りで基礎戦力値を上げることに。時を同じくして、その動きを察知した魔人シュトロームも謀略を巡らし、シン達の存在を自分たちから離反した魔人達へ向けようとするのだが—!? 『魔王』シンの破天荒で型破りな大人気異世界ファンタジーライフ、第六弾が登場!! 2017.3 315p A6 ¥610 ①978-4-04-734540-9

◆**賢者の孫 7 豪勇無双の英雄再臨** 吉岡剛著 KADOKAWA（ファミ通文庫）
【要旨】創神教教皇エカテリーナから新しい二つ名を拝命したシンとシシリー。彼らが嬉しくも恥ずかしい二つ名に身悶えする中、ついに始動し出した「魔人領攻略作戦」。魔人領の中枢である旧帝国に辿り着いたシン達のシン達の元だったが、翌日の総攻撃に備えるための小休憩の最中、功を焦った一部の軍人が、魔人の軍団に攻撃を開始してしまった!?戦闘などしている暇はない、すぐさま現地へ向かうのだが…。大人気異世界ファンタジーライフ、第七弾!! 2017.7 319p A6 ¥610 ①978-4-04-734777-9

◆**賢者の孫 Extra Story—伝説の英雄達の誕生** 吉岡剛著 KADOKAWA（ファミ通文庫）
【要旨】シンがマーリンに出会う三十五年前。当時のアールスハイド高等学院では問題児マーリン、才女メリダ、秀才カイルが慌ただしくも騒がしい学院生活を送っていた。そんな中、野外実習での出来事からマーリンとメリダは恋人同士に。その報告を受けたカイルは二人を祝福しつつも、マーリンに嫉妬心を燃やし始める。そして卒業を迎え、マーリンとメリダはハンターに、カイルは魔法師団の道へと進むのだが…。超人気シリーズ『賢者の孫』の外伝がついに登場!! 2017.11 319p A6 ¥610 ①978-4-04-734888-2

◆**女騎士は放蕩王子の愛に戸惑う—仮面舞踏会の蜜夜** 吉咲志音音著 二見書房（ハニー文庫）
【要旨】「お前なんかに…屈するものか」ブランチャード公爵直属の『白獅子の騎士団』の団長を務める女騎士クレアは屋敷に侵入した賊—ジョンを取り逃がしたばかりか、ジョンに敗れて思わず負傷したところを助けられる。公爵の愛人という噂も異なる初心なジョンの言動に心それ、不意にも、官能で枠持も忠誠心も奪われそうとしてきて…。そんな人に言えない一夜を過ごしたクレアが、王宮の仮面舞踏会でジョンと再会し—。 2017.7 268p A6 ¥676 ①978-4-576-17088-6

◆**ラスト・プロポーズ** 吉桜美貴著 アルファポリス、星雲社 発売（エタニティブックス）
【要旨】地味OLの珠美は、エリート商社マンの伊達に片想い。しかし、彼を前にすると緊張から失敗を連発しては怒らせる…という悪循環の日々を送っていた。そんな状況から、叶わぬ恋だと諦めかけていたところ、二人きりでエレベーターに閉じ込められてしまう。そのことをきっかけに、二人の仲は急接近し—!?大人な彼の悩殺フェロモンにノックアウト。 2017.5 299p A6 ¥720 ①978-4-434-23338-8

◆**レイン 14 暗黒が覆う** 吉野匠著 アルファポリス、星雲社 発売（アルファライト文庫）
【要旨】戦乱の最中にあるミュールゲニア大陸に、より大きな衝撃が襲う。長の死によってタガが外れた魔族達が、ついに異次元より大侵攻を開始したのだ。彼らと対立関係にあるレイグルは、自らの戦争を全て休止し、撃退に乗り出す。しかし、この激戦は彼さえも疑心を持っていた—。剣と魔法の最強戦士ファンタジー「レイン」シリーズ本編第14弾! 2017.7 251p A6 ¥610 ①978-4-434-23469-9

◆**レイン 15 攻勢に出る** 吉野匠著 アルファポリス、星雲社 発売
【要旨】異世界に存在する大陸、ミュールゲニア。レイグルを救出した上将軍レインは、次に魔族による大陸各地への無差別攻撃を止めることにした。だが、魔族が素直に交渉に応じる可能性

はない。そこでレインは、魔族軍の指揮官であるミライに狙いを定めた。彼女を捕らえて人質とし、魔王と直接交渉をするのだ。そのために、レインと仲間たちは、ミライがいるクリスタルパレスへ奇襲をかけた一人類最強メンバー、魔族軍に大反撃開始！
2017.6 277p B6 ¥1100 ①978-4-434-23508-5

◆**呪縛─とりこ**　吉原理恵子著　講談社　（講談社X文庫─ホワイトハート）　新装版
【要旨】俺たちは─どこで、道を違えてしまったのだろう？ 亡き兄と同じ高校に入学した中原浩二。親友・藤木将人と同じ組になり、喜んだのもつかの間、そこには圧倒的な存在感を持つ môj・沢田がいた。何ものをも寄せつけない沢田に構わず、声を掛け続ける将人を、浩二は不審に思う。だがやがて、将人と沢田の間に、拭いきれない過去があることを知ることに。自身の意思とは裏腹に、次第に巻き込まれていく浩二だが─。
2017.12 275p A6 ¥720 ①978-4-06-286975-1

◆**エリィ・ゴールデンと悪戯な転換─ブスでデブでもイケメンエリート　3**　四葉タト著　双葉社　（Mノベルス）
【要旨】エリート街道から一転、異世界の魔法少女に転生してしまった小橋川（エリィ・ゴールデン）。親友のアリアナと国外へと誘拐されるエリィだったが、誘拐犯であるポチャインスキーたちを見事撃破し、一路、グレイフナー王国への帰路を急いでいた。しかし、サンディと小アリィの戦争が始まり、エリィたちは砂漠の街で立ち往生することになってしまい─。たこ焼き屋の開店で、ポイントカードの導入!?デブでブスの魔法少女に託されたのは、異世界の商店街の活性化だった。新感覚異世界ライフ第三弾!!「小説家になろう」最大のコンテスト第4回「ネット小説大賞」受賞作!!
2017.5 315p B6 ¥1200 ①978-4-575-24033-7

◆**エリィ・ゴールデンと悪戯な転換─ブスでデブでもイケメンエリート　4**　四葉タト著　双葉社　（Mノベルス）
【要旨】親友のアリアナとともにオアシスの街で立ち往生を強いられた小橋川（エリィ・ゴールデン）。しかしエリィは、この地で好機ととらえ、砂漠の賢者ポカホンタスによる修行兼ダイエットを受け、大幅にレベルアップを果たした。その中、エリィはかつて国でおこった誘拐事件の存在を知り、大規模な救出隊を結成するのだが─！いよいよ手に汗にぎる魔法バトルから目が離せない「小説家になろう」発の異世界ファンタジー、待望の第四弾!!砂漠編決着！ 第4回「ネット小説大賞」受賞作！
2017.11 351p B6 ¥1200 ①978-4-575-24063-4

◆**世界最強は器用貧乏─器用貧乏でもスキルをカンストすれば完璧超人**　読み屋兼　リンダパブリッシャーズ、泰文堂 発売　（レッドライジングブックス）
【要旨】クラスメイト達と、異世界へ召喚された日向悠人は、ワクワクしていた。自分にも「異世界召喚でチートな俺ツエー勇者」がやってきたのだ！ だが、そんな悠人に与えられた称号は「器用貧乏」だった。「全ての魔法やスキルを獲得する代わりに、成長が遅く、どの分野でも一流になれない」そんな称号を持ってしまった悠人は、使えないヤツの烙印を押されてしまう。貴族やクラスメイトに冷遇される中、悠人はめげずに自分を鍛えて、世界最強を目指す！
2017.3 287p B6 ¥1200 ①978-4-8030-1019-0

◆**からくりピエロ**　40mP著　KADOKAWA　（角川ビーンズ文庫）
【要旨】高校では美術部に入り、自分を変えたいとがんばる美紅。先輩・悠人の絵のモデルを引き受ける中、どんどん彼に惹かれていく。"彼女"がいるよというウワサを信じずに告白した美紅に、悠人は「あと一年、待ってほしい」と答えるだけ。彼の本当の気持ちが知りたくて好きな美紅だけど、いつまでも独りで─。「君の中できっと僕は進化師なんでしょ」"伝説"入り神曲！ 40mPが贈る、最高に泣ける片恋ソング、自身による小説化！
2017.9 252p A6 ¥580 ①978-4-04-105829-9

◆**俺を好きなのはお前だけかよ　5**　駱駝著　KADOKAWA　（電撃文庫）
【要旨】最強の敵・ホースは俺を圧倒する完全上位互換キャラ。「勝負に負けた方は、二度と三色院菫子に近づかない」舞台は因縁の特異点・高校野球地区大会決勝戦へと移り、「決選投票」という名のパンジー争奪戦に挑む。どちらが、パ

ンジーの傍にいるのに相応しいか。普通なら勝てる訳ねぇ。なぜならヤツは全てが万能で、その完璧さゆえにパンジーを『呪い』で蝕むチート主人公。だから今回も俺は『作戦』を考えた。当然とびっきり卑怯な作戦。それは、ホース取り巻きの女の子を説得して『清き一票』を奪うこと。難易度下高めだが、やるしかねぇ─んだけど最悪なのは俺はこの勝負の直前、頼れる親友と決別してしまった。サンちゃん、俺この勝負勝てるかな…。
2017.4 339p A6 ¥630 ①978-4-04-892831-1

◆**俺を好きなのはお前だけかよ　6**　駱駝著　KADOKAWA　（電撃文庫）
【要旨】校内屈指の美少女であるひまわり、コスモス、あすなろ、そしてパンジーの四人からの愛の告白に『究極の回答』を返した俺。『究極の回答』ってなんだって？ ネタバレを恐れずに言うぜ。─前略ラストを読んでくれ。さあ、いよいよ始まる夏休み！ 実はひまコスパンジーと、いろんな約束をしてたんだよな。流しそうめんに海水浴、花火大会も！ 一生に一度、あるかないかの、幸せに満ち溢れた高校二年の夏休み!!全てのイベントを、完膚なきまでに楽してやろうじゃねぇか!!だってのに、なんで俺の目の前には、ホースの親友・特正北風がいやがるんだ!?ん？ 俺に相談がある？ ま、まさか─！波瀾万丈な夏がやってくる最新刊！
2017.8 339p A6 ¥630 ①978-4-04-893282-0

◆**俺を好きなのはお前だけかよ　7**　駱駝著　KADOKAWA　（電撃文庫）
【要旨】キミは、女の子のおっぱいを触ったことはあるかい？ 俺は、ある。しかも、二人一。そして、おっぱいたちのその子たちが愛してやまない彼女でもあるんだ、この俺だ。高校二年の夏休み終盤にして、ようやく来たぜ。人生の最高潮ってやつが。ん？ パンジー、ひまわり、コスモス、あすなろの美少女四人からの『告白』への返事はどうしたって？ もちろん完全無欠なパーフェクトアンサーをしたに決まってる。─おっぱいタッチしたサザンカとチェリーとの二股恋愛。それが答えだ。…釈明は本編でやらせてくれ!!
2017.11 345p A6 ¥650 ①978-4-04-893466-4

◆**放課後はキミと一緒に**　りぃ著　KADOKAWA　（角川ビーンズ文庫）
【要旨】「1週間だけでいいから、俺に勉強教えて！」高校2年生の柏木美佑は、地味で引っこみじあんな女の子。男子と話すなんて絶対ムリ！…だったのに、突然クラスの人気者・赤城君から話しかけられちゃった！ 成績が上がらないと部活に参加できなくなると言う赤城君のお願いで、放課後2人きりで勉強することになったけど？「俺達なってみる？ 放課後だけの彼氏彼女に」胸キュン＆ドキドキな秘密の放課後授業、スタート♪
2017.2 248p A6 ¥580 ①978-4-04-105015-6

◆**魔法学校の落ちこぼれ　2**　梨香著　アルファポリス、星雲社 発売
【要旨】魔法学校で無事に進級したフィンは、師匠ルーベンスから竜の卵を譲り受ける。それは伝説の魔法使いにしてフィンの祖先、アシュレイが遺したものだった。数百年にわたり孵化も躊躇わなかった卵。しかしフィンが故郷の村を訪れた際、ついに竜の赤ちゃんが誕生する。チビ竜は自ら「ウィニー」と名乗り、フィンの大切な相棒となった。学校中がウィニーに夢中になるなか、フィンとルーベンスは国境の街へ向かう。弱体化したアシュレイの防衛魔法を調査するためだったが、二人はそこで、事故死したフィンの父親に関し驚愕の真実を知ることになる。
2017.8 297p B6 ¥1200 ①978-4-434-23124-7

◆**魔法学校の落ちこぼれ　3**　梨香著　アルファポリス、星雲社 発売
【要旨】二匹目の竜を誕生させたフィンは、竜の素晴らしさを人々に知ってもらうため、魔法学校の生徒を乗せた飛行訓練の実施や、竜の成長を描いた絵本作りに勤しんでいた。そんな日々を結び始めた夏休み、フィンと師匠ルーベンスは、北方のサリン王国へ偵察に向かう。そこでは人質としてサリン王国に嫁ぐことになったカザフ王国の王女が、未来のない結婚から逃げる機会を今か今かと窺っていた─。たまたま知り合った王女と意気投合したフィンは、中街が盛り上がる夏至祭の夜に、自分を連れて逃げてほしいと頼み込まれる。彼女に関わるうちに、フィン達は陰謀の渦中に巻き込まれることになる！
2017.9 293p B6 ¥1200 ①978-4-434-23684-6

◆**魔法学校の落ちこぼれ　4**　梨香著　アルファポリス、星雲社 発売

【要旨】家族のために免税特権を得ようと、貧しい田舎を飛び出して魔法学校に入学した少年フィン。学校生活も三年目を迎えたフィンは師匠ルーベンスに連れられ、同盟締結の交渉をするために遊牧民の国・バルト王国を訪れる。しかし協議を終えた帰国の途中、ルーベンスが突如フィンに別れを告げ、一人船に乗って去ってしまった。当初はいつもの気紛れかと思われたがどれほど待っても戻ってこず、国中が大騒ぎする事態に発展していく。フィンは国王から直々に命を受け、海軍の船で捜索に出発するのだった。
2017.12 299p B6 ¥1200 ①978-4-434-24130-7

◆**お嬢様と執事見習いの尋常ならざる関係**　梨沙著　一迅社　（一迅社文庫アイリス）
【要旨】「この忠誠はあなただけのために」幼き日、姫は少年から生涯変わらぬ真心を送られた。姫の名はミシェル・バースト、少年の名はアンバー・クリムゾン。跡取りとして精力的に暮らす彼女の日常は、弟の誕生により一変する。政略結婚の駒となることを余儀なくされた彼女が選んだ新たな道─それは、誰にも負けない"王女"になること!?美しく勇ましい姫君と、そんな姫君に振り回される執事見習い＋竜の両片想いラブコメディ！
2017.2 302p A6 ¥638 ①978-4-7580-4905-4

◆**鍵屋甘味処改　5　野良猫少女の卒業**　梨沙著　集英社　（集英社オレンジ文庫）
【要旨】テストに文化祭、修学旅行と高校生らしい行事を終え、鍵屋へ顔を出したこずえ。祐希子との関係は気になるものの、ひさびさに淀川と会えてうれしい。和菓子屋から来た客へお茶を出し、時々は淀川の助手として駆り出される─平凡な日々が続くかと思いきや、淀川の元カノが現れる。過去に苦しむ淀川、そして、そんな彼を見守るこずえは…？ 人気シリーズ、完結！
2017.1 252p A6 ¥550 ①978-4-08-680115-7

◆**木津音紅葉はあきらめない**　梨沙著　集英社　（集英社オレンジ文庫）
【要旨】一族の巫女におりる神託によって繁栄してきた木津音家。だが、もう何年も神託がおりていない。分家の娘ながら御印のある紅葉は、本家に迎えられた。当主・寛人の目的は紅葉と神狐かつがわせ、次代の巫女を産ませること。寛人から道具扱いされ、寛人の娘で巫女の結花を慕う使用人たちからも冷たくされ、それでも紅葉は神狐を巻き込み反旗を翻す…！
2017.10 281p A6 ¥570 ①978-4-08-680155-3

◆**恋するエクソシスト　5**　梨沙著　イースト・プレス　（レガロ）
【要旨】ジャンが本気のプロポーズ!!刻子の答えは─!?水晶に捕らわれた刻子を救うため、奔走するジャン。かつてない危機に、ジャンに憑く悪魔がついに動き出す─!?美形でオタクなエクソシストと霊感女子高生の恋愛怪奇譚、待望の第5巻！
2017.5 303p B6 ¥1300 ①978-4-7816-1535-6

◆**魔導機人アルミュナーレ　3**　凛乃初著　KADOKAWA　（MFブックス）
【要旨】王都のアカデミーを卒業し、念願の操縦士となったエルドは、幼馴染のアンジュとともに第三十一アルミュナーレ隊に配属された。それからしばらく経ったある日のこと。第三十一隊は、フェイタル王国の第二王女イネスからある計画の相談を受けた。イネスは、自国に対し領土的野心を見せているオーバード帝国を牽制するため、隣国に赴き、同盟を締結しようと考えていたのだ。イネスの計画に賛同したエルドたちは、王女の護衛として隣国イングルへと旅立つ。一方で王国北部では、敵国に扇動された軍人たちによる武装蜂起計画が進んでいた。北部地域に駐留しているウェレスとレイラは蜂起鎮圧を試みるが…。果たしてエルドたちは王女を護り、敵であるオーバード帝国の野望を挫けるのか!?異世界ロボットファンタジー、波乱と感動の最終章！
2017.1 321p B6 ¥1300 ①978-4-04-068776-6

◆**無職転生─異世界行ったら本気だす　14**　理不尽な孫の手著　KADOKAWA　（MFブックス）
【要旨】長い間残されていた、サラとの遺恨を解決したルーデウス。そんなルーデウスたちは、甲龍王ペルギウスが住む空中城塞を訪れることになる。城内で新しい知識を習得したり、珍しい経験をしたり、貴重な時間を過ごす日々。一方で、風邪かと思われていたナナホシの体調が急転する！「俺を魔大陸に送ってもらう事は、可能ですか？」ナナホシの治療法を探すため、行動を始めるルーデウスたち。しかし転移した先

ヤング・アダルト小説

は、デッドエンド時代の苦い思い出が残る、あの場所で…！ 魔大陸をやり直し型転生ファンタジー第十四弾ここに開幕！
2017.4 321p B6 ¥1200 ①978-4-04-069189-3

◆無職転生―異世界行ったら本気だす 15 理不尽な孫の手著 KADOKAWA （MFブックス）
【要旨】未来からタイムスリップしてきたという年老いた自分に遭遇したルーデウス。彼は未来の自分が歩んだ、大切な人をすべて失ってしまうルートを回避するため、ヒトガミの提案で龍神オルステッドを倒すことに。そんな中、老人が残した助言を信じ五年前に別れたエリスに手紙を出すことにしたルーデウスは、彼女にとある案を投げかける。「もし、生きて帰ってこれたら、話の続きをしませんか」物語が大きく動き出す中、ルーデウスとエリスは赤い糸に導かれ再び交差し始めるのか!? 人生やり直し型転生ファンタジー第十五弾ここに開幕！
2017.7 314p B6 ¥1200 ①978-4-04-069355-2

◆無職転生―異世界行ったら本気だす 16 理不尽な孫の手著 KADOKAWA （MFブックス）
【要旨】龍神オルステッドの配下となり、エリスを妻として迎えることにしたルーデウス。家を守ってくれる守護魔獣を召喚したルーデウスは、ひとまず平穏な日々を取り戻していた。そんなある日、オルステッドから"アスラ王国第二王女であるアリエルを王にする"という初任務が下される。「危険は無いと聞いていますが、仮にも迷宮と呼ばれる場所です。注意していきましょう」甲龍王ペルギウスの後ろ盾を手に入れるためのヒントを探しに、図書迷宮に行くルーデウスたち。そうして初代国王の資料を探している中、ある奇妙な日記を見つけることになる！ その日記の著者、内容とは…! ?新作書き下ろしストーリーが加わった、人生やり直し型転生ファンタジー第十六弾ここに開幕!!
2017.10 321p B6 ¥1200 ①978-4-04-069587-7

◆賢者の弟子を名乗る賢者 7 ―ドラマCD付限定版 りゅうせんひろつぐ著 マイクロマガジン社 （GC NOVELS）（付属資料：CD1）
【要旨】酔いどれミラ様が召喚術を大盤振る舞い。完全書き下ろし、ドラマCD付き限定版。
2017.4 378p B6 ¥1800 ①978-4-89637-622-7

◆賢者の弟子を名乗る賢者 7 りゅうせんひろつぐ著 マイクロマガジン社 （GC NOVELS）
【要旨】見た目は美少女、中身はスケベ親父!? ミラ様の欲望が止まらない!!
2017.4 378p B6 ¥1200 ①978-4-89637-621-0

◆賢者の弟子を名乗る賢者 8 りゅうせんひろつぐ著 マイクロマガジン社 （GC NOVELS）
【要旨】「ここはわしに任せて、お主は先に行け！」と、清清しいまでの決め顔でミラは言い放った―。人類の友である精霊を食い物にする宿敵『キメラクローゼン』。彼らにより拉致された、事件のカギを握る錬金術師のヨハンを救出するべく、ミラたちは作戦を開始する。捜査を行う中で徐々にあきらかになっていく敵の正体。そして本拠地の特定に至るのだった。いよいよ近づく最終決戦。ミラ、カグラ、そして仲間達、全てを総動員して打倒『キメラクローゼン』に向け動き出す！
2017.11 386p B6 ¥1000 ①978-4-89637-661-6

◆魔王になったので、ダンジョン造って人外娘とほのぼのする 流優著 KADOKAWA （カドカワBOOKS）
【要旨】異世界転生したユキは、気付くとダンジョンの魔王になっていた。「今度は自由に生きる！」と決意した直後、娘龍を含め、戦闘……にはならず、何故かユキの出すお菓子の虜になりそのまま居候に!? さらに、次々と人外娘を招き、超便利なカタログ通販（？）でダンジョンに凶悪な罠を仕掛けたり、人外娘の玩具で遊んでみたりとやりたい放題！ 自分の自由と人外娘達の平和のために、快適&最凶ダンジョン造りを目指す!!
2017.11 317p B6 ¥1200 ①978-4-04-072502-4

◆異世界に転生したので日本式城郭をつくってみた。 リューク著 一二三書房 （サーガフォレスト）
【要旨】松本忍は30歳を超えても彼女の一人もなし、人生の大半を日本の城への愛につぎ込んでいた。ある日、竣工式を見ていた忍は、気づいたら『ロイド』という名の美青年に転生し、矢と魔法が飛び交う戦場に立っていた。戦場から逃げ延びた忍―ロイドは、気を失っているところをマリーという少女に助けられる。助けてくれた恩返しに、持てる知識を駆使してマリー親子の畑仕事を手伝い始めるロイド。やがてロイドが村の一員として認められた頃、村をゴブリンの群れが襲い、かけがえのない人を亡くしてしまう。悲しむ間もなく再度迫り来るゴブリンの群れの再応に、ロイドは日本の城の防衛設備を応用し、ゴブリン迎撃の準備を整えてゆく―。大切なものを守るため、異世界で日本式城郭を築城する『ロイド』の一代記！
2017.8 234p B6 ¥1200 ①978-4-89199-458-7

◆29歳独身は異世界で自由に生きた…かった。 6 リュート著 KADOKAWA （カドカワBOOKS）
【要旨】自分の国造りに日々邁進する異世界の勇者タイシ・ミツザ。ゲッベルス領で王国軍を蹴散らしたケンタウルス達を救い、自国へと移住させたところゲッベルス王国が完全激怒。「それなら先手必勝！」とゲッベルス王国の居城へとカチコミをかけるタイシだった―。世界の理を覆す最強無双のタイシに、システムを管理する"神達"がついに動き出した！ 29歳独身は異世界でやっぱり自由に生きられない…？
2017.2 238p B6 ¥1200 ①978-4-04-072123-1

◆29歳独身は異世界で自由に生きた…かった。 7 リュート著 KADOKAWA （カドカワBOOKS）
【要旨】タイシです。試練の名のもとに神々にフルボッコにされ、駄神とともにケツをまくって逃げ出しました！「神との戦いに敗れエルフの村で厄介になりつつ、失ったカースキルを取り戻すため森に点在する遺跡にあるという、"擬神格"なるものを求めて冒険を始めるのだった。この世界がタイシに本当の姿を見せはじめる―。29歳独身は異世界で自由に生きるため奔走する！
2017.7 231p B6 ¥1200 ①978-4-04-072363-1

◆29歳独身は異世界で自由に生きた…かった。 8 リュート著 KADOKAWA （カドカワBOOKS）
【要旨】擬神格を1つ手に入れ、神々に奪われた力を取り戻しつつあるタイシ。駄神が具現化として襲って（？）きたりしながらも、さらに別の擬神格を入手して完全復活を果たす！ だが、嫁達の元に帰るためには、敵の神々への対抗策として他の神を味方につける必要があった。しかし、味方候補は鍛治神や、バトルジャンキーの戦神!?タイシはそれぞれの神が課す試練に挑むことになり―。29歳独身は、異世界で自由に生きるため疾走する！
2017.11 227p B6 ¥1200 ①978-4-04-072543-7

◆悪役令嬢後宮物語 5 涼風著 フロンティアワークス （アリアンローズ）
【要旨】後宮に戻ったディアナを待ち受けていたのは紅薔薇派内部の裏切りだった!? 年明け早々に始まったシェイラへの嫌がらせだが、ソフィア・タンドール伯爵令嬢を中心とする紅薔薇過激派によるものと知ったディアナ。「国王の寵愛は紅薔薇様にこそふさわしい」と繰り返す彼女の後ろに見え隠れするのは、保守過激派貴族を率いる『牡丹様』リリアーヌの影…。折りしも国王ジュークの発令で行われることになった『星見の宴』に毒薬が持ち込まれたことが判明し、ディアナは一人覚悟を決める！「誰一人、私の目の前で死なせたりはしない！」急展開の勘違い系ラブ!? コメディ、緊迫の第五巻！
2017.3 294p B6 ¥1200 ①978-4-86134-982-9

◆悪役令嬢後宮物語 6 涼風著 フロンティアワークス （アリアンローズ）
【要旨】『星見の宴』に持ち込まれた猛毒をなかったことにするため、毒を口にし倒れたディアナ。翌日、ようやく目覚めた彼女の前に王宮騎士団が現れてシェイラが誘拐されたこと、その犯人として『紅薔薇様』ディアナの名が挙がっていることを告げる。このままではディアナの命は翌日中に尽きる！ 愛娘の無実を証明するため、とうとうクレスター家が政治の表舞台に姿を見せる！ 一方その頃、攫われたシェイラはディアナの誘拐を証明する手がかりを発見。その最も重要な証拠は誘拐犯の胸ポケットの中…！ 誤解と陰謀渦巻くシリーズ第六巻がオリジナル展開で堂々続刊！
2017.11 316p B6 ¥1200 ①978-4-86657-061-7

◆おはよう、きみが好きです。 涙鳴著 スターツ出版 （野いちご文庫）
【要旨】高校生の泪は、"過眠症"のため、保健室登校をしている。1日のほとんどを寝て過ごしてしまうこともあり、友達を作ることができずにいた。しかし、ひょんなことからチャラ男で人気者の八雲と友達になる。最初は警戒していた泪だったが、八雲の優しさに触れ、惹かれていく。だけど、病気のせいで傷ついた経験から、八雲に自分の秘密を打ち明けることができなくて…。ラスト、恋の奇跡に涙が溢れる―。
2017.9 411p A6 ¥610 ①978-4-8137-0324-2

◆世界から音が消えても、泣きたくなるほどキミが好きで。 涙鳴著 スターツ出版 （ケータイ小説文庫―野いちご）
【要旨】過去のトラウマから突発性難聴になった愛音。ある日、太陽みたいに笑う少年・善と出会い「そばにいたい」と言われる。罪を償うように生きている愛音は自分が幸せになることは許されないと思いつめる。善もまた重い過去を背負っていて…。罪悪感を抱えて生きる少女と愛を信じられない少年。心に傷を負った二人の感動の恋物語。人気作家・涙鳴初の書き下ろしにして最高傑作！！
2017.7 465p A6 ¥640 ①978-4-8137-0291-7

◆涙のむこうで、君と永遠の恋をする。 涙鳴著 スターツ出版 （ケータイ小説文庫―野いちご）
【要旨】幼い頃に両親が離婚し、一緒に住み始めた母の彼氏から虐待を受けて育った高2の穂叶は、心の傷に苦しみ、自ら築いた心の檻に閉じこもるように生きていた。そんなある日、花が好きな心優しい少年・渚に出会う。全てを受け入れてくれる彼に、穂叶は少しずつ心を開くように…。絶望しか知らなかった少女に訪れた、切なくも優しい恋に涙する感動作！ 文庫限定の番外編収録。
2017.4 317p A6 ¥590 ①978-4-8137-0241-2

◆フカミ喫茶店の謎解きアンティーク 涙鳴著 スターツ出版 （スターツ出版文庫）
【要旨】宝物のペンダントを犬に引きちぎられ絶望する来春の前に、上品な老紳士・フカミが現れる。ペンダントを修理してくれると案内された先は、レンガ造りの一風変わった『フカミ喫茶店』。そこは、モノを癒す天才リペア師の空、モノに宿る"記憶"を読み取る鑑定士・拓海が、アンティークの謎を読み解く喫茶店だった!? 来春はいつの間にか事件に巻き込まれ、フカミ喫茶店で働くことになるが…。第2回スターツ出版文庫大賞のほっこり人情部門賞受賞作！
2017.11 349p A6 ¥600 ①978-4-8137-0360-0

◆週末冒険者 るうせん著 KADOKAWA （カドカワBOOKS）
【要旨】残業なし休日出勤なしだけが取り柄の会社に就職した佐藤聡は、ある日ふと思い出した。「俺、前世は魔術師だった」でも今も魔術が使えた彼は、良いことを思いつく。「老後の貯蓄のため前世の世界へ行こう」一週末だけ」こうして安定して飯も食わず帰還する彼は凄腕魔術師として密かに噂になりつつあった。そんな時、ダンジョンに主級モンスターが出現し…!?
2017.8 303p B6 ¥1200 ①978-4-04-072406-5

◆恋するフェロモン 流月るる著 アルファポリス、星雲社 発売 （エタニティブックス Rouge）
【要旨】過去のトラウマから恋愛に臆病になっている二十五歳の香乃。小さな会社で事務仕事をしながら、すっかり色恋とは無縁の生活を送っている。そんなある日、香乃はひょんなことから誰もが見惚れるハイスペックなイケメンに助けられた。魅力的な笑顔でエスコートしてくれる彼に戸惑いながらも、なぜか甘く熱烈にアプローチされて大混乱！ 平凡な自分にはあり得ない事に警戒心全開の香乃へ、彼は「君の匂いが俺の理想だ」と驚きの告白をしてきて!? 恋するかけは十人十色！ 恋に狂ったエリートイケメンと平凡地味OLの暴走ロマンチックラブ！
2017.2 299p B6 ¥1200 ①978-4-434-23021-9

◆奴隷商人になったよin異世界 2 ルンパ著 ポニーキャニオン （ぽにきゃんBOOKS）
【要旨】タケオに救われた紗香だったが、心に負った傷は深く、関係者は頭を悩ませていた。一方タケオは、ジルとコラに「遺跡探索に行きたい」とせがまれる。初心者向けの遺跡で成長した姿を見せる二人に、背中を追いかけながら嬉しさを感じる。難なく帰還したタケオたちだったが、上級者向け遺跡で緊急事態が発生。探索者

ヤング・アダルト小説

になる意味を二人に教えるため、死と隣り合わせの救援要請にタケオが名乗りを上げたのだった―「小説家になろう」第4回ネット小説大賞受賞作品。
2017.5 305p B6 ¥1200 ①978-4-86529-265-7

◆町をつくる能力!?―異世界につくろう日本都市 町の栄華と崩壊の日 ルンパルンパ著 宝島社
【要旨】お金と引き換えに様々なものを手に入れることができる、"町をつくる能力"を手に入れ異世界に転移した藤原信秀。1000億援の初期資産を元手に、人口を増やし、資金を集めて快適な"現代"の町を目指すのが目標だ。住人としてやってきたのは、人間に迫害されていた獣人たち。人間に恨みを持つ彼らに食と住居を与え、信頼を得て、順調に町を発展させていく信秀だったが、その発展を見た北のサンドラ王国が、町に食指を動かし始めた。さらに、急速に発展する町には不穏分子が…。信秀は町を守ることができるのか。異世界町づくりファンタジー第2弾!!
2017.6 335p B6 ¥1200 ①978-4-8002-7266-9

◆公爵令嬢の嗜み 4 澪亜著
KADOKAWA (カドカワBOOKS)
【要旨】「一目見て心奪われ、貴女に求婚しにいらっしゃいます」ディーンとの叶わぬ恋を自覚しつつ、領地経営を謳歌する私こと令嬢アイリ。そして季節は社交シーズンに突入。国王が倒れ、第一王子派と第二王子派に割れ国内が荒れているのに、貴族はパーティーをするのね…、うんざりするわ。そんな折、隣国アカシアの使者が訪れる。その用件は、第一王子カアディルからの求婚で…これは政略結婚の申し込み!?ワーキングお嬢様、"仕事"も"恋"も選択を迫られる!? 2017.3 286p B6 ¥1200 ①978-4-04-105468-0

◆公爵令嬢の嗜み 5 澪亜著
KADOKAWA (カドカワBOOKS)
【要旨】私の存在意義なんて、どうでもいい…。けれど、私自身が歩いてきた結果が今、ここにある。隣国トワイルとの開戦に、アカシア国の陰謀を感じたアイリスは、今まで自分を支え信頼してくれた全ての人々の力を借りて奔走する。そんななか、最前線で第一王子アルフレッド―即ちディーン戦死の知らせが届き…!? バッドエンドから始まったワーキング嬢様の物語、様々なものを喪い、そして得て、彼女が見つけた"幸せ"とは!?
2017.4 309p B6 ¥1200 ①978-4-04-105469-7

◆好きになんなよ、俺以外。 嶺央著 スターツ出版 (ケータイ小説文庫―野いちご)
【要旨】彼氏のいる高校生活に憧れて、ただいま14連続失恋中の翼。イケメンだけどイジワルな幼なじみの蒼とは、昔から犬猿の仲だ。ある日、翼は彼氏がいないのを隠そうと、蒼と付き合っていると嘘をついてしまう。彼氏のフリのはずなのに、なぜかドキドキしてしまう翼は…。不器用なふたりの想いが通じる時はくる!?きゅんとして泣ける、ラブストーリー!
2017.2 361p A6 ¥590 ①978-4-8137-0208-5

◆手をつないで帰ろうよ。 煌央著 スターツ出版 (ケータイ小説文庫―野いちご)
【要旨】4年前に引っ越した幼なじみの麻耶にずっと恋している明菜。今度こそ告白しようと再会した彼は、イジワルで冷たい別人になっていた。麻耶と同居することになった明菜は、彼が昔と変わらないことを感じて、好きだと再確認する。そんな中、麻耶のファンの女子に倉庫に閉じこめられてしまう。麻耶は必死に探しまわるが…。幼なじみのジレジレ同居ラブ!
2017.11 383p A6 ¥590 ①978-4-8137-0353-2

◆俺、動物や魔物と話せるんです 2 錬金王著 KADOKAWA (MFブックス)
【要旨】『全言語理解』の能力を授かり転生を果たしたジェド＝クリフォード。幼馴染のレイチェルと共に冒険者として旅立った彼は、動物や魔物と会話ができる能力を活かして、ギルドでは採集クエストばかりを受注する。動物に素材の在りかへ案内してもらったり、魔物と物々交換をしたり、いつしかジェドは『収集クエストのスペシャリスト』と呼ばれるようになっていた。そんなある日、いつものように山へ素材収集に向かった二人は、山奥でひっそりと暮らす視力を失った職人マーベリックと、彼と共に暮らすシルバーウルフのウルに出会う。ウルはマーベリックの目を治して欲しいとジェドに頼むが―。さらにスケルトンやオーク、ゴブリンも登場！魔物と暮らす異世界ライフ第二弾!!
2017.4 322p B6 ¥1200 ①978-4-04-069137-4

◆俺、動物や魔物と話せるんです 3 錬金王著 KADOKAWA (MFブックス)
【要旨】『全言語理解』の能力で動物や魔物と会話ができるジェド。彼は他の冒険者とは異なる『収集クエストのスペシャリスト』として有名な存在になっていた。そんなある日、ある冒険者から『幻惑の森』という不思議な森の噂を聞く。『遠くから見えるほどの大樹があるのに、誰もそこへ辿り着けない―』その話に冒険心を掻き立てられたジェドとレイチェルは、相棒のスモーキーを連れて森を目指すことに。Web 版から大幅加筆！ここでしか読めないシリーズ完結編!! 2017.11 319p B6 ¥1200 ①978-4-04-069464-1

◆俺はデュラハン。首を探している 錬金王著 リンダパブリッシャーズ、泰文堂 発売 (レッドライジングブックス)
【要旨】交通事故で死んだはずの主人公・宗介が目覚めた場所は異世界、しかも全身鎧の首なし騎士"デュラハン"になっていた。手元にない首を探し続ける最中、魔法使いの娘システィと出会う。共に旅をすることを喜ぶも、システィは魔法の制御が全くできない魔法使いだった。（抱える首がない）デュラハンと（魔法の制御ができない）魔法使いの冒険が今はじまる!!
2017.6 287p B6 ¥1200 ①978-4-8030-1056-5

◆転生して田舎でスローライフをおくりたい―村の収穫祭 錬金王著 宝島社
【要旨】コリアット村に秋がやって来て村人は収穫祭で大忙し。スロウェット家も慌ただしい中、アルはこっそり焼き芋作りに二度寝に散歩と、スローライフを満喫中。そして、ついにアルに友達が！プリン好きのトール（エマの弟）と、動けるデブコンビのアスモ（シーラの弟）が集まって、悪ガキトリオを結成。秋が過ぎて冬が来たら、コリアット村も雪景色。それぞれの姉を模デルにした氷像作りに雪合戦に、と暴れまわる三人の背後に、姉バカの魔の手が迫る…！大人気スローライフファンタジー、待望の続編!
2017.2 319p B6 ¥1200 ①978-4-8002-6716-0

◆転生して田舎でスローライフをおくりたい―王都で貴族交流会 錬金王著 宝島社
【要旨】王都で開かれる貴族の交流会に出席（強制）するため、ついにコリアット村を旅立ったアル。一週間馬車に揺られて着いた王都は、目もくらむような大都会！ミーナと一緒に商店街や屋台を探索するアルが出会ったのは、幼い少女ラーちゃん。お姉ちゃんとはぐれたらしいラーちゃんに頼まれ、一緒に探すことになったのだが…？交流会ではファンに取り囲まれるノルド父さんの目を盗み、料理をむさぼるアル。肉を喰いつくさんとするアルの前に立ちはだかったのは、同じく皿を抱えた貴族の少年エリック！さらには、冷徹な目をした美しき公爵令嬢に「エリノラの婚約者だ」と言い張る少年（プライド高そう）も現れて…!?大人気スローライフファンタジー、激動と騒乱の第3弾！書き下ろし短編も2本収録！
2017.7 367p B6 ¥1200 ①978-4-8002-7282-9

◆転生して田舎でスローライフをおくりたい―コリアット村の日常 錬金王著 宝島社
【要旨】コマ、折り紙、お絵かき、ブランコ…。村は毎日がバケーション。王都から帰ったアルを待っていたのは、コリアット村のまったりライフ。ブランコを手作りしたり、お絵かきではシルヴィオの隠れた才能が開花。久しぶりに秘密基地に行くと、謎の男が住み着いていた！大人気スローライフファンタジー、待望の第4弾！
2017.12 319p B6 ¥1200 ①978-4-8002-7782-4

◆Aランク冒険者のスローライフ 1 錬金王著 フロンティアワークス (ノクスノベルス)
【要旨】強さを求めて戦い続け、竜殺しを果たした冒険者アルド。しかし、最強種である竜を討伐してしまったことで生き方を見失ってしまう。人生に悩むアルドの脳裏に浮かんだのは過去に訪れた村だった。どこまでも続く色とりどりの花畑だった。あの美しい風景を見ながらゆっくり暮らすのもいいかもしれない。そう思ったアルドは冒険者を引退し村人となった。花に囲まれ木陰でのお昼寝、仲間たちとの川遊び、可愛い女の子との畑づくりなど、豊かな自然と温かい村人たちに囲まれながらアルドはスローライフを謳歌する。そして、いつしか戦うためならぬ人生から楽しむための人生を歩みはじめる―戦い続けるだけが人生じゃない!?自由で気ままな幸せいっぱいのスローライフファンタジー！
2017.9 323p B6 ¥1200 ①978-4-86657-047-1

◆黄昏のブッシャリオン 磔星らせん著 KADOKAWA (カドカワBOOKS)
【要旨】その日、世界は得度の光に包まれた―。徳なき荒野に変貌したアフター徳カリプス14年。地には無人の得度兵器が闊歩し、人類を強制成仏へと導く。生き残った大半は、儚かな徳エネルギーの残滓を集めて命を繋いでいた。そんな末法の世界で、採掘屋の二人ガンジーとクーカは莫大なエネルギーを秘めた「仏舎利」を求めて荒野を走る。出会うのは、徳を生む少女、舎利ポーグ、ブッシャリオン…荒唐無稽な事象に満ちた徳パンクSFが、今開幕！
2017.9 252p B6 ¥1200 ①978-4-04-072367-9

◆燦然のソウルスピナ 1 蔀字歩著 主婦の友社 (プライムノベルス)
【要旨】青年アシュレは、「聖遺物」の管理に励む若き聖騎士。ある夜、保管庫が襲撃され、ふたつの聖遺物が強奪されてしまう。それは美しき夜魔の姫シオンの犯行だった。アシュレはシオンを追跡するも、辿り着いた廃王国で人外魔境と化していた。そこで、幼なじみで従者でもあるユーニスと離れ離れになってしまう。窮地に追い込まれたアシュレが死を覚悟した瞬間、この事件の発端であるシオンと、土蜘蛛の男イズマに救い出される。一時的に共闘関係を結んだ三人は、ユーニスを救い出すべく行動を開始するのだが―。いま、若き英雄の旅立ちが始まる。
2017.4 350p B6 ¥900 ①978-4-07-422847-8

◆燦然のソウルスピナ 2 蔀字歩著・イラスト 主婦の友社 (プライムノベルス)
【要旨】聖騎士：アシュレたち一行は、荒廃した王国をあとに青く輝く海の向こう、カテル島を目指している。法王庁の追及を逃れるための逃避行。それは聖騎士の資格を失い、家門が取り潰されかねない過酷な選択だった。それでも、信じた仲間たちのため、アシュレは一歩を踏み出す。だが、その直後、激戦の疲れから意識を失い倒れ込んでしまう。そして、ふたたび目を覚ましたとき、そこに待ち受けていたのは想像を絶する光景だった―。
2017.10 383p B6 ¥1300 ①978-4-07-427336-2

◆限界集落・オブ・ザ・デッド ロッキン神経痛著 KADOKAWA (カドカワBOOKS)
【要旨】限界集落、木偏町、滅亡のふちに追いやった大災厄、その記憶を持つ老人が身を寄せ合う町に「留人」が現れた。人間の血肉を求める亡者の出現に人々は揺れたが、彼らには対留人のスペシャリスト・恐山がいた。しかし、彼らは知らなかった。無数の留人の群れが、まさに暗い森の中を集落に向かって蠢いていたことに—死者がみな留人となる過酷な世界で、自らの尊厳と生き様をかけ戦う老人たちの姿がここにある！
2017.12 214p B6 ¥1200 ①978-4-04-072539-0

◆サモナーさんが行く 3 ロッド オーバーラップ著 (オーバーラップノベルス)
【要旨】「…本当に、召喚士…ですよね…?」召喚士でありながら、モンスター召喚禁止の闘技大会に出場することになったキース。普通の召喚士であれば魔法を駆使して戦うところだが、規格外の彼はトンファーを自作し、独自に修行に励むのみ。そして迎えた闘技大会。全プレイヤーが注目する中、キースはロッドで殴打し、蹴りを放ち、裏投げを決め―と、実に召喚士らしからぬ派手な立ち回りを見せ、観客を震撼させる！しかし、順調に勝ち進んでいると思われたその時、とある試合にてアクシデントが発生し―!?「イヤアアアアアアッ！この格好何？もうヤダやめてヤダいや助けて犯されるううううう！」様々な意味で伝説の試合が、今幕を開ける！Web 未公開の書き下ろしエピソード収録。「小説家になろう」最大級の戦闘録、待望の最新刊！
2017.1 318p B6 ¥1200 ①978-4-86554-188-5

◆サモナーさんが行く 4 ロッド著 オーバーラップ (オーバーラップノベルス)
【要旨】土霊の祠にてイベントモンスター・ノッカーを討伐したキース。その結果VRゲーム「アナザーリンク・サーガ・オンライン」運営より『エリアポータルが開放され、広域エリアマップが実装されました』というインフォメーションが届く。各地に点在するログイン・ログアウトができる拠点エリアポータルこそ、今のこのゲームに必要だと考えたキースは、前人未踏のエリアを進みイベントモンスターを撃破。他プレイヤーも目みはる短期間の内に複数のエリアポータル開放を成し遂げる。各地の冒険で未知の素材を得たキースは、フィーナからそれらを使った装備品を紹介してもらうことに。宝飾職人・マルグリットへの依頼も問題なく進み順風満帆かと思った

ヤング・アダルト小説

矢先、キースはフィールドモンスターに予想外の一撃を受け…!?「そうか。これが死に戻ってやつか」各務、駿河、春袁たちの知られざる、WEB未公開書き下ろしエピソードを収録。「小説家になろう」最大級の戦闘録、新章突入!!

2017.5 319p B6 ¥1200 ①978-4-86554-221-9

◆**異世界創造の絶対神 2** 若桜拓海著 ホビージャパン（HJ文庫）

【要旨】レムルス自由都市連盟の成立を祝し、帝国に国賓として招かれることになったティナ。同じころ、未来視でレムルスの首都が大量破壊兵器によって壊滅するヴィジョンを得たシンは、調査及び破壊工作の為に、調査に同調して帝国へと潜入することに。罠も危惧していた一行だが、技術を一人で70年は進めた天才少女・ソフィアの案内もあり、技術力を見せつけながらも友好的だった帝国。果たして本当に大量破壊兵器は存在するのか。そして、帝国の真の狙いとは―。

2017.2 239p A6 ¥619 ①978-4-7986-1376-5

◆**非凡・平凡・シャボン! 2** 若桜なお著 フロンティアワークス（アリアンローズ）

【要旨】聖女・英雄・王子と非凡な仲間たちに囲まれながら、世界浄化の旅に同行する地味子のルチア。その旅の途中、あるトラブルによってルチアと騎士のセレスが仲間たちとはぐれてしまった。一刻も早く合流を目指す二人は、近くの村で身元を隠したセレスが、駆け落ちしてきた「夫婦」だと言い出して…!?「私が奥さんなんて、無理です！バレちゃいます！」平凡だけどひたむきな主人公が送るハートフル・ラブコメディ。本編に小さな仲間も加わった第二巻は天晶樹浄化編。

2017.6 318p B6 ¥1200 ①978-4-86134-969-0

◆**非凡・平凡・シャボン! 3** 若桜なお著 フロンティアワークス（アリアンローズ）

【要旨】他国で足止めにあいながらも、世界を救うため浄化の旅を続ける地味子のルチア。始めはぎこちなかったメンバー達も次第に打ち解け、本当の意味で仲間となった一行は、ようやく最終目的地へ辿り着いた。最後の浄化をと提案する聖女・マリアと共にルチアは浄化に試みる中、突如ほ魔を滅ぼす力を持つ黒竜が現れ、とっさに黒竜の浄化をルチアは引き受けるが、魔物が消えると今度は「シャボン」が使えなくなってしまい…!?平凡だけひたむきな主人公が送るハートフル・ラブコメディ。最終巻は波乱万丈な旅の終焉、そして、人々の想いが繋ぐ大団円!

2017.12 317p B6 ¥1200 ①978-4-86657-072-3

◆**君に謝りたくて俺は** わかつきひかる作 講談社（講談社ラノベ文庫）

【要旨】今井健人は息を呑む。入学式を終えて教室に入った健人が見つけたのは、小学校で少しの間だけクラスメイトだった、明日葉待夢だった。忘れられない苦い思い出に直面する健人だが、当時からちょっと不思議な―だから浮いてしまっていた待夢と、改めて仲良くなっていく健人。だが、彼女に対する罪悪感は続いていく。謝るということは、自分が昔いじめられていたと知られてしまうこと。その気持ちを抱えたまま、待夢と過ごす日々は甘くて、でも苦くて―。ピュアストーリー、開幕！

2017.6 245p A6 ¥620 ①978-4-06-381617-4

◆**御曹司の溺愛エスコート** 若菜モモ著 スターツ出版（ベリーズ文庫）

【要旨】昔の恋人・蒼真と再会した桜。彼はさらに凛々しく容姿端麗、世界に名を馳せる天才外科医になっていた。蒼真から「まだ君しかいない」と甘く迫られ、桜の心も再燃するけれど、ふたりを引き裂かれるあの事情が彼女に歯止めをかける。ところが空き巣に遭い、身を案じてくれた蒼真の超高級マンションで一緒に暮らすことに。そこで情熱的に愛を囁かれ、溺愛される毎日に、桜の想いは加速して…!?

2017.4 381p A6 ¥640 ①978-4-8137-0236-8

◆**契約から始まる結婚生活** 若菜モモ著 オークラ出版（エバーロマンス）

【要旨】「結婚してほしい」―恋をしている一ノ瀬専務に、千里はプロポーズをしてしまった。もし自分が愛しているような、ものすごく嬉しいことだ。でも、現実は違う。自分と専務は付き合ってなんかいないし、好きだと言われたこともない。千里が片思いしているだけなのに、なんで彼からのプロポーズ!?―ノ瀬専務が千里に望んでいるのは一年間の契約結婚で、報酬はいまの年収の十倍だというけれど…。

2017.6 281p B6 ¥1111 ①978-4-7755-2665-1

◆**国王陛下は無垢な姫君を甘やかく寵愛する** 若菜モモ著 スターツ出版（ベリーズ文庫）

【要旨】王都から離れた島に住む天真爛漫なルチア。海辺でたわむれていたところを、沈没船の調査に訪れた"軍神"と名高い王・ユリウスに見初められる。その直後に高熱で倒れてしまったルチアを、彼は自分の豪華な船に運び、手厚く看護する。美しさと圧倒的なオーラを備え「君をわたしのものにしたい」と甘く情熱的に愛を囁く彼に、ルチアは身分差に悩みつつも恋心を抱いていき…。

2017.9 369p A6 ¥640 ①978-4-8137-0318-1

◆**婚約恋愛―次期社長の独占ジェラシー** 若菜モモ著 スターツ出版（ベリーズ文庫）

【要旨】OLの花菜は、幼なじみの京司にずっと片思い中。彼は花菜の会社の専務かつ御曹司で、ルックスも知性も抜群。平凡な自分との差を感じ苦しくなった花菜は、彼への想いを吹っ切るためお見合いを決意する。ところが当日現れた相手は「なんと京司！熱く抱きしめられ「お前と結婚する」と甘く宣言されて夢心地に。その後も「俺以外の男には近づくな」と、過保護な独占欲全開で激しく迫られて…!?

2018.1 345p A6 ¥630 ①978-4-8137-0383-9

◆**ただ今、政略結婚中！** 若菜モモ著 スターツ出版（ベリーズ文庫）

【要旨】初恋相手である大企業のイケメン御曹司・隼人との政略結婚が決まった亜希。胸が高鳴ったけど、結婚式で再会した彼はそっけなく、夜には勤務地のNYに戻ってしまう。愛されていないと落ち込みつつも亜希は隼人の元へ行く。彼との夕食で飲みすぎ、目覚めると―何もなかった！「俺と夫婦生活を送るために来たんだろ？」とイジワルに微笑む隼人だけど記憶になく…。この結婚どうなる!?文庫でしか読めない書き下ろし番外編付き。

2017.9 395p A6 ¥650 ①978-4-8137-0250-4

◆**はたらく魔王さま! 17** 和ヶ原聡司著 KADOKAWA（電撃文庫）

【要旨】正社員登用試験に落ちた悔しさを仕事にぶつけ、いつもよりも一層神々こぶりをみせる魔王。だが、見た目とは裏腹に落ち込んでいた。しかも、何者かに襲撃され弱ったままのカミーオや、「大魔王の遺産」最後の一つの行方など、解決すべき問題も山積みだった。一方マグロナルドでは、店長の木崎に異動命令が出たことで、クルーたちに動揺が広がっていた。正社員という目標がなくなり、異世界に戻るのか、日本で仕事を続けるのか、今後のキャリアに悩む魔王のとる選択肢とは―。お仕事成分多めでお贈りする、庶民派ファンタジー第17巻！

2017.5 315p A6 ¥630 ①978-4-04-892892-2

◆**はたらく魔王さま! 18** 和ヶ原聡司著 KADOKAWA（電撃文庫）

【要旨】マグロナルド幡ヶ谷駅前店に新店長がやってきた。年度の変わり目でベテランクルーたちの退店も相次ぎ、さらには受験に専念するため、千穂も店を去ることになって、新体制にバタつく中、魔王はペット禁止のヴィラ・ローザ笹塚でトカゲ姿の悪魔キンナラを飼育し、部屋をボロボロにされ大家にばれ、大問題に。退去は免れたが、修繕費として多額の請求書が届けられてしまい!?一方異世界では、世界の危機に対処する準備として、五大陸各国の調整で芦屋と鈴乃が奔走している。人間と悪魔の共存を目指す魔王は、マグロナルドの人手不足と合わせて解決する方案を考えるが―。

2018.1 315p A6 ¥630 ①978-4-04-893572-2

◆**はたらく魔王さま!ハイスクールN!** 和ヶ原聡司著 KADOKAWA（電撃文庫）

【要旨】魔王と勇者の庶民派ファンタジーが学園コメディに！男子高校生の魔王と、クラスメイトの千穂、そしてマグロナルド店員の芦屋。彼らのもとに、制服をテレアポから女子高生にチェンジした恵美が襲来―!?勇者に敗れ、高校生活を満喫していた魔王。だがある日、事故に巻き込まれ、元勇者の恵美に正体がバレしまう。品行方正な生活を送る魔王を怪しんだ恵美は、女子高生の制服を纏い、学園へと潜入するが―!?「電撃文庫MAGAZINE」掲載分に、鈴乃やエメラダも登場する書き下ろしを加えた、著者自らによる『はたらく魔王さま！』スピンオフ作品！

2017.2 321p A6 ¥630 ①978-4-04-892667-6

◆**勇者のセガレ 2** 和ヶ原聡司著 KADOKAWA（電撃文庫）

【要旨】高校3年生になって一発目のテストで、まさかの赤点を3つもとってしまった剣崎康雄。原因は異世界の危機を救うための勇者修行とあって、康雄を指導する魔導機士ディアナは責任を感じ家を出ると主張。剣崎家ではまたしても緊迫の家族会議が開催されることに。そんな康雄の前に、異世界から新たな使者、ハリーヤが現れる。ディアナの上司だという銀髪美女は康雄の勇者修行に反対で、学校にまで追いかけてくる始末。追試の勉強もままならない中、ディアナとの関係を誤解した同級生の翔子ともギクシャクしてまって―!?異世界の勇者の追試が大ピンチ!?一体どうなる庶民派ファンタジー！

2017.8 303p A6 ¥610 ①978-4-04-893279-0

◆**おめでとう、俺は美少女に進化した。** 和久井透真著 KADOKAWA（カドカワBOOKS）

【要旨】白いフリルのノースリーブにふわっとした膝丈のスカート、黒髪ロング、ちょっと自分に自信がない人見知りな清楚系美少女コスプレイヤー・朝倉すばる。その正体は、"俺"である。冴えない大学生の俺・鈴村将晴から友達にも家族にも絶対言えない秘密。それが女装コスプレ。あまりの完成度の高さに親友(男)の婚約者のフリをさせられ義理の弟と妹に惚れられイケメンに迫られ…ってこれハーレム？逆ハー？―俺の心の平穏は、いつ訪れる？

2017.2 286p B6 ¥1200 ①978-4-04-105293-8

◆**エルフ嫁と始める異世界領主生活 4 そんな観光地で大丈夫か？問題…しかない!?** 鷲宮だいじん著 KADOKAWA（電撃文庫）

【要旨】異世界領主の俺だけど、本業は高校生。夏休みも明け、勉学に励むため学校へ行くと、そこに俺の嫁アクセリアがいた！なんでも日本と異世界を交流させるモデルケースとして、この学校へ転校して来たらしい!?一体どんな手を使ったんだ…？※美羽さんが一晩やってくれました。こうして始まった波乱に満ちた新学期。休み明け最初のイベント「臨海学校」の行き先を決めるホームルームで、候補地にまさかの異世界が!?俺の領地に観光資源なんてあったっけ…？こうして次なる課題、異世界観光振興が始まった！異世界⇒日常ファンタジー第4弾！

2017.4 305p A6 ¥630 ①978-4-04-892834-2

◆**エルフ嫁と始める異世界領主生活 5 おきのどくですがりりがるどはきえてしまいました** 鷲宮だいじん著 KADOKAWA（電撃文庫）

【要旨】とうとう異世界領地の存在を世間に公表することが決定！そんな中、世界の狭間から突如伝説の勇者が現れる…!!関口達やアクセリアたちを迫害していた悪の帝国はヤツに滅ぼされ、リリガルドのみんなが異世界に帰るにあたり、障害はなにもなくなったらしい。もちろん、アクセリアを始め異世界のみんなは日本に留まることを宣言。しかし帰ると言うならば、異世界領地を幾度も地震が襲う！原因を調査したところ、驚くべき事実が発覚した。それは…リリガルドが沈没する!?まあ、まだあわてる時間じゃない!!異世界⇒日常ファンタジー、最終章!!

2017.9 353p A6 ¥630 ①978-4-04-893340-7

◆**ソルトな彼女、メレンゲよりも甘い恋** わたあめ著 KADOKAWA（魔法のiらんど文庫）

【要旨】高1のほのかと怜央は幼なじみで同じ高校。成績はトップクラスでスポーツ万能、家はお金持ち。学校中の"王子様"な怜央。一方ほのかは小学生の頃に怜央から"ブス"だと言われ、自信のない地味子として生きてきた。「口ごたえすんな」「俺のかのくせに、なまいき」ドSな態度で毎日イジメられているけれど、ほのかはずっと怜央に片想い中。"ある約束"が理由で怜央もほのかに興味を持った男子が現れ、二人の関係は変わり始めて―。

2017.2 255p A6 ¥590 ①978-4-04-892750-5

◆**本当はキミに好きって言いたくて。** わたあめ著 KADOKAWA（魔法のiらんど文庫）

【要旨】「先輩、私と付き合ってください！」本郷里奈、高1。生まれてはじめての告白。相手は誰もが憧れる時本先輩。…だって、里奈が本当に好きなのは同級生の陽大だから。なのに、フラれると思っていた先輩からOKの返事をもらってしまう。陽大に誤解されたまま、先輩と付き合うことになってしまった里奈。そして、毎日がだんだんと変わっていき―。

2017.9 271p A6 ¥670 ①978-4-04-893418-3

ヤング・アダルト小説

◆レベル無限の契約者—神剣とスキルで世界最強 2 わたがし大五郎著 TOブックス
【要旨】グラッドとリヴの前に突如現れた、色欲の悪魔アスモデウス。その狙いはかつて世界を混沌に陥れた大厄災・大罪遊戯の再現であった。断固阻止すべく2人は立ち上がり、300年もの時を越えて色欲と嫉妬が内に再び激突！だが、その美少女スライムのテレサに異変が…？ 彼女に隠された謎が物語を紡ぎ、グラッドの運命を大きく変えていく！
2017.6 278p B6 ¥1296 ①978-4-86472-577-4

◆レベル無限の契約者—神剣とスキルで世界最強 3 わたがし大五郎著 TOブックス
【要旨】怠惰を司る悪魔、ベルフェゴールが襲来！ その能力により女性陣は全員幼児退行させられ、絶体絶命の大ピンチに！ だが、そんな中アスモデウスが助太刀に登場し、グラッドは彼女と大罪神剣の契約を結ぶ。嫉妬と色欲、2つの悪魔の力がグラッドの中で融合し、怠惰を駆逐せんと牙を剝く！ そして運命の名の下に、七つの大罪の悪魔大戦はさらに熾烈を極めていく。
2017.9 239p B6 ¥1296 ①978-4-86472-606-1

◆暗殺拳はチートに含まれますか？―彼女と目指す最強ゲーマー 渡瀬たびびと著 KADOKAWA (富士見ファンタジア文庫)
【要旨】VR格闘ゲーム『プラネット』で活躍するプロゲーマーの俺は、地味で無口な同級生美少女・葵が暗殺拳継承者という秘密をたまたま知ってしまう。彼女の動きや技なら、ずっと探していた俺のライバル候補になれるはず！ それでゲームに誘ったら、「俺と(ゲームには)付き合ってくれ！」「ふ、ふつつかものですが、よろしくお願いします」告白と誤解されて、恋人同士に!?一瞬で加速する瞬発力。急所をついての一撃必殺！ 学校では寂しがりで甘えてくるけど、ゲームではチート級の強さで俺様たちを圧倒する葵。快進撃を続けた結果、俺と葵のバトルの強さはゲーム内で拡散していき、誰もが知る存在となる！
2017.12 299p A6 ¥600 ①978-4-04-072554-3

◆クローバーズ・リグレット 2 ―ソードアート・オンライン オルタナティブ 渡瀬草一郎著 KADOKAWA (電撃文庫)
【要旨】"SAOサバイバー"にして、VRMMO"アスカ・エンパイア"内で"探偵業"を営むクレーヴェル。ある彼の前に、クエストで新規実装されたの"鬼動傀儡・鬼姫"にうり二つの少女が現れる。彼女マヒロから、"現実世界で行方不明になった父親探し"の依頼を受けたクレーヴェルは、助手(？)の戦巫女・ナユタ、忍者・コヨミとともに、事件の鍵が眠る"アスカ・エンパイア"へとダイブする！ 他にも前代未聞、仮想空間内かつ開催される温泉旅館夜話『骨体 旅籠夜話』と、大カピバラ祭が展開する"茶番劇 化鼠之宴"など、"アスカ・エンパイア"での様々なクエストを収録。その傍らで、クレーヴェルとナユタの距離も少しずつ縮まっていて―？
2018.1 336p A6 ¥630 ①978-4-04-893594-4

◆文学少年と書を喰う少女 渡辺仙州著 ポプラ社 (ポプラ文庫ピュアフル)
【要旨】古来、泰山山頂の金蔵の中には、すべての者の生死を記した緑命簿『玉策』があるとされる。それがあれば、人の寿命を知り、またその運命を変えることもできるという―。本と物語が何より好きな少年・呉承恩と、金蔵から転がり出た、本を喰らう生意気な少女・玉策。不思議な力をもつ玉策を、様々な者が狙いに来るのだが、呉承恩は彼女を守るのか!?涙こぼれる感動のファンタジー！
2017.7 278p A6 ¥660 ①978-4-591-15526-4

◆理想のヒモ生活 9 渡辺恒彦著 主婦の友社 (ヒーロー文庫)
【要旨】『瞬間移動』の魔法を会得し、双王国にやってきた善治郎を待っていたのは、ブルーノ王の退位宣言であった。善治郎はもちろん、双王国の貴族達にとっても寝耳に水の宣言に、騒然とする『紫卵宮』。末王子であるラルゴ王子を中心に、多くの貴族は、突然の王の退位宣言に動揺を示す。そんなラルゴ王子達をブルーノ王は、尊き客人にいらぬ誤解をさせることはと諫める。また、双王国では、新たなる王に即位する際に、四人の大公爵に『魔道具』を送り、四公から返礼の品をもらうことで、初めて王として認められるのだが…。善治郎は祖国である自国の王位継承に絡む権力争いに巻き込まれていくのだった。
2017.6 287p A6 ¥600 ①978-4-07-424639-7

◆理想のヒモ生活 10 渡辺恒彦著 主婦の友社 (ヒーロー文庫)
【要旨】妊娠中の女王アウラに『治癒術士』を呼ぶため、再び双王国へ『瞬間移動』する善治郎。さらに、フレア姫も長期航行を補助する魔道具を求め、双王国へやってくる。双王国に到着した善治郎を最初に待っていたのは、フランチェスコ王子だった。カープア王国で作製された『ビー玉』を渡され、困惑するフランチェスコ王子。だが、同時にフランチェスコ王子も、ある構想を打ち明け、善治郎を驚愕させた。その後、聖白宮でのベネディクト法王との面談は問題なく終わり、約束通り『治癒術士』であるイザベッラ王女がカープア王国へ向かうことが決定。数日後、フレア姫と一緒に善治郎は、魔道具購入の交渉に赴くのだが―。
2018.1 318p A6 ¥610 ①978-4-07-429074-1

◆はるまで、くるる。―春の日のような、甘くて果ての見えない、悪夢と終末のハーレム 渡辺僚一著 桜雲社
【要旨】目覚めると、そこは温泉宿を思わせる寮舎。俺のほかには4人の見知らぬ女の子。全員、記憶喪失。周囲には青い山々と美しい海―そして、空の果てまでのびる用途不明の建築物。「3ヶ月後、迎えにくる」という謎のメモを見つけた俺たちは、誰もいないこの場所で、自給自足の生活を始めることに―。驚愕の世界観が話題を呼んだ名作品『はるくる』の感動が、再び。
2017.3 343p B6 ¥1200 ①978-4-908290-29-9

◆ダンジョンを造ろう 4 ―争いより幸せにしてよ、魔王様！ 渡良瀬ユウ著 KADOKAWA (MFブックス)
【要旨】ゆるゆるなダンジョンライフを送るために、魔王の「俺」はダンジョンの防衛を固める籠城の準備をしていると、新たな魔王・首領悪鬼が大軍を引き連れて攻め込んできた。だが、増築しておいた堀や土壁、配下の魔族たちの奮戦のお陰で鬼の軍勢を撤退させる。俺たちは逃走した首領悪鬼軍を追撃していくが、その目の前に他の敵対勢力が現れる！ 大乱戦に発展するが、何とか生き延びてダンジョンに帰還するものの、今度は帝国軍がおびただしい数の大軍勢でダンジョンに侵攻すると情報が入る。「閣下、休んでいる暇はありませんよ」ダンジョンひきこもり計画最大のピンチに、俺は知恵を絞り迎撃の策を立てる。新たな魔王と敵対勢力が出現して、戦ってばかりで大変だけども…『ハッピーダンジョンライフ』実現のために、ダンジョンの主としてがんばる！
2017.5 285p B6 ¥1300 ①978-4-04-069223-4

◆クオリディア・コード 3 渡航著 集英社 (ダッシュエックス文庫)
【要旨】「この世界はニセモノだ」―ほたるから託されたメッセージを理解しきれていなかった霞だが、大國真昼医務官の襲撃を経て自らの目に映る異常な世界の真実を知り、人知れず行動を始める。一方、最大戦力である舞姫・ほたるを欠いた防衛都市、さらには加勢のアンノウンの大襲来が迫る。霞の留守を守るべく必死に抗戦する明日葉と、カナリアの死を受け入れ今一度戦場に立ち上がった朱雀だが、新たに出現したかつてなく強力な人型アンノウンに追い詰められていく。だが、混乱した戦場に消えたはずの少女が姿を現す時、世界は反転する!!激戦の果てにたどり着く世界の真実とは!?大人気アニメの公式ノベライズ、運命の第3巻！
2017.10 307p A6 ¥610 ①978-4-08-631208-0

◆小説 ガーリッシュナンバー 3 渡航著 KADOKAWA
【要旨】柴崎万葉に影響を与えた2人の声優。苑生百花と千歳という二人が特別に感じた理由。そして新人声優・桜々丘七海はどうしてあんなにも千歳を慕うのか―？ 烏丸千歳を見守る人々の視点で描くアイドル声優お仕事ストーリー最終巻！
2017.6 191p A6 ¥900 ①978-4-04-892992-9

◆どうでもいい世界なんて 2 クオリディア・コード 渡航著 小学館 (ガガガ文庫)
【要旨】正体不明の敵"アンノウン"によって、世界が崩壊した近未来。今も"アンノウン"との戦争を続ける防衛都市・千葉に暮らす千種霞は、本来の戦闘科としての仕事ではない、出向先の生産科で残業に明け暮れていた。そんな中、生産科の科長・釣瓶朝顔は事実上の支配階級である戦闘科に反旗を翻し、首席選挙に立候補しようと目論むが、そのことが戦闘科にばれ、窮地に立たされる。起死回生を狙うため、霞が考えたとんでもない作戦とは!?TVアニメも好評だった『クオリディア・コード』の「千葉編」前日譚、完全書き下ろし小説第2弾！
2017.1 231p A6 ¥574 ①978-4-09-451648-7

◆やはり俺の青春ラブコメはまちがっている。 12 渡航著 小学館 (ガガガ文庫)
【要旨】バレンタインデーのイベント、水族館での雪の日を終え、自分たちが踏み出すべき一歩を定める八幡たち。そんな奉仕部に、ある大きな依頼が持ち込まれる。その依頼に対して、雪乃が決意を抱し、申し出した答えとは…。たとえ、その選択を悔いるとしても―。時間の流れがいつか自分たちを大人にするのかもしれないが、出会いと別れを繰り返して人は成長するのかもしれない。でも、いつだって目の前には「今」しかなくて―。それぞれの想いを胸に抱えながら、八幡、雪乃、結衣が選ぶ『答え』とは。新たなる青春群像小説、物語は最終章へ。
2017.9 359p A6 ¥600 ①978-4-09-451674-6

◆天都宮帝室の然々な事情―二五六番目の皇女、天降りて大きな瓜と小さな恋を育てること 我鳥彩子著 集英社 (コバルト文庫)
【要旨】天上世界である天都宮を治める天帝の末娘・未鳴皇女は、地上の太陽国へ降嫁することになったが、天降る道中で雲から墜落し、行方不明に。一方地上では、太陽国の皇太子・輝日皇子が天帝の娘との縁談を厭い、なんとか破談にする方法を考えていた。そんな折、山で記憶喪失の娘を拾った輝日は、その娘を恋人に仕立て上げて天都宮の皇女との縁談を回避しようと目論むが!?神がかりコメラブ！
2017.8 268p A6 ¥600 ①978-4-08-608047-7

◆天都宮帝室の然々な事情―二五三番目の皇子、天降りて綺麗国の美人に婿入りすること 我鳥彩子著 集英社 (コバルト文庫)
【要旨】天上世界である天都宮を治める天帝の二五三番目の皇子・麗姿は、美貌だけが取り柄と言われる25歳。美しいことが至上とされる綺麗国への婿入りを命じられた麗姿は断るも、一服盛られて地上へと降ろされる。そこで待っていたのは、美男子アレルギーの第一王女・飾名と、なぜか嫉妬つい仮面を被った第二王女・誘名。飾名はどうにも麗姿と結婚したくないようで？ 奇想天外の神がかりコメラブ！
2017.11 269p A6 ¥600 ①978-4-08-608055-2

◆王立探偵シオンの過ち 我鳥彩子著 集英社 (コバルト文庫)
【要旨】王立探偵は、王家の利益を図り不始末を揉み消す、王家お抱えの探偵。たとえ逃がしたペットの捜索でも、愛人との別れ話でも…。その仕事のひとつに、呪いとも言える不思議な力を持つ"過ちの魔物"と呼ばれる物具を調査することがある。紫ずくめのインチキ魔術師のような恰好をした王立探偵シオンは、可憐の少女ラナと共に、血の涙を流す肖像画を調べるため地方の伯爵家に向かったが？
2017.5 247p A6 ¥570 ①978-4-08-608037-8

◆すべてがおまえに背いても―高貴な罪びとを愛した少女の物語 我鳥彩子著 集英社 (コバルト文庫)
【要旨】女神の不興を買ったとして断罪された王子フォルシティアは、流刑地ラタ島へと送られる。島の領主の娘エディスは王子に惹かれ、足繁く館に通っていたが、幼なじみの青年ルウェインとの縁談が持ち上がる。抵抗するエディスに業を煮やした家族は、王子と離れれば諦めるだろうと考え、強引にエディスを本土へと送ってしまう。その頃、王国本土では邪教徒による少女誘拐事件が相次いでおり…!?
2017.4 281p A6 ¥600 ①978-4-08-608033-0

◆異世界迷宮の最深部を目指そう 9 割内タリサ著 オーバーラップ (オーバーラップ文庫)
【要旨】ついにパリンクロンを倒したカナミだったが、迷宮・六十階層の裏で目覚めを果たす。"五十守護者"ティティーと出会い、一年という空白期間を認識したカナミは、ともに落ちたライナーと迷宮を脱出するべく『地上』を目指すことに。六十層まで到達したふたりが出会ったのは、『光の理を盗むもの』ノスフィー。「ーあ、あぁっ!!わたくしを迎えに来てくれたのですね！」未練を残す守護者がふたり。語るたびに騙され、諦観が未練を育て、誰も彼もが姿をはき違えていく。その果てにも届かぬ手を伸ばした先に―彼女の『試練』が訪れる。
2017.9 411p A6 ¥750 ①978-4-86554-255-4

◆俺の現実は恋愛ゲーム？？かと思ったら命がけのゲームだった わるいおとこ著 リンダパブリッシャーズ、泰文堂 発売 (レッドライジングブックス)
【要旨】平凡なニート長谷川亮は目を覚ましたら、現実そっくりの恋愛ゲームの世界にいた。ゲームの世界から脱出するには、女たちを攻略する

ヤング・アダルト小説

しかない。与えられた能力「セーブ＆ロード」と「アイテム」を駆使し、さっそく女たちの攻略に乗り出す。だが、長谷川が巻き込まれたのは"恋愛ゲーム"ではなく、危ない女たちの"秘密"を命がけで奪い合うゲームだった！

2017.7 300p B6 ¥1200 ①978-4-8030-1077-0

◆**努力しすぎた世界最強の武闘家は、魔法世界を余裕で生き抜く。** わんこそば著 集英社 （ダッシュエックス文庫）
【要旨】ある日突然、異世界に転生した武闘家のアッシュは、二度目の人生は魔法使いになることを決めた。かつての勇者・モーリスを師匠に過酷な修行をこなす彼の前に"闇の帝王"が突如出現!!世界の終焉が見えたそのとき一アッシュのワンパンで魔王は粉々に!?かくして、アッシュは魔力が皆無で、修行も世界最強の武闘家になるためのものだったという衝撃の事実を知るも、夢を諦めず最高峰の教育機関・エルシュタット魔法学院へ入学することになる!!叫べばワンパン飛び、ジャンプすれば遥か上空へ。誰もがそれを魔法として疑わず、難関試験もあっさり合格。エリートで美少女な生徒に囲まれて、世界最強の武闘家のチートな学園生活が、今はじまる！

2017.6 255p A6 ¥600 ①978-4-08-631191-5

◆**努力しすぎた世界最強の武闘家は、魔法世界を余裕で生き抜く。 2** わんこそば著 集英社 （ダッシュエックス文庫）
【要旨】魔法使いを目指す世界最強の武闘家のアッシュは、魔力を得るため一流の薬師・コロンのもとへ向かい、適量の100倍の薬を飲み干す。薬の副作用があるもアッシュの強さは変わらず最強で一!?その頃、魔法騎士団の前に"土の帝王"が降臨！圧倒的な力で絶望に沈む魔王を、突如現れたアッシュがワンパンで粉砕。その活躍を気に入った王女様から最高(？)なプレゼントをもらう！だが、魔王の動きは止まらない。迫り来る"終末の日"に備えて集結した勇者一行の前に、相手の力をコピーする"光の帝王"が君臨！しかし、アッシュの強さを前にして、魔王の身に異変が起きる!?世界最強の武闘家の超余裕な学園生活！魔力を求めて、第2弾!!

2017.8 243p A6 ¥600 ①978-4-08-631202-8

◆**努力しすぎた世界最強の武闘家は、魔法世界を余裕で生き抜く。 3** わんこそば著 集英社 （ダッシュエックス文庫）
【要旨】魔力獲得の可能性を追い求める武闘家のアッシュは、大陸の東西南北にある遺跡の石碑に記された文字を解読することで魔力を得た話を聞き、石碑を遺した"氷の帝王"の転生体であるノワールと共に旅立つことを決めた!!最初に訪れた最北端の遺跡には、世界一強い魔王"北の帝王"が封印されていた。最強の防御力を誇る魔王に、立ち向かうアッシュ。だが予想もしない攻撃を繰り出すも一、一撃で倒せるのだった!!残る遺跡に封印されている、南の最熱、西の最速、東の最強の魔王。果たして、アッシュは魔力を獲得できるのか!?努力しすぎた世界最強の武闘家が、魔法世界を余裕で生き抜く先に何を想う一。信じる者が最も強くなる第3弾!!

2017.11 246p A6 ¥600 ①978-4-08-631217-2

◆**キミとまた、同じ空の下で。** Rain著 KADOKAWA （魔法のiらんど文庫）
【要旨】美しい転校生・皆川ゆり子が東京からこの田舎町にやって来たのには、大きな病気を抱えているからという理由が。そんなゆり子に女嫌いで有名なクラスのリーダー渉が恋をした。夏祭り、バーベキュー、初キス。すべてが初体験のゆり子と渉の、淡く儚い恋愛がはじまったけど一。ゆり子の親友・京子目線で語られる、儚く日々をおくる高校生たちの大号泣ラブストーリー。

2017.6 255p A6 ¥590 ①978-4-04-893227-1

◆**白いジャージー先生と私** reY著 スターツ出版 （ケータイ小説文庫―野いちご） 新装版
【要旨】高校生の直が好きになったのは、学校の先生。ある日、体調の悪い直を気づかってくれる先生に悩みを打ち明けてしまう。先生との距離が近づくにつれ、想いがあふれていて告白する直。そしてついに想いを通じ合わせたふたりだけど、お互いの将来を考えて別れることに…。苦しくて切なくて、それでもあきらめない想いを描いた、純愛物語。

2017.6 372p A6 ¥590 ①978-4-8137-0271-9

◆**今宵、君の翼で** Rin著 スターツ出版 （ケータイ小説文庫―野いちご）
【要旨】兄の事故死のせいで両親と疎遠になり、孤独に街をさまよう美羽は、最強の暴走族Phoenix16代目総長の翼と出会い恋に落ちる。幸せな時を過ごすが、兄の事故を知ったとたん美羽は翼を遠ざけるようになった。悲しむ美羽は、兄の死に翼がかかわっていると告白される。美羽は彼を信じようと、葛藤するが…。残酷な過去に翻弄される真実の愛の行方は？

2017.9 307p A6 ¥590 ①978-4-8137-0320-4

◆**神達に拾われた男 1** Roy著 ホビージャパン （HJ NOVELS）
【要旨】日本の中年サラリーマン・竹林竜馬の生涯は、病魔という形であっけなく幕を閉じた。決して恵まれた人生ではなかった竜馬だが、死後、三柱の神に協力を求められ、剣と魔法の異世界へと身一つで転生することに！神々から手厚い加護を貰い受け、ひとまずは森で一人、のんびりと暮らし始める竜馬。魔法に狩りに精を出す中、竜馬が最も熱心に取り組んだのは、使役したスライムたちの研究で!?多種多様なスライムたちの新種(含む)を従えて、優しい人々と触れ合いながら第二の人生を謳歌する異世界スローライフファンタジー、開幕！

2017.9 359p B6 ¥1200 ①978-4-7986-1509-7

◆**神達に拾われた男 2** Roy著 ホビージャパン （HJ NOVELS）
【要旨】三柱の神に見守られながら、自分なりのペースで異世界生活を営む転生者の少年・竜馬。縁あって優しく温かな公爵一家と共に旅をすることになった彼は、持ち前の戦闘技能を活かせる冒険者となり、初めての大仕事をスライムたちと一緒に無事やり遂げる。その後、竜馬は公爵令嬢エリアリアの魔法訓練に同行し、新た魔法を獲得！さらには前世の知識と錬金術を駆使した商品が新たなビジネスにも繋がっていく!?魔獣討伐ではスライムたちの意外過ぎる戦闘技能も発揮される異世界スローライフファンタジー、第二幕！

2017.11 343p B6 ¥1200 ①978-4-7986-1571-4

◆**銭(インチキ)の力で、戦国の世を駆け抜ける。 4** Y.A著 KADOKAWA （MFブックス）
【要旨】時は進み、天正四年。引き続き光輝(津田家)による同盟は順調に進んでいく。そんな中、足利義助の暗躍により上杉景虎が関東へ出兵。他、伊達政宗、北条家の残党がそれに続くも、風魔小太郎の情報網によって筒抜けであったため、あっさりと返り討ちにされる。その合戦で旧伊達領、大崎領、葛西領を得てしまった光輝だが、あまりの忙しさに佐竹義重に統治と開発を丸投げしてしまう。褒美で喜び義重の島、一気に結婚感で歪んでいく!?相も変わらずの開発無双！おでん、コナモノ、即席麺に、気仙沼の海鮮三昧！そして蝦夷、四国、中国、九州平定と遂に天下統一織田幕府！だが、新たな順風満帆の織田幕府に、朝鮮出兵という泥沼が待ち受けていようとは、誰も知る由もない…。

2017.5 300p B6 ¥1200 ①978-4-04-069225-8

◆**銭(インチキ)の力で、戦国の世を駆け抜ける。 5** Y.A著 KADOKAWA （MFブックス）
【要旨】天下統一を果たし、順風満帆の信長。その勢いで信長は国をさらに発展を伸ばそうとする。一方、出兵した朝鮮で思わぬ苦戦を強いられる。次々と要所を陥落させていくも、進軍と補給が噛み合わず補給が取れず、断続的な補給路は伏兵の格好の的に。加えて、言葉の壁というものが追い討ちをかけていくのだった。時に、光輝らが戦国の世に降り立ってから早三十年と余。当時からの重臣らも高齢となり、病気や老衰が目立ち始め、天寿を全うする者も。そしてそれは、信長とて例外ではない…。

2017.11 303p B6 ¥1200 ①978-4-04-069501-3

◆**八男って、それはないでしょう！ 10** Y.A著 KADOKAWA （MFブックス）
【要旨】師であるアルフレッドとの戦いで、引き分けに持ち込むことが精一杯だったヴェルは、その脅威を実感し対策を急ぐ。一方、テレーゼとニュルンベルク公爵による最初の決戦の行方は、双方共に決定打を与えることができず、和睦が結ばれる結果となった。来る帝都での戦に向け、両陣営仕切りなおしの合間、ヴェルたちはかつての重要拠点サーカントの街を落とし、そこを拠点として戦いの時を待とうとする。しかし、なぜか人様の国で開発三昧の日々を過ごすのだった。そして迎えるアルフレッドとの再戦。ヴェルはアルフレッドの身体がターラントであることを利用した戦略を有利に進めるが、一筋縄ではいかず…。

2017.2 313p B6 ¥1200 ①978-4-04-069087-2

◆**八男って、それはないでしょう！ 11** Y.A著 KADOKAWA （MFブックス）
【要旨】帰るに帰れなかった内乱騒ぎが、ニュルンベルク公爵の敗北によってようやく沈静化するに至った。いまだ反抗的な一部の領民や家臣相手にペーターが奔走する反面、ヴェルは貰ったウナギを焼いて食べるなどして、いつもの日常を取り戻していた。だが、彼の人生において、平和な時期はそう長く続かない。あとは美羽を貰って帰るだけのヴェルに思わぬ『お土産』が引き渡されたのだ。お土産は、フィリーネという銀髪の少女。なんでもブライヒレーダー辺境伯の隠し子だという。ようやく内乱が終わったのに、また面倒な話が舞い込んできたなと肩を落とすヴェルなのだった…。ところがどっこい、そんなフィリーネと妻たちにメイド服を着させて悦に入ったり、生かしておいた魔族アーネストとの遺跡探索など、相変わらずの八男節！心機一転の第十一幕！

2017.6 303p B6 ¥1200 ①978-4-04-069274-6

◆**八男って、それはないでしょう！ 12** Y.A著 KADOKAWA （MFブックス）
【要旨】リーグ大山脈を貫く縦貫トンネルの出口は、下田舎である。ブロマイスター騎士爵領よりも貧しく見えるオイレンベルク騎士爵領に、得も言われぬ驚きを覚えつつも、トンネルの運営への協力を求める話を進めるヴェル。だが、領民たちと一緒に畑を耕しながらささやかに仲良く暮らす作業の方が重かったらしく、領主側は全力で権利の譲渡を申し出てくる。これにより、少々面倒ではあるもののヴェルとブライヒレーダー辺境伯家、王国の三者で管理運営するという流れに話はまとまった。しかし…「親父！兄貴！！正気か！オイレンベルク大躍進のチャンスなのに…！」突如現れた領主の娘カチヤによって、根底を覆されるはめに。毎度のことながら、ヴェルの心労が尽きない。さらなる面倒ごとに巻き込まれる予感の第12幕！

2017.12 313p B6 ¥1200 ①978-4-04-069599-0

◆**南くんの彼女―(熱烈希望!!)** yumi*著 スターツ出版 （ケータイ小説文庫―野いちご）
【要旨】高2の佑麻は同じクラスの南くんのことが気になって、毎日、気持ちを伝えるけど、超クール男子の南くんはそっけない態度ばかり。でも、わかりにくけど優しかったり、嫉妬してきたりするじれ甘な南くんに佑麻はドキドキさせられる。南くんに一途な佑麻だけど、優しい工藤や真面目な鳴本にも迫られて!?佑麻の恋の行方は…？野いちご大賞りぼん賞受賞の甘々ラブ。

2017.7 339p A6 ¥590 ①978-4-8137-0287-0

ボーイズラブノベルズ

◆**神様☆ハニー** 藤崎都小説,相葉キョウコ原作・漫画 KADOKAWA （あすかコミックスCL・DX）
【要旨】幼い頃から人には見えない「影」が見えてしまう寺の息子の海。中でも「黒い影」に触れると体調が悪くなるため出来る限り避けていたが、ある日寺の前でその影が待ち構えていた。ところがそこに見慣れない着物を着た長髪の綺麗な顔立ちの男が現れて、影を一掃してしまう。思わず見惚れていた海だったが、目があった？と思った途端、男は海の方から掻き消えていた。「人」ではなかったのか…と一瞬での失恋に落ち込む海だった。帰宅後に日つきの悪い猫に威嚇されたうえ、深夜には人型の影に襲われそうになって…!?恋をした相手は神様でした。不憫な寺の息子×純情ビッチな恵比寿天が贈る強制(!?)お祓いラブ★書き下ろし小説＆描き下ろし漫画＆イラストを収録して、コミックスサイズで登場!!

2017.12 186p B6 ¥780 ①978-4-04-105096-5

◆**キャラ文庫アンソロジー 琥珀** 英田サキ,神奈木智,菅野彰,樋口美沙緒,松岡なつき著 徳間書店
【要旨】華やかに明るく、甘やかに一宝石のように煌めく色とりどりの粋と艶を凝縮した、珠玉の傑作アンソロジー!!人気シリーズ番外編5作品を収録!!

2017.12 340p B6 ¥1400 ①978-4-19-864540-3

◆**幻視行 2** 吉原理恵子小説,立石涼漫画 リブレ （ビーボーイプラスデラックス）
【要旨】「事故の真相解明。それこそが生き残った者の義務だ」慰霊祭での事件が遺族会の被害者意識に火をつけ、拓巳へのバッシングは増す

一方だったが、逆にそれがマスコミの目にとまり、これまで彼が陰湿ないじめに遭っていた事実が暴露されてしまい、遺族会ひいては海棠家への誹謗中傷がネット上で炎上する。拓巳の弟・海棠翔太にとっては現実的な被害もあった。学校での噂、イケメンである兄との比較…。ストレスが爆発し、ついに翔太は兄のアパートに向かい、拓巳をナイフで刺してしまうのだった！
2017.9 238p B6 ¥1200 ①978-4-7997-3489-6

◆小説オメガバースアンソロジー リブレ
（ビーボーイスラッシュノベルズ）
【目次】復讐するは×××にあり（水樹ミア）、ダ・ヴィンチと愛さない―愛に繋がれた獣たち（玉ména ゆら）、牙なし狼と自由な蝶の恋物語（はるの紗帆）、淫湖（かわい恋）、火竜王と召喚された番（秋山みち花）、アオイトリ（木原音瀬）、heat capacity（水壬楓子）
2017.10 390p 19cm ¥1270 ①978-4-7997-3490-2

◆小説 ファインダーの蒼炎 砂床あい小説，やまねあやの原作・イラスト リブレ
【要旨】若くしてやり手の検事・黒田慎司は高校時代に一人の転入生と出会う。一麻見隆一。ほとんど誰かに来ず、様々な黒い噂が囁かれる謎めいた同級生。麻見は生徒の間で畏怖と羨望の的だった。そんな麻見と、黒田はある事がきっかけで親しくなっていき…？
2017.1 172p B6 ¥1000 ①978-4-7997-3161-1

◆兎田士郎の勝負な週末―大家族四男 2 日向唯稀，兎田颯太郎著 コスミック出版（コスミック文庫α）
【要旨】希望ヶ丘小四年の兎田士郎は神童と呼ばれるほど賢いが、同級生たちにも人気がある。だがその分、何かと友だちに頼られ、苦労する日々だ。今日も今日とて、友だちの理不尽な親から無理難題を言い付けられ、運動音痴な士郎には不利な勝負を引き受けざるを得なくなる。絵が下手だと巻き込まれトラブルに、見守る家族に心配されながらも、士郎はチャレンジすることに。ズタボロになりながらもへこたれず立ち向かっていく士郎だったが―。「男系大家族シリーズ」のスピンオフ第2弾。
2017.8 301p A6 ¥650 ①978-4-7747-1353-3

◆トラップ×トラップ 藤崎都原作・小説，蓮川愛漫画 KADOKAWA（あすかコミックスCL・DX）
【要旨】天涯孤独な大学生・織原礼の恋人は、初恋の相手でもあるボディガードの衛本崇人。今は同棲中の二人だが、社会人と大学生ではすれ違うことも多く、明日は久しぶりに二人揃っての休暇だ。ところが休暇を楽しみに崇人の帰りを待つ礼のもとに、崇人が礼の恩人でもあるユーインを連れて帰宅する。アメリカにいるはずのユーインの突然の来訪に驚く礼だったが、恋人のヒューバートと喧嘩をしたと聞き、ユーインが家出をしてきたと聞き…!?
2017.2 230p B6 ¥840 ①978-4-04-105097-2

〔あ行の作家〕

◆狼王と異界の花嫁 相内八重著 シーラボ，三交社 発売 （ラルーナ文庫）
【要旨】愛犬とともにキャンプに出かけた大学生のナツキ。夜更け、犬が突然しゃべりだし…目を開けるとそこは見知らぬ世界。昔祖父が語ってくれた、犬の耳をした人々が暮らす初夏の国ゴルゴランで。ナツキの曾祖父はかつてこの国に迷い込み、そして祖父が生まれた。離種婚という特殊な住人であるナツキは、国を統べる狼王サイロの御子を産むツガイ候補としてつれてこられたのだった。強大な王サイロに、ナツキは出会い頭で押し倒され―。
2017.6 267p A6 ¥700 ①978-4-87919-990-4

◆シッター執事の子育てレッスン 藍川せりか著 コスミック出版 （セシル文庫）
【要旨】新米検事の青山は子どもの面倒をみるのが上手いということで財閥の北条家に引き抜かれる。北条家にいってみると当主の涼太郎は離婚をしたばかりで、しかも女性に幻滅したため、屋敷は女性をいれたくないという。涼太郎に屋敷の管理とともに幼稚園児の悠の母親がわりになるように言い渡され、戸惑う青山だったが。悠をしっかり育てようと奮闘する青山は涼太郎と衝突し!?
2017.3 261p A6 ¥630 ①978-4-7747-1308-3

◆パパは極道！ベイビーギャング 藍川せりか著 コスミック出版 （セシル文庫）

【要旨】保育園で住み込みの保育士をしていた純也は、急な閉園のために仕事も住む場所も失って困っていた。そんな純也を拾ってくれたのはヤクザの若頭の九条。ちょうど異母弟の玲二を引き取ることになっていたからだった。対外的なカモフラージュとして、九条の愛人という名目で玲二と二人、マンションで暮らすことになった純也だったが…。忙しない育児生活を送りつつも、危険なことでもあり!?
2017.9 267p A6 ¥650 ①978-4-7747-1360-1

◆愛に跪く時 英田サキ著 リブレ（ビーボーイノベルズ）
【要旨】恋などする時間の無駄だと信じていた貴族のルキアノスは、奴隷上がりの人気剣闘士のドミナトスに恋をする。危ないところを助けられて以来、粗野なこの男に想いを寄せながらも素直になれず、金を渡して抱かれていた。身分違いと知りつつも逢瀬を繰り返していたが、ドミナトスが皇帝の最愛の剣闘士と戦うことになり、状況は一転！その剣闘士とドミナトスには浅からぬ因縁があり、戦いに赴く彼の運命とルキアノスの恋の行方は！？波瀾に満ちた一生涯一度の、運命の愛！
2017.9 253p 19cm ¥890 ①978-4-7997-3407-0

◆OUTLIVE―DEADLOCK season2 英田サキ著 徳間書店（キャラ文庫）
【要旨】ハリウッドの巨匠に見込まれ、ヨシュアが銀幕デビュー!?撮影でカリブ海の島国を訪れたヨシュアとロブ。軍事アドバイザーとしてディックも同行し、ユウトも神田中見舞いに駆けつける。陽光輝く南国でのつかの間の穏やかな休暇―。ところが帰国前日のパーティーで、大統領暗殺を狙うクーデターが勃発!?一度は銃を捨てたディックが、再び闘争本能に火を灯し、ユウトと共に立ち向かう―!!
2017.6 251p A6 ¥620 ①978-4-19-900878-8

◆代理屋 望月流の告白 逢葉冬著 幻冬舎コミックス，幻冬舎 発売 （リンクスロマンス）
【要旨】歌舞伎町で代理屋を生業にする望月流は、麻薬がらみの事件に巻き込まれ、命の危険が迫り中、警視庁捜査一課の神田氷月に保護される。さらに、マトリから麻薬横流しの嫌疑をかけられた流は、その疑いを晴らすため、神田と行動を共にし、捜査協力すること。しかし、自分を捨て駒にように扱う神田の態度に、流は不信感を募らせていく。それでも、事件を通じてどうにか信頼関係を築こうとする二人だが、流には誰にも告げていない、ある重大な『秘密』があり―？
2017.1 252p 19cm ¥870 ①978-4-344-83899-4

◆夢の続きは異世界で 藍簾紗成著 一迅社（ロワ・ノベルズ）
【要旨】病弱な少年と美王子の超甘々生活を相互の視点で描く異世界ラブファンタジー！大病を患い何年も入院生活を送る少年・相原朱鷺は、病の苦しみや孤独地から、何度も見ていた不思議な夢に現れる、優しき美王子・アッサムに会いたいと日記を綴りようになる。やがて、病の痛みに意識を失った朱鷺は「夢の世界」にトリップ。邂逅を果たしたアッサムから伴侶として共に生きることを求められ、今まで味わったことのない、幸福感に満ちた生活を送ることに―。
2017.7 319p B6 ¥1200 ①978-4-7580-4940-5

◆愛傷コレクション 葵居ゆゆ著 プランタン出版，フランス書院 発売 （プラチナ文庫）
【要旨】「愛されることに慣れなさい―」継父は毎日、花賀屋から甘い愛撫を受けている。継父の性的虐待に耐えかね家出した十有は、知人に暴行を受け逃げたところを花賀屋に拾われたのだ。自傷行為で脇腹に大きな傷跡を持ち、人間不信で自分も他人も愛せない十有。骨董商である花賀屋はアンティークを慈しむように十有の傷跡を愛でて、彼の心を癒やしていくが…。
2017.5 281p A6 ¥620 ①978-4-8296-2631-3

◆初恋相手は神様、旦那様 葵居ゆゆ著 海王社 （ガッシュ文庫）
【要旨】「めちゃくちゃいいにおい。我慢してこっちが変になる―」僅か存在感が薄いのに犬だけ異様に好かれる体質の真純は、犬用品を扱う会社の社長・大神に気に入られている。大神はやたらとスキンシップが多く、人付き合いの苦手な真純は困惑気味。しかし、家に招かれ押し倒されて、真純はようやく理解する。放たれるにおいに興奮した大神にはふわふわの耳ともふもふなしっぽが…！大神は犬の神様で、真純を惑わすメス犬フェロモンの持ち主だった―!?
2017.9 219p A6 ¥630 ①978-4-7964-1050-2

◆初恋ウエディング 葵居ゆゆ著 幻冬舎コミックス，幻冬舎 発売 （リンクスロマンス）
【要旨】父子家庭で育った静木拓実の夢は、幸せな家庭を築くこと。しかし拓実は、「人の体温が苦手でろくに相手にできない」という悩みを抱えていた。ある日、結婚半年の妻に金を持ち去られ、さらにはアパートの立ち退きに遭い、妻の連れ子の憨と路頭に迷ってしまう。そんな時、若手社長になっていた、高校時代の親友・萩繭偉月に再会する。尊大だが大人で面倒見のいい偉月に「うちに住めばいい」と誘われるが、実は拓実が人の体温を苦手になったのは、偉月が原因で―？
2017.8 259p 19cm ¥870 ①978-4-344-84044-7

◆最愛の恋愛革命 青野ちなつ著 KADOKAWA （B・PRINCE文庫）
【要旨】「潤は相変わらず快感に弱すぎだろ。また中が蕩け始めた」儲個オレ様の世界的トップモデル・泰生のアシスタントとして努力する潤。泰生のセレクトショップを期間限定で展開することになり起つく立ち働くが、相手の有名百貨店では学生扱いで軽んじられて!?「昔の自分とは違うんだ」萎縮しそうな心を奮い立たせた潤は…。潤と泰生の五年後もえがく。八束、浅香、大山、パパ達も登場の豪華フルキャスト編。
2017.11 244p A6 ¥640 ①978-4-04-893480-0

◆聖愛の恋愛革命 青野ちなつ著 KADOKAWA （B・PRINCE文庫）
【要旨】「ほら、やっぱりたまらなくエロくて可愛い。すげぇエロエロ」傲慢オレ様の世界的トップモデル・泰生は、フランスでだけ一年ちゃいちゃクリスマスを過ごす。友人・ギョームの旧友で植物学者のエリックに、彼の古書コレクションのイベントプロデュースを依頼されて!?イベントをきっかけに、親友の大山と彼の想い人・浅香の仲が進展することを願う潤だったが…。愛する泰生とはますます甘い純真仔猫のシンデレララブ。
2017.4 245p A6 ¥640 ①978-4-04-892759-8

◆初恋スキンシップ 青野ちなつ著 リブレ （ビーボーイノベルズ）
【要旨】「おれ、本気で葵を口説くから。絶対振り向かせてみせるよ」両親を事故で亡くしたトラウマを抱えながら、弟とふたりで懸命に生きている葵。バイト先のジャズバーで拾った大学生・悠仁に迫られて―!?「我慢できないんだ。好きってそういうことでしょ!?」甘く情熱的に愛をねだる悠仁に、いつしか葵の心もときめいて!?帰国子女でエリート学生、でも人懐っこい彼に熱いセリフを絶えられない…心がざわめくほど甘い年下攻ラブ。
2017.2 245p 19cm ¥890 ①978-4-7997-3236-6

◆花と天使 阿賀直己著 ルナマリア，星雲社 発売
【要旨】静かな住宅街にある一軒の小さな洋菓子店 "fleur et ange"。この店でパティシエとして働く深海秋彦は人生でただ一度だけ一目惚れをしたことがあった。小学4年生の新学期、相手はおかっぱ頭の転校生。初恋だった。その朝いつものように出勤してみると、その初恋の相手が店の前に立っていて…。小さな洋菓子店を舞台に、嵐のようなロマンティック・ボーイズラブストーリー。
2017.6 306p B6 ¥1300 ①978-4-434-23365-4

◆富士見二丁目交響楽団 ベストアルバム 1 秋月こお著 KADOKAWA （角川ルビー文庫）
【要旨】都内のちっぽけな市民オーケストラ「富士見二丁目交響楽団」（略称：フジミ）で、コンサートマスターを務める守村悠季。そのフジミ、芸大出で留学帰り、おまけに長身美形な桐ノ院圭が指揮者としてやってきた。初対面から人を見下ろすような不遜な態度。凡人のコンプレックスを刺激され、ムラムラと敵意を覚える悠季であったが…。楽団を舞台に悠季＆圭コンビの愛と成長を描いたボーイズラブノベルの金字塔。その第1部を凝縮して再編集！秋月こおの豪華書き下ろしも収録！
2017.8 616p A6 ¥960 ①978-4-04-105969-2

◆富士見二丁目交響楽団 ベストアルバム 2 秋月こお著 KADOKAWA （角川ルビー文庫）
【要旨】天才指揮者・桐ノ院圭の愛情を受け入れた悠季だが、MHK交響楽団の指揮に立ち頭角を現す圭と、一市民楽団のコン・マスの自分との差に悩み始める。けれど、圭やフジミの団員の期待に応えるため、ついに難関コンクールへの挑

ヤング・アダルト小説　1304　BOOK PAGE 2018

戦を決意した悠季。しかしその先には、鬼恩師との再会や相棒のバイオリン探しなど様々な難関が控えていて…？その他、天才ピアニスト生島とソラ君との出逢い編も収録。秋月こおが贈るボーイズラブノベルの金字塔第2部を再編集。豪華書き下ろしも収録！
2017.10 721p A6 ¥1200 ①978-4-04-106280-7

◆**富士見二丁目交響楽団ベストアルバム　3**　秋月こお著　KADOKAWA　（角川ルビー文庫）
【要旨】恋人で天才指揮者の桐ノ院圭と肩を並べる存在になるため、日本音楽コンクールに挑戦する決意をした悠季。伴奏者・三条薫子と大喧嘩の末、自分の「音」を突き詰めた悠季は、音楽家として大きなステップを踏み出す。一方、初めての挫折を味わった圭を、悠季は新潟の実家へ伴う。家族への紹介、そして亡き両親の墓前で永遠の愛を誓った二人は、さらに深い愛情で結ばれていく―。秋月こおが贈るボーイズラブノベルの金字塔第2部を再編集。豪華書き下ろしも収録！
2017.12 693p A6 ¥1200 ①978-4-04-106374-3

◆**金獅子陛下は後宮で子育て中**　秋山みち花著　KADOKAWA　（角川ルビー文庫）
【要旨】潰れかけの貧乏道場主・花侠（えい）は仕事を探して市場を訪れたところ、元兄弟子の鉄王と再会した。憧れを抱いていた鉄王の姿に胸躍らせる花侠（えい）は、鉄王の連れた子供・小青を預かってほしいという願いを快諾した。しかし、小青を狙った謎の集団に道場を襲われてしまう。ここは危ないと鉄王に連れて行かれた先は、なんと後宮！?事態が飲み込めない花侠（えい）に、鉄王は自分が実は皇帝であることを明かし、次期皇帝である小青の母として後宮に入ってもらうと宣言してきて…。
2017.11 220p A6 ¥620 ①978-4-04-106375-0

◆**黒き覇王の花嫁**　秋山みち花著　徳間書店（キャラ文庫）
【要旨】戦に敗れ惨殺された両親を前に、呆然とする幼き王子―国を追われ成長したシリンは、神殿で信者に奉仕する聖娼に身を堕としていた！残酷な体験で記憶喪失となったシリンの前に現れた黒衣の騎士オーラン。「聖娼なんて辞めて、自由に生きろ」優しい眼差しと抱きしめる温もりは、シリンに失ったはずの記憶を疼かせる。そんな折、なぜか神殿から召喚され、敵国の王に嫁げと命じられて！?
2017.7 301p A6 ¥630 ①978-4-19-900885-6

◆**支配者の溺愛―傲慢な虎の伴侶**　秋山みち花著　幻冬舎コミックス，幻冬舎 発売（幻冬舎ルチル文庫）
【要旨】天柱村の支配者である九条家に、代々仕えている妹尾家の次男・呉羽は、幼い頃に出会った雄々しい虎・諸仁のもとで働きたいと必死に鍛錬を重ね、ガードとして側にいることが許される。諸仁を見るとドキドキしてしまう呉羽だったが、ある事件をきっかけに、自分の命を差し出す覚悟で諸仁の仮の命名者となることを決意した…。
2017.8 253p A6 ¥630 ①978-4-344-83902-1

◆**天狼の花嫁**　秋山みち花著　KADOKAWA（角川ルビー文庫）
【要旨】稀代の陰陽師、土御門清良は、何度も同じ夢を見る。影に襲われ悶える彼を漆黒の気高い獣が護り、やがて獣は凛々しい男に変化し清良に無上の悦楽を与えるのだ。貴方は誰？清良は胸騒ぎを抱えたまま皇子のお供で西国行きの船に乗る。不審な船影で逃げ場を失い、見知らぬ屋敷で目覚めた時、全てを忘れていた。怯え清良を宥めたのは、雄雄しい天狼の長・黒鋼だった。「おまえは俺の番となる」抱きしめる彼に、胸も頬も熱くなる。だが黒鋼との婚礼の夜、清良の封印された力が！?
2017.6 238p A6 ¥640 ①978-4-04-105568-7

◆**皇子と刀剣の舞姫**　秋山みち花著　KADOKAWA　（B-PRINCE文庫）
【要旨】「秋月を犯す禁忌を犯しながら、貴方に抱かれたい…」士官学校に入学した平民の天草榛名は、畏れ多くも蓬莱皇家の皇子・秋都宮大和と同室になることに。実は榛名は『陰の守り人』と呼ばれ、代々皇家に仕えてきた一族の末裔だった。大和の高貴な心を知り、命を懸けるにふさわしい人物と、榛名は使命に燃える。そして、大和の兄である皇太子の身代わりとなり、身を危険にさらし舞踊を披露する役目を仰せつかるのだが！?
2017.3 253p A6 ¥640 ①978-4-04-892467-2

◆**妖狐に嫁入り―平安あやかし奇譚**　秋山みち花著　KADOKAWA　（角川ルビー文庫）
【要旨】昔、真っ白な怪我の子狐を助けた。ふわふわで温かで真摯な青い瞳の―。天才陰陽師だった兄の跡を継ぎ、天文道の長となった。力を持たぬ出来損ない、周囲の陰口に耐え研鑽を積む毎日。そんな時、凛とした気品を纏う美丈夫・有恒が、部下として詞音を支えるように。更に霊力を持つ彼は、力を移すためと詞音の唇を奪う！それは心も震える甘さと強さで。危険な調伏の最中、有恒を護ろうとした詞音が化けに引き裂かれそうになった時、眩く神々しい純白の妖狐が現れた！?
2017.2 239p A6 ¥620 ①978-4-04-105135-1

◆**報酬を払ってもらおうか？**　洗者　徳間書店　（キャラ文庫）
【要旨】麻薬と犯罪がはびこる国境の街エルパソ―失踪人捜索で、この地を訪れたFBI捜査官マックス。有能さを買われ捜査を任されたマックスは、裏社会に通じ切れ者と評判の便利屋ハンターに協力を依頼。けれど、昼間から酒を飲み、犯罪寸前の荒々しい仕事をするハンターに不信感を抱く。―この男、信用できるのか!?苛立つマックスだが、ある日、悪徳警官から被害者を救う彼の姿を目にして！?
2017.8 247p A6 ¥600 ①978-4-19-900888-7

◆**あめと星の降るところ―Complete Book　1**　朝丘戻著　フロンティアワークス（ダリア文庫）
【要旨】「ごめんな先生。ひとりにさせたらごめん」記憶を失ったあの時、再び愛を誓い合ったあの日。『あめの帰るところ』の能登と千歳の愛の現在の姿がここに。『君に降る白』『星を泳ぐサカナ』の番外編を網羅し、書き下ろしと秘蔵ラフを加えた珠玉の1冊。デビュー当時に雑誌掲載された幻の短編『ココロ』も収録。胸に溢れたあの感動が再び―。
2017.3 320p A6 ¥676 ①978-4-86134-980-5

◆**春と秋とソラの色―Complete Book　2**　朝丘戻著　フロンティアワークス（ダリア文庫）
【要旨】「好きなんだよ、一吹が」想いを遂げて、恋人になって、深く繋がって。でも、好きだからこそ嫉妬もケンカもして、彼だけに欲張りになる…。『坂道のソラ』の賢司と一吹のアフターストーリーがここに。そのほか、『春へ』『春恋』『秋色』の番外編を網羅し、秘蔵イラストを加えた至高の1冊。ファン待望の貴重なデビュー作も収録。心を震わせたあの恋が再び―。
2017.3 328p A6 ¥676 ①978-4-86134-981-2

◆**窓辺のヒナタ**　朝丘戻著　フロンティアワークス（ダリア文庫）
【要旨】この暗い所から解放してくれる、空みたいな人だった。高校生の日向は家族にゲイだとばれ、継父から冷たい仕打ちを受けていた。自分の存在価値と将来に希望を見いだせずにいながらも明るく前むきに努力していた日向。そんなある夜、SNSで「シン」という男性と出会い、女の子だと勘違いされてしまう。シンの優しい人となりに惹かれてしまった日向は、どうしても本当のことが告げられず…。
2017.2 386p A6 ¥741 ①978-4-86134-977-5

◆**蒼銀の黒竜妃**　朝霞月子著　幻冬舎コミックス，幻冬舎 発売（リンクスロマンス）
【要旨】世界に名立たるシルヴェストロ国騎士団―くせ者揃いの団員たちを束ねる、強さと美貌を兼ね備えた副団長・ノーラヒルデには、傲慢ながら強大な力を持つ魔獣王・黒竜クラヴィスという相棒がいた。竜でありながら人の姿にもなれるクラヴィスと、人間であるノーラヒルデ、種族を越えた二人の間には、確かな言葉こそないものの、互いを唯一大切な存在だと思い合う強い絆があった。そんな中、かつてシルヴェストロ国と因縁のあったベゼラ国にきな臭い動きが察知され、騎士団にはにわかに騒がしくなり始める。ノーラヒルデは事の真相を探り始めるが、それと時を同じくして、何故かクラヴィスがノーラヒルデを避けるような態度を取り始め…？
2017.4 250p 19cm ¥870 ①978-4-344-83984-7

◆**第八王子と約束の恋**　朝霞月子著　幻冬舎コミックス，幻冬舎 発売（リンクスロマンス）
【要旨】可憐な容姿に、優しく誠実な人柄で、民からも慕われている二十四歳のエフセリア国第八王子・フランセスカは、なぜか相手側の都合で結婚話が破談になってしまう。良妃になるため、嫁ぎ姑いつも健気に努力してきたフランだったが、「出戻り王子」と呼ばれ、一向に自分の想いが報われないことに、ひどく心を痛めていた。そんな中、新たな婚儀の申し入れを受けたフランは、カルツェ国の若き王・ルネから、真摯な好意を寄せられ、今度こそ幸せな結婚生活を送れるのでは、と期待を抱くフラン。
2017.3 257p 19cm ¥870 ①978-4-344-83963-2

◆**月神の愛でる花―言ノ葉の旋律**　朝霞月子著　幻冬舎コミックス，幻冬舎 発売（リンクスロマンス）
【要旨】日本に暮らしていた平凡な高校生・日下佐保は、ある日突然、異世界へトリップしてしまい、そこで出会った若き孤高の皇帝・レグレシティスと結ばれ、夫婦となった。優しく頼りがいのある臣下たちに支えられながら、なんとか一人前の皇妃になりたいと考えていた佐保。そんな中、社交界にデビューする前の子供たちのための予行会に、佐保も出席することに。心配ない場だとは分かっているものの、レグレシティスは佐保を他に楽しんでるようで―？
2017.9 227p 19cm ¥870 ①978-4-344-84075-1

◆**月神の愛でる花―巡逢の稀人**　朝霞月子著　幻冬舎コミックス，幻冬舎 発売（リンクスロマンス）
【要旨】異世界・サークィン皇国にトリップしてしまった純朴な高校生・佐保は、毒の皇帝と呼ばれる若き孤高の皇帝・レグレシティスと出会い、紆余曲折の末結ばれ、夫婦となった。建国三百周年を翌年に控えた皇国で、皇妃としてレグレシティスに寄り添い、忙しくも平穏な日々を送っていた佐保。そんなある日、自分と同じように異世界からやって来た"稀人"ではと推測される、記憶を失った青年が保護されたと聞き―？
2017.10 225p 19cm ¥870 ①978-4-344-84089-8

◆**月神の愛でる花―巡逢の稀跡**　朝霞月子著　幻冬舎コミックス，幻冬舎 発売（リンクスロマンス）
【要旨】異世界・サークィン皇国にトリップしてしまった純朴な高校生・佐保は、若き皇帝・レグレシティスと結ばれ、皇妃となった。頼もしい仲間に囲まれながら、民に慕われ敬われる夫を支え、充実した日々を送る佐保だったが、ある日、自分と同じように異世界から来た"稀人"と噂される記憶喪失の青年・ナオと出会う。何か大きな秘密を抱えていそうな彼を気に掛ける佐保だが―？新たな稀人を巡る物語、いよいよ感動のクライマックス！
2017.11 242p 19cm ¥870 ①978-4-344-84135-2

◆**うちの殺し屋さんが可愛すぎる**　朝香りく著　イースト・プレス　（Splush文庫）
【要旨】ボディーガードをしている聡一郎は謎の青年・亜鳥を引き取ることに。ヤクザの組長の愛人だったという、組が解散したことで行き場を失ったらしい。慣れているはずのキスひとつとっても初心な反応を見せる亜鳥。さらには「キスをしたから結婚したんだ！」とまで言い出した。あまりの無邪気さ純粋さに愛しさを覚えていく聡一郎。しかし、本当は暗殺術のみを仕込まれて育てられたのだと知って…。
2017.1 222p A6 ¥680 ①978-4-7816-8606-6

◆**このヤクザ、極甘につき**　朝香りく著　二見書房（シャレード文庫）
【要旨】客に付きまとわれていたホストの千影は、適当に見繕ったイイ男を「彼氏だ」と言って一芝居打つことに。だが、代償として久我峰と名乗るその男に予定の穴埋めを要求され、千影はホテルに連れ込まれてしまう。さらに、未知の快感に翻弄される千影は、人間であるにもかかわらず初心な反応を見せる。実は久我峰はかつての幼なじみで、しかもヤクザの組長だと発覚！昔から千影を想ってきたという久我峰は「天使のように可愛かったお前に風俗業なんて似合わねぇ！」と言い切り、千影を囲うようにせっせと衣食住の世話をし始めて…!?
2017.7 240p A6 ¥619 ①978-4-576-17092-3

◆**仁義なき新妻生活**　朝香りく著　海王社（ガッシュ文庫）
【要旨】昔ながらの侠客一家・里海組の長男である佳月は、政略結婚させられそうになった姉に成り代わり郷島組若頭・健吾に嫁いだ。すったもんだあったものの、今はラブラブな新婚さんの二人。しかしそこへ招かれない客が押し入る。問答無用で訪ねてきた健吾の従兄弟・凌也は、二人の家にしばらく居座ると宣言！佳月の正体は限られた者しか知らない極秘事項…健吾のメンツのため、佳月は昼も夜も女装で"良妻役"に奮闘するハメに―!?
2017.12 221p A6 ¥630 ①978-4-7964-1089-2

ヤング・アダルト小説

◆赤ちゃん騒動記―Mr.シークレットフロア
あさぎり夕著　リブレ　（ビーボーイノベルズ）
【要旨】世界中のセレブが憧れるホテルのオーナー・鷹の冬夜は、人見知りでツンデレな面もあるがそんな所も可愛く、鷹にとっては最愛の花嫁だ。ある日、鷹のもとに鳶雄という名の、愛くるしい赤ん坊が届けられる。なんと、鳶雄は鷹の父の隠し子であり、鷹の実弟だと知る。だが、事情を知らない冬夜は鳶雄にプレッシャーを感じ、鷹に「別れる」と言い放ち、出て行ってしまう。誠実に冬夜に向き合おうとする鷹。実は、冬夜には鷹を愛しているからこその新たな想いが芽生えていて…。コミックや書き下ろし小説も収録。
2017.1 255p 19cm ¥890 ①978-4-7997-3118-5

◆伯爵様の花嫁選び　あさぎり夕著　リブレ
（ビーボーイノベルズ）
【要旨】同性に惹かれる気持ちに蓋をして生きてきた玻瑠。ある日、玻瑠は瓜二つの従兄弟に頼まれ、アンティークショップの顧客である英国伯爵・アシュレイに会うことに。おとなしい従兄弟のふりをするつもりがプレッシャーだったが、美貌で理知的なアシュレイに一目で恋をしてしまう。アシュレイのキスをされる玻瑠は身を任せ、何度も絶頂に達し、甘く激しい快楽を知る。また会いたいと言われるが、アシュレイを騙しているだけで自分が好きすぎる…と玻瑠は恋を諦めようとするが…?
2017.8 256p 19cm ¥890 ①978-4-7997-3444-5

◆奪命―アイヲウバウ　あさひ木葉著　幻冬舎コミックス,幻冬舎 発売　（リンクスロマンス）
【要旨】ハーフで怜悧な美貌を持つ萱谷礼央。勤めできる大企業・東和商事内の派閥争いに負け、アラブの小国・シャルク王国に異動させられてしまう。エリート商社マンとして業績を上げ、出世競争を戦い抜いての礼央にとって、閉じた経済圏であるシャルク王国はあまりにも物足りない赴任地だった。ある日、地下クラブでシャルク王国の若き王、カーディルと出会う。礼央はビジネスチャンスにつなげるため、カーディルに近づくが…。
2017.3 241p 19cm ¥870 ①978-4-344-83931-1

◆二度とは抱かれない男　あさひ木葉著　幻冬舎コミックス,幻冬舎 発売　（リンクスロマンス）
【要旨】広告代理店に勤める冷泉いつみは、クールな美貌の持ち主で、「同じ男には二度と抱かれない」というポリシーのもと、自身の色香を武器に新しい恋人を手に入れていた。そんなある日、世界で活躍する人気モデルの春馬怜一と出会う。CM契約を結ぶため、いつみは彼からのデートの誘いを受けるが、何度会っても怜一がいつみの身体を求めてくることはなかった。今までの相手とは違う純粋なアプローチとひたむきな好意に、欲望しか向けられたことのないいつみはどうしたらいいのか戸惑い…?
2017.12 235p 19cm ¥870 ①978-4-344-84128-4

◆秘蜜の褥　あさひ木葉著　ブランタン出版,フランス書院 発売　（プラチナ文庫）
【要旨】「ある人の人生を狂わせる。そして、私と共犯になれ」主上の命に従い近侍である「紫の剣」之介・美舟が籠絡された男は、主上の弟・嵯峨野宮だった。国の頂点に君臨する主上は、それ故に政敵が多く、肉親すら信用しない冷徹な人物。だが、美舟は嵯峨野宮に抱かれる時にだけ熱をみせるのだ。兄に体を弄ばれる弟、弟の心を翻弄する一導く兄弟の間で揺れ動く美舟だが…。
2017.3 229p A6 ¥600 ①978-4-8296-2627-6

◆あにだん―北のもふもふプロポーズ　浅見茉莉著　笠倉出版社　（クロスノベルス）
【要旨】孤独なオオカミ・カムイの子がどうしても欲しい研究員の入矢は、思い余って自然繁殖を迫ってしまう。彼の誘惑フェロモンの暴走に抗えず―!?（「押しかけ女房はお好き？」）。飼育員の工藤が手塩にかけて育ててきた可愛い迷子のラッコ・クリルは、思春期を迎えすっかりかわしくなってしまった。それには理由があって…（『ラッコだってZOKK-ON』）。
2017.8 241p 19cm ¥890 ①978-4-7730-8857-1

◆依存性失恋マニア　浅見茉莉著　笠倉出版社　（クロスノベルス）
【要旨】インテリアコーディネーターの樹は振られることに快感を覚える失恋マニア。数えること99回目の失恋をし終え次なる100回目と、仕事で知り合った超大物の億万長者・加藤木に狙いを定めた。イケメンなうえ樹と同い年

ながら巨万の富を手にしたスパダリに振られる日を想像するだけでワクワクしてしまう。だが、樹が我が侭を言っても散財させても「一生一緒にいてね」とベタベタしても加藤木は振ってくれなくて―!?
2017.4 235p 19cm ¥890 ①978-4-7730-8850-2

◆狼伯爵のごちそう花嫁　浅見茉莉著
KADOKAWA　（角川ルビー文庫）
【要旨】自力で調理師学校に通う朋樹は、生活に困窮し勢いのまま体で稼ごうとする。その時「俺が買う」と現れたのは、仔犬が縁で知り合った謎めいた貴公子・エルンスト。彼は「運命の相手だ」と囁き無垢な朋樹を蜜のように蕩かしてしまう。朋樹は仔犬の世話兼シェフとして雇われることになるが、ある日見知らぬ双子がエルンストを「パパ」と呼ぶ姿を目撃する。動揺する朋樹にエルンストは双子は自分達は人狼なのだと告げ、美しいプラチナウルフに変身!?そして更に秘密が!
2017.3 214p A6 ¥620 ①978-4-04-105521-2

◆監禁愛　あすか著　フロンティアワークス（ダリア文庫）
【要旨】啓久は同性からも欲望に満ちた視線を送られるエリート美人外科医。そんな彼に興味を持ち、仮病を使って自分のところにやってくる刑事の隠岐は明るく穏やかな性格で誰からも好かれる男。担当医として仕方なく入院させている雪久だったが、ある日偶然彼の「秘密」を知ってしまう。そして突然獣のように豹変した隠岐に監禁され、力ずくで無垢な身体を暴かれて―!?
2017.1 259p A6 ¥620 ①978-4-86134-958-4

◆高潔な人―美しき陵辱王　あすか著
KADOKAWA　（B・PRINCE文庫）
【要旨】豊かな小国の王であるユーリは、聡明で高潔な王として名高いが、秘めた性的嗜好をもっていた。それは、支配される陵辱されたいという願い。それを叶えてくれる唯一の男、シュヴァルツと出会い、互いに素性を隠し爛れた関係を続けていたが、実はシュヴァルツは隣国の王子だった。これは、ユーリを操ろうとする隣国の策略なのか。昼は気高き王、閨では奴隷。二つの顔をもつ王と、悲運の王子が織りなす愛の物語―。
2017.2 260p A6 ¥660 ①978-4-04-892760-4

◆真夜中の純情プリン　安曇ひかる著　幻冬舎コミックス,幻冬舎 発売　（幻冬舎ルチル文庫）
【要旨】五嶋歩はひとりでプリン専門店を切り盛りする菓子職人。「プリンはやっぱり堅焼き」と愚直にプリン作り一筋の生活を送っているが、常連客の中に気になるチャラ男がいた。毎日のようにいつもと違う女性を連れてはニヤけた表情でプリンを奢る男。生真面目な歩はチャラ男が気に入らないが、ある日歯痛で駆け込んだデンタルクリニックにその男がいて!?
2017.6 286p A6 ¥660 ①978-4-344-84014-0

◆静寂の月―Another　姉村アネム著　竹書房
【要旨】優秀で才能あふれる双子の弟「加賀谷樹」に強烈な劣等感を抱く「浅岡幹」。夏のある日出会った「喬木一矢」と付き合うことになるが、喬木には樹の家庭教師をしていて想いを寄せていた過去があることを知り、自分は樹の身代わりなのだと身を引こうとする。しかし幹の一途な思いにほだされた喬木にすがられ関係を継続することに…。そんな中、喬木と樹がパリ大学への招聘が持ち上がり、不安に押しつぶされそうになりながらもお互いの気持ちを確認して幹は喬木をフランスへと送り出す。初めは頻繁にやり取りのあった手紙が途切れ途切れになり―そのうちそれは幹には届かなくなり―?
2017.9 319p B6 ¥1200 ①978-4-8019-1185-7

◆狗神様と初恋の花嫁　天野かづき著
KADOKAWA　（角川ルビー文庫）
【要旨】ペットサロン勤務の咲哉は「犬に異常に好かれる体質」が災いし、仕事をクビにされてしまう。そんな時、崖下に蹲っていた犬を助けようとして崖から落ちた咲哉が目を覚ますと、見知らぬ屋敷の中。現れたのは、犬耳&しっぽをつけた男だった。男は自らを屋敷の主・時雨と名乗り、咲哉を気に入ったと言い出す。おまけに「馴染ませる必要がある」からと、時雨に突然押し倒され、抱かれてしまった咲哉だが、「起きると犬のしっぽと耳がはえていて…!?」狗神様×人の子の切なく愛しい恋物語。
2017.5 213p A6 ¥600 ①978-4-04-105571-7

◆獣王のツガイ　天野かづき著
KADOKAWA　（角川ルビー文庫）
【要旨】悠の悩みは、全く性欲を感じず勃たないこと。ある日、川に落ちたはずの悠は気付くと

見知らぬ場所にいた。そのうえ狼の顔をした獣人が「お前には、俺の子を産んでもらう」と言い出す始末。だけど何故か獣人が近づいただけで体が熱くなり、快楽にあらがえないまま悠は抱かれてしまう。獣人はこの国の王・アラム。この世界にはα、β、Ωの性があり、王家直系の血を残すため、αであるアラムの子を産めるΩ・悠を召喚したという。男である自分が子を産めるわけがないと拒否する悠だったが…!?オメガバース登場!!
2018.1 213p A6 ¥600 ①978-4-04-106276-0

◆天狗様と永遠の契り　天野かづき著
KADOKAWA　（角川ルビー文庫）
【要旨】勤務するブラック企業を辞めようと決意した日、身寄りのない雪野の前に、幼い頃唯一仲の良かった飯縄が十三年ぶりに現れ、突然雪野を連れ去ろうとする。確かに昔「大人になったら迎えに来る」「そのときは伴侶になって欲しい」と言われたが、所詮子供の約束。男の自分が伴侶なんて無理だと拒むが、飯縄は自分は天狗だと言い、雪野を神域に連れ去ってしまう。そのうえ、神域に馴染むために神気を注ぐ必要があるからと、飯縄は雪野を抱き続けるが…？天狗様×天狗の嫁になった人の子の永遠に続く恋物語―。
2017.9 217p A6 ¥600 ①978-4-04-106043-8

◆真名のつがい　雨宮四季著　シーラボ,三交社 発売　（ラルーナ文庫）
【要旨】三つの血筋に分かれているこの世界―底辺の存在「支配の血筋」のセブランにパーフェクトプライマルに因縁をつけられているところを「支配の血筋」のセブランに助けられる。支配している「支配の血筋」でありながら、人懐っこく絡んでくるセブランに惹かれつつ、本心を見せない態度に困惑するカイ。そんな折、パーフェクトプライマルのトップ・バーソロミューがカイを手に入れるために動き出し―!?
2017.7 254p A6 ¥680 ①978-4-87919-992-8

◆サンドリヨンの指輪　綾ちはる著　心交社
（ショコラ文庫）
【要旨】大学生の大倉千尋は愛に飢えていた。母に捨てられ父に疎まれ、友人も恋人もいない。愛されることは、千尋にとって夢物語。諦めから他人を拒絶する千尋に、准教授の赤枝圭介が折に触れ声をかけてくる。一見無愛想だが優しく聡明な赤枝は学生たちに人気で、正反対な彼のことが千尋は苦手だった。ある夜、奇妙な老婆に「これは愛を得る魔法の指輪だ」と古びた指輪を押し付けられる。始めは馬鹿にしていた千尋だが―。
2017.7 285p A6 ¥660 ①978-4-7781-2232-4

◆恋情と悪辣のヴァイオリニスト　彩寧一叶著　リブレ　（ビーボーイノベルズ）
【要旨】ヴァイオリン職人を目指す光音の元を訪れたのは、斬新な感情表現でカイを熱狂させ、『悪魔の貴公子』とも呼ばれる天才ヴァイオリニストのケリー。いつしか2人はヴァイオリンを通じて、秘密のデートを重ね、キスをするまでに。最初は戸惑っていた光音もケリーの優しい情熱に心を奪われていく。しかしある日、演奏している彼に出会うと「誰だ、お前」と突き放した態度をとられ襲われそうに…！まるで別人のように荒々しくエロティックな彼の無撫に、光音の身体は掻き乱され!?
2017.12 231p 19cm ¥890 ①978-4-7997-3601-2

◆猫又ちゃん拾いました。　有実ゆひ著　コスミック出版　（セシル文庫）
【要旨】憧れの先輩・圭吾が大学を卒業するということでブルーになっていた晶だったが、その送別会の帰りに側溝にはまっている子猫を発見。ボロボロの子猫を見捨てられずに連れて帰った晶はしばらく面倒をみることにしたが、アパートはペット不可なので困ってしまった。たまたまやってきた圭吾が里親になると言い出し、トントン拍子に話が進んでいくことに！嬉しく思っていた晶だったが、なんと子猫は人間の幼児に変身する猫又なのが発覚して!?
2017.5 271p A6 ¥650 ①978-4-7747-1327-4

◆ベイビーはマフィアの後継者!?　有実ゆひ著　コスミック出版　（セシル文庫）
【要旨】「にーちゃ、にーちゃ、まーまは？」大学四年生の花岡ひかるは卒業を控えた今、四歳になった小さな弟レンを残して母親が失踪してしまい、途方に暮れていた。そんなときにジェイという黒ずくめの男が現れる。なんとレンはマフィアのファミリーの血筋で、降りかかる危険を避けるためにひかるの母親が預かって育

ヤング・アダルト小説

ていたというのだ。ジェイとひかるのつかの間の隠遁生活の結末は!?
2017.12 279p A6 ¥650 ①978-4-7747-1387-8

◆**スケスケ☆ヒーロー** 淡煌水著 二見書房（シャレード文庫）
【要旨】数の暴力とはこのことか——自分以外の人間（男限定）が素っ裸（に見える）という異常事態に陥った高校生の未慧。安全な学校生活のため頼ることにしたのは、幼なじみで将来有望な水泳部のエース・一臣。小柄な未慧のコンプレックスを眩しく照らす文武両道のイケメンながら、一臣は未慧からは未だ下ヒラ。とうに忘れていた未慧との約束も守り続けている。校内編は、大会で優勝したら「人気のない部室で選手とマネージャーのイケナイセックス」!?
2017.4 246p A6 ¥619 ①978-4-576-17038-1

◆**熱砂の王子と偽りの花嫁** 淡煌水著 フロンティアワークス（ダリア文庫）
【要旨】会社員の日生庸は、一夜を共にした"極上の男"アズィーズと、赴任先の砂漠の国・アハダルで再会する。実は彼はアハダルの次期国王で、政敵をあぶり出す計画のため花嫁になれと庸に命じる。逆らうことはできず、王室の権力争いに巻き込まれていく庸。体から始まった関係だが、自信家なアズィーズの独りよがりな孤独を知って惹かれていく。彼の息子・ルトフィーにも懐かれ、自分もアズィーズの想い人として王宮で過ごすが、結局は偽りの花嫁で…。
2017.9 262p A6 ¥620 ①978-4-86657-043-3

◆**ろくでなし男の躾け方——美人刑事神渡環希の憂鬱** 淡煌水著 心交社（ショコラ文庫）
【要旨】神奈川県警薬物対策チームに配属された美人刑事の神渡環希は神出鬼没のドラッグ「フォルトゥーナ」の捜査を命じられる。気乗らぬ環希の前に現れたのは「フォルトゥーナ」が絡む殺人事件を追っている渡世一徹の八剣。不遜な態度で薬の情報をよこせと迫る彼に神経質な環希は苛立つ。絶対関わりたくないと思っていたが、次の殺しが起こり合同捜査をする羽目に。環希をよそに八剣は馴れ馴れしく「タマ」と変なあだ名で呼んできて—!?
2017.9 271p A6 ¥690 ①978-4-7781-2277-5

◆**あなたが教えてくれた色** 安西リカ著 心交社（ショコラ文庫）
【要旨】画材屋で見かけた画家の環紀の涼やかな顔に魅了された医大生の高良。見つめるだけで幸せだったが、偶然、彼を助けたことを好機に告白し付き合うことに。8歳も年上なのに、口が悪くて、エロくて、絵一途で…キスをして身体を重ね、想像とは違う環紀を知る度に"好き"が増えていった。しかし、高良は画商の宇津木と環紀が親密な仲であることを知ってしまう。責めるような恋人の自覚はなく、「特定の相手を作るとか無理」と言い…。
2017.8 235p A6 ¥660 ①978-4-7781-2253-9

◆**恋みたいな、愛みたいな——好きで、好きで2** 安西リカ著 新書館（ディアプラス文庫）
【要旨】志方と同居を始めて九ヵ月。共通の友人が家に遊びにくることもあり、多忙ながらも穏やかな日々を送っていた穂木。ようやく迎えた年末年始の休暇中、ある事情で姉の息子の三歳児、柊を預かることに。初対面では意の面に大泣きしたものの、すぐに志方になついた柊を見て、志方が子ども好きだったことを知る。するとまた心の奥にしまったはずの不安が頭をもたげてきて…？ 大人気「好きで、好きで」続編！
2017.6 202p A6 ¥620 ①978-4-403-52425-7

◆**ふたりでつくるハッピーエンド** 安西リカ著 新書館（ディアプラス文庫）
【要旨】役者志望の大学生・友理は、親に反対され家を飛び出し行き場をなくしていたところに、人気俳優・岩瀬春樹の家に居候させてもらうことになる。春樹は友理がオーディションに参加している作品のキャスト、子役時代から40歳を迎える現在まで一線で活躍し続けている。春樹が素で醸し出す大人の魅力に同居初日から参ってしまう友理、一方の春樹も友理の賢さと一生懸命さが可愛く見える自分に戸惑っていて…？

◆**空に響くは竜の歌声——天穹に哭く黄金竜** 飯田実樹著 リブレ
【要旨】二代目竜王ルイワンは、元は"獣"だった竜族と人間の間で悩みながれに、竜族の国ルマーンを豊かにしようと奔走していた。そこへ覚めの伴侶「龍聖」が人族から降臨する。龍神様への捧げものとして育てられた龍聖に戸惑いつつも、「抱きしめたい」と熱情を抱くルイワン。さびしい育ちの龍聖はルイワンの恋情に
2017.6 221p A6 ¥690 ①978-4-7997-3564-0

包まれ、やがて彼を神としてではなく、男として、夫として愛するようになる。夫婦になった二人は子供も生まれるが、竜族の歴史上最大の災厄が降りかかり…!?
2017.11 357p B6 ¥1300 ①978-4-7997-3564-0

◆**妖精王の求愛——銀の妖精は愛を知る** 飯田実樹著 幻冬舎コミックス, 幻冬舎 発売（リンクスロマンス）
【要旨】美しき妖精王が統べるエルフと人間がバランスを保ち共存する世界——真面目で一目置くエルフ・ラーシュは、世界の要である妖精王・ディートハルトに側近として仕えている。神々しい美しさと強大な力をあわせ持ち、世界の均衡を守るディートハルトのことを敬愛し、その役に立ちたいと願うラーシュ。しかし近頃、人間たちよりも遙かに長い寿命を持つエルフであるが故に日常に退屈しだしたディートハルトから、身体の関係を迫られ、言い寄られる日々が続いていた。自分が手近な相手だから面白がって口説いているのだろうと、袖にし続けていたラーシュだったが——？
2017.8 232p 19cm ¥870 ①978-4-344-84052-2

◆**妖精王の護り手——眠れる后と真実の愛** 飯田実樹著 幻冬舎コミックス, 幻冬舎 発売（リンクスロマンス）
【要旨】美しき妖精王が統べるエルフと人間がバランスを保ち共存する世界——早くに両親を亡くしたメルヴィは「男女の双子のうち男の子は災いを齎す」という言い伝えにより、幼い頃から理不尽に疎まれながらも、双子の姉・レイラと寄り添いながら慎ましく健気に暮らしていた。そんなある日、「癒しの力」を持つ貴重な娘としてメルヴィを連れて行くことになる。助けるため、一行を率いる道中、森で妖獣に襲われたメルヴィは、その窮地を大剣を操る精悍な男・レオ＝エーリクによって救われる。レオに用心棒として共に旅をしてもらうことになったメルヴィは、初めて家族以外の温もりを知り、不器用ながらも真摯な優しさを向けてくれるレオに次第に心惹かれていく。しかし、レオが実は妖精王を守護する"四つの護り手"で、剣聖と呼ばれる高貴な存在だと知り—？ 正統派ファンタジックロマンス登場！
2017.6 247p 19cm ¥870 ①978-4-344-84009-6

◆**キラー** いおかいつき著 竹書房（ラヴァーズ文庫）
【要旨】敏腕刑事の河東一馬と、科捜研のクールビューティー・神宮聡志。秘密で付き合い始めたふたりの間には、いまだに解決していない問題がある。それは、どちらが相手に「抱かれるか」ということ。好きな奴とは抱き合いたい。でも男のプライドは譲れない!!そんなふたりの前に、世間を騒がせている『怪盗X』が現れる。
2017.8 191p A6 ¥640 ①978-4-8019-1161-1

◆**眠れる森の博士** いおかいつき著 徳間書店（キャラ文庫）
【要旨】一週間前、恋人の康太郎が交通事故で死んだ—。深い喪失感に襲われ、虚ろな毎日を送る白石修士。人嫌いな康太郎は孤高の天才科学者と言われていたが、その研究については何も知らない。思い出を求め、修士は康太郎の残した私設研究所に。しかし、無人のはずの研究所で出迎えた声を聞き、修士は驚愕に息を呑む。「驚かせてごめん。俺死んだんだろ？」なんと変わらぬ笑顔の康太郎だった—!?
2017.1 237p A6 ¥590 ①978-4-19-900864-1

◆**真昼の月 1** いおかいつき著 幻冬舎コミックス, 幻冬舎 発売（幻冬舎ルチル文庫）
【要旨】同僚の裏切りが原因でマル暴の刑事を辞めた神崎秀一は、祖父の死を機に大阪へと移り住む。祖父から相続した雑居ビルに赴いた秀一はそこで桐山組の若頭・辰巳剛士と出会う。臆することなく対峙した秀一を気に入る辰巳。数日後、辰巳は勝手に部屋を改装、その見返りに、秀一に手錠と強引に体を繋ぐ—!? 書き下ろし短編を収録し文庫化!!
2017.7 461p A6 ¥820 ①978-4-344-84028-7

◆**真昼の月 2** いおかいつき著 幻冬舎コミックス, 幻冬舎 発売（幻冬舎ルチル文庫）
【要旨】同僚に裏切られマル暴の刑事を辞めた神崎秀一は、桐山組の若頭・辰巳剛士と出会い、強引に抱かれ、情人関係となった。辰巳の計らいで調査事務所を始めた秀一の初仕事は、放置車両の持ち主捜査という簡単なもの。しかし車の車内には大量の血痕が！ 殺人事件へと発展する中、秀一は犯人捜査を始めるが!? 書き下ろし短編を収録し文庫化!!
2017.8 462p A6 ¥820 ①978-4-344-84047-8

◆**真昼の月 3** いおかいつき著 幻冬舎コミックス, 幻冬舎 発売（幻冬舎ルチル文庫）
【要旨】桐山組若頭・辰巳剛士とマル暴の元刑事・神崎秀一は情人関係にある。頻繁にやって来て自分を抱く辰巳に呆れながらも、秀一にとっても辰巳は必要な存在となっていた。そんな秀一のもとに、裏切りの末に秀一へ銃口を向け、辞職の原因を作った元相棒・東郷泰久が現れる。東郷に拉致監禁された秀一は…!? 書き下ろし短編を収録した文庫化最終巻。
2017.9 478p A6 ¥820 ①978-4-344-84079-9

◆**偽りの騎士と美貌の伯爵** 池戸裕子著 オークラ出版（プリズム文庫）
【要旨】豪商の跡継ぎレオンと伯爵のクロードは親友だ。しかし、クロードに縁談が舞い込み、その友情は終わりに近づいた。爵位のある者にとって身分の低い者との親交は不名誉でしかなく、今のままの関係を続けるのは難しくなるからだ。結婚に対して迷いをみせるクロードに、レオンは縁談を受けるよう説得する。それはすべて、クロードを想う心からで—。
2017.3 235p A6 ¥630 ①978-4-7755-2638-5

◆**赤ちゃん狼が縁結び** 伊郷ルウ著 Jパブリッシング（カクテルキス文庫）
【要旨】別荘地で挿絵の仕事をして暮らす千登昼は、裏山で白い子犬を拾う。翌朝カッコイイ男性が飼い主だと訪ねてくるが突然倒れ、その身は獣の耳とふさふさ尻尾が生えていた!? 心配した千登昼は狼の生き残りというタイガとフウガの白狼兄弟と暮らすことに。衰弱した力を戻すには精子が必要だ!?恥ずかしいけど自慰でムダにするより役立つなら、と承諾するも、童貞の千登昼は扱われる焦いものの、その色香に酔ったタイガは熱塊を秘孔に挿入。まるで新婚蜜月生活が始まってしまい!? 至高のボーイズラブノベル!!
2017.11 257p A6 ¥685 ①978-4-86669-043-8

◆**ツインズベイビーは今日も大騒ぎ！** 伊郷ルウ著 コスミック出版（セシル文庫）
【要旨】パリでシングルファーザーの安曇野と出会い、恋に落ちた陽希は、彼の二人の子供と家族になって、日々慌ただしいながらも楽しい生活を送っていた。幼稚園に通うようになった双子いじめ問題が持ち上がったり、迷子になって陽希と安曇野を慌てさせたりとトラブルの連続。そんななか、大トラブルとも言える、双子の母親であり安曇野の元妻が四人の前に現れて…!? 書き下ろし。
2017.8 237p A6 ¥685 ①978-4-7747-1344-1

◆**ドッグカフェで甘いバイト生活** 伊郷ルウ著 幻冬舎コミックス, 幻冬舎 発売（幻冬舎ルチル文庫）
【要旨】わんこ大好きな大学生の翔太郎は、近くのドッグカフェで憧れだった白くてもふもふなグレートピレニーズに出会う。すると飼い主でカフェのオーナー・佐和田からバイトに誘われ、見た目だけでなく社会人としてもカッコいい彼から、時に温かく、時に年上の余裕で甘やかされる毎日。やがて翔太郎の気持ちはわんこくオーナーの佐和田になってきて—!?
2017.7 221p A6 ¥600 ①978-4-344-84031-7

◆**パパ伯爵の溺愛プロポーズ** 伊郷ルウ著 KADOKAWA（B・PRINCE文庫）
【要旨】カメラマンを目指しドイツに移住した須崎琉真は、ウェイターとして働く日本料理店で金髪美貌の紳士・ルドガーと連れの五歳児・エーリクに出会う。後日、撮影で訪れた古城の主が偶然にもルドガーだったと知り驚く琉真。伯爵の身分でありながら気さくなルドガーと、可愛いエーリクに慕われた日々は、穏やかで幸せなもので…。ところが、突然ルドガーにキスを奪われ、さらにエーリクから「ママになって」とお願いされて!?
2017.6 222p A6 ¥640 ①978-4-04-892896-0

◆**子爵と冷たい華** 和泉桂著 海王社（ガッシュ文庫）
【要旨】自分と母を捨てた父に復讐するため、性別を偽り花街で芸妓として暮らす志季。一振りの短刀だけが父を探す手がかりだった。ある夜、穂積という男に体の秘密と復讐心を知られてしまう。穂積はなんの気まぐれか、復讐の手助けをしてくれると言うが、その代償とは—。躰のため、志季は己の身を差し出すが—「子爵と冷たい華」兄が跡継ぎとなった嵯峨野経行。家のしきたりでわくつきの一族に仕えることになるが、その若き当主・貴久との出会いは運命的なものであった—「華の柩」淫靡な時代浪漫2編。
2017.3 415p A6 ¥824 ①978-4-7964-0945-2

ヤング・アダルト小説

◆**翠葉は愛で煌めく** 和泉桂著 幻冬舎コミックス,幻冬舎 発売
【要旨】由緒ある会員制社交クラブ『嘯風館』で美術ナビゲーターのアルバイトをしている大学院生の葉嶋瑞궫には、七年間ずっと忘れられない相手がいた。その男の名は、ルスラン・レオーノフ。目も眩むような端整な容貌と日本美術への深い造詣を持つ彼は、瑞궫の憧れの存在でもあった。だが、敬愛する祖父の死がきっかけで二人の間には距離が生まれ、いつしか瑞궫はルスランに心を閉ざしてしまう。素直になれない自分に戸惑う瑞궫を、ルスランはかつてと変わらない包み込むような眼差しで見つめてきて―。嘯風館シリーズ最新作。
2017.8 383p B6 ¥1400 ①978-4-344-84043-0

◆**鳥籠** 和泉桂著 幻冬舎コミックス,幻冬舎 発売 (リンクスロマンス)
【要旨】帝都の製糸会社に勤める福岡凌平は、工場建設の調査のため、信州の片田舎の村で二ヶ月ほど暮らすことになった。村長の屋敷に滞在して仕事に打ち込んでいた凌平は、ある日、蔵の一つに佳人が囚われていることを知る。興味を抑えきれずその蔵へ忍び込んだ凌平は、そのあまりの美貌と艶やかさ、そして彼が男だったことに驚愕する。盈と名乗る彼の誘惑に抗えず、凌平はその美しい身体を抱いてしまう。その後も何度も交わり、すっかり盈に魅了されてしまった凌平は、意を決して彼を東京に連れ帰ることにするが―。
2017.3 256p 19cm ¥870 ①978-4-344-83930-4

◆**花舞う夜に奪う愛** 和泉桂著 幻冬舎コミックス,幻冬舎 発売 (幻冬舎ルチル文庫)
【要旨】父の死をきっかけに陥れられた没落した花宮子爵家の次男・雪人は、記者として怪盗『夜叉』を追いかけている。そんな雪人にとって、失踪した父の親友で人気作家・大笠晃一は何かと頼れる存在だった。ある日、警視庁からの要請で、夜叉が狙う首飾りを女装した雪人が身につけ夜会に出ることに。その夜会で、夜叉と遭遇した雪人は唇を奪われてしまい…!?
2017.1 251p A6 ¥630 ①978-4-344-83900-7

◆**花待つ君に捧ぐ愛** 和泉桂著 幻冬舎コミックス,幻冬舎 発売 (幻冬舎ルチル文庫)
【要旨】刑事の戸次武史は、ある日、やくざの親分から、美青年、霜田晶の保護を頼まれるが断れず体を繋いでしまった戸次は、彼を事務員として置くことに。戸次の親友・雪人の兄・悠人を捜すため、天笠から依頼された戸次は、晶とともに捜査を開始するが…!?
2017.3 221p A6 ¥600 ①978-4-344-83964-9

◆**キューピッドだって恋をする** 伊勢原ささら著 二見書房 (シャレード文庫)
【要旨】カップル成立数十二ヶ月連続最下位に沈んだキューピッドのミュウは、上司から人間界で三ヶ月の修行を申しつけられる。あまりに過酷な処分に仲間たちがざわつく中、人間が大好きなミュウが早速現れを定めたのは難易度MAXのオーラを纏った石動。捨て猫をきっかけに彼の家に居候することになったものの、石動はミュウをまとめて猫扱いするほど人間に関心のない朴念仁で…。ドジっ子天使はターゲットを恋に落とし、天界に帰還できるのか!?
2017.9 274p A6 ¥686 ①978-4-576-17124-1

◆**二度目のはつこい** 伊勢原ささら著 幻冬舎コミックス,幻冬舎 発売 (幻冬舎ルチル文庫)
【要旨】卒業式を間近に控えた時期、良成のクラスに以前の同級生で今は人気アイドルであるサクヤが久々に登校してくることになった。サクヤ、本名・朔人と良成は幼馴染で、良成は友情以上の想いを抱いていたが、想いを告げる前に朔人がデビューが決まり上京したのだった。昔と変わらず接してくる朔人に良成の中で一度は諦めた初恋の火が再びともるが?
2017.4 253p A6 ¥630 ①978-4-344-83989-2

◆**雪だるまは一途に恋をする** 伊勢原ささら著 二見書房 (シャレード文庫)
【要旨】淡いブルーのマフラーにバケツの帽子、両手は棒つきキャンディー。ユキは翼が作った雪だるま。寒い冬の日、小さな家の庭の端っこに生まれた。翼の隣には無口だけど優しい琉。溶けないように暮らす二人を、ユキは愛おしく見守っていたが…。翼の思いと引き換えに彼の体に転生したユキは琉に支えられて元気に頑張るけれど、中身は生まれたばかりの雪だるま。翼にはなれないし、琉の気にも近づけない。しかし―。こころほっこりリリカルファンタジー。
2017.2 286p A6 ¥686 ①978-4-576-17006-0

◆**神獣皇帝と初恋の誓い** 市川紗弓著 KADOKAWA (角川ルビー文庫)
【要旨】神獣の加護を受ける皇国で、皇太子を皇帝と共に養育する「連理梓」に任命された薬師見習いの修莉。しかし当代皇帝・楊玄は、歴代の連理梓に比べて平凡な修莉に冷たい。くじけそうになりつつも皇太子・桃寧とは打ち解け始めたある日、楊玄がおぼつかない手つきで薬を揺らている場面に遭遇する。あまりの不器用さに思わず代わりに薬を煎じると、感謝の気持ちだと手に口づけられ、柔らかな笑みを向けられた。距離が近づき、修莉は初めて感じる胸の動悸に戸惑うが…。
2017.9 250p A6 ¥660 ①978-4-04-105826-8

◆**横顔と虹彩―イエスかノーか半分か番外篇** 一穂ミチ著 新書館 (ディアプラス文庫)
【要旨】人気バラエティ番組「ゴーゴーダッシュ」でADを務める深。同局の夜ニュースの現場にも入ることになり、スポーツ担当のアナウンサー・皆川竜起と知り合う。苦手なタイプのはずなのに、生き生きと喋る竜起から深は目が離せなくなる。心酔するP・栄のもとで大好きな「ゴーゴー」に関わっていられれば幸せだった深だが、竜起とぐいぐい距離を縮めてきて…?
2017.2 269p A6 ¥620 ①978-4-403-52416-5

◆**OFF AIR―イエスかノーか半分か** 一穂ミチ著 新書館
【要旨】猫かぶりアナウンサー・計と、気鋭の映像作家で包容力No.1彼氏・潮。大人気「イエスかノーか半分か」総集編!!
2017.9 296p A6 ¥1300 ①978-4-403-22115-6

◆**独り占めバックステージ** 市村奈央著 幻冬舎コミックス,幻冬舎 発売 (幻冬舎ルチル文庫)
【要旨】五人組アイドルグループに所属する万澄。持ち前の美貌と歌唱力で人気一二を争うが、他のメンバーのように仕事に思い入れられずにいた。とりわけ高校のクラスメイトでもある愁とは反りが合わずに衝突ばかり。それなのに、まっすぐ褒めたり苦手分野の教えを乞うたり一愁は度々万澄を戸惑わせる。さらには落ち込んでいたところにキスされて…!?
2017.6 319p A6 ¥680 ①978-4-344-84012-6

◆**愛は前途多難!―イケメン社長と僕の家族再結成** 一文字鈴著 コスミック出版 (セシル文庫)
【要旨】大手企業に就職が決まり、明後日が希望に溢れる入社式だというのに綾瀬優斗は非常に困っていた。アルバイト先店での多額の金を取られた上に、アパートで火事騒ぎが起こり、住むところも生活費用もない状態に陥っていたからだ。そんな時、社長の篠原が手を差しのべてくれ、息子の世話をするかわりに一緒に住むことに!!最初は横柄な人かと思っていた篠原に、優斗はやがてドキドキするようになり…?
2017.5 293p A6 ¥680 ①978-4-7747-1326-7

◆**大富豪は無垢な青年をこよなく愛す** 一文字鈴著 幻冬舎コミックス,幻冬舎 発売 (リンクスロマンス)
【要旨】両親を亡くし借金の返済に追われる折原透は、ある日、アルバイト先のカフェで酔っぱらいに絡まれ、男性客に助けられた。結城和臣と名乗った彼は、実は透が働くカフェのオーナーで、世界的に有名な企業・結城グループの若きCEOだった。その後、透の境遇を知った和臣に「弟の世話係をしてほしい」と請われ、透は結城邸で住み込みで働くことを決意する。和臣の役に立ちたいと、慣れない環境でひたむきに頑張る透だが、包み込むように慈しんでくれる和臣の優しさに、憧れの気持ちが甘く切ない想いに変わっていって…。
2017.12 249p 19cm ¥870 ①978-4-344-84127-7

◆**淫楽の神が住む都―淫花シリーズ番外編** いとう由貴著 リブレ (ビーボーイズラッシュノベルズ)
【要旨】「挿れられて…勃っているぞ」海外赴任先で地割れに落ちた涼は、何故か異世界で目を覚ました。突然とする涼の前に、黄金色の肌の精悍な男が現れ、その男と息子の花嫁にすると告げられる。そしてわけも分からぬまま花嫁になる「儀式」が始まり、身体を這い回るぬめった舌や果実を弄ぶ意地悪な手に…初めての快感に震え、甘く喘ぎ、ついに熱い充溢で塞がれる―。涼の色香は儀式が進むにつれ強くなり…? 淫花シリーズ番外編!
2017.2 254p 19cm ¥890 ①978-4-7997-3237-3

◆**うたかたの月** いとう由貴著 心交社 (ショコラ文庫)
【要旨】1902年―日本陸軍大尉の長谷川敦は東欧の大国・アラニア皇帝退位の密命の下、身分を偽りアラニアに入国する。順調に任務を果たしているかに思えたある日、翡翠の瞳をもつ端正な顔立ちの男フレンツに秘密警察に素性をばらされているようだと耳打ちされ、身を隠さないと命を差し出せと脅される。敦は母国のため、屈辱に打ち震えながらも言うことを聞くしかない。心を秘めた貴公子×怜悧な軍人のドラマティック・ラブ。
2017.2 275p A6 ¥660 ①978-4-7781-2144-0

◆**双樹煉獄** いとう由貴著 心交社 (ショコラ文庫)
【要旨】イギリスのリンウッド伯爵の甥として生まれたシンは、病弱さと両性を身体に宿したことで嫌悪される庭師の孫として育つ。だが二十歳のある日、異母弟が亡くなり伯爵の血族として迎えられることになる。シンを待っていたのは伯爵の双子の息子である、優しいエリオットと口の悪いオスカーだけだった。しかし親族として正式に披露された日の夜、兄のような存在だった双子によってシンは異形の身体を蹂躙され―。
2017.10 255p A6 ¥700 ①978-4-7781-1883-9

◆**碧落の果て** いとう由貴著 幻冬舎コミックス,幻冬舎 発売 (リンクスロマンス)
【要旨】幼いころ辺境の村から男娼として売られたアシェリーは、偶然の出会いから貴族の青年・ティエトゥールと恋に落ちる。だが幸せな日々も長くは続かずアシェリーは借金のために、ある豪商のもとへと身請けされてしまった。それから十一年「必ずおまえを取り戻す」という誓いのもと軍の最高位・七将軍の地位にまで上り詰めたティエトゥールと再会したアシェリーは、兄のようだったティエトゥールと敵対する国の侯主最愛の寵妾となっていた。赦されない恋と知りながらも、互いを求めることをやめられない二人は―。
2017.5 295p 19cm ¥970 ①978-4-344-83997-7

◆**竜の妻恋** いとう由貴著 リブレ (ビーボーイノベルズ)
【要旨】「ナオの全てを私が面倒を見る」ヘイゼルの瞳をした端正な外国人・リュシーに突然キスを奪われた天涯孤独で人見知りの尚行。伴侶になってくれと懇願され、尚行は断りきれずリュシーの豪邸で生活することに。お風呂、お姫様抱っこから恥ずかしいことまで…。手づから生活の全てをお世話され、優しさに飢えた心が熱い求愛に満たされるのを感じ始めたある日、リュシーのとんでもない事実を知らされる。リュシーは人間でなく竜だというもので!?運命の伴侶を乞い願う溺愛系人外BL!
2017.10 256p 19cm ¥890 ①978-4-7997-3519-0

◆**M** いとう由貴著 笠倉出版社 (クロスノベルス)
【要旨】「怯えた顔は、最高にそそる」学生時代に訪れたロシアで、明人は友人達によって輪姦されてしまう。六年後、明人は忘れられないトラウマに悩まされながら日本で社会人となっていた。だが取引先のトップ・ヴィタリーにその秘密を暴かれてしまう。冷酷な瞳に見据えられ、逃げられない証拠をネタに犯される日々。怯えれば怯えるほど、ヴィタリーは楽しげに明人を嬲ってくる。終わりのない凌辱に、明人の心の奥底に眠るなにかが次第に開花していき…。
2017.2 244p 19cm ¥890 ①978-4-7730-8845-8

◆**ヤクザから貞操をしつこく狙われています** 稲月しん著 二見書房 (シャレード文庫)
【要旨】顔だけは超絶に整っている平々凡々な大学生・秋津比呂がホテルで目を覚ますと、そこには柏木と名乗るヤクザの組長がいた。全裸で。逃げを決め込む比呂だったが、実に楽しげな柏木に先回りされその手に落ちてしまう。悔しいほどに男前で、ヤクザのくせに笑うと意外に可愛いエロ親分。簡単に嘘かれる彼の言葉に流されそうになるが…。大嘘つき・柏木の本当、何より自分の気持ちが知りたい―腹を括った比呂がタイムリミット二日間のゲーム『鬼ごっこ』を柏木に持ちかけ…? 柏木が比呂に騎乗位をねだる後日談も収録!
2017.5 255p A6 ¥619 ①978-4-576-17190-6

◆**シンデレラ王―罪を抱く二人** 犬飼のの著 KADOKAWA (角川ルビー文庫)
【要旨】継母の家族の下で不遇な生活をしていた青年エラルドは、ある時、森をさまよって散策していた第二王子シャロンと出会い、天使のような愛らしさにたちまち恋に落ちる。一方、シャロ

ンは弟を偏愛する兄王子に束縛されていて、真の友人を求めていた。運命的に出会った二人は森の離宮で逢瀬を重ね、いつしか秘密の恋に溺れていく。そんな時、城で舞踏会が催される。シャロンに会いたい一心でエラルドは城へ向かうが、弟との仲を知った兄王子の逆鱗に触れ…!? 大人気濃厚官能童話!!
2017.12 254p A6 ¥640 ①978-4-04-106279-1

◆双竜王を飼いならせ 犬飼のの著 徳間書店（キャラ文庫）
【要旨】欧州を手中に収めた竜王が、アジアの覇王・可畏の座を狙っている!? 各国のVIPが集う竜嗜好のパーティーに現れたのは、ギリシャ彫刻のような美貌の双子の兄弟―イタリアマフィアの御曹司・ファウストとルチアーノ!!「この子、気に入った。そのまま連れて帰らない？」凶暴で好色なリトロナクスの影を背負う双子は、潤の美貌と水竜の特殊能力に目をつけ、可畏と共に攫おうとするが…!?
2017.2 257p A6 ¥600 ①978-4-19-900868-9

◆花とナイフ 犬飼のの著 竹書房（ラヴァーズ文庫）
【要旨】「狩る側が、狩られる快感に囚われるなんて…」新宿の寂れた街に住む七瀬麻人は、小さな花屋を営む裏で、人殺しを請け負っていた。組織に属さず、勝手に仕事を繰り返す麻人のもとに、ある夜、プロの殺し屋である九龍が現れる。「死ぬのが怖くないお前には、雌犬扱いのほうが応えるだろう？」錦城組のシマを荒らしたとして、脅され、九龍にさんざん辱められる麻人だったが、その神秘的な声と美貌と、暗闇の中での淫靡な拘束に、なぜか強く惹かれてしまう。異種な九龍にもう一度会うためには―。麻人は再び殺しの依頼を受けるが…。
2017.4 215p A6 ¥640 ①978-4-8019-0997-7

◆卵生竜を飼いならせ―暴君竜を飼いならせ5 犬飼のの著 徳間書店（キャラ文庫）
【要旨】竜人界を統べる王となり、潤は絶対不可侵の王妃にされる。双竜王を倒し、改めて潤を守り切ると誓った可畏。ところが潤は双竜王に拉致されて以来、断続的な胃痛と可畏の精液を飲みたいという謎の衝動に駆られていた。双竜人リアムの血を体内に注射されたことで、潤の体が恐竜化し始めているー!? 心配する可畏が、なんと潤の体に二つの卵―可畏との新しい命が宿っていると判明して!?
2017.5 257p A6 ¥620 ①978-4-19-900875-7

◆永劫の束縛 井上ハルヲ著 ブライト出版（リリ文庫）
【要旨】友人に騙され豪華客船内の娼館に売られた矢木。そこに君臨する『鴉』という男は、感情を見せない人形のような美丈夫だった。「俺がお前を仕込んでやる」娼館の商品となるための下準備。クロウはそれらを自ら矢木に施すという。卑猥な器具やクロウに足蹴にされ怒りを募らせる矢木だが、自分を翻弄される彼の目に時折感情が宿ることに気づき？ 激しい行為に及ぶ度にも決して口を割らずに射精させる彼の真意が気になり始めるが、自分がクロウのかつての想い人に似ていると知って…。
2017.10 248p A6 ¥630 ①978-4-86123-709-6

◆BreakThrough―デンパ男とオトメ野郎 ex. 井上ハルヲ著 KADOKAWA（B-PRINCE文庫）
【要旨】警視庁刑事部の鑑識課に勤める柏木は、「公安の蛇」と呼ばれる管理官・西村と順調に交際中。そんな幸せ真っ只中の柏木の前に、謎めいた美しい男が現れる。実は彼は連続爆破事件の首謀者・久米田だった。西村と過去に繋がりのあった久米は、今度は西村の恋人である柏木に狙いを定めてくる。久米田の手により爆破に巻き込まれた柏木は、西村の記憶を失ってしまうのだが!?
2017.5 255p A6 ¥640 ①978-4-04-106072-8

◆恋するパパは鬼に金棒 今井茶環著 コスミック出版（セシル文庫）
【要旨】都心から離れた田舎町の神社にバイトをするためにやってきた桃生。迷子になり暗くなってからやっとたどりついた神社には鬼のコスプレをしたイケメンがひとり打ち立っていた。彼はなんと本物の鬼神だと言う。本気にしなかった桃生だったが、道中捨てられた瀕死の赤ん坊を見つけ、鬼神の力で救ってもらったため、信じるほかなくなってしまった。その上、赤ん坊は鬼神と桃生が一緒に育てることになり!?
2017.5 309p A6 ¥700 ①978-4-7747-2999-2

◆狼さんと幸せおうちごはん 今城けい著 幻冬舎コミックス、幻冬舎 発売（幻冬舎ルチル文庫）

【要旨】父と愛犬を同時期に亡くし塞ぎ込む一果のもとに現れた、幼馴染でしなやかな強い一途な孤高のモデル、黒埼王貴。彼に半ば強引に東京で同居させられ一緒に食卓を囲むうち、王貴の押しは強いが優しい人柄に触れ、徐々に一果の気持ちは変化していく。そんな時、一果に読者モデルの話が舞い込み、王貴プロデュースで美しく変身することに…!?
2017.5 319p A6 ¥680 ①978-4-344-84000-3

◆紅の命運―Prince of Silva 岩本薫著 大洋図書（SHYノベルス）
【要旨】カーニバルの日、エストラニオの影の支配者と言われる。シウヴァグループの若き総帥・蓮はエストラニオ軍の上級大佐で、シウヴァを憎むリカルドに拉致されてしまった。絶望し希望を失いかけた時、蓮の前に現れたのはガブリエルだった。敵でありながら、思わせぶりな態度をとるガブリエルに蓮は翻弄される。一方、蓮を救うため、身を隠していた鏑木が戻ってきた！ ガブリエルの真の狙いはなんなのか？ 鏑木は蓮を取り戻せるのか？ 少しずつ明らかになっていく過去と、絡み合う愛と憎しみ。蓮の運命は!? シウヴァシリーズ、感動のフィナーレ!!
2017.11 314p 18cm ¥1000 ①978-4-8130-1316-7

◆紫の祝祭―Prince of Silva 岩本薫著 大洋図書（SHYノベルス）
【要旨】エストラニオの影の支配者と言われるシウヴァグループの総帥・蓮はまだ18歳の若さでその重責を担っている。少し前までは、守護者であり恋人でもある側近の鏑木がどんな時でも蓮を守ってくれた。けれどいま、鏑木に代わって蓮のそばにいるのは、ガブリエル。蓮と鏑木を追いつめていく美貌の男・ガブリエル。何も知らないかと思うのが総帥としての務めを果たす蓮。ガブリエルの正体を掴もうと密かに行動を続ける鏑木。わずかな逢瀬にも愛情を交わし合うふたりだが、敵の手が迫り!?
2017.10 273p 18cm ¥1000 ①978-4-8130-1314-3

◆烈情―皓月の目覚め 岩本薫著 リブレ（ビーボーイノベルズ）
【要旨】人狼の母・迅人と人間の父・賀門の間に生まれた双子の片割れ、希月は発情期が来たことで、飢えたような熱い衝動を抱く。幼なじみで、男のみちるに邪な感情や欲望を抱くなんておかしいし、許されない。弟の峻仁のように、家族や一族の絆すら捨てて、つがいの相手のもとに走る。そんなふうになりたくない。そう思いながらも、本能で感じる甘い匂いに抗えず…！
2017.12 256p 19cm ¥890 ①978-4-7997-3602-9

◆白虎さまの守り神 雨月夜道著 KADOKAWA（角川ルビー文庫）
【要旨】傷だらけで記憶を失った状態で、神獣の住む里で目覚めた雪直。戦神の白虎・銀とその僕のの狛虎のコマが彼に世話になり、そのぶっきらぼうだけど温かい心遣いに身も心も癒やされていく。いつしか銀に惹かれていく雪直だが、気になるのは、何度も繰り返される不吉な夢。その中で自分は、非情な剣士として数多くの人を斬りつけていたのだ。記憶が戻った自分が愛しい銀たちを傷つけるのを恐れて、雪直は里を去ろうとするのだが…？ 純度200%もふもふ純愛ファンタジー！
2017.9 230p A6 ¥640 ①978-4-04-106211-1

◆従者ライフ 生太著 一迅社（ロワ・ブラン）
【要旨】愛する妹を庇って、俺は交通事故で死んだ―はずが、なぜか妹がハマっていた乙女ゲームの世界に転生した。よりによって俺が入り込んでいた憎っくきキャラクター、燈明院紅夜の従者として！ しかも、鉄仮面で冷徹、誰にも隙を見せない完璧人間な奴が俺に「奉仕しろ」と命じてきて!? それでも、いつか転生してくる（であろう）妹に会うために、嫌々ながらも屈辱の従者ライフを過ごすのだが…。
2018.1 415p 19cm ¥980 ①978-4-7580-9020-9

◆モブの恋はままならない 海野幸著 二見書房（シャレード文庫）
【要旨】アンタみたいな派手な脇役がいるかよ―整った外見にすらりとした長身、モテ要素はあるのに好きになる相手は必ず自分以外と恋仲になる脇役気質の清瀬征一。社内では『縁結びの神様』と呼ばれ、その成約率は百パーセント。そんな征一が恋をしたのは、男湯で見た目ゆえ男女ともによろめかれる、万年当て馬の御堂聖吾。互いに染みついた己の属性に打ち勝つため、今こそ恋の主役になる…のか！
2017.10 270p A6 ¥657 ①978-4-576-17139-5

◆悪い男には裏がある 海野幸著 二見書房（シャレード文庫）
【要旨】振り返ればクズばかり―。風情ある容姿に誰もが認める厳しい仕事ぶり、なのにそんな華のある男性遍歴を誇る友成が二ヶ月間のお試しでつきあうことになったのは、ルックスどん真ん中の同僚・諏訪。吊り上がった眉に垂れた目元、厚めの唇に通った鼻筋、甘い雰囲気…なによりこじらせた初恋を刺激する長めの襟足。光成の告白をあっさり受け入れるあたり相当な遊び人と思われたが、この男、見た目と中身のギャップが激しすぎ!?
2017.4 265p A6 ¥619 ①978-4-576-17037-4

◆天才ヴァイオリニストに見初められちゃいましたっ！ えすみ梨奈著 Jパブリッシング（カクテルキス文庫）
【要旨】ヴァイオリンの神童と騒がれた裏紋は、高校生になると緊張して普段の音色が出せず失敗ばかり。独りで練習伝説を解き怠員となり小さなコンクールに出場したと、若手ヴァイオリニストNO.1のクリスが「俺が一目惚れした音」と告白してくる。更に押し倒してきて!?「孕むほどの大胆さで挿入され、裏紋は射精してしまう。「僕なんて、なんの価値もないのに」裏紋のつぶやきに、クリスは獲物を吟味するように見つめてくる…。「俺がきみを覚醒させる」クリスの熱い想いに心も体も奪われて!! 天才ヴァイオリニスト×崖っぷち演奏家の卵の過保護な溺愛。
2017.12 265p A6 ¥685 ①978-4-86669-057-5

◆謹製ヘルブック―1945 Series ブルーグラフ1945 尾上与一著 蒼空社（ホリーノベルズ）
【要旨】太平洋戦争終了後、「彩雲の城」の彗星ペア・谷藤十郎と緒方伊魚は解員となり日本に帰還。―その後、二人が互いを愛し、「唯一」と求め合う姿を官能的に描いた同人誌、『謹製ヘルブック』や『続・謹製ヘルブック』から厳選、書店特典SSを収録した永久保存版！ 最新書き下ろしは「―と超ジュラルミン」。長身あう十郎と伊魚のハッピーエンドラブストーリー。1945 Series 番外編集第2弾!!
2017.6 318p 19cm ¥1000 ①978-4-88386-447-8

◆不器用なトライアド 押川遥希著 二見書房（二見シャレード文庫）
【要旨】救われた。弘哉と二人で落ちかけていたドロドロの沼から―。キラキラ明るくて、皆の中心的存在、そんな弘哉をKにして抱かれて。忍の高校生活は捧げた恋は叶ったのに、心は抱かれる前より遠く離れた。虚しいつきあいに不毛さを覚えた頃、忍は弘哉から達巳を加えた3Pを提案された。達巳―淡々として得体の知れないところのある、高校と大学の同級生。オマケ扱いにも怯むことなく、深い官能を引きずり出し優しく貶めてくる達巳に忍は…。
2017.5 215p A6 ¥619 ①978-4-576-17057-2

◆被虐の蛇 鬼塚ツヤコ著 リブレ（ビーボーイスラッシュノベルズ）
【要旨】最底辺の生活から這い上がった弁護士・黒江が信じるのは金だけ。そんな黒江は会社経営者で極道の若頭補佐・研城に執着され辞易していた。ある日追い詰められ、仕事で身体を使おうとした黒江は、怒る研城に強引に犯される。屈辱でいっぱいなのに、乳首や後ろを弄り、戯られ、激しい快感を得てしまう。さらに黒江が男と寝たと知った友人・八束も独占欲を露にして黒江を押し倒す。獰猛な男達は同時に黒江を抱き、黒江の尿道やS字まで責めて、官能に喘がせ…!?
2017.4 287p 19cm ¥970 ①978-4-7997-3290-8

〔か行の作家〕

◆幻想砦のおしかけ魔女―すべては愛しの騎士と結婚するため！ かいとーこ著 一迅社（一迅社文庫アイリス）
【要旨】魔法騎士のセロが幻想保護区の砦の城主になって、早二ヶ月。（自称）恋人の魔女イリーナは、忙しくて帰ってこられない彼に不満を溜めていた。そんなある日、セロからの手紙には砦の窮状（ほぼ愚痴）が書かれていて!? 彼が困っているなら、助けに行くしかない！ そして、この機会に！ ―と想いを密かにして向かったのだけれど、辿り着いた先はぼろぼろの廃墟で!? こんな場所でも構わないわ！ 大人の余裕でかわされたって、セロを私の魅力で落としてみせる！ 年下魔女に振り回される騎士とおしかけ魔女のラブコメディ！
2017.12 286p A6 ¥638 ①978-4-7580-9008-7

ヤング・アダルト小説

◆**神様の弟子―チビ龍の子育て**　加賀見彰著
コスミック出版（コスミック文庫α）
〖要旨〗何をやってもうまくいかない小野優馬は今夜最大のピンチを迎えていた。深夜の誰もいない公園で大福を喉に詰まらせ死にそうになっていたのだ。だが、すんでのところで祖母からもらったお守りに向かって盛大に神頼みをしてみると、幸運にも月読命に声が届き助けられる。優馬を面白がった月読命は優馬を弟子にすることに決め、小さな龍を育てることを命じる。チビ龍は人間の赤ちゃんにも変身でき、やりたい放題な生き物で、はちゃめちゃな日々を送ることになってしまった優馬は…!?
2017.4 263p A6 ¥650 ⓘ978-4-7747-1319-9

◆**傭兵メイドのMIP**　鹿嶋アクタ著　心交社
（ショコラ文庫）
〖要旨〗凄腕の傭兵である小日向恵の現在の任務は、脅迫を受けた大企業社長・異見平の屋敷の警備および赤ちゃんベビーシッター（前任者は恵が倒した）。晃平は金も地位もあって男前という完璧な男だが、この任務には一つ問題があった。それは大人の男を怖がる晃平の息子のために、メイド服を着なければならないこと。でも何故か晃平には好評で、彼は「恵さんは凄い」「格好いい」とやけにキラキラした瞳を向けてきては恵の調子を狂わせるのだが―
2017.8 281p A6 ¥690 ⓘ978-4-7781-2254-6

◆**いとしき伴星の名を述べよ**　一咲著　心交社（ショコラ文庫）
〖要旨〗中学時代、故障でバスケを辞めた高崎は「天文観測部」という本学び、天文の話に目覚めた。著者の津田への強い憧れから彼が勤務する大学に進学した高崎は、自分の過去の挫折を受け止めてくれた彼に惹かれていく。周囲に「先生の犬」と称されるほど懐く高崎を最初は可愛がる津田だが、研究者として成長していく高崎を次第に避けるようになる。困惑する高崎に彼は「昔、有望な研究者を恋愛で駄目にした」と打ち明けて―。
2017.4 241p A6 ¥660 ⓘ978-4-7781-2179-2

◆**毒味役、少年王に求婚される**　桂生青依著
リブレ（ビーボーイノベルズ）
〖要旨〗学費を稼ぐために、国王の毒味役として城に仕えるようになったジェム。国王フランは誇り高い美しさと威厳で大人さえも圧倒する少年だった！ ジェムに興味を持ったフラン王は、主君と臣下の垣根を飛び越え、ぐいぐい距離を縮めてくる。王の大人びた優しさ、男の色香さえ漂う熱い眼差しに、年下の少年なのに、ジェムはドキドキして…。本当は大人なのだが、王を盛られて、少年の姿になってしまっていたのだ…！
2017.6 230p 19cm ¥890 ⓘ978-4-7997-3356-1

◆**オメガ 愛の暴君**　華藤えれな著　笠倉出版社（クロスノベルス）
〖要旨〗赤ん坊の頃捨てられたオメガの希来は一人ぼっちの修道院で猛烈な発情期に襲われた。自慰もできないような肉体の飢えが最高潮に達した時、目の前に謎めたアルファのクロードが現れる。助けてと縋りつく希来。初めて知る肉体の悦び。そして恋心。だが希来のつがいは別の男と告げられる。彼以外に抱かれるのは嫌だと思う希来だが、莫大な遺産の相続人として、クロードの命を救うためにも、別の男の子を孕むしかなく―。出生の秘密、運命のつがい―愛と欲望が蜜にまみれるオメガバースラブストーリー！
2018.1 245p 19cm ¥890 ⓘ978-4-7730-8872-4

◆**黒豹王とツガイの蜜月―ハーレムの花嫁**
華藤えれな著　フロンティアワークス（ダリア文庫）
〖要旨〗砂漠で医療支援を行っている志優はある日、遺跡の盗掘者に襲われかけたところを精悍な青年・アシュに助けられる。実はアシュは昔助けた黒豹で、豹に変身できる人豹国の王だった。仔豹の時に見捨てられたと誤解し、心に影を落としたアシュは、ハーレムに志優を幽閉し、媚薬を使って淫らな行為を強いてくる。恨んでいると嘯くその言葉とは裏腹に、瞳には甘い溺愛を滲ませ、触れも触らせずと執着していて―。
2017.4 250p A6 ¥620 ⓘ978-4-86134-993-5

◆**死神狼の求婚譚―愛しすぎる新婚の日々**　華藤えれな著　笠倉出版社（クロスノベルス）
〖要旨〗北欧でひっそり獣医師として働く十和のもとに現れた採用希望の青年ラディクはIQ200の頭脳と神秘的な美貌の持ち主。なのにチョコの食べ方やシャワーやキスも知らない逞しい男だった。「貴方が好き」と一途な

と優しい愛に癒され、新婚のような日々を送るが、時折見せる淋しげな瞳に不安も。実は彼は十和への恋のため、狼王子の立場を捨て、死神と契約を交わし人間になった狼だった。何も知らず彼を愛し始めていた十和は―!?
2017.5 244p 19cm ¥890 ⓘ978-4-7730-8851-9

◆**獣王の貢ぎ嫁**　華藤えれな著
KADOKAWA（B・PRINCE文庫）
〖要旨〗アイルランドの港町で孤独に生きる天涯孤独の少年・紫生は、呪いから町を救うため、生贄の花嫁として、恐ろしい獣王が棲むという「妖精島」へ嫁がされてしまう。そこで紫生を迎えたのは、紳士的な獅子の化身・キリアン。優しい愛は次第に人々に恐れられる獣王なのか？ キリアンに愛されながら、紫生は次第に伝説に隠された哀しい真実を知ってゆく…。妖精の国を舞台に繰り広げられる、まことの愛のおとぎ話。
2017.2 238p A6 ¥640 ⓘ978-4-04-892560-0

◆**人魚姫の真珠―海に誓う婚礼**　華藤えれな著　徳間書店（キャラ文庫）
〖要旨〗二十歳になったら、僕は海の泡になって消えるんだろうか―。アイルランドの離島で暮らす人魚の末裔・水凪。海の中を自由に泳ぎ、天候を予知できるけれど、島では忌むべき存在として疎まれてきた。そんなある夜、水凪が救ったのは、難破した若き公爵のリアム。瀕死の重傷を人魚の力で生き返らせたのだ。「どうせ僕は長く生きられない…」水凪は意識が戻ったリアムに自分が恩人と告げられず!?
2017.4 345p A6 ¥650 ⓘ978-4-19-900871-9

◆**雪豹王の許嫁**　華藤えれな著　笠倉出版社（クロスノベルス）
〖要旨〗ロシアの古都サンクトペテルブルクで、劇場やサーカスを次々と買いとり人々から恐れられる謎の富豪セルゲイ。常に素顔を仮面で隠す彼の正体は伝説の雪豹王だった。幼い时その秘密を知ってしまった橙里に執拗に執着し、つりをまとうセルゲイ。身寄りのない橙里に歌を教え、借金を返す優しさの裏で、彼が代償として望むのは生贄か許嫁か…。呪われた雪豹王と幼い雪豹の子供、そして孤独な少年が冬のロシアで紡ぐ愛のメルヘン。
2017.10 243p 19cm ¥890 ⓘ978-4-7730-8861-8

◆**泣き虫うさぎと過保護なご主人様**　金坂理衣子著　幻冬舎コミックス,幻冬舎 発売（幻冬舎ルチル文庫）
〖要旨〗幸運を呼ぶ"月兎"になるには人間から100回の"有難う"をもらえばいい―。ご主人様の陽一を幸せにしたくて神様の不思議な力で人間にしてもらった兎の望は、"有難う"のために陽一のお世話をしようと奮闘するけど、もとは兎なので掃除も洗濯も×。逆に、天真爛漫な兎的にドキドキしまくりの可愛さで、陽一から溺愛されまくりでギャップが可愛すぎて、陽一から溺愛されまくりで―。
2017.6 317p A6 ¥680 ⓘ978-4-344-84011-9

◆**猫耳デカは懐かない。**　金坂理衣子著　幻冬舎コミックス,幻冬舎 発売（幻冬舎ルチル文庫）
〖要旨〗近未来の日本警察、警察犬だけでなく警察猫がいるような世界へ―。犯罪捜査局JBIが国民の皆様に愛される存在となるため、猫の目と耳としっぽを持つ特殊捜査官・ベリルこと通称"猫耳デカ"が爆誕！ 相棒の訓練士・蔵人はぶっとんだ見た目と性格のベリルと事あるごとに対立してたけど、凄腕の捜査員なのか（？）徐々にベリルの世話を焼き始めて!?
2017.8 284p A6 ¥680 ⓘ978-4-344-84050-8

◆**万華鏡の花嫁**　鹿能リコ著　シーラボ,三交社 発売（ラルーナ文庫）
〖要旨〗二十歳を迎えた日。大学生の千尋は呪術を生業とする一族が住む孤島へと連れ去られてしまう。そこで告げられたのは、自分も能力者であること、そして三人の婚約者候補の中から一人を選んでつがわねばならないこと。優男風メガネ美形の医師・凪、大学の後輩でクールな美貌の連、着物の似合う古風で端整な庵。一淫らな秘術を施され、三人の男たちに犯された千尋は、快楽の極みの中で封印されていた力を目覚めさせていく…。
2017.2 297p A6 ¥700 ⓘ978-4-87919-982-9

◆**旦那さまは犬神―赤ちゃん犬神誕生!?**　かみそう都芭者　コスミック出版（セシル文庫）
〖要旨〗百年に一度の秘祭で、姉の代わりにあまし役をすることになってしまった大学生の理久。いやいやながらも、千五百年にわたって理久の実家である神社に受け継がれてきた由緒ある儀式なので逃げるわけにはいかなかった。倉

のなかでただ一人しばらく過ごすだけでいいと思っていた理久だったが、夜になるとなんと本物の犬神が現れて…!?無理やり契らされてしまった理久の運命は―。
2017.9 267p A6 ¥650 ⓘ978-4-7747-1361-8

◆**猫を拾ったら猛犬がついてきました**　かみそう都芭者　シーラボ,三交社 発売（ラルーナ文庫）
〖要旨〗従兄の忘れ形見・純平を育てるため、官能小説家となった祐希。ある雨の夜、子猫と謎めいた男・宗哉を拾う。純平の懇願もあり猫を飼うことになったのだが、なぜか宗哉も居座ることに。そしてその背にはなんと刺青！ 独特の雰囲気を醸し出す宗哉に、祐希の書く官能はマンネリ化していると指摘され、更にはエロ指南までされてしまう。だが、実は極道の跡継ぎだという宗哉に、一緒に家族を作ろうと告白された祐希は…。
2017.3 271p A6 ¥700 ⓘ978-4-87919-984-3

◆**魔人の箱庭―囚われの淫花**　かわい恋著
KADOKAWA（角川ルビー文庫）
〖要旨〗父親の病気を治す薬草を採る為に魔人・ハディールの庭に忍び込んだ少年・ロロは、恐ろしい筈の魔人の優しい面を知り彼に惹かれはじめる。触手樹に襲われ疼く体を鎮めてくれたのもハディールだった。以来、想いを通わせ逢瀬を重ねる二人だったが、ハディールとの仲を有力商家の息子・ランドルフに知られてしまい、彼を守りたいなら体を差し出せと迫られる。そのことを知り裏切られたと激昂したハディールに魔人の城へと連れ去られたロロは、手ひどく犯されてしまい―。
2017.6 219p A6 ¥620 ⓘ978-4-04-105685-1

◆**獣始め―犬と蛇と三人婚**　かわい恋著　リブレ（ビーボーイスラッシュノベルズ）
〖要旨〗自身の体を与えて妖獣を使役する一族に生まれた大学生のいつきは、妖獣と初めて契りを交わす「獣始めの儀」を迎える。夫となるのは精悍な黒大族の魁と、見目麗しい白蛇族のキリエ。発情して淫らに疼くいつきの身体は、犬の姿の魁に背後から激しく犯され、快感に溢れた蜜をキリエに吸われる蛇の媚毒で泣くほどの快感を与えられる。愛しく濃厚な獣たちとの情交で、いつきはどんどん淫らな身体になってしまい…！ そんなある日、初仕事を命じられて―。
2017.4 244p 19cm ¥890 ⓘ978-4-7997-3292-2

◆**あべこべな僕らの恋デイズ**　川琴ゆい華著
幻冬舎コミックス,幻冬舎 発売（幻冬舎ルチル文庫）
〖要旨〗京は今の出版社に勤めて半年の編集者。一匹狼な上司の由和と飲み会で仲良くなったと思った翌朝―俺たち体が入れかわってる!?今まで交流がなかった二人なのに、それをキッカケにいきなり同居を開始。するとお堅いイメージだった由和が意外と世話焼きで、甘え上手の京と相性バッチリだったりして毎日楽しいんだけど、一体いつ元に戻るんだ!?
2017.2 255p A6 ¥630 ⓘ978-4-344-83934-2

◆**幼なじみクロニクル**　川琴ゆい華著　徳間書店（キャラ文庫）
〖要旨〗好きな人ができたら、絶対俺に報告しないとダメだよ―二つ年上の幼なじみ・豊加に、言い聞かされて育った充明。生後半年に離乳食を与えられた時から、豊加にそれは可愛がられてきた。「みつのはじめては全部俺のもの。だからこわがらないで」と囁かれ、精通まで手伝われてしまう!!これはやりすぎか―充映が動揺した矢先、豊加の目前で、ふざけた友人にはじめてのキスをされ!?
2017.9 257p A6 ¥620 ⓘ978-4-19-900891-7

◆**恋にいちばん近い島**　川琴ゆい華著　新書館（ディアプラス文庫）
〖要旨〗全財産を騙し取られた翠が、人生をリセットするために選んだのは南の島の寮監兼料理人という仕事だった。なのに赴任した先で、大好きだった初めての彼・ムギと再会。過去に失恋した相手だけど相変わらずかっこよくて優しいムギに、まだ翠の心に残る恋の残火線に火がついてしまう。そんな中、島の固有種の密売事件が起き…？ 動物たちがかわいくて、空と海が綺麗な癒しの場所で育まれる、アイランド・ロマンス。
2017.5 252p A6 ¥620 ⓘ978-4-403-52427-1

◆**パパが好きな彼のこと**　川琴ゆい華著
KADOKAWA（角川ルビー文庫）
〖要旨〗なんでも屋の怜衣が子供のお迎えの代行で訪れた先は、以前に離婚の原因を暴いたジュエ

ヤング・アダルト小説

リーデザイナー・高遠千尋の家だった。今は父子で生活する千尋の娘・ルリに懐いた怜衣は、仕事に没頭しがちな千尋からシッターの依頼を受けるように。罪滅ぼしにせめて千尋とルリを幸せにしたいと奮闘するうちに、人づきあいの苦手な千尋が次第に優しい内側を見せてくれるのが嬉しくて。もっと触れたいと思うけど、罪悪感が心にブレーキをかけて…？ 純度100％のスイートファミリーラブ！
2017.7 222p A6 ¥620 ①978-4-04-105520-5

◆ヴィジュアル★プレス─えっちな下着を穿くだけの簡単なお仕事ですぅ 川崎かなれ著 二見書房 （シャレード文庫）
【要旨】キックボクシング世界王者・岩瀬成人。十六歳でプロデビュー、銀髪に引き締まった姿態は女性人気も高くついた呼び名は「剛腕の貴公子」─あれから十年。引退した成人は職安で仕事探しの日々。そこへ現れたのはメンズ下着ブランド社長で元スポンサーの豊坂だった。我が社のヴィジュアルプレスになって欲しいんだ─。実業家一族出身ながら己の才覚ひとつで事業を切り盛りする豊坂は、育ちも学もわからない成人に惜しみない信頼を注いでくる…。
2017.11 256p A6 ¥657 ①978-4-576-17140-1

◆守護者がおちる呪縛の愛─守護者がめざめる護魔が時 6 神奈木智著 徳間書店 （キャラ文庫）
【要旨】恋人と別れ、明良と二人で生きていく─。祟り巫女との呪詛返しに成功し、弟の手を選択した清芽。けれど、一見日常を取り戻しても、凱斗への想いは断ち切れない。やっと兄さんを独占できたのに、応えられないのは辛すぎる…？焦燥と渇望が、明良の心を蝕み始める─。同じ頃、芸能界引退を考えていた物憧かの前に、調伏したはずの辰巳町の怨霊が出現!!最後の仕事で再訪することになり!?
2017.8 269p A6 ¥620 ①978-4-19-900890-0

◆ちび神さまの初恋むすび 神奈木智著 KADOKAWA （角川ルビー文庫）
【要旨】カメラマン志望の星七の悩みは、全てが心霊写真になること。なぜか心惹かれ訪れた長閑な神社で、なんと！我が伏で無邪気な本物のちび神さまが祀られていました。星七は力が安定しないちび神さまを案じ、強い霊感を持つ禰宜・伊澄を頼る。高校生だった星七に初恋と失恋を同時に与えた、伊澄とは十年以来ずっと連絡を取っていなかった。ちび神さまを心配するあまり傷ついた星七に、切ないキスをする伊澄。どうして？そんな時、突然ちび神さまが倒れた!?
2017.4 217p A6 ¥620 ①978-4-04-105570-0

◆薬師の願いは叶わない 木苺著 一迅社 （ロワ・ブラン）
【要旨】人よりイチモツが大きすぎることがコンプレックスの谷森翡翠は、剣と魔法のファンタジーVRMMO『銀星の導き』で脱童貞するため、18禁サーバーに足を踏み入れた。ところが準備のために向かった先で、突然ゴロツキを倒すクエストに巻き込まれてしまう。しかも、助け出した金髪美形の聖騎士・アーリッツの自慰を手伝うことになって─。なし崩しに始まってしまった物語は、翡翠と愉快な仲間達の運命も巻き込んで進行していく…!?
2018.1 383p 19cm ¥980 ①978-4-7580-9021-6

◆灼熱の求愛─花嫁はボディガード 稲崎朱里著 コスミック出版 （セシル文庫）
【要旨】SPとして警視庁警護課に所属する志信の新しい任務は、石油王と称されるカーディル・アル・ハイュの警護だった。カーディルは政府にとって重要人物らしく、機嫌を損ねないようにしろという命令も出ており、きれいな女性SPしか認めない彼の要望により女装して警護につくもの。イヤがりながら女装して警護につくもの、カーディルに一目で気にいられ強引に口説かれるはめになった志信だが…?
2017.7 283p A6 ¥680 ①978-4-7747-1345-8

◆アルサール 如月千珠著 一迅社 （ロワ・ブラン）
【要旨】目が覚めたらいきなり獣人やエルフのいる異世界"アルサール"に飛ばされていた大学生、向井蓮。ギルドマスターから優しくなった蓮は、覚えたての支援魔法と料理スキルを武器に、冒険者たちとクエストに挑戦するようになるが…なんとこの世界、同性婚・多重婚・異種族婚が当たり前らしく…イケメン仲間たちからの求婚が止まらない!!
2017.10 311p 19cm ¥960 ①978-4-7580-4988-7

◆黒の真相 綺月陣著 海王社 （ガッシュ文庫）
【要旨】元カリスマ男娼の天野那月と捜査一課の不愛想な警部補・神崎史朗は恋人同士。だけど、性欲低めの史朗は那月から誘われないとセックスに応じてくれない。居候の身から肩身も狭く、養われるのではなく史朗と対等になりたい。史朗と一緒にいたいから刑事になりたいと訴えるが、一刀両断されてしまう。喧嘩して部屋を飛びだした那月だって、バイト先の殺人事件に巻きこまれ容疑者にされてしまい─!?商業未発表作も収録したシリーズ最終巻！
2018.1 350p A6 ¥800 ①978-4-7964-1101-1

◆スレイブ・ゲーム 綺月陣著 海王社 （ガッシュ文庫）
【要旨】営業マンの理久はメンズ・バーに足を踏み入れた。そこで偶然、初恋の相手のカメラマン・大悟に再会する。私生活での問題を相談していることに、居合わせた弁護士のトーマが引き受けてくれることに。しかし後日、その報酬に理久の体を要求されてしまう。気弱な理久は大悟にも言えず、返済義務があるからと拒めない。悩んでいた理久だったが、ある日仕事先に大悟がやってくる。商品の撮影をしながらふたりの仲は深まり、大悟にキスをされて─その瞬間、トーマから呼びだしの連絡が入り─？
2017.7 313p A6 ¥710 ①978-4-7964-1024-3

◆熱砂の記憶 綺月陣著 海王社 （ガッシュ文庫）
【要旨】元カリスマ男娼の天野那月が、身も心も捧げたいと思うのは、捜査一課の冷徹な警部補・神崎史朗。ある事件を機に同居することになったものの、キスをしただけで決して抱いてくれない。不安を覚える那月だったがそんな折、那月を殺そうとして拘置所に入った男が逃亡を図ったことを聞き…？ 商業未発表作も収録したシリーズ第二弾！
2017.12 339p A6 ¥800 ①978-4-7964-1077-9

◆東の爽碧、西の緋炎 綺月陣著 海王社 （ガッシュ文庫）
【要旨】「…鬼やな、俺は」「まだまだ可愛い鬼ですわ」関西の狂大集団・岩城組三代目組長の廉。伴侶は極悪非道な若頭の九堂だ。執着心の強い九堂に足を開き身体の奥まで突きあげられながら、日夜溶けあうような快感を味わっていた。ある日、関東勢力の市ノ瀬組から抗争攻収の切り札として献上された女が逃亡を謀ったことを知り。激怒した廉は、九堂と共に市ノ瀬組組長の次郎の元へ乗りこむが─？ 龍一郎と竜城も参戦して過熱する東西バトル!!
2017.5 286p A6 ¥670 ①978-4-7964-1002-1

◆真夜中の標的 綺月陣著 海王社 （ガッシュ文庫）
【要旨】メンズオンリーの高級会員制バーのクールなカリスマ男娼・天野那月。ある晩を境に、那月と関係した男が次々と殺されていく…。殺人容疑がある那月に、捜査一課の神崎史朗から新宿署での事件のおとり捜査の協力を依頼される。バーで遊び相手のフリをする史朗にキスを許し、初めてときめきを覚える那月だった。これだけでは足りなくて史朗を誘うが、捜査外では冷たくて見向きもされず─!?商業未発表作も収録したシリーズ第一弾！
2017.11 317p A6 ¥720 ①978-4-7964-1075-5

◆いばら姫は恋に落ちない きたざわ尋子著 幻冬舎コミックス,幻冬舎 発売 （幻冬舎ルチル文庫）
【要旨】一生に一度の恋をしている─。大学時代に出会い、気がつけば苦しいほど好きになっていた緋宮。けれど緋宮は、一度だけ抱いてくれた支倉の前から黙って姿を消す。自分はもう「復讐」にのみ生きると決めてしまったから。そうして緋宮は幾年もかけ周到に準備を重ね、標的への接触を図る。しかし二度と会わないはずの支倉と再会し─!?
2017.6 222p A6 ¥600 ①978-4-344-84013-3

◆カフェ・ファンタジア きたざわ尋子著 幻冬舎コミックス,幻冬舎 発売 （リンクスロマンス）
【要旨】とある街中にあるコンセプトレストラン"カフェ・ファンタジア"。オーナーの趣味は一見ごく普通だが、実は人の「夢」を食べるという変わった体質の持ち主だった。そう─"カフェ・ファンタジア"は、普通の食べ物以外を主食とするちょっと不思議な人たちが働くカフェなのだ。浩夢は「夢」を食べさせてもらうために、「欲望」を主食とする昴大と一緒の部屋で暮らしている。けれど、悪魔のコスプレがトレードマークの浩夢の傲岸不遜で俺サマな昴大は「腹が減ったから喰わせろ」と、浩夢の欲望を引き出すために、なにかとエッチなことを仕掛けてきて─!?
2017.7 247p A6 ¥870 ①978-4-344-84026-3

◆そこからは熱情 きたざわ尋子著 幻冬舎コミックス,幻冬舎 発売 （幻冬舎ルチル文庫L）
【要旨】絵本作家をしながらCADオペレーターの仕事をこなす澄川創哉は、従兄で工学部研究員の根津貴成と同居している。根津は勝手気ままに振る舞いで関係の初日に創哉を抱き、以来ずるずると9年間、身体だけの関係が続いていた。根津に恋心を抱く創哉はこの不毛な関係を断ち切ろうと決心するけれど、それを知った根津に強引に引き留められ…？
2017.1 285p A6 ¥660 ①978-4-344-83908-3

◆かんべんしてくれ！ きのこまっしゅ。著 一迅社 （ロワ・ノベルズ）
【要旨】泣かせた女は数知れずののろくでなし大学生・榊優心は、交通事故をきっかけに性格真逆のお坊ちゃま・鷹司優一郎に転生する。しかし男と男の交際が推奨される城学園に通う優一郎の周囲は、過保護な執事のある石川政永や、特別な関係だったらしい同級生の桜木大和など、優一郎に想いを寄せるトンデモなやつらばかりだった。男だらけの転生ライフにお手上げの優心は元の体に戻るため奮闘するが、事態は思わぬ方向に…一方優心が転生して同性間交流!?心入れ替え系BLコメディ！
2017.5 319p B6 ¥1200 ①978-4-7580-4941-2

◆いきなり安倍晴明 樹生かなめ著 コスミック出版 （セシル文庫）
【要旨】怒涛の仕事ラッシュで不眠不休で働いた末にやっとのことでありついたカツ丼。涙ながらにまさに食べようとしたとたんにとんでもない世界に召喚されてしまった健人。そこは平安雅びな世界で、絶世の美貌を誇る安倍晴明が待っていた。陰陽道で政治が動き、妙な貴族の嗜みがまかり通っている場所で、健人は次々と降りかかってくる危険を回避し、カツ丼の世界に戻れるのか─!?
2018.1 271p A6 ¥650 ①978-4-7747-1394-6

◆精霊と一緒 伽羅れい著 一迅社 （ロワ・ノベルズ）
【要旨】人々にさまざまな恵みを与える"精霊"が息づいた世界。精霊に愛される少年と"癒し"を求める王の物語が今ではじまる！ 俺は、異世界トリップなんてしたくなかったんだ…。フツーの17歳・畑中裕也がまっぱだかで降り立ったのは、どこかの国のベッドの上。おまけに黒いマリモみたいな虫（大の苦手）が、ふしょふよ、と取り憑いて離れない！ そんな最悪な状況で俺は、後に"運命の人"になる王国・アルセリアと出逢って…。
2017.3 351p B6 ¥1200 ①978-4-7580-4917-7

◆皇帝が愛した小さな星 紀里雨すず著 心交社 （ショコラ文庫）
【要旨】全ての人の運命が記された予言の書"アガスティアの葉"。それを人々に読み伝えるナディ・リーダーのアスラは、突然ヴァドラ帝国への赴任を命じられる。ドジで出来の悪い自分がなぜ？ アスラは困惑するが、謁見した皇帝は八年前、泣いていたアスラを励ましてくれた隣人のシャリアだった。再会を喜ぶアスラとは対照的にシャリアは当時を覚えておらず、民に憎まれる暴君に変わり果てていた。心を閉ざした皇帝と、一途な少年の運命の邂逅。
2017.4 271p A6 ¥660 ①978-4-7781-2178-5

◆ルームメイトの溺愛レッスン 切江真琴著 フロンティアワークス （ダリア文庫）
【要旨】ゲイで、恋に臆病な少女漫画編集者の司は、ひょんなことから憧れていた美形デザイナーの春人と同居を始める。そんな二人は、漫画のネタ出しとして『少女漫画のいちゃいちゃ』を実践することに！ 仕事のためとはいえ、料理上手で穏やかな彼にとろけるように甘やかされ、惹かれてしまう司。過去の恋愛経験でノンケは絶対好きになっちゃダメと思うのに、その気持ちは揺らいでいって…？
2017.8 258p A6 ¥660 ①978-4-86657-018-1

◆あの日の君と、今日の僕 久我有加著 新書館 （ディアプラス文庫）
【要旨】高校卒業の日に一方的な告白をし、泣きながら走り去った学校のイケメン・渋川と、十年ぶりに再会した健吾。テレビ局勤務の健吾と同じく、渋川は制作会社の実力派ディレクターになっていた。二人は共に落語家のドキュメンタリーを担当することになる。再会するなり震

ヤング・アダルト小説

える声で告白を謝罪してきたものの、渋川は健吾の前でだけ様子がおかしい。そんな彼を健吾も次第に可愛く思い始め…？ スイート再会ロマンス。 2017.3 237p A6 ¥620 ①978-4-403-52422-6

◆**片恋の病** 久我有加著 新書館（ディアプラス文庫）
【要旨】関西を中心に活躍する中堅お笑いコンビ「表面張力」。ネタ担当の由は相方の深野に十年以上片想いをしていた。デビュー直後から実力充分と言われながら中々ブレイクしないのは、自分の恋心が邪魔をしているせいではないか？ 由の気持ちも知らず、由と一生漫才をしていくため」今年こそ絶対「全漫」で優勝すると広言する深野の言葉に、震えるほど嬉しい。けれど苦しい。迷いを抱えたまま今年も予選が始まった―。 2017.8 253p A6 ¥620 ①978-4-403-52433-2

◆**初恋列車** 久我有加著 KADOKAWA（角川ルビー文庫）
【要旨】見た目、家柄、才能、全てに恵まれた華道界の王子様。女子なら放っておかない優良物件なのに、幼なじみの雪輪は、なんで鉄道オタクの紬の趣味に、嫌な顔一つせず付き合ってくれるんだろう？ 華道家として活躍する雪輪と地味な自分とに格差を感じ、紬は一時距離を置こうとしてしまう。しかし、自分の気持ちに気づかれて避けられたと思い込んだ雪輪が、勢い余って紬にキスしてきて!?一途なキレイ系王子様×地味男溺愛の、初々しさに悶絶!?な、幼なじみ格差ラブ！ 2017.4 221p A6 ¥620 ①978-4-04-105411-6

◆**激愛フェティシズム** 釘宮つかさ著 オークラ出版（プリズム文庫）
【要旨】実家の企業を継ぐことになり、退職が決まった営業本部長のラドリー。アメリカに帰国する彼に失恋した乃着は、送別会で彼と酒を飲んでいるうちに泥酔して、気づいたときには家に帰っていた。それも、ラドリーとともに。フランス貴族の血を引き、常に完璧な紳士のラドリーだったが、彼の部屋では態度を豹変させて。平然といやらしい言葉を口にして乃着を辱めようとする彼に、なすすべもなく翻弄されてしまい―。 2017.9 288p A6 ¥639 ①978-4-7755-2703-0

◆**純愛独占欲** 釘宮つかさ著 オークラ出版（プリズム文庫）
【要旨】高校最後の夏休みを親友の勝利と楽しもうと思っていた佑季だが、父親の会社が傾いたことでそれどころではなくなった。一日中アルバイトに明け暮れ、家に帰れば借金取りが待っている。勝利にさえ会うことができず、このままでは高校を中退しなくてはいけないかもしれない。そんな佑季の事情を知った勝利は、祖父からの生前贈与金で佑季を助けてくれるという。交換条件として、性的に応えて欲しいと告げられ…。 2017.7 299p A6 ¥648 ①978-4-7755-2673-6

◆**発情エゴイスト** 釘宮つかさ著 オークラ出版（プリズム文庫）
【要旨】昼は宝飾店の販売員、夜は女装してニューハーフバーで働く瑞貴は、ある日突然、虜囚の身になった。覚えがないのに、バーのママが作った借金の連帯保証人になっていたからだ。返済能など持ち合わせない彼は、債権を買い取ったという天堂に躰を使って返済額を稼げと迫られ、まずは品定めさせると言われてしまう。でも瑞貴は人に知られたくない秘密があり、人前で肌を晒すなんて無理で…。 2017.5 275p A6 ¥639 ①978-4-7755-2653-8

◆**伯爵と革命のカナリア** 櫛野ゆい著 徳間書店（キャラ文庫）
【要旨】美しい白い翼に、天使の歌声をもつ有翼人種―通称カナリア。愛玩品として見せ物小屋で歌うことを強いられていたノワールは心も枯れ果てていた。「そのカナリアは、私が言い値で買おう」そんなノワールを冷たい声で買ったのは美貌の貴族の男・シルヴェストル。不機嫌そうな新しい主人に、ノワールは怯えるばかりで…!?王政への不満が募る革命前夜、身分差の愛に、激しい嵐が吹き荒れる!! 2017.2 321p A6 ¥640 ①978-4-19-900869-4

◆**竜人と運命（さだめ）の対** 櫛野ゆい著 リブレ（ビーボーイノベルズ）
【要旨】ある日突然、異世界に迷い込んでしまった陽翔は、奴隷にされた屋敷から逃げ出して砂漠で行き倒れたところを、キャラバンの用心棒をしている竜人ジーンに救われる。竜人は、知恵と力に溢れた最強の種族。最初は怯えていた陽翔だが、キャラバンと共に旅をし、ジーンのぶっきらぼうな優しさや照れ屋な面を

知り、二人の心は近づいていく。唯一の相手として赤い満月の夜に発情するほど陽翔に恋したジーンは密かに、自分を犠牲にしても陽翔を元の世界に戻す決意をして…！ 2017.7 273p 19cm ¥920 ①978-4-7997-3401-8

◆**兄貴の恋人** 楠田雅紀著 徳間書店（キャラ文庫）
【要旨】国内敵なしの孤高の陸上選手・仁科一騎―日本中が注目する男に、川で溺れたところを救助された優也。大学の陸上部に所属し、ずっと憧れていた選手に命を救われ、練習にも誘われた優也は有頂天!!けれど一騎の弟・翔馬は、不注意で溺れた優也を厳しく叱責!!「初対面のあんたに関係ないだろ!!」優也は猛反発するが、翔馬が陸上部OBで、怪我で引退した一流選手だった過去を知って!? 2017.5 307p A6 ¥630 ①978-4-19-900876-4

◆**俺の許可なく恋するな** 楠田雅紀著 徳間書店（キャラ文庫）
【要旨】「いじめっ子から守ってくれた貴方は、わたしのヒーローです！」同窓会で再会した幼馴染み・恒星に、熱く告白をされた大学生の広夢。ところが連絡先を教えた途端、恒星は近所に引っ越し、監視するかのように電話が鳴り始めた。「ストーカーみたいな真似やめろよ!!」その異常な執着に恐怖を覚え、広夢は一方的に関係を絶つ―けれど数年後、自分と同じ弁護士となった恒星と、法廷で再会し…!? 2017.11 295p A6 ¥630 ①978-4-19-900897-9

◆**エブリジャック、ヒズジャック** 栗城偲著 リブレ（ビーボーイノベルズ）
【要旨】金にもオンナにもだらしない超美形の無邪気なクズ男・久住陽と、そんな彼に惚れ込んでまるまるダメな幸也。それでも甘えてくれる久住を独占して幸せを感じる日々が、突然久住は幸也のぎりぎりの貯金30万を持って失踪!?どうして!?久住と幸也に振り回される友人の講師・谷脇はけなげ系オネエに惚れられてしぶしぶ付き合うことに…!でもマメな彼との関係は意外に心地よくて…。彼ら全員登場わちゃわちゃ書き下ろしも収録。 2017.5 273p 19cm ¥970 ①978-4-7997-3327-1

◆**おにいちゃんといっしょ** 栗城偲著 海王社（ガッシュ文庫）
【要旨】高校生の和佐と中学生の涼史は、5年前に親同士の再婚で義兄弟になった。幼い日は「お兄ちゃん、お兄ちゃん」と懐いてくれて可愛かったのに、格好良く育っている涼史は反抗期のようにそっけない。呼び捨てにしてくる涼史に「なんでお兄ちゃんって呼んでくれなくなったの？」って訊いても、はぐらかされるばかり。それでも義弟が可愛い和佐はしょんぼりだったが、ある日、涼史に突然キスをされ…!? 2017.2 254p A6 ¥620 ①978-4-7964-0967-4

◆**家政夫とパパ** 栗城偲著 新書館（ディアプラス文庫）
【要旨】ハウスキーパー＆ベビーシッターである千尋の新しい仕事先は、シングルファーザーで人気漫画家の住居兼職場。訪ねてみると、そこには千尋が中学の頃好きだった同級生の昴と、彼にそっくりな三歳児・尊が待っていた。人見知りの尊からは「ちろちゃん」と呼ばれて懐かれ、昴とも交流するうちに、千尋の心にかつて昴を好きだった頃の気持ちが甦るが…？ パパと三歳児と家政夫、スウィート・ファミリー・ロマン。 2017.3 235p A6 ¥620 ①978-4-403-52423-3

◆**玉の輿ご用意しました** 栗城偲著 徳間書店（キャラ文庫）
【要旨】高級車に狙いをつけ、当たり屋を決行!! ところが、それを見破られてしまった!?初めての大失態に、内心焦る青依。けれど車から降りてきた男・印南は、青依の痛がるそぶりに顔色一つ変えない。それどころか、平然と「通報するけど言うことを聞け」と言い出した!!厄介なことになった、と思いつつ拒否権のない青依に、印南はなぜか「9ヶ月間、俺の恋人のフリをしろ」と言い出して!? 2017.3 237p A6 ¥600 ①978-4-19-900872-6

◆**玉の輿なんで返上します―玉の輿ご用意しました 2** 栗城偲著 徳間書店（キャラ文庫）
【要旨】社長秘書になる条件は、年齢・性別・学歴不問!?勤務先の工場で青依が目にしたのは、社内公募の貼り紙。秘書になれば、社長で恋人の印南さんの役に立てるかも…？ ダメ元で応募したところ、なんと最終選考まで残ってしまった!!「恋人だからって贔屓はしない」―立場上、厳しい口調で一線を引くけれど、印南も心配を隠せない。そして迎えた研修初日、青依は精鋭のエ

リート達と対面し!?
2017.8 283p A6 ¥620 ①978-4-19-900889-4

◆**続きはおとなになってから** 栗城偲著 ブランタン出版，フランス書院 発売（プラチナ文庫）
【要旨】華やかな外見から遊んでいると思われ、失恋してばかりの椎名。年下の幼馴染み・征海の誕生日を祝おうとしたら、大人になったからセックスしたいとねだられた。「小さい頃から椎名くんしか好きじゃないよ」と一途過ぎる告白をされ、心が揺れる。おまけに、経験したことのない拙くも優しいキスと愛撫の快感に流されそう―だったけれど、どうにかまずはお友達からと宣言して!? 2017.9 256p A6 ¥600 ①978-4-8296-2634-4

◆**もういいかい、まだだよ** 栗城偲著 笠倉出版社（クロスノベルス）
【要旨】華のお江戸を騒がす妖怪・ろくろ首の春宵には人間の親友・弥一郎がいた。快活な彼とふざけて過ごす日々。しかし楽しい時間は春宵の過ちであっけなく終わりを告げた―。時は流れ、今は東京と呼ばれるこの街。人にまぎれ暮らす春宵は、弥一郎と同じ顔をした大学生・樋野と出会った。彼の血縁に違いないと確信した春宵は樋野のことが知りたくて堪らなくなってしまう。仲良くなるため偶然を装い彼のバイト先にもぐりこみ…!? 2017.8 283p 19cm ¥890 ①978-4-7730-8856-4

◆**大富豪の愛され花嫁選び** 黒枝りぃ著 幻冬舎コミックス，幻冬舎 発売（幻冬舎ルチル文庫）
【要旨】横野川男爵家に仕える秋成は憤慨していた。成金・嵐山家とまだ9歳の令嬢・房子との望まない婚約のせいだ。破談させる勢いで乗り込むと、婚約相手の春顔は驚くようないい男。しかも9歳の娘とは想定外だったと非礼を詫びてきた。だが翌日の婚約お披露目パーティをどうしようかと泣きつかれ、なんと秋成が女装させられ婚約者の身代わりに―!? 2017.4 287p A6 ¥690 ①978-4-344-83987-8

◆**アベル―サタンに造られし魂** 桑原水菜著 リブレ（ビーボーイノベルズ）
【要旨】「安吾、僕を飼え」門衛騎士修道会の神父である安吾は、「第一級の異端者」御母衣拓磨と指輪の契約をする。「魔」であり、安吾とは敵対する立場でもある御母衣だが神父としかしぬ飄々とした安吾と過ごすうちに少しずつ心を許すようにした矢先、御母衣は飛び込んだ事件で捕えられ、安吾は…！傷ついた御母衣の前に戻った安吾からはいつもの雰囲気は消え、威圧感と昏い迫力で嫌がる御母衣を追い詰める…「自分の名を呼べ」と繰り返しながら。御母衣は必死に抗うが…!? 2017.9 256p 19cm ¥890 ①978-4-7993-3486-5

◆**ベビーシッターとデキちゃったご主人様** 桑原伶依著 コスミック出版（セシル文庫）
【要旨】亡くなった兄夫婦の生まれたばかりの甥っ子を引き取った煌二は、ベビーシッターとして派遣された瑞貴と生活を共にするうちに愛が芽生え、順調に幸せな生活を送っていた。そんな中、かつてセフレだった茉莉佳が赤ん坊を抱えて現れ、煌二は結婚を要求される。拒む煌二だったが一瞬目を離したすきに赤ん坊だけを残して姿を消してしまったので、瑞貴が甥っ子共々、世話をすることになり―!? 2017.10 269p A6 ¥690 ①978-4-7747-1369-4

◆**偽りの花嫁と真実の恋** 月東湊著 KADOKAWA（B・PRINCE文庫）
【要旨】郭国に滅ぼされた煌陽国の最後の皇子・煌は、その身分を隠すため女の姿で煌姫と名乗り深い森の奥で育てられていた。自国の再興を願い、隠れ里で力を蓄えていた矢先、郭国の太子の花嫁候補として皇城に上がるよう命じられる。奪われた玉璽を取り返す好機と考えた煌は、煌姫として登城するも、幼い頃に出会い憧れ心惹かれた男・騎瑛で…。性別も出自も偽る煌に、騎瑛は熱烈な求婚をしてくるのだが!? 2017.3 301p A6 ¥690 ①978-4-04-892714-7

◆**恋の病に甘々トラップ** 月東湊著 幻冬舎コミックス，幻冬舎 発売（幻冬舎ルチル文庫）
【要旨】ヘリコプター運航会社の営業職として多忙な日々を送る草哉は、兄から「預かってくれ」と三歳の甥っ子・風太を押し付けられてしまう。父が人間、母が狐である風太はケモ耳しっぽをまだ上手く隠せない。途方にくれた草哉は、高

ヤング・アダルト小説

校時代の親友で実家の保育園を手伝う誠一郎をやむなく頼るのだが、久しぶりに再会した誠一郎は草哉を甘やかしまくりで？
2017.9 287p A6 ¥660 978-4-344-84080-5

◆聖王騎士の甘い溺愛―異世界の恋人　月東湊著　（角川ルビー文庫）
【要旨】高校生の航はひたむきな優等生。だが、密かに鬼を抱えている。ある夜、「自分は王国の騎士だ」という美貌の青年・キースに出逢い、謎の竜巻に吸い込まれ、幼馴染みの健太もろとも異世界に飛ばされてしまう！　翼竜の国で『恵み人』と崇められ戸惑う航。でもキースに微笑みかけられると胸と頬が熱くて。そんな時、邪教の魔術師が健太の命と引き換えに、航を要求してくる。危険な旅の途中、間一髪キースに助けられた航は、強く抱き締められ、彼の苦い秘密と甘いキスを知って!?
2017.2 254p A6 ¥640 978-4-04-104847-4

◆モノノケ純情恋譚―俺様鬼と運命の恋人　月東湊著　KADOKAWA　（角川ルビー文庫）
【要旨】「モノノケ」を見る異能を持つため人づきあいの苦手な大学生・慧は、千年間封印されていた鬼・朱銀の力の源である真眼を壊し、朱銀を解放してしまう。自身を封じた『師匠』を喰らいに行く朱銀からアプローチをかけられ、慧が真眼を呑みこむとその力の一部が宿り、朱銀に纏わりつかれることに。最初は朱銀を警戒していた慧だが、他のモノノケから身を挺して守ってくれるなどの優しさをふと見せる朱銀に、徐々に惹かれ始める。しかし、朱銀は『師匠』に強く執着していて…。
2017.12 226p A6 ¥640 978-4-04-106278-4

◆パパの彼氏はポリスマン　玄上八緒著　幻冬舎コミックス，幻冬舎　発売　（幻冬舎ルチル文庫）
【要旨】シューズショップで働く裕太は、密かに想いを寄せていた親友の忘れ形見・四歳の竜一を男手ひとつで育てている。客としてやってきた警察官の錦からアプローチをかけられるが、育児と生活で手一杯、恋も娯楽も端から諦めている裕太にはそれを受ける余裕はない。だが錦の大らかさと頼もしさが、裕太たちの張り詰めた生活にやさしく染み入ってきて…。
2017.3 221p A6 ¥600 978-4-344-83968-7

◆恋するスイートホーム　高木まつり著　オークラ出版　（プリズム文庫）
【要旨】九歳年下の聡介を大事に育ててきた湊。ふたりに血の繋がりはないが、聡介は大事な弟だ。なんだか最近、その弟の様子がおかしい。昔からスキンシップが激しかったが、ここ一年は以前にも増して激しくなった。二十歳になったというのに、一緒に風呂に入りたがり同じベッドで眠りたがる。それだけではない。湊の職場の部下に対する態度が悪すぎる。ここは一度、聡介と腹を割って話そうと思い―。
2017.3 226p A6 ¥630 978-4-7755-2639-2

◆ヒミツは子供が寝たあとで　高木まつり著　フロンティアワークス　（ダリア文庫）
【要旨】フードライターの吉松勇生は、助けた子供の姉・海堂晴真に一目惚れされ、「俺の女神で運命」と熱烈な愛の告白を受ける。大企業の重役専務としても働きながら、小学生の甥・静希の世話をしている晴真だが、料理の腕が壊滅的だと打ち明けられる。住み込みで2人の『食の管理』をする勇生だが、想像以上に晴真が甘々よく、2人を家族のように思い始めて…。唯一の悩みは、晴真がことあるごとに「処女なのにエロくて可愛い」と口説いて触れてくること。
2017.9 214p A6 ¥602 978-4-86657-042-6

◆アルファの淫欲、オメガの発情　高月紅葉著　フロンティアワークス　（ダリア文庫）
【要旨】研究員のキリルには誰にも言えない秘密がある。それは数少ない「オメガ」であること。けれど「アルファ」で策略家の第二王子・ゲラシムに知られ、アルファの暴走を抑える為の性欲処理係として捕らえられてしまう。初めての性行為、慣れない体へ快楽を刷り込まれ、孕みそうなほど精を注がれる日々。しかし次第に、ゲラシムの不器用な優しさに触れ、心惹かれていくキリル。気持ちを秘密にしたいのに、体は彼を求めてしまい…。
2017.7 278p A6 ¥630 978-4-86657-029-7

◆仁義なき嫁 片恋番外地　高月紅葉著　シーラボ，三交社　発売　（ラルーナ文庫）
【要旨】大滝組若頭補佐・岩下周平の『カバン持ち』こと岡村。朴訥とした二の人が岩下の嫁、佐和紀の世話係を務めて二年が経った。見た目の清楚さを裏切る『狂犬』佐和紀への想いは、いつ

しか抜き差しならぬところまで来ていて…。そんなある日、海と船が見たいと漏らした佐和紀の言葉に乗る形で二人は広島・呉へと突発旅行。ドМで行儀のいい犬、岡村がまさかの豹変!?暴走する横恋慕の行方は…
2017.10 285p A6 ¥700 978-4-87919-999-7

◆仁義なき嫁 旅空編　高月紅葉著　シーラボ，三交社　発売　（ラルーナ文庫）
【要旨】大滝組若頭補佐・岩下周平とその男嫁・佐和紀二人の二度目の結婚記念日を祝って、世話係の舎弟たちとともに訪れたのは南国の島、バリ。ところが、一行が現地で知り合ったOLグループの中に周平を知る女がいて…。旅空の下、なんと妹の絵里香と二十年ぶりに再会。自分には佐和紀以外の家族などいないと冷たく突っぱねる周平だったが、初めて明かされる周平の家族のこと…そして胸の奥に秘された過去の真実とは？
2017.7 317p A6 ¥700 978-4-87919-993-5

◆仁義なき嫁 乱愛編　高月紅葉著　シーラボ，三交社　発売　（ラルーナ文庫）
【要旨】大滝組の若頭補佐、岩下周平とその男嫁の佐和紀。結婚からちょうど一年半だが、いまだ蜜愛満喫中の二人。そこへ組長の息子で、護衛と周平の舎弟になった『風紀委員』の異名をとる男、支倉が海外より帰国して、俄かにピリピリムードが…。ホステス時代の佐和紀とあれやこれやあった悠護に加えて二心ない今は日那の周平一方の佐和紀は、周平に心酔する支倉から露骨に離婚を迫られ…。そんな折、佐和紀にあわやの事態が起こり…。
2017.4 347p A6 ¥700 978-4-87919-986-7

◆春売り花嫁といつかの魔法　高月紅葉著　シーラボ，三交社　発売　（ラルーナ文庫）
【要旨】元男娼のユウキは資産家の樺山に身請けされ、昨年、遠野組の用心棒、能見と別居婚をした。公認とはいえ未だ微妙な緊張感の漂う養父と旦那。そんなある日、樺山から、素性の怪しい女と駆け落ちした知人の御曹司を連れ戻して欲しいとの依頼が能見に。だがその女には同時に組からもクスリ絡みで追手がかかっていて…。新潟へ飛んだ能見と遠野、ユウキそして大滝組の男嫁・佐和紀までもが春まだ浅き北国へと…。
2017.8 315p A6 ¥700 978-4-87919-995-9

◆裏切者　小塚佳ука著　心交社　（ショコラ文庫）
【要旨】平凡な大学生の七海は、就寝中、他人の気配を覚えます。薄暗い部屋の中に、いるはずのない長身の男が立っていることに気づく。抵抗する余裕もなく七海たち一家はひと家のない見知らぬ別荘に連れ去られてしまう。一人目を覚ました七海は主犯格のその男をリムと名乗り、七海の父の研究データが目的だった。顔を見られてしまったのにはタダでは返せない、家族共々助かりたかったらオレを楽しませろと脅すてきて…。
2017.3 249p A6 ¥620 978-4-7781-2160-0

◆タクミくんシリーズ完全版　11　ごとうしのぶ著　KADOKAWA　（角川ルビー文庫）
【要旨】文化祭準備に追われる中、多岐に渡り逢瀬を重ねる託生とギイ。しかしそんな二人を、ギイに想いを寄せる朝比奈礁瑚が冷ややかに見つめていた。託生に何か危害が及ぶのではないかとギイは危惧するが…。文化祭当日、その不安は的中してしまい、託生の宝物が盗まれてしまう。大切なものを、大切な人を守るため、ギイはある決意をするが…？ごとうしのぶが贈る伝説のシリーズを時系列順に再編集！豪華書き下ろしを収録した完全版第11弾、感動の最終巻!!
2017.2 599p A6 ¥940 978-4-04-104945-7

◆ぼくたちは、優しい怪物に抱かれて眠る　ごとうしのぶ著　徳間書店
【要旨】本に取り憑いた美貌の悪魔と、恋人契約を結んだ？で、知らず繋がれた第一三人の関係が大きく変わるミステリアス・ファンタジー最新刊!!
2017.4 285p B6 ¥1400 978-4-19-864367-6

◆かわいいお風呂屋さん　小鳥屋りと子著　心交社　（ショコラ文庫）
【要旨】祖父が倒れ、銭湯を一人で切り盛りする倉知勇輝。あと少し番台を離れた限り、なぜか金髪碧眼の超美形外国人がそこに座っていた。片言の日本語でフレッドと名乗ったその外国人は、以来頻繁に訪れるようだ。優しく紳士的なフレッドに勇輝は好感を持つが、一方であまり踏み込まない何かも感じていた。そんな中、終業後フレッドの背中を流すことになった勇輝が、お礼に反対に体を洗われるうちに

下半身が兆してしまい…。
2017.4 ¥660 978-4-7781-2161-7

◆狗神サマにお仕えします！　小中大豆著　KADOKAWA　（角川ルビー文庫）
【要旨】とある事情から山奥の神社に勤めることになった朝比は、奉職初日に境内で袴束に黒い耳と尻尾をはやした美形の男と出会う。実は男は神社の主祭神・大真名神で「見えざるもの」が見える朝比の力を見込んで、神様が住まう奥の院でお世話をするよう命じてきた。尊大に見えて意外に面倒見の良い大真名神や、チビッ子神使との同居生活は意外なほどに楽しくて、家族みたいな居心地の良さを感じ始めた朝比だったが、そんな折、突然疎遠だった父親が家に戻るよう強要してきて…!?
2017.2 216p A6 ¥620 978-4-04-105279-2

◆新婚さんはスパダリ同士！　小中大豆著　幻冬舎コミックス，幻冬舎　発売　（幻冬舎ルチル文庫）
【要旨】貴公子のような容姿を持ち、35歳で社長業をこなすスパダリの冬人が同居するのは、世界的に有名な彫刻家で強烈なカリスマで皆を虜にしている、同じ年の恋人・馨一―こちらもスパダリだった。冬人と違って恋愛に奔放な馨を繋ぎ止めるには、彼に一途な自分は重過ぎる。初めて抱かれた嬉しさを押し隠して冬人は遊び慣れた風に振舞うけれど!?
2017.4 223p A6 ¥600 978-4-344-83986-1

◆箱入り息子は悪い男を誑かす　小中大豆著　プランタン出版，フランス書院　発売　（プラチナ文庫）
【要旨】大学生の総は、叔父のミチルがバイトしている会員制ゲイバー『ヴェロッサ』のオーナー、真也に密かに憧れていた。超美形…なのにちょっと崩れた感じもしてカッコイイ。ある日、ミチルが真也に手酷く振られ店を辞めたことを知り、総の怒りに火がついた。誰とも恋愛しないというなら、この俺が振り向かせてやる！チェリーボーイVS面倒臭い男。復讐劇の顛末は…？
2017.4 235p A6 ¥600 978-4-8296-2629-0

◆冷徹王は翼なき獣人を娶る　小中大豆著　シーラボ，三交社　発売　（ラルーナ文庫）
【要旨】「野蛮なケダモノ」という誤解を解き人間たちと手を結びたい―そう考えて一人山を下りてきたユノ・ファは、レトヴィエ王国の山岳地帯に棲む獣人、ルーテウ族の首長の息子。だが首長の血筋にあるべき翼がなかった。怪我を負って国王ヴァルキレスによって保護されたユノ・ファは、勇壮で美しい王に心奪われるが、王にとってユノ・ファはただの交渉の道具でしかなく…。そんなユノ・ファに年に一度の発情期が訪れる…。
2017.8 261p A6 ¥700 978-4-87919-994-2

◆S社長と愛されすぎな花彼氏　小中大豆著　幻冬舎コミックス，幻冬舎　発売　（幻冬舎ルチル文庫）
【要旨】都内のフラワーショップで働く勇児は一人暮らしのマンションと職場を往復するだけの淋しい毎日。唯一の楽しみは子供の頃からの憧れの人・花澤秀とご飯を食べる時だけ。若くして社長になった秀は王子様みたいなイケメンで優しくて、でも「好きな子ほど泣かせたくなる」人らしい。…え、もしかしてこんなに甘やかされてる俺は恋愛対象外ってコト!?
2017.1 223p A6 ¥600 978-4-344-83905-2

◆鈍色の華　木原音瀬著　リブレ　（ビーボーイノベルズ）
【要旨】大手食品会社の物品管理課で働いている鶴谷は40代後半にも関わらず、白髪が目立つ冴えないサラリーマン。だがある日社長・兎町から呼び出され、業務提携のために海外の会社の重役の接待を命じられた。そんな大役は慣れないと固辞する鶴谷だったが、それがSEXでの接待であると告げられる。「あなたは彼らの前で服を脱ぎ、興奮させて好きなように体を弄らせていれば、それでいいんですよ」会社への恩もあり、その接待を引き受けた鶴谷が向かった場所には二人のアメリカ人がいて…。
2017.7 249p 19cm ¥890 978-4-7997-3355-4

◆国民的スターと熱愛中です　小林典雅著　新書館　（ディアプラス文庫）
【要旨】確かな演技力に完璧なパフォーマンス、生きた宝石のようと讃えられる美しい容姿に、ファンへの神対応でますます国民的人気を博す旬。実はネガティブ思考でへこたれやすい小心者だ

が、旬の熱狂的ファンでもある最愛の恋人・葛生のためにも健気に頑張っていた。そんなある日チャリティ写真集の担当カメラマンからヌード撮影の依頼をも引き受けることになる旬だが？ シークレット・ラブ続篇登場。
2017.6 203p A6 ¥620 ①978-4-403-52429-5

◆いとしのテディベア 小宮山ゆき著 幻冬舎コミックス,幻冬舎 発売 (幻冬舎ルチル文庫)
【要旨】何事もスマートな一条には、ふくよかな同僚の十和田がどうにも鈍くさく思えてならない。そんな十和田から妙に親切にされて一条は「そういう趣味はない！」とはねつけるが、彼にも恋愛感情はなく友達になってみただけらしい。気恥ずかしい誤解と和解を経て友人付き合いを始め、新しく知る十和田のすばらしさにみるみる惹かれていく一条だが…。
2017.7 287p A6 ¥660 ①978-4-344-84030-0

〔さ行の作家〕

◆溺愛君主と身代わり皇子 2 茜色らら著 幻冬舎コミックス,幻冬舎 発売 (リンクスロマンス)
【要旨】高校生で可愛らしい容貌の天海七星は、突然アルクトス公国という国へトリップしてしまう。そこは、トカゲのような見た目の人や猫のような耳しっぽがある人、モフモフした毛並みを持つ犬のような人が、普通の人間と共存している世界だった。当初七星は、ラナイズ王子の行方不明になっていた弟・ルルスと間違えられ王子に溺愛されるが、紆余曲折ありながらも結ばれることとなった。魔法の勉強をしたり、反逆の罪で囚われたルルスの心の殻を取り除こうとする七星だが、突然ラナイズの不在中に宮殿で何者かから襲撃をうけ…。
2017.3 237p 19cm A6 ¥870 ①978-4-344-83961-8

◆落札された花嫁奴隷 早乙女彩乃著 二見書房 (二見シャレード文庫)
【要旨】生き別れになった双子の弟を探しにミヘフ王国を訪れた千砂都。通勤途中に見つけたお地蔵様に「誰かの特別になりたい」と願うと、いきなり異世界に飛ばされてしまう。そこで出会った異世界の王・バルドに助けられるが、何故か彼のハーレムに入ることに!?他とは違う媚びない有理に興味を抱き、毎夜部屋を訪れ有理を抱きしめて眠るバルドから向けられる甘い笑みに、自身の中の寂しさが埋まっていくのを有理は感じ始めて…。異世界の王×天涯孤独な青年の、溺愛トリップラブ！
2017.3 222p A6 ¥620 ①978-4-04-104997-6

◆極道さんは愛されるパパで愛妻家 佐倉温著 KADOKAWA (角川ルビー文庫)
【要旨】賢吾の母・京香の出産を間近に控えつつ、穏やかな日々を過ごしていた佐知達だったが、シチリアンマフィアの襲撃を突如受ける。現れたビスコンティ組のボス・ジーノは、亡くなった史の母親・アリアの兄だと名乗り、史を連れ去ろうとする。立ちはだかる賢吾だが、実父ではないのに何故邪魔をするのかと、訝しがるジーノによって史に賢吾が本当の実父ではないことがバレてしまう。ショックを受ける史に思い悩む賢吾。そんな中、一度は引いたジーノが再び史と佐知を攫いに!?
2017.12 222p A6 ¥600 ①978-4-04-106277-0

◆極道さんは今日もパパで愛妻家 佐倉温著 KADOKAWA (角川ルビー文庫)
【要旨】くされ縁の極道・賢吾の求愛を受け入れ、息子・史と家族同然の生活を始めた佐知。愛しあうことになって賢吾からのスキンシップが多くなり、照れながらも嬉しく思っていたのだが、史が保育園で同級生に告白して友達と喧嘩してしまう。更に賢吾の次期組長指名のための大事な会合の手伝いとして、他の組から美鈴という賢吾の昔なじみの女性がやってきて、佐知は自分の立場に不安を覚えはじめて…。三人の絆が深まるシリーズ第二弾登場！
2017.2 222p A6 ¥600 ①978-4-04-104105-8

◆極道さんはヤキモチ焼きなパパで愛妻家 佐倉温著 KADOKAWA (角川ルビー文庫)
【要旨】くされ縁の極道・賢吾のプロポーズを受け入れ、賢吾、息子・史と家族になった佐知。東雲家での生活にも慣れ、ようやく落ち着いてきた頃「史の写真を撮りたい」と突然フランス人写真家・クリスが押しかけてくる。賢吾の父・吾郎からの頼みもあり受け入れた佐知だったが、ヤクザに憧れるクリスが賢吾を見るなり「結婚して！」と迫り、嫉妬してしまう。しかし、時折見せるクリスの寂しそうな一面に佐知は段々ほだされ、それを面白くないと怒る賢吾と喧嘩してしまい…。
2017.6 254p A6 ¥640 ①978-4-04-105686-8

◆人気俳優の初恋独占欲 佐倉温著 KADOKAWA (角川ルビー文庫)
【要旨】睡眠障害によって引退した元天才子役の伊織は、所属していた事務所の人気俳優"遊ばれたい男"No.1の理人の荒れた生活の更生を頼まれる。一度会うだけならと家を訪ねた伊織に理人は「伊織に憧れて生活を始めた。ずっと会いたかった。傍にいてほしい」と会うなり告白してくる。当然拒否の伊織だったが、世間が求める「理人」と本当の自分との乖離に悩む理人にほだされ、少しの間同居して面倒を見ることに。そんな中、治まりかけていた睡眠障害がまた頻繁に起こり始めて…？
2017.10 236p A6 ¥620 ①978-4-04-106120-6

◆ないしょの魔法使い さくら芽留著 心交社 (ショコラ文庫)
【要旨】麻弥は同級生の結城が苦手だ。それはチビで勉強ができない麻弥と違って結城がイケメンで天才だから―ではなく、麻弥の秘密に勘付いているから。実は麻弥は『魔法の国』を追放された落ちこぼれ魔法使いなのだ。中学時代に魔法を失敗したところを見られて以来、結城はうざいほど絡みまくる魔法の研究までしているらしい。うんざりしていた麻弥にある日、結城が「お前が好きだ」と全く心のこもらない告白をしてきて…!?
2017.6 255p A6 ¥660 ①978-4-7781-2211-9

◆つがいの半身―オメガバース 佐倉井シオ著 リブレ (ビーボーイスラッシュノベルズ)
【要旨】大財閥「西園家」の二男の孝信は、優秀で眉目秀麗。彼を跡継ぎにという声もあとを絶たない。代々「優勢種」に統率されてきた西園家。孝信もそうだと思われていた。だが、幼なじみの勇吾に再会し、彼のたくましい身体に無理やり組み伏せられた孝信は声をあげさせられる。「無明であるお前は、俺の種を植え付けられる宿命だ」二人は運命のつがいなのか…!?pixiv ノベルで不動の人気を誇る『つがいの掟』の著者、オメガバース最新作。
2017.7 256p 19cm A6 ¥890 ①978-4-7997-3399-8

◆月の満ちる頃―遊郭オメガバース 佐倉井シオ著 シーラボ,三交社 発売 (ラルーナ文庫)
【要旨】発情期の訪れる特異な体質をもち、男でありながら男と番うことで子を為す『月』―そんな月たちが密かに暮らす『邑』は、政府要人のための色里である。16歳で見出されて既に12年。類稀な美貌をもつ古株の朔は、一度も身籠ることなくその人生をおくってきた。初めてを捧げた腹違いの兄への断ちがたい想い、そして米国人ウェインを巡る見世一番の売れっ子・望月との諍い。やがて運命の歯車は静かに廻り出し…。
2017.9 237p A6 ¥680 ①978-4-87919-996-6

◆家で恋しちゃ駄目ですか 桜木知沙子著 新書館 (ディアプラス文庫)
【要旨】凛太は母の再婚で義理の叔父となった慶舟に片思いをしている。大学進学を機に部屋を借りるはずが、凛太の密やかな願いは、慶舟に「おはよう」と「おやすみ」を言えるそんな生活がずっと続くこと。慶舟の友人・忍も慶舟に恋をしているらしいのに、なんとなく気づいていても。けれど、忍と慶舟が恋心を吐露しあうのを聞いてしまい。北の国からお届けする、一つ屋根の下で始まるほのぼの年の差ラブ。
2017.9 247p A6 ¥620 ①978-4-403-52437-0

◆鬼の棲む国 桜部さく著 KADOKAWA (B-PRINCE文庫)
【要旨】鬼が棲むと噂される強大な北の国の使者・第六王子であり陸将軍でもあるサスナに選ばれ、生贄として捧げられた東国第四王子カナギ。死をも覚悟して北の国に足を踏み入れたカナギを待っていたのは、サスナによる贅を尽くした贈り物の数々と一心に注がれる深く真摯な愛、そしてカナギが自ら磨いた才智への尊崇と信望だった。祖国を離れ、遠い異国へと攫われ出会う、愛と新しい運命の物語。
2017.11 223p A6 ¥640 ①978-4-04-893482-4

◆王様に告白したら求婚されました 砂床あい著 イースト・プレス (Splush文庫)
【要旨】天才脳外科医として世界を飛び回っていた鷹臣は、大国オズマーン王国で、国王の姪を手術することに。そこで出会った国王イスハークに懐かれ、健気にアプローチされるうちに惹かれる心を抑えられなくなっていく。ある晩、鷹臣は思い余ってイスハークに告白するが、彼はその場から走り去ってしまった。しかし、翌朝以降イスハークから宝石や油田が贈られ、しかもそれはオズマーン流のプロポーズだったと告げられて…!?
2017.5 249p A6 ¥680 ①978-4-7816-8609-7

◆約束の楽園 砂床あい著 二見書房 (シャレード文庫)
【要旨】家も学校も閉塞感だらけ。溜まったフラストレーションを小さな悪戯で誤魔化していた里玖は、近所の交番に勤める浮木と出会った。里玖を色眼鏡で見ることなく、正面から向き合ってくれる浮木の傍は里玖にとって居心地のよい場所になった。こんなにも激しく誰かを希求する気持ちに里玖は戸惑いながらも、これが恋なのだと気づく。次第に浮木も里玖への想いを見せてくれるようになるけれど、年齢や立場の差が常に立ちはだかって…。
2017.3 325p A6 ¥700 ①978-4-576-17023-7

◆消えた初恋の甘い続き 里崎雅行著 オークラ出版 (プリズム文庫)
【要旨】歩が勤める図書館に現れた長身の男性は、小学生の頃、突然転校した親友の昌之だった。十三年間音信不通でいたとは思えないほど、彼は自然に接してくる。昌之への当時の気持ちを持て余し、歩のほうは素直に喜ぶことができない。初恋だったかもしれない彼のことを、思い出したくなかったのだ。けれど数日後、昌之に押し切られるように、二人で飲みにいくことになって…。
2017.9 243p A6 ¥630 ①978-4-7755-2704-7

◆逢いては染まり 沙野風結子著 海王社 (ガッシュ文庫)
【要旨】人気アナウンサー・倉科悟のストレス発散方法は、極秘会員制クラブで男を買い、セックスをすること。優しい愛撫なんかいらない、ひどく抱いてほしい。過去のトラウマもあって、倉科は乱暴なセックスで精神の安定を保っていた。その危うい秘密はクラブ内で守られていたが、ある夜の相手・津雲が仕事帰りの倉科の前に現れる。それから、6歳年下の粗野な男は、ベッドの上でもプライベートでも倉科を翻弄し…!?
2017.5 253p A6 ¥630 ①978-4-7964-1003-8

◆一滴、もしくはたくさん 沙野風結子著 徳間書店 (キャラ文庫)
【要旨】感情や気力が枯渇する現代の奇病・枯れ人症候群―唯一治療できるのは「水師」のみ―「あれは病人を騙す詐欺師だ！」その能力を疑う不動産屋の堤が出会ったのは、美貌の水師・保嵩。一日の大半を寝て過ごし、起きると毒舌を吐く保嵩に苛立つ堤。だがある日、仕事の現場を見て愕然!!倒れるまで自身の生命力を患者に与えるのだ。身を犠牲にしてまで治療する保嵩から次第に目が離せなくなり…？
2017.6 275p A6 ¥620 ①978-4-19-900879-5

◆赫蜥蜴の闇 沙野風結子著 幻冬舎コミックス,幻冬舎 発売 (幻冬舎ルチル文庫L)
【要旨】端麗な容姿、美しい妻、大商社支社長の肩書―誰もが羨む人生を歩む高柳光己は、しかしその実、利己的な身内に囲まれ鬱屈とした日々を送っていた。光己は妻の浮気が元で熾津組若頭・熾津怪に強請られ、凌辱されてしまう。執拗に繰り返される行為に理性を蝕まれていく光己だったが、次第に奇妙な解放感と安らぎを感じはじめ…。
2017.3 283p A6 ¥660 ①978-4-344-83971-7

◆帝は獣王に降嫁する 沙野風結子著 竹書房 (ラヴァーズ文庫)
【要旨】海神の国の新帝シキは、敵国テルスに身を差し出し、戦を始める。それは、始祖となるガイウス王の妃となることと同一だった。国のため、民のため、と散らされるのを拒む花

ヤング・アダルト小説

ように矜持を保とうとするシキを、ガイウスは獰猛な愛撫で踏み躙る。次第にシキの肉体と魂はガイウスに搦め捕られていき…。しかし、意図せず距離を縮めてきたふたりには昏い闇が忍び寄っていた。呪われた獣王の妃は死ぬ運命にあるという—。
2017.2 206p A6 ¥640 ①978-4-8019-0982-3

◆**仮初の恋人** 椎崎夕著 幻冬舎コミックス, 幻冬舎 発売 (幻冬舎ルチル文庫)
【要旨】看護師の東道孝は、十年来の親友・斉藤のためにアトリエを提供していた。賞をとった斉藤が開いた個展をきっかけに、援助を申し出た仁科との食事会に同行した通孝は、彼が受賞作に見入っていた男だと気付く。仁科は通孝が高校生のころ自覚した斉藤への恋慕を見抜いていた。つい口止めとして恋人にならないかと言われ付き合い始めた通孝だったが!?
2017.2 254p A6 ¥630 ①978-4-344-83936-6

◆**恋の花咲く** 椎崎夕著 幻冬舎コミックス, 幻冬舎 発売 (幻冬舎ルチル文庫)
【要旨】人気版画家の桐島織、本名・桐原伊織は、ある朝目覚めて顔見知りだが苦手に思っていたはずの男・駒澤大輔と一夜を共にしてしまったと知って逃げ出し、さらには自ら誘ったことまで思い知る。逃げ回っていた伊織をようやく捕まえた駒澤は、自分たちはあの夜「恋人としてつきあうことで合意した」と告げ、伊織の唇を甘く容赦ないキスで塞いで…?
2017.9 351p A6 ¥700 ①978-4-344-84078-2

◆**狐王と花咲ける恋妻** 塩山オーロラ著 KADOKAWA (角川ルビー文庫)
【要旨】児童養護施設で働く英は、子供を助けようとして川に落ち、気づけば一面の花の海にいた。ここは狐耳としっぽを生やした種族の暮らす花の国フィオーレ王国。そこで待ち受けていた銀髪の王・スノウに「神託の花嫁」として迎えられた英は、訳の分からないまま強引に彼に抱かれてしまう。憤慨する英だが、「死の花」といわれる毒花に侵食されたこの国の現状や、スノウの苦しい立場、不器用な優しさを知るにつれ、自分も力になりたいと思うが…。運命の花嫁の異世界ファンタジー!
2017.8 221p A6 ¥620 ①978-4-04-105827-5

◆**婚活男子のおいしい初恋** 塩山オーロラ著 KADOKAWA (角川ルビー文庫)
【要旨】色気より食い気な地味リーマンのハジメは、最近婚活を始めたばかり。ある日、マンションのゴミ捨て場に倒れていたイケメンを介抱するが、彼は実は隣の住人で、人気料理研究家の綾羽根政親だった。お詫びにと夢のような朝食で饗され、感激するハジメ。彼は偶然にもハジメが参加する婚活パーティの特別メニューを担当していて、「失恋中でアイデアが浮かばない」という政親の頼みで、ハジメは恋人の振りをすることになり…!? 初めての恋は甘くて切ないおとなり口!
2018.1 218p A6 ¥620 ①978-4-04-106518-1

◆**悪い奴ほどよく嗤う** 篠崎一夜著 幻冬舎コミックス, 幻冬舎 発売 (リンクスロマンス)
【要旨】繊細な美貌の持ち主・高遠奏音は高校二年生の冬に事故に遭い、意識を取り戻せないまま、九年間眠り続けた。奇跡的に目覚めた高遠のそばにいたのは、高校時代の同級生で今は医師として働く東堂神威だった。何不自由なく整えられた豪華な鳥籠のような生活のなか、過剰なまでの愛情と献身をすべて注がれるうちも、高遠の身体は東堂の愛情だけでなく、その逞しい肉体のすべてを受け入れられるまでに作り替えられてしまった。自分の変化に戸惑うなか、高校時代の同窓会に出席することになった高遠は「所かまわずオ人前で盛るのは絶対に禁止」と東堂に言い渡すが…!?
2017.6 303p 19cm ¥970 ①978-4-344-84008-9

◆**アクアブルーに恋は濡れて** 四ノ宮慶著 幻冬舎コミックス, 幻冬舎 発売 (幻冬舎ルチル文庫)
【要旨】水族館勤務の千知はショーにも出演するドルフィントレーナー。生真面目な性格から周囲の期待を裏切らないような生き方をしてきた千知は、真っ直ぐで物怖じしない新人の崎社に初対面から惹かれるが、すぐに彼に鍵をかけてしまう。ある日、酔った勢いで崎社への憧憬を吐き出し告白した直後、千知はアクシデントで半年分の記憶を失くし…?
2017.3 349p A6 ¥700 ①978-4-344-83967-0

◆**イケメンになっても俺は俺だった(涙)** 朱色著 一迅社 (ロワ・ノベルズ)

【要旨】圧倒的な地味顔で、自分のお尻が唯一の恋人のさみしい中年・相談沢。彼に突然、人生最大のチャンス「イケメン転生」が到来！「朝宮藍」になった有柄は引き裂かれた中の弟でアルファの鷹史だった。番にするため兄を探し出したと言う弟にひそかに運命を感じる秋生だが、許されない愛ゆえに拒絶する。しかし絶対的アルファの前では理性に反して発情し、最奥からあふれ出る熱い蜜液は止まらない!! しかも運命の番との出会いで強くなったオメガの香りが、更なる波紋を呼び起こし!? 欲情したたる禁断オメガバース!!
2017.5 303p B6 ¥1200 ①978-4-7580-4930-6

◆**オメガの血線** 秀香穂里著 リブレ (ビーボーイスラッシュノベルズ)
【要旨】『兄貴を番にして孕ませてやる！』秘書として働くオメガの秋生は、雨の中男を拾う。その男は幼い頃引き裂かれた中の弟でアルファの鷹史だった。番にするため兄を探し出したと言う弟にひそかに運命を感じる秋生だが、許されない愛ゆえに拒絶する。しかし絶対的アルファの前では理性に反して発情し、最奥からあふれ出る熱い蜜液は止まらない!! しかも運命の番との出会いで強くなったオメガの香りが、更なる波紋を呼び起こし!? 欲情したたる禁断オメガバース!!
2017.9 224p 19cm ¥890 ①978-4-7997-3354-7

◆**オメガの純潔** 秀香穂里著 徳間書店 (キャラ文庫)
【要旨】食い物にされるオメガじゃなく、ベータに育てられ男達に身体を売る生活から逃げ、日本にやってきた和臣。モデル事務所の青年社長・高宮に美貌を買われ、モデルの修業をすることに!! ところがある日高宮と接触した途端、人生で初めての発情を覚える。もしや彼が運命の番かと…!? 制御できない淫らな衝動に煩悶しつつ、自分がオメガだと告白できず…!?
2017.11 223p A6 ¥600 ①978-4-19-900898-6

◆**子育てしたいと言われても** 秀香穂里著 笠倉出版社 (クロスノベルス)
【要旨】結婚相談所の相談員・那波は、ルックス完璧しかしセンスに難点ありな人気作家・里見に身も心も魅了されて、ついに同居生活をスタート。夜毎たくみに攻めてくる里見への愛は深まり、まるで甘い新婚ムードな日々を送る那波。そこへ、突然、四歳児の可愛らしい「天使」がやって来た！ 不幸から一人になってしまった従甥の秋生を、那波が預かることにしたのだ。無邪気な秋生をひたすら溺愛する二人に、次々とトラブルがやってきて…!?
2017.11 232p 19cm ¥890 ①978-4-7730-8864-9

◆**束縛志願** 秀香穂里著 徳間書店 (キャラ文庫)
【要旨】職場の先輩を真昼間から口説くなんて、どんな神経をしてるのだ!? お堅い銀行員・大沢の悩みは、後輩の泉だ。「捻くれた態度が可愛いですよ」と、なぜか熱心に付き纏ってくるけれど、仕事は有能なので無視もできない。苛立ちを募らせていたある日、ついに泉が「あなたは愛されるのが似合う」と告白してきた!! からかっているのなら、後悔させてやる一勢いのまま、つい了承してしまい!?
2017.2 249p A6 ¥600 ①978-4-19-900870-2

◆**他人同士—Encore!** 秀香穂里著 徳間書店 (キャラ文庫)
【要旨】入社八年目を迎えた諒一に、看板雑誌『週刊央剛』への異動話が急浮上!! 幹部候補に備えるという異例の抜擢に、諒一は編集者としての岐路に立たされ、高樹だ。!? 年下のカメラマンで同居人の晩と、恋人同士として三年一暁の故郷への帰省で、二人で祝った誕生日、何より全力で仕事に情熱を傾けた日…完結待ち表紙を飾った番外編に、小林&時田の「大人同士」シリーズも加えた珠玉のコラボ短編集!!
2017.10 379p A6 ¥660 ①978-4-19-900896-2

◆**肌にひそむ蝶** 秀香穂里著 徳間書店 (キャラ文庫)
【要旨】このまま結婚して、波乱のない人生を送るんだろうか…? ゲイという性向を隠して婚約を控えた銀行員の邦彦。ある日出会ったのはNY在住の気鋭の洋画家・高樹だ。尺暗く孤独な作風は正反対に、野生の獣のような熱さを纏う男は!!「お前に男の味を教えてやるよ」一己の密かな欲望を見抜かれ動揺する邦彦、蝶のタトゥーを彫りたいと扇情的に迫ってきて…!?
2017.8 267p A6 ¥620 ①978-4-19-900886-3

◆**パパと呼ばないで！** 秀香穂里著 笠倉出版社 (クロスノベルス)

【要旨】四歳の甥・真琴を男手一つで育てる遼一は、リストラされたうえ就活も連敗中。だが可愛い甥っ子に苦労はさせられない。料理上手な特技を生かし、家政夫の仕事を決意する。狙いは高級タワマンに住む独身らしきボサボサ頭の男・大神。真琴と二人三脚で見事大神宅で住み込みのお仕事をゲット。なんと大神の正体は憧れの超人気漫画家だった!! 人見知りで不器用だけど優しい大神の素顔を知るたび惹かれる遼一。ついに甘くエッチな夢まで見てしまい…!?
2017.6 243p 19cm ¥890 ①978-4-7730-8853-3

◆**甘き血の滴り** 愁堂れな著 リブレ (ビーボーイノベルズ)
【要旨】ヴァンパイアの能力。その1「血は吸わなくても体液でOK」その2「人間の記憶を消せる」幼い頃に両親を殺され、犯罪撲滅に生きる刑事・瀬名の前に、吸血鬼だと名乗る超美形の青年が現れた。幼き瀬名を救ったという吸血鬼に半信半疑だったが、身動きを封じられ熱く甘く首筋を吸われる感覚はまごうことなきヴァンパイア…! しかし、「吸血殺人の犯人は吸血鬼じゃない」と主張する彼と事件を追ううちに、瀬名は彼に心を許している自分に気付き…!?
2017.7 223p 19cm ¥890 ①978-4-7997-3400-1

◆**危うきたくらみ** 愁堂れな著 幻冬舎コミックス, 幻冬舎 発売 (幻冬舎ルチル文庫)
【要旨】高沢裕之は、元刑事で今は関東一の勢力を持つ菱沼組組長・櫻内玲二の愛人兼ボディガード。櫻内の兄貴分・八木沼組長のボディガード・藤田に『エス』の疑いが…。確信を得られぬまま、帰京した櫻内を藤田が訪れ、八木沼に関東の作法を学んで来いと言われる、と告げる。あろうことか櫻内は快諾しただけでなく、高沢との間で、峰と海辺の同衾も求め!?
2017.8 222p A6 ¥600 ①978-4-344-84046-1

◆**境界—ボーダー** 愁堂れな著 幻冬舎コミックス, 幻冬舎 発売 (幻冬舎ルチル文庫)
【要旨】築地東署の刑事、松本一起と渡辺和美は高校一年で出会ってから十年来の親友同士だが、二人は決定的に性格は正反対。ある殺人事件の捜査中、容疑者と二人で酒を飲み酔い払い、翌朝ホテルで目覚めた松本だったが、その夜、第二の殺人事件が起きたことで大問題に。渡辺にも責められ、挙句押し倒され強引に体を繋がれた松本は…!?
2017.6 255p A6 ¥630 ①978-4-344-83998-4

◆**執事の学校** 愁堂れな著 幻冬舎コミックス, 幻冬舎 発売 (幻冬舎ルチル文庫)
【要旨】如月眞人は代々有名家に仕える執事の家の次男。父の跡を継ぐ兄・彼方が失踪し、眞人はその直前まで特待生として通っていた執事養成学校へ潜入することに。同じ個室になったのは坂口龍之介という優等生だったが、彼もまた、この学校の特待生だった同僚が行方不明になったため、潜り込んでいたのだ。眞人と坂口は一緒に手掛かりを探すが…!?
2017.2 232p A6 ¥630 ①978-4-344-83937-3

◆**純血種の贄** 愁堂れな著 幻冬舎コミックス, 幻冬舎 発売 (幻冬舎ルチル文庫)
【要旨】幼い頃のある出来事が原因で、何事にも消極的な高村奏は、塾講師をリストラされ、途方に暮れていたが、大富豪の豪邸で住み込みの家庭教師として雇われることに。現れた十九歳の貴城銀人は、奏を強引に抱こうとする。銀人の「性欲処理」のために雇われたと知り、逃げ出した奏の前に「狼」が。「狼」は銀人だった。銀人は「純血種の狼男」で…!?
2017.11 234p A6 ¥630 ①978-4-344-84111-6

◆**恋の吊り橋効果、試しませんか？** 神香うらら著 徳間書店 (キャラ文庫)
【要旨】恋人のフリを幼馴染みに頼まれ、雪山の別荘に招待された雪都。そこで、ジュリアンの兄で初恋の人・クレイトンと突然の再会!! 弟の恋人だと嘘をついたまま、傍にいるのは辛い一。そんな時、予想外の吹雪で別荘が孤立!! 殺人事件も起きてしまった!? 怯える君都を少しでも安心させるため、クレイトンはFBI捜査官だと身分を明かす。驚く雪都だけれど、なぜか捜査の助手に指名されて!?
2017.6 289p A6 ¥630 ①978-4-19-900880-1

◆**傲慢紳士と溺愛クルーズ** 神香うらら著 KADOKAWA (角川ルビー文庫)
【要旨】生真面目な大学生・悠は、世界的な人気ミステリ作家・バイロンに「執筆中のヒロインにぴったりだ！」と口説かれ、一風変わった仕事を引き受ける。アシスタントとして豪華客船

の旅に同行したある夜、彼に命じられ渋々ドレスを纏う。バイロンの熱視線と甘い声に煽られ、羞恥が快感となり、逞しい体に縋りついてしまう！気だるげ美青年・リアムとの会話さえ制限するバイロンの独占欲に振り回されるが、彼の本心が見えない。そんな時、悠にある疑いがかかり、バイロンは!?
2017.4 254p A6 ¥640 ①978-4-04-105410-9

◆おまえが望む世界の終わりは 菅野彰著
新書館 （ディアプラス文庫）
【要旨】俳優兼映画監督の佳人は、8年ぶり、二度目の映画を撮ることに。馴染みの操演の親方に特別な「火」を依頼したところ、若い弟子・孔太を紹介される。孔太はゲイでもないくせに、佳人に「付き合ってくれ」と迫ってくる。「あんたならやれそうだ」。しかも訳アリの彼と、しばらくの間同居しなければならなくなって…!!傷ついた子供のような、でもすっきりな孔太との生活は、佳人の15の頃の記憶を揺さぶる…。
2017.5 275p A6 ¥640 ①978-4-403-52428-8

◆華客の鳥 菅野彰著 新書館 （ディアプラス文庫）
【要旨】「あいつは俺を…恨んでる」。チャイナタウンの片隅で、ハルカはシンと同居しながら、その心のうちを掴みきれずにいる。シンの中には自分への憎しみがあるのではないかと、ふと疑ってしまうのは、少年時代、二人が出会った頃のある事件のせいだった。ストリートチルドレンだったハルカが出会った、中国人形のように美しいシン。闇にとらわれたある男の籠の鳥だった彼を、ハルカは自由にしてやりたかったのだ…。バディ・アクション「HARD LUCK」シリーズの、シンとハルの出会いと、その後の物語!!
2017.7 219p A6 ¥620 ①978-4-403-52432-5

◆さあ、今から担当替えです—毎日晴天！14 菅野彰著 徳間書店 （キャラ文庫）
【要旨】デビューして五年、運輸の売れっ子SF作家が編集長から初めての呼び出し!?不審に思う大河と秀に告げられたのは、「君たち、今日から担当替えです」という衝撃の宣言!!!遅くなる一方の原稿に、大英断が下されたのだ。しかし、呆然とする秀の新担当は、大河とは犬猿の仲の同期で…!?毎回締め切りをぶっちぎり、家族を巻き込み傍迷惑な騒動を繰り返してきた日々が、ついに終止符を打つ…!?
2017.11 275p A6 ¥620 ①978-4-19-900899-3

◆成仏する気はないですか？ 菅野彰著 徳間書店 （キャラ文庫）
【要旨】大学時代の親友・久世大地が死んだ—。突然の訃報に呆然自失の圭吾。けれど、残された恋人の優が心配で。学生時代から密かに片思いしていた圭吾は、優の家を訪れる。ところが彼がそこで見たのは、幽霊だった大地と楽しそうに話す優の姿だった…!?驚愕する圭吾に、優は「何しに来た」と喧嘩腰。昔から優に抱かれている自覚はあるが、この状況を見過ごすことはできなくて!?
2017.5 327p A6 ¥640 ①978-4-19-900877-1

◆溺れるほどの愛を聴かせて 杉原朱紀著
幻冬舎コミックス、幻冬舎 発売 （幻冬舎ルチル文庫）
【要旨】元ピアニストの透琉がバーで出会ったのは、自己証明のピアノを心から楽しそうに披露する男—。役者だという拓真からピアノへの愛惜と鬱屈を言い当てられ、泣く事を許されるまま身体を重ねてしまった。一夜の過ちにして忘れようとする透琉を、しかし思いがけぬ再会が待ち受ける。躊躇う透琉の手を優しく強引に取り、舞台へと導いて…？
2017.1 287p A6 ¥660 ①978-4-344-83904-5

◆初恋の相手は天使でした 杉原朱紀著 幻冬舎コミックス、幻冬舎 発売 （幻冬舎ルチル文庫）
【要旨】幼い日和に星空のような石をくれた流成は、突然遠くへ行ってしまってからも大切な人だった。そんな彼との再会に胸躍らせる日和だが、よそよそしい態度に消沈してしまう。一方の流成は、十以上も年下の幼馴染みへと抱く劣情を断つために渡仏、画家に。已むなく再会した六年ぶりの日和はさらに愛らしく、流成の懊悩は深まるばかりで…!?
2017.7 255p A6 ¥630 ①978-4-344-84029-4

◆九尾狐家ひと妻夜話—仔狐滾々 鈴木あみ著 二見書房 （シャレード文庫）
【要旨】九尾狐家世継・焔来の妃となり、九尾の仔・煌紀を出産した八緒。しっぽも二本に増えて二人前になるし、寿命が伸びたことで霊力が上がる。次に生まれたのは八緒によく似

た黒い仔狐で、焔来は溺愛するが…!?そんな折、瑞獣八家の一つ・竜族の王太子が来訪。王太子の仔・アレクサンダーと煌紀たちのじゃれ合いは微笑ましいものの、プレイボーイで有名な王太子は八緒に積極的に迫ってきて!?大人気九尾狐家シリーズ第三弾！
2017.6 236p A6 ¥619 ①978-4-576-17074-9

◆ケンネルホール学院の恋する犬たち 鈴木あみ著 KADOKAWA （B-PRINCE文庫）
【要旨】ヒエラルキーが存在する犬の世界。雑種のユキは、名門ケンネルホール学院に編入を認められるも、狼の血を引くアドルファスが統率する群れに目を付けられてしまう。何かと絡んでくるメンバーと言い合いになったユキは、自分の身体を賭けて試験の成績で勝負をすることに。けれど、敵視すべきボスのアドルファスは、さりげなくユキを助けているようで…？彼との身分差を越え次第に心惹かれていくユキは、彼の子を孕み!?
2017.4 304p A6 ¥690 ①978-4-04-892898-4

◆黒猫にキスを 鈴木レモン著 一迅社 （ロワ・ブラン）
【要旨】落ちこぼれ扱いで肩身が狭い技術魔術団に所属する、ニデル。ある日突然、他国の王子を秘密裏に警衛せよと王に命じられ、しぶしぶ自らの姿を黒猫に変えて王子に近づくことに。だけどそこには、近衛騎士団の分隊長レガートが常にそばにいて…!?眠ることのできない長く静かな夜の警衛。正体がバレないように気をつけながらも、ニデルはどこか気恥ずかしく自分を撫でるレガートの手の感触が、恋しくなってい…。大ボリューム書き下ろし、書籍限定の秘蔵エピソード満載!!
2017.11 303p 19×12cm ¥960 ①978-4-7580-4999-3

◆愛になれない仕事なんです 砂原糖子著
新書館 （ディアプラス文庫）
【要旨】警視庁薬物捜査係の刑事・本名と塚原。隙あらばを突きあこうとする塚原に対し、本名の態度は相変わらずつれないが、それでも激務の合間を縫って二人は順調に関係を深めていた。そんな時、ある大規模摘発の参考人として浮上した男・一光瀬が、塚原の中学時代の先輩だとわかる。思わせぶりな男—光瀬の態度に、事件への関与と塚原との仲を疑う本名だが…？大人気年下攻シークレット・ロマンス続編登場。
2017.7 252p A6 ¥620 ①978-4-403-52431-8

◆猫屋敷先生と縁側の編集者 砂原糖子著 徳間書店 （キャラ文庫）
【要旨】華やかなファッション誌から、地味な文芸誌に突然の異動!?畑違いの職場で一からキャリアをやり直すことになった編集者の晶川。担当に任命されたのは、ベストセラー作家だけれど、遅筆筆と評判の本屋敷先生。足繁く通っても不遜な態度で、縁側で猫と居眠りしているこの男から原稿を取り上げて部員を見返したい—!!ところがある夜、迷い込んだゲイバーで偶然、本屋敷と遭遇…！
2017.1 331p A6 ¥640 ①978-4-19-900865-8

◆毎日カノン、日日カノン 砂原糖子著 新書館 （ディアプラス文庫）
【要旨】「君が好きだ。僕と一緒に来てくれないか？」住み込み先の御曹司・澄一にそう言われ、屋敷を出て一緒に暮らし始めた可音。幼い頃から大好きだった澄一のお世話をできることが幸せで、可音は毎日身心必死だった。けれど"お手伝いさん"のつもりでいた可音とは違い、澄一は可音のことを"お嫁さん"だと思っていた。認識のズレから、バラ色の生活にも少しずつほころびが生まれ始め…。甘々すれ違い主従ロマンス。
2017.2 253p A6 ¥640 ①978-4-403-52420-2

◆ぼくの小児科医（せんせい） 春原いずみ著 シーラボ、三交社 発売 （ラルーナ文庫）
【要旨】亡き兄のひとり娘、五歳の陽菜子を引き取って一年。音大を中退し、ピアノ講師とレストランでのピアノ演奏のバイトをかけもちしながら、圭一は慣れない子育てに必死だった。そんなある晩、陽菜子が高熱を訴え圭一は救急外来を訪れた。怜悧な美貌の小児科医、末次は丁寧に診てくれたが、なぜかその強い視線に戸惑う圭一。それからまもなく、圭一はバイト先のレストランで偶然にも末次医師と再会し、彼の意外な夜の顔を知ることに…！
2017.2 269p A6 ¥700 ①978-4-87919-983-6

◆王子ともっと子育て—ベビーシッターシンデレラ物語 2 墨谷佐和著 コスミック出版 （セシル文庫）
【要旨】日本の苦学生だった瀬名は北大西洋に浮かぶ小国ラブフェルの王子と結婚して、王子の

息子フランとともに3人で暮らすようになり幸せな日々を送っていた。そんな時、フランがプレスクールに通い始めるとお友達の兄弟がうらやましくなり、瀬名に自分の兄弟をおねだりするようになってしまう。そんな時、散歩中に捨て子を見つけて…!!
2017.4 253p A6 ¥600 ①978-4-7747-1318-2

◆熱砂の純愛—獣医師は、王子と白虎に愛されて 墨谷佐和著 コスミック出版 （セシル文庫）
【要旨】砂漠の国に動物園をつくるというプロジェクトに参加した獣医師の理人。派遣されて早々、街で怪しい男に絡まれてしまう。そこを助けてくれたのは王族のザハイルで、理人は一瞬で彼に魅了されてしまった。だが、彼の連れている神獣の虎の不調を見抜いた理人は、ザハイルに反抗し無理やり虎の面倒をみることに。ザハイルに気に入られた理人は歓迎会の夜、甘やかにベッドに押し倒されて—。
2018.1 251p A6 ¥600 ①978-4-7747-1395-3

◆初恋インストール 千地イチ著 心交社 （ショコラ文庫）
【要旨】融通が利かず取引先と揉めて仕事を失ったシナリオライター・英二に大手ゲーム会社から依頼がくる。内容は専門外の乙女ゲームのシナリオ執筆。童貞で恋愛経験ナシな英二に対し"ヒロインを経験したら書けるんじゃない？"と、王子様系ディレクターの寿里、ワンコ系同僚の翼が口説いてくる。敏腕だけど傲慢不遜なプロデューサーの十貫田だけは"お前には魅力がない"と口説いてくれないが、英二の愚直さを理解してくれる一面もあり—。
2017.7 265p A6 ¥660 ①978-4-7781-2234-8

◆男だらけの異世界トリップはお断り!? 空兎著 アルファポリス、星雲社 発売
【要旨】ある日気づいたら、男しかいない異世界にトリップしていた普通の男子高校生・シロム。トリップ特典として色々なチートスキルを授かっていると知り、冒険者として一旗揚げようと志す。けれども最強の必殺技は、ことごとくエッチな代償が付いてくる—!?Sランク冒険者、ヤンデレな猫耳、マッチョな虎獣人etc—行く先々でイケメンに求愛されながら、最強冒険者を目指すシロムの冒険は続く！アルファポリス「第4回BL小説大賞」特別賞受賞作！
2017.12 299p B6 ¥1200 ①978-4-434-24104-8

〔た行の作家〕

◆君の王国—孤独な王子と溺愛従者 高菜あやめ著 一迅社 （ロワ・ブラン）
【要旨】生まれてからずっと、亡きものとしてマヤール国の城の奥でひとり育てられてきた第7王子、リヒト。ある朝、見たこともない豪華な一室で目を覚ましたリヒトは、美しく凛々しい青年、フェルナンが新しい世話係だと告げられる。たくさんの食事に、ふかふかのベッド、そして生まれてぶりに見る外の世界—温かな時間と自由を与えてくれるフェルナンに、次第にリヒトは心を開いていくのだが、二人には互いに秘密にしていることが…。
2018.1 270p 19cm ¥980 ①978-4-7580-9019-3

◆仮面皇帝と異界の寵妃 高岡ミズミ著 KADOKAWA （角川ルビー文庫）
【要旨】父親の借金返済のため斎が選んだのは、異世界へ飛んでその存在を証明するという眉唾ものの高報酬バイト。背に腹は替えられず異世界へと飛んだ斎は、到着した中華風の世界で、突然密入国者として憲兵に捕らえられそうになる。ところがそれを制したのは、この国を統べる仮面の皇帝・瑀王だった。彼は国に繁栄をもたらす「龍痕」を持つ斎を後宮に通し、愛人として寵ってしまう。仮面の寵姫のごとく愛でられ、斎は次第に瑀王に心を開くが、瑀王になにか秘密があることを知り…!?
2018.1 222p A6 ¥640 ①978-4-04-104304-2

◆最高の恋人の見つけ方 高岡ミズミ著 幻冬舎コミックス、幻冬舎 発売 （幻冬舎ルチル文庫）
【要旨】過疎化が進む村に海外からの移住者候補がやってきた。村おこしチーフの理一が迎えたのは、不遜な年下男・デイヴィッドとその家族。心を尽くしてもてなす理一にデイヴィッドは無理難題を吹っ掛け、セクハラを仕掛ける始末で—。振り回されてばかりいる理一の、抗い難く彼に惹かれつつある理一。しかしデイヴィッドの

ヤング・アダルト小説

来日には只ならぬワケがあって!?
2017.8 254p A6 ¥630 ①978-4-344-84049-2

◆**情熱のかけら** 高岡ミズミ著 Jパブリッシング（カクテルキス文庫）
【要旨】野性的で男らしい藤尾に6年ぶりに再会し、秘め続けた熱い想いに体が震えた鳴海。必死に友人のフリをしていたが、藤尾の灼けつく視線に搦めとられ、激しく犯されてしまう。躰が気持ち良ければいいと「女のかわり」に抱き続ける藤尾。避妊具を被せた熱塊を秘孔に挿入され、鳴海は昂ぶってはなかなか何度も吐精した。「藤尾が好き」想いを告白することもできず、ただその行為に悦び、すがることしか出来なくて…。心の距離は縮まらないまま、濃密な時間だけは過ぎ翻弄されるピュアラブ。至高のボーイズラブノベル!!
2017.11 303p A6 ¥685 ①978-4-86669-051-3

◆**竜神様と僕とモモ―ほんわか子育て溺愛生活** 高岡ミズミ著 Jパブリッシング（カクテルキス文庫）
【要旨】縁側に現れた動物の赤ちゃんを拾った大学生の千寿也。「みいみい」と鳴く声と、ごはんを食べる姿がとても可愛い。名前をつけて可愛がるも、この動物の親だという男・炎奇が現れて!?モモを返すように迫られるも不審すぎて抵抗した。一緒に生活していいと許可が。しかし、なぜか炎奇も同棲することに。翌日、モモの姿が見えず、なぜか小さな男の子がちょこんと座布団に座っていて!?竜神様と大学生千寿也とモモの三人（？）の不思議な同棲生活はじまる―。
2017.7 229p A6 ¥648 ①978-4-908757-79-2

◆**紳士と野蛮** 高遠琉加著 海王社（ガッシュ文庫）
【要旨】有名私立校・宝生学院の英語教師である義己は、理事長だった祖父が亡くなり、両親も早くからないために孤独になった。しかし、遺言で祖父に隠し子がいたことを知る。石神誠吾というその男は、義己と同じ年の元Jリーガー。しかも学院の後継者候補の一人に指名されていた。後継者にふさわしいふるまいを誠吾に教えるべく生活を共にすることになるが、粗暴で紳士的なマナーを知らない誠吾は何も苦手そうなタイプ。ペースを乱されては戸惑う義己だったが、しだいに彼の人柄に惹かれていく。粗野な元プロサッカー選手×クールな英語教師、アンバランス・ロマンス。
2017.4 287p A6 ¥657 ①978-4-7964-0956-8

◆**スーツとストロベリー** 高遠琉加著 海王社（ガッシュ文庫）
【要旨】唯一の家族だった祖父を亡くし、孤独になった英語教師の義己。遺言で明らかになった祖父の隠し子・誠吾と同居することになり、初めは粗暴な誠吾に苦手意識しかなかったが、生活を共にするうちにも惹かれていく。だが、自分の出生の秘密を知った義己は、誠吾とキスを交わした翌日、教師も辞めて姿を消した。家族への思い出が詰まったあの家には、もう二度と帰れない―。すれ違ったままの二人の結末は…？
2017.5 247p A6 ¥630 ①978-4-7964-0991-9

◆**蝕みの月―深淵** 高原いちか著 幻冬舎コミックス、幻冬舎 発売（リンクスロマンス）
【要旨】画商を営む汐月家の三兄弟の長男・三輪・梓馬。三人の関係は、次男の三輪を義家の梓馬が抱いたことで変わりはじめた。弟たちの関係を知った長男の京もまた、三輪の身体を求めてきたのだ。赦されない禁忌を犯していると知りつつも、願望に抗えず執着し合うことで歪んだ愛を育むことを選んだ三人。だが背徳の悦びを浴びた蜜月も束の間、三輪が事故に遭う記憶を失ってしまい…。
2017.3 257p 19cm ¥870 ①978-4-344-83962-5

◆**夜の薔薇 聖者の蜜** 高原いちか著 幻冬舎コミックス、幻冬舎 発売（リンクスロマンス）
【要旨】二十世紀初頭、合衆国。州の片田舎であるギャングの街―。日系人の神父・香月千晴は、助祭として赴任するため生まれ故郷に帰ってきた。しかし、真の目的は、祖父の命を奪ったカロッセロ・ファミリーへの復讐だった。千晴は「魔性」と言われる美しく艶やかな容姿を武器に、ドンの次男・ニコラを誘惑し、カロッセロ・ファミリーを内側から壊滅させようと機会を狙う。しかし、凶暴かつ傲慢なギャングらしさを持ちつつも、どこか繊細で孤独なニコラに、千晴は復讐心を忘れかけてしまう。さらに「俺のものにしてやるよ」と強い執着を向けられ、千晴の心は揺れ動き…？
2017.9 257p 19cm ¥870 ①978-4-344-84076-8

◆**異世界で夜のお仕事しています** 高峰あいす著 幻冬舎コミックス、幻冬舎 発売（幻冬舎ルチル文庫）
【要旨】父が失踪し、高校生の環に残されたのは多額の借金と祖父がくれた桐の小箱だけ。薬にも縋る思いで箱を開け一目覚めた環は見知らぬ雑木林で気品溢れる外国人と出会うが、アイザックと名乗る彼には獣の耳が！異世界らしい街の娼館の主から男娼にと勧誘され、環は借金返済のため腹を括る。やがて、客として訪れたアイザックに激しく愛されて…？
2017.2 255p A6 ¥630 ①978-4-344-83939-7

◆**ケモミミマフィアは秘密がいっぱい** 高峰あいす著 笠倉出版社（クロスノベルス）
【要旨】行き倒れていたところを助けた外国人にそのまま抱かれ、現在高級ホテルに監禁中の梨音。しかも、その男・ロベルトはマフィアで、頭には何故か狼耳が!?突っ込みどころ満載な彼には秘密があった。それを解決するため日本に来たというロベルトに気に入られ、梨音は夜毎抱かれる羽目に。脱走を試みるも、決まって漂う甘い香りに惑わされて彼に喘がされる始末。常に傲慢俺様なロベルトを嫌いになれたらいいのに、どこか憎めない梨音は自ら惚れていることに。けれど、そんな日々もやがて終わりが近づいていて―。
2017.5 229p A6 ¥890 ①978-4-7730-8852-6

◆**はつ恋社長と花よめ修行** 高峰あいす著 笠倉出版社（クロスノベルス）
【要旨】座敷童の伝説が残る老舗旅館で暮らす利乃は、突然やって来た若手呉服店社長・大杉修平と出会い、彼の着物に龍された幼い恋心を抱く。それから五年後。東京で偶然再会した修平と梨乃は、たちまち恋に落ちてゆくが、田舎の没落させんとするライバル・東雲の卑劣な罠にかかって大ピンチに。しかも、イケメン実業家なのに超天然の修平は、梨乃を本物の座敷童と信じこんでいて!?修平を幸せにしてあげたい梨乃は、本物の座敷童になろうと願うけれど…。
2017.9 225p A6 ¥890 ①978-4-7730-8859-5

◆**神の花嫁** 橘かおる著 Jパブリッシング（カクテルキス文庫）
【要旨】高三の聖仁は、生まれた時から神・皇雅に見守られて生きてきた。神社で披露する聖仁の神舞に癒される皇雅。ある日、強い魔が現れた危機に、皇雅と眠りについていた「荒雅」を呼ぶ。皇雅と荒雅の二人はもともと一人の神で、過去の魔との戦いで二人に分かれていたのだった。聖仁は自分の生まれの秘密を聞かされ、結界の中で荒雅に強引に押し倒された。初めてだった聖仁は絶頂のまま激しく奥を貫かれ嫉妬した皇雅からも熱塊をねじ込まれ、二人の神様とセックスしてしまう!?永遠を繋ぐ愛。
2017.10 229p A6 ¥648 ①978-4-86669-037-7

◆**黒竜の花嫁―異世界で王太子サマに寵愛されてます** 橘かおる著 Jパブリッシング（カクテルキス文庫）
【要旨】山での転倒後、突然西洋のような異世界に移動してしまった大学生の昴。巨大な竜に跨る竜騎士が腕の傷を見たとたん「つがい様」と跪き、まるで神のように扱われる。豪華な王宮の祭壇へ連れられた昴は、覇気をまとう男と『誓いの儀式』を交わすことに!!天蓋付のベッドに押し倒され、抵抗するも熱塊を挿入されセックスしてしまう。中出しされたせいで、なぜか言葉が通じるように!?男の正体は鷲王太子様で、つがい様・昴と、黒竜の血を濃く宿す・鷲との波乱の新婚生活。
2017.6 241p A6 ¥639 ①978-4-908757-80-8

◆**欲情する獣―紳士倶楽部の秘め事** 橘かおる著 海王社（ガッシュ文庫）
【要旨】紳士倶楽部に入会するには厳しい審査があるが、施設内でどんな淫らな行為も許される大人の嗜み。香道の家元である結城にとって、紳士倶楽部で淫靡な欲望に浸っていることは絶対に知られてはいけない秘密だ。ある満月の晩、野生の獣のような青年・朗に出会い、その眼差しに囚われた結城は朗を連れ帰った。下手に住まわせることにしたが、夜這いにきた朗に下肢を貪られてしまい…！
2017.11 251p A6 ¥630 ①978-4-7964-0921-6

◆**この恋、革命系** 田知花千夏著 徳間書店（キャラ文庫）
【要旨】「先生の本を読んで、編集者になると決めたんです」心酔する大人気作家・樫谷真一に、原稿依頼をした弱小出版社の旭。けれど気難しいと噂の樫谷は、「あなたの会社で書く気はない」と手厳しく拒絶!!機嫌を損ねたと落ち込んでいたある日、突然樫谷から呼び出しが!?真意がわからず戸惑う旭を、探るような醒めた目で見つめた樫谷は、「原稿がほしいなら、俺をその気にさせろ」と挑発的に告げて!?
2017.3 287p A6 ¥630 ①978-4-19-900860-3

◆**恋心はくちびるで** 谷崎泉著 二見書房（シャレード文庫）
【要旨】高身長のイケメンで、つき合う相手にも事欠かないであろうやり手営業マンの桜庭に惚れられ、事故的に身体を奪われた詠太。桜庭の双子の弟・梓のとりなしもあり、なんとか新会社でも同僚として元通りの関係に収まったはずだったが、以来桜庭は何かというと詠太に謝ってばかり。一方の詠太も、桜庭に対する「普通」ができなくなっていた。受け身の恋愛しか知らず初めての恋に戸惑う二人は、今度こそ想いを通じ合わせることができるのか!?
2017 255p A6 ¥619 ①978-4-576-17091-6

◆**真音 3** 谷崎泉著 幻冬舎コミックス、幻冬舎 発売（幻冬舎ルチル文庫L）
【要旨】天涯孤独の進藤は、母の借金が元で連行された暴力団で幹部の富樫に気に入られ、無理矢理身体を奪われる。その後も何かと気に掛け庇護しようとしてくる富樫を、言葉では拒み続けながらも、心のどこかで彼を求める自分がいることに気付き、戸惑う進藤。そんな中、内部抗争で富樫の身内が殺害されたことで、事態は大きく動きだし…。
2017.3 244p A6 ¥730 ①978-4-344-83907-6

◆**スクランブルメソッド** 谷崎泉著 幻冬舎コミックス、幻冬舎 発売
【要旨】若くして莫大な資産を築いた人生の成功者・音喜多が、かつて想い人を亡くして以来、本気の恋情とは無縁に生きてきた。そんなある日、音喜多は死別した相手と酷似した顔立ちの青年と出会う。その青年・久嶋は、華奢で可憐な外見とは裏腹に、二十五歳にして博士号を三つ持ち、元FBIのアドバイザーという経歴を持つ天才だ。彼に強く惹かれた音喜多は、側に居たい一心で行動を共にするが、天才ゆえ人の心が分からないという彼に、身体だけの関係を提案することに。
2017.2 319p B6 ¥1400 ①978-4-344-83928-1

◆**恋愛病棟―シェーマの告白** 谷崎トルク著 大洋図書（SHY文庫）
【要旨】水葉春馬は柏洋大学医学部附属病院で父の遺志を継ぎ専修医となる道を選んだ。父の死の真相を探るため、そして第一外科主任教授・朱鷺田に近づくためだ。初カンファレンスの日、ヤクザのような男・玉川医師から一緒に朱鷺田と闘おうと誘われる。不思議な魅力を持つ玉川に春馬は魅了されていく。キスも愛撫もすべて許していく。しかし、最後の愛は決して越えようとしない玉川に苛立ちと不信感が募り…。16年の時を越え、複雑に絡み合う愛情の行方は！？
2017.12 280p A6 ¥657 ①978-4-8130-4149-8

◆**アッサラーム夜想曲** 月宮永遠著 一迅社（ロワ・ノベルズ）
【要旨】容姿平凡で少しぽっちゃりなどにでもいる少年、檜山光希。ある日、大いなる力に導かれ、竜が空を飛ぶ世界の砂漠に降り立った光希は、"砂漠の英雄"と呼ばれる剣聖士、ジュリアス・ムーン・シャイターンと出会う。言葉が通じないながらも愛情を伝え続けるジュリアスに、次第に惹かれていく光希。そして光希が言葉を理解した時、自らがジュリアスの"花嫁"として、神の思し召しによって召喚されたことを知って―。
2017.4 351p B6 ¥1200 ①978-4-7580-4929-0

◆**きみはまだ恋を知らない** 月村奎著 大洋図書（SHYノベルス）
【要旨】売れない絵本作家の高遠司は、絵本だけでは生活できず、家事代行サービスのバイトをしながら暮らしていた。ある日、司は青年実業家・藤谷拓磨の指名を受け、彼のマンションに通うことになった。極度のきれい好きと聞いていたので緊張していた司だが、なぜか藤谷は司が戸惑うほどやさしく親切だった。そして、司が性嫌悪、接触嫌悪であることを知ると、自分を練習台にして触れることに慣れようと言ってきて!?
2017.6 234p 18cm ¥880 ①978-4-8130-1313-6

◆**恋は甘くない？** 月村奎著 新書館（ディアプラス文庫）
【要旨】揉め事が苦手でノーと言えない睦月は、大学入学早々、先輩がふくよかな男子ばかりというスイーツ研究会に入部するはめに。同じく新入部員となったのは、イケメンで何でも

はっきりとものを言う川久保。まったく似ていない二人は、一緒に行動するうちにだんだん仲良くなってゆく。そんなある日、いつも助けてもらっていることを睦月が詫びると、「お返しにキスでもさせてもらおうかな」と川久保に唇を奪われ…？
2017.4 237p A6 ¥620 ①978-4-403-52424-0

◆雪原の月影 月夜著 一迅社（ロワ・ノベルズ）
【要旨】リンス国の皇太子・エルンストは世継ぎが出来ない病によって地位を剝奪され、見捨てられた領地・メイセンの領主へと追いやられる。静かに宮を去ろうとする彼に寄り添うとする従者は、湯殿の世話をしていた従者・ガンチェだけだった。エルンストは何も知らない外の世界に翻弄され続けるが、ガンチェの献身的な愛によって、希望を取り戻していくー！
2017.4 367p B6 ¥1200 ①978-4-7580-4931-3

◆この恋、受難につき 椿姫せいら著 新書館（ディアプラス文庫）
【要旨】イケメン大好き美少年・粉雪は、エッチなことをしようとすると体が拒絶してしまう謎の現象に悩まされていた。これでは一生彼氏もできず処女のままだと悩んだ末に、近所で評判のお寺へ相談しに行く。だが、そこにいたのはお爺さん住職ではなく、長身美形の男・慈海だった。さらに慈海は、粉雪にはこの世に未練を残した霊が取り憑いており、成仏させるには年上の男とのセックスしかないと言い出して…!?
2017.8 252p A6 ¥620 ①978-4-403-52434-9

◆プライベートバンカー 手嶋サカリ著 心交社（ショコラ文庫）
【要旨】外資系メガバンクで働く出永清吾は、二億の資産運用を検討する御曹司・祠堂晃の対応を任される。だが嫌な金持ちを体現したような祠堂は付け入る隙を与えず、成果ゼロに終わる。失意の中、思いがけず祠堂と二人きりで挽回を試みるが、彼にコンプレックスを刺激されうっかり「クソ金持ち」呼ばわりしてしまう。それを面白がった祠堂はなぜか清吾にキスし、翌日には新規口座開設＆五千万の入金があり…。
2017.4 275p A6 ¥690 ①978-4-7781-2233-1

◆美しい義兄（ひと）遠野春日著 徳間書店（キャラ文庫）
【要旨】毎朝、定刻に出勤する後ろ姿を窓辺から見つめるだけー。血の繋がらない弟に秘めた想いを抱く、老舗和菓子メーカーの若社長・司。義弟の冬至は同じ屋敷内で育ちながら、父に疎まれ出世争いから遠ざけられていた。俺は嫌われて当然だー。そんなある日、司の元恋人・堂本が本社に戻ってきた。冬至の優秀さを知る堂本は、部下に引き抜き急接近!!司は押し隠す激しい独占欲を煽られて…!?
2017.4 227p A6 ¥590 ①978-4-19-900873-3

◆時間巡る恋 遠野春日著 リブレ（ビーボーイノベルズ）
【要旨】大学院生の斉希は、ゼミの一環でトンネルの奥まで進むうちに、気づけば見知らぬ世界に迷い込んでいた。19世紀のドイツのようなそこで、希は文筆家のヴィクターの世話になることに。知的で美しく上流階級でも一目置かれる存在のヴィクターは、この人異世界で心細く過ごす斉希に寄り添い、力になってくれる。そんなヴィクターが殺人事件の容疑者となり、斉希は彼の謎めいた一面を知る。誰も知り合いがいないこの世界で、ヴィクターだけが斉希のすべてで、彼を信じたいと強く願うが…？
2017.4 290p 19cm ¥890 ①978-4-7997-3316-5

◆恋々一疵と蜜 2 遠野春日著 徳間書店（キャラ文庫）
【要旨】私を憎からず想っているはずなのに、絶対に一線を踏み越えてこないー。人材派遣会社の社長秘書としてクールに采配を振るう青柳。密かに想いを寄せるのは、エリート警察官僚の野上だ。事件を通じて接近して以来、常に青柳を見守り気のあるそぶりを見せるのに、近づくとなぜか引かれてしまう。気のせいかな、とも諦めたいのに…。ところがある夜、青柳が昔の恋人といる現場を目撃され!?
2017.9 305p A6 ¥630 ①978-4-19-900892-4

◆一角獣（ユニコーン）は楽園にまどろむ―ドラゴンギルド 鴇六連著 KADOKAWA（角川ルビー文庫）
【要旨】庶子であることを理由に冷遇されて育ったアルカナ帝国第四王子のリシュリーは、幼少期に出会った大好きな魔物との再会を夢見ていた。そんな中、突如帝城に現れた黒竜に攫われてしまう。自身を攫った黒竜・ファウストがあの魔物だと気づいたリシュリーは再会を喜ぶが、ファウストに「発情した」と迫られ疼いた体を慰め合った。宮殿に戻った後、リシュリーは謎の高熱に倒れ体にとある異変が現れる。その変化を見た皇帝は、ドラゴンギルドへの隔離を命じられてしまい…。
2017.3 285p A6 ¥700 ①978-4-04-105277-8

◆竜（ドラゴン）は宝石たちと戯れる―ドラゴンギルド 鴇六連著 KADOKAWA（角川ルビー文庫）
【要旨】世界最強の魔物である竜と、竜に寄り添う執事達が在籍する結社・ドラゴンギルド。魔物狩りで多くの同胞を失った彼らは、ギルドで自身の孤独を埋める存在に出会う。苦難の末選ばれた恋人達のその後の甘い日常や、執事達のドラゴンギルドでの仕事風景を描いた掌編に加え、小悪魔風竜・オーキッドの可愛い恋のお話「魔性の竜は今日もバトラーに夢中」、待望の火竜の赤ちゃんを巡るドタバタ騒動「魔物たちの育児奮闘記」などの書き下ろしを詰め込んだ、珠玉の短編集！
2017.9 270p A6 ¥680 ①978-4-04-105966-1

◆美魔は石泉にたゆたう―ドラゴンギルド 鴇六連著 KADOKAWA（角川ルビー文庫）
【要旨】「愛するものを滅ぼす」呪いを持つ美魔の一族の末裔で竜結社のバトラーのジャストは、執着を向けてくる水竜・フォンティーンと体だけの関係を続けていた。触れあうほどに淫魔に近い美魔の特性の為と自分の中の呪いを騙しながらも、いつか心から受け入れるために解呪方法を探すものの、わかっているのは四つの手がかりのみ。そのうちの一つ、三百年に一度の"青い月"が昇る夜を及び後に控え焦るジャストに、「呪いを解く方法を知っている」という男が近づいてきて…。
2017.10 271p A6 ¥680 ①978-4-04-105967-8

◆淫竜婚姻譚―蜜蘭は乱れ咲く 鳥谷しず著 KADOKAWA（角川ルビー文庫）
【要旨】恩人である名門竜人貴族の紫薇の密命で、名門竜人将軍の琳星樹の邸で働くことになった雪蘭。皇帝の落胤と噂の星樹の子・笙桜の出自の調査が目的だったが、雪蘭の献身的な働きに笙桜はすぐに懐き、冷徹に見えた星樹も次第に優しい一面を見せ始める。そんな折、使いに出た皇城で皇弟に陵辱されそうになった雪蘭を、星樹が「それは私が妻に娶る者」と訴え、助け出してくれた。皇弟の前で交わる恥辱でも耐えてくれた星樹に、雪蘭の心は使命感と恋心の狭間で揺れ出して…。
2017.7 238p A6 ¥620 ①978-4-04-105278-5

◆お試し花嫁、片恋中 鳥谷しず著 新書館（ディアプラス文庫）
【要旨】市役所に勤務する幸野は、エリート官僚にして御曹司の伊豆倉にある借りを作る。その代償に求められたのは三ヵ月間の夫婦ごっこ。意中の相手がいるという伊豆倉には本人が気づけない「伴侶を得られない欠点」があるらしい。その欠点を探すために始めた同居だったが、かりそめの花嫁として扱われるうち、幸野は伊豆倉に惹かれてしまう。甘くて優しい、けれども決して自分を愛してはくれない男との恋の行方は…？
2017.4 237p A6 ¥620 ①978-4-403-52426-4

◆兄弟ごっこ 鳥谷しず著 新書館（ディアプラス文庫）
【要旨】二十七歳の若き准教授・理人は、勤務先の大学に招聘された著名な経済学者の瑠璃川と親しくなる。瑠璃川とは十八年ぶりに再会したかつての義兄で、初恋相手。いつまでも燻り続け、忘れられない初恋と決別するために近づいたはずだった。なのに瑠璃川の秘密を知ったことで思いがけず添い寝をする仲となり、再び恋が芽生えてしまう。けれど、理人は瑠璃川の恋愛対象外。元義兄に抱いた叶わぬ二度目の恋に、理人は…？ 元義兄×元義弟＋ワンコ、胸キュン＆エロスな恋物語。
2017.10 220p A6 ¥620 ①978-4-403-52439-4

◆海上の絶対君主―顔のない医師 chi‐co著 ブライト出版（リリ文庫）
【要旨】死に至る病に侵された王子、ミシュアを救う旅に出た珠生とラディスラス。道中出会ったベニート共和国の王族ユージンの助言で、名前以外の素性は一切の放浪の名医、ノエルの捜索を始めた…？ 珠生とミシュアの強い絆に動揺を隠せない珠生。いずれ訪れる波乱の幕開けに珠生を巻き込みたくないラディスラス。事情を知った二人の思いが交錯する異世界海洋ロマンス第三弾！ タマ＆ラディの甘いひと時の書き下ろしを加え、満を持して登場。
2017.9 315p A6 ¥667 ①978-4-86123-723-2

◆可愛い僕に恋してください chi‐co著 KADOKAWA（B‐PRINCE文庫）
【要旨】「僕のものになってほしい！」末っ子王子のセシルは、父王から国の花係に任命され大張り切り。そんな彼のもとに新しい庭師のレオがやってきた。寡黙で冷たい態度を取るレオに、初めて恋をするセシルは、身体から籠絡しようと夜這いを決行する。けれど閨での経験がないセシルは、失敗続き。少し距離が近づいたと思ったら、レオが抱える秘密が波乱を呼んだ!?一途な想いが大切な人の運命も変える！ミラクルラブストーリー。
2017.9 255p A6 ¥640 ①978-4-04-893423-7

◆後輩がこんなにスパダリなんて聞いてない chi‐co著 KADOKAWA（角川ルビー文庫）
【要旨】憧れのカリスマモデル・KAIを手本とすることで暗黒期を脱し、社会人デビューに成功した古森。そんな古森のもとに格好よい新入社員・鳴海がやってくる。彼の教育係を担当することになった古森は、かつての自分を重ね、何かと世話を焼くことに。そんな折、モテ談義から何故か鳴海にキスのレクチャーをすることになった古森だが、思いがけず鳴海のキスに腰砕けにされてしまう。見た目を裏切る色男ぶりに困惑するが、その鳴海が、実は憧れのKAIと同一人物だと知ってしまい!?
2017.9 222p A6 ¥600 ①978-4-04-106122-0

◆光の国の恋物語―因縁の遭逢 chi‐co著 シーラボ、三交社 発売（ラルーナ文庫）
【要旨】『この世の幸福は光華にあり』―栄華を誇る光華国。賢王として誉れ高い王には、母の違う四人の皇子、洸聖・洸竣・莉洸・洸菜がいた。次期王となる長兄洸聖のもとへ妃となるためにやってきた許嫁の悠羽。だが、それが女ではなく、まぎれもない男。政務にしか興味のない洸聖にとって悠羽は好都合な相手だった。そんな中、莉洸が隣国秦羅の王・稀羅に攫われてしまう!!―定めなのか？ 出逢いが皇子たちの運命を変える…!?
2017.5 538p A6 ¥800 ①978-4-87919-988-1

〔な行の作家〕

◆溺愛詐欺 永井加実著 一迅社（ロワ・ノベルズ）
【要旨】秘密を抱えた優等生×無自覚に魅惑する落ちこぼれ、双方の視点で紡がれるラブファンタジー！魔法学院の落ちこぼれ学生・リードは、天才魔導師の弟子で優等生のアークと出会う。魔力の暴走と体の痛みに悩んでいた彼に希望を見出すが、「治療」と称して体を貪られてしまい、次第に身も心も囚われていく。一方アークには、周囲にひた隠しにしてきたある秘密があった…。
2017.6 271p B6 ¥1200 ①978-4-7580-4952-8

◆愛しているとは限らない 中原一也著 二見書房（シャレード文庫）
【要旨】バー『blood and sand』で、湯月は今宵も斑目にカクテルを作る。傲慢な男とわかっているのに、湯月は体の危険な香りから離れられないでいた。だがある日、湯月は謎の男に拉致され斑目を毒殺するように命じられる。大切な友人を盾に取られ、湯月は身動きが取れなくなってしまう。いざカクテルに毒を仕込むが、斑目にバレて湯月は「おしおき」と称してこれまでにない激しい悦楽に堕ちてしまう。斑目を狙う男の真意は何なのか。真相を探る中、かつての同僚・西尾が湯月の前に現れて…。
2017 252p A6 ¥619 ①978-4-576-17073-2

◆色悪幽霊、○○がありません！ 中原一也著 イースト・プレス（Splush文庫）
【要旨】先祖代々の屋敷を相続したら、性欲漲る昭和の不良オヤジの幽霊に取り憑かれてしまった小説家の安田。きっかけは祖母の家にいた土方という幽霊に、なくしたモノを探して欲しいと頼まれたことだった。だが、日に日にパワーを増し、実体化さえするようになった土方が安田にお願いしたコトは!?「チ○コもないくせにセックスできるわけないでしょう！」世話の焼ける幽霊に翻弄される、安田の受難の日々が始まった。
2017.9 253p A6 ¥680 ①978-4-7816-8610-3

ヤング・アダルト小説

◆淫獣―媚薬を宿す人魚　中原一也著　イースト・プレス　（Splush文庫）
【要旨】「俺のつがいになる覚悟はできてるの？」海辺のビストロでシェフをする赤尾の店に入って来たひどくしょぼ濡れの客。その青年・久白はある理由からビストロで働き始めるが、身を潜めている節があり得体が知れない。ある日、男を刺激する淫靡な香りを放ち苦しむ久白を介抱しようとすると、彼は「発情期だから近づくな。後戻りできなくなる」と言う。厄介ごとはごめんだと思いつつも久白に強烈な劣情を覚えて!?狩る者、狩られる者、護る者、媚態の躰を巡り運命が交叉する―。
2017.3 252p A6 ¥680 ①978-4-7816-8607-3

◆覗く瞳、濡れる心 特別版　中原一也著　シーラボ、三交社 発売　（ラルーナ文庫）
【要旨】三軒の店のクラブを経営するやり手実業家、桐原の店にある晩、一人の男が現れた。日本人離れした精悍な風貌、ふてぶてしい雰囲気。高校からの親友、そして大学時代、桐原の躰を好き放題に開発した挙げ句、唐突に姿を消したヤツ―久瀬。彼はアメリカで新進気鋭の写真家となっていた。六年半ぶりに戻ってきた久瀬はちゃっかり桐原の部屋に居候。そればかりかヨリを戻そうと迫ってきて…。初期の傑作に書き下ろしをプラス！
2017.6 281p A6 ¥700 ①978-4-87919-991-1

◆魔性の男と言われています　中原一也著　徳間書店　（キャラ文庫）
【要旨】幼稚園では園児を惑わせ、小学校では教師を狂わせる男！人にも惚れられるフェロモンの呪いで、平凡な地味顔なのに恋愛沙汰が絶えない名波。住む場所を失くして身投げする寸前を救ったのは、漆喰職人の比嘉だった。彼の同居の伴侶「俺は呪われた血なんて信じねぇぞ？」曲者揃いの職人達から男惚れされる比嘉の力強い言葉―今度こそ平穏な人間関係が築けるかも…？名波は比嘉の下で職人見習いをすることに!?
2017.10 247p A6 ¥620 ①978-4-19-900894-8

◆妖精ハンター×DT―四十歳童貞男の逆襲　中原一也著　竹書房　（ラヴァーズ文庫）
【要旨】男は四十歳を過ぎても童貞だと妖精になる。そんな秘密を持つ阿久津家次男・喜info頃は、過去には地元のヤンキーを束ねた族の頭、現在は健康診断の数値が気になるお年頃のサラリーマンだと。だが、妖精化した兄に「男にモテる魔法」をかけられ、近所の老人にまでイヤらしい目で見られるはめに。しまいには部下の犬山から猛烈なアプローチを受けていく…！阿久津は、昼はサラリーマン、週末の夜は妖精ハンターとして犬山と一緒に兄を捜し始めるが!?
2017.5 207p A6 ¥640 ①978-4-8019-1068-3

◆無上の幸福　なかゆんきなこ著　一迅社　（ロマ・プラン）
【要旨】同性同士の結婚が法的に認められた『自由都市オールドフィールド』に暮らす若き魔道具職人、ノエル・グライス。彼の伴侶は、黒狼の二つ名を持つ凄腕冒険者だ。愛する伴侶と可愛い養い子と暮らす日々は幸せで…だからこそ、ノエルは不安だった。「俺なんかに、ヴォルフはもったいなさすぎるよ…」そんな時、ノエルのもとにヴォルフの婚約者だという女性があらわれて…？
2017.12 383p 19cm ¥1160 ①978-4-7580-9009-4

◆セキュリティ・ブランケット 上　凪良ゆう著　徳間書店　（キャラ文庫）
【要旨】ハシバミ色の瞳にウェーブの巻き毛―異国の血を引く華やかな容貌と裏腹に引っ込み思案な高校生の宮。幼い頃母を亡くし、新進の陶芸家で叔父の鼎のもと養い子として育てられた。のどかな田舎町で暮らす二人を訪ねるのが、鼎の長年の親友でカフェ店主の砧だ。面倒見の良い幼なじみの国生。宮にとって掛け替えのない存在で、それぞれ人に言えない秘めた恋情を抱えていて!?
2017.12 329p A6 ¥640 ①978-4-19-900900-6

◆天水桃綺譚　凪良ゆう著　ブランタン出版，フランス書院 発売　（プラチナ文庫）
【要旨】桃農家の亨が見つけた、金色の芳しい桃。それは、天から落ちた桃の精だった。金髪の美しい少年に変じてモモと名付けられた彼は、天真爛漫に下界での暮らしを楽しむ。ぎこちない不器用な優しさで亨を守る亨と、純真なモモとが想いを寄り添わせていくが、それは許されぬ恋だった―。その後のふたりに加え、白虎に恋慕する、未熟な桃の精・コモモの切ない恋物語も書き下ろし。
2017.5 299p A6 ¥620 ①978-4-8296-2630-6

◆2119 9 29　凪良ゆう著　心交社　（ショコラ文庫）
【要旨】人間に尽くす精巧なアンドロイド"ドール"との結婚という阿部孝嗣の夢は、人を模したドールの製造が禁止された大学時代に潰れた。けれど三十八歳になった今も愛は変わらず、独身を貫いている。ある日、阿部は家業のレストランの常連客から、存在自体が罪となる美しい裏ドールを託される。彼の名は高嶺。無愛想で反抗的というドールにあるまじき態度を不思議に思いながらも、憧れの存在との同居生活に阿部は胸をときめかせるが―。
2017.7 309p A6 ¥720 ①978-4-7781-2235-5

◆王と恋するふたつの月の夜　名倉和希著　幻冬舎コミックス，幻冬舎 発売　（リンクスロマンス）
【要旨】父を亡くし、折り合いの悪い義母たちと暮らす神社の長男・瑞樹は、慎ましく日々を過ごしていた。ある日、突然ふたつの月が夜空に浮かぶ異世界・アンブローズ王国にトリップしてしまう。その上、王室付きの魔導師から、先王派の陰謀により呪いを受けた王の愛玩動物だという不思議な白い毛玉を救ってほしい言われ、猛玉(命名：タマちゃん)と共に呪いを解く旅に出ることになった瑞樹。道中、美しく精悍な月の精霊・フェディと出会った瑞樹は、仲間の頑張りを認め、励ましてくれるフェディに次第に心を寄せるようになり―。孤独な心を優しく癒す、ファンタジックラブロマンス！
2017.8 259p 19cm ¥870 ①978-4-344-84045-4

◆恋のついでに御曹司　名倉和希著　二見書房　（二見シャレード文庫）
【要旨】母と二人で暮らしてきた笙真を、実の父親が引き取りにいくって話が!父は巨大企業を束ねるトップにしてその一族の当主。急に生活がガラッと変わることに躊躇っていた彼に、専属ボディーガード兼運転手として森下を紹介された瞬間、笙真は父のもとで暮らすことを決めた。森下の男らしい容姿は好みのドストライクだけど、ほとんど恋愛経験がない笙真はうっかり恥ずかしいことを口走ってしまい―！
2017.5 253p A6 ¥619 ①978-4-576-17055-8

◆婚活社長にお嫁入り　名倉和希著　幻冬舎コミックス，幻冬舎 発売　（リンクスロマンス）
【要旨】何となく将来を決めかねていた、平凡で子供好きな大学生・三澤永輝は、姉がバツイチ子持ちの会社社長と政略的な見合いをさせられると知る。そんな縁談は許せないと、勇んで見合いの席に乗り込んだ永輝だったが、現れたのは、永輝好みの、眼鏡が似合う理知的で精悍な男性だった。三十五歳の若さで大手宝飾品会社の社長を務める佐々城隼人は、五歳になる息子・隼人のために、再婚相手を探しているという。そんな中、滅多に他人に心を開かないという隼人と仲良くなったことから、佐々城家で子守りや家事手伝いのバイトを請け負うことになった永輝。誠実で優しい隼人と、賢く素直な隼人、二人との生活の中で、今まで知らなかった、安らぎと温もりを感じる永輝だったが―？
2017.4 344p A6 ¥833 ①978-4-344-83933-5

◆純情秘書の恋する気持ち　倉和希文　新書館　（ディアプラス文庫）
【要旨】秘書室所属の葵は、経営企画部長の伊崎に憧れている。伊崎の役に立ちたくて仕事を頑張っていたある日、個人的にお礼をさせてほしい、というメールが届く。直属の上司の所得て伊崎と会うと、名前なんで性別を間違えていたことがわかり、ショックを受ける葵。けれどその後何度も食事に誘われ、葵はますます伊崎に惹かれていく。そんな時、社内の一部に伊崎を陥れようとする不穏な動きがあることを知り…？イケメンエリート×癒し系生真面目、ほのぼのオフィス・ラブ。
2017.10 253p A6 ¥620 ①978-4-403-52438-7

◆イケメン四人と甘々シェアハウス　ナツ之えだまめ著　幻冬舎コミックス，幻冬舎 発売　（幻冬舎ルチル文庫）
【要旨】大学院生の木澤一二三が入居したのはカリスマ美容師・全、リノベーションデザイナー・旭、料理研究家・凪と個性あふれる華やかなイケメンばかりが暮らすシェアハウス・桃華荘。面倒を焼かれ甘やかされて夢の様な生活を送る一二三だけど、ドクターの睦月だけは一二三に冷たかった。ハーレムのようなシェアハウスで一二三が恋に落ちるのは…？
2017.7 287p A6 ¥660 ①978-4-344-84032-4

◆猫耳カレシの愛されレッスン　ナツ之えだまめ著　幻冬舎コミックス，幻冬舎 発売　（幻冬舎ルチル文庫）
【要旨】イラストレーターの丹野小鹿が極度の人見知りなのには訳があった。家族も誰も知らないが、小鹿には猫耳としっぽがあったのだ。だから無理をしない在宅の仕事を選んだのに、イケメン広告マンの香椎が自分に会いたがってとうとう部屋までやってきた。そして彼の前で耳としっぽが出てしまい、触れられたらものすごくエッチな気分になって―!?
2017.2 220p A6 ¥600 ①978-4-344-83935-9

◆初恋コンプレックス　ナツ之えだまめ著　フロンティアワークス　（ダリア文庫）
【要旨】製菓メーカー勤務の北村は、コーヒー会社との業務提携をきっかけに幼馴染の高塔と再会する。学生時代同じ家で育ち、想いを確かめ合った仲だったが、ある出来事から疎遠になっていた二人。物腰柔らかな美形で仕事のできる彼は昔と変わらず、素直になれない自分を仕事やプライベートで甘やかに溺愛してくれる。高塔の一途な想いに気後れしながらも、10年越しの初恋と向き合うことになり―。
2017.6 236p A6 ¥602 ①978-4-86657-006-8

◆リガード　七地寧著　ブランタン出版，フランス書院 発売　（プラチナ文庫）
【要旨】ニューヨークへ栄転となった蕉人。想いを通じ合わせたばかりの圭一と離れてしまい、心も身体も寂しくもどかしかった。けれど圭一が買い物のために渡米してくる事で、しばらく共に過ごすことに。異国の地での彼との生活は、とても満ち足りたものだった。つい、胸に秘めていた言葉が口をつきそうになった時、圭一の父・洋祐の鮮烈でいて一途な恋を願う「ETERNITY」も収録。
2017.6 268p A6 ¥620 ①978-4-8296-2632-0

◆オオカミさん一家と家族始めました　成瀬かの著　笠倉出版社　（クロスノベルス）
【要旨】ほとんどの人が動物に見えてしまう深瀬は、瓶底眼鏡で人を遠ざけて日々をしのいでいた。出逢ったときから「人」に見えたのは特許事務所の同僚弁理士で、スパダリで上の瀬さん高い柚子崎だけ。ある事情からクビになり深酒をした翌朝、深瀬が目覚めたのは柚子崎の腕の中。しかも独身貴族だと思っていた彼の家には子犬の姿をした八人もの弟がいて、料理をふるまった深瀬は懐かれてしまう。紆余曲折の末、同居まですることになり―!?
2017.3 243p 19cm ¥890 ①978-4-7730-8848-9

◆死にたがりの吸血鬼(ヴァンパイア)　成瀬かの著　心交社　（ショコラ文庫）
【要旨】十二歳の春、帆高は廃屋で美貌の吸血鬼・リオンと出会う。死人と呼ばれる化物に狙われた帆高を、彼は身を挺して救った。以来、帆高は人の血を吸おうとしないリオンを生き延びさせるため、せっせと餌を運んでいる。彼への想いを"崇拝"という枠に押し込め、ときめきも情動も感じないふりをしてきた。そして現在、大学生の帆高は再び怪異に巻き込まれていく。リオンは躰を張って守ってくれるが、それが自殺願望ゆえと知り帆高は…。
2017.5 267p A6 ¥660 ①978-4-7781-2177-8

◆雪豹公爵としっぽの約束　成瀬かの著　KADOKAWA　（角川ルビー文庫）
【要旨】唯一の取り柄である魔法で花を作る力で花屋を始めるため、帝都に赴いた半人半獣の千歳。当座の収入のため、物の怪が出ると噂の大豪邸の管理人を依頼されるが、不思議な気配を感じていたある日、屋敷の中に希少種といわれる美しい雪豹を発見する。嬉しくて餌付けしているうちに懐かれた千歳だが、思いがけず千歳の発情期が始まってしまう。すると「手伝ってやろうか」と突然雪豹が人語を話してきて、千歳は仰天!?さらに雪豹の精液を摂取した途端、雪豹は麗しい貴族姿に変身して!?
2017.10 222p A6 ¥620 ①978-4-04-106123-7

◆愛欲スイッチ　西野花著　大洋図書　（SHY文庫）
【要旨】童貞なのにハレンチな自慰動画を配信するネットアイドルだった依泉は、その秘密を暴いた義兄・史郎に本当のセックスを教えてもらう。絶倫でテクニシャンな史郎に身体のすみずみまで愛され満たされた同棲生活を送る依泉。そんなある日、史郎から「同好の士」が集う旅行へ誘われた依泉は、期待と不安を胸に参加することに。見知らぬ男たちから浴びせられる淫らな視線。恥ずかしい劣情に煽られながら史郎に導かれた依泉はすべてをさらけ出して―!?
2017.4 212p A6 ¥620 ①978-4-8130-4148-1

ヤング・アダルト小説

◆快楽島—淫神の贄　西野花著
KADOKAWA　（角川ルビー文庫）
【要旨】人気役者の座から転がり落ち、全てを失った海沙希は、孤児の自分が持たされていた人形に導かれるように、離島の暮各井島を訪れた。そこで出会った島の名家の男・榛真に傷ついた心を慰められ、熱い一夜を過ごしてしまう。しかし後日、島の神社に海沙希を連れて行った榛真は、集っていた島の男達に「新しいクレナイ様の器だ」と海沙希を差し出し、多淫の神の依り代として、快楽の贄にしようとして…!?絶えぬなく繰り返される恥辱と愉悦。今宵もまた淫らな宴の幕が開く—。
2017.8 216p A6 ¥600 ①978-4-04-105828-2

◆禁断の感度　西野花著　竹書房　（ラヴァーズ文庫）
【要旨】ウェブデザイナーの矢野三冬は、過去のトラウマがきっかけで、過敏に反応してしまう自分の身体を持て余していた。その原因を作った父から逃げ出し、ひっそりと暮らしていたが、ある日、父と異母兄弟の元に連れ戻されてしまう。兄と弟に、父との関係を追及され、感じやすい体質を暴かれ、三冬は葛藤する。抱かれてはいけない男達に抱かれて、敏感な身体が心を裏切っていく―。
2017.5 191p A6 ¥640 ①978-4-8019-0983-0

◆双獣姦獄　西野花著　フロンティアワークス（ダリア文庫）
【要旨】バイオ技術で一大企業になった緋乃インダストリーの、その副社長を担う葵は、父が研究している性欲処理目的の義体『プレイロイド』に頭を悩ませていた。セックス産業に従事することを憎んでいた葵は、父の命令でその中でも過激な二体・天仔と薫に監禁され、三人で性交させられてしまう。与えられる快楽に溺れながらも抵抗する葵は、二人は亡き愛する兄とどこか似ていて…。
2017.9 226p A6 ¥602 ①978-4-86657-045-7

◆Love Love Hip—壁尻の彼氏　西野花著　二見書房　（シャレード文庫）
【要旨】お前みたいなエロいの、なかなかいねぇよ—。壁の穴から下半身を露出し、壁尻の快感を仕込まれることを客に楽しんでもらう店「Love Love Hip」。高校時代、壁尻の快感を仕込まれた奏多は、その張本人・海堂と新店長と従業員という形で再会する。ところが海堂は本番NGの奏多に挿入してくるばかりか、「会いたかった」「店はやめろ」と口説いてくる。奏多は、これはあくまで特殊性癖を満たす関係だと割り切ろうとするのだが…。
2017.9 210p A6 ¥619 ①978-4-576-17123-4

◆愛とは美味なるものである　野原滋著　幻冬舎コミックス、幻冬舎 発売　（幻冬舎ルチル文庫）
【要旨】異能を持つため幼いころ神社に預けられ俗世に疎いまま成長した伶。養父亡き後、宝物庫で、数代前の主が外遊先から持ち帰った壺と手記、呪術書を見つけ、好奇心に駆られて壺から人体が体験できるはずが、現れた美丈夫はやたら傍若無人。淫魔ではなく魔王を召喚してしまったことに気づかない伶は!?
2017.9 252p A6 ¥630 ①978-4-344-84081-2

◆買われた男　野原滋著　シーラボ、三交社 発売　（ラルーナ文庫）
【要旨】先輩に裏切られ、ヤクザの主催するオークションにかけられてしまったフリーターの孝祐。その孝祐を買ったのは、広大な屋敷に住む浮世離れした書道家の桐谷親子だった。一週間の期限付きで蔵に軟禁された孝祐は、無愛想で強面の息子、その父親の春両方のモデルになることに。アトリエという密室に縛られ淫靡な行為に煽られながらもどこか飄々とした孝祐は、雁字搦めの父子関係に嫌気がさしていた宗司の心を融かしてゆき…。
2017.5 285p A6 ¥700 ①978-4-87919-989-8

◆そらのだいじな旦那さま　野原滋著　幻冬舎コミックス、幻冬舎 発売　（幻冬舎ルチル文庫）
【要旨】難産の末に母が亡くなったせいで父に疎まれ、双子の姉の身代わりに人質として新興の小国に嫁がされた捨。虐げられた生活の中でも気さくで穢れなきままに育った捨は、強く優しい夫の高虎に「空良」という名前を与えられて生きる意味を得る。高虎の役に立ちたいけれなに振る舞う空良だが夫婦の契りに関しては知識がなく…?
2017.1 252p A6 ¥630 ①978-4-344-83903-8

◆大好き同士　野原滋著　KADOKAWA（B-PRINCE文庫）
【要旨】高校時代、大好きだった親友・矢口と喧嘩別れしたまま卒業してしまった飯塚。六年後、偶然再会した二人は、また親友としての時間を重ねていくことになった。嬉しい反面、自分の恋心を知られてはいけないと考える飯塚は、あえて矢口と距離を置こうとする。しかし矢口は食事に行こう、土日に遊びに行こう、泊まりに行っていい？と、無邪気な顔でグイグイと強引に迫ってきて!?大好き同士の、不器用でピュアで甘い恋。
2017.8 255p A6 ¥640 ①978-4-04-893294-3

📖〔は行の作家〕

◆家（ウチ）に王子が泊まっています　鳩村衣杏著　ブライト出版　（リリ文庫）
【要旨】まさか、本物の王子がくるだなんて聞いてない!!大手菓子メーカー勤務の蒼生の純和風な家に、今、異国感漂う美しい王子がいる。「日本のお菓子を学びにきた」と告げる彼は、好奇心旺盛でいつも笑顔を絶やさない、天然な人たらしのようだ…。お菓子を語るとき、作るとき、食べるときに彼自身の持てる魅力的なオーラはじわりじわりと蒼生を虜にしていって―住む世界の違いは理解している。でも、王子から贈られるハグやキスに蒼生の心は揺れ…!?
2017.1 222p A6 ¥611 ①978-4-86123-707-2

◆記憶にない恋　鳩村衣杏著　心交社　（ショコラ文庫）
【要旨】興信所で働く土方は、頼りなくもなぜか周囲に好かれる新人・クニオのドジに巻き込まれ彼を厄介に思っていた。が、ある夫婦の浮気調査にクニオをつけていた矢先、彼が過去改変をして人類を救うため未来から来た工作員だと知る。困惑する土方は、目的のためドジを隠していた彼は任務への協力を求めた。しかし土方が過去の経験から潔癖で浮気を許さず、依頼人夫婦の離婚を推奨するのに対し、クニオの任務はそれを阻止することで…。
2017.10 231p A6 ¥660 ①978-4-7781-2300-0

◆禁足—人魚姫の復讐　鳩村衣杏著　（ショコラ文庫）
【要旨】恋人と別れた傷心で渡米し、一流のビジネスマンとして大成した環は会社設立のため日本に戻った。そこで、かつて自分を裏切り大企業の令嬢と政略結婚した男・倫之の落ちぶれた現状を耳にする。「復讐してやる…!」その一心で環は倫之の弱みを握り、使用人として側に置き始めた。自分に対し一切の未練がないように淡々と仕事をする彼に苛立ちを感じる環。一方、過去の倫之との幸せだった日々を思い出してしまう自分がいて…。
2017.6 257p A6 ¥660 ①978-4-7781-2213-3

◆獅子戸さんのモフな秘密　鳩村衣杏著　笠倉出版社（クロスノベルス）
【要旨】「俺が全部おぇてやりたい—何もかも」本を愛する書店員・一音が出会ったのは、ワイルドな魅力だだ漏れなイケメン・獅子戸。バーテンダーをしている彼が現れるのは、いつも夕方。そして、どこからともなく傳くように猫たちも現れる!?外で…気になり始めた一音を、獅子戸を尾行することに。知れば知るほど深まる彼の秘密。興味が好意に、想いが通じてその先に進もうとした一音の前に、獅子戸最大の秘密が飛び出して!?訳ありイケメン×童貞こじらせ男子の、モフらぶ。
2017.7 242p 19cm ¥890 ①978-4-7730-8855-7

◆いけ好かない商売敵と　バーバラ片桐著　イースト・プレス　（Splush文庫）
【要旨】探偵の朝生と、向かいに事務所を構える弁護士の松本は互いを毛嫌う仲だ。朝生はそんな相手と諸事情により二度もキスをしてしまった挙句、二人で過去の現金強奪事件を追うことに。捜査の過中、重要人物を追ってハッテン場で、朝生は複数プレイに巻き込まれ身体を昂らされてしまう。しかも助けてくれたはずの松本は敏感になった朝生の身体に愛撫を施し、想像以上の快感を与えてきて…。
2017.11 253p A6 ¥680 ①978-4-7816-8611-0

◆危険なブツを召しあがれ　バーバラ片桐著　ブランタン出版、フランス書院 発売　（プラチナ文庫）
【要旨】製薬会社の研究員・柏崎は、柔らかな笑顔の悠輝に惹かれていた。フラれ続けることを悩む悠輝へ、原因を解明すると言って同棲に持ち込んだ柏崎だったが、衝撃的な事実が判明する。彼は歴代の恋人を病院送りにする、バイオテロ級のメシマズだったのだ！無自覚な悠輝の笑顔をなにより守るため、身体に鞭打ち猛毒料理を食べる柏崎。だが、セックスが原因と思い込む悠輝に検証を迫られて!?
2017.4 285p A6 ¥620 ①978-4-8296-2628-3

◆シークレットツアー—南極で添乗員をアツアツ争奪戦!!　バーバラ片桐著　竹書房　（ラヴァーズ文庫）
【要旨】超お金持ちのためのツアー会社の添乗員・沙倉智人は、VIP4人から専属ツアーガイドに指名されていた。しかし、ある事がきっかけで、地球の最南端・南極にひとりで取り残されてしまう!!人生最大のピンチに陥った沙倉のもとへ駆けつけてくれたのは、4人のVIPだったが、なぜだか、淫らな争奪戦が始まってしまって―。
2017.8 207p A6 ¥640 ①978-4-8019-1160-4

◆お兄ちゃんと桃色新婚生活!?　榛名悠著　幻冬舎コミックス、幻冬舎 発売　（幻冬舎ルチル文庫）
【要旨】就活全敗の朋久は、初恋のお兄ちゃんでデザイナーの瑛介の家に住み込みで働く事に。昔軽く振られたっきりしたものな両親の顔色は悪いし—ともじもじしたものな両。久々の瑛介はますますかっこよく、その上無防備に裸や寝顔をさらしてくるからドキドキがとまらない。瑛介のためにご飯を作ってお風呂を準備して…って新婚さんみたいじゃない!?
2017.5 254p A6 ¥630 ①978-4-344-84001-0

◆宮廷司書の甘すぎる受難　榛名悠著　ブライト出版（プリエール文庫）
【要旨】「お前はなぜ、俺に惚れてくれない？」ずっと憧れていた宮廷司書になれたサラは、仕事に専念するため美しい容姿をあえて隠し、伊達メガネに地味な恰好で忙しく幸せに働いていた。そんな中出会ったのは、若い王子のお家庭教師をしているフィル。常に女性に囲まれ城内でも遊び人だと噂される彼はサラを気に入り、なんだからかうように口説いてくる。予想外に博識でどこか謎めいた彼に惹かれ始めた矢先、サラを恨む相手から媚薬を盛られてしまい、フィルに助けられ!?
2017.2 263p A6 ¥602 ①978-4-86123-708-9

◆恋神様の言うとおり　榛名悠著　オークラ出版（プリズム文庫）
【要旨】満員電車の中で、高良は人生初の痴漢に遭ってしまう。身動きできない高良を助けてくれたのは、長身のカッコイイ人に。その人がどうしても気になり、彼の経営するベーカリーに足繁く通うようになる。しかし、店不振で店を閉めてしまうかもしれないと知り、なんとかしたい高良は神頼みとばかりに神社に行く。でも、そこは恋結びのご利益のあるところで―。
2017.5 266p A6 ¥639 ①978-4-7755-2654-5

◆花嫁修業、参ります！　榛名悠著　海王社（ガッシュ文庫）
【要旨】便利屋の奏多と、大企業専務の博臣は恋人同士。もとは高校の同級生だった二人だが、紆余曲折を経て博臣の執念愛が実り、現在は同棲中だ。ある日、同窓会で再会した女友達から「恋人のふりをしてほしい」と依頼を受けた奏多。博臣にしぶかにっこりつきあうが…名家のお家騒動に巻き込まれ、挙句になぜか博臣の実家で割烹着を着て花嫁修業するハメになり—!?
2017.6 221p A6 ¥640 ①978-4-7964-1013-7

◆湯けむり子連れ甘恋日和　榛名悠著　幻冬舎コミックス、幻冬舎 発売　（幻冬舎ルチル文庫）
【要旨】転職活動中の汐見諒太が偶然入った銭湯花乃湯。そこには凶悪なツラがまえをした男・史親と、その背には不似合いな可愛い赤ちゃんが。色々疲れていた諒太は住み込みで働くことになり、あったかいお風呂と可愛い赤ちゃん、そして顔に似合わぬ史親の優しさに身も心も癒されていく。単なる裸の付き合いだったのにナゼか史親の体にドキドキして…!?
2017.3 316p A6 ¥680 ①978-4-344-83970-0

◆獣人王の花嫁—愛淫オメガバース　はるの紗帆著　リブレ　（ビーボーイスラッシュノベルズ）
【要旨】「淫らなオメガの精液は甘いな」獣人王国最強のアルファ・新王ギデオンのつがい候補として献上されたオメガの少年エメは、彼を見た瞬間、発情してしまう。甘い香りを漂わせギデオンを誘惑する体は、滴る白蜜に濡れた下肢を

ヤング・アダルト小説

咥え食われ、気絶するまで達かされ続ける。自分を支配してきたギデオンが嫌なのに、体は激しく攻め立てる愛撫を欲してやまない。ついにエメは本能に抵抗し、王宮から逃亡を図るが、それを知ったギデオンに監禁されて…!?
2017.6 224p 19cm ¥890 ①978-4-7997-3353-0

◆**愛の在り処に誓え！** 樋口美沙緒著　白泉社　（白泉社花丸文庫）
【要旨】たった一人で国と共に滅ぶ道を選んだ大公・シモン。葵にも息子の空にも国や種を背負う苦しみを味わわせたくないがゆえのその選択が、シモンなりの愛だと知った葵は、彼を一人にしないために空と一緒にケルドア公国へ向かった。ところが、シモンの種を受け継いだ空は祝福されるも、ナミアゲハの葵は冷遇され、城の使用人からも粗雑に扱われてしまう。それを知ったシモンは、彼らを次々と解雇しはじめる。愛しているとは口にしない一方で、過剰なまでに葵を守ろうとするシモンの苛烈さに、葵の胸は疼き…。
2017.4 303p A6 ¥720 ①978-4-592-87745-5

◆**ヴァンパイアは我慢できない dessert** 樋口美沙緒著　徳間書店　（キャラ文庫）
【要旨】吸血鬼で恋人のアンリの伴侶となって半年余り。受験を控え、進路に悩む高校三年生の野原湊。ところがある日、吸血鬼三家のひとつ、ラクロワ家から当主交代の儀への招待状が届く。アンリの「薔薇」として、湊は正式にお披露目されることになり…!?波乱含みの二人の恋はもちろん、エルと航の微妙な関係や、湯澤と篠坂のせつない過去など、気になるキャラたちのその後が満載。コミックス「ヴァンパイアは我慢できない」シリーズ、待望のスピンオフ短編集!! 2017.9 243p A6 ¥600 ①978-4-19-900893-1

◆**パブリックスクール―ツバメと殉教者** 樋口美沙緒著　徳間書店
【要旨】由緒ある伯爵家の長男で、名門全寮制パブリックスクールの監督生一。なのに、制服は着崩し、点呼や当番もサボってばかりのスタン。同じ学年で、監督生を務める桂人は、密かにスタンを敬遠していた。卒業まで、極力目立たず、無害な空気のように過ごしたい一。そんなある日、桂人はスタンの情事を目撃!!見られても悪びれず挑発をするスタンに、桂人は優等生の仮面を剥がされてしまう。さらに、二人一組で行う当番で、スタンのお目付け役を任されてしまい!?栄えある家代表の座は、誰の手に――!?ノブレス・オブリージュの旗の下、パブリックスクールを統治する、監督生たちの秘めた物語、激情と恋!!
2017.6 317p B6 ¥1400 ①978-4-19-864418-5

◆**愛の才能** 火崎勇著　心交社　（ショコラ文庫）
【要旨】失職した八王子沖は、友人の代理で通訳をすることになる。しかしクライアントのデザイン会社社長、玖冨元尚に渡された書類はフランス語で書かれていた。英語にしかできない八王子は不要となるも、情報漏洩防止を理由に帰宅を許されない。傲慢な玖冨との態度に苛立ちながらも交渉の末、雑用係として雇われた八王子だったが彼の仕事に対する厳格かつ真摯な姿に好意を抱きはじめ―。書き下ろしSSも掲載。
2017.8 253p A6 ¥690 ①978-4-7781-2252-2

◆**アナタの見ている向こう側** 火崎勇著　心交社　（ショコラ文庫）
【要旨】誰かに恋している人を好きになるなんて―。俺様デザイナー・宮本は、行き付けのカフェでシェフ・関東の爽やかさいいなと感じていた。だがそれは宮本が可愛がっている後輩にむけられたものだということにも気付いていた。武骨で口数も少ない関東の一途な想いを好ましく思い、その恋を手助けするつもりで宮本は彼に近づく。やがて自分が関東のその強い視線を渇望するようになるとは思わずに一。書き下ろしSSも収録。
2017.5 271p A6 ¥660 ①978-4-7781-2198-3

◆**赤ちゃんと俺とやくざさん** 雛宮さゆら著　コスミック出版　（セシル文庫）
【要旨】「はぁ、はぁ、はぁ、はぁ」ここで捕まるわけにはいかない。なんとか腕の中の小さな子供を守らなくちゃ―。ひどい婚家から逃げ出し、入院した親戚から蛍が預かった小さな子供。なのに追っ手がかかり、川に落ちて意識を失ってしまった。―そこで蛍を助けたのは、ぶっきらぼうだけど優しい男・桧山。かくまってもらい、秘密の同居生活をはじめた蛍だったが…?
2017.10 267p A6 ¥650 ①978-4-7747-1370-0

◆**皇子のいきすぎたご寵愛―文章（もんじょう）博士と物の怪の記** 雛宮さゆら著　シーラボ、三交社 発売　（ラルーナ文庫）
【要旨】幼い頃より頭痛持ちの文章博士、最上夜藤春には、物の怪が見えてしまうという厄介な力が…。そんな藤春の秘密に気づき、なぜかやたらと懐いてくるのはかつての教え子で今をときめく鍼師、佐須貴之だ。藤春は貴之に乞われ、五条橋に現れるという女の霊の謎を追うことになるのだが…そこには帝の死が絡んでおり、しかも貴之の正体は皇子!?真実を探るべく、藤春は嫌々ながら女装して後宮に潜入するはめに…。
2017.3 251p A6 ¥680 ①978-4-87919-985-0

◆**拾った狐はオオカミでした** 雛宮さゆる著　オークラ出版　（プリズム文庫）
【要旨】ホストの玲弥が飢えた野良犬に餌をやった数日後、突然怪しい男が自宅に押しかけてきた。頭の上にふたつの尖った耳、尻には三つ股にわかれたしっぽがはえているその男は、礼をしにきてやった、と偉そうに言った。先日犬だと思い込んで助けたのは、稲荷明神の使いの狐だったのだ。信じられず混乱する玲弥は、いきなり狐に押し倒されてしまう―。
2017.5 257p A6 ¥630 ①978-4-7755-2655-2

◆**楽園の疵** 雛宮さゆる著　二見書房　（二見シャレード文庫）
【要旨】―映画を観よう。弟・涼夜が選ぶ怖くて残酷な映画。しかし合図のように囁かれるその言葉に、兄・健太はこの後始まる淫らで屈辱的な行為への期待に身体が疼く一。リビングで弟に突き上げられながら、混乱した頭で健太は懊悩する。平凡な大学生の自分と、なんでもできる高校生の涼夜、仲のいい兄弟だったが…。素直で愛情深い健太は弟を突き放せないまま、両親不在の家では快楽に堕ちた兄弟二人の閉ざされた楽園と化していき…。
2017.3 242p A6 ¥619 ①978-4-576-17056-5

◆**嘘とホープ** ひのもとうみ著　心交社　（ショコラ文庫）
【要旨】不動産会社で営業をしている野上寧は、営業成績を認められた本店営業部へ異動になり、挨拶回りで訪れた設計課で見覚えのある姿を見かける。中学の同級生、高崎聡太朗。内向的で赤面症だった野上の性格を一変させるきっかけをつくってくれた人物であり、初恋相手でもある。が、ある出来事により野上は彼との再会に気まずさを感じていた。その気まずさを隠して声をかけた野上に、高崎は訝し気でまるで思い出す様子もなく。
2017.2 254p A6 ¥660 ①978-4-7781-2143-3

◆**君は明るい星みたいに** ひのもとうみ著　新書館　（ディアプラス文庫）
【要旨】造園工事会社で職人の見習い工として働く和斗は、同期の拝川が大の苦手。頭も顔もいい上に、仕事まで完璧な拝川の、人を小馬鹿にするスカした態度が気にくわないのだ。そんなある日、先輩からパワハラを受けている拝川を元来の正義感と勢いからかばってしまった和斗。それから妙に懐かれ休日まで一緒に過ごす仲になるが、拝川の無愛想な表情の下に隠された、自分への不器用でまっすぐな想いに気づいてしま…。
2017.9 235p A6 ¥620 ①978-4-403-52435-6

◆**愛しのお狐様** 妃川螢著　海王社　（ガッシュ文庫）
【要旨】珈琲店の調理を任されている真如は甘いものが大好きな好青年。ある日、仕事の帰りに倒れていた子犬を見つける。これも何かの縁と自宅へ連れ帰り、手厚く保護することに。汚れていたためお風呂に入れてみると子犬は真っ白い子狐であることが判明！しかもその子狐が突然人の言葉を話しはじめ、聞けばなんとお社に住む狐神「琥珀」だという。狐伯との同居生活が始まったが、その日から真如は夜な夜な銀髪の麗しい男性との淫夢を見るようになり―!?
2017.6 221p A6 ¥630 ①978-4-7964-1015-1

◆**王と剣―マリアヴェールの刺客** 妃川螢著　Jパブリッシング　（カクテルキス文庫）
【要旨】王位継承権争いを避ける為、騎士として育てられた金髪碧眼の麗しイオ。突如決定された実妹イリア王女の大国ルキウス王への輿入れは、実はイリア王女を人質にするというもの。妹と国を守るため、イオはルキウス王の暗殺の命を受けイリア王女に同行することに。月の煌めく夜、剣の技に長ける精悍な黒衣の騎士・アレクと出会う。彼の強さと生き方に惹かれていくイオは、孤独の心を奪うような瞳に誘われ、押し倒されて!?若き王と紋章を刻む剣が交わる時、宿命の歴史が動き出す!!
2017.8 239p A6 ¥685 ①978-4-86669-017-9

◆**金獅子の王と漆黒の騎士―婚礼の儀** 妃川螢著　海王社　（ガッシュ文庫）
【要旨】新王づき近衛騎士を務めるシオンは黒曜石の瞳に絹のような黒髪の持ち主。この国では黒は下賤の色とされるが、聡明で勇猛果敢な新王・ユリウスはシオンを美しいと称してくれる。王宮に過巻く陰謀を打破し晴れて恋人同士となった2人。しかしシオンには悩みがあった。自分は黒髪の騎士であって金髪でも女性でもない。ユリウスはいずれ跡継ぎを儲けねばならず、そのために妃をと考えるシオンだったが、秘密裏にユリウスの計画が動いていって―?
2017.3 222p A6 ¥620 ①978-4-7964-0978-0

◆**金獅子の王と漆黒の騎士―蜜月夜** 妃川螢著　海王社　（ガッシュ文庫）
【要旨】新王づき近衛騎士を務めるシオンは黒曜石の瞳に絹のような黒髪の持ち主。この国では黒は下賤の色とされるが、聡明で勇猛果敢な新王・ユリウスはシオンを美しいと称してくれる。婚礼の儀も無事に済み、シオンは王の騎士であり稀少なパートナーとなった。騎士としての存在意義しか知らなかったシオンの心に微妙な変化が生まれ始めたとき、新国王と王妃のお披露目として大陸各地を巡る旅行に出発することになり―？
2017.10 220p A6 ¥630 ①978-4-7964-1061-8

◆**溺愛貴族の許嫁** 妃川螢著　幻冬舎コミックス、幻冬舎 発売　（リンクスロマンス）
【要旨】獣医の浅羽佑季は、わけあって亡き祖父の友人宅があるドイツのリンザー家でしばらく世話になることになった。かつて伯爵位のあったリンザー家の由緒正しき古城のような館には、大型犬や猫などたくさんの動物が暮らしていた。現当主で実家主のウォルフは、金髪碧眼の美青年で、高貴な血筋に見合う紳士的な態度で佑季を迎え入れてくれた。が、「我がフィアンセ殿」と驚きの発言をされる。実はウォルフと佑季は祖父たちが勝手に決めた許嫁同士らしい。さらに、滞在初日に「私には君に触れる資格がある」と無理やり押し倒されて口づけられていって―？
2017.10 239p 19cm ¥870 ①978-4-344-84090-4

◆**猫又の恩返し** 妃川螢著　幻冬舎コミックス、幻冬舎 発売　（リンクスロマンス）
【要旨】自分を飼っているやさしいおじいさんの傍に、ずっといたいと思っていた猫の雪乃丞。しかし、ある日おじいさんが倒れてしまい、どうにか助けを呼ぼうと飛び出した雪乃丞は車に轢かれてしまう。その車に乗っていたのは、動物の言葉が分かる動物のお医者さんで、おじいさんは彼のおかげで助かり、それから12年の月日が流れ雪乃丞は、最期を看取ることができた。おじいさんを看取るため、猫としての生と引き換えに猫又になっていた雪乃丞はかつて助けてくれたお医者さんにお礼を言いに行くことに。人間の姿となって医者の彼、爵也のところへと辿り着いた雪乃丞だったが…。
2017.5 253p 19cm ¥870 ①978-4-344-83960-1

◆**腹黒天使と堕天悪魔** 妃川螢著　幻冬舎コミックス、幻冬舎 発売　（リンクスロマンス）
【要旨】―ここは、魔族が暮らす悪魔界。その辺境の地に佇む館には、美貌の堕天使・ルシフェルが住んでいた。かつてルシフェルは絶対的な存在として天界を統べる城天使長だったが、とある事情で自ら魔界に堕ち、現在は悪魔公爵として暮らしている。そんなルシフェルの元に、連日のように天界から招かれざる客がやって来る。それは、現・熾天使長であり、ルシフェルの盟友だったミカエルだ。ミカエルは「おまえに魔界が合っているとは思えない」と、執拗にルシフェルを天界に連れ戻そうとするが―？
2017.7 257p 19cm ¥870 ①978-4-344-84025-6

◆**眠れる獅子と甘い恋の夢語り** 姫野百合著 コスミック出版　（セシル文庫）
【要旨】祖父の跡を継ぎ仕立屋になった理久は、得意客のために仕立てたスーツをあるホテルに届ける。そこで出会ったのは裕福な投資家だというアダム・フォーサイス。なにもかも洗練され、圧倒的な存在感のある人だった。その印象的な出会いの日から理久は官能的な夢をみるようになる。それは金色のライオンに愛される夢。そしてライオンは、いつのまにかアダムの姿に変わっていき―。
2017.12 271p A6 ¥650 ①978-4-7747-1386-1

◆**豪華客船の夜に抱かれて** 日向唯稀著　笠倉出版社　（クロスノベルス）
【要旨】"婚約クラッシャー"の異名を持つ、香山配膳事務所の桜は、失恋を機に長期クルージ

ヤング・アダルト小説

ング派遣に逃げ出す。だが、とぼけた上司とリゾートバイト気分の部下にストレスがマックス。唯一の癒しはVIP乗船客で天使のお子様のマリウスだが、鋼鉄のように隙がない父親の八神にはいつも気圧されてしまう。そんな時、セレブ三人組の暇つぶしラブゲームの標的にされ、そこへなぜか八神まで参戦!?恋愛禁止のクルーなのに、四人のイイ男に口説かれまくってしまい!?
2017.10 239p 19cm ¥890 ①978-4-7730-8860-1

◆獄中―寵辱の褥　日向唯稀著　Jパブリッシング　（カクテルキス文庫）
【要旨】代議士殺害の罪で収監された、美貌の弁護士と蜂谷は、憧れていた恩人に瓜二つで、蜂谷の涼しさを魅せた。雑居房に移されて初めての夜、蜂谷は同じ房に輪姦されそうになるが、あやうい所を二階堂に助けられる。蜂谷は胸を高鳴らせるが、実は助けられたのは二階堂専用の淫具とするためだと知り、絶望する。逃げ場もない檻の中、二階堂に陵辱の限りを尽くされ、蜂谷の心は壊されていく…。野獣の書き下ろし有!!
2017.2 308p A6 ¥685 ①978-4-908757-65-5

◆上司と婚約―男系大家族物語　8　日向唯稀著　コスミック出版　（セシル文庫）
【要旨】いつもと変わらず普通の年越しになるだろうと、のんびりかまえていた兎田家にふってわいたお出かけ計画！もう兎田ファミリーの一員といってもいい同僚の鷲塚や獅子倉、わんこのエリザベスたちも一緒といいことづくめ。しかも格安という、兎田家に優しい超弩級のアタリ企画。これを逃すはずもなく、全員で富山リゾートへ！子供たちの二階堂専用の大人もワクワク。大人気の大家族物語第8弾。
2017.2 311p A6 ¥700 ①978-4-7747-2998-5

◆上司と婚約Love2―男系大家族物語　9　日向唯稀著　コスミック出版　（セシル文庫）
【要旨】充実した家族旅行から帰ってきて、仕事によりいっそう、がんばろうとした大家族の長男・寧だったが、しょっぱなからリゾート地で出会った女子大生の父親が会社に乗り込んできたんと兎田家にまで波及して!?寧の成人式にあたり、寧の学生時代の事件だけでなく、颯太郎パパの勘当話だけでなく、過去の逸話も次々と飛び出してきて…。大家族物語第9弾！
2017.6 309p A6 ¥700 ①978-4-7747-1336-6

◆上司と婚約Love3―男系大家族物語　10　日向唯稀著　コスミック出版　（セシル文庫）
【要旨】成人の日を家族みんなと恋人の鷹崎に祝われ、幸せいっぱいの寧。仕事もがんばらなくては、と張りきって会社へ出かけたものの、通勤電車の中でなんと痴漢の疑いをかけられてしまう！初っ端からトラブルに巻き込まれ、家族に心配をかけてしまった寧は、今月は家族行事を自分押しなのもあって、鷹崎と協力して乗り切ろうとする。そんな時、ちららの叔母がやってきて─!?波乱の大家族第10弾!!
2017.11 269p A6 ¥680 ①978-4-7747-1378-6

◆満月の夜に抱かれて　日向唯稀著　笠倉出版社　（クロスノベルス）
【要旨】「お前、自分の魅力がわかってないだろ」失業し、ホストクラブのバイトも追われた晃は、青山配膳の面接を受ける。ど素人の晃の教育係は、完璧な美貌を持つ橘優。優は仕事には厳しいが、劣等感いっぱいの晃を尊重してくれる。そんな優に、晃はドキドキさせられっぱなしで…。そんな晃がバイトしていたホストクラブでナンバーワンだった幼馴染みが晃にクラブに戻るように口説いてきた。それが、晃を巡ってのホスト対配膳人のサービス勝負という大きな話になってしまい─!?
2017.4 238p 19cm ¥890 ①978-4-7730-8849-6

◆純喫茶あくま―天使と恋とオムライス　樺野道流著　ブランタン出版、フランス書院　発売　（プラチナ文庫）
【要旨】漆黒の翼を持つ自称・悪魔な吾閧が切り盛りする〝純喫茶あくま〟。かつて聖職者を志していた澄眞は、そこで吾閧と契約し住み込み店員となった。おそらく恋人関係でもある。そんなある日のこと、吾閧の双子だと言う客が訪れる。純白の翼を持つ彼はプリンアラモードを頬張り、〝恋のやり方〟を聞く。問い詰められても、吾閧は恋心を告白するが、無反応な吾閧の気持ちはわからなくて。
2017 271p A6 ¥620 ①978-4-8296-2616-0

◆花火と絆と未来地図―いばきょ&まんち─　4　樺野道流著　二見書房　（シャレード文庫）

【要旨】K医科大学付属病院勤務の京橋、楢崎、カリノ製薬の新規開発員・茨木、まんぷく亭の万次郎。変わらぬ日常の中でそれぞれの未来を思い描きはじめた四人。海外で行方不明になった茨木と再会した京橋は遠からずの開業を考え始め、急病から復活した万次郎は跡継ぎ話がいよいよ現実味を帯びてきた。滅多に本音を見せない楢崎も、京橋への愛を惜しみなく語る茨木も、互いのパートナーに対する想いは同じでー。「あの二人」も登場、シリーズ第四弾！
2017.12 205p A6 ¥619 ①978-4-576-17173-9

◆禁愛―背徳の蜜月　藤森ちひろ著　リブレ　（ビーボーイスラッシュノベルズ）
【要旨】育児放棄の母親にかわり、自分を育ててくれた大好きな親戚のお兄ちゃん。大学生の真紘はその気持ちが恋だと自覚していたが、育ての親の涼介も同じ気持ちだと知り、つきあうことに。しかし夢のような生活は、再会した母親により一変し、涼介が実の父と知る。あまりの禁忌に身を切る思いで別れようとするが、涼介は許さず、真紘は快楽の檻に閉じ込められ、淫靡でせめられ、底なしの悦楽に堕とされる。何度となく犯され甘美な蜜が注がれる禁忌の執着愛!!
2017.4 222p A6 ¥890 ①978-4-7997-2868-0

◆後宮秘夜―覇帝と双花の寵妃　藤森ちひろ著　海王社　（ガッシュ文庫）
【要旨】中原にある華国の皇子・李雪霞は見目麗しく控えめな青年だったが大きな秘密を抱えていた。それは一両性具有であること。そして次期女帝になるはずだった亡き姉の身代わりを務めているのだ。そんな折、隣国・耀の大軍に侵略されてしまう。皇女として国を逃れた雪霞だったが、耀国の皇帝・劉貴奨に捕らわれ妃として貴奨の後宮に入ることに。もし男と知られれば殺されてしまう─そう危惧していた先先、貴奨から夜伽を命じられ─!?
2017.12 286p A6 ¥657 ①978-4-7964-1038-0

◆誘惑☆大作戦　藤原チワ子著　一迅社　（ロワ・ノベルズ）
【要旨】よりどりみどりのイケメンを手中に収めて世界を救え!?ツッコミ上等〝異世界ほのぼのエロちっく〟コメディ、堂々登場！佐倉圭吾、35歳会社員……あと童貞。2000万円の貯蓄だけが心の支え。そんな俺がある日突然トリップしたのはイケメンだらけのファンタジー世界。俺を召喚した女神様の言うことにゃ、元の世界に戻るためには〝聖なる力〟を溜めて、世界を蹂躙する竜を倒さなければいけないらしい。じゃあ、聖なる力を溜める方法は？
2017.3 367p B6 ¥1200 ①978-4-7580-4916-0

◆高校教師と十年の恋　星野伶著　幻冬舎コミックス, 幻冬舎　発売　（リンクスロマンス）
【要旨】何度季節を重ねても、桜が舞うたび思い出す、優しくも苦い記憶─。高校教師の辻村文則には、忘れられない生徒がいる。それは、十年前の卒業式で想いを告げていた北見誠一だ。北見は優秀で周りからの信頼も厚い生徒だったが、当時の文則は彼の想いを受け入れることができなかった。それから十年。期せずして北見と再会する。しかし、二十八歳になった北見以前の穏和な面影はなく、殺伐とした冷めた眼差しで違法な仕事に手を染めていた。彼の身に何があったのか…。北見の過去を知りたいと願う文則だが、「教師の義務感で俺に関わるのはやめてくれ」と突き放されてしまい…!?
2017.6 245p 19cm ¥870 ①978-4-344-84010-2

◆モブ…それも脇モブのはずなんですけど!?　bannbu著　一迅社　（ロワ・ブラン）
【要旨】アズノルドは気が付いた。病気で死んだオレは、どうやら前世で読んだ少女マンガの世界に転生してしまったらしい、と。配役は当て馬の下下！シナリオ通り、使い捨てられて死罪になるのかあたまっぽいと、自分らしく生きていくと決意するのだけれど─。助けた人はとんでもない美形の貴族!?禁忌の一族〝閉眼の者〟がオレに忠誠を誓いたいって何のこと!?オレはただ、破滅回避して穏やかに生きたいだけなのに！
2017.10 367p 19cm ¥960 ①978-4-7580-4989-4

〔ま行の作家〕

◆人外ネゴシエーター　3　麻城ゆう著　新書館　（ウィングス文庫）
【要旨】小春の大好きな従姉妹・水月美波は死にかけていた。小春が病院に駆けつけた時には交通事故のせいで脳死状態、突然の別れが迫っていた。小春はユキウサギや琴葉との約束を破っ

て魔法を使い、美波を生き返らせる。これは、いい魔法の使い方なのだと、私は正しいのだと、自分に言い聞かせながら。水月家と縁の深い夢叶魔音、琴葉たち、そして悪魔のドギーは事の真相を探り始める。「銀の天使」篇収録！
2017.12 258p A6 ¥720 ①978-4-403-54208-4

◆光の神子は自由に生きる　まきぶろ著　一迅社　（ロワ・ブラン）
【要旨】"光の神子"と呼ばれ、国民から愛される治癒術師ルチアーノ。美しく儚げな彼は、聖人君子のような清らかな光ではなく、ただ思うがままに生きる自由人だった!?民衆を無償で治療するためではなく、魔法の研究がしたいだけ。危険な辺境砦で働いているのは、性欲を持て余している軍人がいると思ったから。そんな風に盛大な勘違いをされながらも、ルチアーノは麗しいビジュアルと悩ましげな言動で、次々とイケメンを籠絡していくのだが!?竜騎士に新人騎士、精霊王までいつでもどこでも総愛され！溺愛注意・逆ハーBLファンタジー！
2017.12 399p 19cm ¥1160 ①978-4-7580-9010-0

◆きみと二人でウチごはん　牧山とも著　二見書房　（シャレード文庫）
【要旨】就職を機に実家を出ることにした史佳は、賃貸契約のミスから物件のオーナーで不動産会社役員の朝日奈と同居することに。総戸数四戸、スタイリッシュで風景と溶け合う外観も美しいメゾネット。併設のカフェレストランではブーランジェリーは住人優待まである充実ぶり。しかも同居人の朝日奈は公私にわたり万能で、特に食に関しては玄人はだしのこだわりの持ち主。継母子に虐げられてきた内気な史佳も、朝日奈の掬手の世話焼きの下で次第に心を開いていくが─。
2017.10 254p A6 ¥686 ①978-4-576-17149-4

◆寡黙な野獣のメインディッシュ　真崎ひかる著　心交社　（ショコラ文庫）
【要旨】繁忙期のオリーブ農園で一ヶ月働ききることを条件に、父親の意向に反し将来シェフになる許されたる哉樹。夢を叶える小豆島を訪れるが農園主は入院中、跡取り息子の隼之介は恐ろしいほど無口で無愛想で前途多難。酒を酌み交わせば少しは打ち解けられるかもしれないとそう考えたある夜、隼之介の飲み物にこっそりアルコールを混ぜる。けれど、うっかり哉の方が先に酔っ払って彼にキスしてしまい─。
2017.6 215p A6 ¥660 ①978-4-7781-2212-6

◆クマのおいしい縁結び　真崎ひかる著　KADOKAWA　（角川ルビー文庫）
【要旨】モノの声を聞くことができる大学生・夕偉は、バイト初日の帰り道、薄汚れた喋るクマのぬいぐるみを拾う。クマの育ての持ち主"はぁちゃん"にもう一度会いたいという願いを叶える夕偉にクマが示した"はぁちゃん"は、バイト先の苦手な社員・佐久良!?クマのために佐久良に近づく夕偉は、ぶっきらぼうながら優しい佐久良と接していくうちに苦手意識が解消されていく。そんな中、飲み会で酔った佐久良にキスされ、意識するあまり人探しどころではなくなって─。
2017.11 218p A6 ¥620 ①978-4-04-106121-3

◆賢神×恋神　真崎ひかる著　KADOKAWA　（角川ルビー文庫）
【要旨】恋愛を司る縁結びの神の血を引く愛甲結仁は、しかし見た目の華やかさとは裏腹に奥手で純情。姉夫婦のカフェを手伝い、週3日大学の出張カフェに出向いているが、そこに通ってくる助教授・和智に密かに片想いをしている。けれど、お堅い和智は、軽く見える結仁をよく思っていない様子。そんな中、和智のカフェでの忘れ物をきっかけに結仁が、なんとか仲良くなろうと話しかけると、和智は「毛色が違うのが試したいのか？」と誤解し、誘いに乗ってやる、とキスをしてきて…
2018.1 216p A6 ¥620 ①978-4-04-106457-3

◆鳴かない小鳥にいじわるなキス　真崎ひかる著　フロンティアワークス　（ダリア文庫）
【要旨】大学入学を控えた春、母親の再婚相手に会うため訪れたホテルで、鷹晴は端正な容貌の"大人の男"彬絢に声をかけられる。言葉を交わすうちに一気に彬絢に惹かれていき、半月後再会した彼はなんと義理の兄だった！叶わない恋でも、せめてそばにいたいと、ゆりゆきで彬絢の優しくていじわるな言動に、気持ちは募るばかりで…？
2017.2 258p A6 ¥620 ①978-4-86134-972-0

ヤング・アダルト小説

小説

◆福神×厄神　真崎ひかる著　KADOKAWA
（角川ルビー文庫）
【要旨】『厄』を集める『紫雲』の痣を持って生まれた百鬼千苓は、自身の厄体質のせいで人と深く関わらずに生きてきた。ある日、着ぐるみアクターとして働いている遊園地に、オーナー・福富皇輝が視察にやってくる。「幸運皇子」と呼ばれるほど幸運に恵まれ皆から憧れられる皇輝を、違う世界の人だと千苓は避けるが、皇輝は千苓が起こした不運を「新鮮だ」と楽しがり、構い始める。不幸な出来事もポジティブに繋げていく皇輝に千苓は段々惹かれ始め、そんな自分に戸惑うが…。神々の末裔たちが連れなす、あまあまラブストーリー神×神シリーズ第4弾。
2017.7　222p　A6　¥620　①978-4-04-105968-5

◆桃色蜜月一雪兎とヒミツの恋人　真崎ひかる著　二見書房　（シャレード文庫）
【要旨】子供の頃から三つ年上の兄・史顕が大好きな理生。中学時代は王子と呼ばれ、成績優秀、容姿端麗な兄が自慢だった。しかし史顕が実の兄でないと知って以来、妙に意識して意地を張ってしまうように。そんなある時、かつての想い人とそっくりな史顕に恋をしたという雪兎の理生の前に現れる。雪兎の一途な想いに同情した理生は、雪がとけるまでの間、夜だけ自分の体を貸してやるのだが…。「…そんな可愛い顔をされたら、困るな」一普段とは違う素直な理生に史顕はとことん甘やかしてきて!?
2017.11　237p　A6　¥619　①978-4-576-17157-9

◆嫁にこいーあやかし癒し　真崎ひかる著　二見書房　（シャレード文庫）
【要旨】大叔父の家で暮らすことになった若葉。山奥にあるその住まいに突如現れた虹龍というイケメンに、若葉は嫁扱いされていた！若葉は嫁扱いに懸命に抵抗するも、虹龍は「俺の嫁は愛いやつだ」と受け流してしまう。さらに大叔父の家には、謎の子鬼や家の中をうろつく茶釜と帯などならざるものが見え隠れしている。若葉と虹龍は必ず助けてくれるけど、虹龍との過去を思い出せない若葉はどうしても素直になれなくて…。
2017.3　221p　A6　¥619　①978-4-576-17021-3

◆キャンディ　真式マキ著　笠倉出版社　（クロスノベルス）
【要旨】朝木はストレス解消が男遊びという美貌の三代目組長。ある日、犬猿の仲で有名な部下が忽然と姿を消した。不自然な失踪にマル暴が動きだし、朝木は刑事の志津香に容疑者としてマークされてしまう。爽やかなイケメンの志津香に興味をそそられた朝木は、張り込み中の彼に嫌がらせ兼セクハラ三昧。そしてついに「あなた男をたらし込む訓練でもしてるんですか？」とオスの顔をした志津香に逆襲されてしまう!?
2017.5　235p　19cm　¥619　①978-4-7730-8846-5

◆共鳴　真式マキ著　幻冬舎コミックス，幻冬舎発売（リンクスロマンス）
【要旨】天涯孤独の駆け出し画家・伊万里友馬は、自分を拾い育てた師に日々身体を犯され、心を蝕まれながらも、健気に絵を描き続けていた。そんなある日、友馬は初めて開いた個展で、優美さと風格を纏った若い画商・神月葵と出会う。絵に惹かれたと言われ、素直に嬉しく思う友馬だったが、同時に、自分の内にある穢れや陰鬱さを見透かすような彼の言動と表情に、内心で激しく動揺していて…。数週間後、彼の営む画廊を訪れた友馬は、そこで目にした一枚の絵に強く感動を受ける友馬。その絵は、葵が同じく彼の師の元に囚われ、凌辱されている画家・都地の作品だった。ギリギリの均衡を保っていた友馬の心は、それをきっかけに激しく乱されていく。
2017.12　237p　18cm　¥870　①978-4-344-84110-9

◆豹王の刻印　真式マキ著　二見書房　（シャレード文庫）
【要旨】行きずりの男・レンと関係を持つ日々に虚しさを募らせる動物園の獣医・七原明人。園のヒョウたちまで元気がなくなり悩んでいた矢先、明人は快活なヒョウの動物マジック動画を見し、助言を得るため現地ラスベガスへ飛んだ。そこで出会ったのはマジシャンではなく仮の姿、人と豹になれる人豹界の王アレクセイだった。「君を抱きたい、明人」運命的な安堵感を覚える男からの求愛。だが彼が求めているのは自分でさえ知らない己の特別な力で…。
2018.1　243p　A6　¥619　①978-4-576-17192-0

◆喫茶男子と子守りと甘い恋　松幸かほ著　幻冬舎コミックス，幻冬舎発売　（幻冬舎ルチル文庫）
【要旨】喫茶店「たんぽぽ」を切り盛りする和帆は、8つ年上の兄の親友・達紀とは趣味の映画で出かける仲。だから映画の中のセリフで告白された時はびっくりした。格好良くて頭が良くて優しくて、非の打ちどころのない達紀がどうして自分に!?戸惑っていると兄から2歳児の祥吾を預かることになり、育児と仕事と恋の板ばさみになってしまう和帆だけど…。
2017.3　253p　A6　¥630　①978-4-344-83969-4

◆狐の婿取り―イケメン稲荷、はじめて子育て　松幸かほ著　笠倉出版社　（クロスノベルス）
【要旨】「可愛すぎて、叱れない…」人界での任務を終え本宮に戻った七尾の稲荷・影燈。報告のため、長である白狐の許に向かった彼の前に、ギャン泣きする幼狐が??それは、かつての幼馴染み・秋の波だった。彼が何故こんな姿に…状況が把握できないまま、影燈は育児担当に任命されてしまう!?結婚・育児経験もちろんナシ。初めてづくしの新米パパ影燈は、秋の波の「夜泣き」攻撃に耐えられるのか!?
2017.3　236p　19cm　¥890　①978-4-7730-8847-2

◆狐の婿取り―狐神様、さらわれの巻　松幸かほ著　笠倉出版社　（クロスノベルス）
【要旨】狐神の琥珀は、医者の涼聖と共に命を賭け旧友を救うことに成功。二人の愛と絆によって、ついに失われていた四本目の尻尾も生えてきた。チビ狐・陽も相変わらず元気いっぱいの中、突然長期休暇をもぎとった白狐が来訪！いつも以上に賑やかになった香坂家だが、陽が「不思議な夢を見る」と言ってきた。大人たちが調べてみると、どうやら陽を見初めて何者かが、夢に通ってきているようで!?
2017.12　233p　19cm　¥890　①978-4-7730-8866-3

◆恋と絵描きと王子様　松幸かほ著　笠倉出版社　（クロスノベルス）
【要旨】大学時代の先輩を頼り、古民家に暫く居候することになった奏多。迎えてくれたのはまるで王子様のような男性・メルと、カフェを営む愉快な同居人たち。デザイナーの仕事が原因で落ち込んでいた奏多を、ナイトピクニックに誘ってくれたメル。満天の星の下、そっと優しいキスをする彼。どうやら彼には秘密があるようで…？愛の乾杯ラブロマンス。
2017.11　240p　19cm　¥890　①978-4-7730-8862-5

◆メゾンAVへようこそ！　松幸かほ著　笠倉出版社　（クロスノベルス）
【要旨】「俺たち、AV男優だから」シェアハウスで働くことになった望。バラエティ豊かなイケメンたちと可愛いちびっこに囲まれて、前途洋洋…かと思えば突然のカミングアウト。まさかのシェアメイト全員AV男優!?（※ちびっこ除く）わけありなんです！飛び交うエロトークとパンツ、まさか秘密の地下室まで！賑やかすぎる日々の中、フェロモン垂れ流し系男前の貴臣から「好きだ」と告白されて!?
2017.9　239p　19cm　¥890　①978-4-7730-8858-8

◆妖狐とワケあり駆け落ち中!?　松雪奈々著　KADOKAWA　（角川ルビー文庫）
【要旨】片田舎で過ごす小説家の遙人には、綺麗で優秀な妖狐の藜という幼馴染みがいる。その藜の頼みで、意に沿わぬ結婚を破談にするため、恋人の振りをすることになった遙人。しかし、藜の父親である妖狐の長に当然反対されて、成り行きで契約結婚をすることに!?追っ手をかけるために烏天狗の村、妖兎の村などを転々とするが、行く先々で体を狙われる遙人は大混乱。しかも、いつもは徐々に溺れていく契約結婚なのに「本当に恋仲ならば目の前で抱き合ってみろ」と人前でのHを迫られて…ケモ耳ラブ♪
2017.4　217p　A6　¥620　①978-4-04-105664-6

◆おとなりの野獣さん　間之あまの著　幻冬舎コミックス，幻冬舎発売　（幻冬舎ルチル文庫）
【要旨】姉夫婦に頼まれてマンションの部屋を預かることになった栗本朋。隣に引っ越しの挨拶に行くと、小学生の頃苦手だったクラスメイト・真神雄豪と十八年ぶりに再会してしまう。隙も与えず朋を捕まえた雄豪は、意外な告白ばかりをして「いい匂いがする」とキスをしてくて!?それから毎日押しかけてくる隣人に戸惑いながらも朋は拒めなくて…。
2017.6　318p　A6　¥680　①978-4-344-83901-4

◆はじめての恋わずらい　間之あまの著　幻冬舎コミックス，幻冬舎発売　（幻冬舎ルチル文庫）
【要旨】ぼややんとした本の虫の直史は、祖父から憧れの古書店「三毛屋」を継いだ矢先に接客で困っていたところを常連客の大学院生・聡真に助けられる。博識で優しい美形の聡真に直史は初めてのときめきを覚え、仲よくなることを喜ぶが、実は直史には酔うとキス魔になってしまう癖があるようで…!?書き下ろし50ページ超を加えた新装版。
2017.8　255p　A6　¥630　①978-4-344-84048-5

◆蜜恋エゴイスティック　間之あまの著　幻冬舎コミックス，幻冬舎発売　（幻冬舎ルチル文庫）
【要旨】元モデルの希望は、年下の実質的な恋人・翔吾に自分からは決して「好き」と言わない。かいがいしく世話を焼いてくれて、溺愛を隠さない翔吾から熱心に同棲しようと誘われても「恋人じゃないから」とかたくなに断っている。それには誰にも言えない秘密の理由があって、好きだからこそ秘密を明かせない希望は最終的には別れてしまうのか…!?
2017.5　319p　A6　¥680　①978-4-344-83999-1

◆加賀見さんちの花嫁くん　真船るのあ著　笠倉出版社　（クロスノベルス）
【要旨】「きみ、その子を捕まえてくれ！」奏汰は芸能人張りのイケメンから逃げ出した幼児を咄嗟に抱きとめた。聞けば二人は田舎に暮らし始めたばかりの叔父・加賀見皓一郎と甥の晴。すっかり晴に懐かれた奏汰は、子育てに苦戦する彼に頼まれ、住み込みでシッターをすることに。不器用な二人のため、温かい家庭作りに奮闘する奏汰。そんな優しすぎる日々は、晴ばかりでなくやがて皓一郎の心も満たしていき…!?突然子持ちの御曹司×就活中のフリーター。三人家族、始まります。
2017.12　238p　19cm　¥890　①978-4-7730-8868-7

◆メイド花嫁を召し上がれ　真船るのあ著　笠倉出版社　（クロスノベルス）
【要旨】三ヶ月以内に、ある男を誘惑して結婚にこぎつけてほしい―それが、小劇団で女装して舞台に立つ折原真陽にもちかけられた奇妙な依頼だった。やむを得ぬ事情が重なり引き受けた真陽は、ターゲットである大手製薬会社の御曹司・三ノ宮遙尚の屋敷にメイドとして住み込むことに。イケメンが無愛想で仕事人間の遙尚に、彼を騙す罪悪感からまずはまともな食事を摂ってもらおうと奮闘する真陽。一筋縄ではいかない遙尚とのバトルを繰り返すうちに、二人の心は徐々に通わせていき…。ちょっと辛口＆スイートな恋のスペシャリテはいかが？
2017.6　234p　19cm　¥890　①978-4-7730-8854-0

◆宿恋の契り―魍魎調伏師転生譚　真宮藍璃著　シーラボ，三交社発売　（ラルーナ文庫）
【要旨】血に染まる戦場に立つ痩身の男と、彼につき従う二人の銀髪の武者―。何年も前から同じ夢を見続けてきた水樹は、ある日不気味な化け物に襲われる。恐怖に震える水樹を助けに現れたのは、水樹が憧れを抱いていた双子の兄弟、ジンとライだった。二人は水樹の目の前で、何度も夢に出てきた、あの銀髪の武者たちの姿へと変わっていく。定められた使命を果たすため、水樹は彼らの主となり、夜ごと契りを結ぶことになるが…。
2017.10　267p　A6　¥700　①978-4-87919-998-0

◆ダブル・バディ―愛欲の絆　真宮藍璃著　オークラ出版　（プリズム文庫）
【要旨】SPとして要人警護をする塚本は、かつて親友だった八神と二年ぶりに再会する。衆議院議員となった彼の警護を、後輩の奥寺とともに担当することになったのだ。二年前、友情を踏みにじるように、塚本をレイプして去った八神。それなのに、再会した途端、八神は塚本に快感を覚えると手を伸ばしてくる。それを奥寺に目撃されたことで、三人の関係は大きく変わっていき―。
2017.8　263p　A6　¥639　①978-4-7755-2696-5

◆放課後は獣の時間　真宮藍璃著　二見書房　（シャレード文庫）
【要旨】「お二人でいっぱいに、なってますっ！」階級社会が残る獣騎士の世界。兄の不可解な死によって若くして一族の長となり全寮制義務教育機関・エコールに入学した奏生は、母が人間ゆえ身体的に未成熟だった。覚醒には濃い血を持つ貴族の精を受けること―それも複数。学生評議会の執行部役員である銀髪のアレクシスと、とびきり高貴な血統の二人に懇願し、奏生は人間、半獣、獣姿の二人にあらぬ形で抱かれるのだが…。
2017.2　265p　A6　¥657　①978-4-576-17005-3

◆黒獅子王の隷妃　眉山さくら著　リブレ　（ビーボーイスラッシュノベルズ）

ヤング・アダルト小説

【要旨】「身体の奥にまで俺の証を刻み付けて、俺のことしか考えられなくしてやろう」生き別れの母を捜すため、バルバロス帝国に密入国しようとした自由民の青年・凛花は兵士に捕われる。特別な能力を持ち黒獅子に変身できる最強の王・アレクシオの前に突き出され、王の奴隷となることを命じられる。無垢な陰茎を縛られ、孔をねっとり弄られて強い快感に悶える凛花は王の熱塊で更なる悦楽に啼かされる。毎夜王に犯され、母を捜すため城を抜け出したい凛花だが、母を慕うレイルと日々が始まり!?
2017.9 242p 19cm ¥890 ④978-4-7997-3446-9

◆パペット 丸木文華著 徳間書店 （キャラ文庫）
【要旨】「君のネームは面白くない。俺の言う通りに描けば必ずヒットさせてやる」。大手少年誌で連載が取れず燻っていた新人漫画家の紡。そんな紡に初対面で傲慢に宣言したのは新担当の桐谷だ。担当作品は全てヒットしアニメ化の実績を持つ桐谷は、紡の作風を全否定!!渋々従うことにした紡だが、指示の下に描いた新作が大反響で連載決定！不満を飲み込み言われるまま原稿を描く日々が始まって!?
2017.1 267p A6 ¥620 ①978-4-19-900866-5

◆蜜華の檻―堕ちた麗人 丸木文華著 KADOKAWA （角川ルビー文庫）
【要旨】「困っているなら助けてやる」屋敷を売らなければいけない程に困窮した華族家の長男・千秋に手を差し伸べたのは、かつては対立し、会いたくないと思っていた同級生・眞鍋だった。千秋と病弱な姉ごと屋敷を引き取るという資産家の眞鍋の提案に、やむなく従う千秋。姉が目当てではと疑うが、眞鍋は不自然に千秋に触れ、過去の過ちを呼び覚ます。その感情に目を背けていた折、三人の関係を大きく変える事件が！独占欲を剥き出しにした眞鍋は、千秋を夜ごと陵辱して…。
2017.5 237p A6 ¥620 ①978-4-04-105569-4

◆BLチート転生 御影志狼著 一迅社 （ロワ・ブラン）
【要旨】轢き逃げで死亡した先で出会った女神によって、異世界に行くことになってしまった私。どうやら、腐女子な女神様の計らいで、あらゆる能力付き（BLの愛されチートももちろんたっぷり）の美少年・ユーリとして転生するらしい。女神の意向に沿ったこの世界では、義理の父親も、超有能執事も、ユーリの周りは美形だらけ！しかも、夜にやってきた義父が、ユーリに悪戯をしながら自身の一物を見てしまい…？
2017.11 319p 19×12cm ¥960 ④978-4-7580-9000-1

◆リュカオンの末裔 水樹ミア著 リブレ （ビーボーイノベルズ）
【要旨】オメガがアルファに支配され、アルファの子供を孕むための道具のように王宮で管理されている白国。成人しても発情期が訪れないシアは、子を産めない「役立たずのオメガ」として王宮の外に捨てられ、青年医師イズマに救われる。初対面のシアを優しく守り、本当に心配してくれたイズマ。実は彼は白国と敵対する黒国の強力なアルファだった。発情できない出来損ないと言われていたシアだが、イズマに惹かれる気持ちを止められず…！二人の間に命が生まれる後日談「アルカスの光」も収録。
2017.5 249p 19cm ¥890 ④978-4-7997-3328-8

◆スイーツ男子の恋愛事情 水島忍著 オークラ出版 （プリズム文庫）
【要旨】隠れスイーツ男子の冬真は、同じクレープを買おうとしたことがきっかけで諒介というイケメンと知り合った。彼は冬真とは違い、スイーツ好きを隠さないタイプらしい。強引になうパンケーキの店に誘われて、そこから仲間としての付き合いが始まった。諒介と会うのは楽しく、次は自分たちで作ってみようという彼の誘いを、冬真も快諾した。すると、「約束だよ」と突然唇を奪われて―!?
2017.8 250p A6 ¥630 ①978-4-7755-2697-2

◆王と緋の獣人 水白ゆも著 心交社 （ショコラ文庫）
【要旨】人間と獣人が共存する「鳳凰国」。第二王子である碧泉は王位継承の証である翡翠と藍の瞳を持っていた。だが成人を迎える直前、山賊に攫われた碧泉は「封印剣」にて王位継承権を封じられ、同時に宝石のような瞳は昏く濁ってしまう。そのまま高値で闇競売にかけられるが、見た事もない大兄が乱入し碧泉を助け出してくれた。間一髪救ってくれたその大兄は、幼い頃宮殿下で出会い、連れ帰った子猫の獣人・朱虎の成長した姿で…。
2017.9 273p A6 ¥690 ①978-4-7781-2279-9

◆さよならピリオド 水白ゆも著 心交社 （ショコラ文庫）
【要旨】あの時、俺は間違えた―。35歳のクリスマス直前、翔太は彼女に振られた。気づけば周りは彼女持ちや結婚済みで虚しさを覚える。そんななか思い出すのは元彼女ではなく、大学時代に出会った太一だ。強面でとっつきにくそうな第一印象だったが、付き合ってみるとウマが合って気のおけない友人になった。だが五年前、酒に酔って一線を越えてしまう。酔いが醒めた翔太は動揺し「男同士なんてありえない」と口走ってしまい…。
2017.10 241p A6 ¥660 ⑤978-4-7781-2299-7

◆旭光に抱かれて眠れ 水原とほる著 海王社 （ガッシュ文庫）
【要旨】陸自の特殊任務隊に所属するストイックで秀麗な秋元。数年前の実務任務の怪我で足を負傷し現役を退いて以来、才能ある人材のスカウトマンだ。今度のスカウト対象は、総務大臣の私設秘書兼SPに就く旭。旭に協力を頼むと、思いがけず入隊の条件として秋元の身体を求め出すらいうか条件にして身体を差し出すらしくないもんでないこと。抱かれるのは一度きりのはずだったが、最初の任務ののち、ふたたび旭に身体を求められて…？
2018.1 277p A6 ¥720 ⑤978-4-7964-1049-6

◆刹那と愛の声を聞け 水原とほる著 徳間書店 （キャラ文庫）
【要旨】俺のためにヤクザから足を洗ってほしい―恋人には、決して言えない儚い望みを抱く商社勤めの貴生。浜村組の若頭補佐を務める藤堂は、一度別れ再び恋人となった男だ。どんなに激しく抱き合っても「また何かあったらおまえを捨てる」と告げる藤堂。過去に組の抗争に巻き込まれ、拉致監禁された貴生を想っての一方的な言葉に、内心反発していた貴生。そんな折、再び組で抗争が勃発して!?
2017.4 243p A6 ¥600 ①978-4-19-900874-0

◆ピアノマンは今宵も不機嫌 水原とほる著 徳間書店 （キャラ文庫）
【要旨】無愛想で精悍な男が生み出す、洪水のように激しい音色―初めて聴いたジャズピアノに、強烈に惹かれた広告マンの史也。演奏していたのは、医学部の大学生・泰介。天涯孤独で、工事現場のバイトをかけもちする泰介は、「ピアノは学費を稼ぐためだ」と切り捨てる。そう言いつつ、鍵盤に感情を叩きつけるくせに―演奏でしか自分を表せない泰介の不器用さに気づいた史也は、バーに通い始めて!?
2017.10 237p A6 ¥600 ④978-4-19-900895-5

◆百千万劫に愛を誓う 水原とほる著 徳間書店 （キャラ文庫）
【要旨】同じ施設で育った幼馴染みが、凛々しい僧侶になっていた!?美貌と才覚を武器に悪辣な金貸し業を営む幸男。また、偶然再会したのは僧侶の佳純だ。幼い頃と変わらぬ純朴な優しさで接してくる佳純に、幸男は心を癒されていく。「俺と同じ辛い境遇だったはずなのに、なぜあれほどまでに無垢なんだ!?佳純に安らぎを覚える一方、自分と同じ泥沼に堕としたいという昏い欲望にかられ!?
2017.7 241p A6 ¥600 ④978-4-19-900887-0

◆まじない歌人の恋心 水原とほる著 海王社 （ガッシュ文庫）
【要旨】ある朝、区役所に勤める相楽雅文の元に、男前の弁護士の和田が訪ねてくる。話によると雅文の先祖は「呪い歌」で和田の依頼人に災いをもたらしているという。確かに相楽家の祖先は高名な歌人だったが俄に信じられないもの、調査のため不愛想な和田と行動を共にする雅文。そしてゲイで消極的すぎて恋愛経験が乏しい雅文は、和田の真面目で優しい一面に触れて想いを募らせていく。だが文献を調べていくうちに呪いを解こうとする者にまで不運をもたらすことを知り―。
2017.10 249p A6 ¥639 ⑤978-4-7964-1063-2

◆巫女神楽の夜の契り 水原とほる著 幻冬舎コミックス、幻冬舎 発売 （幻冬舎ルチル文庫）
【要旨】研究資料を借り受けるため山奥の村を訪れた氏原充紀は、特別な祭事期間のためよそ者は入村できないと言われ困っていたところ、東京から帰省してきた貴臣公則に助けられる。一転、公則と共に山神へ奉納する巫女神楽を舞うように強引に引き留められる充紀は次々と起こる不可思議な出来事に怯えながら、公則に惹かれていく自分に戸惑うが…。
2017.3 251p A6 ¥630 ④978-4-344-83965-6

◆精霊使いと花の戴冠 深月ハルカ著 幻冬舎コミックス、幻冬舎 発売 （リンクスロマンス）
【要旨】「太古の島」を二分する弦月国と焔弓国。この地はかつて、古の精霊族が棲む島だった―。弦月大国国の第三公子である珠狼は、焔弓国に占拠された水晶鉱山を奪還するため、従者たちを従え国境に向かっていた。その道中、足に矢傷を負ったレイルを乗る青年に出会う。共に旅をするにつれ、珠狼は無垢な笑顔を見せながらも、どこか危うげで儚さを纏ったレイルに心奪われていく。しかし、公子として個人の感情に溺れるべきではないと、珠狼はその想いを必死に抑え込むが、焔弓軍に急襲された際、レイルの隠された秘密が明らかになり―？
2017.9 259p 19cm ¥870 ④978-4-344-84077-5

◆寂しがりやのレトリバー 三津留ゆう著 幻冬舎コミックス、幻冬舎 発売 （リンクスロマンス）
【要旨】高校の養護教諭をしている支倉晋は、過去の出来事のせいで人を愛することに臆病になり、一夜限りの関係を続ける日々を送っていた。そんなある日、彼の街で遊び相手の男といるところを生徒の湖賀千尋に見られてしまう。面倒なことになったと思うものの、湖賀に「先生も寂しいの？」と聞かれ戸惑いを覚えてしまう支倉。「だったらおれのこと好きになってよ」と縋りつくような湖賀の瞳に、どこか自分と似た孤独を感じた支倉は、駄目だと思いつつ求められるまま身体の関係を持ってしまうが―。
2017.1 297p A6 ¥870 ①978-4-344-83898-7

◆親友に溺愛されています 御堂なな子著 幻冬舎コミックス、幻冬舎 発売 （幻冬舎ルチル文庫）
【要旨】結婚式で花嫁を略奪された啓は、傷心を癒すため実家に帰省していた。そこで、地元の和菓子店を継いでいる同級生の東江と再会する。東江は、絶交してしまった元親友で、初恋の相手でもあった。懐いてくれた東江の甥っ子たちや、昔と変わらず優しい東江に囲まれているうちに笑顔を取り戻していくが、一緒にいるとあの頃の気持ちがよみがえってきて―。
2017.4 251p A6 ¥600 ⑤978-4-344-83988-5

◆神狼さまの恋薬 御堂なな子著 幻冬舎コミックス、幻冬舎 発売 （幻冬舎ルチル文庫）
【要旨】銀色の髪を持つことから街の人々に忌み嫌われていたトウリは、優しい祖父母と三人でひっそりと暮らしていた。ある日、街の長の娘の病気を治すため生贄にされそうになったところ、蔡牙という美しい神様に救われる。懐かしい匂いを纏う蔡牙に、次第に惹かれていくトウリ。だが、トウリには誰にも言えない秘密があって…。
2017.2 220p A6 ¥600 ①978-4-344-83938-0

◆豪華客船で恋は始まる 13 水上ルイ著 リブレ （ビーボーイノベルズ）
【要旨】大学生・湊の恋人は、大財閥の次期総帥で世界一の豪華客船の船長エンツォ！大事な友人に裏切られ、自分の無力を噛みしめた湊は、もっと強くなりたいと願う。折しもPV2は深い森林と豊かな海の国ニュージーランド。エンツォを宝物のように閉じ込めて自分が守りたいという欲望を押し伏せ、湊に武道の達人ラガを紹介する。さらに海洋生物調査に参加した湊は絶滅危惧種のイルカ「クプクプ」の歌声を聞き…!?
2017.9 255p 19cm ¥890 ①978-4-7997-3491-9

◆銀の獅子と身代わり姫 水無月さらら著 KADOKAWA （B・PRINCE文庫）
【要旨】ヴァリエと呼ばれる半獣の種族と人間が共存するグロリア王国。士官学校卒業後すぐに近衛隊員に大抜擢されたマルスは、美しい獅子のヴァリエである隊長のオスカーから、女装をして世継ぎの姫の影武者となる極秘任務を告げられる。だが、自身も知らなかったマルスの正体は、その力を怖れられ封印された白ヒョウのヴァリエだった。仲間としての絆と愛を深めてゆく二人を待ち受けるものは。秘められた獣たちのラブファンタジー。
2017.2 235p A6 ¥640 ①978-4-04-892519-8

◆死にたい病に効く薬 水無月さらら著 ブランタン出版、フランス書院 発売 （プラチナ文庫）
【要旨】幼い頃に双子の兄を亡くし、親の愛情を貰えず大人になった涼也。自己評価が低く、耐え難い自己嫌悪に陥る時がある。そんな時は行きずりの男に酷く抱かれて、擬似的な死を演じている。だが、その夜に出会った美貌の男・双樹は、願望とは真逆の甘い快楽で涼也を泣か

ヤング・アダルト小説

せた。優しく包み込まれたようで心惹かれながらも、彼とは一夜限りのはずだった。なのに思いわぬ再会をして…。
2017.2 246p A6 ¥600 ①978-4-8296-2626-9

◆**純白の少年は竜使いに娶られる** 水無月さらら著 幻冬舎コミックス,幻冬舎 発売 （リンクスロマンス）
【要旨】繊細で可憐な美貌を持つ貴族の子息・ラシェルは、両親を亡くし、後妻であった母の遺書から、自分が父の実の子ではなかったと知る。すべてを兼ね備えた、精悍で人を惹きつける魅力に溢れる兄・クラレンスとは違い、正当な血統ではなかったと知ったラシェルは、すべてを悲観し、自分を慈しみ守ってくれていた兄に相談しては決心が揺らぎ縺ってしまうと思い、黙って家を出たラシェル。しかし、その事実を知り激昂したクラレンスによってラシェルは神学校から攫われてしまい!?
2017.7 246p 19cm ¥870 ①978-4-344-84027-0

◆**人形遊びのお時間** 水無月さらら著 徳間書店 （キャラ文庫）
【要旨】大きな瞳に豪華なドレスを纏った、等身大の美少女人形—。天才人形師の友人から突然ラブドールを送りつけられた作家のガブリエル。俺にも人形を愛でる趣味はないが…渋々預かったけれど、人形のミレーヌは一日中椅子の上で動かず、食事も風呂も必要ない。意を決して仕事に没頭していた矢先、雨に濡れたミレーヌが熱で倒れてしまった!!なんと彼女は生身の少年で、しかも記憶をなくしていて!?
2017.12 256p A6 ¥620 ①978-4-19-900901-3

◆**ハニーベアと秘蜜の結婚** 水瀬結月著 リブレ （ビーボーイノベルズ）
【要旨】就活に行き詰っていた大学生の美都は、国内外問わず人気の超高級はちみつブランドのオーナー・神居に雇ってもらえることに。彼の有能な仕事ぶりと社員の評判に惹かれて美都。しかも、ドライブに誘われれば手作りの料理を振る舞ってくれるようなイケメンぶり。ところが、美都のクマ嫌いな克服を社長室でおこなうことになり、なぜか自分の指ごとはちみつをなめらかに甘く強いてくる神居。そして、ハチに襲われそうになった美都をかばった神居が、なんと、クマに変化してしまい…!?もふもふ最強のクマ紳士との溺愛。
2017.11 254p 19cm ¥890 ①978-4-7997-3563-3

◆**もふもふ保育園とうさぎの花嫁** 水瀬結月著 KADOKAWA （角川ルビー文庫）
【要旨】「待たせてごめん、ましろちゃん。結婚しよう」"人間に変化する動物たち（=ケモ）"のひみつの保育園「こんぽこ園」で保育士をする楓実のもとに『大牙組』の跡取りの大牙が突然結婚を迫ってきた。大牙曰く、子兎の楓実に一目惚れして"ケモ"にしてくれたお山の神様に頼んだのが彼で、20年待ったのだ、という。楓実には意味不明だけれど、熱心に園に通い、虎らしい大らかな性格で周囲を明るくする大牙に、次第に楓実も絆されて…?
2017.8 238p A6 ¥640 ①978-4-04-105688-2

◆**もふもふ保育園とはらぺこ狼** 水瀬結月著 KADOKAWA （角川ルビー文庫）
【要旨】風邪っぴきの子供を抱えた見ず知らずの父親を見かねて、声をかけた保育士の初音。ところが、その子供には、三角耳としっぽが生えていた—!?偶然にも狼人間である迅剛とその息子・将勝と出会った初音は、将勝に懐かれた縁で、大学の社長の迅が経営する"動物たちのひみつの保育園"「こんぽこ園」に就職することに。ケモっ子に囲まれてもふもふ充する一方、せっかちで尊大な迅からは「美味そうな匂い。喰っていい？」と味見を強要されて…!?もふもふ保育園ラブ!
2017.5 238p A6 ¥620 ①978-4-04-105687-5

◆**宮廷絵師と子爵、もしくは暗殺者と泥棒** 水壬楓子著 海王社 （ガッシュ文庫）
【要旨】国王直轄の守衛隊の長官を勤める義母兄の下、暗殺者として働くオーリ。肖像画家として、その腕と美貌で貴族たちの館を渡り歩き、目的のために必要な情報を利用することから厭わない。幼い身に身寄りを亡くし、ひどい境遇にあったのを救ってくれた兄の役に立ちたくて、自ら志願した。一方、子爵でありながら、私腹を肥やす貴族から金品を奪う盗賊のクライン。あるパーティーで出会った二人は互いの正体を知らないまま惹かれ合うようになるが—。
2017.7 279p A6 ¥670 ①978-4-7964-1025-0

◆**最凶の恋人—10days Party** 水壬楓子著 リブレ （ビーボーイスラッシュノベルズ）
【要旨】カジノ船クルーズに招待された柾鷹と遙。イタリアンマフィア・レオのお声掛かりのそのクルーズには裏があるとにらむ柾鷹だったが、遙は素直に柾鷹との甘い時間を楽しんでいた。船内で3つの事件が起こり、柾鷹と遙を巻き込むが…。後編、柾鷹&遙、ついに初めての新婚旅行へ!?豪華船上で遙に壁ドン、シャンパン口移し、指輪のプレゼント…最凶の極道・柾鷹が魅せる激しくスイートなハネムーンラブ。
2017.5 280p 19cm ¥970 ①978-4-7997-3201-4

◆**最凶の恋人—組員日記 2** 水壬楓子著 リブレ （ビーボーイスラッシュノベルズ）
【要旨】ついに2冊目！押忍！神代会系千住組部屋住み、木野祐作=日記、続いてます！なんでもアリの極道BL「最凶の恋人」シリーズ影の主役（？）下っ端組員・祐作の日常は、組長・柾鷹と姐さん・遙のラブラブ観察日記!?緊迫しない、組長のワガママに振り回されたりの下っ端組員の気苦労絶えない極道ライフで本編「一覚悟の日一」裏話まで網羅！出版版日記と描き下ろし漫画、書き下ろし『深津ノート』も入って大ボリュームでお届け。
2017.5 275p 19cm ¥970 ①978-4-7997-3200-7

◆**誓いをどうぞ** 水壬楓子著 海王社 （ガッシュ文庫）
【要旨】世界的なホテル・チェーンのオーナーである桐原とモデルの暁斗は恋人同士。恋人に捨てられ仕事も干されていたところを桐原に拾われ、暁斗は世界的モデルになった。共に暮らし始めて1年たっても桐原は相変わらず過保護で、気にかけてくれるのが嬉しい半面、信用されていないような気もして…。15も年上の桐原と対等になれるとは思っていないけれど、子供扱いがちょっと面白くない暁斗は、ある日、決意し—!?桐原父とリックの25才差カップルの短編も収録。
2017.2 245p A6 ¥620 ①978-4-7964-0811-0

◆**晴れの日は神父と朝食を** 水壬楓子著 幻冬舎コミックス,幻冬舎 発売 （リンクスロマンス）
【要旨】ドイツ生まれの椰島可以に引き取られ日本で暮らしていた。家でも大学でも可以に使われ、大学の同級生には同情されていたがディディエは可以のことが大好きで、二人の生活には満足していた。しかし、そんな二人にはある秘密があった。実は吸血鬼であるディディエは週に一度、可以に血を飲ませてもらうかわりにセックスをする必要があった。そんなある日、ディディエは大学内で突然、「吸血鬼だよね？」と同級生に話しかけられ—!?

◆**満月の夜は吸血鬼とディナーを** 水壬楓子著 幻冬舎コミックス,幻冬舎 発売 （リンクスロマンス）
【要旨】教会の「魔物退治」の部門に属し、繊細な雰囲気の敬虔な神父である桐生真凪は、教会の中でも伝説のような吸血鬼・ヒースと初めてコンビを組んで、日本からの依頼のあった魔物退治に行くことになる。長身で体格もいい正統吸血鬼であるヒースに血を与える代わりに、「精」を与えなければならず、真凪は定期的にヒースとセックスをすることに。徐々に彼に惹かれていく真凪だが、事件を追うなかでヒースが狙われていることを知り、真凪は隠されているように指示し、自分は必死に黒幕の正体を探ろうとする。しかし、途中、真凪が拉致されてしまい—。
2017.1 252p 19cm ¥870 ①978-4-344-83848-2

◆**undercover アンダーカバー** 水壬楓子著 大洋図書 （SHYノベルス）
【要旨】迷い猫探しが得意な探偵・榊は呼び出しがかかると「国際安全守護者会議」通称メリッサと呼ばれる秘密機関の捜査員になる。ある日、チンピラに絡まれている美麗な男を助けた榊は男に誘われラブホテルに一。しかし気がつけば財布の中身3万円と男は消えていた。危機感が薄れていることに苦い思いを抱く榊だが、あらた潜入捜査先の製薬会社で偶然にも、美人秘書をしているその男に出会う。この捜査を最後にメリッサをやめる覚悟をしていた榊だったが—。潜入捜査官と美人秘書の陰謀と恋の駆け引きの行方は!?
2017.9 294p 18cm ¥970 ①978-4-8130-1304-4

◆**鬼はここに居る** 宮緒葵著 プランタン出版,フランス書院 プラチナ文庫
【要旨】日陰の身にもかかわらず慈悲深く麗しい主君・月千代に忠誠を誓う、近習の雛丸。に、自分のためにその手を穢させてしまい、無念の思いで共に出奔した。けれど月千代は軛から解き放たれたように艶やかで、獰猛さを滲ませた顔をする。「真のまぐわいというものを教えてやろう」遊女屋で座敷に収まった月千代に囁かれ、恍惚のまま身を任せた雛丸は、やがて物狂おしい想いに囚われ—。
2017.9 260p A6 ¥620 ①978-4-8296-2633-7

◆**桜吹雪は月に舞う** 宮緒葵著 海王社 （ガッシュ文庫）
【要旨】高位旗本統山家の跡取りで永崎奉行・統山鷹文の一人息子・好文は、家出をしてごろつきに狙われた所を、金眼の男に助けられた。異様な存在感を放つその男という男は一目見て好文に惚れたという。好文を甲斐甲斐しく世話し、甘やかす明星。共に過ごすうちに、愛情だけでなく快感までも与えてくれる男の存在は好文の中で大きくなっていった。しかし明星には、好文の知らない裏の顔があり—？
2017.7 317p A6 ¥710 ①978-4-7964-1026-7

◆**祝福された吸血鬼** 宮緒葵著 徳間書店 （キャラ文庫）
【要旨】不老の肉体と高い魔力を持つ、死と闇の眷属・吸血鬼—。元は小国の王子だったアウロは、外見は弱冠17歳の美少年。生きることに飽いていたある日、獣人の、少年を見殺ろう少年を拾う。傷つき疲弊した彼は、実は王位継承争いで国を追われた王子だった!!アウロの正体を知っても愚義を感じ、忠誠を誓うこと五年。華奢で愛らしかった養い子は、若き獅子のような青年へと成長して!?
2017.6 267p A6 ¥620 ①978-4-19-900881-8

◆**極上の恋を一匙** 宮本れん著 幻冬舎コミックス,幻冬舎 発売 （リンクスロマンス）
【要旨】箱根にあるオーベルジュでシェフをしている伊吹周は、人々の心に残る料理を作りたいと、日々真摯に料理と向き合っていた。腕も人柄も信頼できる仲間に囲まれ、やりがいを持って働く周だったが、ある日突然、店が買収されたと知らされる。新オーナーは、若くして手広く事業を営む資産家・成宮雅人。視察に訪れ早々、店の方針に次々と口を出す雅人に、周は激しく反発する。共に過ごす中で、雅人の仕事に対する熱意や、不器用な優しさに気付き始めた周は次第に心を開くようになり—。
2017.11 291p 19cm ¥870 ①978-4-344-84109-3

◆**はつ恋ほたる** 宮本れん著 幻冬舎コミックス,幻冬舎 発売 （リンクスロマンス）
【要旨】伝統ある茶道の家元・叶家には、分家から養女を貰うというしきたりがあった。男子しかいない分家の六条家には無関係だと思っていたものの、ある日本家の次男・悠介から、ひとり息子のほたるを養女にもらいたいとの申し出が舞い込んでくる。幼いころ周りの大人に身分違いだと叱られたのも気にせず、なにかと面倒を見てくれたほたるの初恋の人だった。しきたりを守るための形式上だけと知りながらも、悠介にまるで本物の許嫁のように扱われることに戸惑いを隠せないほたるは…。
2017.4 259p 19cm ¥870 ①978-4-344-83985-4

◆**山神さまと花婿どの** 向梶あうん著 幻冬舎コミックス,幻冬舎 発売 （リンクスロマンス）
【要旨】生まれてすぐに両親を亡くし、村の片隅でひっそりと暮らしていたミノルは、ある日、村長が雨ならいのために山神への生贄を捜しているという話を聞く。天涯孤独の自分の身が役に立つならと、自ら生贄として山へ分け入ったミノルの前に現れたのは、目も覚めるような美しい白い毛並の大きな狼だった。「おれこそが山神だ」と名乗る狼は、人を喰らう恐ろしい存在だという村での噂とは裏腹に、ぶっきらぼうだがどこか優しく、初めて自分の居場所を見つけられた気がしたミノル。
2017.5 247p 19cm ¥870 ①978-4-344-83996-0

◆**リカちゃん先生にご用心** 桃吉著 MUGENUP,星雲社 発売 （エクレア文庫）
【要旨】この学校には近づいてはいけないものが三つある。一つ怒った教頭。二つ旧校舎。そして「いけない子にはお仕置きだな」リカちゃん先生には絶対に近づいてはいけない！ドS俺様教師×ツンデレ生意気生徒のイケナイ溺愛甘々学園生活が始まる!?
2017.10 288p 19×12cm ¥925 ①978-4-434-23628-0

◆**淫魔に操を奪われました** 森本あき著 海王社 （ガッシュ文庫）

【要旨】学生の綾人には最近悩みごとがある。夜は元より講義中でもエロい夢ばかり見てしまうのだ。イケメンの親友の悠真にいじわるな顔をして「悪夢を見ればいい」なんて言われたからだろうか。夢の中では何故か悠真が綾人の恋人になって現れ、淫らな悪戯をしかけてくる。裸エプロン姿で乳首をいじられたり、ミニスカナース服でご奉仕させられたり…。恥ずかしいはずなのに快感は徐々に増していく。そして淫夢を繰り返すうちに、綾人はいつの間にか悠真に心惹かれていき—？ 淫魔×美貌の学生。
2017.4 215p A6 ¥620 ①978-4-7964-0989-6

◆ご主人様の結婚事情　森本あき著　フロンティアワークス　（ダリア文庫）
【要旨】両親を亡くし、叔母夫婦の元で暮らす賀月。これ以上迷惑かけたくないから、名家の跡取り・京介の専属お世話係として住み込みで働くことに。初めて会ったその日にお互い恋に落ち、誰にも知られないまま秘密の恋人関係を続けて早4年…。濃密な甘い日々を過ごしていたが、ついに京介の結婚話が舞い込んでくる。実は家のしきたりで、25歳の誕生日に京介は結婚しなければならなくて!?
2017.8 226p A6 ¥620 ①978-4-86657-034-1

◆プリンスさまの子羊ちゃん　森本あき著　海王社　（ガッシュ文庫）
【要旨】翼は、幼なじみで大富豪の息子・健斗に長い片想いをしている。健斗は庶民的で平凡な育ちながらも翼は「完全特待生」として、資産家の子息しか入学できない男子高校・私立朝日奈学園に入学することに。だが完全特待生は、授業料等が全額免除になる代わりに、生徒会メンバーの性的なおもちゃにならなくてはと決められていた。生徒会役員に襲われそうになるたび助けてくれる健斗に恋心は募り…？
2017.10 221p A6 ¥630 ①978-4-7964-1039-7

〔や・ら・わ行の作家〕

◆きつねに嫁入り—眷愛隷属　夜光花著　リブレ　（ビーボーイノベルズ）
【要旨】討魔師という魔を祓う力を持つ一族の末端にいる慶次は、神の使者である子狐を身体に宿す半人前の討魔師。白狐が眷属のエリート討魔師の有生とは兄を助けてくれたお礼とはいえ、恋人でもないのに身体の関係があり、相変わらず、好きじゃないけど「セックスしよう」とかられからの毎日。この異常な状況をどうにかしないとと思いつつ、有生に触られると狐耳が出ちゃうほど気持ちよく蕩けてしまう！ そんな2人が組んでの初仕事で、どうも有生を怒らせてしまったみたいで前途多難…!?
2017.9 240p 19cm ¥890 ①978-4-7997-3487-2

◆眷愛隷属—白狐と狢　夜光花著　リブレ　（ビーボーイノベルズ）
【要旨】高校生の慶次の夢は、討魔師になること。討魔師は神の使者である動物を眷族として身体に宿し、その力を利用して魔を倒す存在。その討魔師試験のため本家を訪れた魔次は、大嫌いな天敵だった、白狐が眷族の本家の次男、有生と鉢合わす。会うたび「セックスしよう」とからかってくる有生に慶次はウンザリしつつ、過酷な試験を突破する。そんな慶次の初仕事は白狐に憑かれた兄を救うこと。まだ未熟な自分では太刀打ち出来ず、不真面目だが強い有生に助けを求めるが見返りに身体を要求され!?
2017.3 225p 19cm ¥890 ①978-4-7997-3266-3

◆少年は神と愛を誓う　夜光花著　大洋図書　（SHYノベルス）
【要旨】キャメロット王国に呪いをかけた魔女モルガンとの闘いを控えたなか、妖精王に連れ去られたランスロットがいまだに帰ってこないものの、神の子である樹里は束の間の穏やかな時間を過ごしていた。アーサー王の子を妊娠していることが発覚してから、アーサーの樹里への愛情はますます深まり、その独占欲はときどき困惑するほどだった。そんなとき、以前にもやってきたケルト族の老婆で祈祷師のダヤンが、樹里の前で不吉な宣託をする。アーサーが身内に殺される、お前は亡霊を見る、と。不安になった樹里は妖精王の棲むラフラン領へ向かうのだが…。シリーズ、怒涛のクライマックス!!
2017.5 225p 18cm ¥860 ①978-4-8130-1312-9

◆少年は神の国に棲まう　夜光花著　大洋図書　（SHYノベルス）
【要旨】キャメロット王国に呪いをかけた魔女モルガンとの最終決戦に備え、アーサーや魔術師マーリンを始め、みなが慌ただしい時間を過ごしていた。そんな中、モルガンの毒を身に受けた樹里は、妖精王の力によって体の機能を止めることで、かろうじて生きていた。しかし妖精王の力はもって三カ月。それまでにモルガンを倒さなくては、樹里は死ぬ運命にあった。樹里を救うため、王国の呪いを解くため、アーサーは樹里とともに魔女モルガンの棲む山へ向かうのだが。少年は神シリーズ、ついに完結!!
2017.10 250p 18cm ¥880 ①978-4-8130-1315-0

◆リアルライフゲーム　夜光花著　幻冬舎コミックス、幻冬舎発売　（幻冬舎ルチル文庫L）
【要旨】没落した自身の境遇に不満を募らせていた佳宏は、裕福だった頃の幼馴染み、平良、透矢、翔太と八年ぶりに再会する。久々に皆でゲームをすることになるが、用意されていた内容に佳宏は愕然とした。それは、マスの指示をリアルに行う人生ゲーム。しかも隠されたマスには、とんでもない指令が書かれていて…？ "指令：隣の人とセックスする"
2017.1 317p A6 ¥680 ①978-4-344-83906-9

◆ぼくだけの強面ヒーロー！　山田夢猫著　イースト・プレス　（Splush文庫）
【要旨】母親の死後の再婚に動揺したユキは、家を飛び出し中学卒業まで住んでいたあかね町へ帰郷する。四年ぶりの再会だというのに、幼馴染の尾七は消防団の仕事に夢中で、ユキに対してそっけない態度を取っていた。日に焼け逞しく鍛えられた七尾の姿に、懐かしくも淡い気持ちが蘇るユキだが、過去のトラウマから互いに一歩踏み出せず、ぎこちない時間が過ぎていく。そんな中、あかね町に大型の台風が迫っているー!?
2017.5 223p A6 ¥680 ①978-4-7816-8608-0

◆ハイスペックな彼の矜持と恋　夕映月子著　二見書房　（シャレード文庫）
【要旨】外資系リサーチ＆コンサルティングファームの調査官兼分析官の槙は、その界隈では「初めてはマキくんで」と言われるほど紳士的なタチ。しかし自分を抱くときは、一度誰かに抱かれてみたい、完璧なタチの自分をぶち壊してほしい、という願望が芽生えていた。偶発的に及んだ超肉食系エリートビジネスマン・タカシのお試し行為は、槙の想像を超える快楽で…「男」の自分は死んだ―そう自覚した槙はタカシごと自分の性指向を封印することに。
2018.1 236p A6 ¥619 ①978-4-576-17191-3

◆楽園暮らしはどうですか？　夕映月子著　二見書房　（シャレード文庫）
【要旨】地方鉄道会社、日本海電気鐵道一通称かいぎんに鳴り物入りで入社した朝霞は同僚たちから嫉妬混じりに「東大クン」と呼ばれ居心地悪い毎日。人の機微には疎くても何より鉄道が好きなのに、一人をかけつきながら寡黙な運転士・市川。あまりのイケメンぶりにまるで接点を見いだせない朝霞だが、一人はさみしいからと部屋に上がり込まれ、連日鍋をする羽目に。「俺とつきあう？」口調の軽さとは裏腹に、問う眼差しは真剣で…。
2017.3 281p A6 ¥657 ①978-4-576-17022-0

◆俺様俳優がパパッ？—スキャンダルベビー　柚木ユキオ著　コスミック出版　（セシル文庫）
【要旨】テレビもない貧乏暮らしをしていた渉は、夜の街で傷だらけになっているところを東吾というやけにキラキラしたカッコいい男に拾われる。なんと彼は抱かれたい男No.1のいまをときめく人気俳優だった。芸能界にうとく金に困っている渉は、人にとっても失礼な舟だったらしく、東吾の隠し子のお世話することになって…。決してバレてはいけない秘密の関係の行く末は!?
2017.3 287p A6 ¥680 ①978-4-7747-1309-0

◆甘くて純粋、少し悪党　雪代鞠絵著　幻冬舎コミックス、幻冬舎発売　（幻冬舎ルチル文庫）
【要旨】トラウマを抱えつつ地味に暮らしている大学院生の真中祐一と、華やかな世界に居ながら悩みを抱える超美形の人気モデル・菫莉。全く接点のなさそうな二人は秘密の恋人同士。なぜ自分なんかと…と引け目を感じている祐一は、菫莉に新しい恋人ができたと知っても何も言えず。身体を縛ることで心を曝け出す、濃密エロティッククラブ!!
2017.3 286p A6 ¥660 ①978-4-344-83972-4

◆翡翠の森の眠り姫　弓月あや著　笠倉出版社　（クロスノベルス）
【要旨】「抱きしめて慰めたい。それが怖いなら、せめて、お手に触れてもよろしいでしょうか」ロンドンの片隅で兄と身を寄せ合って暮らす少年・翠。翠は接触恐怖症で、特に男の人が怖くて仕方がない。だが、雨の中出会った貴公子のヴィクターは、翠の怖がることは一切せず、豪華な伯爵邸でただただ優しくもてなしてくれた。翠は彼の身の甘やかな態度に心を溶かされ、抱きしめられたいとさえ願うように。しかし、ある時、ヴィクターに拒絶反応を起こし、彼を深く傷つけてしまって…。
2018.1 235p 19cm ¥890 ①978-4-7730-8870-0

◆仁義なきオレのパパ！　ゆみみゆ著　コスミック出版　（セシル文庫）
【要旨】小さな保育園で日々奮闘している保育士の相楽友羽は、あるマンションの前に立っていた。隣で手をつないでいる冬馬を母親が育児放棄し、保育園に預けっぱなしにしているため、持たされていた連絡先の父親のところに訪ねてきたのだ。冬馬を気の毒に思い、惜しからた友羽だったが、いざ冬馬の父親という男に会ってみると、なんと彼はヤクザで、けんもほろろに追い返されてしまい—!?
2017.7 255p A6 ¥600 ①978-4-7747-1347-2

◆ハーフ社長は黒バラの騎士ー姪っ子モデル騒動記！　ゆみみゆ著　コスミック出版　（セシル文庫）
【要旨】麻宮七生はもうすぐ三歳になる姪のあんずを抱っこしながら子供モデルのオーディション会場のあまりの盛況ぶりに呆然としていた。あんずの人見知りの改善になればと思って応募したのだが、その大人数に後悔し帰ろうとする七生は、なんとその会場で大富豪のジョシュアと運命的な出会いをする。ジョシュアはあんずをモデルに採用し、七生にもスケールの大きな贈り物攻勢をし始め—!?
2017.4 253p A6 ¥600 ①978-4-7747-1317-5

◆生徒会長と恋咲く桜花寮　夢乃咲実著　KADOKAWA　（B・PRINCE文庫）
【要旨】田舎から桜花学園に入学した理生は、桜花の華やかな環境に慣れずに孤立してしまう。そんな理生に声をかけてくれたのは「抜け駆け禁止」と言われるほど人気の生徒会長・秋永だった。しかも彼は、理生がずっと頑張ってきた剣道部の最強の剣士。剣だけでなく強く真っ直ぐな秋永の人柄に、しだいに惹かれていく理生。いつしか秋永も、不器用ながらも懸命な理生に心惹かれ、不意にキスしてしまう…！ それを他の生徒に見られて!?
2017.6 256p A6 ¥640 ①978-4-04-892897-7

◆電気執事は恋の夢を見るか　夢乃咲実著　二見書房　（シャレード文庫）
【要旨】亡き父の借金返済のため、貸し手の高瀬のもと辛い使用人生活を強いられている晶。ある日舞い込んだ高瀬の遺産相続話の運転手として宝蔵寺邸に向かうも、大雨によって足止め状態に。瀟洒な洋館で我侭な相続人たちの世話をしていたのは、整った美貌に慇懃な働きぶりを見せる執事・三刀谷だった。大型犬のウェルシーとともに晶を優しく守ってくれる三刀谷の本質を見出し心惹かれる晶だが、その完璧すぎる姿にある疑念が湧き上がり…。
2017.12 267p A6 ¥657 ①978-4-576-17174-6

◆転生の神王妃—夜に抱かれる少年　夢乃咲実著　リブレ　（ビーボーイノベルズ）
【要旨】神々を信仰する秘境で暮らす遊牧民の少年ニュイマは、神王の第三として突然城に連れられる。この先一生家族に会うことは許されないと知った悲しみから、夜にそっと部屋を抜け出したニュイマは、「悪魔の血筋」と恐れられる大臣ジグメと出会う。今まで見たことがない彼の褐色と黒い瞳は明らかに異国のもの。近寄りがたい一方、聡明で大人の包容力にあふれる彼に心を開いていくニュイマ。秘密の逢瀬を重ねていくうちに心惹かれ合っていくが、城の中の恐ろしい陰謀が二人に迫り!?
2017.1 240p 19cm ¥890 ①978-4-7997-3199-4

◆腹黒アルファと運命のつがい　ゆりの菜櫻著　シーラボ、三交社発売　（ラルーナ文庫）
【要旨】アルファ、ベータ、オメガのバース性が世に浸透して百年。名門瑛凰学園の生徒会長で世界屈指の企業・東條グループの将圧は、稀少で特別なアルファ。幼い頃から一つ上の貴島聖也を自分の「運命の番」と人に定め、今やハイスペックなストーカーと化している。だが聖也はアルファ。親友にはなれても伴侶にはなれない。そんな聖也に突然発情期が…。まさか聖也がオメガに変異!?—そこには将臣のある邪な力が働いていて…。
2017.4 281p A6 ¥700 ①978-4-87919-987-4

外国の小説

◆**傲慢上司と生意気部下** 義月粧子著 心交社（ショコラ文庫）
【要旨】ネット通販専門のアパレルメーカー勤務の久哉は、甘い容姿とは裏腹に自分にも他人にも厳しく、同僚たちから煙たがられていた。社内の中弛みした体制を立て直すため、外部からCEOとして実家系の二楷堂を招く。全く隙のない二楷堂に警戒していた久哉だが、システム部の要として彼と行動を共にすることが多くなる。そんな中、唯一の肉親である姉が事故で亡くなり、久哉は一人残された姪を引き取ると決めるが…。 2017.5 261p A6 ¥660 ①978-4-7781-2197-6

◆**触れないで甘い唇──テクノクラートの省内恋愛** 義月粧子著 KADOKAWA（B-PRINCE文庫）
【要旨】「俺のものになっちゃえよ」中央官庁勤めの椎葉は、美人すぎる技術官僚。その性格は辛辣でガードも堅い。そんな彼の前に現れたやり手の上司・本郷。彼は、押しが強く交渉事に長けているうえに解放にも育ちも良いパーフェクトな男だった。椎葉の冷たい態度にも臆することなく距離を詰め、気付けば唇を奪われてしまう。過去のトラウマから人との接触を避ける椎葉に、本郷は「クールに見えて隙だらけだ」と、甘いマスクで迫ってきて!? 2017.2 250p A6 ¥640 ①978-4-04-892619-5

◆**堕ちた天使は死ななければならない** 吉田珠姫著 二見書房（二見シャレード文庫）
【要旨】ジェフリーが勤めるニューオーリンズ警察に、娼館のゲイ殺害の一報が届く。金髪碧眼男性を狙った連続殺人一捜査に加わった安アパートで出会ったのは、類稀な美形レイモンドだった。子供時代、カルト教団に監禁されていた子どもたちの解放に関わっていたジェフリーは、彼が被害者の一人であることを思い出し、再会に心震わせる。急速に惹かれ合う二人だが、狙われたレイモンドを救ったのはジェフリーのいとこでFBIきっての有能捜査官カイルで…。 2017.8 316p A6 ¥700 ①978-4-576-17109-8

◆**怪気応変――二重螺旋 11** 吉原理恵子著 徳間書店（キャラ文庫）
【要旨】「尚人君に明日、通訳のアルバイトを頼めないか？」加々美から突然、火急の依頼を受けた雅紀。海外の新進ブランドとのコラボを前に、担当者が倒れてしまったのだ。尚人を業界に巻き込みたくない。けれど、加々美の頼みは断れない――。雅紀の苦渋の承諾をよそに、尚人は業界の裏側に関わって大興奮!!―見頼りなげな高校生なのに、物怖じしない自然な態度は、周囲の関係者の好奇心を煽り!? 2017.6 217p A6 ¥700 ①978-4-19-900882-5

◆**白銀のヴィオラント** 夜乃すてら著 一迅社（ロワ・ノベルズ）
【要旨】心優しい"悪役"と誠実で一途な従者が、運命に抗い立ち向かう"主従ラブ"ストーリー、ここに始動！三輩大和はある事故をきっかけに、薄幸の美青年・ヴィオラントの世界に入り込む。だがヴィオラントは、大和の好きな漫画『姫君は夜と踊る』で主人公に討たれる"悪役"だった。領主の息子のくせに家族に迫害され、小さな領地に追いやられていたヴィオラント。冷酷な運命を受け入れてひっそりと暮らしていた彼の前に、"守護騎士"希望の男・レジオンが現れる。してふたりが主従の契りを交わしたとき、「大和が知る未来」とは違った、新しい未来が築かれ始める―！ 2017.3 383p B6 ¥1200 ①978-4-7580-4918-4

◆**愛の奴隷になりました** 李丘那岐著 幻冬舎コミックス, 幻冬舎 発売（幻冬舎ルチル文庫）
【要旨】幼い日に両親を亡くした雪景と、政治家一族の長男として生まれた翔一郎。まるで正反対な似たもの同士が高校一年で出会い、衝突しながらやがて互いが互いの唯一になっていく。卒業目前、翔一郎が「親友」の一線を踏み越えてしまったことでふたりの関係もこれまでになりかねたが、出会いから十三年の時を経て、雪景は翔一郎の"奴隷"として傍にいた――。 2017.1 319p A6 ¥680 ①978-4-344-83855-0

◆**獅子王子と運命の百合** 李丘那岐著 心交社（ショコラ文庫）
【要旨】神社の四男・喜祥は、神事に訪れていたアラビア半島の小国・シンラー王国の王子ラシードに突然「私の牝になれ」と言われる。喜祥は彼と同じ獅子族で、人間の男だが獅子族の牝でもある、と。本気にせず怒った喜祥は、思いもしなかった"牝の穴"に指をねじ込み真実だと知らしめたラシードは、当然の"種付け"しよ

うとする。冗談じゃないと抵抗する喜祥に、お願いされるまで抱かないと約束する…。 2017.9 301p A6 ¥690 ①978-4-7781-2278-2

◆**副社長の甘やかし家族計画** 若月京子著 フロンティアワークス（ダリア文庫）
【要旨】両親を事故で失い、叔父の家でこき使われていた詩央。ある日叔父の命令で、子持ちの敏腕副社長・宗一の家で、住み込みの家政夫をすることに。最初は互いに警戒し合う二人だったが、一緒に暮らすうち、息子の一夏にも懐かれ、次第に打ち解けていく。愛とされ大切にされる日々に、初めての幸せを感じる詩央。時折彼の初心さを宗一からからわれて戸惑うが、いつしか彼の瞳は赤いものに、色気全開で迫られて?! 2017.6 250p A6 ¥620 ①978-4-86134-992-8

◆**不思議世界の白ウサギ** 若月京子著 オークラ出版（プリズム文庫）
【要旨】ウサギ族のコウタにはコンプレックスがある。ピンと立った耳が特徴の仲間の中、自分だけ垂れ耳で、毛色が白く目が赤いもの他者とは違うからだ。その代わり、特別な能力を授かったコウタは、村人から神子と呼ばれ大切にされている。だけど、異端ゆえの孤独を常に感じずにはいられない。しかしある日、コウタの前に創造主が現れたことで孤独な日々は一変して――。 2017.6 255p A6 ¥620 ①978-4-7755-2631-6

◆**かわいくしててね** 渡海奈穂著 新書館（ディアプラス文庫）
【要旨】可愛いものが大好きで、愛猫のドナと過ごす時間が一番幸せな垣内は、歯に衣着せぬ物言いでオフィスの空気を凍らせる同僚の二本木が苦手だった。だが二本木の言い分には一理あることも確かで、自分を貫く彼に垣内は密かな憧れを抱いてもいた。何度も苦言を呈するうちに不本意ながらも仲良くなってしまったある日、二本木が猫好きなのに全く猫に好かれないと悩んでいることを知り…？ 2017.5 250p A6 ¥620 ①978-4-403-52436-3

◆**さよなら恋にならない日** 渡海奈穂著 新書館（ディアプラス文庫）
【要旨】それなりの企業に勤めそこそこモテるのに、自分は主人公になれないと思っている雪谷。理由は親友の湯原が全てにおいて一枚上手の主役タイプだったから。その湯原が海外転勤してしまってからつまらない毎日を送っていたある日、行きつけのカフェの店員・慎が街で酔い潰れているところに遭遇する。ドラマみたいだと思いつつ、行方不明の叔父を探していて家なしだという彼を、しばらく部屋に置くことになるが…。 2017.2 225p A6 ¥620 ①978-4-403-52421-9

◆**僕の中の声を殺して** 渡海奈穂著 徳間書店（キャラ文庫）
【要旨】人に寄生して体を乗っ取る謎の生命体が出現!!しかも、言語を発するらしい!?捕獲を試みる市役所職員・織屋が協力を依頼したのは、引き籠もりの青年・宮澤。動植物の言葉がわかる能力を持つ男だ。こんなに煩いのに、なぜ宮澤にはこの声が聞こえないの…？虚言癖を疑われて人間不信に陥っていた彼は、13年間一歩も外に出たことがない。怯える宮澤を、織屋は必死に口説くれど!? 2017.12 283p A6 ¥620 ①978-4-19-900902-0

◆**レムレースの花嫁** 渡海奈穂著 蒼竜社（ホリーノベルズ）
【要旨】陣之内春加の生業は外道と呼ばれるモノを祓い浄化することだ。管狐をつれてやってきたのはとある大学で、見えない何かの力で講義棟に入れなくなったため、使えるようにしてほしいとの依頼だった。ある春加の前に突然現れた義兄の和真はなんだかんだと春加をからかう。幼い頃から春加が「悪いモノ」に憑かれると、和真は優しいキスで取り除いて助けてくれた。しかし、義兄は家を出ていった。二人の関係は、陣之内家に伝わる神刀・景切が春加を世継ぎに選んだことで変わってしまったのだった――。ずっと一緒にいたいと願っていた春加は、昔と変わらない和真の優しさに触れて心乱れる。和真は相変わらずのらりくらりで――!? 2017.8 286p 19cm ¥920 ①978-4-88386-446-1

外国の小説

◆**あるデルスィムの物語――クルド文学短編集** ムラトハン・ムンガン編、磯部加代子訳（薮）さわらび舎
【要旨】デルスィム、それはクルド人の土地そして虐殺の地…初めて日本語に訳された国なき民族クルドの文学！語りえぬ思いが、物語を通じて現れるとき、人は沈黙の意味を知る。 2017.12 179p A5 ¥1600 ①978-4-9908630-4-3

◆**クリスマスのマジックシティ 第1巻 魔境の迷い子** ライル、マイケル共著 東京図書出版, リフレ出版 発売
【要旨】『クリスマスのマジックシティ』とは、アメリカのHOLLYWOOD MAGIC FACTORYが全面的に立ちあげた新しいプロジェクト。英語、中国語、ドイツ語、フランス語などで12巻まで全世界で出版！ 2017.6 217p A5 ¥1000 ①978-4-86641-048-7

◆**越えてくる者、迎えいれる者――脱北作家・韓国作家共同小説集** 和田とも美訳（大阪）アジアプレス・インターナショナル出版部
【目次】第1部 越えてくる者たちの作品―定着地へのメッセージ（本泥棒〈トミョンハク〉、不倫の香気〈イジミョン〉、つぼみ〈ユンヤンギル〉、願い〈キムヨンエ〉、チノクという女〈ソルソンア〉、父の手帖〈イウンチョル〉、第2部 迎えいれる者たちの当惑―引き受ける責任（どこまで来たの〈李青海〉、僕は、謝りたい〈李寧宰〉、六月の新婦〈鄭吉娟〉、フィンランド駅の少女〈尹厚明〉、天国の難民〈李星雅〉、三水甲山〈方珉昊〉、四つの名〈慎珠熙〉 2017.12 286p B6 ¥1380 ①978-4-904399-13-2

◆**この星の忘れられない本屋の話** ヘンリー・ヒッチングズ編、浅尾敦則訳 ポプラ社
【要旨】北京の食品マーケットに隣接する隠れ家のような書店から、ワシントンDC、ベルリン、ナイロビ、イスタンブールの古書店街まで―作家を育てたのはどの国でも「街の書店」だった。世界の注目作家15人のアンソロジー。 2017.12 271p B6 ¥1800 ①978-4-591-15665-0

◆**師任堂（サイムダン）、色の日記 上** パクウンリョン脚本, ソンヒョンギョンノベライズ, 李明華翻訳 新書館
 2017.9 381p B6 ¥1900 ①978-4-403-22116-3

◆**師任堂（サイムダン）、色の日記 下** パクウンリョン脚本, ソンヒョンギョンノヴェライズ, 李明華訳 新書館
 2017.10 351p B6 ¥1900 ①978-4-403-22117-0

◆**聖なる夜に抱きしめて** ダイアナ・パーマー、リンゼイ・マッケンナ、マーガレット・ウェイ著, 上中京訳 扶桑社（扶桑社ロマンス）
【要旨】雪深いコロラドに戻って亡き父の牧場をどう経営しようか途方に暮れるメドウの前に、隣接する大牧場の経営者ダルが現れる。彼女にとってダルは天敵、少女の恋心を踏みにじった傲慢で意地悪な男。それでも彼の前では緊張してドジばかり…D・パーマー「スノウ・マン」の他、猛吹雪の山に閉じ込められた二人を描くL・マッケンナ「キャスのカウボーイ」、オーストラリアの牧場王国を舞台とした真実の物語、M・ウェイ「アウトバックの夫」の三作を収録。巨匠によるクリスマス・ストーリー夢の競演！ 2017.12 702p A6 ¥1600 ①978-4-594-07862-1

◆**ティラン・ロ・ブラン 4** J. マルトゥレイ, M.J. ダ・ガルバ作, 田澤耕訳 岩波書店（岩波文庫）
【要旨】北アフリカでティランは囚われの身となるも、ついにはイスラム教を軍事的に征服したばかりかキリスト教に改宗させることに成功する。そして、ギリシャ帝国への帰途につき、想い姫とめでたく婚約したのだが、好事魔多し。

騎士道小説の金字塔、全四冊完結。

◆引き潮　ロバート・ルイス・スティーヴンスン, ロイド・オズボーン著, 駒月雅子訳　国書刊行会
【要旨】南太平洋タヒチの浜辺にたむろする三人の食いつめた男たち。大学出のヘリック、商船の元船長デイヴィス、ロンドン下町育ちのヒュイッシュ―不運という絆で結ばれた三人は天然痘の発生で欠員が出た帆船の乗組員に雇われる。どん底からの脱出を願う彼らは、船を盗んで南米へ逃げ、積荷を売りさばこうと企むが、嵐に遭遇して早くも計画に暗雲が。さらにこの船には彼らの知らない秘密が隠されていた…。『宝島』の文豪スティーヴンスンが南太平洋の雄大な自然を背景に描く、冒険者たちの苦闘と葛藤の物語。本邦初訳。
2017.8 265p B6 ¥2500 ①978-4-336-06143-0

◆美女と野獣　エリザベス・ルドニック著, エヴァン・スピリオトプロス, ステファン・チボスキー, ビル・コンドン脚本, 富永晶子訳　宝島社（宝島社文庫）
【要旨】運命のいたずらから、魔女が呪いをかけた城にやってきた、村の美しい娘ベル。彼女は城で、自身の無慈悲さから醜い野獣に姿を変えられた王子に、捕われてしまう。ひそかに城からの脱出を計画していたベルは、野獣やミステリアスな城について知っていく。やがてベルは彼女自身にも関係する、想像を超える隠された真実に直面するのだった。一世紀を超えて愛される名作を完全ノベライズ。
2017.4 250p A6 ¥620 ①978-4-8002-6923-2

◆S.モームが薦めた米国短篇　小牟田康彦編・訳・解説　未知谷
【要旨】名作の案内人としても名高いサマセット・モームが、アメリカの大都市以外に住む、手軽に文学書が手に入らない読者のために選んだ20世紀初頭の英米短篇46篇から、米国作家の6篇を厳選して新訳！
2017.11 244p B6 ¥2500 ①978-4-89642-538-3

📖〔ア行の作家〕

◆神秘大通り　上　ジョン・アーヴィング著, 小竹由美子訳　新潮社
【要旨】本人が思っているよりは有名な作家フワン・ディエゴは、死んだ友人との古い約束を果たすため、ニューヨークからフィリピンへの旅に出る。独身作家のこの感傷旅行は、いつしか道連れとなった怪しい美人母娘との性的関係を深めつつ（ただしバイアグラ頼み）、夢となって現われる少年時代の記憶に彩られてゆく。メキシコで生まれ育ったフワン・ディエゴは14歳。人の心が読め、ちょっとした予知能力を持つ13歳の妹ルペといつもいっしょだ。娼婦でもあり教会ではゴミ捨て場の掃除婦でもある母は育児放棄同然。ゴミ捨て場のボスが兄妹を庇護していた。燃えさかるゴミの山から本を拾いだしては独学で学ぶフワン・ディエゴに、心優しい修道士が目をかける。ある日、不慮の事故で足に障碍を負った少年は、妹とともに教会の孤児院に引き取られ、やがて"驚異のサーカス"へ。悲喜劇の巨匠による、待望の最新長篇。
2017.7 406p B6 ¥2300 ①978-4-10-519117-7

◆神秘大通り　下　ジョン・アーヴィング著, 小竹由美子訳　新潮社
【要旨】フワン・ディエゴとルペの兄妹が肌身離さず抱えているコーヒー缶には一教会で突然に切れた母と、ルペの初恋のアメリカ人兵役拒否者、死んだ子犬、教会の聖母像のそれら、それらぜんぶの一遺灰が入っていた。"驚異のサーカス"でライオンの読心術師として迎えられたルペは、自分と兄の未来を予知して、ひそかにある行動を決意する。ルペの死後、思いがけないカップルの誘いで引き取られたフワン・ディエゴは、アメリカで新たな人生を歩みはじめる。40年後、54歳のフワン・ディエゴは、雪のニューヨークから香港を経てようやくフィリピンに到着。創作科の元教え子で現地の人気作家となったクラークを訪ねしばらく滞在するフワン・ディエゴの前に、謎のセクシー母娘がまたもや出没。過去と現在を行きつもどりつする作家の旅は、いったいどこへ――？デビューから半世紀、ひとの一生を丸ごと描き、現代文学を切り拓いてきたアーヴィングの、14作目の最新長篇。
2017.7 399p B6 ¥2300 ①978-4-10-519118-4

◆精霊たちの家　上　イサベル・アジェンデ著, 木村榮一訳　河出書房新社（河出文庫）
【要旨】クラーラは、不思議な予知能力をもっていた。ある日、彼女の姉の人魚のように美しい姉のローサが毒殺され、その屍が密かに解剖されるのを目の当たりにし、以来九年間口を閉ざしてしまう。そして恐怖政治下に生きるやまたたくまに世界的評価を得た、幻想と現実を自在に行き交う桁外れの物語。ガルシア＝マルケス『百年の孤独』と並ぶ、ラテンアメリカ文学の傑作。
2017.7 349p A6 ¥1100 ①978-4-309-46447-3

◆精霊たちの家　下　イサベル・アジェンデ著, 木村榮一訳　河出書房新社（河出文庫）
【要旨】精霊たちが見守る館で始まった一族の物語は、やがて身分違いの恋に引き裂かれるクラーラの娘ブランカ、そして女ゲリラとして生きる孫娘アルバへと引き継がれてゆく―三世代にわたる女たちの運命は、血塗られた歴史に頂点をむかえる。一九七三年九月、軍事クーデターで暗殺されたアジェンデ大統領の姪が、軍事政権による迫害のもとに描き上げたデビュー作。
2017.7 401p A6 ¥1200 ①978-4-309-46448-0

◆永遠（とわ）に残るは　上　―クリフトン年代記 第7部　ジェフリー・アーチャー著, 戸田裕之訳　新潮社（新潮文庫）
【要旨】ハリーはバッキンガム宮殿で爵位を授けられた。新首相マーガレット・サッチャーから閣僚の任命を受けた。選挙では敗れたものの、遂に家庭の幸福を得たジャイルズ。彼らの人生は、それぞれに頂点を迎えようとしていた。一方で執拗に復讐を目論み、金に執着し続ける者たちの動きはやまないが、彼らにはそれぞれの陥穽が待ち受けている。人間の美醜賢愚を描き抜いた空前の大河小説、最終巻。
2017.11 390p A6 ¥710 ①978-4-10-216145-6

◆永遠（とわ）に残るは　下　―クリフトン年代記 第7部　ジェフリー・アーチャー著, 戸田裕之訳　新潮社（新潮文庫）
【要旨】ハリーは亡き母が望んでいた小説の執筆に着手する。それは畢生の傑作となるべき作品だった。エマを保守党内閣の中で頭角を現して、更なる要職に任命される。ハリーの出生の秘密が明らかになり、子や孫たちも幸福を掴みかけたとき、クリフトン家を悪夢のような病魔が襲う。悲嘆そして絶望――戦う一家に、やがて信じ難い結末が…稀代の物語作家が満を持して描き上げた衝撃と余韻消え去らぬ終幕。
2017.11 366p A6 ¥670 ①978-4-10-216146-3

◆テント　マーガレット・アトウッド著, 中島彰子, 池村彰子訳　英光社
【要旨】「サロメは踊り子」「猫ちゃん天国に登場」他。『テント』に収められたカジュアルで深淵な短編メタフィクションが、日常性の中に潜む幻想と神秘の迷宮へ読者を誘う…。
2017 195p B6 ¥2300 ①978-4-87097-142-4

◆ふたつの海のあいだで　カルミネ・アバーテ著, 関口英子訳　新潮社（新潮クレスト・ブックス）
【要旨】イタリア南部、ふたつの海を見下ろす小高い丘に、かつて存在した"いちじくの館"。主の血を引くジョルジョ・ベッルーシは、焼失した伝説の宿の再建を夢見ているが、ある日突然、逮捕される。身勝手な祖父ジョルジョの言動に反発を覚えながらも、次第に心を動かされていく孫フロリアン。数世代にわたる登場人物の声により、この土地の来歴を説き明かす、スリリングな長篇小説。
2017.2 229p B6 ¥1900 ①978-4-10-590135-6

◆欠落ある写本―デデ・コルクトの失われた書　カマル・アブドゥッラ著, 伊東一郎訳　水声社（フィクションの楽しみ）
【要旨】始まりも終わりもない書物。スパイ探しの審問と王の影武者の逸話、二つの物語は写本の中で入り交じり、緊張を増しながら、悲劇的結末へと向かう―ジェフリー・アゼルバイジャンを代表する小説家＝文学研究者の野心作を本邦初紹介。チュルク叙事詩の最高傑作『デデ・コルクトの書』に秘められた謎を解き明かす歴史幻想小説。
2017.10 370p B6 ¥3000 ①978-4-8010-0279-1

◆老練な船乗りたち―バイーアの波止場の二つの物語　ジョルジ・アマード著, 高橋都彦訳　水声社（ブラジル現代文学コレクション）
【要旨】魔術的リアリズムともいうべき虚実をないまぜにした巧みな文体をあやつり、神秘的で怪しげなバイーアの下町から、ボヘミアンや娼婦の強烈な個性とともに描かれた「キンカス・ベ

ホ・ダグアの二度の死」他一篇を含む。
2017.11 372p B6 ¥3000 ①978-4-8010-0292-0

◆ゲゼルと聖水　ガルチン・アリヤ著　まむかいブックスギャラリー
2017.7 327p A5 ¥2200 ①978-4-904402-12-2

◆ピュタン―偽りのセックスにまみれながら真の愛を求め続けた彼女の告白　ネリー・アルカン著, 松本百合子訳　PARCO出版
【要旨】現役女子大生にして、売れっ子の高級娼婦、「シンシア」。私の部屋には、さまざまな男が訪れる。私の望みは、もっと美しくなること。そして、いつまでも永遠に若くいること。そう、私はいつも、手に入らないものだけが欲しいのだ。自身を取り巻く絶望と闘いながら、わずか36年の生涯を駆け抜けたネリー・アルカンを一躍ベストセラー作家たらしめた、衝撃のデビュー作!!
2017.9 222p A6 ¥700 ①978-4-86506-234-2

◆海岸の女たち　トーヴェ・アルステルダール著, 久山葉子訳　東京創元社（創元推理文庫）
【要旨】「あなた、父親になるのよ―」それを伝えに、わたしは単身ニューヨークからパリへ飛んだ。取材に行ったフリージャーナリストの夫の連絡が途絶えて十日あまり。夫からの手紙には、謎めいた写真が保存されていた。ただの舞台美術家だったわたしは、異邦の地で一人、底知れぬ闇と対峙することに。世界十六ヵ国で翻訳された、北欧ミステリの新女王のデビュー作！
2017.4 498p A6 ¥1380 ①978-4-488-24104-9

◆サイモンvs人類平等化計画　ベッキー・アルバータリ作, 三辺律子訳　岩波書店（STAMP BOOKS）
【要旨】サイモンはごく普通の高校生。ネットで知り合った「ブルー」に夢中で、自分がゲイだということも、同級生のマーティンに秘密がばれ、クラスのアイドル、アビーとの仲をとりもつようにおどされてしまい…。
2017.7 341p B6 ¥1800 ①978-4-00-116417-6

◆マクナイーマ　マリオ・ジ・アンドラージ著, 馬場良二訳　（熊本）トライ
2017.2 255p A5 ¥3000 ①978-4-903638-51-5

◆小説 ジョン・シャーマンとドーヤ　W.B.イェイツ著, リチャード・J.フィンネラン編, 川上武志訳　英宝社
【要旨】故郷の田舎町に暮らす幼なじみの女性と、大都会ロンドン育ちの華やかな女性、二人の女性に揺れる主人公シャーマン。アイルランド伝説上の巨人ドーヤの悲恋物語（初邦訳）。大詩人イェイツ弱冠23歳の自伝的小説。
2017.10 204p B6 ¥2200 ①978-4-269-82050-0

◆ママがほんとうにしたかったこと　エリザベス・イーガン著, 阿尾正子訳　小学館
【要旨】家族と本をこよなく愛する3人の子どもの母アリス。バート編集者として書評を書き、親友スザンナの経営する書店に通う平穏な暮らしのなか、弁護士の夫ニコラスが失業、突然フルタイムで働くことに！就活の末、拾われたのは巨大ショッピングモールで成功した新興企業。ニューヨークに新形態の書店を出店するという。「未来の書店」というコンセプトに、アリスは大きな希望を抱く。スザンナは大反対されながらも、夫と子どもの応援を受けて働き始めるアリス。最先端の職場では聞き慣れない略語が飛び交い、24時間指示メールを受け取る嵐のような日々。家事はおざなり、育児はシッター任せとなり、夫はイマイチ期待にならず、子どもとの間も微妙に…ある日、アリスのなかで何かが切れる。
2017.5 494p B6 ¥1850 ①978-4-09-356718-3

◆忘れられた巨人　カズオ・イシグロ著, 土屋政雄訳　早川書房（ハヤカワepi文庫）
【要旨】遠い地で暮らす息子に会うため、長年暮らした村をあとにした老夫婦。一夜の宿を求めた村で少年を託されたふたりは、若い戦士を加えた四人で旅路を行く。竜退治を唱える老騎士、高徳の修道僧…様々な人に出会い、時には命の危機にさらされながらも、老夫婦は互いを気づかい進んでいく。アーサー王亡きあとのブリテン島を舞台に、記憶や愛、戦いと復讐のこだまを静謐に描く、ブッカー賞作家の傑作長篇。
2017.10 490p A6 ¥980 ①978-4-15-120091-5

◆猥褻なD夫人　イルダ・イルスト著, 四方田犬彦訳　現代思潮新社（Être★エートル叢書）
【要旨】ブラジル前衛女性作家の本邦初訳！百匹の犬とともに、ブラジルの森深く隠棲する作

外国の小説

家イルダ・イルスト。バタイユに耽溺し、数々の文学賞を受賞し、論理哲学を極める知性。狂気・ポエジー・霊性・死…ラテンアメリカの深淵なる存在!「わたしの犬の目で」を併載。
2017.1 198p B6 ¥2000 ①978-4-329-01024-7

◆**悪しき愛の書** フェルナンド・イワサキ著, 八重樫克彦, 八重樫由貴子訳 作品社
【要旨】9歳での初恋から23歳での命がけの恋までー彼の人生を通り過ぎて行った、10人の乙女たち。バルガス・リョサが高く評価する"ペルーの鬼才"による、振られ男の悲喜劇。ダンテ、セルバンテス、スタンダール、プルースト、ボルヘス、トルストイ、パステルナーク、ナボコフなどの名作を巧みに取り込んだ、日系小説家によるユーモア満載の傑作長編!
2017.4 245p B6 ¥2200 ①978-4-86182-632-0

◆**ロボット・イン・ザ・ハウス** デボラ・インストール著, 松原葉子訳 小学館 (小学館文庫)
【要旨】AIが活躍する近未来のイギリス。妻に去られた三十代ダメ男のベンと、庭に現れたぽんこつ男の子ロボット・タングの旅と友情、成長を描いた『ロボット・イン・ザ・ガーデン』。多くの「タング・ロス」の声に応え、続編が登場。ベンと元妻エイミーには女の子ボニーが誕生して九カ月。二人は微妙な関係のまま、タングとボニーの両親として暮らしていた。お兄ちゃんになったタングは、妹のお世話をしようと大奮闘。喜んだりやきもちを焼いたりとてんやわんや。そんなある日、庭にまた一体のロボットが…。人間とロボットの絆を描く、面白くさくも愛おしい家族の物語。
2017.11 413p A6 ¥820 ①978-4-09-406426-1

◆**ファング一家の奇天烈な謎めいた生活** ケヴィン・ウィルソン著, 西田佳子訳 西村書店
【要旨】有名なパフォーマンス・アーティストを両親にもつ姉弟アニーとバスターは、幼いころから数々の「アート」に巻き込まれて育った。しかし、人生で大切なのは偉大なアートだけ、と言って毎日奇天烈なことばかり計画している親のもとで順調に成長するのは難しい。両親を理解できないふたりは、次第に距離を置きはじめる。それぞれ女優と売れない作家になり家を出ていた姉弟は、ある日、さる事情から実家に帰るはめに。久しぶりの家族4人の生活が落ち着いてきた矢先、突如起こった両親の失踪。この謎の失踪は連続殺人犯による誘拐事件なのか、それとも大がかりな「アート」なのか…。全米ベストセラーのシニカルで奇妙な味のコメディ小説!
2017.12 398p B6 ¥1500 ①978-4-89013-779-4

◆**いなごの日/クール・ミリオン ─ ナサニエル・ウエスト傑作選** ナサニエル・ウエスト著, 柴田元幸訳 新潮社 (新潮文庫)
【要旨】絵描きの眼に映った、ハリウッドの夢の影で貧しく生きる人々を描いた『いなごの日』。立身出世を目指す少年の身に起きる悲劇の数々を描き、アメリカン・ドリームを徹底して暗転させた『クール・ミリオン』。グロテスクなブラック・ユーモアを炸裂させた、三〇年代のアメリカを駆け抜けて早逝したウエスト、その代表的な長編に短編二編を併録した永久保存版作品集。"村上柴田翻訳堂"シリーズ。
2017.5 519p A6 ¥750 ①978-4-10-220076-6

◆**あしながおじさん** ジーン・ウェブスター著, 岩本正恵訳 新潮社 (新潮文庫)
【要旨】孤児院で育ったジュディの人生に、とびきりのチャンスと幸せが舞い込んできた。名を名乗らない裕福な紳士が、奨学金を出して彼女を大学に通わせてくれるという。ただし条件はひとつ。毎月、手紙を書いて送ること。ジュディは謎の紳士を「あしながおじさん」と呼び、持ち前のユーモアがあふれた手紙を書き続けるのだが—。最高に素敵なハッピーエンドが待ち受ける、エバーグリーンな傑作。
2017.6 261p A6 ¥520 ①978-4-10-208203-4

◆**続あしながおじさん** ジーン・ウェブスター著, 畔柳和代訳 新潮社 (新潮文庫)
【要旨】幸せな結婚を果たした親友ジュディに、彼女の育った孤児院の運営を任されることになったサリー・マクブライド。何不自由ない家庭で育ったサリーにはとても抱えきれない重責だが、ジュディや恋人の政治家、嘱託医にユーモアたっぷりの愚痴を手紙に書いて送る日々。少しずつ院長の責務に喜びを見出していく。「あしながおじさん」に勝るとも劣らない、愛と感動の結末が待つ名作。
2017.6 391p A6 ¥630 ①978-4-10-208204-1

◆**T2トレインスポッティング 上** アーヴィン・ウェルシュ著, 池田真紀子訳 早川書房 (ハヤカワ文庫NV) (『トレインスポッティング ポルノ』改題書)
【要旨】レントンが仲間の大金を持ち逃げしてから9年。ロンドンでくすぶっていたシック・ボーイは、親戚からパブを譲り受け、スコットランドのリースに帰ってきた。ここで一発当ててやる! シック・ボーイが悪だくみをしているそのとき、オランダで暮らすレントン、刑務所からのベグビー、依存症治療中のスパッドの人生もまた大きく動き出す。この再会は事件だ!『トレインスポッティング ポルノ』を改題・文庫化。映画化原作。
2017.3 408p A6 ¥920 ①978-4-15-041406-1

◆**T2トレインスポッティング 下** アーヴィン・ウェルシュ著, 池田真紀子訳 早川書房 (ハヤカワ文庫NV)
【要旨】映画作りで金儲けをたくらむシック・ボーイ。得意の話術と策略で、街のごろつきから美人女子大生、果てはドラッグ撲滅運動のメンバーまでも巻き込んでいく。さらに裏切り者のレントンをついに見つけ出すと、復讐計画を隠しして手を組むことに。映画製作は順調に進み、もうすぐ大金が…だが、思わぬ事態が発生! おまけに狂犬ベグビーが暴れ出す!!世界中を熱狂させた"陽気で悲惨な"현代青春小説、待望の続編。
2017.3 436p A6 ¥920 ①978-4-15-041407-8

◆**通い猫アルフィーとジョージ** レイチェル・ウェルズ著, 中西和美訳 ハーパーコリンズ・ジャパン (ハーパーBOOKS)
【要旨】通い猫としての暮らしを謳歌し、幸せな毎日を送るアルフィー。だが人生には別れが付き物で、ある日アルフィーにも突然の別れが訪れることに — すっかり落ちこむアルフィーを元気づけようと、飼い主の一家がなんと仔猫をもらってきた! 思いがけない仔猫の登場に、どうしていいかわからないアルフィーだが…。また問題続出の町を、今度は2匹で救えるか!?ハートフル猫物語、第3弾。
2017.7 389p A6 ¥815 ①978-4-596-55063-7

◆**地球から月へ 月を回って 上も下もなく** ジュール・ヴェルヌ著, 石橋正孝訳・解説 インスクリプト (ジュール・ヴェルヌ"驚異の旅"コレクション 2)
【要旨】月面に向けて打ち上げられた砲弾列車。巨大な大砲に取り憑かれた愛すべき紳士たちが活躍するガン・クラブ三部作、世界初訳の補遺、挿画128葉を収録した完訳版!
2017.1 655p A5 ¥5800 ①978-4-900997-44-8

◆**服従** ミシェル・ウエルベック著, 大塚桃訳 河出書房新社 (河出文庫)
【要旨】二○二二年仏大統領選。極右・国民戦線マリーヌ・ル・ペンと、穏健イスラーム政党党首が決選に挑む。しかし各地の投票所でテロが発生。国全体に報道管制が敷かれ、パリ第三大学教員のぼくは、愛しい恋人と別れてパリを後にする。テロと移民にあえぐ国家を舞台に個人と自由の果てを描き、世界の激動を予言する傑作長編。
2017.4 324p A6 ¥920 ①978-4-309-46440-4

◆**人みな眠りて** カート・ヴォネガット著, 大森望訳 河出書房新社
【要旨】これでお別れ。最後の短編集。カート・ヴォネガット没後10年記念出版。没後に初めて公開された、16の名編。
2017.4 365p B6 ¥2000 ①978-4-309-20726-1

◆**貧困の発明 ─ 経済学者の哀れな生活** タンクレード・ヴォワチュリエ著, 山本知子訳 早川書房
【要旨】国連事務総長の特別顧問をつとめる経済学者のロドニーは、結婚式を前に浮かれきっていた。途上国の開発援助に打ちこんでいた彼を恋の虜にしたのは、ベトナム人の若い女性ヴィッキー。誰もが見惚れる美しい恋人を理想の妻に仕立て上げる一方、事務総長の要望どおり儲かる貧困撲滅事業を計画するロドニーは、人生の頂点に立とうとしていた。だが、この結婚が彼の人生を崩していく。野望、金、女性への欲望に飲みこまれていくエリートを甘い笑いで描き尽くす、トマ・ピケティ絶賛の長篇小説。
2017.2 485p B6 ¥3000 ①978-4-15-209670-8

◆**船出 上** ヴァージニア・ウルフ作, 川西進訳 岩波書店 (岩波文庫)
【要旨】夜のロンドンを出港する一隻の貨物船。世間知らずの若い娘レイチェルが、船主の父親と共に南米に向け旅に出た。乗り合わせたのは、さばけた性格の叔母とその夫、そして一癖も二癖もある人たちへ。長い航海に何が起こるのか。自分の生き方を考え始めた女性の内面を細やかに描く、ウルフ (1882 - 1941) のデビュー作。本邦初訳。
2017.1 338p A6 ¥920 ①978-4-00-322912-5

◆**船出 下** ヴァージニア・ウルフ作, 川西進訳 岩波書店 (岩波文庫)
【要旨】叔母夫妻の別荘に滞在中のレイチェル。自分ひとりの部屋、近くにあるホテルでの老若男女との出会いが、世界を広げていく。そして、初めて打ち解けて話せる男性に。これが「恋」? 愛するほどに「分かり合えなさ」を感じるのはなぜ? 精神の不調を乗り越え出版した本作には、後のウルフ作品のあらゆる萌芽がある。
2017.3 338p A6 ¥840 ①978-4-00-322913-2

◆**天使よ故郷を見よ 上** トマス・ウルフ著, 大沢衛訳 講談社 (講談社文芸文庫)
【要旨】本書は主人公ユウジーンの誕生から両親との葛藤、兄の死、恋愛の悦びや青春の苦悩を越え成長していく孤独な魂を、詩情溢れる描写で情熱的に謳い上げた自伝的小説。全二巻。
2017.6 513p A6 ¥2100 ①978-4-06-290350-9

◆**天使よ故郷を見よ 下** トマス・ウルフ著, 大沢衛訳 講談社 (講談社文芸文庫)
【要旨】大酒飲みで芸術家肌の父、所有欲の強い実利的な母のもと、政治家を目指す十代半ばで州立大学へ進むユウジーン。周囲との戦争へと突き進むなか、自由への飢渇、若き孤立感と格闘しつつ成長し、"異境の流謫者"の如く魂の聖域と真の住処を求めて、新たな地へ旅立っていく。「人間の経験を全て文学に託すという最も壮大な不可能をなし遂げようとした」(フォークナー) 巨人作家の傑作。
2017.7 520p A6 ¥2100 ①978-4-06-290351-6

◆**永遠 (とわ) の愛を約束して** ブロンウェン・エヴァンズ著, 荻窪やよい訳 オークラ出版 (マグノリアロマンス)
【要旨】男爵家の娘ベアトリスは、家族とともに救貧院にいるに等しい貧しさに喘いでいる。資産家の娘と結婚するはずだった弟が決闘で殺されてしまったため、ベアトリスに残された手段はひとつだけ ─ 金持ちの男性と結婚することだ。しかし、ベアトリスは二十五歳で、花嫁持参金もない。なので、弟を殺したマーカム伯爵に責任を取ってもらうしかない。そう心に決めた彼女は、マーカム伯爵に自分と結婚するように頼みにいく。相手は放蕩者だから、よそで好きなだけ遊んでいい、これは形だけの結婚だと提案するが…。
2017.6 464p A6 ¥914 ①978-4-7755-2661-3

◆**バウドリーノ 上** ウンベルト・エーコ作, 堤康徳訳 岩波書店 (岩波文庫)
【要旨】時は中世、十字軍の時代へ。神聖ローマ皇帝フリードリヒ・バルバロッサに気に入られ養子となった農民の子バウドリーノが語りだす数奇な生涯とは…。言語の才に恵まれ、語ることがことごとく真実となってしまうバウドリーノの、西洋と東洋をまたにかけた大冒険がはじまる。
2017.4 447p A6 ¥920 ①978-4-00-327182-7

◆**バウドリーノ 下** ウンベルト・エーコ作, 堤康徳訳 岩波書店 (岩波文庫)
【要旨】今こそ聖杯グラダーレを返還するため司祭ヨハネの王国への道を切り開くのだ! ─ 皇帝ひきいる軍勢とともにバウドリーノは、いよいよ東方への旅に乗り出すが、待ち受けていたのは思いもかけない運命だった。史実・伝説・ファンタジーを織りまぜて描きだす破天荒なピカレスク・ロマン。
2017.4 450p A6 ¥920 ①978-4-00-327183-4

◆**硬きこと水のごとし** 閻連科著, 谷川毅訳 河出書房新社
【要旨】文化大革命の嵐が吹き荒れるなか、血気盛んな人民解放軍の若者・高愛軍は、故郷の貧村・程崗鎮に復員して、美しき人妻・夏紅梅とともに革命を志す。中国古来の価値観が残る村は、対日抗戦の殊勲者たる名家の支配下にあったが、現状に不満を抱く若者たちを煽動して革命委員会を樹立し、村幹部を追放し実権を掌握していく。アメリカ帝国主義、ソ連修正主義に囲まれ、世界的な反中国の逆流のなか、マルクス、レーニン、スターリン、毛沢東ら、革命の聖人たちを奉じ、愛情の力で邁進する二人。やがて二人は愛軍が掘った「愛のトンネル」を通って夜な夜な逢瀬を重ねることとなる。近年ノーベル文学賞の候補と目される最重要作家による、

セックスと革命、血と涙と笑いが交錯するドタバタ狂想讃歌!!
　　　2017.12 355p B6 ¥3000 ①978-4-309-20736-0

◆**高慢と偏見**　ジェイン・オースティン著、大島一彦訳　中央公論新社　（中公文庫）
【要旨】経済的理由で好きでもない人と結婚していいものだろうか。いつの時代も幸福な結婚を考える女性の悩みは変わらない。エリザベスとダーシーの誤解からはじまるラブロマンスは、いつ読んでも瑞々しく、オースティンの細やかな心理描写は、ときおり毒もはらむがユーモラスで、読後は幸せな気持ちにさせてくれる。愛らしい十九世紀の挿絵五十余点収載。
　　　2017.12 669p A6 ¥1100 ①978-4-12-206506-2

◆**とうもろこしの乙女、あるいは七つの悪夢**　ジョイス・キャロル・オーツ著、栩木玲子訳　河出書房新社　（河出文庫）（『とうもろこしの乙女、あるいは七つの悪夢―ジョイス・キャロル・オーツ傑作選』改題書
【要旨】美しい金髪女子中学生の誘拐事件、誕生前から仲違いしてきた双子の兄弟、赤ん坊を見守るネコの魔力、腕利きの美容整形医がはまる悪夢のような現実…。ミステリ／ホラー／ファンタジーの垣根を超えて心の暗闇と現実の歪みを描き、近年ノーベル文学賞の候補とも目されるアメリカ女性作家の自選中短篇傑作集。
　　　2018.1 466p A6 ¥1300 ①978-4-309-46459-6

◆**ぼくらが漁師だったころ**　チゴズィエ・オビオマ著、粟飯原文子訳　早川書房
【要旨】厳しい父親がいなくなった隙に、アグウの四人兄弟は学校をさぼって近くの川に釣りに行った。しかし、川のほとりで出会った狂人は、おそろしい予言を口にした―。予言をきっかけに瓦解していく家族、そして起こった事件。一九九〇年代のナイジェリアを舞台に、九歳の少年の視点から語られる壮絶な物語。
　　　2017.9 378p A6 ¥2300 ①978-4-15-209114-0

◆**若草物語**　ルイーザ・メイ・オルコット著、麻生九美訳　光文社　（光文社古典新訳文庫）
【要旨】メグ、ジョー、ベス、エイミー。感性豊かで個性的な四姉妹と、南北戦争に赴任する父親に代わり、家を守る堅実な母親との1年間の物語。隣家のローレンス氏や少年ローリーらとの交流を通し、少女たちは大人に近づいていく。ティーンエイジャーの日常を生き生きと描く、不朽の名作!!
　　　2017.10 572p A6 ¥1260 ①978-4-334-75363-4

◆**ビリー・ザ・キッド全仕事**　マイケル・オンダーチェ著、福間健二訳　白水社　（白水uブックス―海外小説永遠の本棚）
【要旨】左ききの拳銃、西部の英雄ビリー・ザ・キッド。その短い生涯は数多くの伝説に彩られている。宿敵パット・ギャレットとの抗争、流浪の日々と銃撃戦、束の間の平和、逮捕と脱獄、その死までを、詩、挿話、写真、架空のインタビューなどで再構成。ときに激しい官能、ときにグロテスクなイメージに満ちた断片を集め、多くの声を重ねていく斬新な手法でアウトローの鮮烈な生の軌跡を描いたブッカー賞作家オンダーチェの傑作。
　　　2017.4 215p 18cm ¥1400 ①978-4-560-07213-4

〔**力行の作家**〕

◆**運命の瞳に焦がれて**　ジュリー・ガーウッド著、細田利江子訳　ヴィレッジブックス（ヴィレッジブックス）
【要旨】19世紀イギリス。澄み切ったすみれ色の瞳と豊かな漆黒の髪ですべての者を魅了する美貌の伯爵令嬢キャロラインは、幼い頃に親元を離れ、アメリカ・ボストンで育てられた。そして十数年の月日がたち、父親のもとに呼び戻された彼女は、その道中、スパルタの戦士のようなたくましさと色気を兼ね備えるブラッドフォード公爵と出逢う。すぐさま惹かれ合うふたりだが、キャロラインを狙う事件がつづき…。
　　　2017.3 469p A6 ¥920 ①978-4-86491-327-0

◆**忘れられていた息子―オモリナ村の天使**　ミロ・ガヴラン著、山本郁子訳　近代文藝社
【要旨】みんなから変なふうにながめられるのはいやだ。もったいやなのは、ぼくがきると、みんなが黙ってしまうことだ。それは、ぼくがみんなを嫌な気分にさせているからだ、ってわかるから。でも本当は、みんながぼくをいやな気分にさせているんだ。―ミスラヴの日記より。人間の価値ってなんですか？本国では8刷、売切れ書店続出―クロアチア発！原語からの翻訳本、日本上陸！
　　　2017.3 205p B6 ¥1800 ①978-4-7733-8027-9

◆**ドニャ・バルバラ**　ロムロ・ガジェゴス著、寺尾隆吉訳　現代企画室　（ロス・クラシコス 9）
【要旨】ラテンアメリカ文学の「古典中の古典」、待望の翻訳成る！植民地支配を絶ち、独立して100年有余。迫りくる北の米帝国の脅威に対抗して、国家的統合へと向かう20世紀初頭のベネズエラの動きを、平原を舞台に、スリルに富む冒険物語と恋愛ドラマで描く大作。
　　　2017.11 415p B6 ¥3200 ①978-4-7738-1720-1

◆**アレクサンドレ・カズベギ作品選**　アレクサンドレ・カズベギ著、三輪智惠子訳、ダヴィド・ゴギナシュヴィリ解説　（横浜）成文社
【要旨】男同士の友情と裏切り、父と息子の関係、不当な支配欲に燃える侵入者との戦いのなかで人間の根源的な問題を問う「長老ゴチャ」など、ジョージアの古典的著名作家の本邦初訳作品選。
　　　2017.6 286p B6 ¥3000 ①978-4-86520-023-2

◆**ソヴィエト・ファンタスチカの歴史**　ルスタム・スヴャトスラーヴォヴィチ・カーツ著、ロマン・アルビトマン編、梅村博昭訳　（東久留米）共和国
【要旨】革命後のソ連文学史は、ファンタスチカ（SF+幻想文学）による権力闘争の歴史だった。粛清、雪どけ、そしてペレストロイカまで。本国ロシアでは社会学者や報道関係者が「事実」として引用した、教科書には載ってはならない反革命的メタメタフィクション、まさかの日本語版刊行！
　　　2017.12 291p 19x15cm ¥2600 ①978-4-907986-41-4

◆**ハイファに戻って／太陽の男たち**　ガッサーン・カナファーニー著、黒田寿郎、奴田原睦明訳　河出書房新社　（河出文庫）（『太陽の男たち／ハイファに戻って』改題書
【要旨】悲劇的な親子の再会を通して時代に翻弄される人間の苦しみを描いた『ハイファに戻って』、密入国を試みる男たちの凄惨な末路を描く『太陽の男たち』ほか、世界文学史上に不滅の光を放つ名作7篇を完収録。若くして爆殺された伝説の作家による、パレスチナ問題の苛酷な真実に迫る衝撃の作品群。
　　　2017.6 292p A6 ¥880 ①978-4-309-46446-6

◆**カラヴァル―深紅色の少女**　ステファニー・ガーバー著、西本かおる訳　キノブックス
【要旨】ようこそ、世界最大のショーへ！すべては演技。偽りの世界です。
　　　2017.8 407p B6 ¥1800 ①978-4-908059-77-3

◆**ラスキン・テラスの亡霊**　ハリー・カーマイケル著、板垣節子訳　論創社　（論創海外ミステリ 188）
【要旨】不幸な事故か？それとも巧妙な殺人か？謎めいた服毒死から始まる悲劇の連鎖に翻弄されるクイン&パイパーの名コンビ。ハリー・カーマイケル、待望の長編邦訳第2弾！
　　　2017.2 283p B6 ¥2200 ①978-4-8460-1598-5

◆**夜明けの約束**　ロマン・ガリ著、岩津航訳　（東久留米）共和国
【要旨】史上唯一、ゴンクール賞を2度受賞した作家で外交官、女優ジーン・セバーグの伴侶にして、拳銃自殺を遂げたロマン・ガリ。その代表作であり、戦後フランスを象徴する自伝小説の白眉、ついに刊行。
　　　2017.6 333p 19x15cm ¥2600 ①978-4-907986-40-7

◆**駐露全権公使 榎本武揚 上**　ヴャチェスラフ・カリキンスキイ著、藤田葵訳　（横浜）群像社　（群像社ライブラリー）
【要旨】三百年の鎖国から目覚めたばかりの日本は海軍中将・榎本武揚をロシアへ派遣した。開国後で初の特命全権公使となった彼に託された最大の課題は樺太（サハリン）の帰属をめぐる領土交渉。わずか六年前には天皇に刃向かって国賊と呼ばれ牢獄に入っていた男が公使であることを傲慢で自尊心の強いロシア皇帝が許容できるのか。難題が待ち構えるペテルブルグへ向かう榎本が出会った若いロシア人将校は冷徹な外交の世界に心あたためるような光を灯し…。旧幕府軍の指揮官から明治新政府の要人へと数奇な人生を送った榎本武揚に惚れ込んだロシアの現代作家が描く長編邦訳シリーズ。
　　　2017.12 237p 17x12cm ¥1600 ①978-4-903619-81-1

◆**駐露全権公使 榎本武揚 下**　ヴャチェスラフ・カリキンスキイ著、藤田葵訳　（横浜）群像社　（群像社ライブラリー 39）
【要旨】帝都ペテルブルグで思いのほかロシア皇帝に気に入られ他国の外交官もうらやむほどの厚遇を受けていた榎本武揚であったが、西郷隆盛の愚挙を受けて随行員の足利行記官の単独行動には不安がつのる。領土交渉が大きな進展をみせて千島列島を含めた条約締結に向かう一方で、ロシアとの外交を日本政府内の主導権争いに利用しようとする暗躍が榎本の足元に影をおとしてくる。榎本の身を案じる若いロシア人将校は我が身を賭して友人を救おうと行動を開始するが…。外交という異文化間の権謀術数を血の通った人間のドラマとして描くサハリン在住作家の意欲作。
　　　2017.12 244p 17x12cm ¥1600 ①978-4-903619-82-8

◆**ビガイルド 欲望のめざめ**　トーマス・カリナン著、青柳伸子訳　作品社
【要旨】南北戦争末期、右脚に重傷を負った若い北軍兵士が南部の森で女の子に救われ、女子生徒五人と黒人奴隷が戦火を避けつつ生活する、姉妹の営む女学園に運び込まれた。彼女らの看護の甲斐あって、兵士は回復していく。彼は甘い言葉をかけ、皆の気を惹こうとするようになる。年少の二人はあどけない愛着を抱く程度、優等生の少女は超然として誘惑されない。だが、秘密を抱える最年長の生徒は甘言に惑わされてしまう。そんな中、ある事件が起き、すべての状況は一変する―。心かき乱され、本能が露わになる、女たちの愛憎劇。ソフィア・コッポラ監督、ニコール・キッドマン主演、カンヌ国際映画祭監督賞受賞作、原作小説！
　　　2017.12 431p B6 ¥2800 ①978-4-86182-676-4

◆**まっぷたつの子爵**　カルヴィーノ作、河島英昭訳　岩波書店　（岩波文庫）
【要旨】ぼくの叔父さんテッラルバのメダルド子爵は、トルコ軍の大砲の前に、剣を抜いて立ちはだかり、左右まっぷたつに吹き飛ばされた。奇跡的に助かった子爵の右半身と左半身はそれぞれ極端な"悪"と"善"となって故郷に帰り、幸せに暮らす人びとの生活をかきまわす―。イタリアの国民的作家カルヴィーノによる、傑作メルヘン。
　　　2017.5 169p A6 ¥520 ①978-4-00-327096-7

◆**不在の騎士―我々の祖先**　イタロ・カルヴィーノ著、米川良夫訳　白水社　（白水uブックス―海外小説永遠の本棚）
【要旨】時は中世、シャルルマーニュ大帝の御代、サラセン軍との戦争で数々の武勲を立てた騎士アジルールフォ。だが、その白銀に輝く甲冑の中はからっぽだった。肉体を持たず、意思の力によって存在するこの"不在の騎士"は、ある日その資格を疑われ、証を立てんと中世に救った処女を捜す遍歴の旅に出る。付き従うは過剰な存在を抱えた従者グルドゥルー。文学の魔術師カルヴィーノが人間存在の歴史的進化を奇想天外な寓話世界に託して描いた"我々の祖先"三部作開幕。
　　　2017.3 219p 18cm ¥1500 ①978-4-560-07210-3

◆**パンダの理論**　パスカル・ガルニエ著、中原毅志訳　近代文藝社
【要旨】人影のない駅のホーム。ブルターニュの町の小さな駅、十月のある日曜日。ロマン・ノワールの系譜を継ぐパスカル・ガルニエ初の邦訳小説！
　　　2017.1 202p B6 ¥1800 ①978-4-7733-8017-0

◆**バロック協奏曲**　アレホ・カルペンティエール著、鼓直訳　水声社　（フィクションのエル・ドラード）
【要旨】銀鉱で成り上がったメキシコ生まれの主人と従者の出立から始まる物語はやがて、黒人の奏でるギター、街頭を轟かす謝肉祭の喧噪、ヴィヴァルディのオペラ、ルイ・アームストロングのトランペットへと、変幻するテンポのうちに秩序は多元的に錯綜していく"幻想交響曲"で幕を下ろす。擬古的な文体で周密な作品空間を描き出し、響きわたる雑多な楽音で読者を圧倒する傑作。
　　　2017.6 155p B6 ¥1800 ①978-4-8010-0264-7

◆**謎―キニャール物語集**　パスカル・キニャール著、小川美登里訳　水声社　（パスカル・キニャール・コレクション）
【要旨】愛する者を手に入れるため、悪魔と結びだ契約に苦しむ娘と愛された男の苦闘を描いた「舌の先まで出かかった名前」、母親に殺され生き延びた子どもが自らの生を謎掛けにすることで一つの王国を手にする「謎」ほか四編！伝承をもとに書きおこされた物語。それに魅了

外国の小説

され、蒐集家を自認する作家の核となる文学観が表れた物語集。
2017.5 214p B6 ¥2400 978-4-8010-0224-1

◆走れ、オヤジ殿　キムエラン著, 古川綾子訳　晶文社　(韓国文学のオクリモノ)
【要旨】臨月の母を捨て出奔した父は、私の中でひた走る。今まさに福岡を過ぎ、ボルネオ島を経て、スフィンクスの左足の甲を回り、エンパイア・ステート・ビルに立ち寄り、グアダラマ山脈を越えて、父は走る。蛍光ピンクのハーフパンツをはいて、やせ細った毛深い脚で―。若くして国内の名だたる文学賞を軒並み受賞しているキム・エラン。表題作など9編を収載したデビュー作、待望の邦訳。
2017.12 272p B6 ¥1800 978-4-7949-6981-1

◆ゾンビたち　キムジュンヒョク著, 小西直子訳　論創社
【要旨】ゾンビたちがひっそりと暮らすコリオ村。そこは世間と完全に断絶した「無通信地帯」だった。人間とゾンビをめぐる、あたたかな愛のあふれる物語。韓国の人気作家キム・ジュンヒョクによる初の長編小説。
2017.12 381p B6 ¥2500 978-4-8460-1675-3

◆殺人者の記憶法　キムヨンハ著, 吉川凪訳　クオン　(新しい韓国の文学 17)
【要旨】田舎の獣医キム・ビョンスの裏の顔は、冷徹な殺人犯だった。現在は引退して古belongを相手に親しみ詩を書きながら平穏な日々を送る彼には、認知症の兆候が現れ始めていた。そんな時、偶然出会った男が連続殺人犯だと直感し、次の狙いが愛娘のウニだと確信したビョンスは、混濁していく記憶力と格闘しながら人生最後の殺人を企てていく―。虚と実のあわいをさまよう記憶に翻弄される人間を描いた長編ミステリー小説の傑作。映画原作小説。
2017.10 167p B6 ¥2200 978-4-904855-64-5

◆優しい嘘　金呂玲著, 金那炫訳　(福岡)書肆侃侃房　(Woman's Best 5―韓国女性文学シリーズ 2)
【要旨】とつぜん命を絶った妹の死の真相を探るうちに優しかった妹の心の闇に気づく姉。赤い毛糸玉に遺されたひそやかなメッセージ。苦く切ない少女へのレクイエム。
2017.6 261p B6 ¥1700 978-4-86385-266-2

◆マイ・アントニーア　ウィラ・キャザー著, 佐藤宏子訳　みすず書房　新装版
【要旨】舞台は19世紀後半のアメリカ中西部。ネブラスカ大平原で子供時代を過ごしたこの物語の語り手「ぼく」と、ボヘミアから移住してきた少女アントニーア。「ぼく」はやがて大学に進学し、アントニーアは女ひとり、娘を育てながら農婦として大地に根ざした生き方を選ぶ。開拓時代の暮らや西部の壮大な自然をいきいきと描きながら、「女らしさ」の枠組みを超えて自立した生き方を見出していくアントニーアの姿を活写し、今なお読む者に強い印象を残す。著者のウィラ・キャザーは20世紀前半の米文学を代表する作家のひとりであり、その作品は後進のフィッツジェラルドにも影響を与えた。アメリカで国民的文学として長く読み継がれてきた名作を親しみやすい新訳で贈る。
2017.3 139p B6 ¥3800 978-4-622-08609-3

◆ペルーの鳥―死出の旅へ　ロマン・ギャリ著, 須藤哲生訳　水声社
【要旨】一面に広がる鳥の屍体を踏み分けて入水する美女、人間をセメント詰めにする男、大甥の初恋を馬鹿にする小人…奇々怪々な登場人物たちが織りなす、白昼夢の世界。人間の邪悪さと卑小さ、哀しみと悪徳を"人間"への絶望と愛によって、そして辛辣な皮肉とユーモアをこめて描き出す、ゴンクール賞を二度受賞した、謎多き作家の16篇の物語。
2017.3 263p B6 ¥2800 978-4-8010-0179-4

◆夜明けの口づけは永遠に　キャンディス・キャンプ著, 山田香里訳　二見書房　(ザ・ミステリ・コレクション)
【要旨】スコットランドのマードン伯爵を訪ねる道中、ヴァイオレットの馬車が盗賊に襲われる。逞しくハンサムな男性に助けられるもお礼も言わないうちに男性は彼女にキスをして去っていった。一瞬うっとりしたけれど、なんて無礼な男性！腹を立てながら伯爵の屋敷にたどりつくと、さっきの男性コールはその土地の管理人だった。しばらくひとつ屋根の下で暮らすことになり、いつのまにかお互いを求め合う気持ちはどんどん高まる。だが男性に縛られるのを望まないヴァイオレットはなかなか素直になれ

ず…。
2017.7 498p A6 ¥1100 978-4-576-17089-3

◆ライティングクラブ　姜英淑著, 文茶影訳　現代企画室
【要旨】ソウルの下町、路地に面した小さな綴り方教室で、届かない手紙を、読み手のいない小説を、ありふれた「自分の話」を書く女性たち。ゆらぎ、さまよい、傷つけあう母と娘、そして書くことが好きなすべての私たちの物語。
2017.8 257p B6 ¥2200 978-4-7738-1717-1

◆小さな美徳　ナタリーア・ギンツブルグ著, 望月紀子訳　未知谷
【目次】第1部(アブルッツォの冬、破れ靴、ある友人の肖像、イギリス讃歌とイギリス哀歌、メゾン・ヴォルペ、彼と私)、第2部(人間の子、私の仕事、沈黙、人間関係、小さな美徳)
2017.8 172p B6 ¥2000 978-4-89642-533-8

◆淑女を破滅させるには　キャスリーン・キンメル著, 草鹿佐恵子訳　オークラ出版　(マグノリアロマンス)
【要旨】実の兄に陥れられ精神病院に入院させられたジョーンは、病院の壁を乗り越え、兄が盗んだダイヤモンドを盗んで、行くあてもなく逃げ出した。手持ちの現金はないし、宝石の換金方法もわからない。先行きへの絶望と空腹を抱えてさまようジョーンだったが、テムズ川に身投げすると、彼女を遠縁の娘と間違えたフェンブルック伯爵と出会い、彼の屋敷に迎え入れられることになった。ジョーンを親戚と疑わない伯爵とは違い、彼の妹のエリナーは疑いの目を向けてきて―。
2017.9 353p A6 ¥800 978-4-7755-2702-3

◆誓いの口づけはヴェールの下で　アマンダ・クイック著, 旦紀子訳　竹書房　(ラズベリーブックス)
【要旨】クラリントン伯爵令嬢フィービーは、騎士の物語に憧れ、美しい古書を収集したり、出版の出資をしている。裕福で美しい彼女には求婚者も多いが、24歳という年齢になっても愛する男性としか結婚しないと断り続けている。そんなある日、友人のニールが南洋で海賊に殺され、その時奪われた自分からの贈り物の古書がふたたびイギリスに戻ったと知ったフィービーは、犯人を捜すことを決意する。同じく古書収集が趣味で、幼い頃から彼女のように気高いと憧れていたワイルド伯爵ガブリエルに協力を依頼し、呼び出すことに成功する。だが正体を隠したフィービーの前に現れたガブリエルは危険なにおいのするセクシーな男性で、協力の代償としてフィービーにキスを求めてきた。ヴェールで顔を隠したまま熱く口づけされたフィービーはこれでは騎士ではない！と思いつつも心惹かれて…。人気作家アマンダ・クイックの幻の名作、ついに日本登場!!
2017.6 493p A6 ¥1200 978-4-8019-1127-7

◆レディ・オリヴィアの秘密の恋　ジュリア・クイン著, 村山美雪訳　竹書房　(ラズベリーブックス)
【要旨】オリヴィアは、誰もが認める美貌を持つ伯爵令嬢。だが多くの求婚者に言い寄られても、結婚したいと思える相手には出会えていなかった。ある日、オリヴィアの隣家に、謎の准男爵サー・ハリーが引っ越してきた。友人から妙な噂を聞き込んだオリヴィアは興味を覚え、なんと5日間も窓越しにサー・ハリーの書斎を観察し続ける。ふたりはとある音楽会でついに初対面を果たすが、オリヴィアは思いもがけない一言を浴びせられる。「ぼくには秘密があるんだ。きみのことは好きじゃない―」ショックを受けるオリヴィア。だが、オリヴィアがロシアの皇子に見初められたことから、陸軍省の命令で極秘に護衛することになったサー・ハリーからも付きまとわれることになって。好奇心旺盛な令嬢と、クールな准男爵に恋は芽生えるのか―？RITA賞受賞の傑作ヒストリカル。
2017.2 476p A6 ¥1200 978-4-8019-1000-3

◆ゴーストタウン　ロバート・クーヴァー著, 上岡伸雄, 馬籠清子訳　作品社
【要旨】辺境の町に流れ着き、保安官となったカウボーイ。酒場の女性歌手に知らぬうちに求婚するが、町の荒くれ者たちをいつの間にやら敵に回して、命からがら町を脱出したものの―。書き割りのような西部劇の神話的世界を目まぐるしく飛び回り、力ずくで解体してその裏面を暴き出す、ポストモダン文学の巨人による空前絶後のパロディ。
2017.3 246p B6 ¥2400 978-4-86182-623-8

◆草原に黄色い花を見つける　グエン・ニャット・アイン著, 加藤栄訳　カナリアコミュニケーションズ
【要旨】1980年代後半、ベトナムの貧しい村に生きる兄弟と、幼なじみの女の子。彼らを取り巻く友人や大人たちが織り成す日常の物語。子どもらしい無邪気さと、思春期特有の不安定さが交錯する主人公の姿に、大人は誰もが、かつての自分を重ねてしまう。ベトナム人気作家によるベストセラー小説。
2017.12 296p B6 ¥1300 978-4-7782-0415-0

◆夫婦の中のよそもの　エミール・クストリッツァ著, 田中未来訳　集英社
【要旨】ちゃめっちゃな家族、理不尽な戦争。それでも人生捨てたもんじゃない。映画『アンダーグラウンド』『黒猫・白猫』など、愛と厳しさと生命力に満ちた独特の感性で世界中を巻き込んだクストリッツァ。天才映画監督による、連作短編4作、独立短編2作の魅惑の短編集。
2017.6 269p B6 ¥2100 978-4-08-773488-1

◆ダスクランズ　J.M.クッツェー著, くぼたのぞみ訳　(京都)人文書院
【要旨】ヴェトナム戦争末期、プロパガンダを練るエリート青年。18世紀、南部アフリカで植民地の拡大に奔走する白人の男。ふたりに取りつく妄想と狂気を、驚くべき力業で描き取る。人間心理に鋭いメスを入れ、数々の傑作を生みだしたノーベル賞作家J.M.クッツェー。そのすべては、ここにはじまる。
2017.9 237p B6 ¥2700 978-4-409-13038-4

◆ザ・ガールズ　エマ・クライン著, 堀江里美訳　早川書房
【要旨】寂しく退屈な毎日を送る14歳のイーヴィーはある日、自由にたくましく生きる女の子たちに出会った。なかでも黒髪のスザンヌは、見た瞬間に心を奪われた。イーヴィーはスザンヌらが暮らす年若ばかりのコミュニティに入り浸る。スザンヌに憧れ、自分を認めてもらいたくて、必死に溶け込もうとする。ようやく打ち解けはじめたそのとき、コミュニティに君臨するひとりの男によって、彼女たちは犯罪へと駆り立てられてゆく。チャールズ・マンソンらの事件を題材に、ヒリヒリした思春期を描く、全米40万部突破の世界的ベストセラー！
2017.11 348p B6 ¥1900 978-4-15-209719-4

◆約束　イジー・クラトフヴィル著, 阿部賢一訳　河出書房新社
【要旨】ナチス・ドイツの保護領時代、親衛隊の高官のために鉤十字型の邸宅を設計した暗い過去を持つ建築家カミル・モドラーチェク。共産党による独裁体制が強化されつつあった一九五〇年代初頭のブルノで、かつての栄光とは無縁の仕事をこなしていたが、秘密警察のラースカに執拗につきまとわれていた。唯一の理解者であった妹エリシュカも反体制活動の嫌疑をかけられ、秘密警察の尋問を受けているあいだに命を落としてしまう。最愛の妹を失ったカミルは、棺の前で復讐を決意する。それは、狂気に満ちた計画のはじまりだった。ナチス・ドイツ、共産主義、現在―そう、暗い傷のことから話をしよう。
2017.1 297p B6 ¥2600 978-4-309-20724-7

◆火の書　ステファン・グラビンスキ著, 芝田文乃訳　国書刊行会
【要旨】生誕130年を迎えた、ポーランド随一の狂気的恐怖小説家ステファン・グラビンスキによる怪奇幻想作品集。"火"をテーマとする短篇小説と、自伝的エッセイ、インタビューを収録。目眩めく紅蓮色の怪悸、病み憑きの陶酔と惑乱の書。
2017.8 299p B6 ¥2700 978-4-336-06175-1

◆愛の目覚めは突然に　セシリア・グラント著, 高里ひろ訳　二見書房　(ザ・ミステリ・コレクション)
【要旨】夫の急死でマーサは窮地に立たされた。遺言状によれば領地は評判の悪い夫の弟に相続される。子供のいない彼女は追い出される。だが、彼女が跡継ぎを身ごもっていれば、話は別だ。そこでマーサは一計を案じ、ロンドンでの放蕩が過ぎて父親に謹慎を命じられ、隣の領地にやってきたテオに取引をもちかける。毎日「子づくり」に協力するのと引き替えに大金を支払うと。ビジネスの取引だったふたりの関係は、日を重ねるにしたがって複雑に絡み合い、互いの見えなかった部分に惹かれるようになり―。
2017.6 457p A6 ¥952 978-4-576-17090-9

◆AM/PM　アメリア・グレイ著, 松田青子訳　河出書房新社

◆ヘレネのはじめての恋　リサ・クレイパス著, 小林由果訳　原書房　(ライムブックス)
【要旨】いとこの友人で実業家のウィンターボーンのあいだに縁談がもちあがっているヘレン。二人きりになった際に情熱的なキスをされて、箱入り娘の彼女は寝込んでしまう。周囲はあの様子を見て、二人の婚約を解消させるが、ヘレンは実はウィンターボーンに惹かれていたのだった。一方、ヘレンと出会った瞬間に恋に落ちたウィンターボーンは、婚約解消の申し入れにショックを受ける。平民の自分は洗練された美しい貴族の女性には不釣合いで、彼女に嫌われてしまったのだと思い込んだ。このまま離ればなれになるのは耐えられない。そう思ったヘレンは勇気をふりしぼり、彼の誤解を解こうとする。そして、二人が選んだのは…甘く純粋な恋を描き出す、情熱的なリサ・クレイパスの筆致がますます光る"クレイヴネル家"シリーズ第2巻！
2017.12 507p A6 ¥1100 ①978-4-562-06505-9

◆麻薬常用者の日記　1　天国篇　アレイスター・クロウリー著, 植松靖夫訳　国書刊行会　新版
【要旨】「汝の意志するところを行なえ。これこそ法のすべてとならん」―"中毒"の鎖を断ち切り、囚われた心を解き放つために。ある夜、運命的に出会った若き恋人たち。意識変容と至高の愛をめざした、麻薬の山への登攀が、いま始まる。20世紀最大の魔術師にしてカリスマ的アーティスト、クロウリー自らが執筆し商業出版したことで大きな話題を集めた小説。出版当時、毀誉褒貶相半ばし、『ユリシーズ』と共に「『汚物と猥褻物』以外何も見あたらぬ」とも批判され、クロウリーがイタリアから国外追放となる原因ともなったが、悪名に反して理智的かつ道義的であり、自身をモデルにした登場人物からその実像が浮かび上がる点でも注目される。クロウリーの代表的著作である。
2017.10 310p 19×11cm ¥2300 ①978-4-336-06215-4

◆麻薬常用者の日記　2　地獄篇　アレイスター・クロウリー著, 植松靖夫訳　国書刊行会　新版
【要旨】20世紀最大の魔術師にしてカリスマ的アーティスト、クロウリー自らが執筆し商業出版したことで大きな話題を集めた小説。出版当時、毀誉褒貶相半ばし、『ユリシーズ』と共に「『汚物と猥褻物』以外何も見あたらぬ」とも批判され、クロウリーがイタリアから国外追放となる原因ともなったが、悪名に反して理智的かつ道義的であり、自身をモデルにした登場人物からその実像が浮かび上がる点でも注目される。クロウリーの代表的著作譜に燦然と名を刻む名著。麻薬文学の系譜に燦然と名を刻む名著。
2017.11 217p 19×11cm ¥2160 ①978-4-336-06216-1

◆麻薬常用者の日記　3　煉獄篇　アレイスター・クロウリー著, 植松靖夫訳　国書刊行会　新版
【要旨】20世紀最大の魔術師にしてカリスマ的アーティスト、クロウリー自らが執筆し商業出版したことで大きな話題を集めた小説。出版当時、毀誉褒貶相半ばし、『ユリシーズ』と共に「『汚物と猥褻物』以外何も見あたらぬ」とも批判され、クロウリーがイタリアから国外追放となる原因ともなったが、悪名に反して理智的かつ道義的であり、自身をモデルにした登場人物からその実像が浮かび上がる点でも注目される。クロウリーの代表的著作である。
2017.12 256p 19cm ¥2200 ①978-4-336-06217-8

◆運命と復讐　ローレン・グロフ著, 光野多恵子訳　新潮社　(新潮クレスト・ブックス)
【要旨】裕福に育ったロットと美貌のマチルドは学生時代に電撃的に出会い、卒業直後に結婚。俳優として芽の出ない夫は、貞淑で献身的な妻に支えられ、やがて脚本家として成功。それは、幸せに満ちた人生のはずだった―妻のある秘密を知るまでは。夫の視点から描かれた美しき結婚生活は、後半の妻の視点になると一転。スキャンダラスで悲劇的な真相が明らかになっていく。家族の愛は夫婦の嘘に打ち勝てるのか？巧みなストーリー性と古典劇の文学性を併せ持ち、全米図書賞、全米批評家協会賞の候補となった圧巻の大河恋愛小説。
2017.9 527p B6 ¥2700 ①978-4-10-590141-7

◆チビ犬ポンペイ冒険譚　フランシス・コヴェントリー著, 山本雅男, 植月惠一郎, 久保陽子訳　彩流社
【要旨】18世紀イギリス小説、風俗描写あり、社会風刺あり、当時の様子がありありと。そして、なによりも、その狂言回しが、子犬のポンペイ。動物を主人公としたユーモア小説。となれば、思い出されるのが夏目漱石の『猫』。小説家で英文学翻訳家でもあった丸谷才一が、『猫』を生み出すきっかけになった作品には相違ないと推測！一読されれば、推理が確信になること、請け合いです。
2017.11 317p B6 ¥2400 ①978-4-7791-2399-3

◆危険な夜のキャスティング　ザラ・コックス著, 多田桃子訳　オークラ出版　(マグノリアロマンス)
【要旨】二百六十億ドルもの個人資産を持ち、大企業の後継者でもあるクインには、秘密の顔がある。Qという名のポルノスターを演じていて、近い将来一殺人者になる予定でいる。百万ドルの出演料を得るためにQの相手役のオーディションに来たラッキーにも、秘密の顔がある。恐ろしい事件のせいで、逃亡者としての日々を余儀なくされているのだ。自分を捜す男たちに見つからないように安モーテルで暮らし、苦境を抜け出すための資金を稼ぐしかないラッキーと、心に闇をもかかえる放浪するクインが出会った瞬間、破滅にも似た愛が芽生えはじめ―。
2017.8 641p A6 ¥1048 ①978-4-7755-2692-7

◆オープン・シティ　テジュ・コール著, 小磯洋光訳　新潮社　(新潮クレスト・ブックス)
【要旨】マンハッタンを彷徨する精神科医。街の風景とざわめきが揺り起こす記憶。街路に刻まれた歴史の痕跡と人々の声―。数々の賞に輝き「ゼーバルトの再来」と讃えられた、ナイジェリア系作家のデビュー長編。
2017.7 284p B6 ¥1900 ①978-4-10-590138-7

◆林檎の樹　ゴールズワージー著, 法村里絵訳　新潮社　(新潮文庫)
【要旨】徒歩旅行の途中、果樹園のある農場に宿を求めたロンドンの学生アシャースト。彼はそこに暮らす可憐な少女、ミーガンに心を奪われる。月の夜、白き花を咲かせる林檎の樹の下でお互いの愛を確かめ合った二人は、結婚の約束をする。だが旅立ちの準備で町へ出たアシャーストを待っていた運命は―。自然の美と神秘、恋の陶酔と歓び、そして青春の残酷さが流麗な文章で綴られる永遠のラブストーリー。Star Classics名作新訳コレクション。
2018.1 151p A6 ¥400 ①978-4-10-208803-6

◆林檎の樹・フォーサイトの小春日和　ゴールズワージー著, 猪股涼子訳　(鎌倉)冬花社
【目次】林檎の樹, フォーサイトの小春日和
2017.8 205p B6 ¥1000 ①978-4-908004-20-9

◆後継者たち　ウィリアム・ゴールディング著, 小川和央訳　早川書房　(ハヤカワepi文庫)
【要旨】遠い遠い昔のこと。冬が去り、春が来て、首長のマルに率いられた一族は、海辺から山のなかへと移動してきた。平和で平穏な季節は過ぎ去った。そして川の向こう岸には、彼らにとってかわろうとするものが、新たなる敵たちが現れていた…ネアンデルタール人とホモサピエンスの遭遇、軋轢、衝突、そして闘争を描いた奇想天外な寓話。「蠅の王」の著者としてノーベル文学賞作家が人類の原罪を描く異色傑作、初文庫化。
2017.11 318p A6 ¥920 ①978-4-15-120092-2

◆蠅の王　ウィリアム・ゴールディング著, 黒原敏行訳　早川書房　(ハヤカワepi文庫)　新訳版
【要旨】疎開する少年たちを乗せた飛行機が、南太平洋の無人島に不時着した。生き残った少年たちは、リーダーを選び、助けを待つことに決める。大人のいない島での暮らしは、当初は気ままで楽しく感じられた。しかし、なかなか来ない救援やのろしの管理で、次第に互いの溝が広がっていく。そして暗闇に潜むという"獣"に対する恐怖がつのり、ついに彼らは互いに牙をむいた―。ノーベル文学賞作家の代表作が新訳で登場。
2017.4 367p A6 ¥1000 ①978-4-15-120090-8

◆トゥオネラの花嫁　ウネルマ・セミョーノワ・コンカ著, 山口涼子訳　(横浜)群像社
【要旨】花嫁はなぜ涙で送り出されるのか。家族と離れ去とその親族のいる異界=トゥオネラ(死の国)に向かう娘に付き添う泣き女の唄、ロシア特有の風呂小屋の儀式、乙女から花嫁にかわるときの髪型に込められた意味など数々の要素を分析した北ロシアのカレリア地方に伝わる婚姻の民俗学。
2017.6 237p B6 ¥2000 ①978-4-903619-77-4

〔サ行の作家〕

◆タラバ、悪を滅ぼす者　ロバート・サウジー著, 道家英穂訳　作品社
【要旨】おまえは天の意志を遂げるために選ばれたのだ。おまえの父の死と、一族皆殺しの復讐をするために。ワーズワス、コールリッジと並ぶイギリス・ロマン派の桂冠詩人による、中東を舞台にしたゴシックロマンス。英国ファンタジーの原点とも言うべきエンターテインメント叙事詩、本邦初の完訳！オリエンタリズムの実像を知る詳細な自註も訳出！
2017.10 270p B6 ¥2400 ①978-4-86182-655-9

◆傷痕　フアン・ホセ・サエール著, 大西亮訳　水声社　(フィクションのエル・ドラード)
【要旨】「妻殺しの容疑者が取調中に窓から身を投げた…」自殺判断に偶然立ち会った若き新聞記者アンヘルと、自堕落な生活を続けるその母。容疑者の旧友で賭博場に通いながらも雄弁護士セルヒオと、神秘的な女中デリシア。取り憑かれたようにオスカー・ワイルドの翻訳に没頭する判事エルネストと、謎の男トマティス…"出口なし"の政治状況を背景に、"傷"を抱えた登場人物たちの複数の視点からひとつの事件を浮かび上がらせた初期の傑作長編。
2017.2 317p B6 ¥2800 ①978-4-89176-962-8

◆四角い卵　サキ著, 和爾桃子訳　白水社　(白水uブックス―海外小説永遠の本棚)
【要旨】森の中でヴァン・チールは裸で岩の上に寝そべる若者に出会う。浅黒い肌に獣のような目をしたこの野生児は「子どもの肉にありついてから二ヵ月はたつ」と不気味なことを言うのだった―「ゲイブリエル・アーネスト」他、全36篇。初期短篇集『ロシアのレジナルド』、没後出版の『四角い卵』に、その後発掘された作品を収録した新訳サキ短篇集第四弾。サキの生涯と作品を概観したJ・W・ランバート「サキ選集序文」を付す。
2017.12 315p 18cm ¥1500 ①978-4-560-07216-5

◆平和の玩具　サキ著, 和爾桃子訳　白水社　(白水uブックス―海外小説永遠の本棚)
【要旨】子供には武器のおもちゃや兵隊人形ではなく平和的な玩具を、という記事に感化された母親が早速それを実践しようとするが…「平和の玩具」。その城には一角の者が死ぬとき近隣の狼が集まって一晩中吠えたてるという伝説があった「セルノグラツの狼」他全33篇。ショートショートの異才サキの没後出版の短篇集を初の完訳。
2017.6 321p 18cm ¥1600 ①978-4-560-07214-1

◆旅の終わりに　マイケル・ザドゥリアン著, 小梨直訳　東京創元社　(海外文学セレクション)
【要旨】老夫婦ジョンとエラが、思い出のつまったキャンピングカーでたどるのはふたりの人生の軌跡。
2017.12 268p B6 ¥2000 ①978-4-488-01076-8

◆ヒューマン・コメディ　ウィリアム・サローヤン著, 小川敏子訳　光文社　(光文社古典新訳文庫)
【要旨】第二次世界大戦中、カリフォルニア州イサカのマコーリー家では、父が死に、長兄も出征し、14歳のホーマーが学校に通いながら電報配達をして家計を助けている。彼は訃報を届ける役目に戸惑いを覚えつつも、町の人々との触れあいの中で成長していく。懐かしさと温かさに包まれる長編。
2016.8 382p A6 ¥880 ①978-4-334-75359-7

◆2084 世界の終わり　ブアレム・サンサル著, 中村佳子訳　河出書房新社
【要旨】完璧で決定的な勝利を収めた"大聖戦"ののち、核で荒廃した大地は何億もの死体で覆いつくされた。偉大なる神ヨラーとその忠実なる代理人アビを信奉する宗教国家アビスタンでは、思想・信条の自由を忘却し、街区に縛られた"信徒"たちが陰鬱な日々を送っている。極寒のサナトリウムで療養中の役人アティは、やがてこの国の"境界"を夢見るようになる。名高い祭司の息子コア、古代の村を発見した考古学者ナース、"本"をはじめとする文明の遺物を収集する商人トーズ、猥雑で混沌として無秩序なゲットー。この世界の起源と真実を求めて、アティとコア

外国の小説

は旅に出る。ジョージ・オーウェル『1984』ミシェル・ウエルベック『服従』のその先を描いたディストピア小説の新たな傑作、誕生。アカデミーフランセーズ小説賞グランプリ。
2017.8　281p　B6　¥2400　978-4-309-20730-8

◆奪われたキスのつづきを　リンゼイ・サンズ著, 田淵千幸訳　二見書房　(ザ・ミステリ・コレクション)
【要旨】両親を早くに亡くしたヴァロリーは、一家の地所を立て直すお金を貯めるため少年のふりをして海賊船に乗り込むが、ようやく資金がたまったところで、二十五歳までに結婚して子供を作らなければ土地を相続できないと知る。何年も男として生きてきた彼女に女性らしい振る舞いなどできないし、もちろん男性経験もない。どうやって相手を探せばいいのだろう？ 事情を知った船員たちにせのメイドを見つけてくれ、不慣れなドレス姿でヴァロリーはお見合いを繰り返す。そしていよいよ妊娠すべき期限は迫り…。
2017.8　556p　A6　¥1180　978-4-576-17107-4

◆恋は宵闇にまぎれて　リンゼイ・サンズ著, 上條ひろみ訳　二見書房　(ザ・ミステリ・コレクション)
【要旨】スコットランド領主の娘ミュアラインは、父の死後、父親ちがいの兄と暮らしてきた。だがギャンブル中毒の兄は父の遺産を独り占めしたうえに使い果たし、馬を買うためについに彼女を売り飛ばそうとする。馬の売主ブキャナン兄弟の次男ドゥーガルは、その卑劣さに憤り、ミュアラインを兄から離すために偽装結婚することにするが、自分の領地に戻る旅の途中、ミュアラインは何者かに矢で射られた。兄が追ってきているのだろうか？ 危険は迫るなか、ふたりの結婚はやがて本物へと変わっていき…。
2017.5　408p　A6　¥895　978-4-576-17053-4

◆窓辺のキスはふたりの秘密　エイミー・サンダス著, 鈴木美朋訳　集英社クリエイティブ　(ベルベット文庫)
【要旨】父を亡くした長女のエマは、自分の幸せを諦めて、ふたりの妹の結婚にいそしむ日々。父親が遺した莫大な借金も彼女を苦しめていた。ある晩、エマが妹たちのお目付役として出席した舞踏会で、しつこく言い寄る紳士を避けてひとけのない部屋のカーテンの陰に逃げ込むと、そこには思いがけず先客が。正体の知れないその男と、エマは暗がりの中、はからずも少しだけ親密なひとときを過ごして一期待の新人作家、初の邦訳作品！
2017.12　439p　A6　¥1200　978-4-420-32048-1

◆星の王子さま　サン=テグジュペリ著, 浅岡夢二訳, 葉祥明絵　ゴマブックス　(大活字名作シリーズ)
2017.3　198p　B5　¥2900　978-4-7771-1883-0

◆星の王子さま　サン=テグジュペリ作, 内藤濯訳　岩波書店　(岩波文庫)
【要旨】サハラ砂漠で不時着した孤独な飛行士と、"ほんとうのこと"しか知りたがらない純粋な星の王子さまのふれあいを描いた永遠の名作。一九五三年以来、半世紀を超えて、日本じゅうの読者を魅了してきた、内藤濯氏による歴史的名訳。『星の王子さま』のスタンダード。
2017.7　220p　A6　¥520　978-4-00-375131-2

◆ガラスの封筒と海と　アレックス・シアラー著, 金原瑞人, 西本かおる訳　求龍堂
【要旨】ぼくは、息子にもう一度手紙を書いた。ずっと海に送りたかった手紙を。あきらめない勇気とさわやかな感動をくれる奇跡の物語。
2017.6　255p　B6　¥1600　978-4-7630-1705-5

◆アテネのタイモン―シェイクスピア全集 29　シェイクスピア著, 松岡和子訳　筑摩書房　(ちくま文庫)
2017.10　206p　A6　¥800　978-4-480-04529-4

◆ヘンリー・ジェイムズ傑作選　ヘンリー・ジェイムズ著, 行方昭夫訳　講談社　(講談社文芸文庫)
【要旨】十九世紀的世界観を脱して新たな文学技法を追究し、現代文学の礎となったH・ジェイムズ。多様な解釈を許す作風から難解なイメージがつきまとうが、読む時代により素晴らしさが再発見され続ける、稀代のストーリーテラーでもある。百を超える作品から、リーダブルで多彩な魅力に富んだ五篇を厳選、複雑と謳われる文学世界を味わい深い日本語で贈る、決定版。
2017.8　439p　A6　¥1900　978-4-06-290357-8

◆殺されたゴッホ　マリアンヌ・ジェグレ著, 橘明美, 臼井美子訳, 團府寺司解説　小学館　(小学館文庫)
【要旨】百二十年以上にわたって自殺したと信じられていたものだった！ 画家ゴーギャンとの共同生活の失敗、弟テオに対する罪悪感や社会からの疎外感…。2011年にアメリカで発表され評判となった新説に基づき、ゴッホが残した手紙や日記帳、彼をめぐるさまざまな人々の視点から語られる、ゴッホの苦悩と情熱。なぜ、誰にでゴッホは殺されたのか？ 殺されなければならなかったのか？ ゴッホ最後の二年間と死の真相に迫る物語？
2017.10　455p　A6　¥850　978-4-09-406350-9

◆輝く宝石は愛の言葉　サブリナ・ジェフリーズ著, 上中京訳　扶桑社　(扶桑社ロマンス)
【要旨】宝飾品職人のイーザは、姉夫婦が引き起こした宝石盗難事件に巻き込まれ、新婚の夫に別れを告げる間もなく逃亡を余儀なくされた。事情を知らぬまま夫のヴィクターは事件の容疑者として拷問され、また妻に棄てられた傷心から疑い深い人間になってしまう。十年後、友人の探偵社でイーザらしき女性の消息をつかんだ彼はスコットランドにおもむき、ついに妻と再会する。互いへの強い想いは募りながらも疑心は消えず、しかもイーザには大きな秘密があった…新展開！ 公爵の探偵団シリーズ・第二弾！
2017.5　538p　A6　¥1150　978-4-594-07701-3

◆公爵夫人はアメリカ令嬢　エロイザ・ジェームズ著, 山田蘭訳　集英社クリエイティブ, 集英社 発売　(ベルベット文庫)
【要旨】自立心あふれるアメリカ令嬢のメリーは、結婚相手を見つけるべく英国にやってきた。英国での初めての舞踏会で、トレント公爵の弟から求婚されたものの、実は、バルコニーで出会った名も知らぬ男性のことが気になってしまう。その男性がトレント公爵だとわかったとき、話はこじれ上げた想いとは一悪われ合いながらも心ずれ違うメリーと公爵に、祝福は訪れるのか？ 愛の意味を問う、人気作家渾身の最新ロマンス。
2017.2　623p　A6　¥1250　978-4-420-32043-6

◆青い衣の女―バイロケーションの謎　ハビエル・シエラ著, 八重樫克彦, 八重樫由貴子訳　ナチュラルスピリット
【要旨】1629年頃、"青い衣の女"が現在のアメリカ・ニューメキシコ州に何度も現れたという。テレポテーション、バイロケーションをめぐる、カトリック神父、雑誌記者、精神科医が謎を探る？
2017.2　476p　B6　¥2300　978-4-86451-229-9

◆世界で一番美しい声　ミア・シェリダン著, 高里ひろ訳　扶桑社　(扶桑社ロマンス)
【要旨】ブリー・プレスコットは、父親と自分を襲った恐ろしい事件のせいで心に深く傷を負い、逃げるように故郷を離れてメイン州にある湖畔の町ペリオンへとやってきた。新しい環境で人生をたてなおそうとするブリーを、周囲の人びとは温かく向かえる。アーチャーという若者と出会う。彼もまた、過去の事件でひどい傷を負い、苦しみを抱えて孤独に生きてきた人間だった。二人は友情をはぐくみ、やがて惹かれあう甘美なラブシーンに彩られた純愛ロマンスの傑作登場！
2017.6　542p　A6　¥980　978-4-594-07714-3

◆霧の重慶 下　一長城万里記 6　周而復著, 日中21世紀翻訳会訳　教育評論社
2017.6　348p　A5　¥3000　978-4-86624-009-1

◆林檎の木から、遠くはなれて　トレイシー・シュヴァリエ著, 野沢佳織訳　柏書房
【要旨】一八五〇年代、ゴールドラッシュに沸くアメリカ。夢を求めて西へ、西へ。旅する青年と林檎の木一曲がりくねった枝のように、別れては、また再び出会う。果樹園に芽吹いた、家族の物語。
2017.5　368p　B6　¥2200　978-4-7601-4839-4

◆階段を下りる女　ベルンハルト・シュリンク著, 松永美穂訳　新潮社　(新潮クレスト・ブックス)
【要旨】出張先のシドニーで突然再会した一枚の絵。一糸まとわぬ姿で階段を下りてくるのは、忽然と姿をくらました女…。企業弁護士として順調に歩んできた初老の中に、40年前の苦い記憶が甦る。あの日、もし一緒に逃げることができ

きていたら…。孤絶した海辺の家に暮らす女を探し当てた男は、消したくとも消せなかった彼女の過去を知る。一自分の人生は本当に正しかったのか？ 男は死期が迫る女に静かに寄り添い、残された時間を抱きしめながらも、果たせなかった二人の物語を紡ぎ始める。一枚の絵をめぐる、哀切なラブ・ストーリー。人生の終局の煌めきを描く、世界的ベストセラー作家の新境地。
2017.6　235p　B6　¥1900　978-4-10-590139-4

◆人生を変えるレッスン　ラファエル・ジョルダノ著, 河野彩訳　サンマーク出版
【要旨】カミーユ、38歳と3カ月、全てが順風満帆、幸せ一杯に見えた。愛する夫と子ども、安定した仕事、居心地のよい家、そして親友たち…。しかし激しい雨が降りすさぶ金曜の夜、パリ郊外からの帰宅途中、車の事故で帰れなくなってしまう。助けを求めた近隣の家から夫に電話をかけるが、そっけない返事に涙があふれてくる。そう、一見幸せそうな彼女の人生は表面的なものだったのだ。助けてくれたルーティン学者のクロードは、自分の考案したレッスンを受けてみないかと言う。そして、それは、信じられないほど効果がある。「人生を変える」思いもよらないメソッドだった。
2017.4　280p　B6　¥1600　978-4-7631-3602-2

◆ほら、死びとが、死びとが踊る―ヌンガルの少年ボビーの物語　キム・スコット著, 下楠昌哉訳　現代企画室　(オーストラリア現代文学傑作選)
【要旨】19世紀前半の植民初期、「友好的なフロンティア」と呼ばれたオーストラリア西南部の海辺で、先住民と入植者が育んだ幸福な友情とやがて訪れた悲しい対立の物語。アボリジニにルーツを持つ作家が、オーストラリア現代文学に切り拓いた新たな地平。
2017.5　447p　B6　¥2500　978-4-7738-1711-9

◆新訳 ジキル博士とハイド氏　ロバート・L・スティーヴンソン, 田内志文訳　KADOKAWA　(角川文庫)
【要旨】ロンドンで弁護士業を営んでいるアタスンは、友人のジキルから遺言状を預かっていた。自分が死亡、3ヶ月以上行方不明、もしくは不在だった場合、恩人であるハイドに全財産を譲渡するという内容のものである。不審に思ったアタスンは、憎悪を抱かせるハイドを調べようとするものの、ジキルに止められてしまう。その後、街で殺人事件が発生して―。人間は一者ではなく二者から成るものである…善悪の二面性に焦点を当てる世界的名作。
2017.4　141p　A6　¥400　978-4-04-102325-9

◆海を照らす光　上　M.L.ステッドマン著, 古屋美登里訳　早川書房　(ハヤカワepi文庫)
【要旨】20世紀初頭のオーストラリア。悲惨な戦争から帰国したトム・シェアボーンは、灯台守となって孤島ヤヌス・ロックに赴任する。朗らかな妻イザベルと過ごす日々は、子を授からないことを除いては幸せなものだった。しかし数年後のある日、転機が訪れた。島に漂着したボートに生後間もない赤ん坊が乗っていたのだ。夫婦の愛情と罪を描き、胸を打つ傑作長篇。マイケル・ファスベンダー、アリシア・ヴィキャンデル主演映画化。
2017.2　294p　A6　¥780　978-4-15-120088-5

◆海を照らす光　下　M.L.ステッドマン著, 古屋美登里訳　早川書房　(ハヤカワepi文庫)
【要旨】流れ着いたボートに乗っていた赤ん坊を、実子と偽り育てはじめたトムとイザベル。ルーシーと名付けられた赤ん坊はすくすくと成長し、灯台守夫妻にとってかけがえのない存在になった。だが、二歳になるルーシーを連れて本土に休暇を過ごしていたとき、海で夫と子を失い悲嘆に沈む女性がいると知る。夫と妻、親と子。さまざまな絆が生み出す苦しみと愛を繊細に描き上げ、心を揺さぶる世界的ベストセラー。
2017.2　278p　A6　¥780　978-4-15-120089-2

◆新訳 アンクル・トムの小屋　ハリエット・ビーチャー・ストウ著, 小林憲二訳　明石書店　新装版
2017.4　628p　A5　¥4800　978-4-7503-4511-6

◆私の名前はルーシー・バートン　エリザベス・ストラウト著, 小川高義訳　早川書房
【要旨】ルーシー・バートンの入院は、予想外に長引いていた。幼い娘たちや夫に会えないのがつらかった。そんなとき、長らく行き違いばかりで疎遠だった母が田舎から出てきて、彼女を見舞う―。疎遠だった母と他愛ない会話を交わした五日間。それはルー

シーにとって忘れがたい思い出となる。ピュリッツァー賞受賞作『オリーヴ・キタリッジの生活』の著者が描く、ある家族の物語。ニューヨーク・タイムズ・ベストセラー。
2017.5 198p B6 ¥1800 ⓘ978-4-15-209681-4

◆**エミリ・ディキンスン家のネズミ** エリザベス・スパイアーズ著, クレア・A. ニヴォラ絵, 長田弘訳 みすず書房 新装版
【要旨】白ネズミのエマラインがエミリの部屋の壁穴に越してきた。ふたり（？）の密やかな"文通"がはじまる。「私は誰でもない！―あなたは誰？」とエミリが書いた。エマラインは返事を出し、詩を書いてみた。おどろいたことに、それはエミリに新たなインスピレーションをあたえた。誰にも会わず、どこへも出かけないこの詩人に。…エマラインの目を通して、19世紀アメリカの偉大な詩人の魅力あふれる世界が、私たちのまえに開かれる。エミリの詩12篇はすべて長田弘の新訳。エマラインの詩7篇も "デビュー" する。 2017.7 83p B6 ¥1700 ⓘ978-4-622-08646-8

◆**ピーター卿の事件簿** ドロシー・L・セイヤーズ著, 宇野利泰訳 東京創元社（創元推理文庫） 新版
【要旨】クリスティと並び称されるミステリの女王セイヤーズが創造したピーター・ウィムジイ卿は、従僕を連れた優雅な青年貴族として世に出たのち、作家ハリエット・ヴェインとの大恋愛を経て人間的に大きく成長、古今の名探偵の中でも屈指の魅力的な人物となった。そのまばゆい活躍する中短篇から「不和の種、小さな村のメロドラマ」等、代表的な秀作7編を選んだ作品集である。
2017.12 356p A6 ¥960 ⓘ978-4-488-18312-7

◆**書店主フィクリーのものがたり** ガブリエル・ゼヴィン著, 小尾芙佐訳 早川書房（ハヤカワepi文庫）
【要旨】島に一軒だけある小さな書店。偏屈な店主フィクリーは妻を亡くして以来、ずっとひとりで店を営んでいた。ある夜、所蔵していた稀覯本が盗まれてしまい、フィクリーはうちひしがれる。傷心の日々を過ごすなか、彼は書店にちいさな子どもが捨てられているのを発見する。自分もこの子をひとりぼっちハーフィクリーは、ひとりで育てる決意をする。本屋大賞に輝いた、本を愛するすべての人に贈る物語。
2017.12 316p B6 ¥840 ⓘ978-4-15-120093-9

◆**キオスク** ローベルト・ゼーターラー著, 酒寄進一訳 東宣出版（はじめて出逢う世界のおはなし オーストリア編）
【要旨】自然豊かな湖のほとりに母とふたりで暮らしていた少年フランツは、田舎を離れウィーンのキオスクに見習いとして働くことになった。はじめてのひとり暮らしと仕事、都会の喧噪に期待と不安を感じながらも、キオスクの店主から新聞、葉巻、お客のことなどを学んでいく。そんなある日、忘れ物を届けたことで常連客のジークムント・フロイト教授と懇意になり、フロイトから人生を楽しむ恋をするよう忠告される。さっそくおしゃれをしてプラーター遊園地にくりだしたフランツは、謎めいたボヘミアの女の子に出会い、すっかり心を奪われてしまう…。ナチスドイツに併合されていくオーストリアの様子と、そのなかで少年が思い、悩み、考え、行動する姿を、静謐に物語る。
2017.6 275p 18cm ¥1900 ⓘ978-4-88588-093-3

◆**凍てつく海のむこうに** ルータ・セペティス作, 野沢佳織訳 岩波書店
【要旨】1945年1月、第二次世界大戦末期。ソ連軍の侵攻がはじまるなか、ナチス・ドイツ政府は孤立した東プロイセンから、バルト海を経由して住民を避難させる"ハンニバル作戦"を敢行した。戦火をのがれようとした人びとのあいだには、それぞれ秘密をかかえた四人の若者がいた。海運史上最大の惨事ともよばれる"ヴィルヘルム・グストロフ"号の悲劇を描く、傑作歴史フィクション。知られざる歴史の悲劇をひもとき、運命に翻弄される若者たちの姿を鮮明に描く、カーネギー賞受賞作。
2017.10 395p B6 ¥2100 ⓘ978-4-00-116012-3

◆**テルリア** ウラジーミル・ソローキン著, 松下隆志訳 河出書房新社
【要旨】21世紀中葉、世界が分裂し、"新しい中世"が到来する。怪物ソローキンによる予言的な書物。"タリバン"襲来後、世界の大国は消滅し、幾多もの小国に分裂する。そこに現れたのは、巨人や小人、獣の頭を持つ人間が生活するあたな中世の世界。テルルの釘を頭に打ち込み、願望の世界に浸る人々。帝国と王国、共和国、テン

ブル騎士団とイスラム世界…。散文、詩文、戯曲、日記、童話、書簡など、さまざまな文体で描かれる50の世界。
2017.9 337p B6 ¥3000 ⓘ978-4-309-20734-6

◆**大嫌いゲーム** サリー・ソーン著, 日下部圭訳 オークラ出版（マグノリアロマンス）
【要旨】私の名前はルーシー。出版社に勤めるCEOの秘書よ。なんと、この会社にはもうひとりCEOがいて、秘書ももうひとりいて、その、もうひとり―ジョッシュとわたしは、ほんとうに気が合わない。相手とのやりとりを記録し合っていて、この一年で人事に苦情を申し出たのはそれぞれ四回ずつ！ 一緒に仕事をするのが大変だってわかるでしょ！ そんな中、私たちの間に新たな戦いの幕が開きそうなの。私たちのどちらかが昇進できるかもしれないのよ。大嫌いな同僚が上司になるのを、絶対に阻止してみせるからね！
2017.5 537p A6 ¥943 ⓘ978-4-7755-2652-1

📖〔タ行の作家〕

◆**ソロ** ラーナー・ダスグプタ著, 西田英恵訳 白水社（エクス・リブリス）
【要旨】20世紀ブルガリアを生き抜いた100歳の盲目の老人の脳裏を去来する人生と夢。気鋭のインド系英国人作家による、世界18か国で翻訳された傑作長篇！ 2010年度英連邦作家賞受賞作。
2018.1 443p B6 ¥3700 ⓘ978-4-560-09054-1

◆**とるにたらないちいさないきちがい** アントニオ・タブッキ著, 和田忠彦訳 河出書房新社
【要旨】学生時代に一人の女を愛した男たち、世界に対峙する魔法を願う少年、シュレミールを自称するインド通のユダヤ人、撮影カメラの前で真実を見出す俳優たち…。映画に着想を得つつ書きあためられるような十一の短篇集。名手タブッキ『インド夜想曲』につづく11の短篇集。
2017.4 256p B6 ¥2200 ⓘ978-4-309-20725-4

◆**異形の愛** キャサリン・ダン著, 柳下毅一郎訳 河出書房新社
【要旨】巡業サーカスを営む団長の父と献身的な母、天才アザラシの兄、美しいシャム双子の姉、特別な力をもつ弟。愛しき "奇天烈カーニバル" は国中を騒がせ、やがて崩壊のときが来る…いまや、わが家の物語を語ろう。偏愛される伝説の名作。
2017.5 492p B6 ¥3200 ⓘ978-4-309-20728-5

◆**ほどける** エドウィージ・ダンティカ著, 佐川愛子訳 作品社
【要旨】双子の姉を交通事故で喪った、十六歳の少女。自らの半身というべき存在をなくした彼女は、家族や友人らの助けを得て、悲しみのなかでアイデンティティを立て直し、新たな歩みを始める。全米が注目するハイチ系気鋭女性作家による、愛と抒情に満ちた物語。
2017.4 300p B6 ¥2400 ⓘ978-4-86182-627-6

◆**オクニョ―運命の女（ひと）** チェワンギュ著, 林久仁子訳 講談社
【要旨】朝鮮王朝時代監獄で生まれ育った一人の少女が国を揺るがす陰謀、強大な権力に立ち向かう―韓国時代劇の巨匠イ・ビョンフン監督の最新作が小説に！
2017.11 382p B6 ¥1980 ⓘ978-4-06-220881-9

◆**お茶と探偵 16 アジアン・ティーは上海の館で** ローラ・チャイルズ著, 東野さやか訳 原書房（コージーブックス）
【要旨】鳴り響く銅鑼の音に激しく舞う龍。ギブズ美術館では、遠い上海からそっくりそのまま移設した、200年前の貴重な茶館をお披露目するパーティーが催されていた。セオドシアの恋人マックスは美術館の広報部長で、この巨大プロジェクトのいわば立役者。ところが、異国情緒たっぷりの茶館でいざ成功を味わう暇もなく、物陰で多額の寄付者が死んでいるのが発見され、パーティーはたちまち混乱の渦に。そして事件まえに被害者と意見が対立していたマックスは、美術館から突然の解雇を言い渡されてしまった！ 館長の仕打ちに黙っていられないセオドシアは、真犯人を探して恋人の容疑を晴らそうと強く決意し…!?
2017.11 365p A6 ¥950 ⓘ978-4-562-06062-7

◆**サンショウウオ戦争** カレル・チャペック著, 栗栖茜訳 海山社
2017.10 492p B6 ¥2600 ⓘ978-4-904153-11-6

◆**中国のエニグマと見果てぬ夢** チュウシャオロン著, 鈴木康雄, 美山弘樹共訳 七草書房, 東洋出版 発売（陳警部事件シリーズ）
【要旨】現代中国を舞台に、中国人作者が英語で書き下ろす話題作。米国ニューヨーク・タイムズ紙も注目。英国BBCラジオがドラマ化。すでに世界20か国で翻訳。
2017.7 318p B6 ¥1800 ⓘ978-4-906923-04-5

◆**中国が愛を知ったころ―張愛玲短篇選** 張愛玲著, 濱田麻矢訳 岩波書店
【要旨】「公平？ 人と人との関係に、公平なんて二文字はもともとありえないわ。」逃れえぬ掟の先に、彼女たちは何を見たのか。家族制度と自由恋愛。経済と感情。せめぎあう愛のかたちとそのゆくえ。日本占領下の上海に彗星のように現れ、今なお世代を超え、中華圏で熱狂的に読み継がれている張愛玲。本邦初訳の三作品からなる短篇選。
2017.10 184p B6 ¥2400 ⓘ978-4-00-023892-2

◆**紫嵐（ズーラン）の祈り 上** 沈石渓著, 光吉さくら, ワンチャイ訳 大樟樹出版社, インターブックス 発売
【要旨】五匹の子を産み落とした美しいメスオオカミのズーランは、亡き伴侶のヘイサンの遺志を継いで、自らの子に次期王位を奪うための手段を講じる。その道のりは険しく、時に猟師や犬たちが講じる策をかわしながら、オオカミ王の座に就かせるために長男のヘイザイを強く育てていく。しかし、母親でありながらこれまでの優しさで我が子と接することができないジレンマにも苦しむ。そんなズーランを悲劇が襲う。動物の本能や生活習慣の描写を通じて、自然の中での残酷で熾烈な淘汰と生き残りへの強烈な欲望を鮮烈に描いた中国のベストセラー作品が日本に上陸。中国青少年推薦図書。
2017.10 181p B6 ¥1200 ⓘ978-4-909089-07-6

◆**紫嵐（ズーラン）の祈り 下** 沈石渓著, 光吉さくら, ワンチャイ訳 大樟樹出版社, インターブックス 発売
【要旨】嵐のように激しく、切ないまでの母の想い―亡き夫ヘイサンが手にすることができなかったオオカミ王の座を、わが子に取らせるべくあらゆる手段を講じる母オオカミ、ズーラン。度重なる試みに失敗するも、どうしようもない喪失感と悲しみに襲われながらも、なんども自らを奮い立たせる。それはオオカミの本能か、母の愛ゆえの執念なのか？ 動物の本能や生活習慣の描写を通じて、自然の中での残酷で熾烈な淘汰と生き残りへの残酷な欲望を鮮烈に描いた中国のベストセラー作品が日本に上陸。中国青少年推薦図書。
2017.11 173p B6 ¥1200 ⓘ978-4-909089-08-3

◆**待ち続けた夢はあなたとともに** テッサ・デア著, 金井真弓訳 集英社クリエイティブ, 集英社 発売（ベルベット文庫）
【要旨】婚約者ピアズの帰りを待ち続けて8年。クリオはついに、婚約を破棄して自分の道を生きると決めた。彼の弟レイフに手続きを頼むが、拒否されたうえ、レイフはあの手この手でクリオの気持ちを結婚に向かわせようとする。彼にはある思惑があったのだ。一方、幼馴染でもある二人の再会は、互いの胸にある懐かしい想いを呼び起こして…。様々な壁を越えて、クリオが選択した道は―セクシーで人間味あふれる最上級ロマンス！
2017.10 551p A6 ¥1200 ⓘ978-4-420-32047-4

◆**夢から現れた幻のあなた** テッサ・デア著, 芦原夕貴訳 集英社クリエイティブ, 集英社 発売（ベルベット文庫）
【要旨】マディは社交界デビューを逃れるために、架空の婚約者をでっちあげ、見せかけの手紙をありもしない住所宛に送り続けた。だが、嘘を重ねることに耐えかねず、彼女はついに終わらせた。数年後、遺産で城を手に入れたマディのもとに、自分は手紙の受け取り人だという男性が突然現れる。長身で軍服姿、スコットランド人らしい威圧感を放つ男性はいったい誰なのか、その目的は…？ 恋心あふれる人気シリーズ、第2弾！
2017.8 463p A6 ¥1000 ⓘ978-4-420-32046-7

◆**レイミー・ナイチンゲール** ケイト・ディカミロ作, 長友恵子訳 岩崎書店
【要旨】レイミー、10歳。2日前にお父さんがかけおちして家を出ていった。でも、レイミーには計画がある。それは美少女コンテストで優勝すること。新聞にのった写真を見たら、お父さんは帰ってきてくれるにちがいない―。バトン

トワリングのレッスンを受けにいったレイミーが出会ったのは、ピンクのワンピースを着た女の子ルイジアナと、警官の娘でこわいもの知らずのベベリー。それぞれ心の痛みをかかえていた3人は、しだいにたがいを助け合い、きずなを深めていく。ニューベリー賞作家が贈る、ひと夏の友情の物語。
2017.5 238p B6 ¥1600 ①978-4-00-116008-6

◆荒涼館 1 ディケンズ作, 佐々木徹訳 岩波書店 （岩波文庫）
【要旨】「おまえはおかあさんの恥でした」―親の名も顔も知らずに育ったエスターと、あまたの人を破滅させる「ジャーンダイス訴訟」。二つをつなぐ輪とは何か？ ミステリと社会小説を融合し、貴族から孤児までの一人間たちを描きだすディケンズの代表作。
2017.5 516p A6 ¥1140 ①978-4-00-372401-9

◆荒涼館 2 ディケンズ作, 佐々木徹訳 岩波書店 （岩波文庫）
【要旨】「なにかがわたしのなかで息づきはじめました」―荒涼館の一員となったエスターは、教会で見た准男爵夫人の姿になぜか深い衝撃を受ける。ロンドンでは、リチャードが終わりの見えない裁判に期待を寄せ、身元不明の代書人の死にまつわる捜査も広がりを見せる。
2017.8 513p A6 ¥1140 ①978-4-00-372402-6

◆荒涼館 3 ディケンズ作, 佐々木徹訳 岩波書店 （岩波文庫）
【要旨】「ああ、いとしいわたしの子、ゆるしておくれ！」―生死の淵から帰還したエスターを待ち構える衝撃の数々。鏡に映る姿、思いもかけなかった「母」の告白、そして求婚…。ロンドンでは、ジャーンダイス訴訟に関わる人物が殺害される。逮捕されたのは誰か？
2017.10 498p A6 ¥1140 ①978-4-00-372403-3

◆荒涼館 4 ディケンズ作, 佐々木徹訳 岩波書店 （岩波文庫）
【要旨】「荒涼館からどんどんひとがいなくなるね」―エイダとリチャードが去った屋敷を守るエスター。彼女を殺人事件捜査のため深夜駆け回すバケット警部。ジャーンダイス裁判も終末が近づき、二つの視点で交互に語られた物語は大団円を迎える。
2017.12 490p A6 ¥1140 ①978-4-00-372404-0

◆オリヴァー・ツイスト チャールズ・ディケンズ著, 加賀山卓朗訳 新潮社 （新潮文庫）
【要旨】孤児オリヴァー・ツイストは薄粥のお代わりを求めたために救貧院を追い出され、ユダヤ人フェイギンを頭領とする少年たちの窃盗団に引きずり込まれた。裕福で心優しい紳士ブラウンローに保護され、その純粋な心を励まされたが、ふたたびフェイギンやその仲間のサイクスの元に戻されてしまう。どんな運命がオリヴァーを待ち受けるのか、そして彼の出生の秘密とは―。ディケンズ初期の代表作。
2017.3 728p A6 ¥940 ①978-4-10-203007-3

◆6時27分発の電車に乗って、僕は本を読む
ジャン＝ポール・ディディエローラン著, 夏目大訳 ハーパーコリンズ・ジャパン
【要旨】パリ郊外の断裁工場で働くギレンは、本を"死"へ追いやる毎日にジレンマを抱えている。生き延びたページを持ち帰っては翌朝の通勤電車で朗読して"往生"させるのが日課だが、憂鬱な日々はある朝、持ち主不明の日記を拾った時から変わり始めー。
2017.6 188p B6 ¥1400 ①978-4-596-55206-8

◆捨て鉢になってドラッグで植物人間になった僕に、"心の案内人"が教えてくれたこと アンナ・ディルバル著, 乾隆政訳 サンマーク出版
【要旨】全身が麻痺してしまった僕に、男の"声"が聞こえた。声の主は天使か？ 悪魔か？ はたまた神なのか？ メキシコで180万部突破、実体験に基づいた衝撃のスピリチュアル小説！ この本を通してあなたも、自分の"心の案内人"に出会えるかもしれない。
2017.8 174p B6 ¥1400 ①978-4-7631-3615-2

◆地球に落ちて来た男 ウォルター・テヴィス著, 古沢嘉通訳 二見書房
【要旨】デヴィッド・ボウイのイメージを決定づけた主演映画『地球に落ちて来た男』（監督：ニコラス・ローグ）の、その原作小説！ これなしに、息子たちも、そしてボウイも、語れない―。
2017.2 294p B6 ¥2500 ①978-4-576-17014-5

◆モロッコ人の手紙/鬱夜 ホセ・デ・カダルソ著, 富田広樹訳 現代企画室 （ロス・クラシコス）
【要旨】客観的で公平な批評によって普遍を追求する『モロッコ人の手紙』、暗い夜の闇のなかで人間存在の悲愴を炸裂させる『鬱夜』―。18世紀啓蒙思想とロマン主義精神の精華！
2017.3 342p B6 ¥3200 ①978-4-7738-1706-5

◆ベルリン アレクサンダー広場―フランツ・ビーバコプフの物語 アルフレート・デブリーン著, 小島基訳 ぷねうま舎
【要旨】人を生かしている力の秘密。死とは、真の再生とは何か。破滅的な世界戦争を控えた、大都市ベルリン。盗賊や娼婦など、下層にうごめく人間たちが織りなす猥雑な都市空間に、ナチスの靴音と、死神の声が響き渡る。どん底から甦った男の物語。ライナー・ファスビンダー監督映画の原作を、画期的な新訳に。日本語の方言と俗語を駆使し、註を付して物語の奥行きを伝える。
2017.1 558p 20×16cm ¥4500 ①978-4-906791-65-1

◆危険な取引は愛のきざし メレディス・デュラン著, 井上絵里奈訳 原書房 （ライムブックス）
【要旨】亡くなった父が経営していたオークションハウスは、美術や工芸品の鑑定を学んできたキャサリンにとって宝物だ。父はこの店の経営権を兄とキャサリンの共同にすると遺言に残したが、彼女は結婚しなければ経営に携わることができないというのだ。これまでオークションハウスの切り盛りに力を尽くしてきたキャサリンだが、政治家志望の兄は売上を横領しているうえに、店を売却しようとしている。また、自分が政界入りするための足がかりとなるように、彼女を強引に政略結婚させようとしている。早く結婚して経営権を持たなくてはとあせるキャサリンは、危険な実力者ニックに近付き、便宜上の結婚をしてほしいと申し入れる。単なる取引のはずだった二人の始まりは、やがて大きな情熱のうねりとなり…。
2017.11 421p A6 ¥920 ①978-4-562-06504-2

◆夜霧につつまれて二人 メレディス・デュラン著, 白木智子訳 原書房 （ライムブックス）
【要旨】オークションハウスの接客係リリーは、かつて窃盗団の一味だった。幼くして両親を失い、叔父に否応なく引き入れられたのだが、普通の暮らしがしたいと切望して教養とマナーを身につけ、ようやく今の仕事についた。しかし叔父には悪事に手を貸さねば周囲の人に過去をばらすぞと脅され、窮地におちいっている。子爵クリスチャンは、かつて軍隊に所属していた頃に逆恨みされた敵国の元将軍から父の命を狙われている。消息を絶った敵の持ち物がオークションにかけられるという情報を得て、調査に乗り出した矢先、リリーと運命的に出会った。悲しい過去をもつ二人は、やがて心を寄せ合うようになるのだが―。RITA賞ベスト・ヒストリカル・ロマンス賞受賞作のシリーズ最新作！
2017.8 506p A6 ¥1050 ①978-4-562-06500-4

◆ギリシャ人男性、ギリシャ人女性を求む フリードリヒ・デュレンマット著, 増本浩子訳 白水社 （白水uブックス―海外小説 永遠の本棚）
【要旨】うだつの上がらない中年男アルヒロコスが知人の勧めで結婚広告を出したところ、すごい美女が現われた。以来、彼の人生は一変。どこへ行っても重要人物の扱い、前代未聞の大昇進…。降りかかるこの不可解な幸運の裏には一体何が？ スイスの鬼才が放つブラックコメディ。
2017.2 228p 18cm ¥1400 ①978-4-560-07209-7

◆おじいさんに聞いた話 トーン・テレヘン著, 長山さき訳 新潮社 （新潮クレスト・ブックス）
【要旨】ロシア革命の翌年、サンクトペテルブルクからオランダに逃れ、痛ましくも滑稽なロシアの魂にまつわる話を"ぼく"に語りつづけた祖父。鎮魂の思いがこめられた、宝箱のような掌篇小説集。
2017.8 219p B6 ¥1800 ①978-4-10-590140-0

◆人間とは何か―トウェイン完訳コレクション マーク・トウェイン著, 大久保博訳 KADOKAWA （角川文庫）
【要旨】人間は機械であると主張する老人と、人間の良心を信じる若者。自己犠牲や人間愛などを例にあげて反駁する若者に、老人は人間の行動というものが自己満足の枠に過ぎないと巧みな話法で導いてゆく。米文学の巨匠トウェインならではのユーモアと鋭い洞察で人間の真理を暴

く、最晩年の傑作。
2017.4 219p A6 ¥560 ①978-4-04-105362-1

◆ハックルベリー・フィンの冒けん マーク・トウェイン著, 柴田元幸訳 研究社
【要旨】今まで知らなかったハックがここにいる。原書オリジナル・イラスト174点収録。柴田元幸がいちばん訳したかったあの名作、ついに翻訳刊行。
2017.12 552p B6 ¥2500 ①978-4-327-49201-4

◆白痴 2 フョードル・ミハイロヴィチ・ドストエフスキー著, 亀山郁夫訳 光文社 （光文社古典新訳文庫）
【要旨】あのドラマチックな夜会から半年。白夜の季節の到来とともに、相続の手続きを終えたムイシキン公爵がモスクワに戻ってくる。炎の女ロゴージンと再会したとき、愛のトライアングルが形を変えはじめた。謎の女性ナスターシャはどこに？ 絶世の美少女アグラーヤの不思議な思惑は…。
2017.2 403p A6 ¥860 ①978-4-334-75348-1

◆白痴 3 フョードル・ミハイロヴィチ・ドストエフスキー著, 亀山郁夫訳 光文社 （光文社古典新訳文庫）
【要旨】聖なる愚者ムイシキン公爵と友人ロゴージン、美女ナスターシャ、美少女アグラーヤ。はたして誰が誰を本当に愛しているのか？ 謎に満ちた複雑な恋愛模様は形を変えはじめ、やがてアグラーヤからの1通の手紙が公爵の心を揺り動かす。「イッポリートの告白」を含む物語の中核部分、登場。
2018.1 389p A6 ¥880 ①978-4-334-75368-9

◆AFTER season2 壊れる絆 4 アナ・トッド著, 飯原裕美訳 小学館 （小学館文庫）
【要旨】フラタニティ・ハウスでハーディンの二十一歳の誕生日が祝われる中、家にいるテッサに、彼から「30分後に行く」というメールが届く。テッサは喜び、誕生日ケーキを作って待っていたが、結局その晩彼が帰宅することはなかった。翌日、テッサが彼に聞くと、ハーディンはそんなメールを送った覚えはないと言う。ハーディンはまさか嘘をつかれているのか？ 信じたい、でも確かに昨晩彼からのメールを受信している…。二人に次々と襲いかかる試練。二人の絆はついに壊れてしまうのか。
2017.1 220p A6 ¥590 ①978-4-09-406363-9

◆ボクスル・ウェスト最後の飛行 ダニエル・トーデイ著, 武藤陽生訳 早川書房
【要旨】元イギリス空軍所属のボクスルおじさんは、イライジャ少年の憧れの存在。おじさんが語ってくれる第二次大戦の逃走劇、燃え上がる恋、そしてナチス爆撃作戦の物語に、少年は夢中になった。やがておじさんが戦争体験記を出版し、ベストセラー作家になると、少年はますます誇らしく思った。だが、おじさんは少年のもとから去っていた。おじさんが姿を消した後も、少年は体験記に没頭するが、おじさんにまつわる良からぬ噂に心をかき乱される。そしておじさんが決して語らなかった真実を知ることになる―。類まれなストーリーテリング、卓抜な構成、鮮烈なキャラクターによって、戦争に巻き込まれた人々の愛と喪失の物語を、いま蘇らせる。
2017.3 349p B6 ¥2700 ①978-4-15-209675-3

◆夜明けの汽車 その他の物語 アンドレ・ドーテル, 武藤剛史訳 彀燈社
【要旨】平凡な日々のささやかな出来事の背後にひそんでいる小さな謎、物語はどれも、そんな謎に触れた時の驚きから始まる。のびやかな開放感と純粋な幸福感をもたらす短篇集。
2017.5 197p 18×14cm ¥1800 ①978-4-87782-141-8

◆ノーラ・ウェブスター コルム・トビーン著, 栩木伸明訳 新潮社 （新潮クレスト・ブックス）
【要旨】教師の夫を突然亡くしたアイルランドの専業主婦、ノーラ・ウェブスター、46歳。娘二人はすでに家を離れたが、息子二人はまだ手のかかる年頃だ。事務員として21年ぶりに復職したノーラは、かつての同僚の嫌がらせにもめげず、確かな仕事ぶりで足場を築いてゆく。娘たちには煙たがられ、息子たちともぶつかりがちだが、ひとが思うほど頑固で気難しいわけではない。髪を染め、組合活動に共鳴し、一大決心をしてステレオを買い、やがては歌の才能を花開かせる。自分を立て直し、新たな生きる歓びを見出してゆくノーラの3年。丹念に描かれた日常生活の細部を辿るうち、思いがけない大きな感動が押し寄せる。アイルランドを代表する作家が母の姿を投影した自伝的長篇。
2017.11 430p B6 ¥2400 ①978-4-10-590142-4

外国の小説

◆ブラックウォーター灯台船　コルム・トビーン著, 伊藤範子訳　（京都）松籟社
【要旨】死期の近づいた弟のために、棄てたはずの故郷に戻ってきたヘレン。自分の人生から切り離した過去と、とりわけその中心にいる母という存在と向き合う苦しみのなかで、彼女が見出したものとは—
2017.6 338p B6 ¥2000 ①978-4-87984-356-2

◆夢みる舞踏会への招待状　オリヴィア・ドレイク著, 水野涼子訳　原書房（ライムブックス）
【要旨】両親を亡くし劇団で育てられた、貴族の血をひく令嬢のマデリン。誰とも恋愛をしたことがないという彼女は、ある事情から、彼女を愛人にする権利をオークションにかけると宣言した。すると見知らぬ貴婦人が訪ねてきて、伯爵家の次男であるネイサンに入札させること、彼を選んでほしいと言い、とまどうマデリンに赤い靴を渡す。独立し貿易商として成功しているネイサンは、兄の急死により家を継ぐことを強いられていた。父と確執のある彼は、反対される結婚として抵抗しようと考え、マデリンに愛人契約ではなく結婚を持ちかける。条件は貴族に嫌われるような女性を演じることと、今年の社交シーズンだけ共に過ごし、あとは別々に暮らすこと。こうして契約結婚をした二人が、お互いのことが気になり…"シンデレラの赤い靴"シリーズ第5弾！
2017.4 383p A6 ¥880 ①978-4-562-04496-2

◆ふたつの人生　ウィリアム・トレヴァー著, 栩木伸明訳 国行会（ウィリアム・トレヴァー・コレクション）
【要旨】施設に収容されたメアリー・ルイーズの耳には、今もロシアの小説を朗読する青年の声が聞こえている―夫がいながら生涯秘められた恋の記憶に生きる女の物語「ツルゲーネフを読む声」。ミラノへ向かう列車で爆弾テロに遭った小説家ミセス・デラハンティは同じ被害者の老人と青年と少女を自宅に招き共同生活を始める。やがて彼女は心に傷を負った人々の中に驚くべき真実を見いだしていく…「ウンブリアのわたしの家」。ともに熟年の女性を主人公にした、深い感銘と静かな衝撃をもたらす傑作中篇2作を収録。
2017.10 483p B6 ¥4200 ①978-4-336-05917-8

◆音楽と沈黙 1　ローズ・トレメイン著, 渡辺佐智江訳　国書刊行会
【要旨】「ランプに明かりが灯る」—1629年、美貌のイギリス人リュート奏者ピーター・クレアがデンマーク王クレスチャン4世の宮廷楽団に招かれ、コペンハーゲンのローゼンボー城に到着する。リュート奏者に親友ブロアの面影を重ねて寵愛する王。一方、王の妻キアステンは王への不満をつのらせ愛人との官能の日々を送っている。やがてピーターはキアステンの侍女エミリアと恋に落ちる。しかし二人には数多の試練が待っていた…デンマーク、イングランド、アイルランドと各地をまたがる複数の物語が、絡み合う旋律をなして奏でられる。極上の音楽小説にして恋愛小説、優美な音楽小説にして青春小説でもある英国ベストセラー、ついに翻訳刊行！
2017.5 332p B6 ¥2200 ①978-4-336-06178-2

◆音楽と沈黙 2　ローズ・トレメイン著, 渡辺佐智江訳　国書刊行会
【要旨】不貞が発覚しコペンハーゲンから追放された王の妻キアステンは侍女のエミリアとともに母エレンの城に移り住み、無謀ともいうべき策略を思いめぐらす。「勇気を出すのよ」という亡き母の言葉を胸に抱きながら、弟マークスとの日々を懸命に生きるエミリア。彼女の継母マウダリーナはティルスン家の男たちを支配し、一家を破滅へ導いていた。一方、ピーターはかつての恋人オフィリアの伯爵夫人と再会し、夫人に誘惑されながらもエミリアへの思いを募らせる。そして失意のクレスチャン王のもとに現れる新しい存在とは？運命に翻弄される人々の人に果たして静寂の春は訪れるのか—濃密な物語性と精緻な詩情に満ち、最後の最後まで驚きの展開がつづく歴史ロマン大作！
2017.5 333p B6 ¥2200 ①978-4-336-06179-9

◆闘うチベット文学 黒狐の谷　ツェラン・トンドゥプ著, 海老原志穂, 大川謙介, 星泉, 三浦順子訳　勉誠出版
【要旨】「幸福生態移民村」へと移住した一家を襲った悪夢とは—現代人の孤独という大きな問題を投げかけるチベット文学を代表する作家・ツェラン・トンドゥプの初めての本格的な作品集。社会や宗教、政治の腐敗に対する風刺をテーマに、変わりゆく世相の中の人々の憂いや

る現実や苦悩をリアリスティックな筆致で描き出す作品は、チベットの人々だけでなく、英語、フランス語、ドイツ語などにも翻訳され、世界各地で読まれている。およそ30年にわたる作家活動の中で生み出された数多くの作品の中から、珠玉の短編15篇、中編2篇を掲載。チベット文学の神髄、ここにあり！
2017.3 412p B6 ¥3400 ①978-4-585-29142-8

◆ドクター・マーフィー　ジム・トンプスン著, 高山真由美訳　文遊社
【要旨】アルコール専門療養所の長い一日、"酒浸り"な患者と危険なナース、マーフィーの治療のゆくえは—本邦初訳。
2017.11 221p B6 ¥2300 ①978-4-89257-142-8

〔ナ行の作家〕

◆アーダ 上　ウラジーミル・ナボコフ著, 若島正訳　早川書房　新訳版
【要旨】40年ぶりの新訳！遂にその全貌が明かされるナボコフ最大傑作。愛欲をめぐる、ある家族の物語。
2017.9 414p B6 ¥2500 ①978-4-15-209710-1

◆アーダ 下　ウラジーミル・ナボコフ著, 若島正訳　早川書房　新訳版
2017.9 347p B6 ¥2500 ①978-4-15-209711-8

◆マーシェンカ／キング、クイーン、ジャック　ウラジーミル・ナボコフ著, 奈倉有里, 諫早勇一訳　新潮社（ナボコフ・コレクション）
【要旨】初恋、ベルリン、危険な三角関係。初恋の記憶をめぐる処女作と、大都会に上京した青年の危険な密通。20世紀最高の天才作家、初のコレクション。『言葉の魔術師』の瑞々しい初期名作が、40年以上の時を経てロシア語原典訳でよみがえる。
2017.10 457, 2p B6 ¥4600 ①978-4-10-505606-3

◆卵を産めない郭公　ジョン・ニコルズ著, 村上春樹訳　新潮社（新潮文庫）
【要旨】舞台は60年代の米国東部の名門カレッジ。真面目で内気な学生ジェリーは、入学後すぐにお喋りで風変わりな女子学生ブーキーと知り合った。満州にふり回されながらも、しだいに芽生えていく恋…街角でのくちづけで、吹雪の夜の抱擁。だが、愛はいつしかすれ違い、別れの時がきた。生き生きとした会話が魅力の青春小説を、村上春樹が瑞々しい新訳で新訳する。"村上柴田翻訳堂"シリーズ。
2017.5 382p A6 ¥670 ①978-4-10-220091-9

◆信天翁の子供たち　アナイス・ニン著, 山本豊子訳　水声社
【要旨】感性の響きのなかで、わたしを生きる。「日記文学」の名手による詩的小説。
2017.10 284p B6 ¥3000 ①978-4-8010-0285-2

◆処女たち—イレーヌ・ネミロフスキー短編集　イレーヌ・ネミロフスキー著, 芝盛行訳　未知谷
【要旨】大戦に向かって閉ざされていく、20世紀ヨーロッパ。その中で明かされる人々の呻き、嘆き、叫び。ぶつかり合い、すれ違う愛と憎しみ。荒涼の時代の心を巡る珠玉の作品集。表題作ほか8篇。
2017.4 251p B6 ¥2500 ①978-4-89642-522-2

◆儀式　セース・ノーテボーム著, 松永美穂訳　論創社
【要旨】楽焼の茶碗と無常の世界。1950〜70年代のアムステルダムを背景に、複雑な過去をもつ知的な自由人、イニィと日常のルーティーンさえ儀式と捉えて生きる、狂気と紙一重のターズ父子が繰り広げる物語。
2017.6 248p B6 ¥2000 ①978-4-8460-1564-0

〔ハ行の作家〕

◆コケット—あるいはエライザ・ウォートンの物語　亀井俊介, 巽孝之監修, ハナ・ウェブスター・フォスター著, 田辺千景訳・解説　松柏社（アメリカ古典大衆小説コレクション 6）
【要旨】独立後の社会不安に揺れるアメリカで、聖書に次いで広く読まれたベストセラー。自由を愛する女の壮絶な物語。
2017.6 271p B6 ¥2750 ①978-4-7754-0035-7

◆近ごろよくあること　ウィリアム・D.ハウエルズ著, 武田千枝子, 矢作三蔵, 山口志のぶ訳　開文社出版
【要旨】南北戦争終結後十年近くを経過した混乱するアメリカ社会を背景に、ひと組の若い夫婦の結婚生活が破綻をきたすまでの経緯を詳細に描く。
2018.1 632p B6 ¥2600 ①978-4-87571-090-5

◆完全版 土地 03巻　朴景利著, 金正出監修, 吉川凪訳　クオン
【要旨】崔致修殺害事件は関わった者たちの処刑で幕を下ろした。平穏を取り戻そうとしていた平沙里は干ばつに襲われ、崔参判家の財産を狙う没落両班の趙俊九は妻を連れて乗り込んできた。災厄は続く。コレラの流行が多くの死者を出し、参判家の跡取り娘・西姫は後ろ盾となる人々を失った。翌年には麦が大凶作となり、趙俊九はこの機に乗じて参判家の実権を握るべく卑劣な手段で攻撃に出た。幼いながらも西姫は当主として果敢に立ち向かい、寿童、吉祥、鳳順、俊九に反発する一部の農民と共に、大胆な反撃に出た。誇り高き西姫の戦いがここから始まる。
2017.4 457p B6 ¥2800 ①978-4-904855-43-0

◆完全版 土地 04巻　朴景利著, 金正出監修, 吉川凪訳　クオン
【要旨】崔参判家の実権を握った趙俊九は、法外な小作料を取り立てるなど、その横暴さは目に余るものとなった。日露戦争に勝利した日本が朝鮮の主権を侵食し、日本の有力者につながる俊九の勢いは増すばかりだった。崔参判家の跡取り娘の西姫は、俊九に反撃できない鬱憤から吉祥、鳳順にしばしば当たりする。鳳順は吉祥への思いを募らせるが、吉祥は西姫の思いを受け入れられない。幼い頃から固い絆で結ばれていた三人の間には、微妙な亀裂が広がる。祖国存亡の危機に重なる西姫の窮状に、彼女を支えてきた人たちは俊九に反旗を翻した。追われる身となった彼らと共に、西姫は新天地を目指す覚悟を決める。平沙里を舞台とした第一部が完結。
2017.11 456p B6 ¥2800 ①978-4-904855-44-7

◆完全版 土地 05巻　朴景利著, 金正出監修, 清水知佐子訳　クオン
【要旨】第二部に入った物語の舞台は朝鮮から豆満江を越えた満州の地、間島だ。趙俊九の支配から逃れて移住した西姫は、この地で商売をする月仙の叔父・孔の助力を得て財を成していた。奪われた崔参判家の土地と財産を取り戻すことだけを考える西姫と、平沙里から同行してきた吉祥、龍らの間には微妙な距離が生まれる。幼い頃から続く李相鉉との愛憎も、西姫にとっては反を奪い立たせる力の源となった。利己的な愛やから孤独感にさいなまれる西姫は結婚相手を決めようとしたが、それもまた、自分の目指すところに向かうための手段でしかないのか。十九歳になった西姫が異郷で奮闘する。
2017.11 469p B6 ¥2800 ①978-4-904855-45-4

◆三美スーパースターズ—最後のファンクラブ　パクミンギュ著, 斎藤真理子訳　晶文社（韓国文学のオクリモノ）
【要旨】韓国プロ野球の創成期、圧倒的な最下位チームとして人々の記憶に残った三美スーパースターズ。このダメチームのファンクラブ会員だった二人の少年は大人になり、IMF危機と人生の危機を乗り切って、生きていくうえで最も大切なものは何なのかを知る—。韓国で20万部超のロングセラーとなっているパク・ミンギュの永遠のデビュー作！
2017.11 361p B6 ¥2000 ①978-4-7949-6980-4

◆ピンポン　パクミンギュ著, 斎藤真理子訳　白水社（エクス・リブリス）
【要旨】原っぱのど真ん中に卓球台があった。どういうわけか、あった。僕は中二、中学校でいじめられている。あだ名は「釘」。いじめっ子の「チス」に殴られている様子は、まるで釘を打っているみたいに見えるからだ。スプーン曲げができる「モアイ」もいっしょにいじめられている。モアイと僕とはほとんど話したことがない。僕らは原っぱの卓球台で卓球をするようになる。空から、ハレー彗星ではなく、巨大なピンポン球が下降してきた。あの原っぱに着床すると激震し、地球が巨大な卓球界になってしまう。そして、スキナー・ボックスで育成された「ネズミ」と「鳥」との試合の勝利者に、人類をインストールしたままにしておくのか、アンインストールするのか、選択権があるという。
2017.6 255p B6 ¥2200 ①978-4-560-09051-0

◆密告者　フアン・ガブリエル・バスケス著, 服部綾乃, 石川隆介訳　作品社

外国の小説

父親の隠された真の姿と第二次大戦下の歴史の闇。
2017.9 547p B6 ¥4600 ①978-4-86182-643-6

◆ウールフ、黒い湖　ヘラ・S・ハーセ著,國森由美子訳　作品社
2017.11 196p B6 ¥2000 ①978-4-86182-668-9

◆エルドラードの孤児　ミウトン・ハトゥン著,武田千香訳　水声社（ブラジル現代文学コレクション）
【要旨】アルミント・コルドヴィウは、急死した父親の事業を継ぐのに労働することに意識は向かず、一夜をともにしたきり姿を消した、あるインディオの名を探しに出ることができずにいた…。現代のブラジル文学を代表する作家が描く、文明と神話的世界が交錯した愛の物語。
2017.11 188p B6 ¥2400 ①978-4-8010-0291-3

◆エレノア・オリファントは今日も元気です　ゲイル・ハニーマン著,西山志緒訳　ハーパーコリンズ・ジャパン
【要旨】エレノア・オリファントは会社の経理部で働く30歳。友達も恋人もおらず、ひとりぼっちの生活をそれなりに満喫していたが、ある日「今の自分を変えたい」と思う運命の出会いが訪れ…。周りに"変人"と呼ばれながらも、不器用に必死に生きるエレノアが最後に見つける「人生の大切なコト」とは。
2017.12 430p B6 ¥1500 ①978-4-596-55207-5

◆さらばピカソ！―画家ゴッドワードの日記　エティエンヌ・バリリエ著,鈴木光子訳　アルファベータブックス
【要旨】「大理石が海を背景に思いにふける若い美女」を描き続けたネオ・クラシック派画家の、ローマでのピカソとの葛藤の日々を描く迫真のノンフィクション・ノベル！
2017.8 292p B6 ¥2000 ①978-4-86598-038-7

◆愛すればせつなくて　アンナ・ハリントン著,氷川由子訳　二見書房（ザ・ミステリ・コレクション）
【要旨】女性は母亡きあと、祖父から受け継いだ邸宅を父から懸命に守ってきた。自堕落でギャンブル狂の父が遊ぶ金欲しさにめぼしい家財道具をすべて売り払い、家も手放そうとしていたが、断固拒否してきたのだ。だがある日エドワードという公爵が訪ねてきて、父との賭けに勝ったので、家だけでなくケイトの保護権も手に入れたと告げる。父は私をこの公爵に売り渡したというの？男らしいエドワードに思わずときめきを覚えながらも、ケイトは呆然とする。公爵が何を企んでいるか、想像もしなかった…。
2017.2 470p A6 ¥917 ①978-4-576-17004-6

◆楽園への道　マリオ・バルガス=リョサ著,田村さと子訳　河出書房新社（河出文庫）
【要旨】女性は人類に入らないとされていた十九世紀半ばのヨーロッパで、虐げられた女性と労働者の連帯を求めて闘った革命家フローラ・トリスタン。芸術の再生を夢見て、家庭を捨てヨーロッパを捨ててひとり逆境に身をおいた。フローラの孫ゴーギャン。自由への道を求めつづけた二人の反逆者の波瀾の生涯を、異なる時空をみごとにつなぎながら壮大な物語として描いたノーベル賞作家の傑作。
2017.5 632p A6 ¥1400 ①978-4-309-46441-1

◆老嬢　オノレ・ド・バルザック著,私市保彦,片桐祐訳　水声社（バルザック愛の葛藤・夢魔小説選集4）
【要旨】アランソンで一大サロンを築くコルモン嬢をめぐり、水面下で婚の座争いが起こる。嬢を射止めるのは文なしの老騎士か、中産階級の商人か、貧しく純情な青年か？コミカルな表題作ほか、ルイ11世時代を背景に描く「コルネリュス卿」「ボエームの王」「二つの夢」の四篇。
2017.5 380p B6 ¥3800 ①978-4-8010-0144-2

◆ヤングスキンズ　コリン・バレット著,田栗美奈子,下林悠治訳　作品社
【要旨】経済が崩壊し、人心が鬱屈したアイルランドの地方都市に暮らす無軌道な若者たちを、繊細かつ鋭利な筆致で描き出す。ニューウェイブ文学の傑作。世界が注目する新星のデビュー作！ガーディアン・ファーストブック賞、ルーニー賞、フランク・オコナー国際短篇賞受賞。
2017.8 290p B6 ¥2400 ①978-4-86182-647-4

◆ポケットにつめるお話　ジョゼ・バロンド作,いのまたのりこ訳　(岡山)くらしき絵本館,(岡山)書肆亥工房発売
2016.12 1Vol. 19×15cm ¥2000 ①978-4-915076-50-3

◆ギリシャ語の時間　ハンガン著,斎藤真理子訳　晶文社（韓国文学のオクリモノ）
【要旨】ある日突然、言葉を話せなくなった女。すこしずつ視力を失っていく男。女は失われた言葉を取り戻すため古典ギリシャ語を習い始める。ギリシャ語講師の男は彼女の"沈黙"に関心をよせていく。ふたりの出会いと対話を通じて、人間が失った本質とは何かを問いかける。心ふるわす静かな衝撃。ブッカー国際賞受賞作家の長編小説。
2017.10 237p B6 ¥1800 ①978-4-7949-6977-4

◆夜明けのささやき　マヤ・バンクス著,市ノ瀬美麗訳　オークラ出版（マグノリアロマンス）
【要旨】病気や怪我を治せる特殊能力を持つため、謎の集団にとらえられていたグレース。他人にその能力を使うよう強いられ続けた彼女は、身も心も疲弊し、生きる気力を失っていく。なんとか監禁場所から逃げ出せたものの、追っ手はグレースを執拗に捜している。絶望に支配されるなか、彼女を助けるために来たというリオに遭遇する。彼を信用していいのかわからないが彼を利用したい別の組織者ではないだろうか―そう疑う気持ちもあったが、彼に助けてもらう以外、グレースに残された道はない。リオとともに謎の集団の魔手から逃れようと決め…。
2017.4 433p B6 ¥886 ①978-4-7755-2646-0

◆ネバーホーム　レアード・ハント著,柴田元幸訳　朝日新聞出版
【要旨】南北戦争がはじまって、インディアナの農場で暮らす主婦コンスタンスは男のふりをして戦争に参加する。訥々とした女語りの雄弁さ、死と痛みの浸みた世界、色彩たっぷりの自然描写、静かで容赦ない詩情。ポール・オースターが絶賛した長篇を柴田元幸の見事な訳でおくる。
2017.12 249p B6 ¥1800 ①978-4-02-251509-4

◆小型哺乳類館　トマス・ピアース著,真田由美子訳　早川書房
【要旨】息子が連れて帰ったクローン再生マンモスを裏庭で世話することになった母親（「シャーリー・テンプル三号」）、夢の中にだけ存在する夫への愛を語る兄（「実在のアラン・ガス」）、正体不明の感染症で亡くなった弟の遺体返還を断られつづける兄（「遺ってご遺骨差し上げます」）…奇妙な出来事に直面して揺らぐ人々の日常を描く、笑って泣ける12の物語。全米図書協会の「35歳未満の注目作家」に選ばれ、「新人離れした熟練の腕前」と有力紙誌に絶賛された新鋭のデビュー作。
2017.12 379p B6 ¥2000 ①978-4-15-209729-3

◆圧力とダイヤモンド　ビルヒリオ・ピニェラ著,山辺弦訳　水声社（フィクションのエル・ドラード）
【要旨】対人関係が閉塞した世界で暮らす宝石商の主人公は、ひょんなことからダイヤモンドを破格の安さで競り落としてしまうことで、惑星規模の陰謀に巻き込まれてしまう。"圧力者"の存在、ルージュ・メレ、そして人工冬眠計画とは…!?SF的な想像力で現代世界を皮肉とユーモアで描き出す。キューバの現代作家、ピニェラの代表作。
2017.12 177p B6 ¥2200 ①978-4-8010-0265-4

◆家宝　ズウミーラ・ヒベイロ・タヴァーリス著,武田千香訳　水声社（ブラジル現代文学コレクション）
【要旨】自然の"掟"と人間の"風習"とのはざまで。20世紀後半のサンパウロ、長年判事を務めた夫の死後、人々に愛された老女マリア・ブラウリアは、愛人からもらった宝石を胸に抱きながら自らの過去を振り返る…。人間の嘘やいつわり、社会の擬装や欺瞞を、ブラジル文学を代表する女性作家があばく。
2017.12 141p B6 ¥1800 ①978-4-8010-0293-7

◆アオイガーデン　ピョンヘヨン著,きむふな訳　クオン（新しい韓国の文学シリーズ16）
【要旨】グロテスクでありながら美しく、目をそらしたくとも凝視せずにはいられない容赦ない筆致で迫りくるピョン・ヘヨンワールドの傑作選。狭いマンホールで身を隠して暮らす子どもたち（「マンホール」）、渓谷で行方不明になった妻のとおぼしき遺体の確認をする男（「死体たち」）、マイホームを取り囲む不穏な犬の鳴き声（「飼育場の方へ」）ほか、表題含む八篇を収録。李箱文学賞を受賞した作家による、鮮烈な短篇集。
2017.6 237p B6 ¥2500 ①978-4-904855-68-3

◆パリに終わりはこない　エンリーケ・ビラ=マタス著,木村榮一訳　河出書房新社
【要旨】世界は崩壊するだろう、しかし、私の青春に、パリに終わりはけっしてこない―フィッツジェラルド、ベケット、ジョイス、デュシャン、ペレック、ゴダール、ボルヘス、カフカ、ヴァル・ザー、ネルヴァル、ドゥルーズ、ランボー、マラルメ…etc.作家の修行時代をめぐる、世界文学地図=小説、ついに邦訳！
2017.8 299p B6 ¥2400 ①978-4-309-20731-5

◆眠れる虎　ロザムンド・ピルチャー著,野崎詩織訳　(武蔵野)バベル
【要旨】厳しいしきたりのもとにロンドンで祖母と暮らしてきた孤独な娘セリナは、父を求めて出向いた、遠くスペインの小さな島で、明るい太陽の日差しのもと、様々な出来事に出会っていく…。第二次大戦間もなく、ロンドンとスペインの小さな島を舞台に、心の傷を乗り越え、不器用ではあるが自分らしく生きようとする人々の姿が描かれている。
2017.8 283p A5 ¥1600 ①978-4-89449-170-0

◆ちいさな国で　ガエル・ファイユ著,加藤かおり訳　早川書房
【要旨】さまざまな民族が暮らすアフリカのちいさな国、ブルンジ。仲間たちと大好きな兄も高校生のねたり、家族でドライブしたり、少年ガブリエルは幸せな日々を送っていた。しかし、大統領の暗殺をきっかけに、親戚や知り合いが次々と消息を絶ち、平穏な生活は音を立てて崩れていく―フランスで活躍するラッパーが、自らの生い立ちをもとに綴った感動作。高校生が選ぶゴンクール賞受賞！
2017.8 271p B6 ¥1900 ①978-4-15-209691-3

◆私たちが姉妹だったころ　カレン・ジョイ・ファウラー著,矢倉尚子訳　白水社
【要旨】私はモンキーガールと呼ばれていた。五歳の時に姉が姿を消し、大好きな兄は失踪。家族を失った心理学者の一家が、家族愛とは何かを問い、絆を取り戻そうとする、赦しの物語。2014年マン・ブッカー賞最終候補作。PEN／フォークナー賞受賞。
2017.2 349p B6 ¥3000 ①978-4-560-09532-4

◆ビリー・リンの永遠の一日　ベン・ファウンテン著,上岡伸雄訳　新潮社（新潮クレスト・ブックス）
【要旨】巨大スタジアムのステージで、兵士たちが行進し、ビヨンセが歌い踊り、花火が上がる―。甦る戦場の記憶と祖国アメリカの狂躁。19歳の兵士の視点で描かれる感動の大作。全米批評家協会賞受賞作。
2017.1 411p B6 ¥2300 ①978-4-10-590134-9

◆ガラスの靴　エリナー・ファージョン著,野口百合子訳　新潮社（新潮文庫）
【要旨】まま母と二人の義理の姉にこき使われても明るく暮らす16歳の少女エラ。お城から舞踏会への招待状が届くが、まま母の意地悪でエラは留守番。悲しみに暮れる彼女に、美しい妖精が魔法をかけて―。輝く宝石と煌めくドレス、珍しい馳走、不思議な道化、無邪気なダンス、極上の砂糖菓子、そして王子のキス。夢のように魅惑的な言葉で紡がれる、ときめきと幸せが溢れだす永遠のシンデレラ物語。
2017.6 269p A6 ¥520 ①978-4-10-220096-4

◆ピネベルク、明日はどうする!?　ハンス・ファラダ著,赤坂桃子訳　みすず書房
【要旨】失業、貧困、明日への不安…ナチズムへ繋がる道を用意した暗い時代に、お金はちょっぴり、心配と希望はたんまり抱え、懸命に生きる若夫婦の姿を描いた長編。
2017.6 384p B6 ¥3600 ①978-4-622-08594-2

◆天使の恥部　マヌエル・プイグ著,安藤哲行訳　白水社（白水uブックス―海外小説永遠の本棚）
【要旨】ウィーン近郊の島の屋敷に囲われた世界一の美女。映画スターの彼女には秘密があった。死者との契約により、三十歳になると他人の思考が読めるようになる…。地軸変動後の未来都市、性的治療部で働く女性W218はある理想の男性と出会う…。メキシコシティ、病院のベッドでアナに語る、社会について、愛について…。過去・現在・未来が繰り返される女たちの運命の物語を、メロドラマやスパイ小説、SFなど、さまざまなスタイルと声を駆使して描く。
2017.1 360p 18cm ¥1900 ①978-4-560-72131-5

◆リラとわたし―ナポリの物語1　エレナ・フェッランテ著,飯田亮介訳　早川書房

【要旨】小学校で出会った、リラとわたし。反抗的で横暴で瘦せっぽちなリラ。ずば抜けた頭脳を持つ聡明なリラー。一九五〇年代ナポリ。時に暴力的な下町で、少女ふたりは友人となり、嫉妬や憧れを投げかけ合いながら大人になっていく。戦後のイタリア社会を舞台に、猛々しく奔放なリラと本好きのエレナの複雑な絆を描いた世界的ベストセラー。
2017.7 427p B6 ¥2100 ①978-4-15-209698-2

◆原理―ハイゼンベルクの軌跡 ジェローム・フェラーリ著, 辻由美訳 みすず書房
【要旨】あなたは問いかけていた。「強固なものはなにか?」"不確定性原理"のハイゼンベルクに魅せられたゴンクール賞作家がこの物理学者を幻視する精密な小説。
2017.5 179, 3p B6 ¥2800 ①978-4-622-08610-9

◆侯爵の帰還は胸さわぎ マギー・フェントン著, 緒川久美子訳 原書房 (ライムブックス)
【要旨】「ロンドン一美しい男」と呼ばれるマンウェアリング侯爵セバスチャンは、我が身の不運をのろっていた。かつて舞踏会でほんの戯れに言葉をかけた令嬢に追いかけ回され、身の危険を逃れるため外国に逃げたほどなのに、帰国した途端そのせいで決闘に引きずり出される羽目に陥っている。放蕩者と後ろ指をさされるセバスチャンだが、ずっと想い続ける女性がいた。音楽会でピアノソナタを弾きこなす姿を見て恋におちた。その人の名はキャサリン。醜聞まみれの自分は嫌われていると思い込んでいる彼は、彼女に近づけない。一方、自分に自信がなくひきこもりがちなキャサリンは、華やかなセバスチャンに気後れしていた。しかし彼の意外な一面を知るようになって、かたくなな心もほどけていくのだが、二人には問題が…。微笑みあふれる愛の物語。
2017.6 400p A6 ¥900 ①978-4-562-04498-6

◆公爵のルールを破るのは マギー・フェントン著, 如月有訳 原書房 (ライムブックス)
【要旨】先祖の代の諍いにより、他家に明け渡していた領地をとりかえるべく、ヨークシャーに赴いたモントフォード公爵。敵対するハニーウェル家の長女で、男物のズボンを穿いて地所とびまわる自由奔放なアストリッドに出会い、気をくじかれる。父が病に倒れて以来、地所を守ってきた彼女には、ここを追い出されて妹や借地人を路頭に迷わすようなことになってはと徹底抗戦の構えだ。いがみあう二人だが、実は一目見た瞬間に、互いに強くひかれあっていた。やがてモントフォード公爵は、お転婆の変わり者と言われるアストリッドが、本当は繊細で優しく、隠れて涙を流してきたことを知って、彼女を守りたいと思うようになる。そしてハニーウェル姉妹を社交界にデビューさせようと計画するのだが…ヒストリカルロマンス界期待の新星のベストセラー、ついに邦訳登場!
2017.6 351p A6 ¥1000 ①978-4-562-04493-1

◆黒伯爵の花嫁選び フランシス・フォークス著, 寺尾まち子訳 竹書房 (ラズベリーブックス)
【要旨】先代アマースト伯爵令嬢ヘンリエッタは、絶望していた。花嫁選びのパーティが始まるやいなや、花瓶の水をかぶってしまい、隠れる間もなく当の相手が登場したのだ。おまけに花粉のせいでくしゃみがとまらない。注目を浴び、身体の線も露わになってしまったヘンリエッタは、黒伯爵と呼ばれるサイモンと最悪の出会いを果たしたのだった…。一家には姉妹しかいなかったため、亡き父の爵位は遠縁だったサイモンに引き継がれたが、彼の妻になれば、思い出の詰まった屋敷を取り戻せる。だが、ヘンリエッタはドレスやリボンといった淑女が得意とする分野には興味がなく、ハーブや植物の研究ばかりに熱心なうえ、緊張するとうまく話せなくなり、動きもギクシャクしてしまう。はたして、型破りな令嬢ヘンリエッタは、謎めいた過去を持つ伯爵の花嫁に選ばれるのか―? 日本初登場作家の甘いリージェンシー・ロマンス。
2017.7 351p A6 ¥1000 ①978-4-8019-1055-3

◆シュレーディンガーの猫を追って フィリップ・フォレスト著, 澤田直, 小黒昌文訳 河出書房新社
【要旨】ある夜、庭の暗闇からふいに現れた一匹の猫。壁を抜けて出現と消失を繰り返す猫は、パラレル・ワールドを自在に行き来しているのか。愛娘を失った痛みに対峙しつつ、量子力学と文学との接点を紡ぐ傑作。
2017.6 317p B6 ¥3200 ①978-4-309-20729-2

◆ありきたりの狂気の物語 チャールズ・ブコウスキー著, 青野聰訳 筑摩書房 (ちくま文庫)
【要旨】なぜか酔いどれの私が付添人を務めることになった結婚式のめちゃくちゃな顛末 (「禅式結婚式」)。残業だらけの工場を辞め、編集者として再出発した男がやらかした失敗の数々 (「馬鹿なキリストども」)。何もかもに見放された空っぽでサイテーな毎日。その一瞬の狂った輝きを切り取った34の物語。伝説的カルト作家による愛と狂気と哀しみに満ちた異色短篇集。
2017.9 476p A6 ¥900 ①978-4-480-43460-9

◆魔法にかかった男 ディーノ・ブッツァーティ著, 長野徹訳 東宣出版 (ブッツァーティ短篇集1)
【要旨】誰からも顧みられることのない孤独な人生を送った男が亡くなったとき、町は突如として夢幻的な祝祭の場に変貌し、彼は一転して世界の主役になる「勝利」、一匹の奇妙な動物が引き起こす破滅的な事態「あるペットの恐るべき復讐」、謎めいた男に一生を通じて追いかけられる「個人的な行き添い」、美味しすぎる不思議な匂いを放つリンゴに翻弄される画家の姿を描く「屋根裏部屋」…。現実と幻想が奇妙に入り混じった物語から、寓話風の物語、あるいはアイロニーやユーモアに味付けられたお話まで、バラエティに富んだ20篇。
2017.12 267p 18cm ¥2200 ①978-4-88588-094-0

◆ゴーストドラム スーザン・プライス著, 金原瑞人訳 サウザンブックス社
2017.5 182p A5 ¥1900 ①978-4-909125-03-3

◆午餐 フォルカー・ブラウン著, 酒井明子訳 (諏訪)鳥影社・ロゴス企画
【要旨】作者の両親の姿を通して、真実の愛の姿と戦争の残酷さを子供の眼から描いた傑作。現実と未来への限りない思いが込められた傑作。ボールドウィン・ツエッテルの版画8葉が飾る。
2017.10 74p B6 ¥1500 ①978-4-86265-632-2

◆死体展覧会 ハサン・ブラーシム, 藤井光訳 白水社 (エクス・リブリス)
【要旨】現実か、悪夢か。現実性と非現実性が交錯する14の物語。イラクにはびこる不条理な暴力、亡命イラク人作家が冷徹かつ幻想的に描き出す。現代アラブ文学の新鋭が放つ鮮烈な短篇集。PEN翻訳文学賞、英国インディペンデント紙外国文学賞受賞。既刊2冊から14篇を選んでアメリカで出版された英訳版からの翻訳。
2017.10 198p B6 ¥2300 ①978-4-560-09053-4

◆ハイランドの復讐 リリー・ブラックウッド著, 松木りか子訳 オークラ出版 (マグノリアロマンス)
【要旨】十二歳のとき、族長の父や母、それにクランの仲間たちを殺され城を追われたニールは、ふたりの弟とも離ればなれになり、いつの日か憎い敵に復讐を果たすための機会をうかがっていた。ついにチャンスがおとずれたのは、十七年後のことだった。勇猛な戦士となったニールの腕を求め、敵である族長が彼を城に招いたのだ。復讐劇の幕が切って落とされたものの、ニールは敵の娘であるエルスペスと出会い、彼女に惹かれはじめる気持ちを止められなくなる。一方のエルスペスも、ニールの正体を知らないまま彼に惹かれていく。
2017.8 385p A6 ¥829 ①978-4-7755-2693-4

◆虹色のコーラス リュイス・プラッツ著, 寺田真理子訳 西村書店
【要旨】あと2年で定年というときに、突然の転勤を命じられたコリニョン先生。ラバル地区の小学校の子どもたちは言うことを聞かず、クラスがまとまらない。そこで、コーラス隊を結成することを思いつき、練習を始めるのだが…。バルセロナを舞台に、さまざまな国や境遇の子どもたち、そして世界的ピアニストとなったかつての恋人、そして音楽の愛に一生を捧げた女性の心温まる物語。
2017.5 174p B6 ¥1400 ①978-4-89013-770-1

◆アンネの童話 アンネ・フランク著, 中川李枝子訳, 酒井駒子絵 文藝春秋 (文春文庫) 新装版
【要旨】アンネは「日記」の他に童話とエッセイを隠れ家で書き遺していた。アンネは書いている時、空想の翼をうんと広げてどんなに自由だった事だろう。「子熊のプラーリーの冒険」「パウラの飛行旅行記」…どの話にも、胸の奥から噴きだすキラリと光るものがある。新装版では中川李枝子の名訳に酒井駒子の挿絵を追加。
2017.12 222p A6 ¥710 ①978-4-16-790991-8

◆愛の誓いは夢の中 ルシンダ・ブラント著, 緒川久美子訳 原書房 (ライムブックス)
【要旨】名門貴族の令嬢デボラは12歳のとき、オールストン侯爵ジュリアンと結婚式をあげさせられた。その日はじめて出会った花婿は挙式のあとすぐにフランスに旅立ち、彼女はわけもわからないままにとりおこなわれた真夜中の式を、夢の中の出来事だと思い込んで久しくなった。8年経ち、デボラは貴族の体面を重んじてばかりの家を飛び出して、亡くなった兄の遺児の世話をしながら暮らしていた。ある日、彼女の前で傷を負った美しい青年を助けるが、彼こそは長くイングランドを離れていたジュリアンだった。しかし、互いの身元も知らぬまま惹かれあう二人。やがてジュリアンは、デボラが幼き日に結婚した妻であることを知るものの、名乗ることなく…運命に導かれた再会のゆくえは!? NYタイムズ、USAトゥデイ紙ベストセラーリストの実力派作家、待望の日本上陸!
2017.9 434p A6 ¥960 ①978-4-562-06502-8

◆劇場 ミハイル・ブルガーコフ著, 水野忠夫訳 白水社 (白水uブックス―海外小説 永遠の本棚)
【要旨】『船舶通信』のしがない記者兼校正係マクスードフは、新聞の仕事をしながら、夜は小説を書き続けていた。文芸誌に掲載が決まり、作家の仲間入りを果たしたマクスードフだったが、それが苦難の始まりだった。編集者は発売前の雑誌と共に姿を消し、"独立劇場"の依頼で戯曲を執筆するが、様々な障害に遭っては上演はひたすら先延ばしされる。劇場の複雑な機構に翻弄されながらも、自身の体験に基づき作家の悲喜劇を、自身の体験に基づく戯画的に描いた未完の傑作。
2017.9 326p B6 ¥1800 ①978-4-560-07215-8

◆人形 ボレスワフ・プルス著, 関口時正訳 未知谷 (ポーランド文学古典叢書7)
2017.11 1235p B6 ¥6000 ①978-4-89642-707-3

◆失われた時を求めて 11 囚われの女 2 プルースト作, 吉川一義訳 岩波書店 (岩波文庫)
【要旨】ヴェルデュラン邸での比類なきコンサートを背景にした人間模様。スワンの死をめぐる感慨、知られざる傑作の開示する芸術の意味、大貴族の傲慢とブルジョワ夫妻の報復。「私」は恋人への疑念と断ち切れぬ恋慕に苦しむが、ある日そのアルベルチーヌは失踪する。
2017.5 568, 8p A6 ¥1070 ①978-4-00-375120-6

◆ボージャングルを待ちながら オリヴィエ・ブルドー著, 金子ゆき子訳 集英社
【要旨】「現実がありきたりだったり、悲しかったりしたときは、面白い作り話を作って聞かせて」というママと、ママを毎日違う名前で呼ぶほら吹きパパ、小学校を自主退学したぼく、アネハヅルの"マドモアゼル・ツケタシ"。ぼくら家族は、パーティー三昧の日々のてっぺんから、笑いながら、泣きながら、高く高く跳びあがり、そして、ひらりと着地する。まるで、ニーナ・シモンが歌う"ミスター・ボージャングル"みたいに。せつなくも笑える純愛悲劇。デビュー作にして、フランスで50万部超えの大ベストセラー!
2017.9 197p B6 ¥1700 ①978-4-08-773490-4

◆マノン・レスコー アントワーヌ・フランソワ・プレヴォー著, 野崎歓訳 光文社 (光文社古典新訳文庫)
【要旨】将来を嘱望された良家の子弟デ・グリューは、街で出会った美少女マノンに心奪われ、駆け落ちを決意する。夫婦同然の新たな生活は愛に満ちていたが、マノンが他の男に心移りしていると知り…引き離されるたびに愛を確かめあいながらも、破滅の道を歩んでしまう二人を描いた不滅の恋愛悲劇。
2017.12 348p A6 ¥840 ①978-4-334-75366-5

◆タタールで一番辛い料理 アリーナ・ブロンスキー著, 斉藤正幸訳 幻冬舎メディアコンサルティング, 幻冬舎 発売
【要旨】現代ドイツ注目の若手女流作家アリーナ・ブロンスキー、待望の初邦訳。
2017.1 398p B6 ¥1500 ①978-4-344-99408-9

◆僕をスーパーヒーローと呼んでくれ アリーナ・ブロンスキー著, 斉藤正幸訳 幻冬舎メディアコンサルティング, 幻冬舎 発売
【要旨】自称精神病のゲイ、車椅子の美少女、盲目のイケメン、片足が義足の男、病弱の赤毛…。若者たちの相互自助グループは複雑な過去をもつ者ばかり。感受性豊かな十代の成長を描く、コミカルで切なくない物語。アリーナ・ブロン

外国の小説　1338　BOOK PAGE 2018

スキー邦訳第2弾。
2017.4 314p B6 ¥1400 ①978-4-344-91170-3

◆危ない恋は一度だけ　K.C.ベイトマン著, 寺尾まち子訳　二見書房　（ザ・ミステリ・コレクション）
【要旨】伯爵令嬢のマリアンヌは両親を亡くし、妹とふたり親戚のいるパリへ出てきた。サーカスの団員となって生活を支えているが、親戚の男は妹を売春婦にすると言って脅し、身の軽いマリアンヌに悪事を手伝わせている。ある晩、男から言われた家に忍びこむと、待ち構えていたニコラスという諜報員に捕らえられてしまった。マリアンヌのこれまでの行いもすべて調べあげたらしいニコラスに諜報活動を手伝うよう迫られ、なすすべもない彼女は―。セクシーでキュートなヒストリカル新シリーズ開幕！ 2017年ホルト・メダリオン賞最終選考ノミネート作品！
2017.10 562p A6 ¥1180 ①978-4-576-17137-1

◆その日の後刻に　グレイス・ペイリー著, 村上春樹訳　文藝春秋
【要旨】村上春樹訳でおくる、戦後アメリカ文学シーンのカリスマ作家、17編の比類なき短編＋エッセイ、ロング・インタビュー。日常というものの奇跡！
2017.8 338p B6 ¥1850 ①978-4-16-390703-1

◆デーミアン　ヘルマン・ヘッセ著, 酒寄進一訳　光文社　（光文社古典新訳文庫）
【要旨】些細な嘘をついたために不良に強請られていたエーミール。だが転校してきたデーミアンと仲良くなるや、不良は近づきもしなくなる。デーミアンの謎めいた人柄と思想に影響されたエーミールは、やがて真の自己を求めて深く苦悩するようになる。少年の魂の遍歴と成長を見事に描いた傑作。
2017.6 297p A6 ¥720 ①978-4-334-75355-9

◆メルヒェン　ヘルマン・ヘッセ著, 髙橋健二訳　新潮社　（新潮文庫）改版
【要旨】誰からも愛される子に、という母の祈りが叶えられ、少年は人々の愛に包まれて育った…愛されることの幸福と不幸を掘り下げた『アウグツス』は、「幸いなるかな、心の貧しき者。天国はその人のものなり」という聖書のことばが感動的に結晶した童話である。おとなの心に純朴な子どもの魂を呼び起しながら、清らかな感動へと誘う、もっともヘッセらしい珠玉の創作童話9編を収録。
2017.9 213p A6 ¥460 ①978-4-10-200117-2

◆壁の花の秘めやかな恋　アナ・ベネット著, 小林由果訳　原書房　（ライムブックス）
【要旨】両親を馬車の事故で亡くし、メグは妹たちとともに心優しい子爵のおじに引き取られた。しかし生活は苦しく、社交界にデビューしても「メイドより地味な服を着て目立たない『枯れかけた壁の花』」と呼ばれるしまつ。これ以上おじに負担はかけられないと、メグは家庭教師になり自立する決意をする。紹介された家人の主は、社交界の人気者であるキャッスルトン伯爵ウィリアム。彼は独身ながら、いとこの忘れ形見の双子を育てることになり、助けを必要としていたのだ。だが、実はウィリアムは、8年前にささいな誤解をきっかけにメグから縁談を断った相手。彼女にとっては気まずい再会だったが、ウィリアムはずっとメグを忘れられずにいて…RWAゴールデンハート賞受賞作家、注目の日本デビュー！
2017.3 459p A6 ¥980 ①978-4-562-04495-5

◆公爵とのワルツは秘密の匂い　レノーラ・ベル著, 旦紀子訳　集英社クリエイティブ, 集英社 発売　（ベルベット文庫）
【要旨】意に染まないが、ドロシアには公爵のダルトンに近づかねばならない理由があった。一方の公爵は、裏の顔を持つ身。彼女とワルツを踊って、世間の目を欺こうと一計を案じる。案の上、二人は注目を集めるが、醜聞が立ち、彼女はさながら生き地獄だった。互いのため、二人はひとつ馬車でアイルランドへと旅立つ―厳しいしつけと家族の期待の下に育った彼女が、自由になって変わっていく姿も胸熱！ 人気シリーズ第2弾！
2017.6 487p A6 ¥1050 ①978-4-420-32045-0

◆アンチクリストの誕生　レオ・ペルッツ著, 垂野創一郎訳　筑摩書房　（ちくま文庫）
2017.10 277p A6 ¥980 ①978-4-480-43466-1

◆NO BAGGAGE―心の「荷物」を捨てる　クララ・ベンセン著, 青木高夫訳　秀和システム
【要旨】クララは内向きで生まじめな完璧主義者。苦しかった子育ての突破口を見出そうと出会い系サイトで知り合った大学教授のジェフと、思いがけず21日間、ヨーロッパを旅することになる。ところが、この教授はとんでもない「ミニマリスト」。バゲッジ（荷物）も予定もなしで旅に出るのが当たり前だというのだが…。実体験に基づき、知性に富む描写と緻密な分析で自らの心の軌跡を綴ったクララ・ベンセンのデビュー作。「人生のほんとう」に目覚めかける女性の物語。
2017.6 359p B6 ¥1500 ①978-4-7980-5163-5

◆心なき王が愛を知るとき　エリザベス・ホイト著, 緒川久美子訳　原書房　（ライムブックス）
【要旨】モンゴメリー公爵バレンタインはギリシャ彫刻のように美しいが、放蕩者で邪悪な人物だと噂されている。ハウスキーパーのブリジットがバレンタインに仕えることになったのは、彼が屋敷に隠している秘密の品々を見つけて運び出すという使命を負わされたためだった。その品をもとに、上流階級の人々がおどされていると聞いている。ある日、室内を探っているところをモンゴメリー公爵に見つかってしまったブリジット。しかし、使用人とは思えない気品と知性のある彼女に興味を抱いた公爵は、処分を言い渡すことはなかった。いつしか二人は、会話を交わすことを楽しみにするようになる。そして互いの生い立ちの複雑さを知って、心の傷を癒やすかのように惹れ合うのだが…大人気の"メイデン通り"シリーズ第10弾！
2017.7 416p A6 ¥920 ①978-4-562-04499-3

◆募る想いは花束にして　エリザベス・ホイト著, 白木智子訳　原書房　（ライムブックス）
【要旨】公爵の異母妹イブは平穏な毎日を望んでいた。外出はせず、細密肖像画を描き、小さな屋敷で静かに暮らしていたのだ。それは心の傷を思い出さないようにするためだった。しかし、兄の代理でハート庭園の持ち主エイサ・メークピースのもとを訪ねたときから、彼女の生活は一変する。古びた庭園と園内の劇場を再建するため、イブの兄から資金の提供をうけていたエイサは、その出資の打ち切りを告げるのが彼女の役目だった。反発しあう二人だったが、エイサはイブの孤独な陰がどうしても気になってしまい、ほうっておけない。また、イブも彼の劇場に賭ける情熱とたくましさに魅せられる。少しずつ心を通わせていくなか、エイサは「絵のモデルになってほしい」と依頼して…"メイデン通り"シリーズ第9弾。癒やしと再生の愛の物語
2017.8 423p A6 ¥857 ①978-4-7755-2679-8

◆わたしを愛した王子　カレン・ホーキンス著, 卯月陶子訳　オークラ出版　（マグノリアロマンス）
【要旨】社交性に乏しく、二度目以降のシーズンのロンドン行きを望まなかったブロンウィンは、大好きな小説や家族に囲まれていれば幸せだ。でも、ときどき考えてしまう。お気に入りの小説に出てくるような素敵な男性との本物のキスって、どんな感じがするのだろうと。そんな彼女の前に、まるで物語から抜け出したかに思える容姿の男性が現れた。広い肩と胸板、細く引き締まった腰。まるで美の化身も同然の人物は、服装からして狩人に違いない。そう思っていたブロンウィンだったのだが、彼の正体は王子で―。
2017.8 409p A6 ¥857 ①978-4-7755-2679-8

◆デカメロン　上　ジョヴァンニ・ボッカッチョ著, 平川祐弘訳　河出書房新社　（河出文庫）
【要旨】ペストが猖獗を極めた十四世紀フィレンツェ。恐怖が蔓延する市中から郊外に追われた若い男女十人が、押しよせてくる死の影を追い払おうと、十日のあいだ代わるがわる語りあう百の物語。人生の諸相、男女の悲喜劇をあざやかに描いた物語文学の最高傑作が、典雅かつ華やかな名訳で躍動する。不滅の大古典、全訳決定版。
2017.3 555p A6 ¥1000 ①978-4-309-46437-4

◆デカメロン　中　ジョヴァンニ・ボッカッチョ著, 平川祐弘訳　河出書房新社　（河出文庫）
【要旨】遺産相続で金持ちになった青年が、自分にいたいけな女の愛を勝ちとるための策とは…ボッティチェリの名画でも有名なナスタージョ・デリ・オネスティの物語をはじめ、不幸な事件を経てめでたく終わる男女の話、機転で危機を回避した話など四十話を収める。全訳『デカメロン』第二冊。無類の面白さを誇る珠玉の物語集。
2017.4 557p A6 ¥1000 ①978-4-309-46439-8

◆デカメロン　下　ジョヴァンニ・ボッカッチョ著, 平川祐弘訳　河出書房新社　（河出文庫）
【要旨】王、商人、僧侶、騎士、貧者、貞淑な人妻に奔放な貴婦人。多彩な人物たちが繰り広げる物語を語り続けたこの宴、そろそろお開きかと存じます…世界文学史上不滅の古典、全訳決定版、完結。
2017.5 533p A6 ¥1000 ①978-4-309-46444-2

◆チリ夜想曲　ロベルト・ボラーニョ著, 野谷文昭訳　白水社　（ボラーニョ・コレクション）
【要旨】死の床で神父の脳裏に去来する青春の日々、文学の師との出会い、動乱の祖国チリ、軍政下の記憶…饒舌に隠された沈黙の謎、後期を代表する中篇小説。
2017.10 167p B6 ¥2200 ①978-4-560-09269-9

◆ムッシュー・パン　ロベルト・ボラーニョ著, 松本健二訳　白水社　（ボラーニョ・コレクション）
【要旨】1938年、パリ。第一次世界大戦の帰還兵である催眠術師ピエール・パンのもとに、貧しい南米人のしゃっくりを治してほしいという奇妙な依頼が舞い込む…ペルーの前衛詩人セサル・バジェホに捧ぐ、初期の忘れがたい中篇小説。
2017.1 194p B6 ¥2300 ①978-4-560-09268-2

◆オードリー'sレディの格言　ルーシー・ホリデイ著, 仁嶋いずる訳　ハーパーコリンズ・ジャパン　（ハーパーBOOKS）
【要旨】リビーの唯一の癒しは家でひとり好きな映画を観ること。仕事をクビになり、憧れの人を妹にとられて最悪の日、リビーはしょんぼりと家に帰った。『ティファニーで朝食を』でも観ながら寝てしまおう…買ったソファが今日あたり来るはずだから。ところが届いたのはまったく覚えのないおんぼろソファ！心底落ち込むリビーだったが、この古家具には大女優の守護霊(!?)が取り憑いていて―。
2017.1 398p A6 ¥907 ①978-4-596-55047-7

◆アレフ　J.L.ボルヘス作, 鼓直訳　岩波書店　（岩波文庫）
【要旨】途方もない博識と巧緻をきわめたプロット、極度に凝縮された文体のゆえに、"知の工匠""迷宮の作家"と呼ばれるボルヘス。その全仕事の核となる、『伝奇集』と並ぶ代表作。表題作のほか、「不死の人」「神の書跡」「アヴェロエスの探求」などを収録。
2017.2 250p A6 ¥720 ①978-4-00-327928-1

◆図書館は逃走中　デイヴィッド・ホワイトハウス著, 堀川志野舞訳　早川書房
【要旨】家にも学校にも居場所がない12歳の少年、ボビー・ヌスク。彼はある日、2人暮らしの母娘に出会う。母親が働く図書館トラックでたくさんの本に、ボビーはたちまち夢中になった。1冊読むごとに、目の前に世界がどんどん広がっていくのを感じる。だが、平穏は続かない。いじめっ子への仕返しが警察沙汰になったのだ。ボビーたちは図書館トラックに乗って町を離れ、未知の土地を駆けめぐる！ 数々の文学賞に輝く気鋭作家による少年の成長物語！
2017.5 334p B6 ¥1800 ①978-4-15-209689-0

◆鏡の前のチェス盤　マッシモ・ボンテンペッリ著, 橋本勝雄訳　光文社　（光文社古典新訳文庫）
【要旨】10歳の男の子が罰で閉じ込められた部屋で、古い鏡に映ったチェスの駒に誘われる。不思議な「向こうの世界」に入り込むと、そこには祖母や泥棒、若い男女らがいて…。鬼才セルジョ・トーファノの挿絵との貴重なコラボが実現した、20世紀前半イタリア文学を代表する幻世幻想譚！
2017.7 179p A6 ¥760 ①978-4-334-75357-3

〔マ行の作家〕

◆アドリア海へ　カール・マイ著, 戸叶勝也訳　朝文社　（カール・マイ冒険物語12―オスマン帝国を行く）
【要旨】カール・マイの物語はドイツでは百年の歳月のうちに、聖書に次ぐ発行部数を記録。本巻は全12巻のオリエント・シリーズの最終巻。ドイツ人の主人公カラ・ベン・ネムジは、ついに広域盗賊団バルカン・マフィアの首領シュートに出会い、対決。激動の中東世界が、百年前も今と変わらぬ姿で物語の中で活写されている。同

時にオリエント地域の風土、風俗、習慣なども分かる。そしてテンポのあるストーリー展開に魅了される。
2017.4 326p B6 ¥2480 ①978-4-88695-272-1

◆ワルプルギスの夜―マイリンク幻想小説集 グスタフ・マイリンク著、垂野創一郎訳 国書刊行会
【要旨】全15編が本邦初訳、ドイツ幻想小説派の最高峰マイリンクの1巻本作品集成。『白いドミニコ僧』『ワルプルギスの夜』の2長篇小説のほか、短篇8編とエッセイ5編を収録。
2017.10 438p A5 ¥4600 ①978-4-336-06207-9

◆レディに神のご加護を ジェナ・マクレガー著、緒川久美子訳 原書房（ライムブックス）
【要旨】パーティでのお披露目を目前にして、婚約解消したいという手紙を受け取ったクレア。なんと婚約破棄されるのはこれで4回目。彼女のせいではなく、婚約者の身の上にいつも何かが起きるのだ。すでに社交界では「レディ・クレアの呪い」と言われている。途方に暮れる彼女の前に元婚約者ポールの幼なじみであるアレックスが現われ、「力になりたい」と言う。不審に思うクレアだが、実はアレックスはわけあってポールに復讐しようとしていた。そこでポールの借用書を買取るかわりに婚約を解消させたのだ。アレックスは、勝手に自分とクレアの結婚を宣言し、「破産寸前の放蕩者から彼女を守りたい」と言い出したが、いったい!? 全米ロマンス界騒然のヒストリカルの新星、ついに邦訳！
2018.1 451p A6 ¥960 ①978-4-562-06506-6

◆ヴェルサイユ エリザベス・マシー著、錦治美訳 小学館（小学館文庫）
【要旨】列強にフランスの力を見せつけるべく、若き国王ルイ十四世は周囲からの反対をはねのけ、パリ郊外ヴェルサイユに新たな宮殿を建設する計画を進めていた。亡き母から刷り込まれた権力への執念と己の弱さの狭間で揺れながらも、「朕は国家なり」と雄々しく宣言する。そんな彼を取り巻くのは、屈折した思いを抱く弟、その妻でもある王の愛人、忠実な側近、権力奪取を策謀する者、心を許す友、王の愛を得ようとする女たち。太陽王ルイの愛と裏切り、野心を描く大河ロマン。フランス、イギリス、アメリカ、カナダで放送された大人気ドラマシリーズのノベライズ！
2017.2 588p A6 ¥930 ①978-4-09-406342-4

◆ハイランドの仇に心盗まれて―ハイランド・ガード 3 モニカ・マッカーティ著、芦原夕貴訳 集英社クリエイティブ、集英社 発売（ベルベット文庫）
【要旨】城でアーサーを目にした瞬間、アナの心と体にときめきが押し寄せた。父からこの戦時下での見張りをするよう命じられたアナの、彼への想いは募るばかり。一方でアーサーの方も、彼女の父親こそ、アーサーの父を惨殺した犯人だと知る使命を帯びて、城に潜入していた一激化する戦時下で燃えさかる、切ない恋の炎！ 屈強な戦士たちを描く「ハイランド・ガード」シリーズ、待望の第3弾!!
2017.4 631p A6 ¥1250 ①978-4-420-32044-3

◆時間（とき）の囚われ人 ジュリー・マッケルウェイン著、高岡香訳 オークラ出版（マグノリアロマンス）
【要旨】FBI特別捜査官のケンドラには、自分のキャリアを棒に振ってでも殺したい男がいる。その男を追って古城で開かれた摂政時代がテーマのパーティに潜り込んだが、その最中、ケンドラの身に不可思議なことが起こり、気づいたときに彼女は本物の摂政時代へとタイムスリップしていた。突然現れたケンドラに、侯爵のアレックは不審の目を向ける。見知らぬ異人ですら信じられない事態なのだから、侯爵に怪しまれても当然だ。もとの世界に戻る方法が見つからぬまま、城の使用人として働くことになったが…。
2017.7 673p A6 ¥1188 ①978-4-7755-2672-9

◆愛だけが呪いを解くの サリー・マッケンジー著、草鹿佐恵子訳 オークラ出版（マグノリアロマンス）
【要旨】ハート公爵家には呪いがかけられている―公爵が愛のない結婚をすると、世継ぎが誕生する前に命を落とすという呪い。それを打ち破るためには恋愛結婚する必要があるが、貴族社会においてそんなことはほぼ不可能に近い。現ハート公爵マーカスも、恋愛結婚が実現する見込みはないと宣言し、ハート公爵家の義務で訪れた領地に「独身女の館」に入るべく到着するキャットに出会う。きょうだいの多い彼女

は小説を執筆する時間を欲して、なんとしてでもそこに入居したという。独身でいることを望む彼女に、マーカスは惹かれていき―。
2017.7 465p A6 ¥914 ①978-4-7755-2671-2

◆恋するぷにちゃん ジュリー・マーフィー著、橋本恵訳 小学館（SUPER！YA）
【要旨】あたしは、おデブ女子。ママはあたしのことを「ぷにちゃん」って呼ぶ。ぷにちゃんって、ママは、いつもあたしをダイエットさせようとするけど、大きなお世話。あたしから力をもらう、そのお茶目なあだ名なのかな？ コンプレックスなんてクソっくらえのおデブ応援物語。
2017.7 383p B6 ¥1500 ①978-4-09-290584-9

◆不機嫌な女たち―キャサリン・マンスフィールド傑作短篇集 キャサリン・マンスフィールド著、芹澤恵訳 白水社（エクス・リブリス・クラシックス）
【要旨】初めて夫に欲望を感じた妻が夫の本心を知る「幸福」。不慣れな外国で出会った親切な老人との午後の行方は…「小さな家庭教師」。不穏なお迎えが老女を怯えさせる「まちがえられた家」。裕福な女が夫の一言で、貧しい女に嫉妬の炎を燃やす「一杯のお茶」。夫の友人の熱情を弄ぶ人妻を描く「燃え立つ炎」。小さな幸せを、思わぬ言葉で打ち砕かれる独身女性「ミス・ブリル」。大人社会そっくりの歪んだ人間関係にからめとられた少女たちの「人形の家」など、選りすぐりの十三篇。感情の揺れを繊細にすくいとり、日常に潜む皮肉を鋭く抉り出す、短篇の名手キャサリン・マンスフィールドの日本オリジナル短篇集。新たに発見された未発表原稿「さゝやかな過去」収録。
2017.4 230p B6 ¥2400 ①978-4-560-09910-0

◆港の底 ジョゼフ・ミッチェル著、上野元美訳 柏書房（ジョゼフ・ミッチェル作品集 2）
【要旨】摩天楼を彼方に望む、海の上、河畔、そして桟橋。ニューヨークの海底に沈む廃船のあいだに、魚影を追って生きる。『マクソーリーの素敵な酒場』のジョゼフ・ミッチェルによる、大きな街の底に暮らす人びとのスケッチ。
2017.11 258p B6 ¥1800 ①978-4-7601-4919-3

◆あなた、そこにいてくれますか ギョーム・ミュッソ, 吉田恒雄訳 潮出版社（潮文庫）（『時空を超えて』再販・改題書）再販
【要旨】医療ボランティアでカンボジアを訪れた医師のエリオットは、赤ん坊の手術をしたお礼に、不思議な老人から渡されて戻ることができる10粒の薬を受け取る。彼の願いは、30年前に亡くなった当時の恋人レイナに、もう一度だけ会いたいということだけだった。半信半疑でその薬を飲むと、30年前にタイムスリップし、過去の自分と出会うのだが…。フランスのベストセラー作家ミュッソの映画原作本が、装いも新たに登場。
2017.10 403p A6 ¥926 ①978-4-267-02098-8

◆存在感のある人―アーサー・ミラー短篇小説集 アーサー・ミラー著、上岡伸雄訳 早川書房
【要旨】『セールスマンの死』の巨匠が、人生の忘れがたい出来事を切り取る円熟の6篇。
2017.1 255p B6 ¥3000 ①978-4-15-209665-4

◆木に登る王―三つの中篇小説 スティーヴン・ミルハウザー著、柴田元幸訳 白水社
【要旨】男女の複雑怪奇な心理の綾、匠の技巧が光る極上の物語！ 売りに出した自宅を女性が客に案内するなかで、思いがけない関係が浮かび上がる「復讐」、官能の快楽に飽いた放蕩児が、英国の貴婦人に心を乱される「ドン・ファンの冒険」、王妃と騎士の不義を疑う王の煩悶、王の忠臣が悲運を物語る表題作を収録。
2017.4 368p B6 ¥2400 ①978-4-560-09551-5

◆プー通りの家 A.A.ミルン著、森絵都訳、村上勉絵 KADOKAWA（角川文庫）
【要旨】百エーカーの森に、新しい仲間、ティガーがやってきた！ 暴れん坊だけど、無邪気な幼い彼に、森の仲間たちはてんやわんや。にぎやかになった森に次々事件が巻き起こる。ブーとコブタが新しく「プー棒流し」にみんな夢中になり、オウルの倒れた家から力を合わせて脱出をはかる。そして近づくクリストファー・ロビンの旅立ちー。永遠の森で今も私たちを待っているクマのプー完結編。
2017.11 253p A6 ¥680 ①978-4-04-105375-1

◆至福の烙印 クラウス・メルツ著、松下たえ子訳 白水社（エクス・リブリス）

【要旨】スイスの片田舎に暮らす人々のささやかな日常を、詩的かつ圧縮された表現で描く。現代スイスを代表する作家による珠玉の三篇、本邦初訳。ヘルマン・ヘッセ賞、スイス・シラー財団賞受賞作を収録。
2017.8 231p B6 ¥2400 ①978-4-560-09052-7

◆五月の雪 クセニヤ・メルニク著、小川高義訳 新潮社（新潮クレスト・ブックス）
【要旨】同じ飛行機に乗りあわせたサッカー選手からのデートの誘い。疎遠になっていた幼馴染からの二十年ぶりの連絡。アメリカ人に嫁いだ娘と再会する母親。最愛の妻と死別した祖父の思い出話―。かつて強制収容所が置かれたロシア極東の町マガダンで、長くこの地に暮らしてきた家族と、流れ着いた芸術家や元囚人たちの人生が交差する。温かな眼差しと、煌めく細部の描写。米国で注目を集める女性作家による、清新なデビュー短篇集。
2017.4 317p B6 ¥2000 ①978-4-10-590137-0

◆英国諜報員アシェンデン サマセット・モーム著、金原瑞人訳 新潮社（新潮文庫）
【要旨】時はロシア革命と第一次大戦の最中。英国のスパイであるアシェンデンは上司からの密命を帯び、中立国スイスを拠点としてヨーロッパ各国を渡り歩いている。一癖も二癖もあるメキシコやギリシャ、インドなどの諜報員や工作員と接触しつつアシェンデンが目撃した、愛と裏切りと革命の行方。そしてその果てにある人間の真実―。諜報員として活躍したモームによるスパイ小説の先駆にして金字塔。Star Classics 名作新訳コレクション。
2017.7 445p A6 ¥670 ①978-4-10-213029-2

〔ヤ・ラ・ワ行の作家〕

◆クロスロード―回復への旅路 ウィリアム・ポール・ヤング著、結城絵美子訳 いのちのことば社フォレストブックス
【要旨】「このクソみたいな世界は何だ」。過酷な少年時代、子どもの死、結婚の破綻…。喪失と失望を繰り返しながら、神と人に背を向け、孤独に生きる主人公トニー。仕事で成功する一方で、罪悪感から自分の人生を嫌悪し、やがて死によってもたらされる「無」が、すべてを終わりにしてくれると考えていた。しかし、ある日、病で昏睡状態に陥り、不思議な魂の「旅」に投げ込まれる。その中で、封じ込めていた恐れや絶望と対峙し、失ったものを取り戻していく。死して、生きるという、人生の最後に出合う希望を生き生きと描く、ファンタジックな寓話の中で神に出会う感動の作品。
2017.10 397p B6 ¥2000 ①978-4-264-03382-0

◆アレクシス―あるいは空しい戦いについて・とどめの一撃 マルグリット・ユルスナール著、岩崎力訳 白水社
【目次】アレクシス―あるいは空しい戦いについて、とどめの一撃
2017.12 226p B6 ¥3400 ①978-4-560-09592-8

◆Everything, Everythingわたしと世界のあいだに ニコラ・ユン著、デービッド・ユン絵、橋本恵訳 静山社
【要旨】私の病気は、有名な難病だ。あらゆるものにアレルギー反応し、発作を引き起こす。だから17年間、家の外には一歩も出ていない。ある日、引越しのトラックが隣の家にやってきた。私は窓からのぞいて、彼を見た。背が高くて、しなやかで、全身黒づくめの彼を。彼がこっちを見つめ、私も見つめあった。私には、未来が予測できる。私はきっと彼と愛し合うことになる。そして、きっと不幸な結末をむかえる―。このラブストーリーの結末は、きっと誰にも予測できない。世界36カ国で大ヒット！ 全米にて映画公開中！
2017.5 348p B6 ¥1600 ①978-4-86389-382-5

◆甘い口づけの代償を ジェニファー・ライアン著、桐谷知未訳 二見書房（ザ・ミステリ・コレクション）
【要旨】ニューヨーク社交界の名士エラ・ウルフは、まもなく父の遺した大企業を相続する予定だったある夜、双子の姉が叔父に殺害されるのを目撃してしまう。その証拠のすべてがモンタナのウルフ家所有の牧場にあると知って早速向かうが、途中怪我したところを救ってくれたカウボーイのゲイブから、ウルフ牧場を買いたばかりだと聞いて驚いた。叔父は、どんな細工をしてウルフ家の牧場を売ったのだろう？ なぜ姉を殺したのか？ ふたりは真実を暴くために協力するが…。
2017.10 520p A6 ¥1000 ①978-4-576-17138-8

外国の小説

◆**明けない夜の危険な抱擁** リサ・マリー・ライス著, 鈴木美朋訳 二見書房 (ザ・ミステリ・コレクション)
【要旨】アーカ製薬CEOのリー博士は、人間の能力を増幅させるウィルス開発に励む。しかし、自身にそれを注射したため凶悪なモンスターとなり、ウィルス感染者も暴徒と化していく。そんな中、ソフィはアーカ系列の研究所から、ウィルスのサンプルと唯一の治療ワクチンを持って脱出、メールで親友のエルに助けを求めた。その結果、ジョンという"ゴースト・オプス"のメンバーが助けにきてくれた。そしていよいよ二人きりの孤独の戦いが始まる。超人気シリーズ、ついに完結!
2017.8 440p A6 ¥907 ①978-4-576-17106-7

◆**真夜中の探訪** リサ・マリー・ライス著, 上中京訳 扶桑社 (扶桑社ロマンス)
【要旨】愛するローレンと満ち足りた生活を送っていたジャッコ。しかし、ローレンから妊娠を知らされた彼は、激しく動揺し家を飛び出してしまう。薬物中毒者の息子である自分に、子供を持つことは許されるのか。ジャッコは改めて自らの出生の真実と向き合うため、探訪の旅に出ることを決意する。表題作の他、ダグラス・コワルスキーとアレグラ夫妻がギリシャのリゾート島で体験する事件の顛末を描く"真夜中の影"を併録。二組のカップルのその後を知る者も楽しく読める"真夜中"シリーズ、スピンオフ!
2017.2 429p A6 ¥960 ①978-4-594-07648-1

◆**長い夢** リチャード・ライト著, 木内徹訳 水声社
【要旨】アメリカ南部で葬儀屋を営む父のもと思春期を生きるフィッシュベリー。父子の葛藤、白人による友人の殺害、売春宿の水子の恋人の死、そして、白人警察署長による父の謀殺…現代アメリカ社会にも通底する人種差別問題を"事実と真実"で描いた長編小説。
2017.3 492p B6 ¥4500 ①978-4-8010-0217-3

◆**クトゥルーの呼び声** H.P. ラヴクラフト著, 森瀬繚訳 星海社, 講談社 発売 (星海社FICTIONS)
【要旨】怪奇小説作家H・P・ラブクラフトが創始し、人類史上初めて地球の外へ飛来した邪神たちが齎す宇宙的恐怖を描いた架空の神話大系"クトゥルー神話"。その誕生100周年を記念し、クトゥルーと異形の神々が眠る海にまつわる恐怖を描いた傑作群が、新たな装いで蘇る―。悍ましい半人半魚の巨人との接触を捉えた最初のクトゥルー神話作品「ダゴン」、浅沼昭を手がかりに謎の教団の幻影を追う表題作「クトゥルーの呼び声」、クトゥルー崇拝の起源へと遡る「墳丘」、クトゥルーを崇拝する"ダゴン秘儀教団"の暗躍を暴いた「インスマスを覆う影」…いま、海底から目醒めた邪神が呼び声を響かせる―!
2017.11 479p ¥1500 ①978-4-06-510769-0

◆**10:04 (ジュウジ ヨンプン)** ベン・ラーナー著, 木原善彦訳 白水社 (エクス・リブリス)
【要旨】全ては今と変わらない―ただほんの少し違うだけで。主人公の詩人を通じて語られる、「世界が組み変わる」いくつもの瞬間。身体感覚は失われ、過去と未来、事実と虚構…あらゆる境界が揺らぎはじめる。米の新鋭による、美しく愉快な語り。
2017.3 282, 2p B6 ¥2900 ①978-4-560-09050-3

◆**故郷** 李箕永著, 大村益夫訳 平凡社 (朝鮮近代文学選集 8)
【要旨】貧しさの根本原因に目覚めていく小作農たち―植民地時代の荒廃する農村にあって、たくましく生きる小作人群像とその家族たち、そして若い男女の心の葛藤を、朝鮮の風土を織り交ぜながら描く。朝鮮プロレタリア文学の代表作。
2017.8 553p B6 ¥3500 ①978-4-582-30240-0

◆**満州夫人** 李吉隆著, 舘野晢監訳, 五十嵐真希訳 (大阪)かんよう出版
【要旨】朝鮮半島の南端、古今島の医師李根五と、その長男満南、満雨と結婚した満州族の張永美。朝鮮の荒涼に彩られた彼らの壮絶な物語。韓国PEN文学賞受賞作品。二〇一六年度小説部門。
2017.3 448p B6 ¥2400 ①978-4-906902-69-9

◆**アポロンと5つの神託 1 太陽の転落** リック・リオーダン作, 金原瑞人, 小林みき訳 ほるぷ出版
【要旨】16歳の少年としてN.Y.へ落とされたアポロンは、パーシーの助けを借り、ハーフの少女メグとハーフ訓練所にたどり着く。ケイロンは「神にもどるには、仇敵に奪われたデルポイの神託が鍵では?」と忠告するが、神の力を失ったアポロンは新たな現実を受け入れられずにいた。「パーシー・ジャクソン」シリーズ第3弾! アポロンの試練の旅がはじまる。
2017.11 447p B6 ¥1600 ①978-4-593-53524-8

◆**黄色い雨** フリオ・リャマサーレス著, 木村榮一訳 河出書房新社 (河出文庫)
【要旨】沈黙が砂のように私を埋めつくすだろう―スペイン山奥の廃村で、降りつもる死の予兆に男は独り身をひそめる。一人また一人と去り行く村人たち、朽ちゆく家屋、そしてあらゆるものの喪失が、個々の孤独と閉塞の詩情を描き出し、「奇蹟的な美しさ」と評された表題作に加え、地方を舞台に忘れ去られた者たちの哀しみを描いた「遮断機のない踏切」「不滅の小説」の訳し下し二篇を収録した文庫オリジナル。
2017.2 210p A6 ¥1000 ①978-4-309-46435-0

◆**一句頂一万句** 劉震雲著, 水野衛子訳 彩流社
【要旨】著者最大の代表作にして、中国で最も権威ある文学賞の一つである茅盾文学賞受賞作! 70年の中国を描いた前後篇『出延津記』『回延津記』の大河ドラマ!
2017.8 581p B6 ¥2800 ①978-4-7791-2381-8

◆**月夜は伯爵とキスをして** ジョアンナ・リンジー著, 小林さゆり訳 二見書房 (ザ・ミステリ・コレクション)
【要旨】社交界デビューを控えていた伯爵令嬢ブルックは、摂政皇太子から、突然見ず知らずの男との結婚を命じられる。相手はロスデール子爵ドミニクで、皇帝の側からブルックの兄に三度も決闘を申し込んだ罪を咎められていた。皇太子は両家が婚姻により和解するのを望み、命に背いたほうが家から爵位と全財産を没収するという。一家の名誉を守るため、ドミニクを自分の中にさせて結婚する責を負わされるブルック。一方のドミニクは、ひと目で彼女に惹かれながらも、伯爵家への憎しみが忘れられず…。
2017.5 515p A6 ¥1000 ①978-4-576-17054-1

◆**心は燃える** J.M.G. ル・クレジオ著, 中地義和, 鈴木雅生訳 作品社
【要旨】幼き日々を懐かしみ、愛する妹との絆の回復を望む判事の女と、その思いを拒絶して、乱脈な生活の果てに命を奪われた女。先人の足跡を追い、ペトラの町の遺跡へ辿り着く冒険家の男と、名も知らぬ西欧の女性に憧れて、夢見の母と重ね合わせる少年。ノーベル文学賞作家による珠玉の一冊!
2017.8 197p B6 ¥2000 ①978-4-86182-642-9

◆**にんじん** ジュール・ルナール著, 中条省平訳 光文社 (光文社古典新訳文庫)
【要旨】赤茶けた髪とそばかすだらけの肌で「にんじん」と呼ばれる少年は、母親や兄から心ない仕打ちを受けている。それでもめげず、自分と向き合ったりユーモアを発揮したりしながら日々をやり過ごし、少年は成長していく。著者が自身の子供時代を冷徹に見つめて綴った自伝的小説。
2017.4 312p A6 ¥760 ①978-4-334-75351-1

◆**ウエディング・ベルズ** ローレン・レイン著, 草鹿佐恵子訳 オークラ出版 (マグノリアロマンス)
【要旨】ウエディングプランナーのブルックは、自分の結婚式準備に心血を注いだ。ついに晴れの舞台を迎えた王、教会にFBI捜査官がなだれこんできて、自分の結婚相手が詐欺師だと知る。この事件のせいで故郷で仕事ができなくなった彼女は、ニューヨークに移る。新しい職場の初仕事は、ホテル・グループのCEO、セスの妹の結婚式だ。彼は妹の婚約者をうさんくさく思うのを隠さない。なにしろ婚約者は、会社を興すために投資家を集めている段階なのだから。セスは結婚の計画の細部にまでかかわり、婚約者を監視しようとするが…。
2017.3 409p A6 ¥857 ①978-4-7755-2637-8

◆**魔法にかけられたエラ** ゲイル・カーソン・レヴィン著, 三辺律子訳 AZホールディングス
2016.12 298p A5 ¥2600 ①978-4-909125-00-2

◆**深い穴に落ちてしまった** イバン・レピラ著, 白川貴子訳 東京創元社
【要旨】北には山脈が横たわり、あちこちに湖もある森をぐるりと囲んでいる。そのまん中に穴がひとつ、口をあけている。ある日、大きな兄と小さな弟がその穴の中に落ちてしまった。深さおよそ7メートルの穴からどうしても出られず、何か月も木の根や虫を食べて極限状況を生きのびようとする。外界から遮断された世界で、弟は現実と怪奇と幻想が交錯するめくるめく映像を見はじめる…。どうして兄弟の名前と年齢が明かされないのか。なぜ章番号が素数のみなのか。文章に織り交ぜられた不思議な暗号が示すものとは。著者によって綿密に構成され、さまざまな寓意に彩られた物語は、読後、驚愕とともに力強い感動をもたらす。暗黒時代を生きる大人のための寓話。
2017.1 125p B6 ¥1500 ①978-4-488-01067-6

◆**ヒーロー 家族の肖像** ロート・レーペ著, 新朗恵訳 西村書店
【要旨】ある日、突然はじまった。癌だった。―腎細胞癌。大家族を夢見た父ヒーロー(ヘルヴィッヒ・ヴィーラント。家族は増え、会社も経営し、人生は順調かに思えた。ところが、病をきっかけに、つぎつぎにあらわになる家族のほころび。5人の子供と孫たちが抱える悩みや問題の数々。できちゃった結婚をする息子、外国人と付き合う娘、借金をする息子、庶子を生んだ娘と孫娘。欠点だらけの家族。不治の病のヒーローは、病と、そして崩壊しそうな家族とどう向き合うのか。父が家族に残した最後の贈り物とは? 家族とは何なのか、それぞれの視点からユーモアたっぷりに語られる、心に響く「ある家族の物語」。
2017.5 334p B6 ¥1500 ①978-4-89013-771-8

◆**場所** マリオ・レブレーロ著, 寺尾隆吉訳 水声社 (フィクションのエル・ドラード)
【要旨】目が覚めると、そこは見知らぬ場所だった…見ず知らずの部屋で目覚めた男は、そこから脱出しようと試みるも、ドアの先にはまた見知らぬ部屋があるのだった。食事もあり、ときに言葉の通じない人とも出遭う迷宮のような"場所"を彷徨するうちに、男は悪夢のような数々の場面に立ち会ってゆく…「集合的無意識」に触発された夢幻的な世界を描き、カルトの人気を誇るウルグアイの異才レブレーロの代表作。
2017.3 179p B6 ¥2200 ①978-4-89176-963-5

◆**主の変容病院・挑発** スタニスワフ・レム著, 関口時正訳 国書刊行会 (スタニスワフ・レムコレクション)
【要旨】友人との再会から、青年医師ステファンは、煉瓦塀の陰にかこまれ、丘の頂に屹立するビェジェニェツのとある病院に勤務することになる。そこ、『主の変容病院』では、奇怪な精神と嗜好を有する医師と患者たちが日々を営んでいた。彼らに翻弄されるステファンだったが、やがて病院は突如姿を表したナチスによって占拠されてしまう。次々と連行される患者たちを前にステファンの教慨はなおいっそう深まっていき、レムの処女長篇『主の変容病院』のほか、ナチスによるユダヤ人大虐殺を扱った架空の歴史書の書評『挑発』や『二一世紀叢書』など、メタフィクショナルな中短篇5篇を収録。
2017.7 439p B6 ¥2800 ①978-4-336-04504-1

◆**ゲームの規則 1 抹消** ミシェル・レリス著, 岡谷公二訳 平凡社
【要旨】未来が暗い穴でしかなかった日々の幼少期の記憶の執拗な重ね書き。"日常生活の中の聖なるもの"の探求。
2017.11 357p B6 ¥3400 ①978-4-582-33323-7

◆**ゲームの規則 2 軍装** ミシェル・レリス著, 岡谷公二訳 平凡社
【要旨】死を飼い馴らしに、正しく振る舞いのれの枠を超え出る…「生きる/書く」信条の一件書類。
2017.11 287p B6 ¥3200 ①978-4-582-33324-4

◆**朝の祈り** ゲルトルート・ロイテンエッガー著, 五十嵐蕗子訳 書肆半日閑, 三元社 発売
【要旨】繊細なタッチで、揺れ動く心を描く、現代スイスの女性作家、ゲルトルート・ロイテンエッガー。『ポモナ』につづく邦訳二作目の小説。
2017.10 217p B6 ¥2500 ①978-4-88303-446-8

◆**起きようとしない男―その他の短篇** デイヴィッド・ロッジ著, 高儀進訳 白水社
【要旨】コミック・ノヴェルの名手が満を持して放つ、自身初の傑作短篇集。表題作をはじめ全8篇収録。
2017.9 209p B6 ¥2200 ①978-4-560-09568-3

◆**夕陽に染まるキス 上** ノーラ・ロバーツ著, 鮎川由美訳 扶桑社 (扶桑社ロマンス)

◆【要旨】モンタナの牧場育ちのボウディン・ロングボウは、家族4世代で観光牧場を発展させたー大リゾート施設を経営している。3年ぶりに再会を果たした初恋相手のカルが牧場で働くことになり、彼の変わらぬ優しさを懐かしく、そして頼もしく感じながら、しずかに恋心を再燃させていた。そんなある日、女性従業員のジーンが殺害され、近隣の女性も行方不明になった末に死体で発見される。保安官助手のクリントックは、学生時代にカルと衝突した個人的な憎しみから彼を犯人に仕立てようとするが…。
2017.10 410p A6 ¥980 ①978-4-594-07808-9

◆夕陽に染まるキス 下 ノーラ・ロバーツ著, 鮎川由美訳 扶桑社 (扶桑社ロマンス)
【要旨】互いの気持ちを確かめ合い、愛情を深めてゆくボウディンとカル。このまま穏やかな日々が続くかに思われたが、ある夜、失踪したと聞かされていたおばのアリスが、牧場の近くで瀕死の状態で発見される。じつは彼女は監禁をしたうえ何者かに誘拐されており、その家から命からがら逃げ出していたのだった。三十年近くも彼女を監禁し、支配し続けた"サー"とは一体何者なのか？この事件をきっかけに、一連の不可解な殺人事件の真相が明らかになる。息を呑むロマンティック・サスペンス！
2017.10 466p A6 ¥980 ①978-4-594-07809-6

◆ギデオン・マック牧師の数奇な生涯 ジェームズ・ロバートソン著, 田内志文訳 東京創元社 (海外文学セレクション)
【要旨】スコットランドの出版社に、半年前に失踪したギデオン・マック牧師の手記が持ち込まれた。彼は実直な人間として知られていたが、失踪する直前に、神を信じないまま牧師になったことや悪魔と親しく語らったことを告白し、教区の信徒たちから非難されていた。手記には彼の生い立ちから、自分以外には見えない立石を発見したことや悪魔との出会い、そしてなぜそれを大衆の前で語ったのかがすべて記されている。一出版者による序文、マック牧師の手記、そしてまた出版者が執筆したエピローグという独特の構成で描かれる、一人の牧師の数奇な生涯。スコットランドを代表する作家が、歴史、風俗、伝説、父子の物語などさまざまな要素を織り込んで綴ったブッカー賞候補作。
2018.1 427p B6 ¥3200 ①978-4-488-01663-0

◆ウィッシュガール ニッキー・ロフティン著, 代田亜香子訳, 金原瑞人選 作品社 (金原瑞人選オールタイム・ベストYA)
【要旨】学校でいじめにあい、家族にも理解してもらえないぼくは、ふと迷いこんだ谷で、ウィッシュガールと名のる奇妙な赤毛の少女に出会う。そしてその谷は、ぼくたちふたりの世界を変えてくれる魔法の力を持っていた。
2017.7 246p B6 ¥1800 ①978-4-86182-645-0

◆求婚はある日突然に ヴィヴィアン・ロレット著, 岸川由美訳 原書房 (ライムブックス)
【要旨】芸術家でエキセントリックな両親のせいで、貴族社会からは変わりあつかいされているデンヴァーズ家。令嬢エマは周囲から浮くのをおそれ、いつも地味な服を着て堅苦しくふるまっている。ほんとうは絵を描くことに情熱をもっているけれど、若い娘がそんな熱意を持つことが人に知られれば、やはり変わり者だと言われかねないので隠している。会うたびにエマをからかってくる、兄の親友スラスパーン子爵は独身主義者だが、結婚しないと財産を相続させないと祖母に言い渡された。困った彼は、祖母が社交シーズンでロンドンに滞在しているあいだでいいので婚約したふりをしてほしいとエマに頼み込む。そして、承諾したつもりはないのに、いつのまにか周りには、婚約者同士として扱われて…。思わず微笑みがこぼれる、チャーミングな愛の物語。
2017.8 320p A6 ¥800 ①978-4-562-06501-1

◆秘密の恋文は春風と ヴィヴィアン・ロレット著, 岸川由美訳 原書房 (ライムブックス)
【要旨】19世紀英国。5年前に差出人不明の恋文を受け取ったカリオペはずっとひとりのまま。男爵からの求婚を断るほど、情熱的な文面に心奪われた彼女だったが、同様の手紙が何人もの女性たちに届いていたことを知り、想いは打ち砕かれた。それから今も、社交界で「カサノヴァの手紙」と呼ばれたその恋文を、時折読み返している。ある日、怪我で療養中の従妹を見舞ったカリオペは、「カサノヴァの手紙」らしき恋文を最近もらったと従妹から打ち明けられ、動揺する。そしてその時、従妹の屋敷に滞在していた子爵ゲイブリエルがカリオペに熱い視線を送っていた。実は彼は、かつてカリオ

ぺに焦がれて恋文をしたためたが、名乗り出ることができなかったのだ。その理由は…。USAトゥデイ紙のベストセラーリスト常連作家が描く、繊細な愛の物語。
2017.5 328p A6 ¥800 ①978-4-562-04497-9

◆犬物語 ジャック・ロンドン著, 柴田元幸訳 スイッチ・パブリッシング (柴田元幸翻訳叢書ジャック・ロンドン)
【要旨】わずか40年の生涯で200近い短篇を残した作家、ジャック・ロンドン。代表作「野生の呼び声」を含め、柴田元幸が精選・翻訳した珠玉の作品5篇を読者に贈る。
2017.10 229p B6 ¥2100 ①978-4-88418-456-8

◆プラダを着た悪魔 リベンジ！ 上 ローレン・ワイズバーガー著, 佐竹史子訳 早川書房 (ハヤカワ文庫NV)
【要旨】アンドレアが悪魔のような鬼編集長ミランダのもとで働いていた地獄の日々から、10年が過ぎた。彼女はかつてのライバルで、今は親友となったエミリーと高級結婚情報誌"プランジ"を立ち上げる。私生活では、メディア企業の御曹司と結婚直前に、まさに幸福の絶頂ーしかし、彼女の目の前に、あの恐ろしいミランダがふたたび現れた！映画化され、世界中で共感を呼んだ伝説の痛快お仕事ストーリー、待望の続編！
2017.2 318p A6 ¥700 ①978-4-15-041404-7

◆プラダを着た悪魔 リベンジ！ 下 ローレン・ワイズバーガー著, 佐竹史子訳 早川書房 (ハヤカワ文庫NV)
【要旨】婚約者の母に結婚を反対されたり彼が元恋人と再会したりと、トラブルの火種はたくさん。しかしアンドレアの結婚式は大成功に終わる。"NYタイムズ"の記事にもなった。続いていた体調不良は妊娠のせいとわかり、嬉しい報せが重なる。"プランジ"の買収話だって喜ぶべきニュースのはず。ついでミランダが上司になるのでなければ。…悩んだアンドレアが選んだ道とは？すべての女性に贈る最高にゴージャスな物語。
2017.2 322p A6 ¥700 ①978-4-15-041405-4

◆小説「聖書」—旧約篇 上 ウォルター・ワンゲリン著, 仲村明子訳 徳間書店 (徳間文庫カレッジ)
【要旨】創世記のアブラハム、イサク、ヤコブら族長たちの物語。モーセの数々の奇蹟と出エジプト、神が授けた十戒。怪力サムソン、悪霊にとりつかれたサウル王。ダビデとヨナタンのせつない友情物語、兄弟の争い、愛と憎しみなど、根源的ドラマの数々。
2017.2 489p A6 ¥1050 ①978-4-19-907076-1

◆小説「聖書」—使徒行伝 上 ウォルター・ワンゲリン著, 仲村明子訳 徳間書店 (徳間文庫カレッジ)
【要旨】イエスの教えはいかにローマ世界に広められたか。世界的ベストセラー・シリーズ『使徒行録』『パウロの手紙』を小説でわかりやすく読みとける。
2017.6 505p A6 ¥1050 ①978-4-19-907079-2

◆小説「聖書」—旧約篇 下 ウォルター・ワンゲリン著, 仲村明子訳 徳間書店 (徳間文庫カレッジ)
【要旨】神に愛でられイスラエル王国を確立したダビデ王。エルサレムに荘厳な神殿を建て栄華をきわめたソロモン王。イスラエル王国とユダ王国の分裂の時代。破滅と殺戮、哀しきバビロン捕囚。そしてエルサレム神殿の復興へ。愛と闘争の数々、超自然の驚くべき物語。
2017.3 467p A6 ¥1050 ①978-4-19-907077-8

◆小説「聖書」—使徒行伝 下 ウォルター・ワンゲリン著, 仲村明子訳 徳間書店 (徳間文庫カレッジ)
【要旨】新約聖書「パウロの手紙」がやさしく読みとける。世界的ベストセラー・シリーズ『小説「聖書」』三部作ここに完結！感動！イエスの教えを広める使徒パウロの奇跡のドラマ。
2017.8 428p A6 ¥1050 ①978-4-19-907080-8

◆小説「聖書」新約篇 ウォルター・ワンゲリン著, 仲村明子訳 徳間書店 (徳間文庫カレッジ)
【要旨】乙女マリアと、神の子イエスの誕生物語。人々を救うイエスの奇跡、いやし、福音(こと)の道のり。一途にイエスを慕う弟子たち、裏切り者のユダ。迫真の最後の晩餐、感動のイエス復

活ー人類に救いをもたらすイエス・キリストの生涯。
2017.4 557p A6 ¥1050 ①978-4-19-907078-5

ミステリー・サスペンス・ハードボイルド

◆大鎌殺人と収穫の秋―中年警部クルフティンガー フォルカー・クルプフル, ミハイル・コプル著, 岡本朋子訳 早川書房 (ハヤカワ・ミステリ文庫)
【要旨】豊穣の秋を迎えるバイエルン地方で連続殺人事件が発生！悪質旅行業者と、元医師の作家が、相次いで殺されたのだ。死体の首は鎌で刈られ、現場には奇妙な暗号が残されている。もちろん捜査は大難航で、クルフティンガー警部が率いる捜査陣も右往左往。だが事件解決のカギは思わぬところに転がっていた。いっぽう、自宅の水道故障や、不仲な隣人とのつきあいなど、警部の私生活もまた混迷をきわめる…ヒットシリーズ第二弾。
2017.7 520p A6 ¥1200 ①978-4-15-182002-1

◆海難救助船スケルトン―座礁した巨大石油タンカーを救出せよ― ショーン・コリダン, ゲイリー・ウェイド著, 水野涼訳 竹書房 (竹書房文庫)
【要旨】厳冬を迎えようとするベーリング海で、世界最大級を誇るロシアの超大型タンカーに火災が発生。タンカーは大量の原油を積んだまま、すべての制御を失って浅瀬に乗り上げた。アラスカのサルベージ船"スケルトン"のソニー・ウェイド船長は、タンカーが発した救急救難要請を受信。サルベージに成功すれば、傾いたビジネスを立ち直らせ、路頭に迷いかけている自分やクルーたちを救うことができる。即座に出港を決意するソニーだったが、過去に因縁のあるライバル船もまた、最新鋭船の投入を決断している。ライバル社との激しいレースを操り広げるなか、ソニーたちは座礁したタンカーに隠された衝撃の新事実を目の当たりにする。果たして、未曾有の危機を乗り越えてタンカーを引き揚げることができるか!?緊迫の海洋サスペンスアクション！
2017.9 365p A6 ¥950 ①978-4-8019-1190-1

◆刑事ザック 夜の顎 上 モンス・カッレントフト, マルクス・ルッテマン著, 荷見明子訳 早川書房 (ハヤカワ・ミステリ文庫)
【要旨】ザックがまだ五歳のころ、刑事だった母が何者かに殺害された。心に深い傷を負ったザックは誓う。刑事になって、いつか母を殺した犯人を捕まえると…二十七歳になったザックは腕利き刑事となり、ストックホルム警察の特捜班に抜擢された。だが、難事件を追う日々の裏で、彼の苦悩は続いていた。そんなある夜、旅人の売春婦が四人、自分たちの住む部屋で無残にも殺される。それは稀に見る残忍な事件の発端に過ぎなかった。
2018.1 339p A6 ¥760 ①978-4-15-183101-0

◆刑事ザック 夜の顎 下 モンス・カッレントフト, マルクス・ルッテマン著, 荷見明子訳 早川書房 (ハヤカワ・ミステリ文庫)
【要旨】戦慄の四重殺人。さらにそれに続く事件の残忍な手口に、百戦錬磨の特捜班の面々も言葉を失う。売春をめぐる犯罪組織の抗争か、人種差別主義者の暴走か、あるいは単独のシリアルキラーが跋扈しているのか？浮上しては消える手がかりと容疑者。事件を追うザックたちの焦燥は日ごとに深まるが…若き刑事の苦悩と成長を通し移民、差別、薬物などスウェーデン社会の闇を雄大なスケールで描きだす新シリーズ、ここに開幕！
2018.1 316p A6 ¥760 ①978-4-15-183102-7

◆地獄の門 上 ビル・シャット, J.R.フィンチ著, 押ѝ慎吾訳 竹書房 (竹書房文庫)
【要旨】アマゾンの奥深くに現地人さえも近寄らない秘境がある。絶え間ない霧と600メートルの崖に囲まれ、恐ろしい部族が住まうその土地を人は"地獄の門"と呼ぶ。第2次世界大戦中の1944年。トリニダードのアメリカ軍基地へとやってきた、動物学者であるアメリカ陸軍大尉のマックレディに上官が命じた任務は信じられないものだった。アマゾンの奥地で座礁した日本軍の巨大潜水艦から現れたナチス親衛隊のあとを追い、"地獄の門"へと向かうというのだ。いったい、ナチスとは日本軍はこんなところで何をしているのか？"地獄の門"へと向かう途中、村に立ち寄ったマックレディは、村人たちが血

外国の小説

の海の中で死んでいるのを発見する。そのとき、彼の頭の中に謎の声が語りかけてきた―。ナチスの目的、そして謎の声の正体は?
2017.10 247p A6 ¥750 ①978-4-8019-1221-2

◆**地獄の門 下** ビル・シャット, J.R.フィンチ著, 押野慎吾訳 竹書房（竹書房文庫）
【要旨】ナチスが進めていたふたつの計画、捕獲や現地人を使った人体実験、そしてロケット開発を兵器に利用する研究は順調に進んでいるかに思えた。ところが人間の血の味を覚えた巨大吸血蝙蝠によって、ナチスは甚大な被害を受けてしまう。計画にも支障が出始めたため、ナチスは吸血蝙蝠捕獲を目的とした遠征部隊を編成する。ナチスに囚われていたマックレディは強制的に同行させられるが、彼らが目指す吸血蝙蝠の巣はまさに魔窟の中。隙をついてナチスの手から逃れたマックレディだったが、彼の行く手には絶滅したはずの狂悪な生物たちが蠢いていた。そこは動物の楽園だったが、人間にとっては地獄でしかなかった。絶体絶命の危機におちいりながらも、ナチスの野望を止めるべくマックレディは決死の逃避行を続ける。一方、ナチスの計画は着々と進められ、遂に作戦遂行へのカウントダウンが始まった。アマゾン奥地での大冒険の結末は!?ジェームズ・キャメロン驚愕のデビュー作だ。
2017.10 266p A6 ¥750 ①978-4-8019-1222-9

◆**シャーロック・ホームズの栄冠** ロナルド・A.ノックス, アントニイ・バークリー他著, 北原尚彦編訳 東京創元社（創元推理文庫）
【要旨】偉大なる名探偵の冒険は、まだ終わっていない。著名な作家の本邦初訳短篇から異色作家による珍品まで全25篇。
2017.11 425p A6 ¥1000 ①978-4-488-16907-7

◆**少女 上 ―犯罪心理捜査官セバスチャン** M・ヨート, H・ローセンフェルト著, ヘレンハルメ美穂訳 東京創元社（創元推理文庫）
2017.11 339p A6 ¥1000 ①978-4-488-19909-8

◆**少女 下 ―罪心理捜査官セバスチャン** M・ヨート, H・ローセンフェルト著, ヘレンハルメ美穂訳 東京創元社（創元推理文庫）
2017.11 344p A6 ¥1000 ①978-4-488-19910-4

◆**新感染 ファイナル・エクスプレス―TRAIN TO BUSAN NEXT ENTERTAINMENT WORLD著, 藤原友代訳 竹書房（竹書房文庫）
【要旨】高速鉄道の車内で突如起こった感染爆発"パンデミック"。疾走する密室の中で凶暴化する感染者たち。偶然乗り合わせた父と幼い娘、妊娠中の妻とその夫、野球部門と女子高校生…果たして彼らは安全な終着駅にたどり着くことができるのか? カンヌ国際映画祭が「開催以来、最高のミッドナイトスクリーニングだ」と最大級の賞賛を送り、156ヵ国から配給権獲得オファーが殺到。各国で圧倒的な大ヒットを果たし、世界規模で話題を席巻した超弩級パンデミック・サスペンス映画を完全小説化! 巻末に特別に「メイキング・オブ「新感染ファイナル・エクスプレス」」を収録!
2017.8 217, 6p A6 ¥750 ①978-4-8019-1182-6

◆**制裁** アンデシュ・ルースルンド, ベリエ・ヘルストレム著, ヘレンハルメ美穂訳 早川書房（ハヤカワ・ミステリ文庫）
【要旨】凶悪な少女連続殺人犯が護送中に脱走した。市警のベテラン、グレンスを警部は懸命にその行方を追う。一方テレビでその報道を見た作家フレドリックは凄まじい衝撃を受けていた。見覚えがある。この男は今日、愛娘の通う保育園にいた。彼は祈るように我が子のもとへ急ぐが…。悲劇は繰り返されてしまうのか? 著者デビュー作にして北欧ミステリ最高の「ガラスの鍵」賞を受賞。世界累計500万部を超える人気シリーズ第1作。
2017.2 510p A6 ¥960 ①978-4-15-182153-0

◆**ソロモン海底都市の呪いを解け! 上** クライブ・カッスラー, ラッセル・ブレイク著, 棚橋志行訳 扶桑社（扶桑社ミステリー）
【要旨】トレジャーハンター、ファーゴ夫妻のもとに友人の考古学者から驚愕の知らせが届いた。ソロモン諸島の海底に人工遺物を発見したというのだ。ガダルカナル島沖の、太平洋戦争の激戦地としても有名な同島の海底を訪れた二人は、遺物が840年ほど前に沈んだ建造物の可能性があると知り、調査を進める。古代都市が地球の裏側での天変地異により海底に沈んだのか? だが文字を持たず、記録もない文明の謎の解明はきわめる。やがて二人は島

で語り継がれる驚くべき伝承を知る!

◆**ソロモン海底都市の呪いを解け! 下** クライブ・カッスラー, ラッセル・ブレイク著, 棚橋志行訳 扶桑社（扶桑社ミステリー）
【要旨】かつてこの島では傲慢な王が都市を建設したが、神々の怒りで破壊され、呪いがかけられたという。さらに密林の洞窟群に住み、人間を食らう「巨人族」にまつわる伝説もあった。そんなか島で反政府勢力が台頭し、それをきっかけに混迷が深まっていく。何者かの襲撃を受けながらもファーゴ夫妻は大規模な潜水調査に踏み入り、海底の建造物の内部に財宝らしき痕跡を発見した。二人は、島を占拠していた旧日本軍の不審な駆逐艦の存在を知ると…美しい島に潜む陰謀と歴史の謎に挑む巨匠の冒険大作。
2018.1 311p A6 ¥780 ①978-4-594-07867-6

◆**大諜報 上** クライブ・カッスラー, ジャスティン・スコット著, 土屋晃訳 扶桑社（扶桑社ミステリー）
【要旨】1908年3月。ワシントン海軍工廠で大砲開発の伝説的技術者ラングナーが爆死した。現場には遺書が残されており、当局は自殺と断定。デスクからは賄賂と思われる札束も発見された。ラングナーの美貌の娘ドロシーはこれに納得できず"ヴァン・ドーン探偵社"に調査を依頼、エース探偵ベルが動き出す。ワシントン、ニューヨーク、カムデン、フィラデルフィア…東海岸を縦横に駆けめぐり捜査を進めるベルの前に、やがて弩級戦艦開発をめぐる謀略が姿を現す。そしてベルの身に危険が迫る!
2017.6 326p A6 ¥880 ①978-4-594-07693-1

◆**大諜報 下** クライブ・カッスラー, ジャスティン・スコット著, 土屋晃訳 扶桑社（扶桑社ミステリー）
【要旨】ラングナーとそれに続く人間の死の背後にちらつく謀略。そしてベルを狙うギャング。いったい弩級戦艦開発競争の裏側で何が企てられているのか? 日本、イギリス、フランス、ドイツの曲者たちもときわどく渡り合いながら、ベルは影を追ってサンフランシスコへ。一連の事件の裏を引く"スパイ"の正体に肉薄する。時代の不穏と隧道、テクノロジーの夢と憂鬱、さまざまな思惑が輻輳して、やがてたどり着く消失点へ二人は待ち受けるものは? エンタテインメントの匠が放つ鮮やかな一撃!
2017.6 310p A6 ¥880 ①978-4-594-07694-8

◆**チューリングの遺産 上 ―タッカー&ケイン 2** ジェームズ・ロリンズ, グラント・ブラックウッド著, 桑田健訳 竹書房（竹書房文庫）
【要旨】元陸軍レンジャー部隊所属のタッカー・ウェインと、軍用犬のケイン―強い絆で結ばれた一人と一頭は、かつての戦友ジェーン・サバテロから依頼を受ける。彼女の話によると、共通の知人サンディ・コンロンが行方不明になっており、ジェーン自身も命を狙われているという。調査のため、タッカーはサンディがあるプロジェクトで共に取り組んでいたアラバマ州のレッドストーン兵器廠を訪れる。現地でサンディの自宅を捜索し、同じくかつての戦友フランク・バレンジャーからの手紙を見つけたタッカーとケインだが、次世代の戦闘用ドローンの襲撃を受ける。サンディはそこのキラードローンの人工知能の開発に携わっていたが、用済みとなって殺されたらしい。その裏にはアメリカを代表するメディア王が関与していた。〈シグマフォース〉外伝シリーズ! コンピュータの父が遺した極秘プロジェクト"ARES"=軍用犬が新時代の戦争を引き起こす! 元米人と軍用犬"タッカー&ケイン"はどう立ち向かうのか!
2017.12 375p A6 ¥750 ①978-4-8019-1284-7

◆**チューリングの遺産 下 ―タッカー&ケイン 2** ジェームズ・ロリンズ, グラント・ブラックウッド著, 桑田健訳 竹書房（竹書房文庫）
【要旨】タッカーとケインは、ジェーン、フランク、サンディの元同僚ノラ・フレイクスとともに、サンディ殺害の真相とその裏で進められている計画の正体を突き止めようとする。第二次世界大戦中にドイツ軍の暗号を解読したイギリス人数学者アラン・チューリングの提唱したコンピュータ技術が、最新の戦闘用ドローンに搭載されていたのだ。だが、裏で暗躍するメディア王のブルーイット・ケラーマンの野望は、キラードローンの開発だけにとどまらない。計画を阻止するため、タッカーたちは最初の原爆実験が行なわれた地や、カリブ海の島国トリニダード・トバゴを経て、敵の本拠地に乗り

込んだ。生身の兵士のタッカーとケインは、最先端の人工知能を備えたキラードローン部隊に勝機があるのだろうか?
2017.12 359p A6 ¥750 ①978-4-8019-1285-4

◆**鉄路のオベリスト―鮎川哲也翻訳セレクション** C. デイリー・キングほか著, 鮎川哲也訳, 日下三蔵編 論創社（論創海外ミステリ 192）
【要旨】ファン待望の『鮎川哲也翻訳セレクション』! ボーナストラックとして、鮎川哲也が翻訳した海外ミステリの短編4作を収録。巨匠・鮎川哲也が完訳した鉄道ミステリの傑作『鉄路のオベリスト』、ついに復刊!
2017.8 557p B6 ¥4200 ①978-4-8460-1578-7

◆**ハイテク艤装船の陰謀を叩け! 上** クライブ・カッスラー, ボイド・モリソン著, 伏見威蕃訳 扶桑社（扶桑社ミステリー）
【要旨】グランプリ・レースの轟音につつまれるモナコ公国で恐るべき事件が発生した。国際銀行のシステムに何者かが侵入し、多額の資金が消失したのだ。世界の巨悪と戦ってきた現代の騎士カブリーヨたちも、自社の巨額な預金が行方不明になってしまう。事件の解明に乗りだした彼らは、銀行の頭取が運転中に事故死していたことを知る。当初は、この頭取が犯人と思われたが、カブリーヨは疑念をいだく。この裏には、強大な黒幕がいる…。
2017.10 327p A6 ¥800 ①978-4-594-07806-5

◆**ハイテク艤装船の陰謀を叩け! 下** クライブ・カッスラー, ボイド・モリソン著, 伏見威蕃訳 扶桑社（扶桑社ミステリー）
【要旨】国際銀行への破壊工作を追うカブリーヨと乗組員たちの前に、モナコの港に停泊していたあやしい船の存在が浮かびあがる。ロシアの大富豪が所有する巨大クルーザー。しかしその正体は、カブリーヨの娘でオレゴン号をもしのぐほどの戦闘力を持つハイテク艤装船だった! 操るのは、危険な復讐心を秘めた元軍人。彼は天才ハッカーの娘とともに世界を破壊させる戦慄の陰謀を画策していた。それを阻止するカギは、ナポレオンの秘宝一歴史の謎を秘め、暴虐の海に展開するオレゴン号の壮絶な死闘。
2017.10 335p A6 ¥800 ①978-4-594-07807-2

◆**白骨 上 ―犯罪心理捜査官セバスチャン** ミカエル・ヨート, ハンス・ローセンフェルト著, ヘレンハルメ美穂訳 東京創元社（創元推理文庫）
【要旨】トレッキング中の女性が山中で見つけた六人の遺体。ずいぶん前に埋められたらしく白骨化していたが、頭蓋骨には弾痕が。早速トルケルと率いる殺人捜査特別班に捜査要請が出される。トルケルは迷ったあげく、セバスチャンにも声をかける。家に居座ってしまったストーカー女にうんざりしていたセバスチャンは、渡りに舟とばかりに発見現場に同行する。史上最強の迷惑男再び登場!
2017.6 366p A6 ¥1040 ①978-4-488-19907-4

◆**白骨 下 ―犯罪心理捜査官セバスチャン** ミカエル・ヨート, ハンス・ローセンフェルト著, ヘレンハルメ美穂訳 東京創元社（創元推理文庫）
【要旨】移民の男性が失踪した。警察は強制送還を恐れて自ら姿を消したと結論づけたが、妻は納得いかなかった。夫が自分たちを残して逃げるはずがない。TV番組の記者が妻の訴えに興味を持ち、事件の調査を始める。一方山中の白骨事件を調べているトルケルたち捜査班は、現場付近で殺害時期に、不審な車の影があったことを突き止める。人気脚本家コンビが放つ、好評シリーズ第三弾。
2017.6 365p A6 ¥1040 ①978-4-488-19908-1

◆**バルコニーの男―刑事マルティン・ベック** マイ・シューヴァル, ペール・ヴァールー著, 柳沢由実子訳 KADOKAWA（角川文庫）
【要旨】ストックホルム中央の公園で女児の死体が見つかった。彼女は前年、不審な男に話しかけられ、警察に証言を残していた。そのわずか二日後に別の公園で新たな少女が殺される、ストックホルム市民は恐怖に打ち震えた。連続少女暴行殺人事件に、刑事マルティン・ベックは仲間と事件に取り組むが、手がかりは三歳の男の子のたどたどしい証言と、強盗犯の記憶のみ。捜査は行き詰まる―。警察小説の金字塔シリーズ・第三作!
2017.3 348p A6 ¥1080 ①978-4-04-101478-3

◆**ファントマ** ピエール・スヴェストル, マルセル・アラン, 赤塚敬子訳 風濤社

20世紀初頭パリ…神出鬼没の百面相。怪人ファントマVSジューヴ警部1910年代フランスを熱狂させた犯罪大衆小説、ここに完訳。
2017.7 430p B6 ¥2500 ①978-4-89219-434-4

◆ボックス21　アンデシュ・ルースルンド、ベリエ・ヘルストレム著, ヘレンハルメ美穂訳　早川書房　（ハヤカワ・ミステリ文庫）
【要旨】リトアニア人娼婦のリディアは売春斡旋業者から激しい暴行を受け病院へと搬送された。意識を取り戻した彼女はある行動に出る。医師を人質に取り、地階の遺体安置所に立てこもったのだ。同院内で薬物依存患者の殺人事件を捜査していたグレーンス警部は、現場で指揮を執ることになるが…。果たしてリディアの目的は？そして事件の深部に秘められた、あまりにも重い真相とは何か？スウェーデン警察小説シリーズ第二弾。
2017.11 584p A6 ¥1060 ①978-4-15-182154-7

◆ホームズ、ロシアを駆ける―ホームズ万国博覧会 ロシア篇　久野康彦編・訳　国書刊行会
【要旨】20世紀初頭のロシアでは、シャーロック・ホームズ・ブームが起き、ロマノフ王朝最後の皇帝、ニコライ二世もホームズ物語を愛読していた。そんな人気のなか、ロシア帝政末期（1907‐08年頃）に書かれた、幻のパロディ作品を集成。モスクワ、ペテルブルグ、シベリア、ロシア全土を舞台に、ホームズとワトスンが難事件に立ち向かう！
2017.8 332p B6 ¥2400 ①978-4-336-06164-5

◆呼び出された男―スウェーデン・ミステリ傑作集　ヨン＝ヘンリ・ホルムベリ編, ヘレンハルメ美穂ほか訳　早川書房　（ハヤカワ・ポケット・ミステリ）
【要旨】『ミレニアム』の大ヒット以降、北欧ミステリは世界の注目の的となった。本書では、その中心地スウェーデンの作家たちが豪華な競演を。「ミレニアム」を生み出したスティーグ・ラーソンの幻の短篇である表題作、"エーランド島四部作"の著者ヨハン・テオリンの「乙女の復讐」、ヘニング・マンケルが創造した刑事ヴァランダーが登場する「ありそうにない邂逅」、現代北欧ミステリの祖マイ・シューヴァル＆ペール・ヴァールーの「大富豪」など、17篇を収録。編者による、スウェーデン・ミステリの系譜を描いた序文を付す。
2017.8 501p 19cm ¥2000 ①978-4-15-001922-8

◆夜の夢見の川―12の奇妙な物語　シオドア・スタージョン, G.K.チェスタトンほか著, 中村融編　東京創元社　（創元推理文庫）
【要旨】その異様な読後感から"奇妙な味"と呼ばれる、ジャンルを越境した小説形式。本書には当代随一のアンソロジストが選んだ本邦初訳作5篇を含む12篇を収めた。死んだ母親からの晩餐の誘いに応じた兄妹の葛藤を描くファンタスティックな逸品「終わりの始まり」。美しい芝刈りの犬につきまとわれる孤独な主婦の不安と恐怖を綴った「銀の猟犬」など、多彩な味をご賞味あれ。
2017.4 379p A6 ¥980 ①978-4-488-55505-4

📖 〔ア行の作家〕

◆危ない恋は一夜だけ　アレクサンドラ・アイヴィー著, 小林さゆり訳　二見書房　（ザ・ミステリ・コレクション）
【要旨】アニーが10歳のとき、父親が連続殺人事件の容疑者となり、そのまま謎の死を遂げた。15年後、なぜか嫌な予感がして故郷を訪れると、ある女性が行方不明になっているという。住民は、かつての殺人鬼の娘アニーついに疑いを向けるが、そんな折、町にやってきたレイフという男が唯一味方をしてくれ、ふたりは独自の調査を始めた。彼女の両親と、亡くなったはずの兄について調べるうち恐ろしい事実が浮かび上がり、そしてまたしても女性が行方をくらますが―。
2018.1 600p A6 ¥1180 ①978-4-576-17189-0

◆黒いカーテン　ウィリアム・アイリッシュ著, 宇野利泰訳　東京創元社　（創元推理文庫）36版
【要旨】事故で昏倒したことがきっかけで、記憶喪失から回復したタウンゼンド。しかし、彼の中には三年半の歳月が空白になっている。その年月、自分は何をしてきたのか？不安にかられた彼の前に現れた、彼女の冷たい目をした謎の男。命の危険を感じ取った彼の、失われた過去をたどる闘いが始まった。追われる人間の孤独と寂寥を描かせては並ぶ者のない、サスペンスの名手の真骨頂。
2017.9 203p A6 ¥660 ①978-4-488-12001-6

◆愛の夜明けを二人で　クリスティン・アシュリー著, 高里ひろ訳　二見書房　（ザ・ミステリ・コレクション）
【要旨】マーラ・ハノーヴァーは、世の中の人間というのは"10～7"と"6～4"と"3～1"の三段階に分かれていて、同じグループのなかで恋人になるのが普通だ―と考え、自分は"2.5"だと思っている。一方、彼女が片思いしているミッチ・ローソン刑事は"10.5"で、いっしょにしている女性も見るからに"10～7"だった。ある日、彼女の従兄の二人の子どもの家出をきっかけに、距離は近づいていくが…絶大な人気のベストセラー作家による"ドリームマン"シリーズの中でも最高傑作の呼び声高い第二弾！
2017.12 843p A6 ¥1380 ①978-4-576-17171-5

◆失われた遺骨　上　マティルデ・アセンシ著, 高岡香訳　オークラ出版　（マグノリアブックス）
【要旨】古文書学者のオッターヴィアと考古学者である夫のファラグのもとを、著名な億万長者のサイモンソン夫妻が訪れた。彼らはオッターヴィアたちの前に聖遺物を差し出し、それと引き換えにあるものを捜してほしいと頼む。彼らが捜しているものは、九個の骨壺だ。しかしオッターヴィアの信仰を揺るがしかねない存在の遺骨があると知っての依頼だという。その調査にはオッターヴィアたちの友人、ロックの協力もほしいと夫妻は言うが、表向き死んだことになっているロックの方が彼らは知っているのだろう。夫妻たちの真の目的は!?
2017.10 417p A6 ¥864 ①978-4-7755-2705-4

◆失われた遺骨　下　マティルデ・アセンシ著, 高岡香訳　オークラ出版　（マグノリアブックス）
【要旨】サイモンソン夫妻の依頼で調査を開始したものの、骨壺を捜しているのはオッターヴィアたちだけではなかった。バチカン国務省外務局次官のトゥルニエも、調査に乗り出していたのだ。大司教でもあるトゥルニエは、かつて修道女だったオッターヴィアが何度か深刻な衝突をした相手であり、ロックの上司だった男だ。サイモンソン夫妻とは異なる理由で骨壺を捜すトゥルニエから数々の妨害に遭いながらも、オッターヴィアたちはついに骨壺の位置の手がかりをつかむ。しかしそれは、大いなる試練への入り口を知ったにすぎず―。
2017.10 377p A6 ¥819 ①978-4-7755-2706-1

◆ダーク・ジェントリー全体論的探偵事務所　ダグラス・アダムス著, 安原和見訳　河出書房新社　（河出文庫）
【要旨】ケンブリッジ周辺で次々と発生する奇怪な事件に巻き込まれたリチャードは、旧友の私立探偵ダーク・ジェントリーに助けを求める。「あらゆる謎を万物の関連性から解きほぐす」と豪語するような探偵が調査に向かった先は!?『銀河ヒッチハイク・ガイド』のダグラス・アダムスが生んだ傑作、抱腹絶倒の奇想ミステリー。
2017.12 410p A6 ¥920 ①978-4-309-46456-5

◆邪魔者　ミシェル・アダムズ著, 中谷友紀子訳　小学館　（小学館文庫）
【要旨】姉エルからの突然の電話は母親の訃報だった。三歳で叔母に預けられて以来、二十九年ぶりにスコットランドの生家にわたしは帰った。幼い頃、両親や叔母は姉妹の接触を禁じたが、エルはいつも唐突にわたしの前に現れた。そのたびにむらっ気で攻撃的な態度に傷つけられ、わたしはエルを恐れるようになっていた。生家は思っていた以上に裕福だったが、父親が放ったのは「おまえは来るべきじゃなかった」という一言だった。なぜわたしは屋敷と両親から引き離されたのか。なぜわたしにだけ―。読む者を釘付けにする見事な語り口。必読サイコ・スリラー！
2017.9 477p A6 ¥850 ①978-4-09-406308-0

◆かぼちゃスープと収穫祭の男―スープ専門店 3　コニー・アーチャー著, 羽田詩津子訳　原書房　（コージーブックス）
【要旨】村の収穫祭を目前に、崖から1台の車が転落した。車のなかから発見された男の遺体には謎が多く、地元警察は身元を割り出すことができない。警部は7年前に起きた未解決事件との関連を疑うものの解決の糸口を見つけられず、ラッキーの営むスープ店で毎日頭を抱える日々。同じ頃、スープ店の大切な従業員、ジェニーの行く先々で待ち伏せする男が現れる。すっかりおびえるジェニーに追い打ちをかけるように、彼女の出生の秘密が明らかに。動揺したジェニーは家を飛び出してしまい…!?身元不明の遺体、7年前の未解決事件、そして若い恋人たちが犯した過ち―。それらを結ぶ手がかりをつかもうと奔走するラッキーだったが、多くの謎を残したまま収穫祭の幕は開き!?
2017.8 407p A6 ¥900 ①978-4-562-06069-6

◆招かれざる客には冷たいスープを―スープ専門店 2　コニー・アーチャー著, 羽田詩津子訳　原書房　（コージーブックス）
【要旨】亡くなった両親のスープ店を継いだばかりのラッキーは、夏のメニューに冷製スープやサラダを豊富に加えることに。おかげでお店の経営もどうにか軌道にのった。ところが母親代わりに慕っていた村長のエリザベスが忽然と姿を消してしまい、心穏やかではいられない。そもそもスキーリゾートであるこの村の夏は、いつもなら観光客が減ってとても静かで平和。なのに今年は事件が続きすぎている。村のど真ん中にできるという洗車場建設に対する激しい反対運動、当該建設現場から発見された古い人骨、そして反対住民の奇妙な死―。エリザベスの失踪はこんな事件との何か関係があるのだろうか。家に愛猫を残していなくなるなんて、彼女らしくない。村人たちと協力して消息を追うラッキーは、やがて意外な真相にたどりつく！
2017.3 358p A6 ¥830 ①978-4-562-06063-4

◆潜入―モサド・エージェント　エフタ・ライチャー・アティル著, 山中朗晶訳　早川書房　（ハヤカワ文庫NV）
【要旨】「父が死んだわ。父が死んだのはこれで二度目よ」かつて敵国の首都に長期潜入していた元スパイのレイチェルが、その言葉だけを残して失踪した。モサド本部はパニックに陥る。機密情報を知る彼女を連れ戻さなければならない。だが今は引退した工作担当者のエフードにもレイチェルの意図はまったく不明だった。彼女の真実はどこにあるのか？元・イスラエル国防軍情報部隊准将の著者が生々しく描き出す現代スパイ戦の内幕。
2017.11 399p A6 ¥1060 ①978-4-15-041423-8

◆レディ・エミリーの事件帖―円舞曲は死のステップ　ターシャ・アレクサンダー著, さとう史緒訳　ハーパーコリンズ・ジャパン　（ハーパーBOOKS）
【要旨】週末のパーティに招待され、婚約者や親友夫婦らと郊外の屋敷に滞在中のエミリー。その屋敷の主人が何者かに頭部を撃たれ殺されてしまった！容疑者として捕まったのは、前日に彼と口論をしていた親友の夫ロバート。なんとか彼の無実を証明したいエミリーだが、手がかりは週末に被害者のもとに届いたという差出人不明の手紙だけだった―。貴婦人探偵、今度はワルツの都を大奔走!?
2017.4 504p A6 ¥1060 ①978-4-596-55053-8

◆九つ目の墓―刑事ファビアン・リスク　ステファン・アーンヘム著, 堤朝子訳　ハーパーコリンズ・ジャパン　（ハーパーBOOKS）
【要旨】ストックホルムとコペンハーゲンで相次ぎ猟奇殺人が発生。片方の被害者は内臓を抜かれ、もう一方は斧でメッタ斬りにされていた。容疑者は法の隙間をすり抜け自由を謳歌していた2人の連続殺人鬼。だが、スウェーデン国家刑事警察のファビアン・リスクとデンマークの女性刑事ドゥニャは事件の核心に迫るにつれ、どこか違和感を覚え始める―。あなたはこの罠を見破れるか!?戦慄のミステリー。
2017.8 654p A6 ¥1000 ①978-4-596-55066-8

◆ソニア・ウェイワードの帰還　マイケル・イネス著, 福森典子訳　論創社　（論創海外ミステリ 189）
【要旨】海上で急死した妻、その死を隠し通そうとする夫。窮地に現れた女性は救いの女神か、それとも破滅の使者か…軽妙洒脱な会話、ユーモラスな雰囲気、純文学の重厚さ。巨匠マイケル・イネスの持ち味が存分に発揮された未訳長編！
2017.4 252p B6 ¥2200 ①978-4-8460-1604-3

◆湖の男　アーナルデュル・インドリダソン著, 柳沢由実子訳　東京創元社
【要旨】干上がった湖の底で発見された白骨。頭蓋骨には穴が空き、壊れたソ連製の盗聴器が体に結びつけられている。エーレンデュル捜査官たちは、丹念な捜査の末、ひとつの失踪事件に行き当たった。三十年前、一人の農業機械のセー

ルスマンが、婚約者を残し消息を絶っていたのだ。男は偽名を使っており、アイスランドに彼の記録は一切なかった。男は何者で、なぜ消されたのか？ 過去にさかのぼる捜査が浮かび上がらせたのは、時代に翻弄された人々の哀しい真実だった。北欧ミステリの巨人渾身の大作。
2017.9 426p B6 ¥2100 ①978-4-488-01070-6

◆シンパサイザー 上 ヴィエト・タン・ウェン著, 上岡伸雄訳 早川書房 （ハヤカワ・ミステリ文庫）
【要旨】1975年、ヴェトナム戦争が終わった。敗戦した南ヴェトナム軍の大尉は、将軍らとともにアメリカ西海岸に渡る。難民としての慣れない暮らしに苦労しながらも、将軍たちは再起をもくろんで反攻計画を練っていた。しかし、将軍の命で暗躍する大尉は、じつは北ヴェトナムのスパイだったのだ！ 彼は親友で義兄弟でもあるスパイハンドラーに、将軍たちの動向を報告しつづけていた…。アメリカ探偵作家クラブ賞受賞の傑作長篇。
2017.8 298p A6 ¥720 ①978-4-15-182851-5

◆シンパサイザー 下 ヴィエト・タン・ウェン著, 上岡伸雄訳 早川書房 （ハヤカワ・ミステリ文庫）
【要旨】ヴェトナム戦争をテーマにした映画の撮影に立ち会った大尉は、思わぬ怪我をした。病室でひとり横たわる彼は、南ヴェトナムの秘密警察で行なった拷問のことを思い起こし苦悩する。そして退院して西海岸に戻ったとき、将軍についに反攻計画を実行にうつそうとしていた―。ふたりの信条、ふたつの世界のあいだで常に揺れつづけるスパイを待つ運命とは？ ピュリッツァー賞など八の文学賞に輝いた驚異の世界的ベストセラー。
2017.8 297p A6 ¥720 ①978-4-15-182852-2

◆フロスト始末 上 R.D. ウィングフィールド著, 芹澤恵訳 東京創元社 （創元推理文庫）
【要旨】今宵も人手不足のデントン署において、運悪く署で居合わせたフロスト警部は、強盗・脅迫・失踪と、次々起こる厄介な事件をまとめて担当させられる。警部がそれらの捜査に追われている裏で、マレット署長は新たに着任したスキナー主任警部と組み、フロストをよその署へ異動させようと企んでいた…。史上最大のピンチに陥った警部の苦闘を描く、超人気警察小説シリーズ最終作。
2017.6 453p A6 ¥1300 ①978-4-488-29108-2

◆フロスト始末 下 R.D. ウィングフィールド著, 芹澤恵訳 東京創元社 （創元推理文庫）
【要旨】マレット署長とスキナー主任警部の差し金により、愛着あるデントン署を去る日が刻一刻と迫るなか、フロスト警部が抱える未解決事件の数は、一向に減る気配を見せない。疲れた身体に鞭打ち、わずかな部下を率いて捜査の指揮を執る警部に、異動を回避する妙案が浮かぶはずもない。法律を無視し、犯人との大立ち回りまで演じる、史上最もへこたれぶれたフロストが最後にたどりつく始末とは？
2017.6 408p A6 ¥1300 ①978-4-488-29109-9

◆暗い暗い森の中で ルース・ウェア著, 宇佐川晶子訳 早川書房 （ハヤカワ文庫NV）
【要旨】それはパーティーの夜に起きた。だが、わたしの記憶はそこだけ消えている。何が起き、誰が死んだのか？ 一学生時代の友人だったクレアの独身さよならパーティーへの招待。かつてクレアとの間には色々なことがあったのに、わたしは誘い込まれるように招待に応じてしまった。森の奥に孤立した別荘に集まった六人。ぎくしゃくした奇妙な雰囲気のパーティーが始まって…悪夢のような週末と惨劇を描く、気鋭のサスペンス！
2017.6 478p A6 ¥1140 ①978-4-15-041413-9

◆コードネーム・ヴェリティ エリザベス・ウェイン著, 吉澤康子訳 東京創元社 （創元推理文庫）
【要旨】第二次世界大戦中、イギリス特殊作戦執行部員の女性がフランスでナチスの捕虜になった。彼女は親衛隊大尉に、尋問をやめる代わりに、イギリスに関する情報を手記にするよう強制される。その手記には、親友である女性飛行士マディの戦場での日々が、まるで小説のように綴られていた。彼女はなぜ手記を小説風に書いたのか？ さまざまな謎が最後まで読者を翻弄するミステリ。
2017.3 475p A6 ¥1200 ①978-4-488-25204-5

◆漆黒に包まれる恋人 J.R. ウォード著, 安原和見訳 二見書房 （ザ・ミステリ・コレクション）

【要旨】両親に愛されず、だれの期待にも応えられなかったと悩むフュアリーは、その自己嫌悪から逃れるために薬物に溺れ、あげく "兄弟団" から外される破目に。"プライメール" としての役割も果たせず、そのことで精神的に追い詰められていく。"巫女" であるコーミアは彼に手を差し伸べようとするが…。いっぽう最大の敵対勢力、死の超越的存在である "オメガ" の息子が現われ、危機が迫る―。"黒き剣兄弟団" シリーズ第6弾にして最大の問題作!!
2017.3 880p A6 ¥1380 ①978-4-576-17019-0

◆書架の探偵 ジーン・ウルフ著, 酒井昭伸訳 早川書房 （新☆ハヤカワ・SF・シリーズ）
【要旨】図書館の書架に住まうE・A・スミスは、推理作家E・A・スミスの複生体である。生前のスミスの脳をスキャンし、作家の記憶や感情を備えた、図書館に収蔵されている "蔵者" なのだ。そのスミスのもとを、コレット・コールドブルックと名乗る令嬢が訪れる。父に続いて兄を亡くした、死の直前、兄にスミスの遺作『火星の殺人』を手渡されたことから、この本が兄の不審死の鍵を握っていると考え、スミスを借り出したのだった。本に込められた謎とは？ スミスは推理作家としての知識と記憶を頼りに、事件の調査を始めるが…。巨匠ウルフが贈る最新作にして、騙りに満ちたSFミステリ。
2017.6 396p 19cm ¥2200 ①978-4-15-335033-5

◆ザ・サークル 上 デイヴ・エガーズ著, 吉田恭子訳 早川書房 （ハヤカワ文庫NV）
【要旨】世界一と評されるインターネット企業、サークル。広々としたまぶしいキャンパス、信じられないほど充実した福利厚生、そして頭脳と熱意と才能をかねそなえた社員たちが次々に生み出す新技術―そこにないものはない。どんなことだって可能にできる。サークルへの転職に成功した24歳のメイは、新生活への期待で胸をいっぱいにして働きはじめるが…。エマ・ワトソン主演映画化。SNSとウェブの未来を予言するサスペンス。
2017.10 321p A6 ¥780 ①978-4-15-041421-4

◆ザ・サークル 下 デイヴ・エガーズ著, 吉田恭子訳 早川書房 （ハヤカワ文庫NV）
【要旨】最先端のインターネット企業、サークル。社員には、オンライン上での活発な交流が求められる。努力家のメイは、仕事でもプライベートでもSNSを使いこなし、有能な新人として社内での評価を高めていく。しかし、サークルが推し進める情報の透明化は、しだいにメイの私生活まで侵食していき…。エマ・ワトソン＋トム・ハンクス主演映画化。ソーシャル・メディアの未来を詳細に描き、世界のSNSユーザーを戦慄させた話題作。
2017.10 313p A6 ¥780 ①978-4-15-041422-1

◆グラウンド・ゼロ 台湾第四原発事故 伊格言著, 倉本知明訳 白水社
【要旨】台北近郊の第四原発が、原因不明のメルトダウンを起こした。生き残った第四原発のエンジニア・林群浩の記憶の断片には次期総統候補の影が…。戦慄の至近未来サスペンス。呉濁流文学賞、華文SF星雲賞受賞。
2017.5 333p B6 ¥2200 ①978-4-560-09540-9

◆アルファベット・ハウス 上 ユッシ・エーズラ・オールスン著, 鈴木恵訳 早川書房 （ハヤカワ・ミステリ文庫）
【要旨】第二次世界大戦末期。英国軍パイロットのブライアンとジェイムズはドイツ上空で撃墜される。からくも生き延びたものの、ここは敵国の只中。追手から逃れるべく傷病者を搬送する病院列車に潜入した彼らは、ドイツ軍の将校になりすまして脱出の機会を窺う。だがナチスの精神病院 "アルファベット・ハウス" で待ち受けていたのは、恐るべき危機の連続だった！ "特捜部Q" シリーズの著者による類まれなる傑作！
2017.6 381p A6 ¥900 ①978-4-15-179461-2

◆アルファベット・ハウス 下 ユッシ・エーズラ・オールスン著, 鈴木恵訳 早川書房 （ハヤカワ・ミステリ文庫）
【要旨】人体実験同然の治療が行われる病院 "アルファベット・ハウス" で精神病を装っていたのは、ブライアンとジェイムズだけではなかった。軍の財宝を着服したナチスの悪徳将校たちも、戦線から離れるため病人のふりをしていたのだ。過酷な状況に耐えるふたりだったが…。時は十二年後。五輪を控えた戦後ドイツでかつての偽患者たちは再び大きな運命の渦へと飲み込まれる。北欧ミステリの雄が描く友情と愛憎の物語。
2017.6 388p A6 ¥900 ①978-4-15-179462-9

◆捜査部Q―吊された少女 上 ユッシ・エーズラ・オールスン著, 吉田奈保子訳 早川書房 （ハヤカワ・ミステリ文庫）
【要旨】コペンハーゲン警察の特捜部Qは未解決事件を専門とする部署だ。ある日ここに一本の電話が入った。けんもほろろに応対したカール・マーク警部補は翌日、電話をかけてきた老警官が、自分の退官式で自殺したと知る。17年前、少女が轢き逃げされ、木から逆さ吊りになり絶命しているのが見つかった事件があった。その事件に取り憑かれていた老警官には、Qが最後の頼みの綱だったらしい。仕方なくカールは重い腰をあげるが…。シリーズ第6弾！
2017.5 382p A6 ¥860 ①978-4-15-179459-9

◆特捜部Q―吊された少女 下 ユッシ・エーズラ・オールスン著, 吉田奈保子訳 早川書房 （ハヤカワ・ミステリ文庫）
【要旨】事件の現場である風光明媚なボーンホルム島に赴いたQの面々。そこには少女轢き逃げ事件に関する膨大な資料が待っていた。その中で示唆されていた轢き逃げ犯は、ワーゲンバスに乗ったヒッピー風の男。逆さ吊りにされた美少女とどんな関係が？ 意外にも、カールたちはスピリチュアルな世界に足を踏み入れることに。慣れない雰囲気に戸惑いつつ捜査を進めた先では、新興宗教の影もちらついてきて…。人気シリーズ第6弾。
2017.5 386p A6 ¥860 ①978-4-15-179460-5

◆特捜部Q―自撮りする女たち ユッシ・エーズラ・オールスン著, 吉田奈保子訳 早川書房 （ハヤカワ・ポケット・ミステリ）
【要旨】コペンハーゲン警察の特捜部Q。未解決事件を専門にとり扱う部署である。部の解体が噂されるなか、ローセの不調も続き、チームの士気は下降中だ。そんな折、元殺人捜査課課長からQに電話が入る。最近発生した老女撲殺事件が、未解決の女性教師殺人事件に酷似しているとの情報だった。元上司の懇願に、カールたちの面々は重い腰を上げる。折しも失業中の若い女性を狙った連続轢き逃げ事件で別部署は大わらわに。その隙に新旧双方の事件を勝手に始めたものの、カールの刑事歴でもかつてない事態に…。好評シリーズ第七弾。
2018.1 574p 19cm ¥2100 ①978-4-15-001927-3

◆夜間病棟 ミニオン・G. エバハート著, 藤盛千夏訳 論創社 （論創海外ミステリ 185）
【要旨】古めかしい病院の "十八号室" を舞台に医師、看護婦、患者達を翻弄する事件にオリアリー警部が挑む！ アメリカ探偵作家クラブ巨匠賞受賞作家の長編デビュー作!!
2017.7 332p B6 ¥2200 ①978-4-8460-1562-6

◆いつわりは華やかに J.T. エリソン著, 水川玲訳 二見書房 （ザ・ミステリ・コレクション）
【要旨】友人の結婚を祝うパーティーに出かけた夜、オーブリーの夫ジョシュが行方不明になった。自宅で大量の血痕が見つかり、夫に五百万ドルの死亡保険金がかけられていたことから、オーブリーは殺人の容疑者となる。が、証拠不十分で無罪の判決がくだり、5年が経って失踪宣告が出され正式に未亡人となった日、彼女はある男性と出会った。夫に生き写しなだけでなく、しぐさや酒の好みまで似たその男に懐かしさを覚え結局夜をともにするが、彼はキスや愛撫の仕方まで夫に似ていた。いったい、彼は誰か―？
2017.4 603p A6 ¥1064 ①978-4-576-17036-7

◆アメリカン・ウォー 上 オマル・エル＝アッカド, 黒原敏行訳 新潮社 （新潮文庫）
【要旨】2075年、環境破壊のために沿岸地域が水没しつつあるアメリカ。化石燃料の使用を全面禁止する法案に反発した南部六州が独立を宣言、合衆国は内戦に陥った。家族の大黒柱をテロで失った南部の貧しい一家の娘サラットは、難民キャンプへ避難する。北部へのゲリラ戦を繰り返す武装組織に接近する兄。サラットに自爆攻撃をさせるのかを謀る謎の男。苛酷な運命に導かれた彼女はどこへ向かうのか―。
2017.9 312p A6 ¥630 ①978-4-10-220131-2

◆アメリカン・ウォー 下 オマル・エル＝アッカド, 黒原敏行訳 新潮社 （新潮文庫）
【要旨】北部民兵による難民キャンプでの大虐殺で母親を失った傷心の一家は、故郷へと帰還するが、サラットの心だけは内戦の最前線地帯でわだかまっていた。自爆テロか、弛緩した生か。し

かし、ある日突然彼女はテロ容疑で重犯収容所に拘留されてしまう。地獄のような拷問の日々。解放されるも、人格が崩壊したサラットは、ある人物のもとを訪れるのだった―。驚異の新人による問題作が緊急上陸！
2017.9 319p A6 ¥630 ①978-4-10-220132-9

◆ルート66 上　キャロル・オコンネル著, 務台夏子訳　東京創元社　（創元推理文庫）
【要旨】完璧な美貌の天才ハッカー、ニューヨーク市警刑事キャシー・マロリー。彼女の家の居間に素性のわからぬ女の死体。部屋の主は行方不明。自殺か、まさかマロリーが殺したのか。相棒のライカーは彼女の行方を追う。マロリーが車を飛ばすのはルート66、別名マザー・ロード。自分が生まれる前に書かれた古い手紙をたどる彼女の旅に、ルート66上で起きた奇怪な殺人事件と交差する。
2017.3 316p A6 ¥980 ①978-4-488-19516-8

◆ルート66 下　キャロル・オコンネル著, 務台夏子訳　東京創元社　（創元推理文庫）
【要旨】元神父で心理学者の老人に率いられた、行方不明になった子どもの親たちの奇妙なキャラバン。そのメンバーの一人が殺された。死体の手は切り離され、代わりに置かれていたのは古い子どもの手の骨。州を越えて進むキャラバン。狙われるメンバー。ルート66上で幼い子どもが殺された事件を追うFBI捜査官。マロリーは子どもを護り、犯人を捕らえることができるのか？
2017.3 314p A6 ¥980 ①978-4-488-19517-5

◆神様も知らないこと　リサ・オドネル著, 川野靖子訳　ハーパーコリンズ・ジャパン　（ハーパーBOOKS）
【要旨】その朝、父は誰かに殺され、母は首を吊っていた。15歳のマーニーは、幼い妹ネリーが殺したに違いないと確信し、人知れず死体を庭に埋める。なぜなら幼児性愛の父親はマーニーだけでなくネリーをも弄んでいたのだから。そんな姉妹の姿を、怪訝な目で見つめる隣人レニーがいた。レニーは少年を買春した咎で苛められている老いた同性愛者だった…愛に飢えた姉妹の危険な遊戯が、いま始まる。
2017.6 398p A6 ¥898 ①978-4-596-55062-0

◆ラスト・ワン　アレクサンドラ・オリヴァ著, 林香織訳　早川書房　（ハヤカワ文庫NV）
【要旨】空前のスケールのリアリティショー番組「闇のなか」の収録が始まる。未開の荒野に集められた12名の参加者が、体力とアウトドア生活のスキルを試される〝チャレンジ〟に挑み、賞金を争うのだ。単純なトレッキングを皮切りに徐々に困難な環境へと番組は進み、参加者たちは次々にふるい落とされていく。平凡な主婦のズーは粘り強く生き残るが、彼らの知らないうちに外の世界が…。気鋭が放つ注目のサバイバル・スリラー！
2017.7 489p A6 ¥1160 ①978-4-15-041414-6

〔カ行の作家〕

◆絞首台の謎　ジョン・ディクスン・カー著, 和爾桃子訳　東京創元社　（創元推理文庫）　新訳版
【要旨】絞首台の模型の贈り物を発端にパンコランを待ち受ける奇怪な事件。伝説の絞首人の影が霧深きロンドンの街を彷徨う。
2017.10 290 A6 ¥740 ①978-4-488-11843-3

◆暗闇に重なる吐息　ジュリー・ガーウッド著, 鈴木美朋訳　ヴィレッジブックス　（ヴィレッジブックス）
【要旨】アメリカ政府機関に勤務するオリヴィアは、転職活動中に思わぬトラブルにあうが、その場にいたFBI捜査官のグレイソンに助けられ、危機を逃れる。見る者の目を釘付けにする完璧な美女オリヴィアと、鍛え抜かれた体に上品な色気をまとったグレイソンは一目で惹かれ合うも、彼女は恋愛より優先させなければならないひそかな目標があった。それが自分の命をも脅かす危険な火種になろうとは知る由もなく…。
2017.7 565p A6 ¥980 ①978-4-86491-344-7

◆THE HUNTERS―アレクサンダー大王の墓を発掘せよ 上　クリス・カズネスキ著, 桑田健訳　竹書房　（竹書房文庫）
【要旨】歴史に埋もれた財宝の謎を追うチーム〝ハンターズ〟―最強の指揮官コップと4人のプロフェッショナルたちの新たなミッションは、アレクサンダー大王の墓を発掘すること。世界史上、最も偉大な征服者と評されるアレクサンダー大王の墓の在り処は考古学史上最大の謎の一つとされている。エジプトに乗り込んだコップたちは、手がかりを追ってアレクサンドリアの地下に広がる貯水施設の調査を行ない、西暦365年に起きた津波の謎をつかむ。だが、地元の裏社会のボスとのトラブルに巻き込まれたばかりか、謎の暗殺集団から襲撃され、仲間を拉致されてしまう。コップたちは仲間を取り戻し、墓を発見できるのか!?最強のチームが歴史上最大の謎に挑む！
2017.6 399p A6 ¥1000 ①978-4-8019-1084-3

◆THE HUNTERS―アレクサンダー大王の墓を発掘せよ 下　クリス・カズネスキ著, 桑田健訳　竹書房　（竹書房文庫）
【要旨】アレクサンダー大王の墓の在り処を探すコップたちは、謎の暗殺集団に拉致された仲間の行方も追わねばならなくなる。彼らは調査を進めるうちに半年前に暗殺集団によって殺されたと思われていた考古学者を見つけ、暗殺集団の正体が影の聖職者―アレクサンダー大王を太陽神アメンの息子とあがめ、その墓を守る狂信的な戦士たちであることを聞かされる。コップたちはアレクサンドリアの地下貯水施設の手がかりから、ついに影の聖職者の拠点を突き止める。仲間を救出し、アレクサンダー大王の墓を発掘するため、〝ハンターズ〟は戦士たちとの最終決戦に臨む―！映画化進行中の歴史ミステリ×アクションシリーズ！
2017.6 411p A6 ¥1000 ①978-4-8019-1085-0

◆秘密だらけの危険なトリック　ジョン・ガスパード著, 法村里絵訳　東京創元社　（創元推理文庫）
【要旨】ただいま撮影中の、究極のマジックで死亡したという有名なマジシャンの生涯を描く映画。だが、あまりに売りがなくて大ヒットは望めそうもない。ただし撮影中、死者が出れば話は別だけど…。売れないせいで自分は安泰だと怯える主演男優から、マジシャンのイーライは助けを頼まれるが、現場はなるほど何か起きそうな雰囲気で…。お洒落なユーモア・ミステリ登場。
2017.2 371p A6 ¥1200 ①978-4-488-28903-4

◆紳士と猟犬　M.J.カーター著, 高山真由美訳　早川書房　（ハヤカワ・ミステリ文庫）
【要旨】イギリスの支配下にある19世紀インド。上官に呼び出された軍人エイヴリーは、奥地で姿を消した詩人の行方を捜すよう命じられる。彼の任務に同行するのは、かつて〝ブラッドハウンド〟と呼ばれる謎の男ブレイク。反りが合わないがらも旅に出たふたりを大いなる陰謀と冒険が待ち受ける！ 密林の中にひそむのは、虎か！ 象か！ 盗賊か！ アメリカ探偵作家クラブ賞最優秀長篇賞＆英国推理作家協会新人賞W候補の歴史ミステリ。
2017.3 559p A6 ¥1200 ①978-4-15-182601-6

◆カリブ深海の陰謀を阻止せよ 上　クライブ・カッスラー, ダーク・カッスラー著, 中山善之訳　新潮社　（新潮文庫）
【要旨】カリブ海に突如〝死の海域〟が発生した。拡大していく謎の汚染の原因を突き止めるため、ダーク・ピットはカストロ議長の死去により不穏な空気が漂うキューバへと向かった。一方、息子のダークと妹のサマーはメキシコの洞穴で潜水中に、アステカ文明の遺物の写本を発見。そこには財宝の在処を示す石板の存在が記されていた。その行方を追う彼らは次々に襲撃を受けて―シリーズ最新刊！
2017.10 272p A6 ¥590 ①978-4-10-217056-4

◆カリブ深海の陰謀を阻止せよ 下　クライブ・カッスラー, ダーク・カッスラー著, 中山善之訳　新潮社　（新潮文庫）
【要旨】海底での水銀汚染を追う父親。アステカの石板を探す息子と娘。親子は合流してハバナ沖で調査を開始した。だが、深海に潜ったピットたちは拉致され、ダークらが乗り組む船も制圧されてしまう。懸命の脱出を図る彼らの前に姿を現したのはキューバの権力闘争が絡む黒い陰謀だった。果たして極限の危機を打開できるのか。そして財宝の在処は―掌の汗が乾く間のない海洋冒険サスペンス！
2017.10 325p A6 ¥630 ①978-4-10-217057-1

◆法医学教室のアリーチェ 残酷な偶然　アレッシア・ガッゾーラ著, 越前貴美子訳　西村書店
【要旨】ローマの法医学研究所で働く研修医アリーチェは、ある夜、上司のクラウディオとともに現場検証に行き、女性の死体を見て衝撃を受ける。その女性ジュリアと偶然にも前日知り合っていたからだ。クラウディオの出した死亡推定時刻に疑問を覚えたアリーチェは、ジュリアへの個人的な想いから事件の解明にのめりこんでいく。はたしてジュリアの死は、単なる事故死なのか、あるいは他殺なのか。ジャーナリストの自由人アーサーとの恋の成り行きを織り交ぜ、直観を信じて突き進んでいくアリーチェの姿を、丹念に、時にユーモラスに描き出す。
2017.9 426p B6 ¥1500 ①978-4-89013-746-6

◆喪失のブルース　シーナ・カマル著, 森嶋マリ訳　ハーパーコリンズ・ジャパン　（ハーパーBOOKS）
【要旨】バンクーバーの片隅で、人捜しを生業に暮らすノラ。椎体は狼の血を引く雌犬ウィスパー。私立探偵とジャーナリストのボス2人は彼女が事務所の地下室に住みついていることを知らない。ある日、ノラは15歳の少女が失踪したとの報せを受ける。それはかつてノラが産んで育て別れた実の娘だった―。やがて浮上する15年前の事件との接点。さらに関係者が不審な死を遂げて…。異色のヒロイン誕生！
2017.10 495p A6 ¥991 ①978-4-596-55072-9

◆致死遺伝子　リンゼイ・カミングス著, 村井智之訳　ハーパーコリンズ・ジャパン　（ハーパーBOOKS）
【要旨】家族を奪われた少女メドウは、殺人特区を支配するシステムを破壊するために、反体制派とともに立ち上がる。だが彼女を待ち受けていたのは、死んだはずの母親だった。システムを創り出したのは死んだはずの母親で、破壊するためにはかつての母親と次々に対峙するのだ―。さらに、人々を死に追いやる〝致死遺伝子〟を見つけるため、人体実験が繰り返されていて…。緊迫のクライマックス！
2017.4 527p A6 ¥1093 ①978-4-596-55054-5

◆キリング・ゲーム　ジャック・カーリイ著, 三角和代訳　文藝春秋　（文春文庫）
2017.10 410p A6 ¥930 ①978-4-16-790952-9

◆鏡の迷宮　E.O.キロヴィッツ著, 越前敏弥訳　集英社　（集英社文庫）
【要旨】ある日、文芸エージェントのピーターのもとに届いた一篇の原稿。迷宮入りした殺人事件の真相を告げるといいながら、後半部分は送られてきていなかった。ピーターは残りの原稿の行方を、そして事件のことを調べ始めるが…。エージェント、記者、元警察官と次々に交錯する語り手とそれぞれの視点。全てのピースが揃ったとき、あり得ない真実が浮かび上がる！世界中が騒然。ルーマニア出身の著者が贈る眩惑ミステリー。
2017.6 323p A6 ¥760 ①978-4-08-760735-2

◆そっと愛をささやく夜は　アマンダ・クイック著, 安藤由紀子訳　二見書房　（ザ・ミステリ・コレクション）
【要旨】ローマをある事情で離れて、ロンドンで探偵業を始めたラヴィニアの元に、脅迫状が届く。ローマでの事件の関係者だと疑われたくなければ金を払えというもの。彼女は証拠だという犯罪組織幹部の従者の日記を盗もうとしている屋敷に。だが、彼女が見つけたのは、脅迫者の死体だった。そこにローマで因縁のあった探偵トビアスも現れる。実は目的が一緒だと知った二人は、手を組むことに。最初こそ特ってはいたが、捜査が進むうちに二人は互いに惹かれあっていき、そして事件も解決したと思われたのだが…。
2017.4 490p A6 ¥1048 ①978-4-576-17035-0

◆胸の鼓動が溶けあう夜に　アマンダ・クイック著, 安藤由紀子訳　二見書房　（ザ・ミステリ・コレクション）
【要旨】ある夜、雇用主・ヘレンの遺体を発見し、逃げ出したアナは、名前を変えてハリウッドのゴシップ紙「ウィスパーズ」の記者として働き始める。新進スター、ニック周辺のスキャンダルを調べていた彼女は、彼に関わった女性たちが不審死を遂げていることを突き止める。その調査を快く思わない人間の差し金でその身に危険が迫るなか、バーニング・コーヴ・ホテルの経営者でかつて有名なマジシャンだったオリヴァーと協力して事件の真相に迫ろうとするアナ。だが二人の周囲には危険な罠が張り巡らされ…。
2018.1 606p A6 ¥1180 ①978-4-576-17188-3

◆アメリカ銃の謎　エラリー・クイーン著, 中村有希訳　東京創元社　（創元推理文庫）　新訳版
【要旨】ニューヨークのスポーツの殿堂〝ザ・コロシアム〟に二万の大観衆を集め、西部劇の英

ミステリー・サスペンス・ハードボイルド

雄バック・ホーンのショウが始まる。カウボーイたちの拳銃が火を噴いた次の瞬間、そこには射殺体が転がっていた。だが不可解なことに、被害者のものを含む四十五挺のいずれもが凶器ではない。客席にいたエラリーは、大胆不敵な犯罪の解明に挑む！"国名シリーズ"第六弾。
2017.7 435p A6 ¥1000 ①978-4-488-10441-2

◆ロンギヌスの聖痕　上　グレン・クーパー著, 石田享訳　竹書房　（竹書房文庫）
【要旨】ハーバード大学神学部教授のカルは、ローマ教皇じきじきの奇妙な依頼を受ける。ある司祭の両手首から血が流れ続け、それが"奇跡"による"聖痕"だと噂になっているので、本物かどうか調べてほしいというのだ。キリストが処刑された時、まさに釘を打たれた場所。好奇心から調査を引き受けたカルだったが、旅は危険に満ちていた。何者かが、キリストに止めをさしたとされる"聖槍=ロンギヌスの槍"を始めとする聖遺物とその奇跡の力を手に入れようと暗躍していたのだ。所有する者に"世界を制する力"を与えるという、キリストの聖遺物と聖痕をめぐる謎がいま明かされる一!!イタリア、パレスチナ、ドイツ、クロアチア、オーストリア、スペイン、そして南極…世界を股にかけたノンストップ歴史冒険ミステリー!!
2017.5 279p A6 ¥720 ①978-4-8019-1063-8

◆ロンギヌスの聖痕　下　グレン・クーパー著, 石田享訳　竹書房　（竹書房文庫）
【要旨】"聖痕"を持つ司祭、ジョヴァンニが誘拐された！ヨーロッパから六〇〇〇キロ離れたハーバードにいたにも関わらず、カルは司祭が連れ去られるのがはっきりと見えた。これはキリストの奇跡、幻視なのか？半信半疑ながらイタリアへ飛んだカルだったが、司祭の姉イレーネもその幻を体験していた。ふたりはヴァチカンの教皇庁図書館で、ヒントを得るが、カルが望んだ貸出不可の本は、何者かが持ち去った後だった。カルはナチスの後継者たちがキリストの聖遺物を集めようとしているのではと疑うが、罠にかかったジョヴァンニは、ひとりエルサレムへ送られようとしていた。キリストの磔刑が行われた場所で、何が起こるのか…。二〇〇〇年の時を越えて、いま聖痕の謎が解き明かされる。驚愕の歴史冒険ミステリー、ついに完結！
2017.5 295p A6 ¥720 ①978-4-8019-1064-5

◆GONE 3 虚言　上　マイケル・グラント著, 片桐恵理子訳　ハーパーコリンズ・ジャパン　（ハーパーBOOKS）
【要旨】15歳以上の人間が忽然と消えてしまい、子供たちだけとなった町。不気味なバリアに周囲を覆われ、食料不足に更に苦しめられていき、さらなる絶望が子供たちの間に広がっていく。そんななか突如現れたのが"預言者"を名乗る少女一少女たちは少女と交信できると言いだし、真夜中の浜辺で怪しげな集会を開くように。一人、また一人と少女を崇める子供がそこへ…。
2017.5 299p A6 ¥759 ①978-4-596-55057-6

◆GONE 3 虚言　下　マイケル・グラント著, 片桐恵理子訳　ハーパーコリンズ・ジャパン　（ハーパーBOOKS）
【要旨】預言者を自称する少女が口にした"15歳での消滅は救い"という教え。町には徐々に波紋が広がっていき、ついにはその言葉を信じて"消滅"を受け入れる者が現れる。自殺同然の行為がこれ以上広がらないよう、サムたち意識メンバーは緊急会議を開くが…。何が嘘で何が真実か。誰を信じたらいいのか？飛びかう嘘と蠢く謎が、やがて最悪の事態を引き起こす！シリーズ急展開の第3弾。
2017.5 300p A6 ¥759 ①978-4-596-55058-3

◆汚染訴訟　上　ジョン・グリシャム著, 白石朗訳　新潮社　（新潮文庫）
【要旨】リーマン・ショックの最中、世界最大の法律事務所を解雇されたエリート女性弁護士サマンサはニューヨークを離れ、アパラチア山脈の田舎町ブレイディにある無料法律相談所に、仕事の口をひとつ見つけることができた。地元の弁護士ドノヴァンと出会い、露天掘りや残酷で荒れ果てた山々を目の当たりにした彼女は、巨大炭鉱企業の不正を暴く人々と暴かんとするドノヴァンの闘いに巻き込まれていく。
2017.2 440p A6 ¥750 ①978-4-10-240935-0

◆汚染訴訟　下　ジョン・グリシャム著, 白石朗訳　新潮社　（新潮文庫）
【要旨】辣腕弁護士ドノヴァンの身に信じられない悪夢が降りかかる。サマンサはホームレスとなった母子を救い、老女の遺言状作成を手伝うかたわら、ドノヴァンの弟ジェフと共に、石炭会社の不正を暴く決定的証拠を安全な場所に運ぼうとする。法廷経験ゼロの若い女性弁護士が成長していく姿を描きつつ、米社会の暗部を抉るスリル満点のリーガル・サスペンス。
2017.2 351p A6 ¥670 ①978-4-10-240936-7

◆オリエント急行殺人事件　アガサ・クリスティー著, 安原和見訳　光文社　（光文社古典新訳文庫）
【要旨】豪華列車「オリエント急行」が大雪で立ち往生した翌朝、客室で一人の富豪の刺殺体が発見される。国籍も階層も異なる乗客たちにはみなアリバイが…。名探偵ポアロによる迫真の推理が幕を開ける！20世紀初頭の世界情勢を背景に展開するミステリーの古典にして不朽の人間ドラマ。
2017.4 436p A6 ¥900 ①978-4-334-75352-8

◆オリエント急行殺人事件　アガサ・クリスティ著, 田内志文訳　KADOKAWA　（角川文庫）
【要旨】欧州を横断する豪華寝台列車、オリエント急行。雪で立往生した車内で、アメリカ人の老富豪が何者かに刺殺された。容疑者は、目的地以外一切の共通点を持たない乗客たち。医師、宣教師、大佐、外交官、メイド…。偶然乗り合わせたかに見える一行を"世界の名探偵"、エルキュール・ポアロは事件の解決に乗り出すが、彼らには強固なアリバイがあり…。驚愕のトリックでミステリー史に燦然と輝く永遠の名作が、読みやすい新訳で登場！
2017.11 355p A6 ¥670 ①978-4-04-106451-1

◆暗殺者の飛躍　上　マーク・グリーニー著, 伏見威蕃訳　早川書房　（ハヤカワ文庫NV）
【要旨】"グレイマン（人目につかない男）"と呼ばれる暗殺者ジェントリーは、黒幕を倒し、CIAのグレイマン抹殺指令は解除された。彼はフリーランスとしてCIAの仕事を請け負うことになり、逃亡した中国サイバー部隊の天才ハッカー、茫の行方を突き止める任務を帯びて香港に赴く。囚われの身となっていた茫を飼い主に再会したグレイマンは、中国の目を欺くため、元雇主を通じて中国総参部の戴から茫を暗殺する仕事を引き受ける。
2017.8 383p A6 ¥860 ①978-4-15-041416-0

◆暗殺者の飛躍　下　マーク・グリーニー著, 伏見威蕃訳　早川書房　（ハヤカワ文庫NV）
【要旨】香港の犯罪組織のたまり場で起きた乱闘の末、茫と知ったグレイマンは、ベトナムのギャングが茫をかくまっていると知り、茫を連れてホーチミン市に入る。だがロシアのSVR（対外情報庁）の秘密精鋭部隊も茫を拉致すべく、密かに行動していた。茫をめぐりグレイマンとSVRとがベトナム、さらにタイのギャングと争奪戦を繰り広げる。そして、CIAの作戦の裏に隠された衝撃の事実が！新たな展開でますます白熱する冒険アクション。
2017.8 393p A6 ¥860 ①978-4-15-041417-7

◆機密奪還　上　—トム・クランシー ジャック・ライアン・シリーズ外伝　マーク・グリーニー著, 田村源二訳　新潮社　（新潮文庫）
【要旨】対テロ民間極秘組織"ザ・キャンパス"工作員ドミニク・カルーソーは、インドで元イスラエル特殊工作員ヤコビの家に居候し、格闘術を学んでいた。訓練中に正体不明の暗殺部隊に襲われ、一家は皆殺しになった。ヤコビが狙われたのは、ワシントンのエリート政府職員が情報開示団体に漏らした匿名リークが原因だった。九死に一生を得たドミニクは復讐の念に燃え、犯人の追跡を開始する。
2017.4 459p A6 ¥790 ①978-4-10-247265-1

◆機密奪還　下　—トム・クランシー ジャック・ライアン・シリーズ外伝　マーク・グリーニー著, 田村源二訳　新潮社　（新潮文庫）
【要旨】機密情報を漏らした国家安全保障会議員ロスはFBIに追われ、情報開示団体"国際透明性計画"代表のスイス人女性に助けを求めた。データを執拗に狙うイスラム過激組織、ロシア特殊部隊、そして、スイス人女性にも裏の繋がりが。パナマからスイス、アルプスを越えてリビアへ逃亡を続けるロスを追いかり、ドミニクは機密漏洩阻止に孤軍奮闘する。迫真白熱の冒険インテリジェンス巨編！
2017.4 399p A6 ¥710 ①978-4-10-247266-8

◆刺青の殺人者　アンドレアス・グルーバー著, 酒寄進一訳　東京創元社　（創元推理文庫）
【要旨】若い女性の他殺死体が、ライプツィヒの池で見つかった。身元を確認した母ミカエラは、犯人と、殺された姉と一緒に家出した妹娘の行方を捜すつもりだ。事件で休職中の彼は、友人から頼みごとを持ちかけられる。一方ウィーンの弁護士エヴェリーンは、女性殺害の嫌疑をかけられた医師の弁護依頼を受けていた。『夏を殺す少女』続編。独で爆発的な人気の話題作。レオ・ペルッツ賞受賞、スコウツ賞犯罪小説部門ヘルツォーゲンタール手錠賞第1位。
2017.4 558p A6 ¥1400 ①978-4-488-16008-1

◆約束　ロバート・クレイス著, 高橋恭美子訳　東京創元社　（創元推理文庫）
【要旨】ロス市警スコット・ジェイムズ巡査と相棒の雌シェパード、マギーは、逃亡中の殺人犯を捜査していた。マギーが発見した家の中には、容疑者らしい男が倒れており、さらに大量の爆発物を。同じ頃、同じ住宅街で私立探偵のエルヴィス・コールは失踪した会社の同僚を探す女性の依頼を受けて調査をしていた。スコット＆マギーとコール＆パイク、固い絆で結ばれたふた組の相棒の物語。
2017.5 541p A6 ¥1400 ①978-4-488-11506-7

◆凍てつく街角　ミケール・カッツ・クレフェルト著, 長谷川圭訳　早川書房　（ハヤカワ・ポケット・ミステリ）
【要旨】酒浸りの生活を送るコペンハーゲン警察の捜査官トマス・ラウンスホルト、通称ラウン。ある事情で休職中の彼は、友人から頼みごとを持ちかけられる。二年前から行方不明になっているリトアニア出身の女性マーシャを探してほしいというのだ。気が進まないながらも引き受けたラウンは、尋ね歩くうちに彼女の失踪に国際的な犯罪組織が絡んでいるのではないかと疑いはじめる。一方そのころ、若い女性だけを狙う猟奇殺人者が獲物を求めて街をさまよっていた…デンマークの人気サスペンス！
2017.2 378p 19cm ¥1700 ①978-4-15-001916-7

◆ときめきは永遠の謎　ジェイン・アン・クレンツ著, 安藤由紀子訳　二見書房　（ザ・ミステリ・コレクション）
【要旨】5人の女性による投資クラブのメンバーだったルイーズが殺された。彼女の従弟が雇った私立探偵マックスと、ルイーズ事件以前にカリブで失踪したメンバーの一人、ジョスリンの姉シャーロットが協力して事件を解明しようとする。クラブの女性たちの過去やもう一つの顔、事件の背景がだんだんわかっていくうち、結婚式寸前に婚約を破棄されたシャーロットと、幼少時代のトラウマを抱えたままだったマックス二人の関係も…。ロマンティック・サスペンスの王道を行く著者の最新傑作！
2017.9 602p A6 ¥1143 ①978-4-576-17121-0

◆チョールフォント荘の恐怖　フリーマン・ウィルス・クロフツ著, 田中西二郎訳　東京創元社　（創元推理文庫）　6版
【要旨】十五歳の娘を抱え夫に先立たれたジュリアは、打算の再婚に踏み切った。愛はなくともチョールフォント荘の女主人として過ごす日々、人生の抜き差しならぬ差によって一変する。折も折ジュリアの夫が殺され、家庭内の事情は警察の知るところとなった。警察の動機または機会を持つ者は、ことごとく容疑圏外に去ったかに見えたが…。終局まで予断を許さぬフレンチ警部活躍篇。
2017.9 392p A6 ¥1000 ①978-4-488-10621-8

◆警視の挑戦　デボラ・クロンビー著, 西田佳子訳　講談社　（講談社文庫）
【要旨】オリンピック出場を目指すボート選手の遺体が、テムズ川で発見された。被害者は、ロンドン警視庁の女性警部。容疑者が次々と浮上した。コーチ、前夫、ボート仲間、そして警察幹部。捜査を任されたキンケイド警視は、「新妻」ジェマの協力を得て、事件の核心に迫る。重厚かつ多層的なストーリー。英国の芳香漂う傑作。
2017.2 622p A6 ¥1100 ①978-4-06-293455-8

◆ゆらめく思いは今夜だけ　ローラ・ケイ著, 久賀美緒訳　二見書房　（ザ・ミステリ・コレクション）
【要旨】父がギャングに借金を残して亡くなったせいで、クリスタルはストリップクラブのウエイトレスをして生計を立てていた。病気の妹をもかかえているから、生活の面倒を見てくれる暴力的な恋人にも耐えてきた。ある夜、ギャングに捕らわれた男を救出に来た男性と廊下でぶつかり、全身が熱くなった。なんてセクシーな人…。

我に返ったときには彼の逃亡を手助けしていたが、この生まれて初めての恋が"危険"の始まりで…大好評官能サスペンス"ハード・インク・シリーズ"第二弾！ 2014年ロマンティック・タイムズ誌ベスト・ロマンティック・サスペンス大賞受賞！
2017.11 617p A6 ¥1143 ①978-4-576-17156-2

◆**血のない殺人 上** フェイ・ケラーマン著，林啓恵訳 ハーパーコリンズ・ジャパン（ハーパーBOOKS）
【要旨】ロス市警の警部補デッカーはホテルのスイートで美しい人妻と密会していた。彼女、テリーは暴力的な夫クリスとの別居を望んでおり、裏社会に生きるクリスと因縁浅からぬデッカーに仲裁を頼んできたのだ。だが直後にテリーが失踪したと、彼女の息子ゲイブから連絡が入る。ゲイブは14歳にして父親が犯罪者であることを達観したような少年だった。そんな折、近くで女性の他殺体が見つかり—。
2017.2 350p A6 ¥898 ①978-4-596-55049-1

◆**血のない殺人 下** フェイ・ケラーマン著，林啓恵訳 ハーパーコリンズ・ジャパン（ハーパーBOOKS）
【要旨】遺体は地元の病院に勤める看護師のものであり、建設現場の梁から吊られていた。行きずりの犯行か—。捜査が難航するなか事件関係者が新たに殺害され、ある物証から恐るべき可能性が浮上する。一方、デッカーはゲイブ少年を自宅で預かりながら捜査を急ぐ。はたしてテリーの身に何が起きたのか？ やがてデッカーが行き着いた残酷な真実とは…。シリーズ最新刊。
2017.2 351p A6 ¥898 ①978-4-596-55050-7

◆**凍った夏** ジム・ケリー著，玉木亨訳 東京創元社（創元推理文庫）
【要旨】公営アパートで肘掛け椅子に座ったまま男性が凍死した。自殺の可能性が強いとされたが、取材に訪れた新聞記者のドライデンは疑問をおぼえる。死んだ男は金に困っていたが、部屋のコイン式電気メーターには硬貨が補充されていた。自殺する人間がそんな行動をとるだろうか？ ドライデンの丹念な調査と明晰な推理によって、少しずつ解かれていく人々の秘密。端正な英国本格ミステリ。
2017.6 473p A6 ¥1300 ①978-4-488-27808-3

◆**宿命の地 上** —1919年三部作 3 ロバート・ゴダード著，北田絵里子訳 講談社（講談社文庫）
【要旨】亡父ヘンリーは、なぜ危ない橋を渡り情報を売ろうとしたのか。そして、自らの生誕をめぐる隠された真実とは。その答えを求め、マックスはチームを組織して日本へと乗り込む。ドイツのスパイ網指揮者は日本の悪名高き大物政治家と手を組み、マックスの行く手を阻む一大正期の東京、横浜を舞台に描く諜報戦！
2017.5 333p A6 ¥980 ①978-4-06-293662-0

◆**宿命の地 下** —1919年三部作 3 ロバート・ゴダード著，北田絵里子訳 講談社（講談社文庫）
【要旨】一九一九年春、第一次大戦後のパリではじまった愛と憎しみの国際諜報戦は、スコットランド、ロンドン、マルセイユを経て、夏の日本へ。英・米・独・露のスパイに追われたマックスは、東京で亡父の真意を知り、謎に包まれた京都の古城に潜入、囚われ人を救出しようと試みる。三部作、感動の完結編。
2017.5 333p A6 ¥980 ①978-4-06-293663-7

◆**灰色の密命 上** —1919年三部作 2 ロバート・ゴダード著，北田絵里子訳 講談社（講談社文庫）
【要旨】父ヘンリーの秘密を握るドイツのスパイ網指揮者レンマー。彼を陥れるべく敢えてドイツのスパイとなったマックスはスコットランド最北に抑留中のドイツ軍艦から極秘ファイルの回収を命じられる。レンマー打倒の材料となるファイルを携えマックスはロンドンをめざす。スリルと疾走感溢れる極上スパイミステリ！
2017.3 372p A6 ¥1000 ①978-4-06-293621-7

◆**灰色の密命 下** —1919年三部作 2 ロバート・ゴダード著，北田絵里子訳 講談社（講談社文庫）
【要旨】極秘ファイルの解読を試みるマックスに立ちはだかる意外な刺客。レンマーのスパイ網は身内にも張り巡らされていた。日本代表団の代表となったスコットランド最北の戸村伯爵とその息子が、マックスの行く手を阻む。密約、裏工作、祖国に対する背信—ゴダードが紡ぐ壮大な

スケールの国際諜報戦、いよいよ佳境へ！
2017.3 319p A6 ¥1000 ①978-4-06-293622-4

◆**謀略の都 上** —1919年三部作 1 ロバート・ゴダード著，北田絵里子訳 講談社（講談社文庫）
【要旨】一九一九年春。第一次世界大戦後の講和条約締結のため主要国の代表団がパリで協議を進めるなか英国のベテラン外交官が謎の死を遂げた。長男や代表団の意向に背き、元空軍パイロットの次男マックスは真相究明に乗り出す。父の密かな計略を知った彼は、国際諜報戦の渦中に身を投じる。傑作！ 歴史ミステリー。
2017.1 376p A6 ¥1060 ①978-4-06-293573-9

◆**謀略の都 下** —1919年三部作 1 ロバート・ゴダード著，北田絵里子訳 講談社（講談社文庫）
【要旨】不審死を遂げた父が遺した謎のメモ。マックスは父の知人らの協力を得て解明を進めるが、ドイツのスパイ網指揮者の存在が浮上してほどなく、命の危険に晒されてしまう一近代史の背景に緻密なサスペンスを描いて、世界中から熱い支持を集める名手ゴダードが、満を持して描いた壮大な開幕！
2017.1 376p A6 ¥1060 ①978-4-06-293574-6

◆**罪責の神々—リンカーン弁護士 上** マイクル・コナリー著，古沢嘉通訳 講談社（講談社文庫）
【要旨】売春婦殺害容疑で逮捕されたポン引き、ラコースから弁護依頼を受けるが、被害者は以前何度も罪地を救ったことのある、かつての依頼人グロリアだった。彼女が名前を変え、ロスに戻り、娼婦に復帰し、殺されていたとは驚きだった。事件を独自に調査したハラーは勝利を確信し、ラコースの弁護を引き受けることにした。
2017.10 362p A6 ¥880 ①978-4-06-293773-0

◆**罪責の神々—リンカーン弁護士 下** マイクル・コナリー著，古沢嘉通訳 講談社（講談社文庫）
【要旨】グロリアは高級ホテルに泊まっている客に呼ばれ、客室に行ったところ応答がなく、空振りに終わって自宅に帰り殺害された。ホテルロビーの監視カメラ映像から尾行していた男の存在がわかる。その正体を突き止めたハラーは、罪責の神々である陪審員の前で、男を訊問し、黒幕が誰かを暴いていくのだったが…。
2017.10 366p A6 ¥880 ①978-4-06-293777-1

◆**ブラックボックス 上** マイクル・コナリー著，古沢嘉通訳 講談社（講談社文庫）
【要旨】ロス暴動大混乱の最中に発生し、まともな捜査ができず心に残っていたジャーナリスト殺害事件から20年。すべての事件には解決につながる「ブラックボックス」があるという信念のもと、ロス市警未解決事件班ボッシュは再捜査を開始。市警上層部の政治的圧力による監視をくぐり抜け、単独で事件を追いかける。
2017.5 302p A6 ¥860 ①978-4-06-293635-4

◆**ブラックボックス 下** マイクル・コナリー著，古沢嘉通訳 講談社（講談社文庫）
【要旨】ジャーナリスト殺人はボッシュにとって最初の未解決事件でもあった。薬莢を最新鑑識技術で調べると、凶器の銃が他の殺人にも使用されていたことが判明。捜査の末に発見した銃から削り取られたシリアルナンバーを復元すると、湾岸戦争当時の軍との関わりが明らかとなる。事件は急転、不穏な展開を見せ始める。
2017.5 347p A6 ¥860 ①978-4-06-293636-1

◆**人形は指をさす** ダニエル・コール著，田口俊樹訳 集英社（集英社文庫）
【要旨】別々の人間の部位を縫い合わせた1つの死体。その頭部は"火葬キラー"として、ロンドン警視庁ウルフが逮捕した男のものだった。さらに、ウルフの元妻も含め6人の名を記した殺人予告リストが届く。そこにはウルフの名前が…。警察の奔走も空しく予告通りに起こる殺人。縫い合わせ死体の犠牲者の身元は？ 前代未聞の事件には驚愕の結末が待っていた！ 英国を震撼させた問題作、登場。
2017.9 594p A6 ¥1100 ①978-4-08-760739-0

◆**錯綜** キャサリン・コールター著，林啓恵訳 二見書房（ザ・ミステリ・コレクション）
【要旨】FBI捜査官サビッチの下で働くことになったグリフィン。彼の妹デルシーが自宅アパートで何者かに頭を殴打された。バスルームには大量の血が。グリフィンは妹の元に向かったが、事件は単なる強盗傷害事件ではないようだった。一方、リンカー

ン記念堂の銅像のそばで、連邦準備制度理事会元議長の孫息子の凍死体が発見された、しかも全裸で。早速サビッチとシャーロックが捜査に乗り出すが…。二つの不可解な事件に、FBI捜査官たちはどう立ち向かうのか—。
2017.2 506p A6 ¥1048 ①978-4-576-17003-9

◆**謀略** キャサリン・コールター著，林啓恵訳 二見書房（ザ・ミステリ・コレクション）
【要旨】婚約者の死によりスキャンダルに巻き込まれ、一時帰国を余儀なくされた駐英大使ナタリー。本国でも何者かに命を狙われる。FBI捜査官デイビスに助けを求める。やがて、娘でありスポーツライターのペリーの身にも危険が迫り、サビッチ、シャーロックも捜査に乗り出す。これは、権力争いの一端なのか？ 個人的な怨恨か？ それとも—？ 同じ頃、相手の眼を見ただけで催眠術をかけることのできるサイコパス、ブレシッド・バックマンが病院から脱走、シャーロックの命を付け狙い始めるが…。"FBIシリーズ"第15弾！
2017.11 587p A6 ¥1090 ①978-4-576-17155-5

◆**第五の福音書 上** イアン・コールドウェル著，奥村章子訳 早川書房（ハヤカワ文庫NV）
【要旨】東方カトリック教会の神父で、神学予備校の教師をしている弟のアレックス。ローマカトリック教会の神父で、ヴァチカンの外交官を務める兄のシモン。教派は違うが、二人は固い絆で結ばれていた。だが、重大な事件が相次いで起きた。兄の親友でヴァチカン美術館の学芸員のウゴが謎の死を遂げ、同じ日に何者かがアレックスのアパートに侵入したのだ。ふたつの事件が関連していると感じたアレックスは、独自に調査を始めるが…。
2017.5 382p A6 ¥900 ①978-4-15-041411-5

◆**第五の福音書 下** イアン・コールドウェル著，奥村章子訳 早川書房（ハヤカワ文庫NV）
【要旨】ウゴは展覧会を企画し、イエスの姿が写っているとされるトリノの聖骸布を展示しようとしていた。聖骸布は科学的な鑑定で偽物とされていたが、ウゴは本物だと信じて『第五の福音書』を研究し、聖骸布に関する驚愕の発見をしていた。シモンはウゴ殺しの容疑で拘束されるが、なぜか黙秘を続ける。様々な妨害の中、アレックスが暴いたウゴの発見とは？ そしてウゴの死の真相とは？ 国際スリラー作家協会賞最優秀長篇賞受賞作。
2017.5 383p A6 ¥900 ①978-4-15-041412-2

〔サ行の作家〕

◆**老いたる詐欺師** ニコラス・サール著，真崎義博訳 早川書房（ハヤカワ・ポケット・ミステリ）
【要旨】インターネットを通じて知り合った老紳士のロイと未亡人のベティ。お互い高齢の彼らは親睦を深め、共同生活を送ることになる。だがそれはロイによる策略だった。彼はこれまで数々の人間を騙し、陥れてきたベテランの詐欺師だったのである。ロイは悠々とした老後を過ごすべく、ベティの資産を奪い取ろうと着々と計画を進めていくが…。冷酷な犯罪と並行して明らかになっていくロイ自身の秘められた過去。嘘と偽りに満ちたその生涯の奥底にあるものとは—？ 巧みな心理描写で絶賛された新鋭作家のデビュー長篇。
2017.11 390p 19cm ¥2000 ①978-4-15-001925-9

◆**処刑の丘** ティモ・サンドベリ著，古市真由美訳 東京創元社
【要旨】深夜、かつて虐殺の舞台になったことで"黒が丘"と呼ばれた場所で、男たちが"処刑"と称し一人の青年を銃殺した。死体発見の報を受けた警察は、禁止されている酒の取引に絡む殺人として処理したが、ケッキ巡査だけは納得していなかった。事件の陰に見え隠れする内戦の傷。敗北した側の人々が鬱屈を抱える町で、公正な捜査をおこなおうと苦悩するケッキ。はたして正義は果たされるのか？ "推理の糸口賞"受賞、フィンランドの語られざる闇を描く注目のミステリ。
2017.2 318p B6 ¥1900 ①978-4-488-01066-9

◆**夜が明けるなら—ヘル・オア・ハイウォーター 3** S.E.ジェイクス著，冬斗亜紀訳 新書館（モノクローム・ロマンス文庫）
【要旨】11年前CIAの密室で受けた拷問—悪夢から目覚めたプロフェットは、部屋の中にかつての

外国の小説

仲間で初恋の相手・ジョンの姿を見る。それが現実なのか、幽霊なのか分からないまま…。EE社を辞めトムと一緒に暮らし始めたプロフェットは昔の上官・ザックからの依頼を受け、トムとともにアフリカのジブチに向かった。だが待ち合わせのホテルで二人を待ちうけていたのは、CIAのランシング―かつてプロフェットを拷問したランシングだった。ランシングはテロへのジョンの関与を疑い、プロフェットを追っていたのだ。ジョンは生きているのか―？ そんな中恐れていた体調の変化が起こり、ついにプロフェットはトムに秘密を打ち明ける―。情熱のバディ・ロマンス、第三弾！
2017.7 380p A6 ¥1000 ①978-4-403-56031-6

◆第九代ウェルグレイヴ男爵の捜査録　エマ・ジェイムソン著,吉嶺英美訳　ハーパーコリンズ・ジャパン　（ハーパーBOOKS）
【要旨】由緒ある英国男爵家の生まれにしてロンドン警視庁に勤めるヘザリッジ警視正は、もうじき還暦を迎える。人生の区切りとして引退も視野に入れ始めていたその矢先、思いがけずはねっ返りの若き女刑事を部下につけることに。さっそく高級住宅街の屋敷で主の富豪が撲殺されるという事件が起き、二人で現場に向かうが―。最高にダンディな異色の警視正登場！ ヘザリッジ卿、50代最後の事件。
2017.11 345p A6 ¥870 ①978-4-596-55074-3

◆消えたはずの、　エイミー・ジェントリー著,青木純子訳　早川書房　（ハヤカワ文庫NV）
【要旨】十三歳の愛娘ジュリーが何者かに連れ去られた日、アナの家庭は何もかもを失ってしまった。あれから八年。絶望的な日々を過ごしてきた一家の前に、突然女が現れる。私は消えたはずのジュリーです！ 彼女は人身売買の被害に遭い、今ようやく逃げ出すことができたのだという。奇跡的な再会に戸惑いを覚える家族たち。そしてアナは疑惑を抱く―この女は本当に私の娘なのだろうか？ 哀しみが胸を打つ傑作サスペンス。
2017.11 382p A6 ¥980 ①978-4-15-041424-8

◆エル ELLE　フィリップ・ジャン著,松永りえ訳　早川書房　（ハヤカワ文庫NV）
【要旨】一人暮らしの自宅で、覆面の男に襲われたミシェル。その後、犯人から自分を監視しているらしきメールが届く。男はいまも近くにいるのだろうか。彼女は護身具で身を固め、周囲の人々に目を光らせる一方、家族や愛人の厄介事にも対処しなくてはならない。次々と起きる問題に奮闘する彼女のまえに、ふたたび犯人が現れた！ 型にはまらない主人公の姿が衝撃と共感を生んだ、フランスのベストセラー・サスペンス。
2017.7 271p A6 ¥660 ①978-4-15-041415-3

◆殺人遺伝子リ：バース　ソフィー・ジョーダン著,藤峰みちか訳　ハーパーコリンズ・ジャパン　（ハーパーBOOKS）
【要旨】銃撃され、血まみれで川岸を這いずっていたデイビーは青年ケイデンに救出される。人を殺す遺伝子が自分にあると知った日を境に17歳の少女の人生は一変した。更生施設とは名ばかりの収容所で強制的に人殺しをさせられ、命懸けで脱出したのだ―逃げ場のない孤独なデイビーをケイデンは守ると誓うが、悪夢は醒めない。手負いのデイビーは病室を襲撃され、メスで減多刺しにしてまた人を殺してしまう…。
2017.8 423p A6 ¥1000 ①978-4-596-55067-5

◆始まりはあの夜　リサ・レネー・ジョーンズ著,石原まどか訳　二見書房　（ザ・ミステリ・コレクション）
【要旨】過去に父を殺し、彼女の命も狙っている何者かから身を隠していたエイミーに転機が訪れる。身を隠して見守り、助けている人物を守る唯一の存在"ハンドラー"から「NYを出ろ」という指令が来たのだ。その途中、出会ったのが超有名建築家のリアムで、彼の官能を彼女に教えてくれたものの、ずっと彼女のそばを離れない。互いに惹かれ合いつつ、しかし敵も含めて、敵か味方か―すべてが疑わしく、信じ切れないのだったが…。スピード感と官能に彩られたロマサス新シリーズ開幕！
2017.6 365p A6 ¥857 ①978-4-576-17071-8

◆ブラック・ウィドウ　上　ダニエル・シルヴァ著,山本やよい訳　ハーパーコリンズ・ジャパン　（ハーパーBOOKS）
【要旨】パリで大規模な爆弾テロが発生。監視カメラは瀕死の人々を冷酷に撃ち殺す女の姿をとらえていた。実行犯は黒衣の未亡人と呼ばれるフランス出身の女―西側に殺されたISIS戦闘員の恋人だった。さらにアムステルダムでも凄惨なテロが起き、この連続爆破事件で友人を失ったイスラエル諜報局から極秘に捜査を開始。やがて姿なき黒幕サラディンの存在が判明し…。
2017.7 381p A6 ¥852 ①978-4-596-55064-4

◆ブラック・ウィドウ　下　ダニエル・シルヴァ著,山本やよい訳　ハーパーコリンズ・ジャパン　（ハーパーBOOKS）
【要旨】連続爆破テロ事件の首謀者、ISISのサラディンに迫るため、ガブリエルは大胆不敵な策に打って出た。若きフランス系ユダヤ人の女医を"黒衣の未亡人"に仕立てラッカに潜入させたのだ。それまでの人生を消し去り、復讐に燃えるパレスチナ人となった女は、暗黒の地で斬首より恐ろしい選択を迫られる…。世界の諜報機関をも巻きこむ危険なミッションの先には、未曾有の惨劇が待ち受けていた―！
2017.7 390p A6 ¥852 ①978-4-596-55065-1

◆ニューヨークの妖精物語―フェアリーテイル　シャンナ・スウェンドソン著,今泉敦子訳　東京創元社　（創元推理文庫）
【要旨】俳優を夢見てNYにきたエミリー。念願かなって舞台で興奮を浴びたその晩、忽然と姿を消してしまった。だが、姉のソフィーにはわかっていた。妖精たちが、かつてソフィーに踊りを教えた対価に妹をさらったのだと。とはいえ、警察には信じてもらえまい。親切な刑事の追及をかわしつつ、ソフィーは妹を捜し始める。『ニューヨークの魔法使い』の著者が贈る、現代のフェアリーテイル。
2017.4 435p A6 ¥1100 ①978-4-488-50309-3

◆探偵フレディの数学事件ファイル―LA発犯罪と恋をめぐる14のミステリー　ジェイムズ・D.スタイン著,藤原多伽夫訳　（京都）化学同人
【要旨】ロサンゼルスの街にうずまく犯罪、欲望、友情、ロマンス…謎解きの鍵は数学にあり！ 人捜しから殺人まで、さまざまな事件で頭脳明晰の美少女デイジーと、二人でひそかに探偵倶楽部を結成した。でも起きる事件といえば、他愛もない校内の盗難事件ばかり。そんなとき、ヘイゼルは誰もいない夕方の室内運動場で女性教諭の死体を発見！ ところが人を連れて戻ってみると、死体はまたない大事件に色めきたつ。ときに校則を破り、ときに寮母の目を盗んで、勝手知ったる校内を大捜査。嘘つきな教師たち、割られた窓ガラス、幽霊の噂―あまりにもこの学校には秘密が多すぎて!?賢く可憐な少女探偵たちが繰り広げる、英国で人気白熱中のシリーズ第一弾！
2017.4 415p A6 ¥980 ①978-4-562-06065-8

◆貴族屋敷の嘘つきなお茶会―英国少女探偵の事件簿 2　ロビン・スティーヴンス著,吉野山早苗訳　原書房　（コージーブックス）
【要旨】美しい森と湖に囲まれた由緒正しい貴族屋敷。そんなすてきな家に住むお嬢さまのデイジーから誕生日のお茶会に招待されて、ヘイゼルは楽しい休暇を期待していた。ところがデイジーの両親は不仲だし、招待客の大人たちも何やら邪な計画があるようす。こんなんでお誕生日会は大丈夫？ チョコレートケーキに、ジャムタルト、マカロン―ご馳走を目の前にして食いしん坊のヘイゼルがほっとしたのもつかの間。紅茶を口にした招待客のひとりが絶命し、デイジーの父親が第一容疑者にされてしまった！ 探偵倶楽部にとって解かなければならない謎だが、それは同時にデイジーの家族全員を疑うことでもあり!?早くも少女探偵たちに試練のときが訪れる！
2017.9 446p A6 ¥980 ①978-4-562-06070-2

◆偽りのレベッカ　アンナ・スヌクストラ著,北沢あかね訳　講談社（講談社文庫）
【要旨】青春を謳歌していた十六歳のレベッカ・ウィンターが失踪した。十一年後、「行方不明になっていたレベッカだ」と名乗り出る女が現れた。生還を喜び「私」を迎える家族。しかし、一度たりとも過去を問わない彼らの態度が、逆に「私」を不安に陥れる。豪州で話題の、背筋も凍るサイコスリラー。
2017.12 380p A6 ¥880 ①978-4-06-293844-0

◆探偵レミングの災難　シュテファン・スルプツキ著,北川和代訳　東京創元社　（創元推理文庫）
【要旨】レオポルト・ヴァリシュ、あだ名は"レミング"。刑事時代、犯人の逃走車輌の前に飛び出したのを集団自殺するネズミのようだと言われ、以来その名で呼ばれていた。訳あって警察を辞め、現在は興信所の調査員だ。ある日、浮気調査で元教師を尾行中、目を離した一瞬の隙に彼が殺害されてしまう。後先考えないお人よしの探偵が、事件の真相を求めてウィーンを駆ける！ ドイツ推理作家協会賞受賞作。
2017.7 345p A6 ¥940 ①978-4-488-28905-8

◆砕かれた少女　カリン・スローター著,多田桃子訳　オークラ出版　（マグノリアブックス）
【要旨】高級住宅街の邸宅で、エマという少女の遺体が発見された。それも、彼女の母親であるアビゲイルによって。エマの遺体のかたわらにはナイフを持った少年の姿があり、アビゲイルを見るなり襲いかかってきた。必死に逃れようとした彼女は、抵抗の末、その少年を殺してしまう。事件現場に呼び出されたジョージア州捜査局特別捜査官のウィル・トレントは、被害者の父、ポールと面識があった。幼いころに暮らしていた養護施設で一緒だったのだ。ポールは遺体を見て、それはエマではないと断言する。では、その遺体は誰で、エマはいったいどこにいるのか―。"ウィル・トレント"シリーズ第2弾！
2017.5 633p A6 ¥1048 ①978-4-7755-2656-9

◆サイレント　上　カリン・スローター著,田辺千幸訳　ハーパーコリンズ・ジャパン　（ハーパーBOOKS）
【要旨】アメリカの静かな田舎町で、湖から女性の凄惨な死体が見つかった。ナイフで刑事を刺し、逃走を図った若い男が直ちに逮捕され、犯行を自供する。だが男は留置場で自殺。両手首にインクカートリッジを突き刺し、血塗れの壁には無実を訴えるメッセージが残されていた。地元警察の失態により緊急招集されたジョージア州捜査局特別捜査官ウィル・トレントは、男の自供に疑問を抱くが…。
2017.6 308p A6 ¥861 ①978-4-596-55059-0

◆サイレント　下　カリン・スローター著,田辺千幸訳　ハーパーコリンズ・ジャパン　（ハーパーBOOKS）
【要旨】自殺した男は気弱な青年で、捜査を進めるほど、計画的で冷静、残忍というプロフィールから離れていく。男は警察に無理やり自供させられ、罪を着せられたのか―。地元の警官たちに敵視され、ウィルが協力を得られなない中、第二の死体が発見される。そして被害者たちと自殺した男との間に奇妙な共通点が浮かび上がり…。ウィル・トレントが静かな町で見つけた邪悪な闇とは。
2017.6 324p A6 ¥861 ①978-4-596-55060-6

◆血のペナルティ　カリン・スローター著,鈴木美朋訳　ハーパーコリンズ・ジャパン　（ハーパーBOOKS）

◆霧の島のかがり火　メアリー・スチュアート著,木村浩美訳　論創社　（論創海外ミステリ193）
【要旨】霧の島にかがり火が燃えあがるとき山の恐怖と人の狂気が牙を剥く。神秘的な霧の島に展開する血腥い連続殺人。ホテル宿泊客の中に潜む殺人鬼は誰だ！
2017.8 278p B6 ¥2200 ①978-4-8460-1630-2

◆お嬢さま学校にはふさわしくない死体―英国少女探偵の事件簿 1　ロビン・スティーヴンス著,吉野山早苗訳　原書房　（コージーブックス）
【要旨】一九三〇年代英国、お嬢さまたちが通う厳格なディープディーン女子寄宿学校。転校生ヘイゼルと、学校一の人気者で頭脳明晰の美少女デイジーは、二人でひそかに探偵倶楽部を結成した。でも起きる事件といえば、他愛もない校内の盗難事件ばかり。そんなとき、ヘイゼルは誰もいない夕方の室内運動場で女性教諭の死体を発見！ ところが人を連れて戻ってみると、死体はまたない大事件に色めきたつ。ときに校則を破り、ときに寮母の目を盗んで、勝手知ったる校内を大捜査。嘘つきな教師たち、割られた窓ガラス、幽霊の噂―あまりにもこの学校には秘密が多すぎて!?賢く可憐な少女探偵たちが繰り

ミステリー・サスペンス・ハードボイルド

【要旨】血の海と切断された薬指を残し、元刑事の女性が自宅から連れ去られた。駆けつけた捜査官ウィルはすぐにある事件に思い当たる。4年前、彼女の率いる麻薬捜査課の部下たちが汚職にまみれて刑務所送りとなった。彼女自身には無罪放免となったが、ウィルは証拠が握り潰されたことを疑っていた。事件を洗い直そうとウィルは服役中の元部下を訪ねる。ところが面会の直後、彼が獄中で殺害され—。
2017.12 628p A6 ¥1185 ①978-4-596-55076-7

◆ハンティング 上 カリン・スローター著, 鈴木美朋訳 ハーパーコリンズ・ジャパン (ハーパーBOOKS)
【要旨】田舎道にふらりと現れ、車に轢かれたという意識不明の女性がERに運び込まれた。全裸の女性の体には拘束され、拷問されたような傷が無数に走り、奇怪なことに肋骨が1本も取られていた。ジョージア州捜査局特別捜査官ウィル・トレントは事故現場に急行。森の奥深くでおぞましい拷問部屋を見つける。地中深くに掘られた不気味な穴の中は血に染まり、死臭に満ちていた—。
2017.1 382p A6 ¥889 ①978-4-596-55045-3

◆ハンティング 下 カリン・スローター著, 鈴木美朋訳 ハーパーコリンズ・ジャパン (ハーパーBOOKS)
【要旨】捜査が難航するなか、新たな女性が行方不明になる。これまでの被害者と同じく、裕福で社会的地位が高く、やせ形の美人で嫌われ者—。だが被害者をつなぐ接点はなく、犯人の影は見えない。刻一刻と時間が過ぎるなか、ウィルは彼女たちが摂食障害を抱えていたことに気づく。そして、そこに隠された暗い秘密に—。繊細な計画性と異常な暴力性をあわせもつ犯人のシナリオとは!?
2017.1 351p A6 ¥861 ①978-4-596-55046-0

◆ペナンブラ氏の24時間書店 ロビン・スローン著, 島村浩子訳 東京創元社 (創元推理文庫)
【要旨】青年クレイが再就職した"ミスター・ペナンブラの24時間書店"は不思議な店だった。ろくに客も来ないのに終日営業で、本棚のあちこちに秘密で書かれた謎の本があり、少数の顧客がそれを借りていくのだ。クレイは友人やコンピュータに助けられ本の解読に挑むが、それは五百年ものの謎を解く旅の始まりだった! 謎解き、冒険、友情その他盛りだくさんの爽快エンタテインメント。
2017.2 398p A6 ¥1000 ①978-4-488-22603-9

◆三人目のわたし ティナ・セスキス著, 青木千鶴訳 早川書房 (ハヤカワ・ミステリ文庫)
【要旨】エミリーはすべてを捨て家を出た。愛する夫ベン、可愛いチャーリー、幸せいっぱいの我が家—そして、自分の分身である双子の妹キャロラインも。エミリーは「もう一人のわたし」としてシェアハウスで新しい人生をはじめるが、過去のある事件が彼女を苦しみつづける。なぜ、エミリーは家族を捨てたのか? 問題児であるキャロラインのせい? しだいに明らかになる家族の闇と驚きの真実—。注目作家の衝撃デビュー・サスペンス。
2017.1 572p A6 ¥1200 ①978-4-15-182501-9

〔タ行の作家〕

◆夜の彼方でこの愛を ヘレンケイ・ダイモン著, 相野みちる訳 二見書房 (ザ・ミステリ・コレクション)
【要旨】行方不明になったいとこを捜しつづけるエミリーは、あるとき、レンという男が関係しているらしいと知る。探りを入れかけたところ、知らない男に脅されるが、それがレンの人だった。つねにダークスーツに身を包み高級車を乗り回す長身のハンサムで、表沙汰にできないトラブルを解決する"調停者"を職業とする謎めいた男。エミリーは欲望の的となる彼に近づくようになるが、実はレンには…。ホットでセクシーな男性とのとろけるような恋を描く新シリーズ第一弾!
2017.12 553p A6 ¥1180 ①978-4-576-17172-4

◆北海に消えた少女 ローネ・タイルス著, 一花邦介訳 早川書房 (ハヤカワ・ミステリ文庫)
【要旨】イギリスに向かう船から、2人のデンマーク人女性が消えた。その生死は迷宮入りとなった。30年後、ジャーナリストのノラは、少女たちが消える直前に撮られた写真を偶然手に入れる。警察も知らなかったその写真から、未解決事件が再び動き出す。ノラが少女の過去を掘りおこすと、きな臭い話ばかり。そして失踪の裏には、残虐な犯罪の数々があることに気づかされる。デンマークのベストセラー・クライムノヴェル!
2017.9 495p A6 ¥1100 ①978-4-15-182951-2

◆死の天使ギルティネ 上 サンドローネ・ダツィエーリ著, 清水由貴子訳 早川書房 (ハヤカワ・ミステリ文庫)
【要旨】ローマに到着した急行列車。しかし先頭車両の乗客は、全員死亡していた。イスラム過激派から犯行声明が出されるが、犯人の足跡はたどれない。捜査の方向性をめぐって上層部と衝突した女性捜査官コロンバは、変わり者だが抜群の観察眼を持つ知り合いのコンサルタント、ダンテに、ひそかに犯人捜しを依頼する。ダンテはしぶしぶ引き受けるが—。大ヒット・サスペンス『パードレはそこにいる』に続くシリーズ第二弾登場!
2017.6 346p A6 ¥820 ①978-4-15-182203-2

◆死の天使ギルティネ 下 サンドローネ・ダツィエーリ著, 清水由貴子訳 早川書房 (ハヤカワ・ミステリ文庫)
【要旨】列車の大量殺人事件につながっていた二人の若者が殺された。その裏には、謎めいた女性の姿が見え隠れする。ダンテは過去に起きた複数の事件と、その女との関係を疑う。停職を命じられたばかりのコロンバだったが、ダンテと協力して調べ続けることを決め、ドイツへ向かう。コロンバとダンテはさらなる悲劇を止めることができるのか? 勇猛果敢な女性捜査官と閉所恐怖症のコンサルタントが活躍するベストセラー・サスペンス。
2017.6 319p A6 ¥820 ①978-4-15-182204-9

◆黙約 上 ドナ・タート著, 吉浦澄子訳 新潮社 (新潮文庫) (『シークレット・ヒストリー』改題書)
【要旨】緑の蔦に覆われた大学の古い建物、深い霧に包まれる森。東部ヴァーモント州の大学に編入した主人公リチャードは、衒学的なモロー教授のもとで古代ギリシアの世界に耽溺する学生五人と知り合う。そしてある夜、バッコス祭の神秘を再現する熱狂の中で凄惨な事件が起こった。美と恐怖と狂気が彼らを駆り立てる—『罪と罰』を彷彿とさせる傑作長編小説!
2017.8 489p A6 ¥750 ①978-4-10-220121-3

◆黙約 下 ドナ・タート著, 吉浦澄子訳 新潮社 (新潮文庫) (『シークレット・ヒストリー』改題書)
【要旨】事件を知り、農夫の死に疑いを持った一人の大学生が、冬山で崖から突き落とされた。音信が途絶えた息子を探す両親。町中が狂奔し、古代ギリシア語クラスの学生たちにもFBIの捜査が入った。密議を重ねながらも、徐々に精神の平衡を失ってゆく四人。そしてリチャードにも危機が…。世界が注目する作家のデビュー長編!
2017.8 538p A6 ¥790 ①978-4-10-220122-0

◆嘘つきポールの夏休み サビーネ・ダラント著, 林啓恵訳 ハーパーコリンズ・ジャパン (ハーパーBOOKS)
【要旨】売れない小説家ポールはある日、成功した同級生に再会し、裕福な弁護士アリスを紹介される。彼女に取り入ろうと人気作家を装い、嘘を重ねていくポール。まんまとギリシャの別荘に招かれたものの、レイプ事件が発生して、警察に嗅ぎ廻られることに。10年前に起きた未解決の少女失踪事件の際も彼女の家にいた。嘘の山に足をすくわれ突如容疑者となったポールの休暇は悪夢の一途を辿り始め…。
2017.6 430p A6 ¥963 ①978-4-596-55061-3

◆MAN FROM THE SOUTH—南からきた男、ほか ロアルド・ダール短編集 ロアルド・ダール著, 金原瑞人編 青灯社 (金原瑞人MY FAVORITES) (本文: 英文)
【要旨】賭けごと、妄想、そして狂気…。奇才ダールの妙味をつめ込んだ、代表作四編。金原瑞人の詳しい語注で辞書なしに読める。原文をすべて収録。
2017.6 133p A6 18cm ¥1200 ①978-4-86228-094-7

◆ブラウン神父の醜聞 G.K. チェスタトン著, 中村保男訳 東京創元社 (創元推理文庫) 新版
【要旨】その古書を開いた者は跡形もなく消えてしまうと伝えられるとおりの奇怪な事件が起きる「古書の呪い」を始めとして、閉ざされた現場での奇妙な殺人の謎がこのうえなく鮮やかに解かれる傑作"ブルー"氏の追跡」など、いずれもチェスタトン特有のユーモアと逆説にあふれた全9編を収録する。全編が傑作にして必読であるという、奇跡のような"ブラウン神父"シリーズ最終巻。
2017.9 318p A6 ¥740 ①978-4-488-11017-8

◆ブラウン神父の知恵 G.K. チェスタトン著, 中村保男訳 東京創元社 (創元推理文庫) 新版
【要旨】逆説の論理の魔術師チェスタトンを代表する名シリーズの第二集。トリックの凄みは、名作揃いの巨匠チェスタトン作品のなかでもトップクラスに位置する「通路の人形」、仮装舞踏会を舞台に神父の心理試験反対論を織りまぜた「機械のあやまち」など、いずれも劣らぬ名作12編を収録。とても名探偵とは思えない外見のブラウン神父が明かす奇妙な事件の真相は、読む者の度肝を抜く。
2017.3 337p A6 ¥740 ①978-4-488-11014-7

◆ブラウン神父の秘密 G.K. チェスタトン著, 中村保男訳 東京創元社 (創元推理文庫) 新版
【要旨】第四作品集に至っても驚異的なクオリティーを保ちつづける"ブラウン神父"シリーズ。容疑者の不可解な行為の謎と意外な真相「大法律家の鏡」、この世の出来事とは思えぬ状況で発生した金塊消失事件「飛び魚の歌」、常識を超えたユーモアと恐怖の底に必然的動機がひそむ「ヴォードリーの失踪」など全10編を収録。シリーズの精髄である逆説とトリックが冴える、逸品揃いの短編集。
2017.7 294p A6 ¥740 ①978-4-488-11016-1

◆ブラウン神父の不信 G.K. チェスタトン著, 中村保男訳 東京創元社 (創元推理文庫) 新版
【要旨】名作揃いの"ブラウン神父"シリーズでも、特に傑作が集まっている第三集が、読みやすくなって新しいカバーでリニューアル! これを読まずしてブラウン神父は語れないほどの傑作「犬のお告げ」、チェスタトンならではの大胆で奇天外な密室トリックが炸裂する「ムーン・クレセントの奇跡」など、珠玉の8編を収録。ブラウン神父の魅力あふれる名推理をどうぞご堪能あれ!
2017.5 317p A6 ¥740 ①978-4-488-11015-4

◆とろとろチーズ工房の目撃者—卵料理のカフェ 7 ローラ・チャイルズ著, 東野さやか訳 原書房 (コージーブックス)
【要旨】カフェの店主スザンヌはいつも店で出しているチーズを購入するため、付き合いの長い酪農家マイクの工房を訪ねた。マイクの作る自家製チーズは味わい豊かで、スザンヌのカフェに欠かせない食材のひとつ。ところがその日は、嫌な予感は的中し、チーズ工房では何者かに刺殺されたマイクの姿が。温厚な彼がこんな形で殺されるなんて許せない! スザンヌは婚約者のサムから事件捜査に首をつっこまないよう釘を刺されたものの、何か重要なことを目撃したかもしれない少年のことが気にかかって仕方がない。ロマンティックな結婚式の計画を進めようとする婚約者とは対照的に、スザンヌはとある行動を取ることに…!?
2017.6 940p A6 ¥940 ①978-4-562-06067-2

◆ロシアン・ティーと皇帝の至宝—お茶と探偵 17 ローラ・チャイルズ著, 東野さやか訳 原書房 (コージーブックス)
【要旨】高級ジュエリーの展覧会に突然、一台の車が窓ガラスを破って侵入してきた。車から降り立つ覆面の三人組、客たちの悲鳴、そして煙幕—優雅な会場は強盗団の出現で一変に。貴重な宝石は根こそぎ奪われ、あとにはたくさんの死傷者が残された。現場に居合わせたセオドシアは大胆不敵な犯行を前に、なすすべもなかった。折しもチャールストンの町では、ロシアの皇帝が作らせたという至宝"ファベルジェの卵"を展示する計画が。また不幸な犠牲者を出すわけにはいかない! でも今度ばかりはFBIも乗り出す国際的組織犯罪。とても自分の手に負える事件ではないけれど、セオドシアは貴重な宝と大事な町を守るため、ある奇策で非情な強盗団と対決することに。
2017.12 423p A6 ¥960 ①978-4-562-06074-0

◆水底の女 レイモンド・チャンドラー著, 村上春樹訳 早川書房
【要旨】私立探偵フィリップ・マーロウは、香水会社の経営者ドレイス・キングズリーのオフィ

ミステリー・サスペンス・ハードボイルド

外国の小説

スを訪ねた。男と駆け落ちしたらしい妻の安否を確認するための依頼だった。妻の足取りを追って、湖の町に赴いたマーロウは、そこで別の女の死体を見つける。行方知れずの社長の妻となにか関係があるのか—。マーロウの調査はベイ・シティの闇をえぐる—チャンドラー新訳シリーズ第七弾。旧題『湖中の女』の新訳版。
2017.12 397p B6 ¥2300 ①978-4-15-209728-6

◆**七年の夜** チョンユジョン著, カンバンファ訳 (福岡)書肆侃侃房 (Woman's Best 6—韓国女性文学シリーズ 3)
【要旨】一瞬の誤った選択によってずるずると破滅へと進む男ヒョンスに死刑が言い渡される。娘を死に追いやった男ヨンジェは、七年の後、死刑が執行されたその日から、ヒョンスの息子ソウォンへ魔の手を伸ばす。セリョン湖と灯台村の美しい風景を背景に息も切らせぬ執拗な心理戦と容赦ない暴力の応酬。読者の不安が頂点に達したとき、物語は衝撃のクライマックスへ。
2017.11 557p B6 ¥2200 ①978-4-86385-283-9

◆**ゴースト・スナイパー 上** ジェフリー・ディーヴァー著, 池田真紀子訳 文藝春秋 (文春文庫)
【要旨】バハマで反米活動家の男が殺害された。神業ともいうべき超長距離狙撃が暗殺だった。直後、リンカーン・ライムのもとを地方検事補ローレルが訪ねてきた。その暗殺は米国政府諜報機関の仕業で、テロリストとして射殺された男は無実だったという—。非合法の暗殺事件を訴追すべく、ライムとサックスたちは捜査を開始する!
2017.11 358p A6 ¥840 ①978-4-16-790969-7

◆**ゴースト・スナイパー 下** ジェフリー・ディーヴァー著, 池田真紀子訳 文藝春秋 (文春文庫)
【要旨】無実の男を暗殺した "影なきスナイパー" を追う捜査班。だが証拠が少なすぎる。ライムたちの前に立ちはだかったのは、敵の暗殺者による巧妙な隠蔽工作だった。現場は汚染され、証人は次々と消されていく。痺れを切らしたライムは、自ら現場のバハマに乗り込むことを決意する! 大人気シリーズ第10作。
2017.11 344p A6 ¥840 ①978-4-16-790970-3

◆**スティール・キス** ジェフリー・ディーヴァー著, 池田真紀子訳 文藝春秋
【要旨】リンカーン・ライムが刑事事件から撤退を決意した! 原因はバクスターという男の死だった。ライムの徹底した捜査の結果、重罪を科されることになったバクスターは自殺を遂げた。捜査に間違いはなかったが、しかし…。そんな疑念がライムを捕らえだった。だから連続殺人犯を追うアメリア・サックスはライムの助けを借りなくなり、そしてライムは、民事訴訟のための調査依頼を引き受ける。それはサックスの目の前で起きた痛ましいエスカレーター事故の訴訟だった…。
2017.10 535p B6 ¥2500 ①978-4-16-390744-4

◆**紙片は告発する** D.M.ディヴァイン著, 中村有希訳 東京創元社 (創元推理文庫)
【要旨】周囲から軽んじられているタイピストのルースは、職場で拾った奇妙な紙片のことを警察に話すつもりだと、町役庁舎の同僚たちに漏らしていた。その夜、彼女は何者かに殺害された…! 現在の町は、町長選出をめぐって揺れており、さながらよからぬ数の人間が秘密をかかえている。発覚を恐れ、口を封じたのは誰か? 地方都市で起きた殺人事件とその謎解き、著者真骨頂の犯人当て!
2017.2 350p A6 ¥1100 ①978-4-488-24011-0

◆**かくして殺人へ** カーター・ディクスン著, 白須清美訳 東京創元社 (創元推理文庫)
【要旨】牧師の娘モニカ・スタントンは、初めて書いた小説でいきなり大当たり。しかし伯母にやいやい言われ、生まれ育った村を飛び出してロンドン近郊の映画撮影所にやってきた。さあ仕事だと意気込むが、何度も死と隣り合わせの目に遭う。犯人も動機も雲を掴むばかり。みかねた探偵作家がヘンリ・メリヴェール卿に助力を求めて…。灯火管制下の英国を舞台に描かれる、H・M卿正躍譚。
2017.1 294p A6 ¥860 ①978-4-488-11842-6

◆**ニューヨーク1954** デイヴィッド・C.テイラー著, 鈴木恵訳 早川書房 (ハヤカワ文庫NV)
【要旨】アメリカ全土に赤狩りの嵐が吹き荒れ、不安と恐怖が人々を支配している時代—市警

刑事キャシディは奇妙な殺人事件にぶつかった。ブロードウェイのダンサーが自宅のアパートで拷問を受けて殺されたのだ。彼の部屋には収入に不釣り合いな高級家具があり、不法な金づるを握っていたらしい。だが捜査を開始したキャシディにFBIがストップをかける…冷戦下のニューヨークを舞台にした歴史ノワールの会心作。
2017.12 557p A6 ¥1260 ①978-4-15-041425-2

◆**悪い夢さえ見なければ—ロングビーチ市警殺人課** タイラー・ディルツ著, 安達眞弓訳 東京創元社 (創元推理文庫)
【要旨】全身をナイフで切り刻まれ、左手首の骨が砕かれた女性教師の遺体が発見された。わたしは面識がないはずの被害者になぜか見覚えがあった。捜査が進むが、有益な物証や目撃情報がなく、手がかりを得るには己の記憶と向き合わなくてはならない。悪夢を見続けるほどの辛い記憶に—。家族を亡くした痛みを抱えるダニーと格闘技に秀でた相棒のジェン。支え合う男女刑事コンビを描く警察小説!
2017.2 344p A6 ¥1040 ①978-4-488-15010-5

◆**クリスマスも営業中?—赤鼻のトナカイの町 1** ヴィッキ・ディレイニー著, 寺尾まち子訳 原書房 (ミステリー・ブックス)
【要旨】雪の降り積もるルドルフの町。一年を通してクリスマスを祝う「クリスマスの町」としての知名度はまだまだ低いけれど、ついに今年は有名旅行誌の記者が取材にやってきた! この機会を逃すまいと町の人々は一丸となって聖なる季節を盛り上げる。クリスマス雑貨店を経営するメリーもそのひとり。木の玩具に、きらめくオーナメント…職人たちがひとつひとつ丁寧に作りあげたかわいらしい雑貨に、お客さんが顔をほころばせる瞬間は何にもかえがたかった。ところが、町が誇る大パレードが終わってほっとしたのもつかの間、旅行誌の記者が何者かに殺される事件が発生し、観光客が激減。このままでは多くの店が閉店に追いこまれてしまう! メリーは事件を解決して町にふたたび平和を取り戻そうと奮闘するものの…!?
2017.11 358p A6 ¥800 ①978-4-562-06073-3

◆**冷たい家** JP.ディレイニー著, 唐木田みゆき訳 早川書房 (ハヤカワ・ポケット・ミステリ)
【要旨】フォルゲート・ストリート一番地—そこにはミニマリストで完璧主義者の建築家エドワードが手がけた家がある。最先端テクノロジーによって制御された立方体の建物。簡潔さが追求された室内。エドワードの厳しい審査をパスした者だけがここに入居を許される。だがこの家に住む女性たちには、なぜか次々と災厄が訪れるのだった—。この家に隠された秘密とは? 交錯する語りから驚愕の真実が明かされていく一映画化決定の新時代サスペンス。ニューヨーク・タイムズ・ベストセラー。
2017.10 388p 19cm ¥1800 ①978-4-15-001924-2

◆**失われた図書館** A.M.ディーン著, 池田真紀子訳 集英社 (集英社文庫)
【要旨】古代アレクサンドリア図書館は、いまも存在している—。射殺された大学教授アルノがエミリーに残した手紙には、7世紀に忽然と消えた伝説の図書館の現存がほのめかされていた。エミリーは、謎だらけの教授の言葉に導かれ、幻の図書館を探しに旅に出る。一方、ワシントンDCにも、図書館の行方を追う者たちがいた。手段を選ばない非情な魔の手がエミリーに迫りくる! ノンストップ史実ミステリー。
2017.7 575p A6 ¥1100 ①978-4-08-760736-9

◆**冬の灯台が語るとき** ヨハン・テオリン著, 三角和代訳 早川書房 (ハヤカワ・ミステリ文庫)
【要旨】エーランド島の古い屋敷に移り住んだヨアキムとその家族。ひと月もなく、一家を不幸が襲う。悲嘆に沈むヨアキムに、屋敷に起きる異変が追い打ちをかける。無人の部屋で聞こえる囁き、母の気配がする納屋…。やがて死者が現世に戻ってくるというクリスマス、猛吹雪で孤立した屋敷を歓迎する客たちが訪れる。「ガラスの鍵」賞、英国推理作家協会賞、スウェーデン推理作家アカデミー賞の三冠に輝く傑作ミステリ。
2017.3 591p A6 ¥1180 ①978-4-15-179702-6

◆**死を告げられた女** イングリッド・デジュール著, 竹若理衣訳 早川書房 (ハヤカワ文庫NV)
【要旨】アフガニスタンから帰還し、パリでボディガードを営む元軍人のラースは、女性活動家

ハイコの警護につく。彼女は過激派にリクルートされた子女を奪回する活動を行ない、そのため彼らから死刑を宣告されているのだ。だがハイコは警護を嫌い、身の危険を顧みようとしない。自信に満ちた彼女に惹かれながらも苛立つラース。やがてハイコの活動に重大な疑惑が生じ…テロの恐怖に震えるパリの街を舞台に描く慟哭のサスペンス。
2017.3 567p A6 ¥1100 ①978-4-15-041408-5

◆**その犬の歩むところ** ボストン・テラン著, 田口俊樹訳 文藝春秋 (文春文庫)
【要旨】ギヴ。それがその犬の名だ。彼は檻を食い破り、傷だらけで、たったひとり山道を歩いていた。彼はどこから来たのか。何を見てきたのか…。この世界の罪と悲しみに立ち向かった男たちと、そこに静かに寄り添っていた気高い犬の物語。『音もなく少女は』『神は銃弾』の名匠が犬への愛をこめて描く唯一無二の長編小説。
2017.6 299p A6 ¥820 ①978-4-16-790877-5

◆**スレーテッド—消された記憶** テリ・テリー著, 竹内美紀訳 祥伝社 (祥伝社文庫)
【要旨】「お前の約束は聞き飽きた」夢の中、男はレンガで私の指を潰していた—2054年、英国。スレーテッド(記憶消去矯正措置)を施された16歳の少女カイラは、デイビス夫妻の元で新たな生活を始める。しかし、繰り返し見る悪夢が、消されたはずの記憶を呼び覚ましてゆく。"私" とは誰なのか? なぜスレーテッドされたのか…。治安当局と周囲の監視をかい潜り、同じスレーテッドの少年ベンと真相を探るうち、カイラは暗躍する反政府組織の存在を知る。過剰に管理された近未来の英国を舞台に、少女の戦いと成長を描く、瞠目のディストピア小説。
2017.4 556p A6 ¥860 ①978-4-396-34238-8

◆**スレーテッド 2 引き裂かれた瞳** テリ・テリー著, 竹内美紀訳 祥伝社 (祥伝社文庫)
【要旨】政府によって消された記憶の一部を取り戻したカイラ。しかし、そこには "ルーシー" と "レイン" 全く異なる2人の自分が存在していた。謎の鍵を握るのは、過去の自分に戦い方を仕込んだ反政府組織『自由UK』のリーダー・ニコ。圧倒的なカリスマ性を持つ彼の下で戦うことになるカイラだが、政府の記念式典で重要人物を暗殺するという非情なミッションを課せられ、苦悩する。一方、治安部隊ローダーズの長官からは、ベンの消息と引き換えに二重スパイになるよう迫られるが…。葛藤の中でカイラが選び取った道とは? 衝撃のディストピア小説、第2弾!
2017.5 532p A6 ¥850 ①978-4-396-34309-5

◆**スレーテッド 3 砕かれた塔** テリ・テリー著, 竹内美紀訳 祥伝社 (祥伝社文庫)
【要旨】「自分がだれか絶対に忘れるな!」父が最期に残した言葉に、その死の真相を知ったカイラ。失った記憶を完全に取り戻すため、反政府組織に連れ去られる前に暮らしていたケズウィックへと赴く。しかし、実の母・ステラの昔から明かされる出生の秘密に煩悶する。やがて、平和なはずのこの地にもローダーズの脅威が迫り…。彼らの非道な政策の決定的証拠を掴んだカイラは、地下で抵抗運動を行なうMIAのエイダンの元へ合流する。再会、そして裏切り—証拠映像を公にする、命懸けの作戦は成功するのか。カイラが下した最後の決断とは? 3部作圧巻のクライマックス!
2017.6 532p A6 ¥850 ①978-4-396-34320-0

◆**シャーロック・ホームズ全集 シャーロック・ホームズの事件簿** アーサー・コナン・ドイル著, 深町眞理子訳 東京創元社 (創元推理文庫) 新版
【要旨】「高名の依頼人」や「サセックスの吸血鬼」—おなじみベイカー街221Bを訪れる依頼人が持ち込む難事件の数々。『緋色の研究』で颯爽と登場した、たちまち名探偵の代名詞となったシャーロック・ホームズは、4篇60短編で全世界のファンを魅了し、いま鮮やかに退場する。「読者諸君、今度こそほんとうにシャーロック・ホームズともお別れだ!」深町版ホームズ全集、ここに完結。
2017.4 477p A6 ¥900 ①978-4-488-10124-4

◆**デルフィーヌの友情** デルフィーヌ・ド・ヴィガン著, 湯原かの子訳 水声社 (フィクションの楽しみ)
【要旨】スランプに陥った新進作家のまえに現れた、謎めいたゴースト・ライター。急速に親しくなってゆく二人の女性をめぐる、恐怖のメタフィクション!
2017.12 253p B6 ¥2300 ①978-4-8010-0319-4

ミステリー・サスペンス・ハードボイルド

◆**くそったれバッキー・デント** デイヴィッド・ドゥカヴニー著, 高取芳彦訳 小学館 (小学館文庫)
【要旨】一九七八年のニューヨーク。ヤンキースタジアムでピーナッツ売りをする作家志望の三十代・独身男テッドは、ある夜病院からの電話で、母の死後は疎遠になっていた父が末期がんと知る。久しぶりに実家に帰ったテッドは、父の悪友たちを巻き込み、快復のために大芝居をうつテッド。ついに、同率首位のレッドソックス対ヤンキース、最終決戦の日がやって来た。『Xファイル』のモルダー捜査官による、まさかの小説第二弾! 不器用な父と息子の関係に笑って泣ける、唯一無二のドゥカヴニー・ワールド!
2017.9 455p A6 ¥850 ①978-4-09-406375-2

◆**失われた愛の記憶を** クリスティーナ・ドッド著, 出雲さち訳 二見書房 (ザ・ミステリ・コレクション)
【要旨】4歳のとき、目の前で父親が母親を殺害したのを目撃したエリザベスはすべての記憶を失い、生まれた町を離れた。23年後、仕事で町に戻ったとき大地震に遭遇し、複雑な気持ちを抱えたまま彼女はずっと会っていなかった父を訪ねる。だが病気のせいで記憶が混乱しつつも母への変わらない愛を語る父を見て、疑念がわきはじめる。本当に父は母を殺したの? 愛し合いながら別れた元夫のFBI捜査官ギャリックとともに調査を開始するが、意外な町の秘密が徐々に明らかに…。
2017.9 801p A6 ¥1330 ①978-4-576-17122-7

◆**天国の南** ジム・トンプスン著, 小林宏明訳 文遊社
【要旨】'20年代のテキサスの西端は、タフな世界だった―パイプライン工事に流れ込む放浪者、浮浪者、そして前科者‥‥本邦初訳。
2017.8 302p B6 ¥2500 ①978-4-89257-141-1

〔ナ行の作家〕

◆**夏の沈黙** ルネ・ナイト著, 古賀弥生訳 東京創元社 (創元推理文庫)
【要旨】テレビのドキュメンタリー制作者のキャサリンは、仕事でも家庭でも、順風満帆の生活を送っていた。しかし、そんな彼女の人生は一瞬で暗転した―引っ越し先で手にした見覚えのない本を開いた、その瞬間に。その本は、20年間隠しつづけてきた、あの夏の秘密を暴こうとしていたのだ! 新人の作品ながら25ヶ国で出版が決定した、世界で旋風を巻き起こした驚異の長編スリラー。
2017.7 353p A6 ¥1000 ①978-4-488-28505-0

◆**悪魔の星 上** ジョー・ネスボ著, 戸田裕之訳 集英社 (集英社文庫)
【要旨】一人暮らしの女性が銃で撃ち殺され死体で見つかった。左手の人差し指が切断されていた上に、遺体から珍しいダイヤモンドが見つかると、猟奇的事件として、注目が集まった。ハリー・ホーレ警部は、3年前の同僚刑事の殉職事件を捜査し続けていたが、証拠を得られず捜査中止を命じられ、酒に溺れて免職処分が決定。正式な発令までの間、この猟奇的事件の捜査に加わる事態は混迷を深めていく‥‥。
2017.2 346p A6 ¥800 ①978-4-08-760731-4

◆**悪魔の星 下** ジョー・ネスボ著, 戸田裕之訳 集英社 (集英社文庫)
【要旨】最初の女性殺害に続いて、人妻が失踪し、弁護士事務所で受付の女性が殺されて見つかった。被害者はいずれも指を切断され、遺留品には赤い五芒星柄のダイヤモンド。犯人からのメッセージを読み解こうとするハリーが、示された答えは連続殺人犯、ハリー・ヴァーレル警部は、自分の仲間になるようハリーに圧力をかけるが―。30ヶ国以上で累計部数2000万部超の傑作シリーズ!
2017.2 348p A6 ¥800 ①978-4-08-760732-1

◆**穢れた風** ネレ・ノイハウス著, 酒寄進一訳 東京創元社 (創元推理文庫)
【要旨】風力発電施設建設会社で夜警の死体が発見された。ビルには何者かが侵入した形跡もなし。奇妙なことに、社長室のデスクにハムスターの死骸が残されていた。これは何を意味しているのか? 風力発電の利権をめぐって次々に容疑者が浮かびあがり、さらに殺人が―。再生可能エネルギーにかかわる国家的犯罪なのか。巨大な利権に呑み込まれる刑事たち。ドイツのナンバーワン警察小説!

◆**あの愛は幻でも** ブレンダ・ノヴァク著, 阿尾正子訳 二見書房 (ザ・ミステリ・コレクション)
【要旨】16歳のときエヴリンは、恋人ジャスパーが友人たちを殺してセクシーなポーズをとらせているのを目撃し、危うく自分も殺されかけた。20年後、精神科医となり、小さな町の医療刑務所で精神病質者の研究を始めるが、ある朝、同僚が殺され頭だけが。夜には被害者の腕の切断された腕が発見され、彼女が誰とでも寝ていたことも知る。関係を持った女性を次々と殺すあのジャスパーが再び戻る。地元警察のアマロックの家に泊めてもらううちにふたりの距離は縮まるが、町を震撼させる事件が…。
2017.6 602p A6 ¥1143 ①978-4-576-17072-5

◆**三つの栓** ロナルド・A・ノックス著, 中川美帆子訳 論創社 (論創海外ミステリ 199)
【要旨】ガス中毒による老人の死。事故に見せかけた自殺か、自殺に見せかけた他殺か、あるいは…。「探偵小説十戒」を提唱したロナルド・A・ノックスによる正統派ミステリの傑作が新訳で登場!
2017.11 278p B6 ¥2400 ①978-4-8460-1655-5

〔ハ行の作家〕

◆**休暇のシェフは故郷へ帰る** ジュリー・ハイジー著, 赤尾秀子訳 原書房 (コージーブックス)
【要旨】夏の休暇で、恋人といっしょに実家へ帰省したオリー。でも母の口から、幼い頃に亡くした父の死についての意外な真相を明かされ、和やかな休暇は一変。銃で殺されたうえに犯人もまだ捕まっていないなんて! 戸惑いながらも、オリーは父への愛を力に、未解決の事件に踏みこむ決意をする。一方、ホワイトハウスでは予想外の事態が。夏休み中の大統領の息子ジョシュアに料理を教えることになったはずのオリーだけでは参加するはずだったフード・エキスポにジョシュアがどうしても行きたいと言ってゆずらない。やむなく彼らはオリーを変装し、大勢の人でごった返す会場へと向かうが―!?
2018.1 377p A6 ¥940 ①978-4-562-06075-7

◆**誕生日ケーキには最強のふたり―大統領の料理人 5** ジュリー・ハイジー著, 赤尾秀子訳 原書房 (コージーブックス)
【要旨】異例づくし。まさにそれが、総料理長オリーの今回の任務だった。というのも大統領夫人が催す数千人規模の巨大誕生日パーティのため、厨房の外へと飛び出し、会場選びから手伝うことになったからだ。同じく担当スタッフに選ばれたのは、式次室長のピーター。彼とオリーが犬猿の仲なのはホワイトハウスの誰もが知るところ。なのにまさか、ふたりそろって秘書官の遺体を発見することになろうとは!? それ以来、何者かに命を狙われるふたりには、危険と隣りあわせでパーティの準備を続行することに。やむなく皮肉屋のピーターも、今回ばかりは弱気な一面を見せはじめ…!?
2017.7 412p A6 ¥940 ①978-4-562-06068-9

◆**見知らぬ乗客** パトリシア・ハイスミス著, 白石朗訳 河出書房新社 (河出文庫)
【要旨】新鋭の建築家ガイは不貞の妻を憎み、富豪の息子ブルーノは父を憎んでいた。二人が列車内で偶然知り合って語らう中、ブルーノは衝撃の提案をする。「ぼくはあなたの奥さんを殺し、あなたはぼくの親父を殺す」当然ガイは断るが、すでに二人は運命のレールの上に。ハイスミスを一躍人気作家にした第一長編、新訳決定版。
2017.10 509p A6 ¥880 ①978-4-309-46453-4

◆**リプリーをまねた少年** パトリシア・ハイスミス, 柿沼瑛子訳 河出書房新社 (河出文庫)
【要旨】数々の殺人を犯しながらも逃げ切っていた自由人、トム・リプリー。悠々自適の生活を送る彼の前に、億万長者の家出息子フランクが現れる。トムは自分を慕う少年とともにベルリンへ旅立つが、その地で誘拐事件に巻きこまれる―男と少年の奇妙な絆を美しく描き切る、リプリー第四の物語。改訳新版。
2017.5 557p A6 ¥1200 ①978-4-309-46442-8

◆**真冬のマカロニチーズは大問題!―秘密のお料理代行 2** ジュリア・バックレイ著, 上條ひろみ訳 原書房 (コージーブックス)
【要旨】もうすぐクリスマス。料理は苦手だけど見栄を張りたい人にとって、美味しいパーティ料理を秘密で届けてくれるライラは心強い味方。この変わった仕事のせいで、うまくいきそうだったパーカー刑事との恋はダメになってしまったけれど、大好きな料理作りが心の支えになってくれた。そんなある日、小学校のパーティに特製マカロニチーズを配達したライラは、サンタの恰好をした男性に出会った。俳優だという気さくなサンタと言葉を交わし、ほっこりしたのもつかの間。別れた直後に銃声が! そして走り去る1台の青い車。倒れていたサンタの息はすでになく、第一発見者になってしまったライラは、ふたたびパーカー刑事と顔を合わせることに! 恋と夢に一途な若き料理人ライラが活躍するシリーズ第2弾!
2017.3 426p A6 ¥830 ①978-4-562-06064-1

◆**アーサー・ペッパーの八つの不思議をめぐる旅** フィードラ・パトリック著, 杉田七重訳 集英社 (集英社文庫)
【要旨】七十歳を目前にして、愛する妻ミリアムを失ったアーサーは、妻が隠していたブレスレットを見つける。ゾウ、トラ、花、本、パレット、指輪、ハート、指ぬき。ブレスレットについた八つのチャーム。そこに秘められた妻の過去を追ううちに、アーサーは不思議な冒険の旅に乗りだしていく。彼を待ち受ける数々の出会い。亡き妻の秘密の物語とは…? 読む人すべてを温かな感動で包みこむ驚異のデビュー作!
2017.4 463p A6 ¥960 ①978-4-08-760733-8

◆**死んだ男の妻** フィオナ・バートン著, 多田桃子訳 オークラ出版 (マグノリアブックス)
【要旨】あの男との暮らしは、いったいどんなものだったのか―ジーンの周囲に集まるのは、真実を知りたがる者たちばかりだ。なにしろ、彼女の死んだ夫は、幼女誘拐の容疑者だったのだから。かつて、平凡な暮らしを送っていたジーンの日々は、二歳児のベラが誘拐されたことで一変していた。しかし、容疑者だった夫は死に、真実は墓の中へと葬られるのだ。なのに、マスコミはジーンのもとを訪れ続け、気は休まらない。そんなとき、ジャーナリストのケイトが、巧みな話術でジーンの家に入りこんでしまう。真実は明らかになるのか?
2017.2 505p A6 ¥943 ①978-4-7755-2632-3

◆**素性を明かさぬ死** マイルズ・バートン著, 圭封幸恵訳 論創社 (論創海外ミステリ)
【要旨】検証派ミステリの雄ジョン・ロードが別名義で放つ変化球。読者の予想を裏切るアクロバチックな結末! 密室の浴室で死んでいた青年の死を巡る謎。"犯罪研究家メリオン&アーノルド警部" シリーズ番外編。
2017.10 255p B6 ¥2200 ①978-4-8460-1643-2

◆**閉じられた棺** ソフィー・ハナ著, 山本博, 遠藤靖子訳 早川書房 (クリスティー文庫)
【要旨】招待先のアイルランドの荘厳な子爵邸で、ポアロと盟友キャッチプール刑事は再会を果たす。その夜、ディナーの席で、屋敷の著名作家が全財産を余命わずかな秘書に遺すという不可解な発表をした。動揺した人々がようやく眠りについたころ、おぞましい事件が…。"名探偵ポアロ" シリーズ公認続篇、第2弾!
2017.6 493p A6 ¥1060 ①978-4-15-130105-6

◆**渇きと偽り** ジェイン・ハーパー著, 青木創訳 早川書房 (ハヤカワ・ポケット・ミステリ)
【要旨】「ルークは嘘をついた。きみも嘘をついた」意味深な手紙を受け取った連邦警察官フォークは二十年ぶりに故郷を訪れる。妻子を撃ち、自殺したとされる旧友ルークの葬儀に出るためだ。彼は手紙の送り主であるルークの両親から、息子の死の真相を突き止めてくれと頼まれる。生まれ育った町の捜査は、フォークの脳裏に苦い記憶を呼び起こしていく。かつて彼がここを離れる原因となった、ある事件の記憶を…。灼熱の太陽にあえぐ干ばつの町で、人々が隠してきた過去と秘密が交錯する。オーストラリア発のフーダニット。
2017.4 386p 19cm ¥1800 ①978-4-15-001918-1

◆**眠る狼** グレン・エリック・ハミルトン著, 山中朝晶訳 早川書房 (ハヤカワ文庫NV)
【要旨】帰ってきてほしい十年前に故郷を離れ、海外で軍務についていたバンのもとに、ずっと音沙汰のなかった祖父からの手紙が届く。プロの泥棒である祖父の弱気な言葉に胸が騒いだバンは、急ぎ帰郷した。だが到着した彼を待っていたのは、頭に銃撃を受けた祖父の姿だった!

ミステリー・サスペンス・ハードボイルド

外国の小説

◆完璧な家　B.A.パリス著,富永和子訳　ハーパーコリンズ・ジャパン　（ハーパーBOOKS）
【要旨】郊外の豪華な邸宅で暮らすグレース。ハンサムで優しい夫にも愛され、人は彼女を"それを手にした幸運な女"と羨む。だが、真実を知る者は誰一人いない—グレースが身も凍るような恐怖のなか、閉ざされた家で"囚人"同然の毎日を送っていることなど…。理想の夫婦の裏の顔とは!?発売後またたく間に話題沸騰、英国で100万部突破！　最後の1行まで目が離せない、サイコ・サスペンス。
2017.3 383p A6 ¥889 ①978-4-596-55052-1

◆フォールアウト　サラ・パレツキー著,山本やよい訳　早川書房　（ハヤカワ・ミステリ文庫）
【要旨】窃盗の疑いを掛けられた青年が老女優フェリングとともに姿を消した。探偵ヴィクは、その行方を追ってフェリングの故郷であるカンザス州ダグラス郡に赴く。過去に核ミサイル配備に対する抗議運動がおこなわれたこの地で、フェリングたちは何かを撮影してまわっていたらしい。調査を進めていたヴィクは、ミサイルサイロ近くの農家で腐乱死体を発見し…。シリーズ大級の陰謀に果たしてヴィクは打ち勝つ事が出来るのか？
2017.12 654p A6 ¥1300 ①978-4-15-075377-1

◆禁断の夜に溺れて　ケリガン・バーン著,辻早苗訳　二見書房　（ザ・ミステリ・コレクション）
【要旨】過酷な過去のせいでいっさいの感情を失ったエージェントは凄腕の殺し屋として名を成し、誰にも心許さずに生きてきた。人気女優ミリーの殺害を依頼され、暗がりに連れ込まれたものの思わずキスをかわしてしまい、すんでの所で殺害は失敗に終わる。彼女の家に侵入するも、わき上がる欲望を抑えられず再度しくじったエージェントは、それならいっそ彼女をわが物にしようと心を決めた。一方のミリーは、命を狙われていると知りながら、彼とのキスが忘れられず…"闇のヒーローたち"シリーズ第二弾！
2017.3 568p A6 ¥972 ①978-4-576-17020-6

◆Gマン―宿命の銃弾　上　スティーヴン・ハンター著,公手成幸訳　扶桑社　（扶桑社ミステリー）
【要旨】アーカンソー州にあるボブ・リー・スワガーの地所の造成地から、祖父チャールズの遺品と思われるコルト45と紙幣、謎の毛玉、そして1934年のみ用いられたFBIの前身、司法省捜査局のバッジなどが発見される。ジョン・デリンジャーやベビーフェイス・ネルソンといった名うての悪漢が跋扈した時代に、当時、ポーク郡の保安官だった祖父はどうやら捜査局に協力して、アウトローたちを狩り出す任務に従事していたらしい。自らのルーツでもある祖父の謎に満ちた事績を追うべくボブは調査を開始する。
2017.4 462p A6 ¥920 ①978-4-594-07656-6

◆Gマン―宿命の銃弾　下　スティーヴン・ハンター著,公手成幸訳　扶桑社　（扶桑社ミステリー）
【要旨】1934年、シカゴ。保安官チャールズ・F・スワガーは、司法省捜査局からの要請を受け捜査官たちに銃器の訓練を施しながら、部下とともにデリンジャーとその仲間の強盗一味を追っていた。中でも、その凶暴性と狡猾さで恐れられていたのはベビーフェイス・ネルソンだった…。トンプソンvsコルトのひりつくようなガンバトル。狩るものと狩られるものの壮絶な銃撃戦。実在のギャングと捜査官たちをモチーフに、巨匠ハンターが圧倒的筆致で描き出すガン・アクションの決定版！
2017.4 413p A6 ¥920 ①978-4-594-07657-3

◆雪と毒杯　エリス・ピーターズ著,猪俣美江子訳　東京創元社　（創元推理文庫）
【要旨】クリスマス直前のウィーンで、オペラの歌姫の最期を看取った人々。帰途にチャーター機が悪天候で北チロルの雪山に不時着としてしまう。彼ら八人がたどり着いたのは、雪で外部と隔絶された小さな村のホテル。歌姫の遺産をめぐり緊張が高まる中、弁護士によって衝撃的な遺言書が読みあげられる。そしてついに事件が―。修道士カドフェル・シリーズの巨匠による、本邦初訳の傑作ön集。
2017.9 330p A6 ¥1000 ①978-4-488-26905-0

◆アガサ・レーズンと禁断の惚れ薬―英国ちいさな村の謎　9　M.C.ビートン著,羽田詩津子訳　原書房　（コージーブックス）
【要旨】事件を解決に導いた代償として髪の毛を失ったアガサは、元通りに伸びるまでシーズンオフの観光地で心身ともに静養することにした。そこで耳にしたのは「魔女」と呼ばれる地元女性の評判。半信半疑で魔女の家を訪れたアガサは、法外な額をふっかけられたにもかかわらず、毛生え薬と、ついでに惚れ薬まで購入してしまう。ところがその直後、魔女が自宅で何者かに殺され、アガサが第一発見者に。惚れ薬を買ったことは恥ずかしくてどうしても警察の真相を明かせず、嘘に嘘を重ねるうち窮地に追い込まれてしまう。そしてとうとう、警察の飲み物に惚れ薬を入れるという暴挙に！　すると、警部がみるみるうちに…!?
2017.3 327p A6 ¥900 ①978-4-562-06071-9

◆東の果て、夜へ　ビル・ビバリー著,熊谷千寿訳　早川書房　（ハヤカワ・ミステリ文庫）
【要旨】十五歳の少年イーストは生まれて初めてLAを出た。これから人を殺しに行くのだ。標的の裏切り者は遠く離れたウィスコンシンに旅行中で、法廷に出る前週末でに「始末しろ」という所属組織の命令だった。イーストに同行するのは、殺し屋である不伸の弟をはじめとした三人。崩壊しつつある傍らや軋轢を抱えながら、二〇〇〇マイルに及ぶ長い旅が始まる。孤独な魂の彷徨を描いて絶賛を浴びたクライム・ノヴェル。
2017.9 447p A6 ¥920 ①978-4-15-182901-7

◆ピカデリーパズル　ファーガス・ヒューム著,波多野健編訳,梶本ルミ訳　論創社　（論創海外ミステリ）
【要旨】表題作のほか中短編4作を収録。推理小説史に名を残す「二輪馬車の秘密」のファーガス・ヒュームの未訳作品を日本独自編纂！
2017.10 499p B6 ¥3200 ①978-4-8460-1658-6

◆真紅のマエストラ　L.S.ヒルトン著,奥村章子訳　早川書房　（ハヤカワNV）
【要旨】美術品競売会社に勤めるジュディスは、雑用ばかり押しつけられて、不満が募っていた。そんな時、彼女は競売に出される絵画が贋作ではないかと疑い、調査をするが、解雇されてしまう。以前からバーでホステスのアルバイトをしていた彼女は、当座の生活費を受ける約束をして常連客と南仏へ旅行に行く。だが、不慮の事態が起き、やがて彼女は次々と犯罪を犯していく。美術界を舞台に、セクシーに、サスペンスフルに描く話題作。
2017.1 461p A6 ¥1160 ①978-4-15-041403-0

◆夜の動物園　ジン・フィリップス著,羽田詩津子訳　KADOKAWA　（角川文庫）
【要旨】動物園内の森林エリアで、息子のリンカーンを遊ばせていたジョーン。閉園時刻が迫り、2人で出入口へ足を運んでいたとき、破裂音を耳にする。辺りを見回すと、池の周囲に数体の死体が転がっていた。その先には、銃を持った男の姿。恐怖に駆られた彼女は、慌てて園内に身を隠すが、さらに窮地に追い込まれることに！　犯人の正体も警察の動きも不明の中、4歳の息子を守ろうとする母親の息詰まる3時間を描いたサスペンス。
2017.10 323p A6 ¥1080 ①978-4-04-105758-2

◆猿来たりなば　エリザベス・フェラーズ著,中村有希訳　東京創元社　（創元推理文庫）　7版
【要旨】イギリス南部ののどかな自然に囲まれた村、イースト・リー。トビーとジョージは、ロンドンから遠く離れた片田舎に誘拐事件を解決するためにはるばるやってきたのだが、そこでふたりを待ち受けていたのは前代未聞の珍事件、なんと、チンパンジーの誘拐殺害事件だった。イギリス国内で半世紀にわたって活躍してきた重鎮エリザベス・フェラーズの傑作本格ミステリ。
2017.9 309p A6 ¥900 ①978-4-488-15916-0

◆楽園―シドニー州都警察殺人捜査課　キャンディス・フォックス著,冨田ひろみ訳　東京創元社　（創元推理文庫）
【要旨】3人の若い女性の失踪事件を調べるシドニー州都警察の刑事フランクとエデン。手がかりは全員が住んでいた農場に滞在していたことだった。エデンはおとり捜査官として、80人ほどの犯罪者やならず者が働くその閉ざされたコミュニティに潜り込み、フランクは外部から監視チームの指揮を執ることに。悪人を狩るためなら手段を選ばない美貌の女刑事による、危険と隣り合わせの潜入捜査の行方は―。
2017.4 571p A6 ¥1400 ①978-4-488-17906-9

◆壊された夜に　サンドラ・ブラウン著,林啓恵訳　集英社　（集英社文庫）
【要旨】場末の酒場で射殺事件発生。現場から、顔に傷のある男と地元の会社経営者ジョーディが姿をくらました。捜査の結果、死んだ男は殺し屋だったことが判明。警察は、現場から消えた二人の行方を追う。一方、ジョーディは、顔に傷のある男に拘束され、緊迫の夜を過ごしていた。正体不明のこの男の目的は何なのか？　ついに、決死の行動に出たジョーディだったが…。どんでん返し連発サスペンス！
2017.12 572p A6 ¥1200 ①978-4-08-760742-0

◆書店猫ハムレットの休日　アリ・ブランド著,越智睦訳　東京創元社　（創元推理文庫）
【要旨】ハムレットは、ダーラが経営するニューヨークの書店の気むずかしいマスコット猫。空手大会に出場したダーラの動きを真似る動画がネットで拡散し、ハムレットは空手キャットとして一躍人気猫になり、おかげで全米キャットショーに特別ゲストとして招かれることに。しかし、会場でその身に一大事件が勃発！　書店を飛び出した書店猫が大活躍の大人気コージー・ミステリ第三弾！
2017.3 405p A6 ¥1200 ①978-4-488-28604-0

◆フィリグリー街の時計師　ナターシャ・プーリー著,中西和美訳　ハーパーコリンズ・ジャパン　（ハーパーBOOKS）
【要旨】1883年ロンドン。内務省に勤める孤独な青年サニエルは、誕生日の夜、下宿部屋に見覚えのない懐中時計が置かれていることに気づく。半年後、スコットランドヤードを狙った爆破テロから間一髪、彼を救ったのは、奇妙なその時計だった。爆弾にも使われていた精緻なぜんまい仕掛け──これは偶然の一致なのか。サニエルは知人の警視の依頼で、天才時計師と名高い日本人モウリの周辺を調べだすが…。
2017.4 494p A6 ¥972 ①978-4-596-55055-2

◆クラウド・テロリスト　上　ブライアン・フリーマントル著,松本剛史訳　新潮社　（新潮文庫）
【要旨】米国NSAの局員アーヴァインは暗号解読の専門家。中東のテロリストを炙り出すためのプロジェクト「サイバー・シェパード」を立ち上げた。その先先に世界各地で同時多発テロが発生するが、被害は最小限に止まる。その立役者は英国MI5の諜報員サリーというのが一致なのか。次なるテロを阻むべく手を組んだ二人は、逃亡したテロリストの首謀アスウミーの行方を追ってサイバー空間を渉猟していくが…。
2017.8 303p A6 ¥630 ①978-4-10-216566-9

◆クラウド・テロリスト　下　ブライアン・フリーマントル著,松本剛史訳　新潮社　（新潮文庫）
【要旨】イギリスが検挙したテロリストを訊問したアメリカは、大失態を演じる。国家の思惑を背負いながらも互いに惹かれ合うアーヴァインとサリー。アーヴァインはアスウミーに繋がるアドレス「スマートマン」を掴んだものの、発信元にはたどり着けない。テロリストたちの真の狙いとは？　猜疑感が渦巻く中、サリーはある符号に気づいた…。スパイ小説の巨匠が放つ迫真の電脳諜報サスペンス！
2017.8 329p A6 ¥630 ①978-4-10-216567-6

◆闇夜にさまよう女　セルジュ・ブリュソロ著,辻谷泰志訳　国書刊行会
【要旨】頭に銃弾を受けた若い女は、脳の一部とともに失った記憶を取り戻そうとする。「正常な」世界に戻ったとき、自分が普通の女ではなかったのではと疑う。追跡されている連続殺人犯なのか？　それとも被害者なのか…？　フランスSF大賞等受賞の人気作家ブリュソロの最高傑作ミステリー、遂に邦訳！
2017.8 405p A6 ¥2500 ①978-4-336-06192-8

◆ダブルファッジ・ブラウニーが震えている　ジョアン・フルーク著,上條ひろみ訳　ヴィレッジブックス　（ヴィレッジブックス）
【要旨】母ドロレスとドクの結婚式をサプライズで計画したハンナたち。式を挙げる予定のラスベガスに向かっている最中、せいいっぱいの母とドクを見ていたハンナは、自分自身も一生に一度の大恋愛をしてみたいと思うようになっていた。ハンナにとって最愛の二人の男性はプロポーズしてくれたし、彼らのことは愛しているけれど…。そんなとき、ラスベガスで思いもよらない出来事が！　ハンナの恋、ついに決着!?
2017.11 510p A6 ¥980 ①978-4-86491-359-1

ミステリー・サスペンス・ハードボイルド

◆**三人の名探偵のための事件** レオ・ブルース著，小林晋訳 扶桑社（扶桑社ミステリー）
【要旨】サーストン家で開かれたウィークエンド・パーティーの夜、突如として起こった密室殺人事件。扉には二重の施錠がなされ、窓から犯人が逃げ出す時間はなかった。早速、村の警官ビーフ巡査部長が捜査を開始するが、翌朝、ウィムジイ卿、ポアロ、ブラウン神父を彷彿とさせる名探偵たちが次々に登場して…華麗なる名探偵どうしの推理合戦と意外な結末。練り上げられたトリックとパロディ精神、骨太のロジックに支えられた巨匠レオ・ブルースの第一作にして代表作、ついに文庫化！
2017.9 406p A6 ¥980 ①978-4-594-07821-8

◆**ミドル・テンプルの殺人** J.S.フレッチャー著，友田葉子訳 論創社（論創海外ミステリ 187）
【要旨】第28代アメリカ合衆国大統領トーマス・ウッドロウ・ウィルソンに絶讃された歴史的名作が新訳で登場！ 謎とスリルとサスペンスが絡み合うミステリ協奏曲。遠い過去の犯罪が呼び起こす鮮やかな犯罪。深夜の殺人に端を発する難事件に挑む、快男児スパルゴの活躍！
2017.1 315p B6 ¥2200 ①978-4-8460-1590-9

◆**失踪人特捜部―忘れられた少女たち** サラ・ブレーデル著，河井直子訳 KADOKAWA（角川文庫）
【要旨】新設の失踪人特捜部に配属されたベテラン女性刑事ルイーユ・リックと組まされ、アウンス一湖ほとりの森の中で転落死した女性の身元を調べはじめる。だが、その女性は30年前に知的障害者施設"エリーセロン療護園"で死亡した少女が成長した姿だった。やがて第二の事件が起こる。事件を追うルイーユは、封印したはずの自分自身の過去と向き合わなければならなくなるが、北欧ミステリの女王、最高傑作。
2017.8 447p A6 ¥1000 ①978-4-04-105477-2

◆**ぼくが死んだ日** キャンデス・フレミング著，三辺律子訳 東京創元社（創元推理文庫）
【要旨】「ねえ、わたしの話を聞いて…」偶然車に乗せた少女に導かれてマイクが足を踏み入れたのは、子どもだけが葬られている、忘れられた墓地。怯えるマイクの周囲に現れた子どもたちが、彼らの最期の物語を次々と語り始めた。廃病院に写真を撮りにいった少年が最後に見たのは、出来のいい姉に悪魔の鏡を覗くよう仕向けた妹の運命か。ノスタルジー漂うゴーストストーリーの傑作。
2017.3 285p A6 ¥900 ①978-4-488-51503-4

◆**逆向誘拐** 文善また，稲村文吾訳 文藝春秋
【要旨】国際投資銀行A&Bから機密データが"誘拐"された。データが公開されれば新たな金融危機が起こりかねない。データにアクセスできたのは、大手ソフトウエア開発会社アクロスの担当のアナリストたちのみ。とばっちりでアナリストたちと一緒に軟禁状態にされた情報システム部の植鄧仁は、一歩間違えば父親が率いる財閥までが巻き添えを食うと知り、"誘拐犯"の正体を暴こうとするが…。
2017.8 269p B6 ¥1200 ①978-4-16-390704-8

◆**過去からの声** マーゴット・ベネット著，板垣節子訳 論創社（論創海外ミステリ 198）
【要旨】親友の射殺死体を発見したのは彼の恋人だった！ 過去に関係を持った男たち、女友達、5人の男女関係が複雑に絡み合う。英国推理作家協会CWA賞最優秀長編賞受賞作品！
2017.11 342p B6 ¥3000 ①978-4-8460-1654-8

◆**月影の迷路** リズ・ベリー著，田中美保子訳 国書刊行会
【要旨】窓の外、煌々と照らす月で、廐舎の中庭は昼間かと思いまがう明るさだった。丸い御影石の舗道がダイヤモンドのようにきらめいている。暗がりでも光彩を放っているかのようだ。クレアは、突然強い衝動にかられた。推理小説の醍醐味でつむぐスピリチュアル・ファンタジー、イギリスから初上陸。
2017.7 430p B6 ¥4000 ①978-4-336-06169-0

◆**ガイコツと探偵をする方法** レイ・ベリー著，木下淳子訳 東京創元社（創元推理文庫）
【要旨】大学講師の職を得て、高校生の娘を連れ故郷へ戻ってきたジョージアは、親友のアイクにも不思議な、歩いて喋る骸骨だ！）と再会した。人間だったときの記憶のない彼が、見覚えのある人物と遭遇したのをきっかけに、二人はシドの"前世"を調べはじめる。だが、その過程でできたての死体を発見し、殺人事件が…

こむことに。たっぷり笑えてちょっぴり泣ける、ミステリ新シリーズ。
2017.9 380p A6 ¥1000 ①978-4-488-28222-6

◆**ささやかな頼み** ダーシー・ベル著，東野さやか訳 早川書房（ハヤカワ・ミステリ文庫）
【要旨】シングルマザーのステファニーは同じ幼稚園に子どもを通わせているエミリーと友人になる。ある日、エミリーはステファニーに息子を預けたまま引き取りに現れず、失踪してしまった。順風満帆な人生を送っていたはずの彼女にいったい何が？ ステファニーは自らが運営する育児ブログで情報提供を呼びかけるが…。女たちの友情の裏に渦巻く悪意の全貌とは。英米ミステリ界を席捲するドメスティック・ノワールの真骨頂。
2017.5 458p A6 ¥1060 ①978-4-15-182651-1

◆**放たれた虎** ミック・ヘロン著，田村義進訳 早川書房（ハヤカワ文庫NV）
【要旨】英国の落ちこぼれスパイたちの吹きだまり"泥沼の家"では、今日もボスのジャクソン・ラムのもと"遅い馬"たちが退屈な業務に向かっていた。ところが、そのひとりでラムの秘書のキャサリンが何者かに拉致された！ 犯人から指示を受けた"遅い馬"のカートライトは、彼女の身の安全と引き換えに、本部に厳重に保管された情報を盗み出すことになるが…"泥沼の家"の存亡をかけて、落第スパイたちの奮闘がはじまる！
2017.9 509p A6 ¥1160 ①978-4-15-041418-4

◆**われらの独立を記念し** スミス・ヘンダースン著，鈴木恵訳 早川書房（ハヤカワ・ポケット・ミステリ）
【要旨】ソーシャルワーカーのピートは問題のある家庭の面倒をみる仕事をしている。一方で彼自身もまた家族との関係がぎくしゃくしており、妻娘とは別居中だ。あるとき、彼が出会った栄養失調の少年は山中で世間から離れて生活をしていると語り…。ときは大統領選直前の一九八〇年。何かが変わりつつあるアメリカ社会で、どうしようもなくなった様々な人々、少年少女、家庭、そして犯罪者たち。自分の妻子と向き合うこともできないダメ男は、彼らを救うことができるのか。英国推理作家協会賞最優秀新人賞受賞作。
2017.6 570p 19cm ¥2300 ①978-4-15-001920-4

◆**トレント最後の事件** E.C.ベントリー著，大久保康雄訳 東京創元社（創元推理文庫）新版
【要旨】アメリカ実業界の巨人マンダースンが、イギリスにある別邸で撃たれ殺害された。画家にして名探偵のトレントは、懇意の新聞社主に依頼され、事件記者として現地に赴く。だが彼は最重要容疑者である、被害者の美しき妻メイベルと出会うのだった…。独創的なトリックを有し、恋愛の要素をミステリに持ちこんで成功した本書は、現代推理小説の黎明を告げる記念碑的名作である。
2017.2 324p A6 ¥1000 ①978-4-488-11402-2

◆**貧乏お嬢さま、恐怖の館へ―英国王妃の事件ファイル 7** リース・ボウエン著，田辺千幸訳 原書房（コージーブックス）
【要旨】英国王妃から「公爵家の将来の跡継ぎを教育するように」という新たな任務を与えられたジョージ。自分自身のマナーもおぼつかないというのに、人に教えるなんて!? しかもその跡継ぎの若者ジャックは、貴族のマナーも品格も無縁に育った外国の農夫だというから、さあ大変。やることなすことすべてが破天荒の問題児だ。公爵家の人々は歓迎するどころか、よそ者に財産を奪われまいと敵意をむき出しにした。そしてとうとう、現ジャックの死体が地所内で発見される事件が発生！ 背中にはジャックのナイフが突き刺さっていた。警察は真っ先にジャックを疑うが、純朴なジャックの人柄に好感を抱きはじめていたジョージーは、彼が犯人だとはどうしても信じられず…!?
2017.5 414p A6 ¥900 ①978-4-562-06066-5

◆**プリズン・ガール** LS・ホーカー著，村井智之訳 ハーパーコリンズ・ジャパン（ハーパーBOOKS）
【要旨】ペティは18年間、父親と二人きりで暮らし、軍人のように銃器の扱いと対人戦術を叩きこまれて育った。その父が突然亡くなり、青を疑うような遺言が告げられる。父に代わり、気色の悪い遺言執行人がペティの生活を支配するというのだ。このままでは囚人のように一生を奪われる。ペティは隠されていた父の遺品を奪い、町から逃亡を図る。父が本当は何

者なのか知るために―。国際スリラー作家協会新人賞ノミネート作品。
2017.5 535p A6 ¥1037 ①978-4-596-55056-9

◆**魔女の水浴 上** ポーラ・ホーキンズ著，天馬龍行訳 アカデミー出版
【要旨】魔女狩りの嵐が吹き荒れる300年前の英国。片田舎に住む15才のリッピーは魔女にされ、川に沈められる。ページをめくると、場面は、現代の英国、のどかな田園に囲まれた小さな町ベックフォードに飛ぶ。そこで繰り広げられる息詰まるサスペンス。母親の行動を怪しむジョシュ少年。謎の死を遂げた嫌われ者の作家。魔女の子孫を自称して犯罪を暴露する心霊術師。屈折した過去を背負って苦悩する作家の妹…。
2017.12 257p B6 ¥800 ①978-4-86036-051-1

◆**魔女の水浴 下** ポーラ・ホーキンズ著，天馬龍行訳 アカデミー出版
【要旨】どこまで真実なのか心霊術師のお宣託。警視のおとぼけは天然なのか、理由あってのこりとか？ 捕まって世間のさらし者にあうと逃げ切るかしかなくなったモテ男。親友のために命をかけて戦うレーナに勝目はあるのか、ジュリアが気付いた新事実で彼女の人生は百八十度転換することに。謎解きに行間を読ませる作者の仕掛け。最終解決は文字通り最後の一行に！
2017.12 317p B6 ¥926 ①978-4-86036-052-8

◆**怪盗ニック全仕事 4** エドワード・D・ホック著，木村二郎訳 東京創元社（創元推理文庫）
【要旨】価値のないもの専門の怪盗ニックに、まさかのライバル登場!? "白の女王"ことサンドラ・パリスは、"不可能を朝食まで"をモットーに、早朝にだけ仕事をこなす美女だ。二人はときに競い、ときに協力しながら盗みに挑む。サンドラ初登場短編「白の女王のメニューを盗め」を巻頭に、「ハロウィーンのかぼちゃを盗め」「枯れた鉢植えを盗め」など、本邦初訳の6編を含む全15編を収録。
2017.4 478p A6 ¥1300 ①978-4-488-20117-3

◆**冷酷な丘** C.J.ボックス著，野口百合子訳 講談社（講談社文庫）
【要旨】狩区管理官ジョー・ピケットの義父が風力発電の事業に乗り出した途端、何者かによって殺害されタービンに吊るされた。逮捕されたのは折り合いの悪い義母のミッシー。妻に懇願されてジョーが真犯人を探っていると、鷹匠の盟友ネイトの隠れ家がロケット弾で爆破された。全米ベストセラー作家の冒険サスペンス！
2017.11 530p A6 ¥1100 ①978-4-06-293803-7

◆**ゴーストマン 時限紙幣** ロジャー・ホッブズ著，田口俊樹訳 文藝春秋（文春文庫）
【要旨】48時間後に爆発する120万ドルの紙幣。それを見つけ出し、爆発前に回収せよ―犯罪の後始末のプロ、ゴーストマンの孤独な戦い。5年前のクアラルンプールでの銀行襲撃作戦と、カジノの街での時限紙幣追跡をスタイリッシュに描き、世界のミステリ賞を総なめにした傑作！「このミステリーがすごい！」第3位。マルタの鷹協会ファルコン賞受賞。英国推理作家協会スティール・ダガー賞受賞。フィナンシャル・タイムズ紙ベスト・ミステリ。サンデー・タイムズ紙ベスト・スリラー。ガーディアン紙ベスト・クライム・スリラー。アメリカ探偵作家クラブ最優秀新人賞最終候補。バリー賞最優秀スリラー部門最終候補。
2017.3 445p A6 ¥762 ①978-4-16-790822-5

◆**監禁** S.A.ボディーン著，南亜希子訳 オークラ出版（マグノリアブックス）
【要旨】十代のベストセラー作家リビーは、作家志望者が集まる合宿に顔を出しにいく道中、車で道に迷ったうえに事故を起こしてしまう。リビーが転倒した車から抜け出せずにいると、ひとりの少女がやってきた。助けを求めたものの、邪悪な笑みを浮かべた少女は、太い枝でリビーの頭を打ちつけ気絶させた。次に目覚めたとき、自分が見知らぬ地下室にいて、会ったこともない中年女性に見下ろされているのに気づく。そして、そこには自分を気絶させた少女もいた。なぜ自分は病院に連れていってもらえないのだろう。どうして地下室に監禁されているのか―。
2017.3 269p A6 ¥1500 ①978-4-7755-2640-8

◆**ヘリコプター・ハイスト―舞い降りた略奪者** ヨナス・ボニエ著，山北めぐみ訳 KADOKAWA（角川文庫）
【要旨】2008年12月、スウェーデンのストックホルム近郊の森で暮らす老人のもとを、2人の男が訪ねた。そして、のちに「史上もっとも華麗で

ミステリー・サスペンス・ハードボイルド

外国の小説

大胆な銀行強盗」と称されることになる犯罪計画が動き出した。標的は、世界最大の警備会社"G4S"の現金保管車。年齢も国籍もバラバラの男4人は、ビルの屋上に降りたつという、奇想天外な計画を実行に移す。だが、計画は思わぬ方向へ一！ 2009年に起こった強盗事件の真相を暴く問題作。
2017.9 558p A6 ¥1240 ①978-4-04-105742-1

◆狩人の手　グザヴィエ＝マリ・ボノ著、平岡敦訳　東京創元社　（創元推理文庫）
【要旨】惨殺現場に残る謎の手形…。連続殺人事件鍵は、殺された女性学者の研究テーマ、シャーマニズムにあるのか？ オペラマニアのド・パルマ警部登場。
2017.11 537p A6 ¥1400 ①978-4-488-27104-6

◆晩夏の墜落　ノア・ホーリー著、川副智子訳　早川書房　（ハヤカワ・ポケット・ミステリ）
【要旨】霧にけぶる八月の海にプライベートジェット機が墜落した。乗り合わせていた画家のスコットはからくも死を免れ、救助した男の子とともに泳いで生還を果たす。連邦の調査チームによる墜落原因の特定が難航する一方で、死亡したとみられている乗客の中に米国有数のメディア王や訴追直前の富豪の名が含まれていたことから、全米を過激な陰謀論が飛び交うことに。偶然の事故なのか？ 加熱する報道の矛先は生存者であるスコットへと向けられ…アメリカ探偵作家クラブ賞最優秀長編賞を射止めた迫真のサスペンス。
2017.7 506p 19cm ¥2200 ①978-4-15-001921-1

◆晩夏の墜落　上　ノア・ホーリー著、川副智子訳　早川書房　（ハヤカワ・ミステリ文庫）
【要旨】メディア界の要人がチャーターしたプライベートジェット機が大西洋上に墜落。この惨事に巻き込まれた画家のスコットは救出した男の子とともに夜の海を命がけで泳ぎきり、奇跡的な生還を果たす。世間から英雄視されるスコットだったが、墜落原因の究明が難航するなかで次第に疑惑の目が向けられ始め……その飛行機にいったい何が起こったのか？ 人気ドラマクリエイターによるアメリカ探偵作家クラブ賞最優秀長篇賞受賞作。
2017.7 333p A6 ¥760 ①978-4-15-182701-3

◆晩夏の墜落　下　ノア・ホーリー著、川副智子訳　早川書房　（ハヤカワ・ミステリ文庫）
【要旨】米国有数のメディア王や訴追直前の富豪が乗る飛行機が墜ちたのはただの偶然の事故なのか？ 意図的な事件なのか？ 惨事をめぐる報道は日増しにエスカレートして、死者たちが秘めていた過去はさらなる疑惑を生み出していく。メディアからの攻撃にさらされ始めた家族は重大な決断を下すが…。幾重にも連なる墜落以前／以後の物語。その決着とは。現代アメリカを舞台に、卓抜なるストーリーテラーが紡ぐ至高のサスペンス巨編。
2017.7 322p A6 ¥760 ①978-4-15-182702-0

◆007 逆襲のトリガー　アンソニー・ホロヴィッツ著、駒月雅子訳　KADOKAWA
【要旨】英国秘密情報部00部門の諜員にして、「殺しのライセンス」を持つ男、ジェームズ・ボンド一通称"007"。ゴールドフィンガー事件から程なく、プッシー・ガロアとの同棲生活に倦怠を感じ始めたボンドに、Mより指令が下る「カーレースに出場し、英国人レーサーの命をソ連の陰謀から守れ」。ボンドは危険なサーキット場とされるドイツ・ニュルブルクリンクへ向かう。そこでボンドは、韓国人実業家のシン・ジェソンが、ソ連の秘密組織スメルシュの高官と接触する場面を目撃。シンが主催するパーティで書斎に侵入したボンドは、発見した写真から、ソ連が米国のロケット開発に対し妨害行為を企んでいると察知する。同じくシンを探る米国のジャーナリストを含む絶世の美女、ジェパディ・レーンと共に調査に乗り出すが、いくつもの危機が二人に襲いかかり、やがて恐るべき計画が明らかになる！ イアン・フレミングの遺稿をもとに、UKが誇るヒットメーカーが描く、一気読みスパイ・エンタテインメント！ イアン・フレミング財団公式認定。
2017.3 346p B6 ¥1900 ①978-4-04-104212-0

◆地下鉄道　コルソン・ホワイトヘッド著、谷崎由依訳　早川書房
【要旨】コーラはランドル農園の奴隷の身。まわりはなく、仲間たちからは孤立し、主人は許し虐さわまりない。ある日、新入りの奴隷に誘われ、彼女は逃亡しようと決意する。農園を抜け出し、暗い沼地を渡り、地下を疾走する列車に乗って、自由な北部へ…。しかし、そのあとを悪名高い奴隷狩りリッジウェイが追っていた！

歴史的事実を類まれな想像力で再構成し織り上げられた長編小説。世界を圧倒した奴隷少女の逃亡譚。ピュリッツァー賞、全米図書賞、アーサー・C・クラーク賞、カーネギー・メダル・フォー・フィクション、シカゴ・トリビューン・ハートランド賞、レガシー・フィクション賞、インディーズ・チョイス・ブック・アワード受賞！ ニューヨーク・タイムズ・ベストセラーAmazon.com が選ぶ2016年のNo.1。
2017.12 395p B6 ¥2300 ①978-4-15-209730-9

◆栄光の旗のもとに―ユニオン宇宙軍戦記
H. ポール・ホンジンガー著、中原尚哉訳　早川書房　（ハヤカワ文庫SF）
【要旨】先の戦闘の功績により艦長として駆逐艦"カンバーランド"に着任したロビショー少佐は愕然とした。最新鋭艦にもかかわらず、乗員の練度があまりにも低かったのだ。変人の前艦長による不合理な規則や上下関係が乗員を疲弊させていることをつきとめた彼は、ただちに改革を実施、艦内の秩序を正常に戻し、乗員を最強の兵士に鍛え上げ、強大な敵艦に敢然と立ち向かうが…ユニオン宇宙軍の若き英雄の活躍を描く傑作戦争SF！
2017.4 511p A6 ¥1060 ①978-4-15-012123-5

〔マ行の作家〕

◆青鉛筆の女　ゴードン・マカルパイン著、古賀弥生訳　東京創元社　（創元推理文庫）
【要旨】2014年カリフォルニアで解体予定の家から発見された貴重品箱。そのなかには三つのものが入っていた。1945年に刊行されたパルプ・スリラー。編集者からの手紙。そして、軍支給の便箋に書かれた『改訂版』と題された原稿…。開戦で反日感情が高まるなか、作家デビューを望んだ日系青年と、編集者のあいだに何が起きたのか？ 驚愕の結末が待ち受ける、凝りに凝った長編ミステリ！
2017.2 294p A6 ¥1000 ①978-4-488-25609-8

◆バッキンガム宮殿のVIP　スーザン・イーリア・マクニール著、圷香織訳　東京創元社　（創元推理文庫）
【要旨】1942年、ドイツの異父姉妹と会う日を心待ちにしながら、わたし、マギー・ホープはロンドンの特別作戦執行部 (SOE) で事務の仕事についていた。そんななか、MI???-5の長官から、殺人事件の捜査に協力を要請される。被害者はSOEの訓練を受けた女性。犯人はかのいまわしい事件を模倣しているとしか思えないのだが……。マギー・ホープ、今度は戦時下のロンドンで勃発する連続殺人事件に挑む。
2017.11 478p A6 ¥1340 ①978-4-488-25507-7

◆月明かりの男　ヘレン・マクロイ著、駒月雅子訳　東京創元社　（創元推理文庫）
【要旨】私用で大学を訪れたフォイル次長警視正は"殺人計画"の書かれた紙を拾う。決行は今夜八時。直後に拳銃の発射音が聞こえたことに不安を覚え、夜に再び大学を訪れると、亡命化学者の教授が死体で発見された。現場から逃げた人物に関する目撃者三名の証言は、容姿はおろか性別も一致せず、謎は深まっていく。精神科医ウィリングが矛盾だらけの事件に取り組む、珠玉の本格ミステリ。
2017.8 362p A6 ¥1000 ①978-4-488-16812-4

◆怒り　上　ジグムント・ミウォシェフスキ著、田口俊樹訳　小学館　（小学館文庫）
【要旨】ポーランド北部オルシュティン市の工事現場から、白骨死体が見つかった。検察官テオドル・シャツキは近くの病院に続く地下の防空壕だったことから、戦時中のドイツ人の遺体と考えていた。ところが検死の結果、遺体の男は十日前には生きていたことが判明、この短期間で白骨化することはあり得ないという。さらに調査を続けると、複数の人間の骨が入り交じっていた。やがて、この男は生きたまま大量の配水管洗浄剤で溶かされて死んだことがわかるが…。こんなミステリーがあったのか―「ポーランドのルメートル」が描く衝撃の傑作クライムノベルが日本初上陸！
2017.2 346p A6 ¥770 ①978-4-09-406372-1

◆怒り　下　ジグムント・ミウォシェフスキ著、田口俊樹訳　小学館　（小学館文庫）
【要旨】防空壕跡から見つかった白骨死体の捜査を指揮する検察官シャツキ。身元は判明したものの、犯人に繋がる手がかりは一向に得られない。プライベートでは高校生の娘との衝突をくり返し、苛立ちが募るさなか、検察局を訪れた女性から「夫が怖い」と相談を受けるが、虐待の

証拠はなく、すげなく追い返してしまった。部下フアルクにその対応を委ねるも、不安に思った奴隷少女の家を訪れてみると、そこには瀕死の女が横たわっていた。そして事件の真相に手が届こうとした時、シャツキ自身の身に思いもよらぬ事件が―。衝撃過ぎるポーランドミステリー、完結篇。
2017.7 342p A6 ¥770 ①978-4-09-406433-9

◆死者の雨　上　ベルナール・ミニエ著、坂田雪子訳　ハーパーコリンズ・ジャパン　（ハーパーBOOKS）
【要旨】嵐の夜、フランス南西部の学園都市で、全裸で縛られた女性の変死体が見つかった。被害者はエリートばかりが通う名門高校の教師。逮捕された17歳の少年ユーゴは人気者の生徒で、警部セルヴァズがかつて愛した女性の息子だった。ユーゴは殺害を否認するものの、全ての状況は彼の犯行を物語っていた。だが捜査を進めるうち、セルヴァズの周囲に姿なき猟奇殺人鬼の影がちらつきはじめ…。
2017.9 511p A6 ¥991 ①978-4-596-55070-5

◆死者の雨　下　ベルナール・ミニエ著、坂田雪子訳　ハーパーコリンズ・ジャパン　（ハーパーBOOKS）
【要旨】女性教師殺害の現場で見つかった、逃亡中の連続殺人鬼ハルトマンの痕跡―さらに逮捕された少年ユーゴ以外にも愛人の若手政治家や同僚教師らが容疑者として浮上、捜査は一気に混迷する。そんな状況下ユーゴと同じ学校に通うセルヴァズの娘マルゴが襲われ、町を震撼させる凄惨な事件が！ しだいに明かされる進学校の闇、姿なき悪鬼の真の目的とは？ フランス発ベストセラー・シリーズ第2弾。
2017.9 494p A6 ¥991 ①978-4-596-55071-2

◆殺す風　マーガレット・ミラー著、吉野美恵子訳　東京創元社　（創元推理文庫）　再版
【要旨】ロンの妻が最後に彼を見たのは、四月のある晩のことだった。前妻の件で諍いをした彼は、友達の待つ別荘へと向かい―それきり、いっさいの消息を絶った。あとに残された友人たちは、浮われ騒ぎと悲哀をこもごも味わいながら、ロンの行方を探そうとするが…。自然な物語の奥に巧妙きわまりない手際で埋めこまれた心の謎とは何か？ 他に類を見ない高みに達した鬼才の最高傑作。
2017.9 371p A6 ¥991 ①978-4-488-24772-2

◆雪の夜は小さなホテルで謎解きを　ケイト・ミルフォード著、山田久美子訳　東京創元社　（創元推理文庫）
【要旨】12歳のマイロの両親が営む小さなホテル〈緑色のガラスの家（グリーングラス・ハウス）〉に、ある冬の日、5人の奇妙な客が現れる。彼らは全員が滞在予定日数を告げず、他の客がいることに驚いていた。なぜ雪に閉ざされたホテルに来たのか？ やがて客の誰かが落としたと思しき古い海図を手がかりに、彼らの目的を探ることにする。それはホテルの秘密につながっていた――？ 心たたかまる聖夜のミステリ。
2017.11 438p A6 ¥1300 ①978-4-488-13504-1

◆シャーロック・ホームズ殺人事件　上　グレアム・ムーア著、公手成幸訳　早川書房　（ハヤカワ・ミステリ文庫）
【要旨】シャーロック・ホームズ研究家団体の会合で、大発見を報告するはずだった研究家が死体で発見された。事件の鍵はコナン・ドイルの未発見の日記にある―そうにらんだ若きシャーロッキアンのハロルドは、事件の真相と日記を求めてロンドンへ。そこでは予想外の冒険が待っていた…いっぽう世紀末ロンドンでは、ドイルその人が連続殺人とされる怪しい裏街ちかっていた！ 時空を超えて二つの事件が絡みあう歴史ミステリ。
2017.2 298p A6 ¥860 ①978-4-15-182551-4

◆シャーロック・ホームズ殺人事件　下　グレアム・ムーア著、公手成幸訳　早川書房　（ハヤカワ・ミステリ文庫）
【要旨】19世紀末ロンドンで起きた若い女性の連続殺人は、ホームズ生みの親のドイルの調査によって、思わぬ展開を見せる。ホームズばりの推理を駆使するドイルは、警察すらも振り向かない怪事件を解決へと導くことができるのか？ そしてドイルの日記を追うハロルドたちの背後にも、何者かの魔の手が…日記の行方は？ そして、そこにはどんな真実が記されているのか？ アカデミー賞を受賞した人気脚本家が放つ話題作。
2017.2 333p A6 ¥860 ①978-4-15-182552-1

ミステリー・サスペンス・ハードボイルド

◆矢の家　A・E・W・メースン著, 福永武彦訳　東京創元社　(創元推理文庫)　新版
【要旨】ハーロウ夫人の死は、養女ベティによる毒殺である――夫人の義弟による警察への告発を受けて、ロンドンからは法律事務所の若き弁護士が、パリからは探偵アノーが、"事件"の起きたディジョンの地へ赴く。ベティとその友人アン、ふたりの可憐な女性が住む"矢の家"グルネル荘で繰り広げられる名探偵と真犯人との見えざる闘い。文豪・福永武彦による翻訳で贈る、メースンの代表長編。
2017.11　422p　A6　¥1000　978-4-488-11303-2

◆ハティの最期の舞台　ミンディ・メヒア著, 坂本あおい訳　早川書房　(ハヤカワ・ミステリ文庫)
【要旨】演技の才能に恵まれた人気者の少女ハティが廃屋で死体となって発見された。彼女はシェイクスピア劇の舞台を終えた後、何者かに殺害されたのだ。事件を追う保安官代理のデルは、捜査に訪れた高校で生徒から思いがけない言葉を耳にする。「ハティは呪い殺されたの」明るく振舞っていたハティは他人にどう思われ、何を考えていたのか？ そして彼女の人生の幕を引いた犯人は誰か？ 鮮烈な結末が深い余韻を残すミステリの逸品。
2017.8　459p　A6　¥1100　978-4-15-182751-8

◆わたしはヘレン　アン・モーガン著, 熊井ひろ美訳　早川書房　(ハヤカワ・ミステリ文庫)
【要旨】七歳の夏、ヘレンはあるゲームを思いつく。服装や髪型を双子の妹エリーと交換して、お互いになりすますのだ。やってみると母さんも友達も気づかなかった。次の日も次の週も、次の月も――。楽しかったのは最初だけ。のろまなエリーとして扱われ、入れ替わりのことを話しても相手にしてもらえないヘレンは次第に心が病んでいく。わたしをのけ者にしてちやほやされている妹が憎い、憎い、憎い…不穏さに満ちたサスペンス。
2017.8　564p　A6　¥1260　978-4-15-182801-5

◆アイリーンはもういない　オテッサ・モシュフェグ著, 岩瀬徳子訳　早川書房
【要旨】アイリーンは平凡で物静かな女に見えた。だが、内には激しい感情を抱え、自分だけのルールに従って生きていた。酒浸りの父親を憎み、自分のおんなしさも嫌悪した。ろくに食事をせず、母親が遺したサイズの合わない服を着る。シャワーを浴びず、体の汚れはできるかぎり我慢するのを好んだ。彼女が"監獄"と呼ぶ少年矯正施設で働くときは、ひとりで、同僚や少年たちの妄想を膨らませていた。単調二つの彼女の人生に転機は突然やってくる。魅力的な女性レベッカとともに、取り返しのつかないかたちで一強烈なまでに暗く屈折しつつ、たくましくある等身大の女性を描き出すアメリカの新鋭のデビュー長篇。PEN/ヘミングウェイ賞受賞、ブッカー賞最終候補。
2018.1　319p　B6　¥2100　978-4-15-209739-2

◆湖畔荘　上　ケイト・モートン著, 青木純子訳　東京創元社
【要旨】ロンドン警視庁の女性刑事が問題を起こして謹慎処分となった。女児を置き去りにして母親が失踪したネグレクト事件を担当していて上層部の判断に納得がいかず、新聞社にリークするという荒技に走ったのだった。ロンドンを離れ、コーンウォールの祖父の家で謹慎の日々を過ごすうちに、打ち捨てられた屋敷・湖畔荘を偶然発見し、そして70年前にそこで赤ん坊が消える事件があり、その生死も不明のまま迷宮入りになっていることを知る。興味を抱いた刑事は謎に挑みひそかに調査を始めた。七十年前のミッドサマー・パーティの夜、そこで何があったのか？ 仕事上の失敗と自分自身の抱える問題と70年前の事件が交錯し、謎は深まる。
2017.8　331p　B6　¥1900　978-4-488-01071-3

◆湖畔荘　下　ケイト・モートン著, 青木純子訳　東京創元社
【要旨】70年前、コーンウォールの湖畔荘で消えた赤ん坊。見捨てられた屋敷の現在の持ち主は、ロンドンに住む女流ミステリ作家アリス・エダヴェインだった。消えた赤ん坊の姉だ。当時、湖畔荘には三人の娘がいた。そして消えた赤ん坊を待望の男の子だったのだ。女性刑事はなんとしてもこの迷宮入りした事件の謎を解きたくなり、作家アリスに連絡を取った。一九一〇年代、三〇年代、二〇〇〇年代を行き来し、それぞれの時代の秘密を炙り出すモートンの見事な手法。複雑に絡み合う愛と悲しみが行き着くものは？ そして、最後の最後で読者を驚かすものは、偶然か、必然か？ モートン・ミステリーの傑作。
2017.8　314p　B6　¥1900　978-4-488-01072-0

◆忘れられた花園　上　ケイト・モートン著, 青木純子訳　東京創元社　(創元推理文庫)
【要旨】1913年オーストラリアの港に英国からの船が着き、ひとり取り残され、名前すら語らぬ少女が発見された。優しいオーストラリア人夫妻に引き取られ、ネルと名付けられた少女は21歳の誕生日にその事実を告げられる。時は移り、2005年のブリスベン。老いたネルを看取った孫娘カサンドラは祖母がコーンウォールのコテージを彼女に遺してくれたことを知る。ネルとはいったい誰だったのか？
2017.5　403p　A6　¥980　978-4-488-20205-7

◆忘れられた花園　下　ケイト・モートン著, 青木純子訳　東京創元社　(創元推理文庫)
【要旨】祖母からコーンウォールのコテージを相続したカサンドラは現地へと向かう。1975年に祖母はなぜあの豪壮な屋敷の敷地はずれ、迷路の先にコテージがあった。そこでカサンドラは、ひっそりと忘れられていた庭園を見出す。封印されていた花園は何を告げるのか？ 祖母は誰だったのか？ デュ・モーリアの後継といわれる著者の傑作。
2017.5　402p　A6　¥980　978-4-488-20206-4

〔ヤ・ラ・ワ行の作家〕

◆雪盲―SNOWBLIND　ラグナル・ヨナソン著, 吉田薫訳　小学館　(小学館文庫)
【要旨】新人警察官アリ＝ソウルの赴任先は、アイスランド北端の小さな町、シグルフィヨルズル。「ここじゃどうせ何も起きない」と、着任早々上司は言った。だが二か月後、老作家が劇場の階段から転落、死亡する事件が起きる。上司は事故を主張したが、アリ＝ソウルは殺人を疑った。さらに雪の中で半裸の女性が倒れているとの通報が――彼女は瀕死の重傷を負っていた。捜査を進めるアリ＝ソウルの耳に、住民の不穏な過去ばかりが届き始める。町の外へ通じる唯一の道は雪崩で塞がっている。犯人は町の中にいる！ 北欧ミステリの超大型新人、日本初上陸シリーズ第1弾。
2017.5　380p　A6　¥800　978-4-09-406309-7

◆天国の港　リサ・マリー・ライス著, 上中京訳　扶桑社　(扶桑社ロマンス)
【要旨】ホープはイタリア南部の都市バーリで、事故で入院した親友のかわりに英会話学校の校長代理を務めている。学校経営自体は順調だが、借りている家のまわりで不可解な現象が頻発。住居侵入事件が発生するに及び、現地警察組織の本部長フランコ・リベラが護衛につくことになる。かつて警察に容疑者扱いされ厳しい追及を受けたことのあるホープの警官嫌いは筋金入りだったが、フランコが放つセクシーで危険な魅力には抗えず…イタリアの景勝地を舞台に大人気作家が贈る傑作ラブ・サスペンス。
2017.8　403p　A6　¥960　978-4-594-07753-2

◆蘭の館　上 ―セブン・シスターズ　ルシンダ・ライリー著, 高橋恭美子訳　東京創元社　(創元推理文庫)
【要旨】湖のほとりの館で育てられた、血の繋がらない六人の娘。養父が突然死亡し、娘たちには遺言と生々しい座標が遺された。長女マイアの座標が示すのは、リオ・デ・ジャネイロにある"蘭の館"だ。自分の生まれた場所なのか。希望と不安を胸に訪ねたマイアが、主らしい老婦人に手ひどく拒絶される。失意のマイアの前に現れたのは…。世界的ベストセラー作家の自信作。
2017.7　378p　A6　¥1100　978-4-488-21905-5

◆蘭の館　下 ―セブン・シスターズ　ルシンダ・ライリー著, 高橋恭美子訳　東京創元社　(創元推理文庫)
【要旨】"蘭の館"の老婦人に追い帰されたマイア。だが二度目に訪れたときメイドがこっそり手渡してくれたのは、館の主一族の歴史の一部だという手紙の束だった。そこに記されていたのは80年前に生きた、マイアと瓜二つの顔を持つひとりの女性の哀しくも数奇な運命の物語。作品が30を超える言語に翻訳され、世界中で1000万部を売り上げた、ベストセラー作家が放つ傑作シリーズ開幕。
2017.7　382p　A6　¥1100　978-4-488-21906-2

◆ミレニアム　5　復讐の炎を吐く女　上　ダヴィド・ラーゲルクランツ著, ヘレンハルメ美穂, 久山葉子訳　早川書房
【要旨】リスベットは人工知能研究の世界的権威バルデルの息子の命を救った。だが、そのときに取った行動が違法行為にあたるとされ、2ヶ月の懲役刑を受けた。彼女は最高の警備を誇る女子刑務所に収容されるが、そこではギャングの一員である囚人ベニートが、美貌の囚女ファリアに暴力を加えていた。見過ごすことのできないリスベットは、囚人は誰もが看守でも支配するベニートとの対決を決意する。さらに彼女は、元後見人のパルムグレンとの面会で、"レジストリー"なる機関の存在に気づき、自らの子供時代にベニートが潜んでいることを知った。ミカエルはリスベットから突然、レオ・マンヘイメルという人物の調査を依頼された。この男は何者なのか？ そして、刑務所の外では、思いもよらぬ痛ましい殺人事件が起きる！ 今世紀最高のミステリ・シリーズ、最新刊。
2017.12　299p　B6　¥1500　978-4-15-209734-7

◆ミレニアム　5　復讐の炎を吐く女　下　ダヴィド・ラーゲルクランツ著, ヘレンハルメ美穂, 久山葉子訳　早川書房
【要旨】警察は殺人事件の捜査を開始した。釈放され自由の身となったリスベットは、ミカエルの妹アニカの協力を得て、ファリアの恋人が遂げた不審な死の真相を突き止めようとする。一方、レオ・マンヘイメルについて調査を進めていたミカエルは、ある重要な人物を探しあて、"レジストリー"が行なっていた恐るべき研究と、リスベットの子供時代の悲惨な事実を開き出す。だが、殺人事件の冷酷な犯人が、彼の調査を阻止すべく密かに動きだした。リスベットもまた、危機にさらされる。リスベットにたたきのめされて病院で治療中だったベニートが、恨みを晴らそうと脱走したのだ。ベニートの鋭利な短剣が彼女に迫る！ 果たしてリスベットはどう立ち向かうのか？ そして、"レジストリー"の研究とはいったい何か？ リスベットのドラゴン・タトゥーの秘密がついに明かされる衝撃作！
2017.12　298p　B6　¥1500　978-4-15-209735-4

◆イエスの遺言書　上　エリック・ヴァン・ラストベーダー著, 市ノ瀬美麗訳　オークラ出版　(マグノリアブックス)
【要旨】年に一度の家族での集まりの日、ブラヴォーの父は死んだ。ガス漏れによる爆発に巻き込まれたらしい。父の死後に使うよう託されていた鍵、父のアパートに残されていた暗号――それからブラヴォーが行き着いたのは、ジェニーという女性のもとだ。彼女はグノーシス・オブセルヴァンテス派教団のメンバーで、ブラヴォーの父もその一員、しかも教団のすべての秘密を守るキーパーだったと証された。父の死は事故などではなく、聖クレメンス騎士団によるもの。そして、ブラヴォーこそが父の後継者と告げられて…。
2017.8　393p　A6　¥888　978-4-7755-2683-5

◆イエスの遺言書　下　エリック・ヴァン・ラストベーダー著, 市ノ瀬美麗訳　オークラ出版　(マグノリアブックス)
【要旨】グノーシス・オブセルヴァンテス派教団のキーパーとなったブラヴォーは、父が隠していた秘密のひとつが、聖クレメンス騎士団に絶対に知られてはならないものだった。教皇の病気が発覚して以降、騎士団はそれを手に入れようとしている。イエスがラザロを復活させたことに関係のあるそれさえあれば、教皇を救えると信じているからだ。ブラヴォーは父の残した暗号をもとに、秘密の隠し場所を探す。聖クレメンス騎士団は、ブラヴォーの身近に騎士団の息のかかったものを送り込み、なんとしても秘密を手に入れようとする。
2017.8　417p　A6　¥915　978-4-7755-2684-2

◆完全なる暗殺者　上　ウォード・ラーセン著, 本郷久美子訳　竹書房　(竹書房文庫)
【要旨】イスラエルへ核兵器を届けるという極秘任務を帯びて、南アフリカを出港した船が大西洋上で消息を絶った――。偶然、大西洋を航海していたクリスティンは、ある日漂流していたひとりの男性を救う。彼女は知らなかったが、彼はイスラエルの諜報機関モサドの最強の暗殺者スラトンだった。彼はヨットを乗っ取りイギリスへと向かわせる。一方、スラトンが生きていると知ったモサドは彼が祖国を裏切り核兵器を奪ったと判断し追手を送り込むが、スラトンは仕掛けられた罠に気づき反撃を開始する！ 世界最強の暗殺者の活躍を描く冒険小説！
2017.4　338p　A6　¥700　978-4-8019-1057-7

ミステリー・サスペンス・ハードボイルド

◆**完全なる暗殺者 下** ウォード・ラーセン著, 本郷久美子訳 竹書房 （竹書房文庫）
【要旨】厳戒態勢の中、暗殺者は標的を抹殺できるのか!? 逃亡者VS.ロンドン警視庁。敏腕警部との壮絶なる追跡劇！
2017.4 324p A6 ¥700 ①978-4-8019-1058-4

◆**静寂―ある殺人者の記録** トーマス・ラープ著, 酒寄進一訳 東京創元社
【要旨】蝶の羽ばたき、彼方の梢のそよぎ、草むらを這うトカゲの気配。カールは、そのすべてが聞こえるほど鋭敏な聴覚を持って生まれた。あらゆる音は耳に突き刺さる騒音となり、赤ん坊のカールを苦しめる。息子の特異さに気づいた両親は、彼を地下室で育てることにした。やがて7歳になった彼に、決定的な変化が訪れる。母親の入水をきっかけに、彼は死という「静寂」こそが安らぎであると確信する。そして、自分の手で、誰かに死を贈ることもできるのだと。この世界にとってあまりにも異質な存在になってしまった、純粋で奇妙な殺人者の生涯を描く研ぎ澄まされた傑作！
2017.6 320p B6 ¥2200 ①978-4-488-01069-0

◆**忘却のパズル** アリス・ラプラント著, 玉木亨訳 東京創元社 （創元推理文庫）（『忘却の声』改題書）
【要旨】アルツハイマー病を患うジェニファーに殺人容疑がかけられた。殺されたのは彼女の親友で、なぜか死体の右手は4本の指が切断されていた。手を専門とする整形外科医だったジェニファーは重要参考人として事情聴取を受けるが、病気のせいで、自分の記憶によほどの自信も思い出せない。彼女の曖昧な記憶や独白から、パズルのピースのように断片的な記述が描き出す衝撃の真実！
2017.8 565p A6 ¥1500 ①978-4-488-16204-7

◆**寝た犬を起こすな** イアン・ランキン著, 延原泰子訳 早川書房 （ハヤカワ・ポケット・ミステリ）
【要旨】女子学生が運転する車が起こした衝突事故。現場の不自然な状況に気づいたリーバスは、同乗者がいたことを突き止める。だが、当の女子学生は事故の状況について、頑として口を開かない。事故の裏に、何かが隠されているようだが…いっぽう、組織改編で犯罪捜査部に送られることになったフォックスは、内部調査の最後の仕事としてリーバスが若き日に所属した署で起きた、隠蔽された事件の痕跡を追う。彼の捜査は、リーバスの身に災いをもたらす。独立の是非に揺れるスコットランドで展開する。人気シリーズ最新刊。
2017.5 473p 19cm ¥2300 ①978-4-15-001919-8

◆**予言ラジオ** パトリック・リー著, 田村義進訳 小学館 （小学館文庫）
【要旨】砂漠の夜の闇を駆ける一組の男女。サム・ドライデンは軍隊時代の旧友クレアから呼びだされ、事情も判らぬままに四人の少女を救出した。その後、クレアは黒い奇妙な箱を彼に見せ、そこから流れるニュースを聞かせて言った。「このマシーンは十時間二十四分後に放送されるラジオの電波を拾うのだ」。サムが助けた少女たちは、本来は焼死しているはずだったのだ。そしてFBIが二人の足取りを追うなか、謎の組織もまた彼らに迫っていた…。数時間先の未来を知る者たちの息詰まる攻防、下りオンリーのジェットコースター・スリラー！
2017.6 476p A6 ¥850 ①978-4-09-408864-9

◆**樹脂** エーネ・リール著, 枇谷玲子訳 早川書房 （ハヤカワ・ポケット・ミステリ）
【要旨】デンマークの僻地に住む一家。ほぼ自給自足の幸せな暮らしは、クリスマスに起きた事件を境に一変する。変わり者の父は偏屈さを増し、静静かな母は次第に動けなくなり、少女リウはゴミ屋敷と化した家で、隔絶された世界しか知らずに育っていく。やがて赤ん坊が生まれることになったが、そのときリウは父の意外な姿を目にし…。一家はなぜこうなってしまったのか？ 袋を打つ切なさで北欧ミステリに新風を吹きこみ、北欧最高のミステリ賞「ガラスの鍵」賞およびデンマーク推理作家アカデミー賞の二冠に輝いた傑作長篇。
2017.9 263p 19cm ¥1600 ①978-4-15-001923-5

◆**失踪者 上** シャルロッテ・リンク著, 浅井晶子訳 東京創元社 （創元推理文庫）
【要旨】イングランドの田舎町に住むエレインは幼馴染みのロザンナの結婚式に招待され、ジブラルタルに向かうが、乗り空港に足止めされ、親切な弁護士の家に一泊したのち失踪してしまう。何があったのか？ 五年後、ジャーナ

リストとしての仕事でロザンナは、エレインを含む失踪者たちについて調べ始めた。すると、エレインを知るという男から連絡が！ 彼女は生きているのか?!
2017.1 402p A6 ¥1260 ①978-4-488-21108-0

◆**失踪者 下** シャルロッテ・リンク著, 浅井晶子訳 東京創元社 （創元推理文庫）
【要旨】五年前に失踪したエレイン生存情報に、ロザンナは急遽現地に駆けつけるが、エレインのパスポートを持つその女性は、まったくの別人だった。どうやって偽のエレインを手に入れたのか？ エレイン失踪で疑われ、人生を狂わされた弁護士にロザンナは惹かれ始め、彼の無実を証明すべく動き始める。真実はどこにあるのか？ 最後の最後にあなたを待つのは、震えるほどの衝撃！
2017.1 374p A6 ¥1260 ①978-4-488-21109-7

◆**ツイン・ピークス―ローラの日記** ジェニファー・リンチ著, 飛田野裕子訳 KADOKAWA （角川文庫）
【要旨】アメリカ北西部の小さくて平和な町ツイン・ピークスで、ある冬の朝、女子高生ローラ・パーマーの変死体が発見された。美しく、人気者だった彼女は、いったい誰に殺されたのか――？ アメリカをはじめ日本でも熱狂的なファンを生んだ、デヴィッド・リンチ監督の異色連続テレビドラマ『ツイン・ピークス』。「世界で一番美しい死体」の謎を解く手がかりは、この日記にある。伝説の一冊、奇跡の復刊。
2017.7 345p A6 ¥920 ①978-4-04-105743-8

◆**ハイド** ダニエル・ルヴィーン著, 羽田詩津子訳 KADOKAWA
【要旨】ロンドンの高名な紳士・ジキル博士のもう一人の人格、ハイド。ハイドは夜な夜な街を徘徊し、自分の欲求のままに、行動を起こしていく。原作では触れられなかったカルー卿殺人事件の背景、ジキルの人格に影響を与えた父親との関係など、ジキルとハイドの依存関係から最後へ至るまでの凄絶な展開が、ハイドの口から今明かされる！ 名著『ジキル博士とハイド氏』最後の4日間を、ハイド視点で描いた、衝撃のサスペンス。ニューヨーク・タイムズ絶賛の話題作！！
2017.4 384p B6 ¥2000 ①978-4-04-102357-0

◆**スパイたちの遺産** ジョン・ル・カレ著, 加賀山卓朗訳 早川書房
【要旨】スマイリーの愛弟子として幾多の諜報戦を戦ってきたピーター・ギラムは、老齢となり、フランスの片田舎で引退生活を送っていた。ある日、彼は英国情報部から呼び出され、警くべきことを知らされる。冷戦のさなか、"ウィンドフォール"作戦の任務についていた英国情報部員アレック・リーマスが、その恋人エリザベスとともに、ベルリンの壁の東ドイツ側に射殺された。そのリーマスの息子とエリザベスの娘が、親の死亡した原因は英国情報部にあるとして訴訟を起こそうとしているというのだ。ギラムとスマイリーの責任を問う構えだという。現情報部は"ウィンドフォール"作戦について調べようとしたが、資料は消えていた。スマイリーの行方も杳として知れない。厳しい追及を受け、ギラムはついに隠した資料を引き渡すが…。やがて明かされる衝撃の事実とは？ そして、訴訟の行方は？ 魅惑的な設定で描く『寒い国から帰ってきたスパイ』『ティンカー、テイラー、ソルジャー、スパイ』の続篇！
2017.11 335p B6 ¥1900 ①978-4-15-209721-7

◆**夜に生きる 上** デニス・ルヘイン著, 加賀山卓朗訳 早川書房 （ハヤカワ・ミステリ文庫）
【要旨】禁酒法時代末期、ボストンのギャングの部下ジョーは、敵対組織のボスの情婦エマに一目惚れし、関係を持つ。エマと駆け落ちしようと企てるジョーだが、仲間と銀行を襲って警察に追われる身となったことから、その運命は大きく狂っていった…街の無法者から刑務所の囚人へ、そして不死身の上がらんとする若者を描く波瀾万丈の運命とは？ 巨匠ルヘインがアメリカ探偵作家クラブ賞最優秀長篇賞を受賞した歴史ミステリ大作。
2017.6 364p A6 ¥740 ①978-4-15-174405-1

◆**夜に生きる 下** デニス・ルヘイン著, 加賀山卓朗訳 早川書房 （ハヤカワ・ミステリ文庫）
【要旨】刑期を終えたジョーは、ボスの指示で新天地フロリダへと向かう。現地の密造酒組織を掌握するためだ。かつての仲間と再会し、先任者を追い払ったのち、キューバの大物たちと手を組み、次第にその勢力を強め、ついに覇権を握る。だがその先には、さらに熾烈な敵が待ち構えていた…激動の時代を腕一本で乗り切ろうとするギャングたちの生きざまを描く入魂の

大作。ベン・アフレック製作・監督・主演で映画化の超話題作！
2017.4 345p A6 ¥740 ①978-4-15-174406-8

◆**誘拐されたオルタンス** ジャック・ルーボー著, 高橋啓訳 東京創元社 （創元推理文庫）
【要旨】聖ギュデュール教会で発見された遺体！ プロニュアール警部は捜査を始めた。別れたはずのモルガン（実はポルデヴィア公国皇子ゴルマンスコイ）とオルタンスが再会し恋が再燃する。しかし、ゴルマンスコイと瓜二つの、もう一人のポルデヴィア皇子クマノロイグスが彼女を誘拐する。危うしオルタンス！ 行方不明の猫アレクサンドル・ウラディミロヴィッチはどこに？
2017.3 316p A6 ¥960 ①978-4-488-18803-0

◆**獣使い―エリカ＆パトリック事件簿** カミラ・レックバリ著, 富山クラーソン陽子訳 集英社 （集英社文庫）
【要旨】誰がこんなにおぞましいことを？―極寒のスウェーデン。森の中から裸同然の少女が現れ、道路へ踏み出して躁死した。面影は失われていたが、4か月前から行方不明だった乗馬クラブ生徒ヴィクトリアと判明。検死の結果、生前に眼球はくりぬかれ、歯茎は破られ、舌も切り取られていた。捜査に当たったパトリックは、周辺で同年代の少女の失踪事件が相次いでいると知り…。震撼の人気シリーズ第9弾！
2017.11 567p A6 ¥1100 ①978-4-08-760741-3

◆**ラブラバ** エルモア・レナード著, 田口俊樹訳 早川書房 （ハヤカワ・ポケット・ミステリ）新訳版
【要旨】「その映画スターは彼が生まれて初めて恋した相手だった。十二歳のときに」シークレット・サーヴィスの元特別捜査官で今は写真家のジョー・ラブラバは、かつての有名女優ジーン・ショーとの再会に一人興奮にして、彼の心は浮き立った。徐々に近づいていくふたりだが、ジーンの周りには財産狙いの悪党どもがたむろする。ラブラバは女の窮地を救うべく動き出すのだが…。陽光溢れるマイアミのサウスビーチを舞台に、巨匠が描き上げる男と女の影。アメリカ探偵作家クラブ賞最優秀長篇賞受賞作。待望の新訳版！
2017.12 367p 19cm ¥1900 ①978-4-15-001926-6

◆**ドラゴン・ヴォランの部屋―レ・ファニュ傑作選** J.S.レ・ファニュ著, 千葉康樹訳 東京創元社 （創元推理文庫）
【要旨】1815年、パリに向かう英国人青年が救った見目麗しい伯爵夫人。彼女に魅せられた青年に迫る不気味な陰謀、活劇を交えて綴る表題作ほか、若い娘は嫁いだアイルランドの名門貴族が抱えるおぞましい秘密を描いた「ティローン州のある女の物語」など、全五篇を収める。「吸血鬼カーミラ」で知られる、十九世紀中葉に活躍した怪奇幻想作家の約半世紀ぶりとなる日本オリジナル傑作選。
2017.1 377p A6 ¥1000 ①978-4-488-50602-5

◆**死が二人を別つまで** ルース・レンデル著, 高田恵子訳 東京創元社 （創元推理文庫）11版
【要旨】徹夜の訊問明けに舞いこんだ手紙を読んで、ウェクスフォード首席警部は怒りに震えた。十六年前にヴィクターズ・ピースという名の屋敷で発生した女主人殺し。初めて担当した殺人事件ながら、彼が絶対の自信をもって解決したこの事件に、手紙の主である牧師は真っ向から疑問を投げかけたのだ！ 過去の殺人をめぐる意外なドラマを鮮やかな筆致で描いた、レンデル初期の傑作長編。
2017.9 362p A6 ¥960 ①978-4-488-24302-9

◆**地中の記憶** ローリー・ロイ著, 佐々田雅子訳 早川書房 （ハヤカワ・ポケット・ミステリ）
【要旨】少女が見つけた死体は、町の忌まわしい過去を呼び起こす。ジョン・ハート、ウィリアム・ケント・クルーガー絶賛。アメリカ探偵作家クラブ賞最優秀長篇賞受賞作。
2017.3 370p 19cm ¥1800 ①978-4-15-001917-4

◆**最後の乗客** マネル・ロウレイロ著, 高岡香訳 オークラ出版 （マグノリアブックス）
【要旨】新聞記者のケイトは最愛の夫の死から立ち直れずにいた。そんな矢先、同業だった夫が最後に調べていた案件を引き継ぐことになる。それは、実業家のフェルドマンが手がけたある奇妙なプロジェクトについて。一九三九年、航海中の貨物船が、漂流するナチスの船を発見した。漂流船の晩餐室に用意された料理は出来立てにもかかわ

らず、乗員、乗客は見つからなかった。一たったひとりのユダヤ人の赤ん坊を除いては。そんな謎に満ちたヴァルキリー号を、フェルドマンがふたたび航海に出そうとしているらしく…。
2017.4 441p A6 ¥886 ①978-4-7755-2648-4

◆代診医の死　ジョン・ロード著、渕上痩平訳　論創社　（論創海外ミステリ 191）
【要旨】資産家の最期を看取った代診医の不可解な死。プリーストリーの鋭い推理が暴き出す真相とは…。筋金入りの本格ミステリファン必読。あなたは作者が仕掛ける巧妙なプロットを読み解けるか？
2017.7 289p B6 ¥2200 ①978-4-8460-1629-6

◆紅血の逃避行―イヴ&ローク 42　J.D. ロブ著、小林浩子訳　ヴィレッジブックス　（ヴィレッジブックス）
【要旨】イヴの2061年はニューヨークで、死とともに明けた。無残な姿で発見されたチェロ奏者は、数日にわたって暴行された末、ナイフで腹を一文字に引き裂かれていた。さらにその体の一部に刻まれたハートマークと "E" と "D" のイニシャルをかたどった傷を発見したイヴは、それをもとに捜査を開始する。やがて、同様の手口で殺害されたとみられる遺体が全米各地で次々と発見され、事件は複雑化していく…。
2017.5 605p A6 ¥940 ①978-4-86491-337-9

◆孤独な崇拝者―イヴ&ローク 41　J.D. ロブ著、中谷ハルナ訳　ヴィレッジブックス　（ヴィレッジブックス）
【要旨】2060年が終わりを迎える冬の朝、舌を切られた敏腕女性弁護士の絞殺死体が発見された。「あなたをおとしめようとした被害者に罰があたえられた」という犯人からイヴへのメッセージが残されていた。徹底した手口の犯行に容疑者の特定は難航し、間を置かずして第二の殺人が起きてしまう。やがて犯人の異様な妄想にはイヴも蝕まれ、その魔手はイヴの周囲にまで迫ろうとしていた…。
2017.1 668p A6 ¥940 ①978-4-86491-323-2

◆歪んだ絆の刻印―イヴ&ローク 43　J.D. ロブ著、小林浩子訳　ヴィレッジブックス　（ヴィレッジブックス）
【要旨】NYPSDの精神分析医ドクター・マイラの夫デニスが、彼の所有すると亡き祖父の邸宅で何者かに襲われ、そこで会う約束をしていた元上院議員の従兄弟は殺され連れ去られていた。事件現場の壁には"あなたをおとしめようとした被害者に罰があたえられた"という犯人からのメッセージが残されていた。マイラ夫妻から依頼を受けたイヴが捜査を開始した先先、上院議員の惨殺死体が発見された。怨恨による犯行と思われたが、のちに同様の手口による死体が見つかる。被害者たちに共通する忌まわしい過去とは―？
2017.9 678p A6 ¥940 ①978-4-86491-351-5

◆殺しのディナーにご招待　E.C.R. ロラック著、青柳伸子訳　論創社　（論創海外ミステリ 190）
【要旨】配膳台の下から発見された男の死体。主賓が姿を見せない奇妙なディナーパーティーの秘密とは…。英国女流作家E・C・R・ロラックが描くスリルと謎の本格ミステリ。
2017.5 308p B6 ¥2200 ①978-4-8460-1622-7

◆暗黒結晶　上 ―ディープ・ファゾム　ジェームズ・ロリンズ著、遠藤宏昭訳　扶桑社　（扶桑社ミステリー）
【要旨】新世紀最初の日食。世界中の人々が黒い太陽から放たれるフレアに見とれていたそのとき、巨大地震が太平洋全域を襲う。中部太平洋で沈没船探査をしていたジャックのもとには米海軍からの救援要請が届いた。大統領専用機エアフォース・ワンが太平洋上空で姿を消したのだ。軍に遺恨のあるジャックは気が進まないままも捜索に乗り出す。一方そのころ人類学者のカレンは与那国島沖に沈むという"ドラゴン"と呼ばれる遺跡へ向かっていた。そこで彼女が目にしたのは地震で隆起した古代都市だった！
2017.7 399p A6 ¥920 ①978-4-594-07712-9

◆暗黒結晶　下 ―ディープ・ファゾム　ジェームズ・ロリンズ著、遠藤宏昭訳　扶桑社　（扶桑社ミステリー）
【要旨】サルベージ船"ディープ・ファゾム"を駆ってエアフォース・ワンの捜索に乗り出したジャックだったが、海中では正体不明の物体を"力"が待ち受けているものと。これはいったい？ 大地震や大統領専用機の失踪に関連があるのか？ 一方カレンは沖縄の遺跡で、別のさらに大きな存在があることを示唆する証拠を手に入れる。そして太平洋上ではアメリカと中国がいよいよ核戦争の惨劇へと突き進もうと策動していた…

業師ロリンズの筆が最高速度で爆走するアクション・アドベンチャー巨編！
2017.7 430p A6 ¥920 ①978-4-594-07713-6

◆イヴの迷宮　上 ―シグマフォースシリーズ 10　ジェームズ・ロリンズ著、桑田健訳　竹書房　（竹書房文庫）
【要旨】遺伝学者レナ・クランドールとローランド・ノヴァク神父は、クロアチアの洞窟でネアンデルタール人の遺骨らしきものと壮麗な壁画を発見するが、謎の一団の襲撃を受けて洞窟内に閉じ込められる。シグマフォースのグレイ・ピアースとセイチャンによって救出されたものの、遺骨は奪われてしまう。遺骨の謎を探るため、グレイたちはアタナシウス・キルヒャーという十七世紀の神父が残した手がかりを追う。一方、アメリカにいるレナの双子の妹マリアは、調査に訪れたジョー・コワルスキと飼育していたゴリラのバーコとともに、中国人の一団に拉致されてしまう。ネアンデルタール人の遺骨と北京で行なわれている謎の実験の関連は何なのか？ 物語の前日譚に当たる短編『ミッドナイト・ウォッチ』も収録。
2017.7 469p A6 ¥750 ①978-4-8019-1124-6

◆イヴの迷宮　下 ―シグマフォースシリーズ 10　ジェームズ・ロリンズ著、桑田健訳　竹書房　（竹書房文庫）
【要旨】北京で監禁されたコワルスキとマリアは、中国人民解放軍の劉佳英少将による北京動物園の地下施設でのおぞましい研究を目の当たりにして、バーコが実験台として使用されるのを阻止しようと試みる。その頃、グレイたちはアタナシウス・キルヒャー神父の足跡を追って、南米エクアドルのジャングル奥地に向かう。だが、そこにも中国の放った追っ手が迫りつつあった。コワルスキたちを救出するため北京に飛んだグレイの前には、地下の秘密施設への潜入に成功するが、そんな彼らの前に最強の生物が立ちはだかる。五万年前に起きたホモ・サピエンスの知能が突然に進化した「大躍進」と、エクアドルの洞窟はどう関連しているのか？ その進化が導く人類の未来は、必ずしも輝かしいものとは言えないのかもしれない。
2017.7 420p A6 ¥750 ①978-4-8019-1125-3

◆悪党どものお楽しみ　パーシヴァル・ワイルド著、巴妙子訳　筑摩書房　（ちくま文庫）
【要旨】賭博師稼業から足を洗い、農夫として質実な生活を送っていたビル・パームリーが、ギャンブル好きでお調子者の友人トニーに担ぎ出され、凄腕いかさま師たちと対決。知識と経験をいかして、ポーカー勝負のあの手この手のいかさまトリックや、思い通りの目が出るルーレット盤の秘密をあばく痛快ユーモア・ミステリ連作集。新訳『堕天使の冒険』を追加収録した完全版。
2017.3 427p A6 ¥900 ①978-4-480-43429-6

SF・ホラー・ファンタジー

◆アルマダ工兵の謀略―宇宙英雄ローダン・シリーズ 560　ハンス・クナイフェル、ウィリアム・フォルツ著、増田久美子訳　早川書房　（ハヤカワ文庫SF）
【要旨】無限宇宙の歴史がすべて記されている"アルマダ年代記"に、ペリー・ローダンは強い興味を引かれていた。クリフトン・キャラモン提督の出動で賭けられた成果により、アルマダ年代記に記載するデータを収集する船が、ある青色恒星系をめざしていたことが判明する。そこには居住可能な一惑星があった。なにか情報が得られるかもしれないと考えたローダンは惑星に"バジス"の基地を築くため、視察部隊を送りだすが…!?
2018.1 271p A6 ¥660 ①978-4-15-012161-7

◆石の使者―宇宙英雄ローダン・シリーズ 549　H.G. フランシス、クルト・マール著、嶋田洋一訳　早川書房　（ハヤカワ文庫SF）
【要旨】謎の物質片があふれる宇宙の瓦礫フィールドでは、基地を破壊されたあともなお、サウバン人科学者ラウデルシャークが超越知性体セトをアポフィスの命で制御動物質の生成にむけていた。イホ・トロトひきいる抵抗グループは、それをふたたび阻止しようとすべく装備をととのえようと、瓦礫フィールドのべつの基地に忍びこむ。だが、そこは不可視の戦闘ロボットが防衛していた。抵抗グループの仲間たちが次々と犠牲になっていく！
2017.7 255p A6 ¥660 ①978-4-15-012133-4

◆異変の"ソル"―宇宙英雄ローダン・シリーズ 539　デトレフ・G. ヴィンター、クルト・マール著、林啓子訳　早川書房　（ハヤカワ文庫SF）
【要旨】種族の善意の象徴である精神存在ヴォワーレが消滅したことで、ポルレイターたちは道徳観や思いやりを失い、独善的・攻撃的になっていた。唯一テラナーの友であったクリンヴァンス=オソ=メグが死んだと、"ラカル・ウールヴァ"と複合艦隊は球状星団M‐3に拘束されてしまう。ローダンは通信でポルレイターに呼びかけ、なんとか現状を打破しようとするのだが成果はなかった。乗員たちの不満がしだいに強まっていく！
2017.2 281p A6 ¥660 ①978-4-15-012114-3

◆イルミナエ・ファイル　エイミー・カウフマン、ジェイ・クリストフ著、金子浩訳　早川書房
【要旨】暴走人工知能×スペースオペラ。ケイディが恋人エズラと別れた日、宇宙船団により彼らが住む辺境の惑星は侵攻を受けていた。人々は3隻の宇宙船で脱出したものの、最寄りのジャンプステーションまでは半年以上航行する必要がある。いずれも追手の敵戦艦に追いつかれてしまうだろう。さらに、船内に危険なウイルスが持ちこまれたと判明した。そのうえ、船の人工知能が乗員に危害を加えようとしていた…メール、チャットや軍の報告書、復元された文書ファイルでつづられた異色SF。
2017.9 606p A5 ¥4300 ①978-4-15-209712-5

◆ヴィジョン―ローダンNEO 4　ヴィム・ファンデマーン著、長谷川圭訳　早川書房　（ハヤカワ文庫SF）
【要旨】トーラは、月の"アエトロン"を離れ、太陽系の惑星調査に向かった。その後"スターダスト"で月にやって来たブルは、"アエトロン"の残骸を目撃する。一方、膠着状態が続くテラニアでは、中国軍がエネルギードームの破壊作戦を密かに進めていた。それを察知したクリンゴンもまた、対抗手段を指示する。同じ頃ドイツのミュンヘンにて、不思議な力を持つエラートは、あるヴィジョンを幻視しローダンの元へ赴く決意をする。
2017.10 284p A6 ¥700 ①978-4-15-012149-5

◆黄金の粉塵人間―宇宙英雄ローダン・シリーズ 544　マリアンネ・シドウ、エルンスト・ヴルチェク著、原田千絵訳　早川書房　（ハヤカワ文庫SF）
【要旨】ペリー・ローダンが惑星クーラトにあるケスドシャン・ドームで深淵の騎士任命式を終えたあとも、"バジス"はまだノルガン・ツュア銀河にいた。ローダンの指示をうけ、深淵の騎士とポルレイターのシュプールを探していたのだが、の、"目"によって無限隔移動ができるはずのローダンが一度も姿をあらわさないことで、乗員たちのあいだには不安が生まれている。そんなとき、"バジス"の前に奇妙な宇宙の雲があらわれた！
2017.5 287p A6 ¥700 ①978-4-15-012124-2

◆怪奇礼讃　E.F. ベンソンほか著、中野善夫、吉村満美子編訳　東京創元社　（創元推理文庫）再版
【要旨】本書は怪奇小説、それも英国の古風な、それでいて少しひねくれた、変わった味の作品を中心にまとめたアンソロジーである。不思議な話、奇怪な話、そして怖い話…。ベンスン巨匠の知られざる名品から、名手の逸品、奇妙な味わいの珍品、そして極めつきの恐怖譚まで、本邦初訳作を中心に22編を厳選。古雅にして多彩な怪奇小説をご堪能あれ。
2017.9 396p A6 ¥1100 ①978-4-488-55502-3

◆怪物はささやく　パトリック・ネス著、シヴォーン・ダウド原案、池田真紀子訳　東京創元社
【要旨】真夜中過ぎ、墓地にそびえるイチイの大木の怪物がコナーのもとに現われて言う。「おまえに三つの物語を話して聞かせる。わたしが語り終えたら、おまえが四つめを話すのだ」母の病気の悪化、学校での孤立、そんなコナーに怪物は何をもたらすのか。心締めつけられる物語（ゴヤ賞本年度最多9部門受賞）
2017.5 254p A6 ¥800 ①978-4-488-59307-0

◆神のアンテナ―宇宙英雄ローダン・シリーズ 545　H.G. フランシス、クルト・マール著、若松宣子訳　早川書房　（ハヤカワ文庫SF）

SF・ホラー・ファンタジー

外国の小説

請を受信した！

2017.5 255p A6 ¥660 ①978-4-15-012125-9

◆カルデクの盾作戦―宇宙英雄ローダン・シリーズ 542　K.H. シェール, クルト・マール著, 嶋田洋一訳　早川書房　（ハヤカワ文庫SF）
【要旨】"虎の王者"を名乗るキサイマンの暗躍により、ポルレイターの指揮官ラフサテル＝コローソスとテラナーたちの対立はますます深まっていた。ペリー・ローダンはポルレイターへの対抗手段を探したあげくに、もと太陽系艦隊提督ラリフトン・キャラモン（CC）ひきいる特務コマンドを五惑星施設に派遣する。CCはふたたび惑星スパリトに向かうと、かつての旗艦"ソドム"に乗りこんだ。ローダンとCCの極秘作戦がはじまる！

2017.4 255p A6 ¥660 ①978-4-15-012119-8

◆瓦礫の騎兵―宇宙英雄ローダン・シリーズ 553　H.G. エーヴェルス, クルト・マール著, 渡辺広佐訳　早川書房　（ハヤカワ文庫SF）
【要旨】スタックという成就の地をもとめて"バジス"を去ったエリック・ウェイデンバーンとその支持者たちだったが、途中で無限アルマダのロボットに捕まり、マルマダ中枢へ向かう輸送機"ゴロ＝オ＝ソク"に拉致されてしまった。絶望に駆られたラシ持者は抹殺の責任はエリックにあるといって非難し、かれを葬り去ろうとする。シグリド人艦隊の司令官ジェルシゲール・アンが"ゴロ＝オ＝ソク"をめざしたのはそれだった！

2017.9 271p A6 ¥660 ①978-4-15-012141-9

◆銀色人の基地―宇宙英雄ローダン・シリーズ 557　H.G. フランシス, クルト・マール著, 原田千裕訳　早川書房　（ハヤカワ文庫SF）
【要旨】"バジス"はようやくM-82銀河で銀河系船団の僚船のシュプールをつかむことができた。カラック船"フロスト"とコグ船"パーサー"オサン"ロッボ"を発見したのだ。そこに乗員たちは、銀色人と呼ばれるアルマダ工兵ショヴクロドンのステーションに拉致されしていた。ショヴクロドンはアルマダ中枢への反逆をくわだてているらしい。ローダン一行は仲間を助けにステーションへ向かったが！？

2017.11 271p A6 ¥660 ①978-4-15-012152-5

◆キングコング 髑髏島の巨神　ジョン・ゲイティングス原案, ダン・ギルロイ, マックス・ボレンスタイン脚本, デレク・コノリー, ティム・レボン著, 有澤真庭訳　竹書房　（竹書房文庫）
【要旨】それは簡単な任務のはずだった……。未知の生物を求め、調査遠征隊が謎の島に潜入する。しかし、そこは人が決して足を踏み入れてはならない島―髑髏島（ドクロトウ）だった。爆弾を落とし、気軽に調査を開始した隊員たちの前に突如として現れ、島の巨大なる守護神"コング"。巨神の圧倒的なパワーの前に唖然とする隊員たち。骸骨が散らばる島の岩壁には血塗られた巨大な手の痕跡までが……。だが、悪夢はそれだけではなかった。彼らの前には、謎の怪獣たちが次々と現れる。逃げても、隠れても、容赦なく襲いかかる怪獣たちを前に人間は虫ケラに過ぎず等々為す術もない……絶体絶命、待ったなしの狂乱が続く中、やがて明らかになる髑髏島の秘密―。果たして、コングは人類にとって悪魔なのか、神なる存在なのか―。人類は生きて、この島から脱出できるのか―。

2017.3 381p A6 ¥810 ①978-4-8019-1022-5

◆クラスト・マグノの管理者―宇宙英雄ローダン・シリーズ 555　マリアンネ・シドウ, エルンスト・ヴルチェク著, 星谷馨, 稲生久美訳　早川書房　（ハヤカワ文庫SF）
【要旨】無限アルマダの追跡をかわそうにトリューピンに突入した"バジス"だったが、再実体化したM-82銀河で僚船の姿はまったく見えなかった。どうやら、フロストルービンらしで空間と時間の秩序が乱されたらしい。銀河船団のみならず、無限アルマダも混乱するなか、なぜかアルマダ炎を失うのがおそれていく。そんなとき、"バジス"は、"プラネット・ピープル"と名乗るアルマダ種族の救助要

◆グレートウォール　マックス・ブルックス, エドワード・ズウィック, マーシャル・ハースコヴィッツ原案, カルロ・バーナード, ダグ・ミロ, トニー・ギルロイ脚本, マーク・モリスノヴェライズ, 平沢薫訳　竹書房　（竹書房文庫）
【要旨】金と名声のため中国に赴いた傭兵ウィリアムとトバールは、砂漠地帯で馬賊の襲撃を受けて多くの仲間を失い、ようやく辿り着いた万里の長城で禁軍に投降する。長城ではすでに完全武装した大軍団が、敵を迎え撃つべく臨戦態勢に入っていた。やがて、長城各所から敵の襲来を知らせる狼煙が一斉に上がると、巨大な響きとともに、遥か山々の向こうから、何千、何万もの未知の大群が長城めがけて怒涛のごとく押し寄せてきた。それは60年に一度現れるといわれる伝説の怪物"饕餮（とうてつ）"の群れだった。ウィリアムとトバールは、あまりの光景に目を疑いながらも、人類VS饕餮の壮絶な戦いに否応なしに巻き込まれていく……。

2017.12 287p A6 ¥660 ①978-4-8019-1052-2

◆猿の惑星―聖戦記（グレート・ウォー）　グレッグ・コックス著, 富永和子訳, マーク・ボンバック, マット・リーヴス脚本, リック・ジャッファ, アマンダ・シルヴァーキャラクター創造　竹書房　（竹書房文庫）
【要旨】ウィルスによる突然変異によって高度な知能を得た猿たちの反乱、人類文明の崩壊、猿と人類の戦争の勃発―猿と人類が全面戦争になだれ込んでから2年が経った。猿の群れを率いて森の奥深くに秘密の砦を築き上げたシーザーが、冷酷非情な大佐の奇襲によって家族を殺され、悲しみのどん底に突き落とされる。大勢の仲間を新たな隠れ場所へ向かわせ、復讐の旅に出たシーザーは、その道中に口がきけない少女と出会う。やがて大佐のアジトである巨大要塞にたどり着くシーザーだったが、復讐の念に取り憑かれて我を見失った彼は、猿の存亡さえも脅かされる絶体絶命の危機を招いてしまう……。

2017.10 375p A6 ¥860 ①978-4-8019-1240-3

◆試験惑星チェイラツ―宇宙英雄ローダン・シリーズ 547　デトレフ・G・ヴィンター, H.G.エーヴェルス著, 小津薫訳　早川書房　（ハヤカワ文庫SF）
【要旨】ペリー・ローダンはポルレイターの武器、カルデクの盾への対抗手段として、惑星クーラトのケスドシャン・ドーム地下から持ってきた謎の手袋を使えないだろうかと考えていた。その実現可能性を探るため、商館がある惑星チェイラツで試験をすることにする。試験の実施者として選ばれたのが、ジェフリー・ワリンジャーひきいる科学者チームの一員で、なぜか手袋との親和性を持っている若者、ジョシュア・ガンダロだった。

2017.6 285p A6 ¥660 ①978-4-15-012129-7

◆思考プラズマ―宇宙英雄ローダン・シリーズ 559　H.G. エーヴェルス, K.H. シェール著, 嶋田洋一訳　早川書房　（ハヤカワ文庫SF）
【要旨】"それ"が地球をヴィシュナの攻撃から守るために考えたのは、テラナー数百万人の思考エネルギーを使ってプロジェクションによる第二の地球をつくり出すという作戦だった。ところが、触媒として機能するはずのエルンスト・エラートの意識を宿した銀河商人メルグ・コーラフェが行方をくらましたため、プロジェクションは未完のままプラズマ状態となる。そのプラズマが、地球の人々にさまざまな影響をおよぼしはじめた！

2017.12 266p A6 ¥660 ①978-4-15-012157-0

◆自転する虚無―宇宙英雄ローダン・シリーズ 537　H.G. フランシス, K.H. シェール著, 星谷馨訳　早川書房　（ハヤカワ文庫SF）
【要旨】サウパン人科学者ラウデルシャークは、セト＝アポフィスの影響から逃れる方法を発見し、瓦礫フィールドに隠れた基地から脱出する。し、たどりついた自分たちの宇宙艦で、不死身の"究極の生物"トラアーに襲われる。イホ・トロトはそのラウデルシャークの捜索を命じられ、かれをなんとかトラアーから救出する。近くの別の基地にいたかれらだったが、ある存在"自転する虚無"に近づきすぎて、のみこまれようとしていた！

2017.1 287p A6 ¥660 ①978-4-15-012110-5

◆11名の力―宇宙英雄ローダン・シリーズ 556　ホルスト・ホフマン, H.G. フランシス著, シドラ房子訳　早川書房　（ハヤカワ文庫SF）

【要旨】ペリー・ローダンは無限アルマダとの交渉において有利な立場をあるため、アルマダ炎を得ようと考えはじめる。シグリド人司令官ジェルシゲール・アンによるとアルマダ炎は"白いカラス"と呼ばれるもののところで手に入るというが、詳細は不明だ。そんなとき"バジス"は宇宙空間に、巨大な白い帆を張ったなにかを発見した。白いカラスかもしれない。ローダンはグッキーとラス・ツバイを偵察に向かわせることにした！

2017.11 287p A6 ¥660 ①978-4-15-012151-8

◆自由民の基地―宇宙英雄ローダン・シリーズ 540　H.G. フランシス, ホルスト・ホフマン, 増田久美子訳　早川書房　（ハヤカワ文庫SF）
【要旨】ハルト人イホ・トロトは究極の生物トラアーとの戦いを終えた。やがて、超越知性体セト＝アポフィスの基地イェルフォンが自転する虚無にひきさられたあと、トロトはまたべつの基地に送られ、セト＝アポフィスの命に"制動物質"に関する実験をさせられていた。ところが、ともに基地に連れてこられたはずの友ブルーク・トーセンのゆくえるわからない。ようやく探しあてたとき、友は変わりはてた姿となっていた。

2017.3 284p A6 ¥660 ①978-4-15-012116-7

◆銀の鷲獅子（シルヴァーグリフォン）上―魔法戦争 第3部　マーセデス・ラッキー, ラリー・ディクスン著, 細美遙子, 佐藤美穂子訳　東京創元社　（創元推理文庫）
【要旨】英雄スカンドゥラノンの息子にして、銀鷲獅子団の次代の長タドリスは、故郷から遠く離れた前哨地で六カ月。初めての監視なしの任務だ。タドリスと人間の相棒"銀の刃"は、心配する両親を尻目に、大喜びで発した。ちょっとした冒険行のはずだった。"銀の刃"と荷物を入れた籠を装着して飛んでいたタドリスが、コントロールを失い墜落するまでは。"魔法戦争"三部作完結。

2017.9 258p A6 ¥1000 ①978-4-488-57728-5

◆銀の鷲獅子（シルヴァーグリフォン）下―魔法戦争 第3部　マーセデス・ラッキー, ラリー・ディクスン著, 細美遙子, 佐藤美穂子訳　東京創元社　（創元推理文庫）
【要旨】銀鷲獅子団の司令部は大騒ぎだった。タドリスと"銀の刃"が任務地に着いていないのだ。遠話装置での連絡もない。すぐにスカンドゥラノン率いる捜索隊が現地に向かう。一方墜落したたタドリスは、大けがを負いながら見えない追跡者から逃げていた。誰が何の目的でつけ狙うのか。鷲獅子と人間、体力と知力の限りをつくし、姿なき敵と戦う。"ヴァルデマール年代記"古代史完結。

2017.9 252p A6 ¥1000 ①978-4-488-57729-2

◆スターダスト―ローダンNEO 1　フランク・ボルシュ著, 柴田さとみ訳　早川書房　（ハヤカワ文庫SF）
【要旨】2036年、NASAのペリー・ローダン少佐は、連絡の途絶えた月のアームストロング基地を調査するため、"スターダスト"で月面に向かった。彼らは月で驚くべき光景を目にする。そこには巨大宇宙船が着陸していたのだ。一方地球では、異星人との接触の報に米中露をはじめとする国際社会が激しく動揺する。世界最長SF"宇宙英雄ローダン"を現代の創造力で語りなおす新プロジェクト、遂に日本刊行開始。

2017.7 259p A6 ¥660 ①978-4-15-012135-8

◆ソラナー狩り―宇宙英雄ローダン・シリーズ 543　ホルスト・ホフマン, ウィリアム・フォルツ著, 嶋田洋一訳　早川書房　（ハヤカワ文庫SF）
【要旨】ポルレイターの指揮官ラフサテル＝コローソスは、カルデクの盾を奪われて激怒し、盾を返させなければ報復するとローダンに迫る。しかし、カルデクの盾はセト＝アポフィスに支配されたアトランが盗んだに、行方が知れない。そのころ異人キューブは、コペンハーゲン・サイバネティック操作センターでカルデクの盾を制圧する方法を調査していたが、そこにかつてソラナーが保有するを、奇妙な超ヴィルスの存在に気づいた！

2017.4 271p A6 ¥660 ①978-4-15-012120-4

◆第二地球作戦―宇宙英雄ローダン・シリーズ 558　クラーク・ダールトン, H.G. エーヴェルス著, 渡辺広佐訳　早川書房　（ハヤカワ文庫SF）
【要旨】想像を絶する規模と機能を持つ宇宙の巨大コンピュータ、ヴィルス・インペリウムが

SF・ホラー・ファンタジー

外国の小説

◆ツインズ―ローダンNEO 6　フランク・ボルシュ著, 鵜田良江訳　早川書房　（ハヤカワ文庫SF）
【要旨】アダムスの元に集った異能者たちは、昏睡から目覚めたシドを中心に、テラニアのローダンのもとへたどり着くための計画を進めていた。一方、アルコン人が太陽系にやってきた真の理由を知ったクリフォードは、拉致してきたクレストにアルコン人の技術の提供を強要する。クリフォードには米国のために自らの手を汚さねばならぬ理由があった…その頃中国軍はローダンたちに対して強硬手段を発動する準備を着々と調えていた。
2017.12 283p A6 ¥700 ①978-4-15-012159-4

◆テラニア―ローダンNEO 2　クリスチャン・モンティローラ著, 長谷川圭訳　早川書房　（ハヤカワ文庫SF）
【要旨】月でアルコン人の船長トーラと学者クレストに出会ったローダンたちは、重病のクレストを連れて地球に帰還する。彼らの高度な技術の地球への影響を懸念したローダンは、ある考えのもと祖国アメリカを捨てて無人のゴビ砂漠に着陸し、エネルギードームを展開して立て籠った。だがバイ・ジュン将軍率いる中国軍が彼らを確保するべく包囲し、一触即発の局面となる…"宇宙英雄ローダン"を語りなおすリブートシリーズ第2巻。
2017.8 271p A6 ¥700 ①978-4-15-012139-6

◆テレポーター―ローダンNEO 3　レオ・ルーカス著, 鵜田良江訳　早川書房　（ハヤカワ文庫SF）
【要旨】ゴビ砂漠に独立都市テラニアの建設を宣言したローダンたち、中国軍が包囲するエネルギードームの内側に、都市の建設を開始した。だがクレストの病状が悪化し、彼を地球の医者に診せる方法を模索する。一方、児童保護施設での殺人事件に関与したとされ警察に追われるマーシャル、シド、スーは、次第にミュータントの力に目覚めはじめる。その頃、NASAのフレイ少佐たちは米大統領の密命を受けて密かに月を目指すが…！最長SFシリーズのエッセンスを凝縮した全8巻！　第1シーズン・ヴィジョン・テラニア篇を完全翻訳。
2017.9 284p A6 ¥700 ①978-4-15-012144-0

◆虎の王者キサイマン―宇宙英雄ローダン・シリーズ 541　H.G. エーヴェルス著, シドラ房子訳　早川書房　（ハヤカワ文庫SF）
【要旨】ポルレイターを捜索する複合艦隊の旗艦"ラカル・ウールヴァ"がついにテラに帰還した。だが、そこには、究極の武器"カルデクの盾"を振りかざして、自由テラナー連盟(LFT)と宇宙ハンザに対する支配権を要求してくる。自分たちこそコスモクラートの使命をはたす者であり、銀河系を統率してセト=アポフィスと戦うといいはるのだ。LFTと宇宙ハンザの幹部は反発するが…。
2017.3 286p A6 ¥660 ①978-4-15-012117-4

◆ナイツ・オブ・ザ・リビングデッド 死者の章　ジョナサン・メイベリー, ジョージ・A・ロメロ編著　竹書房　（竹書房文庫）
【要旨】総勢19人のベストセラー作家がゾンビ映画の原点に挑む！ジョージA・ロメロが最後に遺したゾンビ小説も収録。
2017.12 364p A6 ¥900 ①978-4-8019-1273-1

◆偽アルマディスト―宇宙英雄ローダン・シリーズ 552　デトレフ・G. ヴィンター, H.G. エーヴェルス著, 若松宜子訳　早川書房　（ハヤカワ文庫SF）
【要旨】数万の種族からなる部隊で構成され、想像を絶する規模をもつ大艦隊、無限アルマダ。そのメンバーすなわちアルマディストであることを証明できる共通項があった、頭上に浮遊する光の玉"アルマダ炎"だ。ところが、アルマダ炎に生まれながらにも、隠すことができない者がいた。ヘルキド人のエーナ・ネジャーリス。"偽アルマディスト"の汚名に耐えて生きねばならないエーナが見いだした、ひと筋の希望とは？
2017.9 271p A6 ¥660 ①978-4-15-012140-2

◆ニンジャスレイヤー ロンゲスト・デイ・オブ・アマクダリ 上　ブラッドレー・ボンド, フィリップ・N. モーゼズ著, 本兌有, 杉ライカ訳　KADOKAWA
【目次】レイズ・ザ・フラッグ・オブ・ヘイトレッド・後編、フェイト・オブ・ザ・ブラック・ロータス、デス・オブ・アキレス、メニイ・オア・ワン、ショック・トゥ・ザ・システム、グラウンド・ゼロ、デス・ヴァレイ・オブ・センジン・前編
2017.6 546p B6 ¥1200 ①978-4-04-734712-0

◆ニンジャスレイヤー ロンゲスト・デイ・オブ・アマクダリ 下　ブラッドレー・ボンド, フィリップ・N. モーゼズ著, 本兌有, 杉ライカ訳, わらいなく訳　KADOKAWA
【目次】ドラゴン・ドージョーにて、グラウンド・ゼロ、デス・ヴァレイ・オブ・センジン 後編、フェアウェル・マイ・シャドウ、ニチーム・ウォー、ネオサイタマ・プライド、ローマ・ノン・フイト・ウナ・ディエ
2017.12 542p B6 ¥1200 ①978-4-04-734952-0

◆猫は宇宙で丸くなる―猫SF傑作選　シオドア・スタージョン, フリッツ・ライバーほか著, 中村融編　竹書房　（竹書房文庫）
【要旨】誇り高く孤独を愛するが、寂しさを感じたとき彼らはそばにいてくれる。甘えがちだが、気まぐれで近寄りがたい相棒。そんな不思議な生き物の名は猫―。マシュマロを焼く天才猫が登場するコイストラ「バフ」、宇宙船に乗せられた"船猫"が活躍するナイ「宇宙に猫パンチ」、傑作の誉れ高いライバー「影の船」など、愛すべき個性豊かな10匹の猫たちが宇宙狭しと跳び回る。名アンソロジストがすべての猫好きとSFファンに贈る、猫SFアンソロジーの決定版！地上でも宇宙でも、やっぱり猫は猫なのだ。
2017.9 438p A6 ¥1200 ①978-4-8019-1191-8

◆ハイパー空間封鎖―宇宙英雄ローダン・シリーズ 546　H.G. エーヴェルス著, 渡辺広佐訳　早川書房　（ハヤカワ文庫SF）
【要旨】NGZ425年12月、テラにおけるポルレイターの専横ぶりは度をこしていた。ポルレイターの代表ラフサテル=コロ=ソスはペリー・ローダンに、自由テラナー連盟、宇宙ハンザ、GAVÖKに所属する宇宙船を数十万隻擁する艦隊を準備するよう迫る。大艦隊をひきいて、超越知性体セト=アポフィスの補助種族が住む諸惑星に出動し、懲罰をくわえるためだ。一方、子供たちをふくむ"虎の一味"はいまだに行方不明だった。
2017.6 287p A6 ¥660 ①978-4-15-012128-0

◆パイレーツ・オブ・カリビアン 最後の海賊　エリザベス・ルドニック著, テッド・エリオット, テリー・ロッシオ, スチュアート・ビーティー, ジェイ・ウォルパート原案, ジェフ・ナサンソン脚本, 入間眞訳　宝島社　（宝島社文庫）
【要旨】孤高の海賊ジャック・スパロウへの復讐に燃える、海の死神サラザール。この史上最恐の敵が、禁断の"魔の三角海域"から解き放たれた。海賊絶滅の危機を止めるカギは、すべての呪いを解く"ポセイドンの槍"と、そのありかを知る"最後の海賊"のみだ。これまで決して明かされることのなかったジャック・スパロウ誕生の瞬間シリーズ最大にして最高の謎が、ついにベールを脱いだ。シリーズ最新作を完全ノベライズ。
2017.7 303p A6 ¥620 ①978-4-8002-7462-5

◆"バジス"の帰郷―宇宙英雄ローダン・シリーズ 548　エルンスト・ヴルチェク, マリアンネ・シドウ著, 星谷馨訳　早川書房　（ハヤカワ文庫SF）
【要旨】"バジス"は惑星クーラトでケスドシャン・ドームの守護者レトス=テラクドシャンと合流し、銀河系に帰還する。だが、ポルレイターの指揮官ラフサテル=コロ=ソスは、ローダンに命じて、"バジス"をまずヴェガ星系に向かわせた。彼らの査察を受けるようにというのだ。コスモクラートの真の従者たるレトスが、機会をうかがい、ポルレイターの査察官を説き伏せようとしていたところ、突如戦闘ロボットが攻撃を開始した！
2017.8 282p A6 ¥660 ①978-4-15-012132-7

◆ポルレイターとの決別―宇宙英雄ローダン・シリーズ 550　クルト・マール, ウィリアム・フォルツ著, 増田久美子訳　早川書房　（ハヤカワ文庫SF）
【要旨】"バジス"は瓦礫フィールドで制動物質をある程度まで除去したのち、地球に帰還するコースをとった。そのころポルレイター二千九百名は、一体化したカルデク・オーラの集合体につつまれたまま、地球周回軌道にいた。どうやらオーラのエネルギーを放出することで集団自殺しようとしているらしい。しかし、やがて集合体オーラは地表に向かい、テラニア・シティの人口密集地域に降りてくる。テラの住民に危険が迫っていた！
2017.8 271p A6 ¥660 ①978-4-15-012136-5

◆ポルレイターの秘密兵器―宇宙英雄ローダン・シリーズ 538　マリアンネ・シドウ, ホルスト・ホフマン著, 若松宣子訳　早川書房　（ハヤカワ文庫SF）
【要旨】25世紀の昔、球状星団M-3にある惑星ユルギルで囚われの身となった、もと太陽系艦隊提督クリフトン・キャラモン。かれは1600年の深層睡眠からよみがえり、宿敵であるポルレイターの堕落者トゥルギ=ダノ=ケルグとの対決を覚悟する。ダノの手を打つためかつてのかれの戦闘艦"ソドム"で、五惑星施設の第三惑星ズルウトに向かった。ところが、原住動物ケラクスのからだに宿るダノ"ソドム"に乗りこんでいた…。
2017.2 280p A6 ¥660 ①978-4-15-012113-6

◆ミュータント―ローダンNEO 5　ミハエル・マルクス・ターナー著, 柴田さとみ訳　早川書房　（ハヤカワ文庫SF）
【要旨】ブルの操縦で月から帰還した"スターダスト"は中国軍のミサイルで破壊され、ローダンたちはさらに劣勢に追い込まれていた。一方アイルランドの小島では、マーシャルたち異能者の集団が、心に傷を受け続けるシドを目覚めさせるため彼の精神へのコンタクトを試みるだった。それは、彼の過酷な幼少期の記憶の追体験だった。クリフォードに連れ去られた療養中のクレストは、自らとローダンらの窮地を認識し苦悩するのだった。
2017.11 266p A6 ¥700 ①978-4-15-012159-4

◆無限アルマダ―宇宙英雄ローダン・シリーズ 551　K.H. シェール, クラーク・ダールトン著, 嶋田洋一訳　早川書房　（ハヤカワ文庫SF）
【要旨】新銀河暦(NGZ) 426年3月、"バジス"および前述にあらわれる二万隻の銀河系船団はフロストルービンの封印を安定する目的で太陽系をスタートした。その目前に、総勢で数億隻というとてつもない規模の巨大艦隊があらわれる。これがふたつめの究極の謎に出てくる"無限アルマダ"にちがいない。そう確信したペリー・ローダンは、クリフトン・キャラモンひきいる"ソドム"を調査に送り出すことにした…!?
2017.8 255p A6 ¥660 ①978-4-15-012137-2

◆ラテンアメリカ怪談集　J.L. ボルヘスほか著, 鼓直編　河出書房新社　（河出文庫）新装版
【要旨】『伝奇集』や『幻獣辞典』で有名な二十世紀ラテンアメリカ文学の巨匠ボルヘスをはじめ、コルタサル、パチェーコ、鋭やたる作家たちが贈る恐ろしい十五の短編小説集。ラテンアメリカ特有の「幻想小説」を底流に、怪奇、魔術、宗教、伝承、驚異などの強烈なファクターがそれぞれ色濃く滲むユニークな作品集。『百年の孤独』を訳した鼓直が精選し、独自に編集したオリジナル文庫。
2017.9 361p A6 ¥780 ①978-4-309-46452-7

◆ローグ・ワン―スター・ウォーズ・ストーリー　ジョン・ノール, ゲイリー・ウィッタ, クリス・ワイツ, トニー・ギルロイ原作, アレクサンダー・フリード著, 稲村広香訳　講談社　（講談社文庫）
【要旨】デス・スターの設計図はいかにして手に入れられたのか―？ 銀河帝国が銀河全域を支配しつつあった時代。惑星破壊兵器デス・スターの設計者、ゲイレン・アーソは、この兵器の重要情報を反乱同盟軍のソウへ送る。反乱同盟軍からソウのもとに送り込まれたゲイレンの娘ジンとキャシアンは、デス・スターの急所と設計図の在処を知ることになる。ジェダ・シティの破壊によりデス・スターの威力を見せつけられたジンたちは、反乱同盟軍の評議会で帝国との交戦を主張するが、否決されてしまう。絶望の淵に立つジン。だが彼女の前に現れた男たちがいた。名もなき戦士たち「ローグ・ワン」の、命を賭した戦いが始まる！
2017.10 509p A6 ¥1100 ①978-4-06-293789-4

◆KAIJU黙示録（アポカリプス）　エリック・S・ブラウン, ジェイソン・コルトバ著, 平沢薫訳, 木川明彦監修　竹書房　（竹書房文庫）

SF・ホラー・ファンタジー

【要旨】未曾有の大洪水が人々を襲い、大地のほとんどが呑みこまれた。人類は宇宙移民に希望を託し、地球に残された者はわずかな陸地に文明を再興するため、懸命に生きた。だがそれも、異形の巨獣"KAIJU"が出現するまでのことだった。黙示録のはじまりを告げる怪獣軍団の爪牙に人々は倒れ付し、地球は巨大な墓標と化す。生き残った人類を救出すべく、帰還した宇宙移民船アルゴー号から装甲歩兵が地上に降り立つ！ 地軸を揺るがす巨獣！ 全米を震撼させた大怪獣スペクタクル、ついに日本上陸!!
2017.9 335p A6 ¥1000 ①978-4-8019-1192-5

〔ア行の作家〕

◆アロウズ・オブ・タイム グレッグ・イーガン著, 山岸真, 中村融訳 早川書房 (新☆ハヤカワ・SF・シリーズ)
【要旨】発進から六世紀かけ、直交星群の反物質を扱う技術をも発展させた"孤絶"の科学者たち。ようやく故郷の惑星を救う目処がつき、帰還の途についてきた。だが、「時の矢」の反転で航со中に危険が増すくらいなら、母星が破壊されてもかまわないと主張する帰還反対派もあらわれていた。対立が続く"孤絶"で、未来からのメッセージを受けとるシステムの建設計画が発表される。稼働すれば、未来の事象のすべて、"孤絶"と故郷の運命もわかるというが…。わたしたちとは異なる時空の法則から構築された奇妙な宇宙で、奔放にアイデアをかけめぐらせた"直交"三部作、堂々の完結編！
2017.2 518p 19cm ¥2300 ①978-4-15-335031-1

◆シルトの梯子 グレッグ・イーガン著, 山岸真訳 早川書房 (ハヤカワ文庫SF)
【要旨】2万年後の遠未来。量子グラフ理論の研究者キャスが"ミモサ研究所"で行った実験が、まったく新たな時空を生み出してしまう——それから数百年後、人類はその生存圏を侵食し拡大し続ける新たな時空の脅威に直面し、生存圏の譲渡派と防衛派が対立していた。両派共有の観測拠点"リンドラー"号にて、譲渡派の友人だったマリアマと再会し動揺する…深刻な対立と論争の果てに人類が見たものは!?
2017.12 505p B6 ¥1220 ①978-4-15-012160-0

◆白熱光 グレッグ・イーガン著, 山岸真訳 早川書房 (ハヤカワ文庫SF)
【要旨】遠い未来、融合世界との意思疎通を拒んでいた孤高世界が、未知のDNAを基盤の生命が存在する可能性が浮上。融合世界のラケシュは友人パランドと共に、それを探すべく銀河系中心部を目指す。一方、"白熱光"からの熱い風が吹きこむ世界"スプリンター"の農場で働くロイは、老人ザックから奇妙な地図を託される。二つの物語の果てにあるものとは!?世界の法則を自ら発見する魅力溢れるハードSF。
2017.6 1060p A6 ¥1060 ①978-4-15-012130-3

◆宇宙船ビーグル号の冒険 A.E. ヴァン・ヴォークト著, 沼沢洽治訳 東京創元社 (創元SF文庫) 新版
【要旨】巨大宇宙船ビーグル号は科学者と軍人1000人を乗せ、無窮の宇宙の探索に出発した。だが行く手には、人類の想像を超えた恐るべき怪物たちが待ち構えていた。荒涼たる惑星を彷徨する凶暴で狡知にたけた猫型生命ケアル、幻影で精神攻撃してくるリーム人、宇宙空間で棲息可能なイクストル。彼らを相手に人類は科学の粋を集めて死闘を展開する。オールタイム・ベスト級の傑作古典SF。
2017.7 364p A6 ¥880 ①978-4-488-60917-7

◆スペース・オペラ ジャック・ヴァンス著, 浅倉久志, 白石朗訳 国書刊行会 (ジャック・ヴァンス・トレジャリー)
【要旨】未知の惑星ルルールから来た"第九歌劇団"は素晴らしい演目を披露したあと、忽然と姿を消した。オペラの後援者デイム・イザベル・グレイスはその失踪の謎を解決するため、地球の歌劇団をひきいて様々な惑星をめぐる宇宙ツアーに乗り出すことを計画する。イザベル・グレイスならびに歌劇団の面々とともに宇宙船ポイボス号に乗り込んだのは、"第九歌劇団"を招いた団長にして宇宙船船長アドルフ・ゴンダー、音楽愛好家バーナード・ビッケル、イザベルの甥のロジャー・ウール、そして謎めいた美女マドック・ロズウィン。かくして波瀾万丈のスペース・オペラが開幕する——彼らを待ち受けるのは大成功か大失敗か大騒動か!?皆様予想どおりのヴァンス的展開となる傑作長篇で、ヴァンスを愛しつづけた名翻訳者・浅倉久志が選び抜いて訳した珠玉の中短篇四作を集成。
2017.5 461p B6 ¥2400 ①978-4-336-05922-2

◆無限の書 G. ウィロー・ウィルソン著, 鍛治靖子訳 東京創元社 (創元海外SF叢書)
【要旨】中東の専制国家でハッカーとして生きる青年アリフは、大砂嵐の吹き荒れる日、政府の検閲官"ハンド"にハッキングを行って追われる身となる。同時期に別れを告げられた恋人から託された謎の古写本——存在するはずのないその本には、人間が知るべきではない知識が隠されているという。追っ手を逃れつつアリフは異界に足を踏み入れ、世界を一変させる本の秘密に近づいていく。世界幻想文学大賞受賞、サイバーパンクと魔術的世界が現代文明のエッジで融合する傑作SFファンタジー！
2017.2 398p B6 ¥2800 ①978-4-488-01461-2

◆強き者の島——マビノギオン物語 4 エヴァンジェリン・ウォルトン著, 田村美佐子訳 東京創元社 (創元推理文庫)
【要旨】グウィネズの王マースの甥にして跡継ぎのグウィディオンは、あるときは吟唱詩人に身をやつし、新しき民の治める地から豚を盗み、両国に戦を起こさせ、あるときは妹アリアンロドを騙して子を産ませ、自らの跡継ぎとして育てる。人の心を読み、甥のために花から麗しき乙女を創り出す。ウェールズ神話最大の英雄で神グウィディオンの物語をもって、神話ファンタジーの金字塔完結！
2017.6 553p A6 ¥1600 ①978-4-488-57906-7

◆わたしの本当の子どもたち ジョー・ウォルトン著, 茂木健訳 東京創元社 (創元SF文庫)
【要旨】もしあのとき、別の選択をしていたら？パトリシアの人生は、若き日の決断で最大に分岐した。並行して語られる世界で、彼女はまったく異なる道を歩んでゆく。はたして、どちらの世界が"真実"なのだろうか？ヒューゴー賞・ネビュラ賞同時受賞の『図書室の魔法』と"ファージング"三部作の著者が贈る、感動の幻想小説。全米図書館協会RUSA賞、ティプトリー賞受賞作。
2017.8 468p A6 ¥1300 ①978-4-488-74903-3

◆月の部屋で会いましょう レイ・ヴクサヴィッチ著, 岸本佐知子, 市田泉訳 東京創元社 (創元SF文庫)
【要旨】「モリーに宇宙服が出はじめたのは春だった」——肌が宇宙服に変わって飛んでいってしまう男、恋人に触られた手編みセーターの中で迷子になる男、自分の寝言を録音しようとした男が耳にする知らない男女の会話…。とびきり奇妙で優しく愉しい、奇想に充ち満ちた短編集。2001年度フィリップ・K・ディック賞候補作の33篇に、本邦初訳の短編1編を追加した、待望の文庫化。
2017.9 365p A6 ¥1100 ①978-4-488-76801-0

◆レッド・クイーン ヴィクトリア・エイヴヤード著, 田内志文訳 ハーパーコリンズ・ジャパン (ハーパーBOOKS)
【要旨】貧しい村で家族と暮らす少女メアは、ある日、不思議な力が目覚める。それは奴隷階級の"レッド"が決して持つはずのない、支配階級"シルバー"の力だった。メアは王家に直ちに捕らえられ、死を覚悟するが、命と引き換えに名前を奪われ、"行方不明になっていたシルバーの王女"に仕立て上げられてしまう。宮廷で待ち受ける謀略と裏切り。冷酷な国王と二人の王子一筋はたしてメアの運命は！
2017.3 526p A6 ¥972 ①978-4-596-55048-4

◆ヒトラーの描いた薔薇 ハーラン・エリスン著, 伊藤典夫ほか訳 早川書房 (ハヤカワ文庫SF)
【要旨】無数の凶兆が世界に顕現し、地獄の扉が開いた。切り裂きジャックやカリギュラら稀代の殺人者たちが脱走を始めた時、ただ一人アドルフ・ヒトラーは…。表題作「ヒトラーの描いた薔薇」をはじめ、地下に広がる神話的迷宮世界を描いた傑作「クロウトゥン」ほか、初期作品から本邦初訳のローカス賞受賞作「睡眠時の夢の効用」まで、アメリカSF界のレジェンドが華麗な技巧を駆使して放つ全13篇を収録した日本オリジナル短篇集。
2017.4 381p A6 ¥1000 ①978-4-15-012122-8

〔カ行の作家〕

◆君の彼方、見えない星 ケイティ・カーン著, 赤尾秀子訳 早川書房 (ハヤカワ文庫SF)
【要旨】予期せぬ事故でシャトルから放り出された、女性宇宙飛行士のカリスと料理人のマックス。恋人同士であるふたりには、酸素がそれぞれ90分ぶんしか残っていなかった。ふたりはどのように出会い恋に落ちたか、そしてなぜ現在のような状況に至ったかについて振り返る。漆黒の宇宙空間をゆっくりと確実に落下していく絶望的な状況で、必死に生存の可能性を探りながら…。"ゼロ・グラビティ"下で展開するSFラブストーリー。
2017.11 395p A6 ¥920 ①978-4-15-012153-2

◆ソフロニア嬢、倫敦で恋に陥落する——英国空中学園譚 ゲイル・キャリガー著, 川野靖子訳 早川書房 (ハヤカワ文庫FT)
【要旨】ヴィクトリア朝英国、レディのためのスパイ養成学校で、吸血鬼や人狼への対処法をも学ぶソフロニア嬢。彼女はふとしたことで悪の組織ピクルマン乗っ取りの陰謀に気づく。ピクルマンは英国じゅうのメカ制御をたくらんでいたはずだが…。だけど教授たちは彼女の話を信じてくれない！学園最大の危機なのに、みんなを守れるのは、われらがソフロニアだけ!?ユーモア歴史改変冒険譚シリーズ、堂々の最終巻。
2017.2 408p A6 ¥1040 ①978-4-15-020587-4

◆長い眠り スティーヴン・P・キールナン著, 川野太郎訳 西村書店
【要旨】科学者ケイト・フィーロらを乗せた調査船が北極海で発見した未曾有の規模の氷山、その中深くには、ひとりの男が氷漬けのまま――。富と名声を追い求める傲慢な研究所所長、スクープを狙う雑誌記者、"凍った男"の蘇生を神への冒瀆と考える狂信的な抗議団体、甦った男の生を牽引せねばならぬ科学者たちの、欲望と思惑の渦まく世界で、長い眠りから覚めた男を待ち受けていた。科学の倫理性、人生の意味、そして愛の本質を問う、サイエンス・ロマンの傑作！
2017.7 479p B6 ¥1800 ①978-4-89013-775-6

◆ダークタワー 1 ガンスリンガー スティーヴン・キング著, 風間賢二訳 KADOKAWA (角川文庫)
【要旨】時間も空間も変転する異界の地"中間世界"。最後の拳銃使いローランドは、宿敵である"黒衣の男"を追いつづけていた。タルの町で死から甦った男や妖艶な女説教師らから情報を聞き出し、旅は続く。やがて、別の世界からやってきた少年ジェイクと出会い、少しずつ心を通わせていく。だが思いがけない事態が2人を襲った…。キングの物語世界はすべて、本シリーズにつながる。今世紀最高のダーク・ファンタジー、待望の復活！
2017.1 394p A6 ¥880 ①978-4-04-104962-4

◆ダークタワー 2 運命の三人 上 スティーヴン・キング著, 風間賢二訳 KADOKAWA (角川文庫)
【要旨】"暗黒の塔"を目指し、孤独な旅を続けるローランド。浜辺に辿りついた彼は、夜ごと出現する異形の化け物に、拳銃使いには欠かせない2本の指を喰いちぎられ、さらに高熱にも苦しめられる。そんな時、奇妙なドアが出現し、その向こうには80年代ニューヨークが広がっていた。麻薬の運び屋で麻薬中毒のエディと出会ったローランドは彼の危機を救うが…。著者の作家人生の始まりにして本シリーズ最大の究極のシリーズ、第2弾！
2017.1 315p A6 ¥800 ①978-4-04-104963-1

◆ダークタワー 2 運命の三人 下 スティーヴン・キング著, 風間賢二訳 KADOKAWA (角川文庫)
【要旨】砂浜に突如現れた不思議なドア。それを通じて、両脚を事故で失った、美しい黒人のニ重人格者オデッタが"中間世界"にやって来た。2つの人格の落差に驚愕しつつも、エディは彼女に惹かれていく。そして、もう1人の旅の仲間の候補者は、何と連続殺人鬼だった。エディも含め、異なる時代に生きているらしい3人の中から、真の仲間を得ることはできるのか。物語が加速度的に動きだし、ローランドは"暗黒の塔"に一歩ずつ近づいていく。
2017.1 405p A6 ¥880 ①978-4-04-104964-8

◆ダークタワー 3 荒地 上 スティーヴン・キング著, 風間賢二訳 KADOKAWA (角川文庫)

世界"にやってきたエディとスザンナ。"旅の仲間"を得たローランドは、2人をガンスリンガーに育てあげるべく修行を開始した。ある日、凶暴化した巨大なクマとの死闘を経て、"暗黒の塔"へと導いてくれる"ビーム"の道を発見する。その一方で、見ர地にしたジェイク少年への罪悪感で、着実に心を蝕まれていく。そしてジェイクもまた、生々しい死の記憶に苦しめられていた…。
2017.4 463p A6 ¥960 ①978-4-04-104965-5

◆ダークタワー 3 荒地 下 スティーヴン・キング著, 風間賢二訳
（角川文庫） KADOKAWA
【要旨】3人目の運命の仲間はジェイクだった！ローランドと少年を苦しめていたタイム・パラドックスはようやく終結した。人の言葉を理解する小動物オイがジェイクになつき、旅の道連れとなる。一行が都市"ラド"へと向かう途中、高齢者ばかりが住む小さな町に辿り着く。そこで荒地を疾駆する超高速モノレールの存在を知るのだが…。暴力と狂気、跋扈する異形のものたち―キングの本領がいかんなく発揮された白眉の1冊！
2017.4 452p A6 ¥960 ①978-4-04-104966-2

◆ダークタワー 4 魔道師と水晶球 上 スティーヴン・キング著, 風間賢二訳
KADOKAWA （角川文庫）
【要旨】毒ガス、殺人ビーム、化け物が跋扈する荒地を疾駆する、知性を持った超高速モノレール"ブレイン"。列車VS人間の命がけの謎かけ合戦は、絶体絶命の最中、思わぬ形で終結を迎えた。危機を乗り越え、結束を強める旅の仲間たちに、ローランドは心の奥底に秘めた思いを語りはじめる。彼が14歳で"ガンスリンガー"の試練を突破し、初めての任務についた時のこと。そして、過酷な人生で初めて、唯一愛した少女のことを…。
2017.6 701p A6 ¥1360 ①978-4-04-104967-9

◆ダークタワー 4 魔道師と水晶球 下 スティーヴン・キング著, 風間賢二訳
KADOKAWA （角川文庫）
【要旨】ガンスリンガーである父の密命を帯びたローランドは、陽気なカスバートと、冷静沈着なアランとともに故郷を離れ、小さな町ハンブリーを訪れる。そこで美しいスーザンに出会い、一目で恋に落ちるが、彼女は高貴なため自由に恋ができない身だった。そんな中、ローランドは、一見平和な町に漂う不穏な空気と陰謀に気づくのだが…。禁断の恋の行方は無じごい―冷酷無比なローランドを誕生させた、壮絶な愛の物語。
2017.6 679p A6 ¥1360 ①978-4-04-104968-6

◆ダークタワー 4・1/2 鍵穴を吹き抜ける風 スティーヴン・キング著, 風間賢二訳
KADOKAWA （角川文庫）
【要旨】デバリアの町で起きた連続惨殺事件。それは、変身能力を持つスキンマンの仕業ではないかと疑われ、調査に赴いたローランドは、父親を目の前で殺され、記憶を失った少年に出会う。彼は少年に、幼い頃読み聞かせてもらった、勇敢なスティーグと母の思い出とともに活躍するお伽噺を語りだす…。若き日のローランドの冒険譚と、母の思い出とやさしい物語が入れ子構造に。ファン熱望のシリーズ最新作が、本邦初翻訳！
2017.6 496p A6 ¥1000 ①978-4-04-104975-4

◆ダークタワー 5 カーラの狼 上 スティーヴン・キング著, 風間賢二訳
KADOKAWA （角川文庫）
【要旨】カーラの町は恐怖に包まれている。もうすぐ凶悪な"狼"たちがやってくる。奴らは23年に1度、双子の片割れだけをさらっていく。戻ってきた子どもは、知性を奪われ、体はいびつに成長し、抜け殻のようだった。怯える人々を前に、一人の老人がガンスリンガーを頼り、戦うことを提案する。一方ローランドたちは70年代ニューヨークで"暗黒の塔"の化身である薔薇が危機に瀕していること、スザンナの様子が変わったことに気づく。
2017.7 600p A6 ¥1280 ①978-4-04-104969-3

◆ダークタワー 5 カーラの狼 下 スティーヴン・キング著, 風間賢二訳
KADOKAWA （角川文庫）
【要旨】ローランドたちの指導のもと、町の人々は戦闘準備に余念がない。"狼"たちとの決戦の日が近づいてくる中、スザンナのもう一つの人格である妊婦ミーアの奇矯な振る舞いが

エスカレートしていく…。"狼"たちはいったい何者なのか？ そして、キャラハン神父が隠し持つ水晶球の真の力とは？ 時空を超え、いくつもの謎が複雑に絡み合い"カ・テット"の運命を翻弄する。縦横無尽に広がる物語世界の凄みに驚嘆の1冊！
2017.7 696p A6 ¥1360 ①978-4-04-104970-9

◆ダークタワー 6 スザンナの歌 上 スティーヴン・キング著, 風間賢二訳
KADOKAWA （角川文庫）
【要旨】ローランド一行が"狼"たちとの戦いの勝利にひたりきる束の間、スザンナが消えた。彼女の中に生まれた第五の人格ミーアが、妖魔の子を無事産み落とすべく、1999年のニューヨークにスザンナを連れ去ったのだ。キャラハンが封印した忌まわしい水晶球とともに、不安に苛まれるエディは、時空を超えローランドとともに妻を捜す旅に出る。だが、そこで待ち受けていた人物に襲撃されてしまう…。"カ・テット"を最大の危機が襲う！
2017.8 381p A6 ¥920 ①978-4-04-104971-6

◆ダークタワー 6 スザンナの歌 下 スティーヴン・キング著, 風間賢二訳
KADOKAWA （角川文庫）
【要旨】ミーアの奇怪な振る舞いと、おなかにいる子どもへの異様な執着。彼女の真の目的はいったい何なのか？ 仲間たちから引き離されたスザンナは、孤独な戦いを強いられていた。彼女の行方を必死に追う、ジェイクとキャラハン神父は、恐るべき敵と対決するはめにもなる。一方、ローランドとエディは1977年のメイン州で、すべての謎を解くべく、ある作家のもとを訪ねていた―。先が読めない展開に、驚愕と絶望が待ち受ける衝撃作。
2017.8 357p A6 ¥920 ①978-4-04-104972-3

◆ダークタワー 7 暗黒の塔 上 スティーヴン・キング著, 風間賢二訳
KADOKAWA （角川文庫）
【要旨】ついに妖魔の子・モルドレッドが誕生した。クモに変態する赤ん坊は、母の肉体を喰らい、父親殺しを宿命づけられていた。囚われのスザンナは、逃げようともがくうち、脳内にジェイクの気配を感じていた。まさにその瞬間、少年はキャラハン神父とオイと、異形の魔物たちの巣窟に突入しようとしていた…。離ればなれになった旅の仲間たちは、時空を超えて再会する。喜びも束の間、それは苛烈な闘いの前の安らぎにすぎなかった。
2017.10 723p A6 ¥1480 ①978-4-04-104973-0

◆ダークタワー 7 暗黒の塔 下 スティーヴン・キング著, 風間賢二訳
KADOKAWA （角川文庫）
【要旨】ローランド一行が出会った、予知能力やテレポーテーション能力を持つ異能者たち。彼らの力を借りて"暗黒の塔"を倒壊させようとする勢力を阻止する計画は、果たして成功するのか？ 徐々に明らかになるNYに咲く薔薇の秘密、不穏な数字19の呪縛…。旅の仲間を次々に失い、ローランドは悲嘆も狂気も超越した、ただ虚ろだった。だが、彼は塔に向かう。ホラーの帝王が半生を賭して完成させた、魂を震わせるサーガ、堂々の完結！
2017.10 743p A6 ¥1480 ①978-4-04-104974-7

◆ドクター・スリープ 上 スティーヴン・キング著, 白石朗訳 文藝春秋 （文春文庫）
【要旨】冬季県議会のホテルで起きた惨劇から30年。超能力"かがやき"をもつかつての少年ダンは、大人になった今も過去に苦しみながら、ホスピスで働いていた。ある日、彼の元に奇妙なメッセージが届く。差出人は同じ"かがやき"をもつ少女。その出会いが新たな惨劇の扉を開いた。ホラーの金字塔『シャイニング』の続編、堂々登場！
2018.1 459p A6 ¥1050 ①978-4-16-791007-5

◆ドクター・スリープ 下 スティーヴン・キング著, 白石朗訳 文藝春秋 （文春文庫）
【要旨】「あの人たちが野球少年を殺してる！」少女アブラは超能力を介し、陰惨な殺人事件を「目撃」する。それは、子どもの"かがやき"を食らって生きる"真結族"による犯行の現場だった。その魔の手がアブラへと迫る。助けを求められたダンは、彼らとの闘いを決意。そして父なる塔の悪夢へと導かれる…。
2018.1 494p A6 ¥1080 ①978-4-16-791008-2

◆地球幼年期の終わり アーサー・C・クラーク著, 沼沢洽治訳 東京創元社 （創元SF文庫） 新版

【要旨】宇宙進出を目前にした人類。だがある日、全世界の大都市上空に未知の大宇宙船団が降下してきた。"上主"と呼ばれる彼らは遠い星系からきた超知性体であり、人類とは比較にならない優れた科学技術を備えた全能者だった。彼らは国連事務総長のみを交渉相手として人類を全面的に管理し、ついに地球に理想社会がもたらされた。人類進化の一大ヴィジョンを描くSF史上不朽の傑作。
2017.5 375p A6 ¥800 ①978-4-488-61104-0

◆キンスレイヤー 上 ―ロータス戦記 2 ジェイ・クリストフ著, 本兌有, 杉ライカ訳
KADOKAWA
【要旨】ショーグン・ヨリトモの死は世界に混沌をもたらした。ザイバツ・クランは最高権力の座を求めて争いを開始。苛烈な内戦の影が、かつての大嵐が、シマ列島を覆う。"カゲ"と合流したユキコは再び戦いに身を投じる。"嵐の踊り子"―全てのギルドが恐れる少女―その名とともに、その小さな背に、希望と絶望、そして怒りの剣を負いながら。「ニンジャスレイヤー」の翻訳チームが仕掛ける和風スチームパンクの傑作！
2017.6 509p B6 ¥1800 ①978-4-04-734672-7

◆キンスレイヤー 下 ―ロータス戦記 2 ジェイ・クリストフ著, 本兌有, 杉ライカ訳
KADOKAWA
【要旨】婚礼式典を前に帝都カイゲンに集うクランロードたち。死化粧を纏いシカバネと化して復讐に燃えるロード・ヒロ、カズミツ幕府の復活を目論む"全てのギルドが恐れる少女"の名とともに…。我を失い傷ついた"雷虎"ブルゥと再会を果たしたユキコ。内に秘める命の瞬きに覚醒した彼女は、自由を求めて再び戦地へと飛ぶ。「ニンジャスレイヤー」の翻訳チームが仕掛ける、和風スチームパンクの傑作！
2017.7 485p B6 ¥1800 ①978-4-04-734673-4

◆スター・ウォーズ ブラッドライン 上 クラウディア・グレイ著, 富永和子訳
KADOKAWA （角川文庫）
【要旨】ときは『スター・ウォーズ/フォースの覚醒』から遡ること数年。新共和国はリーダーシップを欠き、対立する2大政党セントリスト党とポピュリスト党の政争が繰り広げられるばかりで銀河の諸問題を解決できない状態だった。そんな中、レイア・オーガナ議員とランソム・カスタルフォ議員は政党の枠を超え、ある犯罪カルテルの実態調査のため旅立つ。やがて彼らが目にしたのは、謎の大規模な軍組織だった。
2017.12 301p A6 ¥880 ①978-4-04-106414-6

◆スター・ウォーズ ブラッドライン 下 クラウディア・グレイ著, 富永和子訳
KADOKAWA （角川文庫）
【要旨】元老院を狙った爆破テロ事件に巻き込まれたレイアは、カスタルフォとともにテロの首謀者と犯罪カルテルの後ろ盾の存在を探る。一方で新共和国の新たなリーダーを選ぶ選挙戦が始まり、レイアも立候補するのだが、彼女がダース・ベイダーの娘であることを証明する養父ベイル・オーガナの音声が見つかり、告発された。銀河中から敵視され失意のレイア。そのとき、夫であるハン・ソロは…！
2017.12 299p A6 ¥880 ①978-4-04-106415-3

◆迷宮の天使 上 ダリル・グレゴリイ著, 小野田和子訳 東京創元社 （創元SF文庫）
【要旨】"自分"という意識が幻想でしかないことが証明された近い未来。神経科学者ライダが十年前に開発に携わった新薬"ヌミナス"―ニューロンを作る薬は、脳を物理的に再編するの薬は、摂取者にとっての自我と現実を決定的に書き換える。葬られたはずのその薬がなぜか、再び流通しはじめているという…。最先端の知見を駆使して精神と心の謎に迫る、新世代の脳科学SF。
2017.3 281p A6 ¥900 ①978-4-488-76601-6

◆迷宮の天使 下 ダリル・グレゴリイ著, 小野田和子訳 東京創元社 （創元SF文庫）
【要旨】脳のほとんどは潜在意識の中、"自分"という意識は判断を下す主体ではなく脳の活動の結果、つまり幻想でしかない。ヌミナスは脳を再編し、摂取者にとっては現実そのものとしか思えない"神"の幻覚を見せる―だが意識そのものが幻想であるなら、"神"が幻覚だろうと言うことになんの意味があるだろう？ ヌミナスを追うライダは驚愕の真実に到達する。新世代の傑作脳科学SF。
2017.3 297p A6 ¥900 ①978-4-488-76602-3

SF・ホラー・ファンタジー　1362　BOOK PAGE 2018

外国の小説

◆パンドラの少女　上　M.R. ケアリー著, 茂木健訳　東京創元社　(創元推理文庫)
【要旨】少女の名はメラニー。大好きなジャスティノー先生と教室で会えるのを心待ちにして、独房で過ごしている。移動は車椅子で、手足と首を厳重に固定して―。人間の精神を失い、捕食本能だけで行動する"餓えた奴ら"によって滅亡の淵にある世界。メラニーのような奇跡の子供たちに希望を求め、研究が進められていた一その日までに。一気読み必至のエンターテインメント!
2017.5　272p A6 ¥900 ①978-4-488-54903-9

◆パンドラの少女　下　M.R. ケアリー著, 茂木健訳　東京創元社　(創元推理文庫)
【要旨】軍事基地から脱出し、70マイル以上離れた街ビーコンにある臨時政府を目指すことになった五人一奇跡の少女メラニー、彼女を愛してやまない教師、科学者、軍曹と兵士。かれらが目にすることは、荒廃したイギリスと、無数の"餓えた奴ら"だった。危機また危機の極限の旅路、そして待ち受ける衝撃のラスト。ページをめくる手が止まらない、圧巻のエンターテインメント!
2017.5　281p A6 ¥900 ①978-4-488-54904-6

◆アサシン クリード "公式ノヴェライズ"　クリスティー・ゴールデン著, 武藤陽生訳　早川書房　(ハヤカワ文庫NV)
【要旨】謎の施設で目覚めた死刑囚カラム。彼は"アニムス"と呼ばれる装置につながれ、遺伝子から読み取った祖先アギラールの記憶を追体験する。アギラールは人里離れた砦でスペインのアサシン教団に属する伝説の暗殺者であり、その生は人心を操る"禁断の果実"を狙うテンプル騎士団との戦いに捧げられていた。異端審問の嵐吹き荒れる15世紀末スペインの歴史の闇に、自由を求める暗殺者の刃がひらめく! 話題のアクション映画を小説化。特別篇4篇を併録。
2017.2　430p A6 ¥820 ①978-4-15-041409-2

〔サ行の作家〕

◆ウィッチャー 1　エルフの血脈　アンドレイ・サプコフスキー著, 川野靖子, 天沼春樹訳　早川書房　(ハヤカワ文庫FT)
【要旨】人間、エルフ、ドワーフなど異種族が入り乱れる大陸で、北方諸国は南のニルフガルド帝国の侵攻を受けた。激しい戦争がひとまずの犠牲者のすえ幕を閉じて二年後、魔法剣士ゲラルトは人里離れた砦でシントラ王家の血を引く少女シリに訓練を授けていた。だが彼らの平穏な時は終わりを迎え、シリの身に危険が迫る―ゲーム"ウィッチャー"シリーズで話題を呼んだ傑作ファンタジイ、開幕篇!
2017.8　485p A6 ¥1000 ①978-4-15-020593-5

◆ウィッチャー 2　屈辱の刻　アンドレイ・サプコフスキー著, 川野靖子訳　早川書房　(ハヤカワ文庫FT)
【要旨】強大な力をうちに秘めた少女シリは、その力を制御する術を学ぶ必要があった。シリは女魔法使いイェネファーに連れられ魔法学校のある島へと向かうことに。そこでは世界の運命を決める集会が始まろうとしていた。魔法剣士ゲラルトも島にやってきたが、再会を喜ぶ間もなく、彼らは国王たちや魔法使いの不穏な謀議に巻き込まれていく―人気ゲーム"ウィッチャー"シリーズを生みだした、話題沸騰の傑作ファンタジイ、第2弾。
2017.8　511p A6 ¥1000 ①978-4-15-020594-2

◆図書館島　ソフィア・サマター著, 市田泉訳　東京創元社　(海外文学セレクション)
【要旨】文字を持たぬ辺境の島に生まれ、異国の師の導きで文字に耽溺して育った青年は、長じて憧れの帝都に旅立つ。だが航海中、不治の病の娘と出会ったがために、彼の運命は一変する。世界じゅうの書物を収めた王立図書館のある島で幽閉された彼は、書き記された"文字"を超えた"声"を信じる人々の戦いに巻き込まれてゆく―。シリーズ、デビュー長篇にして世界幻想文学大賞・英国幻想文学大賞など四冠制覇、書物と物語をめぐる傑作本格ファンタジイ。
2017.11　362p A6 ¥2900 ①978-4-488-01664-7

◆ねじの回転　ヘンリー・ジェイムズ著, 小川高義訳　新潮社　(新潮文庫)
【要旨】イギリス郊外に静かに佇む古い貴族屋敷に、両親と死別し身を寄せている眉目秀麗な兄と妹。物語の語り手である若い女"私"は二人の伯父に家庭教師として雇われた。私は兄妹を悪の世界に引きずりこもうとする幽霊を目撃するのだが、幽霊はほかの誰にも見られることがない。本当に幽霊は存在するのか？私こそ幽霊なのではないのか？精緻で耽美な謎が謎を呼ぶ、現代のホラー小説の先駆的な名著。Star Classics 名作新訳コレクション。
2017.9　251p A6 ¥490 ①978-4-10-204103-1

◆勅命臨時大使、就任！―海軍士官クリス・ロングナイフ　マイク・シェパード著, 中原尚哉訳　早川書房　(ハヤカワ文庫SF)
【要旨】辺境星域で新たなジャンプポイントを発見した王立調査船ワスプ号は、調査のため転移した。だがそこで出会ったのは、かつて人類と壮絶な殺し合いを演じた宿敵イティーチ族の異星船だった。またも星間大戦勃発か!?とあわてるが、彼らは外交使節で、なんとクリスの曾祖父で知性連合の王であるレイモンド一世にメッセージを伝えたいという。かくしてクリスは急遽臨時大使となり、異星人一行を王のもとに送り届けるが…。
2017.1　506p A6 ¥1100 ①978-4-15-012112-9

◆エクステンションワールド 2　覚醒　秋風清者, 須田友喜訳　ディスカヴァー・トゥエンティワン　(ディスカヴァー文庫)
【要旨】SNP研究所との事件から数年。『能力者』たちは行方不明となった仲間、岡悟司を探し続けていた。人智を超えた計算力『機械の心』の能力をもつ高山は、探偵としてギリシャへ向かう。そこ人に不思議な力を与えるというコードネーム『金のリンゴ』が紛失し、国家情報局の人間が殺されていた。だが捜査をすすめる高は、新手の超能力者から命を狙われることに…。
2017.11　415p A6 ¥800 ①978-4-7993-2197-3

◆時間線をのぼろう　ロバート・シルヴァーバーグ著, 伊藤典夫訳　東京創元社　(創元SF文庫)
【要旨】過去への旅行が可能となった未来、時間局が設置された。部局はふたつ。ひとつは時間警察は過去の歴史の監視と復旧を任務とし、時間旅行部はタイム・パラドックスを生じさせないようにしつつ観光客を歴史的な場面に案内する。旅行部に就職した青年ジャドは、時間線をビザンティンへのぼる旅に出て一そこで出会った絶世の美女と恋に落ちた。時間SFの金字塔! 星雲賞受賞作。
2017.6　373p A6 ¥1000 ①978-4-488-64905-0

◆冬の盾と陽光の乙女　上　ナリーニ・シン著, 藤井喜美枝訳　扶桑社　(扶桑社ロマンス)
【要旨】パラノーマル・ロマンス"超能力者＝動物に変身する種族"シリーズ第13弾!"アロー部隊"に所属する瞬間移動者のヴァシックは、暗殺者としての過酷な任務を果たすなか、いつしか死の安らぎを望むようになっていた。そんな彼に、実験のため集められた共感能力者たちの護衛という新たな任務が与えられる。ヴァシックが担当することになったアイビーは、能力の高まりのせいで再度の条件づけを経験しながらも自我を保っていた強い女性だった。その輝きに触れて、彼の凍てついた心は溶け始める。
2017.4　594p A6 ¥920 ①978-4-594-07757-0

◆冬の盾と陽光の乙女　下　ナリーニ・シン著, 藤井喜美枝訳　扶桑社　(扶桑社ロマンス)
【要旨】"サイネット"をむしばみ壊滅的な被害を引き起こす攻撃。それを食い止める必要が、共感能力者たちの封じ込められていた能力にあることが改めて確認され、"アロー部隊"のメンバーとEサイたちに、影響下で生じる大規模な集団発症事件と"サイネット"崩壊の危機に力を合わせて立ち向かう。命を懸けた作戦のなかで、ヴァシックとアイビーはその精神的な絆をしだいに深めてゆく、一方でアイビーはヴァシックの身体に生命に関わる問題が潜んでいることを知る…巻末には特別短編を収録!
2017.7　430p A6 ¥920 ①978-4-594-07758-7

◆終わりなき戦火―老人と宇宙 6　ジョン・スコルジー著, 内田昌之訳　早川書房　(ハヤカワ文庫SF)
【要旨】元プログラマの操縦士レイフは、気がつくと誰だけの姿で宇宙船につながれ、コロニー連合への兵器の姿で下されていた。レイフはその元凶の謎の組織"均衡"に近づき、決死の反撃を試みるが。そのころエイリアンの外交任務中のコロニー防衛軍のハリーも、"均衡"の攻撃を受けた地球の宇宙船を救助していた。連合と地球、エイリアン間で争乱を引き起こす"均衡"の目的とは？大人気ミリタリーSF"老人と宇宙"シリーズ第6弾!
2017.3　552p A6 ¥1200 ①978-4-15-012118-1

◆レッドスーツ　ジョン・スコルジー著, 内田昌之訳　早川書房　(ハヤカワ文庫SF)
【要旨】銀河連邦の新任少尉ダールは、憧れの宇宙艦隊の旗艦に配属された。しかし、彼と新人仲間には奇妙なことが出会い、やたらと高い任務でのクルーの死亡率、絶対に死なない艦長上級士官、突然変な箱に出てくる謎の箱…。自分たちの命を操る何者かが存在するのではないか？謎を解こうとするダールたちの前にあらわれた真実とは？アメリカSF界屈指の人気作家スコルジーが初のヒューゴー賞長篇部門とローカス賞を受賞した宇宙冒険SF。
2017.7　462p A6 ¥1000 ①978-4-15-012134-1

◆新訳 メアリと魔女の花　メアリー・スチュアート著, 越前敏弥, 中田有紀訳　KADOKAWA　(角川文庫)
【要旨】夏休みに親元を離れ、田舎で暮らすことになったメアリは、退屈な日々を過ごしていた。ある日、黒ネコの誘いで、七年に一度しか咲かない不思議な力をもつ花"夜間飛行"を見つける。庭にあったほうきに、夜間飛行の花の汁がつくと、突然ほうきは空高く舞い上がり、メアリは魔女の学校へと連れていかれ…。少女の成長と、ドキドキハラハラの大冒険を丁寧に描いた魔法ファンタジーの傑作! 読みやすい新訳で登場。
2017.6　195p A6 ¥520 ①978-4-04-105563-2

◆魔術師の帝国 1　ゾシーク篇　クラーク・アシュトン・スミス著, 安田均編訳, 荒俣宏, 鏡明訳　アトリエサード, 書苑新社 発売　(ナイトランド叢書)
【要旨】ラヴクラフトやブラッドベリを魅了した夢想の語り部の絢爛たる作品世界。スミス紹介の先鞭を切った編者が数多の怪奇と耽美の物語から傑作中の傑作を精選し、ここに贈る。地球最後の大陸ゾシークの夢幻譚。"ベストオブC・A・スミス"第一弾!
2017.2　251p B6 ¥2200 ①978-4-88375-250-8

◆魔術師の帝国 2　ハイパーボリア篇　クラーク・アシュトン・スミス著, 安田均編訳, 広田耕三, 山田修訳　アトリエサード, 書苑新社 発売　(ナイトランド叢書 2-4)
【要旨】ラヴクラフトやハワードと文名を競った幻視の語り部の妖異なる小説世界。スミス作品に愛着深い編者がSFと幻想文学の境界を超えた比類なき傑作を精選し、ここに贈る。
2017.4　270p B6 ¥2300 ①978-4-88375-256-0

◆三惑星の探求―人類補完機構全短篇 3　コードウェイナー・スミス著, 伊藤典夫, 酒井昭伸訳　早川書房　(ハヤカワ文庫SF)
【要旨】"人間の再発見"の第二世紀、美しい砂の惑星ミザーの生まれの放浪者キャシャー・オニールの驚異の冒険を描く"三惑星の探求"全4篇(「宝石の惑星」「嵐の惑星」「砂の惑星」「三人、約束の星へ」)、"人類補完機構"最後の作品「太陽なき海に沈む」、「空の向こう」に旅立ち、帰還した若く年老いた大陸ゾシークの物語「ナンシー」など、本邦初訳3篇を含む全11篇を収録。SF史上最も有名な未来史を集成した短篇全集・完結篇。
2017.8　527p A6 ¥1400 ①978-4-15-012138-9

◆シノン 覚醒の悪魔　ダン・T・セールベリ著, 吉田薫訳　小学館　(小学館文庫)
【要旨】脳波によってコンピュータを操作するシステム"マインドサーフ"を通し、開発者エリックの妻ハンナは未知のコンピュータ・ウィルス"モナ"に感染し、世界をさまよった。"モナ"は突然変異を繰り返し、世界を滅ぼす生物兵器と化していく。唯一の生還者ハンナの血液からワクチンを製造しパンデミック阻止を図る者と、それを使い世界を操ろうとする者、両者の間で翻弄されながらも大切な存在のために闘う者。様々な思惑を巻き込み、物語は驚愕のラストへ。米国版『ゴジラ』の脚本家による映画化が進む、話題のスウェーデン発ノンストップSFスリラー、堂々の完結!
2017.12　540p A6 ¥900 ①978-4-09-406478-0

〔タ行の作家〕

◆暗黒の艦隊―駆逐艦 "ブルー・ジャケット"　ジョシュア・ダルゼル著, 金子司訳　早川書房　(ハヤカワ文庫SF)
【要旨】時は25世紀。人類居住圏の辺境星域を担当する第7艦隊は型式遅れの老朽艦ばかりで、出港すると一年以上寄港できない苛酷な任務のため"暗黒艦隊"と揶揄されていた。だが、そんな艦隊にも有能な艦長はいた。"ブルー・ジャケッ

ト"艦長、ジャクソン・ウルフ。怠惰や汚職が蔓延する艦隊の中にあって、部下を鍛え上げ、老朽艦を完璧に整備していた彼は、辺境宙域で突如遭遇した強大な異星戦闘艦に対し敢然と立ち向かった！
　　　2017.5　415p　A6　¥920　①978-4-15-012127-3

◆**去年を待ちながら**　フィリップ・K・ディック著, 山形浩生訳　早川書房　（ハヤカワ文庫SF）　新訳版
【要旨】2055年、人類は異星人同士の星間戦争に巻き込まれ、リーグ星人と泥沼の交戦状態にあった。そのさなか、軍事企業で人工臓器医師として働くエリックは、致死性の病に苦しむ独裁的指導者モリナーリの主治医となる。一方、エリックの妻キャシーは夫への不満から、新種のドラッグJJ-180に手を出してしまう。キャシーに騙されてJJ-180を飲んだエリックは、時空を越えて一年後の自分に出会うが…。ディック中期の傑作・新訳版。
　　　2017.9　394p　A6　¥1040　①978-4-15-012145-7

◆**銀河の壺なおし**　フィリップ・K・ディック著, 大森望訳　早川書房　（ハヤカワ文庫SF）　新訳版
【要旨】ジョー・ファーンライトは、腕利きの"壺なおし"職人。だが、陶器はプラスチックに取って代わられ、壺などおよそ開店休業状態、失業手当で食いつなぐ毎日だった。そんなある日、待望の仕事が舞い込んだ。シリウス星系のグリマングから巨額のオファーが届いたのだ。海底に沈む大型堂ヘルズカラを引き揚げるため、地球を離れグリマングの待つ惑星へと向かうジョーだったが…。ディック絶頂期の幻の長篇、待望の新訳版。
　　　2017.10　287p　A6　¥820　①978-4-15-012150-1

◆**シミュラクラ**　フィリップ・K・ディック著, 山田和子訳　早川書房　（ハヤカワ文庫SF）　新訳版
【要旨】時は21世紀半ば、世界はワルシャワを中心とする共産主義体制とヨーロッパ・アメリカ合衆国という形に完全に二極化していた。USEAで絶大な権力を握る美貌の大統領夫人ニコル・ティボドーは、タイムトラベル装置を使って秘かにゲーリング元帥を呼び寄せ、恐るべき計画を実行しようとするが…模造人間、超小型違法宇宙船、火星生物などのガジェットを盛り込み、現在の世界を照射するテーマ性を持った異色の長篇、待望の新訳版。
　　　2017.9　367p　A6　¥980　①978-4-15-012155-6

◆**ジャック・イジドアの告白**　フィリップ・K・ディック著, 阿部重夫訳　早川書房　（ハヤカワ文庫SF）
【要旨】1950年代のカリフォルニア、古タイヤの溝彫りをして働くジャック・イジドアは、雑多な知識をただ溜め込んでいる30代の男。万引きをして捕まったジャックは、妹夫婦と同居することになる。わがままな妹フェイと暴力的な夫チャーリー。明るい太陽と乾いた大地の中、人々は誰もが精神を病んでいる。やがてジャックは、「世界が終わる」という予言を信じるようになっていく…。ディック自身の分身であるジャックを描く自伝的小説。
　　　2017.12　415p　A6　¥980　①978-4-15-012158-7

◆**スター・ウォーズ ファズマ　上**　デライラ・S・ドーソン著, 甲斐理恵子訳　ヴィレッジブックス　（ヴィレッジブックス）
【要旨】狡猾で無慈悲なファースト・オーダーの指揮官のひとり、キャプテン・ファズマは、上官や同僚からの信頼が厚く、敵には恐れられる存在である。その名声にもかかわらず、クロミウム製のヘルメットに隠された真実を知る者はいなかったが、あるひとりの人物により、彼女の謎めいた過去が今ついに、明らかになろうとしていた…。
　　　2017.12　294p　A6　¥1050　①978-4-86491-362-1

◆**スター・ウォーズ ファズマ　下**　デライラ・S・ドーソン著, 甲斐理恵子訳　ヴィレッジブックス　（ヴィレッジブックス）
【要旨】ファースト・オーダーの将軍ハックスとともに、惑星パナソスのかつての一大生産地、アラトゥ・ステーションに囚われのファズマた。ここで生き延びる唯一の方法は、統治者アラトゥに気に入られることだという。ファズマは自身の武力を活かし、謎の戦士との決闘に挑むことになるが…。果たして彼女はこの危機を脱することができるのか？
　　　2017.12　295p　A6　¥1050　①978-4-86491-363-8

◆**トールキンのクレルヴォ物語**　J.R.R.トールキン著, ヴァーリン・フリーガー編, 塩崎麻彩子訳　原書房
【要旨】トールキン・ファンタジーの原点、待望の刊行!!北欧民族叙事詩の英雄たちの物語…深い共感とともに、生き生きと描かれる魅力的な作品！
　　　2017.4　260, 3p　B6　¥2300　①978-4-562-05388-9

◆**トールキンのベーオウルフ物語　注釈版**　J.R.R.トールキン著, クリストファー・トールキン編, 岡本千晶訳　原書房
【要旨】トールキンによって甦るイギリス・ファンタジーの原点、待望の刊行!!トールキンが細部にむけた独創的関心から、彼が思い描く光景の臨場感、明快さが伝わってくる。まるで訳者が、想像上の過去に入りこんだかのようだ。彼は、デネの海岸で船を浜に引き上げ、鎖帷子をふって広げているベーオウルフと部下たちのそりに立ち、ウンフェルスのあざけりに怒りをつのらせるベーオウルフに耳を傾け、ヘオロットの屋根の下にかかげられたグレンデルの恐ろしい手までをもほうぜんと見入る。
　　　2017.10　494p　B6　¥3000　①978-4-562-05387-2

〔ナ行の作家〕

◆**女王陛下の航宙艦**　クリストファー・ナトール著, 月岡小穂訳　早川書房　（ハヤカワ文庫SF）
【要旨】今ではほぼ現役を退き、問題を起こした士官の配属先になっていたイギリス航空軍初の戦闘航空母艦"アーク・ロイヤル"に緊急出撃命令がくだった。辺境星域の植民惑星が謎の異星人戦闘艦の攻撃を受け、壊滅したというのだ。迎撃に向かった最新鋭の戦闘艦隊も、恐るべき敵の火力により殲滅された。"サー"の称号を持つ70歳の老艦長は、持ち前の知略を駆使し、建造後70年の老朽艦と共に強大な異星人艦隊に敢然と向かう！
　　　2017.6　527p　A6　¥1140　①978-4-15-012131-0

◆**ネクサス　上**　ラメズ・ナム著, 中原尚哉訳　早川書房　（ハヤカワ文庫SF）
【要旨】神経科学研究の進歩により、ポストヒューマンの存在が現実味を帯びるようになった近未来。記憶や官能を他人と共有できるナノマシン、ネクサス5を生み出した若き天才科学者ケイドは、その存在を危険視した政府の女性捜査官サムに捕らわれてしまう。彼女らに協力を強いられたケイドは、スパイとなって中国の科学者朱水瑛を探るのだが!?息詰まる攻防を描くノンストップ・SFスリラー。
　　　2017.9　351p　A6　¥860　①978-4-15-012142-6

◆**ネクサス　下**　ラメズ・ナム著, 中原尚哉訳　早川書房　（ハヤカワ文庫SF）
【要旨】バンコクでの会談から、天才科学者朱水瑛から人類の進化に手を貸すよう誘われ、ケイドの心は激しく揺れ動く。いっぽうサムはネクサスの密売に手を染めたタイの科学者テッド・プラト・ナンを追う任務を遂行するなかで、政府のやり方に疑問を感じ始める。米・中・タイ3カ国によるネクサスをめぐる闘争が激化するなか、翻弄されるケイドが最終的にくだした決断とは…？自身もナノテク科学技術者である著者が描く衝撃作。
　　　2017.9　362p　A6　¥860　①978-4-15-012143-3

◆**巨神計画　上**　シルヴァン・ヌーヴェル著, 佐田千織訳　東京創元社　（創元SF文庫）
【要旨】少女ローズが偶然発見した、イリジウム合金製の巨大な"手"。人類の遺物ではないそれは、のちに物理学者となったローズの分析により、6000年前に何者かが地球に残していった人型巨大ロボットの一部だと判明。謎の人物"インタビュアー"の指揮のもと、地球全土に散らばったパーツの極秘回収作戦がはじまる。原稿段階で即映画化決定の巨大ロボット・プロジェクトSF！
　　　2017.5　329p　A6　¥1000　①978-4-488-76701-3

◆**巨神計画　下**　シルヴァン・ヌーヴェル著, 佐田千織訳　東京創元社　（創元SF文庫）
【要旨】インタビュアーとローズたちの極秘計画は、数々の困難を乗り越えて進んでゆくが、同時に新たな疑問も生じる。どうやってロボットを操縦するのか？そもそも何者が、何のために地球に持ち込んだのか？人類にこれを利用する能力は、資格はあるのか？そして、ロボットが秘める力の全貌は？やがて計画を察知した各国間の緊張が急激に高まるなか、プロジェクトは急展開を迎える！
　　　2017.5　267p　A6　¥960　①978-4-488-76702-0

〔ハ行の作家〕

◆**宇宙の呼び声**　ロバート・A・ハインライン著, 森下弓子訳　東京創元社　（創元SF文庫）　5版
【要旨】カストポルは15歳。科学の天才にして商売上手、ルナ・シティでは有名な"悪たれ双子"だ。今回の宇宙旅行でも、何やら大儲けを企んでいるようだ。父親のストーン氏は不安だった。双子だけではない。祖母も母親も姉も末の弟も、いずれ劣らぬ要注意人物なのだ。ただではすみそうにない…かくして、ストーン一家を乗せた"ローリングストーン"号は、波瀾含みの宇宙へ旅立った！
　　　2017.9　359p　A6　¥960　①978-4-488-61810-0

◆**サンド**　ヒュー・ハウイー著, 雨海弘美訳　KADOKAWA　（角川文庫）
【要旨】砂丘に囲まれた紛争と暴力の町。砂に潜り宝探しをするサンドダイバーを生業とするヴィクトリア。家族は父の失踪でばらばらになり、母は怪しげな商売に手を出していた。同じダイバーとして砂に潜る弟たちは、皆が血眼になって探し求める伝説の古代都市を発見したが、直後、砂に閉じ込められてしまう。さらに家族の前に、父の娘を名乗る少女が現れて一。消滅の危機に直面する砂漠の町で、たくましく生き抜く一家を描いたSFファンタジー！
　　　2017.7　380p　A6　¥1120　①978-4-04-102505-5

◆**嘘の木**　フランシス・ハーディング著, 児玉敦子訳　東京創元社
【要旨】高名な博物学者サンダリー師による世紀の発見、翼ある人類の化石。それが捏造だという噂が流れ、一家は世間の目を逃れるようにヴェイン島へ移住する。だが娘から逃げ場所から追いかけてきた。そんななかサンダリー師が死亡する。娘のフェイスは父の死因に疑問を抱く…。謎めいた父の手記。嘘を養分に育ち、食べた者に真実を見せる実のなる不思議な木。フェイスはその木を利用して、父の死の真相を暴く決心をする。コスタ賞大賞・児童文学部門賞をダブル受賞した大作ファンタジー。
　　　2017.10　414p　B6　¥3000　①978-4-488-01073-7

◆**墓標都市**　キャリー・パテル著, 細美遙子訳　東京創元社　（創元SF文庫）
【要旨】旧文明を滅ぼした"大惨事"から数百年。多くの人々は地上を厭い、壮麗な地下都市に暮らしていた。その一つ、ヴィクトリア朝風文化が栄えるリコレッタでは、過去の知識は重大なタブーとされている。そんな中、禁制の知識を扱う歴史学者が何者かに殺された。女性捜査官マローンと貴族社会の裏側に出入りする洗濯娘ジェーンはそれぞれの立場から、世界を覆す秘密に近づいてゆく…。
　　　2017.7　445p　A6　¥1340　①978-4-488-76901-7

◆**ピーター・パンの冒険**　ジェームズ・M・バリー著, 大久保寛訳　新潮社　（新潮文庫）
【要旨】半分が鳥、半分が人間の赤ん坊で、生まれて1週間で成長することをやめたピーターは、家の窓から飛び出して、不思議な冒険に出かける。ロンドンのケンジントン公園を舞台に、凧のしっぽにぶら下がってゆらゆら、ツグミの巣のボートで池を横断し、妖精たちの舞踏会に現れて人気者になる。子供だけが見ることができる妖精と少年少女が繰り広げるロマンティックで幻想的な物語、新訳で復活！Star Classics名作新訳コレクション。
　　　2017.12　142p　A6　¥400　①978-4-10-210403-3

◆**ケンジントン公園のピーター・パン**　J.M.バリー著, 南條竹則訳　光文社　（光文社古典新訳文庫）
【要旨】かつて鳥だったころのことが忘れられず、母親と別れてケンジントン公園に住むことになった赤ん坊のピーター。葦笛で音楽を奏でたり、公園内の小さい家での一夜の出来事なども、妖精たちや少女メイミーとの出会いと悲しい別れを描いたファンタジーの傑作。挿し絵アーサー・ラッカム。
　　　2017.5　190p　A6　¥680　①978-4-334-75353-5

◆**時間に忘れられた国（全）**　エドガー・ライス・バローズ著, 厚木淳訳　東京創元社　（創元SF文庫）　19版
【要旨】南太平洋に浮かぶ絶海の孤島キャスパック。そこは百万年前の恐竜時代さながらの世界

だった。この島にたどり着いたアメリカ青年ボウエンは、襲い来る太古の怪獣や有翼人間と戦いながら脱出の機会をうかがっていた。ある日、彼は島を支配する不可解な進化の法則に気づく。どうやら脱出の成否は、その謎をとくことにかかっているらしい。ロストワールド三部作を全一巻に合本した。
2017.9 435p A6 ¥1100 ①978-4-488-60117-1

◆誰がスティーヴィ・クライを造ったのか？ マイクル・ビショップ著, 小野田和子訳　国書刊行会
【要旨】アメリカ南部ジョージアの小さな町に住むスティーヴィ・クライは数年前夫を亡くし二人の子どもを養うためフリーランスライターとして生計をたてていた。ある日愛用する電動タイプライターが故障し、修理から戻ってくると、なんとひとりでに文章を打ち始めた！妄想か、現実か？その文章はスティーヴィの不安や悪夢、欲望と恐怖を活写したものだった。それを読むうちに彼女は―そして読者も―現実と虚構の区別がつかなくなり…ネビュラ賞作家ビショップによる異形のモダン・ホラーにして怒涛のメタ・ホラー・エンターテインメント！巻末に"30年後の作者あとがき（1984年作）"を収録。
2017.11 444p B6 ¥2600 ①978-4-336-06062-4

◆マイルズの旅路 ロイス・マクマスター・ビジョルド著, 小木曽絢子訳　東京創元社 （創元SF文庫）
【要旨】マイルズは途方に暮れていた。皇帝の命で、"キボウダイニ"と呼ばれる惑星で人体冷凍会社協会主催の会議に出席したところ、反乱分子らしき連中に拉致されたのだ。なんとか逃れたものの、地下の冷凍保存施設で謎の、偶然出会った少年ジンに助けられた。実はジンの母親は強制的に冷凍保存されてしまったらしい。この惑星で何が起きているのか？人気シリーズついにクライマックス。
2017.2 478p A6 ¥1300 ①978-4-488-69821-8

◆黒い睡蓮 ミシェル・ビュッシ著, 平岡敦訳　集英社 （集英社文庫）
【要旨】モネの"睡蓮"で有名な村で発生した、奇妙な殺人事件。殺された眼科医は女好きで、絵画のコレクターでもあった。動機は愛憎絡み、あるいは絵画取引きに関する怨恨なのか。事件を担当するセレナック警部は、眼科医が言い寄っていた美貌の女教師に話を聞くうちに、彼女に心惹かれていく。一方、村では風変りな老女が徘徊し…『彼女のいない飛行機』で人気を博した著者の傑作ミステリ。
2017.10 575p A6 ¥1200 ①978-4-08-760740-6

◆魔女の棲む町 トマス・オルディ・フーヴェルト著, 大原葵訳　オークラ出版 （マグノリアブックス）
【要旨】人口約三千人の町、ブラックスプリング。その町には邪悪な魔女が棲んでいる。その魔女の呪いのせいで、住民たちはべつの場所へと移り住むことができない。離れようとすれば死への願望が植えつけられてしまい、町に戻るしかなかった。その衝動に抗おうとしても、待っているのは自殺だけだった。あるとき、若く裕福な夫婦が引っ越してきた。町民のひとりが彼らに家の購入をあきらめるよう頼み込んだが、それは徒労に終わった。夫婦はブラックスプリングに三百年以上つづく呪いに、自ら飛び込んでしまったのだ。町にかけられた呪いは、未来永劫つづくのか―。
2017.6 502p A6 ¥1600 ①978-4-7755-2664-4

◆エイリアン：コヴェナント アラン・ディーン・フォスター著, 富永和子訳　KADOKAWA （角川文庫）
【要旨】宇宙船コヴェナント号は、15名の乗組員と長期睡眠中の2000名もの入植者とともに、惑星オリガエ6を目指し、宇宙を航行していた。しかしその最中、彼らに襲われた彼らの星で、歌声を示す謎の信号とともに、未知の惑星が出現した。調べるとそこは、入植の条件が揃った"楽園"とも言える完璧な惑星。ダニエルズたち乗組員は、意を決し降り立つが、"楽園"とは真逆の絶望が待ち受けていた。名作「エイリアン」衝撃の前日譚。
2017.8 395p A6 ¥880 ①978-4-04-106024-7

◆隣接界 クリストファー・プリースト著, 古沢嘉通, 幹遙子訳　早川書房 （新☆ハヤカワ・SF・シリーズ）
【要旨】近未来英国、フリーカメラマンのティボー・タラントは、トルコのアナトリアで反政府主義者の襲撃により最愛の妻メラニーを失ってしまう。住まいであるロンドンに帰るため、海外救援局に護送されるタラントだったが、道中悪夢のごとき不確実な事象が頻発する。彼の現実は次第に歪みはじめ、さまざまな時代を生きて恐ろしい野獣に体を侵食されていく。第一次世界大戦中、秘密任務を負うことになった手品師、女性パイロットに恋するイギリス空軍の整備兵、夢幻諸島でその名をあげんとする奇術師…。語り／騙りの名手プリーストがこれまでの自作のモチーフを美しいパッチワークのごとくつなぎあわせ、めくるめく世界を生み出した集大成的作品。
2017.10 590p 19cm ¥2500 ①978-4-15-335035-9

◆世界の終わりの天文台 リリー・ブルックス＝ダルトン著, 佐田千織訳　東京創元社 （創元海外SF叢書）
【要旨】どうやら、人類は滅亡するらしい。最後の撤収便に乗らず、北極圏の天文台に残ることを選んだ孤独な老学者オーガスティンは、取り残された見知らぬ幼い少女とふたりきりの奇妙な同居生活を始める。一方、帰還途中だった木星探査船の乗組員サリーも、地球からの通信が途絶えて不安に駆られながらも、仲間たちと航行を続ける。終末を迎える惑星の片隅で、孤独な宇宙の大海の中で、長い旅路の果てにふたりは何を失い、何を見つけるのか？終わりゆく世を生きる人々のSF感動作。
2018.1 269p B6 ¥2200 ①978-4-488-01463-6

◆クウォアンの生贄 上 ―覚醒兵士アレックス・ハンター― グレッグ・ベック著, 入間眞訳　竹書房 （竹書房文庫）
【要旨】南極大陸の氷原に小型飛行機が墜落。その区域に膨大な原油埋蔵量が存在する可能性が浮上し、米国政府は救助隊を派遣する。だが、隊員たちは墜落現場に口を開けた地下洞窟に降下してから24時間もたたないうちに消息を絶ってしまう。最後に送信されたのは、"分泌物"という謎めいた言葉と赤ん坊を抱いた女性の写真。事態を重く見た政府は、アレックス・ハンター率いる戦闘地帯陸海空域コマンド部隊HAWC (Hotzone All-Forces Warfare Commandos) と4名の科学者からなる救助調査チームを送りこむ。だが、それは歴史という時間に封印された"未知の生物"を呼び覚ますものだった。
2017.3 248p A6 ¥700 ①978-4-8019-1033-1

◆クウォアンの生贄 下 ―覚醒兵士アレックス・ハンター― グレッグ・ベック著, 入間眞訳　竹書房 （竹書房文庫）
【要旨】アレックスたちは巨大洞窟の闇の中で救助隊を捜索するものの、その行方は杳として知れない。やがて地底で未知の古代遺跡を発見、洞窟内のあちこちに書かれた古代文字が示す、過去の人々と"未知の生物"との闘い。それは単なる神話・伝承ではないことを実感するアレックスたち。チームは1人と1人と正体不明の生命体に襲われていく。未知の生物を示す"クウォアン"と呼ばれるものとは一体何なのか。それは生物と呼べるものなのか？脱出までの時間が迫るなか、想像を絶する怪物がその姿をあらわしたとき、能力が"覚醒"したアレックスの死闘が始まる…。
2017.3 246p A6 ¥700 ①978-4-8019-1034-8

◆仮想空間計画 ジェイムズ・P.ホーガン著, 大島豊訳　東京創元社 （創元SF文庫） 3版
【要旨】科学者ジョー・コリガンは見知らぬ病院で目を覚ました。彼は現実に限りなく近いヴァーチャル・リアリティの研究に従事していたが、テストとして自ら神経接合した後の記憶は失われている。為す術もない生活は失敗し、放棄されたらしい。だが、ある女が現れて言う。二人ともまだ、シミュレーション内に取り残されているのだ。あまりにリアルな仮想現実から、脱出する方法はあるのか？
2017.9 551p A6 ¥1400 ①978-4-488-66321-6

◆紙の魔術師 チャーリー・N.ホームバーグ著, 原島文世訳　早川書房 （ハヤカワ文庫FT）
【要旨】魔術が高度な専門技術とみなされている1900年代初めのロンドン。魔術師養成学院を卒業したシオニーは、人気のない紙の魔術の実習を命じられた。気の進まない勉強を続けるうちに、彼女は紙の魔術の魅力と師匠の優しさに気づきはじめる。そんなある日、シオニー師が禁断の魔術の使い手に襲撃され―！魔法きらめく歴史ファンタジイ三部作開幕。
2017.11 334p A6 ¥800 ①978-4-15-020595-9

◆硝子の魔術師 チャーリー・N.ホームバーグ著, 原島文世訳　早川書房 （ハヤカワ文庫FT）
【要旨】紙の魔術師になるべく、セイン師のもとで実習にはげむシオニー。彼女はセイン師と親密になる未来を占いで視たが、現状はただの師匠と実習生の関係だ。そんな彼女が見学していた紙工場で、何者かに爆破される事件が起きる。やがて、禁断の血の魔術の使い手たちがシオニーを狙っていると判明する。彼女の秘密の力を邪悪な魔術師たちに気づかれてしまったのか…？赤毛の魔術師実習生が活躍する、"紙の魔術師"シリーズ第2弾！
2018.1 319p A6 ¥800 ①978-4-15-020596-6

◆美女と野獣 ボーモン夫人著, 村松潔訳　新潮社 （新潮文庫）
【要旨】裕福な商人の末娘ベルは、とびきりの美貌と優しい心根の持ち主。ある日、父親が見るも恐ろしい野獣に捕えられるが、ベルは身代わりを買って出た。ベルに恋をした野獣は、正直さに心を打たれて彼女を家族の許に返すが、喪失の悲しみに身を焦がし、命を捨てようとする。その姿を目の当たりにしたベルはある決意をする―。人生の真実を優しく伝え、時代と国を超えて愛され続ける物語13篇。
2017.3 246p A6 ¥490 ①978-4-10-220086-5

〔マ行の作家〕

◆オクトーバー―物語ロシア革命 チャイナ・ミエヴィル著, 松本剛史訳　筑摩書房
【要旨】腐りきった帝政を打破し、ここに人類の理想郷を築かねばならぬ。歴史の奔流に命を賭して抗った人々が織りなす革命の実像を、SF界の鬼才が鮮烈に描く。
2017 430, 12p 20cm ¥2700 ①978-4-480-85810-8

〔ヤ・ラ・ワ行の作家〕

◆時をとめた少女 ロバート・F.ヤング, 小尾芙佐他訳　早川書房 （ハヤカワ文庫SF）
【要旨】6月の朝、ロジャーは赤いドレスの背の高い魅力的な女の子と出会った。そして翌朝、彼は青いドレスを着た金色のチョウに羽変わりな女の子に出会った…。時間恋愛SFの名品である表題作をはじめ、いわれのない罪に問われ、百年の人工冬眠の刑に処せられた男とその妻の物語「わが愛はひとつ」、千一夜物語に登場するシェヘラザードに恋した外国旅行員の物語「真鍮の都」ほか、愛と叙情の詩人ヤングの名品全7篇を収録。
2017.2 351p A6 ¥820 ①978-4-15-012115-0

◆旧神郷エリシア―邪神王クトゥル―煌臨！タイタス・クロウ・サーガ ブライアン・ラムレイ著, 夏来健次訳　東京創元社 （創元推理文庫）
【要旨】風の邪神イタカを退け、ふたたび時空往還機に乗り探索の旅へと出立したド・マリニーとモリーンのもとに、ボレアに帰還した。そこへタイタス・クロウからメッセージが入る。「クトゥル邪神群、決起のとき迫る！」地球を、そして全宇宙を救うため、ド・マリニーは善なる旧神たちの棲み処、いずこともわからぬ"エリシア"へと旅立つのだが…。"タイタス・クロウ・サーガ"堂々完結！
2017.3 350p A6 ¥1100 ①978-4-488-58907-3

◆虚ろな街 上 ―ミス・ペレグリンと奇妙なこどもたち 2 ランサム・リグズ著, 金原瑞人, 大谷真弓訳　潮出版社 （潮文庫）

SF・ホラー・ファンタジー

【要旨】祖父の死の謎を解いたジェイコブは、特殊能力をもつ「奇妙なこどもたち」とともに、ハヤブサに変身したまま人間の姿に戻れなくなってしまったミス・ペレグリンを助けようと、ウェールズの小島から次々と船に乗って英国本土へとめざす。しかし彼らには、怪物たちの魔の手が次から次へと襲いかかる…。
2017.8 313p A6 ¥720 978-4-267-02089-6

◆虚ろな街 下 ―ミス・ペレグリンと奇妙なこどもたち 2 ランサム・リグズ著, 金原瑞人, 大谷真弓訳 潮出版社 (潮文庫)
【要旨】怪物たちの攻撃を危機一髪で切り抜けた「奇妙なこどもたち」は、ついにロンドンにたどりつく。しかし彼らの乗った船はことごとく敵に襲撃され、もはや「虚ろな街」と化していた。ミス・ペレグリンははたして人間の姿に戻れるのか。そして、奇妙なこどもたちの運命は…? ファンタジーノベルの金字塔、待望の第2巻が日本上陸！
2017.8 333p A6 ¥720 978-4-267-02090-2

◆紙の動物園―ケン・リュウ短篇傑作集 1 ケン・リュウ著, 古沢嘉通編・訳 早川書房 (ハヤカワ文庫SF)
【要旨】香港で母さんと出会ったぼくは母さんをアメリカに連れ帰った。泣き虫だったぼくに母さんが包装紙で作ってくれた折り紙の虎や水牛は、みんな命を持って生き生きと動きだした。魔法のような母さんの折り紙だけがずっとぼくの友達だった…。ヒューゴー賞/ネビュラ賞/世界幻想文学大賞という史上初の3冠に輝いた表題作など、第一短篇集である単行本版『紙の動物園』から7篇を収録した胸を打ち心を揺さぶる短篇集。
2017.4 263p A6 ¥680 978-4-15-012121-1

◆母の記憶に ケン・リュウ著, 古沢嘉通, 幹遙子, 市田泉訳 早川書房 (新☆ハヤカワ・SF・シリーズ)
【要旨】不治の病を宣告された母は、誰より愛するひとり娘を見守り続けるために或る選択をする。それはとてつもなく残酷で、愛に満ちた決断だった…母と娘のかけがえのない絆を描いた表題作、世代を超えるべき巨大熊を捕えるため機械馬を駆り、満州に赴いた探険隊が目にしたこの世ならざる悪夢を描いた「烏蘇里羆」、脳卒中で倒れ、入院した母を、遠隔存在装置を使用して異国から介護する息子の悲しみと諦念を描いた「存在」など、今アメリカSF界でもっとも注目される作家が贈る、優しくも深い苦みをのこす物語16篇を収録した、待望の日本オリジナル第二短篇集。
2017.4 526p 19cm ¥2200 978-4-15-335032-8

◆もののあはれ―ケン・リュウ短篇傑作集 2 ケン・リュウ著, 古沢嘉通編・訳 早川書房 (ハヤカワ文庫SF)
【要旨】巨大小惑星の地球への衝突が迫るなか、人類は世代宇宙船に選抜された人々を乗せてはるか宇宙へ送り出した。宇宙船が危機的状況に陥ったとき、日本人乗組員の清水大翔は「万物は流転する」という父の教えを回想し、或る決断をする。ヒューゴー賞受賞作「もののあはれ」、少年妖怪退治師と妖狐の少女の交流を描くスチームパンク妖怪譚「良い狩りを」など、第一短篇集である単行本版『紙の動物園』から8篇を収録した傑作集。
2017.5 265p A6 ¥680 978-4-15-012126-6

◆ナルニア国物語 3 馬と少年 C.S.ルイス著, 土屋京子訳 光文社 (光文社古典新訳文庫)
【要旨】カロールメン国に暮らす漁師の子シャスタは、自分が奴隷として売られることを知り、ナルニア出身の"もの言う馬"ブリーとともに北を目指す。思いがけず、もう一組の道連れを得たのも束の間、旅は新たな使命を帯びることになって…。三つの国にまたがる少年の数奇な冒険を描く。
2017.3 372p A6 ¥720 978-4-334-75349-8

◆ナルニア国物語 4 カスピアン王子 C.S.ルイス著, 土屋京子訳 光文社 (光文社古典新訳文庫)
【要旨】ナルニアでの冒険から一年。再び不思議な力で異世界へと引きずりこまれたピーター、スーザン、エドモンド、ルーシーは、そこが廃墟と化したケア・パラヴェル城だと気づく。そして偶然に助け出したドワーフから、四人がナルニアに呼び戻された驚くべき事情を聞いたのだった！
2017.6 375p A6 ¥720 978-4-334-75356-6

◆ナルニア国物語 5 ドーン・トレッダー号の航海 C.S.ルイス著, 土屋京子訳 光文社 (光文社古典新訳文庫)
【要旨】いとこのユースチスとともに、突然ナルニアに呼び戻されたエドモンドとルーシーは、カスピアン王やリーピチープと再会し、行方不明の7人の貴族を探す船旅に同行することに。彼らが行く先々の海域には、未知の生き物や、一行の心を惑わす不思議な出来事が待ち受けているのだった。
2017.9 409p A6 ¥760 978-4-334-75362-7

◆ナルニア国物語 6 銀の椅子 C.S.ルイス著, 土屋京子訳 光文社 (光文社古典新訳文庫)
【要旨】学校の体育館裏からアスランの国に入り込んだユースチスとジルは、アスランから、カスピアン航海王の息子リリアン王子を見つけ出す任務を与えられナルニアへ向かう。沼地に住む"ヌマヒョロリ"族のパドルグラムの協力を得て北を目指すが、行く手には思わぬ罠が待ち受けていた！
2017.12 400p A6 ¥760 978-4-334-75367-2

◆スター・ウォーズ カタリスト 上 ジェームズ・ルシーノ著, 来ごめぐみ訳 ヴィレッジブックス
【要旨】共和国と分離主義勢力が熾烈な戦いを続けるなか、双方が次々と破壊的な技術を生み出していた。共和国軍少佐オーソン・クレニックは、パルパティーン最高議長の最高機密である特殊兵器部門の一員として、敵に先駆けた超兵器の開発を求められていた。それには、クレニックの盟友でもある聡明な科学者、ゲイレン・アーソの力が必要だった。
2017.5 255p A6 ¥1050 978-4-86491-335-5

◆スター・ウォーズ カタリスト 下 ジェームズ・ルシーノ著, 来ごめぐみ訳 ヴィレッジブックス
【要旨】アーソ一家を分離主義者の手から救い出し、ゲイレンがエネルギー研究を続けられるよう環境を整えたクレニックだったが、それはデス・スター建造の実現という究極の目的のためだった。研究の成果は公益のために使われると信じるゲイレン。一方、妻ライラは研究者たちの不可解な失踪と、クレニックの不穏な行動に疑問を持ちはじめていた…。
2017.5 239p A6 ¥1050 978-4-86491-336-2

◆風の名前 1 ―キングキラー・クロニクル 1 パトリック・ロスファス著, 山形浩生, 渡辺佐智江, 守岡桜訳 早川書房 (ハヤカワ文庫FT)
【要旨】寂れた宿屋「道の石亭」の主人コートは炎のような赤い髪を持ち、「無血のクォート」「王殺しのクォート」など多くの異名で知られる伝説の秘術士の世を忍ぶ仮の姿だった。その正体を看破した紀伝家に促され、みずからにまつわる「本当の物語」を語りはじめる。それは美しく、残酷で、凄惨な子供時代の記憶からはじまって…発表されたやたちまち全米を熱狂の渦に巻きこみ、映画化も進行中の正統派本格ファンタジー開幕！
2017.3 287p A6 ¥820 978-4-15-020588-1

◆風の名前 2 ―キングキラー・クロニクル 1 パトリック・ロスファス著, 山形浩生, 渡辺佐智江, 守岡桜訳 早川書房 (ハヤカワ文庫FT)
【要旨】両親をはじめとする旅一座全員をチャンドリアンに惨殺されてもなお、ただひとり生き残り、港町タルビアンへと流れ着いたクォート。だが、そこでの生活は悲惨をきわめた。父の遺品のリュートは無残にも壊され、止まぬ暴力に身をさらされながら、ごみ箱をあさって食べ物を探す日々。そんなある日、酒場で語り部の老人スカルピに出会ったことがきっかけで、秘術士ベンの言葉を思い出し、大学に行くことを決意する。
2017.6 286p A6 ¥820 978-4-15-020589-8

◆風の名前 3 ―キングキラー・クロニクル 1 パトリック・ロスファス著, 山形浩生, 渡辺佐智江, 守岡桜訳 早川書房 (ハヤカワ文庫FT)
【要旨】15歳で大学入学を許されたばかりか、すぐさま秘術校にも受け入れられたクォート。さっそく念願の文書館に足を踏み入れるが、司書を務める貴族のアンブローズの怒りにはまり、書物庫への出入りを禁じられてしまう。「風の名前」を知るため、クォートは次に命名術の師匠エロディンを訪ねる。だが、知り急ぐクォートにエロディンは、「この屋根から飛び降りろ」と告げた。その言葉にクォートは迷わず足を踏み出すが…!?
2017.5 286p A6 ¥820 978-4-15-020590-4

◆風の名前 4 ―キングキラー・クロニクル 1 パトリック・ロスファス著, 山形浩生, 渡辺佐智江訳 早川書房 (ハヤカワ文庫FT)
【要旨】イムリの音楽堂エオリアンで、リュートの演奏により才能パイプを手に入れたクォートは、評判の旅館、馬四亭での豪華な暮らしを手に入れた。一旬間に三晩演奏するだけで、部屋と食事を無料で提供してもらえるのだ。イムリへと向かう荷馬車で乗り合わせた美しい少女デナとも再会し、秘術校の学業も順調だ。キルヴィン師匠の鯨場にて、三カ月で見習いから工芸術士となったのだ。だが、すべてが好転したかと思えたとき…!?
2017.6 282p A6 ¥820 978-4-15-020591-1

◆風の名前 5 ―キングキラー・クロニクル 1 パトリック・ロスファス著, 山形浩生, 渡辺

外国の小説

世界最高のファンタジー、新訳ついに完結！

ナルニア国物語

C・S・ルイス=著 **土屋京子**●訳

著者の希望にそった「物語の年代順」刊行！

① 魔術師のおい ●680円 978-4-334-75340-5
② ライオンと魔女と衣装だんす ●660円 978-4-334-75346-7
③ 馬と少年 ●720円 978-4-334-75349-8
④ カスピアン王子 ●720円 978-4-334-75356-6
⑤ ドーン・トレッダー号の航海 ●760円 978-4-334-75362-7
⑥ 銀の椅子 ●760円 978-4-334-75367-2
⑦ 最後の戦い 2018年3月発売

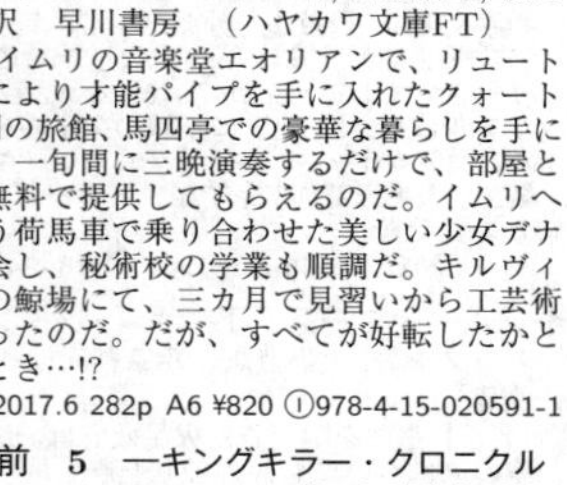

※表示価格は本体価格(税別)です。価格は改定される場合があります。

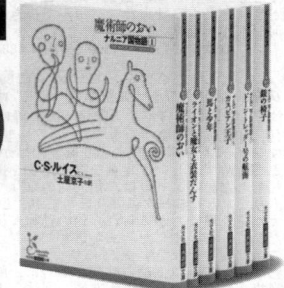

光文社 古典新訳 文庫

佐智江,守岡桜訳　早川書房　(ハヤカワ文庫FT)
【要旨】チャンドリアンのしわざと思われる殺戮の調査のため、トレボンの町へと急行するクォートは、ただひとり生き残っていた目撃者から状況を聞き出そうとする。だがその目撃者とは、なんと麗しのデナであった！ 惨劇の現場へ調査に赴いた二人は、そこで怖るべき竜のドラッカスと遭遇する。狂乱の町を襲うドラッカスに、クォートは秘術を駆使して敢然と立ち向かうが…話題沸騰の正統派本格ファンタジイ第1部、堂々完結！
2017.7 284p A6 ¥820 ①978-4-15-020592-8

◆ジャック・グラス伝―宇宙的殺人者　アダム・ロバーツ著,内田昌之訳　早川書房　(新☆ハヤカワ・SF・シリーズ)
【要旨】遥か未来の太陽系、人類はウラノラ一族を頂点とする厳しい"階層"制度に組み込まれた。貧困と圧政にあえぐ市民の前に登場したのが、無法の父にして革命的扇動者―宇宙的殺人者、ジャック・グラスだった。彼の行くところには、つねに解決不可能な謎があった。脱出することができない宇宙の片隅にある監獄惑星、地球の重力下では持ち上げることができない凶器、どこにも弾丸が見当たらない凄まじい威力の銃撃……。哀れな囚人やミステリマニアの令嬢、太陽系一の警察官を巻き込みながら展開する、解けない謎の数々。彼のもくろみとは…？ 注目の英国SF作家が贈る、謎と冒険に満ちたSFミステリ。英国SF協会賞/ジョン・W・キャンベル記念賞受賞作。
2017.8 501p 19cm ¥2300 ①978-4-15-335034-2

◆光の戦士にくちづけを―星の守り人トリロジー 3　ノーラ・ロバーツ著,香山栞訳　扶桑社　(扶桑社ロマンス)
【要旨】"氷の星"が眠る地を探して、アイルランドへと辿りついた星の守り人たち。かつての故郷に足を踏み入れたドイルは、愛する者を全て失った痛ましい過去に向き合いながらも、人狼ライリーへの欲望とも愛ともつかぬ感情に頭を悩ませていた。やがて、幸運である宇宙の片隅にある伝説の"ガラス島"を目指す一行は、自分たちが守護者として選ばれた本当の理由に気付かされることになる。彼らは闇の女王ネレイザを倒し、運命を変えることができるのか？ 愛と魔法に彩られた究極のラブファンタジー最終章！
2017.3 562p A6 ¥1100 ①978-4-594-07661-0

◆ブルー・マーズ 上　キム・スタンリー・ロビンスン著,大島豊訳　東京創元社　(創元SF文庫)
【要旨】地球の治安部隊は火星の軌道上にまで撤退し、無血革命は成功するかに見えた。だが和平交渉中、過激な一分派が宇宙エレベーターに攻撃を開始する。第一次火星革命の悪夢が繰り返されてしまうのか。壮大な火星入植計画をリアルに描きSF史上に不滅の金字塔を打ち立てた、『レッド・マーズ』『グリーン・マーズ』に続く"火星三部作"完結編。ヒューゴー賞、ローカス賞受賞。
2017.4 614p A6 ¥1500 ①978-4-488-70706-4

◆ブルー・マーズ 下　キム・スタンリー・ロビンスン著,大島豊訳　東京創元社　(創元SF文庫)
【要旨】憲法を制定した火星政府は、地球との交渉の末についに念願の独立を勝ち取った。人々は自由を謳歌し、多様な文化が共生する火星ならではの社会システムと新たな文明を発展させていくが。赤い荒野から緑の大地へ、そして青い大洋を持つ人類の第二の故郷へと劇的に変容してゆく火星の姿を、人々との綾なす人間ドラマとともに壮大なスケールで描き上げた大河三部作。
2017.4 638p A6 ¥1500 ①978-4-488-70707-1

◆ファンタスティック・ビーストと魔法使いの旅―映画オリジナル脚本版　J.K.ローリング著,松岡佑子日本語版監修・訳　静山社
【要旨】探検家で魔法動物学者のニュート・スキャマンダーは、地球一周の旅を終えたばかりです。とてもめずらしい、貴重な魔法生物を探しての旅でした。ニュートは、短期間の乗りつぎでニューヨークに降り立ちます。ところが、カバンを取りちがえられ、幻の動物が街に逃げ出してしまいました。あちこちで騒ぎが起きることになります――。「ハリー・ポッター」の物語より50年以上遡る時代を舞台に、魅力的な登場人物たちが紡ぎ出す友情、魔法、大騒動。このお話は、最高の語り手による壮大な冒険物語。
2017.3 323p B6 ¥1600 ①978-4-86389-368-9

◆時間のないホテル　ウィル・ワイルズ著,茂木健訳　東京創元社　(創元海外SF叢書)
【要旨】ホテル"ウェイ・イン"は快適だ。広大な空間と最新の設備をもち、完璧なサービスを提供する。ビジネスマンのぼくは、大規模見本市でやや後ろがましい仕事をこなしながら、客室と会場を行き来する充実した三日間を過ごすはずだった。赤毛の女から、このホテルにまつわる奇妙な秘密を囁かれるまでは…。本邦初紹介の鬼才が、巨大建築物に潜む"魔"をかつてない筆致で描き上げた最新作。
2017.3 389p B6 ¥2400 ①978-4-488-01462-9

◆エコープラクシア 反響動作 上　ピーター・ワッツ著,嶋田洋一訳　東京創元社　(創元SF文庫)
【要旨】太陽系外縁で宇宙船"テーセウス"が異星知性体と接触してから7年。消息を絶ったはずの同船から届いた謎の通信を巡り、地球では集合精神を構築するカルト教団、軍用ゾンビを従えた人類の亜種・吸血鬼ら、超越知性たちが動きだす。星雲賞など全世界7冠制覇『ブラインドサイト』の続編にして、自由意志と神の本質に迫る現代の『ソラリス』というべき究極のハードSF。
2017.1 312p A6 ¥960 ①978-4-488-74603-2

◆エコープラクシア 反響動作 下　ピーター・ワッツ著,嶋田洋一訳　東京創元社　(創元SF文庫)
【要旨】太陽近傍のイカロス衛星網で待ち受けていた"小惑星群の天使"。そして集合精神教団、吸血鬼、現生人類の三つ巴の抗争に、さらなる謎の勢力の影が。超越知性たちの熾烈な生存戦略チェス・ゲームの攻防は、壮絶なる終幕に至る。盤上に残るのは何か？ 星雲賞など全世界7冠制覇『ブラインドサイト』の語られざる歴史がついに明らかに。本編の序章となる短編「大佐」も特別収録。
2017.1 289p A6 ¥960 ①978-4-488-74604-9

📖 ロマンス

◆愛を偽る花嫁　スーザン・フォックス作,堺谷ますみ訳　ハーパーコリンズ・ジャパン　(ハーレクイン・セレクト)
【要旨】1年前に家族を事故で失い、天涯孤独の身となったフェイは、抜け殻のような心を抱えたまま、身を粉にして働いてきた。ある嵐の日、自暴自棄になって馬を走らせた彼女は落馬して、痛みと朦朧とする意識の中で最期を覚悟する。そのとき目を開けると隣人のチェイスが彼女を抱き起こしたのは、フェイが目を開けると隣人のチェイスが抱き起こしてきた人。なぜ今になって私に構うの？ そんなフェイの心中を知ってか知らずか、彼は自宅へ彼女を運ぶと、予想外の驚くべき提案をした。「君の家業は全て僕が買い取る。代わりに僕の妻にならないか？」。
2017.3 155p 17cm ¥620 ①978-4-596-90469-0

◆愛を試す一週間　ミランダ・リー作,藤村華奈美訳　ハーパーコリンズ・ジャパン　(ハーレクイン・セレクト)
【要旨】タラが世界的に有名なホテル王マックスに見初められてから1年。彼女は最近、ふと不安な気持ちに襲われるようになった。多忙な彼と会える時間はわずか。しかもいつもベッドの中だけ。つまり、彼にとって私は都合のいい愛人なんじゃ――？ しかもタラはここ最近、吐き気と体調不良に悩まされてもいた。一じつは彼女は妊娠していたのだ。マックスに知られたら堕胎を迫られる…怯えたタラは家を出るが、彼は金の力で強引に捜しだすと、驚いたことに結婚を申し出た。なぜ今になって突然そんなことを言いだしたの？ 結婚よりも本物の愛を欲していたタラは、彼にある提案をする。
2017.2 155p 17cm ¥620 ①978-4-596-90493-5

◆愛が輝く聖夜―クリスマス・ストーリー2017　サラ・モーガン,アニー・バロウズ,ジョス・ウッド,レベッカ・ウインターズ作,仁嶋いずる,長田乃莉子,すなみ翔,大谷真理子訳　ハーパーコリンズ・ジャパン
【要旨】夢の街ニューヨークで暮らすマチルダは、今夜セレブの集まるパーティーでウエイトレスをしていた。大企業を率いる億万長者のチェイスが主催者だから、ミスは許されない。それなのに大失態を演じて首になった彼女をデートに誘ったのは、なんとチェイスだった！（『億万長者との

魔法の一夜』）。両親を亡くしたアリスは身を寄せた伯父の屋敷でこき使われている。伯父一家が泊まりがけで外出した夜、玄関先に突然現れたのは伯爵のジャック。吹雪から逃れる場所を求めていた、妻に先立たれた彼は幼い子供を妻の実家から引き取ってきたばかりで…。（『ある伯爵とシンデレラの物語』）。ライリーの上司は、原石の発掘から高級宝石店までダイヤモンドのすべてを扱う会社のCEOジェームズ。ある夜、彼女は憧れの彼とついに結ばれたが、「一生結婚する気はない」と言われて凍りつく。別れを決意した彼女がジェームズに辞表を突きつけると…。（『ダイヤモンド・クリスマス』）。アンドレアは生後3カ月の赤ん坊と一緒に、雪の降るなか車を走らせ事故にあった。病院でふと目覚めたとき、そばにいたのはフリンという頼もしい男性。退院許可が出るやいなや、アンドレアは息子と共に彼の家へ連れていかれる（『天使を守りたくて』）。
2017.11 347p A6 ¥1167 ①978-4-596-80835-6

◆愛の空白　シャーロット・ラム作,大沢晶訳　ハーパーコリンズ・ジャパン　(ハーレクイン・セレクト)
【要旨】目の前に並べられた愛する夫の背信の証拠を一瞥して、セアラは凍りついた。嘘よ！ 彼が秘書と関係していたなんて。思えば夫のアレックスとは出会ったときから妙だった。まだ10代だったセアラは彼の過去に興味を持つことなく、年上の富豪アレックスを盲目的に信じ、まるで人形のように、彼の言うなりに4年の結婚生活を送ってきたのだ。セアラは怒りにまかせてアレックスを問い詰めるが、弁明するように失望し、彼女はそのまま家を出た。1年後。列車の脱線事故に巻きこまれた彼女は病院に運ばれ、断片的な記憶が失われていた。そこへアレックスが現れて…。
2017.4 156p 17cm ¥620 ①978-4-596-90475-1

◆愛は脅迫に似て　ヘレン・ビアンチン作,萩原ちさと訳　ハーパーコリンズ・ジャパン　(ハーレクイン・セレクト)
【要旨】サンドリンはフランス人実業家ミシェルと電撃結婚したが、新婚6カ月で、二人の結婚生活には早くも暗雲が立ちこめる。サンドリンが撮影の仕事で家を離れることをミシェルが認めないのだ。そんなふうに妻を束縛するなんて、と若い彼女は反発し、書き置きを残して、仕事のあるゴールドコーストへ向かった。ところがトラブルが発生し、サンドリンは帰れなくなってしまう。滞在が延び、資金が底をついたサンドリンたち撮影チームの前に、夫ミシェルが救世主さながらに現れ、資金提供を申し出た。彼は怒りを込めたキスで妻を罰し、投資の対象はきみだと告げる。サンドリンが断れないことを承知で、彼は激しく妻を抱く。
2017.11 156p 17cm ¥620 ①978-4-596-58074-0

◆悪魔の谷　イヴォンヌ・ウィタル作,泉田梨子訳　ハーパーコリンズ・ジャパン　(お手ごろ文庫)
【要旨】「お願い、助けて」母と兄の懇願に、ジョスリンは動揺した。兄が父から受け継いだ会社が経営難に陥っているという。融資を頼めるのはただ1人、ラーフ・アンダーソンしかいない。彼は裕福な経営者であり、かつては彼女の夫でもあった。姑にうとまれて彼女が孤立したとき、夫は冷たくあしらうだけで、愛から始まったはずの結婚生活はやがて破綻を迎えるのだった。3年ぶりに会う元夫に、ジョスリンの心はいまなお熱くなったが、一方のラーフは冷たい口調で、融資の交換条件を持ち出した。それは、彼女に跡継ぎを産ませるための再婚だった…。
2017.11 190p A6 ¥500 ①978-4-596-99353-3

◆甘い蜜の罠　ダイアナ・ハミルトン作,藤村華奈美訳　ハーパーコリンズ・ジャパン　(ハーレクイン・セレクト)
【要旨】ケータリング業を営むアンナは、両親との生活を支えるため、妊娠7カ月になった今も休むことなく働いている。ある日、顧客の屋敷で晩餐会のコースを用意した彼女は、ダイニングルームに入ったとたん凍りついた。彼がいる…！ おなかの子の父親、フランチェスコが！ 彼とはイタリア旅行中に出会い、ひと目で恋に落ちた。この晩餐の招待客である"イタリアからの大富豪"が、突然冷たく心変わりして私を捨て去った、最愛の男性だった。ふたりきりになると、フランチェスコは険しい目をして囁いた。「たまには本当のことを言ってくれ。ぼくの子なのか？」。
2017.12 156p 17cm ¥620 ①978-4-596-58083-2

◆**雨のなかの出会い** ジェシカ・スティール作, 夏木さやか訳 ハーパーコリンズ・ジャパン （ハーレクイン・セレクト）
【要旨】家政婦のマロンは土砂降りの雨の中を一人で歩いていた。雇い主から暴力を振るわれそうになり、逃げだしてきたのだ。恐ろしさと寒さに震えるマロンの前に、一台の高級車がとまった。ハリスと名乗る男性は彼女を車に乗せるよう、親切にも屋敷に招き、ここで住みこみの管理人として働いてみてはどうかと声をかけた。会社の経営者だそうだが、以前の雇い主と違って、いい人のようだ。だが働きだしてすぐに、思いがけない事件が起きた。階段の踊り場でつまずいたマロンがハリスと折り重なって倒れ、あろうことか唇を重ね合わせてしまったのだ。皮肉にもマロンはそのとき悟った―彼に惹かれ始めていることを。
2017.7 156p 17cm ¥620 ①978-4-596-90495-9

◆**いけない口づけ** レベッカ・ウインターズ作, 下山由美訳 ハーパーコリンズ・ジャパン （ハーレクイン・セレクト）
【要旨】夏休みの間、イタリアの大学に留学しているガービーは、唯一親しくなった苦学生の友人から自宅のディナーに招かれた。じつは彼は公爵家の後継ぎで、ガービーを婚約者として家族に紹介するために呼んだのだと聞かされ、彼女は驚く。無理よ、嘘はつけないわ。ガービーの動揺を知ってか知らずか、友人の兄ルカが冷ややかな態度でこちらに鋭い目を向けた。はっとして瞬時に惹きつけられる。なんて素敵な人なのかしら。聞けば彼は公爵家を継ぐことを拒み、近々司祭になるのだという。ディナーを終え、ガービーが帰宅するとすぐに誰かが訪ねてきた。ルカだわ！彼は思い詰めた顔で彼女に迫り、外へと連れだすと…。
2017.2 156p 17cm ¥620 ①978-4-596-90463-8

◆**一年遅れのプロポーズ** ケイト・ウォーカー作, 青山有未訳 ハーパーコリンズ・ジャパン （ハーレクイン・セレクト）
【要旨】落ちぶれた旧家の娘ベータと、大会社の御曹司リーアム。ふたりの結婚は、双方の親の思惑以外の何ものでもなかった。両家にとって何よりも必要な"跡取り"を作るためだけの縁組。だが初めて顔を合わせた瞬間、二人は互いの魅力に抗えず、そのまま情熱的な夜をともにした。相性がこの上なくすばらしかった。リーアムはハンサムでセクシーで、先代を凌ぐ才覚を持つ実業家だ。だが金の亡者のような親に育てられたせいで、愛を信じていない。ベータは違った。便宜的な結婚でも、今や夫を心から愛していた。家名を継ぐための子どもなど欲しくない。夫との愛の証が欲しい。だが夫は、1年経っても妊娠しない彼女を訝しむようになっていた。
2017.12 156p 17cm ¥620 ①978-4-596-58081-8

◆**一夜が結んだ絆** シャロン・ケンドリック作, 相原ひろみ訳 ハーパーコリンズ・ジャパン （ハーレクイン・セレクト）
【要旨】「ぼくに話すべきことがあるんじゃないか？」イタリア人実業家で元婚約者のダンテに迫られ、ジャスティナはもう逃げられないことを悟った。9カ月前のあの夜、二人はたがいに激しく求めあった。身分差を理由に彼の親族から疎まれて破局した過去も忘れ、最後の一夜のつもりで、ジャスティナは自らを捧げたのだ。彼の子を身ごもってしまうとは、思いも寄らなかった―。妊娠を知って追ってきたダンテの目は怒りに燃えている。なのに彼は臨月の彼女にやさしく口づけし、お腹を優しく撫でる。まだ愛していることを悟られまいと、ジャスティナは抗うが…。
2018.1 156p 17cm ¥620 ①978-4-596-58089-4

◆**一夜だけ愛して** キム・ローレンス作, 三浦万里訳 ハーパーコリンズ・ジャパン （ハーレクイン・セレクト）
【要旨】親戚の結婚式で億万長者ローマン・ペトレッリを紹介されたとき、イジーは思わず我が目を疑った。2年前、母の突然の死にショックを受けたイジーは、ふらりと入ったバーで客に絡まれて困っていた。そのとき助けてくれた男性が、まさしくローマンだった。イジーは悲しみから救われたい一心で、その夜、彼に純潔を捧げたのだった。だが翌朝、ローマンの姿はなく、二度と会えないと諦めていた。イジーは胸に抱いた小さな娘を彼から遠ざけて、密かに誓った。ローマンに知られたらきっと奪われてしまう。この子は私が守るわ。
2017.5 156p 17cm ¥620 ①978-4-596-90481-2

◆**偽りの結婚** サラ・クレイヴン作, 上木治子訳 ハーパーコリンズ・ジャパン （お手ごろ選書）
【要旨】アマンダは1年前にナイジェルと出会い、プロポーズされた。有名人の彼に見初められるという幸せに舞い上がったのも束の間、彼女は浮気の現場を目撃し、指輪を投げつけ飛び出してしまう。失意のあまり橋から身を投げようとしたアマンダを目撃し、いつも冷静で近寄りがたい、ナイジェルの異母兄マロリーが助けてくれた。彼の意外な優しさに、アマンダの気持ちは激しく揺さぶられた。やがて嫉妬深いナイジェルが彼女と兄の仲を中傷する噂を流すと、マロリーが思いがけない提案でアマンダをさらに驚かせた―噂を静めるために、"見せかけの婚約"を演じようというのだ！
2017.9 203p A6 ¥500 ①978-4-596-99348-9

◆**ウエディング・ナイト** ミランダ・リー作, 叩波ひろみ訳 ハーパーコリンズ・ジャパン （ハーレクイン・セレクト）
【要旨】ウエディング・コーディネーターのフィオーナのもとに、ある日、大富豪の未亡人から仕事の依頼が舞い込んだ。彼女の一人息子の結婚式をコーディネートしてほしいという。願ってもない大きな仕事だが、一つだけ問題があった。じつはその息子、フィリップとフィオーナは10年前、結婚式を挙げた仲なのだ。その日の夜に無効になったけれど。当然、フィリップは彼女にすぐ気づき追い払おうとするが、彼は言い訳したのか、互いに他人のふりをしようと提案してきた。フィオーナも了承し、仕事に打ち込もうとするが、やがてわかる。気づいてしまったのだ―今も変わらず、彼を愛していることに。
2017.5 156p 17cm ¥620 ①978-4-596-90480-5

◆**裏切りの舞踏会** キム・ローレンス作, 水間朋訳 ハーパーコリンズ・ジャパン （ハーレクイン・セレクト）
【要旨】旅先のイタリアで道に迷ったエリンは、黒馬にまたがったハンサムな男性、フランチェスコに助けられた。うぶな彼女はたちまち恋に落ち、翌日には彼に純潔を捧げ、5日後には結婚式を挙げていた。エリンはそのとき初めて知った。フランチェスコはイタリア名門銀行の経営者であると。かすかな動揺は、やがて夫に対する不信へと変わっていく。彼ほどすてきな人が、なぜ私を選んだのだろう？ある晩、パーティ会場で夫が別の女性とキスしているのを見て、エリンのなかで何かが弾けた。私は愛されていなかった…フランチェスコはすぐに家を出た、身ごもっていることを隠したまま。
2017.8 156p 17cm ¥620 ①978-4-596-90498-0

◆**噂の関係** キャサリン・ジョージ作, 澤木香奈訳 ハーパーコリンズ・ジャパン （ハーレクイン・セレクト）
【要旨】エイヴァリーは郊外の小さな町でリフォーム店を営んでいる。幼くして父を亡くし、貧しい母子家庭で育った彼女は、都会で深い心の傷を負って故郷に戻り、ようやく穏やかな生活を手に入れたのだった。そんなある日、思いがけない出会いが訪れる。幅広い分野に進出している気鋭の企業の社長ジョナスとバーで意気投合。その後も何度もデートを重ねた。これほどときめくのは初めてかもしれない。決して深入りしてはだめ、とエイヴァリーは自分に言い聞かせた。相手が誰であれ、彼女には結婚できない重大な秘密があった。
2017.2 156p 17cm ¥620 ①978-4-596-90466-9

◆**運命に身を任せて** ヘレン・ビアンチン作, 水間朋訳 ハーパーコリンズ・ジャパン （ハーレクイン・セレクト）
【要旨】テイラーは、姉の婚約者の兄であるイタリア人大富豪、ダンテに初めて出会ったときからひそかに憧れていた。数年後、彼女は思いがけない形で彼に再会する。姉夫婦が事故で亡くなり、テイラーは幼い甥を引き取ったが、それについてダンテが異議を申し立てたのだ。彼は自分にも後見人としての責任があると主張して譲らず、甥とテイラーに彼の大邸宅で一緒に暮らすよう迫った。彼の傍らで想いを抑えながら良い叔母を演じるなんて無理だ。でも、かわいい甥を一方的に奪われてしまうのは耐えられない。テイラーにはダンテの要求をのむよりほか、選択肢はなかった。
2017.7 156p 17cm ¥620 ①978-4-596-90494-2

◆**エーゲ海の花嫁たち** ヘレン・ビアンチン, ジュリア・ジェイムズ, サラ・モーガン作, 山田理香, 小池桂, 朝戸まり訳 ハーパーコリンズ・ジャパン （ウエディングロマンスVB）
【要旨】『拒絶された花嫁』：父が急死し、遺言によりアリーシャは父の親友の息子で悪名高きプレイボーイの海運王、ルーカスと結婚した。引き締まった体に、黒髪と黒い瞳を持ったたまらなくセクシーな夫―形だけの結婚とはいえ、妻の義務を果たさなければならないの？簡素な結婚式を挙げたあと、初夜のベッドで震えるアリーシャに、彼は信じがたい提案をした。『愛人の秘密』：レオン・アンドレアコス！アラーナは5年ぶりに突然再会したギリシャ人の大富豪を見て愕然とした。恐ろしい出来事と共に終わりを迎えた、たった6カ月の夢のような日々。もう二度と会うことはないと思っていたのに。もし息子の存在を知られたら…。茫然と立ち尽くす彼女を、レオンの冷たい瞳が射抜くように見た。『置き去りにされた花嫁』：ウエディングブーケを手に、愛する花婿アレコスを教会で待っていたケリー。しかし、彼は結婚式に現れなかった。4年後、小学校教師となり、アレコスのことを忘れ去ろうと決めたケリーは、彼にもらったダイヤの婚約指輪をインターネットオークションに出品する。指輪は400万ドルで落札され、驚くことにアレコスが落札者として現れた！
2017.3 362p 18cm ¥935 ①978-4-596-74267-4

◆**オアシスのハネムーン** ペニー・ジョーダン作, 中原もえ訳 ハーパーコリンズ・ジャパン （ハーレクイン・セレクト）
【要旨】フェリシアは会社勤めの平凡なイギリス人女性だが、中東からの留学生に一方的に熱愛され、求婚された。実は彼女は故国屈指の大財閥の息子で、二人の結婚には、家長である叔父のラシッドの許しを得なければならないという。ひょんなことからフェリシアは一人で彼の地に赴き、ラシッドに許可を求めなければならなくなったが、着くなり彼女に"金目当ての女"と罵倒される。圧倒的なカリスマ性で一族の尊敬を集めるラシッドが、何故かフェリシアにだけはつらく当たる。そればかりか、侮辱の言葉を浴びせながら、彼女の唇を熱く塞いだのだ！
2017.6 156p 17cm ¥620 ①978-4-596-58001-6

◆**億万長者の駆け引き** キャロル・モーティマー作, 結城玲子訳 ハーパーコリンズ・ジャパン （ハーレクイン・セレクト）
【要旨】ヒービーは勤め先のオーナー、ニックに片思いをしていた。彼は数カ国に支社を持つ、ハンサムでエネルギッシュな実業家だが、女性を片っ端からベッドに誘っては捨てるという、非情な男性だ。それでもヒービーはある夜、彼の手管に堕ちてしまった。そこには愛も優しさもない一夜の悦びだけ。その一夜でヒービーが妊娠しても、何も変わらなかった。金目当てでわざと妊娠したんだろうとひどいことを言いながら、子どものための結婚を宣言し、ヒービーを自分の邸宅に住まわせ、彼女が拒めないのを承知で、夜ごと甘い誘惑に溺れさせた。だがある日、そんなニックも青ざめるような事件が起き…。
2017.11 156p 17cm ¥620 ①978-4-596-58079-5

◆**幼い恋を捨てた日** サラ・クレイヴン作, 桜井かり訳 ハーパーコリンズ・ジャパン （ハーレクイン・セレクト）
【要旨】レインは幼い頃から、10歳上の兄の親友ダニエルに恋していた。大きくなった今も彼は親身にレインを気遣ってくれ、ある日唐突にプロポーズされたときは、天にも昇る心地だった。だがふたりの初夜、彼が亡き兄への義務感から求婚したと知り、打ちのめされたレインは、花嫁に婚姻無効を訴えた。それから2年。無垢なままのレインの前に、ダニエルが現れる。今や実業界の大立者で、美女たちとの噂も絶えない彼は、清掃員として働くレインにとって、もはや別世界の人だった。そんな彼が、私の小さなアパートになんの用かしら…。実はダニエルに、レインが想像もしない、ある計画があった。
2017.11 156p 17cm ¥620 ①978-4-596-58075-7

◆**幼い魔女** ヴァイオレット・ウィンズピア作, 霜月桂訳 ハーパーコリンズ・ジャパン （ハーレクイン・セレクト）
【要旨】孤児のジェニーは伯母にこき使われる毎日を送っていた。伯母の娘は玉の輿を狙って公爵と婚約したが、彼に幼い息子がいると知ったとたん弱腰になり、婚約を破棄。彼に伝えに行く役目をなんとジェニーに押しつけた。広大な領地と屋敷を持つというペドロ・ザント公爵は、知らせを聞いて激怒するかと思いきや、意に介した様子もなく、恐ろしくハンサムな顔に尊大なまなざしを浮かべジェーンを見下ろした。「それならきみが代わりに来ないか、息子の子守として」こんなに怖そうな人の子守なんて！…とジェーンは怯えたが、彼女の心は囁いた。あなたが恐れているのは、彼の魅力でしょうと。
2017.3 156p 17cm ¥620 ①978-4-596-58088-7

◆**オフィスの愛人** シャロン・ケンドリック作, 永峰みちこ訳 ハーパーコリンズ・ジャパン （ハーレクイン・セレクト）

ロマンス

外国の小説

◆**思い出のなかの結婚** （書名の前の記載なし）
【要旨】イタリア人実業家リカルドの秘書アンジーは転職を考えていた。何年も彼の手足となって働き、彼との恋を終始未遂えしてきた。一日ごとにつのるリカルドへの想いは胸に秘して。彼にとって私はただの地味な秘書。このままでは惨めすぎるわ。ところがオフィスのパーティが催される日、突然リカルドから美しい赤いドレスをプレゼントされ、アンジーは驚く。ドレスに着替えたアンジーはまるで別人のように魅力的に変身し、リカルドのエスコートで夢のような一夜を過ごした。そして翌朝、夢は儚く消えた。彼に冷たくあしらわれたばかりか、トスカーナに愛人兼秘書として同行するよう命じられたのだ！
2017.4 156p 17cm ¥620 ①978-4-596-90477-5

◆**思い出のなかの結婚** キャサリン・スペンサー作, 鈴木れい訳 ハーパーコリンズ・ジャパン（ハーレクイン・セレクト）
【要旨】事故で1カ月も昏睡状態にあったメイプは、記憶を失っていた。退院した彼女を迎えたのは、夫のダリオ・コスタンツォ。世界的大企業の創業者一族の御曹司で、とびきりのハンサムだ。自家用ジェットで飛んだ静養先は楽園のように豪奢なヴィラで、メイプはともに過ごすうち、ダリオに強く惹かれていった。こんなにもお金持ちで素敵な男性が、わたしの夫だなんて…。ダリオは彼女に気遣い、優しいのに、触れようとはしない。もし記憶が戻ったら、本当の夫婦に戻れる？ 子どもを作れるかしら。だがまもなくして、メイプにとって衝撃的な事実が明らかになる。二人には既に赤ん坊がいた。夫はそれを、彼女に隠していたのだ！
2017.12 156p 17cm ¥620 ①978-4-596-58085-6

◆**御曹子のプロポーズ** レベッカ・ウインターズ作, 森洋子訳 ハーパーコリンズ・ジャパン（ハーレクイン・セレクト）
【要旨】仕事ひとすじの生き方に疲れ果て、マロリーはポルトガルのリスボンにやってきた。そこで出会ったのはラファエル・ダフォンソという男性。王家の血を引く名門貴族で、この国でも指折りの実業家だという。ラファエルの妻は出産直後に亡くなり、以来10年、彼は一人娘アポロニアのみに愛情を注いできた。ふとした偶然でその乙女の命を救ったことがきっかけとなり、マロリーは彼から強引に結婚を申し込まれる。だが彼女に求められているのは妻の役目ではなく、娘の養育係としての務めだった。
2017.8 156p 17cm ¥620 ①978-4-596-58002-3

◆**隠れ家のハネムーン** ジャクリーン・バード作, 加藤由紀訳 ハーパーコリンズ・ジャパン（ハーレクイン・セレクト）
【要旨】ロンドンの大学へ進学が決まっている18歳のペニー。けっして裕福ではない家計の事情もあり、彼女の父は広大な敷地の一部をイタリア人実業家ソロに売却することを決めた。ソロをひと目見た瞬間、ペニーは初めての恋に落ち、彼からプロポーズを受けたときは心から喜んだが、結局、涙を隠して立ち去った。4年後、事故で父を亡くしたペニーは驚くべき事実を知る。相続するはずの家と土地の半分はすでにソロが手に入れていたのだ。別人のように冷酷になった彼は、ペニーに結婚を迫ると、強引に海辺の隠れ家へ連れだった。
2017.5 156p 17cm ¥620 ①978-4-596-90483-6

◆**神さまの贈り物** リタ・C・エストラーダ作, 近藤昭子訳 ハーパーコリンズ・ジャパン（お手ごろ文庫）
【要旨】この私が妊娠—マリッサは愕然とした。しかも父親は、たった一度だけ夜を共にしたアダム・ピアス。ハンサムな実業家の彼と過ごした時間は夢のようだったが、美人でもなく、しがない教師のマリッサとは不釣り合いな彼だ。だから、愛しているはずもない彼に結婚を迫る気にはお願いできない。でも、産休中の生活費の援助だけはお願いしたい。勇気を奮って打ち明けると、アダムはしぶしぶ協力を約束したうえに、金を出すかわりに口も出すと、条件を出してきた。さらに、彼所有の高級アパートに今すぐ引っ越せと言うのだ！
2017.11 238p A6 ¥500 ①978-4-596-99352-6

◆**硝子の初恋** ヴィクトリア・グレン作, 白帆純子訳 ハーパーコリンズ・ジャパン（お手ごろ文庫）（『鏡の中のマーラ』改題書）
【要旨】かつてマーラは太めで内気な性格ゆえにいじめられ、父親からも愛されずにつらい十代を過ごした。だが18歳で家を出て自立し、今は充実した日々を送っている。そこに突然、悪夢の少女時代を思い出させる人物が現れた。マー

ラの父に会社を奪われた同郷の名家の御曹子エリック。予期せぬ再会に戸惑う彼女に、衝撃の事実が告げられる—父上が急死し、今や会社はきみのものになった。さらに彼は経営権を持てる年齢に達した彼女に代わって会社を支配するため、期限つきの契約結婚を迫ってきた…。
2017.3 204p A6 ¥500 ①978-4-596-99337-3

◆**完全なる結婚** ルーシー・モンロー作, 有沢瞳子訳 ハーパーコリンズ・ジャパン（ハーレクイン・セレクト）
【要旨】エンリコが交通事故で意識不明ですって？ 知らせを受けたジャンナは車を飛ばし、すぐに病院へ駆けつけた。ジャンナにとって彼は、15歳から憧れ続けている大切な人。富豪となり美女と婚約してしまった今でも想いは変わらぬままだ。ジャンナはその日から不眠不休でエンリコに付き添い、祈り続けた。その甲斐あってか5日後、奇跡が起きる。彼の意識が戻ったのだ。だが、その口から出た言葉は耳を疑うような冷たいものだった。「僕の婚約者が見舞いに来るから邪魔をしないでくれ」追い打ちをかけるように医師からエンリコの下半身に麻痺が残るとの噂が流れていて、ジャンナの張りつめた心は粉々に砕け散った。
2017.4 156p 17cm ¥620 ①978-4-596-90474-4

◆**甘美な企み** ジュリア・ジェイムズ作, 原淳子訳 ハーパーコリンズ・ジャパン（ハーレクイン・セレクト）
【要旨】ジャニーンは母亡き後、初めて実の父を知った。なんと父はギリシア人のホテル経営者で、大富豪だったのだ。父は娘を傷つけたくないという配慮から、娘がいたことは隠した上でギリシアに呼び寄せてくれたが、"あの若い女は社長の愛人だ"という噂が聞こえてきた。そんなある日、ジャニーンはニコスという男性と出会った。彼もギリシア人の実業家で、父の親友だという。ジャニーンはニコスの魅力の虜になり、彼も熱く求愛してくれた。だが彼女は知らなかった—ニコスこそが父の妻の弟で、"姉の夫をたぶらかす女"を罰するために近づいてきたことを。
2017.9 156p 17cm ¥620 ①978-4-596-58004-7

◆**危険な恋人** リンゼイ・アームストロング作, 高杉啓子訳 ハーパーコリンズ・ジャパン（ハーレクイン・セレクト）
【要旨】上司の広告代理店役員ブラッドの皮肉と嘲りの混じった声を聞き、ヴェリティはため息をついた。また機嫌斜めなのだ。彼の部屋に行き、「問題ありません」となだめながら、ヴェリティは心の中で、"問題はあなただけ"と付け加えていた。ここ6週間、ブラッドがガールフレンドと休暇を楽しんでいた間、彼の仕事にはすべてヴェリティが引き受けていた。感謝されていいはずなのに、なぜ私を貶めるようなことを言うの？ もう我慢できないわ。ヴェリティはブラッドに退職すると告げて、部屋を出ていこうとした。が、予想外の展開にショックを受ける。ブラッドにいきなり抱き寄せられ、唇を奪われてしまったのだ！
2017.2 156p 17cm ¥620 ①978-4-596-90462-1

◆**君を取り戻すまで** ジャクリーン・バード作, 三好陽子訳 ハーパーコリンズ・ジャパン（お手ごろ文庫）
【要旨】私の赤ちゃん…。レクシーは嗚咽をこらえて涙をぬぐった。二十歳の彼女はハンサムでやさしいジェイクと結婚し、子供を授かり、昨日まで幸せいっぱいだった。ところが流産をしてしまい、その悲しみが癒えないうちに、夫が愛人と離婚の相談をしているのを聞いてしまう。打ちのめされて家を飛び出して5年…。ようやく立ち直りかけた彼女の前に、ジェイクが現れる。記憶以上に魅力的な彼は、不敵な笑みを浮かべて告げた。「俺の妻を取り戻しに来た」
2018.1 198p A6 ¥500 ①978-4-596-99356-4

◆**義務と結婚** ケイト・ウォーカー作, 春野ひろこ訳 ハーパーコリンズ・ジャパン（お手ごろ文庫）
【要旨】幼稚園教師として働くナタリーの家に、ある夜、10代の頃から恋い焦がれてきたピアスが不意に現れた。ピアスは、母が使用人として働いていた名家の御曹司で、どこかの美しい令嬢と婚約したはずなのに、彼がどうしてここに？ しかも、なぜひどく憔悴しているの？ 問いただすと、ピアスは婚約を破棄されたのだと打ち明けてしまう。ナタリーは慰めたい一心で彼を家に泊め、愛を交わしてしまう。ただ一度の、忘れられない思い出だったはずが…1ヵ月後、妊娠という現実が襲いかかってくるまでは。
2017.7 201p A6 ¥500 ①978-4-596-99345-8

◆**キャンセルにご用心** エマ・ダーシー作, 柊羊子訳 ハーパーコリンズ・ジャパン（お手ごろ文庫）
【要旨】ある日、重役秘書のテッサが出社すると上司から急を告げられた。社長の大事な出張に随行するはずだった秘書が入院したため、代わりとしてテッサを推薦しておいたというのだ。敏腕社長のブレイズは全女性の夢の化身と言われる人物。そんな世界の違う男性につき従うのは荷が重いと感じる一方、憧れの彼と気持ちも否めず、テッサは引き受けることにした。宿泊先で仕事をしていると、突然ブレイズが髪に触れてきた。驚きのあまり頭が真っ白になりながらも、テッサは心に思った。たとえ一夜で終わっても、夢のような思い出が残せるなら…。
2017.5 206p A6 ¥500 ①978-4-596-99340-3

◆**拒絶された億万長者** アン・メイザー作, 松尾当子訳 ハーパーコリンズ・ジャパン（ハーレクイン・セレクト）
【要旨】仕事でブラジルを訪れたイザベルは、ディナーの席で仕事相手から義理の息子を紹介されて凍りついた。アレジャンドロ！ 彼とは3年前、運命的に出会い、燃えるような一夜をともにした。だが翌朝、彼は緊急の用件でブラジルへ帰国してしまったのだ—かならず戻ってくるという言葉だけを残して。巨大企業を経営しているというアレジャンドロは、片足が不自由になり、すっかり気難しい人物に変貌していた。いったいこの3年でアレジャンドロに何が起きたというの？ さらに彼女が知るのは、彼が秘密を知っていたことだ。あの一夜で授かった、かわいい娘がいるということを。
2017.7 156p 17cm ¥620 ①978-4-596-90496-6

◆**ギリシアの悪魔** ヴァイオレット・ウィンズピア作, 南和子訳 ハーパーコリンズ・ジャパン（ハーレクイン・セレクト）
【要旨】なんとかして弟を助けたい…プリスは必死だった。彼女の弟は勤め先の店から横領の疑いをかけられ、オーナーのギリシア人大富豪パリスに訴えられそうになっている。そこで初めて彼を訪ねたプリスに、彼は容赦ない言葉を浴びせた。「弟を見逃してやる代わりに、君は何を差しだすんだ？」地位も財産もすばらしい容姿も、彼はすべてを持っている。唯一手に入れていないものは…わたし？ ああ、なんてこと！ パリスは2年前に求婚を断ったプリスを諦めていなかったのだ。わたしが断らないように、彼は弟をはめたのだ。家族を守るため、彼女は愛なき結婚を受け入れるしかなくて…。
2017.9 156p 17cm ¥620 ①978-4-596-58008-5

◆**ギリシアの無垢な花** サラ・モーガン作, 知花凛訳 ハーパーコリンズ・ジャパン（ハーレクイン・セレクト）
【要旨】ギリシアの孤島で古い城に閉じ込められ、父の暴力に耐えながらも、自立する日を夢見ていたセレーヌ。17歳のとき、あるパーティで彼女は生まれて初めての恋をした。父のビジネスの仇敵、億万長者ステファン・ジアカスに。セレーヌの語る夢に耳を傾け、彼はこう言ってくれた。「5年後に会おう、セレーヌ」彼女はその言葉だけを心の支えに、島から出る計画を進めていた。そして決行の日。美しく成長したセレーヌは、まだ知らなかった。ステファンがじつは悪名高きプレイボーイであるように、彼と父との間には、ビジネス以上に深い因縁があるということを。
2017.6 156p 17cm ¥620 ①978-4-596-90486-7

◆**禁じられた言葉** キム・ローレンス作, 柿原日出子訳 ハーパーコリンズ・ジャパン（ハーレクイン・セレクト）
【要旨】イタリア人投資家で大富豪のジャンフランコとデヴラは、出会った瞬間から惹かれ合い、結婚した。だがそこに愛があったわけではない—ジャンフランコは、デヴラが愛人になるのを拒否したから求婚したにすぎなかった。最初の妻を出産で亡くした彼は、もう子どもは要らないし、永遠の愛も欺瞞にすぎないと言ってはばからない。だがデヴラは違った。夫を愛している。彼の子どももほしい。願いは叶い、デヴラは妊娠。まるで天にも昇る心地だったが、愛するジャンフランコは、妻を遠ざけるようになり…。
2017.12 156p 17cm ¥620 ①978-4-596-58084-9

◆**禁じられた追憶** シャロン・ケンドリック作, 斉藤薫訳 ハーパーコリンズ・ジャパン（お手ごろ文庫）
【要旨】施設育ちながら、努力の末に大学の奨学金を得たエリザベス。将来を夢見て意気揚々と

ロンドンへやってきた彼女は、旅行中のイタリア系アメリカ人、リカルドと衝撃的な恋におちた。だが彼に婚約者がいるとわかったとき、恋ははかなく散った。彼女が予期せぬ妊娠に気づいたのは、彼が去ったあとだった…。それから10年、一児の母、そして会計士になった彼女は新しい顧客である大物弁護士と対面し、卒倒しそうになった。忘れもしない貴族的な顔つきに、アメリカ人らしい話し方。まさか息子の存在を知って、奪いにやってきたの？
2017.2 201p A6 ¥500 978-4-596-99335-9

◆**偶然のシンデレラ** アン・メイザー作, 高木晶子訳 ハーパーコリンズ・ジャパン（ハーレクイン・セレクト）
【要旨】パーティでケータリングをするサマンサに、男性が声をかけてきた。マシュー！ハンサムな彼はイギリスとギリシアの血を引く、船舶会社アポロニアス・コーポレーション後継者という有名人だ。彼は、祖父の誕生日パーティの手伝いをしてほしいのだという。仕事の話にしては、まなざしや態度が親密すぎる気がしたが、彼のような男性がわたしなんかに興味を持つはずがないと、サマンサは恥ずかしくなり、慌てて仕事を請け負った。まさかそのパーティが、ギリシアの美しい孤島で催され、その間ずっとしてまさにこれが彼の思惑だったなど、彼女はまだ知らなかった。
2017.10 156p 17cm ¥620 978-4-596-58010-8

◆**結婚という名の悲劇** サラ・モーガン作, 新井ひろみ訳 ハーパーコリンズ・ジャパン（ハーレクイン・セレクト）
【要旨】フィアのもとに、イタリア富豪のサントが訪ねてきた。フィアとサントの家には3代前からの確執があるが、3年前、二人は一度だけ夜をともに過ごしたことがある。その後サントはまったく連絡をくれなかったが、フィアは妊娠に気づき、一人で息子を育てていたのだ。何も知らないサントは、彼の一族の事業拡大のため、フィアが息子と住む家を、土地ごと買いたいのだと言う。足元にまとわりついてきた幼子を慌てて隠そうとしていると、サントの顔色が変わったそう、私は彼の妻になるのだ。彼が強ばった表情で言う。「土地を買うまでもない。結婚しよう」。
2017.10 156p 17cm ¥620 978-4-596-58070-2

◆**献身** ヴァイオレット・ウィンズピア作, 山路伸一郎訳 ハーパーコリンズ・ジャパン（お手ごろ文庫）
【要旨】元見習い看護師のマーリンは、美しい南の島に降り立った。この島には、かつて彼女が働いていた病院で外科医として活躍していたポール・ファン・セタンが住んでいる。天才の名をほしいままにした彼だったが、それももはや昔のこと。正看護師が調合し、マーリンが持ちこんだ点眼液のせいで、彼は視力と、外科医としての将来を失ってしまった。世間の冷たい目にさらされ、彼は罪の意識に苛まれ続けた。そのポールが今、著作をまとめるための秘書を募集している。マーリンは身元を隠して彼のために尽くすことを決心するが…。
2017.4 221p A6 ¥500 978-4-596-99339-7

◆**小悪魔** キャロル・モーティマー作, 飯田冊子訳 ハーパーコリンズ・ジャパン（お手ごろ文庫）
【要旨】17歳のアレクサンドラはダンスパーティーで一人の青年と恋におち、すぐに結婚の約束をした。だが、両親亡きあと世話になっている姉夫婦は猛反対だ。まだ若すぎるからなどという理由では、アレクサンドラはとうてい納得できなかった。なぜこれほどまでに反対するの？彼女の疑念はじきに晴れた。姉の夫の兄、ドミニクの強力な助言が後押ししていたのだ。愛人を絶やさないプレイボーイが、私の結婚を邪魔するなんて！激怒した彼女は家を飛び出し、ドミニクのもとへ車を走らせた。
2018.1 206p A6 ¥500 978-4-596-99357-1

◆**恋するアテネ** ジュリア・ジェイムズ作, 原淳子訳 ハーパーコリンズ・ジャパン（ハーレクイン・セレクト）
【要旨】アンドレアのもとに、ある日一通の手紙が届いた。差出人は裕福なギリシア人の祖父―アンドレアの母が身ごもったとき手酷く追い払った冷酷な人だ。今ごろになって呼びだすなんて、どういうつもり？病気の母の看護と借金のせいで1日中働き詰めのアンドレアは、悩んだ末、援助を期待してギリシアへ飛んだ。だが到着するなり、ゴージャスな男性ニコスにでくわし、彼から明らかな蔑み

の視線を投げつけられて衝撃を受けた。いったい彼は何者なの？その答えは、ディナーの席でわかった。実業家ニコス・ヴァシリス―アンドレアの「婚約者」だった！
2017.6 156p 17cm ¥620 978-4-596-90490-4

◆**公爵とシンデレラ** アン・ヘリス作, 長沢由美訳 ハーパーコリンズ・ジャパン（ハーレクイン・ヒストリカル・スペシャル）
【要旨】令嬢ヘスターの血のつながらない祖父である公爵が病の床で、アメリカに住む疎遠の孫を呼び戻して跡継ぎにすると言いだした。しかも、ヘスターが彼に上流社会の礼儀作法を教えるのだといい、公爵家の行く末を憂える彼女はそこはかとない不安を覚えるばかり。一方、老公爵から呼び出しの手紙を受け取ったジャレッドは、不作法でみすぼらしい身なりの人間と決めつけられ腹を立てていた。実際は教養も財産もあり、こんな礼を欠く要請など断ってもよかったが、ふと、顔も知らぬ親戚たちをからかってやりたい遊び心が湧いた。はたしてイギリスの地を踏んだ彼は、"教育係"のヘスターに言った。「ぼくにマナーを教えてくれ。ぼくはきみにキスの仕方を教える」。
2017.9 284p 17cm ¥824 978-4-596-33267-7

◆**公爵と疎遠の妻** ローリー・ベンソン作, 深山ちひろ訳 ハーパーコリンズ・ジャパン（ハーレクイン・ヒストリカル・スペシャル）
【要旨】この5年というもの、オリヴィアの結婚生活は灰色だった。公爵ガブリエルとの結婚1年目は甘く美しい思い出に彩られていたが、長男を産んだその日、夫が別の女性の香りを漂わせて帰宅し、彼女はショックのあまり、もう自分には指一本触れさせないと宣言した。ところが今、そろそろ予備の跡継ぎをもうけるよう義母に急かされ、オリヴィアは窮地に追い込まれた―あの日、女性とよくないことをしたと説明しない彼に、再びわたしのベッドへ来てと言うなんて；でも、染まないけれどこれが公爵夫人の務めなら、彼女は夫に協力を求めた。すると予想だにせぬ返答が、オリヴィアの胸を突き刺した！「うんざりする務めだが、さっさと片付けてしまうしかないな」。
2017.12 252p 17cm ¥824 978-4-596-33272-1

◆**公爵と名もなき娘** ローリー・ベンソン作, 深山ちひろ訳 ハーパーコリンズ・ジャパン（ハーレクイン・ヒストリカル・スペシャル）
【要旨】「失礼しました、マイ・ロード」招待客のひしめく舞踏会で、アメリカ人作家の娘カトリーナは、ぶつかってしまった男性に謝った。知的な魅力的な彼に強く惹かれたものの、互いに名乗らぬまま別れた。じつは彼の正体は、イギリス社交界で知らぬ者はない、ライアンズデール公爵ジュリアン―"マイ・ロード"以上の高貴な呼びかけをされて返礼すべきだが、あえて訂正せず、アメリカから来たという彼女と気軽な会話を楽しんだのだった。だが異国の娘とかかずらって名門の面汚しになるつもりは毛頭なく、ジュリアンは知るよしもないカトリーナは彼への想いを募らせるが、行く先々で出会うこともことごとく無視されて胸を痛めつつ…。
2017.4 252p 17cm ¥824 978-4-596-33256-1

◆**この夜を永遠に** ミランダ・リー作, 上村悦子訳 ハーパーコリンズ・ジャパン（お手ごろ文庫）※『噂のブロンド娘』改題書
【要旨】男性の目を引くセクシーな容姿が、セリーナには悩みの種。軽い女に見られるが本当は奥手で、目立たないように生きてきた。彼女が働くレストランに、ビジネスマン風の客が訪れた。ハイスクール時代の憧れの先輩、アーロン・キングズリー！15歳の頃、酔った少年たちに絡まれ、助けてもらったことがある。あれからずいぶん経つけれど、私をまだ覚えているかしら？昔どおりの魅力の上に、成功した者特有の雰囲気をまとった彼は、セリーナに気づくと興味深そうに彼女の姿を眺めまわした。彼も他の人と同じね―セリーナは失望を隠して接客するが…。
2017.9 217p A6 ¥500 978-4-596-99349-6

◆**婚約は偶然に** ジェシカ・スティール作, 高橋庸子訳 ハーパーコリンズ・ジャパン（ハーレクイン・セレクト）
【要旨】どうしよう。自分の名前すら思い出せないなんて。病院で目覚めた彼女は、看護師から名前がクレアであること、交通事故で頭を強打して記憶を失ったことを説明された。だが何より彼女を不安にさせたのは、左手の薬指に光るダイヤモンドの指輪だった。私は誰かと婚約しているの？そこへ折よくハンサムな男性が訪ねてきた。タイラスと名乗る裕福そうな彼は、ク

レアの婚約者だという。クレアはタイラスの豪華な屋敷で静養することになり、思い出せないとも彼への愛情は日々育っていった―その朝までは。突如として記憶を取り戻した彼女は絶句した…彼は…誰なの？
2017.3 156p 18cm ¥620 978-4-596-90471-3

◆**婚礼の夜をふたたび** ミシェル・リード作, 鈴木けい訳 ハーパーコリンズ・ジャパン（ハーレクイン・セレクト）
【要旨】大富豪ロークの妻として幸せに暮らしていたアンジーは、1年前に夫の浮気を知って家を飛び出し、今は独りで暮らしている。ある日、アンジーの弟がやってきて、驚愕の事実を告げた。ロークの口座で決済されるアンジーのカードを無断で使い、インターネットの株取り引きで莫大な額の損失を出したというのだ。それを知ったロークは、アンジーに会いに来ると言ってきた。いちばん顔を合わせたくない相手に弱みを握られてしまった一屈辱をこらえ、お金は少しずつ返すと訴えるアンジーだったが、ロークはからかうような冷笑を浮かべ、妻を抱き寄せてささやいた。「きみを呼んだのは、そのためだ」。
2017.9 156p 17cm ¥620 978-4-596-58003-0

◆**策略のダイヤモンド** エマ・ダーシー作, 吉田洋子訳 ハーパーコリンズ・ジャパン（ハーレクイン・セレクト）
【要旨】「僕の祖父の80歳の誕生日に、最高の美女をプレゼントしたい」社長のジェイクからそう切りだされ、秘書のメルリーナは頭を抱えた。彼はいつも彼女に無理難題をふっかけては楽しんでいるのだ。じつはメルリーナは密かにジェイクに想いを寄せていたが、プレイボーイの彼と堅実な自分では釣り合わないと諦めていた。でも、もしかしたらこれはチャンスなのかもしれない…。誕生日当日、メルリーナは今までとはまったく違う、華やかな衣装とメイクで着飾り、ジェイクと祖父の前に立った。感激した祖父が、あろうことかメルリーナと婚約すると宣言すると、ジェイクはそんなことは許さないと怒りだし、彼女の唇を奪った！
2017.9 156p 17cm ¥620 978-4-596-58006-1

◆**三カ月だけの結婚** ジェニー・ルーカス作, 寺尾なつ子訳 ハーパーコリンズ・ジャパン（ハーレクイン・セレクト）
【要旨】臨月を迎えたコーリーは、ウエディングドレス姿で婚約者が来るのを待っていた。今からふたりだけで式を挙げるのだ。じつは婚約者はただの幼なじみで、おなかの子の父親ではない。数カ月前までコーリーは大企業のCEOエドゥアルドの秘書だった。だが、プレイボーイとして鳴らす彼の華やかな魅力の虜となり、あろうことか初めて純潔を捧げてしまったのだ。その直後にベッドからも会社からもコーリーを締めだした彼は、彼女が妊娠したことすらも知らないはずだったのだが一祭壇に現れたのは婚約者ではなく、エドゥアルドだった！「君は僕の妻になる。ただし3カ月だけだ！」憤怒の声が告げた。
2017.3 156p 17cm ¥620 978-4-596-90467-6

◆**三度恋する** アン・メイザー作, 平敏子訳 ハーパーコリンズ・ジャパン（ハーレクイン・セレクト）
【要旨】重役秘書ライアは18歳のときに母を亡くして以来、頻繁にトラブルを起こす妹の世話を懸命にやいてきた。その妹もようやく看護師として就職し、やっと肩の荷が下りたと安堵していた矢先、ライアは突然の妹からの電話に凍りついた。無免許運転で自動車事故を起こしてしまい、同乗していた恋人はいまだ昏睡状態だというのだ。すすり泣く妹に呆れながらも、ライアはなぜか突き放せずにいた。すると今度は、妹の恋人の叔父だという大富豪のジャレッドが訪ねてきて、甥に付き添うライアを厳しく責めた。ああ、なんてこと！彼は私を妹と勘違いしているんだわ。
2017.2 156p 17cm ¥620 978-4-596-90465-2

◆**シチリアからの誘惑者** ミシェル・リード作, 水間朋訳 ハーパーコリンズ・ジャパン（お手ごろ文庫）
【要旨】ジャンカルロは義兄が経営する会社の重役ルームに入ると、若く美しい赤毛の女性に目をとめ、顔をしかめた。あれが社長秘書のナタリア・デイトン—義兄の愛人ともっぱらの噂で、僕の姉を苦しませている女か。鋭い視線に気づいたのか、そのときナタリアが振り向いた。青く魅惑的な彼女の瞳に、一瞬、呼吸すら忘れそうになる。ジャンカルロはそんな自分に腹を立てつつも、ほくそえんだ。不届きな愛人など金で追い払うつもりだったが、計画を変更だ。もっと愉しい方法で、彼女には罪を償ってもらおう。
2017.8 206p A6 ¥500 978-4-596-99347-2

外国の小説

外国の小説

◆**灼熱のシンデレラ・ストーリー―サマー・シズラー2017** アン・メイザー, ルーシー・モンロー, キム・ローレンス作, 若菜もこ, 愛甲玲, 青山有未訳 ハーパーコリンズ・ジャパン
【要旨】『償いの花嫁』―好きでもない年上の婚約者との結婚式を目前に控えたエマは、エキゾチックな容貌の富豪ミゲルに窮地を救われ、心を奪われた。そして愛なき結婚の前に最初で最後の自由を味わくて、ミゲルとのデートに。だが、それを知った婚約者の差し金で彼は大怪我をさせられてしまった。激怒したミゲルに脅され、エマは形だけの花嫁になる。『誘惑のローマ』―情熱のないお堅い女、と夫に下され、そんな汚名を返上しようと、ベサニーは傷心旅行でローマへの一人旅を敢行した。現地でアンドレというハンサムな銀行の理事長と知り合い、急速に彼に惹かれていく。しかし情熱を分かち合った直後、なんの説明もなく彼は姿を消した。そんなとき、ベサニーは妊娠に気づいて…。『プリンスにさらわれて』―ある晩、帰宅したブルーニはハンサムな侵入者に遭遇する。彼の名はカリム。行方不明の妹の手がかりを求めて彼に会いに来た、アラブのプリンスだった。困惑する彼女を彼は尊大な口調で脅した。「いっしょに来なければ、君は後悔することになる」。
2017.6 350p 17cm ¥1167 ①978-4-596-80630-7

◆**十六歳の傷心** スーザン・フォックス作, 藤峰みちか訳 ハーパーコリンズ・ジャパン（ハーレクイン・セレクト）
【要旨】半年前、ヴェロニカは結婚式当日に花婿のせいで大怪我をし、婚姻を無効にされたうえ、ごみのように捨てられた。不幸のどん底で脳裏に浮かんだのは、継父のやさしい顔だった。すがる思いで継父の家を訪れた彼女を待っていたのは、「父は半年前に亡くなった」という、息子コールの言葉。16歳のころ、ヴェロニカは義兄に熱い想いを寄せていたが、なぜか彼女をひどく疎んじられ、いつも冷たくあしらわれていた。年を経て男らしさを増したコールは、まさに大人の男だった。家を奪われているヴェロニカに、彼は蔑みもあらわに言った。「放蕩娘のお帰りか。どうせ父の遺産が目当てなんだろう？」。
2017.10 156p 17cm ¥620 ①978-4-596-58072-6

◆**条件つきの結婚―思いがけない秘密 3** リン・グレアム作, 槙由子訳 ハーパーコリンズ・ジャパン（ハーレクイン・セレクト）
【要旨】ジェシカは父親から信じがたい話を聞かされ、頭を抱えた。雇い主から貴重な美術品を盗んだ疑いをかけられたというのだ。父は大富豪セザリオ・F・シルベストリのもとで働いている。このまま誤解を解かなければ、解雇されてしまうだろう…。実は2年前、ジェシカはセザリオに誘われ、食事をともにしていた。だがそのあと当然のごとくベッドへ誘ってきた彼に驚き、逃げだしたものだ。もう二度と合いたくなかったが、父の汚名を晴らすため、ジェシカは現実を振り絞って彼を訪ねた。セザリオは相変わらず傲慢な笑みを浮かべると、こう言い放った。「父親を許そう、僕の跡継ぎを産むという取引に応じるなら」。
2017.5 156p 17cm ¥620 ①978-4-596-90482-9

◆**傷心旅行** シャーロット・ラム作, 青木翔子訳 ハーパーコリンズ・ジャパン（ハーレクイン・セレクト）
【要旨】恋に破れ、傷ついた心を抱えて、デボラはベニスを訪れた。夕闇迫る街を歩き回っていくうちに彼女は道に迷い、ふと気づくと不審な男たちに囲まれていた。そのときには、黒髪のハンサムな男性が颯爽と現れたのは。マシューと名乗り、不審者を蹴散らすと、怯えるデボラを救いだしてくれた。とても裕福そうに見えるけれど、いったい何者なのかしら？だが、その答えは意外な形でもたらされる。ふたりが一緒に写した写真がいきなり新聞の一面を飾ったのだ。彼は巨大製薬会社の社長。そして彼の婚約者ですって！？
2017.3 156p 18cm ¥620 ①978-4-596-90472-0

◆**情熱の誓い** ルーシー・モンロー, ルーシー・ゴードン, マーガレット・ケイ, ジェニファー・ヘイワード作, 仁嶋いずる, 立石ゆかり, 藤倉詩音, 秋庭葉瑠訳 ハーパーコリンズ・ジャパン（ウエディングストーリー2017）
【要旨】この人に出会うために、わたしは生まれてきた…。ルーシー・モンローやルーシー・ゴードンをはじめ、実力派作家のゴージャスで熱いロマンスが目白押し！
2017.5 316p 17cm ¥1167 ①978-4-596-80720-5

◆**情熱のとき** ヘレン・ビアンチン作, 泉由梨子訳 ハーパーコリンズ・ジャパン（お手ごろ文庫）
【要旨】カーリーは夫ステファノの浮気に耐えきれず家を出たが、その直後、妊娠していることに気がついた。それから7年、娘のアン・マリーは今や何よりも大切な存在だ。だがキャリアも積み、ささやかな幸せをかみしていた矢先、娘の病気が発覚して莫大な費用が必要となってしまった。一刻も早く手術を受けさせたいと焦るカーリーは、顔も見たくないはずのステファノを訪ねる決意を固める。彼は子どもの存在を知ったらどんな反応をするかしら？そして私は…彼と再会したらどうなってしまうのだろう？
2017.10 201p A6 ¥500 ①978-4-596-99350-2

◆**シンデレラ・ストーリーズ 1** ミランダ・リー, ベティ・ニールズ, ルーシー・ゴードン作, 庭植奈穂子, 伊坂奈々, 江美れい訳 ハーパーコリンズ・ジャパン（ハーレクイン・スペシャル・ロマンス）
【要旨】『借りもののハート』―アシュリーは幼なじみのジェイムズとの結婚式を数時間後に控えていた。だが身支度を整えながらも、悲劇的な結末を迎えた10代の頃のロマンスの相手、ジェイムズの双子の兄ジェイクの姿を心から消せずにいた。そのときアシュリーのもとに、音信不通だったジェイクから、かつて彼女が愛の証として渡したハート形のロケットが届けられる。『プロポーズは慎重に』―セーラは家族でフランスを旅行した。その帰り途、車の事故で継父は脚を骨折、母親は脳震盪で入院するはめに。担当医のリトリクは、無傷だったふたりの容体を説明し、泊まるあてのない彼女を自宅に招待した。リトリクは待合室にいるセーラを一目見て、恋に落ちてしまったのだ。だが、まもなくリトリクは慎重に計画を練り…。『国王陛下のラブレター』―歴史学者のリジーはボルタビア王国の本を書くため、訪英中の国王ダニエルに対談を申し込んだ。すると、舞踏会に招待され、ダンスをしてキスをされ、さらにはボルタビアに招かれる。宮殿の図書館に入れるなんて、歴史家としては願ってもないチャンス。だがダニエルは言った。「きみの本当の目的は違うんだろう？妥当な値段を話し合おう」。
2017.2 332p 17cm ¥620 ①978-4-596-55301-0

◆**シンデレラ・ストーリーズ 2 傑作短編集** ノーラ・ロバーツ, シャロン・サラ, ローリー・フォスター作, 上木さよ子, 西江璃子, 三浦万里訳 ハーパーコリンズ・ジャパン（ハーレクイン・スペシャル・ロマンス）
【要旨】『アテネに恋して』―まじめで地味なレベッカは伯母の死をきっかけに仕事をやめ、家も家財道具もすべて売り払い、ギリシアの島へ自分探しの旅にでた。ホテルのレストランで魅惑的な男性ステファノスからシャンパンをおごられ、旅行を思いきり楽しむため、衝動的に洗練された女を演じる。ところが、ステファノスは実はギリシアの大富豪で…。『危険な薔薇』―故郷を離れシカゴで孤独に暮らすクリスティのもとにある日、差出人不明の薔薇の花束とメッセージが届いた。ストーカーの影におびえていたクリスティは警察に通報するが、駆けつけた刑事の姿を見て思わず目を疑った。かつて彼女が初めて恋し破れた相手マスコットは、すっかり大人の男性となってそこに立っていたのだ。『熱い砂の上で』―実業家のアダムは、幼なじみのメルと7年ぶりに偶然再会した客船の船上で嵐に襲われ、ふたりきりで無人島に流れ着いた。貧しい少年だったころ、名家の令嬢メルへの恋心をもてあまし、彼女にいじめられてばかりいた今、メルは昔と変わらぬ嫌悪の表情を向けてくる。この機会に誤解を解き、彼女の身も心も手に入れたい。アダムはひそかに決意し…。
2017.4 345p 17cm ¥500 ①978-4-596-55302-7

◆**スペイン式プロポーズ** キャシー・ウィリアムズ作, 高橋庸子訳 ハーパーコリンズ・ジャパン（ハーレクイン・セレクト）
【要旨】大企業で働くアンドレアは、ある日突然の呼び出しを受けた。よりによってこの企業帝国を率いる伝説的人物、ガブリエル・クルスに。そして彼と対面した彼女は、あやうく気を失いかけた。5年前、恋に落ちたスペイン人男性に瓜二つだったのだ。でも名前が違う。それに、彼は貧しい放浪生活を送っていたはず…まさか。あのときの彼は億万長者という素性を偽っていたの？それなら、ガブリエルの前から姿を消そうとしたアンドレアだったが、自宅まで追ってきた彼に見られてしまう。動かぬ証拠。あどけない、彼にそっくりの、4歳の男の子。
2018.1 156p 17cm ¥620 ①978-4-596-58162-4

◆**聖夜のプロポーズ―クリスマス・セレクション** ベティ・ニールズ, ルーシー・ゴード, キャロル・モーティマー作, 栗原百代, 高橋美友紀, 青海まこ訳 ハーパーコリンズ・ジャパン（クリスマスロマンスVB）
【要旨】コリーヌは裕福な会社経営者のアレックと結婚して12年になる。だが、今や億万長者となったというのに、夫は仕事一筋で家庭を顧みようとしない。ふたりの心はすれ違い、このクリスマスイブさえ一緒に過ごせないと言ってきたら、彼女は離婚する覚悟だったが…。（『億万長者とクリスマス』）。誤って自分に届けられたクリスマスカードを手に、オリビアは真上に住むイーサンを訪ねた。女性関係の派手なプレイボーイの彼といえども、プレイボーイの報いと愉快に思うオリビアだったが、その赤ん坊に隠された秘密を知って…『天使がくれたクリスマス』）。病院で栄養士の助手として働くシアドシアは、愛猫と屋根裏部屋で暮らしている。クリスマスも、唯一の身寄りである大おばたちと質素に祝うしかない。ある日、憂鬱な雑用をきっかけにハンサムなベンディンク教授と知り合う。彼は病院の理事で雲の上の人だった。ひそかな恋と知りつつ、いつしか彼女は教授と過ごすイブを夢見ていた（『聖夜の訪問者』）。
2017.12 317p 17cm ¥880 ①978-4-596-74414-2

◆**尖塔の花嫁** ヴァイオレット・ウィンズピア著, 小林ルミ子訳 ハーパーコリンズ・ジャパン（ハーレクイン・セレクト）
【要旨】亡くなった娘に顔かたちが似ているという理由で、10歳のグレンダは施設から養母のもとに引き取られた。後ろ暗い秘密を打ち明けたのは、死の床でだった。じつは養母は娘を将来嫁がせる見返りとして、ある大富豪から莫大な援助を受けていたというのだ。わたしを引き取ったのも、娘の影を隠し、贅沢な生活を続けるためだったのか。深く傷ついたグレンダは、それでも養母の名誉を守るため、結婚を承諾する―ロワールの城に住む、大富豪マルローと…。
2017.6 156p 17cm ¥620 ①978-4-596-90489-8

◆**ダークスーツを着た悪魔** サラ・モーガン作, 小池桂訳 ハーパーコリンズ・ジャパン（ハーレクイン・セレクト）
【要旨】巨大企業総帥で億万長者のデイモン・デュカキスに買収された？ポリーは信じられなかった。父の経営する小さな広告代理店を彼が手に入れた理由があるとしたら、一つだけ。行方不明になっている父と会うためだするう。じつはデイモンの妹とポリーの父は駆け落ちしていた。昔から娘のことには無関心で、結婚と離婚を繰り返してきた父が、反省して戻ってくるなどありえない。「君の父親はどこにいるんだ？」デイモンから問い詰められても、本当にポリーは知らなかったのだ。焦らされた彼は強硬手段に出る。いきなり彼女の唇を奪ったのだ！
2017.1 156p 17cm ¥620 ①978-4-596-90460-7

◆**月夜の魔法** エマ・ダーシー作, 霜月桂訳 ハーパーコリンズ・ジャパン（ハーレクイン・セレクト）
【要旨】つらい過去のせいで恋愛を遠ざけていたキャサリンは、お節介やきの妹に連れだされ、ひとりの男性と引き合わされた。ザック・フリーマン―ある技術で業界のトップに君臨するセクシーな実業家が、妹の恋人の親友だなんて！ふたりはすぐに意気投合し、月光に導かれるように、ひとけのない海岸で一夜かぎりという約束をかわして結ばれた。9カ月後、妹の結婚式でザックと再会したキャサリンは、またしても彼の誘惑の手に落ち、情熱の炎に身を任せてしまう。もう二度と彼に会うことはない。またもとの日常に戻るのよ。そう言い聞かせていた彼女は、その後すぐ体の変調に気づいた…。
2017.2 156p 17cm ¥620 ①978-4-596-90461-4

◆**罪な伯爵** サラ・クレイヴン作, 槙由子訳 ハーパーコリンズ・ジャパン（ハーレクイン・セレクト）
【要旨】母親の押しつける結婚から逃れる手助けをしてほしい。広告代理店に勤めるローラは顧客からその願いにし、言われるままに恋人を装って、イタリアを訪れた。ローラを待っていたのは、息子の恋人に敵意を抱く母親と、滞在先の館の主で、顧客の従兄にあたるモンテッラ伯爵だった。伯爵は到着直後から何くれとなくローラの世話をやき、観光へも連れだしてくれた。黒

い瞳に黒い髪。なんて神秘的なの？ すっかり伯爵に夢中になったローラは彼の誘惑の罠に落ちるが、彼女がバージンだと気づいた伯爵に拒絶されてしまう。いったいなぜ？ 伯爵の企みを知らないローラは困惑し…。
2017.5 156p 17cm ¥620 ①978-4-596-90484-3

◆ドクターは御曹子 ベティ・ニールズ作, 松本果菜訳 ハーパーコリンズ・ジャパン（ハーレクイン・セレクト）
【要旨】フィリーはロンドンの病院で働く優秀な看護師。友達も多く、患者からも慕われ、医師からの信頼も厚い。だが、国家公認看護師の最終試験に合格しても、無神経な継母や妹たちからは、お祝いの言葉はなかった。ほかの同僚はみんな、家族や恋人に祝ってもらえるというのに。寂しく思いを押し隠して、フィリーはひたすら仕事に励んだ。勤務が終わったころ、彼女は待ち人がいることを告げられる。行ってみると、そこには青い目のハンサムな男性が立っていた。まあ、今朝エレベーターで見かけたすてきな人。ワーレンと名乗った医師は、彼女をお祝いを兼ねた食事に誘った。
2017.1 156p 17cm ¥620 ①978-4-596-90458-4

◆謎のプレイボーイ─華麗なる貴公子たち 1 ルーシー・モンロー作, 南あさこ訳 ハーパーコリンズ・ジャパン（ハーレクイン・セレクト）
【要旨】ダルシーは仕事のため、ロンドンからヴェネツィアへ飛んだ。ゴンドラの船頭をしているフェデリコという男について、調べてほしいと依頼されたのだ。ダルシーはさっそく旅行客を装い、彼のゴンドラに乗り込んだ。予想に反し、フェデリコはとても魅力的な男性だった。太陽のように輝く笑顔と高貴な佇まいに、ダルシーはすぐに心を奪われてしまった。なんてすてきな人なのかしら…。ダルシーは知る由もなかった。このハンサムな船頭の正体を。彼はある理由で友人のフェデリコに成りすましている、イタリア名門伯爵家の後継ぎ、グイード・カルヴァーニだった。
2017.4 156p 17cm ¥620 ①978-4-596-90478-2

◆涙のバージンロード ダイアナ・パーマー作, 霜月桂訳 ハーパーコリンズ・ジャパン（ハーレクイン・セレクト）
【要旨】キャピーは幼いころ、両親を亡くし、今は動物病院で働きながら、怪我で半身不随となった兄とつましい生活を送っている。ある日、その衝突事故に巻きこまれたキャピーは、その場に偶然居合わせた院長のベントリーに救われて、驚喜した。いつも気難しく、キャピーにとくにきつく当たっていた彼に、こんな心優しい一面があったなんて…。それ以来、互いの家を行き来するようになった二人は距離を縮め、キャピーはベントリーとの結婚さえ夢見るようになった。ところが翌週、突然別人のように冷淡になったベントリーから、キャピーは耳を疑う言葉を浴びせられる。「君はくびだ。出ていけ」。
2017.8 156p 17cm ¥620 ①978-4-596-90499-7

◆憎しみが情熱に変わるとき─思いがけない秘密 2 リン・グレアム作, 柿沼摩耶訳 ハーパーコリンズ・ジャパン（ハーレクイン・セレクト）
【要旨】妹夫婦が事故で亡くなったと聞き、フローラはオランダに向かった。遺された9か月になる幼い姪は、今やただ一人の肉親だった。当然彼女は、引き取り、大切に育てていこうと心に決めていたが、思いがけない人物に養育権を主張されて面食らう。世界的な鉄鋼王アンヘロ・ファン・ザール─妹の夫の実兄は、嫌悪の表情もありありと浮かべて、フローラに言い放った。「君のような女に姪を任せるわけにはいかない」フローラの抗議の声はすぐさまキスでふさがれ、彼は情熱の炎に炙られるまま、アンヘロにバージンを捧げてしまう。数週間後、フローラは自身の愚かさを呪った。妊娠していたのだ！
2017.4 156p 17cm ¥620 ①978-4-596-90476-8

◆逃げだした愛人 ジュリア・ジェイムズ作, 茅野久枝訳 ハーパーコリンズ・ジャパン（ハーレクイン・セレクト）
【要旨】ロンドンの玩具店で、アンは驚きのあまり言葉を失った。4年前に手放した、唯一の肉親である幼い甥と突然めぐりあったのだ。甥は姉とギリシア財閥の次男との間に生まれた子で、生後まもなく両親が事故死したため、アンが引き取った。ところがある日突然、財閥の長男ニコスが訪ねてきて、百万ポンドの小切手を置くと、強引に甥を連れ去ったのだ。二度と会わない約束だったけれど、こんな形で再会するなんて。数日後、またしてもニコスが突然やってきて、厳めしい顔でアンに告げた。「一緒にギリシアへ来てくれ」甥だけでなく、今度は私まで強引に連れ去ろうというの？
2017.2 156p 17cm ¥620 ①978-4-596-90464-5

◆人形の館 ロビン・ドナルド作, 小林節子訳 ハーパーコリンズ・ジャパン（ハーレクイン・セレクト）
【要旨】カアラは10年前の事故で両親を亡くし、兄とふたり残された。その兄からある日、短い手紙と航空券が届けられて彼女は驚き。赤道直下の島で結婚式を挙げるので、来てほしいという。状況がのみこめないまま彼女は飛行機で現地へ向かったが、空港に兄の姿はなく、待っていたのは1台の高級車だった。なぜ兄は迎えに来てくれないの？ カアラの胸に不安が広がった。到着した先で待っていたのは、悪魔のように魅惑的な男性─スペイン人伯爵、ホアン・ド・カルバだった。彼はカアラを睨みつけ、開口一番に大切なものを盗まれたと告げ、その代償として君には愛人か妻になってもらうと厳しく迫った。
2017.1 174p 17cm ¥620 ①978-4-596-90459-1

◆伯爵の花嫁─思いがけない秘密 1 リン・グレアム作, 槙由子訳 ハーパーコリンズ・ジャパン（ハーレクイン・セレクト）
【要旨】イギリスの田舎で小さな花屋を営むジェマイマは、ある日、見覚えのある高級車が店の前に止まっているのに気づき、青ざめた。別居中の夫アレハンドロ─ついに彼がやってきた！伯爵の彼とは出会ったとたん恋に落ちて結婚し、スペインの城へと移り住んだものの、彼の情熱は日ごと失われた。不運な流産を機に、アレハンドロのベッドからも追い払われたジェマイマは、2年前、泣く泣く家を出たのだった。警戒心をあらわにする彼女の前に立つと、彼は傲慢に言い放った。「僕を裏切った女と離婚するために来た」ええ、そうね。あの秘密を彼に知られる前に急がなければ…。
2017.3 156p 18cm ¥620 ①978-4-596-90470-6

◆始まりは愛人 ヘレン・ビアンチン作, 鈴木けい訳 ハーパーコリンズ・ジャパン（お手ごろ文庫）
【要旨】高校教師のミケイラは横領の罪で訴えられている父にかわり、大実業家ラファエル・アグイレラに返済をつづけている。生死の境をさまよう妻を救いたいと思うあまり罪を犯した父─自らも病を患い余命わずかで、せめて尊厳は守ってあげたい。その一心で彼女は週末も休まず夜を日に継いで働いたが、返さなければならない金額は莫大で、もはや限界だった。わたしにはもう、たったひとつの道しか残されていない…。覚悟を固めたミケイラは震える足でラファエルのもとへ向かった。いけにえとして愛人になり、彼女を白紙に戻してもらうために。
2017.4 206p A6 ¥500 ①978-4-596-99338-0

◆花嫁と呼ばれる日 エマ・ダーシー作, 加藤由紀訳 ハーパーコリンズ・ジャパン（お手ごろ文庫）
【要旨】5歳になる息子を幼稚園に迎えに行った帰り道、停車中の高級車から降りたった男を見て、スカイは凍りついた。歳月を経ても、魅力的な姿は見間違いようがない。ルチアーノだ。6年前、彼はイタリア名家の長男である彼女と愛し合っていた。だが彼の弟が突然、自分もスカイと関係を持っていると言い、あげくにスカイには身に覚えのない証拠写真まで持ち出してきた。そして弟を信じたルチアーノは、罵声とともにスカイを捨てたのだ。その彼がなぜここに…？スカイは混乱し、息子の手を握った。ルチアーノに生き写しの、息子の手を。
2017.12 206p A6 ¥500 ①978-4-596-99354-0

◆花嫁のためらい スーザン・フォックス作, 大森みち花訳 ハーパーコリンズ・ジャパン（お手ごろ文庫）
【要旨】小さな牧場で男まさりに育ったコリーは、十代のころ、隣に住む名家の長男ニックに恋をした。しかし淡い恋心はあっけなく打ちくだかれた。ニックは、コリーが彼の弟と親しくしているのを快く思わず、その関係が幼なじみの域をこえていると思いこみ、住む世界がちがうようコリーに言い渡した。以来6年、隣人ながらほとんど顔も合わせない日々が続いたが、ある日、コリーがいつものように花壇に水をやっていると、険しい表情を浮かべたニックが近づいてきて…。
2017.6 201p A6 ¥500 ①978-4-596-99343-4

◆早すぎた結婚 ルーシー・ゴードン作, 寺尾なつ子訳 ハーパーコリンズ・ジャパン（お手ごろ文庫）

【要旨】ミラノの高級ホテルの寝室で、リーヴァはショックに凍りついた。別居中の夫デミトリオが勝ち誇った顔をして待ち構えていたのだ。激しい恋に落ち結婚したのは、分かち合えたのは情熱だけ。やがて喧嘩が絶えなくなり、支配的な夫から逃げ出したのだった。いまデミトリオは、伯爵の子息との結婚を願う妹のために理想の兄夫婦として体面を保つ必要があるので戻ってこいと言う。無条件に慕ってくれる義妹はリーヴァにとっても大切な存在。断ることなどできないと思う一方、元に戻ることもできない。板挟みの彼女をいたぶるように、デミトリオは返事を迫った。
2017.5 203p A6 ¥500 ①978-4-596-99341-0

◆バレンタインの夜に キャロル・モーティマー作, 永嶋みちこ訳 ハーパーコリンズ・ジャパン（お手ごろ文庫）
【要旨】バレンタインの夜、初めて訪れたロンドンのレストランで、ジョイは思いがけず大富豪マーカスと出会った。探るようなブルーの瞳に見つめられ、ジョイの背筋に震えが走る。有名人とはいえ、初対面の男性をこれほど意識するなんて…。彼からダンスに誘われたとき、ジョイは思いきって承諾した。田舎暮らしの地味な司書だって、少しくらい楽しんでもいいはず。踊りつつ不意に唇を重ねられ、ジョイは我を忘れて激しく応えた。するとその直後、マーカスは彼女をふしだらな女性だと思いこみ、けわしい顔で侮蔑の言葉を浴びせかけてきた。
2017.2 202p A6 ¥500 ①978-4-596-99334-2

◆ハロウィーンの夜 ヴァイオレット・ウィンズピア作, 堤祐子訳 ハーパーコリンズ・ジャパン（お手ごろ文庫）
【要旨】幼くして両親を亡くしたダイナの後見人となったのは、名門銀行家一族の若き当主、ジェイソン・デプレル。二十歳になったダイナは、ジェイソンにプロポーズされる。こんな内気な私に…。だが、婚約発表パーティが催されたハロウィーンの夜、ジェイソンの求婚が愛からではなく、義務であることを知る。ダイナは逃げ出そうとしたが彼に見つかり、その夜、怒った彼はなかば無理矢理に、ダイナを自分のものにした。翌朝、ダイナは家を出た。彼の子を宿したとは知らぬまま。
2017.10 197p A6 ¥500 ①978-4-596-99351-9

◆非情な結婚 エマ・ダーシー作, 平江まゆみ訳 ハーパーコリンズ・ジャパン（ハーレクイン・セレクト）
【要旨】ティナは姉の結婚式のため、幼い息子とサントリーニ島へ向かった。旅の途中でギリシアの実業家アリと再会するとは思いもせず。6年前、ティナは彼に激しく惹かれ、愛を捧げた。だが彼は去り、彼女はひとり身ごもった体で残されたのだった。真実を知ったアリは妊娠を知っていたティナを責め、息子の父親になるため、すぐさま結婚しようと迫った。アリは、浮気しない親権を手放す婚前契約を結ぶと宣言し、二人きりで過ごす時間を取って夫婦の相性を確かめようなどと言う。条件の有無ではなく、愛のない結婚がいやなのだと心で叫びながら、今も彼に強く惹かれるティナに、抗うすべはなかった。
2018.1 156p 17cm ¥620 ①978-4-596-58087-0

◆一人にさせないで シャーロット・ラム作, 高木晶子訳 ハーパーコリンズ・ジャパン（ハーレクイン・セレクト）
【要旨】ある夜、ピッパは車の接触事故に巻き込まれてしまう。対向車から降りてきた男性を見て、彼女ははっと息をのんだ。ランダル！ピッパの胸が疼いた─もう4年も経っているのに。彼は当時勤めていた会社の社長で、ピッパは彼を心から崇拝していた。妻がいると知ったのを機に、彼に恋をしていると悟ったあと。罪悪感に苛まれたピッパは即座に会社を辞め、姿を消した。彼は逃げ出そうとしたピッパを追いかけてきて言った。「ぼくはもう、結婚していない」いいえ、違うのよ─ピッパは皮肉な運命を呪った。ランダルを忘れるため、別の男性の求婚を受けたばかりだったのだ。
2017.11 156p 17cm ¥620 ①978-4-596-58077-1

◆フィアンセは億万長者─華麗なる貴公子たち 2 ルーシー・ゴードン作, 高浜真奈美訳 ハーパーコリンズ・ジャパン（ハーレクイン・セレクト）
【要旨】小さな骨董品の店を営むハリエットに、縁談が舞い込んだ。相手はなんと、ローマの億

万長者マルコ・カルヴァーニ。おそろしくハンサムだが、冷酷な皮肉屋で悪名高い彼は、大企業経営者としての立場上、形だけの妻を求めているという。見返りは、経営難の彼女の店に対する金銭的援助だ。結婚に希望を抱けないハリエットにとって悪くない話だったが、マルコは、地味な彼女を一瞥して冷笑を浮かべるような男だった。ところが、周囲に勧められて化粧や服を一新すると、美しく変身したハリエットを見る彼のまなざしが変わった。冷たい態度は崩さないまま、夜のデートに彼女を誘い…。
2017.8 156p 17cm ¥620 ①978-4-596-90500-0

◆復讐とは気づかずに ジャクリーン・バード作, ささらえ真海訳 ハーパーコリンズ・ジャパン （ハーレクイン・セレクト）
【要旨】シャーロットは、画家だった父の遺作展覧会で、若きイタリア人実業家のジェイク・ダマートと出会った。遺作となった裸婦画のモデルが、ジェイクの若い愛人で、ジェイクの妹だったのだが、シャーロットが知るはずもない。自分がジェイクにとって、憎き男の娘であることなど露知らず、シャーロットはその謎めいた魅力に強く惹かれていった。誘われるままバカンスに同行し、ジェイクに身も心も捧げたが、休暇が終わると、彼からの連絡はぱたりと途絶えた。わたしは弄ばれたんだわ―シャーロットは打ちのめされた。体の中に息吹いたばかりの小さな命が、愛の証ではなかったことに。
2017.10 156p 17cm ¥620 ①978-4-596-58071-9

◆復讐のエーゲ海 ジャクリーン・バード作, 愛甲玲訳 ハーパーコリンズ・ジャパン （お手ごろ文庫）
【要旨】サフランはさる富豪女性の専属ビューティ・セラピストとして、エーゲ海クルーズのツアー旅行に随行することになった。青い海と空に囲まれ、開放的な気分を楽しんでいたある日、雇い主の息子でギリシア人実業家のアレックスが現れ、突然母親が姿を消したから、居所を突き止めて追ってきたらしい。彼はあろうことかサフランを誘拐犯扱いして侮辱したうえ、無理やり自分のクルーザーに乗り換えさせて―こうして、激しい怒りと熱い欲望を瞳にたぎらせた男との、決して逃げだせない牢獄のような旅が始まった。
2017.7 204p A6 ¥500 ①978-4-596-99344-1

◆富豪ゆえの束縛 キャロル・モーティマー作, 三好陽子訳 ハーパーコリンズ・ジャパン （ハーレクイン・セレクト） （『恋人はVIP』改題書）
【要旨】ダニーはロンドン郊外の大きな屋敷で庭師として働いている。屋敷の主は家のまわりに高い石塀を巡らし、つねにボディガードに囲まれて暮らしており、いまだ姿を見たことがない。きっと人間不信の哀れなおじいさんに違いないわ。ある日、庭の芝を刈っていたダニーは背後からの声に驚いた。振り向くと、若くハンサムな男性が睨みつけている。彼こそがこの屋敷の主、ピアス・サザランドだった。彼の野性的な魅力に惹かれ、ダニーは身も心も捧げるが、彼の態度は、あまりにも冷たいものだった。「僕が君を愛することは決してない。期待するな」。
2017.9 156p 17cm ¥620 ①978-4-596-58007-8

◆プリンスを愛した夏 シャロン・ケンドリック作, 加藤由紀訳 ハーパーコリンズ・ジャパン （ハーレクイン・セレクト）
【要旨】ロンドンでパーティ・プランナーの助手として働くメリッサは、地中海の小国ザフィリンソスを訪れていた。近く開かれる、カジミーロ国王が主催する舞踏会を手伝うためだ。だが、彼女にはもう一つ、重要な目的があった。じつは2年前、カジミーロとメリッサは束の間の情熱を分かち合い、メリッサは妊娠。彼女はいまも密かに息子を産んでいた。カジミーロには私の口からきちんと真実を話したい…。だが国王への謁見を許されたメリッサを、すぐに自分の愚かさを呪った。カジミーロは彼女のことをどまったく覚えていないばかりか、耳を疑うような罵倒を浴びせ、手酷く追い払ったのだった。
2017.8 156p 17cm ¥620 ①978-4-596-90497-3

◆誇り高い愛 シャーロット・ラム作, 広木夏子訳 ハーパーコリンズ・ジャパン （お手ごろ文庫）
【要旨】10歳年上の幼なじみダンとの結婚式が近づくにつれて、エリザベスはかすかな不安を抱くようになっていた。最近ダンはどこかよそよそしく、めったに会ってもくれない。わたしはほんとうに愛されているのかしら…？ ある夜デートを取り消され、散歩に出たエリザベスは、ダンが彼女の親友と抱き合っているのを偶然目撃してしまう。裏切られ、張り裂けそうな胸の痛みをおぼえながらも、エリザベスは彼の幸せのために身を引くことを決意する。悲しみをひた隠し、出会い前後、胸騒ぎがするのは嘘でなかった。
2017.12 203p A6 ¥500 ①978-4-596-99355-7

◆炎とシャンパン キャロル・モーティマー作, 安倍杏子訳 ハーパーコリンズ・ジャパン （ハーレクイン・セレクト）
【要旨】ロンドンの社交界で最も注目を集めている画家ですって？ 大学生のソフィーは、継母が自宅に招いた男性を訝しげに見た。ソフィーよりもかなり年上のルーク・ビットリオは、美しくも傲慢そうな笑みを浮かべて彼女を見返した。ソフィーの父の頼みで、ルークが彼女の肖像画を描くことになったと聞かされ、ソフィーは身震いした。なぜ、こんなに胸騒ぎするのかしら？ 案の定、アトリエでふたりきりになったとたん、彼女はルークに唇を奪われ、陶酔としてしまう。だが数日後、継母が彼と密会しているのを偶然目撃して…。
2017.3 156p 17cm ¥620 ①978-4-596-90468-3

◆魔法の瞬間 キャシー・ウィリアムズ作, 山根三沙訳 ハーパーコリンズ・ジャパン （ハーレクイン・セレクト）
【要旨】ある日リサは会社社長アンガスの車にはねられてしまう。そのせいで旅行をキャンセルせざるを得なかった彼女に、アンガスは治療や旅行費用の賠償をと申し出るが、リサは断る。ところが後日、驚くことにアンガスから招待状が届いた。賠償の代わりに、彼の船でクルージングに出かけないかというのだ。気まぐれに同行したリサは、思いがけず至福の時を過ごす。アンガスはハンサムで優しく、情熱的でセクシーだった。旅の終わりが近づいた夜、リサは求められるままにすべてを捧げた。独身主義者と公言する彼の妻とは、思いもせずに…。
2017.9 156p 17cm ¥620 ①978-4-596-58005-4

◆身代わりのシンデレラ エマ・ダーシー作, 柿沼摩耶訳 ハーパーコリンズ・ジャパン （ハーレクイン・セレクト）
【要旨】病院のベッドで昏睡状態から目覚めたジェニーは、医師や看護師から「イザベラ」と呼ばれて困惑する。ジェニーは友人イザベラと車に同乗し、事故に遭った。どうやら警察は、不幸にも亡くなった友人とジェニーを取り違えてしまったらしい。するとそこへ、イザベラのいとこを名乗る、イタリア大財閥の御曹司ダンテが現れた。余命僅かな祖父に会ってほしいという。耐えきれなくなったジェニーは人違いだと告白するが、ダンテは顔色一つ変えず、冷淡にこう言い放った。「刑務所に入りたくなければ、イザベラとして一緒に来るんだ」。
2017.12 156p 17cm ¥620 ①978-4-596-90488-1

◆湖の騎士 レベッカ・ウインターズ作, 山口西夏訳 ハーパーコリンズ・ジャパン （ハーレクイン・セレクト）
【要旨】アンドレアは研究のためフランスの老公爵に招かれ、"湖の城"と呼ばれる美しいシャトーに滞在していた。この土地は、アーサー王伝説の騎士の故郷だ。ある日、老公爵の息子ランスロット・デュ・ラックが帰郷する。まるで伝説の騎士の生き写しのような精悍で美しい男性に、アンドレアはひと目で激しく惹かれてしまう。やがて身籠った彼女はランスロットから求婚されるが、この結婚を喜ばない者がいた―彼の血のつながらない妹だ。ずっと公爵家の座を狙っていた彼女は、恐ろしい行動に出る。性的暴行を受けたと言って、ランスロットを訴えたのだ。
2017.12 156p 17cm ¥620 ①978-4-596-58082-5

◆見せかけの結婚 ミシェル・リード作, 槇由子訳 ハーパーコリンズ・ジャパン （お手ごろ文庫）
【要旨】両親を亡くしたクレアは、貧しくも懸命に幼い妹を育てていた。ある日、様子を見に来た伯母から厳しい現実を突きつけられる。裕福な家に養子に出すほうが妹のためだと忠言されたのだ。最愛の妹を手放すなんて…。激しく動揺したクレアは、ふと伯母の忘れ物に気づき後を追った拍子に、街角で轢かれてしまう。だが偶然にも、伯母の知人らしき男性アンドレアスに助けられ、怪我が治るまで妹と一緒に彼の屋敷で暮らすよう提案される。クレアは戸惑いつつも妹のためにその申し出を受けることにした。まさか彼が"見せかけ"の養子を必要としているとも知らずに。
2017.3 198p A6 ¥500 ①978-4-596-99336-6

◆無邪気なシンデレラ ダイアナ・パーマー作, 片桐ゆか訳 ハーパーコリンズ・ジャパン （ハーレクイン・セレクト）
【要旨】田舎の小さな店で、19歳のサッシーは身を粉にして働いていた。横柄な店長からこき使われ、嫌がらせを受けようとも、病床の母と幼い義妹を養うためには耐えるほかない。ある日、近所に引っ越してきたばかりだという、ジョンと名乗るハンサムな男性が店にふらりとやってきた。それ以来、彼は何くれとなくサッシーを気遣い、ついには店長の横暴な振る舞いを諫め、救いだしてくれた。なんて素敵な人なのかしら。サッシーは初めてのときめきに戸惑いつつ、ジョンへの想いをつのらせていった―実は彼が世界的な億万長者で、雲の上の存在だとも知らずに。
2017.4 156p 17cm ¥620 ①978-4-596-90473-7

◆もう一度恋に落ちて ヘレン・ビアンチン作, 田村たつ子訳 ハーパーコリンズ・ジャパン （ハーレクイン・セレクト）
【要旨】ジアンナは電話に出るなり、相手が誰かをすぐに気づいて青ざめた。一3年前から別居しているスペイン人大富豪の夫、ラウル。離婚の手続きを進めようという話だと思っていたが、驚いたことに、彼はジアンナに戻ってくるようにというのだ。末期癌を宣告されたラウルの母が、ジアンナに会いたがっていると。もう二度とあの家には戻らないと決めたのに…。初めて会ったとき、ラウルは情熱的で優しい完璧な恋人だった。ジアンナもやがて不幸にも流産した彼女に冷たく背を向けたのだった。そんな優しい夫への想いを胸に"名ばかりの妻"は旅立った。
2017.5 156p 18cm ¥620 ①978-4-596-90479-9

◆もう一つのクリスマス ジョージー・メトカーフ作, 逢坂かおる訳 ハーパーコリンズ・ジャパン （ハーレクイン・セレクト）
【要旨】セイラは身重の体で交通事故に遭い、九死に一生を得た。お腹にいるのは担当の医師ダンとの子だが、生まれた瞬間から、その子は彼女のものではなくなる。そう、セイラは密かに想っていたダンを妹に奪われた上、妹が妊娠を拒否したため代理母になることを強要されたのだ。唯一セイラを打ちのめすのは、お腹の子の無事と、毎日病室を訪れてくれるダンだけが、心の救いだったが彼が気にかけているのは子供のことだけ、わたしにはきっと、妹は見舞いに来ない。セイラは決して誰にも言えなかったが、事故の瞬間、車の運転席に見えたのは…妹の妹だったのだ。
2017.11 156p 17cm ¥620 ①978-4-596-58076-4

◆もう一人のケルサ ジェシカ・スティール作, 松村和紀子訳 ハーパーコリンズ・ジャパン （ハーレクイン・セレクト）
【要旨】「手切れ金は払う。だから父とは別れてくれ」社長の御曹司ライルから蔑むような目で見られ、そう一方的に告げられて、ケルサは思わず彼の頬を叩いていた。私を社長の愛人と決めつけるなんて、酷いわ！ だがじつはケルサ自身、なぜ入社早々に気に入られ、社長秘書に抜擢されたのか不可解に思っていた。ほどなくして社長が亡くなり、遺産の半分をケルサに遺したことがわかると、ライルの疑惑はますます深まったようだった。今度は私を金目当ての女だと罵倒するのかしら？ 意外にも彼は切なげな表情で、驚くべき真相を口にした。
2017.6 156p 17cm ¥620 ①978-4-596-90487-4

◆モスクワの夜は熱く ジェニー・ルーカス作, 飛川あゆみ訳 ハーパーコリンズ・ジャパン （ハーレクイン・セレクト）
【要旨】グレースは走り去る高級車がはねた泥水を浴び、尻餅をついた。なんてこと…上司が恋人へ贈る高級下着が台なしにしてしまった。茫然とするグレースに救いの手を差しのべたのは、先ほどの高級車から降りてきた男性、マクシム・ロストフだった。彼はお詫びだと言って上司のプレゼントを弁償したうえ、グレースにも高価なドレスを買うと、パーティにまで誘ってくれた。すばらしくハンサムで、王家の血を引くというマクシムと、夢のようなひとときを過ごしたグレースは、何も知らなかった。彼がグレースの上司を陥れるためにわざと待ち伏せしていたことを。そしてその一夜の代償として、彼の子を宿したことを。
2017.11 156p 17cm ¥620 ①978-4-596-58078-8

◆闇のエンジェル リン・グレアム作, 平江まゆみ訳 ハーパーコリンズ・ジャパン （ハーレクイン・セレクト）

◆ケルダが13歳のとき母が再婚し、新しい兄ができた。再婚相手の大富豪の御曹司で、見とれるほど美しいアンジェロだ。彼はなぜかケルダに厳しくあたり、彼女の育ちの悪さを咎めた。だがそんな二人の関係はケルダが18歳のときに一変する。あるパーティの夜、成り行きでキスを交わしてしまったのだ。それを機に彼女は激怒し、すぐさま彼を家から追いだした。6年後、ケルダは偶然アンジェロに再会した。なぜか彼女の窮状に目を止めた彼は、愛人になってやると言い、やがてケルダが彼の子を宿すと強引に結婚を迫るのだった。
2017.7 156p 17cm ¥620 ①978-4-596-00492-8

◆誘惑の代償 アン・メイザー作, 松村和紀子訳 ハーパーコリンズ・ジャパン （お手ごろ文庫）
【要旨】母と姉が男性に裏切られての不幸の道をたどったため、ベス・ヘイリーは男を毛嫌いしていた。とはいえ、子供だけはどうしても欲しい―思い悩んだベスは、あるパーティに紛れて誰かを誘惑するという大胆な計画を立て、大人の雰囲気を漂わせたアレックスという人物に近づく。妊娠するためだけの一夜は意外なまでに燃えあがるが、ベスは素性を隠したまま、寝ていた彼を残して姿を消した。まさかアレックスが、ギリシアに名を馳せる財閥の跡取りで、その権力を使って自分の行方を捜し回るとは夢にも思わずに。
2017.6 206p A6 ¥500 ①978-4-596-99342-7

◆雪どけの朝 ペニー・ジョーダン作, 杉和恵訳 ハーパーコリンズ・ジャパン （ハーレクイン・セレクト）
【要旨】ソレルは24歳だが、いまだ男性恐怖症で恋愛にも縁がない。少女のころ見てしまった場面に恐怖心を植えつけられたのだ。あるとき、遠縁に当たるヴァルが英国を訪れるという報せがあり、ソレルは彼を訪ねてみることになった。宿泊先はウェールズにある古いコテージ。彼女とは初対面だが、滞在を心地よいものにしてあげたい、とソレルは思っていた。ところが、現れたヴァルはなんと十も年上の男性だったばかりか、成功した実業家らしく、ハンサムでいかにも世慣れたふうだ。運悪く、その日から猛吹雪に襲われコテージは停電。ソレルはヴァルと二人きりで、暗闇に閉じ込められてしまい。
2018.1 155p 17cm ¥620 ①978-4-596-58161-7

◆夢のあと スーザン・アレクサンダー作, 井上圭子訳 ハーパーコリンズ・ジャパン （ハーレクイン・セレクト）
【要旨】19歳のデイヴィナは、プロポーズされて夢見心地だった。その男性が、彼女の姉と通じていると知るまでは。裏切りに打ちのめされたデイヴィナは故郷を捨て、ロンドンに出た。2年が経ち、いまは大企業の重役ジェイクの秘書を務めている。彼はハンサムな独身があって、恋人はいつもとびきりの美人だ。ある日、デイヴィナは元婚約者の姉から結婚式の招待状が届く。相手は元婚約者だった。傍目にも明らかなほほうろたえた彼女は、ジェイクから問いただされて、ついうっかり内を漏らしてしまう。彼はしばらく何か考えていたが、暗く光る目でデイヴィナを見ると、こう言ったのだ。「僕が結婚式に付き添う―きみの婚約者として」。
2017.10 156p 17cm ¥620 ①978-4-596-58009-2

◆許されない口づけ ルーシー・モンロー作, 夏木さやか訳 ハーパーコリンズ・ジャパン （ハーレクイン・セレクト）
【要旨】サヴァナはギリシア人の夫に嫁いだが、結婚生活は散々だった。夫は自らに問題はないと棚に上げて息子が生まれないと責め、何人もの愛人を作ったあげく、そのうちの一人と事故死した。亡くなったその女性は、夫によって夫の従兄の妻―ギリシアでも名高い大富豪レアンドロスの妊娠中の妻だった。レアンドロスはあるパーティで出会ったサヴァナに、まさか従弟の妻とは知らず一方的にキスをしたことがある。恐ろしくハンサムな彼は、冷たくサヴァナを見据えると、妻と跡継ぎをも失った責任を負うよう迫った。「君には、僕と結婚して、僕の息子を産んでもらう」。
2017.10 156p 17cm ¥620 ①978-4-596-58073-3

◆許されぬ密会 ミランダ・リー作, 槙由子訳 ハーパーコリンズ・ジャパン （ハーレクイン・セレクト）
【要旨】あれはセリーナが15歳、ニコラスが18歳のときだった。卒業パーティの夜、ふたりは初めての幼い愛を確かめ合った。だが彼はイギリスへ留学してしまい、やがて連絡は途絶えた。幾年かが過ぎ、セリーナは愛娘とふたりで暮らしていた。ある日、娘がもたらしたニュースにセリーナは愕然とする。「ニコラス・デュブレが、わたしたちの学校に来てくれるの！」小学校のチャリティ・イベントのため、娘みずから手紙を書き、地元出身の世界的億万長者である彼に出演を依頼したのだという。ニコラスと彼女の運命の再会は避けられないだろう。お互い、父と娘であることも知らないまま…。
2017.12 156p 17cm ¥620 ①978-4-596-58080-1

◆ラベルは"妻" キャサリン・ジョージ作, 久坂翠訳 ハーパーコリンズ・ジャパン （お手ごろ文庫）
【要旨】ある朝秘書のエリスが出社すると、社内の状況が一変していた。頼りにしていた上司は昇進争いに破れて左遷され、彼女の居場所はなくなっていた。打ちひしがれたエリスに声をかけ、慰留する人物がいた一次期社長のマシュー・カニングだ。驚いたことに、彼は自分の秘書として働かないかという。自ら蹴落としたライバルの秘書を雇おうとするなんて、いったいどういうつもり？ 困惑しながらも、エリスは抗えない力に押されるように申し出を受け入れていた。
2017.8 204p A6 ¥500 ①978-4-596-99346-5

◆若すぎた結婚 ミシェル・リード作, 井上絵里訳 ハーパーコリンズ・ジャパン （ハーレクイン・セレクト）
【要旨】フランコが瀕死の重傷ですって!?レクシーは別居中の夫の父親から連絡を受け、凍りついた。フランコの家を出てから3年半。離婚を考えていた矢先だった。すぐにイタリアの病院へ向かったレクシーは、変わり果てた姿の夫と対面し、しばらく付き添うことを約束する。だが翌日、フランコが彼の親友の妹といるところを目撃し、レクシーの胸にかつての苦い記憶が甦った。彼女とフランコが親密にしている1枚の写真―それこそが、別居に至った原因だったのだ。レクシーは、立ち去ろうとする彼女に、怒りに燃えたフランコが、点滴を引き抜き追ってきて…。
2017.6 156p 17cm ¥620 ①978-4-596-90485-0

◆忘れるために一度だけ ロビン・ドナルド作, 秋元由紀子訳 ハーパーコリンズ・ジャパン （ハーレクイン・セレクト）
【要旨】年上の富豪キアに想いを寄せていた18歳のホープは、ある日、彼女の継父とキアの信じがたい話を立ち聞きしてしまう。キアが継父の会社を買収することになり、その見返りとして、継父はホープを差し出すと話しているのだ。それに対してキアは、ホープは欲しいが妻に迎える気はさらさない、と拒絶した。深く傷ついたホープは、翌日逃げるように家を出た。4年後、ホープが働く宝石店に突然キアが現れた。キアは臆面もなく彼女に4年間の空白を埋めるよう迫り、彼を忘れられなかったホープは一夜だけと誓い純潔を捧げてしまった。キアのもとを去った彼女だったが、ほどなく妊娠に気づく。
2017.7 156p 17cm ¥620 ①978-4-596-90491-1

ハーレクイン・ロマンス

◆伯爵家の青い鳥 ジェイン・アーバー作, 中村美穂訳 ハーパーコリンズ・ジャパン （ハーレクイン・ロマンス）
【要旨】夫の事故死から半年後、ローワンの家に義弟ダリオが突然現れたのは、ぶしつけに尋ねた。「兄との間にできた息子はどこにいる？」いったいなんの話？ ローワンに子供はいない。夫はイタリアの伯爵家の長男だが、父親からは勘当されていた。だがダリオと話しているうちに、子供が生まれたと嘘をつき、伯爵家から多額の養育費をせしめていた夫の裏の顔が見えてきた。ダリオから明らかな疑惑の目を向けられたローワンは狼狽した。違う！ 私は知らなかったのよ。「有無を言わず僕の目が冷たく彼に告げた。「一緒にローマに来て、父の前で弁明してもらおうか」。
2017.8 220p 17cm ¥657 ①978-4-596-13262-8

◆愛なきアポロと小さな命 メイシー・イエーツ作, 槙由子訳 ハーパーコリンズ・ジャパン （ハーレクイン・ロマンス）
【要旨】父の会社は今や義兄アポロの脅威にさらされている。エルが14歳のとき父が再婚し、継母の連れ子であるアポロ―その名に違わぬ神々しい魅力を放つ彼と兄妹になった。12年後、彼は突如反旗を翻し、牙をむいたのだ。アポロは父の経営する会社を次々と買収し、手中に収めていった。彼はなぜ変わってしまったの？見かねたエルは説得のためアポロを訪ねた。夫とのひと争いになり、やがて情熱の炎となって、気づけば2人は体を重ねていた。数週間後、エルはあってはならない体の変化に気づいた…。
2017.2 220p 17cm ¥657 ①978-4-596-13226-0

◆億万長者の無垢な薔薇 メイシー・イエーツ作, 中由美子訳 ハーパーコリンズ・ジャパン （ハーレクイン・ロマンス）
【要旨】父の命令に従い、ローズは愛なき結婚をした。夫となったのはレオン・カリディス―情熱的な黒い瞳の、傲慢でセクシーな億万長者。ローズはさえない少女だった頃から密かに彼に恋していたが、結婚式の夜、汚れなき妻の待つ部屋にレオンは現れなかった。それから2年経ってもレオンは外出がちで、妻に指一本触れなかった。惨めで孤独な日々に耐えかねたローズが離婚を決意した矢先、レオンは交通事故に遭い、いっさいの記憶を失ってしまう。別人のように優しい彼は激しく妻を求め、ローズは甘い衝撃に震えた。
2017.4 220p 17cm ¥657 ①978-4-596-13236-9

◆公爵の秘密の世継ぎ―天使のウエディング・ベル 1 メイシー・イエーツ作, 中由美子訳 ハーパーコリンズ・ジャパン （ハーレクイン・ロマンス）
【要旨】親が決めた政略結婚を間近に控えたアレグラは、気の進まないまま、仮面舞踏会に出席していた。そんな彼女の前に仮面の男性が颯爽と現れ、ダンスを申し込んだ。まるで運命の導きのように二人の夜は深まっていき、気づけば彼に促されるまま、ベッドへ運ばれようとしていた。今夜は最初で最後の特別な夜。二度と彼に会うこともない…。数週間後、妊娠した彼女は仮面の男性の正体を調べて愕然とした。クリスチャン・アコスタ―嘘でしょう？ 兄の親友で、スペイン一の傲慢な公爵がおなかの子の父親だなんて！
2017.7 220p 17cm ¥657 ①978-4-596-13258-2

◆大公の傲慢すぎる求婚―天使のウエディング・ベル 2 メイシー・イエーツ作, 山本礼緒訳 ハーパーコリンズ・ジャパン （ハーレクイン・ロマンス）
【要旨】ウエイトレスをしながら大学に通うベイリーは、恋人との結婚を夢見ていたが、ある日突然別れを告げられる。数カ月後、新聞の1面に見覚えのある顔を見つけて彼女は驚愕する。ラファエル！ まさか彼がイタリアの小国の大公だなんて。じつはベイリーのおなかには小さな命が宿っていた。そこへラファエルが何事もなかったように現れ、身勝手にも以前のような気楽な関係を続けたいと主張する。だがベイリーが妊娠の事実を告げたとたん、彼の表情が変わる。「名誉と義務が最優先だ。君を妃として迎える」冷たい声が言った。
2017.9 220p 17cm ¥657 ①978-4-596-13272-7

◆誘惑された壁の花―ディ・シオーネの宝石たち 8 メイシー・イエーツ作, 山本みと訳 ハーパーコリンズ・ジャパン （ハーレクイン・ロマンス）
【要旨】祖母とふたり、世を忍んで暮らすガブリエラのもとに客が訪れた。アレックス・ディ・シオーネ―有名な大富豪は、病床の祖父のためドーロ王家に伝わる幻の絵画を手に入れたいのだという。実はガブリエラの祖母は国外追放されたイゾラ・ドーロの女王で、ガブリエラも幼い頃からその噂は聞いていた。すると祖母はおもむろにと絵画の存在を認め、アレックスと一緒に故国へ戻り、宮廷内を捜してみるようガブリエラに命じた。だが、地味な"本の虫"の初めての冒険は漆まぎれなく頓挫する。彼の魅力の虜になり、あろうことかキスに応じてしまったのだ！
2017.10 220p 17cm ¥657 ①978-4-596-13282-6

◆ローマの汚れなき花嫁―天使のウエディング・ベル 3 メイシー・イエーツ作, 遠藤康子訳 ハーパーコリンズ・ジャパン （ハーレクイン・ロマンス）
【要旨】貧しいウエイトレスのエスターは、ローマで知り合った女性に代理出産を依頼された。この報酬があれば生活を立て直し、夢だった大学にも通える…そう思って引き受けたものの、もう子供はいらないですって？ 妊娠したエスターは困り果て、赤ん坊の父親である不動産王、レンツォ・ヴァレンティを探し出して掛け合うも、追い払われてしまう。だが数日後、彼が突然現れて強引にエスターを屋敷に連れ帰ると、こう告げた。「責任を取ることにした。きみは僕の妻になるん

外国の小説

だ」いったい何が起きたの？エスターは呆然とうなずくしかなかった。

◆**買われた純愛** キャシー・ウィリアムズ作, 松尾当子訳 ハーパーコリンズ・ジャパン （ハーレクイン・ロマンス）
【要旨】父を病で亡くし、形だけの結婚をした夫も事故で失った今、ソフィーに遺されたのは破産寸前の会社と古びた屋敷だけだった。窮状にあえぐ彼女に援助を申し出たのはハビエル・バスケス、企業の買収と合併で頭角を現したスペインの若き実業家だった。だがソフィーは気がかりだった。その裏に、企みがあるように思えてならなかったから。なぜなら彼女は、彼が7年前に別れた恋人なのだ―家業のために、やむを得ず裕福な男性に嫁いだせいで。今、彼は億万長者となり、財力で屈辱を晴らすつもりでいる。
2017.3 220p 17cm ¥657 ①978-4-596-13228-4

◆**契約外のシンデレラ** キャシー・ウィリアムズ作, 東みなみ訳 ハーパーコリンズ・ジャパン （ハーレクイン・ロマンス）
【要旨】昼は法律事務所の事務員、夜は食堂のウエイトレスとして、寄る辺ない サニーは働きづめだった。ある日、法律事務所を億万長者ステファノが仕事で訪れ、サニーは上司の命令で彼の幼い娘の世話を任される。娘はすぐにサニーに懐き、なんの問題も起こさず過ごしたが、それを見たステファノはひどく驚いた。意外な提案をしてきた。これまで何人ものナニーをくびにしてきた娘の世話を、ぜひ頼みたいというのだ。もちろん破格の報酬で。ありがたい申し出だけれど…なぜこんなに胸騒ぎがするの。
2017.1 220p 17cm ¥657 ①978-4-596-13219-2

◆**切なすぎる婚約劇** キャシー・ウィリアムズ作, 東みなみ訳 ハーパーコリンズ・ジャパン （ハーレクイン・ロマンス）
【要旨】「どういうこと、レオ？本気のはずないわよね」サミーはレオが差し出した婚約指輪を見て、そう独りごちた。彼はプロポーズしたの？よく知りもしない、隣人の私に。レオは世界的企業を経営する億万長者。私は地味な小学校教師。いぶかるサミーに、レオは途方もない偽りの婚約話を持ちかけた。亡き弟の娘の親権を取るために、社会的信用が欲しいのだと。代わりに、彼女の病弱な母が抱える住宅ローンを全て支払うと。そして、今の恋人には絶対になりたくない、君が適任だと…。密かに憧れたこともある人の残酷な申し出に、サミーは震えた。
2017.10 220p 17cm ¥657 ①978-4-596-13278-9

◆**不器用なシンデレラ** キャシー・ウィリアムズ作, みずきみずこ訳 ハーパーコリンズ・ジャパン （ハーレクイン・ロマンス）
【要旨】コッツウォルズのコテージで一人静かに暮らすレベッカ。大学時代の片思いの相手を美人の妹に奪われ、傷心を癒やすように引きこもり、恋愛も結婚も遠ざけていた。ある日玄関のベルが鳴り、見知らぬハンサムな男性が訪れてきた。田舎にそぐわない派手な高級車と、ひと目で上質とわかる服。危険な雰囲気を漂わせる大富豪、テオに警戒心を抱きつつも、レベッカはなぜか激しく惹かれ一夜をともにしてしまう。二度と会わないと誓って別れた後、思いがけない電話がかかった。テオの身のため、熱烈な恋人同士を演じてほしいというのだ。
2017.7 220p 17cm ¥657 ①978-4-596-13257-4

◆**コルシカに囚われて** アン・ウィール作, 松尾当子訳 ハーパーコリンズ・ジャパン （ハーレクイン・ロマンス）
【要旨】裕福な夫妻にベビーシッターとして同行し、順調にヨーロッパ周遊旅行を続けていたポリー。ところが嫉妬深い妻から夫を誘惑したと疑いをかけられ、突然解雇されてしまう。なけなしのお金を貸した直後で南仏からイギリスに帰る旅費もなく、困り果てていたところ、イタリア系の魅力的な男性に出会った。ラウルという名の彼は、後見している子の世話を頼みたいと言い、豪華なクルーザーでポリーを招待した。だがふとした隙に船は出航、気づけばポリーはコルシカ島の城で囚われの身となり…。
2017.4 220p 17cm ¥657 ①978-4-596-13237-6

◆**異国の君主と花売り娘** アニー・ウエスト作, 柿原日出子訳 ハーパーコリンズ・ジャパン （ハーレクイン・ロマンス）
【要旨】「シャキル…？」ロンドンのザラット大使館のパーティでシーク・イドリースを紹介され、アーデンはめまいを覚えた。端整な面立ち、官能的な唇、なぜか軽蔑のにじむ褐色の瞳―彼は私の人生を一変させて消息を絶ったシャルキルその人だ。4年前、旅先で惹かれ合った二人は夢のような1週間を過ごし、パリで落ち合う約束をしたが、ついに再会は果たせなかった。アーデンは彼への想いを胸に、彼の子を独りで産み育ててきた。偽名を使った火遊びだったと知って深く傷つきながらも、アーデンは翌朝訪れてきた彼と熱い口づけを交わしてしまい…。
2017.11 220p 17cm ¥657 ①978-4-596-13289-5

◆**億万長者とかりそめの愛を** アニー・ウエスト作, 知花凛訳 ハーパーコリンズ・ジャパン （ハーレクイン・ロマンス）
【要旨】幼いころから美人の姉や優秀な弟と比較され、横暴な父に蔑まれ続けてきたエラは窮地に陥っていた。破産寸前の父が、娘と大物実業家ドナートの結婚を画策したのだ。地味な看護師の私など、億万長者が相手にするはずがないのに。だが父はエラの弟が懸命に貯めた事業資金まで使い込んでおり、ドナートから資金援助を受けた暁にはそのお金を返すと言う。仕方なく彼に会ったエラはドナートの強烈な魅力に驚き思わず反発する。そんな彼女にドナートは言った。「僕と結婚しなければ、君の父親は破産する。君は父親が路頭に迷ってもいいのかな？」。
2017.5 220p 17cm ¥657 ①978-4-596-13243-7

◆**キスも知らない愛人** アニー・ウエスト作, 萩原ちさと訳 ハーパーコリンズ・ジャパン （ハーレクイン・ロマンス）
【要旨】ラファエル・ペトリが私を雇いたいというの？ニューヨークのホテル王からの突然の指名に、リリーは驚いた。自宅で企業調査を請け負う彼女にとっては名誉なことだが、一つだけ気がかりなことがあった。人目に触れるのが怖いのだ。14年前、リリーはある事故で頬に火傷を負い、それ以来、恋愛を遠ざけて世間から隠れるように生きてきた。その美貌で女性を虜にできるラファエルには理解できないだろう。リリーは地味な長袖の服に身を包み、髪で片頬を覆うと、傲慢な雇い主のもとへ向かった―愛人になる運命とも知らずに。
2017.8 220p 17cm ¥657 ①978-4-596-13268-0

◆**メイドを娶った砂の王** ケイト・ウォーカー作, 山科みずき訳 ハーパーコリンズ・ジャパン （ハーレクイン・ロマンス）
【要旨】宮殿のバルコニーで、アジザは偶然に初恋の人と再会した。当時は12歳だったナビルも、今や立派なラスタンの国王だ。アジザのことを覚えていない彼に名を尋ねられ、彼女はとっさにアファリム家の長女付きのメイドを名乗った。跡継ぎをもうけるため結婚を迫られたナビルは、アファリム家の次女を花嫁に指名する。その次女こそバルコニーで唇を奪いかけた娘とは知らずに。婚礼の夜、ベールを外した花嫁の顔を見てナビルは激怒した。「シークたる僕が、メイドと結婚するとは！」。
2017.5 220p 17cm ¥657 ①978-4-596-13247-5

◆**妻という名の咎人** アビー・グリーン作, 山本翔子訳 ハーパーコリンズ・ジャパン （ハーレクイン・ロマンス）
【要旨】「弟を破滅させた君と、僕は結婚しようと考えている」蔑むような眼差しに、トリニティは凍りついた。2年前、スペイン大富豪である彼のメイドだったトリニティは彼の異母弟リオから、子どもたちの世話をしてくれと頼まれた。双子の惨状を見かねて自堕落なリオと便宜上の結婚をしたが、いま妊娠したばかりの彼は急死し、彼女は双子の後見人となった。彼は私が弟をたぶらかしたと信じ、悪女を監視する気なのだ。愛する双子を奪われたくない一心で、彼女はクルスに従った。千々に乱れる胸の奥で、彼への恋心をもてあましながら。
2017.12 220p 17cm ¥657 ①978-4-596-13295-6

◆**放蕩富豪の求愛―四富豪の華麗なる醜聞 1** アビー・グリーン作, 中村美穂訳 ハーパーコリンズ・ジャパン （ハーレクイン・ロマンス）
【要旨】私のキスをオークションにかけるはめになるなんて…。リアは慈善オークション会場の壇上で、途方に暮れていた。入札価格が5万ドルに跳ね上がった直後、つかの間訪れた静寂のなか、威厳に満ちた声が響いた。「100万ドル」進み出たあの男性だ。仮装パーティの今夜、仮面で顔を隠した彼の人込みで助けられ、リアは胸のざわめきを感じ取っていたのだった。だが彼が仮面を外すとリアは凍りついた。ベン・カーター！彼は父の会社を買収しようとリアをつけ狙う辣腕実業家で…。
2017.6 220p 17cm ¥657 ①978-4-596-13249-9

◆**メイドは一夜のシンデレラ** アビー・グリーン作, 藤村華奈美訳 ハーパーコリンズ・ジャパン （ハーレクイン・ロマンス）
【要旨】ホテルのボールルームでは、仮面舞踏会がもう始まっていた。ローズは不慣れなドレスに身を包み、怯える自分を励ました。ここに来たのはザック・ヴァレンティと偶然を装って出会い、今をときめくその大富豪と夜を共にして、彼の子供を宿すため。ローズは彼の相手に仕えるメイドで、この計画は、家名が絶えることを憂えたその老婦人が立てたものだった。重い心臓病の父の手術費用を出すと言われ、断れるはずがない！若くして名門を飛び出し、自力で富を築いたザック。彼ほどの人物が、私のような野暮な娘に目を留めるかしら…？
2017.2 220p 17cm ¥657 ①978-4-596-13221-5

◆**億万長者の隠された絆―ディ・シオーネの宝石たち 4** ケイトリン・クルーズ作, 片山真紀訳 ハーパーコリンズ・ジャパン （ハーレクイン・ロマンス）
【要旨】ダリオ・ディ・シオーネは自他ともに認める仕事人間だ。その彼が仕事を離れてマウイ島を訪れたのは、祖父のためだった。家宝のイヤリングを取り戻せば、病床の祖父も安堵するはず。ところが交渉相手として現れたのは、あろうことか別居中の妻、アナイスだった。一方、アナイスも動揺を隠しきれなかった。6年前、ダリオは彼女の浮気を疑い、家を出ていった。濡れ衣を着せられても、いまだ彼への想いは変わらない。ダリオは驚くかしら？あなたには息子がいるのよと告げたら…。
2017.6 220p 17cm ¥657 ①978-4-596-13252-9

◆**貴公子と床磨きの乙女** ケイトリン・クルーズ作, 深山咲訳 ハーパーコリンズ・ジャパン （ハーレクイン・ロマンス）
【要旨】マギーは20年前、道端に捨てられているところを保護された。以来、里親のもとを転々とし、不遇な子供時代を過ごして成長した。ある夜、マギーが勤務先のコーヒーショップで床磨きをしていると、護衛たちを大勢引き連れた尊大な男性がいきなり入ってきて、コンスタンティン国王レザだと名乗り、マギーを鋭く見つめた。いったい何の騒ぎ？驚き怯える彼女にレザが厳かに口を開いた。マギーはじつは彼の隣国の、暗殺された国王夫妻の娘だというのだ。そして彼女を腕にかき抱くと、蠱惑的な笑みを浮かべて宣告した。「君は生まれたときに僕と婚約した。それが君の運命だ」。
2017.10 220p 17cm ¥657 ①978-4-596-13276-5

◆**すり替わった王家の花嫁** ケイトリン・クルーズ作, 萩原ちさと訳 ハーパーコリンズ・ジャパン （ハーレクイン・ロマンス）
【要旨】ロンドン郊外の空港のラウンジで、秘書のナタリーは悩んでいた。傲慢な大富豪のボスに仕えて5年。心身ともにもう限界だった。すると突然、背後から声がかかり、彼女は振り返って仰天した。そこにはナタリーと瓜二つの、身なりのよい女性が佇んでいた。異国の王女だという彼女とナタリーはすぐさま意気投合し、互いの悩みまで打ち明け合ったが、ふと王女が意外な提案をした。45日間だけ、密かに立場を入れ替わってみないかというのだ。私が王女に？承諾したのも束の間、すぐに後悔に襲われる。あろうことか王女の許婚ロドルフォに惹かれ、唇を奪われて…。
2018.1 220p 17cm ¥657 ①978-4-596-13301-4

◆**育てられた花嫁** ケイトリン・クルーズ作, 朝戸まり訳 ハーパーコリンズ・ジャパン （ハーレクイン・ロマンス）
【要旨】誕生日の夜、リリアナはイサルにバージンを捧げた。10年間恋い焦がれた後見人の彼に、一瞬でも振り向いてほしくて。けれどその行動は、大きな過ちでしかなかった。どうしてイサルが、両親を亡くした12歳の彼女を引き取り、家から遠く離れた山奥の寄宿学校に閉じこめたのか？今も厳しい監視の目を光らせ、生活を制限するのか？なにもかもが、私を花嫁にするための計画だったなんて！今後は夫に従順に尽くし、子供を産み育てるだけ。イサルが求める、億万長者の愛されぬ完璧な妻として…。
2017.8 220p 17cm ¥657 ①978-4-596-13266-6

◆**屈辱のウエディングドレス―クリスマス・ロマンス 2** リン・グレアム作, 水月遙訳 ハーパーコリンズ・ジャパン （ハーレクイン・ロマンス）
【要旨】両親のいないピクシーは、弟が作った借金に苦しめられていた。車を売り、安フラット

ロマンス

◆君主との冷たい蜜月—三姉妹はシンデレラ
リン・グレアム作, 水月遙訳　ハーパーコリンズ・ジャパン　（ハーレクイン・ロマンス）

【要旨】ポリーは実の父をさがして、ダーリアを訪れていた。しかし突然、空港で身柄を拘束され、王宮へ連行される。そこに現れた、民から英雄とあがめられる国王ラシャドは、おごそかな声で受け入れたのはラシャドの鷹のような目と威厳に満ちた胸の高鳴りを覚えたからだ。愛の芽生えを。ポリーは気づいてもいなかった。非情なラシャドに平和をもたらすため、彼女を利用するつもりでいたのだ。亡き王妃の代わりに、子供を産んでもらうことで。
2017.9 220p 17cm ¥657 ①978-4-596-13270-3

◆汚れなきギリシアの愛人
リン・グレアム作, 山本みと訳　ハーパーコリンズ・ジャパン　（ハーレクイン・ロマンス）

【要旨】エラは窮地に陥っていた。父の家具店が倒産寸前のうえ、借金の形に自宅を没収されることになった。そこへ債権者として現れたのがギリシア人実業家ニコロスだった。エラは思わず息をのんだ。1年前、婚約者を亡くしたばかりの彼女を誘惑し、強引に唇を奪った傲慢な男！「君には今日から3カ月、僕の屋敷で愛人として暮らしてもらう」無慈悲な要求も、家族思いのエラは受け入れるほかなかった。ともに暮らしだしてすぐ、ニコロスから子供嫌いだと聞かされ、エラは落胆した。折しも彼女の体に妊娠の兆しが現れて…。
2017.2 220p 17cm ¥657 ①978-4-596-13224-6

◆情熱の聖夜と別れの朝—クリスマス・ロマンス 1
リン・グレアム作, 若菜もこ訳　ハーパーコリンズ・ジャパン　（ハーレクイン・ロマンス）

【要旨】吹雪のクリスマスイブの夜、ホリーは車が故障して困っていた。けれど、近くの別荘に滞在するヴィトという男性のおかげで、一晩だけ泊めてもらえることになった。イタリア人のヴィトの大変なお金持ちらしく、貧しい自分とはなんの共通点もないのに、彼女は最初から彼に惹かれた。ただ、ずっと守ってきた自分のバージンも捧げたのかもしれない。家に帰って妊娠がわかって、ホリーは運命の恋を疑わなかった。だが知らせたいヴィトは見つからず、遊ばれたと思い知る。悲しみの涙にくれながら、ホリーは孤独の中で出産するのだった。
2018.1 220p 17cm ¥657 ①978-4-596-13283-3

◆秘密の天使と愛の夢
サラ・クレイヴン作, 龍崎瑞穂訳　ハーパーコリンズ・ジャパン　（ハーレクイン・ロマンス）

【要旨】妹の夫に懇願され、セレナは2年ぶりにリムノス島を訪れた。重病のはずの妹は元気だったが、彼らの軽食堂の経営権をある有力者に奪われそうになっているので助けてほしいという。その人物とは、かつて愛したギリシア富豪アレクシスだった。愛をささやく低い声、生まれて初めて知る愛の喜び…。鮮やかによみがえる甘美な記憶を振り払いながら、セレナは勇気をかき集めてアレクシスのもとへと向かった。密かに産んだ子どもの存在を知られているとは一自分がすでに運命の罠にかかっているとは夢にも思わずに。
2018.1 220p 17cm ¥657 ①978-4-596-13302-1

◆愛を宿したウエイトレス
シャロン・ケンドリック作, 中村美穂訳　ハーパーコリンズ・ジャパン　（ハーレクイン・ロマンス）

【要旨】ロンドンのナイトクラブでウエイトレスをしていたダーシーは高名なイタリア富豪レンツォ・サバティーニに見初められ、抗うすべもなく純潔を奪われて彼の秘密の愛人になった。ベッドの上だけの逢瀬以外は与えられず、別れを決意した彼女を、レンツォは無上の喜びでトスカーナの地で恋人同士のように過ごす。目もくらむほどの幸福の果てにダーシーは捨てられる。私のような女は、彼に愛される価値がない…。彼女は静かに姿を消した。傷つき疲れて、小さ

◆清く儚い愛人—ディ・シオーネの宝石たち 5
シャロン・ケンドリック作, 深山咲訳　ハーパーコリンズ・ジャパン　（ハーレクイン・ロマンス）

【要旨】空港で搭乗を待つウィローは、ハンサムな男性に声をかけられた。彼はダンテ・ディ・シオーネと名乗り、澄んだ青い瞳を輝かせると、顔を赤らめて戸惑うウィローの心を瞬時に開いて惹きつけ、去り際には大胆にキスまで奪って消えていった。私は夢でも見ているの？ だがウィローの物思いはすぐにさめた。彼の鞄を取り違えて持ち帰ってしまったことに気づいたのだ。しかも驚いたことにダンテは名門一族の大富豪だというのだ。もしも彼が私の恋人として姉の結婚式に同席してくれたら、どんなに素敵だろう。1日だけでいい、お願いしてはだめかしら？
2017.7 220p 17cm ¥657 ①978-4-596-13260-4

◆ティアラは世継ぎのために
シャロン・ケンドリック作, 東みなみ訳　ハーパーコリンズ・ジャパン　（ハーレクイン・ロマンス）

【要旨】地中海の公国の君主ルチアーノと2年ぶりに再会したとき、リサはわが目を疑った。ベッドの相手でしかなかった私に、今さらなんの用が？ 厚かましくも、ルチアーノはリサをまた誘惑する気でいた。そして怒りを覚えながらも…彼女は一夜をともにしてしまう。しかし関係をやり直す気どころか、彼は許嫁である隣国の王女と結婚する前に、リサと楽しみたかっただけだった。なんて傲慢な人。涙ながらに、リサは彼を追い出す。だが彼女の妊娠を知るなり、ルチアーノはふたたび現れた。
2017.5 220p 17cm ¥657 ①978-4-596-13241-3

◆気高き王と金色の乙女
マギー・コックス作, 松尾当子訳　ハーパーコリンズ・ジャパン　（ハーレクイン・ロマンス）

【要旨】シーク・ザフィールの別邸の外壁からダーシーは転落した。彼が結婚する前に息子の存在を伝えなければと焦った結果だった。ザフィールに会うのは、彼の秘書から恋人になったダーシーがほかの重役に唇を奪われ、激怒した彼に捨てられて以来だ。護衛とともに現れた彼は、ダーシーを抱き上げて邸内へ運んだ。高貴な顔立ち、流れるような黒髪、そしてかき乱す漆黒の瞳…この4年、幾夜となく夢に現れたザフィールの魅力を前にひどく狼狽しながらも、ダーシーは言葉を絞り出した。「あなたに解雇されたとき、私は妊娠していたの」。
2017.5 220p 17cm ¥657 ①978-4-596-13294-9

◆愛を宿した個人秘書
ダニー・コリンズ作, 遠藤康子訳　ハーパーコリンズ・ジャパン　（ハーレクイン・ロマンス）

【要旨】社長のセサル・モンテロが交通事故に遭ったというのに、ソーチャは入院中の彼と面会することも許されずにいた。セサルの個人秘書として働きだしてからずっと、魅力的な彼に対する想いを心の奥に隠してきた。だが3週間前、その想いとうとう実を結んだのだ。ところが不運にもセサルは事故直前の記憶を失い、その隙に彼の親は、ある女性と息子との婚約話を進めていた。セサルの愛は一夜の幻だったの？ 絶望したソーチャは姿を消した一おなかに彼の子を宿して。
2017.6 220p 17cm ¥657 ①978-4-596-13248-2

◆イタリア富豪の孤独な妻
ダニー・コリンズ作, 竹内さくら訳　ハーパーコリンズ・ジャパン　（ハーレクイン・ロマンス）

【要旨】父の命令でイタリア人実業家アレッサンドロと結婚し、ナポリで幸せな暮らしを送っていたオクタヴィア。ところが妊娠がわかると夫は手のひらを返したように冷たくなり、安全だからという理由であっさり妻をロンドンに送り返した。私は子どもを産むための道具だったのね一孤独の中、やがて男児を出産したオクタヴィアだったが、我が子を抱いたときに妙な違和感を覚えた。私の子ではないわ！ 取り違えを訴えるも取り合わず、すがるように夫を見ると、彼もまたうんざりしたばかりに冷たく妻を見返して…。
2017.3 220p 17cm ¥657 ①978-4-596-13230-7

◆大富豪と偽りのベール
ダニー・コリンズ作, 小泉まや訳　ハーパーコリンズ・ジャパン　（ハーレクイン・ロマンス）

【要旨】まさか、船が動いている！ ヴィヴェカは窓の外を見て慌てた。ここは豪華なクルーザーの船内、持ち主はニコラス・ベトライデス。今日、妹が政略結婚するはずだったギリシアの大富豪。ヴィヴェカは不憫な妹のために、花嫁

な命を育みながら。
2017.11 220p 17cm ¥657 ①978-4-596-13287-1

になりすまして祭壇に立ち、妹が恋人と逃げおおせるまでの時間稼ぎをする予定だった。ところがすぐにミコラスに見破られ、この船に連れてこられた。密室で男性と二人きりになり、無垢なヴィヴェカの体がこわばる。それを知ってか知らずか、ミコラスは傲慢な口調で宣言した。「代わりに僕と結婚してもらう。寝室に移ろう」。
2017.11 220p 17cm ¥657 ①978-4-596-13286-4

◆アテネから来た暴君
ジュリア・ジェイムズ作, 馬場あきこ訳　ハーパーコリンズ・ジャパン　（ハーレクイン・ロマンス）

【要旨】その夜、非常勤教師のサラはリヴィエラにあるクラブで失踪した歌手の代役を務めていた一不似合いな化粧とドレスで。歌い終えたサラが楽屋に戻ると、見知らぬ男性が訪ねてきた。私を熱狂する女だと勘違いして会いに来たのかしら？ すぐに追い払おうとするが、サラはその男性、ギリシア人実業家バスティアンからなぜか目を離せない。「まるでディナーでもどうかと思ってね」まるでサラの返事がわかっているかのように、彼は微笑んだ。その胸の内に暗いくらみを隠したまま。
2017.1 220p 17cm ¥657 ①978-4-596-13218-5

◆大富豪と灰かぶりの乙女
ジュリア・ジェイムズ作, 麦田あかり訳　ハーパーコリンズ・ジャパン　（ハーレクイン・ロマンス）

【要旨】ゴージャスな大富豪マックス・ヴァシリコスにエスコートされる鏡の中の姿を見て、エレンは息が止まりそうになった。これが"象みたいに大柄で醜い"私なの？ マックスが手配した美容師たちの手で美しく変身したエレンは華やかな慈善舞踏会で彼とワルツを踊り、その翌日だけは彼に誘われるままカリブ海の島で夢のようなバカンスを過ごす。夜ごと情熱的な愛撫に溺れながら、エレンは自分に言い聞かせた。世慣れた彼にとっては、これはビジネスの一環にすぎない一私が命より大切にしている亡霊を奪うための策略なのだと。
2017.5 220p 17cm ¥657 ①978-4-596-13245-4

◆日陰の秘書の献身
シャンテル・ショー作, 茅野久枝訳　ハーパーコリンズ・ジャパン　（ハーレクイン・ロマンス）

【要旨】サラはこの2年、ギリシア富豪アレコスの秘書を務めている。たくましい長身、豊かな黒髪、官能的で美しい唇一そして、指を鳴らせば女性が寄ってくると信じて疑わない傲慢さ。うぶで真面目なサラでさえ、彼には密かに胸を焦がしていた。ありとき一大決心をしたサラは、長期休暇の間に体重を落とし、地味な服と眼鏡を捨てて、洗練された装いで職場を復帰した。数日後、彼に激しくキスをされ、サラは夢にまで見た唇に溺れた。アレコスの望みはいつもと同じ、つかの間の愛人だけ…。そうささやく心の声には気がつかないふりをして。
2017.9 220p 17cm ¥657 ①978-4-596-13275-4

◆星屑のシンデレラ
シャンテル・ショー作, 茅野久枝訳　ハーパーコリンズ・ジャパン　（ハーレクイン・ロマンス）

【要旨】"イタリアのプレイボーイ"と名高い大富豪レアンドロに勤め先のバーで見初められ、マーニーは彼と同棲を始めた。昼夜を問わず求めてくる彼との、めくるめく愛の営み一だが、彼は決してマーニーを公の場に同伴しなかった。1年が過ぎ、ふたりの関係に疑問を感じ始めた矢先、ふとした諍いから彼が発した言葉にマーニーは衝撃を受ける。きみは愛人だ。この先ぼくの妻になることはない。深く傷ついたマーニーはレアンドロの屋敷をあとにした。お腹のなかに新たな命が宿っているとは夢にも思わずに。
2017.5 220p 17cm ¥657 ①978-4-596-13242-0

◆孤独な城主と囚われの娘
ペニー・ジョーダン作, 麦田あかり訳　ハーパーコリンズ・ジャパン　（ハーレクイン・ロマンス）

【要旨】土曜日、ローズマリーは朝から不安だった。兄夫婦の死後、彼女が育てている3歳の甥を引き取りたいと、義理の姉であるニコラスが突然、連絡してきたのだ。葬儀にも顔を見せなかった人がどうして？ 石油王として知られる億万長者だが、結婚の意思はないが、自分の血のつながった後継者が欲しいという。お金のことしか考えない冷たい男性に、あの子は渡せない。でも、ニコラスの条件に従って甥とともに城に移り住めば、私は人生を諦めることになる。彼への思いも封印して。
2017.7 220p 17cm ¥657 ①978-4-596-13255-0

◆拒めない誘惑—ベレア家の愛の呪縛 4
ペニー・ジョーダン作, 松本果蓮訳　ハーパーコリンズ・ジャパン　（ハーレクイン・ロマンス）

外国の小説

ロマンス

外国の小説

【要旨】ロージーは大おばを亡くし、遠縁の親戚の家に身を寄せていた。けれど家主との不倫を疑われて、思わずそこを飛び出してしまう。彼女は見知らぬ土地で、働き口もない不安から、偶然出会ったカラムという男性にすべてを打ち明けた。すると彼はロージーに仕事をくれたうえ、驚くべき提案をする。「僕が君の恋人のふりをし、不倫の疑いを晴らす」というのだ。カラムはどんな女性でも落とせないと評判の、冷ややかな男性だ。そんな彼のそばに昼は秘書として、夜は恋人としている…。男性恐怖症で、キスの経験もない私にできるかしら？
2017.4 220p 17cm ¥657 ①978-4-596-13234-5

◆大富豪と手折られた花―ベレア家の愛の呪縛 2 ペニー・ジョーダン作、麦田あかり訳 ハーパーコリンズ・ジャパン （ハーレクイン・ロマンス）
【要旨】ルシーラは仕事が欲しくて必死だった。でも、家族に認めてもらう手段がほかにないからといって、男性のスイートルームに来たのはまずかったかもしれない。案の定、寝室のドアが閉まると、ニックはパニックに陥った。現れたニックは、直談判したい社長とは別の実業家だった。しかも、今夜は彼女に耳をつけていたと言い、男と二人きりになる意味は知っているな、と確認した。ルシーラは完全におびえ、大事な告白もできなかった。本当は修道女と同じくらい、男性を知らないのだ…。
2017.2 220p 17cm ¥657 ①978-4-596-13220-8

◆ベネチアの真珠―ベレア家の愛の呪縛 3 ペニー・ジョーダン作、水月遥訳 ハーパーコリンズ・ジャパン （ハーレクイン・ロマンス）
【要旨】結婚式当日、3歳から決められていた許婚に突然捨てられ、フランチェスカは人生の目的を失っていた。傷心を癒やすために、ベネチアからイギリスへ旅立った彼女は、知人の家でオリヴァーという傲慢な男性に出会った。そして恋もまだなかきさげられ、さらに傷つけてしまう。女性との噂が絶えないプレイボーイの彼から見れば、世間知らずの私なんて、相手をする価値もないのだ。しかし翌日、フランチェスカはオリヴァーに再会する。無垢な彼女は、彼の情事の標的になったことに気づかなかった。
2017.3 220p 17cm ¥657 ①978-4-596-13227-7

◆暴君の甘い罰 ペニー・ジョーダン作、麦田あかり訳 ハーパーコリンズ・ジャパン （ハーレクイン・ロマンス）
【要旨】両親を亡くし、住む家を失ったサラにとって、自分を受け入れてくれた祖母は、なによりも大切な存在だった。だから、心臓が悪い祖母のためだと言われると、大富豪ルークとの結婚を断る理由が見つからなかった。彼は、亡き妻の肉親である私の目付け役を安心させたかっただけ。今もまだ継妹の嘘を信じ、私を財産めあての女と思っているのだ。つまりルークは私に、妻という罰を与えるつもりなのだ。けれど前に彼からされた、熱く強引なキスの記憶がよみがえると、無垢なサラの胸は、おびえつつも小さくときめくのだった…。
2017.10 220p 17cm ¥657 ①978-4-596-13281-9

◆家政婦はシンデレラ スーザン・スティーヴンス作、石原杏奈訳 ハーパーコリンズ・ジャパン （ハーレクイン・ロマンス）
【要旨】スペインの離島で、家政婦として働いていた孤児のロージーは、雇い主の遺言で島の半分の所有権を相続することになり、驚愕する。だがその遺言に彼女以上に驚き、不満をあらわにしたのは、島のもう半分を継いだ雇い主の甥で世界的なホテル王、ドン・シャヴィエル・デル・リオだった。今から2年以内に後継ぎを生まなければ、という条件つきで課された彼は、強引にリゾート開発を進めようとして、ロージーと激しく対立する。大好きなこの島と人々を守りたい一悩んだ末、ロージーは決めた。自らを犠牲にして差しだすのだ。彼の後継ぎを産む花嫁として。
2017.8 220p 17cm ¥657 ①978-4-596-13265-9

◆ギリシア大富豪の略奪 スーザン・スティーヴンス作、柿原日出子訳 ハーパーコリンズ・ジャパン （ハーレクイン・ロマンス）
【要旨】リーザが亡き父から受け継いだ会社は破産の危機に瀕していた。立て直そうと奔走する彼女のもとに、ある日支援の手を持ちよったのは、ティノ・ザゴラキス一世界的に有名なギリシア人大富豪だった。だが彼が彼女の真の狙いは会社ではなく、会社の乗っ取りだとわかり、リーザは愕然とした。このままではすべてを彼に奪われてしまう。彼女は、直談判しようとティノが住むエーゲ海の島に向かうが、待ち構えていた彼はリーザに5日間の滞在を許すと、さも当然のよう

る手を使って僕を説得してみればいいと挑発するように。まるで家主との不倫を疑われたのだ。まるで家主がその挑戦を拒めないと確信しているかのように。
2017.4 220p 17cm ¥657 ①978-4-596-13240-6

◆シチリア富豪とシンデレラ スーザン・スティーヴンス作、杉本ユミ訳 ハーパーコリンズ・ジャパン （ハーレクイン・ロマンス）
【要旨】シチリアの大富豪ルカは、不慮の死を遂げた弟がジェニファーとして天涯孤独の苦学生に莫大な信託財産をすべて遺したことを聞き、耳を疑った。金目当ての小娘の策略に違いないものか―彼は一計を案じた。一方、そんなこととは知らないジェニファーはある日、アルバイト先のささやかなチャリティ・オークションで自分とのデート権を出品させられ、おどおどと舞台に上った。イタリア系の男性が突然現れ、1万ドルを提示する。彼は誰なの？ 熱く危険な視線が、無垢なジェニファーの心を一瞬で射貫き…。
2017.12 220p 17cm ¥657 ①978-4-596-13293-2

◆カリアキスの秘密の跡継ぎ ミシェル・スマート作、朝戸まり訳 ハーパーコリンズ・ジャパン （ハーレクイン・ロマンス）
【要旨】出版社に勤めながら幼い息子トビーを一人で育てるジョアンは、アゴン国王の伝記を執筆するため、王国へ飛んだ。前夜、インターネットで見た王族たちの姿に目を焼きつけられた。5年前、ジョアンはテオという男性と出会い、恋に落ちて、トビーを身ごもった。だが、それきり彼からの連絡はとだえた。そのテオに、アゴンの王子テセウスはうり二つだったのだ。テセウスこそテオ。身分を隠して私を弄んだだけのね。予想どおり、再会した彼は別人のように冷ややかな態度で、ジョアンは決意を新たにした一トビーのことは秘密にしよう。
2017.2 220p 17cm ¥657 ①978-4-596-13223-9

◆ギリシア富豪の純愛―四富豪の華麗なる醜聞 4 ミシェル・スマート作、山科みずき訳 ハーパーコリンズ・ジャパン （ハーレクイン・ロマンス）
【要旨】富裕層相手の結婚相談所をひっそりと営むエリザベスには、誰にも言えない秘密があった。学生時代に旅先で出会った青年と情熱のままに結婚して、ていくばくもないうちに離婚した過去があるのだ。当代きってのプレイボーイと名高いギリシア富豪サンダーとの過去が公にされるエリザベスの社会的信用は失墜し、これまで大切に育ててきた事業が立ちゆかなくなってしまう。しかし今サンダーは、妻が必要になったから僕を探してもらう必要はない。僕たちはまだ結婚している」
2017.9 220p 17cm ¥657 ①978-4-596-13271-0

◆仕組まれた愛の日々 ミシェル・スマート作、東みなみ訳 ハーパーコリンズ・ジャパン （ハーレクイン・ロマンス）
【要旨】その日、秘書のアンナは朝から頭がひどく痛かった。しかも、いつものように颯爽と現れた社長のステファノからは、なぜか妻と呼ばれ、唇を強引に奪われた。あこがれていたボスの驚きの行動に、アンナは気を失ってしまう。病院で目が覚めた彼女は、医師から記憶喪失だと告げられた。本当に1年前、私は彼の秘書から妻になったの？ 女性関係が派手な社長への思いは、胸に封じていたはずなのに。でもステファノは、私だけを愛していると知っていた。でも、このおなかの違和感は二人の赤ちゃんということ？
2018.1 220p 17cm ¥657 ①978-4-596-13299-4

◆シンデレラ失格 ミシェル・スマート作、朝戸まり訳 ハーパーコリンズ・ジャパン （ハーレクイン・ロマンス）
【要旨】ヨーロッパの小国アゴンの王宮博物館の学芸員エイミーは、皇太子ヘリオスと惹かれ合い、秘密の関係を持つようになった。しかし、いずれ国王になる彼は王族から后を迎えねばならず、二人の関係は初めから彼の結婚が決まるまで続くものだった。そんなとき、ヘリオスの后選びのための舞踏会の開催が決まった。思いがけない胸の痛みから、彼への愛を再認識したエイミーは、別れを告げられる前に自ら身を引き、アゴンを出ようとする。だがヘリオスは無情にも愛人を続けようと言い迫まる、厳しく告げて。「逃げたいなら逃げればいい。僕がすぐに君を連れ戻す」。
2017.4 220p 17cm ¥657 ①978-4-596-13235-2

◆聖夜に芽ばえた宝物 ミシェル・スマート作、朝戸まり訳 ハーパーコリンズ・ジャパン

【要旨】クリスマスの朝、カタリナは愕然とした。まさか妊娠してしまうなんて…ナサニエルの子を。カタリナはお金と政治にしか興味のない父のモンテクルール大公や兄からむごい仕打ちを受け、夢も希望も失っていた。そんなとき、あるパーティで大富豪ナサニエルとダンスをし、彼から人生で初めて特別な女性として扱われ、誘惑されて、一夜かぎりと心に決め、純潔を捧げたのだった。激怒した大公はカタリナとナサニエルの結婚を強引に進めるが、夫となった彼は別人のように冷淡で、彼女には指一本触れず…。
2017.11 220p 17cm ¥657 ①978-4-596-13288-8

◆イタリア富豪の熱愛―四富豪の華麗なる醜聞 2 レイチェル・トーマス作、藤村華奈美訳 ハーパーコリンズ・ジャパン （ハーレクイン・ロマンス）
【要旨】「君のおなかに僕の子がいる以上、結婚するしかない」仕事の都合で妻を必要としているダンテの苦々しげな言葉に、パイパーははるばるローマへやってきたことを悔やんだ。2カ月前、パーティ会場でウエイトレスをしていたパイパーは彼の誘惑に抗う術もなく純潔を捧げ、小さな命を宿したのだった。悪名高いプレイボーイ富豪のゴシップ報道を気にする彼と、熱烈に愛し合っている婚約者のふりをするなんて…。とまどい、傷つきながらもパイパーは契約書にサインした。わが子の人生に愛情深い父親を与えてやりたい一心で。
2017.7 220p 17cm ¥657 ①978-4-596-13256-7

◆灼熱のシンデレラ レイチェル・トーマス作、中村美穂訳 ハーパーコリンズ・ジャパン （ハーレクイン・ロマンス）
【要旨】愛する人の子を産む一それはデスティニーの見果てぬ夢だった。支配的な両親に従い、父の乗馬学校で身を粉にして働く日々。だが、そんな彼女をひとりの男性が強烈に揺さぶられた。野性的な力強いオーラ、全ての女性の心を溶かすほど美しい顔立ち。中東の富裕国からやってきた彼にシークの愛馬の治療を依頼され、その支配的な態度に激しく反発しながらもデスティニーは了承した。2日後、王宮に通された彼女は再会したデスティニーは狼狽し、たどたどしい口調で尋ねた。「あなたはシークの側近でしょう？」「ぼくはこの国のシーク、ザフィール・アル・アスマリだ」。
2017.3 220p 17cm ¥657 ①978-4-596-13229-1

◆天使は一夜で舞い降りて レイチェル・トーマス作、春野ひろこ訳 ハーパーコリンズ・ジャパン （ハーレクイン・ロマンス）
【要旨】なんてすてきな人なの…。仕事で異国に赴いたエマは、仕事相手の孫であるニコライに一目で心を奪われた。彼はニューヨークに住む有名な立大富豪だが、大切な祖母のため、20年ぶりに故国に帰ってきたのだという。彼の圧倒的な魅力の虜となったエマは純潔を捧げてしまうが、翌朝、残酷な現実を告げる。名刺を残し、彼は消えていた。2カ月後、妊娠したエマはニコライを訪ねて事実を告げるが、彼から放たれた言葉はあまりに冷たいものだった。「この困った状況の解決には結婚しかない。つまり経済的救済だ」。
2017.10 220p 17cm ¥657 ①978-4-596-13279-6

◆嘆きのエンゲージリング―ディ・シオーネの宝石たち 3 レイチェル・トーマス作、山本みより訳 ハーパーコリンズ・ジャパン （ハーレクイン・ロマンス）
【要旨】PR会社を経営するビアンカは、病に臥す祖父から家宝のブレスレットを取り戻してほしいと懇願された。ところが、オークションに出品されていたその品は、彼女が落札する寸前に高値をつけた人物に競り落とされていた。リーヴ・ドラグノフービアンカの兄の仇敵である大富豪で、ニューヨークの社交界入りを狙う野心家の彼は、ビアンカの弱点を見て取り、屈辱的な交換条件を持ちかけてきた。3カ月間彼の婚約者のふりをすればブレスレットは譲る、と。承諾したビアンカは、早速彼から責め苦のようなキスを受け…。
2017.5 220p 17cm ¥657 ①978-4-596-13246-8

◆暗黒王子の白き花嫁 ヴィクトリア・パーカー作、藤村華奈美訳 ハーパーコリンズ・ジャパン （ハーレクイン・ロマンス）
【要旨】ついに父との約束を果たす日がやってきた。ルシアーナはこれから、政略結婚の相手と正式に婚約するのだ。5年前、彼女は酔漢から救ってくれたセインと恋に落ちた。だが、彼がルシアーナの一族の敵、ガランシア国の王子だと気づき、泣く泣く黙って姿を消した一妊娠し

◆砂漠の富豪の寵愛―四富豪の華麗なる醜聞 3　タラ・パミー作，槙由子訳　ハーパーコリンズ・ジャパン　（ハーレクイン・ロマンス）
【要旨】生き別れた弟が無実の罪を着せられて逮捕されたと知り、アマリアは13年ぶりに母国カリージュの壮麗な宮殿を訪れた。執務室に迷いこんだ彼女は、玉座のような椅子に座る男性の琥珀色の瞳に射すくめられた。若き国王シーク・ゼインその威厳に満ちた貴族的な美貌と尊大な言葉に圧倒されながら、アマリアはこれがゼインの花嫁選びの面接であることに気づく。事情を話して嘆状を訴え、弟のためなら王国を脅迫することも辞さないという彼女に対し、ゼインは容赦もあらわに命じた。「君に選択肢はない。期間限定で王妃の役を務めてもらおう」
2017.8 220p 17cm ¥657 ①978-4-596-13264-2

◆ゼウスにさらわれた花嫁　アン・ハンプソン作，槙由子訳　ハーパーコリンズ・ジャパン　（ハーレクイン・ロマンス）
【要旨】"君は僕のもの。僕の島へ来て妻となる。髪に花、首には宝石" ギリシア富豪レオンの言葉が、いま現実になろうとしている。9日前、看護師のタラが患者のレオンにいきなり唇を奪われた。ふたたび唇を奪われた夜、タラは我知らず結婚を承諾していた。しかしほどなく、巧みな口づけと愛撫の呪縛が解けると、彼女は恥ずかしさで死にたくなった。彼女には婚約者がいる。レオンを避け続け、予定どおり結婚の日を迎えたタラだったが、何者かに拉致され、抵抗も空しくギリシア行きの船に乗せられた。いまだ花嫁姿のまま、レオンへの憎悪を胸にたぎらせながら。
2017.6 220p 17cm ¥657 ①978-4-596-13251-2

◆億万長者が愛したナニー―ディ・シオーネの宝石たち 6　ケイト・ヒューイット作，山本みと訳　ハーパーコリンズ・ジャパン　（ハーレクイン・ロマンス）
【要旨】7年前に起きた悲劇のせいで長らく引きこもっていたナタリアは、最愛の祖父がかつて手放した家宝の詩集を取り戻すため、勇気を振り絞ってギリシアへ飛んだ。だが、詩集の持ち主の億万長者アンゲロスと対面するなり、彼の幼いナニー志願者と決めつけられ、雇われてしまう。正体を偽ったまま屋敷で暮らし始めたナタリアは、娘にも冷淡で人を寄せつけようとしないアンゲロスにしだいに惹かれていく。ある嵐の夜、ついに彼女は想いを抑えきれず彼の胸に飛びこむが、もう誰にも愛さないと、にべもなくはねつけられて…。
2017.8 220p 17cm ¥657 ①978-4-596-13267-3

◆ギリシア富豪と夢見た小鳥　ケイト・ヒューイット作，馬場あきこ訳　ハーパーコリンズ・ジャパン　（ハーレクイン・ロマンス）
【要旨】「君の気持ちなど関係ない。あれはただのセックスだ」富豪アレコスの冷淡な言葉に、イオランテの心は凍りついた。初めての舞踏会で王子様のようにハンサムな彼と出会い、薔薇色の将来を夢見て純潔を捧げた直後のことだった。それ以上の話をする間もなくイオランテは横暴な父に連れ去られ、傷物と罵られながら欲得ずくの政略結婚を強いられた。10年後。名ばかりの夫が事故死して9歳の息子と取り残され、困窮したイオランテは藁にもすがる思いでアレコスを訪ねた。「私の息子は夫の子じゃない―あなたの子なの」
2017.10 220p 17cm ¥657 ①978-4-596-13280-2

◆愛なき億万長者の嫉妬　マヤ・ブレイク作，松尾当子訳　ハーパーコリンズ・ジャパン　（ハーレクイン・ロマンス）
【要旨】両親の経営する広告会社で働くエリーズは、スペイン大富豪アレハンドロから仕事のパートナーに指名された。この仕事も大成功させれば、父も母もきっと喜んでくれるはず。明るい希望を胸に、彼女はアレハンドロの会社へと出向くと、いきなり彼から見当違いな罵声を浴びせられ、ショックを受けた。「男性社員といちゃつくのはよせ。ここは恋人探しの場ではない」仕事の話をしていただけよ。エリーズは抗議しようとしたが、アレハンドロの燃える瞳に射すくめられ、声を失としてしまう。しかも、なぜか彼は出張に同行するようエリーズに厳しく命じ…。
2017.7 220p 17cm ¥657 ①978-4-596-13259-8

◆一夜の恋の贈り物　マヤ・ブレイク作，山本翔子訳　ハーパーコリンズ・ジャパン　（ハーレクイン・ロマンス）
【要旨】ゴールディは仕事の面接を受けた帰り道、路地で強盗に襲われた。バッグを盗まれ、ショックで呆然としていると、男性が通りかかった。彼はゴールディの怪我を応急処置してくれたばかりか、ガエル・アギラルと名乗り、仕事まで紹介してくれるという。スペイン人の大富豪が、なぜ私なんかに優しくしてくれるの？ ガエルのリムジンに乗り込んだときには、彼女はすでに彼に夢中で、口づけにとろけたあまりに、純潔を差しだしてしまった。だが翌朝、ガエルの姿は消えていた。枕元の1万ドルと引き替えに。私は娼婦じゃないわ！ 憤るゴールディは後日妊娠に気づき…。
2017.9 220p 17cm ¥657 ①978-4-596-13269-7

◆氷の愛人　マヤ・ブレイク作，春野ひろこ訳　ハーパーコリンズ・ジャパン　（ハーレクイン・ロマンス）
【要旨】カーラは追いつめられていた。父がギャンブルでつくった借金のせいで困窮しているうえに、支援を募った会社の経営者がハビエルだったなんて。スペイン人大富豪のハビエルとは、3年前、出会ってすぐに恋に落ち、そのまま夢のような一夜をともにした。だが翌朝、初めての経験だったカーラは動揺のあまり、心にもない言葉を彼に浴びせてしまい、気まずいまま別れたのだ。「いずれ君はひざまずいて、ぼくに許しを請うことになる」あの日の言葉どおり、ハビエルはカーラに残酷な契約を提示する。
2017.3 220p 17cm ¥657 ①978-4-596-13233-8

◆熱砂に囚われた小鳥―ディ・シオーネの宝石たち 2　マヤ・ブレイク作，深山咲訳　ハーパーコリンズ・ジャパン　（ハーレクイン・ロマンス）
【要旨】慈善事業を行う財団の代表を務めるアレグラは、余命わずかな曾祖父から、ある願い事を託された。かつて手放した秘宝の箱を、砂漠の国ダル・アマンの国王から取り戻してほしいというのだ。アレグラは偶然にも宮殿内で箱を見つけて歓喜するのだが、ふと人影に気づいて震えた。燃える目をしたラヒムが立っていた！
2017.4 220p 17cm ¥657 ①978-4-596-13238-3

◆目覚めれば愛は宿り　マヤ・ブレイク作，山科みずき訳　ハーパーコリンズ・ジャパン　（ハーレクイン・ロマンス）
【要旨】憧れていたボス、大富豪エミリアノと恋仲になって3カ月。シエナは、故国から戻った彼の様子に異変を感じた。翌朝、新聞を見た彼女は理由を知ると同時にショックを受ける。嘘よ！ エミリアノが同郷の女性と婚約するなんて。シエナは深く傷つき、彼と暮らすペントハウスから逃げだした。数週間後、偶然レストランでエミリアノにでくわしたシエナは、口論するうちに転倒し、頭を打って記憶を失ってしまう。名前すら思いだせない彼女に、医師は驚くべきことを告げた。「あなたは妊娠しています」
2017.12 220p 17cm ¥657 ①978-4-596-13290-1

◆イタリア古城の愛の魔法　アンディ・ブロック作，石原奈緒訳　ハーパーコリンズ・ジャパン　（ハーレクイン・ロマンス）
【要旨】億万長者のオルランド・カッサーノと仕事上で出会い、男らしい彼の魅力に惹かれて夢の一夜を過ごしたイソベル。その軽率な行動の代償は、思いがけない妊娠だった。オルランドはそれを聞くや、「僕に僕の子か？」と横柄に問い詰めたあとで、予想外にも結婚を提案してきた。愛あるプロポーズだとはまさか思いもしなかったが、やがて明かされた真実に、イソベルはなすすべもなかった。実は彼はイタリア貴族の出身で、おなかの子は由緒正しき侯爵家の跡継ぎなのだという！
2017.2 220p 17cm ¥657 ①978-4-596-13222-2

◆大富豪の情熱の流儀　ジェニファー・ヘイワード作，水月遙訳　ハーパーコリンズ・ジャパン　（ハーレクイン・ロマンス）
【要旨】会社を立ちあげたばかりのアレクサンドラは、巨大企業デカンボ社から新商品の仕事を打診されて喜んだものの、一方で不安も隠せなかった。じつはこの企画の責任者である副社長ゲイブは、アレクサンドラの実姉の夫の弟で、すでに面識があった。彼はなぜか初めから私に手厳しい。一緒に仕事をする気はあるの？ 溢れる感情のまま彼に詰め寄るが、次の瞬間、彼女は力強い腕に抱かれ、問答無用で唇を奪われて…。
2017.5 220p 17cm ¥657 ①978-4-596-13244-4

◆大富豪の冷たい寝室　ジェニファー・ヘイワード作，片importcoupleNaomi 真紀訳　ハーパーコリンズ・ジャパン　（ハーレクイン・ロマンス）
【要旨】アンジーは大富豪ロレンツォと2年前に離婚した。薔薇色の新婚生活は彼女の流産を機に一変してしまった。まるで火が消えたように夫の興味は仕事に移り、傷ついたアンジーは耐えきれずに家を出たのだった。ところが、彼女がようやく新たな一歩を踏みだそうとした矢先、ロレンツォが突然現れ、離婚は成立していないと断言すると、彼女の父親の会社への援助と引き替えに復縁を迫った。いやよ、もうあんな悲しい思いはしたくないわ。抗うアンジーをかき抱くと、ロレンツォは熱いキスを迫り…。
2017.12 220p 17cm ¥657 ①978-4-596-13296-3

◆白馬の騎士と偽りの花嫁―ディ・シオーネの宝石たち 7　ジェニファー・ヘイワード作，深山咲訳　ハーパーコリンズ・ジャパン　（ハーレクイン・ロマンス）
【要旨】まもなく結婚式が始まるというのに、花嫁姿のミーナは泣いていた。花婿は、かっとなるとすぐに暴力を振るう卑劣な男だが、借金を返すためには、彼と結婚する必要があるのだ。するとそこへ、見覚えのあるハンサムな男性が訪ねてきた。ネイト・ブランズウィック―ホテル客室係の担当する、彼と暮らすペントハウスに泊まる大富豪だった。彼はミーナの話を聞くと、驚くべき提案をした。「僕と結婚すればいい。決めるのは君だ」ミーナはネイトを信じて簡素な式を挙げ、彼の屋敷へ逃げ延びた。数カ月後、妊娠した彼女は夫の本心を知り、深く傷つくことに…。
2017.9 220p 17cm ¥657 ①978-4-596-13273-4

◆聖母と嘆きのギリシア富豪　ジェイン・ポーター作，柿原日出子訳　ハーパーコリンズ・ジャパン　（ハーレクイン・ロマンス）
【要旨】ジョージアは宣教師の両親を不慮の事故で亡くし、妹を養うため、自ら卵子提供して代理母となる道を選んだ。契約相手は子どもの父となるギリシアの大富豪ニコス・パノス。妊娠6カ月を迎えたころ、ニコスから驚きの連絡があった。生まれてくる子どもにギリシアの市民権を与えるために、彼の住むエーゲ海のカルノス島へ渡り、そこで出産しろというのだ。追加の報酬さえあれば、もう妹の将来を心配しなくて済む―専用機で島に飛び、初めてニコスと対面したジョージアだったが、図らずも彼の美しさと、その身にまとう孤独の影に心奪われ…。
2017.7 220p 17cm ¥657 ①978-4-596-13261-1

◆愛を授かりしベネチア　キャロル・マリネッリ作，相原ひろみ訳　ハーパーコリンズ・ジャパン　（ハーレクイン・ロマンス）
【要旨】リディアは継父に連れられ、ベネチアの高級ホテルに来ていた。傾きかけた家業を立て直すため、ある人物と会うのだという。でも何かおかしい。なぜ露出の多いドレスを着る必要があるの？ 答えは明白。お金と引き替えにリディアを差しだすつもりなのだ。恐ろしくなって逃げだした彼女に、一人の男性が声をかけた。ラウル・ド・サヴォーロというハンサムな不動産王は彼女の話を聞き、深く同情すると、気晴らしにと観光へと連れだしてくれた。この夢のような時間が永遠に続けばいいのに……。彼を決して純潔を捧げた彼女はやがて妊娠する。彼の残酷な真意も知らぬまま。
2017.11 220p 17cm ¥657 ①978-4-596-13284-0

◆億万長者の罪な嘘―ディ・シオーネの宝石たち 1　キャロル・マリネッリ作，みずきみず こ訳　ハーパーコリンズ・ジャパン　（ハーレクイン・ロマンス）
【要旨】夢を実現するための資金調達に四苦八苦するアビーの前に、突然、潤沢な資金を提供するという救世主が現れた。名門ディ・シオーネ家の御曹司で、投資会社社長のマッテオだ。プレイボーイだと噂される彼は、実際に会ってみると寛大で率直な魅力にあふれたすてきな男性で、過去の出来事から男性不信に陥っていたアビーの心さえ動かした。さっそく彼に誘われ、彼女は生まれて初めて胸をときめかす。だが、マッテオ狙いをこのときのアビーはまだ知らなかっ

ロマンス

外国の小説

た。そう、愛が憎しみに変わるほどの残酷な真の目的を…。
2017.3 220p 18cm ¥657 ①978-4-596-13232-1

◆過去を捨てた億万長者―氷の掟　キャロル・マリネッリ作，山本翔子訳　ハーパーコリンズ・ジャパン　（ハーレクイン・ロマンス）
【要旨】レイチェルは知人の結婚式で億万長者ニコライと出会った。私生活のすべてを神秘のベールで覆い、愁いを帯びた瞳の奥に過去さえも封印したかのような謎めいた彼に、レイチェルはたちまち心を奪われた。一方ニコライも彼女に惹かれ、二人はめくるめく一夜を過ごす。だが夜明け前、彼は一言もなく振り返りもせずに部屋を出ていった。なんて冷たい人なの。レイチェルは深く傷ついたが、ニコライの行動の裏には誰にも明かせない秘密があった―レイチェルが長年隠してきたのとまったく同じ秘密が。
2017.2 220p 17cm ¥657 ①978-4-596-13225-3

◆儚い愛人契約　キャロル・マリネッリ作，漆原ामा訳　ハーパーコリンズ・ジャパン　（ハーレクイン・ロマンス）
【要旨】ウエディング・プランナーのガブリエラは、ローマ屈指の名門ホテルのオーナー、アリムに恋していた。美人の元恋人たちが口々に彼の冷酷さを嘆こうと、耳を貸さずに。あるとき、優秀な働きぶりに目を付けたアリムから声をかけられ、親密な誘惑を受けたガブリエラは、一夜の恋と知りながら純潔を捧げてしまう。翌朝、彼は自身が異国の皇太子だと明かし、戴冠までの愛人になれと迫るが、妊娠は認めないと言い放った。なんて人は愚かでしょう！逃げだした彼女は知らなかった―よもやアリムの子を宿し、秘密裏に育てることになろうとは。
2018.1 220p 17cm ¥657 ①978-4-596-13297-0

◆炎の大富豪と氷の乙女―氷の掟　キャロル・マリネッリ作，山本翔子訳　ハーパーコリンズ・ジャパン　（ハーレクイン・ロマンス）
【要旨】日々厳しい訓練を積む18歳のバレリーナ、アーニャの前に、初恋の人ローマンが現れた。燃えあがる情熱に身を任せ、純潔を捧げた彼女は、翌朝彼の姿がないことに気づいて絶望した。14年後、今やプリマとなったアーニャは、楽屋を訪ねて来たゴージャスな実業家の正体に気づいて固まった。ローマン！今さら私に何の用があるの？だが、冷たい態度とは裏腹にアーニャの心は乱れていた。ローマンが纏う、かつて切なかった秘密の匂いに煽られて。
2017.6 220p 17cm ¥657 ①978-4-596-13254-3

◆愛人には幼すぎて　アン・メイザー作，若菜もこ訳　ハーパーコリンズ・ジャパン　（ハーレクイン・ロマンス）
【要旨】リリーはスペイン人富豪のレイフを見た瞬間から、15歳近くも上の、大人の男性の危険な魅力に心を奪われた。最近、有名な豪邸に越してきた彼は大変お金持ちらしいが、よくない噂の絶えない人物でもあった。そうとわかっていても、リリーはレイフの誘いを拒めなかった。そして身をまかせ、人生最高の幸せを知った。でも、いったいなぜ彼が私に興味を持ったの？ベッドでひとり目を覚ましたとき、リリーは残酷な答えを知る。彼女のことは上辺だけで、彼は前妻に会いに行っていたのだ！
2017.9 220p 17cm ¥657 ①978-4-596-13274-1

◆愛という名の足枷　アン・メイザー作，深山咲訳　ハーパーコリンズ・ジャパン　（ハーレクイン・ロマンス）
【要旨】アビーはロンドンのバーでルークと出会った。母の介護と日々の生活に疲れきっていた彼女は、彼とのつかの間の逢瀬を楽しみ、心から癒やされた。だが、ある事情がありアビーはそれ以上の関係に進むことができず、ふたりはそのまま会うこともなかった。5年後、開発事業で成功を収め、大富豪となったルークがアビーの前に突然現れる。瞬時に甦る情熱のまま結ばれた翌朝、彼は冷酷に言った。「結婚に興味はない。だが愛人なら…」深く傷ついたアビーは、数週間後、体に異変を感じて愕然とする。
2017.6 220p 17cm ¥657 ①978-4-596-13217-5

◆嘘と秘密と一夜の奇跡　アン・メイザー作，深山咲訳　ハーパーコリンズ・ジャパン　（ハーレクイン・ロマンス）
【要旨】別居して1年近く、ジョアンナは離婚について話し合うため、大富豪の夫マットの屋敷を訪ねた。彼への情愛などもう残っていないと思っていたのに、再会するなり、思いがけず胸の高鳴りを覚えたジョアンナは、自分を叱りつけた。騙されてはだめ。彼の酷い仕打ちを忘れた

の？二人の話し合いはしだいに熱を帯び、抑圧された情熱が炎とかえる。翌朝、マットのベッドで目覚めたジョアンナは動揺して逃げだすが、やがてさらなる動揺が彼女を襲う―妊娠していたのだ。だが、時すでに遅し。マットは新天地へと旅立ち、連絡も途絶え…。
2018.1 220p 17cm ¥657 ①978-4-596-13298-7

◆億万長者と買われた令嬢―独身富豪クラブ 3　ミランダ・リー作，加納三由季訳　ハーパーコリンズ・ジャパン　（ハーレクイン・ロマンス）
【要旨】カウンセラーのアリスは、ロンドンにある保護施設で、暴力をふるわれた女性たちのために働いていた。ある日、資金も人手も圧倒的に足りないその施設に、途方もなく美しい大富豪が支援を申し出てきた。ジェレミーはロンドン一のプレイボーイと噂される男性だ。彼の目的が自分だと、アリスは最初から気づいていた。それでも、アリスはジェレミーに身を差し出すしかなかった。苦しむ女性たちを一人でも救うためには、お金が必要なのだ。バージンだと知られて、彼に幻滅されるとしても。
2017.6 220p 17cm ¥657 ①978-4-596-13250-5

◆秘書は秘密の恋人―独身富豪クラブ 2　ミランダ・リー作，若菜もこ訳　ハーパーコリンズ・ジャパン　（ハーレクイン・ロマンス）
【要旨】ハリエットは不動産開発会社を経営するアレックスの秘書。恋人が何カ月単位で変わる遊び人の彼に、密かに憧れている。ボスの魅力に惑わされてはだめ。彼女は自分を叱りつけた。私が求めているのは誠実な男性と心に溢れた結婚なのだから。ある日、彼から急な出張への同行を求められたハリエットは、宿泊先の豪華なホテルのスイートルームで、アレックスから思いがけない提案をされて衝撃を受ける。結婚も恋愛も抜きで、週末だけの恋人関係を結ばないか、というのだ。拒否するべきとわかっていても、彼への想いは止められず…。
2017.3 220p 17cm ¥657 ①978-4-596-13231-4

◆靴のないシンデレラ　ジェニー・ルーカス作，萩原ちさと訳　ハーパーコリンズ・ジャパン　（ハーレクイン・ロマンス）
【要旨】「助けて！雇い主に私たちの赤ちゃんを奪われそうなの！」大聖堂に駆け込んだスカーレットは2000人の列席者の背後から叫んだ。祭壇に立つ花婿はイタリア出身の辣腕経営者ヴィン・ボルジア―8カ月前、バーで出会った彼の魅力に抗う術もなく純潔を捧げた翌朝、彼の身分を知ったスカーレットは名前も告げずに姿を消したのだった。突然の珍客に驚きながらもヴィンは彼女を追ってきた雇い主を追い払い、政略結婚を取りやめて、スカーレットに父親鑑定と婚前契約を要求した。屈辱的ですがんじがらめの条件のもとに、愛なき結婚をするなんて…。傲慢でセクシーな黒い瞳に見据えられ、彼女の心は千々に乱れる。
2017.4 220p 17cm ¥657 ①978-4-596-13239-0

◆十万ドルの純潔　ジェニー・ルーカス作，中野恵訳　ハーパーコリンズ・ジャパン　（ハーレクイン・ロマンス）
【要旨】雪が舞う2月の夜、レティは念願の恋をついにかなえた。ダレイロスは10年の間に、ギリシア人富豪として成功していた。そして彼女をやさしくベッドに誘い、喜びを与えた。ところが目を覚ましたとき、レティは彼からこう言われた。「きみは10万ドルで、バージンを売ったんだ」いったいどういうこと？レティは小切手を投げつけられ、深夜の寒い通りへ追い出された。まるで商売女のように。みじめに捨てられた彼女は、ダレイネスを忘れようとした。数週間後、小さな命が宿ったことがわかるまでは…。
2017.10 220p 17cm ¥657 ①978-4-596-13277-2

◆大富豪と愛を宿したメイド　ジェニー・ルーカス作，東みなみ訳　ハーパーコリンズ・ジャパン　（ハーレクイン・ロマンス）
【要旨】その夜、メイドのレイニーは強欲でわがままな伯爵夫人に従って、モナコの王族が主宰する舞踏会にいた。そこで突然、世界的な億万長者カシウスからダンスに誘われる。気づいたとき、レイニーは彼のペントハウスにいた。「僕が君を喜ばせられなかったら、1千万ドルやろう。だが喜ばせ、僕の子供を宿してもらう」カシウスの冷酷だが熱い誘惑に、無垢なレイニーはとまどった。バージンの身で彼に従ったのは、病弱な祖母と盲目の父にお金を送るため？それとも…彼が運命の男性だと信じたため？
2017.8 220p 17cm ¥657 ①978-4-596-13263-5

◆摩天楼のスペイン公爵　ジェニー・ルーカス作，藤村華奈美訳　ハーパーコリンズ・ジャパン　（ハーレクイン・ロマンス）
【要旨】7月の夕方、ベルはマンハッタンの高級住宅の前で震えていた。妊娠を伝えたのに、大富豪アンヘルはわたしを追い払った。大切なバージンを捧げた彼から、金めあてと罵られるなんて。失望したベルは、泣きながら故郷テキサスへと車を走らせた。けれど実家とともに見えてきたのは、黒いヘリコプターと…アンヘル！どうしてわたしを追いかけてきたの？彼はベルに、おなかの子のDNA鑑定を受けるよう迫ってきた。さらには、使用人でも見るような目で冷たくこう言い放つ。「赤ん坊がぼくの子なら、きみもぼくのものだ」。
2018.1 220p 17cm ¥657 ①978-4-596-13300-7

◆イタリア富豪の高慢と贖罪　キム・ローレンス作，水月遙訳　ハーパーコリンズ・ジャパン　（ハーレクイン・ロマンス）
【要旨】ついさっき出会ったばかりの男性とイタリアへ？妹の付き添いを込みでやらないかというダニーロの申し出に、テスは耳を疑った。ロンドンで小学校教師をしているテスは、顔見知りの男からの執拗なストーカー行為に悩まされていた。今日は夜道で男に拉致されそうになっていたところを、偶然通りかかったダニーロが危機一髪で助けてくれたのだった。夏休みに外国へ避難するのは、最良の方法には思えなかったが、迷った末、テスはトスカーナ地方にあるダニーロの屋敷を訪れた。愛を拒む大富豪に身も心も捧げることになるとは夢にも思わずに。
2017.6 220p 17cm ¥657 ①978-4-596-13253-6

◆涙のロイヤルウエディング　キム・ローレンス作，山本みと訳　ハーパーコリンズ・ジャパン　（ハーレクイン・ロマンス）
【要旨】「政略結婚ですか？」「ルイス王子はいつプロポーズを？」大混乱のなか力強い腕で高級車に押しこまれたサブリナは、救い主の顔を見て驚いた。隣国の皇太子ルイスの弟、セブ―あまたの女性と浮き名を流す"王家の黒い羊"だからだ。さらに驚くことに、彼はいきなりサブリナの唇を奪った。生まれて初めて感じた甘いおののきに戸惑いながらも、祖国のために政略結婚を受け入れた彼女は夢想だにしなかった。品行方正なルイスが恋人と駆け落ちして結婚式に現れず、代わりにセブと結婚させられることになろうとは。
2018.1 200p 17cm ¥657 ①978-4-596-13303-8

ハーレクイン・イマージュ

◆愛されない妻　カレン・ヴァン・デア・ゼー作，高橋美友紀訳　ハーパーコリンズ・ジャパン　（ハーレクイン・イマージュ）
【要旨】父の住む異国で開かれたパーティで、ニッキーは思わぬ人物と再会した。女性たちの目を引きつけてやまないその男性とは、かつて彼女が熱い恋に落ちて結婚したものの、4年前に別れたブレイク。仕事で世界中を飛びまわる彼との生活はすれ違いの連続で、愛されていないと感じた彼女は悲痛な思いで離婚を申し出た。心の中では、"お願いだから、止めて"と叫びながら。しかし必死の祈りもむなしく、彼はあっさりと承諾したのだった。とうに葬ったはずの悲しみに襲われ、その夜、ニッキーは枕を濡らした。だが衝撃はそれにとどまらず、翌日、何者かに誘拐された彼女は、背後から囁かれる声に凍りついた―それは、冷たい元夫の声だった。
2017.4 156p ¥657 ①978-4-596-22462-0

◆黄金の鎖　イヴォンヌ・ウィタル作，高山恵訳　ハーパーコリンズ・ジャパン　（ハーレクイン・イマージュ）
【要旨】「グレッグが戻ってきたの」母の言葉に、スーザンは耳を疑った。19歳で結婚したものの1年もせずに別れた元夫が、彼女の父と仕事をするために、この地へ帰ってきたのだ。もともと厳格な両親と折り合いが悪かったスーザンは、規範にとらわれないグレッグの奔放さに憧れて妻となったが、最愛の兄を亡くして別人のように変わってしまった彼になじめず、彼女から離婚を切りだしたのだ。それは、幼すぎた過ちだった。6年経っても、彼の名を聞いただけでこんなにも心が乱れるのに、今さら笑顔で再会するなんてできない。だが、動揺を隠せないスーザンに追い打ちをかけるように、グレッグと"親しい"という女性が現れ…。
2017.8 156p 17cm ¥657 ①978-4-596-22478-1

ロマンス

◆**さよならまでの3日間** イヴォンヌ・ウィタル作,小長光弘美訳 ハーパーコリンズ・ジャパン (ハーレクイン・イマージュ)
【要旨】運悪く交通事故に遭った大学生のキャサリンは、一生車椅子での生活になると宣告され、絶望の淵にあった。だが、神の手をもつ外科医ポールによる再手術を受け、二人三脚でリハビリに励むうち、彼女はついに歩けるようになった。医師として、男性として魅力的な彼に対する恋心がつのる一方、異国にいる彼の帰国の日は刻々と迫っていた。ついに訪れた最後の3日間、キャサリンは悲しみをこらえ、いい思い出をつくろうと観光案内をして彼との時間を心に刻みつけた。そして、とうとう想いを告げることなく別れ、彼女は涙をのんだ。10カ月後、運命の糸が再び二人をたぐり寄せるとも知らずに…。
2017.3 156p 17㎝ ¥657 ①978-4-596-22458-3

◆**涙雨のむこうに** イヴォンヌ・ウィタル作,泉智子訳 ハーパーコリンズ・ジャパン (ハーレクイン・イマージュ)
【要旨】教師のリーサは事故に遭い、友人を失ったうえ、体に大きな傷を負った。退院後は、人前に出るのが怖くて教職に復帰できず、婚約者もそんな彼女を見捨てて去っていった。悲しみに沈むリーサは、傷心を癒やすため遠くの地で新生活を送ろうと、叔母の旧友一家のもとで住み込みのナニーをすることにした。両親を亡くした幼い双子の世話は楽しかったが、子供たちの伯父アダムだけは彼女に容赦なく厳しい目を向けた。秩序ばかり求める彼の姿勢には、彼女への同情や思いやりは微塵もなく、まだ足を引きずる彼女の能力に関しても嫌みを口にしてはばからない。思わず悔し涙が溢れ、リーサの瞳に映る彼の冷たく美しい顔が歪んだ―
2017.5 156p 17㎝ ¥657 ①978-4-596-22467-5

◆**シンデレラの最後の恋―愛しの億万長者 1** スカーレット・ウィルソン作,八坂よしみ訳 ハーパーコリンズ・ジャパン (ハーレクイン・イマージュ)
【要旨】自分に自信のないララは、ある日、絶望の淵に突き落とされた。恋人の裏切りを目撃し家を飛び出したのだ。よるべない彼女は身も心もぼろぼろになり、雇い主夫妻を頼って、ナニーとして働く屋敷を訪れた。運よく、夫妻が休暇旅行で留守にするあいだ滞在を許されるが、そこには思いがけない人物がいた―雇い主の親友で大富豪のルーベン。彼も事情があって一時的にこの屋敷に滞在しなければならないという。こんなにハンサムな男性と二人きり、一つ屋根の下で過ごすなんて!だが、ララは思わず覚えた胸の高鳴りを戒め、もう恋はしないと誓った。片や取り柄のないナニーと、片や大富豪…分不相応な恋ならなおさら。
2017.5 156p 17㎝ ¥657 ①978-4-596-22468-2

◆**小さき天使の訪れ―愛しの億万長者 2** スカーレット・ウィルソン作,中野恵訳 ハーパーコリンズ・ジャパン (ハーレクイン・イマージュ)
【要旨】幸せいっぱいだったアディソンの結婚はいま、岐路にあった。情熱的な恋愛で結ばれたはずの夫ケイレブは、ここ数年、莫大な財を築く一方で、家庭をないがしろにする仕事人間になり果てた。思い悩むアディソンに、彼女は結婚生活の存続をかけて旅行の計画を立てる。南の島でゆっくり過ごし、愛がよみがえるか確かめるのだ。はじめこそ反対して怒りを表していたケイレブだったが、やがて美しい景色を背に息子と戯れる彼の姿に、アディソンは安堵した。でも、問題はこれから。わたしのおなかには新しい命が宿っている―そして、2人目の子供はいらないと明言する彼と共に住む場所に戻っている。息子を亡くした在りし日の彼を、どうしたら取り戻せるの?2部作の第2話で、前作『シンデレラの最後の恋』と同時進行進行し、結婚の危機を描いた物語。心が離れた夫との離婚も脳裏をよぎるなか、妊娠に気づいたヒロイン。ベビーの存在は愛をつなぎとめるのか否か。
2017.8 156p 17㎝ ¥657 ①978-4-596-22477-4

◆**涙のホワイトクリスマス―メイド物語 3** スカーレット・ウィルソン作,後藤美香訳 ハーパーコリンズ・ジャパン (ハーレクイン・イマージュ)
【要旨】あと少しでクリスマスを迎える冬のロンドン、派遣メイドのグレースは超高級ホテルの客室係として働いていた。ある雪の日、いつもとは違う部屋の清掃を任され、はじめて足を踏み入れたのは最上階のスイート。ホテルのオーナーである美しき大富豪フィンリーが使っているという。壮観な眺めを誇る部屋に入ると旅行かばんが置かれていたので、中身を片づけているうち、奥からツリーに飾る天使の像が出てきた。洗練されたフィンリーに冷たい感じのこの部屋をクリスマスらしくしたら?そう思いついたグレースは即座に行動し、完璧な飾りつけをした。フィンリーから罵声を浴びせられ、涙を流すことになるとも思わずに。
2017.12 156p 17㎝ ¥657 ①978-4-596-22495-8

◆**イタリア大富豪と臆病な花―モンタナーリ家の結婚** レベッカ・ウインターズ作,小林ルミ子訳 ハーパーコリンズ・ジャパン (ハーレクイン・イマージュ)
【要旨】デーアは双子の妹の聡明さを心ひそかに羨み生きてきた。最近、想いを寄せていた男性が見初めた相手が妹だったことがわかり、自信を失った彼女は恋に臆病になってしまった。やがてデーアは妹の結婚式に参列することになるが、そこには、彼女に冷たい視線を送る一人の男性がいた―花嫁の親友で大手海運会社の御曹司、ガイド・ロッサーノ。"ライオンハート"の異名をとる精悍で男らしい彼は、世界の女性たちから引く手あまたのた存在だ。以前に一度会っただけなのに、なぜ彼は私を冷淡な瞳で見るの?
2017.6 156p 17㎝ ¥657 ①978-4-596-22470-5

◆**ギリシアのすみれ色の花嫁** レベッカ・ウインターズ作,小長光弘美訳 ハーパーコリンズ・ジャパン (ハーレクイン・イマージュ)
【要旨】17歳で父を亡くし天涯孤独となったリスは、生まれ故郷を離れ、父親の親友ナッソスが住むギリシアの島で暮らしてきた。今、急死したナッソスの葬儀を終え、悲しみに暮れるリスのもとに、弁護士が故人からの手紙を2通届けに来た。1通は彼女に宛てたもの、もう1通は、名前は知っているが面識はないギリシア人大富豪ターキス・マノリス宛てで、リスが直接手渡すようにと書いてある。ナッソスのものだったホテルを二人に遺贈するため、最低でも半年間、手に手をたずさえ経営しなければならない。リスはターキスと会い、古代ギリシアの王子のような姿に我を忘れた。自分のものだった手紙が、彼に罵りの言葉を吐かせるとも知らずに…。
2018.1 156p 17㎝ ¥657 ①978-4-596-22500-9

◆**銀の瞳の公爵** レベッカ・ウインターズ作,小長光弘美訳 ハーパーコリンズ・ジャパン (ハーレクイン・イマージュ)
【要旨】イタリア公爵の跡継ぎヴィンチェンツォと公爵家の使用人娘ジェンマは、身分違いの恋とは知りながら将来を誓い合った二人だったが、ある夜突然、ヴィンチェンツォはさよならも言わずに姿を消した。息子の失踪に怒り狂った父公爵に母娘ともども城から追い出され、ジェンマは愛しい人と住む場所を一度に失った悲しみに苛まれた。10年後、公爵が他界し、城がさる実業家に買収されると知り、過去にけじめをつけるために、彼女はあえて城の求人に応募することする。すると驚くべきことに、実業家の正体は…ヴィンチェンツォだった!彼の銀の瞳に再び心を奪われかけた瞬間、ジェンマは思い出した母から繰り返し教えられた、愛は階級差を超えられないということを。
2017.10 156p 17㎝ ¥657 ①978-4-596-22486-6

◆**祝福のシンデレラ・キス** レベッカ・ウインターズ,ルーシー・ゴードン,キム・ローレンス作,小林ルミ子,長田乃莉子,木内重子訳 ハーパーコリンズ・ジャパン (ハーレクイン・イマージュ・VB)
【要旨】15歳の頃から恋い慕う親友の兄アントニオ皇太子と婚約したクリスティーナ。しかし4年も無関心を決め込まれ放置されたことで、この婚約はいつか解消されると覚悟していた。周囲から密かに"醜いあひるの子"とあだ名されてきた私だから…。ところが、ようやく結婚式が盛大に挙げられることになった―彼の妹に降って湧いた醜聞から衆目をそらすためだけに。『名目だけの花嫁』。絶世の美男ジェレドと知り合い、強く惹かれたケイは純潔を捧げた。だが、一夜で新しい命を身ごもったことを、著名人の彼に知らせる術はなかった。やむなく独りで子を産み育て、6年が過ぎたある日、片時も忘れたのでなかったジェレドが現れ、ケイの心は愛と戸惑いのはざまで揺れる―我が子の存在を偶然知った彼が、息子を奪うつもりでいるとも知らずに。『プレイボーイの真実』。エミリーは結婚して3年経った今も大富豪の夫フィンに夢中。だが彼は前妻といまだに親しく、毎晩帰宅は遅いので、結婚生活に不安に満ちていた。今日は3度目の結婚記念日。腕によりをかけて作った食事は食べる人もないまま冷めてしまった…。とうとう彼女は思い余って夫の会社に乗り込んだ。そこには、一緒にシャンパンを飲む夫と前妻の睦まじい姿があった…。『悲しい嫉妬』
2017.8 317p 17㎝ ¥972 ①978-4-596-79306-5

◆**CEOと一夜の天使** テレサ・カーペンター作,長田乃莉子訳 ハーパーコリンズ・ジャパン (ハーレクイン・イマージュ)
【要旨】美容師のレクシーが大富豪ジェスロに会うのには、切実な目的があった。亡き親友が遺した1歳の娘ジャジが彼の子かどうか確かめ、親権を譲り渡してほしいと頼むのだ。ジャジは今、母親が突然亡くなったため里親に預けられているが、レクシーはなんとしても手元で育てて幸せにしてあげたかった。一方、他人を寄せつけない独身主義者のジェスロは、一夜の過ちの結果、自分に娘がいたことを知ってショックを受けているようだった。だが、彼は予期せぬ反応を示し、レクシーを戸惑わせる―彼女が養母としてふさわしいか見極めるため、3カ月のあいだ彼と同居しなければならないと言う。
2017.3 156p 17㎝ ¥657 ①978-4-596-22460-6

◆**雪夜の秘めごと―メイド物語 4** ジェシカ・ギルモア作,すみれ翔訳 ハーパーコリンズ・ジャパン (ハーレクイン・イマージュ)
【要旨】ロンドンに出てきたソフィーは派遣メイドとして働きながら、デザイナーになる夢をかなえようと懸命に努力している。ある夜、豪華なパーティでのウエイトレスの仕事を終えたあと、いつにも増して帰宅するのが憂鬱な大雪が降ってきた。そのとき、凍える彼女に上等なコートを貸してくれたのは、魅力的な瞳をした、はっとするほど美しいイタリア人マルコだった。彼に誘われるまま一夜を明かした翌朝、恋に不慣れな彼女は自分らしくもない行動が急に怖くなり、書き置きひとつ残さず逃げだした。数日後、友人が催す舞踏会に出席したソフィーは鋭い視線を捉える。ああ、マルコ!恥ずかしさに、彼女は再び逃げようとするが…。
2018.1 156p A6 ¥657 ①978-4-596-22499-6

◆**大富豪と孤独な子守り** リンダ・グッドナイト作,中野恵訳 ハーパーコリンズ・ジャパン (ハーレクイン・イマージュ)
【要旨】里親の家を転々として育ったケイティは、誰からも愛されてこなかった。そんな彼女の夢は、恵まれない子供のための施設をつくることだった。ある日、ケイティは住み込みナニーの募集広告を見つける。広告主はコルト・ギャレット、大物実業家にして高校時代の憧れの人。密かに胸躍らせ応募してみたが、コルトが身に覚えのない赤ん坊を突然育てることになった経緯を知り、ぜひ支えになりたいと思った。だがケイティは、切なくも、果たすべき使命を負っていた。夢の施設を建てるのに必要な銀行融資を受けるため、独身主義のコルトに便宜結婚を申し出なくてはならない一目的を遂げたあかつきには、離婚するという約束で。
2017.3 156p 17㎝ ¥657 ①978-4-596-22457-6

◆**いたずらな愛の使者** ルーシー・ゴードン作,大田朋子訳 ハーパーコリンズ・ジャパン (ハーレクイン・イマージュ)
【要旨】法律事務所で働くエリーは実業家のレオニツィオを担当している。"レオ"の名のとおり獅子のごとく専制君主的な彼は、すでに結婚生活が破綻して別居している妻と離婚協議中で、我が子を妊娠している妻に対し、親権を要求していた。ところが妻側の弁護士から、出生前DNA鑑定の結果、レオニツィオの子ではないと知らされ、離婚は決定的となる。彼にとって、不実な妻のことなどどうでもよかったが、子供が持てないという事実は大きな衝撃だった。エリーはそんな彼を支えようと頑張るが、一線を越えてしまう一まさか、レオニツィオの子を身ごもることになるとも知らずに。
2017.1 156p 17㎝ ¥657 ①978-4-596-22452-1

◆**水都の富豪と愛の妖精** ルーシー・ゴードン作,神鳥奈穂子訳 ハーパーコリンズ・ジャパン (ハーレクイン・イマージュ)
【要旨】ヴェネツィアに降り立って双子の妹の婚約者マルチェロを見たとたん、古くさい中年男性と聞いていたのとはまるで違う精悍で魅惑的な大富豪の姿に、ジュリアは色を失った。旅行中に彼と出会ってすぐ衝動的に婚約した妹は、帰国後に交通違反がもとで出国禁止になったため、妹にかわって彼と母親に挨拶しに行くようジュリアに強いられた。こんなにすてきな人に対して、偽りの婚約者を演じるだなんて。無事に役目を終えられますようにというジュリアの願いも空しく、ふたりきりになるやいなやマ

外国の小説

ロマンス

ルチェロの黒い瞳に射すくめられ、激しく唇を奪われて、彼女の心は千々に乱れた。
2017.7 156p 17cm ¥657 978-4-596-22475-0

◆**愛憎が丘** エッシー・サマーズ作、皆川孝子訳 ハーパーコリンズ・ジャパン （ハーレクイン・イマージュ）
【要旨】養子のメレディスがようやく見つけた実母は、親子の名乗りをあげてまもなく、重い病で帰らぬ人となった。だが、娘の存在を知らない実の父がまだ健在だとわかると、彼女はルーツを探るため、素性を隠して父の住む地に求職広告を出した。首尾よく、さる屋敷で雇われることになるが、そこにはメレディスの心をかき乱す男性が暮らしていた。名をガレスというその人は、彼女の血の繋がらない兄だったのだ！ ガレスは彼女の亡き母を嫌い、先の計報にも安堵したと言い放つ。人知れずメレディスは傷つき、腹を立てた義兄のひどい言葉に。そして、そんな彼を憎からず思ってしまう自分に。
2017.5 156p 17cm ¥657 978-4-596-22466-8

◆**フィヨルドランドの片思い** エッシー・サマーズ作、中野恵訳 ハーパーコリンズ・ジャパン （ハーレクイン・イマージュ）
【要旨】「きみは誰だ？ ぼくの家で何をしている？」 見知らぬ男性に激怒され、寝巻姿のジョスリンはうろたえた。ゆうべ濃霧の中で道に迷った末、景勝地の知人宅に辿り着いたはずだったが、どうやら入る家を間違えてしまったのだ？ 話すうち、マグナスと名乗る裕福な彼とは遠縁関係にあることがわかり、驚くことに、彼は住み込みナニーになってくれないかと言いだした。求職中の彼女は喜んで引き受け、やがて彼に淡い恋心を抱くようになる。けれど私は、弟の遺児たちの世話係にすぎないというのに…。日増しに募る切なさを押し隠し、懸命に働き続けるジョスリンの前にある日突然、マグナスの元婚約者だという女性が現れて…。
2017.12 156p 17cm ¥657 ①978-4-596-22464-1

◆**迷子の秘書をさがして** エッシー・サマーズ作、小池桂訳 ハーパーコリンズ・ジャパン （ハーレクイン・イマージュ）
【要旨】父の死後、家族を支えるため身を粉にして働くプリシラは、昼間は社長秘書、家に帰れば家事や姉の子育てを手伝う毎日。そんな生活も、姉の再婚を見届けた1年後に終わりを告げた。悩んだ末、社長のピーター・B・ロックハートに辞職を願い出たのだ。それは、届かぬ恋心を隠して彼のそばで働くのがつらいから。心機一転、プリシラはさる老婦人の屋敷で住み込みの子守りの職を得る。老婦人が言うには、彼女の子を預かることになったのはいいが、"いやみなバーナバス"と陰で呼ばれている甥から反対されているらしい。ある日、玄関前に派手な新車が停まり、噂の人物の登場かと思われた。だがそこに現れたのは、バーナバス・ロックハート、彼女が未練を断ち切ったつもりでいた元上司の姿だった！
2017.9 156p 17cm ¥657 ①978-4-596-22482-8

◆**選ばれたシンデレラ** キャンディ・シェパード作、松島なお子訳 ハーパーコリンズ・ジャパン （ハーレクイン・イマージュ）
【要旨】ある日、企画会社で働くジェマが一人きりで仕事をしていると、目の前に突然、目もくらむほど美形で長身の男性が現れた。トリスタン・マルコという名を聞き、彼女は息をのんだ。最高級ホテルでのパーティを予算無制限で依頼してきた謎の大富豪？ はるばる欧州のモントヴィア国から打ち合わせにやってきたという。やがて思いがけずクルージングに誘われ、ジェマの心は舞い上がった。悲しい過去のせいで恋には慎重になると心に決めたけれど、彼の魅力に抗えるかどうかはわからない…。恋に惑うジェマは知る由もなかった―彼の本当の名は、モントヴィア皇太子トリスタンで、高貴な血筋の女性との結婚を義務づけられている身であることに。
2017.8 156p 17cm ¥657 ①978-4-596-22479-8

◆**クリスマスのシンデレラ―メイド物語 2** キャンディ・シェパード作、泉智子訳 ハーパーコリンズ・ジャパン （ハーレクイン・イマージュ）
【要旨】訳あって逃げるようにロンドンへやってきたアシュリーは、安宿住まいを続けながら通いのメイドとして働いている。しかし、冬のこの時期は宿泊代が高騰し、もう限界だ。当てにしていた友達の家にも泊めてもらえなくなり、彼女は高級住宅地にある派遣先の豪邸に住み込むしかなくなった。そこの主ならギリシア人大富豪のルーカス・クリストフェデスが、クリスマスまでここにはいないというから、きっと

大丈夫。ところがある日、不意に帰宅したルーカスに見つかってしまった。警察に突き出されると怯えるアシュリーに向かい、彼は言い放った―この借りを返すには、ぼくの恋人のふりをしろ！
2017.11 156p 17cm ¥657 ①978-4-596-22492-7

◆**大富豪の秘密の婚約者** キャンディ・シェパード作、松島なお子訳 ハーパーコリンズ・ジャパン （ハーレクイン・イマージュ）
【要旨】噂の実業家ドミニクの豪邸の前で、アンドレアは不安に身を震わせた。彼は世間から"守銭奴の億万長者"とのあらぬ汚名を着せられ、自宅で盛大なチャリティパーティを開いて悪評を払拭したいという。アンドレアは目の前に立つ並外れたオーラを放つ男性に圧倒された。彼はすでに3人ものパーティプランナーをくびにしたかなりの難物だ。それでもドミニクのために一生懸命プランを考え提案した結果、無事に採用が決まり、アンドレアは胸をなでおろした。だが、やがて彼に惹かれ始めた彼女に難題が降りかかる。重要な契約を控え、社会的信用のため"婚約中"とうそぶいた彼が、アンドレアに偽りの婚約者を演じるよう命じたのだ！
2017.4 156p 17cm ¥657 ①978-4-596-22463-7

◆**秘書の恋物語** ジェイン・ドネリー作、北園えりか訳 ハーパーコリンズ・ジャパン （ハーレクイン・イマージュ）
【要旨】21歳の秘書ネルは小さな町の弁護士事務所で、心優しい年配のボスや同僚たちと仲良く平和に働いている。だがある日、青天の霹靂に見舞われる―ボスが突然の引退宣言をし、まもなく、ロンドンで名を馳せる敏腕弁護士がここを引き継ぐという。きっと恰幅のいい初老の男性が来るものと思っていたネルは、新しいボスのスティーヴンを目にした瞬間、思わず頬を赤らめた。上質なスーツをまとい、知的な顔立ちをした働き盛りの男性だったのだ。いざ仕事が始まり、ネルは彼の高い要求に必死についていくが、あるとき彼が電話している声を廊下で漏れ聞き、傷心する。「今の秘書は、あの働きがあると安月給でじゅうぶんだ」。
2017.3 158p 18cm ¥657 ①978-4-596-22459-0

◆**愛を演じて―ベティ・ニールズ選集 15** ベティ・ニールズ作、塚田由美子訳 ハーパーコリンズ・ジャパン （ハーレクイン・イマージュ）
【要旨】ロンドンの病院で働く二十歳の見習い看護師ベネチアは、近くの店の爆弾騒ぎで腕を負傷し、かの著名なオランダ人脳外科医デュアルト・ター・ラーン・ルティンガ教授に処置してもらうことに。かすかな意識のなか見上げた教授のハンサムな顔が―そのとき、乙女の小さな恋は始まったのかもしれない。やがて、唯一の家族だった祖母が急死し一人残されたベネチアに、彼女が気持ちを知らずか、彼が突然プロポーズをしてきた。オランダで後見することになった孤児の少女が社会に余り、模範的な家庭生活を示すために、妻役を演じてほしいというのだ。愛のない結婚は本望ではないと、泣く泣く承諾する彼女だったが…。
2017.8 156p 17cm ¥657 ①978-4-596-22480-4

◆**結婚する理由―ベティ・ニールズ選集 13** ベティ・ニールズ作、上木治子訳 ハーパーコリンズ・ジャパン （ハーレクイン・イマージュ）
【要旨】年金暮らしの祖父と二人きりで生きるユステイシャは、雑用係として働く病院で、有名外科医のコーリンと出会う。独身貴族の彼は、弟夫婦が不在で外国へ行っている間、預かっている幼い甥たちをもてあまして、ユステイシャを住み込みの世話係として雇うことに。ところが、弟夫婦が不慮の事故で他界し、状況が一変する。遺言により後見人となったコーリンから子供たちを奪おうと、母方の祖父母がやってきて、不在がちな彼の責任を咎めだした。すると、コーリンの口から思いもよらない言葉が飛びだした。「ご安心ください―ぼくとユステイシャは、まもなく結婚します」。
2017.4 156p 17cm ¥657 ①978-4-596-22464-4

◆**しあわせな出会い―ベティ・ニールズ選集 12** ベティ・ニールズ作、永幡みちこ訳 ハーパーコリンズ・ジャパン （ハーレクイン・イマージュ）
【要旨】クレシダは父亡きあとも、身勝手で冷たい継母と暮らしていた。父が遺した家や財産はすべて継母の支配下にあったが、生まれたときから面倒をみてくれていた老家政婦モギーの身を案じ、彼女は家を出ていく気になれずにいた。ある日、捨て犬を助けた拍子に足を怪我して動

けずにいたところ、通りがかりのオランダ人医師に助けられる。その後も気にかけてくれる彼に、クレシダは淡い恋心を抱き始める。やがて、モギーが終身年金を受けられることになり、クレシダもさる老婦人の話し相手の仕事を得て自立することになった―すべては、オルドリックの密かな計らいとも知らずに。
2017.2 156p 17cm ¥657 ①978-4-596-22456-9

◆**少しだけ回り道―ベティ・ニールズ選集 14** ベティ・ニールズ作、原田美知子訳 ハーパーコリンズ・ジャパン （ハーレクイン・イマージュ）
【要旨】ロンドンで看護師として働くユージェニーは、病身の父を世話するために仕事を休んでしばらく地方の実家にいた。両親を心配させまいと内緒にしているが、父の全快後に復職してもすぐに彼女の席はなく、残りひと月勤めたら退職することになっている。ある日、濃霧で道に迷っていたオランダ人医師アデリクと出会い、辺りが晴れるのを待つあいだ、実家で彼と楽しい時間を過ごした。やがて彼は霧と共に去っていった―彼女の心に恋の種を植えて。その後、一時復帰したロンドンの病院でアデリクと再会を果たした彼の思いがけない申し出に、ユージェニーは耳を疑った。「オランダで、僕専属の看護師になってくれないか？」。
2017.6 156p 17cm ¥657 ①978-4-596-22472-9

◆**ドクターとわたし―ベティ・ニールズ選集 17** ベティ・ニールズ作、原淳子訳 ハーパーコリンズ・ジャパン （ハーレクイン・イマージュ）
【要旨】家事手伝いのメアリーは両親と年の離れた妹の世話に明け暮れる毎日。ある日、病後の大伯母につき添って訪れた病院で、オランダ人ドクターのルール・ヴァン・ラケスマ教授と出会った。髪に白いものが交じった長身の彼をひと目見た瞬間、メアリーの胸に恋の矢が突き刺さった。だが彼が尊敬される高名な医師と知り、自分には縁がないと悟った。もう会うこともないなら、せめて心の中だけでも先生と会いたい。メアリーは叶わぬ恋心を白昼夢でなだめる日々を過ごすが、やがて、運命のいたずらか、体調を崩した大伯母の家で教授と再会を果たす。思いがけず親身に接してくれる彼に、封じた想いがあふれそうに…。
2017.12 156p 17cm ¥657 ①978-4-596-22496-5

◆**幻のフィアンセ―ベティ・ニールズ選集 16** ベティ・ニールズ作、古城裕子訳 ハーパーコリンズ・ジャパン （ハーレクイン・イマージュ）
【要旨】ロンドンの病院で看護師長をしているジュリアは、週2回、彼女のいる婦人内科に回診にやってくるオランダ人医師、ファン・デル・ワーギマー教授と折り合いがよくなかった。女性看護師の大半が、有能でハンサムな彼に憧れているが、彼女には無愛想で、ときに意地悪とも言える言葉をかけてくるのだ。だが、教師である父が彼の息子の補習を引き受けたのを機に、彼女はファン・デル・ワーギマー教授の私生活を知るようになる。妻との死別、息子の寮生活に慣れず…近々、結婚予定があること。予期していなかった事実を聞いて胸がちくりと痛み、ジュリアはいつのまにか彼に恋していた自分を戒めるのだった。
2017.10 156p 17cm ¥657 ①978-4-596-22488-0

◆**億万長者の怯えた花嫁** ジェニファー・フェイ作、松島なお子訳 ハーパーコリンズ・ジャパン （ハーレクイン・イマージュ）
【要旨】ソフィアは親友の結婚式でギリシア人大富豪のニコと出会い、男の色気漂う美しい彼に惹かれ、夢のようなときを過ごした。ホテルの客室清掃員の彼女にとって一生の思い出となる夜だった。こんなすてきな人と、たった一夜でも一緒にいられるなんて…。3カ月後、いつもの制服を着て豪華な客室へ清掃に入ると、なんとそこには、あの夜以来めったに心を離せなかったニコが！ 予期せぬ再会に、彼女は怯えたようにその場を逃げ出した。だが、ニコからフロントを通じて呼び出され、窮地に陥る。「何か僕に話したいことがあるんじゃないか？」 ソフィアは身に宿した秘密を悟られまいと、必死に吐き気をこらえた。
2017.1 156p 17cm ¥657 ①978-4-596-22451-4

◆**秘書の小さな秘密** ジェニファー・フェイ作、大田朋子訳 ハーパーコリンズ・ジャパン （ハーレクイン・イマージュ）
【要旨】社長フィンの仕事を手伝ったお礼に、ホリーは自宅での夕食に招かれた。以前より密か

に惹かれていたこともあり、自然に彼と夜をともにする。だが独身主義の彼は、一度妊娠のことだと冷たく彼女を突き放した。ある日、新婚旅行へ行く社長秘書に代役を頼まれ、ホリーは急遽、フィンのカリブ海出張についていくことになる。そこで垣間見たのは、クリスマス嫌いを公言しながら、恵まれない子供たちに贈り物をする活動を始めた彼の優しさ。これ以上好きになっても傷つくだけに、ますます惹かれてしまう。恋のジレンマに胸を痛めるホリーだったが、ある朝、突然吐き気を覚え、バスルームに駆けつた――ああ、まさか！

2017.11 156p 17cm ¥657 978-4-596-22489-7

◆愛の忘れ形見　ベラ・ブキャノン作, 北園えりか訳　ハーパーコリンズ・ジャパン（ハーレクイン・イマージュ）

【要旨】天涯孤独のアリナのお腹には今、小さな命がすくすく育っている。でも、その子と彼女に血のつながりはない。度重なる流産の末とうとう子宝に恵まれなかった友人夫妻のために代理母を買って出たのだが、不幸な事故で夫婦はこの世を去ったのだ。悲しみのなか、アリナは亡き友の兄で大富豪のイーサンを訪ね、お腹の子の保護者になってほしいと頼む。赤ちゃんには、本当の親族に愛され幸せになってもらいたいから…。だが、イーサンの答えは予想をはるかに超えていた――代理母契約のことを知る者が他にいないとわかると、彼は言った。「だったら、この子供は僕ら二人の子供にしよう」。

2017.10 156p 17cm ¥657 978-4-596-22485-9

◆財閥富豪と孤独な聖母――しあわせの絆　1　アン・フレイザー作, 小長光弘美訳　ハーパーコリンズ・ジャパン（ハーレクイン・イマージュ）

【要旨】研修医のオリヴィアは亡夫の遺伝子を継ぐ子を人工授精で身ごもり、その大切な命とともにこれからの人生を歩んでいくつもりだった。しかし運命は残酷にも、彼女から心のよすがを奪おうとしていた。じつは手違いで、おなかの子が我が子でないことがわかったのだ！本当の親にこの子を奪われてしまうかもしれないなんて…。頼れる者もおらず、どうしようもない孤独感に沈んでいると、意外な人物に慰められる。オリヴィアは思わずときめきを覚えた一職場の女性スタッフが熱い視線を送る美形ドクターデイヴィッド。だが、彼が全米屈指の財閥出身だと知った彼女は、我が身を戒めた。密かな同情を勘違いしてはだめ。これ以上辛いことに耐えられないわ。

2017.9 156p 17cm ¥657 978-4-596-22481-1

◆知られざる愛の使者　アン・フレイザー作, すなみ翔訳　ハーパーコリンズ・ジャパン（ハーレクイン・イマージュ）

【要旨】サラは生後半年の息子を母に預け、大病院の救急科に復職したが、初日、そこにはなんと1年半前に別れた恋人ジェイミーがいた。彼が結婚を夢見るまもなく異国へ逃げ子供も望まないと宣言していたから、捨てられて傷心していたサラは、最初から結婚も子供も望まないと宣言していた彼に、捨てられて傷心していたサラは、独りで産み育てる決意をした。彼の優秀な仕事ぶりに再びうずく恋心を必死に戒める彼女だったが、そんなとき運悪く、赤ん坊を連れたジェイミーが二人の前に現れる。赤ん坊の月齢、瞳の色…にわかに自分の子と悟ったジェイミーはサラの母に冷たく言った。「少しサラと二人にしてもらえませんか？」。

2017.6 156p 17cm ¥657 978-4-596-22469-9

◆クララの秘密　ソフィー・ペンブローク作, 北園えりか訳　ハーパーコリンズ・ジャパン（ハーレクイン・イマージュ）

【要旨】仕事に夢中な大富豪ジェイコブとの結婚に嫌気がさしたクララは、都合のいい妻でいるのがつらくて、身の回り品だけを持って家を出た。その後、新たな命を授かっていると気づいたが、子供は欲しくないと明言していた彼に知らせるつもりはなかった。愛されないならいっそ別れたいと再三訴えるクララに対し、彼はつねに弁護士を通じて、離婚には応じないと伝えてきた。だが5年後、イベント業を営むクララのもとにジェイコブが現れ、余命わずかな父のため家族パーティを企画してほしいと頼んでくる。密かに愛する娘の存在、まだくすぶる彼への愛は、知られたくない！悩み苦しむ妻に、夫は言った。「引き受けてくれるなら、離婚に応じる」。

2017.9 156p 17cm ¥657 978-4-596-22484-2

◆いわれなき汚名　フィリス・ホールドーソン作, 堺谷ますみ訳　ハーパーコリンズ・ジャパ

ン（ハーレクイン・イマージュ）（『女優物語』改題書）

【要旨】彼の偏見と誤解に苛まれてもなお、こんなにも心惹かれてしまう…。「君に飲酒運転をしたあげく、僕の娘に怪我を負わせたんだ」事故の衝撃からほんやり意識を取り戻したロビンは、車のドアを開けて寝室まで運んでくれた男性の言葉に凍りついた。翡翠のような美しい瞳を持つ彼、デイビッドは色を失っている。違うわ！私は義理で出席したパーティでお酒をさされたうえに、帰り際に出会った人に急用で車を貸してほしいと頼みこまれただけ。その運転手が道に飛び出してきたデイビッドの娘をはねて、助手席で意識を失ったロビンを運転席に移して姿をくらましたのだ。だが彼女が懸命に訴えても、デイビッドは耳を貸さず無情に言い放つ。「いいかげんな嘘をついて罪を逃れようとしても無駄だ！」。

2017.2 156p 17cm ¥657 978-4-596-22453-8

◆獅子と醜いあひるの子　クリスティ・マッケラン作, 川合りり子訳　ハーパーコリンズ・ジャパン（ハーレクイン・イマージュ）

【要旨】役員秘書として一流企業に入社したカーラは希望に満ちていた。順風満帆な暮らしは、しかし、たった3カ月で潰えてしまう。秘書室の同僚たちに陰湿な嫌がらせをされ、退職を余儀なくされたのだ。さらに家主からも住み慣れた小さな家を追い出されそうになり、カーラは思わずにじんだ涙をこらえた。私立学校に入れるために大きな犠牲を払った田舎の両親に、こんな姿は見せられない―入社を誰よりも喜んでくれていたから。新たな職を求め、従姉に紹介された実業家マックスの豪邸を訪ねると、美しき獅子のような鋭い瞳の男性が現れ、カーラは震える声で懇願した。「今日1日無給でいいので、あなたの手足となるチャンスをください」。

2017.7 155p 17cm ¥657 978-4-596-22473-6

◆富豪伯爵と秘密の妻―メイド物語　1　クリスティ・マッケラン作, 神鳥奈穂子訳　ハーパーコリンズ・ジャパン（ハーレクイン・イマージュ）

【要旨】父が莫大な負債を残して急逝したため、エマは夢をあきらめ、メイドとして働きながらこつこつ返していた。ロンドンの高級住宅街にある屋敷でのパーティーに派遣された夜、ずっと音信不通だった最愛の男性の姿を目にし、彼女は息をのんだ――ああ、あれはまさかレッドミンスター伯爵ジャック・ウエストウッド！6年前に渡米し、今や世界的企業の社長となった彼が、なぜここに？激しく動揺したエマは派手な失態を演じてしまい、烈火のごとく怒った屋敷の主人に乱暴されそうになる。すると、突然ジャックが現れ、威嚇するように言い放った。「僕の妻に、手を出さないでくれないか」。

2017.10 156p 17cm ¥657 978-4-596-22487-3

◆絆のエンジェル　キャロル・マリネッリ作, 神鳥奈穂子訳　ハーパーコリンズ・ジャパン（ハーレクイン・イマージュ）

【要旨】7年前、キャットは赤ん坊を早産のすえ2日で亡くし、婚約者とも破局して、悲しみをかき消すように仕事一筋に生きてきた。ある日、出張先のバルセロナで同じ医師のドミニクと出会い、美しい彼に惹かれるまま情熱的な一夜を過ごす。一夜限りとわかっているけれど、もっと一緒にいたい…。けれど、何か秘密を抱えているような彼を信じきれず、けっきょくは後味の悪い別れを迎えるのだった。やがて思いがけぬ妊娠が発覚し、脳裏に7年前の恐怖がよみがえったが、キャットはドミニクには知らせず、一人で産む決心をする。だが産休中の代診医として現れたのは、ほかでもないドミニクだった。

2017.4 156p 17cm ¥657 978-4-596-22461-3

◆砂漠の魔法に魅せられて　キャロル・マリネッリ作, 泉智子訳　ハーパーコリンズ・ジャパン（ハーレクイン・イマージュ）

【要旨】介護施設にいる母を見舞う生活を6年続けている看護師のアデル。有能な医師であり砂漠の国の皇太子でもあるザヒールに片思い中だが、彼は次々と浮き名を流している彼女には目もくれない。しかし、病に倒れたザヒールの母を看護しに砂漠の国を訪れたとき、彼がやがて父王の選ぶ同国出身の花嫁を娶ることを知る。それが故にザヒールがこれまでの自分を避けていたと気づき、アデルはほとばしる愛をどうすることもできず彼に純潔を捧げた。しかし、二人が深い仲になった事実を知って激怒した父王によって、彼女はあえなくロンドンに帰されてザヒールではない別の男の子を、その身に宿しているとも知らず。

2017.9 156p 17cm ¥657 978-4-596-22483-5

◆塔の上の秘恋　キャロル・マリネッリ作, 森香夏子訳　ハーパーコリンズ・ジャパン（ハーレクイン・イマージュ）

【要旨】赤ん坊のとき母に捨てられ、冷血な医師の父に育てられたヴィクトリア。独りぼっちの少女は父の働く病院の上にある塔で孤独を癒やした。やがて彼女はそこで働くようになり、敏腕ドクターのドミニクと出会う。顔を合わせれば口論する二人だったが、塔の上で鉢合わせしたある日、ふとしたきっかけで激情に駆られて熱いひとときを過ごした。彼に惹かれる想いを抑えて一夜限りの関係と距離を置くことにしたが、思いがけずヴィクトリアを他人に奪われ、状況は一変した。事もあろうに、人間不信のドミニクは自分の子どもかどうかを疑う始末。それを知ったヴィクトリアは決心した―おなかの子は私一人で育てるわ…もう私には近づかないで！

2017.12 156p 17cm ¥657 978-4-596-22493-4

◆白鳥になれない妹　ニーナ・ミルン作, 堺谷ますみ訳　ハーパーコリンズ・ジャパン（ハーレクイン・イマージュ）

【要旨】「僕と結婚してほしい」大富豪のラファエルから突然求婚され、彼の経営するホテルで働くコーラは我が耳を疑った。頼みたい新しい仕事があるからとスペインへ連れてこられたけれど、鷲を思わせる、危ういほど美しい彼からまさか妻に指名されるとは…。彼は土地買収の必要条件として便宜的に結婚したいのだと言い、せいぜい数週間で結婚は解消され、莫大な報酬も約束されるという。兄や姉と違い、どこで美しくもないコーラは両親に愛されて育ち、先日も大事な家宝を他人に騙し盗られて両親に自責されるばかりだった。その損失を補って両親に認めてもらいたい一心で彼女は申し出を受ける。心の隅で、なぜ醜いあひるの子の自分が選ばれたのか、いぶかりながら。

2017.7 156p 17cm ¥657 978-4-596-22476-7

◆億万長者の予期せぬ求婚　スーザン・メイアー作, 八坂よしみ訳　ハーパーコリンズ・ジャパン（ハーレクイン・イマージュ）

【要旨】グレナディ国の王女付き秘書官のクリステンにとって、アメリカ人の天才実業家ディーンが最後の頼みの綱だった。祖国の景気回復のため、彼の企業を誘致しなければならない。パリのホテルでつかまえた彼は目を奪われるようなハンサムだったが、傲慢な評判どおり無愛想で冷たく、彼女のことなど歯牙にもかけない。恐怖に震えつつも、クリステンは話を聞いてほしいと食い下がった。すると、リムジンの中で聞く、飛行機の中で聞くと言われながら、けっきょく話す機会を与えられないままニューヨークに着いてしまった。そして、振り回され疲れ果てた彼女に、彼は思いがけない提案をする―「10万ドル払うから、今夜僕とパーティに出席してほしい」。

2017.11 156p 17cm ¥657 978-4-596-22491-0

◆氷の富豪と愛のナニー　スーザン・メイアー作, 木村浩美訳　ハーパーコリンズ・ジャパン（ハーレクイン・イマージュ）

【要旨】「今週、僕につきあってくれたら、いくらでも払おう」大富豪のマットに誘われたのはナニーとしてだと知りながらも、養子斡旋所で働くクレアは赤面した。彼はとびきりゴージャスなのだ―急に친友の赤ん坊を引き取ることに、途方に暮れていてもなお。確かにクレアはこの4日間世話した赤ん坊と別れがたく思っていた。でも、マットと行動をともにして、彼に惹かれずにいられるかしら？仕事中毒の彼に特別な想いを抱けば傷つくのが目に見えているのに…。だが迷った末、クレアは彼の豪邸で住み込みのナニーとして働き始めた。ここにいるのはマットと恋に落ちるためではない、私は一介の使用人なのだと、揺れる心に言い聞かせながら。

2018.1 156p 17cm ¥657 978-4-596-22497-2

◆放蕩王子が見初めた娘―ザヴィエラの花嫁　2　スーザン・メイアー作, 八坂よしみ訳　ハーパーコリンズ・ジャパン（ハーレクイン・イマージュ）

【要旨】わたしとの結婚は、彼には罰でしかないの？優雅な手綱さばきで颯爽と現れた婚約者のアレックス王子に、グレナディの王女エヴァは呆然とさせられた。彼は素朴な格好をした彼女を使用人の娘と思いこみ、有無を言わさず馬の世話を命じて去っていった。そもそもエヴァはアレックスの兄王子と結婚するはずだったのに、兄王子が別の女性と結ばれ、放蕩で悪

外国の小説

名をはせる弟と婚約したのだった。だが、傲慢な一方で魅力的なアレックスにしだいに惹かれていく。彼なら、たとえ政略結婚でも愛ある関係を結べるかもしれない…。そう思ったのもつかの間、アレックスの頼み事にエヴァは傷つく。この結婚から逃げたいので、彼女から婚約破棄してほしいというのだ！
2017.2 156p 17cm ¥657 ①978-4-596-22454-5

◆**十八歳の憧憬** ジョージー・メトカーフ作, 瀬野莉子訳 ハーパーコリンズ・ジャパン（ハーレクイン・イマージュ）
【要旨】誕生時に母を失ったダニーは、亡き母の親友に引き取られ、その家の息子ジョシュとは兄妹も結べるように育った。だが十代になると、優しくてハンサムな彼を異性として意識し始め、18歳の誕生日に、思い余って彼にキスをしてしまう。ああ、私はなんてことをしてしまったの？ダニーは悔やんだ。なぜなら、その日を境にジョシュが彼女を遠ざけるようになったからだ。9年後、ふたりは指導医と研修医という立場で再会した。彼は"小さな妹"扱いされつつも、ダニーは彼に恋心を募らせる。ある日、家が水難に見舞われてジョシュ宅で暮らすことを余儀なくされ、彼女はドキドキするあまり、まんじりともせず夜を過ごすが…。
2018.1 156p 17cm ¥657 ①978-4-596-22498-9

◆**秘密は罪、沈黙は愛** ジョージー・メトカーフ作, 堺谷ますみ訳 ハーパーコリンズ・ジャパン（ハーレクイン・イマージュ）
【要旨】フェイスは恋人クインと医学を志し、卒業後は結婚しようと誓っていた。だが大学進学を前に、彼女は理由も告げず、突然彼の前から姿を消した。あれから17年。亡き母の葬儀で帰郷したフェイスは、医師となって母の最期を看取ってくれたクインと再会を果たす。「フェイス？」以前より深みが増した彼の声を聞いた瞬間、なつかしさと、やるせない悲しみの涙が、彼女の頬をつたった。ああ、彼への想いは、あの頃と少しも変わっていない。でも、一方、クインは彼女に寄り添っている若者に敵意を向けた。不穏な空気を察したフェイスは、いとまを告げてその場を後にした―付き添いの青年が、17年前のクインと似た声に聞こえ…。
2017.5 156p 18cm ¥657 ①978-4-596-22465-1

◆**小さなエンジェル** マリオン・レノックス作, 大田朋子訳 ハーパーコリンズ・ジャパン（ハーレクイン・イマージュ）
【要旨】病院で働くティナは、姉とその3人の幼子と暮らしている。姉は浮気性の夫に金品を持ち出されたうえに借金まで背負われた、産後鬱を患っているので、ティナが支えなければならなかった。とはいえ、彼女自身も学費を返済ずべく生活に困窮しているため、子守りも雇えずむなく生後5週間の姪を職場へ連れていった。すると、ハンサムで優秀な評判の産科医ジョックに見咎められ、未婚の母であることを隠して不正に職を得たといわれぬ非難を浴びる。あまりにひどい言葉に、怒りと悲しみに打ち震えたティナは、彼の頬に平手打ちをくらわせ、その場で仕事を辞めてしまうが…。
2017.6 156p 17cm ¥657 ①978-4-596-22471-2

◆**天使に託した二度目の恋** アリスン・ロバーツ作, 藤倉詩音訳 ハーパーコリンズ・ジャパン（ハーレクイン・イマージュ）
【要旨】未婚の母ハナにとって、一人娘のオリビアだけが生きがいだった。5年前、娘の父親ジャックとは、彼に愛が冷めたと気づいて別れた。その後、彼の子を身ごもっていることに気づいたが、非情にも、妊娠を知らせるはずの手紙は未開封のまま戻ってきたのだった。今、そのジャックが小児外科医としてふたたび目の前に現れ、幼い娘に父親のささやかな幸せをと心乱されまいと、とっさに娘の年齢をごまかし別の人との子であるように装った。やがて改めてお互いを知るうち、当時のジャックはすでに妻と離婚し、しかも別れたあとに生まれた子供の存在を隠されていたことがわかる。元妻の行為に憤る彼を前に、ハナは娘が彼の子だと言いだせず…。
2017.6 156p ¥657 ①978-4-596-22455-8

◆**ナニーと聖夜の贈り物** アリスン・ロバーツ作, 堺谷ますみ訳 ハーパーコリンズ・ジャパン（ハーレクイン・イマージュ）
【要旨】「ここで子供たちのお世話をするのが本当に楽しみです」青白い顔のエマがほほえむと、医師のアダムは冷ややかにうなずいた。3年前の12月に妻に先立たれて以来、いつも自分から誰とも不機嫌になっている。おかげで幼い双子が家族でクリスマスを祝ったことがないという。そんな彼ら

の屋敷に住み込みのナニーとして雇われたエマは、実は難病の治療が一段階したところで、密かに死を覚悟していた。全力で双子を愛し、懸命に楽しいクリスマスを贈ろうとスカイに怒りを見せるアダムだったが、やがて彼女の優しさに癒されていく。これが私の人生最後のクリスマスなら、最高のものにしたい。そう強く心に願ったエマは、彼に無私の愛を捧げるが…。
2017.11 156p 17cm ¥657 ①978-4-596-22490-3

◆**秘密の絆** アリスン・ロバーツ作, 藤倉詩音訳 ハーパーコリンズ・ジャパン（ハーレクイン・イマージュ）
【要旨】看護師のアビーはかつて、恋人トムを深く愛していたメディだった。9歳のときに不慮の事故で両親を亡くした彼女は、愛すればこそ、救急の現場で危険な任務に進んで飛びこむ彼を見ていられなかったのだ。その後にトムの子を身ごもっていることに気づいたが、独りで産み育てる覚悟を決め、ひっそりと遠くへ引っ越した。ところが6年後、アビーの暮らす地に天災が起き、救助隊として現れたトムと思いがけない再会を果たす。ああ、あの頃と変わらない頼もしい体つき、威厳のある声…。かつて私を不幸にさせた彼に安心感を覚えるとは、なんて皮肉なの？心乱されながらも、アビーは"秘密"を守りとおすつもりでいたが―
2017.7 156p 17cm ¥657 ①978-4-596-22474-3

ハーレクイン・ディザイア

◆**消えた記憶と愛の証** サラ・M・アンダーソン作, 長田乃莉子訳 ハーパーコリンズ・ジャパン（ハーレクイン・ディザイア）
【要旨】夫はどこ？わたしは、いつ子供を産んだの？4カ月ぶりに昏睡から覚めたスカイは困惑していた。夫のジェイクとは大恋愛のすえ、両親に結婚を猛反対され、駆け落ち同然で故郷の街を出た―なのに今、彼女は故郷の街にいる。しかも夫は億万長者となり、娘までもが生まれていたのだ。事故の後遺症で、記憶はところどころ抜け落ちてしまったが、夫の優しい笑みと情熱的な口づけを思い出すと、スカイは心が安らいだ。だが見舞いに来た夫のぎこちない様子に、ふと言いしれぬ不安を覚える。愛のかけらも感じない、何より義務的なキス。いったい、わたしたちの間に何があったのだろう。
2018.1 156p 17cm ¥667 ①978-4-596-51785-2

◆**ナニーの身分違いの恋** サラ・M・アンダーソン作, 藤峰みちか訳 ハーパーコリンズ・ジャパン（ハーレクイン・ディザイア）
【要旨】トリッシュが大富豪ネイトの屋敷でナニーとして働くことになったのは、彼の姪である赤ん坊を泣きやませたからだった。破格の報酬とすてきな部屋、毎日出されるおいしいごちそうに、貧しい生活しか知らなかったトリッシュは驚くしかなかった。しかも、敏腕実業家として名高い億万長者のネイトは、世間の女性から理想的な結婚相手と騒がれるほどセクシーな男性だ。けれどいくら彼と同じ家で暮らし、同じ時間を過ごしても、私は1カ月後には出ていく臨時のナニーにすぎない。携帯電話も持っていなかった貧乏学生の私を、お金持ちの彼は哀れむだけだ。恋をするなんて間違っているわ…。
2017.5 156p 17cm ¥667 ①978-4-596-51761-6

◆**ボスとの予期せぬ一夜** サラ・M・アンダーソン作, 大谷真理子訳 ハーパーコリンズ・ジャパン（ハーレクイン・ディザイア）
【要旨】高級スーツに身を包んだハンサムな新しいCEO、ゼブを見た瞬間、ケーシーは思わず息をのんだ。広い肩、堂々とした胸腰、莫大な富と権力の持ち主とすぐわかる強烈なオーラ。まるで魔法にかかったように、たちまち彼女はゼブの虜になる。そして、デートからアパートまで送ってくれた彼に身も心も捧げた。ロマンティックにはほど遠かったけれど、今まで経験したことのない絶頂感に満ち足りて、ケーシーが数週間後、予想外の妊娠に気づき彼のもとを訪ねると、ゼブの冷ややかなグリーンの瞳に一瞥されてしまい、固く心に誓いながら。
2017.5 156p 17cm ¥667 ①978-4-596-51753-1

◆**天使を抱いた氷の富豪** ダニー・ウェイド作, 長田乃莉子訳 ハーパーコリンズ・ジャパン（ハーレクイン・ディザイア）
【要旨】「どうして僕に息子がいることを教えてくれなかったんだ？」怒りに燃えるジェイクを

前に、ケイトは途方に暮れていた。2年前、ケイトは名家の御曹司である彼と切なくも激しい恋に落ちた。将来の約束をしないというただ一点を除いては、彼は理想の恋人だった。だが、妊娠に気づいてすぐにジェイクの祖父から悪質な脅しを受け、町を追い出されたケイトは独りで赤ん坊を産み育てていた。ジェイクは訳あって町へ戻ってきたケイトに、自分にも息子と同居する権利があるはずだと主張する。今まで子どもの存在を隠していた償いとして、ケイトは彼を受け入れた。二度とこの人を愛したりしないと、固く心に誓いながら。
2017.8 156p 17cm ¥667 ①978-4-596-51767-8

◆**秘密を抱えた家政婦** ダニー・ウェイド作, 小林ルミ子訳 ハーパーコリンズ・ジャパン（ハーレクイン・ディザイア）
【要旨】家政婦のセイディは雇い主の命令で、愛するザカリーの住む町を訪れた。罪なほどセクシーな町の英雄ザカリー・ガトリンと激しい恋に落ち、別れも告げずに姿を消して5年になるが、今も彼は夜ごと夢に現れる。本当はやりたくない。ザカリーの身辺を嗅ぎまわるなどという仕事は。でも、病気の妹の高額な治療費を稼ぐ方法はほかにない。だから、雇い主であるザカリーの異母弟に協力するしか道はないのだ―遺産相続を阻むためにザカリーの汚点を探れ、という卑劣なことでも。気持ちの鼓動を抑えこみ、勇気を振り絞ってザカリーを訪ねたセイディは、冷ややかな黒い瞳に一瞥された。「ここは君のいる場所じゃない」それでも愛の残り火は燃えあがり、セイディは思いがけず妊娠するが…。
2017.10 156p 17cm ¥667 ①978-4-596-51774-6

◆**なくした記憶と愛しい天使** ジョス・ウッド作, 藤倉詩音訳 ハーパーコリンズ・ジャパン（ハーレクイン・ディザイア）
【要旨】美術鑑定士のパイパーは父親の経済的苦境を救おうと、家宝の宝石を売ろうと出張先のミラノの宝石店を訪れた。そのときたまたま応対したのがの店が魅惑的な社長イェーガーだった。互いに一目惚れした二人は、食事を共にし、その夜結ばれる。パイパーは妊娠したが、なぜか彼には連絡がつかなくなった。1年半後、父の借金のかたに自宅を差し押さえられた彼女は、今度こそ家宝を売ろうとついにイェーガーのもとを訪れる。だが、彼は事故にあい、パイパーとの一夜の記憶を失っていたのだ。パイパーは打ちひしがれた。結婚も子供も望まないという彼に、どうやって最愛の息子のことを打ち明ければいいのか。
2017.11 156p 17cm ¥667 ①978-4-596-51778-4

◆**秘密を宿したダイヤモンド** トレイシー・ウルフ作, 瀬野莉子訳 ハーパーコリンズ・ジャパン（ハーレクイン・ディザイア）
【要旨】パーティ会場で、シャンパンのグラスを手に近づいてくる長身の男性からデジは目が離せなかった。なんてゴージャスな人なのかしら。たくましく広い肩、魅力的な笑みをたたえたセクシーな口もと。危険な光を放つエメラルド色の瞳に見つめられて、心臓が激しく打ち鳴らす。ニックと名乗った彼にダンスに誘われ、気づくとデジは唇を奪われていた。すぐに抗い難い衝動に突き動かされるまま、ニックと一夜を共にするが、情熱のあまりの激しさに怖くなり、翌朝早く彼の屋敷を逃げ出した。もう二度とニックとは会わず、思い出だけを胸に生きていくつもりで。やがて妊娠に気づいたデジは彼が億万長者のニック・デュランドだと知る。彼に知られてはならない。あの夜、赤ちゃんを授かったことは…。
2017.6 156p 17cm ¥667 ①978-4-596-51759-3

◆**愛なき富豪が授けた命** サラ・オーウィグ作, 北岡みなみ訳 ハーパーコリンズ・ジャパン（ハーレクイン・ディザイア）
【要旨】一夜の戯れの、あまりにも大きな代償。それは億万長者との愛なき結婚だった。まさか彼に再び会うなんて。逃げ出すのも一華やかなパーティ会場で、ホテル王として名高い億万長者ライアン・ワーナーの姿を見つけた瞬間、アシュリーの本能はそう訴えかけていた。だが、脳裏によみがえるのは、彼の熱いキスと魔法のような愛撫。心臓が激しく打ち始めるほど、アシュリーは止められなかった。ライアン。4カ月前、私が奔放な週末をともにした相手。あれほど衝動的なふるまいをしたのは人生で初めてだった。そして今、おなかには彼の子が…。私が妊娠したと知れば、彼は子供を奪おうとするかもしれない。だが不安に怯える彼女にライアンが突きつけたのは、世にも非情な契約結婚だった。
2017.2 156p 17cm ¥667 ①978-4-596-51741-8

◆傲慢な億万長者の誤算　サラ・オーウィグ作，北岡みなみ訳　ハーパーコリンズ・ジャパン（ハーレクイン・ディザイア）
【要旨】ハンサムでセクシーな不動産王、ニックに強引に週末旅行に誘われ、アビーは思い悩んだ―彼は父親の商売敵。でも、わたしは父とは違う。一度だけだから…。思いきって応じたアビーは、贅沢な船旅や孤島の別荘での歓待に有頂天になる。彼と体を重ねるのは、ごく自然な成り行きだった。だが夢のような週末のあとには、残酷な現実が待っていた。ニックにもてあそばれただけと知り、アビーは打ちのめされる。関係を知った父が激怒し、会社を解雇されたアビーはすべてを失って…。
2017.8 156p 17cm ¥667 ①978-4-596-51766-1

◆秘書の花嫁契約　サラ・オーウィグ作，北岡みなみ訳　ハーパーコリンズ・ジャパン（ハーレクイン・ディザイア）
【要旨】秘書のエミリーは突然のプロポーズに唖然とした。相手は憧れのボス―大金持ちで長身黒髪の魅惑的な男性、ジェイク。夢見心地で承諾し妻になったが、切羽詰まった求愛がわからない。そんなとき、エミリーは残酷な真実を知る。結婚と妻の出産で、ジェイクは莫大な遺産を相続する権利を得られるのだ。私は彼の財産を殖やすための道具にすぎなかった…。ショックのあまり離婚を切りだしたエミリーに、ジェイクは淡々と告げた。「あと半年、書類上だけでも妻を続けてくれるなら100万ドル払おう」そのあいだに子供を作るつもりなのか？ 悲しみのあまり受け入れたセクシーな夫のとろけるようなキス。皮肉にも彼女は妊娠するが…。
2017.12 156p 17cm ¥667 ①978-4-596-51782-1

◆大富豪の隠された天使　キャサリン・ガーベラ作，土屋恵訳　ハーパーコリンズ・ジャパン（ハーレクイン・ディザイア）
【要旨】会議室に入ったキャリは、窓際に立つ男性を見て胸の高鳴りを抑えた。一夜の情熱を交わした億万長者、デック。最後に会ってから1年半が経つ。彼に抱かれたときの記憶そのままの広い両肩と、引きしまった腰。甘い欲望が震えとなってキャリの体を駆け抜ける。だめよ。よけいなことを考えてはだめ。仕事に集中しなければ。「キャリ、うれしい驚きだ。今夜、夕食を一緒にどうかな？」欲望を秘めたまなざしで彼に誘われ、唇を奪われて、体の奥に火がついた。でもあの朝、ホテルの部屋に私を残して消えた彼をどうして許せるだろう？ それに、彼女はデッキに隠している秘密があった。どう打ち明ければいいの？ あの夜、赤ちゃんを授かったことを…。
2017.3 156p 18cm ¥667 ①978-4-596-51747-0

◆氷の富豪が授けた天使　アンナ・クリアリー作，土屋恵訳　ハーパーコリンズ・ジャパン（ハーレクイン・ディザイア）
【要旨】「ぼくに会いに来たんだね」高級なスーツに長身を包み、黒い瞳に怒りを燃え立たせたリュックは、そう言ってシャリの唇を奪った。ひと月前、シャリは大企業の重役リュックとパーティで出会い、一夜の熱い恋におちた。皮肉なことにリュックは、暴力を振るった元婚約者のいとこだった。その事実を知ってシャリがまだ婚約中と誤解したリュックは、彼女の愛を疑って冷たくなじり、去っていったのだ。彼に会いたくはなかった。でも、きちんと言わなければ。「わたしのおなかに、あなたの赤ちゃんがいるの」と…。
2017.4 156p 17cm ¥667 ①978-4-596-51749-4

◆イタリア富豪の凍った心―黒い城の億万長者 5　オリヴィア・ゲイツ作，中野恵訳　ハーパーコリンズ・ジャパン（ハーレクイン・ディザイア）
【要旨】リリは怒りの炎に身を焦がしていた。勤務先の会社を買収した大富豪アントニオが会議を招集したのだ。地道な研究よりも金儲けを優先する敏腕実業家の彼は、きっと私たちも利益追求のためだけに働かせる魂胆だわ！ しかし、現れたアントニオは目も眩むばかりの美貌に謎めいた笑みを浮かべ、集まった人々の心をまたたくまに掌握してしまった。神々しいまでに華麗な彼に思わず引きつけられてしまうリリに、彼は言った。「きみはいまから経営者の一員だから、絶対に辞めることはできない」なんて冷酷なの。だが、言いしれぬ怒りに全身は燃え上がりやすて…。
2017.5 156p 17cm ¥667 ①978-4-596-51754-8

◆無慈悲な富豪が授けた命―黒い城の億万長者 6　オリヴィア・ゲイツ作，湯川杏奈訳　ハーパーコリンズ・ジャパン（ハーレクイン・ディザイア）
【要旨】アナスタシアが昏睡状態から目覚めると、そばにはイヴァンがいた。7年前、姿を消した恋人がどうして戻ってきたの？ 瀕死の傷を負ったアナスタシアを、彼は助けてくれたらしかった。そして、とまどう彼女を豪奢な屋敷へと連れていき、離れ離れだった時間などなかったように熱く求めた。それでも、アナスタシアは不安でたまらなかった。以前、イヴァンはつき合って2ヵ月で突然いなくなったからだ。再会して2ヵ月後、彼女は体の異変に気づく。赤ちゃんができたと知ったら、イヴァンはどうするかしら？ わたしのそばにずっといてくれる？ それとも、また冷たく捨てる？
2017.12 156p 17cm ¥667 ①978-4-596-51781-4

◆心、止められなくて　ルーシー・ゴードン作，泉屋ゆり子訳　ハーパーコリンズ・ジャパン（ハーレクイン・ディザイア傑作選）
【要旨】メラニーは、若き実業家ジャイルズ・ヘイヴァリルの養子、デイヴィッドのナニーに雇われた。デイヴィッドはメラニー自身が10代のとき未婚のまま産み、やむなく養子に出したが後悔して、一目会いたくて願っていた愛しいわが子。1年ほど前のジャイルズの離婚以来、息子は孤独な日々を送っていた。ジャイルズはメラニーがデイヴィッドの実の母親などとは知る由もない。だがやがて、ジャイルズへの情熱的な愛が芽生えたとき、メラニーは自分の中の欲望に戸惑いをおぼえる。秘密を知られたら、わたしはデイヴィッドばかりかジャイルズも永遠に失ってしまうのだわ。
2017.6 156p 17cm ¥667 ①978-4-596-51760-9

◆シークの憂鬱　テレサ・サウスウィック作，西江璃子訳　ハーパーコリンズ・ジャパン（ハーレクイン・ディザイア傑作選）
【要旨】クリスタルはナニーとして働くため、砂漠の国エル・ザヴィールを訪れた。不格好な眼鏡、だぼだぼな服、引っつめ髪で変装をして。ナニーの絶対条件は、「美しくない、美人でないこと」。現れた逞しい黒髪の雇い主、第2王子ファリークは聡明な彼女を気に入り、クリスタルも彼に心惹かれていった。ある日、遠乗りに出かけた二人は、激しい砂嵐で帰れなくなり、一夜の偽りのテントの中で熱いキスを交わす。偽りの姿でいることは心苦しいけれど、高貴な母の手術代を工面するには仕方ない。彼女はそう思っていた。ファリークが、どんな嘘も許さないと知るまでは。
2017.8 156p 17cm ¥667 ①978-4-596-51768-5

◆ナニーが恋した傲慢富豪　テレサ・サウスウィック作，松島なお子訳　ハーパーコリンズ・ジャパン（ハーレクイン・ディザイア）
【要旨】保育士としての職に就いて、その日届いて悲報―リビーに5歳の愛娘モーガンを預けて旅立った親友夫妻が、不運にも異国で命を落としたというのだ。あろうことか夫妻が法定後見人に指定していたのは、傲慢で軽薄なプレイボーイ、ジェスだった。ラスベガスで最も裕福でハンサムな実業家の彼との結婚式でひと目見た瞬間、リビーは彼に夢中になったが、思わせぶりな言動をとるだけで、彼から誘ってくることはなかった。一度も。あんな遊び人にモーガンを託すわけにはいかないわ。リビーはモーガンのそばにいるため、ナニーになるが…。
2017.11 156p 17cm ¥667 ①978-4-596-51779-1

◆愛の証と言えずに…　キャット・シールド作，八坂よしみ訳　ハーパーコリンズ・ジャパン（ハーレクイン・ディザイア）
【要旨】夫が遺した莫大な借金、幼い息子を奪おうと画策する義父。サヴァナは困り果て、亡夫の弟で初恋の相手トレントに助けを求めた。2年前、サヴァナはトレントに身を捧げたあと、冷たくあしらわれ、打ちのめされていた。さらに妊娠に気づき、悩んでくれていたとき、形だけの結婚をもちかけてきたトレントの兄―まさかすべては跡継ぎ欲しさに彼が仕組んだ罠だったとは…。何も知らないトレントは、彼女と兄の結婚後、一切の接触を断った。今や成功者のオーラをまとう彼との久々の再会。目と目が合った瞬間、サヴァナは強烈な感情に心乱され、彼のオフィスで熱く結ばれてしまう。"息子の父親はあなたよ" とは言えぬまま。
2017.9 156p 17cm ¥667 ①978-4-596-51770-8

◆王家の花嫁の条件　キャット・シールド作，杉本ユミ訳　ハーパーコリンズ・ジャパン（ハーレクイン・ディザイア）
【要旨】どんなに彼を愛しても、結ばれる日はこない。5年もの片思いを実らせ、ようやくブルックは仕事一筋のニコラスを振り向かせることができた。恋人として幸せな日々を過ごしていたある日、突然ニコラスは別れを告げ、彼女の前から消えてしまった。ひと月が経ち、ブルックは自分の体の変化に気づく。二人をつなぐ絆が体内で息づいていると伝えたくて、ブルックはニコラスを捜し出し、はるばるギリシアまで会いに行った。けれど、彼は少しも喜ぶ様子を見せない。実は彼は地中海の王国の王子で、世継ぎをもうけるため結婚しなければならないというのだ。これが身分違いの恋と知って、ブルックは妊娠を言いだせなくなり…。
2017.2 156p 17cm ¥667 ①978-4-596-51742-5

◆天使を抱いたシンデレラ　キャット・シールド作，結城みちる訳　ハーパーコリンズ・ジャパン（ハーレクイン・ディザイア）
【要旨】二人の兄が相次いで王位を捨てたため、シェルダーナの末の王子クリスティアンは急遽、妃を迎えなければならなかった。だが、国の存続にかかわる一大事とわかっていても、独身貴族を楽しんできた彼には、王家にふさわしい相手が思いつかない。そんなときパーティで、5年ぶりに思いがけない人物と再会する。王子の身分を明かさぬまま別れを告げていた、かつての恋人ノエル。クリスティアンは、気まぐれにふらりと彼女の家を訪ねてみた。するとそこには、自分そっくりの幼い男の子の姿が…。
2017.5 156p 17cm ¥667 ①978-4-596-51755-5

◆プリンセスに変身　アレキサンドラ・セラーズ作，山野紗織訳　ハーパーコリンズ・ジャパン（ハーレクイン・ディザイア傑作選）
【要旨】オーストラリアの難民収容所で、ハニーは身を守るため少年のふりをしてつらい暮らしに耐えていた。ほんとうの名前も、自分が何者なのかもわからない。ある日、走ってきた車にあやうく轢かれかけ倒れたハニーは、中から現れた黒い瞳の堂々たる体軀の男性を見て、息をのんだ。端整で誇り高い顔。この辺では見慣れない白い外衣とかぶりものと—きっと高貴な身分の人なのだろう。わたしとは縁のない別世界の人。ハニーは病院へ行こうという彼の言葉にも応ぜず、その場を立ち去った。後日シャリフと名乗る彼が再び現れ、ハニーに伝えたいことがあると言う。まさかこの人は…わたしが女性だと気づいているの？
2017.10 156p 17cm ¥667 ①978-4-596-51776-0

◆見えない約束　リンダ・ターナー作，速水えり訳　ハーパーコリンズ・ジャパン（ハーレクイン・ディザイア傑作選）
【要旨】二人は何度生まれ変わっても、この世では巡り会えない運命の恋人同士。聖ペテロはついに二人に救いの手を差し伸べることにした。「汝らに、もう一度チャンスを与えよう。そして、汝らのうち一方が、出会った瞬間に相手が自分の愛する人だとわかるようにしよう」親子ほど年の離れたセクシーな建設会社社長ゼブ・ダダイーに出会った瞬間、ブルーデンスはある考えが頭に浮かび、愕然とした。彼は私がずっと待っていた人だわ！ 初めて会ったばかりなのに、なぜかわかるの—二人は結ばれる運命にある、と。どうすれば彼に、私たちの運命を信じてもらえるの？ 年齢差を気にする彼に、情熱的な方法で説得を試みたブルーデンスは…。
2017.2 156p 17cm ¥667 ①978-4-596-51744-9

◆億万長者と愛を運ぶメイド　モーリーン・チャイルド作，木村浩美訳　ハーパーコリンズ・ジャパン（ハーレクイン・ディザイア）
【要旨】火事でアパートメントを焼け出され、幼い娘とふたり、住む場所に困っていたジョイに、住み込みの家政婦の話が舞い込んできた。雇い主のサムは、大富豪だというのにもう5年も山にこもりきりだと聞き、山の上にひっそりと立つ彼の邸宅へおそるおそる向かった。現れたのは、どきりとするほどハンサムでセクシーな男性だった。狼みたいな人が、なぜ世捨て人のような生活を、幼いホリーを見て、君は若すぎると言って不機嫌になり、幼いホリーに気づくと傷ついたような顔をした。ジョイの懇願にしぶしぶ雇うと決めてはくれたものの、彼は来る日も来る日も、煩わしげにジョイを遠ざけるばかりで…。
2017.12 156p 17cm ¥667 ①978-4-596-51783-8

◆大富豪と秘密のエンジェル　モーリーン・チャイルド作，すなみ翔訳　ハーパーコリンズ・ジャパン（ハーレクイン・ディザイア）
【要旨】自宅の玄関ベルが鳴ってドアを開けると、イザベルの心臓は止まった。ウェス―二度

ロマンス / 外国の小説

◆**と会うはずのない人！** 5年前、彼の経営する会社に一緒に働くうち、想いを抑えきれなくなり、誘われるままベッドをともにした。だが甘美なときは終わりを告げ、彼にそっけなく言われてしまう。"ぼくたちの関係は一時的なもので、先はない"深く傷ついたイザベルは会社をやめて故郷に戻ると、ウェスとの間に授かった子を密かに産み、ひとりで育ててきたのだった。そんな彼女に対し、やっと真実を突きとめた彼は烈火のごとく怒り、尊大に宣言する。「ぼくは自分の要求を通すまでここを動かない」。
2017.9 156p 17cm ¥667 ①978-4-596-51771-5

◆**ボスとの熱い一夜の奇跡** モーリーン・チャイルド作, 秋庭葉瑠訳 ハーパーコリンズ・ジャパン（ハーレクイン・ディザイア）
【要旨】秘書として休みなく働き、ボスに尽くしてきたアンディは、その日ついに覚悟を決めた。「辞めるわ。今日が最後よ」彼女はハンサムで魅力的な大富豪の社長、マックに恋していた。このまま想いに気づいてもらえず、オフィスの備品も同然に扱われ続けるのは耐えられない。永遠に会社を去る。愛する男性のもとを―。「さようなら」だが、傲慢で自信家のマックは目をぎらつかせて告げる。「きみを手放すつもりはない。きっときみは考え直すだろう」説得の場はいつしか親密な空気に包まれ、二人は体を重ねる。その夜、アンディが授かったものは…。
2017.11 156p 17cm ¥667 ①978-4-596-51777-7

◆**ボスへの切ない恋の証** モーリーン・チャイルド作, 野川あかね訳 ハーパーコリンズ・ジャパン（ハーレクイン・ディザイア）
【要旨】ジェニーの悩みの種は、元恋人でボスのマイク。開業間近のホテルで働くことになったのだが、そこにはマイクと組んで数カ月、一緒に働くという条件が付けられていた。長身、黒い髪、うなるほどの金を持つ億万長者。そんなマイクにかつて私は恋をし、熱い一夜を過ごした。ずっと忘れられずにいたその彼とまた一緒に働くことになれば、きっとまた…。ジェニーは情熱に抗えず、ふたたび彼に身も心も捧げた―まさか新しい命を授かるとは夢にも思わずに。だが、ジェニーが妊娠の事実を告げたとき、彼は冷たく言い放ったのだ。「結婚を企んでわざと妊娠したのか」。
2017.1 156p 17cm ¥667 ①978-4-596-51739-5

◆**プライドと愛と** キャロル・ディヴァイン作, 葉月悦子訳 ハーパーコリンズ・ジャパン（ハーレクイン・ディザイア傑作選）
【要旨】メグは自分の目を疑った―なぜジャックがここに？ 彼からはもう長いこと連絡がなかったのに。名門出身のジャックは5年前、メグと激しい情熱で結ばれたあと、必ず迎えに来る約束も守らず、彼女を捨て、その後もプレイボーイの名をほしいままにしていた。その彼がなぜ今、よりによって父の葬儀に現れたのか？ メグは娘とつないだ手に力を込めた。まさか、この子のある父親が誰だか知っているのだろうか。すべて承知で結婚してくれた幼なじみの夫以外、知らないはずなのに…。
2017.10 156p 17cm ¥667 ①978-4-596-51764-7

◆**公爵に捧げた無垢な恋** アンナ・デパロー作, 川合りりこ訳 ハーパーコリンズ・ジャパン（ハーレクイン・ディザイア）
【要旨】ピアは親友の結婚式に現れたタキシード姿の男性を見て、目をみはった。ジェイムズ！ なぜ彼がこんなところにいるの？ アドニスを彷彿とさせる美貌。誘惑するような瞳の間違いない。3年前、ひと目で恋におち、バージンを捧げた翌朝、私の前から突然、姿を消したひと。その彼を、ホークシャー公爵だと参列者から紹介され、ピアは唖然とした。公爵ですって？ あの夜、彼はなんとこともあろうに身分を言わなかったのだ。ジェイムズが皮肉っぽい笑みを浮かべ、再会は偶然だとピアに告げる。彼に惑わされてはだめ。私はただの火遊びの相手だったのよ。けれどピアの胸に、めくるめく熱い夜の記憶はよみがえり…。
2017.10 156p 17cm ¥667 ①978-4-596-51775-3

◆**伯爵のかりそめの妻** アンナ・デパロー作, 木村浩美訳 ハーパーコリンズ・ジャパン（ハーレクイン・ディザイア傑作選）
【要旨】タマラはパーティーで、父の決めた婚約者、メルトン伯爵ととくわした。巨大企業のCEOを務める彼に、父は家と会社を守る代償として、あろうことか娘を差しだしたのだ。支配者の風格を漂わせる、逞しく精悍な彼に唇を奪われた瞬間、予想もしなかった興奮が体を駆け抜けた。「僕たちのベッドでの相性は抜群だね」挑発的な言葉とは裏腹に、伯爵は会社の合併後は

すぐ離婚すればいいと、半年間、形だけの夫婦を演じる契約結婚を提案してきた。ところが結婚式の2カ月後、タマラは情熱に抗えず彼に身を捧げ、妊娠。そして驚愕の事実を知る。私を妊娠させることが彼の計略だったなんて！
2017.3 157p 17cm ¥667 ①978-4-596-51745-6

◆**プレイボーイともう一度** アンナ・デパロー作, 森山りつ子訳 ハーパーコリンズ・ジャパン（ハーレクイン・ディザイア傑作選）
【要旨】インテリアデザイナーとして働くメーガンは、オフィスに入ってきた男性を見て、驚愕のあまり目を見開いた。スティーブン・ギャリソン―マイアミのプレイボーイと噂される、かつてメーガンが心底愛した男性だ。どうやらスティーブンはメーガンがマイアミに帰ってきたと知り、わざわざ彼女を指名して仕事を依頼してきたらしい。苦い別れの記憶が脳裏によみがえり、メーガンは彼女をにらみつけた。彼が何を企んでいるのかは知らないけれど、再びかかわるつもりはない。もちろん教えるつもりもなかった―3年前、こっそり彼の娘を産んだことは。
2018.1 156p A6 判 ¥667 ①978-4-596-51788-3

◆**長い別離** ショーナ・デラコート作, 小長光弘美訳 ハーパーコリンズ・ジャパン（ハーレクイン・ディザイア傑作選）
【要旨】彼が帰ってくる。私をうとましく思って町から出ていった彼が…。ワイアットに捨てられたときの痛みが、その後の長い年月を感じなかったかのように、ビッキーをさいなんだ。ふたたび彼に会って、平気な顔ができるだろうか？ リッチーを彼の息子だと、彼から隠しとおすことができるだろうか？ 事業に成功して富豪となり、10年ぶりに故郷に帰ってきたワイアットは、雑貨店にいるビッキーを見て驚いた。彼女がこの町に戻っていたとは。かつて、なにも言わずに忽然と僕の前から姿を消し、さっさとほかの男と結婚したビッキー。あのときなぜ僕を捨てたのか、説明してもらうときが来たようだ。
2017.12 156p 17cm ¥667 ①978-4-596-51784-5

◆**幼さと戸惑いと** ダイアナ・パーマー作, 杉本ユミ訳 ハーパーコリンズ・ジャパン（ハーレクイン・ディザイア傑作選）
【要旨】小さな町ジェイコブズビルの本屋で働くサラは、客のひとりジャレッド・キャメロンに心惹かれていた。ジャレッドは町に越してきたばかりで、その素性を知る者はいない。でもサラには打ち解けないタイプのようだが、サラには幾分心を開き、二人の距離は日増しに近づいていった。そんなある日、近所でバーベキューパーティが催された。サラはジャレッドに家まで送り届けてもらうことになり、一度のキスで火がついた彼に、突然激しく純潔を奪われてしまう。それはサラが夢見ていたロマンティックなものにはほど遠かった一しかも大人ジレッドは、サラがバージンだったことを信じてくれず…。
2017.5 156p 17cm ¥667 ①978-4-596-51772-2

◆**嫌いになれなくて** ダイアナ・パーマー作, 庭森奈穂子訳 ハーパーコリンズ・ジャパン（ハーレクイン・ディザイア傑作選）
【要旨】大学生のテディは久しぶりに羽をのばしにきていた。親友のジェンナから、この休暇に実家のカナダの牧場へまた遊びに来ないかと誘われている。牧場主はジェンナの兄キング。その皮肉っぱい笑顔に女の子たちはばうっとなるけれど、わたしはもう彼に会いたくない。最初、彼が奇妙なほどじろじろ見つめられたとき、まるでむきだしの肌を冷たい指で触れられたような気がしたから。結局、親友の誘いを断りきれず牧場を訪れたテディは、理不尽にもキングに辛辣な言葉を投げつけられた。男たちに色目を使って…なんてひどい人！ 彼は敵だ。そのことをけっして忘れはすまいと…。
2017.1 168p 17cm ¥667 ①978-4-596-51740-1

◆**ボスに囚われて** ダイアナ・パーマー作, 山野紗織訳 ハーパーコリンズ・ジャパン
【要旨】避暑地を訪れたケイトは、大富豪ギャレットの所有する湖でクルーザーに乗っていて、遊泳中の彼を不注意にもはねてしまった。恐怖のあまり彼の無事を確認しただけで、泣きじゃくりながら帰宅するが、罪悪感に苛まれ、謝る決意をする。ところが、向かう途中で彼にでくわし、驚愕した―なんと彼は視力と事故の記憶を失っていた！ 気さくに話しかけられ、ケイトは謝罪の機会を逸してしまう。さらに困ったことに、ケイトは彼女のことを気に入り、住み込みの秘書になってほしいと申し出て…。
2017.5 155p 17cm ¥667 ①978-4-596-51756-2

◆**わたしを思いだして** アネット・ブロードリック作, 栗山葉子訳 ハーパーコリンズ・ジャパン（ハーレクイン・ディザイア傑作選）
【要旨】「きみはだれ？ ここでなにをしているんだい？」目を覚ましたティムの声に、エリザベスは美しい緑の瞳を丸くした。3日前、不可解な事故に巻きこまれたティムは、頭を強く打ち、記憶を失ったらしい。彼が覚えていることといったら、エリザベスの祖父であるチャーリーのことだけだ。しかし、ティムはすべての発端である、チャーリーが彼に送った手紙のことは忘れていた。そして、わたしと結婚したことも…。エリザベスはうろたえ、ティムの目をじっとのぞきこんだ。
2017.3 155p 18cm ¥667 ①978-4-596-51748-7

◆**億万長者と籠の小鳥** レイチェル・ベイリー作, 土屋恵訳 ハーパーコリンズ・ジャパン（ハーレクイン・ディザイア）
【要旨】自動車事故に遭い、病院で目覚めたエイプリルは愕然とした。自分の名前も、過去もまったく思い出せない。見舞いに訪れた黒髪のハンサムな男性一セスのことも。胸がこんなにどきどきするのはなぜ？ 彼は…私の恋人？ だが、セスは有名ホテルチェーンの経営者で、初対面だと告げた。彼女の弟はエイプリルの同乗者で、事故で命を落としたのだが、直前にホテルの一つを譲る契約を結んでいたらしい。入院中、ずっと彼女の体調を気遣い、優しく接してくれるセスにエイプリルは日々癒やされていった。まさか彼がホテルを取り戻すために、自分を誘惑しよう企んでいるとは夢にも思わず…。
2017.10 156p 17cm ¥667 ①978-4-596-51773-9

◆**白百合を拾った大富豪** レイチェル・ベイリー作, 大田朋子訳 ハーパーコリンズ・ジャパン（ハーレクイン・ディザイア）
【要旨】リリーは勤務先のパーティーでデイモンと出会って恋に落ちた。だが彼は企業買収の仕事を最優先する人間だと思い知り、自分のほうから身を引いたのだった。3カ月後、セレブの誕生日パーティーでリリーは彼と再会し、洗練されたタキシード姿の彼から驚くべき提案を持ちかけられる。なんと結婚してほしいというのだ！ 余命1年と宣告された叔父の財産を相続するためには、一刻も早く結婚して子供をもうけなければならないという。リリーは承諾した―ただし、ベッドはともにしない条件で。「ええ、いいわ。わたしはもうあなたの子供を身ごもっているから」。
2017.6 156p 17cm ¥667 ①978-4-596-51757-9

◆**秘密の一夜** バーバラ・マコーリイ作, 秋元美由起訳 ハーパーコリンズ・ジャパン（ハーレクイン・ディザイア傑作選）
【要旨】名うてのプレイボーイ、ニック・サントスは、食料品店ですばらしい美女を見かけ、思わずあとを追った。こっちを向いてくれ…。ニックが振り向いた。その女性と目が合った瞬間、ニックは彼女を落とすことを心に決めた。マギーは食料品店の真ん中で息をのんでいた。しかも魅惑的な笑みを浮かべ、こちらに向かって歩いてくる。学生時代、地味だったマギーにとってニックは憧れの存在でしかなかった。5年前、思いがけず彼と一夜を過ごし、新しい命を宿した。でも、彼はその事実を知らない。私が誰かも覚えていないに。
2017.11 156p 17cm ¥667 ①978-4-596-51780-7

◆**大富豪と一夜のシンデレラ** キャサリン・マン作, 北園以さ子訳 ハーパーコリンズ・ジャパン（ハーレクイン・ディザイア）
【要旨】スターは、安定した仕事もせず引っ越しばかりの両親のもとから、10歳で里子に出された。美しく成長した彼女は高校生になると、逞しくセクシーな隣家の御曹司デイビッドと恋におち、純潔を捧げた。身分違いというスターを毛嫌いする彼の母親の目を盗んでは、重ねた逢瀬。だが、やがてデイビッドが野球の選手に飛び回る生活を始め、二人は破局した。彼とは住む世界が違うのよ―実らぬ恋だと何度自分に言い聞かせても、スターは思いを断ち切れずにいた。そんな折、スターが町に戻ってきた。ところが同じタイミングでスターの両親が金の無心に現れ、スターの困惑を目の当たりにしたデイビッドは、彼女を旅行に誘うが…。
2017.7 156p 17cm ¥667 ①978-4-596-51762-3

◆**人魚姫の偽りの結婚** キャサリン・マン作, 藤峰みちか訳 ハーパーコリンズ・ジャパン（ハーレクイン・ディザイア）

ロマンス

◆「結婚しよう」ある日突然、オフィスでボスにそう言われて、モーリーンはあっけにとられた。黒い髪と巨万の富を持つ、冷たい青い瞳の大富豪、ザンダー。だが、プロポーズは愛ゆえではない。幼い娘を亡き妻の両親に奪われないよう、家庭環境を整えるため。彼の心にはいまだ亡くなった奥さまのもの…。胸の痛みを抑えて、モーリーンは承諾した。でも、これで私の抱えている労働ビザの延長問題も解決する。少しの間、幸せな夫婦を演じて離婚するだけ。けれども、情熱の一夜を経て、彼への思いは深まるばかりで…。
2018.1 156p 17cm ¥667 ①978-4-596-51786-9

◆富豪が残したあの夜の証 キャサリン・マン,野川あかね訳 ハーパーコリンズ・ジャパン (ハーレクイン・ディザイア)
【要旨】エリカは決意を胸に、生まれ育った北欧の国を離れ、アメリカに渡った。そんな彼女を雇ってくれたのは―おなかの子の父親で海運会社の御曹司、ジェルヴェに会うために。3カ月前、エリカは逞しくハンサムな彼の圧倒的な魅力に抵抗できず、情熱の赴くままに体を重ねた。その結果、身ごもったことを彼に打ち明け、将来について話し合わなければならない。だがエリカが恐れたとおり、妊娠を知ったジェルヴェは即座に言った。「ぼくと結婚してくれ」ああ、イエスと答えられればどんなにいいか。でも、無理だわ。彼はわたしを愛してはいないから…。
2017.4 156p 17cm ¥667 ①978-4-596-51751-7

◆愛の秘薬はいかが？ アン・メイジャー作,秋元美由紀訳 ハーパーコリンズ・ジャパン (ハーレクイン・ディザイア傑作選)
【要旨】世界的大富豪の令嬢、キャシー・カルデロンは、レイフを一目見たとたん恋におち、純潔を捧げた。だが夢のような日々は、またたく間に終わりを告げた。残酷すぎるレイフの裏切り。それが父の計画とは、キャシーは知る由もなかった。6年後、キャシーがフランス人貴族と結婚間近と知って、レイフは矢も楯もたまらずメキシコを訪れた―今も忘れられない最愛の女性と、まだ見ぬ我が子に会うために。
2017.4 284p 17cm ¥667 ①978-4-596-51752-4

◆小さな命と秘めた恋 テッサ・ラドリー作,野川あかね訳 ハーパーコリンズ・ジャパン (ハーレクイン・ディザイア)
【要旨】不実な婚約者が事故死した2カ月後、妊娠がわかり、エイミーは動揺した。いったいどうすればいいの？「大丈夫だよ。ぼくと兄さんの子を支えるよ。結婚しよう」友人でもある婚約者の弟、ヒースはそう言ってプロポーズしてくれた。2カ月前と同じように、優しく謎めいた黒い瞳、危険な香りを漂わせる黒髪の大富豪、ヒース。あの夜、ふたりは一線を越えた。そして…。エイミーは心のなかで叫んだ。違うの！この子の父親は…。
2017.9 156p 17cm ¥667 ①978-4-596-51769-2

◆ナニーは逃げ出した花嫁 マリーン・ラブレース作,仁嶋いずる訳 ハーパーコリンズ・ジャパン (ハーレクイン・ディザイア)
【要旨】イタリアへの旅行中、ドーンは実業家ブライアンと巡り合った。最高にセクシーな彼は妻を亡くし、6歳の男の子を育てている。彼が臨時のナニーに雇われたのは、その子と仲良くなったからだ。ところが、ブライアンは溺愛するどころか、彼女に冷たかった。しかも帰りのプライベートジェットでは、自分の女性関係には口を出すな、離れに住むようにと釘を刺した。ドーンはわかっていた。ブライアンは今も妻を愛しているのだ。それなら、彼女のほうの想いは封じよう。ナニーとして、ブライアンのそばにいるのはせいぜい1週間。その間、彼への気持ちが痛くないふりをするとしても…。
2017.3 156p A6 ¥667 ①978-4-596-51746-3

◆雇われた純潔のフィアンセ イヴォンヌ・リンゼイ作,中野恵訳 ハーパーコリンズ・ジャパン (ハーレクイン・ディザイア)
【要旨】ミラは17歳のとき、政略結婚の相手ティエリと対面し、心奪われた。教養に満ち、目もくらむほどセクシーで、自信にあふれた人！ところが、ティエリの顔に浮かんでいたのは明らかな失望の色。ミラは太って冴えない容姿だったのだ。彼にふさわしい妻になりたくて、ひそかにミラはアメリカへ渡った。婚礼の日までに美しくなろうと。7年後、輝くばかりの美女に変身したミラは、帰国前に偶然ティエリと再会する。そして婚約者とは気づかぬ彼に偽名を名乗り、甘いひとときを過ごした。だが、結婚の日を心にすることにしたミラの耳に届いたのは、彼が独身最後のこのときに高級娼婦を買うという噂。ミラは

◆矢も楯もたまらず、自分が替え玉になろうと思い立ち…。
2017.8 156p 17cm ¥667 ①978-4-596-51765-4

◆ボスとの熱い一夜は秘密 エリザベス・レイン,川合りいこ訳 ハーパーコリンズ・ジャパン (ハーレクイン・ディザイア)
【要旨】幼い頃に両親を亡くしたテリは学生のときに兄も失った。そんな彼女を雇ってくれたのは、亡き兄の親友バック・モーガン―自らの力でリゾート運営会社を設立した裕福な男性だ。テリは14歳のころからバックに恋心を抱いていたが、プレイボーイの彼には、ただの秘書としか見られていない。それなのにテリは、ある日、一線を越えてしまった。頭痛薬のみすぎで意識が朦朧とした彼に求められるまま、ベッドをともにしてしまったのだ！でも、彼はすぐ眠ったから何も覚えていないはず。相手が私だということも。ところが翌日、バックの態度が以前と違うことにテリは気づき…。
2017.4 156p 17cm ¥667 ①978-4-596-51750-0

◆誘惑されたナニーの純愛 エリザベス・レイン,川合りいこ訳 ハーパーコリンズ・ジャパン (ハーレクイン・ディザイア)
【要旨】亡き妹が産んだ赤ん坊を女手一つで育てているグレースのもとを、悪名高きプレイボーイの大富豪エミリオ・サンタナが突然訪れた。亡くなった兄の遺品から、赤ん坊は兄の息子と判明したというのだ。彼はグレースとの養子縁組をやめさせ、赤ん坊を母国に連れ帰ると。彼は独身主義なのだ。「このままでは一族の血が絶えてしまうらしい。「きみをナニーとして同行してくれ」あまりに一方的な言い分にグレースは憤るが、やむなく承諾する。今やわが子同然のいとしいこの子を手放すわけにはいかないもの。それに、エミリオにも抗しがたく男らしい魅力がある…。グレースは機上の人となった。やがて彼に身も心も奪われるとも知らずに。
2017.6 156p 17cm ¥667 ①978-4-596-51787-6

◆氷のCEOと一夜の秘密 ポーラ・ロウ作,土屋恵訳 ハーパーコリンズ・ジャパン (ハーレクイン・ディザイア)
【要旨】エバはため息をついた。亡き両親から譲り受けたホテルは破産寸前。加えて、妊娠していることがわかったのだ。もちろんうれしいけれど、ただでさえ生活が苦しいのに、ひとりでちゃんと育てられるかしら？悩むエバの前に、かつて情熱の一夜を経たいとしい男性が現れる。魅惑的な声と黒い瞳を持つ大富豪キャル。彼は冷たくエバに言った。「結婚しよう。きみは金、ぼくは花嫁を手に入れる」だが彼には妻が必要な事情のあるキャル、さらにエバの足下を見るような交換条件を、ホテルへの高額融資だった。ああ、彼に愛されないことを承知で結婚しなければならないなんて…。
2017.6 156p 17cm ¥667 ①978-4-596-51758-6

◆億万長者と秘密の愛し子 アンドレア・ローレンス作,湯川令奈訳 ハーパーコリンズ・ジャパン (ハーレクイン・ディザイア)
【要旨】不妊治療の末やっと身ごもったクレアは天国から地獄に突き落とされた。妊娠中に夫が不倫相手とともに交通事故で他界したうえ、出産6カ月後のいま、娘の本当の父親がルカ・モレッティ―莫大な富と絶大な権力を誇る億万長者だと判明したから。治療を受けたクリニックが精子アンプルを取り違えたという。クレアはルカに呼びつけられ、親権を渡すよう正式に要求された。娘まで失ってしまった、私も生きていけない。大事な子を赤の他人に渡せるわけがない。クレアは断固拒絶した。するとルカはクレアに思わぬ提案をしてきた。"島の別荘で1カ月ともにバカンスを過ごして、互いをよく知ろう"と。
2017.2 156p 17cm ¥667 ①978-4-596-51743-2

◆大富豪とかりそめの花嫁 アンドレア・ローレンス作,北岡みなみ訳 ハーパーコリンズ・ジャパン (ハーレクイン・ディザイア)
【要旨】ラナは密かに恋をしていた。相手は職場のボス―ホテル王のカル。長身を高級スーツに包んだ黒髪の彼は、独身主義で有名だ。愛する人と温かい家庭を築くというラナの夢はかなうそうもないの。貧しい家の出のわたしなんて、大富豪の彼にはふさわしくないわ。部下なのに友人のように接してくれる今の関係で満足しなければ…。そんなラナが誤解から逮捕された姉の赤ん坊を預かることに。だが正式な夫婦でない男女ではだめだと知り、困り果ててカルに相談する。「では、ぼくと結婚しよう―赤ん坊を預かるあいだだけ」この結婚はかりそめのもの。いくら自分に言い聞かせても、海辺

の結婚式で誓いのキスを交わすと、ラナの胸は高鳴って…。
2017.7 156p 17cm ¥667 ①978-4-596-51763-0

ハーレクイン・ヒストリカル

◆汚れた顔の天使 メグ・アレクサンダー作,江田さだえ訳 ハーパーコリンズ・ジャパン (ハーレクイン・ヒストリカル・スペシャル)
【要旨】1789年英国。孤児のプルーデンスは、冷たい雨が降りしきるなか、宝物のブローチだけを手に、南を目指して歩いていた。人使いの荒い北部の紡績工場に売り飛ばして、もう3日。追ってくるかもしれない監督官の目をあざむくため、かかしの服を拝借し、腰まであった髪も切った。そんな折、ひょんなことからウェントワース卿セバスチャンと出会い、世にも恐ろしげな追いはぎたちから救われたうえに、食事と服も与えられた。自分が薄汚れた少年のようななりをしていたにもかかわらず、女性だと気づかれていたことに、プルーデンスは胸のうずきを覚えた。高貴な身分のセバスチャンに恋する資格など、あるはずもないのに…。
2017.4 284p 17cm ¥824 ①978-4-596-33257-8

◆子爵に拾われた家政婦 ルイーズ・アレン作,高山恵訳 ハーパーコリンズ・ジャパン (ハーレクイン・ヒストリカル・スペシャル)
【要旨】13歳で両親と死別したテスは、ベルギーの修道院で育った。とうとう遺産が底を突いた今、故郷イギリスの修道院に身を寄せてなんとか働き口を探すしかなかったが、思わぬ事態に阻まれる。洗練された身なりの男性にぶつかられて足を怪我したうえに、子爵アレックスと名乗る彼に強引に引き留められ、船を逃したのだ。ああ、切符を買い直すお金もないではないの！テスが窮状を訴えると、子爵が目的地まで送り届けると請け合い、彼女はほっとする。そのときだ、知る由もなかった―頼みの綱の修道院に受け入れてもらえず、高慢な子爵の屋敷で家政婦をすることになるとは！
2017.11 252p 17cm ¥824 ①978-4-596-33270-7

◆ひそやかな誓い ゲイル・ウィルソン作,上木さよ子訳 ハーパーコリンズ・ジャパン (ハーレクイン・ヒストリカル・スペシャル)
【要旨】メアリーは牧師の娘、ニックはかのヴェル公爵の子息。彼女は身の程知らずの恋とは知りながら、ほんの一瞬でも彼と結ばれたい、たとえ正式でなくとも結婚の書類に署名してもらえただけで幸せだった。だが、戦地へと発った彼が残したのは、その思い出だけではなかった―ただ1度の契りで子を授かったことがわかり、メアリーは愕然とした。やがて生まれた息子は、彼女も家庭教師として雇うことを条件に、子宝に恵まれない夫婦のもとへ養子に出し、7年が過ぎた。ある日、妻に先立たれた雇い主から強引に体を求められ、抗ったが運の尽き、彼女はいわれなき罪で裁きにかけられてしまう。絶望と共に法廷に立ったメアリーは、ニックの姿を目にして声を失った。今や公爵となった彼は古い書類を手に彼女をこう呼んだ。「公爵夫人」。
2017.6 283p 17cm ¥824 ①978-4-596-33261-5

◆氷の伯爵 アン・グレイシー作,石川圏園訳 ハーパーコリンズ・ジャパン (ハーレクイン・ヒストリカル・スペシャル)
【要旨】"氷の伯爵"の異名をとる独身主義のダレンヴィル伯爵マグナスが、年頃の娘を集めてパーティーを催し、花嫁を探すと言い出した。会場の手伝いをすることになった家庭教師タレイ・ロビンソンは、招待者の条件とやらを漏れ聞いて、伯爵の高慢さにあきれ返った。血統がよく、歯が丈夫で腰の大きい、気性が穏やかな貴婦人？まるで繁殖用の雌馬のような言い草だわ！だがパーティーが無事に終わったとき、伯爵は思いがけず、その条件を全て満たさない女性を花嫁に指名した。「ミス・ロビンソン、式はできるだけ早く執り行いたい…」。
2017.3 284p 17cm ¥824 ①978-4-596-33255-4

◆伯爵が拾った野の花 マーガレット・ケイ作,日向ひらり訳 ハーパーコリンズ・ジャパン (ハーレクイン・ヒストリカル・スペシャル)
【要旨】目が覚めたとき、ヘンリエッタは壮麗な屋敷の寝室で横たわっていた。下着姿に、髪は乱れ、あげくに泥のかたまりを漂わせている。ふと気づくと、ベッドカーテンの陰に男性が立っていて、そのたぐいまれな美しさを見て、彼女は我が身を恥じた。「ここはどこ？」相手の答えに、

外国の小説

ロマンス

外国の小説

ヘンリエッタはうろたえた。そこは彼女が家庭教師として仕える彼女に隣接する伯爵領だったのだ。つまり彼は、不道徳な噂が絶えない放蕩伯爵レイフ・セント・アルバン。側溝に倒れて気を失っていた彼女を拾って、ここまで運んだという。いったい私の身に何が？ このはしたない格好は、まさか伯爵様と…？ かたや出席を受ける日々が見えると…？ 館の持ち主レイヴンスカー伯爵セバスチャンがこの地を訪れたのだ。稲光に照らされた黒い馬車、蹄を鳴らす黒馬、漆黒の髪の美しき男性。暗い空の下、プルーデンスは彼を然然と見つめた—"悪魔伯爵"だわ。この人こそ、物語の主人公にぴったり！
2017.8 283p 17cm ¥824 ①978-4-596-33265-3

◆意外な求婚者　ジュリア・ジャスティス作, 木内重子訳　ハーパーコリンズ・ジャパン （ハーレクイン・ヒストリカル・スペシャル）
【要旨】大家族の長女として育ったセアラは真面目なしっかり者で通っている。そんな彼女は先祖代々の土地と幼い弟妹たちを守るため、借金のかたに変態的な趣味を持つ悪名高き准男爵に嫁ごうとしていた。一方、そうと知ったエングルメア侯爵ニコラスは一計を案じた。家政を仕切る能力に長けたセアラをこの自分がめとれば、安定した家を築き自由に暮らせるし、跡継ぎも手に入るというのだ。薄汚い准男爵の暗い未来から不憫な娘を救ってやろうではないか。気の利いた思いつきだと、ニコラスは自尊心をくすぐられた。だが、不遜な侯爵の計画に誤算が生じるとは…かわす便宜結婚のはずが、無垢な花嫁の口づけに、思いがけず心をかき乱されて…。
2018.1 284p 17cm ¥824 ①978-4-596-33275-2

◆貴公子と壁の花　リン・ストーン作, 相野みちる訳　ハーパーコリンズ・ジャパン （ハーレクイン・ヒストリカル・スペシャル）
【要旨】グレイスは16歳のときに流行り病で両親を亡くしたあと、将来を誓った婚約者までも海戦で失い、叔父の家に身を寄せた。最初こそ良好だった叔父との関係は、しかしある晩を境に一変し、いっそ死んでしまいたくなるような虐待を受ける日々が続いた。そんなある晩に参加した舞踏会で、グレイスは凛とした気品を保つものの、相続財産も婚約者もないことで、誰からも相手にされない"壁の花"。ところが、一人の男性が近づいてきた—よからぬ噂のある伯爵位継承者モーリー。満座のなかいきなり彼女に結婚を申し込んだ。こんなみすぼらしいドレスをまとった私を花嫁にしたいというの？ 求婚の衝撃と空腹のつらさが重なり、グレイスは気を失った…。
2017.3 252p 17cm ¥824 ①978-4-596-33254-7

◆罪なき誘惑　ヘレン・ディクソン作, 下山由美訳　ハーパーコリンズ・ジャパン （ハーレクイン・ヒストリカル・スペシャル）
【要旨】二十歳のルイーザは決意を胸にロンドンのとある屋敷へやってきた。両親亡きあと、家督を継ぐはずの兄ジェームズは放蕩の限りを尽くし、故郷にも戻らず、毎夜賭博をしては大金をすっている。今すぐこの悪習を断たなければ、唯一残った館も人手に渡ってしまう。だが時に遅く、兄は一世一代の大勝負に出ていた。相手はカードの名手で社交界の重要人物、アリステア・ダンスタン卿。家の名にかけて、勝負を制したアリステアはしかし、その後に大きな過ちを犯す。ルイーザをジェームズの愛人と思いこみ、露骨に言い寄ったのだ。無垢な彼女は怒り一心で、捨て身の作戦に出た。「4000ギニーいただけるなら、お相手を務めます」
2017.11 284p 17cm ¥824 ①978-4-596-33271-4

◆公爵と裸足のシンデレラ　アニー・バロウズ作, 相野みちる訳　ハーパーコリンズ・ジャパン （ハーレクイン・ヒストリカル・スペシャル）
【要旨】母亡き後、父に捨てられ、冷たく無情なおばと暮らすプルーデンス。良縁を探してくれ

ると言うおば夫婦に連れられ旅をしていたとき、プルーデンスは一人大部屋に泊まることになっていたはずが、翌朝目覚めると、見知らぬ男性の隣に横たわっていた。姪が汚されたと叫ぶおばの声が、宿じゅうに響き渡る。まるで身に覚えがないし、体も痛んでいないけれど…いったい、何が？ 状況を確かめに自室へ戻ると、彼女の荷物はおば夫婦と共に消えていた。文字どおり着の身着のままで放り出されたプルーデンスは、見かねて手をさしのべてきた例の見知らぬ男性を頼るほかなかった—まさか彼が、旅人に身をやつした第7代ハルステッド公爵とも知らず。
2017.7 252p 17cm ¥824 ①978-4-596-33262-2

◆侯爵と屋根裏のシンデレラ　アニー・バロウズ作, 泉智子訳　ハーパーコリンズ・ジャパン （ハーレクイン・ヒストリカル・スペシャル）
【要旨】家族を失ったヘスターは伯父の家の屋根裏で、下働きをしている。ある日、屋敷近くの道を歩いていたとき、勢いよく駆けてきた馬車に轢かれかけ、どぶに落ちてしまった。馬車から降りてくる男性を見て、彼女はまたもや驚いた。黒髪に黒い瞳、服まで黒ずくめの彼は、レンズボロウ侯爵—伯爵から、従妹の見合い相手と聞かされている人物だった。彼は泥だらけのヘスターに蔑みの一瞥をくれると、謝るどころか罵りの言葉を放ち、連れの馬番にこう言いつけた。「時間を無駄にしている場合ではない、持ち場に戻れ！」そして再び馬車に戻り、伯父の屋敷へと去った。
2017.2 252p 17cm ¥824 ①978-4-596-33252-3

◆孤独な公爵の花嫁探し　エリザベス・ビーコン作, 高山恵訳　ハーパーコリンズ・ジャパン （ハーレクイン・ヒストリカル・スペシャル）
【要旨】おてんば娘のジェシカは少女の頃からジャックを兄のように慕っていた。夏の嵐のなか不運にも落馬して左足に大怪我をした彼女は、将来の希望を失った足の悪い娘なんて誰からも望まれない。舞踏会でろくに踊れず壁の花となっていたジェシカに声をかけたのが、両親を亡くして以来ずっと公爵となったジャックだった。跡継ぎを望む祖母に結婚をするよううるさく言われ、とうとう開くことになったハウスパーティに彼女を招待したいという。一瞬ジェシカの胸はときめいたが、すぐに自分は場違いだと考え直して泣く泣く辞退すると、ジャックは見下ろしたように尊大に言い放った。「そばにいてほしい。君と正反対の女性を公爵夫人にしたくないように」。
2017.6 252p 17cm ¥824 ①978-4-596-33260-8

◆ハイランダーと清らな娘　デブラ・リー・ブラウン作, 沢田純訳　ハーパーコリンズ・ジャパン （『処女の泉』改題書）
【要旨】さる一族の領主ギルクライストは、どしゃ降りのなか、ハイランドの泉で倒れていたはかなげな乙女を助けた。名も出自も尋ねても、彼女は思い出すのはおろか口もきけなかった。"処女の泉"と呼ばれるこの地には癒やしの力があるとされ、手負いの者や、純潔を取り戻したい訳あっての者が訪れると言われている。この天使を絵に描いたような娘が、まさか清純ではないと…？ 彼女の指輪からはレイチェルというものの、あとの話は不詳でも、ギルクライストはとんだ厄介を背負い込んだものだと自嘲した。一族の長として一刻も早く花嫁を迎えなくてはならない身で、どこの馬の骨とも知れぬ娘の純真無垢な姿から目が離せなくなるとは。
2017.5 284p 18cm ¥824 ①978-4-596-33259-2

◆孤独な妻　ヘレン・ブルックス作, 井上絵里訳　ハーパーコリンズ・ジャパン （ハーレクイン・セレクト）
【要旨】メラニーは流産をきっかけに、富豪の夫フォードと別居した。幼いころから身寄りがなく、たったひとりの親友も亡くした彼女は、大切な人がいなくなるのは自分のせいだと思っていた。このままではきっと、愛する夫まで不幸にしてしまう。彼のために別れるしかないと決意したある夜、ふいに現れたフォードに押し切られ、濃密に愛を交わしてしまう。もう会わないはずだと心に誓ったはずのメラニーは、夫への想いを封印して離婚の意志を伝えたのだ。数日後、運命の皮肉を呪う彼女は妊娠していたのだ。
2018.1 156p 17cm ¥620 ①978-4-596-58086-3

◆富豪貴族と麗しの花嫁　アン・ヘリス作, 高橋美友紀訳　ハーパーコリンズ・ジャパン （ハーレクイン・ヒストリカル・スペシャル）
【要旨】弟と暮らすジェインはゆくゆくは独り郊外で生きていくつもりだった。ところが、ある

令嬢のつき添い役を務めることになり、令嬢の後見人である富豪貴族ポールと出会って心境が変化し始める。彼は異国の地で巨財を成し、社交界デビューする令嬢を後見するためにイギリスへ帰国したといい、ジェインと過ごす時間は自然と多かった。やがて気づけば、ジェインは優しい彼を愛するようになっていた。しかし慕う想いとは裏腹に、彼を信じていいものか迷っていた—ポールは彼女に求婚する一方、婚約のことは内密にと念を押したのだ。これが本物の愛ならば、なぜ秘密にしなければならないの？ 異国に彼の妻子がいるのではないかと耳にし…。
2018.1 252p 17cm ¥824 ①978-4-596-33274-5

◆花嫁泥棒　スーザン・スペンサー・ポール作, 小池桂訳　ハーパーコリンズ・ジャパン （ハーレクイン・ヒストリカル・スペシャル）
【要旨】4年前、父が命を奪われた日を境に、イザベルの運命は一変した。母があとを追うように亡くなると伯父に引き取られたが、美しくも性悪な従姉にいじめられ、召使のごとくこき使われていた。ある日から、従姉のもとに求婚者ジャスティンが日参するようになる。聞くところによると、彼はひと月以内に婚礼の儀をあげなければ、いま治めている領地も城も没収されてしまうのだという。好条件を持ち出そうと誘惑をもてあそぶ狡猾な従姉のかたわらで、イザベルはこの礼儀正しい貴公子に淡い恋心を抱くようになっていった。が残り2日に迫ったある夜、とんでもない事態に巻き込まれる—粗末な小部屋で眠るイザベルを、ジャスティンが強引に連れ去ったのだ！
2017.7 284p 17cm ¥824 ①978-4-596-33263-9

◆孤独な領主　マーガレット・ムーア作, 下山由美訳　ハーパーコリンズ・ジャパン （ハーレクイン・ヒストリカル・スペシャル）
【要旨】ガブリエラはドゲール男爵一行の到着を待っていた。伯爵である父はひと月前に亡くなり、彼女には借金だけが残された。城と領地は没収され、今日ドゲール男爵に明け渡すことになっている。でも、消息不明で父の死も知らない兄が戻るまで、わたしはなんとしてもこの城に残りたい。一縷の望みを胸に、彼女はやがて到着した男爵に想いを伝えた。すると、噂にたがわず冷酷な彼は、情け容赦ない言い放った。「ここを出ていくか、召使として城に残るかだ！」あまりのことに色を失うが、行くあても金もないガブリエラは、悲痛な思いで召使になる道を選んだ…。
2017.12 284p 17cm ¥824 ①978-4-596-33273-8

◆伯爵と記憶をなくした娘　ジョアンナ・メイトランド作, 日向ひらり訳　ハーパーコリンズ・ジャパン （ハーレクイン・ヒストリカル・スペシャル）
【要旨】嵐が迫るなか、ずぶ濡れの娘は夜道を当てもなくさまよっていた。寒さと疲れで事切れる寸前、通りがかりの伯爵ジョナサンに救われ、彼女は近くの牧師館へ運ばれたが、自分の名前も出自もわからなかった。牧師夫妻は彼女を仮に"ベス"と呼び、親戚として共に暮らし始めるが、一部の上流階級からは怪しまれ、冷遇されてしまう。ああ、わたしを助けてくれた優しいあの人に再会したい。自分の名前は忘れても、彼のことは一生忘れられない。そんなベスの願いは叶うこととなりそれから半年が過ぎたころ、夢にまで見たジョナサンと再会を果たしたが、彼の挨拶に色を失った。「はじめまして。自己紹介させてもらえませんか？」。
2017.10 252p 17cm ¥824 ①978-4-596-33268-4

◆日陰の娘と貴公子の秘密　クリスティン・メリル作, 深山ちひろ訳　ハーパーコリンズ・ジャパン （ハーレクイン・ヒストリカル・スペシャル）
【要旨】社交界の華ともてはやされる妹と、それを陰ながら支える姉。エイミー・サモナーが妹の引き立て役に甘んじているのには、世に知られざる"サモナー家の秘密"が関係している。無口で品位漂うとされる妹はそのじつ、知的ハンデを負っているのだ。母が亡くなり、幼い頃からずっと面倒を見てきたエイミーは、みずからの結婚をあきらめ、生涯、陰ながら妹を助ける道を選んだ。あるとき、名士である姉妹の父に近づこうとする野心家のベンが妹に求婚する計画があると聞き、エイミーは警戒心を強める。絵に描いたような美男子の彼は公爵の落胤して、謎の多い人物だ。ありのままの妹を本気で愛してくれる人しか結婚はさせられないわ！ だが、そう心に誓った彼女自身が、よもや彼の虜になろうとは—
2017.8 251p 17cm ¥824 ①978-4-596-33264-6

◆囚われたレディ　ルース・ランガン作，吉田和代訳　ハーパーコリンズ・ジャパン（ハーレクイン・ヒストリカル・スペシャル）
【要旨】16歳のリアノーラは、イングランドと友好関係を結ぶためにハイランドからやってきた客人を見て圧倒された。ディランという名のその男性は"野蛮人"と噂されるとおり、恐ろしく長身で、野獣を思わせるほど勇猛でたくましかった。晩餐の席で正装し紳士的にふるまう彼に目を奪われ、庭園で唇も奪われると、リアノーラの心は恍惚と怖れのはざまで揺れた。だが、そんな彼女の想いを打ち砕く事態が待ち受けていた―イングランド側が彼の弟を人質にする不利な誓約を迫ったのだ。すると、ディランはリアノーラを肩に担ぎ、恐ろしい捨て台詞を吐いた。「弟を無傷で返さないなら、この女を二度と見ることはないと思え」。
2017.2 284p 17cm ¥824 ①978-4-596-33253-0

◆壁の花の叶わぬ恋　ジョージー・リー作，高橋美友紀訳　ハーパーコリンズ・ジャパン（ハーレクイン・ヒストリカル・スペシャル）
【要旨】ジョアンナは赤ん坊のとき女学校の玄関先に捨てられ、そこで育った。だが19歳になってからには、女学校を出ていき、家庭教師として一人で生きていかなければならないのだ。親友や先生たちと別れるのは悲しく不安だけれど、派遣先の准男爵家の屋敷で家族の雰囲気を初めて味わえるかもしれない。ところが、待ち受けていたのは一家の娘たちに侮辱される日々。ある日、令嬢の付き添いで出席した舞踏会に同行したとき、彼女は威風堂々とした貴公子、ルーク・プレストンに窮地を救われる。身分の低い自分にも優しく接してくれるルークに恋心を抱いたものの、伯爵家の跡取りをもうけるための花嫁を探す彼は雲の上の人で―。
2017.9 252p 17cm ¥824 ①978-4-596-33266-0

◆灰色の伯爵　パトリシア・F・ローエル作，遠坂恵子訳　ハーパーコリンズ・ジャパン（ハーレクイン・ヒストリカル・スペシャル）
【要旨】嘘よ！　私があの伯爵に買われたなんて。おじが賭博で作った借金を肩代わりするような見返りに、冷徹と名高いコールドベック伯爵は私との結婚を要求してきた…。激しく動揺するキャサリンの耳に、力強いノックの音が響いた。「コールドベックです。あなたとお話ししたい」伯爵はキャサリンに反論を許さず、その日のうちに式を挙げ、2日後には彼女をヨークシャーの領地へ連れ去った。そのときのキャサリンは夢にも思わなかった。自分を買った夫に、狂おしいほど恋に焦がれる日が来ようとは―。
2017.10 284p 17cm ¥824 ①978-4-596-33269-1

📖 ハーレクイン・プレゼンツ

◆プリンスの花嫁―ツイン・ブライド 1　レベッカ・ウインターズ作，吉田和代訳　ハーパーコリンズ・ジャパン（ハーレクイン・プレゼンツ・作家シリーズ別冊）
【要旨】アメリカに花嫁を募集しに来た王子様ですって？　コーリは女優を目指す双子の姉アンの話を聞いて仰天した。「王子様と結婚するのはだれ」というコンテストに参加し、見事ヨーロッパの王子の心と婚約指輪を射止めたという。ところが、映画の大役に抜擢されて至急撮影に入ることになり、代わりに断ってほしいと頼み込まれたのだ。姉の成功を願うコーリは、しかたなく依頼を引き受けた。現地に着いたら、話をつけてすぐに帰国すればいい。ところが空港に着いたとたん、コーリは王子の側近に連行され、部屋に閉じ込められてしまった。
2017.4 156p 17cm ¥648 ①978-4-596-42098-5

◆プレイボーイの花嫁―ツイン・ブライド 2　レベッカ・ウインターズ作，井上碧訳　ハーパーコリンズ・ジャパン（ハーレクイン・プレゼンツ・作家シリーズ別冊）
【要旨】何もかも犠牲にして仕事をしてきたというのに、いったいどうすればいいのかしら？　人生の岐路に立たされたアンは一度気持ちをリセットしたくて、双子の妹が嫁いだヨーロッパの王国へ飛んだ。愛する夫と幸せな結婚生活を送る妹のそばでアンはつかの間、安らぎと生活をとりもどした。そんなとき妹の夫が、会社に引き抜きたいという人物を伴って帰宅するまさか―ライリー？　以前、心奪われて怖くない誘いを拒んだ、悪名高きプレイボーイ富豪だ。彼は銀色の瞳を光らせると、交換条件にアンとの結婚を要求してきた！
2017.5 156p 18cm ¥648 ①978-4-596-55401-7

◆愛人契約　サリー・ウェントワース作，平江まゆみ訳　ハーパーコリンズ・ジャパン（ハーレクイン・プレゼンツ・作家シリーズ別冊）
【要旨】由緒あるブロディ家の昼食会を訪れたティファニーは、偶然ぶつかった長身の男性の顔を見て、息をのんだ。なんてハンサムな彼かしら―それは御曹司のクリスだった。彼との会話で心弾むひとときを過ごしたティファニーだったが、運悪く玉の輿狙いの女と誤解され、たたき出されてしまう。職を失ったあと病に倒れ、貯金は底をつきかけていた。次の家賃を払ったら、本当にもう一文なしだ…。そんなティファニーの苦境を知ったクリスが持ちかけたのは、愛人にならないかという提案だった。
2017.12 156p 17cm ¥648 ①978-4-596-55418-5

◆氷の女王　サラ・ウッド作，田村たつ子訳　ハーパーコリンズ・ジャパン（ハーレクイン・プレゼンツ・作家シリーズ別冊）
【要旨】大学生のジェンマは、唯一の肉親である兄夫婦を交通事故で失った。葬儀が終わるまでは、悲しみに耐えなければならない。気を張って喪主を務めるジェンマの耳に車の音が聞こえてきた。場違いな深紅のフェラーリは会葬者の目を引いたが、ジェンマは顔をそむけ、到着した人物を認めまいとした。見なくても相手が誰かはわかっている。ヴィットリオ・ヴァザーリ。義姉の兄で、理不尽にも私を悪女よばわりしたイタリアのお偉い伯爵だ。だが彼がもたらしたのは、寝耳に水の知らせだった。なんとヴィットリオは、兄から全財産を譲り受けたというのだ！　無一文となるジェンマは伯爵を頼るほかなく、イタリアへ飛ぶ…。
2017.2 156p 17cm ¥648 ①978-4-596-42094-7

◆愛の取り引き　マドレイン・カー作，東山竜子訳　ハーパーコリンズ・ジャパン（ハーレクイン・プレゼンツ・作家シリーズ別冊）
【要旨】シチリアの男爵ザビエル・デ・ルカは並外れた才能をもつ実業家だ。彼は子供の頃から面識があるが、背が高くハンサムな彼は、いつもロミーの心を乱した。12年も年が離れているせいか、なんだか怖いような気がするのだ。その彼が、19歳になったロミーに結婚を申し込んできた。しかも、経営の危機に瀕する父の会社を救うことを条件にして。まるで取り引きだわ。でも、いま大事なのは、父が友人と信じていた男爵の冷酷なやり口に、ロミーは怒りを覚えるが、愛なき結婚を受けいれるほかなく―。
2017.3 156p 18cm ¥648 ①978-4-596-42097-8

◆秘密の宝物―シークレットベビー・セレクション　シャロン・サラ，エミリー・ローズ，キャロル・モーティマー，平江まゆみ，後藤美香，飛川あゆみ訳　ハーパーコリンズ・ジャパン（ハーレクイン・プレゼンツ・作家シリーズ・別冊）
【要旨】恋人サムに浮気を疑われ、嫌われたと思い込んだリビーは、妊娠の事実を告げないまま彼の前から姿を消した。彼が移住先で息子サミーを産み、人生を再スタートさせた8年後、悲劇が―リビーは自動車事故で意識不明の重体に陥ってしまったのだ。母を案じるサミーは、まだ見ぬ名前も知らない父親に助けを求めることを思いつき、『愛の約束』。妻を成功した富豪となったジェイクは、ある日、病院から思いがけない連絡を受ける。元恋人タリアが事故に遭い、緊急連絡先に彼の名前があったという―4年前、突然黙って消えたタリア。病院に駆けつけ救急救命室に通されたとき、ジェイクは言葉を失った。タリアは記憶をなくしたうえに、幼い息子まで抱いていたのだ。『愛を思い出して』。名門ダンティ家のパーティーで、間違って入った書斎でゴージャスな御曹司ガブリエルとでくわしたベラ。彼は抱かせまずベッドをともにするが、その後彼からの連絡はなかった。5年後、ベラはガブリエルと再会を果たす。ベラの傍らに立つ幼子を目にした彼は…『過ちと呼ばないで』。
2017.9 362p 17cm ¥935 ①978-4-596-55413-0

◆夜だけの恋人　シャロン・サラ作，石川園枝訳　ハーパーコリンズ・ジャパン（ハーレクイン・プレゼンツ・作家シリーズ・別冊）
【要旨】地元の親友の結婚式に出席したデビーは、新婦の兄コール・ブラウンフィールドに会うなり、運命を感じた。幸いブラウンフィールド家政婦として雇われ、忙しい日々を送る敏腕刑事のコールをかいがいしく世話するものの、彼はデビーの思いを無視するような態度をとるばかりだ。ところがある夜、デビーが眠れずに庭前のプールで泳いでいると事件現場から戻った、憔悴した様子のコールが近づいてきた。そして闇のなか、服を脱ぎ捨てるやいなや…。
2017.3 220p 18cm ¥704 ①978-4-596-42096-1

◆イブの変身　ペニー・ジョーダン作，加藤しをり訳　ハーパーコリンズ・ジャパン（ハーレクイン・プレゼンツ・作家シリーズ・別冊）
【要旨】タマラは15歳で両親を亡くしたあと、厳格な伯母に育てられた。そのせいで禁欲的な考え方が染みつき、恋とは無縁の人生を送る彼女が堅実な婚約者を選んだのも自然のなりゆきだった。そんなある日、タマラは休暇でひとりカリブの島を訪れた。「彼ってとってもセクシーだと思わない？」とささやく同じ観光客の婦人の声に顔を上げると、南国に似合わない黒ずくめの服装をした野性的な男性の姿が目にはいった。思わず、謎めいたその男性ザッカリーをむさぼるように見つめてしまい、タマラは強い自己嫌悪をおぼえた。まさかその数日後、彼に身を捧げることになるとは夢にも思わず―。
2017.6 156p 17cm ¥648 ①978-4-596-55405-5

◆二人の年月　ペニー・ジョーダン作，久我ひろこ訳　ハーパーコリンズ・ジャパン（ハーレクイン・プレゼンツ・作家シリーズ・別冊）
【要旨】心臓発作で入院した父の手術費用を工面するあてがなく、ヘザーはもう一人の家族、カイルに頼るほかなかった。カイル―ヘザーが7歳の時、両親は13歳の彼を里子に迎えた。自分でもてあますほど激しい感情の持ち主だったヘザーは何かにつけてカイルに反発し、両親の愛を独り占めしようとした。そして17歳の誕生日の夜、愚かにも両親を試そうと、アスピリン一瓶を口にしてしまった。死ぬつもりはなかったが、あの一件で家を出たあと実業家として成功したカイルとの6年ぶりの再会。彼のまなざしに射すくめられた瞬間、ヘザーは急に頬が熱くなり困惑した。彼がどれほど魅力的であるかを忘れていたのだ…。
2017.11 156p 17cm ¥648 ①978-4-596-55417-8

◆一夜のあやまち　ケイ・ソープ作，泉由梨子訳　ハーパーコリンズ・ジャパン（ハーレクイン・プレゼンツ・作家シリーズ別冊）
【要旨】リアーンは、4歳になる息子ジョナサンをひとりで育ててきた。公営アパートに住み、パートタイムの事務の仕事をしながら。今、リアーンは固い決意を胸に息子を連れてレブドン荘園をめざす。荘園を相続した著名な実業家ブリン・ソーンリイに会うためだ。観光客にまざって屋敷を見学している途中、ひそかに"プライベート"と標示されているドアを抜けて奥に進む。5年ぶりに会ったブリンはリアーンのことを覚えておらず、「どこで会ったかな？」といぶかしそうな表情を浮かべた。「5年前、マンチェスターのパーティーで。あの夜私、妊娠して」自分の息子の存在を知って、ブリンは驚愕の表情を浮かべた。
2017.5 156p 17cm ¥648 ①978-4-596-55402-4

◆悲しい偶然　ケイ・ソープ作，高木晶子訳　ハーパーコリンズ・ジャパン（ハーレクイン・プレゼンツ・作家シリーズ・別冊）
【要旨】ロンドンで観光客のガイドをしているリンは、ひとつの計画を胸に5月のアテネにやってきた。それは、添乗員兼ガイドとしてギリシアを案内する仕事に就くこと。今回は実地見学のためパッケージツアーに参加し歴史を勉強してきたので、今回は実地見学のためパッケージツアーに参加し。宿泊先のホテルで、背が高くいかにも尊大そうな黒い瞳のギリシア人男性を見かけたリンは、そのアンドレアスなるホテルのオーナーが、偶然にも姉の手紙に登場していた、姉を捨てた男だと気づく。しかし彼の巧みな誘惑に抗えず、リンは一夜をともにしてしまい―。
2017.1 156p 17cm ¥648 ①978-4-596-42091-6

◆秘書は危険な職業　ケイ・ソープ作，富田美智子訳　ハーパーコリンズ・ジャパン（ハーレクイン・プレゼンツ・作家シリーズ・別冊）
【要旨】大企業に重役の秘書として派遣されたトリシアは、オフィスに入った瞬間、息をのんだ。リー・スミス―3年前、ふたりは休暇中の豪華客船で、熱く燃えあがる3日間を過ごした。だが彼はトリシアをエマという名を使い、自由奔放なブロンド娘を演じていた彼女のことを、覚えてはいないかった。短い恋が胸に深い傷を残して終わりを告げて以来、トリシアは二度と恋などしないと心に誓い、仕事に打ち込んできた。それなのに、まさかこんなところで再会するなんて！　リーは淡々とトリシアに翌週の出張旅行への同行を命じてきたが、やがて彼女が何者

外国の小説

ロマンス

外国の小説

かに気づくと…。
2017.10 155p 17cm ¥648 ①978-4-596-55415-4

◆情熱のマスカレード　エマ・ダーシー作, 森洋子訳　ハーパーコリンズ・ジャパン　（ハーレクイン・プレゼンツ・作家シリーズ・別冊）
【要旨】有名実業家の愛人の娘として生まれたバーナデッドは、後ろ指をさされて育ちながら長年の夢を叶え、医師となった。その日の誕生日、彼女のもとに贈り主の名前のない花束が届いた。誰から？　疑問を抱いたまま出掛け、一人の男と鉢合わせをした。ダントン6年前、私が必死せばうな言葉で惑わせておきながら、私が懸命に語る理想を嘲り、翌日にはほかの女と去っていった男。彼は変わらず不敵な笑みを浮かべ、仮面舞踏会へと誘ってきた。「君が僕を見つける前に、君を見つけてみせる」と言って。私の本当は彼を忘れられずにいたのを、見透かされているの？　二度とあの人に振り回されたくないのに。彼女は不安に怯えた。
2017.9 156p 17cm ¥648 ①978-4-596-55412-3

◆結婚から始めて　ベティ・ニールズ作, 小林町子訳　ハーパーコリンズ・ジャパン　（ハーレクイン・プレゼンツ・作家シリーズ・別冊）
【要旨】ヘルパーのアラミンタは、浪費癖のある父と病弱な妹との3人暮らし。母は早くに他界したあと、仕事も家事雑用も全部一人でこなしてきた。あるとき、上流階級の医師ジェイスンの屋敷に派遣され、彼の妹の子供たちの世話をすることになった。真面目でハンサムな彼に心惹かれていくが、契約は半月あまりで終了。次の仕事は老人の世話をする過酷な労働だった。ところが1週間が過ぎたとき、ジェイスンが不意に訪ねてきて、なんとアラミンタに結婚を申し込んだのだ。「今は愛していなくても、一緒に暮らすうちに愛が生まれればいい」と。ただ彼のそばにいたくて、プロポーズを受けたアラミンタだったが…。
2018.1 156p 17cm ¥648 ①978-4-596-55421-5

◆ふたりのパラダイス　ベティ・ニールズ作, 小林町子訳　ハーパーコリンズ・ジャパン　（ハーレクイン・プレゼンツ・作家シリーズ別冊）
【要旨】求職中の看護師プルーデンスはある日、名付け親から、オランダへ一緒に行ってほしいと頼まれる。病気の姉エマを見舞いたいのだが、病弱の身でひとり旅が不安だというのだ。断りきれず、しぶしぶ同行したプルーデンスは、エマの甥であり主治医でもあるハーソーを紹介されてびっくりする。さっき庭園で出会った失礼な人だ！　彼は庭師だとばかり思っていたのに。ハーソーの尊大な態度に腹を立てながらも、彼女はその美しい瞳に、これまで感じたことのないときめきを覚えていた。
2017.7 156p 17cm ¥648 ①978-4-596-55408-6

◆言えない秘密　スーザン・ネイピア作, 吉本ミキ訳　ハーパーコリンズ・ジャパン　（ハーレクイン・プレゼンツ・作家シリーズ・別冊）
【要旨】小さな宿を営むジェニファーは、人工授精で子供を産む条件で余命幾ばくもない年配の資産家セバスチャンと便宜結婚した。後継者が欲しいのに病気で叶わない彼と、結婚はあきらめていても子供の欲しい彼女にとって、都合がよかったから。ただ…その精子提供者が問題だった。やがてセバスチャンが亡くなり、まもなく彼の息子レイフが現れた。長年、父と同じく億万長者の彼の言葉にジェニファーは震えおどる。「君のおなかの子供の父親が僕だってことは、知っているんだ」彼が精子提供者だということは、私はずにだったのに！　私はなんのためにやってきたの？　まさか、私の子供を奪いに？
2018.1 156p 17cm ¥648 ①978-4-596-55420-8

◆あなたが見えなくて――DIANA PALMER リバイバルシリーズ　ダイアナ・パーマー作, 香野純訳　ハーパーコリンズ・ジャパン　（ハーレクイン・プレゼンツ・スペシャル）
【要旨】1900年アトランタ。二十歳のクレアは自動車整備工の叔父を手伝い、全身すすだらけになりながらも、毎日楽しく暮らしていた。ところがある日、最愛の叔父が急死し、彼女は天涯孤独になってしまった。生きるすべを失った不安と悲しみに押し潰されそうになっていると、かねてより慕う裕福な銀行家のジョンから結婚を申し込まれた。突然の申し出に戸惑うとともに胸を高鳴らせるクレアだったが、ほどなく、ジョンのひどい仕打ちに打ちのめされる――この結婚は、今は彼の上司の妻である元婚約者との噂を避けるための見せかけにすぎないことを、露骨に冷淡な態度で示されたのだ。しかも彼は、美しも元婚約者にいまだ想いを寄せているようで…。
2017.2 316p 17cm ¥1074 ①978-4-596-80089-3

◆淡い輝きにゆれて　ダイアナ・パーマー作, 香野純訳　ハーパーコリンズ・ジャパン　（ハーレクイン・プレゼンツ・スペシャル）
【要旨】最愛の父を亡くし天涯孤独となったテスの頭に浮かんだのは、いまは遠くへ行ってしまった初恋の人、マットの美しい顔だった。かつて瀕死の重傷を負った彼をテスの父が救い、傷が癒えるまで、彼女がつきっきりで看病したのだ。そのときから胸の中でマットへの恋心を密かに育ててきたテスは、身寄りなきいま、彼を頼るほかはなく、列車に飛び乗った。目的地シカゴでは、以前にも増して大人の色香を漂わせる、エレガントなスーツを着こなしたマットが待っていた。ところが、痛いくらい胸を高鳴らせるテスとは対照的に、彼はこちらが近づこうとするほど彼女の想いをはねつけて…。
2017.10 277p 17cm ¥1074 ①978-4-596-80092-3

◆涙の初恋――ワイオミングの風　ダイアナ・パーマー作, 平江まゆみ訳　ハーパーコリンズ・ジャパン　（ハーレクイン・プレゼンツ・スペシャル）
【要旨】やむなき事情でワイオミングに来たメリーは、友人に連れられ、その兄である全米有数の企業の会長レンの広大な家に身を寄せた。背が高く豊かな黒髪の彼を見たとたん、メリーの身にえにも言われぬ衝撃が走った。これが…恋に落ちるということなの？　ところが、一方のレンはメリーの姿を目にするやいなや、なぜかあらさまな敵意をむき出しにしてきた。「僕に色目を使っても無駄だ！」そう言い放ったうえでその後もメリーを軽い女として扱い、ますます彼女のうぶな心を傷つけずには…。
2017.12 156p 17cm ¥648 ①978-4-596-80093-0

◆もてあそばれた純情　ダイアナ・パーマー作, 平江まゆみ訳　ハーパーコリンズ・ジャパン　（ハーレクイン・プレゼンツ・スペシャル）
【要旨】母亡きあと、サリーは横暴な父との暮らしに耐えてきた。異様に厳重な警備に囲まれた黄金の鳥籠のような生活の中で、唯一の心の支えは、彼女の身辺を守る元FBIのポールだった。いつしかサリーはたくましい年上の彼に惹かれ、熱い想いをぶつけた。だが、ポールは彼女に甘いキスを浴びせておきながら、さよならも告げず、ある日忽然と姿を消してしまった。ショックと悲しみに打ちひしがれつつも追いうちをかけるように、彼には妻子がいると父から聞かされ、彼女は打ちのめされた。それから数年、サリーの心は死んだままだった――3年後、あの日と変わらぬ魅力的な彼の姿をふたたび目にするまで。
2017.6 156p 17cm ¥648 ①978-4-596-55091-6

◆あなたに言えたら　ステファニー・ハワード作, 杉山恵訳　ハーパーコリンズ・ジャパン　（ハーレクイン・プレゼンツ・作家シリーズ・別冊）
【要旨】ローラにはつらい恋の過去があった。婚約者ファルコとの仲を彼の父の策略によって裂かれたのだ。多額の慰謝料をローラに渡したように見せかけた父親の嘘――ファルコはそれを見抜けず、誤解したまま去り、仕事に打ち込んできた。その後、ローラはお屋敷に宿ったファルコの娘ベルを育てながら故人となった妹と仕事に打ち込んできた。だが、別荘の改装を依頼され、イタリアのアルバ島を訪れたとき、ローラの3年間にわたる平穏な日々は終わりを告げた。依頼主がファルコだとわかっていたら、ここへは来なかった。なぜ私をここへ呼び寄せたの？　まさかベルのことを知って…。
2017.9 158p 17cm ¥648 ①978-4-596-55411-6

◆復讐のゆくえ　アン・ハンプソン作, 加藤しをり訳　ハーパーコリンズ・ジャパン　（ハーレクイン・プレゼンツ・作家シリーズ・別冊）
【要旨】ギリシアに魅せられ、クレタ島の旅行会社で働くトニは、ある日、親切から老人を車で家に送った。だが誘われるまま家に入ると、老人は態度を急変させ、妹をトニの兄の車にはねられた仕返しと、無理に切りつけてきた。騒ぎに気づいた家族の制止であやうく難は逃れたものの、老人の家族によれば、彼の復讐を止める方法はひとつしかないと言う。それは、トニが老人の孫ダロスと結婚すること――ギリシアでは親戚には仕返しをしない習わしなのだという。1週間後、彼のプロポーズを受け、別荘で彼との結婚生活が始まるのだ。
2017.1 174p 17cm ¥648 ①978-4-596-42090-9

◆悲しみの館――忘れえぬ絆　1　ヘレン・ブルックス作, 駒月雅子訳　ハーパーコリンズ・ジャパン　（ハーレクイン・プレゼンツ・作家シリーズ・別冊）
【要旨】児童養護施設で育ったグレイスは、18歳でイギリスからイタリアへ渡り、名家の御曹司ドナート・ヴィトーリアに見そめられ、19の時に結婚した。財力、名声、容貌、知力、すべてに最高のものを備えたドナートが、どうしてわたしのような何もないおずおずした少女を妻に？　それでも彼は熱愛してくれた。夢のような1年が過ぎ、グレイスは身ごもった。玉のような男の子パオロに恵まれたころは、幸せの絶頂だった。しかし、その大切な赤ちゃんに突然の死が襲いかかる。悲しみのどん底に落ちたグレイスの心の傷が癒える間もなく、夫ドナートの裏切りが発覚して…。
2017.6 156p 17cm ¥648 ①978-4-596-55404-8

◆情熱の傷あと――忘れえぬ絆　2　ヘレン・ブルックス作, 駒月雅子訳　ハーパーコリンズ・ジャパン　（ハーレクイン・プレゼンツ・作家シリーズ・別冊）
【要旨】親友の双子の出産の手助けのため、クレアはイタリアに出かけてくれるはずだった親友の夫の代わりに現れたのは、彼の弟。目も眩むほどハンサムなドナーノだった。巨万の富を誇る大物実業家の彼は、初対面から皮肉っぽい言葉や態度でクレアをいら立たせた。なんて高慢な人なのかしら。どきどきするわたしがおかしいのよ。しかも、彼は断言している――愛など幻想だ、絵空事もすぎない、と。きっと亡くなった美しい妻を忘れられずに、心を閉ざしているのだ。こんな人を愛しては絶対にだめ。クレアはようやく気づいていたのだが…。
2017.7 156p 17cm ¥648 ①978-4-596-55407-9

◆許されぬ結婚　ヘレン・ブルックス作, 平江まゆみ訳　ハーパーコリンズ・ジャパン　（ハーレクイン・プレゼンツ・作家シリーズ・別冊）
【要旨】ケイティの父が倒れ、救急車で病院に運ばれるという騒ぎのさなか、大企業の会長を名乗るカールトンという男性から電話がかかってきた。君の父親のせいで大金を失った、と厳しい声で告げられ、彼のオフィスに赴くと、セクシーなオーラを放つ黒髪の男性――カールトンが現れ、信じ難い事実を聞かされる。父が事業に失敗して全財産を失い、カールトンにも大損害を与えたという。ショックに取り乱すケイティに、数日後、彼からとんでもない申し出が。「僕と結婚するなら、お父さんの借金を清算してあげよう」出会ったばかりなのに、なぜ？　ほかに父を救う方法はないの？　とまどうケイティに、帰り際、カールトンは強引にキスをしてきて…。
2017.11 156p 17cm ¥648 ①978-4-596-55416-1

◆氷の仮面　サラ・ホーランド作, 大谷真理子訳　ハーパーコリンズ・ジャパン　（ハーレクイン・プレゼンツ・作家シリーズ・別冊）
【要旨】ロンドンの最高級ホテル、リッツのレストラン。スティーブンがポケットから取りだしたダイヤの指輪を見てキャロラインは目をみはった。プロポーズに迷いながらもイエスと答える。やがてお祝いのダンスを終えたとき、社長が近寄ってきた――マーク・ライダー。鋼色の目と漆黒の髪を持つ、彼女の上司。ダンスに誘われ、マークの手がウエストに触れた瞬間、キャロラインの全身に震えが走った。マークの秘書として働き始めて以来、かいとこの感覚に抗ってきた。彼を見るたび、気持ちが高ぶり、そして不安になる。わたしはスティーブンを愛しているはずなのに…なぜ？
2017.8 156p 17cm ¥648 ①978-4-596-55409-3

◆花嫁のため息　アン・マカリスター作, 鏑木ゆみ訳　ハーパーコリンズ・ジャパン　（ハーレクイン・プレゼンツ・作家シリーズ・別冊）
【要旨】ギリシア富豪の屋敷でナニーとして働くケイトは、ある日、尊大な当主ダモンに驚くべき提案をもちかけられた。「ぼくと結婚してくれないか？　もちろん寝室は別で」耳を疑うケイトに、彼は説明した。結婚する気はさらさらないが、母に結婚を急かされ困っている、姪のナニーであるきみが相手なら母も納得するだろう、と。折しも気の進まない結婚を父に迫られていたケイトは、1年の期限付きという条件で、彼の提案を受け入れることにする。だが挙式後、バハマへの新婚旅行を強制されてしまったケイト。まさか彼と衝動的に情熱を交わすことになるとは夢にも思わず…。
2017.10 156p 17cm ¥648 ①978-4-596-55414-7

◆カリブの白い砂　アン・メイザー作, 古城裕子訳　ハーパーコリンズ・ジャパン　（ハーレクイン・プレゼンツ・作家シリーズ・別冊）

【要旨】看護師のエリザベスは、年配の入院患者のプロポーズを受け、彼の所有するカリブ海に浮かぶ島へと赴いた。彼の健康が回復次第、結婚することになっている。ところが、憧れの南の島の生活を夢見て、期待に胸躍らせていたエリザベスは、婚約者の高圧的な態度や異常なほどの嫉妬深さにショックを受け、結婚ためらいを感じ始める。そんなとき、危険な男だと思い警戒していた有力者、深緑色の瞳をもつコラウールと何度も顔を合わせるようになり、彼の男性的な魅力に惹かれていき…。
2017.4 156p 17cm ¥648 ①978-4-596-42100-5

◆**愛と哀しみの富豪一族** キャロル・モーティマー作、早川麻百合訳 ハーパーコリンズ・ジャパン （ハーレクイン・プレゼンツ・スペシャル）
【要旨】シェイは17歳のときにロンドンへ出てきて働き始め、大恋愛の末、結婚した。ライアンは兄である弟ライアン・ファルコナーの圧倒的な魅力の虜になった。やがて求められるまま純潔を捧げたが、ライアンは結婚を切望する彼女の気持ちを踏みにじった。"きみは、ただの愛人にすぎない"と冷たく言い放って。身も心もぼろぼろになったシェイは哀しみとともに彼の元を引いた。そんな彼女を救い愛してくれたのは、彼の末弟リッキーだった。しかし6年後の今、リッキーは一度の事故で亡くなるよ。ライアンが再びシェイの目の前に現れ、厳しい声で命じた。「きみにはファルコナー家の屋敷でずっと暮らしてもらう」
2017.3 286p 18cm ¥1074 ①978-4-596-80090-9

◆**仮面の夫** キャロル・モーティマー作、塚田由美子訳 ハーパーコリンズ・ジャパン （ハーレクイン・プレゼンツ・作家シリーズ・別冊）
【要旨】5年前、ケリーはハンサムな実業家ジョーダンと、大恋愛の末、結婚した。しかし妊娠直後、夫と秘書の旅行計画を耳にし、ショックで流産して以来、家を出て父と暮らしてきた。ところが、その父は事故に遭い、記憶喪失に陥ってしまった。父の記憶にあるのは、ハネムーンから戻ったばかりの仲睦まじい二人の姿。ケリーは、知らせを受けて病院に駆けつけた夫と、医師のすすめで新婚夫婦を演じることになる。ジョーダンに自分の所有物とばかりに強引にキスされ、ケリーは動揺した。幸せだったあの頃の二人に戻るなんて、できるはずがないわ。もう夫の愛を信じられないというのに…。
2017.12 156p 17cm ¥648 ①978-4-596-55419-2

◆**ロマンスよ永遠に** キャロル・モーティマー作、大林日名子訳 ハーパーコリンズ・ジャパン （ハーレクイン・プレゼンツ・作家シリーズ・別冊）
【要旨】夫と離婚後、実の父にまで裏切られ、踏みつけられていたベスは傷心をいやすため、一人イタリアを訪れた。最初の訪問地ヴェローナでオペラを見ていたとき、幕間に後ろの席の男性に声をかけられた。黒髪にラテン系の顔立ち。マーカス・クレイヴンと名乗るゴージャスな億万長者の彼の誘いを、その日はうまくかわしたが、次の日、"ロミオとジュリエット"の舞台、キャピュレット家で再会。さらに翌日の夜、ヴェネチアのホテルのレストランに彼が現れ、ベスは彼に惹かれながらも、度重なる偶然の出会いに不安を覚えた。そして部屋まで送ってきたマーカスに、強引にキスをされ…。
2017.4 156p 17cm ¥648 ①978-4-596-42099-2

◆**プリンスの裏切り―三つのティアラ 2**
ルーシー・モンロー作、中村美穂訳 ハーパーコリンズ・ジャパン （ハーレクイン・プレゼンツ・作家シリーズ・別冊）
【要旨】ダネットはゴシップ雑誌に載った写真を見て、叫びだしたかった。祝賀会で魅力的な美女と踊る男性が写っている。彼は島国イズレイ・デイ・レのプリンス・マルチェッロ、そしてダネットが勤める海運会社のイタリア支社長でもある。二人はパパラッチの目を避け、密かにつきあってきた。でも、この写真は？愛されていると信じていたけれど、やっぱり私はマルチェッロの秘密の愛人にすぎないのだろうか？ある晩、レストランで友人たちと食事をしているところに偶然マルチェッロが母や兄のプリンスたちと現れた。彼は私を紹介してくれるかしら？ダネットは期待した…。
2017.2 156p 17cm ¥648 ①978-4-596-42092-3

◆**プリンセスの憂い―三つのティアラ 3**
ルーシー・モンロー作、青海まこ訳 ハーパーコリンズ・ジャパン （ハーレクイン・プレゼンツ・作家シリーズ・別冊）
【要旨】テレーザは心と体の痛みに耐えていた―皇太子妃として。王位継承者に嫁いだ以上、愛よりも義務が優先するのは仕方のないこと。けれど、テレーザは夫に愛されたかった。おまけに子宮の病を発症した今、襲いくる痛みとともに、王家の跡継ぎの可能性はないと知らされ苦しめた。夫のプリンス・クラウディオには内緒にしているため、最近ふたりの気持ちは、何かとすれちがう。体の痛みから愛の行為に消極的に妻テレーザに対して、愛人ができたのでは、とクラウディオが疑いを持つほどに！
2017.3 156p 17cm ¥648 ①978-4-596-42095-4

◆**ボスに気をつけて** シャーロット・ラム作、小林町子訳 ハーパーコリンズ・ジャパン （ハーレクイン・プレゼンツ・作家シリーズ・別冊）
【要旨】ひそかに憧れていた男性の婚約パーティーに出席するのはソフィーにとって、まさに拷問だった。だからクールな上司ガイが会場から連れ出されたときもソフィーは逆らわず、家まで送ってもらった。これまでガイがソフィーに興味を示すことはなかったが、今日はいつもの彼とは違う。成り行きとはいえ、秘書であるソフィーの寝室にまで入りこみ、追ってきたのだ―こんなときには、慰め合うべきだと言って。ソフィーは催眠術にかかったようにうっとりと目を閉じ、彼のキスに応えてしまい…。
2017.8 156p 17cm ¥648 ①978-4-596-55410-9

◆**ミスター・トラブル** シャーロット・ラム作、三好陽子訳 ハーパーコリンズ・ジャパン （ハーレクイン・プレゼンツ・作家シリーズ別冊）
【要旨】ホテル付秘書のアルバイトをするクローディアは、日によってホテルのオフィスで働くこともあれば、宿泊客の要請で臨時の秘書を務める場合もある。今日の任務は、最上階のスイートルームに滞在する客の臨時秘書。客は世界的な億万長者のエリス・ルフェーブルだ。"彼はトラブルそのもの。気をつけて"―そんなホテル側の注意が耳に残り、クローディアはさっそくトラブルに巻きこまれた。部屋に入るなり、一方的にエリスから言い渡されたのだ。「今夜は、きみもここに泊まるように！」
2017.5 156p 17cm ¥648 ①978-4-596-55403-1

◆**魅惑のひと** パトリシア・レイク作、古城裕子訳 ハーパーコリンズ・ジャパン （ハーレクイン・プレゼンツ・作家シリーズ・別冊）
【要旨】リーザは気が進まぬまま訪れたパーティーで、自分をじっと見つめている浅黒い肌の男性に気づいた。店内の誰よりも背が高く、威厳に満ちた身のこなし。彼は名うての実業家ジョーダン・ヘイズ。これまで会ったことがないほど魅力的な男性だ。2日後、彼の誘いで食事をしたリーザはたちまち彼の虜になるが、帰宅後、祖父が重体だという連絡が入り、急遽帰郷することに。幸い祖父の病状は回復に向かい、やがて快気祝いのパーティーが開かれる。そこでジョーダンの姿を見つめ、天にも昇る心地になったリーザ。だがその直後、残酷な事実を知らされる―彼は従姉の婚約者だったのだ。
2017.2 156p 17cm ¥648 ①978-4-596-42093-0

◆**大富豪の天使を抱いて** キャスリン・ロス作、中原もえ訳 ハーパーコリンズ・ジャパン （ハーレクイン・プレゼンツ・作家シリーズ・別冊）（『決して後悔はしない』改題書）
【要旨】4歳になる娘セアラを一人で育てるヘザーは、ある会社の社長と約束に遅れてしまい、代わりに運よく社長と会えることになった。その社長がライアン・ジェイムソンとは思いもよらなかった―四年半前、あれほど愛しながら妊娠を告げないまま別れた人。もう二度とライアンには会いたくなかったのに。でも、私の企画が採用されれば、また顔を合わせることになる。時間に遅れた理由を話したら、彼はなんと言うだろう？
2017.6 156p 17cm ¥648 ①978-4-596-55406-2

ハーレクイン文庫

◆**いつか恋を** リンゼイ・アームストロング作、萩原ちさと訳 ハーパーコリンズ・ジャパン （ハーレクイン文庫）
【要旨】父と継母が飛行機の墜落事故で、世を去ったとき、19歳のメルに遺されたのは、3人の弟と莫大な借金だけ。彼らを人手に渡さないためにも、海運造船業を営む大資産家で、継母の弟エティエンヌの求婚を、メルは受けるしかなかった。メルは15歳のときに、彼に仄かな思慕を秘めていたことがある。しかし、一回りも年上の、成熟した大人のエティエンヌは、男の子みたいな、痩せっぽちのメルに見向きもしなかったのだ。それなのに結婚式の今、怯えるメルをベッドの端に座らせ―その微笑が語っていた。彼はメルを我が物にしたいだけなのだと。
2017.12 217p A6 ¥620 ①978-4-596-93842-8

◆**雨上がり** イヴォンヌ・ウィタル作、谷みき訳 ハーパーコリンズ・ジャパン （ハーレクイン文庫）
【要旨】雨は休むことなく降り続け、今朝、メラニーは父の葬儀を終えた。実業家の父のあまりにも突然の死。そのせいでメラニーと老いた祖母には、屋敷しか残されなかった。しかも、不幸に追い打ちをかけるように、ジェイソンと名乗る、精悍な面差しをした大富豪が現れたのだ。不安におののく彼女に、彼は憐憫の目をむけながら告げた。君の父に、家を担保に多額の融資をしていた。家を失いたくなければ、君の身を僕に差し出すしかないと。余命わずかな祖母のためにも、メラニーはうなずくしかなかった。
2017.12 195p A6 ¥620 ①978-4-596-93844-2

◆**孔雀宮のロマンス** ヴァイオレット・ウィンズピア作、安引まゆみ訳 ハーパーコリンズ・ジャパン （ハーレクイン文庫）
【要旨】5年ぶりに南の島で再会した婚約者には、すでに恋人がいた。帰るに帰れずテンプルは途方に暮れ、船着き場へと向かうが、船員に女は断ると言われ、男装して船に乗り込むのだった。2人用船室に待ち受けていたのは、物憂げな美しい男性リック。"孔雀宮の主"だと名乗るも、皮肉めいた笑みを浮かべて、おどおどした少年姿のテンプルをじっと見つめた―その夜、激しい船酔いに陥ったテンプルは、深い眠りのうちに男装をすべて解かれてしまう。翌朝、怯えるテンプルにリックは、悠然と微笑んだ。「女の子だって、最初からわかっていたよ」
2017.8 222p A6 ¥620 ①978-4-596-93818-3

◆**スペインからの手紙** ヴァイオレット・ウィンズピア作、須賀孝子訳 ハーパーコリンズ・ジャパン （ハーレクイン文庫）
【要旨】一通の手紙に呼びたてられるように、ダーシー・ボーディンははるばるスペインのサン・ソリトの地までやって来た。手紙には名門一族に名を連ねるラモーンの兄フリオの署名がある。王立音楽院時代、ラモーンはダーシーに熱をあげていた。だが、ある日、ダーシーの車が交通事故にあい、同乗していたラモーンは大けがをして、下半身不随となったのだ。フリオは彼女と出会うや、男らしい眉を険しくひそめ、あろうことか、君は車椅子の弟と結婚すべきだと言い放った。ダーシーが、兄のフリオに心を奪われているとは想像だにせず。
2017.5 221p A6 ¥620 ①978-4-596-93803-9

◆**涙の結婚指輪** ヴァイオレット・ウィンズピア作、山下さおり訳 ハーパーコリンズ・ジャパン （ハーレクイン文庫）
【要旨】ドミニの美貌に目をつけた、社長ポール・ステファノスが秘密裏に、ある取り引きを持ちかけてきた。もし結婚すれば、きみの従心が横領した証である小切手を燃やし、すべてをなかったことにしよう。代わりに純潔を差し出すように、とギリシア人は囁いていた。両親を亡くしたドミニを、伯父は娘のように愛してくれた。その息子の罪を許すため男に買われ、愛し伯父が窮地に陥る。「ぼくがきみを買うんだ」熱を孕む瞳で男に言われ、ドミニはただ身をふるわせ、頷くことしかできなかった。
2017.11 221p A6 ¥620 ①978-4-596-93838-1

◆**ロアールの聖女** ヴァイオレット・ウィンズピア作、鷹久恵訳 ハーパーコリンズ・ジャパン （ハーレクイン文庫）
【要旨】貴族だった恋人が死んで5年―。マーゴは素性を隠してロアールを訪れ、彼の遺児の乳母になるが、そこで、恋人の兄で城主のポールと出会う。美男だった恋人とはまるで似ていないのに、彼が意味深に、マーゴを城に咲く真紅の薔薇に喩えたとき、その濃密な香りに思わず眩暈がした。彼と確執のあった弟の恋人である自分を愛してほしくない。そんなマーゴの想いとは裏腹に運命は二人を強く引き寄せていく。無骨なポールに甘く激しく愛され、愛されれば愛されるほど、罪の意識に、マーゴは追いつめられてゆく―。
2017.2 218p A6 ¥620 ①978-4-596-93787-2

◆**ぼうやはキューピッド** レベッカ・ウィンターズ作、寺田ちせ訳 ハーパーコリンズ・ジャパン （ハーレクイン文庫）

【要旨】キャシーは大手銀行頭取のトレイスの姿を見て、はっと息をのんだ。間違いなくほうやのパパだわ。まさに姉の息子に瓜二つの。産後、病床にあった姉は、病院の手違いで赤ちゃんが入れ替わったと言い続けていた。そしてとうとう、ほうやの本当の親を見つけてやってほしいと言い残して逝ってしまったのだ。キャシーは必死で事情を説明したが、トレイスは聞く耳すら持たず、それどころか誘拐犯と決めつけた。「作り話はそれまでか」彼は冷たく片目をあげて、警察を呼んだ。
2017.3 197p A6 ¥620 ①978-4-596-93793-3

◆**いとこ同士** マーガレット・ウェイ作, 山田のぶ子訳 ハーパーコリンズ・ジャパン（ハーレクイン文庫）
【要旨】夫は、ケイトの妊娠を知らないまま交通事故で世を去った。結婚生活は夫の異常な嫉妬と貧困にあえぎ、地獄のようだったが、それから5年、ケイトは幼い息子を心の支えに生きてきた。ところが、ある日、弁護士を通じて、思いもしない知らせが届いた。絶縁していた、裕福な夫の両親が会いたいと言ってきたのだ。息子を取り上げられるのではとケイトは怯えるが、現れた美貌の弁護士の顔を見て、思わず息をのんだ。彼もじっとケイトを見つめていた。亡き夫にそっくりな目をして。それは夫が妬んでやまなかった、従兄のエイドリアンだった。
2018.1 217p A6 ¥620 ①978-4-596-93849-7

◆**愛なきハネムーン** リン・グレアム作, 漆原麗訳 ハーパーコリンズ・ジャパン（ハーレクイン文庫）
【要旨】「ついにお前が役に立つときがきた。夫を見つけてやったぞ」養父の言葉に、イオーネは翡翠色の瞳を不安に揺らした。暴力を振るわれ、道具として生きてきた身では抗うすべもない。が、結婚相手の名を聞いて、イオーネの顔は一気に青ざめた。アレクシオ・クリストウラキス—ギリシアの大財閥の重役、新聞の社交欄をいつも賑わせる、華やかな色男だ。以前、彼のヨットが悪天候を避け、養父の島に寄ったときには、彼女をメイドのように扱った。あんな傲慢なプレイボーイと結婚するなんて…。
2017.6 198p A6 ¥620 ①978-4-596-93811-4

◆**一日だけの花嫁** リン・グレアム作, 有光美穂子訳 ハーパーコリンズ・ジャパン（ハーレクイン文庫）
【要旨】19歳のモリーはたった1日だけの花嫁だった。挙式したまさにその夜、夫ショルト・クリスタルディは、泣きすがるモリーを振り切り、愛人のもとに駆けつけたのだ。金融界のトップの座に、社交界のスターであるショルトと、世間知らずで男女の営みには、この仕打ちは耐えられるものではなかった。夫と別れて4年、だが運命は残酷にも、二人を引き合わせる。何事もなかったような我が顔で、夫に全てを奪われるために。
2018.1 202p A6 ¥620 ①978-4-596-93852-7

◆**ナポリから来た恋人** リン・グレアム作, 藤村華奈美訳 ハーパーコリンズ・ジャパン（ハーレクイン文庫）
【要旨】傲慢だという噂の新社長には、まだ会いもしないうちに、身なりが悪いと断じられ、ピッパは昇進を見送られてしまう。あまりの理不尽さに打ちのめされるが、気を取り直して、その夜のパーティーには、美しく装って出席することに。そこで、すばらしくハンサムなイタリア男性が話しかけてきた。今まで仕事一筋だったピッパは、一目で惚れる自分に戸惑うが、彼に乞われると、なぜか流されるように一夜を共にしてしまう。だが翌日、出社した彼女は社員総会に出て愕然とする。あろうことか昨夜の男性—アンドレオが社長だったのだ。
2017.8 206p A6 ¥620 ①978-4-596-93823-7

◆**憎しみの代償** リン・グレアム作, すなみ翔訳 ハーパーコリンズ・ジャパン（ハーレクイン文庫）
【要旨】17歳のときに両親を亡くしてから7年間、セアラは自分を犠牲にして妹の幸せのためだけに生きてきた。だが、最愛の妹は、ギリシア人の愛人に捨てられたあげく、19歳になったばかりで赤ん坊を遺してこの世を去ってしまった。それはすべて愛人の兄アレックス・ターザキス—気が遠くなるほどの富豪で権力を一手に握っている男が、ふたりの結婚を頑として許さなかったせいだった。しかも、アレックスは妹の葬儀の日に現れたばかりか、端整な顔に冷酷さを滲ませて、セアラに赤ん坊を渡すよう告げた。
2017.10 206p A6 ¥620 ①978-4-596-93835-0

◆**虹に願いを** マーシー・グレイ作, 関口諒子訳 ハーパーコリンズ・ジャパン（ハーレクイン文庫）
【要旨】ジョシュア・ディレーニー。いったいこの人は何者なのかしら。リリー・アンは、酒びたりで疎遠にしがちだった亡き父が、秘密裏にある男性に送金しつづけていたことを知ったばかりだ。どうやら父はゆすられていたらしい。自分の治療費を削ってまで金をつくり、死んでいった。真相をつきとめようと、ディレーニー家に赴いたリリー・アンは、現れた優しげな青年を見て言葉を失う。すらりと背が高く、たぐい稀な美貌を持つジョシュアは—全盲だったのだ。この人が父を脅迫していたなんて、とても信じられない…。
2017.4 198p A6 ¥620 ①978-4-596-93794-0

◆**侯爵家の花嫁** サラ・クレイヴン作, 藤村華奈美訳 ハーパーコリンズ・ジャパン（ハーレクイン文庫）
【要旨】「マリサ、君を連れて帰る。跡継ぎを産んでもらうわよ」別居から8か月、突如イタリア侯爵家の血を引く夫が現れた。生前に、母親同士が決めた二人の婚約者ロレンツォを、孤児のマリサは密かに慕い、結ばれる日を心待ちにしていた。だが、彼にとって結婚は一族の義務であって愛などなかった。マリサは結婚式でロレンツォを激しく拒絶するが、初夜を強引に奪われて、傷ついて、家を飛びだしたのだ。侯爵家に育てられてきたからには逃げ場はない。今度こそ、妻としての"責務"を果たさなければならないのだ。
2017.10 222p A6 ¥620 ①978-4-596-93834-3

◆**追憶** サラ・クレイヴン作, 長沢由美訳 ハーパーコリンズ・ジャパン（ハーレクイン文庫）
【要旨】7年前に、忽然と姿を消したライアンが町に戻ったと知り、ジャナの胸に、一瞬にして暗い影がさした。16歳のころ、ジャナは屋敷に住むライアンと愛し合っていた。だが、部屋に踏み込んできた彼のおじに見つかって、思わず、「ライアンに連れ込まれたの」と嘘をついてしまったのだ。その日のうちにライアンは勘当され、翌日には屋敷を去った。そうして、ジャナの初恋は無残な形で終わりを告げた一長い空白の時を経て再会した彼は、いまや別人のように、彼女を嘲笑していた。「復讐を受ける覚悟はできているか？」と。
2017.8 218p A6 ¥620 ①978-4-596-93822-0

◆**涙の婚約指輪** サラ・クレイヴン作, 高木晶子訳 ハーパーコリンズ・ジャパン（ハーレクイン文庫）
【要旨】豪奢な屋敷で何不自由なく育ったチェシーだったが、父亡きあとは使用人部屋に移り、マイルズに雇われていた。頬に傷跡が残る孤独な主人の影に、チェシーは心惹かれるが、ある日、マイルズに求婚されて、悩んだ末、退職届をだした。彼に愛などないのは明白だったから…。だがマイルズは会社を辞めるまでの4週間は少なくとも僕に従うべきだと、執拗に婚約指輪を買おうとする。だから、チェシーは値崩れしないアンティークものを選んだのだ。別れてから彼が売れるように。凍りついた涙のような結晶を。
2017.6 222p A6 ¥620 ①978-4-596-93808-4

◆**情事という名の罰** ジェイン・A・クレンツ作, 高山恵訳 ハーパーコリンズ・ジャパン（ハーレクイン文庫）
【要旨】経営者フリンをヘザーに一途に愛したが、彼はあっさりと捨てた。離婚したてのフリンにとって、恋は慰みにすぎなかったのだろう。身も心も引き裂かれて、ヘザーは会社を辞め、家も転居した。その8か月後、あり得ない、招かれざる客が訪れる。大きな仕事を終えたフリンが、執拗に彼女を捜しだしたのだ。同じ過ちは犯さない。わかっていたのに彼に目が吸い寄せられる。やがて、フリンの口から予想だにしない言葉がこぼれた。「ヘザー、結婚してくれ。きみだってまだぼくを求めている」だがすぐに、彼が息子の母親役を求めているだけだと気づく。
2017.8 230p A6 ¥620 ①978-4-596-93820-6

◆**燃えつきてから** ジェイン・A・クレンツ作, 山根三沙訳 ハーパーコリンズ・ジャパン（ハーレクイン文庫）
【要旨】「僕たち、結婚してもいいんじゃないかな」唐突で、思いがけないプロポーズに秘書のアンバーは、ボスの包容力に安らぎを覚えながらも、男としてのそぶりを彼はいっさい見せなかったら…。しかもアンバーは、ある出来事のせいで、二度と恋愛には夢中にならないよう誓っているのだ。ところがボスは、この結婚に情熱はいらないという。意味深な言葉を囁かれ、アンバーの心は複雑に揺れた。
2017.10 238p A6 ¥648 ①978-4-596-93830-5

◆**愛しすぎて…** シャロン・ケンドリック作, 岡聖子訳 ハーパーコリンズ・ジャパン（ハーレクイン文庫）
【要旨】なぜステファノがここに？クレシダは舞台の上で凍りついた。客席に別居中の夫がいるのだ。ハンサムな顔に冷笑を浮かべて。熱烈に愛しあった果てに、イタリア人実業家の彼と結婚したとき、クレシダは自分を世界一幸せな花嫁だと思った。だが、それは幻想にすぎなかった。別居までの1年半の間、多忙な夫の顔を見るのはほとんどベッドの中だけだったのだから。もう愛していない—そう思っていたのに楽屋で彼に求められ執拗に唇を奪われると、挿れるほどの悦楽が彼女の中を貫いた。「あなたはけだものだわ」クレシダは必死に拒んだが—。
2017.3 206p A6 ¥620 ①978-4-596-93789-6

◆**花言葉を君に** シャロン・ケンドリック作, 高杉啓子訳 ハーパーコリンズ・ジャパン（ハーレクイン文庫）
【要旨】ギリシアの美しい島でキャサリンは、旅行中の世界的な億万長者フィンと運命的な恋に落ちる。だがフィンとの関係を、キャサリンの上司が嗅ぎつけ、著名人の醜聞として暴露してしまう。その日、フィンは花を抱えて現れた。いつもと変わらぬ熱心さで彼女を求め—許されると安堵したのも束の間、フィンの顔が変貌し、辛辣な言葉で別れを告げたのだった。キャサリンは泣きながら、花をバラバラにした。予期せぬ妊娠に気づいたのは何もかも終わったあと…。
2017.9 217p A6 ¥620 ①978-4-596-93826-8

◆**誘惑はギリシアで** シャロン・ケンドリック作, 仙波有理訳 ハーパーコリンズ・ジャパン（ハーレクイン文庫）
【要旨】幼い息子を抱え、ローラは慎ましやかな生活を送っていた。ところがある日、平穏な心がかき乱されてしまう。ニュースで聞き覚えのある名前が流れてきたのだ。コンスタンチン・カランティノス—ギリシアでも屈指の大富豪、彼が結婚するという。自分の息子の存在も知らないまま。唐突に、彼と過ごした8年前の夏の輝きと別離が蘇ってきた。遊ばれて捨てられたのに、高まった思慕をおさえられず、一目見たさのあまり、ローラは婚約パーティーへと入りこんだ。だが、コンスタンチンは彼女に冷たい一瞥をくれただけだった。
2017.12 206p A6 ¥620 ①978-4-596-93845-9

◆**恋愛後見人** エマ・ゴールドリック作, 富田美智子訳 ハーパーコリンズ・ジャパン（ハーレクイン文庫）
【要旨】「ハリー！」ミシェルは喜びの声とともに義兄に抱きついた。8歳のときにミシェルの母とハリーの父が再婚して新しい家族になったときから、ミシェルはハリーに等一夢中だった。だが母がそんな娘に釘を刺し、以来その想いは封印された。ひさしぶりに我が家へ帰ってきた大好きな義兄。弁護士で、セクシーで、ユーモアのセンスがあって…。ハリーにぴったりの女性を見つけようとミシェルは張り切った。つい最近婚約したばかりだと報告するミシェルに、ハリーが物思わしげな目を向けたことが知る由もなく。
2017.2 203p A6 ¥620 ①978-4-596-93782-7

◆**閉ざされた記憶** ペニー・ジョーダン作, 橘由美訳 ハーパーコリンズ・ジャパン（ハーレクイン文庫）
【要旨】5年前、アニーは交通事故に遭い、身も心も大きな傷を負った。それ以来、他人を避け、孤独に生きてきたが、ある日、"夢の恋人"とそっくりな男性とすれ違う。毎晩彼女の夢に現れては抱きすれる体、長い手足…。直感の赴くまま車を走らせると、見覚えのある屋敷に辿り着く。中から出てきたのは—"夢の恋人"だった。威圧的でありながら魅力を湛えた彼に、目を奪われ、陶然となる。だが、夢に見る美しい"恋人"の顔は、苦悶の形に歪んでいた。「君は僕の妻だ。なぜ平然と戻った」
2017.9 190p A6 ¥620 ①978-4-596-93824-4

◆**長い誤解** ペニー・ジョーダン作, 高木とし訳 ハーパーコリンズ・ジャパン（ハーレクイン文庫）
【要旨】17歳の夏、"愛している"という言葉を口にしたのはどちらが先だったか、フィリッパ

ロマンス

はもう思い出せない。両親を亡くし、厳しい伯母になじめなかったフィリッパと、愛に飢えた名家の子息スコットは磁石のように惹かれあった。でも、この身分違いの恋が成就しても誰も喜ばない…。そう諦めたフィリッパが、お腹の子を他の男性の子だと、彼に偽らなければならなかったとき、どれほど苦しかったか―しかし、それはまだ苦しみの序章にすぎなかったのだ。いまや大富豪になったスコットが、彼女の前に現れるまでの。
2017.12 194p A6 ¥620 ①978-4-596-93843-5

◆ブラックメイル　ペニー・ジョーダン作, 中原もえ訳　ハーパーコリンズ・ジャパン（ハーレクイン文庫）
【要旨】訪れた城で、リーはショーヴィニー伯爵ことジルと再会する。6年前の夏、16歳のリーは端麗な美貌のジルに幼すぎる恋をした。だが純粋な想いは、いつもちょっとしたことで汚される。ふたりに嫉妬した友人が、リーの字体をまねて、潔癖なジルにいかがわしいラブレターを出したのだ―。今だにリーが書いたと信じる伯爵は、蔑みの色を浮かべ、脅した。君は僕と結婚するんだ。さもないとあのコピーをばらまくと。これは愛ではない、単なる欲望だともつきつけられて、古傷をかきむしられたリーの心は、声にならない悲鳴を発した。
2017.5 202p A6 ¥620 ①978-4-596-93804-6

◆愛は序曲に始まって　ジェシカ・スティール作, 中井京子訳　ハーパーコリンズ・ジャパン（ハーレクイン文庫）
【要旨】身支度を整えたソレルは、鏡に映る自分の姿をながめた。一分のくもりもなく、流行のドレスを美しく着こなした女性がいる。かつて、若き実業家エリスに恋慕の情を抱き、一心に結婚を願った、無垢な少女の面影はそこにない。17歳のあの日。信じていた人に憎悪に満ちた目で拒絶され、辛い失恋を経験したソレルは、今も心の傷を引きずっている。あれから生きる意味を失って、ひどい神経衰弱を患ったのだ。冷ややかな表情で、高級車に向かった彼女は夢にも思わなかった。このあとパーティでエリスに再会し、胸を引き裂かれようとは。
2017.4 197p A6 ¥620 ①978-4-596-93797-1

◆アテネで永遠に　ジェシカ・スティール作, 江口美子訳　ハーパーコリンズ・ジャパン（ハーレクイン文庫）
【要旨】財産目当てで、年の離れた大富豪の後妻となりたいとこのために、ケンドラはギリシアを訪れていた。アテネ空港で出迎えたのは、ハンサムだが傲慢なデーモン。大富豪の親戚筋にあたる、彼自身も億万長者の会社経営者だ。ケンドラは彼のことが気になるのに、いとこと同類と決めつけて、皮肉っぽい目つきでじろじろと見つめてくる。ある日、大富豪の息子と出かけたケンドラが、車の燃料切れで帰宅が深夜になってしまう。するとデーモンはここぞとばかりに、「君は金持ちなら誰でもいいのか」と辛辣な言葉を放った。
2017.10 198p A6 ¥620 ①978-4-596-93833-6

◆さよならは私から　ジェシカ・スティール作, 平江まゆみ訳　ハーパーコリンズ・ジャパン（ハーレクイン文庫）
【要旨】ベルヴィアは、双子の内気な姉をいつも守ってきた。ある日、会社経営に行きづまっていた父親が、融資目当てで、イギリス屈指の実業家レイサム・タヴェナーを家に招待した。如才なく、世慣れた感じのレイサムは、大人しい姉のほうに関心を持ったらしくて、何かにつけて気を引こうとする。断ない姉をかばうベルヴィアは、彼の興味を引きつけるため遊び慣れているふりをしていた。だが、真に受けたレイサムは奔放な娘だと思いこみ、辛辣な態度で接してきたあげく、「浮気女」と嘲いながら、ベルヴィアにキスをしてきた…。
2018.1 202p A6 ¥620 ①978-4-596-93850-3

◆苦い求婚　ケイ・ソープ作, 江本萌訳　ハーパーコリンズ・ジャパン（ハーレクイン文庫）
【要旨】2年前、レオニーはヴィダルのプロポーズを断った。ヴィダル・バレッラ・ドス・サントス一貴族の末裔で、多くの女性と浮名を流す色男、ポルトガルの大物実業家だ。彼は、会ったその日に体を求めてきた。レオニーが拒絶すると、今度は妻になってほしいと甘い言葉を囁いた、不埒な男だ。だが状況は一変した。父親がヴィダルの会社のものとなり、我が身を差しだす覚悟で面会を申しこんだ。彼が求めるものは2年前と同じ、相も変わらずレオニーの奉仕だと知りながら。
2018.1 217p A6 ¥620 ①978-4-596-93848-0

◆愛は記憶のかなたに　エマ・ダーシー作, 田村たつ子訳　ハーパーコリンズ・ジャパン（ハーレクイン文庫）
【要旨】依頼を受け、社長との面会に赴いたジョセフィンは凍りついた。マイケル・ハンター。かたときも忘れることなどできない人。3年前のあの日、妹は、彼のいとこの子を宿してしまっていた。マイケルは、いとこと話をつけると約束してくれたが、翌日、突然てのひらを返し、妹の落ち度だとなじったのだ。去っていくマイケルに追いすがり、妹は車に轢かれて死ぬ―いっそ、彼を信じた自分が呪わしい。ジョセフィンは激しく動揺しながら、立ち尽くしていた。やがて恋の狭間で、悶え苦しむことになるとも知らずに。
2017.11 206p A6 ¥620 ①978-4-596-93839-8

◆赤い旋風　エマ・ダーシー作, 岡聖子訳　ハーパーコリンズ・ジャパン（ハーレクイン文庫）
【要旨】何度も求人広告に応募しているが、地味で冴えないソフィは、いまだ一度も面接までこぎつけたことがない。最後の頼みの綱だったある秘書の仕事も、案の定だめだった。落ち込んだソフィは、思い切って美容院でヘアをすることに。結果、だれもが振り返る奇抜な赤髪にされてしまい…。そんなときに、折あしく面接通知が舞い込んできたのだ。面接に挑んだ彼女を待っていたのは、敏腕弁護士のジェイソン。冗談も通じないほど堅物の彼は、髪に目をあてたまま言い放った。「きみを雇うかどうかは、ダーツで占って決めさせてもらう」。
2017.7 202p A6 ¥620 ①978-4-596-93815-2

◆暴君はおことわり　エマ・ダーシー作, 橘高弓枝訳　ハーパーコリンズ・ジャパン（ハーレクイン文庫）
【要旨】気難しい父親と暴力を振るう夫に怯えて生きてきたエリザベス。父と夫が相次いで亡くなり、自由になったのも束の間、追いうちをかけるように、傷心の彼女に影を落とす事件が起こる。こともあろうか、無実の罪で警察から告発されたのだ。エリザベスの頭には、知人の子ドメニコの名前が浮かんでいた。脚光を浴びている優秀な弁護士だが、威圧的なところもある男だ。そして、他に頼みの綱はない。事務所を訪ねると、案の定、彼の態度は横柄で、不安感を覚えずにはいられない。その男らしさについいかん心惹かれ始める自分がいた。
2017.4 198p A6 ¥620 ①978-4-596-93798-8

◆片思いの日々　ベティ・ニールズ作, 村山汎子訳　ハーパーコリンズ・ジャパン（ハーレクイン文庫）
【要旨】冴えない顔に落ち着いた声、そして地味な服装が気に入られ、マチルダは村の診療所の受付係に採用されることになった。彼女は最近、父母と共にこの小さな村に引っ越してきたばかりだった。少しでも家計の助けになればと、面接を受けに来たのだった。マチルダの目に診療所のドクターは、母親にさえ不器量と言われるほどの容姿で、彼のような男性を惹きつける魅力がないことはわかっている。だからマチルダは、この想いを隠そうと決めした。案の定、働き始めた彼女を彼は完全に無視した。
2017.3 206p A6 ¥620 ①978-4-596-93791-9

◆初めての恋　ベティ・ニールズ作, 早川麻百合訳　ハーパーコリンズ・ジャパン（ハーレクイン文庫）
【要旨】保育士のデイジーは平凡な娘だが、園児たちには人気がある。あるとき園で食中毒が発生し、そのとき助け合った園児の叔父、園長セイムが、以来、何かと声をかけてくるようになった。まだ恋すら知らないデイジーはひたすら困惑するばかりで、「先生は皮肉屋で傲慢で怖いわ」と反発してしまう。だが、内心では淡い期待を胸に、医師が訪ねてくるのを心待ちにしている自分がいる。今日も彼の声が聞こえ、デイジーの胸は思わず高鳴る。ところが、セイム医師は、なんて美しい人と挨拶してきて…。
2017.9 198p A6 ¥620 ①978-4-596-93829-6

◆冬きたりなば…　ベティ・ニールズ作, 麻生恵訳　ハーパーコリンズ・ジャパン（ハーレクイン文庫）
【要旨】冬のさなか、病床にあったメグたち三姉妹の母親が亡くなった。家を売って、お金は姉妹で分けましょうという長女の提案に、ロンドンで華やかに暮らす次女も大賛成。家を守り、母の看病に明け暮れていた次女のメグは気が重いが、自己主張が苦手で、一言も反論できないままだ。ところが、ふたを開けてみるとなかなか買い手がつかない。誰もこの家を買

わないかもしれないわ―と思い始めたころ、長身のハンサムな医師が現れた。メグは胸をときめかせるが、彼は母のために家を探していると言い、メグを見もしない。
2017.11 196p A6 ¥620 ①978-4-596-93837-4

◆湖の秘密　ベティ・ニールズ作, 塚田由美子訳　ハーパーコリンズ・ジャパン（ハーレクイン文庫）
【要旨】ウエディングドレスはみごとに仕上がった。サテンにレースを飾った、優美でかわいいドレス。それは、はつかねずみの一家の物語を描いた絵本の中で、ねずみの花嫁が着ているドレスとそっくり同じものだった。これを着て、フランは花嫁に―いや、リサのママになるのだ。そう、愛されていないと知りながら、リサのために、今日、フランは憧れのリトリック医師と結婚する。リサの願いどおりの、絵本そっくりのドレスで。あと半年という小さな最後の命の日々を幸せにするために。
2017.5 198p A6 ¥620 ①978-4-596-93805-3

◆脅迫された花嫁　ジャクリーン・バード作, 漆原麗訳　ハーパーコリンズ・ジャパン（ハーレクイン文庫）
【要旨】訪れたバルセロナで、19歳のローズは若き銀行家ハビエルと出会い、結ばれた。だが、ふたりの恋が砕け散るのに時間はいらなかった。10年後―従妹の婚約パーティで、はからずもハビエルと再会した彼女は、激しく動揺する。あのあと、ローズはせめて妊娠したことだけでも告げようとし、彼が他の女性との結婚を控えていると聞かされて、流産したのだった。ハビエルはローズの顔も覚えていないのか、社交的な仮面をつけ、「お会いできて光栄だ、ロザリン・メイ」と笑顔で挨拶した。
2017.6 201p A6 ¥620 ①978-4-596-93809-1

◆ひと夏の恋は遠く　ジャクリーン・バード作, 水間朋訳　ハーパーコリンズ・ジャパン（ハーレクイン文庫）
【要旨】パーティに姿を現した男性を見て、ジェイシーの鼓動は速まった。10年前に別れた、傲慢でハンサムなレオがそこにいた。目を閉じると、封印していた悦びや痛みが戻ってくる。まばゆい太陽のもと、彼の魅力に抗えなかった日々が。レオとは結婚寸前まで行ったが、彼はギリシアの大物実業家で、しかも思わぬ誤解から娼婦と侮蔑され、手酷く捨てられたのだ。それなのにいま、レオは臆面もなく彼女を誘惑しそうと、微笑の裏に嘲りを潜ませて。「いつもこうしてじらすのか？じらされるのは好きじゃない」。
2017.9 202p A6 ¥620 ①978-4-596-93825-1

◆忘れえぬ情熱　ジャクリーン・バード作, 鈴木けい訳　ハーパーコリンズ・ジャパン（ハーレクイン文庫）
【要旨】熱い視線を感じて目をやり、ウィローは釘づけになった。そこには、彼女の運命を狂わせたギリシア人豪テオがいた。女性なら誰もが夢中になるような男性に、情熱的に求められては、未経験の娘などひとたまりもなかった。まだ18歳だったのだ。だが、純潔を捧げたあとに、テオに婚約者がいると知らされ、屈辱に震えながら、逃げるように彼のもとを去った。一今、テオは目をきらめかせ、自信に満ちた足取りで近づいてくる。あの日にできた、子どもの存在だけは知られたくない。ウィローは内心の動揺を気取られないよう、視線を引きはがした。
2017.11 197p A6 ¥620 ①978-4-596-93840-4

◆あなたにすべてを　ダイアナ・パーマー作, 宇井圭子訳　ハーパーコリンズ・ジャパン（ハーレクイン文庫）
【要旨】ガビーの憧れの上司で、敏腕弁護士J・Dの妹が誘拐された。救出のために、ガビーとともにイタリアへ向かうが、J・Dの提案で、ふたりは恋人のふりをすることになる。指一本触れないという誓いだったのに、思わずされる甘いキス。同じベッドで過ごす夜に触れる、J・Dの逞しい体の熱さには、男性経験がまるでない彼女は胸の高鳴りを抑えきれない。拒絶されることを恐れ、ひたすら恋心を隠していたガビーだが、ある日、彼女に気持ちを知られ、J・Dに白い目で見られてしまう。「わかっているだろうが、ぼくはきみを愛していない」。
2017.11 201p A6 ¥620 ①978-4-596-93841-1

◆かなわぬ恋　ダイアナ・パーマー作, 長田乃莉訳　ハーパーコリンズ・ジャパン（ハーレクイン文庫）
【要旨】母の恋人にレイプされかかり、階段から突き落とされた挙げ句、母親には、「お前が誘

外国の小説

外国の小説 ロマンス

惑したんだろう」と責めたてられた―。少女期のトラウマを引きずったまま大人になり、極度に男性を恐れるようになったキャリーにとって、寡黙で優しい義兄マイカは、初めて愛した男性だった。誰にも知られてはいけない、密かなる想い…。だが、彼への初恋は無残にも打ち砕かれる。義兄と母親がキスしている場面を目撃してしまったあの日、キャリーの心の一部は死んだ。

2017.3 282p A6 ¥667 ①978-4-596-93792-6

◆**代理恋愛** ダイアナ・パーマー作, 鹿野伸子訳 ハーパーコリンズ・ジャパン (ハーレクイン文庫)
【要旨】田舎から出てきたばかりのアメリアは、親友に頼まれて、やむなく、奇妙ないたずらを引き受けることに。肌もあらわな格好で、ビジネス一辺倒の、横暴と噂のワース社長のオフィスに乗り込んだのだ。当然のことながら、ワースには激高され、罰として、彼の祖母のための住み込み秘書兼恋人役を命じられるのだった。代理の恋人なのに、彼に触れられると落ち着かないのはなぜ? そんなある日、彼の祖母が倒れる。アメリアは慰めたい一心で純潔を捧げるが、翌日、ワースは露骨に冷たくなって…。

2018.1 206p A6 ¥620 ①978-4-596-93853-4

◆**無邪気な誘惑** ダイアナ・パーマー作, 山田沙羅訳 ハーパーコリンズ・ジャパン (ハーレクイン文庫)
【要旨】億万長者の娘マーリンは身分を隠し、自立できるように、屋敷の住み込みアシスタントとして働き始めた。充実した日々を送っていたが、ひとつだけ悩みがある。雇い主の息子で、ハンサムだが冷血漢なキャメロンの存在だ。彼はマーリンのことを貧乏で品のない女と決めつけて侮辱し、顔を合わせるたびに、首にすると脅すのだった。ある日、風呂上がりにくつろいでいたマーリンは、あやまって寝室のドアを開けたキャメロンに裸を見られてしまう。すると彼は、「ぼくに挑戦するなら受けるよ、小悪魔め!」と罵り始めた。

2017.7 204p A6 ¥620 ①978-4-596-93817-6

◆**一ペニーの花嫁** アン・ハンプソン作, 須賀孝子訳 ハーパーコリンズ・ジャパン (ハーレクイン文庫)
【要旨】何不自由なく育ったリズも、いつの間にか24歳になっていた。そんな折に誰かがギリシア大富豪と結婚しなければ、一族の財産を全て失うという災難がふりかかってきたのだ。親族の中で唯一独身の自分が結婚するしかないと悟ったリズは、神話に彩られたギリシアの地へ一足を踏み入れるのだった。新婦早々、「女は動物と同じだ。君を躾け直す必要がある」若き大富豪ナイジェルにそう断言され、リズはめんくらう。だが何より戸惑ったのは、アポロンのごとく苛烈な魅力を放つ傲慢な夫を、男性として初めて意識する自分自身だった。

2017.3 204p A6 ¥620 ①978-4-596-93788-9

◆**記憶を返して** ヘレン・ビアンチン作, 中原もえ訳 ハーパーコリンズ・ジャパン (ハーレクイン文庫)
【要旨】目を開けたくない。いまはまだ―そこにはあの人がいるから。誰もが羨む、ハンサムで献身的な理想の夫アレハンドロ。でも病室に横たわる、記憶喪失の私には見知らぬ人、怖い人。そして多国籍企業の頂点に君臨し、社交界でも際立つ存在、スペイン系の大富豪が私と結婚しても、何も覚えていない。なぜかしら? 出会ってわずか1カ月で熱烈な恋愛結婚をし、2カ月の赤ちゃんまでお腹にいるというのに疑う余地もなく。それどころか、瞳の奥にくすぶる夫の情欲の炎が私をおびやかす。今朝も見守り続け、私は目を開けた。「エリーズ。愛している」

2017.12 204p A6 ¥620 ①978-4-596-93847-3

◆**天使のくちづけ** ヘレン・ビアンチン作, 古城裕子訳 ハーパーコリンズ・ジャパン (ハーレクイン文庫)
【要旨】職場の女性たち全員が、同じビルに事務所を持つ弁護士、高級スーツに身を包む独身貴族ザカリーに夢中になっている。ひょんなことから、ジェニーはザカリーと知り合うが、なぜか彼は、平凡なジェニーをこそ"理想の妻"だと思い込み、あっという間にプロポーズされてしまうのだった。しかし、ジェニーは5週間前に婚約者に捨てられたばかりで、少なくとも今は、どんな男性ともかかわり合いたくない。そう思っているのに、男っぽい魅力のザカリーから、田舎の娘みたいに、彼を意識せずにはいられなくて…。

2017.8 198p A6 ¥620 ①978-4-596-93819-0

◆**花嫁の庭** ヘレン・ビアンチン作, 富田美智子訳 ハーパーコリンズ・ジャパン (ハーレクイン文庫)
【要旨】長い間慈しみ育ててくれた義父が、余命いくばくもないという。シェリーは、迎えに来た12歳年上の義兄ミッチェルに連れられ、慌だしく帰郷する。義父のためならなんでもするつもりだった。でも、ミッチェルのやり方はあんまりだ。とつぜん一方的に、シェリーとの婚約を宣言したのだ。いつだって命じるばかりの義兄さんとはいえ、ひどいわ。ほかに好きな人がいるのを知っているのに…。少女のころから密かに憧れ慕ってきたミッチェルだけにシェリーはこんな偽りの婚約劇には耐えられなかった。

2017.6 206p A6 ¥620 ①978-4-596-93810-7

◆**私の知らないあなた** ローリー・フォスター作, 高山恵訳 ハーパーコリンズ・ジャパン (ハーレクイン文庫)
【要旨】妊娠していた自分を捨て、会社の利益を優先させたかつての恋人デリクの社長室に、エンジェルは来ていた。二度と会いたくなかったが、エンジェルは交通事故で片脚を引きずるようになり、お金銭的にも困窮していているのだ。せめて彼に子供の資金援助だけでもしてほしかった。意をけっしきと誘うと、デリクは別人のように情熱的に応じた。違和感に戸惑いつつも、思わず我を忘れたエンジェルには彼がデリクではないということも、彼女の身に恐しい魔手が忍び寄っていることも、まだ知る由もなかった。

2017.4 250p A6 ¥648 ①978-4-596-93795-7

◆**愛を知りたくて** スーザン・フォックス作, 矢部真理訳 ハーパーコリンズ・ジャパン (ハーレクイン文庫)
【要旨】突然、病室に現れた義兄モーガンの姿にセリーナは茫然とした。セリーナの事故の知らせを聞きつけて、やってきたという。母親が再婚したとき、セリーナはまだ12歳だった。孤立しがちな彼女を年の離れた義兄だけが気にかけてくれ、その優しさに触れるうちに、次第に彼を好きになってしまった。後ろめたい思慕を隠そうとしたのに、いつしか知られてしまい、17歳のセリーナは悩んだあげく、家を出たのだ―二度と義兄に会わないと決めて。もがき苦しむセリーナに、モーガンが低い声で突きつけた。「きみを家に連れて帰る」。

2017.7 195p A6 ¥620 ①978-4-596-93814-5

◆**すり替わった恋人** ヘレン・ブルックス作, 平江まゆみ訳 ハーパーコリンズ・ジャパン (ハーレクイン文庫)
【要旨】朝早く、玄関をどんどん叩く音がした。ドアを開けると、見知らぬ男性が険しい顔で家に押し入り、甥の心を弄んで捨てた女だと、リアをなじった。突然のわれのない非難に面食らったが、どうやら男はリアを、奔放な従姉ポピーと勘違いしているようだ。実業家で、デミトリオス・クウツウピスと名乗った彼は、端整な容貌を蔑みに歪め、甥の婚約者として、いますぐギリシアに戻るよう、ポピーに―つまりリアに迫った。リアは人違いだと説明する暇も与えられないまま連れ去られた。

2017.4 198p A6 ¥620 ①978-4-596-93796-4

◆**アンダルシアの休日** アン・メイザー作, 青山有未訳 ハーパーコリンズ・ジャパン (ハーレクイン文庫)
【要旨】カッサンドラは大資産家の息子に求婚されるが、彼の兄のエンリケに恋してしまう。しかしそれは、結婚を阻止するための罠だったのだ。スペインの旧家デ・モントーヤ家出身のエンリケは、彼女を金目当てのふしだらな女だと決めつけた。罠に気づいたときは、抗しきれず愛を告げ、彼の一族と関わりを絶った。二度と会うこともないと思っていた。だが、運命はいたずらにふたりを引き寄せる。その10年後―。

2017.5 206p A6 ¥620 ①978-4-596-93802-2

◆**嘘つき天使** アン・メイザー作, 木須弘薫訳 ハーパーコリンズ・ジャパン (ハーレクイン文庫)
【要旨】17歳まで修道院で過ごした天涯孤独のアレクサンドラ。父亡き後、共同事業者だったジェイスンに引き取られるが、生まれて初めて優しくされて、彼に恋心を募らせていく。だが、20年もの差があるジェイスンにははなから相手にされず、アレクサンドラの小さな胸は締めつけられるのだった。ある夜、アレクサンドラは彼の寝室へ行き、嵐が怖いと嘘をついて、添い寝

をしてほしいと懇願した。するとジェイスンは低く押し殺した声で、少女を厳しく叱った。「自分が何を望んでいるのか、知るには早すぎるんだ」。

2017.3 201p A6 ¥620 ①978-4-596-93790-2

◆**つらい別れ** アン・メイザー作, 平江まゆみ訳 ハーパーコリンズ・ジャパン (ハーレクイン文庫)
【要旨】やむにやまれぬ事情から別れたウィルこと、リンガード伯爵が住む屋敷へ、フランチェスカは車を走らせていた。半年前から、正体不明の不気味なストーカーにつきまとわれ、怯えを感じた彼女が頼れる先は、元夫のウィルしかなかったのだ。5年ぶりに見る皮肉めいた彼の表情は、相変わらず魅力的で、胸に封印していた恋心をたやすく揺さぶり起こす。だが、恋愛絡みの相談と誤解され、突き放されたうえに、ウィルには既に再婚話まで持ちあがっているという。彼の幸せを祈り、フランチェスカは気持ちを押し隠して去るが…。

2017.11 206p A6 ¥620 ①978-4-596-93836-7

◆**アマルフィの花嫁** アン・メイジャー作, 藤倉詩音訳 ハーパーコリンズ・ジャパン (ハーレクイン文庫)
【要旨】レジーナはイタリアの美しき街アマルフィにやってきた。そこで、色香あふれる類まれな風貌と黒髪を持つ男性ニコ・ロマーノと出会い、一日で心を奪われる。女として自信はなく、今まで恋に臆病だったレジーナだが、よく知りもしないうちに、ニコに身を捧げてしまう。一夜の戯れには何度も繰り返されーやがて、彼への想いは無惨にも打ち砕かれることになる。ニコは手の届くはずもない、イタリア屈指の大公爵だった。しかも彼にはすでに、家同士で決められた婚約者がいたのだ。

2017.6 237p A6 ¥648 ①978-4-596-93807-7

◆**シチリアでもう一度** サラ・モーガン作, 西江璃子訳 ハーパーコリンズ・ジャパン (ハーレクイン文庫)
【要旨】空港で、ローレルは癒えない心の傷を抱えたまま立ち尽くした。滑走路に乗りつけた車から降りてくる、長身の男性に目をこらす。クリスチアーノ。見るだけで胸が締めつけられる夫の姿がある。子どもを流産したとき、夫は連絡さえくれなかった。大会社を背負っているとはいえ、初めての子どもだったのに一冷たいクリスチアーノに耐えきれず、ローレルは家を出たのだ。いま、2年の別居の末に、再婚をするため戻ってきたローレルに、彼は何事もなかったかのように見つめ、掠れた声で囁いた。「今晩は君のホテルに泊まる」。

2017.8 217p A6 ¥620 ①978-4-596-93821-3

◆**別れは愛の証** サラ・モーガン作, 高橋庸子訳 ハーパーコリンズ・ジャパン (ハーレクイン文庫)
【要旨】エイミーは夫マルコに会うため、町に帰ってきていた。それは、新婚半年で彼女が家を出て以来、2年ぶりの再会であり、離婚を切り出し、夫に同意してもらうための再会でもあった。滞在は短ければ短いほどいい一鋭いマルコのことだから、長くいたら、きっと嘘がばれてしまう。だから、彼の同意を得たら、すぐに立ち去るつもりでいた。ところが夫は離婚を受け入れず、帰すまいと束縛する。しかもなぜ、傷ついたように私を見ているの? 子供が望めない私への、愛などどこにもないはずなのに…。

2017.2 206p A6 ¥620 ①978-4-596-93785-8

◆**罠にかかったシンデレラ** サラ・モーガン作, 真咲理央訳 ハーパーコリンズ・ジャパン (ハーレクイン文庫)
【要旨】清掃係のイーヴィーは、クリスマスだというのに働いていた。一流ホテルの最上階にあるスイートルームを清掃中に、上司が今夜は空き部屋の、その部屋に泊まっていっていいと言う。彼女は豪華な調度を汚さぬよう服を脱ぎ、眠りについた。明け方、なぜか甘い唇の感触で目が覚めーその刹那、フラッシュが光り、パパラッチが逃げ出したのだ。ふと見ると、ベッドの隣にはホテルのオーナー、リオがいる。慌てて全裸の体をシーツで隠すと、冷徹なイタリア人は、これは罠だと憤り、突然宣言した。「僕は君との婚約を発表する」。

2017.12 206p A6 ¥620 ①978-4-596-93846-6

◆**奪われた唇** キャロル・モーティマー作, 水間朋訳 ハーパーコリンズ・ジャパン (ハーレクイン文庫)
【要旨】ある日、サビーナはブライスと名乗る富豪と出会う。その威圧的な態度に怯えつつも、男

らしい魅力を放つ彼にサビーナはまたたくまに惹かれていき、ブライスと過ごしたひとときのあとにはもう、離れがたく感じていた。そして別れ際、彼のまなざしに射抜かれると、落ち着かない気持ちにさせられるのだった。そんな目で見られても、私はあなたを愛せない―そう、サビーナには、ある危険から身を守るために、権力者と婚約しているという"秘密"があって…。
2017.7 206p A6 ¥620 978-4-596-93812-1

◆**古城に集う愛** キャロル・モーティマー作, 水間朋訳 ハーパーコリンズ・ジャパン（ハーレクイン文庫）
【要旨】レストランを手伝うダーシーは、グラスを割って指にけがをする。居合わせた会社経営者のローガンに優しく気遣われ、無我夢中で彼の上等なシャツにすがって泣きだした。母親を亡くしたばかりなのに、父親の再婚話が持ち上がり、仕事中にもかかわらず取り乱してしまったのだ。悩んだ末、ダーシーは後日、新しいシャツを彼に送り届けた。すると血相を変えたローガンが店に現れ、若い娘が見知らぬ男に高価なシャツを贈るものではないと叱り飛ばした。ダーシーはなぜ怒られるのかもわからず、唇をわななかせた。「誰にそそのかされるような反応を示す行動で」あまりにもひどい侮辱に、混乱するクリスタベルは唇をかんだ。
2017.5 206p A6 ¥620 978-4-596-93800-8

◆**謎めいた美女** キャロル・モーティマー作, 萩原ちさと訳 ハーパーコリンズ・ジャパン（ハーレクイン文庫）
【要旨】クロエは、今夜もファーガスに電話をしていた。一夜を過ごしたこの男性に、磁石のように惹かれ、思いもかけない情熱を抱いてしまったが、クロエには、政界に再び躍りでる父親のために、重要な使命があった。そのためにもファーガスに近づき、彼の"ある行動"を阻止しなくてはならない。ファーガスに誘惑のまなざしで見つめられるたびに、クロエは罪の意識に苛まれる。いつか真実を知られれば、この愛を信じてもらえなくなるのではないだろうかと。
2017.6 217p A6 ¥620 978-4-596-93816-9

◆**愛の儀式** シャーロット・ラム作, 安引まゆみ訳 ハーパーコリンズ・ジャパン（ハーレクイン文庫）
【要旨】パリで住みこみ家事をしている学生クリスタベルは、女主人に用事を言いつかって、その義兄ローランの住む、ブルターニュの奥地へやってきていた。深夜に古城に辿りつくと、待ち受けていたのはひとりの男。浅黒い美貌に、嫌がらせのような笑みを湛えた彼に、「誰の差し金だ。ぼくを誘惑しにきたのか」突然犬をけしかけられるわ、憎々しげな目で一瞥されるわ。何年も城に引きこもっており、気難しいと噂の城主だったが、あまりにもひどい侮辱に、混乱するクリスタベルは唇をかんだ。
2017.7 198p A6 ¥620 978-4-596-93816-9

◆**初恋のゆくえ** シャーロット・ラム作, 井上圭子訳 ハーパーコリンズ・ジャパン（ハーレクイン文庫）
【要旨】婚約間近のステファニーは、海辺の町で静かに暮らしていた。しかし、その平穏な日常もジェラードが現れた二十、18歳。大人になりかけていた清純なステファニーは、洗練された美貌のジェラードに心を奪われた。だが悪夢のような出来事によって、地獄に突き落とされ―ジェラードは彼女の愛と純潔を疑って、去ったのだ。永遠に。5年の月日が流れ、再会した彼女の瞳には凶暴な光が宿っていた。「綺麗だと穢れていないと思っていたのに。君はまた人を欺くのか」君の真実の姿を君の恋人に暴くとでも言いたげに。
2017.10 198p A6 ¥620 978-4-596-93832-9

◆**忘れ得ぬキス** ミランダ・リー作, 響遼子訳 ハーパーコリンズ・ジャパン（ハーレクイン文庫）
【要旨】アンジーは、24歳の今も、誰とも付き合ったことがなかった。15歳のときに、触れただけの、羽根のようなキス。理想の王子様のような、大資産家の跡取り息子ランスと交わした、たった一度の戯れのキスに、永遠に囚われてしまったのだ。ただ彼は、幼すぎるアンジーに見向きもせず、こんな想いを抱えて、年老いていくなんてばかげている。淡い未練を断ち切るために、パーティ会場に向かう彼女を待ち受けていたのは、だが、皮肉な運命だった。アンジーの前に大人になって魅力を増した、ランスが現れたのだ。
2017.2 198p A6 ¥620 978-4-596-93784-1

◆**奪われた贈り物** ミシェル・リード作, 高田真紗子訳 ハーパーコリンズ・ジャパン（ハーレクイン文庫）
【要旨】ジョアンナと金融界を牛耳るイタリア人銀行家ドリサンドロ。二人の結婚生活が壊れたのは、ジョアンナのせいだ。誰にも言えずにいた、あの忌まわしい過去のせいで、愛していたのに、どうしても夫に体を許せなかったのだ。いたたまれず家を出て、妹と暮らすようになった彼女は、雇主に金を借りた。そのせいで、しつこく関係を迫られている。父の会社を工面できなかった妹も今は死に、葬儀代を工面できなかった彼女は、雇主に金を借りた。そのせいで、しつこく関係を迫られているジョアンナが、やむをえず夫に電話をすると、久々に聞くセクシーな彼の声が告げた。「5時に。1時間だけ」。
2018.1 206p A6 ¥620 978-4-596-93851-0

◆**暗闇の妖精** ミシェル・リード作, 松村和紀子訳 ハーパーコリンズ・ジャパン（ハーレクイン文庫）
【要旨】会社が倒産寸前に追いこまれ、ニーナの父は心労で倒れた。父の会社を乗っ取ろうとしているのは、富裕なギリシア人投資家、男っぽい色香が漂う甘いマスクのアントン・ラキトスだ。ある夜、ニーナは買収を考え直してもらおうと寝室に忍びこむが、酔っ払っていた彼に、無理やりベッドに引きずりこまれてしまう。暗闇でもつれ合うらち、ニーナの体は痺れ、奥底に熱を感じ、望んでもいないのに甘い感覚を呼び覚まされるのだった。しかも、ニーナが誰だかわかると、怯える彼女の困惑をよそに、アントンは救済を盾にして、執拗に契約結婚を強要してきたのだ。
2017.4 217p A6 ¥620 978-4-596-93799-5

◆**サンレモ、運命の街** ミシェル・リード作, 山ノ内文枝訳 ハーパーコリンズ・ジャパン（ハーレクイン文庫）
【要旨】カルロが亡き姉の忘れ形見を引き取ると言い出して、1年。カサンドラは姪を連れ、あてどなく街から街へと移り住んでいた。あの日、妊娠を伝えた姉に、中絶費用を送りつけてきたカルロ。無言の侮辱に耐え、姉はは出会えたが、そのときの非情な仕打ちを思い返すだけで腸が煮え返る。そんな男に姪を渡す気はない。海から少し離れたところに宿をとっていたカサンドラは、浜辺から戻ってくるなり、フェラーリに気づいてはっとした。車から、一分の隙もない身のこなしの男性が降りてきたからだ。それは、冷酷な人でなし―大富豪カルロ・バレンティだった。
2017.7 198p A6 ¥620 978-4-596-93813-8

◆**千年の愛を誓って** ミシェル・リード作, 柿原日出子訳 ハーパーコリンズ・ジャパン（ハーレクイン文庫）
【要旨】エヴィの恋人の名はシーク・ラシード・アル・カダー、父の跡を継いで国を統治し、いずれ一族の女性を妻にするという定めを負った、見惚れるほど美しいアラブのプリンスだ。ラシードの立場を慮り、身ごもっていることを打ち明けるのをためらっていたエヴィだったが、いつまでも彼に抱かれつい、甘美なひとときを過ごし、妊娠したことを告げると、冷たいまなざしでラシードに、「赤ん坊は僕の子か」と突き放されて、エヴィは青ざめた。しかも追い打ちをかけるように、彼の婚約を知らされ…。
2017.10 206p A6 ¥620 978-4-596-93831-2

◆**愛は背中合わせ** パトリシア・レイク作, 古城裕子訳 ハーパーコリンズ・ジャパン（ハーレクイン文庫）
【要旨】身寄りのない18歳のキャシーは、洗練された雰囲気を漂わせた倍近い年齢の実業家ダンにすぐさま求婚された。幸せな新婚生活―したびたび屋敷に訪れる、ダンの美しいいとこの存在がキャシーの心に微妙な影を落とす。ふたりが寄り添うと、まるでお似合いの恋人同士のよう…。そんな折、いとこから自分こそがダンの愛人であり、キャシーは隠れ蓑に過ぎないと匂わされるのだった。恐れていたことは真実だった。私はダンに愛されてはいない。自分の思い上がりが恥ずかしくて、キャシーの胸は引き裂かれる。
2017.9 202p A6 ¥620 978-4-596-93828-2

◆**同居のルール** ノーラ・ロバーツ作, 鳥居まどか訳 ハーパーコリンズ・ジャパン（ハーレクイン文庫）
【要旨】パンドラは悪戯好きだった伯父の奇妙な遺言に愕然とした。伯父の大切な屋敷と莫大な遺産を強欲な親族から守るためには、いとこのマイケルと半年間同居しなければならないというのだ。知性を重視し、俗っぽい恋愛を蔑視するパンドラにとって、"低俗"なテレビドラマの人気脚本家であるマイケルにはどうしても警戒心が拭い去れない―そういったわけで、二人は豪華な屋敷で意思疎通も特にせず、ぎこちない生活を送っていた。ところが、何者かが執拗に仕掛けてくる奇妙な罠のせいで、助け合ううちに、二人の微妙なバランスは崩れ始め…。
2017.2 286p A6 ¥667 978-4-596-93786-5

◆**真夜中のバラ** ノーラ・ロバーツ作, 寺尾なつ子訳 ハーパーコリンズ・ジャパン（ハーレクイン文庫）
【要旨】ロサンゼルスで成功を収めたマギーだったが、何かを逃れるように田舎の家へ移り住んだ。そこで知り合った、逞しい隣人クリフに守られるようにして、慰められる日々が過ぎた。だが彼女は失った家族のことを忘れられず、そのせいで臆病になり、彼の愛情を受け入れられずにいた。ある日、荒れ果てた庭から白骨死体が掘り起こされる。クリフの亡き母親が、遺体の男と関係があったと知って、マギーの心にじわりとクリフへの不信感が芽生え…。
2017.5 281p A6 ¥667 978-4-596-93801-5

◆**億万長者の花嫁** キム・ローレンス作, 東みなみ訳 ハーパーコリンズ・ジャパン（ハーレクイン文庫）
【要旨】サマンサは巨大企業の受付ロビーに立ち尽くしていた。チェーザレに、この体に新しい命が宿っていることを伝えるためにきたのだが、いざ口を開こうとすると心が揺らぐ。彼はサマンサが生涯かけて稼ぐお金を1分で稼ぐほどの実業家だ。なによりも、チェーザレは彼女の名前すら知らない。それどころか目も髪の色、顔がそばかすだらけだということも。会えばきっと幻滅して、すべてが終わる。あの夜、一時的に視力を失っていた彼に絶望から求められ、思いを止められないサマンサは、おずおずと身を任せたのだから。
2017.9 205p A6 ¥620 978-4-596-93827-5

◆**燃えさかる運命** キム・ローレンス作, 村山汎子訳 ハーパーコリンズ・ジャパン（ハーレクイン文庫）
【要旨】まさしくいま、大聖堂では荘厳な結婚式が行われようとしている。ベッカは震えながら後方の席につき、行動を起こすときを待った。花婿は妹を弄び無情にも捨てた男だ。なんとしても悪事を暴露し、男の一族、ギリシアの名門カリデス家の名を貶めたかった。式が始まり、ベッカが席を立ちあがりかけた、その刹那、男らしい大きな手が肩に置かれ、彼女を「だめだ」と制した。恐る恐る振り返ると、そこには精悍さが滲む美しい男性がいた。束の間、復讐をしに来たことも忘れ、思わず見とれた。その人が、カリデス一族の長クリストスだとは夢にも思わず…。
2017.2 217p A6 ¥620 978-4-596-93783-4

MIRA文庫

◆**白き刹那** イローナ・アンドルーズ作, 仁嶋いずる訳 ハーパーコリンズ・ジャパン（MIRA文庫）
【要旨】ネバダは父親が遺した小さな事務所を継ぎ、家族の面倒を見ている。この生活が好きだし変えるつもりもない。なのに目を閉じれば思い出してしまう、肌に触れた彼の手、唇の味を…いいえ、巨象の富を持ち、世界が恐れるマッド・ローガンとは、始まるチャンスもないまま終わっているのよ。彼女はなれない誘いを拒んでから2カ月、彼らからは何の音沙汰もなかった。だが新たな事件が再び二人を引き合わせたとき、ネバダは思い知る。ローガンは手段を選ばない。殺しを厭わないのと同じ非情さで、彼はネバダの愛をむきだしにするのだ。
2017.11 557p A6 ¥944 978-4-596-91735-5

◆**季節巡りて 上** キャスリーン・E．ウッディウィス作, 琴葉かいら訳 ハーパーコリンズ・ジャパン（MIRA文庫）
【要旨】天涯孤独のレイリンは港で売られていたところをジェフ・バーミンガムというハンサムな男性に救われる。彼は海運会社や製材所を所有し、広大なプランテーションに立つ屋敷に住む富豪の実業家だった。ジェフはレイリンを高額で買い、「世間体を保つため」と求婚。出会いから1時間もせぬうちに、巷で最も人気の高い独身男性の妻となったレイリンだったが、二人が初夜を迎えることはなかった。ジェフの元使用人だという娘が現れ、彼に妊娠させられたと訴えたのだ。疑心にかられたレイリンは、夫とベッドをともにすることを拒み…。
2017.8 334p A6 ¥806 978-4-596-91725-6

ロマンス / 外国の小説

◆**季節巡りて 下** キャスリーン・E.ウッディウィス作, 琴葉かいら訳 ハーパーコリンズ・ジャパン (MIRA文庫)
【要旨】不義の疑念は消えきらなくとも高まる想いには抗えず、レイリンは夫の求愛に屈した。夜ごと愛され、レイリンは子を宿したが、それは新たな試練の幕開けでしかなく、さらに応募することに。ジェフの子を産んだと言い張る使用人の娘が殺された夜、遺体の傍らにいたのは、ナイフを手に立ち尽くす夫と、その血まみれの姿を目撃したレイリンだったのだ。愛する夫は殺人鬼なのか─混乱のあまり、レイリンは家を飛び出した。着の身着のまま、身重の体で…。日本中のウッディウィス・ファンが長くお待ちかねのバーミンガム家最後の物語、満を持してここに初刊行！
2017.8 333p A6 ¥806 ①978-4-596-91726-3

◆**伯爵がいざなう破滅のキス** ローラ・リー・ガーク作, 清水由貴子訳 ハーパーコリンズ・ジャパン (MIRA文庫)
【要旨】アメリカ富裕一族の令嬢リネットは、落ち込んでいた。一族に爵位をもたらすため夫となる英国貴族を探すよう母に命じられ、ロンドンに渡ったのは1年前のこと。だが、近づいてくるのは持参金目当ての男ばかりで、すっかり傷ついていたリネットは、故国アメリカに戻ってきたのだった。英国貴族にはもううんざりーそう思っていたが、運命は実に皮肉だった。帰国後とあるパーティで、あろうことか"持参金目当ての英国人伯爵"ジャックに公衆の面前で唇を奪われてしまったのだ。あげく、彼と結婚せざるをえない状況に追い込まれ…。
2017.6 494p A6 ¥907 ①978-4-596-91706-5

◆**さよなら片思い** キャンディス・キャンプ作, 鹿沼まさみ訳 ハーパーコリンズ・ジャパン (MIRA文庫)
【要旨】人生でいちばん惨めな誕生日だわー弁護士秘書のエミリーは失意の底にいた。平凡な顔立ちで取り柄もなく、男性とベッドをともにしたこともない。10年間ボスのアダムを想い続けているが、引く手あまたの彼に望まれるはずもなく、急に自分の人生が味気ないものに思え、エミリーは夜のオフィスでひとり涙にくれた。誰かに愛されてみたい…そして帰ったはずのアダムが突然現れて彼女をバーに連れ出した。慣れない酒に酔ったエミリーがつい望みを漏らすと、彼は意外にもこう言った。「なぜぼくに頼まなかったんだ？」。
2017.3 279p A6 ¥750 ①978-4-596-91709-6

◆**聖夜になれば、きっと** キャンディス・キャンプ, ペニー・ジョーダン, ヘザー・グレアム作, 矢吹由梨子, 黒木三世訳 ハーパーコリンズ・ジャパン (MIRA文庫)
【要旨】幼い息子と慎ましく暮らすメリンダは、職に困っていたところ料理人を探している屋敷があると聞き、さっそく応募することに。だが屋敷の主人ダニエル・マッケンジーは、容姿端麗ながら極度の女嫌いで気むずかし屋。なんと採用してはくれたものの、メリンダへの態度は冷たく、傲慢そのものだ。それでも彼女の持ち前の明るさが、荒れ放題だった屋敷と心閉ざしたダニエルをじょじょに変えていき…？キャンディス・キャンプ作『愛という名の贈り物』ほか、ペニー・ジョーダンとの共著の恋『恋に落ちた天使』など、豪華3作収録のアンソロジー。
2017.11 398p A6 ¥796 ①978-4-596-91737-9

◆**呪いの城の伯爵** ヘザー・グレアム作, 風音さやか訳 ハーパーコリンズ・ジャパン (MIRA文庫)
【要旨】ヴィクトリア朝時代イギリス。カミールはその知らせを聞き、恐怖に凍りついた。愛する養父が盗みを働こうとしてカーライル城に忍びこみ、捕らわれたというのだ。先代の城主夫妻が悲惨な死を遂げて以来、それの城には呪いがかかっているともっぱらの噂。さらに現在の城主である伯爵ブライアンは、両親は殺されたのだという妄想の中に世間を恨み、復讐に燃えているらしい。でも…たとえそこが呪いの城だとしても、養父を見殺しにはできないわ。カミールは勇気を振り絞り城に赴く。待っていたのは奇妙な獣の仮面をつけた伯爵だった。
2017.6 589p A6 ¥926 ①978-4-596-91720-7

◆**愛だと気づいてから** ジェイン・A.クレンツ作, 久原寛子訳 ハーパーコリンズ・ジャパン (MIRA文庫)(「チャンスに賭けて」改題書)
【要旨】19世紀に建てられた壮大なその屋敷をとり上げた。ここはエイブラハム・チャンスの隠れ家ねーチャンスは敏腕調査員と名高い冷徹な男で、レイチェルの義妹を無実の罪に陥れた張本人。泣きつく義妹に代わって復讐するため、人里離れたこの地にやってきたのだ。だがチャンスはレイチェルを見るや、新しい住み込みの家政婦がお似合いと勘違いし、傲慢な態度で命令を下しはじめる。否定しかけたレイチェルは、ふと考え直した。このまま家政婦のふりをして一つ屋根の下で過ごせば、相手をもっとよく知ることができるのでは？
2017.2 271p A6 ¥750 ①978-4-596-91705-8

◆**凍てつくハート** シャロン・サラ作, 矢沢聖子訳 ハーパーコリンズ・ジャパン (MIRA文庫)
【要旨】メリッサは故郷の町に帰ってきた。高校を卒業したての頃、初恋の人マックの子を身篭り二人は結婚を誓ったが、彼は流産を中絶と誤解して憤り、無慈悲にも彼女を捨て去った。懐かしい町で思い出がよみがえるだけで辛いのに、彼との再会は思いもよらない最悪の形で訪れた。メリッサが車の修理を頼んだマックの父親が、車の下敷きになり無残な圧死状態で発見されたのだ。10年前マックは赤ちゃんを失い、今度は父親を失った。すべてわたしのせいで。自責の念に打ちのめされる彼女の前に、ある夜マックが現れ衝撃の事実を告げる。
2017.2 367p A6 ¥824 ①978-4-596-91703-4

◆**翳りゆくハート** シャロン・サラ作, 矢沢聖子訳 ハーパーコリンズ・ジャパン (MIRA文庫)
【要旨】最愛の恋人サムはアフガニスタンから帰還したけれど、彼はかつての彼ではなくなっていた。「もう昔の僕じゃない」と彼女を冷たく捨て、町を去ったのだ。あれから10年ーきっとレイニーも昔のままの彼女ではなかった。家族を失い、乳がんを発症した。美しい赤毛と両の乳房を失い、仲のよかった夫とも縁を切った。たった独りでつらい闘病生活に耐えていたレイニーには、知る由もないようなことが。サムの母親が何者かに殺され、サムがついに町へ帰ってきた。そして、レイニー自身が、事件の重要な鍵を握っていることも…。"ハート"3部作感動の完結編！
2017.3 382p A6 ¥843 ①978-4-596-91723-2

◆**七年目のアイラブユー** シャロン・サラ作, 新井ひろみ訳 ハーパーコリンズ・ジャパン (MIRA文庫)
【要旨】父の介護に明け暮れるタリアは、突然の訃報に驚いた。かつて将来を誓い合ったボウイの父親が何者かの凶弾に倒れたという。7年前、スコットランドの血を引く黒髪の恋人ボウイにプロポーズされ、タリアは幸せだった。だが時を同じくして父がアルツハイマーを発症していることが判明。タリアはこれからの介護の日々を思い、理由は告げぬまま断ったのだった。ボウイは町を去り、二人の仲は終わった。父親の死の謎を解くためにボウイが帰郷した今、愛する男性に告げずに来はずまっていたタリアの時間は、再び時を刻み始め…。
2017.11 409p A6 ¥852 ①978-4-596-91736-2

◆**スウィート・ベイビー** シャロン・サラ作, 平江まゆみ訳 ハーパーコリンズ・ジャパン (MIRA文庫)
【要旨】ヴィクトリアには幼い頃の記憶がない。両親の顔さえ知らず、気がついたときにはひとり里親の家を転々としていた。だからだろう、友人のブレットにさえ完全には心を開けずに、写真家としての仕事に没頭する毎日だ。ある日、撮影旅行から戻ったヴィクトリアは、現像した一枚の写真に目を疑った。そこに写るのは、むっつりした表情の老いた男ーまったく見覚えのない男いうのに、心を目にした日から、ヴィクトリアは夜ごと悪夢にうなされるようになる。これは、失われた過去と何か関係があるの？この男はいったい誰…？
2017.5 370p A6 ¥778 ①978-4-596-91717-1

◆**伯爵の想いびと** リンゼイ・サンズ作, 富永佐知子訳 ハーパーコリンズ・ジャパン (MIRA文庫)
【要旨】シャーリーは男装し、双子の妹を連れて非情な後見人から逃げ出した。道中、二人は若き伯爵ラドクリフと出会う。彼はまだ幼さの残る"兄妹"に同情したらしく、ロンドンの屋敷に匿ってやると申し出てくれたが、彼との旅には予想もしない困難が待ち受けていた。そんなに軟弱では妹を守れないと、彼は手取り足取りシャーリーに射撃を教え、2部屋しかない宿では当然のように1部屋を妹に与えて「我々は相部屋だ」と言う。シャーリーはハンサムな伯爵を間近に感じるたびに心臓が飛び出しそうになり、彼の戸惑いには気づきもしない。
2017.10 493p A6 ¥907 ①978-4-596-91733-1

◆**見えない求愛者** アイリス・ジョハンセン, ロイ・ジョハンセン作, 瀬野莉子訳 ハーパーコリンズ・ジャパン (MIRA文庫)
【要旨】生まれつき目が見えず、手術の末に20歳で初めて視力を獲得したケンドラ。盲目のなかで驚異的な洞察力を培い、FBIに協力して数々の難事件を解決してきたが、1年前の事件で元恋人を亡くして心に傷を負った後は、捜査から離れた日常を送っている。そんなある日、1年前に恋人を事件に巻きこんだ張本人、その冷徹さで恐れられる敏腕犯罪コンサルタントのアダムが再び現れ、連続殺人の捜査に協力するよう迫る。事件の共通点はただひとつー殺人のやり口にも、ケンドラが捕らえた殺人鬼の手口が模倣されていて…。話題沸騰の"ケンドラ・マイケルズ"シリーズ最新作ー何者かのおぞましき執着愛が、ケンドラを追い詰めていく…！
2017.4 462p A6 ¥926 ①978-4-596-91711-9

◆**暗黒伯爵の甘やかな獲物ー愛と享楽のローハン子爵家** アン・スチュアート作, 佐野晶訳 ハーパーコリンズ・ジャパン (MIRA文庫)
【要旨】2年前の不幸な事件により、ミランダは社交界のつまはじき者にされてしまった。彼女とつき合う者は家族と親友以外おらず、孤独な日々を送っている。ある日ミランダの馬車が事故に遭い立ち往生していると、謎めいた美貌の紳士が現れ、豪華な馬車で家まで送り届けてくれた。そのうえ彼の屋敷で開催される音楽会に招待してくれたのだ。彼の名はルシアン。伯爵という身分にもかかわらず、社交界の俗習など歯牙にもかけない彼に惹かれていく。それが"蠍"の異名を持つルシアンの、甘く恐ろしい罠だとは知るよしもない。孤独な乙女に仕掛かれた罠は、陶酔の一夜ー稀代の作家が贈る、人気エロティック・ヒストリカル第3弾！
2017.4 494p A6 ¥907 ①978-4-596-91710-2

◆**不埒な子爵の手に堕ちーあい愛と享楽のローハン子爵家** アン・スチュアート作, 佐野晶訳 ハーパーコリンズ・ジャパン (MIRA文庫)
【要旨】メリサンドは元売春婦たちに裁縫や料理を教えて更生させる慈善活動に勤しんでいた。愛の営みについてはよく知らないが、彼女たちから噂するベネディクト・ローハン子爵のことは知っている。社交界にデビューした年、壁の花だったメリサンドが彼の目にとまることもなく、彼女はただ、舞踏室の隅から彼を見つめていたのだった。そんなある日、更生中の娘がベネディクトに呼ばれたという報せが届く。メリサンドは彼女を連れ戻そうとローハン邸に駆けつけたー淫欲にたぎる子爵を邪魔すれば、どんなことになるかなど考えもせず。
2017.9 461p A6 ¥898 ①978-4-596-91730-0

◆**密使** エリカ・スピンドラー作, 平江まゆみ訳 ハーパーコリンズ・ジャパン (MIRA文庫)
【要旨】小さな町の警察官メラニー。といっても普段はご近所トラブルや駐車違反に対処する程度で、町で初めて殺人事件が起きたときも現場で嘔吐し、居合わせたFBI捜査官コナーに馬鹿にされる始末だ。そんなある日、メラニーは最近起きたいくつかの"死亡事故"の共通点に気がつく。被害者は皆、妻や恋人を虐待する暴力男だったのだ。これは偶然じゃないー神さま気取りの殺人犯は"闇の天使"と名づけられ、メラニーはコナーとタッグを組んで捜査に乗り出す。やがて思いもよらぬ衝撃の事実が明らかに…。怒涛のロマサス傑作！その死は怒れる"天使"の涙か、それとも一天性の作家エリカ・スピンドラーの名作、ここに復刊！
2017.4 589p A6 ¥926 ①978-4-596-91713-3

◆**悦楽の園の恋人たち** ジェニファー・デイル, アリソン・ペイジ, ポーシャ・ダ・コスタ, フェイ・スアレス, ジャッキー・バルボサ作, 立石ゆかり, 杉本ユミ, 西江璃子, すなみ翔, 古瀬梨乃訳 ハーパーコリンズ・ジャパン (MIRA文庫)
【要旨】2週間前、モリーはアッシュフォード子爵の屋敷でメイドに雇われた。美しい容貌の主は堕天使なようで、気に入らないことがあれば使用人たちを容赦なく怒鳴りつけ、激しく叱責する。ある日、図書室ではしごのてっぺんに立ち、本の埃取りをしていると物音がした。ご主人様？冷たく青い瞳がモリーを見上げ、真っ白なふくらはぎと太腿へと指を這わせていく。「おまえの歓迎のもてなしがまだすんでいない」モリーに逃げる術はなかった。ー『ご主人様、仰せのままに』をはじめ、エロティックな恋模様

◆この夏、恋に落ちて　ダイアナ・パーマー, ジェニファー・クルージー, ヘザー・グレアム作, 伊坂奈々, 高田映実, 辻早苗訳　ハーパーコリンズ・ジャパン（MIRA文庫）
【要旨】鉄道王の一人娘エレンは物憂い日々を送っていた。自分でも不器量だとわかっているのに、父親の財産目当てに求婚してくる男は後をたたず、辟易する毎日。そんなおり、父とともに避暑地を訪れたエレンは、長身痩軀でハンサムな牧場主ジョンに出会う。災難に見舞われて困っているところを彼に助けられ、エレンはジョンに心ひかれるようになる。この人は他の男性とは違うわ—だがそう思ったのも束の間、父親の鉄道事業の支援が欲しいからジョンに便宜結婚を申し込まれ…。D.パーマー『運命を紡ぐ花嫁』他収録、豪華短編集。
2017.8 494p A6 ¥833 ①978-4-596-91728-7

◆秘密の恋の贈り物　ジャッキー・バルボサ, ミーガン・ハート, アンバー・カールズバット, エリオット・マビュース, ポーシャ・ダ・コスタほか作, 古瀬梨乃, 西沢瑛子, 立石ゆかり, 杉本ユミ, 早川麻百合訳　ハーパーコリンズ・ジャパン（MIRA文庫）
【要旨】夫の不貞に悩む姉の話を聞き、花婿との肉体的相性こそ幸せな結婚生活に不可欠と考えるようになった、無垢な令嬢レティシア。大胆にも、付き添いの目のないところで相性を試すと、求婚者たちに"秘密のピクニック"への招待状を送るが、早速訪ねてきたラングストン子爵に計画を鋭く見破られてしまう。「きみと花婿候補たちとの逢い引きの見張り役を引き受けよう。ただし…」子爵が持ちかけてきたのは、世にも不穏な提案だった。ジャッキー・バルボサの子爵との初恋物語をはじめ、衝撃の6篇を収めた傑作エロティック短編集！
2017.12 344p A6 ¥796 ①978-4-596-91741-6

◆幾千もの夜をこえて　リンダ・ハワード, リンダ・ジョーンズ作, 加藤洋子訳　ハーパーコリンズ・ジャパン（MIRA文庫）
【要旨】タロットカードに描かれた絶世の美女、レナの姿を吹き込まれながらも、何千年ものあいだ狭い世界に閉じ込められてきた彼女だが、ある日助けを求める誰かの声に呼ばれ、気づいたときには人間の世界に。そこには母親を目の前で殺されて犯人から逃げてきたという、怯えきった幼い少年がいた。このまま放っておけばレナは少年と行動を共にすることに決めるが、そんな二人の前に現れたのが、5日以内にレナを連れ戻せと依頼を受けた、冷酷と悪名高い傭兵ケインだった。レナは反発しつつも、彼の冷たい漆黒の瞳からなぜか目が離せず…。
2017.10 397p A6 ¥880 ①978-4-596-91732-4

◆あなたの吐息が聞こえる　マヤ・バンクス作, 中谷ハルナ訳　ハーパーコリンズ・ジャパン（MIRA文庫）
【要旨】里親のもとを転々としながら、孤独で壮絶な少女時代を過ごしたイライザ。心の傷はまだ癒えていないが、信頼できる仲間もでき、今は警備会社で唯一の女性スタッフとして働いているウェイド。目下の悩みの種と言えばある事件を通し知り合ったウェイド。尊大な彼とは顔を合わせれば喧嘩ばかり。それなのに突然、ウェイドからパーティーの招待とともにすてきなドレスまで贈られ、思いがけない出来事にイライザは胸をときめかせる。だがその背後には危険が忍び寄っていた—10年前の忌まわしい悪夢が、今また彼女を地獄へ連れ戻すべく。
2017.6 446p A6 ¥898 ①978-4-596-91719-5

◆涙のあとに口づけを　マヤ・バンクス作, 中谷ハルナ訳　ハーパーコリンズ・ジャパン（MIRA文庫）
【要旨】傷を癒やす力を持つジェナは、その特殊な力のせいで幼い頃にカルト教団につかまり、以来囚われの生活を送ってきた。性的暴行こそ受けずに済んだものの、世間から隔絶され、動物のように扱われる日々。だが20年あまりの時を経た今、ついにジェナは施設を逃げ出す。そしてぼろぼろの服に傷だらけの足で必死に逃げる中、警備会社に勤める長身で筋骨たくましい男性、アイザックに出会う。彼はジェナが何者かから逃げていると察し救いの手を差し伸べてくれた。初めて知る優しさにジェナの心はとろけるが、容赦なく追っ手は迫り…。
2018.1 446p A6 ¥898 ①978-4-596-91742-3

◆伯爵と秘密の小部屋で　ソフィ・バーンズ作, さとう史緒訳　ハーパーコリンズ・ジャパン（MIRA文庫）
【要旨】美しき郊外に立つ瀟洒な館、ソーンクリフ。両親らとしばらくそこに滞在することになったクロエは、亡き祖父の旧友から頼まれ事をしていた。館からある1冊の本を捜してほしいというのだ。その本があれば祖父の死の謎がわかるかもしれない—そう聞かされ、クロエが図書室を探っていると、同じく館を訪問中のウッドフォード伯爵にでくわす。不幸な生い立ちの伯爵は、見目麗しくもどこか陰のある男。どぎまぎしつつ、あたりさわりのない会話をしているとは、まさか伯爵も同じ本を捜しているとは、そのときは思いもせず…。19世紀初頭、秘密にあふれた英国マナーハウスを舞台に、1冊の本が、薄幸のソロインを真実の愛へ導く。
2017.4 463p A6 ¥907 ①978-4-596-91712-6

◆蒼きバラのあやまち　ロレイン・ヒース作, 皆川孝子訳　ハーパーコリンズ・ジャパン（MIRA文庫）
【要旨】旅行中に命を落とした双子の兄の遺言で、エドワード・オールコットの運命を一変させた。グレイリング伯爵の地位を継ぐぼかりだが、彼は兄になりすまして、幼な妻ジュリアとの結婚生活を続けっていかねばならなくなったのだ。兄と正反対に放蕩の限りを尽くしてきたエドワードは、数年前のある"過ち"のせいで、彼女から毛嫌いされている。4か月ぶりに夫と再会したジュリアは、幸いにも瓜二つのエドワードを夫と信じて疑わなかったが、彼を愛情深く見つめる"妻"の隣で眠ることに、エドワードは次第に耐えがたくなっていた。
2017.9 493p A6 ¥907 ①978-4-596-91729-4

◆悪魔公爵と鳥かごの乙女　ロレイン・ヒース作, 琴葉かいら訳　ハーパーコリンズ・ジャパン（MIRA文庫）
【要旨】社交界に浮き名を流すアヴェンデール公爵は、退屈的な放蕩暮らしに退屈していた。周囲の女性たちは喉を鳴らし、吐息をもらし、耳元で淫らな言葉を囁く。それが楽しくないわけではないが、誰もが似通っていて同じことの繰り返しに。そんなある夜、社交場に現れた謎めいた女性ロザリンドにアヴェンデールは目を留めた。取り立てて美人というわけでもないのになぜか心揺さぶられ、思わず彼女を暗がりへ連れ出すと、口づけを交わす。彼女の秘密にも、わが身を滅ぼしかねない危険なゲームを自ら始めてしまったことにも、彼は気づかぬまま。
2017.3 511p A6 ¥926 ①978-4-596-91707-2

◆囚われの妻　バーバラ・フェイス作, 中野恵訳　ハーパーコリンズ・ジャパン（MIRA文庫）
【要旨】目覚めたとき彼女は病室のベッドの上にいた。なぜこんな場所にいるのか。自分の名前すら思い出せない—そこに現れたのは、ルイスという長身で端整な顔つきの富豪だった。「きみの名前はアナベル。ぼくの妻だ」話によれば取り止めなくクルーザーの事故に巻き込まれ、一命を取り止めるにこの病院に運ばれたのだという。そうして記憶が戻らないまま退院を迎えたアナベルは"夫"と言われるがまま、カリブ海を望む豪邸へ連れていかれる。でも…本当にこの人はわたしの夫なの？アナベルは言いようのない不安と違和感を拭えずにいた。
2017.3 284p A6 ¥750 ①978-4-596-91731-7

◆あなたの愛を待ちわびて　ローリー・フォスター作, 西江璃子訳　ハーパーコリンズ・ジャパン（MIRA文庫）
【要旨】数多の女性と放埒の限りを尽くすアーミーと恋してきたメリッサ。たった一度、事故にしては熱すぎるキスをされたが、彼は「親友の妹には手を出さない」と公言している。諦めきれないまま苦しむメリッサは、ある日強盗に襲われてしまう。そこへ偶然居合わせたアーミー。彼は銃口の前に立ちはだかり、固く抱いて守ってくれた。その夜、駆けつけた兄から、アーミーが未だに苦しんでいること、しばらくは女性にも触れていないことを聞く。居ても立ってもいられなくなったメリッサは家を飛び出した。愛する人のもとへと…。
2017.3 543p A6 ¥907 ①978-4-596-91708-9

◆いつか愛になる日まで　ローリー・フォスター作, 兒嶋みなこ訳　ハーパーコリンズ・ジャパン（MIRA文庫）
【要旨】オハイオ州の小さな町でダイナーを切り盛りするバイオレット。町のマドンナとして愛され、誰に対しても分けへだてなく接する彼女だが、唯一、悪名高いホーガン・ガスリーだけは話が別だ。妻を亡くして自暴自棄になり、生まれ持ったフェロモンを駆使して放蕩をつづける彼—バイオレットはそんなホーガンに手厳しい態度を崩さなかったが、それは、激しく彼を求める自分から目をそらすためでもあった。しかし、友達以上恋人未満の危うい関係は、ある出来事から大きく狂いはじめ…。"ネクストドア・ブラザーズ"完結編！
2017.12 526p A6 ¥926 ①978-4-596-91740-9

◆恋人はドアの向こうに　ローリー・フォスター作, 兒嶋みなこ訳　ハーパーコリンズ・ジャパン（MIRA文庫）
【要旨】オハイオ州の小さな町に、単身やってきたオナー。家族の愛情に恵まれなかった彼女にとって、今日は憧れつづけたマイホームを手にする記念すべき日だ。修理の必要なほろぼろの一軒家は、荒れ果てた裏庭も、すべて想定の範囲内。ありあまるほどのフェロモンを発散するセクシーな黒髪の隣人ジェイソン・ガスリーと出会うこと以外は。彼は一人暮らしの身を心配し、何かにつけ世話を焼こうとするが、オナーは彼に明かすことのできないある事情があり…。"ネクストドア・ブラザーズ"第1弾！
2017.8 504p A6 ¥907 ①978-4-596-91727-0

◆キャヴェンドン・ホール—美しい約束　上　バーバラ・T.ブラッドフォード作, 霜月桂訳　ハーパーコリンズ・ジャパン（MIRA文庫）
【要旨】ヨークシャーに壮大な館キャヴェンドン・ホールを構える伯爵家インガム一族と、代々仕えてきたスワン一族。両家の固い絆は、時に忍ぶ愛をも生んできた。セシリー・スワンもその一人で、幼いころ伯爵家の嫡男マイルスと将来を誓い合ったが、身分差に阻まれ成就は叶わなかった。以降心を閉ざし、ロンドンで仕事につとむ彼女セシリーに、キャヴェンドンから思いがけない依頼が舞い込む。マイルスと二人で、ある催しを取り仕切れというのだ。それは、当代伯爵とセシリーの大叔母の、許されるはずのない結婚式だった。壮大なヒストリカル・サーガ第2弾。
2017.7 317p A6 ¥796 ①978-4-596-91721-8

◆キャヴェンドン・ホール—美しい約束　下　バーバラ・T.ブラッドフォード作, 霜月桂訳　ハーパーコリンズ・ジャパン（MIRA文庫）
【要旨】英国に恐慌の不穏な空気が忍びより、没落する貴族も出始めた。時代は変わり、インガム家でも史上初めて身分差を超えた婚姻が結ばれた。セシリーの大叔母は変わらぬ忠誠心と深い愛で夫となった伯爵を支え、伯爵の娘たちもそれぞれに真実の愛を見つけ、束の間キャヴェンドンは婚約披露や結婚式に花が咲いた。輝くばかりの婚礼衣装はすべてセシリーの手によるものだった。花嫁のヴェールを直してやりながら、セシリーは涙を押し隠した。マイルスへの想いは変わらないが、彼との結婚は叶わない—セシリーの愛だけは、不毛なままなのだった。
2017.7 319p A6 ¥796 ①978-4-596-91722-5

◆キャヴェンドン・ホール　愛、永遠に　上　バーバラ・T.ブラッドフォード作, 霜月桂訳　ハーパーコリンズ・ジャパン（MIRA文庫）
【要旨】ヨークシャーに壮大な邸宅を構える伯爵家インガム一族と、使用人スワン一族。固い絆で結ばれた両家の間には、身分差を超えた愛も生まれた。少女の頃から服飾デザインに天賦の才を発揮し、インガム家の令嬢達を美しく装わせてきたセシリーと家督継ぎマイルスは、身分差を超えた秘密の恋を成熟させついに結婚。セシリーは平民の身でありながら、次期伯爵夫人となるのだ。だが、幸せに包まれる両家には暗雲が垂れ込めようとしていた。時は1938年。遠く第三帝国で響く軍靴の足音が、キャヴェンドンにも迫りつつあった—。
2017.12 351p A6 ¥815 ①978-4-596-91738-6

◆キャヴェンドン・ホール　愛、永遠に　下　バーバラ・T.ブラッドフォード作, 霜月桂訳　ハーパーコリンズ・ジャパン（MIRA文庫）
【要旨】英国も戦争を回避できない情勢となり、セシリーはあるジレンマに陥る。次期伯爵の妻である以上、跡継ぎをもうけることは義務であり務めだが、戦時下に子どもを産むことに怖れも感じていた。だがどれだけ状況が深刻になろうと、マイルスとの愛は深まりこそすれ陰ることはなく、二人は互いへの情熱を絶やさず燃やし続けた。やがて戦争は深まるが、その尊い命は儚くも失われることとなる。最愛の家族の出征、失われた命…キャヴェンドンが迎えた最大の試練の時、セシリーは立ち上がる—両家を繋ぐ、愛と絆の掟を胸に。
2017.12 351p A6 ¥815 ①978-4-596-91739-3

ポルノグラフィ

◆**公爵と星明かりの乙女** ミーガン・フランプトン作, 兄嶋みなこ訳 ハーパーコリンズ・ジャパン （MIRA文庫）
【要旨】両親に命じられた結婚を拒んだせいで縁を切られ、"伯爵家令嬢"からその日暮らしの身へと堕ちたマーガレット。困っている人を見ると放っておけない性格も災いし、ドレス一着買えない慎ましい毎日を過ごしている。そんななか貧困地区へ人助けに向かったマーガレットは暴漢に襲われてしまう。間一髪のところを助けてくれたのは隻眼のレイシャム公爵。傲岸不遜で誰にも心を開かず、ロンドン社交界で最も恐れられる異端児だ。だがマーガレットは公爵を知るにつれ、厳めしい外見の奥に驚くべき真実の姿が隠されていることに気づき…。
2017.5 446p A6 ¥889 ①978-4-596-91715-7

◆**子爵が恋した一輪の薔薇** エリザベス・ボイル作, 富永佐知子訳 ハーパーコリンズ・ジャパン （MIRA文庫）
【要旨】小さな村に暮らす準男爵の娘ルイーザは、名付け親の遺言によって社交界デビューをすることに。とはいえ悲しい最期を遂げた母の影響で結婚に興味もなく、ロンドンへも渋々赴いたのだが、そこで滞在先の豪邸で美男らしいウェイクフィールド子爵と出会う。彼は、もう何年も公の場に姿を現していない隠遁貴族――この世のすべてに背を向け、本来は見目麗しいであろう容姿もすっかり陰を帯びている。なぜこの人はここまで心を閉ざしてしまったのか？ ルイーザはこれにしてもいられず、子爵の力になりたいと奮闘するが…。
2017.6 494p A6 ¥907 ①978-4-596-91718-8

◆**伯爵と日陰に咲くレディ** エリザベス・ボイル作, 富永佐知子訳 ハーパーコリンズ・ジャパン （MIRA文庫）
【要旨】準男爵の娘ハリエット・ハサウェイは一夜にして、この世の喜びと絶望のすべてを味わった。出会ったときから運命を感じた幼馴染み、ロクスリー伯爵とついに愛を確かめ合った直後、彼はハリエットの前から忽然と姿を消したのだ。恋心も名誉も、大切なチャンスさえも奪われた彼女は、8カ月後、ロンドンの舞踏会でロクスリーと再会する。自分がいるはずだった伯爵の隣には、裕福で完璧なレディが婚約者として寄り添っていた。それでも彼のそばにいたいと願うハリエットは、伯爵家の伝統だという"花嫁候補試験"の存在を知り…。
2017.2 510p A6 ¥907 ①978-4-596-91702-7

◆**天使の情熱** ケイシー・マイケルズ作, 風音さやか訳 ハーパーコリンズ・ジャパン （MIRA文庫）
【要旨】おれが死んだら、妹の後見人になってくれ――戦死した友人との約束を果たすため片田舎を訪れたダヴェントリー侯爵は、目の前の廃墟のような館を見て唖然とした。こんな場所で人が暮らせるものなのか？ しかも友人の妹ブルーデンスは、亡き兄のお下がりをまとった、どこから見ても垢抜けない容貌で、もう18歳だという。後見人としての務めをまっとうすべく、彼はブルーデンスを社交界デビューさせようと、ロンドンの街へ連れていくが…。天真爛漫なうら若きレディに翻弄される、侯爵の運命やいかに？
2018.1 461p A6 ¥824 ①978-4-596-91744-7

◆**無口な男爵の甘いキス** エリー・マクドナルド作, さとう史緒訳 ハーパーコリンズ・ジャパン （MIRA文庫）
【要旨】雇い主である子爵夫妻が突然事故で亡くなり、家庭教師のボニーは遺された二人の子供の面倒を見ている。子爵の代理人が賃金を支払わないせいで使用人の多くは次々と去っていったが、傷ついた幼い兄弟を置いていくことなどできるはずもなく、ボニーは無給で二人に仕えていた。前子爵の親友だという後見人が到着すれば、子供たちも少しは落ち着くかもしれない。だが彼女の前に現れたのは、堅苦しく気難しそうなスティーブン卿。子供たちを思うあまり身分をわきまえずに意見を口にしたボニーを目障りに思っているようで…。
2017.6 722p A6 ¥907 ①978-4-596-91704-1

◆**黄昏どきの眠り姫** サラ・モーガン作, 仁嶋いずる訳 ハーパーコリンズ・ジャパン （MIRA文庫）
【要旨】マット・ウォーカーの我慢は限界に達しようとしていた。この20年、彼は幼なじみのフランキーを妹のように見守ってきたが、内心は兄らしからぬ感情で爆発寸前。恋愛恐怖症のフランキーは女性として見られることを極端に恐れ、少しでも男の顔を出せ

ば、野良猫のように逃げていってしまうからだ。しかし、さえない服と眼鏡の奥には、官能的な曲線と可憐なまなざしが隠れていることをマットは知っていた。進まない関係にしびれを切らした彼は、仕事という名目でフランキーをリゾートへ同行させることに…。
2018.1 390p A6 ¥843 ①978-4-596-91743-0

◆**星降る街のシンデレラ** サラ・モーガン作, 仁嶋いずる訳 ハーパーコリンズ・ジャパン （MIRA文庫）
【要旨】憧れの街ニューヨークで働くペイジは、順調なキャリアから一転、突然クビを言いわたされた。落ち込み、途方に暮れる彼女の前に現れたのは、もっとも弱みを見せたくない相手――兄の親友で、かつてペイジの幼い恋心を踏みにじったジェイク・ロマノだった。「それなら、自分で会社を作ればいいじゃないか」世界的企業のオーナーであり、セクシーな辣腕実業家でもある彼の助言を拒む理由はなかった。だが、アドバイザーとして何くれとなく世話を焼く彼が側にいると、忘れたはずのクリスティーナへのペイジの想いは、否応なくかき立てられてしまい…。
2017.7 365p A6 ¥824 ①978-4-596-91724-9

◆**魅惑のメロディ** ジョー・リー作, 佐々木真澄訳 ハーパーコリンズ・ジャパン （MIRA文庫）
【要旨】花屋を開く夢を抱いてNYに出てきたテス。セレブの豪邸で植物の世話をする仕事を得た彼女は、ある日訪問先のペントハウスで思いがけない誘いを受ける。大金持ちでハンサムな御曹司ダッシュが、翌日のパーティに同行してほしいと言うのだ。彼にとって毎年ゴージャスなイベントに連れて行く仕事のようなものであっても、テスにとってはシンデレラの魔法だった。夢のような一夜を過ごし、後戻りできないほどダッシュに惹かれていると悟ったとき、彼の残酷な言葉で魔法は砕け散った。「立場上きみとはつき合えないんだ、愛しからないか？」
2017.10 301p A6 ¥750 ①978-4-596-91734-8

◆**銀の沙漠にさらわれ** ジョアンナ・リンジー作, 琴葉かいら訳 ハーパーコリンズ・ジャパン （MIRA文庫）
【要旨】18歳になった令嬢クリスティーナの初めてのロンドン滞在は、フィリップという男のせいで台なしになる。裕福そうな身なりに、社交界で異彩を放つ漆黒の髪と浅黒い肌――セクシーな風貌に惹かれたのも束の間、彼はいきなりクリスティーナに求婚し、唇を奪ったのだ。思わず彼の頬を打ち、クリスティーナは逃げだした。数日後、彼女は就寝中に襲われる。目隠しをされ、肩に担がれ、何日も経て辿り着いた場所は、見渡すかぎりの砂の国。暴漢が顔を覆っていた布を取る。クリスティーナは息をのんだ。それは、あのフィリップだったのだ。
2017.5 411p A6 ¥889 ①978-4-596-91714-0

ポルノグラフィ

ポルノグラフィ

◆**アンスイート** 井上愛&黒瀬勝子 ほんじょう山羊著, 田中あじ原作・挿絵 フランス書院 （美少女文庫えすかれ）
2017.2 336p A6 ¥680 ①978-4-8296-6387-5

◆**彩り** 藍川京, 草凪優, 館淳一, 牧村僚, 睦月影郎著 双葉社 （双葉文庫）
2017.8 306p A6 ¥630 ①978-4-575-52029-3

◆**エデンズリッター――淫悦の聖魔騎士ルシフェル編** 和知まどか著, Waffle原作 パラダイム （ぷちぱら文庫）
2017.8 251p A6 ¥690 ①978-4-8015-1133-0

◆**おじさん大好き援サポJK アヘらせサプリシナリオ** 甲斐谷こう太著, Pin・Point原作, OZ山野原作シナリオ パラダイム （オトナ文庫）
2017.11 263p A6 ¥750 ①978-4-8015-1593-2

◆**夫に言えない義父との姦淫――嫌なのに忘れられなくなりそう** 雑賀匿著, アパタイト原作 パラダイム （オトナ文庫）
2017.3 253p A6 ¥750 ①978-4-8015-1569-7

◆**お姉ちゃんとショータくんと。――ナカを良くするHのカンケイ** 黒瀧糸由著, アンモライト原作 パラダイム （ぷちぱら文庫）
2017.2 251p A6 ¥690 ①978-4-8015-1121-7

◆**お前の妻は、オレの淫乱肉嫁――お隣さんは欲求不満でした** 布施はるか著, アパダッシュ原作 パラダイム （オトナ文庫）
2017.6 253p A6 ¥750 ①978-4-8015-1579-6

◆**俺が校則！ 中出し以外は校則違反!!!――女子校生全員中出し完全制圧計画** 蝦沼ミナミ著, MBS Truth原作 パラダイム （ぷちぱら文庫）
2017.7 269p A6 ¥690 ①978-4-8015-1127-9

◆**かりそめの蜜夜――漆黒の貴公子は愛を知る** 香村有沙作, ケイト・ヒューイット原作 ハーパーコリンズ・ジャパン （Vanilla文庫）
2017.7 288p A6 ¥590 ①978-4-596-58058-0

◆**巨乳家族催眠** 男爵平野著, ルネ原作 パラダイム （オトナ文庫）
2017.10 269p A6 ¥750 ①978-4-8015-1587-1

◆**巨乳ドスケベ学園――処女たちの止まらない腰使い** 橘トラ著, INTERHEART原作 パラダイム （ぷちぱら文庫）
2017.12 250p A6 ¥690 ①978-4-8015-1140-8

◆**巨乳令嬢MC学園――洗脳ハーレム強化計画** 布施はるか著, ルネ原作 パラダイム （オトナ文庫）
2017.8 251p A6 ¥750 ①978-4-8015-1583-3

◆**巨乳×露出――Kカップもぎたて果実とLカップ熟れた果実のお外でぷるるん味比べ！** 田中珠著, 桃色劇場原作 パラダイム （オトナ文庫）
2017.12 253p A6 ¥750 ①978-4-8015-1558-1

◆**強引にされると嬉しくて初めてでもよく喘いじゃう令嬢な幼馴染母衣** 神崎美宙著, オーバードーズ原作 パラダイム （オトナ文庫）
2017.12 253p A6 ¥750 ①978-4-8015-1598-7

◆**修羅の痴漢道** 緒莉著, BISHOP原作 パラダイム （オトナ文庫）
2017.2 253p A6 ¥750 ①978-4-8015-1563-5

◆**昭和の禁じられた性愛 3 疼く女 発禁** 文学研究会編 コスミック出版 （コスミック・禁断文庫）
2017.2 254p A6 ¥700 ①978-4-7747-2997-8

◆**昭和の禁じられた性愛 4 啼く女 発禁** 文学研究会編 コスミック出版 （コスミック・禁断文庫）
2017.4 254p A6 ¥700 ①978-4-7747-1316-8

◆**昭和の禁じられた性愛 5 誘う女 発禁** 文学研究会編 コスミック出版 （コスミック・禁断文庫）
2017.6 254p A6 ¥700 ①978-4-7747-1335-9

◆**昭和の禁じられた性愛 6 渇く女 発禁** 文学研究会編 コスミック出版 （コスミック・禁断文庫）
2017.8 254p A6 ¥700 ①978-4-7747-1352-6

◆**昭和の発禁裏文学 1 えくぼの肌 発禁** 文学研究会編 コスミック出版 （コスミック・禁断文庫）
2017.10 254p A6 ¥700 ①978-4-7747-1368-7

◆**昭和の発禁裏文学 2 愛慾輪廻 発禁** 文学研究会編 コスミック出版 （コスミック・禁断文庫）
2017.12 252p A6 ¥700 ①978-4-7747-1385-4

◆**処女ビッチだらけのテニス部合宿！――アタシが処女だって証拠がドコにあんのよ!?** K-TOK著, マリン原作 パラダイム （オトナ文庫）
2017.3 269p A6 ¥750 ①978-4-8015-1564-2

◆**清楚でビッチな人妻は、実はサキュバスでした――お願いです、夫には言わないで** 黒瀧糸由著, アパダッシュ原作 パラダイム （オ

◆性的ないじめですか？ いいえ、ご褒美です！　雑賀匡著，Miel原作　パラダイム　（ぷちぱら文庫）
　2017.7 251p A6 ¥690 ⓘ978-4-8015-1126-2

◆ぜったい遵守☆にゅーこつくりわーるど　夜空野ねこ著，softhouse - seal GRANDEE原作　パラダイム　（ぷちぱら文庫）
　2017.10 251p A6 ¥690 ⓘ978-4-8015-1137-8

◆絶対服従催眠アプリ―憧れの先輩は僕の操り人形　雑賀匡著，クレージュA原作　パラダイム　（オトナ文庫）
　2017.10 251p A6 ¥750 ⓘ978-4-8015-1590-1

◆滾り　藍川京，草凪優，館淳一，牧村僚，睦月影郎著　双葉社　（双葉文庫）
　2017.2 309p A6 ¥630 ⓘ978-4-575-51974-7

◆常夏の孕ませ人妻アイランドへようこそ！　北原みのる著，Miel原作　パラダイム　（オトナ文庫）
　2017.7 251p A6 ¥750 ⓘ978-4-8015-1580-2

◆友母ガチ孕ませ！―デカパイ母性ママを俺の牝にしてやった！　北原みのる著，Miel原作　パラダイム　（オトナ文庫）
　2017.5 248p A6 ¥750 ⓘ978-4-8015-1571-0

◆ドSなスパルタ巨乳女教師を巨根でドMな孕ませオナホにした学園性活日誌　北原みのる著，Miel原作　パラダイム　（オトナ文庫）
　2017.10 250p A6 ¥750 ⓘ978-4-8015-1588-8

◆寝取り返し―お前の旦那だって僕の妻を奪ったんだから、いいだろう？　雑賀匡著，アパダッシュ原作　パラダイム　（オトナ文庫）
　2017.11 251p A6 ¥750 ⓘ978-4-8015-1565-9

◆ばいずりチアリーダーVS搾乳応援団！　あすなゆう著，マリン原作　パラダイム　（ぷちぱら文庫）
　2017.12 253p A6 ¥690 ⓘ978-4-8015-1136-1

◆バカだけどチンチンしゃぶるのだけはじょうずなちーちゃん　蝦沼ミナミ著，ORCSOFT原作　パラダイム　（オトナ文庫）
　2017.11 253p A6 ¥750 ⓘ978-4-8015-1597-0

◆爆乳温泉―淫乳女将悦楽の湯篇　天城悠理著，エレクトリップ原作　パラダイム　（オトナ文庫）
　2017.11 269p A6 ¥750 ⓘ978-4-8015-1596-3

◆爆乳人妻戦士ピュア・メイデン―現役復帰した美少女戦士を寝取り孕ませオナホハーレム！　Fuzisawa著，Miel原作　パラダイム　（ぷちぱら文庫）
　2017.11 267p A6 ¥690 ⓘ978-4-8015-1139-2

◆爆乳人妻メード―癒され乳母孕ませの館　天城悠理著，エレクトリップ原作　パラダイム　（オトナ文庫）
　2017.3 253p A6 ¥750 ⓘ978-4-8015-1567-3

◆母の日と娘の日―生贄当番　藤崎玲著，四畳半番房原作　フランス書院　（フランス書院文庫）
　2017.3 309p A6 ¥667 ⓘ978-4-8296-4211-5

◆孕ませオナホ退魔騎士ユーディット　遊真一希著，Miel原作　パラダイム　（ぷちぱら文庫）
　2017.3 253p A6 ¥690 ⓘ978-4-8015-1122-4

◆人妻好きが透明人間になったら　春風栞著，Miel原作　パラダイム　（オトナ文庫）
　2017.2 250p A6 ¥750 ⓘ978-4-8015-1559-5

◆人妻店長の痴態勤務―夜勤バイトの愉しみ方　北原みのる著，アパタイト原作　パラダイム　（オトナ文庫）
　2017.2 251p A6 ¥750 ⓘ978-4-8015-1566-3

◆右手がとまらない僕と、新人ナース　姫ノ宮レイ著，Waffle原作　パラダイム　（オトナ文庫）
　2017.2 251p A6 ¥750 ⓘ978-4-8015-1573-1

◆牝犬孕ませ母娘丼―美人巨乳親子をアヘらせヤリまくり飼育　北原みのる著，Miel原作　パラダイム　（オトナ文庫）
　2017.1 250p A6 ¥750 ⓘ978-4-8015-1560-4

◆牝堕ち巨乳妻は俺のモノ―負け組の俺が勝ち組の友人から美人妻を寝取る話　シャァ専用◎著，ANIM原作　パラダイム　（オトナ文庫）
　2017.12 269p A6 ¥750 ⓘ978-4-8015-1595-6

◆元ヤン人妻をパコって骨抜き穴嫁化　田中珠著，Miel原作　パラダイム　（オトナ文庫）
　2017.8 251p A6 ¥713 ⓘ978-4-7992-1055-0

◆ヤブヌマ 2　他人棒に啼かされる君が愛しくて　空蝉人，ナオト。原作　キルタイムコミュニケーション　（リアルドリーム文庫）
　2017.8 350p A6 ¥690 ⓘ978-4-7992-1055-0

◆リベンジポルノ　村上佐知子著，アトリエさくらeXtra原作　パラダイム　（オトナ文庫）
　2017.2 251p A6 ¥750 ⓘ978-4-8015-1552-9

◆隣人に壊されていく俺の妻　和知まどか著，Waffle原作　パラダイム　（オトナ文庫）
　2017.10 253p A6 ¥750 ⓘ978-4-8015-1591-8

◆JKビッチ西沢雫のエンコー100万円計画♪　橘トラ著，ぱこぱこそふと原作　パラダイム　（ぷちぱら文庫）
　2017.8 251p A6 ¥750 ⓘ978-4-8015-1132-3

〔あ行の作家〕

◆騎士王陛下、猫かわいがりも度が過ぎます！　藍井恵著　メディアソフト，三交社 発売　（ガブリエラ文庫）
　2017.8 287p A6 ¥639 ⓘ978-4-87919-372-8

◆異世界の回復魔法使い―チート魔術で楽々ハーレム！　愛内なの著　パラダイム　（ぷちぱら文庫Creative）
　2017.5 253p A6 ¥690 ⓘ978-4-8015-1314-3

◆隠しスキルで無双ハーレム！　愛内なの著　パラダイム　（ぷちぱら文庫Creative）
　2017.7 253p A6 ¥690 ⓘ978-4-8015-1317-4

◆最強勇者の異世界領地経営　愛内なの著　パラダイム　（ぷちぱら文庫Creative）
　2017.12 251p A6 ¥690 ⓘ978-4-8015-1329-7

◆末っ子公爵は異世界村を開拓して自由気ままに成り上がる！―エロスキルでスケベ美女も落として俺のもの！　愛内なの著　パラダイム　（ぷちぱら文庫Creative）
　2017.11 248p A6 ¥690 ⓘ978-4-8015-1328-0

◆精霊召喚術士のスローライフ―異世界でほのぼの生きよう！　愛内なの著　パラダイム　（ぷちぱら文庫Creative）
　2017.9 253p A6 ¥690 ⓘ978-4-8015-1320-4

◆絶対的権力者は異世界でハーレムをつくる　愛内なの著　パラダイム　（ぷちぱら文庫Creative）
　2017.6 252p A6 ¥690 ⓘ978-4-8015-1316-7

◆洗脳チートで簡単にハーレムをつくろう！　愛内なの著　パラダイム　（ぷちぱら文庫Creative）
　2017.2 240p A6 ¥690 ⓘ978-4-8015-1311-2

◆"超朗報"隣室の美人妻が甘やかしご奉仕してくれるらしいwww　愛内なの著　パラダイム　（ぷちぱら文庫Creative）
　2017.9 251p A6 ¥690 ⓘ978-4-8015-1309-9

◆転生チート魔王の奴隷ハーレム　愛内なの著　パラダイム　（ぷちぱら文庫Creative）
　2017.11 251p A6 ¥690 ⓘ978-4-8015-1304-4

◆中出し許可区のハーレム生活　愛内なの著　パラダイム　（ぷちぱら文庫Creative）
　2017.1 250p A6 ¥690 ⓘ978-4-8015-1310-5

◆もしも隣人をご奉仕メイドにすることができたなら　愛内なの著　パラダイム　（ぷちぱら文庫Creative）
　2017.4 253p A6 ¥690 ⓘ978-4-8015-1326-6

◆果てなき情火　藍川京著　イースト・プレス　（イースト・プレス悦文庫）
　2017.7 271p A6 ¥720 ⓘ978-4-7816-1554-7

◆ケダモノ皇帝が旦那様になったらイチャつき過ぎですっ、陛下のばかばかっ！　藍杜雫著　KADOKAWA　（ジュエル文庫）
　2017.2 335p A6 ¥640 ⓘ978-4-04-892763-5

◆皇太子殿下の秘密の休日―身代わりの新妻とイチャイチャ逃避行!?　藍杜雫著　メディアソフト，三交社 発売　（ガブリエラ文庫）
　2017.10 287p A6 ¥639 ⓘ978-4-87919-376-6

◆任侠ダーリン！　極道の社長に愛されきっ!?　藍杜雫著　プランタン出版，フランス書院 発売　（オパール文庫）
　2017.4 319p A6 ¥620 ⓘ978-4-8296-8299-9

◆僕だけのかわいい新妻。―初恋をこじらせた皇子は侯爵令嬢を淫らに愛しすぎる　藍杜雫著　プランタン出版，フランス書院 発売　（ティアラ文庫）
　2017.9 318p A6 ¥620 ⓘ978-4-8296-6801-6

◆悪魔のような国王陛下がピュアラブに目覚めた話―花嫁にメロメロでどうしようもない様子です！　粟生慧著　KADOKAWA　（ジュエル文庫）
　2017.9 337p A6 ¥640 ⓘ978-4-04-893419-0

◆甘らルームシェア―会社が倒産したけど憧れの人といちゃいちゃな毎日です！　粟生慧著　メディアソフト，三交社 発売　（ガブリエラ文庫プラス）
　2017.3 286p A6 ¥639 ⓘ978-4-87919-358-2

◆侯爵様の執着愛―伯爵令嬢の愛人契約　粟生慧著　Jパブリッシング　（ロイヤルキス文庫）
　2017.5 331p A6 ¥667 ⓘ978-4-908757-90-7

◆人間王女が皇帝陛下といちゃらぶ溺愛婚ですかっ!?　粟生慧著　竹書房　（蜜猫文庫）
　2017.8 287p A6 ¥730 ⓘ978-4-8019-1184-0

◆飼い主が残念です　青井千寿著　KADOKAWA　（eロマンスロイヤル）
　2017.3 315p B6 ¥1200 ⓘ978-4-04-734550-8

◆私の"王子様"が三次元化したのですが―オタクな私と同棲&リアル恋愛しています!?　青井千寿著　Jパブリッシング　（チュールキス文庫）
　2017.10 323p A6 ¥685 ⓘ978-4-86669-035-3

◆濡れ蜜アフター　蒼井凛花著　二見書房　（二見文庫）
　2017.6 268p A6 ¥694 ⓘ978-4-576-17078-7

◆入れ替わったら、オレ様彼氏とエッチする運命でした！　青砥あか著　竹書房　（蜜夢文庫）
　2017.8 345p A6 ¥667 ⓘ978-4-8019-1148-2

◆王子様の花嫁はじめました　青砥あか著　プランタン出版，フランス書院 発売　（ティアラ文庫）
　2017.5 288p A6 ¥590 ⓘ978-4-8296-6798-9

◆蜜恋エロティック・クルーズ―貴公子は溺れるほどの愛を囁く　青葉ミカ著，シャロン・ケンドリック原作　ハーパーコリンズ・ジャパン　（Vanilla文庫）
　2017.10 289p A6 ¥590 ⓘ978-4-596-58099-3

◆僕とエルフメイド姉妹の三人暮らし　青橋由高著　フランス書院　（美少女文庫）
　2017.8 353p A6 ¥720 ⓘ978-4-8296-6405-6

◆僕には龍神（ドラゴン）なお姉ちゃんがいます　青橋由高著　フランス書院　（美少女文庫）
　2017.6 334p A6 ¥680 ⓘ978-4-8296-6396-7

◆メイドやります！　年上お姉さんとツンツン幼なじみ　青橋由高著　フランス書院　（美少女文庫）
　2017.1 351p A6 ¥720 ⓘ978-4-8296-6384-4

◆六人のおいしい艶熟女　青橋由高著　フランス書院　（フランス書院文庫）
　2017.4 317p A6 ¥667 ⓘ978-4-8296-4217-7

◆国王陛下は俺様軍人―うぶな姫は過保護な愛に酔いしれる　蒼磨奏著　プランタン出版，フランス書院 発売　（ティアラ文庫）
　2017.3 288p A6 ¥590 ⓘ978-4-8296-6790-3

◆蜜甘アラビアン―砂漠の国の俺様プリンス　蒼磨奏著　プランタン出版，フランス書院 発売　（ティアラ文庫）
　2017.7 320p A6 ¥620 ⓘ978-4-8296-6800-9

◆逆転異世界の冒険者―逆転した異世界でお気楽ハーレム旅！　赤川ミカミ著　パラダイム（キングノベルス）
　2017.2　299p　B6　¥1200　978-4-8015-2123-0

◆ナビキャラに転生して、ゲーム世界をぶち壊してみた―復讐のため地位を利用して俺は世界を操り始める　赤川ミカミ著　パラダイム（キングノベルス）
　2017.8　282p　B6　¥1200　978-4-8015-2137-7

中堅冒険者と年の差パーティのごく幸せなハーレム　朱月十話著　フランス書院（美少女文庫）
　2017.9　363p　A6　¥720　978-4-8296-6406-3

竜王子のハーレムタワー―嫁ドラゴンをコンプして最強進化を目指します　朱月十話著　フランス書院（美少女文庫）
　2017.4　337p　A6　¥680　978-4-8296-6392-9

堅物騎士は恋に落ちる　秋野真珠著　イースト・プレス（ソーニャ文庫）
　2017.2　284p　A6　¥620　978-4-7816-9594-5

◆契約夫は待てができない　秋野真珠著　イースト・プレス（ソーニャ文庫）
　2018.1　302p　A6　¥620　978-4-7816-9615-7

天才教授の懸命な求婚　秋野真珠著　イースト・プレス（ソーニャ文庫）
　2017.8　286p　A6　¥620　978-4-7816-9605-8

◆ランペリウスの吸血姫　5　Brotherhood　2　浅井咲希著　一迅社（MELISSA）
　2017.10　287p　B6　¥1200　978-4-7580-4993-1

◆ランペリウスの吸血姫　3　追憶のファルス　浅井咲希著　一迅社（MELISSA）
　2017.6　303p　A6　¥648　978-4-7580-4953-5

◆ランペリウスの吸血姫　4　Brotherhood　浅井咲希著　一迅社（MELISSA）
　2017.3　269p　B6　¥1200　978-4-7580-4921-4

◆超絶美麗宰相閣下の執着愛　朝日奈呈著　一迅社（MELISSA）
　2018.1　311p　B6　¥1200　978-4-7580-9024-7

今日、極道の妻になりました　浅見茉莉著　ハーパーコリンズ・ジャパン（Vanilla文庫Miel）
　2017.12　247p　A6　¥580　978-4-596-58206-5

絶対君主と英国令嬢―オリエンタル・ラヴァース　浅見茉莉著　ブランタン出版，フランス書院　発売　（ティアラ文庫）
　2017.1　286p　A6　¥590　978-4-8296-6784-2

御曹司の問答無用なプロポーズ―結婚式から始まるトロ甘ラブ！　麻生ミカリ著　ブランタン出版，フランス書院　発売　（オパール文庫）
　2017.4　318p　A6　¥620　978-4-8296-8298-2

"急募"オオカミ社長の週末花嫁―子作りするとは聞いてません!!　麻生ミカリ著　ハーパーコリンズ・ジャパン（Vanilla文庫Miel）
　2017.4　287p　A6　¥590　978-4-596-74540-8

恋獣。パーフェクト弁護士に愛されまくりの毎日　麻生ミカリ著　ブランタン出版，フランス書院　発売　（オパール文庫）
　2017.8　303p　A6　¥600　978-4-8296-8310-1

恋に××××は必要ですか？―イジワル社長のプライベートレッスン　麻生ミカリ著　ハーパーコリンズ・ジャパン（Vanilla文庫Miel）
　2017.9　288p　A6　¥590　978-4-596-58095-5

氷の貴公子は幼妻をこっそり溺愛していますー大好きなのにキライなフリ!?　麻生ミカリ著　ブランタン出版，フランス書院　発売（ティアラ文庫）
　2017.6　288p　A6　¥590　978-4-8296-6802-3

再会は恋の罠!?―メガネ敬語男子の密やかな甘い包囲網　麻生ミカリ著　Jパブリッシング（チュールキス文庫）
　2017.6　301p　A6　¥648　978-4-908757-98-3

溺愛エスカレーション―年上の彼氏に愛されすぎて困ってます。　麻生ミカリ著　メディアソフト，三交社　発売　（ガブリエラ文庫プラス）
　2017.3　279p　A6　¥639　978-4-87919-357-5

美貌の王子は新妻に何度も恋をする　麻生ミカリ著　メディアソフト，三交社　発売　（ガブリエラ文庫）
　2017.6　281p　A6　¥639　978-4-87919-364-3

思った以上に透視能力―美少女を征服して世界最強！　アナルカン著　フランス書院（美少女文庫）
　2017.3　351p　A6　¥720　978-4-8296-6390-5

スケベで鬼畜な師匠と素直で従順で美少女な弟子　アナルカン著　フランス書院（美少女文庫）
　2017.6　376p　A6　¥750　978-4-8296-6400-1

不屈の善戦帝王―勝てずとも、誰であろうと追い詰める　アニッキーブラッザー著　メディアソフト，三交社　発売　（ディヴァースノベル）　2017.12　285p　B6　¥1200　978-4-8155-6502-2

異世界転生してチート魔法使いになったからハーレム作ります。ついでに世界も救います。　2　天草白著　パラダイム（キングノベルス）
　2017.4　282p　B6　¥1200　978-4-8015-2127-8

新しい淫同居人 "義母と女教師"　天崎倏介著　フランス書院（フランス書院文庫）
　2017.6　298p　A6　¥648　978-4-8296-4225-2

灼炎のエリス―私、勇者やめて雌豚になります！　天那コータ著　フランス書院（美少女文庫えすかれ）
　2017.6　304p　A6　¥680　978-4-8296-6398-1

クイーンズブレイカー―鬼畜王の女王征服ハーレム　天乃聖樹著　フランス書院（美少女文庫）
　2017.4　318p　A6　¥680　978-4-8296-6391-2

三匹の人妻奴隷家政婦―何でもお命じください　天海佑人著　フランス書院（フランス書院文庫）
　2017.8　311p　A6　¥667　978-4-8296-4238-2

単身赴任　雨宮慶著　双葉社（双葉文庫）
　2017.2　249p　A6　¥583　978-4-575-51973-0

未亡人ふたり　雨宮慶著　双葉社（双葉文庫）
　2017.6　310p　A6　¥630　978-4-575-52013-2

指の記憶　雨宮慶著　双葉社（双葉文庫）
　2017.9　315p　A6　¥668　978-4-575-52035-4

猥色のラビリンス　雨宮慶著　双葉社（双葉文庫）
　2018.1　302p　A6　¥620　978-4-575-52078-1

兄嫁の秘蜜　綾野馨著　マドンナ社，二見書房　発売　（マドンナメイト文庫）
　2017.9　278p　A6　¥694　978-4-576-17117-3

美しい義母と兄嫁と…　綾野馨著　マドンナ社，二見書房　発売　（マドンナメイト文庫）
　2017.3　294p　A6　¥694　978-4-576-17015-2

新米兵士から金髪ドS女上官の玩具にランクアップ　新居佑著　キルタイムコミュニケーション　（二次元ドリーム文庫）
　2017.12　252p　A6　¥668　978-4-7992-1092-5

百合風の香る島―由佳先生と巫女少女　あらおし悠著　キルタイムコミュニケーション　（二次元ドリーム文庫）
　2017.10　304p　A6　¥668　978-4-7992-1070-3

百合ラブスレイブ―わたしだけの委員長　あらおし悠著　キルタイムコミュニケーション　（二次元ドリーム文庫）
　2017.2　286p　A6　¥668　978-4-7992-0991-2

聖光剣姫スターティア―女幹部にふたなり調教される変身ヒロイン　あろまーら著　キルタイムコミュニケーション　（二次元ドリームノベルズ）
　2017.9　328p　18cm　¥900　978-4-7992-1063-5

てほどき熟母　庵乃音人著　フランス書院（フランス書院文庫）
　2017.3　302p　A6　¥648　978-4-8296-4209-2

◆となりの半熟妻　庵乃音人著　竹書房（竹書房ラブロマン文庫）
　2017.3　279p　A6　¥660　978-4-8019-1030-0

とろ蜜満淫アパート―隣人は女子大生・OL・未亡人　庵乃音人著　キルタイムコミュニケーション　（リアルドリーム文庫）
　2017.10　282p　A6　¥713　978-4-7992-1073-4

桃色酒場　庵乃音人著　イースト・プレス（イースト・プレス悦文庫）
　2017.7　285p　A6　¥720　978-4-7816-1555-4

桃色の宿　庵乃音人著　イースト・プレス（イースト・プレス悦文庫）
　2018.1　286p　A6　¥720　978-4-7816-1626-1

抱いてください、ご主人様！　飯塚まこと著　イースト・プレス（ソーニャ文庫）
　2017.3　318p　A6　¥620　978-4-7816-9596-9

シークはいきなり求婚中！―「俺の嫁」って私がですかっ？　伊織みな著　KADOKAWA（ジュエル文庫）
　2017.3　378p　A6　¥670　978-4-04-892855-7

強引貴公子の蜜愛プロポーズ　池戸裕子著　メディアソフト，三交社　発売　（ガブリエラ文庫）
　2017.8　285p　A6　¥639　978-4-87919-369-8

溺愛皇帝と吉祥の花嫁　伊郷ルウ著　Jパブリッシング（ロイヤルキス文庫）
　2017.7　255p　A6　¥670　978-4-86669-007-0

超絶エリートな幼馴染みはケモノな欲望を隠している　石田累著　ブランタン出版，フランス書院　発売　（オパール文庫）
　2017.10　319p　A6　¥620　978-4-8296-8316-3

暴君彼氏は初恋を逃がさない　石田累著　ブランタン出版，フランス書院　発売　（オパール文庫）
　2017.6　315p　A6　¥620　978-4-8296-8304-0

ハーレム学園吹奏楽部―美人姉妹の禁断レッスン　イズミエゴタ著　マドンナ社，二見書房　発売　（マドンナメイト文庫）
　2017.8　318p　A6　¥713　978-4-576-17102-9

ハーレム不動産―美人女子社員だらけの営業所　イズミエゴタ著　マドンナ社，二見書房　発売　（マドンナメイト文庫）
　2018.1　302p　A6　¥713　978-4-576-17184-5

僕のエッチなしでは学園最強のヒロインが最弱になる件　磯貝武連著　キルタイムコミュニケーション　（二次元ドリーム文庫）
　2017.6　249p　A6　¥668　978-4-7992-1043-7

異世界魔王の後継者（サクセサー）　2　市村鉄之助力説　キルタイムコミュニケーション　（ビギニングノベルズ）
　2017.3　320p　B6　¥1000　978-4-7992-1002-4

口止めのご褒美は男装乙女とイチャエロです！　市村鉄之助著　キルタイムコミュニケーション　（二次元ドリーム文庫）
　2017.10　249p　A6　¥668　978-4-7992-1082-6

理性崩壊―兄嫁と姪姉妹　一柳和也著　フランス書院（フランス書院文庫）
　2017.9　312p　A6　¥667　978-4-8296-4243-6

童貞を殺す大魔王！―例のセーターを着たサキュバス姫　伊藤ヒロ著　フランス書院（美少女文庫）
　2017.7　281p　A6　¥680　978-4-8296-6402-5

異世界に転生した奴隷育成師のスローライフ　犬野アーサー著　パラダイム（キングノベルス）
　2017.5　283p　B6　¥1200　978-4-8015-2129-2

転生オークは姫騎士を守りたい　2　理想と現実は違うけど、エロいことばかりだからまあいいか？　犬野アーサー著　パラダイム（キングノベルス）
　2017.3　283p　B6　¥1200　978-4-8015-2126-1

ずっと君が欲しかった　井上美珠著　ブランタン出版，フランス書院　発売　（オパール文庫）
　2017.4　293p　A6　¥600　978-4-8296-8297-5

◆戦国妖狐綺譚―もののけ巫女と武田の忍び 井の中の井守著　フランス書院　（美少女文庫）
2017.5 329p A6 ¥680 ⓘ978-4-8296-6394-3

◆信長の妹が俺の嫁 3 戦国時代に芽吹く命と散る命　井の中の井守著　フロンティアワークス　（ノクスノベルス）
2017.5 325p B6 ¥1200 ⓘ978-4-86657-014-3

◆信長の妹が俺の嫁 4 戦国時代で新たな歴史を紡ぐために　井の中の井守著　フロンティアワークス　（ノクスノベルス）
2017.10 302p B6 ¥1200 ⓘ978-4-86657-051-8

◆ダンジョンクリエイター―異世界でニューゲーム 1　ヴィヴィ著　フロンティアワークス　（ノクスノベルス）
2017.6 353p B6 ¥1300 ⓘ978-4-86657-019-8

◆ダンジョンクリエイター―異世界でニューゲーム 2　ヴィヴィ著　フロンティアワークス　（ノクスノベルス）
2017.12 355p B6 ¥1300 ⓘ978-4-86657-083-9

◆騎士の私と悪魔の取引―百合の口付け　上田ながの著　キルタイムコミュニケーション　（二次元ドリーム文庫）
2017.4 254p A6 ¥668 ⓘ978-4-7992-0961-5

◆けだものスレイブ　上田ながの著　キルタイムコミュニケーション　（二次元ドリームノベルズ）
2017.5 254p 18cm A6 ¥1200 ⓘ978-4-7992-1034-5

◆孤独なビッチ―異世界風俗のモン娘とエルフと魔王和え　上田ながの著　キルタイムコミュニケーション　（二次元ドリーム文庫）
2017.12 252p A6 ¥668 ⓘ978-4-7992-1100-7

◆ムッツリ女騎士、悪魔♂に転生す　上田ながの著　キルタイムコミュニケーション　（二次元ドリーム文庫）
2017.10 255p A6 ¥668 ⓘ978-4-7992-1071-0

◆嫌な顔されながら子づくりさせてもらいたい　上原りょう著，40原監修　フランス書院　（美少女文庫）
2017.3 320p A6 ¥680 ⓘ978-4-8296-6388-2

◆おいでよ！ 水龍敬ランド―ビッチとスケベなパレードデイ　上原りょう著，水龍敬原作・イラスト　フランス書院　（美少女文庫）
2017.8 320p A6 ¥680 ⓘ978-4-8296-6403-2

◆夢の一夫多妻　上原稜著　フランス書院　（フランス書院文庫）
2017.7 318p A6 ¥667 ⓘ978-4-8296-4231-3

◆いじわる上司がデレたら、めっちゃ溺愛が止まりませんっ―鬼編集長が御曹司で私に結婚志願中!?　魚住ユキコ著　KADOKAWA　（ジュエル文庫）
2017.11 313p A6 ¥630 ⓘ978-4-04-892876-2

◆盗賊王の純真―砂宮に愛は燃える　魚谷はづき著　二見書房　（ハニー文庫）
2017.2 308p A6 ¥640 ⓘ978-4-576-17002-2

◆えっちな王太子殿下に昼も夜も愛されすぎてます―お嫁さんは「抱き枕」ではありませんっ！　宇佐川ゆかり著　KADOKAWA　（ジュエル文庫）
2017.2 329p A6 ¥640 ⓘ978-4-04-892762-8

◆公爵様と傷心シンデレラ　宇佐川ゆかり著　オークラ出版　（エバープリンセス）
2017.4 296p A6 ¥668 ⓘ978-4-7755-2674-3

◆パーフェクト愛され人生確定…ですか？―転生したらメロ甘陛下のおさな妻　宇佐川ゆかり著　KADOKAWA　（ジュエル文庫）
2017.6 331p A6 ¥640 ⓘ978-4-04-893252-3

◆お見合い相手に愛されすぎてます　宇奈月香著　ハーパーコリンズ・ジャパン　（Vanilla文庫Miel）
2017.7 288p A6 ¥590 ⓘ978-4-596-58057-3

◆誘拐結婚　宇奈月香著　イースト・プレス　（ソーニャ文庫）
2017.8 318p A6 ¥640 ⓘ978-4-7816-9604-1

◆淫紋屈服―金色のミルカ　ウナル著　キルタイムコミュニケーション　（二次元ドリームノベルズ）
2017.7 249p 18cm A6 ¥900 ⓘ978-4-7992-1052-9

◆無邪気なカラダ―養女と僕の秘密の生活　浦路直彦著　マドンナ社，二見書房 発売　（マドンナメイト文庫）
2017.7 270p A6 ¥686 ⓘ978-4-576-17084-8

◆笑え、リビドー！―あなたが欲しいのはイケメンですか？ いいえ、変態です!?　エノキュウ著　KADOKAWA　（eロマンスロイヤル）
2017.5 314p B6 ¥1200 ⓘ978-4-04-734686-4

◆おいでよ！ 水龍敬ランド―家族とスケベなテーマパーク　蝦沼ミナミ著，水龍敬原作・イラスト，BEelightゲーム版制作　パラダイム　（ぷちばら文庫）
2017.6 317p A6 ¥1200 ⓘ978-4-8015-1138-5

◆おんな酔い街　江見宏幸　双葉社　（双葉文庫）
2017.9 266p A6 ¥593 ⓘ978-4-575-52036-1

◆奴隷から始まる成り上がり英雄伝説―女剣士とメイドとエルフで最強ハーレム！　大石ねがい著　パラダイム　（キングノベルス）
2017.12 281p B6 ¥1200 ⓘ978-4-8015-2145-2

◆溺愛シーク―異国のプリンスと極甘・玉の輿婚　大村瑛理香著　プランタン出版，フランス書院 発売　（オパール文庫）
2017.6 317p A6 ¥640 ⓘ978-4-8296-8306-4

◆秘蜜のレッスン―令嬢は甘い嘘に溺れる　岡野こみか著，アン・アシュリー原作　ハーパーコリンズ・ジャパン　（Vanilla文庫）
2017.11 289p A6 ¥590 ⓘ978-4-596-58204-1

◆孤独な富豪の愛する花嫁　奥透湖著　イースト・プレス　（ソーニャ文庫）
2017.9 318p A6 ¥640 ⓘ978-4-7816-9608-9

◆性獣女学院―Sランク美少女の調教授業　鬼塚龍騎著　マドンナ社，二見書房 発売　（マドンナメイト文庫）
2017.12 254p A6 ¥686 ⓘ978-4-576-17168-5

◆魔法のオナホでエッチないたずらし放題！　089タロー著　キルタイムコミュニケーション　（二次元ドリーム文庫）
2017.8 256p A6 ¥668 ⓘ978-4-7992-1054-3

◆狂愛と情愛―二人のアラブ王子に溺れる夜　緒莉著　プランタン出版，フランス書院 発売　（オパール文庫ブラックオパール）
2017.10 269p A6 ¥640 ⓘ978-4-8296-8318-7

📖〔か行の作家〕

◆いきなり胸きゅんきゅん 王子様とお見合いですかっ!?　花衣沙久羅著　KADOKAWA　（ジュエル文庫）
2017.4 400p A6 ¥680 ⓘ978-4-04-892875-5

◆愛執染着　カオリ著　一迅社　（MELISSA）
2017.3 303p B6 ¥1200 ⓘ978-4-7580-4923-8

◆溺れる―若兄嫁と熟兄嫁と未亡人兄嫁と　鏡龍樹著　フランス書院　（フランス書院文庫）
2017.4 318p A6 ¥667 ⓘ978-4-8296-4213-9

◆聖女は鳥籠に囚われる　葛西青磁著　イースト・プレス　（ソーニャ文庫）
2017.4 318p A6 ¥640 ⓘ978-4-7816-9597-6

◆精霊王さま、憑依する先をお間違えです　柏てん著　Jパブリッシング　（fairy kiss）
2017.9 325p A6 ¥686 ⓘ978-4-86669-005-6

◆裏切りの騎士は愛を乞う　春日部こみと著　イースト・プレス　（ソーニャ文庫）
2017.6 334p A6 ¥640 ⓘ978-4-7816-9601-0

◆年の差恋愛！ おじさまに迫ったらオトナの本気を見せられました　春日部こみと著　プランタン出版，フランス書院 発売　（オパール文庫）
2017.8 303p A6 ¥600 ⓘ978-4-8296-8311-8

◆人嫌い公爵は若き新妻に恋をする　春日部こみと著　ハーパーコリンズ・ジャパン　（Vanilla文庫）
2018.1 289p A6 ¥590 ⓘ978-4-596-58244-7

◆上司が結婚を迫るので困っています！―私とアナタの境界線　伽月るーこ著　ハーパーコリンズ・ジャパン　（Vanilla文庫Miel）
2017.9 289p A6 ¥590 ⓘ978-4-596-58096-2

◆百戦錬磨の魔王に恋愛初心者の私が愛されちゃいました。　伽月るーこ著　プランタン出版，フランス書院 発売　（オパール文庫）
2017.7 315p A6 ¥620 ⓘ978-4-8296-8308-8

◆敏腕秘書に誘惑されました―ひとりじゃキスはできない　伽月るーこ著　メディアソフト，三交社 発売　（ガブリエラ文庫プラス）
2017.7 281p A6 ¥639 ⓘ978-4-87919-367-4

◆秘事　勝目梓著　光文社　（光文社文庫）
2017.7 304p A6 ¥700 ⓘ978-4-334-77498-1

◆白骨の貴方に臓物と愛を　葛城阿高著　KADOKAWA　（eロマンスロイヤル）
2017.8 319p B6 ¥1200 ⓘ978-4-04-734798-4

◆二人の王子と密×蜜 結婚―姫花嫁は溶けるほど愛されすぎて　桂生青依著　二見書房　（ハニー文庫）
2017.5 249p A6 ¥657 ⓘ978-4-576-17051-0

◆あぶな絵、あぶり声―霞　カナタ作　辰巳出版　（付属資料：CD1）
2017.4 93p A5 ¥1900 ⓘ978-4-7778-1852-5

◆男は狼なのよ（多分）　花粉症著　一迅社　（MELISSA）
2018.1 343p B6 ¥1200 ⓘ978-4-7580-9023-0

◆徹底服従―彼女の母、彼女の姉、義母　上条麗南著　フランス書院　（フランス書院文庫）
2017.2 318p A6 ¥648 ⓘ978-4-8296-4205-4

◆黒竜騎士の悩ましき熱愛　上主沙夜著　竹書房　（蜜猫文庫）
2017.6 319p A6 ¥700 ⓘ978-4-8019-1111-6

◆義母と温泉旅行 "ふたりきり"　神瀬知巳著　フランス書院　（フランス書院文庫）
2017.7 296p A6 ¥648 ⓘ978-4-8296-4220-7

◆熟女お手伝いさんと僕―ワンルームでふたりきり　神瀬知巳著　フランス書院　（フランス書院文庫）
2017.10 302p A6 ¥648 ⓘ978-4-8296-4251-1

◆殿下のお子ではありません！　栢野すばる著　二見書房　（ハニー文庫）
2017.10 309p A6 ¥694 ⓘ978-4-576-17150-0

◆氷将レオンハルトと押し付けられた王女様　栢野すばる著　アルファポリス，星雲社 発売　（ノーチェ文庫）
2017.7 373p A6 ¥640 ⓘ978-4-434-23319-7

◆元令嬢のかりそめマリアージュ　栢野すばる著　オークラ出版　（エバープリンセス）
2017.5 307p A6 ¥668 ⓘ978-4-7755-2658-3

◆女上司のみだれ顔　河里一伸著　竹書房　（竹書房ラブロマン文庫）
2017.11 262p A6 ¥660 ⓘ978-4-8019-1272-4

◆みだらに餌づけて　河里一伸著　竹書房　（竹書房ラブロマン文庫）
2017.6 267p A6 ¥660 ⓘ978-4-8019-1106-2

◆わが家はハーレム　河里一伸著　竹書房　（竹書房ラブロマン文庫）
2017.2 287p A6 ¥660 ⓘ978-4-8019-1001-0

◆ヒトツマカリ―人妻借り　川俣龍司著，イナフミン原作　フランス書院　（フランス書院文庫）
2017.5 318p A6 ¥667 ⓘ978-4-8296-4224-5

◆隠秘の恋―王女は騎士の甘い嘘に乱れる　寒竹泉美作，ミシェル・リード原作　ハーパーコリンズ・ジャパン　（Vanilla文庫）
2017.5 289p A6 ¥590 ⓘ978-4-596-58051-1

◆幼馴染は闇堕ち聖女！　き一子小説　キルタイムコミュニケーション　（ビギニングノベルズ）
2017.6 312p B6 ¥1000 ⓘ978-4-7992-1041-3

◆元帥公爵の新妻は愛されすぎて困り気味です　如月著　竹書房　（蜜猫文庫）
2017.4 318p A6 ¥700 ⓘ978-4-8019-1061-4

◆絶倫執事―お嬢様にみだらなことお教えします　希彗まゆ著　ブランタン出版，フランス書院　発売　（オパール文庫）
　　　2017.8　315p　A6　¥620　①978-4-8296-8312-5

◆敏腕CEOと契約結婚―期間限定旦那さま　希彗まゆ著　ハーパーコリンズ・ジャパン　（Vanilla文庫Miel）
　　　2017.8　289p　A6　¥590　①978-4-596-58092-4

◆美形は苦手なのですがイケメン貴族に溺愛されました　北山すずな著　メディアソフト，三交社　発売　（ガブリエラ文庫）
　　　2017.8　287p　A6　¥639　①978-4-87919-370-4

◆公爵令息と記憶をなくしたシンデレラ　鬼頭香月著　Jパブリッシング　（fairy kiss）
　　　2017.7　333p　B6　¥1200　①978-4-86669-004-9

◆私の大嫌いな王子さま　木下杏著　一迅社　（MELISSA）
　　　2017.2　355p　B6　¥1200　①978-4-7580-4909-2

◆私の大嫌いな王子さま　2　木下杏著　一迅社　（MELISSA）
　　　2017.8　311p　B6　¥1200　①978-4-7580-4973-3

◆33歳、苺キャンディ　京みやこ著　一迅社　（MELISSA）
　　　2017.7　294p　B6　¥1200　①978-4-7580-4966-5

◆完全版 魔弾！　綺羅光著　（フランス書院文庫X）
　　　2017.4　719p　A6　¥1296　①978-4-8296-7634-9

◆重犯飼育―令嬢・千奈実と綾花　綺羅光著　フランス書院　（フランス書院文庫）
　　　2017.3　331p　A6　¥694　①978-4-8296-4207-8

◆未亡人社長・瑛理子―座敷牢の美囚　綺羅光著　フランス書院　（フランス書院文庫）
　　　2017.4　338p　A6　¥713　①978-4-8296-4235-1

◆女連れごほうび旅　霧原一輝著　双葉社　（双葉文庫）
　　　2018.1　277p　A6　¥602　①978-4-575-52077-4

◆鎌倉みだれ慕情　霧原一輝著　双葉社　（双葉文庫）
　　　2017.4　282p　A6　¥611　①978-4-575-51992-1

◆クリーニング屋の人妻たち　霧原一輝著　イースト・プレス　（イースト・プレス悦文庫）
　　　2017.5　287p　A6　¥720　①978-4-7816-1536-3

◆催淫気功―その気にさせて　霧原一輝著　二見書房　（二見文庫）
　　　2017.10　253p　A6　¥694　①978-4-576-17144-9

◆三人の嫁　霧原一輝著　竹書房　（竹書房文庫）
　　　2017.4　318p　A6　¥650　①978-4-8019-1183-3

◆生保レディ―契約ください　霧原一輝著　二見書房　（二見文庫）
　　　2017.4　261p　A6　¥694　①978-4-576-17043-5

◆ときめき淫ストール　霧原一輝著　双葉社　（双葉文庫）
　　　2017.10　269p　A6　¥593　①978-4-575-52047-7

◆美人社長のランジェリー　霧原一輝著　双葉社　（双葉文庫）
　　　2017.7　277p　A6　¥602　①978-4-575-52019-4

◆ピンクの宅配ガール　霧原一輝著　イースト・プレス　（イースト・プレス悦文庫）
　　　2017.11　286p　A6　¥720　①978-4-7816-1602-5

◆ふしだらな園バス―新人保母さんと団地妻　霧原一輝著　竹書房　（竹書房ラブロマン文庫）
　　　2017.2　276p　A6　¥650　①978-4-8019-1002-7

◆息子の嫁の艶姿　霧原一輝著　二見書房　（二見文庫）
　　　2017.7　251p　A6　¥694　①978-4-576-17098-5

◆高慢令嬢と誘拐犯―人妻ボディガードの敗北　鬼龍凱著　フランス書院　（フランス書院文庫）
　　　2017.6　312p　A6　¥667　①978-4-8296-4226-9

◆優しく啼かせて　1　久遠縄斗著　パラダイム　（ディアノベルス）
　　　2017.3　283p　B6　¥1200　①978-4-8015-2404-9

◆優しく啼かせて　2　久遠縄斗著　パラダイム　（ディアノベルス）
　　　2017.12　291p　B6　¥1200　①978-4-8015-2410-1

◆奪う太陽、焦がす月　草凪優著　祥伝社　（祥伝社文庫）
　　　2017.5　308p　A6　¥620　①978-4-396-34311-8

◆さよなら未亡人　草凪優著　徳間書店　（徳間文庫）
　　　2017.3　313p　A6　¥640　①978-4-19-894211-3

◆煽情のデパートガール―Say‐Ai Collection　草凪優著　双葉社　（双葉文庫）
　　　2017.7　295p　A6　¥620　①978-4-575-52018-7

◆逃げるは恥だが人妻の役に立つ　草凪優著　双葉社　（双葉文庫）
　　　2017.10　285p　A6　¥611　①978-4-575-52046-0

◆義姉（ねえ）さんは僕のモノ　草凪優著　竹書房　（竹書房文庫）　新装版
　　　2017.4　317p　A6　¥640　①978-4-8019-1059-1

◆裸飯―エッチの後なに食べる？　草凪優著　祥伝社　（祥伝社文庫）
　　　2017.11　295p　A6　¥630　①978-4-396-34371-2

◆人妻オークション　草凪優著　徳間書店　（徳間文庫）
　　　2017.9　317p　A6　¥640　①978-4-19-894257-1

◆まかせて人妻　草凪優著　竹書房　（竹書房文庫）
　　　2017.9　288p　A6　¥650　①978-4-8019-1214-4

◆未亡人は、雪の夜に　草凪優著　双葉社　（双葉文庫）
　　　2017.12　281p　A6　¥611　①978-4-575-52066-8

◆欲望狂い咲きストリート　草凪優著　実業之日本社　（実業之日本社文庫）
　　　2017.6　293p　A6　¥593　①978-4-408-55359-7

◆良妻恋慕　草凪優著　双葉社　（双葉文庫）
　　　2017.4　289p　A6　¥620　①978-4-575-51991-4

◆激コワ社長がご主人様になったら、イチャイチャちゅっちゅが凄いのですがっ！　草野來archive　KADOKAWA　（ジュエル文庫）
　　　2017.8　336p　A6　¥667　①978-4-04-893249-3

◆結婚ごっこのハズでしたが―幼馴染みと年の差なかよし夫婦になりまして　草野來archive　KADOKAWA　（ジュエル文庫）
　　　2017.12　291p　A6　¥640　①978-4-04-893473-2

◆この夏、僕は隣人を調教の旅に連れ出した。　久藤貴緒著　フランス書院　（フランス書院文庫）
　　　2017.6　318p　A6　¥667　①978-4-8296-4230-6

◆王太子の絶対命令―今宵、囚われのシンデレラは淫らに抱かれる　久保ちはろ著　ブランタン出版，フランス書院　発売　（ティアラ文庫）
　　　2017.8　282p　A6　¥590　①978-4-8296-6808-5

◆王太子さま、魔女は乙女が条件です　1　くまだ乙夜著　アルファポリス，星雲社　発売　（ノーチェ文庫）
　　　2017.12　373p　A6　¥640　①978-4-434-23978-6

◆太めな君のままでいて―愛され系ぽっちゃり女子の恋事情　倉多楽著　Jパブリッシング　（チュールキス文庫）
　　　2017.8　286p　A6　¥639　①978-4-86669-024-7

◆乙女の頬に、騎士からキスを　椋本梨戸著　ブライト出版　（プリエール文庫）
　　　2017.12　265p　A6　¥602　①978-4-86123-724-9

◆クーマゾ♪―しつけてお姉ちゃん　栗栖ティナ著　キルタイムコミュニケーション　（二次元ドリーム文庫）
　　　2017.4　251p　A6　¥668　①978-4-7992-1072-7

◆異世界で俺だけはスローライフでハーレムをつくろう―勇者五人が召喚され、一人だけはのんびり異世界ライフ　クリスタラー桜井著　パラダイム　（キングノベルス）
　　　2017.4　283p　B6　¥1200　①978-4-8015-2128-5

◆邪神転生チート物語　1　一庶民の俺が邪神に転生したのはいいけど、メイドが勝手にハーレムつくってくれるんだが!?　クリスタラー桜井著　パラダイム　（キングノベルス）
　　　2017.2　283p　B6　¥1200　①978-4-8015-2124-7

◆転職神殿の神官に転生した俺の言うことは絶対らしい―秩序が崩壊するレベルのチート能力を持った影の権力者の物語　クリスタラー桜井著　パラダイム　（キングノベルス）
　　　2017.5　281p　B6　¥1200　①978-4-8015-2130-8

◆義母は僕の愛人　九龍真琴著　マドンナ社，二見書房　発売　（マドンナメイト文庫）
　　　2017.12　254p　A6　¥686　①978-4-576-17152-4

◆元帥閣下の溺愛マリアージュ―薔薇は異国で愛を知る　くるひなた著　Jパブリッシング　（ロイヤルキス文庫）
　　　2017.7　287p　A6　¥639　①978-4-86669-009-4

◆黄金と鍍金（メッキ）　クレイン著　一迅社　（MELISSA）
　　　2017.7　335p　B6　¥1200　①978-4-7580-4964-1

◆初心恋シンデレラ―魔法使い＝運命の王子様!?　黒崎雅著　ハーパーコリンズ・ジャパン　（Vanilla文庫Miel）
　　　2017.2　286p　A6　¥590　①978-4-596-74539-2

◆俺とエッチをする権利書が出回ってラッキースケベが無双すぎる　黒名ユウ著　キルタイムコミュニケーション　（二次元ドリーム文庫）
　　　2017.5　291p　A6　¥668　①978-4-7992-1035-2

◆腹黒社長のニセモノ婚約者　黒羽緋尋著　メディアソフト，三交社　発売　（ガブリエラ文庫プラス）
　　　2017.7　286p　A6　¥639　①978-4-87919-368-1

◆俺が淫魔術で奴隷ハーレムを作る話　3　黒水蛇著　フロンティアワークス　（ノクスノベルス）
　　　2017.2　304p　B6　¥1200　①978-4-86134-979-9

◆強引すぎる王子様に執着されて逃げられませんが幸せです。　小出みき著　メディアソフト，三交社　発売　（ガブリエラ文庫）
　　　2017.4　287p　A6　¥639　①978-4-87919-361-2

◆ワイルド社長の甘ふわおめざ　小出みき著　メディアソフト，三交社　発売　（ガブリエラ文庫プラス）
　　　2017.5　286p　A6　¥639　①978-4-87919-363-6

◆僕の家には三人の痴女（みぼうじん）がいる　香坂燈也著　フランス書院　（フランス書院文庫）
　　　2017.5　318p　A6　¥667　①978-4-8296-4223-8

◆嫁の母、嫁の妹と同居中　香坂燈也著　フランス書院　（フランス書院文庫）
　　　2017.9　317p　A6　¥667　①978-4-8296-4246-7

◆秘め事　上月ちよ著　一迅社　（MELISSA）
　　　2017.2　279p　B6　¥1200　①978-4-7580-4911-5

◆王子様と秘蜜の戯れ　髙月まつり著　ハーパーコリンズ・ジャパン　（Vanilla文庫）
　　　2017.9　249p　A6　¥580　①978-4-596-58098-6

◆奴隷契約 恥辱の女体化ペット　小金井響著　マドンナ社，二見書房　発売　（マドンナメイト文庫）
　　　2017.10　261p　A6　¥686　①978-4-576-17134-0

◆花嫁の嘘と陛下の秘密　小桜けい作　ハーパーコリンズ・ジャパン　（Vanilla文庫）
　　　2017.6　289p　A6　¥590　①978-4-596-58052-8

◆蛇王さまは休暇中　小桜けい著　アルファポリス，星雲社　発売　（ノーチェ文庫）
　　　2017.9　369p　A6　¥640　①978-4-434-23563-4

◆人妻 悪魔マッサージ "美央と明日海"　御前零士著　フランス書院　（フランス書院文庫X）　（『性姦マッサージ―寝取られた貞淑妻』加筆・再構成・改題書）
　　　2017.8　617p　A6　¥1065　①978-4-8296-7638-7

◆人妻 交姦の虜―早苗と穂乃香　御前零士著　フランス書院　（フランス書院文庫X）
　　　2017.4　534p　A6　¥989　①978-4-8296-7635-6

◆訪問調教 "部下の新妻"　御前零士著　フランス書院　（フランス書院文庫）
　　　2017.4　309p　A6　¥667　①978-4-8296-4216-0

◆女医・真結子―診てください　小玉二三著　二見書房　（二見文庫）
　　2017.2　300p　A6　¥713　978-4-576-17011-4

◆てほどき初体験―女教師未亡人と隣りの未亡人　小日向諒著　フランス書院　（フランス書院文庫）
　　2017.7　334p　A6　¥694　978-4-8296-4232-0

◆水玉模様の片思い　之雪著　一迅社（MELISSA）
　　2017.8　349p　B6　¥1200　978-4-7580-4974-0

〔さ行の作家〕

◆お見合いからの絶対寵愛―年の差上司の極甘プロポーズ　斎王ことり著　メディアソフト，三交社　発売　（ガブリエラ文庫プラス）
　　2017.9　316p　A6　¥648　978-4-87919-374-2

◆玉の輿なんてお断り？―財閥社長と残念な婚約者　斎王ことり著　KADOKAWA　（ジュエルブックス）
　　2017.5　353p　B6　¥1200　978-4-04-892696-6

◆寝取りの蜜約―ミダラに惑う姉妹の淫果　雑賀匡著　パラダイム　（オトナ文庫）
　　2017.1　249p　A6　¥750　978-4-8015-1561-1

◆背徳の寝取らせ若妻・未玖―叔父の巨乳妻に注ぐ精　雑賀匡著　パラダイム　（オトナ文庫）
　　2017.12　249p　A6　¥750　978-4-8015-1599-4

◆絶対無敵のエスコート！（ちょっと変態だけど、スパダリです）　斉河燈著　KADOKAWA　（ジュエル文庫）
　　2017.8　332p　A6　¥640　978-4-04-893254-7

◆年の差きゅん甘マリッジライフ―ダンディな取締役会長と結婚したら意外と絶倫で…！　斉河燈著　KADOKAWA　（ジュエル文庫）
　　2018.1　344p　A6　¥690　978-4-04-893634-7

◆ピアニストの執愛―その指に囚われて　西條六花著　竹書房　（蜜夢文庫）
　　2017.3　327p　A6　¥700　978-4-8019-1031-7

◆きらら★キララNTR―魔法少女は変わっていく…　さかき傘著　キルタイムコミュニケーション　（二次元ドリームノベルズ）
　　2017.4　251p　18cm　¥900　978-4-7992-1013-0

◆帰国子女姉妹 "全裸調教"　榊原澪央著　フランス書院　（フランス書院文庫）
　　2017.7　318p　A6　¥667　978-4-8296-4233-7

◆四泊五日の修学旅行で襲われた三人の女教師　榊原澪央著　フランス書院　（フランス書院文庫）
　　2017.2　308p　A6　¥667　978-4-8296-4202-3

◆俺様御曹司の激愛包囲網―かりそめのはずが心まで奪われました　佐木ささめ著　ブランタン出版，フランス書院　発売　（オパール文庫）
　　2017.3　291p　A6　¥600　978-4-8296-8295-1

◆溺愛注意報!?―腹黒御曹司に懐柔なんかされませんっ　佐木ささめ著　Jパブリッシング　（チュールキス文庫）
　　2017.4　269p　A6　¥639　978-4-908757-77-8

◆蜜愛サディスティック御曹司の甘美な束縛　佐木ささめ著　ブランタン出版，フランス書院　発売　（オパール文庫）
　　2017.6　301p　A6　¥600　978-4-8296-8305-7

◆疑われたロイヤルウェディング　佐倉紫著　アルファポリス，星雲社　発売　（ノーチェ文庫）
　　2017.5　379p　A6　¥640　978-4-434-23108-7

◆国王陛下は身代わり侍女を溺愛する　佐倉紫著　Jパブリッシング　（ロイヤルキス文庫）
　　2017.9　301p　A6　¥640　978-4-908757-89-1

◆マイフェアレディも楽じゃない　佐倉紫著　アルファポリス，星雲社　発売　（ノーチェ文庫）
　　2017.4　299p　B6　¥1200　978-4-434-23226-9

◆お義兄さまの愛玩　桜井さくや著　イースト・プレス　（ソーニャ文庫）
　　2017.6　316p　A6　¥640　978-4-7816-9602-7

◆はじめまして、僕の花嫁さん　桜井さくや著　イースト・プレス　（ソーニャ文庫）
　　2017.10　318p　A6　¥640　978-4-7816-9610-2

◆淫情ホテル　桜井真琴著　二見書房　（二見文庫）
　　2017.3　357p　A6　¥722　978-4-576-17028-2

◆人妻たちに、お仕置きを　桜井真琴著　二見書房　（二見文庫）
　　2017.10　307p　A6　¥740　978-4-576-17145-6

◆囲われ花嫁―一途な皇帝の執着愛　桜舘ゆう著　ブランタン出版，フランス書院　発売　（ティアラ文庫）
　　2017.3　291p　A6　¥590　978-4-8296-6791-0

◆相思華―葉は華を思い、華は葉を思う　桜舘ゆう著　二見書房　（ハニー文庫）
　　2017.11　264p　A4　¥686　978-4-576-17151-7

◆王太子殿下の燃ゆる執愛　皐月もも著　アルファポリス，星雲社　発売　（ノーチェ文庫）『燃えるような愛を』加筆・改題書
　　2017.7　375p　A6　¥640　978-4-434-23320-3

◆溺愛処方にご用心　皐月もも著　アルファポリス，星雲社　発売　（ノーチェ）
　　2017.4　291p　A6　¥590　978-4-434-23227-5

◆国王陥落―がけっぷち王女の婚活　里崎雅彦　アルファポリス，星雲社　発売　（ノーチェ文庫）
　　2017.10　298p　B6　¥1200　978-4-434-23872-7

◆太陽王と蜜月の予言　里崎雅彦　アルファポリス，星雲社　発売　（ノーチェ文庫）
　　2017.12　356p　A6　¥640　978-4-434-23977-9

◆内緒のオフィスラブ―ライバル部署の恋人と同棲生活始めました　里崎雅彦　ハーパーコリンズ・ジャパン　（Vanilla文庫Miel）
　　2017.8　288p　A6　¥590　978-4-596-58091-7

◆僕とカノジョの密やかな30日　佐条小五著　マドンナ社，二見書房　発売　（マドンナメイト文庫）
　　2017.6　252p　A6　¥686　978-4-576-17068-8

◆契約結婚ですが、めちゃくちゃ愛されています　沢上澪羽著　ブランタン出版，フランス書院　発売　（オパール文庫）
　　2017.5　300p　A6　¥600　978-4-8296-8303-3

◆絶倫ホテル―今夜も、やったもん勝ち　沢里裕二著　徳間書店　（徳間文庫）
　　2017.12　247p　A6　¥630　978-4-19-894287-8

◆欲望芸能界―疾風　沢里裕二著　双葉社　（双葉文庫）
　　2017.9　307p　A6　¥630　978-4-575-52034-7

◆欲望広告代理店　沢里裕二著　双葉社　（双葉文庫）
　　2017.3　302p　A6　¥620　978-4-575-51983-9

◆勇者は犯されたい　上　強くてTSニューゲーム　シースルー著　パラダイム　（ぷちぱら文庫Creative）
　　2017.12　284p　A6　¥740　978-4-8015-1324-2

◆勇者は犯されたい　下　最強女勇者の敗北エロ無双　シースルー著　パラダイム　（ぷちぱら文庫Creative）
　　2017.12　284p　A6　¥740　978-4-8015-1325-9

◆公爵様の可愛い恋人　七福さゆり著　竹書房　（蜜猫文庫）
　　2017.3　286p　A6　¥700　978-4-8019-1004-1

◆策士な王子は小国の歌姫に跪いて求婚する　七福さゆり著　メディアソフト，三交社　発売　（ガブリエラ文庫）
　　2017.2　287p　A6　¥639　978-4-87919-355-1

◆世界一勇敢な公爵と薄幸令嬢―憧れの結婚で極上の幸せをつかみました　七福さゆり著　ブランタン出版，フランス書院　発売　（ティアラ文庫）
　　2017.9　288p　A6　¥590　978-4-8296-6809-2

◆美貌の公爵は仕立て屋の娘を溺愛する　七福さゆり著　メディアソフト，三交社　発売　（ガブリエラ文庫）
　　2017.10　281p　A6　¥639　978-4-87919-377-3

◆偏屈王と最愛の新妻　七福さゆり著　竹書房　（蜜猫文庫）
　　2017.6　284p　A6　¥700　978-4-8019-1110-9

◆私の大好きなお義兄様―潔癖公爵の独占愛　七福さゆり著　ハーパーコリンズ・ジャパン　（Vanilla文庫）
　　2017.6　249p　A6　¥580　978-4-596-74549-1

◆強引上司に捕獲されました　篠原怜著　ハーパーコリンズ・ジャパン　（Vanilla文庫Miel）
　　2017.6　283p　A6　¥590　978-4-596-58053-5

◆王太子殿下のカワイイ試食係　しみず水都著　メディアソフト，三交社　発売　（ガブリエラ文庫）
　　2017.10　286p　A6　¥639　978-4-87919-375-9

◆王子殿下の可愛いお針子―秘め事は塔の上で　秀香穂里著　竹書房　（蜜猫文庫）
　　2017.4　286p　A6　¥700　978-4-8019-1060-7

◆黄金の鳥篭、二本の鍵　ショコラ著　ハーパーコリンズ・ジャパン　（Vanilla文庫）
　　2017.4　289p　A6　¥590　978-4-596-74543-9

◆王太子殿下は純な騎士姫を手放さない　白石まと著　メディアソフト，三交社　発売　（ガブリエラ文庫）
　　2017.4　286p　A6　¥639　978-4-87919-359-9

◆義母と女教師と引きこもりの青狼　不知火竜著　フランス書院　（フランス書院文庫）
　　2017.7　309p　A6　¥667　978-4-8296-4236-8

◆国王陛下の逃げた花嫁　白金あろは著，キム・ローレンス原作　ハーパーコリンズ・ジャパン　（Vanilla文庫）
　　2017.9　247p　A6　¥580　978-4-596-58097-9

◆王と寵姫―幼き約束、初恋のゆくえ　白ヶ音雪著　Jパブリッシング　（ロイヤルキス文庫）
　　2017.1　309p　A6　¥648　978-4-908757-56-3

◆騎士団長のお気に召すまま　白ヶ音雪著　アルファポリス，星雲社　発売　（ノーチェ）
　　2017.6　290p　B6　¥1200　978-4-434-23496-5

◆恐怖の魔王陛下だったのに花嫁きゅううんが止まりませんっ　白ヶ音雪著　KADOKAWA　（ジュエルブックス）
　　2017.11　280p　B6　¥1200　978-4-04-893445-9

◆寵―エロティクス・ハレム　白ヶ音雪著　KADOKAWA　（ジュエル文庫）
　　2017.4　318p　A6　¥630　978-4-04-892845-8

◆籠の鳥の乙女の甘美なる吐息　銀木あお著　二見書房　（ハニー文庫）
　　2017.6　259p　A6　¥676　978-4-576-17070-1

◆碧い海、茜色の島　末廣圭著　イースト・プレス　（イースト・プレス悦文庫）
　　2017.9　286p　A6　¥720　978-4-7816-1580-6

◆決定版 美姉妹奴隷生活　杉村春也著　フランス書院　（フランス書院文庫X）『美姉妹・奴隷生活』再構成・改題書
　　2017.6　575p　A6　¥907　978-4-8296-7637-0

◆寝取られ熟母―僕の親友は悪魔　鈴川廉平著　マドンナ社，二見書房　発売　（マドンナメイト文庫）
　　2017.5　266p　A6　¥705　978-4-576-17048-0

◆これって運命？　一途な征服王の過激な寵愛　すずな凛著　リブレ　（乙蜜ミルキィ文庫）
　　2017.3　311p　A6　¥650　978-4-7997-3198-7

◆獅子王は初心な子ウサギを淫らに愛でる　すずね凛著　ハーパーコリンズ・ジャパン　（Vanilla文庫）
　　2017.11　289p　A6　¥590　978-4-596-58208-9

◆死神皇帝は花嫁を愛しすぎる―華麗なる独占婚　すずね凛著　ハーパーコリンズ・ジャパン　（Vanilla文庫）
　　2017.2　286p　A6　¥590　978-4-596-74538-5

◆スキャンダラスな王女は異国の王の溺愛に甘くとろけて　すずね凛著　竹書房　（蜜猫novels）
　　2017.8　283p　B6　¥1200　978-4-8019-1176-5

◆大富豪は若奥様にメロメロでばかっぷる過ぎて困ってますっ!!!　すずね凛著

ポルノグラフィ

KADOKAWA （ジュエル文庫）
　2017.6 343p A6 ¥650 ⓘ978-4-04-893250-9

◆不器用な侯爵と溺愛の方程式　すずね凛著
二見書房　（ハニー文庫）
　2017.9 300p A6 ¥694 ⓘ978-4-576-17120-3

◆身代わりの新妻は伯爵の手で甘く蕩ける　すずね凛著　竹書房　（蜜猫文庫）
　2017.3 314p A6 ¥700 ⓘ978-4-8019-1003-4

◆竜王は新妻を蜜夜に堕とす　すずね凛著
メディアソフト, 三交社 発売　（ガブリエラ文庫）
　2017.4 287p A6 ¥639 ⓘ978-4-87919-360-5

◆ロイヤル・シンデレラ・ママ—冷徹皇帝がイケメンパパに大変身ですかっ？　すずね凛著　KADOKAWA　（ジュエル文庫）
　2018.1 334p A6 ¥640 ⓘ978-4-04-893631-6

◆元OLの異世界逆ハーライフ　2　砂城著
アルファポリス, 星雲社 発売　（ノーチェ）
　2017.4 299p B6 ¥1200 ⓘ978-4-434-23664-8

◆白銀の騎士団長の過剰な情愛　すみれ晶著
プランタン出版, フランス書院 発売　（ティアラ文庫）
　2017.7 272p A6 ¥590 ⓘ978-4-8296-6804-7

◆遊牧の花嫁　瀬尾碧著　アルファポリス, 星雲社 発売　（ノーチェ）
　2017.12 299p B6 ¥1200 ⓘ978-4-434-24079-9

◆黒騎士と巫女の初恋物語　雪花りつ著　プランタン出版, フランス書院 発売　（ティアラ文庫）
　2017.6 280p A6 ¥590 ⓘ978-4-8296-6799-6

◆総督閣下の絶対寵愛　せらひなこ著　プランタン出版, フランス書院 発売　（ティアラ文庫）
　2017.3 320p A6 ¥620 ⓘ978-4-8296-6792-7

◆王の花嫁は黒の王子に惑わされる　芹名りせ著　ハーパーコリンズ・ジャパン　（Vanilla文庫）
　2017.8 247p A6 ¥580 ⓘ978-4-596-58094-8

◆新婚なのに旦那様が素敵すぎて困りますっ!!—溺愛王子と甘い蜜月　芹名りせ著　ハーパーコリンズ・ジャパン　（Vanilla文庫）
　2017.3 288p A6 ¥590 ⓘ978-4-596-74536-1

◆ドS上司のギャップにはまりました　芹名りせ著　メディアソフト, 三交社 発売　（ガブリエラ文庫プラス）
　2017.2 286p A6 ¥639 ⓘ978-4-87919-366-7

◆冷酷な『魔王』だと思ったら、結婚生活は甘々でした　芹名りせ著　プランタン出版, フランス書院 発売　（ティアラ文庫）
　2017.4 315p A6 ¥620 ⓘ978-4-8296-6795-8

◆伯爵令嬢は豪華客船で闇公爵に溺愛される　仙崎ひとみ著　アルファポリス, 星雲社 発売　（ノーチェ）
　2017.12 289p B6 ¥1200 ⓘ978-4-434-24078-2

◆魔界で結婚しました　双樹著　一迅社　（MELISSA）
　2017.3 315p B6 ¥1200 ⓘ978-4-7580-4922-1

◆隣りの席の女—無理やり姦係　相馬哲生著
フランス書院　（フランス書院文庫）
　2017.2 294p A6 ¥648 ⓘ978-4-8296-4203-0

◆新妻狩り、隣人妻狩り、エリート妻狩り
相馬哲生著　フランス書院　（フランス書院文庫）
　2017.10 297p A6 ¥648 ⓘ978-4-8296-4254-2

◆困惑の溺愛花嫁　園内かな著　二見書房
（ハニー文庫）
　2017.8 274p A6 ¥676 ⓘ978-4-576-17105-0

◆偏執王子のいびつな求愛　園内かな著
ハーパーコリンズ・ジャパン　（Vanilla文庫）
　2017.10 287p A6 ¥590 ⓘ978-4-596-58202-7

◆三回目の求婚—不器用な伯爵は花嫁を探しています!?　園原未久著, シルヴィア・アンドルー原案　ハーパーコリンズ・ジャパン
（Vanilla文庫Miel）
　2017.12 286p A6 ¥590 ⓘ978-4-596-58210-2

◆若奥様は逃亡中—侯爵夫妻のすれ違い婚　園原未久著　ハーパーコリンズ・ジャパン
（Vanilla文庫）
　2017.6 288p A6 ¥590 ⓘ978-4-596-58055-9

〔た行の作家〕

◆性感淫魔エステ　2　種付けリフレはじめました　高岡智空小説　キルタイムコミュニケーション　（二次元ドリーム文庫）
　2017.9 288p A6 ¥668 ⓘ978-4-7992-1064-2

◆地元は人妻ハーレム　鷹澤フブキ著　竹書房
（竹書房ラブロマン文庫）
　2017.4 269p A6 ¥660 ⓘ978-4-8019-1056-0

◆人妻みだら不動産　鷹澤フブキ著　竹書房
（竹書房ラブロマン文庫）
　2017.9 286p A6 ¥660 ⓘ978-4-8019-1213-7

◆混浴風呂—妻の母、妻の姉、隣の人妻と…
小鳥遊葵著　フランス書院　（フランス書院文庫）
　2017.4 317p A6 ¥667 ⓘ978-4-8296-4214-6

◆ほしがり未亡人—兄嫁、義母、女教師、美母
小鳥遊葵著　フランス書院　（フランス書院文庫）
　2017.9 328p A6 ¥694 ⓘ978-4-8296-4244-3

◆かわいい奴隷三姉妹 "言いなり"　鷹羽真著　フランス書院　（フランス書院文庫）
　2017.5 317p A6 ¥667 ⓘ978-4-8296-4229-0

◆ドSな生徒会長サマがMノートに支配されました。　鷹羽シン著　フランス書院　（美少女文庫えすかれい）
　2017.9 302p A6 ¥680 ⓘ978-4-8296-6385-1

◆美少女ジュニアアイドル—屈辱の粘膜いじり　高村マルス著　マドンナ社, 二見書房 発売　（マドンナメイト文庫）
　2017.9 254p A6 ¥686 ⓘ978-4-576-17116-6

◆最高の隣人—熟母と幼なじみ姉妹　鷹山倫太郎著　フランス書院　（フランス書院文庫）
　2017.8 334p A6 ¥694 ⓘ978-4-8296-4237-5

◆てほどき未亡人兄嫁 "独り身"　鷹山倫太郎著　フランス書院　（フランス書院文庫）
　2017.2 318p A6 ¥667 ⓘ978-4-8296-4201-6

◆したたかな蜜月計画—嘘つき公爵と頑なな王女　多紀佐久那著　二見書房　（ハニー文庫）
　2017.3 312p A6 ¥694 ⓘ978-4-576-17018-3

◆令嬢四姉妹 "屈服旅行"　多久間太著　フランス書院　（フランス書院文庫）
　2017.4 333p A6 ¥694 ⓘ978-4-8296-4218-4

◆家康、恋の陣！—椿姫と築山殿と女城主とおこちゃ　竹内ん著　キルタイムコミュニケーション　（二次元ドリーム文庫）
　2017.10 256p A6 ¥668 ⓘ978-4-7992-1083-3

◆天使と悪魔の禁忌(エッチ)な黙示録　竹内けん著　キルタイムコミュニケーション
（二次元ドリーム文庫）
　2017.6 254p A6 ¥668 ⓘ978-4-7992-1015-4

◆ハーレムアベンジャー—痴女と監獄とエッチな責め苦　竹内けん著　キルタイムコミュニケーション　（二次元ドリーム文庫）
　2017.6 256p A6 ¥668 ⓘ978-4-7992-1042-0

◆暴風艦(オリ)—二人の母と姉狩り　但馬庸太著　フランス書院　（フランス書院文庫）
　2017.6 317p A6 ¥667 ⓘ978-4-8296-4245-0

◆海の花嫁—海賊船(?)の船長は、まさかの王子様でした！　橘かおる著　ブライト出版
（プリエール文庫）
　2017.6 279p A6 ¥611 ⓘ978-4-86123-720-1

◆皇帝に魅入られる花嫁　橘かおる著　Jパブリッシング　（ロイヤルキス文庫）
　2017.7 248p A6 ¥590 ⓘ978-4-86669-008-7

◆おじさま教授の甘く執拗な蜜愛　橘志摩著
プランタン出版, フランス書院 発売　（オパール文庫）
　2017.2 269p A6 ¥600 ⓘ978-4-8296-8291-3

◆いっぱい出るのね　橘真児著　イースト・プレス　（イースト・プレス悦文庫）
　2017.7 282p A6 ¥720 ⓘ978-4-7816-1579-0

◆奥さまの細道—人妻めぐり　橘真児著　二見書房　（二見文庫）
　2017.7 275p A6 ¥694 ⓘ978-4-576-17097-8

◆おこめ紀行　橘真児著　双葉社　（双葉文庫）
　2017.11 295p A5 ¥620 ⓘ978-4-575-52056-9

◆叔父に抱かれて　橘真児著　二見書房　（二見文庫）
　2017.11 285p A6 ¥722 ⓘ978-4-576-17161-6

◆お試しください　橘真児著　双葉社　（双葉文庫）
　2017.4 293p A6 ¥620 ⓘ978-4-575-51993-8

◆人妻つまみ食い　橘真児著　竹書房　（竹書房文庫）
　2017.8 287p A6 ¥640 ⓘ978-4-8019-1159-8

◆人妻部 夜の社員研修　橘真児著　二見書房
（二見文庫）
　2017.4 285p A6 ¥694 ⓘ978-4-576-17042-8

◆媚薬！みだらな性力実験　橘真児著　イースト・プレス　（イースト・プレス悦文庫）
　2017.3 276p A6 ¥720 ⓘ978-4-7816-1516-5

◆みだら祭りの島　橘真児著　竹書房　（竹書房文庫）　新装版
　2017.6 309p A6 ¥640 ⓘ978-4-8019-1090-4

◆ゆうわくエアポート　橘真児著　竹書房
（竹書房文庫）
　2017.2 282p A6 ¥640 ⓘ978-4-8019-0981-6

◆引きこもりの妹が身体で家賃を払おうとしてくるんだが!?　橘トラ著　パラダイム
（ぷちぱら文庫Creative）
　2017.3 248p A6 ¥690 ⓘ978-4-8015-1312-9

◆いきなりウェディング！突然ですが、御曹司の妻になりました。　立花実咲著　プランタン出版, フランス書院 発売　（オパール文庫）
　2017.9 261p A6 ¥600 ⓘ978-4-8296-8314-9

◆イジワル騎士と一途な王女様　立花実咲著
オークラ出版　（エバープリンセス）
　2017.3 280p A6 ¥639 ⓘ978-4-7755-2641-5

◆異世界トリップして強面騎士隊長の若奥様になりました!?　立花実咲著　Jパブリッシング　（ロイヤルキス）
　2017.9 263p A6 ¥648 ⓘ978-4-86669-029-2

◆学園の黒王子にカノジョ指名されました!!
立花実咲著　プランタン出版, フランス書院 発売　（オパール文庫）
　2017.5 318p A6 ¥620 ⓘ978-4-8296-8300-2

◆騎士団長と『仮』王宮生活!?—ロイヤル・ファミリー　立花実咲著　Jパブリッシング
（ロイヤルキス文庫）
　2017.3 273p A6 ¥639 ⓘ978-4-908757-72-3

◆転生したら身代わり花嫁!?王子、メチャ甘に愛し過ぎですっ！　立花実咲著　プランタン出版, フランス書院 発売　（ティアラ文庫）
　2017.2 296p A6 ¥620 ⓘ978-4-8296-6787-3

◆あぶない御曹司がぐいぐい迫ってきます!?
橘柚葉著　Jパブリッシング　（チュールキス文庫）
　2017.8 297p A6 ¥648 ⓘ978-4-86669-016-2

◆執着系、恋愛のススメ　橘柚葉著　Jパブリッシング　（チュールキス文庫）
　2017.2 329p A6 ¥685 ⓘ978-4-908757-64-8

◆催眠性指導　巽飛呂彦著, 愛上陸原作・イラスト　フランス書院　（美少女文庫）
　2017.8 335p A6 ¥680 ⓘ978-4-8296-6404-9

◆襲撃教室 "全員奴隷"　巽飛呂彦著　フランス書院　（フランス書院文庫X）
　2017.8 557p A6 ¥907 ⓘ978-4-8296-7639-4

◆メイド母娘vs.割烹着母娘　巽飛呂彦著　フランス書院　（フランス書院文庫）
　2017.7 302p A6 ¥648 ⓘ978-4-8296-4234-4

◆熟女を狩る—淫ら顧客サポート　館淳一著
二見書房　（二見文庫）（『熟女狩り』修正・改題書）
　2017.9 317p A6 ¥740 ⓘ978-4-576-17129-6

◆庶務課 淫らミッション　館淳一著　二見書房　（二見文庫）（『特命OL淫らなプロジェクト』修正・改題書）
　2017.3 269p A6 ¥694 ⓘ978-4-576-17027-5

◆僕のアイドル初調教　舘淳一著　二見書房（二見文庫）（『アイドル女優 ぼくの調教体験』修正・改題書）
　2017.11　282p　A6　¥722　978-4-576-17162-3

◆憧れ上司の恋人役に抜擢されました!?　玉紀直著　Jパブリッシング　（チュールキス文庫）
　2017.11　281p　A6　¥685　978-4-86669-045-2

◆聖人君子が豹変したら意外と肉食だった件　玉紀直著　竹書房　（蜜夢文庫）
　2017.5　347p　A6　¥750　978-4-8019-1095-9

◆不埒に甘くて、あざとくてアラサー女子と年下御曹司　玉紀直著　ブランタン出版, フランス書院 発売　（オパール文庫）
　2017.7　315p　A6　¥620　978-4-8296-8309-5

◆蜜月は優しい嘘―甘党旦那さまとシュガーラブ　玉紀直著　ハーパーコリンズ・ジャパン（Vanilla文庫Miel）
　2017.3　289p　A6　¥390　978-4-596-74541-5

◆妄想女子はお隣に住むドSな上司に抱かれたい　玉紀直著　Jパブリッシング　（チュールキス文庫）
　2017.3　299p　A6　¥648　978-4-908757-71-6

◆冷徹上司はスパダリ系　玉紀直著　ハーパーコリンズ・ジャパン　（Vanilla文庫Miel）
　2017.10　287p　A6　¥590　978-4-596-58203-4

◆泣き虫姫が政略結婚したらとろとろに愛されました　玉木ゆら著　リブレ　（乙蜜ミルキィ文庫）
　2017.2　262p　A6　¥620　978-4-7997-3255-7

◆淫獣の逆襲―女教師姉妹、そして女教師母娘を　千賀忠輔著　フランス書院　（フランス書院文庫）
　2017.10　318p　A6　¥667　978-4-8296-4250-4

◆淫獣の襲来―先生の奥さんと娘三姉妹　千賀忠輔著　フランス書院　（フランス書院文庫）
　2017.5　317p　A6　¥667　978-4-8296-4222-1

◆囚われた人妻捜査官 祐美子―母娘奴隷・黒い淫獄　筑摩十幸著　キルタイムコミュニケーション　（リアルドリーム文庫）
　2017.3　328p　A6　¥713　978-4-7992-1004-8

◆旦那様が絶倫すぎて困っています　月神サキ著　ブランタン出版, フランス書院 発売　（ティアラ文庫）
　2017.4　286p　A6　¥590　978-4-8296-6794-1

◆リセット 未来を書き換えたら溺れるほどの蜜月が待っていました。　月神サキ著　ブランタン出版, フランス書院 発売　（ティアラ文庫）
　2017.2　307p　A6　¥620　978-4-8296-6788-0

◆王太子は聖女に狂う　月城うさぎ著　イースト・プレス　（ソーニャ文庫）
　2017.4　314p　A6　¥640　978-4-7816-9598-3

◆俺様御曹司は諦めない　月城うさぎ著　イースト・プレス　（ソーニャ文庫）
　2017.12　318p　A6　¥640　978-4-7816-9614-0

◆王子の無垢な薔薇　月森あいら著　オークラ出版　（エバープリンセス）
　2017.7　266p　A6　¥650　978-4-7755-2675-0

◆復讐姦―悦楽の女体調査　手嶋怜著　マドンナ社, 二見書房 発売　（マドンナメイト文庫）
　2017.4　294p　A6　¥694　978-4-576-17181-4

◆成人すると塩になる世界で生き残る話　宙乃鷹屑著　キルタイムコミュニケーション　（ビギニングノベルズ）
　2017.7　513p　B6　¥1200　978-4-7992-1053-6

◆魔公爵様と甘い呪縛―健気な少女は一途な愛を注がれる　天条アンナ著　ブランタン出版, フランス書院 発売　（ティアラ文庫）
　2017.7　272p　A6　¥590　978-4-8296-6803-0

◆魔道士は眼鏡の奥に淫らな情欲を隠し持つ　天条アンナ著　ブランタン出版, フランス書院 発売　（ティアラ文庫）
　2017.4　302p　A6　¥600　978-4-8296-6793-4

◆王立魔法図書館の"錠前"に転職することになりました　当麻咲来著　竹書房　（ムーンドロップス）
　2017.8　293p　B6　¥1200　978-4-8019-1177-2

◆狂王の情愛　富樫聖夜著　イースト・プレス　（ソーニャ文庫）
　2017.5　302p　A6　¥620　978-4-7816-9599-0

◆聖獣様に心臓（物理）と身体を（性的に）狙われています。　富樫聖夜著　アルファポリス, 星雲社 発売　（ノーチェ）
　2017.8　299p　A6　¥640　978-4-434-23663-1

◆魔術師と鳥籠の花嫁　富樫聖夜著　イースト・プレス　（ソーニャ文庫）
　2017.10　328p　A6　¥640　978-4-7816-9609-6

◆異世界で愛され姫になったら現実が変わりはじめました。　兎山もなか著　竹書房　（ムーンドロップス）
　2017.8　309p　B6　¥1200　978-4-8019-1178-9

◆十年分のプロポーズ――一途な王女は想いの数だけ愛されました　豊月もなか著　ブランタン出版, フランス書院 発売　（ティアラ文庫）
　2017.1　282p　A6　¥590　978-4-8296-6786-6

◆異世界で奴隷になりましたがご主人さまは私に欲情しません　鳥下ビニール著　KADOKAWA　（eロマンスロイヤル）
　2017.2　350p　A6　¥620　978-4-04-734514-0

〔な行の作家〕

◆悪魔な騎士様とウサギちゃんなお嫁さん―不器用ながらも新妻溺愛中…ですか、ホントに？　永谷圓さくら著　KADOKAWA　（ジュエル文庫）
　2017.5　316p　A6　¥630　978-4-04-892900-4

◆ケモノとヒトの嫁取り事情―マトリモニオ・デッラ・ベスティア　長野雪著　一迅社　（MELISSA）
　2017.10　319p　B6　¥1200　978-4-7580-4992-4

◆旦那様は魔法使い　なかゆんきなこ著　アルファポリス, 星雲社 発売　（ノーチェ文庫）
　2017.5　368p　A6　¥640　978-4-434-23107-0

◆王領地伯のエメラルド―相愛の瑕　夏井由依著　二見書房　（ハニー文庫）
　2018.1　313p　A6　¥694　978-4-576-17186-9

◆ギャング・オブ・ユウシャ 1　街角の錬金術師と魅惑のポーション　七色春日小説　キルタイムコミュニケーション　（ビギニングノベルズ）
　2017.3　342p　B5　¥1000　978-4-7992-1014-7

◆蜜月後宮―皇太子は偽り公主を寵愛する　七里瑠美著　ハーパーコリンズ・ジャパン　（Vanilla文庫）
　2017.4　289p　A6　¥590　978-4-596-74545-3

◆契約結婚の甘い毒―侯爵の淫らな戯れと秘めた純愛　七嶋杏著　メグ・アレクサンダー原作　ハーパーコリンズ・ジャパン　（Vanilla文庫）
　2017.5　249p　A6　¥580　978-4-596-74548-4

◆筆おろし教育実習　七海優著　フランス書院　（フランス書院文庫）
　2017.8　282p　A6　¥667　978-4-8296-4204-7

◆悦楽のノワール―腰砕け吸血姫の快楽特訓　那羽都レン著　キルタイムコミュニケーション　（二次元ドリーム文庫）
　2017.3　303p　A6　¥713　978-4-7992-0992-9

◆最強チート魔術師の異世界ハーレム　成田ハーレム王著　パラダイム　（キングノベルス）
　2017.11　283p　B6　¥1200　978-4-8015-2143-8

◆奴隷ハーレム・オンライン 1　成田ハーレム王著　パラダイム　（キングノベルス）
　2017.8　282p　B6　¥1200　978-4-8015-2136-0

◆蜜月の城―悪魔な公爵の甘い欲望　成宮ゆき著　ハーパーコリンズ・ジャパン　（Vanilla文庫）
　2017.10　286p　A6　¥590　978-4-596-58201-0

◆一家服従―暴虐アルバム　鳴沢巧著　フランス書院　（フランス書院文庫）
　2017.8　333p　A6　¥667　978-4-8296-4241-2

◆人妻"暴虐"牝狂い　鳴沢巧著　フランス書院　（フランス書院文庫）
　2017.2　317p　A6　¥667　978-4-8296-4206-1

◆溺愛コンチェルト―御曹司は花嫁を束縛する　鳴海澪著　竹書房　（蜜夢文庫）
　2017.1　319p　A6　¥700　978-4-8019-0976-2

◆社外秘 人妻査定　成宮和美著　双葉社　（双葉文庫）
　2017.5　279p　A6　¥602　978-4-575-52005-7

◆匂いに恋して　成宮和美著　双葉社　（双葉文庫）
　2017.12　278p　A6　¥602　978-4-575-52068-2

◆愛を込めて料理を作ったら、素敵な社長にプロポーズされました　南咲麒麟著　ブランタン出版, フランス書院 発売　（オパール文庫）
　2017.9　302p　A6　¥600　978-4-8296-8313-2

◆悪魔な夫と恋の魔法　荷鴣著　イースト・プレス　（ソーニャ文庫）
　2017.8　334p　A6　¥640　978-4-7816-9606-5

◆転生ダメナース、魔女になる。　西野トウコ著　一迅社　（MELISSA）
　2017.7　335p　B6　¥1200　978-4-7580-4965-8

◆享楽王と姫騎士　西野花著　ブライト出版　（プリエール文庫）
　2017.6　309p　A6　¥630　978-4-86123-734-8

◆異世界召喚ボーナスでチート能力もらったけど、俺は快楽・欲望を優先しました！―チート無双しながら王様状態で君臨して、ハーレムライフとかやってみたいんです　日常男爵著　パラダイム　（キングノベルス）
　2017.12　282p　B6　¥1200　978-4-8015-2146-9

◆異世界ハーレム荘の管理人になりませんか？ 2　日常男爵著　パラダイム　（キングノベルス）
　2017.11　251p　B6　¥1200　978-4-8015-2144-5

◆とにかく楽に始める異世界ハーレム 1　俺のチート能力は"愛される"こと!?　日常男爵著　パラダイム　（キングノベルス）
　2017.3　282p　B6　¥1200　978-4-8015-2125-4

◆密偵姫さまのマル秘お仕事　丹၊庭子著　アルファポリス, 星雲社 発売　（ノーチェ）
　2017.2　284p　B6　¥1200　978-4-434-23025-7

◆皇帝陛下の溺愛政策　能迅なのと著　ハーパーコリンズ・ジャパン　（Vanilla文庫）
　2017.6　249p　A6　¥580　978-4-596-58056-6

◆傲慢王の花嫁選び―琥珀の乙女は一途な愛に溺れる　能迅なのと著　ハーパーコリンズ・ジャパン　（Vanilla文庫）
　2017.11　247p　A6　¥580　978-4-596-58209-6

◆黒曜のシークと黄金の姫君―星降る砂丘で拾った花嫁　能迅なのと著　ハーパーコリンズ・ジャパン　（Vanilla文庫）
　2018.1　248p　A6　¥580　978-4-596-58243-0

◆濃蜜ウイークエンド　乃坂希著　双葉社　（双葉文庫）
　2017.5　279p　A6　¥602　978-4-575-52004-0

◆人妻遊泳　乃坂希著　双葉社　（双葉文庫）
　2017.8　247p　A6　¥583　978-4-575-52028-6

◆蜜嫁さがし　乃坂希著　双葉社　（双葉文庫）
　2017.12　251p　A6　¥574　978-4-575-52067-5

〔は行の作家〕

◆熟女家政婦・麻里子と明美　葉川慎司著　フランス書院　（フランス書院文庫）
　2017.5　310p　A6　¥667　978-4-8296-4219-1

◆お試し結婚はじめました。―イケメン従兄にめちゃくちゃ甘やかされています　葉嶋ナノハ著　Jパブリッシング　（チュールキス文庫）
　2017.5　309p　A6　¥648　978-4-908757-89-1

◆潔癖王子と契約結婚―スイッチ入った旦那様に激しく求愛されました!? 葉嶋ナノハ著 Jパブリッシング (チュールキス文庫)
2017.9 301p A6 ¥648 ①978-4-86669-027-8

◆俺の幼妻が無垢すぎて可愛すぎて辛抱たまらんっ!―オトナな陛下にとろとろに甘やかされまくり 葉月エリカ著 KADOKAWA (ジュエル文庫)
2017.9 332p A6 ¥640 ①978-4-04-893251-6

◆寡黙な夫の溺愛願望 葉月エリカ著 イースト・プレス (ソーニャ文庫)
2017.11 286p A6 ¥620 ①978-4-7816-9611-9

◆黒いおみみのうさぎなの 葉月クロル著 パラダイム (ディアノベルス)
2017.3 332p B6 ¥1200 ①978-4-8015-2405-7

◆塔から降りた姫君―転生王女とケモノな賢王 葉月クロル著 一迅社 (MELISSA)
2017.2 399p B6 ¥1200 ①978-4-7580-4910-8

◆拾った地味メガネ男子はハイスペック王子! いきなり結婚ってマジですか? 葉月クロル著 竹書房 (蜜夢文庫)
2017.7 407p A6 ¥850 ①978-4-8019-1147-5

◆マリエッタ姫の婚礼―旦那様、素敵すぎます! 葉月クロル著 一迅社 (メリッサ文庫)
2017.3 335p A6 ¥635 ①978-4-7580-4963-4

◆奥さん、透けてますけど。 葉月奏太著 二見書房 (二見文庫)
2017.8 284p A6 ¥722 ①978-4-576-17113-5

◆奥さん、入りますけど。 葉月奏太著 二見書房 (二見文庫)
2018.1 365p A6 ¥740 ①978-4-576-17197-5

◆彼女と人妻とオートバイ 葉月奏太著 イースト・プレス (イースト・プレス悦文庫)
2017.5 284p A6 ¥720 ①978-4-7816-1537-0

◆彼女の十字架に濡れる瞳 葉月奏太著 イースト・プレス (イースト・プレス悦文庫)
2017.9 285p A6 ¥720 ①978-4-7816-1578-3

◆後妻の島 葉月奏太著 竹書房 (竹書房文庫)
2017.1 279p A6 ¥640 ①978-4-8019-0974-8

◆女医さんに逢いたい 葉月奏太著 実業之日本社 (実業之日本社文庫)
2017.12 285p A6 ¥593 ①978-4-408-55399-3

◆父の後妻 葉月奏太著 双葉社 (双葉文庫)
2017.5 287p A6 ¥611 ①978-4-575-52003-3

◆とろめき女上司 葉月奏太著 竹書房 (竹書房文庫)
2017.10 284p A6 ¥650 ①978-4-8019-1246-5

◆蜜会 濡れる未亡人 葉月奏太著 竹書房 (竹書房文庫) 新装版
2017.4 316p A6 ¥640 ①978-4-8019-1035-5

◆誘惑ショッピングモール 葉月奏太著 竹書房 (竹書房文庫)
2017.6 273p A6 ¥640 ①978-4-8019-1107-9

◆スパダリは猫耳CEO 八巻にのは著 イースト・プレス (ソーニャ文庫)
2017.11 324p A6 ¥640 ①978-4-7816-9612-6

◆変人作曲家の強引な求婚 八巻にのは著 イースト・プレス (ソーニャ文庫)
2017.5 334p A6 ¥640 ①978-4-7816-9600-3

◆伯爵様と電撃結婚っ!!新妻は朝まで可愛がられまくりですっ!! 波奈海月著 KADOKAWA (ジュエル文庫)
2017.4 353p A6 ¥650 ①978-4-04-892899-1

◆惑愛の騎士―いとしき王女への誓い 花川戸菖蒲著 ハーパーコリンズ・ジャパン (Vanilla文庫)
2017.7 248p A6 ¥580 ①978-4-596-58060-3

◆冒険者Aの暇つぶし 1 花黒子著 フロンティアワークス (ノクスノベルス)
2017.8 320p B6 ¥1200 ①978-4-86657-037-2

◆冒険者Aの暇つぶし 2 花黒子著 フロンティアワークス (ノクスノベルス)
2018.1 317p B6 ¥1200 ①978-4-86657-097-6

◆最弱魔王ですが股間の魔剣は最強(チート)です―大邪竜、吸血鬼司教、鬼姫、勇者 葉原鉄著 フランス書院 (美少女文庫)
2017.7 350p A6 ¥720 ①978-4-8296-6401-8

◆年上ロリ姉妹にバブみを感じて甘えたい! 葉原鉄著 フランス書院 (美少女文庫)
2017.12 290p A6 ¥720 ①978-4-8296-6393-6

◆侯爵様と身分違いの恋は運命を越えて―秘密の令嬢への一途な愛 早瀬響子著 Jパブリッシング (ロイヤルキス文庫)
2017.7 287p A6 ¥685 ①978-4-908757-62-4

◆熟れざかり三姉妹 早瀬真人著 イースト・プレス (イースト・プレス悦文庫)
2018.1 285p A6 ¥720 ①978-4-7816-1627-8

◆恥辱の別荘地―美しき牝奴隷たち 早瀬真人著 キルタイムコミュニケーション (リアルドリームノベルズ)
2017.7 280p A6 ¥713 ①978-4-7992-1044-4

◆ハーレム教室 僕らの童貞喪失日記 早瀬真人著 マドンナ社, 二見書房 発売 (マドンナメイト文庫)
2017.10 253p A6 ¥686 ①978-4-576-17133-3

◆絢爛たる愛人契約―年上公爵様の愛しのバレリーナ 春木彩花著 二見書房 (ハニー文庫)
2017.4 298p A6 ¥659 ①978-4-576-17034-3

◆宰相閣下の淫らなたくらみ 春野湊著 ハーパーコリンズ・ジャパン (Vanilla文庫)
2017.3 289p A6 ¥590 ①978-4-596-74542-2

◆美味しくお召し上がりください、陛下 柊あまる著 アルファポリス, 星雲社 発売 (ノーチェ文庫)
2017.3 351p A6 ¥640 ①978-4-434-22894-0

◆幼なじみは押しかけ執事 柊あまる著 Jパブリッシング (チュールキス文庫)
2017.12 269p A6 ¥685 ①978-4-86669-055-1

◆専属秘書はカリスマ副社長の溺愛から逃げられない 柊あまる著 Jパブリッシング (チュールキス文庫)
2017.12 269p A6 ¥610 ①978-4-86669-006-3

◆彼女の母・彼女の姉・過保護なママ 柊悠哉著 フランス書院 (フランス書院文庫)
2017.8 316p A6 ¥667 ①978-4-8296-4242-9

◆国王陛下とウェスラーの娘 火崎勇著 メディアソフト, 三交社 発売 (ガブリエラ文庫)
2017.6 320p A6 ¥639 ①978-4-87919-353-7

◆ぼくがビッチになったワケ ビジョン著 メディアソフト, 三交社 発売 (ディヴァースノベル)
2017.12 285p B6 ¥1200 ①978-4-8155-6501-5

◆恋知らずの眠り姫 ひのもり花蓮著 オークラ出版 (エバープリンセス)
2017.5 273p A6 ¥659 ①978-4-7755-2657-6

◆みだらスーパー銭湯 響由布子著 竹書房 (竹書房ラブロマン文庫)
2017.2 294p A6 ¥660 ①978-4-8019-0998-4

◆ゆうわく歯医者さん 響由布子著 竹書房 (竹書房ラブロマン文庫)
2017.10 254p A6 ¥660 ①978-4-8019-1226-7

◆変身聖姫シルヴィアハート―家畜となった敗北ヒロイン 氷室凛子著 キルタイムコミュニケーション (二次元ドリームノベルズ)
2017.12 250p 18cm ¥1099 ①978-4-7992-1099-4

◆王子さまと極甘ロマンティック 姫野百合著 Jパブリッシング (ロイヤルキス文庫)
2017.1 319p A6 ¥648 ①978-4-908757-43-3

◆迷宮のアルカディア―この世界がゲームなら攻略情報で無双する! 1 百均著 フロンティアワークス (ノクスノベルス)
2017.7 320p B6 ¥1200 ①978-4-86657-005-1

◆迷宮のアルカディア―この世界がゲームなら攻略情報で無双する! 2 百均著 フロンティアワークス (ノクスノベルス)
2017.12 353p B6 ¥1300 ①978-4-86657-082-2

◆おおかみさん、あまいもののほうへ ぴょこ著 一迅社 (MELISSA)
2017.8 399p B6 ¥1200 ①978-4-7580-4972-6

◆フォンダンショコラ男子は甘く蕩ける ひらび久美子著 竹書房 (蜜夢文庫)
2017.1 323p A6 ¥700 ①978-4-8019-0975-5

◆清楚妻 ほんとは好き 深草潤一著 二見書房 (二見文庫)
2017.5 218p A6 ¥694 ①978-4-576-17063-3

◆隣りの人妻―誘惑の夜 深草潤一著 二見書房 (二見文庫)
2017.12 220p A6 ¥694 ①978-4-576-17178-4

◆聖獣さまのなすがまま! 深森ゆうか著 Jパブリッシング (ロイヤルキス文庫)
2017.3 327p A6 ¥685 ①978-4-908757-73-0

◆S級秘書姉妹 藤崎玲著 フランス書院 (フランス書院文庫)
2017.8 314p A6 ¥667 ①978-4-8296-4240-5

◆風車の恋歌 藤波ちなこ著 イースト・プレス (ソーニャ文庫)
2017.7 334p A6 ¥640 ①978-4-7816-9603-4

◆仕組まれた再会 文月蓮著 アルファポリス, 星雲社 発売 (ノーチェ文庫)
2017.3 359p A6 ¥640 ①978-4-434-22893-3

◆制服無惨"全員奴隷" 冬木弦堂著 フランス書院 (フランス書院文庫)
2017.4 328p A6 ¥667 ①978-4-8296-4215-3

◆人妻A 贄 冬木弦堂著 フランス書院 (フランス書院文庫)
2017.9 334p A6 ¥694 ①978-4-8296-4248-1

◆欲望特急―スレイブパーサー搾精捜査 冬野ひつじ著 キルタイムコミュニケーション (二次元ドリームノベルズ)
2017.4 257p 18cm ¥900 ①978-4-7992-1001-7

◆魔を祓う神巫―宮道京香の寝取られ退魔帖 ぽいぽい著 キルタイムコミュニケーション (二次元ドリームノベルズ)
2017.3 255p 18cm ¥900 ①978-4-7992-1000-0

◆言いなりノート 北條拓人著 竹書房 (竹書房ラブロマン文庫)
2017.7 300p A6 ¥660 ①978-4-8019-1126-0

◆ふしだら新生活 北條拓人著 竹書房 (竹書房ラブロマン文庫)
2017.3 303p A6 ¥660 ①978-4-8019-1020-1

◆裏版 新妻奴隷姉妹 北都凛著 フランス書院 (フランス書院文庫X)『新妻奴隷姉妹―凌辱の森・恥辱の海』加筆・修正・改題版
2017.2 438p A6 ¥815 ①978-4-8296-7633-2

◆えっ、転移失敗!?…成功? ほーち小説 キルタイムコミュニケーション (ビギニングノベルズ)
2017.9 296p B6 ¥1000 ①978-4-7992-1069-7

◆召喚術のいけない使い方 1 ボポンデッタ古渇著 パラダイム (キングノベルス)
2017.2 291p B6 ¥1200 ①978-4-8015-2119-3

◆淫魔とギャルと男の娘は俺の嫁!? ほんじょう山羊著 フランス書院 (美少女文庫えすかれ)
2017.1 317p A6 ¥680 ①978-4-8296-6382-0

◆オカされ上手の河合さん ほんじょう山羊著 フランス書院 (美少女文庫)
2017.9 319p A6 ¥680 ①978-4-8296-6407-0

◆七日間同棲―受験生と三人の女教師 本城山羊著 フランス書院 (フランス書院文庫)
2017.9 318p A6 ¥667 ①978-4-8296-4247-4

◆悪の秘密結社コンサルタント―鬼丸悪夢のシゴト BlackCartel著 キルタイムコミュニケーション (ビギニングノベルズ)
2017.11 300p B6 ¥1000 ①978-4-7992-1091-8

〔ま行の作家〕

◆王弟公爵は新妻溺愛病―旦那さまの秘密　舞姫美　ハーパーコリンズ・ジャパン　（Vanilla文庫）
　2017.12 281p A6 ¥590 978-4-596-58242-3

◆政略婚は秘密の蜜愛ウェディング　舞姫美著　二見書房　（ハニー文庫）
　2017.12 283p A6 ¥694 978-4-576-17170-8

◆過激な溺愛―弁護士（♀）と極道カレシ　槙原まき著　ブランタン出版，フランス書院 発売　（オパール文庫）
　2017.3 307p A6 ¥620 978-4-8296-8294-4

◆美人司書と女教師と人妻　真島雄二著　マドンナ社，二見書房 発売　（マドンナメイト文庫）
　2017.2 270p A6 ¥686 978-4-576-16193-8

◆仔ウサギちゃんいらっしゃい　真下咲良著　二見書房　（ハニー文庫）
　2017.9 281p A6 ¥686 978-4-576-17119-7

◆悪魔の愛妃は、○○の薔薇　真宮奏著　一迅社，講談社 発売　（メリッサ文庫）
　2017.10 355p A6 ¥648 978-4-7580-4991-7

◆狐姫の身代わり婚―初恋王子はとんだケダモノ!?　真宮奏著　竹書房　（ムーンドロップス）
　2017.10 308p B6 ¥1200 978-4-8019-1244-1

◆仮面夫婦×蜜月―こんなに甘いおしおきもありですか？　真山きよは著　ブライト出版　（プリエール文庫）
　2017.8 249p A6 ¥593 978-4-86123-722-5

◆いばら姫と縛めの指輪　みかづき紅月著　ハーパーコリンズ・ジャパン　（Vanilla文庫）
　2017.6 243p A6 ¥580 978-4-596-58054-2

◆おやすみせっくす―僕のために眠る妹　みかづき紅月著，三上ミカ原作・イラスト　フランス書院　（美少女文庫）
　2017.1 284p A6 ¥680 978-4-8296-6383-7

◆皇帝陛下と年の差 愛され奥さまライフ―オトナ紳士が夫になったらケダモノ化しすぎですっ！　みかづき紅月著　KADOKAWA　（ジュエル文庫）
　2017.5 325p A6 ¥640 978-4-04-892901-1

◆平凡なOLがアリスの世界にトリップしたら帽子屋の紳士に溺愛されました。　みかづき紅月著　竹書房　（蜜猫novels）
　2017.10 311p B6 ¥1200 978-4-8019-1245-8

◆転生したらエルフの王宮をハーレムにデキました！　みかど鉄狼著　フランス書院　（美少女文庫）
　2017.5 322p A6 ¥680 978-4-8296-6395-0

◆ケモノな若頭は独占欲を隠さない　御頭翠著　Jパブリッシング　（チュールキス文庫）
　2017.10 297p A6 ¥648 978-4-86669-036-0

◆大富豪皇帝の極上寵愛　御頭翠著　ブランタン出版，フランス書院 発売　（オパール文庫）
　2017.7 286p A6 ¥600 978-4-8296-8307-1

◆溺恋オフィス―年下上司に求愛されてます　御頭翠著　ハーパーコリンズ・ジャパン　（Vanilla文庫Miel）
　2017.5 249p A6 ¥580 978-4-596-74547-7

◆JKエルフと君の先生。　箕崎准著　フランス書院　（美少女文庫）
　2017.7 334p A6 ¥680 978-4-8296-6399-8

◆薔薇色の駆け落ち　水月青著　イースト・プレス　（ソーニャ文庫）
　2017.3 316p A6 ¥640 978-4-7816-9595-2

◆人妻シェアハウスは僕のハーレム　親017.5 262p A6 ¥686 978-4-576-17049-7

◆純真（うぶ）なシンデレラのロイヤルウェディング　水城のあ著　ブランタン出版，フランス書院 発売　（ティアラ文庫）
　2017.1 280p A6 ¥590 978-4-8296-6785-9

◆俺様ドクターの淫らな診察　水城のあ著　ブランタン出版，フランス書院 発売　（オパール文庫）
　2017.2 283p A6 ¥600 978-4-8296-8292-0

◆赤ちゃんと新婚ママの愛され日記―冷たい社長が結婚したら素敵なパパになりました。　水島忍著　KADOKAWA　（ジュエル文庫）
　2017.6 302p A6 ¥620 978-4-04-892902-8

◆取引結婚だけど相思相愛です　水島忍著　ブライト出版　（プリエール文庫）
　2017.4 268p A6 ¥602 978-4-86123-718-8

◆伯爵様のマイフェアレディ　水島忍著　ハーパーコリンズ・ジャパン　（Vanilla文庫）
　2017.1 289p A6 ¥590 978-4-596-74535-4

◆不器用愛の侯爵とあどけない若奥様　水島忍著　メディアソフト，三交社 発売　（ガブリエラ文庫）
　2017.8 287p A6 ¥639 978-4-87919-371-1

◆ロマンティスト伯爵の泣き虫な若奥様　水島忍著　メディアソフト，三交社 発売　（ガブリエラ文庫）
　2017.2 286p A6 ¥639 978-4-87919-354-4

◆腹黒貴公子の甘い策略　蜜乃雫著　ハーパーコリンズ・ジャパン　（Vanilla文庫）
　2017.11 286p A6 ¥590 978-4-596-58207-2

◆過保護なオオカミ男子の溺愛プロデュース―オトナの淫らを教えられて、こんなにキレイになりました　三津留ゆう著　ブランタン出版，フランス書院 発売　（オパール文庫）
　2017.10 317p A6 ¥620 978-4-8296-8317-0

◆貴公子ピアニストは淫らな指で私を誘惑する　三津留ゆう著　ブランタン出版，フランス書院 発売　（オパール文庫）
　2017.5 285p A6 ¥600 978-4-8296-8302-6

◆童貞冷血CEO　三津留ゆう著　KADOKAWA　（ジュエル文庫）
　2017.9 335p A6 ¥640 978-4-04-893255-4

◆エロティクス・カイザー―買われた姫は皇帝の子を孕む　水戸泉著　KADOKAWA　（ジュエル文庫）
　2017.9 312p A6 ¥630 978-4-04-893421-3

◆監禁愛―王子の甘い罠に堕ちて　水戸泉著　ブランタン出版，フランス書院 発売　（オパール文庫）
　2017.9 271p A6 ¥600 978-4-8296-8315-6

◆腐女子のわたしが鬼畜彼氏に極愛されました。　水戸泉著　ブランタン出版，フランス書院 発売　（オパール文庫）
　2017.2 281p A6 ¥600 978-4-8296-8293-7

◆あなたに囚われて―海運王の花嫁　御堂志生著　ハーパーコリンズ・ジャパン　（Vanilla文庫Miel）
　2017.7 289p A6 ¥590 978-4-596-58059-7

◆エリート弁護士は不機嫌に溺愛する―解約不可の服従契約　御堂志生著　竹書房　（蜜夢文庫）
　2017.9 327p A6 ¥750 978-4-8019-1216-8

◆さえない後輩がイケメン御曹司だった件について　御堂志生著　メディアソフト，三交社 発売　（ガブリエラ文庫プラス）
　2017.9 282p A6 ¥750 978-4-87919-373-5

◆ハツコイ婚―幼なじみの御曹司社長に熱烈プロポーズされました。　御堂志生著　ブランタン出版，フランス書院 発売　（オパール文庫）
　2017.3 300p A6 ¥600 978-4-8296-8296-8

◆女教師 "完全調教クラブ"　御堂乱著　フランス書院　（フランス書院文庫）
　2017.5 414p A6 ¥778 978-4-8296-4221-4

◆孕蔵（くら）―未亡人兄嫁と若従嫁　御堂乱著　フランス書院　（フランス書院文庫）
　2017.10 382p A6 ¥750 978-4-8296-4252-8

◆闘う人妻ヒロイン―絶体絶命　御堂乱著　フランス書院　（フランス書院文庫X）
　2017.2 541p A6 ¥880 978-4-8296-7632-5

◆教えてあげます―押しかけ兄嫁＆美母娘　美原春人著　フランス書院　（フランス書院文庫）
　2017.6 328p A6 ¥694 978-4-8296-4227-6

◆お世話します―未亡人母娘と僕　美原春人著　フランス書院　（フランス書院文庫）
　2017.3 330p A6 ¥694 978-4-8296-4212-2

◆もっとしたいの―家主母娘と押しかけ女教師　美原春人著　フランス書院　（フランス書院文庫）
　2017.10 317p A6 ¥667 978-4-8296-4249-8

◆三姉妹が完全征服された刻　宮坂景斗著　フランス書院　（フランス書院文庫）
　2017.3 334p A6 ¥694 978-4-8296-4210-8

◆少女矯正学院破魔島分校―双子美少女の奴隷地獄　深山幽谷著　マドンナ社，二見書房 発売　（マドンナメイト文庫）
　2017.8 413p A6 ¥740 978-4-576-17103-6

◆あなたと秘密のランジェリー―社内恋愛禁止　深雪まゆ著　竹書房　（蜜夢文庫）
　2017.5 277p A6 ¥700 978-4-8019-1032-4

◆花鳥籠　深志美由紀著　イースト・プレス　（イースト・プレス悦文庫）
　2017.3 311p A6 ¥740 978-4-7816-1517-2

◆あわび伝説　睦月影郎著　二見書房　（二見文庫）
　2017.2 252p A6 ¥694 978-4-576-17010-7

◆女の園　睦月影郎著　二見書房　（二見文庫）
　2017.6 252p A6 ¥694 978-4-576-17079-4

◆おんな秘孔帖　睦月影郎著　イースト・プレス　（イースト・プレス悦文庫）
　2017.3 516p A6 ¥900 978-4-7816-1515-8

◆快楽のグルメ　睦月影郎著　講談社　（講談社文庫）
　2017.1 251p A6 ¥640 978-4-06-293579-1

◆快楽のリベンジ　睦月影郎著　講談社　（講談社文庫）
　2017.11 251p A6 ¥640 978-4-06-293805-1

◆彼女はアイドル声優　睦月影郎著　二見書房　（二見文庫）　（『アイドル声優―僕の童貞喪失』修正・改題書）
　2017.8 247p A6 ¥694 978-4-576-17112-8

◆旧家の奥様　睦月影郎著　二見書房　（二見文庫）
　2018.1 252p A6 ¥694 978-4-576-17198-2

◆巨乳教師の淫望　睦月影郎著　イースト・プレス　（イースト・プレス悦文庫）
　2018.1 252p A6 ¥710 978-4-7816-1628-5

◆恋人は淫らドール　睦月影郎著　イースト・プレス　（イースト・プレス悦文庫）
　2017.9 252p A6 ¥710 978-4-7816-1556-1

◆昭和三十年 東京不倫　睦月影郎著　二見書房　（二見文庫）
　2017.9 252p A6 ¥694 978-4-576-17128-9

◆女臭の弄獄　睦月影郎著　双葉社　（双葉文庫）
　2017.3 252p A6 ¥583 978-4-575-51982-2

◆性春時代　睦月影郎著　実業之日本社　（実業之日本社文庫）
　2017.6 262p A6 ¥593 978-4-408-55365-8

◆艶めき秘密基地―Say・Ai Collection　睦月影郎著　双葉社　（双葉文庫）　（『巨乳諜報員』改題書）　復刻版
　2017.11 252p A6 ¥583 978-4-575-52055-2

◆僕の女体めぐり　睦月影郎著　二見書房　（二見文庫）　（『僕の初体験』修正・改題書）
　2017.12 251p A6 ¥694 978-4-576-17179-1

◆ママは元アイドル　睦月影郎著　実業之日本社　（実業之日本社文庫）
　2017.10 252p A6 ¥593 978-4-408-55390-0

◆みだら鬼姫　睦月影郎著　竹書房　（竹書房文庫）
　2017.6 291p A6 ¥640 978-4-8019-1109-3

◆みだら桃蕩帖　睦月影郎著　イースト・プレス　（イースト・プレス悦文庫）
　2017.11 519p A6 ¥900 978-4-7816-1604-9

◆淫ら病棟の秘蜜　睦月影郎著　徳間書店（徳間文庫）
2017.8　250p　A6　¥630　978-4-19-894250-2

◆見つめてイカせて　睦月影郎著　双葉社（双葉文庫）
2017.8　252p　A6　¥583　978-4-575-52027-9

◆身もだえ東海道―夕立ち新九郎・美女百景　睦月影郎著　祥伝社（祥伝社文庫）
2017.4　252p　A6　¥570　978-4-396-34303-3

◆流星刀しのび恋　睦月影郎著　コスミック出版（コスミック・時代文庫）
2017.4　¥620　978-4-7747-2993-0

◆母娘みだら下宿―したがり未亡人大家　村崎忍著　フランス書院（フランス書院文庫）
2017.8　302p　A6　¥648　978-4-8296-4239-9

◆王太子殿下の愛妻候補　桃城猫緒著, インディア・グレイ原作　ハーパーコリンズ・ジャパン（Vanilla文庫）
2017.8　288p　A6　¥590　978-4-596-58090-0

◆処女ですが復讐のため上司に抱かれます！　桃城猫緒著　竹書房（蜜夢文庫）
2017.9　255p　A6　¥700　978-4-8019-1217-5

◆兄嫁奴隷・姪奴隷・女教師奴隷　森一太朗著　フランス書院（フランス書院文庫）
2017.3　318p　A6　¥667　978-4-8296-4208-5

◆親の借金を返すために就活したらイジワル社長に溺愛されました　森本あき著　メディアソフト, 三交社 発売（ガブリエラ文庫プラス）
2017.5　278p　A6　¥639　978-4-87919-362-9

◆敵同士だけど恋に落ちました―腹黒貴公子の策略　森本あき著　ハーパーコリンズ・ジャパン（Vanilla文庫）
2017.5　249p　A6　¥580　978-4-596-74550-7

◆無垢な家庭教師は貴公子に溺愛される　森本あき著　ハーパーコリンズ・ジャパン（Vanilla文庫）
2017.11　288p　A6　¥590　978-4-596-58205-8

◆したたりの人妻　杜山のずく著　竹書房（竹書房ラブロマン文庫）
2017.8　276p　A6　¥660　978-4-8019-1175-8

◆淫らなタイムスリップ　杜山のずく著　竹書房（竹書房ラブロマン文庫）
2017.4　275p　A6　¥660　978-4-8019-1053-9

◆兄と妹―禁断のナマ下着　諸積直人著　マドンナ社, 二見書房 発売（マドンナメイト文庫）
2017.4　252p　A6　¥686　978-4-576-17032-9

〔や・ら・わ行の作家〕

◆完璧令嬢の愛され新婚生活―貴公子は新妻を甘やかす　夜織もか著　ハーパーコリンズ・ジャパン（Vanilla文庫）
2017.4　288p　A6　¥590　978-4-596-74544-6

◆甘く危険な女たち　八神淳一著　イースト・プレス（イースト・プレス悦文庫）
2017.11　286p　A6　¥720　978-4-7816-1603-2

◆女捜査官淫辱―催眠の罠　八神淳一著　竹書房（竹書房ラブロマン文庫）
2017.7　276p　A6　¥660　978-4-8019-1143-7

◆美脚婦警（ミニパトポリス）　八神淳一著　イースト・プレス（イースト・プレス悦文庫）
2017.5　302p　A6　¥730　978-4-7816-1538-7

◆緋牡丹頭巾―いつわりの花蜜　八神淳一著　コスミック出版（コスミック・時代文庫）
2017.5　302p　A6　¥650　978-4-7747-1330-4

◆ダークキングダム 淫虐の姫騎士と強欲の魔王　山口陽著　フランス書院（美少女文庫）
2017.2　314p　A6　¥680　978-4-8296-6386-9

◆背徳の接吻　山田椿著　イースト・プレス（ソーニャ文庫）
2018.1　312p　A6　¥640　978-4-7816-9616-4

◆萌え文学傑作選 1 秘密の花園　山谷哲夫編　ベストセラーズ（ワニ文庫）
2017.11　253p　A6　¥800　978-4-584-30986-5

◆萌え文学傑作選 2 黒い薔薇　山谷哲夫編　ベストセラーズ（ワニ文庫）
2017.12　253p　A6　¥800　978-4-584-30987-2

◆愛を乞う異形　山野辺りり著　イースト・プレス（ソーニャ文庫）
2017.12　312p　A6　¥640　978-4-7816-9613-3

◆乙女の秘密は恋の始まり　山野辺りり著　イースト・プレス（ソーニャ文庫）
2017.6　312p　A6　¥640　978-4-7816-9593-8

◆知略の騎士と溺愛される若奥様　山野辺りり著　メディアソフト, 三交社 発売（ガブリエラ文庫）
2017.6　285p　A6　¥639　978-4-87919-365-0

◆なりゆきで誘拐したら、溺愛されました―王子様と甘い恋の攻防戦　山野辺りり著　ハーパーコリンズ・ジャパン（Vanilla文庫）
2017.2　289p　A6　¥580　978-4-596-74537-8

◆新妻監禁　山野辺りり著　イースト・プレス（ソーニャ文庫）
2017.9　282p　A6　¥620　978-4-7816-9607-2

◆令嬢は淫らな夢に囚われる　山野辺りり著　二見書房（ハニー文庫）
2018.1　284p　A6　¥694　978-4-576-17187-6

◆人妻 肛虐の運命　結城彩雨著　フランス書院（フランス書院文庫X）（『肛虐の運命―初美三十歳・瑤子二十四歳』再構成・改題書）
2017.6　520p　A6　¥880　978-4-8296-7636-3

◆天煌聖姫ヴァーミリオン 2 フタナリ快楽に堕ちる母娘ヒロイン　有機企画小説　キルタイムコミュニケーション（二次元ドリームノベルズ）
2017.11　336p　18cm　¥1100　978-4-7992-1090-1

◆王弟殿下とヒミツの結婚　雪村亜輝著　アルファポリス, 星雲社 発売（ノーチェ）
2017.6　283p　B6　¥1200　978-4-434-23497-2

◆漆黒の王は銀の乙女に囚われる　雪村亜輝著　アルファポリス, 星雲社 発売（ノーチェ文庫）（『氷愛』改題書）
2017.9　360p　A6　¥640　978-4-434-23564-1

◆魔将閣下ととられの料理番　悠月彩香著　アルファポリス, 星雲社 発売（ノーチェ）
2017.10　283p　B6　¥1200　978-4-434-23873-4

◆愛娘譲渡―悪魔の相姦調教　柚木郁人著　マドンナ社, 二見書房 発売（マドンナメイト文庫）
2017.11　286p　A6　¥694　978-4-576-17153-1

◆ママくらべ―友人の母, 彼女の母, 僕の義母　弓月誠著　フランス書院（フランス書院文庫）
2017.10　311p　A6　¥667　978-4-8296-4253-5

◆悪役令嬢シンデレラ―騎士団長のきゅんが激しすぎて受け止めきれませんわ!!　柚原テイル著　KADOKAWA（ジュエルブックス）
2017.10　308p　B6　¥1200　978-4-04-893472-5

◆異世界シンデレラ 騎士様と新婚スローライフはじめます　柚原テイル著　KADOKAWA（ジュエルブックス）
2017.3　319p　B6　¥1200　978-4-04-892877-9

◆お見合いしたらシークが来てご成婚となった件につきまして!!　柚原テイル著　KADOKAWA（ジュエル文庫）
2017.6　310p　A6　¥630　978-4-04-893253-0

◆侍女をやめたら皇帝陛下に求婚されて、えっちな新婚生活がはじまりました　柚原テイル著　ブランタン出版, フランス書院 発売（ティアラ文庫）
2017.8　279p　A6　¥590　978-4-8296-6805-4

◆野獣な騎士団長は若奥さまにメロメロです　柚原テイル著　ブランタン出版, フランス書院 発売（ティアラ文庫）
2017.5　304p　A6　¥600　978-4-8296-6796-5

◆私が主役ですか？ 末っ子王女が皇帝陛下のお妃様に!!　柚原テイル著　ブランタン出版, フランス書院 発売（ティアラ文庫）
2017.2　288p　A6　¥590　978-4-8296-6789-7

◆花の獄 人妻散る　夢野乱月著　フランス書院（フランス書院文庫）
2017.6　507p　A6　¥833　978-4-8296-4228-3

◆若奥様の淫らな願望―秘めごとはマントに隠れて　ゆりの菜櫻著　ブランタン出版, フランス書院 発売（ティアラ文庫）
2017.9　275p　A6　¥590　978-4-8296-6810-8

◆月の帝王と暁の聖花　吉咲志音著　二見書房（ハニー文庫）
2017.12　275p　A6　¥694　978-4-576-17136-4

◆箱入り花嫁の極甘結婚生活　吉田行春著　ブランタン出版, フランス書院 発売（ティアラ文庫）
2017.5　300p　A6　¥600　978-4-8296-6797-2

◆ふしだらコスプレ熟女　美野晶著　竹書房（竹書房ラブロマン文庫）
2017.9　261p　A6　¥660　978-4-8019-1212-0

◆ふしだらマッサージ　美野晶著　竹書房（竹書房ラブロマン文庫）
2017.5　260p　A6　¥660　978-4-8019-1083-6

◆エロゲー世界の悪役に転生 1　論文実験著　キルタイムコミュニケーション（ビギニングノベルズ）
2017.2　357p　B6　¥1000　978-4-7992-0973-8

◆魔皇帝さまっ！ 奥さまにいじわるすぎますっ！ Hすぎますっ!…でも愛されてます　若月京子著　KADOKAWA（ジュエル文庫）
2017.11　379p　A6　¥670　978-4-04-893474-9

◆桜の咲く頃、僕は妹（きみ）と再会する。　わかつきひかる著　フランス書院（美少女文庫）
2017.5　254p　A6　¥680　978-4-8296-6397-4

◆亡国の剣姫と忘国の魔王　わかつきひかる著　フランス書院（美少女文庫）
2017.3　255p　A6　¥680　978-4-8296-6389-9

◆美母 裏でお願い　渡辺やよい著　二見書房（二見文庫）
2017.5　281p　A6　¥713　978-4-576-17062-6

◆魔王の始め方 5　笑うヤカン小説　キルタイムコミュニケーション（ビギニングノベルズ）
2017.5　333p　B6　¥1000　978-4-7992-1022-2

◆名無しの英雄 1　笑うヤカン小説　キルタイムコミュニケーション（ビギニングノベルズ）
2017.10　308p　B6　¥1000　978-4-7992-1081-9

広告掲載社一覧
(五十音順)

明日香出版社	Ⅰ-652	小峰書店	Ⅰ-428	徳間書店	Ⅰ-402
インプレスホールディングス	Ⅰ-880	三省堂	Ⅰ-917	日外アソシエーツ	Ⅱ-1200
NHK出版	Ⅰ-65	集英社	Ⅰ-836	日本文芸社	Ⅰ-166
オーム社	Ⅱ-1201	主婦と生活社	Ⅰ-587	白泉社	Ⅰ-333
化学同人	Ⅰ-1412	小学館	Ⅰ-1413	白桃書房	Ⅱ-649
学研プラス	Ⅰ-401	昭文社	Ⅰ-211	東本願寺出版	Ⅰ-519
KADOKAWA	Ⅰ-1415	新星出版社	Ⅱ-776	ひかりのくに	Ⅰ-692
かんき出版	Ⅰ-123	大修館書店	Ⅰ-595	フォレスト出版	Ⅱ-356
紀伊國屋書店	Ⅱ-1202	TAC出版	Ⅰ-1414	福音館書店	Ⅰ-319
共立出版	Ⅱ-523	筑摩書房	Ⅰ-891	ポプラ社	Ⅱ-1203
くもん出版	Ⅰ-274	童心社	Ⅰ-329	マガジンハウス	Ⅰ-1410
光文社	Ⅰ-1365	東方書店	Ⅰ-1411	養賢堂	Ⅱ-601

―図書内容情報―
「BOOK」データベース 活用のご提案

『BOOKPAGE 本の年鑑』と併せて、「BOOK」データベースをご利用下さい。
OPACに「BOOK」データベースを取り込めば、レファレンスサービスがより一層充実します。

●データベースの概要
収録範囲：1986年より構築開始、現在継続中
収録件数：累積件数約164万件(2018年1月末現在)。年間約6万件ずつ増加
提供頻度：新刊発売と同時に毎日データを入力。提供頻度は、毎週・毎月・年一回から選択可能。バックデータは一括納品

＊「BOOK」データベースは、(株)トーハン、日本出版販売(株)、(株)紀伊國屋書店、日外アソシエーツ(株)の4社で協同構築しています。

●データベース価格(非商用利用)
商用利用は別価格となりますのでお問い合わせください。

	販売価格(税別)
バックナンバー	350,000円/年
カレント版	
毎日・毎週FTP提供	470,000円/年
毎月1回提供	420,000円/年
毎年1回提供	350,000円/年

※他に、表紙画像・著者のプロフィールをまとめたデータもオプションとしてご用意しています。詳細はお問い合わせください。

●デジタルデータでご提供します
1.本の"目次"や"帯情報"を自館のOPACに取り込むことが可能
「BOOK」データベースは、書誌事項だけでなく目次や帯に書かれている情報も収録。目次や帯からは、その本の内容やポイント、あらすじ等まで掴むことができます。帯は通常、装備の際にはずされてしまいますし、目録規則上では目次や帯の情報はとらないため、「BOOK」データベースを導入することにより、OPACは本の内容を紹介する上で大変便利になります。

2."目次"や"帯情報"に含まれている自然語の一言からでもキーワード検索が可能
目次や帯に出てくるポイントとなる言葉をキーワードとして採用しているので、図書館システムの検索プログラム等を部分的に改良すれば、「BOOK」データベースの豊富なキーワードからの検索が可能になります。

●データ納品媒体
別途協議いたします。

お問い合わせ、資料請求は・・・
日外アソシエーツ ディジタルコンテンツ販売担当 TEL.03-3763-5241(代) FAX.03-3764-0845
東京都品川区南大井6-16-16 鈴中ビル大森アネックス http://www.nichigai.co.jp/ e-mail:data-sale@nichigai.co.jp

本書はディジタルデータでご利用いただくことができます。詳細はお問い合わせください。

BOOK PAGE 本の年鑑 2018 Ⅰ

2018年4月25日　第1刷発行

発　行　者／大高利夫
編集・発行／日外アソシエーツ株式会社
　　　　　　〒140-0013 東京都品川区南大井6-16-16 鈴中ビル大森アネックス
　　　　　　電話 (03)3763-5241(代表)　FAX(03)3764-0845
　　　　　　URL http://www.nichigai.co.jp/
発　売　元／株式会社紀伊國屋書店
　　　　　　〒163-8636 東京都新宿区新宿 3-17-7
　　　　　　電話 (03)3354-0131(代表)
　　　　　　ホールセール部(営業) 電話 (03)6910-0519

組版処理／日外アソシエーツ株式会社
印刷・製本／株式会社平河工業社
表紙デザイン／熊谷博人

© ブックページ刊行会 2018
㈱トーハン、日本出版販売㈱、㈱紀伊國屋書店、日外アソシエーツ㈱
〒140-0013 東京都品川区南大井 6-16-16 鈴中ビル大森アネックス 日外アソシエーツ内
●落丁・乱丁本はお取り替えいたします。　《中性紙クリームドルチェ使用》
●本書の内容の一部または全部を無断で複写、複製、転載することを禁じます。

ISBN978-4-8169-2710-2　　Printed in Japan, 2018

製作スタッフ　児山政彦
　　　　　　菅谷誠次、山本幸子、大塚昭代、堀江咲耶

「生きるヒントになった！」と、あらゆる世代から評判です。

親から子供に、祖父母から孫に、大切な人に、今、いちばん贈りたい本！

卒業入学時のプレゼントとしてもお勧めです。

全国学校図書館協議会選定図書

君たちはどう生きるか

人間としてどう生きるべきか？を求め続ける、コペル君と叔父さん。

漫画版、新装版 超ベストセラー！

80年前の名著、初のマンガ化！

『漫画・君たちはどう生きるか』
吉野源三郎・原作　羽賀翔一・漫画
●1300円（税別）　978-4-8387-2947-0

【新装版・読みやすい単行本サイズ！】
『君たちはどう生きるか』
吉野源三郎
●1300円（税別）　978-4-8387-2946-3

マガジンハウス　〒104-8003 東京都中央区銀座3-13-10 受注センター ☎049・275・1811 FAX:0120・468・127
マガジンハウスのホームページ ▶ https://magazineworld.jp/

道教と科学技術
東方学術翻訳叢書

姜生著／三浦國雄訳／A5判680頁／本体6500円＋税 978-4-497-21711-0

膨大な道教経典を収録する『道蔵』を丹念に読み込み、道教と化学、鉱物学、医学、養生学、数学、天文学、地学、物理学、技術工学、建築学、生物学などとの協調関係を具体的、実証的に明らかにする。

日本近世期における楽律研究

榧木亨著／A5判312頁／本体4200円＋税 978-4-497-21703-5

『律呂新書』を中心として

朱子学の音楽理論をまとめた『律呂新書』は、日本近世（江戸期）の儒学者にどのように受け入れられ、研究されていったのか。

ベトナムにおける「二十四孝」の研究

佐藤トゥイウェン著／A5判512頁／本体7000円＋税 978-4-497-21702-8

漢文や字喃（チュノム）文の「二十四孝」版本を比較検討し、ベトナムにおける受容の概要を明らかにする。字喃文献の日本語訳は貴重である。

古代中国の語り物と説話集

高橋稔著／A5判232頁／本体2400円＋税 978-4-497-21714-1

荊軻の始皇暗殺の物語などから、語りのリズムの痕跡を追究する。また「志怪小説」の生みの親「列異伝」の逸文50種も翻訳収録。志怪小説と語り物が相互に与えた影響を見る。

宣教師漢文小説の研究

宋莉華著／鈴木陽一監訳／青木萌訳／A5判352頁

本体4000円＋税 978-4-497-21715-8

西洋から渡来した宣教師が中国語を用いて著した「宣教師漢文小説」が、中国文学の近代化や翻訳文学の発展、近代児童文学の誕生に与えた影響をみる。

つたわる中国語文法
前置詞・副詞・接続詞を総復習

林松濤著／A5判376頁
本体2400円＋税 978-4-497-21709-7

「中国語を話せる」から「中国語で話せる」へ！カテゴリーごとに虚詞（前置詞・副詞・接続詞）の用法や使い分けをすっきり解説。つたわる例文も満載。

中国語 虎の巻 増補改訂版
実力アップ 15 の秘伝

彭飛著／榎本英雄監修／四六判304頁
本体1500円＋税 978-4-497-21713-4

日本人の間違いやすいところを知り尽くしている著者が、学習者の悩みを解決。新たに中国語にピンインを付し、最新の流行語も豊富に収録。

抑圧されたモダニティ
台湾学術文化研究叢書

清末小説新論

王德威著／神谷まり子・上原かおり訳／A5判528頁

本体5000円＋税 978-4-497-21710-3

中国清末の豊穣な作品群を読み解き、貶されてきた清末小説の再評価と、「五四」新文学一辺倒だった中国近代文学史の再考を試みる。

フェイクタイワン

張小虹著／橋本恭子訳／A5判304頁

本体3000円＋税 978-4-497-21708-0

偽りの台湾から偽りのグローバリゼーションへ

絶対的な「真」と、非難・排除すべき「偽」という二項対立の外にある「偽」の可能性とは。凝り固まった常識を揺るがす思考のダンス。

東方書店　ホームページ【中国・本の情報館】http://www.toho-shoten.co.jp/　＊価格税別

〒101-0051 東京都千代田区神田神保町1-3／営業電話 03-3937-0300／FAX.03-3937-0955／tokyo@toho-shoten.co.jp

けったいな生きもの（全5冊）

「おもろい 虫」「キメキメ 鳥」「はではで カエル」
「きもかわ チョウとガ」「ぴかぴか 深海生物」

すべて北村雄一 訳／B5変型・オールカラー・68頁・本体各1300円

「どうしてこんな色？」「なぜこの形？」．ページをめくるたびに目に飛び込んでくる驚きの生物たち．子どもも大人も楽しめる写真読み物です．ポイントをまとめた解説もあり，生物に興味をもつ入り口としても最適！

「スター・ウォーズ」を科学する
―― 徹底検証！フォースの正体から銀河間旅行まで

M.ブレイク・J.チェイス 著
高森郁哉 訳
A5・376頁・本体2200円

誰もが気になる疑問からマニアもニヤリとする話題まで，傑作SFの虚実を徹底的に検証する．

探偵フレディの数学事件ファイル
―― LA発 犯罪と恋をめぐる14のミステリー

J.D.スタイン 著／藤原多伽夫 訳
四六・328頁・本体2200円

探偵と相棒が，数学を駆使して事件を解決していく短編ミステリー集．謎解きの鍵は数学にあり！

時空のさざなみ
―― 重力波天文学の夜明け

G.シリング 著／斉藤隆央 訳
四六・上製・416頁
本体3000円

天文学専門の科学ライターが，「重力波天文学」黎明期の国際的努力と科学的内容を魅力的に解説．

星屑から生まれた世界
―― 進化と元素をめぐる生命38億年史

B.マクファーランド 著
渡辺 正 訳
四六・408頁・本体2800円

なぜ地球に生命が誕生し，進化してきたか．宇宙最大のミステリーを元素と周期表で読み解く．

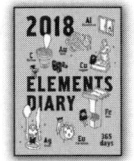

元素手帳2018

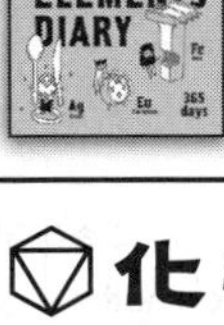

化学同人編集部 編
B6・カラー＋2色刷・208頁・本体1000円

寄藤文平のベストセラー『元素生活』のキャラと元素のうんちくが満載．2019年3月まで使える．

化学同人 〒600-8074 京都市下京区仏光寺通柳馬場西入 フリーダイヤル0120-126-649
https://www.kagakudojin.co.jp（書籍注文もできます）（価格税抜き）

五輪出場国のこともまるわかり！

世界の「いま」が写真でわかる！オールビジュアル大百科!!

世界197か国の最新情報を紹介！人々の暮らし、文化や歴史などを国ごとに丁寧に解説。世界のニュースに興味をもった子どもたちが、自分自身ですぐ調べて楽しく学べる百科事典です。

世界の5人に1人は中国人!?

キッズペディア 世界の国ぐに
"世界を知る"入門ガイド!!

定価：**本体3,900円**＋税
A4判変型・272ページ
ISBN978-4-09-221122-3
好評発売中！
https://www.shogakukan.co.jp/pr/kidspedia/

詳しくはこちら▶

愛読者サービスセンター
TEL03-5281-3555

小学館

おとな旅 PREMIUM travel

日本の歴史と文化に触れる「おとな」のための贅沢な旅

❖鹿児島・宮崎 熊本・屋久島・高千穂
p102.天安河原

2016年5月より刊行を開始した、大人気の旅行ガイドシリーズ。
街の歴史や文化を写真付きで詳しくご紹介。
四季に合わせた観光名所も踏まえ、
日本を味わい尽くすワンランク上の旅をご提案します。

全32点 大好評発売中!

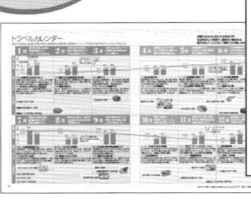

A5変形判　オールカラー　本体価格:900円(税別)

『おとな旅プレミアム』シリーズ

- ❖ 札幌・小樽・富良野 旭山動物園
- ❖ 日光 那須・塩原
- ❖ 河口湖・山中湖 富士山
- ❖ 名古屋
- ❖ 奈良 大和路
- ❖ 萩・津和野 下関・門司
- ❖ 沖縄
- ❖ 知床・阿寒 釧路湿原
- ❖ 東京
- ❖ 伊豆
- ❖ 伊勢・志摩 鳥羽
- ❖ 南紀・熊野古道 白浜・高野山・伊勢神宮
- ❖ 四国
- ❖ 石垣・竹富・西表・宮古島
- ❖ 函館・津軽 弘前・青森・白神山地
- ❖ 横浜
- ❖ 軽井沢 小諸・上田・松代・松本・善光寺
- ❖ 飛騨高山・白川郷 飛騨古川・下呂温泉
- ❖ 神戸
- ❖ 福岡 太宰府・門司・柳川・唐津
- ❖ 十和田湖・奥入瀬 盛岡・遠野・角館
- ❖ 鎌倉
- ❖ 上高地・安曇野 黒部・松本
- ❖ 京都
- ❖ 宮島・広島 尾道・倉敷
- ❖ 長崎 ハウステンボス・五島列島
- ❖ 仙台・松島・平泉
- ❖ 箱根
- ❖ 金沢・能登 白川郷
- ❖ 大阪
- ❖ 出雲・松江 石見銀山・境港・鳥取
- ❖ 鹿児島・宮崎 熊本・屋久島・高千穂

TAC出版 TAC PUBLISHING Group　〒101-8383 東京都千代田区神田三崎町3-1-5　ぷれたびガイド 検索